UTB
FÜR WISSEN
SCHAFT

Eine Arbeitsgemeinschaft der Verlage

Wilhelm Fink Verlag München
Gustav Fischer Verlag Stuttgart
Francke Verlag Tübingen
Harper & Row New York
Paul Haupt Verlag Bern und Stuttgart
Dr. Alfred Hüthig Verlag Heidelberg
Leske Verlag + Budrich GmbH Opladen
J. C. B. Mohr (Paul Siebeck) Tübingen
R. v. Decker & C. F. Müller Verlagsgesellschaft m. b. H. Heidelberg
Quelle & Meyer Heidelberg · Wiesbaden
Ernst Reinhardt Verlag München und Basel
K. G. Saur München · New York · London · Paris
F. K. Schattauer Verlag Stuttgart · New York
Ferdinand Schöningh Verlag Paderborn · München · Wien · Zürich
Eugen Ulmer Verlag Stuttgart
Vandenhoeck & Ruprecht in Göttingen und Zürich

Die Religion in Geschichte und Gegenwart

Handwörterbuch für Theologie und Religionswissenschaft

Dritte, völlig neu bearbeitete Auflage

in Gemeinschaft mit Hans Frhr. v. Campenhausen,
Erich Dinkler, Gerhard Gloege und Knut E. Løgstrup
herausgegeben von Kurt Galling

Ungekürzte Studienausgabe

Erster Band: A–C

Mit 8 Tafeln und 4 Karten

J. C. B. Mohr (Paul Siebeck) Tübingen

Redaktion des ersten Bandes: Ernst Kutsch

CIP-Kurztitelaufnahme der Deutschen Bibliothek

Die Religion in Geschichte und Gegenwart:
Handwörterbuch für Theologie u. Religionswiss. / in Gemeinschaft mit Hans Frhr. v. Campenhausen . . . hrsg. von Kurt Galling. – 3., völlig neu bearb. Aufl., ungekürzte Studienausg. – Tübingen: Mohr
(UTB für Wissenschaft: Große Reihe)
ISBN 3-16-145098-1

NE: Galling, Kurt [Hrsg.]

Bd. 1. A–C. – 1986.

Ungekürzte Studienausgabe 1986

Satz: H. Laupp jr, Tübingen. Druck und Bindung: C. H. Beck'sche Buchdruckerei, Nördlingen.

Printed in Germany.

VORWORT

Seit dem Erscheinen der 2. Auflage (1927–1932) hat sich die allgemein-geschichtliche wie die kirchlich-theologische Lage gewandelt. War die 2. Auflage noch überwiegend aus deutscher Sicht gestaltet, so haben sich für die Neuauflage weiterreichende *Aufgaben* abgezeichnet. Der gesamte Bereich der orthodoxen Kirche ist einbezogen; ebenso wurde auch der Ökumene, der Mission und den »jungen Kirchen« ein ihrer Bedeutung entsprechender Raum gegeben.

Den theologischen Hauptdisziplinen und der Religionsgeschichte wurden die biblische und die christliche Archäologie und Kunst, das Kirchenrecht und die Kirchenmusik als Eigenfächer beigeordnet; dazu kamen in sachnotwendiger Auswahl die Pädagogik, die Literaturwissenschaft und die Sozialwissenschaft.

Der Vermehrung des Stoffes entspricht eine Ausweitung des Umfangs auf 6 Textbände und einen Registerband. Es erwies sich als notwendig, in der Anlage des Ganzen Sachartikeln und zusammenfassenden Hauptartikeln den Vorzug zu geben. Daher mußte die Vielzahl biographischer Sonderartikel, vor allem für das 19. und 20. Jahrhundert, beschränkt werden. Einen Ausgleich dafür bieten die wissenschaftsgeschichtlichen Übersichtsartikel, in denen die einzelnen Wissenschaftszweige mit ihren entscheidenden Vertretern besprochen werden. Der Registerband wird den Gesamtstoff erschließen; darüber hinaus wird er biographische Notizen über die Mitarbeiter am Lexikon enthalten.

Der Veranschaulichung einzelner Artikel dienen Bildtafeln und der allgemeinen geographischen Orientierung die als Neuerung aufgenommenen 26, zum Teil mehrfarbigen Karten. Besonderer Wert wurde auf eine sorgsame Zusammenstellung der bibliographischen Angaben gelegt.

Auch im weiten Kreis der Mitarbeiter aus dem In- und Ausland, dem gegenüber sich die Herausgeber zu aufrichtigem Dank verpflichtet wissen, spiegelt sich die neue *Zielsetzung* der RGG wider. Der christliche Glaube im evangelischen Verständnis soll die Neuauflage des Werkes bestimmen. Er ist die ordnende Mitte, von der aus kritisch zu allen Erscheinungsformen des Religiösen Stellung genommen wird. Dabei werden die Spannungen und Gegensätzlichkeiten wissenschaftlicher Meinungen und Standpunkte weder zugunsten einzelner theologischer Richtungen noch einer sachwidrigen Uniformität zuliebe unterdrückt. Es handelt sich also um eine wissenschaftlich und kirchlich verantwortliche Bestandsaufnahme evangelischer theologischer Arbeit im allgemein-geschichtlichen und geistesgeschichtlichen Rahmen.

Die Gliederung der Gebiete und die Auswahl geeigneter Mitarbeiter wurden in die Hände von *Fachberatern* gelegt. Ihnen allen danken die Herausgeber für ihre Mühe und die förderliche Zusammenarbeit. Einordnung und Koordinierung der Einzelartikel in das Ganze der RGG ist verantwortlicher Auftrag der Fachberater und Herausgeber. Alle Artikel sind mit dem Namen der Verfasser gezeichnet; diese tragen die Verantwortung für den Inhalt.

Das Wiedererscheinen des Werkes geht auf die Initiative des Verlegers, Herrn Hans-Georg Siebeck, zurück, der die jahrelangen Vorarbeiten und den zügigen Fortgang des Unternehmens persönlich gefördert hat. Das pünktliche Erscheinen des ersten Bandes wäre ohne die umsichtige Hilfe des wissenschaftlichen Redakteurs beim Verlag, Herrn Dr. Ernst Kutsch, nicht möglich gewesen; auch ihm gilt unser Dank.

Im November 1957

Hans Frhr. v. Campenhausen Erich Dinkler
Gerhard Gloege Knud E. Løgstrup
Kurt Galling

INHALTSVERZEICHNIS

VERZEICHNIS DER FÄCHER UND FACHBERATER

Religionswissenschaft	Dr. Dr. *C.-M. Edsman*, Uppsala-Schweden
Altes Testament	Prof. D. Dr. *K. Galling*, Göttingen
Neues Testament	Prof. D. *Erich Dinkler*, Bonn
Biblische Archäologie	Prof. D. Dr. *K. Galling*, Göttingen
Kirchengeschichte:	Prof. D. Dr. *H. Frhr. v. Campenhausen*, Heidelberg
Alte Kirche	Prof. D. *K. Aland*, Halle
Mittelalter	Prof. Dr. *L. Petry*, Mainz
Reformationszeit	Prof. D. *W. Maurer*, Erlangen
Neuzeit	Prof. D. *E. Wolf*, Göttingen
Konfessionskunde, Kirchenkunde, Ökumene und religiöse Lage der Gegenwart	Prof. D. *H.-H. Schrey*, Berlin
Dogmatik	Prof. D. *G. Gloege*, Jena
Religionsphilosophie	Prof. Dr. *K. E. Løgstrup*, Aarhus-Dänemark
Philosophie	Prof. Dr. *J. Klein*, Göttingen
Ethik	Prof. Dr. *K. E. Løgstrup*, Aarhus-Dänemark
Sozialwissenschaft	Dr. *F. Fürstenberg*, Tübingen
Praktische Theologie	Prof. D. *W. Jannasch*, Mainz
Missionswissenschaft	Prof. D. Dr. *W. Freytag*, Hamburg
Kirchenrecht	Prof. Dr. *K. Hesse*, Freiburg
Kirchenmusik	Prof. Dr. *Thr. Georgiades*, München
Pädagogik	Prof. Dr. *W. Flitner*, Hamburg
Christliche Archäologie	Prof. D. *Erich Dinkler*, Bonn
Christliche Kunst	Dr. *Erika Dinkler- v. Schubert*, Bonn
Literaturgeschichte	Prof. Dr. *P. Requadt*, Mainz

VERZEICHNIS DER MITARBEITER AM I. BAND

Professor Dr. *W. Abel*, Göttingen
Professor Dr. *A. Adam*, Bethel
† Pfarrer *H. Adolphsen*
Professor D. *K. Aland*, Halle
Pastor *F. W. Albrecht*, Alice Springs-Australien
Professor Dr. *H. Alivisatos*, Athen-Griechenland
† Professor D. Dr. *A. Alt*
Professor Dr. *B. Altaner*, Würzburg
Professor D. *P. Althaus*, Erlangen
Professor Dr. *C. Andresen*, Marburg
Professor Dr. *W. Anz*, Bethel
Professor Dr. *H. Arbman*, Lund-Schweden
Dr. *J. Aßfalg*, Aschau
Dr. *P. Atteslander*, Bienne-Schweiz
Professor Dr. *H. Aubin*, Freiburg
Professor Dr. *J. B. Aufhauser*, München
Pater *St. Axters*, Leuven-Belgien
Lic. *G. Bäärnhielm*, Uppsala-Schweden
Reverend *J. G. H. Baker*, London-England
Professor Dr. *J. N. Bakhuizen van den Brink*, Leiden-Niederlande
Professor D. *H. Bardtke*, Leipzig
Professor *H. Barion*, Bonn
Professor D. Dr. *E. Barnikol*, Halle
D. Bartosch, Köln
Pastor Dr. *H.-W. Bartsch*, Mölln i. Lbg.
Oberstudienrat Dr. *P. Bauer*, Heilbronn
Professor D. Dr. *W. Bauer*, Göttingen
Professor Dr. *J. Bauermann*, Münster
Professor D. *F. Baumgärtel*, Erlangen
Professor D. Dr. *W. Baumgartner*, Basel-Schweiz
Professor Dr. *R. P. Beaver*, Chicago-USA
Professor Dr. *G. Bebermeyer*, Tübingen
Professor Dr. *H.-G. Beck*, München
Vikarin *I. Becker*, Berlin
Professor Dr. *J. Beckmann*, Düsseldorf
A. Behr, Erlangen
Dr. habil. *H. Beintker*, Greifswald
Professor Dr. *A. Bergsträßer*, Freiburg
Missionsdirektor *H. Berner*, Wuppertal-Barmen
Missionsdirektor Dr. *P. Berron*, Straßburg-Frankreich
† Professor D. *A. Bertholet*

Professor Dr. *K. Beth*, Chicago-USA
Pfarrer *E. Bethge*, London-England
Professor Dr. *H. Beumann*, Marburg
Dozent Dr. *E. Beyreuther*, Leipzig
Pfarrer Lic. habil. Dr. *W. Bienert*, Frechen b. Köln
Dozent Dr. *H. Biezais*, Uppsala-Schweden
† Reverend *E. J. Bingle*
Professor Dr. *G. Biundo*, Mainz
Professor D. *E. Bizer*, Bonn
Direktor Dr. *W. Blankenburg*, Schlüchtern
Dr. *J. Blauw*, Amsterdam-Niederlande
Dozent Dr. *H. Blumenberg*, Kiel
Professor Dr. *F. Bock*, Darrigsdorf
Dr. *K. M. Bolte*, Kiel
M. Bornemann, Berlin
Professor D. *G. Bornkamm*, Heidelberg
Professor D. Dr. *H. Bornkamm*, Heidelberg
Privatdozent Dr. *A. Borst*, Münster
Lic. *H. Brandenburg*, Korntal
Professor D. *H. Braun*, Mainz
Missionsdirektor *G. Brennecke*, Berlin
L. Bruder, Frankfurt/M.
Professor D. Dr. *A. Brück*, Mainz
Professor Dr. *H. Brunner*, Tübingen
Dr. *F. Buchholz*, Darmstadt
Dr. *R. Buchner*, Würzburg
Professor Dr. *M. Bucsay*, Budapest-Ungarn
Prälat *A. Büttner*, Beuel
Professor Dr. *H. Büttner*, Bad Nauheim
Dozent Dr. *L. Buisson*, Marburg
Professor Dr. *P. Burgelin*, Paris-Frankreich
Archivarin *H. Burger*, Nürnberg
Professor D. Dr. *H. Frhr. v. Campenhausen*, Heidelberg
Reverend *D. Carter*, Rochdale-England
Professor Dr. *R. P. Casey*, Cambridge-England
Chaplain *H. Chadwick*, Cambridge-England
Pater Dr. Dr. *S. Clasen* OFM, Mönchen-Gladbach
Dr. *H. Claussen*, Münster
Dr. *C. Colpe*, Göttingen
Professor Dr. *H. Conzelmann*, Zürich-Schweiz
† Professor D. *L. Cordier*

Professor Dr. *J. Courvoisier*, Genf-Schweiz
Bibliotheksrat Dr. *E. Crous*, Göttingen
Professor D. *O. Cullmann*, Basel-Schweiz
Professor Dr. *W.F. Dankbaar*, Groningen-Niederlande
Professor Dr. *B. Decker*, Mainz
Dr. *J.W. Decker*, New York-USA
Professor Dr. *K. Deichgräber*, Göttingen
Professor D. Dr. *F.W. Deichmann*, Rom-Italien
Dr. *H. Delius*, Karlsruhe
Professor D. Dr. *W. Delius*, Berlin
Professor D. *G. Delling*, Halle
J. Deshays, Beirut-Libanon
Dr. *K. Dienst*, Wiesbaden
Pfarrer Dr. Dr. *E.L. Dietrich*, Wiesbaden
Pfarrer *W. Dignath*, Frankfurt/M.
Missionsinspektor *A. Dilger*, Stuttgart
Professor D. *Erich Dinkler*, Bonn
Dr. *Erika Dinkler-v. Schubert*, Bonn
Landesarchivar Dr. *F. Dörrer*, Innsbruck-Österreich
Professor Dr. *H. Dörrie*, Saarbrücken
Professor D. *H. Dörries*, Göttingen
Dr. *R. Drögereit*, Hannover
Professor Dr. *M. Eder*, Tokio-Japan
Dr. Dr. *C.-M. Edsman*, Uppsala-Schweden
Pfarrer *O. Eggenberger*, Richterswil-Schweiz
Reverend Dr. *A. Ehrhardt*, Heywood-England
Dozent Dr. *W. Eilers*, Marburg
Professor D. Dr. *O. Eißfeldt*, Halle
Missionsinspektor D. *A. Elfers*, Hermannsburg b. Celle
Professor Dr. *M. Eliade*, Saint-Cloud-Frankreich
Professor D. *W. Eltester*, Tübingen
Professor Dr. *W.Th. Elwert*, Mainz
Studienrat Dr. habil. *K. Epting*, Stuttgart
Kirchenarchivrat *H. Erbacher*, Karlsruhe
Professor Dr. *A. Erler*, Frankfurt/M.
Vikar *H.H. Eßer*, Bonn
Dr. *R. Falke*, Göttingen
Professor D. *E. Fascher*, Berlin
Ephorus D. *H. Fausel*, Maulbronn
Professor Dr. *H.E. Feine*, Tübingen
† Professor D. Dr. *L. Fendt*
Reverend *C. Fernando*, Moratuwa-Ceylon
Professor D. *J. Fichtner*, Bethel
Pater *E.M. Filthaut* OP, Walberberg/Köln
Rektor Dr. *F. Flaskamp*, Wiedenbrück
Professor Dr. *W. Flemming*, Mainz
Professor Dr. *A. Flitner*, Erlangen
H. Förster, Tübingen
Professor Dr. *G. Franz*, Marburg
Professor D. Dr. *W. Freytag*, Hamburg
Pastor D. *R. Frick*, Düsseldorf-Kaiserswerth
Professor D. *G. Friedrich*, Erlangen
Professor Dr. *H. Fries*, Tübingen
Professor D. *K. Frör*, Erlangen
Professor D. *E. Fuchs*, Berlin
Dr. *F. Fürstenberg*, Tübingen
Dr. *H. Fuhrmann*, Kiel
Pastor Dr. *P. Gäbler*, Niedernjesa über Göttingen
Dr. *J. Gaedke*, Bad Godesberg
Professor D. Dr. *K. Galling*, Göttingen
Professor Dr. *J.R. Geiselmann*, Tübingen
Dr. *H. Geißler*, München
Professor Dr. *M. Gelzer*, Frankfurt/M.
Professor Dr. *B. Gemser*, Groningen-Niederlande
Professor Dr. *H.-W. Gensichen*, Heidelberg
Professor Dr. *Thr. Georgiades*, München
Professor Dr. *G. Gerlemann*, Lund-Schweden
Professor Dr. *H. v. Glasenapp*, Tübingen
† Professor D. *P. Glaue*
Professor D. *G. Gloege*, Jena
Msgr. Professor *P. Glorieux*, Lille-Frankreich
Professor Dr. *W. Göbell*, Kiel
Pfarrer Dr. *R. Gögler*, Wendelsheim
Dr. *J.F.G. Goeters*, Bonn
Professor D. *H. Gollwitzer*, Berlin
Professor D. *L. Goppelt*, Hamburg
Professor D. *H. Graß*, Marburg
Professor D. *H. Greeven*, Kiel
Professor Dr. *M. Greiner*, Gießen
Dr. *T. Grimm*, Ahrensburg
Professor Dr. *W. Grohmann*, Berlin
Professor *C.P. Groves* DD, Bournemouth-England
Professor Dr. *H. Grundmann*, Münster
Oberst der Heilsarmee *M. Gruner*, Berlin
Direktor *G. Günther*, Hamburg
Dr. *H.R. Guggisberg*, Biel-Schweiz
Professor Dr. *M. Gutiérrez Marín*, Barcelona-Spanien
Professor D. *E. Haenchen*, Münster
Professor D. Dr. *O. Haendler*, Berlin

Dr. *H. Härtel*, Berlin
Professor Dr. *W. Hager*, Münster
Professor Dr. *H. Haller*, Kiel
Professor D. *A. Hamel*, Mainz
Pfarrer Dr. *G. Hammann*, Bottendorf/Eder
Pastor *J. Chr. Hampe*, Hamburg
Dipl. Phil. *G. C. Hansen*, Berlin
Professor D. *R. Hanslik*, Wien-Österreich
Professor Lic. Dr. *G. Harder*, Berlin
Pater *L. Hardick* OFM, Freckenhorst
Pastor Dr. *H. H. Harms*, Genf-Schweiz
Professor Dr. *G. Hartlaub*, Heidelberg
Professor Dr. *F. Hartmann*, Göttingen
Professor Dr. *E. Hassinger*, Freiburg
Professor Dr. *R. Hauge*, Oslo-Norwegen
Professor Dr. *R. Hauser*, Heidelberg
Professor Dr. *G. Heberer*, Göttingen
Professor D. Dr. *J. Heckel*, München
Professor D. Dr. *F. Heiler*, Marburg
Dozent Dr. *P. Heintz*, Köln
Dr. *J. Hemmerle*, München
Professor D. Dr. *J. Hempel*, Salzgitter-Lebenstedt
Gymnasiallehrer *R. Hendriks*, Zenderen (O.)-Niederlande
Pfarrer *D. Hermann*, Reutlingen
Professor D. *R. Hermann*, Berlin
Pastor *J. Hermelink*, Hamburg
Universitätsmusikdirektor Dr. *S. Hermelink*, Heidelberg
Professor D. *H. W. Hertzberg*, Kiel
Professor Dr. *E. Hertzsch*, Jena
Dozent Dr. *F. Hesse*, Marburg
Professor Dr. *A. Heuß*, Göttingen
Professor Dr. *L. Heyde*, Köln
Pastor Dr. *F. Heyer*, Schleswig
Pater Dr. *St. Hilpisch* OSB, Fulda
† Prediger *A. Hoefs*
Dozent Dr. *G. Hök*, Uppsala-Schweden
Professor Dr. *I. Höß*, Jena
† Professor D. *Georg Hoffmann*
Professor Dr. *Georg Hoffmann*, Kiel
Professor Dr. *H. Hoffmann*, München
Professor Dr. *Ph. Hofmeister* OSB, Neresheim
Professor D. *W. Holsten*, Mainz
Dr. *P. Holtermann*, Köln
Dr. Dr. *C. Horn*, Berlin
Professor D. Dr. *F. Horst*, Mainz
Professor *E. Hoyois*, Anvers-Belgien
Professor Dr. *W. Hubatsch*, Bad Godesberg
Oberkirchenrat Dr. *F. Hübner*, Hannover
Dozent Dr. *Å. Hultkrantz*, Stockholm-Schweden
Privatdozent Dr. *C.-H. Hunzinger*, Göttingen
Kirchenrat D. Dr. *K. Hutten*, Stuttgart
† Professor Dr. *A. Huyskens*
Professor Dr. *P. Jacobs*, Münster
Dozent Dr. *H. Jacobsohn*, Marburg
† Stadtpfarrer *E. Jäckh*
Professor Dr. *E. Jammers*, Heidelberg
Professor D. *W. Jannasch*, Mainz
Dr. *E. Jansen-Schoonhoven*, Oegstgeest-Niederlande
Professor Lic. *K. Janssen*, Münster
Professor Dr. *C. Jantke*, Hamburg
Pfarrer *H. Jarck*, Rosdorf
Professor Dr. *E. Jarno*, Mainz
Kirchenrat D. Dr. *R. Jauernig*, Weimar
Dr. *W. Jentsch*, Hofgeismar
Professor D. Dr. *A. Jepsen*, Greifswald
Professor D. *J. Jeremias*, Göttingen
Dr. *Isolde Jeremias*, Göttingen
Dr. *K. Ihlenfeld*, Berlin
Dr. *U. Im Hof*, Bern-Schweiz
Professor D. *W. Joest*, Erlangen
Professor Dr. *P. Johansen*, Hamburg
Professor Dr. *K. Jordan*, Kiel
Professor Dr. *Chr.-A. Isermeyer*, Hamburg
Dipl. Theol. *K. Junack*, Berlin
Professor Dr. *P. Jurevičs*, Walla-Walla-Australien
Professor D. *H. Jursch*, Jena
Professor D. *H. J. Iwand*, Bonn
Professor Dr. *E. Kähler*, Greifswald
Dr. *E. Kamlah*, Mainz
Privatdozent Dr. *F. W. Kantzenbach*, Neuendettelsau
Professor Dr. *A. S. Kapelrud*, Oslo-Norwegen
Dompropst *N. Karlström*, Skara-Schweden
Professor Lic. Dr. *H. Karpp*, Bad Godesberg
D. Dr. *F. Karrenberg*, Velbert
Dr. Dr. *P. Kawerau*, Hornheide b. Münster
† Pfarrer *K. Kayser*
Missionar *W. Kempgen*, Duisburg-Meiderich
Regierungsdirektor Dr. *E. Kern*, Paris-Frankreich
Professor Dr. *A. Kerrigan*, Rom-Italien
Dr. *J. Kerschensteiner*, München

Professor Dr. *G.D. Kilpatrick*, Oxford-England
Dr. *K. Kinkel*, Ludwigshafen
Professor Dr. *H. Kittel*, Osnabrück
Professor Dr. *E. Klebel*, Regensburg
Professor Dr. *J. Klein*, Göttingen
Direktor Dr. *O. Klose*, Kiel
Dr. *H. Kluth*, Hamburg
Pastor *E. Kneifel*, Niedermarschacht
Professor Dr. *H. Knittermeyer*, Fahren
Professor *M. C. Knowles*, Cambridge-England
Professor Lic. *G. Koch*, Berlin
Professor Dr. *Hal Koch*, Kopenhagen-Dänemark
Professor Dr. Dr. *Hans Koch*, München
Professor D. Dr. *J. Koch*, Köln
Dr. *L. J. Koch*, Kopenhagen-Dänemark
Professor D. *A. Köberle*, Tübingen
† Professor D. Dr. *W. Koehler*
Professor D. *W. Koepp*, Berlin
Dr. *H. Kössler*, Erlangen
Dr. *H. Kötter*, Bonn
Professor Dr. *J. Kollwitz*, Freiburg
Professor Dr. *R. Konetzke*, Köln
Professor Dr. *W. J. Kooiman*, Amsterdam-Niederlande
Professor Dr. *E. G. Kraeling*, New Canaan-USA
Professor Dr. *H. Kraemer*, Leiden-Niederlande
Privatdozent Dr. *H. Kraft*, Heidelberg
Dr. *H. Krapp*, Frankfurt/M.
Professor D. *H.-J. Kraus*, Hamburg
Professor D. *W. Kreck*, Bonn
Professor Dr. *G. Kretschmar*, Hamburg
Dr. *G. G. Krodel*, Chicago-USA
Direktor Dr. *R. Kücklich*, Reutlingen
Professor D. *W. G. Kümmel*, Marburg
Dr. *E. Kümmerer*, Tübingen
Professor D. Dr. *W. Künneth*, Erlangen
Professor Dr. *W. Küppers*, Bonn
Pfarrer D. Dr. *C. Kuhl*, Kassel
Professor D. Dr. *K.-G. Kuhn*, Heidelberg
Bischof *S. Kulandran*, Jaffna-Ceylon
Professor Dr. *K. Kupisch*, Berlin
Professor Dr. *H. Kusch*, Leipzig
Professor Dr. *A. Kuschke*, Mainz
Dr. *E. Kutsch*, Tübingen
Professor D. *H. Laag*, Caldern
† Dekan *E. Lachenmann*
Dozent Dr. *H. Lahr*, Naumburg
Oberlandeskirchenrat Dr. *W. Lampe*, Hannover
Professor Dr. *K. Langosch*, Jugenheim/Bergstr.
Privatdozent Dr. *K. Lankheit*, Heidelberg
Professor D. *F. Lau*, Leipzig
Professor D. *A. Lehmann*, Halle
Professor Dr. *F. R. Lehmann*, München
W. Lehmann, Hamburg
Professor D. Dr. *J. Leipoldt*, Leipzig
Professor D. Dr. *F. M. Th. de Liagre Böhl*, Leiden-Niederlande
Professor D. *F. Lieb*, Basel-Schweiz
Dozent Dr. *H. Liebing*, Tübingen
Professor D. Dr. *H. Liermann*, Erlangen
† Professor D. Dr. *H. Lietzmann*
Professor Dr. *V. Lindstrøm*, Åbo-Finnland
Professor D. Dr. *E. Littmann*, Tübingen
Professor Dr. *K. E. Løgstrup*, Aarhus-Dänemark
Missionsinspektor *H. Lörner*, Bad Sachsa
† Professor Dr. *G. Loesche*
Professor Lic. Dr. *W. Loew*, Mainz
Professor Dr. *H. Löwe*, Erlangen
Professor Dr. *M. Lohmann*, Freiburg
Privatdozent Dr. *B. Lohse*, Hamburg
Professor Dr. *E. Lohse*, Kiel
Privatdozent Lic. *R. Lorenz*, Naumburg
Professor Dr. *P. Luchtenberg*, Burscheid
Professor Dr. *H. Ludat*, Münster
Pfarrer D. *W. Lueken*, Frankfurt/M.
Professor Dr. Dr. *F. Lütge*, München
L. A. Lyall, London-England
Professor Dr. *V. Maag*, Zürich-Schweiz
Dozent Dr. *F. Maass*, Berlin
Professor Dr. *O. Mann*, Heidelberg
Pastor *J. Margull*, Hamburg
Dr. *G. Maron*, Bensheim
Professor Dr. *E. Maschke*, Heidelberg
Professor Dr. *J. Matl*, Graz-Österreich
Dr. Dr. *W. Matthias*, Mainz
Professor D. *W. Maurer*, Erlangen
Direktor *R. Mayer*, Rottenburg
Professor Dr. Dr. *Th. Mayer*, Konstanz
Dozent Dr. *G. Mecenseffy*, Wien-Österreich
Professor D. *P. Meinhold*, Kiel
Professor Dr. Dr. *G. Mensching*, Bonn
Pfarrer Dr. Dr. *G. Merkle*, Hirschau
Professor D. *G. Merz*, Neuendettelsau
Oberstudiendirektor Dr. *F. Messerschmid*, Ulm

Professor Dr. *B. M. Metzger*, Princeton-USA
Professor Dr. *E. Meyer*, Saarbrücken
Bischof Professor Dr. *H. Meyer*, Lübeck
Oberkirchenrat D. *Ph. Meyer*, Göttingen
Professor D. *R. Meyer*, Jena
Professor Dr. Dr. *M. Mezger*, Berlin
Professor Dr. *W. Michaelis*, Bern-Schweiz
Professor D. *O. Michel*, Tübingen
Professor Dr. *K. H. Miskotte*, Leiden-Niederlande
Pfarrer *G. Moeckel*, Athen-Griechenland
Professor Dr. *W. Moede*, Berlin
Prof. Dr. *Chr. Mohrmann*, Nijmegen-Niederlande
Professor Dr. *E. Molland*, Oslo-Norwegen
Dozent Dr. *A. Molnár*, Prag-Tschechoslowakei
Privatdozent Dr. *J. Moltmann*, Wasserhorst
Principal *J. R. H. Moorman* DD, Kendal-England
Professor Dr. *S. Morenz*, Leipzig
† *M. A. S. A. Morrison*
Dr. *H. Motel*, Bad Boll
Professor Dr. *W. E. Mühlmann*, Wiesbaden
Professor Dr. *E. Mühlhaupt*, Wuppertal-Elberfeld
Professor Dr. Dr. *L. Müller*, Kiel
Dr. *S. Müller*, Tübingen
Dozent Dr. *J. Müller-Bardorff*, Jena
Direktor Dr. *E. Müller-Gangloff*, Berlin
Professor Dr. *G. Müller-Schwefe*, Tübingen
Dr. *R. Müller-Streisand*, Berlin
Pasteur *J. Mundler*, Malo-les-Bains-Frankreich
Dr. *O. G. Myklebust*, Oslo-Norwegen
Professor Dr. *B. Nagy*, Budapest-Ungarn
Professor Dr. *W. Nauck*, Wuppertal-Barmen
Bischof D. *S. Ch. Neill*, Genf-Schweiz
Professor Dr. *F. Neubert*, Berlin
Dr. *E. A. Nida*, New York-USA
Professor Dr. *A. Niebergall*, Marburg
Pastor *E. W. Nielson*, London-England
Professor Dr. *A. Nikisch*, Kiel
Professor Dr. *H. C. Nipperdey*, Kassel
Professor Dr. *W. Nordmann*, Frankfurt/M.
Professor D. *M. Noth*, Bonn
Professor Dr. *R. Nürnberger*, Göttingen
Phil. Lic. *O. Odenius*, Uppsala-Schweden
Pastor D. *O. Ohl*, Langenberg
Professor Dr. *Th. Ohm* OSB, Münster
Dozent Dr. *K. Onasch*, Halle
Dr. *W. Osthoff*, Frankfurt/M.
Dr. *E. H. Pältz*, Jena
Privatdozent Dr. *W. Pannenberg*, Heidelberg
Professor Dr. *B. Panzram*, Freiburg
Dipl. Phil. *F. Paschke*, Berlin
Dr. *G. Patzig*, Göttingen
Dr. Dr. *H. Paulus*, Erlangen
Dr. *G. Perl*, Berlin
Professor Dr. *E. Peschke*, Rostock
Professor Dr. *L. Petry*, Mainz
Archivdirektor Dr. *G. Pfeiffer*, Nürnberg
Dr. *J. Pfeiffer*, Hamburg
Pfarrer Lic. Dr. *J. Pfeiffer*, Berlin
Privatdozent Dr. *R. Pfister*, Zürich-Schweiz
Professor Dr. *H. Plessner*, Göttingen
Professor Dr. *O. Plöger*, Bad Godesberg
Professor Dr. *K. Preisendanz*, Heidelberg
Professor Dr. *R. Prenter*, Aarhus-Dänemark
† Pfarrer *H. Priebe*
Staatsarchivdirektor Dr. *F. Prüser*, Bremen
Professor Dr. *H. Ch. Puech*, Paris-Frankreich
Professor Dr. *G. Quispel*, Bilthoven-Niederlande
Professor Dr. *M. Räsänen*, Helsinki-Finnland
Professor Dr. *L. Raiser*, Tübingen
Canon Professor *I. T. Ramsey*, Oxford-England
Professor Dr. *E. L. Rapp*, Mainz
Professor D. Dr. *C. H. Ratschow*, Münster
Professor Dr. *M. Rauer*, Berlin
Sir *H. Read*, Stonegrave-England
Professor Dr. *A. Reble*, Lüdenscheid
Professor Dr. *S. Reicke*, Heidelberg
H. D. Reimer, Erlangen
Pfarrer Dr. *H. Reller*, Winnigstedt
Professor D. *H. Rendtorff*, Kiel
Dozent Dr. *R. Rendtorff*, Göttingen
Professor D. *K. H. Rengstorf*, Münster
Studienleiter Lic. *H. Renkewitz*, Arnoldshain/Taunus
Professor Dr. *P. Requadt*, Mainz
Professor Dr. Dr. *L. Richter*, Berlin
Professor Dr. *H. Riesenfeld*, Uppsala-Schweden
Professor Dr. *H. Ringgren*, Uppsala-Schweden
Missionar Dr. *W. Ringwald*, Wiesbaden
Pfarrer *E. Rippmann*, Zürich-Schweiz
Kirchenrat D. Dr. *K. B. Ritter*, Marburg
Dr. *J. P. C. Roach*, Cambridge-England
Professor Dr. *B. J. Roberts*, Bangor-England
Reverend *E. H. Robertson*, Genf-Schweiz
Professor Dr. *W. W. Rockwell*, New York-USA

Lektor *St. Rodhe*, Malmö-Schweden
Privatdozent Dr. *L. Röhrich*, Mainz
Dr. *H. Röhrs*, Hamburg
Missionsdirektor *C. Ronicke*, Bethel
Professor D. Dr. *G. Rosenkranz*, Tübingen
Pfarrer *J. Roth*, Sainte-Marie-aux-Mines-Frankreich
Dr. *S. Y. Rudberg*, Uppsala-Schweden
Dr. *O. Rühle*, Stuttgart
Professor Dr. *A. A. van Ruler*, Utrecht-Niederlande
Professor Dr. *A. Ruppel*, Mainz
Oberkirchenrat Dr. *E. Ruppel*, Hannover
Reverend *W. H. Russell B. A.*, London-England
Professor D. *H. Sasse*, Prospect-Australien
Dr. *Hildegard Schaeder*, Frankfurt/M.
Professor Dr. *E. Schäfer*, Göttingen
K. Schäferdiek, Siegburg
Dr. *Th. Scharmann*, Nürnberg
Kultminister a. D. Dr. *G. Schenkel*, Eßlingen
Dr. *H. Scheuerl*, Hamburg
Professor Dr. *U. Scheuner*, Bad Godesberg
Studienrat Lic. *S. Frhr. v. Scheurl*, Nürnberg
Professor Dr. *Th. Schieffer*, Bad Godesberg
Professor Dr. Dr. *A. Schimmel*, Ankara-Türkei
Pastor Dr. *F. Schlingensiepen*, Bradford-England
Professor D. Dr. *E. Schlink*, Heidelberg
Dr. *R. Schlötterer*, München
Professor Lic. *W. Schmauch*, Greifswald
Dr. *H. Schmid*, Frankenthal
Professor Dr. *J. Schmid*, München
Professor D. *K. D. Schmidt*, Hamburg
Professor Dr. *M. Schmidt*, Berlin
Professor Dr. *M. A. Schmidt*, Emory-USA
Professor Dr. *W. A. Schmidt*, Åbo-Finnland
Pfarrer Dr. *F. Schmidt-Clausing*, Berlin
Professor D. Dr. *J. W. Schmidt-Japing*, Braunschweig
Pater Dr. *F. S. Schmitt* OSB, Wimpfen
† Professor D. *O. Schmitz*
Professor D. *W. Schneemelcher*, Bonn
Professor Dr. *H. J. Schoeps*, Erlangen
Dr. *P. M. Schon*, Mainz
Professor D. *E. Schott*, Halle
Professor Dr. *E. Schramm*, Mainz
Professor D. *H.-H. Schrey*, Berlin
Pastor Dr. *Chr. M. Schröder*, Bremen
† Oberkonsistorialrat Dr. *E. Schubert*
Professor D. Dr. *R. Schütz*, Ludwigsburg
Staatsarchivrat Dr. *B. Schulze*, Berlin
Pfarrer Dr. *K. Schuster*, Rüsselsheim
Oberkirchenrätin Dr. *E. Schwarzhaupt*, Frankfurt/M.
D. Dr. *C. G. Schweitzer*, Bonn
Professor Dr. *E. Schweizer*, Zürich-Schweiz
Reverend D. *P. Scott*, Manchester-England
Dr. *M. Seidler*, Bonn
Professor Dr. *G. Sevenster*, Leiden-Niederlande
Dr. *H. v. Sicard*, Uppsala-Schweden
Professor Dr. *Marcel Simon*, Straßburg-Frankreich
Kirchenrat D. *Matthias Simon*, Nürnberg
† Professor D. *Hans Frhr. v. Soden*
Professor Dr. *W. Frhr. v. Soden*, Wien-Österreich
Professor D. *E. Sommerlath*, Leipzig
Professor Dr. *B. Spuler*, Hamburg
Professor Dr. *G. Stadtmüller*, München
Pfarrer *J. Staedtke*, Leer
Dr. *A. Staehlin*, Basel-Schweiz
Dr. *H. Stahl*, Hamburg
D. Dr. *B. Stasiewski*, Berlin
Direktor *H. Staub*, St. Chrischona-Schweiz
Professor D. *K. G. Steck*, Frankfurt/M.
Professor Dr. *F. Stegmüller*, Freiburg
Professor D. *J. Steinbeck*, Bethel
Pastor *R. Steiner*, Wuppertal-Elberfeld
Pastor *H.-G. Steinmann*, Brüssel-Belgien
Pfarrer Dr. Dr. *H. Steitz*, Mainz
Professor Dr. *K. Stendahl*, Cambridge-USA
Pfarrer Dr. *K. v. Stieglitz*, Dortmund
Professor Dr. *H. E. Stier*, Münster
Professor Dr. O. *E. Straßer*, Bern-Schweiz
Vizepräsident *G. Stratenwerth*, Frankfurt/M.
Professor D. *H. Strathmann*, Erlangen
T. G. H. Strehlow M.A., Adelaide-Australien
† Professor Dr. *F. Strunz*
Professor D. Dr. *R. Stupperich*, Münster
Oberkirchenrat D. *W. Sucker*, Bensheim
Professor Dr. *H.-W. Surkau*, Weilburg
Pfarrer *H. Symanowski*, Mainz
Professor Dr. *A. Szekeres*, Brüssel-Belgien
Dozent Dr. *H. Tegnæus*, Uppsala-Schweden
Dr. *M. Tetz*, Göttingen
Dr. *W. Thiele*, Beuron

Professor D. Dr. *H. Thielicke*, Hamburg
Studienleiter Dr. *E. Thier*, Friedewald
Vikar *H. A. Thies*, Bonn
H. Thomä, Stuttgart
Professor Dr. *L. Thomas*, Lissabon-Portugal
Professor D. Dr. *O. Thulin*, Wittenberg
Rektor *G. Tolderlund-Hansen*, Roskilde-Dänemark
Dr. *K. Treu*, Berlin
Dr. *U. Treu*, Berlin
Professor Dr. *F. Uhlhorn*, Marburg
Professor Dr. *W. Uhsadel*, Tübingen
Professor Dr. *W. C. van Unnik*, Bilthoven-Niederlande
Professor Dr. *H. Urner*, Halle
Dozent Dr. *K. Valkner*, Oslo-Norwegen
Professor Dr. *H. P. Van Dusen*, New York-USA
Professor Dr. *A. Vetter*, Münsing
Missionsinspektor Dr. *G. F. Vicedom*, Neuendettelsau
Pastor *E. Viering*, Hamburg
Professor Dr. *V. Vinay*, Rom-Italien
† Professor D. Dr. *K. Völker*
Professor Dr. *R. Voeltzel*, Straßburg-Frankreich
Direktor *P. H. Vogel*, Offenbach
Pater Dr. *P. Volk* OSB, Maria Laach
Dr. *H. Volz*, Göttingen
Dr. *E. A. Voretzsch*, Rom-Italien
Professor Dr. *O. Voßler*, Frankfurt
Dr. *P. Wackwitz*, Berlin
Dr. habil. *V. Waschnitius*, Gentofte-Dänemark
Professor D. *O. Weber*, Göttingen
Professor Dr. *J. Weerda*, Erlangen
Professor Dr. *W. Weischedel*, Berlin
Dr. *M. Weise*, Jena
Professor D. *A. Weiser*, Tübingen
Professor Dr. *H. Weisweiler* SJ, Frankfurt/M.
Professor Dr. *C. F. v. Weizsäcker*, Hamburg
Dr. *D. Wellershoff*, Bonn
Oberkirchenrat Dr. *G. Wendt*, Karlsruhe
Professor Dr. *E. Weniger*, Göttingen
Professor Dr. *F. W. Wentzlaff-Eggebert*, Mainz
W. Werbeck, Tübingen
Professor Lic. Dr. *K. Wessel*, Berlin
Professor Dr. *C. Westermann*, Berlin
Professor D. *W. Wiesner*, Mainz
Professor Dr. *R. Wittram*, Göttingen
Dozent Dr. *F. Wodtke*, Kiel
Professor D. Dr. *Erik Wolf*, Freiburg
Professor D. *Ernst Wolf*, Göttingen
Professor Dr. *R. C. Wolf*, Oberlin-USA
Professor Dr. *H. Wolter* SJ, Frankfurt/M.
Professor Dr. *G. E. Wright*, Chicago-USA
Professor D. *G. Wünsch*, Marburg
Dr. *H. Wyder*, Hongkong
Missionsdirektor *K. Zimmermann*, Wuppertal-Barmen
Professor Dr. *F. Zoepfl*, Dillingen
† Professor D. *L. Zscharnack*
H. Zumpe, Bad Brückenau

Als Übersetzer:

Dr. *Erika Dinkler-v. Schubert*, Bonn
Reverend Dr. *A. Ehrhardt*, Heywood-England
E.-M. Fabian, Tübingen
A. Fetzer, New Haven-USA
M. L. C. E. Flügel, Den Haag-Niederlande
K. Fröhlich, Basel-Schweiz
Dr. *P. M. Schon*, Mainz
Professor D. *H.-H. Schrey*, Berlin
Dr. *H. Schulte*, Heidelberg

Als Zeichner:

G. Drunsel, Ofterdingen b. Tübingen
Dr. *A. Gerlich*, Mainz

VERZEICHNIS DER ABKÜRZUNGEN

I. BIBLISCHE BÜCHER UND AUSSERKANONISCHE SCHRIFTEN

A. Altes Testament

Gen	Genesis
Ex	Exodus
Lev	Leviticus
Num	Numeri
Dtn	Deuteronomium
Jos	Josua
Ri	Richter
1Sam	1. Samuelbuch
2Sam	2. Samuelbuch
1Kön	1. Königsbuch
2Kön	2. Königsbuch
Jes	Jesaja
Dtjes	Deuterojesaja
Jer	Jeremia
Ez	Ezechiel
Hos	Hosea
Jo	Joel
Am	Amos
Ob	Obadja
Jon	Jona
Mi	Micha
Nah	Nahum
Hab	Habakuk
Zeph	Zephanja
Hag	Haggai
Sach	Sacharja
Mal	Maleachi
Ps(s)	Psalm(en)
Spr	Sprüche
Hi	Hiob
Hhld	Hoheslied
Ruth	
Klgl	Klagelieder
Pred	Prediger
Est	Esther
Dan	Daniel
Esr	Esra
Neh	Nehemia
1Chr	1. Buch der Chronik
2Chr	2. Buch der Chronik

B. Außerkanonische Schriften neben dem Alten Testament

ApkBar(gr)	griech. Baruch-Apokalypse
ApkBar(syr)	syrische Baruch-Apokalypse
Arist	Aristeasbrief
AssMos	Assumptio Mosis
Bar	Baruch
Dam	Damaskusschrift (Zadokitisches Fragment)
EpJer	Epistula Jeremiae
3Esr	3. Esra
4Esr	4. Esra
äthHen	äthiop. Henochbuch
grHen	griech. Henochbuch
hebrHen	hebr. Henochbuch
slHen	slaw. Henochbuch
Jdt	Judith
Jub	Jubiläenbuch
LebAd	Leben Adams und Evas
1Makk	1. Makkabäerbuch
2Makk	2. Makkabäerbuch
3Makk	3. Makkabäerbuch
4Makk	4. Makkabäerbuch
MartJes	Martyrium des Jesaja
OrMan	Oratio Manassis
PsSal	Psalmen Salomos
Sib	Sibyllinen
Sir	Jesus Sirach
TestAbr	Testament Abrahams
Test XII TestRub	Testamente der 12 Patriarchen (Sim, Lev, Jud, Iss, Seb, Dan, Naph, Gad, Ass, Jos, Benj)
Tob	Tobit
Weish	Weisheit Salomos
ZusDan	Zusätze zu Daniel
ZusEst	Zusätze zu Esther

Die Funde aus dem Raum westlich des Toten Meeres werden nach dem Vorschlag von R. de Vaux in RB 60, 1953, 88 zitiert:

1QH	hôdajôt = Dankpsalmen aus der ersten Höhle von Qumran (Sukenik, DSS Tafel 35–58)
1QIs^{a}	erste Jesaja-Handschrift aus der ersten Höhle von Qumran (Burrows, QMss I. Tafel 1–54)
1QIs^{b}	zweite Jesaja-Handschrift aus der ersten Höhle von Qumran (Sukenik, DSS Tafel 1–15)
1QM	milḥamāt b^{e}nê 'ôr bib^{e}nê ḥošæk = »Kampf der Söhne des Lichts gegen die Söhne der Finsternis« (= »Kriegsrolle«, »War«, »Guerre« o.ä.); Handschrift aus der ersten Höhle von Qumran (Sukenik, DSS Tafel 16–34. 47)
1QpHab	pæšær ḥ^{a}baqûq = Habakuk-Kommentar; Handschrift aus der ersten Höhle von Qumran (Burrows, QMss I. Tafel 55–61)
1QS	særæk hăjjăḥăd = »Sektenregel«, »Manual of Discipline« o. ä.; Handschrift aus der ersten Höhle von Qumran (Burrows, QMss II. fasc. 2)

C. Neues Testament

Mt	Matthäus
Mk	Markus
Lk	Lukas
Joh	Johannes
MtEv, MkEv, LkEv, JohEv	im Text ohne Stellenangaben
Apg	Apostelgeschichte
Röm	Römerbrief
1Kor	1. Korintherbrief
2Kor	2. Korintherbrief
Gal	Galaterbrief
Eph	Epheserbrief
Phil	Philipperbrief
Kol	Kolosserbrief
1Thess	1. Thessalonicherbrief
2Thess	2. Thessalonicherbrief
1Tim	1. Timotheusbrief
2Tim	2. Timotheusbrief
Tit	Titusbrief
Past	Pastoralbriefe
Phlm	Philemonbrief
Hebr	Hebräerbrief
Jak	Jakobusbrief
1Petr	1. Petrusbrief
2Petr	2. Petrusbrief
1Joh	1. Johannesbrief
2Joh	2. Johannesbrief
3Joh	3. Johannesbrief
Jud	Judasbrief
Apk	Johannes-Apokalypse

D. Außerkanonische Schriften neben dem Neuen Testament und Apostolische Väter

ActAndr	Andreasakten
ActJoh	Johannesakten
ActPaul	Paulusakten
ActPetr	Petrusakten
ActThom	Thomasakten
ÄgEv	Ägypterevangelium
ApkAbr	Abraham-Apokalypse
ApkEl	Elias-Apokalypse
ApkMos	Moses-Apokalypse
ApkPetr	Petrus-Apokalypse
AscJes	Ascensio Jesaiae
Barn	Barnabasbrief
1Clem	1. Clemensbrief
2Clem	2. Clemensbrief
Did	Didache (Lehre der 12 Apostel)
EbEv	Ebionitenevangelium
HebrEv	Hebräerevangelium
Herm mand	Hermas, mandata
Herm sim	Hermas, similitudines
Herm vis	Hermas, visiones
IgnEph	Brief des Ignatius an die Epheser
IgnMagn	Brief des Ignatius an die Magnesier
IgnTrall	Brief des Ignatius an die Trallianer
IgnRöm	Brief des Ignatius an die Römer
IgnPhld	Brief des Ignatius an die Philadelphier
IgnSm	Brief des Ignatius an die Smyrnäer
IgnPol	Brief des Ignatius an Polykarp
Laod	Laodicenerbrief
MartPol	Martyrium des Polykarp
OdSal	Oden Salomos
PetrEv	Petrusevangelium
Polyk	Brief des Polykarp
Protev	Protevangelium des Jakobus

II. SAMMELWERKE, ZEITSCHRIFTEN, MONOGRAPHIENREIHEN u. a.

AA	Archäologischer Anzeiger. Beiblatt zum Jahrbuch des Archäologischen Instituts
AAA	Annual of Archaeology and Anthropology
AAB	Abhandlungen der Deutschen (bis 1944: Preußischen) Akademie der Wissenschaften zu Berlin
AAG	Abhandlungen der Akademie der Wissenschaften in Göttingen (bis Folge III, 26, 1940: AGG)
AAH	Abhandlungen der Heidelberger Akademie der Wissenschaften. Heidelberg
AAL	Abhandlungen der Sächsischen Akademie der Wissenschaften in Leipzig (bis 30, 1920: AGL)
AAM	Abhandlungen der Bayerischen Akademie der Wissenschaften. München
AAMz	Abhandlungen (der geistes- und sozialwissenschaftlichen Klasse) der Akademie der Wissenschaften und der Literatur. Mainz
AAS	Acta Apostolicae Sedis
AASOR	The Annual of the American Schools of Oriental Research
AC	Apologia Confessionis
AcMus	Acta Musicologica
ACO	Acta Conciliorum Oecumenicorum, ed. E.Schwartz
AcOr(B)	Acta Orientalia (Budapest)
AcOr(H)	Acta Orientalia (Hawniae)
AcOr(L)	Acta Orientalia (Leiden)
ADB	Allgemeine Deutsche Biographie
ÄF	Ägyptologische Forschungen
AELKZ	Allgemeine evangelisch-lutherische Kirchenzeitung
AevKR	Archiv für evangelisches Kirchenrecht
AfMf	Archiv für Musikforschung
AfMw	Archiv für Musikwissenschaft
AfO	Archiv für Orientforschung
AFP	Archivum Fratrum Praedicatorum
AFrH	Archivum Franciscanum Historicum
AGG	Abhandlungen der Gesellschaft der Wissenschaften zu Göttingen (ab Folge III, 27, 1942: AAG)
AGL	Abhandlungen der Sächsischen Gesellschaft der Wissenschaften. Leipzig (ab 31, 1921: AAL)

AGPh	Archiv für (1889-1894 und 1931. 1932: Geschichte der) Philosophie, Berlin 1889-1932 (vgl. APh)
AHDL	Archives d'Histoire Doctrinale et Littéraire du Moyen-Âge
AJA	American Journal of Archaeology
AJC	American Jewish Committee. Annual Report
AIPh	Annuaire de l'Institut de Philologie et d'Histoire Orientales et Slaves
AJS	American Journal of Sociology
AJSL	American Journal of Semitic Languages and Literatures
AkathKR	Archiv für katholisches Kirchenrecht
AKG	Arbeiten zur Kirchengeschichte
AKultG	Archiv für Kulturgeschichte
AKM	Abhandlungen für die Kunde des Morgenlandes
Algermissen	K. Algermissen, Konfessionskunde, 6. Aufl. 1950; Algermissen[7]: 7. Aufl. 1957
ALKGMA	Archiv für Literatur- und Kirchengeschichte des Mittelalters
Alt I. II	A. Alt, Kleine Schriften zur Geschichte des Volkes Israel, Bd 1. 2 1953
Altaner	B. Altaner, Patrologie. Leben, Schriften und Lehre der Kirchenväter, 4. Aufl. 1955 (= 3. Aufl. 1951)
ALW	Archiv für Liturgiewissenschaft
AmA	American Anthropologist
AMG	Annales du Musée Guimet
AMN	Allgemeine Missionsnachrichten
AMZ	Allgemeine Missionszeitschrift
AnBibl	Analecta Biblica
AnBoll	Analecta Bollandiana
AnCO	Analecta Christiana Orientalia
ANEP	The Ancient Near East in Pictures relating to the Old Testament, ed. J. B. Pritchard, 1954
ANET	Ancient Near Eastern Texts relating to the Old Testament, ed. J. B. Pritchard, 1950 (ANET[2]: 2. ed. corrected and enlarged 1955)
Angelos	Angelos. Archiv für neutestamentliche Zeitgeschichte und Kulturkunde
AnGreg	Analecta Gregoriana
AnLov	Analecta Lovaniensia Biblica et Orientalia
AnnPont	Annuario Pontificio
AnOr	Analecta Orientalia
AnPraem	Analecta Praemonstratensia
Anthropos	Anthropos. Internationale Zeitschrift für Völker- und Sprachenkunde
ANVAO	Avhandlinger utgitt av Det Norske Videnskaps-Akademi i Oslo
AnzAW	Anzeiger der (ab 48, 1947: Österreichischen) Akademie der Wissenschaften. Wien
AO	Der Alte Orient
AOB	Altorientalische Bilder, hg. v. H. Greßmann, 2. Aufl. 1927
AÖR	Archiv des öffentlichen Rechts
AOS	American Oriental Series
AOT	Altorientalische Texte, hg. v. H. Greßmann, 2. Aufl. 1926
APh	Archiv für Philosophie, Stuttgart 1947ff (vgl. AGPh)
ARG	Archiv für Reformationsgeschichte
ArOr	Archiv Orientální
ARPs	Archiv für Religionspsychologie
ARSP	Archiv für Rechts- und Sozialphilosophie
ArtB	The Art Bulletin
ARW	Archiv für Religionswissenschaft
AS	Acta Sanctorum
ASAE	Annales du Service des Antiquités de l'Egypte
ASm	Schmalkaldische Artikel
ASNU	Acta Seminarii Neotestamentici Upsaliensis (1, 1936 - 8, 1937 unter dem Titel: Arbeiten und Mitteilungen aus dem Neutestamentlichen Seminar zu Uppsala)
ASR	American Sociological Review
ASS	Acta Sanctae Sedis
ATA	Alttestamentliche Abhandlungen
ATAO	A. Jeremias, Das Alte Testament im Lichte des Alten Orients, 4. Aufl. 1930
ATD	Das Alte Testament Deutsch, hg. von V. Herntrich und A. Weiser
AThANT	Abhandlungen zur Theologie des Alten und Neuen Testaments
AThR	Anglican Theological Review
AuC	Antike und Christentum
AUF	Archiv für Urkundenforschung
AVK	Archiv für Völkerkunde
AVR	Archiv für Völkerrecht
BA	The Biblical Archaeologist
Backer-Sommervogel	A. de Backer - C. Sommervogel, Bibliothèque de la Compagnie de Jésu, nouv. éd. 1890ff
BAE	Bureau of American Ethnology
BAKultG	Beihefte zum Archiv für Kulturgeschichte
BAL	Berichte über die Verhandlungen der Sächsischen Akademie der Wissenschaften zu Leipzig (bis 71, 1, 1919: BGL)
BAO	Beihefte zum Alten Orient
Bardenhewer	O. Bardenhewer, Geschichte der altkirchlichen Literatur, 2. Aufl. 1913-1932
Barrois I. II	A. G. Barrois, Manuel d'Archéologie Biblique, t. I. II 1939. 1953
Barth, KD	K. Barth, Die Kirchliche Dogmatik, 1932ff
Barth, PrTh	K. Barth, Die protestantische Theologie im 19. Jh. Ihre Vorgeschichte und Geschichte, 2. Aufl. 1952
BASOR	The Bulletin of the American Schools of Oriental Research
BAT	De Boeken van het Oude Testament, hg. v. A. van den Born
Bauer, WB	W. Bauer, Griechisch-Deutsches Wörterbuch zu den Schriften des Neuen Testaments und der übrigen urchristlichen Literatur, 4. Aufl. 1952; Bauer, WB[5]: 5. Aufl. 1957f
BBB	Bonner Biblische Beiträge
BBKG	Beiträge zur bayerischen Kirchengeschichte
BBLAK	Beiträge zur biblischen Landes- und Altertumskunde (= ZDPV 68, 1949/51)
BC	Biblischer Commentar über das AT, hg. v. C. F. Keil u. F. Delitzsch
BEFEO	Bulletin de l'Ecole Française de l'Extrême Orient
BEStPh	Bibliographische Einführungen in das Studium der Philosophie, hg. v. I. M. Bochenski, 1948ff
BEvTh	Beiträge zur Evangelischen Theologie
BFChTh	Beiträge zur Förderung christlicher Theologie
BGB	Bürgerliches Gesetzbuch
BGE	Beiträge zur Geschichte der Exegese
BGL	Berichte über die Verhandlungen der Sächsischen Gesellschaft der Wissenschaften zu Leipzig (ab 71, 2, 1919 BAL)

BGPhMA	Beiträge zur Geschichte der Philosophie (ab 27, 1928/30: und Theologie) des Mittelalters
BGU	Ägyptische Urkunden in griechischer Sprache aus den Museen zu Berlin
BhEvTh	Beihefte zur Evangelischen Theologie
BHG	Bibliotheca Hagiographica Graeca
BHK	Biblia Hebraica, ed. R. Kittel, 7. Aufl. 1951
BHTh	Beiträge zur historischen Theologie
Bibl	Biblica
BiblThom	Bibliothèque Thomiste
BiblMiss	R. Streit - J. Dillinger, Bibliotheca Missionum
BIES	The Bulletin of the Israel Exploration Society
BIFAO	Bulletin de l'Institut Français d'Archéologie Orientale
Bill. I-V	(H. L. Strack-) P. Billerbeck, Kommentar zum Neuen Testament aus Talmud und Midrasch, Bd 1-4 1922-1928, Bd 5 1955
BiOr	Bibliotheca Orientalis
BJPES	Bulletin of the Jewish Palestine Exploration Society
BJRL	The Bulletin of the John Rylands Library
BK	Biblischer Kommentar. Altes Testament, hg. v. M. Noth, 1955ff
BKV$^{1.2}$	Bibliothek der Kirchenväter (»Kemptener Ausgabe«); BKV^1: 1869-1888, BKV^2: 1911ff
BL	Bibel-Lexikon, hg. v. H. Haag, 1951 bis 1956
Bl-Debr	F. Blaß-A. Debrunner, Grammatik des neutestamentlichen Griechisch, 9. Aufl. 1954
BoA	Luthers Werke in Auswahl, hg. v. O. Clemen (»Bonner Ausgabe«), Bd 1-8 1912 bis 1933 (Bd 1-4. 7. 8 Neudr. 1950); BoA^2 = 2. Aufl.: Bd 5. 6 1955
Bousset, Rel.	W. Bousset, Die Religion des Judentums, 3. Aufl. hg. v. H. Greßmann, 1926
BPhil	Bibliographia Philosophica 1934-1945, ed. G. A. de Brie, Bd 1. 2 1950. 1954
Braun, Altar	J. Braun, Der christliche Altar in seiner geschichtlichen Entwicklung, 2 Bde 1924
Braun, LH	J. Braun, Liturgisches Handlexikon, 2. Aufl. 1924
Braun, TA	J. Braun, Tracht und Attribute der Heiligen in der deutschen Kunst, 1943
BRL	K. Galling, Biblisches Reallexikon (HAT I, 1, 1937)
BRThAM	Bulletin des Recherches de Théologie Ancienne et Médiévale
BS	Bibliotheca Sacra
BSHPF	Bulletin de la Société de l'Histoire du Protestantisme Français
BSKG	Beiträge zur sächsischen Kirchengeschichte
BSLK	Die Bekenntnisschriften der lutherischen Kirche, hg. v. Deutschen Evangelischen Kirchenausschuß, 3. Aufl. 1956
BSO(A)S	Bulletin of the School of Oriental (Vol. 10ff: and African) Studies
BSRK	Die Bekenntnisschriften der reformierten Kirche, hg. v. E. F. K. Müller, 1903
BSt	Biblische Studien
BThH	Biblisch-Theologisches Handwörterbuch zur Lutherbibel und zu neueren Übersetzungen, hg. v. E. Osterloh u. H. Engelland, 1954
BThKG	Beiträge zur thüringischen Kirchengeschichte
Bultmann I. II	R. Bultmann, Glauben und Verstehen. Gesammelte Aufsätze, Bd 1, 2. unv. Aufl. 1954, Bd 2 1952
Bultmann, NT	R. Bultmann, Theologie des Neuen Testaments, 2. Aufl. 1954
Burrows, DSS	M. Burrows, The Dead Sea Scrolls (with translations by the author), 1955
Burrows, QMss	M. Burrows, The Dead Sea Scrolls of St. Mark's Monastery: Vol. I. The Isaiah Manuscript and the Habakuk Commentary, 1950, Vol. II. Fascicle 2. Plates and transcription of the Manual of Discipline, 1951
BWA(N)T	Beiträge zur Wissenschaft vom Alten (und Neuen) Testament
BWGN	Biographisch Woordenboek van Protestantsche Godgeleerden in Nederland, 1919ff
ByZ	Byzantinische Zeitschrift
BZ	Biblische Zeitschrift
BZAW	Beihefte zur Zeitschrift für die alttestamentliche Wissenschaft
BZNW	Beihefte zur Zeitschrift für die neutestamentliche Wissenschaft
BZRGG	Beihefte der Zeitschrift für Religions- und Geistesgeschichte
CA	Confessio Augustana
CahArch	Cahiers Archéologiques. Fin de l'Antiquité et Moyen Âge
Caspar I. II	E. Caspar, Geschichte des Papsttums von den Anfängen bis zur Höhe der Weltherrschaft, Bd 1. 2 1930. 1933
CathEnc	The Catholic Encyclopedia, 1907-1922
Catholicisme	Catholicisme hier, aujourd'hui, demain. Encyclopédie dirigée par G. Jacquanet, 1948ff
CBL	Calwer Bibellexikon, 4. Aufl. 1924
CBQ	The Catholic Biblical Quarterly
CCath	Corpus Catholicorum
CCHMA	Corpus Codicum Hebraicorum Medii Aevi
CChr	Corpus Christianorum
CConf	Corpus Confessionum. Die Bekenntnisse der Christenheit
CcW	Chronik der christlichen Welt
Chant	P. D. Chantepie de la Saussaye, Lehrbuch der Religionsgeschichte, 4. Aufl. hg. v. A. Bertholet u. E. Lehmann, 1925
Charles, AP	The Apocrypha and Pseudepigrapha of the Old Testament in English, ed. R. H. Charles, 1913
Chevalier	U. Chevalier, Répertoire des sources historiques du Moyen Âge (BB: Bio-Bibliographie, 2. Aufl. 1905-1907; TB: Topo-Bibliographie, 1894-1903)
ChH	Church History
ChQR	The Church Quarterly Review
Chr. d'Ég.	Chronique d'Égypte
ChrRel	Christus und die Religionen der Erde, 3 Bde, hg. v. F. König, 1951; ChrRel^2: 2. Aufl. 1956
ChuW	Christentum und Wissenschaft
ChW	Christliche Welt
CIC	Codex Iuris Canonici (c.[cc.] = canon[es])
CIG	Corpus Inscriptionum Graecarum
CIJ	J. B. Frey, Corpus Inscriptionum Judaicarum, Bd 1. 2 1936. 1948
CIL	Corpus Inscriptionum Latinarum
CIS	Corpus Inscriptionum Semiticarum

CKL	Calwer Kirchenlexikon, 1937. 1941
CN	Coniectanea Neotestamentica
COT	Commentaar op het Oude Testament, hg. v. G. Ch. Aalders
CorpIC	Corpus Iuris Canonici
CPL	Clavis Patrum Latinorum (ed. Decker)
CR	Corpus Reformatorum
CSCO	Corpus scriptorum Christianorum orientalium
CSEL	Corpus scriptorum ecclesiasticorum Latinorum
CSS	Cursus Scripturae Sacrae
DA	Deutsches Archiv für Geschichte des Mittelalters (1937-1943; seit 1950: für Erforschung des Mittelalters)
DAB	Dictionary of American Biography
DACL	F. Cabrol-H. Leclercq, Dictionnaire d'Archéologie Chrétienne et de Liturgie, 1907ff
DAFC	Dictionnaire Apologétique de la Foi Catholique, 1914-1931
Dalman, AuS	G. Dalman, Arbeit und Sitte in Palästina, 1928-1942
DB	A Dictionary of the Bible, ed. J. Hastings with assistance of J. A. Selbie, 1898-1904 (= 8.-13. Aufl. 1942-1951)
DBF	Dictionnaire de Biographie Française, 1933ff
DCB	Dictionary of Christian Biographie, Literature, Sects and Doctrines, 1877-1887
DDC	Dictionnaire de Droit Canonique, 1935ff
DdS	Dictionnaire de Sociologie, 1933ff
DDT	Denkmäler deutscher Tonkunst
DE	Deutsch-Evangelisch
DEBl	Deutsch-evangelische Blätter
DEG	Deutsches Evangelisches Gesangbuch
Deißmann, LvO	A. Deißmann, Licht vom Osten, 4. Aufl. 1923
Denz.	H. Denzinger, Enchiridion symbolorum et definitionum, 29. Aufl. 1954
DHC	P. Bayle, Dictionnaire Historique et Critique, 6. Aufl. Bd 1-4 1741
DHGE	Dictionnaire d'Histoire et de Géographie Ecclésiastiques, 1912ff
DJD	Discoveries in the Judaean Desert, Oxford 1955ff
DJZ	Deutsche Juristenzeitung
DLZ	Deutsche Literaturzeitung
DMM	Dictionary of Modern Music and Musicians, 1924
DNB	The Dictionary of National Biography, 1885ff
DOP	Dumbarton Oaks Papers
Doyé	F. v. Sales Doyé, Heilige und Selige der römisch-katholischen Kirche, deren Erkennungszeichen, Patronate und lebensgeschichtliche Bemerkungen, 2 Bde 1930
DSp	Dictionnaire de Spiritualité, Ascétique et Mystique, 1937ff
DTB	Denkmäler der Tonkunst in Bayern (= 2. Folge der Denkmäler deutscher Tonkunst)
DTh	Deutsche Theologie. Monatsschrift für die deutsche evangelische Kirche
DThC	Dictionnaire de Théologie Catholique, 1903ff
DTÖ	Denkmäler der Tonkunst in Österreich
DtPfrBl	Deutsches Pfarrerblatt
DTT	Dansk Teologisk Tidsskrift
DVfLG	Deutsche Vierteljahrsschrift für Literaturwissenschaft und Geistesgeschichte
DZKR	Deutsche Zeitschrift für Kirchenrecht
DZPh	Deutsche Zeitschrift für Philosophie
EAW	Einleitung in die Altertumswissenschaft, 3. Aufl. 1927ff
EB	Encyclopaedia Biblica, ed. T. K. Cheyne and J. Black, 1899-1903
EBrit	Encyclopaedia Britannica*)
EC	Enciclopedia Cattolica, Bd 1-12 1949 bis 1954
EHP	Encyklopädisches Handbuch der Pädagogik, hg. v. W. Rein, 1895-1910
EI^{1}	Enzyklopädie des Islam, Leiden. Leipzig 1913-1938
EI^{2}	Encyclopédie de l'Islam, nouv. éd., Leiden. Paris 1954ff
Eichmann-Mörsdorf	E. Eichmann - K. Mörsdorf, Lehrbuch des Kirchenrechts auf Grund des CIC, Bd 1-3 7. Aufl. 1953-1954
Eisler	R. Eisler, Wörterbuch der philosophischen Begriffe, 4. Aufl. 1927-1930
EitnerQ	R. Eitner, Biographisch-bibliographisches Quellenlexikon der Musiker und Musikgelehrten der christlichen Zeitrechnung bis zur Mitte des 19. Jh.s, 1900-1904
EJud	Encyclopaedia Judaica. Das Judentum in Geschichte und Gegenwart, Bd 1-10 1928-1934 (nicht vollständig)
EKG	Evangelisches Kirchengesangbuch
EKL	Evangelisches Kirchenlexikon. Kirchlich-theologisches Handwörterbuch, hg. v. H. Brunotte und O. Weber, 1955ff
Elert, ML	W. Elert, Morphologie des Luthertums, verb. Nachdr. 1952f
Éliade	M. Éliade, Die Religionen und das Heilige. Elemente der Religionsgeschichte, 1954 (Übers. von: Traité d'Histoire des Religions, 1949)
ELKZ	Evangelisch-lutherische Kirchenzeitung
EMM	Evangelisches Missionsmagazin
EMZ	Evangelische Missionszeitschrift
EphLiturg	Ephemerides Liturgicae
EphLov	Ephemerides Lovanienses
EPhM	Études de Philosophie Médiévale
Epit.	Epitome
ER	Ecumenical Review
Eranos	Eranos. Acta philologica suecana
ERE	Encyclopedia of Religion and Ethics, ed. J. Hastings, 1908-1926 (Nachdr. 1951)
ErJb	Eranos-Jahrbuch
Escobar	Ordini e Congregazioni religiose, hg. v. M. Escobar, Bd 1. 2 1951. 1953
ESL	Evangelisches Soziallexikon, hg. von F. Karrenberg, 1954
ESS	Encyclopedia of the Social Sciences, Bd 1-15 1930-1935
ET	The Expository Times
EThL	Ephemerides Theologicae Lovanienses
EThR	Etudes Théologiques et Religieuses
EuG	J. S. Ersch u. J. G. Gruber, Allgemeine Enzyklopädie der Wissenschaften und Künste, 1818-1889
EUI	Enciclopedia Universal Ilustrada Europeo-Americana, 1908-1933
EvFr	Evangelische Freiheit
EvTh	Evangelische Theologie
Exp	The Expositor
FA	Finanzarchiv

FBPG — Forschungen zur brandenburg-preußischen Geschichte
FC — Formula Concordiae
FChLDG — Forschungen zur christlichen Literatur- und Dogmengeschichte
Feine — H. E. Feine, Kirchliche Rechtsgeschichte, Bd 1, 3. Aufl. 1955
FF — Forschungen und Fortschritte
FFC — Folklore Fellows Communications
FGH — Fragmente der griechischen Historiker, hg. v. F. Jacoby, 1923 ff
FGLP — Forschungen zur Geschichte und Lehre des Protestantismus
FGNK — Forschungen zur Geschichte des neutestamentlichen Kanons
FHG — Fragmenta historicorum Graecorum, 1841-1870
FHR — Fontes historiae religionum, ed. C. Clemen
FKDG — Forschungen zur Kirchen- und Dogmengeschichte
FKGG — Forschungen zur Kirchen- und Geistesgeschichte
Frazer — J. G. Frazer, The Golden Bough, Vols 1 to 12, 3. ed. 1911-1927
Friedberg — E. Friedberg, Lehrbuch des katholischen und evangelischen Kirchenrechts, 6. Aufl. 1909
FRLANT — Forschungen zur Religion und Literatur des Alten und Neuen Testaments
FS — Franziskanische Studien
FSThR — Forschungen zur systematischen Theologie und Religionsphilosophie
F-T — A. Fischer - W. Tümpel, Das deutsche evangelische Kirchenlied des 17. Jh.s, Bd 1-6 1902-1916
GAL — C. Brockelmann, Geschichte der arabischen Literatur, 2. Aufl. 1943 f
GALS — Supplement zu GAL (1. Aufl.), 1937-1942
GB — W. Gesenius - F. Buhl, Hebräisches und Aramäisches Handwörterbuch, 17. Aufl. 1921 (unv. Nachdr. 1949)
GCAL — G. Graf, Geschichte der christlichen arabischen Literatur, Bd 1-5 1944-1953 (= StT 118. 133. 146 f. 172)
GCS — Die griechischen christlichen Schriftsteller der ersten Jahrhunderte
GdG — Grundriß der Geschichtswissenschaft*)
GdS — Grundriß der Sozialökonomik
Gebhard-Grundmann — B. Gebhardt, Handbuch der deutschen Geschichte, 8. Aufl. hg. v. H. Grundmann, 1954 ff
GG — Grundgesetz für die Bundesrepublik Deutschland vom 23. 5. 1949
GG — Grundriß zur Geschichte der deutschen Dichtung. Aus den Quellen von K. Goedeke*)
GGA — Göttingische Gelehrte Anzeigen
GM — Godsdiensten der Mensheid
Gn — Gnomon. Kritische Zeitschrift für die gesamte klassische Altertumswissenschaft
GPr — Gymnasialprogramm
Grabmann — M. Grabmann, Geschichte der scholastischen Methode, Bd 1. 2 1909. 1911 (unv. Nachdr. 1956)
GrKat — Großer Katechismus
GThT — Gereformeerd Theologisch Tijdschrift
Haller — J. Haller, Das Papsttum. In 5 Bden verb. u. erg. Aufl. 1950-1953
HAOG — A. Jeremias, Handbuch der altorientalischen Geisteskultur, 2. Aufl. 1929
Harnack, DG — A. v. Harnack, Lehrbuch der Dogmengeschichte, 4. Aufl. 1909 f (= 5. Aufl. 1931 f)
HAT — Handbuch zum Alten Testament, hg. v. O. Eißfeldt
Hauck — A. Hauck, Kirchengeschichte Deutschlands, Bd 1-4 3./4. Aufl., Bd 5, 1. 2 1./2. Aufl. 1904-1920 (= Bd 1 7. Aufl., Bd 2-4 6. Aufl., Bd 5, 1. 2 5. Aufl. 1952)
HAW — Handbuch der Altertumswissenschaft, begr. v. I. v. Müller, neu hg. v. W. Otto, 1929 ff
HB — E. Hübner, Bibliographie der klassischen Altertumswissenschaft, 2. Aufl. 1889
HBK — Herders Bibelkommentar, hg. v. E. Kalt u. W. Lauck
HBLS — Historisch-biographisches Lexicon der Schweiz, Bd 1-7 und Suppl., 1921-1934
HC — Hand-Commentar zum Neuen Testament
HDEKM — Handbuch der deutschen evangelischen Kirchenmusik, 1935 ff
HDG — Handbuch der Dogmengeschichte, hg. v. M. Schmaus, J. Geiselmann und H. Rahner, 1951 ff
HdR — Handwörterbuch der Rechtswissenschaft, hg. v. F. Stier-Somlo u. A. Elster, 1925 bis 1931
Hefele — C. J. Hefele, Conciliengeschichte, Bd 1-7, fortgesetzt v. J. Hergenröther, Bd 8. 9 1855-1874. 1887. 1890; Hefele[2]: 2. Aufl. Bd 1-4 1873-1879; Bd 5. 6 besorgt v. A. Knöpfler, 1886. 1890
Heimbucher — M. Heimbucher, Die Orden und Kongregationen der katholischen Kirche, 3. Aufl. 1933 f
Helyot — P. Helyot, Dictionnaire des Ordres Religieux, publ. par J. P. Migne, 1847-1859
Hennecke[2] — Neutestamentliche Apokryphen in deutscher Übersetzung, hg. v. E. Hennecke, 2. Aufl. 1924; Hennecke[3]: 3. Aufl., hg. v. W. Schneemelcher, 1958 f
Hennecke, Hdb. — Handbuch zu den neutestamentlichen Apokryphen, hg. v. E. Hennecke, 1904
HerKorr — Herder-Korrespondenz
Hermelink I-III — H. Hermelink, Das Christentum in der Menschheitsgeschichte von der französischen Revolution bis zur Gegenwart, Bd 1-3 1951-1952
Hermes — Hermes. Zeitschrift für klassische Philologie
HGR — Histoire Générale des Religions, Bd 1-5 1948-1952
HJ — Historisches Jahrbuch der Görres-Gesellschaft
HibJ — The Hibbert Journal. A quarterly review of religion, theology and philosophy
HIM — Handbuch der Inneren Mission, 1925 ff
Hirsch I-V — E. Hirsch, Geschichte der neuern evangelischen Theologie im Zusammenhang mit den allgemeinen Bewegungen des europäischen Denkens, Bd 1-5 1949 bis 1954
HIsl — Handwörterbuch des Islam, hg. v. A. J. Wensinck u. J. H. Kramers, 1941
HK — Handkommentar zum Alten Testament, hg. v. W. Nowack
HKG — Handbuch der Kirchengeschichte, hg. v. G. Krüger, 2. Aufl. 1923-1931
HKultG — Handbuch der Kulturgeschichte

HLW Handbuch der Literaturwissenschaft, hg. v. O. Walzel, 1923ff
HM Hallische Monographien
HN H. Hurter, Nomenclator literarius theologiae catholicae, ed. 3. 1903–1913
HNT Handbuch zum Neuen Testament, begr. v. H. Lietzmann, hg. v. G. Bornkamm
HO Handbuch der Orientalistik, hg. von B. Spuler, 1948ff
Holl I-III K. Holl, Gesammelte Aufsätze zur Kirchengeschichte, Bd 1 6. Aufl. 1932 (= 7. Aufl. 1948), Bd 2. 3 1928
Holweck F. G. Holweck, A Biographical Dictionary of the Saints, 1924
HPäd Handbuch der Pädagogik, hg. v. H. Nohl u. L. Pallat, 1928–1933
HPBl Historisch-politische Blätter für das katholische Deutschland
HPh Handbuch der Philosophie, hg. v. A. Baeumler u. M. Schröter, 1927ff
HRW(L) Handbuch der Religionswissenschaft, hg. v. J. Leipoldt, 1922
HRW(M) Handbuch der Religionswissenschaft, hg. v. G. Mensching, 1948ff
HS Horae Soederblomianae
HSAT Die Heilige Schrift des Alten Testaments, ... übers. v. E. Kautzsch, 4. Aufl. hg. v. A. Bertholet, 1922f
HSchAT Die Heilige Schrift des Alten Testaments, hg. v. F. Feldmann u. H. Herkenne
HThK Herders Theologischer Kommentar, hg. v. A. Wikenhauser
HThR The Harvard Theological Review
HUCA Hebrew Union College Annual
Hutten K. Hutten, Seher-Grübler-Enthusiasten. Sekten und religiöse Sondergemeinschaften der Gegenwart, 4. Aufl. 1954
HV Historische Vierteljahrsschrift
HWBW Handwörterbuch der Betriebswirtschaft*)
HWDA Handwörterbuch des deutschen Aberglaubens, hg. v. H. Bächtold-Stäubli, 1927–1942
HWS Handwörterbuch der Soziologie, hg. v. A. Vierkandt, 1931
HWSt Handwörterbuch der Staatswissenschaften, hg. v. L. Elster, 4. Aufl. 1923–1929 (vgl. HWSW)
HWSW Handwörterbuch der Sozialwissenschaften, hg. v. E. v. Beckerath u. a., 1952ff (Neuaufl. des HWSt)
HZ Historische Zeitschrift
JA Journal Asiatique
Jaffé Ph. Jaffé, Regesta pontificum Romanorum ab condita ecclesia ad annum 1198, Bd 1.2 2. Aufl. 1885–1888
JAOS The Journal of the American Oriental Society
JB Theologischer Jahresbericht
JBL Journal of Biblical Literature and Exegesis
JbNSt Jahrbücher für Nationalökonomie und Statistik
JbP Jahrbuch der Musikbibliothek Peters
JBR The Journal of Bible and Religion
JBrKG Jahrbuch für brandenburgische Kirchengeschichte
ICC The International Critical Commentary of the Holy Scriptures of the Old and New Testament
JCS Journal of Cuneiform Studies
JdI Jahrbuch des Deutschen Archäologischen Instituts
JDTh Jahrbücher für deutsche Theologie
JEA The Journal of Egyptian Archaeology
JEH The Journal of Ecclesiastical History
IEJ Israel Exploration Journal
JEOL Jaarbericht ... Ex Oriente Lux
JerB Bible de Jérusalem
JewEnc The Jewish Encyclopedia, 1901–1906
JGNKG Jahrbuch der Gesellschaft für niedersächsische Kirchengeschichte
JGPrÖ Jahrbuch der Gesellschaft für die Geschichte des Protestantismus in Österreich
JHS The Journal of Hellenic Studies
JJS The Journal of Jewish Studies
JK Junge Kirche
IKZ Internationale Kirchliche Zeitschrift
ILCV Inscriptiones Latinae Christianae Veteres, ed. Diehl, Bd 1–3 1925–1931
JLH Jahrbuch für Liturgik und Hymnologie
JLW Jahrbuch für Liturgiewissenschaft
JNES Journal of Near Eastern Studies
Inst. J. Calvin, Christianae Religionis Institutio
IntB The Interpreter's Bible, ed. N. B. Harmon
Jöcher Allgemeines Gelehrten-Lexicon, hg. v. Chr. G. Jöcher, Bd 1–4 1750f; Forts. u. Ergänzung v. J. Chr. v. Adelung, fortges. v. W. Rotermund Bd 1–6 1784 bis 1819; Bd 7, hg. v. O. Günther, 1897
JPOS Journal of the Palestine Oriental Society
JpTh Jahrbücher für protestantische Theologie
JQR The Jewish Quarterly Review
JR Journal of Religion
JRAS Journal of the Royal Asiatic Society of Great Britain
IRM The International Review of Missions
JRomS Journal of Roman Studies
JSOR Journal of the Society of Oriental Research
JSS Journal of Semitic Studies
JThS The Journal of Theological Studies
Judaica Judaica. Beiträge zum Verständnis des jüdischen Schicksals in Vergangenheit und Gegenwart
JüdLex Jüdisches Lexikon, 1927–1930
IZBG Internationale Zeitschriftenschau für Bibelwissenschaft und Grenzgebiete
KÅ Kyrkohistorisk Årsskrift
KantSt Kant-Studien. Philosophische Zeitschrift
KAT Kommentar zum Alten Testament, hg. v. E. Sellin
KAT³ E. Schrader, Die Keilinschriften und das Alte Testament, 3. Aufl. 1903
Kautzsch, AP Die Apokryphen und Pseudepigraphen des Alten Testaments, (in deutscher Übersetzung) hg. v. E. Kautzsch, 1900 (= 1921)
KB Keilinschriftliche Bibliothek
KBL L. Koehler-W. Baumgartner, Lexicon in Veteris Testamenti libros, 1953
KeH Kurzgefaßtes exegetisches Handbuch zum Alten Testament
KfS Kölner Zeitschrift für Soziologie und Sozialpsychologie
KH Kirchliches Handbuch für das katholische Deutschland
KHC Kurzer Hand-Commentar zum Alten Testament, hg. v. K. Marti
KJ Kirchliches Jahrbuch für die evangelische Kirche in Deutschland

Kittel, GVI	R. Kittel, Geschichte des Volkes Israel, Bd 1 5./6. Aufl. 1923, Bd 2 6. Aufl. 1925, Bd 3, 1.2 2. Aufl. 1927. 1929
KL	Wetzer u. Welte's Kirchenlexikon, 2. Aufl. 1882–1899
KLNM	Kulturhistorisk Lexikon för Nordisk Medeltid, 1956ff
KlT	Kleine Texte für theologische und philologische Vorlesungen und Übungen, begr. v. H. Lietzmann, hg. v. K. Aland
KmJb	Kirchenmusikalisches Jahrbuch
KNT	Kommentar zum Neuen Testament, hg. v. Th. Zahn
KO	Kirchenordnung
Koch	E. E. Koch, Geschichte des Kirchenliedes, 3. Aufl. 1866–1887
KRA	Kirchenrechtliche Abhandlungen
KuD	Kerygma und Dogma
Kümmerle	Encyclopädie der evangelischen Kirchenmusik, bearb. u. hg. v. S. Kümmerle, Bd 1–4 1888–1895
Künstle I. II	K. Künstle, Ikonographie der christlichen Kunst, Bd 1. 2 1926. 1928
KVR	Kleine Vandenhoeck-Reihe
Landgraf	A. M. Landgraf, Dogmengeschichte der Frühscholastik, 1952ff
Latourette I-VII	K. S. Latourette, A History of the Expansion of Christianity, Bd 1–7 1937–1945
Latourette, Gesch.	K. S. Latourette, Geschichte der Ausbreitung des Christentums, 1956 (gekürzte dt. Ausg. von Latourette I-VII)
LChW	The Lutheran Churches of the World, ed. A. R. Wentz, 1952
LD	Das Erbe deutscher Musik, hg. im Auftrag des Staatlichen Instituts für Musikforschung, 1935ff. Reihe II: Landschaftsdenkmale (vgl. RD)
van der Leeuw	G. van der Leeuw, Phänomenologie der Religion, 2. Aufl. 1956
Leiturgia	Leiturgia. Handbuch des evangelischen Gottesdienstes, 1954ff
LJ	Liturgisches Jahrbuch
Liermann	H. Liermann, Deutsches evangelisches Kirchenrecht, 1933
Lietzmann I-IV	H. Lietzmann, Geschichte der alten Kirche, Bd 1 2. Aufl. 1937 (= 3. Aufl. 1953), Bd 2–4 1936–1944 (= 2. Aufl. 1953)
Loofs$^{4.5}$	F. Loofs, Leitfaden zum Studium der Dogmengeschichte, 4. Aufl. 1906; 5. Aufl. hg. v. K. Aland, 1950ff
LPäd(B)	Lexikon der Pädagogik, Bern 1950–1952
LPäd(F)	Lexikon der Pädagogik, Freiburg 1952ff
LR	Lutherische Rundschau
LThK	Lexikon für Theologie und Kirche, hg. v. M. Buchberger, 2. Aufl. 1930–1938
LUÅ	Lunds Universitets Årsskrift
Lübker	F. Lübker, Reallexikon des klassischen Altertums, 8. Aufl. 1914
LuJ	Luther-Jahrbuch
LuM	Liturgie und Mönchtum
Luthertum	Luthertum (= NF der Neuen kirchlichen Zeitschrift; 45–53, 1934–1942)
Luthertum	Luthertum. Eine Schriftenreihe, 1951ff
LZ	Literarisches Zentralblatt
MAA	Medede(e)lingen der koninklijke nederlands(ch)e Akademie van Wetenschappen. Amsterdam
MAB	Mémoires de l'Académie Royale de Langue et de Littérature Française de Belgique. Bruxelles
MAMA	Monumenta Asiae Minoris Antiqua
Manitius	M. Manitius, Geschichte der lateinischen Literatur des Mittelalters, 1911–1931
Mansi	J. D. Mansi, Sacrorum conciliorum nova et amplissima collectio, Bd 1–31 1759 bis 1798, Neudr. u. Forts. 1900ff
MAOG	Mitteilungen der Altorientalischen Gesellschaft
MAR	The Mythology of All Races, ed. L. H. Gray, Bd 1–12 1916–1931
MDOG	Mitteilungen der Deutschen Orientgesellschaft
MeyerG	E. Meyer, Geschichte des Altertums*)
MeyerK	Kritisch-exegetischer Kommentar über das Neue Testament, begr. v. H. A. W. Meyer
MfM	Monatshefte für Musikgeschichte
MG	Monumenta Germaniae historica
MG AA	MG Auctores antiquissimi
MG DD	MG Diplomata
MG Epp	MG Epistulae
MG SS	MG Scriptores
MG PL	MG Poetae Latinae
MGG	Die Musik in Geschichte und Gegenwart, 1949ff
MGkK	Monatsschrift für Gottesdienst und kirchliche Kunst
MGWJ	Monatsschrift für Geschichte und Wissenschaft des Judentums
MIÖG	Mitteilungen des Instituts für österreichische Geschichtsforschung
MIOr	Mitteilungen des Instituts für Orientforschung
Mirbt	C. Mirbt, Quellen zur Geschichte des Papsttums und des römischen Katholizismus, 4. Aufl. 1924 (= 5. Aufl. 1934)
MkPr	Monatsschrift für kirchliche Praxis
MNDPV	Mitteilungen und Nachrichten des Deutschen Palästinavereins
MO	Le Monde Oriental
Moffatt, NTC	The Moffatt New Testament Commentary
Moser	H. J. Moser, Musiklexikon, 1951^{3}
Mowinckel I-IV	S. Mowinckel, Psalmenstudien I-IV, 1921 bis 1924
MPG	J. P. Migne, Patrologiae cursus completus, series Graeca
MPL	J. P. Migne, Patrologiae cursus completus, series Latina
MPTh	Monatsschrift für Pastoraltheologie
MR	Mythes et Religion
MS	Mediaeval Studies
MSR	Mélanges de Science Religieuse
MThS	Münchener Theologische Studien
MThZ	Münchener Theologische Zeitschrift
MuK	Musik und Kirche
Mulert-Schott	H. Mulert - E. Schott, Konfessionskunde. Die christlichen Kirchen und Sekten heute, 3. Aufl. 1956
Muséon	Le Muséon. Revue d'Études Orientales
MV(Ä)G	Mitteilungen der Vorderasiatisch(-Ägyptisch)en Gesellschaft
NA	Neues Archiv der Gesellschaft für ältere deutsche Geschichtskunde
NAG	Nachrichten von der (ab 1945: der) Akademie der Wissenschaften in Göttingen (bis 1940: NGG)

NAKG	Nederlandsch Archief voor Kerkgeschiedenis
NAMZ	Neue Allgemeine Missionszeitschrift
NBD	Nuntiaturberichte aus Deutschland, ed. W. Friedensburg
NC	La Nouvelle Clio
NDB	Neue Deutsche Biographie, 1953 ff
NedThT	Nederlands Theologisch Tijdschrift
Nelle	W. Nelle, Geschichte des deutschen evangelischen Kirchenliedes, 1909
NGG	Nachrichten von der Gesellschaft der Wissenschaften zu Göttingen (ab 1941: NAG)
Niesel, BS	Bekenntnisschriften und Kirchenordnungen der nach Gottes Wort reformierten Kirche, hg. v. W. Niesel, 1938 (= 3. Aufl. o. J.)
Niesel, Symb	W. Niesel, Das Evangelium und die Kirchen. Ein Lehrbuch der Symbolik, 1953
NKZ	Neue kirchliche Zeitschrift
NNBW	Nieuw Nederlandsch Biographisch Woordenboek, uitg. door P. C. Molhuysen e. a., 10 Bde 1911–1933
Noth, GI	M. Noth, Geschichte Israels, 2. Aufl. 1954
Noth, Pers	M. Noth, Die israelitischen Personennamen im Rahmen der gemein-semitischen Namengebung (BWANT III, 10), 1929
Noth, ÜPent	M. Noth, Überlieferungsgeschichte des Pentateuch, 1948
Noth, ÜSt	M. Noth, Überlieferungsgeschichtliche Studien I. Die sammelnden und bearbeitenden Geschichtswerke im Alten Testament (SGK 18, 2), 1943
Noth, WAT	M. Noth, Die Welt des Alten Testamentes, 2. Aufl. 1953; Noth, WAT^{3}: 3. Aufl. 1957
NovTest	Novum Testamentum. An international quarterly for New Testament and related studies
NRTh	Nouvelle Revue Théologique
NSNU	Nuntius Sodalicii Neotestamentici Upsaliensis
NSR	Neue Schweizer Rundschau
NTA	Neutestamentliche Abhandlungen
NTD	Das Neue Testament Deutsch (Neues Göttinger Bibelwerk), hg. v. P. Althaus u. J. Behm
NThS	Nieuwe Theologische Studiën
NThT	Nieuw Theologisch Tijdschrift
NTS	New Testament Studies
NTT	Norsk Teologisk Tidsskrift
NTU	Nordisk Teologisk Uppslagsbok, 1948 bis 1956
Numen	Numen. International Review for the History of Religions
NZM	Neue Zeitschrift für Missionswissenschaft
ÖP	Ökumenische Profile
OLZ	Orientalistische Literaturzeitung
Or	Orientalia. Commentarii periodici Pontificii Instituti Biblici
OrChr	Oriens Christianus
OrChrP	Orientalia Christiana periodica
OTS	Oudtestamentische Studiën
PädLex	Pädagogisches Lexikon, hg. v. H. Schwartz, 1928–1931
PäM	Publikationen älterer Musik
Paideuma	Paideuma. Mitteilungen zur Kulturkunde
PalMus	Paléographie Musicale
v. Pastor	L. v. Pastor, Geschichte der Päpste*

PBl	Pastoralblätter
PEFQSt	Palestine Exploration Fund Quarterly Statement
PEQ	Palestine Exploration Quarterly
PhG	Philosophie und Geschichte. Eine Sammlung von Vorträgen und Schriften aus dem Gebiet der Philosophie und Geschichte
PhJ	Philosophisches Jahrbuch
Philologus	Philologus. Zeitschrift für das klassische Altertum
PhLA	Philosophischer Literaturanzeiger
PhR	Philosophische Rundschau
PJ	Palästinajahrbuch
Plöchl	W. Plöchl, Geschichte des Kirchenrechts, Bd 1. 2 1953. 1955
PO	Patrologia Orientalis
Potthast	A. Potthast, Bibliotheca historica medii aevi, 2. Aufl. 1896
PrBl	Protestantenblatt
PrJ	Preußische Jahrbücher
PrM	Protestantische Monatshefte
Proph.	Prophezei. Schweizerisches Bibelwerk für die Gemeinde
Prümm	K. Prümm, Religionsgeschichtliches Handbuch für den Raum der altchristlichen Welt, 1943 (Neudr. 1954)
PS	Patrologia Syriaca
PsR	Psychologische Rundschau
PW	A. Pauly-G. Wissowa, Real-Encyclopädie der klassischen Altertumswissenschaft, NB 1894 ff
QDAJ	The Quarterly of the Department of Antiquities in Jordanie
QDAP	The Quarterly of the Department of Antiquities in Palestine
QFIAB	Quellen und Forschungen aus italienischen Archiven und Bibliotheken
QFRG	Quellen und Forschungen zur Reformationsgeschichte
QKK	Quellen zur Konfessionskunde
QRG	Quellen zur Religionsgeschichte
Quasten	J. Quasten, Patrology, Vol. 1. 2 1950. 1953
RA	Revue d'Assyriologie et d'Archéologie Orientale
RAC	Reallexikon für Antike und Christentum, hg. v. Th. Klauser, 1941 ff
RÄRG	H. Bonnet, Reallexikon der ägyptischen Religionsgeschichte, 1953
RB	Revue Biblique
RD	Das Erbe deutscher Musik, hg. im Auftrag des Staatlichen Instituts für Musikforschung, 1935 ff. Reihe I: Reichsdenkmale (vgl. LD)
RBén	Revue Bénédictine
RDK	Reallexikon zur deutschen Kunstgeschichte, begonnen v. O. Schmitt, hg. v. E. Gall u. L. H. Heydenreich, 1937 ff
RDL	Reallexikon der deutschen Literaturgeschichte, hg. v. P. Merker u. W. Stammler, 1925–1931 (RDL^{2}: 2. Aufl. neu bearb. u. hg. v. W. Kohlschmidt u. W. Mohr, 1955 ff)
RE	Realencyklopädie für protestantische Theologie und Kirche, 3. Aufl. 1896 bis 1913
REByz	Revue des Études Byzantines
RechSR	Recherches de Science Religieuse
REI	Revue des Études Islamiques
REJ	Revue des Études Juives

RepBibl F. Stegmüller, Repertorium Biblicum Medii Aevi, Bd. 1-5 1950-1955
RepGerm Repertorium Germanicum, 1916-1943
RES Revue des Études Sémitiques
RevArch Revue Archéologique
RevHist Revue Historique
RevSR Revue des Sciences Religieuses
RG Religion und Geisteskultur
RGA Reallexikon der germanischen Altertumskunde, hg. v. J. Hoops, 1911-1919
RGG[1.2] Die Religion in Geschichte und Gegenwart, 1. Aufl. 1909-1913, 2. Aufl. 1927 bis 1932
RGL Religionsgeschichtliches Lesebuch, hg. v. A. Bertholet, 2. Aufl. 1926ff
RGST Reformationsgeschichtliche Studien und Texte
RHE Revue d'Histoire Ecclésiastique
RheinMus Rheinisches Museum für Philologie
RHPhR Revue d'Histoire et de Philosophie Religieuses
RHR Revue de l'Histoire des Religions
Richter-Dove-Kahl E. L. Richter - R. W. Dove - W. Kahl, Lehrbuch des katholischen und evangelischen Kirchenrechts, 8. Aufl. 1886
Rießler P. Rießler, Altjüdisches Schrifttum außerhalb der Bibel, 1928
Rietschel-Graff G. Rietschel, Lehrbuch der Liturgik, 2. Aufl. hg. v. O. Graff, 1951f
RIPh Revue Internationale de Philosophie
RITh Revue Internationale de Théologie
RitRom Rituale Romanum
Ritschl I-IV O. Ritschl, Dogmengeschichte des Protestantismus, Bd 1-4 1908-1924
RivAC Rivista di Archeologia Cristiana
RKZ Reformierte Kirchenzeitung
RLA Reallexikon der Assyriologie, hg. v. E. Ebeling u. B. Meißner, 1932ff
RLV Reallexikon der Vorgeschichte, hg. v. M. Ebert, 1924-1932
RM Römische Mitteilungen des Deutschen Archäologischen Instituts
RMAL Revue de Moyen-Âge Latin
RoB Religion och Bibel, Nathan Söderblomsällskapets årsbok
ROC Revue de l'Orient Chrétien
Roscher Ausführliches Lexikon der griechischen und römischen Mythologie, hg. v. H. W. Roscher, 1884-1937
RQ Römische Quartalschrift für christliche Altertumskunde und für Kirchengeschichte
RR Review of Religion
RSF Rivista di Storia della Filosofia
RSPhTh Revue des Sciences Philosophiques et Théologiques
RThAM Recherches de Théologie Ancienne et Médiévale
RThom Revue Thomiste
RThPh Revue de Théologie et de Philosophie
RV Religionsgeschichtliche Volksbücher
RVV Religionsgeschichtliche Versuche und Vorarbeiten
SAB Sitzungsberichte der Deutschen (bis 1944: Preußischen) Akademie der Wissenschaften zu Berlin
Saeculum Saeculum. Jahrbuch für Universalgeschichte
SAH Sitzungsberichte der Heidelberger Akademie der Wissenschaften. Heidelberg
SAM Sitzungsberichte der Bayerischen Akademie der Wissenschaften. München
SAT Die Schriften des Alten Testaments in Auswahl übers. u. erkl. v. H. Gunkel u. a., 2. Aufl. 1920-1925
SAW Sitzungsberichte der (ab 225, 1, 1947: Österreichischen) Akademie der Wissenschaften in Wien
SBB Soncino Books of the Bible, ed. A. Cohen
SBE The Sacred Books of the East, ed. F. M. Müller, 1879-1910
SBOT The Sacred Books of the Old Testament, ed. P. Haupt
SBU Svensk Biblisk Uppslagsverk, hg. v. I. Engnell u. A. Fridrichsen, 1948-1952
SC Sources Chrétiennes. Collection dirigée par H. Lubac et J. Daniélou, 1943ff
Schl. Bibliographie zur deutschen Geschichte im Zeitalter der Glaubensspaltung 1517-1585, hg. v. K. Schottenloher, 1933-1940 (= 2., unv. Aufl. 1956ff)
SchmJb Schmollers Jahrbuch für Gesetzgebung, Verwaltung und Volkswirtschaft
Schol. Scholastik. Vierteljahresschrift für Theologie und Philosophie
Schürer E. Schürer, Geschichte des jüdischen Volkes im Zeitalter Jesu Christi, Bd 1 3./4. Aufl. 1901, Bd 2.3 4. Aufl. 1907. 1909
SD Solida Declaratio
SDF Funk & Wagnalls Standard Dictionary of Folklore, Mythology and Legend, 2 Bde 1949f
SDGSTh Studien zur Dogmengeschichte und systematischen Theologie
SE Sacris Erudiri. Jaarboek voor Godsdienstwetenschapen
SEÅ Svensk Exegetisk Årsbok
Seeberg, DG R. Seeberg, Lehrbuch der Dogmengeschichte, Bd 1.2 3. Aufl. 1922f, Bd 3. 4,1 4. Aufl. 1930. 1933, Bd 4,2 2. Aufl. 1920 (Bd 1-4 Neudr. 1953)
Sehling E. Sehling, Die evangelischen Kirchenordnungen der Reformationszeit, Bd 1 bis 5 1902-1913, Bd 6,1ff 1955ff
Semitica Semitica. Cahiers publiées par l'Institut d'Études Sémitiques de l'Université de Paris
Seppelt F. X. Seppelt, Geschichte der Päpste von den Anfängen bis zur Mitte des 20. Jh.s*)
SG Sammlung Göschen
SGK Schriften der Königsberger Gelehrten Gesellschaft. Königsberg
SGV Sammlung gemeinverständlicher Vorträge und Schriften aus dem Gebiet der Theologie und Religionsgeschichte
SHVL Skrifter utgivna av Kungl. Humanistiska Vetenskapssamfundet i Lund
SIMG Sammelbände der Internationalen Musikgesellschaft
SJTh The Scottish Journal of Theology
SKZ Schweizerische Kirchenzeitung
SMSR Studi e Materiali di Storia delle Religioni
SNT Die Schriften des Neuen Testaments übers. u. erkl. v. J. Weiß u. a., 3. Aufl. 1917
SNVAO Skrifter utgitt av Det Norske Videnskaps-Akademi i Oslo
SO Symbolae Osloenses
SQS Sammlung ausgewählter kirchen- und dogmengeschichtlicher Quellenschriften

ST	Sammlung Töpelmann (Die Theologie im Abriß)
Stählin	O. Stählin, Die altchristliche griechische Literatur (= Geschichte der griechischen Literatur, hg. v. W. v. Christ, Bd II, 2 6. Aufl. 1924)
StC	Studia Catholica
StD	Studies and Documents
StGB	Strafgesetzbuch
SThKAB	Schriften des Theologischen Konvents Augsburgischen Bekenntnisses
SThZ	Schweizerische Theologische Zeitschrift
StL	Staatslexikon, hg. v. H. Sacher, 5. Aufl. 1926–1932
StML	Stimmen aus Maria-Laach
StMw	Studien zur Musikwissenschaft. Beihefte der Denkmäler der Tonkunst in Österreich
StOr	Studia Orientalia
StPO	Strafprozeßordnung
Strack, Einl.	H. L. Strack, Einleitung in Talmud und Midraš, 5. Aufl. 1921
Strieder	F. W. Strieder, Grundlage zu einer hessischen Gelehrten- und Schriftstellergeschichte, Bd 1–21 1781–1861
StrThS	Straßburger Theologische Studien
StT	Studi e Testi
StTh	Studia Theologica
Stutz	U. Stutz, Kirchenrecht (Enzyklopädie der Rechtswissenschaft Bd 5), 1914
StZ	Stimmen der Zeit
Sukenik, DSS	E. L. Sukenik, The Dead Sea Scrolls of the Hebrew University, Jerusalem 1955 (engl. Ausg. von ʿÔṣăr hămm^{e}gillôt hăgg^{e}nûzôt šæbbîdê ha'ûnîbersîṭâ haʿibrît [Der Schatz der verborgenen Handschriften im Besitz der hebräischen Universität], 1954)
SVRG	Schriften des Vereins für Reformationsgeschichte
SVSL	Skrifter utgivna av Vetenskaps-Societeten i Lund
SvTK	Svensk Teologisk Kvartalskrift
SyBU	Symbolae Biblicae Upsalienses
Syria	Syria. Revue d'art orientale et d'archéologie
TCERK	Twentieth Century Encyclopedia of Religious Knowledge, 2 Bde 1955
TeU	Tekst en Uitleg
TGI	K. Galling, Textbuch zur Geschichte Israels, 1950
ThA	Theologische Arbeiten
ThAthen	ΘΕΟΛΟΓΙΑ (Theologia), Athen
ThB	Theologische Bücherei
ThBl	Theologische Blätter
Theophaneia	Theophaneia. Beiträge zur Religions- und Kirchengeschichte des Altertums
ThEx	Theologische Existenz heute
ThF	Theologische Forschung. Wissenschaftliche Beiträge zur kirchlich-evangelischen Lehre
ThGl	Theologie und Glaube
ThHK	Theologischer Handkommentar zum Neuen Testament
Thielicke, ThE	H. Thielicke, Theologische Ethik, Bd 1 1951, Bd 2, 1 1955
ThLBl	Theologisches Literaturblatt
ThLZ	Theologische Literaturzeitung
ThoT	Theology of Today
ThQ	Theologische Quartalschrift
ThR	Theologische Rundschau
ThRv	Theologische Revue
ThSt	Theological Studies
ThSt(B)	Theologische Studien, hg. v. K. Barth
ThStKr	Theologische Studien und Kritiken
ThT	Theologisch Tijdschrift
ThViat	Theologia Viatorum. Jahrbuch der Kirchlichen Hochschule Berlin
ThW	Theologisches Wörterbuch zum Neuen Testament, begr. v. G. Kittel, hg. v. G. Friedrich, 1933 ff
ThZ	Theologische Zeitschrift
TPh	Tijdschrift voor Philosophie
TSt	Texts and Studies
TT	Teologisk Tidsskrift
TThS	Trierer Theologische Studien
TThZ	Trierer Theologische Zeitschrift
TU	Texte und Untersuchungen zur Geschichte der altchristlichen Literatur
UdG	W. Schmidt, Der Ursprung der Gottesidee, Bd 1–12 1912–1955; Bd 1 2. Aufl. 1926
Ü	F. Überweg, Grundriß der Geschichte der Philosophie, 12. Aufl. 1923–1951
UJE	The Universal Jewish Encyclopedia, ed. L. Landman, 1948
UNT	Untersuchungen zum Neuen Testament
UUÅ	Uppsala Universitets Årsskrift
VAA	Verhandelingen der koninklijke (ab NR 40, 1938: nederlands[ch]e) Akademie van Wetenschappen. Amsterdam
VAB	Vorderasiatische Bibliothek
VD	Verbum Domini
VEGL	Veröffentlichungen der Evangelischen Gesellschaft für Liturgieforschung
VerfLex	Die deutsche Literatur des Mittelalters. Verfasserlexikon. Begr. v. W. Stammler, hg. v. K. Langosch
VF	Verkündigung und Forschung
VfM	Vierteljahresschrift für Musikwissenschaft
VigChr	Vigiliae Christianae
VSB	Vies des Saints et des Bienheureux selon d'ordre du Calendrier avec l'historique des Fêtes, Bd 1–11 1935–1954 (Bd 12 folgt)
VT	Vetus Testamentum
WA	M. Luther, Werke. Kritische Gesamtausgabe (»Weimarer Ausgabe«), 1883 ff
WAB	M. Luther, Werke. Kritische Gesamtausgabe. Briefwechsel, 1930 ff
Wach, Relsoz.	J. Wach, Religionssoziologie (nach der 4. [engl.] Aufl. übers.), 1951
Wach, Types	J. Wach, Types of religious experience, Christian and non-Christian, 1951
WADB	M. Luther, Werke. Kritische Gesamtausgabe. Die Deutsche Bibel, 1906 ff
WATR	M. Luther, Werke. Kritische Gesamtausgabe. Tischreden, 1912 ff
Wattenbach	W. Wattenbach, Deutschlands Geschichtsquellen im Mittelalter bis zur Mitte des 13. Jh.s, Bd I 7. Aufl. 1904, Bd II 6. Aufl. 1894
Wattenbach-Holtzmann	W. Wattenbach, Deutschlands Geschichtsquellen im Mittelalter. Deutsche Kaiserzeit, hg. v. R. Holtzmann, Bd I, 1–4 2. Aufl. 1938–1943 (3., unv. Aufl. 1948)
Wattenbach-Levison	W. Wattenbach, Deutschlands Geschichtsquellen im Mittelalter. Vorzeit und Karolinger, bearb. v. W. Levison. H. 1 Die Vorzeit von den Anfängen bis zur Herrschaft der Karolinger, 1952; H. 2 Die Karolinger vom Anfang des 8. Jh.s

	bis zum Tode Karls d. Gr., bearb. v. W. Levison u. H. Löwe, 1953; H. 3 Die Karolinger nach dem Tode Karls d. Gr., bearb. v. H. Löwe, 1957; Beiheft: R. Buchner, Die Rechtsquellen, 1953
Watterich	J. M. Watterich, Pontificum Romanorum qui fuerunt inde ab exeunte saec. IX usque ad finem saec. XIII vitae, Bd 1. 2 1862
WBKL	Wiener Beiträge zur Kulturgeschichte und Linguistik
WC	Westminster Commentaries
WChH	World Christian Handbook, ed. E. J. Bingle and K. G. Grubb, 1952
WES	The Wisdom of the East Series
WI	Welt des Islams
Will	G. A. Will, Nürnbergisches Gelehrten-Lexikon, fortges. v. Chr. C. Nopitsch, Bd 1–4 1802–1808
v.Winterfeld	K. v. Winterfeld. Der evangelische Kirchengesang und sein Verhältnis zur Kunst des Tonsatzes, 1843–1847
WM	U. v. Wilamowitz-Moellendorf, Der Glaube der Hellenen, 1931f
WO	Die Welt des Orients
Wolf, QK	G. Wolf, Quellenkunde der deutschen Reformationsgeschichte, Bd 1–3 1915 bis 1923
WRV	Weimarer Reichsverfassung
WuD	Wort und Dienst. Jahrbuch der Theologischen Schule Bethel
WUNT	Wissenschaftliche Untersuchungen zum Neuen Testament
WVDOG	Wissenschaftliche Veröffentlichungen der Deutschen Orientgesellschaft
WZ	Wissenschaftliche Zeitschrift (folgt jeweils der Name der Stadt einer mitteldeutschen Universität)
WZKM	Wiener Zeitschrift für die Kunde des Morgenlandes
YJS	Yale Judaica Series
ZA	Zeitschrift für Assyriologie und verwandte Gebiete
ZÄS	Zeitschrift für Ägyptische Sprache und Altertumskunde
ZAGV	Zeitschrift des Aachener Geschichtsvereins
Zahn	J. Zahn, Die Melodien der deutschen evangelischen Kirchenlieder, Bd 1–6 1889–1893
ZAW	Zeitschrift für die alttestamentliche Wissenschaft
ZBG	Zeitschrift für Brüdergeschichte
ZBKG	Zeitschrift für bayerische Kirchengeschichte
ZDMG	Zeitschrift der deutschen Morgenländischen Gesellschaft
ZDPV	Zeitschrift des Deutschen Palästinavereins
ZdZ	Zeichen der Zeit
ZE	Zeitschrift für Ethnologie
ZEE	Zeitschrift für evangelische Ethik
ZevKM	Zeitschrift für evangelische Kirchenmusik
ZevKR	Zeitschrift für evangelisches Kirchenrecht
ZfM	Zeitschrift für Musik
ZfMw	Zeitschrift für Musikwissenschaft
ZgesStW	Zeitschrift für die gesamte Staatswissenschaft
ZHTh	Zeitschrift für historische Theologie
ZIMG	Zeitschrift der Internationalen Musikgesellschaft
ZKG	Zeitschrift für Kirchengeschichte
ZKGPrSa	Zeitschrift des Vereins für Kirchengeschichte der Provinz Sachsen (ab 25, 1929: und des Freistaates Anhalt)
ZKTh	Zeitschrift für katholische Theologie
ZLThK	Zeitschrift für lutherische Theologie und Kirche
ZM	Zeitschrift für Missionswissenschaft (ab 34, 1950:) und Religionswissenschaft (28 bis 32, 1938–1941 und 1947/48 unter dem Titel: Missionswissenschaft und Religionswissenschaft)
ZMR	Zeitschrift für Missionskunde und Religionswissenschaft
ZNW	Zeitschrift für die neutestamentliche Wissenschaft und die Kunde der älteren Kirche
ZP	Zeitschrift für Pädagogik
ZPhF	Zeitschrift für philosophische Forschung
ZprTh	Zeitschrift für praktische Theologie
ZRGG	Zeitschrift für Religions- und Geistesgeschichte
ZS	Zeitschrift für Semitistik
ZSavRG	Zeitschrift der Savigny-Stiftung für Rechtsgeschichte
ZSKG	Zeitschrift für Schweizer Kirchengeschichte
ZSlPh	Zeitschrift für slavische Philologie
ZSTh	Zeitschrift für systematische Theologie
ZThK	Zeitschrift für Theologie und Kirche
ZvSp	Zeitschrift für vergleichende Sprachforschung
ZVK	Zeitschrift für Volkskunde
ZVThG	Zeitschrift des Vereins für thüringische Geschichte und Altertumskunde
ZW	Zeitwende
ZWL	Zeitschrift für kirchliche Wissenschaft und kirchliches Leben
ZWTh	Zeitschrift für wissenschaftliche Theologie
ZZ	Zwischen den Zeiten

Bemerkungen:

1. Die einzelnen Bände der mit *) bezeichneten Werke sind jeweils nach der neuesten Auflage zitiert, wobei diese, sofern es nicht die erste ist, durch eine kleine, hochgestellte Zahl hinter der Bandnummer angegeben ist.

2. Von den Veröffentlichungen der Akademien usw ist, wenn nichts anderes angegeben ist, jeweils die philosophisch-historische oder eine entsprechende Klasse zitiert.

III. ALLGEMEINE ABKÜRZUNGEN

aaO	am angegebenen Ort
Abb.	Abbildung
Abdr.	Abdruck
abgedr.	abgedruckt
Abh.	Abhandlung(en)
Abk.	Abkürzung
Abs.	Absatz
Abt.	Abteilung
ägypt.	ägyptisch
äthiop.	äthiopisch
allg.	allgemein
Ang.	Angabe
Anm.	Anmerkung
Art.	Artikel
arab.	arabisch
aram.	aramäisch
armen.	armenisch
AT	Altes Testament (Ancient Testament)
at.	alttestamentlich
Aufl.	Auflage
Ausg.	Ausgabe
Ausw.	Auswahl
Bd, Bde	Band, Bände
bearb.	bearbeitet
begr.	begründet
Beitr.	Beitrag (Beiträge)
bes.	besonders
betr.	betreffend
Bh.	Beiheft
Bibliogr.	Bibliographie
BRD	Bundesrepublik Deutschland
Bull.	Bulletin
bzw.	beziehungsweise
c.	Kapitel
ca	circa
cf.	confer
d.Ä.	der Ältere
DDR	Deutsche Demokratische Republik
ders.	derselbe
DG	Dogmengeschichte
DGB	Deutscher Gewerkschaftsbund
dgl.	dergleichen
d.Gr.	der Große
dh	das heißt
d.i.	das ist
d.J.	der Jüngere
Dict.	Dictionary, Dictionnaire
dies.	dieselbe(n)
Diss.	Dissertation
Doz.	Dozent
dt.	deutsch
ebd	ebenda
ed.	edito, edidit, ediert von, edited by
ehem.	ehemalig usw
Einl.	Einleitung
EinlAT	Einleitung in das AT
EinlNT	Einleitung in das NT
erg.	ergänzt
ErgBd	Ergänzungsband
ErgH.	Ergänzungsheft
erkl.	erklärt
etc	etcetera
ev.	evangelisch
evtl	eventuell
Expl.	Exemplar
f	folgende(s) Seite, Jahr
ff	folgende Seiten, Jahre
Festg.	Festgabe
Festschr.	Festschrift
Forts.	Fortsetzung
GA	Gesamtausgabe
*	geboren
gedr.	gedruckt
gef.	gefallen
gegr.	gegründet
GesW	gesammelte Werke
Gesch.	Geschichte
†	gestorben
griech.	griechisch
H.	Heft
Hbd	Halbband
Hdb.	Handbuch
hl.	heilig
hg.v.	herausgegeben von
Hg.	Herausgeber
Hs., Hss.	Handschrift(en)
HWB	Handwörterbuch
i.J.	im Jahr
Jb.	Jahrbuch
Jh.	Jahrhundert
Jt.	Jahrtausend
jüd.	jüdisch
kath.	katholisch
KG	Kirchengeschichte
kopt.	koptisch
lat.	lateinisch
Lfg.	Lieferung
Lit.	Literatur
luth.	lutherisch
LXX	Septuaginta
MA	Mittelalter
Masch.	Maschinenschrift
m.a.W.	mit anderen Worten
Mikr.	Mikrokopie
Mitt.	Mitteilung(en)
Ms., Mss.	Manuskript(e)
Mon. Ser.	Monograph Series
MT	Masoretischer Text
Nachdr.	Nachdruck
NB (in Literaturangaben)	Neue Bearbeitung
nChr	nach Christus
Neudr.	Neudruck
NF	Neue Folge
nouv. éd.	nouvelle édition
NR	Neue Reihe
NS	New Series
NT	Neues Testament (New Testament, Nouveau Testament)
nt.	neutestamentlich
o.J.	ohne Jahr(esangabe)
o.O.	ohne Ort(sangabe)
orth.	orthodox
OT	Old Testament (Oude Testament)
par	und Parallelstellen
PDoz.	Privatdozent
Prof.	Professor
prot.	protestantisch
publ.	publié
Qu.	Quellen
rd	rund
rabb.	rabbinisch
ref.	reformiert
RAG	Reichsarbeitsgericht

Reg.	Register
RegBd	Registerband
röm.	römisch
s.	siehe
S.	Seite
sc.	scilicet
sel.	selig
slaw.	slawisch
s.o.	siehe oben
s.u.	siehe unten
sog.	sogenannt
Sp.	Spalte
Sup.	Superintendent
ss	sequentes
Suppl.	Supplement
s.v.	sub voce
syr.	syrisch
sZ	seiner Zeit
t.	tome
Theol.	Theologe, Theologie
TheolAT	Theologie des AT
TheolNT	Theologie des NT
transl.	translated
u.a.	und andere, unter anderem
u.ä.	und ähnliche(s)
u.a.m.	und andere(s) mehr
u.dgl.	und dergleichen
übers.	übersetzt
Übers.	Übersetzung
Unters.(en)	Untersuchung(en)
unv.	unverändert
u.ö.	und öfters
usw	und so weiter
u.U.	unter Umständen
v.	von
V.	Vers
vChr	vor Christus
verb.	verbessert
Verz.	Verzeichnis
vgl.	vergleiche
Vol.	Volume
Vulg.	Vulgata
WB	Wörterbuch
Z.	Zeile
zB	zum Beispiel
Zs., Zeitschr.	Zeitschrift
zSt	zur Stelle
zT	zum Teil
zZ	zur Zeit

ES WURDEN AUSGEGEBEN:

1. Lieferung am 30. Oktober 1956
2. Lieferung am 28. November 1956
3. Lieferung am 20. Dezember 1956
4. Lieferung am 31. Januar 1957
5./6. Lieferung am 25. März 1957
7./8. Lieferung am 25. April 1957
9./10. Lieferung am 13. Juni 1957
11./12. Lieferung am 18. Juli 1957
13./14. Lieferung am 22. August 1957
15./16. Lieferung am 25. September 1957
17./19. Lieferung am 6. November 1957
20./21. Lieferung am 12. Dezember 1957

I. Band am 20. Dezember 1957

VERZEICHNIS DER BILDTAFELN ZUM ERSTEN BAND

VERZEICHNIS DER KARTEN ZUM ERSTEN BAND

BENUTZUNGSHINWEISE

Alphabetische Ordnung der Stichwörter:

Die Stichwörter sind in alphabetischer Reihenfolge geordnet. Dabei ist

j = i; ä = ae; ö = oe; ü = ue; ß = ss.

Mittelalterliche Personennamen, die außer dem Vornamen nur eine Herkunftsbezeichnung oder einen Beinamen enthalten, stehen unter dem jeweiligen Vornamen: zB »Petrus von Ailli« unter »Petrus«. Eine Ausnahme bilden die Personennamen mit Familiennamen: zB »Bartholomäus Arnoldi von Usingen« unter »Arnoldi«. Bei Ausnahmen und in Zweifelsfällen, insbesondere dort, wo von der alphabetischen Einordnung der vorigen Auflage der RGG abgewichen wurde, erleichtert ein Verweisstichwort das Auffinden des Artikels: »Capistrano, Johann von → Johannes von Capistrano«.

Der Artikel von Familiennamen germanischer Sprachen wird nicht berücksichtigt, bei Namen aus romanischen Sprachen dagegen zum Familiennamen gezogen: »Antoine de la Faye« unter »La Faye, Antoine de«.

Die Abkürzung »St.« wird wie das ausgeschriebene Wort eingeordnet:

St. Andrews unter Saint Andrews.
St. Gallen unter Sankt Gallen

Durch Bindestrich verbundene Wörter zählen als *ein* Wort:

Evangelisch-Johannische Kirche nach Evangelischer Bund.

Lateinische Präpositionen und das nachfolgende Substantiv werden als ein Wort gewertet:

a priori nach Apringius
de tempore nach Deszendenztheorie
in partibus infidelium nach Innungen.

Verweise:

Verweise auf einen anderen Artikel (Verweiszeichen: →) weisen darauf hin, daß dort der betr. Stoff behandelt ist oder daß sich dort ergänzendes Material findet.

Sofern Verwechslungen ausgeschlossen sind, wird bei Verweisen das Stichwort, auf das hingewiesen werden soll, gekürzt; zB: → Apriorismus (statt: → Apriorismus und Empirismus).

Wichtigen geographischen Namen wird ein Hinweis auf eine Karte beigefügt, auf der sich der Name findet: »... Memphis (→ 1 C 2)« verweist auf das Planquadrat C 2 der Karte 1: Ägypten (s. u.: Karten).

Abkürzungen:

Innerhalb eines Artikels wird das jeweilige Stichwort abgekürzt, häufig auch das dazugehörige Adjektiv. Notfalls ist die jeweilige Abkürzung am Anfang des Artikels erklärt. – Im übrigen sind die verwendeten Abkürzungen in dem »Abkürzungsverzeichnis« aufgelöst (s. S. XVI ff).

Abkürzungen aus dem kirchlichen Sprachgebrauch, von Namen katholischer Orden und von Würdetiteln sind (in Auswahl) in dem Artikel »Abbreviaturen« zusammengestellt.

Transkriptionen:

1. Biblische Namen werden in der im Deutschen üblichen Form gebraucht.
2. Wichtige griechische Termini sind nicht transkribiert, sondern in griechischen Buchstaben gedruckt und, wenn notwendig, mit Übersetzung versehen.
3. Hebräische Wörter sind – sofern sie ausnahmsweise der Übersetzung beigefügt werden – nach folgendem System transkribiert:
   Konsonanten: ', b, g, d, h (mit Mappîq: ḫ), w, z, ḥ, ṭ, j, k, l, m, n, s, ', p, ṣ, q, r, ś, š, t; (Dageš lene wird nicht berücksichtigt).
   Vokale: ָ = a (als Qamæṣ ḥaṭûf: å), ַ = ă, ֶ = æ, ֵ = e, ִ = i, ֹ = o, ֻ = u; ָיו = âw;
   mit mater lectionis: ֶי = æ̂, ֵ = ê, ִי = î, וֹ = ô, וּ = û, ָה = ā, ֶה = ǣ, ֵה = ē, ֹה = ō;
   als Ḥatef-Laute: ֳ = ^{å}, ֲ = ^{a}, ֱ = ^{æ}; ְ (Šewa mobile) = ^{e}; ַ (Pātăḥ furtivum) = ^{a}.
4. Für die gelegentlichen Transkriptionen aus dem Arabischen, Persischen usw gilt das in der Zeitschrift der Deutschen Morgenländischen Gesellschaft verwendete System.
5. Für Transkriptionen aus dem Russischen und aus anderen slawischen Sprachen ist das »Schema zur Transkription fremder Schriftarten« in den »Instruktionen für die alphabetischen Kataloge der preußischen Bibliotheken«, 2. Ausgabe in der Fassung vom 10. August 1908, Berlin 1909 (unveränderter Nachdruck unter dem Titel: »Regeln für die alphabetische Katalogisierung in wissenschaftlichen Bibliotheken«, Leipzig 1952) S. 142f maßgebend. Haben sich Namen in einer nicht der wissenschaftlichen Transkription entsprechenden Form im Deutschen eingebürgert, so werden sie auch in dieser Schreibweise in die RGG aufgenommen. Jedoch wird der ersten Nennung solch eines Namens innerhalb eines Artikels die korrekte Transkription in Klammern beigefügt.

6. Transkriptionen aus dem Sanskrit richten sich nach dem in der Zeitschrift der Deutschen Morgenländischen Gesellschaft üblichen Schema, jedoch mit folgenden Einschränkungen:
   statt ṣ und ś wird sh geschrieben;
   die diakritischen Zeichen ṅ, ñ, ṇ, ḥ, dḥ, ṭ fallen weg; dagegen sind die Längezeichen über â, î, û beibehalten.
7. Zitate von Martin Luther u.a. werden dem heutigen Sprachgebrauch angepaßt.

Literaturangaben:

Quellen sowie in biographischen Artikeln die Werke der behandelten Personen stehen am Anfang der Literaturangabe. Im übrigen ist die Literatur *zeitlich* geordnet, dabei notfalls parallel zu dem Artikel oder - in Ausnahmefällen - sachlich gegliedert.

Alle Artikel über biblische Bücher und Büchergruppen (Pentateuch; Evangelien, synoptische usw) enthalten darüber hinaus *Literatur zur Auslegungsgeschichte,* und zwar 1. Quellen, gegliedert nach Jahrhunderten, und 2. auslegungsgeschichtliche Untersuchungen. Auslegungsgeschichtliche Literatur, die sich auf das *ganze* AT und NT bzw. auf die ganze Bibel bezieht, wird in dem Artikel »Schriftauslegung« aufgeführt.

Verfasser:

Die Artikel sind mit den Namen der Verfasser gezeichnet. Ist ein Artikel der zweiten Auflage der RGG überarbeitet worden, so steht der Name des Bearbeiters an zweiter Stelle. Der Name dessen, der an dem neuen Artikel den geringeren Anteil trägt, ist in Klammern gesetzt. Dasselbe gilt bei neuverfaßten Artikeln, für die zwei Verfasser verantwortlich zeichnen.

Karten:

Die vorgesehenen 26 Karten werden den in der folgenden Übersicht in *Kursivdruck* aufgeführten Artikeln beigefügt:
1. Ägypten (Altertum) - *Ägypten*
2. Afrika (Gegenwart; Mission) - *Afrika südlich der Sahara*
3. Babylonien-Assyrien (Altertum); Nebenkarte: Babylon - *Assyrien*
4. Australien einschl. Indonesien (Gegenwart; Mission) - *Australien*
5. Dänemark, Norwegen, Schweden (im 6.–17. Jh.) - *Dänemark*
6. Deutschland (bis 1250) - *Deutschland*
7. Deutschland zur Zeit der Reformation (bis 1550) - *Deutschland*
8. Deutschland (im 19. Jh.) - *Deutschland*
9. Deutschland (Evangelische Landeskirchen und katholische Bistümer in der Gegenwart) - *Deutschland*
10. England (im 6.–17. Jh.) - *England*
11. Westeuropa (bis 900) - *Frankreich*
12. Ausbreitung der Hugenotten - *Hugenotten*
13. Westmittelmeergebiet und Ostmittelmeergebiet (Ausbreitung des Christentums bis 325 nChr) - *Imperium Romanum*
14. Vorder- und Hinterindien (Gegenwart; Mission und junge Kirchen) - *Indien*
15. China, Japan, Korea (Gegenwart; Mission) - *Japan*
16. Der Islam (im 8. Jh.) - *Islam*
17. Italien einschl. Sizilien (im 6.–16. Jh.); Nebenkarte: Rom - *Italien*
18. Kleinasien (Altertum) - *Kleinasien*
19. Weltkarte (Konfessionen) - *Konfessionsstatistik*
20. Weltkarte (Religionen) - *Konfessionsstatistik*
21. Die Kreuzzüge - *Kreuzzüge*
22. Süd- und Mittelamerika einschl. Mexiko (Gegenwart; Konfessionen) - *Mittelamerika*
23. Palästina-Syrien (römisch-byzantinische Zeit) - *Palästina*
24. Rußland und Balkan (im 19. Jh.) - *Rußland*
25. Nordamerika (im 18. Jh.) - *Vereinigte Staaten*
26. Vereinigte Staaten von Nordamerika (Gegenwart; Konfessionen) - *Vereinigte Staaten*

Auf diese Karten wird ebenso wie auf Artikel verwiesen (s. o.: Verweise).

Bildtafeln:

Über die Einordnung der Bildtafeln in den einzelnen Bänden unterrichtet die Übersicht am Anfang jedes Bandes.

A

A und O *(A und Ω)*. »Ich bin das A und das O, sagt Gott der Herr«, heißt es Apk 1, 8 (vgl. 21, 6) von dem sich in Christus offenbarenden Herrn. Ein ähnlicher Spruch wird aber auch in Apk dem erhöhten Christus in den Mund gelegt: »Ich bin das A und das O, der Erste und der Letzte, der Anfang und das Ende« (Apk 22, 13; kürzer 1, 17; 2, 8). A und O sind erster und letzter Buchstabe des griechischen → Alphabetes, so daß über den Sinn des Ausdruckes kein Zweifel herrschen kann: Gott bzw. Christus sind Anfang und Ende, Schöpfer und Vollender. Die Beziehung zu Jes 48, 12 und 44, 6 (41, 4) ist deutlich, doch muß beachtet werden, daß Deuterojesaja, wie die Vollformel in 44, 6 zeigt, damit zugleich gegen die Annahme bzw. Geltung fremder Götter polemisiert. Jahwe ist der *eine* durch *alle* Zeiten hindurch sich offenbarende wahre Gott. Die symbolische Verwendung der Buchstaben, die im at. Vorbild fehlt, ist ihrerseits aus der hellenistischen Welt in das Judentum eingedrungen. Das volle Alphabet umschreibt das All, so daß man zB die 24 Stunden des Tages mit den 24 griech. Lettern bezeichnete und eine Beziehung zu den 12 Tierkreiszeichen herstellte. Durch jüdische Vermittlung hat der Verfasser der Apk den symbolischen Gebrauch der Buchstaben kennengelernt und mit deren Hilfe die Allmacht Gottes und Christi, dem damit ebenfalls göttliche Würde zuerkannt wird, umschrieben. In der christlichen Kunst ist seit dem 4.Jh. das Symbol A und O ausschließlich auf Christus bezogen und in reicher Ausgestaltung verwendet worden.

RE I, 1 ff - DACL I, 1 ff - ThW I, 1 ff (Lit.) - RAC I, 1 ff.

E.Lohse

Aachen, keltische Siedlung mit Verehrung des Heilgottes Granus an den heißen Quellen. Römisches Militärbad (Aquae Grani), Anfang des 5.Jh.s von den Franken erobert, 765 Pfalz. Dem Wohnbau → Karls d.Gr. entspricht heute das Rathaus, in der Kapelle (heute Dom) sind er und Otto III. bestattet. 813-1531 wurden die meisten deutschen Herrscher in A. gekrönt. Der Reliquienschatz Karls und die von seinen Nachfolgern um A. begründeten Stifte und Klöster (St. Adalbert, Burtscheid, Cornelimünster) führten alle 7 Jahre Pilger aus dem ganzen Abendland nach A. Die Reichsstadt erfuhr im 16.Jh. die Zuwanderung reformierter flandrischer Tuchmacher und wallonischer Kupferschläger, hatte 1580-98 ein evangelisches Stadtregiment. Stufenweise ward der Katholizismus wiederhergestellt, endgültig durch die spanischen Truppen Spinolas; die Protestanten waren auf Kirchen in Vaals angewiesen. 1794-1814 unter französischer Herrschaft, wird A. 1801 für das Rurdepartement Bistum (1821 aufgehoben, 1930 wieder begründet). Der starken industriellen Entwicklung in preußischer Zeit nach 1815 (Regierungssitz) entspricht die Gründung einer Technischen Hochschule 1870 (1956: 6000 Studenten). Heute ist die Bevölkerung (153 509 Einwohner) zu 82,8% katholisch, der evangelische Anteil beträgt (durch Zuwanderung vermehrt) 14,2%.

H.Schiffers, Kulturgeschichte der A.er Heiligtumsfahrt, 1909 - A.Huyskens u.a., A.er Heimatgeschichte, 1924 (Lit.) - J. Torsy, Geschichte des Bistums A., 1940 (Lit.) - H.Schnitzler, Der Dom zu A., 1950 (Lit.) - A. zum Jahre 1951 (Rheinischer Verein 1951; Lit.) - A.Huyskens u. B.Poll, Das alte A. (A.er Beiträge 3), 1953 - Dies. bei E.Keyser, Deutsches Städtebuch III, 1956 (Lit.) - H.v.Asten, Die religiöse Spaltung in der Reichsstadt A. (ZAGV 68, 1956, 77 bis 190) - Lit. zu den A.er Insignien (A.Huyskens) ebd 48-56.

A.Huyskens

Aarhus, zunächst dänisches Suffraganbistum von → Hamburg (: I)-Bremen, durch → Adaldag 947/48 errichtet, seit Anfang des 12.Jh.s unter → Lund (: I), bestand bis zur Reformation. A. hat seit 1928 eine Universität mit einer theologischen Fakultät (seit 1942).

Svensk Uppslagsbok, I, 1947, 17 ff - J.Skovgaard, Bispedømmet i den katolske Tid, Slesvigs delte Bispedømme, 1949, 13 ff (Lit.) - S.Aakjær, Gejstlig og verdslig inddeling, Danmark før og nu. Østjylland 1953, 37 ff - A.Blinkenberg, Aarhus Universitet 1928-53, 1953, 88 ff.

W.Göbell

Aaron. Der *Name* A. ist vermutlich ägyptisch. Die *biblische Darstellung* führt A. Ex 4, 14-16 als Bruder → Moses und → Leviten (dh Priester) ein, der zum Sprecher für den redeungewandten Mose bestimmt wird (Ex 7, 1 f). Beim Pharao und beim Zug zum Sinai ist A. jedoch zumeist stummer Begleiter Moses. Die Quellen zeigen A. als Wundertäter (Ex 8, 1 f u.ö.), während der Amalekiterschlacht (17, 8-16), beim Mahl Jethros (18, 12), als Begleiter und Vertreter Moses am Sinai (19, 24; 14, 1. 9), andererseits als Hauptschuldigen bei der Herstellung des goldenen Jungstiers (Ex 32) und - mit → Mirjam - als Opponenten Moses (Num 12). Beherrschend ist jedoch der Überlieferungszweig, der A. als den ersten → Hohenpriester und die Aaroniden als einzig legitime Priester kennt (Ex 28 f; 39 f; Lev 8-10; Num 16-18; 1Chr 5 f u.ö.). Das ist auch die Auffassung des NT, des nachbiblischen und rabbinischen Schrifttums (zum »Messias« A.s → Qumran, 4). Die Legendenbildung ist besonders durch A.s Stab (Num 17) angeregt worden.

Eine *Scheidung der Quellen* ist angesichts des at. Befundes unumgänglich. Die Herausstellung A.s als Hohenpriesters gehört der → Priesterschrift, die älteren Berichte besonders dem → Elohisten an. An der Historizität A.s ist nicht zu zweifeln. Später verknüpfen gegen die Tradition seines Priestertums opponierende Gruppen A. mit dem Stierdienst und zeichnen ihn als Gegner des Mose. Noth leitet A. aus südjudäischer Überlieferung her. Die wohl erst nachexilische Erhebung A.s zum Hohenpriester bleibt undurchsichtig; North will sie aus einem Einrücken aaronidischer Bethel-Priester in Jerusalem während des Exils erklären. Nach der Uppsala-Schule repräsentiert der angeblich ganz im königsideologischen Schema geschilderte Mose das Königtum, dessen Stellung schließlich vom Hohenpriestertum (A.) usurpiert wird.

J.Wellhausen, Prolegomena z. Gesch. Israels, (1878) 1905^{6}, 135 ff - G.Westphal, A. und die Aaroniden (ZAW 26, 1906, 201-230) - H.Gressmann, Mose und seine Zeit, 1913, 201 ff. 273 - Noth, ÜPent, 195 ff - J.Engnell, SBU I, 117 ff - F.S.North, A.'s Rise in Prestige (ZAW 66, 1954, 191-199) - G.Widengren, Sakrales Königtum im AT und im Judentum, 1955, 15 f. 19 ff. *F.Maass*

Aaronitischer Segen

1. Der rhythmisch geformte Spruch (Num 6, 24-27) verheißt dem Angeredeten die gnädige Zuwendung Jahwes. Aus der Kraft des göttlichen → Segens (: II) soll ihm das alle Güter umfassende Heil (šalôm) zuteil werden. Die dreifache Aufgliederung verstärkt und unterstreicht die Zusage des Priesters. Als abschließender Höhepunkt wird der a.S. neben anderen Formeln zweifellos schon im vorexilischen Kult seine Stelle gehabt haben. Dem jüngeren Tradenten (→ Priesterschrift) gilt er zwar als Spruch → Aarons für das Volk, doch zielt die Du-Form primär auf den einzelnen, der zur Bundesgemeinde gehört (vgl. Ps 24, 5 f). Die essenische → Sektenregel (1QS II, 1 ff) zitiert den a.S. als individuellen Zuspruch in kennzeichnender Abwandlung auf die → Gnosis (: I): »Er segne dich mit allem Guten und behüte dich vor allem Bösen. Er erleuchte dein Herz mit Verständnis und begnade dich mit ewiger Erkenntnis. Und er erhebe auf dich sein gnädiges Antlitz zu bleibendem Heil.« *K.Galling*

2. Der a.S. wurde von den Christen nicht übernommen und setzte sich auch im Mittelalter trotz vereinzelten liturgischen Vorkommens oder persönlichen Gebrauchs (Franziskus) nicht durch. Luther stellte ihn 1523 zur Wahl, nannte ihn 1525 in der Deutschen Messe allein. Zwingli 1525 und Calvin folgten. Die Form ist im Luthertum schwankend wie bei Luther selbst. Sinnvoll ist's, mit dem a.S. die ev. Versammlung zu *schließen*.

Leiturgia II, 588 ff - J.Beckmann, Quellen zur Gesch. d. christl. Gottesdienstes, 1956 - M.Luther, Der Segen, so man nach der Messe spricht über das Volk, 1532 (WA 30, III, 572 ff). *W.Jannasch*

Abaelard, *Peter,* * 1079 in La Pallet bei Nantes aus bretonischem Adel, war Schüler → Roscelins von Compiègne, dann → Wilhelms von Champeaux, überwarf sich mit beiden und sammelte um 1102 in Melun, dann in Corbeil, um 1108 in Paris selbst Schüler um sich. 1111/13 hörte er Theologie bei → Anselm von Laon, verfeindete sich jedoch mit ihm und lehrte nun in Paris Dialektik und Theologie. Wohl damals schrieb er die noch an Roscelin angelehnte Logica. Sein großer Lehrerfolg wurde um 1118 unterbrochen durch seine Liebesbeziehung zu Heloise (ca 1101-64), die er in Liedern besang. Nach der Geburt eines Sohnes zur Heirat bereit, brachte er H. ins Kloster Argenteuil; der ergrimmte Oheim H.s, der Kanoniker Fulbert, ließ ihn entmannen. Ins Kloster St. Denis eingetreten, schrieb A. die Theologia Summi Boni, aus der ein Teil De unitate et trinitate divina 1121 vom Konzil zu Soissons verurteilt wurde. A., der auch den Heiden Verständnis der Glaubenslehren zusprach, setzte hier den hl. → Geist (: V) der Weltseele gleich; die drei Personen wurden fast zu Attributen der einen → Trinität (: III). A. zerstritt sich mit seinem Kloster, ging in die Einsamkeit von Quincey bei Nogent und baute mit vielen Schülern das Oratorium zum Parakleten. Hier schrieb er die Theologia christiana und entwickelte in logischen Schriften den sog. Konzeptualismus (→ Universalienstreit), der das Universale nur in den Begriffen sah; hier sammelte er, in Sic et Non, theologische Autoritäten und löste ihre Widersprüche durch methodischen Zweifel und dialektische Unterscheidung. Um 1125/28 Abt von St. Gildas in Rhuys (Bretagne) geworden, schenkte er Heloise das Oratorium zum Parakleten und schrieb seine Lebensgeschichte (sog. Historia calamitatum) und den überarbeiteten (?) Briefwechsel mit Heloise, ferner einen zT verschollenen Paulinenkommentar und die Ethik, Scito te ipsum, die Absicht und Gewissen mehr als Tat und Gesetz betont. Seit 1136 lehrte er wieder in Paris; → Johann von Salisbury, der spätere → Alexander III., → Petrus Lombardus u.a. hörten ihn; mindestens sieben → Sentenzenwerke stammen aus seiner Schule. A. selbst faßte seine logischen Werke in der Dialectica zusammen, gab aber auch den Nonnen vom Parakleten Auslegungen, Predigten und originelle Hymnen. Seit 1138/39 verfolgten ihn → Wilhelm von St. Thierry und → Bernhard von Clairvaux wegen seiner Lehren über die Trinität, → Christologie (: II), → Willensfreiheit und Erbsünde (→ Sünde: V) in seiner Theologia Scholarium (auch Introductio ad Theologiam) und erreichten seine Verurteilung durch 19 Capitula des Konzils von Sens 1140. Der kranke A. appellierte nach Rom, schrieb in der Obhut von → Petrus Venerabilis seine Apologia und einen Dialogus inter philosophum, christianum et judaeum und starb am 12.4.1142 im Priorat St. Marcel (Saône). Kritisch-analytisch begabt, immer fragend und seine Werke bis zu fünfmal neuschreibend, dabei unausgeglichen und verwirrend, hat A. durch seine oft unfertigen Thesen Kanonistik und → Scholastik, weltlichen Geist und religiöse Bewegung des 12.Jh.s wie wenige andere befruchtet.

Opera, hg.v. V.Cousin, 2 Bde, 1849-59; MPL 178; neuere Einzelausg. bei Ü II, 213 f; dazu Logische Schriften, hg.v. B.Geyer, (BGPhMA 21, 1-4), 1919-33; Theologia Summi Boni, hg.v. H. Ostlender, (ebd 35, 2-3), 1939; Fragment der Apologia, hg.v P. Ruf-M.Grabmann (SAM, 1930, H. 5); sog. Historia calamitatum und Briefwechsel mit Heloise, hg.v. J.T.Muckle, (MS 12, 1950, 163 bis 213; 15, 1953, 47-97; 17, 1955, 240-288, deutsch von E.Brost, 1954^{2}). - Ü II, 702 f (Lit.) - E.Gilson, Héloise et A., (1938) 1955^{3} - R.B.Lloyd, P. A., 1947 - J.deGhellinck, Le mouvement théol. du XIIe siècle, 1948^{2}, 149 ff (Lit.). *A.Borst*

Abbadie, *Jaques,* * 1654 in Nay (Béarn), † 27.9.1727 in Mary-le-Bone bei London, studierte auf den Akademien in → Saumur und → Sedan, 1671 Dr.th., ging als Geistlicher 1680 von Paris nach Berlin, bis 1689 an der Organisation der franz. Gemeinde und an der Hugenottenpolitik des Großen Kurfürsten (Potsdamer Edikt, 1685) beteiligt. Er wirkte dann in London und wurde später Doyen der Kirche zu Killalow (Irland); 1725-27 in Amsterdam und darauf wieder in England mit der Gesamtausgabe seiner temperamentvollen, sentimental-rationalistischen Schriften stark apologetischen und antikatholischen Charakters beschäftigt.

Vf. u. a. Sermons sur divers textes de l'Ecriture, 1681; Traité de la vérité de la religion chrétienne, 3 Bde, 1684-89; Panégyrique de Monseigneur l'Electeur de Brandebourg, 1684; L'art de se connaître soi-même ou Recherche sur les sources de la morale, 1692; La verité de la religion chrétienne réformée, 1718; Le triomphe de la providence de la religion, 1721. - Über A.: A.Tholuck, Verm. Schriften I, 1859 - G.de Felice, Histoire des Protestants de France, Paris 1861 - E.u.E.Haag, La France protestante I, Paris 1877^{2} (Bibliogr.) - RE I, 25 f - NDB I, 2 - DBF I, 45 f. *Ernst Wolf*

Abbe, *Ernst* (1840-1905) gehört zu den hervorragendsten Unternehmerpersönlichkeiten des 19.Jh.s. Als Sohn eines Spinnmeisters konnte er nur unter großen persönlichen Entbehrungen das Studium der Mathematik, Physik, Astronomie und Philosophie durchführen. 1863 Habilitation in Jena, 1870 ao. Professor für theoretische

Physik. Nach längerer Zusammenarbeit mit *Carl Zeiss* beteiligte sich A. 1875 zunächst als stiller Gesellschafter an dessen optischer Werkstätte, die er allmählich durch engste Verbindung von Forschung und Produktion zu einem der noch heute führenden Weltunternehmen der optischen Präzisionsindustrie ausbaute. Neben seinen wissenschaftlichen Leistungen wurden besonders seine sozialpolitischen Auffassungen und Einrichtungen bedeutsam. A.s Unternehmertätigkeit war durch großes Verantwortungsbewußtsein gekennzeichnet: »Unternehmer sein ist eine öffentliche Aufgabe«. Das Arbeiter- und Angestelltenrecht der Zeiss-Werke und die 1896 von A. vorgenommene Umwandlung seines Unternehmens in die Carl-Zeiss-Stiftung zeugen von seinem Streben, durch Unternehmerinitiative einen industriellen → Mittelstand zu schaffen. Anstelle selbstgefälliger Wohltätigkeit wollte A. den Arbeitnehmern klagbare Ansprüche geben. Deshalb sind im Stiftungsstatut umfangreiche Pensionsrechte, Abgangsentschädigungen, Lohn-, Urlaubs- und Arbeitszeitregelungen festgelegt. Durch Verwirklichung des »Zusammenarbeitens auf dem Boden der friedlichen Interessenausgleichung« gehört A. zu den Pionieren des Partnerschaftsgedankens in der Wirtschaft. → Sozialpartner, → Sozialpolitik, → Unternehmer.

E.A., Sozialpol. Schriften, 1921^{2} - F.SCHOMERUS, Werden und Wesen der Carl Zeiss-Stiftung, 1940 - DERS., Gesch. d. Jenaer Zeisswerkes 1846-1946, 1952. *F.Fürstenberg*

Abbo *von → Fleury,* dort seit ca 965 Schulleiter, seit 988 Abt (* ca 940, † 1004), Vorkämpfer der Klosterreform im Geiste → Clunys, schrieb (neben wertvollen, seine kirchenpolitische Tätigkeit beleuchtenden Briefen) u. a. eine Collectio Canonum, eine Vita → Eadmunds d. Hl., über den Osterzyklus und die meisten der → Artes liberales; neben → Silvester II. der bedeutendste Vertreter abendländischer Bildung im 10.Jh.

MPL 139, 375-584 (mit Vita). - DHGE I, 49-51 - MANITIUS II, 664-672 - A.VAN DE VYVER, Les oeuvres inédits d'Abbon de F. (RBén 47, 1935, 125-169) - P.COUSIN, Abbon de F.-sur-Loire, 1954 (Lit.). *M.A.Schmidt*

Abbot, *George,* 1562-1633, 1600-05 dreimal Vizekanzler der Universität Oxford, 1600 Dean in Winchester, 1608 (erfolglos) in Schottland zur Einführung des Bischofsamtes, 1609 Bischof von Lichfield und Coventry, 1610 von London, 1611-27 Erzbischof von Canterbury. Antirömisch und propuritanisch gesinnt, setzte er 1613 die Verbindung zwischen Jakobs I. Tochter Elisabeth und dem pfälzischen Kurprinzen Friedrich gegen ein spanisches Heiratsprojekt durch. Unter Jakob I. (→ England: I) forderten seine Gegner vergeblich seine Abberufung; doch gelang sein Sturz unter Karl I. Canterbury wurde freilich erst nach seinem Tode (mit seinem Gegner → Laud) besetzt.

DNB I, 5ff - RE I, 28ff. *M.Schmidt*

Abbreviaturen, *Abkürzungen*

1. Mittelalterliche A. - 2. a) Katholische Orden - b) Akademische Grade - c) Sonstige A. aus dem kirchlichen Sprachgebrauch der Gegenwart

1. Abkürzung von Namen und Worten kennt schon das antike Schriftwesen. Neben der Abbrechung (Suspension), bei der nur der oder die ersten Buchstaben des Worts geschrieben werden, kam auch die Auslassung von Teilen des Wortinnern (Kontraktion) vor, zunehmend, seit sie im 3.Jh. bei geheiligten Namen ($\overline{\Theta\Sigma}$ = θεός; $\overline{DS}$ = deus) auftrat. Daneben gab es Zeichen mit fester Bedeutung (Siglen) für Wörter, Silben oder Buchstaben. Die Tatsache der Kürzung wurde durch Punkte oder Striche angedeutet. Gegenüber der räumlichen Differenzierung des A.wesens im Frühmittelalter brachte die karolingische Reform eine Normalisierung. Vom 13.Jh. ab nimmt der Gebrauch der A. außerordentlich zu, geht seit dem 16.Jh. aber ebenso stark zurück. In deutschen Texten wurden sie nur wenig verwendet.

J.L.WALTHER, Lexicon diplomaticum, (1751) 1756^{2} - A.CAPPELLI, Lexicon abbreviaturarum, (1899) 1949^{4} (dtsch. Ausg. [1901] 1929^{2}) - L.TRAUBE, Nomina sacra, 1907 - W.M.LINDSAY, Notae latinae, 1915 - L.SCHIAPARELLI, Avviamento allo studio delle abbreviature latine nel medioevo, 1926 - P.SATTLER-G.v.SELLE, Bibliogr. z. Geschichte d. Schrift bis 1930, 1935 - L.SANTIFALLER, Die Abkürzungen in den ältesten Papsturkunden, 1939 - M.-H.LAURENT, De abbreviationibus et signis scripturae gothicae, 1939 - A.E.GORDON, Supralineate abbreviations in Latin inscriptions, 1948. *J.Bauermann*

2. a) Der Gebrauch der Abkürzungen für die *Ordensnamen* ist nicht völlig einheitlich; die Abweichungen werden in Klammer beigefügt. Manchmal findet sich auch eine Schreibweise mit Interpunktion zwischen den Buchstaben.

C = Congregatio; Can = Canonici; Cl = Clerici; O = Ordo; Reg = Regulares; Soc = Societas

AA	Augustiniani ab Assumptione	Assumptionisten
C(an)R, CanReg	Canonici Regulares	Regulierte Chorherren
Car(th)	Carthusiani	Kartäuser
CCam	Cl Reg Ministrantes Infirmis	Kamillianer
CDC	Cl Saeculares de Doctrina Christiana	Doktrinarier
CJM	C a Jesu et Maria	Eudisten
ClR	Clerici Regulares	Regularkleriker
CMech	C Mechitari(sta)	Mechitaristen
CM(iss)	C Missionis	Lazaristen
CO(r)	C Oratorii	Oratorianer
CP	C Passionis	Passionisten
CRM	C Reg Minores	Mindere Regularkleriker
CRS	O Cl Reg a Somasca	Somasker
CRTh	Cl Reg Theatini	Theatiner
CSP	1) C S Pauli	Paulisten
	2) Cl Reg Scholarum Piarum	Piaristen
CSSCC	C Sanctorum Cordum	Picpus-gesellschaft
CSsR, CSSR	C Sanctissimi Redemptoris	Redemptoristen
CSSp	C Sancti Spiritus	Gesellschaft vom Hl. Geist
FM	Fratres Minores	Minderbrüder
FMCap	Fratres Minores Capuccini	Kapuziner
FMConv	Fratres Minores Conventuales	Franziskaner-Konventualen
FMS	Fratres Maristarum Scholarum	Maristen-Schulbrüder
IBMV	Institutum Beatae Mariae Virginis	Englische Fräulein
MA	Soc Missionariorum Africae	Weiße Väter
OAnt	O Antonianorum	Antonianer
OBarn	O Barnabitarum	Barnabiten
OBMV	O Beatae Mariae Virginis	Mercedarier oder Nolasker
OC	O Carmelitarum	Karmeliten
OC(ap)	O Capuccinorum	Kapuziner
OCist	O Cisterciensis	Zisterzienser
OCR, OCistref	O Cisterciensium Reformatorum	Trappisten
O(F)M	O Fratrum Minorum	Franziskaner-Observanten
OFMCap	O Fratrum Minorum Capuccinorum	Kapuziner
OP(r)	O Praedicatorum	Dominikaner
Or	Oratorium, gewöhnlich vom hl. Philipp Neri	
O(bl)S	Oblati Salesiani	Oblaten des hl. Franz von Sales
OSA	O S.Augustini	Augustiner
OSB	O S.Benedicti	Benediktiner
OS(erv) BMV	O Servorum Beatae Mariae Virginis	Serviten
OSD	O S.Dominici	Dominikanerinnen

OSF	O S.Francisci	Franziskanerinnen
OSM	O Servorum Mariae	Serviten
OS(ch)P	O Scholarum Piarum	Piaristen
OS(s)T	O Ss.Trinitatis	Trinitarier
OSU	O S.Ursulae	Ursulinen
OT(eut)	O Teutonicus	Deutschherren
PSM	Pia Soc Missionum	Pallottiner
Red	C Sanctissimi Redemptoris	Redemptoristen
SJ	Soc Jesu	Jesuiten
SRC	Sacrorum Rituum C	hl. Ritenkongregation
SS	1) Soc Salesiana	Salesianer
	2) Soc Sulpitiensis	Sulpizianer
SSS	Soc Sanctissimi Sacramenti	Eucharistiner
SVD	Soc Verbi Divini	Steyler Missionare

2. b) Akademische Grade und geistliche Würdentitel:

A = in Amerika, D = in Deutschland, E = in England, F = in Frankreich gebräuchlich

A.B., meist B.A: artium baccalaureus - bachelor of arts - niederster philosophischer Grad (A, E)

B.D.: baccalaureus divinitatis - bachelor of divinity - niederster theologischer Grad (A, E)

B.Ed.: bachelor of education - niederster Grad der Pädagogik (A, E)

B.Litt.: baccalaureus literarum - bachelor of letters - niederster Grad der Literaturwissenschaften (A, E)

B.Th.: baccalaureus theologiae - bachelor of theology - niederster theologischer Grad (A, E)

D.: Ehrendoktor der Theologie (D, F)

D.D.: doctor divinitatis - doctor of divinity - Doktor der Theologie (A, E)

D.F.: dean of faculty - Dekan der Fakultät (A, E)

D.Lit(t)., Lit(t).D.: doctor literarum - doctor of literature (letters) - Doktor der Literaturwissenschaften (A, E)

D.Ph., D.Phil., meist Ph.D.: doctor philosophiae - doctor of philosophy - Doktor der Philosophie (A, E)

D.Sc.Rel.: doctor scientiarum religionum - Doktor der Religionswissenschaften (1950-54 in Marburg verliehen)

F.: Fellow (s. Artikel), in Zusammensetzungen wie zB Fellow of King's College London (E)

Hon.: 1) honorary - ehrenhalber (A,E); 2) honorable - ehrenwert (E)

Hw.: Hochwürden (D)

L.Div.: licentiate in divinity - Lizentiat der Theologie (E)

Lic. (theol.): Lizentiat der Theologie (D, F)

LL.B., B.LL.: baccalaureus legum - bachelor of Laws - niederster juristischer Grad (A, E)

LL.D.: legum doctor - doctor of Laws - Doctor der Rechte (A, E)

M.D.: medicinae doctor - medical doctor - Doktor der Medizin (A, E)

Mt.Rev.: Most Reverend - Würdetitel eines Erzbischofs, Kardinals oder Nuntius (A, E)

Ph.B.: baccalaureus philosophiae - bachelor of philosophy - niederster philosophischer Grad (A, E)

Rev(d).: Reverend - Hochwürden, Würdetitel eines Geistlichen (A, E)

R.R. (A), Rt.Rev. (A, E): Right Reverend - Würdetitel eines Bischofs (A, E)

S.T.B.: sacrae theologiae baccalaureus - bachelor of sacred theology - niederster theologischer Grad (A)

S.T.D.: sacrae theologiae doctor - doctor of sacred theology - Doktor der Theologie (A, E)

S.T.M.: sacrae theologiae magister - master of sacred theology - Magister der Theologie (A)

S.T.P.: sacrae theologiae professor - professor of sacred theology - Professor der Theologie (A, E)

Th.D. (A), D.Th(eol).: theologiae doctor - doctor of theology - Doktor der Theologie (A, E)

V.Rev.: Very Reverend - Würdetitel eines Dekans, Archimandriten oder Erzpriesters (A, E)

2. c) Sonstige Abkürzungen aus dem kirchlichen Sprachgebrauch der Gegenwart:

A.B.S.: American Bible Society - Amerikanische Bibelgesellschaft

A.P.U.C.: Association for the Promotion of the Unity of Christendom - Gesellschaft zur Förderung der Einheit unter den Christen

APU: Altpreußische Union

A.F.B.S.: American and Foreign Bible Society - Amerikanische und Ausländische Bibelgesellschaft

B.F.B.S.: British and Foreign Bible Society - Britische und Ausländische Bibelgesellschaft

BK: Bekennende Kirche

C.C.I.A.: Commission of the Churches on International Affairs - Kirchenausschuß für internationale Fragen

C.E.: Church of England - englische Staatskirche

C.E.M.S.: Church of England Missionary Society - Missionsgesellschaft der Kirche von England

C.I.M.A.D.E. oder Cimade: Comité Inter-Mouvements auprès des Evacués - Zwischenkirchlicher Hilfsausschuß für Flüchtlinge

C.M.S.: Church Missionary Society for Africa and the East - Missionsgesellschaft der anglikanischen Kirche für Afrika und den Osten

C.O.: Conscientious Objector - Kriegsdienstverweigerer aus Gewissensgründen

CVJM: Christlicher Verein Junger Männer

DEK: Deutsch-evangelische Kirche

DEMR: Deutscher Evangelischer Missionsrat

DEMT: Deutscher Evangelischer Missionstag

EAB: Evangelische Arbeiterbewegung

E.C.: 1) Established Church - Staatskirche; 2) Bund für entschiedenes Christentum

E.C.U.: English Church Union

EJAD: Evangelischer Jugendaufbaudienst

EKD: Evangelische Kirche in Deutschland

EKU: Evangelische Kirche der Union

I.C.C.: International Congregational Council - Internationaler Rat der Kongregationalistischen Kirchen

I.C.R.E.: International Council of Religious Education - Internationaler Rat für religiöse Erziehung

I.F.O.R.: International Fellowship of Reconciliation - Internationaler Versöhnungsbund

I.M.: Innere Mission

I.M.C.: International Missionary Council - Internationaler Missionsrat

L.M.S.: London Missionary Society - Londoner Missionsgesellschaft

L.W.F.: Lutheran World Federation - Lutherischer Weltbund

N.C.C.: National Christian Council - Nationaler Christenrat

P.E.: Protestant Episcopal - Protest. Episkopalkirche (in Amerika)

P.: Pastor, Pater

S.C.M.: Student Christian Movement - Christliche Studentenbewegung

S.P.C.K.: Society for Promoting Christian Knowledge - Gesellschaft zur Verbreitung christlicher Erkenntnis

S.P.G.: Society for the Propagation of the Gospel in Foreign Parts - Gesellschaft zur Verbreitung des Evangeliums in fremden Ländern

S.V.M.: Student Volunteer Movement - Freiwilligenbewegung unter Studenten

S.V.M.U.: Student Volunteer Missionary Union - Freiwilliger Studenten-Missionsbund

U.F.C.: United Free Church - Vereinigte Freikirche (von Schottland)

U.M.F.C.: United Methodist Free Churches - Vereinigte methodistische Freikirchen

U.P.: United Presbyterians - Vereinigte Presbyterianer

VELKD: Vereinigte Evangelisch-Lutherische Kirche Deutschlands

W.C.A.: Women's Christian Association - Christlicher Frauenbund

W.C.C.: The World Council of Churches - Weltrat der Kirchen

W.M.S.: Wesleyan Missionary Society - Missionsgesellschaft der methodistischen Kirche

W.S.C.F.: The World's Student Christian Federation - Christlicher Studentenweltbund

Y.M.C.A.: Young Men's Christian Association (The World's Alliance of Young Men's Christian Associations) - Christlicher Verein Junger Männer

Y.P.S.C.E.: Young People's Society for Christian Endeavor - Jugendbund für entschiedenes Christentum

Y.W.C.A.: Young Women's Christian Association (The World's Young Women's Christian Association) - Christlicher Verein Weiblicher Jugend.

Zu 2 a: Heimbucher I, 829-831 - J.Lopez, De siglis in religiosorum designandis nominibus (Comment. pro relig. 6, 1925, 93 ff) - LThK VII, 754-757.

Zu 2 b: James-Wildhagen, Englisch-Deutsches Wörterbuch I, 1953 - Concise Oxford Dictionary, (1911) 1951[4] - Webster's New Collegiate Dictionary 1910 (1949).

Zu 2 c: R.Rouse-St.Ch.Neill, A History of the Ecumenical Movement 1517-1948, 1954, XVII-XVIII - Taschenbuch d. ev. Kirchen in Deutschland I, 1955.

H.-H.Schrey

Abel, *Carl August von* (seit 1844), * 17.9.1788 in Wetzlar, † 3.9.1859 in München, entstammte einer Juristenfamilie und wirkte seit 1810 im bayerischen Staatsdienst, zunächst liberal, dann streng kath. eingestellt. 1837 wurde er Minister des Innern und förderte den → Ultramontanismus sowie eine betont antiprotestantische und zugleich monarchistische Politik. Die liberale Opposition (→ Kniebeugungsstreit, 1838) unter seinem Vorgänger v.Oettingen-Wallerstein nötigte 1846 zur Abtrennung eines Kultus- und Unterrichtsministeriums. Im Zusammenhang mit der Affäre Lola Montez wurde auch A. von Ludwig I. entlassen. 1847-50 Gesandter in Turin, später Berater Maximilians II.

M.Doeberl, Entwicklungsgeschichte Bayerns III, 1931 - H.Gollwitzer, C.A.v.A. u. s. Politik 1837-1847 (Diss. München), 1944 - NDB I, 9 f. *Ernst Wolf*

Abelly, *Louis* (1602-1691), kath. Moraltheologe. Hauptwerk: Medulla theologica, 1651. Gegner des Jansenismus und des Gallikanismus (Défense de la hiérarchie de l'Eglise). 1664-66 Bischof von Rodez, lebte dann bei den Lazaristen in Paris, deren ihm befreundeten Stifter → Vincentius von Paul er eine dreibändige Biographie gewidmet hat.

P.Coste, Le grand Saint du grand siècle: Monsieur Vincent, III, Paris 1932 - EC I, 68. *F.W.Kantzenbach*

Abendandachten → Gottesdienst: V. VI, → Maiandachten.

Abendland, *Christliches,* ist um die Mitte des 20.Jh.s ein inhaltlich recht verschieden bestimmbares kulturphilosophisches und politisches Schlagwort, dessen Verwendung sowohl durch O.Spenglers »Untergang des Abendlandes« (1918) wie vor allem durch die katholische Publizistik nach dem 1. (H.Platz, Zeitschr. »A.«) und 2. Weltkrieg erneut gefördert worden ist. Es meint nicht nur die Kultursynthese aus Antike, Christentum und Germanentum im allgemeinen, sondern wird zum Leitwort einer weltanschaulich durch den Antibolschewismus bestimmten Europapolitik vorwiegend katholischer Prägung. - Hinter dem Werdegang des Begriffs A. steht die antike, mit dem von Hellas aus gesehen als hesperus (= Abend) bezeichneten »Westen« verknüpfte Tradition eines geographischen und politischen Gesamtnenners, der freilich im Mittelalter auf das bereits untergegangene weströmische Imperium (→ Beda) bezogen oder auf Spanien (→ Isidor 2.) eingeschränkt wird, während »Okzident« bzw. »Westerland« als neue Namen aufkommen; veranlaßt durch Luthers »Morgenland« (Mt 2, 1) entsteht im 16. Jh. der Ausdruck »A.«, zunächst als rein geographische Bezeichnung. Die Kultureinheit dieses Raumes ist das corpus christianum, die »Christenheit«; die politische trotz aller Auflösung immer noch das »Reich«. - Erst die Romantik (Fr. → Schlegel) prägt den Begriff des »europäischen A.s« zur Kennzeichnung der behaupteten mittelalterlich-christlichen Staateneinheit oder (→ Novalis, »Die Christenheit oder Europa«, 1799) zur Umschreibung eines Ideals, während L. v. → Ranke mit der (karolingischen) »Einheit des A.es« wesentlich die Idee der germanisch-romanischen Völkerfamilie ausdrückt. J. → Burckhardt schließlich füllt den im 16. und bes. im 17.Jh. neu aufgenommenen politischen Begriff »Europa« (Theatrum Europaeum u. ä.) mit seinem Verständnis von Renaissance und wandelt ihn so in säkularisierender Ablösung des spätmittelalterlichen Nenners »Christenheit« für die christliche Einheit gegenüber den Türken zum Namen für die Mannigfaltigkeit der als Produkt des schöpferischen Individuums und als Aufgabe seiner Gestaltung gleicherweise angesehenen Bildung des universalen Humanismus; → Bodin ist darin sein Vorläufer gewesen. - Die heutige Verdrängung dieses humanistischen und des politischen Europa-Begriffs durch die neue Verwendung von »A.« (vgl. zB die irreführende Übersetzung »Die Gestaltung des A.es« für »The Making of Europe« von Chr.Dawson, 1950) verrät die Tendenz, »A.« aus dem Nenner für eine mehr empfundene als nachweisbare geistig-religiöse Einheit zum ideologischen Leitwort einer »christlichen« und »europäischen« Politik zu machen. Die wandlungsreiche Geschichte des Begriffs »A.« und der Mangel an Eindeutigkeit - weder als historische Kategorie noch als kulturphilosophischer Begriff ist »A.« wirklich brauchbar - machen ihn dazu geeignet. Auf keinen Fall ist »A.« die alleinige Form der Gestaltung des Christlichen im europäischen Raum, noch das Christliche die alleinige und maßgebliche Bestimmung des Abendländischen.

Eine umfassende begriffsgeschichtliche Klärung fehlt. Als Anfang: P.E.Hübinger, A., Christenheit, Europa (Aus Politik u. Zeitgeschehen, Beilage IV/54 zu »Das Parlament«, 3.2.1954) - ESL 1 ff. *Ernst Wolf*

Abendmahl

I. Im NT - II. Dogmengeschichtlich - III. Dogmatisch - IV. Liturgiegeschichtlich - V. Liturgisch - VI. Rechtlich - VII. In den jungen Kirchen

I. Im NT

1. Die Einsetzungsberichte - 2. Besonderheiten bei Paulus und Johannes - 3. Die Deuteworte - 4. Der eschatologische Ausblick - 5. Typen der A.sfeier - 6. Jesu letztes Mahl - ein Passamahl? - 7. Die Bedeutung des »ist«

1. Von der *Einsetzung* des Herrenmahles durch Jesus berichten *vier Texte:* Mk 14, 22-25; Mt 26, 26-29; Lk 22, 15-20; 1Kor 11, 23-25 (Texte mit erschöpfendem Apparat bei Kenyon). In sämtlichen vier Texten sind *drei theologische Motive* wirksam:

a) Das Herrenmahl blickt zurück auf das, was schon geschehen ist. Es ist *Verkündigung des Todes Jesu.* 1Kor 11, 26 ist wahrscheinlich indikativisch zu verstehen: »ihr verkündet den Tod des Herrn«, und meint, daß in der Herrenmahlfeier selbst, nicht erst in der mitfolgenden Wortverkündigung dieser Tod proklamiert werde. Auch wenn der Wiederholungsbefehl (bei Paulus und Lk) im Wortlaut von ähnlichen Formeln beeinflußt sein mag, die bei hellenistischen Totengedächtnismahlen verwendet wurden, ist keine Rede davon, daß das Herrenmahl je als ein solches Totengedächtnismahl verstanden worden ist. Der Tod Jesu wird ja *verkündet,* und zwar in allen vier Berichten als der *für* die Teilnehmer geschehene. Das heißt aber: ihnen wird in der Feier des Mahles die Heilsfrucht dieses Todes zugesprochen. Der Tod wird als ein für *sie* erlittener ihnen »mitgeteilt«. Die Versuche, dieses Teilhaben am Opfertod auf hellenistische Vorstellungen zurückzuführen, sind im wesentlichen gescheitert. Es sind die jüdischen Vorstellungen von Stellvertretung und Sühnopfer, die hier nachwirken.

b) Das Herrenmahl weist in die Gegenwart. Jede Feier ist eine neue *Bekräftigung des Bundes* Gottes mit seiner Gemeinde. In ihm tritt ja die Gemeinde in Tischgemeinschaft mit ihrem erhöhten Herrn. Paulus zeigt in 1Kor 10, 18-22, wie realistisch er dies versteht. Aber auch die Synoptiker sind nicht anders zu deuten. Wenn die Ausdrücke aus dem Bericht vom Herrenmahl auch in den Erzählungen von den Speisungen erscheinen (Boobyer), wenn von der Tischgemeinschaft des Auferstandenen mit seinen Jüngern so erzählt wird, daß der Wortlaut stark an das letzte Mahl erinnert, wenn die Tischgemeinschaft Jesu mit den Zöllnern und Sündern so sehr betont wird, dann bedeutet das nicht, daß all diese Mahlzeiten »sakramental« verstanden sind; wohl aber dies, daß das Herrenmahl auch diese Tischgemeinschaft des Herrn mit seinen Jüngern in sich schließt. Sie ist schon vor der Jerusalemer Zeit Ausdruck für die Gnade Gottes geworden, die den Menschen bis hin zu den Zöllnern in Jesus begegnete und sie wieder mit Gott verband. Von solcher Tischgemeinschaft des Erhöhten mit seiner Gemeinde im Herrenmahl spricht vielleicht auch Apk 3, 20. Und daß solche Gedanken auch sonst lebendig waren, zeigt sich darin, daß die Sekte von Qumran, die stark in eschatologischer Erwartung lebt, eine tägliche Tischgemeinschaft kennt, bei der Brot und Wein (oder Most?) zu Beginn gesegnet werden.

c) Das Herrenmahl schaut voraus in die Zukunft. Es ist die *Vorwegnahme des kommenden Messiasmahles* und wird darum in eschatologischem Jubel gefeiert. Bei Mk und Mt ist der Hinweis darauf nach den Deuteworten angefügt, bei Lk in doppelter Form vorangestellt und in V. 30 in einem ihm eigentümlichen Wort wieder aufgenommen. Bei Paulus ist nur noch eine Erinnerung an dieses Motiv im Rahmen erhalten (V. 26: »bis daß er kommt«, vielleicht mit finalem Nebenklang). Solche Erwartungen eines eschatologischen Mahls finden sich im Spätjudentum (Jes 25, 6; 65, 13; äthHen 62, 14; slHen 42, 5; ApkBar[syr] 29,8). Sie sind auch dem Hellenisten nicht völlig fremd, obwohl er ein individuelles himmlisches Mahl nach seinem Tode erwartet. Wenn Apg 2, 46 der typische Begriff für die eschatologische »Wonne« die Stimmung der Urgemeinde beim Brotbrechen bezeichnet, dann ist deutlich, daß dieses dritte Motiv hier stark betont ist. Jubelnde Freude und Loblieder haben hier ihren Platz, jedenfalls keine Begräbnisfeierlichkeit büßender Gestalten.

2. Zu diesen traditionellen Aussagen kommt zunächst die eigene Deutung des *Paulus*. Sie dürfte 1Kor 10, 17 am deutlichsten zum Ausdruck kommen. Denn hier hat Paulus in V. 16 die überlieferten Formeln der Gemeinde genannt. Es zeigt sich aber, daß er seine Interpretation nur an das Brotwort anschließen kann, gar nicht an die Doppelformel. Eben darum stellt er die beiden Worte um, so daß das Brotwort, an das er seine Deutung anschließt, an den Schluß rückt (Käsemann; anders Lessig, der in V. 16. 17a Tradition erblickt, und Schmithals, der V. 16b. 17 als gnostisch ansieht). In der Feier des Herrenmahles konstituiert sich die Gemeinde als der *eine* Leib Christi. Natürlich ist die Gemeinde auch außerhalb der Herrenmahlfeier der Leib Christi (Oulton gegen Brilioth); aber Paulus braucht den Ausdruck im Zusammenhang mit der Gottesdienstgemeinde, weil er nur dort konkret in Erscheinung tritt. Das ist für Paulus so wesentlich, daß ein Herrenmahl, an dem die Gemeinde nicht zu realer Tischgemeinschaft kommt, als Mißbrauch entlarvt wird. Die Korinther dachten allzu sakramental, so daß sie nahe an die Vorstellung eines magisch wirkenden opus operatum herankamen (1Kor 10, 1-22; 15, 29). Was Paulus ihnen vorwirft, ist gerade dies, daß sie durch ihren Sakramentalismus das Herrenmahl verdorben haben. Ursprünglich fand zwischen Brot- und Kelchwort die ganze Mahlzeit statt. So entspricht es jüdischer Sitte, und so bezeugt es der paulinisch-lukanische Einsetzungsbericht noch mit der Bemerkung, daß Jesus den Becherspruch »nach dem Mahl« gesagt habe. Brot- und Weingenuß ist nun schon an das Ende der Mahlzeit gerückt und von dieser getrennt. Das will oder kann Paulus nicht mehr rückgängig machen. Aber daß sie dieses Mahl überhaupt für unwesentlich ansahen, ruft seinen Tadel hervor. Daß für die zu spät kommenden Gemeindeglieder, etwa aus dem Sklavenstande, nur noch das Sakrament übrigblieb, nicht mehr die Tischgemeinschaft des Mahles, das zerstört die Feier (v.Soden, Bornkamm; anders Schmithals, der mit Verweis auf V. 22. 34 meint, die Gnostiker hätten das Sättigungsmahl eingeführt). Der Gedanke des gemeinschaftlichen Mahls lebt in der Form der → Agape später noch längere Zeit weiter (Clark).

Sehr viel schwieriger ist die Deutung der Aussagen bei *Johannes*. Sie hängt zunächst daran, ob man die Stellen, die auf das Herrenmahl weisen, als spätere Zufügungen einer kirchlichen Redaktion ansieht (so Bultmann). Dann muß man sie völlig isoliert vom übrigen Evangelium interpretieren und kann dann nur feststellen, daß Joh 6, 51-58 ein massiver Sakramentalismus gelehrt wird, in dem das Herrenmahl als »Unsterblichkeitsmedizin« (IgnEph 20, 2) verstanden ist. Vermutlich muß man die Stelle aber im Zusammenhang der ganzen johanneischen Theologie als Ausdruck der Sicht des Evangelisten ansehen. Dasselbe gilt von dem Vers, der vom Fließen von Blut und Wasser aus Jesu gekreuzigtem Leibe spricht (Joh 19, 34), und von dem Ausspruch vom Zeugnis des Geistes, des Wassers und des Blutes (1Joh 5, 6-8). Dann kann man Joh 6, 51-58 nicht ohne die ganze Brotrede verstehen, die von der Aufnahme Jesu im Glauben spricht, und nicht ohne 6, 63, wo festgestellt ist, daß »der Geist es ist, der lebendig macht, das Fleisch nichts nützt«. Hat schon die vorangehende Rede das Ärgernis der Menschwerdung unterstrichen (V. 42f) und festgehalten, daß nur der Glaube dieses Ärgernis überwinden könne, so wird das ja gerade im Abschluß der ganzen Szene überdeutlich gemacht (V. 60-71). Viele ziehen sich von Jesus zurück, weil seine Rede ihnen »Skandal« bereitet und sie nicht glauben wollen. Dann bezeugt aber das Herrenmahl nach Joh nichts anderes als eben dieses Ärgernis der vollen Fleischwerdung, und man darf das Kauen des Fleisches und das Trinken des Blutes so wenig naturalistisch mißverstehen wie die »Geburt« von oben in 3, 3-5. Ähnlich wie es bei der Waschung in 13, 6-8 am Beispiel des Petrus aufgezeigt wird, so gilt es auch hier: mit seinem Essen und Trinken bekennt sich der Teilnehmer am Herrenmahl zu diesem Ärgernis des Glaubens. Er erklärt damit, daß es auch für ihn nichts weniger gebraucht hat als die volle und ganze Menschwerdung. Aber so wenig es dort an Wasser hängt (13, 10 Lesart S ohne »außer den Füßen«; vgl. 15, 3), so wenig hier an den »Elementen« (von denen der Wein nicht einmal genannt ist). Auch das Fließen von Blut und Wasser in 19, 34 ist zunächst sicher einfach das Zeichen des real erlittenen Kreuzestodes. Dies muß allen doketischen Falschinterpretationen entgegen festgehalten werden, und V. 35 beweist, wie wichtig diese Feststellung dem Evangelisten ist. Wenn aber das Wasser neben dem Blut genannt wird, dann muß noch mehr als nur dies damit gemeint sein. Ursprünglich könnte eine hellenistische Spekulation über die Gottmenschheit Jesu dahinter stekken, weil noch Plutarch (mor. 180E, 341B; vit. 681) die homerische Sicht festhält, daß Götter kein Blut, sondern nur Blutwasser in den Adern haben. Für Joh aber ist sicher damit auf Herrenmahl und Taufe hingewiesen. Sie sind also für ihn das fortdauernde Zeichen für die Realität der Menschwerdung. Das dürfte am klarsten sein in 1Joh 5, 6-8, wo im ersten Vers wahrscheinlich Jordantaufe und Kreuzestod Jesu gemeint sind (Aorist!), in den beiden folgenden aber Taufe und Herrenmahl als die fortlaufenden Zeugnisse dieser Tatsache. So hält bei Johannes das Herrenmahl gewissermaßen die Gestalt Jesu im »Fleisch« fest und bewahrt sie davor, sich zu einer ewig gleichbleibenden Christusidee zu verflüchtigen (Schweizer, Joh. Zeugnis).

3. Stehen all diese Motive von Anfang an nebeneinander, oder läßt sich eine gewisse *Entwicklung* feststellen? Zunächst sind die eigentlichen *Deuteworte* zu betrachten. Sie zerfallen in zwei Gruppen: a) Mk und von ihm abhängig Mt (zum Teil auch Lk). Hier lautet das Brotwort:

»Nehmet hin; dies ist mein Leib«, das Kelchwort parallel dazu: »Dies ist mein Blut des Bundes, ausgegossen für viele.« Die Zusätze bei Mt sind aus der liturgischen Praxis zu verstehen: nämlich die Aufforderung »esset«, die Umwandlung des (vor V. 24 unlogischen) Mk-Berichtes »sie tranken alle daraus« zum Jesuswort »trinket alle daraus«, und die Ergänzung am Schluß »zur Vergebung der Sünden«. b) Paulus. Hier lautet das Brotwort: »Dies ist mein Leib für euch,« das Kelchwort: »Dieser Kelch ist der neue Bund in meinem Blute«. Bei beiden Worten kennt Paulus den Wiederholungsbefehl. Lk stimmt im längeren Text (vgl. unter 4) damit überein, fügt aber beim Brotwort eleganter hinzu »... gegeben« und beim Kelchwort grammatisch völlig inkorrekt »für euch ausgegossen«. Dafür fehlt beim Kelch der Wiederholungsbefehl.

Aramäisch unmöglich dürfte sowohl die paulinische Formulierung »mein Leib für euch« sein wie die markinische Verbindung »mein Blut des Bundes«. Das letzte wird freilich neuerdings bestritten mit Hinweis auf Gen 9, 5 (vgl. LXX); Dan 2, 34 und das Syrische (Emerton, Fuller). Dennoch bleibt wahrscheinlich, daß in der aramäischen Form a) nur der Gedanke des Bundes oder b) nur der der Stellvertretung oder c) keiner von beiden genannt war.

Für c) tritt Bultmann ein, der in der bei Justin überlieferten Form »Dies ist mein Leib – Dies ist mein Blut« (ap. 66, 3) die älteste erblickt. Auch sie wäre freilich erst in der hellenistischen Gemeinde entstanden, weil sie sakramentale Identität der Speise mit dem Gott voraussetzt. Für b) entscheidet sich Jeremias (auch Fuller, Higgins, Taylor) mit Hinweis auf die bei Mk noch enthaltenen Semitismen. Die älteste Form der Deuteworte wäre dann ein Doppelgleichnis, bei dem die begleitende Austeilung, die Anteil gibt am Heilsgeschehen, freilich die ganze Handlung über ein solches hinaushebt. Daß Jesus sich damit als das wahre Passalamm bezeichnen wollte (Higgins), ist hingegen schwer vereinbar mit der Rolle, die das *Brot* spielt, während das Lamm überhaupt nicht erwähnt wird. Beiden gegenüber ist zuzugeben, daß die sprachliche Form bei Paulus schon stärker gräzisiert ist und daß auch das Zuwachsen des Wiederholungsbefehls sekundär sein wird. Denn Jeremias' Deutung auf eine Bitte Jesu, Gott möge seines Messias gedenken, ist doch sehr unwahrscheinlich (Jones). Andererseits hat Paulus in der Rahmenerzählung die Bemerkung, daß der Kelch erst »nach dem Mahl« ausgeteilt worden sei, zweifellos besser bewahrt als Mk, der sie wegläßt. Eine Erinnerung daran, daß der Becherspruch erst nach dem Mahl gesprochen wurde, zeigt sich vielleicht noch darin, daß Mk 14, 24 so ungeschickt mit neuer Einleitungsformel angefügt wird, nachdem die Jünger schon getrunken haben, als wäre es gar nicht Einsetzungswort. Vor allem ist aber zu fragen: wie soll ein so schöner Parallelismus nachträglich zerstört worden sein zu der nichtparallelen paulinischen Form? Wie sollte in einem solchen das Wort »Leib« neben »Blut« gewählt worden sein statt des sonst stets gewählten Analogon »Fleisch?« Als Opferterminus (Jeremias), um die Selbsthingabe zu betonen (Taylor)? Aber wäre weiterhin im palästinensischen Raum eine Formel denkbar, in der Jesus zum Trinken des Blutes aufforderte, ohne auf dieses für einen Juden horrende Ansinnen auch nur hinzuweisen (Walther zeigt nur, wie unmöglich dies ist; Taylor und Davies erklären damit die Abänderung des Mk durch Paulus)? Dazu kommt, daß die Sätze des Paulus mindestens anderthalb Jahrzehnte früher geschrieben sind als die des Mk und außerdem auf Tradition beruhen, die nach seiner Meinung bis zu Jesus selbst zurückreicht. Denn 1Kor 11, 23a bezeichnet wie im Rabbinischen die Traditionskette (Jeremias, Kümmel; freilich dort für direkte Übernahme gebraucht: Davies), nicht direkte Offenbarung des Erhöhten (Lietzmann), auch kaum nur die Garantie des Erhöhten für die Tradition (Cullmann, → Tradition). Waren Brot- und Kelchwort ursprünglich durch die ganze Mahlzeit getrennt, dann stellte jeder Satz ein abgeschlossenes Ganzes dar, das nicht erst durch einen Parallelsatz verständlich war. Dann bereitet auch die Wahl des Ausdrucks »Leib« keinerlei Schwierigkeit, da er keinen Parallelausdruck »Blut« neben sich hat. So ist a) das Wahrscheinlichste, und Paulus dürfte inhaltlich die älteste Formulierung bewahrt haben (Behm, Kümmel, Marxsen, Schweizer, Clark).

Die zentrale Bedeutung des Bundesgedankens (so auch Fuller trotz seinem Entscheid für b) liegt auch vor in der Analogie der Sekte von Qumran (1QS I, 8. 16. 18. 24 und oft) und in Ex 24, 8-11, wo im Bericht vom Bundesschluß auch Blutopfer und himmlisches Mahl erscheinen. *Sachlich* dürften alle drei später entfalteten theologischen Motive also von Anfang an zusammenhängen. Ist das Brotwort also für sich allein zu interpretieren, dann dürfte das wahrscheinlichste aramäische Äquivalent »gûpa'« sein. Dann meinte der Satz ursprünglich: »Dies ist mein Leib = mein Selbst = dies bin ich selbst«. So will er der Gemeinde versichern, daß im Herrenmahl der Erhöhte selbst gegenwärtig weilt. Der zweite Satz besagt, daß solche Gegenwart nur möglich ist, weil Gott im Tode Jesu den Bund mit seinem Volk neu geschlossen hat. Selbstverständlich ist dabei die Mk-Tradition nicht von Paulus abhängig (den Wiederholungsbefehl hätte er schwerlich weggelassen und die Semitismen nicht von sich aus eingefügt). Beide gehen auf eine ältere Form zurück, die bei Paulus im ganzen noch reiner erhalten ist.

4. Wie verhält sich dazu der *eschatologische Ausblick* auf das kommende Messiasmahl? Er findet sich bei Mk und Mt am Schluß in der Form: »Wahrlich, ich sage euch, daß ich nicht mehr vom Gewächs des Weinstocks trinke bis zu jenem Tage, da ich es neu trinke in der Königsherrschaft Gottes.« Lk berichtet *vor* den eigentlichen Einsetzungsworten: »Und er sprach zu ihnen: Gar sehr habe ich begehrt, dieses Passa mit euch zu essen, bevor ich leide. Denn ich sage euch, daß ich es nicht mehr esse, bis daß es erfüllt werde in der Königsherrschaft Gottes. Und er nahm den Kelch, dankte und sprach: Nehmet diesen und teilt ihn unter euch. Denn ich sage euch: ich werde von nun an nicht mehr trinken vom Gewächs des Weinstocks, bis die Königsherrschaft Gottes komme.« Paulus hat nur noch in dem Zusatz »bis daß er kommt« eine Erinnerung an diese Aussage bewahrt.

Zunächst besteht das Problem des *lukanischen Kurztextes* im Kodex D. Dieser enthält nur den doppelten eschatologischen Ausblick, dann die Austeilung des Brotes, die Mk folgt außer dem Ausdruck »er dankte« statt »er segnete« und dem Fehlen der Aufforderung »nehmet hin«, was beides Paulus entspricht, und endlich das Brotwort in der kurzen Mk-Form »Dies ist mein Leib« ohne den Zusatz »für euch gegeben« und den Wiederholungsbefehl. Ein Deutewort zum Kelch fehlt. Entgegen früheren Meinungen (K.L.Schmidt) ist heute fast allgemein (anders Fuller, Walther) zugestanden, daß diese Kurzform erst sekundär entstanden ist, entweder auf Grund mechanischen Abirrens vom Ausdruck »für euch« V. 19 zum gleichen Ausdruck in V. 20, der dann als sinnstörend weggelassen wurde (H.J.Bell, JThS NS 3, 1952, 262) oder aus Arkandisziplin (Jeremias) oder zur Vermeidung des zweiten Bechers (Kenyon, Schweizer, Schürmann). Dies letzte ist besonders verständlich, wenn zunächst V. 17f als Parallele zu Mk 14, 23. 25 an die Stelle von V. 20 gesetzt wurden (Kodices b, e, sy^c) und dann ebenfalls in Angleichung an Mk auch V. 19b getilgt wurde, woraus dann die übrigen Varianten als Teilangleichungen an den Langtext zu erklären sind (Schäfer). Daß andere durch Streichung von V. 17f oder durch Umstellung hinter V. 20 ebenfalls den zweiten Kelch ausmerzen, zeigt, wie wichtig dieser liturgische Anstoß in der Textgeschichte war. Ist dies richtig, dann gibt es keinen Text, in dem nicht schon der eschatologische Ausblick mit den Deuteworten verbunden war. Dies gilt übrigens auch für Fuller, der zwar den Kurztext für lukanisch hält, aber in ihm eine aus Arkandisziplin durchgeführte Verstümmelung eines älteren und volleren Textes durch Lk selbst erblickt (ähnlich Davies).

Dennoch bleibt die Frage bestehen, ob diese Zuordnung von Anfang an vorhanden war. Auf der einen Seite kann man auf Paulus hinweisen, der eine Herrenmahltradition kennt, die nur noch die Deuteworte enthält und nur noch verrät, daß ursprünglich einmal der eschatologische Gesichtspunkt damit verbunden war. Da nach seiner Meinung diese Tradition bis auf Jesus zurückgeht, kennt er jedenfalls kein Herrenmahl ohne die Deuteworte. Er ist nicht nur bald nach Jesu Tod mit der Gemeinde zusammengekommen, sondern hat auch lange mit Jerusalemern zusammengearbeitet. Andererseits hat Schürmann wahrscheinlich gemacht, daß Mk 14, 25 aus der volleren Lk-Fassung stammt und nicht etwa umgekehrt. Das unterstreicht aber die Tatsache, daß wir im eschatologischen Lk-Abschnitt und im Einsetzungsbericht (1Kor 11, 23-25, bzw. Mk 14, 22-24) zwei verschiedene, je in sich geschlossene Berichte über das letzte Mahl Jesu haben, die auch eine völlig verschiedene Traditionsgeschichte besitzen. Bei Mk rückt dieser eschatologisch geprägte Bericht stark verkürzt an den Schluß der Einsetzungsworte, bei Paulus verschwindet er bis auf die Nachwirkung im Rahmen. Nun ließe sich dies ja erklären mit der schwindenden eschatologischen Erwartung und mit der liturgischen Schwierigkeit der zwei Kelche. Aber wie können zwei in sich geschlossene Berichte über das letzte Mahl entstanden sein, wenn beides von Anfang an verbunden war? Im Anschluß an das letzte Mahl berichtet Lk noch in 22, 27-30 einige Tischworte Jesu, die ebenfalls durch den eschatologischen Ausblick gekennzeichnet sind. Gehören, wie es wahrscheinlich ist, diese Verse mit V. 15-18 zusammen, dann liegt eine Tradition über das letzte Mahl vor, die charakterisiert ist durch den Hinweis auf Jesu Dienen und den eschatologischen Ausblick. Genau dasselbe ist aber in stark entwickelter Form bei Joh festzustellen. Auch hier fehlen die Deuteworte wie überhaupt die Einsetzung des Herrenmahles. Auch hier ist nur von einem letzten Mahl Jesu mit dem Hinweis auf Jesu Dienen (Joh 13; vgl. Lk 22, 27) und »eschatologischem« Ausblick (Joh 14-16; vgl. Lk 22, 15-18. 28-30) die Rede (Kuhn). Freilich meint Jesu Wiederkommen nicht mehr die Parusie, sondern sein Kommen im Geist; aber das ist die überall bei Joh vorliegende Neuinterpretation. Vielleicht kann man auch auf die Eucharistiegebete in Did 9f hinweisen, in denen vom Tode Jesu nicht die Rede ist, wohl aber von der eschatologischen Vereinigung der in der Welt zerstreuten Kirche. Doch ist hier Vorsicht geboten. Denn einmal werden nur die Gebete überliefert, nicht der sonstige Verlauf der Feier; dann ist die eschatologische Hochstimmung auch in Did 16 zu bemerken; endlich wissen wir über die Herkunft der Mahlgebete (hellenistische Synagoge [M.Dibelius, HNT ErgBd, 24ff]? späte Messetexte [E.Peterson, RivAC 27, 1951, 56ff]?) sehr wenig.

5. Damit aber erhebt sich in ganz neuer Form die alte Frage nach den *zwei Abendmahlstypen*. Lietzmann hat 1926 den jerusalemitischen Typus vom paulinischen geschieden. Jener entspräche dem Brotbrechen der Apg und wäre bestimmt durch die starke Betonung der Tischgemeinschaft und die jubelnde Freude über die Gegenwart des Auferstandenen und die kommende Herrlichkeit. Dieser wäre geprägt durch hellenistische Opfervorstellungen, und der Apostel hätte ihn auf direkte Offenbarung des Erhöhten zurückgeführt. Das läßt sich so schwerlich halten, und schon Lohmeyer hat darum die These Lietzmanns variiert, indem er im ersten den galiläischen Typus fand, der aus der Tischgemeinschaft des irdischen Jesus herausgewachsen wäre, im zweiten hingegen die jerusalemitische Art der Herrenmahlfeier. Cullmann hat weiter auf die nachösterlichen Tischgemeinschaften mit dem Auferstandenen hingewiesen, wobei er aber darin nur ein besonderes Moment einer von Anfang an einheitlichen Mahlfeier erblickt. Ihm gegenüber hat dann freilich Michaelis (ähnlich schon Lohmeyer) darauf aufmerksam gemacht, daß der Ausdruck »Brotbrechen« in diesen Erzählungen nur Lk 24, 30. 35 erscheint und das Brot überhaupt kaum eine Rolle spielt. Bo Reicke endlich hat an die in großer Fröhlichkeit gefeierten Abschiedsmahlzeiten der sterbenden Patriarchen (Jub 22, 1-9; 31, 22; TestNaph 1, 1-4; 9, 2) erinnert und von hier aus die Möglichkeit der Verbindung beider Momente gezeigt.

Weithin nahm man an, daß der »eschatologische« Typus ohne Wein gefeiert worden sei. Dafür sprachen der Ausdruck »Brotbrechen«, die Speisungsgeschichten, die auf den frühesten Katakombenbildern als Herrenmahldarstellungen erscheinen, die johanneische Lebensbrotrede, die keine Weinrede neben sich kennt, da 15, 1ff ja ein ganz anderes Anliegen enthält. Aber auch apokryphe Berichte, nach denen der Auferstandene mit Jakobus oder mit den Jüngern im Gefängnis das Brot brach und aß, und Nachrichten von weinlosen Eucharistiefeiern in der frühen Kirche schienen in dieselbe Richtung zu weisen. Endlich konnten die Wahl des Ausdrucks »Leib« (statt »Fleisch«) und die betonte Nachricht des Mk, daß *alle* aus dem Kelch getrunken hätten (14, 23), eine frühe Feier ohne Wein wahrscheinlich machen. Aber der eschatologische Ausblick haftet ja gerade am Weinwort und erscheint nie mit dem Brot verbunden. Der kurze D-Text bei Lk dürfte sekundäre Korrektur sein. Die Ersetzung des Weins durch Wasser in der frühen Kirche ist aus asketischen Gründen erfolgt. Daß bei den Speisungsgeschichten und in den apokryphen Berichten der Wein fehlt, entspricht palästinensischem Brauch, nach dem beim gewöhnlichen Mahl kein Wein genossen wird. Mag also bald dies, bald jenes stärker im Mittelpunkt gestanden haben, ein Nebeneinander zweier völlig verschiedener Typen von Herrenmahl im Sinne Lietzmanns oder auch Lohmeyers läßt sich in der frühen Kirche kaum nachweisen. Wenn die beiden Momente, die eschatologische Freude, verbunden mit der schon gegenwärtigen Tischgemeinschaft mit dem Erhöhten, bald Wiederkommenden, und die Verkündigung des Todes Jesu, verbunden mit dem Zuspruch der Heilsfrucht seines Sterbens, nicht von Anfang an zusammengehört haben, dann müssen sie jedenfalls schon früh in der palästinensischen Kirche zusammengewachsen sein.

Für das letzte spricht nun freilich eine gewisse Wahrscheinlichkeit, ohne daß man sie zur Sicherheit erheben könnte. Die verschiedene Traditionsgeschichte des in sich geschlossenen »eschatologischen Ausblicks« einerseits und des ebenfalls in sich geschlossenen Einsetzungsberichtes andererseits wie die johanneische Darstellung, die den Einsetzungsbericht überhaupt nicht kennt, sich aber als Entfaltung des lukanischen Sonderberichtes verstehen läßt, bleiben unerklärlich, wenn beides auf Jesus selbst zurückgehen sollte. Wäre die Einsetzung mit den

Deuteworten historisch, dann ließe sich die Entstehung eines in sich geschlossenen Mahlberichtes, der nur den eschatologischen Ausblick und den Hinweis auf Jesu Dienen enthalten hätte, kaum denken. So ist damit zu rechnen, daß Jesus selbst nur ein letztes Mahl mit seinen Jüngern gehalten hat, bei dem er sie auf sein Dienen verwies und ihnen die Tischgemeinschaft in der kommenden Königsherrschaft Gottes in Aussicht stellte. Tatsächlich ist darin schon der neue Bund Gottes mit seinem Volk Ereignis geworden. Das haben schon zuvor die Zöllner und Sünder verstanden, mit denen er Tischgemeinschaft hielt, und das haben seine Gegner sehr gut begriffen. Tatsächlich ist dieser neue Bund nirgends anders begründet gewesen als im Dienen Jesu, auf das er seine Jünger hinwies und das er am kommenden Morgen vollends erfüllte. So sind die Deuteworte nur die Entfaltung dessen, was von Anfang an in diesem Mahl enthalten war, das seinerseits nur ein letzter Ausdruck der Tischgemeinschaft war, die Jesu ganzen Dienst begleitete als leibhaft gewordener Gnadenzuspruch und Bundesschluß. Sie dürften (nach Ex 16, 15; 24, 8 [Nock]?) gebildet worden sein in der frühesten Gemeinde, als das Mahl wiederholt wurde analog der Übung der Sekte von Qumran, in der Brot und Wein bei der gemeinsamen Mahlzeit gesegnet wurden (1QS VI, 4f; Kuhn), oder in Anlehnung an ähnliche jüdische Bräuche (Kilpatrick). Wie Deutungen der Gemeinde zu Jesusworten werden, zeigen noch Const.ap. VIII, 12, 37, wo 1Kor 11, 26 zu einem Jesuswort geworden ist (»*meinen* Tod . . .bis daß *ich* komme«). Ebenso ist ja die → Taufe (: II), die auch in allen unseren Texten schon vorausgesetzt ist, analog der Taufpraxis der Johannesjünger von der frühesten Gemeinde übernommen worden. Ostern brachte der ersten Gemeinde die Gewißheit, daß Jesus auch als Erhöhter unter ihnen weiterlebe. So lebte auch die Tischgemeinschaft mit ihm, in der so Wesentliches zusammengefaßt war (Lohmeyer; für MacKinnon nur prophetische Vorzeichen), weiter und bekam ihren besonderen Sinn.

6. Ob das letzte Mahl ein *Passa* war oder nicht, läßt sich nicht mehr ausmachen (Fuller, MacKinnon; positiv dagegen Jeremias, Higgins). Nach synoptischer Tradition war es dies, nach johanneischer nicht. Aber schon bei Mk ist festzustellen, daß der in sich geschlossene Bericht von der Einsetzung in keiner Weise auf ein Passa hinweist. Dasselbe ist aber auch vom Bericht über das letzte Mahl überhaupt zu sagen, in den hinein die aus einer festen liturgischen Tradition übernommene Perikope mit den Einsetzungsworten gefügt ist. Erst in dem sehr späten, sich aus der übrigen Tradition durch die besondere Wortwahl und durch den Widerspruch von V. 16 und 17, vielleicht auch durch die unjüdische Datierung in V. 12 heraushebenden Abschnitt Mk 14, 12-16 ist von der Vorbereitung eines Passamahles die Rede. Bei Lk 22, 15f ist fraglich, ob Jesus sagen will, daß er das (morgige) Passa nicht mehr essen werde, oder ob er damit das vorliegende Mahl meint. Andererseits kann die johanneische Chronologie theologisch begründet sein, weil dadurch Jesu Tod auf die Stunde verlegt wird, in der die Passalämmer geschlachtet werden (1, 29; 18, 24, das in der von Joh übernommenen Tradition ursprünglich wie die andern Schrifthinweise auf den Leidenspsalm 34, 21 zurückgehen, von Joh selbst aber auf die Passalammstellen Ex 12, 46; Nu 9, 12 bezogen sein wird.) So können nur die sachlichen Argumente entscheiden. Die Gründe für und gegen den Passacharakter dieses letzten Mahles halten sich die Waage. Einerseits ißt Jesus in der Stadt, nicht wie sonst im Vorort, nachts, nicht am Spätnachmittag (wenn die Notiz im Rahmen des Paulusberichtes wirklich alt ist), und seine Jünger stimmen nachher den Lobgesang an. Andererseits gehören zum Passamahl auch die Frauen, und den Bechersegen spricht gewöhnlich ein Gast; die Deuteworte sind nicht an die beim Passa gebrauchten angeglichen, wo zB die Besonderheit des ungesäuerten Brotes erklärt wird; die Hinrichtung Jesu am Passatag ist zwar nicht unmöglich, aber doch schwer vorstellbar, auch ist das Herrenmahl schwerlich in der ältesten Gemeinde nur einmal im Jahr gefeiert worden wie das Passa; denn das Passa Apg 20, 6; ep. apost. 15 und bei den Quartadezimanern hat wohl nichts mit dem Herrenmahl zu tun. Anderes wie der Rotwein, der bei jedem etwas feierlichen oder sonst hervorgehobenen Mahl getrunken wird (Jeremias, Last Supper), das Zu-Tische-Liegen, das in allen vier Evangelien häufig bezeugt ist, das Verweilen innerhalb des Stadtbezirkes, das wenigstens nach Joh 18, 2; Lk 21, 37; 22, 39 nichts Außergewöhnliches darstellt, und Joh 13, 29, was schriftstellerische Manier des Joh ist, spricht weder für noch gegen ein Passamahl. Theologisch scheint die Frage unwichtig zu sein, da auch ein Mahl am Vorabend von Passa Gedanken des bevorstehenden Festes aufnehmen (Preiss, Taylor), ein Passamahl umgekehrt durch Jesu Hinweis einen völlig neuen Charakter bekommen konnte (Lohmeyer, Kultus). Eine *sachliche* Beziehung des letzten Mahles auf die Passatradition dürfte möglich, aber keineswegs notwendig oder in die Augen springend sein (Davies: erst bei Paulus). 1Kor 5, 7 zeigt, daß Jesu Opfertod als Sterben des Passalammes interpretiert wurde. Der Gedanke ist aber nur ein Hilfsgedanke für die Aufforderung, den alten Sauerteig auszufegen, ein Bild, das unabhängig von Passagedanken gebildet wurde (Gal 5, 9; Mt 13, 33; 16, 6). Ist die Gleichsetzung Jesu mit dem Passalamm nicht überhaupt nur ad hoc gebildet, kann sie jedenfalls für die Herrenmahldeutung nichts sagen, da sie ohne Verbindung damit auftritt. Sie spräche eher für die johanneische Chronologie und könnte erklären, wieso nachträglich das Herrenmahl als Passa angesehen worden ist. Doch ist auch der umgekehrte Vorgang denkbar, und jedenfalls lag diese Identifikation nahe, sobald Jesu am Passa oder am Rüsttag erfolgtes Sterben als Opfertod verstanden wurde.

7. Die in der Reformationszeit verhandelte Frage nach der *Bedeutung des »ist«* in den Einsetzungsworten ist vom NT her nicht direkt zu beantworten. Einmal dürfte im Aramäischen die Copula überhaupt gefehlt haben. Dann aber setzten Lutheraner wie Reformierte in ihrer Diskussion einen Substanzbegriff voraus, der dem NT völlig fremd ist. Man kann gewiß darauf hinweisen, daß dem Juden der Gedanke an Blutgenuß derart horrend ist, daß an eine Identifikation von Herrenmahlwein und Blut Jesu sicher nicht gedacht worden ist. Mindestens müßte dann die Heilsnotwendigkeit dieses Ärgernisses betont worden sein. Ansätze dazu finden sich jedoch höchstens Joh 6, 51-58, wo aber diese Ineinssetzung durch die vorangehende Brotrede und durch die Warnung in V. 63 ausgeschlossen wird. Auf der andern Seite kann man darauf hinweisen, daß für den Hellenisten jedwede Kraft notwendig an die Substanz gebunden ist, was auch Wundergeschichten wie die von der blutflüssigen Frau bei Mk oder vom heilenden Schweißtuch des Apostels in Apg zeigen, was aber auch hinter Sätzen wie 1Kor 6, 13-18 und 11, 30 oder hinter dem realistischen Reden des Paulus vom Geistleib des Erhöhten stehen wird. Sehr zugespitzt kann man sagen: wenn die Frage nach den Elementen gestellt worden wäre – was sie nicht ist! –, dann hätte der Palästinenser »reformiert«, der Hellenist »lutherisch« geantwortet. Aber schon daß wir diese Erkenntnisse nicht aus den Sätzen über das Herrenmahl, sondern aus allgemeinen Erwägungen oder ganz anderen Aussagen schöpfen, zeigt, daß wir damit überhaupt nur etwas

über den weltanschaulichen Hintergrund erfahren, der selbstverständlich die Sprache der nt. Zeugen durchweg formen hilft, aber gerade nichts über das, was sie in dieser ihrer Sprache wirklich ausdrücken wollen.

Aber läßt sich nicht von den grundsätzlichen Aussagen her etwas zu dem Anliegen sagen, das die Reformatoren bewegt hat? Die Synoptiker ergeben kaum etwas zu dieser Frage. Bei Joh ist eindeutig, daß es sich 6, 51–58 (falls es kein isolierter Nachtrag ist) um keine andere Aneignung Jesu handeln kann als um die des Glaubens, von der die gesamte Brotrede spricht. Das bestätigen 6, 56, wo nur mit einem Essen und Trinken zum Heil gerechnet wird, und vor allem 6, 60–65. Dazu kommt, daß gerade bei Joh immer wieder davor gewarnt wird, sich am Worte nicht genügen zu lassen (schon 6, 68). Daß Christus dabei real präsent ist, das dürfte gerade von den johanneischen Abschiedsreden her eindeutig sein. Dasselbe gilt, wenn Paulus im Herrenmahl ein »Verkünden« des Todes Jesu erblickt. Das Wort ist im NT doch nie etwas »Nur«-Gesagtes, das keinen Tatcharakter hätte, ein Bloß-Spiritualistisches, das sich nur an den Verstand wendet. Im Wort kommt Christus selbst (Lk 10, 16; Mt 10, 40); in ihm »kommt« der Friede selbst über ein Haus oder »kehrt zurück« zum Verkünder, wonach dieses Haus unter ein Gericht gestellt wird, schrecklicher als Sodom und Gomorrha (Mt 10, 12–15). Das Wort ist »Geruch zum Leben« oder »zum Tod« (2Kor 2, 16). In ihm geschieht Gnade oder Zorn, Präsenz Christi selbst. Darum »zeugt« es Gemeinde (1Kor 4, 15; Jak 1, 18; 1Petr 1, 23) und schenkt den Geist (Gal 3, 2). Der Glaube läßt mit Tod und Auferstehung Jesu zusammenwachsen (Phil 3, 9–11; Gal 3, 20) und fügt in den Herrschaftsbereich Christi ein (Röm 14, 7–9; 2Kor 5, 15), ohne daß von Taufe oder Herrenmahl (das in vielen Schriften des NT überhaupt nicht erwähnt wird) etwas gesagt werden muß. Aber es *kann* dasselbe auch vom Herrenmahl ausgesagt sein. Weniger wird von ihm gewiß nicht erwartet, und der eschatologische Jubel beim »Brotbrechen« bestätigt das auch für die Apg.

Aber was heißt dies? Schon daß die Aussage »Dies ist mein Blut« bei Paulus fehlt, zeigt, daß er die Realpräsenz des Kyrios nicht als die von Leib und Blut im Sinne einer »Sache« versteht. Auch 1Kor 10, 16–22 ist das »Segnen« des Kelches und das »Brechen« des Brotes das Entscheidende, und vom Essen und Trinken ist gar nicht die Rede (so wenig in der Parallele daran gedacht ist, daß die Dämonen gegessen würden). 1Kor 11, 27 spricht nur vom Essen des Brotes und Trinken des Kelches, und die Schuld an Leib und Blut des Herrn wird nach 8, 11f; Röm 14, 15 zu interpretieren sein. Gegen eine Auffassung des Herrenmahles als des »Mittels zur Unsterblichkeit« (IgnEph 20, 2) steht Paulus gerade im Kampf (1Kor 10, 1–13). Andererseits zeigt 10, 16, daß an ein reales Anteilhaben an Leib und Blut Jesu gedacht ist. Aber wie vollzieht es sich? Paulus interpretiert die übernommene Formel: indem die Gemeinde zum Leib Christi wird. Vermutlich denkt er sich diesen in hellenistischer Weise als einen aus Geistsubstanz bestehenden Körper. Aber wesentlich ist er für ihn ja nur als Bereich der Herrschaft des Kyrios und der Segnungen des Erhöhten, in denen er als der Gekreuzigte für seine Gemeinde gegenwärtig wird. Eben darum ist es unmöglich, an Christus Teil zu bekommen, wenn man an den Dämonen Teil hat. Manducatio impiorum gibt es also nur in dem Sinn, wie es sie beim Wort gibt: ein Mensch, dem der verkündigte Christus begegnet ist, ist dadurch ein anderer geworden in seinem Glauben oder Unglauben. Insofern ist das Herrenmahl wie die Verkündigung auch so etwas wie eine Vorwegnahme des letzten Gerichtes, die nur dem zum Segen wird, der Gottes Gericht über sich annimmt (Käsemann, Moule). Das gilt freilich nur, wo die Botschaft wirklich gehört worden ist und Glauben oder Ablehnung bewirkt hat. Es gilt nicht einem Tauben oder Fremdsprachigen (1Kor 14, 6. 9. 11. 16f. 23–25). So hängt die Gegenwart des Kyrios zwar nicht an »meinem Glauben«; sie vollzieht sich aber auch nicht magisch durch die rechte Formel und die rechte Austeilung. Sie ereignet sich, wo das Herrenmahl als Botschaft verstanden wird, ob diese geglaubt oder abgelehnt wird. Sie ereignet sich, wo der Kyrios seine Herrschaft aufrichtet, unter Gehorsamen oder sich ihr Entziehenden, im Segen oder im Gericht. Das heißt aber: die Realpräsenz ist genau die des Wortes, nicht mehr und nicht weniger. Sie ist Ereignis, nicht Sache; Begegnung, nicht Naturphänomen; Handeln Christi mit seiner Gemeinde, nicht Übereignung einer Substanz. Christus bleibt, indem er sich selbst seiner Gemeinde schenkt, doch immer ihr Herr, der nicht wie ein Ding in ihre Verfügungsgewalt fällt. Sicher liegt Paulus daran, daß der Mensch durch den Kyrios nicht nur in seinem Verstand, sondern in seiner ganzen leiblichen Existenz beschlagnahmt und gesegnet (oder auch bestraft) wird. Sicher hängt dieses Geschehen ebenso an den »Elementen«, wie es am Wort hängt, weil jene wie dieses Träger der Botschaft sind. Aber ebenso sicher ist für Paulus die Gegenwart des Kyrios keine andere als die in seinem Geist, die aber gerade so höchst reale Gegenwart ist (Paulus denkt sich ja diesen Geist als feine Substanz). »Leib« und »Geist« sind tatsächlich in gewissem Sinn auswechselbar (Käsemann). Ist dies aber das nt. Verständnis der »Realpräsenz«, dann ist deutlich, daß nie von einer »Repräsentation« der Heilsereignisse, sondern immer nur von einem Gegenwärtigwerden des Kyrios selbst die Rede sein kann. Herrenmahl ist *visibile verbum* (Augustin, In Ioannis Ev, tract. 80, 3, 6f.).

H.Lietzmann, Messe und Herrenmahl, 1926 - K.L.Schmidt, A. im NT (RGG[2] I, 6–16; Lit.) - Y.Brilioth, Eucharistic Faith and Practice, Evangelical and Catholic, 1930, 1–17 - Hans v.Soden, Sakrament und Ethik, 1931 - J.Jeremias, Die A.sworte Jesu, (1935) 1949[2] (Lit.) - Ders., The Last Super (ExpT 64, 1952/53, 91f) - E.Lohmeyer, Vom urchristlichen A. (ThR NF 9, 1937, 168–227. 273–312; 10, 1938, 81–99) - Ders., Kultus und Evangelium, 1942 - V.Taylor, Jesus and His Sacrifice, 1937, 114–142. 175–186. 201–217. 236–244 - Ders., The Atonement in the NT Teaching, 1945, 161–166 - Ders., The Gospel according to St. Mark, 1952, Exkurs K - Ders., The Day of the Last Supper (Theology 57, 1954, 60f) - The Ministry and the Sacraments, 1937: F.G.Kenyon-S.C.E.Legg, The Textual Data, 271–286; A.E.J.Rawlinson-M.Goguel, Church, Baptism and Eucharist in the NT, 287–325 - J.Behm, ThW III, 726–743 (Lit.) - E.Gaugler, Das A. im NT, 1943 - O.Cullmann, Urchristentum und Gottesdienst, 1944 - G.Deluz-J.Ph.Ramseyer-E.Gaugler, La Sainte Cène, 1945 - Th.Preiss, Le dernier repas de Jésus fut-il un repas pascal? (ThZ 4, 1948, 81–101) - E.Käsemann, Anliegen und Eigenart der paulinischen A.slehre (EvTh 7, 1947/48, 263–283) - W.D.Davies, Paul and Rabbinic Judaism, 1948, 242–259 - F.J.Leenhardt, Le sacrement de la sainte cène, 1948 - W.G.Kümmel in: H.Lietzmann, An die Korinther I. II (HNT 9), 1949[4] - W.Marxsen, Die Einsetzungsberichte zum A. (Diss. Kiel), 1949 - K.G.Kuhn, Die A.sworte (ThLZ 75, 1950, 399–408) - Ders., Über den ursprünglichen Sinn des A.s und sein Verhältnis zu den Gemeinschaftsmahlen der Sektenschrift (EvTh 10, 1950/51, 508–527) - F.Bammel, Das heilige Mahl im Glauben der Völker, 1950 - G.Walther, Jesus, das Passalamm des neuen Bundes, 1950 - J.E.L.Oulton, Holy Communion and Holy Spirit, 1951 - B.Reicke, Diakonie, Festfreude und Zelos, 1951 - G.H.Boobyer, The Eucharistic Interpretation of the Miracles of the Loaves in St.Mark's Gospel (JThS NS 3, 1952, 161 bis 171) - A.J.B.Higgins, The Lord's Supper in the NT, 1952 (Lit.) - Ders., The Origins of the Eucharist (NTS 1, 1954/55, 200–209) - A.D.Nock, Hellenistic Mysteries and Christian Sacraments (Mnemosyne IV, 5, 1952, 177–213) - G.D.Kilpatrick, The Last Supper (ExpT 64, 1952/53, 4–8) - J.A.T.Robinson, The Body, 1952 - K.Th. Schäfer, Zur Textgeschichte von Lk 22, 19b. 20 (Bibl 33, 1952, 237–239) - E.Schweizer, Das johanneische Zeugnis vom Herrenmahl (EvTh 12, 1952/53, 341–366) - Ders., Das Herrenmahl im NT (ThLZ 79, 1954, 577–592) - Bultmann, NT § 13, 2 - H.Schür-

MANN, Der Paschamahlbericht Lk 22, 15-18 (NTA 19, 5), 1953 (Lit.) - DERS., Der Einsetzungsbericht Lk 22, 19-20 (NTA 20, 4), 1955 (Lit.) - H.LESSIG, Die A.sprobleme im Lichte der nt. Forschung seit 1900 (Diss. Bonn), 1953 - R.H.FULLER, The Mission and Achievement of Jesus, 1954, 64-77 - D.JONES, Anamnesis in the LXX and the Interpretation of 1Cor XI, 25 (JThS NS 6, 1955, 183-191) - J.A.EMERTON, The Aramaic Underlying in Mk XIV, 24 (JThS NS 6, 1955, 238-240) - G.BORNKAMM, Herrenmahl und Kirche bei Paulus (NTS 2, 1955/56, 202-206) - D.M.MACKINNON, Sacrament and Common Meal (Studies in the Gospels [in Memory of R.H. Lightfoot], 1955, 201-208) - CH.F.D.MOULE, The Judgment Theme in the Sacraments (The Background of the NT and its Eschatology [in honour of C.H.Dodd], 1956, 464-481) - N.CLARK, An Approach to the Theology of the Sacraments, 1956 - W.SCHMITHALS, Die Gnosis in Korinth (FRLANT 66), 1956, 210f. 213-217 - L.GOPPELT, ThW VI, 148-158. - Literaturberichte: BRILIOTH; LOHMEYER, ThR; SCHWEIZER, ThLZ; LESSIG.

E.Schweizer

II. Dogmengeschichtlich

1. Alte Kirche und Ostkirche - 2. Mittelalter und Katholizismus - 3. Reformation und Protestantismus

1. Die »Dogmen«-Geschichte des A.s hat weder einen einheitlichen Ausgangspunkt noch stellt sie sich als einlinige Entwicklung dar. Schon für die apostolische Zeit, die sich in den Abendmahlstexten des NT (→ Abendmahl: I) widerspiegelt, wird man eine gewisse Mannigfaltigkeit der A.s-Auffassung und A.s-Praxis annehmen müssen. Ein A.s-Dogma hat die ganze alte Kirche nicht gehabt; ob die altkirchlichen Glaubensbekenntnisse das A. erwähnen, ist hinsichtlich des → Apostolikums (: I) strittig, da der Ausdruck sanctorum communio nicht nur auf Personen (sancti), sondern auch auf Sachgegebenheiten (sancta) bezogen werden kann (→ Gemeinschaft der Heiligen). Die Synoden dieses Zeitraums haben sich mit der Lehre vom A. nicht beschäftigt; ebensowenig begegnen A.sstreitigkeiten. Auch gibt es kein A.sschrifttum in Form spezieller theologischer Abhandlungen; die Äußerungen bei den Kirchenvätern haben gelegentlichen Charakter, oft mit praktischer Abzweckung. Neben diesen Äußerungen bilden die Hauptquellen liturgische Texte, Gebete, Hymnen, Gottesdienst- und Kirchenordnungen, Predigten und Katechesen, bei denen die plerophorische Ausdrucksweise und die schwebende Bildersprache die Erhebung der dogmatischen Anschauung erschweren. Vor allem muß man den Unterschied von Volksfrömmigkeit und Theologenanschauung in Rechnung stellen. Das A. war in der alten Kirche von Anfang an etwas Vorgegebenes. Man feierte es und entwickelte im Feiern kultische Formen und Formeln. Die theologische Reflexion über das, was man feierte, kam an zweiter Stelle. Dieses Feiern stand unter dem Einfluß antiken Mysteriendenkens und -empfindens. Die traditionsgeladene kultische Sprache erlaubt nur bedingt Rückschlüsse auf das, was man glaubte. Das alles erschwert die dogmengeschichtliche Erkenntnis und bedingt vielfache Uneinigkeit in der Forschung, die zT durch konfessionelle Voreingenommenheit noch verstärkt wird. Wenn dogmengeschichtliche Untersuchungen das A. in erster Linie unter den Gesichtspunkten »Symbolismus - Realismus«, »Mahl und Opfer« betrachten, so ist das nicht unsachgemäß. Nur darf man nicht vergessen, daß die alte Kirche einen ausschließenden Gegensatz von Symbolismus und Realismus nicht kannte, sondern weithin im Symbol ein wirklichkeitserfülltes Abbild sah. Ebenso wurde der allmählich aufkommende und sich ausbildende Opfergedanke (→ Opfer: IV) offenbar nicht als Fremdkörper empfunden, sondern der älteren Anschauung und Praxis eingeordnet.

a) Daß das A. ursprünglich mit einer Mahlzeit verbunden war, wird durch Paulus 1Kor 11, 17ff bezeugt, doch hat sich die → »Agape« offenbar bald von der Eucharistie gelöst. Die A.sgebete der *Didache* (→ Apostellehre) c. 9. 10. 14 bezeichnen die Eucharistie als geistliche Speise und geistlichen Trank (10, 3), lassen die Danksagung und die eschatologische Ausrichtung der Feier stark hervortreten (9, 4; 10, 5. 6). Nur die Getauften sind zugelassen (9, 5). Wer nicht heilig ist, mit seinen Genossen in Streit liegt, soll vorher Buße tun und sich versöhnen (10, 6; 14, 2). Ein allgemeines Bekenntnis der Übertretungen scheint mit der Feier verbunden zu sein (14, 1). Auch der Begriff des Opfers taucht bereits auf (14, 1 ff), aber was hier unter Opfer verstanden ist, läßt sich ebensowenig sicher erkennen wie die Vorstellungen, die sich mit der geistlichen Speise verbinden. - Deutlicher, aber auch nicht eindeutig sind die Äußerungen des → *Ignatius* über das A. Er bezeichnet das zu brechende Brot als Heilmittel der Unsterblichkeit (φάρμακον ἀθανασίας), als Gegengift (ἀντίδοτον) gegen das Sterben (IgnEph 20, 2). Er kennt Irrlehrer, die sich von der Eucharistie fernhalten, weil sie nicht bekennen, daß die Eucharistie das Fleisch unseres Retters Jesus Christus ist, das für unsere Sünden gelitten, das der Vater auferweckt hat (IgnSm 7, 1). Gegen ähnliche Irrlehrer scheint Joh 6, 51ff zu polemisieren (→ Abendmahl: I, 2). Je nachdem man die johanneischen Äußerungen deutet, wird man auch die Aussagen des Ignatius mehr oder weniger realistisch verstehen. Die Bestimmung der Frucht des A.s als ἀθανασία gelangte in der griechischen Kirche zu großer Bedeutung. Schon bei Ignatius bürgt der Bischof als Garant der Einheit der Gemeinde für die rechte Verwaltung der Eucharistie (IgnSm 8; Phld 4). - Auch bei *Gnostikern* findet sich, trotz spiritualistisch-doketischer Grundhaltung, die Bezeichnung der Elemente als Leib und Blut Christi. Vom Gnostiker → Markus berichtet Irenäus (I 13, 2), er habe dem Wein rote Farbe gegeben und es für das Blut der Charis erklärt, das der Empfänger erhalte (Seeberg DG I, 306). Vor allem hat der Gnostizismus auf die christliche Sakramentsanschauung im Sinne der Mysterienfrömmigkeit eingewirkt. Der Glaube an die mit göttlichen Kräften geladene und sie vermittelnde Speise ist hier beheimatet und von da in das kirchliche Christentum eingedrungen.

→ *Justin,* der Apol. I 65-67 die erste ausführliche Schilderung der frühchristlichen A.sfeier gibt, betont, daß die eucharistische Speise nicht als gewöhnliches Brot und gewöhnlicher Trank genommen werde, sondern wie Jesus Christus bei der Inkarnation Fleisch und Blut angenommen hat, so »ist auch die Speise, die durch ein von ihm kommendes Gebetswort zur Eucharistie wird, mit der unser Blut und Fleisch durch Umwandlung genährt wird, Fleisch und Blut jenes fleischgewordenen Jesus« (c. 66). In welcher Weise für Justin die eucharistische Speise Leib und Blut Christi ist und wird, ist umstritten. Katholische Theologen finden hier bereits eine Art Wandlungslehre präformiert, während protestantische zurückhaltender urteilen. Der Vergleich des eucharistischen Vorgangs mit der Fleischwerdung des Logos ist seither oft wiederholt und weiter ausgeführt worden. Der Opfergedanke wird Dial. 117 auf die Gebete und Danksagungen, Dial. 41 aber auch auf die Darbringung von Brot und Wein bezogen. Nach Dial. 116 nimmt Gott Opfer nur durch seine Priester an.

Sehr viel deutlicher als bei Justin werden bei → *Irenäus* die eucharistischen Elemente als Opfer bezeichnet (Adv. haer. IV, 17, 5). Christus machte sie zu Opfergaben des neuen Bundes. Das irdische Brot, das die Herrufung (ἔκκλησις) Gottes empfängt, ist nicht mehr gewöhnliches Brot, sondern Eucharistie, die aus zwei Wirklichkeiten besteht, einer irdischen und einer himmlischen. Dementsprechend sind auch unsere Leiber, wenn sie an der Eucharistie teilhaben, nicht mehr vergängliche Leiber; denn sie haben die Hoffnung der Auferstehung zur

Ewigkeit (IV 18, 5). Ob man unter dem Himmlischen, das auf die Elemente herabgerufen wird, den Logosgeist zu verstehen habe (Seeberg DG I, 459 u.a. unter Berufung auf V, 2, 2f), oder ob es sich dabei um die Vergegenwärtigung von Leib und Blut selber handelt, ist umstritten. - Einen Gegenpol zu diesem dynamischen Realismus bildet der dynamische Spiritualismus des → *Origenes*. Auch Origines kann sich teilweise einer sehr realistischen Ausdrucksweise bedienen und der Vulgärfrömmigkeit die entsprechenden Vorstellungen konzedieren, ermahnt er doch (in Exod.h. 13, 3 GCS 29, 274, 6ff) die Kommunikanten, beim Empfang des Leibes des Herrn Sorge zu tragen, daß nichts zu Boden falle. Aber seine eigene Auffassung, die auch die der reifen Christen sein soll, ist symbolisch. Die wahre Speise und der wahre Trank ist das Wort, das die Seelen nährt (in Matth. comm. 85; GCS 38, 196f). Die Elemente sind nur Symbole dieser Speise. Dieser origenistische Symbolismus hat in der → alexandrinischen Theologie und bei den unter ihrem Einfluß stehenden Vätern fortgewirkt, wurde jedoch immer stärker durch den dynamischen Realismus zurückgedrängt. → Euseb, → Athanasius, → Basilius d.Gr., → Gregor von Nazianz sind von der Forschung bald mehr der einen, bald mehr der anderen Richtung zugerechnet worden. - Der unspekulativ geschichtliche Sinn und die auf Scheidung der göttlichen und menschlichen Natur abzielende → Christologie (: II) mußten den Theologen der *antiochenischen Schule* (→ Antiochenische Theologie) auch eine symbolische A.sauffassung nahelegen. Stärker als bei den Alexandrinern rückte der Opfergedanke in den Vordergrund. Für → *Theodor von Mopsuestia* ist das priesterliche Opfer Gedächtnis des wirklichen Opfers und Typus und Zeichen des himmlischen Dienstes Christi. In Typen oder durch Typen wird die himmlische Speise der Unsterblichkeit in der Gnade des hl. Geistes gegessen (Katechesen, JLW 13, 1933, 152f).

Aber nicht den symbolischen Auffassungen gehörte die Zukunft, sondern den realistischen. Für → *Cyrill von Jerusalem* sind das scheinbare Brot und der scheinbare Wein nicht Brot und Wein, auch wenn es dem Geschmack so vorkommt, sondern Leib und Blut Christi (Cat.Myst. 4, 9 MPG 33, 1104). Der hl. Geist wird auf die Elemente herabgerufen und verwandelt sie (μεταβάλλειν; 5, 7 MPG 33, 1113). - → *Gregor von Nyssa* sah in den verwandelten Elementen ein Gegengift gegen den durch die Sünde in Leib und Seele des Menschen eingedrungenen Giftstoff (gr.Kat. c. 37 BKV² 56, 74ff). Die Verwandlung der Elemente wird nach Art des Verdauungsprozesses vorgestellt. Christus assimiliert durch den hl. Geist das Brot seinem Leib und zwar in dem Moment, da es durch das Wort geheiligt wird. - Vollends → *Chrysostomus* redet ganz massiv von dem schaudervollen Geheimnis des eucharistischen Opfers, von der Zunge, die vom Blut gerötet wird (in Matth.hom. 82, 5 MPG 58, 743), von dem Leib, den wir in den Händen halten (in 1Kor hom. 24, 4 MPG 61, 203), von dem Blut, das Christus selbst bei der Einsetzung des A.s getrunken habe (in Matth.hom. 82, 1 MPG 58, 739). Doch liegt hier eher vulgäre Rhetorik als dogmatische Theorie vor. Bei → *Johannes Damascenus* hat jedoch der vulgäre Realismus auch in der Lehre den Sieg davongetragen. Er erklärt ausdrücklich (De fide orth. 4, 13 MPG 94, 1136ff), daß Brot und Wein nicht bloße Typoi des Leibes und Blutes Christi seien. Vielmehr werden sie durch Herbeirufung und Herabkunft des hl. Geistes auf übernatürliche Weise in den Leib und das Blut Christi verwandelt (μεταποιεῖν). Der Verwandlungsvorgang wird durch den Vorgang der Assimilation natürlicher Nahrung, durch die assumptio carnis Christi in der Jungfrau und die hypostatische Union verdeutlicht. Im A.swunder wiederholt sich in gewisser Weise das Wunder der Menschwerdung. Abgewehrt wird die Meinung, daß bei dem Genuß Leib und Blut Christi aufgezehrt werden, vergehen und zur Ausscheidung gelangen; sie gehen in unsere Wesenheit ein und dienen dem Bestande von Seele und Leib.

b) Die *morgenländische Kirche* hat früher als die abendländische ihre A.slehre im Sinne der Wandlungstheorie zum Abschluß gebracht. Sie behielt durch das Übergewicht von Kult und Liturgie einen schwebenden, auch spiritualisierenden Einflüssen geöffneten Charakter. Den reformierten Symbolismus wies man im 16. und 17.Jh. zurück (Verwerfung der A.slehre des Patriarchen Cyrillus → Lukaris † 1638); ebenso die lutherische Konsubstantiation. Dagegen hatte man sich seit den Unionskonzilien von Lyon und Florenz stärker römischen Einflüssen geöffnet (Eindringen scholastischer Terminologie, allmähliche Aufnahme des Begriffs Transsubstantiation, griech.: μετουσίωσις). Hauptunterschiede zur mittelalterlich-katholischen Auffassung blieben: Konsekration durch Epiklese, nicht durch die Einsetzungsworte, Gebrauch von gesäuertem Brot, Kommunion unter beiderlei Gestalt, Anbetung des Sakraments, aber kein Sakramentskult außerhalb der eucharistischen Feier, stärkere Betonung des Mahlcharakters der Feier bei gleichwohl bejahtem Opfercharakter. Mehr als in der römischen Kirche wird die ganze Feier als ein Mysteriendrama verstanden, in dem die ganze Heilsgeschichte, vor allem die Inkarnation und die Auferstehung, rekapituliert wird. Spekulationen über die kosmische Bedeutung der Eucharistie (Heiligung der ganzen Schöpfung durch Einsenkung von Unsterblichkeitskräften) werden von der mystischen Theologie gepflegt. Mehr im Ritus und in der A.sfrömmigkeit als in der A.slehre unterscheiden sich die beiden katholischen Kirchen.

c) Die andere Akzentuierung des *abendländischen A.sverständnisses* gegenüber dem ostkirchlichen hängt mit dem besonderen Interesse zusammen, das das Abendland an der Lehre von → Sünde (: V) und → Gnade (: IV) nahm, und an der vom römischen Rechtsdenken geprägten Auffassung des priesterlichen → Amtes (: III). So versteht man die Eucharistie vor allem als Wiederholung des für unsere Sünden dargebrachten Kreuzesopfers, während die morgenländische Kirche mehr nach der Unsterblichkeitskräfte verleihenden Speise verlangte. Vor allem hat → *Cyprian* von Karthago Entscheidendes zur Ausbildung des Opferbegriffs getan. Christus, der Hohepriester, brachte sich selbst dem Vater als Opfer dar und gab die Vorschrift, daß dies zu seinem Gedächtnis getan werde. Der irdische Priester waltet an Christi Statt und bringt ein wahres und volles Opfer dar (Ep. 63, 14 Mirbt Nr. 71). Umstritten ist, ob Tertullian und Cyprian an die reale Gegenwart des Leibes und Blutes Christi im A. gedacht haben. Dagegen hat → *Ambrosius*, unter dem Einfluß griechischer Väter, eine realistische Auffassung vertreten. Durch Sprechen der Worte Christi wird das Brot zum Leib Christi konsekriert (De sacr. IV, 4, 14; 5, 23 CSEL 73, 51. 56). Durch die Kraft der Benediktion wird die Natur selbst verändert (mutatur) (De myst. 9, 50-54 CSEL 73, 110). Doch galten die Einsetzungsworte erst seit dem 12.Jh. allgemein als das Konsekrationsmoment. - Symbolisch, trotz häufiger realistischer Wendungen, ist die A.slehre → *Augustins*. Die scharfe Unterscheidung zwischen äußeren Zeichen und innerer Kraft in der allgemeinen Sakramentslehre, die entscheidende Bedeutung, welche das vom Symbol nur begleitete Wort für Augustin hat, bestimmen auch sein Verständnis des A.s. »Geistlich faßt auf, was ich gesprochen habe: nicht diesen Leib, den ihr seht, werdet ihr essen, nicht jenes Blut trinken, welches meine Kreuziger vergießen werden. Ich habe euch eine Art Sakrament empfohlen; geistlich aufgefaßt wird es euch lebendig machen. Wenn man es auch sichtbar feiern muß, so hat man es doch geistlich aufzufassen.« (Enar. in Ps 98, 9, vgl. auch Sermo 272; De doctr. Chr. III, 16, 24 MPL 37, 1265; 38, 1246; 34, 74). Der gläubige Genuß der Symbole bewirkt geistige Vereinigung mit Christus, Eingliederung in seinen mystischen Leib und dient zur Erinnerung an seine Passion. Das kirchliche Opfer demonstriert und erinnert das einmalige Kreuzesopfer und ruft die Gemeinde auf, sich selbst Gott als Opfer darzubringen (De civ. X, 6. 20 CSEL 40, 454. 480). Mitbedingt ist Augustins Symbolismus durch seinen Neuplatonismus. Die Symbole sind ihm nicht leere Zeichen, sondern wirklichkeitserfüllte Abbilder. Aber sie repräsentieren nur eine niedere Wirklichkeit, die über sich hinausweist auf eine höhere. Nicht der reformierte Symbolismus Zwinglis, wohl aber der Calvins weist verwandte Züge auf.

2. a) Die Hochschätzung Augustins hat den Sieg des A.srealismus im Abendland bis in das 11.Jh. hinausgezögert. Rascher setzten sich massive Opfervorstellungen durch. → *Gregor der Große* läßt den unsterblichen und unverderblich lebenden Christus noch einmal in der Darbringung des heiligen Mysteriums geopfert werden (Dial. IV, 58 MPL 77, 425). Dieses Opfer übermittelt uns sein Leiden zu unserer Lossprechung (Hom. in Evg. 37, 7 MPL 76, 1278) und nützt auch den Seelen im Fegefeuer (Dial. IV, 55 MPL 77, 416). Schon zur Zeit Gregors gab es Seelen- und Votivmessen für die verschiedensten Anlässe, bei denen außer dem Priester niemand kommunizierte. Die Häufung der Altäre in den Kirchen, die Mehrung der Andachtsstätten, das Anwachsen der Zahl der Ordenskleriker begünstigten später das Winkelmeßwesen noch mehr und drängten die Kommunion zurück (vgl. J.A.Jungmann, Missarum Sollemnia I, 269 ff). – Die erste dogmatische Abhandlung über das A. verfaßte → *Paschasius Radbertus.* In seinem Buch De corpore et sanguine Domini (ca 832) vertrat er eine der Volksfrömmigkeit, dh dem massiven Wandlungsgedanken entgegenkommende Auffassung, die jedoch durch augustinische Tendenzen gemildert wurde. Radbert läßt kraft eines göttlichen Allmachtswunders nach der Konsekration die Elemente in Fleisch und Blut verwandelt werden (commutari), und zwar ist der eucharistische Leib der Substanz nach derselbe Leib, in dem Christus geboren wurde, litt, auferstand und jetzt im Himmel sitzt. Dieses Wunder ermöglicht das tägliche Opfer für das Leben der Welt. Im Unterschied zur späteren Wandlungslehre empfangen aber nur die Gläubigen den Leib und das Blut Christi, während die Ungläubigen nur die Zeichen erhalten. Der augustinische Begriff des geistlichen Essens wird festgehalten. – Radberts Kritiker → *Ratramnus* hielt die augustinische Tradition entschiedener fest. Brot und Kelch sind ihm Symbole dessen, was wir geistlich empfangen. Das geistliche Fleisch, das die Gläubigen genießen, wird von dem gekreuzigten und auferstandenen Fleisch unterschieden. Doch sieht auch nach Ratramnus das Auge des Glaubens in den Elementen etwas Höheres, Göttliches. In der Folgezeit setzte sich die realistische Anschauung Radberts allmählich durch. Als 200 Jahre später → *Berengar von Tours* († 1088) in Anlehnung an Ratramnus und unter Zuhilfenahme rationaler Dialektik eine symbolische A.slehre vertrat, wurde er verurteilt. Berengar bestritt die Möglichkeit einer Verwandlung der Substanzen bei Fortbestand der Akzidentien. Brot und Wein bleiben der Substanz nach, was sie waren; nur eine geistige Bedeutung tritt hinzu. In Hand und Mund kommen Leib und Blut nicht. Berengar machte auch, wie Augustin, geltend, daß Christus sich unteilbar im Himmel befinde und deshalb nicht stückweise in einzelnen Kommunionen ausgeteilt werden könne. Berengars Anschauungen veranlaßten die Kirche zu offizieller Stellungnahme. 1059 mußte er, nachdem schon Provinzialsynoden sich gegen ihn erklärt hatten, vor Papst Nikolaus II. in Rom bekennen, daß »Brot und Wein, die auf dem Altar liegen, nach der Konsekration nicht nur ein Sakrament sind, sondern auch der wahre Leib und das Blut unseres Herrn Jesu Christi, und daß sie fühlbar, nicht nur sakramental, sondern wahrhaft von den Händen des Priesters behandelt und gebrochen und von den Zähnen der Gläubigen zermalmt werden«. Als Berengar nach längerem Schweigen in dem Buch De sacra coena 1076 erneut seine Anschauungen vertrat, wurde er auf der Ostersynode von 1079 unter Papst Gregor VII. zu dem Bekenntnis gezwungen, daß »das Brot und der Wein, die auf dem Altar liegen, durch das Geheimnis des hl. Gebets und die Worte unseres Erlösers wesentlich gewandelt werden (substantialiter converti) in das wahre, eigentliche, lebenspendende Fleisch und Blut unseres Herrn Jeus Christi«. Die Identität des sakramentalen Leibes mit dem von der Jungfrau geborenen und am Kreuz geopferten und erhöhten, und des sakramentalen Blutes mit dem Blut Christi, das aus seiner Seite floß, wird ausdrücklich hervorgehoben (Denz. 355).

Der Berengarsche A.sstreit hat eine umfangreiche theologische Streitliteratur hervorgerufen (Seeberg DG III, 210 Anm. 2), bei der man durch die kirchlichen Entscheidungen freilich im ganzen bereits festgelegt war. Daß der Leib Christi von den Zähnen zermalmt würde, hielt man als allzu grobe Redeweise in der Folgezeit nicht fest. Aber man bestimmte das Gegenwärtigwerden von Leib und Blut eindeutig als Substanzverwandlung, lehrte über Radbert hinaus den leiblichen Genuß auch der Unwürdigen (Lanfrank † 1098). Für die im 13.Jh., mit dem Begriff der *Konkomitanz* bezeichnete Lehre, daß mit dem Leib auch das Blut und die Seele Christi und mit dem Blut auch der Leib und die Seele Christi, und mit der Menschheit Christi auch seine Gottheit gegenwärtig seien, somit unter jeder der beiden Gestalten der ganze Christus, finden sich Ansätze schon bei → Guitmund von Aversa († vor 1095). → Anselm von Laon († 1117) und → Wilhelm von Champeaux († 1121) bildeten diese Lehre weiter aus. Auf dem Konzil von Konstanz (1414–18) (Denz. 626) und dem Trienter Konzil (Sess. 21 cp. 3, can. 3; Denz. 932. 936) wurde sie zur Begründung des Kelchentzuges dogmatisiert. Der Begriff *Transsubstantiation* für die Verwandlung der Elemente ist zuerst in der 1. Hälfte des 12.Jh.s nachweisbar, in der 2. Hälfte ist er schon ziemlich gebräuchlich. Dem Gedanken selbst kommt bereits Radbert nahe. Ob schon Ambrosius eine eigentliche Wandlungslehre vertreten hat, ist umstritten. Dogmatisiert wurde die Transsubstantiationslehre auf dem 4. Laterankonzil 1215 (Denz. 430). Zwar haben sich konsubstantianische Anschauungen über → Rupert von Deutz († 1135), → Duns Scotus und → Ockham das ganze Mittelalter hindurch erhalten (Seeberg DG III, 214. 522. 788); aber man wagte nicht mehr, die Transsubstantiation direkt zu bestreiten.

b) Zugleich mit der theologischen Ausbildung der Transsubstantiationslehre vollzog sich ein *Wandel in der A.sfrömmigkeit.* Die Verselbständigung des Opfers gegenüber der Kommunion, seine besonders geschätzte satisfaktorische Bedeutung, die Scheu vor dem mündlichen Empfang von Leib und Blut und äußere Umstände führten zu einem Nachlassen der Kommunionshäufigkeit. Gleichsam als Ersatz bildete sich der Hostienkult, zunächst innerhalb, dann auch außerhalb der Messe heraus. Er wurde zu einem zweiten Mittelpunkt der eucharistischen Frömmigkeit und ein besonderes Zentrum andächtiger und abergläubischer Betrachtungen. Das Volk begnügte sich, die Hostie zu sehen, und die Theologen können darüber disputieren, ob diese sog. Augenkummunion der wirklichen Kommunion gleichwertig sei. Hostienwunder wurden erlebt und lockten unzählige Pilger an. Um die Wende vom 12. zum 13.Jh. kam die Elevation bei der Wandlung auf, 1247 entstand das → Fronleichnamsfest und wurde schon 1264 zum allgemeinen Kirchenfest erhoben. Gegen Ende des 13.Jh.s fanden die erten theophorischen Prozessionen statt, im 14.Jh. kam es auch zu Daueraussetzungen des Allerheiligsten außerhalb der Messe. (Zum Ganzen vgl. die Schriften von P.Browe im Lit.-Verzeichnis). Bei dieser sich immer stärker auf den gegenwärtigen Hostienchristus konzentrierenden Frömmigkeit ist es nicht verwunderlich, daß sich die *Kommunion unter einer Gestalt* seit dem 12.Jh. allmählich durchsetzte. In der 1. Hälfte des 13.Jh.s ist sie bereits die Regel. Furcht vor Verschüttung des Bluts kam hinzu. Nicht die Priester haben den Laien den Kelch entzogen, sondern die Laienfrömmigkeit gab ihn weithin preis, die Kirche nahm ihn dann vollends hinweg.

c) Auch die *Eucharistie-»Lehre« der Scholastik* hat sich in erster Linie mit der Frage der realen Präsenz befaßt, erst in zweiter Linie mit dem Meßopfer und der Kommunion. Die Blütezeit der Meßopfertheorien kam erst in der nachtridentinischen Theologie. Die großen Scholastiker begnügten sich im allgemeinen damit, das Verhältnis des sakramentalen Opfers zum Kreuzesopfer mit seit alters üblichen Begriffen wie repraesentatio und memoria zu umschreiben und die Identität beider Opferhandlungen bei verschiedenartiger Opferungsweise zu behaupten. Vor allem nahm die Eucharistielehre an der logisch-begrifflichen Durchbildung der allgemeinen Sakramentslehre teil, die im Zusammenhang mit der Abgrenzung der Sakramente von anderen heiligen Handlungen und der Fixierung der Siebenzahl geschah. Daß ein Sakrament nicht nur ein Zeichen unsichtbarer Gnade sei, sondern diese darbiete und eingieße, wurde allgemeine Ansicht. In der Wirkung ex opere operato sah man den Vorzug der christlichen Sakramente vor den alttestamentlichen und den Sakramentalien. Doch forderte man für die meisten auch eine subjektive Disposition des Empfängers. Für die Eucharistie ist der durch das Bußsakrament hergestellte Gnadenstand die Voraussetzung. Im Verständnis der Art und Weise der sakramentalen Gnadeneingießung differierten *die Schulen*. Während die *Franziskanertheologen* in Anknüpfung an die augustinische Tradition eine direkte Wirkung Gottes an der Seele behaupteten, die kraft göttlicher Anordnung zugleich mit dem Empfang der sakramentalen Zeichen erfolge, ließen die *Dominikaner* die Gnade im Sakrament enthalten sein und durch es vermittelt werden. Gott als causa principalis bedient sich der Sakramente als causae instrumentales. Für die dominikanische Anschauung bot das eucharistische Verwandlungsdogma keine besonderen Schwierigkeiten. Man brauchte für die Eucharistie nur den besonderen Wert der den sakramentalen Zeichen innewohnenden Gnade hervorzuheben; denn hier war im Unterschied zu den anderen Sakramenten Christus selbst leibhaftig gegenwärtig. Die franziskanische Theorie dagegen hätte, konsequent durchgeführt, zur symbolischen Auffassung der A.selemente zurücklenken müssen. Der Unterschied der Schulen kam in der *Konsekrationstheorie* zum Ausdruck. → Thomas von Aquino und seine Schule lehrten, daß in den vom Priester gesprochenen Einsetzungsworten selbst die Kraft zur Wandlung liege, während die Franziskaner meinten, den Worten wohne keine geistliche Kraft inne, sondern Gott habe beschlossen, die Anwendung der Einsetzungsworte mit einer von ihm direkt vollzogenen Wandlung zu begleiten. Und während die Dominikaner die Brotsubstanz in die Substanz des Leibes verwandelt werden ließen, bevorzugten die Franziskaner die Anschauung, daß die Brotsubstanz zu bestehen aufhöre, während sich zugleich der im Himmel befindliche Leib Christi auf wunderbare Weise vergegenwärtige (adduktive Transsubstantiation im Unterschied zur produktiven der Dominikaner). Daß sich bei Duns Scotus und anderen auch Neigungen zu konsubstantianischen Anschauungen finden, wurde bereits bemerkt. Auch das Problem der *Multilokation* suchte man auf verschiedene Weise zu lösen, hielt aber im allgemeinen daran fest, daß Christi Leib sich an einem bestimmten Ort im Himmel befinde (Seeberg DG III, 525f). Der Weisheit letzter Schluß blieb hier, daß Christus kraft seiner Allmacht seinen Leib gegenwärtig sein lassen kann, wo er will. Für Luthers Ubiquitätslehre finden sich bei den Scholastikern nur Ansätze, zB bei Ockham, der sie aber nur als Möglichkeit erwägt. Die spätere katholische Theologie hat sie abgelehnt. Die Rezeption des Aristoteles lieferte der scholastischen Eucharistielehre eine Begrifflichkeit, die wie die Begriffe Substanz und Akzidenz, Materie und Form in ihrem bestimmten aristotelischen Sinn auch in die kirchlichen Lehrentscheidungen übernommen wurde, so daß die katholische Sakramentslehre, trotz gewisser moderner andersartiger Bestrebungen, nicht mehr von ihnen gelöst werden kann.

Der heimlichen nominalistischen Kritik am Transsubstantiationsdogma trat im Spätmittelalter die offene wiclifitische zur Seite. → *Hus* hielt allerdings an der Transsubstantiation fest, und die Forderung des Laienkelchs ging mehr von seinen Anhängern aus als von ihm selbst. Dagegen hatte sein geistiger Vater → *Wiclif* die Transsubstantiation verworfen, die Einsetzungsworte tropisch gedeutet und eine symbolische A.sauffassung vertreten. Eine symbolische Auffassung vertrat auch Wessel → Gansfort, die über den Holländer Hoen (RE VIII, 312f) auf Zwingli wirkte. Die Kirche verurteilte Wiclif und Hus (Denz. 626. 666-668); zu einer umfassenden Fixierung ihrer Eucharistielehre wurde sie aber erst durch die Reformation genötigt.

d) Die Entscheidungen des *Tridentinums,* in denen diese Fixierung geschah, bilden seither die unwiderrufliche Grundlage der katholischen A.slehre. Nachdem man schon in der 7. Sitzung unter geschickter Vermeidung der Schulgegensätze die allgemeine Sakramentslehre festgelegt hatte, handelte man in der 13. Sitzung von der realen Gegenwart unter Verwerfung der Meinung, Christus sei nur wie im Zeichen und Bild (Zwingli) oder in der Wirksamkeit (Calvin) gegenwärtig (Denz. 874. 883). Gegen Luthers konsubstantianische Auffassung legte man sich enggültig auf die Transsubstantiation fest (877. 884). Die Konkomitanzlehre, Präsenz vom Moment der Konsekration an ante und post usum (876. 885. 886), Aufbewahrung, Anbetung und Verehrung bei Fronleichnamsprozessionen zur Beschämung der Häretiker (878. 888. 889) wurden dogmatisiert. Unhaltbar, weil ungeschichtlich ist für die meisten dieser Lehren die Behauptung, sie hätten stets in der katholischen Kirche gegolten. Für die Verweigerung des Laienkelchs, die in der 21. Sitzung ausgesprochen wurde, berief man sich allerdings nur auf die Autorität der Kirche (930. 931. 934-936). Die Frage, ob die Kirche für immer an der Kelchentziehung festhalten müsse, blieb offen. Bezeichnend für die Verselbständigung der realen Gegenwart gegenüber dem Meßopfer ist, daß dieses erst in der 22. Sitzung behandelt wurde. Auch hier vermied man allzu genaue Bestimmungen, umschrieb einerseits das Verhältnis von Kreuzesopfer und Meßopfer mit den Begriffen repraesentatio, memoria und applicatio der am Kreuz erworbenen Erlösung (938), behauptete aber andererseits, daß das Meßopfer ein wirkliches Sühnopfer sei. Seine Darbringung für die Sünden, Strafen, Genugtuungen und andere Nöte der Gläubigen wird genauso verteidigt, wie die für die armen Seelen im Fegefeuer (940. 950). Die Privatmessen werden gebilligt, ja empfohlen (944. 955). Die Zeremonien und die lateinische Sprache werden festgehalten (943. 946. 954. 956). – Vom *nachtridentinischen Katholizismus* ist, außer den Meßopfertheorien, erwähnenswert der im 17.Jh. zwischen Jansenisten und Jesuiten ausgetragene Streit über die rechte Vorbereitung auf den Kommunionsempfang, der im Sinne der laxeren Auffassung der Jesuiten entschieden wurde (Denz. 1312f). Das kam der Häufigkeit der Kommunion zugute. Im Kommunionsdekret Pius' X. vom 20.12.1905 wurde täglicher Empfang empfohlen. Kommunionsempfang außerhalb der Messe war vor allem im 18. und 19.Jh. das Übliche.

e) Der Versuch, zu einem neuen Verständnis der Eucharistie zu kommen, ist im 20.Jh. vor allem von der *Liturgischen Bewegung* ausgegangen. Odo → Casel und seine Anhänger entwickelten unter Berufung auf Väterlehre und Liturgie eine Mysterientheorie, nach der die Sakramente, vor allem die Eucharistie, eine reale Vergegenwärtigung Christi und seines Erlösungswerks in der Art eines Kultmysteriums sind. Anstelle der herrschenden, aristotelisch-rationalen wird eine platonisch-bildhafte Denkweise bevorzugt. Die Eucharistie wird als Mahlopfer und Opfermahl verstanden, in dem die Kommunion der Gläubigen einen integrierenden Bestandteil, ja den Höhepunkt der Feier bildet. Forderungen nach Konzelebration der Gläubigen, nach Gemeinschaftsmessen unter Verwendung der Volkssprache wurden erhoben und zum Teil verwirklicht. – Diesen Bestrebungen sind durch die *Enzyklika Mediator Dei* vom 20.11.1947 enge Grenzen gesetzt worden (Stellenhinweise nach der Ausgabe des Herderverlags 1948). Die Enzyklika verteidigt entschlossen die scholastisch-tridentinische A.slehre gegen übertriebene und ungesunde Altertumssucht (§ 60–63) und lehnt die Konzelebration der Gläubigen ab (82. 83. 40–43); die Privatmesse wird verteidigt (94. 95. 111–113); nicht das gemeinsame Mahl, sondern das Opfer bildet den Höhepunkt der Feier (113); die Gemeinschaftsmesse kann das feierliche Hochamt nicht ersetzen (105); die Benutzung der Volkssprache wird mißbilligt (58. 59), die von der Messfeier getrennte Kommunion weiterhin zugelassen (120). Vor allem werden der von der Messfeier isolierte Anbetungskult und seine Formen, die täglichen Besuchungen beim Tabernakel, der sakramentale Segen, die Prozessionen, eucharistische Kongresse, die Aussetzungen des Allerheiligsten gegen jede Kritik in Schutz genommen (127–131. 133. 134). Die Bestrebungen der Liturgischen Bewegung und der vor allem in Frankreich und Deutschland sich regenden »Neuen Theologie« werden also nur soweit aufgenommen, als sie sich der scholastisch-tridentinischen Entwicklung der Sakramentslehre und -praxis widerspruchslos einordnen lassen.

3. a) Die dogmengeschichtliche Bedeutung der *Reformation* für die A.slehre besteht in einer Neuformung des Sakramentsverständnisses gemäß dem evangelischen Heilsglauben (→ Sakramente : I). In der Verwerfung des Meßopfers sind sich alle reformatorischen Richtungen einig. Man sah in ihm Werkfrömmigkeit und Gefährdung des einen Opfers Christi am Kreuz. Mit der Messe fiel das Priestertum, die Winkelmessen und das Meßstipendienwesen, der isolierte Hostienkult. Das A. wurde wieder Mahlfeier der Gemeinde. In der Neuformung des A.sverständnisses ging man hingegen verschiedene Wege. Während Luther im A. eine Gnadengabe sah, in der sich in ganz besonderer Weise Gottes Herablassung zu uns Sündern offenbart, und den sakramentalen Charakter der Feier wahrte, gaben Zwingli (wenigstens zunächst) und die Schwärmer beides preis. Sie sahen im A. einen subjektiven Bekenntnis- und Verpflichtungsakt der Gläubigen und gaben ihm eine den Gemeindezusammenhang pflegende Bedeutung. Doch haben auch die reformierten Kirchen alsbald eine vertiefte A.sauffassung gewonnen, wobei man jedoch die sakramentale Gabe anders als Luther verstand. Wenn bei den innerevangelischen Auseinandersetzungen über das A. weithin mit exegetischen Argumenten gearbeitet wurde, so lag den verschiedenen Auffassungen doch auch ein jeweils verschiedenes Gesamtverständnis des Heilshandelns Gottes zugrunde (Gnadenmittellehre und Christologie). Im Verständnis des Heilshandelns wurzelt auch der Gegensatz gegen die römische Kirche. Für die Reformatoren ist das Wort (→ Wort Gottes: III) das entscheidende Gnadenmittel. Dem Wort als personaler Anrede und Zusage (Verheißung) entspricht der personhafte Empfang des Glaubens. Damit fiel die unpersönliche, dinglich naturhafte Mitteilung der Gnadenkräfte (durch geheimnisvolle Eingießung) und das ex opere operato, in dem der Katholizismus die eigentliche Wirkungsweise der Sakramente sah. Die Bestimmung der A.sgabe als Sündenvergebung, in den Einsetzungsworten exegetisch begründet, entsprach der reformatorischen Grundanschauung, daß die Vergebung der Sünde die Summe des Evangeliums sei. Diese Konzentration auf die Sündenvergebung hat es mitbedingt, daß das A. Funktionen des katholischen Bußsakraments mitübernehmen konnte, sie bedeutet aber auch eine Einengung gegenüber den reichen Bezügen, in denen in der kirchlichen Tradition das A. stand. Immerhin hat → *Luther* es in seinem A.ssermon von 1519 (WA 2, 742) als Sakrament der Gemeinschaft und der wechselseitigen Liebe zwischen Christus und den Gläubigen verstanden. In den antirömischen A.sschriften von 1520 (WA 6, 353ff. 497ff) gelten die konsubstantianisch präsenten Elemente Leib und Blut als bestätigende Zeichen und Siegel, während die als Testament oder Verheißung verstandenen Einsetzungsworte das Hauptstück bilden, an dem alles liegt. Die Frage, ob diese zeichenhafte Funktion nicht von bloßen Symbolen erfüllt werden könnte, lag nahe und wurde Luther von Karlstadt und Zwingli alsbald gestellt. Luther, der stets an der realen Gegenwart von Leib und Blut Christi in den Elementen festgehalten hat, wenn er auch bekennt, Anfechtungen darüber gehabt zu haben (WA 15, 394; WATR 1 Nr. 515), nahm in seinen antischwärmerischen A.sschriften (etwa seit 1525) eine Umorientierung seiner A.slehre vor. Die Realpräsenz rückte ins Zentrum und wurde, teilweise in freier Aufnahme und Weiterbildung scholastischer Argumente, leidenschaftlich verteidigt (Ubiquitätslehre, unio sacramentalis). An Gottes und Christi Wort darf nicht gedeutelt werden (WA 23, 247f), die Gnadenmittel dürfen nicht spiritualisiert und subjektiviert werden, weil dadurch die Heilsgewißheit gefährdet wird. Obgleich Luther die Konkomitanz ablehnt (WA 11, 449f), liegt ihm an der leibhaftigen Gegenwart Christi in unserer Mitte. Nur durch eine Realpräsenz, die manducatio oralis et impiorum in sich schließt, glaubt Luther diese Anliegen ausreichend sichern zu können. Er hat seinen Standpunkt stets kompromißlos festgehalten, auch bei und nach Abschluß der Wittenberger Konkordie (1536). Luthers Unnachgiebigkeit erklärt sich zum Teil aus der Position seiner Gegner.

→ *Karlstadts* Lehre, daß der Geist unmittelbar gegeben werde, ohne äußerlich Wort und Sakrament, und → *Zwinglis* Anschauung, nach der an die Stelle der göttlichen Gabe im Sakrament die Bekundung menschlicher Frömmigkeit tritt, mußten Luther aufs stärkste beunruhigen. Zwingli argumentiert (III 761): »Gottes Geist ist frei und wäre gefesselt, wenn man ihn an die Sakramente bände.« »Also sind die Sakramente Zeichen oder Riten, durch die der Mensch der Kirche kundgibt, daß er ein Kandidat oder Streiter Gottes sei, und sie machen die ganze Gemeinde weit mehr gewisser über deinen Glauben als dich.« Daß Fleisch nichts nütze sei (Joh 6, 63), war Zwinglis ständiges Argument. Gott handelt als Geist am Geist des Menschen, und dieser Geist ist vernünftiger, zum kritischen Urteil berufener Geist. Nicht immer hat Zwingli so nüchtern und profan über das A. gedacht wie in den Hauptjahren seiner Auseinandersetzung mit Luther. In seiner Frühzeit vertrat er unter dem Einfluß des → Erasmus eine unbestimmte Sakramentsmystik. Seit 1527 erkannte er unter der Einwirkung Luthers und unter dem Eindruck der politischen Lage eine A.sgabe und eine Gegenwart Christi im A. an. Aber es blieb bei einer praesentia in mente und bei der mit dem Glauben identischen geistlichen Nießung. Der erasmische Mystizismus blieb bei → *Ökolampad* wirksamer, weshalb er von Luther etwas milder behandelt wurde. Ökolampads patristische Rüstkammer für die symbolische Auffassung hat zwar nicht Luther, wohl aber Melanchthon beeindruckt. → *Bullinger* setzte die Linie des späteren Zwingli fort und hob den gebenden Charakter des A.s hervor. Diese Position kommt auch in der *Confessio helvetica prior* von 1536 (→ Bekenntnisschriften) zum Ausdruck, dem lange Zeit maßgebenden Bekenntnis des schweizerisch-reformierten Glaubens (BSRK 106ff). Trotz dieser Milderung der Zwinglischen Position war der Gegensatz zwischen dem schweizerischen und lutherischen Lager zu groß, als daß es zu einer Einigung oder auch nur zu einer anhaltenden gegenseitigen Duldung kommen konnte. Das Marburger Gespräch 1529 war am 15. Artikel über das A. gescheitert. Das → Augsburger Bekenntnis schloß die Schweizer und die Oberdeutschen aus; beide reichten ein eigenes Bekenntnis ein (Zwinglis Fidei ratio; → Confessio tetrapolitana). Der eigentliche Betreiber des Ausgleichs wurde → *Bucer*, dem mehr an der Einigung der Kirche als an einer präzisen A.slehre lag. Trotz vielfacher Anpassungen kann über Bucers Grundhaltung kein Zweifel sein. Bei sorgfältiger Unterscheidung von Zeichen und Sache (Ablehnung der manducatio oralis; perceptio nur in mente) hat für ihn das Sakrament nicht nur signifikativen, sondern auch exhibitiven Charakter. Die Anbietung und Darreichung der himmlischen Gaben geschieht zugleich (cum, simul) mit dem Genuß der irdischen Elemente. Doch ist das »zugleich« nicht streng aufzufassen. Da der Empfang der himmlischen Gaben den Glauben voraussetzt, bleiben die impii von ihm ausgeschlossen. Wenn Bucer 1536 in Wittenberg den Genuß der indigni zugestand, dann verstand er unter den Unwürdigen solche, die die Worte des Sakraments zwar für wahr halten, aber keinen rechten lebendigen Glauben haben. Jeder empfängt nach Maßgabe seines Glaubens. Die *Wittenberger Konkordie* ist kein Unionsbekenntnis, sondern ein Rechtgläubigkeitsbekenntnis, das die Wittenberger den Oberdeutschen abnahmen, wobei sie ihnen in bestimmten Formulierungen entgegenkamen. Die Bemühungen Bucers, auch die Schweizer zur Anerkennung der Wittenberger Konkordie zu bewegen, scheiterten. Bucers A.sverständnis hat auf Calvin und nach England hinüber gewirkt.

b) → *Calvin* hat sich sowohl gegen Zwingli wie gegen Luther abgegrenzt. Realpräsenz in den Elementen und manducatio oralis verwarf er, betonte aber wie Bucer den exhibitiven Charakter des Sakraments, in dem zugleich mit dem Genuß der Symbole die himmlische Gabe dargeboten wird. Der Grundsatz distinctio sed non separatio, der für seine Gnadenmittellehre wie für seine Christologie kennzeichnend ist, und das finitum non capax infiniti bestimmen auch sein A.sverständnis. Eigentümlich ist Calvin die Anschauung, daß die Gläubigen sich im Geist zu dem im Himmel befindlichen Christus erheben sollen (sursum corda), mit ihm in seinem mystischen Leibe geeinigt werden und durch denselben Geist mit den Lebenskräften des Fleisches Christi gespeist werden. Die Ungläubigen und Gottlosen können dieser sakramentalen Gabe nicht teilhaftig werden. Der 1549 nach längeren Vorverhandlungen zwischen Calvin und Bullinger abgeschlossene *Consensus Tigurinus* ließ die A.sauseinandersetzung erneut aufflammen (Lutherische Streitschriften von → Westphal und → Heshus, umfangreiche Gegenschriften Calvins). Das Ergebnis war der endgültige Bruch zwischen dem lutherischen und calvinischen Flügel der Reformation. Untrüglicher Prüfstein für beide Parteien wurde die Stellung zur manducatio oralis.

c) Mindestens ebenso trennend wie der Unterschied in der Lehre wirkte sich der *Unterschied in der A.sfeier* aus. Während im lutherischen Gottesdienst viele römische Zeremonien beibehalten wurden und man das A. in jedem Gottesdienst feierte, gestalteten die reformierten Kirchen die Feier in zeremonienloser Nüchternheit neu, trennten sie vom Predigtgottesdienst und begingen sie nur wenige Male im Jahr. Da nach reformierter Anschauung auch die Kirchenordnung bekenntnismäßigen Charakter trägt, waren Konzessionen an die lutherische Praxis nicht möglich, und die Lutheraner verteidigten nun ihrerseits Zeremonien, über die zum mindesten der jüngere Luther sehr frei gedacht hatte. Die *lutherische Frühorthodoxie* war gegen die Reformierten um so unnachgiebiger, als man sich im eigenen Lager von calvinisierenden Tendenzen bedroht fühlte. *Melanchthon,* ursprünglich Luthers Position teilend, hatte im Anfang der dreißiger Jahre sich dem oberdeutschen Standpunkt genähert, daß Leib und Blut »mit« Brot und Wein gegenwärtig seien, während er das »in und unter« möglichst vermied. In der *CA Variata* (→ Augsburger Bekenntnis) tilgte er, was auch im lutherischen Lager zunächst nicht beachtet wurde, die Verwerfung der anders Lehrenden und führte aus der Formel der Wittenberger Konkordie das cum pane et vino ein, das eine bucerisch-calvinische Deutung zuließ. Dieser Möglichkeit bedienten sich dann auch die sog. Philippisten. Die → *Konkordienformel* verwarf, wie auch in anderen Lehrpunkten, die philippistischen Tendenzen. Art. VII fixierte das »in, mit und unter dem Brot« (SD § 35ff) und die mündliche Nießung (§ 63ff), ließ aber die Differenz zwischen den schwäbischen und norddeutschen Theologen (Ubiquität oder bloß Ubivolipräsenz, auch spekulative oder nur exegetische Begründung der Realpräsenz) bei deutlicher Bevorzugung der letzteren in der Schwebe. Das orthodoxe Luthertum hatte damit sein A.sdogma, das es nur noch zu interpretieren und zu verteidigen galt, damit allerdings auch einen Zaun, der die A.sfrömmigkeit lange Zeit vor Subjektivierung und Entleerung geschützt hat. Das nach den → Unionen (: I) zu Beginn des 19.Jh.s erstarkende *Neuluthertum* (→ Luthertum: II) brachte in die lutherische A.slehre ein neues Moment hinein. Man schrieb dem Sakrament eine Wirkung auf die unterhalb des Bewußtseins liegende Naturbasis des Menschen zu und sah darin das Besondere des Sakraments gegenüber dem Wort. Das Wort sei für das selbstbewußte Personleben das gottgeordnete Medium, nach der Seite des Naturlebens aber sei das Sakrament des A.s dafür geordnet (G.Thomasius, Christi Person und Werk III, 2, 47). Nur durch das Zusammenwirken von Wort und Sakrament werde der eine Heilszweck völlig erreicht (117f). Einige Neulutheraner wie → Martensen und → Stahl schritten zur Abwertung des Worts gegenüber dem Sakrament weiter, indem sie dem Wort nur die Kenntnis und Anbahnung des Heils, dem Sakrament dessen Besitz zuschrieben.

In den *reformierten Kirchen und Bekenntnissen* gilt meist der calvinische Typus der A.slehre, so im → Heidelberger Katechismus, in der → Westminster Confession der englischen und amerikanischen Presbyterianer und bei den Kongregationalisten. Auch die → *anglikanische Kirche* (: I) hat bei katholischem Ritus in den anglikanischen Artikeln von 1552 und 1563 ein reformiertes Bekenntnis mit bucerisch-calvinischer A.slehre. Die Artikel treten allerdings an Bedeutung weit hinter dem → Common Prayer Book zurück. Der hochkirchliche Zweig der anglikanischen Kirche (→ Hochkirchliche Bewegung: I) kehrte ganz zu katholischen Anschauungen zurück.

Neben der lutherischen und der reformierten, meist calvinisch bestimmten Linie läuft durch die Geschichte des Protestantismus die *täuferisch spiritualistische* (über Sakramentsspiritualismus im Mittelalter vgl. E.Benz Ecclesia Spiritualis, 1934, 16ff). Die geistige Teilhabe an Christus (Seb. → Franck), das innere Licht (→ Quäker) machen die äußere Feier überhaupt überflüssig. Zwischen spiritualistischen, zwinglianischen (→ Unitarier, → Mennoniten) und calvinistischen Anschauungen gibt es manche Mischformen. Der Versuch, die urchristliche Agape zu erneuern, ist in verschiedener Form bei → Methodisten (: I), → Darbysten und in der Brüdergemeine (→ Brüderunität: II) gemacht worden. Durch die ökumenische Bewegung wurde die Frage der Interkommunion brennend (→ Abendmahlsgemeinschaft). In der deutschen ev. Theologie versucht man gegenwärtig vor allem von der Exegese her zu einer Neuorientierung des A.sgesprächs zu gelangen.

Allg.: Die DGn von R.Seeberg, Loofs, Harnack, W.Koehler, M.Werner - RE I, 38ff; XXIII, 2f (ältere Lit.); XII, 664ff; XX, 55ff; XXIII, 580f - DThC V, 1121ff; X, 864ff (Lit.) - RGG[2] I,16ff (Lit.) - LThK III, 820ff (Lit.) - EKL I, 6ff (Lit.) - Eucharistia, Encyclopédie populaire sur l'Eucharistie, publ. par M.Brillant, Paris 1934 - J.A.Jungmann, Missarum Sollemnia I. II, (1948) 1949[2] - H.Preuss, Die Gesch. der A.sfrömmigkeit in Zeugnissen u. Berichten, 1949 - L.Fendt, Die kath. Lehre von Messe u. A. (QKK H. 3), 1954 - Ausführliche Lit.berichte im JLW 1921ff u. im ALW 1950ff.

Zu 1: G.E.Steitz, Die A.slehre der griech. Kirche in ihrer geschichtl. Entwicklung (JDTh IX-XIII, 1864-68) - F.Kattenbusch, Konfessionskunde, 1892 - K.Adam, Die Eucharistielehre des hl. Augustin, 1908 - Ders., Zur Eucharistielehre des hl. Augustinus (ThQ 112, 1931, 490-536) - G.Rauschen, Eucharistie u. Bußsakrament in den ersten sechs Jh.en, 1910[2] - H.Lietzmann, Messe u. Herrenmahl, 1926 - Ders., Die Liturgie des Theodor von Mopsuestia (SAB 1933, 915-936) - O.Casel, Das Mysteriengedächtnis der Meßliturgie im Lichte der Tradition (JLW 6, 1926, 113-204) - Ders., Mysteriengegenwart (JLW 8, 1928, 145-224) - Ders., Neue Zeugnisse für das Kultmysterium (JLW 13, 1935, 99-171) - Ders., Glaube, Gnosis u. Mysterium (JLW 15, 1941, 155-305) - H.Lang, A.Augustini Ep. H. textus eucharistici selecti (Flor. patr. 35), 1933 - J.Quasten, Monumenta eucharistica et liturgica vetustissima (Flor. patr. 7), 1935-37 - M.Dibelius, Die Mahlgebete der Didache (ZNW 37, 1938, 32-41) - F.Heiler, Urkirche u. Ostkirche, 1937 - W. de Vries Der Nestorianismus Theodors von Mopsuestia in seiner Sakramentenlehre (OrChrP 7, 1941, 91-148) - R.Schneider, Vom Wesen der ostkirchl. Eucharistie (E.Benz, Die Ostkirche u. die russ. Christenheit, 1949, 141-172) - W.Elert, A. u. Kirchengemeinschaft in der alten Kirche hauptsächlich des Ostens, 1954 - Leiturgia I, 1954, 1ff. 83ff (Lit.) - J.Betz, Die Eucharistie in der Zeit der griech. Väter I, 1, 1954.

Zu 2: J.R.Geiselmann, Die Eucharistielehre der Vorscholastik, 1926 - Ders., Die A.slehre an der Wende der christl. Spätantike zum Früh-MA. 1933 - W.Auer, Das Sakrament der Liebe im MA, 1928 - P.Browe, Die Verehrung der Eucharistie im MA, 1933 - Ders., Die häufige Kommunion im MA, 1938 - Ders., Die Pflichtkommunion im MA, 1940 - Vgl. auch P.Browe in JLW 7, 83-103. 144-148; 8, 107-143. 390; 9, 20-66; 10, 56-76; 11, 345. 391. 431; 21, 161-177; 13, 45-64; 15, 23-66 - Die Deutsche Thomasausgabe, Bd 30, 1938 mit Anm. u. Kommentar von D.Winzen - Th.Filthaut, Die Kontroverse über die Mysterienlehre, 1947 - E.Iserloh, Die Eucharistie in der Darstellung des Joh.Eck, 1950 - Ders., Der Kampf um die Messe in den ersten Jahren der Auseinandersetzung mit Luther, 1952 - M.Schmaus, Kath. Dogmatik IV, 1, 1952[3.4] § 245-262 und S. 662. 766ff (kath. Lit.) - Landgraf III, 1. 2: Die Lehre von den Sakramenten, 1954/55, vgl. auch II, 1, 31ff. 138ff; II, 2, 132ff.

Zu 3: W.Koehler, Zwingli u. Luther I, 1924; II, 1953 - J.Beckmann, Vom Sakrament bei Calvin, 1926 - E.Sommerlath, Der Sinn des A.s, 1930 - W.Niesel, Calvins Lehre vom A., (1930) 1935[2] - E.Wolf u.a., A.sgemeinschaft? (BhEvTh 3), 1937 - E.Bizer, Studien zur Gesch. des A.sstreits im 16.Jh., 1940 - H.Grass, Die A.slehre bei Luther u. Calvin, (1940) 1954[2] - Ders., Das A.sproblem in der Gegenwart (ZSTh 22, 1953, 223-244) - H.Sasse, Vom Sakrament des Altars, 1941 - W.Maurer, Zum geschichtl. Verständnis der A.sartikel der CA (Festschrift f. G.Ritter, 1950, 161-209) - O.Tomkins, Um die Einheit der Kirche, 1951 - Ders., The Third World Conference on Faith and Order, London 1953 - J.Schniewind u. E.Sommerlath, A.sgespräch, 1952 - D.Baillie u. J.Marsh, Intercommunion, London 1953 (Vorarbeiten für Lund 1952) - E.Berggrav, Es sehnen sich die Kirchen, 1953 - P.Brunner, Eisenach 1948 (ZevKR 3, 1954, 126-163) - Lund. Dritte Weltkonferenz d. Kirchen f. Glauben und Kirchenverfassung, 1954 (deutscher Konferenzbericht) - J.Schweizer, Reformierte A.sgestaltung in der Schau Zwinglis, 1954. - Weitere Lit. → Abendmahl: III, → Abendmahlsgemeinschaft.

H.Graß

III. Dogmatisch

1. Lutherische Lehre - 2. Reformierte Lehre

1. Die Lehre Luthers vom A. und das Luther in hohem Maße folgende Verständnis des A.s in der luth. Kirche beruht nicht, wie zuweilen behauptet wird, auf einer eigensinnig festgehaltenen Doktrin Luthers oder auch auf einer einseitigen Exegese der A.sworte, auf die Luther sich versteift hätte. Zwar ist richtig, daß Luther sich auch in der A.sfrage mit Nachdruck auf das Schriftwort stützte. Er fühlte sich gebunden an die Einsetzungsworte, die ihm der letzte Grund seiner Gewißheit waren. Auch heute geht es der luth. Kirche nicht um Aufrechterhaltung eines von alters her anerkannten Dogmas, sondern um die Bewahrung einer Wirklichkeit, die sie als im NT bezeugt ansieht. Auch die offiziellen Gespräche zwischen der luth. und ref. Kirche in der Gegenwart waren nichts anderes als eine neuerliche und ernsthafte Überprüfung der A.slehre an der Schrift. Aber Luther »pochte« nicht nur auf den Wortlaut. Er nahm vielmehr die Worte in ihrem Zusammenhang, in dem sie mit dem *Ganzen* der Heilswirklichkeit Gottes stehen. Sein Verständnis des A.s hängt auf das engste mit dem Gottesglauben des NT (→ Gott: IV) wie mit dem nt. Verständnis des hl. → Geistes (: IV) zusammen; ganz besonders hat aber Luther die Beziehung der A.slehre zur → Christologie (: II) bewußt vor Augen gehabt. Entsprechend der Weise, wie in Christus die göttliche und menschliche Natur miteinander verbunden sind, hat er sich auch die Verbindung von Brot und Wein und Leib und Blut Christi gedacht. Damit war für ihn das A. in die nt. Grundauffassung von der → Offenbarung (: VI) hineingestellt.

Es ist die *Inkarnation* Christi (→ Christologie: III), die Einleibung des Göttlichen im Irdischen, die das Grundfaktum darstellt; sie ist in allen Dingen der Weg Gottes mit den Menschen, so auch im A. Luther sah das A. im Rahmen der gesamten Wirklichkeit des Heils, wie es im NT sich darstellt. Darum ist ihm Christus selbst auch das Eigentliche, das Ursakrament. Alles liegt ihm daran, daß, wie in Christus Gott wirklich auf Erden ist, so auch im Sakrament Christus ganz und leiblich bei uns ist. Das eigentliche Pathos in Luthers A.slehre und in der Lehre der luth. Kirche liegt in dem Hiersein der *auch* leiblichen Gegenwart Christi in unserer irdischen Daseinsweise. Es ist der Gegensatz zu allem Schwärmertum, daß die Einhüllung und Verleiblichung des Heils auch im A. festgehalten wird. Während man sonst über die ganze Erde schwärmen müßte, um Christus zu haben und ihn doch nicht fände, läßt er sich hier fassen und greifen. Während bei Calvin (s. 2) die Gegenwart nur als ein »Wie wenn« gedacht ist (»non secus ac si corpore adesset«, Institutio W I, 123), während es bei Calvin immer um das »Aufwärts« geht, in dem die Seele sich hinaufschwingt, um sich in der himmlischen und geistigen Sphäre mit Christus zu vereinen, richtet sich in der luth. Kirche die Inbrunst des Glaubens auf das Hiersein der leiblichen Christusgegenwart. Das ist der Sinn und der Glaubensernst der Lehre von der manducatio oralis. Wie der inkarnierte Christus leiblich auf Erden war, so wird er auch im A. leiblich und mit dem Munde empfangen, und Art. X der CA sagt mit Nachdruck von Leib und Blut Christi: vere adsint et distribuantur.

Das setzt freilich voraus, daß das → Sakrament (: I. II, 1) auf die Heilsgabe nicht nur hindeutet, sondern sie in sich enthält und sie *vermittelt*. Das ist auch für Luther nicht einfach selbstverständlich gewesen. In der Auseinandersetzung mit der katholischen Sakramentslehre in »De captivitate babylonica« 1520 hat er die Bedeutung des Sakraments, so auch des A.s zunächst darin gesehen, daß es ein Zeichen (signum) der von Gott uns zugedachten Gnade sei und daß man es daher auch mit einem Siegel an der Urkunde vergleichen könne. Im A. wird mit einem sichtbaren Zeichen gewiß gemacht, was im Wort uns schon immer angeboten und zugesprochen wird. Das Sakrament und so auch das A. ist dergestalt ein verbum visibile. Diese vergewissernde Funktion des A.s, seine psychologische Bedeutung, die es damit für den schwachen Glauben hat, ist in der Tat hoch einzuschätzen. Individuell wird dem einzelnen ein signum zur Stärkung seiner Glaubensgewißheit gegeben, an das er sich halten kann in den Anfechtungen seines Lebens. Aber darin kann sich die Funktion des A.s nicht erschöpfen. Schon damals hat Luther daran festgehalten, daß das A. selbst Leib und Blut Christi sei, und immer mehr trat bei ihm die Gewißheit in den Vordergrund des Glaubensinteresses, daß das A. selbst das in sich trage, was es bezeichnet: es ist Vehikel oder Brücke, auf der die Gabe selbst kommt; es ist die Röhre, durch die das Wasser fließt, das den Durstigen tränkt. »Bedeutung« und »Werk« des Sakraments fallen zusammen. Die Lehre von dem Sakrament als verbum visibile erschöpft daher nicht von ferne den Gehalt der luth. A.slehre. Wohl ist das Sakrament und so auch das A. in enger Verbindung mit dem Wort (→ Wort Gottes: IV) zu sehen. Die Kraft des A.s besteht in den Einsetzungsworten Christi (→ Abendmahl: I), das Wort erst deutet uns die Gabe und das Wort teilt sie uns als für uns bestimmt zu. Das Wort mit seinem »Für euch« macht den personalen Glauben möglich, ohne den kein rechter Empfang der Gnadengabe möglich wäre. Aber das Sakrament ist nicht einfach dem Wort unterzuordnen. Das A. steht auch neben dem Wort als eine besondere Gabe, wie das in der gegenwärtigen Dogmatik wieder anerkannt wird. Fragt man nach dem Proprium des A.s, so wird man die geistleibliche Gemeinschaft mit Christus nennen müssen. Es kann hier nicht untersucht werden, wie sich dieses Proprium zu dem Inhalt der → Taufe (: IV, 1) verhält. Dem Wort gegenüber ist jedenfalls die Verbindung mit der Leiblichkeit Christi das Eigentliche, eine Gemeinschaft, die sonst nirgends so geschenkt wird. Luther konnte in überschwenglichen Worten von der Innigkeit dieser Gemeinschaft sprechen. Sie ist so eng, daß wir mit ihm »ein Kuche, ein Brot, ein Leib, ein Trank« werden. Keine andere Vereinigung ist für ihn so eng wie die Vereinigung der Speise mit dem, der gespeist wird, denn die Speise wird »verwandelt in die Natur und wird ein Wesen mit dem Gespeisten«.

Es ist begreiflich, daß für Luther wie für die luth. Kirche sich der Blick des Glaubens auf die Elemente richtet und daß die Frage der *Realpräsenz* eine ausschlaggebende Rolle spielt. Alles liegt in der luth. Lehre daran, daß das Brot und der Wein Leib und Blut Christi sind. Luther hatte kein Interesse daran, *wie* das zugehe. Er hat auch die katholische Lehre von der Transsubstantiation (→ Abendmahl: II, 2), dh die Lehre, daß die Substanz des Brotes und des Weines in die Substanz des Leibes und Blutes Christi verwandelt wird, nicht bekämpft, wenn er sie auch nicht für richtig hielt. Wenn man schon eine Theorie aufstellen wolle, wie es zugehe, so hat er sich an die Weise gehalten, wie in der Person Christi göttliche und menschliche Natur verbunden sind: sie werden nicht ineinander verwandelt, aber in einer unio personalis eng vereinigt. So dachte er sich auch ohne Verwandlung die enge Vereinigung von Brot und Leib und von Wein und Blut Christi in einer unio sacramentalis. Diese hat er sich nicht eng genug denken können. Auch die für das lutherische Verständnis so oft als kennzeichnend gehaltene Lehre, der Leib Christi sei »in, mit und unter« dem Brote, genügte Luther in der genauen theologischen Redeweise nicht. Theologisch hat er an der Identität festgehalten, das Brot *ist* der Leib. So wie in einem feurigen Eisen Feuer und Eisen ganz eins geworden sind, so auch Brot und Leib Christi. Aber das ist nur eine Weise, sich die Vereinigung zu denken. Auch seine Lehre von der Ubiquität, dh die Lehre, daß Christi Leib überall sein könne, ist nur eine Theorie, zu der er durch Zwinglis Behauptungen gedrängt wurde. Es kam ihm nicht darauf an, sondern allein darauf, daß Brot und Leib, Wein und Blut Christi eins sind. Dies Einssein ist für das luth. A.sverständnis nicht nur ein modus der Gegenwart Christi, sondern die Sache selbst. Wenn heute zuweilen behauptet wird, ref. und luth. A.sauffassung seien in der Behauptung der Gegenwart Christi eins, nur der modus der Gegenwart sei verschieden aufgefaßt, so ist dabei das eigentliche Anliegen der luth. Lehre überhaupt nicht verstanden.

In diesem Wertlegen auf die Elemente ein Zurücktreten des → *Glaubens* (: V) und des personalen Momentes zu vermuten, wäre ein völliges Mißverständnis. Luth. A.sverständnis dringt schon von Luther her mit allem Ernst darauf, daß Leib und Blut Christi in Buße und Glauben empfangen und innerlich angeeignet werden. Ohne Glauben empfängt niemand den Segen des Sakraments. Wohl aber wird mit ebenso großem Ernst daran festgehalten, daß das Zustandekommen des Sakramentes ganz und gar unabhängig von unserem Glauben ist; es beruht allein auf der Einsetzung Christi. Das Sakrament ist unberührt von den Schwankungen und den Halbheiten unseres Glaubens. Das kommt in der Lehre von der manducatio impiorum zum Ausdruck; auch die Ungläubigen empfangen Leib und Blut des Herrn, wenn auch nicht zum Segen, sondern zum Fluch. Bei dieser Zusammenschau des objektiven Handelns Christi und der subjektiv personalen Glaubensaneignung kann der Vorwurf eines magischen Verständnisses nur als abwegig bezeichnet werden.

Ist das A. so wirklich Leib und Blut des Herrn, so erweist es sich zugleich als Sakrament der *Gemeinschaft*. Die den Leib Christi essen, werden selbst ein Leib, der Leib Christi, der → Kirche (: IV). Mit Christus dem Haupt verbunden und untereinander Glieder schließt sie das A. als »Sakrament der Liebe« zusammen. Das A. ist kirchen-konstitutiv.

Diese besondere Gegenwärtigkeit Christi ist - zeitlich gesehen - Vergangenheit und Zukunft verknüpfende *Gegenwart.* Die Vergangenheit, der Christus, wie er leiblich auf Erden war, wird Gegenwart; die Zukunft, der Christus, der wiederkommen wird, wird vorweggenommen und gegenwärtig. Die A.spräsenz Christi ist in besonderem Sinne Hereinbruch der Ewigkeit in die Zeit; der A.s-Tisch ist die »Pforte des Himmels« auf Erden.

E.Sommerlath

2. *Die* reformierte A.slehre gibt es nicht, sowenig es *die* allgemein verbindliche ref. Bekenntnisschrift gibt. Unter ref. A.slehre sind hier charakteristische theologische Entscheidungen hinsichtlich der A.sauffassung gemeint, wie sie vor allem in der verbreitetsten ref. Bekenntnisschrift, dem → Heidelberger Katechismus, anzutreffen sind und wie sie weniger auf Zwingli als auf → Calvin (: II) zurückgehen. Die Dogmatik hat nicht einfach die Lehre vom hl. A., wie sie die ref. Väter im 16.Jh. ausbildeten (→ Abendmahl: II, 3), zu rekapitulieren, sondern zu fragen, ob und inwiefern die damaligen Entscheidungen schriftbegründet und in der heutigen Situation von Gewicht sind.

Eine klassische Zusammenfassung ref. Eigentümlichkeiten in der A.slehre gibt Calvin, wenn er in seiner Evangelienharmonie (zu Mt 26, 26) die carnis Christi manducatio betont, aber dann abgrenzend präzisiert: sed hic tria observare operae pretium est: ne perperam res spiritualis cum signo misceatur: deinde, ne quaeratur in terra Christus vel sub terrenis elementis: tertio, ne fingatur alia manducatio, quam quae arcana Spiritus virtute Christi vitam nobis inspirat, quod ipsum non nisi sola fide consequimur. Entsprechend lehrt der Heid.Kat. Er lehnt nicht nur die Transsubstantiation (→ Abendmahl: II, 2) ab, sondern wendet sich gegen jede Vorstellung, die eine Anwesenheit des Leibes und Blutes Christi in oder unter Brot und Wein nahelegen könnte. Deshalb wird zwischen äußerer Handlung und geistlichem Geschehen unterschieden und doch beides so verknüpft, daß Ersteres als sichtbares Pfand und Zeichen die Bürgschaft für Letzteres gibt (Fragen 75. 78. 79). In der Begründung dieser Auffassung spielt die christologische These, daß der Auferstandene sich seit der Himmelfahrt leiblich zur Rechten Gottes befinde, eine entscheidende Rolle gegenüber luth. Ubiquitätslehre (Fragen 47-49). Da die Verbindung des Erhöhten mit den Seinen im A. durch den hl. Geist geschieht, kann im Unterschied zur luth. Lehre von der manducatio impiorum nur der Glaubende wirklich Christus empfangen. In welchem Sinne die hier nur kurz markierten Lehrentscheidungen heute Geltung beanspruchen können, hat die Dogmatik zu erörtern.

Daß die Lehrform der Väter des 16.Jh.s nicht einfach übernommen werden kann, ist deutlich. Zentrale Begriffe, deren man sich damals selbstverständlich bediente, sind als einem vergangenen philosophischen Denken und Weltbild verhaftet für uns fragwürdig geworden (zB Substanz, materia coelestis, die Unterscheidung von signum und res u.a.). Ein bezeichnendes Beispiel dafür ist der Wandel hinsichtlich der christologischen Vorstellungen (→ Christologie: II. III), die in der Begründung der luth. und ref. A.slehren eine wichtige Rolle spielten. Kaum ein luth. Dogmatiker wird die Ubiquitätslehre (s. 1) noch vertreten wie kaum ein ref. die These von dem certo loco (im Himmel) befindlichen Leib Christi. Vor allem ist die Selbstverständlichkeit, mit der man beiderseits die Schriftgemäßheit für die eigene Lehrform in Anspruch nahm, in der heutigen exegetischen Situation weithin erschüttert. Nicht nur Luthers Berufung auf das »est« der Einsetzungsworte (→ Abendmahl: I, 7) und die von den Reformierten überall gefundene Unterscheidung von signum und res ist fragwürdig geworden, sondern gemeinsame selbstverständliche exegetische Voraussetzungen sind umstritten, so die theologische Einheit des NT, der Zusammenhang von letztem Mahl Jesu (Passamahl?) und → Abendmahl (: I, 6) usw. Wie der eschatologische Bezug beim A. deutlicher erkannt ist, so muß auch die Frage nach den religionsgeschichtlichen Parallelen neu gestellt und jedenfalls die Zeitbedingtheit der sakramentalen Vorstellungsformen der hellenistischen christlichen Gemeinde ganz anders als vordem in Rechnung gestellt werden. Daß die hier nur anzudeutende veränderte geistige Situation zu einer Überprüfung auch der traditionellen A.skontroverse führen muß, liegt für jeden Einsichtigen auf der Hand. In der Form, wie die Väter hier die Fragen stellten, gibt das NT oft keine direkte Antwort.

Wenn auch die gegenwärtige A.sdiskussion noch zu keinem allseits anerkannten Ergebnis geführt hat, so zeichnen sich doch Gesichtspunkte ab, die (nach Ansicht des Vf.s) für die alte Kontroverse von Belang sind.

Was die Auffassung von der Realpräsenz im A. anlangt, so ist nach der ref. Seite hin zu fragen, ob die Verwendung des signum-Begriffs wie überhaupt das Leib-Seele(Geist)-Schema, dessen man sich oft bediente, dem Realismus der biblischen Aussagen über das A. genügend Rechnung trägt. Klar ist, was damit bezweckt wird: Die Abwehr eines Sakramentsverständnisses, nach dem es ex opere operato wirkt und ein Kreatürliches vergötzt wird. Aber so gewiß der Begriff sigillum etwa in Röm 4, 11 eine exegetische Stütze finden kann, so ist doch die Unterordnung aller A.saussagen unter dies Denkschema eine Verengung. Andrerseits ist die luth. Theologie zu fragen, ob sie nicht in einer zwar dem Wortlaut gewisser Bibelstellen entsprechenden, aber ihrer eigentlichen Intention nicht gerecht werdenden Weise den Akzent auf die Elemente verschoben hat, so daß sich der Blick statt auf den hier handelnden Herrn auf ein sakramentales »Es« richtete, über dessen Vorhandensein auf Grund der Konsekration die seltsamsten Theorien entstanden. Es wäre zu zeigen, daß das A. »Verkündigung des Todes des Herrn« ist und daß die besondere Weise, in der sich Christus hier schenkt, nicht auf eine andere Gabe oder einen anderen Geber schließen läßt als sonst in der Verkündigung.

Ein andrer, in dem A.sstreit des 16.Jh.s wichtiger Punkt ist die schon erwähnte jeweilige christologische Begründung. Wenn ein Extra-Calvinisticum derart gelehrt wird, daß man zwischen einer Gegenwart der göttlichen und menschlichen Natur Christi unterscheidet und letztere im Himmel lokalisiert, so ist das ein sehr bedenkliches Theologumenon nicht nur wegen seiner Verhaftung an ein uns fremdes Weltbild, sondern vor allem wegen dieser unmöglichen Scheidung von Gottheit und Menschheit des Erhöhten. Aber es wäre kurzsichtig, hier zu kritisieren, ohne zu sehen, auf welche gegnerische These hier reagiert wird. Die luth. Auffassung von der Realpräsenz in oder unter den Elementen war nicht nur deshalb verdächtig, weil sie trotz aller gegenteiligen Beteuerungen in einer anfechtbaren Weise lokalisierte, sondern weil man hier - ähnlich wie in der römischen Messe - einerseits eine Fortsetzung oder Verlängerung des einmaligen Heilsgeschehens fürchtete, andrerseits aber eine Vorwegnahme des Eschatons. In der Weise, wie Christus als der Fleischgewordene auf Erden war und als der Wiederkommende erwartet wird, ist er jetzt nicht gegenwärtig, sondern im verkündigten und »gehandelten« Wort und hl. Geist.

Mit dieser Frage hängt ein weiterer entscheidender Kontroverspunkt eng zusammen. Die Bindung Christi an die Elemente verbürgt nach luth. Auffassung allen

Teilnehmern am A. den Empfang des Leibes und Blutes Christi. Diese Lehre von der manducatio impiorum stieß deshalb auf ref. Protest, weil man den Empfang von Leib und Blut Christi nur als heilbringende Anteilhabe an ihm verstehen konnte (im Sinne von Joh 6, 56: »Wer mein Fleisch isset und trinket mein Blut, der bleibt in mir und ich in ihm«). Empfang Christi und Empfang des Geistes lassen sich nach Calvin nicht voneinander trennen. Deshalb erhält der Ungläubige nur »leere Zeichen«. Hier ist die Aktualität der damaligen Kontroverse besonders deutlich. Wenn die ref. Auffassung so verstanden werden müßte, als sei der Glaube die vom Menschen zu leistende Bedingung zum heilsamen Empfang des A.s, dann würde sie mit der Rechtfertigung sola gratia streiten. Dann nötigt sie dazu, über die eigene Gläubigkeit zu reflektieren, stürzt die Angefochtenen in Verzweiflung und macht die Selbstsicheren nur noch sicherer. In Verbindung mit der Lehre von der doppelten → Prädestination (: IV) und dem Syllogismus practicus drohte hier die Zusage Gottes im Sakrament fragwürdig zu werden. Daß es Calvin nicht so meint, daß Gottes promissio nicht durch menschlichen Unglauben zerstört wird, das zeigt seine Unterscheidung von offerre und accipere. Eine solche Unterscheidung von Geben und Nehmen, die zum Ausdruck bringen will, daß es im A. nicht einfach um Entgegennahme einer materia coelestis, sondern um Begegnung mit dem Herrn geht, der mich mit meiner ganzen Existenz beschlagnahmt, drohte die luth. Lehre hier zu verdunkeln. Auch hier bedarf es der Neufassung.

Hier können nur einige der wichtigsten kontroverstheologischen Probleme in der A.slehre berührt werden, die der Klärung harren. Die Verantwortung gegenüber einer (kritisch verstandenen) ref. Lehrtradition wird bei der Bemühung um eine Neufassung dieser Lehre vor allem auf folgende Punkte den Finger legen lassen: 1. Die Gabe im A. ist nicht vom Geber zu lösen, sie ist kein verfügbares »Etwas« an Stelle oder neben dem im Wort sich uns schenkenden Herrn. 2. Das A. ist der ecclesia viatorum zwischen Himmelfahrt und Parusie gegeben. Es geschieht im A. keine die Verkündigung überbietende Fortsetzung oder Wiederholung des »Einmal-Geschehenen« noch eine Vorwegnahme des Eschatons. Realpräsenz ist zugleich Spiritualpräsenz. 3. Nicht der Glaube des Empfängers oder das Bekenntnis der Gemeinde konstituiert das A., sondern die Stiftung und Zusage des Herrn, der sich dem Sünder schenkt. Aber Christus kann nur im Glauben empfangen werden, freilich in dem Glauben, der von ihm selbst im hl. Geist durch Wort und Sakrament gewirkt wird. *W.Kreck*

Zu 1 und 2: H.SCHMID, Der Kampf der luth. Kirche um Luthers Lehre vom A. im Reformationszeitalter, 1868 - R.ROCHOLL, Die Realpräsenz, 1875 - L.IHMELS, Das luth. Verständnis des A.s (AELKZ 61, 1928, 464-469) - E.SOMMERLATH, Sakrament und Gegenwart, 1930 - DERS., Der Sinn des A.s nach Luthers Gedanken über das A. 1527/29, 1930 - W.NIESEL, Calvins Lehre vom A., (1930) 1935^{2} - P.ALTHAUS, Die luth. A.slehre in der Gegenwart, 1931 - CHR.STOLL, Vom A. Christi, 1935 - L.FENDT, Die A.snot des Gegenwartsmenschen, 1936 - H.GOLLWITZER, Coena Domini, 1937 - F.W.HOPF, Die A.slehre der luth. Kirche (A.sgemeinschaft [BhEvTh 3], 1937, 122 bis 173) - E.BIZER, Studien z. Geschichte des A.sstreits im 16.Jh., 1940 - DERS., Luth. A.slehre? (EvTh 16, 1956, 1-18) - H.GRASS, Die A.slehre bei Luther und Calvin, (1940) 1954^{2} - E.SOMMERLATH, Das A. bei Luther (Vom Sakrament des Altars, hg.v. H.SASSE, 1941, 95 bis 132) - E.METZKE, Sakrament und Metaphysik, 1948 - P.BRUNNER, Aus der Kraft des Werkes Christi (Kirchl. theol. Hefte 9), 1950 - DERS., Grundlegung des A.sgesprächs, 1954 - J.SCHNIEWIND u. E. SOMMERLATH, »A.sgespräch«, hg.v. E.SCHLINK, 1951 - ELERT, ML, 263ff - F.DELEKAT, Methodenkritische und dogmatische Probleme angesichts der gegenwärtigen Exegese der nt. A.stexte (EvTh 13, 1953, 389-415) - DERS., Theologie und Kirchenpolitik (ThEx NF 46), 1955 - R.S.WALLACE, Calvin's doctrine of the Word and Sacrament, 1953. - W.KRECK, Die ref. A.slehre angesichts der heutigen exegetischen Situation (EvTh 14, 1954, 193-211) - E.BIZER u. W.KRECK, Die A.slehre in den reformat. Bekenntnisschriften (ThEx NF 47), 1955. *E.Sommerlath - W.Kreck*

IV. Liturgiegeschichtlich

1. Ausbildung der A.sliturgie: a) Quellen - b) Ursprung und »Brotbrechen« - c) Agape und Eucharistie - d) Segnung und Opfer - 2. Kommunionsformen und -häufigkeit: a) Alte Kirche - b) Seit dem Mittelalter - c) Reformation und Pietismus - d) Gegenwart

1. a) Das älteste vollständige agendarische Formular ist im griechischsprechenden Westen die Kirchenordnung → Hippolyts um 200 mit der Liturgie des Herrenmahles im Ordinations- und Taufgottesdienst (starker östlicher Einschlag); aus dem syr. Osten der Kern der Liturgie des »Addai und Mari« (3.Jh.? → Liturgie: III). Justin gibt kurz nach 150 einen knappen, aber geschlossenen Bericht vom Verlauf des A.s im Rahmen des Tauf- (ap. I 65) und Sonntagsgottesdienstes (c. 67). Die meisten übrigen *Quellen* bleiben vieldeutig.

b) Die Ordnung des Herrenmahls wuchs aus dem bei einem normalen jüdischen Festmahl üblichen Ritual heraus, zu dem ein kurzer Lobspruch des Hausherrn für das Brot am Anfang gehörte und ein ausführliches Dankgebet nach dem Essen, das über einem Becher Wein gesprochen wurde. Bei den essenischen Gemeinschaftsmahlen übernahm ein Priester das Tischgebet (→ Abendmahl: I, 1c). In der Form eines Sättigungsmahles wurde zunächst auch das A. gefeiert (1Kor 11; Lk 22, 20?; ein Rest in der Taufeucharistie zB Hippolyt S. 112 ed. Hauler). Da die Mahlzeiten des unbegüterten Palästinensers meist nur aus Brot, Salz und Wasser bestanden (bBM 107; bBer 2b), hat man auch beim Herrenmahl vermutlich oft reines Wasser statt des mit Wein gemischten genommen; Kommunion mit Brot und Wasser gab es in Kleinasien und Afrika noch bis ins 3.Jh. (Mart.Pion. 3, 1; Cyprian ep. 63). Im syrischen Osten führten asketische Motive (→ Enkratiten) und vielleicht Abscheu vor Blutgenuß (Betz) zu einer dann offenbar grundsätzlichen Ablehnung des Weines (ActJoh 110; psClem.hom. 14, 1. 4 u.a.). Ob es sich hier um einen vom Ursprung her eigenständigen Typ des Herrenmahles handelt (so Lietzmann, Lohmeyer, Schoeps in verschiedener Weise), ist fraglich (→ Abendmahl: I, 5). Wahrscheinlich ist eine alte Kümmerform später theologisch ausgemünzt worden. Das Brot hatte hier aber von Anfang an stärkere Bedeutung als der Wein (Apg 2, 42. 46; 20, 7: *Brotbrechen*), und in Syrien bildete der Ritus der fractio panis mit den ihn begleitenden Gebeten noch lange den Mittelpunkt der A.sliturgie.

c) Schon Mk und die Did setzen wahrscheinlich voraus, daß der Brotritus zum Weinsegen an das Ende der Mahlzeit gerückt ist. Damit bahnt sich eine Trennung von Sakrament und Sättigungsmahl an. Zwar feierte man im Innern Ägyptens noch im 4./5.Jh. die Sabbat-Abendeucharistie im Anschluß an ein volles Mahl (Socr. 5, 22), im allgemeinen lösten sich aber beide Teile voneinander. Im griechischen Sprachgebiet wurde für das jetzt selbständige Sättigungsmahl die Bezeichnung → *Agape* üblich (Übersetzung von ḥ^{a}bûrā? so Dix) und für das sakramentale Mahl der Name *Eucharistie*. Denn das aus den jüdischen Benediktionen nach Tisch herausgewachsene Dankgebet über Brot und Wein für Gottes Heilstat durch Christus wurde hier zum Herzstück der Liturgie vor der Kommunion; das Brotbrechen tritt ganz zurück. In dieses Gebet eingeschoben ist bei Hippolyt (S. 106 ed. Hauler) die Einsetzungserzählung. Wie alt dieser Brauch ist, läßt sich nicht sagen; bei Paulus scheint sie eher zum katechetischen als zum liturgischen Stoff zu gehören; ob sie in »Addai und Mari« ursprünglich enthalten war, ist umstritten (→ Liturgie: III).

d) In Syrien (so Dix) konnte an die Stelle der Danksagung die Bitte um den hl. Geist treten (zB ActThom 50; 133). Hier liegt der Ursprung der *Epiklese* (→ Liturgik: III), die schon bei Hippolyt in das Eucharistiegebet einbezogen ist und es abschließt. Damit wird ein tiefgreifender Neuansatz sichtbar. Denn in den jüdischen Tischbenediktionen wurde Gott nicht gebeten, die Nahrung zu segnen, sondern ihm wurde über seinen Gaben gedankt. Das verschiebt sich auch auf hellenistischem Boden. Jetzt bittet man bei Öl, Oliven usw um gesegneten Gebrauch (vgl. schon 1Tim 4, 5; Hipp. S. 107f ed. Hauler; anders bei Früchten: S. 115f). Beim Gebet über Brot und Wein bleibt die alte Form der Danksagung zwar erhalten, aber sie wird jetzt doch als *Segnung der Elemente* empfunden, wie vielleicht schon von Paulus 1Kor 10, 16. Erst dadurch wurde die Reihenfolge Gebet, (Brotbrechung,) Kommunion unumkehrbar und gewann die A.sliturgie ihre feste Struktur, im Unterschied zum Judentum, wo die Hauptbenediktionen erst nach der Mahlzeit folgten und man das Tischgebet zur Not nachholen konnte, wenn man es vergessen hatte (Ber VIII, 7). Die parallele Entstehung der Epiklese zeigt aber wohl, daß es sich hier nicht ausschließlich um einen Hellenisierungsprozeß handelt, sondern auch um den gerade nach der Trennung von der Agape möglichen und nötigen Versuch, die Liturgie der besonderen Form der Gegenwart Christi im A. anzupassen. Sie ist nicht schöpfungsmäßig gegeben wie die Nahrung, sondern Verheißung und wird deshalb jetzt erbetet.

e) Folge der Trennung der Eucharistie von der Agape war es auch, daß die Darbringung der Gaben zum Gottesdienst liturgisch hervorgehoben wurde: der Ansatz des *Offertoriums* (1Clem 44, 4; Justin ap. I 65, 3; Hipp. S. 106 ed. Hauler). Außer Brot und Wein wurden noch lange Öl (zur Taufe?), Käse, Oliven, Erstlingsfrüchte (S. 115 ed. Hauler; Klauser-Rech, RAC II, 500), Blumen u.a. »geopfert«, zum Unterhalt von Armen und Klerikern. Damit bahnt sich eine zweite, viel problematischere Verschiebung im Verständnis des A.s an. In Anknüpfung an das AT greift schon das NT gelegentlich essenische und hellenistische Spiritualisierungstendenzen auf, nach denen Gebete und Liebestaten die wahren *Opfer* seien. Im Eucharistiegebet der Christen, das sie Gott durch Christus als dem himmlischen Hohenpriester darbringen, gilt dann deshalb die Verheißung von Mal 1, 11 erfüllt (→ Abendmahl: II, 1). Ohne Reflexion werden in dieses Opfer nun die Naturalgaben von Brot und Wein faktisch mit einbezogen (etwa Justin dial. 117, 2f). Wenn Hippolyt formuliert: »Im Gedenken an seinen Tod und seine Auferstehung opfern wir dir Brot und Kelch«, haben vielleicht auch Vorstellung und Begrifflichkeit der antiken Totenopfermahlzeit eingewirkt (Lietzmann), möglicherweise auf Grund eines Mißverständnisses des »Wiederholungsbefehls« im Einsetzungsbericht (1Kor 11, 24f); ποιεῖν konnte im Griech. als Opferterminus gedeutet werden (vgl. Cirlot). In »Addai und Mari« fehlt der Opfergedanke in dieser Form an der entsprechenden Stelle; auch das spricht dafür, in ihm hellenistischen Einfluß zu sehen. Mit Paulus (1Kor 10, 10f; vgl. Hebr 13, 10) hat diese Entwicklung jedenfalls nichts zu tun (anders Lietzmann), ebensowenig mit der apokalyptischen Vorstellung von der ewigen Präsenz des einmaligen Opfers Christi vor Gott (Apk 5, 6; Hebr 12, 24). Die gerade aus dieser Unausgeglichenheit erwachsenden Meßopfertheorien der Theologen drangen zwar erst spät in die Liturgie ein (Kunze), aber das Schwergewicht begann sich auch vorher schon von der Tat und Gabe Gottes auf das menschliche Tun zu verschieben.

In der Mitte des 2.Jh.s waren so alle wesentlichen Teile der späteren Liturgien ausgebildet: Offertorium, Eucharistiegebet (meist mit Einsetzungsbericht und evtl mit Epiklese), Brotbrechen und Kommunion; tatsächlich aber in einer sehr viel stärkeren lokalen Differenziertheit, als die spärlichen Quellen der Frühzeit allein erkennen lassen.

2. a) Das tägliche »Brotbrechen« in den Jerusalemer Hausgemeinden (Apg 2, 46) verschwindet mit der Ausbildung des Herrentages (Apg 20, 7ff) und der Entwicklung fester, bischöflich geleiteter Ortsgemeinden (IgnMagn 7 u.a.) zugunsten des *wöchentlichen Sonntagsgottesdienstes*. Nach Trennung von der Agape war die Eucharistie auch nicht mehr an die Zeit der Hauptmahlzeit am Abend gebunden. Das Gemeinde-A. rückte auf den Morgen und wurde vermutlich bei dieser Gelegenheit mit einem älteren Lese- und Gebetsgottesdienst vereinigt. Diese Ordnung ist zuerst bei Justin (ap. I, 67) belegt. Innerhalb der so entstandenen → Messe (: I) blieb das A. zunächst aber noch relativ selbständig. In die Tauf- und Ordinationsliturgie ist es ohne den in der Messe vorangehenden Wortteil eingefügt. Daneben gab es noch lange *Gottesdienste im kleinen Kreise*; bei Cyprian (ep. 63, 16) hören wir zB von Klerikermahlen am Abend mit Sakramentsfeier. In verschiedenen Gebieten im Osten wird auch am Sabbat und den Stationstagen (→ Kirchenjahr) Eucharistie gehalten. Seit dem 2.Jh. ist im Westen, aber kaum nur dort (für Ägypten im 4.Jh. vgl. Basilius ep. 93), sogar die tägliche Kommunion bekannt: Tertullian (ad ux. 2, 5; de or. 19) und Hippolyt (S. 117 ed. Hauler) setzen voraus, daß Christen konsekriertes Brot mit nach Hause nehmen und morgens als erste Speise verzehren. Ähnlich berichtet Justin (ap. I 67, 5), daß Diakone nach dem Gottesdienst Brot (und Wein?) den abwesenden Gemeindegliedern, wohl Kranken, bringen. Diese Art der *Reservation* – zum Verzehr, nicht zur Verehrung – blieb der ganzen Alten Kirche selbstverständlich. In den Gemeindegottesdienst wirkte sie durch die Präsanktifikaten-Messe hinein, die im Osten für die Fastenzeit aufkam und im Frühmittelalter in Rom für den Karfreitag übernommen wurde; sie war ursprünglich nichts anderes als eine liturgisch umrahmte Kommunion der in einer früheren Messe konsekrierten Elemente. Ähnlich liegen die Dinge bei dem alten lat. Ritus der Krankenkommunion.

b) In der vornicänischen Kirche blieb das A. Mittelpunkt des Gemeindegottesdienstes. Seit dem Ende des 4.Jh.s sank die *Zahl der Kommunikanten* aber rapide ab, vorwiegend aus Scheu vor dem Sakramentsgenuß. Meist kommuniziert der Priester allein. Im abendländischen Mittelalter setzt sich sogar der Brauch durch, daß die Gemeinde aus Furcht vor Verschütten des Weines nur noch das konsekrierte Brot erhält. Hier wird der einmalige A.sgang an Ostern zur Regel, seit das 4. Laterankonzil 1215 die Verpflichtung zur jährlichen Beichte in der Fastenzeit festgelegt hatte. Die A.sfrömmigkeit richtete sich vorwiegend auf die »geistige Kommunion« und Anbetung des in der Hostie gegenwärtigen Christus (→ Fronleichnamsfest). Im späten Mittelalter gibt es zwar wieder gegenläufige Bewegungen, die teilweise sogar auf tägliche Kommunion drängen, aber es handelt sich dabei doch nur um kleine Kreise. Die Messe hatte lange aufgehört, Gemeinde-A. zu sein.

c) Die Ablehnung von Meßopfertheorie und Transsubstantiationsdogma und die Forderung des Laienkelches zwang die *Reformatoren* zur *Umgestaltung der A.sliturgie*. Die eine denkbare Schlußfolgerung aus der mittelalterlichen Entwicklung zogen das lutherisch werdende Frankfurt a. M., die oberdeutsche und die Schweizer Reformation, indem sie das A. auf wenige Sonntage im Jahr beschränkten und die Messe ganz fallen ließen.

Vielleicht den von der Messe getrennten Kommunionsfeiern des Mittelalters entsprechend, entstanden so – wie schon bei den böhmisch-mährischen Brüdern, aber unabhängig von ihnen – *selbständige A.sgottesdienste für die Gemeinde.* Meist folgen bei ihnen auf A.spredigt und Fürbittgebet der Einsetzungsbericht (als Lesung oder Verkündigung, nicht Konsekration), Vaterunser und Vermahnung(en) in wechselnder Reihenfolge, dann Kommunion und Danksagung. Teilweise wird der Mahlcharakter betont (Zwingli, Laski); die reformierten Ordnungen nehmen meist die »Bannung«, dh Exkommunikation der Unwürdigen in die A.sordnung mit auf. Versuche, häufigere A.sgottesdienste zu fördern (Calvin, Brenz), setzten sich nicht durch. Dagegen behielten der überwiegende Teil der lutherischen und die anglikanische Kirche die *Messe* in verschiedener Weise *abgewandelt und erneuert* bei (→ Messe: III, → Common Prayer Book) und versuchten, das sonntägliche A. wieder aufzunehmen. Das ist damals aber gescheitert, jedenfalls in der lutherischen Kirche (für Schweden vgl. bes. Andrén), teils aus denselben Gründen wie im Mittelalter, zumal die Beichte nun als Lehrverhör wieder zur Voraussetzung der Kommunion wurde, teils aus Unlust, teils durch das Aufkommen von Privatkommunionen für ständisch Bevorrechtete. In Deutschland verfiel so spätestens seit dem 18.Jh. mit dem A. auch die alte Gottesdienstordnung. Der *Pietismus* kennt, wo er kirchenbildend wirkte, nur noch selbständige A.sfeiern, oft am Abend, und wirkte damit auf die Staatskirchen zurück. Die Brüdergemeine (→ Brüderunität: II) hält die von Liedern, Lesungen und Gebeten umrahmte Kommunion als Gemeinschaftsmahl; daneben kannte sie an die altchristlichen Agapen erinnernde Liebesmahle. Die Methodisten blieben bei der Form des Common Prayer Book.

d) Das 19.Jh. brachte zwar die Wiederbelebung der Meßliturgie im lutherischen und unierten Deutschland, eingeleitet durch die Agendenreform Friedrich Wilhelms III. seit 1816 (→ Agendenstreit). Als Normalfall galten aber nun und noch heute das gelegentliche A. im Anschluß an den Predigtgottesdienst oder selbständige A.sfeiern, bes. in der Karwoche, am Bußtag und Altjahrsabend (→ Kirchenjahr), deren Ordnung sich meist an die Messe anlehnt (so seit 1945 auch Württemberg). Die liturgische Bewegung des 20.Jh.s bemüht sich demgegenüber mit unterschiedlichem Erfolg um die *Erneuerung des sonntäglichen Gemeinde-A.s* in den verschiedenen Konfessionen (»Gemeinschaftsmesse« in der Römischen Kirche, »Parish-Communion« bei den Anglikanern, ähnlich in den reformierten und lutherischen Kirchen). Die meisten nach 1945 beschlossenen Gottesdienstordnungen innerhalb und außerhalb Deutschlands sehen deshalb den »Vollgottesdienst« mit Predigt und A. als Möglichkeit (Church of Scotland, 1940; Nederlandsch Hervormde Kerk, 1950; Moderamen des Reformierten Bundes, 1951; Evangelische Kirche der Union, 1956; u.a.) oder als Normalfall (Vereinigte Evangelisch-Lutherische Kirche Deutschlands, 1955; Lutherische Kirchen in USA; u.a.) vor. → Abendmahl: V.

Quellen: J.Quasten, Monumenta eucharistica et liturgica vetustissima (Flor. Patr. VII), 1935/37 – H.Preuss, Die Gesch. der A.sfrömmigkeit in Zeugnissen u. Berichten, 1949 – J.Beckmann, Quellen zur Gesch. des christl. Gottesdienstes, 1956.

Allgemein: H. Lietzmann, Messe u. Herrenmahl (Arbeiten zur KG 8), (1926) 1955^3 – Y.Brilioth, Nattvarden i evangeliskt guestjänstliv, 1926 (engl. Übers. Eucharistic faith and practice, evangelical and catholic, 1953^2) – F.L.Cirlot, The early Eucharist, 1939 – G.Dix, The Shape of the Liturgy, (1945) 1952^3 – Ders., Jew and Greek, 1953 – J.A.Jungmann, Missarum Sollemnia I. II, (1948) 1952^3 (Lit.) – G.Kunze, Lehre – Gottesdienst – Kirchenbau I, 1949 – R.Stählin, Leiturgia I, 1954, 1-81 (Lit.) – J.Betz, Die Eucharistie in der Zeit der griechischen Väter I, 1, 1955 – EKL I, 18ff. – Im übrigen → Abendmahl: I. II, → Gottesdienst: V, → Liturgie: III, → Messe.

Zu 1b: RAC I, 574f – J.Betz, Der A.skelch im Judenchristentum (Abh. über Theol. u. Kirche, Festschr. K.Adam, 1952, 109-137) – H.Schürmann, Das apostolische Interesse am eucharistischen Kelch (MThZ 4, 1953, 223-231).

Zu 2a: Reservation: G.Dix, A Detection of Aumbries, 1942 (Lit.).

Zu 2b: P.Browe, Die Verehrung der Eucharistie im MA, 1932 – Ders., Mittelalterliche Kommunionssitten (JLW 15, 1941, 23-66) – J.Quasten, Mysterium tremendum. Eucharistische Frömmigkeitsauffassung des 4.Jh.s (Vom christlichen Mysterium. Ges. Aufs. zum Gedächtnis von O.Casel OSB, 1951, 66-75).

Zu 2c: Frankfurter, oberdeutsche u. Schweizer Reformation: J.Th.Müller, Gesch. der Böhmischen Brüder I, 1922, 210ff – K.Dienst, Gesch. des luth. Gottesdienstes der Freien Reichsstadt Frankfurt a.M. (Ev.-theol. Diss. Mainz), 1955 – E.Weismann, Leiturgia III, 1956, 1-97 (Lit.) – Sonstiges Luthertum u. Anglikaner: P.Graff, Gesch. der Auflösung der alten gottesdienstlichen Formen in der ev. Kirche Deutschlands I, (1921) 1937^2; II, 1939 – K.Harms, Die gottesdienstliche Beichte als A.svorbereitung, 1930 – Å.Andrén, Nattvardsberedelsen i reformationstidens svenska kyrkoliv. Skrifter utgivna av Svenska kyrkohistoriska föreningen I, 27 (1952)? –

Nattvardsberedelsen i reformationstidens svenska kyrkoliv. Skriftermal och fasta (Samlingar och studier till svenska kyrkans historia 27), 1952 (vgl. L.Fendt, ThLZ 78, 1953, 623ff) – Ders., Högmässa och nattvardsgång i reformationstidens svenska kyrkoliv (ebd 32), 1954 (vgl. L.Fendt, ThLZ 81, 1956, 203ff) – G.Kunze, Das Aufhören der Selbstkommunion in der deutschen luth. Kirche (MGkK 43, 1938, 275-283) – H.Nyman, Kyrkotjänarens Nattvardsgång i lutherskt gudstjänstliv (Act.Acad Aboensis Hum. XXI, 4), 1955 (vgl. L.Fendt, ThLZ 81, 1956, 423ff) – C.W.Dugmore, Eucharistic Doctrine in England from Hooker to Waterland, 1942. – Pietismus: G.Burkhardt, Die Feier des Hl. A.s in der Brüdergemeine (MGkK 1, 1896, 300-304) – C.Bader, N.L.Graf v. Zinzendorf u. die »Liturgie« (Ev. Jahresbriefe 15, 1950/1951, 100-106) – H.Hickel, Das A. zu Zinzendorfs Zeiten, 1956 – J.C.Bowmer, The Sacrament of the Lord's Supper in Early Methodism, 1951.

Zu 2d: Ways of Worship. The report of a theological commission of Faith and Order. Ed. P.Edwall, E.Hayman, W.D.Maxwell, 1951. – Überblick über die gegenwärtige Lage in Skandinavien, Luth. Kirchen in Frankreich und USA: JLH 1, 1955, 195ff u.ö.; in Deutschland: K.F.Müller, Die Agendenarbeit in den Landeskirchen der Ev. Kirche Deutschlands von 1945-1956 (JLH 3, 1957).

G.Kretschmar

V. Liturgisch

1. Die Lage seit dem 19.Jh. – 2. Heutige Reformbestrebungen

1. Wie es – liturgisch gesehen – in der Vielzahl der heutigen Kirchengemeinschaften um das A. steht, kann im folgenden nicht erschöpfend dargestellt werden. In den *östlichen Riten* ist die Kommunion der Gemeinde nie von der des Priesters getrennt worden, dh das A. ist dort stets ein integrierender Bestandteil der wie auch immer gestalteten Messe geblieben. Auf *römisch-katholischer Seite* sind Möglichkeiten zu einer liturgischen Erneuerung der A.sfeier kaum gegeben, solange die Kommunion der Gemeinde »nicht zum Wesen der eucharistischen Opferhandlung gehört« (Braun, LH 173); doch ist die Tendenz, die Kommunion wieder in die enge, vom römischen Missale ausdrücklich vorgesehene Verbindung mit der Messe zu bringen und für häufigeren als nur den österlichen A.sempfang einzutreten, nicht zu übersehen. Während in den Ostkirchen die Gemeinde nach wie vor Brot *und* Wein (in der dort üblich gewordenen Weise) empfängt, ist in der römischen Kirche die seit dem 12.Jh. aus Zweckmäßigkeitsgründen aufgekommene Übung, ihr nur das Brot zu reichen, völlig unerschüttert. In Deutschland übertraf die Zahl der katholischen Kommunikanten schon Anfang der Dreißiger Jahre die der evangelischen um ein Vielfaches.

Überhaupt ist dies für die Stellung des A.s *in den modernen evangelischen Kirchen* kennzeichnend, daß sich ungesucht im Laufe der Jh.e Luthers Ablehnung jedes Zwanges zur Teilnahme am A. durchgesetzt hat: Die

A.sgemeinde macht nur einen *Bruchteil* der sonstigen Gottesdienstgemeinde aus, nicht nur in den »Jungen Kirchen«, für die neuestes statistisches Material vorliegt (Lutherisches Missionsjahrbuch 1956), wo aber freilich die Verhältnisse besonders gelagert sind, sondern auch in den verschiedenen Konfessionskirchen und Denominationen der alten Christenheit. Hier entspricht dieser Tatbestand durchaus der inneren Lage der Gemeinden und sollte daher auch um keinen Preis mit äußerlichen Mitteln bekämpft werden. Nicht verschwiegen werden darf, daß gerade da, wo - wie vielfach auf dem Lande - der A.sbesuch feste kirchliche Sitte geblieben war, sich mancherlei mit dem A. verbundenes seltsames Brauchtum, ja regelrechter und höchst unchristlicher Aberglaube bis in die Neuzeit erhalten hatte, vermutlich da und dort noch lebendig ist. Als »*kirchliche Leistung*« im 19.Jh. muß es anerkannt werden, daß Kirchen mit starker Bindung an katholische liturgische Traditionen (wie die anglikanische oder die schwedische) die aus Bestandteilen der Messe zusammengesetzte Form ihrer A.sfeier bis in Äußerlichkeiten hinein treu zu bewahren vermochten, daß aber auch die mit der Liturgiereform Friedrich Wilhelms III. einsetzenden Erneuerungsbestrebungen in weiten Teilen Deutschlands aufs neue Liturgien in den A.sgemeinden heimisch machten, denen ihre Herkunft von alten lutherischen Formen und über sie hinweg ihr Zusammenhang mit ehrwürdigen altchristlichen Bestandteilen der Feier (Praefation und Sanctus) sofort anzusehen ist. Die Einfalt und Schlichtheit reformierter Ordnungen war ohnehin den zerstörenden Kräften der aufklärerischen Liturgik weniger ausgesetzt gewesen als die lutherischen.

Als *Fehlentwicklung* der neueren Zeit muß man es bezeichnen, daß die als Ersatz für die lutherische Privatbeichte (→ Beichte: II) seit dem Pietismus immer mehr üblich gewordenen allgemeinen Beichtgottesdienste aus zeitlichen Gründen mit der Feier des A.s verbunden wurden, selbst dann, wenn dieses sich an die soeben gehaltene Predigtversammlung anschloß. Ähnlich ging es mit den A.svorbereitungen auf reformierter Seite. So entstand eine ganz unevangelische »Bedingung« für die Teilnahme am A., zugleich eine Vorwegnahme dessen, was gerade nach lutherischer Katechismuslehre das A. zu geben hat (Vergebung der Sünden, Leben und Seligkeit). Auch wurde durch die Reihenfolge: Predigtgottesdienst (weithin ebenfalls mit einer Art Offener Schuld und Gemeindeabsolution am Anfang)-Beichte-A. der allgemeine Gottesdienst nachträglich für die A.sgemeinde entwertet, aber auch die volle Entfaltung der Eucharistia, des freudigen Dankes im A., gehemmt, die doch im alten Luthertum in den großen Zeiten seiner Tonkunst, wenigstens in den dafür leistungsfähigen Gemeinden, durch die Kirchenmusiken während der Austeilung des heiligen Mahles zur Geltung gekommen war. Die Zusammenfassung von Predigt und A. zu einem einzigen gottesdienstlichen Akt war zwar in den von lutherischer Überlieferung beeinflußten Agenden des 19.Jh.s überall vorgesehen, trat aber praktisch im Lauf der Zeit immer mehr zurück zugunsten einer gesonderten A.sfeier noch am Vormittag oder in den Nachmittags- oder Abendstunden; in vielen Gemeinden war sie im 20.Jh. ganz außer Übung gekommen.

Die *äußeren Formen* des A.sempfangs haben sich denkbar verschieden gestaltet. Freilich das Hinzutreten der A.sgäste zum Altar oder A.stisch in Gruppen, für die es nicht nur hinsichtlich der Zahl, sondern auch der Zusammensetzung nach Geschlechtern, Altersklassen u.ä. in den einzelnen Gemeinden oder Kirchengebieten oft bestimmte Bräuche gibt, kann selbst dort nicht vermieden werden, wo die jeweilige Gruppe nach der Ordnung Johann a → Laskis am A.stisch Platz nimmt. Sehr selten wird, wie seit alters in der Brüdergemeine, das A. an die auf ihren Plätzen bleibenden Gäste ausgeteilt; bei Feiern mit Einzelkelchen (s.u.) hat sich das dort eingebürgert, wo die gesamte A.sgemeinde an eigens für sie aufgestellten Tischen sitzt. Bei der »wandelnden« Kommunion sind Knien oder Stehen vor dem A.stisch und Darreichen von Brot und Kelch an den Mund oder in die Hand keineswegs allgemein auf eine bestimmte evangelische Konfession bezogen. - Beim A. am Krankenbett oder für nicht mehr zum Ausgang fähige Gemeindeglieder wird wohl überall hinsichtlich der Liturgie weitgehende Rücksicht auf die besondere Situation genommen. Allgemein durchzusetzen scheint sich das Bestreben, bei solchen Gelegenheiten möglichst eine kleine Hausgemeinde zum A. zu versammeln. Auf dem Hintergrunde der modernen Hygiene tauchten die Vorschläge des Intinktionskelches (Tauchkelch, Patenenkelch) und des Einzelkelches auf. Aber außer in Krankenhäusern scheint sich auch der Einzelkelch nur in einzelnen Gemeinden (und natürlich nur für gesonderte A.sgottesdienste) eingebürgert zu haben, ob infolge theologischer Bedenken der Pfarrer oder eines doch zu geringen Verlangens in den Gemeinden, dürfte schwer zu entscheiden sein; auf jeden Fall könnte die äußere Form dieser Feiern (Sitzen an Tischen) auch für andere A.sgottesdienste vorbildlich werden.

2. Unter den die Ökumene heute bewegenden Fragen des A.sgebrauchs kann die der Interkommunion hier nur gestreift werden (→Abendmahlsgemeinschaft). Sie wird in der Praxis der verschiedenen Konfessionskirchen - auch innerhalb Deutschlands - sehr verschieden beantwortet, wobei freilich zu bedenken ist, daß eine Befragung der A.sgemeinden wohl nie und nirgends stattgefunden hat. In England scheint stellenweise die Wiederbelebung dessen, was man sich unter den urchristlichen → Agapen vorstellt, als ein Weg angesehen zu werden, um auch der A.sgemeinschaft näherzukommen. In Deutschland scheint die A.sgemeinschaft von einer Einigung der ev. Konfessionen in Sachen der A.slehre oder wenigstens einer weitgehenden Annäherung an die A.sauffassung des Luthertums abzuhängen. Aber auch in Sachen der eigentlichen liturgischen Gestaltung ist man stark nach rückwärts gewandt und greift in den Erneuerungsbestrebungen zT sogar über Luther hinaus ins Mittelalter und auf die Liturgien der Alten Kirche zurück. Dies alles in einer Zeit, in der das seit Jahren in Deutschland geführte Theologengespräch über das A. deutlich gezeigt hat, daß - dogmatisch gesehen - nicht einfach da weiterverhandelt werden kann, wo das Streitgespräch zwischen den evangelischen Konfessionen im 16.Jh. versteinerte, und daß - dies gilt vor allem für die im engeren Sinne liturgische Beurteilung - die Aussagen der heutigen nt. Forschung in Sachen des urchristlichen A.s viel weniger eindeutig sind (→ Abendmahl: I), als das dem liturgischen Gestalter lieb sein mag.

Das ist sofort kritisch auf eines der Hauptanliegen anzuwenden, das zZ in Deutschland beide evangelische Konfessionen bewegt: die Wiedergewinnung eines in sich geschlossenen Verkündigungs- *und* Sakramentsgottesdienstes. Dies Anliegen bekommt eine falsche Betonung, wenn man es nt. begründen will, es wird gesetzlich, wirkt Unlust und Widerstand, während es sich hier um eine gute Sache handelt, sofern man durch die Verbindung von Predigt und Mahl der Gemeinde die Einheit von geredetem und sichtbar-schmeckbar gewordenem Wort, die Gewißheit der persönlichen Zueignung des Evangeliums, das dankbar-feiernde Ausruhen in der Annahme des geschenkten Heils vermitteln möchte. In nicht wenigen Gemeinden ist der verbundene Wort-Sakramentsgottesdienst in den Zeiten des → Kirchenkampfes von selbst gewachsen. Wo man ihn heute »einführen« will, wird man mit sehr viel Weisheit, Geduld und Schonung vorgehen müssen. Zwar fällt die das A. verfälschende Beichte zwischen Predigt- und Sakramentsteil bei der Verbindung von selbst dahin - ein höchst erwünschter Nebenerfolg! -; aber dafür stört den Beginn des A.s das Hinausgehen des größten Teils der nicht kommunizierenden Gemeindeglieder, die nur schwer davon zu überzeugen sind, daß auch dies Stück der Versammlung *ihr* Gottesdienst ist; auch werden es - wie schon zu Luthers Zeit - immer wieder andere sein, und nie der ganze als A.sgemeinde anzusprechende Teil der Gesamtgemeinde, die den gesamten Gottesdienst aktiv mitfeiern. Wer das alles nüchtern bedenkt, wird diese Art des A.s nur als eine Feier (vielleicht regelmäßig einmal im Monat) neben anderen werten, er wird dankbar dafür sein, daß durch sie auch der großen Gemeinde das A. sichtbarer und hoffentlich einladender nahegerückt wird als bisher, und sich im übrigen davor hüten, andere Möglichkeiten der Feier, getrennt von der Predigt, durch abfälliges Reden (»Winkel-A.«!) oder Tun herabzusetzen. Umgekehrt erscheint es für die Sache des Hl. Mahles selbst höchst bedenklich, den verbundenen Predigt- und A.sgottesdienst als Messe (oder Deutsche Messe) zu bezeichnen, nachdem dieser Begriff, mit dem Luther einfach den Kern der katholischen Messe, eben das A., meinte, unter den deutschen Evangelischen ausgestorben ist. Es sollte uns genügen, daß der lutherischen Reformation wegen seiner Beibehaltung sogar von wohlwollender katholischer Seite unlautere Absichten untergeschoben worden sind, und daß die heute als *Deutsche* Messen bezeichneten Liturgien für das A. keineswegs *der* Deutschen Messe des Reformators gleichen. Was die A.sgemeinde selber betrifft, so ist nicht einzusehen, weshalb für *sie* das Herrenmahl der alten Christenheit anziehender werden sollte, wenn man es mit einem ihr unverständlichen römischen Namen schmückt.

Hervorzuheben ist, daß die einzig gültig gewordene lutherische A.sliturgie der jüngsten Zeit, die der »Agende für ev. luth. Gemeinden« (s. Lit.), liturgisch wie musikalisch den großen Fortschritt widerspiegelt, den Forschung und Praxis seit den Reformagenden des 19.Jh.s herbeigeführt haben. Von dieser Liturgie (wie übrigens auch von den verwandten Unternehmungen liturgischer Arbeitskreise und Vereinigungen, von denen noch nicht zu übersehen ist, wie weit sie sich neben der amtlichen Agende behaupten werden) gilt unbedingt, daß der eucharistische Charakter des A.s kräftig betont ist und daß minderwertige Melodien für die vom Liturgen wie von der Gemeinde zu singenden liturgischen Stücke zugunsten wertvoller alter Überlieferung ausgeschieden sind. Auch ist erfreulicherweise an keine völlige Uniformierung der einzelnen Kirchengebiete und Gemeinden gedacht. So sind zB neben feststehenden Stücken wie der (nach dem → Detempore wechselnden) Praefation und dem → Sanctus fakultative Erweiterungen vorgesehen; bei der Spendung sind verschiedene Formeln (mit Rücksicht auf die jeweilige Gewöhnung) dargeboten. Während der Austeilung kann außer dem → Agnus Dei und anderen Gemeindeliedern gegebenenfalls auch ein Kommunion-Psalm des Chors und andere geeignete Kirchenmusik des Chores und der Orgel Platz finden. Zu besorgen ist, daß eine so geschlossene, in Wort und Ton zwar archaisierende, aber zweifellos eindrucksvolle A.sordnung zu einer Erstarrung des Reformdenkens hinsichtlich des A.s führen könnte. Vor allem wird man daran erinnern müssen, daß »aller Ordnung Leben, Würde, Kraft und Tugend ... der rechte Brauch« ist (Luther). Ob eine reiche lutherische A.sordnung in einer Gemeinde eingeführt ist oder ob diese nach dem schlichten (übrigens in der Sprachgestalt seiner Gebete usw auch oft altertümelnden) »Kirchenbuch« des Reformierten Bundes verfährt, um das A. in seiner heute so kritischen Lage den Gemeinden, gerade auch ihren jungen Gliedern so einladend zu machen, wie es nur immer in seiner gegenwärtigen kultischen Gestalt sein kann, sind vom Pfarrer und vom Kirchenvorstand auf Grund der örtlichen Gegebenheiten vielerlei Einzelheiten (hinsichtlich der Prozession, der Art der Austeilung usw) immer neu in Liebe und Weisheit zu bedenken. Vor allem gilt das von den äußeren und inneren Schwierigkeiten, die mit großen, ja an bestimmten Tagen übergroßen Feiern verbunden sind. Ganz besondere Sorgfalt gebührt vor allem dem Gesang und der etwa stattfindenden Kirchenmusik während der Austeilung. Der volle Klang einer eucharistischen Liturgie kann zerstört werden, wenn der Gemeindegesang an *dieser* Stelle in armselige Brocken zerhackt wird oder Lieder gewählt werden, die mit einer gemeindefremden Mystik oder einem unfrohen Bußernst den Ton glaubenden Dankes nicht zur Geltung kommen lassen.

Über das alles hinaus aber sollten sich die evangelischen Kirchen beider Konfessionen immer wieder fragen lassen, ob nicht die A.snot der Gegenwart zu einem Teil an einer vor dem NT nicht zu verantwortenden »Kultifizierung« des A.s liegt! *Hier* müßte der Ansatz zu einer evangelischen A.sreform liegen. In Luthers reformatorischen Frühschriften zum A. ist er deutlich zu finden. Kann sich das A., zum Kultakt geworden, in der modernen Massenwelt sinnvoll behaupten, solange nicht der Versuch gemacht wird, es wieder auf seinen ursprünglichen *Mahlcharakter* zurückzuführen, wozu bei der heutigen Entwicklung des kirchlichen Lebens mit seinen gemeindlichen und übergemeindlichen Gruppen und Arbeitskreisen genug Gelegenheit gegeben ist? Noch in der Vorrede zu seiner Deutschen Messe hat Luther diese Möglichkeit deutlich vor Augen gehabt (WA 19, 75; BoA 3, 296 f). Eine in die Tiefe gehende Erneuerung des A.s, bei der man um die liturgischen Formen nicht allzu ängstlich besorgt sein sollte (Luthers Satz: »Die Ordnungen und Weisen wären bald gemacht« gilt noch heute!), müßte also bei den A.sfeiern auf Freizeiten und vor allem in kleinen Gemeindekreisen einsetzen; nur daß man deswegen das offizielle Kirchen-A. nicht stören und beeinträchtigen dürfte und daß man auch bei ihm, soweit es die offizielle Ordnung nur immer zuläßt, alles betonen müßte, was die Feier als Feier der *Gemeinschaft* erlöster Christen irgend zum Ausdruck bringen kann.

Ob man sich nicht auch darüber Rechenschaft zu geben hätte, wieweit es noch heute angebracht ist, den sog. Einsetzungsworten *nicht* ihren eschatologischen Abschluß folgen zu lassen, sei zum Schluß gefragt. Des Paulus »bis daß er kommt« in seiner A.sdeutung 1Kor 11, 26 gibt darauf eine gute Antwort.

RE I, 68ff - RGG[3] I, 34ff - CKL I, 6f - EKL I, 23ff - O.Baumgarten, Die A.snot, 1911 - R.Hupfeld, Die A.sfeier, ihr ursprünglicher Sinn u. ihre sinngemäße Gestaltung, 1935 - H.Preuss, Die Gesch. der A.sfrömmigkeit in Zeugnissen u. Berichten, 1949 - J.Beckmann-H.Kulp-P.Brunner-W.Reindell, Der Gottesdienst an Sonn- u. Feiertagen. Untersuchungen zur Kirchenagende I, 1, 1949 - D.Baillie u. J.Marsh, Inter-Communion, London 1952 - Rietschel-Graff, 464ff - Leiturgia I, bes. 220ff; II, 454ff. - Agenden: Kirchenbuch. Gebete u. Ordnungen für die unter dem Wort versammelte Gemeinde, hg. vom Moderamen des Reformierten Bundes, Neukirchen 1952 - Agende für ev.luth Kirchen u. Gemeinden I, Berlin 1955.

W.Jannasch

VI. Rechtlich

Das A. hatte schon in seinem Ursprung rechtliche Bedeutung: es erneuert und bestätigt den von Gott mit den Menschen geschlossenen Bund. Weil alles kirchliche Recht in der Ordnung des Gottesdienstes gründen muß, ist die Ordnung des A.s wesentlicher Bestandteil des Kirchenrechts. Schon die Urkirche achtete auf ordnungsmäßigen Vollzug des A.s (→ Abendmahl: I, 2).

1. *Biblische Weisung* für die Ordnung des A.s findet sich: a) sowohl in den es anordnenden Worten Christi als auch im allgemeinen paulinischen Ordnungsgebot; b) in der konkreten Regelung 1Kor 11, 17ff, die in zeitgenössischer Rechtssprache gefaßt ist, und in Hebr 13, 10 (Weisung für Zulassung oder Versagung der Teilnahme); c) auch die Didache und noch mehr die Kirchenväter (Justinus Martyr, Tertullian und Clemens v. Alexandrien) betonen durch Nichtzulassung Ungetaufter den Rechtscharakter des A.s.

2. Das *heutige römisch-katholische A.srecht* ist geregelt im CIC cc. 801-869 (Meßopfer 802-844, Kommunion 846 bis 869) und cc. 1263-1273 (Aufbewahrung und Verehrung der hl. Gegenstände). Zur *Zelebration des Meßopfers* ist unverlierbar befähigt nur der geweihte Priester (c. 802); unerlaubte Darbringung macht das Meßopfer nicht ungültig; Ort, Zeiten, Mitwirkung, Ritus und Zeremonien sind rechtlich geordnet. Die *Kommunion* spendet ebenfalls der geweihte Priester (hilfsweise der Diakon) *während* der Messe (Ausnahmen, zB Krankenkommunion, gestattet). Zum *Empfang* der Kommunion *berechtigt* ist jedes trinitarisch getaufte Kirchenglied (nicht aber Kinder ohne geistliches Verständnis mangels geistiger Reife [→ Kinderkommunion], Katholiken im Bann und acatholici). Kirchliche *Rechtspflicht* für jeden Katholiken ist der Empfang wenigstens einmal im Jahr und in Todesgefahr. Zeit, Ort und Vorbereitung der Spendung wie des Empfangs sind rechtlich geregelt.

3. Das *A.srecht der Evangelischen Kirchen* ist bekenntnismäßig verschieden. Einheitliche A.sordnung gibt es weder in der Ökumene noch in der EKD. *Rechtsquellen* sind: Kirchenverfassungen (Grundordnungen), Lebensordnungen, → Agenden und gewohnheitsrechtliche Bräuche.

a) Gemeinsam gilt für lutherische, reformierte und unierte Kirchen: *Befähigt* zur Abhaltung von A.sfeiern sind ordinierte Pfarrer (→ Ordination: III) (hilfsweise Vikare, auch Vikarinnen), Laien nur ausnahmsweise (»Gemeinschaftskreise«, Notstände). A. wird auf agendarisch vorgeschriebene Art *in* der Kirche gefeiert (Hausgemeinde- und Kranken-A. erlaubt). Die liturgische Form ist verschieden (→ Abendmahl: V). *Berechtigt* zur Teilnahme am A. sind grundsätzlich nur getaufte und konfirmierte Kirchenglieder (kein Pfarrzwang, vorherige Anmeldung in luth. Kirchen üblich, aber nicht überall Rechtspflicht; → Konfirmation: II). *Ausschluß* gibt es nur im Rahmen der → Kirchenzucht (: I) durch den Pfarrer (unter seelsorgerlicher Verantwortung) und mitwirkende Älteste - sog. »kleiner Bann« (→ Exkommunikation, 2). *Rechtspflicht* zur Teilnahme besteht für niemand, doch versagen die Wahlordnungen die Fähigkeit zum Ältestenamt bei ständigem Sichfernhalten vom A.

b) Für die Frage der *interkonfessionellen* → *Abendmahlsgemeinschaft* gilt bei *ökumenischen* Zusammenkünften (»Konferenz-A.«) gastweise Zulassung, obwohl mehrere große Bekenntniskirchen des Auslandes nur geschlossene A.sfeiern halten. In der *EKD* hat die Grundordnung in Art. 4 diese Gewissensfrage behutsam zu regeln versucht. Danach können Gliedkirchen untereinander Vereinbarungen über A.sgemeinschaft schließen. Die unierten Kirchen Badens, Hessen-Nassaus und der Pfalz lassen alle Angehörigen der in der EKD geltenden Bekenntnisse zu. Zwar besteht »über die Zulassung zum Hl. A. innerhalb der EKD keine volle Übereinstimmung«, doch gilt für jede Gliedkirche der Rechtssatz, daß keinem Angehörigen eines anderen in der EKD geltenden Bekenntnisses »der Zugang zum Tisch des Herrn verwehrt wird, wo seelsorgerliche Verantwortung oder gemeindliche Verhältnisse die Zulassung gebieten« (Abs. 4 S. 3).

c) Gastweise Teilnahme am A. einer anderen Konfession begründet keinen Übertritt, wohl aber ersetzt die Zulassung (etwa: Krankenspendung) einen sonst erforderlichen Formalakt für den Wiedereintritt oder Übertritt (→ Kirchenmitgliedschaft). Vorschriften der Kirchenzucht werden durch gastweise Zulassung »nicht berührt« (Abs. 4 S. 4).

E. FRIEDBERG, Lehrbuch des ev. u. kath. Kirchenrechts, (1879) 1909[6] - J. V. BREDT, Neues Ev. Kirchenrecht für Preußen II, 1922, 440-447 - H. LIERMANN, Deutsches Ev. Kirchenrecht 1933, 317f - M. BARTH, Das A., 1945, 25. 49 - E. KÄSEMANN, Anliegen u. Eigenart der paulinischen A.slehre (EvTh 7, 1947/48, 263-283) - E. EICHMANN-K. MÖRSDORF, Lehrbuch des Kirchenrechts auf Grund des Codex Juris Canonici, Bd II, 1953[7], 41-86 - H. BRUNOTTE, Die Grundordnung der Ev. Kirche in Deutschland. Ihre Entstehung u. ihre Probleme, 1954, 138-148 - ERIK WOLF, Zur Rechtsgestalt der Kirche (»Bekennende Kirche«, M. Niemöller z. 60. Geburtstag, 1952, 257-261) - P. BRUNNER, Eisenach 1948 (ZevKR 3, 1953/54, 150-154. 160-163) - K. BARTH, Die Ordnung der Gemeinde, 1955.

Erik Wolf

VII. In den jungen Kirchen

Mit dem A. wurde in den jungen Kirchen durchweg auch die je verschiedene konfessionelle Deutung und Praxis übernommen und beibehalten. Aber in diesem Rahmen haben die jungen Kirchen mit dem A. eigene und besondere Erfahrungen gemacht und entwickelt. Sie liegen vor allem auf der Linie größerer Intensität und Unmittelbarkeit im Empfang der sakramentalen Gabe, in der Annahme der damit verbundenen Entscheidung und im Bewußtsein der gemeinschaftsbildenden Kraft des A.s. Obenan steht die Gewißheit erneuter Sündenvergebung kraft der wirklichen Gegenwart des Herrn, der nicht stofflich gebundene Wunderkraft verleiht, sondern die Sünder annimmt. Dieser Glaube erweist sich stärker als die Reste magischen Denkens, wenn auch gelegentlich noch Krankenheilung durch A.sempfang erhofft wird. Die Möglichkeit des Empfangs zum Gericht wird sehr ernst genommen, und den Konsequenzen für die → Kirchenzucht (: III) wird nicht ausgewichen. Das führt zum Scheidungs- und Entscheidungscharakter des A.s. Zwischen dem Tisch des Herrn und dem Tisch der Dämonen kann es in der jungen Kirche keinen Kompromiß geben. Aber auch innerhalb der christlichen Gemeinschaft fordert das A. Entscheidung. Es kommt nicht leicht einer zum A., der in offenem Unfrieden mit anderen Gemeindegliedern lebt. Aus vorchristlichem Denken hält sich freilich noch manchmal eine rein rituell bestimmte Anschauung von → »rein« und »unrein« (: I). - Da in der jungen Kirche Bürgergemeinde und Christengemeinde meist scharf geschieden sind, besteht eine besonders große Offenheit für die gemeinschaftsgründende und -erhaltende Kraft des A.s. Wer am Tisch des Herrn zu Gast ist, findet sich in eine neue Bruderschaft aufgenommen, die mit soziologischen Kategorien nicht zulänglich zu umschreiben ist und in der die durch andere Gemeinschaftsformen gesetzten Spaltungen (→ Kaste: II) überwunden werden können. Zugleich ist mit dem A. der Versuchung gewehrt, die Gemeinde zu einer Gemeinschaft menschlicher Ordnung neben anderen, zur »christlichen Kaste«, erstarren zu lassen; denn es schafft und erneuert auch Gemeinschaft im

Bezeugen des Todes Jesu, »bis daß er kommt«, und entbindet so neue missionarische Kräfte.

Eigenständige Neuansätze im theologischen Verständnis des A.s haben sich im Bereich der jungen Kirchen bisher allenfalls in Südindien ergeben. Im Verlauf der Lehrgespräche zwischen der Kirche von → Südindien und den lutherischen Kirchen ist 1955 eine gemeinsame Erklärung erarbeitet worden, in der auch die aus reformierter Tradition kommenden Partner ausgesprochen haben, daß der Empfang des Leibes und Blutes Christi vom Glauben der Empfänger unabhängig ist und vom Empfang der Elemente nicht getrennt werden kann. Das ist um so bedeutsamer, als im gleichen Gebiet innerhalb der syrischen Mar-Thoma-Kirche (→ Indien: III) gleichzeitig der alte Gegensatz von Luther und Zwingli in wenig veränderter Gestalt erneut durchgekämpft wird.

Zur »Sakramentsscheidung« → Taufe: VIII - W.Holsten, Das Kerygma und der Mensch. Einführung in die Religions- und Missionswissenschaft (ThB 1), 1953 (Lit.). - Zu Südindien: Ways of Worship, 1950 - A.M.Ward, The Pilgrim Church, 1953, 127-138 - T.S.Garrett, The Liturgy of the Church of South India, (1953) 1954² - V.P.Thomas, A Historical Debate Renewed (The Indian Journal of Theology, Vol. 3, Nr. 2, 1954, 7-10) - H.-W.Gensichen, Südindisches A.sgespräch (ELKZ 10, 1956, 126-130).

H.-W.Gensichen

Abendmahlsbulle. Schon aus dem Ende des 12.Jh.s (Honorius III.) sind einzelne Strafsentenzen erhalten für Exkommunikationsfälle, bei denen sich der Papst die Absolution reserviert hatte (→ Pönitentiarie); aus der Zeit Gregors IX. ist von ihnen eine erste kurze Zusammenfassung überliefert. Urban V. faßte 1363 die bisherige Praxis in der Bulle »In coena Domini« zusammen. Der Name bezieht sich auf die regelmäßige Verlesung am Gründonnerstag. Die wichtigsten Exkommunikationen wurden von Jahr zu Jahr nachgetragen, so in der Zeit des Schismas die gegen die Gegenpäpste, gegen die Hussiten u.a., schließlich auch gegen Luther; vgl. Luthers scharf glossierende »Bulla vom Abendfressen des allerheiligsten Herrn des Papstes« aus dem Jahre 1522 (WA 8, 688ff). Im Kampf mit dem modernen Staatskirchentum hat Pius V. 1568 die Bulle verschärft als kirchliches Strafgesetz herausgebracht. Dasselbe Staatskirchentum hat 1770 von Clemens XIV. die Unterlassung der Verlesung erzwungen. Der wesentliche Inhalt ist in die Konstitution → Apostolici Sedis moderationi vom 12.10.1869 übergegangen.

Text: Mirbt Nr. 513 (Lit.). - R.Pfaff, Beitr. z. Gesch. d. A. (RQ 38, 1930, 23-76) - LThK I, 19 - Feine, Reg. *W.Maurer*

Abendmahlsgemeinschaft. Die Frage, ob und wieweit Abendmahlsgemeinschaft (Ag.; Abendmahl = A.), dh die Gemeinschaft von Christen getrennter Kirchen an der gleichen A.sfeier zulässig sei, setzt die Zerspaltung der Christenheit in Konfessionen voraus. Da die Gemeinschaft der Kirche sich am sichtbarsten im → Abendmahl darstellt, ist Kirchengemeinschaft mit Ag. identisch. Ob bei fehlender oder noch nicht wieder vollständig hergestellter Kirchengemeinschaft Ag. statthaben könne, ist also ein ekklesiologisches Problem, das mit der Frage der kirchentrennenden Unterschiede, aber auch mit der Frage der A.szucht zusammenhängt.

1. Die Einladung an »alle« (Mt 26, 27) galt dem Jüngerkreis; darum wurde die → Taufe (: II) die erste Grenze der Ag. (Did 9, 5, dort begründet mit Mt 7, 6); dies bestritt jede andere generelle Grenzziehung, etwa die zwischen Juden und Heiden. Nationale, soziale usw Grenzen der Ag. verletzen also das Wesen der Kirche (→ Rasse). Dagegen wurde eine individuelle Grenzziehung durch die → Kirchenzucht (: I) praktiziert, deren zentrale Maßnahme von Anfang an die → Exkommunikation gewesen sein dürfte, die nicht nur unversöhnt Streitende (Did 14, 2 nach Mt 5, 23f) und unbußfertige Sünder (Mt 18, 17; 1Kor 5, 9ff; Apk 22, 15), sondern auch Häretiker (Tit 3, 10; 2Joh 10; 3Joh 10) traf. Alle diese Stellen werden später bei der Frage der Ag. immer wieder herangezogen, dazu bes. 1Kor 11, 27ff. Die dogmatischen und kirchenpolitischen Kämpfe führten zur Ausweitung dieser Zuchtmaßnahmen auf ganze Gruppen und Kirchengebiete; der Ausschluß geschieht von oben herab, korporativ, gilt für alle Gemeinden, hat automatische Wirkung für alle, die mit den Exkommunizierten noch Gemeinschaft halten, und kann aufgehoben werden nur nach Beseitigung seiner dogmatischen oder kirchenrechtlichen Gründe, so daß auch »gastweise Zulassung« oder Ausnahmen in Notfällen unmöglich waren. Die Gültigkeit der Sakramente bei den Abgetrennten blieb für die Taufe anerkannt, für die Eucharistie nur bei den schismatischen, nicht bei den häretischen Gruppen. Zu welcher Kirchengemeinschaft der einzelne gehörte, zeigte sich daran, wo er kommunizierte bzw. zur Kommunion zugelassen wurde. Die Reformation übernahm nach der gegenseitigen Exkommunikation mit Rom diese Prinzipien und übertrug sie, wenn auch nicht ganz gleichmäßig, auf das Verhältnis der streitenden evangelischen Gruppen untereinander. Deren innere Verwandtschaft ließ aber die Frage nach der Berechtigung dieser Praxis nie ganz zur Ruhe kommen, und durch Rationalismus und Pietismus (→ Allianzbewegungen), durch die → Unionen (: I) des 19.Jh.s, die Mission und die → ökumenische Bewegung ist sie heute stark in Fluß gekommen.

2. Die vielfältigen Weisen überkonfessioneller Zusammenarbeit und die gegenseitige Anerkennung als christliche Gemeinschaften im Ökumenischen Rat bedeuten eine unaufhaltsame Relativierung der Konfessionsgrenzen und stellen die Verantwortbarkeit der bisherigen gegenseitigen Exkommunikationen in Frage. Am ungeduldigsten drängen die sog. → »Jungen Kirchen« und die Jugendverbände. Die zahlreichen ökumenischen Zusammenkünfte aktualisieren das Problem täglich neu, da auf ihnen Kanzel- und Gebetsgemeinschaft nicht mehr bestritten sind. Außer den orthodoxen Kirchen verweigert keine von den dem Ökumenischen Rat angeschlossenen Kirchen dem Glied einer anderen Kirche die communio in extremis. Von diesen durch Krieg und Gefangenschaft vermehrten Ausnahmen her erscheint eine absolute Bestreitung der Ag. auch durch die exklusiveren Kirchen (bes. die lutherischen und anglikanischen) nicht mehr möglich. Für die orthodoxen Kirchen und die römisch-katholische Kirche freilich existiert auch heute das ganze Problem nicht, da es für sie gültige Eucharistie nur innerhalb des eigenen Bereiches gibt. Durch die verschiedenen kirchlichen Entschließungen und Vereinbarungen lassen sich heute folgende Stufen von Ag. (nicht immer scharf) unterscheiden: a) »Volle Interkommunion«, einschließlich Interzelebration (dh Freiheit für die Pfarrer dieser Kirchen, in jeder beteiligten Kirche das A. auszuteilen): unter konfessionsverwandten Kirchen, aber durch Übereinkommen auch zwischen nicht konfessionsverwandten (zB lutherische und reformierte Kirchen in Frankreich, anglikanische Kirchen und Altkatholische Kirche, Protestantisch-bischöfliche Kirche und Polnische National-Katholische Kirche in USA, Protestantische Kirche der Pfalz und Kongregationalistische Kirche in England, lutherische Kirche Dänemarks einerseits und anglikanische Kirche von England und reformierte Kirche von Schottland andererseits, lutherische und reformierte Kirchen in den Niederlanden). b) »Offene Kommunion« (nicht notwendig mit Interzelebration): grundsätzliches Offenstehen des eigenen A.s für kommu-

nizierende Glieder anderer Kirchen (so die methodistischen, kongregationalistischen und die meisten reformierten Kirchen). Bei »gegenseitiger offener Kommunion« wird diese Einladung gegenseitig von zwei oder mehr Kirchen ausgesprochen. c) »Begrenzte offene Kommunion«: gastweise Zulassung von Gliedern anderer Kirchen, zu denen weder a) noch b) besteht, in Notfällen und anderen besonderen Umständen (zB bei ökumenischen Konferenzen). Unter »geschlossener Kommunion« versteht man demgegenüber die Beschränkung der Zulassung auf die Glieder der eigenen Kirche.

Als Gründe für möglichste Ausweitung der Ag. werden vorgebracht: die Differenzen der A.slehre verdecken die größere Übereinstimmung; man bestreitet sich gegenseitig weithin nicht mehr die Zugehörigkeit zum Leibe Christi und die Gültigkeit der Eucharistie; unter dem Gesichtspunkt der Eschatologie muß der »Notfall« den Maßstab für den »Normalfall« abgeben; die heutige ökumenische Begegnung der Kirchen widerspricht der bisherigen generellen Exkommunikationspraxis und ist eine »Verleugnung der transzendenten Realität der Taufe« (T.F.Torrance); der Lehrkonsensus ist nicht als Bedingung zu fordern, sondern als Frucht der Ag. zu erhoffen (E.Schlink), was sich schon bei der Vorbereitung der südindischen Kircheneinigung und bei den deutschen Unionen bewährt. Hauptschwierigkeiten: bei den Anglikanern steht entgegen die Auffassung von den »gültigen Weihen« und der bischöflichen Verfassung als nicht nur zum bene esse, sondern zum esse der Kirche gehörig, – bei einigen lutherischen Kirchen, für die dieses Bedenken nicht besteht, die Auffassung vom Gewicht der Lehrunterschiede, die erst ausgeräumt werden müßten, bevor aus gastweiser Zulassung generelle Ag. werden könnte. In der Grundordnung der EKD von 1948 (Art. 4) wird deshalb nur die verschiedene Praxis der Gliedkirchen (teils generelle, teils gastweise Zulassung) festgestellt. Sicher ist, daß die Entwicklung im Flusse ist und auf zunehmende Ag. hindrängt und daß sie gegenseitiges Verständnis für die auf beiden Seiten vorliegenden ernsten Gewissensbindungen erfordert. –

Zu 1: W.Maurer, Bekenntnis und Sakrament I, 1939 - W.Elert, Ag. und Kirchengemeinschaft in der alten Kirche hauptsächlich des Ostens, 1954. - Zu 2: Luth.: Fr.Delitzsch, Die bayrische Ag.sfrage, 1852 - W.Löhe, Gutachten in Sachen der Ag., 1863 - S.Hebart, W. Löhes Lehre von der Kirche, 1939. - Allgemein: Ag.? (BhEvTh 3), 1937 - W.Andersen, Möglichkeiten und Grenzen einer Ag. heute (ThEx NF 7), 1947 - E.Schlink, Lord's Supper or Church's Supper (The Student World 1950, Nr. 1) - Intercommunion (Studienband für Lund 1952), hg.v. D.Baillie und J.Marsh, London 1952 - Kirche, Gottesdienst Ag. (deutscher Bericht über Lund 1952), 1954 - F.Delekat, Theologie und Kirchenpolitik (ThEx NF 46), 1955 (Lit.).

H.Gollwitzer

Aberglaube

1. Etymologie und Begriff - 2. Erscheinungsformen des A.s - 3. Geschichtliches - 4. Psychologie des A.s - 5. Die gegenwärtige Aufgabe der Kirche

1. Das Wort A. findet sich erstmals in einer Glosse des 15.Jh.s zur Wiener Hs. des St. Trudperter Hhld.es. Am Ende des 15.Jh.s findet sich abergloube neben ungeloube, missegeloube, ndtsch. bîgelôve, nl. bijgeloof als Übers. v. lat. superstitio. Mit dem 16.Jh. wird A. allgemein. A. bedeutet jedoch nicht Überglaube (entsprechend lat. superstitio). Ndtsch. overgeloof und dän. overtro, die dafür als Belege gelten sollten, sind erst jüngere Übers. d. Wortes A. Richtiger ist die Anknüpfung an aber = wider, gegen, verkehrt, abweichend. Das Wort A. ist demnach gebildet wie Aberwitz (Unklugheit) oder Aberwille (Widerwille).

Der Begriff A. spricht eine Kritik aus: Wer etwas mit A. bezeichnet, setzt sich über die betr. Vorstellung hinweg, sei es vom religiös gebundenen Standpunkt einer Kirchenlehre aus oder sei es im besseren Erfahrungswissen einer aufgeklärt-naturwissenschaftlichen Kenntnis.

a) *Der kirchlich geprägte Begriff.* Überall wo das religiöse Leben sich in festen Formen vollzieht, gibt es Abweichungen, die als A. bekämpft werden. Die Bezeichnung A. hat dabei deutlich einen ketzerischen Beigeschmack. Die negative Wertung erfolgt von seiten eines sich legitim wissenden Glaubens. A. bedeutet dann den »Mißglauben«, wie Luther sagt, dh einen »falschen« Glauben, der dem »richtigen« Glauben gegenübergestellt wird. Den richtigen Glauben bestimmt die Religionslehre, zu der sich der Urteilende bekennt. Die Erscheinungen und ihre religiöse Bewertung reichen von relativ harmlosen Betätigungen, die u.U. sogar innerhalb des kirchlichen Lebens stillschweigend geduldet werden, bis zur Häresie.

b) *Die rationale Kritik.* In dieser Sicht ist A. der Glaube an Geschehnisse paranormaler Art, die der gewohnten Erfahrung des Menschen widersprechen und mit den sog. Naturgesetzen unvereinbar erscheinen. Nach extremer Anschauung schließt der A. schlechthin alles Übernatürliche ein, weil es naturwissenschaftlich nicht bestätigt und kontrolliert werden kann. Für den Rationalisten ist vieles auch aus dem Bereich der Religion und der Kirchenlehre A., je nach Radikalität der Auffassung, sogar diese selbst.

c) *A. und Volksglaube.* Die → Volkskunde, die hauptsächlich um die wissenschaftliche Erforschung des A.s bemüht ist, will den Inhalt des A.s ohne religiöse Wertung oder naturwissenschaftliche Kritik fassen; sie bevorzugt deshalb den Begriff Volksglauben. Als geisteswissenschaftlich-historische Disziplin versucht sie, die Inhalte und Formen des A.s aus derjenigen Bewußtseinslage zu verstehen, aus der sie entstanden sind. Die Volkskunde stellt zu diesem Zweck auch die Verbindung der A.sschichten der Kultur-Völker mit den religionsgeschichtlichen Zeugnissen der → Naturvölker her. Es geht ihr außerdem um die Frage, ob es sich bei dem, was man geringschätzig mit A. bezeichnet, nicht zT um Fähigkeiten handelt, die dem »modernen« Menschen vielleicht verlorengegangen sind. Die Begriffe A. und Volksglauben decken sich allerdings nicht völlig; die Bezeichnung A. ist zu eng, um das gesamte volkstümliche Glauben und Wissen zu umfassen. Es gehört andererseits nicht jeder A.sinhalt zum Volksglauben: vieler nur literarisch bezeugte A. ist nie in das Volk gedrungen (zB die sog. magischen Wissenschaften, Chiromantie, Nekromantie u.a. systematisch betriebene → Mantik, → Alchemie, → Okkultismus, → Spiritismus).

2. Der A. tritt in Erscheinung als geistige Haltung wie auch in Handlungen.

a) *Anschauungen über Vorkommnisse des menschlichen Lebens:* Geburt, Liebe, Heirat, Krankheit, Tod. A. erstreckt sich schon auf das Kind im Mutterleib (→ Schwangerschaft): Eine Schwangere darf nicht Wäsche aufhängen und nicht unter dem Wäscheseil durchgehen, sonst verwickelt sich das Kind in der Nabelschnur (Analogie Wäscheleine-Nabelschnur). Bei der → Geburt darf nichts Gebundenes oder Verschlossenes im Zimmer sein. Kinder bekommen den Charakter ihrer Taufpaten (nomen est omen); wer zu Weihnachten auf die Welt kommt, wird nur 33 Jahre alt, wie Christus. Abergl. Bräuche bei der Eheschließung (→ Ehe: I) beginnen schon mit den Vorbereitungen der Hochzeit: es bringt Unglück, wenn die Braut ihr Brautkleid selbst näht. Lärmbräuche am Polterabend sollen alles dämonisch-Böse abwehren (Lärmzauber; vgl. Neujahrsschießen), wenn auch solche Handlungen heute oft nur mehr als Ausdruck ausgelassener Festfreude empfunden werden.

Andere Bräuche dienen der künftigen → Fruchtbarkeit der Ehe. Am Altar muß das Brautpaar ganz eng beieinander stehen, damit sich kein böser Geist dazwischen schiebt. Besonders zahlreich sind die abergl. Vorstellungen und Bräuche bei Todesfällen (→ Tod: I): Dem Verstorbenen müssen sofort die Augen zugedrückt werden, sonst holt er noch einen zweiten aus der Familie nach. Damit die Seele entweichen kann, werden alle Fenster und Türen geöffnet. Ein offenes Grab ist gefährlich. Die große Rolle des Friedhofes im A. zeigt das lebendige Bewußtsein von einem unheimlichen Fortleben der Toten (Geisterspuk). Frühzeitig oder gewaltsam Verstorbene, besonders Wöchnerinnen, Ermordete, Hingerichtete, Selbstmörder, müssen noch so lange umgehen, wie ihr irdisches Leben normalerweise gedauert haben würde (vgl. Ps 90, 10). Bei fast allen → Trauerbräuchen zeigt sich eine ambivalente Einstellung: einerseits die Angst vor der Wiederkehr des Toten (Wiedergänger), andererseits die pietätvolle → Totenverehrung und die Fortsetzung der Beziehungen zu den Ahnen auch nach dem Tod.

b) *Dämonische Gestalten.* Der Glaube an → Hexen ist noch heute weithin lebendig. Vorstellungen von Menschen, die Wolfsgestalt und wölfisches Wesen annehmen können (Werwolf), sind in Hessen und Westfalen noch in der Gegenwart vorhanden. Der Glaube an Riesen, Zwerge, Drachen u.a. ist heute meist erloschen, aber Sagen vom wilden Heer und von der wilden Jagd, von gespensterhaften Tieren (schwarzer Hund), Alpdämonen (Schrättele) und Aufhocker (Huckup), von Klopf- und Poltergeistern, von Kobolden und anderen Hausgeistern, vom Wassermann, von wilden Leuten oder auch von Irrlichtern und anderen rätselhaften Lichterscheinungen sind vielerorts noch lebendig (→ Geister: I, → Beschwörung).

c) *Abwehr oder Antun von Unheil, bzw. Herbeiführen oder Verhindern von Heil.* Durch eine große Zahl abergl. Bräuche sollen Schadensmächte vertrieben (apotropäischer Zauber) und Leben, Glück und Gesundheit gesichert werden: Auf die Schwelle oder an die Türbalken werden Abwehrzeichen oder -sprüche geschrieben. Häufig sind das → Pentagramm, der Drudenfuß oder das → Sator-Arepo-Kryptogramm. Ebenso helfen bestimmte → Amulette; zB wird ein Hufeisen an Tür oder Fenster aufgehängt; es muß gefunden sein, und nur dem Finder bringt es Glück. Eine große Gruppe von abergl. Handlungen und Vorschriften dient der Abwehr des bösen → Blickes. Krankheiten von Mensch und Tier werden besprochen, oder sie sollen vergehen, wenn man sie mit einem Gegenstand bestreicht, der anschließend in einem Balken oder Baum verpflöckt wird. Verwünschungen macht man unwirksam durch Ausspeien oder Anspuken (→ Speichel). Die Praktiken sind zT in der Hand von Leuten, die »etwas können«, dh die mehr können als andere. Es gibt Geisterbanner, Hexenmeister und »Braucher« für Mensch und Tier. Dem berufenen Arzt gegenüber ist der Bauer oft mißtrauisch (→ Volksmedizin). Weitere Handlungen haben den Zweck, → Glück, Gelingen oder Fruchtbarkeit herbeizuführen. Hierher gehören zB Formen des Fruchtbarkeitszaubers, Regenzaubers, Liebeszaubers (→ Magie, → Zaubersprüche). Andere apotropäische Verhaltungsweisen dienen zum Schutz des Eigentums und sollen Diebe fernhalten (Diebszauber). Neben dieser weitverzweigten Gruppe von zauberischen Maßnahmen, durch die schädigende Mächte abgewehrt werden sollen, gibt es auch Mittel des Schadenzaubers: Man kann seinem Feind böse Geister und Hexen auf den Hals schicken, kann dem Nachbarn die Kühe krank machen. Einen Bräutigam kann man zeugungsunfähig machen, wenn man während der Trauung einen Knoten knüpft und diesen wegwirft. Einen Menschen »betet« man tot, wenn man ein Jahr lang morgens und abends um seinen Tod bittet.

d) *Möglichkeiten zur Erforschung des Unbekannten.* A. findet sich vor allem dort, wo eine ungewisse Zukunft als drohend empfunden wird. Nicht immer werden gleich berufsmäßige Wahrsager, Kartenleger und Horoskopsteller aufgesucht. Es gibt auch traditionelle Wahrsagekünste des Volkes. Eine weitverbreitete einfache Form des Orakels ist der Angangsglaube (omen principii - mhd. aneganc, heute mehr ein volkskundlicher Fachausdruck als ein im Munde des Volkes lebendes Wort): Bedeutsam ist es, wer einem bei einem Vorhaben zuerst begegnet: Glück bringen zB Schornsteinfeger, Bettler, Leichenwagen; Unglück ein altes Weib, Rothaarige, eine schwarze Katze. Ein Arzt bedeutet Krankheit, ein Richter Gefängnis. Ebenso wird durch den Angang das Geschlecht des nächsten Kindes, des nächsten Toten u.a. bestimmt, je nachdem der Begegnende ein Mann oder eine Frau ist. Verwandt sind andere glück- oder unglückbringende Begegnungen oder Funde. Ein vierblättriges Kleeblatt bedeutet Glück (wegen seiner Seltenheit). »Schafe zur Linken, tut Freude uns winken; Schafe zur Rechten, gibt's was zu fechten«. »Spinne am Morgen, bringt Kummer und Sorgen; Spinne am Abend erquickend und labend« (ursprünglich nicht auf das Tier, sondern auf die Tätigkeit des Spinnens bezogen). Außer solchen relativ harmlosen Zeichen haben natürlich auch alle größeren Naturerscheinungen eine ominöse Bedeutung: Regenbogen, Sonnenfinsternis, Sternschnuppen sind immer gewichtige Omina (→ Omen). Zukunftsbedeutung haben auch die Träume (→ Traum), und es gibt eine eigene volkstümliche Traumdeutung. Landschaftlich begrenzt (Westfalen, Niedersachsen, Skandinavien, Irland und Schottland) erscheint der Glaube um »Spökenkieker«, dh um Menschen, die Zukünftiges wahrzunehmen vermögen. Ein Mensch, der das »Zweite Gesicht« hat und Vorspuk oder Vorgeschichten sieht, vermag ferne oder künftige Ereignisse als gegenwärtig zu erleben. - Neben der mehr passiven Form der Zukunftbefragung gibt es auch aktive Orakel: Aus einer in 12 Stücke geschnittenen und mit Salz bestreuten Zwiebel liest man am Silvesterabend die Feuchtigkeit der kommenden 12 Monate ab. In der Silvesternacht findet meist auch das Bleigießen statt. Dem Mädchen, das in der Andreasnacht (30. Nov.) sich nackt vor den Spiegel stellt und dem hl. Andreas ein paar Sprüche sagt, erscheint das Bild des Zukünftigen. Emotionell am stärksten wirksam sind alle Vorzeichen und Orakel, die sich auf den Tod beziehen: Das unvermutete Herabfallen eines Bildes von der Wand, das Zerbrechen eines Glases oder Eheringes, der Ruf des Käuzchens deuten auf einen baldigen Todesfall. Der Kuckucksruf verrät die Zahl der noch bevorstehenden Lebensjahre. In der Christnacht kann man auf dem Friedhof sehen, wer im nächsten Jahr stirbt. Zum Beweis für die Richtigkeit solcher Vorzeichen und Orakel werden vielfach nur die positiven Fälle registriert, in denen ein bestimmtes Vorzeichen tatsächlich zu dem vorbestimmten Ereignis geführt hat. Im Grunde will der Abergläubische, der zu solchen Orakeln greift, nicht nur seine Zukunft wissen, sondern evtl auch das Schicksal magisch zwingen. Auch dazu gibt es eine Reihe einfacher A.sregeln, zB die Beachtung von Glücks- und Unglückszahlen (→ Zahlensymbolik: I) oder die → Tagewählerei.

e) *Vollzugsarten des A.s.* Der Vollzug der Praktiken ist oft an bestimmte Regeln gebunden. Die A.shandlungen dürfen zB nur in nüchternem Zustand ausgeführt werden oder sie sind verbunden mit einem Arbeitsverbot. Auch → Keuschheit wird als Vorbedingung genannt. Beim

Liebesorakel ist die Fragestellerin nackt (→ Nacktheit). Die abergl. Vorstellungen beruhen auf einer Reihe von charakteristischen Assoziationen. Vielen A.sregeln liegt zB der Analogiegedanke zugrunde: Man verbindet ein Stuhlbein zur Heilung eines gebrochenen Tierbeines. Krankheiten soll man bei abnehmendem Mond besprechen, damit sie abnehmen. Rückwärtssagen von Zaubersprüchen und Gebeten oder schriftliche Schwundformeln sollen zum Schwinden einer Krankheit führen. Der epische Eingang der Zaubersprüche erzählt ein analoges Geschehen. Aus dem Schluß von der Ähnlichkeit zweier Erscheinungen auf ihre Wechselwirkung oder Wesensverwandtschaft ergibt sich die imitative Magie: Man springt beim Tanzen möglichst hoch, damit das Getreide ebensohoch wächst. Körner des Stechapfels werden gegen Seitenstechen angewandt. Diese Assoziationen gehen von dem Gedanken aus, daß zwischen ähnlichen Dingen geheime unsichtbare Verbindungen bestehen (similia similibus). Wieder andere Assoziationen liegen den sympathetischen Vorstellungen zugrunde (sympathetische Magie): Will man seinen Feind töten, so genügt es, sein Bild zu vernichten. Der Name steht für seinen Träger und gibt dem, der ihn weiß, magische Gewalt über den Träger (→ Namenglaube). Auch die → Fußspur, das Maß, der Schatten oder die → Maske eines Menschen haben eine solche den Menschen selbst vertretende Funktion. Der Teil wird für das Ganze genommen (pars pro toto). Der Glaube an bestimmte kraftgeladene Körper, wie Schädel, Herz, → Blut, Speichel, Kot, Fingernägel u. a. hat hier seine Wurzel.

3. *Geschichtliches.* Ein Vergleich der abergl. Vorstellungen und Handlungen verschiedener Völker und Zeiten zeigt, daß die Grundanschauungen im wesentlichen dieselben bleiben: sie sind geschichtslos, was alle Bemühungen des Historikers sehr erschwert. Einzelne Züge heutigen A.s lassen sich u.U. schon in genau den gleichen Formen für die griechisch-römische Antike belegen. Reiche Parallelen zeigt zB der Glaube an Unglückstage, Wahrsagerei und Orakel. Dämonenvorstellungen des neuzeitlichen A.s sind schon in antiken Vorstellungen vorgebildet (Zug der Hekate, Ephialtes, Incubus, Succubus, Striges, Lamia u. a.). Eine unerschöpfliche Fundgrube stellt zB die Naturgeschichte des Plinius dar. Auch von Plutarch ist ein Traktat über A. erhalten (PW I, 29–93; E. Stemplinger; → Griechische und → Römische Religion). Die volksmäßigen Überlieferungen, die über Humanismus und Spätmittelalter (→ Paracelsus, → Böhme, → Agrippa von Nettesheim, → Albert d.Gr., Konrad von Megenberg, Hildegard von Bingen) nach Rom und Griechenland zurückweisen, beruhen vor allem auf dem spätgriechischen Hellenismus mit seiner mystischen Spekulation und seiner Verschmelzung orientalischen und europäischen Geheimwissens. Als das Christentum die hellenistisch-römische Welt eroberte, erlosch damit der antike A. keineswegs, er wurde vielmehr weithin christlichen Anschauungen assimiliert. Auf deutschem Boden treffen die Reste dieser griechisch-römischen Überlieferungen mit germanischem Heidentum zusammen. Die heidnischen Götter wurden vielfach zu Teufeln und bösen Geistern umgeprägt (→ Germanische Religion). Vom germanischen Götterglauben finden sich allerdings wesentlich weniger Spuren im späteren A., als man früher annahm. Die germanischen Vorstellungen vom Jenseits, vom Totenreich, von Weltentstehung (→ Schöpfung: I) und Weltuntergang (→ Weltende) sind noch gründlicher von den christlichen Begriffen → Himmel, → Paradies, → Fegfeuer, → Hölle verdrängt worden. Allerdings bedarf es jeweils besonderer Nachprüfung, wie weit germanischer Gehalt in christliche Form gehüllt wurde oder wie weit ererbte Anschauungen aus dem Volk in die kirchliche Lehre selbst eindrangen (→ Nikolaus d. Hl., → Weihnachten, Christbaum, → Ostern, Notfeuer u.a.). Quellen für die Auseinandersetzungen des Christentums mit dem A. sind vom 4. Jh. an die Konzils- und Synodalbeschlüsse mit Angaben von Kirchenstrafen für bestimmte Erscheinungen des Zauber- und Aberglaubens. Eine ergiebige Quelle ist ferner der Indiculus superstitionum, ein Verzeichnis abergl. und heidnischer Bräuche aus der Zeit Karls d.Gr. (Opferhandlungen, Zauber, Weissagung, Totenkult), ferner die Erlasse Karls d.Gr., vor allem die Capitulatio de partibus Saxoniae. Überreste aus vorchristlicher Zeit werden gebrandmarkt in den Bußbüchern (zB in dem des Bischofs Burchard von Worms) und in der Pönitentialliteratur (zB im Pönitentiale des Abtes → Regino von Prüm). Spätere wichtige Quellen für die Geschichte des A.s sind der Dialogus miraculorum des Mönches → Caesarius von Heisterbach, die Blumen der Tugend von Hans Vintler, der Malleus maleficarum (Hexenhammer) von Heinr.Institoris und Jak.Sprenger, die Schriften von Agrippa von Nettesheim, Joh. → Tritheim und Joh. Praetorius (bes. die Rockenphilosophie, 1622) (ausführliche Übersicht HWDA I, 78–87).

A. bedeutet aber keineswegs nur die Bewahrung einzelner heidnischer Bräuche und Glaubensmeinungen nach Einführung des Christentums, sondern viele Vorstellungen und Handlungen des A.s lehnen sich an christliche Gedanken an. Das christliche → Gebet (: V) selbst kann zur Zauberformel werden, wenn es nach dem A., etwa so und so oft wiederholt, unfehlbar wirken soll (Totund Gesundbeten). Das Rückwärtsbeten des Vaterunsers läßt Krankheiten zurückgehen. Es kann also ein und dasselbe Gebet, je nach der Einstellung des Betenden, Ausdruck des Vertrauens und Glaubens oder eine abergl. verwendete Beschwörungsformel sein. Die Entscheidung hierüber liegt lediglich in der inneren Einstellung des gläubigen oder abergl. Menschen. Die »drei heiligsten Namen« sind schon früh zu einer der geläufigsten und wirkungsvollsten Zauberformeln geworden. Noch in unserem Jh. wurden an Wallfahrtsorten Beschwörungsformeln wie der Gichtsegen, der Fraisbrief, Gewittersprüche und → Himmelsbriefe verkauft. Christliche Symbolik, vor allem das → Kreuzeszeichen, dient als magisches Abwehrmittel, ebenso die Anfangsbuchstaben der heiligen drei Könige C.M.B. oder die Namen Enoch und Elias, die mit geweihter Kreide an die Stalltüre geschrieben werden. Die Kirchenglocken sind eines der wichtigsten Abwehrmittel gegen alle dämonischen Mächte. Abstrakte Dinge werden im volkstümlichen A. konkretisiert: Die »Länge Christi« und die »Länge Mariä«, Papierstreifen in der Länge eines Menschen mit aufgedruckten Gebeten, dienen gegen mancherlei Gebrechen und Gefahren. Heiligenbilder werden als sog. Schluckbilder oder Eßzettel zur Krankheitsbekämpfung verzehrt. Vom Heiligen zum A. ist oft nur ein kleiner Schritt. Der Gebrauch der Hostie spielt auch im Zauber und A. eine Rolle; zum Abendmahl bestimmter Wein ist heilsam; ein Stückchen Abendmahlsbrot wird im Stall aufbewahrt, damit bei den Tieren keine Seuche ausbricht. Unglück bedeutet es, wenn man den Rest des Weines aus dem Kelch zu trinken oder eine lädierte Oblate bekommt. Die Bibel selbst wird orakelhaft befragt: Will man auf eine bestimmte Schicksalsfrage Antwort haben, so schlägt man aufs Geratewohl die Bibel oder das Gesangbuch auf. Der Satz, den man mit dem Daumen bedeckt, enthält die gewünschte Antwort (»Däumeln«). Einzelne Seiten des Evangeliums oder des Gesangbuches trägt man als → Amulett mit sich herum, oder sie werden im Stall aufgehängt; unter das Kopfkissen des Kranken gelegt, führen sie die Heilung herbei.

Wo wir die Belege für den A. geschichtlich verfolgen, erweisen sie sich meist als Zeugnisse früheren Glaubens. Vieles, was heute, auch vom modernen Katholizismus, als A. angesehen wird, kann u.U. noch im kirchlichen Christentum des Mittelalters geglaubt worden sein, dh der Begriff A. ist Wandlungen ausgesetzt. Deutlich zeigt sich die historische Relativität des Begriffes A. am Beispiel der Gottesurteile. Bestimmte Formen des Gottesurteils hat die Kirche aus heidnischer Vergangenheit übernommen, andere, die ihrem Geiste widersprachen (Zweikampf) hat sie bekämpft; wieder andere Formen des Gottesurteils hat sie selbst geschaffen (Gebrauch der Hostie im Ordal). Später von der Kirche als A. bekämpft, haben sich die alten Ordalformen in den traditionsbewahrenden Schichten des Volkes zT noch bis fast zur Gegenwart erhalten. Der Dämonenglauben erfuhr eine starke Erweiterung, als die heidnischen Götter zu dämonischen Wesen erklärt wurden. Ein Teil der Vorstellungen über Hexen ist durch die Theologie der mittelalterlichen Kirche entwickelt worden (Teufelspakt, Succubusglaube, religiöse Ketzerei). Diese Züge haben sich mit anderen Zügen aus dem heimischen Volksglauben vermischt (Verwandlung, Luftfahrt u.a.). Über den alten Wiedergängerglauben hat sich eine christliche Schicht gelegt. Weiterbildungen solcher Art sind etwa die Strafen des Sonntagsschänders: er muß nach dem Tode das weitertreiben, was er am Sonntag getrieben hat (wilder Jäger, Mann im Mond). Häufig in Sage und Legende ist auch die Steinverwandlung als Strafe Gottes für Verunehrung von Brot, Meineid usw. Auch das dem Bettler verweigerte Brot wird zu Stein. Einen Niederschlag im A. haben auch die Tage des christlichen Kalenders erhalten: In der Christnacht bekommt das Vieh menschliche Sprache; Wasser verwandelt sich in Wein. Flüsse und Quellen sind am Johannistag heilsam.

Manche einst magisch begründete Handlungen des A.s sind uns so selbstverständlich geworden, daß sie nicht mehr als A. empfunden werden: Man wünscht einem Niesenden Gesundheit, man hält sich beim → Gähnen die Hand vor den Mund, man ißt kein Pferde- und Hundefleisch. Solche Inhalte älteren Glaubens werden gar nicht mehr »geglaubt«, sie sind nur noch Glaubenstrümmer, dh historische Reste eines vergangenen Glaubenslebens. Andere Züge haben sich zT in Sagen, Märchen und Redensarten ein Nachleben bewahrt, obwohl sie im lebendigen Volksglauben schon längst ausgestorben sind. Gerade hier sind sogar die religionsgeschichtlich ältesten Schichten noch erhalten (→ Animismus, → Präanimismus, Partizipations- und Sympathieglaube, → Opfer: I).

Die Abgrenzung von Glauben und A. ist geschichtlichem Wandel unterworfen: Religiöse Erscheinungen bei → Naturvölkern, vorchristliche Erscheinungen unserer Kultur kann man nicht eigentlich als A. bezeichnen, weil sie sich zu ihrer Zeit ja nicht im Gegensatz zu einem besseren Wissen oder legitimen Glauben befunden haben. Der Begriff A. als Bezeichnung einer verwerflichen oder sinnlosen Anschauung kam ja bezeichnenderweise erst zu Beginn der Neuzeit auf, als man begann, sich über den A. zu erheben. Aber auch noch nach dem Aufkommen des Wortes A. im 15. Jh. hat der Inhalt dessen, was man als falschen oder verkehrten Glauben bezeichnete, ständig gewechselt.

Neben den A.sformen, die Stufen früheren Glaubens zeigen, gibt es auch solche, die frühere Wissensstufen, veraltete Wissenschaft usw widerspiegeln, die heute nur noch im A. verbreitet sind. Vieles zB von dem, was heute Volksmedizin ist, war früher einmal medizinische Wissenschaft. Noch heute übertragen etwa magische Heiler die Krankheiten auf Bäume, Tiere, in die Erde oder ins Wasser. Hierbei handelt es sich um stehengebliebene Anschauungen mittelalterlicher Mediziner, die diese Praktik als Transplantatio morborum kannte. Noch im vorigen Jh. gab es Professoren der Medizin, die von der Wirkung sympathetischer Mittel fest überzeugt waren. Auch die volkstümliche → Astrologie ist abgesunkene Wissenschaft. Es gibt hierbei eine ständige Wechselwirkung zwischen Wissenschaft und A.: Einerseits wirkt die Wissenschaft vergangener Zeiten als A. noch im Volk weiter; andererseits kann auch die Wissenschaft Dinge des Volksglaubens aufgreifen. Paracelsus zB erzählt, daß er viele seiner Kenntnisse Scharfrichtern und alten Weibern abgelauscht habe. Solche Wechselwirkungen sind nicht verwunderlich, da nicht nur die Wissenschaft, sondern auch der A. aus dem Bedürfnis des Menschen nach Kausalität entsteht. Die abergl. Welterklärung zeigt sogar geradezu eine Überkausalität, nach der gar nichts bedeutungslos und zufällig ist. Genaue Nachprüfungen haben ergeben, daß zahlreiche Vorstellungen und Praktiken vermeintlichen A.s auf einer sehr genauen Naturbeobachtung und -kenntnis des Volkes beruhen. Mittel der Volksmedizin sind zT therapeutisch erfolgreich. Kalender-, Bauern- und Wetterregeln beruhen zT auf landwirtschaftlicher Erfahrung und Naturbeobachtung von Jh.en.

4. Aus der geschichtlichen Entwicklung ergibt es sich, daß die Abgrenzung zwischen Glauben und A. nicht fest ist; sie ist es sogar innerhalb der christlichen Kirche nicht: Was zB dem Katholiken als Glaube gilt, kann u.U. vom Protestanten als A. bezeichnet werden. Die kath. Kirche hat einen weiteren Bereich volkstümlichen Glaubens duldsam umfaßt als die ev. Kirche, in deren Bereich gleichwohl A.sdinge unkontrolliert weiterwuchern. In kath. Gegenden bekommt man darum viel häufiger und bestimmter die Antwort zu hören, daß es hier keinen A. gäbe. Die jeweiligen Träger der A.sinhalte sehen im A. meist einen berechtigten Glauben, da A. ja auch oft eine frühere Stufe des Glaubens ist. Im Sprachgebrauch des Volkes selbst wird jede Form des Fürwahrhaltens von empirisch Unprüfbarem als »Glaube« bezeichnet: Nicht nur die Kirche verlangt Glauben, sondern auch abergl., magische und volksmedizinische Maßnahmen helfen nicht, wenn man nicht »den Glauben daran hat«. Der Unglaube oder gar Spott über abergl. Überlieferungen wird vielfach als religiöse Gleichgültigkeit empfunden: »Wer nicht daran glaubt, hat keinen Glauben« (dh Christenglauben); »wo ken Abergloben is, is ok ken Globen«; oder A. wird als »Buigläuwe« bezeichnet, dh es wird kein Widerspruch zum christlichen Glauben empfunden. Viele Formen des A.s werden überhaupt nicht primär aus abergl. Haltung, sondern sogar aus religiöser Überzeugung beobachtet. Dabei haben die Abergläubischen vielfach die Überzeugung, auf dem Boden der christlichen Kirche zu stehen, weil die äußeren Formen ihrer frommen Magie christlich sind, weil zB die »drei heiligsten Namen« dabei gebraucht werden, weil ein Bibelspruch darin vorkommt, weil ein Kirchgang immer fromm ist. Entscheidend sind dagegen sittliche Unterschiede. Der abergl. Mensch sucht in der Regel Vorteile für sich selbst: Abwehr von Unheil, Schadenzauber gegen andere Menschen, Sicherung für sich selbst; dh der A. ist egozentrisch und subjektbezogen (s. 5). Im A. äußert sich ein tiefes Bedürfnis des Menschen nach Sicherheit, und die Mehrzahl abergl. Praktiken und Auffassungen läßt sich verstehen als Versuch des Menschen, die drohenden Gefährdungen, Angst und Tod zu bannen. A. ist darum auch keine Dauerhaltung: gezaubert wird nur in bestimmten gefährlichen Situationen. A. löst sich auch nie völlig von der Erfahrung: Der Bauer verläßt sich niemals allein nur auf die Wetterregeln, der Flieger, der ohne Amulett oder Talisman nicht fliegen würde, untersucht dennoch sein Flugzeug vor dem Start noch einmal

ganz genau auf alle technischen Einzelheiten. In dieser Hinsicht ist der A. der Modernen psychologisch besonders interessant. Zahlreiche traditionelle Formen des A.s haben sich bis in die unmittelbare Gegenwart erhalten. Die Zauberbücher, das 6. und 7. Buch Mosis, die ägyptischen Geheimnisse werden noch heute in den illustrierten Zeitungen angeboten. Zeugnisse für einen lebendigen Hexenglauben sind aus vielen Dörfern noch in jüngster Zeit zusammengetragen worden. Andere Formen haben sich gewandelt. Aber trotz der Technik gibt es noch Geister- und Dämonenspuk. Heute sind es zT spukende Tote, die auf Motorrädern fahren, der Teufel, der im Auto daherkommt; die Trauerkränze auf Gräbern unerlöster Toter elektrisieren. Auch an moderne Verkehrsmittel hat sich der A. angeschlossen, dh: A. ist kein bloßes Kuriosum, kein Überbleibsel nur aus vergangenen Zeiten, sondern ein höchst Lebendiges und Gegenwärtiges. Er entsteht ständig neu und ist auch in den Großstädten und unter denjenigen Menschen vorhanden, die längst zu den Gesetzen rein logischen Denkens vorgedrungen zu sein glauben. Moderner A. entsteht vor allem überall da, wo Gefahr vorhanden ist, zB bei Angehörigen besonders gefährdeter Berufe, wie Rennfahrern, Flugzeugführern, Seeleuten, Artisten. Die Maskottchen der Autofahrer gehören zB zu solchen Neuschöpfungen von A. Auch andere industriell hergestellte Glückszeichen, wie vierblättriges Kleeblatt, Marienkäfer, Hufeisen, Glücksschwein (Anstecknadel) sind Zeugen eines A.s. Der ganze Bereich des Okkulten, Wunderheilungen, Hellsehen, Kartenlegen, Tischrücken, Tranceredien spielen in der Gegenwart eine große Rolle. Viele moderne A.sformen behaupten wissenschaftlich begründet zu sein, selbst wenn sie jeder wissenschaftlichen Grundlage entbehren. Damit spekulieren sie auf den unbegrenzten Glauben des modernen Menschen an die Wissenschaft. Geradezu als Mode des modernen A.s muß die Horoskopsucht bezeichnet werden. Es könnte sich heute keine Tageszeitung leisten, ohne wöchentliches Horoskop zu erscheinen, was noch vor 50 Jahren ganz undenkbar gewesen wäre. Auch das wegen der Steuereinnahmen staatlich geförderte Lotterie- und Totowesen ist der Anknüpfungspunkt für neuen A. Trotz der zunehmenden Verbreitung naturwissenschaftlicher Erkenntnis sinkt die Bedeutung des A.s nicht.

J. Grimm, Deutsche Mythologie (1835), Neudr. d. 4. Ausg. 1953 - HWDA - F. Hempler, Psychologie des Volksglaubens, 1930 - J. v. Negelein, Weltgeschichte des A.s, 2 Bde 1931/35 - F. Pfister, Deutsches Volkstum in Glauben u. A., 1936 - Wörterbuch d. dtsch. Volkskunde, hg. v. R. Beitl, (1936) 1955[2] - K. Wagner, A., Volksglaube u. Erfahrung, 1941 - W. E. Peuckert, Volksglaube des Spätmittelalters, 1943 - R. Weiss, Volkskunde der Schweiz, 1946 - E. Stemplinger, Antiker Volksglaube, 1948 - K. Zucker, Psychologie des A.s, 1948 - E. u. M. A. Radford, Encyclopaedia of Superstitions, 1948 - G. F. Hartlaub, Das Unerklärliche. Studien zum magischen Weltbild, 1951 - J. Kruse, Hexen unter uns, 1951 - Ch. Leitmaier, Die Kirche u. die Gottesurteile, 1953 - E. Zinner, Sternglaube u. Sternforschung, 1953 - K. Schmeing, Seher u. Seherglaube, 1954. *L. Röhrich*

5. a) Trotz der Weltanschauung der reinen Diesseitigkeit ist der A., der immerhin mit transzendenten Mächten rechnet, auch in der Gegenwart eine beachtliche Unterströmung. Tausende lassen sich geschäftlich, ärztlich und seelsorgerlich von Hellsehern, Pendlern, Rutengängern und Astrologen beraten (s. 4). Besprechen, Beschwören, Liebes- und Heilungszauber sind häufiger, als man vermutet. Koch fand bei Evangelisationen in einem einzigen Dorf 200 Frauen, die die Fotos ihrer kriegsgefangenen Männer bependeln ließen. Unter den Personen, die in verschiedenen Städten nach kirchlichen Vorträgen zur Aussprache kamen, waren 30-80% durch A. angefochten. Dabei erregt die Tatsache Besorgnis, daß durch abergl. Praktiken (nicht durch einzelne Spontanerlebnisse wie Wahrträume oder Totenansagen) in vielen Fällen die Gesamtpersönlichkeit angegriffen wird. A. kann Autismus, Lebensunlust, Depressionen, ja tiefgehende Neurosen verursachen, die sich unheilvoll auf Beruf, Ehe und Kindererziehung auswirken. Die Kirche steht damit vor einer großen Aufgabe an den »okkult Behafteten«.

b) Die der Kirche gestellte Aufgabe wird schwerlich erfüllt, wenn man versucht, soweit als möglich abergl. Vorstellungen in das Leben der Kirche einzubauen und zu »verchristlichen«. Allerlei feierliche und volkstümliche Gebräuche erregen wohl ein Gefühl des »Numinosen«, aber dieses selbst muß ja am 1. Gebot gemessen werden. Auch auf dem Gebiet der legitimen kirchlichen Formen muß eine ständige Selbstreinigung der Kirche erfolgen. So sehr der heutige bindungslose Mensch der Zucht, der Form, der kirchlichen Gewohnheit bedarf, so groß ist die Gefahr, in der rechten Befolgung von Riten und Zeremonien den »vernünftigen Gottesdienst« zu sehen. Der Kampf gegen einen »verkirchlichten« und darum so gefährlichen A. durchzieht die ganze Bibel und ist unbeschadet aller liturgischen Bestrebungen auch gegenwärtig not (Jes 66, 1 f; Am 5, 21 ff; Mt 6; Röm 2, 29; 12, 1).

c) Die rationale Aufklärung gegenüber dem A. erzielt für sich allein keine tieferen Wirkungen. Wohl muß in Vorträgen oder Ausspracheabenden immer wieder hingewiesen werden auf die Entlarvung von spiritistischen Medien, auf Wunderheilungen, die nur vorübergehend Hilfe brachten, auf die abstrusen Vorstellungen der Astrologie. Hier ist der christliche Glaube unbefangen und dankbar im Bunde mit der nüchternen und kritischen Naturwissenschaft. Aber ebenso ist zu bedenken, daß viele okkulten Erscheinungen bis jetzt jeder wissenschaftlichen Erklärung spotten, daß die Wissenschaft überhaupt nicht zuständig ist für echte Lebensnöte und Gewissensentscheidungen, und daß der A. in so tiefe Schichten des Unbewußten reicht, daß alle logische Einsicht den Befallenen nicht von seinem Wahn und seinen Bindungen befreit.

d) So bleibt allein der Weg, diese Bindungen durch den Anschluß an stärkere Mächte zu lösen. Die Lebensgier und Lebensangst eines Abergläubischen (s. 4) kann nur aufgelöst werden, wenn echte Gottesfurcht und rechtes Gottvertrauen in ihm wachsen. Über den sittlich zweideutigen oder gar unsittlichen Mächten muß ihm die Macht des Christus aufgehen, der die Dämonen bezwungen hat (Kol 2, 15). Dabei ist es gleichgültig, ob etwa ein Seelsorger selbst diese Mächte mythisch oder »entmythologisiert« versteht - für den Gebundenen sind sie in jedem Falle grausige Wirklichkeit. Zur Bindung an Christus gehört die Hilfe und Geborgenheit echter Gemeinschaft; denn der Abergläubische ist immer ein einsamer Mensch, auch mitten in der Masse der von einem Wahn Befallenen. Er ist in besonderer Weise der Verkündigung und der → Seelsorge bedürftig. Einzelberatung und Erziehung zur → Beichte, Gruppenseelsorge und Bildung von kleinen Gebetskreisen, Aufnahme in eine Lebensgemeinschaft mit nüchtern-gläubiger Haltung, »Arbeitstherapie« in Form eines wenn auch unbedeutenden kirchlichen Auftrages in der Gemeinde, kommen hier in Betracht. Mit großer Vorsicht und nur in Vollmacht sind charismatische Gaben wie Handauflegen, Exorzisieren und dergleichen anzuwenden; selbst ein geistesmächtiger Mann wie der ältere → Blumhardt mahnte hier zur Zurückhaltung.

e) Dagegen ist es keine unbillige Forderung, daß alle in der Seelsorge Tätigen neben Wesen und Erscheinungsformen des modernen A. auch einigermaßen mit der

Grundlage von → Tiefenpsychologie und Psychotherapie (→ Psychoanalyse: I. II) vertraut sind. Gerade dadurch wird der »gefährliche Dilettantismus« geistlicher Kurpfuscher (Thurneysen) vermieden und der Wert, aber auch die Grenzen psychologischer Methoden erkannt: dort die Heilung krankhafter Zustände und der Ruf des Menschen zurück zu sich selbst, hier der Ruf zur Umkehr zu Gott, die Anerkenntnis der Schuld (→ Sünde: VIII) und das Angebot der Vergebung.

A.Lechler, Seelische Erkrankungen u. ihre Heilung, 1946 - E.Thurneysen, Die Lehre von der Seelsorge, 1946 - P.Bauer, Der moderne A. u. seine Überwindung, 1950 - K.Koch, Seelsorge u. Okkultismus, 1953 - A.Maeder, Wege zur seelischen Heilung, 1954.
P.Bauer

Aberkiosinschrift ist eine aus 22 metrischen Zeilen bestehende Grabinschrift, die ein in der 2. Hälfte des 2.Jh.s in Hieropolis am *Glaukos* in Phrygien lebender Aberkios sich selbst gesetzt hat. Der Text war bekannt aus der dem 4.Jh. angehörenden legendarischen Vita des Bischofs A. von Hierapolis am *Lykos* in Phrygien. W.Ramsay entdeckte zwei große Stücke des Originals in Hieropolis und kurz vorher eine von 216 datierte Inschrift, in der die A. benutzt war. (Beide Fragmente der A. im Lateranmuseum in Rom.) Jene Vita und die zweite Inschrift erlauben die vollständige Wiederherstellung des Textes. In diesem bezeichnet sich der Verfasser als Schüler eines hl. Hirten mit großen Augen, die alles sehen. Er habe ihn zuverlässiges Wissen gelehrt und nach Rom gesandt, ein Reich zu sehen und eine Königin in goldenem Gewande. »Auch ein Volk sah ich dort mit leuchtendem Siegel.« Syrien und Nisibis jenseits des Euphrat habe er gleichfalls gesehen. Überall habe er Glaubensgenossen gefunden, mit Paulus als seinem Reisegefährten. »Der Glaube führte mich überall und setzte mir einen Fisch aus der Quelle vor, sehr groß und rein, den eine hl. Jungfrau gefangen hat. Und diesen gab er (sc. der Glaube) den Freunden zu essen allezeit; im Besitze guten Weines reichte er Mischtrank mit Brot.« Dies habe er, Aberkios, danebenstehend, schreiben lassen, 72 Jahre alt. »Wer dies versteht, jeder Glaubensgenosse, möge für Aberkios beten.« Den Schluß bildet eine Warnung vor weiterer Belegung des Grabes. Offenbar spricht der Autor, der sich übrigens nicht als Bischof bezeichnet, von einer bestimmten religiösen Glaubensgemeinschaft und von dem, was er in ihr erlebt und empfangen hat. Wie die Formulierung der Bitte um Fürbitte zeigt, tut er das in gewollt geheimnisvoller Weise. Der Stil zeigt Anklänge an das heidnische Mysterienwesen jener Zeit, besonders an den Attiskult (→ Attis). Manche Gelehrte haben daher die A. als Produkt dieses Mysterienwesens verstehen wollen. Der Versuch ist jedoch nicht durchführbar und heute so gut wie aufgegeben. Die A. als Ganzes kann nur von der frühchristlichen Symbolsprache und der christlichen → Arkandisziplin aus verstanden werden. Das religionsgeschichtlich Bedeutsame und besonders für Kleinasien Bezeichnende ist aber gerade die an das hellenistische Mysterienwesen anklingende, gewollt symbolisch-mystische Ausdrucksweise, die dem Eingeweihten die christlichen Lehren und Kultgeheimnisse ebensosehr andeutet, wie sie sie dem Uneingeweihten verhüllt.

RE II, 315ff - DACL I, 66ff - RGG³ I, 41 - LThK I, 24f - RAC I, 12ff (alle mit Lit.).
H.Strathmann

Abessinien → Äthiopien.

Abgar. Gegenstand der A.-Legende ist der Briefwechsel Jesu mit dem König Abgar V. Ukama von Edessa (9-46 nChr) und die Gründung der Edessenischen Kirche. Sie begegnet erstmalig bei Eusebius (h. e. I, 13; II, 1, 6-8), angeblich aus dem Archiv von Edessa. Hier taucht sie allerdings erst ca 400 als Bestandteil der damals dort verfaßten syrischen Doctrina Addai auf. - Mit der Einführung des Christentums in Edessa hat A. V. sicher nichts zu tun. Die »Edessenische Chronik« läßt im Gegensatz zu den bis dahin tonangebenden Ketzern → Marcion, → Bardesanes und Mani erst 313 den Bischof Kûnê in Edessa den Grund für eine (rechtgläubige) Kirche legen. Da in dieser Zeit auch die Kirchengeschichte des Eusebius zu entstehen beginnt, wird wohl ein sachlicher Zusammenhang bestehen: Die A.-Legende soll beweisen, daß es schon lange vor Marcion in Edessa apostolisches Christentum gegeben hat.

Ausführliche Begründung mit Lit. bei W.Bauer, Rechtgläubigkeit und Ketzerei im ältesten Christentum (BHTh 10), 1934, 7-45 - Ders. in Hennecke³.
W.Bauer

Abjuratio = Abschwörung 1. der Häresien bei der Wiederaufnahme in die kirchliche Gemeinschaft und 2. der Irrlehren bei Konversionen (→ Kirchenmitgliedschaft). Die Absage an die Werke des Teufels bei der Taufe (von Erwachsenen) wird, obschon sachlich entsprechend, gewöhnlich → *abrenuntiatio* genannt.

LThK I, 44f.
A.Erler

Ablaß

1. Definition - 2. Geschichte - 3. A.streit

1. A. (indulgentia) ist nach der im röm.-kath. Bereich heute gültigen *Definition* »die von der kirchlichen Autorität aus dem Kirchenschatze, für Lebende durch Lossprechung (per modum absolutionis), für Verstorbene durch Fürbitte (per modum suffragii) gewährte Nachlassung (remissio) zeitlicher Strafe vor Gott, die geschuldet ist für Sünden, die der Schuld nach bereits getilgt sind« (CIC can. 911, Mirbt n. 698). Wesentlich an dieser Definition ist die Inanspruchnahme der Geltung des A.es vor Gott und seine Beschränkung auf die zeitliche Strafe der → Sünde (: V), wofür nicht nur die Scheidung von Schuld und Strafe, sondern auch von ewiger und zeitlicher Strafe vorausgesetzt wird. Die Handhabung des A.es wird allgemein mit der kirchlichen Vollmacht, im besonderen mit der Vorstellung eines durch die überschüssigen Verdienste Christi und der Heiligen erworbenen Gnadenschatzes begründet. Die Zusprechung des A.es geschieht für die Lebenden in Form der Absolution, für die Verstorbenen durch Fürbitte. Voraussetzung für Gewährung und Gewinnung von A.en ist die Tilgung der Sündenschuld im sakramentalen und inneren Vollzug der Buße (→ Bußweisen: II).

2. Was hier als Definition vor uns steht und in der Praxis kath. Frömmigkeit heute wie je geübt wird, ist das Ergebnis einer langen, höchst komplizierten, im ganzen wie im einzelnen, keineswegs nur zwischen den Konfessionen, umstrittenen Geschichte. »Die Kirche kommt zum A., ohne davon etwas zu merken.« So hat schon vor einem Menschenalter ein Gelehrter den Sachverhalt treffend gekennzeichnet. Es ist eben dies Unauffällige, Unprogrammatische seiner Entstehung und Einbürgerung, was die Geschichte des A.es so undurchsichtig macht. Die Entwicklung der Frömmigkeit und ihrer Bedürfnisse geht dabei voran; die theologische Reflexion, Kritik oder Rechtfertigung und die kirchenamtliche Einordnung erfolgen erst nachträglich. Anhand der Forschungsergebnisse vor allem B.Poschmanns läßt sich die Entwicklung in groben Zügen so darstellen: Für den späteren A. sind bestimmte Elemente der altkirchlichen Bußlehre wichtig: die Notwendigkeit einer subjektiven Buße für nach der Taufe begangene Sünden; diese Buße ist sündetilgender Faktor, ohne daß zunächst zwischen Schuld und Strafe unterschieden wird; die

Unterstützung dieser subjektiven Buße durch Mitwirkung der Kirche (Gemeinde, Märtyrer usw) und vor allem durch das Fürbittegebet der Priester, das vom eigentlichen Akt der Rekonziliation mit der Kirche und dadurch auch mit Gott zu unterscheiden ist und nicht als Absolution im heutigen Sinn aufgefaßt werden darf. Bestimmend sind ferner die frühmittelalterlichen Absolutionen außerhalb und innerhalb des Bußsakraments. Diese berufen sich zwar gelegentlich auf die apostolische Vollmacht und Schlüsselgewalt, aber doch nicht als jurisdiktionelle, sondern fürbittende Gebete, die freilich autoritativen Charakter haben und sich auf die volle, also auch die Sündenstrafen umfassende Vergebung richten. Zum Entstehen des A.es führt schließlich die Umwandlung der öffentlichen in private Buße, durch welche die Rekonziliation vor die Ableistung der kirchlichen Buße verlegt wird. Dabei wird Schuld und Strafe in den Wirkungen der Sünde deutlicher unterschieden. Die subjektive Buße wird eindeutiger auf die Tilgung der zeitlichen Sündenstrafen bezogen. Die ersten A.e treten im 11.Jh. zunächst in Frankreich auf. Das Wesen der neuen A.e liegt darin, daß wegen der erhofften Wirkung der fürbittenden Absolutionen auf die Tilgung zeitlicher Sündenstrafen vor Gott dem Büßenden auch ein Teil der kirchlichen Bußauflagen geschenkt wird. Dabei tritt ein eigentlich jurisdiktionelles Element insofern hinzu, als die Absolution in ihrer Beziehung auf die kirchliche Bußauflage rechtlichen Charakter hat. Auch das ist nicht ohne Anknüpfung an das Herkommen; denn die Kirche hat sich von jeher das Recht zugeschrieben, das Maß der kirchlichen Bußauflagen den Umständen anzupassen, seit dem Frühmittelalter in der Form der sog. Kommutationen und Redemptionen (= Ablösung von Bußstrafen durch Sachleistungen), worin sich auch Einwirkung germanischen Denkens zeigt. A. und Absolution wird immer unter Voraussetzung eines besonderen guten Werkes gewährt (Almosen, Wallfahrten, Kreuzzugsbeteiligung u.a.).

Beurteilung und Theorie dieser A.praxis entsteht erst allmählich. → Abaelard (1079–1122) verwirft die damals noch neue Praxis ganz und wird dafür zensuriert. Vom Ende des 12.Jh.s an wird die A.praxis in der Theologie unter vielen Schwankungen und Unklarheiten allmählich geklärt und anerkannt, wobei zunächst die Praxis selbst das theologische Hauptargument für ihre Berechtigung ist und sachlich mit der Gemeinschaft der Fürbitte begründet wird. Bei Huguccio († 1210) erscheint der A. zuerst einigermaßen deutlich als jurisdiktioneller Freispruch von den zeitlichen Sündenstrafen vor Gott. Unklar bleibt noch lange, warum die Suffragien der Kirche als Ersatz für die ausfallende jenseitige Wirkung der erlassenen kirchlichen Buße ausreichen und ob das für den A. verlangte gute Werk als faktische Auslösung oder nur als Bedingung der lösenden Wirkung zu gelten habe, die als solche ausschließlich von der Schlüsselgewalt abgeleitet wird.

Durch die ausdrücklich entwickelte Lehre vom Kirchenschatz (schon bei → Hugo von St. Cher 1230) entsteht eine neue Phase in der A.lehre. Man konnte jetzt deutlicher angeben, worin die erlassene Buße ihren Ersatz findet. Indem dann der Kirche ein rechtlich auswertbarer Anspruch auf diesen Kirchenschatz zugeschrieben wird, kann die heute geläufige A.lehre entwickelt werden (→ Albert d.Gr., → Bonaventura, → Thomas von Aquino). Nun konnte sich die Beziehung des A.es auf die Befreiung von der kirchlichen Bußauflage immer mehr lockern, so daß diese Beziehung bei manchen Theologen vollends aus der Wesensbestimmung des A.es ausgeschieden wird. Aus denselben Gründen wird die A.verleihung (von Thomas an) immer unabhängiger vom Bußsakrament und ein päpstliches Reservat, weil nur vom Papst (oder abhängig von ihm) über den Kirchenschatz in rechtlicher Weise verfügt werden kann. Anderseits wird die Frage wieder schwieriger, warum und in welchem Umfang gute Werke als Voraussetzung für den A. erforderlich sind, was im Grunde nur von den alten Bußkommutationen und -redemptionen, aber nicht in der neuen Theorie verständlich wird (Zusammenfassung nach K.Rahner).

Der Abschnitt über A. im neuen kath. Einheitskatechismus verweist zunächst auf den Zusammenhang des A.es mit dem »Heiligen Jahr«, begründet ihn dann mit der kirchlichen Vollmacht (nach Mt 18, 18) und der Vorstellung vom Kirchenschatz. Er fährt fort: »Durch einen vollkommenen A. werden alle zeitlichen Strafen nachgelassen. Solche A.e sind zB der Portiunkula-A., der Jubiläums-A. und der Sterbe-A. Durch einen unvollkommenen A. wird nur ein Teil der zeitlichen Sündenstrafen nachgelassen. Ein A. von 1 Jahr oder von 40 Tagen (eine Quadragene) bedeutet den Nachlaß von so viel Strafen, wie man früher durch 1 Jahr oder 40 Tage Kirchenbuße abgebüßt hatte. Wieviel das ist, weiß Gott allein. – Fast alle A.e können fürbittweise auch den Armen Seelen zugewendet werden. Um einen A. zu gewinnen, müssen wir im Stande der Gnade sein und die vorgeschriebenen guten Werke oder Gebete verrichten. Wer alle 14 Tage beichtet oder fast täglich kommuniziert, kann jederzeit alle A.e gewinnen, für welche die Beichte ausdrücklich vorgeschrieben ist.« Als Schriftbegründung taucht nicht mehr 2Kor 2, 1–11 auf, sondern es wird nur zur Unterscheidung von Schuld und Strafe auf 2Sam 12, 13f verwiesen. Als Verleumdung gilt es zu sagen, die Kirche verkaufe den A. oder lasse gar zukünftige Sünden für Geld nach.

3. Daß Theorie und noch mehr Praxis des A.es, im späten Mittelalter oft Gegenstand der → Gravamina und Reformbestrebungen, schließlich im *A.streit* zum äußeren Anlaß der Reformation → Luthers wurden, daß dessen 95 Thesen von 1517 ein solches Echo fanden, »ist im höchsten Sinne symbolhaft und Ausdruck historischer Vergeltung. Denn alle Zersetzung in der damaligen Kirche hatte ihren Hauptgrund im Fiskalismus der Kurie, die ihn gründlich mit Simonie befleckt hatte. Hier bietet die Kurie gegen Geld eine kanonisch verbotene, religiös-seelsorgerlich unverantwortliche Kumulierung einem jungen, wenig geistlichen Menschen in der Hoffnung auf politische Vorteile; sie macht außerdem den A. zum Tauschobjekt in einem Großhandelsgeschäft. Ausführendes Organ dieses Handels zwischen dem Verwalter der durch Christi Blut erworbenen Verdienste und einem weltlichen Kirchenfürsten ist eine Bank: schroffer konnte die Verkehrung sich selbst nicht darstellen« (J.Lortz aaO 199). Allerdings richtete sich Luthers Einspruch nicht nur gegen den Fiskalismus der Kurie und die heute allgemein zugestandenen Mißbräuche des damaligen A.handels, sondern gegen die der A.theorie und -praxis zugrunde liegende Gesamtauffassung, dh gegen die Vergegenständlichung und Verrechenbarkeit der Buße und des Werkes Christi. Das kommt in seinen Resolutiones von 1518 (BoA I, 15–147) voll ans Licht. Die in der heutigen kath. Geschichtsschreibung so stark betonte Unklarheit vor allem über die Reichweite der A.e ist auch durch die Lehrentscheidung Leo X. (in einem von Cajetan veranlaßten und an ihn gerichteten Schreiben vom 9.11.1518; Denz. 740a) keineswegs wirklich behoben. Vielmehr wird dort die Zuwendung von A.en für Verstorbene einfach als der Tradition entsprechend bestätigt und in der von Cajetan stammenden Erläuterung als wirksam nicht via justitiae, sondern misericordiae Dei erklärt, damit aber weder exegetisch

noch dogmatisch ernsthaft begründet. Auch das → Tridentinische Konzil hat zwar die Abstellung gewisser Mißbräuche dekretiert, aber andererseits die »Vollmacht, A.e zu gewähren«, als »von Christus verliehen« behauptet und diejenigen exkommuniziert, »die behaupten, sie seien unnütz, oder die die Vollmacht ihrer Verleihung in der Kirche leugnen« (Denz. 989). Auch die heutigen kath. Dogmatiker kommen von einer stark apologetischen, recht allgemein gehaltenen Behandlung der A.frage nicht los. Neuerdings drängen verschiedene kath. Forscher (Poschmann, K.Rahner) auf eine Abkehr von der herkömmlichen, stark juridischen Betrachtung und eine mehr dogmatische und religiöse Wertung des A.es; wieweit sie sich damit durchsetzen werden, bleibt abzuwarten.

TH.DU SAINT-ESPRIT, Tract. dogmatico-moralis de indulgentiis, Rom 1743 - RE IX 76 ff - N.PAULUS, Geschichte des A.es im MA, 3 Bde 1922f - DThC VII, 1594 ff - RGG[3] I, 59 ff - FRZ.BERINGER, Die A.e, ihr Wesen u. ihr Gebrauch, 1930[15] - LThK I, 32 ff - L.KOGLER, Bußsakramant u. A., 1931 - J.A.JUNGMANN, Die lat. Bußriten in ihrer geschichtl. Entwicklung, 1932 - A.LEGRAND, Florilegium sive fasciculus precum et indulgentiarum, Brüssel 1941[3] - B.POSCHMANN, Die abendländische Kirchenbuße im Ausgang des christl. Altertums, 1932 - DERS., Der A. im Lichte der Bußgeschichte (Theophaneia 4), 1948 - DERS., Buße u. letzte Ölung (Handb. der DG, hg.v. M. G. SCHMAUS, J.GEISELMANN, H.RAHNER, Bd 4, Fasc. 3), 1951; zu B. Poschmann: K.RAHNER, Bemerkungen zur Theologie des A.es (ZKTh 71, 1949, 481-490 = Schriften zur Theol. Bd II, 1955, 185 bis 210); P.GALTIER, Les indulgences, origine et nature (Gregorianum 31, 1950, 258-274); H.KARPP, Buße u. A. im Altertum u. MA (ThR NF 21, 1953, 121-136) - P.GALTIER, De Paenitentia, Rom 1950[9] - M.SCHMAUS, Kath. Dogmatik IV, 1, 1952, § 272 - Enchiridion indulgentiarum, 1952 - BARTH, KD IV, 2, 640 ff - EKL I, 32 ff. - Zum A.streit: W.KOEHLER, Dokumente zum A.streit (SQS II, 3), 1934[2] - J.LORTZ, Die Reformation in Deutschland I[3], o. J., 194 ff.

K.G.Steck

Åbo. Turku, auf schwedisch Åbo, die alte Hauptstadt → Finnlands, liegt an (früher weiter oberhalb) der Mündung der Aura in die Ostsee. Der Name Aboa wird schon 1154 im Geographiebuch des Arabers Al-Idrisi erwähnt. Turku bedeutet Marktplatz (schwedisch: torg). 1229 kann als ihr eigentliches Gründungsjahr bezeichnet werden, in dem der Grundstein des Domes gelegt wurde, der während des 14. und 15.Jh.s zu einer gotischen Backsteinkirche ausgebaut und zum Nationalheiligtum und geistigen Zentrum des mittelalterlichen Finnlands wurde. In ihm sind die Bischöfe und später Feldherren und Bürger der Stadt beigesetzt (auch die Königin Karin Månsdotter, Gemahlin Erichs XIV.). Das Schloß, um 1280 gegründet, ist eine der größten Burgen des nordischen Mittelalters; die Vorburg stammt aus dem 16.Jh. Seine größte Blüte erlebte es zur Zeit Herzog Johanns, späteren Königs von Schweden, der hier mit seiner Gattin Katharina Jagelonica von Polen ein glanzvolles Hofleben führte.

Von grundlegender Bedeutung war für A. die Zeit des Grafen Per Brahe im 17.Jh. Mit Gründung der Åbo Akademi 1640 erhielt Finnland eine Universität, deren wichtigste Fakultät anfangs die theologische war. Bedeutende Lehrer waren der streng orthodoxe E.Svenonius, dessen Gutachten auch von deutschen Universitäten eingefordert wurden, und J.Terserus, später Bischof von A., der des Synkretismus beschuldigt wurde. Im 18.Jh. herrschte an der Akademie eine gemäßigte Aufklärungstheologie. Gleichzeitig trat das Interesse für Naturwissenschaft und Geschichte (Hauptvertreter: H. G.Porthan) in den Vordergrund. Ein tüchtiger Kirchenhistoriker war J.Tengström, der erste Erzbischof Finnlands.

Nach einem verheerenden Brand im Jahre 1827, der beinahe ganz A. zerstörte, wurde die Universität nach der neuen Hauptstadt Helsingfors (→ Helsinki) verlegt. A. wurde wieder aufgebaut und entwickelte sich nun zu einer bedeutenden Handels- und Industriestadt. Bis heute ist A. die kirchliche Hauptstadt Finnlands und Sitz des Erzbischofs. Ein Zehntel der Bevölkerung spricht schwedisch.

Nach dem 1. Weltkrieg entstanden in A. zwei Universitäten: eine finnische (Turun Yliopisto) und eine schwedische (Åbo Akademi). Letztere erhielt 1924 durch eine Donation der Frau Anna v.Rettig eine theologische Fakultät, die dieselben Examensrechte wie die Fakultät der Staatsuniversität besitzt. Ihre ersten Professoren waren Theologen aus Schweden (J.Lindblom, T.Bohlin, und Y. → Brilioth). Auch später haben an der Fakultät neben einheimischen Lehrern Reichsschweden gewirkt. Die Fakultät in A. hat zur Stärkung der Beziehungen zwischen der Theologie und Kirche in Finnland und Schweden beigetragen. An ihr werden besonders Pfarrer für die schwedische Diözese in Finnland ausgebildet.

O.NIKULA-L.-I.RINGBOM, Åbo i går och i dag, 1947 - Vid Åbodomens fot 1914-1949 (Festskrift utg. av Teol. fakulteten vid Åbo Akademi), 1949.

W.A.Schmidt

Abraham

1. Name - 2. Die A.erzählungen der Genesis und ihre traditionsgeschichtliche Entwicklung - 3. A. im übrigen AT und Judentum - 4. A. im NT

1. A. ist in der Bibel der älteste der drei Erzväter. Der *Name* »Abraham«, nach Gen 17, 5 P volksetymologisch gedeutet als »'ab hamôn = Vater eines Getümmels (von Völkern)«, ist (aramäisch) zerdehnte Nebenform von Abram = Abiram Num 16, 1 u.ö. und gilt nach Gen 17, 6 als der von Gott verliehene Ehrenname des Verheißungsträgers, der zuvor – nachträglich auch in den älteren Quellen – »Abram« genannt ist. Der Name, der in seinen verschiedenen Formen in Babylonien (abi-rami) und Ägypten (abu-reheni ANET 329, Note 9; abram ANET 242) vorkommt, ist ein Personenname nordsemitischer Bildung mit 'ab als theophorem Element und bedeutet als hymnisches Bekenntnis »der Vater (Gott) ist erhaben«. Er stammt aus dem Bereich einer Sippenreligion und setzt ein Verwandtschaftsverhältnis zwischen der Gottheit und ihren Verehrern voraus. Dies spricht gegen die Versuche, A. als ehemalige Göttergestalt zu verstehen und den Ursprung der A.tradition in der Mythologie zu suchen.

2. Da keines der außerbiblischen Zeugnisse in Beziehung zur biblischen A.gestalt steht, sind wir auf die *A.erzählungen* von Gen 11, 10 - 25, 10 als einzige Quelle angewiesen. Ihr relativ einheitliches Bild A.s als des bewährten Urbilds des Glaubensgehorsams (Röm 4, 11 ff) ist das Ergebnis der Ausgestaltung und Komposition der Genesisquellen J E P, die selbst wieder Endstufen einer langen, mündliche und schriftliche Überlieferung umfassenden Entwicklung darstellen, in deren Verlauf die A.gestalt Erzählungen verschiedener Herkunft und Ausrichtung auf sich gezogen hat. So finden sich ethnologische Traditionen über Entstehung und Beziehungen von Völkern in 16, 12; 19, 30 ff und den Stammeslisten 22, 20 ff; 25, 1 ff, volksetymologische Motive in 16, 11. 14; 17, 5; 19, 20 ff; 21, 6. 31, geologische in 19, 24 ff. Aus kultischer Überlieferung stammen die Theophanieerzählungen in 15, 1 ff; 16, 13; 18; ebenso die lokalen Kultstiftungssagen 12, 7f; 14, 18 ff; 21, 33; 17, 9 ff; 22. Kulturbeziehungen zu den Nachbarn liegen in 12, 9 ff; 20, 1 ff, in der Lot-Sodom-Sage und in 21, 22 ff zugrunde. Zum tragenden Grundmotiv der gesamten Vätersage sind die wiederholten Verheißungen von Nachkommen und Land erhoben (12, 1 ff; 13, 14 ff; 15, 5. 18 ff; 17, 1 ff; 18, 10 ff; 22, 15 ff). Verbindungsstücke, die die älteren Einzelerzählungen zum Ganzen der A.-

geschichte verklammern, sind 18, 16ff; 19, 27f; 22, 20ff. Die Verknüpfung dieser verschiedenen Traditionen mit der A.gestalt, oft durch verwandtschaftliche Beziehung hergestellt, ist nicht überall gleichmäßig und ursprünglich. So sind zB die Erzählungen vom Brunnenstreit in Beerseba 21, 22ff und von der Gefährdung der Ahnfrau 12, 9ff; 20, 1ff aus der Isaakerzählung (26) nachträglich auf A. übertragen. Auch die Ismaelgeschichte (16. 21) gehörte einst in den Bereich der Isaaktradition. Die Kultnotizen vom Altarbau und der Proklamation des Jahwenamens in Sichem und Bethel 12, 6. 8; 13, 4 gehen auf die urtümlicheren ausführlichen Jakobsgeschichten 28; 33, 18ff; 35, 1ff zurück; in der auffallenden Hervorhebung des Segens (12, 1ff) scheint das Grundthema der älteren Jakoberzählungen variiert auf A. übertragen zu sein. Die Lot-Sodom-Erzählung dürfte ursprünglich eigenständiges Traditionsgut gewesen sein, ehe sie mit der A.erzählung verwoben wurde und sekundäre Erweiterungen 19, 30ff; 14, 1–13 erfuhr. Die Ausgestaltung der dreigliedrigen Erzväterreihe durch die genealogische Verknüpfung A.s mit Isaak und Jakob ist ein traditionsgeschichtlich relativ später Vorgang, der den Zusammenschluß der verschiedenen Träger der einzelnen Vätertraditionen zu einem Ganzen voraussetzt und kaum vor der Zeit Davids abgeschlossen war. Die in diesen Zusammenhang gehörige Geschichte von der Brautwerbung für Isaak (24) weist sich durch ihren breit ausgeführten novellistischen Stil auch literargeschichtlich als Spätprodukt aus. Als Nachtrieb ist die lose angehängte Liste 25, 1ff zu beurteilen, die einige südpalästinische und westarabische Stämme auf A. als Ahnherrn zurückführt.

Angesichts dieses Zusammenwachsens der A.tradition und des zeitlichen Abstands der Erzählungen von dem Erzählten ist es unmöglich, ein historisches Bild vom Leben und der Gestalt A.s zu zeichnen. Selbst die genauen chronologischen Angaben bei P helfen nicht weiter, da sie zu unmöglichen Folgerungen führen, so daß zB Sara mit 75 Jahren als begehrenswerte Frau erscheint (20, 1ff) und Ismael, den seine Mutter auf der Schulter trägt 21, 14, nach der Rechnung von P schon 17 Jahre alt gewesen sein müßte. Auch die verschiedenen Versuche, aus Gen 14 das »Zeitalter A.s« durch Synchronismen mit den dort genannten Ostkönigen zu bestimmen, haben zu keinem einwandfreien Ergebnis geführt (→ Amraphel). Mit der Einordnung der Väter in die Zeit *vor* dem Auszug aus Ägypten und der Landnahme scheint die biblische Erzväterüberlieferung insofern im Recht zu sein, als der kulturelle Hintergrund des Weidewechsels (13, 1ff; 20, 1ff) auf die Vorstufe der eigentlichen Landnahme hinweist. Inwieweit die Einwanderung A.s aus dem Osten (P: Ur Kasdim 11, 28ff; J: Haran 24, 4f; 29, 4f; E: Jenseits des Euphrat Jos 24, 2) auf die aramäische Wanderung hinweist, in deren Zug die Vorfahren Israels nach Palästina gelangt sind, muß dahingestellt bleiben, da → Aramäer in Mesopotamien erst in den letzten Jahrzehnten des 2. Jt.s nachzuweisen sind, und die geschichtliche Erinnerung an aramäische Verwandtschaft (Dt 26, 5) sich später auf die dortigen Aramäer ausgeweitet haben und einen ähnlichen Anachronismus darstellen könnte wie die Erwähnung von Dan in Gen 14, 14 oder der Philister in 26, 1.

Immerhin läßt sich von der Traditionsgeschichte her die Entwicklung der A.überlieferung in einzelnen Stufen soweit erkennen, daß die geschichtlichen Hintergründe ihrer Ausgestaltung an einigen Punkten greifbar werden. Nachdem die Auffassung der Erzväter als ursprünglicher Götter oder fiktiver Stammeseponymen oder Märchengestalten sich nicht durchgesetzt hat, ist man heute geneigt, in ihnen geschichtliche Einzelpersonen zu sehen, die nach der These von Alt (Der Gott der Väter) in der vorstaatlichen Zeit als Offenbarungsempfänger und Kultstifter zunächst für ihre Sippe Bedeutung gewannen. Dieser ersten Stufe der Traditionsbildung scheinen Reste von Gen 15 mit der Nachkommen- und Landverheißung zuzugehören. Die noch nicht lokalisierte Kultsage setzt vielleicht eine Lage vor der Wanderung A.s nach Kanaan voraus. Als nächste Stufe erscheint die Bindung der A.-tradition an Hebron (18), die vermutlich mit der Landnahme kalebitischer Sippen als Traditionsträger zusammenhängt und die Pflege der Vätergottkulttradition am Mamre-Heiligtum (→ Hebron) und Verschmelzung der dortigen Gottheiten (18, 2ff) mit dem Gott A.s zur Folge hatte. Von da aus erklärt sich die Ausweitung der A.tradition nach dem Süden, die Aufnahme der Lot-Sodom-Geschichte und der in → Beerseba heimischen Isaak-Ismael-Überlieferung in den Kreis der A.erzählung (s. o); ferner die wachsende Bedeutung der A.tradition im Zusammenhang mit der Entstehung des Stämmeverbands Juda, der die A.tradition übernahm und an sich selbst die A.-verheißungen erfüllt sah. Durch die Zugehörigkeit Judas zum Zwölfstämmebund Israels ergab sich die Möglichkeit der genealogischen Zuordnung A.s zu den beiden anderen Erzvätergestalten und ihrer Beziehung zum gesamtisraelitischen Jahwebund (15, 18), die in der Absorption des Vätergottes durch Jahwe ihre beherrschende theologische Ausrichtung erfuhr, so daß die nunmehr auf die »Landnahme« bezogene A.verheißung zum Grundmotiv der heilsgeschichtlichen Tradition wurde (Gen 28, 4; Ex 2, 24; Dt 1, 8 u.ö.; 2Kön 13, 23). Wie weit dieser Prozeß, zu dem auch die Übertragung von Isaaktraditionen auf A. (s.o.) gehört, sich noch im vorliterarischen Stadium vollzog, bleibt ungewiß. Das in den universal-eschatologischen Rahmen eingeordnete und erzählerisch abgerundete Bild des von Gott erwählten A. (Gen 12, 1ff) als »gelebte Verheißung« (Buber) und sittlich-religiöses Urbild (13, 2ff; 18, 1ff; 26, 5) ist jedenfalls das Werk des Jahwisten, der es um weitere Züge (12, 6–8) und verbindende Erzählungen bereicherte (24) und dem A. als Lehrer (18, 19) und Fürsprecher (18, 23ff) besondere Autorität zuspricht. So gewann die A.-tradition ihr überragendes Gewicht, das sich von dem Hintergrund der davidisch-salomonischen Epoche aus erklärt.

Die Weiterbildung der A.tradition im Sinne einer Idealisierung zeigt sich auch in der nur bruchstückhaft erhaltenen elohistischen Schicht. In Gen 20 wird A. gegenüber Kap. 12 von dem Vorwurf der Lüge gereinigt und als Prophet bezeichnet, dessen Fürbitte bei Gott gesteigerte Geltung hat. In 21, 12f gibt A. nicht wie in 16, 6 seiner Frau aus Schwäche nach, sondern im Gehorsam gegen Gott. Als bewährtes Vorbild des Glaubens (15, 6) erscheint er in der aus einer lokalen Kultsage ausgebauten Versuchungsgeschichte von unerreichter religiöser Tiefe (22), an deren Ende die elohistische A.tradition mit der feierlichen Wiederaufnahme der universalen Verheißung abgeschlossen wird.

Die Priesterschrift bietet unter Vermeidung aller Anstöße nur ein Gerippe der A.tradition, das durch eine Chronologie (s.o.) verklammert, lediglich beim Stammbaum (11, 10ff), bei der Einsetzung des Beschneidungsbundes (17) und beim Kauf des Erbgrabes (23), dem Haftpunkt der späteren Patriarchengrabtradition, einer breiteren Darstellung Platz macht. Die Bezeichnung A.s als »Gottesfürst« 23, 6 spiegelt das steigende Maß der Würdigung A.s in der Spätzeit. Dies gilt auch von dem rätselhaften, in keine der Pentateuchquellen einzuordnenden Kap. 14, das in der midraschartig ausgestalteten Erzählung vom Kriegszug A.s gegen die Ostkönige alte Namen verwertet und in der Begegnung mit → Melchisedek auf eine vorisraelitische Kulttradition der Stadt Jerusalem zurückzugreifen scheint, aber sich immer noch einer hinreichenden Erklärung entzieht.

3. Ähnliche Tendenz zeigt sich auch in dem *Weiterleben der A.tradition* außerhalb der A.geschichten der Genesis. A. gilt vor allem als Träger der Segens- und Bundesverheißungen (Gen 26, 3 ff. 24; 28, 4; Ex 6, 8; 33, 1; Dt 1, 8; 6, 10; 9, 5; Ez 33, 24; Jes 51, 2; Ex 2, 14; 2Kön 13, 23; Ps 105, 9ff; Neh 9, 7f), in Jes 51, 2 als »Vater« Israels, das sich »A.s Same« nennt (Jes 41, 8; Jer 33, 26; Ps 105, 6) oder sich in A. verkörpert sieht (Jes 29, 22; 63, 16; Mi 7, 20). A. ist das Urbild des Glaubensgehorsams (Gen 26, 5), dessen Gestalt sich immer mehr zum Vorbild des vollkommenen, gesetzestreuen Gerechten (Sir 44, 20ff; 1Makk 2, 52; OrMan 8; Jub 23, 10) verklärt. Er heißt der »Knecht« Jahwes (Gen 26, 24; Ex 32, 13), der »Gottesfreund« (Jes 41, 8; 2Chr 20, 7), dem man nach Jes 63, 15 f geradezu göttliche Funktionen zugetraut zu haben scheint. Von der Wallfahrt zu seinem Grab berichtet Josephus (Bell 4, 531 f); eschatologisch ist der Glaube an die Verdienste A.s für die Frommen, die hoffen, mit A. zu Tische liegen (Mt 8, 11) oder in A.s Schoß ruhen zu dürfen (Lk 16, 22ff). Die spätjüdische Legende hat das A.bild um Züge verschiedener Herkunft bereichert. In der ApkAbr ist er der erste Monotheist, der sich durch den Götzendienst und Gestirnkult seiner Familie (Jos 24, 2) zum wahren Glauben durchgerungen, und nach Philo (Vita A. 52-54) der Philosoph, der das griechische Tugendideal verkörpert und sich mit der chaldäischen und griechischen Weisheit auseinandergesetzt hat.

4. Im *NT* ist die Bedeutung A.s anerkannt (Mt 8, 11; Lk 16, 22ff; Joh 8, 39), aber der Verherrlichung A.s eine Schranke gesetzt: Christus steht weit über A. (Joh 8, 52ff; vgl. auch die allegorische Auslegung von Gen 14, 18 ff in Hebr 7). Auch die A.skindschaft der Juden wird nicht bestritten (Lk 13, 16; 16, 24; 19, 9; Röm 11, 1 f; 2Kor 11, 22; Hebr 2, 16), wohl aber ihr daraus abgeleiteter Anspruch (Mt 3, 9; Lk 16, 26; Joh 8, 33 ff). In dem vorbildlichen Glaubensgehorsam A.s (vgl. Jak 2, 21 ff) sieht Paulus den Beweis für die Rechtfertigung aus dem Glauben (Röm 4, 1 ff; Gal 3, 6ff; vgl. Hebr 11, 8ff); er vergeistigt die Idee der A.skindschaft und überträgt sie auf die Christen als die wahren Träger der A.verheißungen (Röm 9, 7f; Gal 3, 3. 7. 29; 4, 22ff; vgl. Hebr. 2, 16; 6, 12ff; Jak 2, 21).

Kommentare zur Gen - ED.MEYER, Die Israeliten u. ihre Nachbarstämme, 1906, Reg. - H.GRESSMANN, Sage u. Geschichte in den Patriarchenerzählungen (ZAW 30, 1910, 1-34) - R.KITTEL, GVI I, § 21-28 - A.ALT, Der Gott der Väter (BWANT III, 12, 1929 = Alt I, 1-78) - E.P.DHORME, Abr. dans le cadre de l'histoire (RB 37, 1928, 367-386. 481-511; 40, 1931, 364-374. 503-518) - A.ALT, Erwägungen über die Landnahme der Israeliten in Palästina (PJ 35, 1939, 8-63 = Alt I, 126-175) - R.DE VAUX, Les patriarches hébreux et les découvertes modernes (RB 53, 1946, 321-348; 55, 1948, 321-347; 56, 1949, 5-36) - C.A.SIMPSON, The Early Traditions of Israel. A Critical Analysis of the Pre-deuteronomic Narrative of the Hexateuch, 1948 (dazu O.Eißfeldt, BZAW 71, 1950) - NOTH, ÜPent, 120-127. 162 bis 171 - H.H.ROWLEY, Recent Discovery and the Patriarchal Age (BJRL 32, 1949, 1-38) - A.JEPSEN, Zur Überlieferungsgeschichte der Vätergestalten (WZ Leipzig 3, 1953/54, 265-281) - M.BUBER, Sehertum, 1955, 11-45 - C.A.KELLER, Über einige Heiligtumslegenden, (ZAW 67, 1955, 141-168). - Zu 3: SCHÜRER, Reg. - BOUSSET, Rel., Reg. - Zu 4: ThW I, 7-9. *A.Weiser*

Abraham a Sancta Clara, eigentlich Johann Ulrich Megerle, aus Kreenheinstetten in Baden (1644-1709). Aus ärmlichen Verhältnissen stammend, stieg er zu hohen kirchlichen Ämtern und Würden auf. Besuch der Gymnasien in Ingolstadt und Salzburg, 1662 Eintritt ins Kloster der Augustiner-Barfüßer in Maria-Brunn bei Wien; Priesterweihe 1668; seit 1672 mit Ausnahme einer Unterbrechung in Graz (1683-88) und dreier Romreisen (1686, 1689, 1692) bis zu seinem Tode im Mutterkloster tätig. 1677 von Leopold I. zum kaiserlichen Prediger ernannt, 1680-83 Prior in Wien, 1689 Provinzial der deutsch-böhmischen Ordensprovinz, 1692 Definitor provinciae. Obwohl an die Voraussetzungen katholisch-volkstümlichen Aberglaubens gebunden, ist er infolge seiner umfassenden Welt- und Menschenkenntnis und Aufrichtigkeit zu einem Sittenprediger und Volksschriftsteller ersten Ranges geworden. Beredsamkeit und sprachschöpferische Begabung machten ihn zum hervorragendsten Kanzelredner des süddeutschen Barock. Seine Schriften sind eine Quelle für die sittlichen und kulturellen Zustände seiner Zeit; zahlreiche Schwänke und Anekdoten tauchen bei Schriftstellern und Dichtern späterer Zeit auf.

Mercks Wien, 1679 (Pestjahr); Lösch Wien 1680; Auf, auf, ihr Christen, 1683 (Vorbild für die Kapuzinerpredigt in Schillers »Wallensteins Lager«); Judas der Erzschelm, 4 Bde 1686-95; Etwas für alle, 1699. - Ges. Werke, 21 Bde 1834-54 (kaum brauchbar). Ausgewählte Werke v. H.STRIGL, 6 Bde 1904-07; die von K.BERTSCHE hg. Werke s. in dem Nachruf auf Bertsche von K.VANCSA (Unsere Heimat, Monatsbl. d. Vereines f. Landeskunde v. Niederösterreich und Wien 18, 1947, 39-41) - LThK I, 41f - W.KOSCH, Das kath. Deutschland. Biograph.-bibliogr. Lexikon, I, 1933 (Lit.) - K.BERTSCHE, Allerhand Neues über A. a S. Cl. (Freiburger Diözesanarchiv 67, 1940, 217-226) - F.LOIDL, A. a S. Cl. als Vorkämpfer f. deutsche Art wider Türken u. Fremdländerei (Unsere Heimat 14, 1941, 1-16. 45-56) - DERS., A. a S. Cl. u. das Judentum, 1941 - J.KÖRNER, Bibliogr. Handbuch d. deutschen Schrifttums, 1949³, 180 (Lit.) - NDB I, 21f (Lit). *G.Mecenseffy*

Abraham Ekchellensis, * in Ekchel (Syrien), † 1664 in Rom, studierte am Maronitenkolleg, nach kurzer Tätigkeit in der Heimat und in Pisa Lehrer des Syrischen und Arabischen am Propagandakolleg. Bearbeitete in Paris 1640-42 die syr. und arab. Version der Polyglotte von Le Jay und lehrte 1645-53 an der Sorbonne orientalische Sprachen. Unter → Allatius Skriptor der Vaticana, förderte er mit ihm die Union der Orientalen mit Rom. Gegen den Presbyterianismus des John → Selden verteidigte er Episkopat und Papsttum.

RE I, 112f - DHGE I, 169ff (Bibliogr.) - DThC I, 116ff - EC I, 127 (Lit.). *H.Liebing*

Abraham-Apokalypse. Anfang des 2.Jh.s nChr hebr. oder aram. verfaßt und leicht christlich überarbeitet (29), ist die ApkAbr in slaw. Übersetzung aus dem Griech. erhalten. Einleitend berichtet sie über Abr.s Abkehr vom Götzendienst unter Erwähnung der Götzen Marumat »Betrug« und Barisat »Sohn des Feuers« (1-8). Die eigentliche ApkAbr eröffnet ein Midrasch zu Gen 15 (9-14). Im Hauptteil mit Ez 1; 10; Jes 6 als Spekulationsbasis wird Abr. durch Jaoel (auch Gottesname) in den 7. Himmel geleitet. Hier erlebt er ein »starkes Licht«, schaut »im Bilde« Vergangenheit und Zukunft, besonders die »vier Exile«, und sieht Adam und Eva mythisch-übermenschlich, wie sie durch Asasel, das Gegenstück zu Jaoel, zur Ehe verführt sind. Die ApkAbr fußt auf älteren jüd. Traditionen und hat u.a. Beziehungen zur Angelologie der → Qumran-Texte (, 4) und zur → Gnosis (: I).

N.BONWETSCH. Die ApkAbr, 1897 - SCHÜRER III, 336 ff - G.H. BOX, The Apocalypse of Abr., London 1919 - RIESSLER. 13 ff - JewEnc I, 91 f - EJud I, 548 ff - H.CH.PUECH-G.QUISPEL-W.C. VAN UNNIK (ed. FR.L.CROSS), The Jung Codex, London 1955, 70 ff. *Rud.Meyer*

Abrahamiten, auch *Israeliten*, wurden im Böhmen der Toleranzzeit tschechische Proselyten des Tores (→ Mission: II) genannt, die seit 1746 in und um Neu-Bidschow, im Gebiet von Chlumec und später in Pardubitz gruppenmäßig auftauchen. Ihr erstes Zentrum war in Žiželice, ihren Führer fanden sie in Jan Pita, Schneider aus Chudonice. Nach Pitas und anderer Hinrichtung 1748 wurde auch der Bidschower Rabbiner Mendel wegen Proselytenmacherei 1750 in Prag zum Tod verurteilt. Die Sekte lebte jedoch weiter und erhob, besonders 1775 in Verbindung mit dem Bauernaufstand in Ostböhmen, vor und nach dem Toleranzpatent von 1781 (→ Joseph II.) wieder ihr Haupt. Ein Hofdekret vom 9.8.1782 forderte daraufhin von allen, die sich Israeliten nannten, die Beschneidung. Da sich die A. weigerten, wurden sie mit den Deisten, zu denen sie jedoch nicht gehörten, zur Auswanderung genötigt und zogen, über hundert, im März 1783 nach Ungarn und Siebenbürgen. Es besteht keine direkte Verbindung der A. mit den geheimen Resten des tschechischen Protestantismus der Zeit vor 1620, aber das protestantische Verlangen nach der Bibel konnte, nachdem diese dem Volk genommen worden war, zur Synagoge drängen, die das AT behalten durfte. Die A. gehören, phänomenologisch betrachtet, zur böhmischen Religionsschwärmerei der Zeit der Akatholikenverfolgung. Ihre »superstitio iudaica« hielt am Glauben Abrahams vor der Beschneidung (unter Berufung auf Röm 4, 10), am Dekalog, am Gebet des Manasse und zT am Vaterunser fest. Ihr strikter Monotheismus war talmudisch gefärbt und lehnte jede christliche Christologie ab. Jüdische Sitten (Sabbat, Schweinefleischverbot) wurden angenommen, jedoch nicht die Beschneidung.

WINNKOPP, Von den sog. A., Adamiten oder Deisten in Böhmen (Ephemeriden d. Menscheit oder Bibl. d. Sittenlehre, d. Politik u. d. Gesetzgebg., Leipzig 1783, 69-84) - J.PROKEŠ, Das Ghetto zu Neu-Bidschow u. d. sog. Sekte d. Bidschower Israeliten (Jahrb. d. Ges. f. Gesch. d. Juden i. d. Tschechoslov. Rep., Prag, 1936, 147-308) - J.MOŠTĚK, Sekta tak zvanych Izraelitu v severovychodních Cechách, Olmütz 1938. *A.Molnár*

Abraham-Testament bietet eine Legende über Abr.s Tod und ist zweifach griech., ferner slaw., rumänisch sowie kopt., arab. und äthiop. überliefert; doch ist keine dieser Rezensionen mit der wohl hebr. bzw. aram. Vorlage identisch. Nach TestAbr versucht der Engel Michael vergeblich, Abr. abzuberufen; erst der Thanatos (= Todesengel Samael) bewirkt seinen Tod, indem er sich von ihm die Hand küssen läßt. Vorher schaut Abr. auf einer Himmelsreise die Welt (griech.Rez. A 9-14). Hierbei begegnet das Zwei-Wege-Motiv mit Adam am Scheidewege, der die Gottlosen beklagt, ferner die Seelenwaage und Abel als Totenrichter. Das TestAbr erinnert an die jüdische Legende von → Moses Tod. Wohl im 2.Jh. nChr verfaßt, ist es - bei christlicher Überarbeitung - jüdischer, nach Kohler essenischer, nach James judenchristlich-ägyptischer Herkunft.

M. R.JAMES, The Testament of Abr., Cambridge 1892 - G.H.BOX, The Testament of Abr., London 1927 - RIESSLER, 1091 ff - K.KOHLER, The Apk. of Abr. (JQR 7, 1895, 581-606) - SCHÜRER III, 338f - JewEnc I, 93 ff - EJud I, 561 ff. *Rud.Meyer*

Abrenuntiatio diaboli, der in ausgebildeten Taufliturgien (außer der nestorianischen) dem → Exorzismus (: III) gegenüberstehende Akt des *erwachsenen* Täuflings, war und ist sachlich als persönliche Absage an den Satan und den als seinen Bereich erkannten Götterkult sinnvoll, während ihre Beibehaltung bei der Taufe von Kindern christlicher Eltern, wie sie nach dem Vorgang der kath. Kirche auch bei Luther und in luth. Agenden vorliegt, theologisch schwer zu rechtfertigen ist. - Zu Ursprung und Geschichte, zur heutigen Praxis, zur Missionssituation → Taufe V. VI. VII. - Vgl. → Abjuratio.

RE I, 119f - RIETSCHEL-GRAFF, 534ff. 583ff - J.KIRSTEN, A.d., eine Untersuchung zur Bedeutungsgesch. des altkirchl. Taufrituals (Diss. Heidelberg), 1952 (Lit.) - J.BECKMANN, Die kirchl. Ordnung der Taufe, 1950 - Ordnungen der Taufe (Agende für ev.-luth. Kirchen u. Gemeinden, Vorabdr. aus Bd 3), 1952, 59ff. *E.Kutsch*

Absalon *von Lund* (ca 1128-1201), aus der Familie Hvide, der mächtigsten des Landes. Ausgebildet in Paris, wo er die gregorianische Reformbewegung kennenlernte, wurde er 1158 Bischof von Roskilde, 1178 Erzbischof von Lund. Als nächster Mitarbeiter und Freund des Königs Waldemar und besonders unter Knud VI. (1182-1202) übte A. bestimmenden Einfluß auf die Politik aus. Er reorganisierte das Heer (»Ledingen«), bezwang die wendischen Seeräuber und befreite das Land von der deutschen Lehenshoheit. Kirchlich war er der große Brückenbauer zwischen dem extremen Gregorianismus, repräsentiert durch → Eskil von Lund, und der nationalen Politik des Königs. Er förderte die neuen Mönchsorden (→ Viktoriner, → Zisterzienser und → Kartäuser) und arbeitete für Uniformität im Kultus (neue Ausg. des dän. Breviars). Zu seinen besonderen Verdiensten gehört, daß er → Saxo Grammaticus zur Abfassung der »Gesta Danorum« veranlaßt hat.

H.OLRIK, A., I. II, 1908/09 - C.WEIBULL, Hist. Tidsskrift f. Skaaneland 6, 1915/16; 7, 1917/21 - P.NØRLUND-C.M.SMIDT, Sorø, Klosteret, Skolen, Akademiet I, 1924 - SCHULTZ' Danmarkshistorie I, 1941, 656ff. *Hal Koch*

Absolute, *das*. Alles wissenschaftliche Erkennen (→ Wissenschaft) sucht im einzelnen das Allgemeine, hinter dem Abhängigen das Unabhängige, hinter dem Zufälligen das Notwendige, hinter dem Bedingten das → Unbedingte, hinter dem Relativen ein A.s. Aber der absolute Abschluß enthüllt sich fortgesetzt als falsche Verfestigung von Abstraktionen. In der → Philosophie wird der Begriff des A. auf das Ganze der Erkenntnis (→ Erkennen) bezogen. Er gewinnt infolgedessen den Sinn des Ursprungs und speziell in der → Ontologie die Bedeutung des alles Seiende grundlegenden → Seins. So vertrat → Parmenides gegenüber dem πάντα ῥεῖ des → Heraklit ein Verständnis des Seins, von dem er jegliche Relation und Bedingung fernhielt. Das aber ist der Begriff des schlechthin Unbedingten, eben des A.n: Indem → Plato als die → Idee des Guten das bezeichnete, was jenseits des Seins (ἐπέκεινα τῆς οὐσίας) liegt, in dem als ἀνυπόθετον schlechthin alles gründet, wurde für ihn das Gute zum A.n, in dem die Stufenfolge aller Wesen und Erkenntnisse gipfelt. Die metaphysische → Spekulation des → Aristoteles statuiert einen unbewegten Beweger, der frei von jeder Potentialität ist und in welchem infolgedessen Denken und Gedachtes zusammenfallen, Subjekt und Objekt eins werden. Diese Philosophie des absoluten Geistes versteht Aktualisierung als Denken im höchsten Sinne. Im → Neuplatonismus nimmt dieses A. mit seinen Identifikationen bei gleichzeitiger ausdrücklicher Einbeziehung der platonischen Idee des Guten den Charakter einer schärferen Transzendenz an und unterliegt als das unwandelbare Eine (τὸ ἕν) dementsprechend stärker einer bloß negativen Bestimmung und der dieser eigenen → Dialektik. Die mittelalterliche Philosophie und Theologie sah ihre Aufgabe darin, das historisch vorliegende Verständnis des A.n mit dem theistischen Gottesbegriff (→ Theismus) zu verbinden. → Thomas von Aquino definierte den unbewegten Beweger als das höchste Prinzip, als actus primus et purus, als das ipsum suum esse von absoluter Einfachheit, in dem essentia und esse (Dasein) identisch sind. Dieses ipsum esse subsistens ist das A. Aber inzwischen hatte sich seit → Anselm von Canterbury vor allem auf Grund des Einflusses der arabischen (→ islamischen) Philosophie ein Begriff der Existenz entwickelt, wie ihn das Schöpfungsverständnis der → Offenbarung forderte, und dementsprechend brach notwendig die Kluft zwischen dem A.n der Antike und dem in radikal anderer Weise transzendent zu verstehenden Gottesbegriff der Offenbarung auf. Die Konsequenz dieser Differenz sollte erst von → Kant klar erkannt und formuliert werden. Die Fassung des A.n bei → Nikolaus von Kues, Giordano → Bruno und → Spinoza sind nur geringe Modifikationen des platonisch-aristotelisch-neuplatonischen Verständnisses. Die Verwendung des Substantivs »das A.« (absolutum) als eines philosophischen Terminus für Gott geht auf Nikolaus von Kues zurück.

Die Erörterung des → Unbedingten als des gemeinsamen Titels der transzendentalen Vernunftbegriffe (→ Vernunft) führte Kant auf den für die → Transzendentalphilosophie unentbehrlichen Ausdruck »absolut«. Der Terminus wird nach ihm auch oft gebraucht, »um bloß anzuzeigen: daß etwas von einer Sache *an sich selbst* betrachtet und also *innerlich* gelte«. Er selbst aber will sich des Wortes in der erweiterten Bedeutung bedienen und »es dem bloß komparativ oder in besonderer Rücksicht Gültigen entgegensetzen«; es soll ohne Restriktion gelten. Demnach bezieht sich der transzendentale Vernunftbegriff auf »die absolute Totalität in der Synthesis der Bedingungen«, dh auf das in jeder Hinsicht Unbedingte. Kant kennt drei Formen dieses Unbedingten, ein absolutes Subjekt, eine absolut erste Bedingung und ein absolut vollständiges System. Aber das A. in diesem Sinn bezeichnet nur negativ die Grenze des Begreifens, jedoch kein Begriffenes im Sinne eines Gegenstandes des Erkennens. Die → Metaphysik des A.n wandert nunmehr in die → Ethik ab. Im Gegensatz zu Kant vermochte der deutsche → Idealismus (: II) das A. des Unbedingten nicht als Grenzsetzung aufrechtzuerhalten. Er suchte es in und jenseits, aber nicht als Begrenzung der Erfahrung, und die Dialektik brachte die grundsätzlich möglichen Formen des A. für ein objektivierendes Denken ans Licht. So stellte J.G. → Fichte den Begriff des absoluten Ich als den Grundbegriff der theoretischen und praktischen Philosophie auf; → Schelling fand das A. anfangs in der Natur, später dagegen erkennt er die absolute Identität oder Indifferenz als das Ursein, aus dem auf Grund der Selbsterkenntnis dieses A.n der Gegensatz von Subjekt und Objekt hervorgeht. → Hegel endlich gibt in seiner Phänomenologie eine Auseinanderlegung des Seins, die sich als Exposition des A.n versteht; Logik ist die Dialektik des A.n, Philosophie enthüllt das Sichselbst-Begreifen des A.n, in welches das geschichtliche Werden hineingenommen ist.

Trotz seines Gegensatzes zu diesem Idealismus mit seinem absoluten Subjekt als der Totalität des Realen durchlief die Philosophie des Marburger → Neukantianismus epigonenhaft den Weg von Kant bis Hegel auch in seinem Verständnis des A.n. Auf Grund seiner nominalistischen Begriffsdialektik fand → Cohen im negativen Grenzbegriff des Noumenon die Positivität der Aufgabe, in der das A. als die ethische Forderung sich enthüllt. Aber in → Natorps Altersphilosophie führte die idealistische Tendenz zu einem Identitätssystem der »unbedingten Koinzidenz des unbedingt Individualen mit dem unbedingt Universalen«. Um des echten A.n willen gab er dem → Relativismus als dem Fluch des Säkulums den Abschied. Das echte A. überhaupt begründen wollen, heiße schon, es aufgeben. Es sei nur in radikalem Besinnen aufzudecken als letzte selbst voraussetzungsfreie Voraussetzung. Das A. ist identisch mit dem Ursprung. Andererseits entspricht es ganz der poietischen Struktur seines Systems, wenn Natorp sagt, das A. bedeute im Vollsinn des Wortes »Leben«. Tatsächlich: konsequentes Mühen um das A. wirft jeden entschiedenen Denker auf seine Grundkonzeption zurück und zwingt ihn zu einer Philosophie der Identität. Jeder Versuch der Definition des A.n führt lediglich zur Explikation der Voraussetzungen des in Anwendung kommenden philosophischen Systems. Im Gegensatz zu Natorp konnte Cohen als existentieller Monotheist den Weg zu einem philosophischen A.n im objektiven Verstande nicht gehen. Er hielt die transzendental-methodische Grenzsetzung aufrecht, statuierte aber auf Grund der Phänomene des Religiösen die unumgängliche dem konkreten Individuum allein gerecht werdende Urkorrelation von Gott und Mensch. Für Gott reservierte er den Terminus »Einzigkeit«, mit dem er sich vom philosophischen A.n absetzt. Über diese unterschiedlichen Ergebnisse philosophischer Spekulation hinaus erfuhr die Frage nach dem A.n im Anschluß an seine Problematik im → Historismus eine längst angelegte totale Radikalisierung in der → Existenzphilosophie. Sie fragt nach der → Geschichtlichkeit des A.n selber und nach der Absolutheit des existenten Ich. Auch darin zeigt sich die ganze Begrenztheit menschlichen Erkennens gegenüber dem A.n. Nach → Jaspers ist die Antinomik (→ Antinomie) des Daseins die Grenzsituation, die jedes objektiv A. vernichtet. Es muß »aus Existenz jeweils in geschichtlicher Gestalt aus Freiheit ergriffen« werden. Obwohl die Hypothesis des A.n menschlichem Denken innewohnt, läßt schon ein summarischer Überblick über die geschichtlich vorliegenden Antworten auf die Frage nach dem A.n in aller Deutlichkeit erkennen, daß seine Identifikation mit dem theistischen Gottesbegriff nicht möglich ist. → Gott.

Außer den Werken der erwähnten Philosophen: J.Heiler, Das A., 1921 - D.Londhe, Das A., 1934 - P.C.Hötschl a Kelheim, Das A. in Hegels Dialektik, 1939 - J.Möller, Der Geist u. das A., 1951 - G.Huber, Das Sein u. das A., 1955. *J.Klein*

Absolutheit des Christentums ist das Problem seiner wissenschaftlich erweisbaren objektiven Wahrheit (→ Wissenschaft) im Sinne der Allgemein- und Alleingültigkeit. Damit ist die wissenschaftsgeschichtliche Bedingtheit der in der Formel eingeschlossenen Frage bezeichnet. Der Ausdruck ist erst im Anschluß an die Philosophie des deutschen → Idealismus (: II) geprägt und von der evolutionistischen → Apologetik aufgegriffen worden. Ein naiver A.sanspruch wohnt jeder Religion inne. In der Verkündigung des NT ist ein selbstverständlicher A.sanspruch insofern enthalten, als Jesus der Kyrios ist, in dem allein das Heil gefunden werden kann. Diese nur dem Glauben zugängliche schlicht-absolute Heilsgewißheit versuchte schon die urchristliche → Predigt (: I) rational-dogmatisch zu erhärten, doch darf man darin nur einen Ausdruck für die vom Geist gewirkte Glaubensgewißheit sehen. - Das biblische Wahrheitsverständnis sieht alle → Wahrheit gegründet in der personalen Beziehung Gottes zum Menschen, die eine bloß theoretische Kenntnisnahme ausschließt, dagegen konstitutiv ist für das Sein und Tun des Gotteskindes. Die Urkorrelation des absoluten zum kontingenten Ich duldet keine Objektivation. Die Schrift kennt nur die im Glauben zu ergreifende und zu verwirklichende Wahrheit personaler Natur: Ich bin die Wahrheit. Dem biblischen Wahrheitsverständnis gegenüber trat im Christentum infolge der Fragestellung der aus der Welt der antiken Philosophie (→ Antike und Christentum) kommenden frühchristlichen → Apologeten eine folgenschwere und verhängnisvolle Verschiebung ein. Sie fragten auch als Christen nach der Wahrheit im Sinne des antiken Philosophierens, dh nach dem Verhältnis von Erscheinung und → Idee in Theorie und Praxis. Im Christentum sahen sie das Wahrheitssuchen der Antike erfüllt und statuierten: das Christentum ist *die* → Philosophie (: I). Der A.sanspruch des Glaubens rückte infolgedessen in eine apologetisch-dogmatische Perspektive. Alles philosophische Bemühen der Vergangenheit wurde unter dem Gesichtspunkt des sich allzeit manifestierenden Logos gesehen, den man mit dem → Logos der Schrift identifizierte, und die Erkenntnisse der Vergangenheit wurden als λόγος σπερματικός in Parallele zum → Gesetz (: V) als παιδαγωγὸς εἰς Χριστόν gestellt. Das urchristliche Verständnis des Glaubens und die vor allem auf Paulus (1Kor) sich berufende Gegenbewegung (→ Tatian, → Tertullian) vermochten sich demgegenüber nicht zu behaupten. Auf diese Weise wurde die Wahrheit der → Offenbarung (: VI) zu einer von der menschlichen Erkenntnis in wissenschaftlicher Arbeit zu bewältigenden Aufgabe der Philosophie, die von der natürlichen Erkenntnis, Sittlichkeit und Religiosität ausgehend die Glaubenswahrheit als die Weisheit schlechthin zu erweisen suchte. – So enthüllte der → Neuplatonismus als die Summe aller bisherigen philosophischen Erkenntnisse für → Augustins Personalismus seinen eigentlichen Sinn im Lichte des Credo, aber er verwertete die Philosophie nur als das Kategoriensystem für die Wissenschaft vom Glauben, und auch noch → Anselm von Canterbury stellte an die Spitze jeder gültigen philosophischen Aussage den Glauben und die Anbetung. Aber die → Vernunft war auf dem Wege ihrer Emanzipation bei letzterem doch schon so weit vorgeschritten, daß sie in der Durchführung des Programms »credo ut intelligam« die Glaubenslehre rational zu durchdringen und vollkommen einsichtig zu machen suchte. Gegenüber der dann mächtig aufstrebenden → Dialektik mit ihrer totalen Rationalisierungstendenz hat schließlich → Thomas von Aquino dem → Glauben (: IV) und dem → Denken in seinem System der Konkordanz die Grenzen gezogen. Der Glaube ist das Fürwahrhalten der von der kirchlichen Autorität garantierten geoffenbarten Mysterien, und daneben treten die natürlichen Wahrheiten, die zu beweisen Sache der Vernunft ist. In Philosophie und Theologie ist die Wahrheit adaequatio rei et intellectus. Damit war der → Theologie (: I) für die Glaubenslehre die gleiche Aufgabe zugewiesen wie der Philosophie für ihren Bereich (→ Theologie und Philosophie), aber während diese absolute Wahrheit anstrebt, besitzt jene sie auf Grund der unausgesprochen vorgenommenen Identifikation von schlichter absoluter Heilsgewißheit und theologisch erwiesener Wahrheit. Im → Katholizismus wurde dieses Ergebnis die Basis für einen totalitären Rechtsanspruch gegenüber allen Getauften, der in seinem Einerlei-Wahrheitsbegriff bis heute gründet.

→ Luther durchstieß die bisher in Dogma, Ethik und Recht bestehenden Objektivationen; aber obwohl er selbst den intellektualisierten und ins Rechtliche transponierten Glauben mit seinem Korrelat der Werke wieder als einen rein personalen Bezug von Wort und Antwort verstand, fiel das reformatorische Denken infolge des herrschenden Wissenschaftsbegriffs mit seiner fides historica fortgesetzt in die alte Auffassung zurück. Den imposantesten Beweis dafür lieferte das theologisch-philosophische System → Hegels, der die von der → Aufklärung (: I) überkommene Frage nach der Idee der → Religion (: IV) als das Problem der absoluten Religion ausdrücklich stellen mußte, weil er die Religion in Philosophie aufgehen ließ, seine Zeit aber nicht mehr in der selbstverständlichen Gemeinschaft des Unum → Corpus Christianum lebte. Konsequent mußte er entsprechend der Verlegung des Seins ins → Bewußtsein im Protestantismus die absolute Spitze des Selbstbewußtseins erkennen. Nach dem Zusammenbruch des deutschen Idealismus machte das historische Denken im Anschluß an die Romantik, welche die Religionen in ihrer geschichtlichen Individualität verstehen lehrte, mit dem in Hegels Denken angelegten Evolutionismus Ernst, und im Streit um die Perfektibilität des Christentums wurde die Frage seiner A. zum zentralen Problem der → Religionsphilosophie (: I). → Troeltsch vor allem erbrachte den Nachweis, daß der Versuch, aus einem Wesensbegriff der Religion die Norm für die absolute Religion zu gewinnen, notwendig scheitern muß. Alle Variationen der Hegelschen A.skonzeption im 19.Jh. einschließlich des moralischen Mißverständnisses des Christlichen erwiesen sich als die Eliminierung der Substanz des Glaubens. Man erkannte, daß es Wahrheit im Sinne objektivierender Wissenschaft für den Glauben nicht geben kann und daß die Frage der A.d.C. gegenstandslos ist. Nur als negatives Noumenon vermag sie einen Sinn zu behaupten, insofern die Möglichkeit besteht, die Verkehrtheit einer Konfession und die Unzulänglichkeit einer Religion einzusehen. Der Glaube ist die Hypothesis der Theologie, und der A.sanspruch kann sich nicht auf die christliche Religion beziehen, sondern nur auf die geglaubte Offenbarung. Die A. des Glaubens deckt sich mit der Heilsgewißheit, die als Glaube auf der geschichtlichen Person Jesu als dem fleischgewordenen Wort beruht und allen Menschen zugänglich ist. Im lebendigen Zeugnis und der Verantwortung für die Welt bewährt sich der dem Glauben als eschatologischem Geschehen (→ Eschatologie: VI) immanente A.sanspruch.

E. Troeltsch, Die A.d.C. u. die Religionsgeschichte, (1911) 1929³ – W. Elert, Der Kampf um das Christentum, 1921 – M. Schlunk, Die Weltreligionen u. d. Christentum, (1923) 1953² – H. Lüdemann, Christliche Dogmatik Bd 1, 1924 – R. Seeberg, Christliche Dogmatik Bd 1, 1925 – G. Wobbermin, Wesen u. Wahrheit d. Christentums, 1925 – M. Dibelius, Evangelium u. Welt, 1929 (2. Aufl. von »Geschichtliche u. übergeschichtliche Religion im Christentum«, 1925; vgl. Bultmann I, 1933, 65-84) – K. Stavenhagen, Absolute Stellungnahmen, 1925 – W. Scheller, Die A.d.C., 1929 – E. Brunner, Die Christusbotschaft im Kampf mit den Religionen, 1931 – Ders., Vernunft u. Offenbarung, 1943 – H. Frick, Das Evangelium u. d. Religionen, 1933 – J. Witte, Die Christusbotschaft u. d. Religionen, 1936 – H. Echternach, Die verborgene Wahrheit, 1938 – G. Wünsch, Das völkische Verständnis d. Weltreligionen u. d. A.d.C. (Aus der Welt d. Religionen II, 1940, 41 ff) – K. Jaspers, Der philosophische Glaube, 1948 – F. Gogarten, Verhängnis u. Hoffnung d. Neuzeit, 1953 – G. Rosenkranz, Was müssen wir heute unter A.d.C. verstehen? (ZThK 51, 1954, 105-123) – H.-W. Bartsch, Kerygma u. Mythos Bd III (die Beitr. v. Jaspers, Bultmann u. Buri), 1954.

J. Klein

Absolution. Mt 16, 19; 18, 18; Joh 20, 22f bilden den Hintergrund der Geschichte der A. Aus dem geistgewirkten brüderlichen Zuspruch der Vergebung (oder ihrer Verweigerung) werden durch die Entfaltung eines christlichen → Priestertums (: III) und → Bußwesens (: II) kirchenrechtlich und liturgisch normierte Akte der → Seelsorge und → Kirchenzucht (: I). Aus einer noch im frühen Mittelalter geübten Rekonziliation des Büßers mit der Kirche (am → Gründonnerstag Wiederaufnahme der am → Aschermittwoch Ausgeschlossenen) ist wenig später im ausgebildeten Bußsakrament (→ Bußwesen: II) die A. zur »Lossprechung von den Sünden und Sündenstrafen durch den dazu bevollmächtigten Priester an Gottes Stelle« (Braun) geworden, diese im römischen Ritus des Mittelalters und bis heute in den meisten Riten des Ostens in fürbittender, in der heutigen römischen Kirche in indikativer Gestalt. Der A. ähnliche deprekative Formeln finden sich in der Missa Romana (→ Messe: II) nach dem → Confiteor und entsprechend vor der Kommunion des Volkes, sowie innerhalb des mittelalterlichen Predigtauftritts nach der → Offenen Schuld. In der einen oder andern Gestalt hat die römische A. in allen evangelischen Kirchen weitergewirkt. *Theologisch* problematisch konnte dabei nur die Preisgabe des *seelsorgerlichen* Handelns an einen *kultischen* Vollzug sein; das gilt auch im Blick auf gegenwärtige Gottesdienstreformen und auf die Frage nach rechter evangelischer → Beichte (: II) heute. In der römischen Kirche hat A. auch rein kirchenrechtliche Bedeutung, sogar im Blick auf Verstorbene. A. kann auch die sich an Totenämter anfügende feierliche Fürbitte im Blick auf die vom Verstorbenen noch abzubüßenden Sündenstrafen bezeichnen. - Der Gebetsspruch nach dem Psalmengebet in der Nokturn heißt auch A., ebenso die Entlassung der Gläubigen am Schluß der mozarabischen Meßliturgie (→ Messe: III). - Vgl. auch → Ablaß.

RE II, 536 ff - Braun, LH 4f - LThK I, 46 - Jungmann I, 370 ff - RAC II, 802 ff - Rietschl-Graff, 794 ff - Leiturgia II, 538 ff.

W. Jannasch

Abstammung des Menschen. Die biohistorische Herausbildung der Familie der Hominidae (Menschenartige) ist ein Spezialfall innerhalb der Geschichte der Säugetiere. Sie wird erforscht von der Humanphylogenetik (menschliche A.slehre). Nach ersten phantasievollen Vorversuchen (besonders Lamarck 1809) entstand eine sachlich begründete menschliche Phylogenetik erst mit der Durchsetzung der → Deszendenztheorie seit Darwin (1859). Ihr klassischer Ausbau erfolgte durch Th.Huxley, E.Haeckel u.a. in der zweiten Hälfte des 19.Jh.s. Das von ihnen geschaffene Bild der A.sgeschichte des M. fußte vorwiegend auf vergleichend-anatomischen Indizien, da sich Funde fossiler M. erst seit der Jahrhundertwende in größerer Anzahl einstellten. Gegenwärtig vermehren sich diese fossilen Dokumente in schnellem Tempo. Die wesentliche Meinung über die stammesgeschichtliche Herkunft der Hominiden wird als »Pongidentheorie« bezeichnet. Sie geht auf die klassischen Autoren des 19.Jh.s zurück und gilt heute in ihrer allgemeinen Aussage als zutreffend. Mit den empirischen Befunden steht sie nirgends im Widerspruch. Sie besagt, daß die Pongidae (= Menschenaffen) in ihrem anatomischen Bau mit den Hominiden so viele Übereinstimmungen besitzen, daß die Annahme einer gemeinsamen phyletischen Ausgangsgruppe unausweichlich erscheint. Das moderne System der Organismen faßt daher Pongidae und Hominidae zu der Überfamilie Hominoidea zusammen. Im einzelnen aber weisen die Vorstellungen der Autoren des 19.Jh.s viele Abweichungen auf. Das gilt, wenn auch in geringerem Ausmaße, noch für die Gegenwart. Verschiedener Meinung war man zB hinsichtlich der Frage, welcher der heutigen Pongidae (Gibbon, Orang Utan, Gorilla, Schimpanse) die größte Ähnlichkeit mit den Hominiden besitze und demnach als deren nächster Verwandter zu betrachten sei, oder hinsichtlich des anatomischen Typus der gemeinsamen Vorfahrengruppe. Neben der Pongidentheorie wurden noch andere Meinungen über die Herleitung der Hominiden aus den Primaten (= affenartige Säugetiere) geäußert. Die wichtigste ist die »Tarsiustheorie« (Jones). Sie versucht, die Hominiden unter Umgehung der Pongiden auf tarsius-(koboldmaki-)artige Halbaffen der frühen Tertiärzeit (Eozän) zurückzuführen, ist jedoch mit der breiten heute zur Verfügung stehenden Induktionsbasis unvereinbar. Für die moderne menschliche Phylogenetik ist daher die Pongidentheorie als durchaus charakteristisch zu bezeichnen. Ihre Begründung ist derart, daß nicht zu erwarten ist, daß sie in Zukunft verlassen werden wird. Ihr Inhalt hat sich allerdings seit ihrer Aufstellung erheblich gewandelt. Die Anthropogenetiker des letzten Jh.s waren keineswegs der Meinung, daß für die Ausgangsgruppe etwa eine Pongidengestalt in Betracht komme, die einem der heutigen Pongiden entsprach. Immerhin wurde doch bis in die jüngere Zeit hinein eine gorilla- oder schimpansenähnliche Vorform für die Hominiden als möglich erachtet (Gregory, Keith, Weinert). Die heutigen Pongiden sind sog. Brachiatoren, dh Bewohner des tropischen Regenwaldes, die sich durch Schwingklettern fortbewegen. Sie tun dies mit Hilfe verlängerter Arme, während die Beine relativ verkürzt sind. Nur der schwere Gorilla ist sekundär wieder ein Bodenbewohner geworden, ohne aber den aufrechten Gang als normale Fortbewegungsweise erworben zu haben. Die Pongiden zeigen außerdem zahlreiche Spezialismen, zB in der Ausbildung des Gebisses und im Kieferbau. Man hat deshalb schon frühzeitig die Auffassung vertreten, daß das Ausgangsmodell für Pongidae und Hominidae eine primitive nichtbrachiatorische Menschenaffenform gewesen sein müsse (Schwalbe). Dabei stellte man sich eine einstämmige (monophyletische) Entstehung der Hominiden aus einer bestimmten primitivpongiden Form vor. Demgegenüber vertrat die polyphyletische Hypothese die Meinung, daß die Hominiden in mehreren Stämmen - entsprechend den heutigen Großrassen der Menschheit - der pongiden Grundlage entsprossen seien (Klaatsch). Diese letztere Hypothese steht aber mit den Erkenntnissen der Vererbungswissenschaft im Widerspruch und ist allgemein verlassen worden. Die *heutige Theorie* läßt sich demnach kurz wie folgt umreißen: Geschichtlicher Ausgangspunkt der Hominidae sind primitive nichtbrachiatorische Pongiden. Von dieser Grundlage aus entstanden einerseits die heutigen brachiatorischen Urwaldpongiden, andererseits die bipeden (aufrechtgehenden) Hominiden der Steppe. Für diese Theorie steht nun ein schon ausgedehntes Fossilmaterial bereit. In Ostafrika (am Victoriasee) sind in untermiozänen Schichten (vor 20 Mill. Jahren) primitive nichtbrachiatorische Menschenaffen entdeckt worden, die etwa dem Modell einer Ausgangsform für die brachiatorischen Pongiden und für die bipeden Hominiden entsprechen. Es sind dies die Proconsulinen (Le Gros Clark, Leakey). Die Brachiatorenstruktur hat sich erst spät im Pongidenstamm entwickelt. Alle bisher bekannten fossilen Menschenaffen (Dryopithecinen) sind noch keine Schwingkletterer. Auch die extremen Langarmaffen (Hylobatiden oder Gibbons) haben selbst im Pliozän diese Regenwaldanpassung noch nicht erworben. Sie erfolgte allgemein zu spät, als daß sie noch im Sinne der früheren Pongidentheorie (Keith) als Vorstufe für die Ausbildung des aufrechten Ganges in Betracht gezogen werden kann. Etwa zur Zeit der Proconsulinen (vielleicht auch etwas früher oder später) muß sich der Hominidenzweig von den Pongiden isoliert und seine eigene Geschichte begonnen haben. Von diesem Zeitpunkt an sprechen wir von Hominiden, obwohl deren älteste Typen urtümlichen Menschenaffen wesentlich ähnlicher waren als den eiszeitlichen oder gar den heutigen Menschenformen. Wir nennen den Abschnitt der menschlichen Abstammungsgeschichte vor der Erwerbung der menschentypischen psychischen Qualifikation die subhumane Phase. In ihr wurde vornehmlich der aufrechte Gang erworben. Das Gehirn blieb noch relativ klein, der Kieferschädel relativ groß (pongide Schädelproportionierung), bei schon typisch hominider Gestaltung des Gebisses und völliger Befreiung der Hände von der Fortbewegung. Die subhumane Phase führte in den kritischen Abschnitt über, der als das »Tier-Mensch-Übergangsfeld« bezeichnet wird. Es muß in das spätere Pliozän datiert werden (3-1 Mill. Jahre vor unserer Zeit) und leitet in die humane Phase der Hominidengeschichte über. Jetzt erscheinen Euhomininen (= echte Menschen), die auch psychisch als solche qualifiziert sind. Definiert wird eine derartige Qualifizierung als solche primär durch die Fähigkeit zur intentionellen Herstellung von Geräten (Oakley). Solche Geräte sind erstmals im untersten Pleistozän (Geröllkulturen) nachweisbar. Die Paläanthropologie verfügt heute über eine gut dokumentierte früheiszeitliche Fundgruppe, die das Tier-Mensch-Übergangsfeld soeben durchschritten hatte. Es sind dies die Prähomininen (= Australopithecinen), vorwiegend aus frühpleistozänen Schichten (vor etwa 1 Mill. Jahren) Transvaals bekannt (Broom, Robinson, Dart, Le Gros Clark, Heberer). Sie besaßen den typischen bipeden Gang, aber noch eine pongide Schädelproportionierung. Die Gehirnvolumina (450–800 ccm) vermitteln zwischen Pongiden (Max. 650 ccm) und Euhomininen (Min. 775 ccm). Ihre Körperkonstitution setzt ein humanes Funktionieren des Gehirnes voraus (Heberer). Die euhominine Vergrößerung des Gehirnes (im Mittel 1350 ccm) erfolgte erst nach der Erwerbung des aufrechten Ganges.

Die anatomische Eigengeschichte der Hominiden erstreckt sich also über einen Zeitraum von etwa 20 Mill. Jahren. Ihr parallel läuft die Evolution des psychischen Äquivalentes, das während des Pliozänes, im Tier-Mensch-Übergangsfeld, den humanen Status erreicht. Von dem erklommenen euhomininen Niveau aus ist dann im Laufe der Eiszeit (Pleistozän) eine Formenradiation erfolgt, die uns in den Gruppen der fossilen eiszeitlichen Euhomininen vorliegt (Le Gros Clark, Gieseler, Grahmann): Archanthropinen (Pithecanthropus-Gruppe), Paläanthropinen (Neandertal-Gruppe) und Neanthropinen (Sapiens-Gruppe). Mit dem Auftreten der Sapiensgruppe ist grundsätzlich das Niveau der modernen Hominiden gegeben. Arch-, Palä- und Neanthropinen stehen jedoch in keinem direkten Ahnenverhältnis zueinander, sondern gehen vermutlich auf eine Formenschicht zurück, für die als Modell die Prähominen gelten können. Dabei bilden die Palä- und Neanthropinen eine engere Gruppe gegenüber den Archanthropinen. Die modernen Rassen des Sapiensmenschen haben sich erst am Ende der Eiszeit (vor 12–10 000 Jahren) differenziert. → Anthropologie: I.

Th.H.Huxley, Evidence as to man's place in nature, London 1863 - Ch.Darwin, The descent of man and selection in relation to sex, London 1871 - E.Haeckel, Anthropogenie, 1874 - Ders., Unsere Ahnenreihe, 1908 - G.Schwalbe, Die A. des M. und die ältesten M.formen (Kultur der Gegenwart III, 5, 1923, 223 ff) (Lit.) - H. Weinert, Ursprung der Menschheit, 1927 - W.F.Jones, Man's place among the mammals, New York 1929 - R.Broom u. G.H.W. Schepers, The South-African fossil ape-men. The Australopithecinae (Transvaal Mus. Mem. 2), Pretoria 1946 - R.Broom u. J.T. Robinson, Further evidence on the structure of the Sterkfontein ape-man Plesianthropus (Transvaal Mus. Mem. 4), Pretoria 1950 - Dies., Swartkrans ape-man Paranthropus crassidens (Transvaal Mus. Mem 6), Pretoria 1952 - A.Keith, A new theory of human evolution, London 1950 - W.E.Le Gros Clark u. L.S.B.Leakey, The miocene Hominoidea of East Africa. Fossil mammals of Africa 1, London 1951 - W.K.Gregory, Evolution emerging, New York 1951 (Lit.) - G. Heberer, Neuere Ergebnisse der menschlichen A.slehre, 1951 - Ders., Fortschritte in der Erforschung der Phylogenie der Hominoidea (Ergebn. Anat. Entw. Gesch. 34, 1952, 499–637) (Lit.) - Ders., Die Fossilgeschichte der Hominoidea (Primatologia I, 1956, 379–560) (Lit.) - K.P.Oakley, A definition of man (Sc. News. 20, 1951, 69–81) - W.E. Le Gros Clark, History of the Primates, London 1954 - Ders., Fossil evidence of human evolution, Chicago 1955 - W.Gieseler, Die Fossilgeschichte des Menschen (in: G.Heberer, Die Evolution der Organismen, 1954/56) (Lit.).

G.Heberer

Abstrakte Kunst, Bezeichnung für eine Gestaltungsweise, die den sichtbaren und identifizierbaren Gegenstand streicht. Das Wort »abstrakt« wird von vielen Künstlern und Kunstwissenschaftlern abgelehnt, da es sich an die Negation hält, und durch andere Ausdrücke ersetzt wie absolut (→ Klee) oder non-figuratif (die Franzosen). Eingebürgert hat sich bisher keiner. Wohl aber unterscheidet man heute zwischen expressiver und reiner (mathematischer) Abstraktion. Kandinsky ist in der Zeit des »Blauen Reiter«, 1911–14 (→ Malerei und Plastik: VI), expressiv (»Träumerische Improvisation« 1913), in der Zeit seit seiner Rückkehr aus Rußland (Ende 1921) geometrisch (»Komposition VIII« 1923). Im ersten Abschnitt sind Empfindungen, die im Landschaftlichen oder im menschlichen und religiösen Erleben wurzeln, mehr oder weniger direkt durch Farbe und Linie beglichen, im zweiten handelt es sich um die Setzung von Zeichen (geometrischen, allein oder in Verbindung mit Farbe), die nach einer vorerst persönlichen, nicht allgemein verbindlichen Grammatik und Syntax ineinander verfügt werden.

Die zweite Methode des Arbeitens zeigt Zusammenhänge mit der 1923 entstandenen Zwölftonmusik A. Schönbergs, der zum Kreis des »Blauen Reiter« gehörte und mit Kandinsky befreundet war. Auch hier wird nach einem selbst erfundenen Schema mit den von der Oktave losgelösten Tönen kompositorisch gearbeitet. Erlebnisabläufe liegen nicht zugrunde, sondern werden durch die satztechnische Arbeit involviert.

Die expressive a.K. (→ Manessier) hat sich gegenüber der mathematischen (Max Bill) durchgesetzt und beherrscht in Europa und Amerika die ungegenständliche Gestaltungsweise. Während sich bei den reinen Abstrakten keine Beziehungen zum Religiösen finden, eher zum Kosmischen und Musikalischen, gibt es solche bei der Gruppe der Expressiven sehr oft, und sie haben wiederholt auch religiöse Aufträge ausgeführt (zB Manessier, Bazaine). - Siehe Tafel bei → Malerei: VI.

M.Bill, Die mathematische Denkweise in der Kunst unserer Zeit (»Werk« 36, 1949, 86–91) - H. Read, The Philosophy of Modern Art, New York 1953 - P.-R. Régamey, Über die ungegenständliche Kunst (mit Hinweisen auf Manessier u. Bazaine) (»Perspektiven«, ein Jahrbuch hg.v. Forschungsinstitut für europäische Gegenwartskunde, Wien 1953, 131–149) - Ders., Kirche u. Kunst im 20.Jh., Graz 1954.

W.Grohmann

Abt und Äbtissin. *Abt* (abbas), Vorsteher eines größeren Klosters (Abtei), heute bes. der Benediktiner; bei Frauenklöstern *Äbtissin*. Äbte »nullius« (diœcesis, CIC 319 ff), heute noch zB der A. von Maria Einsiedeln, der Erzabt von Monte Cassino, haben ein eigenes Territorium, das sie, meist Titularbischöfe, gleich einem Bischof verwalten. Sie unterstehen dem Papst unmittelbar, Äbte »de regimine« dagegen dem Bischof. Erstere werden grundsätzlich vom Papst ernannt, doch ist auch hier die Wahl durch den Konvent üblich. Der A. wird vom Bischof benediziert, führt (als »Vater«) das Regiment des Klosters und übt die Pfarrechte aus. - In der luth. Kirche wurde mit den Klöstern der A.-Titel vielfach übernommen und kommt heute noch vor: A. von Loccum, von Bursfelde.

H.E.Feine

Abtreibung → Schwangerschaftsunterbrechung.

Acacius, 1. *von Beröa* (Aleppo), * um 322, † mehr als 110jährig nach 432, hat als Abt Verbindung mit → Basilius d.Gr. und → Epiphanius, der auf A.' Bitten das Panarion schrieb. Seit 378 Bischof, spielte er im melitianischen Streit als persönlicher Gegner des Johannes → Chrysostomus und im nestorianischen Streit (→ Christologie: II) eine Rolle. Wegen seines asketischen Lebens und als »Vater der Bischöfe« war er hoch geachtet (vgl. Loblieder des → Balai).

Erhalten sind 6 Briefe u. 1 Bekenntnis. - DCB I, 12 ff - Altaner, 289 (Lit.; außerdem: MPG 41, 156f; Schwartz, ACO I, 7, 146f. 161f; IV, 85. 92. 243).

H.H.Eßer

2. *von Caesarea,* ca 341 Nachfolger des → Eusebius von C., führender Kirchenpolitiker auf seiten des Konstantius, dogmatisch linker Flügel der Mittelpartei (»Homöer«; → Christologie: II). 365 abgesetzt, † 366/67. Die Schriften des A. sind verloren.

Vgl. Hieron. Vir. ill. 98; Epiph.haer. 72, 6–10 (gegen Marcell); Hieron.ep. 119, 6 (ζητήματα; vgl. G.Bardy, RB 41, 1932, 341f) - R.Devresse, RB 44, 1935, 186–189 (Oktateuch) - K.Staab, Pauluskommentare, 1933, 53 ff (Röm) - RE I, 125 ff - Lietzmann III, 208 ff.

W.Schneemelcher

3. *von Konstantinopel*, 471 Patriarch, † 489. Erst antichalcedonisch (→ Chalcedon), trat A. jedoch dem die Hoheitsrechte seines Thronos bedrohenden antichalcedonischen Kurs des Usurpators Basiliscus (475f) entgegen. Nach dessen Niederwerfung betrieb er als Berater des Kaisers Zeno (474-91) zunächst eine chalcedonische Reaktion, suchte aber 482, nicht zuletzt im Interesse seines Thronos, durch eine das Chalcedonense geschickt umgehende Formel (»Henotikon« Zenos; → Christologie: II) den Osten kirchlich zu einigen. Das führte 484 zum Anathema einer römischen Synode unter → Felix III. gegen A. und zum sog. »acacianischen Schisma« mit Rom (484-519).

DHGE I, 1909, 244ff - HALLER I, 218ff - E.SCHWARTZ, Publizistische Sammlungen zum acacianischen Schisma (AAM NF 10), 1934 - Collectio Avellana, ed. O.GÜNTHER (CSEL 35) - Zacharias Rhetor, hist. eccl. V, ed. E.W.BROOKS (CSCO 83 u. 87). *K.Schäferdiek*

4. *von Melitene* (Armenia II.), in → Ephesus 431 Gegner des Nestorius. A. war in der → Christologie (: II) fast monophysitisch-monotheletisch. † nach 438.

Verf. 1 Homilie, 4 Briefe (2 an Cyrill, an Sahak u. d. Armenier). - MPG 77, 1467ff; 84, 693. 838 - HEFELE² II, 271. 275. 286. 314 - M. RICHARD, A. de M. (Mémorial L.Petit, 1948, 343ff). *H.A.Thies*

A cappella (ital. »nach Art einer Sängerkapelle«), musikalischer Fachausdruck, ursprünglich für Satz- und Ausführungsart der ital. Vokalpolyphonie im 16.Jh., voran der Werke Palestrinas, Lassos und der römischen Schule (*A-cappella-Stil, A-cappella-Polyphonie*), im Gegensatz zur Musik der Generalbaßzeit, die eine Mitwirkung von Instrumenten voraussetzt. Heute bedeutet der Terminus allgemein die rein vokale Besetzung einer geistlichen oder weltlichen Komposition.

MGG I, 69ff. *S.Hermelink*

Accentus → Concentus.

Achatius → Nothelfer.

Achelis, 1. *Ernst Christian* (1838-1912), * in Bremen, Pastor, zuletzt in Wuppertal, seit 1882 Prof. der → Praktischen Theologie in Marburg, noch heute einflußreich durch seine an historischem Stoff reichen Fachbücher.

Lehrbuch der Pr. Th., 3 Bde, (1890f) 1911³; (Grundriß der) Pr. Th., (1893) 1912⁶. - RGG¹ I, 135 - NDB I, 29. *W.Jannasch*

2. *Hans*, Sohn von 1, * 16.3.1865 in Hastedt b. Bremen, habilitierte sich 1893 in Göttingen und wirkte seit 1901 als Prof. für KG und christliche Archäologie, zeitweise auch NT in Königsberg, Halle, Bonn und Leipzig (1918, Nachfolger → Haucks). Seine Forschungen galten dem Leben der altkirchlichen Gemeinden und bes. der → altchristlichen Kunst. Seine eigentliche Lebensarbeit war die Erforschung der Katakomben von Neapel. † 25.2.1937 in Leipzig.

Das Christentum in den ersten drei Jh.en, (1912) 1925²; Der Entwicklungsgang der altchristl. Kunst, 1919; Die Katakomben von Neapel, 1936. - Über A.: A.ALT, Nachruf im Verz. d. Mitgl. d. Sächs. Akad. d. Wiss. 1938 - NDB I, 29. *F.Lau*

Achery, *Jean Luc d'* (1609-85), OSB, zur Kongregation der Mauriner gehörig, seit 1637 in St.Germain des Prés in Paris, dort Bibliothekar, Lehrer → Mabillons, sammelte in seinem »Spicilegium« (11 Bde, 1655-77, 1723³ in 3 Bden) Handschriften aus französischen Benediktinerklöstern und gab Kirchenväter, besonders des frühen Mittelalters heraus, aber auch Opuscula der → Spiritualen.

S.BÄUMER, Mabillon, 1892, 29ff - LThK I, 63 - EC I, 222. *W.Maurer*

Achterfeld, *Johann Heinrich*, * 1.6.1788 in Wesel, † 11.5.1877 in Bonn. Als Schüler von → Hermes wurde er 1817 Prof. in → Braunsberg, seit 1826 Prof. der Moraltheologie und Homiletik in → Bonn, 1827 Leiter des theologischen Konvikts. Gibt mit J.W.J.Braun u.a. 1832 bis 1852 die »Zeitschrift für Philosophie und kath. Theologie« und 1834-36 aus Hermes' Nachlaß »Christkath. Dogmatik« heraus. Als Hermesianer wird A. kirchlich gemaßregelt, sein »Lehrbuch« indiziert, er selbst 1843 als Prof. zur Disposition gestellt, erst 1862 von der Regierung, 1873 kirchlich rehabilitiert.

Lehrbuch der christkath. Glaubens- u. Sittenlehre, 1825; Über Sinn u. Bedeutung einer DG der kath. Theol. im Gegensatz zu der DG der ev. Theol. (in s. Ztschr. 1, 1832, 99-127); Aktenstücke, das jüngsthin verbotene Lehrbuch usw betr., 1839. - Über A.: ADB 45, 687f - DThC I, 311 - F.v.BEZOLD, Gesch. d. rhein. Friedr.-Wilhelms-Univ., 1920, 364ff - H.SCHRÖERS, Gesch. d. Kath.-theol. Fakultät zu Bonn 1818-1831, 1922, 200ff - LThK I, 67 - E.HOCEDEZ, Histoire de la théologie au XIXᵉ siècle I, 1949, 177ff - M.BERNARDS, Zur Geschichte des theol. Konvikts in Bonn 1827-75 (Annalen d. histor. Vereins f. d. Niederrhein H. 153/54, 1953, 201-235) - NDB I, 33f. *K.G.Steck*

Ackerbau

I. A. und Religion - II. A. in Israel

I. Ackerbau und Religion

1. Voraussetzungen - 2. Opferriten - 3. Sexualsymbole - 4. Numinose Verdichtungen und Kultszenen - 5. Andere Mythologeme - 6. Schlußbemerkungen

1. Fast alle um den A. kreisenden religiösen Vorstellungen und Riten verstehen sich aus dem Erlebnis der Eingebundenheit in den kosmischen Jahresrhythmus. Die ackerbäuerliche Erlebnisform erwächst also aus der Lebensform. Sie muß daher, wo sie psychologisch rein verwirklicht auftritt, eine völlig andere sein als die des ökologisch älteren Wildbeutertums oder des Hirtentums. Auch diese Lebensformen kennen zwar ein Sichanpassen an die Natur, sogar auch an Rhythmen der Naturvorgänge (Lebensgewohnheiten der Jagdtiere, der Herden usw). Doch der bäuerliche Jahresrhythmus schwingt weiter und erfordert eine Haltung, die zwar ein regelhaftes Tun (Säen und Ernten), aber auch ein Wartenkönnen und Wachsenlassen erfordert. Von entscheidender Wichtigkeit im Denken und Fühlen der Ackerbauer wird zudem die Ineinssetzung des vegetativen Geschehens mit den menschlichen Vorgängen der Zeugung, der Geburt, des Wachsens und Reifens, des Todes und des Wiedergeborenwerdens.

Die Bindung an den kosmischen Rhythmus und die Regelhaftigkeit der durch menschliches Handeln nur einzubegleitenden, nicht aber zu vollendenden Naturprozesse begünstigt eine gewisse fromme Zuversicht, die jedoch von zwei Seiten her Beeinträchtigungen erfährt. a) Eine aus primitiven seelischen Schichten nachwirkende Existenzangst setzt ein gewisses Mißtrauen in das Vonselbst-Walten der Natur. Die Angst vor dem Erlöschen der Sonne um die Wintersonnenwende oder nach Ablauf einer bestimmten Weltzeit (wie im alten → Mexiko) kann auch bei Ackerbauern Riten herausfordern, die eine Erneuerung der kosmischen Zeit (→ Weltperioden) zum Ziele haben (Austreibung des »alten«, Einbegleitung des »neuen Jahres«, Riten zur Verjüngung der Sonne u.a.m.). Der Mensch ist niemals, auch als Ackerbauer nicht, der Meinung, daß er die Naturvorgänge nur ablaufen zu lassen brauche. Er glaubt vielmehr, innerlich bewegt und nach außen - rituell - sich bewegend, mitmachen, u.U. der Natur vormachen, auf jeden Fall nachhelfen zu müssen. Wir nennen das »magisches Denken« (→ Magie). b) Dennoch ist zu sagen, daß diese Existenzangst in den Religionen der Ackerbauer nur noch zum kleineren Teile die Riten mitbestimmt. Dagegen gibt es äußerst handgreifliche Faktoren, die gerade beim Ackerbauer die Selbstverständlichkeit des Vertrauens in die kosmischen Rhythmen gefährden können. Denn das Erlebnis dieser Rhythmen wird immer wieder unterbrochen durch dramatische Interventionen teils naturhafter Art: tierische und pflanzliche Ackerschädlinge, Überschwemmung, Dürre, Mißernte; teils auch historischer Art: räuberische Nomaden oder Räuberkasten in der Nachbarschaft (wie im alten Indien), Kriegsnot, Ernteraub u.dgl. Die auf einen ungestörten Jahresablauf zielenden Riten sind größtenteils sehr real, ja realistisch motiviert; sie bilden den Niederschlag bitterer Erfahrungen und des Mißtrauens von Generationen. Fremdartig sind für den modernen Menschen nur die »magischen« Bahnen des Denkens und Handelns, die der Ackerbauer einschlägt, um den möglichen oder drohenden Gefahren, Fehlschlägen und Katastrophen entgegenzuwirken (→ Magie).

2. Außerordentlich verbreitet sind die agrarischen → *Opfer* (: I), die durchweg eine Haltung bekunden, welche die Gabe der Natur nicht als selbstverständlich hinnimmt, sondern sie durch selbstentäußerndes Abgeben eines Teiles der Ernte oder durch ein Aufopfern und Sich-Abringen anderer kostbarer Güter aus den Händen der Natur zu empfangen sucht. Da »Säen und Ernten die Kulminationspunkte des agrarischen Dramas« bezeichnen (Eliade), gliedern sich vor allem Primitialopfer (→ Erstlinge, 1) um Saat und Ernte. Die ersten Körner bei der Aussaat wirft man etwa über die Furche hinaus, die ersten Ähren der Ernte verschmäht man. Opfer dieser und ähnlicher Art richtet man an die Korngeister, »die Pferde Odins« (Schweden), die »arme Frau«, die »sieben Schauerjungfrauen« (Bayern), oder auch an die Toten. Die Ähren, die man bei der Ernte verschmäht, werden der Vegetation ihre Kraft für die Zukunft erhalten. Häufig sind auch Tieropfer (Schafe, Hähne, Hunde, Katzen u.a.). Schweineopfer sind bezeichnend für die hoch-agrarischen primitiven und archaischen Kulturen; auch bei den eleusinischen Mysterien spielten sie eine Rolle. Menschenopfer sind bezeugt von den alten Mexikanern. Aus verschiedenen Teilen der Welt (Amerika, Afrika, Indien, Indonesien) wird berichtet, daß geopferte Menschen zerstückelt und die Stücke auf den Feldern vergraben wurden, um → Fruchtbarkeit zu bewirken.

Rituelle Akte der erwähnten Art sind regelmäßig in dramatische Szenen eingebettet, die die Wiederholung eines urmythischen kosmogonischen Aktes bilden. Es handelt sich also - wie bei den Fruchtbarkeitsriten überhaupt - um karpoplastische Handlungen, die sich erweitern zu einer kosmoplastischen Ritualgesinnung: Nicht nur Fruchtbarkeit soll bewirkt, die ganze Welt soll im Gange erhalten, sie muß sogar periodisch erneuert werden. Daher kehrt denn auch die Vorstellung vom geopferten Menschen, der in die Erde versenkt Fruchtbarkeit bewirkt, kosmisch im Mythologem vom Urriesen wieder, aus dessen Teilen die ganze Welt gebildet wird (→ Schöpfung: I).

3. In den agrarischen Kulten und Kulturen kommt der Analogie von Zeugen, Empfangen und Gebären mit den Naturvorgängen eine besondere Bedeutung zu. In manchen Ländern spielt rituelle Nacktheit bei A.arbeiten eine Rolle (eingehende Nachrichten aus Finnland und Estland). Die qualitativen Gleichsetzungen gehen ins Detail: Regen = Samenfluß, Ackerfurche = Vulva, Pflug = Phallus (→ Phallische Kulte). Orgiastische Konsequenzen begegnen in vielen Vegetationsfesten: Vereinigung (Hierogamie) von Paaren auf dem Felde, wie im Mythus von Demeter und Iasios (→ Griechische Religion).

4. Unter den *agrarischen Gottheiten* spielen die von der Magna Mater abgeleiteten Gestalten die größte Rolle; Demeter, Kybele, Isis, die »Reismutter« in Indonesien, die »Maismutter« bei amerikanischen Indianern, die »Kornmutter«, »Kornmuhme« usw der europäischen Folklore (→ Muttergottheiten). Manchmal geht die Anmutung des Generativ-Zukunftsträchtigen nicht von der Mutter-, sondern von der Mädchengestalt aus: Bei manchen Ackerbauern wird das Säen von Müttern oder Schwangeren besorgt, bei anderen aber gerade von jungen Mädchen. In den Eleusinien haben wir beide Aspekte nebeneinander: Demeter und Kore. (Auch in Schottland heißt, wie bei den Griechen, die Kornjungfrau einfach »Mädchen«.) Ferner kennen wir aus den Vegetationsmythen und -kulten die Götterpaare (Gatten oder Geschwister, oder beides), von denen der männliche Gott stirbt, von der Göttin dann beklagt, gesucht, schließlich wiedergefunden und als Auferstandener bejubelt wird (→ Isis-Osiris, Kybele-→ Attis in → Ugarit [, 3] u.a.). In einem dänischen Erntebrauch tanzt die Schnitterin mit einer aus den letzten Ähren angefertigten Puppe und weint dann; denn sie betrachtet sich als »Witwe«, da die Puppe zum Tode bestimmt ist. Zweifellos stammt dieser Brauch noch aus der - hochagrarischen - germanischen Vanen-Religion in Dänemark und Südschweden. (Auch Nerthus klagt um ihren Gatten Odr.)

5. Aus der unübersehbaren Zahl agrarischer Mythologeme sei hier nur noch der Kreis der sog. *Saatraub-Mythen* erwähnt. Bei vielen Naturvölkern wird ein Mythos erzählt, nach dem in der Urzeit die Körnerfrucht (Weizen, Gerste, Hirse, Reis; in Amerika: Mais) aus dem Himmel gestohlen wurde. Mitunter wird hinzugefügt, das sei gegen den Willen der Gottheit geschehen. Der erste heilbringende Akt, der den Menschen die Nahrung brachte, wird also zugleich als Frevel aufgefaßt: Die Frucht mußte den übermenschlichen Mächten entrissen werden.

6. Infolge der unendlichen Abwandlungs-, Veränderungs-, Kontaminations- und Substitutionsfähigkeit mythischer Motive und ritueller Handlungsabläufe ist es nicht möglich, ein »agrarisches → Weltbild« als geschlossene Einheit aufzustellen. Zu bedenken ist auch die Lückenhaftigkeit unserer Informationen, die uns meist nur - isoliert kaum deutbare - mythische Fragmente sowie einzelne herausgegriffene agrarische Bräuche bieten, dagegen nur selten komplette rituelle Handlungsabläufe *samt* dem mythisch-geistigen Hintergrund.

Religionshistorisch sieht es (nach den Forschungen Liungmans u.a.) so aus, als ob sich die um »Tod und → Wiedergeburt« gruppierenden Kultkomplexe von einem Entstehungszentrum in Ägypten, Syrien und Mesopotamien aus verbreitet hätten. Diese Theorie könnte einen Zusammenhang mit den Megalithkulturen nahelegen, deren Erforschung aber noch in den Anfängen steht. Fraglich ist noch das kulturhistorische Verhältnis der A.-Riten zu jenen Riten, die sich um den - genetisch älteren - Anbau von Knollen und Fruchtbäumen gliedern.

Die Züge ackerbäuerlicher Religiosität sind heute in vielen Ländern der modernen Industriegesellschaft oft nur noch sinnentleerte Rudimente.

W. Mannhardt, Wald- und Feldkulte, (1875-77) 1904f² - Ders., Mythologische Forschungen, 1884 - E. Hahn, Demeter und Baubo, 1896 - J.G. Frazer, Adonis, Attis, Osiris, 2 Bde, London 1907³ - Ders., Spirits of the Corn and of the Wild, London 1936 - A.V. Rantasalo, Der A. im Volksglauben der Finnen und Esten, mit entsprechenden Gebräuchen der Germanen verglichen, 5 Bde (FFC 30-32. 55. 62), 1919-25 - H. Rydh, Seasonal Fertility Rites and Death Cult in Scandinavia and China (Bull. Mus. Far East. Antiqu. No. 3, 1931, 69-98) - F. Speiser, Die eleusinischen Mysterien als primitive Initiation (ZE 60, 1929, 362-372) - W. Liungman, Traditionswanderungen Euphrat-Rhein (FFC 118f), 1937f - K.KERENYI, Kore. Zum Mythologem vom göttlichen Mädchen (Paideuma 1, 1940, 341-380) - TH.GASTER, Thespis, 1950 - G.HATT, The Corn Mother in America and Indonesia (Anthropos 46, 1951, 853-914) - M.ELIADE, Die Religionen und das Heilige, 1954 (Lit.) - A.E.JENSEN, Der Ursprung des Bodenbaus in mythologischer Sicht (Paideuma 6, 1956, 169-180). *W.E.Mühlmann*

II. In Israel

Neben biblischem und außerbiblischem Schrifttum ist als Quelle auch der heutige Befund im arabischen Bauerntum heranzuziehen. Die unveränderten klimatischen und Bodenverhältnisse haben da, wo nicht neue Feldfrüchte eingeführt wurden (Mais seit dem 16. Jh., ferner zahlreiche Gemüse), Werkzeuge und Verfahrensweisen der Landwirtschaft weitgehend gleichbleiben lassen. Der aride Ostabfall des Mittelgebirges (midbar = allenfalls für Viehwirtschaft geeignetes Land) und die besondere Lage des wasserarmen Negeb begrenzen das Fruchtland, das, anders als die Wüste, von »Milch und Honig« überfließt und so im besonderen Jahwes Gabe ist (Dtn 8, 7ff). Der Anfang November einsetzende Frühregen ermöglicht die Einsaat. Sommersaat hat es in biblischen Zeiten kaum gegeben. Der (primitive) Pflug, der den Boden nur leicht aufreißt, das Joch und der Ochsenstecken mit eiserner Spitze (Ri 3, 31) haben sich seit alters kaum geändert. Den Pflug ziehen Rinder oder Esel. Ochs und Esel sollten jedoch nicht an ein und denselben Pflug gespannt werden (Dtn 22, 10; vgl 2Kor 6, 14). Die Egge ist unbekannt. Für das Wachstum ist ergiebiger Winterregen die Voraussetzung, für die Ausbildung von Halm und Korn der Spätregen. Gefährdungen bringen Trockenheit und Heuschrecken (u.a. Am 7, 1f). Für die Ernte der Gerste ist Mai-Juni, für die des Weizens Juni-Juli die übliche Zeit. Sie wird mit der Sichel vollzogen. Erst nachdem die Garben gebündelt (Gen 37, 7; Hi 5, 26) sind, dürfen die Ährenleserinnen (Ruth 2) ihr Werk beginnen. Die ganze Erntezeit ist frohe Zeit (Jes 9, 2) mit gutem Essen und Trinken (Ruth 3, 7) verbunden. Das Dreschen der entbündelten Garben auf der Tenne geschieht durch Rinder (auch Esel und in der Neuzeit in Palästina außerdem durch Pferde), die über das Getreide getrieben werden, meist unter Verwendung von Dreschbrett (môrag) oder Dreschwagen (Jes 28, 27f). Kleine Mengen (Ruth 2, 17) oder bestimmte Arten (Kümmel, Jes 28, 27) werden mit dem Stock ausgeschlagen. Für das Worfeln braucht man die Wurfgabel oder -schaufel (Mt 3, 12; Lk 3, 17). Die Spreu trägt der Westwind davon; der Häcksel dient zum Viehfutter, aber auch zum Festigen der Lehmziegel (Ex 5, 7). Der Getreidehaufe wird geglättet und vermessen (vgl. Lk 6, 38). Die Abgaben für das Heiligtum, aber auch für die Armen (Dtn 14, 29 u.ö.) haben, soweit nicht schon auf dem Acker berücksichtigt, hier ihren Ort.

Das Volk der Bibel, auch nach dem Exil, ist ein A.volk. Das bestätigt der umfangreiche Gebrauch, der von den Phasen des Feldbaus in Bildersprache und Gleichnis gemacht wird. Pflügen, säen, jäten, ernten, dreschen, worfeln und sieben dienen jeweils zur Verdeutlichung von theologischen Sachverhalten. Zeit und Art der Feldarbeiten bezeugen nach Jes 28, 23ff Gottes planvolles Handeln. In den Fluch des Sündenfalls und in die Verheißungen der Propheten (Am 9, 13; Hos 2, 23ff u.ö.) ist der Feldbau miteinbezogen. Daß der Acker Gottes Eigentum ist, zeigt das Wissen um die Sünde des Raubbaus (Hi 31, 38-40) und um die Notwendigkeit von Ernteabgaben an Jahwe, die Beziehung der → Feste (: II) zu diesem Komplex sowie das → Erlaßjahr und das → Jobeljahr. Jahwe ist der Herr des Landes (Lev 25, 23), der über die Verteilung wacht (→ Eigentum: I).

H.VOGELSTEIN, Die Landwirtschaft in Palästina zZ der Mischna, 1894 - S.KRAUSS, Talmudische Archäologie, 1911, 147-200 - G.SPRENGER, Jesu Säe- und Erntegleichnisse, aus den paläst. A.verhältnissen dargestellt (PJ 9, 1913, 79-97) - T.CANAAN, Der Kalender des paläst. Fellachen (ZDPV 36, 1913, 266-300) - G.DALMAN, Viererlei Acker (PJ 22, 1926, 120-132) - J.SONNEN, Landwirtschaftliches am See Genezarath (Bibl 8, 1927, 65-87. 188-208. 320-337) - DALMAN, AuS II, 1932; III, 1933 - H.W.HERTZBERG, Das Buch Ruth übers. und erkl. (ATD 9, 1953, 255-288). *H.W.Hertzberg*

Acontius, *Jacobus* (vor 1520 bis ca 1567), * in Ossana (Val di Sole) oder Trient. Über sein Leben vor 1540 ist nichts bekannt. Zunächst Notar in Trient, sodann zeitweilig am Wiener Hof, wurde er 1556, innerlich schon Protestant, Sekretär bei Kardinal → Madruzzo in Mailand. 1557 flüchtete er nach Basel und zog bald nach Zürich, wo er wohl besonders → Ochino näher trat. Über Straßburg gelangte er 1559 nach London, wurde königlicher Festungsingenieur und blieb bis zum Tod in England. - Die Werke des auch als Autor vielseitigen A. behandeln außer methodologischen Problemen zumeist Fragen des religiösen Lebens. *Fides* vornehmlich als *fiducia* verstehend, versucht er zur Überwindung der innerprotestantischen Streitigkeiten zu ermitteln, welche Glaubenssätze das Gotteswort selbst für heilsnotwendig erklärt. Nur Irrtum in Heilsnotwendigem gilt ihm als Ketzerei; Ketzer zu töten verbietet Mt 13, 24ff (Stratagemata Satanae, 1565). Eine starke literarische Wirkung dieser Ideen ist besonders in Holland und England bis weit ins 17. Jh. hinein erkennbar (→ Toleranz: II).

Satanae Stratagematum libri VIII, krit. Ausg. v. W.KÖHLER, 1927, sowie v. G.RADETTI, 1946; Acontiana, Abhandlungen u. Briefe des J.A. (AAH 8), 1932; De Methodo e opuscoli religiosi e filosofici, hg. v. G.RADETTI, 1944. - E.HASSINGER, Studien zu J.A., 1934 - D. CANTIMORI, Italienische Häretiker der Spätrenaissance, 1949 - P. ROSSI, Giacomo Aconcio, 1952 (Lit.). *E.Hassinger*

Acton, *Lord, John Emmerich Edward Dalberg* (1834 bis 1902) * in Neapel, mütterlicherseits Urenkel des Mainzer Koadjutors Karl Th.v.D → Dalberg, Vater aus englischem Adel, röm.-kath. Stiefvater (Lord Granville), liberaler Premier unter Victoria. A. besuchte die röm.-kath. Schule in Oscott, mit deren Leiter Wiseman ihn trotz theologischer Differenzen lebenslänglich Freundschaft verbindet. Von → Cambridge abgewiesen, wurde A. 1848-54 Schüler und Hausgenosse → Döllingers in München, schulte sich auch an → Ranke. A. wirkte als Politiker im Unter- (1859-65) und im Oberhaus (seit 1869), mit → Gladstone befreundet, und verhinderte das Disestablishment (die Trennung der Staatskirche vom Staat). Hg. bzw. Mitarb. von: The Rambler 1860/62; Home and Foreign Rev. (1862-64, von der Kirche unterdrückt); The Chronicle; North British Rev. Ein Feind des → Ultramontanismus, vertrat A. kath.-liberale Prinzipien. Während des → Vatikanums fühlte er sich in Rom als Gegner der → Infallibilität von Anschlägen bedroht, arbeitete aber an Döllingers Quirinus-Briefen mit und kritisierte die unklare Haltung der Opposition im »Sendschreiben an einen deutschen Bischof«, 1870. Seine Abhandlung The Vatican Council (North Brit. Rev.) erschien alsbald deutsch »Zur Gesch. d. Vatikan. Konzils«, 1871. A. trat auch in England trotz der Warnung Gladstones vor einem Kulturkampf für den Reformkatholizismus ein. 1895 bemühte sich → Manning vergeblich um A.s Exkommunizierung. 1896-1902 war A. Regius Prof. für neue Geschichte in Cambridge, begründete die Cambridge Modern History und die English Hist. Rev.

A. veröffentlichte fast nur Aufsätze und Kritiken. Alles andere erschien postum: Letters to Mary Gladstone ... 1904; Lectures on modern History; Historical Essays and Studies; History of Freedom and other Essays, alle hg. v. FIGGIS u. LAURENCE, 1907; Lectures on the French Revolution, 1910. Seine epigrammat. Aussprüche liefen um:

»Macht bewirkt Korruption, absolute Macht absolute Korruption.« »Demokratie ist das Wort, das uns am wenigsten trennt.« An die Studenten: »Ich ermahne Sie, nie die moralische Währung zu senken oder die Forderungen der Redlichkeit zu ermäßigen!«

Bibliogr. in G.HIMMELFARB, Essays on Freedom and Power, Boston, 1948, und in Essays on Church and State by Lord A., hg. v. D.WOODRUFF, 1952. - Über A.: U.NOACK, Katholizität und Geistesfreiheit, 1947 - DERS., Politik als Sicherung der Freiheit, 1947 - G. SMOLKA, Sicherung der Freiheit (Hochland 41, 1948/49 ,396) - G.E. FASNACHT, A.s Political Philosophy, 1952 - L.KOCHAN, A. on History, 1954. - RGG^2 I, 79 - CathEnc I, 114. *A.Ehrhardt*

Actus purus → Gott: VII.

Adalar (Aethelheri), angelsächsischer Priester, Mitarbeiter des → Bonifatius, mit diesem am 5.6.754 getötet. Die Legende von der Bestattung seiner Gebeine in → Erfurt (:I) führte zu der Sage, A. sei dort Bischof gewesen.

M.TANGL, Das Bistum Erfurt (Geschichtl. Studien für A.HAUCK, 1916, 108-120) - F.FLASKAMP, Das Bistum Erfurt (Westfälische Zeitschrift 83, 1925, 1-26). *F.Flaskamp*

Adalbert, 1. *von Bremen,* aus dem thüringischen Grafengeschlecht von Goseck. 1043 von Heinrich III. zum Erzbischof von → Hamburg (: I) - Bremen erhoben, übt er besonders seit 1056 einen starken Einfluß auf die Reichspolitik aus. Er festigt seine Macht durch Erwerb von Hoheitsrechten im Bereich seiner Diözese und läßt die alte Missionsaufgabe seines Sprengels im skandinavischen Raum sowie in den slawischen Gebieten an der Nordostgrenze des Reiches wieder aufleben. Dem Streben des dänischen Königs Sven Estridsen, ein dänisches Erzbistum zu errichten, setzt er den Plan eines Patriarchats der Hamburger Kirche entgegen. Sein Bestreben, in peinlicher Erfüllung der kanonistischen Voraussetzungen (→ Pseudoisidorische Dekretalen) dieses Ziel zu erreichen, scheitert jedoch nach dem Tode Heinrich III. an der römischen Kurie. Indessen gelingt A. die Gründung der Bistümer → Ratzeburg und → Mecklenburg 1060 und damit eine Ausdehnung seines Sprengels auf die Slawen bis zur Peene. Während der Minderjährigkeit → Heinrichs IV. wird er Regent, gerät aber durch seine Territorialpolitik in Gegensatz zu den Herzögen von Sachsen und wird zu Tribur 1066 gestürzt. Der Obotritenaufstand 1066 vernichtete seine Missionsbestrebungen im slawischen Gebiet. A. setzt zwar 1069 seine Rückberufung an den Hof Heinrichs IV. durch, stirbt aber schon 1072 und wird im Bremer Dom beigesetzt.

→ Adam von Bremen, Gesta Hammaburgensis (3. Buch MG SS rer. Germ., 1917^3 - G.DEHIO, Geschichte des Erzbistums Hamburg-Bremen I, 1877, 175ff - O.H.MAY, Regesten der Erzbischöfe von Bremen I, 1937, 53ff - RE I, 149ff - LThK I, 79f - E.MASCHKE, A. von Bremen (Welt als Geschichte 9, 1943, 25-45) - H.FUHRMANN, Studien zur Geschichte mittelalterlicher Patriarchate (ZSav RG 41, 1955, 120-170) - NDB I, 42f. *W.Göbell*

2. *von Prag* (956-97), der tschechische Fürstensohn Vojtěch, in der Magdeburger Domschule unter → Othrich erzogen. 983 Bischof von Prag. Seine hohe Berufsauffassung führte zu Spannungen mit der noch im Heidentum wurzelnden Bevölkerung. Deshalb resignierte er 989 und wurde in Rom Benediktiner. 992-94 wirkte er wieder als Bischof in Prag, dann missionierte er in Ungarn. Nach einem neuen Aufenthalt in Rom 996, wo er auf Kaiser Otto III. einen starken Einfluß ausübte, fand er als Missionar am 23.4.997 bei den → Preußen den Märtyrertod. Papst Sylvester II. sprach ihn schon 999 heilig.

H.G.VOIGT, A. v. P., 1898 - A.ZIMMERMANN, Kalendarium Benedictinum 2, 1934, 95-100 - WATTENBACH-HOLTZMANN I, 1, 1942, 46-51 - Wojciech Święty 997-1947, Księga pamiątkowa (Sammelbd), 1947 - F.DVORNÍK, Sv. Vojtěch, II. biskup pražský, 1950 - NDB 1, 1953, 45f - M.UHLIRZ, Jahrbücher des Deutschen Reiches unter Otto II. und Otto III., Bd 2, 1954. *B.Stasiewski*

Adaldag, Erzbischof von Hamburg-Bremen (937 bis 988), Hofkaplan Ottos I., 936/37 Kanzler; übt als Ratgeber bedeutenden Einfluß auf die ottonische Reichspolitik aus. Durch die Errichtung der Suffraganbistümer → Schleswig, → Ripen und → Aarhus (947/48) entstehen die ersten Suffragankirchen seiner Erzdiözese. Seine Mission unter den Dänen und den Slawen in Wagrien, die er u.a. durch die Gewinnung und Ausbildung eingeborener Prediger und Priester zu fördern sucht, erleidet durch den Slawenaufstand von 983, die Zerstörung Hamburgs durch die Abotriten und die heidnische Reaktion trotz der Taufe König Harald Blauzahns (965) Rückschläge. In Verbindung mit der kaiserlichen Politik schafft A. durch seine Maßnahmen den Rahmen für die Christianisierung des Nordens.

G.DEHIO, Geschichte des Erzbistums Hamburg-Bremen I, 1877, 104 ff - HAUCK III, 1952, 91 ff - O.H.MAY, Regesten d. Erzbischöfe von Bremen I, 1937, 27 ff - J.SKOVGAARD, Bispedømmet i den katolske Tid, Slesvigs delte Bispedømme, 1949, 13 ff - HAL KOCH, Den Danske Kirkes Historie I, 1950, 66 ff - NDB I, 47f - G.TELLENBACH, Otto d.Gr. (Die Großen Deutschen I, 1956, 35-51). *W.Göbell*

Adam, 1. *von Bremen,* († bald nach 1081) seit 1066/67 Domherr in Bremen, 1069 Domscholast, weilt 1067/68 am Hofe König Svend Estridsens von Dänemark (1045 bis 1074). Dessen mündliche Berichte über die nordischen Länder sowie reiches kanonisches und urkundliches Material, Viten, Chroniken und Annalen, verwendet er in seiner nach Erzbischof → Adalberts Tode 1072 begonnenen, weit verbreiteten Hamburgischen Kirchengeschichte »Gesta Hammaburgensis ecclesiae pontificum«. Buch 1 und 2 enthalten nicht ohne Tendenz die Geschichte des Erzbistums → Hamburg (: I)-Bremen bis 1043 und seiner Kirchenhoheit im Norden. Das 3. Buch ist der Persönlichkeit Erzbischof Adalberts gewidmet und gibt außer einer lebensnahen Biographie Aufschlüsse über seine Kirchenpolitik, während das 4. Buch zum erstenmal in der mittelalterlichen Geschichtsschreibung geo- und ethnographische Nachrichten aus Nordeuropa (u.a. von Island und Grönland) bringt. Nachträge (Scholien) bieten Ergänzungen bis etwa 1081, vielleicht noch 1085.

B.SCHMEIDLER, Ausg. der Gesta Hammaburgensis ecclesiae (MG SS rer. Germ. 1917^3; mit Einl. u. Lit.) - DERS., Hamburg-Bremen u. Nordosteuropa vom 9.-11.Jh., 1918 - DERS., Lit. über A.v.Bremen, (Ztschr. d. Ver. f. Lüb. Gesch. u. Altertumskunde, 16, 1914. 111-121) - WATTENBACH-HOLTZMANN I, 563ff - V. LA COUR, Adam af Bremens Meddelelser om Sven Estridssøn (Dansk Hist. Tidsskrift 10, II, 1934, 484-539) - NDB I, 49f. *W.Göbell*

2. *Goddamus* (Godham, Wodeham, Woodham, de Vodronio), englischer Franziskaner-Theologe, Schüler → Ockhams, lehrte um 1340 in Oxford, † 1358. Sein Sentenzen-Kommentar ist in 3 Fassungen überliefert, eine verkürzte Bearbeitung durch Heinrich Totting von Oyta (Prag ca 1373/77), gedruckt Paris 1512. Andere Schriften (Quaestiones, Determinationes) sind ungedruckt.

A.G.LITTLE, The Grey Friars in Oxford, 1892 - C.MICHALSKI in: Miscellanea Fr. Ehrle 1, 1924, 239-264 - A.LANG, Heinrich Totting von Oyta (BGPhMa 33, 4/5), 1937, 54-61. *H.Grundmann*

3. *Scotus* (* ca 1150, † 1212/14), Prämonstratenser, ca 1184 Abt von Dryburgh, 1188/89 Kartäuser in Witham, verfaßte Predigten und asketische Schriften (De triplici genere contemplationis, De quadrupartito exercitio cellae u.a.).

MPL 198, 97-872; 153, 787-884; 112, 849-1088 (?). - A.WILMART, Maître Adam (AnPraem 9, 1933, 209-232) - F.PETIT, La spiritualité des Prémontrés aux XIIe et XIIIe siècles, 1947 (Lit.) - Catholicisme I, 1948, 131 f.

4. *von St. Victor* in Paris († Ende des 12.Jh.), Augustinerchorherr, in seinen etwa 45 Sequenzen (deren Zuschreibung, aus inneren Kriterien gewonnen, im einzelnen unsicher bleibt, zB »Mundi renovatio«, »Ave, virgo singularis«, »Salve, mater salvatoris«) im neueren (rhythmischen, strophengleichen, lyrischen) Stil einer der bedeutendsten liturgischen Dichter des Mittelalters.

C.Blume (u. H.M.Bannister), Analecta hymnica medii aevi 54, 1915; 55, 1922; Lat.-deutsche Ausg. v. F.Wellner, 1937. - RE I, 163f - DThC I, 388f - F.J.E.Raby, A History of Christian-Latin Poetry, 1927, 348ff (Lit.) - Manitius III, 1002ff. *M.A.Schmidt*

Adam, *Karl,* * 22. 10. 1876 in Pusruck/Opf., 1903 PDoz. in München, 1917 Prof. für Moraltheologie in Straßburg, 1919 für Dogmatik in Tübingen, steht in gewisser Nähe zur Tübinger Schule und unterbaut seine modernem Denken offene dogmatische Arbeit durch eindringende dogmengeschichtliche Studien. Thematisch stehen Christus und die Kirche als Leib Christi in der Mitte. Die Einheit der Kirche gibt die Richtung an. In religionsphilosophischen Untersuchungen zeigt sich die Tendenz zu moderner Apologetik.

Bibliogr. in: Abhandlungen über Theol. u. Kirche, Festschr. f. K.A., 1952. Daraus: Der Kirchenbegriff Tertullians, 1907; Die Eucharistielehre d. hl. Augustinus, 1908; Das sog. Bußedikt d. Papstes Kallistus, 1917; Das Wesen d. Katholizismus, (1924) 1949[12]; Christus u. d. Geist d. Abendlandes, 1928; Jesus Christus, (1933) 1949[8]; Una sancta in kath. Sicht, 1948. *Ernst Wolf*

Adam und Eva → Paradies: III.

Adambücher (A. = Adam). Während die rabbinische Literatur ein »Buch des ersten Menschen« nur als mythisches Motiv kennt, sind ursprünglich jüdische und vor 70 vChr hebr. bzw. aram. verfaßte, dabei eng verwandte und nur leicht christlich überarbeitete A.-Bücher: die sog. Apk Mos (griech.), die Vita Adae et Evae (lat.) und ein slaw. A.-Buch. Sie erzählen von A.s und Evas Buße bis zu A.s und Abels Bestattung im Paradies sowie Evas Tod. Jüd. Motive sind zB: Eifersucht und Fall Satans und Anbetung A.s durch die Engel (Vita 12ff), A.s sexuelle Begierde und Verlust seiner »Herrlichkeit« durch den Fall (ApkMos 20ff), sowie Schätzung des Sabbats (ApkMos 43, Vita 51). Askese und Angelologie weisen zum Essenertum und zur Gnosis hin. Christl. A.-Bücher liegen vor im äthiop. A.-Buch, in der syr. »Schatzhöhle«, im syr. TestA.s mit griech., äthiop. und arab. Fragmenten sowie in den armen. A.-Büchern.

Kautzsch, AP II, 506ff - Charles, AP II, 123ff - Riessler, 668ff. 1311f - J.H.Mozley, The Vita Adae (JThS 30, 1929, 121-149) - Jew Enc I, 179f - EJud I, 788ff - O.Eissfeldt, EinlAT[2], 1956, 786f - Schürer III, 396f. *Rud.Meyer*

Adamiten, *Adamianer,* Bezeichnung für Sektierer, die angeblich in kultischer Nacktheit paradiesische Unschuld oder asketische Vollkommenheit erstrebten, die Ehe verwarfen, aber unzüchtiger Ausschweifungen bezichtigt wurden. Schon → Epiphanius (haer. 52), der zuerst davon hörte, wußte nicht genau, ob und wo es eine (gnostische) Sekte der A. gab. Durch Augustin (haer. 31) blieb der Name bekannt und diente seit dem 13.Jh. oft zur Verunglimpfung sehr verschiedener Ketzer: österreichischer → Waldenser (auch »Luciferaner« genannt), niederrheinischer → Brüder des freien Geistes um 1320, enthusiastischer → Hussiten (auch »Nikolaiten« nach Apk 2, 6-15 genannt, von Ziska 1421 aus Tabor vertrieben) und niederländischer Wiedertäufer (→ Täufer) um 1580 (vielleicht A. genannt nach dem westfälischen Schwärmer Adam Pastor; RE XIV, 759f). In Böhmen wurden noch 1787 und 1848 chiliastisch-kommunistische Sektierer im Chrudimer Kreis als A. verdächtigt. Die Berechtigung der Vorwürfe des Nacktkults und nächtlicher Orgien ist dabei immer zweifelhaft; sicher gab es keine kontinuierliche Sekte der A.

RE I, 164ff (Lit.). *H.Grundmann*

Adamnan (623/24-704), mit dem älteren → Columba verwandt, im Irenkloster Hy (Insel Jona) erzogen, 679 dort Abt, doch in England für römischen Kirchenbrauch (Osterfest, Tonsur, Taufritus) erwärmt und fortan dessen Anwalt bei der Iroschottischen Kirche (→ Irland: I); auch als Schriftsteller sehr beachtenswert.

Vita sancti Columbae, ed. J.Th.Fowler, 1895/1920, dazu G.Brüning, A.s Vita Columbae und ihre Ableitungen (Diss.), 1917 (auch Zeitschr. f. celtische Philologie 11, 1916, 213-304); De locis sanctis, ed. P.Geyer (CSEL 39, 1898, 219-297), dazu P.Mickley, Eines Pilgers Reise nach dem hl. Lande, 1917. - P.Geyer, A. (Programme Augsburg/Erlangen), 1895/97. *F.Flaskamp*

Adams, *Thomas* (1600?-1653/55?), einer der bekannteren puritanischen Prediger, der besonders auch → Bunyan beeinflußte, Pfarrer in Willington, Bedfordshire, Wingrave, Buckinghamshire und London. Früher überschätzt, von Robert Southey der »Shakespeare in Prosa« der puritanischen Theologen genannt, steht er an Originalität und Tiefe hinter → Perkins, Henry Smith, Richard Greenham zurück. Seine Predigten, zuerst gedruckt 1629, neu 1862 (von J.P.Angus und T.Smith in J.P.Nichols' Sammlung Works of the Puritan Divines) zeigen eine erstaunliche Belesenheit in den Kirchenvätern und eine treffende Kunst der Formulierung.

DNB I, 102. *M.Schmidt*

Adelard *von Bath* († gegen 1160), engl. Benediktiner. Auf ausgedehnten Reisen sammelte er naturwissenschaftliche und mathematische Schriften der Antike und der Araber, die er dem Mittelalter durch Übersetzungen vermittelte. Die neuen Naturkenntnisse sind in seinen Quaestiones naturales (ed. Martin Müller, BGPhMA 31, 2, 1934) verarbeitet. Seine philosophischen Lehren enthält der Traktat Deeodem et diverso (ed. H.Willner, BGPhMA 4, 1, 1903). Im → Universalienstreit vertritt er einen gemäßigten Realismus. A. vergleicht die bloße Autorität mit einer Halfter (capistrum) und verlangt, daß die Vernunft zwischen Wahrem und Falschem entscheide. Wohl als erster im lateinischen Abendland übernimmt er den aristotelischen Gottesbeweis aus der Bewegung.

Vgl. Ü II[11], 231f. 704 (Lit.) - L.Thorndike, A History of Magic and Experimental Science during the First Thirteen Centuries of Our Era, (1923) 1947[4], II, 19ff - Ch.H.Haskins, Studies in the history of mediaeval science, (1924) 1927[2], 20ff - F.Bliemetzrieder, A. v. B., 1935. *B.Decker*

Adelmann, 1. *von Adelmannsfelden, Bernhard* (ca 1457 bis 1523), Kanonikus von Eichstätt, seit 1502 auch Domherr zu Augsburg, zum Kreis um → Reuchlin und → Erasmus gehörig, befreundet mit → Pirckheimer, Patron → Ökolampads. A. übermittelt → Ecks Obelisci an Luther, nimmt nach der Leipziger Disputation für diesen Partei; deswegen von Eck auf die Bannandrohungsbulle gesetzt, aber schon am 9.11.1520 absolviert. Bleibt der evangelischen Bewegung verbunden.

F.X.Thurnhofer, B.A.v.A., 1900 - LThK I, 97f. Teile des Briefwechsels bei E.Stähelin, Briefe u. Akten zum Leben Ökolampads I, 1927. *W.Maurer*

2. *von Lüttich* († 1061), in Chartres Schüler des → Fulbert, war zusammen mit → Berengar von Tours, gegen dessen Abendmahlslehre er sich ca 1050 wandte, in Lüttich Lehrer an der Domschule, später in Speyer, ca 1057 Bischof von Brescia.

RE I, 167; XXIII, 13 - R.Heurtevent, Durand de Troarn et les origines de l'hérésie bérengarienne, 1912 - DHGE I, 530 - Manitius II, 558 - J.Geiselmann, Die Eucharistielehre der Vorscholastik (FCh LDG XV, 1-3), 1926, 303 ff - Wattenbach-Holtzmann 145. 561 - Catholicisme I. 138 (Lit.) EC I, 301. *M.A.Schmidt*

Adeodatus (II., wenn → Deusdedit als A. I. gezählt wird), *Papst* 11.4.672 bis 17.6.676, röm. Mönch von S. Erasmo. Wie sein Vorgänger stellte sich A. gegen den monotheletischen Patriarchen von Konstantinopel (→ Christologie: II). A. wies dessen Synodica und Ausgleichsversuche ab, weshalb ihn der Kaiser nicht in die Dyptichen aufnahm.

Jaffé I, 237 - Caspar II, 587. *L.Buisson*

Adiaphora

1. Bedeutung und Herkunft des Begriffes - 2. Der unbestritten legitime Ort für die A. - 3. Die A. in einer biblizistischen Gesetzesethik - 4. Die A. in einer Ethik der Pflichten, der Werte oder der Güter - 5. Die A. und das Ethos der christlichen Freiheit

In den Lehrbüchern der → Ethik fand sich früher regelmäßig ein Lehrstück von den A., von den »Mitteldingen« (den ethisch indifferenten Dingen) oder auch vom »Erlaubten«. Auf ihm lag deshalb sogar ein gewisser Nachdruck, weil zweimal im Laufe der Geschichte der ev. Kirche um die Frage der A. schwere Auseinandersetzungen geführt worden waren (→ Adiaphoristischer Streit). In den neueren Darstellungen der Ethik wird vielfach entweder auf die A. gar nicht eingegangen oder nach kurzer Andeutung erklärt, daß die Begriffe der A. oder des Erlaubten keinen legitimen Platz in einer evangelischen Ethik haben.

1. Der Begriff der A. stammt aus der älteren → Stoa. Er hat dann innerhalb der stoischen Schule bereits Bedeutungsabwandlungen erfahren. Gemeint sind zunächst Dinge bzw. Lebensgüter, die der Weise nicht erstreben soll. Gelegentlich wird aber auch unterschieden zwischen begehrenswerten, verwerflichen und eigentlichen A. In der stoischen Rede von den A. kommt die Einsicht zum Ausdruck, daß die Dinge und Güter des Lebens *an sich* sittlich neutral sind und - das wird deutlich schon in der antiken Philosophie und später in der Hochscholastik - erst dann sittlich relevant werden, wenn wir Gebrauch von ihnen machen. Sittlich oder unsittlich sind nach → Thomas von Aquino erst Willensakte und Handlungen, und diese erhalten diese ihre Qualifikation nicht durch das, was getan, sondern durch den → Zweck, der mit ihnen verfolgt wird und als ihre Seele anzusehen ist. Freilich kommt man, wenn man von da aus weiter denkt, gerade nicht auf das, was in der lutherischen Ethik unter A. verstanden wird, nämlich auf Handlungen, die sittlich indifferent sind, weder geboten noch verboten, weder gut noch böse, die weder Pflichterfüllung noch Pflichtverletzung bedeuten, die man ebensogut tun wie lassen kann, die »erlaubt« sind. Ein Handeln nämlich, das weder einen guten noch einen bösen Zweck verfolgt, also zwecklos ist, steht doch wohl unter demselben Verdikt wie die zwecklose Rede (Mt 12, 36) und ist dementsprechend nicht sittlich indifferent.

2. Ihren unbestreitbar rechtmäßigen Platz haben die A. im Raume der → Sitte und des → Rechtes, auch der kirchlichen Rechtsordnung. Das Leben des Menschen in vorindividualistischer Zeit ist weitgehend normiert durch Bräuche und nicht kodifizierte, nicht den Charakter von Rechtssatzungen tragende → Normen, die verpflichten und verwehren; aber ein Raum der → Freiheit bleibt immer, auch bei ganz starker Bindung an die Sitte. Jede Rechtsordnung legt den Gliedern des Gemeinwesens, in dem sie gilt, Gebote und Verbote auf; aber ein freier Raum des Erlaubten bleibt, so verschieden breit er jeweils sein mag. Auch eine kirchliche Ordnung ist nicht denkbar ohne A. In der röm.-kath. Kirche gilt mehr de jure humano als de jure divino, wobei nur den einzelnen das jus humanum genauso bindet wie das jus divinum. Im → Adiaphoristischen Streit von 1548, ausgefochten zwischen Gnesiolutheranern und Philippisten, ist es darum gegangen, ob man unter dem Druck der nachschmalkaldischen Reichsgesetzgebung und unter der Gefahr einer Rekatholisierung Deutschlands Traditionselemente beibehalten oder gar wiederaufnehmen dürfe, die durch Gottes Wort weder geboten noch verboten sind und durch irdische Instanzen (natürlich auch nicht durch den einzelnen) in Freiheit festgehalten oder abgestoßen werden können.

3. Eine gesetzliche → Sittlichkeit, die das Leben des Menschen oder des Christen durch einen Komplex von Geboten und Verboten regeln will, wird dann am wenigsten ohne Anerkennung von A. auskommen können, wenn sie die konkreten Normen des Handelns lediglich der Heiligen Schrift entnimmt. Das ergibt sich zwangsläufig dadurch, daß die Heilige Schrift zwar eine Fülle von Dingen und Handlungen als böse und sündig und andere als gut ansieht, aber andere gar nicht berührt und erwähnt. So bleibt ein Feld frei, auf dem der Christ sich bewegen kann, wie er will.

Zwingend ergibt sich von solchem Ansatz her die Anerkennung von erlaubten Mitteldingen natürlich nicht. Es wäre ja auch möglich, alles, was in der Schrift nicht ausdrücklich geboten ist, als verboten anzusehen. In der Welt des Calvinismus hat ein biblizistischer Nomismus die Meinung, es gäbe A., völlig ausgestoßen und unter Verdikt gestellt. Die Pietisten (→ Pietismus), die zB im zweiten → Adiaphoristischen Streit (1681 bzw. 1687; Anlaß der Bau eines Theaters in Hamburg) Theater, Tanz, Tabakgenuß, Vergnügen aller Art als an sich sündig und nicht erst durch den Mißbrauch sündig werdend bezeichneten, sind gelehrige Schüler der niederländischen Präzisisten und schottisch-englischen → Puritaner gewesen.

Ganz abgesehen davon, daß man ernsthaft zu fragen hat, ob ein nomistischer → Biblizismus das biblische Ethos trifft, wird man beachten müssen, daß er, ob er A. anerkennt oder nicht, zu grotesken Folgerungen führt: Weintrinken würde (Joh 2, 1 ff) ethisch anders behandelt werden müssen als Biertrinken usw!

Unter der Voraussetzung nomistisch-biblizistischer Begründung der Ethik muß einer Anerkennung von A. auf alle Fälle das Wort geredet werden. Präzisistischer Rigorismus ist tätsächlich Verleugnung des biblischen Schöpfungsgedankens, und eine Lösung der ethischen Probleme Erholung, → Geselligkeit usw (an dieser Stelle speziell ist die Frage nach den A. immer wieder akut geworden) dürfte auf seinem Boden überhaupt nicht möglich sein.

4. In einer Pflichtenethik (→ Pflicht), die die säkularisierte Gestalt des rigoristischen biblizistischen Nomismus darstellt, sind die A. nicht unterzubringen. Der Satz aus → Kants »Religion innerhalb der Grenzen der bloßen Vernunft« (Ausg. Cassirer VI, 1925, 160): »Es liegt der Sittenlehre überhaupt viel daran, keine moralische Mitteldinge weder in Handlungen (adiaphora) noch in menschlichen Charakteren, solange es möglich ist einzuräumen: weil bei einer solchen Doppelsinnigkeit alle Maximen Gefahr laufen, ihre Bestimmtheit und Festigkeit einzubüßen« dürfte den Begriff der A. mit in Mißkredit gebracht haben. In eine → Wertethik passen A. schwerlich hinein, da auch neutrale → Werte der Verwirklichung positiver Werte im Wege stehen würden, also in der Tat Unwerte wären. Ähnlich dürften die Dinge bei einer → Güterethik liegen.

5. Im NT kommt der Begriff der A. nicht vor; aber die Lehre von den A. hat merkwürdigerweise einen biblischen Ansatz, und zwar in dem paulinischen ἔξεστιν von 1Kor 6, 12 und 10, 23f: »Alles ist mir erlaubt (ἔξεστιν), aber nicht alles nützt. Alles ist mir erlaubt, aber ich werde mich doch nicht von etwas beherrschen lassen!« »Alles ist erlaubt, aber nicht alles nützt; alles ist erlaubt, aber nicht alles erbaut. Keiner suche das Seine, sondern das des andern!« Wörtlich verstanden heißt das, daß *alles* für den Christen Adiaphoron ist. Man wird eine Paradoxrede nicht pressen und wird etwa das, was Thielicke (Ethik I, 1951, Nr. 353) Prohibitiva nennt, vorbehalten dürfen. Aber jedenfalls stellt → Paulus den Christen ganz weitgehend in die *Freiheit*. Er ist durch keine gesetzliche Norm gebunden, kann arm oder reich sein, je nachdem, um Christi willen. In der Lehre von den A. spiegelt sich tatsächlich die christliche Freiheit wieder.

Schon die zitierten Paulusstellen lassen deutlich werden, daß die Freiheit im Gebrauch der Dinge und im Handeln nicht die Freiheit der Willkür oder gar der Zuchtlosigkeit sein kann. Es geht um die Freiheit, die Geschenk der → Liebe ist und sich deshalb auch nur in der Liebe betätigen läßt. Es ist die Freiheit des lutherischen Paradoxon: »Ein Christenmensch ist ein freier Herr aller Dinge und niemand untertan; und ein Christenmensch ist ein dienstbarer Knecht aller Dinge und jedermann untertan.«

Für das Problem der A. im engeren Sinne und speziell für die Fragen Lebensgenuß (→ Lebensstandard), Erholung usw bedeutet das, daß die Rücksicht auf die Schwachen im Sinne von 1Kor 8-10 und Röm 14 immer mit maßgebend sein muß. Das schließt aber ein, daß je nach Ort und Zeit der Christ unter Umständen verschieden handeln muß, ohne daß er eine Möglichkeit hat, von einer gesetzlichen Norm her zu bestimmen, *wie* er handeln soll. Weingenuß, wie ihn Sir 31, 32ff schildert, kann im harmlos-fröhlichen Kreise von Menschen, die Zucht halten, unbedenklich, unter Trinkern → Sünde sein. Ob ein ev. Pfarrer in einer engherzig-pietistischen Gemeinde auf Erlaubtes verzichten oder gerade durch Bekundung seiner Freiheit gegen die unevangelische Enge protestieren soll, läßt sich nicht gesetzlich ausmachen. Das berühmte Fazit aus FC X: »In statu confessionis nil adiaphoron« (sinngemäß: solange die Freiheit des Evangeliums gefährdet ist, ist unsere Freiheit suspendiert) läßt sich ebenfalls nicht in gesetzlicher Weise praktizieren; die Entscheidung für den status confessionis ist eine Entscheidung evangelischer Freiheit.

Bei der Praktizierung seiner Freiheit muß für den Christen nicht nur die Rücksicht auf die Schwachen neben ihm mitbestimmend sein, sondern auch die Rücksicht auf seine eigene Schwachheit oder Stärke. Es gibt kein Adiaphoron, das nicht Anlaß der → Versuchung und Lockmittel der Sünde werden könnte.

Ob es noch tunlich ist, mit dem gegen vielerlei Mißverständnisse ungeschützten Begriff der A. zu arbeiten, ist wohl keine theologische Frage, sondern eine solche der Zweckmäßigkeit. Der mit ihm bezeichnete theologische Sachverhalt darf jedoch nicht preisgegeben werden. Ob sich für die praktische ethische Paränese, die immer einen gesetzlichen Zug haben (→ Antinomismus) und diesen erst nachträglich evangelisch überwinden wird, so leicht eine bessere Bezeichnung finden und durchsetzen möchte, dürfte fraglich sein. Und sollte in der Lehre von den A. nicht auch dies zum Ausdruck kommen, daß genauso, wie Gottes eigenes Handeln nicht restlos dem Zweckgedanken zu subsumieren ist, auch das Tun seiner Kinder nicht aufgeht in der Erfüllung von Pflichten, sondern diese mitspielen dürfen bei einem heiligen »Spiel« Gottes in Freiheit?

RGG³ I,84ff - N.H.Søe, Christliche Ethik, 1949, 160ff - W. Trillhaas, Adiaphoron (ThLZ 79, 1954, 457-462). *F.Lau*

Adiaphoristischer Streit. Im A.Str. bricht der Gegensatz auf zwischen → Melanchthon und den unbedingten Schülern Luthers, an ihrer Spitze → Flacius. Zur Durchsetzung des Leipziger → Interims wurden Kultus und Kirchenregiment als → Adiaphora erklärt. Schon 1530 in den Augsburger Verhandlungen hatte Melanchthon grundsätzlich denselben Standpunkt vertreten und ihn in seinen Loci von 1535 (CR 21, 510ff) weiter ausgebaut. Für Luther gehören die Adiaphora in das Gebiet der evangelischen Freiheit, ihre Durchführung sollte daher nicht ohne Anhören der Gemeinden erzwungen werden. Flacius hat sich diese Stellung Luthers zu eigen gemacht und sie durch die in die → Konkordienformel (Art. 10) aufgenommene These erweitert, daß im Casus confessionis Mitteldinge nicht anerkannt werden könnten. - Über die spätere individualethische Frage nach den Adiaphora, die vom Puritanismus (→ Puritaner) gestellt, vom Präzisismus Hollands und den deutschen Pietisten fortgeführt wurde, vgl. Willem → Teellink, Gisbert → Voetius; zum Streit über die Zulässigkeit der Oper → Hamburg (: II).

A.Ritschl, Geschichte des Pietismus II, 1884, 174ff - RE I, 168ff - Ritschl II, 328ff - H.Chr.v.Hase, Die Gestalt der Kirche Luthers, 1940. *W.Maurer*

Âdi-Granth (»das ursprüngliche Buch«), die heilige Schrift der → Sikhs; so genannt, um sie von dem »Buch des 10. Königs« zu unterscheiden, welches nicht von allen Sikhs als maßgeblich anerkannt wird. In seiner heutigen Form geht der A. auf den 5. Guru (Lehrer, Priesterkönig) der Sikhs, Arjun (1581-1606) zurück, der in ihm Gedichte von Nânak, dem Stifter des Sikhismus, und dessen Nachfolgern sammelte und selbst einiges hinzufügte. Später kamen noch Verse des Guru Teg Bahâdur und ein Gedicht des letzten Guru Govind Singh (1676-1708) hinzu. Von besonderem Interesse sind die Dichtungen von Nâmdev, Râmânand, Kabîr, dem Sûfi Shaikh Farîd und anderen Heiligen, die von den Sikhs als Wegbereiter ihres Glaubens angesehen werden. Der A. ist ausschließlich in gebundener Rede, teils in Panjâbî teils in alten Hindî-Dialekten abgefaßt und wird gewöhnlich in einer besonderen »Gurmukhî«-Schrift geschrieben, die vom 2. Guru erfunden worden sein soll, um die Sikhs von der Lektüre von Hindu-Schriften abzuhalten. Der Inhalt besteht vornehmlich aus Liedern zum Preise Gottes, die im Kultus Verwendung finden. Der A. wird von den Sikhs wie ein göttliches Wesen verehrt; sie nennen ihn deshalb nie anders als »Granth Sâhib« (Herr Buch).

Engl. Übers.: E.Trumpp, The A. or Holy Scriptures of the Sikhs, London 1877 (unvollständig) - M.Macauliffe, The Sikh Religion: its Gurus, Sacred Writings and Authors, 6 vols., Oxford 1909. - Vgl. ERE VI, 389f und Lit. zu → Sikhs. *H.v.Glasenapp*

Adler, *Jakob Georg Christian,* * 8.12.1756 in Arnis a.d.Schlei, † 22.8.1834 in Giekau (Holst.); stammt aus einer alten, ursprünglich ausgburgischen Predigerfamilie, studierte Theologie und Orientalia, wurde 1783 Prof. des Syrischen in Kopenhagen und erwarb sich als Schüler von O.G.Tychsen Verdienste bes. um die Erforschung syr. und arab. Handschriften in europäischen Bibliotheken. 1788 wurde er Prof. der Theologie und 1789 auch deutscher Hofprediger in Kopenhagen, 1792 Generalsuperintendent in Schleswig, 1806 auch von Holstein. Er brachte im Kirchen- und Schulwesen (»Allgemeine Schulordnung« für Schlesw. u. Holst., 1814) im Gang befindliche Reformen zum Abschluß. Allerdings stieß die »Schleswig-Holst. Kirchen-Agende« von

1797 wegen ihrer betont rationalistischen Art zT auf Widerstand. Dennoch hat selbst Claus → Harms den bedeutenden Seelsorger und Prediger zu schätzen gewußt.

A.TH.HARTMANN, O.G.Tychsen, 2 Bde, 1818-20 - O.F.ARENDS, Geijstligheden i Slesvig og Holsten I, 1932 - NDB I, 70.

Ernst Wolf

Adonaj, hebräisch ʾ^{a}donaj, von der LXX mit κύριος, der Vulg. mit dominus, von Luther mit »Der Herr« wiedergegeben, ist die seit etwa 300 vChr an Stelle des außer Gebrauch kommenden Gottesnamens → »Jahwe« im Judentum üblich gewordene Gottesbezeichnung, so daß seitdem die im Bibeltext belassenen, aber mit den Vokalen von ʾ^{a}donaj versehenen Konsonanten von Jahwe, jhwh, als A. ausgesprochen werden. Das erklärt sich einmal daraus, daß die jüdische Religion damals rein monotheistisch geworden war und so einen - ja nur zur Unterscheidung eines Gottes von anderen dienenden - Gottesnamen nicht mehr brauchen konnte, sondern ihn ebenso durch ein Appellativum ersetzen mußte, wie das Christentum seinen Gott mit einem Appellativum, Gott, bezeichnet, und hat zweitens seinen Grund darin, daß bei dem Nachdruck, mit dem das AT an seinem Gott die Qualität des Herrseins hervorhebt, die Wahl eines diese Qualität betonenden Appellativums das Gegebene war. Über die grammatische Analyse von ʾ^{a}donaj und über die Frage seines Alters gehen die Meinungen indes auseinander. Nach der üblichen Auffassung ist vokativisches ʾ^{a}donaj »Meine Herren« oder - weil als Majestätsplural zu verstehen - vielmehr »Mein Herr« schon früh auf Jahwe angewendet worden; aber den nominativischen Gebrauch dieser Vokativform hält man meistens für spät und läßt ihn eigentlich erst als künstlichen Ersatz für Jahwe aufgekommen sein. Dabei wird die durch Dehnung der Endung ăj bewirkte Unterscheidung des von Gott ausgesagten ʾ^{a}donaj von dem auf Menschen angewendeten ʾ^{a}donăj als eine aus frommer Scheu zu erklärende Maßnahme betrachtet. Das letztere trifft wohl zu. Dagegen ist es schwerlich an dem, daß die alte Sprache in der Anwendung auf Jahwe nur vokativisches ʾ^{a}donăj gekannt habe, und daß nominativische Verwendung dieser Form erst spät aufgekommen sei. Vielmehr wird das ăj von ʾ^{a}donăj eine alte, zur Verstärkung der dem betreffenden Nomen eigenen Bedeutung dienende Nominalendung darstellen, wie auch der Gottesname Schaddaj diese Endung aufweist, ʾ^{a}donăj also als Verstärkung von ʾadôn »Der Herr« mit der Bedeutung »Der Allherr« aufzufassen sein. So eignete es sich trefflich als Ersatz des alten Gottesnamens Jahwe.

W.W.GRAF BAUDISSIN, Kyrios als Gottesname im Judentum und seine Stelle in der Religionsgeschichte I-IV, 1929. *O.Eißfeldt*

Adonis, seit etwa 600 vChr bezeugte Gräzisierung und Latinisierung des von den Phöniziern auf die Götter überhaupt, nicht nur auf diesen einen Gott angewendeten Epithetons adon »Herr« oder adoni »Mein Herr«, bezeichnet in der griechisch-römischen Mythologie den als jugendlichen, alljährlich sterbenden und wiederauferstehenden Gott gedachten Repräsentanten der im Frühjahr herrlich aufblühenden und im Hochsommer jäh dahinwelkenden Vegetation, dessen Sterben zu bitterer Klage und dessen Wiederauferstehen zu frohem Jubel Anlaß gibt (→ Auferstehung: I). Waren uns bis vor einem Vierteljahrhundert die diesen Gott und seine - bald mehr als Mutter und Schwester, bald mehr als Geliebte gedachte, von den Griechen Aphrodite genannte - Gefährtin angehenden Vorstellungen und Feiern, die offenbar große Mannigfaltigkeit aufgewiesen haben und etwa in → Alexandria sehr viel anders geartet waren als in Athen oder gar in der phönizischen Heimat, in → Byblos und in dem 25 km östlich davon auf den Höhen des Libanon gelegenen Aphaka, nur aus späten Quellen bekannt, vor allem aus den Adoniazusen des Theokrit (3.Jh. vChr) und der Schrift des Lukian oder Pseudo-Lukian »De Dea Syria« (2.Jh. nChr), so haben uns die ugaritischen Texte (→ Ugarit: 3) inzwischen gezeigt, daß die Phönizier jedenfalls schon um die Mitte des 2.Jt.s vChr dem später bezeugten A.-Mythus ähnliche Vorstellungen gekannt haben. Freilich verteilen sich hier die beiden, in der *einen* A.-Gestalt vereinten Repräsentationen des durch den Regen bedingten Blühens und des durch die Sonnenglut herbeigeführten Verdorrens der Vegetation auf zwei jugendliche Götter, auf Alʾijan Baʿal einer- und auf Mot anderseits. Im AT kommen mehrere Anspielungen auf dem A.-Kult ähnliche Bräuche (A.-Gärten) vor, von denen Jes 17, 10 (8.Jh. vChr) ganz eindeutig ist und es über jeden Zweifel erhebt, daß, wie auf die griechisch-römische Welt, so auch auf Israel oder doch wenigstens auf bestimmte Schichten dieses Volkes der A.-Kult des benachbarten Phönizien Eindruck gemacht hat.

W.W.GRAF BAUDISSIN, A. u. Esmun, 1911 - K.GALLING, Jesaja-A. (OLZ 33, 1930, 98-102) - H.SEYRIG, Les bas-reliefs, prétendus d'A., aux environs de Byblos (Syria 21, 1940, 113-120) - R.DUSSAUD, Les Découvertes de Ras Shamra (Ugarit) et l'Ancien Testament, 1941, 87-140 - W.BAUMGARTNER, Das Nachleben der A.gärten auf Sardinien u. im übrigen Mittelmeergebiet (Schweiz. Archiv für Volkskunde 43, 1946, 122-148) (Lit.) - C.H.GORDON, Ugaritic Literature, 1949, Einleitung - P.LAMBRECHTS, Over Griekse en oosterse mysteriegodsdiensten; de zgn. A.mysteries (MAB 16, 1), 1954 - DERS., La »résurrection« d'A. (AIPh 13, 1953, 207-240) - M.P.NILSSON, Geschichte der Griechischen Religion, I, 1955[2]; II, 1950, Reg.

O.Eißfeldt

Adoptianismus

1. Der Name - 2. Der A. in Rom - 3. Der A. in Antiochia - 4. Der A. in Spanien

1. Der A. ist eine der beiden Richtungen des Monarchianismus, der das wechselseitige Verhältnis von Gott Vater, Sohn und Geist anders als die Logoschristologie zu verstehen sucht (→ Christologie: II). Stellt diese die Verschiedenheit der Personen heraus, so betonen die Monarchianer entsprechend ihrem Leitwort: monarchiam tenemus (Tert., Adv. Prax. 3) die Einheit Gottes. Während die Modalisten in Vater und Sohn verschiedene Offenbarungsweisen desselben einen Gottes sehen (modi), unterscheiden die »dynamistischen« Monarchianer oder Adoptianer durch personhaft stärkste, weil substantielle Differenzierung beide göttliche Personen. Ihre Wirkungsstätten sind Rom (ca 190-250) und Antiochia (ca 260-272: Paulus von Samosata).

2. Alle Quellen nennen als Begründer des dynamistischen Monarchianismus vor allem den griechisch gebildeten Gerber → *Theodotus*. Er lehrte, Christus sei aus der Jungfrau durch Wirkung des Hl. Geistes geboren, jedoch nicht als himmlisches Wesen anzusehen. Nach Bewährung in einem frommen Leben sei in der Taufe der Hl. Geist auf ihn herabgestiegen; dadurch sei er als Christus mit göttlichen Kräften (δυνάμεις) für seinen Beruf erfüllt worden. Die Herabkunft des Geistes auf Jesus berechtige nicht dazu, ihn »Gott« zu nennen. Als Belege für Christus als Menschen hat Theodotus u.a. angeführt: Dt 18, 15; Joh 8, 40; 1Tim 2, 5. Er und seine Schüler versuchten ihre christologische Ansicht durch kritisches Verbessern (διωρθωκέναι) der Hl. Schriften zu unterbauen, dh durch Textkritik, wie auch durch Auswertung antiker Philosophie (Aristoteles, Theophrast), Syllogistik (Euklid?) und Kritik (Galen?). Von ihren Arbeiten ist nichts erhalten. Bischof → Viktor von Rom (189-199) hat Theodotus unter der Beschuldigung,

er verkündige Christum als »bloßen Menschen« (ψιλὸν ἄνθρωπον) aus der Kirche ausgeschlossen. Theodots Schüler, besonders Theodotus der Wechsler, sowie Asklepiades (Asklepiodotus), Hermophilus, Apolloniades haben nach dieser Exkommunikation versucht, in *Rom* eine eigene Kirche zu gründen. Kurze Zeit gelang es ihnen, einen Confessor Natalis als Bischof zu gewinnen (den ersten Gegenbischof in Rom); doch nach dessen baldiger Unterwerfung unter Bischof → Zephyrin (199-218) war diese Teilgemeinde wohl auf eine kleinere »Schule« beschränkt. Ungeklärt bleibt, wie die Theodotianer die Stellung und Funktion des Hl. Geistes mit der Einzelpersönlichkeit Gottes vereinbarten, während sie doch die Gottheit Christi opferten. Offenbar haben sie den Hl. Geist nur als unpersönliche Kraft verstanden.

In dem Schreiben der entscheidenden Synode gegen Paulus von Samosata (s. 3) wird als hervorragender Vertreter der gleichen dynamistischen Lehre → *Artemon* erwähnt (Euseb. h. e. VII, 30). Auch er muß in seiner Schule die Gottheit für Jesus abgelehnt haben. Er dürfte der letzte namhafte Vertreter des A. in Rom gewesen sein. Ein Nachhall seines Wirkens könnte bei Novatian, De Trinitate 11. 15, vorliegen: danach geben Ungenannte Jesus für einen bloßen Menschen aus.

3. Der A. hat in der syrischen Kirche eine allerdings variierte Erneuerung in der Theologie des → *Paulus von Samosata* erlebt, der von ca 260-272 Bischof von *Antiochia* und damit Metropolit Syriens war. Er setzte der naturhaften Gottheit Christi die personhaft-ethische Gottverbundenheit der Menschheit Christi mit Gott selbst entgegen. Gott ist unbedingt als *eine* Person zu denken. Ein Logos oder eine Sophia sind Eigenschaften in Gott und können insofern unterschieden werden. Auch der aus Gott heraus gesetzte Logos oder Sohn bleibt eine unpersönliche Kraft. Als solche hat er in den Propheten und Moses gewirkt, am meisten aber in dem von der Jungfrau geborenen Sohne Davids. Die Einwohnung des Logos im Menschen Jesus vollzieht sich wie in einem Tempel, wie der »innere Mensch« im Christen. Aber diese Gemeinschaft ist keine wesenhafte (οὐσία οὐσιωμένη), sondern eine persönliche Verbundenheit. Der Logos ist von Jesus stets zu unterscheiden, ist größer als dieser; Maria hat nicht den Logos geboren, sondern einen uns wesensgleichen Menschen, in den der Logos als Geist *sich* einhauchte (ἄνθρωπος ἦν ὁ Ἰησοῦς, καὶ ἐν αὐτῷ ἐνέπνευσεν ἄνωθεν ὁ λόγος). Die Geistmitteilung in der Taufe ist für Paul offenbar erst die Einwohnung des Logos in den Menschen Jesus, erst von der Taufe an scheint ihm Jesus als Christus zu gelten. Die Einheit zwischen Gott und Mensch, zwischen Logos, Sophia, Geist einerseits und Jesus andererseits wird allein durch die Liebe bewirkt. So wird Jesus Gott ähnlich und mit ihm eins, indem er jede eigene Sünde, aber auch die des Stammvaters Adam überwindet (ὁμοιωθεὶς τῷ θεῷ ... ἅγιος καὶ δίκαιος γεγενημένος). Durch eine niemals ruhende Bewegung zu Gott hin, durch den steten Fortschritt zum Guten, durch die Liebe des Logos von oben und des Menschen von unten wird er der Erlöser, in göttliche Würde eingesetzt und der »Gott aus der Jungfrau«. - Paulus v. S. versuchte seine Christologie durch einen ausgedehnten Schriftbeweis zu sichern und erklärte, daß die Anschauung, Jesus sei φύσει Gottes Sohn, Zweigötterei und Gefährdung des Monotheismus zur Folge haben müsse. Seine Gegner haben ihm gegenüber die Streitfrage richtig dahin umschrieben, er habe »das Mysterium« des christlichen Glaubens preisgegeben (Eus. h. e. VII, 30, 16), indem er das irrationale Christus- und Gottesbild verleugne. - Der A. Pauls v. S. ist gegenüber der römischen Form der Theodotianer und vielleicht Artemons mit Elementen der Logoschristologie wohl des → Origenes verbunden. Es bedurfte mehrerer Synoden, der letzten 268, der Gelehrsamkeit eines Malchion sowie der Macht Aurelians, Paul 272 abzusetzen.

4. Das Wiederaufleben des A. in *Spanien* am Ende des 8. Jh.s erregte einen neuen Streit, der durch die Initiative → Karls d.Gr. entschieden wurde (→ Christologie: II).

Quellen: Zu 2: Euseb.h.e. V, 28; VII, 30; Epiph. Haeres. 54. 55; Hippol., C.Noet.; Ref. VII, 35; X, 23 u.ö. - Zu 3: Eus. h. e. VII, 27-30; vgl. RE XIII, 320 ff.

Lit.: Zu 1-4: Die DGn von HARNACK, SEEBERG, LOOFS; die Lit.-Gesch.n von HARNACK, JORDAN, KRÜGER, ALTANER, BARDENHEWER, EHRHARD (Patrologie), Quasten; die KGn von K.MÜLLER, LIETZMANN, BIHLMEYER (Einzel-Lit. vgl. I^{14}, 1955, 160), Ehrhard. - Zu 2 u. 3: RE XIII, 303 ff, bes. 311 ff - A.EHRHARD, Kirche der Märtyrer, 1932 - H.SCHÖNE, Ein Einbruch der antiken Logik u. Textkritik in die altchristl. Theologie (Pisciculi. Dölger-Festschr., 1939, 252 bis 265) - G.KRETSCHMAR, Studien zur frühchristl. Trinitätstheologie (BHTh 21), 1956. - Zu 3: F.LOOFS, Paul v.S., 1924 - G.BARDY, Paul de Samosate, 1929^2 - H.DE RIEDMATTEN, Les Actes du Procès de Paul de Samosate, Étude sur la christologie du IIIe au IVe siècle (Paradosis VI), 1952 - H.GRÉGOIRE, Les persécutions dans l'empire romain, 1956. - Zu 4: RE I, 180 ff. *A.Hamel*

Adoption, die rechtliche Annahme jemandes an Kindes Statt (Fürer), ist dem kath. Kirchenrecht unbekannt. In den Gebieten jedoch, wo mit der A. ein staatliches Eheverbot, sei es aufschiebend oder trennend, verknüpft ist (→ Ehe: VI), begründet dieses staatliche Eheverbot auch ein kirchliches, ebenfalls entweder aufschiebendes oder trennendes Ehehindernis (cc. 1059. 1080 CIC). In Deutschland ist die A., solange sie nach weltlichem Recht fortbesteht, demgemäß (vgl. Ehegesetz von 1946, § 7) aufschiebendes Ehehindernis.

J.FÜRER, Die A., Legitimation u. die Kindesanerkennung im internationalen Recht, 1926 - E.EICHMANN - K.MÖRSDORF, Lehrbuch des Kirchenrechts II, 1953^7, 170f. *H.Barion*

Adoratio crucis → Kreuzesfeste.

Adriani, *Nicolaus* (1865-1926) wurde 1895 von der Niederländischen Bibelgesellschaft nach Poso, Mittel-Sulawesi, Indonesien gesandt, wo er bis zu seinem Tode an der Erforschung der Toradja-Sprachen, besonders der Bare'e-Sprache, gearbeitet hat. Nach seiner Meinung hat Bibelübersetzung nur dann einen Sinn, wenn ein Volk schon zu einem gewissen Grad christianisiert ist; auch die Sprache eines Volkes brauche eine Wiedergeburt vom Evangelium her. Zusammen mit A. → Kruyt hat er die Christianisierung des Toradjavolkes von Poso vorbereitet und geleitet.

N.A., Verzamelde Geschriften, 1932. - H.KRAEMER-A.E.ADRIANI, Dr. N.A., 1930. *J.Blauw*

Adso, Mönch in Luxeuil, nach 936 Leiter der Schule von St. Èvre zu Toul, 967/68 Abt von Montier-en-Der, Hagiograph (MPL 137, 599 ff), war bedeutender Vertreter der Gorzer Reform und der eschatologischen Römerreichsidee (Epistola Adsonis ad Gerbergam reginam de ortu et tempore antichristi, ed. E. Sackur, Sybill. Texte u. Forsch., 1898, 104 ff).

RE I, 187f - MANITIUS II, 432-442 (Lit.) - LThK I, 109 - WATTENBACH-HOLTZMANN I, 2, 187f (Lit.) - C.ERDMANN, Das ottonische Reich als Imperium Romanum (DA 6, 1943, 426-433) - K.HALLINGER, Gorze-Kluny (Studia Anselmiana fasc. 22-23, 1950, 62). *H.Beumann*

Advent. Schon bei Tertullian steht adventus für das nt. παρουσία, auch für ἐπιφάνεια und ἐπιδημία (Ankunft und Aufenthalt eines Gottes an seinem Kultort; die Gedenktage dreier Besuche Konstantins in Rom heißen »adventus Divi«, Philocalus). Die A.szeit (bei Amalarius von Metz um 800 »praeparatio adventus Domini«) ist zunächst Fastenzeit vor Epiphanias (im 4. Jh. in Gallien Tauffest), in der griechischen Kirche bis heute

Fastenzeit vor Weihnachten und wird erst später (im 6.Jh.?) liturgisch begangen, und zwar mit den Meßformularen der Fastenzeit vor Ostern. Messen für 5-7 A.ssonntage finden wir zuerst in der mozarabischen und gallikanischen Liturgie (7.Jh.). Jerusalem kennt damals nur *einen* A.ssonntag (Evangelium: Mt 1, 1-17); *zwei* Sonntage der Verkündigung (an Zacharias bzw. Maria) haben Syrien und, von daher, Ravenna schon im 5.Jh.

Die abendländischen *vier* A.ssonntage sind für Italien zuerst in der Epistelliste von Kapua (546, Cod.Fuld.) nachgewiesen. Unter Roms Einfluß steht seit dem 11.Jh. die Vierzahl fest, während der liturgische Charakter einer Fastenzeit sich unter fränkischem Einfluß ausbildete (Wegfall des Gloria in der Messe und des Tedeum in der Matutin im 12.Jh., des Gloria im Frankenreich schon bei Amalarius von Metz). Im Missale Romanum fehlt ferner im A. das Halleluja; das »Ite, missa est« wird, wie in allen Messen ohne Gloria, durch das »Benedicamus Domino« ersetzt. Als liturgische Farbe (unter Innozenz III. wie in der vorösterlichen Fastenzeit schwarz) wird vom Ordo Romanus XIV (14.Jh.?) violett gefordert, was allgemein üblich blieb (nur in Frankreich zT noch nach 1700 schwarz; Kirchenkleidung der Frauen in Mittelschlesien noch in neuerer Zeit dunkel).

Die ersten erhaltenen A.shomilien stammen von Gregor d.Gr. Daß die Predigtsammlungen und liturgischen Bücher des Mittelalters mit dem 1. A.ssonntag beginnen, ergibt sich aus der Beziehung des A.s zum Weihnachtsfest, mit dem schon im 4.Jh. vielfach das Jahr begann, und hat ebensowenig wie die A.spredigten am Anfang von Luthers Postillen etwas mit dem Beginn eines neuen → Kirchenjahrs zu tun. In den Kirchengesängen von Johannes Keuchenthal (Wittenberg 1573) stehen für die A.ssonntage vor dem Introitus das Lied: »Nimm von uns, Herr Gott, all unsere Sünde ...« und eine Kollekte, die einem Confiteor nahekommt. Das 17.Jh. bringt im A. Wochengottesdienste (mit Gesang und Auslegung von A.sliedern) und Bußtage. Seit der Aufklärung tritt der Charakter des A.s als Vorbereitungszeit auf Weihnachten besonders in den Familien immer mehr hervor: Liedersingen Hamanns mit seinen Kindern - Lichtersymbolik und Weissagungssprechen bei Wichern im Rauhen Haus - der aus den Herrnhuter Erziehungsanstalten stammende Brauch des A.ssterns - der von der → Jugendbewegung eingeführte A.skranz mit vier Lichtern. Von der singenden Jugend dringt auch die adventliche Marienromantik (Marienlieder im »Zupfgeigenhansl« von H.Breuer, [1908] 1921[105] und im »Geistlich Lied« von H.Harmsen, 1922) bis in die A.sfeier der ev. Gemeinde und Jugend (K.Dienels »Gilde Cäcilia«).

DACL I, 2, 3228ff - RAC I, 112ff - J.A.JUNGMANN, Gewordene Liturgie, 1941, 232ff - A.CHAVASSE, L'Avent romain du VIe au VIIIe siècle (EphLiturg 67, 1953, 297-308) - W.CROCE, Die A.sliturgie im Licht ihrer geschichtl. Entwicklung (ZKTh 76, 1954, 257-296. 440 bis 472). *H.Urner*

Adventisten

I. Konfessionskundlich - II. Adventistische Missionen

I. Konfessionskundlich

1. Lehrentwicklung - 2. Geschichte und Organisation - 3. Nebenzweige und Abspaltungen

1. Unter dem Eindruck der Zeitereignisse suchte der amerikanische Farmer und spätere Baptistenprediger William Miller (1782-1849) in den Jahren 1818-22 die Prophezeiungen vor allem in Dan und Apk zu entschlüsseln. Er setzte die »2300 Abende und Morgen« Dan 8, 14 mit 2300 »prophetischen Tagen« oder Erdenahren gleich, die nach Dan 9, 24f von 457 vChr als dem Jahr des Wiederaufbaus von Jerusalem zu rechnen seien. So kam er auf 1843/44 als Termin der Wiederkunft. Seit 1831 gewann er über 200 Prediger und 50000 Gläubige für seine Weissagung. Aber der äußerste Termin (21.10. 1844) verstrich ereignislos. Enttäuscht wandten sich viele ab. Auch Miller, der 1845 von der Baptistenkirche ausgeschlossen wurde, bekannte seinen Irrtum. Andere versuchten das Ausbleiben der → Parusie zu erklären. Das geschah nach einigen Verlegenheitslösungen durch die Lehre von der Reinigung des himmlischen Heiligtums: Am 21.10.1844 habe Christus diese Reinigung begonnen und werde sie vor der Parusie beenden. Damit wurde ein weiteres Lehrstück verbunden: Die Prediger M.Preble und J.Bates übernahmen 1845/46 die Sabbatfeier von den Siebenten-Tag-Baptisten; die Visionärin E.G. → White (1827-1915) bestätigte sie durch ein Gesicht vom 3.4.1847 und erhob sie zum Zentralgebot Gottes. Da die »Namenskirche« vom Sabbat abgefallen ist, richtet sich besonders gegen sie das 1844 begonnene »Untersuchungsgericht« (1Petr 4, 17) und das »Vollstreckungsgericht« bei der Parusie. Mit der Deutung der Dreifachen Engelsbotschaft Apk 14, 6-12 gab E.G. White den Siebenten-Tag-Adventisten (STA) das exklusive Sendungsbewußtsein. Die 1. Engelsbotschaft (V. 6 bis 7), die Ankündigung des endzeitlichen Gerichts, hat mit W.Miller 1843/44 begonnen. Die 2. Engelsbotschaft (V. 8) gebietet die Trennung von den Kirchen und hat 1844/45 begonnen. Die 3. Engelsbotschaft (V. 9-12) beauftragt die Endzeitgemeinde, die falsche Kirche zu entlarven und der Welt zu sagen, daß die Sonntagsfeier das Malzeichen ist. 14, 12 bezieht sich auf die Endzeitgemeinde: sie besteht aus den Heiligen, die das ganze Gebot halten und das Siegel Gottes auf der Stirn tragen als die 144000 Auserwählten.

E.G.White setzte sich rasch als Führerin der Gemeinschaft durch. Neben reichen Geistesgaben hatte sie auch einen starken Geltungsdrang; ihre zahlreichen Visionen setzte sie zielbewußt ein, um den Rang einer Prophetin zu gewinnen, und ließ durch ein Gesicht vom 5.1.1849 bekanntgeben, daß die Gegner ihrer Visionen nicht sie, »sondern den Heiligen Geist bekämpfen«. Nach dem offiziellen »Handbuch« (1934) ist durch sie »die Gabe des Geistes der Weissagung in der Endgemeinde« in die Erscheinung getreten.

Die STA haben kein verfaßtes Glaubensbekenntnis. Sie wissen sich, abgesehen von ihren Sonderlehren, der Reformation zugehörig, zeigen aber gesetzliche und perfektionistische Züge. Ein Weiterleben nach dem Tod wird geleugnet und dafür der Seelenschlaf bis zum Tag der Auferstehung gelehrt. Mit dem vierteljährlich gefeierten, calvinistisch verstandenen Abendmahl wird die Fußwaschung verbunden. Die Taufe wird durch Untertauchen vollzogen und als der feierliche Bund eines guten Gewissens mit Gott bezeichnet. Die Kindertaufe wird verworfen; bei Neueintretenden wird die Taufe wiederholt. Das Glaubensleben ist völlig auf die Endzeithoffnung ausgerichtet.

2. 1853 erfolgte die erste Ordnung der Gemeinden und Prediger; 1855 errichtete man das erste Verlagshaus in Battle Creek; 1858 wurde der Zehnte eingeführt und 1861 eine Verlagsgesellschaft gegründet. Die Generalkonferenz der STA in Battle Creek 1863 legte die Verfassung fest und begann die Missionsarbeit und die Gesundheitsreform als Teil der 3. Engelsbotschaft (vegetarische Rohkost, Verzicht auf Alkohol und Nikotin). Die Weltarbeitsgemeinschaft der STA gliedert sich heute in 12 Divisionen mit 81 Verbänden, die 144 Vereinigungen und 230 Missionsfelder (→ Adventisten: II) mit etwa 1 Million Mitgliedern umfassen. An der Spitze steht die Generalkonferenz mit Sitz in Washington. - Die Einzelgemeinde wird von gewählten ehrenamtlichen Beamten

(Älteste, Diakone, Schatzmeister, Bibelschulvorsteher, Missionsverwalter) geleitet. Die wichtigsten Säulen der Arbeit sind: das Schulwesen mit vielen höheren Schulen und über 4500 Elementarschulen; die Sabbatschule mit weit über 1 Million Teilnehmern; das Rundfunkwerk »Stimme der Hoffnung« und die damit verbundene Bibelkorrespondenzschule; die Schriftenmission mit 63 Verlagshäusern; das Gesundheitswerk mit Hunderten von Heilanstalten und Nährmittelfabriken.

In Deutschland begann die Arbeit 1888. Die Mitgliederzahl stieg nur langsam auf 43713 in 870 Gemeinden (1952). Die Prediger werden in Friedensau, Marienhöhe und Neandertal bei Düsseldorf in 4-6jährigen Lehrgängen ausgebildet.

3. Zahlreiche andere Gemeinschaften haben sich teils selbständig neben den STA entwickelt, teils von ihnen abgespalten. Allein in USA zählt man 24 regional begrenzte Gruppen mit zusammen etwa 600 Gemeinden und 43000 Seelen. Eine weltweite Abspaltung entstand 1915 in Deutschland. Eine radikale Gruppe lehnte den Kriegsdienst ab und gründete die »Internationale Missionsgesellschaft der STA, Reformationsbewegung« (deutsches Zentrum: Missionshaus »Hebron« in Speele bei Hann.-Münden; Zeitschrift »Missions-Wächter«). Von ihr splitterten weitere Gruppen ab. Eine schwere Krise entstand durch L.R. → Conradi, der ein führender Mann der Weltarbeitsgemeinschaft und seit 1899 Vorsitzender der Europäischen Abteilung war. Er sammelte eine Fülle geschichtlicher Beweise dafür, daß es – im Widerspruch zur adventistischen These – auch vor W.Miller Endzeitverkündigungen gab. In den Jahren nach 1926 zeigte er an Gesichten von E.G.White spätere Korrekturen »ex eventu« auf und wies ihr »geistigen Diebstahl« in ihren Schriften nach. Er wurde 1931 gestürzt und schloß sich mit einem Teil seiner Anhänger den Siebenten-Tag-Baptisten an. Ein 1934 unter seinem Einfluß in Polen entstandener »Verband der autonomen Gemeinden der STA« wirkte auch in die Tschechoslowakei und nach Deutschland hinein, wurde aber durch den zweiten Weltkrieg zersprengt.

Die Schriften von E.G.→ WHITE und L. R.→ CONRADI s. dort. - Selbstdarstellungen: J.N.LOUGHBOROUGH, The great Second Advent movement, Nashville (1892) 1905 - M.E.OLSON, A history of the origin and progress of the Seventh-Day Adventists, Washington 1925 - L.E.FROOM, The prophetic faith of our fathers, 4 Bde, Washington 1946-52 - W.MÜLLER, Die A., was man von ihnen wissen muß, 1948[5] - V.FERM, The American church of Protestant heritage, 1953, 371 ff (Lit.) - Year Book of the Seventh-Day Adventist Denomination. - Zeitschriften: (amerikan.) Review and Herald; Life and Health; (deutsch) Der Adventbote; Das Wort zur Zeit; Leben und Gesundheit; Jugendleitstern; Der Botschafter (bis 1949). - Kritisch: Die A. vom siebenten Tage (Sammlung Kelle und Schwert), 1949. - ALGERMISSEN 685 ff - HUTTEN 27 ff - E.T.CLARK, The small sects in America, 1950[2], 25 ff - F.E.MAYER, The religious bodies of America, 1954[2], 431 ff. *K.Hutten*

II. Adventistische Missionen

Die »Adventistische Christliche Kirche« betreibt seit 1865 in Indien, Japan und früher auch in China kleine Missionsarbeit. Wesentlich ausgedehnter ist die Mission der Siebenten-Tag-Adventisten (→Adventisten: I). 1869 in den Vereinigten Staaten begründet, breitete sie sich schnell aus. J.N.Andrews kam als der erste Sendbote in die Schweiz. Innerhalb von 2 Jahrzehnten waren sie in alle Länder Europas vorgedrungen. Von den amerikanischen und europäischen Ausgangspunkten aus gingen die Missionare bald nach dem Nahen Osten. Ein in der Türkei beheimateter und in Kalifornien bekehrter Grieche, Theodore Anthony, wirkte seit 1889 als erster Missionar in Istanbul. 1953 war die Arbeit in 197 Ländern im Gange. Die Adventisten behaupten, unter 98,5% der Weltbevölkerung Mission zu treiben.

In ihren Methoden konzentrieren sie sich auf Predigt und persönliche Evangelisation, die Veröffentlichung und Verteilung von Literatur, von Gesundheitsdienst mit eigenartigen Diät-Theorien, Prediger- und Handwerksschulen. Ihr Bekenntnis stellt Ansprüche, da die Bekehrten den Sabbat und die Speiseregeln streng einhalten müssen, sowie den »Zehnten« zahlen und besonders Beiträge für die Äußere Mission leisten müssen. Die Gesamtspenden kamen i.J. 1953 auf $ 60412195, davon $ 11947578 für die Äußere Mission. Die nordamerikanischen Adventisten trugen 79,1% dieser Summe. 1953 arbeiteten 2000 nordamerikanische Missionare in allen Ländern der Welt. 36 Buchdruckereien veröffentlichten Literatur in 197 verschiedenen Sprachen. Die Adventisten betreiben außerhalb der USA 152 Predigerschulen, 81 Krankenhäuser und 81 Kliniken.

Als erstes wissenschaftliches Werk über die Geschichte der Adventistischen Mission erscheint demnächst eine Veröffentlichung von D.E.REBOK. *R.P.Beaver*

Advocatus Dei und *Advocatus diaboli*. Die → Heiligsprechung bzw. Seligsprechung wird von der Congregatio Rituum (→ Kurie) in Form eines Scheinprozesses vorgenommen (cc. 2018, 2076, 1657ff CIC), wobei der Fürsprecher volkstümlich A. Dei, dh Anwalt Gottes, und der Vertreter der Gegengründe (offiziell »promotor fidei«) A. diaboli, dh Anwalt des Teufels genannt wird. *A.Erler*

Ägidius, 1. *der Heilige* (1. Sept.), einer der vierzehn → Nothelfer, um 700 Einsiedler in der Provence, später Abt von St.Gilles. Patron der stillenden Mütter, auch des Viehs. Die Legende, daß ihm eine Hirschkuh (αἴξ) in der Einöde Milch gespendet habe, ist ätiologisch aus dem Namen Ä. abgeleitet.

AS Sept. I, 299ff - KÜNSTLE 32 ff - HWDA I, 212f - BRAUN, TA 41 ff. *O.Rühle*

2. *von Rom* (um 1245-1316), Augustinereremit, Doctor fundatissimus, * im röm. Stadtviertel Colonna, daher auch Ä. Colonna genannt. Er hörte zwar 1269-72 die Vorlesungen des → Thomas von Aquino, kann aber seit E.Hocedez' Forschungen nicht mehr als treuer Thomas-Schüler bezeichnet werden. Ä. ist vielmehr ein selbständiger, kritischer Denker, der häufig gegen Thomas polemisiert. Seine Lehre wurde bereits 1287 zur Ordensdoktrin erklärt. 1292 wurde er Ordensgeneral, 1295 Erzbischof von Bourges.

Über sein erstaunliches literarisches Schaffen (Kommentare zur Bibel, Aristoteles u. → Petrus Lombardus, Quodlibeta, De regimine principum u.a.) vgl. G.BRUNI, Le opere di Egidio Romano, 1936. Neuere Ausgaben von R.SCHOLZ (De ecclesiastica potestate, 1929), E.HOCEDEZ (Theoremata de esse et essentia [Museum Lessianum, Sect. Philos. 12], 1930), L.AMORÓS (Impugnatio doctrinae Petri Ioannis Olivi an. 1311-12 [AFrH 27, 1934, 399-451]), Jos.KOCH (Errores philosophorum, 1944). - E.HOCEDEZ, Gilles de Rome et S. Thomas (Mélanges Mandonnet I [BiblThom 13], 1930, 385-409) - Ü II[11], 543 ff. 774 (Lit.) - LThK II, 1019 - EC V, 138 ff. *B.Decker*

3. *von Viterbo* (Ä. Antonini), * 1469 in Viterbo, † 1532 in Rom. In Florenz Schüler von → Ficino. 1507-1519 General der → Augustiner-Eremiten, unterstützte die Observanz. Ä. hielt die Eröffnungsrede zum 5. Laterankonzil (→ Reformkonzile). 1517 Kardinal. 1527 versuchte Ä. vergeblich den Entsatz des in der Engelsburg belagerten Papstes. Er hinterließ ein umfangreiches literarisches Werk.

DThC VI, 1365 ff (Bibliogr.) - G.SIGNORELLI, Il cardinale Egidio de V., agostiniano, umanista, riformatore, 1929 - EC V, 141 ff (Lit.). *H.Liebing*

Ägypten

I. Geschichte - II. Religion - III. Ä. und die Bibel - IV. Ä. im christlichen Altertum - V. Mission in Ä. - AR, MR, NR = Altes, Mittleres, Neues Reich. - Über die christlichen Kirchen Ä.s vgl. → Kopten: I, → Orthodoxe Kirche: I, → Unierte Kirchen des Orients. - Karte 1 »Ä. im Altertum« s. Sp. 107 f; Bildtafeln 1 u. 2 s. nach Sp. 112

I. Geschichte

1. In der *Vorgeschichte* (vom Paläolithikum bis zur Erfindung der Schrift) lassen sich im unteren Niltal mehrere kulturelle Gruppen scheiden, deren historische, rassische und soziologische Relation zueinander jedoch nicht soweit gesichert ist, daß sich ein klares Bild ergäbe. Am Ende dieser Periode, kurz vor 3000 vChr, scheinen sich gewisse kulturelle Einflüsse aus Vorderasien, die eher über das Rote Meer und durchs Wadi Hammâmât (→ 1 D 6) gewandert sein dürften als durchs Ostdelta, bemerkbar zu machen; sie berühren jedoch nicht das tägliche Leben, sondern den Luxus und die Kunst. In dieser Zeit isoliert sich das eigentliche Niltal rasch von der in älterer Zeit kulturell verwandten Umgebung, besonders im Süden (Nubien) und Westen (libysche Wüste). Die äg. *Sprache,* wie sie uns seit dem frühen 3.Jt. bekannt ist, weist unzweifelhaft Beziehungen zu den semitischen wie zu den hamitischen Sprachen auf; es scheinen mehrere Beeinflussungsschichten übereinander zu liegen. In wesentlichen Teilen aber ist das Ägyptische eigengeprägt.

2. Das äg. *Reich* wird von einem König *gegründet,* den die Überlieferung »Menes« nennt und den man mit Narmer, Aha oder auch »Skorpion« der zeitgenössischen Denkmäler gleichgesetzt hat. Etwa zu seiner Zeit wird ohne erkennbare Vorstufe die Schrift erfunden (Hieroglyphen, dazu die Kursive »Hieratisch«), wird der Staat organisiert und beginnt die Kunst, die typisch äg. Formung anzunehmen. Das Reich ist bis zu seinem Ende dualistisch aufgebaut, der König ist »König von Ober-Ä.« und »König von Unter-Ä.«, wobei weniger historische Reminiszenzen an zwei Teilreiche maßgebend waren als vielmehr die Vorstellung, ein Vollständiges bestehe aus zwei Teilen. Mit »Menes« beginnt die äg. Geschichte nach der einheimischen Überlieferung. Dem äg. Priester Manetho (um 280 vChr) folgend, teilen wir die Herrscher von »Menes« bis → Alexander d.Gr. in 30 Dynastien. Die Einteilung in »Reiche« entspricht ebenfalls äg. Tradition.

3. Die äg. → *Chronologie* (: II), dh die Ermittlung absoluter Daten, basiert auf der Differenz zwischen dem äg. bürgerlichen Jahr von 365 Tagen und dem Sonnenjahr. Der Neujahrsanfang des äg. Jahres wandelt im Laufe von 1460 Jahren einmal durch das Naturjahr (Wandeljahr). Durch Quellen, die den praktisch mit dem Naturjahr übereinstimmenden Sirius-Frühaufgang im äg. Kalender festlegen, gewinnen wir sichere Zahlen bis etwa 2000 vChr. Für das 3.Jt. sind wir auf Schätzungen an Hand von Königslisten usw angewiesen. Beim Datum der Reichseinigung (»Menes«) schwankt die Wissenschaft zZ zwischen 3100 und 2850. Wahrscheinlich ist 3000.

4. Nach der *Frühzeit* (1. und 2. Dyn., 3000–2780) beginnt das *Alte Reich* (2780–2260) mit der 3. Dyn. Unter deren erstem König, Djoser, straffen sich Kunststil und Schriftzeichen durch Auslese und Kanonisierung, wird vielleicht auch der Kalender eingeführt oder verbessert und nimmt die Verwaltung feste Formen an. Die Erbfolge des Königtums wird nach dem Mythos (Osiris-Horus; → Ägypten: II) geregelt. Djoser baut sich die erste Pyramide (bei Saqqâra) mit umfangreichen Schein-Tempelanlagen. Die Ausbeutung der Türkisminen des Sinai beginnt. In der 4. Dyn. bauen die Könige Cheops, Chephren und Mykerinos die drei großen Pyramiden bei Gise (→ 1 B 3), alle Beamten liegen in geordneten Anlagen um diese Pyramiden begraben. In dieser Zeit eines »zentralisierten Staatskosmos« gipfelt alle irdische Gewalt im König, der aber in der 5. Dyn. als Sohn des Sonnengottes, nicht mehr wie früher selbst als höchster Gott gilt. In der 5. und 6. Dyn. läßt die Strenge der Selbstbeschränkung in Leben und Kunst nach, die Fülle greift um sich und droht schließlich in Beliebigkeit zu enden. Mit syrischen Häfen, vor allem → Byblos (→ 3 A 3), unterhält Ä. rege Handelsbeziehungen, nach Palästina und Nubien (Gold, Elfenbein und Vieh) führen wiederholt bewaffnete Expeditionen. Gaufürsten, bis zur 5. Dyn. absetzbare Beamte, werden in ihren Gauen bodenständig, ihr Amt erblich; sie beschränken die Machtfülle des Königs, der sich sogar veranlaßt sieht, Frauen aus diesen Geschlechtern, also nicht-königlichen Geblütes, zu heiraten. Damit verliert das Königtum vollends seine Göttlichkeit, und eine soziale Revolution beendet das AR nach der 6. Dyn.

5. In der Zeit der *Ersten Wirre* (7.–10. Dyn., 2260–2130) brechen durch Bürgerkrieg und Paralleldynastien, durch sozialen Umsturz und menschliches Versagen der Fürsten geistige Fragen bis zum Vorwurf an Gott auf und finden reichen literarischen Niederschlag. Die militärische Einigung des Landes erfolgt von Theben aus; damit beginnt das *Mittlere Reich* (11.–14. Dyn., 2130–1710). Nach der neuen Auffassung ist der Pharao zwar göttlicher Natur teilhaftig, muß diese aber auf Erden bewähren. Der Kronprinz wird vielfach zum Mitregenten gekrönt. Die mächtigen Herrscher der 12. Dyn., mit Namen Amenemhêt und Sesostris, verlegen die Residenz wieder nach Memphis (→ 1 B 3). Die Verwaltung ist straff zentralisiert; neue Gebiete werden erschlossen (Fajjûm, → 1 A 3) oder einverleibt (Nubien); gegen die asiatischen Nomaden sperrt ein Festungsgürtel das Ostdelta. Zunehmende Verstädterung bringt den neuen Stand des Bürgers. Aus dem späten MR stammen die ersten Belege für äg. und ausländische Sklaven. In der 13. Dyn. herrscht ohne Bürgerkrieg eine große Anzahl von Königen im Durchschnitt sehr kurze Zeit (Wahlkönigtum auf Zeit?). Der Grund für den Zusammenbruch des MR ist unklar. In einem schwachen Staat ergreifen die → Hyksos die Regierung (*Zweite Wirre,* 15. und 16. Dyn., 1710–1580).

6. Die letzten Könige der 17. Dyn., thebanischer Herkunft, vertreiben die Hyksos aus dem Lande, die ersten der 18. Dyn. verfolgen sie bis Asien. Damit beginnt die glänzende Epoche des *Neuen Reiches* (18.–21. Dyn., 1580 bis 950). Residenz ist zunächst Theben (→ 1 C 6). Der Gegenstoß gegen die Hyksos leitet die imperialistische Phase ein: Die Pharaonen, vor allem Thutmosis III., dringen bis an den Oberlauf des Euphrat vor, Syrien und Palästina werden Ä. botmäßig. Die nubische Provinz wird bis zum 4. Katarakt erweitert und einem Vizekönig unterstellt. Der Zusammenstoß äg. Interessen in Asien mit denen der Reiche der → Mitanni und der → Hethiter führt zu Kriegen; dabei nehmen die Kleinfürsten Syrien-Palästinas eine wechselnde Stellung ein. Aus dem Imperium wie aus befreundeten Ländern (Kreta) strömt großer Reichtum nach Ä., der einen ungewöhnlichen Luxus zur Folge hat. Zum ersten Male gewinnen die Stände der Soldaten und Priester eigene Bedeutung, und in der späteren 18. Dyn. kommt es zu Spannungen zwischen der Amonspriesterschaft in Theben, deren Tempel durch die Kriegsbeute unermeßlich reich geworden ist, und dem König. Dieser ist jetzt ein aufgeklärter absoluter Herrscher; nach dem Dogma wird er vom Reichsgott Amun, der dazu die Gestalt des Königs annimmt, mit der Königin gezeugt. Dazu kann, bei Unklarheiten

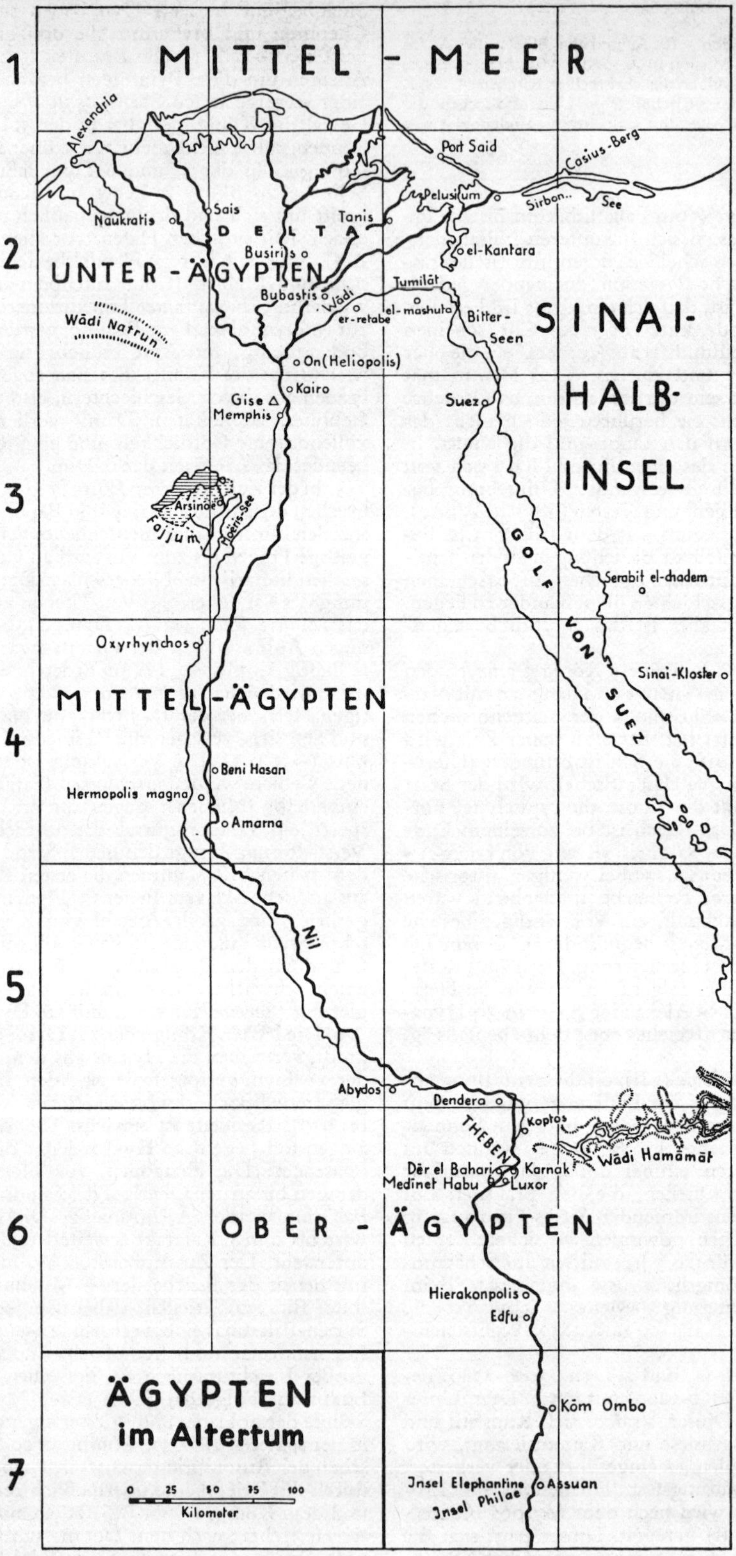
MITTEL - MEER
Alexandria
Port Said
Casius-Berg
Pelusium
Sirbon.. See
Naukratis
Sais
Tanis
DELTA
el-Kantara
Busiris
UNTER-ÄGYPTEN
Bubastis
Wādi
Tumilāt
el-mashuta
er-retabe
Bitter-Seen
Wādi Natrun
SINAI-HALB-INSEL
On (Heliopolis)
Kairo
Gise
Memphis
Suez
Arsinoë
Fajjum
Moeris-See
GOLF VON SUEZ
Serabit el-chadem
Oxyrhynchos
Sinai-Kloster
MITTEL-ÄGYPTEN
Beni Hasan
Hermopolis magna
Amarna
Nil
Abydos
Dendera
Koptos
THEBEN
Dēr el Baharī
Karnak
Medinet Habu
Luxor
Wādi Hamāmāt
OBER-ÄGYPTEN
Hierakonpolis
Edfu
Kōm Ombo
ÄGYPTEN
im Altertum
0 25 50 75 100
Kilometer
Jnsel Elephantine
Assuan
Jnsel Philae
1
2
3
4
5
6
7
A
B
C
D

der Erbfolge, noch ein Erwählungsorakel treten (Königin Hatschepsut, Thutmosis III., Haremhab). Nach den sportlich-kriegerischen Pharaonen (Thutmosis III., Amenophis II.) umgibt sich Amenophis III. mit größtem Prunk; sein Sohn, → Amenophis IV., wird ein religiöser Reformator. Unter ihm gehen die asiatischen Provinzen weitgehend verloren (→ Amarna). Die Könige der 19. Dyn., Sethos I. und Ramses II., erobern diese Gebiete teilweise zurück, doch endet die Entscheidungsschlacht gegen die Hethiter unter Ramses II. bei Kadesch (am Orontes, → 3 A 3) unentschieden, sie hat einen Staatsvertrag zur Folge, nach dem Nordsyrien für Ä. verloren ist. Die Residenz, unter Amenophis IV. in Amarna, wurde unter seinen nächsten Nachfolgern zunächst nach Theben zurückverlegt, doch wird, der Bedeutung der Asienpolitik entsprechend, in der 19. Dyn. im Ostdelta eine neue Hauptstadt, Tanis (→ 1 C 2), gegründet. Bei Theben lassen sich aber weiterhin alle Pharaonen des NR im Königsgräbertal bestatten; die Hohenpriester des Amun gewinnen u.a. durch die Ferne der Hauptstadt auch an politischer Macht. Die schweren Abwehrkriege Ramses' III. (1198-1166) gegen Libyer und Seevölker, darunter die → Philister, erschöpfen die Kraft des Landes. Unter seinen schwachen Nachfolgern gleichen Namens schwinden Ansehen des Königtums und Rechtssicherheit; fast alle Ämter werden erblich und käuflich. General Herihor macht sich 1085 mit Gewalt zum Hohenpriester des Amun und gründet den thebanischen Gottesstaat: die weltlichen Könige regieren vom Delta aus das übrige Ä. und bestimmen die Außenpolitik, in Theben herrscht der Gott Amun als König, vor allem durch Orakel, und der Hohepriester ist sein irdischer Arm.

7. Libyer, die von den Ramessiden ins Land gerufen und angesiedelt worden waren, bringen eines ihrer Geschlechter als 22./23. Dyn. auf den Thron (950-750) und leiten damit die *Spätzeit* ein. Scheschonk setzt die traditionelle Asienpolitik in einem Beutezug gegen Palästina (1Kön 14, 25f und Liste in Karnak) nur scheinbar fort. Nach einer kurzen Periode einheimischer Fürsten besetzen Äthiopen von ihrer Hauptstadt Napata aus Ä.; wie die Libyer so sind auch sie weitgehend von äg. Kultur bestimmt und wohl kaum als Fremdherrscher empfunden worden (25. Dyn., 715-663). Den thebanischen Gottesstaat leiten Priesterfürstinnen, Verwandte des Königshauses. In Palästina stoßen die Ägypter mit den Assyrern (Sanherib) zusammen, ein Assyrereinfall beendet die Äthiopenherrschaft. Die 26., saitische, Dyn. (663-525) bedeutet ein letztes Aufflammen äg. Wesens mit stark archaisierenden, zugleich aber auch individualisierenden Tendenzen, bis dann die Perser unter Kambyses Ä. zur Satrapie machen und Alexander d.Gr. 332 das Land in die hellenistische Welt einbezieht. Unter ihm wird → Alexandria (→ 1 A 2) gegründet, Residenz seiner Nachfolger am Nil, der → Ptolemäer. Unter der römischen Herrschaft (seit 30 vChr) verfällt die äg. Kultur rasch, eine innere Auseinandersetzung mit der klassisch-antiken Welt findet nicht mehr statt. Die letzte hieroglyphische Inschrift stammt aus den ersten Jahren des 3.Jh.s. Früh nehmen die Ägypter das Christentum an (→ Ägypten: IV). Bei der Teilung des römischen Reiches fällt Ä. an Byzanz (395). 640 erobert es der arabische Feldherr ʿAmr ibn el-ʿAs für die Kalifen. Bis auf eine kleine koptische Minderheit werden die Einwohner nach und nach Mohammedaner. 1517 wird Ä. türkisches Paschalik. 1798-1801 wird es von der napoleonischen Armee besetzt, danach in verschiedenem Grade von Engländern beherrscht. Seit 1922 ist es nominell selbständig, zunächst Monarchie, seit 1952 unabhängige Republik.

E. Drioton-J. Vandier, L'Egypte (Clio, Les Peuples de l'Orient méditerranéen II), (1938) 1952³ (Lit.) - A. Scharff-A. Moortgat, Ä. und Vorderasien im Altertum, 1950 - E. Otto, Ä., (1953) 1955². - Kulturgeschichte: H. Kees, Ä. (HAW III, 1. 3, 1), 1933. - Literatur: A. Erman, Die Literatur der Ägypter, 1923 - G. Lefebvre, Romans et Contes égyptiens de l'époque pharaonique, 1949.

H. Brunner

II. Religionsgeschichtlich

1. Das ältere Horuskönigtum: Gottkönig; Inkarnation; Gräber; Götter - 2. Die religiöse Wandlung in der 5. Dynastie: Inkarnation im Sohn; Gesetz und »Gerechtigkeit«; Todesmysterium des Gottkönigs - 3. Die religiöse Wandlung im 2.Jt.: Die Katastrophe; Übergang des Todesmysteriums auf den gewöhnlichen Menschen; Totengericht; Erste Erlösung des Menschen; »Gerechtigkeit« und »Wahrheit«; Gräber des NR; Opferritual und Feste; Letzte Wandlung.

1. Im Zentrum der altäg. Religion steht das göttliche → Königtum: der Gottkönig oder Gottmensch als zentrale Figur religiöser Aussagen und Handlungen. Das verbindet diese Religion mit afrikanischen Religionen (→ Afrika: II) einerseits und mit dem Christentum andererseits (s.u.).

Die älteste Form des Gottkönigtums in geschichtlicher Zeit ist das *ältere Horuskönigtum* der 4 ersten Dynastien. Der Pharao war die menschliche Inkarnation des All- und Himmelsgottes → *Horus,* dessen Augen Sonne und Mond waren, oder der auch als Falke sein Flügelpaar über den Himmel ausbreitete, dh der Pharao war der Schöpfergott in seiner menschlichen Gestalt auf Erden. Die Identität von Gott und König wurde auch dadurch ausgedrückt, daß Horus als der *Ka* (Stierkraft als göttliche Schöpferkraft; s. RÄRG: Ka; → Mana) des Pharao bezeichnet wurde. Kraft des in ihm wirkenden göttlichen Ka rief der König alljährlich die fruchtbringende Nilüberschwemmung hervor, ließ er Pflanzen, Tiere und Menschen gedeihen und sich fortpflanzen (auch der Ka, die Lebenskraft, auch Zeugungskraft, des einzelnen Menschen, kommt vom Gottkönig!), verlieh er Ämter, das Land zu verwalten und zu regieren (Übertragung des Ka auf den Beamten als intellektuelle Kraft) und befähigte er die Priester, als seine Stellvertreter im Kult mit den Göttern zu verkehren. Der Gott inkarnierte sich (wahrscheinlich, indem er als Ur-Stier in geheimnisvoller Verwandlung und Selbstzeugung in den Leib der Königin einging und von ihr wiedergeboren wurde als Thronfolger) in jedem Pharao aufs neue und verband so die fortlaufende Königsreihe zu einem einzigen göttlichen Wesen. Daher enthält der Ka des Königs auch dessen Ahnenreihe. Nach seinem Tode geht der König im Gott wieder auf, er »geht zu seinem Ka« und lebt als solcher auch wieder im Nachfolger fort.

Das Numen des königlichen Ka lebt aber auch im Grabe weiter, ebenso wie der Ka des Untertanen, der vom Sohn (oder einem dazu bestimmten Priester) mit Opfern versorgt wird.

Die *Gräber* bestehen aus zwei Teilen, dem eigentlichen unterirdischen Grab, in dem die Mumie ruht, und dem Oberbau als Kultplatz für den Ka. Dieser Oberbau nimmt bald - zunächst bei den Königen - die Form der Mastaba (s. RÄRG) an. An ihrer Ostseite lag die »Scheintür«, von der aus der Tote die Opfergaben in Empfang nahm. Seit der 3. Dyn. baut man hier oder auch im Innern der Mastaba eine eigene Kultkapelle (mit der in diese verlegten Scheintür). In einem besonderen Raum, dem Serdâb (s. RÄRG), ist die Ka-Statue untergebracht. Aus der Mastaba entwickelt sich seit der 3. Dyn. die Pyramide, der Grab-Oberbau der Könige (→ Kunst: II E; s. RÄRG: Pyramide). Die Vornehmen und Hofbeamten ließen sich nun ihrerseits in »Mastabas« bei der Pyramide ihres Gottkönigs bestatten, ihr Ka weilte auch nach dem Tode beim »Großen Gott«. Und wie dieser von seinem Sohn, dem regierenden Pharao, die Opfer empfing, so stammten auch die Opferspenden, durch die der Privatmann mit dem Ka des Vaters in Verbindung blieb, vom König (s. RÄRG: Opferformel).

Die *Götter* des Pantheons, dessen Figuren großenteils aus den vorgeschichtlichen Kultzentren stammten, wurden vielfach zu *Horus* durch Angleichung in Beziehung gesetzt (→ Synkretismus: I; s. RÄRG: Götterglaube). Andere bewahrten sich ihre selbständige Gestalt, wie *Ptah* (s. RÄRG), der Schöpfergott von Memphis, oder *Atum,* der Allgott von Heliopolis (s. RÄRG: Atum). Atum, das »All« (auch mś tm, der »Allerzeuger«, genannt), hatte das erste Götterpaar erschaffen, indem er seinen eigenen Samen hervorgehen ließ und diesen dann ausspie; damit begann die Welt der weiterzeugenden Götter. Die Theologie von Memphis dagegen gab ihrem Gott *Ptah* den Vorrang, indem dieser in seinem Herzen eine Gestalt des *Atum* erkannte und dann mit seiner Zunge dessen Namen aussprach. Herz und Zunge als Organe der ersten Erkenntnis und des schöpferischen Wortes sind dann auch die Organe aller Götter, Menschen und Tiere, in denen Ptah weiterlebt. Sie entsprechen den beiden vornehmsten Schöpfer-(Ka-)Kräften des Sonnengottes *Re* (s. RÄRG): *Sia* (Erkenntnis, Allwissen) und *Hu* (Schöpferwort, Willensausspruch). Dieser Sonnengott verschmolz in Heliopolis früh mit Atum zu Re-Atum, etwas später auch mit einem besonderen Aspekt des Horus zu Re-Harachte (»Re-Horus vom östlichen Horizont«). Durch sein Zusammenwachsen mit Atum wurde er zum Ur-Vater der Familie der »Götterneunheit« von Heliopolis (→ 1 B 2) (s. RÄRG: Neunheit), mit der er bald zu überragender Bedeutung gelangen sollte.

Die »Götterneunheit« (später auch als Ausdruck für das gesamte Pantheon gebraucht) enthält: den Sonnengott, dessen Kinderpaar (das erste Götterpaar, s.o.) *Schu* (Luftgott) und *Tefnut* (Göttin der Feuchtigkeit?), deren Kinderpaar *Geb* (Erdgott) und *Nut* (Himmelsgöttin) und deren zugleich geborene Kinderpaare *Osiris* (Gott der Vegetation und des Totenreiches) und *Isis* (ursprünglich Göttin des Königsthrones, Schwester-Gattin des Osiris), *Seth* (Gott der Wüsten, Stürme und Erdbeben, Mörder des Osiris) und *Nephthys* (Schwester-Gattin des Seth; ihr Name bedeutet »Hausfrau«) (→ Isis und Osiris).

2. In der 5. Dyn. gelangte die Theologie von Heliopolis zu offiziell anerkannter Gültigkeit. Nun war *Re* der Urvater der Götter und der göttlichen Könige, und auch er inkarnierte sich von Generation zu Generation aufs neue in jedem Pharao. Aber er zeugte mit der Königin (nachdem er die Gestalt des regierenden Pharao angenommen hatte und eins mit ihm geworden war, wie wir aus entsprechenden Texten und Darstellungen der 18. Dyn. schließen können) im Thronfolger nicht mehr unmittelbar sich selbst, sondern »seinen geliebten Sohn«. Der Pharao als »Sohn des Re« war zwar *eines Wesens mit dem Vater* (wie die Texte geradezu wörtlich hervorheben), aber er war nun zur selbständigen göttlichen Person geworden und trat als solche seinem göttlichen Vater im Kult gegenüber (s. RÄRG: Kult; die ersten Könige der 5. Dyn. erbauten dem Sonnengott eigene Tempel mit einem Obelisken als Mittelpunkt, s. RÄRG: Sonnenheiligtum). Der Horus-Ka, das alte Element der Identität zwischen Gott und Königsreihe, war in der Beziehung des Pharao zum Sonnengott zum schöpferischen Bindeglied geworden (das zeigen zB die sog. Thronbesteigungs- oder Re-Namen der Pharaonen) und wurde als solches von beiden auf die Untertanen übertragen (wie zB die Privatnamen zeigen).

Die alte einheitliche Welt des Urvaters Horus war nun im Himmel zur Welt des Re und auf Erden zu einer Welt des »Sohnes« geworden, der seinem Vater Re für die Ausübung der Macht verantwortlich war. Das Element der Verantwortung übertrug sich auch auf die vom Pharao eingesetzten Beamten, und *Maat* (s. RÄRG), die Weltordnung, die der Pharao und seine Beamten als Kult- und Staatsgesetz ausübten, wurde auch zur Ordnung im Innern des Menschen, zur Moral oder »Gerechtigkeit«. Sie bedeutete so eine erste Differenzierung des menschlichen Gemütes, die vor allem für die Machtausübung des Beamten wesentlich war. (Das zeigen Weisheitslehren und Grabinschriften der Zeit.)

Der Pharao als selbständiger göttlicher »Sohn« war ein (nicht begrifflich gedachtes, sondern aus der Natur der ägyptischen Religion heraus sich entfaltendes) Symbol für eine etwas größere Selbständigkeit des Menschen, für einen gewissen Eigenwert, den der äg. Mensch erhielt. Das zeigen auch die Mastabas der Beamten der 5. und 6. Dyn., die eine vergrößerte Kultkammer und eine weitere Anzahl von Innenräumen erhielten, an deren Wänden nun in Inschriften und Reliefs die ganze Fülle der Begebenheiten und Tätigkeiten aus dem Leben des Grabherren, der ganze Wirkungsbereich seines Ka, dargestellt wurden. Die Verwalter der Gaue beginnen jetzt mit der im MR fortgesetzten Sitte, sich ihr Grab in der eigenen Heimat anzulegen in der Form des Felsgrabes (s. RÄRG: Felsengrab).

Von größter Bedeutung aber für die Geschichte der äg. Religion überhaupt und besonders für die religiöse Wandlung in der 5. Dyn. ist eine Veränderung in der Ausstattung der Pyramiden: seit dem Ende der 5. Dyn. werden die Wände des den Sarg enthaltenden eigentlichen Grabraumes mit einer Fülle von Inschriften bedeckt, welche die beim Bestattungskult gesungenen Hymnen und Ritualtexte enthalten, die sog. Pyramidentexte. Aus ihnen geht hervor, daß die Wandlung nicht nur das Inkarnationsmysterium betraf. Der auf Erden lebende Pharao war zwar »Sohn des Re«, aber er war auch noch Horus, der ursprüngliche Weltgott, der aber nun zum Sohn der Isis und des Osiris geworden war (→ Horus; → Isis und Osiris). Dem oberen als Sonne am Himmel erstrahlenden Vater des Pharao entsprach nun ein unterer Vater: der in der Unterwelt als Toter hausende Gott *Osiris.* Während Re ein sich seines Schöpfer- und Vatertums bewußter Gott war, wurde Osiris in der sich ihrer selbst nicht bewußten Natur verehrt: in der sterbenden und sich wieder belebenden Saat und Vegetation und in dem fallenden und wieder steigenden Überschwemmungswasser des Nils. Osiris war der die Triebregungen der Natur *erleidende* Gott, der in seiner menschlichen Gestalt tot war und deshalb selbst die Zeugung des Sohnes nicht aus eigener Kraft herbeiführen konnte (→ Isis und Osiris). Und wie der Pharao bei seinen Lebzeiten eines Wesens mit dem Sonnengott war und bei besonderen Gelegenheiten ganz mit ihm verschmelzen konnte (so auch bei der Zeugung des Thronfolgers, s.o.), so wurde er nun bei seinem irdischen Tode zunächst eins mit Osiris, dem unteren Vater, und nahm damit zum ersten Mal das menschliche Schicksal des Todes auf sich.

In den Pyramidentexten wird in mannigfachen Variationen das *Todesmysterium* des Pharao besungen. Es zeigt sich dabei, daß mit dem irdischen Tod eines jeden Gottkönigs zugleich der Gott *Osiris* sich wandelt: durch das Einswerden mit dem Pharao gewinnt Osiris das Element einer menschlichen Persönlichkeit, er wird zu einem »Osiris NN« (»Osiris Unas« usw), dh durch die Vereinigung mit dem Pharao NN wird Osiris ba-haft oder zum Ba.

1

2

3a

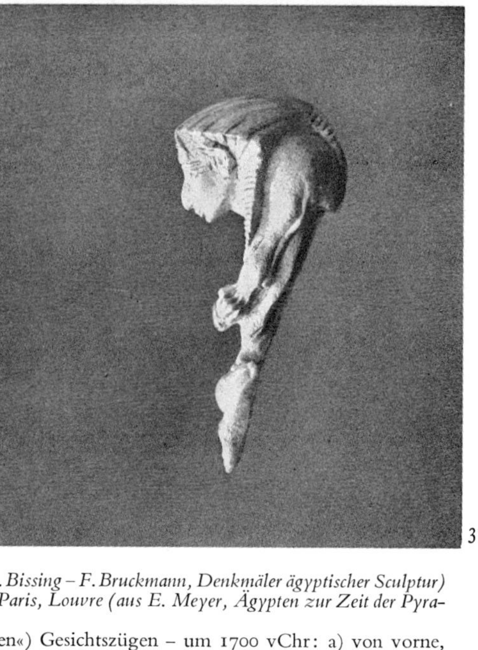

3b

1. König Chefren – um 2600 vChr – *Kairo, Museum (aus F.W. v. Bissing – F. Bruckmann, Denkmäler ägyptischer Sculptur)*
2. Grabstein eines Königs der 1. Dynastie – um 3000 vChr – *Paris, Louvre (aus E. Meyer, Ägypten zur Zeit der Pyramidenbauer)*
3. Sphinx eines Hyksos-Königs mit churritischen (»semitischen«) Gesichtszügen – um 1700 vChr: a) von vorne, b) im Profil (Originalgröße) – *London, Britisches Museum (Originalaufnahme)*

1

2

3

1. Pfeiler aus dem Tempel Sesostris' I. in Karnak – um 1950 vChr
Kairo, Museum
(Bildarchiv Foto Marburg)

2. Amenophis IV. (Echnaton) – um 1370 vChr (Gipsmaske)
Berlin, Staatliches Museum, Ägyptische Abteilung
(Bildarchiv Foto Marburg)

3. Ramses II. – um 1250 vChr
Turin, Museum
(Originalaufnahme)

Im Gegensatz zum Ka, der weltwirkenden Kraft, bezeichnet *Ba* das Element der Einmaligkeit und Einzigartigkeit eines Gottes oder Königs und später jedes Menschen, das eher einen von der Welt sich distanzierenden und in einem besonderen Sinne »erkennenden« Charakter hat. Deshalb kann sich auch Osiris jeweils als ba-hafter »Osiris NN« von der Welt und ihrem Stoff lösen und zum Himmel aufsteigen (→ Himmelfahrt: I). Wenn »Osiris NN« ba-haft (oder auch der Gottkönig als Ba, ohne daß Osiris dabei erwähnt wird) am Himmel erscheint, begegnet er den Göttern als Überlegener, Übermächtiger, er kann die Götter vertreiben und des Sonnengottes Stelle einnehmen oder sogar die Götter fressen und ihren Ba als den seinen sich einverleiben (auch den *Sia*, das Erkenntnisvermögen der Götter, verschlingt er, oder er ergreift Sia und Hu oder wird mit Sia geradezu identisch): er wird zum All-Ba oder zum Allgott Atum (und als solcher auch wieder zum schöpferischen Ka), der die Götter als Teilaspekte enthält und nun auch eine Vereinigung der Gegensätze Re und Osiris darstellt, eine Coincidentia oder Complexio oppositorum.

Die Phänomenologie des Ba in diesen Texten entspricht wohl weitgehend dem mit der Gottheit zusammenfallenden »Seelengrund« der Mystiker (→ Mystik) oder dem indischen → Atman. Wir haben hier religiöse Ur-Phänomene zu sehen, die nicht aus Gedankenspekulationen entstanden sind, sondern sich einzelnen Menschen visionär aufgedrängt haben (vgl. den Papyrus des Lebensmüden, s. 3).

In der Complexio oppositorum findet der sozusagen in zwei Hälften gespaltene göttliche Vater des Pharao eine neue Einheit, der seit der 5. Dyn. beginnende Riß in der Einheit des Weltbildes (der im Mythos sich darstellende geistig-chthonische Gegensatz) wird hier geschlossen. Es ist eine *Gottes-Erlösung,* die hier bei der Bestattung des Pharao vollzogen wird, eine Erlösung des Gottes Osiris von seiner Verhaftung an den Stoff der Welt, indem er das Persönlichkeits-Numen des Ba oder Ba-haftigkeit erhält. Darum trägt auch der neue die Kultriten zelebrierende Pharao den Beinamen »Horus, der seinen Vater erlöst« (*nḏ,* meist mit »rächt« oder »schützt« wiedergegeben).

3. Die Pyramidenzeit des AR endete mit einer politischen und religiösen *Katastrophe* (→ Ägypten: I). Das Zerbrechen des Gottkönigtums mit seinen Folgen war auch eine Katastrophe des Gemütes für den einzelnen Menschen, der die Gottlosigkeit nicht ertragen konnte und deshalb in Sakrilegien und Verbrechen oder im Selbstmord einen Ausweg suchte. Aber die in dieser Zeit entstehende Literatur zeigt auch, daß es Menschen gab, die mit tiefem Erschrecken ihre Fähigkeit zur »Sünde« erkannten, und daß andererseits der Mensch seinen Ba als göttliches Numen des »Seelengrundes« in sich wahrnahm. In dem ergreifendsten Zeugnis der Zeit, dem Papyrus des Lebensmüden, erscheint der Ba einem Verzweifelten in Vision und führt ihn über den Konflikt von Maat (Gesetz, »Gerechtigkeit«, s. 2) und Sünde hinaus. Es waren spontane religiöse Urerlebnisse in einzelnen Menschen, die aber den Keim einer weiteren Wandlung der äg. Religion in sich trugen. Die wenigen Zeugnisse dürften dafür sprechen, daß die Entstehung eines Sündenbewußtseins im prägnanten Sinne für die davon Betroffenen ein Novum war (anders Junker, Pyramidenzeit).

Kurz vor 2000 vChr war die politische und religiöse Ordnung des Gottkönigtums wiederhergestellt (→Ägypten: I). *Amun,* der bald mit dem Sonnengott Re zu *Amun-Re* zusammenwuchs (→Amon), war nun der den Pharao als Sohn zeugende Urgott und Götterkönig.

Aber eine Wandlung hatte sich vollzogen, tiefgreifender noch als die erste Wandlung zu Beginn der 5. Dyn.: die Todesmysterien, früher dem göttlichen Pharao vorbehalten, waren nun auf einen größeren Kreis von Menschen der Oberschicht übergegangen und wurden etwas später prinzipiell allen Menschen zuteil. Das war wohl die bedeutsamste Wandlung, die sich innerhalb der äg. Religionsgeschichte vollzogen hat. (Meist hat man sie freilich als Abstieg von ursprünglicher ethischer Höhe und Zersetzungserscheinung bezeichnet. s. Junker, Geschichte; Spiegel, Totengericht.) Denn damit wurde der gewöhnliche Mensch nach seinem irdischen Tode in das göttliche Drama mit einbezogen. Die Texte, die sich aus den Pyramidentexten weiterentwickelt haben, finden wir nun auf den Sargwänden der Vornehmen (s. RÄRG: Sargtexte) und schließlich, auf Papyrusrollen geschrieben, dem Toten auf den Sarg gelegt oder gar in die Mumienbinden gewickelt (s. RÄRG: Totenbuch). Der gewöhnliche Mensch wurde nun nach seinem irdischen Tode mit Osiris eins und zum ba-haften »Osiris NN«, stieg als solcher zum Himmel auf, vereinigte sich hier mit dem Sonnengott zum Allgott (Re-Atum) und Urgott, zum universalen Ba, der die Götter selbst enthielt. (Im 85. Totenbuchkapitel sagt zB der Tote: »Ich bin der Älteste der Urgötter. Mein Ba: das sind die Götter, die Ba's der Ewigkeit«; im 17. Kapitel vereinen sich in dem von der Erde geschiedenen Menschen der Ba des Osiris und des Re zum Doppelba.)

Aber dieses Mysterium war für den gewöhnlichen Menschen nur unter einer besonderen Bedingung möglich: er mußte sich einem Kollegium von göttlichen *Richtern* stellen, welche prüften, ob sein Leben immer der *Maat,* der Weltordnung und Moral (s. 2), entsprochen habe (s. RÄRG: Jenseitsgericht). Die Entdeckung des Sündigenkönnens ließ den äg. Menschen nicht mehr los; er begann, sich in der Vorstellung des *Totengerichts* mit ihr auseinanderzusetzen und zwar auf folgende Weise: Der Mensch tritt (nach seinem irdischen Tode) vor die göttlichen Richter und zählt alle im Kreise des Möglichen liegenden »Sünden« (Verfehlungen) auf mit der stets wiederkehrenden Versicherung, daß er sie *nicht* begangen habe. Ein eigenes Bekenntnis des Menschen zu seiner »Sünde« vor den Totenrichtern war noch undenkbar, denn Maat, die erst einige Jahrhunderte vorher als innere Moral und »Gerechtigkeit« statuiert war (s. 2), hatte noch so zwanghaften Gesetzescharakter, daß nicht nur die einzelne »Sünde«, sondern auch die Fähigkeit des Menschen zur Sünde vor den Göttern tabu war. Ein Bekenntnis dazu wäre einer Gotteslästerung gleichgekommen. Aber der weise und gelehrte Mondgott *Thot,* der »älteste Sohn« und Großwezir des Sonnengottes, der Schärfer des göttlichen und menschlichen Intellektes, war offenbar mit diesem Stand der Dinge nicht zufrieden (um mythische Ausdrucksweise zu benutzen). Deshalb hatte er dafür gesorgt, daß neben dem sich zur »Gerechtigkeit« bekennenden Menschen eine Waage aufgestellt wurde, auf der eine Figur der göttlichen *Maat* gegen das *Herz* des Toten abgewogen wurde. Und da, wo die Aussagen des Menschen nicht mit der Realität übereinstimmten, wurde das Herz *schwer* und sank mit seiner Waagschale nach unten, während Maat, die Moral, in diesem Falle als zu leicht befunden wurde und mit ihrer Waagschale nach oben stieg. *Thot* aber notierte mit seinem Griffel die Resultate der Waage.

Hier wurde dem Menschen seine Sünde also doch bewußt, und erst danach konnte *Thot,* der nicht umsonst von den Gnostikern mit Hermes-Mercurius-Lucifer, dem »Lichtbringer«, gleichgesetzt wurde, den Menschen auf »magischem« Wege von seinen Sünden befreien und ihn »trennen von allem Bösen, das er getan hatte«. Die moderne Kritik an den »magischen« Praktiken der Ägypter, die eine sich anbahnende Entwicklung zu wahrer Ethik und Verinnerlichung zersetzt hätten, trifft nicht den Kern. Im Blick auf Röm 5, 20 darf man wohl das Schwerwerden der Waagschale des Herzens mit jenem Überfließen der Sünde vergleichen, um die äg. Nuance des Problems zu treffen, die am Ende der äg. Religionsgeschichte selbst sich der christlichen Lösung annäherte (s.u.; → Sünde: I). Die Gegenüberstellung von *Maat* und *Herz* auf der Totenwaage zeigt, daß das Herz zu Maat in Gegensatz geraten konnte, aber auch, daß es der Sitz der *Erkenntnis* dieses Gegensatzes war: und eben dieses erkennende Menschenherz, das sich seines moralischen Konfliktes bewußt wurde, brauchte jetzt Osiris, um *im* gewöhnlichen Menschen nach dessen irdischem Tode zum ba-haften »Osiris NN« zu werden und sich mit seinem Gegensatz, dem Sonnengott, vereinen zu können zu einer erweiterten Complexio oppositorum, in der die Erkenntnis des moralischen Konfliktes des Menschen mit enthalten war. Hier wurde nicht nur der Gott Osiris *erlöst* von seiner bloßen Naturhaftigkeit (s. 2), sondern es war auch das erste Symbol für eine *Erlösung des Menschen* selbst von dem Konflikt zwischen Sünde und gesetzhaftem Zwange der Maat (→ Erlösung: I).

Das Symbol der Todesmysterien wirkte auf das Leben selbst zurück: im NR finden wir häufig den Ausdruck »Maat im Leibe« oder »Maat im Herzen«: Maat, die Weltordnung, das Kult- und Staatsgesetz des Pharao, die im gewöhnlichen Menschen zunächst zur gesetzhaften Moral oder »Gerechtigkeit« geworden war (s. 2), erfuhr eine Differenzierung im Sinne der Selbsterkenntnis: im menschlichen Herzen wurde sie zur »*Wahrheit*« oder »Wahrhaftigkeit«, so sehr, daß bei einer Übersetzung der Inschriften diese verschiedenen Termini sich anbieten. (Im 79. Totenbuchkapitel kann deshalb der ba-hafte Gottmensch »Osiris NN«, wenn er die ursprünglich von ihnen stammende Maat zu den Göttern hinauf- und zurückführt, sogar zum Erlöser der Götter selbst von Sünde und Übel werden, bevor er sie, wie zB im 85. Kapitel [s.o.] als zu seinem eigenen Wesen gehörend, sozusagen in sich aufnimmt.)

Man darf wohl annehmen, daß die erneuerte *Maat* als »Wahrheit« oder »Wahrhaftigkeit« auch die Tendenz nach neuem Verständnis der Götter und ihrer vielleicht jahrtausendealten archaischen Züge in sich trug. Neue Mysterien wandeln den Menschen, und mit ihm wieder wandeln sich die Götter, auch innerhalb des mythischen Bereiches, den die Ägypter niemals - wie etwa später die Griechen - einer philosophischen Ratio geopfert haben. Unverkennbar ist die intensive theologische Arbeit, durch die in der 18. Dyn. der Sonnengott *Amun-Re* (→ Amon) zu einer Art überragender Größe wurde, ein »pantheistischer« Gott, der andere Götter als seine Teilaspekte an sich zog (→ Synkretismus: I).

Persönlich visionäre Offenbarungen des Sonnengottes und seiner *Maat* (»Wahrheit«) erhielt der Pharao *Echnaton* (→ Amenophis IV.), der weder andere Götter noch die synktretistischen Züge des Amun-Re gelten ließ und allein Verehrung für seinen als lebendige Sonne am Himmel sich offenbarenden »Vater« *Aton* forderte. Selbst die Toten mußten sich damit begnügen, in ihren Gräbern den Aton zu preisen. Echnaton war in seinem jugendlich heroischen Eifer von dem hellen, erleuchtenden Aspekt der Maat so geblendet, daß er die dunkle Seite der Götter- und Seelenwelt nicht mehr sah und sich deshalb mit ihr nicht auseinandersetzen konnte. Aber gerade diese Auseinandersetzung - weniger in Gedanken als im dramatischen Bildgeschehen der Mythen und Kulthandlungen - machte den Kern der ägyptischen Religiosität aus, und nach dem Scheitern von Echnatons Reformversuch sehen wir eine minutiöse Ausgestaltung der Theologie des Amun-Re, des Götterkönigs und »Stiers seiner Mutter«, einerseits (→ Amon) und der Todesmysterien andererseits.

Schon seit dem Beginn des NR hatten die Pharaonen den Bau von Pyramiden aufgegeben. Sie ließen sich nun in der westlichen Wüste gegenüber der thebanischen Residenz (Theben → 1 C 6) bestatten. Dabei wurden Kulttempel und Grabbau getrennt. Die Kulttempel standen vor dem Steilabhang der Wüste und glichen den übrigen Göttertempeln der Zeit (→ Kunst II E; s. RÄRG: Tempel).

Die eigentlichen Grabräume lagen in einem einsamen Wüstental (Tal der Könige): tief in den Felsen hineinführende Gänge, die von Kammern für die Beigaben flankiert sind und schließlich zum Hauptsaal mit dem Sarge führen (s. RÄRG: Felsengrab). Die Wände der Korridore, Kammern und Säle sind bedeckt mit Beschreibungen und Darstellungen der einzelnen Phasen der Mysterien, welche der Gottkönig »Osiris NN« in und mit dem bei Nacht durch die Unterwelt fahrenden Sonnengott durchmacht, um dann im Hauptsaal in der morgendlichen Sonne wiedergeboren zu werden. Die in Raum und Fläche systematisch angeordneten Begegnungen mit Göttern und Dämonen, die drohenden Gefahren und ihre Überwindung und der endliche Triumph des Gottes bilden eine wahre Symphonie von religiösen Phänomenen (zu dem Inhalt der Texte s. RÄRG: Amduat, Pfortenbuch, Zweiwegebuch).

Die Residenzbeamten des Königs ließen sich nicht weit von den königlichen Kulttempeln ebenfalls in Felsengräbern (s. RÄRG) bestatten. Der vordere Querraum eines solchen Grabes zeigt Bilder aus dem Leben des Grabherren, auch Feste (s. RÄRG), die in diesem Raum zu seinen Ehren gefeiert wurden. Der von hier aus zur Kammer mit den Kultstatuen führende Gang zeigte an seinen Wänden Darstellungen des Toten und seiner Angehörigen im Gebet vor den Göttern. Die Mumie ruhte in einer unterirdischen unzugänglichen Kammer.

Das *Opferritual* bestand seit alters darin, daß die Kultstatuen im Grabe an Festen mit Wasser, Weihrauch und Ölen »gereinigt« und belebt wurden, um dann das Mahl zu empfangen. Ähnlich bestand der tägliche Kult im Allerheiligsten der Tempel in der Morgentoilette der Gottesstatue (Reinigung, Bekleidung, Krönung, Salbung) und dem Spenden der Mahlzeiten. Der Sinn ist die aktuelle Beseelung der Statuen, die Bannung des göttlichen Wesens in das Bild (→ Bilder: I, → Kultus, → Opfer: I; s. RÄRG: Kult, Opfer, Ritual, Totenkult).

Eine Verbindung des Volkes mit den Göttern findet an *Festen* statt. Wir unterscheiden Kalenderfeste (Beginn der Nilschwelle, der Jahre, Jahreszeiten, Monate, Dekaden und Mondphasen, Saat und Ernte), Königsfeste (Krönung mit Festspielen, Jubiläum) und große Götterfeste (auch mit Festspielen wie zB Tod und Auferstehung des Osiris in Abydos), oft mit Prozessionen (»Erscheinen« des Gottesbildes, auch mit Orakel), auch Besuchs-Prozessionen, wie zB des Amun von Karnak zu den königlichen Totentempeln im NR (→ Feste: I; s. RÄRG: Feste, Festspiel, Prozession).

Das Ende des NR und die Spätzeit zeigen eine letzte Wandlung der Religion, ein Weiterwirken der *Maat* als »Wahrheit«, das nicht an offiziellen Veränderungen, sondern an bezeichnenden Einzelheiten erkennbar ist und vor allem die Gestalt des Sonnengottes und seine Beziehung zum Menschen betrifft. Zu allen Zeiten und an allen Orten vollzog sich ja beim Tode eines Menschen die Vereinigung des Ba oder ba-haften »Osiris NN« mit dem Gott. Deshalb wurde dieser nun auch als der »große Ba« schlechthin gepriesen: in ihm trat der Ba, der »Seelengrund« aller Götter und Menschen (als All-Ba), in sichtbare Erscheinung. Er wurde zu dem, was wir den »persönlichen Gott« nennen, und konnte deshalb auch nun zum einzelnen Menschen bei dessen irdischen Lebzeiten in und außerhalb des offiziellen Kultes in »persönliche« Beziehung treten. Ein Keim, der in den Todesmysterien entstanden war, zeigte sich nun als letzte Frucht am Baume altäg. Religiosität: Einfache Menschen erzählen auf Denksteinen, daß sie Sünde auf sich geladen und diese offen vor dem Gott (auch vor andern Gottheiten) bekannt und durch ihr anspruchsloses Vertrauen Gnade gefunden haben. Der Sonnengott als Ba wußte um die Konflikthaftigkeit des Menschen (s.o.) und konnte deshalb auch Vergebung gewähren.

Die Phänomene der göttlichen Inkarnation, der Todesmysterien und der Entfaltung des persönlichen Gottes waren eine günstige Voraussetzung für die frühe Annahme des Christentums durch die Ägypter.

A.Erman, Die Religion der Ägypter, (1905) 1934[3] - Ders., Die Lit. der Ägypter, 1923 - G.Roeder, Urkunden zur Religion des Alten Ä., 1915 - H.Kees, Totenglauben u. Jenseitsvorstellungen der alten Ägypter, 1926 - Ders., Ä., (RGL H. 10), 1928 - Ders., Der Götterglaube im Alten Ä., 1941 - H.Junker, Die Gesch. der Ägypter (Gesch. der führenden Völker III), 1933 - Ders., Pyramidenzeit. Das Wesen der altäg. Religion, 1949 - J.Spiegel, Die Idee vom Totengericht in der äg. Religion (Leipz. Ägyptol. Studien 2), 1935 - H.Jacobsohn, Die dogmatische Stellung des Königs in der Theol. der alten Ägypter (ÄF 8), 1939 - Ders., Das Gegensatzproblem im altäg. Mythos (Stud. z. Analyt. Psychologie C.G. Jungs, Bd II, 1955, 171-198) - J.Vandier, La religion égyptienne (Mana I, 1), (1944) 1949[2] (Lit.) - H.A.Frankfort, Kingship and the Gods. A Study of Ancient Near Eastern Religion as the Integration of Society and Nature, 1948 - Ders., Ancient Egyptian Religion, 1948 - J.Sainte Fare Garnot, La vie religieuse dans l'ancienne Égypte (MR 22), 1948 - Ders., Religions égyptiennes antiques. Bibliographie analytique (1939-1943), 1951/52 - H.Stock, Äg. Religionsgesch. (Saeculum 1, 1950, 613-636) - J.A.Wilson, The Burden of Egypt, 1951 - RÄRG, passim (Lit.). *H.Jacobsohn*

III. Ägypten und die Bibel

Die *geschichtlichen* Beziehungen Ä.s zu dem nachbarlichen Schauplatz der biblischen Welt (→ Ägypten: I) bilden die Voraussetzung tatsächlicher oder möglicher Einwirkungen Ä.s auf die → Bibel selbst; andererseits verlegt der Charakter der Bibel als *Literaturwerk* den Schwerpunkt unserer Untersuchung auf *literarische Formen und Motive*.

Wegen ihrer Verflochtenheit in die Geschichte des Alten Bundes hat die äg. Geschichte frühzeitig bei Juden und Christen Interesse gefunden: Die Αἰγυπτιακὰ ὑπομνήματα des äg. Priesters Manetho (um 280 vChr) wurden durch Exzerpte bei → Josephus (gegen Apion) bzw. bei → Julius Africanus (Chronik) und → Eusebius von Caesarea (Chronik; Praep. evang.) in Fragmenten bewahrt. Die neueren Forschungen haben ergeben, daß zwischen Ä. und Palästina- → Syrien (: I) seit paläolithischen Zeiten ständig Bindungen bestanden; wir kennzeichnen hier nur die rhythmische Regelmäßigkeit des Stoßwechsels: a) *Vor der Landnahme → Israels:* Semitische Komponenten im Ostdelta, spürbar in der Thinitenzeit; Handelsbeziehungen (Schiffstyp »Byblosfahrer«) und militärische Expeditionen Ä.s im AR (Darstellung von syrischen Gefangenen in Totentempeln usw); semitische Unterwanderung des Deltas in der 1. Zwischenzeit; wahrscheinliche Vasallität syrischer Territorialfürsten im späten MR (u.a. → Byblos); Vordringen der → Hyksos von Syrien nach Ä. in der 2. Zwischenzeit; Gegenstoß in der 18. Dyn. (Vordringen bis über den Euphrat); Erschlaffen des äg. Druckes auf Syrien vor und zur Amarnazeit, aber erneute Druckverstärkung in der 19. Dyn. b) *In der Zeit der Landnahme und der Staatenbildung in Israel:* Vordringen der »Seevölker« (u.a. der → Philister) nach Ä., zT von Syrien her; äg. Abwehr des Angriffs, aber Rückzug auf das Nilland selbst (20. Dyn.); Zug Scheschonks I. (»Schischak«) nach Palästina und Syrien, auch gegen Jerusalem (→ Ägypten: I, 7); Unterwerfung Ä.s durch die Assyrer via Syrien (Zurückdrängen der Kuschiten nach Süden); mehr oder weniger erfolgreiche äg. Gegenstöße in saïtischer Zeit (Necho, mit den Assyrern gegen die neubabylonische Macht verbunden); Eroberung Ä.s durch die Perser, wieder via Syrien (Kambyses); unter den ersten → Ptolemäern Zugehörigkeit Südsyriens zum äg. Machtbereich; in römischer Zeit (seit Augustus) gemeinsame Zugehörigkeit Ä.s und Syriens zum → Imperium Romanum, dabei zeitweise (unter → Zenobia) separate politische Bindung beider Länder. Zu alledem kommt ein Eindringen von syrischen Bevölkerungselementen, verstärkt seit der 18. Dyn.; vom 7.Jh. ab werden Israeliten (Juden) in Ä ansässig (→ Elephantine).

Im *Geschichtsbewußtsein Israels* (→ Geschichte: I) wird Ä. negativ bewertet, und zwar aus zwei Gründen: 1. Für die Frühzeit Israels ist Ä. das Land der Knechtschaft; der Auszug aus dem Nillande galt als Befreiung (Ex 20, 1). Der entsprechenden Überlieferung dürften folgende Tatbestände zugrunde liegen (→ Israel: I): Nicht das Zwölfstämme-Israel, sondern nur bestimmte Gruppen (jedenfalls das Haus Joseph) weilten - im Zuge ähnlicher Übertritte der Ostnomaden - zeitweise im Ostdelta. Das Eindringen geschah wahrscheinlich unter Amenophis III. und → Amenophis IV. und hat (gegen Josephus und Neuere) nichts mit den → Hyksos zu tun; die Bedrükkung erfolgte unter Ramses II., der Auszug unter Merneptah; andere Teile der Israelstämme saßen zur Zeit des letzteren bereits in Palästina (Israelstele). 2. In der klassischen Zeit Israels wurde Ä. – trotz den Hoffnungen mancher – zum Inbegriff der Schwäche; tatsächlich hatte seine Glanzzeit das 3. und 2.Jt. erfüllt, und im Jt. des Alten Bundes dominierten Assyrien, Neubabylonien, Persien und Makedonien. So warnte Jesaja vor Vertrauen auf Ä. im assyrischen, ähnlich Jeremia im neubabylonischen Dominat: »Der Schutz des Pharao wird euch zur Schande« u.ä. (Jes 30, 2ff; 31, 1-3; Jer 43, 8-13; 44, 30; 46, 1-12. 13-25; später: Jes 19).

Aus solcher geschichtlichen Verflochtenheit ergab sich eine in zahlreichen, bisher kaum gesammelten Einzelheiten greifbare *kulturgeschichtliche* Einwirkung der alten Nilwelt auf die Lebensformen Israels; davon sind die literarischen nur ein Teil. Wir wählen weniges aus: Gewisse sprachliche Einflüsse des Ägyptischen aufs Hebräische, wohl vor allem in der salomonischen Zeit wirksam; Übernahme (und sinngemäße Übersetzung) äg. Beamtentitel (sš und whm. w = soper und mäzkîr) sowie Personennamen (Mose, Hophni, Pinehas usw); Dreimonatefron unter Salomo (1Kön 5, 27f), dazu vgl. Herodot II, 104 (nicht mehr gedruckte Einsicht A.Alts); äg. Beschneidungsbrauch, Wirkung auf Israel bei der historischen Nähe schwer zu leugnen; äg. Elfenbeine in Samaria (zuvor, in der Ramessidenzeit, in Megiddo); mancherlei Ägyptisches im Ritual des in Israel nicht heimischen dynastischen → Königtums.

Das leitet wegen der Bedeutung des Königtums für die heiligen Schriften bereits über zum eigentlichen Anliegen: den *literarischen Beziehungen*. Auch sie sind nur zT gesammelt (für Einzelheiten ist die Forschung in vollem Gange). Sie beschränken sich überdies nicht auf das AT und seine in Ä. gefertigte griech. Übersetzung (LXX); da Ä. (wie Griechentum und jüdische Richtungen) an der Formenwelt des Hellenismus mitschuf, sind sie auch für das NT aufzusuchen. Angebotene Einzelheiten unterscheiden sich durch den Grad ihrer Erweisbarkeit (einzigartige Formbedingungen, verfügbare Zwischenglieder usw). Auch steht neben konkreten äg.-biblischen Formbeziehungen Einordnung beider Formensprachen in einen größeren Zusammenhang.

1. *AT.* a) *Gattungsmäßige Zusammenhänge:* Die in Sumer entwickelte *Listenwissenschaft* kam auch in Ä. zur Blüte; Salomos Sprüche von der Zeder bis zum Ysop (1Kön 5, 13) gehören in diesen Zusammenhang (A.Alt). Gleiche Verbindungen bestehen für die sog. *Auseinandersetzungsliteratur* (mehrere mitteläg. Literaturwerke und Überlieferungssplitter, im AT: Hiob) und besonders für die → *Weisheitsdichtung im engeren Sinne.* Sofern die Weisheit den Tenor des *carpe diem* anschlägt (Pred), finden sich auch dafür gut auszumachende Parallelen (Harfnerlieder). Exakt nachweisbar hat die äg. *Königsnovelle* eine entsprechende Form in Israel geprägt (David: 2Sam 7; Salomo: 1Kön 3, 4ff). Ferner treffen wir zur Gattung der *Danklieder* in Pss verwandte äg. Gegenstücke in der Ramessidenzeit (die man möglicherweise auf einen Zustrom syrischer Bevölkerung zurückführen könnte). Für denkbare Zusammenhänge des Hhld mit ausreichend bezeugter äg. *Liebeslyrik* fehlt bisher eine Untersuchung. Auch Bezüge in *Erzählungen vom Zweikampf* (Goliath und Sinuhe [der letztere kämpfte in Syrien]; zu einer Parallele in bedeutsamer Einzelheit: ZÄS 81, 1956, 61 f) sind noch ungeklärt. Endlich hat man für die *Prophetie* auf die in finsterer Zeit gesprochene Weissagung einer königlichen Heilsgestalt bei Neferti (Anfang der 12. Dyn.) und ihre mögliche Wirkung auf Jes (8, 23ff) hingewiesen; doch sind für diese in Israel besonders ausgeprägte Gattung die jeweils eigentümlichen Voraussetzungen zu berücksichtigen.

b) *Einzelnes* (*Motive usw*). Hier kann aus der Fülle nur weniges ausgewählt werden: Am wichtigsten, weil fundamental für das Wesen der jüd. (und christl.) Buchreligion, ist die in Ä. (Epilog der Lehre des Ptahhotep) geprägte Formel zur Sicherung des Wortlautes gegen Wegnahme, Zufügung, Veränderung (vgl. u.a. Dtn 4, 2; 13,1; 1QS VIII, 16f; Apk 22, 18f). Viele Details finden sich in Pss und Spr. Manches Behauptete freilich ist fraglich, so ein Zusammenhang von Ps 104 mit dem längst verketzerten Sonnengesang → Amenophis' IV. Aber das Motiv der Rede des Menschen an seine Seele, vielfach in den Pss, ruht in Ä. auf breiterem Fundament (sog. »Lebensmüder« bzw. Geschichte vom Schiffbrüchigen). Das »Wandeln im finsteren Tal« (Ps 23, 4) hat eine volle Parallele im äg. Totenbuch (130, 9). Oder: die »feurigen Kohlen auf dem Haupt« (Spr 25, 22, mit Nachwirkung im NT: Röm 12, 20) erklären sich aus einem äg. Bußritus (Setna-Roman). Jes nimmt zT das äg. Königsritual (→ Königtum in Israel) auf: die (nur verstümmelte) fünffache Titulatur des Heilsfürsten (Jes 9, 6) und (vielleicht) den Namen »Eilebeute« (Jes 8, 1-3). In der Geschichte vom Aufenthalt in Ä. (Gen 37 bis Ex 12) haben sich manche Bezüge auf Ägyptisches, bes. Namen und Brauchtum, der Forschung als sachgerecht bestätigt; für die Betrauung Josephs mit einem hohen Staatsamt ist beachtlich, daß Syrer bes. in der Ramessidenzeit häufiger zu solchen Ämtern aufstiegen. Ob das Verführungsmotiv in Gen 39, 7ff von dem im äg. Märchen von den zwei Brüdern abhängt, bleibt bei der weltweiten Verbreitung des Motivs fraglich. Es sei schließlich darauf hingewiesen, daß mitunter auch Einwirkungen des AT auf (späte) äg. Literatur erwogen werden müssen: Die ptolemäische Hungersnotstele wird von der Josephsgeschichte abhängen, der detaillierte Bericht römischer Zeit von der Auffindung des »Buches vom Atmen« kann von der entsprechenden Erzählung in 2Kön 22 angeregt sein. Die in klassischer Zeit nicht geübte, erst spätäg. Einteilung der Könige in an einem Gesetz gemessene fromme und gottlose steht dem Brauch des → deuteronomistischen Geschichtswerkes bemerklich nahe.

2. Manchen Aufschluß verheißt die Frage nach *äg. Einflüssen auf die griech. Übersetzung des AT (LXX)*, die ja in Ä. beheimatet ist. Tatsächlich kann man sich zB LXX Dtn 9, 26 am besten erklären, wenn man die für Jahwe unerhörte (und nur in LXX gebotene) Form κύριε κύριε βασιλεῦ θεῶν als Wiedergabe einer Gottesbezeichnung versteht, in der zwei Eigennamen (Kyrios als Wiedergabe des Eigennamens Jahwe, vgl. ferner zB Diodor I, 65: Amun als Kyrios) von dem Titel »König der Götter« gefolgt waren; genau das aber liegt in der noch zur Zeit der LXX geläufigen äg. Gottesbezeichnung Amonrasonter (Amun-Re, König der Götter) vor. Folgenreicher ist die aus LXX konsequent ins NT übernommene Schreibung Μωϋσῆς für Moses; dahinter steht wohl eine ägyptisierende Etymologie: Μω-υσης ist der »Wasser-Selige«, dh der aus dem Wasser gerettete (υσης für ἐσιῆς, lat. esietus, gängige Bezeichnung des Seligen im späten Ä.). LXX Lev 11, 17 bieten für jănšûp (»Uhu« o.ä.) die Übersetzung Ibis. Sollte hier nicht äg. Einfluß den Ibis in einer Reihe verbotener Tiere gefordert haben? Der Ibis war Tier des Gottes Thot und seine Verfemung daher gewiß den äg. Juden unerläßlich. Probleme ähnlicher Art in den LXX harren noch der Klärung und Sammlung.

3. *NT.* Gattungsmäßige Beziehungen Ä.s zum NT dürfen nicht erwartet werden, da die nt. Genera mehr oder weniger in griech. bestimmter hellenistischer Tradition stehen. Aber für Einzelheiten ist auch jetzt noch vieles Ägyptische heranzuziehen, das direkt oder indirekt, allein oder (meist) mit Komponenten anderer Herkunft zusammen wirksam wurde; mitunter reichen solche äg. Bezüge über das NT hinaus, etwa in die → Gnosis (: III) hinein. Das NT weist derartige Elemente oder Assoziationen auf, weil es zeitgeschichtlich ein Kind des Hellenismus ist, an dessen Formenwelt auch Ä. mitschuf. Längst erwiesen bzw. erwogen sind äg. Bezüge der Geschichte vom reichen Mann und armen Lazarus (Lk 16, 19ff; Setna-Roman, über rabbinische Zwischenglieder) und der vom Feinde verfolgten Mutter mit dem Kinde (Apk 12; Seth contra Isis/Horus, die sich in unzugängliche Einsamkeit zurückziehen). Weitere Beispiele, zunächst aus Apk: Der »zweite Tod« (2, 11 u.ö.) wird u.a. mit der geläufigen äg. Vorstellung vom »Noch-einmal-Sterben« zusammenhängen (Totenbuch 44. 64. 114. 116. 175f u.ö.); das prophetische Lamm (Apk 5, 6 u.ö.) ist mit dem in griech.-röm. Zeit wohlbekannten Lamm des Bokchoris zusammenzubringen; für den »Kranz des Lebens« (2, 10; Jak 1, 12) bzw. Kranz der Gerechtigkeit (2Tim 4, 8) und Kranz der Herrlichkeit (1Petr 5, 4) darf man neben griech. Material den äg. »Kranz der Rechtfertigung« (der sachlich zugleich Kranz des Lebens ist) nicht außer Betracht lassen; endlich reicht die Dreierformel (»der da ist« usw; 1, 4. 8 u.ö.) über orphische u.a. Quellen nach Ä. hinauf (zB Pyramidentexte 561a. b). Die vielfach gebrauchte (überdies gut gnostische) Wendung vom wechselseitigen Erkennen (Mt 11, 27; Gal 4, 9; Joh 10, 14f) folgt der am Nil geprägten und dort beliebten Form eines äg. Inhaltes (Pyramidentexte 327aff, Totenbuch 71, 18f u.ö.). Die εἷς-θεός-Akklamation (1Kor 8, 4-6; 1Tim 2, 5) führt über Sarapis in ältere äg. Theologie zurück (Pap. Leiden I 350, IV, 17: »Einer ist Amun« u.a.). Für das »obere (oder himmlische) Jerusalem« (Gal 4, 16 bzw. Hebr 12, 22) hat man die Himmel-Erde-Parallelität zu berücksichtigen, die in Ä. mit besonderer Konsequenz entwickelt war und u.a. dazu führte,

daß man irdische Gaugrenzen und Orte auch am Himmel annahm (zB Urkunden VII, 26f). Ferner: Nach Lk 1, 26ff wird der Name Jesu bei der Zeugung (Empfängnis) offenbart (Verkündigung und Empfängnis wurden in der frühen Kirche gleichgesetzt!); das hat in Ä. die beste Entsprechung (König-Geburtslegende, zB bei Hatschepsut; der Mythus lebte bis in röm. Zeit fort: Caesarion). Zwei Ägyptizismen finden sich in Joh 3: Die massive Vorstellung von der Wiedergeburt (3, 4) ist in Ä. frühzeitig geformt und bis in röm. Zeit vielfach belegt (Ä. wirkte wohl auch auf die ungriech. und ursprünglich auch nicht jüd. Formel der »Auferstehung des Fleisches« im Taufsymbol); fast zwingend läßt sich jedoch äg. Einfluß auf 3,8 nachweisen (lebenzeugender Wind bzw. Geist, den man hört, aber nicht sieht, vgl. dazu späte Amunshymnen: Sethe, Amun §§ 205 u. 207). Für die (auch an anderen Orten der Erde, zB China) bezeugte Bedrohung dessen, der zum Schwerte greift (Mt 16, 52), ist wegen der räumlichen und zeitlichen Nähe auf eine Entsprechung in der (demotischen) Petubastissage (XI, 22) hinzuweisen. Endlich hat man die Verbindung von Steuerruder und Zunge (Jak 3, 4f) als äg. Erbgut erwiesen (Amenope 18 u.a.). Auf allgemeinere und daher zwar wesentlichere, aber weniger faßbare Berührungen sei nur eben behutsam hingedeutet: der johanneische Begriff des »Lebens« muß auch von seinem zentral wichtigen äg. Gegenstück her erhellt werden. Oder: der Terminus »Auferstehen« speist sich u.a. wohl auch aus einer äg. Wurzel (Bedeutung des Kausativums s̊ts, zB in den Anfangsworten des Turiner Totenbuches 1, 1). Wo man beim Jesusbilde mit Umwelt-Anreicherungen zu rechnen hat, dh bei den Berichten von Geburt und Tod, kommen äg. Osiris-Traditionen in Betracht (Verkündigung der Geburt eines Gottes durch Himmelsstimme, und zwar gleichzeitig mit der Geburt: Lk 2, 7. 10, vgl. Plutarch, Isis und Osiris 12; Verkündigung des göttlichen Wesens Jesu durch einen inspirierten Mann: Lk 2, 25ff und Plutarch ebd [Simeon bzw. Pamyles]; Suchen des Leichnams: Joh 20, 1ff, vgl. Plutarch 39 u.a.). Das Vorgebrachte ist unvollständig; es kann nur einen Begriff von den Problemen und den Möglichkeiten ihrer Lösung geben.

W. SPIEGELBERG, Ägyptologische Randglossen zum AT, 1904 - H. GRESSMANN (-G. MÖLLER), Vom reichen Mann u. armen Lazarus (AAB 1918, 7) - P. HUMBERT, Recherches sur les sources égyptiennes de la littérature sapientale d'Israël, 1929 (Lit.) - J. ČERNÝ, Greek Etymology of the Name of Moses (ASAE 41, 1942, 349-354) - R. WEILL, Les transmissions littéraires d'Egypte à Israël (Cahier complémentaire à la Revue d'Egyptologie, 1950, 43-61) - J. JANSSEN, Fonctionaires sémites au service de l'Egypte (Chr.d'Eg. 26, 1951, 50-62) - S. MORENZ, Die äg. Literatur u. die Umwelt (HO I, 2, 1952, 194ff) (Lit.) - DERS., Feurige Kohlen auf dem Haupt (ThLZ 78, 1953, 187-192) - S. HERRMANN, Die Königsnovelle in Ä. u. in Israel (WZ Leipzig 3, 1953/54, 51-62) - DERS., Steuerruder, Waage, Herz u. Zunge in äg. Bildreden (ZÄS 79, 1954, 106-115) - E. DRIOTON, La date de l'Exode (RHPhR I, 1955, 36-49).

S. Morenz

IV. Im christlichen Altertum

1. Die *Anfänge* des Christentums in Ä. sind noch immer dunkel. Die Legende von → Markus als dem Missionar Ä.s, wohl aus 1Petr 5, 13 herausgelesen (wobei Babylon auf den Vorort von Memphis bezogen ist), hat kaum Geschichtswert. → Paulus war nicht in Ä., aber sein Mitarbeiter → Apollos scheint schon in seiner Heimat Alexandrien Christ geworden zu sein. Für die Zeit Trajans und Hadrians sind Christen in Ä. durch paläographisch datierbare Papyrusfunde (Joh und nahestehendes Apokryphon) zuverlässig nachgewiesen. Dagegen darf ein Hadrian zugeschriebener Brief (Scriptores Hist. Aug. II, 207), der Christen in Ä. erwähnt, nicht unbesehen verwertet werden. Auch für die erwogene Herkunft frühchristlicher Schriften aus Alexandrien bzw. Ä. (Hebr, Barn, Did, 2Clem u.a.) gibt es keinen sicheren Anhalt. Erst mit dem Bischof → Demetrius von Alexandrien (um 180) treten Christentum und Kirche in Ä. ins helle Licht der Geschichte; dabei lassen die hochentwickelte → alexandrinische Theologie und die durchgebildete Hierarchie auf eine längere kräftige Entwicklung schließen.

Das Christentum hat in Ä. bei den in Alexandrien zahlreichen, aber auch im Hinterland weit verbreiteten *Juden* und zugleich bei der ebenfalls stattlichen Anzahl *Griechen* Fuß gefaßt (christliche Papyri in griechischer Sprache als älteste Zeugnisse, s.o.). Eine breite Schicht gräko-äg. Mischbevölkerung wird dann die neue Lehre an die Masse der Ägypter selbst, also an die sog. *Kopten* (bereits im Talmud bezeugte Verstümmelung aus Ä.) vermittelt haben. Deren Übertritt zum Christentum muß im Laufe des 3. Jh.s so gewichtig geworden sein, daß sich *die Übersetzung der Bibel,* zunächst wohl des NT und der Pss in die (koptische) Landessprache notwendig machte; dabei gab es zwei voneinander unabhängige → Bibelübersetzungen (: III): die oberäg.-sahidische und die unteräg.-bohairische. Die sahidische Übersetzung wird in Hermopolis entstanden sein, einem alten kulturellen und religiösen Zentrum Ä.s, das in griechisch-römischer Zeit bedeutend und spätestens unter Dionysius (um 250) Bischofsitz war (Euseb, h.e. IV, 46); die Legende, die Hl. Familie sei auf der Flucht nach Ä. bis Hermopolis gekommen, hätte sich schwerlich gebildet, wäre die Stadt nicht ein oder gar *das* Zentrum äg. Christentums im Binnenland gewesen (Sozomenos V, 21; Palladius, Hist. Laus. 8; die Legende ging in den oberäg. Heiligen-Kalender unter dem 18. Mesore ein). Auch sprachliche Argumente legen eine Lokalisierung des sahidischen Dialektes nach Hermopolis nahe.

Der vollständige Übertritt der Ägypter zum Christentum schloß die *Übernahme* vieler Formen *heidnischer Frömmigkeit* ein, besonders in Totenbräuchen (Mumifizierung, Grabbeigaben) und Jenseitsvorstellungen (Dämonologie, Unterweltsgeographie), aber auch in → Festen (: III. IV; → Epiphanienfest), Teilen des Reliquienkultes usw. Anderseits hielten sich in der griechischen Bevölkerung, die einst ein Einfallstor des Christentums nach Ä. gewesen war, starke heidnische Kräfte bis ins 5., ja 6. Jh. (daher bedeutet »Hellene« bei den Kopten den »Heiden«); → Cyrill zB hat sich nicht mit altäg., wohl aber mit hellenistischem Heidentum befassen müssen (Schrift gegen Julian und Kampf um den Kult von Menuthis; Streitgespräch mit hellenistischen Philosophen).

Das frühe äg. Christentum hatte im übrigen Anteil an den Schicksalen der vorkonstantinischen Christenheit. Die Verfolgungen unter Septimius Severus gefährdeten u.a. den Bestand der alexandrinischen Katechetenschule und nahmen zuletzt unter Diokletian (durch grausame Statthalter) überdurchschnittliche Ausmaße an. Dabei kam es zu einem langen Schisma, indem → *Melitius,* Bischof von Lykopolis (Assiut), sich interimistisch Patriarchenrechte zumaß und Verleugner des Glaubens nach rigoristischen Maßstäben beurteilte (die Bedeutung von Lykopolis entsprach in vieler Hinsicht der von Hermopolis; u.a. war die Stadt manichäisches und gnostisches Zentrum); im Gottesdienst der melitianischen Gemeinden hielt sich übrigens zusätzlich mancher altäg. Brauch (Tanz, Sistrum). Später wechselte die Verfolgungsgeschichte ihre Stoßrichtung: Christen zerstörten mit dem Sarapeion von → Alexandrien das Sinnbild heidnischen Kultes (381) und ermordeten die Philosophin → Hypatia. Cyrill ließ (415) außerdem die Synagogen Alexandriens in Kirchen verwandeln (Sokrates KG VIII, 13).

Im Binnenland eiferte zB → Schenute, Abt des Weißen Klosters bei Achmim, gegen die Tempel.

2. Die *Struktur* der äg. Kirche war durch 3 Faktoren bestimmt: 1. Die alte Bedeutung von Alexandrien, die dem Bischof dieser Stadt als *Patriarchen* von Ä., Libyen und der (kyrenäischen) Pentapolis eine überragende Stellung gab (6. Kanon von → Nicäa!). 2. Die Rolle der Einsiedler und alsbald hauptsächlich der äg. *Klöster* (→ Mönchtum: II), deren Häuser oft Bischofsresidenzen waren (wobei die Klöster in ihrer wirtschaftlichen Struktur und vielleicht auch mit dem Brauch der Klausur an heidnische Landestradition anschlossen). 3. Die wachsende Schwäche der Staatsmacht in dem peripher gelegenen Land, die den örtlichen Bischöfen (besonders im Süden) über den kirchlichen Bereich hinausgehende Befugnisse de facto überließ oder aufnötigte, die ihnen in anderen Provinzen meist nur de iure (als audientia episcopalis) zustand; das wird durch koptische Urkunden deutlich (so im Falle des Bischofs Abraham von Hermonthis, um 600).

3. Die Weltbedeutung des alten äg. Christentums liegt in seinem Beitrag zur christlichen *Theologie*. Schon die Gnostiker → Valentin (um 135) und sein Zeitgenosse → Basilides waren dem Nillande verbunden. (Für Basilides ist der Gebrauch des Begriffes ὁμοούσιος erstmals bezeugt, Hippolyt, El. VII, 22, 7 u 11). → Clemens und → Origenes lehrten in der alexandrinischen Katechetenschule. Die trinitarischen und die daraus folgenden christologischen Streitigkeiten hatten in Ä. ihren Schwerpunkt: → Athanasius (zuvor Alexander) und der alexandrinische Presbyter → Arius, später → Cyrill und → Dioskur waren Führer in den Kämpfen um das Dogma. In Chalcedon (451) wurde Ä.s Patriarch schließlich geschlagen, und der Hauptteil der äg. Kirche spaltete sich mit seinem monophysitischen Bekenntnisse - bis heute - von der Reichskirche ab. Noch nicht genügend untersucht ist die Frage, ob oder inwieweit die → alexandrinische Theologie als solche in ihren trinitarischen wie christologischen Anliegen von alteinheimischer Tradition gefördert und geprägt ist. Gerade die Vereinigung verschiedener - oft dreier - Götter zu einer göttlichen Wesenheit - also Trinität, nicht Triade - bei Wahrung der personalen Existenz der Vereinigten (zB: Amun, Re und Ptah: Pap. Leiden I 350, IV, 21 f) war besonders in der Spätzeit eine häufige Aufgabe der äg. Theologen. Auch das Inkarnations- und das Sohnesproblem stellten sich in Form der Königstheologie (→ Ägypten: II) beständig, die »Inkarnation« wurde auch für die Frage nach dem Verhältnis der Kultbilder zur Gottheit oft aktuell. Für Übergänge alter äg. Denkbahnen und Problemstellungen ins Christentum spricht die Tatsache, daß die äg. Kultur im ganzen ihre Substanz durch den Hellenismus hindurch über die Schwelle des Christentums bewahrt hat. Sprachliche Schwierigkeiten können nicht ins Gewicht gefallen sein, denn es gab auf breiter Grundlage griechisch-äg. Zweisprachigkeit. Neben den äg. Bibelübersetzern kann als Typus denkbarer Vermittlung → Hierakas von Leontopolis (um 300) genannt werden.

J.Leipoldt, Schenute v. Atripe u. d. Entstehung des national äg. Christentums (TU X, 1), 1903 - A.v.Harnack, Die Mission u. Ausbreitung des Christentums i. d. ersten 3 Jh.en, 1924[4] (Lit.) - H.I.Bell, Jews and Christians in Egypt, 1924 - F.J.Dölger, Klingeln, Tanz u. Händeklatschen im Gottesdienst d. christl. Melitianer in Ä. (AuC 4, 1934, 245-265) - J.M.Creed - de Lacy O'Leary, The Egyptian Contribution to Christianity (The Legacy of Egypt, 1942, 300-331) - A. de Buck, Plaats en betekenis van Sjoe in de egyptische Theologie (MAA NR 10, 1947, 215-249) - J.Doresse, Saints Coptes de Haute Égypte (JA 236, 1948, 247-270) - S.Morenz, Urkunden zur Ahnenreihe des Klosters (ThLZ 74, 1949, 423-429) - Ders., Die koptische Literatur (HO I, 2, 1952, 207 ff; Lit.) - F.Zucker, Plotin u. Lycopolis (SAB 1950, 1) - R.Remondon, L'Égypte de la suprême résistance au Christianisme (BIFAO 51, 1952, 63-78) - F.Hintze-S.Morenz, Ein Streitgespräch Kyrills (ZÄS 79, 1954, 125-140).

S.Morenz

V. Mission in Ägypten

Die *Koptische Orthodoxe Kirche* (→ Kopten: I) hat sich wenig um die Bekehrung von Mohammedanern bemüht, nicht zuletzt deshalb, weil unter der arabischen Herrschaft solche Versuche gesetzlich untersagt waren. Sie umfaßt heute mit 1 Mill. Menschen weniger als 7% der Bevölkerung Ä.s; hinzu kommen einige Tausend meist nicht äg. Mitglieder der griechisch-orthodoxen und armenischen Kirchen .- Die *römisch-katholische Kirche* hat seit Jahrhunderten versucht, unter den orthodoxen Christen Ä.s eine feste Stellung zu erobern. Zu Beginn des 17.Jh.s kam eine römisch-katholische Mission nach Ä., im 18.Jh. wurde die koptische »Uniate Church« begründet. - Die ersten *protestantischen* Missionare in Ä. waren im 18.Jh. die Herrnhuter, die sich aber bald wieder zurückzogen. Im Jahre 1825 schickte die englische Kirchenmission ihre ersten (deutschen) Missionare; das Ziel war eine Wiederbelebung der orthodoxen Kirchen, um in ihnen die Mittler des christlichen Zeugnisses für die nichtchristliche Bevölkerung zu gewinnen. Nach beachtlichem Anfangserfolg mußte später die Mission feindlichen Elementen in Kirche und Staat das Feld räumen. Als die englische Kirchenmission 1881 wieder zurückkehrte, hatte sie ein dreifaches Programm: a) Mission unter der mohammedanischen Bevölkerung; b) Neuerweckung der koptischen Kirche; c) Zusammenarbeit mit dem Ziel der Vereinigung aller christlichen Kirchen in Ä. Diese drei Punkte werden heute von Kirche und Mission verschieden beurteilt. Die koptische orthodoxe Kirche in Ä. fürchtet, wie auch sonst im Nahen Osten, daß die Mission unter den Mohammedanern auf ihre eigene Stellung und ihre Vorrechte zurückwirken könne. Sie will unter allen Umständen ihre traditionellen Rechte beibehalten. Einige wenige koptische Priester und Laien führen in echtem missionarischen Geist die Mission unter ihren islamischen Nachbarn weiter; die meisten sind weit mehr auf das Wohlergehen ihrer eigenen Gemeinden als auf das des ganzen Landes bedacht. So rief die Aufhebung der »Religious Courts of Personal Status«, dh der Eigengerichtsbarkeit nichtislamischer Gruppen (1.1.1956), größte Bestürzung hervor.

Um die Befürchtungen der christlichen Minderheiten zu beheben, erklärte die jetzt führende Revolutionäre Partei, daß die nationalistische Bewegung von Grund auf äg. und nicht islamisch sei. Die neue Verfassung Ä.s enthält Garantien der Glaubensfreiheit, und die Regierung hofft, die psychologisch trennenden Schranken zwischen den christlichen und den mohammedanischen Bevölkerungsteilen aufzuheben. Trotzdem bleibt die Tatsache grundsätzlicher Verschiedenheit zwischen der mohammedanischen Auffassung religiöser Freiheit als dem Recht jeder Gemeinde, den Gottesdienst auf ihre Weise zu gestalten, und der westlichen Anschauung, daß jeder Mensch das Recht hat, seine religiöse Überzeugung zu wählen oder auch zu wechseln. Das Gesetz Nr. 38 von 1948 verbietet christlichen Religionsunterricht für mohammedanische Schüler und versucht auch die christliche Verkündigung in Missionskrankenhäusern einzuschränken. Christen haben immer noch unter wirtschaftlicher und gesellschaftlicher Benachteiligung zu leiden. Konvertiten vom Islam sind drastischen Rechtsbeschneidungen ausgesetzt. Im Hinblick auf den starken Druck, der auf Übertretende ausgeübt wird, haben einige Missionare vorgeschlagen, die unmittelbare Mission unter den Mohammedanern einzuschränken und an ihre Stelle theologische Aussprachen zwischen islamischen und christlichen Leitern zu setzen (J.S.Trimingham). Andere halten es für richtiger, die Bekehrten nicht zu taufen, sondern zum Verbleiben in ihrer eigenen Gemeinschaft zu ermutigen, in der Hoffnung, daß sich der Islam mit der Zeit modifiziert und religiöse Freiheit verwirklicht wird. Diesen Standpunkt nahm der Bericht des »Near Eastern Christian Council« ein, der kurz vor der Konferenz für Mission unter den Mohammedanern in Delhi 1938 veröffentlicht wurde. Die meisten Teilnehmer der Konferenz lehnten aber diesen Gedanken ab, da ihrer Ansicht nach der Bekehrte ohne den Rückhalt der christlichen Gemeinde dem auf ihn ausgeübten Druck nicht gewachsen ist. Leider erhält ein Bekehrter nicht immer die nötige Hilfe und Gemeinschaft von seiten der christlichen Kirche, da orthodoxe und evangelische Christen oft seinen Beweggründen mißtrauen.

Ausgesprochene Meinungsverschiedenheiten bestehen auch über die Frage einer Wiedererweckung der Koptischen Kirche. Als die »United Presbyterian Church« 1854 in Ä. die Missionsarbeit aufnahm, hoffte sie auf eine geistliche Erweckung innerhalb der Koptischen Kirche; als sie aber sah, daß den Kopten, die sich der evangelischen Lehre anschlossen, Exkommunikation drohte, gründete sie, wenn auch zögernd, eine »Evangelische Kirche«. Die Hoffnung der Missionare, daß die evangelischen Christen ihrerseits missionarisch unter den Mohammedanern wirken würden, hat sich kaum erfüllt. Über 99% der Evangelischen – und anderer protestantischer Kirchen (außer der anglikanischen) – sind ehemalige Mitglieder der koptischen Kirche. Das liegt daran, daß viele Kopten die Verbindung mit ihrer Kirche verloren hatten oder daß es leichter war, eine Kirche mit Orthodoxen aufzubauen als Mohammedaner zu bekehren.

Die »Presbyterian Synode of the Nile« zählt jetzt über 60000 Mitglieder und 60000 Anhänger in ihrem Bezirk. In koptischen Kreisen besteht gegenüber den evangelischen und koptisch-katholischen Bemühungen bis heute eine Verstimmung. Wohl hat die Tätigkeit der anderen Kirchen innerhalb der Koptischen Kirche weitgehend reformierend gewirkt, andererseits ist die Abwanderung von solchen, die sich anderen geistlichen Einflüssen geöffnet haben, für die Koptische Kirche zu bedauern. Deshalb hält die kleine anglikanische Kirche in Ä. an ihrem Programm der Zusammenarbeit mit den Kopten fest mit dem Ziel einer Wiederbelebung der Kirche von innen her.

Zwei grundsätzliche Fragen ergeben sich damit: Ist die Koptische Kirche soweit von dem, was evangelischerseits als Norm gilt, abgewichen, daß sie nicht mehr als echter Teil der Kirche Christi betrachtet werden kann? Es gibt zweifellos Aspekte in Lehre und Liturgie der Kirche, die mit evangelischer Anschauung nicht übereinstimmen; heben sie aber die Berechtigung der Kirche als solcher auf? Der 2. Punkt betrifft die Rechtfertigung des → Proselytismus zwischen Kirchen, die beide Glieder des Ökumenischen Rates der Kirchen sind.

Die einzige (ursprünglich) deutsche Arbeit ist die → Evangelische Mission in Oberägypten. Sie hat ihr Zentrum seit 1900 in Assuan mit dem Ziel der Arbeit unter Nubiern. Ärztliche und Frauenarbeit sind ihre Schwerpunkte.

Zur Zeit arbeiten mehr Missionare und evangelische Christen, besonders solche, die zu Kirchengemeinschaften der USA gehören, am Aufbau der evangelischen Kirchen oder an der Evangelisation unter anderen Christen als an der Missionierung der Mohammedaner. Konfessionalistischer Bekehrungseifer dieser Art schwächt jedoch die Kräfte der Zusammenarbeit und Einigkeit, die durchaus vorhanden sind. Die »Fellowship of Unity«, gegründet 1920, vereint Orthodoxe und Evangelische im Gottesdienst sowie in gemeinsamen geistlichen und geselligen Veranstaltungen. Im »Committee of Liaison«, das im Dezember 1944 entstand, sitzen offizielle Vertreter der römisch-katholischen Kirche, der »Uniate Church«, der orthodoxen koptischen und der evangelischen Gemeinden, die mit der Regierung über alle die christlichen Minderheiten betreffenden Angelegenheiten verhandeln.

Der »Egypt Inter-Mission Council« ermöglicht eine Zusammenarbeit der vielen ausländischen Missionen, bis jetzt freilich ohne die koptische und die »Evangelische Kirche« einzubeziehen. Die Lage ausländischer Missionen in Ä. ist prekär entsprechend den Schwankungen der internationalen Lage. Es bleibt eine offene Frage, ob die Kirchen in Ä. angesichts des mohammedanischen Drucks, der kommunistischen Gefahr und des eindringenden Materialismus ihren Missionsauftrag recht verwirklichen können, wenn sie nicht besser zusammenarbeiten. Die christlichen Kirchen müssen sich ihrer Verantwortung für eine umfassende missionarische Aktion und für die Neuformung des gesamten Lebens der Nation auf gemeinsamer christlicher Basis bewußt werden.

E.L.Butcher, Story of the Church of Egypt, 2 Vols, London 1897 – A.Watson, The American Mission in Egypt 1854–1896, Pittsburgh 1898 – W.H.T.Gairdner, D.M.Thornton, London 1908 – A.Fortescue, The Lesser Eastern Churches, London 1913 – R.L.Hogg, Master Builder on the Nile, New York 1914 – S.M.Zwemer, The Law of Apostacy in Islam, London 1924 – A.S.Tritton, The Caliphs and their Non-Muslim Subjects, Oxford 1930 – E.Kellerhals, Im Lande der ewigen Sonne, 1938 – H.C.M.Davis, Some Aspects of Religious Liberty in the Near East, New York 1938 – Near East Christian Council Inquiry on the Evangelisation of Moslems. Report, Beirut 1938 – J.T.Addison, The Christian Approach to the Muslim, New York 1942 – S.A.Morrison, Middle East Survey, London 1954 – Ders., Religious Liberty in the Near East, London 195 – Auftrag und Wege einer Mohammedanermission, 1955 – J.S.Trimingham, The Christian Church and Islam in West Africa, London 1956 (Auszug in deutscher Sprache in EMZ 12, 1955, 129–139. 167–173) – E.Kinder, Das Problem des Proselytismus innerhalb des Oekumenischen Rates der Kirchen (ELKZ 10, 1956, 206–209). *S.A.Morrison*

Ägypterevangelium, ein apokryphes Evangelium, das sich besonders in gnostisch-christlichen Kreisen → Ägyptens (: IV) großer Beliebtheit erfreut zu haben scheint. Die Existenz eines »Evangeliums nach den Ägyptern« ist bezeugt durch Orig. Hom. in Lucam 1 (GCS 35, 5); Hippol. Refut. 5, 7, 9; Epiphan. Panar. 62, 2, 4f, die es durchweg im Zusammenhang der Bekämpfung von Häresien erwähnen. Möglicherweise hat es sogar mehrere ganz verschiedene Schriften des gleichen Titels gegeben (zum »Ägypterevangelium« der 1945 aufgefundenen gnostischen Bibliothek von Nag Hammadi vgl. VigChr 2, 1948, 140–143). Das bis jetzt bedeutendste Bruchstück, ein Dialog zwischen Jesus und Salome in Form der aus gnostischen Evangelien bekannten esoterischen Jüngerbelehrung, findet sich in verschiedener Gestalt bei Clem. Alex.: Strom. III, 6, 45; 9, 63f (zusammen mit einem weiteren Logion Jesu); 9, 66; Exc. ex Theod. 67. Ein sehr ähnliches Gesprächsfragment ferner Strom. III, 13, 92 (vgl. auch ActPetr 38, 9), zweifellos identisch mit dem 2Clem 12, 2 zitierten Apokryphon, weshalb man vielfach auch die übrigen, schon früh (Photius, Bibl.cod. 126) als außerkanonisch angesehenen Herrenwortzitate der Clemenshomilie (4, 5; 5, 2–4; 8, 4; ebenso 2, 4; 3, 2; 4, 2; 6, 2) auf das Ä. zurückführt. Besteht diese Hypothese zu Recht, so muß man dem Ä. bei aller Eigenart doch starke Berührungen mit synoptischem Gut zubilligen. Name und Verbreitung weisen auf ägyptischen Ursprung, innere Gründe und die mögliche Benutzung in 2Clem auf die 1. Hälfte des 2.Jh.s als Abfassungszeit. Kanonische Geltung hat das Ä. auch bei Annahme eines ursprünglich bereits gnostischen, kirchenfreien Christentums in Ägypten (W.Bauer) kaum je besessen. Die in den erhaltenen Fragmenten zutage tretende stark enkratitische Tendenz (geschlechtliche Enthaltsamkeit) darf nicht isoliert zum Kennzeichen des Ä.s erhoben werden. Wohl haben sich Enkratiten, wie etwa Julius Cassianus, besonders gern auf das Ä. berufen, aber auch andere gnostisierende Häretiker, wie Sabellianer und Naassener (Epiphan., Hippol. aaO), benutzten es als Beweisquelle. Die Neigung zu sexueller Askese ist jedenfalls nur *ein* Merkmal für die gnostische Haltung des Ä.s überhaupt. Die noch ausstehende Auswertung einer koptisch geschriebenen Logiensammlung aus dem Fund von Nag Hammadi (s.o.), die man bisher nur durch die Oxyrhynchos-Fragmente kannte, wird wohl auch neues Licht auf das Problem der Erforschung des Ä.s werfen.

Sammlung der Bruchstücke bei Klostermann, KlT 8, 12f; in Übers. bei HENNECKE[2] 58f; M.RH.JAMES, The Apocryphal New Testament, Oxford 1924 (Neudr. 1950), 10ff. - HENNECKE, Hdb., 38-42 (ältere Lit.) - ALTANER 49f - J.QUASTEN, Patrology I, Utrecht-Brüssel 1945, 113 - W.BAUER, Rechtgläubigkeit und Ketzerei im ältesten Christentum (BHTh 14), 1934, 54f. *O.Cullmann*

Ägyptologie

1. Methode und Geschichte der Archäologie - 2. Methode, Quellen und Geschichte der Philologie - 3. Geschichtsforschung - 4. Erforschung der religiösen Phänomene

1. Seit 1822 Champollion durch die erste Entzifferung von Hieroglyphen die Wissenschaft der Ä. begründet hat, sind unsere Erkenntnismöglichkeiten auf diesem Gebiet bis heute ständig und in rascher Folge gewachsen, und das stets sich vermehrende Material sowie die stets sich verfeinernden Forschungsmethoden berechtigen uns zu der Hoffnung, die Erkenntnisse weiter zu vervollständigen.

Archäologie (→ Ausgrabungen: I. II) und Philologie sind hier in ihren Ergebnissen noch mehr aufeinander angewiesen als zB in der → klassischen Altertumswissenschaft und bilden deshalb in der Ä. noch eine Einheit. Dennoch zwingt die Verschiedenheit der Arbeitsmethoden den einzelnen Forscher zu einer gewissen Spezialisierung. Die Quellen, aus denen der Ägyptologe schöpft, sind zum größten Teil religiöser Natur: → Tempel (: I), Gräber (→ Grab), → Stelen und Grabbeigaben (→ Totenverehrung: I). Die Aufgaben des *Archäologen* bestehen zunächst in der Freilegung der Tempel und Gräber (bzw. Ruinen), der Beschreibung und bildlichen Darstellung (Zeichnung oder Photo) ihres Zustandes, der Sichtung und ersten Anordnung der Kleinfunde (Tempelinventar, Grabbeigaben). Dann beginnen die schwierigeren Aufgaben zB der Rekonstruktion zerstörter Gebäude und ihrer Teile, die Frage nach Sinn und Zweck der Räume und der in ihnen gefundenen Geräte und Gegenstände im Götter- und Totenkult, die Aufnahme, Beschreibung und Deutung der auf den Wänden der Tempel und Gräber gemeißelten oder gemalten Darstellungen und der in ihnen aufgestellten Statuen; und endlich die Datierung des gewonnenen Materials. Dazu braucht auch der Archäologe die Inschriften, die auf den Tempel- und Grabwänden die bildlichen Darstellungen ergänzend und erläuternd begleiten, oder die auf Särgen, Statuen, Stelen, Holztafeln, Gefäßen und endlich auf den in Gräbern und Särgen gefundenen Papyrusrollen eingraviert oder aufgeschrieben sind.

Die Ausgrabungen von Auguste Mariette (1821-81, Kairo) waren noch von dem Streben nach Museumsfunden beherrscht. Der Begründer der modernen ägyptischen Archäologie ist Flinders Petrie (1853-1942, London). Besonders sorgfältige Grabungsberichte gaben zuerst der Baugeschichtsforscher Ludwig Borchardt (1863 bis 1938, Kairo) und dessen Schüler Reisner, ebenso Hermann Junker (* 1877, Wien). In der Auswertung des Materials für die Kunstgeschichte traten besonders hervor Gaston Maspero (1846-1916, Paris und Kairo), Friedrich W. Frhr. v. Bissing (1873-1956, München), Jean Capart (1877-1947, Brüssel), Georg Steindorff (1861-1951, Leipzig), Heinrich Schäfer (* 1868, Berlin), der Erforscher des ägyptischen Kunstkanons, und Alexander Scharff (1892-1950, München, auch als Vorgeschichtsforscher).

2. Die Aufgaben des *Philologen* bestehen in der Herstellung lesbarer Texte, in Ergänzungen verderbter Stellen durch Vergleiche, in der Sammlung von Varianten und der Entzifferung der kursiven Papyrushandschriften, in der Feststellung und Verfeinerung der Sprachgesetze und grammatischen Regeln und der Nuancierung der Wortbedeutungen und schließlich in der Übersetzung der Texte und der Verbesserung alter Übersetzungen unter Anwendung neu gewonnener grammatischer, lexikalischer und sachlicher Kenntnisse.

Die *Bilderschrift* bedingt eine geringere Eindeutigkeit als andere Schriftsysteme. Sie besteht aus ungefähr 800 Zeichen von Gegenständen der Natur und des menschlichen Lebens, die in der Art unserer Bilderrätsel verwendet werden: Die Hieroglyphe »Haus« bedeutet »Haus« und dessen konsonantischen Lautwert *pr* in andern Wörtern, zB in prj, »herausgehen«; das Zeichen »Schwalbe« (wr) bedeutet auch wr, »groß«, oder wird in längeren Wörtern (hwr, swr, wrs usw) mit anderen Zeichen verbunden. Auch Worte mit nur einem Konsonanten (zB »Eule« = m) geben dessen Wert in der Schreibung längerer Wörter, so daß der Anschein eines innerhalb der Zeichenfülle vorhandenen »Alphabets« entsteht. Ungesprochene Deutezeichen (»Determinative«) können den Lautzeichen hinzugefügt werden, zB das Zeichen laufender Beine dem Zeichen »Haus« (pr) in der Bedeutung »herausgehen«. Amplifikationen der Schreibung sind häufig, zB das Zeichen »Käfer« (ḫpr, auch = »werden, entstehen«) unter Hinzufügung der Konsonantenzeichen ḫ, p, r.

Die Zeichen sind in senkrechten oder in waagerechten Zeilen angeordnet, die ihrerseits rechts- oder linksläufig gelesen werden. Dabei blicken die Hieroglyphen im allgemeinen jeweils nach der ersten (senkrechten) oder nach dem Anfang der (waagerechten) Zeile, dh sie werden je nach der Rechts- oder Linksläufigkeit spiegelbildlich verwendet. (Ausnahmen in der Blickrichtung kommen in senkrechten Zeilen vor.) Größer werden die Schwierigkeiten des Lesens bei den »hieratisch« oder gar (spät) »demotisch« geschriebenen Papyris, weil hier die ursprünglichen Bilder in kursiven Zeichen gegeben werden, die sich selbst im Lauf der Zeit noch außerdem wandeln (wodurch sie oft einen guten Anhaltspunkt für die Datierung geben). Erschwerend wirken neben den Lücken zerstörter Stellen die zahlreichen Fehler der ägyptischen Schreiber. Manche Inschriften sind uns nur durch die Abschriften der Schreibschüler erhalten, die um so fehlerhafter werden, je weiter die Zeit des Originals für den Schüler zurücklag und je weniger er deshalb dessen Sprachformen selbst noch verstand.

Die ägyptische *Sprache* hat sich wie alle Sprachen im Lauf der Jahrtausende gewandelt. Dem lebendigen Fluß der Volkssprache steht jeweils die Konservierung des Sprachstandes einer bestimmten Zeit in der religiösen Literatur gegenüber. Wenn nach längeren Zeitperioden die Kluft zwischen Volks- und religiöser Literatursprache zu groß geworden war, erfolgte die Erhebung der Volkssprache zu einer neuen Literatursprache, die in Geltung blieb, bis der gleiche Prozeß sich wiederholte. So unterscheiden wir fünf Sprachperioden: Altägyptisch (etwa 29.-22.Jh.); Mittelägyptisch (22.-14.Jh.); Neuägyptisch (14.-8.Jh.); Demotisch (trotz ihres Namens bald künstlich gewordene Urkunden- und Literatursprache, 8.Jh. vChr bis 5.Jh. nChr); Koptisch (Volkssprache, etwa 3.Jh. nChr bis zur allmählichen Verdrängung durch das Arabische seit dem 7.Jh., mehrere Dialekte, geschrieben mit dem griechischen Alphabet um der Verbreitung der christlichen Schriften willen). Die Kenntnis des Koptischen hat uns das Verständnis der älteren Sprachperioden erst wirklich eröffnet und ist auch heute noch für den Ägyptologen unerläßlich.

Die *literarischen Quellen* sind meist religiöser Art: zunächst die sog. Totenliteratur wie Pyramidentexte, Sargtexte, Totenbuch (→ Ägypten: II) und die Unterweltstexte der thebanischen Königsgräber (→Ägypten: II, 3); dann Ritualtexte wie das tägliche Tempelritual (gut erhalten im Tempel von Abydos) oder das Ritual des Totenkultes (zB in thebanischen Privatgräbern); Götterhymnen (in Totenbuch und Königsgräbern, auf Grabstelen und Papyris); Hymnen an das Diadem der Pharaonen (Papyrus); Mythenfragmente, zB das »Buch von der Himmelskuh« (Königsgräber); magische Texte wie Zauberpapyri, Briefe an Tote (auf Grabgefäßen), Sprüche zur Ächtung feindlicher Völker und Fürsten (auf Scherben); endlich »Weisheitslehren« und Klagen von »Propheten« (beides auf Papyris). Dokumente aus dem übrigen Leben sind Erzählungen und Märchen, Briefe und Liebeslieder, medizinische und mathematische Papyri, auch eine Art Reallexikon; Rechtsdokumente wie Testamente, Prozeßprotokolle, Verträge und Verwaltungsvorschriften; historische Quellen sind auch Grabautobiographien, Königsdekrete, Berichte von Aufsehern, später auch Berichte über Feldzüge und Tempelweihungen.

Die ägyptische Philologie beginnt mit François Champollion (1790-1832, Grenoble), dem Entzifferer der Eigennamen auf dem Stein von Rosette, Wegbereiter weiterer Arbeiten und Verfasser des ersten Denkmälerwerkes. Sie wurde fortgesetzt durch Richard Lepsius (1810-84, Berlin), dem Verfasser der berühmten »Denkmäler Ägyptens und Äthiopiens«, der sich weiter erfolgreich und mit Selbstkritik um die Sprachgesetze mühte. Neben ihm wirkte sein Gegenpol Heinrich Brugsch (1827-94, Berlin und Kairo), groß im intuitiven Erfassen mythischer Inschriften, Begründer der »Zeitschrift für Ägyptische Sprache und Altertumskunde« und der Erforschung des Demotischen. Die moderne exakte philologische Methode und grammatische Forschung beginnt mit Adolf Erman (1854-1935, Berlin), der auch zusammen mit Hermann Grapow (* 1885, Berlin) das Wörterbuch der Ägyptischen Sprache herausgab. Seine bedeutendsten Schüler Kurt Sethe (1869-1934, Berlin) und Sir Alan Gardiner (* 1879, London) haben die Kenntnis der Grammatik und die Entzifferung von Texten weitgehend fortgesetzt.

3. Die Erforschung und Darstellung der ägyptischen *Geschichte* nach Zeitperioden (→ Ägypten: I) erfordert die Aufstellung einer Chronologie. Ihr dienen Urkunden, die nach Regierungsjahren des betr. Königs (im Alten Reich nach dem Turnus der Besitzzählungen zur Steuererhebung) datiert sind. Listen von Königen geben die Möglichkeit einer relativen Chronologie, die seit Beginn des 2.Jt.s fast absolut wird mit Hilfe der sog. Sothis-Daten: Das Kalenderjahr zu 365 Tagen blieb durch das Fehlen von Schaltjahren alle 4 Jahre um einen Tag hinter dem natürlichen Jahr zurück, so daß zB das Fest des heliakischen Frühaufgangs des Sirius (Sothis) im Lauf der Jh.e durch den ganzen Kalender wanderte. Manche Urkunden verzeichnen dessen Kalenderdatum in einem bestimmten Königsjahr, so daß wir durch astronomische Berechnung solcher »Sothisdaten« eine Reihe von festen Punkten für die Chronologie gewinnen. Gute Gesamtdarstellungen der ägyptischen Geschichte stammen von James H.Breasted (1865-1935, Chicago), H.Junker (s. 1), dem Althistoriker Eduard Meyer (1855 bis 1930, Berlin) und Eberhard Otto (* 1913, Heidelberg), solche der ägyptischen Kulturgeschichte (nach Sachgebieten geordnet) von A.Erman (s. 2) und Hermann Ranke (1878-1953, Heidelberg) und von Hermann Kees (* 1886, Göttingen), der auch besonders durch Untersuchungen zur ägyptischen Religionsgeschichte hervorgetreten ist. Zur Kenntnis der Rechts- und Verwaltungsgeschichte trug vor allem Wilhelm Spiegelberg (1870-1930, München) bei.

4. Die nach Möglichkeit zeitlich eingeordneten Quellen geben Auskunft über Einrichtungen und Vorgänge des staatlichen und privaten Lebens, besonders aber über die *religiösen Phänomene* der Götter und ihrer Beziehungen zueinander, zum Gottkönig (→ Königtum, sakrales) und zu den »Seelen«- oder »Geist«-Manifestationen (→ Ägypten: II). Insbesondere die Ritualtexte (den Kult begleitende Hymnen, Litaneien usw; → Liturgie: I) und die in den Tempeln und späteren Königsgräbern dargestellten Szenen geben uns die Möglichkeit, Mythen (→ Mythus: II) und Kulthandlungen (→ Kultus) zu rekonstruieren und womöglich die Beziehungen beider zueinander aufzudecken, worum sich zB Siegfried Schott (* 1897, Göttingen) bemüht. (Fortlaufende Mythen sind uns kaum erhalten. Wir sind im wesentlichen auf die - allerdings sehr ausführlichen - Anspielungen der Ritualtexte angewiesen. Auch griechische Schriftsteller dienen als Quelle [zB Plutarch], aus der aber eine gewandelte Spätform der ursprünglichen Mythen hervorgeht.)

Die Aufgabe der Bewältigung des Materials und der Feststellung und Rekonstruktion von Tatsachen hat eine eigene Stellungnahme der Ägyptologen zu den religiösen Phänomenen in früherer Zeit zurücktreten lassen (mit Ausnahmen wie zB Brugsch). Wo sie dann versucht wurde, ist sie zunächst meist in rationalistischen Erwägungen wie etwa staats- und kultpolitischen Motivierungen stecken geblieben. Ethnologische Gesichtspunkte hat zuerst der Frazer-Schüler Alexandre Moret (1868 bis 1938, Paris) angewandt. Allmählich versuchten einige Forscher, die Werte altägyptischer Frömmigkeit herauszuarbeiten (Junker; Breasted; Hans Bonnet, * 1887, Bonn). Amerikanische Ägyptologen bemühen sich um ein psychologisches und soziologisches Verständnis der Denkart des ägyptischen Menschen (Henry Frankfort, 1897-1954, Chicago; John A.Wilson, * 1899, Chicago). Die fruchtbarste Methode einer sinngemäßen Erfassung religiöser Phänomene Ägyptens und zugleich ihrer Verwertung in der allgemeinen Religionswissenschaft dürfte die Methode der → Religionsphänomenologie sein (van der → Leeuw; C.G. → Jung). Denn der eigentliche Wert der religionsgeschichtlichen Quellen Ägyptens liegt wohl weniger in Antworten, die sie uns auf unsere eigenen Fragestellungen zu geben vermögen (auch auf die Fragen, wie etwa die Ägypter dieses oder jenes Problem auf ihre Art zu lösen sich bemühten), als vielmehr in neuen und unerwarteten Fragestellungen, die sie uns aufgeben. Aus ihnen ergeben sich für den Religionsforscher Aspekte, die seine eigene Anschauung vom Wesen der Religion um gewisse Nuancen bereichern und differenzieren können.

H.BRUGSCH, Die Ä., 1897 - K.SETHE, Die Ä. (AO 23, 1), 1921 - A.ERMAN, Die Literatur der Ägypter, 1923, 1ff - H.KEES, Ägypten (HAW, Kulturgeschichte des Alten Orients III, Abt. I), 1933 (Lit.) - SIR A.GARDINER, Egyptian Grammar, (1927) 1950², 1ff (Lit.) - HO Bd I: Ägyptologie, 2. Abschn.: Literatur, 1952.

H.Jacobsohn

Aelfric, mit Beinamen *»der Grammatiker«* (etwa 955 bis 1020), angelsächsischer Benediktiner, seit 1005 Abt von Eynsham bei Oxford, hat (mit König Alfred d.Gr., 871-901) durch Übersetzung lateinischer Schriften (biblischer Stoffe, Kirchenväter usw) das angelsächsische Schrifttum eingeleitet. Seine auch theologisch bedeutsamen Predigten wurden von der 1842 gegründeten »Aelfric Society« herausgegeben (durch B.Thorpe, 1843 bis 1846). Sprachgeschichtlich wichtig ist die nach Donat und Priscian gearbeitete lateinisch-angelsächsische Grammatik (hg.v. J.Zupitza, 1880). Den Predigten entsprechen die »Hirtenbriefe« (hg.v. B.Fehr, 1914). Gelegentlich mit den Erzbischöfen Ae. *von Canterbury* (995-1006) und Ae. *von York* (1023-51) verwechselt.

MANITIUS II, 1923, 675 ff - CH.L.WHITE, Ae. called grammaticus, Boston 1898 - S.H.GEM, Ae. of Eynsham, a study, London 1912 - M.M.DUBOIS, Ae., Paris 1943. *F.Flaskamp*

Ämter Christi → Christologie: III.

Äneas, 1. *von Gaza,* platonisierender Christ, * um 430, lehrte bis etwa 488 als Philosoph und Rhetor zu Gaza. Mit seinem Lehrer → Hierokles gehörte er zu der (alexandrinischen) Richtung, die den Ausgleich von Platonismus und Christentum erstrebte. Erhalten ist, außer 25 Briefen, sein Dialog »Theophrastos«, den A. frühestens 484 verfaßte. Der Dialog wendet sich gegen die wichtigsten Axiome der neuplatonischen Seelenlehre, sucht aber, wo es nur angeht, Platonisches und Christliches zu harmonisieren.

Theophrast, ed. J.F.BOISSONADE, Paris 1846; Briefe, ed. L.MASSA POSITANO (Collana di Studi Greci 19), Neapel 1950 (vollst. Lit.) - F.SCHEMMEL, Die Hochschule von Konstantinopel vom 5.-9.Jh. (Schulprogramm K.-Wilh.-Gymnas. Berlin, 1912, 17) - BARDENHEWER V, 1932, 92. *H.Dörrie*

2. *von Paris,* Beamter der Kanzlei Karls des Kahlen (843-856 bezeugt), Bischof von Paris seit 856 († 27. 12. 870). Sein Werk »Gegen Photius«, ein Gutachten über dessen Angriffe auf die lateinische Kirche, für Papst Nikolaus I. verfaßt, besteht vollständig aus Väterzitaten; nur die Vorrede ist selbständig.

MPL 121, 685 ff - Histoire littéraire de la France V, 386 ff - Catholicisme IV, 130f. *H.-G.Beck*

Äpinus, *Johannes* (eigentlich Johannes Hoeck, 1499-1553). Schon früh → Bugenhagens Schüler, 1518 Student in Wittenberg, wird er Lateinlehrer in Brandenburg und Pommern (etwa von 1524-28 in Stralsund nachweisbar, Verfasser der dortigen KO von 1525), nimmt 1529 in Flensburg an den mit Melchior → Hoffmann geführten Gesprächen teil und wird im Oktober 1529 Pastor zu St.Petri in → Hamburg (: II). Hier ist er an der Durchführung der Bugenhagen'schen KO maßgebend beteiligt, von 1532 bis zu seinem Tode Superintendent und Lector primarius. Damit wird er Sprecher des Luthertums der norddeutschen Handelsstädte, aktiv interessiert an der evangelischen Bewegung in → England (: I). Als Freund Joachim → Westphals und Gegner → Melanchthons kämpft er führend im → Adiaphoristischen Streit. Im → Höllenstreit, den 1542 seine Auslegung von Ps 16 entfachte, knüpfte er an die Descensus-Lehre des jungen → Luther an, ohne jedoch völlige Einsicht in deren Hintergründigkeit und Vielschichtigkeit zu besitzen. Indem die → Konkordienformel die Aussagen des Luther von 1533 bestätigte, ging die dogmatische Entwicklung über Ä. hinweg.

F.H.R.FRANCK, Die Theologie der Konkordienformel III, 1868, 397 ff - RE I, 228 ff - E.VOGELSANG, Der Äpinische Streit (ARG 38, 1941, 107-129). *W.Maurer*

Ärztliche Mission

1. Evangelische Ä.M. - 2. Katholische Ä.M.

1. Das ungeheure Krankheitselend auf allen M.sfeldern hat von jeher die Missionare aufs tiefste beeindruckt. Oft unsagbare Armut, schrecklicher Schmutz, jeglicher Mangel an der einfachsten Hygiene und chronische Unterernährung sind ein günstiger Nährboden für Krankheiten, wobei die besonderen tropischen Infektionen obenanstehen. Heidnischer Aberglauben mit seinen vielfach grausamen Praktiken verschlimmern das Übel noch. Würde der Missionar an dieser Not untätig vorübergehen, wäre seine Predigt von Jesus Christus von vornherein unglaubhaft (Lk 10, 25f; 1Kor 13, 1-3; Gal 5, 6; Jak 1, 14-17 u.a.). Darum haben die Missionare und nicht zuletzt ihre tapferen Frauen sich von Anfang an mit viel Liebe und Aufopferung der Kranken angenommen. Das ganze Leben Jesu war ja dafür ein unübersehbares Vorbild. Nur haben sie schnell gemerkt, daß ihre Zeit und Kraft nicht ausreichte, um wirklich helfen zu können. Auch fehlte es ihnen an der nötigen Fachkenntnis. Darum haben schon die ersten Missionare der Dänisch-Halleschen M. die Heimatleitung gebeten, den Predigern und Lehrern auch Ärzte zur Seite zu stellen, damit sich der M.sdienst als echtes christliches Zeugnis erweise. So wurde 1730 der Lic. der Medizin C.G.Schlegelmilch von dieser M. nach Tranquebar (→ Indien: IV) gesandt. Damit war die organisierte Ä.M. begründet. Auch die Brüdergemeine (Brüderunität: II, 6) schickte bald Ärzte auf ihre verschiedenen M.sfelder in Westindien und Asien. Ebenso wurde von der Basler M. 1830 ein M.sarzt auf der Goldküste eingesetzt. Tragischerweise war dieser selbstlose Dienst der ersten M.särzte äußerlich gesehen vergeblich. Man wußte noch nichts von den Ursachen der tropischen Infektionskrankheiten und konnte diese darum weder heilen noch sich gegen sie schützen. Die M.särzte selbst starben selbst oft schon wenige Tage nach ihrer Ankunft draußen an Malaria oder Tropenruhr. So wurde die Aussendung weiterer M.särzte eingestellt. Aber es war doch ein Zeichen aufgerichtet.

Ein neuer Einsatz von M.särzten war nicht mehr das Verdienst der deutschen M. Jetzt gingen Amerika und England voran. 1834 wurde Dr. Peter Parker vom American Board of Foreign Missions (→ Vereinigte Staaten: V) nach China gesandt. Es ist wesentlich sein Verdienst, daß die Ä.M. in der angloamerikanischen Welt so schnell heimisch wurde. Durch den Opiumkrieg aus China vertrieben, unternahm er ausgedehnte Vortragsreisen, um für den Gedanken der Ä.M. zu werben. Eine noch heute sichtbare Frucht davon ist das 1841 gegründete Institut für Ä.M. in Edinburgh. Deutschland ist erst wieder 1885 mit der Entsendung von Dr. Rudolf Fisch an die Goldküste durch die Baseler M. auf den Plan getreten. Andere Gesellschaften folgten. Insgesamt arbeiteten 1938 912 Ärzte bzw. Ärztinnen und 1232 Schwestern aus Europa und Amerika neben 1354 ärztlichen einheimischen Kräften und 4184 Schwestern. 1092 Hospitäler wurden von den M.en unterhalten. Aus Deutschland waren darunter nur 40 Ärzte und Ärztinnen neben einer entsprechenden Anzahl von Schwestern und Diakonen. Im Dienste röm.-kath. M.en standen zur gleichen Zeit 206 einheimische und ausländische ärztliche Kräfte mit 1142 Schwestern in 670 Hospitälern. Durch die rasche Entwicklung der Medizin, insbesondere der Bakteriologie, Chirurgie und Tropenheilkunde war nun eine feste Grundlage für eine erfolgreiche Mitarbeit der Ä.M. gegeben. Was sie für die farbigen Völker getan haben, ist unermeßlich und bleibt ein besonderes Ruhmesblatt christlichen Liebesdienstes. Weltbekannt wurden Männer wie David → Livingstone, Albert R.Cook, Albert → Schweitzer u.a.

Die deutsche Ä.M. erlangte eine wesentliche Hilfe durch das am 15.11.1906 gegründete Deutsche Institut für Ä.M. in Tübingen. Es wurde angeregt und tatkräftig gefördert von Dr. h. c. P.Lechler, der dabei das Edinburgher Institut vor Augen hatte. Das Institut wurde eine Hilfsorganisation für alle deutschen M.sgesellschaften. Es sollte ihnen in den missionsärztlichen Fragen mit Rat und Hilfe zur Seite stehen, vor allem aber geeignete Ärzte und Ärztinnen, Schwestern, Hebammen und Diakone vermitteln und nach Möglichkeit ausbilden. Seinen besonderen, allen anderen ähnlichen Instituten gegenüber einzigartigen Charakter bekam das Tübinger Haus durch sein Tropengenesungsheim, das heutige Paul-Lechler-Krankenhaus, in dem in erster Linie M.sleute, aber auch andere mit inneren und tropischen Erkrankungen behaftete Patienten aus dem In- und Ausland Aufnahme finden sollten. Es hat sich vorzüglich bewährt und dem Institut den Weiterbestand ermöglicht, als in den Weltkriegen die Zahl der Studenten erheblich zurückging.

Die grundlegenden Umwälzungen aller Verhältnisse in den letzten Jahrzehnten haben auch die Arbeit der Ä.M. stark beeinflußt. Zwar ist die Not in aller Welt noch gestiegen. Zwei Drittel der Menschheit sind unterernährt. Hungersnöte und Flüchtlingselend in nie gekanntem Ausmaß fordern dringende Hilfe. Auf der anderen Seite aber macht die westliche Zivilisation auch bei den »primitiven« Völkern rapide Fortschritte und gibt ihnen immer mehr die technischen Möglichkeiten, sich selbst zu helfen. Dazu kommt das wachsende Selbstbewußtsein der neu erstandenen Nationalstaaten in Afrika und Asien. Wie ihre westlichen Vorbilder sind sie zunehmend bestrebt, die Gesundheitsfürsorge in die eigene Hand zu nehmen. Das alles scheint nach und nach Ä.M. überflüssig zu machen. Jedenfalls ist sie unausweichlich vor die Existenzfrage gestellt. Soweit sie nur humanitäre Kulturarbeit ist, wird sie bald von den säkularen Kräften überrannt werden. Dringender als je zuvor ist es nun ihre Aufgabe, im Dienst tätiger Nächstenliebe an den Kranken gegenüber dem Aberglauben alten und neuen Heidentums einerseits und dem Einbruch rein materialistischen Denkens andererseits Jesus Christus als den Herrn zu bezeugen. An diesem Maßstab entscheidet sich auch die heute so akute Frage der Zusammenarbeit mit dem Staat (Cooperation). Den wachsenden jungen Kirchen aber muß sie helfen, echten diakonischen Dienst als nötig zu erkennen und mit systematischer Erziehungsarbeit zu diesem hinzuführen. Krankenpflege- und Hebammenschulen bis hin zu medizinischen Akademien werden hier zur vordringlichen Aufgabe aller missionsärztlichen Bemühungen.

Diese Entwicklung führt auch die Ä.M. zwangsläufig zu ökumenischen Beziehungen. Die erzieherischen Ziele lassen sich nur auf breitester Grundlage internationaler und interdenominationeller Zusammenarbeit erreichen. Ludhiana und Vellore, die beiden von der M. getragenen medizinischen Akademien in Indien, sind hier, ebenso wie die Medical Assistant School der Vereinigten Lutherischen Missionen für Tanganyika in Bumbuli, neben der zunehmenden Zahl gemeinsamer Krankenpflegeschulen auf allen M.sfeldern ein erfreuliches Beispiel.

In diesem Sinn ist auch der Charakter des Deutschen Instituts für Ä.M. in Tübingen nach dem 2. Weltkrieg immer mehr ökumenisch geworden. Mehr als die Hälfte der heute auf den verschiedenen M.sfeldern arbeitenden etwa 60 deutschen M.särzte und -ärztinnen, der mehr als 125 Schwestern und einiger Diakone stehen im Dienst nicht-deutscher M.sgesellschaften, ökumenischer Gemeinschaftswerke oder junger Kirchen.

2. Selbstverständlich hat man in der *röm.-kath.* M.sarbeit auch immer diakonischen Dienst getan. Dieser wurde von Ordensleuten, nicht von Laien geleistet. Aber auch hier forderten die Gegebenheiten des M.sfeldes die Unterstützung des Missionars durch den ausgebildeten Arzt. So entstand im 20.Jh. in der kath. Kirche eine der ev. vergleichbare Ä.M.

Als erstes Laien-M.sinstitut in seiner Art, das speziell missionsärztlichen Aufgaben dient, wurde nach dem Vorbild des ev. Deutschen Instituts für Ä.M. in Tübingen im Jahre 1922 das kath. Missionsärztliche Institut in Würzburg gegründet. Sein Ziel ist es, Ärzte und Ärztinnen sowie Studenten für die M.saufgaben vorzubereiten und auszusenden. Seit 1953 ist ein Augustinerpater aus Würzburg Direktor des Instituts. Die Mitglieder verpflichten sich, für wenigstens zehn Jahre ihre Kräfte der M. zur Verfügung zu stellen. Die M.särzte gehen meist verheiratet hinaus; trotz der Belastung, die die Sorge für Frau und Kinder und nicht zu letzt die schulische Ausbildung der Kinder mit sich bringt, wird dem verheirateten Arzt das Wort geredet; denn durch die Familie kann ein religiöser und menschlicher Mittelpunkt in der M. geschaffen werden, der den einheimischen Laien zum Vorbild dienen mag.

Nachdem bis zum Kriege hauptsächlich Afrika und Neuguinea im Blickfeld lagen, hat das Würzburger Institut in den letzten Jahren sein Interesse auch Indien zugewandt und dort zwei eigene Hospitäler eingerichtet, vor allem in der Absicht, damit die Ausbildung der eingeborenen Krankenpflegerinnen zu fördern. Zum Aufbau solcher Hospitäler bedarf es eines Stabes von zuverlässigen Krankenschwestern und anderem ärztlichen Hilfspersonal. Im Blick darauf hat sich im Missionsärztlichen Institut jetzt eine Gemeinschaft der M.shelferinnen für Ärztinnen, Krankenschwestern, Hebammen, med.-techn. Assistentinnen und andere Hilfskräfte der Krankenfürsorge gebildet. Die Mitglieder dieser Laiengemeinschaft wählen ihren M.sberuf als Lebensaufgabe. Die Aufnahme in die Gemeinschaft geschieht durch ein Versprechen, das in zeitlichen Stufen zuerst auf 3 Jahre, dann auf 10 Jahre und zuletzt auf Lebenszeit abgelegt wird. Der neue Arbeitszweig hat sich so glücklich entwickelt, daß von diesem Kreis bereits drei eigene M.sstellen übernommen werden konnten. Neuerdings werden in Würzburg auch Krankenpfleger ausgebildet. Daneben werden zur Erfüllung praktischer Aufgaben auch Angehörige anderer Berufe aufgenommen (Köchinnen, Haushaltschwestern, Buchhalterinnen).

Im ganzen arbeiten heute 55 Angehörige des Würzburger Instituts auf den verschiedenen M.sfeldern in Indien, Neuguinea, Südafrika, Rhodesien, Nigerien und Nyanda. Darunter befinden sich 13 verheiratete Ärzte (4 der Ehefrauen sind selbst Ärztinnen, 1 Zahnärztin und 2 Schwestern), 2 alleinstehende Ärzte, 17 alleinstehende Ärztinnen und 12 Schwestern. Trotzdem klagt das Institut, daß es oft den Bitten aus den M.sländern um gute, christlich gebundene Ärzte, Ärztinnen und Krankenpflegerinnen nicht nachkommen kann, da zu einem solchen selbstlosen Einsatz nicht genügend willige Kandidaten zur Verfügung stehen.

Auch in anderen europäischen Ländern und in Amerika gibt es eine Reihe von Laienmissionswerken, zB die Laienvereinigung Ad Lucem in Frankreich, die auf den M.sarzt Dr. Aujolat zurückgeht, der heute noch eine Reihe von M.skrankenhäusern in Kamerun leitet; die L'Aide Medicale aux Missions in Brüssel; die Association Medico-Missionaire in Dublin oder die von Frau Dr. A.Dengel gegründete Schwesternschaft Medical Mission Sisters in Philadelphia (USA). Diese befassen sich aber nur zum Teil ausschließlich mit ärztlicher M.shilfe.

In ihrer zielsicheren, eifrigen Bemühung dürfte die kath. Ä.M. den Vorsprung, den die entsprechende deutsche ev. Arbeit allein durch ihre viel längere Geschichte noch hat, bald nachholen, wenn nicht überflügeln.

Zu 1: G.Olpp, Gegenwartsfragen der Ä.M. (NAMZ 7, 1930, 161-168. 193-201) - Th.Bechler, 200 Jahre Ä.M.sarbeit der Herrnhuter Brüdergemeine, 1932 - Ministry of Health and Healing (Bericht der Konferenz von Madras, Sektion 9), 1938 - A century of service, Edinburgh 1941 - I.W.C.Dougall, The reason for medic. missions (IRM 35, 1946, 251-255) - The Health of the Whole Man, a Statement on CMS Medic. Policy, London 1948 - Ph.L.Garlick, Man's Search for Health, London 1952 - L.D.Weatherhead, Psychology, Healing and Religion, London 1952 - H.Meister, Ä.M., ihr Wesen u. ihr Weg (EMM 97. 1953, 101-113) - W.Holsten, Das Kerygma u. der Mensch (ThB 1), 1953 (Lit.) - M.Scheel-M. Wawersik, Ä.M. in Indien (EMZ 11, 1954, 53-55. 122-125) - A.Lehmann, Hallesche Mediziner u. Medizinen am Anfang deutsch-indischer Beziehungen (WZ Halle, Math.-Nat. Kl. 5, 1955/56, 117 bis 132) - Ders., It began at Tranquebar. The History of the first Protestant Church in India, Madras 1955 (deutsche Ausg. 1955). - Schriften des Deutschen Instituts für Ä.M. (Tübingen): 25 Jahre deutsche Ä.M, 1935; Die Deutsche Ev. Ä.M., 1935; Nachrichten aus der Ä.M. (monatl.). - Vgl. das einschlägige Schrifttum von u. über A. → Schweitzer.

Zu 2: C.Zawisch, Werden des christlichen Arztes, 1937 - Missionsärztliche Fragen u. Aufgaben, hg. v. K.M.Bosslet, 1947 - Union Catholique de Coopération Internationale, Jahrbuch 1955, Mailand - Bildkalender des Missionsärztl. Instituts Würzburg, 1955.

S.Müller

Ästhetik

1. Definition - 2. Probleme des Schönen - 3. Probleme der Kunst

1. Ä. ist ursprünglich die Lehre von der sinnlichen Erkenntnis überhaupt; so definiert noch → Kant die »transzendentale Ä.« als »Wissenschaft von allen Prinzipien der Sinnlichkeit a priori«. Seit A.G. Baumgarten (Aesthetica, 1750-58) hat sich die Auffassung der Ä. als einer Wissenschaft vom Schönen und von der Kunst durchgesetzt, beides in einem weiten Sinne (das Schöne einschließlich des Anmutigen, Erhabenen, Häßlichen, Tragischen, Komischen usw; das Schöne der Natur, des menschlichen Daseins, der Kunst; diese als Architektur, bildende Kunst, Dichtung, Musik, Schauspielkunst, Tanz usw). Obgleich die Ä. erst spät als besondere Wissenschaft konstituiert wurde, durchziehen ihre Grundprobleme die gesamte Geschichte der Philosophie.

2. Das Wesen des *Schönen* erblicken → Platon, → Augustin und die Philosophen der Renaissance in »Maß und Harmonie«, → Aristoteles in »Ordnung, Wohlabgemessenheit und Begrenzung«, → Thomas von Aquino in einer »debita proportio«. Dem steht jedoch entgegen, daß auch das Maßlose mit zum Gegenstand der Ä. gehört. Auch die Begriffe der »erscheinenden Vollkommenheit« (Baumgarten) oder der »Einheit in der Mannigfaltigkeit« (Mendelssohn) sind zu eng. Demgegenüber versuchen die → Wertphilosophie (Jonas Cohn) und Nicolai → Hartmann, die ä. Werte in der Vielfalt ihrer Wesensstrukturen zu erfassen.

Dieser »objektiven« Fragestellung tritt - teils ergänzend, teils widerstreitend - eine »subjektive« gegenüber, die sich auf die ä. Erfahrung richtet. Der »Eros zum Schönen« (Platon), das Verhältnis von Freude am Schönen und sinnlicher Lust (Aristoteles) und das ä. Wohlgefallen (engl. Philosophie des 18.Jh.s) werden untersucht. Um die Wende zum 20.Jh. befaßt sich die Ä. (→ Fechner, → Dilthey, Lipps, Geiger) vorwiegend mit der psychologischen und phänomenologischen Erforschung des ä. Erlebnisses (→ Anschauung, Phantasie, → Gefühl, Empfindung, Einfühlung, inneres Nachschaffen, ä. Genuß, → Lust und Unlust, Geschmack).

Tiefer dringt die Frage Kants nach den apriorischen Bedingungen der Möglichkeit ä. Urteile; er sieht diese in einer als lustvoll empfundenen »Einstimmung« von Einbildungskraft und Verstand gegründet. Das Schöne ist »Zweckmäßigkeit ohne Zweck« und Gegenstand eines »interesselosen Wohlgefallens«, das Erhabene »ehrfurchtgebietende Großheit«; beide beziehen sich auf die sittliche Aufgabe des Menschen. Im Anschluß daran bestimmt → Schiller die Schönheit als »Freiheit in der Erscheinung«.

Die zentrale Frage der Ä. geht auf den metaphysischen Charakter des Schönen. Plato versteht das irdisch Schöne als Teilhabe an einem ewigen Urbild des Schönen, → Plotin als »das an der Idee gleichsam Hervorstrahlende«. Das christlich-metaphysische Denken schreibt die wahre Schönheit, in eins mit dem ewig Wahren und Guten, Gott zu; alles Sichtbare ist Widerschein der göttlichen Schönheit (Augustin, Thomas von Aquino). Diese Gedanken beherrschen auch die Ä. der Renaissance und des Deutschen Idealismus; für → Schelling ist die Schönheit »das Unendliche, endlich dargestellt«, für → Hegel »das sinnliche Scheinen der Idee«. Heute geht es vor allem um eine Deutung des Schönen, des »ins Werk gefügten Scheinens«, von der Wahrheit als der »Offenbarkeit des Seins« her (M. → Heidegger, Riezler).

3. Der *Kunst* will Platon keinen metaphysischen Rang zuerkennen; sie steht der Wahrheit fern, denn sie ahmt lediglich die Dinge nach, die ihrerseits bloße Nachahmungen der Ideen sind. Der Begriff der Nachahmung hat von Aristoteles, der ihn positiv verstand, bis zur Gegenwart hohe Bedeutung für die Ä. behalten, in der Neuzeit in Auseinandersetzung mit dem Begriff des Ausdrucks (→ Herder, Dilthey). Die heutige Ä. setzt sich mit der durch die moderne Kunst hervorgerufenen Fragwürdigkeit des Begriffs der Nachahmung auseinander.

Durch Plotin erhält die Kunst, als unmittelbare Darstellung der Idee im sichtbaren Stoff, metaphysische Würde. Diesem Gedanken folgen fast alle Versuche einer Metaphysik der Kunst; für Schelling etwa ist diese »Ausfluß des Absoluten«, für Hegel dessen »sinnliche Darstellung«. → Schopenhauer sieht in der bildenden Kunst eine Reproduktion der ewigen Ideen, in der Musik einen unmittelbaren Ausdruck des Urwillens. Sofern im technischen Zeitalter die Stellung der Kunst im Ganzen des Daseins problematisch geworden ist, geht es heute vorab um ein tieferes Bedenken der »Wesensherkunft« des Kunstwerks, in dem ein »Sich-ins-Werk-Setzen der Wahrheit« geschieht und eine »Welt« eröffnet wird (Heidegger).

Den Künstler versteht das neuplatonische Denken bis hin zum Deutschen → Idealismus (: II) als den, in dessen Schaffen (etwa durch Inspiration) die Idee oder das → Absolute zur Erscheinung kommt; er ist für Hegel »gleichsam die Form für das Formieren und Gestalten des Inhaltes, der ihn ergriffen hat«, und noch für Heidegger »fast wie ein im Schaffen sich selbst vernichtender Durchgang für den Hervorgang des Werkes«. Andere (so schon Aristoteles) suchen nach einem Ursprung des Kunstschaffens im schöpferischen Menschen selbst; bedeutungsvoll wird hier der in der → Romantik (: I) entwickelte Begriff des Genies. Schiller leitet die Kunst aus dem »Spieltrieb« ab, in dem der Mensch erst ganz zum Menschen wird, → Nietzsche aus dem Zwiespalt von apollinischem Schauen und dionysischem Rausch. Die Ä. der Wende zum 20.Jh. befaßt sich mit dem künstlerischen Schaffen vorwiegend unter psychologischen Gesichtspunkten.

Weitere Aufgaben der Kunstphilosophie sind die Bestimmung des Verhältnisses von Form und Inhalt im Kunstwerk, der Herausarbeitung der Eigenart der verschiedenen Kunstzweige (erstmalig bei Aristoteles), sowie die in der Neuzeit aufgetretenen Probleme einer Geschichte der Kunst: Unterschied der Stile, Perioden der Kunstentwicklung, Zusammenhang mit der allgemeinen Geistesgeschichte.

In den Problemkreis der Ä. gehört schließlich deren Beziehung zur → Ethik und zur → Religion (: IV). Hier treten schroffe Gegensätze hervor. Schiller sieht in der Kunst die Grundlage wahrer Sittlichkeit, für Schelling und Hegel sind die Kunstwerke Offenbarungen des Göttlichen. → Kierkegaard dagegen bekämpft um des Ethischen und Religiösen willen das Ästhetische, und ein radikales Christentum kann dazu gelangen, gemäß dem extrem interpretierten Bilderverbot des AT (→ Bilder: II) die Kunst von der Schwelle der Religion zu verweisen (→ Kunst: I. III). – Ä. und ev. Gottesdienst → Liturgik: II.

P.Moos, Die deutsche Ä. der Gegenwart, 1920/31 - E.Utitz, Geschichte der Ä., 1932 - R.Odebrecht, Ä. der Gegenwart, 1932 - A. Baeumler, Ä. (HPh I, C) 1934 - K.Riezler, Traktat vom Schönen. Zur Ontologie der Kunst, 1935 - H.Nohl, Die ä. Wirklichkeit, (1935) 1954² - M.Heidegger, Holzwege, 1950 - W.Weischedel, Die Tiefe im Antlitz der Welt. Entwurf einer Metaphysik der Kunst, 1952 - L.Landgrebe, Philosophie der Gegenwart, 1952 - N.Hartmann, Ä., 1953. *W.Weischedel*

Aeterni Patris *Unigenitus*, Enzyklika → Leos XIII. vom 4.8.1879, gibt in Abwehr der Zeitphilosophie Weisung, »zum Schutz und Schmuck der kath. Lehre, zum Besten der Gesellschaft, zum Wachstum aller Wissenschaften die goldene Weisheit des hl. Thomas wieder einzuführen«. Damit waren die Bestrebungen der → Neuscholastik amtlich bestätigt, die das kath. Denken immer stärker auf den → Thomismus festlegten.

Text: ASS 12, 1880, 97-115; Mirbt Nr. 616; mit Übers.: Sämtl. Rdschrb. (Herder) 1. Slg. S. 54-103 - F.Kard.Ehrle, Zur Enz. Ae. P., Text u. Komm. z. 75-jähr. Jubil. neu hg. von F.Pelster, Rom 1954 (= Sussidi Eruditi 6) - F.Lakner, Kleutgen u. d. kirchl. Wissenschaft (ZKTh 57, 1933, 181-214) - Garrigou-Lagrange, De actualitate Lit.Encycl. Ae.P. (Angelicum 32, 1955, 209-219) - M.Nicolau-J.Salaverri, S. Theol. Summa I, Madrid 1955³, 794-900 (Lit.). *K.G.Steck*

Äther → Relativitätstheorie.

Ätheria, richtiger wohl *Egeria*, eine vornehme Nonne aus Spanien (Gallien?), schrieb ca 400 nChr in gehobenem Vulgärlatein einen in nur einer Hs. lückenhaft erhaltenen Pilgerbericht »Aetheriae peregrinatio ad loca sancta«. Kap. 1-23 Reise, 24-49 über Gottesdienste in Jerusalem.

P.Geyer, CSEL 39, 1898; E.Franceschini, Padua 1940; H.Pétré, SC 21, 1948 - E.Löfstedt, Philolog. Kommentar zur P.Ae., (1911) 1953² - Altaner 194 - J.G.Davies, The Per.Eg. and the Ascension (VigChr 9, 1954, 93-100). *K.Treu*

Äthiopien

I. Politisch-ethnologisch - II. Religionsgeschichtlich - III. Die äth. Kirche - IV. Die äth. christliche Literatur - V. Mission in Ä.

I. Politisch-ethnologisch

1. Ä. ist der offizielle Name des christlichen Reiches in Ostafrika, dessen Herrscher den Titel Negūsa Nagast »König der Könige« oder abgekürzt Negūs »König« trägt. Es ist somit eher ein politischer Begriff als eine geographische Bezeichnung und umschließt nicht das gesamte Gebiet, das von Nichtäthiopiern unter Abessinien verstanden wird; aber beide Namen werden heute meist gleichbedeutend gebraucht. Durch seine verschiedenen Rassen, Sprachen und Religionen hat das Land für den Forscher einen eigenartigen Reiz. In neuester Zeit ist es auch wirtschaftlich und handelspolitisch für Europäer und Amerikaner von Wichtigkeit geworden.

Die *Namen* »Äthiopien« und »die Äthiopen« sind zu verschiedenen Zeiten ganz verschieden gebraucht worden. Die Äthiopen der Griechen sind die Vorfahren der heutigen Nubier, und daher ist das Ä., das in der altägyptischen Geschichte eine Rolle spielt, das alte Nubien. In der römisch-griechischen Zeit wurde der Name meist auf ganz Afrika, soweit es südlich von Ägypten liegt, übertragen. Manchmal wurde der Begriff dann noch stärker erweitert, und man verstand darunter auch weit entfernte Länder wie Ost-Persien und Indien. Der Name »Abessinien« stammt von dem Stamme der Ḥabaschat, der mit anderen südarabischen Stämmen über das Rote Meer auswanderte. Schon in einer zweisprachigen Inschrift aus der ersten Hälfte des 4.Jh.s nChr, die sich in Aksum (→ 2 H 2) befindet, wird Ḥabaschat mit Αἰθιόπων gleichgesetzt. Ursprünglich bezeichnete ersterer Name nur einen Teil des Landes; doch im Arabischen gilt er für das ganze Land. Die einheimischen Christen bevorzugen den Namen Ītiyōpiyā »Äthiopien«, da er im NT (Apg 8, 27) erwähnt ist. Es ist also zu unterscheiden zwischen 1. Nubien, nubischer Kirche, Sprache und Literatur und 2. Äthiopien, äth. Kirche, Sprache und Literatur.

2. In Ä. und einigen angrenzenden Gebieten gibt es etwa 40 verschiedene *Sprachen*, aber nur eine äth. Sprache, die von den Einheimischen Geʿez genannt wird nach dem Namen eines Stammes, der wie die Ḥabaschat aus Südarabien einwanderte. Das Äthiopische ist die Sprache der alten Inschriften von Aksum, der früheren Hauptstadt und späteren heiligen Stadt des Landes, ferner die Sprache einer ziemlich umfangreichen christlich-orientalischen Literatur und gilt heute noch soweit möglich als Kirchensprache.

3. In Ä. gibt es vier verschiedene *Rassen*, von denen zwei miteinander verwandt sind: 1. und 2. die afrikanischen Ureinwohner, die nilotischen Neger, die vielleicht mit den Nubiern verwandt sind, und die Bantu, ein großer afrikanischer Volksstamm, der aber nur an den Grenzen Ä.s wohnt; 3. die Hamiten oder Kuschiten, die sich wie die Ägypter, Libyer und Berber in prähistorischer Zeit von den Semiten losgelöst und mit einheimischen Afrikanern vermischt haben; 4. die Semiten, die im letzten Jt. vChr aus Südarabien eingewandert sind und sich immer wieder von Arabien aus ergänzt haben. Die Kuschiten und Semiten haben sich teilweise untereinander und andererseits mit den Negern vermischt. Die Semiten sind die eigentlichen Kulturträger in Ä. gewesen: sie haben Städte gegründet, Tempel und Kirchen gebaut, eine Schriftsprache und Literatur geschaffen.

4. Die vier in Ä. bestehenden *Religionen* sind: 1. Heidentum; 2. Judentum; 3. Christentum; 4. Islam. Das Heidentum findet sich heute noch bei den Negern und bei einigen Kuschiten, soweit sie nicht zum Islam oder zum Christentum übergetreten sind. Das Judentum, die Religion der Falascha (Name der abessinischen Juden; Etymologie umstritten), findet sich nur bei einem kleinen Teile der Kuschiten. Die Semiten sind die Hauptvertreter des Christentums; aber auch Teile kuschitischer Stämme, von denen einige mit Gewalt zur Annahme gezwungen wurden, gehören ihm an. Der Islam hat sich in ganz Ä. bei Semiten, Kuschiten und Stämmen afrikanischen Ursprungs verbreitet.

Lit. → Äthiopien: III. *E.Littmann*

II. Religionsgeschichtlich

1. Übersicht - 2. Die heidnische Religion - 3. Das Judentum - 4. Der Islam

1. Die Bekenner der vier Religionen in Ä., Christen, Muslime, Juden und Heiden, leben jetzt meist friedlich zusammen, während sie sich in früheren Zeiten oft erbittert bekämpft haben. Es ist der Tapferkeit und dem Freiheitsdrang der Äthiopier zu verdanken, daß ihr Christentum nicht dem Ansturm des Islams erlegen ist; noch heute ist »Tollkühner Christ« als Schlachtruf in

Nordabessinien bekannt. Wie aber das Blut vieler Semiten und Kuschiten mit dem Blute der Ureinwohner durchsetzt ist, so läßt sich auch noch bei Christen, Juden und Muslimen vielfach unter der Oberfläche das alte einheimische Heidentum erkennen, und die Religionsgemeinschaften unterscheiden sich beim niederen Volke zuweilen nur durch äußere Formen und Gebräuche. Im Jahre 1906 wurde in der damals italienischen Colonia Eritrea berichtet, daß zur Osterzeit Muslime gelegentlich mit zur christlichen Taufe gingen, da sie sich sagten, das könne eher nützen als schaden, und daß andererseits Christen zuweilen Allahs und Mohammeds Namen anriefen in dem Glauben, diese müßten doch sehr mächtig sein, da sie so viele Anhänger haben.

Zu den altabessinischen Heiden scheinen zuerst jüdische Flüchtlinge aus → Elephantine über Oberägypten und Nubien gekommen zu sein. Vom 4.Jh. an kamen christliche Missionare oder Juden aus Arabien, und zwar, wie sich aus der äth. Bibelübersetzung (→ Bibelübersetzungen: III) ergibt, Semiten oder Kopten, die des Griechischen mächtig waren, und der König Aizanas (ʿĒzānā) von Aksum nahm um 340 das Christentum als Staatsreligion an. Dieser König nannte sich in seinen heidnischen Inschriften Sohn seines Stammesgottes und opferte ihm und den Göttern des Himmels, der Erde und des Meeres 100 Rinder und 50 Gefangene; seine christliche Inschrift beginnt mit den Worten »Durch die Macht des Herrn des Himmels«.

2. Die *heidnische Religion* der Ureinwohner und der Kuschiten ist uns fast nur aus Berichten der Forscher und Missionare bekannt. Die Ureinwohner und die Kuschiten unterscheiden sich nicht wesentlich voneinander, doch stehen die Kuschiten, namentlich die Galla im Süden des Landes, wie sich aus ihren Gebeten ergibt, religiös wohl auf einer etwas höheren Stufe. Das hervortretende Merkmal für alle ist ein besonders hoch entwikkelter *Ahnenkult* (→ Totenverehrung: I); doch ist ihre Religion kein reiner → Animismus, da ein *höchstes Wesen* (»der Große Geist« oder »der Himmel«; → Hochgottglaube) und eine *Unzahl von Geistern* niederer Art, gute und böse, verehrt und gefürchtet werden. Böse Geister sind besonders die Krankheitsdämonen, die auch im Glauben des einfachen Volkes bei den Christen eine Rolle spielen. Spuren von → Totemismus finden sich gelegentlich. Der »Große Geist« ist gut und tritt im täglichen Leben oft zurück hinter den Geistern, deren man sich durch allerhand Zauber, manchmal mit Hilfe berufsmäßiger Zauberer erwehren muß. *Opfer* werden vielfach dargebracht, hauptsächlich Kühe und Schafe. Das Blut wird an die Türpfosten oder auf die Stirn der Opfernden gestrichen (in einer Linie oder in einem Kreuz); von dem Opfer wird ein Teil verbrannt, ein anderer von den Opfernden verzehrt. Hyäne, Schlange, Krokodil, Eule gelten als *Geistertiere*. Da die Hyänen Leichen fressen, glaubt man auch, daß sie sich in Menschen verwandeln können. Die Eule ist der Seelenvogel, teilweise auch bei Christen und Muslimen. Der Glaube an den Gerichtstag, bis zu dem die Toten als Schatten in der Unterwelt hausen, mag durch den Islam beeinflußt sein. – Von dem Heidentum der Semiten, die in das alte Abessinien einwanderten, wissen wir nicht viel mehr als die Namen einiger Gottheiten. In den sabäischen Inschriften (→ Sabäer), den ältesten des Landes, finden sich einige südarabische Götternamen; in den altäth. Inschriften werden genannt: Maḥrem (= der unbesiegliche Ares), ein Kriegsgott, zugleich Stammesgott des aksumitischen Königshauses, ferner ʿAstar (der Himmelsgott), Medr (der Erdgott, oder eher vielleicht die Erdgöttin) und Beḥēr (der Meeresgott). Der Name des äth. Christengottes lautet wörtlich übersetzt »Herr des Landes«, in der ältesten christlichen Inschrift wird er auch als »Herr des Himmels« bezeichnet.

3. Das *Judentum* ist aller Wahrscheinlichkeit nach in Abessinien älter als das Christentum (s. 1); wir haben keine sicheren Nachrichten über die Bekehrung abessinischer Stämme zum Judentum, doch es hat sehr wahrscheinlich schon längere Zeit vor dem 4.Jh. nChr im Lande bestanden, und das Christentum scheint zum Teil an das Judentum angeknüpft zu haben. Aus dem Judentum, bzw. dem AT, haben die Äthiopier die Feier des → Sabbats und einige Speisegebote übernommen. Nach der Legende soll Menilek I. der Sohn des Königs Salomo und der Königin von Saba, einer abessinischen Königin, gewesen sein. Er soll, in Jerusalem, von Salomo zum Nachfolger bestimmt worden sein; Menilek aber habe es vorgezogen, mit einer Anzahl von jüdischen Jünglingen und mit der aus dem Jerusalemer Tempel entwendeten Bundeslade nach Abessinien zurückzukehren. In Arabien gab es schon vor der Zeit Mohammeds national-arabische Stämme, die zum Judentum bekehrt waren. Von Ägypten oder von Arabien aus mögen Juden nach Abessinien gekommen sein und kuschitische Stämme veranlaßt haben, zum jüdischen Glauben überzutreten. Die Falascha haben mit den Christen lange Zeit in Feindschaft gelebt, und christliche Könige haben Kriege gegen sie geführt. Der letzte (gegen Ende des 16.Jh.s) wurde zum Vernichtungskrieg für die Juden, und von diesem Schlage haben sie sich nie erholt. Sie haben keine eigene Schriftsprache; ihre spärliche Literatur ist in der äth. Sprache verfaßt und ist zum Teil aus christlichen Schriften übernommen und verändert worden. Nach neuerer Vermutung wurden echte Falascha-Schriften, die äth. verfaßt waren, von den Christen nach einigen Veränderungen übernommen. Charakteristisch für die Falascha ist die hohe Verehrung des Sabbats, der sogar zu einer Art von Göttin oder Engel geworden ist.

4. Der *Islam* suchte seit dem 8.Jh. auch Abessinien zu erobern. Zunächst wurden wohl nur die Küsteninseln im Norden besetzt, und auf ihnen wurden einige alte kufische Inschriften gefunden. Dieser Vorstoß mißlang, und so wandten sich die Muslime nach dem Süden, dem Lande der Somali und der Galla; dort hatten sie mehr Erfolg und gründeten islamische Staaten, und dort sind auch arabische Inschriften aus dem 13.Jh. entdeckt worden. Im 16.Jh. überrannte ein muslimischer Eroberer Aḥmed Grāñ (= der Linkshändige) ganz Abessinien und konnte nur mit Hilfe der Portugiesen, die unter Führung von Christoph da Gama, einem Sohne von Vasco da Gama, an das Rote Meer gekommen waren, besiegt werden. In der Stadt Harar, die für die Muslime ein afrikanisches Mekka geworden war, hielt sich lange ein muslimisches Fürstentum, bis sie 1887 von Memelek II. erobert wurde. Ras Makonnen, der Schwiegersohn Menileks, wurde Statthalter, und sein Sohn Tafari wurde – unter dem Namen Haila Sellase – Negūsa Nagast. Das Heidentum in Abessinien verliert immer mehr an Boden, vor allem an den Islam; letzterer dehnt sich teilweise auf Kosten des Christentums aus, seit der Neuzeit auch im Norden, wo es muslimische, früher christliche Stämme gibt, die Taklēs »Pflanze Jesu« und Hebtēs »Gabe Jesu« heißen.

Lit. → Äthiopien: III. *E.Littmann*

III. Die äthiopische Kirche

Um die Mitte des 4.Jh.s nChr nahm Aizanas, der König des im 1.Jh. enstandenen Reiches von Aksum, das Christentum an (→ Äthiopien: II). Aizanas (äth. ʿĒzānā) mögen eher politische Gründe als religiöse Überzeugung zum Übertritt bewogen haben. Zu seiner Zeit rangen zwei Großmächte um die Herrschaft, Rom und Persien. Mit Persien war Aksum verfeindet, da beide in Südarabien aufeinander stießen; deshalb hat Aizanas bei seinem Übertritt zum Christentum wohl das Vorbild des römischen Kaisers → Konstantin vorgeschwebt. Die beiden Brüder Frumentius und Ädesius haben dann am Hofe für das Christentum gewirkt. Frumentius wurde in Alexandrien vom Patriarchen Athanasius zum Bischof von Aksum geweiht; bei den Äthiopiern wird er auch »Abbā Salāmā der Lichtbringer« genannt. Er soll viel für die weitere Ausbreitung des Christentums getan haben. Die Lehre, die er predigte, wird die damalige orthodoxe Lehre gewesen sein; der Arianismus konnte nicht eindringen. Um 500 kamen, wahrscheinlich aus Syrien, neun Mönche, die »Neun Heiligen«, nach Ä. und führten den Monophysitismus ein, der auch durch die Verbindung von Alexandrien mit Aksum gestärkt wurde. Sie gründeten die nach ihnen benannten Klöster. Die Konzilsbeschlüsse von → Nicäa (325), von → Konstantinopel (381) und von → Ephesus (421) wurden angenommen, die von → Chalcedon (451) dagegen abgelehnt. Über die Zeit von etwa 700 bis 1200 ist nur wenig bekannt; sie war mit Kämpfen gegen den eindringenden Islam erfüllt, und nur ganz wenige Nachrichten über die Verbindung zwischen Ä. und Alexandrien sind überliefert. Im 12.Jh. lebte ein Geschlecht von Herrschern, von denen zwei als Heilige verehrt werden, besonders Lalibala, auf den die berühmten Felsenkirchen zurückgeführt werden.

Im Jahre 1270, als der Sitz der Regierung von Norden nach Süden verlegt war, kam die »salomonische« Dynastie zur Herrschaft, die sich von Menilek I., dem Sohne von Salomo und der Königin von Saba, herleitete (→ Äthiopien: II, 3). Diese Dynastie wurde nur zweimal von »Nichtsalomoniden« unterbrochen, zuletzt von Theodoros II. (1855-68), dem »Napoleon Abessiniens«, und seinen beiden Nachfolgern.

Mit dem 13.Jh. beginnt eine Blütezeit der äth. Kirche und Literatur, die zum Teil durch die Blüte der koptischen Kirche und des koptisch-arabischen Schrifttums (→ Kopten: I. II) hervorgerufen wurde. Die Metropoliten der äth. Kirche mußten Kopten sein; unter ihnen ragte ein neuer Abbā Salāmā (1351-90) hervor. Innerhalb der äth. Kirche wurden auch dogmatische Streitigkeiten um die Person Christi ausgefochten. Es bildeten sich zwei Parteien heraus, die Mönche des berühmten Klosters Dabra Libanos in Schoa unter Takla Hāimānōt und die Mönche von Goddschām unter Eustathius. Die einen, die »Unionisten«, behaupteten, die Gottmenschnatur Christi sei von Anfang an in ihm vorhanden gewesen; die anderen, die »Unktionisten«, behaupteten, Christus habe sie erst durch die *Salbung* (Apg 10, 38) erhalten. Beide Parteien bestehen noch heute. Andere inneräth. christologische Streitigkeiten schlossen sich an. Eine dritte Partei, die der Karrötsch, behauptete, Christus habe nicht die »Salbung empfangen«, sondern sei selber »der Salber, der Gesalbte und die Salbung«. König Zar'a Ya'qōb (1436-68) suchte in kirchlichen und religiösen Dingen Ordnung zu schaffen und verfaßte (oder ließ verfassen) Schriften zu diesem Zwecke; er wandte sich auch gegen die in seinem Lande so weit verbreitete Zauberei. Nach der Rettung Ä.s durch die Portugiesen kamen Jesuiten, um den Anschluß an die römische Kirche herbeizuführen. Ihre Angriffe gegen die äth. Kirche wehrte König Claudius (1540-59) durch die Confessio Claudii ab. Aber die jesuitischen Missionare arbeiteten weiter, und König Susneos (1607-32) vollzog den Anschluß; doch mußte er auf den Thron verzichten, und sein Sohn Fasiladas (1632-67) vertrieb die Jesuiten. Im Jahre 1716 wurden drei Franziskanermissionare sogar enthauptet. Unter Susneos war auch ein Betrüger oder Geistesgestörter aufgetreten, der sich Za-Krestōs nannte und behauptete, er sei von der Jungfrau Maria in einer zweiten Inkarnation geboren; er wurde hingerichtet, und seine Anhänger zerstreuten sich. Bis in die neueste Zeit blieb die äth. Kirche mit der koptischen verbunden; ihr Patriarch mußte stets ein Kopte sein, und wenn ein solcher ins Land kam, brachte er manchmal koptische Mönche mit sich. In den letzten Jahrzehnten regten sich jedoch dagegen national-äth. Bestrebungen. Zunächst wurde erreicht, daß national-äth. Bischöfe gewählt wurden, die es früher nicht gegeben hatte: 1929 vier Bischöfe, 1931 ein fünfter. Im Jahre 1951 wurde Basilius, ein Nationaläthiopier, statt eines Kopten als Metropolit eingesetzt, und damit endete ein Herkommen, das viele Jahrhunderte gedauert hatte.

Die höchsten Würdenträger sind der Metropolit (Abūna oder Abūn, wörtlich »unser Vater«) und der Etschagē, das Oberhaupt der Mönche. Den Klerus bilden die einheimischen Priester und Diakone und seit neuester Zeit die Bischöfe; die Dabtarā sind nichtgeistliche Sänger, Leser und Schreiber. Mönchsklöster gibt es eine ganze Anzahl, Nonnenklöster weniger. Klosterbau und Klosterregeln werden auf die Begründer des ägyptischen Mönchtums → Antonius (, 1) und → Pachomius zurückgeführt. Die Kirchen sind meist Rundkirchen, von den einfachsten, die fast den afrikanischen Rundhütten gleichen und von außen nur durch das Kreuz auf dem Dache kenntlich sind, bis zu monumentalen Steinbauten wie in Addis Abeba, Adua und Jerusalem. Mehrere Kirchen, wie die Zionskirche in Aksum, die auf den Grundlagen eines alten Tempels erbaut ist, sind viereckige Bauten. Die größeren Kirchen sind mit vielen Bildern geschmückt, haben aber keine Skulpturen. In der Mitte befindet sich zumeist das Allerheiligste mit dem Altar, auf dem das Tābōt liegt, meist eine Steinplatte oder eine Holzplatte mit Bildern oder frommen Sprüchen und einer Weihinschrift. Zar'a Ya'qōb (s.o.) gab Anweisung, daß in jeder Kirche ein Altar der Jungfrau Maria sich befinden solle. Festtage für die Heiligen und besonders für Maria werden sehr oft gefeiert; auch der Fasttage gibt es eine große Anzahl. Der jetzige Negūsa Nagast Haila Sellase I. trägt als oberster Landesherr eifrig Sorge für die kirchlichen Angelegenheiten, wie es seine Vorgänger taten, die aber zuweilen in Streit mit den geistlichen Würdenträgern gerieten.

H.Ludolf, Historia Aethiopica, 1681 - Ders., Ad suam historiam Aethiopicam commentarius, 1691 - E.Littmann, Deutsche Aksum-Expedition, Bd I u. IV, 1913 - Ders., Abessinien, 1935 - C.Conti Rossini, Storia d'Etiopia, 1928 - Ders., Pubblicazioni etiopistiche dal 1936 al 1945 (Rassegna di Studi Etiopici 4, 1944/45, 1-132) - J.B.Coulbeau, Histoire politique et religieuse d'Abyssinie I-III, 1929 - S.Zanutto, Bibliografia Etiopica, (1929) 1936² - A.H.M.Jones-E.Monroe, History of Abyssinia, 1935 - E.Cerulli, Studi Etiopici, 4 Bde, 1936-51 - W.Schmidt, Die afrik. Hirtenvölker: Hamiten u. Hamitoiden (UdG VII), 1940 (die einheimischen Religionen) - W. Leslau, Bibliography of the Semitic Languages of Ethiopia, 1946 - Ders., Falasha Anthology (YJS 6), 1952 - Chr.Sandford, Ethiopia under Hailé Selassié, 1946 - D.R.Buxton, The Christian Antiquities of Northern Ethiopia, 1947 - Afrika. Hdb. der angewandten Völkerkunde, hg.v. H.A.Bernatzki, II, 1947, 842ff - M.F.Porcain, The Government of Ethiopia, 1948 - EC V, 683ff (Lit.) - A.Z.Aescoly, Recueil de textes falaches, 1951 - J.Simon, Bibliographie éthiopienne I. 1946-51 (Or NS 21, 1952, 47-66. 209-230) - S.Trimingham, Islam in Ethiopia, 1952 - MuradKamil, Das Land des Negus, 1953 - S.Pankhurst, Ethiopia. A cultural history, o.J. (1955) - E.Ullendorf, Hebraic-Jewish Elements in Abyssinian (monophysite) Christianity (JSS 1, 1956, 216-256).

E.Littmann

IV. Äthiopische christliche Literatur

Das älteste uns bekannte Denkmal des äth.-christlichen Schrifttums ist die christliche Inschrift des Königs 'Ēzānā (→ Äthiopien: II. III) in vokalisierter äth. Schrift, deren Vokalzeichen wahrscheinlich von christlichen Missionaren für ihre religiöse Literatur eingeführt waren. Aber die eigentliche literarische Tätigkeit scheint erst nach dem 4.Jh. eingesetzt zu haben. Sie läßt sich in zwei Perioden einteilen. Die erste umfaßt die Zeit des alten aksumitischen Reiches, etwa vom 4. bis zum 7.Jh.; die zweite beginnt gegen Ende des 13.Jh.s und reicht bis zum 19.Jh., zT bis in unsere Zeit. In der ersten Periode wurde zunächst die Bibel (→ Bibelübersetzungen: III) nebst → Apokryphen allmählich in die Geʿez-Sprache übersetzt (die fehlenden → Makkabäerbücher wurden später durch ein legendarisches Buch ersetzt). Außer den biblischen Apokryphen wurden andere apokryphe Werke der Alten Kirche übersetzt, die heute zT nur in äth. Übertragung ganz erhalten sind; so das Buch Henoch (→ Henochbücher), das → Jubiläenbuch, die Ascensio Isaiae (→ Himmelfahrt des Jesaja), der Hirt des → Hermas. Auch Mönchsregeln und andere kirchliche Bücher wurden übersetzt, außerdem das Buch vom »Naturkundigen« (→ Physiologus). Für diese kirchlich-geistliche Übersetzungsliteratur wurden aller Wahrscheinlichkeit nach griechische Vorlagen benützt; ob daneben auch eine einheimische originale literarische Tätigkeit bestanden hat, ist unbekannt. Alle literarische Tätigkeit wurde unterbrochen, als der Islam gegen Ende des 7.Jh.s nach Abessinien vordrang. Aber die Verbindung der äth. Kirche mit der koptischen in Ägypten blieb bestehen, und die Kenntnis der Literatursprache wurde gerettet, als sich im Volksmunde bereits neuere Sprachen herausgebildet hatten, vor allem das Amharische. In der zweiten Periode lassen sich drei nicht genau gegeneinander abgrenzbare Unterabteilungen unterscheiden: a) die Zeit des Wiederaufblühens der geistlichen und weltlichen Macht unter der salomonischen Dynastie (um 1270, Höhepunkt unter König ʿAmda-Ṣiyōn, 1311-42); b) die Zeit des Königs Zar'a Yaʿqōb (1436-68) und seiner Nachfolger bis etwa 1520; c) die Zeit von etwa 1520 bis in das 20.Jh. Die Literatur dieser Zeit beruht zum großen Teile auf Übersetzungen aus dem Christlich-Arabischen, wie es in Ägypten gepflegt wurde. Aber in ihr blühte auch eine äth. Originalliteratur auf, die vor allem aus Heiligenleben und Chroniken der Könige von Ä. besteht. So umfaßt das äth. Schrifttum Bibel, Apokryphen, Pseudepigraphen, biblische Kommentare; Liturgie, Rituale, Offizien, Hymnen und Gebete; Theologie; Canones und Recht; Hagiographie; Äthiopische Geschichte; Chronographie und Romane; Grammatiken, Wörterbücher, Astrologie, Medizin, Zauberei.

Die → Bibelhandschriften aus der ersten großen Periode wurden im Laufe der Zeit durch Abschreiber verändert; ihr Text wurde zu Anfang der zweiten Periode verbessert, vielleicht auf Grund einer arabischen Übersetzung des hebräischen Urtextes, die auf den jüdischen Gelehrten → Saadja Gaon zurückging. Abbā Salāmā entfaltete auf dem Gebiete der kirchlichen Literatur eine eifrige Tätigkeit. Zu den Apokalypsen gehört die Schrift »Fekkārē Iyasūs (»Erklärung Jesu«), in der das Unheil der Endzeit geschildert und das Kommen eines Friedenskönigs Theodoros prophezeit wird. Sie wurde zur Zeit des Königs Theodoros (1411-14) verfaßt. – Liturgien, Rituale usw sind u.a. folgende: ein Lektionar für jeden Tag der Karwoche verbunden mit Homilien; die »Klage Mariä«, die am Karfreitag rezitiert wird wie das Stabat Mater in der katholischen Kirche; vor allem die sehr beliebte »Lobpreisung Mariä«; das »Buch von der Reue«, d.i. das Ritual für die Christen, die zur Zeit des Grāñ (→ Äthiopien: II) Muslime geworden, dann aber zum Christentum zurückgekehrt waren. Loblieder auf Maria und die Heiligen, die »salām (Gruß)« oder »malke' (Abbild)« genannt werden, sind in ihrem Aufbau der Volkspoesie nachgebildet und stammen vielleicht ursprünglich aus der koptischen Literatur. Besonders wichtig ist das große äth. Antiphonar (→ Liturgie: V) für das ganze Jahr (Degguā). – Das berühmte »Recht der Könige« (Fetḥa Nagast) stammt aus dem Arabischen und soll in Ä. theoretisch Geltung haben. Quellen für das kanonische Recht sind der äth. Sēnodos (Synodos) und die Didesqelyā (Didaskalia). – Ein großer Teil der Heiligenleben und Heiligenwunder ist im Senkesār (Synaxar) gesammelt. Der → Alexanderroman ist als Übersetzung des Pseudokallisthenes aus dem Arabischen sowie in Gestalt einer abgeschmackten einheimischen Legende vorhanden. Die äth. Landesgeschichte wurde in den Annalen der Könige behandelt und in dem historischen Roman »Kebra Nagast (Herrlichkeit der Könige)«, d.i. die Verherrlichung der salomonischen Dynastie und die Geschichte von Menilek I. (→ Äthiopien: II). – In der Philologie, durch die das Äthiopische in grammatische Regeln mit eigenen Fachausdrücken gefaßt wird, haben die äth. Gelehrten beachtliche Darstellungen geliefert, zum Teil in den »Sawāsew« genannten Wörterbüchern (nach dem arabischen Titel: sullam »Leiter«). In den Zaubertexten wird besonders die böse Werzelyā abgewehrt, die wie die hebräische Lilith und die griechische Lamia den kleinen Kindern so gefährlich ist.

Eine freigeistige, rationalistische Schrift, die in Ä. im 17.Jh. geschrieben sein will, hat sich als Werk eines italienischen Missionars aus der ersten Hälfte des 19.Jh.s erwiesen (C.Conti Rossini, Lo Ḥatatā).

In der allerneuesten Zeit hat sich in Ä. ein reges literarisches Leben entwickelt, zumeist in amharischer Sprache: Bücher, Zeitschriften und Zeitungen religiösen und weltlichen Inhalts werden jetzt dort gedruckt.

E.Littmann, Gesch. der äth. Lit., 1907 – Ders., Die äth. Lit. (HO III, 1954, 375ff) – C.Conti Rossini, Notice sur les manuscrits éthiopiens de la Collection d'Abbadie (JA 11e sér. 6, 1915/II, 189 bis 238) – Ders., Lo Ḥatatā Zar'a Yāʿqob e il Padre Giusto da Urbino (Rendiconti della R. Accad. dei Lincei Ser. 5., 29, 1920, 213-223) – Ders., Note per la Storia letteraria Abissina, 1940 – J. Guidi, Storia della letteratura etiopica, 1932 – E.Cerulli, Storia della letteratura etiopica, o.J. (1955).

E.Littmann

V. Mission in Äthiopien

1. Die *römisch-katholische Mission*, von der durch die Kreuzzüge vermittelten Kenntnis über die äth. (koptische) Kirche (→ Äthiopien: III) angeregt und wiederholt von den Päpsten im späteren Mittelalter unternommen, sollte vor allem der Unterwerfung unter die römische Kurie dienen. Diese Versuche scheiterten ebenso wie die anfangs erfolgreichen des 16. und 17.Jh.s (→ Äthiopien: III). Erst 1839 setzte die römisch-katholische Mission (»Apostel Abessiniens« Lazaristenbischof Justinus de Jacobis) von neuem ein, doch hat sie, obwohl sie unter der kurzen italienischen Herrschaft 1937 zu einer gewaltigen Organisation mit einer Apostolischen Delegatur in Addis Abeba ausgeweitet wurde, nur geringe Früchte getragen.

2. Die *evangelische Mission* begann mit der Übersetzung des NT ins Amharische durch den 1634 nach Ä. gekommenen Lübecker Freimissionar Peter Heyling, ohne daß seine Arbeit nach seinem Märtyrertode (?) fortgesetzt wurde. 1830 sandte die englische Kirchenmission die Deutschen Gobat und Kugler und bald darauf Blumhardt, Krapf und Isenberg aus, mußte ihre Missionspläne aber bereits 1843 wieder aufgeben. Durch Gobat kamen 1855 Martin Flad und drei Handwerker von → Chrischona ins Land und begannen unter manchen Abenteuern (Befreiung aus der Bergfeste Magdala 1868) eine Mission unter den Falascha (in den Weltkriegen unterbrochen, 1953 fortgesetzt). Größere Ausdehnung ihrer Arbeit erreichte die Schwedische Vaterlandsstiftung; sie

begann 1866 im nördlichen Ä. bei Massaua unter den heidnischen Kunama und gründete dort und bei Asmara nach und nach eine Anzahl von Stationen, siedelte sich 1904 in der Hauptstadt an und unternahm 1924 unter der Gunst des späteren Kaisers Haile Selassie eine dritte Arbeit in Westabessinien (Lekempti, Nedjo). Nach kurzer Unterbrechung durch die italienische Herrschaft konnte sie nach dem zweiten Weltkrieg schnell wieder einsetzen. Neben ihr arbeitete seit 1918 der schwedische Bibeltrogna Vänner in Eritrea und bei Addis Abeba. - Die amerikanischen Presbyterianer missionierten seit 1918 im Südwesten (Sayo, Gore), die Sudan Inland Mission seit 1927 im Süden des Landes. 1927 konnte die → Hermannsburger Mission den schon 1853 von L. → Harms gefaßten Plan einer Mission unter den Galla im entlegenen Westen durchführen (Addis Abeba, Aira, Bedelle). Sie wurde 1935 durch die Italiener vertrieben, erlebte 1939-41 den Beginn einer Erweckungsbewegung und arbeitet nach nochmaliger Vertreibung seit 1950 wieder von ihrer Hauptstation Aira aus in enger Verbindung mit der Jungen *Gallakirche,* die sich 1943 aus der kraftvollen Erweckungsbewegung unter der Führung des jungen Daffa Djammo gebildet hatte (Unterricht, theologische Ausbildung, Schule und → ärztliche Mission). Auch die → Adventisten (: II) konnten ihre kurz vor dem ersten Weltkrieg begonnene Arbeit wieder aufnehmen. Von großer Bedeutung für die Mission wurde die Versorgung mit Bibeln in den Landessprachen durch die Zentrale der Britischen Bibelgesellschaft in Addis Abeba.

Im Jahre 1944 ordnete die kaiserliche Regierung durch ein besonderes Gesetz alle Missionsarbeit; in den »geschlossenen Gebieten« der äth. Kirche muß sie sich auf pädagogische und ärztliche Dienste beschränken, in den »offenen Gebieten« darf sie frei missionieren. Seit 1948 hat der Norwegische Lutherische Missionsbund in der Provinz Sidamo rasch ein großes Feld bestellt. Mit ihm haben sich die Schweden und die Hermannsburger zusammengeschlossen, um unter Förderung durch den Lutherischen Weltbund in Debra Zeit (Bishoftu) bei Addis Abeba eine höhere Schule zu errichten.

J.PAULI, Peter Heyling (AMZ 3, 1876, 206-223) - C.W.ISENBERG, Abessinien und die ev. Mission, 2 Bde, 1844 - J. RICHTER, Mission und Evangelisation im Orient, 1908 - K.G. REIN, Abessinien, Bd II, 1919; Bd III, 1920 - I.M.FLAD, Sechzig Jahre in der Mission unter den Falaschas in Abessinien, 1922 - M.SCHLUNK, Die Weltmission der Kirche Christi, (1925) 1951² - W.WICKERT, Abessinien, unser neues Missionsfeld, 1931 - D.WASSMANN, Pionierdienst unter den Galla, 1938 - DERS., Durchbruch des Evangeliums im Gallaland, 1948 - M.NORDFELDT, Abessiniens Gudland, Stockholm 1936 - K.S.LATOURETTE, Advance through Storm, New York 1945 - J.BECKMANN, Die kath. Kirche im neuen Afrika, 1947 - W.OEHLER, Gesch. der deutschen ev. Mission, 2 Bde 1949/51 - I.AMBJÖRN, Etiopian Lockade, Stockholm 1949 - I.S.TRIMINGHAM, The Christian Church and Missions in Ethiopia, London 1950 - WChH - IRM passim. *A.Elfers*

Äthiopische Bewegung → Südafrikanische Union.

Aetius, geistiges Haupt der radikalen Arianer. Nach wechselvollem Wanderleben und philosophischem Studium ca 350 Diakon in Antiochien, kirchenpolitisch aktiv und mehrfach verbannt. Mit → Eunomius nach 361 um Konstituierung der neuarianischen Partei (Anhomöer, → Christologie: II) bemüht und zum Bischof ohne Amtssitz geweiht. † 367. Unter Einfluß des Aristoteles (und des → Lukian?) versuchte A. die Unklarheiten des arianischen Systems durch scharfe Syllogismen zu beseitigen.

DCB I, 51ff - RE II, 31ff; V, 597ff - G.BARDY, L'héritage littéraire d'Aetius (RHE 24, 1928, 809-827) (teilw. überholt durch Holls Epiphanius-Ausg. III, 351ff) - J.DE GHELLINCK, RHE 26, 1930, 5-42 (Aristotelismus des A.). *W.Schneemelcher*

Affectio papalis, in Mittelalter und Neuzeit übliche neben dem Jurisdiktionsprimat stehende Reservation des Papstes für Rechts- und Kulthandlungen, die er selbst begonnen hat oder beenden will. So hindert die erstmalige Ordination durch den Papst die Erteilung weiterer Weihen durch andere Kirchenobere (CIC c. 952), so kann der Papst einen anhängigen Rechtsstreit in jedem Stadium des Prozesses an sich ziehen (CIC c. 1569). *A.Erler*

Affiliierte, ein der Adoption verwandter Begriff, der die Angliederung einzelner Personen oder kleinerer geistlicher Körperschaften und Vereine an eine größere Einheit bedeutet: 1. im Ordensrecht die vor allem im Mittelalter häufige Angliederung einzelner Frommer an den Orden bei nur teilweiser Unterwerfung unter die Ordensregeln (→ Tertiarier, → Kloster: III); 2. durch Verleihung erworbene Teilhabe an den guten Werken religiöser Korporationen.

DDC I, 263f - LThK I, 114f. *A.Erler*

Afra, zwei legendarische *Heilige.* 1. Durch die Hl. Faustinus und Jovita bekehrte Frau eines Grafen Julian, angeblich unter Hadrian um 133 in *Brescia* getötet. Verehrung seit dem Spätmittelalter nachweisbar. Bedeutendste Darstellung in der Afrakirche zu Brescia von Paolo Veronese. Tag: 24.5.

AS Mai. V, 273-277 - KÜNSTLE II, 34f - DOYÉ I, 22.

2. Eine Dirne in *Augsburg,* durch Bischof Narzissus bekehrt und getauft, bei der diokletianischen Christenverfolgung auf einer Lechinsel verbrannt (303/304). Patronin der Dirnen und Büßerinnen. Beste Gesamtdarstellung der Legende auf dem Altarwerk des Chr. Amberger im Augsburger Dom. Tag: 5. oder 7.8.

MG SS. Merov. III, 41-64 - A.POTTHAST II, 1141f - AnBoll 17, 433-437 - A.BIGLMAIR, Die A.-Legende (Archiv f. d. Gesch. d. Hochstifts Augsburg 1, 1909-11, 141-221) - KÜNSTLE II, 35f - DOYÉ I, 23 - H. ROSENFELD, Alamannischer Ziu-Kult u. SS. Ulrich- u. Afra-Verehrung in Augsburg (AKultG 37, 1955, 306-355) - BRAUN, TA 33ff. *H.Paulus*

Afrahat *(Aphraates),* der persische Weise, † nach 345, ist der älteste syrische Schriftsteller, von dem wir größere Texte besitzen: seine 23 Briefe (Homilien, Demonstrationen), entstanden 337 und 344/45, wollen eine vollständige Darlegung des christlichen Glaubens bieten; inhaltlich und stilistisch sind sie völlig von der Bibel abhängig. A.s Christologie, die in einer älteren, vom Allgemeinchristlichen sich abhebenden Tradition steht, ist dyoprosopisch: in der einheitlichen Person des geschichtlichen und erhöhten Herrn sieht er abwechselnd hier den Menschen, dort den Geist. Letzterer wird dem Christen in der Taufe mitgeteilt; ihn zu behalten, muß er sich in Werken der Askese bewähren. A.s von Polemik gegen das Judentum durchzogene Schriften bieten wertvolle Einblicke in den damaligen Zustand des ostsyrischen Christentums.

Ausg.: J.PARISOT, 1894-1907. - Deutsche Übers.: G.BERT, TU 3, 3/4, 1888. - F.GAVIN, A. and the Jews (JSOR 7, 1923, 95-166) - T.ANDRAE, Der Ursprung des Islams u. das Christentum (Kyrkohist. Årsskrift 1925, 62-69) - F.LOOFS, Theophilus v. Antiochien (TU 46, 2), 1930 - L.HAEFELI, Stilmittel bei A., 1932 - IGN.ORTIZ DE URBINA, Die Gottheit Christi bei A., 1933 (Lit.) - M.MAUDE, Rhythmic patterns in the homilies of A. (AThR 17, 1935, 225-233) - N.J.HOMMES, Testimoniaboek, 1935 - E.J.DUNCAN, Baptism in the Demonstrations of A., 1945. *P.Kawerau*

Afrika *südlich der Sahara*

I. Politisch-ethnologisch - II. Religionsgeschichtlich - III. Die afrikanischen Religionen und die christliche Botschaft - IV. Missionsgeschichte. - Vgl. → Nordafrika: I-III

I. Politisch-ethnologisch

1. Das alte A. - 2. Wanderungen und Staatenbildungen - 3. Europäische Kolonisation - 4. Industrialisierung - 5. Stadt und Land - 6. Bevölkerung - 7. Kulturen - 8. Sprachen

1. A. kann nur als integrierender Bestandteil der Alten Welt recht verstanden werden, also nicht, wenn man es nur im Lichte europäischer Kolonialgeschichte betrachtet. Afr. Archäologie wie auch das Studium afr. Prähistorie, seiner Sprachen und nicht zuletzt seines reichen Mythen- und Märchenschatzes (→ Mythus: II) bestätigen das. Starke Beeinflussung durch die vor-indo-europäische altmediterrane Kultur vom → Sudan bis an den Kongo (Reste der Magna-Mater-Vorstellung!) und bedeutungsvolle voreuropäische asiatische Kultureinwirkungen (→ Indien: I. II) von Ost- bis West-A. finden mit jedem Jahr neue Belege.

2. Länger als die Geschichte Asiens und Europas ist diejenige A.s und somit auch seine Kultur, Religion und Politik durch *Völkerwanderungen* bestimmt worden. *Staatenbildungen* (Aschanti, Dahome, Yoruba, Benin, Hima-Staaten, Kongo, Luba-Lunda, Butwa-Torwa, Monomotapa, Ngunireiche) sind zumeist nur von kurzer Lebensdauer gewesen.

Das sakrale → Königtum, die hohe Stellung der Königsmutter im Staat und ein ausgeprägtes Feudalsystem mit hohen Würdenträgern sind dabei kennzeichnende Merkmale afr. Reiche gewesen.

3. Im 15.Jh. kamen die *Portugiesen,* zuerst nach West-A. und bald auch nach Ost-A., wo sie die blühende Küstenkultur des mohammedanischen Zengreiches (ca 981 bis 1513) vernichteten, zugleich aber mit der kolonialen Mission anfingen und Jahrhunderte vor → Livingstone grundlegende geographische, historische und ethnographische Aufzeichnungen machten. Ende des 19.Jh.s erreichte die *koloniale Aufteilung* A.s ihren Höhepunkt, wobei natürliche Stammes- und Völkergrenzen oft unberücksichtigt blieben.

4. Die *Industrialisierung* A.s, die schon vor dem zweiten Weltkriege begonnen hatte, schreitet in immer rascherem Tempo fort, besonders dank dem Interesse, das die → Vereinigten Staaten für den afr. Kontinent an den Tag legen. Eine Folge hiervon ist zT das Interesse, das auch die UdSSR für A. (→ Nordafrika, → Äthiopien, Zanzibar!) zeigt. Das junge afr. *Proletariat* und der neuerwachte Wille A.s zur Selbstbehauptung, der zuweilen fälschlich nur als → Nationalismus (: II) gedeutet wird, spielen hierbei eine bedeutende Rolle. In seinen führenden Schichten ist sich das schwarze A. seiner Einheit im Kampfe gegen die Kolonialmächte bewußt. Zunehmende weiße Einwanderung, vornehmlich nach Zentral-A., und die wachsende indische Bevölkerung in Ost-A. verschärfen die Lage.

5. Die Industrialisierung hat ein Anwachsen der *Städte* und eine Lockerung oder Auflösung der alten Sippen- und Stammesbindungen zur Folge gehabt. Diese Entwicklung ist für A.s Zukunft äußerst bedeutungsvoll. Der größte Teil der afr. Bevölkerung lebt jedoch auf dem *Lande,* wo er trotz Industrie, Geldwirtschaft, Handel, Schule und Mission in seiner Lebensgestaltung vielfach nur äußerlich berührt wird. Der Afrikaner ist Afrikaner geblieben.

6. Die *Bevölkerung* A.s, ca 150 Mill., stellt ein kompliziertes Konglomerat von Stämmen, Völkern und Rassen dar. Deshalb ist man immer weniger geneigt, sie kurzweg und unqualifiziert *»Neger«* zu nennen, und auch die Bezeichnung *»Hamiten«* für die ostafr., nilotisch beeinflußten Großviehzüchter, die außerhalb ihres Ursprungslandes, zB im Zwischenseen-Gebiet, oft als Staatengründer auftraten, erscheint immer anfechtbarer. Im Vergleich zu der Hauptmasse der Afrikaner fallen die unbedeutenden Minoritäten der *Pygmäen* (ca 80000, vor allem im nördl. Kongo-Urwald), und der *Buschmänner* des südl. A., deren Zahl kaum 10000 erreicht, nicht ins Gewicht.

7. *Kulturhistorisch* gehören Pygmäen und Buschmänner zu den Sammlern und Jägern. Von den früher ganz allgemein den Buschmännern zugeschriebenen *Felsbildern* haben sich neuerdings manche als Illustrationen zu Mythen und Sagen anderer afr. Völkerschaften erwiesen. Die Großvieh züchtenden Äthiopiden oder *Niloten* (»Osthamiten«) sind oben erwähnt worden. Neben diesen Kulturgruppen stehen die eigentlichen *negriden,* vor allem die mutterrechtliche Mittelbantu- und die vaterrechtliche altnigritische Kultur, besonders gut erhalten in den Binnenländern des → Sudan und im Inneren Ost-A.s. Hinter diesen beginnt die vorpflanzerische *protonigritische* Kulturschicht sich abzuzeichnen. Diejenigen afr. Kulturen, die besonders starke asiatische Einschläge aufweisen, werden gewöhnlich als die *»jungsudanische«* und die *»rhodesische«* Kultur bezeichnet, doch ist diese Abgrenzung angefochten. Zu berücksichtigen ist auch besonders der *Megalithen-Komplex,* eine durch gleichartige Steinsetzungen von Abessinien bis Senegal und bis nach Südrhodesien und Angola sich andeutende alte Hochkultur.

8. Die wichtigsten afr. *Sprachen*-Gruppen sind: a) das Semito-Hamitische; b) die Sudan-Sprachen; c) die Nilotischen Sprachen; d) die Bantu-Sprachen; e) die Khoisan-Sprachen. Ob der zahlreichen afr. Dialekte (→ Nigeria) und Sprachen dürfen jedoch die Hauptsprachen des Kontinents (Hausa, Mandingo, Luba, Suaheli, Zulu) nicht übersehen werden. Diese ermöglichen es, *Literatur,* auch in größeren Auflagen, in afr. Sprachen zu veröffentlichen und auch theologischen Unterricht mit Vorteil in einer afr. Sprache zu erteilen. Das Studium afr. Sprachen darf nicht von demjenigen der Völker, die sie sprechen, gelöst werden.

G.McTheal, Records of South Eastern Africa, 1898ff - L.Frobenius, Atlantis, Volksmärchen u. Volksdichtungen A.s, 1921ff - F. Rowling-C.A.Wilson, Bibliography of Afr. Literature, 1925 - R. Streit, Bibliotheca Missionum, Bd 5, 1929; Bd 16, 1952 - H.Baumann-R.Thurnwald-D.Westermann, Völkerkunde v. A., 1940 (Lit.) - H.Labouret, Histoire des Noires d'Afrique (Que sais-je? 241), 1946 - P.Schebesta, Die Bambuti-Pygmäen vom Ituri, 1950 - African Abstracts. Bulletin Analytique Africaniste, 1950ff - D.Westermann, Gesch. A.s, Staatenbildungen südl. der Sahara, 1952 (Lit.) - J.Glück, Der Weg des Menschen (tribus. Jahrb. des Linden-Museums, Stuttgart, NF 2/3, 1952/53, 30-74) - E.Andersson, Contribution à l'Ethnographie des Kuta, Bd I, (Studia Ethnogr. Upsaliensia 6), 1953 (Lit.) - K.Dittmer, Allgemeine Völkerkunde, 1954 (Lit.) - D.Olderogge-I.Potechin (Hg.), Narody Afriki, 1954 (Lit.) - R.Reusch, History of East Africa, 1954. *H.v.Sicard*

II. Religionsgeschichtlich

1. Götter und Ahnen - 2. Totemismus - 3. Schlangenkult - 4. Animismus

1. A. südlich der Sahara ist vorwiegend ein Gebiet primitiver Stammesreligionen, deren Formen durch die auch die soziale Struktur bestimmenden Sippen geprägt wird. An der Spitze der Stämme stehen Häuptlinge oder *Könige,* denen als Träger magischer Kräfte unbeschränkte Autorität zukommt.

Die *Ahnenverehrung* (→ Totenverehrung: I) ist im Osten und Süden A.s allgemein verbreitet, im Bantugebiet zu dem Glauben an einen Ahnengott, den »Alten«, den Anfänger des Lebens, entwickelt. Von dem Segen der Ahnen fühlt man sich abhängig. Sie sind die Hüter der Tradition, segnen die Arbeit, geben ihren Willen in Träumen, Vorzeichen und Orakeln kund, strafen mit Krankheit und Unglück. Die verstorbenen Ahnen bleiben in die innige Gemeinschaft der Lebenden einbezogen. Nicht nur um ihr Wohlwollen zu erhalten, sondern auch als Gliedern der Sippe werden ihnen Opfer und Verehrung dargebracht. Lebende und Tote haben einander nötig, besitzen wechselseitig Rechte und Pflichten. Fehlende Fürsorge seitens der Lebenden läßt die Verstorbenen das Totenreich nicht erreichen und als haßerfüllte Totengespenster herumirren oder in ihrer Existenz ganz erlöschen. Folglich ist es das größte Unglück, ohne rituelle Beerdigung fern von den Angehörigen ohne sorgende Nachkommen zu sterben. Wie die Verstorbenen in den Ahnenfiguren Aufenthalt nehmen können, so können sie auch bei bestimmten Gelegenheiten in Gestalt von Masken der Geheimbünde auftreten.

Die Vorstellung von einem Ahnengott verbindet sich oft in West-A. mit dem Glauben an einen *höchsten Gott*, einen Himmelsgott, der aber vielfach von einer *Erdgottheit* stark verdrängt wird. Neben den Erdengöttern und dem Hochgott (→ Hochgottglaube) im Himmel stehen hier als wichtige religiöse Gestalten noch die persönlichen *Schutzgeister*, dem Menschen zugeordnete Wesen, die ihm überallhin folgen, die Träger des menschlichen Schicksals sind und oft reinkarniert werden. In Ost-A. ist der Hochgottbegriff, *Mulungu*, mit dem des Ahnenoberhauptes oder einfach mit der Gesamtheit der Ahnen identisch. Seine wichtigste Tätigkeit ist das Regengeben, genau wie man das auch von den Ahnen erwartet. Bei den Zulu wird der Urahn sogar der Hervorrufer des Menschen. Er verdrängt den Gewitter- und Himmelsgott, der als »Herr im Himmel« ein mehr otioses Dasein lebt. Dieser Gott ist nicht Gegenstand des Kultus.

Eine eigentümliche Stellung zwischen dem höchsten Wesen und den Ahnen nehmen die Heroen oder *Kulturbringer* ein, die den Menschen die Kulturgüter, Wissen und Kult vermittelten, insbesondere die Kenntnis der Feuerbereitung, der Zeugung, der Nutzpflanzung, der Handwerke usw. Sie können ebensowohl Abspaltungen vom Höchsten Wesen sein wie mythische Erhöhungen historischer Persönlichkeiten, vielfach in A. zB der erste Schmied. Die Königsvorfahren der Zwischenseengebiete, die »abachwezi«, werden als Helden verehrt (Wamala der Ganda, Ryangombe der Ruanda und Karagwe usw). Ihnen verdankt man die wertvollen Lebensgüter, man fühlt sich mit ihnen verbunden, weiht sich ihnen (Mbandwa-kult), empfängt von ihnen Offenbarungen. In Süd-A. kennt man atmosphärische Hochgötter, die aber nicht selten mit Kulturbringern verschmelzen. Bei diesen tritt ein besonderer Buschgeist- und Trickstercharakter hervor; es sind Gestalten, die man wenigstens zu einem Teil für Niederschläge oder Reste der Urbevölkerung von Buschmännern und Hottentotten halten muß.

2. Die *Sippe* leitet vielfach ihren Ursprung von einer Tiergruppe, seltener von einer Pflanzengruppe ab (→ Totemismus). So besteht zwischen den Sippengliedern und dem *Totemtier* ein verwandtschaftliches Verhältnis. In Nordwest-A. glaubt man sich aus Todesgefahren durch das Tier gerettet; darum wird es geschont und geachtet. Der Mensch kann sich auch in das Tier verwandeln und so über seine Kräfte verfügen. Nach dem Glauben mancher Stämme von der Goldküste bis nach Süd-A. verwandelt sich auch der Verstorbene in das Totemtier. Damit bleibt seine Lebenskraft für die Anverwandten erhalten. Den Individualtotemismus finden wir oft in den afr. Religionen. Er wurzelt im Glauben, von einem Tier individuell magische Kräfte erhalten zu können und dieses Tier als Helfer für das ganze Leben gewinnen zu können. Die Gemeinsamkeit an einem Totemtier ist oft Anlaß zu Geheimbünden, selbst über Stammesgrenzen hinweg.

3. Der in A. weitverbreitete *Schlangenkult* (vgl. → Schlange) knüpft an den alles beherrschenden Gedanken der Fruchtbarkeitserhöhung an. Die Frauen in West-A. zB werden, wenn sie konzipiert haben, in Häuser gebracht, die Schlangendarstellungen aufweisen. Im Sudan sieht man die Zwillinge als Schlangen an und verehrt sie als solche. Die Hamito-Niloten glauben an die Ahnenschlange, die man füttert; nähert sich eine Schlange dem Bett der Ehefrau, so bedeutet das eine baldige, gute Geburt. Die Südostbantu glauben, daß die Ahnen, die aus dem Schatten des Menschen nach dem Tode erstehen, sich in Hausschlangen verwandeln können.

4. Die afr. Religionsformen gehören insbesondere dem sog. → *Präanimismus* an. Alle Dinge, Tiere und Zauberer enthalten Kräfte, die sich der einzelne oder die Sippe nutzbar zu machen sucht. So glaubt man, daß der Kraftstoff an der Schattenseele oder dem Blut haftet und im Sterben aus dem Körper schwindet. In West-A. finden wir die Idee einer Rachemacht, die »Nyama«, die von Menschen, Tieren und manchmal auch von Bäumen ausgeht und nach dem mehr oder weniger gewaltsamen Tod des Nyama-Trägers an den unmittelbar am Tode Beteiligten Rache nehmen kann. Nyama wird nicht selten als eine Art Seele angesehen (Lebenseele, Körperseele) und scheint lokalisiert im Blut usw. Dem Glauben an Wesen höherer Kräfte entspricht der Geisterkult, der in allen afr. Religionen verbreitet ist.

B.Ankermann, Verbreitung und Formen des Totemismus in A. (ZE 47, 1915, 114-180) - Ders., Totenkult und Seelenglaube bei afr. Völkern (ZE 50, 1918, 89-146) - D.Westermann, Die Kpelle, 1921 - H.Labouret, Les Tribus du Rameau Lobi, 1931, 395-495 - L.Frobenius, Kulturgeschichte A.s, 1933 - H.Baumann, Schöpfung und Urzeit des Menschen im Mythus afr. Völker, 1936 - Ders., Afr., Wild- und Buschgeister (ZE 70, 1938, 208-239) - Ders., Nyama, Die Rachemacht (Paideuma 4, 1950, 191-230) - M.J.Field, Religion and Medicine among the Ga People, 1937 - W.Hambly, Serpent worship in Africa, 1937 - A.Friedrich, Afr. Priestertümer, 1939 - P.Tempels, La philosophie bantoue, 1945 - T.T.S.Hayley, The Anatomy of Lango Religions and Groups, 1947 - M.Griaule, Dieu d'eau, 1948 - P.Freer-D.H.Varley, Bibliography of African Bibliographies, 1948 - G.Parrinder, West African Religion, 1949 - Ders., Religion in an African City, 1953 - Ders., African Traditional Religion, 1954 - H.Tegnæus, Le Héros civilisateur, 1950 - Ders., Blood-Brothers, 1952 (franz. Übers. 1954) - G.Dieterlen, La religion des Bambara, 1952 - O.Pettersson, Chiefs and Gods, 1953 (Lit. für Südostbantu) - S.F.Nadel, Nupe Religion, 1954 - African Worlds. Studies in the Cosmological Ideas and Social Values of African Peoples, 1954 - H.Deschamps, Les religions de l'Afrique noire, 1954. Vgl. auch die Lit. zu → Äthiopien: III. *H.Tegnæus*

III. Die afrikanischen Religionen und die christliche Botschaft

1. Lebensglaube - 2. Initium und Fruchtbarkeit - 3. Alte Einflüsse außerafr. Religionen - 4. Afr. Religiosität und biblische Botschaft - 5. Erlösung und Heiligung - 6. Absplitterungen

1. Die beiden Pole, zwischen denen sich afr. heidnische Religiosität in allen ihren Vorstellungen und Äußerungen bewegt, sind das Wunder des Lebens und des Todes. Der gläubige Afrikaner hat es nie unternommen, seinen allumfassenden *Lebensglauben* in ein einheitliches logisches oder dogmatisches System zu bringen. Diesbezügliche abendländische Theorien sind unzutreffend. Quelle der Lebenskraft ist dem Afrikaner der sog. »Hochgott« (→ Hochgottglaube), der jene durch Ahnen, Häuptlinge, Priester, Besessene, Zwillinge usw auf die Menschen und alle Kreatur weiterleitet. Dank dieser Kraft steht alles in der Welt in Relation zueinander und kann somit dazu beitragen, die Lebenskraft des einzelnen und der Gemeinschaft zu fördern, zu verringern oder zu

schützen. Kultus und Ritus, Initiationen aller Art, sakrale Mahlzeiten und Amulette dienen der Förderung dieser Lebenskraft und zugleich der Bekämpfung böser Mächte, die die Lebenskraft zu verringern trachten und die im Dienste des Todes stehen. Das Wort »Magie« sollte in diesem Zusammenhang als unafr. vermieden werden.

2. Entscheidend für die Förderung der Lebenskraft ist das ständige Zurück zum *initium*, dh zu den Zuständen der nicht historisch, sondern mythisch gefaßten Urzeit, dem Anfang. Das Ur-Alte ist das Heilige. Afr. Religiosität ist daher konservativ zurückschauend und hat es weniger mit der Zukunft zu tun. Ein Verstoß gegen die Ordnung der Väter, die mit derjenigen des Anfangs gleichgesetzt wird, bedeutet Verringerung der Lebenskraft; Initiationsweihen fördern sie. Lebenskraft äußert sich in *Fruchtbarkeit* und Fortpflanzung, in Vermehrung des Lebens bei Mensch, Tier und Pflanze, - daher die grundlegende Bedeutung des Geschlechtslebens und des → Regens. Das große Problem ist für A. nicht die Übervölkerung, sondern das Aussterben gewesen.

3. Alt-mediterran-orientalisches religiöses Gedankengut ist überall in A. eingedrungen. Daneben gibt es überraschend viele Parallelen zu at. Erzählungen, die wenigstens teilweise über Äthiopien nach A. gekommen sein dürften. Einige Überbleibsel der alten Portugiesenmission findet man noch am Sambesi und vor allem in → Belgisch-Kongo. Von größerer Bedeutung für die Verkündigung der biblischen Botschaft ist die überraschend weit verbreitete afrikanisierte Messiaserwartung, die jedoch erst mit dem → Islam (: I) eingedrungen zu sein scheint.

4. Aus dem Gesagten ergibt sich das *Verhältnis afr. Religionen und Religiosität zur biblischen Botschaft*. Dem Afrikaner ist der Botschafter als Träger der neuen Lebenskraft mindestens ebenso wichtig wie die Botschaft selbst. Er ordnet den Botschafter sozusagen in eine Hierarchie der Lebenskräfte ein. Beispiel: Gott der Vater gab Christus alle Gewalt; Christus verlieh sie den Aposteln und diese wieder ihren Nachfolgern, den »Lehrern« (Missionaren; Mt 28, 18-20; Apg 2, 32). Hier findet dann auch das Verständnis für die Gabe des Hl. Geistes im Gegensatz zur afr. Besessenheit (Apg 26, 24!) seinen Platz. Die Botschaft wird zunächst nicht abstrakt-theoretisch erfaßt. Der Botschafter bestätigt mit seinem Leben und Handeln die Botschaft, ebenso wie Christus das in den Evangelien tut. Das sakramental-kultische Handeln steht als unmittelbar wirkende Lebenskraft im Vordergrund des Interesses. Die Bedeutung von → Taufe (: VIII) und → Abendmahl (: VII) kann nicht überschätzt werden. Christus läßt sich freilich nicht in die gewohnten engen Grenzen einer Sippen- oder Stammesreligion einfügen, wohl aber wird für den Afrikaner in ihm Urzeitgeschehen präsentisch. → Eschatologie wird aus dem Initium erfaßt, wobei die eigene Messiaserwartung Hilfsdienst leisten kann. Die → Bibel (: V) oder das NT gilt zunächst weniger als Vermittler der Botschaft, sondern mehr als ein von Lebenskraft gesättigter Gegenstand. Man kauft das »Buch«, liest es aber selten fortlaufend zur persönlichen Erbauung. Es gehört in den Gemeindegottesdienst, dh in den Kultus. Auch im Glaubensleben tritt der einzelne hinter der Gruppe zurück. Ein persönliches Christus- und Gottesverhältnis bahnt sich nur allmählich an. Man könnte sagen, daß griechisch-orthodoxes Christentum der religiösen Veranlagung des Afrikaners besser entspricht als seine abendländische Prägung.

5. Bietet somit der Missionar als Träger der neuen Lebenskraft (vgl. J.Warneck: *Lebenskräfte* des Evangeliums!) den entscheidenden Anknüpfungspunkt (→ Anknüpfung), so liegt doch gerade in der Auffassung vom Missionar als »neuem Medizinmann« eine der ernstesten Schranken für die volle Annahme der biblischen Botschaft von der *Erlösung*, denn »die Gerechtigkeit, die vor Gott gilt,« findet in der ins Afr.-Legalistische übersetzten Fassung des Evangeliums als nicht christlich-ethisch qualifizierte Lebenskraft keinen Platz. »Gut« ist dem Afrikaner, was Fruchtbarkeit fördert; »schlecht«, was sie hindert oder ihr gar entgegenarbeitet. Die von Christus geforderte Umkehr (Buße) wird am schwersten verstanden. Man glaubt, daß Lebenskraft ohne *Heiligung* gewonnen werden kann. Unmittelbare, persönliche Schuld vor dem hl. Gott ist einer der am schwersten zugänglichen Teile der christlichen Botschaft.

6. Daher besteht immer die Gefahr des → Synkretismus (: II). Unzählige *Absplitterungen*, Prophetenbewegungen (Kongo! → Propheten: I) und → Sekten (: V; → Südafrikanische Union) entstehen, zT als Versuche einer Verschmelzung des Christentums mit dem afr. Erbe, zT aus Opposition gegen abendländisches Wesen, teilweise aber auch unbewußt gefördert durch → Freimissionare.

K.Wohlrab, Die christl. Missionspredigt unter den Schambala, 1929 - E.Johanssen, Geistesleben afr. Völker im Lichte des Evangeliums, 1931 - H.Baumann, Schöpfung u. Urzeit des Menschen im Mythus der afr. Völker, 1936 (Lit.) - Ders., Das doppelte Geschlecht, 1955 (Lit.) - H.Kraemer, Die christl. Botschaft in einer nicht-christl. Welt, 1940 - F.Tempels, La philosophie bantoue, 1945 - B.Sundkler, Bantu Prophets in S.Africa, 1948 - W.Bühlmann, Die christl. Terminologie als missionsmethodisches Problem, 1950 (Lit.) - W.Ringwald, Die Religion der Akan-Stämme u. das Problem ihrer Bekehrung, 1952 - H.v.Sicard, Ngoma lungundu, eine afr. Bundeslade (Studia Ethnogr. Upsaliensia 5), 1952 (Lit.) - W.Holsten, Das Kerygma u. der Mensch, 1953 (Lit.) - L.Vajda, Investigations on the Ancient Insignia of Rank (Acta Archäol. Acad. Sc. Hungariae 6), 1955 - W.Bühlmann, Die Predigtweise in A. (Schriftenreihe der NZMW 13), 1956.

H.v.Sicard

IV. Missionsgeschichte

A. Frühe Kolonialzeit - B. Protestantische Mission im 19. und 20.Jh. - C. Katholische Mission im 19. und 20.Jh. - M. = Mission. - Vgl. die missionsgeschichtlichen Sonderartikel → Ägypten: V, → Äthiopien: V, → Belgisch-Kongo, → Französisch-Äquatorial-Afrika, → Französich-West-Afrika, → Goldküste, → Kamerun, → Madagaskar, → Nigeria, → Südafrikanische Union, → Südwest-Afrika, → Tanganyika, → Togo, → Uganda, → Zentral-Afrika sowie die Karte 2 »Mission in Afrika« auf Sp. 156-158

IV A. Frühe Kolonialzeit

1. Als erste portugiesische Niederlassung in *Guinea* (→ 2 A 1) wurde in Elmina 1482 eine Festung mit einer Kirche gebaut; aber kein missionarischer Erfolg ist verzeichnet. 1491 wurde in Benin (→ 2 C 2) von einer Dominikanermission der König, schon 1489 in Lissabon ein Häuptling von Senegambia getauft. Die Dominikaner kehrten mit diesem zurück, wurden aber bald ausgewiesen. Am Anfang des 17.Jh.s trafen in Sierra Leone (→ 2 A 2) und Benin die Jesuiten ein und tauften Häuptlinge in beiden Ländern; spanische Mönche kamen später. In Dahomey (→ 2 B 2) suchten Augustiner wie auch Kapuziner Fuß zu fassen. Aber an keinem dieser Orte in Guinea wurde bleibende M.sarbeit begründet.

2. Die erste M. *am unteren Kongo* 1491 bestand anscheinend aus weltlichen Domherren von St. Eloy in Lissabon; wahrscheinlich waren auch Franziskaner dabei beteiligt. Der König wurde getauft, fiel jedoch bald wieder ab. Sein als Alfonso getaufter Erbe blieb dagegen sein Leben lang Christ. Bald gab es noch weitere Taufen, eine Kirche wurde gebaut, und man nannte die Hauptstadt San Salvador (→ 2 D 4). Mit der Regierung Alfonsos trat die M. gegen heidnischen Widerstand in ihre erfolgreichste Periode ein. Mehr Missionare kamen. Alfonso förderte die Erziehung; u.a. wurden Kandidaten

für das Priesteramt nach Lissabon geschickt. Einer seiner Söhne, Dom Henrique, war der erste Afrikaner, der zum Bischof geweiht wurde; er starb allerdings bald. Alfonso litt unter skrupellosen Portugiesen, die den Christennamen schändeten. Etwa von 1547 an übernahmen portugiesische Jesuiten die Leitung der M., deren Schwerpunkt sich gegen Ende des Jh.s nach Angola (→ 2 E 5) verlagert hatte. Von 1640 bis zum Ende des 18. Jh.s wurde die M. vor allem von zumeist italienischen Kapuzinern getragen. Hinzu kamen Karmeliter, Zisterzienser und Benediktiner sowie Weltpriester aus Portugal, Frankreich und Italien. Es gelang ihnen aber nicht, den langsamen Zerfall aufzuhalten. Die Malaria riß sehr große Lücken; die Polygamie erwies sich als unüberwindlich, und die Zunahme des Sklavenhandels beeinträchtigte die M. aufs schwerste.

3. Am *unteren Sambesi* begann Ende 1560 der Jesuit Gonçalo da Silveira als Pionier unter den Makalanga im Reich Monomotapa. Der König wurde getauft, Silveira aber wurde als angeblicher portugiesischer Spion schon nach drei Monaten hingerichtet. 1577 ließen sich Dominikaner an der Küste nieder und zogen allmählich den Sambesi aufwärts nach Sena und Tete. Im Jahre 1612 wurde Südost-A. als Kirchenprovinz vom Erzbistum → Goa unabhängig. Die Taufe des Oberhäuptlings der Makalanga 1652 bildete den Höhepunkt der Entwicklung; Afrikaner wurden als Ordensanwärter in Goa ausgebildet. Aber dann setzte der Verfall ein, und mit dem Niedergang portugiesischer Macht verschwand auch die M.

4. Die *protestantischen Vorstöße* im 18. Jh. blieben Episoden. Die Handelsgesellschaften an der Goldküste (→ 2 B 2) hatten gelegentlich Geistliche angestellt. Die Holländische Ostindische Compagnie, seit 1652 am Kap, hatte ihre Verantwortung zur Ausbreitung des christlichen Glaubens anerkannt, aber nichts geschah. Der Herrnhuter Georg → Schmidt wirkte als erster unter den Hottentotten (1737-42). Er mußte jedoch weichen, als ihm holländisch-reformierte Pfarrer das Recht bestritten, die Bekehrten zu taufen. Erst 50 Jahre später konnte die Brüder-M. wieder beginnen. Zwei Herrnhuter Versuche in Guinea (1737 und 1768) scheiterten, weil alle Missionare starben. Thomas Thompson von der Society for the Propagation of the Gospel in Foreign Parts (S.P.G) wirkte von 1752 an als einsamer Pionier in Cape Coast (→ 2 B 2). 1756 wurde er krank und nahm Philip Quaque nach England mit. Dieser war der erste Afrikaner, der die anglikanische Ordination erhielt. Er arbeitete für die S.P.G. an der Goldküste von 1765-1816.

C.P. Groves

IV B. Protestantische Mission im 19. und 20. Jh.

1. Erste Wegbereiter: 1800-40 - 2. Das Vordringen nach Inner-A.: 1840-80 - 3. Die politische Aufteilung A.s: 1880-1914 - 4. Die Weltkriege; Fortschritte während der Zwischenzeit: 1914-54

1. Der neu aufgelebte Missionssinn im Protestantismus führte von 1792 an zur Bildung vieler neuer M.sgesellschaften in Europa und Amerika, die bald in den Westen und den Süden A.s vordrangen.

a) *West-A.* war trotz der britischen Aufhebungsakte von 1807 vom Sklavenhandel nach Nord-, Mittel- und Südamerika beherrscht. Malaria und Gelbfieber bedrohren die M.spioniere.

α) *Sierra Leone* (→ 2 A 2), 1787 zur Ansiedlung freigelassener (christlicher) Neger in A. gegründet, wurde 1807 britische Kolonie; dort brachte man die Insassen der gekaperten Sklavenschiffe an Land. Unter diesen Afrikanern (um 1825 waren es ca 18000) entfalteten die Church Missionary Society (CMS, 1804) und englische Methodisten (Wesleyan Methodists, 1811) ihre Arbeit. Die ersten sieben Missionare der CMS stammten aus → Jaenickes Berliner Seminar (1800). Auch die → Basler Missionsgesellschaft versah die CMS mit deutschen Kräften. Unter den aus den verschiedensten Stämmen West-A.s zusammengewürfelten Menschen, die darum in viel stärkerem Maße leibliche Hilfe und Unterstützung zur Bildung ihres neuen Gemeinwesens benötigten, führte S.W. Koelle seine bahnbrechenden sprachvergleichenden Forschungen durch. 1840 hatte die CMS 5500 Gemeindeglieder (1500 Abendmahlsberechtigte) und 6000 Schüler in 50 Schulen. Die Methodisten hatten ungefähr 2000 Glieder und 1500 Schüler gesammelt. Sie arbeiteten auch unter den befreiten Afrikanern in Gambia (→ 2 A 1).

β) Die American Colonization Society (1816) versuchte, freie Neger aus den USA nach A. zurückzubringen und siedelte sie in dem 1824 südlich von Sierra Leone entstandenen *Liberia* (→ 2 A 2) an. Amerikanische M.en - Baptisten, Methodisten, Presbyterianer, Kongregationalisten und Anglikaner - kamen bald dorthin und kümmerten sich neben den christlichen Siedlern auch um die einheimischen Stämme. Ein Versuch der Basler M. scheiterte an hoher Sterblichkeit (1828).

γ) An der *Goldküste* (→ 2 B 2) bestanden im Gebiet der Fanti und der Gã, woran sich das der Ashanti im Hinterland anschloß, befestigte Niederlassungen von Handelsgesellschaften (1760: 13 englische, 11 holländische, 1 dänische, 1 deutsche), aber keine Kolonien. 1828 begann auf eine Einladung hin die Basler M. ihre Arbeit im dänischen Christiansborg (→ 2 B 2). 1835 zog Andreas Riis als der damals einzige Überlebende nach Akropong im inneren Bergland. J.G. Christaller, der später kam, wurde hier zum bedeutenden Sprachforscher. Die englischen Methodisten kamen 1835 nach dem englischen Cape Coast Castle (→ 2 B 2). Die anfänglichen Todesfälle waren beunruhigend, aber 1838 kam T.B. Freeman, der das Klima ertrug und ein berühmter Pionier wurde. 1839 stieß er nach Kumasi vor und wurde dort freundlich empfangen.

b) Die Holländer hatten das *Kap* seit 1652 kolonisiert. Die Holländisch-Reformierte Kirche war die bestimmende Kirche des Landes. 1814 wurde das Kap britisch. 1792 hatten die Herrnhuter die von Georg → Schmidt (1737) begonnene M. wieder aufgenommen und eine Siedlung für Hottentotten in Genadendal (= Gnadenthal, → 2 E 8) errichtet, der andere folgten. Ebenso arbeitete die London Missionary Society (LMS) am Kap unter den Hottentotten, wobei J.T. van der → Kemp die erste Gruppe leitete (1799). Diese Arbeit begann mit einer Siedlung in Bethelsdorp (1802) und unter den Buschleuten am Zak-Fluß, etwa 800 km nördlich von Kapstadt. Die Buschmanns-M. mißlang, führte jedoch zur erweiterten Arbeit unter den Hottentotten (Nama u.a.) und den Betschuanen. Robert → Moffat trat 1817 in diese Arbeit ein und ließ sich schließlich in Kuruman (→ 2 F 8) nieder (1824). 1829 unternahm er den ersten seiner vier Besuche bei Umzilikazi, dem Häuptling der Matabele. In der Kolonie erregte die LMS den Widerstand der Kolonisten, da sie für die unterdrückten Hottentotten eintrat, die seit 1807, als keine Sklaven mehr eingeführt werden konnten, die einzigen Arbeitskräfte waren. Eine Anzeige van der Kemps führte 1812 zu einem Strafprozeß gegen die Kolonisten. John Philip, der seit 1819 am Kap war, zog schließlich den größten Haß auf sich, da er maßgeblich an der Anerkennung der Rechte der Hottentotten als einem freien Volk seitens des britischen Parlaments beteiligt war (1828). Darüber hinaus begann die LMS schon 1816 unter den Xhosa östlich der Kolonie zu arbeiten, wohin auch Kräfte der Glasgow Missionary Society (1821) kamen. In der Zwischenzeit waren die englischen

Methodisten an zwei Stellen angelangt: Barnabas Shaw arbeitete unter den Nama in Leliefontein (1816), von wo sich die Arbeit zu den Betschuanen ausdehnte (1821); William Shaw kam 1820 als Pfarrer mit den britischen Siedlern, und von 1823-30 an errichtete er sechs Stationen im Gebiet der Bantu im Osten. Bald folgten auch drei kontinentaleuropäische Gesellschaften. Die Pariser M. begann 1829, beraten von John Philip. Nach einem mißglückten Versuch, sich unter den Vasallen des Umzilikazi niederzulassen, wurden sie von dem Sothokönig Moshesh aufgenommen, in dessen Bergland (Drakensberg/Basutoland) sie ihre beständige Arbeit begannen. Die Rheinische M.sgesellschaft sandte ebenfalls 1829 unter Mitwirkung von John Philip ihre ersten Missionare zum Kap, wo diese ihren ständigen Arbeitsbezirk im Namaland fanden. Außerdem entschied sich die → Berliner M.sgesellschaft für das Kapland als ihr erstes M.sfeld (1834). Sie begann unter den Hottentotten (Korana) in der Gegend des heutigen Kimberley (→ 2 F 7) und später unter den Xhosa. Die erste amerikanische Gesellschaft (American Board) kam 1835 zum Kap; auch sie war von John Philip angeregt. Sie beabsichtigte eine M. in der Hoffnung, unter Umzilikazis Matabele und Dingaans Zulu in Natal (→ 2 F/G 7/8) zu wirken. Die Zusammenstöße zwischen Buren und Zulu zerstörten jedoch die Hoffnung auf eine Matabele-Arbeit und verzögerten den Beginn in Natal. Unter den Pionieren ist Daniel Lindley hervorzuheben. Während der ganzen Zeit war die östliche Grenze zu den Bantu unsicher, da immer wieder Kriege ausbrachen und für die M.sstationen Unheil brachten. Entscheidend wurde Süd-A. verändert durch den »Großen Treck« der Buren aus der Kolonie (1836-40), der zur Gründung der unabhängigen Republiken Oranje-Freistaat (1854; → 2 F 8) und Transvaal (1858; → 2 F/G 7) führte.

2. Geographische Faktoren und Tropenkrankheiten sowie der Sklavenhandel im Osten und Westen verschlossen den Zutritt zu A. Den Kontinent zu öffnen, war deshalb das ernste Anliegen von Philanthropen, Missionaren und Forschern.

a) Die Niger-Expedition 1841 scheiterte an der Malaria. Spätere Versuche, 1854 und 1857 den Niger zu befahren, waren erfolgreicher. Der Neger S.A. → Crowther beteiligte sich an allen drei Unternehmungen und rief 1857 die Niger Mission der CMS ins Leben, deren Bischof er später wurde (1864). Inzwischen hatten unter den in Sierra Leone befreiten Afrikanern die Yoruba den Weg in ihre Heimat nach Abeokuta/Nigeria (→ 2 C 2) gefunden und baten um Missionare. Der Methodist Freeman und der Anglikaner Townsend besuchten Abeokuta, und die Yoruba Mission der CMS begann (1846). Die zur Unterdrückung des Sklavenhandels 1861 durchgeführte britische Annektion von Lagos verschaffte der CMS eine wertvolle Basis an der Küste. 1850 kam T.J. Bowen von den amerikanischen südlichen Baptisten nach Yorubaland und begründete eine M. dieser Denomination um 1854. Im Golf von Guinea, in der Beuge zwischen der Mündung des Niger und des Gabon, versuchten M.en an drei Stellen ohne unmittelbaren Erfolg, in das Innere des Landes einzudringen: die schottischen Presbyterianer in Old Calabar, die englischen Baptisten in Kamerun (→ 2 D 3) und die amerikanischen Kongregationalisten im Gabon (→ 2 D 3/4).

b) Im Gegensatz zur heidnischen Guineaküste stand *Ost-A.* vom Djuba bis zum Rowuma (→ 2 H 5) unter

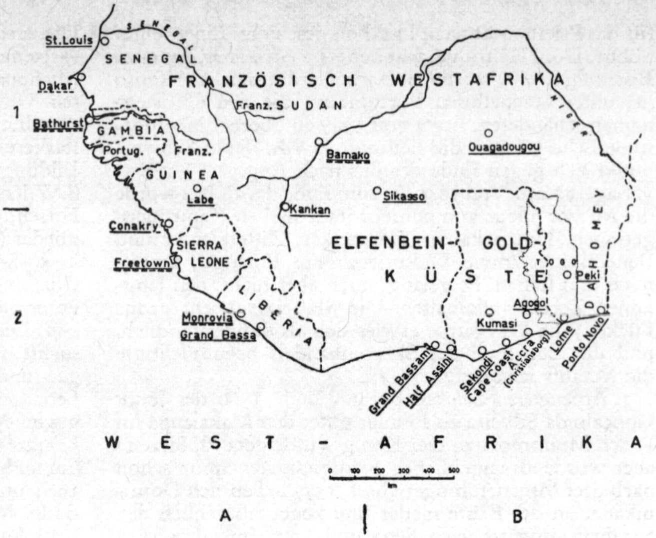

der Herrschaft des muslimischen Sultans von Zanzibar. Trotzdem drangen hier zwei deutsche Missionare der CMS, J.L. → Krapf und J. → Rebmann, hinter die Küstenlinien zum Kilimandscharo (Rebmann) und Kenya (Krapf) vor und entdeckten damit diese Berge. Sie konnten aber entgegen ihrer Hoffnung im Innern des Landes keine M.s-Stationen errichten. Von Rebmann stammt die Karte, die die Expedition von Burton und Speke ermöglichte und zur Entdeckung des Tanganyikasees (→ 2 F/G 4) und des Victoriasees (→ 2 G 3/4) führte (1858). Krapfs Sorge um die Galla brachte zwei M.en nach Ost-A.: die → Hermannsburger, die nicht ins Innere vordringen konnte und deshalb in Süd-A. begann, und die der englischen United Methodist Free Churches, die nur unter großen Schwierigkeiten bestehen konnte.

c) David → Livingstone kam 1841 im Auftrag der LMS nach *Süd-A.* Die Entdeckung des Ngamisees 1849 war der erste Meilenstein seines Vordringens ins unbekannte A. vom Süden her. Die große transkontinentale Reise - von Linyanti nach Luanda (→ 2 D 5), zurück nach Linyanti und weiter nach Quelimani - führte er nur mit Afrikanern durch (1853-56). Die Entdeckung des Shirwasees und des Nyassasees (→ 2 G 5) (1859), des Mwerusees (1867) und des Bangweolosees (1868) folgte. Dort fand seine letzte Reise 1873 ihr Ende. H.M.Stanley setzte sein Werk fort und durchquerte den Kontinent von Osten nach Westen durch Uganda und auf dem Kongo und legte dabei über 11 000 km zurück (1874-77). Damit war der Zugang geöffnet, die M. konnte beginnen. Die schottischen Presbyterianer kamen in das Nyassa-Gebiet (1875-76) südlich und westlich des Sees. Die Universities' Mission (engl. Hochkirche) erreichte das Gebiet schon früher, konnte sich jedoch nicht auf den Shire-Bergen niederlassen (1861-62), wo Bischof Mackkenzie starb, und zog sich nach Zanzibar (→ 2 H 4) zurück. Von dort stieß sie 1876 erneut in das Nyassa-Gebiet vor und schuf sich in Masasi ein Zentrum. Auf einen Ruf Stanleys hin begann die CMS 1876, 1120 km von der Küste entfernt, in Uganda (→ 2 G 3). Ende 1877 lebten noch zwei der ursprünglich acht Missionare: C.T.Wilson und A.M.Mackay. Über den Nil kam Verstärkung, und ihre Arbeit wuchs trotz vieler Prüfungen. Die LMS versuchte 1877 am Tanganyikasee Fuß zu fassen und ließ sich dann südwestlich davon nieder. So führten die Entdeckungsreisen dazu, daß die M. zügig ins Innere des Kontinents vorstoßen konnte und sich

nicht wie in West-A. mühsam von Station zu Station vorarbeiten mußte. An der atlantischen Küste bildete jetzt der Kongo den Hauptanziehungspunkt, wohin die Livingstone Inland Mission und die englischen Baptisten zuerst ankamen (1878); dabei leisteten Grenfell in der Erkundung des Landes und Bentley in der Erforschung der Sprachen hervorragende Dienste.

d) Während diese großräumige Bewegung im Osten im Gange war, machte man in den zuerst besetzten Gebieten West- und Süd-A.s geringere Fortschritte. Die Umrisse selbständiger Kirchen begannen sich jetzt abzuzeichnen. 1852 wurde der erste anglikanische Bischof in Sierra Leone geweiht, auch die Yoruba Mission stand unter seiner Obhut. In Sierra Leone übergab man die

Leitung der Gemeinden immer häufiger afr. Geistlichen. Die Kirchen begannen sich selbst zu finanzieren und zu verwalten. 1854 wurden die ersten zwei Yoruba ordiniert. Die Methodisten gingen in ähnlicher Richtung vor. In Liberia waren, besonders in der anglikanischen und der bischöflich-methodistischen Kirche, ordinierte Afrikaner Hauptstützen der Arbeit. Missionare der United Lutheran Church of America (ULCA) kamen 1860. In Süd-A. zeichnete sich eine ähnliche Entwicklung ab: 1856 stellte die LMS ein Programm zum Selbstunterhalt der Gemeinden auf, 1868 wurde die Zahl der ausländischen Mitarbeiter eingeschränkt, und 1877 wurde eine afr. Congregational Union begründet. Die durch Robert Gray, den ersten Bischof von Kapstadt (1848), ins Leben gerufene anglikanische Kirche wurde 1853 mit drei Diözesen konstituiert. In jeder dieser drei erschienen in der Folge zum ersten Mal anglikanische M.en, und bald wurden auch Bischöfe für Kaffraria, Zululand und den Oranje-Freistaat (→ 2 F 8) ernannt. Die englischen Methodisten und die schottischen Presbyterianer am Kap, die Französisch-Reformierten im Basutoland und die amerikanischen Kongregationalisten in Natal und Zululand folgten dem gleichen Gefälle. In West- und Süd-A. unterbrachen örtliche Kriege den Fortschritt: der Ashanti-Angriff 1869 und der Krieg von 1873-74, in dem die Basler und die Norddeutsche M. litten, während der Bürgerkrieg von 1860 im Yorubaland die anglikanischen, methodistischen und baptistischen Unternehmungen lähmte. Die Geißel des Krieges schlug jedoch im Süden am heftigsten zu. Die Rheinische M. litt unter den langjährigen Kämpfen zwischen den Nama und den Herero. Im östlichen Grenzgebiet der Kapprovinz verursachten die sog. Kaffernkriege zwischen den Kolonisten und den Bantu viel Verwüstung; 1846 wurden allein zwanzig Stationen der Londoner, der schottischen, der methodistischen und deutscher Gesellschaften zerstört. Diese Streitigkeiten erbitterten darüber hinaus die Bantu und machten es noch schwieriger, sie anzusprechen. Inzwischen hinderte der Kampf des Moshesh, der in dem politischen Wirbel der Zeit seine Unabhängigkeit behalten wollte, die Pariser M. im Basutoland ernstlich. Der Zulukrieg von 1878-79 richtete schreckliche Verheerungen an. Trotz allem aber kam mit der Zeit Genesung und Fortschritt. Die norwegische M.sgesellschaft, die ihre erste Station in Natal hatte (1850), begab sich unter H.P.S. → Schreuder ins Zululand, wo sie um 1880 zehn Hauptstationen zählte, während die schwedische Kirchenmission, angeregt von Schreuder, 1876 in dieses Gebiet kam. Die Berliner M.sgesellschaft stieß unter der Leitung von A. → Merensky nach Transvaal vor (1860), wo sie die führende M. wurde; die Hermannsburger, die seit 1854 in Natal arbeiteten, kamen ebenfalls nach Transvaal, wo sie ihren größten Erfolg verzeichneten. Die Mission Suisse dans l'Afrique du Sud begann 1875 in Nordtransvaal und drang später nach Portugiesisch-Ost-A. vor. In Südwest-A. nahmen die finnischen M.sgesellschaften unter den Ovambo im Norden die Arbeit auf (1870).

3. a) Die Aufteilung A.s unter die europäischen Mächte (→ Äthiopien und Liberia blieben als einzige Staaten unabhängig) veränderte die missionarische Situation. Die Häuptlinge verloren ihre Unabhängigkeit, der Konkurrenzneid afr. Händler konnte die Wege ins Innere nicht länger verschließen. Gleichzeitig machten sich aber nun die politischen Rivalitäten Europas auf afr. Boden bemerkbar. Die Kongo-Konferenz in Berlin (1884/85) stellte den Versuch einer internationalen Kontrolle der neuen Situation dar. Gemeinsame Anstrengungen zur Beseitigung des Sklavenhandels waren endlich in Sicht, und moderne Verkehrs- und Nachrichtenmittel machten es möglich, große Entfernungen leichter zu überwinden und menschliche Arbeitskraft einzusparen. Als Weißer und in vielen Fällen als Angehöriger der Kolonialmacht wurde der Missionar in seiner Arbeit von nun an immer häufiger mit den Interessen der neuen Herren identifiziert. Die Beschleunigung des missionarischen Vorrückens war bemerkenswert; im Blick auf neue Arbeitsgebiete und neu eintretende M.en ist zwischen 1890 und 1914 eine weit größere Ausdehnung festzustellen als in den vorangegangenen 90 Jahren. Ross' Entdeckung, daß die Malaria von Moskitos übertragen wird (1897), brachte die Krankheit endlich unter Kontrolle und wirkte sich ebenso wie die Arbeiten von Robert Koch günstig auf die M. aus.

b) Im Westen schlossen Frankreich und England weiteres Hinterland an ihre Küstenbesitzungen an, während Deutschland in Togo und Kamerun Fuß faßte (1884). Eigene Staatsangehörige wurden oft als Missionare bevorzugt, was in der Besetzung der Felder Veränderungen hervorrief: In Kamerun machten die englischen Baptisten der Basler M. Platz (1886), während im Gabon (wo dann seit 1913 Albert → Schweitzer arbeitete) die amerikanischen Presbyterianer der Pariser M. die Arbeit übergaben (1892). In den muslimischen Gebieten im Norden von Nigeria und Kamerun sowie im anglo-ägyptischen Sudan wurde die M.sarbeit im Interesse öffentlicher Sicherheit verboten. Die Sudan Interior Mission (1901) und die Sudan United Mission (1904) arbeiteten hauptsächlich unter nicht-muslimischen Stämmen im westlichen Sudan.

c) Deutsche Kolonialbegeisterte, die für die neu erworbenen Kolonien auch deutsche M.en wünschten, veranlaßten für Deutsch-Ost-A. (1885) die Gründung einer neuen Gesellschaft (1886), der Berliner Evangelischen M.sgesellschaft für Ost-A. (→ Bethel-Mission). Gustav → Warneck griff diese Tendenz an, und unter dem neuen Einfluß von Fr. von → Bodelschwingh entfaltete sich ein echterer missionarischer Geist. Uzaramo (später zur Berliner M.sgesellschaft gehörend) und Usambara wurden Arbeitsgebiete der Bethel-M., die in der Folge bis nach Ruanda (1907) vorstieß. Die Berliner M. begann unter Merenskys Leitung ebenso wie die Herrnhuter im Gebiet nördlich des Nyassasees (1891). Die Leipziger M. übernahm die Station Moschi (→ 2 G/H 4) der CMS unter den Dschagga (1893), wo Bruno → Gutmann seinen denkwürdigen Studien nachging. Die Universities' Mission blieb weiterhin in der Kolonie. In Britisch-Ost-A., der späteren Kronkolonie → Kenya, waren die schottischen Presbyterianer tätig (1901), die amerikanischen Quäker (1901) und die A.-Inland-M. (1904) unter den Kikuyu und Kavirondo. Im benachbarten Uganda hatten die Kirchen nach Mutesas Tod (1884) unter Mwanga ihre härteste Verfolgung zu überstehen, als Bekehrte hingeschlachtet und lebendig verbrannt wurden (1885/86). Mwanga wurde jedoch durch politische Ereignisse der Macht beraubt, und 1894 wurde die britische Schutzherrschaft aufgerichtet.

d) In Zentral-A. war der Kongostaat (ab 1908: → Belgisch-Kongo) Hauptanziehungspunkt für amerikanische Gesellschaften. Die amerikanischen Baptisten lösten die Livingstone Inland Mission ab (1884); die amerikanischen Methodisten folgten (1885). Südliche Presbyterianer (1891) und Mennoniten (1895) ließen sich im Gebiet der Kasai nieder, während die schon in Liberia tätigen Disciples of Christ nun am Kongo eine Basis suchten (1897). Der Svenska Missionsforbundet fand sein erstes M.sgebiet im Kongo (1884). In Angola bereiteten die amerikanischen Kongregationalisten (1880) in Zusammenarbeit mit Kanadiern (1886) den Weg, die Methodisten folgten (1885). In Nordrhodesien ließ sich F. Coillard von der Pariser M. unter den Lewanika nieder (1884), wo von 1889 an auch die englischen Primitive Methodists arbeiteten. Im neuen Jh. kamen noch viele andere Gesellschaften in diese Gebiete.

e) Die von der deutschen Inbesitznahme Südwest-A.s erhofften Vorteile wurden der Rheinischen M. nicht zuteil. Die Feindseligkeit der Nama und Herero führte zu Aufständen, unter denen die M. zu leiden hatte. Der Burenkrieg (1899-1902) brachte für die M.en im Süden größtes Unheil, besonders für die Berliner und die Hermannsburger M. in Transvaal. Die Holländisch-Reformierte Kirche erfuhr nach dem Krieg ein beeindruckendes missionarisches Erwachen. In Südrhodesien stellte Cecil Rhodes den M.en große Ländereien zur Verfügung, wodurch diese wichtige Landbesitzer wurden.

4. a) Im *ersten Weltkrieg* waren alle vier deutschen Kolonien Kriegsschauplätze. 1916 hatte man die meisten deutschen Missionare interniert. In Togo war der Feldzug innerhalb von zwei Wochen zu Ende, aber Missionare der Norddeutschen M. blieben bis 1916; sie ließen 14 ordinierte Afrikaner zurück. Die deutschen Glieder der Basler M. an der Goldküste verließen das Gebiet ebenfalls 1916, worauf schottische Presbyterianer die Leitung der Arbeit übernahmen. In Kamerun dauerten die Kämpfe bis 1916; danach wurden die deutschen Missionare der Basler, der Baptistischen und der Goßner-M. interniert. Die Pariser M. übernahm die Basler Arbeit im französischen Besatzungsbebiet. Der Feldzug in Südwest-A. war im August 1915 vorbei; die Rheinischen Missionare blieben dort, kamen jedoch in finanzielle Schwierigkeiten und mußten die M.sfarmen verpfänden. Deutsch-Ost-A. kapitulierte im November 1918. Hier standen mehr als 150 Missionare im Dienste der Berliner, der Herrnhuter, der Leipziger, der Betheler, der Breklumer und der Neukirchner M. Um 1916 kamen ihre Felder in die Hände der Alliierten, sie selbst wurden interniert. Die Leipziger und die Betheler Stationen wurden von anglikanischen, belgisch-protestantischen und amerikanischen lutherischen Gesellschaften behelfsmäßig betreut, während die schottischen Presbyterianer sich der Arbeit der Herrnhuter und der Berliner M. (hier zusammen mit der Universities' Mission) im Süden annahmen. In der Südafrikanischen Union blieben die ungefähr 200 deutschen Missionare beinahe ungestört, obwohl sie von jeglichen Hilfsquellen in Deutschland abgeschnitten waren. Auf dem ganzen Kontinent durchstanden auch die nicht-deutschen M.en den Krieg nur unter Schwierigkeiten, da neue Missionare und Geldmittel nur in beschränktem Umfang geschickt werden konnten.

b) 1919 wurden aus den vier deutschen Kolonien sieben Mandatsgebiete unter der Aufsicht des Völkerbundes gebildet. Auf Grund der Intervention der Conference of British Missionary Societies (→ England: IV) konnten die deutschen Missionare von 1924 ab wieder in britisch verwaltete Gebiete zurückkehren; die französische und belgische Sperre blieb jedoch bestehen. Trotz der Inflation von 1923, als europäische und amerikanische M.en £ 150000 zur deutschen Arbeit beisteuerten, hatte die Zahl der deutschen Missionare 1930 wieder 75% des Vorkriegsstandes erreicht, während die Zahl der afr. Helfer den Stand von 1914 weit überschritten hatte. Aber es war ein neues A., in das die Missionare zurückkehrten. Der Bedarf an Schulen in A., der hauptsächlich von den M.en gedeckt wurde, begann schon vor 1914 stark anzuwachsen. Die Phelps-Stokes-Kommissionen, deren afr. Mitglied J.E.K. → Aggrey war, führten nach dem Kriege eingehende Untersuchungen über die Erziehungsfrage durch (1920/21, 1924), die nicht ohne Einfluß auf die Kolonialregierungen blieben. Die wirtschaftliche Weiterentwicklung brachte Landnot und Arbeiterprobleme mit sich, die oft bei den Afrikanern tiefe Unzufriedenheit verursachten. Der Umbruch der afr. Gesellschaft schwächte traditionelle Bindungen und schuf neue soziale und sittliche Probleme, wobei man schon die Vorzeichen des im Entstehen begriffenen → Nationalismus (: II) wahrnehmen konnte. Das alles bildete den düsteren Hintergrund für die M. und wurde auf einer internationalen Konferenz über A. (Le Zoute 1926) und in gewissem Grade auf der Jerusalemer M.s-Konferenz 1928 diskutiert. Einen ermutigenden Faktor bildete in dieser Situation das Entstehen verschiedener afr. Kirchen als Früchte der M. Daneben bahnte sich allerdings mit der raschen Vermehrung afr. separatistischer → Sekten (: V) besonders in der Union eine beunruhigende Entwicklung an. Erfreulicher war die Zusammenarbeit, die sich in den United Missions im sog. Copperbelt (1936), auf Konferenzen und in den Christenräten (→ Internationaler Missions-Rat) - von denen es bis 1938 zwölf gab - zeigte. Versuche zu regionaler Kircheneinigung in der Art des südindischen Planes, die in Kenya, wo 1909, 1913 und 1918 Kikuyu-Konferenzen vorausgingen, und in Nigeria unternommen wurden, blieben ohne Erfolg. Die wichtige, aber schwer zu beantwortende Frage nach dem inneren Leben der jungen Kirchen wurde auf der Weltmissions-Konferenz in Madras 1938 (→ Internationaler Missions-Rat) deutlich, als die afr. Delegierten über Polygamie, Zauberei und separatistische Sekten berichteten.

c) Im *zweiten Weltkrieg* wurden fast alle deutschen Missionare innerhalb eines Jahres ausgewiesen oder interniert; jedoch blieb, dank dem Internationalen M.s-Rat, keine »verwaiste M.« ohne Fürsorge. In der südafr. M. trat keine Unterbrechung ein. Missionare anderer Nationalität - Norweger, Dänen, Belgier, Franzosen und Schweizer - wurden von ihren Gesellschaften abgeschnitten; der Internationale M.s-Rat und die Lutheran World Action, die für alle Lutheraner eintrat, retteten die Situation. Nirgends hörte die Arbeit auf. Nach dem Kriege hat sich das Tempo der Entwicklung A.s in wirtschaftlicher, erzieherischer und politischer Hinsicht stark beschleunigt. In Süd-A. begann die Regierung der Nationalpartei die Apartheidspolitik konsequent durchzuführen, in deren Rahmen viel zur Fürsorge für die Bantu getan wurde. Auf der anderen Seite wurden in Nigeria und der Goldküste wesentliche Schritte auf die Selbstregierung zu getan, während in Tanganyika, Kenya und Britisch-Zentral-A. (Central African Federation: Nord- und Südrhodesien und Nyassaland) die Partnerschaft zwischen den verschiedenen Rassen propagiert wurde (→ Rasse: III). Der Mau-Mau-Aufstand unter den Kikuyu, der sich ebenso gegen Christen wie gegen Europäer wandte, stellte einen barbarischen Rückfall dar; das kirchliche Leben wurde jedoch durch eine Erweckungsbewegung erhalten. Die Bedeutsamkeit einer gut ausgebildeten afr. Führungsschicht in dieser Gesamtsituation veranlaßte den Internationalen M.s-Rat, in Durchführung eines Beschlusses der Konferenz von Madras die Ausbildung zum geistlichen Amt in A. besonders zu untersuchen (→ Amt: IV) und Empfehlungen zur Zusammenarbeit auszuarbeiten. Die Tendenz geht jedoch dahin, zur weiteren konfessionellen *Einheit* zu kommen, statt regionale interkonfessionelle Verbindungen zu fördern (zB Anglikanische Provinzen in West- und Zentral-A., Lutherische Zusammenarbeit in Tanganyika seit 1937). Die United Church von Nord-Rhodesien, die einige nicht-bischöfliche M.en verbindet, und ähnliche Unionen sind bezeichnend für das gegenwärtig Erreichbare. Mittlerweile nahmen andere Entwicklungen in A. ihren Fortgang. Von einschneidender Bedeutung für die Kirche war überall in A. der Erfolg im Kampf gegen das Analphabetentum, dem ein Hunger nach Lesestoff folgte, während es eine wachsende Zahl von Sendern, die Programme in afr. Sprachen ausstrahlen, ermöglichte, Tausende von Hörern, die des Lesens nicht kundig sind, gleichzeitig anzusprechen. Die Filmproduktion paßte sich immer mehr afr. Bedürfnissen an. Der westliche Materialismus ist nun in A. selbst zum Rivalen der christlichen Botschaft herangewachsen.

J.duPlessis, A History of Christian Missions in South Africa, 1911 - Ders., The Evangelisation of Pagan Africa, 1930 - J.Richter, Gesch. der ev. M. in A., 1922 - D.Westermann, Africa and Christianity, 1937 - W.M.H.Hailey, An African Survey, 1938 - K.S.Latourette, A History of the Expansion of Christianity VI, 1944; VII, 1945 - C.P.Groves, The Planting of Christianity in Africa, 1948-57.

C.P.Groves

IV C. Katholische Mission im 19. und 20. Jh.

1. Entwicklung 1800-70 - 2. Fortschritte 1870-1914 - 3. Rückschläge und neuer Aufschwung 1914-45 - 4. Die neue Lage seit 1945

1. Am Anfang des 19.Jh.s bot die kath. M. in A., das damals 400000 Katholiken zählen mochte, einen traurigen Anblick, auch und gerade im südlich der Sahara gelegenen Teil. Im Zusammenhang mit dem Aufbau der Kolonialreiche, dem Eindringen von Händlern und Forschern in den dunklen Erdteil und der Wiederbelebung des christlichen Sinnes in Europa bahnte sich eine Änderung an. Maria A.Javouhey (1779-1851) sandte Schwestern nach Réunion (1817) und an den Senegal (1819), wo sie selbst von 1822-24 arbeitete. 1839 begannen Lazaristen in → Äthiopien (: V). 1841 folgte die Gründung der Kongregation vom hl. Herzen Mariä für die Neger-M. in A. und Amerika durch Libermann. Spiritaner gingen 1841 nach Mauritius, 1842 nach Réunion, 1843 an den Senegal (→ 2 A 1), nach Senegambien, Gabon (→ 2 D 4), Jesuiten 1845 nach Réunion und Madagaskar, Kapuziner 1846 zu den Gallas, Oblaten 1851 nach Natal (→ 2 F/G 7/8), Spiritaner 1863 nach Zanzibar (→ 2 H 4). 1847 entstand das Bistum Port Louis (Mauritius), 1850 das Bistum St.Dénis auf Réunion. Brésillac gründete 1856 die »Gesellschaft für die afrikanische Mission«, Lavigerie (1825-92) 1868 die »Weißen Väter« und 1869 die »Weißen Schwestern«. 1848 vereinigte sich Libermanns Kongregation mit jener der Spiritaner. In Äthiopien arbeitete (1852-79) Massaja OFMCap (1809 bis 1899).

2. Aber die eigentliche Stunde der katholischen A.-M. schlug erst, als A. (mit Ausnahme von Äthiopien und Liberia) unter die europäischen Mächte aufgeteilt war, die Brüsseler Konferenz von 1876 zur »Internationalen Assoziation für die Erforschung und Zivilisation Zentral-A.s« geführt, die Berliner Konferenz von 1885 den Kongostaat geschaffen, der Brüsseler Antisklavereikongreß (1889/90) stattgefunden und Leo XIII. sein Rundschreiben gegen die Sklaverei (1888) erlassen und Lavigerie zum Beginn des Antisklavereifeldzuges ermuntert hatte. Es waren die Jahre, in denen der »Afrikaverein der deutschen Katholiken« (1888-1917) und die Peter-Claver-Sodalität (1894) entstanden. Seit den siebziger Jahren überstürzen sich die Ereignisse: Söhne vom hl. Herzen beginnen im Sudan (1872), Weiße Väter in Uganda (1879), Lyoner an der Goldküste (1881), Trappisten in Mariannhill (1883) (→ 2 F/G 8), Benediktiner in Ost-A. (1887), Scheut in Belgisch-Kongo (1888), Pallottiner in Kamerun (1890), Steyler in Togo (1892) und Jesuiten in Belgisch-Kongo (1892). Am Vorabend des ersten Weltkrieges arbeiteten in A. 2457 Missionare, 1195 Brüder und 3908 Schwestern. Bewundernswert der Geist, der sie beseelte, und der Mut, mit dem sie wirkten! Kein Opfer an Gut und Blut war ihnen zu schwer. Man tat, was man konnte, in der Verkündigung und der Hebung der Volksgesundheit, der Wirtschaft und der Kultur. Jedoch litt die M. noch an »Kinderkrankheiten«, etwa an einer zu engen Verbindung mit dem Kolonialwesen und am Europäismus. Manche Werte, die sich vorfanden, wurden ahnungslos geschädigt, so der Stammeszusammenhang durch die Gründung von Christendörfern und die Betonung der Individual-M. Was auf diese Weise entstand, war ein Christentum weithin europäischen Gepräges. In Predigtweise, Schulwesen, Schrifttum, Kunst gab Europa den Ton an. 1914 waren in A. bereits 2,6 Mill. Katholiken.

3. Der *erste Weltkrieg*, der trotz der Kongoakte nach A. übertragen wurde und Neger auf die Kriegsschauplätze Europas führte, brachte Rückschläge. Nicht weniger als 281 katholische Missionare wurden ausgewiesen. Schlimmer noch war der Verlust an Ansehen, den die Weißen und damit die Christen erlitten. Nach dem ersten Weltkrieg hörten die Schwierigkeiten nicht sofort auf. Jahrelang noch wurden katholische deutsche Missionare ferngehalten. Aber dann setzte ein kaum vorstellbarer Aufschwung ein, und es wurde mit einer unerhörten Intensität missioniert. Die Zahl der Missionare stieg ständig, ebenso die ihrer Helfer, der einheimischen Priester und der Kirchensprengel. 1928 zählte man 134 Sprengel, von denen 16 der orientalischen Kongregation und 118 (3 Bistümer, 69 apostolische Vikariate, 40 apostolische Präfekturen, eine Prälatur nullius und 5 »Missionen«) der Propaganda unterstanden. Ein Fortschritt war auch die Errichtung der Delegaturen von → Süd-A. (1922), Eritrea und → Äthiopien (1928), → Belgisch-Kongo (1929) und Britisch-Ost- und West-A. (1930). An Katholiken zählte man 1924 in Gesamt-A. 4015322, darunter in den Propagandagebieten 2704149. Auf Nord-A. entfielen rund 1 Mill., auf Mittel-A. 1181077, auf Süd-A. 281352, auf Madagaskar 336219 und auf die übrigen Inseln 1335096. 1932 waren es bereits 4561000 und am Vorabend des zweiten Weltkrieges gegen 10 Mill. (1939 in den Propaganda-Gebieten 7138696). Mit Recht erklärte Pius XI.: »Die Stunde A.s ist gekommen.« Die Lage war aber nach Gebieten verschieden. In Belgisch-Kongo, Uganda, Französisch- und Britisch-West-A. ging es hervorragend. Schwieriger tat man sich in Süd-A., wo die Protestanten im Vorsprung waren.

Von einer Überwindung des Europäismus war noch keine Rede. Auch die M. mußte sich dem Druck jener Mächte beugen, die nur ihre Sprache in den Schulen zuließen, weil sie glaubten, die Afrikaner könnten nur so im Mutterboden der europäischen Kolonialmacht Wurzel fassen. Immerhin wurden die Bibel oder Bibel-Teile in afr. Sprachen übersetzt (→ Bibelübersetzungen: VII) und viele andere religiöse Bücher in afr. Sprache herausgegeben. 1935 trat der Delegat von Belgisch-Kongo für eine Verwendung der einheimischen Kunst ein. Bemerkenswerte Ereignisse waren außer der Weihe Cidané Cassas zum Bischof für die katholischen Kopten in Eritrea (1930) die Ernennung (1938) Fayes CSSp zum apostolischen Präfekten von Ziguinchor (Senegal) und die Weihe der ersten einheimischen Bischöfe (1939) Dr. J.Kiwanuka (Uganda) und Dr. Ramarosandratana (Madagaskar).

Im *zweiten Weltkrieg* war A. der »friedlichste Erdteil der Welt«. Verschont blieben aber A. und die M. keineswegs. Man denke an finanzielle Schwierigkeiten der M., an die Internierung und Umgruppierung vieler Missionare und an den mangelhaften Nachschub. Gerade deswegen war der Zuwachs an Negerpriestern von größtem Wert. Allein in den M.en der Weißen Väter zählte man 1939 173 einheimische Priester.

4. *Seit dem Ende des zweiten Weltkrieges* herrscht eine völlig neue Situation. Die Entwurzelung der Neger und

die Auflösung ihrer Kulturen, namentlich die Lösung der alten Bindungen, schreiten fort (→ Afrika: I). Immer mehr steigen bei den Einheimischen das Selbstbewußtsein, die Antipathie gegen die Weißen und das Verlangen nach Selbständigkeit (Mau-Mau-Bewegung!). Dem steht auf der anderen Seite die Apartheidspolitik und ähnliches gegenüber. Jedenfalls geht der Kolonialismus (→ Kolonialpolitik) dem Ende entgegen. Dazu kommt eine industrielle und geistige Entwicklung, die so schnell vor sich geht, daß sich der Neger das Neue nicht organisch aneignen kann. Geradezu unheimlich ist der → Säkularismus (: II), der keine Beziehung zur Welt jenseits der irdischen kennt. Alles ist im Abbruch und Umbruch. Begreiflich, daß es die M. schwer hat, immer den rechten Kurs durch die bewegte und klippenreiche See zu steuern und zu halten. Begreiflich auch, wenn Rückfälle ins Heidentum vorkommen, sich hier und dort Zersetzungserscheinungen zeigen und sich »unabhängige Kirchen« bilden. Auf der anderen Seite sind die Errichtungen neuer Delegaturen (Franz.-West-A. in Dakar [→ 2 A 1] 1948) und der ordentlichen Hierarchie in Süd-A. (1951), in Ost-A. (1953), Südrhodesien (1955), Franz.-A. (1955) sowie die Ernennung des Erzbischofs Gouveia von Lourenço Marquez zum Kardinal zu beachten. Die Zahl der Missionare hat sich vermehrt, ebenso die der einheimischen Priester und Helfer. Hinzuweisen ist ferner auf den Ausbau der Presse (Tageszeitungen in Belgisch-Kongo und Madagaskar), die Heranziehung der Laien zur M.sarbeit, die Einführung christlicher Gewerkschaften und ähnlicher Verbände, die Rührigkeit auf sozialem Gebiet (P.Huss in Süd-A.). Im Jahre 1949 gab es in A. 187792000 Einwohner, darunter 14095200 Katholiken (7%), und in den Propaganda-Gebieten 11016099 Katholiken (mit 1096 einheimischen und 6366 fremden Priestern). Die Katholiken verteilten sich aber sehr ungleichmäßig: im Westen sind es 1499959, im Zentrum 4455929, im Süden 1048282 und auf den Inseln 1113999. Heute dürfte es in Gesamt-A. fast 22 Mill. Katholiken geben. Schon wachsen den Missionaren ihre Erfolge über den Kopf, und viele können nur noch an die seelsorgerliche Betreuung der Katholiken, nicht mehr an die eigentliche M. denken. Bei den Bekehrten handelt es sich fast nur um Neger, nicht um Inder und Semiten, außerdem fast nur um Angehörige primitiver Religionen, nicht um Mohammedaner und Hindu. Große Schwierigkeiten bereiten das Schwarz-Weiß-Problem (→ Rasse: III), die Mischlingsfrage, der industrielle Ausbau, das moderne Massenmenschentum, die steten Wanderungen. Eine Wiederkehr des alten A. ist unmöglich. Es gilt, aufgeschlossen zu sein für das Neue, das Gott und sein Geist in A. zu wirken vorhat und beginnt, und die Bevölkerung so in die Zukunft zu geleiten, wie es ihrer Art und der neuen Zeit gerecht wird.

Bibliographien über die A.-Mission: Bibliotheca Missionum, Bd XV–XX; Bibliografia missionaria, Rom 1934ff. Überblicke über die Gesch. der kath. A.-M. in den missionsgeschichtl. Handbüchern von DESCAMPS, MONTALBAN, SCHMIDLIN, LATOURETTE, GROVES und RICHTER. – L.BETHUNE, Les Missions catholiques d'Afrique, 1889 – FR.SCHWAGER, Die M. im afr. Erdteil, 1908. Eine neuere Geschichte der kath. A.-M. gibt es nicht. – Zur Geschichte der afr. M.en einzelner Gesellschaften und Gebiete: A.BOUDOU, Les Jésuites à Madagascar au XIXe siècle, 2 Vols, 1942 – G.GOYAU, La Congrégation du Saint-Esprit, 1937 – P.LESOURD, Les Pères Blancs, 1935 – J.B.PIOLET, Les missions catholiques françaises au XIXe siècle, Tome II. IV. V., o.J. – M.L.E.LOUVET, Les Missions catholiques françaises au XIXe siècle, 1898. – Außerdem: H.DUBOIS, Le Répertoire Africain, 1932 – J.BECKMANN, Die kath. Kirche im neuen A., 1947. – Statistisches Material in: Annuario Pontificio, Missiones Catholicae. *Th.Ohm*

Afrikanistik

1. Die Anfänge – 2. Die Pygmäen-Buschmänner-Frage – 3. Die Frage der Kulturkreise: a) Die eurafrikanischen Kulturen – b) Die nigritischen Kulturen – c) Die jungsudanischen und rhodesischen Kulturen – 4. Die sozialanthropologische Richtung

1. Die wissenschaftliche Afrikanistik beginnt mit den Arbeiten von Schurtz über das afrikanische Wurfmesser und die Negertrachten, denen später eine Übersicht des afrikanischen Gewerbes folgte. Beiden Untersuchungen fehlt noch ein genauerer Einblick in die zeitliche Schichtung der Kulturphänomene, den erst F.Ratzel, L.Frobenius, und B.Ankermann gewannen. Die von F.Ratzel in seinen Arbeiten über die afrikanischen Bogen vertretene »Migrationstheorie« griff L.Frobenius an. Doch wurde sein Werk wegen methodischer Schwächen und ungezügelter Polemik von der Fachwelt abgelehnt, bis Ankermann 1904, an die Frobenius-Ratzelschen Aufstellungen anknüpfend, in einer Zusammenschau die »Kulturkreise« Afrikas formulierte und ihre zeitliche Folge anzugeben suchte. Später wurden Ankermanns Aufstellungen besonders von der Wiener kulturhistorischen Schule mit P.W.Schmidt und P.W.Koppers im engen Zusammenhang eines weltumspannenden Kulturaufbaues aufgenommen.

L.Frobenius ging seine eigenen Wege, auf zahlreichen Expeditionen Material und Erfahrungen sammelnd und in eigenwilliger Weise verarbeitend. Er, der sich zunächst vornehmlich mit den afrikanischen Kulturschichten befaßte, schritt in seinen letzten Jahren gleichfalls zur Aufstellung weltweiter Kulturkreise, nahm aber dabei auf ihre Träger, die Völker, ebensowenig Rücksicht wie P. W.Schmidt. Was die orthodoxe Kulturkreislehre betrifft, so machte sich frühzeitig eine gewisse Stagnation bemerkbar; und obwohl jedermann wußte, daß die Kulturkreisaufstellungen B.Ankermanns in ihrer alten Form nicht mehr recht haltbar waren, fand sich vor H.Baumann (1936) doch niemand, der die ganze Frage entscheidend gefördert hätte. Einzig und allein auf dem Gebiete der Pygmäen-Buschmänner-Forschung war ein gewisser Fortschritt zu verzeichnen. Auch eine Reihe von Einzeluntersuchungen über einzelne Kulturelemente, die vor allem ihre Verbreitung feststellen sollten, half nicht über diesen Zustand hinweg. So gewöhnte man sich daran, Afrika als einen Sonderfall anzusehen, und behielt mangels einer besseren die alte Kulturkreiseinteilung resigniert bei.

2. Die ältere A. hatte die *pygmäische Kultur* Afrikas recht dilatorisch behandelt. Es ist ohne Zweifel ein Verdienst P. W.Schmidts, die Pygmäenforschung weitgehend unterstützt zu haben; und Männern wie P.P.Schebesta, P.P.Schumacher, P.M.Gusinde und P.H.Trilles ist, was die Kenntnis des Materials anbelangt, vieles zu verdanken. Aber die Forschungsergebnisse fielen anders aus, als es P.W.Schmidt erwartet hatte (P.F.Bornemann). Für P.W.Schmidt stand zB die ursprüngliche Einheit der afrikanischen Pygmäen und der südafrikanischen Buschmänner fest. Nach den neueren Forschungsergebnissen gehören aber die Buschmänner einer ganz anderen Kultur an (W.Hirschberg). Eine Steinzeit läßt sich bei den Pygmäen nicht erweisen wie bei den Buschmännern, es fehlen die bei diesen bekannten Felszeichnungen und Malereien. Ein großer Teil der Kulturgleichheiten zwischen Buschmännern und Pygmäen erklärt sich aus der gleichartigen Wirtschaftsform.

3. a) In den Buschmännern steckt, wie gerade in der letzten Zeit erkannt wurde, eine Reihe verschiedener Rassenelemente, darunter auch europäider, die die Aufstellung eines Kulturkreises hellfarbiger Jägervölker wesentlich erleichtert. Man nennt diesen die *eurafrikanische Steppenjägerkultur*. Träger dieser Kultur sind zunächst die Buschmänner, dann auch die von L.Frobenius so benannte »Mahalbi-Kultur«, ferner gewisse Jägervölker Ost- und Nordostafrikas. Die vielen Ähnlichkeiten, die

die Steppenjägerkultur und die Pygmäenkultur trotz grundsätzlich verschiedener Artung aufweisen, dürfte am ehesten mit der Annahme zu erklären sein, daß am Rand des nördlichen Kongowaldes früher einmal Pygmäen und eurafrikanische Jäger, vielleicht sogar direkt Buschmänner, zusammenwohnten und sich beeinflußten (H.Baumann). Weltanschaulich lassen sich auch in einer anderen Kultur gewisse Gemeinsamkeiten mit der Steppenjägerkultur erkennen: in der Kultur der *großviehzüchterischen Osthamiten*. Als Konnex mit der Jägerkultur zeigen sich bestimmte Sonnenkulte und -mythen (→ Sonne), Wasserraub- und Jahreszeitmythen bestimmter Prägung. Die »Lebende-Leichnam-Idee« (→ Tod: I) und Aussetzung als Folgeerscheinung sind offenbar im Bereich beider Kulturen heimisch.

b) Die drei oben genannten Kulturen mit hellfarbigen Rassen als Trägern heben sich scharf vom Negertum ab, mit dem die eigentlichen *nigritischen Kulturen* verbunden sind. H.Baumann unterscheidet unter den eigentlich nigritischen Kulturen 1. die mutterrechtliche Mittelbantukultur und 2. die mit ihr stammverwandte, aber im Urwald abgewandelte und mit altnigritischen und pygmäischen Elementen durchsetzte hyläische oder Urwaldkultur. Dann gibt es noch 3. die vaterrechtliche altnigritische Kultur, die besonders gut erhalten ist in den Binnenländern des Sudan, im inneren Ostafrika und teilweise auch im Süden. Innerhalb dieser Kultur ist noch eine »nilotische Variante« zu unterscheiden, die, mit hamitischem Kulturgut verschmolzen, sich in sekundärer Ausbreitung über die ältere Form von Norden nach Süden erstreckt hat. Wir finden in dieser Kultur Reste sowohl der Steppenjägerkultur als auch älterer Mittelmeer-Hochkulturen. Was die nilotische Variante betrifft, so hat W.Schilde in Auseinandersetzung mit H.Baumann eine nilotische Kultur mit selbständiger Existenz aufzustellen versucht und diese Kultur als ein in sich recht geschlossenes Gebilde ohne fremde Bestandteile interpretiert. Andererseits stimmt er dem zu, daß H.Baumann den nilotischen Kulturstrom als einen von Osthamiten überschichteten der Altnigritier erklärt.

c) Eine bedeutende Forschungsaufgabe für die heutige A. ist es, größere Klarheit über die Bedeutung der Hochkulturen für die »Primitivkulturen« zu erzielen. (Wesentliche Ansatzpunkte bei P.Schebesta und H.Baumann). In diesem Zusammenhang spielen die sog. *neu- oder jungsudanischen Kulturen* eine entscheidende Rolle. Diese Kulturen tauchen im Bereich alter Hochkultureinflüsse auf, und man kann sie als alte Kolonialkulturen betrachten. Jedenfalls kommt ihnen in der alten Kolonialgeschichte Afrikas eine große Bedeutung zu. Hier geht es um Beziehungen zu den alten orientalischen Kulturen, zu Arabien, Syrien, dem Zweistromland, Indien und Altägypten.

Als ein Gegenstück der neusudanischen Kultur erscheint die *rhodesische Kultur*, (P.Schebesta: Simbabwe-Kultur), die ihre Ableger einerseits bis nach Loango im Westen, anderseits bis nach Uganda im Norden vorgeschoben hat. Als Mutterland dieser Kultur kommt eine alte orientalide, am Indischen Ozean beheimatete Völkerwelt in Betracht, die in gewisser Beziehung auch auf große Teile der jungsudanischen Kultur eingewirkt hat. Das alte Reich Monomotapa war ein Kulminationspunkt, wenn nicht sogar der Ausgangspunkt der Kultur. Das Gottkönigtum (→ Königtum, sakrales) mit allem dazugehörigen Ritual ist hier maßgebend, außerdem sind lunare Beziehungen erkennbar. Hier finden sich Mythen von Dynastiegründern mit Heilbringer-Zügen. Der Urahn als Feuerbringer wird erster König, und der entzündete Brand ist das heilige → Feuer, das Staatsfeuer. Die jungsudanische Mythologie zeigt oft charakteristische Motive einer gesellschaftlichen Differenzierung. Sippengöttersysteme tauchen auf, dazu eine Unzahl von Tätigkeits- und → Naturgottheiten, die den Himmelsgott (→ Himmel: I) in den Hintergrund drängen. Die königlichen Urahnen entstammen der Gottesfamilie und erleben oft jene Schicksale, welche die nordländischen und orientalischen Helden auszeichnen. Aus dem Mittelmeerbereich gelangten zahlreiche Elemente in den Sudan, die zumeist über die vorislamischen Berber hinweg den westlichen Sudan vom Senegal bis zum Tschadsee und darüber hinaus beeinflußten (L.Frobenius, H.Baumann). Auffallend stark sind die Einflüsse Altägyptens im zentralen Sudan, die von P.A.Talbot, C.K.Meek und M.Delafosse wissenschaftlich erhellt wurden. Die Länder am oberen Nil und Nigeria sind reich an mythischen Beziehungen zu Altägypten: die Korngottidee, Sonnengottheit, der widderköpfige Schöpfergott, Welteltern- und Urgewässermythen (→ Schöpfung: I) usw. – Die französische Schule unter M.Griaule hat bedeutende Forschungen im Nigergebiet geleistet und gezeigt, daß hier antikes Gedankengut – afrikanisch abgewandelt – in erstaunlicher Frische erhalten blieb. Afrika ist gerade in seiner Umklammerung durch Hochkulturen eines der interessantesten Studienobjekte der Ethnologie.

Schließlich ist noch auf islamisch-jungarabische Kultureinflüsse hinzuweisen und auf die moderne europäische Kolonisierung, die ein altes, Afrika längst vertrautes Thema wieder aktualisiert haben. Die persisch-indisch-arabische Mischkultur an der Ostküste Afrikas ist von W.Hirschberg neu behandelt und kulturhistorisch dargestellt.

4. Die amerikanische und insbesondere die angelsächsische afrikanistische Forschung ist im allgemeinen aus einer soziologisch-funktionalistischen Richtung innerhalb der Völkerkunde hervorgegangen und übt eine scharfe Kritik an der heutigen afrikanistischen Kulturkreislehre. Diese angelsächsische *»sozialanthropologische« Richtung* – E.Evans-Pritchard, D.Forde, M.Fortes und S.Nadel u.a. – interessiert sich ihrerseits vornehmlich für eine regionale Feldforschung, wobei vor allem die aktuellen sozialen Prozesse, das strukturelle Gefüge und das funktionale Ineinandergreifen der einzelnen Kulturzüge in ständiger Anpassung an die Umwelt berücksichtigt werden.

Zu 1: F.Ratzel, Die geograph. Verbreitung des Bogens und der Pfeile in Afrika, 1887 – Ders., Die afr. Bögen, 1891 – H.Schurtz, Wurfeisen der Neger, 1889 – Ders., Die geograph. Verbreitung der Negertrachten, 1891 – Ders., Das afr. Gewerbe, 1900 – L.Frobenius, Ursprung der afr. Kulturen, 1898 – Ders., Atlas Africanus, 1922 – Ders., Kulturgeschichte Afrikas, 1933 – B.Ankermann, Kulturkreise und Kulturschichten in Afrika (ZE 37, 1905, 54-90) – W.Schmidt-W.Koppers, Gesellschaft und Wirtschaft der Völker, 1922 – UdG IV. VI (passim); VII, 3-605. 791-826; VIII, 1-714; XII, 761-899.

Zu 2: H.Trilles, Les Pygmées de la forêt équatoriale, 1932 – W.Hirschberg, Gibt es eine Buschmannkultur? (ZE 65, 1933, 119 bis 136) – Ders., The Problem of relationship between Pygmies and Bushmen (Africa 7, 1934, 444-451) – W.Immenroth, Kultur und Umwelt der Kleinwüchsigen in Afrika, 1933 – P.Schebesta, Vollblutneger und Halbzwerge, 1934 – Ders., Die Bambutipygmäen vom Ituri I-III, 1948-50 – P.Bornemann, Die Urkultur in der Kulturhistorischen Ethnologie, 1938 – Ders., Zum Form- und Quantitätskriterium (Anthropos 33, 1938, 614-650) – M.Gusinde, Urwaldmenschen am Ituri, 1948 – P.Schumacher, Die Kivu-Pygmäen, 1949/50.

Zu 3: C.K.Meek, The Northern Tribes of Nigeria, 1925 – Ders., Tribal Studies in Northern Nigeria I. II, 1931 – P.Schebesta, Die Zimbabwe-Kultur in Afrika (Anthropos 21, 1926, 484-545) – W. Schilde, Ost-westliche Kulturbeziehungen im Sudan (Mem. K. Weule, 1926, 149-179) – Ders., Die Völker und Rassen am oberen Nil (Festschr. O.Reche, 1939, 408-419) – Ders., Kulturen mit europäischem Einschlag in Afrika (WBKL 5, 1943, 177-188) – G.Spannaus, Historisch-kritisches zum Hamitenproblem in Afrika (Mem. K. Weule, 1926, 181-195) – P.A.Talbot, The Peoples of Southern

Nigeria I-IV, 1927 - DERS., Tribes of the Niger Delta, 1932 - W. HIRSCHBERG, Die arabisch-persisch-indische Kultur an der Ostküste Afrikas (Mitt. d. Anthr. Ges. Wien, 1931, 269-284) - DERS., Asiatische Kultureinflüsse an der Ostküste Afrikas (Kol. Rundschau 34, 1943, 49-57) - L.FROBENIUS, Erythräa, 1932 - H.BAUMANN, Schöpfung und Urzeit des Menschen im Mythos der afr. Völker, 1936 - DERS., Afrikanische Wild- und Buschgeister (ZE 70, 1938, 208-239) - DERS., Völkerkunde von Afrika, 1939 - M.GRIAULE, Masques Dogons, 1938 - DERS., Dieu d'eau, 1949 - S.LAGERCRANTZ, Contribution to the Ethnography of Africa, 1950.

Zu 4: E.EVANS-PRITCHARD, The Nuer, 1940 - D.FORDE, Habitat, Economy and Society, 1942 - M.FORTES, The Dynamics of Clanship among the Tallensi, 1945 - S.NADEL, The Nuba, 1947.

Weiter die laufenden Artikel in: »Africa«, »African Abstracts«, »African Studies«, »Anthropos«, »Journal of the African Society«, »Journal of the Royal Anthropol. Inst.«, »Journal de la Société des Africanistes«, »Man«, »Sudan Notes and Records«, »Tanganyika Notes and Records«, »Uganda Journal«. - Ausführliche Lit.-Ang. über Afrika (ab 1932) in »Bibliographie Ethnogr. du Congo Belge«, Tervueren. - Vgl. auch die Lit. unter → Äthiopien: III, → Afrika südlich der Sahara: I. II, → Ethnologie, → Nordafrika: II.

H.Tegnæus

Agape, Chione und Irene, Märtyrerinnen aus Thessalonich. A. und ihre zwei Schwestern wurden i.J. 304 bei der diokletianischen Verfolgung verbrannt. Überliefert ist ein griechisches Martyrium, das vielleicht auf die echten Prozeßakten zurückgeht.

Text: P.FRANCHI DE' CAVALIERI (StT 9), 1902; R.KNOPF, Ausgewählte Märtyrerakten, 1929³. - H.DELEHAYE, Étude sur le Légendier Romain, 1936, 151ff. 227ff.

F.Paschke

Agapen (*Liebesmähler*). Das urchristliche → Abendmahl (: I) ist anfangs eine sättigende Mahlzeit, die zur Zeit der antiken Hauptmahlzeit stattfindet (1Kor 11, 21). Unter diesen Umständen hat die Feier zwar zunächst gottesdienstliche Bedeutung, ist aber zugleich eine Hilfe für die Armen: man erwartet von den Besitzenden, daß sie mehr mitbringen, als sie selbst brauchen (aus dem Judenchristentum ist vielleicht Apg 6, 1ff zu vergleichen). Der Name A. ist somit sinnvoll; er wird vom Ende der Apostelzeit an für das Abendmahl gebraucht, ohne sich freilich allgemein durchzusetzen (bes. deutlich IgnSmyrn 8, 2; ferner Jud 12; kaum 2Petr 2, 13). In der Hafenstadt Korinth kommt es zu einer radikalen Verweltlichung (1Kor 11, 21: ,»einer ist hungrig, der andere trunken«: die Wohlhabenden warten nicht auf die Werktätigen 11, 33). Paulus empfiehlt deshalb, sich beim Abendmahl auf ein angedeutetes Essen zu beschränken (11, 22); der gottesdienstliche Zweck der Feier ist wichtiger als der soziale. Wir wissen nicht, ob der Vorschlag des Apostels in Korinth verwirklicht wird; allgemein setzt er sich zunächst nicht durch (Did 10, 1). Aber im 2.Jh. wird das Abendmahl überall zu einem nur angedeuteten (sozusagen sinnbildlichen) Essen (Justin 1. Apol 67, 5), vielleicht weil die Gemeinden größer werden; die Feier ist gleichzeitig mit dem Wortgottesdienste vereinigt. Jetzt wird A. der Name außergottesdienstlicher Mahlzeiten, die den Notleidenden dienen sollen, im Morgenlande wie im Abendlande, freilich wiederum ohne sich allgemein durchzusetzen. Um 200 geben anschauliche Schilderungen → Clemens von Alexandrien (Päd. II, 1-8), → Hippolyt von Rom (Kirchenordnung 47-52; Till-Leipoldt, TU 58, 1954), die passio Perpetuae (17: A. im Gefängnis), → Tertullian (zB Apol 39). Man lädt zB Witwen zu einer A. ein. Wichtig scheint, den kirchlichen Charakter der A. sicherzustellen. Sie können in der Kirche gehalten werden (dies erst vom 4.Jh. an verboten). Wenn möglich, soll der Bischof oder ein Presbyter oder Diakon zugegen sein. Dann ist also öfters Gelegenheit, A. und Abendmahl zu verbinden. Beim Tischgebete soll dessen gedacht werden, der die A. stiftete. Niemand soll mehr essen, als bis er gerade satt ist. Zuweilen sind Katechumenen (→ Katechumenat) zugegen: dann ist mit der A. keine Abendmahlsfeier zu verbinden; man gibt den Taufbewerbern »Exorzismus-Brot«. Die A. verschwinden allmählich, als die Massen in die Kirche strömen; um der wachsenden Zahl der Notleidenden zu helfen, müssen andere Mittel ergriffen werden. Letzte Erwähnung der A. im 74. Kanon des Trullanum (692).

H.ACHELIS, Das Christentum in den ersten 3 Jh.en II, 1912, 78f - G.P.WETTER, Altchr. Liturgien II, 1921 - K.VÖLKER, Mysterium und Agape, 1927 - RGG² I, 143f - D.TAMBALLEO, Le Agapi, 1931 - B. REICKE, Diakonie, Festfreude u. Zelos in Verbindung mit der altchristl. A.feier (UUA 1951, 5).

J.Leipoldt

Agapet I., *Papst* 13.(?) 5.535 bis 22.4.536, Römer, erreichte in Konstantinopel, daß der monophysitische Patriarch → Anthimus zurücktrat und → Justinian ein der Formel des → Hormisda nachgebildetes Glaubensbekenntnis vorlegte. Sein plötzlicher Tod verhinderte einen dauerhaften Erfolg.

RE I, 237f - CASPAR II, 221ff - HALLER I, 262ff.

K.Treu

II., *Papst* 10.5.946 bis Dez. 955, wahrte trotz Abhängigkeit von Alberich (952 Weigerung A.s, → Otto I. in Rom zu krönen) die päpstliche Autorität. Er schlichtete Streitigkeiten in Frankreich (Synode von Ingelheim 948), bestätigte dem Bistum → Hamburg (: I) die dänischen Suffraganbistümer und stimmte 955 der Erhebung Magdeburgs zum Erzbistum zu (Durchführung 968).

JAFFÉ I, 459ff - R.HOLTZMANN, Gesch. der sächsischen Kaiserzeit, (1941) 1955³.

L.Buisson

Agapios, »der Mönch« (monachos), † um 1660, Wandermönch aus Kreta, noch nachwirkender, neugriechisch schreibender Erbauungsschriftsteller.

RE I, 239ff.

W.Maurer

Agathangelos heißt der Kompilator (oder seine Vorlage?) eines zu Beginn des 5.Jh.s verfaßten armenischen Lebens des Hl. → Gregors des Erleuchters, in das zahlreiche Legenden und Geschichten eingeschoben sind, die u.a. die Befreiung → Armeniens (: I) von der persischen Macht und die Bekehrung Armeniens zum Christentum beschreiben. A. will die Unabhängigkeit der armenischen Kirche von Byzanz, betont aber die griechischen Einflüsse vor den syrischen und rühmt Etschmiadzin als Zentrum der hellenistisch-christlichen Kultur.

V.LANGLOIS, Collection des historiens anciens et modernes de l'Arménie, 2 Bde, Paris 1867-69 - A.v.GUTSCHMID, Kleine Schriften III, 1892,339 - E.GARITTE, La tradition manuscrite de »l'Aganthange« grec (RHE 37, 1941, 190) - DERS., Documents pour l'étude du livre d'Agathange (StT 127), 1946 - P.PEETERS, S.Grégoire l'Illuminateur dans le calendrier de Naples (AnBoll 60, 1942, 91) - DERS., Le tréfonds oriental de l'hagiographie byzantine (Subsidia hagiographica 26), Brüssel 1950. - Vgl. die Lit. bei → Armenien: I.

R.P.Casey

Agathe, *die Heilige,* adelige Jungfrau, erleidet in Catania (Sizilien) unter Decius den Märtyrertod († 251?). Die legendarische Heilige gilt als Patronin der Jungfrauen, Hirtinnen, Glockengießer, als Feuer- und Wetterheilige. Attribute: Palme, Zange oder Schüssel mit abgeschnittenen Brüsten. Bedeutendste Darstellung in der Agathakirche zu Cremona (Chor) und in der Kirche zu Mersch, Krs. Jülich (Hochaltar). Tag: 5.2.

AS Febr. I, 595ff - POTTHAST, II, 1142 - AnBoll 68, 58ff - LThK I, 126f - P.ALLARD, Histoire des persécutions II, 1881, 301 - CH.ROHAULT DE FLEURY, Les Saints de la Messe, Paris 1893-99, Pl. II, 1ff - KÜNSTLE II, 37ff - DOYÉ I, 26 - BRAUN, TA 37ff.

H.Paulus

Agatho, *Papst* 27.6.678 bis 10.1.681, faßte die Kirche Petri auch als Band der christlichen Staatenwelt auf. A.s Lehrbrief gegen die Monotheleten (→ Christologie: II) wurde vom 6. ökumenischen Konzil 680/81, das den Papst Honorius I. verdammte, anerkannt. Unter A. appellierte zum ersten Mal ein Bischof aus England (Wilfrith von York) gegen den Metropoliten an den Papst, dessen Entscheidung am englischen König scheiterte.

JAFFÉ I, 238 ff; II, 741 - CASPAR II, 592 ff. 684 ff. *L.Buisson*

Agende

1. Allgemeines - 2. Geschichtliches - 3. Grundsätzliches

1. »Agenda« (fem.) bezeichnet die Vorschriften für den Gottesdienst (so Konzil zu Karthago 390 und → Benediktinerregel) und ist dann später auch Name von Büchern mit Gottesdienstordnungen, und zwar zunächst solchen für Kasualien (Titel zB Agenda sive Benedictionale oder sive Exsequiale Sacramentorum oder auch - so noch Konstanz 1670 - Agenda seu Obsequiale simul ac Benedictionale), entsprach also im wesentlichen den heutigen »Ritualien« der römischen Kirche. Während der Name dort ausstarb (letztmalig vielleicht »Agenda für das Bistum Münster« 1712), hat er sich auf deutschem ev. Boden immer mehr durchgesetzt, seitdem die Kirchenordnung Herzog Heinrichs zu Sachsen 1540[2] den Namen Agenda übernommen und Veit → Dietrich 1545 sein »Agend-Büchlein für die Pfarrherrn auf dem Lande« herausgegeben hatte. Zum Teil bildeten die A.n ein geradezu als »Agenda« bezeichnetes Stück der Kirchenordnungen, doch kommen auch die Namen Handbuch, Kirchenhandbuch oder Kirchenbuch vor (Lübeck, Schleswig-Holstein). Im 16. und 17.Jh. waren in einzelnen ev. Gemeinden auch noch nach mittelalterlichem Vorbild kunstvoll auf Pergament geschriebene A.n in Gebrauch, ja, in ev. Horengottesdiensten wurden sogar kath. liturgische Codices, entsprechend geändert und ausgewählt, weiterbenutzt. In Skandinavien kennt man statt A. die Synonyme für Kirchenhandbuch, in England entspricht in der Staatskirche der A. das → Common Prayer Book, in der reformierten Schweiz und in den → Katholisch-apostolischen Gemeinden heißt sie »Liturgie« bzw. »Liturgie der Kirche«, in der Brüdergemeine, wo sie auch die Gemeinde benützt, »Liturgienbuch«.

2. Die *Geschichte* der A.n spiegelt die Geschichte des ev. → Gottesdienstes (: V B, 2) wider und ist also im Zusammenhang mit dieser zu behandeln. Zu beachten ist, daß die A.n wie die agendarischen Anhänge von Gesang- und Andachtsbüchern nicht ohne weiteres als Quelle für den wirklichen Gottesdienstverlauf und -brauch zu bewerten sind, da manches u.U. aus älteren Drucken ungeprüft übernommen wurde, oft auch entweder nur als Vorschlag gedacht war oder, wenn als bindend gemeint, dennoch oft nur Wunsch blieb. Für die Forschung sind also die bisweilen sehr deutlichen Gebrauchsspuren, die handschriftlichen Eintragungen und die außer-agendarischen Quellen von größter Bedeutung. In Gesangbüchern wurden neben Übersichten über die Perikopen und die zugehörigen Lieder an agendarischem Stoff vor allem der Wortlaut der Perikopen und die üblichen Kollekten, seltener ganze Gottesdienstordnungen (selbst längst außer Gebrauch gekommene) abgedruckt.

Bei der Gruppierung der A.n geht man statt von ihrer konfessionellen Zuordnung besser vom Zusammenhang der in ihnen jeweils vertretenen Gottesdienstformen mit denen der *römischen* Kirche - der Messe und dem Predigtgottesdienst des Mittelalters - aus. Denn mit Ausnahme des Zwinglischen Abendmahls sind zwar die an die Missa Romana anklingenden Ordnungen *nie* reformiert, wohl aber die dem kath. Predigtauftritt ähnelnden teils lutherisch (zB Württemberg, Frankfurt a.M.), teils reformiert, teils konfessionell vermittelnd (Straßburg). Auch darf nicht übersehen werden, daß lutherische Kirchenordnungen oder A.n neben dem sog. Hauptgottesdienst im Anschluß an das Meßschema zahlreiche Predigtgottesdienste nach dem Vorbild des Predigtauftritts oder in Verbindung mit ev. Mette oder Vesper enthalten. Da auch der *völlige* Verzicht auf das Meßschema die Billigung Luthers fand (Frankfurt a.M.), geht die konfessionelle Linie mitten durch die sonstige Eigenart der alten ev. A.n hindurch. - Natürlich ist auch die Gestaltung von Taufe, Trauung usw bzw. die Übernahme bestimmter Vorbilder für sie für die alten A.n und A.ngruppen charakteristisch, ebenso die Form von »Vermahnungen«, zB bei der gottesdienstlichen Fürbitte oder vor dem Abendmahl. Die Übernahme von Gebeten aus einer A. in eine andere ist kirchengeschichtlich lehrreich für die Zusammenhänge zwischen einzelnen Stadt- und Landeskirchen oder für den Einfluß führender Persönlichkeiten auf die agendarischen Ordnungen ihres Wirkungskreises. Hier bestehen noch vielerlei Forschungsaufgaben. Das Gebetsgut der *lutherischen* A.n ist gekennzeichnet durch Übernahme einer größeren Zahl von Kollekten aus der römischen Messe oder nach ihrem Schema neu gebildeter Gebete; *beide* ev. Konfessionen zeigen namentlich im 17.Jh. eine betrüblich unev. Weitschweifigkeit und Länge der großen Kirchengebete.

Während in der Zeit des Pietismus noch verhältnismäßig viele A.n in der bisherigen Art aufgelegt wurden, brachte die Aufklärung neben vielen liturgischen Reformvorschlägen einzelne auch völlig im Geist und der Form der Zeit umgestaltete A.n., nicht ohne erheblichen Widerspruch der dadurch Vergewaltigten. Aber auch die mit Friedrich Wilhelms III. A.nreform 1816 einsetzende Gegenbewegung führte zu (noch schwereren) kirchlichen Kämpfen. Doch setzten sich die amtlichen A.n durch, und auf dem Hintergrund der vorangegangenen Kämpfe und weitgehender wissenschaftlicher Forschungen und praktischer Reformbemühungen wurde das 19.Jh. eine Zeit strenger Bindung an die A.n, ja geradezu agendarischer Gesetzlichkeit, mindestens in Preußen, Sachsen, Bayern, Baden, und zwar bis in die Anfänge des neuen Jh.s hinein.

3. Schon der Apostolikumstreit von 1894/95 (→ Apostolikum: II) zeigte den Widerspruch gegen den A.nzwang. Im 20.Jh. kam es in den ersten Jahrzehnten, getragen vom Individualismus und der damals »modernen Theologie«, weithin zu einem Kompromiß, unter dessen Herrschaft zwar die gültigen agendarischen Ordnungen in ihrer äußeren Form meist erhalten blieben, aber die einzelnen agendarischen Stücke privaten A.n und Kirchenbüchern entnommen wurden, wobei ein Werk wie das von J.Smend auch wertvolles älteres Gut, namentlich der Reformationszeit, wieder zur Geltung brachte. Die grundsätzliche Frage, wie das liturgische Recht der Einzelgemeinde, die theologische und liturgische Erkenntnis des jeweiligen Pfarrers und die ordnende Stimme der Synoden und Kirchenleitungen miteinander in Einklang zu bringen seien, ist nach den Erschütterungen des deutschen → Kirchenkampfes und im Zeichen einer stark rückwärts gerichteten, auch in der Gesamtkirche wirksamen liturgischen Bewegung, die von den Früchten einer gegenüber dem 19.Jh. vertieften und erweiterten Forschung zehrt, noch ganz ungelöst. Auch darf nicht übersehen werden, daß die gegenwärtig amtlich geduldete oder geförderte Benutzung von A.n verschiedenster Herkunft und ungleichartiger kirchenrechtlicher Gültigkeit (offiziöse Neuausgaben auf mehr oder weniger veränderter alter amtlicher Grundlage, Privat-A.n, Arbeiten liturgischer Ausschüsse, weiterhin A.n oder A.nteile innerkirchlicher Bewegungen oder Bruderschaften wie der von Alpirsbach [→ Kirchliche Arbeit von Alpirsbach] oder von → Berneuchen, synodale Ent-

würfe im Rahmen agendarischer Vorarbeiten, »kalte« A.nreformen unter Umgehung der Synode und damit auch der Gemeinden) eine fragwürdige Vorbereitung für den erstrebten Zeitpunkt ist, an dem allenthalben amtliche A.n wieder bindenden Charakter bekommen sollen. Nur die Vereinigten Lutheraner haben – wenigstens für den Gemeindegottesdienst – dies Ziel schon annähernd erreicht; aber gerade von der Sicht des wirklichen Luther her liegt auch dort keine gültige theologische Klärung vor über das ev. ius liturgicum der Einzelgemeinde im Verhältnis zu dem der Kirche, über die Heilsamkeit von Restauration, Tradition und Uniformität, vor allem über die Erwartung, christliche Menschen der Gegenwart könnten in gewesenen und erstarrten Sprachformen besser beten und bekennen als in der von heute. Es wird hohe Zeit, daß die systematischen und praktisch-theologischen Probleme, die mit der Erneuerung der A.n verbunden sind, allseitig angefaßt werden, unbeschadet der Beunruhigung derer, denen eine geschichtliche Richtigkeit auf dem Gebiet der ev. A. genügt.

RE X, 344 ff – RGG¹ I, 224 ff – RGG² I, 145 ff – LThK I, 129f – MGG I, 137 ff – H.C.König, Bibliotheca Agendorum, 1726 – J.W.Feuerlin, Bibliotheca symbolica ev.luth., 1768 – E.Sehling, Die ev. Kirchenordnungen des 16.Jh.s, 1902ff (ebenso wie die Textausgaben neuerer A.n in den Lietzmannschen »Kleinen Texten« ohne Noten!). – Zu rationalistischen A.nstreitigkeiten s. C.F.Stäudlin, Kirchliche Geographie u. Statistik II, 1804, 404ff; zum preußischen → Agendenstreit s. die Lit. dort. – Vgl. außerdem die einschlägigen Abschnitte der ev. und kath. Lehrbücher der Liturgik und P.Graff, Gesch. der Auflösung der alten gottesdienstl. Formen in d. ev. Kirche Deutschlands I², 1937; II, 1939, sowie Leiturgia I ff (zur Systematik: P.Brunner in: I, 83-361). *W.Jannasch*

Agendenstreit. Der A. hängt eng zusammen mit der Einführung der kirchlichen → Union (: I) in Preußen, die nach dem Willen Friedrich Wilhelms III., angesichts der seit der Aufklärung verwilderten Verhältnisse, von einer Reform der Liturgie begleitet sein sollte. Sein auf straffe gottesdienstliche Ordnung gerichteter Sinn ertrug es nicht, daß »jeder unverständige Priester seine ungewaschenen Einfälle zu Markte bringt, modeln und ändern will, was die unsterblichen Reformatoren Luther und Melanchthon gemacht und angeordnet haben«. Was im Heer die Parade, das war ihm im Gottesdienst die Liturgie, deren Ordnung nach seiner Auffassung vom Kirchenregiment zu den Rechten des ev. Landesherrn gehöre. Aber schon die 1816 und 1817 aufgestellten Entwürfe erfuhren den lebhaftesten Widerspruch → Schleiermachers, der reformierten Domgeistlichkeit und des Berliner Magistrats. Der Widerstand verstärkte sich, als der König durch Kabinettsordre vom 19.2.1822 die Verteilung der Weihnachten 1821 veröffentlichten »Kirchenagende für die Königl. Preuß. Armee« an alle Geistlichen der Landeskirche anordnete. Der Einspruch richtete sich u.a. gegen die Spendeformeln, sodann gegen den katholisierenden Gesamtcharakter der Agende, die Predigt und Gemeindegesang in den Hintergrund dränge. Neben diesen dogmatischen Bedenken wandte man sich aber auch gegen das vom König in Anspruch genommene ius liturgicum als Verstärkung des → landesherrlichen Kirchenregiments. Der ausbrechende Streit wurde in einer großen Zahl von Flug- und Denkschriften ausgetragen. Der von so viel Widerspruch überraschte König griff selbst mit anonymen Flugschriften in den Kampf ein. Er glaubte, mit der Agende, die sein eigenes Werk war, auf »Vater Luther recurrieret« zu haben, indem er die Formulare der Reformationszeit studiert und – was die Gegner besonders hervorhoben – sich die von Joachim II. zZ des berüchtigten → Interims eingeführte Kirchenordnung zum Vorbild genommen hatte. Es half wenig, daß er mit Drohungen und durch Geschenke (Prachtausgaben der Agende), Titel- und Ordensverleihungen – die bei Nichtbewährung auch wieder entzogen wurden – die Opponenten gefügig zu machen suchte; es war auch nicht zu verhindern, daß der A. sich mit dem konfessionalistischen Streit um die Union verband. Das Staatsministerium war zu harten Gegenmaßnahmen entschlossen. Schleiermacher entging nur mit knapper Not einem von → Altenstein angestrengten Strafverfahren, durch das er als »bösartiger Geistlicher« aus dem Amt entfernt werden sollte. – Erst 1829 war der Hauptwiderstand durch einige Kompromißlösungen gebrochen. Vereinzelte Rückzugsgefechte änderten nichts daran, daß die Agende, wenigstens in den ostelbischen Gebieten, angenommen wurde. – Der König war bei der Durchführung seines Lieblingsplanes fraglos von besten Absichten erfüllt. Auch formal ist ihm das Recht dazu nicht zu bestreiten. Aber indem der A. dazu führte, die geplante Synodal- und Presbyterialverfassung auszuschalten – nur Westfalen und Rheinland hielten daran fest –, kam das landesherrliche Kirchenregiment zum vollen Siege. Anderseits hat der A. aber auch das liturgische Interesse neu belebt.

O.Aust, Die Agendenreformen (Diss. Breslau), 1910 – E.Förster, Die Entstehung d. Preuß. Landeskirche, 2 Bde, 1905/07 (ält. Lit.) – W.Geppert, Das Wesen d. preuss. Union, 1939 – U.Leupold, Die liturg. Gesänge d. ev. Kirche i. Zeitalter d. Aufkl. u. d. Romantik, 1933 – W.Wendland, Die Reformationsjubelfeiern in Berlin u. Brandenburg (JBrKG 15, 1917, 66-109). *K.Kupisch*

Aggrey, *James Emman Kwegyir,* * 18.10.1875 in Anamabu (Goldküste), † 13.7.1927 in New York. Mit 8 Jahren getauft, besuchte er eine methodistische Missionsschule und wurde Lehrer. 1898 ging er nach Amerika; nach Studium und Promotion war er dort 20 Jahre Lehrer am Livingstone College in Salisbury. Auf zwei Reisen 1920/21 und 1924 studierte er das Erziehungswesen in Afrika und arbeitete am Aufbau des Achimota-College (heute University College; → Goldküste) mit. Bedeutsam ist sein Eintreten für eine Zusammenarbeit zwischen Schwarz und Weiß (→ Rasse: III) und für eine umfassende Bildung der Afrikaner auf christlicher Grundlage.

Edwin W.Smith, A. of Africa, (1927) 1931⁷ – W.Ringwald, A. der Sprecher, 1950. *W.Ringwald*

Agnes, römische Märtyrerin. Ihr Gedächtnistag (21. 1.) ist in der Depositio Martyrum des Chronographen vom Jahre 354 erwähnt (KlT 2, 3). Fraglich ist, ob sie ein Opfer der Verfolgung unter Decius (249-251), Valerian (253-260) oder → Diokletian (284-305) geworden ist. Papst → Damasus (366-384) verfaßte auf sie eine Inschrift. → Ambrosius, → Augustinus und → Hieronymus gedenken ihrer, → Prudentius widmet ihr einen Hymnus (Peristephanon XIV). Nach deren Zeugnissen war von A. im 4.Jh. nur noch bekannt, daß sie im Mädchenalter für den Glauben und die Reinheit ihr Leben gelassen hat. Die Legende um A. wurde im 5.Jh. fortgebildet. Über ihre Todesart (Verbrennung, Enthauptung) gehen die Berichte auseinander. Über ihrem Grab an der Via Nomentana ließ → Konstantin eine Basilika errichten (Liber Pont., MG 1, 62; ILCV 1768). A. (Ἁγνή, Reine) wurde von der altchristlichen Kunst in antiker Etymologie mit dem Lamm (agnus) dargestellt. Dieses Motiv lebt weiter in der Weihe von 2 Lämmern, die jedes Jahr am Festtag der Heiligen in der Basilika vollzogen wird. Deren Wolle wird für die Pallien der Erzbischöfe verwandt.

P.Franchi de' Cavalieri, S.Agnese nella tradizione e nella leggenda (RQ Suppl. H. 10), 1899 – A.Ferrua, Nuova luce sulle origini del culto di S.Agnese? (La Civiltà Cattolica 90, 1939, 114 bis 129) – RAC I, 184 ff (Lit.). *F.Paschke*

Agnetenberg, 1. Kloster der Windesheimer Augustiner-Chorherrn 1398-1571/81 bei Zwolle (Holland); hervorgegangen seit 1384 aus einem Gemeinschaftskreis devoter → Brüder (vom gemeinsamen Leben). Dem Kloster gehörten an → Thomas a Kempis seit 1399 und dessen Bruder Johan Hemerken als Prior 1399-1408. Wessel → Gansfort verweilte nach 1474 fast jährlich an dieser Stätte seiner Jugendbildung, obwohl manches Abergläubische, auch die Marienverehrung, ihn abstieß. Die Wiedertäufer besuchten 1534 auf ihrem Zug nach Münster diese Zentrale der moderna devotio, um hier den hl. Geist zu empfangen.

J.G. R.ACQUOY, Het Klooster te Windesheim en zijn invloed III, Utrecht 1880, 33 ff.

2. Augustinerinnenkloster bei Dülmen (Westfalen); → Emmerich, A.K., → Brentano, Clemens.

E.Barnikol

Agnostizismus

1. Religionsgeschichtlich - 2. Philosophisch

1. Philosophischer und religiöser A. haben gemeinsam, daß beide die rationale Erkenntnis transzendenter Wirklichkeit ablehnen. Während indessen der philosophische A. die Erkennbarkeit auf die der Vernunft zugängliche Erfahrungswelt beschränkt und Wirklichkeiten jenseits ihrer entweder leugnet oder für zweifelhaft hält (→ Skeptizismus), ist der in der Religionsgeschichte auftretende A. von der Realität des transrationalen Numinosen überzeugt, lehnt aber seine rationale Erkennbarkeit und Prädizierbarkeit ab. Dieser A. begegnet uns zB in der indischen Upanishadenmystik: »Durch den er dieses alles erkennt, womit sollte er diesen (Atman) erkennen? Von diesem Atman kann man nicht sagen: er ist so. Er ist unfaßbar, denn er wird nicht erfaßt« (Brih. Up. 4, 5, 15). Dieses Beispiel zeigt zugleich, daß das rational Unerkennbare dennoch religiöser Erkenntnis zugänglich ist. Ähnlich äußert sich Laotse (Tao-te-king 14): »Man schaut nach ihm und sieht es nicht: sein (des Absoluten) Name ist das Unerkennbare.« In analoger Weise hat besonders → Buddha die rationale Erkennbarkeit des Absoluten verneint, von dessen Realität er durch religiöse Erkenntnis (jnâna) und Erleuchtung (bodhi) überzeugt ist. Buddha spricht von diesem der Erscheinungswelt entnommenen Absoluten, dem Nirvâna (Pâli: Nibbâna), wie alle Mystiker in der Weise der »negativen Theologie«: »Es gibt, ihr Mönche, ein Ungeborenes, Ungewordenes . . .« (Udâna VIII). Religiöser A. ist also mit religiöser Gnosis vereinbar und zumeist verbunden.

ERE I, 220 ff - RAC I, 186 ff (Agnoia, Agnosia).

G.Mensching

2. Den Ausdruck A. prägte 1869 Th.Huxley, Anhänger Darwins, mit bewußter Ironie: er wollte gerade nicht einen neuen »Standpunkt«, sondern eine gegen alle Systeme offene denkerische Behutsamkeit kennzeichnen. Grundsatz des A. ist die Forderung, das Gebiet sicheren Wissens nicht mit Behauptungen zu überschreiten. Die Möglichkeit sicheren Wissens überhaupt bleibt vom A., im Unterschied zum → Skeptizismus, unbestritten. Was jedoch als »sicheres« Wissen gelten darf, blieb unausgemacht. So konnte man unter dem Namen des schnell zum Schlagwort vergröberten A. sehr verschiedene philosophische Lehren vereinen. Die meisten Vertreter des A. (zB → Comte, Spencer, F.A.Lange) lehnten alle Metaphysik ab, da sie nur in den Ergebnissen der Fachwissenschaften sicheres Wissen sahen. Ursprung, Sinn, Ordnung der Welt im ganzen seien unerkennbar. Das heutige radikalere Fragen auch nach dem Wissenscharakter der naturwissenschaftlichen Theorien hat der naiven Unterscheidung zwischen »sicherem« Wissen und Metaphysik und damit dem Begriff des A. viel von seiner Handlichkeit genommen. → Positivismus.

TH.HUXLEY, Collected Essays, Bd V, 1893 - R.FLINT, Agnosticism, 1903 - H.SCHOLZ, Religionsphilosophie, (1921) 1922². *G.Patzig*

Agnostos Theos. Die Weihinschrift eines Altars in Athen ἀγνώστῳ θεῷ bildet nach Apg 17, 23 den Ausgangspunkt für die Rede des Paulus auf dem Areopag. Der Redner wertet sie im Blick auf die Heiligtümer der Stadt, die vorher wegen ihres Polytheismus seinen Zorn erregt hatten (V. 16), als Beweis für die Ahnung des Göttlichen (ὃ V. 23 b) bei den Heiden und verheißt, diese in Wissen von Gott zu verwandeln. Außerdem weist er damit die Behauptung (V. 18) ab, fremde Götter einzuführen. In seinem Sinn muß man übersetzen »dem unbekannten Gott«, also nicht »einem unbekannten Gott« und schon gar nicht in Anknüpfung an den gnostisch-irrationalen Gottesbegriff »dem unerkennbaren Gott«. Die → Areopagrede selbst steht in der Tradition des hellenistischen Judentums und seiner Missionspredigt. - Altarinschriften mit diesem Text sind außer Apg 17, 23 nicht überliefert. Dagegen ist mehrfach literarisch und einmal auch inschriftlich, bei allerdings nicht sicherer Ergänzung des Textes, die Weihung von Altären an θεοὶ ἄγνωστοι belegt, gerade auch für Athen. Die Stiftung solcher Altäre wird dem Wunsche zugeschrieben, sich auch unbekannt gebliebenen Göttern zu empfehlen oder den bisherigen Mangel ihrer Verehrung zu sühnen. - Es ist die Frage, ob die singularische Fassung Apg 17, 23 der zitierten Inschrift entspricht oder ob ein ursprünglicher Plural in den Singular umgesetzt worden ist. Dies zweite wird angenommen werden müssen, weil der Redner nur so den gewünschten Anknüpfungspunkt erhielt. - Ed.Nordens Versuch in seinem für die neuere Forschung grundlegenden Buch, diese Anknüpfung als Kopie des Anfangs einer Rede des → Apollonius von Tyana in Athen zu erweisen, ist, weil unbeweisbar, in der Erörterung ganz zurückgetreten, ebenso seine Vermutung, die Umsetzung der Inschrift in die singularische Fassung beruhe auf gnostischer Einwirkung.

PW Suppl. I, 1903, 28 ff - ED.NORDEN, A.Th., 1913 - A.WIKENHAUSER, Die Apg u. ihr Geschichtswert, 1921, 369 ff (Lit.) - R.BULTMANN, ThWB I, 1933, 120 ff - M.DIBELIUS, Aufs. z. Apg, 1951, 39-41. 73. 114 - B.GÄRTNER, The Areopagus Speech..., Uppsala 1955, 242 ff (Lit.) - E.HAENCHEN, Die Apg (MeyerK III¹⁰), 1956, 461 ff.

W.Eltester

Agnus Dei, *Lamm Gottes*

1. Das A.D. (Joh 1, 29) klingt in östlichen Liturgien häufig an; der Syrer → Sergius I. († 701) führte es in die römische Messe ein (s. 2). Aus dem römischen Ritus ging es (in verschiedener Form) ins Luthertum über, ebenso die Anrufung des A.D. am Ende der → Litanei. Die sinnvollste Stelle des A.D. im → Abendmahl (: V) ist unmittelbar nach den Einsetzungsworten. → Lamm Gottes.

RE I, 245 f - Braun, LH, 8 f; Leiturgia II, 41 ff. *W.Jannasch*

2. Das A.D. tritt bereits in den ältesten Fassungen des → Gloria sowie in der → Litanei auf. Als selbständiges Glied der römischen → Messe (: II) ist es das letzte der 5 Gesänge des Ordinarium missae und eines ihrer wenigen unmittelbar an Christus gerichteten Gebete. Die alte Formel: A.D. qui tollis peccata mundi ist ergänzt durch den Schluß: miserere nobis. Die dreimalige Wiederholung ist festgelegt im 9./11.Jh. (dritter Schluß bald danach: dona nobis pacem). Im → Requiem lautet der Schluß: dona eis requiem (beim dritten Mal erweitert durch: sempiternam). Es wird vor der Kommunion, ursprünglich beim Brotbrechen, von Klerus und Volk

gemeinsam angestimmt. Die Liturgie des Karsamstag kennt es noch nicht. Die nichtrömischen lateinischen Liturgien haben andere Gesänge zum Brotbrechen. Die älteste Melodie (Editio Vaticana XVIII) ist eine rezitativische Akklamation. Spätere Melodien sind oft reich ausgeziert, bisweilen durch → Tropen ergänzt.

L.DUCHESNE, Origines du culte chrétien, (1889) 1925[5] - J.A.JUNGMANN, Missarum sollemnia, (1948) 1949[2] - Die heute üblichen lat. Melodien im → Graduale Romanum. Dt. Gesänge im HDEKM I, 1941 Nr. 84ff. 534ff. Verz. der musikal. Quellen: MGG I, 147.

E.Jammers

Agobard *von Lyon* (769-840), Spanier, seit 792 in Lyon, 816 Erzbischof, scharfer Kritiker Ludwigs des Frommen, forderte Rückgabe des Kirchenguts, Vereinheitlichung des Rechts und Wahrung der Reichseinheit durch Festhalten an der Reichsordnung von 817. Überzeugt vom Vorrang des Priestertums vor dem Königtum, forderte er beim Aufstand von 833 Ludwigs Kirchenbuße, um dessen Thronverlust endgültig zu machen. Literarisch äußerte er sich zur Judenfrage, gegen Volksaberglauben und Gottesurteile, gegen die Auffassung des → Fredegisus von der wörtlichen Inspiration der Hl. Schrift und – mit Hilfe des → Florus – gegen die Liturgie-Deutung des → Amalarius.

MPL 104 - MGEp 5, 150ff; MGPL 2, 118f. 722; MGS 15, 274ff. - A.BRESSOLLES, S.A., 1949 - J.A.CABANISS, A. of Lyons, (Speculum 26, 1951, 50-76) - DERS., A. and Amalarius (JEH 3, 1952, 125-131) - P.BELLET, El liber de imaginibus sanctorum, bajo el nombre de A. de Lyon, obra de Claudio de Turin (Anal. sacra Tarraconensia 26, 1953, 151-194) - A.CABANISS, A. of Lyons, 1953.

H.Löwe

Agram, *Bistum,* 1094 von Ladislaus von Ungarn begründet und dem Erzbistum Gran (Esztergom) unterstellt. Damit setzten die ungarischen Herrscher ihre Macht auch kirchen- und kulturpolitisch im Saveraum fest und drängten den kirchlichen Einfluß von Dalmatien her zurück. Mit der Gründung der Grazer Jesuitenuniversität (→ Graz) und der Ordenskollegien seit dem 17.Jh. gewann der kirchliche, theologische und kulturelle Einfluß von Graz und Wien die Oberhand. 1852 erhob Pius IX. A. zum Metropolitanstuhl der kroatisch-slawonischen Kirchenprovinz. Ihm unterstehen folgende Bistümer: das bosnische (»episcopus Bosnensis seu de Diaco« seit dem 14.Jh.) oder Djakovoer (seit 1773 vereint mit dem syrmischen), Zengg (Senj)-Modrus mit römischem Ritus und slawischer Sprache, das Belgrader mit Smederovo, das griech.-kath. von Kreuz (Križevci). 1929 zählte das Erzbistum A. über eineinhalb Millionen Seelen, 354 Pfarren, 39 Dekanate, 15 Erzdiakonate, 28 Kanonikate in A. und 7 in Warasdin. Der »Unabhängige Staat Kroatien« unter Pavelić suchte das kirchliche Ansehen zu fördern. Die Wiedereingliederung ins kommunistische → Jugoslawien führte 1945 zu schweren Verfolgungen. Erzbischof Stepinac wurde 1945 zu 16 Jahren Haft verurteilt. Der staatliche Versuch einer von Rom unabhängigen kroatischen Nationalkirche blieb indessen im wesentlichen ohne Erfolg.

I.TKALČIĆ, Monumenta historica episcopatus Zagrabiensis I und II 1873/74 - F.ŠIŠIĆ, Priručnik izvora hrvatske historije 1914, 322ff - J.MATL, Der Katholizismus (Osteuropa-Handbuch, Band Jugoslavien), 1954, 181ff.

J.Matl

Agrapha. Unter einem Agraphon (dh einem Wort, das »nicht geschrieben steht«) versteht man ein Wort Jesu, das nur außerhalb der vier kanonischen Evangelien überliefert ist. Die Bezeichnung A. wird auf die Worte des irdischen Herrn beschränkt, umfaßt also nicht die dem Auferstandenen und Erhöhten zugeschriebenen Worte. Die *Quellen,* die uns A. überliefern, sind: das NT selbst (1 Thess 4, 16f; Apg 20, 35), die Sonderlesarten einzelner Hss. des NT (zB Cod. D zu Lk 6, 5 s.u.), Papyri (Oxyrhynchos-Pap. 1. 654. 655. 840. 1224, Pap. Egerton 2) und christliche Schriftsteller von → Papias von Hierapolis an bis ins Mittelalter. Die Letztgenannten liefern das wichtigste Material. Dagegen sind die Hunderte von Jesus zugeschriebenen Worte, die sich bei mohammedanischen Autoren finden, ebenso wie die beiden im Talmud (b. Schabb. 116 a. b; Tos. Chullin 2, 24) überlieferten A. ohne geschichtlichen Wert. Vereinzelt fanden sich A. an ungewöhnlichen Fundorten: zB auf einem Leichentuch aus Behnesa (Oberägypten) und auf einer Moschee-Inschrift in Fathpur Sikri (Indien). Angekündigt ist der Fund des Thomas Ev in Nag-Hammadi (Oberägypten), das eine Sammlung von Logien Jesu bietet.

Die Wertung der A. schwankt zwischen kritikloser Hochschätzung und radikaler Skepsis. Eine Urteilsbildung, die nicht vom Geschmack abhängig ist, ist nur auf Grund einer *Sichtung* des umfangreichen Materials möglich. Bei kritischer Prüfung erweist sich der Großteil aus den verschiedensten Gründen als historisch wertlos. Doch verbleibt ein kleiner Rest von Logien, gegen die sich weder inhaltliche noch formale Bedenken erheben und die zumeist palästinisches Kolorit aufweisen. Bei fast allen von ihnen läßt sich die Herkunft aus verloren gegangenen apokryphen Evangelien wahrscheinlich machen (→ Apokryphen: II).

Zu den A., die *Anspruch auf hohes Alter* erheben können, gehören apokalyptische Worte wie 1 Thess 4, 16 bis 17a; Origenes, In Jerem.hom.lat. 3, 3: »Wer mir nahe ist, ist dem Feuer nahe; wer mir fern ist, ist dem Reiche fern«; Tertullian, De baptismo 20: »Niemand kann das Himmelreich erlangen, der nicht durch die Versuchung ging«; Clemens Alexandrinus, Excerpta ex Theodoto 2, 2: »Rette dich und dein Leben!« Daneben stehen Worte über Jesu Sendung wie Oxyrhynchos-Pap. 1: »Es müht sich meine Seele um die Kinder der Menschen, weil sie blind sind in ihrem Herzen und nicht sehen«, ferner Drohworte wie Lk 6, 5 D (zu einem am Sabbat Arbeitenden gesagt): »Mensch, wenn du weißt, was du tust, bist du selig; wenn du es aber nicht weißt, bist du verflucht und ein Übertreter des Gesetzes«; Oxyrh.-Pap. 840: »Wehe euch Blinden, die ihr nicht sehet usw«. Schließlich sind zu nennen Weisungen wie Apelles nach Epiphanius 44, 2: »Werdet tüchtige Wechsler!«; HebrEv nach Hieronymus, In Eph 5, 4: »Und nur dann sollt ihr fröhlich sein, wenn ihr auf euren Bruder mit Liebe blickt«.

Maßgebende Ausgabe: E.KLOSTERMANN, Apocrypha II. Evangelien (KlT 8), 1929[3] und Apocrypha III. Agrapha, slavische Josephusstücke, Oxyrhynchos-Fragment 1911 (KlT 11), 1911[2] - A.RESCH, Agrapha, ([TU 5, 4], 1889) (TU NF 15, 3. 4), 1906[2] - J.H.ROPES, Die Sprüche Jesu, die in den kanonischen Evangelien nicht überliefert sind (TU 14, 2), 1896 - DERS., DB Extra Vol., 1904, 343-352 - W.BAUER, Das Leben Jesu im Zeitalter der nt. Apokryphen, 1909, 377-415 - HENNECKE[2] 32-38 - M.R.JAMES, The Apocryphal NT, 1924, 33-37 - M.ASIN Y PALACIOS, Logia et A. Domini Jesu apud Moslemicos (PO 13, 3, 1919, 327-431; 19, 4, 1926, 529-624) - L.VAGANAY, Dictionnaire de la Bible, Suppl. I, 1928, 159-198 - J.JEREMIAS, Unbekannte Jesusworte, 1948; Neubearb.: BFChTh 45, 2, 1951 - DERS., Zur Überlieferungsgeschichte des Agraphon »Die Welt ist eine Brücke« (GGA 1953, 95-103).

J.Jeremias

Agrarpolitik → Wirtschaftspolitik.

Agrarverfassung

I. Begriffliches - II. Antike A. - III. Altgermanische A. - IV. Mittelalterliche A. - V. A. in der Neuzeit. - Vgl. → Bauer, → Sozialgeschichte, → Dorf, → Bodenreform, → Bauernbefreiung, → Wirtschaftspolitik

I. Begriffliches

Unter A. verstehen wir allgemein die Lebensordnung der auf dem Lande ansässigen Bevölkerung. Eine solche

Ordnung muß sich nach vier Richtungen hin entfalten: 1. regelt sie das Macht- (Herrschafts-)verhältnis, also die politische Seite; 2. regelt sie das Verhältnis der Menschen untereinander, dh die genossenschaftliche Seite im weitesten Sinne; 3. sagt sie etwas über die Weitergabe des Eigentums (Besitzes) am Boden, also über Vererbung, Familienverfassung usw; und 4. muß sie die betriebliche Struktur einbeziehen, dh Betriebsgrößen und Arbeitsverfassung. Wo wir es mit einer reinen Agrargesellschaft zu tun haben, ist die Agrarordnung zugleich die gesamte Volksordnung. Je ausgeprägter sonstige Wirtschaftszweige und Gesellschaftsgruppen daneben treten, um so differenzierter wird die Gesamtordnung und damit die Zuordnung der A. als eines Teilbereiches zu der gesamten gesellschaftlichen Verfassung (Lebensordnung).

F.Lütge

II. Antike Agrarverfassung

1. Ägypten - 2. Babylonien-Assyrien - 3. Griechenland - 4. Rom

Die *Antike* umfaßt eine größere Zahl von Kulturbereichen mit einer im einzelnen unterschiedlichen Ausprägung der A. Es sollen nachstehend nur diejenigen berücksichtigt werden, die für die spätere abendländische Kultur von besonderer Bedeutung geworden sind:

1. Kennzeichnend für *Ägypten* ist die göttliche Stellung der Pharaonen, die im Prinzip unbeschränkte Herren über Land und Menschen sind. Bei Verfall der Königsmacht tritt an deren Stelle die Beziehung zum Gaufürsten oder Feudalherrn. Auch wenn die Bauern formalrechtlich frei sind, ein freies Familienleben führen und ihre Scholle vererben dürfen: immer herrscht der König mit Hilfe seiner Beamten, bis hinab zum Dorfschulzen, und regelt Anbau und Ernte, Deichbauten und Bewässerungsanlagen, Abgaben und Fronden. Daß der Pharao dabei selbst vom Nil und seinen Überschwemmungen abhängig ist, was jedermann bekannt war, hat dieser Ordnung so etwas wie eine objektive Gültigkeit gegeben. Auch als im 2.Jt. die Ammon-Priesterschaft der größte Grundherr wird, und ebenso als Ägypten durch Perser (525 vChr), Alexander (332 vChr) und Rom (31 vChr) unterworfen wird (→ Ägypten: I), führt dies zu keinem grundsätzlichen Wandel.

2. Die Kultur des *Zweistromlandes,* auch schon zur Zeit der → Sumerer, weist eine weniger straffe Zentralisation der staatlichen Gewalt und ein größeres Gewicht der Städte auf - eine Lebensform, die bei den phönikischen Handelsstädten besonders ausgeprägt ist. Das Übergewicht der bürgerlich-städtischen Schichten führt zur Ausbildung eines entwickelten, freiheitlichen Wirtschafts- und Eigentumsrechtes (bekannteste Codification unter → Hammurapi). Die Agrargesellschaft weist eine mannigfach abgestufte Schichtung von großen und kleinen Grundbesitzern, Pächtern, angesiedelten Soldaten, freien Landarbeitern und Sklaven auf. Die Pächter, angesiedelten Soldaten usw sind durch eine sozialpolitische Gesetzgebung gegen Mißernten und Bedrückungsmaßnahmen der Großen geschützt. Die Rechtsform der Miteigentumspacht ermöglicht den sozialen Aufstieg; Sklaven können verhältnismäßig leicht zur Freiheit gelangen. Weder die Herrschaft der Hethiter, noch die viel härtere der Assyrer, und erst recht nicht die der Meder, Perser und Griechen haben daran wesentliches geändert. Erst Rom hat schärfer eingegriffen.

3. In der Zeit etwa von 1000 bis 700 vChr stehen in *Griechenland* Adel und freie Bauern unter monarchischer Führung; Landwirtschaft und Viehzucht dominieren noch. Als familienfremde Arbeitskräfte begegnen uns in der Landwirtschaft freie Tagelöhner und Sklaven. In Sparta beginnt seit dem 8.Jh. eine Sonderentwicklung insofern, als jedem Spartiaten ein Landlos mit einigen zur Arbeit verpflichteten Helotenfamilien zugeteilt wird. Im übrigen Griechenland bildet sich eine Adelsherrschaft heraus, die das Bauerntum zunächst nicht gefährdet. Dies geschieht erst mit der Ausbildung der städtischen Wirtschaftszweige, auf die die Griechen angesichts der Kargheit ihres Landes sehr früh hingedrängt werden. Der Adel geht im städtischen Patriziat auf; ein städtisches Unternehmertum sucht mit dem Besitz an Manufakturen, Handelsunternehmen usw Großgrundbesitz zu verbinden, wobei die Arbeitskräfte durch Sklaven gestellt werden. Der Anbau von Wein und Olive wird aus Rentabilitätsgründen bevorzugt, der Getreidebau geht zurück. So wird dem Bauerntum der Boden entzogen. Verschuldungen, Schuldknechtschaft, freiwilliger oder erzwungener Verkauf machen ihn zum besitzlosen »Proletarier«. Bauernfrage und Sklavenfrage entwickeln sich zum niemals gelösten Sozialproblem der Antike. Verschiedene Reformgesetze, namentlich die von Solon in Athen (594 vChr), halten diese Entwicklung zeitweise auf, vor allem in Athen. Der landlose Bauer wird städtischer Proletarier, wandert aus oder wird Söldner. Die anwachsende Sklaven-Schicht übernimmt die Arbeitsleistungen; jetzt wird die → Arbeit als ehrenmindernd betrachtet (»Banausen«). Bald ging man dazu über, die freien, aber besitzlosen Bürger in den Städten durch Spenden von Geld und Lebensmitteln zu unterstützen, ergänzt durch öffentliche Spiele. Seit der Entartung der Demokratie (→ Staatsformen) nach des Perikles Tod (429 vChr) griff diese Entwicklung auch in Athen um sich, obwohl es anderen Stadtstaaten gegenüber noch immer günstigere soziale Bedingungen und eine größere ländliche Bevölkerung aufwies. Namentlich in Italien, Sizilien und Afrika herrscht die Sklavenplantage als Betriebsform vor. Die hellenistische Epoche hat alle diese Tendenzen noch verstärkt. Die zahlreichen Kriege, vor allem die permanenten Bürgerkriege führten nicht nur zu ständig erneuten Verheerungen und Menschenverlusten, sondern auch zu immer erneuten Versklavungen, so daß es niemals zu einer gründlichen Reform der A., etwa einer Wiederherstellung eines gesunden Bauerntums, kam. In diesem Zustande wurde Griechenland in das römische Imperium eingegliedert.

4. *Rom* ist, wie andere latinische Gemeinden, zunächst rein bäuerlichen Charakters. Es besteht freies Eigentum an der Scholle mit gesichertem Familien-Erbrecht. Die wenigen Sklaven ordnen sich in diese Wirtschaftsverfassung mühelos ein. Getreidebau und Viehzucht stehen im Vordergrund. Aber schon seit dem 5.Jh. kommt es zu Verschuldung der Bauern und Verlust der Scholle. Schon das Zwölftafelgesetz (ca 450) führt zusammen mit der Anerkennung der Belastungs- und Veräußerungsfreiheit Höchstgrenzen für die Verschuldung ein; Verbote der Schuldknechtschaft folgen, ebenso des Zinsnehmens. Aber in den Jahren 367/66 muß eine allgemeine Schuldenentlastung durchgeführt werden. Durch planvolle → Sozialpolitik (: I) wird also das Bauerntum geschützt, so daß sich ein großer Unterschied gegenüber dem griechischen Süditalien ergibt. Der entscheidende Wandel setzt mit den drei Punischen Kriegen ein (254-41, 218-01, 149-46 vChr). Die schweren Belastungen durch Kriegsdienst, Steuern, Plünderungen usw und die Blutsverluste führten zur Schwächung der Lage der Bauern, besonders zu Verschuldungen. Umgekehrt floß der wirtschaftliche Gewinn dieser Siege, sowie der anderen in Griechenland, Spanien usw, die zur Ausweitung des römischen Reiches führten, den senatorischen Familien und den Equites zu und gab ihnen die Mittel in die Hand, das römische und italische Bauerntum auszukaufen. Und dies um so mehr, als sich jetzt auch hier die Überlegenheit des Großbetriebes und der Sklavenarbeit

durchsetzte. Anstelle von Getreide werden die gewinnbringenderen Wein- und Olivenkulturen bevorzugt. Das entwurzelte Bauerntum strömt als freies Proletariat in Rom zusammen. - Der einzige große Reformversuch wird von den beiden Gracchen unternommen. Die Gesetze des Älteren sehen Ansiedlung auf unverkäuflichen Kleinsiedlerstellen auf Staatsland und evtl heranzuziehendem privaten Großbesitz vor; Einschränkung der Sklavenarbeit, mit der der Freie nicht konkurrieren kann; Einschränkung der Getreideeinfuhr und Förderung der Eigenproduktion. Als er ermordet wird (133), sind ca 80 000 neue Siedlerstellen geschaffen. Der jüngere Bruder nimmt diese Politik 10 Jahre später wieder auf; seine unrealistische Verkennung der Möglichkeiten führt zum Scheitern. So will er Bauernkolonien auch in Übersee ansetzen, womit der Bürger nicht mehr in der Lage wäre, seine Rechte auf dem Forum auszuüben. Doch der entscheidende Fehler war die Einführung von Getreidespenden und die Überlassung der einträglichen Steuerpacht an die *equites* (Ritterschaft). Sein Versuch, das Bürgerrecht den italischen Bundesgenossen zu verleihen, führt zu Unruhen. Nach seinem blutigen Ende hebt die siegreiche Optimaten-Partei alle Siedlungsgesetze wieder auf. Nur die Kornspenden werden beibehalten; damit wird das System des »panem et circenses« eingeleitet, das seitdem die Großstadtbevölkerung demoralisiert. Schon zu → Caesars Zeiten zählte man 300 000 Quiriten, die von Staatssubventionen lebten. - Der Sieg der mit Sklaven bewirtschafteten Latifundienbetriebe und der Untergang des Bauerntums ist damit entschieden. Gelegentliche Ansiedlungen von Veteranen der römischen Heere auf italischem Boden sind nur von geringer Wirksamkeit und Dauer. Die Eigentümer dieser Großgüter waren in der Regel in der Stadt ansäßig (Absentismus), so daß es keine ländliche Adelsschicht gab. - An diesem Zustand hat sich Jahrhunderte hindurch nichts geändert. Erst mit dem Ende der Eroberungskriege und dem Rückgang der Sklavenzufuhren (3.Jh.) ergibt sich die Möglichkeit einer Agrarreform. Die Großgüter werden weitgehend in Kleinbetriebe aufgeteilt, die von freien oder unfreien Colonen bebaut werden. Die straffe staatliche Verwaltungswirtschaft Spätroms erzwingt Schollenpflichtigkeit und Erblichkeit des Berufes. Wenn die sozialen Spannungen zurückgingen, dann deswegen, weil auch die Städte verarmten und eine Rückentwicklung zur Naturalwirtschaft einsetzte. In diesen Formen geht das Reich zugrunde.

F.M.Heichelheim, Wirtschaftsgeschichte des Altertums, 1938 (Lit.) - M.Rostovtzeff, Gesellschaft und Wirtschaft im Römischen Kaiserreich, 2 Bde, o.J. (Lit.) - Ders., The Social and Economic History of the Hellenistic World, 3 Bde, 1941 (= Die hellenistische Welt. Gesellschaft und Wirtschaft, 3 Bde 1955; Lit.). *F.Lütge*

III. Altgermanische Agrarverfassung

Seit etwa 1200 vChr setzen sich die Süd-, Ost- und Westgermanen in immer erneuten Wanderzügen in Bewegung, um neues Land zu gewinnen, da die Bevölkerungsvermehrung und die Klimaverschlechterung in den nördlichen Teilen Europas ihnen keine ausreichende Existenz mehr bieten. Seit dem 1.Jh. vChr kommen die Westgermanen mit den Römern in näheren Kontakt (Rhein- und Donaugebiet). Durch diese Berührung mit Antike und Christentum und die dadurch gegebene fruchtbare Spannung werden die Grundlagen für die abendländische Kultur geschaffen.

Die Germanen sind Ackerbauer und Viehzüchter und haben bereits in der Bronzezeit eine hohe Kultur entwickelt. Vieh, Geräte und Saatgut führen sie mit sich, und das bedeutet, daß sie nicht als vermögenslose Zuwanderer kommen, sondern voll Selbstbewußtsein, auch den Römern gegenüber. Das schließt nicht aus, daß sie in der Regel nicht als Zerstörer kommen, sondern als Lernbegierige, die vor der höheren Kultur Ehrfurcht haben und sie sich aneignen. Da die intensivere Berührung vom 3.Jh. ab einsetzt, also in der Zeit des Verfalles der römischen Kultur, ist die Differenzierung gegenüber der Hochblüte der antiken Kultur vermindert.

Die *soziale Ordnung* ist die einer reich gegliederten Agrargesellschaft. Die ältere Auffassung von einer »urkommunistischen« Gleichheit, die auch kein Privateigentum am Boden gekannt habe, ist seit längerem widerlegt.

Eine gewisse Abschwächung der sozialen Differenzierung ergab sich im Verlaufe langdauernder Wanderzüge. Es zeigte sich dabei die demokratisierende Wirkung eines Volkskrieges (Max Weber). So kommt es zu weitgehender wirtschaftlicher Gleichheit, zu einer Kriegswirtschaftsverfassung, die jedem das Gleiche gibt. Besonders deutlich tritt uns dies bei den Sueben entgegen, mit denen Caesar zusammenstößt. Offen und zutreffend erläutern Caesars Gewährsmänner diese ungewohnte Regelung: der »kleine Mann« soll in Zufriedenheit verharren, wenn er sieht, daß die Großen nicht mehr haben (»ut animi aequitate plebem contineant, cum suas quisque opes cum potentissimis aequari videat«). Sofort nach der Seßhaftwerdung setzen sich dann aber die alten sozialen und wirtschaftlichen Differenzierungen wieder durch. So berichtet denn auch Tacitus in seiner »Germania« (Kap. 26), daß dann, wenn der Stamm ein Gebiet okkupiert hat, das Land unter den Stammesgenossen nach dem Range des einzelnen (»secundum dignationem«) aufgeteilt wird. In dieser Formulierung kommt zugleich das Verhältnis zwischen sozialer und wirtschaftlicher Differenzierung zum Ausdruck: nicht wirtschaftlicher Reichtum führt zum sozialen Rang, sondern sozialer Rang wird durch die Zurverfügungstellung der entsprechenden Güter wirtschaftlich fundiert.

Seit dem 1.Jh. nChr treten uns folgende soziale Gruppen deutlich entgegen: 1. Der *Adel*. Es handelt sich um einen Volksadel alter Herkunft, der zwar erblich ist, aber ohne eine kastenmäßige Abschließung nach unten. 2. Die *Gemeinfreien*. Unter ihnen gibt es bei aller sozialen Gleichheit doch offenbar Unterschiede im Hinblick auf Größe des Besitzes. Diese beiden Gruppen zusammen bilden das Volk im politischen Sinne, dh sie sind in der Volksversammlung (Thing) allein vollberechtigt. 3. Die *Laten* (Liten). Diese Zwischenschicht (»Halbfreie«) entsteht dort, wo ein Germanenstamm sich einen anderen unterwirft; Beispiele gibt schon Tacitus. Später sind es die Großstämme formenden Sachsen und Franken gewesen, die solche Liten gebildet haben. Bei den Thüringern, Goten, Alemannen und anderen Stämmen fehlt diese Schicht. Wo sie existiert, da ist sie in das Volk zu minderem Rechte eingeordnet. Die 4. Schicht stellen die *Sklaven* (Unfreien) dar. Sie stehen außerhalb des Volks im politischen Sinne, dafür aber in einer gewissen inneren Relation zum Adel. Dies ist für die A. wichtig; denn ein größerer Landbesitz, wie er den Vornehmen zugeteilt wird, kann wirtschaftliche Bedeutung erst dann erlangen, wenn Arbeitskräfte zur Verfügung stehen, die den Boden bebauen; ähnliches gilt für die Viehzucht, für die auch Arbeitskräfte benötigt werden. Zu größerem Reichtum kann man also in der Regel nur kommen, wenn man über familienfremde Arbeitskräfte, Unfreie verfügt (»Herreneigentum an Menschen«). Diese Institution ist über Jahrhunderte hin von Bedeutung gewesen, namentlich auch schon so lange, als Land in unbegrenzter Fülle, als »freies Gut«, zur Verfügung stand. Entscheidend für die Agrarstruktur und dh Volksstruktur ist nun aber geworden, daß diese Unfreien ganz anders genutzt wurden als im antiken Kulturkreis (spätrömische Verhältnisse ausgenommen); nämlich nicht als Arbeitskräfte auf Großbetrieben (Sklavenplantagen), auch nur zu einem geringen Teil als Haussklaven, sondern als unfreie Bauern. Was Tacitus (Germ. 25) berichtet, entspricht auch sonstigen Befunden: dem Unfreien wird ein eigenes bäuerliches Anwesen zugewiesen, auf dem er selbständig wirtschaftet (»suam quisque sedem, suos penates regit«); er hat seinem Herrn lediglich Abgaben an Getreide, Vieh und evtl gewerblichen Erzeugnissen (Textilien usw) zu liefern. Es wird ihm auch Ehe und Familienleben zugestanden, so daß er wesentlich besser dasteht als der Unfreie in der Antike. Seine Abgaben und evtl auch Dienste ergänzen die herrschaftliche Eigenwirtschaft. Je mehr Unfreie, desto mehr steigen Wohlstand und wohl auch politisches Ansehen des Herrn. Auch die Gemeinfreien verfügen über solche Unfreie und nutzen sie ähnlich, nur daß die Zahl viel geringer ist und die bäuerliche Lebensform nicht aufhebt. Zweifellos gab es viele Übergänge. Noch bei der Seßhaftwerdung der Alemannen, Franken, Bayern usw auf ihren bis heute bewohnten Gebieten (3.–6.Jh.) zeigt sich diese Relation zwischen Adel und Unfreien. Die Alemannen rotten die Vorbevölkerung – über die Tacitus Germ. 29 ein sehr ungünstiges Urteil fällt – fast aus, machen also wenig Gefangene, und so haben sie nur einen schwachen Adel im Gegensatz etwa zu den Franken, Sachsen, Thüringern usw. Da aber die Unfreien überwiegend als Bauern ansässig gemacht werden und sie vergleichsweise auch zahlenmäßig schwach sind, ergibt sich aus ihrem Vorhandensein keine »soziale Frage« wie in der Antike. Sie wachsen vielmehr im Zuge der weiteren Entwicklung in den einheitlichen Bauernstand hinein.

Die *Eigentumsverfassung* ist durch Privateigentum nicht nur an der »Fahrhabe« (einschließlich Haus), sondern auch an dem Ackerland gekennzeichnet. Die bis heute noch gelegentlich als Beweis für das Gemeineigentum herangezogene Stelle bei Tacitus »arva per annos mutant es superest ager« (Kap. 26) bezeugt keine ständige Neuverteilung, sondern das Wirtschaftssystem der Mehrfelderwirtschaft, bei der eben Stücke als Brache übrigbleiben. Schon die aufgelockerte Siedlungsweise der Germanen in Einzelgehöften und Weilern macht ja eine gemeinwirtschaftliche Verfassung im Sinne eines Agrarkommunismus überflüssig, ja unmöglich. Und das bedeutet auch, daß sich eine genossenschaftliche Nutzungsordnung (Feldgemeinschaft, Flurzwang usw) erübrigen. Diese wird erst erforderlich, als es im Zuge der Verdichtung der Bevölkerung, speziell auch als Ergebnis planvoller Dorfanlagen im Zuge der inneren Kolonisation zu größeren Siedlungseinheiten kommt. Und so ist auch die Markgenossenschaft und die Allmende erst das Ergebnis dieser späteren Entwicklung, die dazu führt, daß der zunächst als unermeßlich und damit als freies Gut angesehene Urwald zum knappen Gut wird und Nutzungsregelungen unterworfen wird.

Lit. s. bei → Agrarverfassung: V *F. Lütge*

IV. Mittelalterliche Agrarverfassung

1. Grundherrschaft – 2. Bäuerliche Besitzrechte – 3. Erbrecht; Genossenschaft

Das Mittelalter bringt eine einschneidende Umwandlung der gesamten sozialen Struktur und damit auch der Agrarstruktur. Ausschlaggebend dafür ist die Herausbildung weiterer sozialer Schichten, die teilweise auf eine grundherrliche Fundierung ihrer Existenz angewiesen sind, wie das Berufskriegertum (Ritter) und die Ministerialen, nicht zuletzt aber auch die Kleriker aller Formen, oder die den Rahmen einer Agrargesellschaft sprengen, wie die Bürger in den aufkommenden Städten (zunächst Fernkaufleute), dann auch Handwerker. Die ersteren Gruppen strebten nach Verfügung über Land und bäuerliche Leistungen, die letzteren benötigten einen Markt für den Absatz ihrer Güter und den Ankauf der Agrarprodukte, die sie jetzt nicht mehr in der eigenen Wirtschaft erstellten. Hand in Hand damit geht eine Auflösung der alten Familien- und Sippenverfassung. Immer mehr findet der einzelne jetzt Schutz und Schirm in einem Herrschaftsverhältnis oder einem genossenschaftlichen Verband.

1. Das wichtigste Ergebnis ist die Herausbildung der *Grundherrschaft*. Sie bedeutet nicht Herreneigentum an Menschen, wie es in der Frühzeit im Vordergrund stand (auch als Leibherrschaft zu bezeichnen), sondern Herreneigentum an Boden. Dh es wird von dieser Grundherrschaft jeder ergriffen, der auf einem entsprechend begabten Boden ansässig ist; der Mensch wird also über den Boden erfaßt. Daß daneben noch leibherrliche Verhältnisse lange bestehen bleiben, ändert nichts an der Tatsache eines generellen Wandels. Der alte personale Rechtsstand wird immer gleichgültiger gegenüber der Tatsache grundherrlicher Beziehungen, und so geht er allmählich zugrunde. Das Ergebnis ist die Herausbildung eines einheitlichen Bauernstandes, der als Stand ja erst entstehen kann, seitdem es andere Stände gibt, und der sich bildet aus einem Zusammenströmen der Nachkommen der einst ansässig gemachten Unfreien und den einst vollfreien Bauern. Erstere steigen also auf, die letzteren sinken, wenn man den ursprünglichen Maßstab anlegt, in grundherrliche Verhältnisse (oft als Hörigkeit bezeichnet) ab. Das Aufsteigen der erstgenannten Gruppe ist leicht verständlich; das Christentum bewirkte langsam eine Auflösung der Institution der → Sklaverei; die relative Knappheit des Bauern wirkt in der gleichen Richtung, durch Verjährung werden solche Verbesserungen der Lage nach und nach zu festem Recht. Problematischer ist das Absinken der Freien. Selbstergebung, Gewalttätigkeit, Flucht vor Kriegsdienst usw, was alles man früher als verursachende Gründe anzuführen pflegte, sind von relativ geringer Bedeutung gewesen. Im Vordergrunde steht das Eingehen von Landleiheverträgen zwischen Bauern und Grundherrn. Im Zuge des Rodungsprozesses wird das zunächst als frei und unbegrenzt angesehene Land immer knapper, und bald ist es nicht mehr herrenlos. Will der Bauer Land, so muß er bei einem der Herren darum bitten, die das Land in Besitz genommen haben: König, Herzöge, Adlige, dann namentlich die reich dotierten Klöster und Stifte. Da es zunächst keine Geschlossenheit des Hofes, sondern Realteilung gibt, ergibt sich der Zwang zur Leihe oft dann, wenn mehrere Söhne das Land unter sich teilen und nun jeder Teilhof nicht mehr die Basis für eine Familiennahrung abgibt, sondern der Ergänzung bedarf. König, Adel, Kirche führen eine großzügige innere Kolonisation durch, wobei Land in grundherrlichem Rahmen vergeben wird. Die Bedingungen sind leicht: einige relativ geringe Abgaben. Die Möglichkeit, nach dem neu erschlossenen Osten abzuwandern, wo günstigste Besitzrechte winken, gibt den Bauern eine Stärkung ihrer Position. Auch sparen sie bei Übernahme des von einem Grundherrn mit Hilfe seiner Arbeitskräfte kultivierten Stück Landes die eigene mühevolle Rodungsarbeit. Nachdem sich die Gerichtsherrschaft teils in Okkupation der königlichen Gerichtsbarkeit, teils auch auf dem Wege der Verleihung mit der Grundherrschaft verbindet, erfährt diese eine gewisse Festigung. – In den meisten Teilen des Abendlandes bilden sich Villikationen (dh Herren-Wirtschaftshöfe) heraus. Diese gruppieren

sich um einen Herrensitz, mit dem eine Eigenwirtschaft verbunden ist. Arbeitskräfte sind meist das Gesinde, außerdem Hofbauern, die als Nachkommen ehemaliger Unfreier zu solchen Fronden verpflichtet sind. Einer solchen Zentrale sind die zu bloßen Abgaben verpflichteten Bauern organisatorisch zugeordnet. Wo keine Arbeitsverpflichtungen bestehen, also nur Abgaben zu leisten sind, spricht man von Rentengrundherrschaft. Die Villikationen werden in Südwestdeutschland schon in der Hohenstaufenzeit in Kleingrundherrschaften zerschlagen; in Nordwestdeutschland kommt es vom 14.Jh. an zur systematischen Auflösung. In Ostelbien verdichtet sich die Grundherrschaft seit dem 15.Jh. zur Gutsherrschaft, die dadurch charakterisiert ist, daß der Gutsherr mit seiner Herrschaftsgewalt den gesamten Gutsbezirk erfaßt und die Leistungen der Bauern, namentlich die inzwischen entwickelten Frondienstverpflichtungen, für die Bebauung seiner eigenen Gutswirtschaft nutzt.

2. Die *bäuerlichen Besitzrechte* haben eine mannigfache Ausgestaltung: Das günstigste Besitzrecht ist das freie Eigen, das allerdings fast ganz zugrunde gegangen ist; hier steht der Bauer außerhalb einer grundherrlichen Beziehung. Von den grundherrlichen Besitzrechten ist das günstigste das schlichte Zinsgut, das in Mitteldeutschland, aber auch sonst verbreitet ist; es bedeutet Eigentum des Bauern, nur mit (meist ziemlich geringfügigen) Abgabeverpflichtungen belastet. Das zweite, besonders verbreitete Recht ist das Erbzinsrecht; es beruht - nach der späteren Konstruktion - auf einer Teilung von Ober- und Untereigentum und gibt dem Bauern ein erbliches, freies Besitzrecht, wobei nur für Verschuldung usw gewisse Grenzen gesetzt sind. Das Leibrecht, das auf ein oder mehrere Leiber genommen werden kann, bedeutet ein Nutzungsrecht bis zum Ableben des (der) Berechtigten und muß dann erneuert werden. Das Freistift oder Laßrecht, erblich oder nichterblich, gibt dem Grundherrn das Recht, dem Bauern aufzukündigen. Eine geringe Rolle spielen solche Besitzrechte (Neustift usw genannt), bei denen das Ableben des Herrn das Rechtsverhältnis auflöst. Ganz am Rande stehen bäuerliche Lehen, bei denen also das feudale Lehensrecht Anwendung auf grundherrlich-bäuerliche Verhältnisse gewonnen hat. Es gilt meist für gehobene Schichten des Bauerntums, wie Schulzen usw oder für Inhaber von Siedelhöfen, Sattelhöfen usw, auf denen eine nicht voll ritterliche aber doch eine gewisse Kriegsdienstverpflichtung lag. Die Entwicklung geht nun dahin, daß bis zum Ausgang des Mittelalters solche Sonderbildungen zugrunde gehen und daß auf der anderen Seite alle die unterschiedlichen Rechte, unabhängig von ihren formalen Bestimmungen, faktisch in der Familie des Bauern erblich werden. Die Tatsache, daß im Gefolge des großen Sterbens (Mitte des 14.Jh.s) das Bauerntum gegenüber dem Bürgertum zwar absank, gegenüber den Grundherren aber aufstieg, hat es unmöglich gemacht, sowohl bestimmte rechtliche Möglichkeiten zu realisieren wie auch Bauern zu legen oder ihres Hofes zu entsetzen. So ist es unabhängig von den Besitz-Rechtsformen zu einem einheitlichen Bauernrecht gekommen.

3. Inzwischen hatte sich weitgehend auch die Geschlossenheit des Bauernhofes durchgesetzt. Es war weniger bäuerliche Familienpolitik als das Interesse des Grundherrn oder auch des Landesherrn, das diese Schließung des Hofes herbeiführte, als einer Belastungseinheit, deren Leistungsfähigkeit dadurch garantiert werden sollte. Der deutsche Südwesten, ein Teil von Mitteldeutschland, dann aber Italien und große Teile von Frankreich u.a. entwickelte demgegenüber die Realteilung. Desgleichen hatte sich die Selbstverwaltung der bäuerlichen Gemeinde entfaltet. Diese ist gleichfalls durch Mitwirken der Gerichts- und Grundherren entstanden, die auf diese Weise gewisse untere Gerichts- und Verwaltungsaufgaben abgeben konnten. Von besonderer Bedeutung war die Verwaltung des Gemeinlandes (Allmenden usw) und der darauf ruhenden Nutzungsrechte, wobei sich vielfach eine Abgrenzung der politischen Gemeinde von der Realgemeinde ergab (dh *Genossenschaft* der Nutzungsberechtigten).

Insgesamt bildete sich eine Reihe unterschiedlicher Typen der Grundherrschaft heraus. Aber wo Grundherrschaft war, da gab es persönlich-sittliche Beziehungen zwischen Herren und Bauern, wenn diese sich auch allmählich abschwächten. Grundherrliche Besitzrechte trugen immer personenrechtlichen Charakter; die rein sachenrechtliche Pacht breitete sich in Deutschland nur in wenigen Gebieten des Westens aus, während sie in Italien, in einigen Teilen Frankreichs und in England viel stärker hervortrat. Die grundherrliche Eigenwirtschaft war zu Ende des Mittelalters geringer verbreitet als am Beginn.

Lit. s. bei → Agrarverfassung: V. *F. Lütge*

V. Agrarverfassung in der Neuzeit

1. Die Ausgestaltung der Grundherrschaft - 2. Die Bauernbefreiung

Im Hinblick auf die soziale und wirtschaftliche Entwicklung, auch im Agrarsektor, zerfällt die »Neuzeit« in zwei eindeutig zu unterscheidende Perioden. Die erste reicht bis zur Bauernbefreiung, die zweite umfaßt diese und die darauffolgende Zeit bis zur Gegenwart. Die erste Periode ist gekennzeichnet durch den Aufbau des merkantilistischen absoluten Staates, der in England und Frankreich u.a. als Nationalstaat mit starker monarchischer Spitze, in Deutschland als eine Fülle von Territorialstaaten begründet wird. Am Beginn dieser Periode stehen die Bauernkriege, deren bedeutendster der deutsche Bauernkrieg von 1525 ist. Er ist nicht ausgelöst worden durch ein von Verelendung bedrohtes Bauerntum, sondern durch ein selbstbewußtes Bauerntum, das sich auch wirtschaftlich in einer Aufstiegsperiode befand und das im Kern danach strebte, seine politische Geltung zu behaupten und sich gegen die Eingliederung in die absolutistischen Staatsgefüge zu behaupten. Die Niederlage der Bauern hat dazu geführt, daß dieser Stand bis zur Bauernbefreiung von der Beteiligung am politischen Leben ausgeschlossen war.

1. *Die Ausgestaltung der Grundherrschaft* im 16.-18.Jh. vollzieht sich unter ausschlaggebender Mitwirkung des Staates. Der Fürst ist daran nicht nur interessiert, weil er selbst in der Regel der größte Grundherr seines Landes ist und darum schon aus finanzwirtschaftlichen Erwägungen großen Wert auf die Entwicklung der Landwirtschaft legen mußte, sondern er war aus dem gleichen Grunde auch um die sonstigen grundherrlichen Bauern (sog. Privatbauern) bemüht; denn von ihrer Leistungsfähigkeit hing die Steuerkraft, die Wehrkraft und die politische Geltung des Staates weitgehend ab. So griffen die Staaten immer wieder, wenn auch in einer im einzelnen unterschiedlichen Art, in die A. ein und gestalteten sie fort. So wird etwa für eine einheitliche und auch unparteiische Rechtsprechung dadurch gesorgt, daß die Patrimonialgerichtsherren gezwungen wurden, ausgebildete Juristen als Richter einzusetzen. In vielen Ländern kommt es dazu, daß der Staat eine Erhöhung der bäuerlichen Lasten verhindert. Desgleichen spricht er den Bauernschutz aus, dh er verbietet die Umwandlung von Bauernland zu Gutsland; von welcher Bedeutung gerade diese Maßnahme war, ersieht man daraus, daß dort, wo er nicht galt, wie in Mecklenburg, Schwedisch-Pommern, Böhmen und den slawischen Ländern,

im 17. und 18.Jh. massenhaft Bauern »gelegt« werden. Der Staat führt umfangreiche Neubesiedlungen und Kolonisationen durch; er sorgt für Verbreitung neuer Erkenntnisse der aufkommenden Landwirtschaftswissenschaft. In einzelnen Fällen (Friedrich d.Gr.) betreibt er eine Preisstabilisierungspolitik. In Ostelbien, wo sich die Grundherrschaft zur Gutsherrschaft fortentwickelt hatte, werden die Gutsbezirke mit dem Gutsherrn als untere Verwaltungsbereiche bzw. -behörden in den Staatsaufbau eingegliedert. Zum Schutze des Adels wird in manchen Ländern der Erwerb von Rittergütern durch Nichtadelige verboten.

Die bäuerliche Selbstverwaltung in Gemeinde, Allmende usw wird in der Regel geschützt; desgleichen die Familienverfassung durch Sicherung der bäuerlichen Erbrechte, in vielen Ländern auch durch Bestimmungen über die Geschlossenheit des Hofes oder auch das Anerbenrecht. Die Beschränkungen der Verschuldungsfreiheit, die die Grundherrschaft bereits ausgebildet hatte, werden häufig durch landesherrliche Bestimmungen ergänzt.

2. Die *Bauernbefreiung* - so unterschiedlich ihre Durchführung im einzelnen war - bedeutete auf der einen Seite den Einbau der Landwirtschaft in die zum Siege gekommene liberale Wirtschaftsordnung, zugleich aber auch die Einbeziehung der Bauern in die neue politische Ordnung als vollberechtigte Bürger. Im Prinzip wirkte sich die Bauernbefreiung dadurch aus, daß Personalbeziehungen durch Sachbeziehungen ersetzt und die isolierten Einzelwirtschaften in das Marktgeschehen der Konkurrenzwirtschaft eingebaut wurden. Eine so radikale Umgestaltung entsprach wohl dem Willen der Reformer, nicht aber dem der Bauern. So behält der Gutsherr im Osten, nach der Reform nur noch Gutsbesitzer, seine führende Stellung und kann sie in gewisser Weise im Zuge der Vergrößerung des Gutsbetriebes noch weiter ausbauen. Die Bauern halten zumeist zähe an der alten Familienverfassung und Erbsitte fest, und seit der Mitte des 19.Jh.s gehen auch manche Länder dazu über, diese Erbsitten zu schützen. In Deutschland werden mit der in den 80er Jahren einsetzenden Rentengutsgesetzgebung auch die einst aufgehobenen und verbotenen Veräußerungs- und Verschuldungsbeschränkungen wieder eingeführt. Alles dies war nur die Auswirkung der Erkenntnis, daß die Landwirtschaft und im besonderen der Bauernhof dem Wesen nach Sonderbedingungen unterliegt und daß die A. darauf Rücksicht zu nehmen hat.

Für die Verteilung von Bauern- und Gutsland ist in erster Linie die Frage von Bedeutung geworden, ob die Entschädigung in Geld oder in Land bemessen wurde. Durch die Verpflichtung zur Landabtretung seitens der Laßbauern wurde damals der Osten Deutschlands zu einem Gebiet, in dem der Großbetrieb vorherrschte, und ist das allen Siedlungsmaßnahmen (innere Kolonisation) mit ihren durchaus beachtlichen Erfolgen zum Trotz bis 1945 geblieben. Über die in der DDR unter dem Einfluß der UdSSR nach 1945 eingeführten agrarwirtschaftlichen Strukturveränderungen → Bodenreform. Außerdem vgl. → Bauernbefreiung.

Zu III-V: F.LÜTGE, Deutsche Sozial- u. Wirtschaftsgeschichte, 1952 (Lit.) - W.ABEL, Agrarpolitik, 1952 (Lit.) - W.CONZE, Art. »Agrarverfassung« (HWSW I, 105-113 [3. Lfg., 1953]). *F.Lütge*

Agreda → Maria von Agreda (Maria von Jesus).

Agricola, 1. *Johann,* ursprünglich Joh.Schneider (ca 1499-1566) * in Eisleben (daher Islebius genannt) Studium 1509/10 in Leipzig, 1515/16 in Wittenberg, Schüler und Freund Luthers, 1525 Schulmeister in Eisleben, 1536 in Wittenberg, 1539 Mitglied des Wittenberger Konsistoriums, 1540 Hofprediger in Berlin, Generalsuperintendent und Visitator der Mark → Brandenburg. Teilnehmer an der Leipziger Disputation 1519, an den Reichstagen zu Speyer 1526 und 1529, Augsburg 1530, Regensburg 1541, Augsburg 1547/48. In seinem Lukaskommentar (1525) wird sein ernstes Bemühen um Luthers → Christologie (: II) deutlich. Ehrgeizig und eitel fühlte er sich berufen, die reformatorische Lehre auch gegen Luther zu vertreten. Im 1. → antinomistischen Streit (1527) wandte er sich gegen → Melanchthon. Luther legte den Streit schnell bei (Torgau 1527). Im 2. Antinomistenstreit richtete er seine Angriffe gegen Luther (1537ff; → Gesetz: V). Gegen Melanchthon stellte er die zur Buße rufende Predigt des Evangeliums in den Vordergrund und erblickte im Gesetz, worunter er den Dekalog verstand, eine vorchristliche Zuchtordnung. Für Luther dagegen waren Gesetz und Evangelium in der Bußpredigt keine Gegensätze. A.s Mitarbeit und Verteidigung des Augsburger Interims (1548) machte ihn bei den ev. Theologen verdächtig. Seine Sammlungen und Erläuterungen deutscher Sprichwörter fanden weite Verbreitung (1528. 1529. 1548). A. ist auch als Kirchenliederdichter hervorgetreten.

RE I, 249; XXIII, 25f - RITSCHL II-IV - HKG III, 101f - SCHL. I, 5f; V, 4 - EKL I, 54 - NDB I, 100f. *W.Delius*

2. *Michael,* der Reformator Finnlands, * um 1510 im östlichen Nyland, besuchte die Schule in Wiburg, kam dann in Åbo, wo er Schreiber des ersten ev. Bischofs Martin Skytte wurde, unter den Einfluß von Peter Särkilaks, dem »Vorläufer der Reformation«. 1536 reiste A. nach Wittenberg, wo er 1539 Magister wurde. Nach Finnland zurückgekehrt, wurde A. Rektor der Schule in Åbo und Gehilfe des Bischofs. Nach Skyttes Tod 1550 vertrat A. das Bischofsamt und wurde 1554 Bischof. † 1557 auf der Rückreise von einem politischen Auftrag in Moskau. - A. ist Begründer der finnischen Schriftsprache. Sein wichtigstes Werk ist die Übersetzung des NT 1548 aus dem Griechischen mit Bezugnahme u.a. auf die Übertragung Luthers, sein interessantestes ein großes Gebetbuch 1544. Andere Schriften sind besonders für die Umgestaltung des Volksunterrichts und das Gottesdienstleben von Bedeutung. - Als Reformator vereinigte A. einen innerlichen ev. Standpunkt, humanistisch gefärbt, mit Pietät für ältere Auffassungen.

M. A.n teokset I-III, 1931 (Die Werke M. A.s, Faksimileauflage) - J.GUMMERUS, M. A. Der Reformator Finnlands, 1941 - DERS., M. A.n rukouskirja ja sen lähteet I-III, 1941-55 (Das Gebetbuch M. A.s und seine Quellen). *W.A.Schmidt*

3. *Rudolf* (1443/44-85), * in Baflo bei Groningen, Sohn eines Pfarrers ohne Weihen (Henricus Huismann), studierte in Erfurt, Köln, Löwen und Pavia. Nach 6-7 Jahren am Hof von Ferrara ging er 1479 über Dillingen nach Groningen, wo er mit → Gansfort und → Hegius bekannt wurde; ein Ruf des Wormser Bischofs und pfälzischen Kanzlers Johann von Dalberg führte ihn nach Heidelberg, wo er - nach einer Romreise mit Dalberg - am 27.10.1485 starb. Kenner des Französischen, Griechischen und Hebräischen, befreundet mit → Reuchlin, verehrt von → Erasmus, auch als Musiker und Maler bezeugt, wirkte er durch seinen humanistischen Lebensstil noch mehr als durch seine Werke (1479 »De inventione dialectica«, 1484 »De formando studio« als pädagogische Bilanz des deutschen → Humanismus, beide gedruckt 1539). Ohne religiösen Tiefgang betont er besonders die Selbst-Steigerung der an einen schönen Leib geknüpften ethischen Persönlichkeit.

EC I, 575ff - NDB I, 103f (Bibliogr., Lit.). *L.Petry*

4. *Stephan* (Kastenbauer, Boius) (1491-1547), * in Abensberg. Studierte in Bologna, Venedig und Wien,

1519 Dr. theol., Augustinereremit in Wien, Regensburg und Rattenberg am Inn. Wegen evangelischer Predigt wurde er 1522 verhaftet und bis 1524 zu Mühldorf gefangen gehalten. Auf unbekannte Weise freigekommen, wurde er 1525 in Augsburg Prediger bei St.Anna. Als Vorkämpfer einer klar lutherischen Reformation 1531 durch die schweizerische Richtung verdrängt, wurde er Prediger in Hof i.B., 1543 (nicht 1542!) in Sulzbach und 1545 in Eisleben. - Er war am Religionsgespräch zu Marburg 1529 und an den Verhandlungen zu Schmalkalden 1537 beteiligt.

F.ROTH, Augsburg. Reformationsgeschichte I-IV, 1910/11 (Reg.) - RE I, 253ff; XVIII, 875 - WAB 9, 476; 10, 236ff - NDB I, 104f - K.SCHOTTENLOHER, St.A., der Übersetzer des schwäbischen Syngrammas (Zentralblatt für Bibliothekswesen 38, 1921, 67f).

Matth.Simon

Agrippa *von Nettesheim,* Heinrich Cornelius (1486 bis 1535), * zu Köln, † in Grénoble. Von → Tritheim patronisiert, von → Reuchlin und → Erasmus beeinflußt, ist A. stärker als dieser vom → Neuplatonismus und der → Kabbala abhängig. Halb Weltbürger, halb Abenteurer hat er ganz Westeuropa durchstreift und an Universitäten und Höfen Gastrollen gegeben. Schon 1510 hat er sein Hauptwerk (De occulta philosophia) abgeschlossen. Dann haben ihn widrige äußere Umstände und innere Zweifel zum Skeptiker gemacht, der jenseits von Katholizismus und (der zuerst mit Begeisterung begrüßten) Reformation in einem christlichen Stoizismus Ruhe sucht. Nachwirkungen des Simplizismus der → Brüder vom gemeinsamen Leben und des intellektuellen Nihilismus eines Wessel → Gansfort und die Idee einer sokratischen Ignoranz, wie sie → Nikolaus von Kues neu geprägt hatte, haben sich in A.s Declamatio de uncertitudine et vanitate scientiarum atque artium niedergeschlagen (übers. u. eingel. von F.Mauthner, Bibl. d. Philosophen 5 u. 8, 1913). Im Relativismus und Skeptizismus der beginnenden Neuzeit hat A. nachgewirkt (Sebastian → Franck, Jordano → Bruno).

Opera I. II, Lyon 1600 - RE I, 257f - R.STADELMANN, Vom Geist des ausgehenden MA, 1929, 79ff - W.ANDREAS, Deutschland vor der Reformation, 1948⁵, 585ff.

W.Maurer

Aguirre, *Josef Saenz de,* OSB, * 1639 in Logroño (Spanien), † 1699 in Rom. Abt und Professor in Salamanca, Zensor der Inquisition, arbeitete philosophisch, theologisch und historisch (Theologia Anselmi, 1689; Collectio maxima conciliorum omnium Hispaniae et Novi Orbis, 1693f, Neudr. 1753ff). Seine Schrift gegen den Gallikanismus 1683 erregte das Mißtrauen des Madrider Hofes und das Interesse des Papstes. 1686 Kardinal.

HN³ IV, 528ff - DThC I, 639ff (Lit.) - DHGE I, 1071ff.

H.Liebing

Ahab (hebräisch 'āḥ'ab, keilschriftlich Achabbu), als Sohn und Nachfolger → Omris König von Israel 871 bis 851 (→ Israel: I. II), hat die von seinem Vater begonnene Umgestaltung dieses Reiches zum Abschluß gebracht und in gewissem Sinn noch überboten. Den handgreiflichen Beweis dafür haben die amerikanischen und englischen Ausgrabungen im Palastgebiet der erst von Omri gegründeten neuen Hauptstadt → Samaria (1Kön 16, 24) geliefert; das zweite Baustadium, das A. zugewiesen werden muß, hebt sich von dem Omris nicht nur durch seinen etwas vergrößerten Grundplan, sondern vor allem auch durch die Anwendung einer aufs höchste verfeinerten Bautechnik ab, und die dort gefundenen Erzeugnisse des Kunstgewerbes, besonders Elfenbeinschnitzereien (»Elfenbeinhaus« 1Kön 22, 39) zeigen die Residenz im Vollbesitz der damaligen kanaanäischen Kultur. Noch sehr verstärkt wurde aber ihr kanaanäisches Wesen durch das von A. in ihr errichtete offizielle Heiligtum nicht für den Gott Israels Jahwe, sondern für »den Baal«, wahrscheinlich den Hauptgott des befreundeten Phönikerreiches von Tyrus (Melkart? 1Kön 16, 32; 2Kön 10, 18ff). Dementsprechend wird auch die von den Königen nach Samaria verpflanzte Bevölkerung ganz oder wenigstens überwiegend aus dem kanaanäischen Teil der Einwohnerschaft des Reiches genommen gewesen sein.

So bildete Samaria nach dem Willen der Könige als Vorort des Kanaanäertums in Form eines Stadtstaats eine politische Größe für sich inmitten des unabhängig von ihm nach alter Art organisierten Reiches Israel, in dem die israelitische Bevölkerung vorherrschte und das in Jesreel seine eigene Residenz erhielt (1Kön 18, 45f; 21; 2Kön 9); nur die Personalunion im Königtum hielt die so verschiedenen Komponenten zusammen. Das bedeutete, daß A. in Samaria den Kultus »des Baal« ebenso zu pflegen hatte wie den Jahwes im Reiche Israel (Übernahme eines alten Baalheiligtums auf dem Karmel in die ausschließliche Verehrung Jahwes 1Kön 18, 16ff). Diese dualistische Gestaltung konnte nur Bestand haben, wenn das Gleichgewicht zwischen den Komponenten streng gewahrt wurde; da dies aber nicht gelang (vgl. schon 1Kön 21), wurde sie unter dem zweiten Sohn und Nachfolger A.s, Joram, durch die Revolution → Jehus (2Kön 9f) beseitigt.

Für die Stellung des Reiches Israel unter A. nach außen ist bezeichnend die Beilegung der alten Feindseligkeiten mit Juda (Joram von Juda heiratet A.s Tochter Athalja 2Kön 8, 26f; Heeresfolge Judas 2Kön 3, 7ff), die Aufrechterhaltung der Oberhoheit über → Moab bis zu A.s Tod (2Kön 1, 1; 3, 4ff; → Mesa), die enge Befreundung mit den Königen von Tyrus (A. heiratet die Tochter des Königs Ethbaal/Ittobaal, Isebel, 1Kön 16, 31) und mindestens zeitweilige Vertragsverhältnisse zu dem Reich Aram-Damaskus mit Stellung großer Kontingente zu Koalitionskriegen gegen die Assyrer (Karkar 853).

Vgl. die »Geschichten → Israels« und die Kommentare zu den → Königsbüchern. Ferner A.ALT, Der Stadtstaat Samaria (BAL 105, 5), 1954.

† A.Alt

Ahas (verkürzt aus Joahas, keilschriftlich Jauchazi), König von Juda 742-725 oder einige Jahre später (2Kön 16, 1; vgl. → Israel I. II). Sohn und Nachfolger Jothams, Vater und Vorgänger → Hiskias, war vermutlich der erste König aus dem Hause Davids, für den infolge des bedrohlich raschen Aufsteigens und Umsichgreifens der → Assyrer seit 745 die Einstellung zu dieser neuen Großmacht das entscheidende Problem seiner Politik wurde. Dem Versuch der Nachbarkönige von Aram-Damaskus und von Israel, ihn zum Eintritt in eine antiassyrische Koalition zu zwingen und auf seine Weigerung hin vom Throne zu stürzen (sog. syrisch-ephraimitischer Krieg; 2Kön 15, 37; 16, 5; Jes 7, 1ff; etwa 734/33), widersetzte er sich konsequent; aber auch die Mahnung Jahwes durch den Propheten → Jesaja zu strikter Neutralität fand bei ihm kein Gehör (Jes 7, 4ff). Er entschloß sich vielmehr zu voller Unterwerfung unter die Oberhoheit des Großkönigs Tiglat Pileser III. (2Kön 16, 7ff), huldigte ihm persönlich 733/32 in Damaskus und ließ nach einem dort gesehenen assyrischen Vorbild einen neuen → Altar (: II) im Tempel Jahwes in Jerusalem errichten (2Kön 16, 10ff). Diese Unterwerfungspolitik wurde in dem ganzen folgenden Menschenalter beibehalten und sicherte solange den Bestand des Reiches Juda, wenn auch in Abhängigkeit von dem assyrischen Großreich.

Vgl. die »Geschichten → Israels« und die Kommentare zu den → Königsbüchern und zu den → Chronikbüchern. - Die assyrischen Nachrichten: E.EBELING, AOT 348; A.L.OPPENHEIM, ANET 282.

† A.Alt

Ahasver, eine sagenhafte Symbolgestalt für den »ewigen Juden«. Der Name Ahasver(osch) für den Perserkönig Xerxes (Etymologie unsicher; nach rabbinischer Deutung ein Mann des Unheils und des Wehs) stand bei den Juden vom biblischen Estherbuch her im übelsten Angedenken. Literarisch belegbar ist die Legende nicht vor dem 1602 erschienenen Traktat »Kurtze Beschreibung und Erklärung von einem Juden mit Namen A.«. Hiernach ist A. ein Schuster zu Jerusalem, der den kreuztragenden Jesus weggewiesen habe, als dieser sich ermattet an die Wand seines Hauses lehnte. Jesus habe ihm da gesagt: »Ich will sterben und ruhen, du aber sollst wandern.« Seitdem wandere A., ohne ausruhen zu dürfen, unstet über die ganze Erde. Dem ev. Bischof Paulus von → Eitzen habe er sich 1542 während eines Gottesdienstes zu erkennen gegeben.

Vorformen dieser wahrscheinlich aus Mt 16, 28 entwickelten Legende finden sich bei Roger de Wendower, Mönch von St.Alban, 1235, und in italienischen Chroniken des 13.Jh.s (A. hier unter dem Namen Cartaphilus). In Italien heißt A. Giovanni Buttadio (= der von Gott Geschlagene), in der Bretagne Boudedeo, in Siebenbürgen Bedeus, in den Niederlanden Isaak Laquedam (hebr. = aus dem Osten, Orient) und in Spanien-Portugal Juan Espera en Dios.

Die unheimliche Geschichte von A. hat durch das deutsche Volksbuch vom ewigen Juden (man kennt 46 Ausgaben, dazu 3 flämische, 10 französische, 4 dänische, 19 schwedische Bearbeitungen) Berühmtheit gewonnen und ist ein beliebtes literarisches Motiv geworden. Der Volksglaube hält an der Sagengestalt bis in die Gegenwart hinein fest und sieht in ihr das Verdammungsschicksal des Judentums versinnbildlicht, das seinen Heiland verstoßen habe.

J.G.Gresse, Die Sage vom E.J. historisch entwickelt, mit verwandten Motiven verglichen u. kritisch beleuchtet, 1835 - P.Cassel, A., die Sage vom E.J., 1885 - A.Soergel, A.-Dichtungen seit Goethe, 1905 - E.König, A., der E.J., 1907 - W.Zirus, Der E.J. in der Dichtung, 1928 - E.Liefmann, Die Legende vom Antichrist u. die Sage von A. (Judaica 3, 1947, 122-156) - D.Daube, A. (JQR 45, 1955, 243). *H.J.Schoeps*

Ahlfeld, *Friedrich* (1810-84), ev. Theol., * in Mehringen (Anhalt), wuchs in einfachsten Verhältnissen auf und war bis 1847 in verschiedenen Schul- und Kirchenstellungen tätig (in dieser Zeit als alter Burschenschafter gemaßregelt). Nach Halle gerufen (Beziehungen zu → Tholuk und → Leo), brach er dort den Einfluß der → Lichtfreunde. 1851-81 war er in Leipzig (Nicolaikirche und Predigerkolleg). Er vereinigte biblisches Erbe, Naturnähe, romantischen Sinn für Volk und Geschichte, wuchs allmählich ins Luthertum hinein, an dessen Erneuerung in Sachsen er mitwirkte (Landesgesangbuch von 1880). Den bedeutenden Prediger zeichnen Bildhaftigkeit, Herzlichkeit, Volkstümlichkeit aus.

Vf. Volkserzählungen, Andachtsbücher, Predigtsammlungen. - Röntsch, F.A., 1885 - RE I, 270 ff - J.Naumann, F.A. (ZThK 21, 1911, 61-83). *W.Jannasch*

Ahmadiyya → Islam: I.

Ahnenkult → Totenverehrung.

Ahriman, mittel- und neupersische Form für avestisch angra mainyu »arger Geist« (zu altpers. a(h)rika »feindselig, feind«), Name des vielleicht schon vor Zoroaster (→ Zarathustra) herausgearbeiteten *bösen* Prinzips bei den Iraniern (Gegensatz: spənta mainyu, → Ormazd, → Dualismus). In den Gathas (→ Avesta) begegnet der Ausdruck nur einmal (angra mainyu Yasna 45, 2), in den Achämenideninschriften überhaupt nicht. Nach Yasna 30, 3 ff entscheidet sich von den beiden uralten *Zwillingsgeistern* der zu Ahuramazda haltende heiligste Geist (spə̄nista mainyu) für das Bessere (vahyah), während sich der Zwillingsbruder, in seiner Torheit der drug (»Lüge, *Trug*«, altpers. drauga) anheimgegeben, das Böse (aka) im Denken, Reden und Tun aussucht. Vor die gleiche Wahl ist der Mensch gestellt; er hat das Reich des Guten (χšaϑra vairya, → Amesha Spenta) tätig zu mehren. Während Ahuramazda und Heiliger Geist (spənta mainyu) im Namen des ersteren (Ormazd) verschmelzen, wird der Böse Geist als Ahriman sehr bald zum Namen des Gegengottes selbst (Ἀρειμάνιος). Damit rückt der Arge oder Böse Geist in das weite Gefilde kosmologischer Spekulation. Hinter dem Bösen Geiste, nunmehr auch gannāk mēnōk genannt, steht eine ganze böse, von Dämonen bevölkerte Schöpfung, die in der Parsenliteratur der Sassaniden- und frühislamischen Zeit breit ausgemalt wird (→ Iran: III. VII). Bei aller Selbständigkeit bleibt A. jedoch stets dem am Ende siegreichen Lichtgott Ormazd *untergeordnet,* auch in den zervanistischen und manichäischen Systemen (→ Manichäismus). Züge des A.-Glaubens leben in der śaṭan-διάβολος-Vorstellung der Bibel (→ Teufel) wie auch im šaiṭān der Araber fort, gegen welchen der dem Ahuramazda heilige Hahn Schutz gewährt. Vgl. auch → Jeziden und → Schamanismus.

ERE I, 237 f - H.S.Nyberg, Die Religionen des alten Iran (deutsch v. H.H.Schaeder) (MVÄG 43), 1938, bes. 28. 102 ff. 381 ff (Lit.) - J.Duchesne-Guillemin, Ormazd et Ahriman (MR 31), 1953 - R.C. Zaehner, Zurvan. A Zoroastrian Dilemma, 1955 (zugleich wichtige Sammlung mittelpers. u. außeravest. Textstellen). *W.Eilers*

Ai, hebr. ha-ʿāj »der Trümmerhaufen«, Name der an der Stätte des heutigen et-tell, 2 km östlich von Bethel gelegenen kanaanäischen Königsstadt, die nach Jos 8 von den unter Josuas Führung stehenden Israeliten erobert und zerstört worden ist. Die 1933-35 auf et-tell vorgenommenen Ausgrabungen haben gezeigt, daß hier zwar im 3.Jt. eine bedeutende Siedlung bestand, daß aber die Stätte während des 2.Jt.s, dh auch zur Zeit von Israels Landnahme, unbesiedelt gewesen ist. Ähnlich wie das bei → Jericho der Fall zu sein scheint, haben die in Kanaan eingedrungenen Israeliten offenbar an die kanaanäische Stadt des 3.Jt.s anknüpfende Erinnerungen sagenhafter Art übernommen und ihren Vorstellungen von dem Hergang der Landnahme dienstbar gemacht.

M.Noth, Das Buch Josua (HAT I, 7), (1938) 1953² - J.Marquet-Krause, Les Fouilles de ʿAy (et-Tell) 1933-35, 1949 - W.F.Albright, Recent Discoveries in Bible Lands, 1955, 87 f. *O.Eißfeldt*

Ailli, *Peter von* → Petrus, 1. Peter von Ailli.

Aimoin *von Saint-Germain OSB,* im 9.Jh. Lehrer und Kanzler im Kloster St.-Germain des Prés bei Paris, verfaßte seit etwa 870 mehrere für den Wunder- und Reliquienglauben seiner Zeit bezeichnende Werke.

MPL 115, 939 ff; 126, 1009 ff; Neuausg. AnBoll II, 1883, 69 ff. - RE I, 281 - Potthast I, 28; II, 1333. 1338. 1563. 1626 - LThK, I, 173 f - Catholicisme I, 247 f - EC I, 602. *P.Holtermann*

Ainu-Religion. In Hokkaidô im nördlichen Japan, auf den Kurillen und im südlichen Sachalin leben noch knapp 16000 Ainu (A.), ein Jäger- und Fischervolk. In der Neuzeit sind sie auch zu Ackerbau übergegangen. In ihrer Religion tritt ein Höchstes Wesen (H.W.; → Hochgottglaube) klar in Erscheinung, wird »Himmelsgott« (zum Unterschied von den »gewöhnlichen Göttern«), »Stützpfeiler« (Vergleich mit der Hauptstütze des Hausdaches), »unser Ernährer«, »Wiege«, »der, welcher uns speist« genannt. Nach Mythen und Sagen wohnt er als ehrwürdiger Greis in einem von blendendem Lichtschimmer umgebenen Hause im obersten Himmel. Von den fünf Weltschöpfungsmythen schreiben drei die → Schöpfung direkt dem H.W. zu, zwei sprechen von Mittlern. Die Welt der Menschen wird aus einem Urmorast geformt. Vor jeder Mahlzeit dankt der A. »unserem Ernährer« für die Nahrung. Das Morgengebet vor der Jagd wird ebenfalls an das H.W. gerichtet (→ Jäger- und Jagdriten). In Notfällen »schreit« ein in den Glaubenslehren wohlbewanderter Mann als Vertreter der Seinen an einer einsamen Stelle im Walde zum H. W. um Hilfe. - Die Feuergöttin (→ Feuer) hat unter dem Herd ihren Palast, spendet Wärme, erzieht zur Eintracht. Ihr Gatte, der »göttliche Hausherr«, hat seinen Sitz in der Nordostecke der Stube. Erst wenn beide Gottheiten installiert sind, wird ein Neubau zum Heim. Die Feuergöttin trägt die Gebete der Menschen dem Himmelsgott vor, spielt aber auch beim Gericht nach dem Tode ihre unerbittliche Rolle. - Jagdtiere, vor allem der Bär, sind verkleidete Götter, die durch ihre Tötung wieder in das Jenseits »zurückgeschickt« werden. Mit den mitgebrachten Opfergaben feiern ihre Ahnen ein Gelage (→ Bärenfest). - Gräber werden gemieden, aber der Ahnenkult (→ Totenverehrung: I) blüht. Die Männer verehren die männlichen, die Frauen die weiblichen Ahnen. Der Glaube an Abstammungen von Tieren (Delphin, Bär, Wolf, Fuchs, Eule u.a.) ist nicht gruppenbildend, daher kein →Totemismus. - Es gibt männliche und weibliche Schamanen (→ Schamanismus). Die A. rufen ein Heer von Göttern und Geistern an. Für den Tod und andere Übel in der Welt sind Dämonen verantwortlich, gegen deren Treiben man den Himmelsgott um Hilfe anfleht, während man deren Macht gelegentlich zum Schaden anderer zu gebrauchen sucht.

J.Batchelor, The A. and their Folklore, London 1901 - Ders., A. Life and Lore, Tokyo 1927 - K.Kindaichi, A. no kenkyû (The Study of A.), Tokyo 1925 - Ders., A. no sei-ten (Sacred Texts of A.), Tokyo 1926 - W.Kremp, Beiträge zur Religion der A. (Diss. Bonn-Freiburg i.B.), 1928 - L.Sternberg, The A. Problem (Anthropos 24, 1939, 755-799) - UdG III. 427 ff - C.Etter, A. folklore, 1949 - A.Slawik, Zum Problem des Bärenfestes bei den A. u. Giljaken (WBKL 9, 1952, 189-203). *M.Eder*

Aion, indogerm. Wort, griech. αἰών, lat. aevum, altgerm. ēwa (= Ewigkeit).

1. Von Homer an bedeutet A. in der griechischen Literatur, bes. der poetischen, bis über die Zeit der Klassik hinaus: »Leben« - »Lebenszeit« (medizinisch auch = Rükkenmark, weil Sitz des Lebens). Ohne eine terminologische Funktion anzunehmen, aber dem Zentrum seines Denkens nahestehend, wird A. gedanklich-philosophisch von → Heraklit in seiner Lehre vom → Logos als dem Welt- und Lebensgesetz gefaßt, in welchem sich die Gegensätze zu einer Einheit verbinden (coincidentia oppositorum). An ein homerisches Gleichnis anknüpfend, sagt Heraklit von dem A. (B 52 Diels): »A. ist ein Knabe, der spielt, die Brettsteine hin und her setzt: einem Knaben gehört die Königsherrschaft.« Der Logos wird die gleichsam spielende Aufeinanderfolge von Tag und Nacht, Sommer und Winter im »Zyklus« der Tages- und Jahreszeit sowie des »großen Jahres«, in welchem alle Erscheinungen zu ihrem elementaren Ausgangspunkt (12000 Jahre?) zurückkehren, also so etwas wie das Gesetz der Weltzeit, eine im Kreise gegliederte → Ewigkeit (: II). → Platon unterscheidet in dem pythagoreisierenden Timaios (37d) A. und Chronos. »Der zeugende Vater« der ewigen, stets ihrer Ordnung folgenden (Gestirn-)Götter schafft zu diesen Wesenheiten ein bewegtes Abbild, das wir »Chronos« nennen, als Gegenbild zum Reich des »Ist« eine Welt mit den Zeitstufen »War« und »Wirdsein«, anders ausgedrückt, zum A. die Welt des steten und gleichmäßigen Wechsels von Tagen, Nächten, Monaten und Jahren, die werdende und vergehende Sinneswelt. In charakteristischer Auseinandersetzung mit der platonischen Ewigkeit-Zeit-Vorstellung sagt → Aristoteles: »Das Telos (die biologische wie geistige Vollendung und Endstufe), welches die Lebenszeit jedes einzelnen umfaßt, heißt A. In gleicher Weise ist aber auch das Telos des ganzen Himmels (mit den Gestirnen) A., ein Wort, das von ἀεί (ewig) gebildet ist, unsterblich und göttlich« (Organ. I, 9). Bei aller Verschiedenheit der Bestimmung von A. bei Platon und Aristoteles wie auch vorher bei Heraklit ist A. keine selbständige Gottheit, wie denn auch die älteren Stoiker A. nicht hypostasieren. Es zeigt sich demnach hier keine Abhängigkeit vom Orient, wie sie sich sonst in Weltzeitbestimmungen (vgl. Lehre von den vier Weltaltern) aufdrängt; schon das Nebeneinander von A. und Chronos spricht dagegen.

2. Neuerdings bemühte sich die A.forschung vielfach, die Ursprünge insbesondere von Platons A.-Chronos-Unterscheidung, wenn nicht gar die heraklitische Vorstellung letztlich aus dem Iranischen herzuleiten. Als Grundlage dafür wird auf die zarathustrische kosmogonische Unterscheidung einer »unbegrenzten Zeit« und einer »langen, eigener Bestimmung unterstehenden Zeit« (Vend. 19, 9 zrvan akarana und zrvan dareghō-chvadāta), etwa aus dem 4.Jh. nChr (→ Iran: III), oder den Urgott Zurvān, den Ewigkeitsgott, hingewiesen, von welchem ein Chronosgott nicht abgetrennt ist. Erst von der hellenistischen Zeit an ist eine Verschmelzung der orientalischen A.vorstellung mit griechischen Anschauungen an vielen Übergangsstellen, zB in Syrien, gesichert, wobei eine schärfere Fassung entsprechend den synkretistischen Tendenzen dieser Jh.e nicht zu erwarten ist. Eines der wichtigsten Zeugnisse ist die Mitteilung des Epiphanius (Adv.haer. 51) über das noch zu seiner Zeit in Alexandria in der Nacht vom 5. zum 6. Januar zu Ehren der den A. gebärenden Kore gefeierte Mysterienfest. A. ist hier der in jedem Jahre sich erneuernde und so an keine Grenzen des Zeitenablaufs gebundene Gott. Man feiert seine Epiphanie als Neujahrs- und Heliosfest (→ Epiphanienfest). Ob Beziehungen zwischen dieser A.verehrung und dem für das 1.Jh. vChr in Eleusis bezeugten A. bestehen, ist nicht auszumachen. Fast alle Geistesrichtungen und Spekulationen der ersten Jh.e vChr sind mehr oder minder von der A.-Vorstellung bestimmt, und es ist nur die Frage, wie weit A. als eine selbständige Gottheit gilt; denn ohne das Prädikat αἰώνιος (ewig) kommen zB weder der Isis- noch der Mithraskult noch der römische Kaiserkult (divus aeternus) aus (→ Isis, → Mithras). Dahin gehört auch der Begriff der urbs aeterna (bes. Rom). Wie dann die → Gnosis (: I) den A. in ihre Kosmogonie-Stufenlehre einbaut, mit Anknüpfung an neuplatonisches Gedankengut, zeigt zB Corp. Herm. 11, 2: »Der Gott schafft den A. (das Wesen der ewigen Zeit), der A. den Kosmos, der Kosmos den Chronos, der Chronos die Welt des Entstehens.« In Zusammenhang und zugleich im Gegensatz zu dieser zeitlich bestimmten Folge steht die Lehre von den Äonen als Seinsstufen, die im wesentlichen räumlicher Art sind und in welcher diese Himmelsräume mit den Göttern gleichgesetzt werden (vgl. Plotin III, 7). Im eschatologischen Dualismus des Judentums und Urchristentums (→ Apokalyptik: II. III) ist von »diesem (dem Ende nahen) A.« und dem »kommenden A.« als zwei Welten die Rede. Der böse Herrscher dieses A.s (2Kor 4, 4; IgnEph 19, 2) kann selbst A. genannt werden (Eph 2, 2), pluralisch in Eph 3, 9; Kol 1, 26. Die Vergangenheit und Zukunft umspannende meist doxologische Formel »von Ewigkeit zu Ewigkeit« ist im Christentum aus at. Sprachgebrauch übernommen.

3. Eine Neubelebung erfährt A. in der Romantik durch G.F.Creuzers Abhandlung über die älteste Mythologie (1810). Creuzers Ideen fußen auf der Vorstellung von Gestirnlehren der vorhomerischen Zeit, die aber erst im Hermetismus und verwandten Strömungen hervorgetreten seien. Von hier aus sind bei → Goethe Fausts letzte Worte (»es kann die Spur von meinen Erdentagen nicht in Äonen untergehn«, der Glaube an die schöpferische Tat und seine Tragik) zu verstehen, ebenso die Vorstellung von »Äonen« als größten Zeiträumen in »Urworte Orphisch« (1817), unter Elpis, Hoffnung: »Ein Flügelschlag und hinter uns Äonen« (dazu vgl. Dichtung und Wahrheit 2. Teil 8. Buch). Neue romantische Strömungen sind, wenn sie von Äon oder Äonen sprechen, von Creuzers (und Goethes) Gedanken abhängig. → Antike und Orient, → Ewigkeit, → Saeculum.

F.Passow, WB der griech. Sprache, neu bearb.v. W.Crönert, 1913, 187 (beste Übersicht über den Wortgebrauch) - ThW I, 197ff (Lit.) - RAC I, 194ff (Lit.) - Bauer, WB 48ff (Versuch einer system. Ordnung des at. u. nt. Wortgebrauchs) - R.Reitzenstein, Poimandres, 1904 - Ders., Die hellenistischen Mysterienreligionen, (1910) 1927[3] (= 1956) - K.Holl, Der Ursprung des Epiphanienfestes (SAB 1917 = Holl II, 123-154) - H.Junker, Über iranische Quellen der hellenistischen A.-Vorstellung, 1923 - J.Kerschensteiner, Platon u. der Orient, 1945 - E.Jenni, Das Wort ʿolam im AT (ZAW 64, 1952, 197-248; 65, 1953, 1-35) - R.C.Zaehner, Zurvan. A zoroastrian dilemma, 1955, 106 f.

K.Deichgräber

Akademie

I. A.n der Wissenschaften - II. Evangelische A.n

I. Akademien der Wissenschaften

1. Aufgabe und Stellung der A.n d. W.en - 2. Die deutschen A.n d. W.en - 3. Die A.n des Auslandes. - W. = Wissenschaft

1. »Auch die W. hat ihr sociales Problem; wie der Großstaat und die Großindustrie, so ist die Groß-W., die nicht von Einem geleistet, aber von Einem geleitet wird, ein nothwendiges Element unserer Culturentwicklung, und deren rechte Träger sind die A.n oder sollten es sein.« Diese programmatischen Worte Theodor → Mommsens sind bei der Aufnahme Adolf v. → Harnacks in die Berliner A.d.W.en gesprochen (SAB 1890, 792), der seinerseits (in einem Aufsatz mit dem charakteristischen Titel: Vom Großbetrieb der W., wieder abgedr. in: Aus W. und Leben I, 1911, 10-20) erklärt hat: »W. ist im Grunde und letztlich immer Sache des Einzelnen; daran vermag keine Entwicklung etwas zu ändern. Aber es gibt Aufgaben, deren Bewältigung ein Menschenleben weit übersteigt; es gibt ferner Aufgaben, die so viele Vorbereitungen verlangen, daß der Einzelne bis zur Aufgabe selbst gar nicht vorzudringen vermag; es gibt endlich solche, die durch ihre Kompliziertheit eine Arbeitsteilung fordern. Man kann noch mehr sagen - genau betrachtet sind alle wissenschaftlichen Aufgaben in jedem Falle Teile einer größeren Aufgabe und sind, solange sie isoliert behandelt werden, überhaupt unlösbar. Hier stoßen wir also wieder einmal auf eine der Paradoxien, die wie mit einem ehernen Ring unsere geistige Existenz umgeben: W. ist immer Sache des Einzelnen, und die wissenschaftlichen Aufgaben können doch niemals von Einzelnen erledigt werden« (S. 10f). Diese beiden Zitate umreißen die vornehmste Aufgabe der A.n d.W.en in der Gegenwart. Zu ihr kommt die andere: die Pflege des wissenschaftlichen Austausches zwischen den Mitgliedern der A.n, dh die Verwirklichung des unmittelbaren Kontaktes und der engen Zusammenarbeit zwischen den verschiedenen Disziplinen der Geistes- und Natur-W.en, wie sie in der Gegenwart an den Universitäten zwar unverändert angestrebt, praktisch aber in Anbetracht der ständig zunehmenden Spezialisierung und dementsprechenden Isolierung der Fächer immer weniger erreicht wird. Diese zweite Aufgabe ist für die A.n die ursprüngliche. Sie stellt bis auf den heutigen Tag den engeren Kreis ihrer Arbeit dar.

Den A.n gehören ordentliche, korrespondierende und Ehrenmitglieder an. Die erste Gruppe bedeutet den Kern der A. und wurde früher ausschließlich - heute ist dieser Grundsatz oft gelockert - aus den am Orte der A. ansässigen Gelehrten gebildet. Die Zahl der korrespondierenden - dh auswärtigen und ihre Rechte praktisch nicht ausübenden - Mitglieder ist meist erheblich größer, die Zahl der Ehrenmitglieder meist außerordentlich klein. Sämtliche Grade werden durch Wahl verliehen. In regelmäßigen Abständen finden Sitzungen der Klassen (im allgemeinen zwei: mathematisch- naturwissenschaftliche und philosophisch-historische Klasse) und des Plenums statt, in welchen ein Mitglied einen wissenschaftlichen Vortrag hält, über den anschließend ein Gedankenaustausch stattfindet. Die *Sitzungsberichte,* in denen diese Vorträge vorgelegt werden, bezeichnen also den inneren Raum der Arbeit der A.n. Neben sie treten *Abhandlungen,* in welchen größere Arbeiten der Mitglieder der A.n, aber auch von Nichtmitgliedern veröffentlicht werden (diese auf Empfehlung eines Mitgliedes). *Jahrbücher* geben eine Gesamtübersicht über die Arbeiten der A.n, ihre Personalstruktur usw. In ihnen wird sichtbar, wieweit es der A. möglich war, über die im Kreis ihrer Mitglieder betriebenen Arbeiten hinaus am »Großbetrieb der W.« Anteil zu nehmen. Denn hier werden die Arbeitsberichte der *Kommissionen* und *Institute* veröffentlicht, die an den A.n für die Durchführung bestimmter Aufgaben ins Leben gerufen sind und ihrerseits oft besondere *Schriftenreihen* veröffentlichen. Nicht selten werden von den A.n zur Förderung bestimmter wissenschaftlicher Fragestellungen *Preisaufgaben* ausgeschrieben. Für manche A.n sind *Zeitschriften* als Arbeitsinstrument von besonderer Bedeutung (für Göttingen zB die »Göttingischen Gelehrten Anzeigen«).

Jede A. erhebt nach wie vor den Anspruch, das höchste wissenschaftliche Gremium ihres Landes, Bezirkes usw darzustellen. Jedoch ist dieser Anspruch dadurch eingeschränkt, daß die Natur-W.en sich seit dem 19.Jh. in zunehmendem Maße außerhalb der A.n und Universitäten eigene Forschungseinrichtungen geschaffen haben (die Kaiser-Wilhelm-Gesellschaft, heute »Max-Planck-Gesellschaft« usw), mit deren Mitteln die A.n nicht entfernt wetteifern können, und die ebenso wie die zentralen staatlichen Einrichtungen zur Förderung der W. (in der Bundesrepublik seit 1951 die Deutsche Forschungsgemeinschaft) mit den A.n nur soweit verbunden sind, wie deren Mitglieder zu ihren leitenden Gremien gehören (in der DDR ist die W.sorganisation im Grundsatz zentraler ausgerichtet; die Praxis dagegen bietet oft ein anderes Bild). Jedoch läßt sich die Bedeutung einer A. nicht automatisch aus der Zahl der ihr angeschlossenen Institute bzw. der ihr zur Verfügung stehenden Mittel ablesen; nach wie vor sind für das Ansehen einer A. die persönlichen Leistungen ihrer Mitglieder maßgebend. Dabei spielen die Theologen zahlenmäßig gegenwärtig eine sehr geringe Rolle. Das liegt nicht nur daran, daß in manchen A.n die Natur-W.en eine immer zunehmende Bedeutung gewinnen, sondern erklärt sich oft aus der Gründungsgeschichte der A.n, die entweder im »aufgeklärten« Zeitalter oder aus vorwiegend »praktischen« Gründen entstanden. Jedoch ist der Einfluß der Theologen, die um ihrer Verdienste als Historiker oder Philologen willen in die A.n aufgenommen wurden, oft sehr beträchtlich gewesen (zB → Harnack). Außerdem läßt sich die Bedeutung der A.n von hier aus nicht ermessen; genauere Untersuchung zeigt, daß der indirekte Einfluß der in den A.n geleisteten Arbeit auf die wissenschaftliche Theologie oft sehr erheblich war, ganz abgesehen davon, daß nicht wenige A.institutionen direkte Arbeiten auf theologischen Gebieten leisten (vgl. zB in Göttingen das Septuaginta-Unternehmen, in Berlin die Kommission für spätantike Religionsgeschichte mit ihrer Ausgabe der »Griechischen Christlichen Schriftsteller der ersten Jahrhunderte« und den »Texten und Untersuchungen zur Geschichte der altchristlichen Literatur«, in Wien die Kommission zur Herausgabe der lateinischen Kirchenväter mit dem Corpus Scriptorum Ecclesiasticorum Latinorum).

2. Die älteste der *deutschen A.n d.W.en* (im folgenden ist nur von A.n die Rede, die bis zur Gegenwart fortbestehen, unter besonderer Berücksichtigung der Interessen und Gesichtspunkte der RGG) ist

a) die *A. der Naturforscher Leopoldina in Halle,* am 1.1.1652 in Schweinfurt gegründet und 1667 als Sacri Romani Imperii Academia Caesareo-Leopoldina Naturae Curiosorum mit zahlreichen Privilegien ausgestattet, seit 1878 endgültig in Halle. Damals war die ursprünglich auf die Medizin zugeschnittene A. bereits auf allen Gebieten der Natur-W.en tätig. Sie tritt alljährlich zu Arbeitstagungen zusammen, seit 1932 erscheinen ihre Publikationen unter dem Sammeltitel der Nova Acta Leopoldina.

b) Da die Leopoldina speziell den Natur-W.en zugewandt ist (aus ähnlichem Geist heraus entstanden 1662 die Royal Society in London und 1666 die Académie des Sciences in Paris), muß als älteste deutsche A.d. W.en im eigentlichen Sinne die *A.d.W.en zu Berlin* gelten. Ihr Gründer ist Gottfried Wilhelm → Leibniz, der nach dem Scheitern seiner bis in seine Jugendzeit zurückgehenden umfassenderen Pläne durch die Unterstützung der Kurfürstin Sophie Charlotte in Brandenburg die Möglichkeit zu ihrer wenigstens teilweisen Realisierung fand. Am 11.7.1700 wurde durch den Kurfürsten Friedrich III. »zu beforderung der Ehre Gottes, ausbreitung deßen wahrheit und cultivirung allerhand tugenden und dem Gemeinen Wesen nützlichen übungen« die »Societet derer Scientien« gestiftet und Leibniz zum ersten Präsidenten dieser Sozietät ernannt. Erst am 19.1.1711 begann die A. mit ihrer eigentlichen Tätigkeit. Persönliche Intrigen zwischen den Mitgliedern und deren Passivität sowie die Spannung zwischen dem Berliner und dem Hannöverschen Hof ließen Leibniz an seiner Gründung bis zu seinem Tode (1716) wenig Freude empfinden. Die untätige A. sinkt in Stellung und Ansehen im Zeitalter Friedrich Wilhelms I. immer tiefer, bis der Regierungsantritt Friedrichs II. die Reorganisation der A. 1743/44 und ihre Vereinigung mit der Nouvelle Société Littéraire zur »Königlichen A.d. W.en« bringt, die am 24.1.1744 ihre erste Sitzung hält. Im Statut heißt es, daß die Arbeit der A. »unter gäntzlicher Ausschließung der geoffenbahrten Theologie«, aber auch »der bürgerlichen Rechtsgelehrsamkeit, der bloßen Poesie und Beredsamkeit« (sowie der Medizin und Technik) vor sich gehen soll. Unter dem Eindruck dieses Satzes hat man davon gesprochen, daß damals Theologie und Theologen aus der A. verbannt worden seien. Das ist nicht richtig; vielmehr ist die Zahl der Theologen in der A. erstaunlich hoch, wenn auch nicht so groß wie in den ersten 40 Jahren ihres Bestehens. Ja, die Fragen der Religion nahmen in der neuen A. alsbald einen breiteren Raum ein als in der alten, denn das hervorstechende Charakteristikum der friderizianischen A. war gerade die Einrichtung einer besonderen Klasse für spekulative Philosophie. »L'être suprême, l'esprit humain, et tout ce qui appartient à l'esprit est l'objet de cette science«, so definierte ihr Präsident Maupertuis die Aufgaben dieser Klasse. Hier spielt die »natürliche Theologie« der Aufklärung ihre Rolle; die »natürliche Theologie« ist neben Kosmologie, Psychologie und Logik ausdrücklich zur Aufgabe des Vertreters der Metaphysik in der Klasse für spekulative Philosophie gemacht. Und man glaube nicht, daß der Inhalt der religionsphilosophischen Betrachtungen jener A. zu messen wäre nach dem Maßstab, der durch die Zugehörigkeit → Voltaires, → Lamettries und anderer zur A. gegeben scheint, oder auch nur nach den Äußerungen Friedrichs II. über Religion und Theologie. Vielmehr ist die Haltung jener Vertreter der spekulativen Philosophie in der A. sehr viel konservativer gewesen, und wir sehen sie nicht selten sogar in der Rolle des Apologeten, ganz abgesehen davon, daß wir zu jener Zeit auch streng orthodoxe Theologen unter den Mitgliedern der A. finden. Erst im 19.Jh. ist die Ausschließung der Theologen als solcher aus der A. eingetreten, und zwar unter dem Einfluß → Schleiermachers. Ganz charakteristisch ist im Entwurf Fr.Buchholz' zur Reorganisation der A. der Satz: »Ausgeschlossen sind ferner alle Metaphysiker, dh alle Philosophen von Profession, alle Theologen und Juristen«. Immerhin hat es noch eine Weile gedauert, bis diese Forderung durchgesetzt wurde. Denn noch im A.statut von 1812 finden wir als dritte die Philosophische Klasse. Lediglich der Zusatz bei ihrer Aufführung in § 2: »die keineswegs blos auf Metaphysik beschränkt ist«, deutet in diese Richtung. Erst Schleiermacher hat, man kann wohl sagen: durch einen Gewaltstreich, die Sonderexistenz der Philosophischen Klasse beendet. Die Philologie und die Historie sind für die A. des beginnenden 19.Jh.s bestimmend. Sie überragen zunächst selbst die Natur-W.en, erst mit der Rückkehr Alexander von →Humboldts 1827 nach Berlin beginnt der Umschwung, von der zweiten Hälfte des 19.Jh.s ab steigt dann der Stern der Natur-W.en immer höher. Aber auf dem Gebiet der Geistes-W.en ist es so geblieben wie zur Zeit Schleiermachers: Philologie und Historie dominieren, alle anderen W.en einschließlich der Philosophie haben sich ihnen einzugliedern. (Es ist hier etwas ausführlicher von der Geschichte der Berliner A. - bis 1945 »Preußische A.d. W.en«, seitdem »Deutsche A.d.W.en« - gesprochen worden, nicht nur weil sie die älteste und größte deutsche A. ist, sondern auch weil ihre Geschichte beispielhaft ist. Andere deutsche A.n haben in ihrer Geschichte ebenfalls unrühmliche Abschnitte der Stagnation und des Verfalls durchgemacht, auch sonst weist ihre Entwicklung zahlreiche Gemeinsamkeiten mit der der Berliner A. auf.)

Das 19.Jh. bedeutet für die A. den Beginn einer neuen Epoche. Nicht nur die persönlichen Arbeiten ihrer Mitglieder verschaffen ihr immer steigendes Ansehen, damals begannen auch die großen Gemeinschaftsarbeiten, das eigentliche Charakteristikum der A.n. Auf die von Böckh beantragte und 1817 der Öffentlichkeit bekanntgegebene Inangriffnahme der Sammlung der griechischen Inschriften folgt der Plan der Aristotelesausgabe, an der Begründung der »Gesellschaft für ältere deutsche Geschichtskunde« und ihren Monumenta Germaniae historica nahm die A. lebhaften Anteil. Bereits 1836 taucht zum ersten Mal der Plan des Corpus Inscriptionum Latinarum auf; Theodor Mommsen hat ihm, mit der energischen Unterstützung Savignys, gegen die Kurzsichtigkeit der A. zu vollem Leben verholfen. Damit war dem »wissenschaftlichen Großbetrieb« in der A. endgültig die Bahn gebrochen; 1874 war die Prosopographie der Römischen Kaiserzeit in Angriff genommen worden, bereits 1878 bereitete die A. eine Gesamtausgabe der Werke Martin Luthers vor (die spätere »Weimarer Ausgabe«), 1897 begann sie mit dem Wörterbuch der Ägyptischen Sprache, im selben Jahr erschien der erste Band der »Griechischen Christlichen Schriftsteller« (Hippolyt Bd 1). Mit der maßgebenden Unterstützung Mommsens war 1891 auf Antrag Harnacks die Gründung der »Kirchenväterkommission« beschlossen worden; jetzt setzte die nicht abreißende Kette ihrer Publikationen ein.

Von den gegenwärtigen Unternehmungen der A. auf nicht-naturwissenschaftlichem Gebiet sind hier außer den Gemeinschaftsarbeiten (s. h) sowie außer den schon angeführten zu nennen: das Grimmsche Wörterbuch mit den zahlreichen parallelen Unternehmungen des Mittelhochdeutschen Wörterbuchs und der Mundartenwörterbücher, die Deutschen Texte des Mittelalters, das Polybius-Lexikon und die Arbeiten zur hellenistisch-römischen Philosophie. In den Publikationen der Institute für Orientforschung, griechisch-römische Altertumskunde und deutsche Volkskunde sind außerdem eine ganze Reihe direkt und indirekt religionsgeschichtlich wichtiger Themen behandelt. Die A. arbeitet in 6 Klassen, denen oft Fachsektionen angeschlossen sind, und gibt in einem eigenen Verlag neben Jahrbüchern, Sitzungsberichten und Abhandlungen, den Publikationsreihen der Institute und Kommissionen und mehreren Zeitschriften alljährlich eine große Zahl selbständiger Schriften heraus.

c) Die A.d.W.en in *Göttingen* entstand unter Georg II. als »Königliche Societät der Wissenschaften« 1751, vierzehn Jahre nach der Gründung der Universität, nach dem Willen des Ministers v.Münchhausen als Universitätsinstitut, um einem ausgewählten Kreis von Professoren Forschungsmöglichkeiten zu geben und den Ruf der Universität zu heben. Zu diesem Zweck waren bereits 1737 die »Göttingischen Gelehrten Anzeigen« gegründet worden, die alsbald in enge Verbindung mit der A. traten, in deren Namen sie noch heute herausgegeben werden. Der erste Präsident der A., Albrecht v. → Haller, gab der A. jedoch alsbald einen grundsätzlich anderen Zuschnitt. Krisenzeiten, etwa im 18.Jh., wurden durch die enge Verbindung mit der Universität wie durch die Arbeiten der GGA überwunden. Auch die durch das Ausscheiden der »Göttinger Sieben« (die Brüder → Grimm, Dahlmann, → Ewald, Weber waren Mitglied der A.) verursachte Krise kann die Entwicklung der A. nicht aufhalten, die im 19.Jh. ihr Gepräge durch die Arbeit der Philologen wie der Mathematiker erhält. Außer Arbeitsstellen für Gemeinschaftsunternehmungen der deutschen A.n (s. h) bestehen heute an der »A.d.W.en in Göttingen« folgende auf geisteswissenschaftlichem Gebiet arbeitende Kommissionen: die Septuaginta-Kommission, die Kommission für die Sammlung und Herausgabe der älteren Papsturkunden, die Kommission zur Herausgabe der Posterioris medii aevi poemata latina, die Kommission für die Sammlung der Inschriften des deutschen Mittelalters und die Kommission zur Herausgabe der Werke von Justus Möser. Die A. arbeitet in zwei Klassen, gibt »Nachrichten« (Sitzungsberichte) und Abhandlungen sowie die GGA heraus.

d) Die A.d.W.en zu *Heidelberg* ist 1909, gewissermaßen in Fortsetzung jener im 18.Jh. kurze Zeit in Mannheim bestehenden »Pfälzischen A.d.W.en«, gegründet. Die äußeren Voraussetzungen wurden durch eine private Stiftung geschaffen (bis 1925 fügte die A. ihren Veröffentlichungen den Zusatz hinzu: Stiftung Heinrich Lanz). Die A. arbeitet in zwei Klassen, veröffentlicht Sitzungsberichte und Abhandlungen, in welchen, vor allem in den ersten Jahrzehnten, besonders häufig religions- und kirchengeschichtliche Themen begegnen. Von den Unternehmungen der A. sind außer den Gemeinschaftsunternehmungen der A.n (s. h) besonders zu nennen die Cusanusausgabe (→ Nikolaus von Kues) mit den dazugehörigen Untersuchungen, die Publikationen zur Papyrologie und zu den deutschen Inschriften.

e) Die A.d.W.en zu *Leipzig* wurde, nachdem frühere Pläne gescheitert waren, zum 200. Geburtstag von Leibniz, am 1.7.1846, nach dem Göttinger Vorbild gegründet. Aus der Umbildung einer seit 1774 bestehenden gelehrten Gesellschaft hervorgegangen, hat sie über die Leipziger Universität hinaus die ganzen wettinischen Lande als ihr Einzugsgebiet betrachtet, sich so zu einem wissenschaftlichen Zentrum in Mitteldeutschland entwickelnd. Die »Sächsische A.d.W.en zu Leipzig« ist, außer den Gemeinschaftsunternehmungen der deutschen A.n (s. h), auf dem hier in Betracht kommenden Gebiet an historischen Untersuchungen (im wesentlichen zur sächsischen Geschichte, aber auch zur Geschichte des Pietismus), am Althochdeutschen und Altnordischen Wörterbuch tätig. Die A. arbeitet in zwei Klassen, gibt »Berichte«, Abhandlungen, Jahrbücher sowie mehrere Schriftenreihen heraus.

f) Die »A.d.W.en und der Literatur« zu *Mainz* wurde 1949 ins Leben gerufen. Sie arbeitet in drei Klassen, der mathematisch-naturwissenschaftlichen, der geistes- und sozialwissenschaftlichen und der Klasse der Literatur; sie gibt Abhandlungen und Jahrbücher heraus. Von den bei ihr gebildeten Kommissionen, die zT eigene Schriftenreihen veröffentlichen, sind hier zu nennen die Historische Kommission, die Kommission für Kirchengeschichte (Ziel: Errichtung einer ostkirchlichen Forschungsstelle), die Kommission für Archäologie.

g) Die A.d.W.en zu *München* ist 1759 gestiftet. Nachdem die A. im 18.Jh. insbesondere durch den Widerstand klerikaler Kreise und durch innere Auseinandersetzungen gefährdet war, gab ihr die Neukonstitution von 1806/07 eine neue Basis, die Verlegung der Universität von Landshut nach München unter Ludwig I. ein neues Leben und die ihr 1858 alsbald nach der Gründung inkorporierte Historische Kommission neue Aufgaben. Neben der Historischen Kommission und den Arbeitsstellen für die Gemeinschaftsarbeiten der deutschen A.n (s. h) sind von den Kommissionen der »Bayerischen A. d.W.en« zu nennen die Kommissionen für die Herausgabe des Corpus der griechischen Urkunden des Mittelalters und der neueren Zeit, der Monumenta Germaniae historica und des Thesaurus linguae latinae. Zwar stellen die beiden letzten Gemeinschaftsunternehmungen der deutschen A.n dar, der Schwerpunkt ihrer Arbeit liegt jedoch in München. Die A. arbeitet in zwei Klassen und gibt neben den Publikationen der Kommissionen Sitzungsberichte, Abhandlungen und Jahrbücher heraus.

h) Gemeinschaftsunternehmungen der deutschen A.n: Im Jahre 1893 schlossen sich die A.n zu (Berlin), Göttingen, Leipzig, München und Wien zu einem *Kartell* zusammen, in das im Jahre 1911 auch die Heidelberger A. aufgenommen wurde, um neben der Koordinierung ihrer Arbeit die Kräfte und Mittel zur Förderung von wissenschaftlichen Aufgaben besonderen Umfangs und besonderer Bedeutung zusammenzufassen. Dazu gehören (s. g) die Monumenta Germaniae historica, der Thesaurus linguae latinae, das Poggendorffsche biographisch-literarische Handwörterbuch, das Septuaginta-Unternehmen der Göttinger A. Ebenfalls gemeinsam herausgegeben werden von den A.n zwei Zeitschriften: die »Deutsche Literaturzeitung« und die »Forschungen und Fortschritte«. In der *Union Académique Internationale* (Sitz: Brüssel), zu welcher sich 1919 die A.n von 23 Ländern zusammenschlossen, arbeiten die deutschen A.n insbesondere am Mittellateinischen Wörterbuch und am Corpus Vasorum Antiquorum mit.

3. a) Von den *A.n des Auslands* ist als erste die mit den deutschen A.n historisch und arbeitsmäßig eng verbundene A. zu *Wien* zu nennen. Die Bemühungen von Leibniz, nach der Berliner Gründung auch in Österreich eine A. ins Leben zu rufen, blieben ohne Erfolg. Genauso erging es ein Menschenalter später → Gottsched und das 18.Jh. hindurch noch mehreren anderen. Erst 1847 konnte, nach vielen Mühen und langen Vorbereitungen, die A. offiziell proklamiert werden. Alsbald jedoch konnte sie große Unternehmungen in Angriff nehmen: 1847 die Fontes rerum Austriacarum, 1850 die Monumenta Conciliorum, 1864 das Corpus der lateinischen Kirchenväter (CSEL), von dem bis jetzt über 70 Bde erschienen sind. Von den Unternehmungen der A. sind außer den Gemeinschaftsunternehmungen der deutschen A.n, an denen die »Österreichische A.d.W.en« beteiligt ist (s. 2 h), unter dem Blickpunkt dieses Berichtes neben der »Kommission zur Herausgabe der lateinischen Kirchenväter« besonders zu nennen die »Kommission für die archäologische Erforschung Kleinasiens« (die Ausgrabung zB von Ephesus stellt ein Traditionsunternehmen der A. dar), die »Kommission für die Neubearbeitung von Böhmers Regesta Imperii« und vor allem die »Historische Kommission« mit ihren vielfältigen Unternehmungen und Veröffentlichungen insbesondere zur österreichischen Geschichte, aber auch den »Nuntiaturberichten aus Deutschland«, zu denen die des mit der A. verbundenen Österreichischen Instituts für Geschichtsforschung und des Österreichischen Historischen Instituts in Rom treten. Außer den verschiedenen Schriftenreihen veröffentlicht die in zwei Klassen arbeitende A. Almanache (= Jahrbücher), Anzeiger (=kurzgefaßte Sitzungsberichte), Sitzungsberichte, Denkschriften.

b) Besondere Bedeutung kommt unter historischem Gesichtspunkt den A.n *Italiens* zu. Denn hier beginnt die Geschichte der neuzeitlichen A.n der Wissenschaften, deren antikes Vorbild die platonische A. darstellt. Über das Museion des Ptolemaeus Philadelphus in Alexandrien und die Karolingische Renaissance (→ Karl d.Gr.) hatte das Ideal einer freien Gelehrtengemeinschaft sich fortgepflanzt, bis im Italien des 15.Jh.s über die Vorgänger hinweg direkt an die Antike angeknüpft wurde. In *Neapel* entstand 1433 die Academia Pontaniana, zu deren Mitgliedern Lorenzo → Valla gehörte, in *Rom* 1460 die Accademia di storia e de archeologia, in *Florenz* 1474 die von Lorenzo Medici begründete Academia Platonica. Neben der Hinwendung zum Altertum sind diese frühen italienischen A.n durch ihr Interesse für die Pflege der lebenden Sprache und der Natur-W.en gekennzeichnet. Die 1582 in Florenz gegründete Accademia della Crusca (»der Kleie«) bringt das erste Bestreben bereits in ihrem Namen zum Ausdruck (die Sprache soll von den Hülsen gereinigt werden), die 1603 in Rom begründete *Accademia dei Lincei* (»der Luchsäugigen«, wegen der Benutzung des Teleskops wie des Mikroskops) das zweite. Die Accademia Nazionale dei Lincei in Rom besteht heute aus zwei Klassen, die sich ihrerseits in verschiedene Unterabteilungen gliedern (die Classe di Scienze morali, storiche, critiche e filologiche in 6). Neben dieser staatlichen A. ist die kirchliche Pontificia Academia Scientiarum zu nennen (seit 1936 unter diesem Namen), neben ihr die Accademia Romana di S.Tommaso d'Aquino e di Religione Cattolica, die Pontificia Accademia Romana di Archeologia usw.

c) Die führende Rolle Italiens ging im 17.Jh. an *Frankreich* über. 1635 entstand durch → Richelieu aus einem privaten Zirkel zunächst die *Académie Française* mit einer der Accademia della Crusca parallelen Aufgabe. 1663 wurde ihr die *Académie des Inscriptions et Belles-Lettres*, 1666 die *Académie des Sciences* zur Seite gestellt. Die Constitution vom 22.8.1795 faßte die bestehenden A.n zum *Institut de France* (urspr. Institut National) zusammen, zu welchem außer den drei genannten heute noch gehören die *Académie des Beaux-Arts* (gegr. 1803) und die *Académie des Sciences Morales et Politiques* (gegr. 1832). Die Domäne der Académie Française ist bis heute die französische Sprache und Literatur (die »Vierzig Unsterblichen«), die Académie des Beaux-Arts kann der Akademie der Künste verglichen werden, die Académie des Sciences ist rein naturwissenschaftlich ausgerichtet. Die Académie des Sciences Morales et Politiques arbeitet in 5 Sektionen, die Académie des Inscriptions et Belles-Lettres (ohne Sektioneneinteilung), am weitesten international verzweigt, arbeitet in Kommissionen zur Fortsetzung der Histoire littéraire de la France (seit 1816), des Corpus inscriptionum semiticarum (seit 1867), der Inschriften von Delos, des Corpus Vasorum Antiquorum, des Du Cange, des Corpus Philosophorum Medii Aevi usw. Wichtig ist auch ihr Anteil an den Grabungen im Vorderen Orient.

d) In *England* beginnt die Geschichte der A.n ebenfalls mit der Umwandlung einer zunächst privaten, diesmal naturwissenschaftlich ausgerichteten Gesellschaft in eine staatliche Institution: 1660 (62) entsteht so die Royal Society in London. Die 1783 gegründete Royal Society of Edinburgh beschränkt sich ebenfalls ganz auf die Natur-W.en. Erst 1901 entstand als Ergänzung die *British Academy*, die unter ihren 11 Sektionen im Gegensatz zu anderen A.n auch eine mit betont theologischer Zwecksetzung (Biblical and Ecclesiastical Studies and Theology) besitzt. Von den Unternehmungen der A. sind hier zu nennen: Prosopography of the Later Roman Empire, Critical Edition of the Greek New Testament, Lexicon of Patristic Greek, Corpus Platonicum.

e) Die A.n des übrigen Europa können hier nur (in Auswahl) mit Namen und Gründungsjahr angeführt werden: In der Republik *Irland* besteht die Royal Irish Academy seit 1785, die Irish Academy of Letters seit 1932, beide in Dublin. In *Schweden* ist neben der Svenska Akademien (begr. 1786), in deren Händen die Verleihung des Nobelpreises für Literatur liegt, zu nennen die Kungl. Vitterhets Historie och Antikvitets Akademien (begr. 1786), beide in Stockholm, in *Norwegen* die Norske Videnskaps Akademi in Oslo (begr. 1857), in *Dänemark* die Kongelige Danske Videnskabernes Selskab in Kopenhagen (begr. 1742), in *Finnland* die Suomalainen Tiedeakatemia (begr. 1908) in Helsinki. In *Holland* hat die Koninklijke Nederlandse Akademie van Wetenschappen (begr. 1808) durch zahlreiche Neuwahlen seit 1946 ihren zusammengeschmolzenen Mitgliederstand wieder ergänzt, in *Belgien* stehen nebeneinander die 1772 begründete Académie royale des Sciences, des Lettres et des Beaux-Arts de Belgique und die erst 1938 ins Leben gerufene Koninklijke Vlaamse Academie voor Wetenschappen, Letteren en Schone Kunsten van Belgie, beide in Brüssel. In *Spanien* sind außer der Real Academia Española (begr. 1713, Neuorganisation 1939) von den verschiedenen Spezialgebieten gewidmeten A.n zu nennen die Real Academia de la Historia (begr. 1738) und die Real Academia de Ciencias Morales y Politicas (begr. 1857), sämtlich in Madrid, in *Portugal* neben der Academia das Sciências (begr. 1779) die Academia Portuguesa da Historia (begr. 1720), beide in Lissabon. In *Polen* ist die Polska Akademia Umiejetnosci zu Krakau (begr. 1872) 1951 durch die Neugründung der Polska Akademia Nauk in Warschau abgelöst worden. Ebenso sind 1948 in *Rumänien* die bestehenden A.n durch die Academia Republicii Populare Romine in Bukarest ersetzt worden. In *Bulgarien* ist die Bŭlgarska Akademija na Naukite in Sofia 1869 gegründet, in *Ungarn* die Magyar Tudományos Akadémia in Budapest 1825, in *Jugoslawien* die Jugoslavenska Akademija Znanosti i Umjetnosti in Zagreb 1867, in der *Tschechoslowakei* die Československá Akademie Věd in Prag, eine Neugründung von 1952.

f) In den *Vereinigten Staaten von Amerika* spielen die A.n infolge der Dezentralisierung des wissenschaftlichen Lebens und des großen Anteils privater Initiative daran (Carnegie Institution, Rockefeller Foundation, Ford Foundation usw) eine völlig andere Rolle als in Europa. Die American Philosophical Society in Philadelphia wurde 1727 gegründet, die American Academy of Arts and Sciences in Boston 1780; beide unterscheiden sich grundlegend etwa von deutschen A.n (1955 hatte die erste ca 500, die zweite 1050 Mitglieder). Die National Academy of Sciences - National Research Council in Washington (begr. 1863) ist rein naturwissenschaftlich ausgerichtet, ebenso die New York Academy of Sciences (begr. 1817), die Maryland Academy of Sciences (begr. 1797) usw. Die Smithsonian Institution (begr. 1846), welche in den Bezirk der Geistes-W.en hineinreicht, hat zum Ziel »increase and diffusion of knowledge among men«.

g) In der *Sowjetunion* bedeuten (was einer alten Tradition entspricht) die A.n dagegen das vom Staat ganz betont ausgebaute und unterstützte Zentrum des straff organisierten W.s-Systems. An der Spitze steht die A.d. W.en der UdSSR in Moskau (1949: ca 20000 Mitarbeiter), welche in allen Teilen des Landes Institute und Filialen (1949: ca 130) besitzt. Neben bzw. unter ihr stehen die zehn A.n der Unionsrepubliken. Alle A.n erhalten ihre außerordentlich großen Mittel direkt aus dem Staatshaushalt. Die A.d.W.en der UdSSR stellt nicht nur eindeutig die oberste wissenschaftliche Institution der UdSSR dar, durch den bei ihr gebildeten Rat zur Koordinierung der wissenschaftlichen Arbeit ist sie auch in der Lage, das gesamte wissenschaftliche Leben des Landes maßgeblich zu beeinflussen. Neben ihr und den A.n der Unionsrepubliken bestehen für eine Reihe von wissenschaftlichen Disziplinen noch Fach-A.n. Die A.d. W.en der UdSSR wurde am 29.1.1724 in Petersburg begründet, 1934 verlegte sie ihren Sitz nach Moskau, 1935 erhielt sie das heute gültige Statut. Die A.n der Unionsrepubliken wurden (mit Ausnahme der A. der 1919 begr. Ukrainischen SSR) in den Jahren seit 1940 begründet.

A.v.HARNACK, Gesch. der Königlich Preußischen A.d.W.en zu Berlin, 3 Bde, 1900 - K.ALAND, Die Arbeiten der Deutschen A.d. W.en auf dem Gebiet der Religionsgeschichte, 1955 - R.SMEND, Die Göttinger Gesellschaft der W.en (Festschrift zur Feier des 200jähr. Bestehens der A.d.W.en in Göttingen II, 1951, V-XIX) - L.STERN, Zur Gesch. u. wissenschaftlichen Leistung der Deutschen A. der Naturforscher, 1952 - Zur 50jähr. Jubelfeier der Königl. Sächsischen Gesellschaft d. W.en zu Leipzig am 1.7.1896, 1896 - W.HIS, Zur Vorgeschichte des deutschen Kartells u. der internationalen Association der A.n, 1902 - A.HUBER, Gesch. der Gründung u. der Wirksamkeit der Kaiserl. A.d.W.en während der ersten 50 Jahre ihres Bestandes, Wien 1897 - 1635-1935. Trois siècles de l'Académie Française, par les Quarantes, Paris 1935 - Die A.n der UdSSR (Große Sowjetenzyklopädie, Reihe Geschichte u. Philosophie 7, H. 7 u. 11), Berlin 1953 - Die Jahrbücher der A.n, die neben den Berichten zT auch kurze historische Übersichten bieten, dazu Minerva, Jahrbuch der Gelehrten Welt und World of Learning, 1955^6. *K.Aland*

II. Evangelische Akademien

1. Die erste Ev. A. wurde von ihrem nachmaligen Leiter P. Dr. Eberhard Müller in Bad Boll gegründet und von Landesbischof D. Wurm am 30.9.1945 eingeweiht. Im Jahre 1955 bestanden in Deutschland 18 Ev. A.n, 3 davon in Mitteldeutschland (DDR). Vorläufer der Ev.A.n waren die ev. → Akademikervereinigungen (: I) und die »Ev. Wochen« der → Bekennenden Kirche, die sich in Wortverkündigung und Gespräch um die Klärung brennender Gegenwartsfragen bemühten.

2. Die *Aufgaben* der Ev. A.n ergaben sich zunächst aus der Nachkriegssituation: Nach dem totalen Zusammenbruch aller Institutionen und Ordnungen staatlichen Lebens haben die ev. Kirchen durch die Ev. A.n stellvertretend gehandelt und sich bemüht, bei der Neuordnung des geistigen und öffentlichen Lebens zu helfen. Sie gingen von der Voraussetzung aus, daß die Selbstbesinnung der Christen der Anfang einer Selbstbesinnung des deutschen Volkes sein müsse. Die Ev. A.n sammelten Christen aller Berufe, sie wandten sich aber besonders auch kirchenfremden Kreisen zu, nicht um → Apologetik (: IV) im alten Stil zu treiben, sondern um der Verpflichtung der ev. Kirche gegenüber der Öffentlichkeit auf ihre Weise gerecht zu werden. Ihr Ziel ist, »dem modernen Menschen in den Fragen seines Alltags zu begegnen, diese im Licht des Evangeliums einer Klärung näher zu führen und so die Einheit des Lebens in der Freiheit des Evangeliums zu bezeugen« (Satzung des Leiterkreises). Außerdem dienen sie der »denkenden Durchdringung aller Wissens- und Tätigkeitsgebiete des Menschen vom christlichen Glauben her« (E.Schlink).

3. Von diesen Aufgaben aus ist ihre *Arbeitsweise* bestimmt. Sie mühen sich um eine Auseinandersetzung mit der Vergangenheit und um Klärung von Gegenwartsfragen aus dem Gebiet des sozialen und des staatlichen Lebens, der Wirtschaft und der Kunst. Dies geschieht vorwiegend auf Tagungen für Angehörige bestimmter Berufe und in Studienkreisen, die einzelne Sachgebiete bearbeiten: Sozialpolitik, Strafvollzug, Marxismus, Kirchenbau usw. - Die einzelnen Ev. A.n haben verschiedene *Arbeitszweige* ausgebildet: »Ev. Aktionsgemeinschaft für Arbeiterfragen« (→ Arbeiter: II); »Die Wirtschaftsgilde« (Arbeitskreis für Wirtschaftstechnik und Sozialgestaltung); Arbeiter- und Betriebsrätetagungen; Tagungen für verschiedene Berufsgruppen; Landvolkdienst; Arbeitskreis: »Die Frau in der Gesellschaft«; Arbeitskreise zur geistigen Klärung der Fragen des Wehrbeitrages; mehrere Jugenddienste; Meditationstagungen (Stille Tage). *Speziellen* Aufgaben dienen: die Christliche Presse-A.; die Ev. A. für Rundfunk und Fernsehen; die Ev. Forschungs-A. Hemer; die Ev. Sozial-A. Friedewald (in Kürze Frankfurt/Main).

4. Die *Durchführung der Arbeit* erfolgt vorwiegend auf Tagungen, »Ev. Wochen«, in regelmäßig zusammentretenden Studienkreisen und in öffentlichen Vorträgen. Das Gespräch zwischen Kirche und Welt sowie die Auseinandersetzung zwischen den Partnern der verschiedenen weltanschaulichen und sozialen Gruppen geschieht in einer bemerkenswerten Offenheit. Die Ev. A.n sind nicht ein neutrales Forum, sie lassen aber jeden Sprecher von seinen eigenen Voraussetzungen her zu Worte kommen und bemühen sich, ihrerseits Menschen mit gründlichen Fachkenntnissen und klarem Urteil zur Verfügung zu stellen. In der A.arbeit geht es um die Klärung von Sachfragen in persönlichem Gespräch und in der menschlichen Begegnung von Christen und Nichtchristen, ferner um Mithilfe bei der Verwirklichung der erarbeiteten Einsichten. Zu den Tagungen gehören als wesentliche Bestandteile immer auch die biblische Besinnung, das Gebet und das freie Gruppengespräch. Die Arbeit der Ev. A.n wird in den Gemeinden in »Hauskreisen« und durch den Vortragsdienst der Ev. A.n fortgesetzt.

5. Die *Organisation* der Ev. A.n. Die Leiter der Ev. A.n haben sich 1947 zu einem Leiterkreis zusammengeschlossen, der jährlich zweimal zum Erfahrungsaustausch und

zur Planung der Arbeit zusammentritt. Im gleichen Jahr wurde auch »Die Studiengemeinschaft der Ev. A.n Deutschlands« gegründet. Sie umschließt etwa 200 deutsche Wissenschaftler und hat folgende Arbeitszweige: a) die jährliche Plenarsitzung, die in einer mehrtägigen wissenschaftlichen Tagung zu wichtigen Fragen Stellung nimmt; b) Studienkommissionen zur Durcharbeitung bestimmter Probleme; c) die Ausschreibung von Preisarbeiten für jüngere Wissenschaftler. Teilnehmer und Förderer der Ev. A.n schließen sich in einer »Gesellschaft Ev. A.n« (Freundeskreis) zusammen und unterstützen die Arbeit der Ev. A.n. Im Oktober 1955 wurde in Bad Boll ein »Leiterkreis der Ev. A.n und Laieninstitute in Europa« gegründet. Ihm gehören die Leiter der deutschen Ev. A.n und ähnlicher Institute in Norwegen, Schweden, Finnland, England, Holland, Frankreich und der Schweiz an.

Glaube und Forschung, hg.v. G.Howe, 1949ff - ESL 14f - Bericht über zehn Jahre gemeinsamer Arbeit (Ev. A. Bad Boll), 1955 - Das Parlament 5, 1955, Nr. 42 - Zeitwende / Die Neue Furche 26, 1955, H. 10 - Schriften der Studiengemeinschaft der Ev. A.n. - E.Schlink, Vortrag anläßlich der Eröffnung des Neubaues der Ev. A. Arnoldshain (in: Protokoll der Eröffnungsfeierlichkeiten) - Taschenbuch der Ev. Kirchen in Deutschland I, 1955, 341 f. *G.Günther*

Akademikervereinigungen, christliche

I. Evangelische A. - II. Katholische A.

I. Evangelische Akademikervereinigungen

Die Vereinigungen Evangelischer Akademiker (V.E.A.) der Zeit zwischen den Kriegen nahmen ihren Ausgang von der rheinischen Kirche (Kölner Kirchentag 1924) und sind aus einer doppelten Wurzel entstanden: 1. Die zumeist dem Kulturprotestantismus nahestehenden Akademiker aller Berufe, durch den ersten Weltkrieg und seine Folgen aus weltanschaulichem Optimismus und kirchlicher Gleichgültigkeit aufgerüttelt, suchten nach »weltanschaulicher Neuorientierung« und nach einer Heimat in der Kirche, wurden aber auch durch äußere Gründe (wirtschaftliche und kulturelle Bedrängnis durch die Kulturpolitik der ersten Nachkriegsjahre) auf Zusammenschluß hingewiesen. 2. Der »Ev. kirchliche Studentendienst an den rheinischen Hochschulen« (erstes ev. Studentenpfarramt in Deutschland; 1920-36 Schmidt-Japing) verlangte für die aus allen Kreisen der Studentenschaft kommenden Mitglieder seiner »Freien Vereinigung ev. Studierender« nachstudentische Fortsetzung der Gemeinschaft und ein erweitertes Aufgabenfeld.

Beiden Gruppen war der Anschluß an die Altfreundeschaft der Deutschen Christlichen Studentenvereinigung (D.C.S.V.) verwehrt wegen deren Prägung durch den Pietismus der Gemeinschaftsbewegung. Vielmehr hatte der »Studentendienst« im Anschluß an das neue Kirchenverständnis und den Umbruch der Theologie in der Zwischenkriegszeit seine Aufgabe darin gesehen, in der Studentenwelt die biblisch-reformatorische Erkenntnis von Gottes Schöpfungs- und Erlösungshandeln und das damit verbundene Selbstverständnis des Menschen lebendig und für die Praxis des täglichen Lebens fruchtbar zu machen; unter dem Motto einer »ev. Weltanschauung« wurde in Auseinandersetzung mit dem Idealismus um Verständnis und rechten Gebrauch der »Ordnungen«, zumal der Kirche, gerungen. Von hier aus formulierte sich die Aufgabe der V.E.A. der Rheinprovinz in dem Satz, daß es gelte, »das religiöse und kulturelle Erbgut der Reformation neu zu erkennen und für die Gegenwart fruchtbar zu machen«, ein Ruf zur Kirche des Evangeliums und zu dem ev. Ethos nüchternen Handelns. Die Akademiker sammeln sich in Ortsgruppen, Ausspracheabenden, Kundgebungen. Gleichartige V.en E.A. entstanden in den übrigen Kirchengebieten West- und Süddeutschlands, vor allem in konfessionell gemischten Bezirken, und führten 1929 zum Reichsverband der V.en E.A. mit größeren Reichstagungen (Münster, Braunschweig, Hannover). Das stetig fortschreitende Wachstum des Verbandes wurde gehemmt und später völlig unterbunden durch die Weltanschauungsdiktatur des Nationalsozialismus. Aber auch der → Kirchenkampf selbst, dessen Frontbildung (Deutsche Christen - Bekennende Kirche) von den Mitgliedern nicht einheitlich bejaht wurde, löste die geschlossene Willensbildung der Vereinigungen auf. Die völlig veränderte kirchliche Situation nach 1945 hat bisher keinen Versuch aufkommen lassen, die V.E.A. mit ihrer ursprünglichen Zielsetzung wieder aufleben zu lassen.

Im Gegensatz dazu hat die Deutsche Christliche Studentenvereinigung - seit ihrem Verbot während des Kirchenkampfes in eine offene »Studentengemeinde« umgewandelt und getragen von der Altfreundeschaft - in Weiterführung ihrer missionarischen (überkonfessionell-ökumenischen) Ziele es als ihre Aufgabe erkannt, die Studentenschaft der »Begegnung mit Jesus Christus« zuzuführen. Die älteren, der Studienzeit entwachsenen Glieder wurden und werden mit den Mitgliedern der früheren Altfreundeschaft der D.C.S.V. seit 1954 zusammengefaßt zu einer »Ev. Akademikerschaft in Deutschland« (E.A.i.D.; Generalsekretär Horst Bannach). Die durch Beitritt anderer Kreise verstärkte »neue Bewegung« der E.A.i.D. wendet sich nicht nur an die Glieder einer bestimmten Konfession, sondern ist offen für Glieder aller christlichen Kirchen und für alle, die nach der christlichen Botschaft fragen. Sie »wendet sich nicht nur an Menschen mit akademischer Vorbildung; sie ist offen für alle, die sich ihre Ziele zu eigen machen«. Ihre Aufgabe ist, »die christliche Botschaft unter Akademikern auszurichten. Sie will dazu beitragen, daß der Akademiker in seiner Kirche beheimatet wird, zur rechten Erkenntnis und Entscheidung in den Grundfragen unserer Zeit kommt und seine Verantwortung vor Gott in Familie, Beruf und öffentlichem Leben erkennt und wahrnimmt.« Diese Aufgabe führt zur Bildung von Ortskreisen und Hauskreisen; es werden Ausspracheabende, Vortragsreihen und Tagungen veranstaltet.

Laut Adreßbuch der E.A.i.D. 1955 hat sie sich sofort mit über 6000 Mitgliedern etabliert, ca 20% Frauen, ca 30% Theologen; den Hauptteil stellen Württemberg (600), die Rheinprovinz und Westfalen (je ca 700).

Zur V.E.A.: Der Rengsdorfer Kreis (Blätter einer ev. Akademikerbewegung), 1926ff; Nachrichtenblatt der V.E.A. der Rheinprovinz u. Westfalens 1926ff (beide hg.v. Schmidt-Japing). - W.Wolff, Vom Sinn unserer ev. Akademikervereinigung, 1930.

Zur E.A.i.D.: »ansätze«, eine Semesterzeitschrift der ev. Studentengemeinde in Deutschland (hg.v. P.Kreissig) - Radius. Vierteljahrschrift der E.A.i.D. (hg.v. H.Bannach) - Adreßbuch der E.A.i.D., o.J. *J.W.Schmidt-Japing*

II. Katholische Akademikervereinigungen

1. *Lebens- und Freundschaftsbünde* entstanden in Deutschland hauptsächlich Mitte des 19.Jh.s, als der deutsche Katholizismus sich gegen den liberalen Zeitgeist abzuschließen begann, ferner aus der Jugendbewegung und nach dem 2. Weltkrieg. In ihren Formen sind sie durch die Entstehungszeit bestimmt, unter sich verwandt durch Betonung der religiösen Grundlage. Aus studentischen Vereinigungen erwachsen, umfassen sie Gruppen Studierender und Altherrnschaften. In der Zeit des Nationalsozialismus verboten oder freiwillig aufgelöst, erstanden sie nach 1945 wieder. Verbände kath. Korporationen sind: der *CV* = Kartellverband deutscher kath. farbentragender Studentenverbindungen, gegr. 1856, mit heute 107 Korporationen und etwa 30000 Mitglie-

dern (Zeitschrift: »Academia«), ferner der *KV* = Kartellverband der nicht farbentragenden kath. deutschen Studentenvereine, gegr. 1853, mit heute 100 Kartellvereinen und rund 25000 Angehörigen (Zeitschrift: »Akademische Monatsblätter«). Der österreichische CV und KV ist seit 1933 bzw. 1945 organisatorisch selbständig. Der *UV* = Unitas-Verband der wissenschaftlichen kath. Studentenvereine, nicht farbentragend, gegr. 1855, hat heute 55 Korporationen und rund 8000 Angehörige (Zeitschrift: »Unitas«). Der *RKDB* = Ring kath. deutscher Burschenschaften, farbentragend, gegr. 1924, hat heute 9 Korporationen und rund 2000 Mitglieder. – Aus der Jugendbewegung ist hervorgegangen *ND* = Neudeutschland, gegr. 1919 als Schülerorganisation mit betont religiöser Zielsetzung, heute auch Hochschul- und Männerring (nicht nur Akademiker), mit rund 60 Gruppen (Zeitschrift: »Hirschberg«). – Außerdem: *Christophorus*, gegr. 1949, Gemeinschaft kath. Studenten und Akademiker mit dem besonderen Ziel christlicher Weltverantwortung, mit rund 2000 Mitgliedern (Zeitschrift: »Christophorus«). Der *Bund kath. deutscher Akademikerinnen* führt die Tradition des früheren Verbands kath. Studentinnenvereine weiter.

2. *Vereinigungen mit sachlichen Einzelzielen:* Die *Görresgesellschaft* dient zur Pflege der Wissenschaft im kath. Deutschland, erstrebt Förderung der wissenschaftlichen Forschung, auch Unterstützung junger Wissenschaftler (gegr. 1876; 1. Präsident Gg. v. Hertling; zwangsweise aufgelöst 1941, wiederbegr. 1948). Sie hat Institute in Rom seit 1884 und 1949, in Madrid seit 1926 und 1952, in Jerusalem seit 1926 und 1953. (Zeitschriften: Historisches – Philosophisches – Kirchenmusikalisches Jahrbuch, Jahrbuch für Psychologie und Psychotherapie, Römische Quartalschrift, Oriens christianus; wichtige Veröffentlichungen: Acta Concilii Tridentini, Staatslexikon, Görres' Gesammelte Schriften, Spanische Forschungen). – Der *Albertus-Magnus-Verein* (gegr. 1898) und der *Hildegardis-Verein* (gegr. 1907) unterstützen kath. Studenten bzw. Studentinnen, besonders durch Gewährung zinsfreier Darlehen. – Die *ABE* = Akademische Bonifatius-Einigung (gegr. 1867), eingegliedert in den allgemeinen Bonifatius-Verein, hilft der Diaspora und fördert das religiöse Leben unter den Studierenden (Zeitschrift: »Lebendiges Zeugnis«). – Der *Akademische Missionsverein* zur Pflege der kirchlichen Missionsaufgabe ist dem kirchlichen Missionswerk angegliedert.

3. *Allgemeine Zusammenschlüsse.* Der *Kath. Akademikerverband* (gegr. 1913, neu 1947; 1. Generalsekretär Prälat F.X.Münch), mit 100 örtlichen Vereinigungen und etwa 8000 Mitgliedern, müht sich unter Intellektuellen (auch Nicht-Akademikern) um Vertiefung des Glaubenslebens, Pflege des Berufsethos und sozialer Verantwortung sowie um Begegnung der einzelnen Disziplinen im »Apostolat des Geistes«; er hält jährliche Hochschulwochen in Salzburg und Bonn und bringt Publikationen aus der geistigen Arbeit des Verbandes (Vierteljahresschrift: »Der Kath. Gedanke«). Ihm korporativ angeschlossen ist die *Ärztegesellschaft »St. Lukas«*. Die *KDA* = Kath. deutsche Akademikerschaft (begr. 1948) ist die Spitzenorganisation sämtlicher kath. akademischen Verbände zur gemeinsamen Vertretung ihrer Belange und Förderung ihrer Bestrebungen. Die *KDSE* = Kath. deutsche Studenten-Einigung ist eine aus dem Erlebnis der Kriegsgeneration erwachsene Einung aller kath. Studenten (→ Studentenverbände, 2). – Die *Pax Romana* ist eine internationale Bewegung kath. Studierender und Akademiker (gegr. 1921), gegliedert in Mouvement International des Etudiants Catholiques = MIEC (1956 mit 82 Studentenföderationen in 56 Ländern) und Mouvement International des Intellectuels Catholiques = MIIC (1956 mit 61 nationalen Akademikerverbänden in 40 Ländern). Sie will durch Einung aller kath. Akademiker und durch internationale Kongresse, Studienwochen und Schriften die Mitgliedverbände in ihrer Arbeit fördern. Publikationen: »Pax Romana«; »Scrinium« (Internationales bibliographisches Bulletin, alle 2 Monate). (Deutsche Gliedverbände: KDSE im MIEC; Kath. Akademikerverband, Lukasgilde, KDA, Görresgesellschaft, Bund kath. deutscher Akademikerinnen im MIIC). *R.Hauser*

Akathistos Hymnos, berühmter byzantinischer Kirchen-Hymnus (→ Hymnus, 2, → Kontaktion). Der Name ἀκάθιστος besagt, daß der H. »nicht-sitzend«, also im Stehen vorgetragen wurde. Autorschaft und Entstehungszeit des A.H. sind nicht eindeutig geklärt, viele Gründe sprechen für eine Zuweisung an den Meloden → Romanos (6.Jh.). Der A.H. ist ein in kunstvoller Sprache verfaßter Lobgesang auf die Gottesmutter Maria. Er gliedert sich in 24 metrisch gleiche, durch alphabetische → Akrosticha verbundene und durch Refrain abgeschlossene Strophen; voraus geht ein metrisch kontrastierendes Prooimion.

Ausg.: J.B.Pitra, Anal. sacra I, 1876, 250ff; C.del Grande, L'Inno acatisto, 1948. – Pl.de Meester, L'Inno acatisto, 1905 (vgl. dazu P.Maas, ByZ 14, 1905, 643–647) – E.Wellesz, Das Prooemium des A. (Musikfschg. 6, 1953, 193–206) – M.Huglo, L'ancienne version latine de l'hymne acathiste (Muséon 64, 1951, 27–61). *R.Schlötterer*

Akbar (1542–1605), Sohn Humajuns, Enkel Baburs, des Gründers der Moguldynastie in Nordwestindien, bestieg nach dem Tode seines Vaters 1556 den Thron, erweiterte die Grenzen des ererbten Gebietes, reformierte die Staatseinkünfte und förderte Kunst und Wissenschaft. Zu seiner Zeit entwickelte sich ein neuer Stil der Miniaturmalerei, und klassische Werke der indischen Literatur wurden ins Persische übersetzt. A. war Kriegsheld und Organisator, doch religiös höchst interessiert. Obwohl des Lesens und Schreibens unkundig, verkehrte er mit Sektenhäuptern und Frommen und zeigte, von sufistischen Ideen ausgehend, weitgehende → Toleranz gegenüber den andersgläubigen Untertanen; 1564 wurde die Kopfsteuer für Hindus aufgehoben. In der Hauptstadt Fathpur Sikri ließ A. ein »Gottesdiensthaus« errichten, in dem einmal wöchentlich religiöse Fragen diskutiert wurden, wobei er der Orthodoxie ablehnend gegenüberstand. Die Freundschaft mit seinem späteren Biographen Abu Fadl, dem Sohn Scheich Mubaraks, verstärkte die mystischen Neigungen des Fürsten, die 1578 ein ekstatisches Erlebnis herbeiführten. Ein Jahr später verlas er selbst die chutbe im Freitagsgebet und ließ sich eine Art Unfehlbarkeitsbestätigung ausstellen. 1582 schuf A. den din-i ilahi (oder tauhid-i ilahi), eine synkretistische Religion (→ Synkretismus: I), die Grundgedanken der verschiedenen Religionen verschmolz und deren Gottessymbol die → Sonne war. Namen von 18 Mitgliedern dieses Kreises sind erhalten. A. hatte schon seit langem Eigenheiten der Fremdreligionen angenommen: von den Hindus lernte er heilige Formeln und verbot die Tötung der Kühe (→ Kuh); er schätzte die parsische Religion (→ Iran: III) und ließ im Palast ein heiliges → Feuer entzünden; 1582 kam er unter Jaina-Einfluß. Besonders intensiv waren seine Beziehungen zu den Jesuiten, von denen im Laufe der Zeit drei Gesandtschaften an den Hof kamen, deren Bekehrungshoffnungen aber enttäuscht wurden; A. konnte Trinität und Inkarnation nicht anerkennen. Änderungen im islamischen Ritual zeigen seine Entfremdung vom orthodoxen Islam. – Wie weit seine Toleranz aus praktischen Beweggründen geübt wurde, wie weit aus religiösen, ist nicht festzustellen. A. hatte großes Verantwortungsgefühl für Untertanen jedes Glaubens und ein tiefes Bewußtsein von der sakralen Macht des → Königtums, das ihm die Möglichkeit zu weitgehenden religiösen Neuerungen gab. Aus dieser inneren Sicherheit stammt sein Wahlspruch »Friede mit allen«.

ABU-FAZL, Ain-i Akbari, Vol. I transl. by H.BLOCHMANN 1873; II. III transl. by H.S.JARRET 1891-94; The A. Name, transl. by H.BEVERIDGE I, 1907; II, 1912; III, 1939 - ERE I, 269ff - R.GARBE, Kaiser A. von Indien, 1909 - V.SMITH, A. the Great Mogul, Oxford 1917 - E.WELLESZ, A.'s religious thought reflected in Mogul Painting, London 1952. *A.Schimmel-Tari*

Akiba. Rabbi A. ben Joseph, berühmter Tannait. * 50/55 nChr., von niedriger Herkunft, findet er aus dem verachteten Hirtenstand erst spät den Weg zum Studium. Als Haupt einer eigenen Schule in Bne Barak (vgl. Jos 19, 45) wird er dann zum einflußreichsten Lehrer seiner Zeit. Allein in der Mischna wird er über 270-mal erwähnt. Im hohen Alter erleidet er 135 nChr, das → Schma rezitierend, das Martyrium. - A.s Einfluß ist in mehrfacher Hinsicht wirksam geworden: 1. A. bringt in die halachische Tradition eine systematische Ordnung und ist damit der Schöpfer eines ersten Entwurfs der → Mischna. 2. Um die Halacha in der Tora zu verankern, erhebt A. die Eisegese zum Prinzip. Unter dem Protest seines Kollegen R.Jismael erklärt er, angeregt durch seinen Lehrer Nahum von Gimzo, jedes »Häkchen« der Tora für inspiriert und hängt »Haufen von Halachoth« daran auf. Wie sehr A.s Regeln auch gekünstelt sind und dem biblischen Text in keiner Weise gerecht werden, sie gaben dem rabbinischen Lehrbetrieb eine neue Basis. 3. Indem A. 132 → Simon bæn Kôsbā (Bar Kochba) auf Grund von Num 24, 17 als Messias proklamiert, ist er weithin verantwortlich für die Leidenschaft des Aufstands wie für die Tiefe der Enttäuschung, die zur Abkehr des Judentums von allem prophetischen Enthusiasmus führt. - In den Texten von → Murabbaʿat wird A. nicht erwähnt (gegen Birnbaum).

W.BACHER, Die Agada der Tannaiten I, 1903², 263ff - P.BILLERBECK, Rabbi A. (Nathanael 32, 1916, 81-94. 97-122; 33, 1917, 81 bis 143; 34, 1918, 3-61) - STRACK, Einl 18f. 125 (Lit.) - L.FINKELSTEIN, A., Scholar, Saint and Martyr, 1936 - ʾAELIʿÆZÆR BÆN-JEHUDĀ, Rabbî ʿaqîba bæn jôsef, 1945 (umfassende Sammlung der Aussprüche A.s; hebr.) - G.SCHRENK, Rabbinische Charakterköpfe im urchristl. Zeitalter (Judaica 1, 1945, 117-156 = AThANT 26, 1954, 9-45) - P.BENOIT, Rabbi A. ben Joseph, sage et héros du Judaisme (RB 54, 1947, 54-89) - UJE I, 144ff - S.A.BIRNBAUM, Bar Kokhba and A. (PEQ 86, 1954, 23-32) - A.EHRHARDT, The Birth of the Synagogue and R.A. (StTh 9, 1955, 86-111). *C.-H.Hunzinger*

Akkomodation. Die Aufklärung verstand den von ihr erkannten Unterschied zwischen der überzeitlich-gültigen Wahrheit der nt. Lehre und ihrer zeitgeschichtlich-bedingten, für uns nicht verbindlichen Einkleidung so: Jesus und die Apostel haben die jüdischen Vorstellungen selber nicht geteilt, sondern sich ihnen pädagogisch angepaßt (zB Messiasgedanke, Engel, Dämonen, Opfer- und Sühnegedanke, eschatologische Bilder). Mit dieser Theorie der A., schon im 17.Jh. vertreten, im 18.Jh. vor allem von J.S. → Semler aufgenommen, wollte man bei der Einsicht in die historische Bedingtheit der nt. Lehrgestalt doch die Autorität Jesu und der Apostel wahren. Der Begriff wird jedoch der vollen Geschichtlichkeit Jesu nicht gerecht: zu dieser gehört, daß Jesus die Vorstellungen seiner Zeit wirklich weithin unbefangen teilte. Das hat Schleiermacher (Chr. Glaube § 93, 3. 4) gegen jene Theorie geltend gemacht. So hat der Begriff heute keine christologische Bedeutung mehr. Auch urteilt man gegenwärtig über die Wahrheit jener Vorstellungen zT anders als die Aufklärung. Jesus und die Apostel üben freilich insofern A., als sie bei der Darbietung der neuen Wahrheit des Evangeliums auf das Fassungsvermögen der Hörer eingehen und an ihre geistige Welt anknüpfen (Röm 6, 19a). Sie sind damit Vorbild für alle Verkündigung: diese kommt ohne pädagogische A. nicht aus (inhaltlich: vorläufiges Zurückhalten von Wahrheiten, für welche die Hörer noch nicht reif sind, Joh 16, 12; 1Kor 3, 1f; formell: Anknüpfung an ihre Gedanken- und Ausdruckswelt, vgl. 1Kor 9, 19ff). Die Grenze einer evangelistischen A. wird dann überschritten, wenn die Verkündigung sich den Vorurteilen und Wünschen der Menschen anpaßt (→ Anknüpfung). - Zur hermeneutischen und ethischen Bedeutung des Begriffs A. → Hermeneutik, → Kompromiß.

RE I, 127ff; VII, 718ff - Ch.HARTLICH-W.SACHS, Der Ursprung des Mythosbegriffes in der modernen Bibelwissenschaft, 1922, 22ff. 73ff. *P.Althaus*

Akoimeten, dh die Schlaflosen, Mönche des Klosters Eirenaion am Bosporus, die seit ca 430 durch den Lobgesang einander ständig abwechselnder Chöre die Weisung von Ps 34, 2 erfüllten. - Entschiedene Vertreter der chalcedonensischen Orthodoxie, hielten die A. auch während des acacianischen Schismas an der Verbindung mit Rom fest und gewährten, vom Papst Vigilius fallen gelassen, dessen standhafterem Neffen Rusticus Asyl. - Mit A.-Mönchen ist das berühmte Kloster Studion in Konstantinopel gegründet worden.

Vita Alexandri, ed. E.DE STOOP (PO VI, 5); Vita S.Marcelli archimandritae (MPG 116, 705ff). - J.PARGOIRE, Les débuts du monachisme à Constantinople, 1899 - DACL I, A, 307ff - DSp I, 169ff. *H.Dörries*

Akoluth (ἀκόλουθος, acolythus) ist der Inhaber der vierten Stufe der niederen Weihen in der römischen Kirche. Sonst ist das Amt nur noch in → Armenien (: II) bekannt. A.en spielten namentlich in Rom noch im frühen Mittelalter als Diener der → Diakone und Subdiakone eine Rolle. - Akoluthie ist in der griech.-kath. Kirche liturgische Bezeichnung, vor allem für das → Stundengebet (: I, 1), in der Brüdergemeine für die Vorstufe zum Diakonat.

BRAUN, LH 9f - LThK I, 188f. *W.Jannasch*

Akrostichon ist eine literarische Kunstform, in der die Anfangsbuchstaben oder -worte der Zeilen oder Strophen ein Wort, einen Satz oder auch das Alphabet bilden (letzteres im hebr. AT in Ps 9; 10; 25 und öfter). Im Altertum enthielt ein A. oft ein Orakel oder eine Beschwörungsformel. In unseren Kirchenliedern ergibt das A. gelegentlich eine Widmung (EKG 48; 121; 251, 6), einen Spruch (294; Ps 37, 5; 251) oder auch den Namen des Dichters (318). → Alphabet; zum altchristlichen Ichthys → Fisch.

RAC I, 235ff. - Zu EKG 48. 121. 251. 318 vgl. O.MICHAELIS, Liederschlüssel, 1928, 287. 240f. 219. *W.Lueken*

Aksakow, 1. *Iwan* (1823-86), der Journalist des Slawophilentums (→ Slawophile), Bruder von 2. Herausgeber der russischen Zeitschriften »Der Tag«, »Moskau« und »Rußland«. Empfahl Wiederherstellung des Patriarchats, verknüpfte die Orthodoxie ideell mit dem Russentum, bejahte die offizielle Russifizierung der östlichen Grenzländer. Als Präsident des Moskauer Slawischen Wohltätigkeits-Komitees trat er für Einigung der slawischen Völker durch den Balkankrieg ein.

Ges.W. Bd 1-7, 1886f; Briefe Bd 1-4, 1888-96.

2. *Konstantin* (1817-60), führender Theoretiker der → Slawophilen, Hegelianer. Unter dem Einfluß → Chomjakows begründete er die »wahren Formen des gesellschaftlichen und politischen Lebens auf die wahre ortho-

doxe Religion« und entwarf das Idealbild des von Klassengegensätzen freien Gemeindelebens, *»mir«*, mit gemeinsamem Landbesitz. In Ablehnung der europäisierenden Neuerungen Peters d.Gr. trat er für Bauernbefreiung unter Wahrung der Gutsbesitzerprivilegien und für Freiheit der öffentlichen Meinung ein. Während des Krimkrieges formulierte A. in seiner Schrift über Die Östliche Frage das panslawistische Programm, das später von seinem Bruder Iwan A. proklamiert wurde.

Ges.W. Bd 1-3, 1861-80; Bd 1², 1889; Aufsätze, deutsch in: Östliches Christentum, hg.v. H.EHRENBERG, 1923. - TH.MASARYK, Zur russischen Geschichts- und Religionsphilosophie I, 1913 - V.ZEN'KOVSKIJ, Gesch. der russ. Philosophie I, Paris 1948 (russ.) - S.DMITRIEV, Slawophile u. Slawophilentum (in: Istorik-Marksist, Moskau 1941 Nr. 1). Weitere Lit. → Slawophile. *Hildegard Schaeder*

Akzidenz → Substanz.

Alacoque, *Marie Marguerite,* * 22.7.1647 in Lauthecour (Bourgogne), † 17.10.1690 in Paray; frühzeitig visionär veranlagt trat M.M.A. nach klösterlicher Erziehung schließlich 1671 in das Salesianerinnenkloster Paray-le-Monial ein und weihte sich, beraten von La Colombière S.J., mystischer Jesusverehrung. Als Novizenmeisterin verfaßte sie entsprechende aszetische Traktate. 1673/75 hatte sie die entscheidenden, mit Stigmatisation verbundenen Visionen des dornenumflochtenen Herzens Jesu samt dem Auftrag zu besonderer Anbetung und warb seitdem für Verbreitung und öffentliche Anerkennung des schon im Mittelalter privat geübten Herz-Jesu-Kults (→ Herz Jesu). Diese erfolgte nach längerem Kampf um die von den Jesuiten geförderte »neue« Andacht erst 1765. M.M.A. hinterließ u.a. 3 Selbstbiographien und 142 Briefe. 1864 wurde sie selig-, am 13.5. 1920 heiliggesprochen; Fest: 17. Oktober. Pius XI. propagierte 1928 ihre Frömmigkeit.

G.GAUTHEY, Vie et oeuvres, 3 Bde, Paris, 1915² (deutsch 1923/28) - Biogr.: PH.SEEBÖCK, 1891; L.DEMIMUID, Paris 1912; E.BOUGAUD, Paris 1919¹²; A.HAMON SJ, Paris 1928⁵ - DERS., S.Marg.-Marie, sa vie intime, Paris 1922² - W.VAN NIEUWENHOFF, Die Schule des Herzens Jesu, 1908 - RE VII, 777 - LThK I, 191 f - J.M.HÖCHT, Träger der Wundmale Christi II, 1952, 30ff. *Ernst Wolf*

Alalach, eine bronzezeitliche nordsyrische Stadt (→ 3 A 2), die einmal in einem hethitischen und gelegentlich in ägyptischen Dokumenten erwähnt wird. Bei Ausgrabungen, die zwischen 1936 und 1949 auf dem Ruinenhügel tell el-ʿaṭschāne von dem Engländer Sir Leonard Woolley durchgeführt wurden, ergab sich, daß an dieser Stelle A. gelegen hat. Der tell el-ʿaṭschāne befindet sich im Südteil der Ebene el-ʿamk etwa 1 km östlich des Orontes und ungefähr 25 km ostnordöstlich von anṭākje (Antiochia). Die Ausgrabungen erwiesen eine ununterbrochene Besiedlung in vielen Schichten vom Ende des 4.Jt.s bis um 1200 vChr. Wichtig sind vor allem die aufgefundenen Schriftdokumente, und zwar einmal die Statue des Idri-mi aus dem 15.Jh. vChr mit langer Keilinschrift und sodann die große Zahl der keilschriftlichen Verwaltungs- und Wirtschaftstexte aus Schicht VII (18.Jh. vChr) und vor allem aus Schicht IV (15.Jh. vChr). Aus diesen Texten geht hervor, daß A. das Herrschaftszentrum des Landes Mukiš bildete und daß in seiner Bevölkerung besonders das Element der Hurriter (Churri, »Horiter«) vertreten war. Auch zur Frage des Aufbaus und der Organisation eines nordsyrischen Staatswesens jener Zeit liefern diese Texte viel wichtiges Material.

A.H.GARDINER, Ancient Egyptian Onomastica, 1947: I, 149f; II, 273. 323f - E.EDEL, ZDPV 69, 1953, 150f - SIR L.WOOLLEY, Ein vergessenes Königreich, 1954 - S.SMITH, The Statue of Idri-mi, 1949 - D.J.WISEMAN, The Alalakh Tablets, 1953 - DERS., JCS 8, 1954, 1-30 - O.EISSFELDT, FF 28, 1954, 80-85 - A.ALT, WO II, 1, 1954, 7-18; II, 3, 1956, 234-243. *M.Noth*

Alanus *ab insulis,* ca 1120 in Lille geboren und aufgewachsen. 1160-70 Lehrtätigkeit in Paris, dann in Südfrankreich. 1180-85 in Montpellier, vielleicht auch in Puy. Zisterzienser in Citeaux. † 1202 in Clairvaux. Als Philosoph, Dichter, Theologe, Kanonist, Verfasser erbaulicher Schriften, Polemiker und Historiker zugleich heißt er mit Recht doctor universalis. In seinen Schriften beschreitet er zT ganz neue Wege. Zu klären bleibt seine erste Ausbildung, sein Verhältnis zu → Gilbert de la Porrée, seine Kenntnis der Antike und der Araber.

Sein umfangreiches, vielseitiges Werk: MPL 210 (die Ars catholicae fidei stammt von → Nikolaus von Amiens). Hinzu kommen: eine Summa Quoniam homines (ed. GLORIEUX, 1954); De virtutibus et vitiis (ed. LOTTIN, 1950); noch unveröffentlicht: Quaest. Disput.; Rhythmi et Prosae und Sermones. Zum Anticlaudianus s. die kritische Ausgabe von R.BOSSUAT, 1954.

MANITIUS III, 794 ff - GRABMANN II, 452 ff - Ü II, 245 ff - LThK I, 193 - G.RAYNAUD DE LAGE, Alain de Lille, poète du XIIᵉ siècle, Montreal 1951 (alle mit Lit.). *P.Glorieux*

Alapa, der Backenstreich bei der → Firmung.

Albanien. Das Gebiet des heutigen A. (im ausgehenden Altertum gegliedert in die Provinzen Epirus Vetus, Epirus Nova und Praevalis) wurde im 4. und 5.Jh. christianisiert. In dem von der griechisch-lateinischen Sprachgrenze (Skhumbi-Tal) durchschnittenen Lande entstanden verschiedene Bischofssitze (Metropolie Scodra). Die teilweise romanisierten Wanderhirtenstämme in den nordalbanischen Berglandschaften (Uralbaner, Vorfahren der heutigen Albaner) wurden (nach Ausweis der lateinischen Lehnwörter) etwa im 5.Jh. von dem niederalbanischen Küstenland und von dem benachbarten Süddalmatien aus christianisiert. Die slawische Landnahme, die um 600 nChr ihren Höhepunkt erreichte, hat die Flußtäler und Küstenebenen zum slawischen (bulgarischen) Siedlungsboden gemacht und dort zunächst das romanisierte Bauerntum, das Christentum und die kirchliche Organisation vernichtet, während die in den Gebirgen sitzenden Uralbaner wieder teilweise in das Heidentum abgesunken zu sein scheinen. Seit dem 12.Jh. haben wir bessere historische Kunde. Die Albaner haben in einer mächtigen Wanderungsbewegung im Laufe des 13. und 14.Jh.s Epirus und zahlreiche Landschaften → Griechenlands besetzt und besiedelt. Im Süden wuchsen sie in die griechisch-orthodoxe Kirchenorganisation hinein, während Nord-A. eine eigene kath. Hierarchie mit den Metropolien Antivari und Dyrrachium aufweist. Im 15.Jh. leisteten die kath. Nordalbaner unter ihrem Nationalhelden Georg Kastriota, der in osmanischer Geiselhaft den Namen Skanderbeg erhalten hatte, dem Vordringen der Türken hartnäckigen Widerstand (1443-68). Sie hielten die Bergfestung Kruja und wurden von Venedig, dem Papst und dem Königreich Neapel unterstützt. Nach Skanderbegs Tode (1468) brach der albanische Widerstand zusammen. Zahlreiche Albaner flohen nach Unteritalien und Sizilien (in der Gegend von Palermo haben sich albanische Dörfer bis heute erhalten). Im Heimatlande A. griff die Islamisierung (»Vertürkung«) zunächst nur langsam um sich. Bis zum Ausgang des 16.Jh.s blieben die Übertritte zum Islam auf einzelne Renegaten und Renegatenfamilien beschränkt. Erst seit dem 17.Jh. begann im Küsten- und Hügelland eine massenhafte Islamisierung der bäuerlichen Bevölkerung, die sich dadurch der drückenden Kopfsteuer entzog. Um 1600 war erst der 30. Teil der Bevölkerung zum Islam übergegangen. Vielfach erfolgten die Übertritte nur zum Schein (»Kryptokatholiken«). Bei den »Vertürkten« entwickelte sich aus der Verschmelzung christlicher und islamischer Bräuche ein merkwürdiger religiöser Synkretismus. Die kriegstüchtigen Bergstämme des Nordens (Mirditen, Malisoren) hielten an dem kath. Glauben fest. 1703 befaßte sich ein von dem Erzbischof Vincentius Zmajevich von Antivari einberufenes albanisches Nationalkonzil mit den kirchlichen Mißständen und schärfte die tridentinischen Reformbestimmungen ein. Die Seelsorge im Norden lag großenteils in den Händen der Franziskaner. Die Islamisierung machte bis zum Ende der osmanischen Herrschaft (1912) weitere Fortschritte. In den mittleren und südlichen Landschaften fand die Derwischsekte der Bektaschiten weite Verbreitung. - A. hatte 1951 1,2 Mill. Einwohner (geschätzt), davon 69% Muslime, 21% Orthodoxe (im Süden), 10% Katholiken (im Norden). - Stand der kath. Hierarchie 1940: Erzbistümer Skutari und Durazzo, Bistümer Pulati, Sappa, Oroshi (Mirdita), Alessio. - Orthodoxe Metropolien in Durazzo, Berat, Korça, Argyrokastron (Gjinokastër). - In der Volksdemokratie A. wird die kath. Kirche unterdrückt; die orthodoxe Kirche, 1937 vom Ökumenischen Patriarchen als autokephal anerkannt (→Autokephale Kirchen), ist gleichgeschaltet und dem Patriarchat Moskau unterstellt.

Acta et Diplomata, Res Albaniae med. aetatis ..., 1913 u. 1918 - EC I, 642ff (Lit.) - G.STADTMÜLLER, Gesch. Südosteuropas, 1950 (Lit.) - DERS., Die Islamisierung bei den Albanern (Jb.er für Gesch. Osteuropas NF 3, 1955, 404-429; Lit.) - DERS., Das alban. Nationalkonzil vom Jahre 1703 (OrChrP 22, 1956, 68-91) - W. HILDEBRANDT, Die Volksdemokratie A. 1944-51, 1951. *G.Stadtmüller*

Alber, 1. *Erasmus* (um 1500-53), luth. Theol., Priestersohn, * in Bruchenbrücken bei Friedberg (Wetterau), 1518-21 in Wittenberg Luthers Schüler, 1522 Lehrer in Oberursel (Taunus), 1528 durch Landgraf Philipp von Hessen zum Pfarrer von Sprendlingen berufen; 1537 forderte ihn Markgraf Johann von Küstrin zur Vorbereitung der Reformation in Brandenburg an; seit 1541 Pfarrer in Neustadt-Brandenburg. 1542 wurde er vom Kurfürsten Joachim II. wegen seines Freimuts abgesetzt, promovierte 1543 in Wittenberg zum Lic. theol. und D. theol., war vorübergehend Pfarrer in der heimatlichen Wetterau und Superintendent in Babenhausen (Grafschaft Hanau-Lichtenberg). Von hier vertrieben, fand A. Zuflucht bei Luther in Wittenberg, schloß sich den Magdeburger Gegnern des Interims (→ Flacius) an, wurde 1551 durch Kurfürst Moritz verjagt und ging nach Hamburg zu Joachim → Westphal als Mitkämpfer für die reine Lehre. Herzog Joh. Albrecht von Mecklenburg berief ihn zum General-Sup. für Stargard (vom Rat Neubrandenburgs abgelehnt). Dichter geistlicher Lieder und gereimter »Äsopischer Fabeln«.

CH.W.STROMBERGER, E.A.s geistl. Lieder, 1857 - W.BRAUNE, Die Fabeln des E.A., 1892 - F.SCHNORR VON CAROLSFELD, E.A., 1893 - E.KÖRNER, E.A., 1910 - GG II, § 156. *W.Lueken*

2. *Matthäus* (1495-1570), Reformator Reutlingens. * in Reutlingen, studierte 1513-18 in Tübingen, wo er sich dem Freundeskreis um → Melanchthon anschloß, und in Freiburg. Durch seine kraftvolle evangelische Predigt wirkte er über Reutlingen hinaus besonders auf Tübingen, was Gegenmaßnahmen wirtschaftlicher Art und eine Untersuchung durch den Bischof von Konstanz auslöste. Darauf verpflichtete sich die Bürgerschaft im Markteid vom Mai 1524 aus freien Stücken, »das Wort Gottes zu handhaben«, und die Abschaffung der Messe 1524 durch A. besiegelte den Sieg der Reformation in Reutlingen. A., seit 1524 verheiratet, wurde 1525 vor dem Reichsregiment in Eßlingen verhört. Im → Bauernkrieg, in der Auseinandersetzung mit Wiedertäufern (→ Täufer) und in der Bilderfrage (→ Bilder: III) nahm A. eine maßvolle, vermittelnde Haltung ein. Im Abendmahlsstreit (→ Abendmahl: II, 4) hielt er sich trotz Zwinglis Werben zu Luther. Seinem Einfluß ist die Unterschrift Reutlingens als einziger Reichsstadt neben Nürnberg unter die → Augsburger Konfession zu danken. 1548 infolge des → Interims vertrieben, wurde A. 1550 Stiftsprediger in Stuttgart und in der württembergischen Kirche ein führender Mann neben dem ihm befreundeten J. → Brenz. 1562/63-1570 war er Abt des Klosters Blaubeuren.

J.HARTMANN, M.A., 1863 - J.VOLK, Das Verhör des Reutlinger Reformators M.A. vor dem Reichsregiment in Eßlingen, 1927 - H.STRÖLE, M.A. (Schwäbische Lebensbilder V, 1950, 26ff; Lit.). *D.Hermann*

Albert, 1. *von Aachen,* schrieb zwischen 1121/58 eine Historia Hierosolymitanae expeditionis. Die von → Wilhelm von Tyrus benutzten Bücher 1-6 erzählen vom ersten Kreuzzug, 7-12 die Geschichte des Königreichs Jerusalem von 1100-21. Der Verfasser, wohl identisch mit dem im ältesten Totenbuch des Aachener Marienstifts um 1239 eingetragenen Albertus custos dyaconus frater noster (ZAGV 38), dürfte neben mündlichen Erzählungen die Chronik eines lothringischen Geistlichen aus der Umgebung Gottfrieds von Bouillon als Quelle benutzt haben (Kugler, Kühn). Aus dem Erleben der Kreuzfahrer hat er ein packendes Bild der geheimnisvollen Ferne und der Gestalt Peters des Einsiedlers und Gottfrieds geschaffen.

Eine neue kritische Ausg. ist dringend erforderlich. - Hss., Ausgaben u. ält. Lit. bei POTTHAST I, 30 - Beste Ausg. v. P.MEYER, in: Recueil des Hist. des croisades (Hist. occident. IV, 1879, 265-713). - Übers. mit Einl.: H.HEFELE, A.v.A., 2 Bde, 1923. - H.v.SYBEL, Gesch. des 1. Kreuzzuges, (1841) 1881² - B.KUGLER, A.v.A., 1885 - F.KÜHN, NA 12, 1887, 545ff - LThK I, 207 - WATTENBACH-HOLTZMANN I, 1948, 640f - NDB I, 133f - VerfLex V, 13f. *A.Huyskens*

2. *von Buxhoeveden* (Bekeshövede), Domherr in Bremen, 1199 zum 3. Bischof von Livland geweiht, gelegentlich als Heiliger verehrt (1. Juni), der eigentliche Begründer kirchlichen Lebens in den → Baltischen Ländern (: I), vor allem durch die Anlage der Stadt Riga (1201) mit Domkirche und Domkapitel, durch die Mitgründung des livländischen Schwertbrüderordens (1202) und die gewaltsame Taufe der Liven, Letten und Esten mit Hilfe deutscher Pilgerheere. 1207 Reichsfürst, löste sich A. von der bremischen Oberhoheit und erstrebte durch Schaffung von Nebenbistümern (Estland, Semgallen) den erzbischöflichen Titel, was ihm die Kurie, namentlich auf Betreiben Waldemars II. von Dänemark, versagte. Es gelang A., die russischen Fürsten abzulenken und die einheimischen Völker gegeneinander auszuspielen, so daß bei seinem Tode (17.1.1229) das Hochstift Riga Bestand hatte, das das kulturelle Leben im Ostbaltikum für Jahrhunderte geprägt hat.

Heinrichs Livländische Chronik (Heinrici chronicon Livoniae), 1955², bearb. v. L.ARBUSOW u. A.BAUER - NDB I, 130. *P.Johansen*

3. *Gegenpapst* 1102, Kardinal von der Sabina, schon nach 102 Tagen von seinen Anhängern in Rom verraten, von → Paschalis II. gefangen, gestorben als Mönch in Aversa.

Lib. Pont. ed. DUCHESNE II, 298 - JAFFÉ I, 773. *F.Bock*

4. *der Große* (*A.us Magnus*), Doctor universalis, * im schwäbischen Lauingen aus staufischer Beamtenfamilie zwischen 1193/1200, nach naturkundlichen und medizinischen Studien in Italien 1229 (1223?) in Padua (Köln?) Dominikaner, 1233-45 Lektor in Hildesheim, Freiburg, Regensburg, 1245 Prof. zu Paris, 1248 Leiter des neuen Generalstudiums in Köln, 1254-57 Provinzial, 1257-59 Lehrer und Schiedsrichter in Köln, 1260-62 Bischof von Regensburg, 1262-64 päpstlicher Legat und Kreuz-

zugsprediger; trat 1274 auf dem Konzil von Lyon für Rudolf von Habsburg ein. † 15.11.1280 zu Köln. Von den unter A.s Namen gehenden *Werken* erwies die Forschung als *unecht:* De adhaerendo Deo, Philosophia pauperum, die mariologischen Monographien (A.Fries), alle mathematischen Schriften, den Euklidkommentar (angeblich Autograph) vielleicht ausgenommen; als mehr oder weniger *zweifelhaft:* De mysterio missae und De corpore Domini (A.Fries gegen Echtheit, H.Iorissen und Fr.Pelster dafür), das sog. Speculum astronomiae, die unvollendete theologische Summa. Einzelne Opuscula sind Kompilationen oder Separatausgaben echter Schriften A.s. *Echte Werke:* 1. philosophische: Paraphrasen zu allen damals bekannten aristotelischen bzw. pseudoaristotelischen Büchern mit eigenen Beobachtungen, Zutaten, historischen und kritischen Ergänzungen (besonders wichtig die Bände zur Logik) und ein Politikkommentar. De unitate intell., De XV problem. behandeln philosophische Zeitfragen; 2. naturwissenschaftliche: umfassen alle nuturkundlichen Gebiete, besonders aufschlußreich: De animalibus (ed. Stadler), Quaestiones super de animalibus (ed. Filthaut) und De vegetabilibus (ed. Jessen); 3. theologische: Kommentare zu fast allen Büchern der Hl. Schrift, besonders den 4 Evangelien, Lukaskommentar am bedeutendsten; zu allen Werken des Pseudodionys, am wichtigsten der zu De divinis nominibus (Ausg. in Vorbereitung); zu den Sentenzen des Lombarden. Verschiedene theologische Summen: De bono, De sacramentis, De homine, De resurrectione.

A. war ein echter Mensch schwäbischer Art, zäh, unbeugsam, gemütstief, feinfühlig, freimütig, ein faszinierender Lehrer, ein allseitiger, spekulativer und wirklichkeitsnaher, traditionsgebundener und doch dem Neuen zugewandter Forscher, Aristoteliker und Neuplatoniker (unausgeglichen, nicht gegensätzlich), Begründer des christlichen Aristotelismus; Naturforscher von exakter, scharfer Beobachtung, dabei in astrologischen und alchemistischen Ansichten vielfach Kind seiner Zeit. Er bringt zum ersten Male deutsche Namen für Pflanzen und Tiere, orientiert über Wild, Ackerbau, Obstbaumzucht in Köln und am Rhein des 13.Jh.s. Zwischen Altertum und Beginn der Neuzeit ist A. der größte Naturkundler. Er vereinigt als erster Scholastiker naturwissenschaftlich-philosophisch-theologisches Denken; er ist der erste deutsche Gelehrte des Mittelalters, der durch bewußte Sammlung, Sichtung und Angleichung des neu einströmenden aristotelisch-neuplatonisch-arabisch-jüdischen Materials epochemachend in die abendländische Geistesgeschichte eingreift. A. übte bedeutende *Nachwirkungen* auf → Thomas von Aquino (Aristotelismus), Ulrich von Straßburg, Dietrich von Freiberg, Meister → Eckehart, → Berthold von Moosburg (Neuplatonismus), Hugo von Straßburg, → Johannes Lector von Freiburg, Heinrich → Bate von Mecheln, → Nikolaus von Kues, → Dante, → Torquemada, die deutsche Mystik. Im 15. Jh. gab es in Köln, im 17.Jh. in Krakau eine Albertistenschule.

Gesamtausgaben: P.Jammy, Lyon 1651 ff; A.Borgnet, Paris 1890 bis 1899; Ed. Coloniensis, Köln 1951 ff (bringt zuerst die Inedita, bisher 4 Bde). - RE I, 291 ff; XXIII, 29 - Fr.Pelster, Krit. Stud. z. Leben u. z. d. Schriften A.s d.Gr., 1920 - Ü II, 11, 401 ff. 739 ff - H.Balss, A.M. als Zoologe, 1928 - Ders., A.M. als Biologe, 1947 - P.G.Meerseman, Introductio in opera omnia B.A.M., 1931 - H.Chr. Scheeben, A.d.Gr. Zur Chronologie seines Lebens, 1931 - Ders., A.M., (1932) 1955² - M.Grabmann, Der Einfluß A.s d.Gr. auf das m.a. Geistesleben, 1936 - Ders., A.us Magnus, Theologe, Philosoph u. Naturforscher (PhJ 62, 1951, 473-480) - NDB I, 144 ff (Lit.) - H. Ostlender, Studia Albertina, 1952 - Ders., A.us M. 1956 - C.Stange, Über den Namen A.s d.Gr. (ZKG, 1952/53, 166-170) - A.Fries, Die unter d. Namen des A.M. überlieferten mariolog. Schriften, 1954 - Ders., Meßerklärung u. Kommuniontraktat keine Werke A.s d.Gr.?, 1955 - B.Geyer, Zur neuen Gesamtausgabe der Werke d. A.M., 1955 - H.Jorissen, Meßerklärung u. Kommuniontraktat Werke A.s d.Gr., 1956. *E.Filthaut*

5. *von Sachsen* (= A.v.Helmstedt, A.v.Rickmersdorf, † 1390), nominalistischer Philosoph, lehrte 1351-62 an der Pariser Universität (1353 Rektor), 1365 erster Rektor der Wiener Universität, seit 1366 Bischof von Halberstadt. In der Naturphilosophie folgte er seinem Pariser Lehrer → Buridan, von dem er u.a. die Impetustheorie übernahm. A. verfaßte weit verbreitete Aristoteles-Kommentare.

Ü II¹¹, 596. 600 ff - G.Heidingsfelder, A.v.S. Sein Lebensgang u. sein Kommentar zur Nikomachischen Ethik des Aristoteles (BGPhMA XXII 3/4), 1927² - Anneliese Maier, Mitteilungen zur deutschen Universitätsgesch. aus Vatikanischen Codices Palatini (Quellen u. Forsch. aus ital. Archiven u. Bibliotheken 32, 1942, 202 bis 206) - Dies., An der Grenze von Scholastik u. Naturwissenschaft. Studien zur Naturphilosophie des 14.Jh.s, (1943) 1952² - Ph.Boehner, Medieval Logic, 1952. *B.Decker*

Albert(i), *Heinrich* (1604-51), ev. Kirchenliederdichter, * zu Lobenstein/Reuß, ein jüngerer Vetter und Schüler von Hch. → Schütz, seit 1626 in Königsberg/Pr., 1631 dort Domorganist, Mitglied des um Simon → Dach sich scharenden Freundeskreises, auch in enger Beziehung zu Johannes Stobäus (→ Eccard, Joh., → Kirchenlied: II). A. ist Schöpfer von zahlreichen Motetten, Arien, Kantaten, Singspielen und einiger Opern, vor allem aber bedeutender Liedkomponist, als Dichter Opitz nacheifernd. Text und Weise des Morgenliedes »Gott des Himmels und der Erden« (1642; EKG 345) sind von ihm.

MGG I, 288 ff (Ausg.n u. Lit.). *W.Lueken*

Alberti, *Valentin* (1635-97), * in Lähn in Schlesien, gehört zu den letzten kompromißlosen Vertretern eines streng orthodoxen Luthertums in Leipzig. Er kämpfte gegen die römische Theologie ebenso wie gegen Spener und den Pietismus. Insbesondere aber verteidigte er das biblisch fundierte Naturrecht der lutherischen Orthodoxie gegen die aufklärerische Naturrechtslehre eines → Grotius, → Pufendorf und → Thomasius.

R.C.Jenkins, The life of V.A., 1889 - J.Ihmels, Das Naturrecht bei V.A. Die Lehre des Compendium juris naturae (sc. orthodoxae theologiae conformatum) von 1678/1696 (Theol. Diss. Leipzig), 1956 (Masch.; Lit.). *F.Lau*

Albertini, *Johann Baptist von* (1769-1831), * in Neuwied/Rhein, † in Berthelsdorf, geistlicher Redner und Dichter der Brüdergemeine, Ausbildung in Barby, Jugendfreund Schleiermachers, betätigte sich in der Brüdergemeine nach 22jährigem Lehrerdienst als Dozent, zugleich als Prediger, Bischof, Mitglied und Vorsitzer der leitenden Ältestenkonferenz. Der wortkarge Mann schweizerischer Abstammung zeigte in seinen Liedern starke Empfindung, Vielfalt des Ausdrucks, unbewußt unter dem Einfluß der Romantik. Aus der persönlichen Verbindung mit Jesus dem Erbarmer werden die Erscheinungen des Auferstandenen geschildert, doch hindert starke Subjektivität strengere Anwendung des biblischen Wortes und eindringende dogmatische Besinnung.

36 Reden an die Gemeine in Herrnhut, 1832; 2. Sammlung 1833; 30 Predigten, (1805) 1829³; Geistliche Lieder, (1821) 1835³. - Lebenslauf in »Nachrichten aus der Brüdergemeine« 1832. - P.Lorenz, J.B. v.A., 1894 - RE I, 301 ff - W.S.Reichel, A. u. Garve (Jahrb. d. Brüdergemeine 1929, 137 ff) - W.Baudert, Der Beitrag der Brüdergemeine zur deutschen Dichtung (Vom göttl. Wort u. vom menschl. Wort, hg. v. O.Riedel, 1953, 18 ff) - NDB I, 142 f - W.Dilthey, Aus Schleiermachers Leben in Briefen, 2 Bde, 1858 - Ders., Leben Schleiermachers I, 1870 - G.Wehrung, Schleiermacher in der Zeit seines Werdens, 1927. *H.Renkewitz*

Albigenser, seit Ende des 12.Jh.s üblicher, ungenauer Name für die um Albi konzentrierten südfranzösischen Ketzergruppen, die aus Waldensern und besonders aus → Katharern bestanden. Diese gründeten um 1145/55 bei Albi ein Bistum, vielleicht mit Jüngern des → Heinrich von Lausanne, und hatten wegen ihrer asketischen Reinheit starken Zulauf. Zunächst gemäßigte Dualisten, traten sie 1167 zum Radikaldualismus über und gliederten sich in vier Bistümer, Albi, Toulouse, Carcassonne, Val d'Aran. Die geschlossene Gemeinde behauptete sich 1165 und 1178 im Disput mit kath. Bischöfen, später auch gegenüber den Waldensern, und gewann auch politisch Gewicht. Die kath. Kirche ging seit 1178-81 gegen sie vor, u.a. mit einem ersten ergebnislosen Kreuzzug. Der Adel, voran Raimund VI. von Toulouse und Raimund-Roger von Foix, beschützte die A. oder unternahm nichts gegen sie; Aktionen der Zisterzienser, Diegos von Osma und des hl. → Dominikus blieben fast wirkungslos; 1208 wurde der päpstliche Legat Peter von Castelnau ermordet. In enger Verquickung von Religion und Politik kam es 1209 zu dem von → Innozenz III. betriebenen *A.-Kreuzzug,* der sich zum Machtkampf zwischen der Grafschaft Toulouse, Aragon und Frankreich auswuchs, für dieses durch Simon von Montfort schleppend, doch allerseits mit nationalem und religiösem Fanatismus geführt. Der A.-Krieg endete nach dem Feldzug König Ludwigs VIII. 1229 mit der Unterwerfung der Languedoc unter Frankreich, aber nicht mit der Ausrottung der A., die noch 1225-29 in Rasèz und Agen neue Diözesen gründeten. Die → Inquisition wirkte sich erst seit 1244 aus, nachdem die auf dem Montségur lebenden letzten Verfechter der provenzalischen Freiheit und Freunde der A. vernichtet waren. Die Überlebenden flohen zu den lombardischen Katharern. Zurückgekehrte A. gewannen ca 1295-1310 in der Languedoc noch einmal Anhang; 1330 verbrannte man den letzten A. Die A. waren im Bund mit den südfranzösischen Herren die gefährlichste Bedrohung der kath. Kirche im hohen Mittelalter, vergingen aber ohne Nachwirkung.

P.Belperron, La croisade contre les Albigeois et l'union du Languedoc à la France, 1942 - A.Borst, Die Katharer, 1953 (Lit.).

A.Borst

Albornoz, *Gil (Ägidius) Alvarez Carillo,* der »zweite Begründer des Kirchenstaates« (* ca 1295 in Cuenca, † 1367 bei Viterbo), Dr. iur. can. in Toulouse, 1338 Erzbischof von Toledo und damit Kanzler von Kastilien, päpstlicher Kreuzzugslegat für die Sarazenenkämpfe, an denen er persönlich teilnimmt. Nach dem Tode Alfons' XI. (1350) muß er Spanien verlassen und wird in Avignon Kardinal. Von → Innozenz VI. zum Legaten und Kardinalvikar für den Kirchenstaat bestellt, beseitigt er die dort entstandene Anarchie mit geringen Machtmitteln, aber militärischem und diplomatischem Geschick (seit 1353, unterbrochen durch eine Abberufung 1357f). Einer um den andern müssen sich die selbständigkeitslüsternen »Tyrannen« wieder unter die päpstliche Herrschaft beugen (bis 1359). Um Bologna kommt es zum Krieg mit den Mailänder Visconti (1360-64). Auch in die Verwaltung Roms muß A. verschiedentlich eingreifen (→ Rienzo). Er erlebt gerade noch die Rückkehr → Urbans V. Gegen die Tyrannis der Feudalherren einen Bund demokratischer Kommunen unter päpstlicher Oberhoheit erstrebend, war er vor allem Gesetzgeber (1357 die Constitutiones Aegidianae, bis 1816 im Kirchenstaat gültig).

H.J.Wurm, Cardinal A., 1892 - RGG[1] I, 320ff - CathEnc VI, 558f - DHGE I, 1717ff - Costituzioni egidiane dell' anno 1357, ed. P.Sella, 1912 - J.Beneyto Pérez, El cardenal A., 1950 (Lit.).

M.A.Schmidt

Albrecht, 1. *von Mainz* (1490-1545), bedeutendster humanistisch beeinflußter Erzbischof der Reformationszeit, Bruder Joachims I. von Brandenburg, 1513 Erzbischof von Magdeburg und Administrator des Bistums → Halberstadt, 1514 Erzbischof von → Mainz (: I), 1518 Kardinal, vereinigte, obwohl er nicht ständiger päpstlicher Legat wurde, als Erzbischof, Kurfürst und Hohenzoller eine Macht, der keine andere gleichkam. Durch die Gebühren für sein Pallium bei den Fuggern verschuldet, übernahm er den von der Kurie angebotenen Vertrieb des Jubelablasses für den Bau der Peterskirche in Rom innerhalb seiner Diözesen und der Mark Brandenburg. A. erhielt nach Abzug der Unkosten die Hälfte der Einnahmen. Er war Renaissancemensch in seiner Lebensführung, als Förderer der Kunst und der Wissenschaft Schützer → Reuchlins, Bewunderer des → Erasmus; → Hutten zog er an seinen Hof. Durch den Einfluß dieser Humanisten und des Dompredigers und Rates → Capito wurde A. gegenüber → Luther zunächst zu einer abwartenden Haltung bestimmt. Für das innere Anliegen Luthers hatte A. kein Verständnis. Als A. im Neuen Stift zu Halle, seiner Lieblingsresidenz, eine mit reichem Ablaß verbundene Reliquiensammlung veranstaltete, drohte Luther in einem Brief, gegen den »Abgott« öffentlich vorzugehen. Angesichts des → Bauernkrieges dachte A. an eine Säkularisierung seiner Bistümer und Eintritt in den Ehestand, wozu ihn Luther ermunterte. Als Mitglied des → Dessauer Bündnisses verfolgte er die Anhänger Luthers und versuchte eine kath. Reformation in Gang zu bringen, u.a. durch den Plan einer Universitätsgründung in Halle als Gegenstück zu Wittenberg. Im Zusammenhang mit den Konzilsplänen bemühte sich A., eine Union beider Kirchen herbeizuführen (1538). Kurz vor Einführung der Reformation in Halle durch Justus → Jonas (1541) verließ er die dortige Residenz, nachdem er bereits vorher die Kunstschätze des Neuen Stiftes nach Aschaffenburg und Mainz hatte bringen lassen. A. wurde schließlich, bestärkt durch den Jesuiten Peter → Faber, der schroffste Gegner der Reformation und eifrigster Förderer des → Tridentinums.

RE I, 306ff; XXIII, 29f - Schl III, 275ff; V, 426 - NDB I, 166f - W.Delius, Die Reformationsgesch. d. Stadt Halle, 1953 - EKL I, 65f.

W.Delius

2. *A.d.Ä.* (1490-1568), erster Herzog *von Preußen.* 1511 zum Hochmeister des Deutschen Ordens gewählt, versuchte er mit diplomatischem Eifer, die seit 1466 erhobenen polnischen Ansprüche auf das Deutschordensland Preußen abzuschütteln. Die Bemühungen A.s um Hilfe hatten ebensowenig Erfolg wie eine Reform des Ordens. Seit 1521 stand A. durch seinen Vertrauten Dietrich von Schönberg in Verbindung mit Luther, den er 1523 aufsuchte (Luthers Schrift »An die Herren Deutsch Ordens«). Schon im Vorjahre war A. in Nürnberg durch Andreas → Osiander für das ev. Anliegen gewonnen worden. Im April 1525 legte er die Hochmeisterwürde ab und wurde als weltlicher Herzog polnischer Lehnsträger. Der Deutsche Orden in Preußen fand damit sein Ende, die staatlichen Einrichtungen gingen auf das neue brandenburgische Erbherzogtum über. Das unmittelbar darauf abgelegte Bekenntnis des Herzogs zum ev. Glauben erfolgte aus innerem Anliegen, nicht aus politischen Gründen. In der Hoffnung, Polen und Litauen für die neue Lehre zu gewinnen, gründete A. die Universität → Königsberg (1544), die nicht nur den Nachwuchs für die Prediger, auch für die Nachbarländer, ausbilden sollte, sondern eine starke geistige Ausstrahlungskraft gewann. Durch eine ev. Ostseepolitik suchte er ein enges Verhältnis zu Schweden, zur Hanse und vor allem zu dem Dänenkönig herzustellen, dessen Tochter Dorothea er 1526

heiratete. A. war der schmalkaldischen Einung um so mehr zugeneigt, als Kaiser Karl V. über ihn die Reichsacht verhängt hatte. Die Heranziehung von Gelehrten und Künstlern an den herzoglichen Hof und der ausgedehnte Briefwechsel mit Theologen erweisen A. als humanistischen und reformatorischen Fürsten von hohem Rang. Als geistlicher Liederdichter und Verfasser von theologischen Bekenntnisschriften suchte A. seine religiöse Entwicklung zu vertiefen. Seine Auseinandersetzungen mit → Schwenckfeld, für und gegen → Mörlin, sein trotziges Festhalten an der Lehre → Osianders zeigen eine in religiösen Fragen eigenwillige und kenntnisreiche Persönlichkeit. Seine Hauptsorge galt der Sicherung und Förderung des ev. Glaubens im Herzogtum; durch Kirchenordnungen, Visitationen und Synoden wurde hier das Muster eines ev. Fürstentums geschaffen.

P. Tschackert, Urk.buch zur Ref.Gesch. d. Hzgtms. Pr., 3 Bde, 1890 - Ders., Hz. A. als reformator. Persönlichkeit, 1894 - E. Joachim, Die Politik d. letzten Hochmeisters in Pr., A.v.Brandenburg, 3 Bde, 1892/95 - P. Karge, Hz. A.v.P. u. d. Deutsche Orden (Altpreuß. Monatsschr. 39, 1902, 371-485) - E. Wermke, Bibliogr. d. Gesch. v. Ost- u. Westpreußen, 1933, 139-154 (Lit.) - W. Hubatsch, Europ. Briefe i. Ref.-Zeitalter. 200 ausgew. Briefe an Hz. A., 1949 - Ders., Die inneren Voraussetzungen d. Säkularisation d. Dt. Ordensstaates in Preußen (ARG 43, 1952, 145-172) - G. Carlsson, Preuß. Einfluß auf d. Ref. Schwedens (Festschr. Scheel, 1951, 36-48) - K. Forstreuter, Vom Ordensstaat zum Fürstentum, 1951 - P. Thielen, Die Kultur am Hofe Hz. A.v.Pr., 1953 (Lit.) - E. Roth, Hz. A.v.P. als Osiandrist (ThLZ 78, 1953, 55-64) - Ders., Die unbekannte Urform der Konfession A.v.P. (ZKG 65, 1955, 272-293; Lit.) - Ders., Vertrau Gott allein. Gebetbuch Hz. A.v.P., 1956. *W. Hubatsch*

Albrecht, *Jacob* (* 1759 in Pennsylvania, USA, † 1808), Gründer der → Evangelischen Gemeinschaft, entstammte einer pfälzischen Einwandererfamilie lutherischen Glaubens. Im Zuge der methodistischen Erwekkungsbewegung wurde er bekehrt, gab seinen Beruf als Farmer und Ziegler auf und begann 1796 eine erfolgreiche Tätigkeit als Laienprediger unter kirchlich unversorgten Deutschamerikanern. Nachdem er 1800 die Organisation der E.G. geschaffen hatte, wurde er 1803 von den Ältesten seiner Gemeinden zum Prediger ordiniert und 1807 zum Bischof gewählt.

R.W. Albright, History of the Evangelical Church, 1942 - U. Kunz, Viele Glieder - Ein Leib, 1953, 258ff. *R. Kücklich*

Albright, William F., Orientalist und Archäologe, * 24.5.1891 in Coquimbo (Chile), 1916 Dozent in Baltimore, von 1920-36 Direktor der American School of Oriental Research in Jerusalem, seitdem Prof. für semitische Sprachen an der Universität Baltimore. A. gehört zu den führenden Fachgelehrten in den USA, von dem weitreichende Wirkungen auf orientalischem, ägyptologischem und religionsgeschichtlichem Gebiet, der palästinischen Topographie und Archäologie und der at. Wissenschaft ausgegangen sind. Gegenüber der biblischen Tradition überwiegend konservativ, hat er zu vielen Problemen eigenständige und immer anregende Thesen aufgestellt. An mehreren Orten Palästinas (→ Ausgrabungen: II) hat er Grabungen durchgeführt, von denen die von tell bēt mirsim besonders hervorzuheben ist.

An indexed bibliography of the writings of W.F.A., prepared by H. M. Orilinski, 1941 (Bibliogr. bis 1941) - The Archaeology of Pal. and the Bible, (1932) 1935³; The Vocalization of the Egypt. Syllabic Orthography, 1934; From the Stone Age to Christianity, (1940) 1946² = Von der Steinzeit zum Christentum, 1949; Archaeology and the Religion of Israel, (1942) 1946² = Die Religion Israels im Lichte der archäol. Ausgrabungen, 1956 - The Archaeology of Palestine, (1949) 1956³. *K. Galling*

Alchemie

1. Ursprung - 2. Platon und Aristoteles - 3. Die nachchristliche Zeit bis zum Mittelalter - 4. Neuzeit

1. Das Wort A. kommt vom Arabischen und geht auf das griechische χημεία zurück, das erst spät belegt ist. Die Herleitung von χημεία aus dem Ägyptischen kême = das Schwarze (vgl. Schwarzkunst und den einheimischen Namen Ägyptens, kêmet = Schwarzland) wird jetzt bestritten. Andere Etymologien sind auch unsicher. Unter A. verstand man immer schon Goldmacherei, und zwar ursprünglich die täuschende und betrügerische.

Bei Ägyptern, Babyloniern und sogar noch in der Frühzeit der Griechen waren die, die sich mit chemischen Fragen beschäftigten, Priester und Gelehrte in einer Person. So kam allmählich eine Theorie auf. Die A. (abgesehen von ihren Auswüchsen) war eine naturwissenschaftliche Theorie, eine »Philosophie, dh eine rationalistische Auslegung der Metamorphosen des Stoffes« (M. Berthelot). Es fallen also ontologische Fragen, dh Wesensprobleme über Körper und Geist, Stoff und Kraft, geistige Vorgänge u.a. in ihren Bereich. Daran knüpfen sich *praktische* Zwecke und Ziele, wie die Verwandlung unedler Metalle in edle oder überhaupt die direkte Erzeugung von Gold und Silber aus minderwertigem Ausgangsmaterial. Scharlatanistische Vorführungen und okkultistische Geheimtuerei (→ Okkultismus) stellen letzte Auswüchse dar.

Die *Anfänge* der A. reichen bis vor die Naturphilosophen des 6. und 5. Jh.s, mit denen doch die griechische Philosophie überhaupt einsetzt. Die Lehre von den 4 → Elementen und indirekt die von ihrer Verwandlung hängt, wie die Mythen, mit der Beobachtung des Sternenhimmels (→ Himmel: I, → Astralreligion) zusammen. Der antike Naturbetrachter meint, daß das irdische Element (zB Wasser oder Feuer) ein Spiegelbild oder eine Verkörperung desselben kosmischen Begriffes sei, und daß darum den 4 Planeten Merkur, Saturn, Jupiter, Mars = Nebo, Nergal, Marduk, Ninurta (→ Sterne) 4 Elemente auf der Erde entsprechen. Beide Reihen sind Erscheinungen der einen großen Gottheit, die in der → Sonne ihre Wirksamkeit offenbart. Und was man Kreislauf und Umsatz der Elemente nennt, hat seine engen Beziehungen zum Kreislauf der weltdurchwandernden Seele. Die Lehre von den 4 Elementen läßt sich nicht nur in der babylonischen Naturbetrachtung (→ Weltbild und Weltanschauung: I) nachweisen, sondern auch in Ägypten, Palästina, Indien, China, ja auch bei Malaien, Siamesen u.a. »Kälte« und »Wärme« sind übrigens auch in der Edda (Vafthrudnirlied) die Bildner des ersten Geschöpfes, des Riesen Ymir.

2. a) Für → *Platon* (427-347) sind Feuer, Erde, Wasser und Luft wirkliche Körper, und zwar nimmt er im »Timaios« an, daß diesen Elementen 4 geometrische Grundformen zugrunde liegen: Erde = Würfel, Feuer = Pyramide, Wasser = Oktaeder, Luft = Ikosaeder. Größe, geometrische Anordnung und Anzahl dieser Urflächen (Dreiecke) bedingen die chemische Zusammensetzung der Elemente. Die Geometrie der räumlichen Lagerung, wenn man so sagen darf, gibt uns Bescheid über die Zusammensetzung einer Substanz. Die kleinste Veränderung der Qualität ist nichts anderes als eine Veränderung in der geometrischen Dimension und der damit verbundenen Änderung und Bewegung in der Konfiguration des betreffenden Körpers. Bewegung und Veränderung sind im Wesen dasselbe, bedingt durch die mannigfachen Grundformen der Elemente und den »kreisförmigen Umschwung des großen Ganzen«. Die einheitliche Urmaterie ist das gemeinsame Substrat aller Elemente und ihrer Zusammensetzungen. Das eine ist in das andere wandelbar. Wenn die Natur das Gold aus anderen Metallen entstehen lassen kann, so kann das auch der Mensch. Dann berührt auch Platon die uralte orientalische Idee: die → Metalle stehen zu bestimmten Pla-

neten in Beziehungen. Merkur ist die Urmaterie. Hierzu kommt Platons Lehre von der Verwandtschaft des Ähnlichen. Bis tief ins Mittelalter und in die Neuzeit sagt man in Alchemisten- und Naturforscherkreisen, daß »Gleiches das Gleiche sucht« und »anzieht«. Der unendliche Kreislauf und endlose Zusammenhang der Elemente und das Strömen »von unten nach oben und von oben nach unten« fand im Symbol des »Reifens« oder »Ringes des Platon« (annulus Platonis) bzw. in der Kette »magnetischer Ringe«, in der »goldenen Kette des Zeus«, in der »Catena aurea Homeri«, im »Superius et inferius Hermetis« (= das hermetische Oben und Unten) seinen Ausdruck. Alle diese Symbole wollen den Zusammenhang der ganzen Welt, die Verwandtschaft aller Dinge und den Kreislauf der Elemente andeuten: die Welt *ein* einziges Lebewesen, alles miteinander verbunden. Die unabänderliche Regelmäßigkeit im Umlauf der Gestirne hängt damit zusammen (→ Astrologie). Noch die → Rosenkreutzer des 18.Jh.s und sogar Schiller und Goethe bedienen sich dieser Bilder, um den allgemeinen Zusammenhang auszudrücken.

b) Nachhaltiger noch als Platon wirkte → *Aristoteles* (384-322) auf die A. Er ersann die Lehre von der aufsteigenden Umformung der Energien. Er nahm an, daß fünf elementare Stoffe: Äther, Feuer, Luft Wasser und Erde ihren Eigenschaften entsprechend im Weltganzen verteilt seien und - mit Ausnahme des Äthers - einerseits in allen Körpern sich gemischt vorfänden, andererseits wechselseitig ineinander übergehen könnten. Plato hatte von Änderungen in der Konfiguration gesprochen, Aristoteles glaubt an eine Umwandlung der Elemente, an qualitative oder Ineinander-Verwandlung: er nimmt nicht Druck und Stoß als Voraussetzung an, sondern innere Wesensveränderung und chemische Verbindung. Alles Werden geht aber in Gegensätzen vor sich. Die γένεσις (generatio) ist die Entwicklung oder das Werden eines Elementes aus einem andern. Corruptio unius est generatio alterius sagen später die Scholastiker des Mittelalters (→ Scholastik) und ihre großen Alchemisten (zB → Thomas: De nat. mat. c. 1 u.a.).

3. a) Die zwei wichtigsten Dokumente aus der Frühzeit des alchemistischen Schrifttums sind zwei *griechische* Papyrus-Urkunden, die 1828 in der Nähe von Theben in Ägypten gefunden wurden: der Leidener und der Stockholmer Papyrus (Pap. Holmiensis). Diese beiden chemischen Codices stammen aus dem 3.Jh. nChr. Sie enthalten Rezeptsammlungen für Metallfälschung, Purpurfärberei, Legierungen, Färbung von Metallen, Glas, Edelsteinen u.a. Die nacharistotelische Entwicklung und eigentliche Blütezeit der A. zeigt folgendes Bild: Die Abblüte des römischen Reiches besaß bereits eine hochentwickelte chemische Technik und auch alchemistische Praxis, die vielfach dem alten Orient entlehnt war. Durch das römische Gewerbe finden dann Technologie und »Goldmacherkunst« reiche Pflege. Die *griechisch-alexandrinische* Wissenschaft aber bot der A. den günstigsten Nährboden zu einer starken Weiterentwicklung. Sie verband griechischen Geist, frühchristliche Philosophie, die Mystik der Gnostiker (→ Gnosis: III) und den → Neuplatonismus mit der uralten ägyptischen chemischen Technik. Demokritos (Pseudo-Demokritos), Petosiris, Nechepso, Ostanes, → Synesios (4.Jh. nChr), → Zosimos (4.Jh. nChr), → Äneas von Gaza (5.Jh. nChr), Pelagios, Stephanos (7.Jh. nChr), Olympiodor (5.Jh. nChr), Herakleios sind die einst berühmten Namen der Klassiker der A. Eine Vorzugsstellung nahmen die sog. Hermesschriften (→ Hermetica) ein, die zur mythischen, orientalisch-ägyptisch beeinflußten Gottheit Hermes Trismegistos enge Beziehungen haben. - Immer reichere Ausgestaltung erfuhr die Lehre vom »mercurius philosophorum« als Inbegriff aller Modifikationen eines Stoffes, Urmaterie aller Metalle, primäre Materie, der nur die Farbe fehlt, um Gold und Silber zu werden. Man forschte nach Mitteln (Zusätzen) und chemischen Prozessen, den mercurius philosophorum aus unedlen Metallen zu gewinnen und in ihnen die dem Golde entgegengesetzten Eigenschaften verschwinden zu machen. Daran anschließend entwickelte sich die Praxis des Färbens (»Tingieren«) durch Substanzen (»Stein der Weisen«), die Unedles in Edles verwandeln.

Auf dem Grunde der griechisch-alexandrinischen Naturforschung und A. bauen die *syrischen* und *byzantinischen* Alchemisten weiter. Die syrische A. ist wieder die Basis der *arabischen,* welche die Idee der alexandrinischen erweitert und vertieft. Gründliches Studium des Aristoteles und seiner naturwissenschaftlichen Schriften. Der berühmteste Naturforscher dieser Epoche ist Dschâbir ben Hajjan (Giaber, Geber, wahrscheinlich im 8. und 9.Jh.). Sein geschichtliches Porträt ist stark verschwommen.

b) Im 12. und 13.Jh. wird die A. im *Abendland* dadurch bekannt, daß arabische und christliche Geisteskultur in Berührung kommen. Gegen Ende des 13.Jh.s gibt die praktische A. Anlaß zu theoretischen Ideen; die Arbeit, die Industrie und das Gewerbe stehen am Anfange der Chemie. Hat man doch auch den Ursprung der Vorschriften der Goldschmiedekunst in alchemistischen Theorien zu suchen. Freilich die *spätere* A. schuf sich auch Gesinnungsgemeinschaften mit kultischen Formeln, Begriffe, hinter denen das innige Suchen und Finden, die Steigerung geistiger Utopien, primitive Ekstasen, die Überstiegenheiten einer religiösen Erotik, Bekenntniswissenschaft und die Wünsche der Träume standen. Schon früh wurde die A. die »königliche Kunst«. Aus ihren Tiefen nahmen die Eingeweihten die Deutungen für den innersten Menschen, für das Geschehen seiner Seele und die Geheimnisse von Zeugung, Tod und ewigem Leben. Aus diesem Geiste stammen alle alchemistischen Fachausdrücke des Mittelalters und der Übergangszeit. In der 2. Hälfte des 13.Jh.s treten zum ersten Male die lateinischen Geber-Fälschungen (Pseudo-Geber) auf. Sie finden bis tief in die Neuzeit Nachahmungen. Am berühmtesten und grundlegend war die Summa perfectionis (13.Jh.). Zur A. gehören auch die frühmittelalterlichen Rezept- und kunsttechnischen Färbereibücher »Compositiones ad tinguenda musiva ...«, »Mappae clavicula«, der Heraklius, Theophilus, Marcus Graecus, einige lateinische Übersetzungen und Überarbeitungen arabischer Originale (zB Morienes oder Marianos, Rosinos, die sog. Turba philosophorum u.a.), die groben Fälschungen, die unter dem Namen der arabischen Naturforscher → Avicenna und Razi weite Verbreitung gefunden hatten und auch heute noch in manchen veralteten oder dilettantischen Büchern als echte arabische Schriften erscheinen. Hervorragende Naturforscher und Philosophen standen damals im Dienste der A.: Roger → Bacon (13.Jh., Speculum alchemiae), → Albert d.Gr. (De mineralibus), → Vincentius von Beauvais (Speculum naturale), → Thomas von Aquino, Raymundus → Lullus u.a.m.

4. Zu Beginn der *Neuzeit* wird den zwei alchemistischen Prinzipien Mercurius und Sulphur ein drittes hinzugefügt: das Sal (Festigkeit, das »greifliche« Prinzip). Die Lehre von den drei Prinzipien steht nun im Vordergrund. Trotzdem beginnt in dieser Epoche schon der Verfall der reinen A., insbesondere seit dem größten Naturforscher und Arzt dieser Zeit, → Paracelsus (1493 bis 1541). Ihn interessiert A. nur insoweit, als es für seine chemisch-therapeutische Heilkunde und physiologisch-pathologische Chemie in Betracht kommt. Ein scharfer

Gegner der A. war u.a. → Leonardo da Vinci (1452 bis 1519). In des Paracelsus Bahnen gehen in mancher Beziehung auch der große niederländische Naturforscher und Arzt van → Helmont (1577-1644), der klassische Pädagoge und Theologe Johann Amos → Comenius (1592-1670; besonders in seiner Physica) und die naturwissenschaftlichen Anschauungen - soweit sie nicht scholastisch-aristotelisch sind - in den sog. »Basilius Valentinus«-Schriften des beginnenden 17.Jh.s, Franz de la Boë Sylvius, Otto Tachenius u.a. (Basilius Valentinus ist eine Fälschung, denn ein Mann dieses Namens hat nie existiert). Robert → Boyle (1626-91), wenn auch exakter Naturforscher, hält noch an manchen alchemistischen Gedanken fest und glaubt (ähnlich wie van Helmont) an die Verwandlung des Wassers in Erde. Aber immer sieghafter dringt der Geist einer quantitativen Elementenlehre durch. Doch weder Iatrochemie noch Phlogistonlehre (Lehre vom »Brennbaren« oder von einer gemeinsamen Feuermaterie in den Körpern) konnten die A. völlig überwinden, und erst mit den Tagen Lavoisiers (1743-94) und seiner Vor- und Mitarbeiter begann sie von der chemischen Forschung mehr und mehr vernachlässigt zu werden.

E.O.v.LIPPMANN, Entstehung und Ausbreitung der A. I-III, 1919 bis 1954 - L.THORNDIKE, History of Magic and Experimental Science I-VI, 1923-41 - F.STRUNZ, Astrologie, A., Mystik, 1928 - C.G.JUNG, Psychologie und Alchemie (Psychol. Abhandl. V), 1944 - RAC I, 239 ff (Lit.) - F.S.TAYLOR, The Alchemists, Founders of Modern Chemistry, 1951 - M.GRAUBARD, Astrology and Alchemy, Two Fossil Sciences, 1953. *F.Strunz (C.-M.Edsman)*

Alciati, *Terenz* (1570-1651), wurde nach Jurastudium 1591 Jesuit; Prof. der Theol. und Philosophie am Collegium Romanum (→ Römische Kollegien), Oberer des Profeßhauses Rom und Vize-Provinzial der römischen Ordensprovinz. Im Auftrag Urbans VIII. arbeitete er an einer Widerlegung von → Sarpis Geschichte des tridentinischen Konzils, die → Pallavicini benutzte.

P.S.PALLAVICINI, Istoria del Conc. di Trento I, Roma 1656 - TH. v.SICKEL, Röm. Berichte I, 1895, 94 - v.Pastor XIII, 2, 901 f.
F.W.Kantzenbach

Aldebert, Bischof in Neustrien zur Zeit des → Bonifatius. Anders als der Ire Clemens in Austrien, der Zölibat und Autorität der Kirchenväter leugnete sowie eine eigene Erlösungslehre vertrat, war A. nur ein Schwarmgeist, der sich für inspiriert hielt. Unter Berufung auf einen vom Himmel gefallenen Brief Christi zog er das Volk zu seinen Kreuzen und Kapellen, lehnte Romwallfahrten ab und hörte keine Beichte, da er die Sünden auch so kenne. Beide wurden auf fränkischen und einer römischen Synode (745) verurteilt. A. soll nach der Flucht aus Fulda erschlagen worden sein.

HAUCK I³·⁴, 553 ff - H.VAHLE, Die Widerstände gegen das Werk des Bonifatius (Diss. Münster), 1934, 25 ff. 41 f - TH.SCHIEFFER, Winfrid-Bonifatius u. die christl. Grundlegung Europas, 1954, 221 f. 229. 231 f. 241. *H.Löwe*

Aldhelm (angelsächsisch *Ealdhelm,* 639-709), aus Wessex (Südwestengland), dem westsächsischen Königshause nahe verwandt, iroschottisch erzogen im Kloster Malmesbury und römisch-angelsächsisch bei den Benediktinern zu → Canterbury, dann Missionar in Wessex, 675 Abt von Malmesbury, erlangt 695 auf einer Romfahrt dessen → Exemtion, gründet die Unterklöster From und Bradeford, wird 705 auch (erster) Bischof von Sherborne. Bedeutend als Schriftsteller in lateinischer, als Dichter auch in angelsächsischer Sprache, hat A. so durch Wort, Schrift und Tat den angelsächsischen Westen für Canterbury und Rom gewonnen.

Opera, hg.v. R.EHWALD (MG Auct. ant. XV, 1919, darunter »De virginitate« [211 ff] und Briefe [475 ff]). - L.BÖNHOFF, A. von Malmesbury (Diss. Leipzig), 1894 - G.F.BROWNE, Saint A., his life and times, London 1903 - W.B.WILDMAN, Life of Saint Ealdhelm, first bishop of Sherborne, London 1905 - R.EHWALD, A. von Malmesbury (Jb.er d. Erfurter Akad. NF 33, 1907, 91-116) - MANITIUS I, 1911, 134 ff - E.S.DUCKETT, Anglo-Saxon Saints and Scholars, New York 1948, 1 ff. *F.Flaskamp*

Aleander, *Hieronymus,* * 1480 im venezianischen Motta (Friaul), † 1542 in Rom. Studierte in Motta, Pardenone, Venedig und Padua. Er war seit 1499 in Venedig Lehrer der alten und orientalischen Sprachen, gehörte dem Kreis des Druckers Aldus Manutius an, war Lehrer und Stubengenosse des → Erasmus. 1508-13 lehrte er das Griechische in Paris, zeitweise in Orléans, zuletzt - von Ludwig XII. naturalisiert - als Rektor der Pariser Universität. Seine diplomatische Karriere begann er als Sekretär des Bischofs von Paris, dann des Fürstbischofs von → Lüttich, Erard von der Mark, der ihn nach Rom sandte. Hier nahm ihn der Kardinal Giulio Medici in seine Dienste. → Leo X. ernannte ihn zum Bibliothekar der Vaticana, 1520 zum Nuntius bei Karl V. Er leitete die Exekution der Bannandrohungsbulle gegen Luther und drängte auf dem Reichstag zu Worms 1521 (→ Deutschland: I) energisch auf Durchführung des Bannes. Das Wormser Edikt setzte er durch. 1524 Nuntius bei Franz I., wurde er mit diesem nach der Schlacht von Pavia gefangengenommen. 1531-32 wieder Nuntius beim Kaiser, 1533-35 in Venedig, 1538 Kardinal und Konzilslegat in Vicenza, dann bis 1539 Legat bei König Ferdinand. A.s Nachlaß (Depeschen, Tagebücher, Gutachten, Briefe) ist eine wichtige Quelle für die Geschichte der Reformation, der europäischen Politik und des Humanismus und gibt zugleich Aufschlüsse über seinen Charakter.

W.FRIEDENSBURG, NBD Abt. I, Bd 3, 28 ff - DThC I, 683 ff - RE I, 328 ff - SCHL. I u. V - P.KALKOFF, A. gegen Luther, 1908 - DERS., Zur Charakteristik A.s (ZKG 43, 1924, 209-219) - EC I, 741 f - H.JEDIN, Die Gesch. des Konzils von Trient I², 1951, 520, Anm. 2 (Lit.) *H.Liebing*

Alemannen. Der Großstamm der A. (»alle Männer«) ging aus einer Verbindung hauptsächlich swebischer Gruppen hervor, die 213 am unteren Main gegen Caracalla kämpften und den Limes 259/60 endgültig durchbrachen. Sie besetzten das Gebiet bis zum Rhein-Bodensee und zur Iller, drangen im 5./6.Jh. bis Burgund und Lothringen, nach Süden bis zum Hochalpenkamm vor. Der alemannische Raum zerfiel in viele von Kleinkönigen beherrschte Teillandschaften. Seit dem 5.Jh. setzte sich ein einheitliches Stammesherzogtum durch. 496 schlug Chlodwig (→ Franken) die A. und drängte sie zurück. Im Frankenreich bewahrten die A. zunächst weitgehende Autonomie, bis sie Anfang des 8.Jh.s nach mehreren Aufstandsversuchen ganz eingegliedert wurden. Seit 746 (Aufhebung des Herzogtums in Cannstatt, Aufteilung seiner materiellen Grundlagen meist an fränkische Adlige) fehlten die Voraussetzungen für ein einheitliches Herzogtum, das den ganzen Stamm voll erfaßt hätte. - Die Christianisierung der A. begann im 6.Jh. bei den höheren Ständen und war Anfang des 8.Jh.s abgeschlossen. Seit Ende des 6.Jh.s gab es in → Konstanz ein Bistum. Neben den alten großen Klöstern → St. Gallen, → Reichenau und Weißenburg wurden im 8.Jh. die Klöster Gengenbach, Schuttern, Schwarzach, Ettenheimmünster, Murbach u.a. errichtet; daneben gab es vornehme Frauenklöster wie Zürich, Säckingen, Lindau, Buchau. Seit dem 11.Jh. entstanden die von Dynastien gegründeten Klöster → Hirsau, Schaffhausen, Muri, → Zwiefalten, Weingarten u.a., die im Investiturstreit eine große Rolle spielten. → Baden, → Württemberg.

K.WELLER, Württemberg. KG bis zum Ende der Stauferzeit, 1936 - H.TÜCHLE, KG Schwabens, 1950 - Grundfragen der alemann. Gesch. (in: Vorträge u. Forschungen I, hg. v. TH.MAYER, 1955).
Th.Mayer

Alembert, *Jean de Rond d'*, in Paris * 1717 und † 1783, interessierte sich zunächst für Mechanik und Kosmologie (Traité de Dynamique, 1743), von 1751 an mehr für die Gesamtheit menschlicher Erkenntnis und leitete bis 1758 mit → Diderot die Encyclopédie, deren berühmten Discours préliminaire er verfaßte. Daneben schrieb er mehrere Aufsätze über Literatur und Philosophie: Eléments de Philosophie (1759), Eclaircissements (1767), Histoire de la Destruction des Jésuites (1765). In seinem Werk spiegeln sich alle Strömungen seiner Zeit: Kritik des Cartesianismus (→ Descartes), des → Sensualismus, Auseinandersetzungen um → Newton und Linné. Seinem Denken scheint ein gewisser → Skeptizismus, vielleicht mit Neigung zu → Materialismus oder zu → Pantheismus zugrunde zu liegen. A. ist resoluter Gegner aller Systeme, die »eingeborene Ideen« annehmen. Auch Mathematik ist für ihn empirische Wissenschaft, aber mit einem hohen Grad von Abstraktion. Zugleich teilt er, ohne Glauben an die Möglichkeit, das ganze Weltsystem aus einer einzigen Formel abzuleiten, den Wunsch seiner Zeitgenossen, alle Erkenntnis auf deduktivem Weg zu gewinnen. Darin erweist er sich als Vorläufer des → Positivismus. »Metaphysik« heißt bei ihm die Gesamtheit der Prinzipien aller Wissenschaften. – Von → Jansenisten erzogen, gewann er aus seiner Lektüre für religiöse Kontroversen nur Verachtung und beteiligte sich an der antikatholischen Bewegung seiner Zeit. Vor allem äußert er hinsichtlich der »natürlichen« Theologie Zweifel. Andererseits erscheint es ihm sinnlos, daß kein ewiges Wesen existieren solle, und die die Welt durchherrschende Ordnung fordere uns auf anzunehmen, daß dieses Wesen Geist sei, ein vermutlich immaterielles Wesen, von dem wir aber nicht begreifen können, wie es die Materie erzeugt, erkennt und auf sie wirkt, sodann, wie es mit der Materie Beziehung haben könne, wenn diese gleich-ewig sei. Allmacht sei ein vager Begriff. Von daher zeigt sich bei A. ein → Deismus, der aber längst nicht so kräftig begründet wird wie bei → Voltaire. Zwar trägt A. dabei große Ehrfurcht vor der bestehenden Religion zur Schau und scheint als Offenbarungswahrheit anzunehmen, daß Gott gerecht sei und »daß Gerechtigkeit des höchsten Wesens die Unsterblichkeit (der Seele) zur notwendigen Folge« habe. Aber das sind nur Scheinzugeständnisse; denn in seinem Aufsatz »Sur la véritable religion« wünscht er, man möge neue und kräftige Beweggründe für die Tugendhaftigkeit der Menschen geltend machen, wobei die »erträumten Schranken zerstört und durch vernunftgemäßere ersetzt« würden. Die Welt überrage uns aber zu sehr, als daß wir absolute Wahrheiten zu erreichen vermöchten.

A.s Einleitung in die Enzyklopädie, übers. u. erl. von E.HIRSCHBERG, 1912 - L.KUNZ, Die Erkenntnistheorie A.s (AGPh 1. Abt. 20, 1906, 96-126) - L.BRUNSCHVICG, L'Expérience humaine et la causalité physique, 1922 - MAURICE MÜLLER, Essai sur la Philosophie de J.d'A., 1926 - W.DILTHEY, Ges.Schriften III, 1927, 91ff. *P.Burgelin*

Alesius, *Alexander* (1500-65), ein aus Edinburgh stammender schottischer Theologe, der den im Gefängnis sitzenden Lutheraner Patrick → Hamilton bekehren sollte, aber von diesem bekehrt wurde. A. floh nach Köln und Wittenberg, lehrte dann wieder in Cambridge, ging aber schließlich doch für immer nach Deutschland. Als → Moritz von Sachsen die Universität → Leipzig reformierte, wurde A. Mitglied der neugebildeten Theologischen Fakultät und gab ihr mit → Pfeffinger zusammen ihre betont philippistische Prägung. Das Drängen auf Vereinfachung des Dogmas verrät den Humanisten, die Beteiligung an vielen Religionsgesprächen den Ireniker. Daß A. Eduards VI. → Common Prayer Book theologisch mit vorbereitete, weist auf traditionskirchliche Gedanken hin, wie sie ähnlich Pfeffinger vertrat.

RE I, 336ff - O.KIRN, Die Leipziger theol. Fakultät in fünf Jh.en, 1909 - O.CLEMEN, Melanchthon u. A.A. (ARG ErgBd 5, 1929, 17ff) - DERS., Epigramme auf Teilnehmer am Wormser Religionsgespräch 1540-41 (ZKG 50, 1931, 450). *F.Lau*

Alethophile nennen sich die Mitglieder einer 1736 von dem ehemaligen sächsichen Staatsminister Ernst Christoph Graf von Manteuffel während seiner Berliner Zeit zusammen mit Probst J.G. → Reinbeck und dem Buchhändler Haude in dessen Tabakskollegium gestifteten Gesellschaft, zu der auch → Gottsched und seine Frau gehörten; Filialen in Leipzig, Weißenfels, Stettin und anderwärts. Trotz der zeitgemäßen Wichtigtuerei und Verspieltheit wirkten die A. für Popularisierung der Philosophie Chr. → Wolffs im Kampf gegen die Orthodoxie und für die Rhetorik Gottscheds auf der Kanzel. Sie versuchten auch die zeitgenössische Literatur zu kontrollieren und stehen hinter der Kabinettsordre Friedrich Wilhelms I. vom 7.3.1739, die den »reformirten Studiosi und Candidaten« Wolffsche Philosophie und vernünftige Predigtweise anbefiehlt. Die Medaille der A. zeigt den Januskopf Leibniz-Wolff mit der Umschrift: sapere aude.

CHR.WOLFFS eigene Lebensbeschreibung, hg. von H.WUTTKE 1841 - TH.W.DANZEL, Gottsched u. seine Zeit, 1848 - K.ANER, Die Theologie der Lessingzeit, 1929. *Ernst Wolf*

Alexander I., in der röm. Bischofsliste 5. Nachfolger des Petrus (etwa 106-115). Die Annahme seines Märtyrertodes entstand wohl durch Gleichsetzung mit einem römischen Märtyrer A. Die ihm zugeschriebenen kirchlichen Neuerungen sind späteren Ursprungs.

RE I, 338 - LThK I, 239. *M.Rauer*

II., *Papst* 30.9.1061 bis 21.4.1073. Anselm von Baggio, der spätere A., gilt als Mitbegründer der → Pataria. Um 1064 trat ihr Führer Erlembald in ein besonderes Gehorsamsverhältnis zu Papst A. Die Reformpartei (→ Papsttum: I) erhob unter Verletzung königlicher Rechte Anselm, damals Bischof von Lucca, als A. zum Papst. Der Gegenpapst → Honorius (II.) wurde überwunden (1064). A. verband die Lehnspflicht der Normannen in Süditalien und den Ausbau der päpstlichen Lehns- und Zinspflicht (Aragon, Dänemark) mit der Idee des hl. Krieges unter Führung des Papsttums. Den päpstlichen Primat durchzusetzen und die Investitur durch den König (→ Heinrich IV.) auszuschalten, gelang ihm nur teilweise.

POTTHAST I², 35 - C.ERDMANN, Die Entstehung des Kreuzzugsgedankens, (1935) Neudr. 1955 - G.TELLENBACH, Libertas, 1936. *L.Buisson*

III., *Papst* 7.9.1159 bis 30.8.1181. Orlando (Roland) Bandinelli aus Siena, lehrte in Bologna und verfaßte neben einer Summa zum Dekret → Gratians (ed. Thaner 1874) auch Sentenzen (ed. Gietl 1891). Außer → Abælard wirkte vor allem → Johannes von Salisbury auf ihn. Als Kanzler → Hadrians IV. schürte er auf dem Reichstag zu Besançon den Konflikt mit → Friedrich I., der nach A.s Wahl vier Gegenpäpste unterstützte: → Viktor (IV.); → Paschalis (III.), → Calixt (III.), → Innozenz (III.). Ein Zusammengehen mit dem byzantinischen Kaiser Manuel lehnte A. in weiser Mäßigung ab, verbündete sich aber mit den italienischen Städten und wurde in ganz Westeuropa - trotz zeitweiliger Trübung der Beziehungen zu Heinrich II. von England (Thomas → Becket) – anerkannt. Der Friede von Venedig 1177 brachte auch die Aussöhnung mit Friedrich I. Mit dem 3. Laterankonzil 1179 legte A. den Grund für die dekretale Gesetzgebung; die Ordnung der → Papstwahl (⅔-Mehrheit ohne Erwähnung von Kaiser und Volk) ging so in die Sammlung → Gregors IX. über. A. ist eine der größten Persönlichkeiten, sein Pontifikat eines der bedeutendsten des späteren Mittelalters.

Lib. Pont. II, 397 ff; JAFFÉ II, 145 ff; WATTERICH, Pontificum Romanorum ... vitae II, 377 ff. - H.REUTER, Geschichte A.s III., 1860-64² - W.OHNSORGE, Die Legaten A.s III. (Hist. Studien 175; 1928; 188, 1929) - EC I, 790 ff.

IV., *Papst* 12.12.1254 bis 25.5.1261. Rainald Graf von Segni, Neffe → Gregors IX., seit 1227 Kardinal. Er verdankte seine Wahl dem Kardinal Ottavio Ubaldini, der den Kampf gegen die Staufer fortsetzte. Deren Stellung in Süditalien blieb jedoch bei der Zurückhaltung Karls von Anjou und trotz der Belehnung Edmunds von England mit Sizilien unerschüttert. Fast ungestört konnte Manfred sein Königtum aufrichten und seinen Einfluß nach Norden ausdehnen. Die Untätigkeit ihm gegenüber wie umgekehrt die Sorge um den Orient (Union mit Byzanz, Tatarenabwehr) heben den Pontifikat A.s deutlich ab von dem seines Nachfolgers → Urban IV.

Registres d'Alexandre IV. (Bibl. des écoles franc. d'Athène et de Rome), 1902-31 (unvollständig). - HALLER IV, 272 ff - F.SCHILLMANN, Zur byzantinischen Politik A.s IV. (RQ 22, 1908, 108-131).

V., *Gegenpapst,* doch mitgezählt, 26.6.1409 bis 3.5.1410. Petrus Philaretos von Kreta, auch Petrus von Candia (* ca 1340), OFM, Verfasser eines Kommentars zu → Petrus Lombardus (ed. Ehrle 1925), Bischof von Piacenza, Vicenza, Novara, 1402 Erzbischof von Mailand, 1405 Kardinal. A. löste das Konzil von Pisa (→ Reformkonzile), das ihn erhoben hatte, auf, ohne selbst die Kirchenreform voranzutreiben. Politisch stützte er sich auf Ludwig II. von Anjou.

v.PASTOR I, 202f. 814. 868 - LThK I, 241 - U.KÜHNE, Repertorium Germanicum III, 1935.

VI., *Papst* 10.8.1492 bis 18.8.1503. Rodrigo Borja aus Jativa bei Valencia, Neffe → Calixts III., Vizekanzler der römischen Kirche. Als Kardinal lebte er im Konkubinat mit Vanozza de Cataneis, mit der er vier Kinder hatte, darunter den berüchtigten Cesare, das Idol Machiavellis. In der modernen Forschung, die manche Beschuldigungen als Verleumdung erkannte, sind Ansätze zu einer günstigeren Beurteilung zu verzeichnen; doch ist die katholische Fachwelt auch heute noch weithin negativ zu A. eingestellt. Als Herrscher der → Renaissance - so faßte er seine Stellung zum Kirchenstaat auf - paßte er sein Verhalten im Kampf der Großmächte um Italien der jeweiligen Lage an, weigerte sich, Karl VIII. mit Neapel zu belehnen, schloß sich aber Ludwig XII. an mit Rücksicht auf die Förderung seines Sohnes Cesare und die Haltung des Kardinals G. della Rovere (→ Julius II.). Lehre und Verwaltung der Kirche haben unter A. nicht gelitten, sachlich mäßigend war auch sein Verhalten gegen → Savonarola. Daß das Ansehen der Kurie bei den Zeitgenossen noch galt, zeigt die Übertragung des kolonialen Schiedsrichteramtes durch Spanien und Portugal (Demarkationslinie vom Mai 1493). Die appartamenti Borgia (Pinturicchio) sind Zeugen für die hohe Kultur während dieses Pontifikats.

v.PASTOR III, 329 ff - G.PEPE, La politica dei Borgia, 1946 - EC I, 795 ff.

F.Bock

VII., *Papst* 7.4.1655 bis 22.5.1667 (Fabio Chigi), * 1599 in Siena. Seit 1626 im diplomatischen Dienst der Kurie, wurde er 1643 als Nuntius zum Friedenskongreß nach Münster entsandt. Da er im Verfahren und im Ergebnis der Verhandlungen die Rechte der kath. Kirche verletzt sah, protestierte er gegen den Vertrag. 1651 Staatssekretär, 1652 Kardinal, drängte er → Innozenz X. zur Verdammung der 5 Sätze Cornelius → Jansens. Als Papst erwirkte er für die Jesuiten die Rückkehr nach Venedig und bekämpfte den Jansenismus. Dem Nepotismus verfiel er nach anfänglicher Kritik. Die Feindschaft Mazarins hatte einen Konflikt mit → Frankreich (: I) zur Folge, der mit einer Demütigung des Papstes endete. A. widmete sich, der Politik müde, der Gründung und dem Ausbau von Bibliotheken. Er war selbst als Poet und Kunsthistoriker tätig und förderte Gelehrte wie Sforza → Pallavicino, den Historiker des Tridentinums.

DThC I, 727 ff - RE I, 349 ff - v.PASTOR XV, I, 311 ff - EC I, 801 ff (Lit.).

H.Liebing

VIII., *Papst* 6.10.1689 bis 2.2.1691 (Pietro Ottoboni), * 22.4.1610 aus venezianischem Adel, wurde trotz offenkundigem Nepotismus bereits als Kardinal (1652) und Sekretär des Hl. Officium von der Partei der Zelanti gegen anfänglichen Widerstand Ludwigs XIV. und Abneigung des Kaisers zum Papst gewählt. Er suchte, gelegentlich auch über Madame de Maintenon, einen Ausgleich mit Frankreich, beantwortete die Rückgabe Avignons und den Verzicht auf gesandtschaftliches Asylrecht in Rom durch Ludwig XIV. mit Ernennung des gallikanischen Bischofs von Beauvais zum Kardinal, gab aber in der Frage der Gallikanischen Artikel von 1682 (→ Gallikanismus) ebensowenig nach wie bei der Ausweitung der → Regalien (Konstitution »Inter multiplices«, 1690). Als Moraltheologe traf er Entscheidungen gegen jesuitische wie jansenistische Thesen, erwarb die Bibliothek der Königin → Christine, förderte die Mission und half Venedig gegen die Türken.

RE I, 351 f - LThK I, 243 f - DThC I, 748 ff - v.PASTOR XIV, 2, 1047 ff - SEPPELT V, 1936, 374 ff - M.DUBRUEL, Le pape A. VIII et les affaires de France (RHE 15, 1914, 282-302. 495-514) - S.v.BISCHOFFSHAUSEN, Papst A. VIII. u. d. Wiener Hof, 1900 - M.LANGLOIS, Madame de Maintenon et le Saint-Siège (RHE 25, 1929, 33-72).

Ernst Wolf

Alexander I. (1774-1825), *Zar* seit 1801. Anhänger einer anfangs naturrechtlich, später allgemein christlich begründeten Prinzipienpolitik; »Jakobiner«, Autokrat und Mystiker. Stifter der Russischen → Bibelgesellschaft von 1812, der Hl. → Allianz von 1815 und des Vereinigten Ministeriums für die Geistlichen Angelegenheiten (aller Konfessionen!) und für Volkserziehung von 1817. A., Sohn des unter seiner Mitwisserschaft beseitigten Zaren Paul († 1801), erzogen durch den Rousseau-Schüler Laharpe und den zaristischen Offizier Ssaltykow, erfährt unter dem Eindruck der Eroberung Moskaus 1812 Steigerung seiner religiösen Bußbereitschaft und seines autokratischen Willens und wird zum Führer der großen antinapoleonischen Koalition. Nach konstitutionellen Reformversuchen betreibt er Verschärfung der Zensur, Soldatenkolonien, Straflager. Für das 1814 erworbene Kongreßpolen erläßt A. aber 1815 eine Verfassung und duldet konstitutionalistische Adelsbünde in Rußland, die nach seinem Tode 1825 den Dekabristenaufstand verursachen. Unter dem Einfluß → Metternichs versagt A. den orthodoxen Griechen Hilfe im Aufstand 1823 gegen die Türken. Legende von dem pseudonymen Weiterleben A.s in Sibirien als Eremit Fjodor Kusmitsch († 1846), wahrscheinlich widerlegt durch die Memoiren seines Leibarztes Villiers in Russk. Starina, 1892.

Grf. NIKOLAJ MICHAILOVIČ, Kaiser A. I. (russ. u. franz.), St.Petersburg (1912 mit reichem dokument. Anhang) 1914² - M.GODLEWSKI, Kaiser A. als Mystiker (poln.), Krakau 1926 - TH.SCHIEMANN, Gesch. Rußlands unter Kaiser Nikolaus I., Bd I, 1904 - M.PALEOLOGUE, A. I. (franz. u. deutsch), (1937) 1950².

Hildegard Schaeder

Alexander, 1. *aus Abonu Teichos* in Paphlagonien (2.Jh. nChr), geschichtliche Persönlichkeit, aber fast nur durch die verzerrte Darstellung → Lucians von Samosata (»A. oder der falsche Prophet«) bekannt. A. gründete in seiner Vaterstadt eine Orakelstätte (Schlangengott → Asklepios-Glykon). Durch die Leichtgläubigkeit der Bevölkerung hatte die Werbung des »Gnadenorts« im ganzen Reiche Erfolg. A. verlangt für jede Auskunft nur 1 Drachme 2 Obolen, verdient damit aber 70000 bis 80000 Drachmen im Jahre. Nach dem Muster von Eleusis stiftet A. dreitägige Mysterien mit dramatischer Vorführung der Kultsage. Zu Beginn wird ein Vorspruch (prorresis, eine Präfation) ausgerufen: »Wenn ein Gottloser oder Christ oder Epikureer als Spion zu den Feiern gekommen ist, der weiche von dannen; aber die an den Gott glauben, mögen sich einweihen lassen.« Dann spricht der Herold: »Hinaus die Christen!« Die Gemeinde respondiert: »Hinaus die Epikureer!« Deutlich wird die Verbreitung der Christen, aber auch ihre gottesdienstliche Beziehung zu den Mysterien; verwandte liturgische Formen sind bei der Abendmahlsfeier bezeugt Did 10, 6.

F.Cumont, A.d.'A. (Mémoires publ. par l'Acad. belge XL, 7), 1887 - RE I, 306 - O.Weinreich, A. der Lügenprophet (Neue Jahrbücher f. d. klass. Altert. 47, 1921, 129-151). *J.Leipoldt*

2. *von Alexandrien,* 312 (313?) Bischof, † 17.4.328. A. war in die Wirren des Schismas des → Melitius und seit 318 in den → Arianischen Streit verwickelt. 318 Synode in Alexandrien, deren Urteil gegen Arius A. publizierte. Vermittlungsversuche vor und nach Nicäa scheiterten an A., der seine patriarchale Macht über Ägypten durch can. Nic. 6 zu sichern wußte.

Briefe und Predigtfragm. aus urspr. größeren Sammlungen erhalten: Athanasius Werke ed. H.G.Opitz, III, 1, 1934/35 - MPG 18, 585ff; zu weiteren Texten vgl. Altaner 229 (Lit.). - RE II, 11ff - Lietzmann III, 93ff - A.Grillmeier in Grillmeier-Bacht, Das Konzil von Malkedon I, 1951, 68. 76. 79ff. 90. 96. 125f. *W.Schneemelcher*

3. *der Große,* * 356 vChr als Sohn König Philipps von Makedonien, König von Makedonien 336-323, stürzte als Bundesfeldherr der Hellenen in einem mit ebensoviel Kühnheit wie Umsicht durchgeführten Feldzuge das Perserreich und unterwarf den Vorderen Orient der griechischen Kultur. Das von ihm 332 gegründete → Alexandria wurde zum kommerziellen und geistigen Mittelpunkt einer kulturell einheitlichen Welt. Da A. seine Welteroberung im Zeichen der Freiheitsidee durchführte, strebte er danach, die siegreichen Makedonen in seinem Universalreiche nicht zur Herrennation über Untertanenvölkern im Stile früherer Weltreichsbildungen wie namentlich der persischen zu machen, sondern sie mit den unterworfenen Völkern zu einer einheitlichen Menschheit zu verschmelzen (Massenhochzeit zu Susa 324 vChr), was ihm die erbitterte Opposition makedonischer und griechischer Kreise eintrug. Auch sein Lehrer → Aristoteles wollte die Grenze zwischen »Hellenen« und »Barbaren« respektiert wissen. Um die freien Griechenrepubliken seinem Reiche eingliedern zu können, ohne deshalb als Tyrann erscheinen zu müssen, verlangte A. von ihnen seine Aufnahme unter die Staatsgötter, die ihm nach leidenschaftlichen Debatten auch gewährt wurde. Eine Vorstufe zu diesem Gottkönigtum, das sich in dem mit A. beginnenden Zeitalter des »Hellenismus« allmählich weithin durchsetzte und auf die römischen Kaiser überging, war seine Erhebung zum Sohne des Gottes Zeus-Ammon in der Oase Siwa 331 vChr. Als Rechtfertigung des ungewöhnlichen Anspruches A.s auf Vergöttlichung diente die Welteroberung, die den Sieger über alle Sterblichen hinaushob. Bevor sie durch die bereits geplante Unterwerfung des Westens vollendet werden konnte, raffte den noch nicht 33jährigen in Babylon das Fieber dahin. Daß A.s epochales Wirken positiv zu werten ist, ergibt sich schon daraus, daß (wie J.G.Droysen schon 1833 erkannte) die ihm günstigen Quellen (Arrian, Plutarch) eine zuverlässigere, vielfach auf beste zeitgenössische Werke wie vor allem die Alexandergeschichte Ptolemäus' I. zurückgehende Überlieferung bieten als die anderen (Curtius Rufus, Diodor, Justin). - Was A. begann, führten in begrenztem Umfange die Römer fort. Seine Weltvereinheitlichung erleichterte später die christliche Mission.

Wichtigste Lit. RAC I, 1941, 261ff, R.Andreotti, Historia 1, 1950, 583-600 u. H.Bengtson, Griech. Gesch., 1950, 306ff. - W.W. Tarn, A. the Great, 1950f - F.Altheim, A. u. Asien, 1953 - F.Schachermeyr, Die letzten Pläne A.s (Österr. Jh. 41, 1954, 118-140) - (Verfehlt F.Hampl, Nouvelle Clio 6, 1954, 91ff) - Neuausg. von J.G.Droysens grundlegender Gesch. des Hellenismus durch E.Bayer (1952f) mit wichtigem Nachwort (Bd III, 475ff) - F.Pfister, A.d.Gr. in den Offenbarungen der Griechen, Juden, Mohamedaner u. Christen, 1956. *H.E.Stier*

4. *von Hales* OFM (um 1170-1245) * in England, studierte zu Paris Artes und Theologie und dozierte dann Theologie. Um 1231 wurde er Franziskaner und dadurch Begründer der älteren Franziskanerschule; er hatte zu Schülern Johannes von Rupella und → Bonaventura (nicht aber → Thomas von Aquin). Sein Ehrentitel »Doctor irrefragabilis« geht auf → Alexander IV. zurück. Neben vielen zu Unrecht ihm zugeschriebenen Werken sind gesichert: Glossa in 4 libros Sententiarum (ed. Quaracchi 1951ff); Mitarbeit an: Expositio 4 magistrorum super Regulam Fratrum Minorum (Ed. Livarius Oliger, 1950); zum Teil: Summa Theologica (ed. Quaracchi 1924). Gegen die herrschende Meinung, die unvollendete Summa sei durch Wilhelm von Melitona nur ergänzt worden, ist erwiesen, daß sich sonst auch Zitate aus Johannes von Rupella finden (Lottin, Pelster); inwieweit A. selbst oder ein Späterer die Summa redigiert hat, ist ungeklärt. Mehr spekulativ als mystisch veranlagt, behandelt A. auch philosophische Fragen, bei denen er sich gern auf Aristoteles beruft; er gründet sich jedoch auf → Augustin und die → Viktoriner und übertrifft alle vorausgehenden Autoren an Bedeutung und Originalität. Eine Gesamtwürdigung fehlt noch.

DHGE II, 259ff - DThC I, 772ff - Ü II, 382ff - RGG² I, 205 - O.Lottin, A.d.H. et la »Summa de Vitiis« de Jean de la Rochelle (RThAM 1, 1929, 240-243; 2, 1930, 396-409) - LThK I, 249f - F.Pelster, Zum Problem der Summa des A., (Gregorianum 12, 1931, 426 bis 446) - F.Stegmüller, Rep.Comm. in Sententias Petri Lombardi I, 1947, 59ff - Ders., Rep.Comm. Bibl. II, 1950, 1117ff - EC I, 783ff. *S.Clasen*

5. *von Jerusalem* († 250), besuchte die Katechetenschule in → Alexandrien (Schüler von → Pantänus und → Clemens, der ihm ein Werk widmete), Bischof in Kappadokien, seit 222 von Jerusalem. Ein geistig hochstehender Mann, Freund des → Origenes, den er gemeinsam mit Theoktistus von Caesarea ordinierte; dadurch verfeindet mit Patriarch → Demetrius von Alexandrien. Unter Decius als Christ eingekerkert, starb er in der Haft als Märtyrer. A. begründete eine Bibliothek des christlichen Schrifttums in Jerusalem, die unter Diokletian wieder aufgelöst wurde.

Bruchstücke seiner Briefe bei Euseb. h.e. VI, 11. 14. 19. - MPG 10, 208 - Bardenhewer II, 271ff - LThK I, 238. *M.Rauer*

6. *von Lykopolis,* Platoniker, seit etwa 280 Christ, verfaßte noch als Heide eine Streitschrift gegen die Manichäer mit dem Beweisziel, der → Manichäismus zerstöre die Basis des Erkennens und Wissens, die Platonikern (vgl. Plotin, Enn. II 9) und Christen gemeinsam war.

Ausg. der einzigen Hs. aus dem 9.Jh.: A.Brinkmann, 1895 - DThC I, 785f - Bardenhewer III, 102f. *H.Dörrie*

7. *Nevskij* (= Sieger an der Newa), aus dem Hause Rjuriks (ca 1220-63) Fürst von Novgorod. A.N. schlug 1240 die Schweden an der Newa, 1242 die Ordensritter auf dem Eise des Peipus-Sees. Päpstliche Versuche, ihn zur katholischen Kirche hinüberzuziehen (1248), lehnte er ab, unterwarf sich aber dem Chan der Goldenen Horde, um die Einheit Rußlands und der russischen Kirche zu erhalten, und wurde 1252 zum Großfürst erwählt. Kirche und Volk in Rußland verehren ihn als Heiligen und Sieger über die »Lateiner«.

RE I, 354 ff - V.Mansikka, Das Leben des A.N., 1913 (russ.) - A.M.Ammann, Kirchenpolitische Wandlungen im Ostbaltikum bis zum Tode A.N.s, Rom 1936 - A.Pašuto, A.N., Leningrad 1939 (sowjet. Standpunkt). *P.Johansen*

8. *von Roes*, Kölner Kanoniker am Frauenstift S.Maria im Kapitol, schrieb in Italien 1281 im Anschluß an einen Traktat des Jordanus von Osnabrück eine Denkschrift (Memoriale de prerogativa Romani imperii) für den Kardinal Jakob Colonna, dessen Kleriker er damals war, 1284 eine geistvolle Parabeldichtung »Pavo«, in der auf einem Vogelkonzil der Pfau (Papst) mit Hilfe des Hahns (König von Frankreich) den Adler (Kaiser) absetzt, und 1288 eine kleine aktuelle »Weltkunde» (Noticia seculi). Er verficht gegen französische Ansprüche das Recht der Deutschen auf das Kaisertum und der Römer auf das Papsttum, billigt aber den Franzosen das »Studium« zu als drittes, der Christenheit gleicherweise nötiges Weltamt. In der Verwandtschaft und Eigenart dieser Völker und in ihrer Geschichte sieht er die gemeinsame, zu seiner Zeit gefährdete Ordnung begründet. Diese erste konservative Reichstheorie wurde besonders in der Konzilszeit des 15.Jh.s viel beachtet, das Memoriale seit 1470 öfters gedruckt.

Die Schriften des A.v.R. (mit Übers.) (Deutsches Mittelalter 4), 1949; krit. Ausgabe bald in MG SS 1 - H.Heimpel, A.v.R. und das deutsche Selbstbewußtsein des 13.Jh.s (AKultG 26, 1935, 19-60) - H.Grundmann, Über die Schriften des A.v.R. (DA 8, 1950, 154 bis 237; Lit.). *H.Grundmann*

Alexanderroman. Der A. ist ein in griechischer Sprache etwa um 300 nChr verfaßter Roman um die Taten und das Heldentum → Alexanders d.Gr. Er wurde lange Zeit zu Unrecht jenem Kallisthenes von Olynthos zugeschrieben, der eine Geschichte Alexanders geschrieben hat (4.Jh. vChr). In Wirklichkeit ist der A. ein Produkt aus der Zeit der römischen Alexanderschwärmerei, dient aber zugleich den Interessen des ägyptischen Patriotismus der Zeit. Aus einem wirren Gemisch historischer Tatsachen, romanhafter Züge und skurriler Erfindungen und Verwechslungen, die das echte Bild des Helden zT wesentlich verfälschen, ist ein Gebilde entstanden, das die Alexanderlegende des Mittelalters entscheidend prägte, zugleich aber auch die hellenistisch-römische Komponente der mittelalterlichen Kaiseridee in Byzanz und im Abendland bestimmend mitformte, darüber hinaus den Paradoxographen vielfältige Anregungen, besonders auf dem Gebiete des religiösen Aberglaubens und einer phantastischen Ethnographie vermittelte. Unter den zahlreichen, sehr nachlässig überlieferten griechischen Texten lassen sich drei Hauptrezensionen unterscheiden. Schon kurz nach seiner Entstehung trat der Roman seinen Siegeszug durch die ganze Welt an. Die griechische Fassung, ein Werk nicht volkstümlicher, sondern halbgelehrter Art, wurde durch Julius Valerius ins Lateinische übertragen. Auf einer weiteren lateinischen Bearbeitung (Nativitas et victoria Alexandri Magni) des Archipresbyters Leo (um 960) fußen drei lateinische Rezensionen (J^1, J^2 und J^3), die ihrerseits als Vorlagen einer großen Anzahl Übersetzungen und Bearbeitungen gedient haben. Im byzantinischen Kulturkreis entwickelte sich aus dem Roman ein romantisches Versepos in vulgär-griechischer Sprache und ein Volksbuch in verschiedenen Rezensionen. Im Orient drang der Stoff frühzeitig ins Syrische, Armenische und weiter ins Arabische und Äthiopische ein.

A.Ausfeld, Der griechische A., 1907 (Rekonstruktion u. Übers. der wichtigsten Rezension des griech. Textes). - W.Hoffmann, Das literarische Porträt Alexanders d.Gr. im griech. u. röm. Altertum, 1907 - F.P.Magoun, The Gests of King Alexander of Macedon. Two Middle-English Alliterative Fragments, 1929 (ausführliche Quellengeschichte) - R.Merkelbach, Die Quellen des griechischen A.s, 1954 - A.Abel, Le roman d'Alexandre, 1955 - F.Pfister, Alexander d.Gr. in den Offenbarungen der Griechen, Juden, Mohamedaner und Christen, 1956 - G.Cary, The Medieval Alexander, 1956. *H.-G.Beck*

Alexandria, ägypt. Rakote, 332/31 vChr von → Alexander d.Gr. auf der Landzunge zwischen Mittelmeer und Mareotis-See im Westen des Nildeltas gegründet (→ 1 A 2) und von Deinokrates nach hellenistischem Brauch in rechtwinkligen Straßenzügen errichtet, bestand aus 5 Stadtteilen (2 davon überwiegend jüdisch) und hatte benannte Straßen sowie bezeichnete Häuser. Es wurde alsbald Hauptstadt des Ptolemäerreiches und war später Residenz des römischen (kaiserlichen) Provinzialstatthalters. Ptolemäus II. begründete seinen Ruf als Zentrum von Kunst und Wissenschaft (Museion und Bibliothek). Hier wirkten u.a. der Maler Apelles, die Dichter Kallimachos und Theokrit, der Mathematiker Euklid, der Astronom Aristarch von Samos und der Geograph Eratosthenes. Arbeiten und Lehren philologischer und medizinischer Schulen wurden folgenreich. Die bildende Kunst war überwiegend griechisch (hellenistisch); im Laufe der Zeit drang ägyptischer Einfluß in die Grabkunst vor (graeco-ägyptischer Mischstil). Auch Industrie, Handel und Gewerbe blühten (Papyrus, Weberei, Glas, Edelschmiedekunst; Weizenausfuhr; Durchgangshandel bes. für indische und afrikanische Produkte). Die als politisch leidenschaftlich bekannte Bevölkerung (300000 Freie, dh wohl rd 1 Mill. Einwohner) bestand zum größten Teil aus Griechen und Juden, daneben Ägyptern und kleineren Gruppen. Zwischen Griechen und Juden kam es oft zu Kämpfen; sie belasteten auch das Verhältnis der Stadt zum Kaiser (bes. zur Zeit des Claudius). Das alexandr. Bürgerrecht (auf Geburt oder Verleihung beruhend) war vor allem als Voraussetzung für das römische Bürgerrecht begehrt. Bunt wie das Bild der Bevölkerung war das der Kulte, darunter der Mysterien: Zahlreiche griechische und ägyptische Gottheiten wurden verehrt - diese, in erster Linie → Serapis (aber auch → Isis), meist in hellenisierter Form; auch das Judentum hellenisierte sich namentlich in A. (Septuaginta [→ Bibelübersetzungen: I], → Philo). Doch war die Religion hier einerseits von (stoischer und kynischer) popularphilosophischer Aufklärung der Gebildeten, anderseits vom materialistischen Geist der betriebsamen Gesamtbevölkerung bedroht (»ihr einziger Gott ist das Geld«: pseudohadrianischer Brief).

Das Christentum wird über A. nach Ägypten gekommen sein (→ Apollos; → Ägypten: IV). Die Stadt war Bischofs- bzw. Erzbischofssitz; zum Bereich des alexandr. Patriarchen gehörten neben Ägypten auch Libyen und die kyrenäische Pentapolis (6. Kanon von → Nicäa; → Ägypten: IV). Eine seiner Aufgaben war die alljährliche Bekanntgabe des Osterdatums (→ Ostern). Theologisch wie kirchenpolitisch spielte A. von der Mitte des 3. bis zur Mitte des 5.Jh.s eine hervorragende Rolle. In der alexandr. Katechetenschule (→ Origenes) verschmolz die hier in besonderer Weise präsente Griechische Wissenschaft mit dem christlichen Glauben. → Cyrill führte die Geltung des Patriarchats zur größten Höhe

(Ephesus, 431), der allerdings unter → Dioskur alsbald Sturz und Isolierung folgten (Chalcedon, 451). Mit der theologischen und kirchlichen Abspaltung (Monophysitismus) sank auch die Weltgeltung A.s (→Ägypten: IV; → Alexandrinische Theologie). – Die Kirchen der Stadt, zT aus heidnischen Tempeln und jüdischen Synagogen umgewandelt, sind uns in vielen Fällen dem Namen nach bekannt; so war → Arius Presbyter an der Baukaliskirche.

TH.SCHREIBER, Die Nekropole von Kôm-esch-Schûkafa (Exped. E.Sieglin, Ausgrabungen in A. I), 1908 – SIR HAROLD I.BELL, Jews and Christians in Egypt, 1924 – DERS., Juden u. Griechen im röm. A. (BAO 9), 1926 – DERS., A. (JEA 13, 1927, 171–184) – E.VISSER, Götter u. Kulte im ptolemäischen A., 1938 – RAC I, 271ff (Lit.) – M.ROSTOVTZEFF, Die hellenistische Welt. Gesellschaft und Wirtschaft, 3 Bde, 1955–56, passim. *S.Morenz*

Alexandrinische Theologie

1. Der Begriff – 2. Clemens von Alexandrien; Origenes – 3. Die spätere A.Th.

1. Es gibt zwei verschiedenartige, doch verwandte theologische Richtungen, die man gewöhnlich alexandrinisch nennt. → Clemens von Alexandrien und → Origenes repräsentieren die frühere A.Th., die hauptsächlich apologetisch bestimmt ist (→Apologetik: II). Die spätere mit → Athanasius, → Apollinarius und → Cyrill ist eine sehr selbstbewußte und hochkirchlich-klerikale Orthodoxie. Die Bezeichnung »alexandrinisch« ist, besonders für die spätere Theologie, nicht streng geographisch gemeint.

2. Über Clemens' Lehrer → Pantänus weiß man sehr wenig, wenn man ihm nicht den Brief an → Diognet zuschreiben will (so H.I.Marrou, A Diognète, 1951). → Philos Allegorese wirkt auf Clemens und Origenes ein. Die wahre Religion wird in einem inneren Aufwärtsstreben der Seele zum Schauen Gottes gesehen. Dabei gilt der → Logos, der Urtyp menschlicher Vernunft, als das integrierende Prinzip innerhalb der Rangordnung des Seins, als Mittler zwischen der geschaffenen und ungeschaffenen Weltordnung.

→ *Clemens* ist grundsätzlich weltbejahender als Origenes. Die griechische Philosophie und das AT sind ihm in gleicher Weise eine *praeparatio evangelica,* da sie beide vom selben Schöpfer stammen, der das All umfaßt und Quelle aller Wahrheit und Güte ist. Als Apologet strebt Clemens also innerhalb der Kirche eine verhältnismäßig positive Beurteilung der griechischen Kultur an. Der eine Logos-Schöpfer inspiriert alle Menschen durch seine allumfassende Vorsehung; Clemens beseitigt das Ärgernis der Partikularität in der Offenbarung. Christus ist der Gipfel und das einigende Prinzip aller menschlichen Bemühungen und alles menschlichen Wissens. Die Kirche ist eine Schule für Sünder (und nicht eine exklusive Gesellschaft der Heiligen), in der die Schüler Christi vom Glauben zum Wissen und weiter zur mystischen Verbindung mit ihm vorschreiten. Sie bedeutet Vergottung und wird durch Askese, Unterdrückung der Lust und ein Handeln in der Liebe erreicht.

Bei →*Origenes* tauchen viele dieser Anschauungen wieder auf, aber immer in veränderter Tönung. Er ist orthodoxer als Clemens, verneint die Welt entschiedener und betont den Unterschied der christlichen und heidnischen Voraussetzungen. Origenes ist Biblizist. Obwohl ihn seine Spekulationen schon zu Lebzeiten in den Ruf eines Häretikers brachten, hatte er einen engherzigeren und kirchlicheren Standpunkt als Clemens. Viele seiner Arbeiten waren unmittelbar apologetisch. In seiner Theologie verteidigte er sich gegen den gnostischen Determinismus, gegen die Verwerfung des AT und die Geringschätzung der geschaffenen Welt. Er sucht unwillkürlich die Schwierigkeiten innerhalb der Bibel zu mildern (Gottes Zorn, die Ungerechtigkeit in der Gnadenwahl usw) und die Offenbarung mit der Natur zu verbinden. Sein Denken baut auf folgenden Grundgedanken auf: 1. Gegen → Marcion lehnt er es ab, die Güte Gottes von dessen Gerechtigkeit zu scheiden. Daher versteht er die göttliche Strafe als erzieherisch, nicht als vergeltend, und der Weg zu einem Universalismus ist frei. 2. Er glaubt an die Freiheit Gottes im Verhältnis zur Welt – ohne die die Inkarnation unmöglich wäre (was die grundsätzliche Streitfrage in Contra Celsum ist), und an die Freiheit eines vernünftigen Seins, das als Abbild Gottes geschaffen wurde. So fordert Origenes selbst für den Teufel die Möglichkeit der Erlösung, ein Dogma, das für die alexandrinische Kirche beleidigend war. Origenes mußte nach Cäsarea ziehen, wo man ihm Vertrauen schenkte und wo er als Presbyter seine großen Begabungen als Prediger ausnutzen konnte.

Die beiden christlichen Platoniker haben eines gemeinsam: Sie wollen den Gläubigen, die durch die Unreife der ungebildeteren Brüder abgestoßen sind, eine Theologie anbieten, die orthodox und doch »philosophisch« ist. Außerdem verteidigen sie die traditionellen Lehren gegen Angriffe von Seiten Marcions und → Valentins. Sie erfüllten diese Aufgabe nicht mehr mit ad hoc Argumenten, sondern entwickelten eine zusammenhängende Lehre über Gott und sein Verhältnis zur Welt.

3. Die *spätere A.Th.* des 4. und 5.Jh.s steht unter dem Einfluß des Athanasius, obwohl dieser eher ein Vertreter der Tradition als ihr Schöpfer genannt werden kann. Es ist eine johanneisch-irenäische Soteriologie, in der die Erlösung durch die Inkarnation gewonnen und durch die Kirche und ihre Sakramente vermittelt wird. Ähnliche Gedanken finden sich schon bei Origenes, den Athanasius nicht zufällig verteidigte. Nur durch Gott kann man Gott kennen. Der Mensch ist in der Tat sein Abbild; aber der Abstand, der bei der Erlösung überbrückt werden muß, ist so groß, daß nur der allmächtige Schöpfer selbst dieses vollbringen kann. Erlösung ist Befreiung von der Endlichkeit und Geschöpflichkeit. Kein Mensch vermag sie zu leisten, und deshalb ist die göttliche Natur Christi entscheidend. Sie verleiht seinem Tode die erlösende Kraft. Die Bedeutung des menschlichen Gehorsams Jesu wird daneben vernachlässigt. Seine menschliche Seele spielt im Erlösungswerk kaum eine Rolle. Dem entspricht ein starker Sakramentalismus, der die göttliche Gabe im → Abendmahl (: II, 1a) absolut realistisch betont. Diese Theologie gründet sich auf das JohEv. Der große christologische Streit zwischen »Antiochien« und »Alexandrien« beruht auf einer grundsätzlichen Divergenz der Soteriologie, die letzten Endes durch die Verschiedenartigkeiten des JohEv und der synoptischen Evangelien bedingt ist.

CH.BIGG, The Christian Platonists of Alexandria, (1886) 1913² – W.VÖLKER, Das Vollkommenheitsideal des Origenes (BHTh 7), 1931 – DERS., Der wahre Gnostiker nach Clemens Alexandrinus (TU 57), 1952 (Lit.) – H.CROUZEL, Théologie de l'image de Dieu chez Origène, 1956 (Lit.). – Für spätere Entwicklungen: L.PRESTIGE, God in Patristic Thought, (1936) 1952² – DERS., Fathers and Heretics, (1940) 1948² – R.SELLERS, Two Ancient Christologies, 1940 – A.GRILLMEIER-H.BACHT, Das Konzil von Chalkedon I, 1951 (Lit.).
H.Chadwick

Alexianer, *Celliten,* eine Kongregation von Laienbrüdern zur Pflege von Kranken, besonders zur Bestattung von Toten. Sie gingen im 14.Jh. aus Begharden (→ Beginen) hervor. Eugen IV. bezeichnete sie 1431 amtlich als Celliten (von cella, Grab). Seit dem 17.Jh. werden sie nach der Kirche ihres Hauptklosters in Aachen Alexianer genannt. 1472 wurde die → Augustinerregel eingeführt. Im 19.Jh. bildeten sie eine Kongregation mit einfachen Gelübden, die 1870 päpstlich approbiert wurde

(Statuten 1913, 1921). Die Mutterhäuser Köln-Lindenthal und Neuß sind schon 1309 bzw. 1450 urkundlich bezeugt.

Die *Alexianerinnen,* ebenfalls im 14.Jh. aus → Beginen entstanden, werden heute meist Cellitinnen, in Aachen nach ihrem Kloster Christenserinnen genannt. Sie leben auch nach der Augustinerregel und widmen sich der Krankenpflege und der Sorge für Hilfsbedürftige. Mutterhäuser zu Köln, Düren, Aachen, Neuß, die alle dieselben Statuten von 1926 beobachten.

HEIMBUCHER I, 590ff - LThK I, 258f. *Ph.Hofmeister*

Alexius, 1. *der Heilige,* Sohn eines römischen Adligen, verließ am Hochzeitstage das Elternhaus und die Braut. Nach 17jährigem Wanderleben kehrte er wieder ins Elternhaus zurück, wo er unerkannt bis zu seinem Tode († 417) unter einer Stiege von Abfällen gelebt haben soll. Die Urform der Heiligenlegende ist im Syrischen (4./5.Jh.) ohne den Namen A. nachweisbar, in der geläufigen Fassung erst beim Hymnographen Josephus († 883). A. ist Patron der Bettler, Gürtler und Pilger. Tag: 17. Juli.

AS Jul. IV, 238ff - POTTHAST II, 1153 - AnBoll 19, 241ff - A.AMIAUD, La légende syriaque de S.Alexis, 1889 - Konrads von Würzburg Leben d. hl. A., hg.v. R.HENCZYNSKI, 1898 - KÜNSTLE II, 47ff - DOYÉ I, 42 - LThK I, 259. *H.Paulus*

2. *(Ssimanski),* Patriarch von Moskau und ganz Rußland, * 1877, 1899 Mönch, beendete 1904 das juristische und theologische Studium, 1913 Bischof, 1926 – als Gegner der konformistischen »Erneuerungsbewegung« – Erzbischof und 1932 Metropolit von Nowgorod. Als Metropolit von Leningrad (seit 1933) war er während des Krieges Mittelpunkt des kirchlichen und karitativen Lebens der Stadt. 1945 wurde er in Moskau zum Patriarchen inthronisiert. A. ist Repräsentant des nüchternen, gläubigen Realismus der Ostkirche, Restaurator des äußeren und inneren Baues der Russischen Orthodoxen Kirche (ROK) (→ Rußland: I) in der zwiefältigen Bindung an die kanonische Tradition und an die Verfassung der UdSSR. Er sucht die ROK über die traditionelle Beschützerrolle für die Orthodoxen Kirchen des Vorderen Orients hinaus durch Kontaktaufnahmen mit Kirchen des Westens – Großbritannien, Europa, USA – zu einer neuen gesamtchristlichen Bedeutung emporzuführen.

Predigten, Reden, Sendschreiben, Appelle, Vorträge, Aufsätze (russ.) I (1941-48), 1948; II (1948-54), 1954. Ferner Veröffentlichungen in ZMP. *Hildegard Schaeder*

3. *Studites,* Patriarch von Konstantinopel 1025-43, war zuerst Abt des Studios-Klosters in Konstantinopel. Kaiser Basilius II. ernannte ihn noch an seinem Todestag (15. 12. 1025) unter Mißachtung des Wahlmodus zum Patriarchen, was zu den verschiedensten Revolten gegen ihn Anlaß gab. A. entwickelte eine sehr energische Tätigkeit auf dem Gebiet der kirchlichen Disziplin (Eherecht) und der Bekämpfung der Monophysiten, die durch die Rückeroberung Melitenes wieder zum Reich gekommen waren, und der messalianischen Umtriebe. Auch ein im Original verlorenes Klostertypikon für ein Marienkloster ist bezeugt, aber nur in slawischer Übersetzung erhalten.

G.FICKER, Erlasse des Patriarchen A.St., 1911 - V.GRUMEL, Regestes des patriarches de Constantinople 2, 1936 nr. 829-855. *H.-G.Beck*

Alfaric, *Prosper,* Religionshistoriker, * 1876 in Livinhac-le-Haut (Dépt. Aveyron), † 1955 in Paris. A. war 1898-1909 als kath. Priester in verschiedenen Priesterseminaren Professor der Philosophie und Dogmatik, trat 1910 nach der modernistischen Krise aus der kath. Kirche aus und ging allmählich zum irreligiösen Rationalismus über. Er war 1919-45 Professor der vergleichenden Religionsgeschichte in Straßburg, Vertreter der radikalen Kritik und der sog. mythologischen Schule, die die historische Existenz Jesu leugnet. Vorkämpfer des Laizismus im Schulwesen sowie einer positivistischen Volkserziehung.

Vf u.a. Les Ecritures Manichéennes, 1919; L'Evolution Intellectuelle de St.Augustin, 1919; L'Evangile selon Marc; 1929; Pour comprendre la Vie de Jésus, 1929; De la Foi à la Raison, 1955 (Selbstbiographie). *Marcel Simon*

Alger *von Lüttich,* Diakon, Scholastikus an St.Bartholomäus, um 1101 Kanonikus von St. Lambert, 1121 Mönch von Cluny. † um 1132. Sein Werk De sacramentis corporis et sanguinis Domini, gegen den im 12.Jh. neu auflebenden Berengarianismus gerichtet, stützt sich vornehmlich auf Guitmund von Aversa, wird aber auch durch den Investiturstreit bestimmt und erklärt die durch die Simonisten gespendeten Sakramente für gültig im augustinischen Sinne, während im Liber de misericordia et iustitia noch eine rein formale Gültigkeit vertreten wird.

Briefe; Über die Würde der Kathedrale; kanonistischer Traktat De misericordia et iustitia; De gratia et libero arbitrio. Bestritten ist die Verfasserschaft von De sacrificio missae (ms. lat. 812 Bibl. Nat. Paris) und des Liber Magistri A. (ms. 1317 Bibl. von Troyes). - J.SCHNITZER, Berengar v. Tours, 1892, 370ff - DHGE II, 1914, 423f - L.BRIGUE, A. de Liège, 1936 - J.DE GHELLINCK, Le mouvement théologique du XIIe siècle, 1934. *J.R.Geiselmann*

Al'ijan Baal → Ugarit, 3.

Alivisatos, *Hamilkar,* * 1887, studierte in Athen, Leipzig und Berlin, seit 1919 o. Prof. für Kirchenrecht in → Athen, 1918-20 und 1923-25 Oberprokurator der Hl. Synode der Orthodoxen Kirche von Hellas. Veröffentlichte mit → Papadopoulos die Kirchenverfassung von 1923. 1936 Generalsekretär des 1. Kongresses der orthodoxen Theologie in Athen. Seit 1948 Mitglied des Zentralausschusses des Ökumenischen Rates der Kirchen.

Vf. u.a.: Die kirchenrechtliche Gesetzgebung des Kaisers Justinian I., 1913 - The Greek Church's unbroken Continuity with the undivided Church, London 1934 - Beiträge in Ekklesia X, Die orthodoxe Kirche, 1939, 75ff und in RGG² - Festschrift mit Bibliogr. in Vorbereitung. *Hildegard Schaeder*

Alkoholfrage in den Missionsgebieten

1. Die *Herstellung* alkoholischer Getränke, vornehmlich des Kaffernbieres aus Mais, Hirse, Sorgho, Zuckerrohr, Palmsaft usw, ist in Afrika seit jeher bekannt. Der A.gehalt (A. = Alkohol) schwankt zwischen 3 und 4,5%. Für Getränke mit einem A.gehalt von 4,50 bis 7,12% verwenden die Bantu sauer gewordenen Porridge oder Brot, Sirup, braunen Zucker, Hefe und Kleie. Oft werden noch Whisky, Karbid und Melasse hinzugefügt. Inzwischen haben sich die Bantu die Kenntnis der Destillation angeeignet. Der Verkauf destillierter Getränke ist aber untersagt und geschieht deshalb heimlich. Der A.handel ist eine wahre Plage, und die Verkaufshütten sind Schlupfwinkel der Trunksüchtigen.

Noch gefährlicher ist der *Import* von Wein, Schnaps und Bier aus Westeuropa. Allein die Zahl der Hektoliter Spirituosen, die nach folgender Statistik nach Französisch-Afrika eingeführt wurde, verdeutlicht den Umfang und die Gefahr des europäischen A.handels:

	1938	1953
Westafrika	2400	6000
Togo	370	3000
Kamerun	200	1500
Madagaskar	900	3800

Die Einfuhr von Wein nach den französischen Kolonien hat sich von 1938 bis 1953 versiebenfacht, die von Spirituosen mehr als vervierfacht. Auch aus dem britischen Kolonialgebiet wird ein Ansteigen des A.imports gemeldet (Angabe in 1000 Gallonen):

	1949	1950	1951
Nigeria	2518	2720	4520
Goldküste	3301	3336	4384
Sierra Leone	434	495	358

Außerdem haben europäische Bierfabriken Filialen in Westafrika eröffnet.

2. Einsichtige Gouverneure versuchen mit hohen Einfuhrzöllen und Drosselung der Herstellungs- und Verkaufslizenzen dem Unheil zu steuern. Daneben wirken in allen Staaten und Kolonien Afrikas antialkoholische Zentralstellen der Missionen, jungen Kirchen und humanitären Verbände. In Dahomey, Kamerun, an der Goldküste, auf der Insel Madagaskar, in Mozambique, Rhodesien und in der Südafrikanischen Union arbeitet auch das Blaue Kreuz. Die Guttempler sind in Liberia, Sierra Leone, in Nigeria, an der Goldküste und in Südafrika tätig. In Südafrika arbeiten außerdem die südafrikanische Temperenzallianz, die Ärztliche Gesellschaft zur Bekämpfung des Alkoholismus und ähnliche Vereinigungen. In der Kapprovinz, wo vornehmlich in den Weinbaugegenden Wein als ein fester Bestandteil des Taglohnes abgegeben wird und der Weinkonsum nach diesem »Tot-System« jährlich 3 180450 Liter beträgt, hat der Kampf gegen diese Gepflogenheit noch keinen Erfolg gehabt. Eifrig am Werk sind die Vereine abstinenter Frauen in Südafrika, Kenya, Nigeria, an der Goldküste und in Sierra Leone. In Ostafrika werden von den dort wohnenden Asiaten seit drei Jahren jeweils zu Beginn des Jahres vierzehn Tage dauernde Streiks gegen den Genuß von A. durchgeführt. Zur Aufklärung über die Gefahren des Alkoholismus erscheinen in Süd- und Westafrika Zeitschriften wie »The White Ribbon«, »Think« und »The Tribune« und verschiedene Broschüren. - Zum Grundsätzlichen der Alkoholfrage → Suchten.

E.Rippmann, Gefährdetes Afrika, Dokumente über die A.not u. die Arbeit des Blauen Kreuzes in Afrika, 1953. *E.Rippmann*

Alkuin (ca 730-804), auch Albinus, im gelehrten Hofkreis → Karls d.Gr. Flaccus genannt, aus adligem angelsächsischem Geschlecht, Lehrer an der Domschule zu → York; von Karl 781 vorübergehend, seit 793 endgültig gewonnen; 796 Abt von St.Martin in Tours, einflußreicher Lehrer. Zu seinen besonderen Leistungen gehört die Revision des Bibeltextes, die Ergänzung des Sacramentarium Gregorianum, die Reform des Taufunterrichts für die Mission (796) und die Zusammenstellung eines Homiliars. Seine theologischen Werke dienten der Stoffübermittlung, doch wurde in A.s Schule schon die Spannung von auctoritas und ratio spürbar. Vorkämpfer gegen den spanischen → Adoptianismus (, 4; → Christologie: II), beteiligt im Bilderstreit (→ Bilder: III) an der Abfassung der »Karolinischen Bücher«, führender kulturpolitischer Berater Karls, schrieb er seine »Rhetorik« als Königsspiegel, »De virtutibus et vitiis« als Grundlage christlicher Adelsethik. Seine Briefe und Gedichte sind wichtige zeitgeschichtliche Quellen.

W.Levison, England and the continent in the eighth century, (1946) 1950² - A.Kleinclauss, Alcuin (Ann. de l'univ. de Lyon 15), 1948 - E.Fuentes Arroyo, La institucion de la Iglesia segun A. (Rev. Esp. de Teol. 8, 1948, 231-274) - H.Fichtenau, Das karoling. Imperium, 1949 - E.S.Duckett, A., friend of Charlemagne, 1951 - G. Hocquard, Quelques réflexions sur les idées politico-religieuses d'A. (Bull. des Fac. Cath. de Lyon 1952, 13-130) - Wattenbach-Levison 2, 1953, § 6 - L.Wallach, Charlemagne and A. (Traditio 9, 1953, 127-154) - Ders., Speculum 29, 1954, 823 f - Ders., A. on virtues and vices (HThR 48, 1955, 175-195) - Ders., A. on Sophistry (Classical Philol. 50, 1955, 259-261). *H.Löwe*

Allatius (*Allacci*), *Leo*, * 1586 auf Chios, † 1669 in Rom, wo er seit 1599 am Collegium Graecum studierte und später lehrte. Er war, ohne Weihen oder Gelübde, zeitweise Generalvikar von Chios. In Rom betrieb er medizinische Studien. 1622 wurde er von → Gregor XV. als Skriptor der Vaticana mit der Überführung der Heidelberger Bibliothek nach Rom betraut. Unter → Urban VIII. in Ungnade und der Veruntreuung von Büchern bezichtigt, aber von Prälaten gefördert, lebte er seiner Arbeit als Literar- und Kunsthistoriker, als Herausgeber, Übersetzer und Kommentator griechischer Texte. Der Union seiner griechischen Landsleute mit Rom sollte das historisch weithin recht unzuverlässige und gewaltsame Werk De ecclesiae occidentalis et orientalis perpetua consensione (1648) dienen. → Alexander VII. ernannte ihn 1661 zum Kustos der Vaticana.

E.Legrand, Bibliographie hellénique du XVIIe siècle III, 1895, 435 ff (Bibliogr.); vgl. DThC I, 830ff - LThK I, 276 - EC I, 890f (Lit.). *H.Liebing*

Allegorie

I. Religionsgeschichtlich - II. im AT und NT - III. In der praktischen Schriftauslegung. - Vgl. → Schriftauslegung

I. Religionsgeschichtlich

A. bedeutet, daß ein sprachlicher Ausdruck oder eine Kunstform bildlicher oder monumentaler Art etwas anderes aussagt (ἄλλα ἀγορεύει), einen tieferen Sinn als den buchstäblichen oder unmittelbaren hat.

In der Kunst wird also die A. benutzt, um abstrakte Begriffe oder unanschauliche Vorstellungskreise konkret und bildhaft darzustellen, zB durch Personifikation. Die A. unterscheidet sich durch ihre rationale und streng durchgeführte Individualisierung des Allgemeinen vom → Symbol, wo eine rational nicht faßbare Wesensverwandtschaft mit dem dahinterstehenden Inhalt besteht. Die religiösen Vorstellungen kleiden sich somit auf dem Gebiet der Kunst am leichtesten in eine symbolische Darstellungsform, wie der → Mythus ihre eigentliche Erzählungsform ist.

In der antiken Rhetorik gehört die A. zu den Redefiguren oder Tropen und bezeichnet als solche eine Reihe von Metaphern, die ihrerseits die wichtigste Figur der Rhetorik sind. Heute wird die Bezeichnung einer Erzählungsform als A. selten benutzt. Die verschiedenen Kategorien der Bildersprache teilt man statt dessen in → Gleichnis, Parabel und → Fabel ein.

Die allegorische Exegese oder *Allegorese* hat in allen Religionen mit heiligen Urkunden eine große Rolle gespielt, um den feststehenden Formulierungen einen neuen und zeitgenössischen Inhalt beizulegen und dadurch auch die Autorität kanonischer Schriften zu bewahren. Sie findet sich bei den Griechen schon in der Homererklärung des 6.Jh.s und folgt der Homerkritik der Vorsokratiker auf dem Fuße. Der Anaxagorasschüler Metrodoros von Lampsakos versteht zB unter Zeus den νοῦς, unter Achilleus die Sonne und unter Helena die Erde. Platon vermeidet diese Auslegungskunst, während sie besonders von der alten Stoa in kosmologischer Richtung betrieben wird. Dagegen bevorzugt → Philo in seiner at. Exegese die ethische A. Als Vermittler dieser Methode hat er auf die spätere, christliche Exegetenschule Alexandrias einen großen Einfluß geübt.

Die A. entspricht dem griechischen Glauben, daß sich die Götter in Rätseln, Orakeln und Mysterien mitteilen. Ihre Rolle bei der Verchristlichung des antiken Erbes ist bedeutend gewesen. → Symbolismus: I.

RDK I, 346ff - RAC I, 283 ff (Lit.) - F.Cumont, Recherches sur le symbolisme funéraire des Romains, 1942 - E.R.Curtius, Europäische Lit. u. lateinisches MA, (1950) 1954² (Reg.) *C.-M.Edsman*

II. Im AT und NT

1. Der Begriff - 2. Die allegorische Darstellung - 3. Die allegorische Deutung

1. Eine Allegorie im strengen Sinn ist eine Darstellung, die in allen Einzelzügen bildlichen Sinn hat, eine metaphora continua (Quintilian, Inst. orat. VIII, 8, 40). Während schon die griechische Rhetorik die A. in dieser Weise definiert (ThW V, 742), grenzt sie die Bibel weder durch eine Definition noch durch einen Begriff gegen andere Arten bildlicher Rede ab, sondern bezeichnet diese summarisch als Mašal (παραβολή). Der Begriff A. erscheint in der LXX und im NT nur in Gal 4, 24! Dies enthebt uns jedoch nicht der Verpflichtung, entsprechend unseren Denkformen auch hier schärfer zu differenzieren; freilich dürfen wir dadurch die Texte nicht in ein fremdes Schema pressen, sondern müssen Mischformen anerkennen.

2. Das *AT* kennt schon in den ältesten Schichten die bildliche Rede in Gestalt des Rätsels, des Bildwortes und des → Gleichnisses; aber A.n begegnen uns erst bei Ez (16; 17; 19; 23; 31; 34) und in Ps 80, 9-20 (vgl. Ps 23). Auch unter den geschauten Bildern ist die allegorische → Vision gegenüber dem Traumbild und der gleichnishaften Vision eine Spätform. Gewiß haben schon manche Traumbilder allegorischen Sinn (zB Gen 37, 7; 41, 17-24). Aber eigentliche A.n sind erst die Visionen Sacharjas (auch diese nur zum Teil) und die Visionen der Apokalyptik (Dan 2; 4; 7; 8; äthHen 85-90; 4Esr 9, 26 - 13, 56). Die letzteren bedienen sich eines erstarrten Systems von Metaphern, das vielfach mythischen Ursprungs ist. Symbolische Handlungen haben naturgemäß nur gleichnishaften, kaum je allegorischen Sinn.

Im *NT* werden die synoptischen Gleichnisse Jesu bereits von den Evangelisten als A.n gedeutet (Mk 4, 13-20 par; Mt 13, 36-43. 49f). Sicher zu Unrecht! Sie wollen echte Gleichnisse sein, die allerdings über die Grundgleichung hinaus auch allegorische Einzelzüge enthalten. Ihnen stehen im NT am nächsten die ebenfalls der palästinisch-jüdischen Tradition entstammenden Bildworte des Jak, die allerdings nur in 1, 23ff eine A. bringen. Die mehr der hellenistischen Diatribe entsprechenden Bilder der paulinischen Briefe gehen verschiedentlich in A.n über, so Röm 11, 17-24; 1Kor 3, 10-15; 5, 6b-8; 12, 12-27 (31). Das gleiche gilt von 1Petr 2, 3-8 und Hebr 13, 10-14. Die Visionen der Apk tragen im Unterschied zu den allegorischen Bildern der jüdischen Apokalypsen wie des Herm vielfach mehr gleichnishaften als allegorischen Charakter; sie beschreiben ja nicht Ereignisse ex eventu, sondern Wesenszüge der Endgeschichte. Das JohEv redet im Stil der gnostischen Offenbarungsrede und daher formal vielfach in Metaphern; diese weiten sich in Joh 10 und 15 zu A.n aus.

3. Die allegorische Darstellung bedarf der *allegorischen Deutung*. Aber seit der stoischen Mythendeutung werden auch ursprünglich nicht allegorisch gemeinte Texte als A.n gedeutet. Dies widerfährt dem AT im hellenistischen *Judentum* von → Aristobul bis → Philo. Das palästinische Schriftgelehrtentum wendet die Allegorese nur zurückhaltend an.

Die Schriftdeutung des *NT* ist beherrscht von der typologischen Auswertung des AT (→ Typologie: I); allegorische Deutungen erscheinen nur ganz am Rande. Bei Paulus liegt eine allegorische Auslegung im eigentlichen Sinn nur 1Kor 9, 9 vor; die Deutung des Samens in Gal 3, 16, des Sauerteigs in 1Kor 5, 6-8 und des Felsens in 1Kor 10, 4 sind allegorische Einzelauslegungen im Rahmen typologischer Deutungen. Das gleiche gilt im Hebr von Stellen wie 3, 6; 10, 20; 12, 22; die einzige eigentliche A. im Hebr findet sich in 7, 2b. 3. Eine allegorische Deutung des AT in großem Umfang entwickeln erst der Barn, die → Apologeten und die christlichen Alexandriner; sie stehen damit weithin unter dem Einfluß des hellenistischen Judentums.

Zu 1: PW Suppl. IV, 16ff - RAC I, 283ff. - Zum AT: E.König, Stilistik, Rhetorik, Poetik in Bezug auf die bibl. Lit., 1900, 109f. 275 - EJud II, 335ff - F.Haeussermann, Wortempfang u. Symbol (BZAW 58), 1932. - Zum NT: R.Bultmann, Der Stil der paulinischen Predigt u. die kynisch-stoische Diatribe, 1910, 88ff - O. Michel, Paulus u. seine Bibel, 1929, 91ff - F.Torm, Hermeneutik des NT, 1930 - ThW I, 260ff; V, 741ff - L.Goppelt, Typos, 1939 - J.Jeremias, Die Gleichnisse Jesu, (1947) 1956⁴. *L.Goppelt*

III. In der praktischen Schriftauslegung

Die Auslegungskunst des Origenes hat bis zur Gegenwart die »pr. Schr.« beeinflußt. Dieser geht es weniger um wissenschaftliche Erklärung, als um die Vertiefung christlicher Erkenntnis, Erweckung und Festigung des Glaubens, Übung in → Andacht, Gebet und Heiligung. Die umfangreiche, wenig erforschte Literatur der pr. Schr. hat die A. als Mittel zur Vergegenwärtigung der biblischen Botschaft reichlich verwendet, um den Abstand zwischen den heilsgeschichtlichen Ereignissen und der Gegenwart zu überbrücken, um den Anruf Gottes hörbar zu machen und um den Leser in seiner persönlichen Existenz anzusprechen. So lebensnah und anfassend dieser Weg oft sein kann, so gefahrenreich ist er: Verdeckung des geschichtlichen Offenbarungswortes, durch das zu reden es Gott gefallen hat; Ersatz des gehorsamen Hörens auf das Wort durch Anwendung einer geistvollen Methode; Eintragung eigener Gedanken; Ausartung in Willkür und Spielerei. Luther hat darum der A. einst Norm und Grenzen gesetzt. Während er anfänglich in den Psalmenvorlesungen dem traditionellen vierfachen Schriftsinn folgte und dabei gern die A. anwandte, hat er je länger desto mehr die A. abgelehnt, da sie, wie etwa bei Erasmus, dem Schriftwort einen anderen, »geistlichen« Sinn unterschob. Statt dessen hat er den buchstäblichen, von ihm als grammatisch bezeichneten Sinn herausgearbeitet, »auf daß beständig bleibe die Schrift in einem gewissen, einfältigen, unzerteilten Verstand, darauf sich unser Glaube ohne alles Wanken möge bauen« (WA 6, 307). Die A. hat Luther in strenger Zucht nur angewandt, wenn der biblische Gesamtzusammenhang und die ausdrückliche Intention des biblischen Autors es forderte.

RE VII, 718ff - J.Jeremias, Die Gleichnisse Jesu, (1947) 1956⁴ - K. Holl, Luthers Bedeutung für den Fortschritt der Auslegungskunst (Holl II, 544-582) - A.Niebergall, Die Gesch. der christl. Predigt (Leiturgia II, 181ff). *H.Rendtorff*

Alleine, *Joseph* (1634-68), ein trotz seines frühen Todes zu besonderer Bedeutung gelangter puritanischer Prediger in Devizes, Wiltshire; im Corpus Christi College in Oxford Fellow und Tutor, 1655-61 Pfarrer von St.Mary Magdalen in Taunton, 1662 amtsenthoben. Sein posthum veröffentlichter »Alarme to the Unconverted« (1672) gehört zu den einflußreichsten puritanischen Zeugnissen.

Ch.Stanford, J.A., his Companions and Times, 1861 - DNB I, 299f. *M.Schmidt*

Alleluja → Halleluja.

Allen, 1. *Roland*, anglikanischer Missionar (1869-1947), war lange Jahre in Nordchina tätig, arbeitete dann in England für die Bewegung World Dominion und lebte zuletzt in Kenya. Nach A. ergeben sich aus dem NT klar umrissene und bleibend anwendbare Anweisungen für die Missionsmethode. Hauptziel der Mission sei die

Gründung einheimischer Kirchen, die in voller Selbständigkeit von vornherein - mit Hilfe des Hl.Geistes - sich selbst unterhalten und ausbreiten. Das Unterrichtswesen im besonderen solle der Stärkung und Weiterbildung der Christen dienen, wobei die Mitarbeit einheimischer Christen entscheidend sei.

Missionary Methods: St.Pauls or Ours, (1912) 1956[4]; Educational Principles and Missionary Methods, 1919; Voluntary Clergy, 1923; The Spontaneous Expansion of the Church and the Causes which hinder it, (1927) 1956[3]. *E.J.Bingle*

2. *William* (1532-94), * in Rossal, Lancashire, † in Rom, führende Persönlichkeit der englischen Gegenreformation. 1547 im Oriel College, Oxford, später Leiter (Principal) von Mary Hall, Oxford. Bis 1561 in Oxford, lebte er nach kurzem Aufenthalt in Löwen verborgen in England. 1565 ging er nach Mecheln, 1567 nach Rom und erreichte dort die Gründung einer festländischen Ausbildungsstätte für englische Katholiken, die am 29. 9. 1568 in Douai unter der Schirmherrschaft des spanischen Königs ins Leben trat. Zahlreiche Druckschriften und geheime Sendboten gingen von hier nach England. 1578 zwang der niederländische Befreiungskampf zur Verlegung des Collegs nach Reims; dort entstand unter A.s Leitung die englische röm.-kath. Bibelübersetzung (Douai Version). 1585 ging A. nach Rom (Zusammenarbeit mit Robert → Parsons). Nach der Hinrichtung → Maria Stuarts (1587) ermunterte A. Philipp II. von Spanien zur Invasion gegen England. → Sixtus V. erhob ihn 1587 zum Kardinal, → Gregor XIV. machte ihn zum Bibliothekar an der Vaticana und zum Mitglied der Revisionskommission der Vulgata (→ Bibelübersetzungen: II). Seine Unterstützung der spanischen Invasion kostete ihn die Sympathien vieler britischer Katholiken.

Apologia pro sacerdotibus (1583) u. Modest Defence of English Catholics (1584) neu hg. 1914. - T.F.Knox, Letters and Memorials of Cardinal A., London 1882 - A.Bellesheim, Wilhelm Cardinal A. u. die engl. Seminare auf dem Festlande, 1885 - M.Haile, Elizabethan Cardinal, London 1914 - DNB I, 314ff - RE I, 371ff - LThK I, 279. *M.Schmidt*

Allerheiligenfest ist aus einem Gedenktag aller Märtyrer entstanden, der zB in der alten mailändischen Kirche am Freitag nach Ostern gehalten wurde. Gregor IV. verlegte das A. um 835 auf den 1. November. Im ev. Deutschland jahrhundertelang begangen, verschwand es schließlich (anders als in den anglikanischen und skandinavischen Kirchen) bis auf die dem Reformationsfest verbleibende Perikope Mt 5, 1-12. Die Meinungen über eine Wiedereinführung sind geteilt. Der Agendenentwurf der Ev. Kirche der Union (1955) kehrt zu dem ursprünglichen »Märtyrergedenktag« zurück.

P.de Puniet, Les précédents de la Toussaint (La Vie et les Arts lit. 12, 1925/26, 9-16) - P.Althaus, Das Wesen des Gottesdienstes, 1932[2], 20 - LThK I, 280f - Th.Knolle-W.Stählin, Das Kirchenjahr, 1934, 53 - R.Lansemann, Die Heiligentage, bes. die Marien-, Apostel- u. Engeltage in der Reformationszeit, 1939, 149 (dazu G.Kunze, Leiturgia I, 1954, 505) - J.A.Jungmann, Gewordene Liturgie, 1941, 295ff. *H.Urner*

Allerheiligen-Litanei → Litanei.

Allerheiligstes. 1. Im *AT* bezeichnet A. neben dem älteren d^ebîr das zuhinterst gelegene Adyton des → Tempels (: II). Das A. des Jerusalemer Tempels enthielt bis 587 vChr die → Lade, hernach war es leer. Das in 1Kön 12, 26ff genannte Stierbild (→ Bilder: II) der Heiligtümer von Bethel und Dan dürfte auf einem Podium des A.n dieser Tempel gestanden haben. Bei den Essenern von Qumran (zB 1QS VIII, 5f) heißt die wahre Gemeinde »das A. für Aaron«, erwählt zu Gericht und Versöhnung. *K.Galling*

2. In der *liturgischen Sprache* der röm. Kirche bedeutet A. (Sanctissimum) das aufbewahrte Altarsakrament, genauer die heilige → Hostie, die in einer Monstranz in verschiedener Weise ausgestellt (expositio publica oder privata) oder in Prozession umhergetragen wird. Die »Aussetzung« des A.n wurde erst seit dem 14.Jh. in Verbindung mit dem neueingeführten → Fronleichnamsfest üblich und bald überaus populär.

Braun, LH 39f. 228f. *W.Jannasch*

Allerseelentag (Commemoratio omnium Fidelium Defunctorum) wurde als Gedächtnisfeier für alle Verstorbenen (vgl. 2Makk 12, 46) im Hochmittelalter üblich, nachdem er schon vorher in Mönchskreisen (Isidor von Sevilla 636 und Statut Odilos von Cluny 998) begangen worden war. A. wird am 2. November oder, wenn dieser ein Sonntag ist, am 3. November gefeiert, und zwar mit drei Messen, von denen die erste (Requiem aeternam) auch die des Totenamtes ist; die zweite und dritte Messe sind ähnlich. Volkstümlich ist der Schmuck der Friedhöfe mit Blumen und Lichtern. - → Totensonntag.

RE I, 375f - H.Kellner, Heortologie, 1911[3] - LThK I, 281f - Braun, LH 12f. *P.Glaue (W.Jannasch)*

Allgemeine Evangelisch-lutherische Konferenz → Luthertum: III.

Alliance Israélite Universelle → Judentum: III.

Allianz, Heilige, in Paris am 26.9.1815 (orth. Festtag der Kreuzaufrichtung) unterzeichnet von → Alexander I. von Rußland, Franz von Österreich, Friedrich Wilhelm III. von Preußen, welche als »Delegierte der Vorsehung« (im Unterschied zu den »Volksdelegierten« der Aufklärung) für »drei Provinzen der Einen Christlichen Nation« dem »einzigen Souverän Jesus Christus« die Ehre geben und alle Staaten einladen, sich durch Beitritt zu den gleichen geheiligten christlichen Prinzipien für das Völkerleben zu bekehren (Art. 2 u. 3). Die Präambel verkündet »angesichts des Universums« den Willen der drei Fürsten, in Zukunft zur einzigen Regel ihres politischen Verhaltens die christlichen Lehren der Gerechtigkeit, der Liebe und des Friedens zu machen. Art. 1 enthielt in dem 1928 aufgefundenen Konzept Alexanders I. eine Solidaritätserklärung der Untertanen der vertragschließenden Mächte und Heere, als »hilfsbereite Landsleute (compatriotes) und Teile einer einzigen, zum Schutze von Religion, Frieden und Gerechtigkeit berufenen Armee brüderlich zusammenzustehen«. Diese Bekundung eines Volkswillens in Art. 1 sowie die ursprüngliche Nebenordnung von Regierungen und Untertanen im Anfang von Art. 2 wurden von → Metternich gestrichen, der den Bruderbund der Völker in eine unlösliche Bruderschaft der Monarchen verwandelte und den proklamatorischen Friedenspakt des Zaren zu einer auf den Mystizismus und den Expansionswillen des Zaren berechneten Gleichgewichtsgarantie des absolutistischen Europa umformte.

Der ursprüngliche russische Plan der Hl.A. hat eine doppelte geistige Wurzel: 1. Die westeuropäischen universalchristlichen Ideen der Restauration, welche die naturrechtlich-nationalen Prinzipien der Völkerbundsprojekte der Aufklärung durch das Liebesgesetz Christi ersetzen wollten, an den Zaren herangebracht besonders durch Franz von → Baader und bekräftigt durch die Bußpredigten der baltischen Baronin → Krüdener. 2. Die russische Staatstheorie des 16.Jh.s von → Moskau, dem 3. Rom, auflebend zB in dem Antinapoleonischen Manifest des Hl. Synod vom Dezember 1806, welches »dem rasenden Friedensstörer das rechtgläubige Rußland ...

als die allein auf der Welt noch verbliebene Stätte einer heilsamen Ordnung« gegenüberstellte.

Die meisten europäischen Staaten traten der Hl.A. bei; England beschränkte sich auf eine Sympathieerklärung. Der Sultan und der Papst lehnten ab. Auswirkungen in den Fürstenkongressen von Aachen 1818 bis Verona 1822: auf die Reaktion in Spanien und der Türkei und gegen die orthodoxen Griechen. Kurzes Wiederaufleben der Hl.A. in der militärischen Unterstützung der restaurativen Ungarnpolitik Kaiser Ferdinands durch Zar Nikolaus I. Ein neuer Ansatz in den durch Zar Nikolaus II. angeregten Friedenskonventionen um 1900.

Die beiden Textfassungen der Hl.A. bei W.NÄF, Zur Gesch. der Hl.A. (Berner Untersuchungen zur allgem. Geschichte I), 1928 - H.SCHAEDER, Die dritte Koalition u. die Hl.A. (Osteurop. Forschungen NF 16), 1934 - Wertvoll bleibt TH.V.BERNHARDI, Gesch. Rußlands u. der europ. Politik i.d.J. 1814-1831, Bd 1-3, 1863-77.

Hildegard Schaeder

Allianzbewegungen, *evangelische.* Die Evangelische Allianz/Evangelical Alliance (E.A.) möchte nicht eine besondere Gruppe sein, ebensowenig eine Vereinigung von christlichen Kirchen, sondern eine übernationale freiwillige Verbindung ev. Einzel-Christen. Sie ist 1846 nach einer Vorversammlung in Liverpool auf Anregung von Thomas → Chalmers, dem späteren Gründer der Freikirche Schottlands, entstanden. Vom 19.8. bis 2.9.1846 versammelten sich in London Vertreter aus insgesamt fünfzig verschiedenen Kirchen. Unter ihnen befanden sich auch Chr.G. → Barth, → Tholuck, → Oncken und A. → Monod. Damals wurden Richtlinien festgelegt, die bis zum heutigen Tage die geistliche Grundlage der E.A. bilden. Die ersten Jahre und Jahrzehnte brachten eine eigentliche Blütezeit. Die internationalen Hauptversammlungen zeigten vielfach ein begeistertes Eintreten für die Einheit und Zusammengehörigkeit der ev. Christen (London 1851, Paris 1855, Berlin 1857 unter reger Anteilnahme des preußischen Königs, Genf 1861, Amsterdam 1867, Philadelphia 1873 usw). Andererseits mußten bald auch Spannungen zwischen staats-, volks- und freikirchlichen Anschauungen überwunden werden.

Die *gegenwärtige Lage* zeigt folgendes Bild: Bis 1952 war die englische A. das Zentrum der E.A. der Welt (World E.A.). 1951 vereinigte sich der britische Zweig mit der während des 2. Weltkriegs gegründeten National Association of Evangelicals in den USA zur *World Evangelical Fellowship* (WEF, Weltweite Bruderschaft). Die Mehrzahl der europäischen Verbände lehnte einen Zusammenschluß im Blick auf das stark fundamentalistische Gepräge dieser Bewegung ab. Sie verbanden sich ihrerseits zur *Europäischen E.A.* Jede nationale A. ist im Rat der Europ. E.A. mit zwei Mitgliedern vertreten (auch England, das sich also an beiden Zusammenschlüssen beteiligt), behält aber ihre volle Selbständigkeit. Die Geschäftsstelle der deutschen E.A. ist in Berleburg/Westf.

Die *dogmatische Grundlage* der E.A. wurde 1846 in den »Richtlinien« festgelegt. Diese umfassen 9 Punkte: 1. die göttliche Eingebung, Autorität und Allgenügsamkeit der Heiligen Schrift; 2. freie Schriftforschung; 3. Einheit und Dreieinigkeit der göttlichen Person; 4. gänzliche Verderbtheit der menschlichen Natur durch den Sündenfall; 5. Fleischwerdung des Gottessohnes, seine Versöhnung, sein Mittlerdienst und seine Herrschaft; 6. Rechtfertigung allein aus dem Glauben; 7. Werk des Heiligen Geistes (Bekehrung, Heiligung); 8. Unsterblichkeit der Seele, Auferstehung des Leibes, Wiederkunft des Herrn Jesus Christus und sein Gericht mit ewiger Seligkeit oder ewiger Strafe; 9. göttliche Einsetzung des geistlichen Amtes, der Taufe und des Abendmahles. (Die E.A. in der Schweiz hat ihre »Grundlage« etwas anders formuliert.) Mit diesen »Richtlinien« beabsichtigt man keineswegs, ein neues Glaubensbekenntnis aufzustellen. Sie werden vielmehr als Hinweis verstanden, welche Art von glaubenden Menschen die E.A. als ihre Anhänger erfassen und zusammenschließen will. Eine Einmischung in das Leben irgendeiner Kirche ist nicht beabsichtigt.

Am Anfang eines jeden Jahres wird die *A.-Gebetswoche* durchgeführt, an der sich die A.-Kreise der ganzen Welt nach einem gemeinsamen Programm beteiligen. Außerdem sind, je nach den gegebenen Verhältnissen, als Betätigungen der E.A. zu nennen: Hilfen für die ev. Diaspora, Stellungnahme gegen Übergriffe des Katholizismus, Einsatz für die Sonntagsheiligung (Gründung der »Schweiz. Gesellschaft für Sonntagsheiligung« auf der Genfer Tagung von 1861); ferner Unterstützung der Missionsarbeit, von Evangelisationen, Sonntagsschulen u.a. Dazu kommt das Bestreben des einzelnen, im täglichen Leben eine rechte A.gesinnung zu beweisen.

Der Unterschied zwischen der E.A. und der → Ökumenischen Bewegung besteht darin, daß diese eine Organisation der Kirchen darstellt, während es sich bei der E.A. um einzelne handelt, die ohne eigentliche organisatorische Bindung den christlichen Brudergedanken pflegen. Mit dem Gedanken christlicher Zusammengehörigkeit ist die E.A. in gewissem Sinne der Ökumenischen Bewegung vorangegangen. So bejahen die E.A. und neuerdings auch die WEF im allgemeinen auch die Ökumenische Bewegung. - Aus der E.A. hervorgegangen und ebenfalls international sind der Weltbund der Christlichen Vereine Junger Männer (1855), der Weltbund der Christlichen Vereine Junger Töchter (1893), der Jugendbund für entschiedenes Christentum (Amerika 1881, Europa 1894) und der Christliche Studentenweltbund (1895).

G.F.NAGEL, Eine heilige christliche Kirche, 1931 - E.SCHICK u. W.SENFT, Einheit in der Mannigfaltigkeit. Aus 100 Jahren E.A., 1946 - J.W.EWING, Goodly Fellowship, 1946 - F.COLQUHOUN, The Fellowship of the Gospel, o.J. - P.GRUNDER, Die Stillen im Lande u. die E.A., 1949 u. 1951 (Lit.) - Zeitschriften: Evang. Allianzblatt; Evangelical Christendom (bis 1955); Crusade (seit 1955); Broadsheet (seit 1955). *O.Eggenberger*

Allianz-Mission-Barmen, im Jahr 1889 unter dem Namen »Deutsche-China-Allianz-Mission« von dem Kaufmann Carl Polnick in Barmen gegründet, arbeitete bis 1952 in den Provinzen Chekiang und Kiangsi in enger Verbindung mit der → China-Inland-Mission, deren Grundsätze sie für die China-Arbeit anerkannte. 1939 standen 56 aktive Missionskräfte in der Arbeit. Im Jahre 1953 begann die A.M.B., wie sie sich seit 1952 nennt, eine neue Missionsarbeit in Japan. - Die A.M.B. gehört zu den Allianz-Missionen, deren Gründung in die → Erweckungsbewegung fällt und die ihre Freundeskreise hauptsächlich in den kirchlichen Gemeinschaften und evangelischen Freikirchen haben.

B.POLNICK, C.Polnick, Ein Lebensbild, 1920 - K.ZIMMERMANN (Hg.), Fünfzig Jahre Allianz-China-Mission, 1939.

K.Zimmermann

Allies, *Thomas William* (1813-1903), engl. Theol. und Historiker, Sohn eines anglikanischen Geistlichen. In Oxford unter → Newmans und → Puseys Einfluß; 1838 anglikanischer Geistlicher, Mitglied der anglokatholischen Tractarians (→ Anglokatholizismus). 1846 veröffentlichte er The Church of England cleared from the Charge of Schism (1848²). Weil er schrieb, die Wiedervereinigung mit Rom würde für die anglikanische Kirche von unberechenbarem Segen sein, wurde er von Wilberforce, Bischof von Oxford, 1848 verwarnt. A.

trat 1850 mit → Manning, Hope-Scott u.a. zur römischen Kirche über. Als Sekretär des kath. Poor School Committee gründete er zahlreiche Lehrerseminare; daneben war er 1855 Prof. für Geschichte an der kurzlebigen Catholic University of Ireland. In seinen letzten Jahren war A. ein Freund von → Acton.

Seine wissenschaftlichen Arbeiten sind vergessen; seine Autobiographie, A Life's Decision, (1880) 1894^2, ist eine Quelle für die Gesch. der Tractarians. Über A.: CathEnc I, 223ff - RGG^3 I, 225 - S.C.CARPENTER, Church and People, 1933, 203f. *A.Ehrhardt*

Allioli, *Joseph Franz von,* kath. Theol. * 10.8.1793 in Sulzbach, als Schüler → Sailers seit 1823 Prof. für Orientalia und Bibelstudium in Landshut, 1826 in München, dort Mitglied der Akademie der Wissenschaften, später in kirchlichen Ämtern, † 22.5.1873 in Augsburg. Seine als Neubearbeitung einer früheren entstandene kirchlich autorisierte → Bibelübersetzung (in 6 Bden 1830-37, letzte Ausg. 1920) ist nach der Vulgata übertragen, nimmt aber in den Anmerkungen auf die Ursprachen Rücksicht.

Bibl. Altertümer I, 1825; Handb. d. bibl. Altertumskunde (mit L.K.GRATZ u. HANEBERG), (1844) 1848^2; ferner erbauliche Schriften (HN I, 1954f). Über A.: SAM 1874, 162ff - RE III, 81 - NDB I, 203. *K.G.Steck*

Allix, *Pierre* (* Alençon 1641, † London 1717), 1671 ref. Pfarrer in Paris (Charenton), bedeutend als Prediger und als Gelehrter. A. ging nach Aufhebung des Edikts von Nantes 1685 als Flüchtlingspfarrer nach London, wo er eine französische Gemeinde des anglikanischen Ritus gründete, lehnte den Versuch Ludwigs XIV., ihn zurückzuholen, ab und wurde 1690 Stiftsherr in Salisbury. Ein hervorragender Kenner des christlichen Altertums und Mittelalters, insbesondere der Konziliengeschichte, und energischer Vertreter der historischen Berechtigung der Reformation (gegen → Bossuet) und des Schriftprinzips, mit kühner eschatologischer Auslegung im Stil seiner Zeit.

Vf. neben erbaulichen und polemischen Schriften: Réflexions sur les livres de l'Ecriture Sainte, 2 Bde, Amsterdam 1689; Remarks upon the ecclesiastical history of the ancient Churches of Albingenses, London 1692 (vertritt die irrtümliche Gleichsetzung von → Waldensern und → Albigensern). - E.HAAG, La France Protestante I, 1877^2, 147ff - DNB I, 334f - RE I, 381. *R.Voeltzel*

Aloger. Als A. bekämpft → Epiphanius in seiner großen Ketzerschrift (c. 51) eine Gruppe von Logosgegnern, die in der Auseinandersetzung mit Gnostikern und Montanisten so weit gingen, das Logosevangelium und die Apokalypse als Fälschungen des Gnostikers → Cerinth zu verwerfen (51, 3). Das einheitliche Bild wie der Name der A. stammen gewiß von Epiphanius, aber Hauptzüge werden schon früher sichtbar. Bereits → Irenäus (3, 11, 9) blickt offenbar auf Antimontanisten hin, die, um nicht von der Falschprophetie betrogen zu werden, lieber das JohEv mit seinem Parakleten ablehnen. Und wenig später fällt der römische Presbyter Gaius, ein Gegner von → Gnosis (: III) und → Montanismus, über JohEv und Apk ganz dasselbe Urteil wie die A. Demnach wird die eigenartige Erscheinung dem letzten Drittel des 2.Jh.s angehören.

RE I, 386ff - E.SCHWARTZ, Über den Tod der Söhne Zebedaei, 1904, 29ff - A.BLUDAU, Die ersten Gegner der Johannisschriften, 1925. *W.Bauer*

Aloisius *von Gonzaga,* * 1568 in Castiglione bei Mantua, † 1591 in Rom als Krankenpfleger während der Pest. A. wurde als Page an den Höfen der Medici und Philipps II. erzogen, kam zwölfjährig unter den Einfluß des Kardinals → Borromäus. Er studierte in Alcalà, verzichtete auf sein Erbe und trat 1585 als Novize bei den Jesuiten in Rom ein. 1605 selig-, 1726 heiliggesprochen. Fest: 21.Juni.

LThK I, 289f (Lit.) - EC VII, 1673ff (Lit.) - A.GUALANDI, S.Luigi G., 1950. *H.Liebing*

Alphabet- *und Buchstabenmystik* ist die Auffassung der Buchstaben als Träger einer verhüllten, höheren Wahrheit, die mit Hilfe verschiedener Methoden ermittelt werden kann. Als europäisches Kulturerbe ist sie auf spätantikem Boden unter dem Einfluß vorderorientalischer Ansichten von der Heiligkeit oder dem göttlichen Ursprung der Buchstaben (στοιχεῖα, auch = Grundelemente) entwickelt worden.

Die Berechnung des Zahlenwertes eines Wortes (*Gematria,* hebr. Entstellung des griech. »Geometria«), seit dem 8.Jh. vChr in Milet bekannt, fußt auf der Anwendung der Buchstaben als Zahlen. Entweder wird hierbei die milesische Rechnung beibehalten (α = 1, . . . ϑ = 9, ι = 10, κ = 20 usw), oder die Nullen der Zehner und Hunderter werden gestrichen (regula novenaria), oder die Buchstaben werden in laufender Folge gezählt (α = 1 . . . ω = 24). Neun solcher Systeme sind in der jüdischen → Kabbala bekannt.

Bisweilen werden Worte mit demselben Zahlenwert als Synonyme betrachtet, die austauschbar sind: ϑεός (9 + 5 + 70 + 200) = ἀγαϑός (1 + 3 + 1 + 9 + 70 + 200) = ἅγιος (1 + 3 + 10 + 70 + 200) = 284, milesisch. Das scheinbar überraschende Zusammentreffen der Ziffersummen mancher Worte beruht im Griechischen darauf, daß nach der alphabetisch durchlaufenden Berechnungsweise die meisten Zahlenwerte zwischen 50 und 150 liegen. Die → Apokalyptik, die → Schriftauslegung, die Wahrsagekunst (→ Mantik), die → Magie und die → Astrologie haben die A.mystik in verschiedener Weise benutzt. Die 318 Diener Abrahams werden zB Barn 9, 8 typologisch auf Christus gedeutet (T mit seiner Kreuzform = 300; IH, die Anfangsbuchstaben des Namens Jesus = 18; vgl. auch Sib VIII, 148; Apk 13, 18). Das »A« mit seinen drei Strichen soll sich auf die Dreieinigkeit beziehen, die einzelnen Vokale entsprechen verschiedenen Farben und die einzelnen Konsonanten verschiedenen Eigenschaften. Auch die Namen der Buchstaben werden etymologisiert. Das A. als solches besitzt in der A.mystik magische Kraft, weil unter allen denkbaren Kombinationen der Buchstaben auch die geheimsten Götter- und Dämonennamen enthalten sind. Unter den zahlreichen Buchstabenfiguren befindet sich auch die → Sator-Arepo-Formel.

In der jüdischen, vor allem kabbalistischen → Schriftauslegung (: I) werden Buchstaben ausgetauscht (T^{e}mûrā): der erste Buchstabe des hebr. Alphabets (א) gegen den letzten (ת), der zweite (ב) gegen den vorletzten (שׁ) usw (Atbaš), zB im AT Leb-Qamaj für Kasdîm (Chaldäer) Jer 51, 1, Šešak für Babel Jer 25, 26; 51, 41; nach einem anderen System (Albam) wechselt der erste Buchstabe (א) mit dem 12. (ל), der zweite (ב) mit dem 13. (מ) usw. - Durch Notarikon (von Notarius, Schnellschreiber) werden Buchstaben eines Wortes als Anfangsbuchstaben neuer Worte aufgefaßt: der → Fisch (ΙΧΘΥΣ) = »Jesus Christus, Gottes Sohn, Heiland«; ΙΗΣ, eigentlich drei Buchstaben des griechischen Wortes »Jesus« (ΙΗ[ΣΟΥ]Σ) wird lateinisch in »Jesus Hominum Salvator« aufgelöst. - In babylonischen Gebeten und hebräischen Psalmen ergeben die Anfangsbuchstaben der einzelnen Verse gelegentlich ein besonderes Wort bzw. das A. (→ Akrostichon).

F.DORNSEIFF, Das A. in Mystik und Magie, (1922) 1925^2 - A. BERTHOLET, Die Macht der Schrift in Glauben und Aberglauben (AAB 1948, 1-48) - RAC II, 775ff (Lit.) - Vgl. die Lit. unter → Zahlensymbolik. *C.-M.Edsman*

Alphäus. 1. Der Vater des Zöllners Levi, Mk 2, 14, auch PetrEv 14 (60), aber nicht an den Parallelstellen Lk 5, 27 (nur in D) und Mt 9, 9 genannt. Einige Hss zu Mk lesen Jakobus, Sohn des A., eine Identifikation mit 2. - 2. Der Vater des Apostels Jakobus, Mk 3, 18 par; Apg 1, 13. Durch Kombinationen hat man A. mit Klopas (Joh 19, 25; Kleopas, Lk 24, 18) identifiziert (vgl. Hegesipp in Eus., Hist. Eccl. III, 11; IV, 22, 4, und Hieronymus, Adv. Helvidium 13 MPL 23, 205). Dann wäre Jakobus, Sohn des A., derselbe wie der kleine Jakobus, Sohn der Maria (Mk 15, 40), und diese Maria wäre die Frau des Klopas (Joh 19, 25). Die Kombination A.-Klopas (aram. Ḥalpaj, vgl. Χαλφαί 1Makk 11, 70) ist nicht unmöglich, aber unwahrscheinlich. Über solche Kombinationen waren sich schon die Kirchenväter uneinig. Die Genitivverbindungen konnten auch immer in drei Richtungen verstanden werden: Vater/Mann/Sohn. So wurde A. in die Versuche, die Brüder Jesu als seine Vettern anzusehen, einbezogen. Man spekulierte dabei auf Grund der kanonischen Texte, hatte jedenfalls darüber hinaus keine zuverlässigen Traditionen zur Verfügung.

Zu 1: F.C.Burkitt, Levi Son of Alphaeus (JThSt 28, 1926/27, 273-274) - R.Harris, The Twelve Apostles, 1927, 72 ff - B.W. Bacon, Studies in Matthew, 1930, 37 ff. - Zu 2: L.Wetzel, A. u. Klopas (ThStKr 56, 1883, 620-627) - Th.Zahn, Brüder u. Vettern Jesu (FGNK IV, 2), 1900 - W.Bauer, Das Leben Jesu im Zeitalter der nt. Apokryphen, 1909, 418 ff - Hennecke[2], 103 ff. *K.Stendahl*

Alpirsbacher Bewegung → Kirchliche Arbeit von Alpirsbach.

Als-Ob-Philosophie → Fiktionalismus.

Alsted, *Johann Heinrich* (1588-1638), ref. Theol., * in Ballersbach (Nassau), studierte in Herborn, hier 1608 Magister, 1610 Professor der Philosophie, 1619 Professor der Theologie, nahm an der → Dordrechter Synode teil, seit 1629 Professor der Bethlenschen Hochschule in Karlweißenburg (Siebenbürgen). In der Logik folgte er → Ramus und → Lullus. Als Polyhistor machte er sich besonders durch seine Encyclopaedia septem tomis distincta (1630) verdient. Als Theologe faßte er die reformierte Theologie seiner Zeit in einer Reihe von Schulbüchern (zB Distinctiones per universam theologiam, 1630) zusammen. Durch seinen Chiliasmus und seine pädagogische Haltung wirkte er stark auf → Comenius ein, der in Herborn sein Schüler war. In Siebenbürgen überlebten ihn seine enzyklopädisch-scholastische Methode bei → Apáczai Csere, sein Chiliasmus im Fürstenhof Rákóczy und seine Rudimenta linguae latinae in unzähligen Nachdrucken im Ungarn des 18.Jh.s.

K.P.Szathmáry, Gesch. der Bethlenschen Hochschule, 1868 (ung.) - J.Kvacsala, J.H.A. (Ungarische Revue 1889) - F.Roth, J.H.A. (Monatshefte d. Comenius-Gesellschaft 4, 1895, 29-44).
M.Bucsay

Alt, *Albrecht,* Alttestamentler, * 20.9.1883 in Stübach (Mittelfranken), † 24.4.1956 in Leipzig, lehrte 1909-12 in Greifswald, 1914 in Basel, 1921 in Halle und seit 1922 in Leipzig. 1921-23 war er Propst und Vorsteher des Deutschen Ev. Instituts für Altertumswissenschaft des Heiligen Landes zu Jerusalem, 1924-31 Leiter der jährlichen Lehrkurse dieses Instituts und von 1925 ab Vorsitzender des »Deutschen Vereins zur Erforschung Palästinas«. Auf der Grundlage einer im umfassenden Sinne verstandenen Palästinawissenschaft und einer ausgebreiteten Kenntnis altorientalischer, besonders ägyptischer Dokumente hat er die hinter der at. Überlieferung stehenden Institutionen, vor allem die rechtlichen Institutionen, erkannt und die historisch-geographischen Elemente des AT unter territorialgeschichtlichem Gesichtspunkt sachgemäß verstehen gelehrt. Er hat damit die Grundlage zu einem neuen Verständnis der Geschichte Israels und zu einer sachgebundenen Erklärung der at. Überlieferung gelegt und die gesamte at. Wissenschaft entscheidend beeinflußt.

Bibliographien: Gesch. u. AT. Aufsätze A.Alt zum 70. Geburtstag dargebracht (BHTh 16), 1953, 211-223; Festschr. A.Alt zum 70. Geburtstag gewidmet (WZ Leipzig 3, 1953/54, 173-178); Nachträge zu beiden in ThLZ 81, 1956, 573 f. - Die wichtigsten Aufsätze bis 1953 in A.Alt, Kleine Schriften zur Gesch. des Volkes Israel I. II, 1953; besonders hervorzuheben: Die Landnahme der Israeliten in Palästina, 1925; Der Gott der Väter, 1929; Die Staatenbildung der Israeliten in Palästina, 1930; Die Ursprünge des israelit. Rechts, 1934. - H.Bardtke, A.A., Leben u. Werk (ThLZ 81, 1856, 513-522).
M.Noth

Altaische Religion

1. Wohngebiete der altaischen Völker - 2. Weltbild - 3. Schöpfungsmythen - 4. Gottheiten - 5. Seelenvorstellungen, der Tod und die Toten - 6. Jagdriten, Schamanismus - 7. Zur wissenschaftlichen Diskussion

1. Unter den altaischen Völkern versteht man nach der sprachlichen Einteilung von G.J.Ramstedt türkische, mongolische, tungusische und koreanische Stämme, deren jetziges Wohngebiet sich von dem Balkan und der Türkei im SW bis zu dem Eismeer und dem Stillen Ozean im NO ausdehnt. Ihre ursprüngliche, von vielen Forschern als → Schamanismus bezeichnete Religion hat sich bis zur neuesten Zeit am besten in Mittel- und Nordasien unter den türkischen Stämmen des Altai-Gebirges und in Jakutien sowie bei den mongolischen Burjaten und den nördlichen Tungusen erhalten; auch die arktischen Völker Nordostasiens haben ähnliche Anschauungen und Riten. Aber schon früh konnte die Missionsarbeit der höheren Religionen in die türkischen Völker in Zentralasien eindringen, besonders durch Vermittlung der iranischen Soghdier, in der Gestalt des → Manichäismus und des Nestorianismus. Später faßte der → Buddhismus, zuerst unter den türkischen Uiguren und besonders unter den → Mongolen festen Fuß und danach der → Islam unter den südlichen → Türken; zuletzt hat die orthodoxe Kirche wenigstens eine offizielle Anerkennung in Ost-Rußland und Sibirien erhalten.

2. Dem → *Weltbild* der A.R. schließen sich jedoch manche Züge an, die man bis zu den Mythologien Altindiens, Altpersiens und Mesopotamiens zurückverfolgen kann. Zu dem Weltbild in Nordsibirien gehört aus geographischen Gründen u.a. die Anschauung, daß die *Erde* schräg nach Norden geneigt ist und daß sich vor der Mündung eines Riesenstromes (Ob, Jenissei u.a.) ins Eismeer ein tiefer Schlund befindet, durch den die Seelen in die Unterwelt gehen. Der Außenrand der Erde ist kreisförmig; unter ihr und um sie herum befindet sich ein grenzenloses Urmeer (vgl. den griech. Okeanos). Angesichts der großen Bergketten herrscht andererseits die Vorstellung, daß ein Bergring die Erde umfaßt. Weil sich die Erde in der Mitte des Urmeeres befindet, muß sie irgendwelche Stütze besitzen, zB ein im Meer schwimmendes Tier: eine Schildkröte, einen Wasservogel, einen Fisch oder sogar einen Ochsen und bei den nördlicheren Völkern ein Mammut.

Den *Himmel* hat man sich als Zeltdach vorgestellt, in dem die Sterne Dachlöcher sind. In der Mitte des Himmelsdeckels befindet sich der Nabel, die Nabe, die *Weltsäule* oder Himmelssäule, dh der Polarstern, um den die anderen Sterne kreisen. Da diese in einem bestimmten Abstand vom Polarstern kreisen, denkt man, daß sie mit irgendwelchem Band aneinander gebunden sind. Eine ähnliche Weltsäule ist auch den alten Kulturvölkern Asiens bekannt. Neben der Dreiteilung des Weltalls in Himmel, Erde und Unterwelt spricht man auch von 3, 7, 9, bisweilen auch mehr Weltschichten. Unter manchen Völkern wird für die → Himmelfahrt (: I) der Schamanenseelen ein Zelt gebaut, in dessen Mitte eine Birke mit 7 oder 9 tiefen Kerben oder Stufen als Abbildung der Himmelssäule steht. Dieselbe Anzahl Schichten hat auch die Unterwelt. Als kosmische Himmels-Stütze ist auch der lebende immergrüne → *Weltenbaum* weit bekannt, wie auch die Vorstellung von Weltströmen mit ihren Quellen. Diese haben offenbar ihr Vorbild in den Paradiesvorstellungen des vorderen Asien.

Auch die *Weltberg*-Idee findet sich unter den Völkern Mittelasiens. Man hat ihn pyramidenförmig gedacht mit gewöhnlich 3 oder 7 Stufen. Die mit dem Weltberg verknüpften Vorstellungen haben ihre genaue Entsprechung sowohl in Indien als auch im Vorderen Orient.

3. Über den *Ursprung der Erde* gehen die Auffassungen auseinander. U.a. erzählen die Mongolen, daß das Feuer geschaffen ist, um den Himmel und die Erde voneinander zu trennen, nachdem diese beide ursprünglich miteinander vereinigt gewesen waren (→ Schöpfung: I). Man hat auch gedacht, daß sich die Oberfläche des Urmeeres wie die Haut auf der Milch zur Erde verdickt habe. Nach anderer Auffassung wurde der Erdstoff aus dem Meeresboden heraufgeholt. Daneben finden sich auch fremde dualistische Vorstellungen über den Ursprung der Erde: Gott und Teufel treten als Schöpfer und Gegenschöpfer auf, so daß die bösen Wesen vom Teufel stammen; oder dieser muß gegen seinen Willen Gott behilflich sein. - Über die *Erschaffung des Menschen* erzählen die transbaikalischen Tungusen, daß der Himmelsgott Stoff aus vier Weltrichtungen sammelte; von Osten Eisen, von Süden Feuer, von Westen Wasser und von Norden Erde. Aus Erde schuf er Fleisch und Knochen, aus Eisen das Herz, aus Wasser das Blut und aus Feuer die Körperwärme. Viele andere Vorstellungen weisen auf einen fremden Einfluß hin, zB die, daß das Weltall aus dem Körper eines Urriesens entstanden sei.

4. Von dem *Himmelsgott* (Obergott, Schöpfer) macht man - im Unterschied zu anderen Gottheiten - keine Bilder. Er hat unter verschiedenen Völkern verschiedene Namen, von denen einer der türk. jajačy (ursprünglich »Bogenschütze«; später jedenfalls als »Lenker«, »Schöpfer« verstanden), mongol. zajagan ist. Sehr verbreitet ist mong.-türk. tängri, anscheinend chinesischen Ursprungs (aus: Tien-li »Herr des Himmels«). Der Anfang des Wortes *bur-khan* ist das durch das Chinesische ins Uigurische entlehnte Wort Budh-Khan. Mongol. Kurmusta entspricht soghdisch Khormuzd (→ Ormazd). In den Sprachen des islamischen Einflußbereiches sind pers. Kudaj und arab. Allah bekannt, aber dieselben Tataren verwenden auch das einheimische Ülgän (»der Große«). Der Obergott hatte auch »Söhne« und »Gehilfen«, meist sieben, je einen für jede Himmelsschicht. Diese Hierarchie ist sicher fremden Ursprungs.

Die Tatsache, daß die altaischen Sprachen die → *Sonne* weiblich und den → *Mond* männlich auffassen (»Mutter Sonne«, »Vater Mond«), ist offenbar indogermanischen Ursprungs. Die Mondflecken sowie Sonnen- und Mondfinsternisse haben zu vielerlei Erzählungen Anlaß gegeben .Wie erwähnt, spielt der *Polarstern* im Weltbild eine wichtige Rolle als Himmelsnagel, daneben auch die beiden *Bären* (der große heißt u.a. »Sieben Khane«), der Orion (maskulinisch gedacht), die Plejaden, »Luftloch« oder »Siebgestirn« genannt, weil man glaubt, daß durch dieses Sieb die kalten Luftströme auf die Erde herabkommen, die Venus (feminin) und die Milchstraße. Weit verbreitet ist die Auffassung, daß die Zugvögel durch diese Straße ihre Heimat finden, wenn sie vom Pygmäenland zurückkehren (»Vogelstraße«).

Viele altaische Völker stellen sich den Verursacher des *Donners* vogelförmig vor oder (unter chinesichem Einfluß) als einen Drachen. Die Anschauung, daß der Donner böse Geister mit seinem Bogen (Regenbogen) schießt, hat Entsprechungen auf finnisch-ugrischem Boden und andererseits in Indien. Der Glaube, daß der Regenbogen Wasser aus den Gewässern saugt, ist u.a. auch in Europa bekannt. Den Donner versucht man mit verschiedenen Lärmmethoden fortzujagen; in Mittelasien scheint man ihm vor allem Milch, unter Umständen auch Tieropfer, zB ein weißes Pferd, dargebracht zu haben.

Außer den Göttern des Himmels und der Unterwelt verehren die altaischen Völker viele niedere Gottheiten. Unter diesen sind die *Erde* und das *Wasser* wichtige Objekte der Anbetung. Schon alttürkische Steininschriften der Nordmongolei erwähnen das »heilige Erde-Wasser«, und Spuren davon leben noch in den Riten der Altai-Tataren und in tschuwassischen Redewendungen. Das → *Feuer* wird insbesondere von den Mongolen verehrt. Als Reinigungsmittel ist es schon früh bekannt gewesen, zB mußten die Bettelmönche im 13.Jh. zwischen zwei Feuern hindurchgehen, bevor sie den Großkhan besuchen konnten. Die Erfindung des Feuers wird bei vielen Völkern dem Igel, dem Frosch oder einem Vogel zugeschrieben. Das durch Blitz entzündete wie auch das durch Reibung gewonnene Feuer ist besonders zauberkräftig. Dem Feuer hat man gewöhnlich Butter oder Fett geopfert, seltener ein Schlachtopfer. Die Feuerverehrung ist von Indien und Iran her beeinflußt. - Daneben gibt es viele andere mindere Gottheiten: Schutzgeister, die jeder Mensch, besonders der Schamane bei sich hat, und die »Herren« eines bestimmten Ortes oder Naturgebietes, wie die Hausgeister, die Waldgeister, die Wasser-, Fluß- und Quellengeister (→ Finno-ugrische Religion).

5. Wie bei den finnisch-ugrischen Völkern hat der *Seelenglaube* besondere Bedeutung. Die Seele vertritt ein mit Bewußtsein versehenes Ich und ist ein selbständiges Wesen. Sie kann den Körper freiwillig verlassen, zB während des Schlafens, beim Erschrecken oder beim Niesen, aber auch bei Krankheiten, wobei der Mensch (der Körper) und die wandernde Seele (»Aussehen«, »Form«, »Spiegelbild«, »Schatten«) zwei verschiedene Ich sind. Was dem »Aussehen« während der Wanderung zustößt, wird auch dem Körper zuteil. In der Todesstunde verläßt die Seele den Körper durch Mund und Nasenlöcher in Gestalt eines Vogels.

Die Toten werden nach verschiedenen Bräuchen bestattet. Die primitivste Sitte - noch in jüngster Zeit bei den Jakuten geübt - ist, den Körper einfach auf die Baumäste zu legen, so daß die Tiere ihn fressen können. Aber schon früh, zB bei den Orkhon-Türken, wurde der Leichnam verbrannt (→ Leichenverbrennung). Die Hunnen dagegen begruben die Häuptlinge in Särgen und wölbten über dem Grab einen Hügel. Die Mongolen legten ihre Gräber an versteckten Plätzen an. Gewöhnlich zerbrach man Wagen, Waffen u.a., damit die Seele nicht zurückkäme und die Lebenden schädigte. In der Meinung, daß die Verstorbenen im Jenseits ebenso leben wie hier, hat man ihnen Lebensmittel gespendet. Nach anderer Auffassung ist die jenseitige Welt ein Spiegelbild des hiesigen Daseins; dort ist aber alles umgekehrt. So ließ man den Dolch des Verstorbenen in der linken Hand usw. Höhere Personen, wie zB den Khan und den Prinzen, hat man sehr feierlich ausgestattet. Nach chinesischen Quellen stießen die adligen Türken laute Klagerufe aus, indem sie um das Totenzelt ritten und sich mit Messern im Gesicht verwundeten.

Die Gedenkfeiern am 3., 7., 30., und 40. Tag nach dem Tode gehen offenbar auf islamischen und christlichen Einfluß zurück. Die → Totenverehrung (: I) als solche ist jedoch universell und braucht nicht von außen her gekommen sein.

6. Uralt sind die Festlichkeiten nach dem Töten eines Bären oder eines anderen wichtigen Tieres. Dabei will man u.a. den Geist des Bären überzeugen, daß der Tod ganz zufällig war und daß der Bär immerfort der Freund des Menschen bleibt (→ Ainu-Religion, → Bärenfest). Der → Herr der Tiere wird bei der Jagd angerufen und bekommt auch Opfergaben (→ Jäger- und Jagdriten).

Das Wesentlichste in der A.R. ist der → *Schamanismus*, über dessen Eigenart, Ursprünglichkeit und Rolle die Ansichten der Forscher auseinandergehen.

7. Die hier gegebene Darstellung folgt im wesentlichen Holmberg-Harva. Dieser unterscheidet 1938 – vielleicht unter dem Einfluß W. → Schmidts, da diese Distinktion in der Fassung Harvas von 1927 fehlt – zwischen einer sehr altertümlichen Jagdkultur im nördlichen Waldgebiet und einer südlichen Steppenkultur. Jene hat die meisten Züge mit den anderen arktischen, nordeurasiatischen und nordamerikanischen Kulturen gemeinsam (vgl. → Ainu-Religion, → Eskimo: I). W. Schmidt findet in ihr eine Urkultur mit Glaube an ein Höchstes Wesen (→ Hochgottglaube), Primitialopfer und Gebet wieder. Auch in der späteren Hirtenkultur in Mittelasien erhält er durch eine Schichtung der verschiedenen Anschauungen vom Weltbild, der Schöpfungsmythen und der Gottesvorstellungen eine entsprechende alte Unterschicht. Die vielen bei Harva ziemlich separat erscheinenden Elemente ordnen sich dadurch in organische Einheiten, mögen diese Konstruktionen sein oder nicht. Zugleich wird auch das Schwergewicht auf das Kultische anstatt auf das Mythologische gelegt.

U.HOLMBERG(-HARVA), Finno-Ugric, Siberian [Mythology] (MAR 4), 1927 – DERS., Die religiösen Vorstellungen der altaischen Völker (FFC 125), 1938 – D.ZÉLÉNIN, Le culte des idoles en Sibirie, 1952 – E.LOT-FALCK, Les rites de chasse chez les peuples sibériens, 1953 – UdG IX–XII. – Vgl. auch die Lit. zu → Mongolen: I, → Türken und → Schamanismus. *M.Räsänen*

Altaner, *Berthold*, * 10.9.1885 in St.Annaberg (O.S.), habilitierte sich 1919 in Breslau für KG, wurde hier nach einem Jahr in Braunsberg 1929 Nachfolger F.J. → Dölgers, 1934 wegen Zugehörigkeit zur Friedensliga deutscher Katholiken abgesetzt, in seiner Forschungsarbeit behindert und schließlich 1945 von der Geh. Staatspolizei ausgewiesen; seit 1945 in Würzburg. Die Kommission für spätantike Religionsgeschichte der Berliner Akademie beauftragte ihn mit der Edition der altlat. Übersetzungen von Schriften der altchristlichen griech. Literatur. A. begann mit Forschungen zum Dominikanerorden, ging aber bald zur Patristik über, in der er führende Bedeutung gewann.

Vf. u.a.: Venturino von Bergamo, 1911; Der hl. Dominikus, 1922f; Die Dominikanermission d. 13.Jh.s, 1924; Die Briefe Jordans von Sachsen, 1925; Patrologie, 1931 (Neuausg. v. G.RAUSCHEN), selbst. 1938, 1955[6], frz., span., ital., ung. Übers. – Bibliogr.: Verzeichnis meiner Veröffentlichungen 1907–53, 1953. – Über A.: J.QUASTEN, ThRv 51, 1955, 213f. *Ernst Wolf*

Altar

I. Religionsgeschichtlich – II. In Israel – III. Im Christentum

I. Religionsgeschichtlich

1. A. (vom lateinischen altare) hat seine *Bedeutung* im Opferkult. Der A. ist der Ort der Präsentation der Opfergabe, der Ort des Durchganges bzw. der Verwandlung des → Opfers für die empfangenden Götter wie der Ort der Epiphanie. Zwar kennen wir, zumal im Bereich der sog. Primitiven, auch Opfer ohne A.: der Semang spritzt das sühnende Blut für Karej vom Schnitt der Wade gen Himmel, der Finne legt die Bärenkeule an den Baumstamm (→ Bärenfest), und der Eskimo versenkt das Seehundshaupt ins Wasser. Aber dann tauchen feste Ortsvorstellungen auf, wo dies oder das Opfer gut und möglich sei, und diese Beachtung des Ortes scheint der erste Anlaß zum A. zu sein. Ein Ort wird ausgezeichnet – teilweise zur Wiederfindung, teilweise zur ehrfurchtsvollen Hervorhebung, zB am Grabe oder am »Eingang« zum Reiche des Gottes u.dgl. Bei einer Zuordnung von A. und Mal-Stein darf der Mal-Stein (die Massebe) nicht dem A. gleichgesetzt werden; der A. setzt den festen Ort des Opfers – also auch den »Mal-Stein« und die Kennzeichnung – voraus. Wo das numen ist, da soll auch der A. sein.

2. Eine *Klassifizierung* der A.e ist vom archäologischen Typus aus möglich: der Fels-A. mit oder ohne Napflöcher; der Steinhaufen-A. mit oder ohne Grube; der viereckig aufrechte, gemauerte A. mit oder ohne Symbol; der Stufen-A.; der runde Gruben- und Aschen-A.; der Ton-A. in Vasen-Form für Blumengaben, in Kandelaber-Form für Rauchopfer; der metallene oder hölzerne A. Eine solche Klassifizierung kann sehr genau durchgeführt werden (Galling), doch besagt sie über den religionsgeschichtlichen Belang des A.s kaum etwas. Hinter der Material- oder Form-Typik wird stets die Opferart sichtbar und von Belang sein. Aber auch eine vom Zweck aus vollzogene Klassifizierung würde uns dem religionsgeschichtlich Wichtigen nicht näherbringen.

3. Man wird der Bedeutung und dem Wesen des A.s näherkommen, wenn man seine *Herkunft* erwägt, die im wesentlichen vierfach gekennzeichnet werden kann.

a) Der A. ist ein *Tisch*. Als Tisch dient der A. als Darstellungs- oder Aussetzungsort des Opfers. Die Gabe wird dargestellt. Das Brett, auf dem die Beinknochen des Rentieres von den Samojeden ausgesetzt werden, ist als Ort – auch gerade der Epiphanie – von Bedeutung. Der A. kann in dieser Funktion also durchaus auch älter sein als der → Tempel. Die Jurak-Samojeden kennen keine Tempel, wohl aber solche Bretter. Brett oder geflochtene Matte (wie in Ägypten) bieten dar. Sie werden aber auch immer wieder Sammelplatz der Opfernden und Tisch der Mahlgemeinschaft. Der A. umspannt eine große Variationsbreite von der Darstellung des Opfers zum Mahl des numen und zum Heiligen Mahl um den Opfertisch herum (→ Mahlzeiten: I).

b) Der A. ist *»der → Herd«*, wie der Tempel »das Haus« ist. Der A. ist der Herd des Hauses, und das → Asylrecht am A. ist das Herdasyl des Hauses. Die Grenzen zwischen Herd und A. sind fließend. Der Herd des Hauses ist auch dann noch Opferplatz, wenn Tempel mit A.en vorhanden sind. Der Herd als Stätte des Feuers bestimmt den A., denn → Feuer ist Leben, und der Herd als Feuerstätte ist Lebensform. Der A. als Herd ist Stätte des Brandopfers, bzw. das Opfer wird dem Feuer oder im Feuer dem Gott gegeben. Als Herd aber gehört der A. zum Tempel und in den Tempel.

c) Der A. ist ein *Grabhügel*, durch den die Blutspende oder die Honigmilch dem Toten zugeführt wird (→ Totenverehrung: I). Das Heroengrab ist Opferplatz wie das Grab überhaupt. Als Heiligen-Grab hat der A. die Grundform des Stein- oder Erdhaufens. Der A. als → Grab ist im griechischen Bereich vorwiegend Trankopferplatz. Durch den Hügel legt man ein Rohr zur Einführung der Trankspenden. Diese Grabform des A.s hat die Verehrung der chthonischen Gottheit häufig bestimmt. Aber nicht alle Stein- oder Erdhaufen, an denen geopfert wird, sind Grab-A.e. Der germanische hörgr zB hat damit ebensowenig zu tun wie der mongolische Dämonen-Steinhaufen am Wegekreuz.

d) Der A. ist *Götterthron*. So wurde der stallr, der Felsstein im nordgermanischen Blothause, als Göttersitz vorgestellt, auf dem die wesentlichsten Träger des Sippenheiles (zB der Ring) niedergelegt wurden und an dem sich das Weihen (bloten) als Opfern von Blut und Fleisch vollzog. Auch zwischen westafrikanischen A.en und Thronsitzen bestehen Verbindungen (Aufbau der vier tragenden Eckpfeiler mit der fünften dickeren Mittelstrebe). Die Assoziation von Götterthronen und A. ist nicht vereinzelt. Sie scheint für Entstehung, äußerliche Bildung und Bedeutung der A.e wesentlich zu sein.

Die vier Grundbeziehungsformen des A.s (Tisch, Herd, Grab und Thron) sind sämtlich »Zeichen« der Präsenz des Gottes, und am Ort dieser Präsenz steht der A. Er zeichnet den Ort der Epiphanie aus (→ Erscheinungsformen der Gottheit) und führt sie als Tisch oder Thron einladend herbei. Der A. bezeichnet den Ort möglicher Kommunikation auch als Götter- oder Heiligengrab wie als Herd. Die vier Grundaspekte des A.s sind im allgemeinen auch äußerlich sehr wohl zu unterscheiden. Sie konvergieren in ihrem Gehalt auf den Ort der Kommunikations-Möglichkeit. Dieser Konvergenz-Punkt macht es möglich, auch die A.-Formen zu interpretieren, die sich auf die genannten vier Grundformen nicht zurückführen lassen. Da ist zB die Opfergrube für die Chthonischen (wohl kaum die Herd-Grube). Sie wächst mit der sich häufenden Asche zwar zur Rundmauerung empor und kann sich damit teils dem Herd-A., teils dem Grab-A. angleichen. Ähnlich mag es mit dem im Freien vor dem Tempel stehenden Brandopfer-A. sein. Mag er der aus dem Hause gerückte Herd oder ein Thron sein, jedenfalls ist er Ort der Kommunikation und dazu im Angesicht der Sonne gebaut.

Als Ort des numens ist der A. selbst heilig. Bei Herd und Grab liegt dies schon im Herkommen, bei Tisch und Thron erklärt es sich auch aus dem Gebrauch. Der A. besitzt auch die lokale und formgebundene »Trägheit« des Heiligen. Er übersteht tiefe religiöse Umwälzungen (vgl. den Omphalos oder die »Hörner« des A.s als Massebenrudimente), setzt sich aber andererseits auch assoziativ wieder durch, wie die Linie vom Heroengrab bis zum A. über der Reliquie (in der kath. Kirche) zeigt. Bei dem A. geht es um die göttliche Gegenwart; daher trägt der A. funktionell das Opfer. Man wird schwerlich umgekehrt die Opferfunktion zum Bestimmenden des A.s erheben dürfen.

PW I, 1640ff - H.Gressmann, Dolmen, Masseben u. Napflöcher (ZAW 29, 1909, 113-128) - K.Galling, Der A. in den Kulturen des alten Orients, 1925 - RLV I, 107ff - L.Frobenius, Monumenta Africana, 1929 - W.Grönbech, Kultur u. Religion der Germanen II, 2, 1939 - RAC I, 310ff (Lit.) - C.G.Yavis, Greek altars, roigins and typology including the Minoan-Mycenocan offertory apparatus, 1949 - E.D.vanBuren, Akkadian stepped altars (Numen 1, 1954, 228-234).

C.H.Ratschow

II. In Israel

1. In Palästina nachweisbare A.-Typen - 2. A.-Beschreibungen im AT

1. Der A. (hebr. = Schlachtstätte) wird an einer durch die Gottheit legitimierten Stätte errichtet (Ex 20, 24), zumeist auf einer Kulthöhe (bamā) oder vor einem Tempel. Als Deposit- und Brandopfer-A. diente ein Felsstück oder ein Findlingsblock, besonders solche mit Napflöchern (Beispiele s. BRL). Aus dem anstehenden Fels herausgearbeitete A.e weist das nabatäische → Petra auf. Ihnen vergleichbar ist der A. von ṣār'ā (Zorea: Ri 13, 25) von 1,30 m Höhe. Zumeist baute man den A. aus mehreren Steinen (sekundär 1Kön 18, 32 aus umgedeutetem Text von Ex 24, 5) zu einem halbmannshohen Würfel auf. Das A.gesetz im → Bundesbuch verbietet das Behauen der Steine und die Treppen (um des dem A. nahen Numens willen). Den in Ex 20, 24 genannten A. aus Erde muß man sich wohl aus Lehmbatzen denken wie in → Lakisch und → Alalach.

Ein Charakteristikum sind die Eck-*Hörner* (s. 2), die wohl als an die Ecken versetzte Masseben (→ Steine, heilige) zu deuten sind. Der Asyl Suchende (→ Asylrecht: II) ergreift das A.-Horn. Bei den Grabungen sind verschiedentlich aus dem 10.-7.Jh. relativ kleine, schlanke Kalkstein-A.e aufgetaucht, deren Schalenvertiefung auf Räucheropfer deutet; sie mögen zT jedenfalls als Aufsatz-A.e auf eine Ecke eines größeren Brandopfer-A.s gestellt worden sein. Die im AT als fremde A.e bekämpften ḥammanîm (nicht: Sonnensäulen!) dürften in diesem A.-Typus zu sehen sein. Daneben kämen für die ḥammanîm auch die ihnen ähnlichen, sowohl in Südarabien (ANEP Abb. 579. 581) wie im Zweistromland und in Palästina (besonders zahlreich in Lakisch) gefundenen Kalksteinkästchen in Frage, soweit diese zum Räuchern benutzt wurden. Einen älteren, schon in der Spätbronzezeit nachweisbaren Typus des Räucher-A.s stellen die aus Ton gearbeiteten kandelaberförmigen Ständer dar, die von einer Räucherschale gekrönt sind. Man hat sie, wie es scheint, auch in Privathäusern aufgestellt.

2. Detaillierte A.-Beschreibungen bietet das AT allein für den → Tempel (: II) in Jerusalem und das als dessen Vorgänger verstandene Zeltheiligtum (→ Zelt). Im besonderen gilt dies für den großen A. in Front des Heiligtums. Den »ehernen« A. des salomonischen Tempels (1Kön 9, 25) muß man sich, vermutlich mit den in 2Chr 4, 1 gegebenen Maßen von 10×10×5 m, als einen Würfel behauener Steine denken, auf dem oben ein eherner Rost lag. Für die Darbringung der Opfer war ein Treppenaufgang unerläßlich (ob wegen Ex 20, 25 nicht erwähnt?). Abwegig ist es, aus dem sekundären Text in 1Kön 8, 62-66 auf einen zweiten A. zu schließen (anders de Groot). Nach 2Kön 16, 10ff ließ Ahas den salomonischen A. - oder nur den Rost? - beiseite rücken, damit dieser einem Stufen-A. - dh wohl einem Podest für einen bronzenen Tisch-A. nach assyrischem Muster - Platz mache, auf dem Ahas das Königsopfer darbringen konnte.

Der vor dem Zeltheiligtum vorausgesetzte Brandopfer A. wird in Ex 27 als ein transportabler Holz-A. mit Bronzeverkleidung und Hörnern beschrieben. Seine Maße (2,50×2,50×1,50 m) erforderten keinen besonderen Aufgang, doch setzt Lev 9, 22, wahrscheinlich durch den nachexilischen A. in Jerusalem beeindruckt, trotz Ex 20, 25 einen Stufenzugang voraus. Die Maßübereinstimmung mit dem Königspodest in 2Chr 6, 13 (lies: kijjôn?) ist Zufall.

Der im Nachtrag zur Tempelvision Ezechiels (Ez 43, 13ff) beschriebene A. ist ein aus Quadern bzw. Ziegeln errichteter stufenturm-artiger Bau von 8×8, 7×7 und 6×6 m bei drei Absätzen von 1+2+2 m Höhe, mit Hörnern an den Ecken. Die Basis lag in einem vertieften Fundamentlager (Rekonstruktion bei Fohrer-Galling). Daß bereits der salomonische A. diesen Aufbau gehabt habe (Albright), ist wegen der verschiedenen Maße wenig wahrscheinlich; auch schweigt 2Chr 4, 1 über Absätze und Ez 43 über Erzverkleidungen (bzw. ehernen Rost). Der Stufenturm-A. besaß eine Treppe. Es ist möglich, daß Ez 43 den A. des 515 vChr errichteten Tempels beschreibt. Auf dem nachexilischen A. errichtete → Antiochus IV. einen »Greuel der Verwüstung«, dh. nach 1Makk 1, 54 einen Aufsatz-A., vielleicht nach Art der steinernen ḥammanîm (s. 1). Beide A.e wurden 164 vChr beseitigt und durch einen neuen A. aus unbehauenen Steinen ersetzt (1Makk 4, 44ff). Dieser A. wurde durch den des Herodes abgelöst, der nach Josephus (Bell.Jud. V, 5, 6) mit einer Rampe versehen und 25×25×7,50 m groß war. Traktat Middoth III, 1 ff gibt 16×16×0,50 m für die Basis und 15×15×2,50 m für den Würfel an (die Beschreibung der oberen Aufbauten ist nicht recht deutlich).

Innerhalb des Heiligtums gab es Vorlege-A.e und Räucherständer. Der sog. Schaubrot-Tisch aus Holz hatte Goldleisten (1Kön 6, 20; 7, 48; 2Chr 13, 11; 29, 18). Ez 41, 22 gibt für diesen Tisch (mit Hörnern!) 1×1×1,50 m an; Ex 25, 23 für den des Zeltheiligtums 1×0,50×0,75 m. Der in 1Kön 7, 48 außerdem genannte »goldene« A. diente nach Jes 6, 6 dem Räucheropfer. Als A. mit Hörnern beschreibt ihn Ex 30; mit 0,50×0,50×1 m ist er den schlanken Aufsatz-A.en (s. 1) ähnlich.

J.DEGROOT, Die A.e des salomon. Tempelvorhofes (BWAT NF 6), 1924 - K.GALLING, Der A. in den Kulturen des Alten Orients, 1925 - H.G.MAY, Material remains of the Megiddo cult, 1935 - BRL 13ff - K.ELLIGER, Chammanim-Masseben? (ZAW 57, 1939, 256-265) - DERS., Der Sinn des Wortes chammān (ZDPV 66, 1943, 129-139) - H.INGHOLT, Le sens du mot Hammān (Mélanges syriens off. à M.R. Dussaud II, 1939, 795-802) - L.ZIEGLER, Tonkästchen aus Uruk, Babylon u. Assur (ZA 13, 1948, 224-240) - BARROIS II, 375ff - G.FOHRER-K.GALLING, Ezechiel (HAT I, 13²), 1955, 237ff - W.F.ALBRIGHT, Die Religion Israels im Lichte der archäol. Ausgrabungen, 1956.

K.Galling

III. Im Christentum

A. Geschichtlich - B. Im Katholizismus der Gegenwart - C. In der ev. Kirche - D. In der orth. Kirche. - Über Altarausstattung vgl. auch → Altargeräte, → Gefäße, liturgische, → Kreuz: III, → Leuchter: II, → Paramente, → Reliquiare

III A. Geschichtlich

1. Entstehung - 2. A.-Formen - 3. a) A. und Märtyrergrab - b) Confessio - c) Reliquiengrab - 4. Zahl und Platz der A.e - 5. a) Ciborium - b) Antependium und Retabel - 6. Trag-A.

1. Die christliche Kirche der beiden ersten Jh.e kannte noch keinen christlichen A. Wohl erforderte die eucharistische Feier (→ Abendmahl: IV) von den ältesten Zeiten der Kirche an einen Tisch (1Kor 10, 21 τράπεζα κυρίου). Doch entsprach die Benutzung eines Tisches beim Mahl nur dem im Römerreich allgemein üblichen Brauch. Dieser Tisch war ursprünglich nicht, wie der heidnische und später auch der christliche A., selber heiliges Gerät und Objekt der Verehrung (→ Altar: I). Für das hl. Mahl, das anfänglich in Privathäusern stattfand und mit einem allgemeinen Liebesmahl der Gemeinde (→ Agape) verbunden war, diente wohl üblicherweise ein gewöhnlicher Tisch, der nur vorübergehend seiner profanen Verwendung entzogen wurde. Erst als im Verlauf des 2. und 3.Jh.s mit der Entwicklung des Opfergedankens sich die Auffassung von der Eucharistie wandelte (→ Abendmahl: IV), ist aus dem eucharistischen Tisch ein Opfertisch, ein altare im eigentlichen Sinne des Wortes geworden. (Im Gegensatz zum heidnichen Gebrauch von altaria im Plural verwenden die christlichen Schriftsteller meistens den Singular altare. Im Griechischen erscheint als entsprechender Ausdruck θυσιαστήριον von θυσία = Opfer. Die Bezeichnung des eucharistischen Tisches als mensa, τράπεζα bleibt daneben in Gebrauch.) - Die Möglichkeit, für die Feier der Eucharistie besondere Tische ständig zu verwenden, bot sich praktisch erst, als die Christen gegen Ende des 2.Jh.s eigene Versammlungsräume für ihre Gottesdienste gewannen. Verschiedene Texte bezeugen (syr. Didaskalie 15), daß im Osten der A. bereits in der Mitte des 3.Jh.s einen festen Platz im Kirchenraum hatte, während im Westen in vorkonstantinischer Zeit, und zT sogar noch länger, der A. beweglich blieb und nur für die Dauer des Gottesdienstes in dem zu diesem Zwecke vorgesehenen Raume Aufstellung fand. Um 400 nChr ist der feststehende A. überall gebräuchlich. - Daß dem eucharistischen Tisch besondere Ehrfurcht gebühre und er selber Gegenstand der Verehrung war, hören wir schon um die Mitte des 3.Jh.s. Sicher bis ins frühe 4.Jh. zurück reicht in seinen Anfängen auch der Brauch, den A. durch eine Weihe zu heiligen und ihn so vorzubereiten auf seine Bestimmung als Träger von Leib und Blut Christi.

2. Über die *Gestalt* der ältesten A.e läßt sich nur wenig sagen, da Monumente aus vorkonstantinischer Zeit nicht bekannt sind. Auch als der eucharistische Tisch zum Opfertisch wurde, blieb jedenfalls im Gegensatz zum heidnischen A. die Tischform üblich. Eine gewisse Vorstellung vom Aussehen solcher Tische im 3.Jh. geben vielleicht zwei Wandbilder mit symbolischen Mahldarstellungen in der sog. Sakramentskapelle der Callistuskatakombe. Auf beiden erscheinen runde, dreifüßige Tische. Doch ist anzunehmen, daß in der gleichen Zeit auch bereits Tische mit rechteckiger Platte, wie sie in nachkonstantinischer Zeit üblich waren, im christlichen Kult verwendet wurden. - Die formale Entwicklung des A.s, wie sie sich an den erhaltenen Denkmälern von nachkonstantinischer Zeit an verfolgen läßt, bietet ein vielfältig wechselndes Bild. Vor allem gilt das für den Träger der A.platte, den Stipes. Doch hat sich auch die A.platte selbst, die Mensa, im Laufe der Jh.e verändert.

Nach den Formen des Stipes unterscheidet man gewöhnlich vier Haupttypen des A.s: Tisch-A., Kasten-A., Block-A. und Sarkophag-A. Der A. in *Tischform,* wie ihn die vorkonstantinische Zeit verwendet, bleibt auch noch in den folgenden Jh.en der verbreitetste Typ. Seine in der Regel rechteckige Mensa wird von einer oder auch mehreren (am häufigsten 4) Stützen getragen, die ihrerseits meist auf einer Sockelplatte befestigt sind. Das älteste erhaltene Fragment eines vierstützigen Tisch-A.s, in der Papstgruft von S.Callisto in Rom, stammt wohl noch aus der Zeit des Papstes Damasus (366-384). Besonders gute Vorstellung von dem Aussehen eines frühchristlichen A.s mit vier Säulenstützen gibt ein Mosaik im Baptisterium der Orthodoxen zu Ravenna (449/452). Ein A. mit einer Säulenstütze, dem frühen 5.Jh. entstammend, wurde in der Friedhofskirche von Teurnia entdeckt. Bis in die Karolingerzeit herrschte allgemein der Tisch-A. vor. In der Folge wurde er mehr und mehr durch den Block-A. verdrängt, vornehmlich in Deutschland. Doch kennen alle Jh.e des Mittelalters und der Neuzeit noch die Tischform. Vor allem in Italien hat man seit der Renaissance wiederum den vierstützigen A.tisch bevorzugt. - In spätantiker Zeit entstanden ist auch bereits der *Kasten-A.* Als Träger der Mensa dient bei diesem Typ ein kastenartiger Hohlraum, der durch eine kleine Tür oder eine Fenestella zugänglich ist. Ursprünglicher Zweck des Kasten-A.s war es, den Gläubigen eine Annäherung an das unter dem Stipes befindliche A.-Grab zu ermöglichen (s. 3b). Im Hoch- und Spätmittelalter diente der Hohlraum häufig auch zur Aufbewahrung von Reliquien und Reliquiaren oder als Schatzkammer. Der älteste erhaltene Kasten-A. (aus der Frühzeit des 5.Jh.s) befindet sich in der Alexander-Basilika an der Via Nomentana in Rom. Dem 6.Jh. entstammt der völlig unversehrt bewahrte Kasten-A. in der Unterkirche von SS Cosma e Damiano, ebenfalls in Rom. In frühmittelalterlichen Jh.en scheint der Typ des Kasten-A.s vor allem auf Rom und Italien beschränkt zu sein, während im Spätmittelalter als Schatzkammer dienende Kasten-A.e auch in Deutschland sehr verbreitet waren. Schöne mittelalterliche Kasten-A.e mit Säulen bzw. Arkadenschmuck am Stipes sind zB in der Krypta der Neumünsterkirche zu Würzburg und in der Stiftskirche zu Wimpfen erhalten. - Bei den *Blockaltären* dient als Träger der Mensa ein einziger rechteckiger Steinblock oder eine massive Aufmauerung. Gegenüber dem Block springt die Mensa nur wenig vor. Die ältesten erhaltenen Altäre dieser Art stammen aus dem 6.Jh., so der mit Halbsäulen an der Front geschmückte, aus einem großen Stein gebildete A. in der Pieve von Bagnocavallo bei Ravenna. Einen einfach gemauerten Stipes besitzt der kleine im 7. oder 8.Jh. geschaffene A. in der Ringkrypta der römischen Peterskirche. Sehr verbreitet scheinen Block-A.e in vorkarolingischer Zeit noch nicht gewesen zu sein. Erst seit dem Hochmittelalter verdrängt der Block-A., dessen schlicht gemauerter Stipes sich auch durch die vergleichsweise einfache Art seiner Anlage empfahl, allmählich alle anderen A.formen. – A.e in *Sarkophagform* sind nicht vor dem 16.Jh. geschaffen worden und haben vor allem im Barock Verbreitung gefunden. – Die A.-*Mensen* zeigen in der Regel länglich rechteckige Form. A.e mit halbrunden Platten finden sich im Frühmittelalter vor allem im koptischen Bereich und in Syrien. Auch runde A.platten kommen ausnahmsweise vor. Häufig in frühchristlicher und frühmittelalterlicher Zeit und bisweilen noch bis zum 13.Jh. waren die A.mensen an ihrer Oberseite mit einer Vertiefung versehen, derart, daß nur eine schmale erhöhte Randleiste oder bisweilen auch ein Bogenfries die Platte rings umgab. Diese Vertiefung wurde wohl ursprünglich geschaffen, um ein Herabfallen der eucharistischen Gaben zu verhindern. Schmuckformen an den A.platten sind begreiflicherweise sonst selten. Weihekreuzchen auf der Mensa anzubringen wird erst im Hoch- und Spätmittelalter allmählich Brauch. Vor der Jahrtausendwende finden sie sich kaum.

Die *Maße* der A.e waren bis in die Karolingerzeit sehr bescheiden. A.e mit Platten von nur etwa 1 m Breite und entsprechend noch geringerer Tiefe sind häufig zu finden. Die bis zur Karolingerzeit gültige Vorschrift, daß auf dem A. nur Kelch und Patene, die Pyxis mit dem Allerheiligsten (→ Altargeräte) und das → Evangeliar Platz finden dürften, sogar Kreuz und Kerzen von dort ausgeschlossen waren, macht diese Beschränkung verständlich. Erst im Hochmittelalter nimmt die A.größe allmählich zu. Mensen von 3–3,5 m Breite sind nicht mehr ungewöhnlich. Die Hoch-A.platte im Kölner Dom (Mitte 14.Jh.) mißt sogar 4,54×2,13 m. – Die im Mittelalter üblich werdenden Maße wurden auch in den nachfolgenden Jh.en beibehalten.

Als *Material* der A.e diente bis über das erste Jh. hinaus neben Stein auch Holz und Metall. Noch im 12.Jh. hören wir in verschiedenen Quellen vom Gebrauch hölzerner A.e. Pracht-A.e aus Edelmetall erwähnt schon die älteste Redaktion des Papstbuches (Mitte 6.Jh.). Ein einzigartiger A. dieser Art, aus Gold- und Silberblech über einem Holzkern getrieben und mit Email geschmückt, ist uns in dem sog. Mailänder Paliotto bewahrt (824/860). Bestimmungen, daß nur steinerne A.e konsekriert werden dürften, kennen wir verschiedenenorts schon aus frühmittelalterlichen Jh.en. Eine allgemein verbindliche Vorschrift dieser Art erfolgte erst 1570 für den kath. Kult.

3. a) In konstantinischer Zeit kam es zuerst zu einer Verbindung, die für die weitere Geschichte des A.s außerordentlich bedeutsam werden sollte: zur Verbindung von *A. und Kultgrab*. Bis ins frühe 3.Jh. zurück reichte der Brauch, alljährlich an den Gräbern der Verstorbenen und besonders der Märtyrer das eucharistische Mahl zu feiern. Die Auffassung der älteren Forschung, daß bereits im 3.Jh. in den Märtyrergrüften der Katakomben die Gräber selber als A.e gedient hätten und deshalb von vornherein die Form eines Arkosol- oder Nischengrabes bekommen hätten, ist jedoch nicht zu halten. Erst in der Friedenszeit, als allerorten Memorialbauten über den Gräbern der Märtyrer errichtet wurden, kommt es zunächst in diesen Memorien zur festen Verbindung von A. und Grab. Das Vorbild des heidnischen Heroons, das bereits A. und Heroengrab verband, dürfte hierbei von Einfluß gewesen sein. Schon die Grabbasiliken der Apostel Petrus und Paulus waren so angelegt, daß ihre A.e über den Gräbern standen. Seit dem Ende des 4. und im Verlauf des 5.Jh.s wird die Verbindung des A.s mit einem Kultgrab auch von den Gemeindekirchen übernommen, da diese hinter den Memorialkirchen nicht zurückstehen wollten und ebenfalls mit den Gebeinen eines Heiligen das Unterpfand seiner hilfreichen Gegenwart zu besitzen wünschten. Man übertrug ganze Heiligenleiber und bald auch kleinere Reliquien. Innerhalb weniger Jh.e wird die Ausstattung von A.en mit Reliquien allgemein üblich. Und im ganzen Mittelalter ist kaum noch ein A. ohne A.grab (Sepulcrum) geweiht worden. Eine allgemein gültige Vorschrift, daß jeder A. ein Kultgrab umschließen müsse, wurde jedoch erst 1596 von der kath. Kirche erlassen.

b) Die Verbindung von A. und Kultgrab erfolgte auf sehr verschiedene Weise. Während in Rom und Italien im frühen Mittelalter das Kultgrab meist seinen Platz unter dem A. erhielt, war es zB in Gallien in der gleichen Zeit üblich, Kultgräber, die den ganzen Leib eines Heiligen umschlossen, hinter dem A. anzulegen. – Dem Wunsche, sich dem Grabe unter dem A. unmittelbar zu nähern, verdanken die Kasten-A.e (s. 2) ihre Entstehung. Sie ermöglichten den Gläubigen, ihren Kopf in den Raum über dem Grab zu strecken oder auch Gegenstände dort niederzulegen, die so durch die heiligende Nähe der Gebeine selber zu → Reliquien wurden. Solche Vorkammern der Gräber, wie sie die Kasten-A.e bilden, befanden sich bisweilen nicht nur im A.stipes selbst, sondern auch unterhalb des A.s oder hinter ihm: unterhalb zB in St. Peter in Rom, wo ein Schacht diese Vorkammer mit dem noch tieferliegenden Grabe verband; hinter dem A. in St. Emmeran in Regensburg, wo die auf tieferem Niveau als der A. angelegte Vorkammer von einer unter dem Chor befindlichen Ringkrypta aus zugänglich war, eine in karolingischer Zeit häufige Art der Anlage. In den römischen und auch in deutschen Quellen des 8. und frühen 9.Jh.s werden diese Vorkammern *confessio* genannt (zB Lib. Pont., Vita Gregorii IV), für die Vorkammer des Petersgrabes in Rom ist diese Bezeichnung noch heute üblich. – In frühchristlicher Zeit hat confessio noch nicht diese eingeschränkte Bedeutung. Der Ausdruck confessio = Bekenntnis wurde auch für martyrium gebraucht und geht in der Folge auf die Grabstätte des Märtyrers, das bleibende Zeugnis seines Bekenntnisses, über (Brief Cassiodors an Papst Johannes von 533). Zur Einengung im obigen Sinne kommt es vermutlich deshalb, weil im 8.Jh. bei den zahlreichen »sub altare« angelegten Gräbern die Vorkammer der einzig noch zugängliche Teil des A.grabes war. Seit dem späten 9.Jh. wird mit confessio häufig wieder das ganze A.grab bezeichnet und so auch in den folgenden Jh.en. Aus diesem historischen Schwanken des Begriffs erklärt sich wohl die Mehrdeutigkeit, die noch heute dem Worte eigen ist. Auch in der Gegenwart wird mit Confessio teils das ganze A.grab, teils nur die Vorkammer des Grabes bezeichnet.

c) Wenn der A. nur mit kleineren Reliquien ausgestattet wurde, hat man diese meist nicht im Boden unterhalb, sondern im A. selbst beigesetzt. Das *Reliquiengrab* bestand in der Regel aus einer rechteckigen Vertiefung, die mit einem Stein (sigillum) verschlossen wurde. Im Frühmittelalter befindet sich das Sepulcrum meist in der Vorderwand des Stipes oder an seiner Oberseite, bei Tisch-A.en oft in der Sockelplatte. Der Brauch, das Reliquiengrab in der Mensa unterzubringen, wie es heute noch in der kath. Kirche üblich ist, kam erst seit dem Spätmittelalter auf.

4. In frühchristlicher Zeit gab es in jeder Kirche nur *einen* A. Die griechische Kirche beschränkt sich bis heute

meistens auf diesen einen A. Nur gelegentlich verwendet sie Ergänzungs-A.e, während im Westen, in Rom ebenso wie in Gallien, sicher seit dem 6.Jh. neben dem Haupt-A. (altare authenticum - canitaneum - principale - maius) auch *Neben-A.e* begegnen (s. Brief Gregors d.Gr. an Bischof Palladius von Saintes). Anlaß zu ihrer Einführung war einerseits der Heiligen- und Reliquienkult und der damit verbundene Wunsch, dem Heiligen, dessen Reliquien man besaß, auch einen eigenen Platz der Verehrung zu schaffen, und anderseits die Zunahme von Privatmessen, die zusätzliche A.e erforderten. Denn in verschiedenen Gegenden, so in Gallien schon im 6.Jh., ist die Bestimmung nachweisbar, daß an demselben Tage an einem A. nicht zweimal die Messe gelesen werden dürfte. Die Errichtung von mehreren A.en im Kirchenraum ist in karolingischer Zeit bereits allgemein üblich (die St.-Gallener Plankirche, um 820, verzeichnet zB 19 A.e). Im Hochmittelalter scheint man gegenüber der Karolingerzeit vergleichsweise zurückhaltend zu sein (der Dom zu Bamberg erhielt bei seiner Weihe 1012 nur 8 A.e), während es im Spätmittelalter an vielen Orten zu einer wahren Überfüllung der Kirche mit A.en gekommen ist. Die Ursache ist vor allem in den zahlreichen Zunft- und Gilden-A.en und außerdem in den Familien-A.en zu suchen, deren Errichtung im 14. und 15.Jh. immer mehr Brauch wurde. Am Ausgang des Mittelalters hatten zB der Magdeburger Dom und die Danziger Marienkirche je 48, der Dom zu Halberstadt 37 A.e. Nach der Reformation, in deren Folge die protestantische Kirche zu *einem* A. zurückkehrte, hat sich auch die kath. Kirche um eine Verminderung der A.e bemüht (→ Altar: III C).

In vorkarolingischen Jh.en stand der Hoch-A. in der Regel vor der Apsis oder unter ihrem Eingangsbogen, nicht in der Apsis selbst, in der vor der üblichen Priesterbank und dem Bischofsthron kaum ausreichend Platz blieb, zumal der Priester in jener Zeit im allgemeinen noch hinter dem A. stand und mit dem Gesicht zur Gemeinde gewandt die Messe zelebrierte. Bereits seit frühchristlicher Zeit wurde der A.bezirk, wie es scheint, meist durch eine oder sogar mehrere Stufen erhöht und durch Schranken vom Gemeinderaum abgetrennt. Der Wunsch, den Hoch-A. in einem auch architektonisch fest abgegrenzten Raum unterzubringen, führt seit dem 9.Jh. allgemein zur Anlage von Chorjochen, die zwischen Apsis und Schiff bzw. Querhaus eingeschoben wurden. Das gleiche Bestreben nach baulicher Einordnung und Abgrenzung zeigt sich auch bei der Aufstellung der Neben-A.e und ist einer der bewegendsten Faktoren bei der Entwicklung des mittelalterlichen Kirchenraumes geworden. So entstanden zur Unterbringung von A.en die Nebenapsiden und im 9.Jh. der Gegenchor, der die Möglichkeit bot, einen zweiten, dem Hoch-A. durch seine Lage gleichwertigen A. aufzustellen. Auch die Chorumgänge mit Kapellenkranz, die Staffelchöre, endlich auch die Strebepfeilerkapellen der Spätgotik sind primär aus dem Bedürfnis heraus entstanden, würdigen Platz für A.e in fester architektonischer Bindung und Beziehung zum kultischen Zentrum des Gesamtraumes, dem Hoch-A., zu schaffen. Darüber hinaus hat man allerdings, vor allem im Spätmittelalter, A.e an allen nur möglichen Stellen im Kirchenraum untergebracht. Einen stets gleichbleibenden Platz auf der Achse des Kirchenschiffes vor dem Hoch-A. erhielt nur der Kreuz-A. Vor allem in Kathedralen, Kloster- und Stiftskirchen, in denen der Hoch-A. durch einen → Lettner vom Schiff abgetrennt war, diente er im Mittelalter als Laien-A.

5. a) Zur besonderen Hervorhebung und Auszeichnung des A.s diente schon in frühchristlicher Zeit das *Ciborium*, ein offener, von vier Säulen oder Pfeilern getragener A.überbau aus Stein oder Holz mit Metallverkleidung. Nach dem Liber Pontificalis soll bereits Konstantin ein A.-Ciborium für die Lateranbasilika gestiftet haben, und ähnliches berichtet das Papstbuch von verschiedenen Päpsten des 5.-8.Jh.s. Sehr häufig scheinen A.-Ciborien in vorkarolingischer Zeit noch nicht gewesen zu sein. Im Mittelalter fanden sie einige Verbreitung, vor allem in Italien. Doch sind sie zu keiner Zeit allgemein üblich geworden.

b) Die Verwendung von leinenen *A.decken* ist schon im 3.Jh. bezeugt. Seit dem 4.Jh. hören wir auch von kostbaren Stoffbekleidungen dh *Antependien* der A.e, wie sie dann in den folgenden Jh.en allgemein gebräuchlich wurden. Während ursprünglich wohl alle Seiten des A.s umhüllt wurden, begnügte man sich seit der Karolingerzeit meist mit dem Schmuck der Stirnseite, vor allem dann, wenn anstelle von Stoffantependien Vorsatztafeln - Frontale - aus Metall verwandt wurden, wie seit dem 8.Jh. nachweisbar, oder auch solche aus Holz. Das älteste und zugleich kostbarste erhaltene Frontale aus Edelmetall ist die sog. Goldene Tafel Heinrichs II. aus Basel (jetzt im Clunymuseum zu Paris). Wie alle Frontale des Mittelalters zeigt sie figürliche Darstellungen (Christus, Engel und Heilige in getriebenem Relief). Seine Blütezeit erlebte das A.frontale aus Metall vom 10.-13.Jh. Auch aus allen folgenden Jh.en sind noch Frontale bekannt. Doch wandte sich das Hauptinteresse seit dem 13.Jh. einem anderen A.-schmuck zu: dem *Retabel* (retrotabulum), dh einem mit gemalten oder plastischen Bildern versehenen A.aufsatz, der auf dem hinteren Teil der Mensa Aufstellung fand. Solche A.aufsätze sind nicht vor dem 11.Jh. nachweisbar. Entsprechend der Bestimmung, daß auf dem A. nur das Meßgerät Platz finden dürfte, hatte man sich im frühen Mittelalter damit begnügt, die Wände hinter und über dem A. mit bildlichen Darstellungen von Gott und den Heiligen zu schmücken. Erst nachdem in karolingischer Zeit die alte Vorschrift durchbrochen und der Brauch aufgekommen war, Reliquien mit ihren Behältern auf den A. zu stellen, fand auch der Bildschmuck seinen Weg auf den A. selbst. - Im Hochmittelalter waren Retabel noch verhältnismäßig selten und nur auf Hoch-A.e beschränkt. Seit dem 14.Jh. fanden sie rasch weitere Verbreitung, so daß am Ausgang des Mittelalters kaum noch ein A. ohne Retabel geblieben ist. Und auch weiterhin bis zum 20.Jh. hat das Retabel weitgehend das Bild des A.s bestimmt, so daß es meist fälschlich selber A. genannt wird. - Die ältesten erhaltenen Retabel aus dem 12.Jh. sind einfache Tafeln, meist von rechteckiger Form oder mit halbrunden Aufsätzen. Als Material diente neben Holz und Metall auch Stein. Aus diesem einfachen Typ haben sich in den Jh.en der Gotik außerordentlich vielfältige und aufwendige Retabelformen entwickelt. Neben der schlichten Tafel, wie sie auch weiterhin vorkommt, entstanden schon im 13.Jh. A.aufsätze, die, von den Formen der Baukunst angeregt, Gehäuse aus Strebepfeilern, Arkaturen und Maßwerk bilden. Besonders beliebt war dieser Typ im Spätmittelalter in Italien. In Deutschland und den anderen Ländern nördlich der Alpen erscheint er verhältnismäßig selten. Dort fand seit dem späten 13.Jh. vor allem das Flügelretabel Verbreitung und gewann bis zum Ausgang des Mittelalters fast allein die Herrschaft. Sowohl geschnitzten wie bemalten A.aufsätzen wurden seitlich bewegliche Flügel angefügt, oft sogar mehrere Paare, die meistens bemalt oder auch mit flachen Reliefs versehen waren. Liturgisch boten die Flügelretabel ganz neue Möglichkeiten, konnte man doch durch Öffnen und Schließen der Flügel das Bild des A.s verwandeln und ihm je nach der kirchlichen Zeit des Jahres ein festliches oder werktägliches Aussehen geben. - Seit dem frühen 15.Jh. hat man das Flügelretabel gewöhnlich mit einem Untersatz, einer Predella, ausgestattet, die ebenfalls mit gemalten oder plastischen Bildern geschmückt war und oft auch zur Aufnahme von Reliquien diente. Außerdem versah man das Flügelretabel häufig mit einem hohen bekrönenden Aufsatz, dem sog. Gesprenge. Zunächst meist streng architektonisch gestaltet, nimmt das Gesprenge in der Spätzeit der Gotik immer bewegtere und phantasievollere Formen an und wird zu einem besonderen Prunkstück des Retabels. Die Entwicklung des Flügelretabels hat vor allem in Deutschland am Ende des Mittelalters zu einem einzigartigen künstlerischen Höhepunkt geführt. Die großartigsten Schöpfungen spätmittelalterlicher Künstler (wie Pacher, → Grünewald, → Riemenschneider) sind unter den Flügelretabeln zu finden.

Im Verlaufe des 16.Jh.s mit der Renaissance aus Italien vordringend, setzt sich auch im Norden allmählich eine neue architektonische Form des Retabels durch, wie sie südlich der Alpen schon seit der Frührenaissance üblich geworden war. Besonders bevorzugt werden Retabel in Gestalt einer Aedicula, eines von Säulen oder Pilastern getragenen Giebels, der das Retabelbild bekrönt, oder auch mehrteilige architektonische Aufbauten. Neben diesen neueindringenden Retabelformen hat sich jedoch im Norden noch das ganze 16.Jh. hindurch das Flügelretabel zäh behauptet. Erst der Barock vermochte es endgültig abzuschaffen. - Soweit die prot. Kirche das Retabel nicht verwarf, zeigen ihre A.aufsätze im 16.Jh. die gleiche formale Entwicklung wie die der kath. Kirche. Die Unterschiede beschränken sich auf die Bildwahl. Sonderformen treten erst später auf (→ Altar: III C). Von den architektonischen Retabeln der Renaissance ausgehend schuf der Barock immer mächtigere architektonische Aufbauten, die nicht mehr nur Schmuck des A.s, sondern Ausstattungsstücke des Kirchenraumes waren und auf diesen oft in formal glänzender Weise abgestimmt wurden. Ausnahmslos erhält jeder A. nur ein Retabel, jedenfalls in kath. Kirchen. Wegen ihrer Größe fanden die Retabel häufig nicht mehr auf, sondern hinter der Mensa auf einem eigenen Sockel Aufstellung. Die Zeit des Klassizismus führt als letzte die Traditionen des Renaissance- und Barock-Retabels weiter. Das spätere 19.Jh. schuf, den allgemein historisierenden Tendenzen der Zeit entsprechend, vor allem zahlreiche neugotische A.aufsätze. - Erst das 20.Jh. brachte die Abwendung vom Retabel.

6. Seit dem 6.Jh. fanden neben feststehenden A.en (altaria fixa) nachweislich auch *Trag-A.e* (altaria portatilia) Verwendung. Ihre Einführung, vornehmlich für Reisen, wurde notwendig, seit man nur noch auf einem geweihten A. die Messe zu zelebrieren pflegte. Entsprechend ihrem Zweck von geringer Größe und Gewicht, bestanden die Trag-A.e im Mittelalter am häufigsten aus einer hölzernen, mit Edelmetall verkleideten Platte, in die ein Stein eingelassen war und die in der Regel auch eine Reliquie umschloß. Die romanische Zeit, in der das altare portatile seine höchste künstlerische Blütezeit erlebte, schuf außerdem kostbar geschmückte Trag-A.e in Form von Kästchen oder Miniatur-A.en. Die Trag-A.e nachmittelalterlicher Jh.e sind in der Regel ganz schlicht. Seit dem 16.Jh. hat man häufig einen geweihten Trag-A. auf einen ungeweihten A. gesetzt und diesem so den Charakter eines altare quasi fixum verliehen. Anstelle des Trag-A.s benutzte die griechische Kirche nachweislich seit dem 8.Jh. ein Tuch aus Seide oder Leinen, das Antiminsion (→ Altar: III D).

J.Braun SJ, Der christliche A. in seiner geschichtl. Entwicklung, 2 Bde, 1924 (Lit.). - Ferner: E.F.A.Münzenberger u St.Beissel, Zur Kenntnis u. Würdigung der mittelalterl. A.e Deutschlands, 2 Bde, 1895-1905 - B.Kleinschmidt Der mittelalterl. Trag-A. (Zeitschr. f. christl. Kunst 16, 1903, 299-304. 323-340; 17, 1904, 13-22. 35-50. 65-80. 97-108. 145-152. 161-166) - DACL I, 1907, 3155ff - F.Wieland, Mensa u. Confessio I. Der A. der vorkonstantin. Kirche, 1906 - Ders., A. u. A.grab der christl. Kirchen im 4.Jh., 1912 - A.Schmid, Der christl. A. u. sein Schmuck, (1871) 1928² - F.-J.Dölger, Die Heiligkeit des A.s u. ihre Begründung im christl. Altertum (AuC 2, 1930, 161-183) - RDK I, 1937, 412ff - J.A.Jungmann, Missarum Sollemnia, 2 Bde, (1948) 1949² - RAC I, 1950, 334ff.

H.Claussen

III B. Im Katholizismus der Gegenwart

1. Im Katholizismus der Gegenwart ist ein *vertieftes Verständnis* für die Bedeutung des A.s festzustellen. Der A. ist ihm wieder wie in altchristlicher Zeit der »Tisch des Herrn«, Symbol Christi und der Ort, an dem Gott und Mensch sich in der Feier des heiligen Mysteriums begegnen. Er ist der heilige, »schauererregende Tisch« (Chrysostomus, homil. 21), der »mystische Tisch« (Gregor von Nazianz, orat. 11) der »Tisch, der das Lamm trägt« (Chrysostomus), weil er Stätte des Opfers und Mahles ist. Von der Handlung an und auf dem A., nicht von seiner Gestalt wird auch seine Symbolik erschlossen. Im A. ist Christus dargestellt; denn der A. darf die gleichen Gaben tragen, die Christus dem himmlischen Vater entgegenträgt (vgl. Eusebius, h. e. X, 4).

2. Die Besinnung auf das Wesen und die Funktion des A.s führt auch zu seiner *bewußten Betonung*. Er steht heute fast immer frei im Raum und ist von allen Seiten zugänglich, wie es »die passendste, schönste und zugleich älteste Weise« ist (Braun, Altar I, 407). Der Platz des A.s ist nicht mehr an der Chorwand, also an der Raumgrenze, sondern im Raum, und zwar in der Regel im Presbyterium, gelegentlich auch am Choreingang oder in der Vierung, so daß er von allen gesehen werden kann (Instructio de arte sacra, 1952) und die alte Idee von den Circumstantes (vgl. Canon der Messe) wenigstens andeutungsweise zum Ausdruck kommt. Der Betonung des A.s und der Konzentration auf ihn dienen vielfach auch der Grundriß, besonders der mit Zentraltendenz, die Führung des Lichtes, die Ordnung des Bildschmukkes und die Farbgebung im A.raum. Um dessentwillen hat man neuerdings die Zahl der Seiten-A.e verringert (Aufstellung in Nebenräumen), manchmal ganz auf sie verzichtet. Durch seine Ausmaße und sein wertvolles Material (in der Regel einheimischer Naturstein) wird der A. besonders hervorgehoben. »Im idealen Gotteshaus ist der A. durch seine isolierte und maßvoll erhöhte Stellung . . . vielleicht auch durch einen Baldachin deutlich als das eigentliche Heiligtum, als das Herz der Gesamtanlage gekennzeichnet. Das ideale Gotteshaus wird im Innern wie im Äußern vom A. aus erdacht und geformt sein« (Klauser, 315). Auf den A., den Ort des sacramentums, wird jetzt auch wieder die → Kanzel als Ort des verbums bezogen. Die Kanzelfrage wird mehr und mehr durch die Aufstellung eines Ambos (→ Lesepult), in der Regel auf der Evangelienseite des Altarraumes gelöst. Zuweilen kommt dazu noch wie im christlichen Altertum ein zweiter Ambo, und zwar auf der Epistelseite.

3. Die *Form* des A.s läßt den Willen zum Einfachen, Wesentlichen und Funktionsbetonten erkennen. Man beschränkt sich auf die von der Kirche bestimmten Bestandteile des A.s: Stipes, Mensa und Sepulcrum (→ Altar: III A). Für Retabel oder ähnliche Aufbauten ist kein Interesse. Grundsätzlich können auch heute noch A.e in Kasten- und Sarkophagform gebaut werden, bevorzugt aber ist die Tischform, in letzter Zeit auch die Blockform, weil diese am klarsten den A. als Tisch und Symbol des Herrn charakterisieren. Gegenüber der Grundform muß die ornamentale und künstlerische Gestaltung zurücktreten. Das gilt auch vom A.schmuck. Der → Tabernakel und das → Altargerät, Kruzifix und

Leuchter erfahren eine von der Würde des A.s und ihrer eigenen Funktion bestimmte Neuformung.

4. Während in den bisherigen Fragen sich Übereinstimmung und eine klare Richtung durchsetzen konnte, ist die *Diskussion* über den Ort des Tabernakels und die Messfeier zum Volk hin noch nicht abgeschlossen. Die Gläubigen sollen mithandeln und keine »stummen Zuschauer« sein (Pius XI.). Priester und Volk sollen eine Opfergemeinschaft bilden. Darum erblicken die Freunde der Liturgie im Opfer-A. ohne Tabernakel die ideale A.-form. Der Aufbewahrung und der Verehrung der konsekrierten Hostien, der eucharistischen Devotion, aber soll ein Sakraments-A. dienen. Diesen Tendenzen stehen die Tradition und die Bestimmungen der Kirche entgegen, daß der Tabernakel »regulariter in altari maiore« (can. 1268) und »in media parte altaris« (can. 1269) angebracht und befestigt sein müsse. Die Ordinariate der einzelnen Diözesen gestatten deswegen keine neuen Wandtabernakel (vgl. Schweiz) und verlangen in der Regel die Verbindung von Opfer- und Sakraments-A. im Hoch-A. Für größere Kirchen und besonders geartete Fälle stimmen sie jedoch einer Trennung zu, zumal auch das Kirchenrecht solche Ausnahmen kennt (zB für Kathedralen und Konventskirchen). In der Genehmigung der Meßfeier zum Volk hin (versus populum) sind die Bischöfe zZ noch sehr zurückhaltend, obwohl dieser kein ausdrückliches Verbot der Kirche entgegensteht. Jedoch »manche Anzeichen deuten darauf hin, daß im Gotteshaus der Zukunft der Priester wieder wie einst hinter dem A. stehen und mit dem Gesicht zum Volke zelebrieren wird, wie es noch heute in den alten römischen Basiliken geschieht; der allenthalben spürbare Wunsch, die eucharistische Tischgemeinschaft deutlicher zum Ausdruck zu bringen, scheint diese Lösung zu fordern« (Klauser, 315).

L.Eisenhofer, Hdb. der kath. Liturgik, 1932, I, 342ff - J.Kramp, Der A. u. sein Dienst (Ars sacra 20, 1950, 7-25) - Th.Filthaut, Liturgie u. kirchliche Kunst (in: A.Henze, Kirchl. Kunst der Gegenwart, 1954, 42ff) - Th.Klauser, Richtlinien f. d. Gestaltung des Gotteshauses aus dem Geiste der röm. Liturgie (Das Münster 7, 1954, 314-317) - R.Fattinger, Liturgisch-praktische Requisitenkunde, 1955, 7ff.
G.Merkle

III C. In der evangelischen Kirche

Die Reformation des 16.Jh.s bedeutete, theologisch gesehen, das Ende des christlichen A.s als einer Stätte des Opfers. Neben-A.e wurden überflüssig. Auch für Luther war der einstige A. nun Abendmahlstisch der Gemeinde, hinter den der Priester, der »sich immer zum Volke kehren« sollte, zu treten hatte. Während man aber in den luth. Kirchen trotz dieser Anweisung Luthers meist bei den alten A.en blieb, beseitigten die ref. Kirchen diese restlos und benutzten von Anfang an feste oder bewegliche Abendmahlstische, wie es übrigens auch in einigen luth. Kirchen (zB Württemberg, teilweise Thüringen) geschah. Die bauliche Verbindung von A. und Kanzel im sog. Kanzel-A. war zeitweise in luth. Kirchen sehr beliebt, wird aber heute zumeist scharf abgelehnt, da sie die Ehrfurcht gegenüber dem am A. gefeierten Abendmahl verletze. Aber auch Retabel-A.e (→ Altar: III A, 5 b) werden, wie es scheint, bei Neubauten ev. Kirchen kaum noch geschaffen, ob es sich nun um Retabel handelt, die einen Bibeltext tragen, oder um solche, die ein biblisches Bild zeigen. Die Tendenz geht offensichtlich, wie übrigens auch auf kath. Seite (→ Altar: III B), zum Tisch- oder Block-A. zurück, nur daß das liturgisch unsichere Luthertum zögert, den Tisch wirklich als Tisch zu benutzen, während der Katholizismus (zB Hoch-A. im erneuerten Dom zu Münster) aus dem Fehlen des Retabels die entsprechenden liturgischen Folgerungen zieht. Das Beste wäre es schon, wenn man evangelischerseits grundsätzlich auf die Bezeichnung A. verzichtete, zumal sie, wie manche andere (Priester, Opfer, Messe u.ä.), nur ein Vehikel für die zum Katholizismus Tendierenden ist. Wenn die luth. Kirche am Krankenbett und beim Hausabendmahl ohne A. auskommt, beweist das, daß sie auch an der Stätte der allgemeinen Versammlung nur einen würdigen Tisch benötigt, der dann nicht nur Abendmahlstisch ist, sondern auch anderen liturgischen Zwekken dienen kann.

Nichts spricht dagegen, daß sich hinter diesem Tisch Predigtpult oder Kanzel erhebt, während der Taufstein und das etwa für die Schriftlesung benötigte Pult ihren Platz links und rechts vor dem A.tisch haben werden. Die Orgel in den Hintergrund des sog. A.raumes zu stellen, wodurch naturgemäß auch die Stellung des Singechors bedingt wird, ist erfahrungsgemäß nicht zu empfehlen, wohl aber wird es für das Zusammenwirken der verschiedenen liturgischen Faktoren günstig sein, wenn Orgel und Chor dem A. und der Kanzel seitlich benachbart sind. In ref. Kirchen, aber auch in solchen luth., deren Gottesdienstordnung der alte Predigtauftritt zugrunde liegt, wird (so auch weithin noch in Württemberg, doch vgl. Leiturgia III, 76ff) der A. in der Regel nur beim Abendmahl benutzt. In luth. und vom Luthertum beeinflußten unierten Gemeinden ist der A. ganz allgemein die Stätte, von der aus, abgesehen von der Predigt, der Pfarrer den gesamten Gottesdienst leitet. Kerzen auf dem A. zu entzünden, war früher nur beim luth. Abendmahl üblich. Heute ist es, abgesehen von ref. Gemeinden, zu einem allgemeinen gottesdienstlichen Brauch geworden, der sich ev. nur rechtfertigen läßt, wenn man daraus kein Gesetz macht. Das gleiche gilt vom Gebrauch der verschiedenfarbigen → Paramente. Die Sitte, den A. mit Blumen zu schmücken, ist nur zu billigen, wenn die Blumen aus der Gemeinde gespendet werden, wenn man in den Zeiten der Vegetationsruhe auf sie verzichtet und wenn hinsichtlich der Menge stets Zurückhaltung geübt wird. Ohne weiteres verständlich wird es den Gemeindegliedern sein, wenn man den A. für die Abendmahlsfeier weiß überdeckt. Mit dem A. zusammenhängende Bezeichnungen wie Evangelienseite (= Brotseite) oder Epistelseite (= Kelchseite) sind nur in Verbindung mit der Römischen Messe sinnvoll; in geosteten Kirchen ist jene die Nordseite, diese die Südseite des A.s.

Bemerkenswert ist, daß die Brüdergemeine trotz Zinzendorfs luth. Herkunft und Theologie nie einen A. kannte, sondern sich mit einem erhöhten Tisch begnügt, der für die Predigt einen Pultaufsatz erhält und für das Abendmahl besonders feierlich gedeckt wird.

RGG[2] I, 240 (ältere Lit.) - RDK I, 430ff - Leiturgia I, 422ff.
W.Jannasch

III D. In der orthodoxen Kirche

Streng genommen bezeichnet A. in der orth. Kirche den Raum hinter der → Bilderwand (βῆμα, russ. Altar', Oltar'). Hier ist unter A. der »hl. Tisch« (ἁγία τράπεζα, russ. Prestol, dh Thron Gottes) hinter der Mitteltür der Bilderwand gemeint. Während links vom A. (von der Gemeinde aus gesehen) auf dem »Rüsttisch« (→ Prothesis) die hl. Gaben zugerüstet werden, findet auf dem A. selbst die eigentliche Liturgie statt (→ Gottesdienst: V A) Erst durch das vom Bischof geweihte Antiminsion (ἀντιμίνσιον, russ. Antimins, lat. Form Antimensium), eine Decke, in deren vier Ecken Reliquien eingenäht sind, wird der A. kultgerecht. Notfalls kann auf jedem Tisch vermittels eines Antiminsions Liturgie gefeiert werden. Es liegt in rechteckiger Form auf dem »hl. Wickeltuch« (Heiler) (εἱλητόν, russ. Iliton). Antiminsion und Iliton werden erst bei Entlassung der Katechumenen aufgeschlagen. Beide liegen auf dem »hl. Leichtuch« (κατάσαρκα, russ. Sračica). Auf das Antiminsion gehört das »Schwämmchen« (σπόγγος, russ. Gubka) zum Absammeln der Gabenreste. Vor ihm steht das Gabenkästchen (κιβωτός, russ. Darochranitel'nica) in Gestalt eines Miniatursarges unter einem kleinen Baldachin. Die in ihm aufbewahrten hl. Gaben für das Krankenabendmahl werden im Bedarfsfalle in den rechts neben ihm stehenden »Brotträger« (ἀρτοφόριον, russ. Daronosica) getan, in dem sich Kelch, Gabenkapsel und Weinfläschchen befinden. Vor dem »Brotträger« liegt ein Handkreuz ohne Corpus. Links neben dem Antiminsion findet man das Evangelium, ein Lektionar für die Liturgie jeden Tages und den Morgengottesdienst. Hinter dem A. steht ein siebenarmiger Leuchter. - In der Jakobusliturgie ist der A. der hl. und geistliche Tisch, auf den der eingeborene Sohn und Herr um des Sünders und jeglicher Beschmutzung willen auf mystische Weise zum Opfer gelegt wird. Nach → Symeon von Thessalonich († 1429) liegt Jesus auf dem A. zur Speise (τροφή) und Ergötzung (τρυφή). Vor ihn wird in der Osternacht ein Tuch (russ. Plaščanica) getragen, welches ähnlich wie das Antiminsion Grablegung und Beweinung Christi darstellt, wobei die Mitteltür während der Osteroktav geöffnet bleibt. Auch aus der Ikonographie wird der A. als Ort des Gerichtsernstes offenbar. Dieser Wesenszug wird durch → Suidas ergänzt, der das Antiminsion auf einen Tisch vor dem römischen Gerichtstribunal (βῆμα, wie oben A.!) zurückführt. - Das kultische Verhältnis von A. zum Antiminsion geht bis in frühchristliche Zeit zurück. Damals war der A. noch kein fester Kultgegenstand; er wurde als hölzerner Tisch von Diakonen in den kirchlichen Raum hineingetragen. Erst im 4.Jh. entsteht unter Einwirkung der mensa martyrum der Stein-A. Auf diese mensa geht das Antiminsion in der orth. Kirche zurück, wobei der ursprünglich unmystische Charaker des frühchristlichen »Tisches« dadurch unterstrichen wird, daß er erst durch das Antiminsion (ἀντι-mensa = »an des Tisches Statt«) zum kultisch gültigen A. wird.

DACL I, 3155ff. 2319ff - A.GRABAR, Martyrium. Recherches sur le culte des reliques et l'art chrétien I. Architecture, 1946 - J.LASSUS, Sanctuaires chrétiens de Syrie, 1947 - G.KUNZE, Lehre, Gottesdienst, Kirchbau, 1949 - A.M.SCHNEIDER, Liturgie u. Kirchbau in Syrien (NAG 1949 Nr. 3). - Weiteres → Gottesdienst V A. *K.Onasch*

Altargeräte nennt man alle jene liturgischen Geräte, die zur vollständigen Ausstattung des → Altars (: III) für die eucharistische Feier gehören. Auf den Altar stellte man in alter Zeit nur die Gegenstände, die für die liturgischen Funktionen notwendig waren: Kelch (calix; er hat Fuß = pes, Knauf = nodus und Trinkschale = cuppa und muß auf weitausladendem Fuß festen Stand haben), Patene (Brotteller) und Meßbuch-Agende (auf einem Kissen, später auch auf einem kleinen Pult). Erst das 9.Jh. durchbricht (nur im Abendland!) diese Regel, gibt dem Reliquienschrein Raum und öffnet so den Weg für die Entwicklung der Altaraufbauten. Erst im 11.Jh. erscheint das Kruzifix auf dem Altar, ebenso finden die → Leuchter (: II), die in alter Zeit zu beiden Seiten des Altars auf dem Boden stehen, nunmehr auf ihm ihren Platz. Ergänzend treten zu Kelch und Patene hinzu die Pyxis (= Büchse) oder das dem Kelch nachgebildete Ciborium (ein Gefäß; zu Ciborium = Altarüberbau → Altar: III A, 5a) zur Aufbewahrung der → Hostien, in der röm. Kirche außerdem Kännchen für Wasser und Wein (urceoli, ampullae; → Ampulle), dagegen im ev. Bereich Weinkannen. Röm. Sonderbräuche erfordern darüber hinaus ein kleines Becken (pelvicula) zum Auffangen des Wassers beim liturgischen Händewaschen (→ Messe: II) und seit dem 14.Jh. die Monstranz zum Ausstellen der geweihten Hostie für die Verehrung der Gläubigen. Zur vollständigen Ausstattung des Altars gehört seit dem 16.Jh. auch die Kanontafel als Gedächtnisstütze. Ein Löffelchen zur Entfernung von Insekten, Korkteilen usw aus dem Wein ist auch in der luth. Kirche im Gebrauch. Als Material für die hl. Gefäße (vasa sacra) dienten in der alten Kirche Holz und Glas, seit dem 3.Jh. mehr und mehr edle Metalle, zuweilen mit Emaille und Edelsteinen verziert. Kelch und Patene sind seit alter Zeit durch das signaculum (→ Kreuzeszeichen) für den liturgischen Gebrauch gekennzeichnet. Um die würdige Gestaltung der A. hat sich im ev. Raum insbesondere der Rudolf-Koch-Kreis (R. → Koch) bemüht, der mit guter handwerklicher Arbeit neben den Edelmetallen auch Zinn und Messing zu Ehren bringt. Um die Rückkehr zum einfachen und klaren Aufbau des Altars mit der entsprechenden Ausstattung ist in der röm. Kirche die liturgische Bewegung der Gegenwart besorgt. Blumenschmuck der Kirche und des Altars kennt schon die altchristliche Zeit. Für die Schnittblumen (nicht Topfpflanzen) sollten nur edelgestaltete Vasen gebraucht werden. Die reformierte Kirche, die den Altar durch einen Abendmahlstisch ersetzt, duldet weder Kruzifix noch Kerzen.

P.GRAFF, Geschichte der Auflösung der alten gottesdienstlichen Formen in der ev. Kirche Deutschlands, Bd I, (1921) 1937² - L.EISENHOFER, Handbuch der kath. Liturgik, 1932 - J.BRAUN SJ, Das christl. Altargerät in seinem Sein u. seiner Entwicklung, 1932 - R.SCHWARZ, Gottesdienst, 1937 - RDK I, 492 f - RIETSCHEL-GRAFF I, 110 ff - Chr. MAHRENHOLZ, Die liturgischen Gegenstände u. Geräte des Kirchenraumes, 1951. *K.B.Ritter*

Altargesang

1. Kirchenmusikalisch - 2. Liturgisch

1. Mit A. bezeichnet man den Gesang des Liturgen sowie allgemein die gregorianisch gesungenen Teile des Gottesdienstes (unter Einbeziehung auch der Weisen des Chors). A. im ersteren Sinne ist Sprechgesang (accentus) nach sog. Modelltönen, die auf Grund eines beliebig langen Reperkussionstons (sog. tēnor oder tuba) die Unterlegung verschieden langer Textglieder erlauben. Man unterscheidet Orations-, Lektions- und die im Wechsel mit Chor oder Gemeinde gesungenen responsorialen Töne. An den kunstvolleren → concentus-Gesängen des Kantors und des Chors hat der Liturg bei der Intonation von → Gloria, → Credo und Ite missa est bzw. Benedicamus (→ Liturgik: III) Anteil. Zum A. im zweiten Sinne vgl. → Gregorianischer Gesang. Die Wurzeln beider Bereiche reichen bis in das Urchristentum und den at. → Gottesdienst (: II) zurück. In der Reformation hat die reformierte Kirche den A. völlig abgeschafft, während das Luthertum einerseits die mittelalterliche lateinische Tradition fortsetzte und andererseits im deutschen Sprachbereich den gregorianischen Weisen deutsche Texte zu unterlegen versuchte oder auch, besonders für Epistel und Evangelium, neue, auf die Eigenart der deutschen Sprache eingehende Lektionstöne schuf. In der Gegenwart ist die Bedeutung des A.s neu ans Licht gerückt worden.

HDEKM I, 1 (Lit.) - MGG I, 379ff - F.BUCHHOLZ, Vom Wesen der Gregorianik, 1948 - THR.GEORGIADES, Musik u. Sprache, 1954 - Dienstboek voor de Nederlandse hervormde Kerk in Ontwerp, Gravenhage 1955. *W.Blankenburg*

2. Der A. des Liturgen ist in der ev. Kirche Deutschlands bis in das 19.Jh. hinein geübt worden, ohne je als alleinberechtigt zu gelten. ZB wird das Singen der Altarlesungen freigestellt (Pommern 1535), im 17.Jh. gelegentlich das Sprechen der Kollekte zur Gemeinde hin empfohlen (Soest 1609); besonders → Introitus, → Kyrie, → Credo werden dem Chor übertragen, → Gloria und Credo vom Liturgen intoniert (Liegnitz 1625). Die

Aufklärung nannte den A. eine »mönchische Sitte« (G.B.Eisenschmid 1795), fand ihn aber auch »angenehm und rührend« oder feierlicher als das Sprechen. Das Singen des Vaterunsers und der Einsetzungsworte erhielt sich am längsten und veranlaßte im 19.Jh. neue Kompositionen oder die Wiederaufnahme alter Weisen. Heute fordert man dort, wo man die Rückkehr zur Gottesdienstgestalt der lutherischen Reformation erstrebt, auch den A. Verhältnismäßig ungebrochen lebt die Tradition des A.s in den skandinavischen Ländern sowie in der anglikanischen High Church (→ Common Prayer Book) und in den von ihr abhängigen Kirchen Nordamerikas fort.

H.Biehle, Der liturgische Sprechgesang als Stimmproblem, 1935 - W.Blankenburg, Singen u. Sprechen im Gottesdienst (MuK 21, 1951, 261-267). *H.Urner*

Altchristliche Dichtung

1. Die griechische A.D.: a) Das liturgische Lied - b) Die Kunstdichtung - 2. Die lateinische A.D.: a) Das liturgische Lied - b) Die Kunstdichtung - 3. Die syrische A.D.

Sowohl für die griech. wie für die lat. A.D. besteht ein Unterschied zwischen dem liturgischen Liede und der Kunstdichtung, der direkten christlichen Fortsetzung der antiken poetischen Tradition.

1. a) Wenn Paulus Eph 5, 19 und Kol 3, 16 von Psalmen, Hymnen und geistigen (πνευματικαί) Liedern spricht, sind damit nicht drei gesonderte Gattungen gemeint. Aus seinen Worten geht aber hervor, daß es spontane Gemeinde-Lieder pneumatischer Art gegeben hat. Auch die Wendung ἐν τῇ χάριτι ᾄδοντες (Kol 3, 16) weist darauf hin. Die meisten im NT angeführten Lieder, wie Lk 1, 46ff. 68 ff; 2, 29ff; Apg 4, 24ff; Apk 4, 11; 5, 9ff u.a. knüpfen inhaltlich und formell bei der at. Dichtung an. So waren die ältesten christlichen Hymnen Prosahymnen in biblischem Stil, aus der religiösen Spannung der Gemeinde hervorgegangen, öfters improvisiert und in vielen Fällen gar nicht schriftlich fixiert. Daß es aber auch schon ziemlich früh Hymnensammlungen gegeben hat, darf man aus dem syrisch (und teilweise koptisch) überlieferten Buch der sog. *Psalmen Salomos* (→ Salomo-Psalmen) folgern. Ob dessen Gesänge aus gnostischen oder aus kath. Kreisen herrühren, kann hier unerörtert bleiben. Jedenfalls ist die Hymne in biblischem Stile in gnostischen Kreisen sehr beliebt gewesen, und dieses könnte dazu beigetragen haben, daß man sich in orthodoxen Kreisen dieser Dichtungsart gegenüber reserviert verhalten hat. Nichtsdestoweniger haben sich einige der schönsten Prosahymnen bis auf unsere Tage in der Liturgie behauptet, wie (mit gewissen literarischen Elementen) φῶς ἱλαρόν und besonders die sog. große Doxologie: δόξα ἐν ὑψίστοις ϑεῷ. In gnostischen Kreisen scheinen auch früh Hymnen in klassischem Stil beliebt gewesen zu sein; unter den orthodoxen Christen ist diese Form als liturgisches Lied anfänglich aber wenig verbreitet gewesen. Trotzdem ist es nicht unmöglich, daß die anapästische Hymne auf Christus, welche den Paedagogus des → Clemens Alexandrinus abschließt, in der alexandrinischen Liturgie verwendet wurde. - Schließlich hat im Osten die rhythmische, akzentuierende Hymne den Sieg davongetragen. Erste Ansätze finden wir in zwei Gedichten → Gregors von Nazianz. Mit dem rhythmischen Prinzip vollzieht sich auch allmählich die Gliederung in Strophen; Reim und → Akrostichon treten auf. Diese Poesie erreicht ihren Höhepunkt im 6.Jh. mit → Romanos, dem »Meloden«, dem größten Kirchendichter der byzantinischen Zeit, der, aus Syrien stammend, von → Ephräm beeinflußt ist. Biblische Frömmigkeit verdrängt das antike Empfinden. Von seinen 1000 (?) Hymnen sind uns nur 80 erhalten. Von den Späteren reicht nur der Patriarch → Sergius (7.Jh.), wahrscheinlich der Dichter des → Akathistos Hymnus, an Romanos heran. Die späteren Hymnendichter, von denen → Andreas von Kreta (7.Jh.) und → Johannes Damascenus (8.Jh.) wohl die bedeutendsten sind, nähern sich der *Kunstdichtung*.

b) Hier ist man bemüht, den neuen Inhalt in traditionelle Form zu kleiden. So hat → Methodius von Olympus († um 311) im Symposion der Siegerin Thekla einen Hymnus auf Christus und die Kirche in antikisierendem Stil in den Mund gelegt. In derselben Tradition dichtete → Synesius von Cyrene (413/14) seine platonisierenden Hymnen im dorischen Dialekt, von denen allerdings nur die letzten seiner christlichen Periode entstammen. Auch die anakreontischen Oden des → Sophronius von Jerusalem († 638) gehören dieser Gattung an. Eine vielseitige christliche Dichtung entstand, vielleicht mit veranlaßt durch Julians Edikt von 362, im Laufe des 4.Jh.s. Von der poetischen Wirksamkeit des → Apollinaris von Laodicea († um 390) ist wenig oder nichts erhalten. → Gregor von Nazianz hat keine wirklich neue christliche Dichtung geschaffen. Wir finden bei ihm die ganze Fülle antiker dichterischer Formen, und auch sprachlich schöpft er aus den verschiedensten Traditionen. Obgleich Gregor, besonders in seinen persönlichen Gedichten, bisweilen einen menschlich bewegten Ton anschlägt, kommt auch er nicht über ein gewisses Epigonentum hinaus. Dasselbe gilt in noch stärkerem Maße vom Epiker → Nonnus (Mitte 5.Jh.), der in seiner Paraphrase des Johannesevangeliums für die Eigenart und Größe der evangelischen Texte kein Verständnis zeigt.

2. a) In großen Linien verläuft die Entwicklung der *lat. Dichtung* in paralleler Weise. Auch im Westen war die älteste liturgische Dichtung wohl charismatischer Art, vgl. Tertullian Apol. 39, 18. Auch hier stehen am Anfang wohl Prosahymnen mit biblischen Wendungen, zB der Hymnus Te Deum laudamus (→ Ambrosianischer Lobgesang), der in seiner heutigen Form auf → Niketas von Remesiana († kurz nach 414) zurückgeht, dessen wesentliche Elemente aber viel älter sind, wie aus Cyprian, De mort. 26 hervorgeht. Auf die Dauer hielten sich diese Prosahymnen nicht. Ein Versuch des → Hilarius von Poitiers († 367), metrische Hymnen zu schaffen, scheiterte wohl am gelehrten Charakter seiner Dichtung. Dagegen hat → Ambrosius von Mailand († 397) mit feinem Gefühl für die metrische und sprachliche Tradition eine Hymnendichtung geschaffen, die für die Folgezeit vorbildlich geworden ist. Ambrosius scheint die Hymnen in erster Linie als kirchliches Propagandamittel in den dogmatischen Streitigkeiten betrachtet zu haben (vgl. Ep. 21, 34). Ihr Erfolg liegt wohl an der rechten Mitte, die sie zwischen den Erfordernissen einer kirchlichen Poesie und der römischen Tradition einhalten. In seinen noch metrischen, jambischen Dimetern finden wir die ersten Ansätze zu einer rhythmischen Versifikation. Die ambrosianische Tradition wird fortgesetzt durch Dichter wie → Sedulius, Venantius → Fortunatus, → Gregor d.Gr. u.a. Prudentius gehört mehr der Kunstdichtung an (s. b).

Zwischen der kirchlichen Hymnendichtung und der Kunstdichtung liegen die Versuche → Commodians (Zeit umstritten) und → Augustins (Psalmus abecedarius contra partem Donati), in volkstümlicher Sprache und akzentuierender Form eine teils didaktische, teils propagandistische (antihäretische) Dichtart zu schaffen.

b) Die *Kunstdichtung* bietet christlichen Inhalt in antikisierender Form. Der alte Phönix-Mythus wird in dem Lactantius zugeschriebenen Gedicht De ave Phoenice christlich umgedeutet. Die epische Paraphrasierung des evangelischen Stoffes setzt im Westen früh mit dem spanischen Dichter → Iuvencus ein, der um 330 in Hexametern seine 4 Bücher Evangelia schrieb, in denen der christliche Sprachgebrauch bewußt gemieden wird. Im 5.Jh. paraphrasiert der Gallier → Cyprian in ähnlicher Weise at. Stoff; auch das Carmen Paschale des → Sedulius (um 430) gehört dieser Dichtart an. Der spanische Dichter → Prudentius († nach 405) ist zu gleicher Zeit ein humanistischer Geist und feuriger Christ; seine sehr vielseitige Dichtung verrät ein wirklich dichterisches Empfinden. Sein weniger begabter Zeitgenosse → Paulinus von Nola († 431) episiert in seinen Natalicia auf Felix die Märtyrer- und Heiligenlegende. In seinen Psalmenparaphrasen zeigt er kein rechtes Verständnis für die Würde und Größe der biblischen Poesie. Die poetische Heiligenbiographie wird auch später noch gern gepflegt, so zB in den Martins-Viten von Paulinus von Petricordia und von Venantius Fortunatus. Das christliche Epigramm kommt mit der Bautätigkeit des 4./5.Jh.s zur Blüte (Damasus, Paulinus von Nola und Prudentius). Auch diese Gattung hat sich nicht aus der alten Tradition gelöst. Dasselbe gilt für Gelegenheitsgedichte, wie Epithalamia und Propemptica, Gattungen, die Paulinus von Nola und hernach → Sidonius Apollinaris gepflegt haben. Aber in dieser späten Zeit überwiegt in diesen Gattungen das poetische Spiel so sehr, daß man kaum noch von christlicher Dichtung reden kann.

3. Die Anfänge der syrischen christlichen Dichtung sind mit → Bardesanes († 222) und dessen Sohn Harmonios verknüpft; von ihnen ist jedoch nichts erhalten. Der fruchtbarste Dichter der Syrer war → Ephräm († 373). Er teilt selbst seine Gedichte in zwei Klassen ein, Memra und Medrascha, die beide strophisch gebaut sind. Während die Memra zur bloßen Rezitation und zur persönlichen Lektüre bestimmt sind, sollen die Medrascha als Chorgesänge mit Musikbegleitung vorgetragen werden. Die unter Ephräms Namen tradierte Geschichte Josephs in 12 Gesängen ist ihm wohl abzusprechen. Ins 4.Jh. gehört auch → Balai, von dem wir verschiedene Gedichte auf kirchliche Feste und Heilige besitzen. Der Zeit der Glaubenskämpfe gehört → Isaak von Antiochien an, dessen Gedichte großenteils verloren sind. Am Ende des 5.Jh.s schrieb → Narses, »die Harfe des hl. Geistes«, Hymnen und epische Gedichte; seine Dichtungen haben sich noch bis heute im gottesdienstlichen Gebrauch der → Nestorianer erhalten. Der größte Dichter nach Ephräm war der Monophysit → Jakob von Saruch (*451), »die Flöte des hl. Geistes und die Harfe der gläubigen Kirche«; ungefähr 300 metrische Homilien sind von ihm erhalten.

Ausgaben: Zu 1: W.Christ-M.Paranakis, Anthologia graeca carminum christianorum, 1871 - J.B.Pitra, Analecta sacra I, 1876 - P.Maas, Frühbyzantin. Kirchenpoesie I², 1931. - Zu 2: G.M.Dreves-C.Blume, Analecta Hymnica, 55 Bde, 1886-1922 - Dies., Ein Jt. lat. Hymnendichtung, 2 Bde, 1909 - W.Bulst, Hymni latini antiquissimi LXXV, Psalmi III, 1956. - Zu 3: Th.M.Lamy, S. Ephraemi Syri Hymni, 4 Bde, 1882-1902.

Lit.: Zu 1 u. 2: Neben den üblichen Literaturgeschichten: DACL 6, 1924, 2826 ff (Lit.) - J.Kroll, Die Hymnendichtung des frühesten Christentums (Die Antike 2, 1926, 258 ff) - F.J.E.Raby, A History of Christian Latin Poetry, 1927 (Lit.) - M.G.Nicolau, Les deux sources de la versification accentuelle, 1934 - ERE VII 5 ff (Lit.) - Chr.Mohrmann, La langue et le style de la poésie latine chrétienne (Revue des Etudes lat. 25, 1947, 280-297) - M. Simonetti, Studi sull' Innologia popolare Cristiana dei primi secoli (Atti della Accademia dei Lincei, Ser. 8., 4, 1952, 341-405). - Zu 3: A.Baumstark, Gesch. der syr. Lit., 1922. - Weiteres → Syrische Literatur. *Chr.Mohrmann*

Altchristliche Kirche

1. Apostolisches Zeitalter - 2. Nachapostolische Zeit - 3. Die Apologeten - 4. Die Ketzerbestreiter - 5. Die Übergangszeit - 6. Das 4.Jh. - 7. Die Zeit der Völkerwanderung

Als die Periode der A.K. ist die Zeit anzusehen, in der sich das Christentum auf dem Boden der antiken Welt bewegte. Die Anfangsgrenze ist vorgegeben; als Ende darf vom abendländischen Gesichtspunkt aus die Zeit Papst → Gregors des Großen (590-604) gelten, dh der Abschluß der das → Imperium Romanum zerstörenden Völkerwanderung durch den Einmarsch der Langobarden in Italien. Aber auch für → Byzanz bedeutet der Beginn des 7.Jh.s eine Epoche innerer Wandlungen wie heftiger Erschütterungen, die in dem gewaltigen Eroberungszug des → Islam ihren Höhepunkt erreichten.

Innerhalb dieser Periode lassen sich sieben deutlich voneinander unterschiedene Abschnitte begrenzen. Natürlich sind dabei, wie bei all solchen Periodisierungen, die Trennungslinien unscharf, und jede Zeit bereitet die Charakteristika der nächsten vor.

1. Am Anfang steht das *Apostolische Zeitalter,* in welchem sich die Jerusalemer Urgemeinde begründet und ausbreitet und → Paulus seinen Missionszug durch die östlichen und nördlichen Mittelmeerländer unternimmt (→ Christentum: III). Es ist die Zeit der lebendigen Tradition von Jesus, der ungebrochenen Erwartung der baldigen → Parusie des Herrn und einer enthusiastischen Frömmigkeit. Zahlreiche Sendboten wirken an der Ausbreitung dieses Glaubens; nur wenige von ihnen sind uns noch ungefähr erkennbar. Eine spätere Zeit hat sie ebenso wie die Gegensätze innerhalb der frühen Christenheit vergessen und alles Licht auf *Paulus* konzentriert, der nun allerdings seine Zeitgenossen weit überragt. Gegen mancherlei Anfeindungen und Gegnerschaft wacht er sorglich darüber, daß die von ihm begriffenen Grundlagen des Evangeliums ihre herrschende Stellung behalten und die neue Bewegung nicht zur Religiosität hellenistischer Mystenkonventikel herabsinkt oder auf eine innerlich überwundene Stufe zurückgedrängt wird. Die wichtigsten und fast ausschließlichen Quellen sind hier die älteren Schriften des NT.

2. Als *Nachapostolische Zeit* haben die annähernd zwei Menschenalter vom Tode des Petrus und Paulus (um 64) bis zur Regierungszeit Hadrians (117-138) zu gelten (→ Imperium Romanum). Überragende Persönlichkeiten begegnen uns hier nicht. Denn auch der Märtyrer-Bischof → Ignatius von Antiochia, der uns als Individuum am besten erkennbar ist, wird schwerlich mit so hohem Prädikat geschmückt werden dürfen, obwohl seine Briefe wie seine Erscheinung uns bis heute noch manches Rätsel aufgeben. Andererseits sind der bzw. die Verfasser der johanneischen Schriften (→ Johannesevangelium, → Johannesbriefe, → Johannesapokalypse) in ihrer historischen Gestalt kaum erkennbar. Die *»Apostolischen Väter«*, zT auch nach 130 entstanden (→ Altchristliche Literatur, 2), geben diesem Zeitraum das Gepräge eines ruhigen Mittelmaßes. Man erwartet nicht mehr die Parusie in aller Kürze, der Enthusiasmus geht zurück und man beginnt sich auf dieser Erde einzurichten. Die notwendigsten organisatorischen Maßnahmen für den Aufbau der Einzelgemeinde (→ Kirchenverfassung: I) und die Regelung des → Gottesdienstes (: III) werden getroffen. Hatte noch Paulus das Recht der Heidenmission gegenüber ausschließlichen Ansprüchen des → Judenchristentums verteidigen müssen, so durfte jetzt das → Heidenchristentum den Sieg für sich in Anspruch nehmen. Die Weltgeschichte hatte durch die Zerstörung Jerusalems und seines Tempels im Jahre 70 dem jüdischen Kult in christlichen Augen das Todesurteil gesprochen. Von einer Bindung christlicher Gewissen an das jüdische Ritualgesetz konnte nun keine Rede mehr sein. Die Christen fühlten sich vielmehr als das wahre Israel, dem die Verheißungen des AT galten. Was man an jüdischen Sitten und Gebräuchen aus der apostolischen Periode herübergenommen hatte, verband man mit mancherlei hellenistischen Gedanken und mystischen

Vorstellungen, die sich besonders an die Sakramente der → Taufe und des → Abendmahls knüpften. Man sammelte die Briefe des Paulus und las sie mit Eifer und Verehrung; aber man verstand sie in ihrer Tiefe nicht mehr. Das *Christentum* wurde das *»neue Gesetz«* (→ Gesetz: V), dessen Kern sich in einer Kombination jüdischer Sittengebote mit Sätzen der Bergpredigt zum Ausdruck bringen ließ. Wer getauft wurde, erhielt die Vergebung der Sünden und genoß im Abendmahl den Leib des Herrn als eine himmlische Substanz, die ihm Unsterblichkeit und ewiges Leben verbürgte. Aber die Erreichung dieses Zieles war an die Erfüllung des christlichen Sittengesetzes geknüpft. Wer es gröblich verletzte, verlor das Heil unwiederbringlich.

3. Die folgende Periode pflegt man das Zeitalter der → *Apologeten* zu nennen (130-180). Hatte die christliche Gemeinde seit den Tagen Neros auch mannigfach unter dem Zugriff der Behörden und noch mehr von dem Toben aufgewiegelter Volksmassen zu leiden (→ Imperium Romanum), so entwickelte sich doch erst jetzt eine planmäßige Abwehr der feindlichen Angriffe mit geistigen Waffen. Eine Reihe von Männern trat auf, die, zumeist durch philosophische Schulung dazu befähigt, das Christentum nicht nur gegen die erhobenen Vorwürfe verteidigten, sondern auch den heidnischen Polytheismus angriffen und die eigene Religion als die einzige und auch philosophisch allein zu rechtfertigende Wahrheit hinstellten (→ Altchristliche Literatur, 3; → Apologetik: II). Ihre Kritik am Heidentum bewegte sich freilich in ausgefahrenen Bahnen und hat die Absicht, unmittelbar auf die heidnische Umwelt Einfluß zu nehmen, wohl auch kaum erreicht, sondern nur den Christen das apologetische Rüstzeug für die Auseinandersetzungen des Tages geliefert. Aber ihre Versuche, das Christentum philosophisch zu erfassen, sind für die Fortentwicklung des theologischen Denkens von großer Bedeutung geworden, und allein schon die Art und Weise ihres Auftretens zeigt, wie stark das Selbstbewußtsein der Kirche gewachsen ist. Die Stellung des philosophisch gebildeten Heiden zum Christentum wird besonders im »Wahren Wort« des → Celsus sichtbar.

Um dieselbe Zeit erreicht aber eine Bewegung ihren Höhepunkt, die für die junge Kirche die gefährlichste Gegnerin war, die → *Gnosis* (: I). Schon in den ersten Anfängen des auf griechisches Gebiet übergreifenden Christentums spüren wir die Wirkungen eines synkretistisch-dualistischen Erlösungsglaubens, der, aus mannigfaltigen orientalischen Quellen gespeist und mit philosophischen Brocken durchsetzt, in der frühen römischen Kaiserzeit weite Verbreitung fand (→ Synkretismus: I). Es verhieß dem Eingeweihten Befreiung aus den Fesseln der Materie, des Schicksals, der Dämonen und bot sich in immer neuen Formen und Mischungen einem nach Erlösung von seelischem Druck lechzenden Geschlechte an. Der Generation der Antoninenzeit drohte so die Gefahr, daß das Christentum vom Gnostizismus aufgesogen wurde. Die führenden Männer dieser christianisierten → Gnosis (: III), → Basilides und → Valentin, waren den Kirchenmännern ihrer Generation geistig überlegen. Um die gleiche Zeit bemühte sich → Marcion in vermeintlicher Nachfolge des Paulus, das Christentum vom AT loszureißen und Jesus als den Verkünder der Lehre vom fremden überweltlichen Gott darzustellen, und erzielte damit große Erfolge, selbst in der Hauptstadt Rom. Und schließlich erhebt sich, von Phrygien ausgehend und bald über Kleinasien bis Afrika (→ Tertullian) hinausgreifend, der altchristliche Enthusiasmus in der Bewegung des → Montanismus noch einmal in einer letzten, reaktionären Erneuerung der altchristlichen Parusieerwartung und ihres ethischen Rigorismus. Nimmt man all das zusammen, so wird es begreiflich, daß um die Mitte des 2. Jh.s die schwerste Krise über die Kirche hereingebrochen ist. Sie hat diese siegreich überwunden. Zunächst schuf sie die entscheidenden Mittel zur Festigung der Gemeinden. Das Taufbekenntnis in seinem Wortlaut, gleichzeitig aber auch in seinem durch die Lehre der Kirche geprägten Verständnis *wurde zur bindenden* und falsche Lehre ausschließenden *Norm* (→ Tradition: III; → Apostolikum: I). Der Kanon des NT gewann feste Form (→ Bibel: II B) und beseitigte die in gnostischen Kreisen beliebte Willkür apokrypher Schriftstellerei wie den Anspruch des Montanismus auf neue, abschließende Offenbarung. Und die Organisation der Einzelgemeinde wurde durch den monarchischen Episkopat gekrönt, der sich etappenweise seit dem Ende des 1. Jh.s ausbildete und zum Hüter der reinen Lehre bestellt erschien (→ Bischof: I).

4. Auf die Apologeten folgen in dem Menschenalter um 200 die *Ketzerbestreiter*. Zwar sind auch um 150 den Gnostikern und bald danach den Montanisten bereits christliche Schriftsteller entgegengetreten; aber was sie geschrieben haben, ist verloren und kann nicht von erheblicher Bedeutung gewesen sein. Erst gegen Ende des 2. Jh.s, dh als die akute Gefahr bereits überwunden war, sind die klassischen Kritiker des Gnostizismus auf den Plan getreten (→ Altchristliche Literatur, 3b). Und sie haben dauernde Wirkung erzielt, weil sie von den Gegnern gelernt hatten und eine in inneren Zusammenhang gebrachte, über die reine Weitergabe und Verteidigung des Traditionellen hinausführende Auffassung des Christentums vortrugen, die es wagen durfte, sich mit den Spekulationen der gnostischen Gegner zu messen. Der Kampf um die Seelen der geistig führenden Schicht der antiken Welt hebt an. → Irenäus von Lyon entwickelt seine Theorie von der bischöflichen Tradition und der Erneuerung der Menschheitsgeschichte durch Christus. In Afrika schreibt → Tertullian seine ebenso temperamentvollen wie geistreichen Schriften, in einem Latein, dem er den Stempel seiner Persönlichkeit, aber auch die Fähigkeit, eine klassische Kirchensprache aus sich zu entwickeln, aufgedrückt hat. Rom sieht in → Hippolyt seinen ersten großen, mit umfassender Gelehrsamkeit ausgestatteten christlichen Schriftsteller; er ist zugleich der letzte Römer, der griechisch schreibt. Und in → Alexandria webt → Clemens, der Leiter der Katechetenschule (→ Alexandrinische Theologie, 2), bunte Teppiche einer »christlichen Gnosis«, alte Gegensätze innerlich überwindend und zu einer neuen Synthese führend. Der Bau der Kirche steht jetzt festgefügt.

5. Die nächste Generation des *dritten Jahrhunderts* sieht das Christentum zum ersten Mal auf siegreicher Höhe. Als ein Fürst im Reich der Geister waltet erst in Alexandria und dann in Cäsarea → Origenes und wird auch von den Heiden geehrt (→ Alexandrinische Theologie, 2). Seine Philosophie entspricht dem werdenden → Neuplatonismus. Der Entwicklung christlicher Theologie hat der von Origenes besiegelte Bund mit neuplatonischem Denken für Jahrhunderte seinen Geist eingehaucht. Das *Christentum* schickte sich an, eine *führende Macht auch im geistigen Leben der Spätantike* zu werden. Dem konnten weder der damals auf dem Höhepunkt stehende Mithraskult (→ Mithras) noch die von syrischen Kaisern (→ Imperium Romanum) protegierten semitischen Kulte Gleichwertiges entgegensetzen. Kaiser Decius, der die Gefahr für den Staat und seine mit heidnischem Sakralrecht verbundenen Grundlagen erkannte, versuchte zwar, mit Gewalt die Macht des Christentums über die Geister zu brechen, aber die erste allgemeine Christenverfolgung führte nicht zum Ziel. Fester nur schloß sich in ihrer Organisation die Kirche zusammen, und Bischof

→ Cyprian von Karthago schrieb das Buch »Von der Einheit der Kirche«, die in der Einheit des Episkopates begründet sei und außerhalb derer es kein Heil gebe. Vergebens schrieb der neuplatonische Philosoph → Porphyrius mit glänzendem Scharfsinn eine umfassende Kritik des Christentums. Auch der von Diokletian und seinen Mitkaisern geführte letzte und langwierigste Kampf der staatlichen Gewalten (→ Christenverfolgung) brach sich an den festen Mauern der Kirche. Unter → Konstantin wurde das Christentum erst im Westen (312) und bald danach auch im Osten (324) zunächst zu einer gleichgestellten, *staatlich anerkannten Religion*. Damit war auch äußerlich der Sieg gewonnen; denn von der Anerkennung bis zum Anspruch der Alleingeltung war der Weg nicht weit.

Aber das Christentum, das nach 312 das römische Weltreich gewann, war ein anderes als das der apostolischen und auch das der nachapostolischen Zeit. Aus der einfachen Weise der Frühzeit ist jetzt auf allen Gebieten ein vielgestaltiger Organismus geworden. Von der Gemeinde der Laien hat sich eine vielfach abgestufte Hierarchie des Priestertums abgesondert, das seine bevorrechtete Mittlerstellung aus göttlicher Einsetzung herleitet (→ Kirchenverfassung: II). Die Sakramente der → Taufe und des → Abendmahls werden von dieser Priesterschaft als wunderwirkende Mysterien (vgl.: → Arkandisziplin) verwaltet und mit einem immer stärker ausgebildeten Ritual umgeben, bei dem Einwirkungen naturreligiöser Vorstellungen der heidnischen Umwelt unverkennbar sind. Die Erlösung des einzelnen von Sünde und Tod wird als eine durch die Sakramente gewirkte mystisch-substantielle Vergottung empfunden, und die Spekulation findet in der Gottmenschheit Jesu Christi (→ Christologie: II) den zureichenden physisch-metaphysischen Grund für das sakramentale Wunder. Die christlichen Sittengebote werden milder gehandhabt. Auch schwere Sünder können durch den Spruch des Bischofs nach geleisteter Buße der Gemeinschaft Christi und dem Heile zurückgegeben werden (→ Bußwesen: II). Und doch lebt in der Kirche eine gewaltige sittliche Kraft. Das Gebot der Nächstenliebe mochte vom einzelnen noch so oft verletzt werden: die Kirche als Organisation hielt es fest und setzte es zielbewußt in die Tat um. Die katholische Kirche um 300 ist die einzige soziale Großmacht in der alternden Kultur jener Tage (vgl. → Diakonie).

6. Das *vierte Jahrhundert* ist *die klassische Periode der griechischen Kirche:* in ihm hat sie ihre charakteristischen Merkmale und ihre großen Heiligen und Kirchenväter gewonnen. Die Anerkennung des Christentums durch → Konstantin wurde noch unter ihm zu einer Begünstigung, die sich in den folgenden Jahrzehnten trotz des Rückschlages unter → Julian sehr schnell bis zur Alleingeltung entwickelte. Gleichzeitig nimmt der Einfluß des Staates auf die Kirche ständig zu. Bereits der Einfluß Konstantins war außerordentlich. Den → arianischen Streit über das Verhältnis Gottes des Vaters zu seinem Sohne, dem Logos, entschied auf der Synode zu Nicäa 325 tatsächlich sein Wille. Aber das theologische Gewissen der Bischöfe bäumte sich hernach auf, und es hat fast 60 Jahre erbitterter Kämpfe gekostet, ehe die theologische Entwicklung des Ostens mit dem Wortlaut des (umgedeuteten) nicänischen Bekenntnisses zusammenstimmte.

In diesem Kampfe sind der griechischen Kirche ihre großen Führer erwachsen. → Athanasius, der große Bischof von Alexandria, ringt kirchenpolitisch um die Herrschaft seines Thrones, theologisch zunächst um das Anliegen, dann um den Wortlaut des Bekenntnisses von Nicäa im Interesse seiner Erlösungslehre und gewinnt in diesem Streit den Westen zur Verteidigung der alexandrinischen Interessen. In Kappadozien wuchsen inzwischen die Männer der Zukunft heran: → Basilius, der große Organisator und Kirchenpolitiker, und sein Freund → Gregor von Nazianz, ein unvergleichlicher Kanzelredner. Beide haben sich an den Schriften des Origenes theologisch gebildet und der politisch schwer bedrängten Kirche des Ostens den Weg zur Anerkennung des Nicänums geebnet. Neben ihnen steht → Gregor von Nyssa, der jüngere Bruder des Basilius, mit stärker ausgeprägten philosophischen und spekulativen Interessen. Am Ausgang des Jahrhunderts glänzt die vornehme und tapfere Persönlichkeit des Konstantinopeler Patriarchen Johannes → Chrysostomus, der nicht nur ein Redner größten Stils, sondern auch ein gelehrter und feinsinniger Bibelerklärer war.

Während sich im Osten aus dem arianischen Streit die Keime zu neuen theologischen Kämpfen bildeten, hatte das *Abendland* Stürme anderer Art zu bestehen. Der Donatistische Streit (→ Donatismus) in → Nordafrika (: I) riß eine große Kirchenprovinz für mehr als ein Jahrhundert in zwei Teile und untergrub ihre Kraft nach außen wie nach innen. Im Osten entwickelte sich die kirchliche Verfassung im Anschluß an die politische Einteilung des Reiches. Die staatlichen Provinzen wurden auch kirchliche Metropolitanbezirke, und in den Hauptstädten der Diözesen thronten die Patriarchen, von denen Konstantinopel und Alexandria in ständigem Kampf lagen (→ Kirchenverfassung: II). Im Westreich zeigte sich eine freiere Beweglichkeit in der Ausgestaltung der kirchlichen Grenzen. Noch vor der Mitte des Jahrhunderts ist Rom der Vorort bei allen Verhandlungen mit den Griechen, und sein Ansehen, das besonders auf seiner apostolischen Gründung beruht, gewinnt für das ganze Abendland überragende Bedeutung (→ Papsttum: I). Nur in der kurzen Zeit, als neben dem Römer → Damasus die mächtige Gestalt des → Ambrosius von Mailand stand, wurde der Glanz des römischen Stuhles durch die neue Residenz Mailand vorübergehend verdunkelt. Die Selbständigkeitsansprüche → Karthagos sind seit dem donatistischen Streit dahin.

Das entscheidend Neue war im 4.Jh. das *Eintreten des Christentums in die breite Öffentlichkeit*. Hatte bereits vorher die christliche Literatur den Anspruch erhoben, zu allen Gebildeten zu reden (→ Altchristliche Literatur, 3), so entwickelte sich jetzt eine zu allem Volk sprechende christliche Kunst (→ Altchristliche Kunst). Von kaiserlicher Freigebigkeit gefördert, entstanden an allen Hauptzentren des Reiches mächtige Kirchenbauten. Andererseits zogen nun auch gewaltige Volksmassen in die Kirche, die dem Christentum innerlich fremd gegenüberstanden und sich nicht selten lediglich der veränderten politischen Lage anschlossen. Der starke Bodensatz naturreligiöser Vorstellungen, die noch in der heidnischen Kultur lebendig waren, wirkte jetzt umgestaltend auch auf kirchliches Wesen und kirchlichen Brauch. Die → Messe (: I; → Arkandisziplin) wird mit Betonung zum »Mysterium« ausgebaut, die → Märtyrer- und → Heiligenverehrung gleicht sich dem antiken Heroenkult an, und heidnische → Feste (: IV) werden unter christlichen Namen übernommen. Die schon im 3.Jh. gelockerte Sittenzucht droht gegenüber den Millionen der neuen Volkskirche zu versagen.

Gegen diese Weltförmigkeit stellt sich das → Mönchtum (: II). Ernste Einsiedlergestalten, wie der große → Antonius, ziehen sich in die Wüste zurück, um ihre Seele vor den Eitelkeiten der Welt und den Nachstellungen der Dämonen zu retten. Bald entstehen daneben zahlreiche Klöster. Die Mönche sind die neuen Helden der Kirche, die Männer des Strebens nach Vollkommenheit, die keinen Kompromiß mit dieser Welt kennen und wieder als Träger des heiligen Geistes angesehen werden. Weissagung und Wunderkraft wird ihnen zuteil, und das Volk verehrt sie als »Heilige«.

7. Die *Zeit der Völkerwanderung* kennzeichnet die letzte Periode der A.K. Als Johannes Chrysostomus in der Verbannung starb (407), war die große Zeit der *griechischen* Kirchenväter zu Ende. Das 5.Jh. schaut die Kämpfe der Epigonen. Der alexandrinische Papst → Cyrill ringt seinen Konstantinopeler Gegner → Nestorius auf dem Konzil zu Ephesus (431) nieder, während sein Nachfolger → Dioskur auf dem Konzil von → Chalcedon (451) eine entscheidende Niederlage erleidet (→ Christologie: II). Den dogmatischen Kampf um die Zweinaturenlehre entschied Chalcedon nur formell. Die Masse des Volkes, namentlich in Ägypten und Syrien, lebte von dem Glauben, daß Gott der Herr selbst am Kreuze gehangen, gestorben und auferstanden sei und im Abendmahl genossen werde. Die Lehre von Chalcedon trennte die menschliche von der göttlichen Natur in Christus und machte damit das Vergottungswunder unanschaulich. So erhob die Lehre von der einen Natur (Monophysitismus) die Sturmfahne gegen das chalcedonensische Bekenntnis und die es deckenden Kaiser in Byzanz (→ Christologie: II). In immer neuen Phasen hat sich dieser Kampf abgespielt. Kaiser → Justinian hat noch einmal das Äußerste getan, um die Einheit des Reiches zu retten, es war vergeblich. Mit dem Monophysitismus verband sich die nationale Opposition gegen das Griechentum, in → Syrien (: IV) sowohl wie in Ägypten (→ Kopten: I). Als im 7.Jh. der Arabersturm über diese Provinzen hinwegfegte (→ Islam: I), konnten sie den Eroberern keinen Widerstand leisten.

Im *Abendlande* steht an der Schwelle des 5.Jh.s die ehrfurchtgebietende Gestalt des größten abendländischen Kirchenvaters → Augustin. Auch er lebt von griechischer Bildung, aber sie ist ihm Eigenbesitz geworden, und er benutzt sie, um die Probleme abendländischer Frömmigkeit in ihrer Tiefe zu lösen. Im Kampf mit den Donatisten (→ Donatismus) hat er den Kirchen- und Sakramentsbegriff, im Ringen mit → Pelagius die Frage nach Sünde, Gnade und Prädestination in solcher Weise beantwortet, daß die Wirkung seines Denkens bis heute zu spüren ist. Und in seinem Buch »Vom Gottesstaat« hat er einer christlichen Geschichtsphilosophie Bahn gebrochen, aus der spätere Zeiten ein kirchenpolitisches Programm geformt haben. Von allen Kirchenvätern ist er der einzige, der in seinen Selbstbekenntnissen (Confessiones) ein Werk geschaffen hat, das zu den Kleinodien der Weltliteratur gehört. Sein Zeitgenosse ist der grundgelehrte → Hieronymus, dem die lateinische Kirche ihre Bibel (die Vulgata, → Bibelübersetzungen: II) verdankt. Ambrosius und Augustin haben schon Ende des 4.Jh.s mönchische Anregungen des Ostens im Abendland gefördert; Anfang des 5.Jh.s finden wir Mönchskolonien an der Südküste Frankreichs und in Irland. Das Vorbild abendländischen Mönchtums wird der heilige → Benedikt von Nursia, der 529 sein Kloster auf dem Monte Cassino gründet und ihm die Regel gibt, die bis zur Höhe des Mittelalters die herrschende Form des abendländischen Mönchtums bestimmte (→ Mönchtum: II).

Seit Alarichs Westgoten Rom stürmten (410 nChr), sind die Länder des Abendlandes, Italien, Gallien, Spanien, Afrika, in wechselnden Überflutungen von germanischer Einwanderung heimgesucht worden (→ Imperium Romanum). Das Band der Reichseinheit des Westens ist zerschnitten, und germanische Staatsgebilde treten in ihrer Vereinzelung praktisch an die Stelle des römischen Imperiums. Aber es bleibt ein einigendes Band für den Westen: die Kirche. Alle Germanenvölker hatten, soweit sie es besaßen, ihr Christentum von den Westgoten (→ Goten) erhalten. → Ulfilas hatte hier das nicänische Bekenntnis abgelehnt, und alle Germanen galten der Reichsorthodoxie daher als Arianer. Diese konfessionelle Differenz hinderte ihre Vermischung mit den Romanen und förderte den Zusammenschluß der Unterworfenen in der kirchlichen Einheit mit Rom. Beim Zerfall des alten Reiches und seiner Kultur bewährt sich die Kirche als Hüterin wertvollen Erbes, und der römische Bischof wird in kluger und charaktervoller Politik zum Papst des Abendlandes und zum Gebieter der Stadt Rom (→ Papsttum: I). Inmitten des Hunnensturmes behauptet sich → Leo der Große (um 450), und auch im Osten ist seine starke Hand in den chalcedonensischen Kämpfen zu spüren. Theoderich versucht in Italien noch einmal, die alte Ordnung mit den neuen Machthabern zu versöhnen. Aber Justinian zerstört sein Reich, in das dann die → Langobarden einbrechen. Auf den Trümmern einer versunkenen Welt steht der erste große Papst des Mittelalters, → Gregor der Große.

H. LIETZMANN, Gesch. der Alten Kirche I-IV$^{2(3)}$, 1953 - K.MÜLLER, Kirchengeschichte I, 1^{3} (mit H.v.CAMPENHAUSEN), 1941 - G.KRÜGER, Das Altertum (HKG I), 1923^{2} (Neubearb. durch W. SCHNEEMELCHER in Vorbereitung) - H.v.SCHUBERT, Geschichte der christl. Kirche im Frühmittelalter, 1917 - H.ACHELIS, Das Christentum in den ersten drei Jahrhunderten, 1925^{2} - A.FLICHE u. V.MARTIN (Hg.), Histoire de l'Eglise I-V, 1946ff - Kirchengeschichte, hg.v. J.P.KIRSCH, 1930ff - K.ALAND, Kirchengeschichte in Lebensbildern I, 1953.

† *H.Lietzmann* (*K.Aland*)

Altchristliche Kunst

1. Begriff und geschichtliche Einordnung - 2. Älteste Denkmäler - 3. Theologische Voraussetzungen - 4. Kunstgeschichtliche Voraussetzungen - 5. Ausbreitung - 6. Sinngehalt. - Vgl. die Artikel → Byzantinische Kunst: I, → Elfenbeinkunst: I, → Kirchenbau: I, → Kopten: III, → Kunstgewerbe: II, → Malerei und Plastik: I (dort Bildtafel), → Mosaikkunst, 2

1. Die A.K. umfaßt die Denkmäler der bildenden Kunst und Architektur, die von den Anfängen bis etwa 600 nChr datieren und deren Entstehung oder auch Zweck, Inhalt oder liturgische Bestimmung mit dem Christentum als geschichtlicher Größe zusammenhängen. Sie ist somit ein Teilgebiet der allgemeinen Archäologie und Kunstgeschichte und hat ihre Eigenart nur darin, daß im Unterschied zu aller vorangehenden griechisch-römischen und auch gleichzeitigen jüdischen Kunst der Glaube an Christus die Voraussetzung künstlerischen Schaffens bildet. So klar die Verbindung der A.K. mit der frühmittelalterlichen Kunst ist, so deutlich auch die → byzantinische Kunst sich aus ihr herausbildet, so verwickelt ist anderseits der Zusammenhang mit der Antike. Teils erscheint die A.K. als ihr Abschluß und konnte deshalb als Kunst der Christlichen Antike (v. Sybel) verstanden werden; teils ist sie Übergangs- und insofern echte Krisenkunst, indem sie nämlich altes Gut aufnimmt und umbildet sowie überliefertes ausscheidet und Neues schafft. In jedem Fall, wie auch immer man den Nachdruck auf Kontinuität oder Bruch verteilt, wird man den brückenbildenden Charakter der A.K. unterstreichen und hier einen entscheidenden Quellort abendländisch-christlicher Kunst überhaupt erkennen müssen. Daneben sollte der Theologe in der A.K. besonders die Frage nach dem grundsätzlichen Verhältnis von Kunst und Christentum (→ Kunst : III. IV) studieren und auch ihren rein geschichtlichen Wert als Quelle für das Studium der Kirchengeschichte anerkennen und methodisch nutzen.

2. Die *ältesten erhaltenen Denkmäler* aus Malerei und Plastik entstammen - wie die jüngsten Arbeiten an der Stilgeschichte mit großer Übereinstimmung lehren -

den ersten Jahrzehnten des 3.Jh.s. Noch ins 2.Jh. zu datierende Werke eindeutig christlicher Herkunft sind bislang unbekannt. Die Malereien in den römischen → Katakomben setzen etwa zur gleichen Zeit und ebenso zögernd ein wie die ältesten Sarkophage mit christlichem Bildschmuck, nämlich gegen 220 nChr. Die weithin durch J.Wilperts Katakomben- und Sarkophagwerk bestimmten Datierungen, die eine große Anzahl von Werken der A.K. ins 1. und bes. 2.Jh. verweisen, ja auch die C.R.Moreys zusammenfassendem Buch über die A.K. zugrunde liegende Chronologie müssen als überholt angesehen werden.

Nicht nur Rom und der Westen weisen Denkmäler der A.K. auf, auch der Osten geht in seiner Tradition in die vorkonstantinische Zeit zurück. Die i.J. 1932 entdeckten Fresken der Kapelle von → Dura Europos (: III) gehören in die Zeit um 240 nChr. Zusammen mit der Entdeckung einer ausgemalten Synagoge haben diese Ausgrabungen unsere Kenntnis wesentlich erweitert, nicht nur weil eine entwickelte jüdische Kunst, sondern auch weil eine bisher verschüttete christliche Hauskirchenkunst neu ins Blickfeld tritt.

Der Themenkreis der A.K. ist zunächst beschränkt. Symbole wie → Fisch, → Anker oder, im weiteren Sinne, → Guter Hirte, Orans, Angler und at. Rettungsszenen sind wohl die ältesten Darstellungen, werden aber bald durch Aufnahme nt. Motive erweitert: Taufe Jesu, Mahlszenen, Lazaruserweckung u.a. In der 2. Hälfte des 3.Jh.s mehren sich mit den erhaltenen Denkmälern die Themen. Das Rettungsmotiv spielt oft hinüber in die Paradiesthematik, der Prediger christlicher Wahrheit wird häufig als philosophischer Lehrer dargestellt (sog. Lese-Szene). In der Zeit nach 270 wird ein stilgeschichtlicher Wandel auf christlichen wie heidnischen Sarkophagen und auch in der Malerei deutlich, die Wende zur Spätantike bricht durch. Und mit → Konstantin d.Gr. wird die A.K. gleichsam politisch entbunden und öffentlich vom Kaiser gefördert. Obgleich auf Grund literarischer Quellen das Vorhandensein von Hauskirchen in vorkonstantinischer Zeit bekannt war, ist erst mit → Dura-Europos (: III) ein Denkmal archäologisch belegbar. Zum → Kirchenbau (: I; → Basilika) kam es erst im 4.Jh., und diese Entwicklung – historisch beurteilt weniger autochthon als mit Profanbauten zusammenhängend – zog bald eine christliche → Mosaikkunst nach sich und wirkte sich auf nahezu allen Gebieten der Kunst fördernd aus. Der Bann war gebrochen. Der Massen*bedarf* führte freilich oft auch zur qualitätsmäßig geringeren Massen*herstellung*.

3. Die Tatsache, daß es überhaupt zur Entstehung einer A.K. kam, gibt Fragen auf: Wie war es möglich, daß der eschatologische und *welt*kritische, ja im urchristlichen Zeitalter *kultur*kritische Glaube der Christenheit das Bilderverbot des Dekalogs überwand und ebenso kultur*schöpferisch* wie kunst*freudig* wurde? Wie ist diese Entwicklung erklärbar, wo doch in gleicher Zeit – und noch bis in die Mitte des 4.Jh.s – die Kirchenväter eine deutliche Sprache gegen Künstler innerhalb der Kirche reden? Ist das Aufbrechen einer A.K. zugleich ein Zeichen vorschreitender Verweltlichung innerhalb der Kirche, ein Zersetzungssymptom also, das in einer Assimilierung mit der paganen Kultur und Welt seine Ursache hat? Eine Antwort auf diese Fragen wird mehrere Gesichtspunkte im Auge behalten müssen und jede vorschnelle Schematisierung zu vermeiden haben. Gewiß ist eine wesentliche Voraussetzung für die A.K., daß die eschatologische Naherwartung längst einem Denken in Geschichtsperioden gewichen war (→Eschatologie: IV), daß aufs Ganze der frühchristlichen Geschichte gesehen der Sakramentalismus die Eschatologie verdrängt hatte. Wichtig ist weiter, hiermit zusammenhängend, daß gegenüber dem Urchristentum und seiner Betonung des Wortes und damit Beanspruchung des Ohres eine Wendung zur sichtbaren Handlung und damit zur Aufgabe für das Auge eintrat.

Liturgie als sichtbare Handlung läßt das im Wesen Unsichtbare dem Auge erscheinen, ohne es seiner Unanschaulichkeit zu berauben, und schafft damit die Voraussetzungen einer *ars sacra*. Der Strukturwandel der Gottesdienstform (→ Gottesdienst: V A, 1) vom 1. zum 3.Jh. ist also ein mitbestimmender Faktor für die Entstehung der A.K. Nicht ohne Bedeutung ist ferner, daß im synagogalen Judentum hellenistischer Zeit eine freiere Interpretation des Bilderverbots für eine Verwendung von an sich heidnischen Symbolen oder von dem Anschein nach neutralen Themen Raum geschaffen hatte. Endlich hatte die kirchliche Ausarbeitung einer → Christologie (: II) die Möglichkeit geschaffen, im Soter Jesus Christus auf Gott hinzudeuten, ohne Gott darzustellen. Theologisch gesehen ist ja der Gute Hirte oder auch die Wunder vollziehende Christusgestalt nichts anderes als die → Hand Gottes, die bereits ikonographisch geprägt und theologisch geduldet war. Gleichwohl muß man sich hüten, zu viel »Theologie« bzw. dogmengeschichtliche Hintergründe in der A.K. zu suchen. Ob oder wieweit zB die Bußstreitigkeiten des 3.Jh.s oder die christologischen Auseinandersetzungen des 4.Jh.s sich wirklich auf die Kunst ausgewirkt haben, ist fraglich. Vermutlich muß man – ohne jede Verengung – mit einem ursprünglichen Ausdrucksbedürfnis und Formgebungsverlangen rechnen, also mit einem »Kunstwollen« (A.Riegl), das durch sinnbildliche Gestaltung zu umfangen und zu bekennen sucht, was begrifflicher Definition sich entzieht. Und dies geschah innerhalb der christlichen Gemeinde des 3.Jh.s in Ost und West gleichsam spontan, trotz Warnung der führenden Theologen. Eine liturgisch verwurzelte Kunst hebt somit an, ehe sie kirchlich-autoritativ legitimiert ist.

4. Die *Quellen* der A.K. sind, wie die des Christentums überhaupt, komplexer Natur. In Vergröberung der historischen Einzeluntersuchungen darf man auf zwei entscheidende Linien hinweisen: die *hellenistische* Antike (meist römischer Prägung) vermittelte den Stil – die A.K. folgt also dem Stil der Zeit und entwickelt keinen eigenen christlichen Stil – und oft die aufs Transzendente hinweisende Symbolik. Die *jüdische* Antike (in sich bereits hellenistischen Einflüssen offen) bot nicht nur eine Umdeutung antiker Symbole und ikonographischer Entwürfe an, sondern vor allem eine offenbar schon wesentlich entwickelte Bibelillustration mit »erzählendem« Stil. Gerade hier eröffnen sich auf Grund der Arbeiten von A.M.Friend und K.Weitzmann neue Perspektiven für das Gebiet der A.K. Oktateuch, Geschichtsbücher, Psalmen und Oden sowie Propheten, also alle Teile des AT scheinen zumindest in Alexandria illustriert worden zu sein. Diese Illustrationen benutzten einen »erzählenden« Stil, ordneten also nebeneinander eine Abfolge von Ereignissen, stellten das aktuell Sich-Ereignende dar, nicht nur den Effekt. Da in der Taufkapelle von → Dura ähnliche Tendenzen erkennbar sind, ist man geneigt, dem im Osten beheimateten »erzählenden« Stil einen chronologischen Vorrang zu geben und die in der A.K. des Westens zu beobachtende Tendenz zur Abkürzung und abbreviierten Hindeutung als zweite Stufe zu erkennen. Dann freilich wäre Hinweis statt Erzählung, Andeutung des Effektes statt Ausmalung des Aktes eine Revision vorausgehender jüdischer Bibelillustrationen. Die Erforschung dieser Fragen ist noch im Gang, so daß keine abschließende Beurteilung gegeben werden kann.

5. Ist schon die Entstehung der A.K. eine offene Frage, nämlich hinsichtlich der theologischen und historischen Voraussetzungen, so noch mehr ihre archäologisch belegbare *Ausbreitung*. Der fragmentarische Bestand der Überlieferung, besonders im Blick auf die östliche Hälfte des Mittelmeerraumes, macht es unmöglich, heute schon klare Schlüsse zu ziehen.

Gewiß stehen in der Erhaltung der Denkmäler Rom und Palästina, Norditalien und Südfrankreich sowie Byzanz im Vordergrund. Aber ebenso sind Ägypten, Syrien, Kleinasien mit Denkmälern vertreten, die eine wenn auch heute nur noch in wenigen Beispielen überlieferte A.K. anzunehmen zwingen. Man darf deshalb in keinem Falle auf Grund des zufällig quantitativ überragenden Materials (zB Rom) einen »Kanon« aufstellen, da jede Neuentdeckung neue Fakten schaffen kann.

Soweit wir unter den genannten Voraussetzungen über die noch erkennbare A.K. und ihre geographische Ausbreitung zu urteilen fähig sind, läßt sich sagen: in *nach*konstantinischer Zeit gab es allerorts im → Imperium Romanum, in den Hauptstädten der Provinzen zumindest, eine bildende oder wenigstens monumentale A.K. Wie weit man in *vor*konstantinischer Zeit zu gehen berechtigt ist, läßt sich nur je und je auf Grund der Fundergebnisse mit Sicherheit sagen. Mit der Gewährung des Öffentlichkeitsrechtes an das Christentum kamen zu den oben genannten klassischen Ländern der A.K. bald die Balkanländer, Spanien, Germanien (→ Köln, → Trier), ja im 5. und 6.Jh. auch Britannien und Irland hinzu. Mit der geographischen Ausbreitung geht eine Ausweitung des ikonographischen Bildbestandes, Aufnahme und Wandlung lokaler Traditionen, Differenzierung der benutzten Technik und des Stiles einher. Wie sich mit der Christianisierung der Völker eine Individualisierung der christlichen Kirchen vollzog, so folgte auch in der A.K. eine sich steigernde Individualisierung.

6. Die verschiedenen durch Material und Lokaltraditionen bedingten Zweige der A.K. lassen sich weder auf einen Nenner bringen noch durch einen alles beherrschenden *Sinngehalt* erklären. Während im 3.Jh. der Malerei ein Vorrang zukommt und die Plastik von ihr entscheidende Anregungen empfängt, übernimmt im 4.Jh. die Sarkophagskulptur die Führung. In beiden Kunstzweigen läßt sich ein einheitlicher Sinngehalt der Darstellungen nicht festlegen. Dagegen kann, auch nach dem Aufkommen von Mosaik- und Elfenbeinkunst, Goldgläsern und Metallkunst im 4. und 5.Jh., noch ein »Sitz im Leben« bestimmt werden, bei freilich zunehmender Vielfalt der Thematik. Die vor 30 Jahren die Auseinandersetzung bewegende Frage: Realismus oder Symbolismus? ist als zu eng formuliert verschwunden, obgleich die Interpretation der Bilder heute stärker einem Verständnis als »Sinnbilder« zuneigt. Man kann auch nicht sagen, daß - wenigstens anfänglich - alle A.K. Grabeskunst sei oder daß sie ihren Ursprung in einer christlichen Hauskunst hätte. Solche Verallgemeinerungen muß man preisgeben. Was aber läßt sich dann über ihren »Sitz im Leben« aussagen? Sicher dies: daß die Gebetsformulare mit ihren Hinweisen auf die biblischen Vorbilder einer Rettung aus Todesnot von entscheidendem Einfluß auf die Auswahl der Themen gewesen sind, also die alten Vorlagen der heute noch in der *commendatio animae* gesammelten Paradigmengebete. Daneben müssen die die Frömmigkeit mehr als die Theologie des 3.Jh.s bestimmenden Sakramente von Taufe und Abendmahl als Quellort erkannt werden. Dh aber aufs Ganze der Anfänge gesehen: die Liturgie als Handlung ist der eigentliche Nährboden, und gerade diese führt zum Symbol.

Bald jedoch, mit Beginn des 4.Jh.s, stellt sich daneben eine stärker realistische und oft historisierende Gestaltung. Jetzt wirken auch Motive des Kaiserkultes (→ Herrscherkult) auf die Christuskunst ein. Seit → Justinian gewinnt auch die Theologie stärkeren Einfluß auf die Entwürfe, es entstehen »christologische« Zyklen, ja letztlich gehen Historie, Theologie und Kunst ein Bündnis ein.

Das Neue der A.K. gegenüber der griechisch-römischen Vergangenheit läßt sich dahin zusammenfassend charakterisieren: Das Kriterium der »Schönheit« wird prinzipiell durch das der zu bekennenden »Wahrheit« ersetzt, womit sich eine für die mittelalterliche Kunst wichtige Entwicklung anbahnt: auch das Leidensmotiv, ja die Häßlichkeit des Schmerzes können jetzt als positive Werte in die Kunst eintreten. Die abendländisch-christliche Kunst hat in Thema, Intention und auch Stil im weitesten Sinn ihre Wurzeln in der A.K.

Vgl. die Lit. zu den oben genannten Artikeln sowie zu den entsprechenden Stichwörtern in DACL, RAC, RDK. - L.v.Sybel, Christliche Antike I, 1906; II, 1909 - O.Wulff, Altchristliche und Byzantinische Kunst, 2 Bde, 1913 - E.B.Smith, Early Christian Iconography, 1918 - A.Riegl, Die spätrömische Kunstindustrie, 1927 - F.J.Doelger, ΙΧΘΥΣ, 1910-1927 - RGG² I, 249ff (Lit.) - O.Casel, Älteste christliche Kunst und Christusmysterium (JLW 12, 1932, 3-86) - F.Wirth, Römische Wandmalerei vom Untergang Pompejis bis ans Ende des 3.Jh.s, 1934 - Lietzmann II, 1936, 120ff - F.Gerke, Die christlichen Sarkophage der vorkonstantinischen Zeit, 1940 - F.Cumont, Recherches sur le symbolisme funéraire, 1942 - C.R.Morey, Early Christian Art, (1942) 1953² (Lit.) - A.M.Friend (Hg.), Studies in Manuscript Illumination, Princeton 1945ff - A.Grabar, Martyrium. Recherches sur le culte des reliques, 1946 - K.Weitzmann, Illustrations in Roll and Codex, 1947 - Ders., Greek Mythology in Byzantine Art, 1951 - Ders., Observations on the Cotton Genesis Fragments (Late Classical and Medieval Studies in Honor of A.M.Friend, Princeton 1955, 112-132) - E.H.Swift, Roman Sources of Christian Art, 1951 - H.v.Soden, Urchristentum und Geschichte I, 1951, 90ff - E.R.Goodenough, Jewish Symbols in the Greco-Roman Period, 5 Bde, 1953ff - J.Kollwitz, Das Christusbild des dritten Jh.s, 1953 - W.Weidlé, The baptism of art, o.J. (1953).

Erich Dinkler

Altchristliche Literaturgeschichte

1. Gegenstand - 2. Die urchristliche L. - 3. Die altkatholische L. (Apologetik und Gnosis) - 4. Die griechische und lateinische L. der antiken Reichskirche. - L. = Literatur

1. Unter A.L. versteht man die literarischen Denkmäler der Entwicklung des christlichen Glaubens und der christlichen Gemeinschaft von den Anfängen bis zum Zerfall der antiken Reichskirche (→ Altchristliche Kirche) ohne Rücksicht darauf, ob sie den Charakter von L. im strengen Sinne haben oder nicht. Auch die - übrigens spärlichen - Reste von literarischer Bekämpfung des Christentums durch seine heidnischen Gegner (zB → Celsus, → Porphyrius) pflegt man einzubeziehen ebenso wie die L.denkmäler der von der Großkirche abgesplitterten und verketzerten Gemeinschaften (schon deshalb: Geschichte der A.L., und nicht der altkirchlichen L., der Streit um den Namen - im kath. Bereich auch: Patrologie - sollte der Vergangenheit angehören). Nur die Inschriften (→ Epigraphik: II) bleiben außerhalb. Die A.L.-Geschichte als Wissenschaft (auch: Patristik) hat die zur L. gewordenen Schriftwerke zu sammeln, zu ordnen und die Geschichte ihres Werdens zu ermitteln und darzustellen. (Dabei ist nicht zu vergessen, daß neben dem Erhaltenen eine Fülle untergegangenen Schrifttums steht.) Wie bei aller antiken L. erfordern dabei die Fragen nach Echtheit und Einheit, Zeit und Heimat, Überlieferung und Quellen der einzelnen Schriften oft überaus verwickelte Untersuchungen. Die A.L. ist das wichtigste Mittel zur Erkenntnis der Geschichte der altchristlichen Kirche; Inschriften und

Monumente treten weit hinter ihr zurück, und Aktenstücke sind, von wenigen Papyrusoriginalen abgesehen, nur literarisch überliefert. Sie wird daher wesentlich als Quellenkunde der Kirchen- und Dogmengeschichte gepflegt, während die Aufgabe einer eigenen und eigentlichen Geschichte der A.L. als solcher, ihrer Formen und Gattungen mit Ausnahme der Frühzeit noch weniger gefördert ist (und nach Lage des Stoffes wohl auch weniger Erfolg verspricht).

Was die *Sprache* der A.L. betrifft, so werden die ersten Anfänge christlicher L. Aufzeichnungen in aramäischer Sprache von Herrenworten, Herrengeschichten, Offenbarungen und Anweisungen ältester christlicher Geistträger gewesen sein, von denen nichts erhalten blieb. Die → Paulusbriefe stellen die ältesten uns erhaltenen Denkmäler christlicher L. in griechischer Sprache dar. Nur griechisch oder in späteren Übersetzungen aus dem Griechischen ist uns die L. aus dem 1.Jh. des Christentums erhalten. Nach der Mitte des 2.Jh.s schließen sich die ersten Anfänge lateinischer und syrischer, noch etwas später koptischer, weiterhin armenischer, georgischer, arabischer, äthiopischer L. an (in ihren Anfängen jeweils als Übersetzungen aus dem Griechischen). Hier ist nur der Hauptstrom, die *griechische* und *lateinische* L. zu behandeln, während die anderssprachige L. in Sonderartikeln dargestellt werden soll (→ Kopten: II, → Syrische L., → Arabische christliche L., → Armenien: I, → Äthiopien: IV, → Georgien: II, → Nubien).

2. In der ersten Epoche des Christentums, im apostolischen und nachapostolischen Zeitalter, (→ Altchristliche Kirche, 1. 2), entstanden die später im *Neuen Testament* gesammelten Schriften (→ Bibel: II A.B), sowie diejenigen urchristlichen Schriften gleicher Zeit und Art, die beim Abschluß des nt. Kanons ausgeschlossen blieben, obwohl sie zeitweise eine ähnliche Stellung hatten wie die endgültig aufgenommenen: die älteren der sogenannten *apokryphen* Evangelien, Apostelschriften, Apokalypsen (→ Apokryphen: II). Unter letzteren finden wir viele christlich überarbeitete jüdische (Esra, Henoch, Testamente der Patriarchen u.a.) und die unter der Sammelbezeichnung *Apostolische Väter* verbundenen Schriften: die beiden → Clemensbriefe (der zweite eine weit jüngere Predigt eines unbekannten Verfassers), der → Barnabasbrief (eine Lehrschrift), die Briefe des → Ignatius und der → Polykarpbrief, der Hirt des → Hermas (eine Apokalypse) und die → Apostellehre (eine Kirchenordnung). Verloren ist das Werk des → Papias von Hierapolis († um 160): »Erklärungen von Herrenworten«, von dem spätere Autoren wenigstens einige wichtige Zitate bringen.

Was uns im NT und außer ihm - vielfach verstümmelt - erhalten ist, sind Reste einer reichen und vielgestaltigen literarischen Arbeit. Manche Stücke haben ursprünglich ganz aktuellen Charakter und bestimmte individuelle Empfänger im Auge wie die Briefe des Paulus, Clemens (1Clem), Ignatius, Polykarp und wurden erst mittelbar zum Gemeinbesitz der Kirche; andere waren von Anfang an für einen weiteren Kreis bestimmt, wie die Evangelien, die »katholischen« Briefe und die Apostellehre. Ein eigenartiges Schweben zwischen einer aktuellen und dogmatischen Haltung wie zwischen Offenbarung und Überlieferung ist für Form und Inhalt der urchristlichen L. charakteristisch. Sie ist mehr geschriebene Predigt als eigentliche L., ergänzt und ersetzt das persönliche Wort, entlehnt der Vortragsform der Popularphilosophie, der sog. Diatribe, manche Stilmittel und Argumentationsweisen, welche sie allerdings fast immer für die neue Aufgabe umschmilzt, und läßt die Schriftstellerpersönlichkeiten noch ganz hinter ihrer Botschaft zurücktreten. Sie spiegelt überall die Weltabgewandtheit der an der Kultur nicht verantwortlich beteiligten Gemeinde; sie rechnet nur mit christlichen Lesern.

3. Die in dieser bestimmten geschichtlichen Lage mit geringer Kunst, aber starker Originalität absichtslos und doch stilkräftig sich bildenden Formen der urchristlichen L. werden auch weiterhin gepflegt und entwikkeln sich zu spezifischen Formen von *Offenbarungsliteratur*. In den bei der Konsolidierung des Katholizismus (→ Altchristliche Kirche, 3) als gnostisch und montanistisch ausgeschiedenen Kreisen hat sie ein reiches Wachstum entfaltet, krankte aber daran, daß sie, Formen eines erschöpften Geistes festhaltend, sich vielfach mit alten Namen schmücken mußte und so formell zu Fälschungen griff. Evangelium und Apostelbrief verwildern zum religiösen Roman des Hellenismus und sinken zur erbaulich-sensationellen Unterhaltungsliteratur herab, in der die Phantasie die Geschichte, die Tendenz den Glauben überwuchert. Eine Fülle von apokryphen Apostelgeschichten, Kindheits- und Auferstehungsevangelien, Offenbarungen aus Himmel und Hölle, über Ur- und Endgeschichte liegen uns in verschiedenen Rezensionen und schwer zu sichtenden Schichtungen einer durch Jahrhunderte sich erstreckenden Geschichte vor.

Die wirklichen Geistträger des Urchristentums aber werden im 2.Jh. abgelöst durch die christlichen Lehrer, die *Theologen*, die freilich meist noch nicht in amtlichen Stellungen Autorität und Schranke zugleich haben, sondern nach Art der Philosophen in Schulleitung und L. in eigener Verantwortung wirken. Sie übernehmen die publizistische Vertretung des von Staat und Gesellschaft nun beobachteten, in unsicherem Wechsel von Toleranz und Verfolgung behandelten Christentums und führen auch die Auseinandersetzung mit dem offiziellen, rabbinischen Judentum weiter. Die sehr rege jüdisch-hellenistische Propagandaliteratur und die philosophische Kritik der Volksreligion geben Vorbild und Stoff. Als Formen finden die Bittschrift an die Kaiser, die fingierte Gerichtsrede, der Dialog, die philosophische Lehrschrift Verwendung. Der in Bildung begriffene Kanon beider Testamente und der Gemeinglaube in seinen liturgischen Fixierungen auf der einen, die metaphysische und moralische Wahrheit auf der anderen Seite werden die Maßstäbe. Von dieser Gesamthaltung her nennt man die Schriftsteller der Antoninenzeit die → *Apologeten,* obwohl sie nicht minder auch die Katecheten der Kirche waren und ein hellenistisch-idealistisches Christentum zugleich nach außen wie in den innerkirchlichen Auseinandersetzungen gegen radikale Synkretismen und reaktionäre Archaismen ausprägten. Ihre Werke mußten den reiferen und unter den Maßstäben des ausgebildeten Katholizismus korrekteren Schriften einer jüngeren Generation, der sog. *altkatholischen Väter* weichen, die ihrerseits auch die → Apologetik (: II) weiter pflegten und nur stärker als ihre Lehrer an die Kirche und ihr Amt gebunden waren. Die verketzerten Häupter der *Häresien* haben im wesentlichen dieselbe theologische, apologetische Haltung, verbinden sie aber mit mehr oder weniger starken enthusiastischen Einschlägen in der Spekulation und Askese.

a) Die gefeiertsten Namen der im engeren Sinn sog. Apologeten sind → Aristides, → Justin der Märtyrer, → Athenagoras, → Tatian, → Theophilus, von denen wir Apologien besitzen, während uns die des → Quadratus, → Aristo von Pella, → Miltiades, → Apollinaris von Hierapolis, → Melito von Sardes verloren sind. Unter den ohne Namen oder mit falscher Zuweisung überlieferten Schriften dieser Art sind das → Petruskerygma und der → Diognetbrief bedeutsam.

Der Verlust zahlreicher sonstiger Schriften Justins und Melitos über Lehre und Disziplin versagt uns den Einblick in die Anfänge der gnostischen Krisis. Für die Schriften der als Gnostiker stigmatisierten radikalen Gruppen (→ Gnosis: III) sind wir im wesentlichen noch auf die vielfach tendenziös verstümmelten und verzerrten Mitteilungen der kath. Ketzerbestreiter angewiesen (die entscheidend wichtigen Funde koptisch-gnostischer Schriften in Nag-Hammadi treten nur langsam ans Licht der Öffentlichkeit) und ebenso für die Marcioniten (→ Marcion) und die L. des → Montanismus. Noch in ihrer Kargheit und Entstellung weisen die Bruchstücke auf bedeutende Lehrer und fruchtbare Schriftsteller hin wie → Basilides, → Valentin und seine Schüler → Ptolemäus und → Herakleon, → Bardesanes unter den Gnostikern, neben Marcion selbst → Apelles unter den Marcioniten. - Schmerzlich zu beklagen ist auch der Verlust der Schriften der sog. Monarchianer, Lehrer von katholischer, antignostischer Haltung, die aber die aufkommende Trinitätslehre bekämpften (→ Christologie: II, Adoptianismus).

b) Unter den uns erhaltenen sog. *altkatholischen Vätern* ist → Irenäus von Lyon († nach 190) der älteste; wir haben seine beiden Hauptwerke, die »Entlarvung und Widerlegung der fälschlich so genannten Gnosis« und den »Erweis der apostolischen Verkündigung«, freilich weithin nur in lateinischer bzw. armenischer Übersetzung. Zeitgenossen des Irenäus waren im Orient → Hegesipp und → Rhodon, aus deren Schriften Eusebius besonders interessante Stücke anführt; mit dem ersteren sind uns offenbar manche wertvolle palästinensische Traditionen, mit dem letzteren eine bedeutsame Quelle für Marcion und Apelles verlorengegangen. Literarisch fruchtbarer und ungleich begabter ist der Afrikaner → Tertullian († um 220), der seine ersten Schriften noch griechisch schrieb, bald aber zum Lateinischen überging - er prägte der *christlichen Latinität* ihre theologische Sprache - und apologetische, dogmatische, disziplinäre Themen mit gleich großer Virtuosität und Leidenschaft behandelte; obwohl ihn, der die Grundlagen des kath. Traditionsbeweises gelegt hat, sein Rigorismus zum Bruch mit der kath. Kirche führte, ist das meiste von ihm erhalten geblieben. Einige Forscher lassen (vielleicht mit Recht) die lateinisch-christliche L. den reizvollen apologetischen Dialog Octavius des → Minucius Felix eröffnen. Um etwa dieselbe Zeit verfaßte der gelehrtere, im Kampf um die römische Bischofswürde dem → Calixt unterliegende → Hippolyt in Rom seine zahlreichen Werke noch griechisch. Neben der Ketzerbekämpfung bemühte er sich um biblische Exegese und Kirchenrecht. Nach ihm kommt auch in Italien das Latein zur Herrschaft. Dankbare Schüler Tertullians, aber dem Meister sehr ungleich, sind um die Mitte des 3.Jh.s → Cyprian in Karthago und → Novatian in Rom. Neben Cyprians Traktaten ist die reiche Sammlung seiner Briefe eine überaus wertvolle Quelle für die damalige Zeit. Auch viel Unechtes aus seiner und späterer Zeit läuft unter Cyprians - vor und neben dem Augustins - höchst gefeiertem Namen. Eine Generation später haben wir in → Arnobius' im ersten Jahrzehnt des 4.Jh.s rasch zusammengeschriebenem Werk gegen die Heiden einen charakteristischen, wiewohl nicht eben bedeutenden Vertreter der in philosophischem Gewande auftretenden Christlichkeit der werdenden Reichskirche. Der älteste Verfasser lateinischer Bibelkommentare war → Viktorin von Pettau († 304); erhalten blieb sein Kommentar zur Johannes-Apokalypse.

c) Im alten Zentrum *griechischer* Wissenschaft, in → Alexandria, erblüht erst kurz vor 200 eine reich und kräftig aufstrebende christliche L., die die von der älteren Apologetik begonnene Verschmelzung griechischer Philosophie mit dem christlichen Glauben in starker begrifflicher Vertiefung vollendet und die Probleme für die großen theologischen Auseinandersetzungen des 4.Jh.s stellt (→ Alexandrinische Theologie). An der alexandrinischen Katechetenschule wirkten die beiden größten Schriftsteller des christlichen Ägyptens, → Clemens von Alexandria († zwischen 211 und 215) und → Origenes († 251 oder 254). Von Clemens besitzen wir vor allem eine in der Ausführung nicht ganz vollendete dreigliedrige Apologie (Προτρεπτικός, Παιδαγωγός, Στρωματεῖς), die den christlichen Glauben und das ihm gemäße Leben als wahre Philosophie und echte Gnosis entfaltet. Origenes ist als Textkritiker (Hexapla), Exeget, Apologet (gegen → Celsus), Katechet und Homilet gleich fruchtbar und wegweisend; als dogmatisches Grundbuch ist Περὶ ἀρχῶν (De principiis) bedeutsam. Ganze Generationen haben aus seinen Schriften, die zum größeren Teil auch ins Lateinische übersetzt wurden, ihre theologische Bildung gewonnen. Da die erstarrende Orthodoxie der byzantinischen Kirche ihn verdammte, ist bei weitem nicht alles, dazu nicht in originaler Fassung erhalten. Über bibelkritische Fragen führte Origenes einen interessanten Briefwechsel mit dem etwas älteren, durch kritischen Sinn ausgezeichneten → Julius Africanus. Dieser schuf eine synchronistische Weltgeschichte, die für die spätere christliche Chronographie zur Grundlage wurde. Unter den Schülern des Origenes seien genannt: → Dionysius von Alexandria, von dem Eusebius interessante Bruchstücke bewahrt, und → Gregor Thaumaturgus von Neocaesarea in Pontus, der in seiner bei seinem Weggang aus Caesarea auf Origenes gehaltenen »Dankrede« seinen Unterricht schildert, sowie → Pamphilus in Caesarea in Palästina, der seine textkritischen Bemühungen fortsetzte und dem angefochtenen Meister eine Apologie schrieb. Der Protest der von Origenes spiritualisierten Gemeindeorthodoxie fand einen geschickten Anwalt in → Methodius von Olympus († 311) und seinen platonische Dialoge nachahmenden Schriften. Eine von Origenes unabhängige Schule christlicher Wissenschaft bildete sich in Antiochia (→ Antiochenische Theologie); doch sind die Schriften ihrer älteren Vertreter (→ Lucian, † 213) ebenso wie die weiteren Schriften alexandrinischer Lehrer (→ Theognost, → Pierius, → Petrus u.a.) verloren.

Zur L. der altkatholischen Kirche gehören auch noch die zahlreichen → Märtyrerakten, in denen alle Stufen vom authentischen Bericht (bei welchem sogar das Gerichtsprotokoll durchscheinen kann) bis hin zur reinen Legende vertreten sind. Die literarische Bearbeitung der auch in Märtyrerverzeichnissen und kirchlichen Kalendern festgehaltenen Martyrien erstreckt sich weit über die Verfolgungszeit hinaus.

4. Der Umschwung in der staatlichen Religionspolitik durch → Konstantin d.Gr. konnte sich in der geistigen Lage nur langsam auswirken, da die maßgebenden Kreise der Gesellschaft noch lange heidnisch blieben. Daher hat die A.L. noch weiter vorwiegend apologetische Haltung. Langsam lösen sich aus der Apologetik selbständige historische und exegetische Interessen. Die zunehmende Verstaatlichung der Kirche verschärft die dogmatischen Kontroversen (vgl. u.a. → Arianischer Streit, → Christologie: II); die kirchenpolitischen Kämpfe begleitet eine rege Publizistik. Kirchliche Verdammung bedeutet auch weiterhin Untergang der häretischen Schriften. Das freie Lehrertum verkümmert rasch; aber die siegreiche Bischofshierarchie gewinnt neue Kritiker in dem rasch aufblühenden → Mönchtum (: II). Der griechische Osten und der lateinische Westen entwickeln sich trotz

Reichseinheit und regen Verkehrs selbständig und in steigendem Maße gegensätzlich.

a) An der Spitze der *griechischen L. der antiken Reichskirche* ist der Herold Konstantins unter den Bischöfen, → Eusebius von Caesarea († 339), zu nennen. Seine »Kirchengeschichte«, noch ganz apologetisch und antihäretisch eingestellt, bleibt bei allen Mängeln eine bewundernswerte Leistung. Sie ist nicht nur durch die Erhaltung vieler, zT wichtigster Bruchstücke aus verlorener voreusebianischer L. die Grundlage unseres gesamten Wissens über die ältere Kirche, sondern hat bis in die Neuzeit auch die Darstellung der → Kirchengeschichte (: I) bestimmt. (Spätere Jahrhunderte haben sie fortgesetzt - so in der griechischen Kirche → Sokrates, → Sozomenos, → Gelasius von Caesarea, → Theodoret, in der lateinischen → Rufinus, → Cassiodorus u.a.) Neben Eusebs Kirchengeschichte steht die »Chronik«, die in der Bearbeitung durch → Hieronymus die Weltgeschichte des Mittelalters wurde. - Der Vorkämpfer der Orthodoxie seiner Zeit, → Athanasius verfaßte neben zahlreichen Streitschriften eine Vita des Mönchsvaters → Antonius, aus der eine ganze L.gattung erwuchs. Seines Gegners → Arius Schriften fielen der Vernichtung anheim, aber auch die des radikalsten Antiarianers → Marcell von Ancyra und die meisten des ihm dogmatisch verwandten → Eustathius von Antiochia, von dem nur eine wegen der Kritik an Origenes' allegoristischer Exegese interessante Abhandlung über die Hexe von Endor erhalten ist.

In der 2. Hälfte des 4.Jh.s, nach dem Scheitern Julians, werden die drei großen Kappadozier, die Brüder → Basilius von Caesarea und → Gregor von Nyssa und ihr Freund → Gregor von Nazianz die Klassiker der griechischen Kirche und ihres christlichen Platonismus. Sie haben die späthellenische Rhetorik in die Kirche eingeführt. Verbindet sich hier die ästhetische und philosophische Kultur mit einem besonnenen Kampf für Rechtgläubigkeit und Askese, so konnte wenig später ein so ausgesprochener »Hellene« wie → Synesius von Cyrene ohne Verleugnung seiner Grundsätze ein Bistum übernehmen. Freilich hört dieselbe Zeit auch auf einen orthodoxen Barbaren wie → Epiphanius von Salamis auf Cypern, der unermüdlich jeder wirklichen oder vermeintlichen Ketzerei nachjagte und auch die Verdammung des Origenes forderte. Seine großen und ungeschlachten, aber stoffreichen häreseologischen Werke stellen neben Eusebius eine Hauptquelle der älteren Kirchengeschichte dar. - In diese an Gestalten und Gegensätzen reiche Epoche fällt die Blüte der - zweiten - Antiochenischen Schule (→ Antiochenische Theologie, 3). → Diodor von Tarsus gilt als ihr Begründer; seine Schüler → Theodor von Mopsuestia und Johannes → Chrysostomus und der etwas jüngere → Theodoret von Kyrrhos sind ihre größten Sterne. Die dogmatische Entwicklung des 5.Jh.s stieß sie mit Ausnahme des Chrysostomus in den Bann der Häresie. Aber ihre biblischen Kommentare, in denen eine philologisch-historische Schrifterklärung gelegentlich Positionen neuzeitlicher Bibelkritik vorwegnimmt, haben sich in mehr oder weniger großen Resten erhalten. Chrysostomus hat die Exegese seiner Schule als Prediger, der seine Zeit beherrschte und der Nachwelt ein unvergängliches Muster wurde, bewährt. - Die gelehrte Tradition Alexandrias und ihre allegorische Exegese (→ Alexandrinische Theologie) pflegte im 4.Jh. → Didymus der Blinde. In den großen Kämpfen des 5. Jh.s bediente sich ihrer der gewaltige Bekämpfer der Antiochener, → Cyrill. Die griechische Patrologie bezeichnet ihn als das Siegel der Väter, weil er die Reihe der Wahrheitszeugen, die Athanasius eröffnet, beschließt. Ägypten ist wie der Hort der theologischen Orthodoxie so auch das klassische Land des → Mönchtums (: II) und die Heimat der Mönchsliteratur. → Evagrius Ponticus war der erste Schriftsteller unter den Anachoreten. Weltruhm gewann → Palladius mit den Mönchsgeschichten seiner Historia Lausiaca. Das Mönchtum stellt auch die Gelehrten der nach dem Chalcedonense (→ Chalcedon, → Christologie: II) im hellenischen Orient beginnenden Scholastik. Sie bearbeitet die patristische Tradition durch Auswahl und Harmonisierung; ihre zunächst mehr technische als produktive Tätigkeit bedeutet keinen völligen Stillstand der Entwicklung. → Leontius von Byzanz († vor 543), der neuaristotelische Unionstheologe Justinians, und der große Unbekannte, der unter dem Namen → Dionysius Areopagita seine neuplatonische Mystik vortrug (um 500), stehen an der Wende und überragen zahlreiche Kompilatoren und Glossatoren. Außer → Maximus Confessor, dem unbeugsamen Kämpfer gegen den Monotheletismus (* um 580) ist abschließend noch der theologisch größere → Johannes Damascenus († 749) zu nennen, der die Entwicklung des Mittelalters maßgeblich beeinflußt hat. Beide führen über den hier zu überblickenden Zeitraum bereits hinaus.

b) Das *Abendland* übernimmt im 4.Jh. allmählich die Ergebnisse der historischen, exegetischen, dogmatischen Arbeit des Orients in Übersetzungen, die vielfach Bearbeitungen sind, und in formell selbständiger, in Stoff und Methode jedoch reproduzierender Schriftstellerei. Eine stärkere sachliche Selbständigkeit zeigt es in der Durcharbeitung des Sakraments- und Kirchenbegriffs, zu der die fortdauernden älteren Schismen und das große, neue, mit dem Übergang zum antiken Staatskirchentum zusammenhängende Schisma des afrikanischen → Donatismus antrieben.

→ Lactantius, Zeitgenosse des Eusebius, den man um seines Stiles willen den christlichen Cicero genannt hat, schreibt in der Haltung eines christlich-stoischen Idealismus noch wesentlich gegen die Heiden. In seinen Divinae institutiones legte er ein übersichtliches, aber lose gefügtes, im wesentlichen philosophisch begründetes System des Christentums vor, sein leidenschaftlicher Bericht »Über die Todesarten der Verfolger« stellt eine der wichtigsten Quellen für das diokletianisch-konstantinische Zeitalter dar. Im → Arianischen Streit nahmen → Lucifer von Calaris († 370/1) und → Hilarius von Poitiers († 367) das Wort (→ Trinität: III). Für die Überwindung der Schismatiker und die Ausbildung des kath. Kirchenbegriffs sind die Schriften des → Pacian von Barcelona († um 390) gegen die Novatianer und die des → Optatus von Mileve († nach 385) gegen die Donatisten wirksam und bezeichnend. Einige offenbar nicht unbedeutende literarische Vertreter des Donatismus sind uns nur aus Gegenschriften bekannt, so → Parmenian und → Ticonius. Von letzterem sind interessante hermeneutische Regeln erhalten, sowie Auszüge aus seinem Kommentar zur Apokalypse. Günstige Zufälle der Überlieferung erhielten Schriften des spanischen Rigoristen → Priscillianus († 385).

Das Entscheidende für die Aufnahme griechischer Wissenschaft haben um 400 → Ambrosius, → Rufinus, → Hieronymus geleistet. Von ihnen ist Ambrosius als theologischer Schriftsteller mehr ein Vermittler, aber als Prediger und Dichter ein starkes Talent. Hieronymus, ausgezeichnet durch ein alle Zeitgenossen übertreffendes Wissen, unendlichen Fleiß und große Leichtigkeit der Produktion, die freilich die Sorgfalt oft vermissen läßt, ist als Schöpfer der kath. lateinischen Bibel, der Vulgata (→ Bibelübersetzungen: II) und als Verfasser von Kommentaren, die bis zur Reformation die Bibelauslegung beherrschten, sowie einer Weltchronik neben Augustin der Hauptlehrer des Mittelalters geworden. Für die A.L.geschichte ist sein in seiner Originalität für die frühere Zeit allerdings oft überschätzter Schriftstellerkatalog von grundlegender Bedeutung. Man bedauert den Verlust von Schriften seiner kirchlichen Gegner, neben → Rufinus → Jovinianus, → Helvidius, → Vigilantius, in denen die Kritik des von Hieronymus geförderten Mönchswesens wie des Marien- und Heiligenkults laut wurde. Minder gelehrt, aber an Geist und Charakter wie an theologischer und literarischer Originalität ihn weit übertreffend, wirkt zur gleichen Zeit in Afrika → Augustin († 430), der Vollender und Überwinder der christlichen Antike, die höchste Autorität der mittelalterlichen Kirche und zugleich die Stütze ihrer Kritiker und Reformatoren. Seine »Bekenntnisse«, die die (stark stilisierte) Geschichte seines Lebens als Geschichte des Menschen vor Gott erzählen, haben Unzählige die Geschichte des eigenen Lebens in ihnen wieder finden lassen und so einen literarischen Typus geschaffen. Einzigartig stehen seine Retractationes dar, in denen er kurz vor seinem Tode sein gesamtes Schrifttum verzeichnet und überprüft. Sein großes Werk »Über den Gottesstaat«, das die Geschichte der altchristlichen Apologie glänzend abschließt, ist das Grundbuch des mittelalterlichen Kirchenrechts geworden. Seine antidonatistischen Schriften entwickelten den urchristlichen Kirchen- und Sakramentsbegriff (→ Kirche: III, → Sakramente: I), seine antipelagianischen stellten Fragen, die die Theologie der Folgezeit bis zur Reformation beschäftigten. Seine Schrift über die → Trinität (: III) gab dieser spezifisch hellenistischen Lehre die Gestalt, in der sie das Mittelalter übernehmen konnte. Seine Schriftauslegungen, Predigten und Briefe bildeten die Geistlichen des gesamten lateinischen Europa und wurden in Auswahl in allen Sprachen bearbeitet. Von seinem Gegner → Pelagius ist u.a. ein interessanter Pauluskommentar unter dem schützenden Namen des Hieronymus der Vernichtung entgangen. Von → Julian von Eclanum bieten Augustins Gegenschriften große Bruchstücke (für beide werden seit kurzem neue Schriften in Anspruch genommen).

Die nach Augustin kamen, sind alle von ihm beeinflußt und kämpfen in ihren Gegensätzen weithin um das richtige Verständnis seines entscheidenden Wortes. Unter seinen Zeitgenossen sind → Sulpicius Severus neben seiner Weltchronik wegen seines kultur- und literargeschichtlich bedeutsamen Lebensbildes des → Martin von Tours sowie → Orosius als Verfasser einer von Augustin angeregten christlichen Weltgeschichte hervorzuheben. Im Kampf um die Gnaden- und Prädestinationslehre (→ Prädestination: III) verteidigte → Prosper von Aquitanien († nach 455) die Lehre des Meisters gegen die »semipelagianischen« Brechungen der Mönchsväter Johannes → Cassianus und → Vincentius von Lerinum. In der nächsten Generation setzten der Afrikaner → Fulgentius von Ruspe († 532) als Gnesioaugustiner und → Faustus von Reji († um 500) als vorsichtiger Vertreter der gallischen Tradition diese Auseinandersetzungen fort, die unter den Auspizien des → Caesarius von Arles († 542) zum äußeren Abschluß kamen. Dessen Predigten wurden neben denen Augustins die klassischen Muster des Mittelalters. Sehr konkret, wie sie gehalten sind, haben sie auch hohes kulturgeschichtliches Interesse wie die des etwas älteren →Maximus von Turin († nach 465) und des Papstes → Leo I. († 461). Der vorgenannte Fulgentius führte seine scharfe Feder auch gegen die arianischen Vandalen, die seine Heimat besetzt hatten. Ihren Kampf gegen die afrikanischen Katholiken (→ Nordafrika: I) schildert → Viktor von Vita in seiner Geschichte der Vandalenverfolgung (nach 484). Der Verlust wichtigster Provinzen an die Germanen regt den Gallier → Salvianus († nach 480) zu seinem die sinkende Moral des Römertums geißelnden Büchlein »Über Gottes Weltregierung« an. Auch die Schriften und Briefe des → Sidonius Apollinaris († 479) geben ein interessantes, freilich düsteres Zeitbild. Im ostgotischen Italien sind → Boethius († 524) und → Cassiodorus († 583) die letzten Römer und liefern in Rekapitulationen antiker Philosophie und in enzyklopädischer Überlieferung Lehrbücher für die Klosterschulen des Mittelalters. Um diese Zeit stellen → Dionysius Exiguus in Rom, der Schöpfer der christlichen Weltära (→ Chronologie: IV), und Diaconus → Ferrandus in Afrika die Kirchenrechtsquellen des abendländischen Katholizismus, Konzilien und päpstliche Dekretalen, zusammen. - Dem rhetorisch-poetischen Geschmack der Zeitbildung entsprechend, bekennen und verbreiten christliche Autoren ihren Glauben immer mehr in dichterischen Kunstformen; vor allem die biblische Geschichte, aber auch die der Märtyrer und Heiligen wird in oft sehr freier, zuweilen ansprechender, freilich auch schwülstig-überladener Paraphrase in Verse gegossen. Neben manchen der bereits Genannten, die sich beiläufig poetisch betätigten, sind als *Hauptvertreter christlicher Dichtung* aus dem 4.Jh. die Spanier → Juvencus und → Prudentius, der alle anderen weit überragt und echte poetische Kraft besitzt, dazu → Paulinus von Nola, aus dem 5.Jh. die Gallier → Sedulius, → Cyprian, → Avitus von Vienne, → Commodian (der früher irrig ins 3.Jh. und nach Afrika gesetzt wurde) und der Afrikaner Dracontius, aus dem 6.Jh. Venantius → Fortunatus und → Arator zu erwähnen (→ Kirchenlied: I). Mit → Gregor d.Gr. († 604), dessen Briefe ebenso starke Wirkungen geübt haben wie seine seelsorgerlichen Schriften, schließt die Epoche der A.L. ab.

A.v.Harnack, Gesch. der A.L., 1893-1904 (Neudruck in Vorbereitung) - O.Bardenhewer, Gesch. der altkirchl. L., 1913-1932² - Ders., Patrologie, 1910³ - H.Jordan, Gesch. der A.L., 1911 - O.Stählin in der Neubearb. von A.W.v.Christs Gesch. der griech. L. (und separat), 1924⁶ - G.Krüger in der Neubearb. von Schanz' Gesch. der röm. L., 1922ff³ - H.Lietzmann in EAW I, 5, 1923³ - E.Klostermann bei Teuffel-Kroll, Gesch. der röm. L., III, 1913⁶ - M.Dibelius, Gesch. der urchristl. L., 1926 - A.Gudemann, Gesch. der altchristl. lat. L., 1925 - P.deLabriolle, Histoire de la littérature latine chrétienne, (1920) 1924³, hg.v. G.Bardy - P.Monceaux, Histoire de littérature latine chrétienne, 1924 - G.Bardy, Littérature grecque chrétienne, 1928 - Ders., Littérature latine chrétienne, 1943 - A.Puech, Histoire de la littérature grecque chrétienne jusqu' à la fin du IVe siècle, 1928/1930. - Als Einführung: H.v.Campenhausen, Griech. Kirchenväter, 1955; als Nachschlagewerke, die die neuere Lit. wie den Stand der Probleme verzeichnen, vgl. Altaner - B. Steidle, Patrologia, 1937 - J.Quasten, Patrology, 1950ff. Ein wichtiges Repertorium für die lateinische A.L. ist die Clavis patrum latinorum von E.Dekkers und Ae.Gaar, 1951. Eine alljährliche Bibliographie, welche die umfangreiche internationale Literatur zur A.L. zuverlässig verzeichnet, stellt ein dringendes Desiderat dar, da es dem einzelnen kaum noch möglich ist, ohne solch ein Hilfsmittel das sich ständig fortentwickelnde Gebiet der A.L. einigermaßen vollständig zu überschauen. *† Hans v. Soden (K.Aland)*

Altchristliche Musik, geistliche, besonders liturgische M. der ersten sechs Jh.e nChr. Der zweifellos vorhandene Anteil des Synagogalgesangs (→ Musik: IV), der heidnisch-antiken M. und geschichtlich nicht faßbarer Elemente bei der Entstehung der A.M. ist ungeklärt. Abgesehen von dem sog. Oxyrhynchoshymnos, einem in antiker Gesangsnotation aufgezeichneten Fragment des 3.Jh.s, ist kein Denkmal der A.M. überliefert. Das Bild der A.M. muß deshalb vor allem an Hand von literarischen Zeugnissen der Patristik unter allgemein musikhistorischen Gesichtspunkten rekonstruiert werden. Allerdings ist anzunehmen, daß sich auch in den erst später aufgezeichneten Gesängen manches Element der A.M. erhalten hat. Die griechischen oder lateinischen Gesangstexte sind teils der Bibel, besonders den Psalmen, entnommen, teils in Anlehnung an den Sprachstil der Bibel frei verfaßt. Neben biblischer Prosa erscheint schon früh auch der Gesangsvortrag metrisch gegliederter → Hymnen. Aus den patristischen Quellen ist auf eine hochstehende M.kultur zu schließen.

1. *Allgemeiner Charakter der A.M.* Die altchristliche Kirche kennt ausschließlich einstimmigen Gesang. Im → Gottesdienst (: V A, 1) ist die Verwendung von M.instrumenten streng verboten, für die häusliche Ausführung geistlicher M. aber wohl geduldet. Die Grundkraft der A.M. liegt in der Melodik, ihre rhythmische Haltung ist noch ungeklärt. Mit größter Wahrscheinlichkeit beschränkte sich die Melodiebildung nicht auf die uns aus der abendländischen M.geschichte vertraute diatonische oder chromatische Tonskala, vielmehr war die Melodielinie auch durch kleinste, rational nicht mehr faßbare Zwischenstufen feiner differenziert. Innerhalb des Rahmens dieser Einstimmigkeit bot sich eine Fülle verschiedener musikalischer Gestaltungsmöglichkeiten. Je nach der liturgischen Stellung im Gottesdienst und nach dem zugrunde liegenden Text wurden die Worte psalmodisch rezitierend, in ruhig dem Fluß der Textsilben folgender Weise (syllabisch) oder in reichverzierten Melodiebögen (melismatisch) vorgetragen, wobei natürlich auch alle Zwischenstufen zwischen diesen drei Grundtypen offenstanden. Der Melodieverlauf war nicht schriftlich fixiert. Die Gesänge wurden teils aus dem Gedächtnis ausgeführt, teils, unter Verwendung formelhafter Elemente, improvisatorisch gestaltet.

2. *Ausführende Kräfte und Vortragsarten.* Die frühchristliche Kirche kannte bereits den berufsmäßigen Kirchensänger (ψάλτης, cantor), der häufig in der Reihe des kirchlichen Personals aufgezählt wird. Ihm oblag die Ausführung der solistischen Gesangspartien, die Intonation und Leitung des Gemeindegesangs. Er vertrat mit seiner Gesangskunst im Kirchengesang das ausgeprägt künstlerisch-musikalische Prinzip. Wichtigster musikalischer Partner des Solosängers war der Chor der Gläubigen mit seinem wohl einfacheren Gemeindegesang. Der kleinere, sich aus geschulten Kräften zusammensetzende Sängerchor scheint dagegen einer späteren Zeit anzugehören (→ Chor). Aus dem Zusammenwirken von Solosänger und Gemeindechor ergibt sich die dominierende Bedeutung des → Wechselgesangs (, 1) unter den Vortragsarten. Dabei sind zwei verschiedene Grundtypen zu unterscheiden: Einmal der responsorische Vortrag, bei dem die Gemeinde den solistischen Gesang des Cantors mit kurzen Refrainformeln unterbricht, zum anderen der antiphonische Vortrag, bei dem in die Psalmrezitation melodisch vorgetragene Hymnen eingeschoben werden.

3. Das *geschichtliche Werden* der A.M. ist nur schwer zu erkennen. Jedenfalls standen von Anfang an mehr asketisch eingestellte, den Gesang nur als Rezitationsmittel für das Bibelwort anerkennende Richtungen neben solchen, die in der kultischen M. einen echten liturgischen Wert sahen. Daß die christliche Kirche aber auch mit der sinnlichen Wirkung der M. rechnen mußte, zeigte sich im 4.Jh. Verschiedene Häresien (Arius, Harmonius) verwendeten nämlich die Musik als Lockmittel (Gesang häretisch-dogmatischer Formeln auf volkstümlich-sinnfällige Melodien), um der Orthodoxie Gläubige abspenstig zu machen. Dadurch sah sich die Orthodoxie ebenfalls zur Aufnahme volkstümlicher Elemente gezwungen. Mit dieser Wendung hat die Weltkirche endgültig den Eigenwert der M. anerkannt, im Gegensatz zu dem auf dem asketischen M.ideal beharrenden orientalischen Mönchtum. Aus der ursprünglichen Einheit der A.M. entstanden schon bald regional bedingte Eigenformen. Zu unterscheiden sind besonders die großen Gruppen des orientalischen (koptischen, syrischen, byzantinischen [→ Byzantinische Kirchenmusik]) und des abendländischen (römisch- → gregorianischen, → ambrosianischen, → gallikanischen, mozarabischen [→ Mozaraber]) Kirchengesangs.

P.Wagner, Ursprung u. Entwicklung der liturg. Gesangsformen (Einführung i. d. gregor. Melodien I), (1895) 1911[3] - F.Leitner, Der gottesdienstl. Volksgesang im jüd. u. christl. Altertum, 1906 - J. Quasten, Musik u. Gesang in den Kulten der heidn. Antike u. christl. Frühzeit, 1930 - O.Ursprung, Die kath. Kirchenmusik, 1931 - K.Wachsmann, Unters. zum vorgregorian. Gesang, 1935 - E.Jammers, Rhythmische u. tonale Studien zur M. der Antike u. des MA (AfMf 6, 1941, 94-115. 151-181; 8, 1943, 27-45. 87-101) - R. Schlötterer, Die kirchenmus. Terminologie der griech. Kirchenväter (Diss. München), 1953. *R.Schlötterer*

Altdorf, 20 km s.ö. Nürnberg, 1505-1806 zum Territorium der Freien Reichsstadt Nürnberg gehörig. 1575 Akademisches Gymnasium, 1580 (1578) Akademie, (neben Straßburg einzige) reichsstädtische Universität, aber bis 1696 ohne Promotionsrecht für ev. Theol., 1809 aufgehoben, 1824–1924 prot. Schullehrerseminar. Gebäude seit 1925 als »Wichernhaus« orthopädische Klinik und Lehrlingsheim. - Die Gründung erfolgte als Ersatz für das mit Unterstützung Melanchthons 1526 geschaffene Nürnberger Gymnasium. Bis 1623 war die Theologische Fakultät uneinheitlich; man wollte zwar Lutheraner, forderte aber Ablehnung der → Konkordienformel und vertraute aus Verehrung für Melanchthon dessen Schülern geradezu blind. Die theologisch nicht gebildeten Ratsherren betrachteten theologische Auseinandersetzungen gern als bloße Wortgefechte und begnügten sich mit formeller Anerkennung der Bekenntnisschriften (Norma doctrinae et iudicii von 1573). So lehrten an der Akademie Gnesiolutheraner (J.Schopper), Melanchthonschüler und Calvinisten (G.Volkart). Später beeinträchtigten auch politische Rücksichten die Klarheit kirchlicher Entscheidungen. In den Jahrzehnten nach 1623 trat die Theologie zurück. Das Fehlen der vollen Rechte für die Theologische Fakultät an der trotz Niederlage der Evangelischen (→ Deutschland: I) von Kaiser Ferdinand II. bewilligten und vom Reichstag bestätigten Universität wirkte lähmend. Seit Ende des 17.Jh.s bis zur Auflösung lehrten in A. wieder namhafte Theologen verschiedener Richtungen. - 1583 fand in A. die erste Ordination für Nürnberger Pfarrer statt; deren Erteilung blieb Vorrecht der Altdorfer Theologen. Ereignisse aus der Fakultätsgeschichte: 1585 Gutachten über den Flacianismus für die österreichischen ev. Stände (→ Österreich); 1615f Prozeß gegen die kleine Sozinianergruppe um E. → Soner, groß aufgezogen, um den gefährlichen Verdacht der Ketzerduldung zu bannen; 1714 Mandat gegen die Pietisten in und um A. - Bedeutende Professoren: J.C.Dürr (Enchiridion Theologiae Moralis, 1662); L.Fr.Reinhart (führt den Begriff der Dogmatik im heutigen Sinne ein, 1678); G.G.Zeltner (Bibelübersetzung für häusliche Erbauung 1730, Judenmission gemeinsam mit J.Chr. → Wagenseil); J.Chr. → Döderlein (Bibelkritik im Jesajakommentar, 1775); J.Phil. → Gabler (Biblische Theologie und Einleitung sind selbständig und zwar historische Disziplinen, 1787).

Altd. Univ.-Archiv in d. Univ.-Bibl. Erlangen. - S.v.Scheurl, Die Theol. Fakultät A. im Rahmen d. werdenden Univ. 1575-1623 (Einzelarbeiten a.d. Bayer. KG), 1949 (Lit.) - G.Pfeiffer, Vier Jh.e Nürnberger Hochschulbestrebungen (Die Nürnberger Hochschule im Fränkischen Raum, 1955, 11-34). *S.v.Scheurl*

Altenbergen, Dorf im Thüringerwald, dessen Johanniskirche angeblich durch → Bonifatius als früheste Taufkirche Thüringens gegründet wurde. An ihrem Platze steht seit 1811 der »Kandelaber«, eine Sandsteinsäule, die mit einer Hauptflamme (für die luth. Landeskirche) und zwei Nebenflammen (für die kath. und ref. Minderheiten) abschließt, damals durch den luth. Generalsuperintendenten Löffler-Gotha, den kath. Benediktinerabt Muth-Erfurt und den ref. Prediger Wittich-Schmalkalden eingeweiht. Zeugnis damaliger Toleranz und Mahnung zur Duldsamkeit.

J.F.Chr.Löffler, Bonifacius oder Feyer des Andenkens an die erste christl. Kirche in Thüringen, 1812 (mit Stich) - C.Pollack, Der thüringische Candelaber, 1855 - A.Beck, Gesch. des Gothaischen Landes I, 1868, 13ff. *F.Flaskamp*

Altenburg, *Michael* (1584-1640), ev. Pfarrer und Musiker, * in Alach bei Erfurt, † in Erfurt. 1601 Kantor an St. Andreas in Erfurt, dann in wechselnden Schul- und Kirchenstellen Thüringens, stets auch kirchenmusikalisch tätig, bis er vor den Kriegsgreueln 1637 aus Sömmerda nach Erfurt flüchtete, wo er 1638 Pfarrer an St. Andreas wurde. Von A. sind zahlreiche kirchliche Musikwerke erschienen. Mehrere von ihm geschaffene Melodien sind in den Gemeindegesang übergegangen, zB »Jesu, du Gottes Lämmelein«, »Herr Gott, nun schleuß den Himmel auf«, »Herr Gott Vater, ich glaub an dich«. Umstritten ist A.s Verfasserschaft an Text und Melodie des sog. »Schwanengesangs Gustav Adolphs«, »Verzage nicht du Häuflein klein« (EKG 211), der vielleicht am Morgen der für den König todbringenden Schlacht von Lützen am 6./16.Nov.1632 gesungen wurde.

MGG I, 388ff (Ausgaben u. Lit.) - B.Kitzig, Gustav Adolph, Jacobus Fabricius u. Michael Altenburg, die drei Urheber des Liedes »Verzage nicht du Häuflein klein«, 1935. *W.Lueken*

Altenstein, *Karl Frhr. vom Stein zum* * 1.10.1770 in Schalkhausen bei Ansbach, aus fränkischem Reichsadel, † 15.4.1840 in Berlin, trat nach dem Jurastudium zunächst in Ansbach-Bayreuth in preußische Dienste, wo er Hardenbergs Mitarbeiter war, der ihn 1799 nach Berlin mitnahm und seine weitere Laufbahn gefördert hat. Unter dem Einfluß von → Fichtes staatsphilosophischen Ideen erkannte er schon früh die inneren Ursachen der Krisis des Staates und beteiligte sich an den Plänen der Reformer. Nach dem Frieden von Tilsit (1807) und der Entlassung Hardenbergs hat er an dessen Rigaer Denkschrift mit einer Reihe eigener Entwürfe gewichtigen Anteil gehabt. Als Mitglied der Immediatkommission sollte er → Stein bei der Durchführung der preußischen Reformen unterstützen, geriet aber aus seinem andersartigen, mehr von einem liberalen Rationalismus bestimmten Denken in einen zunehmenden Gegensatz zu Stein, in dessen Gedanken er »Revolutionäres« zu erkennen glaubte. Er gewann mit seiner Kritik das Ohr Friedrich Wilhelms III. und hat entscheidend zu Steins zweiter Entlassung beigetragen. Bis zur Wiederberufung Hardenbergs hat A. eine Zeitlang als Finanzminister (zusammen mit Graf Dohna als Innenminister) die preußische Verwaltung geleitet. Er scheiterte jedoch mit seiner Finanzpolitik, und als er Schlesien zur Dekkung rückständiger Zahlungen an Frankreich abtreten wollte, ließ ihn sogar sein Gönner Hardenberg fallen. - Mit dem Erlöschen der Reformära nach den Befreiungskriegen begann A.s zweite und eigentliche staatsmännische Tätigkeit. Als Kultusminister (1817-38) hat der überaus fleißige und auch kenntnisreiche Verwaltungsfachmann sich große Verdienste erworben. Der rasche Aufstieg der Universität → Berlin durch die Berufung von → Hegel, → Ranke, Savigny, Boeckh, Liebig, Joh. → Müller und Schönlein, auch die Einrichtung der Universitäten → Halle und → Bonn sowie die mit dem Unterrichtsgesetz von 1819 eingeleitete Ordnung der Grundschulen auf dem Lande, der Lehrerseminare, Stadtschulen und Gymnasien sind wesentlich sein Werk. - Seine von → Kant, Fichte und später auch von Hegel beeinflußten Anschauungen von der Fürsorgepflicht des Staates hinsichtlich der religiösen Bedürfnisse der Untertanen betonten eindeutig die Initiative des Staates. Dem entsprechend besaß A. keinen Sinn für eine Synodalverfassung der ev. Kirche; vielmehr hat er, den Wünschen des Königs folgend, die autoritäre Konsistorialverfassung durchgesetzt (→ Kirchenverfassung: VII). Bei der Einführung der → Union (: I) stand er fest an der Seite des Königs. Im → Agendenstreit suchte er die Gegner (Altlutheraner) mit gesetzlichen Strafen (Absetzung, Gefängnis), sogar mit militärischen Maßnahmen zur Unterwerfung zu bringen und hat dem → landesherrlichen Kirchenregiment zum Siege verholfen. Im Zuge der von → Metternich mit den Karlsbader Beschlüssen (1819) eingeleiteten Politik der Reaktion befürwortete er die Absetzung des Berliner Theologen de → Wette; anderseits entsprach es seinen Ansichten von der wissenschaftlichen Freiheit des Gelehrten, wenn er in dem von → Hengstenberg und Ludwig v. → Gerlach inszenierten »Halleschen Streit« die denunzierten rationalistischen Theologen → Gesenius und → Wegscheider dem Könige gegenüber in Schutz nahm, wie er auch den Plan hatte, F.Chr. → Baur als Nachfolger → Schleiermachers nach Berlin zu berufen. - Wenn A. der ev. Kirche gegenüber den starren staatskirchlichen Standpunkt zur vollen Geltung gebracht hatte, gelang es ihm, die Neuordnung der kath. Kirche ohne Konkordat nur durch eine sog. → Zirkumskriptionsbulle aussprechen zu lassen, aber, als es in der Frage der Mischehen zum → Kölner Kirchenstreit kam, hat er durch die harten Polizeimaßnahmen weder die Kirche zum Nachgeben zwingen können noch die kath. Bevölkerung des Rheinlandes (wie die preußischen Polen) für den Staat gewonnen. Die zwangsläufige Niederlage des Staates in dieser Frage hat das Erwachen eines politischen Katholizismus zur Folge gehabt. - Schon kränkelnd zog sich A. 1838 von den Amtsgeschäften zurück. Der tiefste Grund des Scheiterns liegt in der abstrakten Rationalität von A.s staatlichem Denken, für das das christliche Bekenntnis nur in den traditionellen Formen der Obrigkeitskirche gegenständlich werden konnte.

RE I, 404ff - E.Spranger, A.s Denkschrift v. 1807 (FBPG 1905, 465-511) - Ders., Das Ministerium d. geistl. u. Unterrichtsangelegenheiten (Int. Monatsschr. f. Wiss., Kunst u. Technik, 12, 1917, 129 bis 181) - E.Foerster, Die Entstehung d. preuß. Landeskirche, 2 Bde, 1905/07 - J.Nieder, Die Revision d. preuß. Kirchenrechts i. d. Jahren 1826-37 (Verwaltungsarchiv 17, 1908, 71-82) - G.Ritter, Stein, 2 Bde, 1931 - M.Lenz, Gesch. d. Kgl. Friedr. Wilh. Univ. zu Berlin II, 1, 1910 - E.Müsebeck, Das preuß. Kultusministerium vor 100 Jahren, 1918 - E.Kuhl, Der erste preuß. Kultusminister K.v.A. u. s. Leistungen auf d. Gebiet d. Sozialpädagogik, 1924 - G.Ross, Das Leben d. Frhr. v.A. bis zum Jahre 1807 (Diss. Berlin), 1925 (FBPG 53, 1941, 91-128) - PädLex I, 39ff - H.Haussherr, Die Stunde Hardenbergs, 1934 - F.Schnabel, Deutsche Gesch. im 19.Jh. Bd 2-4, 1949/52² - NDB I, 216f. *K.Kupisch*

Alter, *kanonisches.* Das k.A. im *weiteren* Sinne ist jedes im kirchlichen Recht bedeutsame A. (zB Fastengebot vom 21. bis 60. Lebensjahr; im ev. Kirchenrecht A. für die kirchliche Wahlberechtigung [→ Kirchenwahlen]; die im Volksmund als k.A. bezeichnete, vom CIC geforderte aetas provectior für mit dem Kleriker nicht verwandte Haushälterinnen). Im *engeren* Sinne bestimmt das k.A. den Zeitpunkt, von dem an in der kath. Kirche die Weihen erteilt werden dürfen (Subdiakonat 21., Diakonat 22., Presbyteriat 24., jeweils vollendetes Lebensjahr; Mindest-A. für den Bischof 30 Jahre). Schon die frühkath.

Kirche kannte ein k.A. von 30 Jahren für den Presbyter (A., in dem Christus sein Lehramt antrat). Im gemeinen ev. Kirchenrecht gibt es kein bestimmtes k.A., jedoch setzt das landeskirchliche Recht vielfach ein Mindest-A. für die Berufung in das → Pfarramt (meist 25 Jahre) fest. Das A. für die Versetzung in den Ruhestand (65-70 Jahre) ist überall gesetzlich bestimmt (→ Ruhegehalt). Als unterste Grenze für die → Ordination (: III) muß im Hinblick auf 1 Tim 3, 4-6 der Eintritt der Volljährigkeit gelten.

P.HINSCHIUS, Kirchenrecht, Bd 1, 1869, 17ff - E.FRIEDBERG, Lehrb. d. kath. u. ev. Kirchenrechts, 1906[6], 356. 392f - P.SCHOEN, Ev. Kirchenrecht in Preußen, Bd 2, 1. Abt., 1906, 49. 87f - LThK I, 315f - EC V, 1950, 661ff - K.MÖRSDORF, Lehrb. d. Kirchenrechts I, 1953[7], 196ff. *H.Liermann*

Alternatimpraxis ist das Singen oder Spielen im Wechsel zwischen Gemeinde, Chor und Orgel. Dabei gehört die Mehrstimmigkeit bei einem der beteiligten Partner zum Wesen dieser Praxis. Die Entstehung der A. fällt in das spätere Mittelalter. Ihr Sinn ist von Jes 6, 3a her zu verstehen. In der lutherischen Kirche blieb die A. bis in das 17.Jh. für die Ausführung liturgischer Stücke sowie vielstrophiger deutscher Lieder (zB anstelle des → Graduale) bedeutsam. Auch viele Orgel-Choralvariationen des 17.Jh.s sind im Zusammenhang mit der A. entstanden. Die Gegenwart ist sich der Bedeutung der A. im Hinblick auf ihre theologische Begründung sowie die grundsätzlichen Aufgaben von → Chor und → Orgel neu bewußt worden.

CHR.MAHRENHOLZ, Anhang zu: S.SCHEIDT, Werke, Bd VII, 1954 - MGG I, 393ff (Lit.); II, 1230ff; IV 1649ff. *W.Blankenburg*

Altes Testament → Bibel: I.

Altgläubige → Russische Sekten.

Althamer, *Andreas* (vor 1500-38), * Brenz (Wttbg.), Bauernsohn, studierte in Leipzig und Tübingen, war in Halle a.d.S. und Reutlingen Schulgehilfe und in Schwäbisch Gmünd Kaplan, hier evangelisch tätig; 1525 vertrieben, ging er als Student nach Wittenberg. 1527 wurde er Pfarrer in Eltersdorf bei Erlangen, 1528 in Nürnberg Diakon bei St.Sebald, im selben Jahr Stadtpfarrer in Ansbach. Er leitete als der eigentliche Visitator 1528-29 die große brandenburgische Kirchenvisitation (→ Bayern). Den gleichen Dienst tat er 1537 in der Neumark. Unter seinen verschiedenen Schriften sind seine Ausgaben und Kommentare der Germania des Tacitus zu erwähnen und vor allem sein im Nov. 1528 erschienener → Katechismus (: II).

RE I, 413f - NDB I, 219 (Lit.). *Matthias Simon*

Althaus, *Paul,* Prof. für systematische und nt. Theol. * 4.2.1888 in Obershagen (Hann.) als Sohn von Paul A. d.Ä. (s. RGG² I, 274), lehrte in Göttingen (1914), Rostock (1920) und seit 1925 in Erlangen. Präsident der Luthergesellschaft, 1953 ordentliches Mitglied der Bayerischen Akademie der Wiss. A. verbindet in seiner Theologie die lebendige Erneuerung des Erbes Luthers mit der Offenheit für die modernen Probleme der systematischen und historischen Theologie. Mit Luthers Abendmahlslehre, Anthropologie und Paulusverständnis setzte sich A. kritisch auseinander und nahm damit Anregungen → Schlatters auf, mit dem er sich in der Bejahung der Schöpfungsoffenbarung (→ Uroffenbarung) neben der Christusoffenbarung berührt (Auseinandersetzung mit der → dialektischen Theologie). Besondere Aufmerksamkeit hat A. der → Eschatologie (: VI) zugewandt. A.s Ethik ist lutherisch orientiert (Lehre von den zwei Reichen). Die Sozialethik wird von ihm als Ethik der Ordnungen entfaltet. A.s Theologie trägt bei festumrissener eigener Position weiten, vermittelnden und kirchlichen Charakter. A. hat zahlreiche Schüler, auch auf deutschen Lehrstühlen, ohne eigentlich eine Schule zu bilden.

Hauptwerke (Bibliogr. fehlt noch): Die letzten Dinge, (1922) 1956[6]; Theol. Aufsätze I, 1929; II, 1935; Grundriß der Dogmatik I, (1929) 1947[2]; II, (1932) 1949[2]; Grundriß d. Ethik, (1931) 1953[2]; Paulus u. Luther über den Menschen, (1938) 1951[2]; Die christl. Wahrheit. Lehrbuch der Dogmatik, (2 Bde 1948) 1952[2]; mehrere Predigtbände. Mitbegründer der ZSTh, Hg. der BFChTh u. des NTD. *H.Graß*

Althusius, *Johannes,* (1557?-1638) hat als Jurist nassauischer Herkunft im Anschluß an die reformierte Bundestheologie nach einer Lehrtätigkeit in Herborn und Steinfurt seit 1604 als Syndikus der Stadt Emden die ständischen Kämpfe und die Emder Autonomiebestrebungen gegen den gräflichen Absolutismus theoretisch durch eine breit ausgeführte Lehre von der natürlich-geschichtlich gegliederten menschlichen Gesellschaft unter besonderer Berücksichtigung ihrer Staatlichkeit unterbaut und geführt. In der Methode dem Hugenotten Petrus Ramus (1515-72) folgend, erläutert er seine Darstellung der politisch-gesellschaftlichen Vorgänge und Rechtsverhältnisse durch die Bibel und Beispiele eines humanistisch vermittelten Wissensschatzes. Dabei bilden Erfahrung, Geschichte und besonders Rechtskonstruktionen wie allseitige Vertragsbeziehungen der Gesellschaft, die Vertrags- und Gesetzesgebundenheit der Herrschenden, das Kontroll- und Widerstandsrecht der Untertanen durch Ephoralorgane Quelle und Stoff seines Sozialsystems. Seine symptomatische Bedeutung für die Geistesgeschichte der Sozialtheorien übersteigt weit sein geschichtliches Wirken, das kritisch zu würdigen ist.

Außer juristischen Spezialwerken: Politica methodice digesta (1603, 1610) 1614[3]; Neuausg. von J.C.FRIEDRICH 1932 mit Briefen. - O.v.GIERKE, J.A., (1880) 1929[4] - P.MESNARD, L'essor de la philosophie politique au XVIe siècle, (1935) 1952[2] (Lit.) - H.ANTHOLZ, Die politische Wirksamkeit des J.A. in Emden, 1955 (Lit.). *J.Weerda*

Alting, 1. *Heinrich* (1583-1644), Sohn von 3, studierte u.a. in Herborn und war seit 1613 Professor in Heidelberg und seit 1627 in Groningen. Mit Abraham → Scultetus und Paul Tossanus vertrat er die Pfalz 1618f auf der → Dordrechter Synode. Aus seiner systematischen, polemischen, historischen und katechetischen Gegenständen gewidmeten Lehrtätigkeit hat er Werke hinterlassen, die meist nach seinem Tode herausgegeben wurden. Die Reformationsgeschichte der Pfalz beschrieb er in einem noch heute wertvollen Überblick. Ein dogmengeschichtlicher Entwurf behandelte nach der Lokalmethode vier Lehrpunkte mit Hinweisen auf reformatorische Lehrstreitigkeiten. Bei aller Bindung an die Dordrechter Orthodoxie war er stark kirchlich-praktischen Aufgaben zugewandt (Revisor der Statenvertaling, Ältester der Gemeinde, Forderung der praktischen Theologie als Disziplin).

Scripta Theologica Heidelbergensia 1646 - VISCHER EN VAN LANGERAAD, Het protestantsch vaderland I, 1907, 111ff (Lit.).

2. *Jakob* (1618-79), Sohn von 1, war als bedeutender Orientalist, durch den Emder Rabbi Gumprecht und die Oxforder Prideaux und Pocoque unterwiesen, seit 1643 Professor in Groningen, seit 1667 auch für Theologie. Berufungen u.a. nach Heidelberg lehnte er ab, trotz dauernden Streites mit → Maresius, dem seine auf Sprachkenntnis gegründete Exegese besonders in der Sabbatfrage zu unbestimmt war.

Opera omnia in 5 Bden, 1687; Grammatica hebraica, (1654) 1706[8]. - P.ROESSINGH, Jacobus A., 1864.

3. *Menso* (1541-1612), ein niederländischer Glaubensflüchtling, der in seiner Heimat, der Pfalz und seit 1575 in Emden Prediger war. A. betätigte sich als Vertreter

reformierter Kirchlichkeit und Theologie während der konfessionellen Trennung der Reformation und der Bildung reformierter Territorien. Seinen Kampf gegen die drohende Lutheranisierung Ostfrieslands führte er mit Freunden literarisch und politisch und war darüber hinaus mit Männern und reformierten Zentren Westeuropas im Verkehr, die ihre theologischen Gedanken, ihre kirchlichen Ordnungsgrundsätze und ihre politischen Ideen in einer weitgespannten Union verfochten. Im Verein mit andern (→ Althusius, U.Emmius) mühte er sich, einen Teil Ostfrieslands auf der reformierten Entwicklungslinie der ostfriesischen Reformation festzuhalten.

H.Klugkist-Hesse, M.A., 1928 - J.Boer, Ubbo Emmius en Oost-Friesland, 1935 - H.de Vries de Hekelingen, Genève, pépinière du calvinisme néerlandais I, 1918; II, 1924. *J.Weerda*

Altkatholiken

1. Entstehung - 2. Kirchliche Entfaltung - 3. Theologisches Anliegen

1. »Alt-Katholiken« nennen sich die Angehörigen einer Gruppe selbständiger kath. Bistümer in Europa und Nordamerika, die in der 1889 geschlossenen Utrechter Union verbunden sind: »Oud-Katholieke Kerk van Nederland«, »Kath. Bistum der A. in Deutschland«, »Christkath. Kirche der Schweiz«, »Altkath. Kirche Österreichs«, »Polish National Church/USA and Canada«, sowie die altkath. Kirchen in Jugoslawien und Polen und der Tschechoslowakei. Durch Übereinstimmung in den Grundlagen der Lehre, Verfassung und des Gottesdienstes der Ostkirche besonders nahestehend und seit 1931 mit der Anglikanischen Kirchengemeinschaft in Sakramentsgemeinschaft, gehören sie zu der größeren, etwa 225 Mill. Christen in über 500 Diözesen umfassenden Gruppe von Katholiken, für die die Katholizität nicht notwendig mit der Anerkennung des Römischen Primates verbunden ist. Soweit die Bezeichnung »altkatholisch«, bes. in USA, auch von *nicht* der Utrechter Union angeschlossenen, kirchlichen Gemeinschaften gebraucht wird, sind diese hier nicht berücksichtigt.

a) Zur *Vorgeschichte* im weiteren Sinne gehört die durch das Schisma 1054 grundlegend geänderte Lage der Kirche, die im 1.Jt. über den Zerfall des → Imperium Romanum hinaus trotz schwerster Krisen ihre Einheit auf episkopaler und konziliarer Grundlage erhalten hatte. Während der Osten an der alten Grundlage festhielt, entwickelte sich im Westen die päpstliche Zentralgewalt als die entscheidende Hüterin der Einheit einer Kirche, die infolge des Schismas nicht mehr die ökumenische, sondern nur noch Teilkirche sein konnte. Dennoch blieben auch im Westen noch lange die alten Träger des konziliaren Lebens durch den Episkopalismus (→ Bischof: I) und die Ansätze zur nationalkirchlichen Autokephalie (→ Autokephale Kirchen) lebendig. Die ganze Fülle der in der lateinischen Christenheit daraus sich ergebenden Einzelbewegungen über die mittelalterlichen → Reformkonzile und das Ringen um die Kirchenreform auf dem → Tridentinum bis hin zu den altkirchlichen Aspekten im → Gallikanismus, → Josephinismus und → Febronianismus gehören darum zu dieser Vorgeschichte. Im engeren Sinn gilt dies für zwei Auseinandersetzungen im nachtridentinischen Katholizismus, in denen die jesuitische Interpretation der mittelalterlichen Entwicklung im Bunde mit dem päpstlichen Unfehlbarkeitsanspruch (→ Infallibilität) dem Streben nach Erneuerung der Kirche aus dem Geist und Leben der Alten Kirche gegenüberstand: im Frankreich des 17.Jh.s der Kampf der Jansenisten (→ Jansenismus) und der Frommen von → Port Royal um Augustins Gnadenlehre (→ Gnade: IV) und zu Beginn des 19.Jh.s in Deutschland, Österreich und der Schweiz das Streben zu kath. Erneuerung nach den Verheerungen der französischen Revolution und der → Aufklärung, wie sie durch die Namen J.M. → Sailer und A. → Möhler gekennzeichnet ist.

b) So verschieden die äußeren Anlässe zur *Bildung selbständiger altkath. Kirchen* waren, das Ethos eines kath. Widerstandes gegen das, was man unter Berufung an ein allgemeines Konzil die kirchenzerstörenden Ansprüche Roms nannte, war das gleiche. Wo dieses Ethos nicht vorhanden oder zu schwach war, hat sich die Kirchenbildung früher oder später als Flugsand erwiesen. Im Falle der Kirche von Utrecht schützte die Regierung der freien Niederlande das Kapitel des altehrwürdigen Sitzes von Utrecht in seinem überlieferten Recht, als es 1723 Cornelius Steenhoven auf den Stuhl des hl. Willibrord erhob, von dem Papst Alexander VII. 21 Jahre zuvor den rechtmäßigen Inhaber Peter → Codde gegen die Ordnung der alten Kirche entfernt hatte. Der entscheidende Punkt war schon damals der Anspruch des Papstes, anstelle des Konzils oberster Richter und letzte Instanz in Glaubensfragen der Kirche zu sein. Durch die Weihe Steenhovens und seiner drei Nachfolger von der Hand des französischen Missionsbischofs Dominicus Maria Varlet, der vom Papste schon 1719 wegen seiner Beziehungen zur Kirche von Utrecht seines Amtes in Persien enthoben worden war, wurde die Apostolische → Sukzession in der Kirche von Utrecht und damit sämtlichen späteren Bistümern der Utrechter Union gewahrt. Als das → Vatikanische Konzil am 18.7.1870 nach Ausschaltung der zuletzt noch mehr als 60 Konzilsväter umfassenden Opposition die Lehrunfehlbarkeit und bischöfliche Allgewalt des Papstes aussprach, entstanden der kleinen Kirche von Utrecht neue Bundesgenossen. Obwohl die politischen Erregungen um den deutsch-französischen Krieg und die deutsche Reichsbildung das Interesse an den kirchlichen Vorgängen überdeckte und sich alle Oppositionsbischöfe dem neuen Dogma unterwarfen, erhob sich unter den Katholiken der deutschen Kulturgebiete eine starke antivatikanische Welle. Zwar konnte sich → Döllinger selbst nicht zu einem Setzen von Altar gegen Altar, wie er es nannte, entschließen, unterwarf sich jedoch auch nicht der römischen Autorität. Den Kern der Bewegung bildeten die von ihren Bischöfen exkommunizierten Professoren der Theologie → Friedrich und Messmer in München, Hilgers, Knoodt, Langen, → Reusch in Bonn, Baltzer, → Reinkens, Weber in Breslau, Menzel und Michelis in Braunsberg, dazu der freiwillig vom Lehramt in Luzern zurückgetretene E. → Herzog und eine Reihe von Pfarrern mit einer großen Anzahl namhafter Laien, darunter viele akademische Lehrer, Geschichtskenner, Rechtskundige, höhere Beamte, führende Industrielle und Kaufleute. In der südbadischen und nordschweizerischen Bauernschaft wirkte im Gebiet des alten Bistums Konstanz das Erbe des Josephinismus und der Wessenbergschen Reformen (→ Wessenberg) positiv nach. Lebhafte Sympathien, wenn auch meist ohne tieferes, geschichtliches und religiöses Verständnis, fand die Bewegung in weiten Kreisen des Mittelstandes, ja im bayrischen Königshaus sogar in der Person König Ludwigs II. Eindrucksvolle Versammlungen in Königswinter (1870), Nürnberg (1870), Solothurn (1871), Wien (1871) und eine große Zahl von Flugschriften und von Vorträgen, bei denen es gelegentlich bis zum Blutvergießen kam, führten über die ersten Kongresse in München, Köln und Konstanz zur selbständigen, kirchlichen Organisation und zu Bischofswahlen in Deutschland, der Schweiz und Österreich. Keine kirchenbildende Kraft gewannen die in Österreich stark nationaldeutsch gefärbte → Los-von-Rom-Bewegung, in der Schweiz der vorwiegend politisch ausgerichtete Freisinn und in Deutschland das hochgehende Nationalgefühl. Die heute bestehenden Bistümer der Utrechter Union haben sich nicht aus diesen Kräften erhalten und gefestigt. Eine analoge Entwicklung zeigt sich in der Entstehung der altkath. Polnischen Kirche in USA und Polen, den altkath. Kirchen der Tschechoslowakei und Jugoslawiens sowie den heute fast vergessenen Ansätzen altkath. Kirchenbildung in Italien, Spanien, Portugal, Frankreich, England und den überseeischen Gebieten in Südamerika, Afrika und auf den Philippinen. Beachtung verdienen noch heute die an die anglikanische Kirche in USA angelehnte Kirche der Philippinen und die polnische Kirche der → Mariaviten.

2. Der äußere *kirchliche Bestand* innerhalb der Utrechter Union ist in der dritten Generation nach dem Vatikanum folgender: Den drei Bischöfen in Holland unterstehen 27 Gemeinden mit 12000 Mitgliedern. In Amersfoort wurde für das alte Knaben- und Priesterseminar ein Neubau errichtet. In Deutschland, wo die Kriegszerstörungen die Kirche besonders schwer trafen, unterstehen dem Bischof in Bonn 52 Gemeinden mit annähernd 40000 Mitgliedern. Ein großer Teil davon lebt in der Diaspora und besteht aus 1945 Vertriebenen des früheren sudetendeutschen Bistums um Warnsdorf. In → Bonn besteht ein Bischöfliches Priesterseminar mit Konvikt und das Altkath. Seminar der Universität. In der Schweiz bilden 36 Gemeinden, davon 5 im französischen Sprachgebiet, unter dem Bischof in Bern das christkath. Nationalbistum mit annähernd 30000 Mitgliedern. An der Universität → Bern besteht eine christkath. theologische Fakultät. Der Schwerpunkt des österreichischen Bistums mit 13 Gemeinden und 40000 Mitgliedern liegt seit 1918 in Wien (hier 30000 A.). Die polnische Nationalkirche in USA und Kanada ist vorwiegend in den Kohle- und Stahlzentren (Scranton, Chicago, Buffalo u.a.) verbreitet. Sie zählt rund 250000 Mitglieder und steht unter der Leitung von 5 Bischöfen mit dem Presiding Bishop in Scranton, wo sich auch das theologische Seminar befindet. Nach 1945 ist über die altkath. Bistümer in Polen, der Tschechoslowakei und Jugoslawien nichts Sicheres bekannt geworden.

3. Das *theologische Anliegen* der altkath. Bewegung sah schon Döllinger in einer dreifachen Sendung: 1. »Zeugnis zu geben für die kirchliche Wahrheit und gegen die neuen Irrlehren . . .; insbesondere auch als . . . Protest dazustehen gegen die heillose Willkür in Verfertigung neuer Glaubensartikel«; 2. ». . . allmählich und in zukünftigem Fortschritt eine . . . der alten, noch ungetrennten mehr konforme Kirche darzustellen«; 3. ». . . als Werkzeug und Vermittlungsglied einer künftigen, großen Wiedervereinigung der getrennten Christen und Kirchen zu dienen . . .«. Damit wird das *Verständnis der Kirche* als der Einen Heiligen zur zentralen Frage. Ihre Strukturelemente sind nach altkath. Auffassung von Christus als dem Haupt durch den hl. Geist dem Leib gegeben in der letzten Endes unlöslichen, in historischer Kontinuität sich gestaltenden Einheit von Sakrament, Amt, Lehre, Verkündigung, Leiden in der Nachfolge Christi und Bruderdienst der Liebe. Deshalb halten die A. am dreifachen Amt der Diakonen, Priester und Bischöfe in Verbindung mit der Apostolischen Sukzession fest und verstehen den einen Episkopat als eine brüderliche Gemeinschaft von iure divino gleichgestellten Hirten ihrer Herden im Sinne Cyprians. Daraus folgt die Wertung des konziliaren Prinzips im Leben der Kirche, gipfelnd im ökumenischen Konzil als letzter Instanz mit infallibler Entscheidung in Glaubensfragen. Als Glaubensquellen gelten Schrift und Tradition in dem Sinne, daß kraft der Tradition Reinheit und Fülle des durch die Schrift vermittelten Wortes Gottes in der Kirche erhalten bleibt. Darum halten die A. auch an der zugestandenermaßen erst spät fixierten Gesamtheit der sieben Sakramente fest und unterscheiden zwischen dem Dogma als der unzweifelhaften Lehre der Schrift und den Glaubensentscheidungen der 7 ökumenischen Konzile einerseits und den hinsichtlich ihrer Autorität sehr verschiedenen Theologumena, dh den Lehrsätzen der Kirchenväter und Theologen, andererseits. Das Verständnis der Kirche begründet aber auch das altkath. Mißtrauen gegenüber der Herrschaft des Rechtsdenkens in der Kirche und dessen Verlangen nach irdischer Sicherheit und Macht. Hier liegt auch der Ansatz zur Revision einer weitgehenden Ausschließung des Laienstandes. Man ging zunächst in der Schweiz, dann in Deutschland und zuletzt in Österreich so weit, den Laien Stimmrecht in der Bistumssynode als der Legislative sowie im Synodalrat als der Exekutive zu geben. Dieses Laienstimmrecht kommt auch bei den Pfarrwahlen und überhaupt im Leben der Pfarrei sowie bei der Bischofswahl zum Ausdruck, wobei zwischen den einzelnen Mitgliedern der Utrechter Union noch erhebliche Unterschiede bestehen. Überall gilt der Gebrauch der Muttersprache in der Liturgie (ausgenommen die lat. Spendeformel »accipe spiritum sanctum« bei der Bischofsweihe). Das gleiche gilt auch für die in der Schweiz zuerst, dann 1878 auf Drängen der Laienschaft in Deutschland und schließlich 1923 auch in Holland durchgeführte Aufhebung des Zölibates für die Geistlichen. Nicht völlig einheitlich ist die Regelung der Kommunionspendung; besonders hält das deutsche Bistum ausdrücklich an der Spendung unter der Brotgestalt allein fest und gewährt den Kelch nur ausnahmsweise anglikanischen Gästen und Vertriebenengemeinden mit anderer Tradition. Hinsichtlich des Verhältnisses der Kirche zum Staat setzt sich das Bewußtsein der wesensbedingten Eigenständigkeit der Kirche mehr und mehr durch. Zur Betätigung auf sozialem und weltmissionarischem Gebiet in eigenen größeren Werken der Kirche kam es bisher nicht. Dagegen wuchs schon 1874 und 1875 aus Döllingers Initiative in den Bonner Unionskonferenzen ein erster, großangelegter, ökumenischer Vorstoß. Die alle 4 bis 5 Jahre stattfindenden Internationalen Altkath. Kongresse und die Berner Internationale Kirchliche Zeitschrift blieben Träger dieser Gedanken. Eine Frucht davon ist die 1931 festgelegte Interkommunion mit der Anglikanischen Kirchengemeinschaft (→ Abendmahlsgemeinschaft) und die allerdings noch nicht zum gleichen praktischen Ergebnis gelangte Annäherung an die Ostkirche. Unter diesen Voraussetzungen war die bewußte Teilnahme an der Faith-and-Order-Bewegung, dann aber auch am gesamten Werk des Ökumenischen Rates der Kirchen für die Mitglieder der Utrechter Union eine selbstverständliche Pflicht.

Altkath. Bekenntnisschriften im CConf, Abt. 6, 1935 - Amtl. Altkath. Kirchenblatt Bonn, seit 1878 - Sammlung kirchl. u. staatl. Vorschriften u. Abriß des Kirchenrechtes für die altkath. Kirchengemeinschaften, 1898 - Wissenschaftl. Quartalschrift: Revue Internationale de Théologie 1893-1910, Neue Folge seit 1911: Internationale Kirchl. Zeitschrift, Bern. - I.v.DÖLLINGER, Über die Wiedervereinigung der Kirchen, 1872 - F.H.REUSCH, Bericht über die Bonner Unionskonferenzen, 1874/75 - J.F.v.SCHULTE, Der Altkatholizismus, 1887 - K.L.GOETZ, Zur Union der romfreien Kirchen des Abend- und Morgenlandes (ZKG 18, 1898, 297-301) - M.KOPP, Die altkath. Bewegung der Gegenwart, (1900) 1911^{2} - DERS., Der Altkatholizismus in Deutschland (1871-1912), 1913 - P.GSCHWIND, Gesch. d. Entstehung der Christkath. Kirche der Schweiz, 2 Bde, 1904/10 - H.J. DEMMEL, Gesch. d. Altkatholizismus in Österreich, 1914 - Die Altkatholische Kirche (Ekklesia III), 1935 (Lit.) - W.H.DEVOIL, Old Catholic Eucharistic Worship, 1936 - C.B.MOSS, The Old Catholic Movement, its Origins and History, 1948 - A.RINKEL, Die Eucharistie, 1948 - DERS., Interkommunion, 1952 - J.O.KALOGIRU, Die orth. Kirche des Ostens u. der Altkatholizismus (EvTh 9, 1949/50, 512-521)

P.PFISTER, Ist die leibliche Himmelfahrt Mariens kath. Dogma?, 1951 - DERS., Die Altkath. Kirche (A.KUNZ, Viele Glieder - ein Leib, 1953, 58-83) - B.A.VANKLEEF, Geschiedenis van de Oud-Katholieke Kerk van Nederland, 1953 - J.DEMMEL, Was ist altkatholisch?, 1956.

W.Küppers

Altlutheraner → Luthertum: III.

Altmann *von Passau* († 1091), Lehrer an der Domschule zu Paderborn, Kaplan der Kaiserinwitwe Agnes, 1064f als Pilger im hl. Land, 1065 Bischof von P. Wie kaum ein anderer deutscher Bischof stand er unentwegt zu → Gregor VII., wirkte als sein ständiger Vikar in Deutschland und gewann ihm viele süddeutsche Große. Mit → Heinrich IV. lehnte er seit 1076 jeden Verkehr ab, was ihn sein Bistum kostete, in dessen östlichem Teil er aber unter dem Schutz des Markgrafen Luitpold seit 1080 wieder wirken konnte. Als Gründer und Reformator von Klöstern und Stiftern begünstigte A. die Augustinerchorherren, so in Göttweig, wo er starb.

Über die von Sdralek (s. RGG² I, 284) A. zugeschriebenen Schriften s. Manitius III, 30. - MG SS XII, 226ff (Vita). - RE I, 425f - DHGE II, 826f (Lit.) - VSB VIII, 146f (Lit.) - R.BAUERREISS, KG Bayerns II, 1950 - NDB I, 225 f (Lit.).

M.A.Schmidt

Alto *von Altomünster,* vielleicht irischer Wandermönch, angeblich Gründer des (späteren Benediktiner-) Klosters Altomünster (Oberbayern) und Zeitgenosse des → Bonifatius, kaum aber dessen Mitarbeiter.

Vita sancti Altonis (von → Othlo, um 1062), ed. G.WAITZ, MG SS XV 2, 1888, 843ff - M.HUBER, Der hl. A. u. seine Klosterstiftung Altomünster (Wissenschaftl. Festg. zum 1200jähr. Jubiläum des hl. Korbinian, hg.v. J.SCHLECHT, 1924, 209-244) - BRAUN, TA 61f.

F.Flaskamp

Altötting ist der berühmteste Wallfahrtsort von Bayern, Ziel von jährlich rd 400000 Pilgern. Die Tradition über das dortige Wirken des hl. → Rupert von Salzburg begründen neue Untersuchungen. Karlmann errichtete 876 ein Kanonikerstift, das nach seiner Vernichtung durch die Ungarn 907 an Passau kam. 1228 stiftete Herzog Ludwig I. von Bayern das zweite Kollegiatstift, das bis 1803 bestand. 1929 wurde es zum drittenmal errichtet; der jeweilige Stadtpfarrer ist zugleich Propst. Die ca 1420 entstandene Wallfahrt zum Gnadenbild der Muttergottes (Statue von ca 1300) blühte unter den Jesuiten (1591-1773) und den Franziskanern (1653-1803) neu auf. Seit 1803 wurden die Pilger von Kapuzinern betreut, die ihr Kloster zum Hauptsitz der Provinz ausbauten.

J.CL.STADLER, A.s Kunstgesch. u. Wallfahrt, 1931 - DERS., Urkunden-Regesten v.A. (Oberbayer. Arch. 75, 1949, 97-188) - H.NOTTARP, Das Stift A. (Kirchenrechtl. Abh. 117/118, 1938, 1-52) - M.A. KÖNIG, Weihegaben an U.L.Fr.v.A. I, 1939; II, 1940 - R.BAUERREISS, A. u. d. hl. Rupert v. Salzburg (Stud. u. Mitt. OSB 59, 1942, 189-199) - M.HEUWIESER, A. u. d. hl. Rupert v. Salzburg (Zs. f. bayer. Landesgesch. 14, 1943/44, 149-157) - C.J.M.KÖNIG, Dreimal Chorherrenstift A., 1949 - J.PFENNIGMANN, Studien z. Gesch. A.s im Früh- u. Hochmittelalter (Diss. München), 1952.

J.Hemmerle

Altpreußische Union → Unionen: I.

Altreformierte Kirche → Reformierte Kirche: II.

Altruismus. Obwohl das Wort sprachlich falsch gebildet ist, kann man, was damit gemeint ist, gelten lassen. Es geht um eine zusammenfassende Bezeichnung derjenigen Taten und (vor allem) Beweggründe, welche gegenüber anderen einzelnen (lat. alter; franz. autrui) als unselbstisch und uneigennützig empfunden und anerkannt werden. A. → Comte hat das Wort als wissenschaftlichen Terminus eingeführt. Sein → Positivismus hat die psychologische Struktur und den ethischen Wert nicht genügend unterschieden; ein solcher Gebrauch des Wortes, also mit einem leisen Anflug von Werturteil, ist aber fast unvermeidlich. Man hat dem entgegengehalten, daß der Mensch auch ohne »altruistische« Gesinnung sich seines → Egoismus zu entschlagen pflegt, überall wo → Gesetz (: VI), → Sitte (: I. II), Brauch oder auch Prinzip, → Ideologie, automatische Bindung an gesellschaftliche Pflichten und sogar Ideale das Leben bestimmen. Dies berechtigt jedoch nicht dazu, Comtes (ebensowenig wie Kropotkins) Anliegen abzuweisen und zu behaupten, altruistisches Verhalten sei im Grunde ein Triumph des Ichs. Weder die Mutterliebe noch das erotische Verlangen oder die sexuelle Hingabe können als verkappter Egoismus bezeichnet werden; in eben solchen Instinkten und Neigungen hat das, was als A. bezeichnet wird, seine Wurzeln. Der Begriff des »A.« wird aber sofort unklar, wenn damit ein *Prinzip* der → Ethik gemeint sein soll. Mit Recht hat M. → Scheler dagegen protestiert und mit Hinblick auf den phänomenologischen Befund dem Positivismus eine Verzeichnung von »Liebe«, »Sympathie« usw vorgeworfen (so auch K.Jaspers und A.Pfänder; → Gesinnungsethik). → Liebe (: IV) als positiver Akt von Person zu Person ist nicht unter den Polaritätsgesetzen zuschauerhafter Begrifflichkeit zu verstehen. Und »Egoismus« ist eben nicht ein Verhalten, als wäre man allein auf der Welt; gerade der Egoist ist ein höchst soziales Wesen. Obschon Heymanns Objektivitätstheorie ihr großes Verdienst hat in dem Nachweis, daß eine »Genealogie der Moral« (Nietzsche) nicht erklärt, warum der gesunde und instinktsichere Mensch gegebenenfalls das ihm Nachteilige wählen kann und spontan das Unselbstische in seinem Urteil obenan setzt, so abstrahiert sein (an die Formulierung von Kant angelehnter) kategorischer Imperativ »handle objektiv« doch zu sehr von der Begegnung mit dem Nächsten. Sobald diese Begegnung ins Gesichtsfeld tritt, erweisen sich »A.«, »Objektivitätslehre« usw als nicht mehr tragfähige Termini. Es müssen dann die Voraussetzungen der phänomenologischen oder existentialistischen → Anthropologie (: II) geprüft, gewertet und verarbeitet werden. Als Ausgangspunkt kommen dabei ethische und meta-ethische Grundworte in Betracht wie etwa »Ich und Du« (F.Ebner, M.Buber) oder wie »liebendes Miteinandersein« (L.Binswanger), die »Mitmenschlichkeit« (K.Barth), die »Wirheit«, welche durch die Sprache geschaffen und im Gebet sich vollendend gedacht werden muß (E.Rosenstock). Nach dem Maße solcher Gedankengänge ist »A.« ein Wort, das in eine gewisse Leere weist. Es scheint im Sprachgebrauch der anthropologischen und ethischen Forschung langsam zu verschwinden.

A.FISCHER, Psychologie der Gesellschaft (Hdb. d. vergleich. Psychologie II, 1922 Abt. 4) - J.MARTINEAU, Types of ethical theory, 1901 - G.HEYMANS, Einführung in die Ethik, auf Grundlage der Erfahrung, 1914 - M.SCHELER, Wesen u. Formen der Sympathie, 1926 - R.A.SCHRÖDER, Zur Naturgeschichte des Glaubens, 1936 - F.EBNER, Das Wort u. die geistigen Realitäten, 1921 (= Gesammelte Werke I, 1952) - M.BUBER, Ich u. Du, 1923 - K.LÖWITH, Das Individuum in der Rolle des Mitmenschen, 1928 - L.BINSWANGER, Grundformen u. Erkenntnis menschlichen Daseins, 1942 - E.ROSENSTOCK, Der Atem des Geistes, 1950 - DERS., Heilkraft u. Wahrheit, 1951.

K.H.Miskotte

Alumbrados oder *Illuminaten* (Erleuchtete), Bezeichnung für die vom Ende des 15.Jh.s bis zum 17.Jh. in Spanien lebenden Anhänger einer mystisch gearteten Frömmigkeit. Nach dem Erscheinen der spanischen Ausgabe des »Enchiridion« von → Erasmus von R. (1526) begannen sich die A. mit den Erasmianern zu verschmelzen. Anfangs von der Kirche akzeptiert, wurden die A. während der Reformationszeit als gefährliche Neuerer, ja Lutheraner bezeichnet. Zweifellos spielten sie die innere Erleuchtung durch den Hl. Geist gegen die Institution der Kirche aus. Ignatius von → Loyola und sein Orden betrachteten die Bewegung mißtrauisch. Seine Exercitia spiritualia mußten aber deutlich von der quietistischen Mystik der A. abgegrenzt werden. Um 1530 setzten heftige Angriffe der → Inquisition gegen die A. ein, die anfangs des 17.Jh.s ihren Höhepunkt unter Kardinal Pacheco in den Diözesen Sevilla und Cadiz fanden. Die A. existierten in kleinen Kreisen weiter und verschmolzen schließlich mit anderen quietistischen Gruppen.

LTHK I, 336f. - F.CAYRÉ, Patrologie et histoire de la théologie II, Paris 1933 - M.BATAILLON, Erasme et l'Espagne, Paris 1937 (span. Aufl. Mexiko 1950) - J.E.LONGHURST, The A. of Toledo: Juan del Castiko and the Lucenas (ARG 45, 1954, 233-253).
F.W.Kantzenbach

Álvaro Pelayo (* ca 1280, † 1352 in Sevilla), kanonistisch und theologisch gebildeter Franziskaner, ca 1330 an der Kurie in Avignon, 1333 Bischof von Silves in Portugal. In seinem Hauptwerk De planctu ecclesiae verteidigt er die Ansprüche → Johannes XXII. im Sinn des schroffen Kurialismus (in gleicher Weise → Augustinus Triumphus); ebenso scharf aber kritisiert er die kath. Gesellschaft und Kirche.

RE XV, 107f - DHGE II, 857ff - N.IUNG, Un franciscain théologien du pouvoir pontifical, A.P., 1931 (Lit.) - DdS I, 488ff - J.BENEYTO PÉREZ, Los orígines de la ciencia política in España, 1949.
M.A.Schmidt

Alvelt, *Augustinus von* (1480-1535?), * Alfeld im Hannoverschen, † vermutlich in Halle, war 1520 Lehrer im Leipziger Minoritenkloster und wurde Guardian in Halle (1524) und Provinzial für Sachsen (1529-32). Er hat sich mit Erfolg bemüht, seine Ordensprovinz dem alten Glauben zu erhalten (1522 Disputation mit Johann → Lang in Weimar). Am bekanntesten ist A. durch seine gegen Luther gerichtete Schrift »Super apostolica sede« von 1520 geworden. Eine deutsche Schrift »Eyn gar fruchbar vñ nutzbarlich buchleyn võ dẽ Babstliche stul etc« (1520) hat Luthers »Von dem Papsttum zu Rom wider den hochberühmten Romanisten zu Leipzig« (1520) ausgelöst; auch Luthers »De captivitate« dürfte mit durch A. veranlaßt sein. Die Heiligsprechung → Bennos von Meißen, über die Luther sich lustig gemacht hatte (WA 15, 170ff), wurde von A. verteidigt. A.s Namen trägt eine Schrift »Wider Luthers Trostung an die Christen zu Hall« 1527 (betr. die Ermordung des lutherischen Prädikanten Georg Winckler in Halle a.S.); aber als wirklicher Verfasser ist u.a. Herzog → Georg von Sachsen angenommen worden. Durch Briefwechsel mit Margarete von Anhalt hat A. mitgewirkt, die Reformation → Anhalts (außer Zerbst) aufzuhalten.

RGG³ I, 287f - WA 6, 277ff - CCath XI, 1926 - G.HESSE, Augustin v.A., Verteidiger d. apostolischen Stuhles (in: F.DOELLE, Arbeiten d. Kirchenhist. Inst. d. Franziskaner zu Paderborn, 1930, 57-75, auch FS 17, 1930, 160-178).
F.Lau

Alvinczi, *Peter,* ungarischer ref. Theol., * 1570 in Aiud (Nagyenyed, Siebenbürgen), † 1634 in Kaschau, studierte in Nagyvárad, Wittenberg, Heidelberg, hier vornehmlich unter → Pareus, wurde 1604 Senior in Nagyvárad, 1605 Hofprediger des Fürsten → Bocskai in Nagykereki, 1606 Pfarrer in Kaschau. A. war der bedeutendste literarische Gegner → Pázmánys, Vertrauensmann der Fürsten Bocskai und Gabriel Bethlen und bemühte sich in der Abendmahlskontroverse um eine Verständigung zwischen Lutheranern und Reformierten.

Itinerarium catholicum etc, 1616 (ung.); Querela Hungariae, 1619 (ung. u. lat.); Kurze Ermahnung vom Herrenmahl, 1622 (ung.) - Eine Auswahl seiner ung. Werke hg.v. G.INCZE, 1935. - A.IMRE, Leben P.A.s, 1898 (ung.) - K.BENDA, Die historischen Aufzeichnungen P.A.s (Jahrbuch der Ráday Sammlung 1, 1956, 5-26; ung.).
M.Bucsay

Alzog, *Johann Baptist,* * 20.6.1808 in Ohlau, † 1.3. 1878 in Freiburg. - 1835 Professor der KG und Exegese in Posen, stand mit Erzbischof von → Dunin gegen Preußen. Seit 1853 in Freiburg/Br., lud A. 1863 mit → Döllinger u.a. zur Versammlung kath. Gelehrter nach München ein und wurde 1869 zum Konsultor für die Vorarbeiten des Vatikanums bestellt. Seine mehr kompilatorische als originale Wissenschaft ist von → Möhler bestimmt.

Vf. Lehrb. d. Univ.gesch. der christl. Kirche 1841, als Handb. d. allg. KG in 10. Aufl. 1882 hg.v. F.X.KRAUS. - Sonstiges: HN V, 1626f - Über A.: Bad. Biogr. III, 1881, 1ff - F.X.KRAUS, Gedenkrede, 1879 - RGG² I, 288 - H.HOFFMANN, Prof. J.A., 1938 - H.LANG, Die Versammlung kath. Gelehrter in München-St.Bonifaz (HJ 71, 1951,246-258) - NDB I, 236.
K.G.Steck

Amalarius *von Metz* († vor 853), Schüler → Alkuins, 809-814 Bischof von Trier, 813 Gesandter → Karls d.Gr. in Byzanz, 825 auf dem Konzil von Paris. Widmete Ludwig d.Fr. 3 Bücher De ecclesiasticis officiis und gab sie unter Anfügung eines 4. nach einer Romreise zur Feststellung des römischen Antiphonartextes (831) neu heraus. Charakteristisch ist die bewußte Originalität und die Anwendung allegorischer Deutung auf die Liturgie. 835 an Stelle von → Agobard mit der Leitung der Diözese Lyon beauftragt, fand er als Neuerer Widerspruch bei diesem und → Florus und wurde 838 als Irrlehrer verurteilt. Seine Liturgie-Erklärung hat sich trotzdem im Mittelalter durchgesetzt.

J.M.HANSSENS, Amalarii ep. opera liturgica omnia (StT 138-140), 1948-50 - MG Epp V, 242ff. 679; PL I, 426ff; II, 694. - A.CABANISS, The personality of A. (Church History 20, 1951, 34-41) - DERS., A. of Metz, 1954 - A.KOLPING, A. von Metz u. Florus von Lyon (ZKTh 73, 1951, 414-464).
H.Löwe

Amalekiter, ein nur aus dem AT bekannter Stamm bzw. Stämmeverband, der nach Num 13, 29 »im Lande des Negeb«, nach Gen 14, 7 in der Gegend von → Kadesch Barnea wohnte, auf der anderen Seite in Num 14, 25. 43. 45 zusammen mit den Kanaanäern des Kulturlandes genannt wird. Die A. waren danach nicht seßhafte Elemente südlich des Westjordanlandes. Die israelitische Überlieferung kennt die A. ausschließlich als Feinde - und zwar als »Erbfeinde« (Ex 17, 16) - aus der Frühzeit der Geschichte Israels. Das Pentateuchthema vom Wüstenaufenthalt Israels enthält die Überlieferung von einem schweren Kampf mit den A.n (Ex 17, 8-16). Wiederholt werden die A. im Zusammenhang mit anderen Feinden Israels genannt (Ri 3, 13; 6, 3. 33; 7, 12; 10, 12). → David, zur Zeit seines Söldnerführerlebens in Ziklag den A.n benachbart, stand mit ihnen in einem Verhältnis gegenseitiger Raubzüge (1Sam 27, 8; 30, 1ff). Saul hat nach 1Sam 15 die A., die damals einen »König« hatten, geschlagen. Dieser Sieg Sauls oder vielleicht erst der Aufbau des Großreichs Davids hat die A. aus der Geschichte verschwinden lassen und ihr »Gedächtnis ausgelöscht« (Ex 17, 14; Dtn 25, 19).

F.M.ABEL, Géogr. de la Palestine I, 1933, 270ff - NOTH, ÜPent 131ff.
M.Noth

Amalrich *von Bena* (Bène bei Chartres, † 1206/07), angesehener Lehrer der Pariser Artistenfakultät, der seine Prinzipien auch auf die Theologie anwandte, wofür er sich in Rom rechtfertigen und widerrufen mußte (1204). 1210 wurden zehn seiner Anhänger in Paris und einer in Amiens verbrannt, A. nachträglich verdammt. Die Amalrikaner (was von ihrer Lehre auf A. selber zurückgeht, ist unsicher) lehrten ein gnostisches Verständnis der Gotteskindschaft, verbunden mit einer an → Joachim von Flore erinnernden Geschichtsspekulation: Wer glaubt, ein Glied Christi zu sein, weiß, daß Gott alles in allem ist, bedarf keiner Sakramente und verwirft die leibliche Auferstehung. Das Wissen ist das Paradies und Unwissenheit die Hölle. In dieser pantheistischen Vergottung der Gläubigen sind das gesetzliche alttestamentliche und das sakramentale neutestamentliche Zeitalter des Vaters und des Sohnes durch das des Hl. Geistes abgelöst.

RE I, 432f; XXIII, 35 - DHGE II, 1004ff - G.C.CAPELLE, Amaury de Bène (BiblThom 16), 1932 - DSp I, 422ff - A.BORST, Die Katharer, 1953, 113f (Lit.) - M.TH.D'ALVERNY, Un fragment du procès des Amauriciens (AHDL 25f, 1950f, 325-336; Lit.). *M.A.Schmidt*

Amama, *Sixtinus,* * 13.10.1593 Franeker, † dort 9.11.1629. Schüler und 1616 Nachfolger des Joh.Drusius als Prof. des Hebräischen. A. hat das Studium des Hebräischen und Griechischen bei Synoden und unter Studenten gefördert. Er hat in seiner Censura Vulgatae (1620) an vielen Stellen die offizielle Vulgata und in seiner Bijbelsche Conferentie die damaligen niederländischen Bibelübersetzungen verbessert. Mit Peter Hakkius (AT) und Hermann Faukelius (NT) gab er eine neue Übersetzung heraus, war aber an der der Staaten (1637) nicht beteiligt, da er, obwohl zu Unrecht, des Arianismus verdächtigt wurde (→ Bibelübersetzungen: II. IV). Er hat die Aussprache des → Tetragramms mit »Jehova« bestritten.

BWGN I, 1907, 232ff. *J.N.Bakhuizen van den Brink*

Amana-Society oder »the Community of True Inspiration« gehört zu den → christlich-sozialistischen Gemeinden in Amerika. Ihre Anfänge liegen in den → Inspirationsgemeinden Deutschlands. Infolge Ablehnung und Verfolgung wanderten 1842-46 etwa 800 Glieder nach Amerika aus. 1854 Weitermarsch von Buffalo nach Iowa; Gründung der Stadt Amana (nach Hhld 4, 8) und sechs weiterer Dörfer. Dort hat sich die A.S. bis heute erhalten. - Ihre Grundüberzeugung entspricht dem Inspirationsdenken: Gott kann jetzt so gut wie in alter Zeit Männer inspirieren, sein Wort und seinen Willen kundzutun, und diese wirken als Boten der göttlichen Lehre in der Welt. Seit der Leiterin Barbara Heinemann († 1884) hat allerdings kein Mitglied mehr die Gabe der Prophetie erhalten. Damit ist die A.S. auch von irgendwelchen enthusiastischen überbordenden Erscheinungen frei geblieben, die anderwärts durch angebliche Geistausgießungen auftraten. Sie kennt kein geistliches Amt. Die Gottesdienste umfassen Gebete, Zeugnisse und Lesungen. Die Taufe wird nicht geübt, dagegen eine Art Fußwaschung; das Abendmahl wird alle zwei Jahre gefeiert. Schwören und Waffentragen werden abgelehnt, Vergnügungen vermieden. - Wer der A.S. beitritt, liefert seinen Besitz entsprechend den religiös-kommunistischen Grundsätzen ab (Gütergemeinschaft). Wer austritt, bekommt das, was er gebracht hat, wieder zurück. Die Mitgliederzahl nimmt langsam ab und beträgt jetzt rund 1300.

R.LIEFMANN, Die kommunistischen Gemeinden in Nordamerika, 1922, 32ff (dazu F.KATTENBUSCH, ThLZ 47, 1922, 349f) - RGG² I, 289f - E.T.CLARK, The small Sects in America, (1937) 1949, 146f (Lit.). *O.Eggenberger*

Amandus († um 675), wohl Aquitanier, anfangs Mönch und Eremit, seit etwa 620 vielerorts missionarisch tätig, so an der fränkisch-friesischen Grenze im Scheldegebiet (Gent), wo er ein Taufedikt König Dagoberts I. (623-34) erlangt, dann unter den Südslawen (Kärnten), schließlich bei den spanischen Basken, doch überall mit geringem Erfolg; 647-50 Bischof von Maastricht; seinen Lebensabend verbrachte A. in dem von ihm gegründeten Kloster St.Amand am Elno.

Vita sancti Amandi, ed. B.KRUSCH (SS. rer. Merov. V, 1910, 395-485, dazu VII, 1920, 846f) - L.V.D.ESSEN, Der heilige A. (Geschiedkundige Bladen 2, 1906, 271-290) - H.CLAEYS, Sint Amand, Thielt 1913 - E.DE MOREAU, Saint Amand, Louvain 1927 - KÜNSTLE II, 51f - F.FLASKAMP, Die Anfänge friesischen u. sächsischen Christentums, 1929 - BRAUN, TA 63f. *F.Flaskamp*

Amarna

1. A. ist der moderne Archäologen-Name für die Hauptstadt Achet-Aton, die → Amenophis IV. (Echnaton), König von → Ägypten (: I, 6; II, 3) etwa halbwegs zwischen Memphis und Theben auf dem Ostufer des Nils auf jungfräulichem Boden gegründet hat (→ 1 B 4). Im 5. Jahr seiner Regierung begann Amenophis IV. den Bau A.s, in das er im folgenden Jahr einzog. Das Gebiet wurde durch Grenzstelen im Gebirge abgesteckt, der König schwur, an keiner anderen Stelle des Landes die Hauptstadt zu bauen (die Annahme, er habe geschworen, die Stadt nicht mehr zu verlassen, beruht auf einem Übersetzungsfehler). Nach dem Tode des Königs in seinem 17. (oder 21.?) Jahr regiert zunächst sein Nachfolger Tutanch-Aton noch vier Jahre in A., siedelt dann jedoch wieder in die alte Hauptstadt Theben um. A. wird zunächst verlassen, unter Haremhab systematisch zerstört und erst im 19.Jh. nChr wieder besiedelt. Die Ausgrabungen, 1890/91 von W.Fl.Petrie eingeleitet, wurden 1907-14 von der Deutschen Orient-Gesellschaft, 1920-37 von der Egypt Exploration Soc. planmäßig durchgeführt. Sie brachten wichtige Ergebnisse für den sonst nur mangelhaft bekannten Städte- und Palastbau Ägyptens; auf ihnen beruhen weitgehend unsere Kenntnisse der nach A. benannten monotheistischen Periode Ägyptens.

2. Von hervorragendem historischen Wert sind die *A.-Briefe,* die bereits 1887 von Eingeborenen gefunden und verkauft wurden. Die Grabungen haben zwar den genauen Fundort ermittelt, an Stücken jedoch nur noch Reste fördern können. Es handelt sich um Teile des Archivs des Auswärtigen Amtes des Pharao, in dem Briefe ausländischer - befreundeter oder abhängiger - Fürsten, in vereinzelten Fällen auch Abschriften von Briefen an diese Ausländer aufbewahrt wurden. Sie sind in Keilschrift auf Tontafeln geschrieben. Von den knapp 400 Tafeln oder Bruchstücken, die sich heute in verschiedenen Museen befinden (der größte Teil in Berlin), sind fast alle in akkadischer Sprache geschrieben, nur 2 hethitisch und 1 churritisch. Dabei werden aber seltenere oder schwierigere Wörter glossiert, und zwar meist in kanaanäischer, seltener in churritischer oder ägyptischer Sprache. Diese Glossen, durch ein besonderes Zeichen als solche gekennzeichnet, bieten uns eine Frühstufe des mit dem Hebräischen eng verwandten Kanaanäischen. Ein Brief (Knudtzon, EA 252) ist fast rein kanaanäisch geschrieben (vgl. BASOR No. 89, 1943).

3. Die Absender sind meist Fürsten von Palästina-→ Syrien (: I), also ägyptische Vasallen, aber auch die mit dem ägyptischen Hof befreundeten oder verschwägerten Könige von → Mitanni, dem zunächst ganz von Mitanni abhängigen → Assyrien, dem kassitisch beherrschten → Babylonien (: I), dem Reich der → Hethiter (: I), Arsawa und Alasia (Zypern?). Der Empfänger ist Amenophis III. oder IV., gelegentlich ein hoher ägyptischer Würdenträger.

4. Die Briefe von den Fürsten Palästina-Syriens an den Pharao geben ein lebhaftes Bild von den verworrenen Zuständen in diesen Ländern. Zahllose Stadtstaaten, vor allem in den Ebenen des Landes, bekriegen sich mehr oder weniger offen, verleumden sich gegenseitig wegen Untreue gegen den Pharao oder verteidigen sich gegen die Beschuldigungen ihrer Gegner. Trotz verzweifelter Hilferufe der Vasallen sind die ägyptischen Truppen schwach; sie werden nicht verstärkt, und die Befehlshaber scheinen selbst nicht immer loyal. Besonders wird die ägyptische Herrschaft bedroht durch die Apiru (→ Hebräer): »Der König möge Truppen senden, das königliche Land für den König zu halten; wenn aber keine Truppen kommen, dann wird das Land an die Apiru verlorengehen« (Knudtzon, EA Nr. 286). - Bunt

wie das politische Bild dieses Raumes ist auch sein Volkstum: Westsemitisch-kanaanäische Namen wechseln mit churritischen und babylonischen, vor allem aber treten viele indo-arische auf. - Zur A.-Kunst → Kunst: II E.

Zur Stadt A.: J.D.S.PENDLEBURY, Tell-el-A., 1935. - Entdeckungsgeschichte der Tafeln: A.H.SAYCE in AJSL 33, 1917, 89-90. - Die Fundstellen der Tafeln sind genau beschrieben in der engl. Grabungspublikation: J.D.S.PENDLEBURY, The City of Akhenaton III, 1951, 115. 120. 123f. - Erstausgabe der Tafeln: H.WINCKLER, Die Tontafeln von Tell A. (KB 5), 1896; maßgebende Ausgabe mit Umschrift und Übers.: J.A.KNUDTZON, Die El-A.-Tafeln, 2 Bde (VAB VII, 2), 1915; die Berliner Stücke: O.SCHROEDER, Die El-A.-Tafeln, 1915 - F.THUREAU-DANGIN, Nouvelles lettres d'El-A. (RA 19, 1922, 91-97). - Neueste Bearbeitung: J.DE KONING, Studien over de El-A.-brieven en het Oude-Testament, 1950 (Lit.); vgl. die Bespr. v. W.F. ALBRIGHT in JNES 6, 1947, 58f. Dazu neuere Einzelarbeiten von ALBRIGHT in BASOR, vor allem in Nr. 87, 1942 und 89, 1943. - Die Tafeln der englischen Grabungen: C.H.GORDON in Or NS 16, 1947, 1-21. - W.v.SODEN, Zu den A.briefen aus Babylon u. Assur (Or NS 21, 1952, 426-434) - F.M.TH.DE LIAGRE-BÖHL, Hymnisches und Rhythmisches in den A.briefen aus Kanaan (Opera Minora, 1953, 375-379). Vgl. TGI 19ff und ANET 483ff. *H.Brunner*

Ambivalenz bedeutet wörtlich *Doppelwertigkeit*. Die Psychologie kennt Vorstellungen, die zugleich Liebe und Haß, Neigung und Abneigung bedeuten. In der Religionswissenschaft wird der Begriff auf verschiedene Phänomene angewandt, die gemeinsam haben, daß ihnen ein gegensätzlicher Doppelcharakter eigentümlich ist oder durch die menschliche Einstellung zu ihnen sekundär zukommt. Das → Numinose hat nach R.Ottos Analyse (→ Religion: I) insofern einen ambivalenten Charakter, als es eine *Zorn-* und eine *Güteseite* hat und demzufolge im Menschen wiederum eine ambivalente Haltung weckt: numinose Scheu, die sowohl die Richtung vom Numinosen fort als zu ihm hin einschließt (→ Anbetung, → Heilig). Mit diesem ambivalenten Charakter des Numinosen hängt auch der des →*tabu* zusammen: Ein Ding oder eine Person, ein Ort oder ein Vorgang, die »tabu« sind, sind einerseits gefährlich und daher unter Beachtung von Vorsichtsmaßregeln zu behandeln, andererseits wertvoll und daher begehrenswert. Der Stammeshäuptling zB, der »tabu« ist, hat teil an der A. des Numinosen, so daß er für die Untertanen Gegenstand von Meidung und Hinneigung zugleich ist. Von einer ethischen A. des Numinosen in der Strukturform des Dämonischen kann man insofern sprechen, als dämonische Wesen Urheber des Guten und des Bösen zugleich sein können, wie zB das Dämonische in Jahwe.

Ambivalent sind religiöse Ausdrucksformen und Organisationen insofern, als sie einerseits für das religiöse Leben notwendig, wertvoll und unentbehrlich sind, andererseits aber leicht die religiöse Selbständigkeit des einzelnen in Abhängigkeit zu verwandeln geneigt sind (→ Toleranz: I).

E.BLEULER, Die A., 1914 - H.LJUNGBERG, A. Ett religionsfenomenologiskt utkast (RoB 5, 1946, 1-27) - LPäd(B) I, 29 - VAN DER LEEUW 33ff. 579f. *G.Mensching*

Ambo → Kanzel, → Lesepult.

Ambrosianerbrüder, ursprünglich eine Einsiedlergenossenschaft in Mailand, die 1375 von Gregor XI. die → Augustinerregel erhielt. Ihr Gottesdienst wurde nach ambrosianischem Ritus gefeiert. 1441 erhielt der Verband den Titel Congregatio fratrum S.Ambrosii ad nemus Mediolanensis und wurde 1606 päpstlich bestätigt; aber schon 1646 erfolgte wegen raschen Zerfalls die Aufhebung. - Auch der heute noch bestehende weibliche Zweig erhielt bei seiner Gründung von Sixtus V. die Augustinerregel.

HEIMBUCHER I, 598f - LThK I, 344f. *Ph.Hofmeister*

Ambrosianische Liturgie → Gottesdienst: V B, 1, → Messe: II, → Liturgie: III.

Ambrosianischer Gesang (a.G.), der Gesang der Mailänder oder ambrosianischen Liturgie, wie er jetzt noch in der Mailänder Diözese und in einzelnen Tälern des Tessins gesungen wird, früher aber im größten Teil Oberitaliens Geltung hatte. Benannt nach → Ambrosius als Gegenbild zu → Gregor I. Während dieser aber die römische Liturgie und den → gregorianischen Gesang (g.G.) geordnet, umgestaltet und konstituiert hat, ohne nachweislich selbst schöpferisch tätig gewesen zu sein, griff Ambrosius in die Entwicklung der lateinischen Kirchenmusik sehr tatkräftig ein mit eigenen Schöpfungen sowie durch die Einführung der → Antiphonen und → Hymnen, bestimmte aber doch nicht die Eigenart des a.G.s. Die Hymnen insbesondere sind für den a.G. nicht bedeutsamer als für den g.G. Der a.G. gehört mit dem → gallikanischen, mozarabischen (?) und altrömischen Gesang zu einer älteren Schicht des lateinischen Chorals, der gegenüber der g.G. eine Umgestaltung bedeutet. Die ältere Art besitzt umfänglichere, aber auch gestaltreichere Melodieverzierungen (Melismen) als der g.G. Die Bewertung beider Arten schwankt; doch ist ein gerechtes Urteil vorderhand noch nicht möglich, da die Voraussetzungen, zB die klare Erkenntnis der rhythmischen Gestalt von a.G. und g.G., noch fehlen. Auf keinen Fall darf aus dem Umstand, daß der g.G. den a.G. weitgehend verdrängt hat, eine künstlerische Überlegenheit des g.G.s gefolgert werden. Die räumliche Verdrängung wie das Eindringen von gallikanischen und römischen Elementen in die ambrosianische Liturgie sind Folgen politischer Ereignisse: der Eroberung Mailands durch die Langobarden - während des Pontifikates Gregors I. - und des Eintretens der Karolinger für eine einheitliche Liturgie in ihrem Reich, dh für die der Päpste. Besondere Kennzeichen des a.G.s sind der Quartschluß der Rezitative (g.G.: Quintfall; vgl. → Concentus), das Fehlen von Initium und Mediante (Halbschluß) in der (mittelalterlichen) → Psalmodie, die große Freiheit bei der Wahl des Rezitationstones für den der → Antiphon folgenden Psalm. Das Alleluja besitzt nur wenige Weisen; das → Gloria (unter dem Einfluß Roms in die a. Messe eingedrungen) hatte seinen eigentlichen Platz im Offizium (→Stundengebet), wo seine Melodien reich mit Melismen (Melodieverzierungen) geschmückt sind. - Die wesentlichen Meßgesänge sind: die Ingressa, wie ihr gregorianisches Gegenstück, der → Introitus, eine Antiphon, doch ohne Psalmvers und Doxologie; der Psalmellus mit Vers (g.G.: →Graduale); der Cantus (g.G.: →Tractus); das →Halleluja; die Antiphona post Evangelium (ohne Vers); das → Offertorium oder die Offerenda, wie im g.G. mehr ein Responsorium als eine Antiphon; das Confractorium, eine Antiphon ohne Vers, an der Stelle, wo der g.G. das → Agnus Dei hat, und das Transitorium (g.G.: →Communio). Die mittelalterlichen Quellen des a.G.s trennen nicht das Antiphonarium missae von dem des Offiziums wie die späteren gregorianischen Handschriften; sie sind noch immer unveröffentlicht mit Ausnahme des Codex London, eines unvollständigen Antiphonars.

Antiphonarium Ambrosianum du Musée Brit. Cod. Add. 34209 (PalMus 5. 6), Solesmes 1896 - Antiphonale Missarum juxta ritum s. eccl. Mediolanensis, Rom 1935 - Liber Vesperalis juxta ritum s. eccl. Mediolanensis, Roma 1939. - DACL I, 1, 1354. 1903. *E.Jammers*

Ambrosianischer Lobgesang oder *Te Deum* (TD) wird fälschlich dem → Ambrosius zugeschrieben; auch Niketas von Remesiana kommt wohl kaum als Verfasser in Frage. Das TD ist nicht in einem Guß entstanden; es ist aus drei Teilen zusammengesetzt: 1. einem

Gotteslob (V. 1-10) mit abschließender → Doxologie (V. 11-13); 2. einer Christushymne (V. 14-21); 3. dem Schlußteil mit einigen Psalmversen (V. 22-29). Es gehört zu einer Gattung von → Hymnen in psalmodischer Form, also in rhythmischer Prosa, ähnlich dem → Gloria. Der musikalische Aufbau entspricht den textlichen Verhältnissen: die Melodik ist wesentlich psalmodisch. Die Verse des 1. Teiles sind durch feierliche Initia etwas freier gestaltet, der 2. benutzt eine um so schlichtere Formel. Der 3. Teil ist uneinheitlich: einige Verse sind melismatischer und haben antiphonalen Charakter (Schlußfunktionen) in V. 22 und später V. 29; die Verse 24-28 benutzen die Formel des 2. Teiles. Die Musik läßt also deutlich das Wachsen des Werkes erkennen. Während das Gloria in der römischen Liturgie in der Messe gesungen wird, fand das TD im → Stundengebet seinen Platz - seit dem 6.Jh. am Schluß der Nocturnen oder zu Beginn der Laudes, seit dem 9.Jh. an Stelle des letzten → Responsoriums, außerdem aber von jeher als Schluß- und Danklied bei feierlichen Prozessionen und Aktionen (Wahlen, Weihen usw). Auch in der ev. Kirche wird es in der Mette gesungen in lateinischer oder deutscher Fassung. Verdeutschungen gibt es seit dem 9.Jh. (Murbacher Hymnen: Thich cot lopmes); besonders wertvoll ist Luthers Übertragung: »Herr Gott, dich loben wir«. Die kath. Liedumformung: »Großer Gott, wir loben dich« stammt von Ignaz Franz (kath. Gesangbuch, Sagan 1772). Die Verwendung als feierliches Schlußlied außerhalb des Stundenoffiziums begünstigte prunkvolle mehrstimmige Vertonungen, deren es eine große Zahl gibt.

P.WAGNER, Einführung in die gregorianischen Melodien, Tl 3, 1921 - G.MORIN, Nouvelles recherches sur l'auteur du TD (RBén 11, 1894, 49-77) - W.BÄUMKER, Das deutsche TD (KmJb 15, 1900, 88-93) - J.JULIAN, A Dictionary of Hymnology, 1907^2, 1119 ff. 1547 f - A.E.BURN, The Hymn TD and its Autor, London 1926 - DMM VIII, 353 - DACL XV/2, 1953, 2028 ff. *E.Jammers*

Ambrosiaster, der älteste lat. Kommentar zu den Paulinen (Hebr fehlt), zZt des → Damasus in Rom entstanden, wichtiger Zeuge für den vor → Hieronymus geltenden lat. Paulustext; zeichnet sich durch Klarheit und Zeitbezogenheit aus, vermeidet die Allegorese und gibt ein Bild des voraugustinischen Paulusverständnisses. → Pelagius ist von ihm beeinflußt. Früher dem → Ambrosius zugeschrieben, wird er seit → Erasmus von Rotterdam als A. bezeichnet. Die Verfasserfrage ist ungelöst. Morin und Souter plädierten zuerst für den konvertierten, hernach zum Mosaismus zurückgekehrten Juden Isaak, der auch die ps.august. Quaestiones V. et NT verfaßt haben soll, die sich eng mit dem A. berühren, später für Evagrius von Antiochien († um 393).

MPL 17 - RE I, 441 f; XXIII 35 f - DThC VIII, 1 ff - BARDENHEWER III, 520 ff - G.MORIN, RBén 31, 1914-19, 1-34; 40, 1928, 251-255 - A.SOUTER, The earliest latin Comm. on the Ep. of St.Paul, 1927 - H.KOCH, Der A. u. zeitgen. Schriftsteller (ZKG 47, 1929, 1-10) - LThK I, 347 - E.BUONAIUTI, Pelagio e l'A. (Ricerche relig. 4, 1928, 1-17) - C.MARTINI, A., 1944 - P.SCHEPENS, L'A. et saint Eusèbe de Verceil (RechSR 37, 1950, 295-299) - H.J.VOGELS, Untersuch. z. Text paulin. Briefe bei Rufin u. A. (BBB 9), 1955. *M.Rauer*

Ambrosius, *Aurelius* (?), 339-397, Heiliger und einer der vier großen abendländischen Kirchenlehrer. Als Sohn eines hohen Beamten in Trier geboren und in Rom erzogen, wird er selbst Statthalter der Liguria und Aemilia. Als solcher wird er, noch ungetauft, 374 vom Volk zum Bischof von Mailand gewählt: der römische Adel beginnt vom staatlichen zum kirchlichen Dienst hinüberzuwechseln. Mit rücksichtsloser Energie bringt er gegen die Reste des Arianertums in Oberitalien und im angrenzenden Illyrien die nicänische Partei zur Alleinherrschaft (Konzil von Aquileja 381) und greift auch in die große west-östliche Kirchenpolitik ein, teils in Zusammenarbeit, teils auch in Spannung mit dem Bischof von Rom (Petrus beanspruchte nach A. keinen primatus honoris oder ordinis). Unter betonter Wahrung seiner geistlichen Unabhängigkeit wirkt er doch unter verschiedenen Kaisern als politisch-einflußreicher Berater und wird mit der Zeit zur führenden Gestalt der abendländischen Kirche. Das neue Staatskirchentum wird von A. in seiner Richtung bestimmt. Der Kaiser ist nicht Herr der Kirche, sondern ihr »Sohn«. A. vereitelt den Versuch des heidnischen Senats, die staatlichen Kultusgelder und den Altar der Victoria zurückzugewinnen (384). Vom Volke unterstützt, verweigert er die von der Kaiserin Justina geforderte Auslieferung einer Kirche für die Arianer (385/86; → Gervasius und Protasius). Er verhindert die Bestrafung judenfeindlicher Ausschreitungen (388). In seinen späteren Jahren arbeitet A. besonders mit → Theodosius d.Gr. zusammen; aber auch ihn nötigt er nach einer Metzelei wegen Mordes zur Kirchenbuße (390).

Trotz seiner politischen und kirchenpolitischen Aktivität bleibt A. in seinem Wesen und Wollen eine kirchliche Persönlichkeit, vor allem Prediger, Theologe und Seelsorger. Abendländer nach Herkunft und Tradition, ist er, besonders in seinen Anfängen, stark von griechischen Theologen abhängig. In der allegorischen Exegese folgt er oft Philo und Origenes, in der Trinitätslehre den Jungnicänern (→ Basilius d.Gr.; → Trinität: III). A. fördert die asketische Bewegung, besonders unter den »Jungfrauen« der Gemeinde. Er führt nach östlichem Vorbild den Hymnengesang ein und dichtet selbst großartige Hymnen (aber nicht den sog. → »ambrosianischen Lobgesang«). Der Schwerpunkt seiner theologischen Arbeit liegt in der unermüdlich betriebenen Bibelauslegung. Seine Kommentare und Abhandlungen sind aus der Predigttätigkeit erwachsen und spiegeln sie wider. Die vorwiegend praktische, sittliche und soziale Auslegung zeigt ein lebendiges Verständnis für die Fragen von Buße, Sünde und Gnade: A. gehört mit → Hieronymus, Marius Victorinus u.a. Abendländern seiner Generation zu den Wiederentdeckern des Paulus. Nicht zufällig ist → Augustin unter dem Eindruck seiner Predigten bekehrt worden.

Ausgabe der Werke von SCHENKL, PETSCHENIG u. FALLER im CSEL noch nicht abgeschlossen; Sonderausgaben von den Schriften zur Ara Victoriae (WYTZES 1936 mit Kommentar); Exameron (PASTERIS 1937); De officiis (CAVASIN 1938); Schriften über Jungfräulichkeit (SALVATI 1938); Hymnen von W.BULST (Hymni latini antiquissimi, 1956) u.a.

Mailänder Jubiläums-Sammelpublikationen: Ambrosiana 1897, Sant'Ambrogio 1940, Ambrosiana 1942. - TH.FÖRSTER, A., Bischof v.M., 1884 - H.v.CAMPENHAUSEN, A. v.M. als Kirchenpolitiker, 1929 - J.-R.PALANQUE, S.Ambroise et l'empire Romain, 1933 - F.H.DUDDEN, The Life and Times of St.Ambrose I. II, 1935 (Lit.) - RAC I, 365 ff - CHR.MOHRMANN, Le style oral de De Sacramentis de S.A. (VigChr 6, 1952, 168-177) - L.HERMANN, A.v.M. als Trinitätstheologe (Diss. Heidelberg, ungedr.), 1954 - J.HUHN, Das Geheimnis der Jungfrau Mutter nach dem Kirchenvater A., 1954 - N.H.BAYNES, Byzantine Studies and other Essays, 1955, 354-356.

H.v.Campenhausen

Amen (hebr.) = »wahrlich, gewiß«, bestätigt im AT (vgl. auch 1QS I. II) die Worte eines anderen, bekräftigt besonders einen vorgelesenen Bund oder Eid, aber auch ein Gebet, einen Segensspruch oder Fluch (ausgesprochen liturgische Bedeutung hat es im Psalter). Während in der LXX das A. nur an wenigen Stellen geblieben ist (zumeist: γένοιτο), hat das hebräische A. im NT und in seiner christlichen Umwelt allermeist unübersetzt seinen Platz behauptet, sowohl als liturgische Akklamation in der Versammlung (vgl. auch Apk 5, 14), wie als Abschluß eigenen Betens oder Lobpreisens.

Eigentümlich ist dem NT die Voranstellung des A. in Aussagen des synoptischen und (verdoppelt) des johanneischen Christus (Umwandlung des im AT begegnenden göttlichen Selbstschwurs). In der Liturgiegeschichte hat das A. zwar seinen Bereich noch erweitert (Abschluß von Lesungen und Predigten), kam aber im ev. Gottesdienst wieder in Gefahr, der Gemeinde als Antwort auf ein liturgisches Stück geraubt zu werden, wozu die meist eintönige musikalische Kurzfassung Anlaß gibt. Ein Ersatz des A.s der Gemeinde durch A.strophen oder -zeilen ist zu erwägen, Wiederholung eines schon vom Liturgen gesprochenen A. abzulehnen.

Bauer, WB 82f - ThW I, 339ff - RAC I, 378ff - J.A.JUNGMANN, Missarum Sollemnia I, 1948, 474f (u. Reg.) - MGG I, 415ff.

W. Jannasch

Amenophis IV. (*Echnaton*) (→ Taf. 2, 2), König von Ägypten (1372–55 vChr), Sohn Amenophis' III. und der Königin Teje, versuchte eine Neuordnung ägyptischer Religion im monotheistischen Sinne. (Zur politischen Seite seiner Herrschaft → Amarna). Er verehrte Gott unter dem Namen Aton, d.i. die Sonnenscheibe; doch galt ihm die → Sonne nur als Manifestation Gottes, nicht als dieser selbst. In der Kunst erscheint der Aton als Scheibe mit Strahlen, die in Hände enden. Theologisch wie kultisch knüpft A. weitgehend an die Lehre von Heliopolis an. Die Sonne empfing bereits vor A. unter dem Namen Aton einen eigenen Kult (JA 233, 191). Das entscheidend Neue am Glauben A.s ist die Ausschließlichkeit, mit der sein Gott verehrt werden sollte. Vor allem der Name des Reichsgottes → Amon, aber auch der anderer Götter, ja sogar die Schriftzeichen für das Wort »Götter« wurden getilgt, womit zugleich deren Existenz getroffen wurde (→ Namenglaube). Der König änderte seinen Namen A. in Echnaton. Entsprechend umfassend wurde die Macht des Aton verstanden. Sein dogmatischer Name lautet in seiner letzten Fassung: »Es lebt Rê, der Herrscher der beiden Lichtberge, der frohlockt im Lichtberg in seinem Namen als Vater, der wiedergekommen ist als Aton«. Alle Reminiszenzen an alte Vorstellungen von verschiedenen Erscheinungsformen des Sonnengottes sind getilgt, ebenso alle mythischen Anspielungen. Nur der Name des Rê ist übernommen, aber er, »der Vater«, ist »wiedergekommen« als Aton. Der neue Gott ist zugleich der alte, der jetzt den Menschen nach einer Zeit der Ferne wieder naht. Der ausführliche Name des Gottes wird in zwei Ringe geschrieben, wie sie sonst in Ägypten nur Königsnamen umgeben. Diese Schreibung sowie Epitheta Atons betonen in ungewöhnlicher Weise das Königtum des Gottes.

Aus dem großen Atonhymnus (AOT 15ff; RGL 10, 6ff) erfahren wir mehr über das Wesen des Gottes. Der königliche Sänger ist erfüllt von der Allgüte und Allmacht Gottes, deren Wirken er überall in der Natur sieht. Alles, was lebt, verdankt sein Dasein der Sonne - im Ausland ebenso wie in Ägypten. Dabei werden die Schattenseiten des Lebens nicht erwähnt, die (in der traditionellen ägyptischen Religion so wichtigen) Antinomien so wenig wie der Tod, der jetzt nicht mehr einem Gott (Osiris) zugeordnet ist. Gott ist nur gütig, nicht gefährlich. Gott ist schöpferische Allmacht. Das ausschließliche Erlebnis Gottes in der Natur führt nicht zur Entwicklung einer Ethik - von Geboten des Aton hören wir nichts.

Der König fühlt sich durchaus als Prophet seines Gottes: »Es gibt keinen, der dich kennte, außer deinem Sohne, König A.«. Die zentrale Stellung des ägyptischen Königs in der Religion, im Kult wie im Glauben, wird bei A. noch verstärkt (→ Ägypten: II). Die Höflinge rühmen sich, vom König selbst »unterwiesen« worden zu sein (→ Königtum, sakrales).

Mit dem Tode A. bricht dieser monotheistische Versuch zusammen. Er hat keine Antwort auf die Frage der → Theodizee gegeben, ja er hat diese Frage nicht einmal gestellt. Leid, Tod und Unrecht wurden ignoriert. Die Ägypter mußten die Lehre A.s als Ketzerei empfinden; das Verbot der Götterkulte im Lande mit Ausnahme der Atonverehrung galt ihnen als frevelhafte Einschränkung der umfassenden numinosen Macht. A. und seine Lehre wurden radikal verfolgt. Ob sich eine gewisse Tendenz der späteren ägyptischen Religion, neben der Vielfalt numinoser Erscheinungen auch das Zentrum, den einigen Gott, zu erfassen, auf A.s Versuch zurückleiten läßt, ist nicht sicher. → Ägypten: II.

RÄRG 59ff (Lit.) - K.LANGE, König Echnaton u. die Amarna-Zeit. Die Gesch. eines Gottkünders, 1951; dazu H.BRUNNER in HZ 174, 1952, 551 ff.

H. Brunner

Amerbach, *Veit* (eigentlich Trolmann) (1503–57), * Wemding (der Name Amerbach nach dem dort gelegenen Ort A.), Bauernsohn; studierte 1517 in Ingolstadt, 1521 in Freiburg i.Br., 1522 in Wittenberg, 1526 auf Luthers Empfehlung Lehrer in Eisleben, 1529 Magister und bald darauf Prof. der Philosophie in Wittenberg. A. sympathisierte mit Melanchthon und Luther, ohne sich von der kath. Kirche zu lösen. Seit 1540 eindeutig kath. gesinnt, wurde er 1543 Prof. der Philosophie in Ingolstadt. - Seine zahlreichen Schriften sind in erster Linie Kommentare zu Klassikern. Daneben schrieb er 4 Bücher über die Seele und 6 Bücher über die Naturphilosophie.

L.FISCHER, Veit Trolmann von Wemding ... als Prof. in Wittenberg 1530–43, 1926 (Lit.) - LThK I, 355 - NDB I, 248.

Matthias Simon

Amerika

I. Ethnologisch - II. Kolonisierung und Christianisierung. - Vgl. die Sonderartikel über die einzelnen Länder und → Mittelamerika

I. Ethnologisch

1. Anthropologie - 2. Besiedlung und Zusammenhänge mit der Alten Welt - 3. Die Entstehung der Agrar- und Hochkulturen - 4. Die Marginalkulturen - 5. Die Ackerbaukulturen - 6. Die Hochkulturen

1. Bis zur Inbesitznahme durch die Europäer war A. nur von → Indianern bewohnt. Zwar ist »Indianer« ein sehr weitläufiger Begriff; denn diese Bezeichnung umfaßt anthropologisch sehr verschiedene Gruppen. Doch gehören sie alle zur mongoliden Rasse (in einer frühen Entwicklungsform). Ihre hauptsächlichen Merkmale sind: schlichtes, dunkelbraunes und grobes Haar, schwacher Bartwuchs, dunkelbraune (bisweilen graugelbe) Haut, vorspringende Backenknochen und gerade oder gebogene Nase. Stärker mongoloid sind die in jüngerer Zeit aus Nordostasien eingewanderten Stämme, besonders die → Eskimos (trotz ihrer Langköpfigkeit). Die Bevölkerung der amerik. Hochkulturen ist kleiner und kurzköpfiger als andere Indianergruppen.

2. Die ersten Bewohner sind über die Beringstraße nach A. gekommen. Die Zeit der *Besiedlung* ist uns nicht bekannt, doch fand sie wahrscheinlich während der allerersten postglazialen Zeit statt, als eine Landbrücke Nordostasien mit Alaska verband (vor 35–30000 Jahren). Die ersten Indianer - vermutlich eine langköpfige, wenig mongoloide Rasse - besaßen wahrscheinlich eine spätpaläolithische oder frühmesolithische Jäger- und Sammlerkultur, die möglicherweise mit den altpaläolithischen Kulturen Südostasiens verwandt ist (die ältesten Steinwerkzeuge in den südwestlichen Vereinigten Staaten und älteres Skelettmaterial deuten auf Beziehungen mit Südostasien). Diese Urbevölkerung drang durch das eisfreie Mackenzietal und entlang den Felsengebirgen vor. Die ältesten Funde sind in diesem Gebiet gemacht worden.

Durch die Radiokarbonmethode hat man bei einem Fund in Nevada (Tule Springs) das hohe Alter von 23 800 Jahren festgestellt. Die weitere Kolonisation folgte der Kordillerenkette und der pazifischen Küste, und um 6600 vChr haben Indianer ihre Lager an der Magellanstraße aufgerichtet.

Wahrscheinlich ist die Kulturentwicklung zT von außeramerik. Einflüssen abhängig gewesen. Die fremden Impulse dürften überwiegend von Nordostasien ausgegangen sein; die Athapasken und Eskimos zB sind allem Anschein nach in relativ später Zeit aus diesen Gegenden angelangt; und Linguisten haben weitreichende sprachliche Beziehungen zwischen indianischen und asiatischen Völkern vermutet (Athapasken - Tibetaner [→ Tibet], Khechuas - → Türken, usw). Aber es ist auch möglich, daß Völkergruppen oder jedenfalls Kultureinflüsse über die Südsee gekommen sind (Nordwestkultur, Hochkulturen). Die Versuche, grundlegende indianische Beeinflussungen auf → Ozeanien nachzuweisen, haben dagegen bis jetzt bei den meisten Ethnologen keine Zustimmung gefunden.

3. Die Mehrzahl der mesolithischen Kulturen in Nord-A. (Llano, Folsom, Yuma, Bonneville) hörten um 4000 vChr in Zusammenhang mit dem Klimawechsel in der altithermalen Periode auf. Nicht wenige Jäger gingen jetzt zur Sammelwirtschaft über; so konnten die *Agrarkulturen* entstehen. Die ersten Spuren des Ackerbaus tauchen in Neumexiko auf. In Bat Cave hat man primitiven Maisanbau aus der Zeit um 3500 vChr festgestellt. Aus der Sammelwirtschaftskultur der Cochise entwikkelte sich hier langsam die fortschrittliche Agrarkultur Mogollon. Merkwürdigerweise tritt der Ackerbau in den umgebenden Zonen viel später auf, auch in Mexiko, wo übrigens (außer im nördlichsten Mexiko) ein Mittelstadium zwischen primitiver Sammlerkultur und hochentwickelter Ackerbaukultur beinahe völlig fehlt. Auch in Westbrasilien sind die Vorstufen des Ackerbaus unbekannt. Die ältesten Ackerbauer Süd-A.s waren wahrscheinlich die Peruaner, die um 2000 vChr Knollenpflanzen besaßen und mindestens im 1.Jt. vChr Mais bauten.

Die Agrarkulturen, die sich in und rings um Zentral-A. verbreiteten, lieferten die Voraussetzungen für das Entstehen der Hochkulturen im nordwestlichen Süd-A. und südlichen Nord-A.: große Siedlungen, feste soziale und religiöse Organisation, regionale Differenzierung.

4. Von den Kulturen nach 1500 nChr sind alle *Marginalkulturen* (im Sinne Coopers und Stewards) außer der Präriekultur Erben der archaischen protoagrarischen Kulturen A.s. Die nördlichste von ihnen, die Eskimokultur am arktischen Ozean, ist durch ihre Gleichförmigkeit von Grönland bis Asien gekennzeichnet. Die meisten → Eskimos leben im Sommer im Binnenland, wo sie Caribous (kanadische Rentiere) und andere Landtiere jagen; zur Winterzeit sind sie Jäger und Fischer am See (»Eisjagdkultur«). Die Grundlagen der Eskimokultur sind zirkumpolar und kehren in Eurasien wieder. Eine andere Jägerkultur, die Waldlandkultur in Kanada, schon früh bei den Algonkinen verbreitet, ist durch die späte Ausbreitung der Athapasken erneuert worden (»Schneeschuhkultur«). Die Nordwestküsten-Kultur, durch Totempfähle u.a. Holzarbeiten (→ Totemismus) und durch ein verwickeltes soziales System (mit »Potlatch«-Festen; → Gaben) gekennzeichnet, war eine spezialisierte Fischerkultur (Lachs- und Walfischfang u.a.). Vielleicht war sie ursprünglich mit der Eskimokultur verwandt und wurde dann von asiatischen Einflüssen modifiziert (s. 2). Die Sammlerkulturen in der »Plateau«-Region, in Great Basin und Kalifornien, können als Fortsetzungen der alten Bonnevillekultur (s. 3) betrachtet werden. Die Wirtschaft war primitiv: man sammelte Wildgras, Nüsse und Beeren und jagte kleinere Tiere.

Die *Präriekultur* hat ihre Wurzeln in den ältesten amerik. Kulturen. Um 1400 nChr wurde sie im Osten von Ackerbauern überlagert, von denen viele jedoch allmählich zum Jägerleben übergingen und die westlichen Prärievölker beeinflußten. Die Bisonjagd, die ökonomische Grundlage der Kultur, wurde durch die Einführung von Pferden (im 18.Jh.) intensiviert.

Den südamerik. Marginalkulturen auf dem brasilianischen Plateau, in Chaco, Pampas und dem Feuerland sind folgende Elemente eigen: Jagd, Fischfang, Sammelwirtschaft und kleine soziopolitische Verbände. Diese Kulturen hängen mit den ältesten südamerik. Kulturen zusammen. Nach dem Erwerb des Pferdes wurden die Pampasstämme kriegerische Jäger, die sich von Guanako- und Straußenfleisch nährten (→ Jäger- und Jagdriten).

5. Die *Ackerbaukulturen* haben ihr Schwergewicht im südlichen Nord-A. und nördlichen Süd-A. Die Südostkultur in Nord-A. entstand im mittleren Mississippigebiet um 500 nChr. Durch Einflüsse von Mexiko wurden hier Ackerbau, ein Klassensystem und reiches Zeremonialleben entwickelt. Abklänge dieser Kultur sind im Norden bis nach den Großen Seen zu finden. Die Südwestkultur in Nord-A. ist nicht einheitlich; sie wird besonders den Pueblovölkern repräsentiert. Diese sind durch ihre großen, aus Adoben (getrockneten, nicht gebrannten Ziegelsteinen) verfertigten Gebäude bekannt. Schon früh trieben sie Landwirtschaft (s. 3). Die Zirkumkaribische Kultur, die Zentral-A., die Antillen und Florida umfaßte, hatte, wenigstens auf den Inseln, primitive Grundlagen, wurde aber von der Hochkultur beeinflußt und zeigte allmählich ein mit der nordamerik. Südostkultur verwandtes Kulturbild.

In der Kultur der tropischen Waldlandindianer in Brasilien wird allgemein statt Mais Maniok, ein tropisches Wolfsmilch-Gewächs, gebaut. Übrigens ist diese Kultur, die Beziehungen mit dem Südosten Nord-A.s verrät, durch Kulturelemente wie Blasrohr, → Kannibalismus und Klansystem geprägt.

6. Die *Hochkulturen* in → Peru (Khechua, Aymará) und → Mexiko (Maya, Tolteken, Azteken) hatten ihre Blütezeit während des ersten Jt.s nChr (über ihre Grundlagen s. 3). Als besondere Merkmale der peruanischen Kultur seien hervorgehoben: Pyramiden- und Palastkomplexe (Mochicakultur), schöne keramische Arbeiten und Textilien (Nazcakultur), monumentale Steingebäude (Tiahuanacokultur) und in nachklassischer Inkazeit Militarismus und Staatssozialismus. Die Mayakultur ist einerseits durch Skulpturen und schöne Palastgebäude gekennzeichnet, andererseits durch ihre größten Leistungen: die Schrift, das kalendarische System und ihre astronomischen Kenntnisse. Das frühere nordmexikanische Zentrum war Teotihuacan, bekannt durch seine Pyramiden und figurale Keramik. Die Aztekenkultur umschließt die Leistungen ihrer mexikanischen Vorgänger, war aber im ganzen weniger verfeinert und stärker militärisch organisiert als diese.

Zu 1: E.v.Eickstedt, Rassenkunde u. Rassengeschichte der Menschheit, 1934 (Lit.). - Zu 2 u. 3: A.D.Krieger, New World Culture History: Anglo-America (Anthropology Today, 1953, 238-264) - W.C.Bennett, New World Culture History: South America (ebd 211-225) - G.R.Willey-Ph.Phillips, Method and Theory in American Archeology II: Historical-Developmental Interpretation (AmA 57, 1955, 723-819; Lit.). - Zu 4 u. 5: G.P.Murdock, Ethnographic Bibliography of North America (Yale Anthrop. Studies 1), 1941 (Lit.) - Handbook of South American Indians, ed. J.H.Steward, (Bur. of Amer. Ethnol. Bull. 143), 6Bde, 1946-50 (Lit.). - Zu 6: G.R. Willey, The Prehistoric Civilizations of Nuclear America (AmA 57, 1955, 571-593; Lit.).

Å.Hultkrantz

II. Kolonisierung und Christianisierung

1. Kolonisation und Einwanderung - 2. Die Ausbreitung der kath. Kirche - 3. Der Protestantismus - 4. Statistik

1. Schon im 11. und 12.Jh. haben normannische Schiffe Nord-A. erreicht, ohne daß eine dauernde Verbindung entstand. Im Okt. 1492 und Aug. 1493 entdeckte dann Christoph Kolumbus das Land aufs neue, während 1500 der portugiesische Seefahrer Don Pedro Alvares Cabral gleichfalls auf der Suche nach dem Seeweg nach Ostindien zufällig das heutige → Brasilien entdeckte. 20 Jahre später eroberte der Spanier Fernando Cortez das heutige → Mexiko. In der Folgezeit erforschten die Romanen, die Spanier und die Portugiesen, zwischen deren Gebieten Papst → Alexander VI. 1493 die Demarkationslinie gezogen hatte, Süd- und Mittel-A. und besiedelten das Gebiet von Mexiko bis ins südliche → Chile, während die Angelsachsen und Franzosen Nord-A. gewannen. Die eingeborene Bevölkerung (→ Indianer) wurde überall wirtschaftlich, politisch und bevölkerungspolitisch zurückgedrängt; trotzdem gibt es in Nord-A. heute schon wieder ungefähr ebenso viele Indianer wie im 16. und 17.Jh. Im arktischen Nord-A. leben noch nomadisierende → Eskimos. *Einwanderer* aus allen Ländern des alten Kontinents fluteten besonders im Laufe des 19.Jh.s in die beiden Hälften des riesigen Erdteils ein, Spanier, Portugiesen, Italiener vorwiegend nach Süd- und Mittel-A., Angelsachsen, Deutsche, Skandinavier, Holländer, Slawen, Russen, Polen und Griechen hauptsächlich nach Nord-A. Wurde Süd-A. dadurch der Sprache und Religion nach romanisiert (s. 2), so zeigt Nord-A. mehr den Charakter des prot. Angelsachsentums (s. 3). Die verschiedenen Völkerelemente lebten lange in geschlossenen nationalen Siedlungen nebeneinander, bis in den letzten Jahrzehnten speziell in den → Vereinigten Staaten eine Verschmelzung sich durchsetzte und eine eigene Nation heranwuchs.

Zu den europäischen Einwanderern kommen im Laufe der Jahrhunderte zahlreiche, ursprünglich als Sklaven eingeführte → Neger sowie Mischlinge (Mulatten) vor allem in den südlichen Staaten der USA, von wo aus sie, die gleichen Rechte wie die Weißen erkämpfend, ihre Siedlungen ständig gegen Norden vorschieben. In Mexiko, Zentral- und Süd-A. leben viele Mischlinge aus der Verbindung von Weißen mit Indianerinnen (Zibaros, Mestizen). Die Neger-(Rassen-)Frage gewinnt in der Union immer mehr an Bedeutung, auch in den Kirchen (→ Rasse). Der europäische Zustrom in Nord- wie Süd-A. dauert noch an und damit auch die Europäisierung. Doch erwächst in der Union zunehmend eine eigene Kultur, nachdem sie wirtschaftlich und technisch in der Welt die führende Position erringt. Politisch sind die einstigen europäischen Kolonien fast durchweg zu selbständigen Staaten geworden.

2. a) Auf den mit Kreuz und Marienbild geschmückten Segelflotten der spanisch-portugiesischen Entdecker und Eroberer befanden sich gemäß den königlichen Anweisungen an die Seefahrer ständig zahlreiche Welt- und Ordensgeistliche, die sofort die *Missionierung* der eingeborenen Indianer einzuleiten suchten. Spanische Franziskaner hatten ja auch Kolumbus in seinen Seefahrtsplänen zum Westen bestärkt und ihn am königlichen Hof empfohlen. Auf der zweiten Reise (1493) war Columbus von 12 Missionaren (darunter 11 Franziskanern) begleitet. Mit Franziskanern und Augustinern teilten sich Jesuiten, Kapuziner u.a. in das Werk. Neben der Erziehungs- und Bekehrungsarbeit, für die unter den besonderen Verhältnissen zT besondere Missionsmethoden gefunden wurden (die jesuitischen Indianer-Reduktionen → Argentinien, → Paraguay) oblag diesen Missionaren besonders auch die Verteidigung der → Menschenrechte der grausam ausgebeuteten Indianer, nicht selten selbst gegen kirchliche Mitbrüder; Bartholomé de → Las Casas OP († 1566) u.a. erwarben sich hier große Verdienste. Viele Missionare haben bei der Missionsarbeit ihr Leben verloren. Die Mission jener ersten Jh.e trug überwiegend staatskirchlichen Charakter, nahm also auch staatliche Beihilfe und Gewalt in Anspruch. Die spanischen und portugiesischen Könige haben sich ernsthaft um die Belehrung der kolonisierten Völker bemüht. Die *katholische* Religion galt ebenso wie in den romanischen Mutterländern allein als erlaubt. Mangel an Sprachkenntnis und an Einfühlung in die Psyche, zumal der gebildeten Inkas, hemmten neben der Verbindung mit der Kolonisation das damalige Missionsverfahren, das zudem auf Massenbekehrungen mit summarischer oder gar keiner Vorbereitung sah. So war das Christentum der Bekehrten oft nur sehr äußerlich; vielfach lebte die Anhänglichkeit an die alten Götterkulte weiter. Trotz dieser und anderer Mängel gab es doch vielerorts ein ziemlich blühendes kirchliches Leben. Durch Einrichtung einer Hierarchie wurde ihm schon früh ein festes Rückgrat gegeben. 1501 wurde der erste Bischof in Hispaniola ernannt. Die spanischen und portugiesischen Könige bekamen vom Papst das Patronatsrecht. Seit etwa 1700 können die südamerik. Länder im allgemeinen als kath. Länder gelten; die Bildung des Volkes, die Sittlichkeit des Klerus und die Reinheit der Religion ließen aber viel zu wünschen übrig. Durch die liberalen Ideen der französischen Revolution gewannen sämtliche Staaten ihre Unabhängigkeit. Schwere Kämpfe mit der reaktionären Kirche folgten, um ihr den Grundbesitz zu entwinden, die Orden zu beschränken, den Zehnten zu beseitigen, die Zivilehe zu ermöglichen und die Religionsfreiheit durchzusetzen. Trotz aller Spannungen zwischen Staat und Kirche (getrennt in → Mexiko 1874, → Brasilien 1889, Kuba 1898, → Uruguay 1919, → Chile 1925) ist die kath. Religion in den meisten Ländern Staatsreligion geblieben mit nomineller Gewährung der Religionsfreiheit. Doch wurde das Werk der Heidenmission (es gibt noch sehr viele heidnische Indianer in Süd- und Mittel-A.) ebenso wie die seelsorgerliche Betreuung der Katholiken vielfach durch die Gesetzgebung unterbunden. Revolutionen, Staatsstreiche, Militär-Junten brachten häufig Unruhe; so tobte zB in den zwanziger Jahren dieses Jh.s in Mexiko ein Kulturkampf. Heute übertrifft das kath. kirchliche Leben in diesem Lande das der meisten Staaten Süd-A.s. In → Argentinien kam es unter der Regierung Perons zu einem scharfen Konflikt zwischen Kirche und Staat. Im allgemeinen ist die geistliche Versorgung der kath. Gemeinden in Mittel- und Süd.A. viel zu gering: 27000 Priester versorgen 135 Millionen Katholiken (33 Prozent der ganzen kath. Weltbevölkerung). Seit 1925 sind 25 Vikariate errichtet, die der → Propaganda-Kongregation unmittelbar unterstellt sind.

b) Prägten in Süd- und Zentral-A. iberische Kolonisten den dortigen Ländern die lateinisch-kath. Kultur auf, so wirkten in *Nord-A.*, in Neufundland und in → Kanada (: I) seit 1534 zunächst französische kath. Welt- und Ordenspriester mit ihrem Stütz- und Ausgangspunkt in Neu-Frankreich, gleichfalls gefördert von den politischen Machthabern, die Pelzhandel und Bekehrungseifer verbanden. Die Jesuiten suchten auch hier ihr System der Reduktionen zu verwirklichen. Englische Jesuiten wirkten später in der Kolonie Maryland, die Lord Baltimore 1634 mit 300 irischen Katholiken gründete. Der scharfe religiöse Gegensatz zwischen den Jesuiten und den → Puritanern verschärfte den Krieg zwischen den englischen und französischen Ansiedlungen (1688-1763), an dem die französischen Missionare mit Hilfe der Indianer eifrig teilnahmen. Der Verlust Kanadas an England (1763), die Aufhebung des Jesuitenordens (1773) und die Aufrichtung der nordamerik. Union (1783) bedeuteten das Ende der Herrschaft des Katholizismus in Nord-A. Nur in Britisch-Nord-A. blieb eine starke kath. Kirche (Quebec-act 1774). In den USA blieben nur kleine kath. Bevölkerungsreste übrig. Durch das Einströmen kath. Kanadier in Neu-England und die europäische Einwanderung des 19.Jh.s ist die Zahl der Katholiken in den USA aber wieder um viele Millionen gewachsen. 1859 eröffnete → Pius IX. in Rom das Amerikanische Kolleg für die Römisch-kath. Kirche in den USA, nachdem 1858 ein solches Kolleg für Süd-A. errichtet worden war. Die durch den Redemptoristen P.Isaak → Hecker seit etwa 1858 von Nord-A. aus eingeleiteten kath. Reformbestrebungen, der sog. »Amerikanismus« (→ Reformkatholizismus), haben seit ihrer Verwerfung durch → Leo XIII. (1888) ihre Kraft eingebüßt. Der Katholizismus in den USA zählt heute 20% der Bevölkerung, mehr als 30 Millionen Seelen, in 105 Diözesen mit 26 Erzbischöfen (4 Kardinäle, führend: J. →Spellman), 163 Bischöfen, 45 000 Priestern. Der politische und öffentliche Einfluß des Katholizismus ist sehr groß, da er durch seine Geschlossenheit als starke »pressure-group« wirken kann (Presse, Film usw). Große Bedeutung hat die National Catholic Welfare Conference. Dreiviertel der Katholiken in den USA sind Industriearbeiter und wohnen in den Großstädten. Sie entfalten gegenüber der prot. Oberschicht eine starke soziale Dynamik. Die Rural-Life-Bewegung sucht Konvertiten auf dem Lande zu gewinnen. Unter Führung vor allem von Katholiken irischer Abkunft (die vier Kardinäle sind Iren) hat man die Parole »Make America Catholic« ausgegeben. Die kath. Kirche streitet jetzt für die Durchsetzung der Konfessionsschule. Von den 16 Mill. Negern sind bis heute nur 400000 kath. gegenüber 7 Mill. Protestanten.

3. Seitdem mit der Gründung der Kolonie Virginia 1607 die englische Besiedelung Nord-A.s eröffnet war, faßte auch der *Protestantismus* auf amerikanischem Boden Fuß. Er gewann hier ein neues Landgebiet von ungeheuerem Ausmaß. Seit der Zeit der puritanischen Pilgerväter (John → Robinson; 1620 Gründung von Plymouth) und der Stiftung der aus dem radikalen Puritanismus entstandenen kongregationalistischen (Massachusetts, Connecticut, Maine) und baptistischen Gemeinschaften (Roger → Williams, Rhode Island) strömten immer größere Scharen von politisch oder sozial Unbefriedigten und auch viele religiöse Dissenters aus Europa ein. Sie gaben dem nordamerik. Kontinent den religiös-kirchlich so bunten und lebendigen Charakter, der besonders die → Vereinigten Staaten (: IV) noch heute auszeichnet. In den südlichen Kolonien (Virginia, Maryland, Nord- und Südkarolina) war die anglikanische Kirche Staatskirche. Dazu kamen seit 1718 die durch die Anglikaner aus dem Norden Irlands vertriebenen schottischen Presbyterianer. Die große Erweckungsbewegung (→ great revival) seit 1734 (J. → Edwards, G. → Whitefield) gab den amerik. Kirchen das eigentümliche praktische, individualistische und aktive Evangelisationsgepräge. Die Quäker (William → Penns »heiliges Experiment«, Pennsylvanien, 1682), aber namentlich die → Baptisten und später die → Methodisten haben dadurch numerisch den Vorrang bekommen und sind besonders im Süden und in »Mid-West« ein bedeutender Faktor geworden. Viele Lutheraner und Reformierte kamen seit der ersten Hälfte des 18.Jh.s aus Deutschland (auch 1734 aus Salzburg). Die nordamerik. Union, die bei ihrer Loslösung von England (Unabhängigkeitserklärung 1776, wobei religiöse und kirchliche Einflüsse mitwirkten) und ihrem staatlichen Zusammenschluß grundsätzlich die Religionsfreiheit, die Gleichberechtigung aller Bekenntnisse und die Trennung von Kirche und Staat in der Union proklamierte (Landesverfassung 1781, wobei Einflüsse von Williams und Penn, von Erweckungsbewegung und Deismus mitwirkten), schuf damit einen neuen Typ des staatlich-kirchlichen Verhältnisses, das den amerik. Protestantismus als selbständige Größe auszeichnet. Auch die anglikanische Kirche bekam dadurch als The Protestant Episcopal Church in the US ein eigenes Gesicht. Bei dem großen Treck der Bevölkerung nach dem Westen (um 1800) haben die Kirchen, in erster Linie Baptisten und Methodisten mit ihren Circuitriders (berittenen Reisepredigern), mit der schnellen Ansiedlung Schritt halten können. Die Lutherische Kirche, die diesen Aktivismus nicht mitmachte, hatte im 18.Jh. den Vorteil großer Zuwanderung aus Skandinavien und Deutschland. Mit seiner praktischen Tätigkeit und mit ausgedehnten Missionsunternehmungen in allen Erdteilen, mit seinem Eifer in den großen sittlich-sozialen Kämpfen gegen Alkohol, Sklaverei, wirtschaftliche Mißstände, mit seiner Laienaktivierung, Opferwilligkeit und Zeugniskraft, mit seinen Sonntagsschulen, Frauen- und Männervereinen und interdenominationellen Jugend- und Studentenorganisationen, mit seinem Hilfswerk der letzten Jahrzehnte in Europa und Asien und seiner Mitarbeit an den kirchlichen → Einigungsbestrebungen (: IV) und der →ökumenischen Bewegung ist der amerik. Protestantismus zu einem ausschlaggebenden Faktor innerhalb des Gesamtprotestantismus geworden. Die übergroße Zersplitterung des amerik. Christentums (252 rechtlich organisierte Kirchenkörper) ist bedingt 1. durch den amerik. Freiheitssinn und die freikirchlichen Verhältnisse, 2. durch rassische, politische und wirtschaftliche Unterschiede, wobei Sklavenfrage und Bürgerkrieg (1863-67) eine Rolle spielten, sowie die starke soziale Funktion des kirchlichen Zusammenlebens, 3. durch europäisch-nationale Hintergründe, 4. durch dogmatische Unterschiede, wobei vielfach radikaler Modernismus und Liberalismus einerseits und ein dem modernen Leben verschlossener Konfessionalismus, Konservatismus und → Fundamentalismus andererseits einander gegenüberstehen. Die amerik. Theologie ist wenig ursprünglich, war lange Zeit in der Gefahr, Christentum und amerik. Zivilisation als identisch anzusehen (→ social gospel), aber ist jetzt auf dem Wege, ein eigenes Gepräge zu erhalten mit starkem praktisch-ethischem, pädagogischem und sozialem Interesse. Auch dadurch wird das Einheitsstreben in und zwischen vielen Kirchen gefördert. The National Council of Churches of Christ, der nordamerik. ökumenische Rat der Kirchen, hat großen Einfluß. Die vielen Sekten stammen großenteils aus Europa; → Adventisten, → Mormonen, → Christian Scientisten und Ernste Bibelforscher (→ Zeugen Jehovas) sind amerik. oder jedenfalls stark amerik. geprägt. In den USA gibt es jetzt eine merkwürdige allgemeine religiöse Erweckung. Die Zahl der Mitglieder aller Kirchen nimmt doppelt so rasch zu wie die allgemeine Bevölkerungsziffer. 1900 gehörten 36% der Bevölkerung zu einer Kirche, 1920 43%, 1930 47%, 1940 49%, 1950 57%, und die Zahl ist in den letzten Jahren noch stark gewachsen. Religiöse Bücher halten die Spitze bei den Bestseller-Listen. Rundfunksender und Spielfilme bieten religiöse Stoffe usw. Viele fürchten aber, daß die Religion zur Unterhaltung abzusinken droht.

In → *Kanada* sind 52% der Bevölkerung prot. (43% kath.; 95% sind also Mitglied einer Kirche). Die kirchliche Einheit ist hier viel größer als in den USA. 1925 wurde die Vereinigte Kirche Kanadas gegründet, in der die Methodisten, die Kongregationalisten und die Mehrzahl der Presbyterianer vereinigt wurden. Die luth. Kirchen behielten ihre Verbindungen mit den USA. Die Missionierung der Indianer hatte in Kanada großen Erfolg (in Ontario sind 7/8 der Indianer Christen, davon 2/3 prot., 1/3 kath.). Das Nebeneinander einer französisch-kath. und einer englisch-prot. Kultur stellt auch die Kirchen vor eine schwere Aufgabe.

In *Mittel-* und *Süd-A.* ist eine bedeutende prot. Kirche im Wachsen. Durch Handelsunternehmungen und Einwanderung aus prot. Ländern, Vordringen der USA südwärts und durch prot. Missionsarbeit ist die Zahl der Protestanten in den letzten Jahrzehnten sehr gewachsen (1925: 800000, 1950: 3,8 Mill.). Man zählt jetzt 19000 Kirchengebäude und Kapellen, darunter viele von Sekten. In Latein-A. wirken 16000 Pfarrer und Evangelisten. Die Existenz der prot. Diasporagemeinden wird offiziell in den meisten Ländern durch die verfassungsgemäß gewährleistete Religionsfreiheit ermöglicht. Andererseits ist das Verhältnis zwischen der kath. und der ev. Kirche vielenorts ausgesprochen schlecht. In → Kolumbien, wo das ev. Christentum in allen seinen Formen und Äußerungen im größten Teil des Landes gänzlich verboten ist, kann man von Verfolgung der Protestanten reden. In → Brasilien, wo große deutsche und dänische Kirchen bestehen, ist 1950 ein Bund luth. Kirchen geschlossen worden. In Buenos Aires (→ Argentinien) tagte 1949 eine prot. Kirchenkonferenz.

4. Statistik:

	Protestanten	Katholiken	Orthodoxe	Juden
USA (1953)	57124142	32403332	2024219	5500000
Kanada (1951)	7033503	6069496	172271	
Mittel-A.	915000	42982155		
Süd-A.	2525500	93151060		

Lit.-Übersichten: BiblMiss II. III, 1916-29; W.H.ALLISON u.a., A Guide to Historical Literature, New York 1931; K.S.LATOURETTE, A History of the Expansion of Christianity, Bd III (Three Centuries of Advance), New York 1939; Bd IV (The Great Century, 1), 1941; Bd V (The Great Century, 2), 1943; Religion in the USA. A relective bibliography with annotations, American Embassy Bonn 1956. - The American Commonwealth Series, ed. by H.E.SCUDDER, 14 Bde, Boston 1885-92 (jeder Band behandelt einen Staat) - The American Church History Series, 13 Bde, New York 1893-1901 - R.E.SPEER, Unity of the Americas, New York 1916 - E.T.CLARK, The small sects in America, 1937 - W.W.SWEET, The Story of Religion in America, New York (1930) 1939² = Der Weg des Glaubens in den USA, 1952 - M.L.HANSEN, Immigrant in American History, Cambridge 1940 - DERS., Atlantic Migration 1607-1860, Cambridge 1940 - A.KELLER, Amerik. Christentum - heute, 1943 - W.S. ROBERTSON, History of the Latin American Nations, New York 1943 - R.B.PERRY, Puritanism and Democracy, New York 1944 - W.L.SPERRY, Religion in America, Cambridge 1946 - J.HÖFFNER, Christentum u. Menschenwürde. Das Anliegen der spanischen Kolonialethik im goldenen Zeitalter, 1947 - H.RICH.NIEBUHR, Der Gedanke des Gottesreichs im amerik. Christentum, 1948 - World Christian Handbook, hg.v. K.G.GEUPP, London 1949 - G.PH.STOKES, Church and state in the US, 1950 - PH.M.PALMER, German Works on America 1492-1800, Berkeley 1952 - J.C.BRAUER, Protestantism in America, Philadelphia 1953 - O.W.HEICK, Amerik. Theologie in Geschichte u. Gegenwart, 1954. *W.J.Kooiman*

Amerikanistik

1. Allgemeines - 2. Ältere Forschungen - 3. Forschungen über nordamerikanische Religionen - 4. Forschungen über die Religionen der amerikanischen Hochkultur - 5. Forschungen über südamerikanische Religionen - 6. Forschungen über die Religionen der beiden Amerika

1. Mit »Amerikanistik« faßt man alle die Forschungszweige zusammen, die der Erforschung der amerikanischen → Indianer, besonders ihrer Anthropologie, Vorgeschichte, Kulturgeschichte (Ethnologie, Ethnographie) und Sprachen gewidmet sind. In neuerer Zeit hat man auch Akkulturations- und Persönlichkeitsstudien zur A. gerechnet; aber sie sind doch nebensächliche Themen. Da sich die Amerikanisten sowohl in der Alten als auch in der Neuen Welt befinden, hat man eine Organisation von Amerikanistenkongressen gebildet, die (meistens jedes zweite Jahr) abwechselnd in Europa und Amerika zusammentreten (1. Kongreß 1875 in Nancy, 32. Kongreß 1956 in Kopenhagen).

Ein wichtiges Glied der A. (in beinahe allen ihren oben genannten Zweigen) ist die Erforschung der einheimischen indianischen Religionen (→ Indianer: I). Sie hat wohl zumeist Europäer interessiert, doch haben auch amerikanische Forscher daran teilgenommen. Im großen und ganzen haben die Amerikaner, im Anschluß an ihre Feldarbeiten, Monographien über die Religionen verschiedener Stämme geschrieben, während die Mehrzahl der Europäer vergleichende und historisch-rekonstruktive Studien über die Indianerreligionen veröffentlicht haben.

2. Die *ältesten Schilderungen* der Religionen der amerikanischen Indianer, wie zB die Nachrichten des Bernardino de Sahagun († 1590) über die Religion der Azteken oder die Mitteilungen der Jesuitenmissionare aus Neu-Frankreich (16.Jh.), sind als Quellen wertvoll; doch findet man in ihnen keinen Versuch zur wissenschaftlichen Interpretation des Stoffes. Das erste wissenschaftliche Werk ist Lafitaus († 1746) »Moeurs des sauvages Américquains«, in dem die Vorstellungen und Sitten der nordamerikanischen Indianer mit denen der antiken Welt verglichen werden. Lafitau trat auch für den → Urmonotheismus ein: die nachweisbaren Formen der Verehrung eines obersten Gottes (→ Hochgottglaube) seien Reste eines einstmaligen allgemeinen → Monotheismus.

Nach Lafitau sind der Amerikaner S.F.Jarvis und der Schweizer J.G.Müller zu nennen, die am Anfang bzw. um die Mitte des 19.Jh.s Wesen und Geschichte der indianischen Religionen darstellten.

3. Die Mehrzahl der späteren amerikanischen Forscher ist mit regionalen Religionsproblemen beschäftigt. Wertvolle Schilderungen der *nordamerikanischen Religionen* finden sich in Monographien über einzelne Stämme von Boas, Kroeber, Swanton, Speck, Lowie, Radin, Spier, Jenness und McIlwraith u.a. Die beiden Schilderer der östlichen Waldlandreligionen, Swanton und Speck, sind infolge der Beschaffenheit ihres Materials vor allem Historiker, während die anderen genannten Forscher eine größere Neigung zum Analysieren und Systematisieren zeigen: sie haben sich auch mit den westlichen, stärker unberührt gebliebenen Völkern beschäftigt. Lowie und Radin, durch ihre gründlichen Studien der Religion zweier Siouxstämme, Crow und Winnebago, bekannt, sind in der nordamerikanischen Religionsethnologie führend.

Mehrere amerikanische Ethnologen haben sich mit der Religion einzelner Stämme befaßt. So sind die Religion der Lenape von Harrington, die der Irokesen von Wolf, die der Dakota von J.O.Dorsey, die der Kwakiutl von Boas, die der Navajo von Reichard, die der Papago von Underhill und die der kalifornischen Luiseño von C.G. Du Bois behandelt worden. Einige Forscher haben die Religionen ganzer Kulturgebiete geschildert: Kroeber die Religion der kalifornischen Indianer, Parsons die Religion der Puebloindianer und Witthoft die Agrarreligion der östlichen Waldlandindianer.

In Monographien der American Folklore Society, des Bureau of American Ethnology und anderer Institutionen haben hervorragende amerikanische Indianerkenner (Matthews, Hoffman, Michelson, Dorsey, Opler u.a.) eine Fülle von Riten und Mythen behandelt, die für die Religionsgeschichte Nordamerikas von außerordentlichem Wert sind. Einige von ihnen waren selber Indianer (Hewitt, Jones, La Flesche, Hunt) oder mit Indianerfrauen verheiratet, sog. squawmen (Teit).

Die amerikanischen Ethnologen haben auch religionswissenschaftliche Untersuchungen vergleichender Art publiziert. Diese sind in dem Lande des Behaviourismus (→ Psychologie) davon geprägt, daß sie mehr Ritualkomplexe und Mythenschätze als Glaubensideen abhandeln. Typisch für die erstere Kategorie sind die Studien über den Sonnentanz (→ Tanz) der Prärie-Indianer (G. A.Dorsey, Wissler, Spier u.a.), den Bärenkult (→ Bärenfest) der kanadischen Indianer (Hallowell), der Welterneuerungszeremonien (→ Schöpfung: I) an der pazifischen Küste (Gunther, Kroeber-Gifford), der → Geheimbünde Kaliforniens und Nordwestamerikas (Loeb, Boas), der Geister- und Prophetentänze (→ Geister: I) im westlichen Nordamerika (Mooney, Du Bois, Spier), der Bestattungsriten (→ Begräbnis: I) (Yarrow), des → Schamanismus (Park, Speck, Waterman) und des Peyotekultes (La Barre, Petrullo, Slotkin). Die Mythenforschung hat sich vorwiegend mit Studien über die Verbreitung der Mythen (→ Mythus: II) befaßt (Boas, Thompson und die Mehrzahl der Folkloristen). Andererseits haben nicht wenige Ethnologen auch die Glaubensvorstellungen behandelt. Der Glaubensinhalt der Mythen ist von Boas, Alexander und anderen Forschern untersucht worden. Die religiösen Vorstellungen der Indianer haben Forscher wie Haeberlin (die Fertilitätsideen [→ Fruchtbarkeit] der Pueblos) und Walker (die schamanistische Spekulation der Dakota) interessiert, und besonders haben Lowie, Radin und Cooper wichtige Glaubensverhältnisse der Crow-, Winnebago- und Algonkinindianer analysiert. In ihrem Buch über die Schutzgeister (→ Geister: I) der nordamerikanischen Indianer hat Benedict das grundlegende Religionsmuster dieser Indianer aufgewiesen und in ihrer kulturwissenschaftlich bedeutenden Arbeit »Patterns of Culture« verschiedene psychologische Religionstypen in Nordamerika beleuchtet. Ihre regionalen und typologischen Religionsstudien sind von anderen Forschern, zB Underhill, fortgesetzt worden.

Die europäischen Amerikanisten, die über nordamerikanische Religionsfragen geschrieben haben, scheinen im allgemeinen andere Interessen als regional ethnographische gehabt zu haben. Das mag darauf zurückgehen, daß sie nicht selbst mit Feldarbeiten beschäftigt waren. Ihre Problemstellungen sind auch stärker religionsgeschichtlich orientiert - ein deutliches Zeichen für die Rolle, die die religionsgeschichtliche Disziplin in Europa spielt. Jedoch gibt es auch einige regionale Religionsdarstellungen, zB Loewenthals und W.Müllers Studien über ost- und zentralalgonkinische Religionen, Lochers Interpretation der Kwakiutlreligion oder Preuss' auf Feldarbeiten begründete Monographie der Religion der mexikanischen Coraindianer.

Die Religionsthemen der europäischen Forscher sind sehr verschieden; meistens wurden Glaubensinhalte untersucht: Gottesvorstellungen (Schmidt, Dangel, Pettazzoni), Astralmythologie (Kunike), Heilbringervorstellungen (van Deursen), Seelen- und Geisterideen (Conard, Haekel, Hultkrantz). Auf dem Grenzgebiet zwischen Glaubensvorstellungen und Ritualkomplexen liegen einige Untersuchungen über nordamerikanischen → Totemismus (Frazer, Haekel u.a.) und → Schamanismus (Bouteiller) vor.

Schließlich wurde auch im → »Anthropos« und in anderen europäischen Fachzeitschriften der Ethnologie eine Reihe von kleineren und größeren Einzeluntersuchungen über die religiösen Vorstellungen der Indianer veröffentlicht.

4. Die *altmexikanischen* Religionsquellen sind jetzt durch Kutscher, Lehmann, Schultze-Jena, Anderson und Dibble ins Deutsche bzw. Englische übersetzt worden. Übersichtliche Darstellungen dieser Religionen haben Bancroft, Caso und Spence (Azteken) sowie Dieseldorf (Maya) geliefert, und solche finden sich auch in den ethnographischen Standardwerken über diesen Bereich (Thompson und Morley für die Maya, Vaillant für die Azteken). Auch Danzels und Haeblers allgemeine Zeichnungen der altmexikanischen Geisteskultur sind hier zu nennen. Forscher wie Beyer, Kreichgauer, Preuss, Seler, Soustelle und Thermer haben einzelne Probleme der mexikanischen Religionen diskutiert.

Über die *Inkareligion und ihre Vorläufer* ist viel weniger geschrieben worden. Von Einzeluntersuchungen seien Tellos und Valcarcels Studien über den Schöpfergott Viracocha genannt. Über die Inkareligion liegt eine zusammenfassende Darstellung von Karsten vor und in dem Handbuch über die südamerikanischen Indianer (Bd 2, 1946) haben Rowe, Kubler, Tschopik u.a. eine Synopse der andinen Religionen geliefert. Jijón y Caamaños Entwurf zu einer größeren Monographie der Inkareligion blieb leider unvollendet (→ Peru).

5. Während die nordamerikanischen Religionen von der Forschung früh differenziert wurden, wurden die primitiven *südamerikanischen Religionen* erst sehr spät in einer solchen Differenzierung behandelt. Die eigentliche Schilderung dieser Religionen setzte um die Jahrhundertwende mit Ehrenreichs lunarmythologischen (→ Mond) und Koch-Grünbergs animistischen (→ Animismus) Untersuchungen ein; in den folgenden Jahren erschienen P.W. → Schmidts Schichtung der Kultur- und Religionsverhältnisse und Karstens ganz entgegengesetzte, animistisch-magistisch gefärbte Gesamtdarstellung dieser Religionen. Alle diese Werke basierten auf einem höchst unvollständigen Material; hieraus erklären sich wohl auch die einander widersprechenden Resultate dieser Untersuchungen.

Die neueren Übersichten über die südamerikanischen Religionen von Métraux und Steward sind anderer Natur; sie gehen von den intensiven Felduntersuchungen der letzten Jahrzehnte über einzelne Stämme aus. Ethnologen wie Nordenskiöld, Nimuendajó, Roth, Preuss, Métraux und Gusinde, und auch Karsten, haben die Stammesreligionen verschiedener Teile Südamerikas gut beschrieben. Gusinde hat festgestellt, daß die Feuerlandindianer an die Existenz eines Höchsten Wesens glauben (→ Hochgottglaube). Dagegen hat Tessmann vergebens zu beweisen versucht, daß die Ucayaliindianer keine Gottesvorstellungen besäßen.

Die Erforschung der regionalen Eingeborenenreligionen Südamerikas schreitet jetzt rasch fort; damit wird ein sicherer Grund gelegt für die systematische und vergleichende Behandlung der Elemente dieser Religionen. Hier seien genannt: Alexanders Studie über die lateinamerikanischen Mythologien (auch die mexikanische Hochkultur umfassend), Schmidts Rekonstruktion einer theistischen Urreligion (→ Urmonotheismus) - hauptsächlich auf Gusindes und Koppers' Feuerlanduntersuchungen begründet -, Haekels Ausführungen über den Totemismus, Lublinskis Forschungen über die Medizinmänner und Zerries' Monographie über die Geister und Dämonen der Jägervölker. Die astralmythologischen Untersuchungen Ehrenreichs, Koch-Grünbergs und Kunikes sind schon seit längerer Zeit überholt.

Alle diese religionsphänomenologisch-systematisch arbeitenden Forscher waren Europäer, während die Mehrzahl ihrer amerikanischen Kollegen sich mit den regionalen Religionsformen beschäftigt haben - also eine Aufteilung, die auch für Nordamerika bezeichnend ist (s. 3).

6. *Forschungen über die Religionen der beiden Amerika* fehlen aus neuerer Zeit fast gänzlich. Untersuchungen

wie Preuss' und Bahnsons Berichte über die Begräbnissitten (→ Begräbnis: I) oder Brintons panamerikanische Mythenstudien waren um die Jahrhundertwende möglich, als das ethnologische Material noch begrenzt war, heute sind sie im großen und ganzen überholt. Nur morphologische Arbeiten wie Bonnerjeas Notizen über Jagdaberglauben und Corletts Analysen des Berufs der Medizinmänner oder Ausbreitungsstudien wie Krickebergs kultur- und religionsgeschichtliche Forschungen über die Beziehungen zwischen Nord- und Südamerika werden noch benutzt. Die religionsgeschichtlichen Zusammenhänge zwischen Amerika und der Alten Welt sind vielfach diskutiert worden, zB von Mahling (Mutter-Erde-Vorstellungen; → Erde), Boas (Mythenzusammenhänge), Lowie und Hallowell (zirkumpolare Bräuche) und Hatt (agrarmythologische Parallelen).

Zu 1: J.Comas, Los Congresos Internacionales de Americanistas, 1954. - Zu 2: J.F.Lafitau, Moeurs des sauvages Amériquains, 2 Bde, 1724. - Zu 3: Die meisten der erwähnten Werke sind bei G.P.Murdock, Ethnographic Bibliography of North America (Yale Anthrop. Studies 1), 1941, zu finden. Umfassende Lit. auch bei Å.Hultkrantz, Conceptions of the Soul among North American Indians (Stat. etn. mus. Mon. Ser. 1), 1953, u. W.Müller, Die Religionen der Waldlandindianer Nordamerikas, 1956. - Zu 4: Lit.verzeichnis für Mexiko bei G.C.Vaillant, Aztecs of Mexico, 1944, u. S.G.Morley, The Ancient Maya, 1946; für Peru im Handbook of South American Indians, ed. J.H.Steward, (Bur. of Amer. Ethnol. Bull. 143), Bd 2, 1946. - Zu 5: Lit. in Stewards zu 4 aufgeführtem Handbuch, Bde 1. 3. 4, 1946-48, u. bei R.Karsten, The Civilization of the South American Indians, 1926. - Zu 6: A.I.Hallowell, Bear Ceremonialism in the Northern Hemisphere (AmA 28, 1926, 1-175) - G.Hatt, The Corn Mother in America and in Indonesia (Anthropos 46, 1951, 853-914). *Å.Hultkrantz*

Amesha Spenta (Aməšā spəntā), »Unsterbliche Heilige«, mittelpersisch die Haft Amšaspand oder Amahraspand genannt, ist die Bezeichnung einer kanonischen Siebenzahl von göttlichen Geistern im → Avesta, Vollstreckern des göttlichen Willens und Vorkämpfern für das Reich des Guten. Der Überlieferung nach umgeben sie Ahuramazdā (→ Ormazd), ihren Vater und Schöpfer, wie Wesire den König, zur Linken die männlichen, zur Rechten die weiblichen Genien:

Ahuramazdā

1. Vohu manah = guter Sinn	4. Spənta Ārmaiti = heiliger Frommsinn
2. Aša vahišta = bestes Arta	5. Haurvatāt = Fülle
3. Xšaϑra vairya = erwünschtes Reich	6. Amərətāt = ewige Wonne

Sraoša = Gehorsam

Der siebente A.Sp. ist entweder Ahuramazdā selbst oder, besonders später, Sraoša. Sämtliche A.Sp.s sind Abstraktionen und zwar Entfaltungen oder Aspekte der Kraft des höchsten Gottes, ihre Namen alten religiösen Idealbegriffen entnommen, die sich erst allmählich festigen. Obwohl die Siebenzahl seit alters feststeht und durch die sieben indischen Ādityas um Varuṇa als arisch bezeugt wird, sind die Namen der A.Sp.s nur zum Teil alt wie Aša ntr. = altpers. Arta = altind. R̥ta »heilige Wahrheit, Ordnung, Recht«. Der wichtigste und gewöhnlich zuerst genannte A.Sp. Vohu manah »guter Sinn« und weitgehend auch die dvandva-artige Verbindung Haurvatāt-Amərətāt »Ganzheit und Unsterblichkeit«, d.i. etwa »Fülle und ewige Wonne«, sind ohne eigentliche indische Analogie. Daher darf die Entwicklung der A.Sp.s nicht nur als typisch iranisch, sondern vor allem als Werk Zoroasters und seiner Gemeinde angesehen werden. In den Gathas fällt der Name A.Sp. noch nicht. Die Achämenideninschriften kennen nur an einer schwierigen Stelle das altiranische arta (Xerxes Pers. h Z.41), dessen Beliebtheit die Personennamengebung bezeugt (Artaxerxes, Artaphernes, Artavardiya usw). Wohl ins 4.Jh. vChr (Theopomp) geht die Quelle zurück, nach der Plutarch die von Ὠρομάζης geschaffenen »sechs Götter« beschreibt (Is. et Osir. 47). Ihre Namen leben auch in dem während des 4.Jh.s vChr eingeführten zoroastrischen Kalender, der heute Staatskalender in Iran ist, weiter (s. unten die römischen Monatszahlen).

Die einzelnen Obliegenheiten der A.Sp.s sind im Avesta selbst ganz farblos geschildert und jedenfalls kaum zu fassen. Aus einzelnen Versen schon der Gathas hat man dann Fäden zum Reiche der stofflichen Natur hinübergesponnen. So erscheinen die A.Sp.s in den Parsenschriften als bestimmte Schutzgottheiten:

Bahman (XI)	für das (Herden-)Vieh,
Urdibihišt (II)	für das Feuer,
Šahrīvar (VI)	für die Metalle,
Sipandarmad (XII)	für die Erde,
Xurdād (III)	für das Wasser,
Murdād (V)	für die Pflanzen.

Den Sieben A.Sp.s als »Erzengeln« werden dann ebenso spät sieben »Erzteufel« mit fester Reihenfolge und → Ahriman an der Spitze gegenübergestellt. In den manichäischen Texten sind die Amahraspands die fünf Lichtelemente (→ Manichäismus). Zweifelhaft bleibt, ob die 6 bzw. 7 Gottengel der → Jeziden auf die A.Sp.-Vorstellung zurückgehen. Die Namen der beiden gefallenen Engel Hārūt und Mārūt (Koran 2, 96 und schon jüdisch) könnten mit de Lagarde auf Haurvatāt und Amərətāt zurückgehen. Abbildungen der A.Sp.s aus sassanidischer Zeit dürften wie auf die indische Kunst (Jackson) so auch auf die christliche und islamische Engelvorstellung eingewirkt haben (→ Geister: I).

ERE I, 384f - B.Geiger, Die A.Sp. Ihr Wesen u. ihre ursprüngliche Bedeutung (SAW 176, 7), 1916 - C.Clemen, Griech. u. lat. Nachrichten über die pers. Religion, 1920, 71ff. 98. 145f. 162ff - EI[1] II, 1927, 289 - H.Lommel, Die Religion Zarathustras nach dem Awesta dargestellt, 1930, 30ff. 255ff. 269ff - O.G.v.Wesendonk, Das Weltbild der Iranier, 1933, 77ff - G.Dumézil, Naissance d'archanges, 1945 - J.Duchesne-Guillemin, Zoroastre. Etude critique avec une traduction des Gâthâ, 1948, 57ff. *W.Eilers*

Amesius, *Wilhelm* (William Ames), * 1576 in Ipswich, Suffolk, † 1633 in Rotterdam, der »führende Theologe des erwachenden reformierten Pietismus« (Reuter) in Holland. Aus einer puritanischen Kaufmannsfamilie stammend, studierte A. in Cambridge, dem Zentrum des englischen Puritanismus und Presbyterianismus. Die calvinistische Theologie und der ramistische Empirismus W. → Perkins wurde seitdem auch für ihn maßgebend. 1610 floh er nach Rotterdam, dann nach Leiden (dort Verbindung zur Separation J. → Robinsons). Im Streit mit dem Arminianer → Grevinghoven verteidigte er 1613 als Garnisonsprediger der englischen Truppen im Haag die orthodoxe Prädestinationslehre mit dem Erfolg, daß er 1618 als Berater zur → Dordrechter Synode hinzugezogen wurde. Sein erstes und berühmtes Werk »Medulla Theologiae« (1623) wurde in mehr als 12 Aufl. verbreitet. Das Hauptwerk seiner neuen Gewissenstheologie »De conscientia et eius iure vel casibus« erschien 1630. 1632 folgte er dem Ruf der independentistischen Gemeinde zu Hugh Peters. - Die praktisch-empirische Konzeption seiner Theologie war neu. Sie verband die orthodoxe Prädestinationslehre mit dem frühpietistischen holländischen Präzisismus. Ihr Gegenstand ist die »vita theologica« des Erwählten. Ihre Methode ist empirische Analyse, die Reflexion des Glaubens im Gewissen auf sich selbst. Dogmatik und Ethik bilden eine Einheit. Auswirkungen seiner erfahrungstheologischen Konzeption finden sich im ref. → Pietismus bei → Coccejus, → Witsius, → Lampe u.a.

Opera omnia, Amsterdam 1658. - H.Visscher, Guil.A., 1894 - K.Reuter, W.A., 1940 (Lit.). *J.Moltmann*

Amida

I. Religionsgeschichtlich - II. Die biblische Botschaft gegenüber dem A.-Buddhismus

I. Religionsgeschichtlich

Im nördlichen (Mahâyâna-) → Buddhismus (: I) bildete sich um → Buddha Amitâbha (chines. A-mi-t'o Fo, jap. Amida) als Mittelpunkt ein neues System, das sich durch seine Lehre von einem → Paradies (: I) (»Westliches Paradies«, »Reines Land«) und der gläubigen Anrufung des Namens Amithâbas als Mittel der Rettung von allen anderen Systemen absetzt. Die Beschreibung der Herrlichkeit Amitâbhas und des »Westlichen Paradieses« findet sich zuerst in dem Sûtra Amithâba-vyûha aus dem 2.Jh. nChr, dann in dem Sûtra Sukhâvatî-vyûha. Der in Wirklichkeit fiktive Amithâba soll zu Lebzeiten geschworen haben, selber nicht eher in das Nirvâna eingehen zu wollen, als bis alle Lebewesen der unendlich vielen Welten aus dem Strome der Wiedergeburten gerettet seien. Dem Buddha Amithâba steht als sein Reflex (Dhyâni-Bodhisattva) Avalokiteshvara (chines. Kuan-yin, jap. Kannon) zur Seite. Dieser wurde im 12.Jh. in China zur Göttin Kuan-yin und zur beliebtesten Figur des buddhistischen Pantheon in ganz Ostasien. Nach dem Bericht des chinesischen Mönches Fa Hsien (374-460), der 414 von einer Indienreise zurückkehrte, hatte Avalokiteshvara in Potala an der Indus-Mündung ein Heiligtum. Er verzichtete so lange auf die Buddhaschaft, bis alle leidenden Wesen erlöst sind. Vor Amithaba und Avalokiteshvara tritt der historische Buddha Gautama stark zurück. Die neue Heilslehre unterscheidet sich von der des Früh-Buddhismus so weitgehend, daß man eigentlich von einer neuen Religion sprechen könnte. Das Nirvâna wurde von einem an allen erdenklichen Freuden reichen Himmel verdrängt. Die Ausbildung der Lehre vom »Reinen Lande« (chines. ching-t'u, jap. jôdo) betrieb die chinesische Ching-t'u-Sekte, die von Hui Yüan im 4.Jh. nChr gegründet wurde. In Japan war ihr erster Prediger der Tendai-Mönch Genshin (912-1017), ihr Organisator Hônen Shônin (1113-1212). Der A.-Buddhismus hat in ganz Ostasien die meisten Anhänger.

H.Haas, »A. unsere Zuflucht« (Religionsurkunden der Völker II, 1), 1910 - F.E.A.Krause, Ju-Tao-Fo. Die relig. u. philos. Systeme Ostasiens, 1924 - D.T.Suzuki, The Development of the Pure Land Doctrine in Buddhism (The Eastern Buddhist III), 1925 - K.L.Reichelt, Der chinesische Buddhismus, 1926 - H.deLubac, A., Paris 1955.

M.Eder

II. Die biblische Botschaft gegenüber dem Amida-Buddhismus

Seit die biblische Botschaft im 16.Jh. durch die Japanmission der → Jesuiten (: II) mit dem A.-Buddhismus in Berührung gekommen war, ist die Ähnlichkeit zwischen beiden immer wieder beachtet worden. Sie ist in der Tat so auffallend, daß sie über das Verhältnis der biblischen Botschaft zum → Buddhismus (: III) im allgemeinen hinaus der Behandlung bedarf. Die Annahme einer christlichen Beeinflussung des A.-Buddhismus in China durch die Nestorianer (→ China: IV A) ist nicht zu beweisen. Die Jesuiten ihrerseits sahen im A.-Buddhismus eine lutherana haeresis, eine Beobachtung, die sich, ihres Werturteils entkleidet, bis in die Gegenwart erhalten hat. Der A.-Buddhismus erscheint demnach als »Gegenstück des Protestantismus« (Haas), als »unverfälschtes Luthertum« (Heiler), als »reformierter« Buddhismus (McGovern). Kann die Verkündigung der biblischen Botschaft die oft wörtlichen Übereinstimmungen seiner Aussagen mit Aussagen Luthers für sich in Anspruch nehmen?

Schon in China hat der A.-Buddhismus Wandlungen durchgemacht und Formen angenommen, die auch in Japan, zB in der von seinem Wegbereiter Hônen Shônin gestifteten Jôdoshû (Sekte des Reinen Landes), Fuß gefaßt haben. Erhalten blieb sein Ziel: dem in der Endzeit der Buddha-Lehre lebenden »gewöhnlichen«, zum Heilserwerb »aus eigner Kraft« (jiriki) unfähigen Menschen das Heil durch die »Kraft eines andern« (tariki), des Buddha A., zu sichern. Vollkommenste Ausprägung hat seine Lehre durch Shinran Shônin (1173-1262) in der von ihm gestifteten, unter den Mahâyâna-Sekten größten, gegenüber dem modernen Leben aufgeschlossenen Jôdo-shinshû (Wahre Sekte des Reinen Landes) gefunden. Ihre Mitte bildet die gläubige Hingabe an A., dh der von keinem Zweifel angefochtene Glaube an das von ihm vor 10 Weltaltern als Mönch Dharmâkara bei seiner Erleuchtung abgelegte Urgelübde, auf das Nirvâna zu verzichten, bis alle Lebewesen erlöst sind, und die Gewißheit, daß sein Gelübde erfüllt ist, da er ja als Buddha im Reinen Lande thront. Dieser Glaube ist kein Menschen-, sondern A.s Werk; denn die Kraft seines Urgelübdes durchströmt alle Wesen und bedarf, um wirksam zu werden, nur der Auslösung durch das Nembutsu, den Ruf »Anbetung dem A. Buddha!«, der in Wirklichkeit A.s Ruf an den Menschen ist, seiner Gnade zu vertrauen und seiner Errettung gewiß zu sein. Wohl muß der Mensch die A.-Botschaft hören, um zum Glauben zu kommen; der Sehnsucht nach Hinübergeburt ins Reine Land bedarf er nicht. Er darf sich auch über seine Erlösung nicht freuen, weil das so aussähe, als sei er dem Karma entronnen, als »gäbe es in uns keine fleischlichen Lüste«. A. ist mit den »gewöhnlichen« Menschen eines Wesens; er will sie, wie sie sind, die Guten und erst recht die Bösen.

Das Reine Land ist im volkstümlichen Glauben der Shin-shû das Land der ewigen Glückseligkeit, in dem A. als ein persönliches göttliches Wesen und der Gläubige nach seinem Tode in persönlichem Weiterleben gedacht wird. In gebildeten Kreisen wird es als geistiger Zustand oder bildhaft verstanden. Nach der offiziellen Lehre ist die Geburt in ihm Vorbedingung und Garantie für die Erlangung des Nirvâna; der Erlöste kann aus ihm zur Errettung aller Lebewesen auf die Erde zurückkehren.

Das Leben des Gläubigen ist als ein Leben in Dankbarkeit gegen A. ein sittliches Leben und als solches werbendes Zeugnis für den Glauben an A. Selbst »Lügen und Gaunereien« werden zu »Dankopfern«, wenn sie der Ausbreitung des Glaubens dienen. Wie der Gläubige seine religiösen Pflichten - Studium der hl. Schriften, stetes Gedenken an A., Anbetung der Bilder A.s, Vereinigung mit den Glaubensgenossen zum Lobe A.s - erfüllt, so auch seine weltlichen Pflichten. Was die Sekten des »Hl. Pfades« von ihren Anhängern fordern (Enthaltsamkeit, Ehelosigkeit, Mönchtum), ist ihm versagt. Gebote sind sinnlos, weil es, zumal in dieser Endzeit, unmöglich ist, sie zu erfüllen. Das Priesteramt ist, wie jeder andere Beruf, ein Wirken in Dankbarkeit gegen A. im Dienst der Menschen und wirbt so als Zeugnis erfüllten Lebens für A., unterschieden von jenem nur durch seine besonderen Aufgaben. Die Möglichkeit, A. um irdisches Wohlergehen zu bitten, hat der Gläubige nicht. Aber kein Unheil hat mehr Gewalt über ihn; er weiß: es ist im Kreislauf der Wiedergeburten des Bösen Sold; aber der Tod ist die Pforte zum Reinen Land: zum Nirvâna.

Die Verworfenheit des Menschen, seine Unfähigkeit, sich selbst zu erlösen, und gerade deshalb seine besondere Heilsnähe; die Verwerfung der Werkheiligkeit und Verheißung der Erlösung »allein durch den Glauben«; die »Verweltlichung« des religiösen und »Heiligung« des weltlichen Lebens - diese und andere Grundtatsachen der Lehre Shinrans und Luthers sind bis in ihre praktischen Konsequenzen von einer verblüffenden Übereinstimmung. Zugleich aber ergibt sich, daß die Übereinstimmung nur formal ist, daß die innere Verklammerung der äußerlich parallelen Gedanken und Formen bei Shinran durch und durch buddhistisch, bei Luther durch und durch christlich ist. Im A.-Buddhismus ist die Erlösung Befreiung vom Trug der Ich- und Weltwirklichkeit, gleichsam automatisch vollziehbare Verwirklichung eines im Menschen Vorgegebenen, seines Einsseins mit A. als dem alles Durchdringenden, über Stoff und Geist, Raum und Zeit, menschlichem Er- und Begreifen Erhabenen. Ihre Grundlegung durch Dharmâkara, der als Offenbarung der Barmherzigkeit A.s während 6 Weltaltern meditierend das Reine Land aufbaute, ist ein Mythos. Ihre Bekundung durch Shâkyamuni als die entscheidenste aller vergangenen und künftigen Erscheinungen A.s auf Erden ist unhistorische Zweckdeutung. Die biblische Botschaft verkündet die Erlösung als Rückkehr aus der Sünde des Abfalls von Gott in die lebendige Gemeinschaft mit dem Richter und Vater, der der Menschheit in Jesus von Nazareth seinen heiligen Willen kundgetan und die Rückkehr ermöglicht hat. Ihre Verkündigung kann die religionsgeschichtlichen Parallelen des A.-Buddhismus nicht für sich in Anspruch nehmen. Sie hat aber die Tatsache, daß dem Buddhismus im A.-Glauben eine bis an die Grenze des von ihm Tragbaren vorstoßende Form des Erlösungsglaubens erwachsen ist, die mit ihrem Verzicht auf Selbsterlösung die Heilssehnsucht ungezählter Menschen erfüllt, die Tatsache, daß für den A.-Gläubigen Glaubenswirklichkeit ist, was uns als Mythos und Zweckdeutung erscheint, sehr ernst zu nehmen und sich dadurch immer neu an die Einzigkeit und Dringlichkeit ihres Auftrags erinnern zu lassen.

H.HAAS, Christl. Klänge im japanischen Buddhismus (ZMR 27, 1912, 1-13. 34-45) - W.MCGOVERN, An Introduction to Mahayana Buddhism, 1922 - J.WITTE, Die Christus-Botschaft u. die Religionen, 1936 - G.MENSCHING, Luther u.A.-Buddha (ZMR 51, 1936, 339-350) - H.BUTSCHKUS, Luthers Religion u. ihre Entsprechung im japanischen A.-Buddhismus, 1940 - H.KRAEMER, Die christl. Botschaft in einer nichtchristl. Welt, 1940 - G.ROSENKRANZ, Ev. Religionskunde, 1951.

G.Rosenkranz

Amling, *Wolfgang* (Evodius; 1542-1606), * zu Münnerstadt, nach schulischer und kirchlicher Tätigkeit in Zerbst und Münnerstadt Pfarrer und Superintendent in Zerbst (1578), kämpft gegen die Konkordienformel besonders in seiner Repetitio Anhaltina (1579) und arbeitet am Werden der reformierten Kirche in → Anhalt mit. Der gelehrte und begabte A. verschmähte bei seinem Wirken für den Calvinismus nicht unlautere Mittel.

RE I, 449 - SCHL. I, 17f; V, 9 - NDB I, 249.

W.Delius

Ammann, *Jakob,* Mennonitenältester, * vielleicht 1644 in Erlenbach im Simmental/Kanton Bern, † vor 1730. 1696-1708 ist er in Markirch/Oberelsaß nachweisbar. A. verursachte 1693 eine Spaltung unter den Gemeinden im Emmental/Bern, weil er die strengere Kirchenbannpraxis des Dordrechter Glaubensbekenntnisses von 1632 einführen wollte. Diese betraf die »Meidung« der Gebannten in Ehe und Tischgemeinschaft. Spätere Aussöhnungsversuche, um die sich die Pfälzer Mennoniten mühten, scheiterten an der Unnachgiebigkeit A.s. Weitere Unterschiede, die Fußwaschung, feste Vorschriften für Barttracht und Kleidung bei Ablehnung jeder Mode, traten in der Folge hinzu. So sind die »Amischen« bis heute eine gesonderte, sehr konservative Gruppe unter den → Mennoniten, die sich am zahlreichsten und reinsten in den USA erhalten hat.

M.GASCHO, The Amish Division of 1693-1697 in Switzerland and Alsace (The Mennonite Quarterly Review 11, 1937, 235-266) - Mennonite Encyclopedia I, 98f (Lit.) - NDB I, 251 (Lit.)

J.F.G.Goeters

Ammianus Marcellinus, * 330/335 in Antiochien, Verfasser einer lat. Kaisergeschichte von Nerva bis Valens, von der die Bücher 14-31 erhalten sind; sie behandeln die zeitgenössische Geschichte (353-375, für den Osten bis 378) zT nach eigenem Erleben und von betont römischem Standpunkt aus. Die Religion des A.M. ist ein stark neuplatonisch gefärbter Monotheismus mit engen Beziehungen zu Mantik und Astrologie. Dem Christentum gegenüber zeigt er sich aufgeschlossen und tolerant.

A.M. rerum gestarum libri qui supersunt rec. C.U.CLARK, 1910 bis 1915 - W.ENSSLIN, Zur Geschichtschreibung u. Weltanschauung des A.M. (Klio Bh. 16), 1923 - E.A.THOMPSON, The historical work of A.M., 1947 - RAC I, 386ff.

G.C.Hansen

Ammon, *Christoph Friedrich von* (1766-1850), * Bayreuth, wurde 1789 Prof. in Erlangen, 1794 in Göttingen und 1804 wieder in Erlangen, 1813-49 sächsischer Oberhofprediger, † 1850 in Dresden. Seine theologische Richtung hat er selbst als historischen oder Offenbarungsrationalismus, später als rationalen Supranaturalismus bezeichnet. »Die ihn leitende Überzeugung ist, die christliche Theologie müsse immer als positive Lehre auf Grund der geschichtlich gegebenen christlichen Offenbarung entwickelt werden. Dabei seien aber die nt.-biblischen Aussagen unter Berücksichtigung der kirchlichen Lehre so auszulegen, daß sie in Eintracht mit der von Gott in den Menschen gelegten sittlichen Vernunft bleiben« (Hirsch). Daß A. in der Zeit des Ministeriums Einsiedel in Sachsen sich orthodoxer gab, als er war, daß er auf die Thesen von C. → Harms positiv einging, daß er aber später auf seine alte Linie zurückkam, ist ihm von → Schleiermacher als wenig charaktervolles Lavieren gedeutet, aber auch von anderen verdacht worden.

NDB I, 253 (Lit.) - HIRSCH IV. V. - J.D.SCHMIDT, Die theol. Wandlungen des C.F.v.A. (Theol. Diss. Erlangen; Masch.), 1953.

F.Lau

Ammoniter, eines der östlichen Nachbarvölker Israels. Ihr Zentrum war die Stadt Rabbat-Bene-Ammon bzw. Rabba im Oberlauf des Jabbok an der Stelle der Zitadelle des heutigen ʿammān. Von da aus beherrschten sie ein verhältnismäßig kleines Territorium, vor allem die Hochflächen westlich von ʿammān. Schon in der Frühzeit ihrer Geschichte, die wohl mit ihrer Seßhaftwerdung am Anfang der Eisenzeit (um 1200 vChr) begann, besaßen sie ein Königtum (Ri 11, 12. 14. 28). Ihr Expansionsstreben nach Westen brachte sie wiederholt mit den ostjordanischen Israeliten in Konflikt. → Jephta wehrte ihren Angriff auf das Land → Gilead südlich des Jabbok ab (Ri 10, 6 - 11, 33); → Saul entsetzte die von ihnen belagerte Stadt Jabes-Gilead nördlich des Jabbok (1Sam 11, 1ff). → David unterwarf sie und machte sich selbst zum König der A. (2Sam 10, 1 - 11, 1 + 12, 26-31). Nach dem Zerfall des Davidreiches besaßen die A. wieder ein selbständiges Königtum, das in assyrischen Inschriften wiederholt als Bît-Ammana genannt wird. In persischer Zeit war »Ammon« eine wichtige ostjordanische Provinz.

N.GLUECK, AASOR 18/19, 1939, 151ff - F.M.ABEL, Géogr. I, 1933, 277f - M.NOTH, BBLAK 68, 1949, 36ff - W.F.ALBRIGHT, Miscellanea Biblica B.Ubach, 1954, 131ff.

M.Noth

Ammonius, nachmals zubenannt *Sakkas,* † 241/42 in Alexandria, wurde der Urheber der religiösen Richtung im → Neuplatonismus. In Unterricht und Lebensweise war er → Pythagoreer. Deren höchstes Prinzip, die »Eins«, ist ihm durchaus nicht nur philosophischer Begriff, sondern vor allem Symbol für das höchste Göttliche. Durch die Synthese von Pythagoreischem und Platonischem, die A. vornahm, wird der Neuplatonismus endgültig zu einer Religion, die auf einer begrifflich fundierten Theologie beruht. Der bedeutendste Schüler des A. war → Plotin. Zu systematischem Abschluß gelangte nach diesem → Porphyrius. Alle erhaltenen Nachrichten über die Lehre des A. gehen auf diesen zurück.

H.v.Arnim, Die Quelle der Überlieferung über A.S. (RheinMus 7, 1887, 276-285) - E.Zeller, A.S. u. Plotinus (Kl. Schr. II, 1911, 91-107) - F.Heinemann, A.S. u. der Neuplatonismus (Hermes 61, 1926, 1-28) - H.Dörrie, A., der Lehrer Plotins (Hermes 83, 1955, 439-477). *H.Dörrie*

Ammundsen, *O. Valdemar* (1875-1936), Prof. der KG in Kopenhagen 1901-23, dann Bischof von Haderslev (Nordschleswig). Nicht eigentlich Forscher, aber von fast universalem Wissen, war er in praktischer kirchlicher Arbeit (Christliche Studentenbewegung) sehr wirksam und nahm in der → Ökumenischen Bewegung eine leitende Stellung ein. A. hat als Bischof stark dazu beigetragen, die nationalen Gegensätze zwischen Deutschen und Dänen zu schlichten.

Vf. u.a.: Novatianus, 1901; Den unge Luther, 1907; Søren Kierkegaards Ungdom, 1912; Den kristne Kirkes Historie i 19, Aarhus 1925; s. auch ChW 1909. 1911. 1919. - F.Beyer, V.A., Kopenhagen 1954. *Hal Koch*

Amöneburg, Missionsstützpunkt des → Bonifatius in Oberhessen. Das wohl 721 von ihm gegründete Benediktinerkloster S. Michaelis ging im 12.Jh. ein. 1360 wurde die Pfarrkirche in ein Kollegiatstift S.Johannis bapt. umgewandelt, dieses 1803 aufgehoben. A. war Sitz eines Offizials des Archidiakons von S.Stephan in Mainz. In vorgeschichtlicher und fränkischer Zeit befestigt, seit dem 12.Jh. in Mainzer Besitz, war A. vielleicht schon 1241 Stadt und seit Mitte des 13.Jh.s Mittelpunkt eines Mainzer Amtes.

W.Dersch, Hessisches Klosterbuch, (1915) 1940² (Quellen u. Lit.). *F.Uhlhorn*

Amon (Amun), ägyptischer Gott, der »Verborgene«, gehörte zu den acht Urgöttern, die nach der Lehre von Hermopolis (→ 1 A 4) mit der Erschaffung der Sonne (Re) die gegenwärtige Welt entstehen ließen. Die Begründer des Mittleren Reiches (→ Ägypten: I) richteten ihm einen eigenen Kult in Theben (→ 1 C 6) ein, wo er bald, mit Re zu Amun-Re verschmolzen, zum Sonnen- und Reichsgott, »König der Götter« und Erzeuger der Pharaonen wurde (→ Ägypten: II, 2. 3). In seiner ithyphallischen Form (zB in Luxor) glich er dem alten Königsgott Min und hieß wie dieser Kamutef, »Stier seiner Mutter« (ein Ausdruck für die Zeugung des wesensgleichen Sohnes; anders zB RÄRG). In seinem Haupttempel in Karnak bilden A., Mut und der Mondgott Chonsu eine Familientrias. Die Theologie des Neuen Reiches und der Spätzeit zeigt A. oder A.-Re durch Angleichung an andere Götter in verschiedenen Sonderformen, die zT den Gott in mehreren Generationen seiner selbst verkörpern. Er ist zum Sonnen- und Allgott zugleich geworden, der nun auch in persönliche Beziehung zum Einzelmenschen tritt (→ Ägypten: II, 3). In der Spätzeit entstand in Theben eine Amun-Theokratie. Berühmt sind auch die ausländischen A.-Kulte wie im Äthiopenreich oder in den Oasen (zB Siwa).

K.Sethe, Amun u. die acht Urgötter von Hermopolis (AAB 1929, 4) - RÄRG s.v. Achtheit, Ammonium, Amun, Gottesweib, Kamutef, Kematef, Napata, Theben (Lit.). *H.Jacobsohn*

Amoriter, eine Volksbezeichnung, die im AT häufig einerseits im Rahmen stereotyper Aufzählungen von Völkernamen für die vorisraelitische Bewohnerschaft von Palästina, andrerseits allein als zusammenfassender Name für die Vorbewohner des west- und ostjordanischen Kulturlandes vorkommt. Im letzteren Sinne findet sich das Wort A. vor allem in einigen alten Landnahmeüberlieferungen, in der Pentateuchquelle E und im deuteronomistischen Schrifttum. Es ist nirgends ersichtlich, daß mit A. eine bestimmte, ethnisch abgrenzbare und räumlich lokalisierbare Völkerschaft gemeint sei. Dem entspricht die Tatsache, daß das Wort A. von dem akkadischen Begriff Amurru (ideographisch geschrieben: MAR.TU) abzuleiten ist, der selbst - seiner Herkunft nach nicht sicher bestimmbar - ebensowenig ursprünglich ein Volksname ist. Er bezeichnet den »Westen«. In spätsumerischer und frühbabylonischer Zeit ist ein »Amurru-Gebirge«, ein »Amurru-Wind«, auch ein Gott »Amurru« bekannt, und das Wort amurrû kommt als Berufsbezeichnung vor. In neuassyrischer Zeit kann mit »Amurru-Land« das vom Zweistromland aus im Westen gelegene Syrien-Palästina bezeichnet werden und mit »Meer des Amurru-Landes« das Mittelmeer. Dieser neuassyrischen Verwendung, die inschriftlich allerdings erst später belegt ist als die älteren Vorkommen des Wortes A. im AT, steht der at. Gebrauch von A. nahe.

Der aus dem 14./13.Jh. vChr bekannte Staat Amurru, der aus den → Amarna-Tafeln und aus ägyptischen und hethitischen Nachrichten bekannt ist und in der großen Mündungsebene des nahr el-kebīr zwischen Libanon und Nosairiergebirge gelegen hat, hat mit den at. A. nur insofern etwas zu tun, als auch sein Name auf das akkadische Amurru zurückgeht.

Die vielfach übliche Bezeichnung derjenigen Semitenschicht, die im 19./18.Jh. vChr sowohl in das Zweistromland als auch nach Syrien-Palästina einwanderte, als »amoritisch« ist nicht zu rechtfertigen. Auch die Texte von → Mari, die aus dieser Schicht stammen, geben dafür keinen Anhaltspunkt; der in ihnen vorkommende Begriff »der Große von Amurru« (GAL. MAR.TU) scheint Bezeichnung eines militärischen Dienstgrades zu sein.

M.Noth, ZAW 58, 1940/41, 182ff - RLA I, 1932, 99ff - Th.Bauer, Die Ostkanaanäer, 1926, 82ff - VAB II, 1915, 1132ff - A.Finet, Archives royales de Mari XV, 1954, 223. *M.Noth*

Amos

1. Leben - 2. Botschaft

1. A. ist ein theophorer Personenname (Kurzform von Amasja; Bedeutung: Jahwe trägt, vgl. Ps 68, 20), dessen einziger biblischer Träger der Prophet A. ist. Über seine *Person* läßt sich aus dem → Amosbuch folgendes erheben: Er wirkte zur Zeit Jerobeams II. von Israel (787/6-747/6): 1, 1; 7, 9. 11. 17. Seine Verkündigung spiegelt das politische Selbstgefühl und die sozialen und religiösen Übelstände, wie sie gegen Ende der Regierungszeit Jerobeams geherrscht haben. A. wird um 750 vChr aufgetreten sein. Er ist somit der älteste der sog. Schriftpropheten (→ Propheten: II B). Sein Heimatort → Tekoa (1, 1) dürfte das judäische, 16 km südl. Jerusalem gelegene Dorf dieses Namens gewesen sein (heute chirbet taqūa). Da des A. Prophetie, obgleich allein mit Nord-Israel beschäftigt, stark von judäischen Vorstellungen beherrscht ist, wäre es schon von der Botschaft aus abwegig, seine Heimat in Israel zu suchen. A. hat vor seiner Berufung und wohl auch nach Erfüllung seiner prophetischen Aufgabe einer bürgerlichen Beschäftigung gelebt. 1, 1 nennt ihn einen Schafzüchter. Nach 7, 14f hütet er Kleinviehherden und pflegt Sykomorenpflanzungen (»Rinderhirt« 7, 14 dürfte Verschreibung sein). Die von Tekoa aus nächsten Vorkommen von Ficus Sycomorus L. begegnen in der Senke vom Toten Meer und in der Ebene der Mittelmeerküste. Damit läßt 7, 14 auf eine halbnomadische Lebensweise des A. schließen, wie sie für südjudäische Hirten keine Seltenheit gewesen sein wird. A. scheint auf seiner Weide-

runde zu bestimmten Jahreszeiten Sykomorenpflanzungen besorgt zu haben, sei es als deren Besitzer oder als Taglöhner. In die Abgeschiedenheit seines Hirtendaseins hinein traf ihn der prophetische Auftrag (7, 15). Die → *Berufung* (: II) scheint durch drei Vorgänge vorbereitet worden zu sein: Einerseits durch den Empfang von Nachrichten aus dem Leben des Nordreiches. Die beunruhigenden Nachrichten hat A. in seiner Weideeinsamkeit denkend und betend verarbeitet. Die seelische Spannung dieses zweiten Vorganges dürfte zum dritten übergeleitet haben, der sein Berufungsbewußtsein konstellieren half: zu den → Visionen (: II) und Auditionen, die sich um die Frage des Schicksals des Nordvolkes gruppieren (7, 1-8; 8, 1. 2; 9, 1-4). Die ersten vier Visionen lassen erkennen, wie sich in A. allmählich die Überzeugung gebildet hat, daß das Gericht über Israel unabwendbar sei. Durch den Empfang der Offenbarungen ist A. für sein eigenes Bewußtsein Mitwisser des göttlichen Ratschlusses geworden. Wozu weiht ihn Jahwe in seinen Plan ein? A. weiß, daß »Jahwe nichts tut, er habe denn seinen Plan seinen Knechten geoffenbart« (3, 7). Dies ist jetzt erfolgt; von da ist nur ein kleiner Schritt zur Inpflichtnahme des Offenbarungsempfängers. Die Berufungsstunde selbst scheint durch eine grauenhafte Vision und Audition gekennzeichnet gewesen zu sein. Sie bebt noch in 1, 2 nach:

Jahwe brüllt vom Zion her / gibt von Jerusalem Laut.
Da welken die Auen der Hirten / des Karmels Gipfel verdorrt.

Den Zusammenhang zwischen Offenbarung und Berufung spiegelt 3, 8:

Brüllt der Leu, wer fürchtet sich nicht?
Redet Jahwe, wer weissagt nicht?

Nach der Berufung (zu Berufung und Amt vgl. besonders Rowley und Würthwein) trat A. in → Bethel auf, wo sich eines der beiden Staatsheiligtümer des Nordreichs (1Kön 12, 26ff; Am 7, 13) befand. Als günstiger Zeitpunkt für seine Botschaft dürfte sich für A. das nach der Ernte gefeierte Bundesfest empfohlen haben, da dieses das Volk Israels in Bethel vereinigte (1Kön 12, 32). Das Fest diente dem Erntedank und der jährlichen Erneuerung des Jahwebundes. In diesem Zusammenhang wurden im Kult die großen Machttaten Jahwes rekapituliert (→ Feste: II). A. scheint sich in Bethel durch eine erste prophetische Rede ganz im Stile der nationalen Kultprophetie (→ Propheten: II A) eingeführt zu haben: 1, 3 - 2, 3 imitiert die Form der im Festkult wurzelnden Heilsprophetie (6 Gerichtsworte gegen die 6 nicht Jahwe verehrenden Nachbarvölker; der Judaspruch ist sekundär). Mit diesem Einsatz gewann A. die Willigkeit seiner Hörer, um dann beim Übergang der Rede zu Gottes Handeln an Israel vom üblichen Weg scharf abzugehen und die Rede in einem vernichtenden Gerichtswort über Israel enden zu lassen (2, 6ff; die Einheitlichkeit von 1, 3 - 2, 16 bestreitet Würthwein).

2. Die *Hauptinhalte* von A.' Prophetie lassen sich etwa so zusammenfassen: »Jahwes Tag« steht bevor (1, 3 bis 2, 3; → Eschatologie: II), wird jedoch für Israel nicht Freude, sondern Jahwes bittere Abrechnung bringen (3, 2; 8, 9; 9, 9; 5, 18-20). Denn Israel, dem Jahwe seine Freundlichkeit zugewandt (2, 10f), hat sich vergangen, indem es seines Gottes Wort nicht hören wollte (2, 12). Jahwe erwartet entsprechend der alten Bundesordnung (vgl. Ex 22, 20-27; 23, 1-3) Gerechtigkeit und soziales Gewissen (2, 6f; 4, 1; 5, 7-11. 15. 24; 6, 12; 8, 4-7). Statt dessen feiert Israel laute Kultfeste (2, 8; 4, 4; 5, 4ff; 5, 21-26). An ihnen machen sich unbegründete Heilssicherheit und Gewissenlosigkeit, Üppigkeit und Luxus breit (6, 1-6) (zu der von A. kritisierten Wallfahrerfrömmigkeit vgl. Galling). So schärft der Kult das Gewissen nicht, sondern schläfert es ein (2, 8; 6, 6b) und ist darum für Jahwe ein Greuel (5, 21ff). Lehnt A. damit den Kult grundsätzlich ab? Oder will er dahin verstanden sein, daß der Kult an sich zwar die Möglichkeit einer adäquaten Fühlungnahme mit Jahwe geboten hätte, jetzt aber von Jahwe abgelehnt werde? Dieses letztere Verständnis verbietet sich; denn weder wird von A. eine positive Beurteilung des Kultus ausgesprochen, noch enthält eines seiner Worte dieses »Jetzt aber« (anders Hertzberg). Vielmehr weist 5, 25f darauf hin, daß das Opferwesen nach A.' Überzeugung in der Urbeziehung zwischen Jahwe und Israel keine Rolle gespielt habe. Ob 5, 25f dahin zu verstehen ist, daß sich A. die Urzeit des Jahwismus als opferlos dachte, oder ob er damit andeutet, Israels Leistung hätte sich voreinst nicht im Opfer erschöpft, sondern ihm Wichtigeres zur Seite gestellt: in jedem Falle müßte sich nach A.' Überzeugung Jahwes besondere Forderung gegenüber Israel nicht in kultischer, sondern in sittlicher Leistung erfüllen. Da diese ausgeblieben ist, hat das Volk die besondere Zuneigung Jahwes verscherzt (9, 7). Für die Frage der Würdigung des Kultes bei A. dürfte aber entscheidend sein, daß ihm zwar der Kult aller von Israel besuchten Heiligtümer - einschließlich des in Juda gelegenen → Beerseba - als Fehlleistung gilt (5, 5; 8, 14), daß aber über Jerusalem kein Wort der Kritik fällt. Der Zion nimmt unter allen Heiligtümern eine Sonderstellung ein: Vom Zion her vernimmt A. Jahwes Stimme (vgl. 1, 2 mit 5, 4f). Und wie zu Jerusalem so bekennt sich Jahwe auch zur Davidskrone (9, 11). In diesem Zusammenhang zeigt sich A.' grundlegende politisch-religiöse Sicht, von der aus allein seine Gesamtverkündigung richtig gewürdigt werden kann: Das Nordreich versteht er als ordnungswidriges Reich (9, 8a), dessen Sonderexistenz die erste Ursache für alle in ihm offenbar gewordene Verderbnis bildet. Die Verworfenheit hat unter Jerobeam II. ihren Höhepunkt erreicht. So lange hat Jahwe zugewartet, um die Schuld reifen zu lassen, die sein Gericht vor aller Welt rechtfertigen soll (3, 13). Jetzt wird er einschreiten, das Reich zerstören (9, 8a), die Dynastie ausrotten (7, 9. 11), das Volk vertilgen (6, 9; 9, 1) oder dezimieren 5, 3 und in die Verbannung bringen (5, 27; 6, 7; 7, 11). Ein allfälliger Rest des Volkes aber (5, 3. 4ff. 14f; 9, 9. 11b. 14) wird dem Davidsreich wieder eingefügt, das, durch die Reichsspaltung zur »zerfallenen Hütte« geworden, in alter Größe erstehen wird (9, 11). Damit wird auch für Israel das Heil anbrechen (9, 13ff). (Die hier vertretene Echtheit von 9, 11-15 ist umstritten.) Wer im Nordreich das Gericht zu überleben hofft, meide darum das dortige kultische Leben und »suche Jahwe« (5, 4ff). Die *Vertreibung* des A. aus Bethel (7, 10ff) versteht sich von der Verkündung dieser judäisch ausgerichteten Eschatologie her: In Bethel hält man A. für einen Söldling Jerusalems. Daher die Aufforderung, nach Juda zu fliehen. Und daher der beleidigende Zusatz: »Dort iß dein Brot, und dort prophezeie!« Die Antwort des A. (7, 14) weist diese Verdächtigung zurück: er habe einen bürgerlichen Beruf, der ihn ernähre, und habe es nicht nötig, wie andere Propheten von den Einkünften eines Heiligtums zu leben. Durch Jahwe selbst wurde er zum Propheten berufen.

Lit. → Amosbuch. *V. Maag*

Amosbuch. Das an dritter Stelle im → Zwölfprophetenbuch stehende A. ist etwa folgendermaßen entstanden: Den *Kern* bildet ein wohl von Amos selbst angelegtes Weißbuch (vgl. Jes 8, 16; Jer 36). Es enthält den Selbstbericht über die Visionen (→ Amos, 1), die Erklärung für das prophetische Auftreten (3, 7f), die Botensprüche (meist mit einleitendem »so spricht Jahwe«

oder zwischengeschaltetem »ist der Ausspruch Jahwes« oder mit derselben Formel als Ausleitung). Bisweilen werden die Botensprüche durch persönliche Worte des Propheten eingeführt oder von solchen gefolgt (3, 9; 4, 1; 5, 1-3; 6, 1-6. 11; 8, 4-6). Ferner enthält das Weißbuch persönliche Worte, die im jetzigen Zustand des Buches nicht mit Jahwewort in Verbindung stehen; so das Mahnwort 5, 14f, das Drohwort 5, 18-20, vielleicht auch die Schreckensrufe 1, 2; 8, 8. Die Gestalt des Weißbuches wurde durch geschichtliche Schicksale der Rolle und durch im einzelnen nicht rekonstruierbare Eingriffe verändert: Einzelne Sprüche sind verstümmelt, und auch die Anordnung des Ganzen ist nicht mehr ursprünglich (Visionsberichte erst in Kap. 7ff!). Die Botensprüche befinden sich jedoch, soweit sie erhalten sind, meist in gutem Textzustand und weisen weitgehend durchsichtige metrische Form auf. Dem Kern dürfte früh der zeitgenössische *Fremdbericht* 7, 10-17 beigegeben worden sein. *Spätere Zufügungen* sind außer kleinen Einsprengseln im Text des Kernes vor allem: a) die Relativsätze der Überschrift 1, 1; b) Bruchstücke eines alten Hymnus, auf den der Prophet 8, 8 anspielt (4, 13; 5, 8; 9, 5f). Die Doxologien werden zuerst als Randnotiz beigeschrieben und später in den Text eingefügt worden sein; c) die Judasprüche 2, 4f; 9, 12. Sie entstammen einer späteren Anwendung der Prophetie auf Juda; so erklärt sich auch das »Zion« in 6, 1; d) die inhaltliche Korrektur von 9, 8a in V. 8b; e) der als Glosse eingefügte Weisheitsspruch 5, 13.

G.A.SMITH, The Book of the Twelve Prophets (The Expositors Bible), 1928 - F.HORST, Die Doxologien im A. (ZAW 47, 1929, 45-54) - A.WEISER, Die Prophetie des Amos (BZAW 53), 1929 - R.S.CRIPPS, A Critical and Exegetical Commentary on the Book of Amos, 1929 - K.CRAMER, Amos, Versuch einer theologischen Interpretation (BWAT 51), 1930 - L.KÖHLER, Amos-Forschungen von 1917-1932 (ThR 4, 1932, 195-213; Lit.) - W.RUDOLPH, Gott u. Mensch bei Amos (Imago Dei. Krüger-Festschrift, 1932, 19 bis 31) - J.MORGENSTERN, Amos Studies I-III (HUCA 11, 1935, 19 bis 140; 12/13, 1936/1937, 1-53; 15, 1940, 59-304) - K.GALLING, Bethel u. Gilgal (ZDPV 67, 1943, 34-40) - N.H.SNAITH, Notes on the Hebrew Text of Amos, 1945/46 - J.L.SEIERSTAD, Die Offenbarungserlebnisse der Propheten Amos, Jesaja u. Jeremia, 1946 - E.HAMMERSHAIMB, Amos, 1946 - H.H.ROWLEY, Was Amos a Nabi? (Festschr. O.Eißfeldt, 1947, 191-198) - E.WÜRTHWEIN, Amos-Studien (ZAW 62, 1949/1950, 10-52) - H.W.HERTZBERG, Die prophetische Kritik am Kult (ThLZ 75, 1950, 219-226) - V.MAAG, Text, Wortschatz u. Begriffswelt des Buches Amos, 1951 - S.SPEIER, Bemerkungen zu Amos (VT 3, 1953, 305-310) - W.S.MCCULLOUGH, Some Suggestions about Amos (JBL 72, 1953, 247-256) - J.D.W.WATTS, An Old Hymn preserved in the Book of Amos (JNES 15, 1956, 33-39) - F.HESSE, Amos 5, 4-6. 14f (ZAW 68, 1956, 1-17) - J.PH.HYATT, The Translation and Meaning of Am 5, 23-24 (ebd 17-24). - Außerdem die Kommentare zum → Zwölfprophetenbuch. *V.Maag*

Auslegungsgeschichtliche Literatur (vgl. → Schriftauslegung: IV, → Zwölfprophetenbuch):

Quellen: 5.Jh.: Cyrill von Alexandrien, MPG 71 - Julian von Eclanum (Ps.-Rufin), MPL 21. Vgl. CPL Nr. 776 und ALTANER 329. - 9.Jh.: Haymo (v.Halberstadt?), MPL 117. - 11.Jh.: Guibert v.Nogent, MPL 156. - 15.Jh.: Hieronymus Savonarola, Florenz 1497. - 16.Jh.: M.Quarré OFM, Paris 1575. - 17.Jh.: Joh.Gerhard, Jena 1663 - Y.P.Pezron O.Cist., Paris 1693.

Lit.: H.R.SMYTHE, The Interpretation of Amos 4, 13 in St. Athanasius and Didymus (JThSt 51, 1950, 158-168). *W.Werbeck*

Amositen, genannt nach *Amos von Wodnian,* → Hus und Hussiten.

Amphiktyonie → Stämme Israels.

Amphilochius, * 340/345 in Kappadozien, † nach 394, studierte in Antiochien bei → Libanius, war Rhetor in Konstantinopel, 370 wieder in seiner Heimat. 373 auf Betreiben → Basilius' d.Gr. Bischof von Ikonium in der neuerstellten Provinz Lykaonien, die A. kirchlich organisierte und im Kampf mit → Messalianern u.a. Häretikern ordnete. 381 vom Kaiser als Garant der Orthodoxie genannt, hat er vielleicht die Ketzergesetzgebung beeinflußt. Enge Freundschaft verband ihn mit den großen Kappadoziern (→ Gregor von Nazianz), später mit Kreisen in Konstantinopel. Theologisch Vertreter der Orthodoxie, hat er besonders praktisch gewirkt (Predigt und Exegese).

Die meisten Schriften sind verloren. MPG 39, 9ff; weitere Texte vgl. ALTANER, 266 (Lit.) - K.HOLL, A.v.Ik., 1904 - G.FICKER, Amphilochiana, 1906. *W.Schneemelcher*

Ampulle ist ein kleines flaschen-, krug- oder kannenförmiges Gefäß aus Glas, Ton oder Metall. Die A.n dienten und dienen verschiedenen kultischen Zwecken. 1. Sie enthalten Wein und Wasser für das Meßopfer oder das am Gründonnerstag geweihte Öl für Täuflinge und Kranke. 2. In den christlichen → Katakomben hat man vielfach sog. Blut-A.n gefunden, die sicherlich kein Märtyrerblut, sondern Wasser zum Refrigerium, zur Erquickung im Jenseits enthielten. 3. Besondere Bedeutung für die christliche Kunst haben die Pilger-A.n, die an den Wallfahrtsstätten erworben werden konnten, insbesondere: a) Die koptischen Menas-A.n aus dem 4.-6.Jh., Ton-A.n zur Beförderung des hl. Quellwassers vom Menasheiligtum südwestlich von Alexandria (→ Ägypten: IV). Der Schmuck dieser A.n zeigt meist den hl. Menas zwischen zwei Kamelen. b) Die syrisch-palästinensischen A.n, die im Domschatz von Monza, aber auch an anderen Orten (zB in Bobbio) aufbewahrt werden. Sie sind aus vergoldetem Silberblech, Blei oder Metallegierungen gefertigt und enthielten das Öl von den Lampen der hl. Stätten Palästinas. Sie gelten als Geschenke Papst Gregors d.Gr. an die Langobardenkönigin Theodolinde. Ihre Reliefs sind Abbilder der hl. Stätten, bes. Jerusalems. Es gab Prägestempel, die eine Kombination hl. Stätten auf einem Relief für *die* Pilger vereinigten, die mehrere Stätten besucht hatten. Die Reliefs dieser A.n gestatten Rückschlüsse auf die Monumentalmalerei an den hl. Stätten. Außerdem hat die Ikonographie dieser Kleinkunst einen starken Einfluß auf die Bildgestaltung im Morgen- und Abendlande geübt.

DACL I, 2, 1722ff (Ältere Lit.) - C.M.KAUFMANN, Ikonographie der Menas-A. (4. Veröff. d. Frankf. Menasexpedition, V. Teil, Kairo 1910) - DERS., Die Menasstadt u. das Nationalheiligtum der altchristl. Ägypter in der westalexandrinischen Wüste I, 1910 - O.WULFF, Altchristl. u. byzantinische Kunst (HKultG 339ff) - W.F.VOLBACH, Metallarbeiten des christl. Kultes in der Spätantike u. im frühen Mittelalter (Kataloge des Röm.-Germ. Zentralmuseums Nr. 9. Mainz 1921, 75f) - C.CECCHELLI, Note iconografiche su alcune ampolle bobbiesi (RivAC 4, 1927, 115-139) - RDK I, 657ff. *H.Jursch*

Amraphel, König von Sinear, gehört zu einer Koalition von Königen, deren Feldzug Gen 14 beschreibt. Das keiner Quellenschrift der Gen zuzuschreibende Kapitel, dessen Grundlage wohl ein Auszug aus alten Heldenliedern (wie Num 21, 14ff; Jos 10, 12f) ist, zeigt viele Spuren von Bearbeitung und Glossierung zwecks Verbindung mit der Sodom-Erzählung (c.13 und 18-19). Das Ziel des Feldzuges scheint die Sicherung des Handelsweges von Nordsyrien nach Elath und Arabien zu sein. Zur Deutung und Lokalisierung der Namen fand sich in den Texten von → Mari wichtiges Material, wodurch sich die (auch sprachlich bedenkliche) Gleichsetzung des A. mit → Ḫammurapi wohl endgültig erledigt. A. (LXX Amarphal) entspricht am besten der Namensform Amar-pî-el; sein Herrschaftsbereich ist wohl von dem u.a. in Gen 10, 10 genannten Sinear-Babylonien zu trennen und eher Sanḫara in Nordsyrien (erwähnt in einem hethitischen Ritual und im Amarnabrief 35). Der Führer der Koalition ist *Kedorlaomer* von Elam. Der gut elamische Name (= Kuter-Laḳamar) fehlt aber unter den uns bekannten »Kommissären« von Elam und »Königen« von Susa. Ließe sich die Gleichsetzung des Götternamens Naḫḫunte mit dem jüngeren Lak/gamar nachweisen, so läge es nahe, Kedorlaomer mit Kuter-Naḫḫunte I. (um 1670 vChr) zu identifizieren. *Tideal* dürfte dem Hethiterkönig Tudḫaliaš I. (um 1675; → Hethiter: I) entsprechen, der noch nicht in Ḫattušaš regierte. Daher vielleicht sein Titel: König der Völker; gâjum ist als »Gesamtbevölkerung« auch in Mari bezeugt. Der Name *Arioch* (Ariok) taucht dort vielleicht als Arriwuk oder Arriwok auf: einer der Söhne oder Mandanten des Königs Zimrilim von Mari. Sein Bereich Ellasar könnte dann einen syrischen Stadtstaat (= āl Asurri?) bezeichnen; abwegig ist die ältere Gleichsetzung mit dem südbabylonischen Larsa. Die Namen der beiden »Großkönige« Kedorlaomer und Tideal dienen wohl vornehmlich der Zeitbestimmung: etwa 1680/70 nach der kurzen Chronologie. Nach der Schwächung Babylons durch den Einfall der Kassiten (→ Babylonien: I) und Ägyptens durch den der → Hyksos waren Elam und Ḫatti die aufstrebenden Großmächte, in deren Auftrag (so könnte man vermuten) zwei syrische Stadtkönige den Vorstoß zur Sicherung des Handelsweges unternahmen. Glueck und Kirk erwägen eine Kombination der in Gen 14, 5 erwähnten Kämpfe mit dem Siedlungsbruch im Ostjordanland, welcher aber auf Grund von Gräberfunden aus der Hyksos-Zeit wohl auch erst nach 1700 vChr anzusetzen ist. Der Vorstoß wird in Gen 14, 4f mit dem Abfall von 5 im Bereich des Toten Meeres wohnenden Kleinkönigen motiviert, die von den Vier auf dem Rückweg (!) angegriffen und besiegt werden. Die Entführung Lots ergibt dann die Verzahnung mit der Vätertradition (→ Abraham). Zur Rettung seines Neffen zieht der → Hebräer Abram mit 318 Kriegern nach Nordsyrien und schlägt das vielleicht gar nicht große Truppenkontingent, dem er die Beute abnimmt. Ein Besonderes stellt dann noch seine Begegnung mit → Melchisedek (,1) dar.

Außer den Kommentaren: N.GLUECK, The other side of the Jordan, 1940, 141 - M.E.KIRK, An outline of the ancient cultural History of Transjordan (PEQ 76, 1944, 180-198) - R.DEVAUX, Les Patriarches hébreux et les découvertes modernes (RB 55, 1948, 326-337) - M.NOTH, Arioch-Arriwuk (VT 1, 1951, 136-140) - F.M.TH.DE LIAGRE BÖHL, Opera Minora, 1953, 43-49. 476-479 (Lit.)

F.M.Th.de Liagre Böhl

Amsdorf(f), *Nikolaus von* (1483-1565), *Torgau (?), Student in Leipzig und Wittenberg, seit 1511 in Wittenberg Prof., 1524 Sup. in Magdeburg, 1541 ev. Bischof von Naumburg, nach dem Interim Privatgelehrter in Eisenach, aber tatsächlich Leiter des Kirchenwesens im neuen ernestinischen Sachsen. A. gehört zu den engsten Mitarbeitern Luthers. Er hat Luther 1519 nach Leipzig, 1521 nach Worms begleitet und ist als Reformator in Magdeburg, Goslar, Einbeck und anderen Ortes tätig geworden. Schon zu Luthers Lebzeiten ist er noch weniger als Luther selbst zu Kompromissen geneigt gewesen, hat zB die Wittenberger Konkordie abgelehnt (→ Abendmahl: II, 3a). Bei den Religionsgesprächen, an denen er beteiligt war, hat er eine Einigung planmäßig zu verhindern gesucht, wenn er die Rechtfertigungslehre oder das Abendmahlsverständnis Luthers gefährdet sah, so zB in Worms 1541 (→ Deutschland: I). Im Streit mit → Erasmus hat A. ganz zu Luther gestanden. Nach Luthers Tode ist er der härteste Kämpfer (zusammen mit → Flacius) für die unverfälschte Lehre Luthers geworden. Er hat deshalb bei der Gründung der Universität → Jena und der Veranstaltung der Jenenser Lutherausgabe mitgewirkt. Im Streit mit Georg → Major hat er den paradoxen Satz von der Schädlichkeit der guten Werke zur Seligkeit aufgestellt. Mit → Melanchthon verband ihn zuletzt nur noch der gemeinsame Gegensatz gegen → Osiander. Für die Gnesiolutheraner war A. der andere Luther und der Elisa. Die dogmatische Unduldsamkeit der Orthodoxie aber ist nicht zuletzt ein Erbe von A.

RE I, 464ff - Ausgew. Schriften, hg.v. O.LERCHE, 1938 - O.H. NEBE, Reine Lehre. Zur Theol. des N.v.A., 1935 - O.LERCHE, A. u. Melanchthon, 1937 - H.STILLE, N.v.A.s Leben bis zu seiner Einweisung als Bischof von Naumburg (1483-1542), 1937 - R.HERRMANN, Thüringische KG II, 1947 - E.O.REICHERT, A. u. das Interim. Erstausgabe seiner Schriften zum Interim mit Kommentar u. histor. Einl. (Diss. Halle-Wittenberg), 1955.

F.Lau

Amsterdam, *Universität*

1. Die städtische Universität - 2. Die Freie Universität

1. Die Stadt A. besaß seit 1632 ein »*Athenaeum Illustre*«, das als städtische Bildungsanstalt gestiftet worden war, um den Kindern der Amsterdamer Kaufmannsschaft den Besuch einer auswärtigen Universität zu ersparen. Es war freilich nur ein allmählicher Ausbau der Akademie möglich. Als erste Professoren wurden für die Geschichte G.J.Vossius, für die Philosophie C.Barlaeus angestellt; später kam ein Jurist und ein Mediziner, erst 1686 ein Theologe dazu. Der erste Professor der Theologie war Gerbrand van Leeuwen, ein Schüler des → Coccejus. Dieses Athenaeum wurde 1877 zu einer städtischen *Universität* erhoben. Sie hat jetzt sieben Fakultäten (außer den fünf althergebrachten noch eine Handels- und eine sozial-politische Fakultät). Von den früheren Theologie-Professoren sind vor allem zu nennen: Willem Moll; J.G.D.Martens; J.J.van Toorenenbergen; J.G.de Hoop Scheffer; S.Cramer; S. → Hoekstra; J.J.de Bussy; A.D. Loman; P.D. → Chantepie de la Saussaye; A.J.H.W. Brandt; A.Bruining; G.A. van den Bergh van Eysinga. Jetzt sind acht Professoren der Theologie tätig, von denen einige zugleich an den Seminarien der Mennoniten und der Ev.-Luth. Kirche lehren und zwei Professuren der Nederlandse Hervormde Kerk innehaben. Die Universität hat (1955) insgesamt 130 Professoren und 6200 Studenten (1613 Frauen), darunter 165 (27 Frauen) Theologen.

Album Academicum (1632-1913), 1913 - Gedenkboek van het Athenaeum en de Universiteit van Amsterdam, 1932 - Jaarboek der Universiteit van A. (erscheint jährlich).

2. Die *Freie Universität A.* ist eine calvinistische Universität, gestiftet 1880 durch einen Kreis von reformierten Männern, die mit den bestehenden Universitäten nicht zufrieden waren, und wurde von Abraham → Kuyper am 20.10.1880 mit einer Rede über »Souvereiniteit in eigen kring« eröffnet. Die anfänglich nur aus drei Fakultäten (Theologie, Rechtswissenschaft und Philosophie) bestehende Universität hat seit 1950 sechs Fakultäten. Hinter ihr steht die 1879 gestiftete »Vereniging voor Hoger Onderwijs op Gereformeerde grondslag«. Die bekanntesten Theologie-Professoren waren A. → Kuyper und H. → Bavinck. Die Universität wird seit 1943 vom Staate unterstützt. Sie hat (1955) 60 Professoren (7 Theologen), 2100 Studenten (400 Theologen). Die Mehrzahl der theologischen Kandidaten wird Pfarrer in den Gereformeerde Kerken in Nederland (diese Kirche hat auch eine theologische Hochschule in Kampen), aber auch viele ref. Studenten aus Südafrika und Nordamerika studieren hier.

Gegevens betreffende de Vrije Universiteit ter gelegenheid van haar 75-jarig bestaan op 20 October 1955 verzameld en uitgegeven door D.NAUTA u.a., 1955 - J.ROELINK, 75 jaar Vrije Universiteit 1880/1955, 1955 - Jaarboek van de Vereniging voor Hoger Onderwijs op Geref. grondslag (seit 1926 jährlich). - Zeitschrift: Free University Quarterly.

W.J.Kooiman

Amt

I. Im AT - II. Im NT - III. Dogmengeschichtlich und dogmatisch - IV. In den jungen Kirchen. - Vgl. auch → Kirchenamt

I. Im AT

Das AT hat Ämter rangmäßiger, charismatischer und institutioneller Art. Für etliche bildete es mit der Zeit auch Abstraktbegriffe. Einer davon, der eigentlich ein Aufsichts- und Kontrollamt bezeichnet (p^{e}quddā), nähert sich gelegentlich dem generellen Begriff A. – Im weiteren Sinn ist A. jeder Dienst der Vertretung, Leitung und Ordnung einer Gemeinschaft, den auf Grund zugekommener Rangstellung zu leisten Pflicht ist. Solcher Art war das A. der Ältesten im Sippenverband wie nach der Landnahme auch im Ortsbereich und hernach noch in der Exulantengemeinde wie im Bereich der Synagoge (→ Gemeindeverfassung im hellenistischen Judentum). Gleiches gilt vom A. des Stammeshauptes, dessen Autorität auf persönlicher Leistung, aber auch auf dem Einfluß der eigenen Sippe zu beruhen pflegte. Ihm war auch das Wehraufgebot des Stammes unterstellt, sofern man nicht in besonderen Notzeiten (Ri 11, 6. 11; Jes 3, 6f) einen eigenen militärischen Führer (qaṣîn) berief. – Solche Führerämter hatten öfter charismatischen Ursprung; so bei den als → Richter bezeichneten Rettern bis hin zu Saul. Auf einen in der designatio Dei und der zugehörigen acclamatio populi sich bekundenden Traditionszusammenhang mit diesen charismatischen Ämtern hat auch israelitisches Königtum Wert zu legen gewußt. Charismatischen Charakter hatte in betonter Weise das A. des Sehers und des → Propheten (: II), beide ermächtigt, wirkende und wissende Worte zu sprechen. Sehertum war von Haus aus mit dem → Priestertum (: II) verbunden, während das Prophetenamt, auch wo es auf seine Beziehungen zum Kult achtete, sich vom Priesteramt unterschieden hielt. Der Priester, der die Riten, einschließlich der Opfer, weiß und ihrer mächtig ist, der Orakel und → Ordal handhabt und über → heilig und profan, → rein und unrein Weisung gibt, verwaltet ein A., bei dem am frühesten persönliches Charisma zum A.scharisma wurde, um mit dem Priesterwissen in den Priestergeschlechtern weitergegeben zu werden. – Zu den institutionellen Ämtern zählte ehedem das des Stammesvertreters im Sakralbund (naśî'; → Stämme Israels) sowie das des Richters in Israel. Institutionelles A. wird auch das → Königtum. Seine Besonderung wahrt es darin, daß der König als »Sohn« Gottes der eigentliche »Knecht« und damit Beamte (vgl. miśrā Jes 9, 5 f) Gottes wird. Indem er Teile der ihm verliehenen Vollgewalt beamteten Personen, seinen »Knechten«, zur Ausübung nach seinen Weisungen überläßt, begründet er Ämter im engeren Sinn. Der Beamte heißt wie im Ägyptischen śār und hat wie dort administrative, militärische und richterliche Funktionen. Aus Listen (2Sam 8, 16–18; 20, 23–25; 1Kön 4, 1–6) und anderen Erwähnungen kennen wir die wichtigsten Ämter auch nach Namen und Aufgaben. So die Kommandeure von Heerbann und Söldnertruppe, den Schreiber und Sprecher (ZAW 58, 1940/41, 1 ff), den Oberstatthalter samt den Gaustatthaltern, den Minister für Fronarbeiten wie für die Krongutverwaltung u.ä. In die Gruppe dieser hohen Beamten ist ebenfalls eingerückt der (bzw. die) Priester am Königsheiligtum. Das institutionelle Priestertum ließ seinerseits wieder weitere Kultämter entstehen und reihte in nachdeuteronomischer Zeit insonderheit die → Leviten darin ein.

J.v.d.Ploeg, Les chefs du peuple d'Israël et leurs titres (RB 57, 1950, 42–61). Ferner die Lit. zu den genannten Artikeln. *F.Horst*

II. Im NT

1. Mit der Entstehung der → Kirche (: II) sind Formen der Organisation gegeben. Die Frage ist, wie sich diese zum Wesen der Gemeinschaft verhalten. Da sich die Urgemeinde am Ende der Welt weiß, organisiert sie sich nicht auf lange Sicht. Die Anfänge einer Ordnung entsprechen der durch den Glauben gestellten Aufgabe der Verkündigung und dem Zusammenleben der Gläubigen in der eschatologischen Gemeinschaft. Die erste greifbare Autoritätsstellung, die der »Zwölf«, ist durch den Herrn selbst begründet. Von einem »A.« im kirchenrechtlichen Sinn ist nicht zu sprechen, eher von Repräsentation des Gottesvolkes, als das sich die Gemeinde weiß (→ Apostel). Die geschichtliche Bindung des Glaubens und das daraus resultierende Kirchenverständnis macht es möglich, daß die Gemeinde zunächst im jüdischen Kult- und Rechtsverbande verbleibt. Sie konstituiert sich nicht als eigene Kultgenossenschaft in Antithese zu jenem und stellt nicht ihr eschatologisches Wesen direkt, in Form einer durchgebildeten Lebensregulierung samt Verfassung dar. Dadurch unterscheidet sie sich grundsätzlich von anderen jüdischen Gruppen wie der von → Qumran. Eine andere Frage ist natürlich, ob nicht im einzelnen Berührung in der Terminologie auch für die »Stellungen« in der Gemeinde vorliegt. Sie stellt sich etwa angesichts von Apg 1, 15 ff. Werden dort die Kompetenzen planmäßig bestimmt (1QS^{b}!), so lassen sie sich in der Urgemeinde nicht kirchenrechtlich definieren (neben den Zwölfen handelt es sich noch um die Stellung des → Jakobus und der Ältesten), nicht nur aus Mangel an Quellen, sondern weil die kirchenrechtlichen Voraussetzungen noch gar nicht bestehen (v.Campenhausen).

2. Mit der Ausdehnung der Kirche über Jerusalem hinaus stellt sich das Problem des Verhältnisses von *Gesamtkirche und Einzelgemeinde*. Es liegt in der Natur der Sache, daß die Autorität der Zeugen der Auferstehung nicht lokal begrenzt ist (ob sie als Missionare ausziehen oder nicht), die Stellung der Ältesten dagegen an die örtliche Gemeinde gebunden ist. Die primäre Größe ist die Kirche. Die einzelne Gemeinde ist deren konkrete Repräsentation. Eine »doppelte Organisation« besteht nicht; die Gesamtkirche ist nicht organisiert. Ihre Einheit ist durch das Kerygma bestimmt. Daher ist sie auf der andern Seite nicht ideale Größe. Sie wird da konkret, ubi verbum recte docetur.

3. *Paulus* versteht seine eigene Stellung (als Apostel) von der direkten Beauftragung durch den Herrn aus (Gal 1, 1. 12; vgl. seine Selbstbezeichnung als δοῦλος bzw. διάκονος Christi); in dieser ist die Bindung an das christologische Kerygma gegeben, darin wiederum ein Geschichts- und Traditionsverständnis (1Kor 15, 3 ff). Im 2Kor stellt er den dialektischen Charakter seiner Autorität dar. Er besitzt sie nicht als Qualität (er grenzt sich vom Mystagogen ab, 1Kor 1, 12ff). Sie realisiert sich im »Dienst der Versöhnung« (2Kor 5, 18), der ihn zum Diener der Gemeinde macht (1Kor 3, 5) und entspricht dem Wortcharakter des Heilsgeschehens. Im Blick auf die übrigen Stellungen gilt, daß Paulus kirchliche und geistliche Vollmacht identifiziert. Der begründende Faktor ist der → Geist (: IV). Dieser schafft kirchliche Ordnung, begründet Recht. Die pneumatischen Phänomene im Gottesdienst werden danach beurteilt, was die Gemeinde »aufbaut« (1Kor 12–14). Von daher werden sämtliche Dienstleistungen am »Leibe Christi« als Wirkungen des Geistes (χαρίσματα) verstanden. Dem entspricht die A.sterminologie. Es gibt keinen zusammenfassenden A.sbegriff, sondern ziemlich beliebige Bezeichnungen für die Dienstleistungen (vgl. διακονία 1Kor 12, 5; Röm 12, 7; ἀντιλήμψεις, κυβερνήσεις 1Kor 12, 28; die Tätigkeit der κοπιῶντες und προϊστάμενοι 1Thess 5, 12; vgl. noch 1Kor 16, 16; Röm 16, 12; zur Stellung der ἐπίσκοποι und διάκονοι Phil 1, 1 vgl. → Bischof: I, → Diakon). Die grundlegende Bedeutung der Verkündigung dokumentiert sich in der Trias: → Apostel – → Propheten (: III) – Lehrer 1Kor 12, 28. Kultische A.sbezeichnungen (jüdischer oder griechischer Herkunft) spielen keine Rolle. Sind sämtliche Dienstleistungen χαρίσματα, so besteht kein grund-

sätzlicher Unterschied zwischen »geistlicher« und »profaner« (etwa administrativer) Tätigkeit. Solche grundsätzliche Gleichstellung besagt natürlich nicht, daß es nicht Stufen des Ansehens gebe, wohl aber, daß diese keinen hierarchischen Rang gewinnen. Analog besteht neben der Tätigkeit, die sich auf die gesamte Kirche erstreckt, auch eine solche, die auf die einzelne Gemeinde begrenzt ist. Aber dieses Nebeneinander ist noch nicht kirchenrechtlich aufgefaßt.

4. Bei Paulus fehlt das Institut der *Ältesten*. Wo es auftaucht, liegt ein vom paulinischen verschiedener Typ von Gemeindeordnung und A.sverständnis vor, in welchem das institutionelle Denken gegenüber dem charismatischen hervortritt. Auch hier besteht zunächst keine hierarchische Gliederung. Ansätze einer solchen zeigen sich, wo beide Verfassungstypen verschmelzen: in den Past; vgl. dann 1Clem, Ign (v.Campenhausen). Faktoren der Entwicklung sind: die Notwendigkeit, sich in der Welt auf Dauer einzurichten, die Ausbildung des Gedankens der »apostolischen« Tradition, der Kampf gegen die Häresie. Bald wird mit der Tradition der institutionell verstandene Sukzessionsgedanke (→ Sukzession) kombiniert (noch nicht in den Past, aber im 1Clem). Die →Ordination gewinnt den Charakter der Übertragung des A.scharismas (Lukas, Past zeigen die Ansätze). An die Stelle der pneumatischen Kirchenzucht tritt die »amtliche« Disziplin. Damit gelangt das A. aus einer »regulativen« in eine konstitutive Rolle (Bultmann). Für die Beurteilung sind die kritischen Vorbehalte nicht zu übersehen, welche einerseits Mt, andererseits Joh vom Gedanken des Dienens her gegen den hierarchischen Gedanken erheben.

Die Diskussion ist bis heute bestimmt durch die Kontroverse Sohm-Harnack. - E.Hatch, Die Gesellschaftsverfassung der christl. Kirche im Altertum (deutsch 1883) - R.Sohm, Kirchenrecht I, 1892 - A.Harnack, Entstehung u. Entwicklung der Kirchenverf. u. des Kirchenrechts, 1910 - K.Holl, Der Kirchenbegriff des Paulus im Verhältnis zu dem der Urgemeinde (SAB 1921, 920-947 = Holl II, 44-67) - O.Linton, Das Problem der Urkirche in der neueren Forschung, 1932 (Lit.) - K.H.Rengstorf, Apostolat u. Predigtamt, (1934) 1954² - E.G.Gulin, Das geistl. A. im NT (ZSTh 12, 1935, 296-313) - K.L.Schmidt, Le ministère et les ministères dans l'église du NT (RHPhR 17, 1937, 313-336) - F.Gerke, The Origin of the Christian Ministry (The Ministry and the Sacraments, ed. R.Dunkerley, 1937, 343-367) - H.-D.Wendland, Geist, Recht u. A. in der Urkirche (AevKR 2, 1938, 289-300) - H.v.Campenhausen, Recht u. Gehorsam in der Alten Kirche (ThBl 20, 1941, 279-295) - Ders., Kirchl. A. u. geistl. Vollmacht in den ersten drei Jh.en (BHTh 14), 1953 - O.Michel, Das Zeugnis des NT von der Gemeinde (FRLANT NF 39), 1941 - W.G.Kümmel, Kirchenbegriff u. Geschichtsbewußtsein in der Urgemeinde u. bei Jesus (SyBU 1), 1943 - E.Schweizer, Das Leben des Herrn in der Gemeinde u. in ihren Diensten (AThANT 8), 1946 - Ders., Gemeinde nach dem NT (ThST[B] 26), 1949 - Ders., Geist u. Gemeinde im NT u. heute (ThEx NF 32), 1952 - T.W.Manson, The Church's Ministry, 1948 - Ph.-H.Menoud, L'église et les ministères selon le NT, 1949 - J.Brosch, Charismen u. Ämter in der Urkirche, 1951 - G.Friedrich, Geist u. A. (WuD 1952, 61-85) - H.Greeven. Propheten, Lehrer, Vorsteher bei Paulus (ZNW 44, 1952/53, 1-43) - Bultmann, NT, bes. 440 - E.Käsemann, Sätze heiligen Rechtes im NT (NTS 1, 1955, 248-260) - W.Nauck, Probleme des frühchristlichen A.sverständnisses (ZNW 46, 1955, 276f). - Forschungsberichte: W.G.Kümmel, ThR NF 14, 1942, 81-95. 155-173; 17, 1948/49, 3-50. 103-142; 18, 1950, 1-53.

H.Conzelmann

III. Dogmengeschichtlich und dogmatisch

1. Sprachgebrauch und vorläufige Begriffsbestimmung - 2. Dogmengeschichtlich - 3. Dogmatisch

1. Amt (lat. ministerium, officium, munus) ist ein frühes keltisches Lehnwort, dessen ursprüngliche Bedeutung maskulinisch war: ambactus = Vasall, Dienstmann. In den germanischen Sprachen wurde es bald auch neutrisch im Sinne von Dienstleistung gebraucht, und zwar zunächst für Dienstleistungen der Unfreien gegenüber ihren Herren, später auch zum Namen einer ständigen Verpflichtung von Freien. Den Begriff der staatsrechtlichen Bindung bringt allerdings erst die Neuzeit dazu. Jetzt bezeichnet A. u.a. die öffentlich-rechtliche Stellung, aus welcher der Dienst als Verpflichtung hergeleitet wird, und in Zusammenhang damit das Dienstgebäude (Postamt u.dgl.) und den territorialen Dienstbereich. Diese hier nur kurz angedeutete Bedeutungsgeschichte spiegelt sich zum guten Teil im heutigen kirchlichen Sprachgebrauch. Man spricht vom dreifachen A. Christi (munus, officium triplex), vom Hochamt (A. = Dienst, Gottesdienst), Wächteramt der Kirche, Kirchensteuer- oder Rentamt, von den verschiedenen Kirchen- und Gemeindeämtern und vom A. der Kirche schlechthin (ministerium ecclesiasticum). Fragt man dogmengeschichtlich und dogmatisch nach dem »A.«, so denkt man zuerst an das ministerium ecclesiasticum. Aber die andern Anwendungen des A.sbegriffs färben immer auf »das« A. ab, wie auch umgekehrt von diesem her jene mit mehr oder weniger Recht interpretiert werden. Diese Wechselbeziehung ist im Auge zu behalten.

2. Bei einem so wenig scharf definierten Begriff wie A. empfiehlt es sich, die dogmengeschichtliche Untersuchung nicht am Anfangs-, sondern am Endpunkt der Entwicklung einsetzen zu lassen, um nicht von vorneherein ins Uferlose zu geraten. Was versteht man heute unter der Lehre vom A.? Oder da dieser Lehrpunkt mehr als viele andere zwischen den Konfessionen kontrovers ist: Welches ist in dieser Frage der römisch-katholische, der orientalisch-orthodoxe, der anglikanische, der calvinistische, der lutherische Standpunkt? Und wie ist es zur Ausbildung der konfessionell verschiedenen A.sbegriffe gekommen? Bei dieser Problemstellung machen wir alsbald die merkwürdige Beobachtung, daß die Rede vom »A.« sich nicht in allen Konfessionen in gleicher Weise findet, ja daß strenggenommen nur die Lutheraner eine Lehre vom A. haben, während an der entsprechenden Stelle die Calvinisten von Ämtern, die römischen Katholiken und die Orthodoxen, in ihrer Weise auch die Anglikaner, von der Hierarchie handeln.

Die *römische Kirche* (→ Hierarchie) unterscheidet auf Grund göttlichen Rechts zwischen Weihehierarchie (Diakon, Presbyter-Priester, Bischof) und Jurisdiktions-(Ämter-)hierarchie (Bischöfe, Papst). Beide sind einander zugeordnet; denn die Weihe schafft den Personenkreis, aus dem die Ämterhierarchie sich ergänzt, und die Jurisdiktion regelt die rechtmäßige Ausübung der Weihegewalt. Darum unterscheidet das kanonische Recht zwischen gültiger und erlaubter Ausübung der Weihegewalt, besonders bei der Spendung der Sakramente. Die Gültigkeit (Validität) kann auch dort gegeben sein, wo die jurisdiktionellen Vorschriften übertreten wurden, Erlaubtheit also fehlt. Andererseits ist die Unterwerfung unter die kirchliche Jurisdiktion heilsnotwendig. Bei dieser verwickelten Rechtslage ist es unmöglich, hier von »dem« A. zu sprechen. Am ehesten könnte man dabei noch an das A. des Papstes denken. Denn seit dem → Vatikanum hat der Papst eine ordentliche eigenberechtigte unmittelbare Gewalt über alle Gläubigen. Er kann »von seiner Weihe- und Hirtengewalt überall in der ganzen Kirche Gebrauch machen, er hat eine mit der Gewalt des Einzelbischofs konkurrierende und dieser übergeordnete Bischofsgewalt in jedem Bistum. Die Gläubigen können ihre Rechtssachen unter Umgehn des ordentlichen Rechtsweges unmittelbar an den Papst bringen ... Der Papst ist der Bischof für alle« (E.Eichmann, Lehrbuch des Kirchenrechts, neu hg.v. K.Mörsdorf, I, 1953⁷, 344). - Die *orthodoxe Kirche* ähnelt der römisch-katholischen im hierarchischen Aufbau, jedoch gibt es einige wesentliche Unterschiede. Erstens streitet sie dem römischen

Papst den im Vatikanum dogmatisierten Jurisdiktionsprimat entschieden ab, obwohl sie bereit ist, dem Bischof von Rom, falls er seine weitergehenden Ansprüche aufgibt, einen Ehrenprimat (primus inter pares) zuzugestehen. Die orthodoxe Kirche kennt ihrerseits keinen Papst, sondern nur die Rangstufen der römischen Weihehierarchie: Diakonat, der hier noch eine regelmäßige gottesdienstliche Funktion hat, Presbyterat, Episkopat. Die Bischöfe sind untereinander bis auf einige Ehrenvorrechte der Patriarchen, besonders dessen von → Konstantinopel, rangmäßig gleich. Zweitens ist die kirchliche Jurisdiktion hier nicht so ausschließlich zum Privileg der Hierarchie geworden wie in der römischen Kirche, vielmehr wird die Bedeutung der Laien mit Nachdruck herausgestellt. Die orthodoxe Kirche legt Wert darauf, in dieser Hinsicht die gesunde Mitte zwischen Protestantismus und Romanismus einzuhalten: »Die Laien sind im Kirchenorganismus nicht das Ganze wie ... in den protestantischen Kirchen ..., aber auch nicht eine bloße Segen empfangende Masse wie ... in der römischen Kirche ..., sondern sie behaupten eine außerordentlich bedeutungsvolle Position ..., die zur Beteiligung an allen drei Erscheinungen der Priestergewalt der Geistlichen (sc. Lehre, A.-Gottesdienst, Administration) reicht ... Die Geistlichen können in der orthodoxen Kirche nicht ohne die Laien amtieren ... (Den Laien obliegt die) Wahl der Geistlichen, die Verwaltung der Kirchengemeinden und des Kirchengutes und besonders ... die Herausbildung des Kirchengewissens ..., das sogar über die Ökumenizität der Synoden entscheiden kann« (H.S.Alivisatos, Das kanonische Recht der orthodoxen Kirche, S. 84 [in: Ekklesia X, 1939, 75 ff]). Man stelle dagegen die Aussage des Vatikanum, daß die endgültigen Festsetzungen (definitiones) des Papstes durch sich selber, nicht aber durch die Zustimmung der Kirche unabänderlich seien (ex sese, non autem ex consensu ecclesiae irreformabiles)! Oder den Kampf der mittelalterlichen Kirche gegen die Laieninvestitur der Bischöfe (→ Investitur) und die im modernen Katholizismus erreichte fast restlose Ausschaltung der Laien aus der Leitung der Kirche (der »Laizismus« wurde wiederholt von Rom verdammt)! – Die *anglikanische Kirche* unterscheidet sich trotz Wertlegen auf die apostolische Sukzession von der römischen und orthodoxen grundlegend durch die Verwerfung des Weihesakraments, schreibt auch keinen → Zölibat (, 2) vor wie die orthodoxe für die Bischöfe und die römische für die Majoristen des lateinischen Ritus (Majoristen-Geistliche höherer Weihen, nach römischer Rechnung vom Subdiakon an). – Im *Calvinismus* will E.F.Karl Müller (Symbolik, 1896, 387 f) die rechte Mitte zwischen Katholizismus – falsche Äußerlichkeit – und Luthertum – einseitige Innerlichkeit – sehen. Unter diesem Gesichtspunkt bekommt die Mehrzahl der Ämter (»Pastoren« für Predigt und Seelsorge, »Lehrer« für Erforschung und Auslegung der Schrift, »Älteste« als Wächter und als Richter in Sachen der Zucht, »Diakonen« für die Armenpflege) besonderes Gewicht. Die Ämter sind in ihren Funktionen einander zugeordnet und sollen dazu dienen, das Regiment Christi in der Gemeinde zu befestigen (Niesel, Symb 201 ff). – Das *Luthertum* unterstreicht mit seiner Lehre vom Predigtamt (CA 5) als »dem« A. kräftig die Stellung des Evangeliums als belebende Mitte der Gemeinde, ohne sich dadurch gegenüber den wechselnden Notwendigkeiten der Durchgliederung der gemeindlichen und kirchlichen Organisation zu verschließen. – Neben diesen Haupttypen gab es immer auch (kleinere) Gruppen, die mindestens zeitweise jede Form von A. und Ämtern verwarfen.

Dem bunten Bild, das die notwendig unvollständige Bestandsaufnahme zeigt, entspricht die *dogmengeschichtliche Entwicklung*. Einen ersten Markstein bedeuten im Abendland → Cyprian, im Morgenland → Origenes. Beide sehen die Grundlage der Kirche im Bischofsamt; denn der Bischof spricht an Christi Statt das richtende und rettende Urteil über den Sünder, er hat die »Gewalt der Sündenvergebung«. Origenes versteht diese Gewalt mehr pneumatisch-charismatisch, Cyprian mehr sakraljuristisch, ein Unterschied, der für die östliche und die westliche Auffassung bezeichnend geblieben ist. Das Abendland hat in einer wechselvollen Geschichte (→ Papsttum) die Papatsidee ausgebildet, durchgesetzt und schließlich dogmatisiert (→ Vatikanum). Das Morgenland dagegen hat unter einigen Schwankungen (→ Bußwesen: II, → Konstantinopel) im wesentlichen den Standpunkt des 3.Jh.s festgehalten und präzisiert. – Ganz anders die Reformation: die neu aufbrechende Erkenntnis, daß die Sündenvergebung dem Glauben durch das Evangelium zuteil wird, mußte auch den A.sbegriff von Grund aus wandeln. Der Spender der Sündenvergebung ist nicht geistlicher Richter und Herrscher, sondern Herold des Evangeliums. Unter diesem Aspekt steht das A. mehr oder weniger deutlich in allen von der Reformation geprägten Kirchen, so groß auch die Unterschiede zwischen anglikanischer Bischofskirche, calvinistischer Ämterordnung und lutherischem Predigtamt im einzelnen sind.

3. Eine *evangelische Lehre* vom A. muß davon ausgehen, daß Gott den Glauben und den Heiligen Geist durch sein Wort schenkt. Darum ist die Wortverkündigung nicht unserm Belieben oder dem Zufall überlassen, sondern Gott hat »das Wort von der Versöhnung unter uns aufgerichtet« (2Kor 5, 19), hat den Aposteln den »Dienst an der Versöhnung gegeben« (V. 18). Das A. ist also Verkündigungsamt, Dienst an der Versöhnungsbotschaft durch ev. Predigt und ev. Sakramentsverwaltung. Auf diesem Mandat beruhen Würde und Grenze des A.s: Würde, weil der Bote die Botschaft seines Herrn ausrichtet, der Mund seines Herrn ist (Lk 10, 16); Grenze, weil die Botschaft dem A. vorgegeben ist und die Predigt des Boten an der Botschaft gemessen werden kann und muß (Gal 1, 8). Wenn aber das A. nur von der Botschaft her begründet werden kann, so muß das Sakrament der Priesterweihe fallen, durch das ein bestimmter Personenkreis aus der Gesamtgemeinde als der für das A. allein qualifizierte ausgesondert wird. Das A. beruht nicht auf der (geweihten) Person, sondern auf der Botschaft: darum sagt Luther: »... alle Christen sind wahrhaftig geistlichen Stands, und ist außer ihnen kein Unterschied denn des A.s halben allein« (WA 6, 407 = BoA 1, 366). Dh: Alle Christen gehören dem geistlichen Stand an, aber nicht alle haben das geistliche A. Nichts anderes besagt die vielfach mißdeutete Stelle: »... was aus der Taufe gekrochen ist, das mag sich rühmen, daß es schon zum Priester, Bischof und Papst geweiht sei, obwohl nicht einem jeglichen ziemt, solch A. zu üben« (aaO 408 bzw 367). Weihe und A.sübertragung sind nach kanonischem Recht nicht identisch und liegen zeitlich oft weit auseinander. Luthers Polemik richtet sich gegen die römische Lehre, die ein besonderes Weihesakrament zur Voraussetzung für die A.sübertragung macht, nicht aber überhaupt gegen die Notwendigkeit einer A.sübertragung auf bestimmte Personen in der Gemeinde. Der Getaufte ist nach Luther zwar zum Bischof geweiht, erfüllt also in sakramentaler Hinsicht die Voraussetzungen zur Erlangung des Bischofsamts, ist aber darum längst noch nicht Inhaber eines solchen A.s. So sind zwar alle Getauften Priester (der Weihe nach), aber nur die haben ein Priester-(Pfarr-)A., denen es eigens übertragen ist. Auf diese Übertragung, die vocatio (CA

14; → Ordination: V), wird großer Wert gelegt. Sie ist sowohl für den A.sträger, der sich in Anfechtungen seiner Berufung getrösten soll, wie auch für die Gemeinde, die an ihn gewiesen ist, von Bedeutung: »Die vocatio tut dem Teufel sehr wehe« (WATR 1, 90). – Diese von Luther aufgezeigte Linie wird auch heute innezuhalten sein, sowohl gegenüber Bestrebungen, das Weihesakrament zu erneuern oder in anderer Weise das A. einem besonderen »geistlichen« Personenkreis in der Gemeinde vorzubehalten, es also hierarchisch zu deuten, wie auch gegenüber Versuchen, es in Verkennung seiner Einsetzung durch Gott (2Kor 5, 19) zu einer Funktion der Gemeinde abzuwerten. Die Gemeinde bestellt wohl die A.sträger, aber die Botschaft, und damit das A., ist höheren Ursprungs.

Außer den Lehrbüchern der Dogmatik: B.Schlunk, A. u. Gemeinde im theologischen Denken Vilmars (BEvTh 9), 1947 – Ernst Wolf, Das kirchliche A. im Gericht der theologischen Existenz (EvTh 11, 1951/52, 517-532) – H.Fagerberg, Bekenntnis, Kirche u. A. in der deutschen konfessionellen Theol. des 19.Jh.s, Uppsala 1952 – E.Benz, Bischofsamt u. apostolische Sukzession im deutschen Protestantismus, 1953 – E.Sommerlath, A. u. allgemeines Priestertum, 1954 (Lit.) – H.-H.Kramm, Bischof, Pastor u. Gemeinde, gesehen vom Standpunkt eines deutschen Lutheraners in England (Luthertum 13), 1954 – P.Brunner, Vom A. des Bischofs (SThKAB 9, 1955, 5-77) – W.Maurer, Das synodale ev. Bischofsamt seit 1918 (SThKAB 10), 1955 – W.O.Münter, Begriff u. Wirklichkeit des geistlichen A.s (BEvTh 21), 1955. *E.Schott*

IV. In den jungen Kirchen

Die Entwicklung des A.es oder richtiger der Ämter in den jungen Kirchen bedarf besonderer Behandlung, weil sie die Grenzen jeder ausschließlich historisch, konfessionell oder soziologisch begründeten A.stheorie sichtbar macht und zu einer Rückbesinnung auf die nt. Aussagen über das A. und die Ämter zwingt.

1. Solange aus der missionarischen Verkündigung noch keine Gemeinden entstanden sind, ist der *Missionar* der einzige A.sträger. Aber schon sein A. weist, obwohl er dazu in der Regel nach der Ordnung seiner Heimatkirche ausgebildet, berufen und ordiniert ist, eine größere Mannigfaltigkeit von Funktionen auf als das eines Geistlichen in dieser Kirche. Er ist in erster Linie Evangelist, daneben aber auch Pastor, Lehrer, Seelsorger, Arzt, Baumeister, Schatzmeister usw. Das A. des Missionars hat eine starke prägende Bedeutung für das Werden des A.es in der jungen Kirche, ohne jedoch der alleinige Prototyp der Ämter zu sein.

2. Zwei Einflüsse wirken entscheidend beim Werden der *Ämter in den jungen Kirchen* mit: a) Die in den nichtchristlichen religiösen und soziologischen Gruppen vorhandenen Ämter, zB der Guru in Indien, der Pandita in Indonesien, der König bzw. Priester in Afrika. Dabei ist zu beachten, daß auch die »säkularen« Ämter (Dorfvorsteher, Sippenältester, Dorfbote u.a.) zumindest religiös begründet sind und oft auch kultische Funktionen besitzen, weil Stamm und Kultgemeinde identisch sind. b) Die von den abendländischen Missionaren übermittelten oder geschaffenen Formen der Ämter, zB der Lehrer, der ordinierte Geistliche, der Sekretär, die Bibelfrau u.a. – Neben die unter dem Einfluß des einen oder des anderen der genannten Typen gewordenen Ämter treten geistlich begabte Einzelpersonen, zB der Sadhu-Evangelist, der Heilende, der Sänger u.a., und von der jungen Kirche selbst geschaffene Dienste, zB Laienprediger, Andachthalter. – Das Ergebnis ist in allen jungen Kirchen eine oft erstaunlich große Vielfalt der Ämter. Dadurch, daß alle Ämter von einer in der heidnischen Umwelt unbekannten Mitte her – der Christusverkündigung und dem Christusdienst – begründet und gestaltet werden, bekommen sie charismatischen Charakter und werden zugleich umgeformt. Parallel mit dieser Umformung vollzieht sich natürlich ein Prozeß der Auslese, Angleichung und Verschmelzung der verschiedenen Ämter. Die Vielzahl der Ämter stellt einen echten geistlichen Reichtum der jungen Kirchen dar. Die Frage, ob alle A.sträger durch Handauflegung zu ordinieren sind, wird zwar diskutiert, aber in der Praxis meistens auf Grund eines historisch gewordenen abendländischen Ordinationsverständnisses verneint oder durch den Kompromiß einer ordinationsähnlichen Handlung beantwortet.

3. Das A. des *ordinierten Geistlichen* ist keineswegs das älteste und einzige A. in den jungen Kirchen. In sehr vielen Fällen sind vorher zumindest Kirchenälteste, Schullehrer und Evangelisten da, und der von den Missionaren ausgebildete und ordinierte Geistliche muß sich oft im Gegensatz zu ihnen seinen Platz in der Kirche erobern. Je selbständiger die junge Kirche wird, um so stärkeres Gewicht bekommt freilich das A. des Pastors, dem die Verkündigung (Lehre) und die Verwaltung der Sakramente übertragen sind, für die er durch besonders gründlichen Unterricht zugerüstet wird. Das findet seinen Ausdruck darin, daß heute unter »Ausbildung einheimischer Führer in den jungen Kirchen« fast durchweg bessere, wenn irgend möglich akademische Ausbildung der Pastoren verstanden wird. Die damit Hand in Hand gehende Verschmelzung des Predigt-A.es mit dem A. der Gemeindeleitung (vorgebildet im A. des Missionars!) droht das Miteinander vieler Ämter in eine hierarchische Ämter-Ordnung zu verfälschen.

4. Die Tatsache, daß heute auch in vielen nichtbischöflichen Kirchen Asiens und Afrikas das A. des → *Bischofs* (: IV) als des geistlichen Leiters der Kirche angestrebt wird, verdeutlicht die Tendenz zur Hierarchie. Wenn dabei auch das Bischofsamt der Katholiken, Anglikaner, schwedischen Lutheraner und bischöflichen Methodisten *und* die religiös-soziologischen Leitungsämter der nichtchristlichen Gruppen (zB der König-Priester, der göttliche Kaiser, der Brahmane) in einer falschen Weise zur Nachahmung reizen, darf andererseits nicht verkannt werden, daß die jungen Kirchen das unabhängige A. des Bischofs als eines Hüters des Bekenntnisses und der Ordnung dringend brauchen, daß also auch ein echtes Bedürfnis für das Bischofsamt vorliegt. Es wird aber viel davon abhängen, ob dieses A. in einer echten Polarität, in Freiheit und Gebundenheit, der Kirche und ihren Verwaltungsämtern zugeordnet und zugleich von ihnen unterschieden bleibt.

Die dargestellte Entwicklung der Ämter in den jungen Kirchen zeigt, daß alle A.s-Theorien das A. in einer verkürzten oder zu einseitigen Perspektive zeigen, daß Vielfalt und Einheit, Eigenständigkeit und Gemeindebezogenheit der Ämter nur dann bewahrt werden können, wenn sie alle nur als gliedmäßige Gestalt und Wirkung des einen alles erfüllenden Dienstes Jesu Christi gesehen werden. Nur in dieser Bezogenheit auf Christus wird auch die göttliche Vollmacht der Ämter zugleich mit ihrer historisch, geographisch, soziologisch und psychologisch bedingten und begrenzten Gestalt bejaht werden können.

R.Allen, Missionary Methods, St.Paul's or ours?, London (1912) 1930² – G.Jasper, Erziehung zur Führerschaft (Das Buch der deutschen Weltmission, hg.v. J.Richter, 1935, 124-128) – Tambaram-Madras Series (Dokumente der Weltmissionskonferenz in Tambaram 1937) IV, London 1938, 199-250 – C.W.Ranson, The Christian Minister in India, London 1946 – V.Jothipakiam, The Training of Christian Church Leaders in India (IRM 39, 1950, 425-430) – M.Warren, The ordained Ministry in Africa (CMS-News Letter 1951) – Chr. Barth, Theologische Ausbildung in Indonesien (EMM 96, 1952, 36-40) – C.Keller, Die Rolle der denominationellen Unterschiede u. der Ausbau eines einheimischen Pfarrerstandes (ebd 46-52) – R.Tauscher, Das A. u. die Ämter in der Jeypurkirche (Unter dem Sendungsauftrag Jesu Christi, hg.v. W.ANDERSEN, 1953, 139-149) - S.NEILL, M.S.BATES, N.GOODALL, E.NIELSEN u.a., Survey of the Training of the Ministry in Africa, London and New York I, 1950; II. III, 1954 - Marangu. A Record of the All-African Lutheran Conference 1955, Genf 1956, 74ff. *H.Meyer*

Amtsgeheimnis. Wahrung des A.ses ist Pflicht der öffentlichen Amtsträger, entsprechend auch der Geistlichen und kirchlichen Beamten in bei Ausübung des Amtes bekanntgewordenen Angelegenheiten, welche ihrer Natur nach Geheimhaltung erfordern (wie Personalangelegenheiten) oder durch Gesetz oder dienstliche Anordnung als geheim bzw. vertraulich bezeichnet sind (zB § 25 Kirchenbeamtenges. EKD; § 8 Dtsch. Beamtenges.; § 61 Bundesbeamtenges.). - Im Zivilprozeß, Strafprozeß und sonstigen Gerichtsverfahren dürfen Personen des öffentlichen Dienstes, auch Kirchenbeamte und Geistliche, über Umstände, auf die sich die Pflicht zur Amtsverschwiegenheit bezieht, nur mit Genehmigung ihrer vorgesetzten Dienstbehörde vernommen werden. Die Genehmigung ist vom Gericht einzuholen. Daneben besteht gesondert das Zeugnisverweigerungsrecht der Geistlichen zur Wahrung des → Beichtgeheimnisses. *E.Ruppel*

Amtstracht der Geistlichen

1. Gewandung im Gottesdienst: a) in der kath. Kirche - b) in der ev. Kirche - 2. Außergottesdienstliche Kleidung der Geistlichen: a) in der kath. Kirche - b) in der ev. Kirche - 3. Haar- und Barttracht der Geistlichen. - Zur Mönchsgewandung → Ordenstrachten

1. Der Haltung des eschatologisch ausgerichteten Urchristentums entspricht es, daß von einer besonderen Tracht der in der Gemeindeversammlung Dienenden nirgends die Rede ist, geschweige denn von einer besonderen Kleidung der Apostel. Jesu Forderung an seine Jünger geht hinsichtlich der Kleidung nicht auf ein Mehr, sondern auf ein Minder (Mk 6, 9 par). Da sich die liturgische Gewandung erst seit dem 4.Jh. entwikkelte, ist auch schwerlich ein Einfluß des damals längst untergegangenen priesterlichen Gottesdienstes in Jerusalem anzunehmen. Nur im allgemeinen Sinne konnte die Tatsache heidnischer wie jüdischer priesterlicher Kleidung entsprechende Tendenzen in der christlichen Kirche wecken und fördern.

a) Die erste geistliche A. findet sich auf einem Mosaik in der Hagia Sophia zu Konstantinopel aus d.J. 558-563. Die reiche Entwicklung der Gewandung war, was die einzelnen Stücke betrifft, um 800 abgeschlossen; Vorbild war bis auf ein einziges Stück die bürgerliche Tracht. Ihr Einfluß zeigt sich auch späterhin im Wandel der Formen und der Stoffauswahl: der romanische Stil, die verschiedenen Phasen der Gotik, der Renaissance und des Barock haben sich auch in der röm.-kath. liturgischen Kleidung ausgewirkt, bis auch hier die immer strenger werdende Gesetzlichkeit der röm. Kirche erheblichere Veränderungen und Abweichungen verbot. - Die liturgischen Gewänder kommen teils allen Klerikern zu, teils dürfen sie nur von bestimmten Gruppen innerhalb der Hierarchie getragen werden: die Stola ist zB ein in verschiedener Weise über dem Nacken getragenes Schultertuch, das »bei allen dem diakonalen und priesterlichen Ordo als solchen eigentümlichen Amtsverrichtungen gebraucht wird« (Braun); die Kasel (casula), ist das liturgische Obergewand des Zelebranten, gewöhnlich schlechthin Meßgewand genannt, und steht nur den Weihegraden vom Priester aufwärts zu. Aber auch die meisten anderen Gewandstücke werden nur bei der Messe getragen, ausgenommen zB die Alba, ein bis zu den Knöcheln reichender (daher talaris, Talar, von talus) engärmliger Rock, vielleicht das wichtigste Stück der klerikalen Untergewandung, oder Kopfbedeckungen wie Birett (Barett) und Mitra. Die letztere kommt mit anderen Abzeichen, wie Brustkreuz, Ring und Krummstab, nur Kardinälen und Bischöfen zu, privilegierten Bischöfen und Erzbischöfen insonderheit das → Pallium, Kardinälen insbesondere die Schleppe (cauda) ihres Kapuzenmantels. - Bei den morgenländischen Riten hat sich die A. seit dem 9.Jh. weit weniger verändert als im Westen. Doch sind dort die Unterschiede zwischen den einzelnen Kirchen viel größer als die noch bestehenden Besonderheiten einzelner röm.-kath. Kirchengebiete; auch sind die Bischöfe weit einfacher gekleidet als im Westen. Und während dort der liturgische Farbenkanon für alle Gewänder, für die nicht weiß vorgeschrieben ist, sich einheitlich und verbindlich durchsetzte, fehlt er im Osten fast ganz. - Segnung der liturgischen Gewänder ist im Westen vorgeschrieben, im Osten Brauch. Mannigfache symbolische Deutungen (→ Ankleidegebete des Liturgen) sind hier wie dort seit langem üblich (Meßerklärungen des Mittelalters).

b) Während Zwingli schon frühzeitig (Schlußreden 1523) alle geistliche Kleidung als böse verwarf, hat Luther sie neben vielen anderen Äußerlichkeiten als etwas Nebensächliches angesehen, so daß in den von ihm beeinflußten Kirchen eine große (auch von ihm selbst als lästig empfundene) Mannigfaltigkeit der gottesdienstlichen Gewandung üblich wurde. Wo eine strenge Ordnung herrschte, wie in Wittenberg oder den von Bugenhagen reformierten Kirchen, wurde auf der Kanzel nach Luthers Vorbild (seit 1524) die schwarze Schaube (ital. giubba) getragen, dh ein weltliches Kleidungsstück, wie es in Bürger- und Gelehrtenkreisen üblich war, während beim Abendmahl der Leiter der Feier sich der Meßgewänder bediente. Nicht nur das Interim von 1548, auch kirchlicher Konservatismus hat den Gebrauch der Meßgewänder die Jahrhunderte überdauern lassen, in Deutschland zT bis ins erste Viertel des 19.Jh.s, in den nordischen Ländern und in der anglikanischen Kirche in mehr oder minder vereinfachter bzw. restaurierter Gestalt zT bis in die Gegenwart. Zur bürgerlichen Tracht gehörte seit Ende des 16.Jh.s der gekräuselte Hemdkragen, der sich allmählich zu einer breiten, oft überdimensionalen Halskrause auswuchs, die noch heute (zB in Hamburg, Lübeck, Dänemark) getragen wird. Dahin gehört *nicht* der durch eine königlich-preußische Verordnung vom 1.1.1811 eingeführte faltige Talar mit weiten Ärmeln, der sich in den meisten deutschen Kirchengebieten, mit leichten Veränderungen, durchgesetzt hat, während zur Halskrause meist ein Doppelgewand, bestehend aus einem eng anliegenden, bis auf die Füße reichenden Untergewand, dem Summar, und einem darüber gezogenen Mantel getragen wird. Mancherorts ist über dem Talar ein kurzes weißes Chorhemd üblich geblieben, sei es beim Kanzeldienst, sei es (so in Württemberg) beim Abendmahl. - Erwünscht wäre eine einheitlichere Form und Ausstattung der oft sehr geschmacklos und altmodisch wirkenden Barette und der Verzicht auf die fragmentarischen Gestalten der Beffchen (niederländisch Befje = kleiner Kragen), die von den breiten Schwedenkragen übriggeblieben sind und bei anderem Schnitt des Talars ähnlich wie bei den Juristen und Angehörigen akademischer Körperschaften leicht entbehrt werden könnten. Auch die schon fast zum Dogma gewordene Notwendigkeit von metallenen Brustkreuzen aller Art für Superintendenten, Dekane, Pröpste und Bischöfe sollte an Lehre und Brauch der reformatorischen Kirche nachgeprüft werden. Freilich erscheinen alle derartigen Wünsche ein wenig unzeitgemäß im Jahrhundert des »hochzeitlichen Kleides«, unter welchem Symbol die Berneuchner Bewegung die Wiedereinführung oder Neugestaltung nicht-talar-ähnlicher Gottesdienstgewänder propagiert, darin bisher erfolgreicher als andere liturgische Bewegungen. – Die Brüdergemeine kennt für die Mehrzahl ihrer »Versammlungen« keinen Talar; sie benutzt weiße Talare bei Ordination, Taufe und Abendmahl.

2. a) Sowohl im Osten wie im Westen ist die außergottesdienstliche Tracht der Kleriker reglementiert. Nachdem die abendländische Kirche des Mittelalters einen dauernden Kampf gegen zu weltliche oder zu prunkvolle Kleidung des Klerus zu führen gehabt hatte, hat sich seit dem Tridentinum allmählich eine mindestens nach den einzelnen Ländern und Diözesen normierte Einheitlichkeit durchgesetzt, so in den romanischen Ländern mit der bis zu den Füßen reichenden Soutane, in fast allen andern Ländern mit dem hochgeschlossenen, nur bis über die Knie gehenden Rock, dessen Schwarz bei Bischöfen und anderen höheren Geistlichen mit Violett kombiniert ist. In den Ostkirchen wird außerhalb des Gottesdienstes ein schwarzes, talarähnliches Gewand getragen.

b) Merkwürdigerweise heißt in deutschen ev. Pfarrerkreisen der der röm.-kath. außerliturgischen A. zum Verwechseln ähnliche schwarze Rock, der namentlich von »führenden« Persönlichkeiten unter dem Einfluß restaurativer Tendenzen nach dem zweiten Weltkriege wieder gerne getragen wird, »Lutherrock«, – lucus a non lucendo, da Luther ihn nie getragen hat und sich schwerlich von ihm, aber auch von den anderen Reformatoren her die Forderung einer Alltagsuniform für den ev. Pfarrer begründen läßt. Daß Liebe, Takt und Geschmack einen rechten Seelsorger hindern werden, mit aufreizend modischer Gewandung und in betont heiteren Farben Kranke oder Sterbende zu besuchen oder die Ausläufer solcher Gewandung unter dem schwarzen Talar sichtbar werden zu lassen, steht auf einem andern Blatt.

3. In der röm. Kirche ist die Tracht des Haupthaares durch die in verschiedener Form übliche → Tonsur, die »klerikale Haarschur«, geregelt; ihr Erstempfang ist ein den Empfänger in den Klerikerstand einreihendes Sakramentale. Die Bartlosigkeit des kath. Priesters beruht auf einer im Zusammenhang mit den vielerlei Wandlungen der Bartmode schon vor unserer Zeit verfestigten Sitte, von der jeweils nur mit Erlaubnis des Bischofs abgewichen werden könnte. In der ev. Kirche besteht auf diesem Gebiet volle Freiheit, während in der Vergangenheit bisweilen die Barttracht einer eben überwundenen Modeform als geistlich legitim galt, zB im 19.Jh., wo nach Jahrzehnten der Bartlosigkeit da und dort der Vollbart als Zeichen unkirchlicher Gesinnung verpönt war. Nach Lage der Dinge werden auf diesem Gebiet im Augenblick kaum Probleme empfunden. »Daß gottesdienstliche Haltung . . . nicht mit jeder Weise der Anpassung an modische Formen in der äußeren Gestaltung vereinbar« ist (Faber, RGG² I, 776), wird jedoch auch heute seine Geltung haben.

J.Braun, Die liturg. Gewandung im Okzident u. Orient, 1907 – RE X, 526ff – RGG² I, 312ff – LThK IV, 469ff – Braun, LH 169f – P.Drews, Der ev. Geistliche in der deutschen Vergangenheit, 1924² (mit Abb.) – Rietschel-Graff, 121ff. – Zu 2a: LThK VI, 17f. – Zu 3: RGG² I, 775f (Lit.) – LThK I, 991. *W.Jannasch*

Amulett und Talisman

1. Name – 2. Wesen und Zweck – 3. Zugrunde liegende Vorstellungen – 4. A.-Typen – 5. Ursprung, Abgrenzung und Neuentwicklung

1. A., vom lat. *amuletum, amoletum, amolitum* (etymologisch unsicher) bezeichnet bei Plinius (XXV, 115; XXXI, 82) eine vorbeugende Handlung und einen vorbeugend wie heilend wirkenden Gegenstand. Im Griechischen gibt es kein die A.e insgesamt bezeichnendes Wort, sondern die verschiedenen Wirkmöglichkeiten der A.e werden mit ἀποτρόπαιον, φυλακτήριον, τέλεσμα, βασκάνιον, λύσιον ausgedrückt. – T. ist vom griech. τέλεσμα (etymologisch unsicher) wohl durch Vermittlung des arab. tilasmun abgeleitet. – In den primitiven Kulturen werden A. und T. oft als »Medizin« oder ähnlich bezeichnet, in der Moderne vielfach Mascotte (zuerst 1880 in Andraus Oper: La Mascotte)

2. Grundsätzliche Unterscheidung zwischen A. und T. ist nicht möglich. Man legt dem A. im allgemeinen eine durch Ängstigung der Umwelt hervorgerufene Abwehrfunktion, dem T. aber den aktiven, bedachten Zweckgesichtspunkt bei. In den A.en oder T.en selbst aber oder in ihrem Namen liegt dieser Unterschied nicht. Das Marienbild, das in Sardinien in einer Kapsel zusammen mit ein paar Körnern und Salz getragen wird, schützt vor Unfall, zwingt aber zugleich den Gegner zur wahren Aussage. »Aus dem Schutzmittel wird ein Nutzmittel« (Seligmann; vgl. schon Plinius XXIII, 20, 27).

A. wie T. sind Mittel der Weltbewältigung unter der Voraussetzung übersinnlicher Wirkungszusammenhänge zwischen Mensch und Welt wie zwischen den einzelnen Erscheinungen der Umwelt. Im A. wie im T. versichert der Mensch sich seiner Umwelt. Der Ton liegt dabei auf der irrationalen, unvermittelten – für uns fast nur wie mechanisch wirkenden – Erfassung; so verleiht zB das Tragen eines Bärenzahnes dem finnischen Lappen unmittelbar die unwiderstehliche Kraft des Bären.

3. In der Benutzung von A. und T. zeigen sich ganz bestimmte Auffassungen, die uns nicht mehr ohne weiteres zugänglich sind. Die fünf wichtigsten (→ Magie) sind folgende: a) Eine *Sache und ihr ungefähres Abbild* sind ihrer Energie nach identisch: Hirsche jagt man im wesentlichen durch ein zuvor durchbohrtes kleines oder großes Hirschbild; das Heiligenbild versichert seinen Träger der Gaben, über die der Heilige selbst verfügt; das Marienbild zu essen ist gut gegen allerlei Übel (Dekret des S.Officium, 3.8.1903; Mirbt S. 497). b) *Eine Sache* ist *mit ihren Teilen ihrer Energie nach identisch:* der Fingernagel des Bodhisattwa wirkt Gewaltiges; im Fingernagel kann man sich des Gegners bemächtigen; die Kreuzespartikel bringt Gnaden. c) *Gleiches* wird *durch Gleiches* herbeigeholt wie abgewehrt: Der runde, münzenähnliche Stein ist als Geld-A. brauchbar; der Dornstich wird durch einen Dorn als A. verhindert. d) *Auffallende Gestalt* (krüppelhaftes Wachstum an Mensch, Tier, Pflanze und Mineral) und *auffallendes Ereignis* (Zeugung, → Geburt, Hinrichtung wie überhaupt → Tod) wie alles, was damit zu tun hat (Ort der Findung wie des Ereignisses, Leichentuch und Grabrede, Nachgeburt und Nabelschnur, Brautschleier und Brautblumen), *haben besondere Energie.* Es ist Sache des »Weisen« und »Kundigen«, dieselben als A. oder T. zur Anwendung zu bringen. e) Das *Zusammentreffen von zwei Ereignissen* (Auftreten einer Krankheit und Begegnung mit einem Fremden; Eintreten der guten Ernte und Finden einer besonderen Kralle; Geburt eines Kindes und Finden einer Feder) wird nach der Regel post hoc ergo propter hoc verbunden und Anlaß für ein A. oder einen T.

4. Man unterscheidet unter der Unzahl möglicher A.e und T.e zwei große Klassen: die natürlich gegebenen und die verstärkten oder künstlich hervorgerufenen. Ein *natürlich gegebenes* A. ist ein Stein (alle Edelsteine sind A.e!), eine Feder, ein Knochen, ein Horn usw (→ Reliquien). Ein *verstärktes* A. ist ein beschriebenes Holz, ein Stein, in den ein Zeichen geritzt ist (Mantras, Gebetsriemen, Ostrakon) u.ä. Ein hervorgerufenes oder *künstliches* A. kann zB eine breiige Masse aus Blättern bestimmter Bäume, Kot, Menstruationsblut, Hufsplittern

oder ähnlichen Ingredienzien, die in Beuteln oder Schachteln herumgetragen wird, oder eine Schnitzfigur (Mensch oder Tier) sein, an der der wirksam werdende Körperteil besonders groß gebildet ist. Zur Herstellung ist im allgemeinen nur der ausgezeichnet Lebensgewaltige geeignet, der sog. Medizinmann oder Schamane oder auch der pater familias. Auch das Kontagium mit anderen A.en macht zum A.

5. Den Ursprung von A. und T. hat man im Glauben an → mana gefunden. Das als A. oder T. Verwendete ist mana-haltig. Sicher spielen solche Vorstellungen mit, es ist aber unrichtig, aus diesen »mana« genannten Energien das gesamte - teilweise hochpersonale - Weltbild des »magischen« Menschen zu erklären. Mana besagt nichts weiter, als daß A.e wirksam sind. Wesentlicher ist daher dieses: a) A. und T. sind im allgemeinen *persongebunden,* dh sippen- oder auch kastengebunden; damit sind sie oft *orts- und zeitgebunden.* Dem Heimatfremden entfällt die Wirkung. A. und T. sind so auch häufig vererbbar. Sie bleiben allerdings im allgemeinen nicht von alleine und durch ihr Material wirkungsvoll; man muß viele von ihnen am Leben erhalten, sie mit Hühnerblut benetzen oder sie oft ansehen oder am Halse herumdrehen. b) A. und T. bleiben im allgemeinen von den *Göttern* und ihren Erscheinungen *unterschieden.* Der japanische Shintoist unterscheidet sehr genau zwischen dem die Gottheit repräsentierenden Idol oder Symbol und den o-mamori oder »erlauchten Schützern«, die an den Schreinen als A. oder T. verkauft werden (→ Shintoismus: I). Der Gott hat sich aus der Welt der unmittelbaren Auffassung, in die das A. gehört, gelöst. Es gibt geschichtliche Übergänge vom A. zum Götteridol (zB in den tro-Vorstellungen der Ewe-Stämme [vgl. Spieth] oder in den Götterlehren der Ngadju-Dajak [vgl. Schärer]). Doch steht hinter der Anwendbarkeit des A.s einerseits und dem Götterglauben andererseits eine verschiedene Gesamtanschauung: Dagegen sind das A. und der T. mit dem sog. Fetisch (→ Fetischismus) weithin gleichbedeutend, andererseits von dem sog. Totem (→ Totemismus) zu unterscheiden.

A. und T. verschwinden in den Hochreligionen nicht einfach. Als von der Gottheit gegebene Mittel führen sie ein dienendes, oft verborgenes Leben. Die Logik des Unvermittelten gilt nicht mehr, das Rationale hat seine Herrschaft angetreten. Das A. wird »offiziell« zum Deutezeichen, Symbol und Ideogramm. In der Volksreligion aber wird das Symbol wie ein A. weitergebraucht. Dies A. hat jetzt zauberischen Charakter (→ Aberglaube, 1-4).

RE I, 467ff - ERE III, 392ff - ARW 14, 1911, 545f - S.SELIGMANN, Die magischen Heil- u. Schutzmittel, 1927 (Lit.). - HDA I, 374ff - RAC I, 397ff (Lit.) - C.BONNER, Studies in magical amulets, chiefly Graeco-Egyptians (Studies, Univ. of Michigan, Hum. Ser. 49), 1950.

C.H.Ratschow

Amyraut, *Moïse* (Moses Amyraldus), * 1596 in Bourgueil (Touraine), † 1664 zu Saumur. Unter dem Eindruck von Calvins Institutio wurde A. vom juristischen zum theologischen Studium geführt, wo John → Camero Einfluß auf ihn gewann. Pfarrer in St. Aignan, dann in Saumur, wurde er 1633 an die dortige Akademie mit seinen Freunden Josué → Placaeus und Louis → Cappellus zum Professor gewählt. Sein Universalismus hypotheticus in der Lehre von der Gnadenwahl fand trotz allen Widerspruchs auf verschiedenen Nationalsynoden in Frankreich Zustimmung. Nur die Holländer und Schweizer Theologen (diese noch 1675 im Consensus helveticus) bekämpften den »Salmuranismus« weiter. A. rechnet sich zur Dordrechter Orthodoxie und will im Unterschied zu → Arminius nur einen virtuellen Universalismus der Gnade Gottes unter der Bedingung des Glaubens vertreten. Daß es faktisch zum Heile kommt, dazu bedarf es auch nach A. der partikularen Erwählung. Ein besonderes Anliegen A.s waren ethische Probleme und die Union zwischen Lutheranern und Reformierten. Geschätzt auch von Katholiken, wie zB von → Richelieu und → Mazarin, trug A. viel zur loyalen Haltung der Hugenotten im Frondeaufstand bei.

Hauptschriften: Traité de la prédestination, (1634) 1658²; Morale chrestienne, 1652-60; Εἰρηνικόν, 1662. - H.MARTHALER, A. als Ethiker, 1884 - RE I 476ff - H.E.WEBER, Reformation, Orthodoxie u. Rationalismus II, 1951, 128ff - J.MOLTMANN, Prädestination u. Heilsgeschichte bei M.A. (ZKG 65, 1954, 270-303).

O.E.Strasser

Anagnosis → Liturgik: III.

Anaklet I., *Papst,* auch → Kletus genannt, ist nach der ältesten Bischofsliste zweiter Nachfolger Petri; er soll noch unter → Domitian als Märtyrer gestorben sein.

E.CASPAR, Die älteste röm. Bischofsliste, 1926 - CASPAR I, 8ff. 13f - HALLER I, 19. 485 - SEPPELT I², 18. F.Paschke

II., *Gegenpapst* 14./23.2.1130 bis 25.1.1139, Petrus Petri Leoni (= Pierleoni), jüdischer Abstammung, Cluniazenser, unter → Paschalis II. Kardinal von S.Maria in Trastevere. in regelrechtem Verfahren gegen → Innocenz II. erhoben, gestützt von Roger II. von Sizilien, stirbt in Rom in errore suo, sepultus occulte.

JAFFÉ I, 911ff. 918 - Lib. Pont. II, 313. 379. 383 - WATTERICH II, 174 - A.CHROUST, Das Wahldekret A.s II. (MIÖG 28, 1907, 348-355) - P.F.PALUMBO, Lo scisma del MCXXX, 1942 (Lit.) - EC I, 1126ff.

F.Bock

Analogia entis. Die platonische Ideenlehre (→ Platonismus) lebte mit ihrer Teilhabe im augustinischen trinitarischen → Symbolismus des mittelalterlichen Christentums fort. Mit der Verselbständigung der Philosophie gegenüber der Theologie und der Rezeption des aristotelischen Wissenschaftsbegriffs (→ Aristotelismus) wurde dieser Symbolismus auf die rationale Ebene projiziert. Das geschah mit Hilfe des der → Scholastik von Anfang vertrauten Begriffs der Analogie (ἀναλογία = proportio), die aber in die theologische Spekulation erst durch das Bekanntwerden der aristotelischen → Metaphysik eingeführt wurde. → Aristoteles hatte das Seinsverständnis von → Substanz und Akzidenz mit Hilfe der später so genannten Attributionsanalogie zu bestimmen versucht. Nach scholastischer Interpretation steht bei dieser ein eigentlich Seiendes in Frage und in Abhängigkeit von ihm wird das analog Gemeinsame auch einem anderen zuerkannt (attribuitur): von Lebendigem sagt man, es sei gesund, man nennt aber auch Medizin und Sport gesund, weil sie Gesundheit bewirken. Der Sinn dieser Analogie ist also darin gelegen, daß ein Attribut nicht als eindeutige Seinsbestimmung verstanden werden darf, vielmehr stehen die Gegebenheiten, auf die das Wort angewandt wird, in einer je verschiedenen Beziehung zu dem Bezugspunkt des vorausgesetzten eigentlich Seienden. Es handelt sich m.a.W. beim → Sein um einen Begriff analoger Universalität. Aussageordnung und Seinsordnung decken sich nicht, stehen aber in einer notwendigen Beziehung. Das Sein der Akzidentien ist von anderer Art als das Sein der Substanz.

→ Thomas von Aquino hat die aristotelische Analogie weiter ausgebaut und sie vor allem für das seit dem → Neuplatonismus bestehende Problem des Verhältnisses von absolutem und kontingentem Sein verwertbar zu machen versucht. Neben die a. attributionis stellte er die auch schon bei Aristoteles sich findende a. proportionalitatis, die er vorzüglich zur Klarlegung des Verhältnisses von Schöpfer und Geschöpf anbrachte. Der Grundgedanke dieser Analogie besteht darin, in allen Aussagen über Gott und Welt eine bloß proportionale

Gleichheit festzuhalten: Gott verhält sich zu seinem Sein wie die Kreatur zu ihrem Sein. Wenn es sich dabei jedoch lediglich um Verhältnisse handelt, die zueinander in Beziehung gesetzt werden, und wenn dadurch jede inhaltlich identische Aussage vermieden werden soll, so ist demgegenüber festzustellen, daß damit in Wirklichkeit ebensowenig eine echte Erkenntnis gewonnen werden kann wie mit anderen an der Mathematik orientierten formalen Analogien. Die im Wesen der Mathematik gründende Verhältnisgleichheit vermag grundlegende mathematische Sachverhalte exakt zum Ausdruck zu bringen, ohne mit der Identität einer eindeutigen Seinsbestimmung zu operieren. Außerhalb des homogenen mathematischen Raumes und speziell bei der Übertragung in die Sphäre der Ontologie verliert die im Formalen verbleibende Proportionalität jede echte Erkenntnisbedeutung. Die a.e. versagt sich daher auch der Durchführung im einzelnen, sie ist lediglich eine bildliche Redeweise, die das Verhältnis von Schöpfer und Geschöpf über eine bloß negative Prädikation hinaus irgendwie positiv zu bestimmen versucht. Darin manifestiert sich der reduzierte Symbolismus der Vergangenheit. Eine konsequente Durchdenkung der Proportionalitätsanalogie führt zu der Einsicht, daß menschliche Erkenntnis auch mit diesem Instrument über eine rein negative Theologie nicht hinauskommt.

In Abhängigkeit von → Duns Scotus, der einen univoken Seinsbegriff vertrat, lehrte → Suarez eine Einheit des Seinsbegriffs, die von ihm dahin bestimmt wird, daß der Gegenstand der Erkenntnis nicht nichts ist. Diese absolute Bestimmung soll für endliches und unendliches Sein Geltung haben. Aber diese Auffassung bedeutet in Wirklichkeit eine illegitime Verschiebung der a.e. aus der Wesensordnung in die Existenzsphäre. Die reine Faktizität und ebenso den kausalen Zusammenhang von Gott und Welt setzt nämlich die a.e. voraus, und darüber hinaus versteht sie kraft ihres geschichtlichen Ursprungs die Kreatur als Abbild des Wesens Gottes. Die a.e. wird von der Existenzfrage nicht berührt. Daher führt ihre Verwendung bei den Beweisen für das Dasein Gottes (→ Gottesbeweise) notwendig zu Erschleichungen.

Soweit die a.e. als Schlüssel der thomistischen Philosophie (→ Thomismus) hingestellt wird, handelt es sich um ein ausgeweitetes Verständnis des Prinzips, das der klaren Begrifflichkeit ermangelt und mit Glaubensvoraussetzungen operiert, denen eine philosophische Rechtfertigung gegeben werden soll. So wird in die ursprüngliche a.e. das Kausalitätsprinzip in der Form »omne agens agit sibi simile« und damit die Lehre von den Seinsstufen hineingenommen. Das impliziert ein philosophisches System, dessen Grundvoraussetzungen *vor* der a.e. liegen, aber nicht mit seiner Hilfe eruiert, sondern nur geordnet werden können. Die a.e. ist als systembildendes Prinzip eine Konzeption, die infolge ihrer unbestimmten Allgemeinheit und ihres formalen Charakters ein offenes, alles tragendes kategoriales Gerüst für inhaltliche Bestimmungen herzugeben vermag, die als solche aber nur auf dem Wege der Subreption sich anzusiedeln vermögen. Für die Erkenntnis der Tragweite des Prinzips muß man zudem die Lehre von den Transzendentalien beachten: ens et verum et bonum convertuntur. Das ontologische Fundament der Metaphysik der a.e. ist daher auch für die Eigenständigkeit des menschlichen Erkennens und die Entpersonalisierung der Ethik bestimmend, es fungiert als Prototyp für das Verständnis der Übernatur und gibt auch der kath. Konvenienztheologie ihre letzte Begründung. Die a.e. ist »eine der erhabensten und subtilsten Konzeptionen, welche die Geschichte der Spekulation überhaupt kennt«, sie ist »das metaphysische Kernstück der scholastischen Philosophie und Theologie« (Hans Wagner). → Analogie.

Cajetanus, De nominum analogia, ed. P.Michaele de Maria SJ, 1907 - J.Habbel, Die Analogie zwischen Gott u. Welt, 1928 - E. Przywara SJ, A.e. Metaphysik, Bd. I. Prinzip, 1932 - A.Goergen, Kardinal Cajetans Lehre von der Analogie; ihr Verhältnis zu Thomas v.A., 1938 - H.Wagner, Existenz, Analogie u. Dialektik, I. Hbd, 1953 - Studium Generale 8, 1955, 649-711 (H. 11 mit Beitr. von Söhngen, Berg, Leist, Flückiger, Joest, Sedlmayr, Fritz Wagner) - G.A. de Brie, Bibliographia Philosophica 1934-45, I, 1954, Nr. 29413-29436.

J.Klein

Analogie

1. Religionsgeschichtlich - 2. Der Ursprung des philosophischen A.begriffs - 3. Der A.begriff in der Theologiegeschichte - 4. Der A.begriff in der neueren Philosophie und Theologie

Im weiteren Sinne kann jede Ähnlichkeit A. heißen. Der genauere Sprachgebrauch nennt jedoch nicht ähnliche Eigenschaften, sondern nur ähnliche Verhältnisse oder Funktionen »analog«.

1. Die Wahrnehmung analoger Verhältnisse hat seit Urzeiten zur Erfassung von Gesetzmäßigkeiten geführt. Für magisches Bewußtsein zeigt sich in der Ähnlichkeit von Erscheinungen eine gewisse Identität, eine gesetzmäßige Verbundenheit an, die sich menschlichen Zwekken dienstbar machen läßt: Weil im Feuer dieselbe Leuchtkraft und Wärme wie in der Sonne wirkt, kann man durch Entzünden von Feuer die Sonne zu neuer Tätigkeit anregen. Wenn man das Geplätscher des Regens nachahmt, kann Regen hervorgerufen werden. Man kann einen Menschen verderben, indem man sein Bild vernichtet. Solche Anschauungen liegen auch der Herstellung und kultischen Verehrung von Bildern hervorragender Träger göttlicher Macht zugrunde.

2. Schon die vorsokratische Philosophie, besonders Empedokles, suchte die in A.n sich zeigende Gesetzmäßigkeit im Geschehen genauer zu erfassen. Das den analogen Fällen Gemeinsame wurde verallgemeinernd formuliert und als Gesetz auf weitere Fälle angewendet. Ähnlich ging Sokrates vor, wenn er das Gemeinsame analoger Beispiele zur Bestimmung eines Allgemeinbegriffs zusammenfaßte und diesem weitere Fälle subsumierte. So bildet die sokratische Methode des Analogisierens den Ursprung der Logik. Auf dem Wege eines A.schlusses suchte Sokrates bereits die Existenz eines ordnenden Weltgeistes zu beweisen: Wie alle Ordnung in menschlichen Dingen auf einen ordnenden Geist zurückgeht, so auch die kosmische Ordnung. - In → Platons Dialogen dient die Methode der A. einerseits der Beweisführung, insofern sich aus ähnlichen Einzelfällen ein Allgemeinlogos bilden läßt, dem auch der Diskussionsgegenstand zugeordnet werden kann. Andererseits ermöglicht die A. auch eine methodisch vorgehende Kritik. Besondere Bedeutung hat die A. als Schlüssel zum schwer Erkennbaren, weil rein Geistigen. Dessen Wesen wird, wenn überhaupt, nur von sinnlichen Beispielen her zugänglich. Zu den berühmtesten solcher exemplarischen A.n gehören das Höhlengleichnis und der Vergleich der göttlichen Idee des Guten mit der Strahlen aussendenden Sonne. - Platon hatte bei seiner Verwendung von A.n das Vorbild der mathematischen A. vor Augen. Die pythagoreische Mathematik hatte den Begriff A. für eine Übereinstimmung verschiedener Größenverhältnisse im gleichen → Logos (ἀνὰ τὸν αὐτὸν λόγον) geprägt. Die wichtigste Form solcher A. ist die sog. geometrische Proportion (zB 2:6 = 3:9, mit dem gleichen Logos 1:3). → Aristoteles übernahm die mathematische Definition der A. für die Philosophie. In der Naturforschung teilte er die Lebewesen auf Grund analoger Funktionen in Klassen ein. In der Ethik unterschied er durch die Arten mathematischer A.n die distributive

Gerechtigkeit (jedem das Seine) von der kommutativen (jedem das Gleiche). In seiner Metaphysik nahm Aristoteles am Begriff der A. eine folgenschwere Änderung vor. Danach gehört es nicht zum Wesen der A., daß analoge Verhältnisse in irgend etwas gleichsinnig übereinstimmen. So sollen die höchsten metaphysischen Prinzipien in ihren veschiedenen Anwendungsfällen nicht gleichen, sondern nur analogen Sinn haben. Auch das → Sein kommt nicht allem Seienden in gleicher Weise zu; doch finden sich für die spätere These, daß auch der Seinsbegriff analogen Sinn habe (→ analogia entis), nur Ansätze. - Die → Stoa glaubte wie die voraristotelische Philosophie, durch A.n mit Bekanntem zur Erkenntnis des Unbekannten zu gelangen auf Grund eines beiden gemeinsamen, verborgenen Logos. - Der → Neuplatonismus verband platonische mit aristotelischen Motiven: Der göttliche Ursprung ist zwar in seinen Wirkungen gegenwärtig; doch bleiben jene an Seinsfülle hinter ihm zurück. Daher kann der Ursprung von den Wirkungen her zwar erfaßt werden, aber nur inadäquat, analog. Alle Kategorien der sichtbaren Welt gelten für die geistige nur analog.

3. Die »A. des Glaubens« Röm 12, 6 (einziger Beleg im NT) fordert reine (nicht begrenzte!) Übereinstimmung der urchristlichen prophetischen Rede mit dem Inhalt des Kerygma (Gebrauch von A. formal wie in der Stoa). Dagegen hat die Formulierung, daß »aus der Größe und Schönheit der Geschöpfe analog ihr Urheber erschaut« wird (Weish 13, 5), platonischen Sinn. Das zeigt der Hinweis auf die Seinsüberlegenheit des göttlichen Ursprungs 13, 3 f. → Philo von Alexandrien, → Justin, → Clemens von Alexandrien und → Origenes übernahmen aus dem Platonismus auch die Gedanken, daß Gott die Welt in analogen Verhältnissen erschaffen habe und daß das Gericht dem Grundsatz der proportionalen Gerechtigkeit gemäß jedem nach Verdienst vergelten werde. Besondere Bedeutung erlangte der A.begriff im System des → Dionysius Areopagita.

Die → Scholastik des 13.Jh.s bestimmte das Verhältnis von Gott und Geschöpf als A. Man glaubte, so (in Übereinstimmung mit der Feststellung des 4. Laterankonzils [1215], daß jede Ähnlichkeit von Gott und Geschöpf von größerer Unähnlichkeit umgriffen sei) den Pantheismus wie den Agnostizismus zu vermeiden. Dabei folgte man dem arabischen Aristoteliker → Averroes in der Annahme, die A. sei ein Mittleres zwischen gänzlicher Gleichheit (Univozität) und gänzlicher Verschiedenheit (Äquivozität). Auch das scholastische Verständnis der Struktur der A. geht auf Averroes zurück: Nur Gott »ist« im eigentlichen Sinne; die Geschöpfe »sind« nur in Abhängigkeit von Gott, sofern sie ihr Sein von ihm empfangen haben (analogia attributionis). Neben dieser neuplatonischen These einer unvollkommenen Ähnlichkeit der Wirkungen mit ihrer Ursache - die man jetzt A. nannte - kannte man auch eine A. im ursprünglichen Sinne zwischen Gott und Geschöpf: Gott verhält sich zu Göttlichem wie das Geschöpf zu Geschöpflichem (analogia proportionalitatis). Doch blieb die A. der Attribution für die ganze Hochscholastik die grundlegende Art der A. Erst im 16.Jh. suchte der Thomist → Cajetan die A. der Proportionalität als primäre A.-form zu erweisen. (In seinem Sinne legt der heutige Thomismus [→ Neuthomismus] die Lehre des → Thomas von Aquino [: II] aus). Ein wichtiger Unterschied in der A.lehre zwischen der franziskanischen Scholastik → Bonaventuras und der radikal aristotelischen des Thomas: Bonaventura lehrte wie Pseudo-Dionysius, daß sich eine Gotteserkenntnis auf Grund der A. des Geschöpfes zu Gott nur dann verwirklicht, wenn Gott den menschlichen Geist eigens erleuchtet. - Um 1300 verfiel der hochscholastische A.gedanke. → Duns Scotus behauptete, daß eine Gotteserkenntnis ohne eindeutige (univoke) Begriffe nicht möglich wäre, und erarbeitete einen univoken Seinsbegriff. → Ockham wies nach, daß die A. selbst univoke Elemente in sich schließt und kein Mittleres zwischen univok und äquivok darstellt. (Diese Fragen sind bis heute zwischen Thomisten und Scotisten strittig.) Der spätmittelalterliche Platonismus ignorierte die A., ebenso weithin die neuzeitliche Metaphysik. Im 16.Jh. erlebte die A.spekulation eine beschränkte Erneuerung und beeinflußte durch → Suarez auch die protestantische Orthodoxie des 17.Jh.s. Die Reformierten konnten dabei an Zwinglis und Calvins Verwendung des A.begriffs für den Zeichencharakter der → Sakramente (: II, 2) anknüpfen; auf luth. Seite hingegen bedeutete die Aufnahme des A.begriffs eine Neuerung, da Luther selbst die A. als theologisch unbrauchbar verworfen hatte.

4. Der Empirismus sowie die neuzeitliche Natur- und Geschichtsforschung kennen die A. im stoischen Sinne, als Erschließung des Unbekannten nach A. des Bekannten. So gebrauchte auch Kant den A.begriff. Die ontologische Voraussetzung der metaphysischen A. hingegen, daß das Seiende selbst analog strukturiert ist und daß deshalb unsere Begriffe in analoger Anwendung zuverlässige Erkenntnis (→ Erkenntnistheorie) des An-sich-Seienden vermitteln, wurde durch Kant zerstört. Daß wir das unerfahrbare An-sich-Seiende unvermeidlich durch Erfahrungsbegriffe vorstellen müssen, begründet keine Erkenntnis dieses An-sich-Seienden. Vorstellung und Vorgestelltes fallen auseinander.

In neuerer kath. Theologie (bes. von Przywara und im → Neuthomismus) ist die → analogia entis als Prinzip einer »Formeinheit« von Philosophie und Theologie vertreten worden: Da bei allen endlichen Dingen Dasein und Wesen verschieden sind, muß es einen Grund alles Seienden geben, wo Dasein und Wesen eins sind. Die konstruktive Funktion der A. wird hier also stärker als in der Hochscholastik betont. Dieser durch die A. begründeten natürlichen Theologie stellte K. → Barth (: II) das dogmatische Prinzip der (der altprotestantischen Theologie nur als hermeneutischer Begriff geläufigen) analogia fidei entgegen: Die (von Barth bejahte) A. der Geschöpfe zu Gott hört nie auf, Gottes Gabe zu sein, wird nie selbständiger Besitz des Geschöpfes und ist deshalb nur im Glauben an Gottes Offenbarungstat erkennbar. Barths Kritik an der analogia entis trifft also weniger die ontologische Struktur des Gott-Welt-Verhältnisses als ihre (durch die thomistische Verbindung der A. mit der aristotelischen, empirischen Erkenntnislehre begründete) Zugänglichkeit für natürliche Erkenntnis sowie damit auch ihre Verwendbarkeit als philosophisches Konstruktionsprinzip der Theologie. Von der analogia fidei als dogmatischem Strukturprinzip ausgehend bildete Barth später die Begriffe analogia relationis (für die Gottebenbildlichkeit) und analogia operationis (für das Verhältnis des geschöpflichen zum göttlichen Wirken). Barth verwirft wie die altprotestantische Orthodoxie die Proportionalitäts-A. zugunsten der Attributions-A. Daß letztere als streng im göttlichen Akt beschlossen gedacht werden soll, scheint den Begriff der A. zu sprengen. - Einzelne kath. Theologen (Söhngen, v. Balthasar) nahmen in Übereinstimmung mit der durch Bonaventura repräsentierten Linie scholastischer Tradition den Gedanken der analogia fidei auf. Sie glauben, in diesem Punkt mit Barth weitgehend einig zu sein - auch im Festhalten einer ontologischen A. sowie einer Proportionalitäts-A. zwischen Gott und Geschöpf.

E.H. Hänssler, Zur Theorie der A. u. des sog. A.schlusses (Diss. Basel), 1927 - E. Przywara, Religionsphilosophie kath. Theologie,

1927 - DERS., Analogia entis, 1932 - DERS., Die Reichweite der A. als kath. Grundform (Schol. 15, 1940, 339-362. 508-532) - D.BONHOEFFER, Akt u. Sein, 1931, 56ff - G.SÖHNGEN, Analogia fidei (Catholica 3, 1934, 13-36. 176-208) - DERS., Analogia entis oder analogia fidei? (Wiss. u. Weish. 9, 1942, 91-100 = Die Einheit in der Theologie, 1952, 235-247) - DERS., A. entis in a. fidei (Antwort, K. Barth z. 70. Geburtstag, 1956, 266-271) - H.DIEM, Analogia fidei gegen analogia entis (EvTh 3, 1936, 157-180) - J.FEHR, Offenbarung u. A. (Divus Thomas 15, 1937, 291-307) - TH.BARTH, Zum Problem der Eindeutigkeit (PhJ 55, 1942, 300-321) - DERS., De univocationis entis scotisticae intentione principali necnon valore critico (Antonianum 28, 1953, 72-110; Lit.) - P.GRENET, Les origines de l'analogie philosophique dans les dialogues de Platon, Paris 1948 (Lit.) - E.W. PLATZECK, De conceptu analogiae respectu univocationis (Antonianum 23, 1948, 71-132) - DERS., Von der A. zum Syllogismus, 1954 - M.DOROLLE, Le raisonnement par a., Paris 1949 - E.LORETH, Dialektik u. A. des Seins. Zum Seinsproblem bei Hegel u. in der Scholastik (Schol. 26, 1951, 57-86) - H.U.v. BALTHASAR, Karl Barth, 1951 - E.GILSON, Jean Duns Scot, Paris 1952 (Lit.) - E.K.SPECHT, Der A.begriff bei Kant u. Hegel, 1952 - M.C. MENGES, The Concept of Univocity Regarding the Predication of God and Creature According to William Ockham, N.Y. 1952 - H.LYTTKENS, The Analogy between God and the World. An Investigation of its Background and Interpretation of its Use by Thomas of Aquino, Uppsala 1952 (Lit.) - W.PANNENBERG, Zur Bedeutung des A.gedankens bei Karl Barth (ThLZ 78, 1953, 17-24) - B.SNELL, Die Entdeckung des Geistes, 1955³, 258ff - G.SÖHNGEN, Wesen u. Akt in der scholastischen Lehre von der participatio u. analogia entis (Stud. Gen. 8, 1955, 649-662) - L.BERG, Die A.lehre des hl. Bonaventura (ebd 662-670) - F.LEIST, Analogia entis (ebd 671-678) - F.FLÜCKIGER, Analogia entis u. analogia fidei bei K.Barth (ebd 678-688). *W.Pannenberg*

Analytische Philosophie und Religion → Philosophie: III.

Anamnese → Liturgik: III.

Anaphora → Liturgik: III.

Anarchismus kann als eine sozialphilosophische Lehre definiert werden, welche grundsätzlich Herrschaftslosigkeit postuliert, und zwar ausschließlich auf der Grundlage einer Kritik an der → Autorität. Diese Kritik richtet sich in erster Linie, wenn auch nicht nur, gegen den → Staat (: I), gleichgültig welche Form dieser annimmt (also auch gegen den demokratischen Staat). Vereinzelte wichtige Vorläufer wie William Godwin (1756-1836), teilweise auch Jean Meslier (1664-1729) und andere finden sich schon im 18.Jh., hingegen gehören die bedeutendsten Theoretiker des A. dem 19.Jh. an, so P.-J.Proudhon (1809-65), Michael Bakunin (1814 bis 1876), Elisée Reclus (1830-1905) und Peter Kropotkin (1842-1921).

Zu den entscheidenden *sozialgeschichtlichen Voraussetzungen* des A. ist die allmähliche Auflösung der feudalistischen Integrationssysteme zu rechnen, auf Grund derer die einzelnen sozial, wirtschaftlich, politisch und kulturell unterschiedenen Bevölkerungsgruppen in einer hierarchischen Struktur einander trotz kastenähnlicher Trennung zugeordnet waren. Mit der beginnenden Entleerung der traditionellen feudalen Autoritäten und mit der durch die erste industrielle Revolution erhöhten gesellschaftlichen Mobilität wurden die verschiedenen regionalen und ständischen Bevölkerungsgruppen stärker als bisher aufeinandergepreßt und dadurch zahlreiche Kulturkonflikte ausgelöst. Die feudalen Gesellschaften hatten ja die Ausbildung von ausgeprägten Subkulturen zugelassen und zur Untermauerung ihrer Rangordnung sogar erforderlich gemacht. Die Kulturkonflikte selbst waren begleitet von dem für die Selbstverteidigung der einzelnen einander gegenüberstehenden Gruppen notwendigen Aufbau eines eigenen positiven Gruppenbewußtseins, am deutlichsten sichtbar in dem gegenüber den verbesserten Verkehrsverhältnissen anachronistischen Regionalismus und Folklorismus des 19.Jh.s.

Die anarchistische Lehre kann im wesentlichen als eine → Rationalisierung dieser historischen Situation betrachtet werden, die im 19.Jh. zu der bekannten ungeheueren Auffächerung der Kultur in den europäischen Ländern führte. Dies zeigt sich nirgends so deutlich wie an der Tatsache, daß die *pluralistische Sichtweise* zu den wesentlichen Fundamenten gehört, auf denen sich mehr oder weniger explizit die anarchistischen Lehren aufbauen. An allererster Stelle ist das anarchistische Postulat des *Gemeindeföderalismus* zu nennen, das daraus (nicht aber als romantisch bäuerliche Ideologie) und aus der Vorliebe für kleine, übersehbare und kulturell eigenständige Gruppen zu verstehen ist, für deren innere Ordnung man auf abstrakte Autoritäten (Staat, aber auch Gott) zugunsten einer Verallgemeinerung des Gegenseitigkeits- und Vertragsprinzips verzichten zu können glaubt. In praktisch-politischer Hinsicht drückt sich diese Einstellung in der scharfen Ablehnung der zentralistischen und autoritären Tendenzen aus, wie sie von *Karl* → *Marx* in der ersten Internationale (1864-76) vertreten wurden, was dann zum Bruch zwischen ihm und seinem großen Gegenspieler *Michael Bakunin* führte, ferner u.a. in den großen Hoffnungen, die man in die Pariser Kommune (1871) setzte.

Die *Geschichtsauffassung* (→ Geschichte: III), wie sie aus der anarchistischen Literatur abstrahiert werden kann, impliziert die Vorstellung, daß alle über die Primärgruppen hinübergreifenden Ordnungen und Ideen im Prozeß der Institutionalisierung notwendigerweise immer wieder erstarren und damit der sich dauernd wandelnden und unendlich vielgestaltigen sozialen Realität nicht gerecht werden können, ja diese im eigentlichen Sinne vergewaltigen. Daraus folgt dann, daß sich die anarchistische »Revolution« grundsätzlich mit einem bloßen Wechsel der Autoritäten, zB durch Eroberung der Macht (Marxismus) oder durch Einführung einer Menschheitsreligion (Saint-Simonismus), nicht zufrieden gibt, vielmehr eine permanente → Revolution oder besser Revolte postuliert, denn die Empörung selbst gilt als der eigentliche Ausdruck der menschlichen → Freiheit. Auch die anarchistische Praxis kann nicht verstanden werden ohne die zentrale Bedeutung, die dem Akt der Empörung beigemessen wird: Er ist kein Schritt zur Verwirklichung eines sozialen Programms, sondern eine Offenbarung der Tatsächlichkeit der menschlichen Freiheit und soll deshalb als solche eine derartige Faszinationskraft ausüben, daß sich die Revolution allein durch das Bewußtsein des Menschen von seiner Emanzipation vollziehen kann. Das anarchistische Attentat ist also nicht mit einem Staatsstreichversuch gleichzusetzen. Von hier aus wird dann auch verständlich, weshalb der A. im wesentlichen keine feste und elaborierte Doktrin wie etwa der → Marxismus, aber auch wie der mit ihm in manchem verwandte ökonomische → Liberalismus zu entwickeln vermochte, sondern sich selbst als eine wenig spezifische Attitüde versteht, die man als *existentiellen Personalismus* bezeichnen könnte. Wenn man unter diesem Gesichtspunkt die beiden im konkreten Detail ihrer Lehren und politischen Aktivitäten so grundverschiedenen Verkörperungen des modernen A., nämlich *P.J.Proudhon* und *Michael Bakunin* betrachtet, erkennt man bei beiden ungewöhnlich starke innerseelische Spannungen, die sich in Form einer anti-autoritären Revolte entladen. Man kann bei ihnen insbesondere von einem Kampf gegen ihr eigenes mächtiges Gewissen sprechen, in dem sich die moralischen Autoritäten der alten Gesellschaft verinnerlicht haben. Dieser Kampf kommt in der Empörung gegen irgendwelche moralischen Instanzen zum Ausdruck, in die hinein offensichtlich das eigene Gewissen projiziert worden ist. Nur so können wir verstehen, weshalb es falsch wäre, einen Proudhon als Atheisten zu bezeichnen; er ist vielmehr, wie er sich selber nennt, ein Anti-Theist, in welchem Begriff die Existenz von Gott mitgedacht ist. Hier zeigt sich dann auch ein entscheidender Unterschied zu anderen Formen des → Radikalismus, insofern diese in bestimmten generellen Verhaltensdispositionen zum Ausdruck kommen. So erscheint bei den Anarchisten der äußere »Feind« in der Regel nicht als eine bestimmte Kategorie von Menschen, wie »Bourgeoisie«, »Kapitalisten«, »Juden« usw, die man einerseits als bedrohlich empfindet, andererseits als unverbindliches Klischee benutzt, um die eigene moralische Überlegenheit zu dokumentieren. Damit hängt dann auch die Tatsache zusammen, daß für den Anarchisten die Macht an sich böse ist (darin stimmt er zB mit Jakob Burckhardt überein), nicht aber die jeweiligen Träger der Macht.

Auch mit dieser psychischen Struktur steht der Anarchist in einer bestimmten historischen Situation, wie sie anfangs geschildert worden ist, nämlich dort, wo versucht wird, sich unter Bewahrung der aus der Vergangenheit in die Gegenwart hineinragenden (vor allem kulturellen) Eigenart in einer in sich zerfallenden Gesellschaft ein eigenes Selbstbewußtsein aufzubauen.

Soziologisch gesehen heißt dies, daß der A. nicht Ausdruck gewisser Phänomene des vollzogenen oder verhinderten sozialen Aufstiegs oder Abstiegs im Rahmen oder nach den Spielregeln einer bestimmten Gesellschaftsordnung ist, wie dies für manche radikalen Bewegungen der Moderne zutrifft, sondern er steht vielmehr zwischen der Auflösung der ständischen und der Bildung der modernen Klassengesellschaft. → Syndikalismus, → Radikalismus.

J.Guillaume, L'Internationale, documents et souvenirs, 4 Bde, Paris 1905-10 - K.Diehl, Über Sozialismus, Kommunismus u. A., (1906) 1922⁴ - H.Zoccoli, L'Anarchia, Mailand 1907; deutsch 1909 - HWSt I, 276ff - P.Eltzbacher, L'anarchisme, Paris 1923 - M.Nettlau, Der Vorfrühling der Anarchie, 1925 - Ders., Der A. von Proudhon zu Kropotkin, 1927 - ESS II, 46ff - E.Yaroslawsky, History of Anarchism in Russia, New York 1940 - H.deLubac, Proudhon et le christianisme, Paris 1945 - G.Guy-Grand, La pensée de Proudhon, Paris 1947 - A.Sergent u. C.Harmel, Histore de l'anarchie, Paris 1949 - M.Buber, Pfade in Utopia, 1950 - E.H.Carr, Studies in Revolution, London 1950 - H.Arvon, L'anarchisme, Paris 1951 - Les Anarchistes. Scènes et portraits présentés et commentés par A.Sergent, Paris 1951 - P.Heintz, A. u. Gegenwart, 1951 - Ders., Die Autoritätsproblematik bei P.J.Proudhon, 1956 - G.P. Maximoff, Constructive Anarchism, New York 1952. *P.Heintz*

Anastasius I., *Papst* 27.11.(?) 399 bis Dez. 402, griff in die → origenistischen Streitigkeiten ein. Gegen den → Donatismus wandte er sich in einem Schreiben an die Bischöfe der afrikanischen Kirche. Fest: 27. April.

II., *Papst* 24.11.496 bis 17.11.498. Sein Entgegenkommen in den Verhandlungen zur Beendigung des acacianischen Schismas (484-519, → Acacius, 3) erregte bei einem Teil des höheren Klerus Mißfallen. Unter seinem Pontifikat ließ sich der Frankenkönig Chlodwig taufen (496); das an diesen gerichtete Glückwunschschreiben ist jedoch eine Fälschung des 17.Jh.s.

Caspar I, 285ff; II, 82ff - E.Schwartz, Publizist. Sammlgn z. acac. Schisma (AAM NF 10), 1934 - Haller I, 234f - Seppelt I², 133ff. 233ff. *F.Paschke*

(III.), *kaiserlicher Gegenpapst* Aug. bis 24.9.855, † 878/79; Römer, 847/48 Kardinalpriester von S.Marcello in Rom. A. scheiterte unter → Benedikt III., wurde von ihm aber später teilweise begnadigt. Seiner Gelehrsamkeit und bedeutenden Kenntnis des Griechischen verdankte A. seinen Einfluß unter → Nikolaus I. Auch → Hadrian II., der A. zum Bibliothekar des apostolischen Stuhles ernannte, und dessen Nachfolger → Johann VIII. leistete A. wertvolle Dienste. A. übersetzte die Akten des siebten und achten allgemeinen Konzils, griech. Legenden sowie → Dionysius Aeropagita (verloren) und verfaßte die Chronographia tripartita. Über seine Mitarbeit am → Liber Pontificalis s. dort.

Potthast I², 41 - E.Perels, Papst Nikolaus I. u. A. Bibliothecarius, 1920 - Haller II, 66ff. 88ff.

III., *Papst* April (?) 911 bis Juni (?) 913, Römer. Seine Äußerungen zur Frage einer vierten Ehe gingen verloren.

Jaffé I, 448 - Seppelt II², 350. *L.Buisson*

IV., *Papst* 12.7.1153 bis 3.12.1154, Konrad von Suburra, Römer, 1126 Kardinal von der Sabina, stand zu → Innocenz II. gegen → Anaklet II., baute den Papstpalast beim Pantheon. Zum Ausgleich geneigt, zB in der Angelegenheit → Wichmanns von Magdeburg.

Lib. Pont. II, 388 - Jaffé II, 89ff - Watterich II, 322 - LThK I, 390. *F.Bock*

Anastasius *Bibliothecarius* → Anastasius (III.).

Anath ist eine jedenfalls seit dem Beginn des 2.Jt.s vChr verehrte Göttin, die, wie alle Göttinnen in der westsemitischen Welt, als Förderin der Fruchtbarkeit von Pflanzen, Tieren und Menschen gilt, insbesondere aber auch kriegerischen Charakter aufweist. Als kampffreudige Göttin tritt sie in den um 1500 vChr verfaßten ugaritischen Epen auf, wo sie ihrem Bruder Al'ijan Ba'al in seinem Kampfe gegen andere Götter tatkräftig beisteht (→ Ugarit, 3). Aus seiner kanaanäisch-phönizischen Heimat ist ihr Kultus in der 2. Hälfte des 2.Jt.s vChr nach Ägypten gelangt. Das AT erwähnt nur einige mit ihrem Namen zusammengesetzte vorisraelitische Ortsnamen in Palästina, wie Beth Anath Jos 19, 38; darüber hinaus zeigen die → Elephantine-Urkunden, die neben Jahwe und Bethel als von der auf Elephantine stationierten jüdischen Militärkolonie verehrt auch Anath-Jahu und Anath-Bethel nennen, daß wenigstens in bestimmten jüdischen Gruppen eine - wie immer geartete - Verehrung der Anath bestanden und sich bis in die nachexilische Zeit hinein erhalten hat. → Kanaan: III.

R.Dussaud, Les découvertes de Ras Shamra (Ugarit) et l'Ancien Testament, 1941 (Index S. 195) - RÄRG 37f - U.Cassuto, The Goddess Anath, 1953 (neuhebr., vgl. O.Eissfeldt in OLZ 50, 1955, 126-128) - M.-Th.Barrelet, Les déesses ailées dans la glyptique syrienne (Syria 32, 1955, 237-260. Taf. XXI). *O.Eißfeldt*

Anathema → Exkommunikation.

Anbetung

I. Religionsgeschichtlich - II. Dogmengeschichtlich - III. Liturgisch

I. Religionsgeschichtlich

Religion ist nach C.P. → Tiele »zu allen Zeiten nichts anderes als A. gewesen«. Mag diese Formulierung auch übertrieben sein, so gehört die A. jedenfalls zu den Urformen der Religion. A. ist das Versinken, das Kleinwerden bis zum Nichts vor dem Hocherhabenen, Übermächtigen, »Ganz-Anderen« und Geheimnisvollen, dem zugleich Furchtbaren und Wunderbaren, dem »Heiligen« (→ Numinos, → Heilig). Die seelische Reaktion beim Innewerden des »Heiligen« besteht in einem gleichzeitigen Abgestoßen- und Angezogenwerden (→ Ambivalenz). Dieser Doppelaffekt der »heiligen Scheu« (vgl. »Ehrfurcht«, »reverentia«, »awe«, altnordisch agi) zieht Unterwerfung und Hingabe nach sich.

Die A. findet beim primitiven Menschen ihren spontanen Ausdruck in *Körperbewegungen,* welche einerseits magische Abwehr und andererseits Wehrlosigkeit und Aufgeschlossenheit bedeuten (→ Gebet: I). Die sprachlichen Ausdrücke hierfür wurden zu Bezeichnungen der

A., so babylon. labānu appa (»die Nase plattmachen«, sich zu Boden werfen); hebr. hištăḥ^{a}wā (sich niederwerfen); altind. nam (sich verneigen); griech. προσκυνεῖν (küssen, Kußhand); lat. ad-orare (die »Hand zum Munde führen«; in ähnlicher Weise bedeutet das sumer. Wort für beten sub = babylon. suppū gemäß dem Bildzeichen die Kußhand).

Neben dem Adorationsgestus ist die *Rede* ein zweiter Ausdruck der A. Ihre primitivste Form bilden die »numinosen Urlaute« des Schreckens, Erstaunens, Sichfreuens und sonstigen Erregtseins, wie das israel. hăs, das islam. hū (in Allāh-hū), das altind. aus aum entandene om, āh (in āshcarya, Wunderding), und svāhā (Heil!). In der normalen Rede gebraucht der Anbetende entsprechend dem überpersönlichen Moment des »Heiligen« mit Vorliebe die dritte Person. »Der Urvater, er ist heilig, unnahbar« (Hereros). Die klassische Anbetungsformel in der jüdischen Keduscha und in der christlichen Liturgie ist das Trishagion (Dreimal heilig) von Jes 6, 3. Zur A.sformel in der dritten Person tritt die traulichere Du-Anrede, so im Veda namas te (Anbetung dir), im alten Christentum δόξα σοι, gloria tibi, προσκυνοῦμέν σε, adoramus te (Große Doxologie oder Gloria), im Corpus Hermeticum, im jüdischen → Schmone ʿesre und in altchristlicher Liturgie »heilig bist du«.

Die dritte Ausdrucksform der A. ist das *heilige → Schweigen,* das sich bereits im primitiven und antiken Kult findet und in der mystischen Hochfrömmigkeit als die adäquateste Form der A. des göttlichen ineffabile gilt.

Das Objekt der A. ist das »Heilige« in jeder Gestalt: Naturobjekte, Fetische, Götterbilder, heilige Personen, besonders der Herrscher und Hohepriester (adoratio papae), unsichtbare Gottheiten (»höchstes Wesen«, Ahnengeister). Da im kath. Christentum neben Gott auch gottnahe Wesen (Engel, Heilige) A. erhielten, wurde eine terminologische Differenzierung zwischen λατρεία (eigentliche A.) und δουλεία (verehrender Dienst) vorgenommen. Der Begriff der A. wurde von der religiösen Sphäre in die profane übertragen als Bezeichnung der Anerkennung eines höchsten Wertes.

ERE I, 115ff - R.OTTO, Das Heilige, (1917) 1948$^{26-28}$ - DERS., Das Gefühl des Überweltlichen. Aufsätze, das Numinose betreffend, (1923) 1932$^{5.6}$ - F.HEILER, Das Gebet, (1918) 1923^{5} - G.MENSCHING, Das heilige Schweigen (RVV 20), 1926 - J.HORST, Proskynein. Zur A. im Urchristentum nach ihrer religionsgesch. Eigenart, 1931 - TH.OHM, Die Gebetsgebärden der Völker u. das Christentum, 1948 - ChrRel II, 711ff. *F.Heiler*

II. Dogmengeschichtlich

Aus Apk 4, 1-10 (s. 5, 8-10. 11-14) als biblischem Beispiel ergeben sich folgende Momente der A.: a) Anerkennung der Gottheit Gottes, b) Anerkennung des Abstandes des Beters vor Gott, c) Ausdruck von a) und b) in Worten oder Gesten oder in beidem. Man drückte a) in Worten aus, welche die Prädikate der göttlichen Majestät nennen (4, 13) und in Worten des Lobens und Dankens (4, 11; 5, 13) - die äußere Form war gewöhnlich die Akklamation (4, 9. 11; 5, 12; 4, 8); in Gesten drückte man b) (und a) durch Niederfallen (Ps 95, 6), Kußhände und deren Ablösungen (adorare, προσκυνεῖν) und Ablegung der Ehrenzeichen aus (4, 10. 14). Ist 1Clem 34, 5. 7 die Einleitung zum Trishagion biblicum die Anerkennung einerseits der Gottheit Gottes, anderseits der Unterwerfung der Betenden, so erscheint Did 14 das Sünderbewußtsein gerade vor dem Sonntagsdienst - und dieser wird als das von Mal 1, 11 verkündigte »reine Opfer« die A. der Gemeinde. Beide Linien, das Sünderbewußtsein (zum Kreaturbewußtsein hinzu) und die Messe als das A.s-Opfer der Gemeinde, führen ins Mittelalter, die Reformation, die Gegenwart, ohne die Linie von Apk 4, 1-10 zu verwischen. Das Mittelalter hat die A. am stärksten empfunden in der Sakramentsfrömmigkeit in Meßopfer und Kommunion zuerst der Priester (Apologien, Ave sanctissima caro), dann des Volkes (die Beichte vor der Kommunion, die Angst vor der Kommunion, die »Schau«). Seit dem 13.Jh. ist der eucharistische Christus persönlich das Objekt der A. Nun konnten aber alle Momente der A. auch einfach in das »Wort« adoro, προσκυνῶ zusammengefaßt werden. Die Linie von Apk 4, 1-10 her wurde im besonderen weitergeführt durch die Horen (→ Stundengebet), mit Psalmen, Hymnen, Lesungen, A.smusik - und die private A., der ganze Gottesdienst aber (Meßopfer und Horen) *war* als die große A. der Kirche zugleich ihr stärkstes Bittgebet; außerdem *enthielt* dieser Gottesdienst Texte der A.: - Luther nun stellte das Bittgebet in die Mitte (mit Dank- und Lobgebet) - eben darin vollzog sich ihm die A. im Großen! Das um so stärker, als Luther durch die Rechtfertigungspredigt den Abstand des Sünders von Gott und den gnädigen Gott neu betonte, also die Momente der A. charakteristisch durchführte. Jetzt war Bitten, Danken, Loben und Lehren eben das »Opfer« der Gemeinde, also die rechte A. Umgekehrt war bei den Katholiken das Meßopfer mitsamt den Horen zugleich das große Bittgebet der Kirche. Die Einzeltexte der A. fehlten auch bisher auf der evangelischen Seite keineswegs (vgl. die Agenden, den Liederschatz der Kirche und der Privatandacht, die Hausgebetbücher) - aber unsere Zeit will einerseits die Texte mehren, anderseits dem Ganzen des evangelischen Gottesdienstes (Bitten, Danken, Loben, Lehren) und der Privatandacht ein neues Gesicht der A. verleihen.

Agende für ev.-luth. Kirchen u. Gemeinden, 1955ff - Allgemeines Ev. Gebetbuch, 1955 - Augustinus, Confessionum libri XIII - F.HEILER, Das Gebet, (1918) 1923^{5} (Lit.) - M.LUTHER, Dictata super psalterium (WA 3, 393. 460f; 4, 198. 236f. 385f); Ein Sermon von dem Neuen Testament (WA 6, 353ff); Von Ordnung Gottesdiensts in der Gemeine (WA 12, 32ff) - J.PASCHER, Eucharistia, 1947 - Vaterunser-Erklärungen von Tertullian, Cyprian, Origenes an bis zu Luther u. schließlich zu Thielicke u. Schlunk. *L.Fendt*

III. Liturgisch

1. A. im ev. Gottesdienst: a) Grundsätzlich - b) A. Christi - 2. A. im röm.-kath. Gottesdienst

1. a) Die Kirche hat das *Amt, Gott zu loben.* Das geschieht besonders in der A., da hier die Majestät Gottes, die Gegenwart des erhöhten Christus und die Gemeinschaft des hl. Geistes im freien Bekenntnis aller ausgesprochen wird. Die A. vollzieht sich also (im Unterschied - nicht im Gegensatz - zur predigenden und lehrhaften Mitteilung der Offenbarung) in jener eigentümlichen Zweckfreiheit, die die Kraft und Herrlichkeit der Gottesherrschaft bezeichnet und sie lobpreisend ausruft. So wenig einerseits gesagt werden kann, die Anbetung sei »das Wesentlichste des öffentlichen Gottesdienstes« (Klopstock), so sehr ist zu betonen, daß sie unentbehrliches Element des Gottesdienstes ist; denn sie macht als gehorsame Antwort auf die Selbstmitteilung Gottes in Wort und Sakrament deutlich, daß da nicht menschliche Veranstaltung, sondern Gottesbegegnung stattfindet. In Ehrfurcht und Demut erhebt die Gemeinde den Ruf: »Gott ist heilig! Herr ist Christus! Der Geist ist Einer!« So ist A. nicht bloß kultisch-meditativer Akt, sondern Zeugnis der großen Taten Gottes; sie ist zum andern nicht nur adoratives Verhalten, sondern tätiges, sich dem Menschen zuwendendes Lob Gottes, das nicht in selbstgenügsamer Versenkung verharrt, vielmehr in angespannter Erwartung der Zukunft des Herrn entgegensieht. Daraus erklärt sich das ev. Verständnis der A., die »nichts anderes mag sein denn der Glaube« (Luther) und sich geschieden weiß vom eigenständigen Werk from-

men Verdienstes. Sie geschieht auch als Gebet des einzelnen in gesammelter Stille, sucht aber die Gemeinde; denn dort erst erhebt sie sich zum Gesang der Kirche gemäß dem Gotteslob der Schrift, der Väter und der ganzen Christenheit.

Beispiele der A. sind die → Psalmen (: II), → Cantica und adorativen Perikopen (Ps 78; 105; 106; die Lobgesänge der Männer im Feuerofen, der Hanna, des Simeon, der Maria, Röm 11; 1Kor 13; Apk 4-7), die Präfation, die Hymnen der Kirche, vor allem der → Choral (besonders alle trinitarischen Strophen), das kleine und große → Gloria, Luthers deutsches → Sanctus und Te Deum (→ Ambrosianischer Lobgesang), nicht zuletzt die Werke großer ev. Kirchenmusik (Händel, Messias: »Würdig ist das Lamm«; Bach, Hohe Messe: Incarnatus; Crucifixus; Sanctus).

Formal bedeutsam ist der *doxologische* und *eschatologische Charakter* der A. Sie stellt die irdische Gemeinde, zumal in den eucharistischen Gebeten, in den »Chor der Engel hoch um deinen Thron« und gibt ihr Anteil am Abglanz himmlischer Herrlichkeit, ohne freilich zu vergessen, daß ihr der liturgische Pracht- und Gestaltungseifer einer ecclesia triumphans untersagt ist. Das Interesse der liturgischen Erneuerungsbewegungen geht wesentlich auf Wiedergewinnung der A. durch die Ordnung des Gebetes der Tageszeiten (→ Berneuchen) und die Übung in der gregorianischen Psalmodie (Alpirsbach; → Kirchliche Arbeit).

b) Das Gebet der alten Kirche richtete sich an Gott »durch Christus« (Didache); in den synoptischen Evangelien fordert Jesus die Proskynesis zwar nicht, aber sie wird ihm erwiesen (Mt 14, 33; 28, 17). Bei Joh ist der Sohn dem Vater gleichgestellt (5, 23), und die Paulinische Doxologie (Röm 9, 5; Phil 2, 10f) erklärt, warum die Urgemeinde Jesus als den Christus anbetet und anruft (Apg 7, 59; 9, 5). Die A. der ganzen Schöpfung gilt dem Lamm Christus (Apk 5, 13), die große → Doxologie und das → Agnus Dei der Messe sind A. Christi als des Kyrios. Das Gebet zu Christus läßt die Entwicklung der Trinitätstheologie (→ Trinität: III) erkennen, es läßt sich aber hieraus keine Ablehnung der A. Christi folgern; in ihrer verweichlichten Form (kath. → Mystik: [:VI]; Zinzendorf) ist sie jedoch nicht ohne Bedenken. In den ev. Agenden erscheint die A. Christi (und des hl. Geistes) nicht in der gleichen Häufigkeit, aber mit der gleichen Würde und Bedeutung wie die an Gott gerichteten Gebete.

2. Die *Anbetung im röm.-kath. Gottesdienst* ist geprägt durch die Sakramentsfrömmigkeit, die ihren höchsten Ausdruck findet im Moment der Wandlung: die Gegenwart des Erhöhten im Geheimnis des Schweigens. Die A. ist dort wesentlich an den kirchlichen Raum gebunden als die Stätte der Christuspräsenz (→ Tabernakel, → ewige Lampe) und findet in den Meß-, Brevier- und Andachtsgebeten (→ Rosenkranz, → Herz Jesu) eine zuweilen überwältigende Sprache und Gestalt. Die Ausweitung der A. ins Universale hat als Thema stets das Erlösungswerk; sie setzt sich fort in der Adoration der geweihten und exponierten → Hostie (Monstranz), die als *Ewige Anbetung* seit dem 14.Jh. durch besondere Bruderschaften (bestätigt durch Clemens XI., 1705) gepflegt wird. Sachlich und graduell von der A. ist zu unterscheiden die → Marienverehrung und die → Heiligenverehrung.

Zu 1a: J.BECKMANN, Quellen z. Gesch. d. christl. Gottesdienstes, 1956 (Beisp. f. Eucharistiegebete) - M.LUTHER, Vom Anbeten d. Sakraments (WA 11, 443ff) - RIETSCHEL-GRAFF, § 6 - Leiturgia I, 1954, 256f; II, 1955, 355ff (Lit.) - P.ALTHAUS, Der Sinn der Liturgie, 1937 - BARTH, KD I, 2, § 18, 3; II, 1, § 31, 3 - K.B.RITTER, Die Liturgie als Lebensform der Kirche, 1946 - K.F.MÜLLER, Die Neuordnung des Gottesdienstes (Theologie u. Liturgie, 1952, 237-246). - Zu 1b: F.HEILER, Das Gebet, 1923[5], 464ff - G.KRETSCHMAR, Studien zur frühchristl. Trinitätstheologie (BHTh 21), 1956 - RIETSCHEL-GRAFF, § 68 (Lit.). - Zu 2: J.A.JUNGMANN, Die Stellung Christi im liturg. Gebet (Liturgiegesch. Forsch. 7/8), 1925 - DERS., Missarum Sollemnia II, 1949[2], 140ff - B.BARTMANN, Lehrb. d. Dogmatik, 1932[8], Bd 1 § 94; Bd 2 § 154 - LThK II, 938f - L.EISENHOFER, Handb. d. kath. Liturgik II, 1933, § 45.

M.Mezger

Ancillon, Joh. Peter *Friedrich*, * 30.4.1767 in Berlin, dort † 19.4.1837. Aus einer Hugenottenfamilie, war nach dem theologischen Studium in Genf Prediger an der französischen reformierten Gemeinde in Berlin. Als rhetorisches Talent, ohne eigentliche Tiefe, jedoch ganz nach dem Geschmack der Gebildeten des preußischen ancien régime, erfreute sich der gewandte Geistliche bald großer Beliebtheit in höfischen Kreisen, so daß er 1792 als Prof. der Geschichte an die Kriegs-Akademie berufen, 1803 zum kgl. Historiographen und 1809 zum Staatsrat im Kultus-Departement ernannt wurde. Auf → Steins Empfehlung, dessen Reformgedanken er damals nahestand, berief ihn Friedrich Wilhelm III. 1810 zum Erzieher des Kronprinzen. A. verstand es, die Gunst des Königs zu erringen, zumal er sich jetzt von Stein und dessen »republikanischen« Ideen abwandte. Seit 1814 Geh. Legationsrat im Außenministerium und 1817 Mitglied des Staatsrates, erreichte er 1832 die Berufung zum preußischen Außenminister. Anhänger der »Hl. → Allianz«, wenn auch in einer vom politischen Kalkül der Zweckmäßigkeit ernüchterten Form, schwenkte A. ganz in die Politik des Systems → Metternich ein und gehörte wie sein Vetter Fr.Gentz zu den entschlossenen Vertretern des Prinzips der monarchischen Legitimität. Schon nach dem Burschenschaftsfest auf der Wartburg 1817 hatte er den König veranlaßt, das gegebene Verfassungsversprechen auf unabsehbare Zeit aufzuschieben; als Minister lud er zusammen mit Metternich zu einer Ministerkonferenz nach Wien ein (1834), die sich mit Maßnahmen gegen die Ausbreitung revolutionärer Umtriebe befaßte. Der Organismuslehre der romantischen Staatsphilosophie nicht fernstehend, gehörte er mit seinem Denken doch einer älteren Zeit an. Gegenüber der »grundlosen Lehre von der Souveränität des Volkes« vertrat er die Auffassung, daß dieses Volk vielmehr das Bedürfnis habe, wie Kinder regiert zu werden. - → Ranke, der selber von den »halkyonischen Tagen« des Vormärz erfüllt war und A. manche Förderung verdankte, hat dem später viel Geschmähten Gerechtigkeit widerfahren lassen. Für das historische Urteil gehört A., der weder als Theologe noch als Politiker über seine Zeit hinausragte, zu den Nachfahren des ancien régime, die in einer Übergangsepoche und am Vorabend revolutionärer Umwälzungen Gefahren abwehren wollten, zu deren Wachsen sie selber durch ihr unschöpferisches Tun mit beigetragen haben.

Tableau des révolutions du système politique de l'Europe depuis la fin du quinzième siècle, 4 Bde, 1803/05; Über Souveränität u. Staatsverfassungen, 1815; Essais philosophiques, 2 Bde, 1817; Sermons prononcés dans l'église réfugiée de Berlin, 2 Bde, 1818; Über den Geist der Staatsverfassungen u. dessen Einfluß auf die Gesetzgebung, 1825. - RE I, 496 - NDB I, 269f. - Knappe, aber treffende Charakteristik bei H.v.TREITSCHKE, Dt. Gesch. II, 189f (vgl. auch PrJ, April 1872) - P.HAAKE, Joh.P.Fr.A. u. Kronprinz Fr.Wilhelm IV. von Preußen, 1920 - DERS., Der preuß. Verfassungskampf vor 100 Jahren, 1921 - J.HEYMANN, Das Testament Fr.Wilhelms III., 1925 - E.LEWALTER, Fr.Wilhelm IV., 1938 - L.v.RANKE, Sämtl.W., Bd 51 u. 52 - H.v.SRBIK, Metternich, 2 Bde, 1925 - Vom Leben am preuß. Hofe 1815-52. Aufzeichnungen von Caroline v. Rochow u. Marie de la Motte-Fouqué, bearb. v. L.v.D.MARWITZ, 1908.

K.Kupisch

Andacht

I. Grundsätzlich - II. Praktisch-theologisch

I. Grundsätzlich

Die inhaltliche Bestimmung des Begriffes A. hat ihre wesensmäßige Schwierigkeit darin, daß seine allgemeine

Bedeutung selten rein zutage tritt, sondern gefärbt ist durch die Objekte, denen sich die A. zuwendet, bzw. die Daseinsbereiche, denen sie zugeordnet ist. Praktisch gehört A. subjektiv allen Seelenbereichen und objektiv allen Seinsbereichen an. Ursprünglich im Sinne von intentio (→ Intention) verwendet, spielt ihre Bedeutung doch zugleich in den Verhaltensbereich der attentio hinüber. So besagt mhd. andâht Sammlung der Gedanken auf einen Gegenstand. Hierbei ist »Denken« nicht im theoretischen Sinne gemeint, sondern bezeichnet die geistige intentio aller Seelenvermögen; erst allmählich tritt eine Bedeutungsverengung in Richtung auf das »Denken an etwas« ein, wobei aber die emotionale und voluntaristische Note sich noch geltend macht. Die Bedeutungsvarianten des Begriffes A. sind inhaltlich einmal bestimmt von dem Vorwalten je des emotionalen, voluntaristischen oder theoretischen Gerichtetseins auf etwas; zum andern aber erhalten sie ihre spezifische Prägung durch die Wertwelten, denen sie zugeordnet sind. So gibt es eine ästhetische, ethische, philosophische oder religiöse A. Schließlich zeigt auch noch der profane Gebrauch des Wortes A., etwa: »Philologie ist A. zum Kleinen« (J.Grimm), das gemeinsame Wesensmerkmal aller konkreten Sonderfälle von A.: ein Erleben mit gesammeltem Bewußtsein und konzentrierter innerer Anteilnahme, wobei sich wieder die Begriffsverengung eines passiven Empfangens einschleicht, da es sich doch auch ebensosehr um eine Hingabe im Tun wie im Aufnehmen oder, ganz allgemein, um eine wechselseitige Durchdringung beider handelt: stärkstes aktives Beteiligtsein im Empfangen wie zugleich intensive Bewußtheit der geistigen Tragweite und persönlichen Zielgerichtetheit im Handeln. Es ist gleichsam das »Allsinneserlebnis« → J.Böhmes in der wechselseitigen Durchdringung von vita activa und vita contemplativa, welches den Wesenskern der A. ausmacht, etwa im Sinne des Wortes von → Angelus Silesius: »Der Weise, welcher sich hat über sich gebracht / Der ruhet, wenn er läuft, und wirkt, wenn er betracht't.« - Das Bewußtsein der Subjekt-Objekt-Spaltung wird im Vollzuge der A. aufgehoben: »Der Andächtige versenkt sich mit seinem Herzen, seiner A., seinem Wollen in seinen Gegenstand, so hat er auf dieser Spitze der A. die Trennung aufgehoben, welche beim Standpunkt des Bewußtseins ist« (Hegel). Im andächtigen Gerichtetsein auf etwas durchdringen sich das Subjekt und der Gegenstand der intentio und attentio, und es entsteht die Urhaltung des archaischen Bewußtseins der Subjekt-Objekt-Einheit (Spranger). Dieses bis in die Tiefenschichten des Unbewußten herabführende Urerlebnis der → unio mystica von Subjekt und Objekt in der ästhetischen, ethischen, philosophischen und religiösen A. hat seinen Ursprung im religiösen A.sakt, aus dem sich die profanen Bedeutungen von A. als seine Säkularisierungsformen im Verlaufe der Geistesgeschichte verselbständigt haben und zu dem sie im Laufe dieser Entwicklung immer wieder zurückgeführt werden mußten, um sich an ihrem Quellgrunde mit neuem, ursprünglichem Bedeutungsgehalt zu erfüllen. Durch die profanisierten Anwendungsformen des Begriffes A. schimmert der religiöse Bedeutungsgehalt des ursprünglichen Erlebnisses der Subjekt-Objekt-Einheit so stark hindurch, daß man bei dem Worte A. instinktiv zunächst immer an seine religiöse Urbedeutung als devotio denkt, in der intentio und attentio ihren Ausgang genommen haben, weshalb auch zur Klärung des allgemeinen Begriffs von A. auf die religiösen Ursprünge eingegangen werden muß (Einzelformen religiöser A.sübungen → Andacht: II). Nehmen wir dementsprechend als Modell für die allgemeine Begriffsanalyse das Beispiel der A., wie es Meister → Eckehart darlegt: »Das wahrhafte Gott-Innehaben liegt am Gemüte und an einem innigen, aufmerksamen Sich-Hinwenden und Trachten nach Gott. Nicht an einem stetigen, gleichmäßigen Drandenken; denn das wäre der Natur ein unmögliches Vorhaben und sehr schwer und wäre nicht einmal das allerbeste. Der Mensch soll sich nicht begnügen mit einem gedachten Gott: wenn der Gedanke vergeht, so vergeht auch der Gott.« Hierbei ist zunächst A. nicht bloß als contemplatio oder meditatio (→ Meditation) gemeint: »Weil nun aber der Mensch in diesem Leben nicht sein kann ohne Tätigkeit, darum lerne der Mensch, seinen Gott zu haben in allen Dingen und ungehindert zu bleiben bei allen Werken und an allen Stätten. Und darum, wenn der anhebende Mensch etwas wirken soll unter den Leuten, so soll er sich zuvor kräftiglich Gottes versehen, ihn sich festiglich ins Herz setzen und all sein Sinnen und Denken, Willen und Kräfte mit ihm vereinen, daß sich nichts anderes in ihm erbilden möge.« Aus dem so gewonnenen Erlebnis der Einheit von Subjekt und Objekt in der A., die stets wechselseitige Erfüllung und Bestätigung von vita contemplativa und vita activa ist, ergibt sich auch das Weiterwirken dieses konzentrierten Einheitsbewußtseins von Gott und Mensch in allen Seinsbezirken des Lebens. Es wird verständlich, wie der Grundgehalt auch der profanen A. aus diesem Urerlebnis der Subjekt-Objekt-Einheit abgeleitet ist: »Man fragt mich oft, ob der Mensch dahin gelangen könne, daß er nicht mehr gehindert werde durch Zeit, Vielheit und Materie. Ja, und abermals ja! Wenn diese Geburt in der Wahrheit geschieht, dann vermögen dich alle Kreaturen nicht zu hindern, vielmehr leiten sie alle dich zu Gott und zu dieser Geburt. Was immer du auch siehst und hörst, du vermagst in allem immer nur diese Geburt entgegenzunehmen, alle Dinge werden dir schlechthin zu Gott, denn in allen Dingen hast du nur noch Gott im Auge. Gerade wie wenn ein Mensch lange in die Sonne blickt - aus allem, was er nachher sieht, leuchtet ihm die Sonne entgegen.« - Die allgemeine Bedeutung der A. in der geistigen Situation der Gegenwart ist darin gegeben, daß die stark expansiven Tendenzen unserer in Technik und Wissenschaft immer mehr sich an die Extraversion verlierenden Zeit das Korrektiv der Besinnung in echter A. in dem angeführten umfassenden Sinne notwendig machen. Als Vorbild könnte dienen die in Krisenzeiten der Kultur und des Glaubens immer wieder notwendig werdende Regeneration der verweltlichten Profanbedeutung des allgemeinen Begriffes A. an seiner geistigen Ursprungssituation der religiösen A. Es bedarf zur Erfüllung des Lebenssinnes immer wieder einer Anspannung aller Seelenvermögen des Menschen in einer bewußten intentio und attentio, die ihre Ursprünglichkeit in der devotio, der Hingabe an das → Absolute, hat. Nur so kann der Alltag die Bestätigung der in der A. gewonnenen Ureinheit von andächtigem Subjekt und dem Objekt der A. werden.

RE I, 497ff - J. u. W.Grimm, Deutsches Wörterbuch s.v. »Andacht« (dort auch die Profanbedeutung für A. bei Luther) - K.Jaspers, Psychologie der Weltanschauungen, (1919) 1925[3] - E.Spranger, Die Urschichten des Wirklichkeitsbewußtseins (SAB 1934, 610-625) - H.Glockner, Hegel-Lexikon I, 1935, 76 (dort weitere Hegel-Zitate) - G.Marcel, Être et Avoir, 1935 - Ders., Du Refus à l'Invocation, 1950 - E.Frank, Philosophisches Erkennen u. religiöse Wahrheit, 1950.

L.Richter

II. Praktisch-theologisch

Im ev. Verständnis der A. stehen die unvermeidlich anthropologischen und psychologischen Merkmale, die das Wort → »Andacht« (: I) immer aufweist, zurück hinter der biblischen Erkenntnis, daß Gott gibt und wir empfangen. Demgemäß gewinnt die ev.A., in Abweisung jedes sonderlichen Werkes christlicher Selbstdarstellung, ihren *Ursprung* aus der allmorgendlich neuen Gnade Gottes und der täglichen Anfechtung des Menschen. Ihr *Wesen* als innerliche Sammlung und sichtbare Versammlung, wie sie in mancherlei Formen und Ordnungen, einzeln, familiär oder gemeindemäßig stattfinden kann, ist das *Hören* in Gehorsam, Dank und Bitte. Sinn der A. ist also, daß Gott Raum und Macht gewinne bei uns, daß seine Gegenwart bezeugt werde in Ehrfurcht und im Glauben an die Verheißung für die »zwei oder drei«, versammelt in Jesu Namen (Mt 18, 20). So ist die Gefahr des Mechanischen und »Verdienstlichen« gebannt; das Leben wird nicht überhöht durch ein System heiliger Verrichtungen, sondern im Gegenteil: das Heilige will erscheinen im täglichen Werk. »Wer treulich arbeitet, der betet zwiefältig.« Wiederum wird auch die Arbeit nicht zum Gott gemacht, sondern fest verbunden mit Gebet und A. Somit ist A. nicht Voraussetzung, sondern Folge der Gegenwart Gottes. Ihre erzieherische und heilsame Wirkung ist unverkennbar angesichts der zentrifugalen Kräfte des heutigen Lebens und der Zermürbung der Seele durch Gerede, Lärm und Bild der technischen Kommunikation. Hier gewinnt das »Wort zum Tag«, »Losung«, Lesung, Lied und Gebet Bedeutung für den Glauben, die Gemeinschaft und Geborgenheit in Gott. Die mancherlei A.s- und Erbauungsbücher (Postillen, Betrachtungsbücher) wollen dem durch Unrast, Angst und Gier bedrohten Menschen festen Stand geben im Wort Gottes.

Die *Form* der A. (Haus-, Schul-, Heim-, Kranken-A.) kann sich an gottesdienstliche Vorbilder anlehnen, ist ihnen aber nicht entlehnt; ihre Einfachheit und Vielfalt erleichtert die Ausübung des jedem Christen anvertrauten Gebetsamts (1Tim 2, 8). Ihr zu wünschender Gehalt an wegweisender Lehre, Gebetsanleitung und lobpreisendem Lied führt zur Gemeinschaft und hilft dem Menschen zur Ordnung seines Lebens. Als Quelle und *Beispiel* der A., ihrer betenden, singenden, lesenden und betrachtenden Elemente, sind die Psalmen von überragender Bedeutung; in ihnen »übt man das Gewissen im Glauben zu Gott«. Den *Inhalt* der A. bildet das Wort der Schrift, das Lied der Kirche, das Gebet der Gemeinschaft (als Bitte und Fürbitte, als Bekenntnis der Schuld, als Zuspruch der Vergebung). Mette, Vesper und Complet, als von Luther (Deutsche Messe) gutgeheißene und gereinigte Formen der A., gewinnen wieder an Boden (→ Stundengebet). Ihr Wert liegt in der überindividuellen Bindung und liturgisch überzeugenden Gestalt, ihre Gefahr im unpersönlich-funktionellen »Ablauf«. Gottesdienstliche Formen der A. sind die Passions- oder Advents-A.en, die mehr betrachtende als prädikantische Verkündigung sein wollen. Lied-, Bilder- oder kirchenmusikalische A.en müssen die Gefahr religiöser Ästhetik vermeiden. Treffliche Anleitung zur A. geben Luthers »Einfältige Weise zu beten« (1522; WA 38, 358ff) und sein Kleiner Katechismus, auch die besonderen Anhänge mancher neuen Gesangbücher.

P.Graff, Gesch. der Auflösung der alten gottesdienstl. Formen I, 1937^{2}, 206ff; II, 1939, 161ff - JLH 1, 1955, 168-177 - W.Stählin, Die Regel des geistlichen Lebens, 1947 - Orate fratres, Gebetsordnung f. ev.-luth. Pfarrer, 1952^{2} - Das Stundengebet (Michaelsbruderschaft), 1952^{3} - D.Bonhoeffer, Gemeinsames Leben, 1953^{7}, 23ff - O. Brodde, Chorgebet, 1953 - J.G.Mehl, Der tägl. Gottesdienst in Haus, Schule u. Kirche, 1953 - Allg. ev. Gebetbuch, 1955, bes. 479ff. - Kath.: LThK I, 402f - Meßbuch (Volks-Schott), 1941^{49}, Einführung - Brevier.

M.Mezger

Andachtsbild ist - im christlichen Bereich - jedes Bild, das durch sein religiöses Motiv in der Lage ist, die stille Andacht, den Wunsch nach frommer »imitatio« zu wecken. A.er sind kunsthistorisch jene spätmittelalterlichen Bildwerke, die - um nur die wichtigsten zu nennen - die Marienklage (Vesperbild, Pietà), den Schmerzensmann (Pie Jesu, Erbärmdebild) und die Christus-Johannes-Gruppe wiedergeben. Die Entstehung dieser Bilder (meist Holzplastik), die in Deutschland zu Hause sind, ist wohl im großen und ganzen auf die deutsche Mystik des ausgehenden 13.Jh.s zurückzuführen. Ausgangspunkt der mittelalterlichen Bewegung dürften vielleicht die in den südwestdeutschen Nonnenklöstern geübten contemplationes (→ Mystik: VI) gewesen sein, wiewohl noch zu klären ist, ob die in der Kontemplation erfahrene Vision oder eine der Vision vorangehende Darstellung zu dem spätmittelalterlichen A.-Typ geführt hat. Hinzu kamen sicherlich auch Einflüsse aus der Ikonenmalerei (→ Ikone), vermittelt durch die italo-byzantinische Kunst des 12.-13.Jh.s. Letztlich blieb die deutsche Mystik von entscheidendem Einfluß, wofür nicht nur die kirchliche Liturgie und die religiöse Dichtung im 14.Jh. zeugt, sondern ebenso alle im kirchlichen Raum sich bewegende Darstellung. Das Gespräch des Individuums mit Gott wird im 14.Jh. zu einem ans Zärtliche grenzenden Umgang mit dem göttlichen »Du« (zB bei H. → Seuse). Zu diesem »Du« und seiner Wesenheit entbrennt man in echter Liebe (vgl. die Andacht vor dem freudvollen Vesperbild und die Nonnenvisionen im Kloster Helfta; → Mechthild von Magdeburg, → Gertrud von Helfta). Aus dem Leben Jesu werden einzelne Züge herausgelöst und für die religiöse Andacht, die contemplatio, im wahrsten Sinne des Wortes »vergegenständlicht«. Dieser Vergegenständlichungsprozeß, der ja nicht nur für das A., sondern auch für alle Darstellungsformen im Raum der Kirche (vgl. auch das → Passionsspiel, das als → Mysterienspiel ebenso Gegenstand der Andacht ist wie das Mysterienbild bzw. das A.) zur Triebfeder der künstlerischen Gestaltung geworden ist, führte schließlich mit der zunehmenden Verweltlichung im Barock zur Auflösung des frommen Bildtyps. Jetzt wandelte sich das A. zur »Idylle«, dh aus der »Heiligen Familie« wurde die »Bürgerfamilie«, aus der Muttergottes mit dem Christkind allgemein das Bild einer Mutter mit dem Kinde u.a.m.

Dagegen ist das sogenannte »kleine« A. bis in die Neuzeit religiös und künstlerisch von Bedeutung geblieben. Ursprünglich ein kleines, meist mit dem Text eines Bibelzitats oder Kurzgebets versehenes Bildchen, diente es als Einlage in Andachts-, Gebet- oder Gesangbücher und sollte wie das große A. Andacht wecken und »imitatio« (im kath. Sinne also auch die guten Werke) herbeiführen. Der Ursprung des kleinen A.s dürfte wiederum in der Hauptsache in den südwestdeutschen Nonnenklöstern des 14.Jh.s zu suchen sein. Hier fertigte man auf Seide oder Pergament gemalte A.er als Geschenke, Neujahrswünsche, Andenken. Aus diesem Brauch entwickelten sich die meist nur auf Papier und Druck beschränkten graphischen Blättchen, die vorzüglich dem Wallfahrts-, Ablaß- und Patronatswesen dienten und bis ins späte Mittelalter hinein in Blüte standen. Ihre Verfertiger waren im 15.Jh. die Briefmaler, die hohes Ansehen besaßen; ihnen folgten große Meister wie Schongauer und Dürer, denen sich die sog. Kleinmeister mit ihren »Heiligenbildchen« anschlossen. Im Zeitalter der Gegenreformation (17.Jh.) wird aus dem kleinen A. ein wichtiges Propagandamittel. Neue Motive werden für die Darstellung erschlossen. So werden im Zusammenhang mit der Pie-Jesu-Verehrung das Herz Jesu, die Pia anima, das Memento mori und die Blumensymbolik dargestellt. Im Hochbarock kommt es bezüglich des Herstellungsverfahrens zu wesentlichen Neuerungen, zB zur Nadelstich- und Ausschneidetechnik; ebenso kommen jetzt die sog. Klappbilder auf. Auch im Bereich des Protestantismus (vor allem im Luthertum) kennen wir seit dem 17.Jh. das kleine A., das sich im Pietismus und in der Brüdergemeine (hier vor allem wegen des Pleurakultes) großer Beliebtheit erfreut hat (→ Brüderunität: II). Der im 19.Jh. infolge der Mechanisierung des Druckverfahrens und der Vervielfältigung erlöschende künstlerische Wert wird im 20.Jh. neu belebt.

W.Pinder, Die Pietà, 1922 - Ders., Die deutsche Plastik I, 1923, 96ff - W.Passarge, Das deutsche Vesperbild im MA, 1924 - E.Panofsky, Jmago Pietatis (Festschr. f. M. Friedländer, 1927, 261-308) - J.Sauer, Mystik u. Kunst unter bes. Berücksichtigung des Oberrheins (Kunstwiss. Jb. der Görresges. 1, 1928, 3-28) - A.Spamer, Das kleine A., 1930 - H.Schrade, Beitr. z. Erklärung des Schmerzensbildes (Beitr. z. neueren Lit.gesch. NF 16), 1930 - LThK I, 403 - R.Bauerreiss, Pie Jesu, 1931 - H.Swarzenski, Quellen zum deutschen A. (Zeitschr. f. Kunstwiss. 4, 1935, 141-144) - RDK I, 1937, 681ff - E.Reiners-Ernst, Das freudvolle Vesperbild, 1939 - G.Wunderle, A. u. Andacht (Zeitschr. f. Aszese u. Mystik 18, 1943, 83-96) - Ders., Um die Seele der hl. Ikonen, 1947 - H.Paulus, Zur Ikonographie des Gekreuzigten im MA, 1948 - U.Rapp, Das Mysterienbild, 1952. *H.Paulus*

Andechs, auch Hl. Berg genannt, seit ca 1100 Stammburg der Grafen von A. (bis 1248). Zur Verehrung der sog. A.er Heiltümer (Kreuze, Reliquien, bes. 3 hl. Hostien, wiedergefunden 1388) entwickelte sich die älteste Wallfahrt Süddeutschlands. 1438 Chorherrenstift, 1455 in ein Benediktinerkloster umgewandelt, 1803 aufgehoben; die Kirche wurde im Barock 1669 und Rokoko 1751 umgestaltet. Ludwig I. übergab A. 1846 der Abtei St.Bonifaz OSB in München als Priorat und Landgut.

J.Hemmerle, Die Benediktinerklöster in Bayern, 1951, 18ff - R.Bauerreiss-H.Schnell, Der Hl. Berg A., 1955. *J.Hemmerle*

Andersen, *Joh. Oskar,* * 1866. Lehrer u. Prof. für nordische KG an der Universität Kopenhagen (1903-06). A. ist stark von Kr.Erslev, dem Begründer der neueren dän. kritischen Geschichtsforschung, beeinflußt. Die hohen kritischen Anforderungen seiner Forschernatur haben seine Produktion begrenzt. Durch seinen Unterricht und seine Persönlichkeit bildet er aber seit zwei Generationen das Zentrum der dän. Kirchengeschichtsforschung. - 1918-39 war A. konservativer Reichstagsabgeordneter.

Seine erste Arbeit, »Holger Rosenkrantz den laerde«, 1896, ist eine tiefdringende Studie über die Zeit der Orthodoxie (später weitergeführt in einer Abh. über Kingo). Bedeutendes hat A. für die Reformationsgeschichte geleistet (»Overfor Kirkebruddet«, 1917, »Paulus Helie« I, 1936). Heute ist er - 90jährig - im Begriff, eine große dän. Reformationsgesch. zu vollenden. *Hal Koch*

Andlaw (*Andlau*), *Heinrich Bernhard v.,* * 20.8.1802 in Freiburg i. Br., † 3.3.1871 auf seinem Gut Hugstetten b. Freiburg, aus reichsfreiherrlichem elsässischem Adelsgeschlecht der A.-Birseck, Sohn des badischen Innenministers (1810-13) Konrad Karl Friedrich v.A., der bedeutendste kath.-konservative Politiker Badens, bes. nach 1848, an der Seite von Erzbischof von → Vicari. Früh von J.M. → Sailer beeinflußt, volkstümlicher Führer der kath. Bewegung in Baden, Förderer des kath. Stiftungs-, Schul- und Vereinswesens, Präsident dreier Katholikentage (Linz 1850, München 1861, Trier 1865), Mitbegründer der kath. → Presse (: IV) und 1869 der kath. Volkspartei. A. war 1835-66 mehrfach Abgeordneter des grundherrlichen Adels in der I. Kammer und verfolgte den Plan einer »freien kath. Universität«.

Zahlr. Schriften, meist Kampfschr., u.a.: Über die Stiftungen im Ghzgt. Baden, 1845; Der Aufruhr u. Umsturz in Baden als eine natürl. Folge der Landesgesetzgebung, 1850/51; Die bad. Wirren im Lichte der Landesverfassung, 1863; Gedanken meiner Muße über die Einflüsse der Kirche, 1859/60; Priestertum u. christl. Leben, 1865. - Über A.: Bad. Biogr. I, 1875 - F.Dor, H.B.v.A., 1910 - StL I, 162 - LThK I, 407 - NDB I, 19. *Ernst Wolf*

Andorra, amtlich Vallées et Suzerainetés d'A., ist ein halbsouveräner Staat in den östl. Pyrenäen, entstanden bei der Loslösung der Spanischen Mark von der Frankenherrschaft, war zunächst eine Grundherrschaft der Grafen, seit dem 11.Jh. der Bischöfe von Urgel, die es 1176 in lehnsrechtliche Abhängigkeit brachten. 1278 kam A. unter die gemeinsame Herrschaft der Bischöfe von Urgel und der Grafen von Foix, deren Rechte im 16.Jh. auf Frankreich übergingen. Frankreich dehnte im 19.Jh. seine Befugnisse zum Nachteil der Bischöfe von Urgel aus. Spanien hat das Präsentationsrecht für das Bistum von Urgel, zu dessen Diözese A. gehört. Die Bevölkerung (ca 6000 Einw.) ist katholisch.

F. de los Rius Urruti, Vida e instituciones del pueblo de A., Madrid 1920 - J.Corts Peyret, Geografía e historia de A., Barcelona 1945 - J.M.Vidal y Guitart, Instituciones políticas y sociales de A., Madrid 1949. *R.Konetzke*

Andreä, 1. *Jakob* (1528-90), luth. Theol., * zu Waiblingen, Studium in Tübingen, 1546 Diakon in Stuttgart, während des Interims in Tübingen, 1553 Pfarrer und Superintendent, später General-Sup. in Göppingen. Seit 1561 Propst, Prof. und Universitätskanzler in Tübingen. Theologisch abhängig von Joh.Brenz, ist er vor allem an der Abendmahls-Christologie (→ Abendmahl: II) und an Fragen der Kirchenordnung und -einheit interessiert. Ein Versuch, die Kirchenzucht nach dem Vorbild Calvins zu reformieren, scheitert. Seit 1556 Mitreformator südwestdeutscher Territorien, seit 1568 auch von Braunschweig-Wolfenbüttel nach württembergischem Vorbild. A. nimmt an vielen religionspolitischen Gesprächen der Zeit teil. Er bemüht sich zunächst um Konziliation aller Evangelischen und verhandelt 1557 sogar mit → Beza und → Farel. Nach dem Stuttgarter Ubiquitätsbekenntnis 1559 unterstützt er zunehmend die territorialfürstliche Kirchenpolitik. Er beschränkt sich auf Vermittlungsversuche zwischen Philippisten und Flacianern (→ Orthodoxie); doch scheitert 1568-70 das erste Konkordienwerk. Der Neuansatz seit 1573 schließt die Philippisten aus. A.s »Schwäbische Konkordie« 1574 ist eine der Grundlagen der → Konkordienformel, an deren Zustandekommen und Durchsetzung A. 1576-80 von Kursachsen aus unermüdlich arbeitete. Er verfaßt deren Epitome und redigiert das → Konkordienbuch. Sein Kontakt zur griech.-orth. Kirche seit 1573 und die Übersendung luth. Bekenntnisschriften an den Patriarchen von Byzanz bleiben ergebnislos.

Vf. über 200 Schriften: Disputationsthesenreihen, Polemik gegen Papisten und Calvinisten, praktisch-kirchliche Gelegenheitsschriften, erste luth. Homiletik, zT selbst redigierte Protokolle theologischer Kolloquien (dogmengeschichtlich wichtig). - Joh.Val.Andreae, Fama Andreana reflorescens, 1630 - RE I, 501ff - Monographie von Th. Pressel (unvoll. Ms; Landesbibl. Stuttgart, Cod. hist. Fol. 898 Fasc. VIIa) - R.Streisand, Theologie u. Kirchenpolitik bei J.A. bis zum Jahr 1568 (Theol. Diss. Göttingen), 1952 (Masch.) - NDB I, 270f - H.Gürsching, J.A. u. seine Zeit (Blätter f. württ. KG NF 54, 1954, 123-156). *R.Müller-Streisand*

2. *Johann Valentin* (1586-1654), Enkel von 1, * in Herrenberg. Scharfsinn und Phantasie, gründlicher Studiengang und ungewöhnlich weite Interessen machten ihn zum gebildetsten luth. Theologen seiner Zeit. Als Schüler des Theologen Matthias → Hafenreffer, des Mathematikers Mästlin (des Lehrers → Keplers) und des vielseitigen Juristen Besold und als Glied eines geistvollen Freundeskreises sammelte er während seiner Tübinger Studienzeit reiche Anregungen, die durch weite Reisen - u.a. nach Genf, dessen Kirchenzucht ihm großen Eindruck machte - ergänzt wurden. Die angestaute Fülle entlud sich während der ersten ruhigen Amtszeit (Diakonus in Vaihingen 1614-20) in einer großen Anzahl von Schriften. Die berühmtesten sind die noch der Studentenzeit ent-

stammenden, aber erst jetzt anonym gedruckten Traktate der → Rosenkreutzer, deren Titelgestalt ihren Namen wohl von dem A.schen Wappen erhalten hat. Die darin enthüllte angebliche Bruderschaft war zwar nur ein Phantasiegebilde, blieb aber ein dauerndes Wunschziel A.s. Durch einen umfangreichen, ungedruckten Briefwechsel war er zeitlebens mit zahlreichen Gelehrten verbunden, die eine Religions- und Bildungsreform erstrebten. Ebenfalls der Studentenzeit entstammte noch das geistvolle faustische Drama Turbo (1616), der Vaihinger Zeit eine Reihe satirisch-zeitkritischer Schriften (Menippus 1618, Mythologia Christiana 1618 u.a.) und die Utopie Reipublicae Christianopolitanae descriptio (1619), die das Modell von Campanellas Sonnenstaat verinnerlicht und individualisiert. A.s wichtigste Schrift zur praktischen Kirchenreform ist der Anregungen Joh. → Arnds weiterführende »Theophilus« (1622), schon eine Frucht der Tätigkeit als Spezialsuperintendent in Calw (1620-39). Hier versuchte A. nach dem Genfer Vorbild dem Verfall der Gemeinde zu steuern und heilte in großartiger Liebestätigkeit (zB Gründung des heute noch bestehenden »Färberstifts« 1621) die Wunden, die der Krieg der Stadt schlug (Brand 1634). Seit 1639 Hofprediger und Konsistorialrat in Stuttgart, übertrug A. diese Bemühungen auf das ganze Land und erreichte Großes durch die Wiederbelebung der Kirchenverfassung und des Schulwesens, zerrieb sich aber an dem Bemühen, mit gesetzlicher Kirchenzucht den Zustand der Gemeinden zu heben, und an mancherlei Widerständen des landesherrlichen Kirchenregiments, das er öfters (Apap proditus 1631) scharf angriff. Amtsmüde und krank wurde er 1650 als Generalsuperintendent nach Bebenhausen, 1654 als Abt nach Adelberg versetzt. A. war trotz lutherischer Rechtgläubigkeit eine für seine Zeit moderne Gestalt: einzigartig gebildet, doch kein Denker, sondern ein Publizist, rasch anregbar und anregend, aber auch verletzlich und nicht selten maßlos. Ein seiner Begabung entsprechendes geistiges Lebenswerk ist ihm darum versagt geblieben. Und seine hingebenden Bemühungen um die Erneuerung der Kirche litten unter den Schärfen und der Unstetigkeit seines Wesens. Doch sind zahlreiche Ideen von ihm in die Bildungsbewegung seines Jahrhunderts und in den werdenden Pietismus → Speners eingeströmt. Den Schriftsteller A. hat → Herder entdeckt.

Edition, vor allem seines Briefwechsels, u. zureichende Biographie fehlen. - Bibliogr. hg.v. BURK (Tübingen 1793) u. bei JÖCHER-ADELUNG I, 1784, 810ff. - Turbo (deutsch v. SÜSS, 1907); J.V.Andreae Vita ab ipso conscripta ed. F.H.RHEINWALD, 1849 (deutsch von SEYBOLD, 1799). - RE I, 506ff; XXIII, 41 - W.HOSSBACH, J.V.A. u. sein Zeitalter, 1819 - H.LEUBE, Die Reformideen in der deutschen luth. Kirche zur Zeit der Orthodoxie, 1924 - R.KIENAST, J.V.A. u. die vier echten Rosenkreutzer-Schriften, 1926 - P.JOACHIMSEN, J.V.A. u. die ev. Utopie (ZW 2, 1926, I, 485-503. 633-642) - W.E. PEUCKERT, Die Rosenkreutzer, 1928 - F.FRITZ, J.V.A.s Wirken im Dienste der Württ. Kirche (Blätter f. Württ. KG NF 32, 1928, 37 bis 126) - DERS., Konventikel in Württ. (ebd 49, 1949, 115-134) - DERS., ebd 25, 1921, 215-217 u. ebd Bd 29-34, 1925-30 (Reg.) - G.H. TURNBULL, J.V.A.s Societas christiana (Ztschr. f. dt. Philol. 73, 1954, 407-432; 74, 1955, 151-185) - H.SCHOLTZ, Ev. Utopismus bei J.V.A. (Phil. Diss. Göttingen), 1955 *H.Bornkamm*

Andreas, 1. *Apostel,* begegnet außer in den Zwölferlisten (Mk 3, 13-19 par und Apg 1, 13) zusammen mit Simon Petrus in dem ersten in die Nachfolge gerufenen Brüderpaar (Mk 1, 16ff par). Nach dem JohEv, das A. nicht nur durch die gemeinsame Heimat Bethsaida enger mit → Philippus verbindet, erscheint er als der Typ des Jüngers, der zu Jesus führt (1, 14. 41f; 12, 22) und als früherer Täuferjünger (→ Johannes der Täufer) nun wohl zu seinen Vertrauten gehört (1, 35ff; 6, 8; Mk 13, 1). Dennoch erfahren wir im NT nur noch, daß A. Fischer und Hausbesitzer in Kapernaum war (Mk 1, 16, 29). Diese Angaben könnten durchaus historisch sein; daß der griech. Name A. (= mannhaft) auch sonst bei Juden begegnet, bietet dafür kein Hindernis. Als Predigtgebiet bezeichnen Euseb. (h.e. III, 1) Skythien (A. Patron von Rußland), Hieronymus (Epist. ad Marcellum) Achaja. Nach den → Andreasakten erlitt A. den Kreuzestod (Crux decussata, Andreaskreuz). Märtyrertag: 30. November (Greg. Naz. Orat. 4).

CH.ROHAULT DE FLEURY, Les saints de la messe X, 1899 - HENNECKE², Reg. - O.STÄHLIN, Die altchristl. griech. Literatur, 1924 - LThK I, 410f. *W.Schmauch*

2. *Erzbischof von Cäsarea* in Kappadokien (nicht vor 563), verfaßte (spätestens 613) einen Kommentar zur Apk, mit dessen reicher handschriftlicher Überlieferung die eine der zwei jüngeren Rezensionen des griech. Apk-Textes (v.Soden Aν) verbunden ist.

Vulgärgriech. Übers. durch Maximos Peloponnesios (17.Jh.), armen. Übersetzung durch Nerses von Lampron (1179), georg. durch Euthymios vom Athos, kirchenslaw. (Kiew 1625). Fragmente einer zur Gattung der Erotapokriseis gehörigen Θεραπευτική hg.v. F.DIEKAMP (Analecta Patristica, Orientalia Christiana Analecta 117, 1938, 161-72). - REI, 514ff - F.DIEKAMP, Das Zeitalter des Erzb. A.v.Cäs. (HJ18, 1897, 1-16) - J.SCHMID, Stud. z. Gesch. des griech. Apk-Textes, 2 Bde, 1955f. *J.Schmid*

3. *von Kreta,* * ca 660 in Damaskus, Mönch und Kleriker in Jerusalem und schließlich Metropolit von Kreta, † wahrscheinlich 740, Prediger und Kirchendichter. Seine erhaltenen Predigten belaufen sich auf etwa 50 (22 davon in MPG 97, 805-1301). A. gilt als der Erfinder des → Kanon (: I), einer Erweiterung des alten → Kontakion zu neun → Oden mit drei und mehr Strophen. Berühmt war sein »Großer Kanon« (250 Strophen), der heute noch in der Fastenliturgie gesungen wird.

MPG 97, 1306ff (der »Gr.Kanon« u. vier weitere Kanones). - A.EHRHARD bei K.KRUMBACHER, Gesch. der byzant. Litteratur, 1897², 165f - A.EHRHARD, Überlieferung u. Bestand der hagiograph. u. homilet. Lit. der griech. Kirche, 1937/38, passim - TH.NISSEN, Zum Text der Rede des A. über die Vergänglichkeit (Philologus 92, 1937, 177-198. 382-385). *H.-G.Beck*

4. *von Longjumeau,* OP († nach 1270), besucht 1245 bis 1247 im Auftrag → Innozenz' IV. → Nestorianer und → Jakobiten in Syrien und Mesopotamien (vorübergehende persönliche Unionen mit Rom) und ein Tatarenlager, 1249-51 als Gesandter → Ludwigs IX. den Hof des Groß-Chans östlich des Balchaschsees; wirkt später in Tunis als Missionar.

DHGE II, 1677ff - BiblMiss IV, 1928, 2f. 10ff (Lit.) - Catholicisme I, 530f. → Johannes de Plano Carpini (Pelliot, Soranzo). *M.A.Schmidt*

Andreasakten. Zu den Apostellegenden, die Eusebius, hist. eccles. III, 25, 6f als abgeschmackt und gottlos bezeichnete, gehören romanhafte Schilderungen von Missionsreisen, Wundertaten und dem Martyrium des Apostels → Andreas. Sie wurden vornehmlich in der byzantinischen Tradition durch Legenden um Petrus und Matthias sehr vermehrt. Die ursprünglichen Texte des Leucius Charinus (um 200) sind zumeist verloren; sie gingen bei den Gnostikern um (→ Gnosis: III).

HENNECKE, Hdb. 544ff - J.FLAMION, Les actes apocryphes de l'apôtre André, 1911 - HENNECKE² 249ff (Lit.) - F.BLATT, Die lat. Bearbeitung der Acta apud anthropophagos, 1930. *R.Schütz*

Andres, *Stefan,* * 26.7.1906 in Breitwies b. Trier, lebt in Unkel a.Rh., Erzähler. – Ursprünglich zum Theologen bestimmt, wahrt A. in seinen Erzählungen und Romanen das religiöse Thema, teils mehr autobiographisch (Eberhard im Kontrapunkt, 1934, Der Knabe im Brunnen, 1953), teils als religiöses Problem seiner Romangestalten. In »Die Hochzeit der Feinde« (1947) siegt der starke katholische Glaube eines jungen Mädchens über nationale Gegensätze und hierin begründete Schuld; in »Ritter der Gerechtigkeit« (1949) vollzieht ein alter italienischer Fürst am Ende seines Lebens die Selbstüberwindung zu einer alles egoistisch Ichhafte preisgebenden Erniedrigung zu den Elendesten. In »Wir sind Utopia« (1943) entschließt sich ein ehemaliger Mönch, jetzt Soldat und Gefangener im spanischen Bürgerkrieg, statt zur möglichen Befreiung zum Leiden und Tode. In seinem Doppelroman »Die Sintflut« (1949/51) stellt A. in einem Realistik symbolisch überhöhenden Gemälde das Werden einer modernen Diktatur dar. – A.s Erzählkunst ist inhaltlich ausgezeichnet durch den Ernst, die Konkretheit seiner religiösen Thematik, worin der Mensch in seiner Verantwortlichkeit vor Gott erscheint, darstellerisch durch fruchtbare Phantasie, mitreißenden, oft fast barocken erzählerischen Elan. – Das lyrische Werk, zwar schmal, ist durch Gehalt und Form gewichtig.

Die Sintflut. Teil 1: Das Tier aus der Tiefe, 1949, Teil 2: Die Arche, 1951; Der Granatapfel (Gedichte), 1950; Der Knabe im Brunnen, 1953; Die Reise nach Portiuncula, 1954. - J.Pfeiffer, Wege zur Erzählkunst, 1953, 139ff - F.Piedmont, Untersuchungen zur Lyrik S.A.' (Diss.), 1953 - O.Mann, S.A. (Christl. Dichter der Gegenwart, 1955, 391ff; Lit.). *O.Mann*

Andrewes, *Lancelot* (1555-1626), * in Barking bei London, Student in Cambridge, Fellow (Studentenerzieher), Katechet und 1601 Dekan in Oxford, 1605 Bischof von Chichester, 1609 von Ely, 1618 von Winchester; seit 1609 im Rat des Königs. Durch seine beispielhafte Frömmigkeit, seine biblische und dogmatische Tiefe, seine von seltener Sprachbegabung unterstützte patristische Gelehrsamkeit war er der führende Theologe Jakobs I. Allgemein wirkte er als Prediger, Katechet, theologischer Polemiker, der den Anspruch Roms auf Katholizität energisch bestritt (gegen die Kardinäle → Bellarmin und → Duperron) und ihn der Kirche von England beilegte. Als Kirchenrechtsdogmatiker leitete er das Bischofsamt (gegen den reformierten Theologen → Du Moulin) christologisch, dh aus den Auftrags-, Werks- und Würdebezeichnungen Jesu im NT ab. Als Erbauungsschriftsteller schuf er in seinen Preces Privatae für seinen eigenen Gebrauch biblisch und patristisch konzipierte Gebete. Im Anglikanismus gilt A. als theologische und kirchliche Autorität ersten Ranges, häufig als Musterbild eines kirchlichen Theologen überhaupt. Er ist der Vater des älteren →Anglokatholizismus; William →Laud war sein Schüler, John →Donne und Hugo →Grotius waren seine Freunde. In der Abendmahlslehre vertrat er gegen die römisch-katholische Transsubstantiation und gegen die lutherische Realpräsenz die Auffassung, daß die Segnung (Konsekration) die Elemente verändere, ohne über Art und Umfang der Veränderung Aussagen zu machen; den Opfergedanken nahm er auf. So wies er seiner Kirche die via media zwischen dem das altkirchliche Erbe vertretenden Rom und der festländischen Reformation. Im Streit um die Rechtfertigungslehre im 18.Jh. (G.→Whitefield gegen E. → Gibson) wurde seine Predigt über dieses Thema von Whitefield als Lehrnorm aufgeboten.

Werke in: Library of Anglo Catholic Theology, 11 vols, Oxford 1841-53. Posthume Ausg. der Preces Privatae von R.Drake 1648, beste moderne Ausg. von Brightman 1903, neu in engl. Übers. von J.H.Newman 1842 (aus dem Griech.), von J.M.Neale 1844 (aus dem Lat.). - Neueste Biographie v. F.Higham 1951. - R.W.Church, L.A. (in: Masters of English Theology, hg.v. A.Barry, 1877) - W.H. Frere, L.A. as a Representative of Anglican Principles (Church Hist. Soc. Publications 44), 1898 - A.Whyte, L.A. and his Preces Privatae, 1898 - T.S.Eliot, For L.A., 1928. *M.Schmidt*

Androutsos, *Christos,* neugriech. Theol. und Philosoph, 1869-1935, Studium in Chalki und Leipzig (phil. Diss.: »Das Böse bei Plato«), 1911-35 Prof. der Universität → Athen, dazwischen zweimal aus politischen Gründen suspendiert. A. hat durch seine Lehrtätigkeit und durch seine Werke einen tiefgreifenden Einfluß auf die Ausbildung der Theologen ausgeübt, wirkte auch auf die Kirchenpolitik seiner Zeit ein. Er gilt als »der legitimste Vertreter des philosophischen Geistes der griech. Orthodoxie« (K.D.Georgoulis).

Hauptwerke (griech.): Symbolik in orth. Sicht, (1901) 1930²; Dogmatik der orth. Ostkirche, 1907; Christl. Ethik, 1925. - Über A.: P.Bratsiotis, Chr.A., 1939. - Bibliogr.: D.Balanos, Gesch. der theol. Fakultät, 1937, 45. *G.Möckel*

Anfechtung ist die Bezeichnung einer mit den Urphänomenen → Furcht, → Gewissen, → Sünde und Schuld (: VI. VII) zusammenhängenden Wirklichkeit. Mit ihr und ihrer Bewältigung befassen sich Philosophie und Psychologie unter dem Begriff der → Angst. Für die Theologie sind A.en keineswegs bloße Schwächen der menschlichen Natur, sondern geistlich höchst bedeutsame Relationen. Als Angriff auf den ganzen Menschen ist die A. immer Glaubensprobe. Mit »Anfechtung« ist nämlich nicht nur der menschliche Zustand der Angefochtenheit, sondern ein reales Widerfahrnis von seiten der A.smächte gemeint. Dabei stehen nicht Glaube und A. in Gegensatz, sondern Glaube und Verzweiflung, d. i. der negative Ausgang der A. In der A., die von kurzer Erschütterung bis zu anhaltender Betrübnis reichen kann, stellt sich die Frage nach Gott und der → Gerechtigkeit Gottes (vgl. auch → Theodizee: III). Der Glaube ist von Gott aufgerufen, die A. zu überwinden, auch die ernsteste A., die »A. durch Gott selbst« (→ Gesetz: VI; → Zorn Gottes: IV). Hier gilt es, wie → Luther (: II) sagt, »Gott gegen Gott zu besiegen« und »contra deum ad deum confugere«. Die »hohen« A.en, hinter denen Gott selbst steht, unterscheidet Luther von den satanischen, mehr auf das Feld des Vordergründigen gehörenden A.en. In Gestalt von »Tod, Entehrung, Gewissen und tausend Gefahren bestürmt die A. das Herz inwendig« (WA 5, 578, 17). Auch der → Teufel (: IV) geht in seinem Treiben mit A. und der ihm näherliegenden → Versuchung vor, aber in allen A.en soll der Mensch »zuallererst zu Gott laufen und erkennen und aufnehmen, daß alles von Gott zugeschickt werde, es komme vom Teufel oder von Menschen« (WA 18, 480, 2). A.en, Trübsale und → Leiden (: II-IV) kommen über den einzelnen und über die Gemeinde als ganze. Das erfuhr, wie Israel, auch die Urgemeinde; darin wurde Hiob, Jeremia, Jesus und jeder Apostel heimgesucht. Den Segen der A. als Prüfung des Glaubens zur Bewährung, Stärkung und zum Wachstum des Vertrauens auf Gott hat die Christenheit in Erinnerung an Abraham (Gen 22; Röm 4; Hebr 11) im Sinne von Jak 1, 2f. 12; 1Petr 1, 6f immer wieder bezeugt und dabei erfahren, daß Gott die Kraft des Glaubens auch zur Überwindung der A. schenkt.

Zum Sachverhalt der A. in der Bibel (mit Lit.): BThH 25f. 27. 642f - EKL I, 119f - Bauer, WB 656f. 1165ff. 1565ff - ThW III, 139ff; VI, 23ff. - Zur theol. Sicht, außer Darstellungen der Dogmatik (zB Barth, KD): P.Th.Bühler, Die A. bei Martin Luther, 1942 (Lit.) - K.Barth, Die christliche Gemeinde in der A., 1942 - L.Pinomaa, Die A. als Hintergrund des Evangeliums in der Theol. Luthers (Luther-Agricola-Gesellschaft in Finnland 4, 1942, 98-113) - H.Vogel, Meditatio, tentatio, oratio (Der Anfang, H. 1, 1947, 41-67) - J. v. Rohr, The Sources of Luther's Self-Despair in the Monastery (JBR 19, 1951, 6-11) - P.Tillich, Der Mut zum Sein, 1953 - H.Beintker, Die Überwindung der A. bei Luther, 1954 (Lit.) - W. Pannenberg, A. u. Prädestination bei Luther (KuD 3, 1957). *H.Beintker*

Angela *von Foligno* (1248-1309), Selige, Mystikerin. Früh vermählt und lange der »Welt« verfallen, bekehrte sie sich um 1285. Nach dem Tod ihrer Angehörigen trat sie 1291 in den Dritten Orden des hl. Franziskus ein, verkaufte ihre Habe und lebte ganz der Buße und Nächstenliebe. Die ihr zuteil gewordenen Offenbarungen enthält das von ihrem Beichtvater, dem Franziskaner A. (Arnold?), nach Diktat niedergeschriebene Memoriale (Liber sororis Lelle de Fulgineo = Liber de vera fidelium experientia). Wegen der Tiefe ihrer mystischen, von → Bonaventura beeinflußten Theologie wird sie »magistra theologorum« genannt.

Ihre Schriften ed.v. P.Doncoeur (Le livre de la bienheureuse A. de F., 1926), M.J.Ferré (Le livre de l'expérience des vrais fidèles, 1927), M.F.Pulignani (L'autobiografia e gli scritti della beata A. da F., 1932). Deutsche Übers. von Jan van den Arend (Gesichte u. Tröstungen der sel. A.v.F., 1924). - L.Leclève, S.A. de F., sa vie, ses oeuvres, 1936 - A.Blasucci, Il cristocentrismo nella vita spirituale secondo la b. A. da F., 1940 (Lit.) - LThK I, 426 - DSp I, 307f - EC I, 1229f. *B.Decker*

Angelico, *Fra* → Fra Angelico.

Angeliken und Guastallinen. *Angeliken* nannten sich die Mitglieder einer 1530 von Luise Torcelli, Gräfin von Guastalla bei Parma gegründeten Gemeinde, die die → Augustinerregel annahm und 1535 päpstlich bestätigt wurde. Revision der Statuten 1625. Die Frauen wollten Schutzengel für gefährdete Mädchen sein. Im Anfang des 19.Jh.s ging der Orden unter, lebte aber 1879 wieder auf. - Die Stifterin der A. errichtete auch die Genossenschaft der *Guastallinen* (so vom Volk nach dem Kolleg in Guastalla genannt) zur Erziehung von adeligen Waisenmädchen. Die Gemeinschaft besteht noch in Mailand.

Heimbucher I, 640 - LThK I, 429; IV, 730. *Ph.Hofmeister*

Angelo Clareno → Petrus von Fossombrone.

Angelsachsen, Nachkommen der Angeln, Sachsen, Jüten, die nach 450 → Britannien (außer Cornwall, Wales und Schottland) eroberten; die 7 Königreiche Kent, Wessex, Sussex, Essex, Mercien, Ostanglien, Northumbrien kamen erst im 9.Jh. zu politischer Einheit. 1066 erlag ihr letzter König Eduard der Bekenner (1042-66) bei Hastings dem Herzog Wilhelm von der Normandie. Christentum und Kirche aus den Römertagen hatten die A. in ihrem Gebiet ausgerottet. 596 sandte Papst → Gregor d.Gr. 40 Benediktiner unter → Augustin zu dem mit einer fränkischen Königstochter vermählten König Ethelbert von Kent, der wohl 601 getauft wurde. Kluge Leitung Gregors brachte raschen Erfolg: erste kirchliche Organisation mit Erzbistum → Canterbury 597 (1. Erzbischof → Augustin † 604). Ein Erzbistum für den Norden 634 (→ York unter Paulinus) ging in heidnischer Reaktion unter. Nach Rückkehr zum Christentum herrschte in Northumbrien das Iroschottische Kirchentum (→Irland: I), ausgehend vom schottischen Kloster Iona (Hy) und von Lindisfarne. 664 (Synode von Streaneshalch) siegte mit → Wilfrith die römische Richtung. Unter dem von Rom entsandten Griechen → Theodor (Erzbischof von Canterbury 669-90) und seinem Mitarbeiter Abt Hadrian (670/71 bis 709/10) folgte der Ausgleich mit den Iren und ein Aufschwung kirchlicher Organisation und Bildung. Northumbrien (735 Wiederherstellung der Metropole York unter → Egbert) entwickelte ein alle Wissensgebiete umfassendes geistiges Leben (→ Beda) und religiöse Dichtung in der Volkssprache; in Wessex übernahm → Aldhelm von den Iren besonders die pretiöse Latinität. Die enge Bindung an Rom, die eine starke Petrusverehrung (Wallfahrten) hervorrief, wirkte durch die Mission (→ Willibrord, → Bonifatius), die mit besonderer Liebe die Altsachsen erfaßte, auf den Kontinent. Unter → Karl d.Gr. nahmen die A. (→ Alkuin, → Fredegisus) entscheidenden Anteil an der Erneuerung der abendländischen Bildungstradition. Dem mit den Normanneneinfällen verbundenen kulturellen Rückgang steuerte König Alfred d.Gr. (871-99) durch seine Gesetzgebung, Heranziehung auswärtiger Gelehrter und seine Übersetzungen in die Volkssprache (Gregors d.Gr. Cura pastoralis, Boethius' Trost der Philosophie, Orosius, Augustin, Beda). Das kirchliche Leben der Spätzeit bestimmten → Dunstan, → Aelfric und Erzbischof Wulfstan von York (1002-23).

Caspar I, 505ff. 676ff - Haller I, 364ff - S.J.Crawford, Anglo-Saxon influence on western Christendom, 1933 - R.H.Hodgkin, A History of the Anglo-Saxons, 2 Bde, (1933) 1952² - F.M.Stenton, Anglo-Saxon England, (1943) 1950² - W.Levison, England and the continent in the eighth century, (1946) 1950² - E.S.Duckett, Anglo-Saxon Saints and Scholars, 1948 - Wattenbach-Levison 2, 1953 § 2 - D.Whitelock, English Historical Documents c. 500-1042, 1955. - Th.Zwölfer, St.Peter, Apostelfürst u. Himmelspförtner. Seine Verehrung bei A. u. Franken, 1929 - Sermo Lupi ad Anglos, ed. D.Whitelock, 1939 - H.S.Brechter, Die Quellen zur A.mission Gregors d. Gr., 1941 - D.Whitelock, Archbishop Wulfstan, homilist and statesman (Transactions of the Royal Hist. Soc. 4th ser. 24), 1942 - H.-D.Kahl, Papst Gregor d. Gr. u. die christliche Terminologie der A. (ZMR 40, 1956, 93-111. 190-200). *H.Löwe*

Angelsächsischer Einfluß auf das religiöse und kirchliche Leben in Deutschland. Da im angelsächsischen Raum die Freikirchen vorherrschen, ist der Einfluß weit weniger im deutschen Kirchentum (→ Common Prayer Book als Unionsagende: → Jablonski; anglikanisch-preußisches Bistum in → Jerusalem [: II]) als in Erweckungsströmungen verschiedenster Art und in Betonung eines Tatchristentums aufzuweisen. Berührungen ergaben sich durch das gemeinsame Anliegen bei Mission und Bibelverbreitung (→ Basler Mission und Church Missionary Society; → Christentumsgesellschaft und Society for Promoting Christian Knowledge; → Bibelgesellschaften). Die ev. Richtung (ev. Allianz: → Allianzbewegungen), die Freikirchen und Sekten fanden in Deutschland Boden (→ Gemeinschaftsbewegung), zumal durch ehemalige Auswanderer (Gottlob Müller, Gründer der Wesleyanischen Gemeinschaft, S.L.Jakoby, Gründer der Methodistenkirche in Deutschland, J.G. → Oncken, → Evangelische Gemeinschaft; vgl. auch J.N. → Darby). Eigene Religionsgemeinschaften der → Methodisten und → Baptisten entstehen in Deutschland und unter amerikanischem Einfluß auch (Sekten-) Gemeinden der → Mormonen (1861), → Adventisten (1876), der → Christian Science (1899), der → Heilsarmee (1900) und der Ernsten Bibelforscher (→ Zeugen Jehovas, 1903). Die → Pfingstbewegung (1906) ist von den USA aus herübergekommen. Bei der Sammlung einer luth. Freikirche wirkt sich der Einfluß der Missouri-Lutheraner aus. In der neupietistischen → Gemeinschaftsbewegung sind Einflüsse englischer → Erbauungsliteratur (J. → Bunyan), des gefühlsbetonten Liedgutes und von Erweckungspredigten (R.P. → Smith, E. → Irving, Ch. → Spurgeon, Ch.G. → Finney, D.K. → Moody, B. → Graham) unverkennbar. Die auf amerikanischen Anregungen beruhende englische → Sonntagsschule bürgerte sich in der Form des → Kindergottesdienstes auch in den luth. und ref. Kirchen ein. Wesentliche Anstöße zur Entwicklung eines christlichen Vereinswesens (Christlicher Verein junger Männer, Christliche Studentenvereinigung, Bund für entschiedenes Christentum) sind von den USA ausgegangen (J. → Mott), wodurch dann ihrerseits die → ökumenische Bewegung getragen und belebt wurde. Fremdkörper blieb die öffentliche Bekehrung und das Laiengebet im Gottesdienst, dagegen wurde die Aktivierung des Laienelements der angelsächsischen Freikirchen im Ev. → Kirchentag, den Ev. → Akademien und der → Haushalterschaft aufgegriffen. Das Tatchristentum der amerikanischen Kirchen für Deutschland nach 1945 (Lutheran World Service, Mennonite Central Committee, Brethren Service Commission, American Friends Service Committee) wirkte sich als Segen und Ansporn aus.

Die von dem Amerikaner Frank → Buchanan ausgehende Oxford-Gruppenbewegung (→ Moralische Aufrüstung) fand besonders nach dem 2. Weltkrieg im deutschen Raum beachtlichen Widerhall. Die in Amerika erprobten Methoden, einen in primär kirchlichen Veranstaltungen nicht erreichbaren Kreis durch → Film → Rundfunk, → Evangelisation anzusprechen, können zwar nicht einfach übernommen werden, würden sich aber in einer sinngemäßen Abwandlung zweifellos als segensreich erweisen.

RGG[1] II, 337ff - P.FLEISCH, Die moderne Gemeinschaftsbewegung in Deutschland, (1903), 2 Bde, 1912-14[3] - A.KELLER, Amerikanisches Christentum - heute, 1943 - N.SYKES, D.E.Jablonski and the Church of England, 1950 - E.BENZ, Bischofsamt u. apostolische Sukzession im deutschen Protestantismus, 1953 - U.KUNZ, Viele Glieder - Ein Leib 1953 - HUTTEN passim - R.ROUSE and ST.CH.NEILL, A. History of the Ecumenical Movement 1517-1948, 1954.

F.Schlingensiepen

Angelus Silesius, Dichtername *Johann Schefflers* (1624-77). Als Student in Holland von Mennoniten und Kollegianten beeinflußt, gehörte er 1649-53 als Leibarzt des Herzogs von Oels zu dem schlesischen Mystikerkreise um → Frankenberg und → Czepko, von dessen Monodisticha er formal, zT wörtlich bestimmt ist. Aus dem Geist → Eckeharts, → Weigels, → Böhmes und unter Benutzung der Sammlung der katholisch-mystischen Tradition von Maximilian Sandaeus SJ (Pro theologia mystica clavis, 1640) schuf er die »Geistreichen Sinn- und Schlußreime« (1657; 1675 unter dem Titel »Der cherubinische Wandersmann«). In meisterhaft knapper, oft paradoxer, mitunter spielerischer Form entwikkelt er einen scharf ausgeprägten mystischen Gottesgedanken, doch ohne die Züge der Böhmeschen Naturmystik. Gott ergießt sein ganzes Sein in die Seele; sie vermag die völlige Verschmelzung mit ihm zu erleben, die Scheffler in einer Fülle von Bildern schildert. 1653 trat er, der luth. Kirche durch die mystischen Erfahrungen und persönliche Zusammenstöße entfremdet, zum Katholizismus über. Seine exzentrische, heftige Natur machte ihn, namentlich nach seiner Priesterweihe (1661), zu einem maßlosen Polemiker und schroffen Vorkämpfer der Gegenreformation. Während sich in seiner die pietistische Dichtung (→ Arnold, → Tersteegen, → Zinzendorf) anregenden Liedersammlung »Heilige Seelen-Lust« (1657, 1668[2]) neben süßlicher Nachahmung der barocken Schäferpoesie noch Zeugnisse echter geistlicher Lyrik finden (»Ich will dich lieben, meine Stärke«, »Mir nach, spricht Christus unser Held«), verbindet sich in der »Sinnlichen Beschreibung der vier letzten Dinge« (1675) sein Formgeschick mit einer grausig-theatralischen Phantasie. Die frühere Innerlichkeit ist völlig erloschen.

GA v. G.ELLINGER, 2 Bde, 1924 (mit Streitschriften), u. H.L.HELD, 3 Bde, 1952[3] (mit Urkunden u. Lit.) - Ch. W., hg. v. W.-E.PEUKKERT, o.J. (1948). - RE XVII, 542ff - R.v.KRALIK, J.Sch. als kath. Apologet u. Polemiker, 1913 - G.ELLINGER, A.S., 1927 - K.VIËTOR, J.Sch. (Schles. Lebensbilder III, 1928, 78-89) - H.GIES, Eine lat. Quelle zum »Ch.W.« des A.S., 1929 - R.NEUWINGER, Die deutsche Mystik unter bes. Berücksichtigung des »Ch.W.« J.Sch.s, 1937.

H.Bornkamm

Angelusläuten ist in der röm.-kath. Kirche ein Gebetsläuten, bei dem vor dem Avemaria die Versikel »Angelus Domini« zu beten ist. Das Feierabendgeläut bürgerte sich im 13.Jh. ein, dann die Morgenglocke; für Mittag verordnete Calixt III. 1457 die Türkenglocke, das Läuten pro pace. Die luth. Reformation billigte das Läuten, die dabei übliche Marienverehrung scharf abweisend. Heute gewinnt die Betglocke auch in ev. Stadtgemeinden wieder Raum.

BRAUN, LH 29 - P.GRAFF, Gesch. der Auflösung der alten gottesdienstl. Formen in der ev. Kirche Deutschlands I, 1937[2], 226f - W.JANNASCH, Gesch. d. luth. Gottesdienstes in Lübeck, 1928, 120f.

W.Jannasch

Angestellte. Den Begriff A. eindeutig abzugrenzen, ist bis heute nicht gelungen. Ein neuerer Definitionsversuch bezeichnet als A. Menschen, die in abhängiger nichtbeamteter Stellung mit arbeitsleitenden, konstruktiven bzw. analysierenden, verwaltenden und merkantilen Funktionen betraut sind (Croner). Andere Abgrenzungen gehen aus: a) von der Art der Tätigkeit und bezeichnen A. als Menschen in persönlicher und wirtschaftlicher Abhängigkeit, die »überwiegend mit Kopfarbeit« beschäftigt sind (RAG-Entscheid), b) von der sozialen Wertschätzung und fassen als A. Männer und Frauen, die durch Arbeitsvertrag zur Leistung von Diensten verpflichtet sind, deren gesellschaftliche Bewertung oberhalb derjenigen der Dienste von Arbeitern liegt (Heyde), c) von arbeitsrechtlichen Sonderstellungen, wonach A. im Gegensatz zum Arbeiter ein Anrecht auf Kündigungsfrist und befristete Weiterzahlung des Gehalts im Krankheitsfalle haben (Arbeitsrecht). - Allen diesen Abgrenzungen ist gemeinsam, daß sie einen Teil der heute vorkommenden abhängigen nichtbeamteten Tätigkeiten, auf die nicht der Arbeiterstatus zutrifft, klar als A.nverhältnisse umreißen, für andere Teile aber, die ebenfalls nicht eindeutig den »Arbeitern« zuzurechnen sind, es zu einer Ermessensfrage werden lassen, ob es sich hier um »A.« handelt oder nicht. Praktische Bedeutung hat die Entscheidung, ob »Arbeiter« oder »A.«, lediglich für die Zuweisung zur Invaliden- oder zur A.nversicherung. Das A.nversicherungsgesetz versucht keine grundsätzliche Definition, sondern umreißt Berufsgruppen, die »insbesondere« unter dieses Gesetz fallen. In Einzelfällen sowie bei der Entstehung neuer Berufe im Zuge der Wirtschaftsentwicklung war immer und ist bis heute ein Gerichtsentscheid erforderlich, ob die gemeinten Personen A. sind oder nicht. So entwickelte sich im Laufe der Zeit eine Liste, aus der zu entnehmen ist, daß zB Straßenbahnfahrer, Kraftfahrer, Wachmänner, Kosmetikerinnen, Zeitungsverkäuferinnen im Kiosk als Arbeiter, dagegen beispielsweise Zahntechniker, Plakatmaler, Kameramänner, Maurerpoliere im festen Arbeitsverhältnis als A. zu behandeln sind. - Die Schwierigkeiten, eine grundsätzliche Abgrenzung zu finden, und ebenso die Diskussion darüber, ob die A.n eine eigene Klasse, ein Berufsstand oder eine besondere Schicht sind, und schließlich die Wandlungen in den Organisationsformen der A.nschaft sind nur verständlich, wenn man sie auf dem Hintergrund des historischen Ursprungs und der weiteren Entwicklung der A.n betrachtet. - Während in der Anfangszeit der industriellen Entwicklung im Handwerksmeister oder Handelsherrn alle Funktionen, die im jeweiligen Gewerbezweig auftraten, vereinigt sind, kommt es im Zuge fortschreitender Industrialisierung zu einer Aufspaltung der Funktionen. Zunächst werden die reinen handarbeitlich technischen Arbeiten abgespalten und gehen an einen neu entstehenden Typ tätiger Menschen - den → Arbeiter - über. Die restlichen Funktionen bleiben im sog. → »Unternehmer« vorerst vereinigt, bis die Entwicklung von Großbetrieben, die durchgreifende innerbetriebliche → Rationalisierung, der Ausbau des Verkehrs-, Handels- und Geldwesens eine Aufspaltung auch der »Unternehmerfunktionen« brachte. Praktische Kontrollfunktionen im Betrieb, administrative und organisatorische Tätigkeiten werden von der Restfunktion des Finanziers getrennt und weitgehend einem neu entstehenden Typ, dem A.n, übertragen. - Dieser unterscheidet sich vom Arbeiter also dadurch, daß er Funktionen übernommen hat, die noch reine Unternehmerfunktionen waren, als der Arbeiter als Typ bereits existierte. Er steht hiernach zwischen Arbeiter und Unternehmer. - Die starke Zunahme der A.n beginnt vor der Jahrhundertwende und hält bis heute an. 1939 waren 12,8 v.H. aller Erwerbspersonen im Bereich der Bundesrepublik A., 1950 bereits 16 v.H. Im Laufe der Zeit spaltete sich die A.nschaft außerordentlich auf. Gemessen an den Funktionsbefugnissen und an der sozialen Ranglage, gliedert sich nach oben die Gruppe der sogenannten leitenden A.n ab, die in ihren Spitzen als »Manager« nicht zu Unrecht als die bestimmenden Figuren des Wirtschaftsprozesses bezeichnet werden. Demgegenüber bildet sich unterhalb der eigentlichen Ursprungsgruppe infolge der ungeheuren Ausdehnung der administrativen und organisatorischen Aufgaben eine breite Schicht, die die dabei anfallenden Routinearbeiten übernimmt. Von Kontroll- oder leitenden Funktionen ist hier zT nichts mehr vorhanden. Mit dieser Aufspaltung parallel lief eine Differenzierung der A.neinkommen, die in ihren Spitzen heute weit über den höchsten Arbeitereinkommen, in ihren unteren Gruppen aber wesentlich tiefer als die Einkommen vieler Arbeiter liegen. - Vom Arbeiter gesehen, waren die »ursprünglichen« A.n Menschen ohne Besitz von Produktionsmitteln, also auch Proletarier. In ihrem Selbstverständnis hoben sie sich dagegen vom Arbeiter deutlich ab. Sei es, daß sie ihre Nähe zum Prinzipal betonten, weil sie - besonders im Bereich des Handels - ihre Stellung ursprünglich lediglich als Übergang zu späterer Selbständigkeit auffaßten, oder daß sie ihre Kontrollbefugnisse und die ihnen übertragenen Unternehmerfunktionen besonders in den Vordergrund stellten. So gehen auch die ersten Organisationen (zB im Bereich der Handlungsgehilfen der »Verein für Handlungs-Commis von 1858«) von diesem engen Verhältnis zum Chef aus. Je mehr sich jedoch die administrativen und organisatorischen Tätigkeitsbereiche ausweiten und eine Nähe zum Chef höchstens noch für die leitenden A.n vorhanden ist, um so stärker setzt sich der gewerkschaftliche Gedanke durch, daß auch die A.n eine Interessenvertretung gegenüber dem Arbeitgeber benötigen. Das bedeutet allerdings nicht, daß die A.nverbände aufhörten, ihre Sonderstellung gegenüber den Arbeitern zu betonen. - Auch nach dem 2. Weltkrieg wirkte sich dies wieder in der Lösung der Deutschen A.n-Gewerkschaft (DAG) von den Industrieverbänden des DGB aus. Daneben kam es zur Gründung des Deutschen Handlungsgehilfenverbandes (DHV) und des Verbandes der weiblichen Angestellten e.V. (VWA), welche an alte Verbandstraditionen der Zeit vor 1933 anzuknüpfen suchen. Die immer wiederkehrenden Bestrebungen zur Hervorkehrung der Sonderstellung der A.n finden ihren Rückhalt insbesondere in den Mittelschichten der A.nschaft. Sie gehen jedoch entschieden zu weit, wenn daraus abgeleitet wird, daß die A.n eine eigene Klasse oder ein besonderer Stand sind. Das gilt vor allem nicht mehr, nachdem es zu den außerordentlichen Differenzierungen und zur Ausweitung der einfachen und »unteren« A.ntätigkeiten gekommen ist. Die A.n bilden heute gemeinsam mit Arbeitern und Beamten den größten Teil der erwerbstätigen Bevölkerung, nämlich rd 80 v.H. Diese drei Gruppen haben eines gemeinsam: sie sind »Diensttuende« (Neundörfer). So sind die Interessen gewisser Gruppen der Arbeiter denen einiger A.ngruppen ähnlicher als die Interessen verschiedener A.ngruppen untereinander. Wo »Arbeiter« und »A.« ineinander übergehen oder wo sich die Interessen der »A.n« von denen der Arbeiter und Beamten trennen, wird also immer unklarer und problematischer.

E.Lederer, Die Privat-A.n in der modernen Wirtschaftsentwicklung, 1912 - E.Lederer u. J.Marschak, Der neue Mittelstand (GdS IX, 2), 1926 - HWSW I, 198ff (L.Heyde) - K.Dreyfuss, Beruf u. Ideologie der A.n, 1933 - F.Marbach, Theorie des Mittelstandes, Bern 1942 - H.Wolters, Die A.n im Arbeitsrecht, 1949 - F.Below, Die A.n als Arbeitnehmerkategorie, ihre soziale u. wirtschaftliche Stellung im Gesellschaftsgefüge (SchmJb 70, 1950, 183-202) - C.Wright Mills, White Collar, New York 1951 (deutsch: Menschen im Büro, 1956) - R.Seidel, A. im Wandel der Zeit (Gewerksch. Monatsh. 2, 1951, 375-380) - F.Croner, Die A.n in der modernen Gesellschaft, Wien 1954.

K.M.Bolte

Anglikanische Kirche *(Church of England)*

I. Geschichtlich und kirchenkundlich - II. Mission der A.K.n. - Vgl. → England: I

I. Geschichtlich und kirchenkundlich

1. Geschichte - 2. Theologisches Selbstverständnis - 3. Die A.K. als Volkskirche - 4. Die A.K. als Staatskirche - 5. Verfassung - 6. Unterricht und gottesdienstliches Leben - 7. Sozialarbeit - 8. Organisation und Statistik. - Vgl. auch die Artikel → Anglokatholizismus, → England: I-IV, → Hochkirchliche Bewegung: I, → Common Prayer Book, → Protestantische Episkopal-Kirche

1. Die A.K. ist die alte englische Volkskirche, die Ecclesia Anglicana. Wann die christliche Botschaft zuerst nach England kam, ist nicht sicher; Tertullian und Origenes wissen von Christen in → Britannien. Aus dem 4.Jh. gibt es Zeugnisse für englische Märtyrer (zB St.Alban) und die Teilnahme britischer Bischöfe an den Synoden von Arles und Rimini. Ende des Jh.s entstanden Klöster, die sich zu Missionszentren entwickelten (→ Columba). Durch die Einfälle der → Angelsachsen wurden die Anfänge jedoch bis auf einen kleinen Rest im äußersten Westen vernichtet. Erst 597 setzte auf Weisung Gregors d.Gr. unter dem römischen Abt → Augustin eine neue Missionstätigkeit in England ein. Die zT von → Irland (: I) her beeinflußte altenglisch-keltische Kirche wurde 664 auf der Synode von Streaneshalch mit der um Canterbury stabilisierten anglo-römischen Kirche vereinigt. 9 Jh.e lang war die A.K. ein Teil der romtreuen Kirche des Abendlandes. Im 16.Jh. brach die Kirche mehr aus politischen als religiösen Gründen mit Rom und wurde unabhängig. Statt des Papstes nannte sich nun der König Oberhaupt der Kirche in England. Jurisdiktion und Vollmachten des Papstes wurden entweder auf ihn oder auf den Erzbischof von Canterbury übertragen. Die englische Reformation war daher in ihrem ersten Stadium ein Staatsakt, der keine starke religiöse Bewegung im Lande hinter sich hatte. Noch kam es nicht zur Änderung von Lehre oder Gottesdienst; diese folgte erst nach dem Tode Heinrichs VIII. 1547. Unter Eduard VI., genauer gesagt unter dem für den Minderjährigen die Regentschaft übenden Edward Seymour brachten die beiden Versionen des Prayer Book von 1549 und 1552 eine weitgehende Gottesdienstreform und damit zugleich die Einführung protestantischer Lehre und die Vereinfachung des Zeremonials. Dabei spielte Martin → Bucer eine wesentliche Rolle. Nach dem Tode Eduards 1553 führte seine Schwester Maria, eine überzeugte Katholikin, die Kirche wieder in die Gemeinschaft mit Rom zurück und stellte Lehre und Gottesdienst im Sinne des Mittelalters wieder her. Nach ihrem Tod 1558 kehrten ins Ausland geflüchtete Kirchenfürsten zurück, und mit ihrer Beihilfe entstand unter der Herrschaft ihrer Schwester und Nachfolgerin → Elisabeth die A.K., wie wir sie heute kennen. Zwei Parlamentsgesetze von 1559 (Act of Supremacy und Act of Uniformity) gaben der Kirche ihre Selbständigkeit zurück und leiteten ihre Entwicklung als katholische, aber reformierte Gemeinschaft ein. Die Theologen John → Jewell in Front gegen Rom und

Richard → Hooker in Front gegen einen engen (calvinisch-puritanischen) Biblizismus haben damals auf die Gestaltung der A.K. entscheidend eingewirkt.

Das → Common Prayer Book wurde erneut eingeführt, und 1563 erhielt die A.K. in den 39 Artikeln ihre noch heute gültige Lehrgrundlage. Vielen gingen diese Änderungen in Lehre und Gottesdienst nicht weit genug. Jakob I. (1603-25) widersetzte sich jeglicher Unterhöhlung der bischöflichen Verfassung (no bishop - no king!), ebenso sein Nachfolger Karl I. (1625-49), dessen Ratgeber William → Laud war. Zwischen 1650 und 1660 kam die protestantische Partei der Puritaner zur Herrschaft und setzte in der Kirche eine presbyterianisch-republikanische Herrschaftsform durch (→ Cromwell). Unter Karl II. (1660-85) wurden Monarchie und Kirche von England wieder hergestellt, doch gewährte man den Nonkonformisten Lebensrecht, verwehrte ihnen aber den Zugang zu Universitäten und Staatsstellen. Im 18.Jh. erlebte das Land eine große evangelische Erweckung, als deren Ergebnis sich die methodistische Bewegung von der A.K. trennte und selbständig machte (→ Methodisten: I). In der ersten Hälfte des 19.Jh.s kam es in der Kirche selbst zu einer beachtlichen Belebung, der Oxford-Bewegung (→ Hochkirchliche Bewegung: I), die großen Einfluß auf Lehre und Gottesdienst der A.K. ausübte. Daneben sind die beiden anderen bedeutenden innerkirchlichen Richtungen zu nennen: die vom Methodismus beeinflußte »low church« oder evangelische Bewegung und die → »broad church party«, die insbesondere Trägerin der liberalen Theologie und der Bibelkritik wurde und außerdem eine sozial unterbaute Reichgottesarbeit propagierte (William → Temple).

2. Die A.K. zeichnet sich theologisch durch eine große Weitherzigkeit aus. Sie erkennt neben der Schrift die Tradition der Kirche und die Vernunft als Norm an. Die 39 Artikel, die bis heute gültige offizielle Formulierung der anglikanischen Theologie, vereinen in sich verschiedene Strömungen reformatorischer Theologie: ihre Lehre vom Menschen und der Erwählung zeigt Einflüsse von Zwingli und Bucer, in der Lehre von der Erbsünde nehmen sie eine Mittelstellung ein zwischen römischem Semipelagianismus und Luthertum, in der Lehre vom Abendmahl wird calvinischer Einfluß sichtbar. Im Aufbau haben die 39 Artikel große Ähnlichkeit mit dem → Augsburger Bekenntnis und der Confessio Wirtembergica von 1551. 1888 formulierten die Bischöfe auf einer → Lambeth-Konferenz das *theologische Selbstverständnis* der A.K. im sog. Lambeth Quadrilateral: Grundlagen der A.K. sind: 1. die Bibel als Lehrgrundlage; 2. das Nicänische Glaubensbekanntnis als das alte, allgemein anerkannte Bekenntnis der katholischen Kirche; 3. die evangelischen Sakramente der Taufe und des Abendmahls; 4. der historische Episkopat. Mit alledem erhebt die Kirche von England Anspruch auf Kontinuität mit der apostolischen Kirche; man betont, daß ihre Lehre und Praxis im Einklang mit der der Urkirche vor der Trennung von Ost und West und der Einführung der besonderen römischen Traditionen stünden. Indem die Kirche von England am katholischen Glauben und der apostolischen → Sukzession festhält, will sie katholisch sein, während sie sich zugleich als reformiert ansieht.

3. Die A.K. ist noch immer die englische *Volkskirche*. Obwohl es im Lande starke Gruppen von römischen Katholiken, Kongregationalisten, Presbyterianern, Methodisten, Baptisten, Quäkern und anderen christlichen Gemeinschaften gibt, betrachtet sich doch die Mehrheit des englischen Volkes als zur »Kirche von England« gehörig, selbst wenn nur ein Teil zur Kirche geht und Anteil am Leben der Kirche nimmt. Etwa 70% der Kinder werden in anglikanischen Kirchen getauft, ein großer Teil der Ehen wird dort geschlossen. Auf dem Lande ist die Kirche weithin noch der Mittelpunkt des dörflichen Lebens, mögen auch die Gemeinden klein sein. In der Stadt haben viele Kirchen gute Gemeinden, ein blühendes Vereinsleben und erfüllen weittragende erzieherische und soziale Aufgaben. Die Kirchen sind jedoch unter sich sehr verschieden in Lehre und Gottesdienstform. So gibt es in der Kirche eine starke »katholische« Gruppe, die lebendig ist, gut geleitet wird und ständig wächst. Anderseits gibt es eine starke evangelische Bewegung, die in ihrer Einstellung zur Bibel oft, doch nicht immer fundamentalistisch ist; sie ist besonders lebendig unter Studenten und jungen Menschen. Zwischen diesen beiden gibt es eine starke Gruppe, die sich selbst an »Mitte« bezeichnen würde; ihre Frömmigkeit ist biblizistisch und nichtsakramental. Außerdem gibt es unter Intellektuellen eine kleine liberale oder modernistische Bewegung.

4. Die Kirche von England ist *Staatskirche* (established by law). Das bedeutet, daß der König Oberhaupt der Kirche ist und als solches alle Bischöfe und Dekane ernennt, ferner daß der König - oder die Königin - von der Kirche gekrönt wird. Ohne Zustimmung des Parlaments gibt es keine kirchenrechtlichen Änderungen (einschließlich des Gottesdienstes). Die Kirche bestellt Geistliche für das Unterhaus, die Wehrmacht, Gefängnisse und Krankenhäuser. Einige Bischöfe haben Sitz im Oberhaus. So ist die Kirche allenthalben eng mit dem Leben der Nation verbunden. Von Zeit zu Zeit wird die Forderung nach Trennung von Staat und Kirche erhoben, doch findet sie nicht viel Unterstützung. Die Mehrheit der Nation wünscht den Fortbestand der Staatskirche.

5. Die A.K. in England zerfällt in die zwei Provinzen von → Canterbury und → York. Der Erzbischof von Canterbury ist Primas von ganz England; seine Jurisdiktion erstreckt sich über viele Diözesen in Übersee (→ Anglikanische Kirche: II). Seine Stellung im Lande ist sehr einflußreich; er hat den Vorrang vor dem gesamten Adel mit Ausnahme der Herzöge aus dem Königshaus. Beide Erzbischöfe haben Diözesen; außerdem gibt es 41 Diözesen mit einem Bischof. Der Diözesanbischof ist das Oberhaupt des Klerus in seinem Bezirk, auf den dieser vereidigt wird. Eine Diözese kann bis zu 600 Pfarreien umfassen, die der Bischof visitiert und in denen er Konfirmationen und Ordinationen hält. Dem Bischof zur Seite stehen ein oder mehrere Suffraganbischöfe, die geweiht sind und volle geistliche Rechte haben, aber keine territoriale Jurisdiktion besitzen.

Unter dem Bischof steht der Archidiakon (Archdeacon) als sein Vertreter. Dieser ist weitgehend verantwortlich für die Visitation der Pfarreien und die Inspektion der Kirchen. Jedes Erzdiakonat ist untergeteilt in eine Anzahl Landdekanate (rural deaneries). Es gibt in England etwa 13 000 Stadt- und Landpfarreien mit oftmals mehreren, zT aus romanischer Zeit stammenden Kirchen. Der Pfarrpriester heißt entweder Rector oder Vicar, entsprechend dem Status der Pfarrei im MA bzw. in der Zeit der Besitznahme; oft steht ihm ein Hilfsgeistlicher (Assistant Curate) zur Seite. Der Pfarrpriester ist für das gesamte Gemeindeleben verantwortlich. Für Predigt und Gottesdienst dürfen Laien eingesetzt werden (Lay-reader); seit 1923 gibt es wieder Diakonissen, vor allem für die Arbeit unter Frauen. Seit dem 13.Jh. wählen die Laien Kirchenvorsteher (Churchwardens) als ihre Vertreter, denen die Verwaltung der finanziellen Angelegenheiten der Kirche obliegt. Seit 1919 ist diese Aufgabe weithin auf den Kirchengemeinderat übergegangen. Das Patronatsrecht, früher meist in Laienhand, ist neuerdings größtenteils auf den Bischof oder eine Körperschaft von

Treuhändern übertragen worden. Die A.K. umfaßt in England etwa 16 000 aktive Geistliche, von denen die meisten in der Gemeindearbeit stehen. Außer den Pfarrkirchen gibt es noch solche, die nicht zu einer Gemeinde gehören. Die wichtigsten von ihnen sind die Kathedralen. Die einen von ihnen waren im MA weltliche Kathedralen und heißen »Kathedralen der alten Stiftung«; diejenigen der neuen Stiftung waren ursprünglich Klosterkirchen und erhielten ihre neue Satzung nach der Aufhebung der Klöster. Der Vorstand der Stiftung ist der Dekan (Dean) oder im Fall der modernen Diözesen der Propst (Provost); neben ihm stehen eine Anzahl von Domherren (canons) oder Pfründnern (prebendaries), von denen die meisten ehrenamtlich tätig sind. Die Hauptaufgabe der Kathedralen ist die Durchführung des täglichen Gottesdienstes, bei denen auch bezahlte Männer- und Knabenchöre mitwirken.

Jeder Geistliche mit einer Pfründe kommt in den Genuß eines Freigutes, von dem er nur bei sehr schweren Verfehlungen entfernt werden kann. Hierzu bedarf es eines Disziplinarverfahrens. Das niederste Disziplinargericht liegt in der Hand des Erzdiakons, tritt jedoch heutzutage selten in Tätigkeit. Über diesem steht das bischöfliche oder Konsistorialgericht unter Vorsitz des Bischofs oder seines gesetzlichen Vertreters, des Kanzlers. Darüber steht das Provinzgericht des Erzbischofs. Höchste Instanz ist der Rechtsausschuß des Staatsrats, ein Laiengremium von Juristen.

Die Kirche von England lebt von reichen Stiftungen, von denen die meisten aus dem MA stammen. Seit 1836 werden diese von Kirchenkommissaren verwaltet, die daraus den größten Teil der Gehälter für die Bischöfe und die Pfarrgeistlichen bezahlen. Dieses Geld gehört der Kirche; der Staat steuert nichts zur Finanzierung der Kirche bei. Zusätzlich kann ein Pfarrgeistlicher etwas Land haben, den sog. Pfarracker (glebe), darf kleine Gebühren für Hochzeiten und Begräbnisse erheben und freiwillige Gaben von seinen Gemeindegliedern annehmen.

Als Staatskirche kann die A.K. nur durch das Parlament gesetzgeberische Funktionen ausüben. Ohne Zustimmung des Königs, des Ober- und Unterhauses können keine Änderungen im Recht oder im Gottesdienst der Kirche vorgenommen werden, jedoch wird alle kirchliche Gesetzgebung in der 1919 eingerichteten Nationalversammlung (National Assembly) der Kirche von England vorberaten. Diese besteht aus den drei Häusern der Bischöfe, Geistlichen und Laien und tritt dreimal im Jahr in London zusammen. Alle Diözesanbischöfe gehören ihr ex officio an, ebenso die Dekane und die meisten Erzdiakone. Die übrigen Geistlichen und die Laien werden gewählt. Die Nationalversammlung umfaßt jetzt 43 Bischöfe, etwa 350 Geistliche und ebensoviele männliche und weibliche Laien. Jede Diözese hat ihre Diözesankonferenz unter dem Vorsitz des Bischofs, die von den Geistlichen und Laienvertretern beschickt wird. Jede Gemeinde hat laut Gesetz einen Kirchengemeinderat, der sich um das geistliche und finanzielle Leben der Kirche kümmert. Außerdem kennt die A.K. seit alters die in jeder Provinz tagende Convocation. Diese besteht nur aus Geistlichen, den Bischöfen der Provinz und Disziplinarbeamten, die von ihren Amtsbrüdern gewählt werden.

6. Die A.K. hat stets großen Wert auf gute theologische Bildung gelegt. Arbeiten anglikanischer Gelehrter auf den Gebieten der Bibelwissenschaft (u.a. Textkritik), Dogmatik und Ethik, Kirchengeschichte, speziell der Patristik, Liturgie usw haben weithin Anerkennung gefunden. – Seitdem in England 1870 die allgemeine Schulpflicht eingeführt wurde, hat die A.K. vor allem durch die National Society eine große Zahl Elementarschulen in Stadt und Land eingerichtet. Viele von ihnen sind bis heute in der Hand der Kirche, obwohl der Staat jetzt den Hauptanteil an den Gehältern der Lehrer und den Unterhaltungskosten trägt. Von den 28 000 Elementarschulen in England sind heute über 9000 Privatschulen (»voluntary«), also keine Staatsschulen; die meisten von ihnen gehören der Kirche von England. Für die Lehrerausbildung unterhält die Kirche eine Reihe von Pädagogischen Hochschulen. Die Kirche ist auch mit dem höheren Schulwesen eng verbunden, so mit den älteren Grammar Schools, den sog. Public Schools (Internatsschulen für die höheren und mittleren Klassen) und den Universitäten, von denen die meisten theologische Fakultäten und Geistliche als Professoren haben. Die Pfarrer werden in Seminaren oder theologischen Colleges ausgebildet.

Die Grundlage des anglikanischen *Gottesdienstes* ist das → Common Prayer Book. Der anglikanische Gottesdienst ist altkirchlich-biblisch, die Schriftlesung bildet einen wichtigen Teil der täglichen Gottesdienste. Obwohl das Prayer Book als Norm gilt, gibt es tätsächlich doch viele Unterschiede unter den Kirchen. Der gewöhnliche Gottesdienst einer Pfarrkirche besteht aus einem einfachen Abendmahlsgottesdienst früh morgens, dem Morgengottesdienst (Mattins) um 11 Uhr und dem Abendgebet (Evensong) um 18.30 Uhr. Doch haben neuerdings sowohl die veränderte Lebensweise der Bevölkerung als auch die liturgische Bewegung bedeutende Wandlungen mit sich gebracht. Der Morgengottesdienst ist zurückgetreten zugunsten des »Gemeindeabendmahls-Gottesdienstes« oder sogar der Hohen Messe. Für den Chordienst tragen die Geistlichen gewöhnlich die Stola und die ihrem Universitätsgrad entsprechende Kapuze; zum Abendmahlsgottesdienst werden jetzt meist Meßgewänder getragen. Viele alte Bräuche sind wieder belebt worden, so der Gebrauch von Weihrauch und Weihwasser, die Aufbewahrung der Sakramente mit Anbetung, regelmäßige Ohrenbeichte u.a.m. Neben der heute gegenüber früher kürzeren Predigt spielt das Kirchenlied eine wichtige Rolle im Gottesdienst der A.K. Durch Rüstzeiten, Gebetsschulungen, liturgische Missionen usw soll das geistliche Leben vertieft werden. Nachdem in der Reformationszeit alle Klöster aufgelöst worden waren, kam es erst im 19.Jh. zur Erneuerung des Ordenslebens. 1841 wurde eine kleine Schwesternschaft gegründet. Heute bestehen innerhalb der A.K. 8 männliche und 47 weibliche Orden.

7. Die A.K. treibt eine ausgedehnte *Sozialarbeit*. Ursprünglich sorgte die Kirche für alle Unterstützung der Armen, und noch heute werden viele Liebeswerke von der Kirche unterhalten. Außerdem gibt es viele moderne Gesellschaften zur Förderung dieser Arbeit, so die → Church Army mit ihren Herbergen für die Armen und Heimatlosen, die Children's Society der Kirche von England mit ihren Waisenhäusern, die Industrial Christian Fellowship zur Evangelisation in Industriebetrieben, die Church Lads' Brigade, die Girls' Friendly Society; hinzu kommen Fürsorgevereine für Kranke, Alte und Sterbende und alle, die Hilfe und Trost brauchen. Die A.K. hat sich auch der Beseitigung der Elendsviertel in den Großstädten (slums), der Siedlung im Empire und vieler anderer guter Anliegen angenommen. Seit den Tagen der industriellen Revolution versucht eine starke christlich-soziale Bewegung, in den Lebens- und Arbeitsbedingungen der Industrie christlichen Einfluß geltend zu machen (F.D.Maurice, Kingsley).

8. Nicht in allen Bereichen Englands herrscht dieselbe *Organisation* der A.K. Die Kirche von *Wales*, bis

dahin ein Teil der Provinz von Canterbury, wurde 1920 abgetrennt und wird jetzt von einer Körperschaft aus Vertretern der eigenen Kirche geleitet. Sie hat 6 Diözesen; einer der Bischöfe wird zum Erzbischof gewählt. In *Irland* wurde die Kirche 1871 vom Staat getrennt. Die A.K. besteht dort jetzt aus zwei Provinzen mit 14 Diözesen; der Primas von Irland wird vom Haus der Bischöfe in der Generalsynode gewählt. In *Schottland* ist die Presbyterianische Kirche die Staatskirche, jedoch gibt es eine kleine, einflußreiche Episkopalkirche mit 7 Bischöfen. In vielen Teilen der Welt finden sich blühende Zweige der Anglican Communion, da englische Missionare und Kolonisten die Kirche überall mitnahmen, wohin sie gingen (→ Anglikanische Kirche: II). Die Kirche der Provinz von Südafrika hat einen Erzbischof und 13 Bischöfe. Die Kirche von Indien, Pakistan, Burma und Ceylon hat einen Metropoliten und 13 weitere Bischöfe. Die Kirche in Kanada besteht aus 4 Provinzen und 28 Diözesen, in Australien und Tasmanien aus 4 Provinzen und 25 Diözesen, in Neuseeland aus 9 Diözesen und in Westindien aus 8 Diözesen. Die Chung Hua Sheng Kung Hui in China, die 1912 selbständig wurde, hat 14, die Nippon Sei Ko Kai in Japan 10 Diözesen. Die 1951 gebildete Kirche von Westafrika hat 9 und die von Zentralafrika, die 1955 entstand, 4 Diözesen. In Ostafrika stehen 7 Diözesen unter der Jurisdiktion des Erzbischofs von Canterbury, da sie zu keiner Kirchenprovinz gehören. Es gibt noch 14 weitere derartige Diözesen in verschiedenen Teilen der Welt, von denen jede einen Bischof hat. 1947 entstand als Vereinigung von anglikanischen und freikirchlichen Gemeinden die Kirche von → Südindien; infolgedessen schieden 4 Diözesen aus der Gemeinschaft mit der Kirche von England aus. Im Gedanken an die Förderung der christlichen Einheit werden ähnliche Pläne auch in anderen Teilen der Welt erwogen.

Nachdem schon 1862 Verhandlungen zwischen der A.K. und der Ostkirche mit dem Ziel gegenseitiger Anerkennung geführt wurden, bestehen neuerdings brüderliche Beziehungen zwischen der A.K. und der griechisch-orthodoxen Kirche mit gegenseitiger Anerkennung von Amt und Sakrament. Dasselbe gilt seit 1920 im Verhältnis zu den schwedischen Lutheranern. Die → ökumenische Bewegung hat in den letzten Jahren unter englischen Kirchenmännern viel Offenheit, allerdings auch einigen Widerstand gefunden. Die Kirche von England ist heute ein hervorragendes Mitglied des Weltkirchenrates. Die A.K. der ganzen Welt, die sog. *Anglican Communion*, trifft sich alle zehn Jahre einmal bei den → Lambeth-Konferenzen, deren erste 1867 gehalten wurde. Diese Konferenzen werden nur von Bischöfen besucht und haben keine gesetzgebende Gewalt. Man trifft sich dort zur Erörterung gemeinsamer Probleme und Anliegen und gibt Verlautbarungen heraus, die für die Gesamtkirche wichtig sind.

Die Gesamtzahl der Anglikaner in der Welt wird auf 20-25 Mill. geschätzt, wovon auf die Kirche von England etwa 3 Mill., auf die Kirche in Wales 200 000, auf die Kirche von Irland 490 000 und auf die Episkopalkirche in Schottland 55 000 in die Wählerlisten eingetragene Mitglieder entfallen.

H.GEE-W.D.HARDY, Documents Illustrative of English Church History, 1896 - A History of the English Church, hg.v. W.R.W. STEPHENS u. W.HUNT, 9 Bde, 1899-1910 - A Dictionary of English Church History, hg.v. S.L.OLLARD, G.CROSSE u. M.F.BOND, London (1912) 1948[3] - G.K.A.BELL-W.L.ROBERTSON, The Church of England and the Free Churches, London 1925 - Die Kirche von England (Ekklesia, Bd 1, hg.v. F.SIEGMUND-SCHULTZE), 1934 - K. WAHL, Staatskirche u. Staat in England, 1935 - Die Kirche von England (CConf XVII, 1), 1937 - H.H.HENSON, The Church of England, London 1939 - C.M.ADY, The English Church and how it works, London 1940 - G.K.A.BELL, The English Church, London-New York 1942 - C.HOPF, Martin Bucer and the English Reformation, Oxford 1946 - C.GARBETT, The Claims of the Church of England, London 1947 - A.T.P.WILLIAMS, The Anglican Tradition in the Life of England, London 1947 - J.R.H.MOORMAN, A History of the Church in England, London 1953 - S.C.CARPENTER, The Church in England 597-1688, London 1953 - EKL I, 1078ff (M.SCHMIDT). - Zu 2: C.GORE, The Church and the Ministry, London-New York (1886) 1936 erw. Ausg. - E.J.BICKNELL, A Theological Introduction to the Thirty-nine Articles, London-New York (1919) 1955[3] - O.C.QUICK, The Christian Sacraments, London-New York 1927 - DERS., Doctrines of the Creed, London 1938 - A.G.HEBERT, Liturgy and Society, London 1935 - A.M.RAMSEY, The Gospel and the Catholic Church, London-New York (1936) 1956[2] - Doctrine in the Church of England, London 1938 - The Apostolic Ministry, hg.v. K.E.KIRK, London 1946. - Zu 4: Church and State: Report of the Archbishop's Commission on the relations between Church and State 1935, I. II, London 1936. *J.R.H.Moorman*

II. Mission der anglikanischen Kirchen

1. Die A.K. auf den britischen Inseln kann auf Missionare zurückblicken, die seit dem 3.Jh. den Bewohnern dieser Inseln das Evangelium brachten und sie dazu anregten, ihrerseits wieder Missionare nach vielen Teilen Nordeuropas zu entsenden. Die Ausbreitung der Anglican Communion in der Neuzeit begann jedoch erst im 17.Jh. mit der Kolonisierung Virginias und der Errichtung besonderer Pfarrstellen in der Ostindischen Kompanie. Die Society for Promoting Christian Knowledge (S.P.C.K., 1698) und die Society for the Propagation of the Gospel (S.P.G., 1701) stärkten die Kolonialkirche Amerikas und Westindiens durch Bücherspenden und die Entsendung von Geistlichen. Im Gegensatz zu diesen Gesellschaften mit ihrer strikten Ausrichtung auf Gehorsam gegenüber der kirchlichen Autorität war die Church Missionary Society (C.M.S., 1799) aus der weitgehend von Laien inspirierten Evangelical movement entstanden. Die Gesellschaft begann mit der Missionarischen Bemühung um freigelassene Sklaven in Westafrika (→ Afrika: IV B, 1 a), erstreckte ihre Arbeit jedoch bald über Afrika und Asien. Die Oxford-Bewegung des 19.Jh.s fand ihren Niederschlag in der Pionierarbeit der in Zentralafrika tätigen Universities' Mission und in einer starken Ausdehnung der Tätigkeit der S.P.G. Im 19.Jh. haben Männer aller kirchlichen Richtungen versucht, der missionarischen Verantwortung gerecht zu werden; jedoch ist es den M.sgesellschaften der Kirche von England mehr als anderen Gliedern der anglikanischen Gemeinschaft gelungen, der Signatur der Kirchlichkeit zu folgen und ihren Anspruch zu entfalten.

2. Der Overseas Council of the National Assembly der Kirche von England versucht, die Arbeit der 12 großen und vieler kleinerer M.sgesellschaften in England zu koordinieren und die direkte Verbindung zwischen der Kirche von England und den anderen Zweigen der anglikanischen Gemeinschaft aufrechtzuerhalten. Als Folge einer ausgedehnten missionarischen Tätigkeit und einer Auswanderungsbewegung großen Stils existiert die anglikanische Gemeinschaft heute in vielen Teilen der Welt; sie ist eine lose Verbindung von ca 328 Diözesen einschließlich 14 Nationalkirchen und einiger Diaspora-Diözesen, die noch nicht zu Provinzen zusammengefaßt sind, sondern der unmittelbaren Jurisdiktion des Erzbischofs von Canterbury unterstehen. Die Protestant Episcopal Church in den USA kann als Erstlingsfrucht der Auslandsarbeit der Kirche von England in der Neuzeit gelten. Diese Kirche mit ihren 8 Provinzen, 76 sich selbst erhaltenden Diözesen und 26 M.sbezirken hat ihre M.saufgaben auf dem amerikanischen Festland und in Übersee. In den USA wirkt sie unter der rasch wechselnden Bevölkerung in schwach besiedelten Gebieten und unter den Indianern in deren Reservaten. Außerhalb des Heimatbereiches arbeitet die Episkopalkirche in

Alaska und Honolulu, auf den Philippinen, in Japan und in Lateinamerika (auf Puerto Rico, Kuba, Haiti, in der Panamakanalzone und in 3 M.sbezirken Brasiliens, wo 2 der 3 Bischöfe Brasilianer sind). Auch in der Diözese in Mexiko sind Bischof und Geistlichkeit eingeborene Mexikaner. Innerhalb Afrikas ist die Episkopalkirche nur in Liberia tätig. Einzelne Missionare arbeiten in den Diözesen Jerusalem, Bombay, Madras und Hongkong. Die M.sarbeit der amerikanischen Episkopalkirche wird zentral von dem Overseas Department of the National Council geleitet. Diözesen und Gemeinden beteiligen sich auf einer Quotenbasis. Das Overseas Department wählt Kandidaten aus und fördert ihre Vorbereitung. Die M.serziehung ist ein Teil der allgemeinen Förderungsarbeit der → Anglikanischen Kirche (: I, 6) und ist Aufgabe der Abteilung für christliche Erziehung.

3. Die (neuerdings finanziell und verfassungsmäßig von England unabhängige) A.K. in *Kanada* führt ihre M.sarbeit ebenfalls zentral durch die Missionary Society of the Church in Canada durch. Außer wachsenden missionarischen Verpflichtungen bei den Indianern und in neu erschlossenen Gebieten ist sie für die Arbeit in der indischen Diözese Amritsar und in Japan verantwortlich. Die Kirche von England in *Australien* erhält noch einige Hilfe von der Mutterkirche in England; sie hat jedoch ihrerseits die missionarische Verantwortung für die Eingeborenen auf dem Kontinent, in Teilen Neu-Guineas, in Borneo und in Japan übernommen. Dies ist weitgehend der Arbeit des Australian Board of Missions zu verdanken. Die C.M.S. in Australien arbeitet ebenfalls in diesen Gebieten, sowie in der Diözese Zentral-Tanganyika. Die Provinz Neuseeland umfaßt die Missionsdiözesen Polynesien und Melanesien, die allerdings noch zusätzlich Unterstützung aus England und Australien erhalten. Die neuseeländische C.M.S. wirkt in Sind in Pakistan. Die A.K. von *Indien-Pakistan-Burma-Ceylon* umfaßt 10 Diözesen und wird von der S.P.G., der C.M.S. und einigen kleineren Gesellschaften in England sowie aus Kanada unterstützt. 4 ihrer 14 Bischöfe sind Inder, und einer ist Singhalese. Die 4 anglikanischen Diözesen → Südindiens schlossen sich 1947 der Church of South India (C.S.I.) an und gehören somit offiziell nicht mehr der anglikanischen Gemeinschaft an: sie werden jedoch weiterhin von anglikanischen Gesellschaften unterstützt, und die Kirche von England erkennt die Bischöfe und die Geistlichkeit der C.S.I. als »wahre Bischöfe, Presbyter und Diakone in der Kirche Gottes« an und ermutigt zur Unterstützung der C.S.I.

4. Die Nippon Sei Kokwai (Holy Catholic Church of Japan) entstand 1887 in *Japan* als Ergebnis der M.sarbeit der amerikanischen Episkopalkirche, der S.P.G., der C.M.S. in England und der A.K. in Kanada. Seit 1940 steht diese Kirche vollständig unter japanischer Leitung; und wenn auch Missionare aus den erwähnten Ländern willkommen sind und eingeladen werden, so sind sie doch alle der Jurisdiktion der japanischen Bischöfe unterstellt. Die Chung Hua Sheng Kung Hui (Holy Catholic Church of China) verdankt ihre Gründung ebenfalls anglikanischen Missionaren aus England, Amerika und Kanada. Seit 1949 sind ihre 14 Bischöfe stets Chinesen gewesen, und die Kirche erhält sich vollständig selbst. In China gibt es zur Zeit keine anglikanischen Missionare; aber außerhalb Chinas wird in den Diözesen Hongkong, Singapur, Borneo und auf den Philippinen beträchtliche Arbeit unter Chinesen geleistet. In *Afrika* finden sich augenblicklich 3 anglikanische Provinzen. Die A.K. der Provinz Südafrika kann sich in steigendem Maße selbst erhalten, bekommt jedoch für ihre M.sarbeit noch Zuwendungen von der S.P.G. Die anglikanischen Orden der Society of St. John the Evangelist (Cowley), der Society of the Sacred Mission (Kelhem) und der Community of the Resurrection (Mirfield) arbeiten in der Südafrikanischen Union. Alle anglikanischen Bischöfe in Südafrika sind geborene Engländer, die Hälfte der Geistlichen Südafrikaner. Die Provinz Westafrika, 1951 gegründet, besteht aus Diözesen in Nigeria, in Sierra Leone und an der Goldküste. Sie wird von der S.P.G. und der C.M.S. unterstützt. Vier der Diözesanbischöfe sind Afrikaner. Die 1955 ins Leben gerufene Provinz Zentralafrika umfaßt die Federation of Rhodesia and Nyasaland mit einigen Randgebieten. Besonders intensiv betreibt die anglikanische Gemeinschaft die Mission in Ostafrika, in Uganda, Kenya, Tanganyika und im südlichen Sudan. Gering an Zahl, jedoch wegen ihrer Position wichtig, sind die Diözesen in Ägypten, in Jerusalem (letztere wird von der gesamten anglikanischen Gemeinschaft unterhalten) und im Iran. Die A.K. der Provinz Westindien wird fast ausschließlich von der S.P.G. finanziert. Diese Provinz unterstützt jedoch als Ausdruck ihrer eigenen missionarischen Bemühungen schon seit langer Zeit die Diözese Rio Pongas in Westafrika. Die A.K. von Wales, Irland und Schottland haben keine eigenen M.sorganisationen, sondern bedienen sich der englischen Gesellschaften. Ausnahmen bilden die Dublin University Mission in Indien und die schottische Hilfe für die St. John's Kaffraria in Südafrika.

5. Das anglikanische Prinzip in der Entwicklung der M. besteht darin, zu einer einheimischen Leitung und zur Bildung autonomer A.K. zu kommen, die untereinander und mit Canterbury verbunden sind und eine Gottesdienstordnung in der Sprache des betreffenden Volkes haben. Der theologischen Erziehung der einheimischen Pfarrerschaft wird besondere Aufmerksamkeit gewidmet; die Tradition eines gründlichen theologischen und allgemeinen Studiums wird in zahlreichen Universitäten, Seminaren und Schulen aufrechterhalten. Ein weiteres Charakteristikum anglikanischer M.stätigkeit sind Hospitäler und andere Formen diakonischer Arbeit. Auf der → Lambeth-Konferenz 1948 wurde ein Beirat für Missionarische Planung geschaffen, dessen Aufgabe bis zu einem gewissen Grade darin besteht, die Tätigkeit der mit der M.sarbeit der anglikanischen Gemeinschaft befaßten Gesellschaften und Behörden zu koordinieren.

J.M.Campbell, Christian History in the Making, 1946 - H.Cnattingius, Bishops and Societies, 1952. - Außer Darstellungen einzelner Missionsgesellschaften: Annual Report of the CMS, 1913 ff - World Dominion, 1923 ff - World Missionary Atlas, 1925.

J.G.H.Baker

Anglokatholizismus. Der Begriff »anglokatholisch« wurde 1849 zum ersten Male gebraucht zur Bezeichnung der hochkirchlichen Partei in der Kirche von England, der es um die Wahrung des katholischen Charakters → der anglikanischen Kirche (: I) und die Entwicklung der damit verbundenen Lehre ging. Die Katholizität der Kirche von England hatten viele Theologen des 17. und 18. Jh.s gelehrt. Vater dieses *älteren* A. ist Lancelot → Andrewes; Hauptvertreter sind Richard → Hooker, William → Laud, John → Cosin, Henry → Hammond, John → Pearson, Jeremy → Taylor, William → Beveridge und George → Bull. Stärker trat das Bewußtsein der Katholizität der anglikanischen Kirche durch die Lehrtätigkeit der Traktarier zutage (→ Hochkirchliche Bewegung: I). Diese waren hauptsächlich an der Lehrfrage interessiert. Doch als ihre Lehre sich verbreitete, griffen Pfarrpriester, die katholische Gebräuche in ihren Kirchen einführen wollten, die Sache des A. auf (*jüngerer* A.). Etwa seit 1850 setzten die gegen den Rationalismus gerichteten Neuerungen ein. Man stellte Kerzen auf die Altäre, verwendete Weihrauch und Meßgewänder, lehrte und übte das Beichtsakrament, die

Geistlichen trugen Sutane und Barett und nannten sich »Father«. Dies erregte lebhaften Widerspruch. Man ging disziplinarisch gegen die Ritualisten vor, einige von ihnen wurden amtsenthoben und wegen Nichterscheinens vor Gericht zu Gefängnis verurteilt. Dadurch ließen sich die Hochkirchler jedoch nicht aufhalten; viele von ihnen wurden jetzt noch extremer und führten in ihren Kirchen vieles ein, was rein römisch war. Dabei erklärten sie, die von ihnen anerkannte Autorität sei nicht die von Canterbury, sondern die der abendländischen Kirche. Zwei bedeutende Führer des jüngeren A., John Henry → Newman und Henry Edward → Mannings, traten zur römischen Kirche über; die große Mehrheit der Anglokatholiken blieb indes der Kirche von England gegenüber völlig loyal. Sie setzten sich für eine würdigere Gottesdienstfeier, besonders bei der Eucharistie, und für eine Vertiefung des geistlichen Lebens ein. Nur wenige Kirchen in England konnten sich dem Einfluß des A. ganz entziehen. Seit 1860 sind die Vertreter des A. gut organisiert, seit 1920 halten sie jährlich Kongresse. Der A. tritt für die → Einigungsbestrebungen sowohl mit Rom (Gespräche von Mecheln 1921-25) wie mit der Ostkirche (Anglican and Eastern Churches Association seit 1906) ein. Ohne einen Parteinamen tragen zu wollen, stehen viele englische Kirchenmänner aus den Kreisen der Geistlichen wie der Laien der Bewegung so lange sympathisch gegenüber, als sie grundsätzlich am → Common Prayer Book festhält und die Autorität und Ordnung der Kirche von England anerkennt.

Anglo-Catholic Congress Reports, 1920 ff - S.KAYE-SMITH, Anglo-Catholicism, London 1925 - S.L.OLLARD, The Anglo-Catholic Revival, London 1925 - W.J.SPARROW-SIMPSON, The History of the Anglo-Catholic Revival from 1845, London 1932 - G.L.PRESTIGE, Life of Charles Gore, London (1935) 1938² - W.H.STOWE, The Essence of Anglo-Catholicism, New York 1942 - P.E.MORE-F.L. CROSS, Anglicanism. The thought and practice of the Church of England, illustrated from the religious literature of the 17th century, 1951.

J.H.R.Moorman

Angst ist Urphänomen, dh mit der Existenz in der Welt gegeben. Sie unterliegt nicht dem moralischen Aspekt und ist nicht zu verwechseln mit Feigheit. Diese ist ein sittliches Manko und steht im Gegensatz zum Mut. Man kann nicht zugleich feige und mutig sein, wohl aber zugleich A. und Mut haben. A. wird seit → Kierkegaard zumeist unterschieden von der → Furcht und zwar vom Objekt aus. Danach hat man Furcht vor bestimmten Objekten, A. vor dem Unbestimmten, dem Nichts u.ä. Diese Unterscheidung, bis heute überwiegend übernommen, reicht nicht aus. Denn man kann A. und Furcht nebeneinander haben, zB in Gottesfurcht leben und zugleich A. vor Gott haben. Der Unterschied liegt vielmehr im Subjekt selbst und zwar in der Wirkung des Phänomens auf die Person. In der Furcht (vor Bedrohung etwa, aber auch vor nicht objektiven Gegebenheiten, zB eigenem Versagen u.a.) bleibt man Person, ja das Personsein wird durch die Furcht aufgerufen und meist gestärkt. A. dagegen liegt sozusagen hinter der Person im Urgrund als auflösendes Moment: es gibt nicht sinnlose Furcht, wohl aber sinnlose A., jagende A. usw.

Mitte und Quelle aller besonderen A.erlebnisse ist die Ur-A., die ohne besonderen Anlaß a priori in jedem Menschen steckt. Im Erlebtwerden differenziert sie sich in die am Bedrohtsein durch die Welt entstehende Schicksals-A. und die am Verhalten in der Welt erwachsende Schuld-A. Die von → Tillich noch hinzugefügte A. vor der Leere und Sinnlosigkeit läßt sich als Form der Schicksals-A. ansprechen, sofern sie am Verfehlen des → Schicksals mit seinem der Person bestimmten Sinn und Inhalt entsteht und als »das Schicksal« des zum Dasein in der Welt verurteilten Menschen empfunden wird.

Th. → Bovet setzt die A. mit der → Freiheit in Beziehung: je größer die Freiheit, um so größer die A.; darum ist die tiefste A. die vor Gott, und die höchste Erlösung von der A. die durch Gott. Das liegt auf der Linie der Konzeption, mit der Kierkegaard einsetzt, der die A. deshalb in ihrer ganzen Tiefe erfaßt, weil er sie radikal theologisch versteht. Damit ist zugleich ihre Fruchtbarkeit erkannt. »Die A. entdeckt das Schicksal«. Sie ist »die Möglichkeit der Freiheit. Nur diese A. ist, in Verbindung mit dem Glauben, absolut bildend, indem sie alle Endlichkeiten verzehrt, alle Täuschungen derselben aufdeckt«. Eben darum soll man »vor Menschen, vor Endlichkeiten sich gewiß nicht ängsten«. Aus dem theologischen Existenzialismus Kierkegaards hat sich in der Gegenwart der säkulare Existenzialismus entwickelt, der in seiner radikalsten Form den Ausweg in der Bejahung der Ausweglosigkeit sucht (→ Existenzphilosophie).

Im Blick auf die Situationen, in denen A. erlebt wird und durchzustehen ist, sind drei Arten der A. zu unterscheiden: Katastrophen-A. (= A. »vor«), Merkmal: Bedrohtsein, aber bis zuletzt Möglichkeit des Vorübergehens; Krisen-A. (= A. »in«), Merkmal: Unabwendbarkeit, aber zugleich Durchgang zu einem neuen Sein, zB Krankheit, Empfängnis, Gebärakt, Lebenswenden u.a.; Liebes-A. (= A. »um«), A. um geliebte Menschen. Trotz häufiger Untermischung mit → Egoismus ist sie doch wirklich und echt, sie kann gereinigt, darf aber nicht abgestritten werden.

Alle echte A. kann zur neurotischen A. werden, die dann möglichst in therapeutische Behandlung gehört, weil Neurose auch den Glauben und seine heilenden Kräfte schwächt. Davon abgesehen kann in mancher A. Hilfe kommen von der Medizin, sofern es auch somatisch bedingte A. gibt, die heute klinisch und therapeutisch eingehend angegangen wird (betroffen sind besonders Herz und Darm, Ursache etwa Angina pectoris u.a.). Im weiteren Sinne können auch Pädagogik durch Wegweisung und Erziehung, Philosophie durch Erkenntnis und Lebensweisheit, Kunst durch befreiende Weite und Tiefe u.a. an der Lösung der A. mitwirken. Selbsthilfe ist durch → Meditation und verwandte Übungen möglich. Der Glaube, an sich immer die letzte und größte Hilfe, bejaht die A. mit Joh 16, 33 und setzt den »Urglauben« gegen die »Ur-A.«, mit allen Kräften täglicher Verwirklichung der Freiheit im Glauben.

S.KIERKEGAARD, Der Begriff der A., 1844 (= Werke, Düsseldorf, Bd 11 u. 12, 1952 [aus d. Dän.]) - R.OTTO, Das Heilige, (1917) 1948²⁶⁻²⁸ - S.FREUD, Vorlesungen zur Einführung in die Psychoanalyse, 1917, Kap. 25 - DERS., Hemmung, Symptom u. A., 1926 - M.HEIDEGGER, Sein u. Zeit, (1926) 1953⁷ - J.NEUMANN, A. u. Krankheit vor d. Examen, 1933 - DERS., Leben ohne A. (Psycholog. Seelenheilkunde), (1937) 1949⁷ - O.PFISTER, D. Christentum und d. A., 1944 - A.KÜNZLI, D. A. als abendländische Krankheit (erläutert an d. Gestalt v. Kierkegaard), 1948 - TH.BOVET, D. A. vor dem lebendigen Gott (D. Mensch u. seine Ordnung 4), 1950 - E.FROESCHELS, A., e. philos.-medizin. Betrachtg., 1950 - H.U.V.BALTHASAR, Der Christ u. die A., 1951 - F.PANSE, A. u. Schreck (Arbeit u. Gesundheit NF 47), 1952 - O.HAENDLER, A. u. Glaube, (1952) 1954² - P.TILLICH, Der Mut zum Sein (Schriften z. Zeit, NF), (1952) 1954² - J.HERZOG-DÜRCK, Zwischen A. u. Vertrauen (Probleme u. Bilder a. d. psychotherapeut. Praxis), 1953 - A.SILVA-TAROUCA, Die Logik der A., 1953 - M.NEUMANN, Über die A., 1954 - P.BJERRE, Unruhe, Zwang u. A., 1955. - Vgl. die Lit. zu → Tiefenpsychologie.

O.Haendler

Anhalt

1. Geschichtliches - 2. Die gegenwärtigen kirchlichen Verhältnisse

1. Die Landeskirche A. umfaßt das Gebiet (2294 qkm) des ehemaligen Herzogtums (bis 1918) und Freistaates Anhalt (1918-34). A. bildet vom Jahr 1212 an ein eigenes

Land, das sich vom Harz ostwärts bis zum Fläming jenseits der Elbe erstreckt. In der Mitte des 8.Jh.s war A. von germanischen Stämmen besiedelt mit Ausnahme des östlichen Teiles jenseits Saale und Elbe. Mit der Organisation des Bistums → Halberstadt im 9.Jh. begann die Christianisierung. Nach Eroberung der slawischen Gebiete seit dem 10.Jh. ergab sich folgende kirchliche Zugehörigkeit: zu Halberstadt die Gebiete westlich der Saale, zu → Magdeburg die Landesteile zwischen Saale, Elbe und Mulde, zu → Brandenburg die Teile nördlich der Elbe, zu → Meißen die östlichen Gebiete zwischen Mulde und Elbe. Verschiedene Orden, u.a. → Prämonstratenser, → Zisterzienser und → Franziskaner, förderten die Kolonisation und Christianisierung. Am Ende des Mittelalters war das Land in die Köthener und Dessauer Linie geteilt, Bernburg und Zerbst waren gemeinsamer Besitz.

Unter dieser Zersplitterung litt die einheitliche Durchführung der Reformation. Ansätzen der Reformation im Stift Gernrode (1521) folgten Luthers Predigten in Zerbst 1522 und die Einführung des ersten ev. Predigers 1523. Fürst Wolfgang (1492-1566) von A.-Köthen, Anhänger Luthers seit 1521, ging den politischen Weg Kurfürst Johann Friedrichs, unterschrieb die Protestation von Speyer (1529) und die CA und ließ seit 1525 Visitationen halten. Die Dessauer Linie, bis 1530 im kath. Lager, wandte sich unter geistlicher Leitung → Georgs III. (1509-53), der mit seinen Brüdern Johann IV. und Joachim gemeinsam regierte, der Reformation zu. Nikolaus → Hausmann wurde 1532 als Hofprediger nach Dessau berufen. Die offizielle Einführung der Reformation erfolgte am 2.4.1534. Die Vertreter von Zerbst, Köthen und Dessau unterschrieben in Schmalkalden (1537) die CA, die seitdem Bekenntnisschrift der Kirche A.s ist. In der Dessauer Kirchenordnung (15.3.1545) wurden die Grundlinien der Kirchenverfassung geschaffen. Georg III. nahm in der Auseinandersetzung um das → Interim (1548) eine wichtige Mittelstellung ein, die erst durch Art. X der Konkordienformel in der lutherischen Kirche unmöglich wurde. Zum erstenmal in der Geschichte A.s vereinigte Fürst Joachim Ernst alle Landesteile in seiner Hand (1570). Seine Landesordnung (1572), die Grundlage der politischen Verfassung bis 1918, war ein bescheidener Anfang einer Konsistorialverfassung. Mit der Berufung Wolfgang → Amlings als Superintendent von Zerbst (1578-1606) beginnt die Ablehnung der Konkordienformel (1578); die Ordination der Pfarrer wird von Wittenberg nach Zerbst verlegt, durch die Repetitio Anhaltina (1579), durch Ablegung eines philippistischen Bekenntnisses in Kassel (1579), durch Gründung des philippistischen Gymnasium illustre Anhaltinum in Zerbst (1582) zur Heranbildung des theologischen Nachwuchses, durch Neudruck der Abendmahlspredigten Georgs III. (1582) und durch Unterzeichnung eines Bekenntnisses vom Abendmahl durch alle Pfarrer (1585) wird der Übergang zum Calvinismus vorbereitet, durch Erlaß des Fürsten Johann Georg (1596) besiegelt. Nach dem Vorbild der Pfalz werden die Zeremonien radikal »gereinigt« (28 Artikel von 1597), nachdem bereits 1589 der Exorzismus bei der Taufe abgeschafft worden war. Diese »Reformation« fand erheblichen Widerstand. Einige Pfarrer verloren ihr Amt. Nur wenige Standesherren konnten als Patrone ihrer Gemeinden das Luthertum erhalten. Verschiedene Theologen unter Führung Amlings versuchten in einem Agendenentwurf (1599), der aber nie Rechtskraft erhielt, den Schein des Philippismus aufrechtzuerhalten. In dem Entwurf waren Luthers Deutsche Messe mit reformierten Formeln durchsetzt und der Lutherische → Katechismus (: II) und der → Heidelberger Katechismus vermengt. Nach der Teilung des Landes (1606) entstehen 4 Landeskirchen: Dessau, Zerbst, Köthen, Bernburg, deren Bekenntnisgrundlage die CA variata neben der Pfälzer Agende und dem Heidelberger Katechismus war. Eigene Konsistorien oder Kirchenräte wurden in den einzelnen Kirchen eingerichtet (1613-16). Das Luthertum wurde 1644 wiedereingeführt und das reformierte Bekenntnis 1675 gesichert. In Bernburg erhielten die Lutherischen erst 1754 eine Kapelle. - Zur Hebung des Schulwesens berief der reformierte Fürst Ludwig (1617) Wolfgang → Ratichius nach Köthen. - Der Hallesche → *Pietismus* fand an dem lutherischen Hof in Zerbst und an dem der Gisela Agnes zu Nienburg (Saale) Eingang. Durch fürstliche Verbindung zu Stolberg und zu den schlesischen Grafen Promnitz wurde Köthen Hauptsitz des Pietismus. Hier wirkten an der lutherischen Kirche L.Fr. → Lehr (1731-44) und als Hofprediger J.L.K. → Allendorf (1724-55), die mit einem Kreis Gleichgesinnter die Köthenschen Lieder (1736) (→ Gesangbuch: I A) herausgaben. J.S. → Bach wirkte 1717-23 als Hofkapellmeister in Köthen. - Der *Rationalismus* fand in der Gründung des Philantropins durch → Basedow in Dessau eine Pflegestätte (1774-92). Der Schweizer J.K. → Häfeli, ein Freund → Lavaters, gründete die Dessauer Pastoralgesellschaft (1787). Der Heidelberger Katechismus wurde durch eine neue Bearbeitung ersetzt. Aus den Gesangbüchern verschwinden der reformierte Psalmenteil und die lutherischen Passionsanhänge, es bleiben die lutherischen Responsorien. - Zu Beginn des 19.Jh.s war die Bevölkerung zu 2/3 reformiert und 1/3 lutherisch. Im Laufe des 19.Jh.s wuchs der Katholizismus, begünstigt durch die Konversion des Fürstenehepaars Friedrich Ferdinand von Köthen (1825). Gleichzeitig hatte die → Union in Bernburg (1820) und in Dessau (1827) Erfolg, in Köthen jedoch erst i. J. 1880. In Bernburg wirkte als Gegner des Rationalismus Fr.Ad. → Krummacher (1812-1824). Sein Schwiegersohn W.v. → Kügelgen in Ballenstedt gibt in seinen Erinnerungen einen guten Einblick in die dortigen kirchlichen Verhältnisse. Die → Lichtfreunde faßten in Köthen Fuß und hielten dort ihre Versammlungen ab (1842-45). - Nach Wiederherstellung der Einheit der Landesteile (1863) in A.-Dessau war der Bekenntnisstand uniert, reformiert, lutherisch nach dem Verhältnis 36:7:5. Der Landesherr übte sein Kirchenregiment durch das Konsistorium in Dessau (1865) aus. Nur bei reformierten Angelegenheiten wurde der Köthener Superintendent hinzugezogen. 1875 wurde eine Kirchengemeindeordnung, 1878 eine Synodalordnung erlassen, 1875 Kirche und Schule getrennt, 1880 die erste Landessynode einberufen, 1883 Agende und Gesangbuch vereinheitlicht. Ein Landesdiakonissenhaus (1894) und ein Haus der Schwesternschaft des Ev. Bundes (1913) bestehen in Dessau. - Nach der Revolution von 1918 erhielt die Kirche A.s eine neue Verfassung (14.8.1920), die mit zahlreichen Änderungen bis zur Gegenwart besteht. Der Landeskirchenrat befaßt sich gegenwärtig mit der Herstellung einer neuen Verfassung. Eine Kirchengemeindeordnung wurde 1920, eine Ordnung des kirchlichen Lebens 1921 eingeführt. Die Kirche A.s trat 1922 dem Deutschen Ev. Kirchentag bei, ein Anschluß an die Altpreußische Union wurde 1932 abgelehnt. Während des → Kirchenkampfes wurde A. zu einer Propstei des Bistums Magdeburg erklärt, was auf Grund einer gerichtlichen Klage wieder aufgehoben werden mußte.

2. Die Kirche A.s besteht aus 5 Kirchenkreisen mit je einem Kreisoberpfarrer. Der Synode gehören 33 gewählte und 6 berufene Synodale an. Sie wählt den Landeskirchenrat, der aus 3, höchstens 5 Mitgliedern bestehen soll. Sein Präses oder dessen Stellvertreter muß ein

Theologe sein. - Eine neue Ordnung des kirchlichen Lebens ist am 1.4.1953 in Kraft getreten. Die Kirche A.s gehört zur EKD und zur Ostkirchenkonferenz. - Statistik: ca 385000 Evangelische, 172 Pfarrstellen, 218 Gotteshäuser.

H.DUNCKER, A.s Bekenntnisstand 1570-1606, 1892 - E.SIEDERSLEBEN, Gesch. d. Union in d. ev. Landeskirche A.-Dessau, 1894 - RE I, 547ff; XXIII, 56f - H.BECKER, Die Art des deutschen Reformiertentums nach seiner Ausgestaltung in A., 1900 - E.TEICHMÜLLER, Die ev. Landessynode im Herzogtum A. während d. letzten halben Jh.s, 1905 - J.FREISEN, Staat u. kath. Kirche in d. deutschen Bundesstaaten II, 1906, 1ff - C.FEY, Das Vordringen d. Katholizismus in A., 1912 - H.WÄSCHKE, Gesch. A.s von den Anfängen bis zum Ausgang des MA, 3 Bde, 1912/13 - SEHLING I/2, 493ff - R.SPECHT, Zur Historiographie A.s im 18.Jh. (Sachsen u. A. 6, 1930, 257-305) - DERS., Bibliogr. z. Gesch. v. A., 1930; Nachtrag 1930-35, 1935 - SCHL. III, 97ff - F.LAU, Georg III. v.A. (1507-53), erster ev. »Bischof« v. Merseburg. Seine Theologie u. seine Bedeutung für d. Gesch. d. Reformation in Deutschland (WZ Leipzig 3, 1953/54, 139-152) - EKL I, 125f - A.BOËS, Die ev. Landeskirche A.s, ihre geschichtl. Entwicklung in Bekenntnis u. Verfassung (Amtsblatt der Ev. Landeskirche A.s 1956 Nr. 6/7). *W.Delius*

Anicet, *Papst* 154-165 (?), Syrer aus Emesa. In sein Pontifikat fällt die Propaganda des → Valentin und des → Marcion, aber auch der Besuch des → Polykarp von Smyrna zur Verhandlung über die Osterstreitigkeiten, trotz deren Scheiterns die kirchliche Einigkeit erhalten blieb.

RE I, 552 - LThK I, 446 - G.BARDY, L'église Romaine sous le Pontificat de s.A. (RThAM 17, 1927, 481-511). *M.Rauer*

Animatismus → Präanimismus.

Animismus ist a) im allgemeineren Sinne der Glaube an Seelen- und Geisterwesen, b) im spezielleren Sinne die Lehre, daß die Vorstellung von Seelen und Geistern den Ursprung für die Entwicklung der Religion bilden. Die spezielle Theorie des A. ist von dem englischen Kulturanthropologen E.B.Tylor (zuerst 1871) aufgestellt worden. Sie sucht das Werden der religiösen Vorstellungen und Handlungen kausalanalytisch zu erklären: Aus gewissen elementaren Erfahrungen kam der primitive Mensch zu dem Schluß, es müsse ein Etwas - eben die Seele - geben, das im Schlaf und Traum oder in der Krankheit vorübergehend, im Tode aber endgültig den Körper verlasse. Auf einer späteren Stufe des Denkens wurden aus den Seelen die Geister als selbständig bestehende Seelen, die das gegenwärtige und künftige Leben des Menschen beeinflussen und mit den Menschen verkehren können. Aus den Geistervorstellungen schließlich erwuchs die Vorstellung von Göttern. Nach Tylor entspringen alle magischen Praktiken des Menschen in letzter Linie dem Wissen von dem Dasein und der Wirksamkeit mächtiger Geister. - Der spezielle A. ist also integrierender Bestandteil einer religiösen Evolutionstheorie, die von der Erfahrung von »Seelen« über die Vorstellung von »Geistern« zur Konzeption von »Göttern« führt.

Wilhelm Wundt hat dann diese Theorie mit den Mitteln der Psychologie seiner Zeit unterbaut (1905-09). Durch Einfühlung und belebende Apperzeption projiziert der Mensch das eigene Selbst auf die Objekte. Der Seelenglaube entsteht zunächst durch die Annahme einer Atemseele, indem der Hauch des Menschen als »beseelt« apperzipiert wird. Diese Apperzeption assoziiert sich die analogen Vorstellungen des Windes, des Rauches usw (vgl.ved. atman, gr. πνεῦμα, hebr. rûaḥ), und durch ein Immer-weiter-Greifen der Apperzeptions- und Assoziationsketten baut sich die ganze Welt des Mythos und der Kunst auf. Auch Wundt erklärte die magische Kraft durchweg als Seelenkraft.

Der spezielle A. sowohl in der Tylorschen als auch in der Wundtschen Form konnte sich auf ein breites Material von völkerkundlichen Tatsachen berufen. Ohne Zweifel spielen in den Religionen der Naturvölker Seelen- und Geistervorstellungen oft eine überragende Rolle. Dennoch hat sich die Theorie bei fortschreitender Erforschung dieser Religionen nicht halten lassen. In ihre Widerlegung teilen sich Ethnologen, Religionswissenschaftler und Philosophen (Preuss, Marett, Vierkandt, van der Leeuw, Cassirer, A.E.Jensen u.a.); eine durchschlagende Kritik der Wundtschen A.-Theorie lieferte 1910 schon Rudolf Otto. - Die heutige Stellungnahme läßt sich folgendermaßen zusammenfassen:

1. Die aus antik-hellenischer und christlicher Überlieferung stammenden animistischen und dämonologischen Konzepte dürfen nicht ohne weiteres auf die bei Naturvölkern vorfindlichen Phänomene übertragen werden. Übersetzungen scheinbar entsprechender Ausdrücke aus Eingeborenen-Sprachen mit »Seele«, »Geist« (engl. soul, spirit, franz. âme, génie, russ. duch usw) bieten sich zwar leicht an, doch besteht keine Gewähr dafür, daß sie das Wesentliche, die innere Bedeutung treffen. Es empfiehlt sich daher, sich phänomenologisch so dicht wie möglich an die Gegebenheiten und Äußerungsformen selbst zu halten und notfalls deren eigene Termini lediglich beschreibend wiederzugeben. Tut man dies, so gelangt man zu einer Fülle höchst verschiedener und fremdartiger sog. »Seelen«-Begriffe, die sich kaum auf einen Generalnenner bringen lassen.

2. Nicht »Vorstellungen« (von Seelen usw) sind für die religiösen Gehalte entscheidend, sondern Erlebnisse mythischer und mystischer Natur, »numinose Emotionen« (R.Otto).

3. Zauberglauben und Zauberpraktiken bedürfen keineswegs einer Vermittlung durch vorangehende Seelen- oder Geistervorstellungen. Vielmehr tritt das Erlebnis übermenschlicher Machtqualitäten (mana, orenda usw) auch ohne solche Vermittlung auf. Wohl *können* solche Erlebnisse zu animistischen Vorstellungen *sekundär rationalisiert* werden, müssen es aber nicht.

4. Ausgearbeitete Systeme von »Seelen«- und »Geister«-Vorstellungen finden sich bei Naturvölkern nicht in universaler Verbreitung und gerade nicht in den (vermutungsweise) ältesten Kulturen, so daß sie schon darum nicht für den Wurzelgrund der Religion überhaupt erklärt werden können. Sie finden sich vielmehr geographisch an bestimmten Verdichtungspunkten und kulturell in Zusammenhängen mit übergreifenden religiös-sozialen Institutionen, wie vor allem dem nordasiatischen → *Schamanismus.* Hier wurden Geistervorstellungen aus- und fortgebildet durch die schamanisch-ekstatischen Entrückungszustände, in denen die Seele den Körper verläßt und den Kontakt mit der Geisterwelt aufnimmt; als Konsequenz ist schließlich das All erfüllt mit freundlichen und feindlichen Geistern, alle Dinge werden in einer materiell-spirituellen Zwiefältigkeit konzipiert, und der Mensch begegnet in seiner inneren Orientierung der spirituellen Komponente, dh »den Geistern«, mit denen er sich auseinandersetzt.

5. Wie weit derartige Systembildungen aus den - keineswegs mehr als »primitiv« anzusprechenden - schamanistischen Kulturen in die Hochkulturen hineinwirken, ist noch ungeklärt, doch dürfte der materiell-spirituelle Dualismus in ihnen eine seiner Wurzeln haben (Indien, Iran). Die Atman-Theorien Nordindiens im 7. und 6.Jh. vChr (→ Upanishaden) sind voll von animistischen Rationalisierungen, welche dann der → Buddhismus (: I) wieder radikal verwarf.

6. Die neuere Entwicklungspsychologie hat gezeigt, daß Beseelung bzw. Beseeltheit ein primäres Erlebnis

der kindlichen Psyche ist, wohingegen die Abstraktion »toter« Dinge von »lebendigen« erst eine Leistung des herangewachsenen Menschen auf Grund des Lernens ist. Diese Entdeckung steht im Widerspruch zu Wundts psychologischer Begründung des A. Nicht das Kind, sondern der Erwachsene ist »Animist«.

7. Ethnologisch, religionshistorisch und entwicklungspsychologisch stehen mithin die »animistischen« Vorstellungen und Vorstellungskomplexe nicht am Anfang der Entwicklung, sondern sie sind spätere und abgeleitete Phänomene.

R.Otto, Der Sensus numinis als geschichtlicher Ursprung der Religion, 1910 (neu abgedr. mit Ergänzungen in: Das Gefühl des Überweltlichen, 1932) - A.E.Jensen, Mythos u. Kult bei Naturvölkern, 1951 - A.Friedrich u. G.Buddruss, Schamanengeschichten aus Sibirien, 1955. *W.E.Mühlmann*

Anjou, *Lars Anton* (1803-84), Prof. der KG an der Universität → Uppsala (: II) (1845-59), Chef des Departements für Kultus und Unterricht (1855), Bischof von Visby (1859), Reichstagsabgeordneter (1859-68). Als Kirchenhistoriker hat sich A. einen Namen als hervorragender Quellenforscher gemacht (der erste nach H. → Reuterdahl) und ist auch als Politiker und auf kulturellem Gebiet als Förderer der klassischen Sprachen bekannt.

A. schrieb u.a. eine Gesch. der schwed. Kirchenreform (Svenska kyrkoreformens historia, 3 Bde, 1850-51). Sein Rektorsprogramm von 1852 behandelt die verschiedenen Ausgaben der Beschlüsse u. Reden auf dem Konzil von Upsala (1593). - Weitere Werke: Svenska kyrkans historia från Upsala möte år 1593 till slutet av sjuttonde århundradet, Stockholm 1866 (Schwed. KG 1593-1700); Mina Statsrådsminnen (Meine Erinnerungen als Staatsrat) (Tidskrift för Kristlig tro och bildning, 1892). - Über A.: O.W.Lemke, Visby stifts herdaminne, Örebro 1868, 58 f - Prestmötet i Visby den 27-29 Augusti 1889, 112-124. *G.Hök*

Anker hat in der Antike keine metaphorische Bedeutung; diese kommt erst bei → Julian Apostata vor (die Weisungen des → Mithras sind ein sicherer A.). Er ist zunächst nur Zeichen der Schiffahrt, des Neptunkultes, gelegentlich Attribut der Annona und Stammeszeichen der → Seleuciden. Auf punischen Votivsteinen ist er Zeichen der Rettung aus Seenot; Lukian von Samosata nennt ihn die letzte Hoffnung in Seenot. Aus diesen Gedanken erwächst wohl die Wahl des A.s als Sinnbild der christlichen Hoffnung, erstmalig Hebr 6, 19. Das bleibt er in der Alten Kirche. Johannes → Chrysostomus zB bezeichnet die Hoffnung auf Gott, dh die Hoffnung auf die ewige Seligkeit als A. Das gleiche meinen die vielen Inschriften aus den Katakomben, die neben einen A. zB die Worte setzen: SPES IN DEO bzw. SPES IN CHRISTO. Daneben kann Gott als A. im Sturm des Lebens bezeichnet werden (Augustin, Joh.Chrysostomus); wer ihn ergreift, ist vor Schiffbruch in den Lebensstürmen sicher (Rufin). Auch Gottes Gebote gelten als eiserner A. (Hippolyt). So wird der A. zum beliebten Symbol der altchristlichen Inschriften, bes. als Kreuz-A.; in der Malerei ist er selten, in der Plastik nur auf dem Sarkophag von La Gayolle neben der Orans (→ Oranten) dargestellt. Er verschwindet im 5.Jh., um erst im 15.Jh. wieder attributhaft und seit dem 17.Jh. als reines Symbol häufiger aufzutreten.

RDK I, 708 ff - RAC I, 440 ff. *K. Wessel*

Ankleidegebete des Liturgen beim Anlegen seiner Gewänder, in westlichen → Sakramentaren seit dem 9./10.Jh. nachgewiesen und heute im lat. Ritus wie im Osten gebräuchlich, finden sich auf nichtkath. Seite besonders in der Berneuchener Bewegung (→ Berneuchen). Der spielerische Charakter ihrer allegorischen Bezüge fehlt den ev. Sakristeigebeten ganz.

J.Braun, LH 28 - Ev. Sakristeigebete zB: O.Dietz, Luther-Agende 1928, 18, Agende f. d. Ev. Kirche v. Westfalen I, 1948, 5f. - Berneuchen: K.B.Ritter, Gebete für das Jahr der Kirche 1948², 17f. *W.Jannasch*

Anknüpfung. Das Problem der A. ist so alt wie die christliche Verkündigung. Unter dem Einfluß der → dialektischen Theologie wurde es mit besonderem Interesse sowohl in theologischen wie in missionarischen Kreisen aufgegriffen.

Damit man das Problem in all seiner Weite überschauen kann und nicht zu vorschnell nur auf die Frage zuspitzt, ob es in Welten anderer geistiger Erfahrung einen A.spunkt für die Botschaft des Evangeliums gibt oder geben kann, geht man am besten zuerst von der Tatsache aus, daß die A. ein allgemein-menschliches und kulturelles Problem darstellt. Es ist eine Tatsache, daß Kulturen verschiedenen Charakters und Inhalts in der Geschichte miteinander in Verbindung treten und einander beeinflussen. Diese gegenseitige Kontaktaufnahme und Auswechslung von Elementen ist sogar eine Bedingung lebendigen Kulturlebens und geschichtlicher Entwicklung. Diese kultur-soziologische Gegebenheit zieht besonders heute wegen der Unausweichlichkeit und Dynamik der Begegnung von Kulturen nicht zufällig die Aufmerksamkeit von Soziologen und Kulturhistorikern auf sich. Überdies wurden im 20.Jh. in gewissen großen Gebieten starke Bevölkerungsgruppen von sehr verschiedener kultureller Herkunft auf- und durcheinandergeworfen, womit das verwickelte Problem der sogenannten Akkulturation gestellt wird.

Hinter all diesen Fragen und Problemen steht die Kommunikation als menschliches Phänomen. Von der weiten Peripherie kulturhistorischer und soziologischer Tatsachen kommt man damit zum Zentrum, nämlich zur anthropologischen Frage. Denn zweifellos ist die Kommunikation als menschliches Problem eine der fundamentalsten anthropologischen Fragen, auch für die christliche Theologie. Wenn man von der Wahrnehmung der Tatsachen zwischenmenschlichen Verkehrs ausgeht, läßt sich feststellen, daß Kommunikation, echtes, tiefes gegenseitiges Verständnis, eine unerläßliche Lebensbedingung des persönlichen und sozialen Lebens ist. Auf der anderen Seite ist es nicht weniger einleuchtend, daß wirkliche Kommunikation im vollen Sinne des Wortes selten vorkommt, und daß eine teilweise gelungene oder mißlungene Kommunikation vorherrschen, ja daß sie oft auch ganz vereitelt wird. Hier ergibt sich ein Rätsel im menschlichen Sein. Es ist darum selbstverständlich, daß sich heute, wo die Kultursituation eine so tiefe Störung der Kommunikation hervorruft, sich Philosophie (besonders die existentialistische), Psychiatrie und Psychotherapie um diese Fragen kümmern (vgl. K. → Jaspers, G. → Marcel, C.G. → Jung, A.Maeder, M. → Buber und viele andere). Man bemüht sich um eine Phänomenologie der Kommunikation. R.Mehl (La rencontre de l'autrui, 1955) nimmt als Ausgangspunkt, daß Kommunikation die menschliche Grundbefindlichkeit ist. Als solche ist Kommunikation eine eminent theologische Frage, verankert in der biblischen Offenbarung. Gott hat den Menschen geschaffen zur Kommunikation mit Ihm und seinen Mitmenschen. Man kann die ganze biblische Heilsgeschichte unter diesem Gesichtspunkt verstehen. Im Lichte der biblischen Offenbarung hat die Kommunikation zwei Aspekte, die beide gleich wesentlich sind und organisch zusammengehören. Der erste Aspekt ist die Seite, die vor allem von der Phänomenologie durchleuchtet wird, aber zugleich ein theologisches Problem ersten Ranges ist, nämlich die Kommunikation als zwischenmenschliches Problem und als begründet in der Natur und Bestimmung des Menschen. Der zweite Aspekt ist die Kommunikation der christlichen Botschaft. Sie kann in diesem Zusammenhang mit vollem Recht als die Verkündigung der Wiederherstellung der Kommunikation als Grundgegebenheit des menschlichen Seins im Verhältnis zu Gott und den Mitmenschen verstanden werden. Die theologische Diskussion der letzten Jahrzehnte ist deshalb von der Frage der Kommunikation tief bewegt und hat deren Bedeutung für eine wahrhaft theologische Anthropologie voll anerkannt (vgl. besonders Barth und Brunner). Die zwei zusammengehörenden Aspekte werden im hohenpriesterlichen Gebet Jesu hörbar: »ut omnes unum sint« (Joh 17, 21). Jesus betet da um die echte Einheit derjenigen, die an Ihn glauben, *damit* die Welt glaube, daß Er von Gott gesandt ist.

Auf diesem Hintergrunde muß auch die Frage der A. gesehen werden. Sie ist darum für Kirche und Theologie so wichtig, weil die Kirche nach biblischer Sicht an erster Stelle eine missionarische Größe ist. Sie ist *in* die Welt gesandt, um für den Namen Christi zu zeugen und ihn bis an die Enden der Erde zu verkündigen. Der Auftrag zur Verkündigung des Evangeliums, dh zur Kommunikation des Heils in Christo, ist der eigentliche Existenzgrund der Kirche. Aber die Kommunikation des Heils und der Heilsbotschaft stellt unmittelbar die Frage der Kommunikationsfähigkeit mit den Mitmenschen, für die es nicht nur eine neue, sondern auch eine fremde Botschaft ist. Vom Anfang der Kirchengeschichte an ging es zugleich um das *Was* und das *Wie* der Verkündigung. Das führt unvermeidlich zum Problem der A. und den damit verbundenen Fragen: gibt es Stellen im religiösen Verstehen des Hörers, die Verwandtschaft mit dem Evangelium haben? Gibt es Einfallspforten? Das Evangelium, die Botschaft von Gottes Heil, Vergebung und Gericht und vom kommenden Reich Gottes, trat in eine gleichgültige und feindliche Welt. Die Kirche hatte eine Botschaft zu verkündigen, die in ihrer wirklichen Bedeutung »die Torheit Gottes« war, die »die Weisheit der Weisen zerstört«, weil sie weiser ist als die Menschen. Sie ist die Verkündigung des Kreuzes, der »Schwachheit Gottes, die stärker ist als die Menschen«. Darum ist die grundsätzliche Position diese: *Im Prinzip* ist die Botschaft, die verkündet werden *muß* (das ist ihr Sinn und ihre Bestimmung), unmittelbar, nicht kommunikationsfähig. Sie kann keine adäquate Übersetzung finden in irgendeiner Sprache oder in irgendeiner anderen Denk- und Ausdrucksform. Jedoch ist die Botschaft, gerade weil sie eine Verkündigung »der großen Taten Gottes« ist, ausgerichtet auf die tiefsten Bedürfnisse und Aspirationen der Menschen, und so hat sie doch auch wieder *im Prinzip* eine Möglichkeit der Resonanz, der Vibration. In diesen Worten liegt der paradoxe Hintergrund der Frage der A. Anders gesagt: hinter der Frage der A. steht immer die unaufhebbare Spannung zwischen treuer Übermittlung der Botschaft in ihrer Andersartigkeit und ein Trachten, sie im wahren Sinne »ad hominem« zu sagen.

Diese Formulierung ist jedoch nur die grundsätzliche, die gerade wegen ihrer Ausgewogenheit in Gefahr steht, die Probleme, die um die »A.« als Verfahren auftauchen und in der Geschichte tatsächlich aufgetaucht sind, mehr zu verdecken als bloßzulegen. Diese Probleme sind in der Geschichte der Kirche, in ihrer missionarischen Ausbreitung, und in ihren Theologien in vielfacher Gestalt erschienen. Man könnte unter diesem Gesichtspunkt eine Lebens-, Theologie- und Missionsgeschichte der Kirche schreiben, wobei die Stichwörter Adaption, Anpassung und Assimilation »in bonam et malam partem« eine große Rolle zu spielen hätten. Die ganze Frage der A. hat in unserer Zeit ein eigenes Gesicht bekommen, sowohl durch die besondere Kulturlage des 19. und 20.Jh.s wie durch das Aufkommen der dialektischen Theologie. Die christliche Mission und die neu aufstrebende Religionswissenschaft zwangen zu neuem Nachdenken über das Verhältnis des Christentums zu den nichtchristlichen Religionen. Eine offenere Haltung schärfte das Auge für die religiösen und geistigen Werte dieser Religionen, so daß die herrschende Formel nicht mehr ein Entweder-Oder war, sondern das Verhältnis von Sehnen (nichtchristliche Religionen) – Erfüllung (Christentum) als das maßgebende konstituiert wurde. Ein Zeichen dieser großen Umwälzung im Denken, die eigentlich eine Antwort war auf die ganz neue Lage, wo man zum ersten Male in der Geschichte der Kirche das Phänomen des Pluralismus auf religiösem Gebiete ernst nahm und in die Bahn einer relativistischen Wertung des Wahrheitsanspruches der Religionen geriet, war die Weltmissionskonferenz in Jerusalem (1928), wo eines der Hauptthemen »der religiöse Wert der nichtchristlichen Religionen« war. Eine ganze Literatur, vornehmlich in angelsächsischen Ländern, über den »Approach to non-Christian Religions« und »the spiritual heritage of Hinduism (Buddhism usw)« blühte auf.

In dieser Haltung war mitgemeint, daß selbstverständlich in den Religionen für die Predigt des Evangeliums viele A.spunkte bestünden, die theologisch motiviert wurden, dies oft nur in Andeutungen, manchmal auch ausdrücklich mit der klassischen Logos-Spermatikos-Lehre (→ Logos: I).

Auf dem Hintergrunde dieses durch die Religionswissenschaft großgezogenen Relativismus und eines theologischen Latitudinarismus in vielen Missionskreisen muß man die scharfe Zurückweisung jedes Kontaktpunktes durch Karl Barth sehen. Bei ihm war es eine logische Folge seiner radikalen Absage an jede Form natürlicher Theologie. Zum schärfsten Ausdruck kam dies in der Auseinandersetzung zwischen Barth (»Nein«) und Brunner (»Natur und Gnade«). Ein ähnlicher Gegensatz der Meinungen zeigte sich in den Debatten der Weltmissionskonferenz in Tambaram (1938) über »continuity« oder »discontinuity« im Verhältnis der christlichen Offenbarung zu den nichtchristlichen Religionen. Obwohl die Meinungen noch immer in vielen Nuancierungen auseinanderfallen, hat die Kontroverse über die A. viel Klarheit geschaffen. Aus theologischen wie praktischen Gründen sollte man sagen, daß die Maxime: es gibt keinen A.spunkt, richtig ist, weil nur so das Verhältnis der Offenbarung in Christus zu den menschlichen Religionen am prägnantesten zum Ausdruck kommt, denn »die Torheit Gottes« hat keinen Ansatzpunkt in der »Weisheit der Menschen«. Hier gilt das »Senkrecht von oben«. Auf der anderen Seite muß hinzugefügt werden, daß dies nur eine halbe Antwort auf die Frage der »A.« ist, weil es nicht wenige theologische und menschliche Gründe gibt, gleichwohl immer um A. bemüht zu sein, wie sich heutzutage in der lebendigen Debatte über »Kommunikation« zeigt, die in Zusammenhang mit dem neu erwachten Bewußtsein der Evangelisationsverpflichtung der christlichen Kirche entbrannt ist. – Vgl. → Akkommodation.

H. Thielicke, Die Frage der natürlichen Theologie. Der »A.spunkt« (ThBl 15, 1936, 10-19) - W. Link, »A.«, »Vorverständnis« u. die Frage der »Theologischen Anthropologie« (ThR NF 7, 1935, 205 bis 254) - E. Brunner, Die Frage nach dem »A.spunkt« als Problem der Theologie (ZZ 10, 1932, 505-532) - Ders., Natur u. Gnade, 1934 - K. Barth, Nein!, 1934 - R. Bultmann, A. u. Widerspruch (ThZ 2, 1946, 401-418 = Bultmann II, 117-132) - K. Deissner, Anpassung u. Abwehr in der ältesten Missionspredigt (ZSTh 16, 1939, 516-527) - S. Jacob, Das Problem der A. für das Wort Gottes in der dt. ev. Missionsliteratur der Nachkriegszeit, 1935 - G. Rosenkranz, Der »Heilige« im Konfuzianismus u. das Problem der A. (ZMR 49,

1934, 2-24) - F.K.SCHUMANN, Das Wort u. die Heiden. Zur Frage der »A.« in der missionarischen Verkündigung, 1938 - G.EICHHOLZ, Die Verkündigung der Kirche an die Welt, 1939 - DERS., Das Wort Gottes u. die Welt des Hörers (EMZ 2, 1941, 196-205) - S.KNAK, Die Verkündigung der Kirche an die Welt (Mission u. Pfarramt 33, 1940, 2-10) - K.HEIM, Die missionarische Verkündigung des Paulus (EMZ 3, 1942, 4-20). - J.THAUREN, Die Akkommodation im kath. Heidenapostolat, 1927 - A.VÄTH, Das Bild der Weltkirche. Akkommodation u. Europäismus, 1932. *H.Kraemer*

Anna, *die Heilige.* Das Protev Jacobi (2. Hälfte des 2.Jh.s) ist der Ausgangspunkt der Legenden über die Eltern Marias (daneben später Pseudo-Mt, 5.Jh., und Ev. de nativitate Mariae, 6.Jh.). Nach langer Unfruchtbarkeit empfing Anna (vgl. 1Sam 1) von Joachim eine Tochter, Maria, die als gottgeweihte Jungfrau im Tempel in Jerusalem aufgezogen wurde. Die Legende setzt sich trotz Widerspruches durch das Decretum Gelasianum, Augustin und Hieronymus auch im Abendland durch. Im 9.Jh. ist A. hier (durch drei Ehen) Mutter aller drei Marien des NT und Stammutter der ganzen hl. Sippe geworden. Der A.kult wächst aus dem Marienkult und verbreitet sich von Jerusalem (ca 500?) über Konstantinopel (vor 550 A.-Kirche Justinians) im Frühmittelalter auch nach Rom und dem übrigen Westen. Von den Franziskanern gefördert, erreichte die A.verehrung ihren Höhepunkt im Spätmittelalter, eine Folge der Verbreitung des Glaubens an die Unbefleckte Empfängnis (→ Mariologie). In der abendländischen Kunst wird A. dargestellt mit der hl. Sippe oder, häufiger, mit Maria und Jesus als »hl. A. selbdritt« (oft zum Trinitätsbild umgestaltet). Nach der Reformationszeit ging ihre Bedeutung zurück. Tag: im Westen heute nur 26.7.

DACL I, 2162ff (Lit.) - P.V.CHARLAND, Sainte Anne et son culte I-III, Quebec 1911-21 - KÜNSTLE I, 328ff - B.KLEINSCHMIDT, Die Heilige A. (Forsch. z. Volkskunde 1/3), 1930 (Lit.) - EC I, 1360 (Lit.). *G.Kretschmar*

Annaten (annatae, Jahrgelder) sind Abgaben, die bei der Verleihung kirchlicher Pfründen (Benefizien) dem Papst und der Kurie zu entrichten sind. Sie betreffen einmal die sog. Servitien (servitia communia) für die im Konsistorium erfolgte Verleihung von Bistümern und Abteien, zum andern im eigentlichen Sinne die für die nichtkonsistoriale Verleihung der dem Papste reservierten niederen Pfründen (Pfarreien, Kanonikate) zu leistenden Abgaben. Letztere, die annatae Bonifatianae (nach → Bonifatius IX.), wurden im 14.Jh. zu einer ständigen Einrichtung der Kurie, verloren aber seit den → Reformkonzilen des 15.Jh.s in Deutschland ihre praktische Bedeutung; heute sind sie nur noch in Italien üblich (Halb-A., c. 1482 CIC). Die A. im Sinne der servitia communia wurden seit der Mitte des 13.Jh.s und auch noch in der Neuzeit geleistet; das gemeine Recht des CIC kennt sie nicht.

J.B.SÄGMÜLLER, Lehrb. des kath. Kirchenrechts, (1904) 1909², 867f - LThK I, 458 - FEINE, bes. 307f. 309. *S.Reicke*

Anniversarien. Schon bei Cicero sind A. jährlich wiederkehrende Festtage. In der alten Kirche nannte man so die feierlich begangenen → »Geburtstage« (= Todestage) der Märtyrer, dann auch die Jahrestagsfeiern anderer Heiliger. Schließlich hießen A. allgemein die Gedenkfeiern (Totenoffizium und Totenmesse oder nur das letztere) am Todestag eines Verstorbenen. In alledem wirkten heidnische Vorstellungen und Bräuche nach. - Als A. feiert man auch schon seit dem frühen Mittelalter die auf Wahl, Krönung oder Weihe des Papstes oder Bischofs bezüglichen Jahrestage (Votivmessen); auch der Priester darf des Jahrestages seiner Weihe durch Einschub des entsprechenden Gebetes in die Messe gedenken. - Die A. der Kirchweihe haben sich über den liturgischen Bereich der kath. Kirche hinaus (Kir-mes) im weltlichen Brauchtum unzerstörbar festgesetzt. Dagegen wurden die mit den A. zusammenhängenden gottesdienstlichen Namenslesungen und Fürbitten in der Reformationszeit nach heftiger Befehdung durch die Evangelischen in *ihren* Kirchen beseitigt.

BRAUN, LH 29 - RGG³ I, 353 - LThK I, 460; VII 481f (Nekrologien) - SCHL. II, 479 (Nr. 24049); IV, 463 (Nekrologien) - PH. HARTMANN, Repertorium Rituum, 1904¹⁰, 324ff - JUNGMANN I, 275 u. Reg. *W.Jannasch*

Anno II. (um 1010-75), Erzbischof von Köln 1056 bis 1075, aus einem schwäbischen Rittergeschlecht stammend, war Schüler, Lehrer und Leiter der Bamberger Domschule. Von Kaiser Heinrich III. wurde er als Kaplan an den Königshof gezogen und 1056 zum Erzbischof von Köln erhoben. Nach dem Tode des Kaisers gewann er unter der Regentschaft der Kaiserin Agnes steigenden Einfluß. Durch den Staatsstreich von Kaiserswerth (April 1062) bemächtigte er sich des jungen → Heinrich IV. und damit des Reichsregiments, mußte dieses aber bald mit → Adalbert von Bremen teilen, der ihn immer mehr zurückdrängte. An der Beilegung des Schismas von 1061 hatte er auf den Synoden von Augsburg (1062) und Mantua (1064), auf der → Alexander II. als rechtmäßiger Papst anerkannt wurde, entscheidenden Anteil. Nach dem Sturz Adalberts (1066) war er wiederholt im Reichsdienst tätig, ohne jedoch am Königshof eine bestimmende Rolle zu spielen. Seine Maßnahmen als Stadtherr führten 1074 zu einer Erhebung der Kölner Bürger, die ihn aus der Stadt vertrieben; doch konnte er den Aufstand rasch niederwerfen. Durch Kloster- und Stiftsgründungen (vor allem Siegburg) hat er das kirchliche Leben seiner Diözese gefördert und durch die Einsetzung von Mönchen aus dem italienischen Kloster Fruttuaria die Reformbewegung in Deutschland begünstigt. In Siegburg, wo er am 4.12.1075 starb, entstand die Vita Annonis und, wohl auf ihr fußend, das Annolied. 1183 wurde er heilig gesprochen.

Vita Annonis (MG SS XI, 462ff); Annolied (MG Dt.Chroniken I, 2, 63ff) - RE I 556ff - G.BAUERNFEIND, A. II., Erzb. v. Köln (Diss. München), 1929 - BRAUN, TA 82ff - NDB I, 304ff (Lit.). *K.Jordan*

Annoni, *Hieronymus* (häufig auch: d'Annone; 1697 bis 1770), * in Basel, dort Studium; als Hauslehrer in Schaffhausen von dem als Separatist entlassenen Pfarrer J.K.Ziegler für den mystisch-spiritualistischen Pietismus gewonnen, nach Pfarrdienst an verschiedenen Orten 1747 Pfarrer in Muttenz bei Basel, Führer des dortigen Pietismus und Gründer (1756) der Vorläuferin der Deutschen → Christentumsgesellschaft J.A. → Urlspergers; Kirchenliederdichter.

A.s handschriftlicher Nachlaß in der Univ.-Bibl. Basel. - CHR.J. RIGGENBACH, H.A. Ein Abriß seines Lebens samt einer Auswahl seiner Lieder, 1870 - W.HADORN, Gesch. des Pietismus in den Schweiz. Ref. Kirchen, 1901 - J.TH.MÜLLER, Pfarrer A.s Besuch in Herrnhut 1736 (ZBG 5, 1911, 50-92) - P.WERNLE, Der schweizerische Protestantismus im 18.Jh. I, 1923. *M.Schmidt*

Annunziaten, Orden von der Verkündigung Mariä. Drei Gruppen sind zu unterscheiden: a) Die lombardische, 1408 zu Pavia gegründet, nahm 1431 die → Augustinerregel an. Die bekannteste Heilige ist hier die hl. → Katharina von Genua. b) Die italienische, 1604 von der sel. M.Viktoria Fornari gestiftet. Statuten 1604, 1631 bestätigt. c) Die französische, gestiftet 1501 von der hl. Johanna von Valois. Statuten 1517. Von allen Verbänden bestehen heute nur noch einige Klöster.

P.(H.)SCHLAGER, Zur Gesch. der westfälischen A.klöster (Zeitschr. für vaterländ. Gesch. u. Altertumskunde Westfalens 64/II, 1906, 111 bis 130) - HEIMBUCHER I, 625ff - LThK I 462f - F.FLASKAMP, Investitur- u. Profeßbuch des A.klosters zu Wiedenbrück, 1948. *Ph.Hofmeister*

Annus discretionis → Kirchenmitgliedschaft.

Annus normalis, »Normaljahr« des Westfälischen Friedens (Instrumentum pacis Osnabrugense [IPO] Art. V). Es bedeutet eine Abschwächung des nach dem → Augsburger Religionsfrieden grundsätzlich unbeschränkten jus reformandi des Landesherren. Als »Normaltag« für den Besitzstand der Konfessionen wurde nach langem Verhandeln der 1.1.1624 angenommen (Art. V § 2). Wer zu irgendeiner Zeit 1624 öffentliche oder häusliche Ausübung seiner Konfession gehabt hatte, durfte sie behalten (Art. V § 31). Zwischen Lutheranern und Reformierten galt nicht der a.n., sondern Art. VII IPO. 1648 ging es den Mächten nicht nur um die Konfession, sondern auch um die damit verbundenen Besitzungen und Rechte. Der a.n. beeinflußt bis zur Gegenwart die Konfessionskarte Deutschlands.

J.G.v.Meiern, Acta Pacis Westphalicae, III, 1735, 188. 193. 279. 287. 294. 331. 395. 408. 413. 426 - J.S.Pütter, Geist d. Westph. Friedens, 1795, 355 - H.Fürstenau, Grundrecht d. Religionsfreiheit, 1891, 56. 61 - B.v.Bonin, Praktische Bedeutung d. jus reformandi, 1902, 62 - RE XXI, 1908, 168 - K.Zeumer, Quellensamml. z. Gesch. d. Dt. Reichsverf., 1913², 403 - E.Hövel, Pax Optima Rerum, 1948, 124. 128 - H.Liermann, D. Westf. Frieden (Jb. des Mart.-Luth.-Bundes 1949/50, 147-158; bes. 156). *H.Liermann*

Anrich, *Gustav Adolf,* * 2.12.1867 in Runzenheim (Elsaß), † 13. 11.1930 in Tübingen. 1894 Pfarrer in Lingolsheim und PDoz für KG in Straßburg, 1901 Leiter des Theol. Studienstifts in Straßburg, seit 1914 o.Prof. in Straßburg, Bonn (1919) und Tübingen (1924), 1924 bis 1930 Vorsitzender des Wissenschaftlichen Instituts der Elsaß-Lothringer im Reich an der Universität Frankfurt a.M. Seine Arbeiten gelten der Geschichte der alten Kirche, besonders im Zusammenhang mit dem Mysterienwesen, dem Heiligenkult und der elsässischen Reformationsgeschichte.

Vf.: Das antike Mysterienwesen in s. Einfluß auf das Christentum, 1894; E. Lucius, Die Anfänge d. Heiligenkults (Hg.), 1904; Der moderne Ultramontanismus, 1909; Hagios Nicolaos, 2 Bde, 1913/17; Martin Bucer, 1914; Die Univ. Straßburg in ihrer Bedeutung f. d. Wissenschaft 1872-1918, 1923 (unvoll.). - Über A.: Elsaß-Lothr. Jb. 10, 1931, 1-11 - NDB I, 306. *Ernst Wolf*

Ansbacher Ratschlag → Barmen.

Anschauung. → Kant hat die A. in der Philosophie wieder zu Ehren gebracht, indem er sie als die »Vorstellung, sowie sie unmittelbar von der Gegenwart des Gegenstandes abhängen würde«, zu dem erhebt, »worauf alles Denken als Mittel abzweckt«. Er knüpft damit an platonische Überlieferungen an. Er unterscheidet von der empirischen die reine A., die auf die apriorische Formgebung von Raum und Zeit geht, und die intellektuelle A., die als Grenzbegriff dem urbildlichen, dh göttlichen Intellekt zugeordnet wird, für den Denken und Hervorbringen eins sind. Kant begründet damit im Rückgriff auf den mystischen Wortgebrauch (→ Eckehart) einen zentralen Begriff des deutschen Idealismus (→ Schelling). → Schleiermacher nannte das »Anschauen des Universums« die »allgemeinste und höchste Formel der Religion«.

Lit. s. bei → Intuition. *H.Knittermeyer*

Anschauungsformen → Kant.

Anselm, 1. *von Canterbury* (1033/34-1109), hl., † zu Aosta (Piemont), 1060 Mönch, 1078 Abt zu Bec (Normandie), 1093 Erzbischof, ist eine der anziehendsten Gestalten des Mittelalters. Durch Wort und Schrift suchte er Mönchtum und Askese geistig zu vertiefen; er kämpfte unter schwierigsten Verhältnissen mit Erfolg für die Freiheit der Kirche in England; vor allem aber gab er durch seine systematischen Werke der erstarrten Theologie einen neuen, nachhaltigen Impuls. Mit der Gedankenwelt → Augustins vertraut, dazu mit dem philosophischen Rüstzeug der Zeit aufs beste versehen, ausgestattet mit einer unerhört spekulativen Begabung und dialektischen Schärfe, unternimmt A. als erster und a u neue Art den Versuch einer streng wissenschaftlichen Theologie. Seine Methode ist die des Apologeten in seiner doppelten Funktion, dem Ungläubigen die Vernünftigkeit des christlichen Glaubens darzutun und dem Gläubigen den intellectus fidei, der zwischen Glauben und Schauen die Mitte hält, zu vermitteln. Methodisch stellt sich A. dabei auf den Standpunkt des Ungläubigen (oder sonstigen Gegners), und indem er diesem gerecht wird, befriedigt und erfreut er auch den Verstand des Gläubigen. Daher der Beweis sola ratione, mit vorsätzlichem Absehen von Schrift und Autorität. Indem A. dabei in das Glaubensgeheimnis selber einzudringen sucht, überschreitet er die zulässige Grenze, ohne jedoch einem eigentlichen Rationalismus, dessen scharfer Gegner gerade er war (→ Roscelin), zu verfallen. Denn seinem Forschen geht der Glaube als subjektive Voraussetzung voraus: fides quaerens intellectum. Bedeutsam sind die Ergebnisse seiner Forschung, die Allgemeingut der Theologie wurden. In Cur deus homo verwirft er die bisherige Theorie der Loskaufung des Menschen vom Teufel (in Medit. 3 auch die »Täuschungstheorie«) und stellt seine Doktrin von der stellvertretenden Genugtuung durch Christus auf, die die kath. Theologie in den wesentlichen Zügen annahm, ohne aber A. in der Betonung der Notwendigkeit der Erlösung in der erfolgten Weise zu folgen. Die Trinitätslehre fördert A. besonders durch Einführung des Begriffs der oppositio relationis. Gemeingut wurden zahlreiche andere Begriffe, Definitionen und Klärungen, wie über Wesen und Fortpflanzung der Erbsünde, Übereinstimmung von Gnade und Freiheit usw. Eindeutig gegenteilige Aussagen gestatten nicht, A. als Vertreter der Unbefleckten Empfängnis Mariens (→ Mariologie) aufzuführen; wohl aber lehrte er deren Mitwirkung bei der Erlösung und ihre Mittlerschaft in der Gnadenausteilung (Or. 7). Gegenüber dem Monologion, einer Theodizee von wohl beispielloser Fülle und Konzentration, sucht A. im Proslogion mit dem einzigen Begriff id, quo maius cogitari nequit, Dasein, Wesen und Eigenschaften Gottes zu beweisen. Mehr als je bemüht man sich heute, die Gültigkeit dieses sog. ontologischen → Gottesbeweises darzutun oder ihn wenigstens von seinen Voraussetzungen aus verständlich zu machen (wobei man oft den Texten nicht gerecht wird). In seinen Gebeten und Betrachtungen, kleinen rhetorischen Kunstwerken, verbinden sich Gedankenreichtum und Gemütsinnigkeit.

Hauptquellen für das Leben sind außer A.s Korrespondenz Eadmers Historia Normannorum und Vita Anselmi. - Der Text der Werke u. Briefe (475 Nummern) liegt in den bisher erschienenen 5 Bden der von F.S.Schmitt besorgten GA (1938-51; Bd 1 1946²) vollständig vor. Sämtl. A. zugeschriebenen Werke asketischer Natur, von den aufgenommenen 19 Gebeten u. 3 Betrachtungen abgesehen, wurden als unecht ausgeschieden. - DHGE III, 464ff (Lit.) - Ü II¹¹, 192ff. 698ff (Lit.) - LThK I, 466ff - DSp I, 690ff (Lit.) - EC I, 1406ff. - K.Barth, Fides quaerens intellectum, 1931 (vgl. dazu E.Haenchen, Festschr. K.Heim, 1934, 181-205; F.S.Schmitt, ThRv 32, 1933, 217-223; M.A.Schmidt, ThZ 12, 1956, 337-346) - A.Wilmart, Auteurs spirituels et textes dévots du Moyen-âge latin, 1932 - A. Kolping, A.s Proslogion-Beweis der Existenz Gottes, 1939 - E. Schlink, A. u. Luther. Eine Studie über den Glaubensbegriff in A.s Proslogion (Welt-Luthertum von heute. Festschr. A. Nygren, 1950, 269-293) - R.Perino, La dottrina Trinitaria di Sant'Anselmo (Studia Anselmiana 29), 1952 - J.Mc Intyre, St.A. and his critics. A re-interpretation of the Cur Deus homo, 1954. *F.S.Schmitt*

2. *von Havelberg* († 1158), Prämonstratenser, vielleicht aus der Gegend von Lüttich stammend, vom hl. → Norbert 1129 zum Bischof von Havelberg geweiht. Unter

Lothar III., Konrad III. und Friedrich I. war A. häufig als Diplomat im Reichsdienst tätig, so 1135/36, 1153 und 1154/55 in Byzanz. 1147 nahm er als Legat am Wendenkreuzzug teil. 1155 zum Erzbischof von Ravenna erhoben, starb er 1158 bei der Belagerung Mailands. Sein Hauptwerk sind drei Bücher Dialogi, die Niederschrift einer Disputation, die er 1136 in Byzanz mit dem Erzbischof Niketas von Nikomedien hatte.

MPL 188, 1095ff. - RE I, 570f - G.Schreiber, A.v.H. u. die Ostkirche (ZKG 60, 1942, 354-411) - Ders., Studien über A.v.H. (AnPraem 18, 1942, 5-90) - NDB I, 309f (Lit.). *K.Jordan*

3. *von Laon* (ca 1050-1117), zog dort Hörer fast aller Länder an (u.a. → Abaelard, → Gilbert de la Porré), gehörte zu den »magistri moderni«, die die überkommene Lehre in konservativem Sinne weiterentwickelten. A. erscheint heute mit seinem Bruder Radulph immer deutlicher als der eigentliche Verfasser der Glossa interlinearis und marginalis (→ Glossa ordinaria) zu den Psalmen und zu Paulus, vielleicht auch zu Mt, Lk und Joh. Die systematischen → Sentenzenwerke seiner Schule (in deutschen Landen über 70 Hss) suchten die → Scholastik auf die Ideen der Schrift zu gründen.

Grabmann II, 136ff - H.Weisweiler, Das Schrifttum der Schule A.s v.L. u. Wilhelms v.Champeaux in dt. Bibliotheken (BGPhMA 33, 1/2), 1936 - O.Lottin, Nouveaux fragments ... (RThAM 11 bis 14), 1939-1947 - J.deGhellinck, Le mouvement théol. du XIIe siècle, 1948², 104ff. 133ff - A.M.Landgraf, Einführung in die Gesch. der theol. Lit. d. Frühscholastik, 1948, 55ff (Lit.) - B.Smally, The Bible in the Middle Ages, Oxford 1952² (Lit.). *H.Weisweiler*

Ansgar (Anscarius), Erzbischof von → Hamburg (:I) - Bremen, * 801 in der Picardie, † 3.2.865. A. besuchte die Klosterschule in → Corbie und siedelte später nach → Korvey über, wo er als Scholastikus die Erziehung junger Sachsen leitete. Nach der Taufe des Dänenkönigs Harald Klak (825) trat er im Auftrag Ludwigs des Frommen in die nordische Mission ein, nach der Rückkehr aus → Schweden (831) wurde er Erzbischof des neugegründeten Missionssprengels Hamburg und in der Nordischen Legation für Dänen, Schweden und Slawen → Ebo von Reims gleichgestellt. Bei der Zerstörung Hamburgs durch die Dänen 845 erlosch das Erzbistum; A. konnte nur die Reliquien der Kirche retten. Er wurde Bischof von Bremen und vereinigte es 848 mit Hamburg zu einem neuen Missionserzbistum. Eine gefestigte Kirchenorganisation und reichere Mittel erlaubten in den nächsten Jahren eine umfassende Tätigkeit in → Dänemark wie in Schweden (Kirchenbau in Schleswig und Ripen), ohne daß es zu einer vollen nordischen Kirchenorganisation kam. A.s Persönlichkeit ist in erster Linie aus der legendenhaften Beschreibung durch seinen Schüler und Nachfolger Rimbert bekannt. A. war ein Mann von erstaunlichem Wagemut, mehr als nur ein frommer Mönch, und wußte seine Pläne diplomatisch und standhaft durchzuführen. Er wird deshalb mit Recht Apostel des Nordens genannt.

Rimbert, Vita Ansgarii: MG 1884 (Schulausg., Waitz); dt. Übers. v.Laurent, (1856) 1889² (Geschichtsschreiber d.dt.Vorzeit), v.Haupt (Schriften des Vereins für Schleswig-Holsteinsche Kirchengeschichte II, 8, 2), 1926 - Hauck II², 1935, 693ff - J.O.Andersen, A.s Betydning for det nordiske Missionsarbejde (Nord. Missionstidsskr. 3, V, 1926, 97-123) - S.Lindquist, St.A., hans värld och verk I, 1930 - E.deMoreau, Saint Anschaire, 1930 - L.Weibull, Ansgarii skrift om den påvliga legationen (Scandia 14, 1941, 151-157) - Ders., Ansgarius (ebd 186-199) - Braun, TA 84 - NDB I, 311f (Lit.). *Hal Koch*

Anstaltsgemeinde ist (in Deutschland) die Rechtsform, in der das Verhältnis des kirchlichen Lebens in einer Anstalt (der Inneren Mission oder auch der öffentlichen Hand) zu den benachbarten Gemeinden, zum Kirchenkreis und zur Landeskirche geregelt wird. Voraussetzungen sind immer das Vorhandensein eines Geistlichen mit den Rechten des geistlichen Standes sowie das einer Kirche, Kapelle oder eines entsprechenden Kirchenraumes. Glieder der A. sind je nach Bestimmung der Errichtungsurkunde die Angestellten (Vorsteher, Schwestern, Ärzte), zT auch solche, die außerhalb der Anstalt wohnen, und die Pfleglinge der Anstalt. Die Anstellung der Geistlichen bedarf der Mitwirkung der Kirchenbehörde, desgleichen ihre Entfernung aus dem Amt durch die Anstalt. Sie unterstehen der allgemeinen geistlichen Aufsicht und Disziplinargewalt. Die Befugnisse des Kirchenvorstandes werden dem Anstaltsvorstand übertragen. Die A. nimmt an dem öffentlichen Status der Landeskirche teil und ist Körperschaft des öffentlichen Rechts.

O.Bachof, Die parochiale Rechtsstellung der großen Anstalten in den deutschen ev. Kirchen (Diss. Freiburg), 1939 - G.Wasse, Die Werke u. Einrichtungen der Ev. Kirche, 1954. *E.Ruppel*

Anstaltsseelsorge. Nach Art. 140 Grundgesetz, Art. 141 Weimarer Reichsverfassung sind die Religionsgesellschaften zur Vornahme religiöser Handlungen zuzulassen - wobei jeder Zwang fernzuhalten ist -, soweit das Bedürfnis nach Gottesdienst und Seelsorge im Heer, in Krankenhäusern, Strafanstalten oder sonstigen öffentlichen Anstalten besteht. Die Verfassung der DDR von 1949 enthält in Art. 46 eine entsprechende Bestimmung. Länderverfassungen, Kirchenverträge und Konkordate erläutern und erweitern diese Grundsätze, ohne darauf abzustellen, ob das Bedürfnis besteht oder »der Wunsch nach Gottesdienst pp.« geäußert wird. Vielfach ist durch Ministerialerlaß geregelt, daß in Krankenhäusern bei der Aufnahme die Religionszugehörigkeit festgestellt wird und daß die zuständigen Geistlichen zu benachrichtigen sind, wenn Lebensgefahr vorliegt. - Neben der gottesdienstlichen und seelsorgerlichen Wirksamkeit der Kirchen, die von den Kirchen selbst betrieben wird, gibt es in vielen Ländern auch eine vom Staat getragene religiöse Versorgung für die Strafanstalten (→ Gefängniswesen: III), vielfach aber auch für staatliche oder sonstige öffentliche Heil-, Pflege- und Erziehungsanstalten. Herkömmlich werden die für die regelmäßige Seelsorge nötigen Geistlichen als Staats- oder sonstige öffentliche Beamte angestellt, und zwar im Einvernehmen mit der Kirche. → Seelsorge.

G.J.Ebers, Staat u. Kirche im neuen Deutschland, 1930, 279ff. *E.Ruppel*

Antal, *Geza* (1866-1934), ungarischer reformierter Bischof im Kirchendistrikt westlich der Donau. * in Tata, studierte A. in Pápa und Utrecht und war Gymnasialoberlehrer, später Prof. der Dogmatik (1891) und Philosophie (1917) in Pápa, 1910-18 Parlamentsabgeordneter, Bischof seit 1924, gleichzeitig Pastor in Komárom bzw. in Pápa.

Vf. u.a.: Die holländ. Philosophie im 19.Jh., Utrecht 1888; J.G. Fichte u. der Ethizismus in der neueren Religionsphilosophie, 1891 (ung.); Calvin als Pädagoge u. Schulgründer, 1909; Het protestantisme in Hongarije, Utrecht 1921; Weensche gesantschapsberichten van 1670 tot 1720 (bearb. mit J.C.H.dePater), 2 Bde, 's-Gravenhage 1929/34. Mit seiner späteren Gemahlin Adele Opzoomer übersetzte er ins Holländische das dramatische Meisterwerk von Madách, »Die Tragödie des Menschen«, ins Ungarische van Oosterzees 52 Reden über den Heidelberger Katechismus (1902), Scheffels Ekkehard (1914), Fruins »Zehn Jahre aus dem niederländ. Freiheitskampf« (1916) u.a. - Über A.: J.Pongrácz, G.A., 1935 (Bibliogr.). *B.Nagy*

Antependium → Altar: III A, 5 b.

Anteros, *Papst* 21.11.235 bis 3.1.236. Nach → Liber Pontificalis (MG 1, 1898, 26) hat er Märtyrerakten gesammelt. Sein Martyrium ist ungewiß.

F.X.Kraus, Roma sotterranea, 1879, 154, Fig. 19 - ILCV 954. *F.Paschke*

Anthem, eine altenglische Umbildung von ἀντιφωνή mit zunächst gleicher Bedeutung. Seit der englischen Reformation versteht man darunter im allgemeinen eine volkssprachige geistliche → Motette. In seiner musikalischen Gestalt dem Wandel der Zeit unterworfen, nimmt das A. von der 2. Hälfte des 17. Jh.s ab auch die Form der → Kantate an, unterscheidet sich aber von der deutschen durch die ausschließliche Verwendung von biblischem Text, insbesondere von Psalmen. Am bekanntesten sind die A.s von H.Purcell und G.Fr.Händel geworden.

MGG I, 513 ff (Lit.). *W.Blankenburg*

Anthimus, Bischof von Nikomedien, der Residenzstadt → Diokletians, wurde zu Beginn der blutigen diokletianischen Verfolgung (302/03) enthauptet (Eus. KG VIII, 6, 6; 13, 1). Justinian I. erbaute ihm nahe bei Konstantinopel eine Kirche (Procop. De aedif. I, 6).

A.Harnack, Gesch. d. altchristl. Litteratur II, 2, 1904, 158 ff (zu einem unechten Fragment). *F.Paschke*

Anthropogenese → Abstammung des Menschen.

Anthropologie

I. Naturwissenschaftlich - II. Philosophisch - III. Theologiegeschichtlich - IV. Dogmatisch. - Zur Ergänzung vgl. → Mensch: I-III, → Leib und Seele, → Geist

I. Naturwissenschaftlich

1. Wesen, Geschichte, Methoden der naturwissenschaftlichen A. - 2. Das geistige Werden der Menschheit - 3. Die biologische Eigentümlichkeit des Menschen im Blickpunkt der naturwissenschaftlichen A. - 4. Verhältnis von körperlicher und geistiger Struktur des Menschen - 5. Ärztliche A. - M. = Mensch

1. Die naturwissenschaftliche A. enthält eine Lehre vom M.en, die auf Erkenntnissen aufbaut, die mit den Methoden der Naturwissenschaften gewonnen werden können. Sie erhebt keinen Anspruch darauf, eine Universaltheorie vom Wesen des M.en vorlegen zu können. Ihrem wissenschaftstheoretischen Ansatz und ihrer Methodik nach ist sie ein Kind der Neuzeit. Die neue Hinwendung zur Natur (→ Franz von Assisi) und zur Erde (Giordano → Bruno) weckte die Forderung nach neuen analytischen und deskriptiven Methoden der Natur- und M.enforschung (Roger → Bacon, → Nikolaus von Kues, Schule der Ockhamisten). Pierre → Charrons (1601): »La vraie étude de l'homme et la vraie science de l'homme c'est l'homme.« Dem Vertrauen auf die Vollendbarkeit der wissenschaftlichen M.enerkenntnis und damit menschlicher Selbstvollendung verdankt sie wesentliche Erfolge. Mit dem Ausbau der Wissenschaft vom menschlichen Körper durch systematische Aufnahme der Leichenschau im 14. Jh. wird der Grundstein gelegt. Die Ergebnisse sind in den anatomischen und zeichnerischen Studien von → Leonardo da Vinci, → Michelangelo und → Dürer ebenso niedergelegt wie in dem klassischen Werk der modernen Anatomie, Andrea Vesals »De humani corporis fabrica libri septem« 1543. Erste Ansätze → Petrarcas zu einer beschreibenden Kenntnisnahme der Zustände der menschlichen Seele setzen sich fruchtbar in die charakterologischen Studien des 16. und 17. Jh.s hinein fort. Noch → Kants »A. in pragmatischer Absicht« will, ausgehend von einer deskriptiven Analytik der menschlichen Sinnes- und Seelenvermögen, Charaktere und Temperamente zeigen, was der M. »als freihandelndes Wesen aus sich selber machen kann und soll«. Die Beschreibung der anatomischen und psychologischen Struktur des M.en bereitet teils in der Iatrochemie (→ Paracelsus, van → Helmont) die seit Lavoisier zur modernen Wissenschaft von den Stoffwechselvorgängen werdende Biochemie, teils in der Iatrophysik (Borelli, Santorino) die mit der Entdeckung des Blutkreislaufs durch W.Harvey (1628), durch A.v. → Haller und Joh. → Müller († 1858) systematisch ausgebaute Physiologie vor. Die statisch-architektonisch-geometrischen, chemistischen und mechanistischen Vorstellungen des 15.–17. Jh.s weichen seit A.v. Hallers Nachweis der spezifischen Qualitäten des Lebendigen (Irritabilität, Sensibilität), der Anerkennung zunächst spezifisch biologischer (Vitalismus) und animalischer (Gestalt, Verhalten) Reaktions- und Verhaltensweisen und bereiten so den Boden für die Annahme spezifisch anthropologischer dh der Ganzheit, Besonderheit und Einmaligkeit des M.en als M.en angemessene Kategorien vor. Gleichzeitig erreicht die naturwissenschaftliche A. damit ihre Erkenntnis- und Aussagegrenze. Sie macht in der Betrachtung der bisherigen M.heitsgeschichte nur faktische und nicht theologische oder eschatologische Aussagen. Die sittliche Vollendbarkeit des M.en liegt nicht im Bereich naturwissenschaftlicher Beweisbarkeit.

Das Bemühen, das Wissen vom M.en zu verbreitern, hat die Forschungsbereiche der → Ethnologie (Völkerkunde), Anthropogeographie, Embryologie und Anthropometrie ausgebildet. Osteologie (Blumenbach), Kraniologie (Gall), Physiognomik (→ Lavater, Carus), übernehmen zu Beginn des 19. Jh.s spezielle Aufgaben. Das System C.v.Linne ordnet 1735 zum ersten Male auf Grund embryologischer und anatomischer Kennzeichen den M.en mit den Fledermäusen, Halbaffen und Affen zu der Familie der Primaten (Herrentiere) zusammen und hebt die Besonderheit der Gattung homo heraus. Das Suchen → Goethes, der mit Blumenbach befreundet war, nach dem Zwischenkiefer beim M.en entspringt dem Wunsch, den gemeinsamen Typus der Familie anatomisch zu erweisen. Während noch für → Herder, dessen Humanitätsideal entsprechend, die Einheit der M.heit im Vordergrund steht, fordert Kant die Anerkennung der → Rassen, ein Gedanke, der dann durch den Anatomen J.F.Blumenbach, den man gewöhnlich den Begründer der modernen naturwissenschaftlichen A. nennt, sowie von P.Camper, G.R. Forster und vom psychologischen Standpunkt aus von Chr.Meiners systematisch ausgebaut wird. Mit der Verwertung der Petrefaktenkunde und der zu Beginn des 19. Jh.s systematisch betriebenen Paläontologie gewinnt der Entwicklungsgedanke Raum, der nach Andeutungen bei Kant und Anfängen bei Blumenbach schließlich durch Lamarck, Ch. → Darwin und E. → Haeckel zu einer der genialsten Theorien der Neuzeit, der Evolutionstheorie, ausgebaut wird (→ Abstammung des Menschen). Während die Evolutionstheorie in der Ontogenese (Keimentwicklung) im 18. Jh. einen deutlichen Wertakzent (finale Ursachen) trug und auch die Phylogenese (Stammesentwicklung) vorwiegend unter dem Gesichtspunkt einer Höherentwicklung gesehen wurde, denkt das 19. Jh. wertfrei. Im Vordergrund stehen die formalen Gesetze der Entwicklungsmechanik (W.Roux) und Entwicklungsphysiologie (Spemann). Die menschliche Erblehre (Humangenetik), einer der bedeutendsten Zweige der modernen naturwissenschaftlichen A., studiert die Gesetze von Erbgutmischungen (Bastardierung), Konstanz und Variabilität der Erbeigenschaften (Zwillingsforschung). Unter dem Einfluß materialistischer Denkweisen (Rassismus, → Marxismus) hat man Menschentypen zu züchten versucht. Entweder geschah es durch Empfehlung planvoller Bastardierung (im → Nationalsozialismus) oder unter der Hypothese, man könne durch langdauernde konstante Umwelteinflüsse Typen züchten, die an diese Umwelt (auch das soziale, geistige Niveau) angepaßt seien (Vererbung erworbener Eigenschaften; Mitschurin, Lyssenko).

2. Die Lehre von der → Abstammung des M.en gründet sich auf die Ergebnisse der vergleichenden Anatomie, Embryologie, Vererbungsforschung, Verhaltensforschung und Paläontologie. Als ein wesentlicher Entwicklungszwang auf dem Wege zum M.en wird die Notwendigkeit des aufrechten Ganges angesehen. Erst beim M.en wird dieser zur arttypischen Haltung und gibt damit die Hände frei (Anaxagoras: Der M. ist das verständigste aller Lebewesen, weil es Hände hat). Auch soll dadurch die Entwicklung des menschlichen Hirns gefördert worden sein. Unter dem Entwicklungszwang der eiszeitlichen Bedingungen bildete sich der M. durch Auslese und vervollkommnenden Gebrauch seiner Fähigkeiten aus (Weinert: »Durch die Eiszeit der M.«). Der Ort der Menschheitsentstehung ist in jenem Gürtel der Erde zu suchen, in dem der tropische Urwald vor dem Eis zurückwich. Das oft als Geburtsstätte der M.heit genannte Hochland von Tibet kommt dafür sicher nicht in Betracht. Alle heute lebenden M.en gehören der gleichen Art an, denn sie sind alle miteinander fortpflanzungsfähig.

Ihre Stammesentwicklung wiederholt sich nach dem biogenetischen Grundgesetz (Haeckel) bei der Embryonalentwicklung jedes einzelnen Menschen (Ontogenese). »Die Ontogenesis ist die kurze und schnelle Rekapitulation der Phylogenesis.«

Der Versuch einer möglichst genauen zoologischen Ortsbestimmung des M.en hat den Blick für das, was den M.en wesentlich vom Tier unterscheidet, lange getrübt. Trotz aller als Zwischenstufen zwischen äffischen Vorfahren und M.en angebotenen Skelettfunde begegnet uns der M. von vornherein mit den typischen Merkmalen des Humanen. Sicher hat die Größe des Gehirns das M.sein möglich gemacht. Der Schädelinhalt beträgt bei den M.enaffen höchstens 500 ccm, beim Pithecanthropus aber schon 1000 und beim Neandertaler 1500 ccm. Seinem Gehirn verdankt der M. seine humanen Eigenarten: Freiheit, Selbstbesinnung und -bestimmung, Wertbewußtsein, Sprache, ästhetisches, logisches, spekulatives und phantastisches Denken, seine elementare Fähigkeit, sich die Natur dienstbar zu machen, die Welt zu verändern. Diese humanen Vermögen schlagen sich nieder im Werkzeuggebrauch und in den Kultgebräuchen. Aber es gibt bei den frühesten M.en auch Zeichen von → Kannibalismus; »den eigenen Artgenossen tot zu schlagen, anzubraten und zu verspeisen ist nicht äffisch, sondern menschlich« (Weinert). Der Gebrauch des Feuers ist dieser Gruppe bekannt gewesen. Aber neben der Prometheustat steht die Kainstat; mit beiden tritt der M. seine Geschichte an, das ambivalente Wesen schlechthin bis auf den heutigen Tag.

Während der letzten Eiszeit werden die Werkzeuge kunstvoller, das Feuer wird sogar in Lampen nutzbar gemacht. Es gibt eine Bestattung, also auch eine Vorstellung vom Tod. Auch der Jagdzauber gehört in diese sich in kultischen Handlungen niederschlagende, typisch menschliche Ideenwelt. Seine Zeugen in den Eiszeithöhlen Frankreichs (→ Felsenzeichnungen) beweisen, daß auch das Ästhetische zu den Urphänomenen des Humanen gehört. Inhaltlich belegen die Höhlenmalereien den Glauben an den Jagdzauber und die Übung des kultischen Tanzes, die Verwendung von Speer, Pfeil und Bogen, Fallgruben für die Jagd. Formal zeigen sie, daß dem M.en von Anbeginn an die ganze Fülle einer künstlerischen Weltbewältigung gegeben ist. Seit man diese Zeichnungen sowie die in der gleichen Zeit entstandenen Skulpturen und Gravuren auf Knochen kennt, weiß man, daß der M. immer schon auch ein künstlerischer Schöpfer und Gestalter, ein nach ästhetischen Prinzipien die Welt Ordnender und Beherrschender war. Funde von aus Röhrenknochen gefertigten Flöten lassen auch im frühen Menschen den musikantischen Ästheten erkennen.

3. Hinsichtlich Entwicklung und Gestaltung hat der menschliche Körper typische Eigentümlichkeiten, die ihn von allen anderen Tieren unterscheiden. Der M. ist nicht ein Tier, dem der Geist als Symbol letzter Vollendbarkeit organischen Seins aufgepfropft ist, sondern seine Artung ist durch und durch menschlich. In seiner Körperlichkeit ist der M. ein unspezialisiertes, primitives Wesen mit zahlreichen unentwickelten, rudimentären Organen, permanent gewordenen Embryonalzuständen. Seine Hand, sein Gebiß, seine Augen und Ohren sind unspezialisiert und werden in Leistungsfähigkeit und Zuverlässigkeit von vielen Tieren weit übertroffen. Wie im Laufe der Stammesentwicklung die Fortbildung vieler körperlicher Strukturen gebremst wurde, läßt sich an der Embryonalentwicklung des Einzel-M.en ablesen. Vergleicht man Embryonen von Säugetieren, so sehen sie einander um so ähnlicher, je jünger sie sind. Der menschliche Kopf ist wie der aller Säuger im Frühstadium ihrer Embryonalentwicklung im Verhältnis zu seinem Körper sehr groß. Während die übrigen Säuger den Gesichtsschädel in spezieller Weise zur Reife bringen, bleibt er beim M.en in einem frühen Stadium stecken. Der rudimentäre Gesichtsschädel ermöglicht eine starke Ausprägung des Hirnschädels, der so zum idealen Gefäß des großen menschlichen Gehirns wird. Der Unterkiefer bleibt unentwickelt, Spezialzähne werden nicht ausgebildet. Der M. allein behält für sein ganzes Leben das embryonale Haarkleid und spezialisiert seine Haut nicht zum Wärmeschutz (Haare) oder zur Abwehr (Schuppen, Stacheln) oder zu Sinneshaaren. In mancher körperlicher Beziehung bleibt er für sein Leben ein unfertiges Wesen (Fötalisation). Wie im Fötalzustand, so wird seine Entwicklung auch im extrauterinen Leben gebremst und verzögert (Retardation). Alle Tiere kommen reif zur Welt oder erlangen die Reife, dh Selbständigkeit, in kurzer Zeit: sie beherrschen die Mittel der arteigenen Fortbewegung, der arteigenen Kommunikation (Laute, Symbolsprache), der arteigenen Schutz-, Nahrungs- und Fortpflanzungsprinzipien. Der M. kommt als »physiologische Frühgeburt« zur Welt, hilflos, eigentlich lebensunfähig, angewiesen auf seine mitmenschliche Umgebung. Seine Tragzeit müßte 21–22 Monate betragen, sollte er in dem Reifezustand des Schimpansen zur Welt kommen. So wie er zur Welt kommt, kann er sich nicht selbst wärmen, nähren, verständlich machen, fortbewegen. Langsam entwickelt er sich im Gegensatz zu anderen Säugern, während des »extrauterinen Frühjahrs«. Die Retardation wird am Beispiel des Körpergewichts deutlich:

	Geburtsgewicht	Verdoppelung desselben
Schwein	2,0 kg	14 Tage
Rind	40,0 kg	47 Tage
Pferd	45,0 kg	60 Tage
Mensch	3,5 kg	180 Tage

Das Junge des Säugers kann gleich nach der Geburt greifen, klammern, stehen, gehen, fliegen, schwimmen. Das Kind spielt frei und zunächst zwecklos. Sein Verhalten ist nicht spezialisiert. Das Mittel der arteigenen Kommunikation, die Sprache, erlernt es erst im 2. Lebensjahr. Einen Entwicklungssprung wie die Pubertät kennt nur der M., eine körperliche Entwicklungszeit von fast 20 Jahren und eine Zeit bis zur Vollreife von fast 30 Jahren findet man nirgends in der Säugetierreihe. Das Alter, der Tatbestand, daß ein Wesen das Ende seiner Fortpflanzungsfähigkeit um Jahrzehnte überlebt, ist ein typisches Humanum. Der M. hat seine Endreife noch nicht erreicht; denn die M.en werden von Generation zu Generation größer und verlegen ihre Pubertät vor, ohne ihre Reifezeit zu verkürzen (Akzeleration), ein Zeichen für Höherentwicklung der Art (Regel von Cope).

4. Dieses allen Tieren in speziell körperlicher Hinsicht unterlegene Wesen trat sicher nicht als Herr in diese Schöpfung ein. Es mußte sich mit seinen unzulänglichen körperlichen Fähigkeiten, mit Hilfe einer in den Anfängen steckenden Intelligenz gegen eine es bedrohende Umwelt durchsetzen. Der körperliche Zustand des M.en als Beibehaltung einer durch Retardation erreichten Fötalisation ist offenbar kein Nachteil für ihn. Gerade durch seine Unspezialisiertheit wird er zum idealen Instrument des Geistes. Wären seine Glieder, sein Schädel, sein Kehlkopf Spezialwerkzeuge, wären sie auf einen einzigen Zweck hin angelegt und festgelegt, stünden sie einem freien Gebrauch durch höhere Leistungsprinzipien im Wege. Der rezente, embryonale Zustand des Körpers wird so zur Bedingung eigentlichen M.seins. Dadurch, daß die menschliche Hand unspezialisiert ist, ist sie ein so vielseitiger Diener des menschlichen Willens. Nur so wird der Körper die Möglichkeit des Geistes, wird die Autonomie des Stofflichen und Organischen überwunden. Nur dem M.en ist biologisch die Chance gegeben, daß sich der Geist den Körper formt, indem während seiner Embryonal- und Pubertätsentwicklung die körperliche Bildung auf die geistige Führung wartet. Er ist zwar, indem er als der körperlich Unvollkommene, Hilflose, als die »physiologische Frühgeburt« auf die Welt kommt, der ihn erhaltenden Umwelt ausgeliefert. Aber er ist gleichzeitig offen für die typisch humane Umwelt des Elternhauses und bleibt es bis über das Ende der Pubertät hinaus für die menschliche Gesellschaft, die Geschichte usw. Es ist der menschliche Geist, dem er offen ist, der Geist, der sich in Sitte, Kultur, Religion, Sprache manifestiert hat, an dem sein eigener Geist teilzunehmen und die Herrschaft über den eigenen Körper, dessen Entwicklung im Zuge zunehmender Instrumentalisierung leitend, anzutreten beginnt. Daraus erhellt die ungeheuere Bedeutung der mitmenschlichen Umwelt für die Entwicklung eines M.en, die mit der Umwelt der Artgenossen beim Tier kaum zu vergleichen ist. So werden → Individualität, Stilbildung, Erziehung zu menschlichen Eigentümlichkeiten. Die Entfaltung eines M.en in die Zeit hinein ist nicht wie beim Tier die monotone Entfaltung nach starren arteigenen Schemata, die sich seit Jahrtausenden in jeder Generation in gleicher Weise wiederholt, sondern eine Apperzeption einer bestimmten geschichtlichen Gegenwart. Das Tier lebt von seinen angeborenen Vorurteilen, der M. durch seine übernommenen und selbstgewonnenen Urteile. Wäre der M. wie das Tier Instinktwesen, so bedürfte er des Geistes nicht, oder er wäre unfrei. Der M. mußte »Instinktreduktionswesen« werden, um den Raum für echte Willensentscheidungen frei zu haben. Dieser Reduktion fielen aber auch Instinkte zum Opfer, die das Tier zB daran hindern, den Artgenossen zu töten. Die Wahlhandlung kennt nur der M. Das Tier ist seiner Umwelt gegenüber unfrei und handelt zwanghaft. Der M. ist weltoffen, er kann in jeder Umwelt leben, indem er sie umschafft, auf seine Möglichkeiten zuschneidet oder mit seinen Möglichkeiten ausbaut, ergänzt, erweitert. Er ist »das noch nicht festgestellte Tier« (→ Nietzsche). Er nimmt seine Umwelt mit, wenn er in die Tiefen des Meeres ab- oder in die Höhen der Atmosphäre aufsteigt. Der M. ist das einzige Wesen, das heute am Äquator und morgen in der Antarktis leben kann. Er ist das anpassungsfähigste, weil unspezialisierteste und erfindungsreichste Wesen. Er ist es, weil er Körper und Geist ist. Trotzdem bildet auch der M. in den Akten des Wahrnehmens und sich Bewegens eine funktionelle Einheit mit der Umwelt, einen Gestaltkreis (v. Weizsäcker, Strauß), indem die Bewegung den Wahrnehmungsraum abtastend gestaltet, erschließt und verändert und die Wahrnehmung die Bewegungsgestalt steuert. Ähnliches gilt für die mitmenschliche Begegnung, für Erkennen und Handeln, Erleben und Schaffen, Einsicht und Entscheidung. Diesen Leistungen liegen keine starren Leistungsschemata zugrunde. Menschliche Leistungen sind koordinative Vorgänge, in die die anatomischen und physiologischen Strukturen die festgelegten Schemata der vegetativen und extrapyramidalen, die bewußten Impulse von der Großhirnrinde und damit überindividuelle Einflüsse eingehen. Deswegen kann man diesen Leistungen keinen Sitz im Gehirn, kein eigentliches Ursprungs- und Ordnungszentrum, sondern nur Schalt- und Koordinationsfelder zuweisen (Kybernetik = Lehre von den Steuerungsvorgängen). Allen Stufenschemata oder → Schichtentheorien des M.en (Rothacker, Plessner, N. Hartmann) liegt der Gedanke der Funktionalisierung und Desautonomisierung einer unteren Schicht durch die nächsthöhere zugrunde (Anorganisch > Organisch > Psychisch > personal-Geistig > objektiv-Geistig). Die Aktionsfähigkeit einer Schicht wird also nicht nur dadurch begrenzt, daß sie durch eine höhere verunselbständigt ist, sondern auch dadurch, daß sie sich in der niedrigeren Schicht nur im Rahmen der von dieser gewährten Möglichkeiten zur Aktion und Führung, dh nur mit dieser gemeinsam zu einer Leistung entfalten kann. Der Geist erlaubt dem M.en, diese funktionale Begrenzung auf eine einzigartige Weise zum Teil zu umgehen. Er kann Erfindungen machen, die ihn von der Tyrannei des Organischen, Vegetativen, Unbewußten befreien und den Raum seiner Aktionsfähigkeit über den eigenen Organismus hinaus erweitern. Der M. allein kann Mittel erfinden, mit denen er unter Umgehung der direkten Verbindung Nervensystem-Körper den Organismus steuert und diszipliniert (Abführmittel, Schlaf- und Weckmittel). Er wächst über sich hinaus, indem er mit Hilfe »extrazerebraler Assoziationsketten« die Unvollkommenheit seiner körperlich-seelischen Struktur überwindet. Er verfeinert seine Sinne mit Mikroskop, Waage, Thermometer und erschließt sich dadurch neue Dimensionen des Wahrnehmungs- und Wirkungsfeldes. Er erfindet Werkzeuge, die ihm größere Möglichkeiten der Naturbeherrschung geben, als sie die Tiere mit ihren spezialisierten Organen haben. Seine biologische Minderwertigkeit im Fliegen, Laufen, Schwimmen, Kauen, Sichwarmhalten, Sichverstecken, Sichverteidigen hat er ausgeglichen durch die Erfindung von Flugzeug, Fahrrad, Auto, Schiff, Kochkunst, Feuer und Zentralheizung, Hausbau und Waffen. Ja, die organisch bedingte Unzulänglichkeit und Unzuverlässigkeit seines Gehirns hat er überwunden durch die Erfindung von Rechenmaschinen, die Begrenztheit seines Gedächtnisses durch Sprache, Schrift, Buchdruck und Tonband, die Begrenztheit seiner Kommunikationsmöglichkeiten durch Telefon, Radio, Fernsehen. Der M. alleine kann als Umweltgestalter und -veränderer der anorganischen (zB Kohle, Erdöl, Atomenergie), organischen (zB Ackerbau, Viehzucht, Jagd) und der mitmenschlichen Umwelt (politische Organisationsformen, Stände, Arbeitsteilung) Werkzeugcharakter mit einer in weiten Grenzen von ihm bestimmbaren Zwecksetzung geben. Er löst sich so weitgehend von der Begrenztheit seiner körperlichen Möglichkeiten. Die naturwissenschaftliche A. kann aufweisen, in welchen Grenzen festgelegter körperlicher, seelischer und Umweltsbedingungen freie Selbstentscheidung und Selbstentfaltung des M.en möglich ist und welchen Grad von Offenheit das Individuum trotz

der unumstößlichen Gesetze seiner organischen und psychischen Struktur, seiner Erbanlage, seines Charakters, seiner Triebe für eine Selbstverwirklichung durch Annahme von → Ideen des überindividuellen (Erziehung, Sitte, Kultur, Tradition, Geschichte, Zeitgeist) und objektiven Geistes (Recht, Religion, Wissenschaft) hat. Von hier aus erfährt die eigentümlich humane körperliche und psychische Unvollkommenheit, die langdauernde Reife und das langdauernde Alter des M.en, also seine anatomische, physiologische und psychologische Einmaligkeit ihre eigentliche anthropologische, dh vom Ganzen des M.en her gesehene Interpretation. Fasziniert und bedenklich starrt der moderne M. auf die Alterspyramide der Kulturvölker mit dem großen Altersüberhang und bedenkt nicht, welche Fülle von geistiger Repräsentanz, welcher Schatz an Bildungsgeist für die junge Generation in ihm steckt. Nur eine biologische Anschauungsweise, die den M.en als höheres Tier und nicht in seiner Eigentümlichkeit auffaßt, kann das Alter als ein notwendiges Übel, die Heraufsetzung der Lebenserwartung durch die ärztliche Kunst als einen zweifelhaften Fortschritt werten (Portmann; → Gerontologie).

5. Die Fiktionen des M.en als einer Maschine (Iatromechanik), eines Chemismus (Iatrochemie), eines Nährbodens für Bakterien, eines Instinktwesens (→ Biologie), eines Trieb- und Machtwesens (→ Psychologismus, Soziologismus) haben über die Struktur menschlicher Krankheiten bedeutsame Aufklärung gebracht, die Medizin aber auch in eine unheilvolle Spezialisierung hineingetrieben. Sie bilden die Matrix moderner Krankheits- und Heillehren, verfehlen aber durch Monopolisierung des Ansatzes und der Methode das Ganze des M.en in seiner Einheit von Körper, Seele und Geist, sein Einbezogensein in die Gemeinschaft der Mit-M.en, der Gesellschaft, der Umwelt, sein Verhältnis zur Geschichte, was jedes praktizierende Arzttum von jeher im Blickfeld hatte. Die *ärztliche A.* intendiert dieses Ganze unter Einbeziehung alles Teilwissens. Sie fügt der Frage nach den Ursachen der Krankheiten die Frage nach dem Sinn des Krankseins hinzu (→ Krankheit: II). Sie wurde aus den Erschütterungen des 20.Jh.s geboren, nahm es mit der Fragwürdigkeit des menschlichen Daseins und unseres Wissens von ihm auf, schickte sich an, die Wurzeln des europäischen → Nihilismus, sofern sie in der Welt der Kranken damit konfrontiert wurde, bloßzulegen und zu überwinden. Sie entfaltet sich in enger Wechselbeziehung zur → Psychologie des Verstehens, Verhaltens, der Ganzheit und Gestalt, der Rekonstruktion, Assoziation und Identifikation, besonders aber zur → Existenzphilosophie (→ Kierkegaard, → Jaspers, → Heidegger), zur → Phänomenologie (→ Husserl), → Ontologie (N. → Hartmann, P. Häberlin), philosophischen → Anthropologie (: II; → Scheler, Plessner) und zum Intuitionismus H. → Bergsons. Sie geht aus von der Unteilbarkeit der menschlichen Person, wie sie gestaltet wird vom Erbgefüge, von Erziehung, Lebensgeschichte, Erlebniswelt, transzendentaler Selbst- und Weltorientierung und sich repräsentiert in einer bestimmten Konstitution (Kretschmer, Curtius), einem individuellen Verhalten und in körperlich-seelisch-geistigen Dispositionen. Die ärztliche A. sieht die Sicherheit, die die Präzision der Laboratoriumsmethoden für Diagnose und Therapie liefert, mit der Gewißheit über den Sinn von → Dasein, Leben, Krankheit und → Tod in eins. Methodisch erkennt sie an, daß in Ansehung des kranken M.en die Fragen nach den Ursachen und Maßen komplementär zu denen nach Wesen, Sinn, Bedeutung, Wert, Motiven und nicht gegeneinander austauschbar sind. Zum Funktionstheoretischen tritt das Inhaltstheoretische (Scheler), zum Kausalen das Verständliche (Jaspers). Messen und Bewerten, Registrieren und Deuten sind zwei Seiten der ärztlichen Erkenntnis, wie Sinneserfahrung und Gesinnung, Wissen und Gewissen sich zur ärztlichen Haltung ergänzen. Die ärztliche A. erinnert den Arzt an den transzendentalen Charakter seiner eigenen Wesensbestimmung und Werthaltung angesichts seines selbstgewählten Auftrages. In der ärztlichen A. erfährt der Arzt etwas von dem Seinsverständnis seiner Kranken, das ihm Zugang zur A. und Ontologie durch die Pforte der Krankheit verschafft. Der phänomenologischen Analyse erschließt sich im Kranksein die Art, wie sich der einzelne M., ein Ich mit einem Überich, dem Es (→ Freud), dem Universum (Häberlin), dem kollektiven Unbewußten (→ Jung), dem Gattungsbewußtsein (→ Schleiermacher) meist unbewußt auseinandersetzt. Der kranke M. legt die allgemeine Struktur menschlichen Krankseins und sein persönliches Seinsverständnis durch die Selbstdeutungen und Selbstoffenbarung in der Krankheit bloß, indem er sein Leibgeschehen erlebt und ihm Sinn gibt oder verweigert: Krankheit als Betriebsstörung, als Affektion (gegen die man sich versichern kann) oder als Zufall, Unglück, Schicksal, Prüfung, Selbstläuterung, Strafe für Schuld oder Buße für Sünde. Andererseits beinhaltet die ärztliche A. die Krankheitsphänomene, die aus Konflikten und Krisen der Persönlichkeit heraus sich in abnormem körperlichen oder seelischem Geschehen kundtun und so Allgemeinmenschliches und Persönliches zutage treten lassen. Sie umfaßt verschiedene, sich überschneidende Systeme mit unterschiedlichen Schwerpunkten.

a) Die → *Psychoanalyse* (Freud, Adler, Jung) sieht den M.en als ein triebdeterminiertes Wesen. Zum äußeren Zwang (Anlagen, Körperbau, Charakter, Beruf) kommt der innere Zwang (Erziehung, Tradition, Konventionen, Kultur, Religion). Die freie Selbstentfaltung des Ich wird gehemmt durch die kollektiven Triebe oder die in das Unbewußte verdrängten oder abgesunkenen Erlebnisse (Komplexe). Aus der Spannung von Ich und Es flüchtet der M. in die krankhafte Haltung der Neurose, Phobie oder → Hysterie (»Ich will Es werden«). Mit diesen Haltungen sagt der M. über sich etwas aus, was die Sprache oder die Konventionen ihm mit Worten zu sagen verwehren, was sich allenfalls in seinen Träumen auslebt.

b) Die *Medizinische A.* V.v.Weizsäckers setzt den Ansatz Freuds fort in die Beziehung von Körper und Seele (→ Psychosomatik). Auch der Körper vermag mit Hilfe einer dem Arzt aus der Physiologie der Beziehung von Körper und Seele im Affekt bekannten Symbolsprache über die Nöte der Person mitzureden und so Symptome einer körperlichen Krankheit als Symbol seelischer Not hervorzubringen. Lebensgeschichte, Lebenskrise und die Fragen: warum hat dieser M. zu diesem Zeitpunkt gerade diese Krankheit an diesem Organ? werden Ausgangspunkt ärztlicher Überlegungen (Organwahl, Neurosenwahl). Psychisches kann in Somatisches larviert, travestiert und konvertiert werden, wie Somatisches in Psychisches sublimiert werden kann. Körper und Seele sprechen in einer je eigenen Symbolsprache über das gleiche, die Existenz des M.en betreffende Thema.

c) Die *phänomenologische A.* L.Binswangers strebt, ausgehend von psychiatrischen Krankheitsphänomenen, eine Daseinsanalyse an, die in den Tiefen des kranken M.en dessen Haltung zur Welt, dessen Leib- und Mitwelterleben, seine Intentionalität, seinen Welt- und Selbstentwurf auseinanderfaltet, die in der Geisteskrankheit der Neurose und Hysterie neben der formalen Feststellung des Ver-rückt-seins auch noch den Sinn dessen zu erfahren sucht, was da inhaltlich geschieht (Jaspers).

d) In das Verhältnis des M.en zu seiner körperlichen Krankheit versucht M.Boss Heideggersche Sicht- und Deutungsweisen in »Daseinsgemäßer Sicht« zu übertragen.

e) In seiner *Existenzanalyse* erstrebt V.Frankel die Hinnahme des Krankseins als eine letztlich auf Transzendenz gerichtete Daseinsweise des Menschen. Er versucht über das triebsintentionale Krankheitsverständnis Freuds und die Psychosomatik hinauszugelangen. Kranksein wird verstanden nicht vom Willen zur Lust (Freud) oder zur Macht (Adler), sondern vom Willen zum Sein her. Das Mitmenschliche erscheint in der Psychoanalyse reduziert auf Sexualität, in der Individualpsychologie auf Sozialität, in der Existenzanalyse als Liebe. Kranksein ist geistige Not. In der Sinnorientiertheit des Krankseins weist der M. über sich selbst hinaus. Indem er in der Krankheit sich als mit Unfreiheit geschlagen erkennt, bekennt er sich als auf Freiheit angelegtes Wesen.

f) Die »Médecine de la personne« P.Tourniers legt wie die Medizinische A. v.Gelbsattels das menschliche Selbstmißverständnis im psychosomatischen Krankwerden und das Sichverstehenwollen im Kranksein und Gesundwerdenwollen als Akt des Bekenntnisses zum sinnerfüllten Leben und der Überwindung des Todes auf religiöse Transzendenz hin aus. Wie alle Systeme der ärztlichen A. es darauf anlegen, in der Therapie nicht nur die Beseitigung einer Affektion, sondern die Reintegration der Persönlichkeit, ihre Wiedereinfügung in den Zusammenhang der Familie, Gesellschaft, Betriebsgemeinschaft usw zu erreichen, Leben zu ordnen und einzuordnen in die überindividuellen Bezüge der sittlichen Werte, der Geschichte usw, also zum rechten Leben zu führen, so betrachtet es diese als ihre Aufgabe, nicht nur »Krankheiten zu heilen, sondern Leben zu heiligen« (P.Tournier).

In der Betrachtungsweise der ärztlichen A. wird also Leben nicht nur als biologisches, sondern auch als sinnerfülltes, final geordnetes, ja sogar als eschatologisch gerichtetes Leben intendiert. In der ärztlichen A. ist dem Arzt aufgegeben, an all diesen Phänomenen nicht vorbeizusehen, sie dem Kranken nicht auszureden, sondern ihn nach je eigenem Vermögen damit zu konfrontieren. In dieser Ebene ist die Beziehung Arzt-Patient keine objektive mehr, sondern wird zu einer wechselseitigen Begegnung eines Ich zu einem Du, in die das Subjekt in doppelter Weise eingeführt ist. Hier wird Arztsein zu einem persönlichen Sichdaranwagen. Wenn das dem Transzendenten offene Arzttum und das dem Ärztlichen in der Gegenwart in einer neuen Weise zugewandte Priestertum sich im Dienst am M.en begegnen, so müssen sie dennoch klar sehen, daß der Arzt nicht Priester ist, daß Heilung durch Medikamente, Operation oder Aussprache und Heiligung durch Gnade, Schuld und Sünde, Krankheit und Strafe oder Prüfung, Therapie und Vergebung, Aussprache und Beichte, Vertrauen in ärztliche Kunst und Glauben, Honorar und Opfer, Gemeinschaft von Arzt und Kranken und Gemeinde kategorial voneinander verschieden sind. Die Gefahr, sich im Bewußtsein des säkularisierten M.en zum Priesterarzt verschmelzen zu lassen, ist für Arzt und Priester gleich verhängnisvoll, wenn sie die Grenze von Psychoanalyse und Glauben (Jaspers) nicht sehen und sich vom Kranken auf den Weg der Abwanderung der abendländischen M.heit vom Seelsorger zum Psychotherapeuten (v.Gelbsattel) locken lassen. Der abendländische Arzt intendiert das Ganze des M.en aus einer humanitären Haltung heraus, die christlich sein kann, aber nicht muß, um ihren Auftrag nicht zu verfehlen. Vor den Ansprüchen des modernen M.en erfährt der Arzt sich wieder als ein M., der vor die unausweichliche persönliche Entscheidung über die Grenze seines Auftrags gestellt ist. Hier bezieht die ärztliche A. die A. des Arztes mit ein.

Zu 1: I.Kant, A. in pragmatischer Hinsicht, 1800 - R.Martin-K. Saller, Lehrbuch der A., (1914) 1956[3] (Lit.) - E.Baur-E.Fischer-F. Lenz, Menschliche Erblehre, (1921) 1936[3] - E.v.Eickstedt, Rassenkunde u. Rassengeschichte der M.heit, 1934 - J.Huxley, Evolution, The modern Synthesis, 1942 - Ders., Der M. in der modernen Welt, 1950 - W.Scheidt, Lehrbuch der A., 1948 - W.F.Albright, Von der Steinzeit zum Christentum, 1949 - L.v.Bertalaffy, Das biologische Weltbild, 1949 - T.P.Lyssenko, Die Situation der biologischen Wissenschaft, 1949 - A.Dempf, Theoretische A., 1950 - W.E.Mühlmann, Die Verantwortung der A. (Homo 2, 1951, 2-4) - Ders., Die Idee einer zusammenfassenden A. (Soziologische Forschung in unserer Zeit, hg.v. K.G.Specht, 1951, 83-93) - Ders., A. (HWSW I, 1954, 210ff) - I.Rostand, Die Biologie u. der M. der Zukunft, 1952 - O.Bidey, Theoretical Anthropology, 1953 - H.Muckermann, Vom Sein u. Sollen des M.en, 1954 - E.Fischer, A. (Universitas Litterarum, 1955, 196-207).

Zu 2: E.Haeckel, Natürliche Schöpfungsgeschichte, (1868) 1902[10] - J.Lamarck, Philosophie zoologique, 1873 - Ch.Darwin, On the origin of species by means of natural Election, 1884 - L.Bolk, Das Problem der M.werdung, 1926 - H.Kühn, Kunst u. Kultur der Vorzeit Europas, 1929 - Ders., Das Erwachen der M.heit, (1954) 1956[3] - O.H.Schindewolf, Zur Theorie der Artbildung, 1940 - Die Evolution der Organismen, hg.v. G.Heberer, (1943) 1954[2] (Lit.) - A.Portmann, Vom Ursprung des M.en, 1944 - G.Heberer, Allgemeine Abstammungslehre, 1949 - H.Weinert, Stammesentwicklung der M.heit, 1951 - O.v.Verschuer, Ontogenese u. Phylogenese (KfS 4, 1951/52, 158-164) - H.Bandi-J.G.Maringer, Kunst der Eiszeit, 1952 - B.Reusch, Neuere Probleme der Abstammungslehre, 1954.

Zu 3 u. 4: J.v.Uexküll, Umwelt u. Innenwelt der Tiere, 1921 - J.P.Pavlov, Die höchste Nerventätigkeit von Tieren, 1926 - E. Strauss, Vom Sinn der Sinne, (1935) 1956[2] - A.Gehlen, Der M. Seine Natur u. seine Stellung in der Welt, (1940) 1950[4] - V.v.Weizsäcker, Der Gestaltkreis, (1940) 1950[4] - A.Carrel, Der M., das unbekannte Wesen, 1940 - A.Portmann, Biologische Fragmente zu einer Lehre vom M.en, 1951 - Ders., Von der Idee des Humanen in der gegenwärtigen Biologie, 1951 - C.Bennholdt-Thomsen, Über das Accelerationsproblem (Zeitschr. f. menschl. Vererbungs- u. Konstitutionslehre 30, 1950/52, 619-634) - N.Tinbergen, Instinktlehre, 1952 - F.J.F. Buytendijk, Allgemeine Theorie der menschlichen Haltung u. Bewegung, 1956.

Zu 5: K.Jaspers, Allgemeine Psychopathologie, (1913) 1953[6] - A.Adler, Praxis u. Theorie der Individualpsychologie, 1920 - E. Kretschmer, Körperbau u. Charakter, (1921) 1951[20] - Ders., Medizinische Psychologie, (1926) 1941[6] - S.Freud, Gesammelte Schriften, 1924-28 - O.Schwarz, Medizinische A., 1929 - C.G.Jung Die Beziehungen zwischen dem Ich u. dem Unbewußten, (1933) 1950[5] - P.Tournier, Medizin u. Lebensprobleme (Übers. von: Médecine de la personne), (1940) 1941[3] - L.Binswanger, Ausgewählte Vorträge u. Aufsätze I: Zur phänomenologischen A., 1947 - P.Matussek, Metaphysische Probleme der Medizin, 1948 - V.E.Frankl, Homo patiens, 1950 - Ders., Logos u. Existenz, 1951 - R.Siebeck-P.Tournier, Die neue Sendung des Arztes, 1950 - V.v.Weizsäcker, Der kranke M. Eine Einführung in die medizinische A., 1951 - Ders., Soziale Krankheit u. soziale Gesundung, 1955 - Ders., Pathosophie, 1956 - F.Stroebe-H.Schulte, Krankheit u. Kranksein, 1952 - M. Boss, Einführung in die psychosomatische Medizin, 1954 - E.Curtius, Konstitution (Hdb. d. Inneren Medizin VI, 1), 1954 - A. Dührssen, Psychogene Erkrankungen bei Kindern u. Jugendlichen, 1954 - V.E.v.Gelbsattel, Prolegomena einer medizinischen A., 1954 - F.Popitz, Die Symbolik des menschlichen Leibes. Grundzüge einer ärztlichen A., 1956 - A. Iores, Der M. u. seine Krankheit, 1956.

F.Hartmann

II. Philosophisch

1. Zur Vorgeschichte des Namens - 2. Abgrenzung gegen Existenzphilosophie und Historismus - 3. Aufgabenbereich. - M. = Mensch.

1. Philosophische A. ist der seit Mitte der zwanziger Jahre dieses Jh.s in den wissenschaftlichen Sprachschatz aufgenommene Ausdruck für die Behandlung einer Frage, die offensichtlich auf anderes zielt als das Psalmenwort »Was ist der M., daß Du (Gott) seiner gedenkst?« oder die vierte Frage Kants, in welcher er die drei vorangestellten nach dem, was wir wissen können, tun sollen und hoffen dürfen, kulminieren läßt. Sonst wäre die Einführung einer neuen Bezeichnung für ein mit der

Geschichte des Nachdenkens über Wesen, Auftrag und Ort des M.en so eng verbundenes Thema nicht der Rede wert. Deshalb hat das Verfahren mancher Autoren (etwa Groethuysen, Landmann), die anthropologische Problematik bis in die Antike zu verfolgen und nur ihre Sonderbehandlung in einer Art Spezialdisziplin der jüngsten Vergangenheit einzuräumen, seine Gefahren. Diesen Gefahren setzt man sich auch aus, wenn man von Psychologie, Ästhetik, Soziologie avant la lettre, dh für Epochen spricht, denen diese Disziplinen, und wohl nicht ohne Grund, unbekannt waren.

Die Bezeichnung A., eine Schöpfung des späten 16.Jh.s, hat sich im 18.Jh. als Deckname für die vielfach mit moralphilosophischen Fragen verwachsene Behandlung der empirischen M.enkunde eingebürgert und erst mit der Anerkennung der Psychologie im Laufe des 19.Jh.s die auf einen Sonderzweig der Anatomie, Rassenlehre und Abstammungsgeschichte des M.en eingeschränkte Bedeutung gewonnen. Begegnet sie uns noch in der Zeit J.H. → Fichtes, → Michelets und → Lotzes als eine Theorie des Ineinander von Körper und Seele, Zeitlichem und Ewigem – um bei → Feuerbach den Auftrag einer Gegentheologie zu erhalten und das Werk der Rückführung Gottes in seine Ursprungsstätte, den M.en, dh die Aufklärung zu vollenden –, so hört man in der zweiten Hälfte des 19.Jh.s nichts mehr davon.

Zweifellos deutet diese Distanzierung der Philosophie vom anthropologischen Thema nicht auf ein Erlahmen des Interesses am M.en. Weit eher spiegelt sie ein wachsendes Bedenken der Wissenschaft – und in ihrem Gefolge der Philosophie – dagegen, mit dem überkommenen begrifflichen Rüstzeug die in den neuen Erfahrungswissenschaften vom M.en errungenen Einsichten noch bewältigen und zuverlässig ausdrücken zu können. Was der M. sei, kann er nur durch seine Geschichte erfahren, heißt es bei → Dilthey, und zugleich erinnert er daran, daß »wir« ebenso Natur wie Geschichte sind. Kann es für diesen Aspekt noch sinnvoll sein, auf die Frage nach dem Was des M.en eine abschließende Antwort zu erwarten? Läßt sich ein Wesen, an dessen Entwicklung aus vormenschlichen Lebensformen ebensowenig zu zweifeln ist wie an seinen offenen Zukunftsmöglichkeiten, ein Wesen, das uns nach Herkunft und Bestimmung gleichermaßen dunkel ist, abschließend bestimmen? Dürfen weiterhin die Selbstauffassungen des M.en, die im Laufe der Geschichte und in den vielen nicht zu *einer* Geschichte zählenden Kulturen bezeugt sind, durch ein generalisierendes Verfahren sozusagen überspielt und in einer Wesensformel untergebracht werden?

Die Sprengung des im Christentum und in Europa noch bis in die Mitte des 19. Jh.s zentriert gewesenen Gesichtskreises unserer Weltdeutung durch Wissenschaft und Lebenserfahrung, die mit ihr gewachsene Vergegenständlichung des M.en in immer neuen Fächern und eine sich bald idealistisch-kantianisch, bald positivistisch gebende Laissez-faire-Haltung der Philosophie gegenüber der Kultur haben lange Zeit einen anthropologischen Ansatz im philosophischen Sinne unterbunden. Daran ändert nichts die Tatsache, daß sie in der geistigen Situation nach dem ersten Weltkriege, in einer Situation gesteigerter Bereitschaft zur Generalrevision aller Werte und Wahrheiten zu ebenso starken Motiven für eine Philosophie des M.en wurden.

2. Diese Wendung zum »ganzen« M.en in seinem Sein und damit zu jener ausgezeichneten Region der Existenz ist oft dargestellt worden. Vorzugsweise in der Form, daß der Gedanke einer philosophischen A., dessen Wiedererweckung man → Scheler zuschreibt, ob ausgeführt oder nicht, Vorstadium und Übergang zur → Existenzphilosophie bedeute, welche – und in diesem Punkt brauchen sich die Geister zwischen → Heidegger, → Sartre und → Jaspers nicht einmal zu scheiden – das zentaurische Mittelding aus Wissenschaft und Philosophie hinter sich gelassen und reinen Tisch gemacht habe. Als Ansatz, Vehikel und Durchgang zu existentialer Analytik könne ihr die Aufgabe zugewiesen werden, zum Verständnis des Seins oder der Freiheit zu führen, sie müsse aber unweigerlich in einer falschen Vergegenständlichung enden, wenn sie das Wesen »des« M.en feststellen wolle. So hat die Schwierigkeit, das Was des M.en als einen Wer, dh als denjenigen zu fassen, der er je selbst sein kann, wenn er vor sich nicht ausweicht, das Unternehmen der philosophischen A. von Anfang an belastet, um nicht zu sagen: diskreditiert.

Daran waren ebensosehr der phänomenologische Wesensbegriff wie der Name schuld. Der Name weckte Erinnerungen an die, wie es schien, ein für allemal zugunsten der → Geschichtlichkeit des M.en getroffene Entscheidung, in der so heterogene Geister wie → Marx und Dilthey sich begegnen. Daß die Parole »Anthropologie« eine Wiederbelebung Feuerbachscher Ideen im Sinne habe, gewiß nicht mit den Mitteln, die ihm zu Gebote gestanden, sondern mit der → Biologie, → Psychologie und Kulturkritik einer um hundert Jahre gereiften Wissenschaft, vielleicht ohne die gegen die Theologie gerichtete Spitze, lag nahe. Also auch die Forderung, an die alte Polemik von → Engels und Marx anzuknüpfen, die Phasenfolge der Gedanken Gott-Vernunft-M. nach berühmtem Muster um ein weiteres Stück, die geschichtlich gewordene Gesellschaft, zu verlängern und in Konsequenz der kritischen Arbeit des 19.Jh.s bis → Kierkegaard oder Dilthey durchzustoßen, welche gleichermaßen einer natura hominis das Urteil gesprochen hatten – unter sehr verschiedenem Aspekt und mit unvergleichbaren Argumenten zwar, doch beide bestrebt, jenen Universalismus des Wesens zu entmachten, der die Einmaligkeit der Leistung und Verantwortung im geschichtlichen wie im gegenwärtigen Selbstverständnis dem betrachtenden und dem handelnden M.en verdeckt. Da sich aber die philosophische A. gegenüber den disparaten Erfahrungswissenschaften vom M.en nur unter Berufung auf den von ihnen in ungeklärter Form verwandten M.enbegriff legitimieren kann, zu dessen Klärung sie im Interesse sauberer Grundlegung berufen sei – denn kann die Wissenschaft länger in jenem Zustand emphatischer Ignoranz verharren, die entweder mit Demokrit sagt: was der M. ist, weiß jeder, oder mit Kierkegaard: Gott weiß, ob einer von uns M. ist? –, so muß sie mit dem Universale »M.« ernst machen, dh Wesensanalyse treiben.

Zur Diskriminierung des anthropologischen Vorhabens von seiten der Existenzphilosophie hat weiterhin die im Begriff des → Wesens liegende Zweideutigkeit beigetragen. Formal sind die Minimalbedingung, der ein Ding, ein Verhalten, eine Äußerung zu genügen hat, um als menschlich angesprochen zu werden, und die Maximalbedingung, die in Ausdrücken wie wahrhaft, eigentlich und im höchsten Sinne menschlich als erfüllt angesehen wird, zweierlei. Im Begriff essentia-Wesen treten beide Bedeutungen ungeschieden auf. Hominitas als Conditio sine qua non für Humanitas, menschliche Wesenheit als notwendige und – in gewisser Weise – hinreichende Bedingung für echte, eigentliche, wahrhafte Menschlichkeit – läßt die Spannung hervortreten, deren Struktur die A. zu entwickeln hat. Diese Struktur umfaßt die Bedingungen der Möglichkeit des M.seins, ohne auf einen Sinn von Sein oder ein bestimmtes Menschlichkeitsideal notwendig zu verweisen. A. darf sich also weder in Sachen Ontologie noch in Sachen Ethik als engagiert betrachten. Sie hat die Kriterien der Menschhaftigkeit im Horizont möglicher Erfahrung herauszufinden, wobei dem gleitenden Charakter der für sie notwendigen Bedingungen, der Offenheit der condition humaine Rechnung zu tragen ist und auch getragen werden kann.

Es stimmt also nicht, wenn mit dem durchaus richtigen Hinweis auf die Abhängigkeit menschlicher Selbstgestaltung von ihrer Selbstdeutung, welche der geschichtliche Wandel und die Vielfalt kultureller Daseinstypen bezeugen, das Unternehmen der A. der Parteinahme für ein außergeschichtlich definierbares Wesen des M.en beschuldigt wird. Vielmehr wehrt er nur vorschnelle Fixierungen solcher sich im geschichtlichen Wechsel durchhaltenden Konstanten ab. Nur die Wahl des Blickpunktes und der begrifflichen Mittel entscheidet darüber, ob es der A. gelingt, die Rahmenbestimmung der Menschhaftigkeit so zu exponieren, daß sie den Anforderungen im Horizont ihrer möglichen Erfahrungen entspricht.

3. Für gewöhnlich kümmern den Historiker, Ethnologen und Geisteswissenschaftler solche Fragen nicht, begegnen ihm aber mit um so größerer Dringlichkeit an den Grenzen, in denen der Bereich der vormenschlichen Entwicklung in den der Frühkultur übergeht und der Paläontologe mit dem Prähistoriker zusammenarbeiten muß. Sie spielen zweitens, wenn auch als anthropologische Fragen selten anerkannt, eine zentrale Rolle bei jeder Interpretation, die sich ihres Wagnischarakters bewußt ist und an der Fragwürdigkeit eines Denkens in Begriffen und Werten unserer Gegenwart für ein Verstehen fremder abgelebter Zeiten nicht zuschanden werden will. Psychologische Kategorien, das sah schon Dilthey, bieten für die Schwierigkeit keine Hilfe. Denn ihnen ist das Zeichen ihrer Gebundenheit an die je besondere Erfahrungsstellung einer Gesellschaft und des Selbstverständnisses ihrer Glieder zu stark aufgeprägt, als daß sich mit ihnen das Verhältnis von Konstanz und Variabilität in geforderter Distanz zum individuellen Phänomen eines M.en, einer Situation, einer Epoche greifen ließe. Der Innenaspekt ihres Daseins deckt nicht das Gesamt der jeweils versäumten und verwirklichten Verhältnisse, in denen es sich entfaltet hat und zu denen es sich immer wieder, und auf stets neue unvorhergesehene Weise, entfaltet. Die rechte Distanz hierzu zu gewinnen, um generell einer jeden Individualisierung gerecht zu werden, ist nur von einer philosophischen A. zu leisten.

Für die Inangriffnahme des Problems hat sich schließlich - inhaltlich wie formal - die wachsende Vertrautheit mit der Biologie des M.en als entscheidend erwiesen. Denn die abstammungstheoretische Herleitung unserer Spezies aus vormenschlichen Formen bedeutete mit der Erschütterung ihres traditionellen Privilegs zugleich die Erschließung einer sein ganzes »Wesen« umgreifenden Dimension. In ihr begegnen die Erfahrungen der psychosomatischen Medizin (→ Psychosomatik) ebenso wie die der → Tiefenpsychologie, → Charakterologie und Typologie des Individuums (→ Typenlehre) und seiner Gesellschaft. In ihr spielen die gegenseitigen Bezüge zwischen materieller Daseinsfürsorge, Arbeit und geistiger Welt, die Korrespondenzen zwischen den vitalen Antrieben, ökonomischen Interessen und den jeder Kultur eigentümlichen Einrichtungen, die Generationen zu überdauern vermögen. Je bereitwilliger sich die Wissenschaften vom M.en diesen wechselweisen Bezügen zwischen → Leib und Seele, → Gemeinschaft und Individuum, Person und Welt zuwenden und ihrerseits medizinische, psychologische, theologische usw A.n entwerfen, die für bestimmte Erfahrungsbereiche die umspannende Dimension sichtbar machen wollen, desto dringender erscheint die Aufgabe der philosophischen A., solchen Entwürfen eine tragfähige Basis zu geben - doppelt bedeutsam in einer Wendezeit, da durch weit vorangetriebene Forschung der M. sich die Kräfte in die Hand gespielt hat, die zum ersten Male seit seinem Erscheinen auf der Erde seine Spezies mit Vernichtung bedrohen und das Lebewesen M. zu einer unmittelbaren Frage seiner Entscheidung machen.

M.Scheler, Der Formalismus in der Ethik u. die materiale Wertethik, (1913) 1954[4] - Ders., Die Stellung des M.en im Kosmos, (1928) 1949[2] - H.Plessner, Die Einheit der Sinne, 1923 - Ders., Die Stufen des Organischen u. der M., 1928 - Ders., Lachen u. Weinen, (1941) 1950[2] - Ders., Zwischen Philosophie u. Gesellschaft, 1953 - B.Groethuysen, Philosophische A. (HPh Abt. 3 Beitr. A), 1931 - P.L.Landsberg, Einführung in die philosophische A., 1934 - E.Rothacker, Die Schichten der Persönlichkeit, (1938) 1947[3] - Ders., Probleme der Kultur-A., 1948 - W.Sombart, Vom M.en, (1938) 1956[2] - A.Gehlen, Der M., (1940) 1955[5] - Ders., Urmensch u. Spätkultur, 1956 - O.F.Bollnow, Das Wesen der Stimmungen, (1941) 1943[2] - H.Lipps, Die menschliche Natur, 1941 - L.Binswanger, Grundformen u. Erkenntnis menschlichen Daseins, (1942) 1953[2] - J.P.Sartre, L'Être et le Néant, 1943; dt. Übers.: Das Sein u. das Nichts. Versuch einer phänomenologischen Ontologie, 1952 - A.Portmann, Biologische Fragmente zu einer Lehre vom M.en, (1944)1952[2] - H.Kunz, Die anthropologische Bedeutung der Phantasie, 2 Bde, o.J. (1946) - M.Landmann, Philosophische A., 1955.

H.Plessner

III. Theologiegeschichtlich

1. Voraugustinische A. - 2. Augustin und das Mittelalter - 3. Reformation und Orthodoxie - 4. Moderne theologische A. - M. = Mensch

1. Die theologische Interpretation des Offenbarungsgeschehens nötigt zur Herausarbeitung einer theologischen A. Implizit ist diese auch von Anfang an wahrnehmbar. Ihre explizite Entfaltung beginnt erst mit → Tertullians De anima; diese erste im Thema anthropologische Schrift der Kirchengeschichte hat auch die materielle Problematik (weniger deren Lösungen) weithin beeinflußt. Kennzeichnend bleibt insbesondere, auch wo Tertullian nicht nachwirkt, der Umstand, daß vielfach biblische Fragen mit Hilfe philosophischer Vorstellungen beantwortet werden oder gar in diesen aufgehen. (Außer Erörterung bleibt hier die soteriologische Seite der A. Dazu vgl. → Rechtfertigung: II).

a) Die altkirchliche A. ist primär Lehre von der *Seele:* »die Seele erkennen bedeutete: wissen, woher und wozu der Mensch da ist« (Karpp). Die Vorrangstellung der Lehre von der Seele, der sich vielfach eine ausgebildete Psychologie anschloß, bedeutete als solche keineswegs notwendig die Geringschätzung des Leiblichen, etwa im Sinne des Spiritualismus oder des Dualismus. Gerade das Beispiel Tertullians zeigt das: im Kampf mit der → Gnosis betont er die Geschöpflichkeit des Leibes, so wie er andererseits die Seele (unter stoischem Einfluß) als einen feinsten Körper ansieht. Auch bei → Clemens von Alexandrien steht es in dieser Hinsicht nicht anders (sehr im Gegensatz zu → Origenes, der die Unkörperlichkeit der Seele betont). Die gnostische Abwertung des Leibes hat in der kirchlichen Theologie durchgängig Ablehnung erfahren.

b) Immerhin: die »Seele« erscheint als Ausdruck der »Eigentlichkeit« des M.en. Ist der geschöpfliche M. Gottes *imago,* so wird dies zumeist auf seine Seele gedeutet; dies gilt ausdrücklich für Clemens und Origenes wie dann überwiegend für den Osten, während frühe Lateiner wie Tertullian und später → Lactantius auch den Leib an der imago-Qualität teilnehmen lassen. Im Blick auf den sündigen M.en hilft man sich vielfach mit der (ursprünglichen von den Gnostikern vertretenen) Unterscheidung von imago und similitudo (εἰκών und ὁμοίωσις): der gefallene M., der die similitudo verloren hat, besitzt nach wie vor die imago und mit ihr (wesenhaft!)

die Willensfreiheit (τὸ αὐτεξούσιον; liberum arbitrium) und (so die überwiegende Meinung) die (natürliche) Unsterblichkeit; den Einsatzpunkt für diese Unterscheidung bildet → Irenäus. So ist dem gefallenen M.en die passive Erlösungsfähigkeit und das Vermögen, auf die ihm angebotene Gnade einzugehen, verblieben - ein Letztes ist unzerstört. Die Soteriologie hat daher überwiegend anknüpfend-restaurativen Charakter (im Westen seit Tertullian stärker moralistisch, im Osten vielfach, aber nicht ausschließlich kultisch bestimmt; → Erlösung: IV). Im ganzen fällt die »optimistische« Tönung der altkirchlichen A. auf.

c) Die Erinnerung daran, daß theologisch von der »Seele« nur in ihrem Verhältnis zu Gott die Rede sein kann, und das Bewußtsein davon, daß die Seele gerade der Bereich ist, an dem der Konflikt des gefallenen M.en mit Gott zum Austrag kommt, hat in der alten Theologie die (philosophisch schon vorgegebene) Frage wachgerufen, auf welchem Wege der *einzelne* M. seine Seele *empfängt*. Als extreme Lösungen boten sich einerseits der »Traduzianismus«, andererseits der »Präexistentialismus« an: einerseits die zuerst von Tertullian bezeugte Vorstellung, die Seele werde ex traduce, aus einem in der Geschlechterfolge übertragenen Keim empfangen (Variante ist der »Generatianismus«), andererseits die namentlich bei Origenes vertretene (platonisierende) Auffassung, die Seele entstamme einem jenseitigen und präexistenten Geistwesen. In beiden Fällen ergab sich eine Vorform der späteren Lehre von der »Erbsünde«: bei Tertullian trägt die Seele bereits die Verderbnis in sich, aus der sie kommt, bei Origenes entstammt sie selbst in ihrer Gebanntheit in den Leib einem vorzeitlichen Fall. In der Mitte lag die bei Clemens sich anbahnende und auch bei → Arnobius und Lactantius vertretene »kreatianische« Auffassung, nach der die Seele - bzw. deren höherer Bereich, die Vernunftseele - für jeden M.en neu von Gott erschaffen werde: diese Auffassung, die sich später als die überwiegende durchsetzte, wahrte die Unterschiedenheit der Seele vom Leibe einerseits und von Gott andererseits, hob überhaupt deren Besonderheit scharf hervor, konnte aber, wie zB bei Lactantius, zur Ablehnung der »Erbsünde« und zum Leib-Seele-Dualismus führen.

d) Die »kreatianische« Auffassung setzt voraus, daß »in« der »Seele« etwas schlechthin Einzigartiges sich manifestiert, das jene Auffassung nur aus einem erneuten Schöpfungsakt verstehen kann. Aber auch wo diese Lösung nicht vertreten wurde, bestand vielfach die Tendenz, »in« der »Seele« oder gleichsam oberhalb ihres Bereiches eine Sphäre aufzufinden, die jedenfalls der Verflechtung in das Somatische entzogen und dafür wesenhaft dem Wirken Gottes zugewandt wäre. Die platonische wie die gnostische Tradition wie auch manche Formulierungen der biblischen Überlieferung schienen darauf hinzuweisen, daß es verkehrt sei, den M.en nur als *Leib und Seele* zu verstehen (Dichotomie im Blick auf den M.en überhaupt), und daß man vielmehr entweder innerhalb der Seele mehrere verschiedenwertige Anlagen unterscheiden müsse (sinnliche und vernünftige Seele) oder aber von der Seele überhaupt den »*Geist*« als mitgebrachte, wenn auch verschüttete Anlage zu unterscheiden habe (Leib, Seele, Geist - anthropologische Trichotomie, im Unterschied von der psychologischen Trichotomie, nach der Sinneswahrnehmung, Verstand und Wille oder auch Verstand, Wille und »Zürnkraft« unterschieden wurden). Wo die A. auch nur im Hintergrunde trichotomisch war (so etwa bei Origenes), wurde mit einer vorgegebenen Nähe des M.en zu Gott gerechnet. Zu kirchlicher Geltung ist schließlich die anthropologische Dichotomie gelangt (Konzil zu Konstantinopel 869-870; Denz. 338), die auch in der älteren A. in verschiedenen Abwandlungen überwiegend vertreten war (am schärfsten bei Tertullian, der unter spiritus streng Gottes Wesen und Wirken begriff). Die Tendenz zu trichotomischen Überlegungen ist jedoch nicht geschwunden: die → Mystik wie die idealistische Spekulation haben in dieser Richtung gewirkt.

2. a) → *Augustin* bildet vor allem deshalb einen tiefen Einschnitt, weil er im Zuge seiner Lehre von der *Erbsünde* das bisher herrschende Zutrauen zu dem (von ihm nicht an sich bestrittenen) liberum arbitrium erschütterte - sein Gegner → Pelagius vertrat im Grunde die bisher fast allgemein vorhandene Auffassung, nur mit besonderer Schärfe. Hatte man die → Sünde (: V) bisher entweder aus der Unwissenheit und Schwäche oder aus der Verflechtung in das Somatische oder auch aus einer präexistenten Verschuldung verstanden, ihre allgemeine Verbreitung in der durchgängigen Schwäche der M.en oder auch in der imitatio begründet gesehen, so versteht sie Augustin aus einem »zeitlichen« Geschehen, dem Fall, der die vorherige Harmonie von Leib und Seele endgültig zerstörte, weil und indem er das Gottesverhältnis zerriß. Augustins Lehre vom peccatum originale bedeutet eine radikale Verzeitlichung der A.: der M. ist, was er jetzt ist, nicht vermöge mehr oder weniger ruhender Eigenschaften, sondern innerhalb eines »dynamischen« Zusammenhangs, der sein Erkennen und Wollen übergreift. Die entscheidende Funktion der Zeit für die A. ist Augustins größte Entdeckung (ihr wichtigstes Dokument Conf. XI), die Auffassung des M.en aus seinem Woher und Wohin bestimmt alle seine Aussagen. Die »Erbsünde« ist die Zerstörung der (von Augustin allein auf die unkörperliche Seele bezogenen) Gottebenbildlichkeit, deren Wesen in der iustitia, im rechten Verhältnis zu Gott (gleichsam »vertikal«) gesehen wurde und insofern in der Freiheit sich äußerte (die der M. hat, sofern er Gottes Willen tut, und die als korrumpierte in seiner willentlichen Sünde hervortritt); sie bewirkt, daß der M., nunmehr der superbia, der cupiditas, der concupiscentia verfallen, immer nur sündigen »kann«, und daß in ihm Leib und Seele (Augustin denkt überwiegend dichotomisch) verhängnisvoll durcheinanderwirken, so daß der Leib nicht mehr der Seele gehorcht, weil wiederum diese nicht ihrem Schöpfer gehorcht. Da Augustin die concupiscentia überwiegend geschlechtlich begreift (manichäisches wie neuplatonisches Erbe), so wird freilich der Ansatz (der M. ist, was er ist, in seinem Gottesverhältnis, im adhaerere Deo oder in der superbia oder eschatologisch in dem ihm durch die gratia eröffneten frui Deo) durch ein Element der »Horizontale« durchkreuzt, und dem entspricht es, daß umgekehrt auch die gratia, gewiß gratia gratuita, gratia gratis data, auch in der »Horizontale« irdisch-kirchlicher Gnadenvermittlung und irdisch-menschlich erfahrener infusio verstanden wird. Mit dieser Überkreuzung des »vertikalen« und des »horizontalen« Schemas hängt es auch zusammen, daß sich Augustin zwischen Traduzianismus und Kreatianismus bis zuletzt nicht zu entscheiden vermochte (der erstere wäre ja »horizontal«, der letztere »vertikal« aufzufassen), so sehr er dem Kreatianismus zuneigte. Die gleiche Überkreuzung der Linien zeigt sich in De civitate Dei: die »vertikale« Eschatologie setzt sich in ein auch die »Horizontale« ergreifendes Geschichtsschema um.

b) Die von Augustin schon unvollständig erreichte Synthese »horizontaler« und »vertikaler« A. brach in der *Folgezeit* durchweg auseinander. Dies wirkte sich primär in der Lehre von der → Gnade (: IV) aus: der gemäßigte Semipelagianismus (→ Pelagianismus) ist das Unternehmen, die »vertikale« Konzeption der gratia mit der

»horizontalen« linear zu verbinden und im – getauften – M.en die Voraussetzungen zur ferneren Wirksamkeit der (kirchlich vermittelten) gratia aufzusuchen. Für die A. maßgebend wurde die mittelalterliche *Verknüpfung von natura und gratia,* konkret: die Verbindung einer aristotelisch-neuplatonischen A. (die anima als forma, als Entelechie des Leibes, das liberum arbitrium als Wesensbestandteil der auch durch den Fall zwar korrumpierten, aber nicht verwirkten natura humana, die aristotelischen Kardinaltugenden als die untere Stufe der theologischen Tugendlehre usw) mit einer überwiegend noch augustinisch gefaßten Gnadenauffassung. In dem Maße, wie dabei in der Lehre von der Seele dem intellectus der relative Vorrang gegeben wurde, etwa in der sehr vorsichtigen Fassung bei Thomas (S.Th. I, qu. 82, a 3), konnte sich als Folgerung das Übergreifen des (im intellectus erfaßten) göttlichen Tuns über alles menschliche Wollen ergeben. Umgekehrt konnte sich aus der Vorstellung vom Primat des Willens, wie ihn der Nominalismus (→ Universalienstreit) behauptete, sehr leicht einerseits (rückwärtsdenkend) die Anschauung von der absoluten Irrationalität Gottes und seines Tuns (und damit die Trennung von Glauben und Wissen), andererseits die Verweisung des M.en auf sein eigenes, gewiß an Gottes lex sich haltendes Wirken ergeben. In der Frage der Entstehung der Einzelseele (und damit der propagatio peccati) denkt die Scholastik überwiegend kreatianisch (im Blick auf die anima intellectiva): diese Anschauung gilt in der röm.-kath. Dogmatik heute als sententia certa (vgl. Denz. 738 und für Pius IX. dann Denz. 1100). Wichtig ist, daß im Gegensatz zum Individualismus eines Teils der altkirchlichen A. die Scholastik den M.en als animal sociale versteht und von da aus die politische wie die kirchliche Existenz zu greifen sucht.

3. a) Die A. der *Reformatoren* ist, für sich genommen, eine radikalisierende Erneuerung der augustinischen Auffassung von der »Erbsünde« (entschiedene Leugnung des liberum arbitrium, jedenfalls im Beginn und später bei → Calvin). → *Luther* kann der Philosophie die Erkenntnis des wirklichen, des geschöpflichen wie des gefallenen M.en ausdrücklich absprechen (so in De servo arb. und besonders in der Disp. De homine: Philosophi et Aristoteles non potuerunt intelligere aut definire, quid esset homo theologicus, sed nos Dei gratia, quod bibliam habemus, id possumus; Drews 94, WA 39/I, 179). Der M. kann sich erst wahrhaft erkennen, wenn er sich in fonte ipso, qui Deus est, erschaut hat (Luther, Drews 91, WA 39/I, 175). Im Lichte der iustitia evangelii ist das autonome Selbstverständnis des M.en, die Hochschätzung der anima, die Behauptung des liberum arbitrium und auch die autonome Betonung der Unsterblichkeit der Seele unvollziehbar. Die A. hat allein aus der Soteriologie Sinn und Recht. Daß der M. *totus* homo ist, erfährt er nur von Gott. Indessen, wie die Vernunft auch nach Luther im Bereich der *lex* Sinn und Recht hat, so tut sich hier auch der Weg zu einer relativen Rezeption der anthropologischen Fragestellungen auf. Diese hat → *Melanchthon,* zB in der Lehre von den Affekten, bewußt vollzogen und in die Theologie eingebaut, und bei → *Calvin,* der als Summa aller menschlichen Erkenntnis die Gotteserkenntnis und die Selbsterkenntnis betrachtet (Inst. I, 1, 1), ist wie bei Melanchthon der Einfluß der Philosophie stärker als bei Luther, trotz der bei letzterem entschieden festgehaltenen Verneinung des liberum arbitrium. Die reformatorische Grunderkenntnis verlangte nach einer Umarbeitung der traditionellen wie auch der humanistischen A. In seiner Weise ist hier → *Zwingli* am weitesten gegangen: bei aller Anerkennung der Erbsündenlehre bestreitet er die unmittelbare Schuldwirkung des peccatum originale: Schuld bewirkt es nur, weil es die peccata actualia hervorruft (ähnlich FC SD I, 5). Bei Melanchthon tritt im Lauf der Zeit eine Erweichung der reformatorischen Bestreitung des liberum arbitrium ein (→ Synergismus). Diese wieder ruft (gegenüber Victorin → Strigel) die radikale These des → Flacius hervor, die Erbsünde sei die substantia des Menschen. Diese These wiederum ist in der FC (Art. I) vor allem mit dem Argument verworfen, daß der Satan nichts habe schaffen können, also auch kein essentiale malum (FC SD I, 27); für die FC ist die Auffassung des Flacius manichäisch; sie schließt es auch aus, daß Christus wahrer M. und doch ohne Sünde habe sein können. Auch alle Reformierten haben die Lehre des Flacius verworfen.

b) Die *Orthodoxie* nimmt die traditionelle A. weithin wieder auf, wenn auch unter neuem Vorzeichen. Es wirkt sich aus, daß die Lehre vom M.en, seit langem naturgemäß der Lehre vom Geschöpf eingefügt, bei den Reformierten überwiegend, aber auch bei einem Lutheraner wie Joh. → Gerhard, der Lehre vom Erwählungsratschluß Gottes nachgeordnet wird: die »vertikale« Tendenz der reformatorischen A. wirkt hier nach. Die Positionen hinsichtlich der älteren Probleme ordnen sich neu: die luth. A. denkt überwiegend traduzianisch, die ref., der Scholastik folgend, kreatianisch: unter Seele ist im Grunde nicht das gleiche verstanden. Die aufkommende moderne A. läßt beide Positionen zurücktreten. Wesentlich wird die im Vergleich zur Reformation allgemein erheblich positivere Einschätzung der Vernunft: die Orthodoxie denkt »suprarational« und lenkt damit weithin zum Stufensystem der Scholastik zurück, bereitet aber damit der aufgeklärten A. den Weg. Bemerkenswert ist, daß unter den Nachwirkungen der Erfahrungsphilosophie des Petrus → Ramus auf ref. Boden vielfach eine A. der christlichen Erfahrung aufgebaut wird, so namentlich bei → Amesius: Vorbereitung des Pietismus.

4. a) Hatte sich schon in Renaissance und Humanismus ein autonomes Selbstverständnis des M.en Bahn gebrochen, so kam dieses besonders mit → Descartes und → Locke zum Durchbruch, nicht ohne theologische Vorbereitung, namentlich durch den prot. Spiritualismus und Empirismus einerseits und den orthodoxen Supranaturalismus andererseits. Wo die *Aufklärung* in der Theologie durchdringt, kommt es zu einer alles bestimmenden Vorherrschaft der A. Dieser gegenüber erscheint der gleichfalls »anthropozentrisch« angetretene → Pietismus mehr und mehr als Antipode, insofern er (biblizistisch) die A. der Offenbarung unterstellt; er behauptet nicht die Höherentwicklung des ohnehin zum Höheren angelegten M.en (aufgeklärte Ablehnung der Erbsündenlehre), sondern die Heiligung des Bekehrten. Die Anthropologisierung der Theologie geschieht auf der einen Seite »rationalistisch« bzw. »supranaturalistisch«: Gott als der Ursprung und Inbegriff der vernünftig erkennbaren Höchstwerte, Christus als deren Verkörperung – auf der anderen (Spätpietismus) stärker emotional (gegen Ende des 18.Jh.s wird das »Gefühl« als eigene und herrschende Potenz des Seelischen entdeckt; das gilt in etwa von → Herder und von → Hamann; die A. tritt in das Licht eines emotionalen Irrationalismus). Andererseits hat → Kant, der die Aufrichtung einer alles vorentscheidenden »Methode« für die von ihm vollbrachte »Revolution« erklärte (Kritik der reinen Vernunft, 1787^2, XXI), vermöge dieser »Methode« das rationale Wissen auf Gegenstände möglicher Erfahrung beschränkt, um so »zum Glauben Platz zu machen«, den er irrational-ethisch verstand.

b) Der emotionale Irrationalismus des Spätpietismus wie der Vorromantik und die kantische »Aufhebung« des (metaphysischen) »Wissens« bilden die Grundlage der von der A. getragenen Theologie → *Schleiermachers* und der von ihm ausgehenden »*Bewußtseinstheologie*«, in der jedoch von Hause aus auch Nachwirkungen der älteren ref. Erfahrungstheologie zu erkennen sind und die bei den Späteren teilweise in die Erfahrungstheologie der → Erweckungsbewegung (→ Erlanger Schule), teilweise in die Auswirkungen der Romantik eingeht. Scheinbar das genaue Gegenteil ist die von → Hegel beeinflußte Theologie der dem Geist immanenten Dialektik (Marheineke und Twesten auf der einen, Strauß auf der anderen Seite), die jedoch ebenfalls von der A. her entworfen ist (Geistnatur des M.en). Eine ebensosehr von der anthropologischen Besinnung wie von der »Spekulation« beherrschte »Lehre von der Sünde« legte Julius → Müller vor (Annahme eines vor-, weil außerzeitlichen, vom M.en zu verantwortenden Urfalles). Gegenüber der immanenten Geistdialektik Hegels kam → Kierkegaard zu einer A. der »Existenzdialektik«, die die reformatorische Rechtfertigungslehre in sich hineinverschlingt, ohne deren dogmatische Voraussetzungen durchaus zu rezipieren: der M. ist sich selbst entfremdet, als Sünder der »Krankheit zum Tode«, der »Angst« verfallen, auch in der Existenzform des »Ethikers« noch in der Uneigentlichkeit, einzig durch das »Christentum« der Existenz in ihrer Wahrheit zurückgegeben, die sich freilich nur sub contrario vollziehen läßt und Sache des in der Entscheidung stehenden Einzelnen ist.

c) Während Kierkegaard – ohne seine christlichen Aspekte – der zeitgenössischen philosophischen A. den Weg gebahnt hat (Heidegger) und unmittelbar wie mittelbar auch die *heutige* theologische A. beeinflußt (→ Bultmann, → Gogarten), hat Karl → Barth sich dem Erbe Kierkegaards mehr und mehr entwunden und entschlossen die A. aus ihrer (wie immer relativen) Selbständigkeit zu lösen gesucht. In seiner Sicht erscheinen die von der Existentialphilosophie bestimmten Theologen als späte Nachfahren der »Bewußtseinstheologie«, denen er eine Theologie der Offenbarungsdialektik entgegensetzt, in deren Mitte die Christologie steht. Für ihn ist daher das »Selbstverständnis« nicht aus dem Menschen selbst zu gründen, sondern einzig aus der Christuswirklichkeit (KD III, 2), der er eine explizite A. entnimmt. Die Frage, ob die Theologie anthropologisch aus dem Selbstverständnis erwachse, sich jedenfalls in ihm als gültige Aussage erweise oder umgekehrt die Voraussetzung jeder A. sei, ist das in der heutigen Theologie am meisten erörterte Problem, dessen Auswirkungen sich am deutlichsten in der → Hermeneutik zeigen, ebenso jedoch in der Auseinandersetzung über → »Gesetz und Evangelium« hervortreten und in der → Christologie (: III) zum Gegensatz zwischen einer mehr von der Rechtfertigung und einer mehr von der Inkarnation her entworfenen Konzeption führen.

Zu 1: H.KARPP, Probleme altkirchl. A. (BFChTh 44, 3), 1950 – A.STRUKER, Die Gottebenbildlichkeit des M.en in der christl. Lit. der ersten zwei Jh.e, 1913 – A.MAYER, Das Bild Gottes im M.en nach Clemens v.Alex. (Studia Anselmiana 15), Rom 1942 – J.MUNCK, Untersuchungen über Klem. v. Alex. (FKGG 2), 1933 – G.TEICHTWEIER, Das Sein des M.en. Ein Beitr. zur A. des Origenes (kath.-theol. Diss. Tübingen,) 1951 – HALKOCH, Pronoia u. Paideusis, 1932 – J.B. SCHOEMANN, Gregors von Nyssa theol. A. als Bildtheologie (Scholastik 18, 1943, 31–53. 175–200) – E.BENZ, Marius Victorinus (FKGG 1), 1932.

Zu 2: E.DINKLER, Die A. Augustins (FKGG 4), 1934 – R.GERG, Erziehung des M.en nach den Schriften des hl. Augustin, 1909 – M. GRABMANN, Die Grundgedanken des hl. Augustinus über Gott u. die Seele, 1910 – W.KAHL, Der Primat des Willens bei Augustin, Duns Scotus u. Descartes, 1886 – J.VERWEYHEN, Das Problem der Willensfreiheit in der Scholastik, 1909 – O.LOTTIN, OSB, La théorie du libre arbitre depuis St.Anselme jusqu'à St.Thomas d'Aquin, 1929 – J. AUER, Die menschl. Willensfreiheit im Lehrsystem des Thomas von Aquin u. des Joh.Duns Scotus, 1938 – J.PIEPER, Wahrheit der Dinge. Eine Unters. zur A. des Hoch-MA, 1947 – W.SCHÖLLGEN, Das Problem der Willensfreiheit bei Heinrich v.Gent u. Herveus Natalis, 1927.

Zu 3: SEEBERG IV, 1, 201ff – F.KATTENBUSCH, Luthers Lehre vom unfreien Willen, 1875 – P.DREWS, Disputationen Luthers, 1895/96 – K.ZICKENDRAHT, Der Streit zw. Erasmus u. Luther über die Willensfreiheit, 1909 – O.DITTRICH, Luthers Ethik in ihren Grundzügen, 1930 – R.PFISTER, Das Problem der Erbsünde bei Zwingli, 1939 – P.ALTHAUS, Unsterblichkeit u. ewiges Leben bei Luther, 1930 (zur Diskussion über Luthers Stellung zur Lehre von der Unsterblichkeit der Seele) – A.S.E.TALMA, De anthropologie van Calvijn (Diss. Utrecht), 1882 – T.F.TORRANCE. Calvin's Doctrine of Man, 1949 (dt. 1951) – H.KROPATSCHEK, Das Problem theol. A. auf dem Weimarer Gespräch von 1560 zwischen Matth.Flacius Ill. u. Vict.Strigel (theol. Diss. Göttingen), 1943 – L.HAIKOLA, Gesetz u. Evangelium bei Matth. Flacius Ill. Eine Unters. zur luth. Theol. vor der Konkordienformel (StTh 1), 1952 – E.TROELTSCH, Vernunft u. Offenbarung bei Joh. Gerhard u. Melanchthon, 1891 – H.SCHMID, Die Dogmatik der ev.-luth. Kirche, 1893 – H.HEPPE-E.BIZER, Die Dogmatik der ev.-ref. Kirche, 1935 – Imago Dei. Festschr. f. G.Krüger, hg.v. H.BORNKAMM, 1932, bes. 85–109. 167–180 – A.RICH, Pascals Bild v. M.en, 1953.

Zu 4: HIRSCH I-V – K.LÖWITH, Von Hegel zu Nietzsche, (1941) 1953[3] – JOH.NEUMANN, Schleiermacher. Existenz, Ganzheit, Gefühl als Grundlagen seiner A. (Neue dt. Forsch. 98. Abt. Charakterologie, psychol. u. philos. A. 2), 1936 – W.SCHULTZ, Das Verhältnis von Ich u. Wirklichkeit in der religiösen A. Schleiermachers (Stud. z. syst. Theol. 17), 1935 – P.JONGES, Schleiermachers A. (theol. Diss. Groningen), 1942 – W.HELLER, Die von Schelling beeinflußte A. (phil. Diss. Würzburg), 1952 – E.SCHAEDER, Theozentr. Theol. I, 1925[3] – BARTH, PrTh – CHR.SENFT, Wahrhaftigkeit u. Wahrheit (BHTh 22), 1956 – W.RUTTENBECK, S.Kierkegaard, 1929, 132ff – E.HIRSCH, Kierkegaard-Studien II, 1933 – J.WAHL, Etudes Kierkegaardiennes, 1938 – H.DIEM, Die Existenzdialektik von S.Kierkegaard, 1950 – J.SLØK, Die A. Kierkegaards, Kopenhagen 1954 – JUL.MÜLLER, Die christl. Lehre von der Sünde, 1838 ff. – Gute Übersicht über die Lehrentwicklung im 19.Jh. bei NITZSCH-STEPHAN, Lehrbuch der Dogmatik, 1921[6], 301ff. 323ff. – Bes. bemerkenswert die Lehrbücher von E.BÖHL (1887), A.SCHLATTER (1911) u. die Vorlesungsnachschrift von A.VILMAR (I, 1874). – Zeitgenössische Lit. → Anthropologie: IV.

O.Weber

IV. Dogmatisch

1. Das Verhältnis der theologischen zur philosophischen A. – 2. Urstand, Sündenstand, Gnadenstand – 3. Person und Natur – 4. Zusammenfassung. – M. = Mensch

1. Nicht nur die Dogmatik, sondern eine Reihe humaner Wissenschaften beschäftigt sich mit »der Natur und dem Schicksal des M.en«. Es gibt daher eine nicht-theologische Lehre vom M.en, eine im weitesten Sinne philosophische A., sowohl wenn sie innerhalb der Fachphilosophie in systematischer Form als umfassende Analyse des Wesens oder der Existenz des M.en angelegt ist, als wenn sie innerhalb der einzelnen Erfahrungswissenschaften (zB Biologie, Psychologie, Soziologie, Geschichte) mehr oder weniger fragmentarische Beiträge zur Erhellung der »Phänomene des Menschlichen« darbietet (→ Anthropologie: I. II). Zur philosophischen A. im weiteren Sinne darf auch die Erhellung des Wesens oder der Existenz des M.en gerechnet werden, welche die Dichtung und die Kunst, oft in nicht durchreflektierter, aber gleichwohl tiefer Ausdrucksweise geben. Der Unterschied der theologischen zur philosophischen A. liegt darin, daß sie den M.en stets im Lichte der göttlichen → Offenbarung in Jesus Christus betrachtet, während die philosophische A. auf empirischer Selbstbeobachtung des M.en beruht. Die theologische A. kann weder die philosophische unkritisch übernehmen noch sie als Irrtum verwerfen. Auch wenn der M. im Lichte der Offenbarung betrachtet wird, behält die empirische Selbstbeobachtung ihre begrenzte Gültigkeit. Umgekehrt muß die theologische A. die Tendenz jeder philosophischen A., sich selbst absolut zu setzen und damit den M.en als autonomes, des Gottesverhältnisses nicht bedürfendes Wesen aufzufassen, als Verneinung der Offenbarung kompromißlos abweisen. Die theologische A.

verhält sich demnach zur philosophischen dialektisch, dh sowohl positiv als auch polemisch.

2. Als Heilsoffenbarung, die Gottes Schöpfung von den Mächten des Verderbens befreit, qualifiziert die Offenbarung in Jesus Christus den M.en als Gottes gefallenes, aber zugleich aufgerichtetes Geschöpf. Die theologische A. enthält daher eine Spannung zwischen Aussagen, die den M.en als Gottes gutes Geschöpf bestimmen, und anderen, die den M.en als Sünder, dh als Aufrührer gegen Gottes Schöpferwillen beschreiben. Diese Doppelheit kommt in der Lehre von dem → Urstand (: IV) und dem Sündenfall (→ Sünde: VI) zum Ausdruck. Urstand und Sündenfall dürfen nicht als zwei geschichtliche Epochen der Urzeit aufgefaßt werden, sondern müssen in echter Interpretation des biblischen Mythus von der → Schöpfung (: II) und dem Fall (Gen 1-3) in ihrer Einheit als der Widerspruch der Existenz des M.en im Aufruhr gegen seinen Schöpfer ausgelegt werden. Urstand (status originalis) meint die menschliche Existenz, wie sie Gott will und gibt. Sie läßt sich - im Anschluß an Gen 1, 26 (→ Urstand: II) als gottebenbildliche Geschöpflichkeit bestimmen. Die Gottebenbildlichkeit ist keine Qualität des menschlichen Wesens oder eine Fähigkeit der menschlichen Natur an sich, die abgesehen von der Art des Gottesverhältnisses in ihren rein formalen Strukturen beschrieben werden kann (»Vernunft« oder »freier Wille«), sondern das wahre Verhältnis des M.en zu Gott und damit auch zu seinen Mit-M.en und zu seiner Welt. Dies wahre Verhältnis des M.en zu Gott wird darin wirklich, daß Gott zu dem M.en sein gnädiges → Wort spricht, und der M. dieses Wort glaubt und ihm gehorcht. In diesem → Glauben und Gehorsam spricht der M. selbst ein Wort des Lobes Gott gegenüber, ein Wort der Liebe dem Mit-M.en gegenüber und ein Wort der Erkenntnis und der Herrschaft gegenüber seiner Welt. Insofern ist die Gottebenbildlichkeit »Vernunft« und »freier Wille« als Inhalt echter Personalität, aber das meint nicht Vernunft und Wille als formale Fähigkeit des M.en an sich, sondern die rechte Vernunft, die das Gnadenwort Gottes inhaltlich wirklich vernimmt, und den rechten Willen, der Gottes Gebot inhaltlich wirklich gehorcht. Nur im wirklichen Glauben an Gott ist der M. gottebenbildlich, seinem Gott ähnlich in der Liebe zu den M.en und in der Herrschaft über die Welt. Denn nur im Glauben an Gott, in welchem er sich Gott gibt, ist es dem M.en möglich, sich nicht an die anderen M.en und an die Welt zu verlieren, sondern frei zu lieben und frei zu herrschen. Der Sündenfall ist die Verzerrung dieses wahren Verhältnisses des M.en zu Gott durch den Aufruhr des Sünders. Die Vernunft vernimmt dann nicht mehr das Gnadenwort Gottes, sondern ersetzt es durch die Lüge von der Selbständigkeit des M.en. Demzufolge spricht der M. nicht länger das Wort des Lobes, sondern ein Wort der Selbstrechtfertigung und der Anklage gegen Gott, nicht das Wort der Liebe, sondern ein Wort der Selbstbehauptung gegen den Mit-M.en, nicht das Wort der wahren Erkenntnis und Beherrschung, sondern ein Wort der Vergöttlichung der Welt. Verkehrte Religion (Selbstrechtfertigung statt Glaube), verkehrte Ethik (Selbstbehauptung statt Liebe) und verkehrte Erkenntnis (metaphysische Spekulation statt ehrliche Empirie) sind die Symptome des verkehrten Gottesverhältnisses. Unechte Personalität als Behauptung des Ichs (Persönlichkeitskult) statt echte Personalität als Hingabe des Ichs markiert die Zerstörung der Gottebenbildlichkeit. Vom Verlust der Gottebenbildlichkeit kann bei alledem keine Rede sein. Denn nur als gottebenbildliches Geschöpf kann der M. sündigen, weil der »Sitz« der Sünde die Gottebenbildlichkeit, die Personalität, ist. Die Gottebenbildlichkeit geht durch die Sünde nicht schlechthin verloren, sondern sie wird korrumpiert, in ihr Gegenteil verwandelt. Obwohl der Urstand als Stand des vollkommenen Gottesverhältnisses durch den Fall von dem Sündenstand als Stand des zerstörten Gottesverhältnisses (status corruptionis) abgelöst wird, geht der Urstand durch den Fall nicht unter. Denn die Sünde des M.en hat keine Macht, das Schöpfungswerk Gottes zu vernichten. Der Urstand besteht im Stande der Sünde mit der Sünde zusammen, nicht als ein »Imago-Rest« (imago Dei = Bild Gottes, Gen 1, 26), wie man sich mitunter ausgedrückt hat, sondern als Bestimmung des M.en, die sich dem Gewissen als → Gesetz kundgibt. Das Wort Gottes, das im vollkommenen Urstand ein Evangelium und als solches die erfüllte Bestimmung des M.en ist, wird unter dem Aufruhr des Sünders zu einem Gesetz, dh zur unerfüllten Bestimmung des M.en, die den Sünder verdammt, aber, weil sie durch das Gesetz Gottes proklamiert wird, zugleich die Verheißung einer neuen Erfüllung in sich trägt: die stellvertretende Erfüllung durch das fleischgewordene Wort Gottes. Die Botschaft von dieser neuen Erfüllung der Bestimmung des M.en ist das Evangelium im engeren Sinne. Durch den Glauben an die Christusbotschaft wird dem M.en die Gottebenbildlichkeit in ihrer wahren Gestalt wiederhergestellt, und die Sünde besteht nur noch als »Rest« (reliquiae peccati) weiter, der durch den Glauben ausgetrieben wird. Weil Gesetz und Evangelium (→ Gesetz: VI) als unerfüllte und als erfüllte Bestimmung des M.en inhaltlich miteinander übereinstimmen, wirken Gesetz und Evangelium zusammen dahin, dem M.en die Gottebenbildlichkeit zu bewahren: das Gesetz, indem es die Sünde bloßstellt und im Gewissen verdammt und somit die Bestimmung des M.en bei dem Sünder in ihrer Unerfülltheit bestätigt, das Evangelium, indem es dem Sünder, der sich unter das Gericht des Gesetzes beugt, seine durch Christus erfüllte Bestimmung schenkt. Im Stande der → Gnade (status gratiae) bestehen Urstand und Sünde zusammen, aber so, daß die durch das Evangelium erfüllte Bestimmung des M.en die Sünde vertreibt und vernichtet.

3. In der Gottebenbildlichkeit ist der M. wahre → Person, indem er durch Gottes Wort sein Leben empfängt und es in seinem eigenen Wort ausdrückt. In der Sünde ist die Personalität des M.en durch die usurpierte Selbständigkeit zerstört. In beiden Fällen hat aber der M. als Geschöpf eine bestimmte Natur, die ein notwendiges Element sowohl der wahren als der zerstörten Personalität bildet, sofern sie dieser konkreten Inhalt verschafft. Kraft seiner Personalität steht der M. vor Gott über dem ganzen, nichtpersönlichen Kosmos. Kraft seiner Natur steht der M. unter Gott mit dem Kosmos als ein Glied seiner Ganzheit zusammen. Die Momente dieser menschlichen Natur sind die Seele und der Leib. Durch und mit seiner seelischen Natur vernimmt der M. das göttliche und das menschliche Wort. Die → Vernunft (im weitesten Sinne) ist als → Gewissen, das dem menschlichen und dem göttlichen Wort als persönlicher, Verantwortung schaffender Anrede geöffnet ist, und als Verstand, der als erkennend dem Kosmos gegenüber geöffnet ist, in der seelischen Natur fundiert und ohne diese nicht wirklich. Die Vernunft ist insofern psychische Realität und wird demzufolge von der empirischen Psychologie ausgeforscht. Weil sie aber als Gewissen im Ethos und als Verstand in der Erkenntnis unbedingt gültige Sachverhalte intendiert, dh nicht nur Seele, sondern zugleich Geist ist, transzendiert sie in einer Weise, die der seelischen Natur etwa des Tieres völlig fremd ist, ihre eigene psychische Realität. Durch und mit seiner leiblichen Natur greift der M. in das kosmische Geschehen ein, er spricht mit seinem Mund, handelt mit seinen

Händen. Der Leib ist das Organ des Lobes, der Liebe und der Herrschaft der Person. Ohne Leib wäre die seelische Natur des M.en als in einem Gefängnis von seinen Mit-M.en und von seiner Welt und letztlich auch von dem im Fleisch offenbarten Gott getrennt, sie wäre tot. Deshalb ist die → Auferstehung (: IV) des Leibes unverlierbarer Bestand der Hoffnung von der Erlösung des M.en. Die leibliche Natur des M.en wird von Naturwissenschaften (Physik, Chemie, Physiologie, Biologie) studiert und in ihrer Verflochtenheit mit dem ganzen sichtbaren, materiellen Kosmos bloßgelegt. Trotzdem transzendiert auch der Leib des M.en, weil er das Organ einer Seele, die als Geist gültige Sachverhalte intendiert, seine eigene Wirklichkeit in einer Weise, die der leiblichen Natur etwa der Pflanzen und Tiere völlig fremd ist, nämlich durch die freie, geplante, verantwortliche Tat, welche die von allem Naturgeschehen wesensverschiedene Geschichte konstituiert. Wir beschreiben also die Natur des M.en dichotomisch (zweistufig), nicht trichotomisch (dreistufig; →Anthropologie: III, 1 d): die Natur des M.en besteht aus Seele und Leib, nicht aus Geist, Seele und Leib. Der Geist ist nicht ein Moment der menschlichen Natur, neben Seele und Leib, sondern deren Integration zur Personexistenz, zum »Selbst«; dh da die menschliche Natur Funktion der Person ist, ist der Geist die Weise (modus), in der Seele und Leib sich selbst transzendieren und so die Ganzheit des Personseins setzen.

4. Das Hauptproblem der theologischen A. ist die Spannung zwischen dem Glauben an die gute Schöpfung Gottes und der Erkenntnis der Wirklichkeit der Sünde. Als Gottes Geschöpf kann der M. seine Gottebenbildlichkeit nicht verlieren. Andererseits zerstört der Sünder diese unverlierbare Gottebenbildlichkeit, die seine Humanität konstituiert. Beides muß ohne Abstriche festgehalten werden. Oft schwankt die Auffassung vom M.en zwischen einer Überbetonung der Unverlierbarkeit der Humanität (im idealistischen Optimismus) und einer Verabsolutierung der totalen Korruption der Humanität durch den Sündenfall (im kynischen Pessimismus). Beide Extreme müßten katastrophale Folgen für Ethik und Politik haben; die politische Reaktion kann nur allzuleicht durch die undialektische Doktrin von der totalen Korruption des M.en gefördert werden, wie umgekehrt politischer Utopismus aus einer undialektisch optimistischen A. genährt wird. Ein anderes Problem der theologischen A. ist die Spannung zwischen leiblicher und seelischer Wirklichkeit des M.en. Als Organ der wahren Personalität bilden das Leibliche und das Seelische im M.en eine unauflösbare Einheit. Wo aber die Personalität durch die Sünde verdorben wird, treten Leib und Seele auseinander, und der Sünder setzt dann entweder den Leib oder die Seele an Gottes Stelle. Der → Spiritualismus sucht in der seelischen Wirklichkeit den Halt des Lebens und achtet den Leib gering. Umgekehrt wird der Vitalismus in der Entfaltung leiblicher Triebe und Kräfte den Sinn des Lebens sehen und die Seele als Sitz des Geistes verachten. In der Auseinandersetzung mit diesen Einseitigkeiten der A., die sich in der heutigen Kultursituation in mannigfaltiger Weise geltend machen (politische Utopismen, biologische Weltanschauung, totalitärer Kynismus, usw), hat die theologische A. ihre Aufgabe darin, die paradoxe Einheit von Gottebenbildlichkeit und Sünde und die organische Einheit von Leib und Seele im Dienste des Geistes zu betonen.

F.Schleiermacher, Der christliche Glaube^2, § 60-61 - H.Wheeler Robinson, The Christian doctrine of man, 1913 - E.Hirsch, Schöpfung u. Sünde, 1931 - Imago Dei, Beiträge zur theolog. A., G. Krüger... dargebracht, hg.v. H.Bornkamm, 1932 - E.Brunner, Natur u. Gnade, (1934) 1935^2 (dazu: K.Barth, Nein!, 1934) - Ders., Der M. im Widerspruch, (1937) 1941^3 - E.Schlink, Der M. in der Verkündigung der Kirche, 1936 - R.L.Calhoun, What is man?, 1939 - M.Doerne, Der M. im Urteil der Bibel, (1939) 1942^2 - Der alte u. der neue M. (BEvTh 8), 1942 - Reinh.Niebuhr, The nature and destiny of man, 1944 - M.F.Thelen, Man as sinner, 1946 - Barth, KD III/1.2, 1945-48 - Ders., Humanismus, 1950 - P.Althaus, Die christliche Wahrheit, (1948) 1952^2, § 31-32 - W.Trillhaas, Vom Wesen des M.en, 1949 - Das M.enbild im Lichte des Evangeliums. Festschr. für E.Brunner, 1950 - H.Lindström, Om människovärdet, 1951 - H.Vogel, Gott in Christo, 1951 - F.Gogarten, Der M. zwischen Gott u. Welt, 1952 - Bultmann II, 1952 - R.Prenter, Skabelse og Genløsning, (1951-53) 1955^2, § 20-24 - Thielicke, ThE II/1, 328ff. *R.Prenter*

Anthropomorphismus. Unter A. versteht man die in der religiösen Vorstellungsbildung begegnende Tendenz, göttliche Wesen und ihr Wirken unter der Gestalt (μορφή) des Menschen (ἄνθρωπος) und menschlichen Handelns vorzustellen. Man muß zwischen einem physischen und einem psychischen A. unterscheiden. Die verbreitetste Form ist der physische A., wie er etwa bei → Homer vorliegt und in der klassischen Kunst der Antike zur Darstellung kommt, in der die Götter als ideale Menschen gestaltet werden. Aber auch die meisten anderen Volksreligionen stellen zumindest einen Teil ihrer Gottheiten mit Menschenleibern dar. Die Gefahr dieses physischen A., die von vertiefter Gotteserkenntnis aus erkannt und abgewehrt wurde, liegt in der Vermenschlichung des »ganz anderen« Göttlichen und zugleich darin, daß die Distanz zum → Numinosen und damit die Voraussetzung aller → Religion (: I) aufgehoben wird.

Während die universalen Religionen bestrebt sind, den physischen A. zu beseitigen (zB Joh 4, 24; Apg 17, 24), vermögen sie den psychischen A. nicht zu überwinden, da die Auffassung der Gottheit als Persönlichkeit die Vorstellung menschenartigen Wollens, Fühlens und Handelns stets nahe legt. Um aber den psychischen A. auf die bloße Analogie zu beschränken, betont man zugleich die Unerforschbarkeit göttlichen Denkens und Wollens. In einem babylonischen Psalm (Textbuch zur Religionsgesch., hg.v. E.Lehmann und H.Haas, 1922, 312f) heißt es: »Wer lernt (begreifen) den Willen der Götter im Himmel ... Wo haben jemals begriffen der Götter Wandel die blöden Menschen?« Für den at. Bereich ist Dtn 29, 28 und Jes 55, 8 zu vergleichen. Im NT wird zB 1Tim 6, 16 die Menschenferne Gottes ausgesprochen. Die vielfach begegnende tier- oder fratzenhafte Gestalt der Gottheit wird man als Versuch verstehen müssen, das Ganz-anders-Sein der Gottheit allem Menschlichen gegenüber zum Ausdruck zu bringen. Insofern ist die Kritik des Xenophanes (fragm. 14-16) am A. falsch. Die unbestreitbare Tatsache, daß die Gottesvorstellung nach der physischen wie nach der psychischen Seite vom Bilde des Menschen und von seiner seelischen Welt her beeinflußt wird, hat zu L. → Feuerbachs die Sache zutiefst verfehlender These Anlaß gegeben, die Götter seien die in wirkliche Wesen verwandelten Wünsche des Menschen und Theologie sei Anthropologie.

RAC I, 446f - E.Ehnmark, Anthropomorphism and miracle (UUÅ 1939 H. 12) - G.van der Leeuw, L'anthropomorphisme comme forme de l'anthropologie (Le Monde non-chrétien 2, 1947, 170) - van der Leeuw (Reg.) - F.Michaeli, Dieu à l'image de l'homme. Étude de la notion anthropomorphique de Dieu dans l'AT (Diss. Neuchâtel), 1950 - NTU I, 132f. *G.Mensching*

Anthropos, »Internationale Zeitschrift für Völker- und Sprachenkunde«, eine der wichtigsten, material- und einflußreichsten Zeitschriften auf diesem Gebiete. Das 1. Heft erschien 1906, »im Auftrage der Österreichischen Leo-Gesellschaft mit Unterstützung der Deutschen Görres-Gesellschaft herausgegeben von P.W.Schmidt S.V.D.«. Große Verdienste um das Zustandekommen des Unternehmens hat der Stifter der Societas Verbi Divini (S.V.D.) Arnold Janssen († 1909); der Begründer und geistige Führer der durch den A. repräsentierten völkerkundlichen Schule ist P.Wilhelm → Schmidt. Bis 1955 erschienen 50 Bände. Verlagsort war zunächst Salzburg, von 1908 ab Wien, von 1939 ab Posieux-Froideville (Kt. Fribourg, Schweiz). Herausgeber oder Schriftleiter war für die meisten Jahrgänge P.W.Schmidt selbst. Von 1933 ab (Bd 28) zeichnete als Herausgeber das von Schmidt begründete »Anthropos-Institut« in St. Gabriel-Mödling bei Wien, das 1939 nach Posieux emigrierte. Die federführende Redaktion wechselte wiederholt zwischen den Angehörigen des Anthropos-Instituts (S.V.D.-Missionar-Forschern), wobei P.Joseph Henniger praktisch der größte Anteil zukommt. Andere bedeutende Forscher und Mitarbeiter dieses Kreises sind die PP.Wilhelm Koppers, Georg Höltker, Martin Gusinde, Paul Schebesta, die auch als völkerkundliche Feldforscher hervorgetreten sind. Die uneingeschränkte charismatische Führerschaft bewahrte jedoch bis zu seinem Tode (1954) P.W.Schmidt. Insbesondere wurde die Zeitschrift zum Sprachrohr der sog. »Wiener Schule« in der Völkerkunde und völkerkundlichen Religions- und Sprachenforschung. Schon der wegweisende Artikel Schmidts im 1. Bande über »Die moderne Ethnologie« wandte sich scharf gegen ältere (»evolutionistische«) Richtungen in der Völkerkunde. Auch die speziellen religionshistorischen Theorien Schmidts (→ Urmonotheismus) fanden durch die Zeitschrift weite Verbreitung. Abweichende Anschauungen wurden mitunter scharf bekämpft.

Demgegenüber bleibt anzuerkennen, daß die Zeitschrift doch nicht nur den Autoren des genannten Kreises von Missionarforschern und ihren Anhängern, sondern auch anderen in- und ausländischen Völkerkundlern und Linguisten offen stand und steht. Auch die Verdienste des A.-Kreises selbst sollten, bei aller Gebundenheit der Marschroute, nicht geschmälert werden. Die von P.W.Schmidt und seiner Schule ermutigte Feldforschung hat ein umfassendes Material von religiösen Texten, ethnographischen, folkloristischen und linguistischen Dokumenten erbracht, das von Missionaren und Nicht-Missionaren erarbeitet wurde und seine Publikation im A. fand. Hervorzuheben sind auch die angegliederten Publikationsserien (»Anthropos-Bibliothek« und »Studia Instituti Anthropos«) mit zahlreichen Bänden.

R.Rahmann, Fünfzig Jahre »Anthropos« (Anthropos 51, 1956, 1-18).

W.E.Mühlmann

Anthroposophie

1. Entstehung, Quellen, Geschichte - 2. Lehre - 3. A. und christliche Theologie - 4. Pädagogik

Als A. (griech. = »Weisheit über den Menschen« wie »Theosophie« = »Weisheit über Gott« und »Christosophie« = »Weisheit über Christus«) bezeichnet Rud. → Steiner die von ihm begründete Weltanschauung und Lebenshaltung. Im Mittelpunkt der Erkenntnisse und Anregungen, die zu einer Erneuerung des gesamten Denkens und Lebens führen sollen, steht die Deutung »des Christus« (Steiner gebraucht fast durchweg diese titelartige Form), so daß die A. in ihrem Zentrum eine Christosophie ist. Im Blick auf ihre Zielsetzung, durch neue Erkenntnisse über den Christus das Göttliche im Menschen zu wecken und mit dem Göttlich-Geistigen im Weltall zu verbinden, ist die A. ein besonderer Typus in der vielgestaltigen Überlieferung der → Theosophie.

1. Die A. gehört geistesgeschichtlich zu den Versuchen des ausgehenden 19. und beginnenden 20.Jh.s, den → Materialismus (: II. III) zu überwinden. Sie erhält eine starke Prägung durch die Theosophische Gesellschaft, die - 1875 von Helena Petrowna → Blavatsky begründet und von Annie Besant weitergeführt - von 1880 an auch in Europa ihren Einfluß geltend machte (→ Theosophie). Von hier aus bringt die A. das Bestreben mit, den Abgrund zwischen Wissen und Glauben zu schließen, dh die Wissenschaft fromm und die Religion wissenschaftlich zu machen. Theosophisch ist die Zuordnung aller Religionen zu einer harmonischen Einheit. Aus theosophischer Tradition stammen das Welt- und Menschenbild, die Lehre von der Reinkarnation und das Karmagesetz, auf Grund dessen das gegenwärtige Leben die Folgen des vorigen trägt und die Schicksale des kommenden vorbereitet. Der enge Zusammenhang mit der geistigen Situation des 19.Jh.s ist ferner in der starken naturwissenschaftlichen Orientierung der A. erkennbar, dh besonders in der Aufnahme des von → Darwin und → Haeckel vorgetragenen Entwicklungsgedankens (→ Entwicklung). Von hier aus erklärt es sich zunächst, daß die anthroposophischen Aussagen als exakt-wissenschaftliche Angaben gelten wollen. Von hier aus wird aber auch verständlich, inwiefern Steiner die A. häufig als »Geisteswissenschaft« bezeichnen konnte. Geist und Natur sind im Sinne → Goethes keine Gegensätze. Vielmehr soll der bisher vom Menschen erreichte natürliche Entwicklungszustand auf ein geistiges Menschentum hin weitergeführt werden. Natur und Geist bilden eine durch Entwicklungsgesetze verbundene Einheit. So fußt die A. auf dem naturphilosophischen → Monismus Haeckels, der Steiner in einen überaus scharfen Gegensatz zu Theologie und Frömmigkeit beider Konfessionen geführt hat. Alles, was in der A. als Göttliches und Geistiges bezeichnet wird, ist im Banne und Rahmen dieser Herkunft zu sehen. Auch mit ihrem vielgestaltigen Kosmos geistiger Mächte bleibt die A. ein Monismus. Dieser Sachverhalt wird auch dann nicht verändert, wenn zu Theosophie und Naturwissenschaft das Christentum als der dritte für die Entstehung der A. maßgebliche Faktor tritt. Das Erbe der christlichen Mystiker soll aufgenommen werden. Durch das Herkommen Steiners aus dem Katholizismus und die starken Eindrücke, die er als Kind von Gottesdienst und Lehre der kath. Kirche empfangen hat, gewinnt das Abendländisch-Christliche in der A. den Vorrang vor anderen Kulturen und Religionen. Die christliche Prägung erhält ihren stärksten Ausdruck durch die von Steiner um die Jahrhundertwende vorgenommene Christusdeutung, in der er dem Christus eine wendende Bedeutung für die Weltentwicklung verleiht.

Mit dieser Eigenart konnte sich die A. nicht lange innerhalb der Theosophischen Gesellschaft halten. In der 1909 erfolgten Proklamation einer Wiederverkörperung des Christus in einem jungen Inder sah Steiner eine Verachtung der Einzigartigkeit des Christus. Auf Grund seines Protestes wurde er aus der Gesellschaft ausgeschlossen. Daraufhin gründete er 1913 die eigenständige *Anthroposophische Gesellschaft*. Zentrum der Bewegung wurde Dornach (Kt. Solothurn, Schweiz) mit der »Freien Hochschule für Geisteswissenschaft« in dem nach Plänen Steiners gebauten »Goetheanum«. Die von der A. in der Folgezeit ausgehenden Impulse haben auf verschiedene Gebiete des geistigen und praktischen Lebens vielfältig eingewirkt. Das öffentliche Leben sollte nach dem ersten Weltkrieg durch die Bewegung für soziale Dreigliederung beeinflußt werden. In der → Christengemeinschaft nahmen Menschen, die nach einer religiösen Erneuerung suchten, die christosophischen Aussagen Steiners auf und empfingen von ihm in der Menschenweihehandlung einen neuen Kultus. In der Begründung der Waldorfschulen fand das anthroposophische Menschenbild seine pädagogische Auswirkung (s. 4). Ferner sind von der A.

Anregungen auf Kunst, Medizin, Landwirtschaft u.a. ausgegangen. Das Lebenswerk Steiners wurde von seinen Anhängern nach seinem Tode (1925) weitergeführt. In den Dornacher Verlagen werden seine zT noch ungedruckten Vorträge veröffentlicht. Das Verbot der Gesellschaft in Deutschland durch das nationalsozialistische Regime im Jahre 1935, das vielfach hart in das Leben ihrer Mitglieder eingriff, bedeutete nur eine vorübergehende Unterbrechung der öffentlichen Wirksamkeit.

2. Die *Lehre* der A. setzt voraus, daß jeder Mensch zur Erkenntnis der höheren Welten gelangen kann, wenn er die in ihm veranlagten Erkenntniskräfte ausbildet. Methodisch genaue Anleitung führt ihn von Stufe zu Stufe aufwärts. Das Fortschreiten in der Erkenntnis ist dabei stets auch an die Bedingung ethischer Höherentwicklung gebunden. Auf der höchsten Stufe offenbart sich dem Erkennenden die geistige Welt. Von besonderer Bedeutung ist der Einblick in das Weltgedächtnis, die sog. Akasha-Chronik, in der jeder menschliche Gedanke, jede Handlung und jedes Wort aufgezeichnet ist. Da Steiner seine Mitteilungen als aus diesem Weltgedächtnis gewonnen betrachtet, erhalten sie damit den Rang untrüglicher Wahrheit und sind von den üblichen natur- und geisteswissenschaftlichen Forschungsmethoden vollständig unabhängig. So ist die Bibel in keinem Fall die Quelle der anthroposophischen Christusanschauung, sondern wird durch die Akasha-Chronik ergänzt und korrigiert. Zur »elementaren Geisteswissenschaft« gehört das Wissen um die in einer Art heilsgeschichtlichem Siebener-Rhythmus sich vollziehende Entwicklung von Erde und Mensch: Die Erde wird aus einem anfänglich geistigen Zustand über sieben Stufen wieder in den Geistzustand zurückgeführt. Jede dieser Stufen gliedert sich in sieben Zeitalter, diese wieder in sieben Perioden. Die menschliche Entwicklung entspricht diesem Verlauf. Ihr gegenwärtiges Stadium läßt sich demnach genauso exakt errechnen wie das der Erde. Der Mensch hat innerhalb der ersten drei Erdentwicklungsstufen den physischen Leib, den Äther- und den Astralleib erhalten. Auf der gegenwärtigen vierten Stufe soll er als viertes Wesensglied sein Ich ausbilden. Der planmäßige Verlauf ist aber dadurch gefährdet, daß der Mensch dem Einfluß Luzifers erlegen und tiefer und früher als geplant der Materie verfallen ist (Gen 3). So besteht die Gefahr, daß er seine weiteren Wesensglieder (Geistselbst, Lebensgeist und Geistesmensch) nicht ausbilden und auch die Erde durch ihn nicht die vorgeschriebene Entwicklung nehmen kann, sondern immer mehr zum toten Stoff wird. Hier hat der Christus seine Aufgabe als Retter und Erlöser. Er ist es, der gegen Luzifer den notwendigen Ausgleich schafft. Aus der geistigen Welt nähert er sich der Erde und wird von den vorchristlichen Religionen unter anderen Namen geschaut. Die spätantiken Mysterienkulte (→ Mysterien) sind Zeugen seiner weiteren Annäherung. Mose erkennt, wie er im brennenden Dornstrauch in die Elemente der Erde eintritt. Um Mensch werden zu können, bedarf der Christus einer besonders vorbereiteten Leiblichkeit, die das jüdische Volk für ihn in Jesus von Nazareth bereithält. Die Jordantaufe Jesu ist der Zeitpunkt der Menschwerdung des Christus. In seiner Verkündigung offenbart er das Wesen des Ich, indem der Mensch aus seiner blutmäßigen Gebundenheit gelöst und in seinem Ich unmittelbar mit dem Göttlichen verbunden wird (Steiners Deutung von Joh 8, 58 und 10, 30: Vor Abraham war das Ich. Das Ich und der Vater sind eins). In den Wundern zeigt sich, wie der Christusgeist immer stärker den Jesusleib beherrscht. Das Erlösungswerk vollbringt der Christus, indem er in Tod und Auferstehung durch das »Mysterium von Golgatha« hindurchgeht. Sowohl der sterbende als der auferstandene Christus ist Repräsentant und Retter des Geistes; die Gefahr der Verstofflichung ist für Mensch und Welt abgewendet. Denn das Christusblut, dh aber: Christus selbst als Repräsentant des Geistes hat sich mit dem Stoff der Erde verbunden, die Erde ist jetzt nicht mehr nur Materie; in der Auferstehung aber hat der Geist den Stoff vollends überwunden. Der Weg vom Stoff zum Geist ist nun frei. Diese Erkenntnis ist für die A. die zeitgemäße geistige Gestalt des Christentums. In ihr vollzieht sich die Rettung des Christentums und seine Erhebung auf eine neue und höhere Stufe.

Die Geschichte des Christentums läuft auf diese bisher noch nie erreichte Höhe zu. Paulus und die Gnosis hatten zwar bereits einen geistigen Begriff des Christentums; sie wurden aber nicht verstanden. Luther steht für die A. noch zwischen den Zeiten. Er verfügt noch nicht über die Erkenntnisschätze der Gegenwart und macht den auf die Dauer aussichtslosen Versuch, gegenüber dem Materialismus der Neuzeit die Menschen ausschließlich an das Schriftwort und die Kraft des Glaubens zu binden. In der A. öffnet sich der »Neue Weg«, der den bisherigen »Alten Weg« zu dem Christus ersetzt. Fortschreitende Offenbarungen führen über die Bibel hinaus (Joh 16, 12f). Der Glaube ist nicht mehr Vertrauen auf das Unsichtbare, sondern wird durch das Schauen abgelöst. Um sich mit dem Geistigen zu verbinden, bedarf man nicht mehr des Abendmahls mit seinen stofflichen Elementen. Der Mensch erhebt sich zu einer unmittelbaren geistigen Kommunion. Die Ermöglichung des Neuen Weges steht in engem Zusammenhang mit der geistigen Wiederkunft des Christus, die sich seit 1909 vollzieht. Wiederkunft ist hier allerdings weniger eine räumliche Annäherung des Christus als das Erwachen neuer Erkenntniskräfte des Menschen, ihn als Geist der Erde wahrzunehmen. Die Christusschau, die Paulus und Steiner als einzelne erlebten, wird durch den anthroposophischen Erkenntnisweg zu einem allgemein möglichen »Damaskuserlebnis«. In der A. geschieht somit die Vorbereitung der »Wiederkunft« des Christus. Von hier aus erklärt sich das Sendungsbewußtsein Steiners und seiner Bewegung. *Nur* in der A. wird der Neue Weg beschreitbar. Nur hier wird die geistige Aufgabe der Gegenwart in Angriff genommen und gelöst.

Dieser Anspruch prägt das in der A. wirksame Lebensgefühl und Daseinsverständnis. Die Zugehörigkeit zu einer Bewegung, die den Neuen Weg bahnt und beschreitet, läßt aus der Gewißheit des sicheren Besitzes auf alle anderen religiösen und geistigen Wege herabblicken, führt aber zugleich zu der Verpflichtung, anderen den eigenen Weg als den allein zukunftweisenden zu zeigen. Durch die Verbindung der anthroposophischen Christusdeutung mit der theosophischen Karma-Lehre (→ Karma) ist die ethische Lebensaufgabe gegeben. Die von dem Christus vollbrachte Erlösungstat bewirkt den Ausgleich für die Wirkungen des Luzifer, schafft aber nicht Vergebung für die Tatsünden des Menschen. Seine eigenen Verfehlungen hat der einzelne im Laufe der Inkarnationen unter dem weiterhin gültigen Karma-Gesetz auszugleichen. Er erfährt dabei jedoch die Hilfe des Christus, der als der kosmische Erlöser den Menschen in sich selbst die Kräfte der Selbsterlösung finden lehrt.

3. Die seit einem halben Jh. geführte *Auseinandersetzung* zwischen der A. und der Theologie beider Konfessionen ist in verschiedenen Phasen verlaufen. Am Anfang stand der mit der Ausbreitung der A. vorgetragene Angriff auf die Grundlagen von Theologie und Kirche als überholte und unzulängliche Formen des Christentums. Auf Angriff und Angebot der A. erwiderten Protestantismus und Katholizismus in einer Fülle informierender

und vielfach scharf ablehnender Publikationen, die hauptsächlich in den Jahren 1919–24 erschienen. Nach dem zweiten Weltkrieg ist die Polemik durch das Gespräch abgelöst worden. Jedenfalls trifft dies für die ev. Theologie und zum Teil auch für den Katholizismus zu. Die Bemühung geht um eine »kritische Offenheit« (Wilh. Stählin) gegenüber der A. Allerdings ist auf anthroposophischer Seite ein selbstkritisches Hören auf die Meinung des anderen und das Rechnen mit der Möglichkeit eigener Mängel noch kaum geleistet worden.

Jede Beurteilung der A. geht fehl, wenn sie nicht die Leidenschaftlichkeit der hier lebendigen Wahrheitsuche und die Aufrichtigkeit des Willens, die großen Fragen des Lebens zu lösen, wahrnimmt. Vielfach gibt die A. Antwort auf Fragen, die auch innerhalb der ev. Theologie und Frömmigkeit gesehen werden. An keiner Stelle aber können Erkenntnisse der A. als solche eine Bereicherung und Erneuerung des Christentums sein. Dies verhindert zunächst die Zeitgebundenheit der A. Ihr Drängen auf »Wissenschaftlichkeit«, ihr Optimismus im Sinne eines kosmischen Entwicklungsgedankens sind an die Geisteslage des 19.Jh.s gebunden. Hinzu kommt, daß Wort und Werk des Christus ganz im Rahmen einer vom Menschen her gestellten Frage begriffen werden. Steiner fragt nach dem Verhältnis von Stoff und Geist, sucht nach einer Weiterführung der Entwicklung des Menschen, fordert philosophisch die Freiheit des Ich. Innerhalb dieser Fragestellung wird der biblische Christus zum Retter und Repräsentanten des Geistes, zum Impuls der Entwicklung und Führer des Ich zur Freiheit. Wort und Werk des Christus dienen als historischer Beweis für die Richtigkeit philosophischer Lösungen. In diesem Sinne konnte Steiner 1920 sagen: »Alles in Betracht Kommende (ist) in den achtziger Jahren bereits als Vorstufe ausgesprochen worden.« An anderen Stellen bildet den Anlaß nicht die philosophische Frage, sondern das Problem der Einordnung des Christus in die buddhistisch bestimmte Theosophie. So wird Steiner durch die theosophische Proklamation der Reinkarnation des Christus im Jahre 1909 dazu geführt, eine im gleichen Jahr einsetzende geistige Wiederkunft des Christus zu verkünden. Christus wird zum Lehrer der Bodhisatvas (→ Buddha) und → Krishna zum Lichtschein, in dem sich der Christus an Paulus offenbart. Daß diese Aussagen für Steiner selbst nicht taktische Redewendungen, sondern geistige Wahrheiten sind, versteht sich von selbst. Allerdings weckt die Anlaßgebundenheit der anthroposophischen Aussagen sofort die Frage nach der wissenschaftlichen Möglichkeit des Weges, auf dem sie gewonnen werden. Trotz aller gegenteiligen Behauptungen handelt es sich nicht um eine freie, nachvollziehbare und nachprüfbare Forschung; vielmehr werden die von der Frage her gebildeten Antworten durch ihre Rückführung auf die »Akasha-Chronik« im Sinne des Schriftprinzips einer höheren Orthodoxie mit einer fragwürdigen Autorität ausgestattet.

So verwundert es nicht, wenn die A. die Mitte des biblischen Christentums verfehlt. Die A. ist so stark und ausschließlich auf den Menschen ausgerichtet, daß die Freiheit Gottes verlorengeht. In ihrem System ist kein Raum für einen allmächtigen Gott, der Anfang und Ende nach seinem Willen setzt. Es ist aber auch kein Raum da für den gnädigen Gott, der in Christus die Rechtfertigung des glaubenden Sünders schafft. Eine im Glauben zu erfassende vollendete Gerechtigkeit ist für dieses an Erfahrung und Entwicklung orientierte Denken unvollziehbar. Diese entscheidende und scheidende Erkenntnis führt dazu, daß in Gespräch und Auseinandersetzung mit der A. sorgfältig auf ihre Fragen und Lösungen zu hören ist, aber ihre Ergebnisse an keiner Stelle übernommen werden können. Ihrem Gesamtaufriß nach ist die A. als eine Erneuerung der *Gnosis* zu betrachten. So muß die Auseinandersetzung mit ihr mutatis mutandis auf der Linie der antignostischen Polemik des NT erfolgen (1Kor 13; 1Joh u.a.). Das NT setzt jedem ontologisch-spekulativen Denken die Erkenntnis des Personalen und Geschichtlichen im Verhältnis von Gott und Mensch entgegen. In seinem Mittelpunkt steht der an die personale Begegnung zwischen Gott und Mensch gebundene Glaube an die in Jesus Christus erschienene sündenvergebende Liebe Gottes. Dieser Glaube wird durch die anthroposophischen Erkenntnisse nicht überboten, sondern verfehlt. Denn hier wird in einem Rückfall hinter die Reformation das Heil von der Mitwirkung des Menschen abhängig gemacht und dadurch in Frage gestellt.

Selbstdarstellungen: O.Fränkl, Die A. R.Steiners, 1930 - C.Ludwig, Grundtatsachen des Christentums im Lichte übersinnlicher Erkenntnisse R.Steiners, (1930) 1939² - F.Rittelmeyer, Theologie u. A., 1930 - F.Eymann, A. u. Theologie. Zur Abwehr, 1940 - H.Spring, Essays on human science, 1943 - H.Poppelbaum, Man's eternal biography, 1945 - H.E.Lauer, Die Wiedergeburt der Erkenntnis, 1946 - R.Geering-Christ, Was ist A.?, 1947 - O.J.Hartmann, A. Einführung in das Verständnis des Menschen, 1950. - Zeitschriften: Das Goetheanum - Die Drei - Blätter für A. - Gegenwart. - Vgl. auch das Schrifttum R. → Steiners.

Kritisch: RGG³ I, 368ff (Lit.) - A.Köberle, Evangelium u. A., 1939 - M.Werner, Anthroposophisches Christentum?, 1939 - O.H. v.d.Gablentz, Der geistesgeschichtliche Ort der A. (Für Arbeit u. Besinnung 2, 1948, 170-175. 200-206) - P.Althaus, Ev. Glaube u. A., 1949 - F.Melzer, A. oder Christus-Nachfolge (Neubau 4, 1949, in Heft 1-7) - Kirche u. A. (Sammelband mit Beitr. v. H.Rusche, E.Emmert, K.Frör), 1950 - B.Martin, Von der A. zur Kirche. Ein geistiger Lebensbericht, 1950 (kath.) - W.Stählin, Fragen der A. an die Ev. Kirche (Evangelium u. Christengemeinschaft, 1953, 110-132) - K.v.Stieglitz, Die Christosophie R.Steiners, 1955 (Lit.).

K.v.Stieglitz

4. Die *anthroposophische Pädagogik* ist charakterisiert durch ein Denken in kosmischen Stufen, Analogien und Metamorphosen, durch Vorliebe für biologische und ästhetische Kategorien und für → Zahlensymbolik; ferner durch eine Hoffnung auf Kulturerneuerung mittels Verinnerlichung und durch das methodische Prinzip des »Umwegs«. Der Grundgedanke wurde von R.Steiner entwickelt: Erziehung hat es mit dem Menschen als viergliedrigem Wesen zu tun. Der »physische Leib« entfaltet sich im ersten Lebensjahrsiebt; das Kleinkind ist »ganz Sinnesorgan« und gibt sich nachahmend an die Umgebung hin, die in ihm »weitervibriert«. Mit dem Zahnwechsel tritt der »Ätherleib« hervor; auf Grund einer Metamorphose wenden sich nun die Wachstumskräfte nach innen; Bilder, Rhythmen, Reime sind geistige Hauptnahrung dieses Alters; das Kind verlangt nach → Autorität. Mit der Geburt des »Astralleibes« erreicht der Jugendliche im dritten Jahrsiebt die »Erdenreife«, von der die Geschlechtsreife nur ein Teil ist; jetzt erst erwacht eigenes Urteil, das durch verfrühtes Hervorlocken nicht gefördert, sondern gefährdet wird. Als vierten Teil seines Wesens besitzt der erwachsene Mensch schließlich den »Ich-Leib«, den »Träger der höheren Menschenseele«.

Auf der Grundlage von Steiners Ideen wurde 1919 in Stuttgart durch E.Molt, Leiter der Waldorf-Astoria-Zigarettenfabrik, die erste Waldorfschule (WS) gegründet. Die WS-Bewegung breitete sich schnell aus, wurde 1938 in Deutschland unterbunden, brachte es aber seit 1945 zu zahlreichen Neugründungen. 1956 bestanden in Deutschland 25 WS, im Ausland mehr als 30. Dazu kommen Lehrerbildungsstätten, Kindergärten und heilpädagogische Institute. Die WS sind »Volleinheitsschulen« vom 1.–12. Schuljahr; eine zusätzliche 13. Klasse führt zur Reifeprüfung. Schulträger ist der WS-Verein. Besonderheiten sind: Verzicht auf Begabungstrennung und

Notenzeugnisse, Fremdsprachen vom 1. Schuljahr an, Epochenunterricht (je ein Fach täglich zwei Stunden als Hauptunterricht für mehrere Wochen), Koedukation, enger Kontakt zur Elternschaft, Betonung des musischen und praktischen Elements, Pflege der »Eurhythmie« (von R.Steiner begründete Umsetzung von Lauten und Tönen in Gebärden und symbolische Bewegungen, wovon man heilpädagogische Wirkungen behauptet). Der Religionsunterricht wird wahlfrei durch Vertreter der Religionsgemeinschaften (darunter auch der Christengemeinschaft) oder als sog. »freier Religionsunterricht« erteilt. Von Schule zu Schule sind hier große Schwankungen möglich.

Der Nachdruck, mit dem die anthroposophische Pädagogik ihre Selbständigkeit betont, ist Symptom ihres sektenartigen Charakters. Die methodische Lebendigkeit und gesellschaftliche Stellung auf dem Boden interessierter Schulgemeinden macht die WS aber auch bei vielen evangelischen Eltern als gute Schulen beliebt. Die WS legen Wert darauf, keine »Weltanschauungsschulen« zu sein. Wie weit der Einfluß der A. auf die Bildungsinhalte der WS tatsächlich reicht, ist noch nicht kritisch untersucht. Der synkretistische Gehalt des anthroposophisch beeinflußten Unterrichts verschleift die fundamentalen Unterschiede, die zwischen kosmischem Weltbild und Offenbarung bestehen (s. 3).

R.Steiner, Die Erziehung des Kindes vom Gesichtspunkt der Geisteswissenschaft, 1908 - Menschenkunde u. Erziehung (Schriften der Päd. Forschungsstelle beim Bund der Freien WS), 1951ff - H. Kloss, Waldorfpädagogik u. Staatsschulwesen, 1955 (Lit.).

H.Scheuerl

Anthropozentrisch → Systematische Theologie: II B, 2.

Antichrist

I. Im NT - II. Kirchengeschichtlich - III. Dogmatisch

I. Im NT

Christliche Gemeinden des 2.Jh.s nannten Irrlehrer deshalb Antichrist, weil sie leugneten, daß Jesus der Christus ist: 1Joh 2, 18ff; 4, 1-6; 2Joh 7. Man argwöhnte, in ihnen sei der A. am Werk; deshalb hießen sie auch Teufelskinder: 1Joh 3, 8. 10. Zu solchen Erscheinungen gehören die Mk 13, 22 par genannten Pseudochristi und Pseudopropheten und der Pseudomessias Simon Magus Apg 8, 9ff; wohl auch der im eignen Namen Kommende Joh 5, 43.

Paulus hatte die Bezeichnung A. nicht, kannte aber die Vorstellung vom überirdischen → Belial aus der jüdischen Apokalyptik: Die böse Macht der Welt, Gott entgegengesetzt wie Finsternis dem Licht; Ruchlosigkeit abstrakt, doch auch personifiziert: 2Thess 2, 1ff. Vor der → Parusie Christi tritt der Widersacher auf, der Mensch der Gesetzlosigkeit, der sich zum Gott erklärt, mit Betrug und Scheinwundern umgeht. Doch auf dem Höhepunkt des Abfalls erscheint Christus, um ihn mit einem Hauch zu töten. - Das danielische Motiv des blasphemischen Scheusals begegnet mehrfach: Mk 13, 14 ist es der Tempelschänder (masculin!); in der Apk ist der dämonische Weltverführer Gegenspieler Christi, vgl. Did 16, 4. Die unverkennbar aus babylonisch-parsischen Quellen gespeisten *Mythen vom Widergott* gingen in die A.-Sagen ein, indem mythische und greifbar irdische Macht im volkstümlichen Teufelsglauben (→ Teufel: I. II) zusammenschmolz. In den Apokalypsen tauchen phantastische orientalische Bilder aus dem Nebel uralter Überlieferungen auf; sie erhalten Lebenswirklichkeit dadurch, daß die Seher ihnen gleichsam Tarnkappen aufsetzten; unter diesen wurde teils die böse Weltmacht versteckt, teils deren hohe Repräsentanten. Die Deutung verstanden nur eingeweihte Leser und Hörer (Apk 11, 8; 13, 18).

In der *Apk* ist der A. als ein präexistentes mythisches Wesen geschildert wie im AT die Ungeheuer nach Art der Tiamat, → Leviathan, Behemot. Grausig ist die Gestalt gemalt, als riesiger feuerroter Drache, der 7 Köpfe mit Kronen und 10 Hörnern hat; mit dem Schwanz kann er einen Haufen Sterne nach sich ziehen, aus dem Maul Wasserströme speien. So verfolgt er das himmlische Weib mit seinem Kinde. Da er sich ihrer nicht bemächtigen kann, nimmt er den Kampf mit denen auf, die an Jesus festhalten (Kap. 12). Er verführt die Völker der Erde, hält Lästerreden gegen Gott und läßt sich von denen anbeten, die sein Malzeichen tragen. Die aber tötet er, die sein Götzenbild nicht anbeten, die das Malzeichen Christi an sich tragen (Kap. 13-14). In solchen Bildern laufen mehrere Sagen und Mythen ineinander, daran zu erkennen, daß der Drache Tiere um sich hat, die ihm ähneln und eigentlich den gleichen Kampf gegen die Christen führen (Kap. 17). Inzwischen wird der Kampf, den der Erzengel → Michael begonnen, tausend Jahre aufgeschoben, weil ein Engel den Drachen in die Hölle wirft und ankettet (Kap. 20; → Chiliasmus). Den Endkampf aber führt der »König der Könige, Herr der Herren«. Über den Drachen und alle Widersacher Christi und seiner Schar wird der endgültige Sieg errungen. - Die himmlischen Vorgänge erheischen ihr Abbild auf der Erde (Hebr 8, 5): Einmal ist deutlich Jerusalem, die Stadt der Kreuzigung Jesu genannt, wo das eine Tier auftritt: Apk 11, 7f; vgl. 2Thess 2, 4. Auch Pseudopropheten werden Apk 16, 13; 19, 20; 20, 10 genannt.

Neben der *traditionsgeschichtlichen* auch *zeitgeschichtlicher Erklärung* Raum zu geben, legen andere Apokalypsen nahe: Nach AscJes 4 wird am Ende der Tage Nero kommen, sich als Gott anbeten lassen, Wunder tun und die Christen verfolgen. Christus aber wirft Beliar mit seinen Heerscharen in die Hölle (vgl. Sib 3, 63ff). Die Niederlage des Scheusals - sein apokalyptisches Urbild ist → Antiochus IV. Epiphanes - kann den Triumph der standhaften Christusbekenner gegen den Kaiserkult Neros und Domitians, des Nero redivivus, bedeuten.

W.Bousset, Der Antichrist, 1895 - Bousset, Rel. (Reg) - M. Dibelius, An die Thessalonicher (HNT 11), (1913) 1937[3] - E.Lohmeyer, Die Offenb. des Joh. (HNT 16), (1926) 1953[2] - B.Rigaux, L'Antéchrist et l'opposition au royaume messianique dans l'Ancien et le Nouv.Test., 1932 - H.Schlier, Vom A. Zum 13. Kap. der Offenb. Joh. (Theol. Aufs., K.Barth z. 50. Geb., 1936, 110-123) - E.Stauffer, TheolNT, 1948[4] § 53 (Lit.) - RAC I, 450ff.

R.Schütz

II. Kirchengeschichtlich

1. Die *alte Kirche* bildet die mannigfaltigen Vorstellungen des NT vom A. weiter. In den Auseinandersetzungen mit Synagoge und römischem Reich wird das Traditionsgut immer neu aktualisiert. Rom erscheint dabei zuweilen noch als die aufhaltende Macht, die von dem A.könig aus dem Stamme Dan schließlich dem Osten unterworfen wird, womit dann die Not der Endzeit einsetzt. Meistens aber wird die Weltherrscherin mit dem A. identifiziert, so im → Barnabasbriefe (4, 3ff), bei → Irenäus, → Hippolyt (De antichristo, ca 200), → Lactantius u.a.; für → Commodian ist der wiederkehrende Nero der A.

2. Mit dem Aufhören der Verfolgungen und im konstantinischen Staatskirchentum verschwinden solche Gedanken von der Oberfläche. In apokrypher Form (→ Sibyllinen) leben sie fort; im *Frühmittelalter* machen sie sich bei → Adso schon in der wissenschaftlichen Theologie geltend. Im ganzen aber ist diese Zeit der A.-Mythologie gegenüber zurückhaltend, überläßt ihre Ausgestaltung den Ungebildeten und tradiert die biblischen Aus-

sagen vom A. ohne Beziehungen zur Zeitgeschichte. Die Geschichte erscheint als dauernder Kampf zwischen Christus und dem A., so etwa in der Geschichtstheologie → Ruperts von Deutz oder → Gerhohs von Reichenberg. Auch das → Spiel vom A. enthält mehr eine Warnung als eine an eine bestimmte Kaiserpersönlichkeit gebundene Prophezeiung.

3. Eine Änderung tritt im *Hochmittelalter* mit → Joachim von Fiore ein. Seine Geschichtsphilosophie, die das Ganze des Weltlaufes umspannt und auch die »profane« Geschichte in sich einbezieht, bietet die Möglichkeit, die apokalyptischen Bilder zeitgeschichtlich zu deuten. Während Joachim sich noch zurückhält, haben seine Schüler im Kreise der → Spiritualen das Papsttum, das die franziskanische Armutsforderung verwarf, dem A. gleichgesetzt. Zunächst hatte ein Mann wie Peter Johann → Olivi die Institution als solche gemeint; spätere haben die Gestalt → Johannes XXII. direkt mit dem A. identifiziert. Dieselben Kreise bezeichnen auch Kaiser → Friedrich II. als den A., hierin mit der antikaiserlichen kurialen Propaganda übereinstimmend und sie weitertragend. Aber der Hohenstaufer stirbt, ohne öffentlich als A. hervorzutreten; damit zerbricht zunächst das joachimitische Geschichtsbild. Der Glaube an Friedrichs Wiederkunft verbindet sich mit den aus Byzanz übernommenen *Kaiserprophetien,* die auch zu einer Wurzel der *Papstweissagungen* geworden sind. Beide Vorstellungskreise sind eng mit dem vom A. verbunden.

4. Im *Spätmittelalter* hat sich die gegen das Papsttum gerichtete A.-Polemik als außerordentlich wirksam erwiesen. Der Einfluß, den sie auf dem Wege sektiererhafter Propaganda, auch durch die Mittel volkstümlicher Kunst gewann, hat stark zur Auflösung der mittelalterlichen Ordnung beigetragen. Das Schisma, in dem den Gegenpäpsten der A.-Titel zugeschoben wurde, begünstigte diese Entwicklung. - In der Theologie → Wiclifs erwächst der Vorwurf, der Papst sei der A., aus einem Kirchenbegriff, der unter dem Einfluß des Armutsideals die Demut und Niedrigkeit der Kirche und ihrer Diener besonders hervorhebt. Bei → *Huß* und den Seinen wird diese A.-Polemik wieder aufgenommen; in den Hussitenkriegen steigert sie sich zu tödlichem Haß gegen alles, was mit der römischen Kirche zusammenhängt.

5. So ist es denn ein gefährliches Erbe, das → *Luther* mit dem A.-Gedanken aufnahm. In dem »Passional Christi und Antichristi« (1521) wird der volkstümliche Gegensatz zwischen Christi armem Leben und der Hoffart des Papstes von der Werkstatt Lukas → Cranachs einerseits, von → Melanchthon und unter Beteiligung und voller Billigung Luthers andererseits weiter ausgebaut. - Luther hatte die A.-Tradition nur zögernd auf den *Papst* übertragen, hypothetisch zuerst nach dem Augsburger Verhör von 1518 und in der privaten Vorbereitung auf die Leipziger Disputation im Frühjahr 1519, öffentlich sodann, wenn auch noch zurückhaltend, in den im Anschluß daran entstandenen Schriften und in voller Deutlichkeit erst 1520 seit der Lektüre der von Hutten hg. Schrift des Laurentius → Valla De donatione Constantini. In den Streitigkeiten dieses und der folgenden Jahre hat Luther dann mit einer sich steigernden Schärfe die Gleichsetzung von A. (Endchrist) und Papsttum vollzogen. Seit 1522 gehört diese Polemik zu den gleichbleibenden Stücken seiner Schriftstellerei. Die Kirchengeschichte scheint ihm bestimmt durch das sich steigernde Wüten des A.s und die Abwehr der Christenheit. Bald nach → Gregor I. habe der A. die Herrschaft in der Kirche angetreten. - Trotz aller Anlehnung an die mittelalterliche Tradition und trotz ihrer volkstümlichen Weiterentwicklung hat Luther das Wesen des A.s *neu verstanden.* Dabei hat er nie die Person des Papstes als A. bezeichnet, sondern immer nur die Institution in ihrer geschichtlichen Entwicklung, kurialen Entfaltung und kirchlichen Auswirkung. Widerchristlich ist das Papsttum, weil es seine Autorität über die des Wortes Gottes setzt. Das tyrannische Regiment des Papstes und sein ungöttliches Leben ist nur die Folge seiner widerchristlichen Lehre. Von den luth. → *Bekenntnisschriften* erhielt - sehr zu Luthers Kummer - die CA keine A.-Polemik. Dagegen hat → Melanchthon in der → Apologie (VII, § 4. 23ff. 48; XV, § 18; XXIV, § 51; XXVI, § 98) vorsichtig, der Übersetzer → Jonas deutlich auf den Papst als A. hingewiesen. In seinem Traktat De potestate et primatu papae hat Melanchthon dann am Papstreich und seinen Gliedern die Zeichen des A.s erkennbar gemacht (§ 39ff, § 57): gottlose Lehre, lästerlicher Kultus, ungerechte Grausamkeit, kurzum (nach 2Thess 2, 3f) Anmaßung göttlicher Autorität. Ähnlich hat Luther in den → Schmalkaldischen Artikeln (II, 4) alles, was der Papst unter Berufung auf sein angemaßtes göttliches Recht tut, als »eitel teuflisch Geschicht und Geschäft« und ihn selbst als den »rechten Endechrist oder Widerchrist« bezeichnet.

6. Unter *Luthers Nachfolgern* (besonders A. → Osiander, → Flacius) dringen apokalyptische Einzelheiten und Berechnungen wieder aus dem Mittelalter in die A.-Polemik ein. Andererseits hat gerade Flacius wie Luther die Kirchengeschichte als fortdauernden Kampf der »testes veritates« mit dem A. dargestellt und dessen Entwicklungsgeschichte durch alle Centurien hindurch beschrieben. So wird die A.-Polemik ein Stück des Konfessionskampfes, von den Lutheranern bevorzugt, von den Reformierten nur beschränkt angewandt, von der Gegenreformation (→ Bellarmin) mit allen apokalyptischen Stimmungen und Aussagen abgelehnt. Mit dem Ende des konfessionellen Zeitalters hat auch die A.idee ihre Rolle ausgespielt. Den *Pietisten* ist jedes tote Kirchentum Antichristentum. Die *Aufklärung* lehnt mit dem Teufel auch den A. ab. Die *Romantik* hat den Teufel wieder literaturfähig gemacht und damit der A.idee neue literarische Bedeutung verliehen (→ Nietzsche, Selma → Lagerlöf, → Solowjew).

H. Preuss, Die Vorstellungen vom A. im späteren MA, bei Luther u. in der konfessionellen Polemik, 1906 - E. Bernheim, Mittelalterl. Zeitanschauungen I, 1918, 67ff - H. Griesar, Luthers Kampfbilder, 1921/23 - H. Grundmann, Die Papstprophetien des MA (AKultG 19, 1929, 77-138) - F. Baethgen, Der Engelpapst, 1933 - E. Benz, Ecclesia spiritualis, 1934, 205ff. 307ff - W. Kamlah, Apokalypse u. Geschichtstheologie, 1935 - H. Fuchs, Der geistige Widerstand gegen Rom in der antiken Welt, 1938 - J. Taubes, Abendländische Eschatologie, 1947 - F. T. Torrance. Die Eschatologie der Reformation (EvTh 14, 1954, 334-358) - Ders., Kingdom and Church, Edinburgh 1956 - E. Wolf, Leviathan (Peregrinatio. Studien zur reformator. Theol., 1954, 135-145).

W. Maurer

III. Dogmatisch

Die Dogmatik handelt vom A. im Rahmen der Lehre von den Vorzeichen der → Parusie Jesu Christi. Dabei stimmen die dogmatischen Aussagen der verschiedenen Konfessionskirchen (bei Unterschieden in der konkreten Deutung des A.s und in der systematischen Begründung) im wesentlichen überein, nämlich in der Erwartung einer der Parusie vorausgehenden unerhörten Steigerung der Feindschaft gegen Christus und die Kirche. Wo hingegen die Parusie nicht mehr als endgeschichtliches Ereignis erwartet wird, fallen im allgemeinen auch die dogmatischen Aussagen über den A. fort. Die Frage der Berechtigung dieser Erwartung kann nicht durch Anwendung geschichtsphilosophischer Postulate, seien sie optimistischer oder pessimistischer Art, entschieden werden. Aber auch mit der Berufung auf die verschiedenartigen nt. Aussagen über den → Antichrist (: I) und mit ihrer

Harmonisierung kann sich das dogmatische Denken nicht begnügen. Vielmehr wird die Dogmatik zu zeigen haben, inwiefern sich vom Evangelium als dem in der Geschichte wirkenden göttlichen Tatwort her die Erwartung des A.s ergibt.

1. Durch das Evangelium ruft Gott den Menschen heraus aus der Welt und damit heraus aus den religiösen, ethischen, weltanschaulichen Bindungen, in denen er bisher lebte. Durch das Evangelium gibt Gott dem Glaubenden einen neuen Ursprung in Jesus Christus und unterstellt ihn so dem Herrn, der durch Tod und Auferstehung die Welt überwunden hat. Der Glaubende ist in Christus frei vom Gesetz, frei von der Herrschaft der Mächte, frei von dem Bann der Welt. Es gilt: »Alles ist euer« (1Kor 3, 21). Aus dieser Freiheit derer, die in der Welt, aber nicht von der Welt sind, ergeben sich ganz neue Möglichkeiten freier Ordnung menschlichen Zusammenlebens, freier Erforschung der empirischen Wirklichkeit und ihrer freien technischen und künstlerischen Gestaltung. Die Menschen aber, die diese Freiheit usurpieren, nämlich losreißen vom Glaubensgehorsam gegenüber Christus dem Herrn, fallen nicht zurück ins Heidentum und seine gesetzlichen Bindungen, sondern sie sind der nachchristliche Mensch, der gesetzlose Mensch in einem ganz spezifischen Sinn, nämlich der Mensch, der die befreiende Tat des Evangeliums nicht ungeschehen machen kann und nun zu einem Mißbrauch der Freiheit im Aufruhr gegen Gott und in der tyrannischen Beherrschung der Welt in einem Ausmaße befähigt ist, das alles bisher Dagewesene übersteigt. Das Evangelium erweist sich als ein den Menschen veränderndes Tatwort auch da, wo es abgelehnt wird.

2. Die ganze Zeit zwischen Jesu Auferstehung und Parusie ist Endzeit, und zwar nicht nur im Sinne einer zu Ende gehenden, sondern einer in Jesu Erhöhung bereits zu Ende gegangenen und somit vom Ende umgriffenen Zeit. Darum ist es kein Einwand gegen die Lehre von den Vorzeichen des Endes, wenn die Kirche von Anfang an nach antichristlichen Gestalten Ausschau gehalten und bestimmte geschichtliche Personen ihrer jeweiligen Gegenwart als solche warnend namhaft gemacht hat (→Antichrist: II). Zugleich aber bewirkt die fortschreitende Ausbreitung des Evangeliums mit der zunehmenden Befreiung der Völker aus ihren vorgegebenen Bindungen die zunehmende Möglichkeit einer ungeheuren quantitativen und intensiven Radikalisierung des Aufruhrs gegen Gott. Zwar gibt es Zeiten, in denen der Gegensatz zwischen Kirche und Welt verdeckt ist, sei es durch Verweltlichung der Kirche oder durch eine gewisse Bändigung der Welt. Aber der Kirche ist keine Verheißung gegeben, daß der Widerspruch der Welt vor Christi Parusie wirklich überwunden wird. Im Gegenteil, sie ist aufgerufen, mit einer unvorstellbaren Steigerung dieses Widerspruchs und mit Verfolgung und Leiden zu rechnen.

3. Durch das Evangelium greift Gott nach dem ganzen Menschen. Denn er handelt an ihm nicht nur als der Erlöser, sondern er gibt in Christus zugleich sein Handeln als Schöpfer und Erhalter zu erkennen. So gebietet er durch das Evangelium nicht nur Glaube, Gebet und Zeugnis, sondern auch den Gehorsam gegenüber dem Gebot, das er als der Erhalter der Welt für Familie, Recht und Staat gegeben hat. Wie das Evangelium somit handelnd und wandelnd eingreift in die Bereiche des leiblichen Lebens des einzelnen und der menschlichen Gemeinschaft, so hat der Abfall vom Evangelium notwendig früher oder später Konsequenzen auch für diesen Bereich. Leugnung der Herrschaft Christi und Vergötzung politischer Gewalt hängen so engstens zusammen. Antichristliche Gestalten – seien dies Einzelpersönlichkeiten oder Kollektive oder geistige Strömungen – können erstehen sowohl aus dem Bereich des kirchlichen Verkündigens als auch aus dem des politischen Handelns.

4. Das Wesen des A.s ist die Usurpation der in Christus geschenkten Freiheit und der verlogene Anspruch, das zu verwirklichen, was der Welt mit der Erhöhung Jesu Christi zum Herrn verheißen ist. Daß in dem Auftreten antichristlicher Gestalten, in ihrem Weg, in ihren Worten und »Heilstaten« und in dem Zeugnis der ihnen den Weg bereitenden »Propheten« die Strukturen des Christus-Geschehens in eigentümlicher Verzerrung wiederkehren, macht ihre verwirrende und selbst für die Christenheit versucherische Bedeutung aus. Die Kirche ist hier zur Wachsamkeit gerufen und hat die Pflicht, diese Gestalten öffentlich zu entlarven. Wo dies aber geschieht, da erkennen die Glaubenden trotz aller sich wider sie wendenden Lüge und Gewalt die Ohnmacht dieser Gestalten. Der A. hat weder eigene Gestalt noch Macht, sondern er ist nur das äffische Gegenbild Jesu Christi und besteht nur durch die Geduld dieses Herrn. Er ist schon gerichtet, auch wenn er zu siegen scheint. Die Leiden aber, die antichristliche Gewalt über die Glaubenden bringt, sind die Auszeichnungen, durch die Gott die Seinen gleichförmig macht dem leidenden Christus. Darum sind diese Leiden Anlaß zu Freude und Zeichen des Auferstehungssieges.

P. Althaus, Die letzten Dinge, (1922) 1949^5, 228ff (Lit.) – P. Schütz, Der Anti-Christus, (1932) 1949^3 – K. Heim, Jesus der Weltvollender, 1937, 204ff – M. Schmaus, Von den letzten Dingen, 1948, 184ff (Lit.) – Ders., Kath. Dogmatik IV, 2, $1953^{3\cdot4}$, 49ff – H. Vogel, Gott in Christo, 1951, 1004ff – E. Brunner, Das Ewige als Zukunft u. Gegenwart, 1953, 86ff.

E. Schlink

Anticipatio → Liturgik: III.

Antike und Christentum

1. Philosophie – 2. Ethik – 3. Religionsgeschichte – 4. Staat und Kirche – 5. Ausblick. – A. = Antike, Chr. = Christentum. – Zum Grundsätzlichen → Kultur: IV

Eine Reihe von Begegnungen zwischen Morgen- und Abendland haben den Eingang des Chr. in die antike Welt vorbereitet. Sie haben den ursprünglichen Abstand zwischen orientalischem und griechischem Denken so weit verringert, daß es nun zur fruchtbaren Vereinigung kommen konnte. Man darf sich die Verbindung von A. und Orient in der Geschichte des Chr. nicht als Angleichung oder Mischung vorstellen. Das Chr. hat, indem es die antike Kultur in sich aufnahm, eine tiefgreifende Umwandlung erfahren; es ist selber A. geworden. Das sei an den wichtigsten Beispielen gezeigt.

1. a) Eine geistige Bewegung mußte in der A. als *Philosophie* auftreten, wenn sie den gebildeten Menschen ansprechen wollte. Josephus nennt Pharisäer, Sadduzäer und Essener, damit seine griechischen Leser das Judentum ernst nehmen, Philosophenschulen (bell. 2, 8, 2ff; vgl. ant. 18, 1, 2–6). Von ähnlicher Absicht ist Philo geleitet, wenn er sich müht, den philosophischen Gehalt des AT herauszuarbeiten. Auch das Chr. konnte bereits in den Anfangszeiten der Mission im Gewande einer Philosophie an die Griechen herantreten. Lukas läßt den Apostel Paulus (Apg 17) in Athen als philosophischen Wanderprediger auftreten und zeichnet damit einen Missionarstyp, den es zweifellos damals schon gab (→ Areopagrede). Nichtsdestoweniger dauert es noch einige Menschenalter, bis es wirklich zur Auseinandersetzung des Chr.s mit der → griechischen Philosophie kommt. Den Anfang haben die → *Apologeten* des 2. Jh.s gemacht. Das sind ursprünglich Vertreter der griechischen Popularphilosophie, die aber Christen geworden sind und die nun das Chr. als eine neue, wahre Philosophie gegen die herkömmliche verteidigen. Sie bedienen sich dazu bereits vorliegender Hilfsmittel, nämlich der Handbücher

und Florilegien, die für die gegenseitige Polemik der Schulen geschrieben worden waren, wie sich an der Wiederkehr der Argumente und Topoi zeigen läßt. Wie ihre heidnischen Vorgänger fühlen sie sich im Kampf gegen die Verwilderung der Mythen als Nachfolger Platons; sie meinen jedoch, ihn zu übertreffen, weil er nur Anteil an der ewigen Wahrheit besaß, während der volle → Logos in Christus erst zu ihnen gekommen sei. In dem nämlichen Selbstgefühl können sie sich auch gegen die ganze Philosophie wenden (so → Theophilus von Antiochia), ohne sich dabei prinzipiell von den weniger radikalen Polemikern (zB → Athenagoras) zu unterscheiden. Denn gemeinsam ist ihnen die Überzeugung, daß die Wahrheit nur eine sei. Darum macht es keinen großen Unterschied, wenn die einen nach jüdischem Vorbild erklären, Platon habe von Moses und den Propheten geborgt, was an seiner Lehre Wahres sei (zB den Monotheismus), während die andern zugeben, daß Wahrheitskeime unter allen Völkern, Griechen und Barbaren, eine vorläufige Erkenntnis ermöglicht hätten: die ganze Wahrheit können erst die Christen haben (Theoph. 2, 12; 3, 26. 30; Just. ap. 20; Athen. suppl. 1, 6).

Bestimmten philosophischen Richtungen lassen sich die Apologeten nicht zuordnen. Auch bei den heidnischen Popularphilosophen waren die Schulunterschiede damals schon stark verwischt. Wenn Justin, der uns darin als Beispiel dienen kann, schreibt (dial. 2-8), er habe in viele Schulen Einblick genommen, bevor er Christ geworden sei, dann hat er sich dabei mehr einander ergänzende als unvereinbare Meinungen aneignen können. - Den Apologeten stellte sich nun die Aufgabe zu beweisen, daß das Bekenntnis zur Gottheit Christi mit dem Monotheismus im Einklang stünde; m.a.W., sie mußten die historische Erscheinung Christi »philosophisch« erklären. Dazu zogen sie vom Platonismus die Einheitsidee und von der Stoa die Logosspekulation heran; beides war schon von Philo miteinander in Verbindung gebracht worden. Neu kam für sie der Satz hinzu, daß der erschienene Christus identisch sei mit dem göttlichen Logos. Damit ergeben sich drei Momente, die für die apologetische Philosophie charakteristisch sind: 1) der apologetische Zweck, die Verteidigung des Chr.s gegen die Heiden, 2) die Hemmung der philosophischen Spekulation durch die Bindung an die historische Erscheinung Christi, 3) der bemerkenswert große Anteil stoischer Gedanken.

b) Diese Merkmale fehlen bei einer anderen Gruppe von Philosophen, die vor und neben den Apologeten eine wissenschaftliche Deutung der christlichen Botschaft auf dem Grund der platonischen Gotteserkenntnis versucht haben, den *Gnostikern* (→ Gnosis: III, → Valentinianer). In ihren Systemen hat das Konkretwerden Gottes in der Geschichte keinen Platz; das Erlösungswerk Christi verflüchtigt sich zu einem von Raum und Zeit unabhängigen Einbruch der Transzendenz, dessen sinnlich wahrnehmbare Begleitumstände gleich aller andern Materie nur Schein sind und allenfalls einen Anreiz für den geistigen Menschen bedeuten, sich aufzuschwingen zu reinerer Schau. Nur mit Mühe konnte die Kirche sich von dieser gnostischen Religionsphilosophie distanzieren, die nicht nur behauptete, das wahre Christentum zu vertreten, sondern tatsächlich viel vor ihr voraus hatte. Sie befand sich »wissenschaftlich« auf der Höhe und konnte den Ansprüchen der Gebildeten besser dienen als die damals noch weit von systematischer Klarheit entfernte Kirchenlehre; zudem teilte sie auch nicht den für die Mission so hinderlichen Exklusivitätsanspruch der Kirche (Hipp. philos. 5, 9, 22; Iren. haer. prscr.).

c) In Alexandrien ist die Trennung der Kirche von der hier zu besonderer Blüte gelangten Gnosis später und zögernder erfolgt als andernorts. Dabei blieben manche Erkenntnisse der Gnosis für die Kirche erhalten und beeinflußten die spätere Theologie. Hier war in den letzten beiden Jahrzehnten des 2.Jh.s → *Clemens* bemüht, die Gnosis positiv zu verwerten und die »wahre Gnosis« an die Stelle der »fälschlich so genannten« zu setzen. Clemens hegt ein Bildungsanliegen, zu dessen Befriedigung er auf die griechische Philosophie zurückgreift. Zwar vertritt auch er die apologetische Entlehnungstheorie, aber bei ihm kommt doch der Philosophie eine größere und selbständige Bedeutung zu. Wie das Gesetz die Juden, sollte sie die Heiden auf Christus vorbereiten. Aber der Gläubige bedarf ihrer ebenfalls, weil er nur durch sie vom Glauben zum Wissen und Schauen, zur wahren Gnosis gelangen kann. Andererseits bedarf auch der Philosoph des Glaubens, denn nur dieser gibt ihm die Grundlage zu einem rechten Philosophieren (strom. 1, 18, 3; 2, 48, 1f; 7, 41, 3; 7, 55, 2).

In der eklektischen Philosophie des Clemens überwiegt deutlich der platonistische Anteil. Noch stärker tritt der *Platonismus* bei seinem großen Nachfolger → *Origenes* hervor. Die Vereinigung von Theologie und Philosophie, die das Ziel des Clemens gewesen war, ist bei Origenes verwirklicht (vgl. Hieron. ep. 70, 4; Euseb. h. e. 6, 18, 3), ohne daß er besonders darauf aus gewesen wäre. Dieser erste Systematiker der Kirche hat in der Meinung, den überlieferten Glauben zu erklären, der geschichtslosen platonistischen Spekulation endlich den Eingang in die Kirche verschafft, der der Gnosis noch verweigert worden war. Einzelne Anschauungen dieses Platonismus, wie die zeitliche Unendlichkeit der Welt und die Wiederbringung aller Dinge sind später wieder als Ketzereien ausgeschieden worden, andere, die der Kirche ursprünglich nicht minder wesensfremd waren, wie zB die Lehre von der ewigen Zeugung des → Logos, sind von ihr erhalten und kanonisiert worden.

Daß von Origenes eine starke Wirkung ausging, spricht nicht nur für die Bedeutung dieses Mannes; es zeigt auch an, daß die Hellenisierung des Chr.s inzwischen weit fortgeschritten war. Man kann das aus einem Vergleich zwischen Origenes und Philo ersehen. Philo bedeutet als Denker kaum weniger als Origenes. Er hatte 2 Jh.e vorher in ähnlicher Weise versucht, die biblischen Aussagen nach der platonistischen Spekulation zu interpretieren. Aber seine Arbeit blieb für das Judentum unfruchtbar, weil hier der Hellenisierungsprozeß schließlich rückgängig gemacht wurde. Dadurch beschränkte sich die Wirkung Philos auf die Christen (vor allem Clemens) und die Heiden; dagegen wurde der Platonismus des Origenes lehrbildend.

Die enge Verbindung von Theologie und Philosophie wird nun auch äußerlich sichtbar. Origenes und → Plotin, der Stifter des → Neuplatonismus, sind beide Schüler desselben Lehrers. Plotins Schüler → Porphyrius hat dem Origenes sogar ausdrücklich wiewohl widerwillig den hohen Stand seiner Bildung bescheinigt (Euseb. h. e. 6, 19, 4-8). Zum ersten Mal erkennen nun auch die heidnischen Gegner das Chr. als Philosophie an. Bis dahin hatte die christliche Apologetik immer nur den Vorwurf der Unvernunft zurückweisen müssen, und in diese Kerbe hatte auch Porphyrius oft genug gehauen. Aber einem Origenes konnte er weder die philosophische Bedeutung absprechen noch sie von dessen Chr. trennen.

d) Seit die Apologeten damit angefangen hatten, ihre philosophischen Erkenntnisse für die Theologie fruchtbar zu machen, verlaufen die Philosophie- und die Theologiegeschichte in gegenseitiger Abhängigkeit. Vom 4.Jh. an wird es geradezu Regel, daß die Probleme innerhalb der Theologie entstehen oder erkannt werden, daß ihre Lösungen aber innerhalb der Philosophie vorbereitet und in der Anwendung philosophischer Erkenntnisse vollzogen werden. Die Ursache dafür ist nicht darin zu suchen, daß die Philosophie ein - der Theologie unmögliches - objektiv-nüchternes Denken hätte üben können. Denn die heidnischen Philosophen verstanden ihre Philosophie zumeist als Religion und waren alles andere als vorurteilsfrei. Doch gab es in der Philosophie allerdings zwei Momente nicht, die die freie Entwicklung der theologischen Spekulation beeinträchtigten: das übernommene, unphilosophische Gemeindebekenntnis und die kirchenpolitische Rücksichtnahme. Die Geschichte des trinitarischen Streites (→ Trinität: III) zeigt, wie sehr dadurch die theologische Entwicklung gehemmt werden konnte. Dieser Streit läßt sich - historisch unrichtig - auf ein in der origenistischen Theologie angelegtes Problem zurückführen. Der mittlere Platonismus, der dem System des Origenes zugrunde liegt, gibt nämlich nicht die Möglichkeit, die Ewigkeit des Sohnes ohne gleichzeitige Unterordnung zu lehren. Die Unterordnung widerspricht aber dem Sinn des die volle Gottheit fordernden Bekenntnisses (→ Arianischer Streit, → Christologie: II). Die Lösung der Frage erfolgte im Anfang der sechziger Jahre des 4.Jh.s; sie war erst möglich, nachdem eine neue Theologengeneration herangewachsen war, die fähig war zu erkennen, daß ihre Väter sich um längst antiquierte Formeln und Fragestellungen gestritten hatten, während gleichzeitig das Heidentum sich die neuen wissenschaftlichen Erkenntnisse angeeignet hatte und stark genug geworden war, einen gefährlichen Gegenschlag gegen das siegreiche Chr. zu führen. So hielt der → *Neuplatonismus* gleichzeitig im Osten und Westen seinen Einzug in die kirchliche Theologie. Er lehrte, das Ausgehen des Sohnes vom Vater auf neue Weise zu verstehen: nicht mehr als eine Bewegung; in der die Gottheit sich von sich selbst entfernt und depotenziert, sondern in der sie sich selbst gegenübertritt, um wieder zu sich zurückzukehren. Allem geistigen Sein, auch dem göttlichen Geist, ist diese Bewegung immanent. Damit war es möglich, Dogma und Bekenntnis in Einklang zu bringen. Übrigens wurde die origenistische Spekulation durch die neuplatonische Gotteslehre nicht ganz obsolet. Mystiker bauten die Anschauung vom Mundus intelligibilis weiter aus und füllten den Zwischenraum zwischen Gott und Mensch mit Engelhierarchien und der Vorstellung einer spirituellen Kirche (→ Dionysius Areopagita). Aber nun zeigte sich, daß auch der Neuplatonismus keine Wunder tun konnte; das Loch, das er im Dogma an einer Stelle geschlossen hatte, hatte er an anderer Stelle wieder aufgerissen. Wenn der Logos voll und ganz in der Gottheit blieb, dann mußte die Frage neu gestellt werden, in welcher Weise sich Gott als Erlöser der Welt genähert habe. Das heißt: das trinitarische Problem verwandelte sich in das christologische. Hier half die neuplatonische Philosophie nicht mehr weiter. Wenn man im christologischen Streit mehrfach versuchte, durch Heranziehung neuer Fachausdrücke (Physis, Energeia) der Lösung näher zu kommen, so zeigte sich doch jedesmal, daß sich auf diese Weise das Problem nur verschieben ließ (→ Christologie: II).

e) Wieder mußte die Philosophie einspringen, doch diesmal die aristotelische. Wie der Platonismus in Alexandrien von Anfang an beheimatet war, so hatte der *kirchliche* → *Aristotelismus* in Antiochien besondere Pflege erfahren. Freilich hatte die aristotelische Logik schon den mittleren Platonismus beeinflußt, und insofern kannten sie bereits Clemens und Origenes. Die Anwendung der aristotelischen Dialektik auf die Gotteslehre ist aber eine Eigentümlichkeit der Antiochener, die spätestens bei → Lucian, dem Lehrer des → Arius, hervortritt und - historisch richtig (s.o.) - zur Ursache des → arianischen Streites wurde. Der heidnische Neuplatonismus hatte sich schon früh der aristotelischen Logik geöffnet; innerhalb der Kirche hemmte aber zunächst die Rivalität zwischen Alexandrien und Antiochien das Vordringen des Aristoteles. So mußte der heidnische Neuplatonismus einen beträchtlichen Vorsprung vor dem kirchlichen erreichen, bis man auch außerhalb Antiochiens lernte, auf dem Weg der Begriffsanalyse die Vereinigung von Gottheit und Menschheit in Christus zu erfassen und auf Formeln zu bringen, freilich unter Verzicht auf alle Vorstellbarkeit.

f) Die dritte große Schule, die → *Stoa,* ist bisher weniger erwähnt, als ihrer wirklichen Bedeutung zukommt. In Wirklichkeit sind stoische Gedanken in jede Philosophie eingedrungen und spielen bei manchen Kirchenvätern, die wir heute als Platoniker ansehen, eine derartige Rolle, daß man sie früher als Stoiker zu verstehen suchte. Das liegt daran, daß die Stoa kein großes spekulatives System entwickelt hat; dadurch erscheint ihr Einfluß nur an zahllosen Einzelstellen. Ein einziger bedeutender Theologe war wesentlich Stoiker, der Afrikaner → Tertullian. Indem er die stoische Philosophie für die Lehre der westlichen Kirche fruchtbar machte, bedeutete er hier dasselbe wie Origenes für den Platonismus der Ostkirche. Aber er ist nicht wie dieser Philosoph; seine Anwendung stoischer Sätze auf die Theologie erläutert Einzelheiten, bewahrt jedoch das Ganze des biblischen Welt- und Geschichtsbildes. Davon kann bei Origenes keine Rede sein.

Die Heranziehung der stoischen Philosophie für die Formulierung und das Verständnis des Dogmas durch Tertullian ist auf längere Zeit die einzige große wissenschaftliche Leistung, zu der die westliche Kirche fähig gewesen ist. Kein anderer der lateinischen Kirchenschriftsteller, die fast alle gleich Tertullian afrikanische Rhetoren waren, hat bis zur Mitte des 4.Jh.s die Entwicklung des Dogmas durch seine philosophische Bildung gefördert. Erst seit dem Einzug des Neuplatonismus gibt es auch in der westlichen Kirche wieder bedeutende Philosophen. Darunter ist vor allem Marius Victorinus (→ Viktorin, 1) zu nennen, der seine Hauptbedeutung als Vermittler der griechischen Bildung an die Römer hat (er übersetzte Plato und Aristoteles). Der ursprüngliche Neuplatonismus ist bei ihm nuanciert durch eine - bei Plotin freilich auch schon ansatzweise vorhandene - stärkere Betonung des Willensmoments. Gerade dadurch hat er → Augustins Gottesbegriff besonders beeinflußt.

g) *Augustin* ist kein Schulphilosoph, sondern Eklektiker. Damit hängt es zusammen, daß der philosophische Synkretismus bei ihm eine merkwürdige Entmischung erfährt. Während die neuplatonische Philosophie, die er lernte, sehr viel aristotelisches Gut enthielt, wurde doch Aristoteles von ihm abgelehnt. So kommt es, daß Augustin in stärkerem Maß als Platoniker anzusprechen ist als seine platonischen Lehrer. Bei Augustin wiederholt sich ein Vorgang, den wir oben bereits für den Osten festgestellt haben: während die Platoniker außerhalb der Kirche längst den Aristoteles übernommen hatten, lasen und kommentierten, wollten die Kirchenväter noch nichts von ihm wissen. Speziell bei Augustin sind dafür wohl auch kirchenpolitische Gründe zu nennen: seine pelagianischen Gegner hatten Verbindung mit Nestorius und den Antiochenern aufgenommen und dabei gelernt, die aristotelische Dialektik auf die Gnadenlehre anzuwenden (→ Gnade: IV).

Hier zeigt sich, daß Augustin bei aller Bedeutung für die Philosophie nicht als Philosoph, sondern nur als Theologe zu verstehen ist. Er meinte, noch zu einer Zeit ohne Aristoteles auskommen zu können, in der die heidnischen Philosophen längst dessen Unvermeidlichkeit erkannt hatten. Erst der Augustin an philosophischer Bildung überlegene → *Boethius* verhalf Aristoteles zur Geltung. (M. Victorinus hatte seine Übersetzungen und Kommentare noch als Heide geschrieben.) Boethius hat das gewaltige Werk unternommen, durch Übersetzung und Kommentierung von Platon und Aristoteles eine neue Grundlage der lateinischen Bildung zu legen. Dabei stützte er sich auf ältere Arbeiten des Victorinus und heidnischer Neuplatoniker und versuchte den Nachweis, daß beide miteinander harmonieren und einander ergänzen müßten. Obwohl dieser Plan nicht zur Vollendung kam, hat Boethius die Bildung des frühen Mittelalters begründet. Durch Augustin und Boethius ist für das Abendland die *Verschmelzung von Theologie und Philosophie erreicht.* Als die Kirche nach den Stürmen der Völkerwanderung sich wieder zu wissenschaftlicher Arbeit aufzuschwingen vermochte, da konnte sie davon ausgehen, daß Theologie und Philosophie miteinander in völligem Einklang stünden.

2. a) Das sittliche Empfinden der verschiedenen Völker war in der A. so ungleich wie heute, und diese Verschiedenheit kommt bei der Ausbreitung des Chr.s zum Ausdruck: beim Übergang zu den Griechen und dann zu den Römern hat die christliche *Ethik* sich sprunghaft und charakteristisch geändert. Die sittlichen Vorschriften des Judentums beziehen sich auf die Gesinnung und das Verhalten des Menschen, und zwar ausschließlich auf sein Verhalten in der Gemeinschaft. Eine Handlung ist nicht an sich sündhaft, sondern darum, weil sie dem Nächsten schadet oder Gott die schuldige Ehre verweigert. Dieses Grundprinzip des at. Gesetzes liegt ebenso im NT vor. Die Interpretation des Gesetzes durch → Jesus wendet sich gegen dessen nomistische Verabsolutierung und macht damit dessen sozialen Charakter erst recht deutlich, und bei → Paulus werden sittliche Vorschriften regelmäßig dadurch begründet, daß auf ihren Wert für die Gemeinschaft hingewiesen wird. Doch in den späteren Schriften des NT läßt sich eine Änderung beobachten: der Mensch wird nicht mehr nach Verhalten und Gesinnung, sondern nach Eigenschaften und nach seinem Zustand beschrieben und beurteilt, und immer mehr individualethische Vorschriften werden formuliert.

Zugleich vollzieht sich noch eine andere Wandlung: Der Glaube an die Nähe des Endes hatte zur Folge, daß die Dinge dieser Welt sämtlich belanglos waren. Sobald dieser Glaube aber aufgegeben oder nur nicht mehr ganz ernst genommen wurde, verwandelten sich selbstverständliche Glaubensaussagen in schroff rigoristische Forderungen, die im bürgerlichen Alltag kaum mehr zu erfüllen waren und darum als Ratschläge aufgefaßt wurden. Wenn beispielsweise Paulus der Meinung war, der Mensch habe kurz vor dem Ende eigentlich Wichtigeres zu tun als zu heiraten, so ergab sich daraus ein Rat zur geschlechtlichen *Askese*. Das Chr. ist von Haus aus nicht asketisch; es findet aber bei den Griechen allerlei asketische Bestrebungen und Ideale vor, die damals gerade in Mode waren oder kamen, und beteiligt sich daran. Die Übergänge sind durchweg fließend, und so verschieden die Absichten und Begründungen sind, so ähnlich sind die Äußerungen der Askese. Die apokalyptische Geringschätzung der weltlichen Freuden ähnelt der Einstellung des Stoikers, in der dieser seine Herrschaft über die niederen Triebe beweist; die Abkehr vom alten Äon kann äußerlich der Weltflucht des platonischen Philosophen gleichen, in der dessen Streben nach der reinen und immateriellen Ideenwelt zum Ausdruck kommt.

An diesem Punkt wurde jedoch die Aufmerksamkeit der Kirche geweckt. Diese Askese fand sich in der Gnosis und drückte hier die Geringschätzung der Schöpfung und des Schöpfers aus. So merkte die Kirche, daß sie mit der Askese ein Stück Heidentum übernommen hatte, und dadurch wurde ihre Stellung uneinheitlich. Einerseits wurden die asketischen Vorschriften als gnostisch (später auch montanistisch und manichäisch) verdächtig; andererseits konnte man sich doch nicht von der Vorstellung frei machen, daß wenigstens die Getauften zu gesteigerten Leistungen verpflichtet seien. Schließlich gaben die Wandlung zur Staatskirche und die Ausbreitung des → Mönchtums (: II) Gelegenheit, beide Arten der Sittlichkeit nebeneinander unterzubringen.

b) Ein großer Teil der Polemik gegen das Chr. und der Apologetik spielt sich im Bereich der Ethik ab. Die Apologeten erheben für die christliche Religion den Anspruch auf philosophischen Rang; das findet seine Rechtfertigung in den zahlreichen sittlichen Anweisungen, in denen sich die christliche und die philosophische – vornehmlich die stoische – Ethik berühren. Wie das NT lehrt auch die heidnische Philosophie, der Mensch solle sich um seine Seele kümmern und nicht um die materiellen Dinge. Nicht nur in der Bibel, sondern auch bei → Seneca liest man, daß Gott nach der Gesinnung frage und nicht nach der Pracht des Opfers. Die heidnischen Philosophen meinen freilich, daß die Sittlichkeit der Christen schlecht, nämlich nicht in der vernünftigen Überlegung gegründet sei. Aber diese Sittlichkeit gewinnt doch immer mehr an Ansehen, und die volkstümlichen Vorwürfe treten zurück. Gerade hier fühlen sich die Gemeinden sichtbar den Heiden überlegen, und zum Beweis nennen sie mit Vorliebe ihre treue Erfüllung der staatlichen Gesetze und ihre Liebestätigkeit. Doch gelten diese Beweise nicht unangefochten; schon im 2. Jh. kommen neue Vorwürfe auf, die von den Christen nur matt erwidert werden können. Die Heiden beurteilen in den Zeiten nationaler Sammlung die Preisgabe der väterlichen Religion als einen Verstoß gegen die Sittlichkeit, und das Beharren bei den mores maiorum scheint ihnen mit dem sittlichen Ideal unlösbar verbunden zu sein. Vielleicht wäre hierüber eine Verständigung erreichbar gewesen; die Wogen der nationalen Begeisterung schlugen nicht immer gleich hoch. Aber daß die Christen prinzipiell die Mitarbeit in Staat und Bürgergemeinde verweigern wollen, daß sie sich kaum zur Übernahme von Ämtern und zum Heeresdienst bereit finden, das offenbart eine Interesselosigkeit am Gemeinwohl, die in den Gebeten für Kaiser und Reich keinen angemessenen Ausgleich findet. Und die von den Christen gepriesene Liebestätigkeit gilt in erster Linie ihrer eigenen Gemeinde und wird dadurch zum Mittel, die angefochtene Exklusivität weiter zu steigern. Auf diese Weise erhält die alte Gleichsetzung von »christlich« mit »asozial, gesetzwidrig« im 3. Jh. für den gebildeten Heiden einen neuen Sinn und kommt nicht zum Schweigen; sie bezeichnet jetzt nicht mehr die thyesteischen Mahlzeiten, sondern den Mangel an Loyalität.

c) Der Hintergrund, von dem die nt. Ethik sich abhebt, ist die Entartung der at. zum Nomismus (der Vernachlässigung des göttlichen Willens zugunsten des formulierten Gesetzes). Dann kam der Übergang zu den Griechen; er brachte die Verschiebung zur Individualethik und die Aufstellung sittlicher Idealtypen. Die Ausbreitung zu den Römern bedeutet eine neue Stufe der Anpassung, auf der sich die Verbindung zum at. Ausgangspunkt wiederherstellen läßt. Während die Römer auf dem Gebiet der spekulativen Philosophie es nie zu großen Leistungen gebracht haben, waren sie im Bereich der Ethik verschiedentlich recht fruchtbar. (Daher hat auch die ethisch betonte stoische Philosophie bei ihnen den stärksten Anklang gefunden.) Das ethische Interesse der Römer ist auf eine Neigung zum nomistischen Denken zurückzuführen, die auch die Juden besitzen. Der Hauptunterschied gegenüber dem AT besteht darin, daß - ähnlich wie im späteren Judentum - nicht so sehr der Gedanke des Gehorsams im Vordergrund steht als vielmehr das Moment der positiven Leistung in der Erfüllung des Gesetzes.

Die christliche Ethik war somit für die Römer ansprechend, weil sie reichlich mit at. und stoischen Bestandteilen durchsetzt war, als sie sie kennenlernten. Man sieht das an der Leichtigkeit, mit der der erste große lateinische Theologe, *Tertullian*, aus at., stoischen und römischen Bestandteilen ein einheitliches Ganzes schafft. Die nt. Komponente ist nicht vergessen; sie kommt bei ihm aber zu kurz. Wenn Tertullian das Verhältnis zwischen Gott und Mensch beschreibt, dann stehen auf der einen Seite menschliche Leistungen, die Verdienste begründen, und auf der anderen Seite göttliche Gaben, die sie belohnen. Beide Seiten entsprechen einander, als seien hier Rechte und Pflichten vertraglich geregelt. Das ist juridischer als das von personaler Vertragstreue bestimmte Leitbild der at. Vorstellung vom →Bund (: II). Tertullian ist zwar Römer, aber kein Heide; der Stoiker und erst recht der Christ in ihm sieht den Schwerpunkt der menschlichen Pflichten nicht im kultischen, sondern im ethischen Bereich.

d) Das starke ethische Gepräge, das die abendländische Theologie durch Tertullian erhält, geht dem römischen Katholizismus nicht mehr verloren. Am schwersten wiegt die Veränderung des Gnadenbegriffs (→ Gnade: IV), der Ersatz der nt. geschenkten Gnade durch eine mit menschlicher Leistung verdiente Gnade; denn diese Wandlung war geeignet, das Zentrum der nt. Botschaft zu einer rationalen Ethik zu verflachen. Durch Tertullian ist das römische Denken für die christliche Ethik ebenso grundlegend geworden wie das griechische für die Dogmatik. Auch die späteren lateinischen Theologen sehen in dem Chr. eine Pflichtenlehre. → *Lactantius* zB definiert religio als officium hominis (inst. 3, 9, 16; 6, 10, 2). Er ist der erste, der eine zusammenfassende Darstellung des christlichen Glaubens in lateinischer Sprache versucht hat, und gründet sie auf der doppelten Pflicht des Menschen gegen Gott als Vater und gegen den Nächsten als Bruder (vgl. auch epit. 29, 5).

Auch die erste zusammenfassende christliche Ethik hat ein Lateiner, → *Ambrosius*, geschrieben. Stärker noch als bei Tertullian und Lactantius zeigt sich hier die Zusammensetzung aus römischen und stoischen Gedanken, zumal Ambrosius der Ausgleich nicht so gut gelingt. Er hatte sich Ciceros (vorwiegend stoisch orientierte) Schrift »De officiis« im Titel und in der Disposition zum Vorbild genommen. »Stoisch« nennen wir hier das Streben, den sittlichen Wert einer Handlung von der Gesinnung bestimmt sein zu lassen, in der sie verwurzelt ist; »römisch« dagegen die Tendenz, die Werke zu isolieren und nach ihrem Leistungscharakter zu bewerten. Die kath. Unterscheidung von zwei Sittlichkeiten, von Geboten und Räten (→ Evangelische Räte), ist jetzt voll entwickelt; sie zeigt einen beträchtlichen Abstand vom nt. Denken und eine entsprechend gründliche *Durchsetzung des Chr.s mit antikheidnischen Vorstellungen und Maßstäben* an.

3. Die Tatsache, daß dem Chr. bereits in seinen ersten Zeiten ein Missionar von der Größe des Paulus geschenkt worden ist, kann uns an einer richtigen Einschätzung der Schwierigkeiten hindern, die für die Mission unter Griechen bestanden. Die jüdische und die griechische *Religion* haben von Haus aus fast keine Berührungspunkte; das religiöse Denken ist grundverschieden. Daher gibt es auch so gut wie keine Übergangsstufen; was vom Judentum ins Heidentum eindringt, sind allein Gottesnamen und -prädikationen, und in der umgekehrten Richtung nicht einmal das. Am Judentum hat der spätantike Synkretismus seine Grenze. Dementsprechend vollzieht sich die Wandlung des Chr.s aus einer jüdischen Sekte in einen griechischen Kult nicht auf dem Wege allmählicher Religionsmischung, sondern sprunghaft in einer *radikalen Umdeutung*. Zwischenstufen, deren Reste uns als Zeugnisse eines »gnostischen« Judentums und Judenchristentums vorliegen, erwiesen sich als nicht lebensfähig.

a) Diese radikale Umdeutung betrifft die Heilsereignisse, vorab als ihr wichtigstes den *Tod Christi*. Die Frage, wie die Urgemeinde den Tod des Herrn theologisch verarbeitet habe, ist noch fern von einer endgültigen Antwort; doch hebt sich unter den in Frage kommenden Vorstellungen deutlich der Opfergedanke heraus. Christus bringt sich durch seinen Opfertod dar, um stellvertretend Sühne für die Sünden der Welt zu leisten. Sein Opfer ermöglicht den Anbruch der Gottesherrschaft und alle damit zusammenhängenden Heilsereignisse, besonders die mit seiner Auferstehung eingeleitete allgemeine Totenerweckung. Diese Feststellungen lassen sich in die Form kleiden: Christus vertritt in seiner Mittlerschaft die Menschheit gegenüber Gott.

Die Hellenisierung bewirkt hier charakteristische Verschiebungen. Mit dem Wegfall des jüdischen Nomismus verliert auch der zentrale Gedanke des stellvertretenden Leidens seinen Raum; es geht nicht mehr darum, dem Gesetz Genüge zu tun, sondern den Befleckten zu reinigen, den Gefangenen zu befreien. Auch die meisten anderen Möglichkeiten des Judentums zur Deutung der Gestalt Christi waren kaum zu verwerten: Die Figur des Messias war den Griechen in jeder ihrer Formen (berufener König - gesandtes Engelwesen) fremd, und der Prophet ist bei ihnen etwas grundsätzlich anderes als bei den Juden. Vollends mit einem leidenden Propheten konnten sie nichts beginnen. Lediglich der Gottessohn-Titel bot einen Anknüpfungspunkt, obschon auch hier die Vorstellungen verschieden sind. Denn die unüberwindliche Kluft zwischen Schöpfer und Geschöpf läßt bei den Juden die Gotteskindschaft nur per adoptionem zu, während die Menschen nach griechischer Vorstellung »seines Geschlechtes« sind (Apg 17). Aber ein umdeutendes Verständnis war immerhin möglich, und darüber hinaus konnte durch diesen Namen der Tod Christi auch für die Griechen als das zentrale Heilsereignis dargestellt werden; er mußte nur in die Theologie der Mysterienreligionen und der Gnosis übertragen werden, denn hier war der Gedanke der Gotteskindschaft am lebendigsten.

Die Götter der → Mysterien - der griechischen wie der sog. »orientalischen« - sind dadurch charakterisiert und von den andern verschieden, daß sie ein Schicksal haben. Die Paradoxie dieses Satzes wird dadurch gemildert, daß das Götterschicksal - etwa das Geborenwerden oder Sterben - nicht als Ereignis in Raum und Zeit verstanden werden darf, sondern als etwas Unveränderliches, gleichsam als Eigenschaft; ein Gott, der geboren wird, wird ewig geboren. Doch eröffnet das Götterschicksal dem Menschen die Möglichkeit, sich dem Gott zu nähern. Es bezeichnet eine Grenze der Gottheit, die eben da liegt, wo auch der Mensch seine Grenze hat. In der Schicksalhaftigkeit berührt sich beider Wesen und ermöglicht die Wesenseinung, die Vergottung des Menschen. Beispielsweise stirbt der Mensch mit seinem Gott, um an dessen Leben Anteil zu erhalten. Dieser Akt verwirklicht sich im Mysterium, in einer symbolischen Darstellung des göttlichen Schicksals und das heißt: in diesem selbst.

Etwa im 2.Jh. hat sich die Mysterientheologie noch einmal gewandelt. Das Heilsgeschehen verlor seine Schicksalhaftigkeit; der Gott nimmt den Abstieg freiwillig auf sich, allein zu dem Zweck, den Menschen das Heil zu bringen. Er begibt sich in ihren Bereich, um ihnen den Weg aus dem Tod zu zeigen. Häufig wird die Übermittlung der Kenntnis mit der Vergottung gleichgesetzt, oder sie wird den vorhandenen Riten zugeordnet. Dieses vergottende Wissen heißt → *Gnosis*. Zeugnisse für die Ausbreitung des neuen gnostischen Denkens bieten außer der Philosophie der Isis- und Mithrasdienst (→ Isis, → Mithras), die hermetische Gnosis (→ Hermetica) und heidnisches Gut bei christlichen Gnostikern (zB die »Naassenerpredigt« Hipp. philos. 5, 7ff).

Soweit sich das Chr. diesem Vorstellungskomplex anpaßte, änderte sich auch der Sinn von Christi Tod. An die Stelle des Opfers tritt der Sieg über den Tod, die Wiedergeburt, die Weisung des Aufstiegs. Damit verschiebt sich der Schwerpunkt vom Karfreitag auf den Ostersonntag; das Heil wird nun nicht mehr im Tod, sondern in der Auferstehung sichtbar, auch wenn die Einheit beider Ereignisse nach wie vor unzerrissen bleibt. Die oben gebrauchte Formel muß jetzt heißen: Christus vertritt als Mittler die Gottheit gegenüber den Menschen. Das religiöse Interesse, das vorher an seiner Menschheit hing, richtet sich jetzt auf seine Gottheit. Beide Auffassungen interpretieren dasselbe Heilsgeschehen, aber das hat man nicht immer erkannt, sondern hat von den monarchianischen bis hin zu den monophysitischen Streitigkeiten versucht, eine von beiden verbindlich zu machen. Letzten Endes hat die griechische Auffassung dabei das Übergewicht über die biblische behalten.

b) Zu einem Mysterienkult gehören *Sakramente*. Überraschend ist die Leichtigkeit, mit der Paulus Röm 6 die → Taufe (: II. III) als Mysterium deutet. Doch das eigentliche christliche Mysterium ist das → Abendmahl (: II) geworden. Ursprünglich war es vielleicht ein eschatologisches Mahl, das den Anbruch der Gottesherrschaft einleiten oder vorwegnehmen sollte. Aber schon zu Beginn der Hellenisierung wurde aus der eschatologischen eine Mysterienfeier, in der Christus denen, die sein Fleisch aßen und sein Blut tranken, Anteil an seinem Tod und an seiner Auferstehung gab.

c) Mit der Angleichung an die Mysterienreligionen wurde auch die *Beteiligung des Chr.s am allgemeinen → Synkretismus* (: I) möglich. In der spätantiken Religion hat sich die Überzeugung durchgesetzt, daß die verschiedenen Religionen nicht mehr sind als verschiedene Wege zu demselben Ziel. Sie werden einander immer ähnlicher durch den Austausch von Riten und Bezeichnungen, und immer stärker bricht sich die Überzeugung Bahn, daß die verschiedenen Heilande eine und dieselbe Gestalt darstellen, die nur bei den verschiedenen Völkern verschiedene Namen hat (vgl. die Isisaretalogien). Diese Auffassung ließ sich auch auf das Chr. anwenden. Bei gnostischen Sekten wurde Christus mit Hermes, Horus, Mithras u.a. gleichgesetzt und christliche mit heidnischen Riten kombiniert. Die Kirche wehrte sich dagegen, indem sie zunächst alles am Chr. zurückstellte, was Mysteriencharakter erhalten hatte, und dafür die traditionellen Elemente betonte, die schon beim Judentum den Synkretismus ausgeschlossen hatten. Erst nachdem eine klare Front gegen die Gnosis aufgebaut war, machte die Hellenisierung weitere Fortschritte. Taufe und Abendmahl, von denen Justin noch unbefangen berichtet hatte, werden der → »Arkandisziplin« unterworfen. Aus dem Mysterium als dem unerklärlichen Wunder wird das Geheimgehaltene. Neue Bräuche dringen - zum Teil aus den Mysterienreligionen - in das Chr. ein, und indem die Kirchenväter vor Verwechslungen warnen, zeigen sie, daß *das Chr. die äußerliche Angleichung an die spätantike Religion erreicht hat.*

4. Die Feindschaft zwischen *Staat und Kirche* in den ersten 3 Jh.en ist nicht so selbstverständlich, wie sie uns scheint. Erst nach dem Sieg der Kirche werden christlicher Monotheismus und heidnischer Polytheismus zu den natürlichen Feinden. Der römische Staat der Kaiserzeit brachte im allgemeinen für die auf Reichsboden beheimateten Kulte Toleranz oder Interesse auf, und die Christen, die sich dem Staat gegenüber als »Beisassen« fühlten, waren damit noch nicht zwangsläufig Staatsfeinde.

a) Die Haltung der ersten Christen gegenüber dem Staat knüpft an jüdische Traditionen an, vor allem an die der Apokalyptik. Grundsätzlich gibt es zwei Möglichkeiten, den Staat einzuordnen. Wohl gehört er in jedem Fall zum sterbenden alten Äon, doch ließ sich selbst in der vergehenden Ordnung noch ihre göttliche Einsetzung erkennen, wenn sie das Chaos aufhielt und die Predigt des Evangeliums ermöglichte. Andererseits konnte man in der Staatsmacht auch den irdischen Exponenten des im Himmel bereits besiegten Satan sehen, der einen letzten Verzweiflungskampf gegen Gott und seine Heiligen auf Erden führte. Das Urteil hing vom Verhalten des Staates ab.

Die ältesten heidnischen Zeugnisse für die Einstellung des Staates gegenüber den Christen stammen aus der ersten Hälfte des 2.Jh.s. Wir sehen daraus, daß sich die Lage des Chr.s von Trajan bis auf Mark Aurel von der aller anderen Religionen im Reich unterscheidet: das Chr. gilt nicht als Religion (auch nicht als verbotene), sondern als unvernünftiger und schädlicher Aberglaube. Die Gefahr sah man sicher nicht in den Schandtaten, die der Volksmund den Christen nachsagte; sonst wären die Behörden anders vorgegangen. Sie liegt in der »Gottlosigkeit« der Christen. Die Gottesfurcht ist zum einen das Fundament der Sittlichkeit; zum andern hängt von der Erfüllung der kultischen Pflichten das Staatswohl ab. Wer sich von der Gemeinschaft der Götter und Menschen ausschließt, von dem läßt sich nichts Gutes erwarten, und er ruft den Zorn auf den Ort herab, an dem er sich aufhält. Darum haben die Behörden die Pflicht, von Fall zu Fall einzuschreiten, vor allem, wenn Prodigien dies zu fordern scheinen.

Mit dieser Einstellung des Staates ist den Apologeten des 2.Jh.s ihre Aufgabe vorgezeichnet. Sie haben zu beweisen, daß das Chr. eine echte und vernünftige Religion ist: sie müssen den Beweis für die Gottheit Christi und die Sittlichkeit der Christen führen. Beides war möglich; für dieses sprach der Augenschein, und die Gottheit Christi konnte in einer Zeit, in der Mysterienreligionen und Monotheismus vordrangen, auch den Heiden bewiesen werden. Die von den Juden auf die Christen übergegangene Bezeichnung als »Gottlose« schlechthin wird selten.

b) Die Lage der Christen entspannt sich zusehends in dem Augenblick, in dem auch der Staat das Chr. als Religion betrachtet, wenn damit auch noch nicht das Ende der Verfolgungen gekommen ist. Am Anfang des 3.Jh.s argumentiert Tertullian ganz anders als seine Vorgänger; er fordert Freiheit der Religionswahl und warnt die Heiden vor dem Kampf gegen einen Gott. Das erste Anzeichen für diese neue, relative Anerkennung ist noch negativ; Septimius Severus läßt (Juden und) Christen das Proselytenmachen verbieten. Damit ist das Christsein noch nicht ausdrücklich erlaubt; es war vorher wohl auch nicht ausdrücklich verboten. Aber der Staat hatte einen Schritt dahin getan, das Bestehende zu legalisieren, und die Verfolgung unter Septimius Severus bleibt auf Katechumenen und Katecheten beschränkt. Unter seinen Nachfolgern herrscht nahezu Toleranz. Die Wendung der Dinge kommt vor allem der christlichen Organisation zugute, die dadurch in die Lage versetzt ist, als Körperschaft aufzutreten, Eigentum zu besitzen und Prozesse zu führen. Alexander Severus soll einen Streit zwischen der römischen Gemeinde und der Gastwirtsinnung zugunsten der Gemeinde entschieden haben.

Einen Vorwurf konnten die Apologeten nicht entkräften, nämlich, die Christen schlössen sich selbst aus der staatlichen Gemeinschaft aus. Ihm mußte um so größeres Gewicht zufallen, je mehr das Chr. sich ausbreitete. Die Christen hielten sich nicht an das Missionsverbot, und die Gefahr, die sie für das Staatswesen bedeuteten, mußte dem Staat in dem Augenblick bewußt werden, in dem er von seinen orientalisierenden Neigungen zur Neubelebung der alten römischen Frömmigkeit zurücklenkte. Der Gegensatz brach auf, als auf Befehl des Kaisers Decius ein allgemeines Opfer aller Bürger die Götter in den tödlichen Gefahren, die das Reich bedrohten, zu Hilfe rufen sollte. Der Staat wäre bereit gewesen, den Christen die Freiheit der Religionsübung, die sie bis dahin faktisch genossen hatten, weiter zuzugestehen. Er verlangte nur, daß sie wenigstens die römischen Zeremonien beachten sollten (Mart. Cypr.). Die Masse der Christen war auch geneigt, dem staatlichen Zwang nachzugeben. Der Angriff brach sich an der Führerschicht der Kleriker und der Gemeindeglieder, die dem Druck der Behörden ein bürgerliches Ansehen entgegenzusetzen hatten. Die Wiederholung des Angriffs auf diesen resistenten Kern kostete viel Blut, wurde aber dann aus politischen Gründen abgebrochen. Die in der Verfolgung konfiszierten Kultstätten wurden den Gemeinden zum bestimmungsgemäßen Gebrauch zurückgegeben, und der Staat kehrte noch einmal zur früheren Toleranz zurück.

c) Mit dieser decisch-valerianischen Verfolgung beginnt eine *neue Phase der staatlichen Religionspolitik*. Wenn sie sich äußerlich auch als ein Versuch gab, die alte römische Frömmigkeit zu beleben, so bedeutete sie in Wirklichkeit wie die vorangegangene Toleranz eine Neigung des Staates zur Vereinheitlichung und zum Synkretismus. Mehrfach wurde versucht, die staatliche Religion in einen henotheistischen Sonnenkult zu verwandeln, in dem die mannigfaltigen religiösen Vorstellungen der Untertanen aufgehen konnten. Die Einheitsidee prägt sich im politischen wie im religiösen Bereich aus, und während die heidnische und die christliche Religion einander immer ähnlicher werden, entwickelt sich gleichzeitig der Anspruch des Staates, die Frömmigkeit aller Bürger zu bestimmen. Zwar ist der *religiöse Totalitätsanspruch des Staates* erst im 4.Jh. voll ausgebildet, aber er wird bereits unter Aurelian manifest, ja, Ansätze lassen sich schon unter den Severern nachweisen. Er ist die Ursache der diokletianischen Verfolgung. Die alten Ideale der Toleranz und der Freiheit der religiösen Entscheidung sind nun abgetan, und der Staat wendet alles an, was er in den vorausgegangenen Verfolgungen gelernt hatte. Auch diese letzte Verfolgung will äußerlich noch als Versuch erscheinen, die Christen zu den Göttern ihrer Vorfahren zu bekehren; tatsächlich herrscht aber die Absicht, den letzten Widerstand gegen die religiöse Vereinheitlichung zu brechen. Die Entwicklung verlief im Westen und Osten verschieden. Im Westen hatte man – nicht nur im Norden unter dem christenfreundlichen Konstantius, sondern auch im Süden unter Maximian – für den angestrebten Absolutismus kein Verständnis; die Verfolgung bleibt, wo sie nicht provoziert wird, in den herkömmlichen Formen und ebbt bald ab. Anders lagen die Verhältnisse im Osten, wie schon das heftigere Wüten und die längere Dauer anzeigt. Hier hatte der religiöse Neuplatonismus zahlreiche Anhänger, die den staatlichen Tendenzen Verständnis entgegenbrachten und dazu die Christen leidenschaftlich bekämpften, und hier hatte der staatliche Absolutismus ältere und tiefer verwurzelte Traditionen. Aber hier war auch die Zahl der Christen größer, und größer war auch ihre Bereitschaft selbst zu aktivem Widerstand. So führte auch hier die Verfolgung schließlich nicht zu ihrem Ziel. Der Kaiser Galerius brach sie ab, und Maximians Versuch, eine heidnische Staatskirche aufzubauen, blieb infolge der politischen Ereignisse in den Anfängen stecken (→ Christenverfolgung).

An die Stelle der von Galerius widerwillig zugestandenen Toleranz tritt die bereitwillig gegebene Konstantins. Nichtsdestoweniger war die Zeit der staatlichen Toleranz vorbei; nur die Rollen waren vertauscht. Zwar hat Konstantin wenigstens prinzipiell noch an ihr festgehalten in der Meinung, durch seine Überzeugungskraft werde das Chr. sich schon selber durchsetzen. Aber er tat das immer widerwilliger, und bereits gegen Ende seiner Regierung zeichnen sich die Schatten der Heidenverfolgung ab. Der Sieg der Kirche, die Christianisierung des Reiches hat die allgemeine Entwicklung nur einen Augenblick aufgehalten. Auch die kurze Reaktion unter Julian, der noch einmal den Plan einer heidnisch-neuplatonischen Kirche aufnahm, ändert nichts mehr; sie zeigt nur deutlich, daß das von Haus aus monotheistische Chr. mit seiner festen Organisation für die staatlichen Zwecke dem Heidentum überlegen war.

d) Der in der diokletianischen Verfolgung zutage getretene Unterschied zwischen Ost und West verstärkte sich in der Folgezeit. Im Osten war der Herrscher von jeher eine religiöse Gestalt gewesen; im Kaiserkult war hier auch die Verehrung des lebenden Herrschers, die in Rom stets Widerstand hervorgerufen hatte, von Anfang an möglich gewesen. Das christliche Kaisertum änderte nichts an der Entwicklung. Natürlich war der Kaiser kein Gott mehr, aber die göttlichen Ehren des diokletianischen Zeremoniells wurden von den christlichen Kaisern übernommen und hoben diesen als Abbild Gottes hoch über alle Sterblichen hinaus. Das Kaisertum war eine religiöse Würde, die Gott dem Kaiser übertragen hatte, und fast unbestritten erkannte auch die Kirche den Kaiser als ihr von Gott eingesetztes Oberhaupt an. Der → Cäsaropapismus bildet sich im Osten aus.

Im Westen waren Kirche und Staat niemals in Gefahr, miteinander zu verschmelzen. Schon das heidnische Rom hatte sich stets dagegen gewehrt, den Kaiser bei seinen Lebzeiten als religiöse Gestalt anzuerkennen; erst nach seinem Tode wurde er zum Gott. Das Amt des Pontifex Maximus, an dem auch die christlichen Kaiser noch eine Zeitlang festhielten, macht seinen Träger nicht zum »heidnischen Papst«, sondern ist sakralrechtlicher Art und enthält die wichtigste Aufsichtsgewalt über den staatlichen Kult. Es gab daneben ranghöhere Priestertümer. Die christliche Kirche hat zum Kaiser niemals eine religiöse Beziehung aufgenommen; er war für sie das weltliche Haupt des weltlichen Staats. Auch der christliche Kaiser ist in der Kirche grundsätzlich nicht mehr als ein anderer Laie (→ Ambrosius). Staat und Kirche existieren getrennt nebeneinander. Sie tun das aber im selben Raum; sie beanspruchen die Herrschaft über dieselben Menschen, und so ist hier mit der Christianisierung der Anfang einer Rivalität gegeben, die das Abendland noch viele Jahrhunderte in Atem halten sollte.

5. Die gegenseitige Durchdringung von A. und Chr. beschränkt sich nicht auf die gebrachten Beispiele, sondern betrifft alle Bereiche der Kultur und des Lebens. Die Hellenisierung des Chr.s vollendet sich nach seinem Sieg; in breiter Front strömen die Massen der neuen Staatsreligion zu, bringen ihre heidnischen Vorstellungen mit und überlassen Aneignung und Umdeutung der Kirche (vgl. zB den Heiligenkult). Andererseits wird die

Kirche zum wichtigsten Träger des öffentlichen Lebens; ihre Belange und Interessen bestimmen die des Staates und der Kommunen. Das alles bedeutet zugleich eine Christianisierung der A., die weit fortgeschritten ist, als die Völkerwanderung hereinbricht und die Alte Welt zerschlägt. Aber nun zeigt sich, daß das Chr. fähig ist, das antike Erbe zu erhalten. Das klassische Altertum ist Grundlage und Maß der abendländischen Kultur, weil es im Chr. lebendig geblieben ist. Für viele Jahrhunderte ist die Kirche der einzige Kulturträger, und weiterhin haben alle Renaissancen nur aus dem Gut schöpfen können, das sie überliefert hat. Die antike Kultur stünde uns nicht näher als der alte Orient, wäre jene Hellenisierung des Chr.s und Christianisierung der A. nicht erfolgt.

Außer der Lit. zu den Artikeln, auf die im Text hingewiesen ist, vgl. allgemein (Auswahl): AuC - RAC - VigChr - A.v.Harnack, Mission u. Ausbreitung des Chr.s in den ersten 3 Jh.en, (1902) 1924^{4} - C.Schneider, Geistesgesch. des antiken Chr.s, 1954 (Lit.) - H.Hommel, Schöpfer u. Erhalter. Studien zum Problem Chr. u. A., 1956. - Zu 1: M.Pohlenz, Die A. u. das frühe Chr. (Antike u. Abendland 1, 1945, 42-54) - K.H.Rengstorf, A. u. Chr., 1954 - C.Andresen, Logos u. Nomos, 1955 (Lit.). - Zu 2: M.P.Nilsson, Gesch. der griech. Religion II, 1950. - Zu 3: O.Seeck, Gesch. des Untergangs der antiken Welt I-VI, (1910 ff) $1921\text{-}24^{3\cdot4}$ (einseitig, aber kaum entbehrlich) - P.deLabriolle, La réaction païenne, Paris 1934/48 - H.Grégoire, Les persécutions dans l'Empire romain, Brüssel 1951 - A.Piganiol, L'Empire chrétien, 1947. *H.Kraft*

Antike und Orient. Die Geschichte der geistigen und kulturellen Wechselbeziehungen zwischen griechisch-römischem Kulturraum und Orient läßt sich bis in das 2.Jt. zurückverfolgen. Hier kann über das sehr vielschichtige Thema nur ein knapp zusammenfassender Überblick gegeben werden (Or., or. = Orient, orientalisch; Gr., gr. = Griechen, griechisch).

Die vorgr. Bevölkerung des ägäischen Raumes hängt stammesmäßig eng mit Kleinasien zusammen; Kreta, Kulturzentrum der Ägäis, ist mit → Ägypten (: I) wie mit → Syrien (: I) - → Mesopotamien durch Handelsbeziehungen verbunden (zuletzt K.Schefold, Welt als Geschichte 15, 1955, 1-15, mit Lit.). Einflüsse dieser alten Hochkulturen lassen sich auch in der → kretisch-mykenischen Religion und Kultur erkennen. Deutlich ist der Zusammenhang mit vorderasiatischen Religionen vor allem in den Vegetationskulten, besonders in der Vorstellung vom sterbenden und auferstehenden Gott (→ Auferstehung: I; Nilsson 315 ff) und einer großen → Muttergottheit. Das Kultsymbol der → Doppelaxt verbindet die minoische Religion mit Kleinasien. Or. Einfluß zeigt sich auch bei den Dämonen mit Tierköpfen, den Fabel- und Mischwesen der kretischen Religion. Auch spätere gr. Götter haben or. Züge aufgenommen: Aphrodite hängt mit der semitischen → Astarte zusammen, in der Gestalt der ephesischen Artemis ist die minoische »Herrin der Tiere« (→ Herr der Tiere) mit der kleinasiatischen → Muttergottheit zusammengeflossen (vgl. auch → Griechische Religion zu Apollon, Leto). Berührung mit Orientalischem zeigen viele gr. Mythen, wobei verschiedene Schichten erkennbar sind: allgemein verbreitetes Sagengut wie die Vorstellung vom Urriesen (Prometheus), vom Drachenkampf (→ Drache, → Python), der Trennung von Himmel und Erde (→ Himmel: I), der → Sintflut (: I); typische Wandersagen wie das Potipharmotiv (Bellerophon, Hippolytos) und Märchenhaftes, zB in der Odyssee; andres gehört gemeinsamer Überlieferung des ägäisch-kleinasiatischen Substrats an, das besonders in Böotien greifbar ist, wo sich ungr. Traditionsgut in starker Häufung nachweisen läßt (Dirlmeier, Mythos; → Orakel, → Sphinx). Der Böoter Hesiod überliefert viele Mythen mit ungr. Zügen. Beim Mythos von der Entmannung des Uranos ist die längst vermutete fremde Herkunft durch die churritische Sage von Kumarbi bestätigt, der den Himmelsgott Anu stürzt. Auch zum Titanenkampf und dem längst in Asien lokalisierten Kampf des Zeus mit Typhon gibt es Entsprechungen (→ Hethiter: II). Babylonische Herkunft läßt sich für den hesiodischen Mythos von den → Metallen und → Weltperioden aufzeigen. Außerdem haben sich bestimmte formale Parallelen zwischen dem gr. Epos und or. Literatur gefunden (Dornseiff; Dirlmeier, Epos). Nach der Jahrtausendwende spielen vor allem die Phönizier eine wichtige Rolle für die Übernahme or. Gedankenguts, auch ergab sich für die Gr. eine neue direkte Verbindung zum Or. mit der Kolonisation der kleinasiatischen West- und Südküste und → Cyperns (: I). Weitere Anregung bringen die verstärkten politischen und wirtschaftlichen Beziehungen etwa vom 7.Jh. an mit sich: die der gr. Kultur zugewandten Lyderkönige dehnen ihre Herrschaft bis ans ägäische Meer aus, ihre Nachfolge tritt seit 546 das Perserreich an. Gr. kommen nach Vorderasien und Ägypten als Söldner, Kaufleute, auch als Leibärzte der Perserkönige. Die Wissenschaft der Medizin, Astronomie, Mathematik empfängt Anregungen aus dem Or., gestaltet und entwickelt sie freilich auf ihre Weise. Vom Or. wird auch der gr. Volksglaube beeinflußt: → Astrologie und Sternglauben, → Leberschau und → Tagewählerei weisen nach Mesopotamien, ebenso die Vorstellung vom → Urmenschen und die Gleichung zwischen Mensch und Kosmos (→ Makrokosmos). Fremde Einflüsse wirken auch in der religiösen Bewegung des 6.Jh.s: die uns vorliegende, allerdings vorwiegend jung überlieferte orphische Tradition ist stark or. beeinflußt (→ Orpheus und die Orphiker, → Dionysos). Wieweit der gr. Lehre von der → Seelenwanderung Anregung aus Ägypten oder gar Indien zukam, steht dahin. Die Philosophie übernimmt gelegentlich fremde Gedanken (U.Hölscher), geht allerdings im ganzen folgerichtig ihren eigenen Weg von den Milesiern bis zu Platon und Aristoteles: die »Entdeckung des Geistes« ist die Tat der Hellenen. »Was immer die Griechen von den Barbaren übernehmen, das bringen sie zu schönerer Vollendung«, sagt Platons Schüler Philippos von Opus (Ps. Plato Epin. 987 d 9). Mit der großen Auseinandersetzung in den Perserkriegen ist man sich des eigenen Wesens bewußt geworden; den Gr. werden die »Barbaren« als von anderer Art und Kultur gegenübergestellt, gr. Wesen ist der Maßstab für die Beurteilung fremder Völker. Auch die fremden Göttergestalten, die man kennenlernt, werden in gr. Sinn gedeutet und hellenischen Gottheiten gleichgesetzt (Interpretatio Graeca), zT auch als deren Erscheinungsformen verehrt: so Ammon als Zeus, die thrakische Bendis als Artemis; der Kult der Kybele und ihres Kultgenossen → Attis wie auch der des → Adonis wurden hellenisiert. Damit war auch der Weg bereitet zur Rezeption or. Kulte, der dann nach Alexander zum eigentlichen → Synkretismus (: I) führte. Die enge politische Berührung mit dem Or. im → Hellenismus bringt ernstlicheres Interesse der Gr. an fremdem Geistesgut mit sich. In den religiösen Vorstellungen kommt es vielfach zu Verschmelzungen (→ Serapis, → Atargatis, → Dura-Europos: I, → Kleinasien, 1). Auch in der → römischen Religion, die eine erste Phase fremden Einflusses durch die → Etrusker erfahren hat, werden or. Kulte rezipiert, so schon 204 vChr die Magna Mater von Pessinus; später spielt der Isiskult eine große Rolle. Der Dienst des → Mithras und andere or. → Mysterienreligionen breiten sich im ganzen Imperium Romanum aus und werden erst mit dem Sieg des Christentums überwunden. Unter dem Einfluß des religiösen Synkretismus dringen, vor allem in der Spätantike, auch in die Philosophie erneut viele or. Gedanken und Spekulationen ein, während umgekehrt die antike Kultur in den Or. ausstrahlt (→ Aion, → Gnosis: I, → Hermetica, → Iran: III. VII, → Magier, → Manichäismus, → Poimandres, → Sabazios, → Sibyllinen).

F.Cumont, Die or. Religionen im röm. Heidentum, (1906) 1931³ - H.Gressmann, Die Umwandlung der or. Religionen unter dem Einfluß hellenischen Geistes (Vortr. der Bibliothek Warburg 1923/24, 170-195) - Th.Hopfner, Or. u. gr. Philosophie (BAO 4), 1925 - R.Mondolfo, Nota sui rapporti fra la cultura e speculazione orientale e la scienza greca (E.Zeller-R.Mondolfo, La filosofia dei Greci I, 1, 1932, 63-99) - F.Dornseiff, Philologus 89, 1934, 397-415 - Ders., Antike u. alter Or., 1956 - M.P.Nilsson, Gesch. der gr. Religion I, (1941) 1955² - J.Kerschensteiner, Platon u. der Or., 1945 - J.Bidez, Eos, 1945 - F.Dirlmeier, Der Mythos von König Ödipus, 1948 - Ders., Homerisches Epos u. Or. (RheinMus 98, 1955, 18-37; Lit.) - W.J.W.Koster, Le mythe de Platon, de Zarathoustra et des Chaldéens, 1951 - U.Hölscher, Hermes 81, 1953, 257-277. 385-418 - A.Heubeck, Mythologische Vorstellungen des Alten Or. im archaischen Griechentum (Gymnasium 62, 1955, 509-525).

J.Kerschensteiner

Antiklerikalismus → Laizismus.

Antimodernisteneid, von Pius X. durch das Motu proprio Sacrorum Antistitum vom 1.9.1910 für den gesamten in Seelsorge oder Lehre tätigen Klerus vorgeschrieben, ist eine solenne Verpflichtung auf die lehrende Kirche, »besonders auf die Hauptstücke ihrer Lehre, die unmittelbar den Irrtümern der Gegenwart entgegen sind« (Denzinger 1245), und heute noch obligatorisch. In 5 Artikeln bekennt er sich zur natürlichen Gotteserkenntnis, zum Wunder als Beweismittel der Offenbarung, zur Kirche und ihrer göttlichen Sendung, zu einem durch den Entwicklungsgedanken nicht geschwächten Verständnis der Lehre und zum vatikanischen Glaubensbegriff. Dann werden in Übernahme von »Pascendi« und »Lamentabili« die Lehren des Modernismus (→ Reformkatholizismus) über die Kirche, das Verhältnis von Glaube und Historie, Bibelauslegung und Traditionsdeutung verworfen. Die Diskussion um den A. hat sich rasch beruhigt. Seine Positionen werden in der Fundamentaltheologie verhandelt, ohne daß auf das Problem einer solchen Verpflichtung näher eingegangen würde. Die Bedeutung einer solchen Bekenntnisverpflichtung (zusammen mit der »Professio fidei Tridentinae«) darf als disziplinäres und dogmatisches Faktum nicht unterschätzt werden.

Text: AAS II, 1910, 655; Mirbt Nr. 658; Denz. Nr. 1245-47. - Übers.: Neuner-Roos, Der Glaube der Kirche, 1949³ Nr. 64-74 - K.Guggisberg, Die röm.-kath. Kirche, 1946 326. - Lit.: J.Mausbach, Der Eid wider den Modernismus u. die Freiheit der Wissenschaft, 1911. - Vgl. die Lit. zu → Reformkatholizismus. *K.G.Steck*

Antinomie besagt der Wortbedeutung nach die Fassung eines Rechtsgesetzes, die es zwei Parteien ermöglicht, das Gesetz zu ihren Gunsten anzuführen, weiterhin überhaupt den Widerspruch zwischen Gesetzen jeder Art. Die Philosophie hat sich allzeit mit A.n befaßt, aber erst → Kant hat den Begriff in einem spezifischen Sinne eingeführt, um die Widersprüche zu bezeichnen, in welche die → Metaphysik gerät, wenn sie den Gebrauch der Kategorien nicht auf mögliche Erfahrung einschränkt und die empirische Synthesis bis zum → Unbedingten fortsetzt. Den hier in Thesis und Antithesis sich offenbarenden dialektischen Schein (→ Dialektik) löst die → Transzendentalphilosophie durch den Nachweis auf, daß das Unbedingte nicht in die Erscheinung fallen kann. Die für Kants gesamtes Philosophieren wichtigste seiner vier A.n ist die zwischen der → Kausalität der Natur und der Kausalität aus Freiheit. Ihre Auflösung gab er mit Hilfe des intelligiblen Charakters, der im Menschen als sein Unbedingtes wirkt: die Notwendigkeit in der Natur schließt die Freiheit im Intelligiblen nicht aus. → Hegel sucht die kantische A.n-Lehre durch die tiefere Einsicht in die dialektische Struktur der → Vernunft und alles Logischen zu überwinden. Seine Auffassung gründet in der Annahme der Antinomik des Unendlichen. Für N. → Hartmann sind die A.n das Indiz der Unangemessenheit des Seienden für menschliches → Erkennen. In seiner Ethik führt er aus der Reihe der A.n zwischen Ethik und Religion als die wichtigste die zwischen → Vorsehung und → Freiheit an. Nach → Jaspers offenbart sich in den A.n mit der Grenze unseres Wissens die Unmöglichkeit der Objektivierung des → Absoluten. Der Terminus wird vielfach in erweitertem Sinne gebraucht. → Aporie, → Paradoxie.

I.Kant, Kritik der reinen Vernunft; Prolegomena; Kritik der Urteilskraft; dazu Lit.: Ü III, 737f u. H. Rathschlag, Die Bedeutung der A.n für den Kritizismus, 1936 - Hegel, Logik; Enzyklopädie - N.Hartmanns Werke u. Abhandlungen (passim) - K.Jaspers, Philosophie, 1931; Philos. Logik Bd I, 1947 - A.Nyman, Kring Antinomierna, 1920 - P.Hofmann, Die A. im Problem der Gültigkeit, 1921 - E.Wind, Das Experiment u. die Metaphysik. Zur Auflösung der kosmologischen A.n, 1934 - H.H.Kritzinger, Zur Philosophie der Überwelt. Ursprung u. Überwindung der A.n, 1951.

J.Klein

Antinomistische Streitigkeiten. 1527 bestritt J. → Agricola → Melanchthons Nomismus (contritio aus dem Gesetz ist Vorbedingung der fides) mit antinomistischen Thesen: Das Gesetz sei im Jahre 1 gefallen; nun wirke allein die Kreuzespredigt Buße und Christenleben. 1537 griff Agricola → Luther an, der daraufhin seine Anschauung vom duplex usus legis erneuerte. Später bekämpften Poach, Otho, A. → Musculus u.a. (von Luther her) Melanchthons tertius usus legis. Auch die Melanchthonianer gerieten (Evangelium ist praedicatio poenitentiae) in den Verdacht des Antinomismus. Die → Konkordienformel erkannte dann mit dem triplex usus im wesentlichen Melanchthons Theologie an.

RE I, 585ff - Ritschl II, 399ff - H.E.Weber, Reformat., Orthod. u. Rationalismus I, 2, 1940, 31ff - R.Bring Gesetz u. Evang. u. d. 3. Brauch d. Gesetzes i. d. luth. Theol. (Schriften d. Luther-Agricola Gesellschaft in Finnland 4, 1943, 43-97) - W.Elert, Zwischen Gnade u. Ungnade, 1948, 161ff - W.Joest, Gesetz u. Freiheit, 1951, 45ff - G.Hammann, Nomismus u. Antinomismus innerhalb d. Wittenberger Theol. 1524-1530 (Diss. Bonn), 1952. *G.Hammann*

Antiochenische Theologie

1. Die monarchianische Periode - 2. Die Schule Lucians - 3. Exegese - 4. Christologie

1. Man spricht von a.Th. als von der Lehrtradition der a. Schule und hat dabei den Gegensatz zur → alexandrinischen Theologie im Auge. Dieser wirkte bereits bei → Paul von Samosata, 260-272 Bischof von Antiochia (= A.). Seine Absetzung 268 wurde durch seine → Christologie (: II) mit veranlaßt. Im Erlöser wohnt Gottes noch unpersönlich verstandene Kraft, und ihre Einigung mit dem Menschen Jesus wird als Inspiration gedacht. Dieser Standpunkt war vielleicht schon durch seine Vorgänger → Ignatius und vor allem → Theophilus vorgebildet. Daß die volle Gottheit Christi - bei zweifelhafter hypostatischer Selbständigkeit - durch »Einwohnung« im Menschen Person geworden sei, wird jedenfalls noch von → Eustathius von A. vertreten. Die Trennungs-Christologie (s. 4) kündigt sich bei ihm an. Er unterlag 330 (oder 326) den Angriffen der Origenisten. Eustathius bringt schon den späteren methodischen Gegensatz gegen die Alexandriner hinzu, indem er sich gegen die Allegorese erklärt.

2. Seine Niederlage hat einen Bruch in der Linie der a.Th. zur Folge. Für Jahrzehnte herrscht nunmehr eine radikale Form der origenistischen Logoschristologie ohne Zusammenhang mit der für A. typischen Tradition und ohne Verbindung zu den jüngeren Antiochenern (s. 3). Als Vater jener gilt → Lucian von A. Darf man

von seinen Schülern → Arius, → Eusebius von Nicomedien, → Asterius, → Aëtius u.a. auf seine Lehre zurückschließen, so muß er eine subordinierende Logoschristologie vertreten haben. Lucian galt als Aristoteliker und war mit textkritischen Arbeiten beschäftigt, die später gegen Origenes ausgespielt wurden. Von einem Schüler Pauls von Samosata (s. 1) Lucian wird man ihn mit Loofs und Bardy zu unterscheiden haben.

3. In ihre charakteristische Periode tritt die a.Th. erst mit → Diodor, seit ca 363 Presbyter in A., später Bischof von Tarsus. Seine historisch-grammatische → Schriftauslegung (: IV) und sein Gegensatz zur Allegorese stehen unter dem Einfluß des Aristoteles. Der (nicht immer schroffe) Unterschied der Methode wird u.a. an der Behandlung des AT deutlich. Der Verflüchtigung des Wortsinns in der Allegorese steht der Versuch gegenüber, mittels der → Typologie (: III) dem geschichtlichen Vorgang sein Eigenleben zu belassen und doch den Zusammenhang der Heilsgeschichte zu wahren, indem durch den Gedanken der Wiederholung die at. Geschichte zur Vorausdarstellung (τύπος) der nt. Heilszeit erklärt wird. Die genaue Beobachtung des Wortlauts und des Zusammenhangs, die Beiziehung philologischer und historischer Erkenntnisse und überhaupt der Versuch einer gesunden Kritik sind für die Fortbildung der Exegese wegweisend geworden. Diodors Schüler haben seine Methode voll ausgebildet, vor allem → Theodor von Mopsuestia und dessen Bruder → Polychronius von Apamea, aber auch der zu Theodor geflohene Abendländer → Julian von Eclanum. Der große Prediger Johannes → Chrysostomus ist der kirchlich angesehenste Vertreter der Antiochener und der einzige, der dem Schicksal einer posthumen Verurteilung entgangen ist. Sein Gegner → Severian von Gabala war als Homilet und Exeget Antiochener, und selbst → Apollinaris von Laodicea hat ihre Grundsätze exegetisch vertreten. Bei → Theodoret von Cyrus zeigen sich trotz seinem ausgebreiteten exegetischen Werk Anzeichen dafür, daß die Kraft der Schule im Schwinden war.

4. In dogmatischer Hinsicht waren die (in 3) erwähnten Vertreter der a.Th. Anhänger der nicänischen Orthodoxie, ja Diodor wurde geradezu zum Normaltheologen erklärt und stand den Kappadokiern nahe. Auch entsprechen die Antiochener als strenge Asketen dem mönchischen Ideal ihrer Zeit. Ihr Unglück war, daß sie in der Frage nach der Person Christi eigene Wege gegangen sind – vielleicht unter Einwirkung älterer Tradition (s. 1) und von → Eusebius von Emesa? Sie vertreten (mit Unterschieden) gegen Apollinaris von Laodicea die Trennung der Gottheit und Menschheit im Erlöser. Der Gott-Logos kann nicht Fleisch werden, sondern geht darin ein wie in einen Tempel. Die Einheit seiner Person kann nur dialektisch nach Röm 1, 3f begriffen werden. Entsprechend wird die Rolle der Maria im Gegensatz zu ihrer steigenden Bedeutung im Volksglauben sehr zurückhaltend gewertet. Daran entzündet sich der Kampf gegen → Nestorius. Seine von den Alexandrinern (→ Cyrill von A.) betriebene Verurteilung 431 und 451 bringt die a.Th. im Reichsgebiet zum Erliegen. Sie hat ein langes Nachleben in der nestorianischen Kirche Persiens (→ Nestorianer) gefunden. Das Abendland übernimmt von ihr, vermittelt durch Junilius Africanus, die exegetische Tradition.

F. Loofs, Paul v.Samosata, 1924 – Ders., Theophil. v.A., 1930 – G. Bardy, Lucien d'A. et son école, 1936 – M. Spanneut, La position théol. d'Eustath. d'A. (JThS NS 5, 1954, 220–242) – A. Grillmeier, Die Vorbereitung der Formel v.Chalkedon (Grillmeier-Bacht, Das Konzil v. Chalkedon, 1951, 1–202; Lit.). – Vgl. die Lit. bei den genannten Artikeln. *W. Eltester*

Antiochia am Orontes, von Seleucus I. (300 vChr) an der Kreuzung großer Handelsstraßen gegründet, war die Hauptstadt → Syriens (: I) und eines der wichtigsten Emporien des Altertums mit einer zahlreichen aus Griechen, Syrern und Juden gemischten Bevölkerung. Seit 636 trennte die arabische Eroberung Syriens A. vom Reich. Im 10.Jh. von den Byzantinern zurückerobert, im 11.Jh. an die Seldschuken erneut verloren, wurde die Stadt seit dem ersten Kreuzzug 1098 Mittelpunkt eines christlichen Teilstaates unter normannischen Fürsten, bis 1268 die Mamelucken sie endgültig zerstörten. – Das alte A. war eine hellenistische Stadt mit prächtigen Bauten, unter denen die Säulenstraßen und der Apollotempel im Vorort Daphne berühmt waren. Unter Kaiser → Julian war → Libanius Vertreter eines sich vorübergehend neu belebenden Heidentums (→ Ammianus Marcellinus). – Das *Christentum* wurde gleich nach seinem Ursprung von den aus Jerusalem vertriebenen »Hellenisten« hierher übertragen, und der Name »Christen« kam in A. zuerst auf (Apg 11, 26). Die Mission griff auf die Heiden über, und Paulus gab ihr hier die grundsätzliche Wendung (vgl. seinen Streit mit Petrus Gal 2, 11ff). In der nachapostolischen Zeit stellt A. mit → Ignatius einen entschieden monarchischen Bischof und den Repräsentanten eines spezifisch syrischen Christentums. Unter den Apologeten ist A. durch seinen Bischof → Theophilus vertreten. In A. wurde das Christentum zuerst hoffähig (vgl. aber → Edessa), als → Origenes vor Julia Mamäa hier Vorträge hielt. Während der Zugehörigkeit von A. zum palmyrenischen Reich der → Zenobia bekleidete der Bischof → Paul aus Samosata einen hohen weltlichen Rang. Hier wirkte der Presbyter → Lucian, der Vater der »arianischen« Partei im trinitarischen Streit. In dessen Verlauf war A. die Hochburg der orientalischen Bischöfe und Schauplatz der bedeutenden, am 6.1.341 eröffneten Kirchweihsynode. Im weiteren 4.Jh. gewann die → antiochenische Theologie schulbildende Kraft. Ihr Einfluß verband sich mit dem fortdauernden kirchenpolitischen Gegensatz zu Alexandria. Im 5.Jh. minderte sich die Stellung von A. als kirchliches Haupt der Diözese Oriens durch seine theologische Niederlage (→ Nestorius) und das Emporkommen neuer Zentren (→ Konstantinopel, → Jerusalem). Im 6.Jh. verlor A. durch seine Grenzlage und die inneren Wirren (Monophysitismus [→ Christologie: II], → Severus von A.) immer mehr an Bedeutung. – Von Kirchenbauten hören wir seit dem 3.Jh. und überblicken ihre Geschichte im 4. und 5.Jh.; Reste von solchen sind neuerdings ausgegraben worden.

V. Schultze, Altchristl. Städte u. Landschaften III, 1930 – Antioch on the Orontes (Publications of the Committee for the Excavations of Antioch I–IV, 2), Princeton 1934–52 – W. Eltester, Die Kirchen A.s im 4.Jh. (ZNW 36, 1937, 251–286) – J. Jeremias, ZNW 40, 1941, 254 – RAC I, 1942, 461ff – R. Devresse, Le patriarcat d'Antioche depuis la paix de l'église jusqu'à la conquête arabe (Études Palest. et Orient.), 1945 – G. Haddad, Aspects of Social Life in Antioche in the Hellenistic-Roman Period, 1949 – P. Wolf, Vom Schulwesen der Spätantike, Studien zu Libanius, 1952 – E. Bammel, Zum jüdischen Märtyrerkult (ThLZ 78, 1953, 119–126). *W. Eltester*

Antiochus IV. Epiphanes (dh »der erschienene Gott«), Sohn Antiochus' III., 8. König des hellenistischen Seleukidenreiches in Vorderasien, regierte 176/75–164 vChr; Feind der Makkabäer (→ Judentum: I); bedeutende Herrscherpersönlichkeit. Nach der Niederlage seines Vaters gegen die Römer bei Magnesia 190 vChr verlebte er etwa 13 Jahre als Geisel in Rom, wo er zum Bewunderer und Freund des Römertums wurde. Nach Heliodors Attentat auf Seleukos IV., seinen Vorgänger und Bruder, auf den Thron gelangt, machte er sich daran, die Weltstellung seines Reiches durch Erwerbungen im Orient neu zu festigen. Die althergebrachte Feindschaft seines Hauses zu den → Ptolemäern in Ägypten gedachte er durch Eroberung des Nillandes endgültig zu beenden. Der sich ihm anbietenden Gruppe der »Reformjuden«, die ihm entsprechend ihren mit den Absichten des Königs sympathisierenden Hellenisierungstendenzen den Zugriff auf die Tempelschätze Jerusalems gestatteten, lieh er seine aktive Unterstützung in ihrem kurzsichtigen Kampfe gegen die Altgläubigen. Die Römer glaubte er sich dadurch zu verpflichten, daß er sich allen Werbungen für eine Einheitsfront der hellenistischen Mächte gegen Rom versagte und während des vierjährigen letzten Krieges zwischen Rom und Makedonien (172-168) neutral blieb. Dafür warf er sich auf Ägypten, das er in zwei Feldzügen gewann außer der Hauptstadt Alexandria. Nach Roms entscheidendem Siege über Makedonien bei Pydna 168 vChr zwang das herrische Gebot einer römischen Gesandtschaft den gänzlich überraschten König, das Nilland wieder zu räumen. Den beschämenden Eindruck suchte A. jetzt in Palästina dadurch wettzumachen, daß er im Bunde mit den jüdischen Hellenisten die orthodoxen Juden gewaltsam verfolgen ließ. Das Ergebnis war die Erhebung der Makkabäer 166 vChr, die in einem wechselvollen blutigen Religions- und Bürgerkriege ihr Bekenntnis zu retten vermochten. A. konnte nicht selbst eingreifen, da er - nach einer prunkvollen Schaustellung seiner noch immer beachtlichen Macht in Daphne bei Antiochia - gegen die Parther gezogen war, um sein Prestige durch Gewinne im Osten wiederherzustellen. Als er im Herbst 164 plötzlich in Gabä (Ispahan) starb, gelang es Judas Makkabäus, in Jerusalem den Tempel neu zu weihen (Dez. 164). Sehr gegen seine Absichten ist A. »zum Totengräber seines Staates geworden« (Otto); seine Politik erwies sich als völlig verfehlt und irreal.

PW I, 2, 1894, 2470ff - B.NIESE, Gesch. der griech. u. makedon. Staaten seit Chäronea III, 1903, 92ff - ED.MEYER, Ursprung u. Anfänge des Christentums II, 1921, 139ff - W.OTTO, Zur Gesch. der Zeit des 6. Ptolemäers, 1934 - E.BICKERMANN, Der Gott der Makkabäer, 1937, 143ff (Übersicht der Quellen) - F.REUTER, Beitr. z. Beurteilung des Königs A.E., 1938 - H.LUDIN-JANSEN, Die Politik A.' IV., 1943; dazu O.EISSFELDT, DLZ 65, 1944, 37ff - M.B.DAGUT, II Macc. and the death of A. (JBL 72, 1953, 149-157) - M.ROSTOVTZEFF, Gesellschafts- u. Wirtschaftsgesch. der hellenist. Zeit (deutsche Ausg.) II, 1955, 555f; III, 1955, 1258ff - J.SCHAUMBERGER, Die neue Seleukiden-Liste BM 35603 u. die makkab. Chronologie (Bibl 36, 1955, 423-435).
H.E.Stier

Antipater, Bischof *von Bostra* (Arabien), einer der Adressaten der Rundfrage Kaiser Leos 457 wegen der Geltung des Chalcedonense (→ Christologie: II). Bekämpfte den Origenismus (→ Origenes, → Alexandrinische Theologie), besonders durch eine »Widerlegung der von → Eusebius, Bischof von Cäsarea, verfaßten Origenes-Apologie«. Stellen aus dem 1. Buch wurden beim Konzil zu Nicäa 787 als Beweis für die dogmatische Unzuverlässigkeit des Eusebius verlesen.

Zwei Homilien (Geburt Johannes d. Täufers u. Mariä Verkünd.) sowie Bruchstücke v. Homil. u. antiorigenian. Schriften erhalten: BHG 847; MPG 85, 1755ff; 86, 2, 2045ff; 96, 468. 488 ff. - RE I, 596f - BARDENHEWER IV, 304ff - STÄHLIN 1487ff - ACO II, V, 23.
U.Treu

Antiphon, Gesang im Wechselvortrag. Einen zweichörigen Vortrag im Umkreis des synagogalen Gesanges erwähnt zuerst → Philo in seinem Bericht über die Therapeuten (de vita contemplativa): diese teilen sich nach dem Mahle in einen Männer- und einen Frauenchor, um unter der Leitung zweier Kundiger Lieder zum Lobe Gottes zu singen. Die übliche Art der → Psalmodie in der christlichen Kirche war der solistische Vortrag, der von Antwortrufen (Hypopsalma) der Gemeinde belebt werden konnte. Der Wechselvortrag der Psalmen erfuhr dann im 4.Jh. im Zusammenhang mit den Glaubenskämpfen der Zeit einen großen Aufschwung. → Doxologie und Kehrreim gaben Gelegenheit zum Bekenntnis und Angriff. Er wurde zunächst von den Arianern, dann auch von den Orthodoxen gepflegt und verbreitete sich von Syrien über Byzanz nach Mailand (386) und dem Westen; in beiden Städten wurde er - in Mailand von → Ambrosius - inmitten der Nöte der Zeit amtlich angeordnet. Im 6.Jh. verlagerte sich die Bedeutung des Wortes A. endgültig vom Wechselvortrag der Psalmen auf den Begleitruf der Menge, den später die Schola übernahm und so ausgestaltete, daß A. nunmehr ein Gesangsstück bedeutet, das den Psalm begleitet. Die A. wurde zunächst öfters während des Psalmes wiederholt; bisweilen lösten sich auch mehrere A.en bei einem Psalm ab. Der wiederholte Vortrag erhielt sich im → gallikanischen Choral länger. Da aber die A. der Schola in der Messe zum Kunstwerk wurde, vermochte sie den Psalm bis auf einen Vers zurückzudrängen (→ Introitus) oder gar preiszugeben (→ Offertorium, → Communio). Der antiphonale Psalmvortrag war Begleitgesang von Handlungen und wurde in dem Maße, wie diese Handlungen - Opfer- oder Kommuniongang - verkümmerten, entbehrlich. Die Offiziums-A.en sind schlicht; etwas reicher ausgeschmückt sind die A.en zu den → Cantica. Die → Marianischen A.en sind psalmenlos. Musikalisch sind die A.en Modellkompositionen (vgl. → Gregorianischer Gesang). Der Text wird zunächst dem Begleitpsalm, später auch der Schrift, insbesondere dem Evangelium entnommen; im Mittelalter bildete er mit anderen Gesangstexten oft eine »Historie« (→ Reimoffizien).

P.WAGNER, Einführung in die gregorianischen Melodien, Bd 1-3, (1895) 1911-21[3] - E.JAMMERS, Der gregorianische Rhythmus. Antiphonale Studien, 1937 - MGG I, 523 ff.
E.Jammers

Antiphonar → Liturgie: V.

Antisemitismus

1. Erscheinungsformen und Deutungen des A. - 2. Die Hauptepochen des A.

1. Das Wort A. verschleiert den Tatbestand, der gemeint ist. Das »Anti« gilt nicht dem Semiten, für den der Antisemit große Sympathien haben kann, sondern dem *Juden.* Der A. umfaßt die ganze Skala von Gefühlen und Verhaltensweisen gegen die Juden zwischen instinktiver Aversion, die keinem Juden ein Haar krümmen möchte, bis zu einem Haß, der sich die planmäßige Ausrottung aller Juden zum unverrückbaren Ziele setzt. A. ist seit dem Bestehen einer jüdischen → Diaspora aufweisbar. Eine Geschichte des A. hätte etwa mit dem → Estherbuche zu beginnen und würde in der Vernichtung von 6 Mill. Juden durch die Herrschaft des Nationalsozialismus ihr Ende finden. Man kann in der Geschichte des A. zwischen einem A. der alten Welt, des Mittelalters und der Neuzeit unterscheiden. Aber man wird im Fall des A. das Mittelalter bereits von der Ausbreitung des Christentums über das römische Reich an zu rechnen haben und als den Beginn der Neuzeit keinen bestimmten Zeitpunkt nennen, sondern ein offenkundig gewordenes Maß von Entchristlichung des Staates und des öffentlichen Lebens. Diese drei Perioden zeigen je eine verschiedene Art von A. Zwar kann man vom Altertum bis zur Neuzeit immer wieder die gleichen Gründe für die Judenfeindschaft entdecken: religiöse, politische, wirtschaftliche, während die rassischen erst der Neuzeit eigentümlich sind. Aber beim A. sind die Gründe weniger wichtig als die Hintergründe. Man hat diese Hintergründe im Subjekt der Judenfeindschaft gesucht. Denn es handelt sich um A. nicht schon dann, wenn überhaupt ein Jude angefeindet wird, sondern erst dann, wenn der Jude mit anderem Maß gemessen

wird als der Nichtjude oder wenn er für Dinge verantwortlich gemacht wird, die irgendein Jude irgendeiner fernen Zeit oder Gegend begangen hat, mit denen er selbst nichts zu tun hat, oder gar wenn er lediglich um seines Judeseins willen angefeindet wird. Diese Tatsachen rechtfertigen die verschiedenen Versuche, die Judenfeindschaft im Subjekt begründet zu finden. Man kann mit F.Bernstein den A. als einen Fall von Gruppenfeindschaft ansehen, mit M.Müller-Claudius als »seelische Massenstörung«, in der die Last eigener Verantwortung in den Juden als Schuldträger hineingeworfen wird, mit J.-P.Sartre als »eine Gesamteinstellung nicht nur dem Juden gegenüber, sondern auch dem Menschen im allgemeinen, der Geschichte und der Gesellschaft gegenüber ...eine Leidenschaft und eine Weltanschauung«. Indes geben alle diese Erklärungen des A. aus dem Subjekt keine zureichende Antwort auf die Frage, warum das Subjekt sich immer wieder gerade die Juden zum Objekt seiner Feindschaft wählt. Letzter Hintergrund des A. ist nicht die »seelisch-geistige Apparatur« des Menschen, sondern sein Glaube bzw. Unglaube oder seine Religion.

2. Der A. ist in den drei genannten Perioden jeweils durch eine bestimmte religiöse Haltung geprägt, jedoch so, daß die Haltung der früheren Periode mit dem Anbruch der nächsten nicht einfach verschwindet.

a) In der *Antike* hat zweifellos die religiöse Besonderheit des Juden den größten Anstoß erregt. Sicherlich hat diese religiöse Besonderheit auch das politische und wirtschaftliche Verhalten geprägt, und sicherlich hat das Bewußtsein von dieser Besonderheit sich auch als Stolz und Hochmut gegenüber den Nichtjuden auswirken können. Aber hinter den gegen die Juden immer wieder vorgebrachten Anklagen der Gottlosigkeit, des → Ritualmordes (: II), der Feindschaft gegen das Menschengeschlecht steht als eigentlicher Grund der heimliche Protest der nichtjüdischen Menschheit gegen den Ausschließlichkeitsanspruch des im AT bezeugten Gottes, der Aufstand einer an die Natur und ihre Ordnung und ihren Kreislauf gebundenen Religion gegen den in der Geschichte redenden und auf ein Ziel hin handelnden Gott, von dem der geschichtliche Augenblick mit Verantwortung und Entscheidungsernst geladen wird.

b) Die Situation wird eine grundsätzlich andere in der *mittleren* Periode, der Zeit des Christentums. Es zeigt sich zunächst eine enge Verbundenheit zwischen dem Gottesvolk des alten und des neuen Bundes. Gegen die Christen werden bis ins 3.Jh. hinein dieselben Vorwürfe erhoben wie gegen die Juden. Gegen den im NT bezeugten Gott und Jesus Christus wird seit dem Aufklärungszeitalter und in allem Aufklärungsdenken vor und nach ihm derselbe Protest eingelegt wie gegen den im AT bezeugten Gott. Der A. des 19. und 20.Jh.s vollends schreitet immer mehr und immer wieder fort zum Antichristentum, vom Kampf gegen das AT zum Kampf gegen das NT, wenn auch oft unter dem Deckmantel der Entdeckung eines wahren, arischen Evangeliums oder artgemäßen Christentums. Die Verbundenheit zwischen dem alten und neuen Gottesvolk zeigt sich jedoch nicht nur in der Gemeinsamkeit der gegen beide sich richtenden Polemik. Von verschwindenden Ausnahmen in der übrigen Welt und größeren in den islamischen Ländern abgesehen halten sich die Juden im Bereich der Christenheit auf; trotz aller Verfolgungen hat eine Lösung der Wohngemeinschaft nicht stattgefunden. Dabei hat es sich sehr oft um mehr als bloße Wohngemeinschaft gehandelt. Das ist nicht erst in der Zeit der mit der französischen Revolution politisch und mit Moses → Mendelssohn geistig angebahnten Emanzipation geschehen. Diese hat vielmehr wie aller Philosemitismus aufklärerischen Ursprungs und humaner Art in hohem Maße Auflösung des Judentums als Judentum gewirkt und den Verlust der Privilegien bedeutet, die zwar oft verletzt und geraubt und immer nur einzelnen Juden verliehen wurden, die jedoch ihrerseits das Rückgrat der jüdischen Gemeinschaft bildeten. So erschreckend und beschämend auch die furchtbaren Leiden der Judenheit im »christlichen Abendland« gewesen sind, so hat es doch auch lange Zeiten gegeben, in denen sich Juden und Christen innerlich sehr nahe standen. Wenn zB Konzilsbeschlüsse des 5. und 6.Jh.s oder der Erzbischof → Agobard von Lyon († 840) sich gegen die Juden wenden, so steht im Hintergrunde ein solch enges, bis etwa um das Jahr 1000 währendes Verhältnis zwischen Christen und Juden, daß Übertritte von Christen zum Judentum nicht nur drohten, sondern auch nicht selten tatsächlich vorkamen. Luthers Wendung von entschieden judenmissionarischer Haltung zur Judenfeindschaft ist, wenn auch nicht ausschließlich, dadurch bedingt, daß ihm die werbende Kraft und Tätigkeit des Judentums begegnete. Es hat immer wieder die Möglichkeit echten geistlichen, nicht nur gestellten oder unter Bedrohung für die Juden stehenden Gesprächs gegeben, das trotz intellektualistischer Formen in Glaubensentscheidung hineinführte. Wenn mit den Kreuzzügen Jahrhunderte beginnen, die für die Juden voller Vertreibungen, Ausplünderungen, Foltern und Morde sind, wenn in ihnen die Anklagen wegen Ritualmord, Hostienschändung, Brunnenvergiftung eine vernichtende Rolle spielen, so handelt es sich hier letztlich um eine Säkularisierung und Verabsolutierung des einen Momentes, das im ernsthaften christlich-jüdischen Gespräch und Verhältnis nicht fehlen darf: die Kirche steht zur Synagoge legitimerweise im Verhältnis gleichzeitig der Kontinuität und Diskontinuität. A. im christlichen Abendland ist letztlich dadurch bedingt, daß einerseits bewußt oder unbewußt die Kontinuität preisgegeben und andererseits das Ereignis des christlichen Glaubens in die Größen »christliches Volk« und »christlicher Staat« eingefangen wird. Dieses kann geschehen, ohne daß sogleich das Erste mitvollzogen wird. In diesem Fall haben wir es mit einem sog. christlichen A. zu tun; er kann jedoch nur als eine Übergangserscheinung gelten. Wo das Verhältnis zu den Juden statt durch den christlichen Glauben durch das christliche Volk oder den christlichen Staat bestimmt ist, tritt an die Stelle der Liebe als Grundregel für den Verkehr des Christen mit dem Juden das notwendig lieblose Gesetz, das von politischen oder wirtschaftlichen oder demagogischen Erwägungen diktiert ist, und dann scheint A. irgendwelcher Art unvermeidbar.

c) Die *dritte* Periode des A. setzt da ein, wo christliches Volk und christlicher Staat zu Fiktionen werden und als solche erkannt werden, wo aber darüber hinaus auch der christliche Glaube abgelegt und die Rasse zum Quell und Maßstab auch des Glaubens proklamiert wird. Wo dieser primär zoologische Begriff für das menschliche Leben maßgebend wird, wird die Geschichtlichkeit und damit die Eigenart des menschlichen Lebens übersehen und im menschlichen Leben jenes Naturgesetz wirksam, unter dem der Mensch den Mitmenschen grundsätzlich als Widersacher erlebt. In diesem Naturalismus kehrt der Widerspruch der Antike gegen den im AT wie im NT bezeugten, in der Geschichte handelnden Gott wieder. Der Widerspruch ist dadurch verschärft, daß er im Unterschied zu dem naiven der Antike ein bewußter ist. Die grundsätzliche Entmenschlichung aber, in deren Zeichen er steht, erlaubt den maschinellen Vollzug der Nächsten- bzw. Judenfeindschaft, wie er vornehmlich im sog. Dritten Reich in Deutschland geschah und unter der Herrschaft eines biologischen Naturalismus jederzeit geschehen kann.

Abwehr des A. mag bis zu einem gewissen Grade durch Richtigstellung von Verleumdungen und Verbreitung von Tatsachenkenntnis gelingen. Überwunden wird er letztlich nur durch den in der Liebe tätigen Glauben an Jesus Christus und eine mit dem Bußruf an die Christen anhebende Verkündigung, namentlich auch der oft antisemitisch mißbrauchten oder wirkenden Passionsgeschichte.

F.BERNSTEIN, Der A. als Gruppenerscheinung, 1926 - PW Suppl. V, 1931, 3 ff - J.LEIPOLDT, A. in der alten Welt, 1933 - E.L.DIETRICH, Das Judentum im Zeitalter der Kreuzzüge (Saeculum 3, 1953, 94 bis 131) - W.MAURER, Kirche u. Synagoge, 1953 (Lit) - W.HOLSTEN, Missionswissenschaft 1933-52 (ThR NF 21, 1953, 136-161) - DERS., Missionswissenschaft der letzten Jahre (ThR NF 23, 1955, 187-205, Lit.) - A.LESCHNITZER, Saul u. David, 1954 - H.G.ADLER, Theresienstadt 1941-1945, 1955 - H.ARENDT, Elemente u. Ursprünge totaler Herrschaft, 1955 - F.LOVSKY, Antisémitisme et Mystère d'Israël, 1955 - M.MÜLLER-CLAUDIUS, Deutsche u. jüdische Tragik, 1955 - L.POLIAKOV, Du Christ aux Juifs de Cour, 1955 - L.POLIAKOV-J.WULF, Das Dritte Reich u. die Juden, 1955 - E.STERLING, Er ist wie Du, 1956 (Lit.) - J.ISAAC, Genèse de l'Antisémitisme, 1956.
W.Holsten

Antistes, Vorsteher, im römischen Kult offiziell nur in Mithrasgemeinden, christlich gelegentlich inoffizielle Bezeichnung für Bischöfe. In den reformatorischen Staatskirchen von Basel 1530–1911, Zürich 1532–1895 und Schaffhausen 1536–1915 Titel des Oberstpfarrers am Münster. Er empfing die obrigkeitlichen Weisungen, führte die Korrespondenz, war aber gegenüber den Pfarrern rechtlich primus inter pares. Ein geistig bedeutender Antistes gab seiner Kirche oft das Gepräge.

G.WISSOWA, Religion u. Kultus d. Römer, 1912², 370. 483 - G.FINSLER, Kirchl. Statist. d. ref. Schweiz, 1856 - P.WERNLE, Der schweiz. Protestantismus im 18.Jh. I, 1923, 20. *M.Gelzer*

Antitrinitarier. Der humanistische Geist, den die Wittenberger und Genfer Reformatoren zT in die erneuerte Kirche eingebaut, zT aber auch an der Entfaltung gehindert hatten, fand in Oberitalien, dann in Polen und Siebenbürgen freies Feld, seine Prinzipien auf biblisch-exegetische und dogmatische Fragen anzuwenden, ohne auf die Grundgedanken der Reformation einzugehen. So tauchen am Rande der Reformationsgeschichte Geisteshaltungen mannigfacher Art auf, die eigentlich nur durch die allen gemeinsame *Leugnung* der → Trinität (: III) verknüpft sind. Die kirchliche Polemik faßt sie unter dem Ketzernamen A. zusammen. Die wichtigeren A. waren: → Servet, → Gribaldi, → Gentile, → Stancaro, → Ochino, → Biandrata, L. und F. → Sozini, → Gonesius, → Pauli, → Davidis u.a. Ihre Bedeutung für die Vorbereitung der Aufklärung und der Moderne darf weder unter-, noch überschätzt werden. Die A. bildeten Kirchen im 16.Jh. in Siebenbürgen und Polen, seit dem Ausgang des 18.Jh.s in England und Nordamerika (→ Sozinianer, → Unitarier).

CHR.SANDIUS, Bibliotheca Antitrinitariana, 1684 - F.TRECHSEL, Die protest. A. vor F.Sozin I, 1839; II, 1844 - E.M.WILBUR, A history of Unitarism, Socinianism and its antecedents, 1946 - D.CANTIMORI, Italien. Häretiker der Spätrenaissance (deutsch v. W.KAEGI) 1949. *M.Bucsay*

Anton, *Paul* (1661–1730), * in Hirschfelde (Oberlausitz), als Leipziger Student für → Spener gewonnen, eröffnete als Magister in Leipzig mit A.H. → Francke das collegium philobiblicum, 1687 Reiseprediger für den späteren Kurfürsten August den Starken in Frankreich, Spanien, Portugal und Italien, 1689 Superintendent in Rochlitz, 1693 Hofprediger in Eisenach, 1695 auf Speners Vorschlag Prof. für Exegese, Polemik und Praktische Theologie in Halle. Unter den Hallenser Theologen suchte A. besonders den Zusammenhang mit der orthodoxen lutherischen Überlieferung zu wahren.

Concilii Tridentini adeoque et pontificiorum doctrina publica, 1697 (viele Aufl.); Pietistische Verteidigungsschriften: Ausführl. Bericht wegen eines Scripti anonymi »Beschreibung des Unfugs der Pietisten«, 1693; Sendschreiben an einen sächs. Theologum, die Materie von dem wahren lebendigen Glauben betr., 1699. Postum: Vorlesungen über den Römerbrief (1746) u. über die vier Evangelien (1747/48). - Denkmal des Herrn P.A., 1731 - Schriften bei G.F.OTTO, Lexikon der seit d. 15.Jh. verst. u. jetzt lebenden Schriftsteller I, 1800, 27ff - RE I, 598ff - NDB I, 319f. *M.Schmidt*

Antonelli, *Giacomo,* * 2.4. 1806 im Räubernest Sorrino bei Terracina, † 6.11.1876, seit 1830 im Dienst des Kirchenstaats, Apostolischer Delegat in Orvieto (1835), Viterbo (1837), Macerata (1839), wurde 1841 von → Gregor XVI. in das Ministerium des Inneren berufen, 1845 Schatzmeister der Camera Apostolica, 1847 Kardinaldiakon und bis zu seinem Tod Staatssekretär → Pius' IX. Als ein sehr geschmeidiger Diplomat und kluger Politiker, der seine Energie schon bei den Unruhen in Viterbo gezeigt hat, hat A. nach kurzer liberaler Periode die Linie Pius' IX. im Sinn des gregorianischen Absolutismus bestimmt (während und nach dem Exil in Gaeta, 1848/50, aus Anlaß der Ermordung Pellegrino Rossis in den römischen Unruhen) und sich um Reorganisation und möglichste Erhaltung des Kirchenstaats bemüht. Seine ausgesprochen restaurative Einstellung versteifte Bismarcks Haltung im → Kulturkampf, auch gegenüber dem → Zentrum, bis A.s Tod ein Einlenken ermöglichte.

RGG² I, 398 - LThK I, 508 - StL I, 224 - DHGE III, 832 - J.NÜRNBERGER, Papsttum u. Kirchenstaat, Bd 2 u. 3, 1898ff - J.SCHMIDLIN, Papstgesch. d. neuesten Zeit II, 1934 (Lit.) - G.FRANZ, Kulturkampf, 1954. *Ernst Wolf*

Antonianer

1. *Orientalische A.*, eine Reihe von röm.-kath. (unierten) Kongregationen. Mit dem wachsenden Einfluß Roms im Orient wurde seit etwa dem 17.Jh. auch das Bild abendländischer Mönchsorden auf den Osten übertragen. Neben Basilius (→ Basilianer) galt jetzt auch → Antonius als Ordensstifter, zumal man eine auf ihn zurückgehende Regel zu kennen glaubte (MPG 40, 1065ff; MPL 103, 423ff; vgl. Contzen). Die Mönche des gegen Ende des 15.Jh.s in Rom als Pilgerherberge gegründeten *äthiopischen* Klosters San Stephano di Mori bezeichnete man deshalb im 18.Jh. als A. Aus der Fiktion wurde zu einem gewissen Grade Wirklichkeit durch den um 1700 begonnenen Versuch einer Zusammenfassung und Reform der Klöster der (unierten) Maroniten, für den man auf die sog. Antoniusregel zurückgriff. Diese *maronitischen* A. spalteten sich bald in Libanesier oder Baladiten, Aleppiner und die Kongregation von St. Isaias, die noch heute bestehen. Nach diesem syrischen Vorbild entstanden unter (unierten) armenischen Flüchtlingen im Libanon auch schon im 17.Jh. die *armenischen* A. Noviziat (1761) und Studium (1834) und damit das Schwergewicht der zahlenmäßig nie sehr großen Kongregation wurden später nach Rom verlegt. Die Absetzung des Generalabtes Gazandschian und andere röm. Maßnahmen führten 1870 zur Auflehnung gegen den Vatikan, die durch die Ankündigung des Unfehlbarkeitsdogmas noch verstärkt wurde. Die Flucht aus Rom nach Konstantinopel leitete den Untergang der armenischen A. ein (doch bezeichnen sich auch die → Mechitaristen als A.). Im 19.Jh. hat der Versuch, die Ordnung der maronitischen A. modifiziert als Ansatz zu einer Kirchenreform auf die unierten Chaldäer zu übertragen (*chaldäische* A.) nicht viel Erfolg gehabt.

B.CONTZEN OSB, Die Regel des hl. Antonius, 1895 - RE I, 600f - DHGE III, 861ff - HEIMBUCHER I, 74ff.

2. *Antonisekte,* auf den Wunderdoktor *Anton Unternährer* (1759–1824) zurückgehende, heute wohl ausgestorbene Sekte in der Schweiz. Seit 1802 verkündigte

A.U. in Wort und Schriften seine antinomistische Lehre, die er biblizistisch untermauerte, und gab sich als wiedergekommener Christus aus. Unter Ablehnung aller verpflichtenden Kirchen- und Staatsgewalt gilt nur das Liebesgebot und Gen 1, 28; deshalb ist Geschlechtsgemeinschaft (einschließlich Promiskuität) das wahre Sakrament. Die Unterscheidung von gut und böse stammt vom Teufel. A.U. war mehrfach, seit 1820 fast ständig in Haft. Seine Lehren hielten sich im Verborgenen noch längere Zeit.

G.Joss, Das Sektenwesen im Kanton Bern, 1884 - RE I, 601 f.
G.Kretschmar

3. *Antonisten,* christlich-theosophische Sekte in Belgien, Frankreich, Deutschland und England, begründet von dem aus einer Grubenarbeiterfamilie stammenden Antoine Louis (1846-1912) aus Mons-Crotteux, Belgien, der seit 1888 spiritistische Erlebnisse hatte, dann sich der Krankenheilung durch Handauflegen zuwandte und seit etwa 1905 eine neue Religion verkündete (Christus = heilendes Medium mit dem Ziel der Erlösung der leidenden Menschheit).

Révélation de l'auréole de la conscience, 1935 (enthält die Lehre des »Père Antoine«) - H.-Ch.Chéry, L'offensive des sectes, Paris 1954.
H.-H.Schrey

4. *Antonier* (Tönniesherren) → Hospitaliter.

Antoninus, *der Heilige* (1389-1459), * zu Florenz, 1405 Dominikaner, festigte die Ordensdisziplin in der toskanischen Provinz, war 1439 an den Einigungsbestrebungen mit den Griechen beteiligt und wurde 1446 Erzbischof von Florenz, 1523 heilig gesprochen. Der theologische Einfluß des → Thomas von Aquino zeigt sich besonders in den ethischen Partien der Summa theologica des A. Seine Summa confessionalis wurde viel gelesen. Im Chronicon (gedruckt Venedig 1474-79) gibt A. eine kompilatorische Weltchronik, die bis 1457 reicht und schon leise Renaissance-Töne anklingen läßt.

AS Mai I, 310ff - A.Masseron, S.A., 1926 - LThK I, 511 - EC I, 1529ff.
O.Rühle

Antonius, 1. *der Große,* † 356 in hohem Alter, ältester bekannter Eremit, ging als zwanzigjähriger, durch das Evangelium vom reichen Jüngling (Mt 19) bestimmt, in die Wüste (zuletzt Mons S.Antonii unweit des Roten Meeres). A. erscheint in den → Apophthegmata patrum als Büßer, der die Versuchungen der Welt flieht und in der Zelle ein Leben des Gehorsams gegen die biblischen Weisungen führt, unter Aufnahme und Umbildung einer schon vorgefundenen Lebensform; dagegen schildert → Athanasius in der *Vita Antonii* an dem bildungsfremden, aber geistbegabten Kopten den vollkommenen Christen, der als Vorkämpfer der Kirche die Dämonen in ihren eigenen Sitzen aufsucht, siegreich gegen Heidentum und Häresie streitet und die durch ihn begonnene Bewegung in den kirchlichen Zusammenhang einfügt.

Holl II, 249-269 - R.Reitzenstein, Des Athanasius Werk über das Leben des A. (SAH 5, 8), 1914 - L.v.Hertling, A. der Einsiedler, 1929 - H.Dörries, Die Vita Antonii als Geschichtsquelle (NAG 1949 H. 14) - L.Bouyer, La vie de S.Antoine, 1950 - Antonius Magnus Eremita. 356-1956, hg.v. B.Steidle (Studia Anselmiana Fasc. 38), Rom 1956.
H.Dörries

2. *von Padua* (* ca 1195 in Lissabon, † 1231 bei P.), der erste theologische Lehrer der Franziskaner (seit 1223) in Italien und Frankreich, später mehr als Prediger (des gelehrten Stils, zugleich aber volkstümlich, moralisch und sozial) unter großem Zulauf tätig, besonders in Padua, von wo seine Verehrung als Wundertäter ausging; 1232 heilig, 1946 zum Doctor Ecclesiae erklärt.

Predigten hg.v. A.M.Locatelli, 1895-1905. - DHGE III, 797ff - DSp I, 714ff - R.Huber, St.Anthony of P., 1948 (Lit.) - S.Clasen, Lehrer des Evangeliums (Franzisk. Quellenschriften 4), 1954.
M.A.Schmidt

Antonius *Chrapowitzky* (1863-1936), anerkannter russischer Dogmatiker und Pastoraltheologe, Vertreter eines christlichen Personalismus, Metropolit von Kiew, emigrierte 1920, Haupt der Russischen Synodalen Auslandskirche (→ Orthodoxe Kirche: III) mit dem Sitz in Karlowitz (Karlowzy), Jugoslawien; Monarchist.

Werke Bd 1-3, Petersburg 1911. Ferner u.a.: Versuch eines christlichen Katechismus, 1924; Das Dogma von der Erlösung, 1926; Wörterbuch zu den Werken Dostojewskis, Sofia 1921 (russ. u. franz.) - G.Florovsky, Wege der russ. Theologie, Paris 1937 (russ.) - V. Zen'kovsky, Gesch. der russ. Philosophie II, Paris 1950 (russ.).
Hildegard Schaeder

Apáczai Csere (Tschere aus Apahza), *Johann,* ungarischer ref. Pädagoge, Philosoph und Theologe. * 1625 in Apáca, † 1659 in Klausenburg, geschult seit 1643 in der Bethlenschen Hochschule in Karlweißenburg, 1648-53 in Franeker, Leiden, Utrecht und Harderwijk. Der Verkehr mit der holländischen Gelehrtenwelt wurde für A.s wissenschaftliche Entwicklung fruchtbar. Als Professor in Karlweißenburg (1653) wurde er wegen seiner kühnen Zeitkritik von orthodoxen Theologen angefeindet und vom Fürsten als Presbyterianer und Cartesianer nach Klausenburg strafversetzt. In den restlichen drei Jahren seines Lebens hob er die Lateinschule Klausenburgs auf Hochschulniveau. Apáczais Kulturideal wurzelte in der christlichen Idee der Gotteskindschaft aller Menschen. Seine pädagogischen Reformvorschläge umfaßten das ganze Unterrichtswesen, forderten die Errichtung einer Universität und einen breiten Volksschulunterricht mit Ungarisch als Unterrichtssprache auf allen Stufen. Seine »Ungarische Encyclopädie« (1653-55) und die »Kleine ungarische Logik« (1654) bot seinen Landsleuten den Stoff der gelehrten Bildung seiner Zeit in der Volkssprache dar. In der Philosophie folgte er Petrus → Ramus und → Descartes, in der Theologie dem Presbyterianismus. Die tragische Gestalt des großen christlichen Erziehers und Zeitkritikers wirkte inspirierend auf die ungarische Dichtung.

E.Fináczy, J.A.Cs. (in: Klebelsberg-Gedenkbuch, 1925) - Ausgewählte pädag. Werke von A., 1956 (ung.) - A.Kovách, Téli zsoltár, 1940 (Drama, ung.) - L.Szenczei, A koldusdiák, 1943 (Roman, ung.).
M.Bucsay

Apelles, Schüler → Marcions, der die Theologie seines Meisters vom Boden der alexandrinischen Religionsphilosophie und Gnosis aus umgestaltete und sich dafür auf die Offenbarungen einer Prophetin Philumene berief. Außer deren »Phaneroseis« schrieb er die »Syllogismen«, in denen er die Glaubwürdigkeit des AT rational bestritt; beide Schriften kennen wir nur noch aus der Polemik der Kirchenväter. A. lehrte danach nur eine ἀρχή, den guten Gott, der die obere Welt und die Seelen geschaffen hat. Bei der Erschaffung der unteren Welt versagte der damit beauftragte oberste Engel (δεύτερος θεός); das Böse und das Fleisch geht erst auf einen abgefallenen »feurigen« Engel zurück, den Gott des AT. Der Dualismus Marcions ist also erweicht; auch in der Christologie: der Sohn des guten Gottes hatte einen wirklichen Leib aus den Weltelementen, in dem er wirklich litt. Im Alter wurde A. der Spekulation gegenüber skeptisch; über Gott könne man nichts exakt Beweisbares sagen, »erlöst würden die, die auf den Gekreuzigten gehofft haben, wenn sie in guten Werken erfunden würden« (Gespräch mit Rhodon, Euseb hist. eccl. 5, 13; älteste Quelle zu A.). Dazu gehörte für den Marcioniten A. natürlich die Ehelosigkeit.

Lit. s. bei → Marcion; bes.: A.v.Harnack, Marcion (TU 45a), 1924^2, 177ff. 404ff.
G.Kretschmar

Apertio aurium → Taufe: IV. V.

Aphraates → Afrahat.

Apokalyptik

I. Apokalyptische Literatur, religionsgeschichtlich - II. Jüdische A. - III. Altchristliche A. - IV. Kirchengeschichtlich. - Vgl. → Eschatologie

I. Apokalyptische Literatur, religionsgeschichtlich

A., d.i. eine Spekulation, die - gern in allegorischer Form (→ Allegorie) - den Weltlauf deuten und das →Weltende enthüllen will, kommt mehr oder weniger in allen denjenigen Religionen vor, in denen sich eine → Eschatologie (: I) entwickelt hat. Besonders reich ausgebildet ist die iranische A., die die jüdische und christliche A. beeinflußt hat; sie hängt ihrerseits mit indischen Weltalterspekulationen (→ Weltperioden) zusammen.

Die indische Spekulation zählt vier Weltalter, die zusammen 12 000 Jahre ausmachen und während derer sich die Zustände in der Natur und im Menschenleben stufenweise verschlechtern. Dies wird mit den pantheistischen Vorstellungen verbunden: das Weltall ist der Körper des Gottes, und der Weltlauf, während dessen die Farbe des Gottes sich verändert, stellt das Altern des Gottes dar. Diese Spekulationen werden im Jainismus und im Buddhismus fortgesetzt.

In →Iran (: II), wo die A. mehrere Schriften hervorgebracht hat (Bahman Yašt, Arda Vīrāf, Ayātkār i Žāmāspīk, die Orakel des Hystaspes), werden drei oder vier Perioden von je 3000 Jahren gezählt; letztere Einteilung hängt mit der Vorstellung vom Zeitgott Zervan (→ Aion) als viergestaltigem Gott zusammen. In den drei ersten Perioden geht die Schöpfung von einem geistigen in einen materiellen Zustand über und das Böse vermischt sich mit dem Guten, in der vierten, die mit dem Auftreten → Zarathustras eingeleitet wird, wird durch ihn und die drei nacheinander erscheinenden → Erlöser die Ausscheidung des Bösen zustande gebracht. Viele Einzelzüge stimmen mit der indischen Spekulation überein. Im Bahman Yašt werden die Zeitalter als Zweige des → Weltbaums dargestellt, der mit der Gottheit identifiziert werden kann. In den Schilderungen der Endzeit mischen sich mythische Motive mit Anspielungen auf die Gegner Zarathustras. Unter babylonischem Einfluß rechnet man auch mit einer Weltdauer von 7000 Jahren, wobei jedes Jahrtausend unter einem Planeten steht.

Von der jüdischen und christlichen → Apokalyptik (: II. III) ist die (mittelalterliche) islamische A. beeinflußt. Hier ist sie besonders in schiitischen Kreisen gepflegt worden und mit den Erwartungen des → Mahdi verknüpft, kommt aber auch sonst vor. Die sog. ğafr-Werke bedienen sich vor allem der → Astrologie und der Buchstabenspekulation (→ Alphabet) zur Deutung des Weltlaufs, während die malāḥim (sing. malḥama), kurze, oft poetische Schriften, die zukünftigen Ereignisse bis zum Ende der Dinge zumeist in dunkel verhüllender Weise verkünden.

Als nordische A. könnte die Ragnarök-Schilderung der Voluspa bezeichnet werden. Apokalyptische Elemente auf griechischem Boden finden sich in Hesiods Weltalterslehre, in Plutarchs De genio Socratis und in den → Sibyllinen. Ägyptische Ansätze sind bei v.Gall, 48ff verzeichnet.

Allgemein: ERE I, 183ff - M.Éliade, Le mythe de l'éternel retour, 1947 - P.Vulliaud, La fin du monde, 1952. - Indisch: E.Abegg, Der Messiasglaube in Indien u. Iran, 1928 - H.W.Schomerus, Indische u. christliche Enderwartung u. Erlösungshoffnung, 1941. - Iranisch: A.v.Gall, Βασιλεία τοῦ θεοῦ, 1926, 110ff - J.Bidez-F.Cumont, Les Mages hellénisés I-II, 1938 - Ayātkār i Žāmāspīk, hg.v.G.Messina, (Biblica et Orientalia 9), 1939 - R.C.Zaehner, Zurvan, 1955,96ff. - Islamisch: M.Steinschneider, ZDMG 28, 1874, 627-659; 29, 1875, 162-166 - C.H.Becker, in: Festgabe für Th.Nöldeke, 1916, 7-57 - R.Hartmann, Eine islamische Apokalypse aus der Kreuzzugszeit, (SGK 1, 3), 1924 (dazu OLZ 29, 1926, 507ff) - H.Lammens, Études sur le siècle des Omayyades, 1930, 391ff - D.S.Attema, De mohammedaansche Opvattingen omtrent het Tijdschip van den jongsten Dag en zijn Vorteekenen, 1942. - Klassisch: Roscher VI, 375ff - PW 2. R. VIII/1, 1195ff - RAC I, 504ff. - Nordisch: A.Olrik, Ragnarök, die Sage vom Weltuntergang, 1922 - R.Reitzenstein, Weltuntergangsvorstellungen (KÅ 25, 1924, 129-212).

H.Ringgren

II. Jüdische Apokalyptik

1. Übersicht - 2. Thematik und Charakter - 3. Dualismus

1 Als jüdische A. kann man sowohl eine Literaturgattung bezeichnen, die sich mit der Enthüllung (ἀποκάλυψις) von Geheimnissen über den Weltlauf und vor allem über die letzte Zeit und das Weltende befassen, als auch im allgemeinen einen Vorstellungsbereich ähnlichen Inhalts, der auch in nicht eigentlich apokalyptischen Schriften des Judentums zutage tritt. In mancher Hinsicht kann diese A. als eine Art Fortsetzung des Prophetismus betrachtet werden, und in der Tat läßt sich eine scharfe Grenze zwischen Prophetismus und A. kaum ziehen. Einerseits enthält die prophetische Literatur literarische Einheiten bzw. Kompositionen, die apokalyptische Züge aufweisen oder wenigstens einzelne apokalyptische Motive vorbereiten (zB Jes 24-27; Ez 37-48; Sach 9-14; Joel); andererseits verwertet die A. prophetisches Gut, obwohl manchmal umgedeutet und entstellt und in neuer charakteristischer Weise ausgelegt und kombiniert.

Die Entstehung der jüdischen A. dürfte mit dem Zurücktreten der Prophetie und der schwierigen Lage des jüdischen Volkes im hellenistischen Zeitalter zusammenhängen. Wahrscheinlich hat dabei das Bedürfnis, die Heilsaussagen der Propheten mit dem tatsächlichen Zustand auszugleichen, kräftig mitgewirkt: deren Aussagen wurden mit allerlei Spekulationen verknüpft, wobei auch viel nicht-israelitischer Stoff aufgenommen und verarbeitet wurde. Eine entscheidende Rolle scheint die schwere Zeit unter → Antiochus IV. Epiphanes gespielt zu haben. Damals entstand das mit älteren Legenden verknüpfte → Danielbuch. Mit diesem wurde die lange Reihe von Apokalypsen und apokalyptisch akzentuierten Schriften eingeleitet: das äthiopische Henochbuch (→ Henochbücher), das dritte Buch der → Sibyllinen, die → Testamente der 12 Patriarchen, die → Damaskusschrift und die Kriegsrolle von → Qumran (, 4) - alle diese in vorchristlicher Zeit; die → Himmelfahrt Moses, das slawische Henochbuch (später?), → Himmelfahrt und Martyrium des Jesaja (christlich bearbeitet) - in nachchristlicher Zeit, aber vor 70 nChr; das Leben Adams und Evas (Mosesapokalypse), 4Esra (→ Esrabücher: III), die syrische und die griechische Baruchapokalypse (→ Baruchschriften), die → Abraham-Apokalypse, das → Abraham-Testament u.a.m. - diese erst nach 70 nChr. Die als dritte Gruppe genannten Schriften sind zumeist christlich überarbeitet.

Die jüdische A. scheint fast ausschließlich (Ausnahmen Sib und slHen) auf palästinischem Boden gepflegt worden zu sein. Welchen Kreisen sie entstammt, ist eine viel erörterte Frage; die Hilgenfeldsche Theorie vom essenischen Ursprung (vgl. H.Kohler, JQR 11, 1920, 145-168) scheint neuerdings durch die Funde von → Qumran (, 4) eine gewisse Stütze bekommen zu haben. Jedenfalls hat das orthodoxe rabbinische Judentum die A. weithin, wenn auch nicht durchgängig abgelehnt.

2 Während die Propheten ihren Botenspruch in einer bestimmten Situation verkündeten, wollen die Apoka-

lyptiker eine geheime Weisheit mitteilen, die allerlei Fragen über Aufbau und Natur des Kosmos, den Lauf der Geschichte und die eschatologische Wende beantworten will. Bei den meisten Apokalypsen überwiegt der letztgenannte Aspekt. Freilich will auch diese Offenbarung eine Botschaft vermitteln: sie will den Glaubensmut der Frommen in schweren Zeiten stärken (zB Dan in der Verfolgung unter Antiochus IV., 4Esr nach dem Fall Jerusalems).

Die Verfasser apokalyptischer Werke treten nicht mit eigener Vollmacht und unter ihrem Namen auf, sondern teilen Offenbarungen mit, die einem Weisen oder Propheten der Vorzeit, zB Henoch, Mose, Daniel, gegeben wurden. Diese Lehren waren lange verborgen und versiegelt, jetzt aber werden sie offenbart, und dies auch nicht der großen Menge, sondern nur einem engeren Kreis. Die Weisheit ist im Himmel (äthHen 42; 4Esr 8, 52-54) und wird als geheime Offenbarung mitgeteilt (äthHen 82, 1; 4Esr 14, 5-8. 45-47).

Die Offenbarungen werden gern in der Form von Träumen und *Visionen* gegeben, und die Gesichte werden oft von einem Engel gedeutet. Inwieweit wirkliche visionäre Erlebnisse dahinter stehen, ist schwer zu entscheiden, aber in den meisten Fällen machen die Visionsschilderungen einen künstlichen Eindruck. In diesen Visionen, die meist als allegorisch zu deuten sind, herrschen dunkle und ungewöhnliche Bilder und Motive vor. Völker, Reiche und Könige treten als Tiere, Berge, Wolken usw auf. Teilweise gibt es bei den Propheten Vorbilder dazu, zB Ez 30; 39; Sach 14, aber in der A. wird dies immer mehr zur Konvention. Auch Zahlenspekulationen spielen dabei eine Rolle; symbolische Zahlwerte wie 3½, 4, 7, 70 und 12 sind häufig. Dazu kommt noch eine beabsichtigte Unbestimmtheit und Unklarheit, die den Eindruck des Geheimnisvollen verstärkt und wohl das Unsagbare und Unergreifbare andeuten soll (zB in den Visionen »etwas, das wie ... aussah«, »etwas, das ... glich«). Für die meisten Apokalypsen ist ein Mangel an Einheitlichkeit charakteristisch. Bilder und Gedanken, die in die Tradition aufgenommen sind, werden in unlogisch erscheinenden Kombinationen weitergeführt, ohne daß man dafür eine mechanische Kompilation von Quellen oder Interpolationen voraussetzen darf.

Die göttlichen Geheimnisse, die zum Trost und zur Ermutigung der Frommen mitgeteilt werden, betreffen auch die »Anfänge«, zB den Aufbau des Weltalls, des Himmels und der Unterwelt (zB slHen) oder das Schicksal der gefallenen Engel und den Ursprung der Sünde (äthHen 6ff). Doch liegt das Hauptgewicht auf den eschatologischen Aussagen, wobei eine in der Form von vaticinia ex eventu gegebene Übersicht der Geschichte den Hintergrund bildet (ähnlich in der mitteliranischen Apokalypse Bahman Yašt). Dabei garantiert die Geschichte auch die Zuverlässigkeit der Verkündigung: so wie alles bisher nach dem ewigen Plan Gottes eingetroffen ist, wird es auch in der Zukunft sein. Die Geschichtsbetrachtung ist also gewissermaßen deterministisch; der Weltlauf ist im Ratschluß Gottes vorausbestimmt und geht unerbittlich dem gesteckten Endziel entgegen; alles hat seine bestimmte Zeit, und auch die jetzige Not gehört zum Plan Gottes als ein Zeichen des herannahenden Endes.

3. Im großen gesehen zerfällt für die jüdische A. der Weltlauf in zwei Perioden: *diese* »Weltzeit« und die *kommende* »Weltzeit« (hebr. haᶜolam hăzzæ̂, haᶜolam hăbba', griech. ὁ αἰὼν οὗτος bzw. μέλλων). Der Gedanke ist in den ältesten Apokalypsen nicht ausdrücklich formuliert, aber die Vorstellung steht deutlich im Hintergrund. Dieser → Aion, die Zeit der Geschichte, hat eine bestimmte Dauer: 6000, 7000 oder 12 0000 Jahre - so daß also das Weltende errechnet werden kann - und wird seinerseits in einzelne Epochen zerlegt. Oft rechnet man dabei vier Reiche oder Perioden (Dan 2, 7; äthHen 85 bis 90); aber auch andere Einteilungen kommen vor, oft in dunklen Wendungen (Jahrwochen, 3½ Zeiten) ausgedrückt. Derartigen Weltalterspekulationen liegen wahrscheinlich iranische Vorstellungen zugrunde (→Iran: IV).

Das jetzige Zeitalter ist in der Gewalt des Bösen und der Sünde und kulminiert in einem gewaltigen Angriff der bösen Mächte, wobei die Leiden der Frommen bis ins Äußerste gesteigert werden. Oft spricht man dann von »messianischen Wehen«. Das kann als Weiterbildung prophetischer Aussagen über Krieg, Pest, Hunger, Erdbeben, Verfinsterungen usw verstanden werden, die hier konzentriert und durch weitere Züge vermehrt auftreten. Die ganze Natur gerät in Unordnung; Verwirrung herrscht unter den Menschen, und die Bande der Familie werden aufgelöst (zum letzten Zug vgl. Mi 7, 6 und den babylonischen Text in AOT 230f).

Hinter diesen Gedanken liegt eine *dualistische Anschauung*. Gott und das Böse, Licht und Finsternis stehen einander entgegen. Das Böse wird in eine persönliche Teufelsgestalt (b^{e}lijjāᶜăl-Beliar [→ Belial], Mastema, Satan) konzentriert, bisweilen auch durch eine menschliche Gestalt, den → Antichrist, vertreten. Die dualistische Auffassung ist für das hellenistische Judentum charakteristisch; sie braucht zwar nicht unbedingt Lehngut zu sein, ist aber sicher durch iranischen Einfluß verstärkt und ausgeprägt worden (→ Qumran, 4). Die endliche Entscheidung wird oft als ein Drachenkampf gedacht, ein Zug, der auf babylonische Mythen zurückweist, der aber auch in der iranischen Tradition nicht fehlt. Der Kampf endet mit dem Sieg Gottes, die Toten stehen auf, und der neue Aion, die Ewigkeit bricht herein. Das neue Dasein kann teils unter nationalistisch-irdischem Aspekt als Fortsetzung des Erdenlebens und Triumph des Gottesvolkes, teils universal als ungetrübte Gottesgemeinschaft mit Vernichtung aller Sünde aufgefaßt werden. Bisweilen nimmt das Zukunftsbild kosmische Ausmaße an: man erwartet die Erneuerung der ganzen Schöpfung, einen neuen Himmel und eine neue Erde (→ Dualismus).

Als Träger der Heilszeit erscheint der → Messias, der von den Propheten geweissagte König; aber seine Gestalt wird, obwohl oft unter Wahrung des nationalen Aspekts, ins Transzendente und Mythische erhöht. Er ist zwar der Held, der seine Feinde kriegerisch vernichtet, aber vor allem ist er der Weltrichter und der Friedenskönig, der das Paradies wieder öffnet. Jetzt ist er von Gott verborgen, um am Ende der Zeit aufzutreten. Eine ähnliche Rolle spielt in äthHen und 4Esr der → Menschensohn, in dessen Gestalt der aus der israelitischen Königserwartung erwachsene apokalyptische Messiasglaube mit den Zügen eines himmlischen Erlösers und eines kosmischen Urmenschen vereint ist. In der späteren A. werden die jüdisch-nationalen Züge des Messiasbildes mit den transzendent-universalen gemischt.

Sofern die A. den Bedürfnissen einer Notzeit entsprach, hatte sie auch einen konkreten Auftrag (4 Esr); später kam sie - gleichsam als Literaturgattung - in Mode und trug dann immer stärker konventionelle Züge. Für das junge Christentum ist die jüdische A. von beträchtlicher Bedeutung gewesen. Es ist bezeichnend, daß die meisten jüdischen Apokalypsen nur in den christlichen Kirchen überliefert und bewahrt worden sind.

Bousset, Rel. - P. Volz, Die Eschatologie der jüdischen Gemeinde, 1934 - M.A. Beek, Nationale en transcendente motieven in de joodsche A., 1941 - H.H. Rowley, The Relevance of Apocalyptics, (1944) 1947^2 (Lit.) - G. Widengren, Religionens värld, (1945) 1953^2, 347ff - J. Bloch, On the apocalyptic in Judaism, 1953.

H. Ringgren

III. Altchristliche Apokalyptik

1. Geschichtliche Bedingungen - 2. Die christliche apokalyptische Literatur - 3. a) A. in der Predigt Johannes des Täufers und Jesu und in der urchristlichen Gemeindetheologie - b) A. nach dem Ausbleiben der Parusie; bei Paulus - 4. Die christliche A. in Verfolgungen; historische Bedeutung - 5. Vorläufiges Erlöschen im 2.Jh.

1. Die altchristliche A., mit der jüdischen eng verwoben, setzte diese unmittelbar fort (→ Apokalyptik: II). In hochgespannter Erwartung des nahe geglaubten Weltendes bemächtigten sich die Christen des jüdischen apokalyptischen Schrifttums und formten es christlich um. Die oft mit undurchsichtigen Symbolen verbrämte Geheimliteratur erhielt für sie eine geschichtsmächtige Bedeutung. Mitbedingt durch die Verfolgungen entstanden zum Ende des 1. und Anfang des 2.Jh.s eigene christliche Offenbarungsbücher, zB das 5. und 6. Esrabuch (→Esrabücher: IV) und die →Petrus-Apokalypse. Einige Apokalyptiker wagten sogar, ihren Verfassernamen über das Buch zu setzen; waren die jüdischen Apokalypsen → Pseudepigraphe, so trugen jetzt die → Johannes-Apokalypse und der Hirte des → Hermas die Namen ihrer Verfasser.

2. Folgende Bücher aus der Überlieferung wurden nach christlichen Aspekten verändert und mit entsprechenden Zusätzen versehen: → Himmelfahrt des Jesaja, mehrere Bücher der →Sibyllen, 4Esr (→Esrabücher: III), → Testamente der 12 Patriarchen. - Auf andere berufen sich Schriften des NT; zB ist eine → Elias-Apokalypse 1Kor 2, 9 und Eph 5, 14 zitiert; sie enthielt Beschreibungen des Himmels und des Weltgerichts. Jud 9 beruft sich auf die → Himmelfahrt Mosis, V. 14 auf (äthiop.) Henoch (→ Henochbücher). - Als relativ *selbständig* können gelten: innerhalb des NT die Apk und die apokalyptischen Reden in Mk 13 par und Lk 17, 20-37; außerhalb des NT die → Petrus-Apokalypse, der Hirte des Hermas, 5. und 6. Esra (= 4Esr 1-2 bzw. 15-16; → Esrabücher: IV) und Kap. 16 der → Apostellehre.

Im NT liegen auch apokalyptische *Einzelstücke* vor, die vornehmlich → Parusie und → Antichrist (: I) betreffen, zB 1Thess 4, 13 - 5, 6: Parusie, Mahnung zum Wachsein; 2Thess 1, 4-10: 2, 1-12: Parusie und Antichrist; 1Kor 15, 20-28: Auferstehung, Christi Vollmacht von Gott (→ Wiederbringung aller: I); 2Kor 12, 4: Paulus schaut das himmlische Paradies; Eph 3, 3 ff: Offenbarung des Geheimnisses Christi; Hebr 12, 22-29: Das → himmlische Jerusalem; 1Petr 1, 13 ff: Bewährung vor der Parusie; 2Petr 3: Verzögerung der Parusie, Mahnungen; Jak 5, 7-11: Parusie; 1Joh 2, 18-28: Parusie, Antichrist; 1Joh 4, 1-6; 2 Joh 7: Antichrist.

Diese *zum Vorlesen bestimmte Literatur* befaßte sich mit der radikalen Wende von dieser ihrem Ende zueilenden Welt zum neuen Äon, mit der Vorausschau messianischer Wehen (→ Messias: III), mit der Parusie des → Menschensohns (: II) und dessen Sieg über den Antichrist, mit dem Jüngsten Gericht (→ Gericht Gottes: III) und dem → Reich Gottes (: I). - Das Blickfeld geht ins Große und Weite; das große Völkergeschehen nach Gottes Plan wird sichtbar und mit Enthusiasmus in der Ausrichtung auf die Gemeinde der Erwählten geschildert. Dazu kommt der *ethische Appell*: Angesichts des kommenden Endes und des Gerichtstages sind immer wieder ernste Mahnungen am Platz: Bewähren muß sich, wer berufen ist, in das Reich Gottes einzugehen. Denen, über die das Leiden der Verfolgungen geht, denen das Martyrium bereitet ist, bieten diese Offenbarungsbücher Tröstung und festen Halt. Daher wurden die Schriften mit größter Freude gelesen; in Verfolgungszeiten vermehrte sich ihre Zahl.

3. a) In den Predigten → *Johannes des Täufers* und *Jesu* sind, soweit uns erkennbar, die Grundgedanken der jüdischen A. als selbstverständlich vorausgesetzt; doch unterscheiden sie sich darin, daß sie über den Partikularismus des jüdischen Volks hinausgehen. In das Reich Gottes kann jeder gelangen, der seinen Sinn ändert und sich durch Früchte der Buße bewährt. - Jesu *eschatologisch* bestimmtes Reden und Tun stand auch unter dem Zeichen seines Kampfes gegen die dämonischen Mächte des Satans. Wie weit allerdings die eschatologisch-apokalyptischen Ausführungen der Evangelien originale Aussagen Jesu selber oder schon überliefertes Glaubensgut der christlichen Gemeinden sind, läßt sich nicht durchgängig entscheiden.

Der synoptische Bericht von der Taufe Jesu - zu Beginn der öffentlichen Wirksamkeit - lüftet mit der Erzählung von der göttlichen Stimme aus dem Himmel und der Manifestation der Geisteskraft den Schleier, den Jesus doch über seine Messiaswürde ausbreitete (Mk 1, 9-11 par). Charakteristisch für die Predigt Jesu (→ Jesus Christus) ist, daß sie grundsätzlich an die in Daniel und Henoch bezeugten Aussagen anschließt (A.Schweitzer). Jesus wollte auch keinerlei Reformen herbeiführen, sondern stellte für die Zukunft im neuen Äon eine absolut überirdische Seinsweise in Aussicht (Mk 12, 25 par). Er wies auf Zeichen der nahenden Gottesherrschaft (βασιλεία) hin, zB auf das Jonazeichen Mt 12, 38 ff par und besonders eindringlich auf den vor dem Kommen des Messias zu erwartenden → Elia redivivus: Mk 9, 11 ff par; Mt 11, 12 ff. Ein Zeichen für das Ende der Satansherrschaft ist die Austreibung der Dämonen Lk 10, 17 ff. Aber Berechnungen über das Eintreten der Endzeit, wie sie in der jüdischen A. beliebt waren, lehnte er ab (Mk 13 par; Lk 17, 20 ff). In seinen Predigten fehlen auch abstruse apokalyptische Bilder. Festgehalten ist an volkstümlichen Vorstellungen von → Himmel und → Hölle Lk 16, 19-31, vom Gericht Mt 25, 31-46, vom messianischen Mahl Mt 8, 11 par; Mk 14, 25 par, vom Thronen im Himmel Mt 19, 28 par; Mk 10, 35 ff par.

b) *Nach dem Ausbleiben der Parusie* wurde die überirdische Erscheinung Christi betont: Gottessohn-Zeugung Lk 3, 22 D nach Ps 2,7; Träume und Engel wirken in den synoptischen Vorgeschichten; → Himmelfahrt (Christi: I) und → Höllenfahrt (Christi: I); der Erhöhte wird in Ekstasen geschaut: zB von Paulus 2Kor 12, 1 ff, vom Märtyrer Apg 7, 56.

Nach Paulus hat der neue Äon mit der Auferstehung Christi begonnen 2Kor 6, 2; Gal 4, 4. Es ist messianische Zeit, in der Tote auferstehen 1Thess 4, 13 ff; 1Kor 15, 12 ff, ohne daß der alte Äon vergangen wäre. Christus wird zum Gericht kommen, um die in sein Reich aufzunehmen, die sich zu ihm bekannt haben, während er die Unwürdigen verurteilt. Schließlich folgt gemäß Baruch und 4Esr die zweite Auferstehung aller und das Endgericht Gottes (A.Schweitzer, Mystik 85 ff). - Aus der Bitte um das Kommen des Reichs Mt 6, 10 par entwickelte sich das inbrünstige Rufen nach dem Herrn: → »Marana tha« 1Kor 16, 22; Apk 22, 20; Did 9, 4; 10, 6. Um die Parusieverzögerung zu erklären, tröstete man sich mit dem Gedanken: Tausend Jahre der Langmut Gottes gelten wie ein Tag 2Petr 3, 3ff; Barn 15, 4 f.

4. Die A. machte die Christen in den härtesten Verfolgungen standhaft und gab ihnen die Kraft zu erdulden. Sie hofften, bald bei dem erhöhten Herrn zu sein; der Zugang zum Gottesreich war ihnen offen. Dort würden sie mit dem Herrn thronen und zu Tisch liegen. Von solcher zukünftigen Herrlichkeit erfuhren sie zB 1Petr 1, 10 ff: Ihr werdet himmlische Geheimnisse schauen, durch den heiligen Geist zu Dingen ermächtigt, die selbst Engel dem Himmel abzulauschen gelüstet! - In den Kämpfen um die Existenz wurde die Reichshoffnung eine starke ins Leben eingreifende Macht, weckte Kräfte unver-

gleichlicher Weltüberlegenheit. Begriffe wie »wach sein in Bedrückung, Trost und Mahnung« nahmen neue Bedeutung an (→ Paraklet). Die Apokalypsen enthüllten mit glühendem Fanatismus das vermessene Gebaren der antichristlichen Tyrannis und verkündeten ihren Sturz.

5. Im 2.Jh., als griechisches rationales Denken immer entschiedener das christliche bestimmte, wurde man gegen das Geheimnisvolle und Orakelhafte, das der A. eigen war, skeptisch. Nach reicher Blüte um 100–150 wurde die apokalyptische Literatur aus der Kirche ausgeschaltet (→Apokalyptik: IV), suchte sich aber ein neues Feld in gnostischen Gemeinschaften, wo Geheimlehren gepflegt wurden (→ Gnosis: III).

H.Gunkel Schöpfung u. Chaos, 1895 - Ders., Zum religionsgeschichtlichen Verständnis des NT, (1903) 1910^2 - $\text{Hennecke}^{2.3}$ - A.Schweitzer, Gesch. der Leben-Jesu-Forschung, (1906 bzw. 1913) 1951^6 - Ders., Die Mystik des Apostels Paulus, (1930) 1954^2 - Bousset, Rel. - H.Weinel, Bibl. Theol. des NT, (1911) 1928^4 (Lit.) - A.v.Gall, Βασιλεία τοῦ θεοῦ, 1926 - M.Goguel, Eschatologie et apocalyptique dans le christianisme primitif (RHR 109, 1932, 381-434. 490-524) - P.Volz, Die Eschatologie der jüd. Gemeinde im nt. Zeitalter, 1934 - R.Bultmann, Neueste Paulusforschung (ThR NF 6, 1934, 229-245; Lit.) - E.Lohmeyer, Die Offenbarung des Johannes 1920-34 (ThR NF 7, 1935, 28-62; Lit.) - E.Stauffer, Die Theol. des NT, (1941) 1948^4 (Lit.) - W.Nigg, Das ewige Reich, 1944 - W.G.Kümmel, Verheißung u. Erfüllung (AThANT 6), (1945) 1953^2 (Lit.) - J.Preisker, Das Ethos des Urchristentums, 1949 - H.Conzelmann, Die Mitte der Zeit (BHTh 17), 1954.

R.Schütz

IV. Kirchengeschichtlich

1. Allgemeines - 2. In der Alten Kirche - 3. Im Mittelalter - 4. Seit der Reformationszeit

1. Unter A. sind nicht die Beschäftigungen mit geheimen Offenbarungen und Offenbarungsbüchern zu verstehen, sondern die Anschauungen, die aus dem Glauben an die unmittelbare Nähe und Berechenbarkeit des Weltendes hervorgehen. Stets liegt eine Geschichtstheologie mit einer linearen und begrenzten Zeitvorstellung zugrunde. Die A. hat im Christentum darum einen legitimen Platz, weil die christliche Verkündigung von Anfang an den Glauben an ein zeitlich bestimmtes und begrenztes Handeln Gottes in der Geschichte gefordert hat. Zu allen Zeiten der Kirchengeschichte zeigte sich jedoch, daß die realistisch ausgemalten Erwartungen sich auf Kosten der eigentlichen Glaubensinhalte ins Zentrum der Verkündigung drängen. Wie die A. am Rande der Theologie steht, so stehen die Kreise, die sie pflegen, auch am Rande der Kirche. Sie sind in allen Fällen gleich mißtrauisch gegen die Theologie wie gegen das institutionelle geistliche Amt und leben darum in der steten Gefahr der Schwärmerei und des Sektierertums.

2. Bruchlos und unmerklich geht die jüdische A. in die christliche über (→ Apokalyptik: III). Ihre Anschauungen werden von den spätjüdischen und frühchristlichen Propheten übermittelt, die sich selbst als Nachfahren der at. Prophetie verstehen. Nach der Zerstörung Jerusalems bildet die Prophetie in Kleinasien ein neues Zentrum. Hier entsteht gegen Ende des 1.Jh.s die → Johannes-Apokalypse als ein Kompendium der apokalyptischen Erwartung, das alle anderen Prophetien an Vollständigkeit, religiösem Gehalt und Wirksamkeit weit hinter sich läßt. In dieser aufgeregten Zeit nach dem plötzlichen Abbruch der domitianischen Verfolgung kündigen Weissagungen von allen Ecken des Römerreichs diesem sein baldiges Ende an, so die Adlervision von 4Esr, Teile von AscIs und Sib, oder die Prophezeiungen des im 3. Jahr Traians auftretenden Elchasai. Die politische Spannung läßt rascher nach als die apokalyptische Produktivität, wie man an den jetzt entstehenden Büchern von der Art des »Hirten des → Hermas« und der → Petrus-Apokalypse sieht. - Das Festhalten an der eschatologischen Naherwartung und der Widerstand gegen den aufkommenden monarchischen Episkopat (→ Bischof: I) führt nach der Mitte des 2.Jh.s zunächst in Kleinasien zum Ausscheiden der organisierten Prophetie (→ Montanismus) aus der Kirche; der verbleibende Rest büßt seine alte Bedeutung ein. Gleichzeitig scheidet die östliche Kirche (mit Ausnahme von Ägypten) das jüngere prophetische Schrifttum aus; davon findet nur die im Westen besonders hoch geschätzte JohApk wieder den Weg in den Kanon. Im Westen bleibt das Interesse an der apokalyptischen Literatur erhalten, auch ohne daß sie kanonisiert wird. Die Kirchenväter kennen und benutzen unbedenklich Bücher wie Hen und 4Esr. Sie schreiben aber nicht selber Apokalypsen, sondern Kommentare und Abhandlungen über die wichtigsten Fragen, zB das 1000-jährige Reich (→ Chiliasmus), den → Antichrist (: II) usw. Hippolyts Danielauslegung (ca 204) ist die älteste erhaltene exegetische Schrift; den ältesten Kommentar zu Apk schrieb wohl noch im 3.Jh. der Bischof → Viktorin von Pettau (Märtyrer 303/6). Der Sieg der Kirche minderte die Bedeutung der aus der Verfolgungssituation lebenden A.; desgleichen gab es auch keine Beziehung zwischen ihr und der nun auch im Westen zur Herrschaft kommenden griechischen Theologie. So bleibt sie auf die bald der staatlichen Verfolgung verfallenden schismatischen und häretischen Gruppen beschränkt. Der Priscillianismus (→Priscillianus) ist darunter wichtig, weil sich bei ihm zum ersten Mal ein der altkirchlichen A. noch fremdes Kennzeichen der mittelalterlichen zeigt: die Aufnahme gnostischer (und manichäischer) Gedanken.

3. Bei der → Germanisierung des Christentums verbindet sich die A. mit entsprechenden germanischen Vorstellungen; doch liegt hier nicht die Wurzel der mittelalterlichen A. Ein apokalyptisches Bewußtsein und das Gefühl, dem Ende der Zeit nahe zu sein, entsteht vielmehr erst dann, als die Tradition des Römerreichs übernommen wurde. Gegen Ende des Jahrtausends und dann zum Jahr 1033 verdichtet sich die Erwartung des Weltuntergangs und verschwindet danach nie mehr ganz. Noch größere Bedeutung erhält die Hoffnung auf ein Reich des Heiligen Geistes, das unter schweren Strafgerichten (ähnlich den messianischen Wehen) anbrechen soll. Diese Anschauungen wirken sich in allen Bereichen des politischen und sozialen Lebens aus. Bereits im Investiturstreit (→ Deutschland: I) deuten die Parteien den Gegner als den Antichrist. Für die → Kreuzzüge wird es von Bedeutung, daß die Erwartung des letzten Kampfes an der heiligen Stätte wieder auflebt. Als Ausdruck der Bußgesinnung gehören sie mit den Geißlerfahrten (→ Flagellanten), dem Aufschwung des → Mönchtums (: II) und der Entstehung neuer Sekten zusammen. Am deutlichsten zeigen die → Bettelorden, welche Gesinnung und Lebensweise man zur Rüstung auf den Umbruch für geeignet hielt. Sie folgen in dem Wunsch nach größerer Heilssicherheit, als die verweltlichte und nach der Weltherrschaft strebenden Kirche bieten konnte, dem Vorbild neu entstandener Sekten: → Humiliaten, → Albigenser, → Waldenser; vgl. → Eudo, → Tanchelijn. Daneben leben die → Katharer wieder auf. Die Kirche selbst sieht in dem Aufblühen der Ketzerei ein weiteres Zeichen für die Nähe des Endes. Den Höhepunkt der mittelalterlichen A. stellen die Lehren des Zisterzienserabtes → Joachim von Fiore dar. Er geht davon aus, daß zwischen AT und NT genaue Entsprechung besteht und daß die Geschichte in 3 Phasen (Reich des Vaters - Sohnes - Geistes = der Ehelichen - Kleriker - Mönche) verläuft. Daraus errechnet er den Anbruch des Millenniums auf ca 1260. Die Herrschaft in dem dritten

Reich ist einem neuen Mönchsorden verheißen: dies bezogen die Franziskaner- → Spiritualen auf sich. Der Wirksamkeit von Joachims Schriften tat es keinen Abbruch, daß das Jahr 1260 ohne große Erschütterungen vorbeiging; die Spiritualen erklärten sie vielmehr für inspiriert und ergänzten sie durch weitere - im Gegensatz zu dem gemäßigten Joachim - kirchen- und papstfeindliche Schriften. Petrus Joh. → Olivi betrachtete Kaiser → Friedrich II. als den Antichrist und das für die → Konventualen eintretende Papsttum als dessen Vorläufer. Bei seinem Nachfolger Ubertino von Casale verschiebt sich der Schwerpunkt der Feindschaft vom Kaiser zum Papst. Die Polemik der → Ghibellinen und Guelfen wird weithin von der politisch gedeuteten Apk genährt. Der eben genannte Ubertino hat seinerseits wieder die Anschauungen → Dantes beeinflußt. In der Jenseitsschau der Commedia divina sind auch altkirchliche Traditionen benutzt, wie sie in der Petrus-Apokalypse greifbar werden. Apokalyptische Gedanken, die den Streit der Minoriten um die apostolische → Armut nähren, sind auch bei den Fraticelli wirksam, die - zugleich Kirche und Orden - aus den Spiritualen hervorgehen und bis ins 15.Jh. fortbestehen. Am stärksten treten sie bei den Apostelbrüdern (→ Apostoliker, 3) hervor, unter denen Fra Dolcino den Kampf gegen die verweltlichte Kirche predigt, bis 1305 sein heiliger Berg gestürmt und der Prophet gefangen und verbrannt wird.

4. Hinter den Volksbewegungen des ausgehenden Mittelalters (Lollarden, Hussiten) stehen ursprünglich mehr nationale und soziale als religiöse Motive, aber zunehmend treten apokalyptische Gedanken hinzu und geben den Kämpfen die Leidenschaft und Grausamkeit von Glaubenskriegen. In Deutschland ist dasselbe im → Bauernkrieg zu beobachten, den erst die Verbindung mit dem Schwärmertum und Thomas → Münzers Umsturzpredigt zur Katastrophe ausgeweitet hat. In der Reformationszeit sind → Täufer und Schwärmer die eigentlichen Träger apokalyptischer Gedanken. Die grausamen Verfolgungen, denen sie besonders in Süddeutschland ausgesetzt waren, halfen zu ihrer Ausbreitung. Unter den Predigern ragt Melchior → Hoffmann hervor, den auch die Gedanken Joachims befruchteten. Als er in Straßburg gefangen gesetzt wurde, gewann eine aus den Niederlanden kommende gewalttätige Richtung die Oberhand, die an die Stelle der duldenden melchioritischen A. die Aufrichtung des Gottesreiches und den Kampf gegen die Ungläubigen mit Waffengewalt durchsetzen wollte. In Münster konnte sie sich festsetzen und das himmlische Königreich errichten, aber der Fall der Stadt machte dem gewalttätigen apokalyptischen Täufertum ein Ende.

In den folgenden Jahrzehnten ist das apokalyptische Bewußtsein in kleinen, weitverbreiteten spiritualistischen Gruppen lebendig (→ Spiritualisten), die den Buchstabendienst der äußeren Zeremonien verachten, ohne aus der Kirche auszuscheiden. Gleich all ihren Vorgängern erwarten sie den Anbruch des Geistreiches in ihrer Zeit, berufen sich auf unmittelbare Offenbarungen und glauben, durch göttliche Führung im Zustand sündloser Vollkommenheit erhalten zu werden (→ Libertiner, H. → Niclaes). Ganz vereinzelt kommt es auch zu »libertinistischer« Praxis. Später erhalten mit dem Aufkommen des → Pietismus die apokalyptischen Interessen neuen Auftrieb, aber radikale Erscheinungen bleiben selten (→ Buttlarsche Rotte). Allgemein bedeutet in der neueren Zeit jede sog. Erweckung zugleich eine Erwekkung von apokalyptischen Ideen. Heute werden apokalyptische Gedanken vor allem in den großen Sekten vertreten, die aus baptistischen Kreisen in England und Amerika hervorgegangen sind. Davon haben die → »Neuapostolische Kirche«, die → Adventisten und die → Zeugen Jehovas einen ständig zunehmenden Missionserfolg zu verzeichnen; desgleichen die kirchlichem Christentum fernstehenden → Mormonen. Es zeigt sich dabei, daß die apokalyptischen Gedanken ihre Anziehungskraft auf die religiös interessierten Laien heute weniger denn je verloren haben.

Außer der Lit. bei den genannten Stichwörtern: W. Bousset, Die Offb. Joh. (MeyerK XVI⁶), 1906, 49ff - W. Nigg, Das ewige Reich, 1944 - LeRoy E. Froom, The Prophetic Faith of our Fathers, 1946ff - A. Hübscher, Die große Weissagung, 1952 - E. Staehelin, Die Verkündigung des Reiches Gottes in der Kirche Jesu Christi, 1951ff (umfangreiche Sammlung übersetzter Texte). *H. Kraft*

Apokatastasis → Wiederbringung aller.

Apokryphen

I. A. des AT - II. A. des NT

I. Apokryphen des AT

1. Unter »Apokryphen«, dh verborgenen, von der öffentlichen Verbreitung ausgeschlossenen Schriften verstand die altchristliche Kirche solche, die als ketzerisch zu verwerfen waren (→ Bibel: II B). → Hieronymus übertrug die Bezeichnung auf die Bücher, die das griechische und danach das lateinische AT (→ Bibelübersetzung: I. II) über den Bestand des hebräischen Kanons hinaus umfaßte, ohne damit ein abschätziges Urteil zu verbinden. Im Tridentinum (8.4.1546) hat die kath. Kirche die Mehrzahl dieser Bücher als kanonisch gewertet. Im Protestantismus genossen sie geringeres Ansehen. Luthers Bibel brachte einzelne in einem Anhang als »Bücher, so der Hl. Schrift nicht gleichzuhalten und doch nützlich und gut zu lesen sind«. Noch strenger wahrte die reformierte Kirche den Unterschied gegenüber den als inspiriert geltenden kanonischen Schriften, so daß die dortigen Bibelübersetzungen die A. ausschließen.

2. Meist rechnet man *folgende Bücher* zu den A.: 3. → Esrabuch, 1.-3. → Makkabäerbuch, → Tobit, → Judith, → Manasse-Gebet, Zusätze zum → Danielbuch (→ Asariagebet, Gesang der → Drei Männer im Feuerofen, → Susanna, → Bel zu Babel, → Drache zu Babel) und Zusätze zum → Estherbuch, Buch Baruch (→ Baruch-Schriften), → Jeremiabrief, → Jesus Sirach, → Salomo-Weisheit. Genau läßt sich der Bestand nicht umgrenzen, weil er schon innerhalb der Handschriften der griechischen Bibel schwankt. In weiterem Sinn zählt man auch die → Pseudepigraphen dazu.

3. *Literargeschichtlich* sind die verschiedensten Gattungen vertreten: Geschichtsschreibung (1Makk), Geschichtslegende (2.3Makk, Judith), novellistische Legende (Tobit, Susanna), Psalmendichtung (OrMan, Asarjagebet, Gebet der 3 Männer), prophetische Trost- und Verheißungsworte (Baruch), Lehrbrief unter fremdem Namen (EpJer), Weisheitsdichtung (Sir, Weish). Gegenüber der at. Literatur fällt weitergehende Vermischung der Gattungen und damit ihre Auflösung, oft auch ein Nachlassen der dichterischen Kraft auf. In der Weish kommen griechische Literaturformen dazu.

4. *Religionsgeschichtlich* zeigen die A. am damaligen Judentum Gesetzlichkeit, Sündenbewußtsein, religiösen Individualismus, Auferstehungshoffnung, Wunder-, Zauber-, Dämonen- und Engelglauben, Apologetik und Polemik gegenüber dem Heidentum. Neben starker Einwirkung des AT machen sich fremde Einflüsse aus Griechenland und dem orientalischen → Synkretismus (: I) mit seinen ägyptischen, babylonischen und persischen Stoffen geltend. Zeitlich wie sachlich ist diese Literatur das Bindeglied zwischen AT und NT. - Die Bedeutung der A. (und Pseudepigraphen) als Zeugen des Judentums zwischen 200 vChr und 100 nChr haben namentlich

→ Schürer und → Bousset erkannt. Demgegenüber wollen jüdische Gelehrte (Graetz, Perles u.a.; → Jüdische Forscher), aber auch G.F. → Moore hier nur Unterströmungen des damaligen Judentums sehen, für die das rabbinische Schrifttum (→ Mischna, → Midrasch und → Talmud) viel maßgebender sei. Doch gilt das erst seit dem Untergang des jüdischen Staates (70 nChr), wo das Judentum jene Schriften abstieß. Von der tatsächlichen Bedeutung der A. zeugt ihre große Verbreitung und mannigfache Überlieferung, wie ihre Rolle in den Texten von → Qumran.

Übers. mit Einleitung u. Anm. bei KAUTZSCH, AP; CHARLES, AP; RIESSLER. - Vgl. RE I, 622 ff - SCHÜRER III - W.O.E.OESTERLEY, The Books of the Apocrypha, 1916 - M.R.JAMES, The Lost Apocrypha of the OT, 1920 - CH.C.TORREY, The Apocryphal Literature, 1945 - J.C.RYLAARSDAM-R.MARCUS in H.R.WILLOUGHBY, The Study of the Bible Today and Tomorrow, 1947, 32 ff. 190 ff - R.H.PFEIFFER, History of NT Times, 1949 - Jewish Apocryphal Literature (Dropsie College Edition), 1950 ff.

W. Baumgartner

II. Apokryphen des NT

Die Bücher, die man allgemein als nt. A. bezeichnet, wurden in der Zeit vom 2. bis ungefähr zum 8. oder 9.Jh. verfaßt. Gewöhnlich suchten die Verfasser der nt. A. die kanonischen Bücher des NT zu ergänzen (oder gelegentlich auch zu verbessern oder zu ersetzen). Jede literarische Gattung der nt. Dokumente (Evangelien, Apg, Briefe, Apokalyptik) wurde nachgeahmt, die Evangelien am häufigsten und die Briefe am seltensten. Da die Evangelien wenig über die Kindheit und Jugend Jesu aussagen und über die drei Tage im Grabe gänzlich schweigen, wurden einige apokryphe Evangelien geschrieben, um die fromme Wißbegierde der Christen über diese zwei Epochen des Lebens Jesu zu befriedigen (zB Protev, Thomas-Evangelium, das Armenische Evangelium der Kindheit u.a.; → Nikodemus-Evangelium, Bartholomäus-Evangelium u.a.). Andere Evangelien wurden verfaßt, um gewisse häretische Lehren zu unterbauen (zB Doketismus im ÄgEv) oder um die Schuld des Pilatus zu vermindern (PetrEv, Nikodemus-Ev). Aufs Ganze gesehen zeigen diese Evangelien unzulänglichere Kenntnisse der Topographie von Palästina als die kanonischen Evangelien (vgl. W.Bauer).

Da in der Apg die Mission nur einiger Apostel ausführlicher beschrieben ist, wurden viele zusätzliche Apostelakten verfaßt, die von Taten anderer Apostel Kunde geben sollten (zB ActAndr, ActThom, Philippusakten, die Akten des Andreas und Matthias usw). Außerdem wurde auch das Leben der bereits im Kanon genannten Apostel zum Gegenstand apokrypher Literatur (ActJoh, ActPaul, ActPetr). Diese Akten, deren historische Basis schwach ist, gleichen in einigen Punkten dem griechisch-römischen Roman, obwohl sie dessen Unzüchtigkeit durch belehrende Moralisierung ersetzen, um zu christlicher Frömmigkeit zu erziehen (s. Söder). Die Briefform, die sich am schwierigsten überzeugend imitieren läßt, findet man in folgenden Beispielen: Laod, 3Kor (dieser wurde von den frühsyrischen und armenischen Kirchen als kanonisch betrachtet), der Briefwechsel zwischen Paulus und Seneca und die wichtige →Epistula Apostolorum (die auch unter die Apokalypsen eingereiht werden kann). Apokryphe Apokalypsen, die das zukünftige Heil der Erlösten und noch ausführlicher die zukünftige Strafe der Verdammten ausmalen, zeigen eine Abhängigkeit von populären Traditionen über das Leben nach dem Tode, die sich zB in Homers Odyssee Buch XI, Platons eschatologischen Mythen, Vergils Äneis Buch VI und in Polygnots Gemälden in der Leschē in Delphi widerspiegeln (zB ApkPetr, Paulus-Apokalypse, Thomas-Apokalypse, usw; s. Dieterich).

Neben einigen neueren Entdeckungen apokrypher Dokumente in griechischer Sprache (Bell-Skeat; Schubart-Schmidt), sind die Funde von Nag Hammadi bei dem alten Chenoboskion in Ägypten mit Nachdruck zu nennen. Hier fand man, in einem Krug geborgen, beinahe 50 gnostische Abhandlungen in koptischer Sprache. Dieses hauptsächlich aus dem 3.Jh. stammende Depot übermittelt nicht nur einige vordem nur fragmentarisch erhaltene apokryphe Abhandlungen, sondern auch viele, die vorher - sogar dem Titel nach - unbekannt waren (Evangelium der Wahrheit, Das geheime Buch des Johannes, Traditionen des Matthias, Brief des Jakobus, Dositheosapokalypse usw; s. Ménard).

Obwohl man schon beim oberflächlichen Lesen die Minderwertigkeit der A. gegenüber der kanonischen Literatur erkennt, so sind doch diese Dokumente trotz ihrer Unbrauchbarkeit als Quellen für das apostolische Zeitalter bedeutsam, da sie die Überzeugungen ihrer Verfasser und das Interesse ihrer Leser reflektieren. Und da sie die Entwicklung der christlichen Legende, Volksdichtung und romantischen Literatur repräsentieren, sind sie außerdem noch unentbehrlich für die Interpretation der späteren christlichen *Kunst* (Sarkophagreliefs, Katakombenmalereien, Mosaike in den Basiliken, Miniaturen in Manuskripten, Glasmalereien mittelalterlicher Kathedralen, Renaissance-Gemälde) und *Literatur* (Wunder- oder Mysterienspiele, Legenda Aurea, Dante usw) sowie des *Dogmas* (Mariologie, Höllenfahrt).

E.KLOSTERMANN u. A.HARNACK, Apocrypha I (KIT 3), (1903) 1921^{3}; II (KIT 8), (1904) 1910^{2}; III (KIT 11), (1904), 1911^{2}; IV (KIT 12), (1905) 1912^{2} - A.DIETERICH, Nekyia, (1893) 1913^{2} - HENNECKE$^{2.3}$ - HENNECKE, Hdb. - J.GEFFCKEN, Christliche A., 1908 - W. BAUER, Das Leben Jesu im Zeitalter der nt. A., 1909 - J.BOUSQUET et E.AMANN, Les apocryphes du Nouveau Testament, 1910, 1913, 1922 - H.BAKELS, Nieuw Testamentische apocriefen, 2 vols, 1922 - M.R.JAMES, The Apocryphal New Testament, 1924 - E.AMANN, Apocryphes du Nouveau Testament (Supplément au Dictionnaire de la Bible I, 1928, 460 ff) - R.SÖDER, Die apokryphen Apostelgeschichten u. die romanhafte Lit. der Antike, 1932 - H.I.BELL-T.C. SKEAT, Fragments of an Unknown Gospel, 1935 - W.SCHUBART-C.SCHMIDT, Praxeis Paulou, 1936 - FR.STEGMÜLLER, Repertorium biblicum medii aevi 1, 1940, 105-250 (Lit.) - K.L.SCHMIDT, Kanonische u. apokryphische Evangelien u. Apostelgeschichten, 1944 - J.QUASTEN, Initation aux pères de l'église 1, 1955, 123-178 (Lit.) - J.-E.MÉNARD, Les manuscrits de Nag Hammadi, étude bibliographique (BiOr 13, 1956, 2-6) - A. DE SANTOS OTERO, Los evangelios apocrifos; colección de textos griegos e latinos, versión crítica . . ., 1956.

B.M.Metzger

Apollinaris, 1. *Claudius,* Bischof *von Hierapolis,* hat nach Eusebius, h.e. IV 27, eine Apologie an Mark Aurel geschrieben (um 172), 5 Bücher gegen die Griechen, 2 über die Wahrheit, 2 gegen die Juden und einige Briefe gegen die Montanisten (alle verloren). Im Chronicon Paschale wird seine antiquartadezimanische Arbeit über das Passa zitiert. Photius nennt 3 Werke, von denen περὶ εὐσεβείας die Apologie sein wird.

J.C.TH.V.OTTO, Corp. apol. IX, 1872, 479 ff - MPG 5, 1286 ff - A. HARNACK, Gesch. d. altchr. Lit. I, 1893, 243 ff; II, 1, 1897, 358. 373 - BARDENHEWER I, 286 ff - W.BAUER, Rechtgläubigkeit u. Ketzerei im ältesten Christentum (BHTh 10), 1934, 146.

J.N.Bakhuizen van den Brink

2. *von Laodicea* (Apollinarios), * um 310, † wohl um 390, Sohn eines Grammatiklehrers und Presbyters, wurde bei dem Heiden Epiphanius ausgebildet. 346 schloß A. mit → Athanasius Freundschaft und wurde deshalb von Georg von L. exkommuniziert. Seit dieser Zeit gehörte er zu den Säulen der Orthodoxie. 360 wurde er nicänischer Gegenbischof von L. Seine erfolgreiche Lehrtätigkeit mit eigenen dogmatischen Anschauungen führte nach 362 in Antiochien zur Bildung einer apollinaristischen Gemeinde, der A. in Vitalis einen eigenen Bischof

gab (371?), wodurch die antiochenischen Wirren (→ Arianischen Streit) vergrößert wurden. In Antiochien hat → Hieronymus den A. gehört und verehrt. Des Basilius Bemühungen um die Einheit der Nicäner scheiterten ebenso wie die der Apollinaristen um Anerkennung in Rom. Trotz der Verlegenheit der »Orthodoxen« gegenüber A. wurde seine Lehre mehrfach verurteilt: 362 in Alexandrien, 377 in Rom (in Anwesenheit des → Petrus von Alexandrien), 379 in Antiochien, 381 in → Konstantinopel. Staatliche Ketzergesetze sollten das Vordringen der Partei aufhalten, bewirkten aber nur die Spaltung: Ein Teil schloß Frieden mit der Großkirche, bereitete aber damit den Boden für den Monophysitismus vor.

A. ist in Fragen der → Trinität (: III) Nicäner, in der → Christologie (: II) aber hat er mit zwingender Logik das Logos-Sarx-Schema, das auch die Arianer und Athanasius haben, durchgeführt. Ob er von Anfang an trichotomisch (Leib, Seele, νοῦς = höhere seelische Kräfte, Lebensprinzip) dachte oder dichotomisch (Leib-Geist), ist ebenso umstritten wie das Verhältnis zur arianischen Christologie. Hauptanliegen war die Abwehr der Teilungschristologie (→ Paul von Samosata) und die Lehre des unzerreißbaren Zusammenhangs von Gott und Mensch in Christus: Göttliches Pneuma und irdische Sarx vereinen sich zu einer Wesenseinheit, zu dem »himmlischen Menschen«, der *eine* Natur (μία φύσις) hat, wobei die Lebenskraft des Logos das Fleisch durchwaltet (»communicatio idiomatum«). Später lehrte A., daß Leib und Seele Christi menschlich gewesen seien, der Logos aber die Stelle des νοῦς eingenommen habe, wodurch noch deutlicher wurde, daß die Personeinheit zugunsten der Natureinheit in Christus verloren ging. Der große Erfolg dieser Lehre im Orient beruhte auf der bestechenden Logik und der dahinter stehenden religiösen Kraft.

Von den Schriften des A. ist das meiste verloren (Apologien; gegen Porphyrius u.a.). Erhalten: Fragmente u. einzelne Traktate, unter orthodoxen Namen verbreitet; Bruchstücke exegetischer Werke in Katenen; eine Psalmendichtung in Hexametern (wohl unter → Julian verfaßt). - Texte: H.LIETZMANN, A.v.L. u. seine Schule, I, 1904; J. FLEMMING u. H.LIETZMANN, Apollinarist. Schriften syrisch (AGG NF VII, 4), 1904; K.STAAB, Pauluskomm. aus d. griech. Kirche, 1933, 57ff; Metaphrasis Psalmorum ed. A.LUDWICH, 1912. - G.VOISIN, L'Apollinarisme, 1901 - CH.E.RAVEN, Apollinarism, 1923 (dazu: H. LIETZMANN, ThLZ 50, 1925, 374-378) - H.DERIEDMATTEN, Some neglected aspects of Apollinarist christology (Dominican Studies 1, 1948, 239-260) - ALTANER, 270f (Lit.) - GRILLMEIER-BACHT, D. Konzil v. Chalkedon I, 1951, 102ff (GRILLMEIER) u. 203ff (RIEDMATTEN).

W.Schneemelcher

3. *von Ravenna,* nach der Legende Schüler des Petrus, erster Bischof von Ravenna und um 75 dort Märtyrer. Seine Gebeine wurden 549 in der ihm zu Ehren erbauten Kirche S.Apollinare in Classe beigesetzt und im 9.Jh. nach S.Martino in Ravenna übergeführt (seitdem S.Apollinare Nuovo). Die Translation nach Remagen ist nicht historisch. Fest: 23.7.

AS Jul. V, 328ff - KÜNSTLE I, 89f - DOYÉ I, 80 - E.WILL, Saint Apollinaire de Ravenne, Paris 1936 - M.MAZZOTTI, La basilica di Sant Apollinare in Classe, Città del Vaticano 1954. *E.Schäfer*

Apollonia, eine Diakonisse, der die Zähne ausgeschlagen wurden, stürzte sich, beim Volksaufstand in Alexandria mit dem Feuertod bedroht, selbst in die Flammen († 248/49). Dargestellt neben dem brennenden Scheiterhaufen, mit Palme, einer glühenden Zange mit einem Zahn. Patronin gegen Kopf- und Zahnschmerzen, Heilige der Zahnärzte. Berühmte Darstellung durch Perugino auf dem Gemälde »Maria in der Glorie« (Staatl. Museen, Berlin). Tag: 9.2.

AS Febr. II, 278ff - LThK I, 547ff - W.BRUCK, Das Martyrium d. Hl. A., 1915 - KÜNSTLE II, 90ff. *H.Paulus*

Apollonius, 1. römischer *Märtyrer,* war ein angesehener Philosoph in Rom, dessen Übergang zum Christentum ihn unter Commodus in Anwesenheit von Senatoren vor das Gericht des praefectus praetorio Perennis brachte; er wurde am 21.9.184/185 enthauptet. Die historischen Akten, von Eusebius in seine Sammlung aufgenommen, aber h.e. V, 21, 2-5 ungenau exzerpiert, sind armenisch und griechisch erhalten. - Das Christentum des A. ist einfach und würdig, aber die Person des Klägers und die rechtliche Form des Verfahrens bieten bisher unlösbare Schwierigkeiten. Der Gedanke, daß die Christen zahlenmäßig wachsen in dem Maße, wie sie verfolgt werden (vgl. Tertullian, Apol. 50, 12), erscheint schon hier.

E.T.KLETTE, TU 15, 2, 1897 - G.KRÜGER, Ausgew. Märt.-Akten, 1929[3] - F.C.CONYBEARE, The Armenian Apology and Acts of A. and other Monuments of Early Christianity, 1893/94 - C.CALLEWAERT, Questions de droit concernant le procès du martyr A. (RQH 77, 1905, 353-375) - C.ERBES, Das Todesjahr des röm. Märt. A. (ZNW 13, 1912, 269f) - J.QUASTEN, Patrology I, 1950, 183ff (Bibliogr.).

J.N.Bakhuizen van den Brink

2. *von Tyana,* neupythagoräischer Wanderprediger des 1.Jh.s nChr, Verfasser u.a. einer von Jamblichos benutzten Pythagoras-Biographie, einer bei Euseb, Praep. ev. 4, 12f zitierten Schrift »Über die Opfer« und zahlreicher Briefe, Held einer von Philostrat für Julia Domna († 219) verfaßten Reisearetalogie, die ihn von Indien bis Spanien und Ägypten wandern und unter Domitian in einen Prozeß verwickelt werden läßt, über dessen Ausgang Philostrat keine einhellige Tradition besitzt. Die Existenz der von Philostrat angegebenen Hauptquelle, des durch allerhand Wundergeschichten aufgeputzten Wir-Berichtes eines Reisegenossen (Damis), wird heute meist bestritten, doch ist für die babylonisch-indische Reise (Buch II) eine gute Quelle wahrscheinlich. Ein Gegenstück zum Jesusbild der Evangelien hat Philostrat nicht schaffen wollen. In den von Philostrat noch gekannten Lokaltraditionen schwankt das Bild des A. zwischen dem eines »Magiers und Zauberers«, als der er auch in der arabischen Balinas-Literatur erscheint, eines Philosophen (vgl. auch Hier, Ep. 53; Orig., Adv.Cels. 6, 41) und eines auch von Septimius Severus und Caracalla anerkannten »Heiligen«. Schaltet man aus, was bei Philostrat der Tendenz und dem Zeitgeschmack des Hofschriftstellers entspricht, so bleibt eine blasse monotheisierende Heliosverehrung, die Forderung geistiger Opfer und eine Askese, die die Seele für (Traum-)Offenbarungen der Götter bereit macht.

ED.MEYER, Hermes 52, 1917, 371-424 = Kl.Schr. II, 1924, 131-191) - J.HEMPEL, Untersuchungen zur Überlieferung von A.v.T., 1921 - RGG[2] I, 410f - G.HERZOG-HAUSER, Die Tendenzen des A. (Jb. der Öst. Leo-Ges. 7, 1930, 177-200) - DOERGENS, ThGl 25, 1933, 292 bis 304 - J.CHARPENTIER, The Indian Travels of A. of. T., 1934 - LIETZMANN II, 17f - F.SOLMENS, Art. »Philostratos« (PW XXXIX, 1941, 136ff) - RAC I, 1950, 529ff. *J.Hempel*

Apollos (Abk. für Apollonios) war ein alexandrinischer Jude, der als frühchristlicher Missionar erfolgreich in Ephesus und Korinth wirkte (Apg 18, 24 - 19, 1; 1Kor 1, 12; 3, 4-8. 22; 4, 6) und sich später wieder in Ephesus aufhielt (1Kor 16, 12). Seine Anhänger bildeten in Korinth eine besondere Gruppe in der Gemeinde. Aus der Apg hat man geschlossen, er sei ein zum Paulinismus bekehrter Johannesjünger (→ Johannes der Täufer) gewesen; wahrscheinlich hat er aber, ohne Beziehung zum Täufertum, selbständig neben Paulus gearbeitet. Als Autor für den Hebr (so Luther u.a.) kommt er nicht in Betracht. - Zu Tit 3, 13 → Pastoralbriefe.

E.KÄSEMANN, Die Johannesjünger in Ephesus (ZThK 49, 1952, 144-154) - E.SCHWEIZER, Die Bekehrung des A. (EvTh 15, 1955, 247-254) - E.HAENCHEN, Die Apg (MeyerK III[10]), 1956, 491ff.

E.Haenchen

Apologeten. Die Idee einer Zusammenfassung von Autoren, die sich um die Verteidigung des Christentums verdient machten, stammt aus der Alten Kirche (cod. Paris gr. 451, Vorlage ein Sammelcodex Eusebs von Cäsarea?). Man zählt zu ihnen → Petruskerygma, → Aristides, → Justin, → Tatian, → Athenagoras, → Theophilus, Ps.Justin, Oratio und Cohortatio ad gentes, → Tertullian, → Minucius Felix, → Clemens von Alexandria, → Origenes, → Eusebius von Cäsarea, → Arnobius, → Lactantius, → Firmicus Maternus, → Hermias, im engeren Sinne besonders die A. des 2.Jh.s. Doch läßt sich die Eingrenzung der A. auf diese oder die vorkonstantinische Zeit nicht halten. → Altchristliche Kirche, 3, → Apologetik: II.

Ausgaben: J.C.TH.v.OTTO, Corpus apologetarum christianorum saec. II, 1842–79 (9 Bde); Bd 1–5, 1876–81³ – E.J.GOODSPEED, Die ältesten A., 1914 – W.SCHMID bereitet eine Ausgabe für GCS vor. – Übersetzungen: BKV² 12. 14, 1913 (Frühchristl. A.); 33, 1917 (Justin, Dialog mit Tryphon; dazu auswahlweise K.THIEME, Kirche u. Synagoge, 1945, 75ff) – Sonderausgaben u. -übersetzungen: s. Art. zu den genannten Kirchenvätern. Indices: E.J.GOODSPEED, Index apologeticus, 1912; E.SCHWARTZ in den Ausgaben zu Aristides, Tatian, Athenagoras. *C.Andresen*

Apologetik

I. A. und Polemik im NT – II. Frühkirchliche A. – III. Systematisch-theologisch – IV. Praktische A. – V. Katholische A. – VI. Missions-A.

I. Apologetik und Polemik im NT

1. Die Auseinandersetzung mit dem Judentum – 2. Die Auseinandersetzung mit dem Heidentum – 3. Ausblick

1. Die *Auseinandersetzung mit dem Judentum* – und sicher vor allem mit dessen leitenden Gestalten, den »Pharisäern und Schriftgelehrten« – ist *eine* der Notwendigkeiten gewesen, unter deren Druck sich die *Urgemeinde* bildete. Dieser Kampf hat in Verteidigung und Polemik die Gestaltung der Tradition erheblich beeinflußt. Die weitaus meisten öffentlichen Predigten Jesu im MkEv haben die Form des Streitgespräches: Ein Angriff der Gegner ruft die Antwort Jesu hervor (Mk 2, 1–12. 15–17. 18–20. 23–28; 3, 1–5. 20–25; 6, 1–5; 7, 1–13; 8, 11f; 10, 2–9; 11, 27–33; 12, 13–17. 18–27; Jesus als Angreifer: Mk 12, 35 bis 37). Und auch die nächsthäufige Form, die Gleichnisrede, hat für die Außenstehenden polemischen Charakter, wie der mašal Mk 4, 11f zeigt und wie noch deutlich am Weinberggleichnis Mk 12, 1–12 erkennbar ist.

Schon der eschatologische Bußruf Jesu warf die Frage nach seiner Vollmacht zu einer solchen Predigt auf. Damit verflicht sich, schier unentwirrbar, die Verkündigung der Jünger von Jesu Messianität. Als die grundlegende Differenz zum Judentum war der Glaube an die messianische Vollmacht Jesu auch das Zentrum von Verteidigung und Polemik. Um sie handelt es sich beim Gichtbrüchigen, bei der Fastenfrage, beim Ährenraufen am Sabbat, sie ist auch das Thema der Beelzebubrede (Mk 2, 1–12. 18–20. 23–28; 3, 20–35; 11, 27–33). Die Hauptwaffen in diesem Kampf sind der Schriftbeweis (vgl. zB Lk 24, 26f) und der mit diesem engverwandte Aufweis der messianischen Zeichen (Mt 11, 4f; Lk 4, 18f, was auf Jes 29, 18f; 35, 5f; 61, 1f geht). An diesem wie an den Auferstehungsberichten wird die Problematik derartiger Auseinandersetzung sichtbar: Zu leicht können beide aus einer Folge der messianischen Vollmacht zur Voraussetzung für deren Demonstration werden, eine Problematik, deren sich die Urgemeinde bewußt ist (vgl. die Abweisung der Zeichenforderung in Mk 8, 11f; Mt 12, 38–42; 16, 1–4; Lk 11, 29–32; s.u. unter 2a und Joh 2, 18f; 6, 30; 7, 3f). Eine solche Demonstration liegt in Mt 27, 62–66; 28, 10–15 vor: Die Realität der Auferstehung wird mit Hilfe der von den jüdischen Spitzen aufgestellten Posten demonstriert, der Vorwurf des Leichenraubes mit dem Gegenvorwurf der Bestechung der Posten entkräftigt.

Der Schriftbeweis – mit seiner eschatologischen Schriftdeutung wohl nicht nur zu polemischen Zwekken, sondern als allgemeine Lebensäußerung von der urchristlichen Schriftgelehrsamkeit ausgebildet (Mt 12, 12) – hat in den Reflexionszitaten im MtEv seinen Niederschlag gefunden. Aus ihm ist ein Werkzeug für Mission und Diskussion entstanden (zB Apg 17, 11), das die → Apologeten übernehmen. Allerdings ändert er sich unter ihren Händen charakteristisch: Letzte Instanz wird auch hier eine Vernünftigkeit (wenn auch meist in sichtlicher Depravation); die biblische Tradition gewinnt unter diesem Aspekt die Gestalt eines geheimnisvollen Weisheitsbuches, in dem sich die unvergleichlich beste Moral findet und in dem verblüffend genau kommende Dinge vorausgesagt sind.

Diese urgemeindliche Auseinandersetzung sollte man nicht A. nennen. Eine solche Ausweitung des Begriffes nähme ihm nicht nur seine Schärfe, sie wäre auch ungeschichtlich. Das Demonstrationsverfahren der Apologeten, subjektiv fundiert in ihrem Überlegenheitsbewußtsein, wurzelt ja in dem mit den Opponenten geteilten Vernunftbegriff des griechischen Denkens, der sich in der Doppelbewegung der Auffindung des Allgemeinen in seinen Besonderungen und in der Ableitung des Besonderen aus dem Allgemeinen vollzog.

2. Bei ihrem Eintritt in die *hellenistische Welt* trifft die Heidenmission auf griechisch sprechende und in irgendeiner Form auch griechisch denkende Menschen; daß die Auseinandersetzung mit ihnen schon vielfach an die A. erinnert, erklärt sich aus dem gemeinsamen Rückgriff auf die hellenistisch-jüdische Propaganda. Innerhalb des NT wird diese Diskussion vor allem von Paulus und Lukas geführt, wie sich schon aus dem Gebrauch der Bezeichnung Ἕλλην erkennen läßt (außer zwei gelegentlichen Erwähnungen im JohEv in Mk 7, 26; die übrigen Belege stammen alle aus der Apg und von Paulus).

a) Seine Korinthergemeinde zwingt *Paulus,* sich thematisch über das Fundament seiner Predigt unter Juden und Griechen zu äußern (1Kor 1, 18–3, 23). Das Kerygma von Christus, und zwar dem gekreuzigten Christus, ist als der Angriff auf den trotzigen menschlichen Selbstruhm auch der jüdischen Zeichenforderung und dem griechischen Weisheitsstreben entgegen. Was dabei mit der jüdischen Zeichenforderung gemeint ist, wird aus der synoptischen Polemik deutlich: Der Messias hat sich mit einem bestimmten, durch die Tradition gesetzten Maß von Wundern zu beweisen, bevor ihm geglaubt wird. Schwieriger ist »Weisheit« zu fassen. Es ist mehr als fraglich, ob Paulus Kenntnis der klassischen Philosophie besessen hat. In Kol 2, 8 zB ist inhaltlich mit φιλοσοφία eine gnostische Spekulation beschrieben. Und doch muß σοφία mehr als diese umfassen, denn sie ist für Paulus Kennzeichen für das ganze griechische Wesen (Röm 1, 14. 22). Paulus ist nicht so sehr an ihrem Inhalt als an ihrer Dynamik interessiert: Als menschliche Bemühung (1Kor 2, 5. 13; 2Kor 1, 12) gehört sie in diesen gottfeindlichen Äon (1Kor 2, 6; 3, 19); deswegen macht Paulus von ihrer demonstrierenden Rede keinen Gebrauch (1Kor 2, 4). Wie er die dem Glauben vorgeordneten Zeichen abweist, so weigert er sich, mit Hilfe einer ihr vorgeordneten σοφία die christliche Botschaft zu demonstrieren.

Aber unter diesem letzten kritischen Vorbehalt ist σοφία, in der σοφία τοῦ θεοῦ gegründet (1Kor 1, 24; 2, 6f; 3, 18), von Paulus gesucht (1Kor 6, 5) und angewandt (1Kor 3, 10); ja, sie nimmt einen hervorragenden Rang unter den Gnadengaben ein (1Kor 12, 8; Kol passim). Für Stellen, an denen Paulus diese σοφία benutzt, ist kennzeichnend, daß er mit Juden und Heiden (bzw. mit Juden- und Heidenchristen) getrennt argumentiert. Ist gegen erstere das AT das Mittel des Beweises (Röm 2, 17-19; 9, 14-24; 1Kor 10, 1-13), so ist gegen letztere die Gedankenführung anderer Natur: Er ruft in 1Kor 10, 14-22 das Urteilsvermögen seiner Leser an (V. 15). Grundlage ist der Begriff κοινωνία, die er als kultische Einverleibung auch für Heidenchristen verständlich zu machen hofft, wenn er die Gefahr des Götzendienstes hervorheben will. Dabei bezeichnet er die heidnischen Götter als δαιμόνια (V. 20. 24; vgl. auch 8, 4-6), ganz im Sinne der hellenistisch-jüdischen Propaganda, die sich die philosophische Abwertung der Volksgötter als bloße - aber keineswegs böse - Dämonen in ihrer Polemik zunutze machte (auf Grund von Dtn 32, 17 und Ps 96, 5 LXX zB in OrSib Frgm. 1, 22). In Röm 11, 11-24 folgt er einem Schlußverfahren, wie an dem häufigen Gebrauch von εἰ erkenntlich ist, um den Heidenchristen ihre Stellung im Gottesvolk klarzumachen. Sicher ist es dabei nicht klassische Logik, die er anwendet; doch kommt er mit dem Bild vom Baum mit seinen Wurzeln und Zweigen naturrechtlicher Gedankenführung nahe (vgl. 1Kor 11, 14). Auf jeden Fall appelliert er auch hier an das Verständnis seiner Leser. Am nächsten zur A. steht Röm 1, 18-32 (2, 14f). Ziel dieses Abschnittes ist, die Verantwortlichkeit der Griechen, die er als geschichtliche Ganzheit begreift, zu zeigen. Ausgangspunkt ist die natürliche Gotteserkenntnis (1, 19f); die Polemik gegen die Götterbilder (V. 23) findet sich, wie auch der Angriff auf die sexuellen Verfehlungen (V. 24-27) und ein Lasterkatalog (V. 29-31). Das entspricht ganz der hellenistisch-jüdischen Propaganda (vgl. zum Ganzen: Weish 12, 23 - 14, 28; Ps.Arist. de mundo 6; Philon, de spec. legg. I, 35ff; de praem. et poen. 41-43). In 2, 14 findet sich die stoische Gegenüberstellung von φύσις und νόμος (aber νόμος ist Maß für die φύσις und nicht umgekehrt!), in V. 15 die ἄγραφα νόμιμα der Griechen im Sinne von Jer 31, 33 interpretiert als das in das Herz geschriebene Gesetz und der Begriff συνείδησις (vgl. Philon, opif. mund. 128; de decal. 87 und Seneca de ira III, 36). Aber diese Traditionen sind von dem paulinischen Denken absorbiert: Der ganze Abschnitt ist ein Kommentar zu 1Kor 1, 21: Die σοφία der Griechen ist σοφία, aber von der Sünde gefangen und entstellt. Die eschatologische Dynamik dominiert also; aber unter ihrer Kritik wird das hellenistische Denken zu einem Werkzeug. Bezeichnend ist dabei, daß der Gegenstand solcher Argumentationen niemals das christologische Kerygma, sondern stets der heilsgeschichtliche Ort der Heiden und ihre Verantwortung ist. Das Kerygma ist also immer Voraussetzung, nie Gegenstand der Argumentation.

b) Daß *Lukas* der A. innerhalb des NT am nächsten steht, erklärt sich gewiß auch aus seiner Herkunft und dem Grad seiner Bildung. Entscheidend ist aber, daß sich die Heidenkirche von Palästina gelöst hat. So fügt er an sein Evangelium ein zweites Werk, das den Weg der Christusbotschaft von Jerusalem nach Rom schildert und in dem Gerichtswort an die Juden gipfelt: So sei euch kund, daß den Heiden dies Heil Gottes gesandt ist (Apg 28, 28).

Apologetische Tendenzen hatte er schon in das Evangelium verwoben: Gegen den Vorwurf, bei den Auferstehungserscheinungen handele es sich um Geistervisionen, erlaubt der Auferstandene den Jüngern, sich seiner körperlichen Realität durch Betasten zu versichern, ja, er ißt vor ihnen (Lk 24, 39. 41-43). Hierher mag auch der Versuch gehören, Pilatus (und damit die römische Behörde) durch dessen dreifache Bemühung, Jesus freizulassen (Lk 23, 16. 20. 22), zu entlasten. Wieweit er an Sokrates denkt, wenn er in seine Tradition ἀπολογεῖσθαι einfügt (Lk 12, 11; 21, 14, eine Weissagung, die sich dann an den Jüngern erfüllt: Apg 22, 1; 24, 10; 25, 8. 16. 26; 26, 1. 2. 24), ist schwer zu entscheiden. Sicher hat schon Paulus diesen allgemeinen, gerichtstechnischen Ausdruck auf seinen Prozeß angewandt und diesen eine Verteidigung des Evangeliums genannt (Phil 1, 1. 16; vgl. 2Tim 4, 16). Aber auffällig ist, wie eng verwandt Apg 5, 29 (vgl. 4, 19) mit Platon, Apol. 29d (πείσομαι δὲ μᾶλλον τῷ θεῷ ἢ ὑμῖν; vgl. auch 21e; 33c; 37e) ist. (ἀπολογία im Sinne der Diskussion mit den Heiden findet sich dann in 1Petr 3, 15; vgl. Josephus c. Ap. II, 147).

Ausdrücklich konfrontiert Lukas seinen Paulus mit der griechischen Bildungswelt, vertreten durch Epikureer und Stoiker, in Apg 17, 16-34 (→ Areopagrede). Die ganze Komposition zeigt Verwandtschaft mit Röm 1, 18ff und 1Kor 1, 18ff. Aber wie anders ist die Grundhaltung: ein stoisches Schema ist - wie schon in der hellenistisch-jüdischen Propaganda - theistisch abgemildert. Allerdings ist zu beachten, daß Lukas die Rede nicht als volle Repräsentation der Christusbotschaft verstanden wissen will, und weiter, daß er mit dem Hinweis auf den geringen Erfolg dem Ärgernis Rechnung trägt.

3. Die urgemeindliche Auseinandersetzung mit der Judenheit wird im JohEv zur antijüdischen Polemik und mündet in dieser Form in die altkirchliche A., die sich auch des Schriftbeweises annimmt und ihn umgeformt tradiert. Aus der paulinischen Argumentation mit Hilfe der hellenistisch-jüdischen Propaganda und auf Grund des christologischen Kerygmas wird schon unter den Händen des Lukas eine stoisch bestimmte Missionspredigt. Die Kirche ist mit ihm in die Auseinandersetzung mit dem Griechentum getreten, die A. hat begonnen.

P. Wernle, Altchristl. A. im NT (ZNW 1, 1900, 42-65) - J. Geffken, Zwei griech. Apologeten, 1907 - E.F. Scott, The Apologetic of the NT, 1907 - P. Wendland, Die hell.-röm. Kultur, (1907) 1912[2.3] - W. Baldensperger, Urchristlche Apologie, 1909 - Ders., L'Apologétique de la primitive Eglise... (RThPh 34, 1920, 1-39) - E. Norden, Agnostos Theos, 1913 - M. Albertz, Die synopt. Streitgespräche, 1921 - R. Bultmann, Gesch. d. synopt. Tradition, (1921) 1931[2] - Ders., Anknüpfung u. Widerspruch... (ThZ 2, 1946, 401-418) - RGG[2] I, 411 ff - ThW II, 501 ff - W. Kamlah, Christentum u. Geschichtlichkeit, (1940) 1951[2] - Ders., Die Theologie u. das griechische Denken (Studium generale 3, 1950, 686-692) - J. Jeremias, Die Gleichnisse Jesu, (1947) 1956[4] - H.v. Campenhausen, Glaube u. Bildung im NT (Studium generale 2, 1949, 182-194) - M. Pohlenz, Paulus u. die Stoa (ZNW 42, 1949, 69-104) - M. Dibelius, Aufsätze zur Apg, (1951) 1953[2] - O. Cullmann, Le christianisme primitif et la civilisation (Verbum caro 17-20, 1951, 57-68) - G. Bornkamm, Die Offenbarung des Zornes Gottes (Das Ende des Gesetzes, 1952, 9-33) - W. Nestle, Zur altchristl. A. im NT (ZRGG 4, 1952, 115-123).

E. Kamlah

II. Frühkirchliche Apologetik

1. Quellen und geschichtliche Entwicklung - 2. Methoden und Schwerpunkte - 3. Geistesgeschichtliche Einflüsse - 4. Geschichtliche Bedeutung

1. Die frühkirchliche A. hat als Auseinandersetzung mit der Umwelt ihren festen »Sitz« im Leben der alten Kirche. Hinweise auf Streitgespräche mit Heiden und Juden (Justin, Origenes, → Aristo von Pella) zeigen die Existenz einer der schriftlichen A. (→ Altchristliche Literaturgeschichte) vorangehenden mündlichen A. an. Die apologetische Literatur verlieh zugleich der A. in Zeiten, als Heidentum und Judentum keine konkreten Gesprächspartner waren, Dauer. Der Sieg der Kirche mußte ihre Struktur grundlegend ändern, auch wenn ihre Methoden fortlebten.

Die *Anfänge* (→ Petruskerygma) setzen die urchristliche A. (→ Apologetik: I) fort: Theologumena der Transzendenz, »Unkenntnis« des wahren Gottes als Wurzel des Polytheismus, speziell des Tierkultes, die monotheistisch begründete Gerichtspredigt begegnen schon dort (Röm 1, 20ff; Apg 14, 15ff; 17, 22ff). Die aus dem hellenistischen Judentum kommende Methode einer durch die natürliche Theologie begründeten Anknüpfung erhält sich vor allem in den apokryphen Apostelakten (→ Pseudoclementinen). Neue Impulse gehen von den durch Christenpogrome ausgelösten *ersten Apologien* (→ Quadratus, → Apollinaris von Laodicea; → Melito) aus. Sie vermeiden die Polemik, verzichten auf eingehende Lehrdarstellung, betonen dagegen die politische Zuverlässigkeit des Christentums. Es sind an Hadrian und Mark Aurel gerichtete Appellationen. In der gleichen Zeit setzt die literarische Polemik des Heidentums ein (143: Fronto; 178: → Celsus). Die Christen antworten mit *literarischen »Apologien«*. Bei aller Verschiedenheit (→ Aristides, → Justin, → Athenagoras) sind sie ausnahmslos als Aufklärungsschriften für die Öffentlichkeit gedacht. Adressen an Kaiser und Behörden sind Propagandamittel, der protreptische Stil durchbricht den Rahmen einer Eingabe, situationsfremde Themen (eschatologische Drohrede, Schriftbeweis, Polemik gegen Mythologie und Polytheismus) werden behandelt. Es geht nicht um konkrete Verordnungen, sondern um allgemeine Anschuldigungen gegen das Christentum. Kaum eine Behörde, geschweige ein Kaiser, hat die ausführlichen Darlegungen gelesen. Bald läßt man daher die Fiktion einer Eingabe fallen und bevorzugt die Rede oder den protreptischen Brief, wobei entweder die Polemik (→ Tatian) oder die Protreptik (→ Diognetbrief) vorherrschen. Didaktisches Bemühen läßt die Zitate aus griechischer und biblischer Literatur ins Endlose wachsen (→ Theophilus von Antiochia). Der lebendige Kontakt mit dem Heidentum scheint verloren, so daß schon Ende des 2.Jh.s eine *Krisis* der A. zutage tritt. Durch bedeutende Theologen wird sie jedoch überwunden. Mit seinem dreiteiligen Hauptwerk (Protreptikos, Paidagogos, Didaskalos) weist → Clemens von Alexandria der A. neben Ethik und Dogmatik einen ständigen Platz in seinem Schulsystem an. Sie erhält die Aufgabe einer vorbereitenden *theologischen Disziplin*. Eine verwandte Konzeption verfolgt → Hippolyt: er stellt die A. zugleich in den Dienst der Ketzerbekämpfung. Zu völlig neuer Gestalt formt sie jedoch → Tertullian. Die benannten Theologen haben der weiteren Entwicklung, die in Ost und West getrennt verläuft, die Richtung gewiesen.

Im *Osten* liegt das Schwergewicht auf der Widerlegung literarischer Gegner und Systematisierung der A. → Origenes, der die ältere A. zu einem letzten Höhepunkt führt, schreibt nur widerwillig das vielbewunderte Werk gegen Celsus, dem er Interesse nur dort abgewinnen kann, wo er die Überlegenheit seines spekulativen Christentums zu zeigen vermag. Wichtiger ist ihm die Sicherung der Lehre gegenüber Häretikern (de principiis): wie bei Hippolyt entsteht aus apologetischen Motiven die erste Dogmatik. → Eusebius von Cäsarea ist weniger mit den Werken gegen → Hierokles und Porphyrius als durch seine praeparatio und demonstratio evangelica bedeutsam geworden; er verbindet zum ersten Mal A. und Dogmatik, wobei die A. die Aufgabe erhält, die christliche Wahrheit zu erhärten. Trotz seiner Breite sticht das Werk von der Spottschrift des → Hermias, der die griechische Philosophie nicht ernst nimmt, vorteilhaft ab. Die pseudojustinischen Arbeiten der Zeit (Cohortatio ad Graecos, Oratio ad Graecos) zeigen starken protreptischen Einfluß und repristinieren die ältere A. → Athanasius hingegen schreitet mit den Jugendwerken (Ad gentes; De incarnatione) auf dem von Euseb gewiesenen Weg fort und bezieht die A. enger auf das Inkarnationsdogma. Als Bischof macht er die »Apologie« zum Mittel der Selbstverteidigung; in dieser Gestalt erhält sie in den theologischen Streitigkeiten des 4./6.Jh.s erneut eine konkrete Aufgabe. Die ältere A. hingegen lebt in systematischen Darstellungen fort (→ Gregor von Nyssa, Oratio catechetica). Höhepunkt und Abschluß dieser Entwicklung bildet → Theodoret von Kyrrhos, der A. und Dogmatik so verknüpft, daß zu jedem Punkt des Glaubenssystems die Abgrenzung gegenüber dem Heidentum vollzogen wird. Die Widerlegungen des Porphyrius durch → Makarius Magnes und des »gottlosen« Julian durch → Cyrill von Alexandrien haben demgegenüber nur Quellenwert.

Im *Westen* läßt → Tertullian angesichts einer nordafrikanischen Verfolgung (197) das Christentum vor dem Forum des Rechts die Gegenseite in die Schranken weisen. Er verzichtet auf die Anknüpfungsmethode und das Bündnis mit der Philosophie. Richtungweisend ist die von ihm vollzogene Romanisierung der A. (Götterkritik Varros) und die Widerlegung typisch römischer Anklagen (das Christentum sei am Elend Roms schuld), während → Minucius Felix vom römischen Klassizismus (Cicero, Vergil) beeinflußt ist. → Cyprian arbeitet in einem ersten Versuch (Quod idola dii non sint) nach Muster östlicher A. Durch das Motiv des Bekehrungsberichtes (Ad Donatum) und Konzentration der A. auf den Vorwurf der Schuld des Christentums am Weltelend in den Pestjahren (Ad Demetrianum) aktualisiert er sie später, so daß selbst der Biblizismus seiner Antwort nicht situationsfremd wirkt. → Arnobius (, 1), der mit dem protreptischen Motiv der Konversion persönliche Ziele verfolgt, ist stärker von der griechischen A. beeinflußt und nur in der Verwertung der nordafrikanischen Religionen selbständig. → Lactantius (Divinae institutiones) will, beeinflußt durch den Aufenthalt im Osten, systematisch A. treiben. Er wird mit der These, das Christentum garantiere die iustitia unter den Völkern und die beata vita des Individuums (Cicero), vorbildlich. Im 4.Jh. unterbricht der allgemeine Einfluß des Ostens die weitere lateinische Entwicklung; die Werke von → Firmicus Maternus, → Commodian und → Prudentius tragen nichts Neues bei. Die A. wird Sujet der Poesie, schildert den »Seelenstreit« zwischen christlicher Tugend und heidnischem Laster und läßt nur von ferne den Kampf eines → Ambrosius gegen den Paganismus der römischen Senatspartei (Prudentius, Contra Symmachum) anklingen. Erst → Augustin (De civitate Dei) führt die Tradition des Westens fort. Indem er zugleich die östliche A. verarbeitet, bildet er *Höhepunkt und Abschluß der frühkirchlichen A.* Er treibt in Abwehr der anläßlich Roms Eroberung durch Alarich (410) laut werdenden Anklagen wieder konkrete A. Er deutet das Verhältnis von Heidentum und Christentum als Ringen zwischen Weltstaat und Gottesstaat und entwickelt eine Geschichtstheologie, welche die A. zum Gegenstand geschichtsmetaphysischer Betrachtung macht und so ihren Themen gültige Dauer verleiht.

2. Die *Methoden* unterliegen mit fortschreitender Literarisierung der A. einer Profanisierung. Aus der jüdisch-alexandrinischen A. (→ Philo; Josephus, Contra Apionem) übernimmt man den literarischen Abhängigkeitsbeweis für griechische Philosophen, den man sogar auf das römische Recht ausdehnt (Ps. Ambrosius, Lex Dei). Aus der Streitliteratur der Schulphilosophie stammen Methoden der Eristik (zB Selbstwidersprüche des Gegners aufzuzeigen). An das missionarische Motiv knüpfen Formen der philosophischen Protreptik (der junge → Aristoteles) an: durch den Dialog soll die Wahrheit in Argument und Gegenargument für sich selbst sprechen; der protreptische Brief baut auf die Kraft der Überredung. Die Rhetorik steuert die Methoden ihres Streitgesprächs, zB die Anklage auf den Kläger zurückzuwerfen (retorsio), bei. Das liturgische Formular der

Märtyrerakte wird unter Einfluß politischer Literatur (Märtyrerakten von Alexandrien) zum Propagandamittel der A. (→Apollonius d. Märt.). Kaiserliche Reskripte, die man zunächst zugunsten der Christen auslegt (Justin), werden später nach Art spätantiker Fälschungen frei erfunden (ActPaul; Vita Abercii 23), ebenso Kaiserbriefe (Antoninus Pius; Mark Aurel), um die Christenfreundlichkeit beliebter Regenten zu beweisen. Textänderungen (Plato, Ep. II, 312 E) und christliche Einschübe (Sibylle; Sprüche des Sextus) machen griechische Philosophen, uralte Weisheit zu christlichen Zeugen. Mit der Systematisierung der A. gewinnt die doxographische Methode durch Stoffaufgliederung nach topoi Einfluß.

Schwerpunkt der A. ist a) der *Nachweis der Rechtlichkeit*. Wenn es auch schwerlich ein Sondergesetz gegen Christen gegeben hat (→ Imperium Romanum), so stimmt doch die Klage der A., schon der »Christenname« sei strafwürdig, mit der im Hadrianreskript an Mundanus gebilligten Rechtspraxis überein. Im Volk umgehende Verdächtigungen der Christen (Inzest, Kannibalismus, Atheismus) trugen zur Rechtsunsicherheit bei. Die Ausbreitung des Christentums mehrte die Konflikte mit der Staatsreligion (crimen maiestatis et religionis laesae). Die A. fordert ein geordnetes Verfahren gegen Christen und strebt zugleich die Anerkennung als religio licita an, die von dem Staatskult befreien würde. Im Gebet für Kaiser und Staat, durch vorbildliche Sitten, Zucht und Ordnungssinn beweisen die Christen sich als wertvolle Bürger. Empfinden sie sich auch als Fremdlinge, so bedeuten sie für die Gesellschaft doch dasselbe wie die Seele für den Körper (Diognet). Ihr Monotheismus stützt die kaiserliche Monarchie. Das Einvernehmen zwischen Kirche und Staat war stets für beide nützlich: die pax Romana bereitete der christlichen Friedensbotschaft den Weg, während nicht zufällig die toleranten Kaiser den Bestand des Reiches mehrten. – b) Der *Vernunftbeweis* verteidigt selbst ungriechische Dogmen wie die Fleischesauferstehung (Naturanalogien; Gesetz der Substanzerhaltung) mit rationalen Argumenten. Im Gewande der Philosophie verteidigt die A. mit den »dogmatischen« Schulen die Dogmen göttlicher Weltschöpfung und Vorsehung, der Güte Gottes und einer individuellen Vorsehung gegen die »gottlosen« Philosophien (Epikur, Skepsis, Aristotelismus). Mit ihnen kritisiert man heidnische Volksreligion und klassische Mythologie als Anthropomorphismus, und bejaht den Eudämonismus ihrer Tugendlehre. An ihnen übt man daher nur bedingte Kritik. Während die Ethik der Stoa Beifall findet, wird ihrer Metaphysik vorgehalten, daß Gott der Wandelbarkeit der Materie unterworfen werde. Der Platonismus könne sein Ziel einer Gottesschau nie erreichen, auch hindere Platons Seelenwanderung echtes Jenseitsstreben. Demgegenüber verwirklicht die christliche Lehre als »wahre Philosophie« in ihrer Ethik, was das Vernunftprinzip des ὀρθὸς λόγος fordert und dank »allgemeiner Vorstellungen« als apriorisches Sittengesetz in jedermann gelegt ist (Tertullian: anima naturaliter christiana). Das mosaische Gesetz wird zur lex naturalis, Jesus zum Morallehrer und Prediger der Kardinaltugenden. Vor allem zeigt das Christentum den selbst von Platon (Tim. 28 C) als schwierig bezeichneten Weg der Gotteserkenntnis. Was Heraklit, Sokrates u.a. hiervon kundtaten, verdankten sie der Wirkung des λόγος σπερματικός, wobei es sich nur um Teiloffenbarungen handelte, wie aus ihren Widersprüchen hervorgeht. Erst die volle Logosoffenbarung in Christus ermöglichte wahre Gotteserkenntnis, die sich selbst Ungebildeten mitteilt. So vermag das Christentum im Gegensatz zur heidnischen Philosophie allen Bildungsgraden gerecht zu werden. Das Liebesgebot wie die monotheistische Predigt verwirklichen den Traum von einer Gemeinschaft aller Menschen, die sich bar aller nationalen und sozialen Gegensätze als Kinder des einen Vaters wissen dürfen. – c) Der *Geschichtsbeweis* hingegen argumentiert thetisch. Die hl. Schriften bezeugen eine kontinuierliche Heilsgeschichte von Schöpfung an, die dank der universalen Wirksamkeit des Logos nicht nur die jüdische, sondern auch die griechische Vergangenheit umfaßt, in die Geschichte des Christentums einmündet und ihm trotz seiner Jugend die Priorität sichert. Als Vorfeld des Christentums wird das Heidentum zugleich zum Kampffeld der Dämonen in ihrem Widerstand gegen den Logos. In Ahnung seines sie entmächtenden Sieges versuchten sie, das Prophetenzeugnis unglaubwürdig zu machen. Sie entwarfen eine Mythologie, die das Christentum als Plagiat erscheinen läßt (→ Auferstehung: I. II; → Jungfrauengeburt: I) und heidnische Kultformen (→ Mahlzeiten, kultische: I), die es zur Kopie stempeln. Sie sind auch bei den Verfolgungen der Gegenwart am Werk. Doch die Standhaftigkeit der Märtyrer, die selbst Sokrates in seinen Schülern nicht erzeugen konnte, und die Exorzismen der Kirche beweisen ihre Ohnmacht. Nicht nur seine ethischen, sondern vor allem diese geschichtsmetaphysischen Kräfte beweisen eindringlich die Wahrheit des Christentums.

3. Die *geistesgeschichtliche Stellung* der A. ist nicht nach dem vielschichtigen Traditionsgut, das sie benutzt, zu bestimmen. Die rationalistische Religionskritik (Euhemerismus; skeptisch-empirische Mythenkritik; → Cicero, De natura deorum) bleibt Fremdkörper. Das Wissen schöpft zT aus Florilegien, das antike Geistesgut wird oft nicht bewältigt, wie grobe Mißverständnisse zeigen. Dies Material dient zudem vorwiegend der Polemik. Der Kontakt der A. mit dem spätantiken Geistesleben zeigt sich vielmehr bei ihrer philosophischen Deutung des Christentums. Im Osten knüpft man an den sog. *mittleren → Platonismus* an, der sich durch einen persönlichen Gottesbegriff (im Gegensatz zum monistischen → Neuplatonismus), überhaupt seiner soteriologischen Struktur wegen anbot. Die von jeher durch die Allegorese erfolgte Einübung in spiritualistisches Denken hat dies erste Bündnis zwischen Christentum und Idealismus gefördert. Der Westen unterliegt in erster Linie *stoischen Einflüssen* (Ciceros Hortensius; →Seneca); der Rückgriff Augustins auf den Neuplatonismus ist etwas Einzigartiges. So hat hier die römische Stoa die Synthese zwischen Christentum und Humanismus bestimmt. Harnacks Satz von der Hellenisierung muß durch den einer Romanisierung des Christentums ergänzt werden, soll die A. als universaler Prozeß der Auseinandersetzung mit der Spätantike begriffen werden. Sie beschränkt sich dabei nicht auf Rezeption, sondern arbeitet, ältere Ansätze fortführend, den Gegensatz zwischen heidnischem und christlichem Denken immer stärker heraus, so daß am Ende dieses Prozesses die naiven noch von Justin gehegten Hoffnungen einer Aussöhnung eindeutig überwunden sind.

4. Die frühkirchliche A. entwirft als erste das Programm einer mit philosophischer Begrifflichkeit arbeitenden *theologischen Wissenschaft*. Die Warnung vor der Philosophie Kol 1, 15 wird auf den »gottlosen« Epikur (Clemens von Alexandrien), jedenfalls nicht auf die philosophische Theologie bezogen! Damit ist der urchristliche Biblizismus überwunden. War für jenen nach dem Schema von Weissagung und Erfüllung das Christusdogma Zentralpunkt, so wird es jetzt die Gotteslehre, auf die alle Dogmen bezogen werden. Der Schöpfungsbericht wandelt sich in eine Kosmologie, deren ontologische Aussagen zugleich die Soteriologie, Ekklesiologie und Schriftlehre bedingen. Dabei ergeben sich Widersprüche zu Schriftaussagen (Präexistenz der Materie und der Seelen; Existenz mehrerer Welten); die humanisti-

sche Ethik verkürzt das Kerygma vom Kreuz (→ Erlösung: IV), und es erscheint die Gefahr einer Auflösung des Dogmas in zeitlose Vernunftwahrheiten. Doch bleibt das Mühen um ein christlich-antikes Weltbild ein Verdienst der A. Sie hat bestimmte Denkformen (Gottesbeweise) und Anschauungen (vorgeschichtlicher Sündenfall als Ursache des Heilsprozesses) für immer in der Theologie heimisch gemacht. Für die Dogmengeschichte wurde ihre Ausformung der *Logoschristologie* bedeutsam (vorweltliche Zeugung des Logos, seine Mitwirkung an der Schöpfung, seine Funktionen als Offenbarungsprinzip in Schrift und Geschichte; → Christologie: II). Dabei knüpfte man nicht an den kosmischen Logosbegriff der → Gnosis (: I), sondern den der platonischen Schulphilosophie an, der sowohl kosmisches wie geistig-rationales Prinzip ist. Die daraus resultierende Doppelschichtigkeit der Logoschristologie (Emanationsvorstellungen neben personaler Begrifflichkeit), das ungeklärte Nebeneinander modalistischer, dynamistischer und subordinatianischer Vorstellungen schuf eine Problematik, deren Lösung der trinitarischen Debatte obliegen sollte. Dazu prägte die A. jedoch bereits wichtige Begriffe (λόγος ἐνδιάθετος-προφορικός; ὑπόστασις; ἕνωσις-διαίρεσις; τάξις), Vorstellungen (metaphysische Willenseinheit der Trinität) und Bilder (Gleichnis von Sonne und Sonnenstrahl). Indem sie in Abwehr der synkretistischen Gnosis ihre kirchliche »Gnosis« auf Schrift und apostolische Lehre gründete, förderte sie den *Frühkatholizismus*. Bereits in vorkonstantinischer Zeit wies sie dem Christentum die Aufgabe zu, das kulturelle Erbe der Antike anzutreten (→ Antike und Christentum). Sie überwand die urchristliche Abneigung gegen den Staat, so daß nach Konstantin Kirche und Imperium ein durch sie vorbereitetes Bündnis eingehen konnten.

Ausgaben: → Apologeten. - Zusammenfassende Darstellungen neben den DGen: RGG² I, 415ff; RAC I, 533ff. - Spezialfragen: J. GEFFCKEN, Zwei griech. Apologeten, 1907 (wegen Materialsammlung unentbehrlich) - A.PUECH, Les apologistes grecs du 2e siècle, 1912 - H.LORTZ, Tertullian als Apologet I, 1927 - V.A.S.LITTLE, The Christology of the Apologists, 1934 - G.L.PRESTIGE, God in Patristic Thought, 1936 - H.ROSSBACHER, Die Apologeten als politisch-wiss. Schriftsteller, 1937 - G.LAZZATI, L'Aristotele perduto e gli scrittori cristiani, 1938, 9ff - M.PELLEGRINO, Studi sull'antica apologetica (Storia e letteratura 14), 1947 - J.QUASTEN, Patrology I, 1950, 189ff (Lit.) - V.MONACHINO, Intento pratico e propagandistico nell'apologetica del II sec. (Gregorianum 32, 1951, 5-49. 187-222) - E.BENZ, Christus u. Sokrates in der alten Kirche (ZNW 43, 1950/51, 195 bis 224) - J.W.SCHIPPERS, De outwikkeling der euhemeristische godencritiek in de christelijke lat. literatuur (Diss. Utrecht), 1952 - R.M.GRANT, Miracle and natural law in graeco-roman and early christian thought, 1952 - W.SCHMID, The Christian reinterpretation of the rescript of Hadrian (Maia NS 7, 1954, 1-10) - R.M.GRANT, The chronology of the greek Apologists (VigChr 9, 1955, 25-33) - J.R.LAURIN, Orientations maitresses des Apologistes Chrétiens de 270 à 361 (AnGr 61), 1954 - H.HOMMEL, Schöpfer u. Erhalter. Studien zum Problem Chr. u. A., 1956.

C.Andresen

III. Systematisch-theologisch

1. Name und Begriff - 2. Geschichte der neuzeitlichen A. - 3. Die gegenwärtige Lage der A.: a) A. als Weltanschauungslehre - b) A. als theologische Anthropologie - c) A. als Methode der Korrelation - d) A. als Problem der Verkündigung

1. Im Unterschied zur Polemik geht es in der A. nicht um die innerkirchliche Auseinandersetzung zwischen Rechtgläubigkeit und → Irrlehre, sondern um die Auseinandersetzung des Christentums mit dem Heidentum. Freilich sind von jeher die Grenzen zwischen beiden Aufgaben nicht immer streng zu ziehen gewesen, etwa beim Einbruch der → Gnosis in die Kirche. Die A. ist dadurch weithin in Mißkredit gekommen, weil sie mit allen Mitteln die Denkmöglichkeit, wenn nicht Denknotwendigkeit des christlichen Glaubens gegenüber dessen Bestreitern zu erweisen bemüht war.

2. Wenngleich es seit den ersten Anfängen christlicher Theologie A. gab (zB → Irenäus [, 1], Elenchus; → Thomas von Aquino, Summa contra gentiles), so kann doch erst von dem Zeitpunkt an von A. als theologischer Disziplin die Rede sein, da die Spannung zwischen dem Zeitgeist und dem christlichen Glauben deutlich empfunden wird, also seit der → Aufklärung. Für die kath. und prot. Orthodoxie konnten zwei Voraussetzungen als selbstverständlich gelten: das Vorhandensein eines natürlichen Gottesbewußtseins und die Inspiration der Hl. Schrift. Die A. als theologische Aufgabe beginnt in dem Augenblick, da durch die Aufklärung die Inspiriertheit der Schrift fraglich wird (→ Inspiration: III) und die Kirche vermeint, diese vor der Nivellierung in die Ebene allgemeiner Geschichtlichkeit retten zu müssen. Das von daher sich stellende Problem des Verhältnisses von Offenbarung und Vernunft wurde in einer dreifachen Weise zu lösen versucht. Die → Orthodoxie ordnet Vernunft und Offenbarung im Sinne eines friedlichen Dualismus, wobei die Offenbarung die Krönung des in der Vernunft angelegten Erkenntnisgehaltes ist; diese Auffassung hält sich bis → Leibniz und → Wolff. Dies ändert sich in der Neologie, indem nunmehr geschieden wird zwischen Offenbarungsbegriff und Offenbarungsinhalt: die Offenbarung bringt inhaltlich nichts Neues zur Vernunfterkenntnis hinzu, ist lediglich die besondere Weise, wie die Vernunft in die Welt tritt (vgl. → Lessings »Erziehung des Menschengeschlechts«). Der dritte Schritt ist der vollendete Rationalismus, für den Offenbarungsinhalt und Vernunft völlig zusammenfallen und der Offenbarungsbegriff als solcher ganz überflüssig wird. Während der Supranaturalismus zunächst noch versuchte, die Übernatürlichkeit der Schrift durch deren wundersamen Eintritt in die Welt zu erweisen, wird die Theologie immer mehr dazu gedrängt, vor allem auch durch die interkonfessionelle Auseinandersetzung, nach den Zentralwahrheiten zu fragen, den sog. Fundamentalartikeln, die allen christlichen Konfessionen gemeinsam seien. Diese Entwicklung endet schließlich bei den drei Grundwahrheiten der natürlichen Religion: Gott, Freiheit, Unsterblichkeit. Damit schien auch das »Wesen des Christentums« umschrieben zu sein, sofern diese drei Grundsätze gleichsam ein hermeneutisches Prinzip für die Erschließung des Schriftinhalts sein sollten.

Umstritten war lange Zeit der enzyklopädische Ort der A. Ist sie eine systematisch-theologische oder eine praktisch-theologische Disziplin? Sollte es in ihr um eine grundlegende christliche Gewißheitsbegründung gehen, sie also gleichsam die Prolegomena der Dogmatik bilden, oder ist sie eine der Homiletik und Katechetik zuzuweisende »Verteidigungskunstlehre«? Der Streit um diese Ortsbestimmung geht in der Theologie des 19.Jh. hin und her. → *Schleiermacher* entschied sich in seiner »Kurzen Darstellung des theologischen Studiums« dahin, daß sie neben der Polemik zur philosophischen Theologie gehöre, also zur Grundlegung der Theologie überhaupt. Er sieht die Hauptaufgabe der A. in der Herausarbeitung des eigentümlichen Wesens des Christentums gegenüber anderen Formen religiöser Gemeinschaft. Diese Besonderheit ist zu erweisen durch die besondere Art seiner Entstehung, also im Rückgriff auf Offenbarung, Wunder und Eingebung. Sodann sei über den besonderen heilsgeschichtlichen Ort des Christentums im Verhältnis zu Judentum und Heidentum im Sinne von Weissagung und Erfüllung zu reflektieren. Da die Geschichtlichkeit der christlichen Kirche Veränderungen mit sich bringt, ist sowohl im Hinblick auf die Hl. Schrift wie die anderen Konfessionen der Nachweis der Einheit mit dem biblischen Ursprung nötig. So dient schließlich die A. der ökumenischen Einheit der Kirche, indem sie sich bemüht, die vorhandenen Gegensätze zum Verschwinden zu bringen. Mit diesem Programm beherrscht Schleiermacher einen großen Teil der Theologie des 19.Jh.s. Da bei ihm keine klare Unterscheidung zwischen Weltanschauung und Glauben getroffen wurde, konnte es vor allem in Kreisen der konfessionellen Theologie (Zöckler, Luthardt) gegenüber den Angriffen des Materialismus zur Verteidigung des sog. »biblischen Weltbildes« kommen (→ Weltbild: IV). Sowohl der Fortgang der Wissenschaft wie die Erkenntnis, daß es in der Bibel nicht um das antike Weltbild geht, zeigten auf die Dauer die Unhaltbarkeit solcher Versuche der A. → Overbeck schien mit seiner herben Kritik an der apologetischen Theologie recht zu behalten, daß durch sie die Christlichkeit der Theologie nicht minder in Frage gestellt werde wie durch die liberale! – Ebenso unhaltbar war der Beweis für die Wahrheit des Christentums durch den Hinweis auf dessen wunderhafte Entstehung. Sowohl die historische Kritik wie die religionsgeschichtliche Betrachtungsweise machten den naiven Supranaturalismus unmöglich. – Von Schleiermacher nahm auch die religionspsychologische Betrachtungsweise ihren Ausgang: das Religiöse ist eine apriorische Qualität im Menschen, deren höchste Ausformung das Christentum ist (Troeltsch). Damit war es möglich, zu einer Synthese zwischen dem idealistischen Gedanken vom Christentum als der absoluten Religion (Hegel) und dem modernen psychologischen von der Religion als Werterlebnis zu gelangen. Aber sowohl die geschichtliche wie die psychologische Methode mußten vor der Wahrheitsfrage versagen, denn die Behauptung, das Christentum sei die höchste Religionsform der Menschheit, setzt schon ein zugunsten des Christentums präjudiziertes Werturteil voraus, das keineswegs allgemeinverbindlich ist (→ Absolutheit des Christentums).

In der geistesgeschichtlichen Situation des ausgehenden 19.Jh.s wurde nicht nur die supranaturale Voraussetzung der Inspiration der Schrift fraglich, sondern auch die der natürlichen Theologie, die schließlich auch dem Idealismus zugrunde lag. Daher knüpft *A.* → *Ritschl* an Kants Trennung des theoretischen vom praktischen Erkennen an und sucht die Theologie nicht in einer objektivierenden Metaphysik zu begründen, sondern allein in der in Jesus Christus begründeten Offenbarung. *W.* → *Herrmann* zieht diesen Gedanken noch weiter aus in seiner Unterscheidung von nachweisbarer und erlebbarer Wirklichkeit; die eine ist allein wissenschaftlich erfaßbar, die andere hat es mit persönlich erfahrbarer Gewißheit zu tun. Obwohl die hier gebrauchten Kategorien noch zu stark psychologisch und ethisch gefärbt sind, so ist doch ein entscheidender Durchbruch gewonnen: die A. stößt nun auf die dem Glauben gemäßen Kategorien der Personalität. Damit tritt an die Stelle der alten »Verteidigung der wahren Religion« eine über die ganze Breite gegenwärtigen Denkens sich erstreckende Grundlagenbesinnung, die mehr den Charakter der Gesprächsbegegnung hat als den der Selbstrechtfertigung.

3. Der auf eine Synthese von allgemeiner Kultur und Christentum eingestellte Kulturprotestantismus brach durch die Krise des 1. Weltkrieges zusammen und wurde durch die besonders in der → dialektischen Theologie herrschende Bemühung um eine autarke Selbstbegründung des Glaubens im biblischen Kerygma abgelöst. Die Theologie konnte aber trotz des neu gewonnenen Selbstbewußtseins nicht auf das Gespräch mit dem modernen Menschen verzichten. Daraus ergab sich zugleich ein neues Ernstnehmen der apologetischen Fragestellung.

a) Diese hat in der Gegenwart vor allem vier Gestalten: sie ist zunächst Weltanschauungslehre. Schon 1904 hatte *K.* → *Heim* in seinem Buch »Das Weltbild der Zukunft« nachgewiesen, daß unser Denken im Ich-Mythus und im Subjekt-Objekt-Denken befangen sei und auch die A. nur die Wahl habe, tautologisch oder empiristisch zu werden. Dem stellt Heim ein schärferes, wirklichkeitsgemäßeres Denken gegenüber, das schließlich eine von der Bibel genährte christliche Weltanschauung ermöglicht. Die Kontrastmethode, die das kranke Denken der Zeit destruiert, verbindet sich hier mit der harmonisierenden A., weil auch der Glaube »eine Urannahme über das Verhältnis zwischen Ich, Du und gegenständlicher Welt enthält«. In der Tat bleibt die Zuordnung von →Weltbild (: IV) und Glaube so lange ein Problem, als einerseits Biblizismus und Fundamentalismus ein »christliches Weltbild« zu entwerfen versuchen, und andererseits Positivismus und Naturalismus behaupten, das »moderne Denken« schließe den Glauben überhaupt aus. Das Verhältnis beider Größen braucht weder im Sinne eines monistischen Zusammenfallens von Weltbild und Glaube, noch eines dualistischen Auseinanderfallens gelöst zu werden. Hier bietet sich vielmehr die Kategorie der *Komplementarität* an, mittels derer die Koexistenz sich scheinbar widersprechender Größen möglich und denkbar wird (Schrey).

b) A. als theologische Anthropologie. Neben der ersten Aufgabe der Theologie, der Besinnung auf das der Kirche gegebene Wort Gottes, steht als »andere Aufgabe« (E.Brunner) der Aufweis, wie durch das Wort Gottes die menschliche Vernunft teils als Quelle lebensfeindlichen Irrtums enthüllt, teils in ihrem eigenen unvollendbaren Sehnen erfüllt wird. → Pascal, → Hamann und → Kierkegaard sind die klassischen Vertreter dieser Art A. In der Gegenwart bekennt sich *E.* → *Brunner* zu diesem Typ der »eristischen Theologie«. Auch → *Bultmanns* Theologie kann diesem Typus zugezählt werden. Das Evangelium ist wohl der Sache nach Widerspruch gegen den selbstherrlichen Menschen und bedarf keiner Synthese, aber doch bleibt der Mensch in seiner Existenz, seiner Sprache und Geschichte der Anknüpfungspunkt. Darum konnte die biblische Botschaft an die hellenistische Popularphilosophie, die Mysterienreligionen und die Gnosis anknüpfen. Auch das Anliegen der → Entmythologisierung hat ja darin seinen Sinn, daß der heutige Mensch nur dann vom biblischen Kerygma erreicht werden kann, wenn dieses ihn in seinem existentiellen Selbstverständnis trifft (→ Anknüpfung).

c) A. als Methode der Korrelation. Mit der anthropologischen Fragestellung hängt die Erneuerung der natürlichen Theologie (→Natürliche Religion und Theologie) in Form eines negativen Existenzverständnisses zusammen, wobei sich eine Korrelation zwischen der in der Vernunft des Menschen enthaltenen Frage und der in der Offenbarung liegenden Antwort ergibt. Die im Offenbarungsereignis liegenden Antworten sind nur sinnvoll, wenn sie in Korrelation stehen zu unserer existentiellen Frage. *P.* → *Tillich* weist ausdrücklich den Einwand der kerygmatischen Theologie zurück, die Theologie verliere den Boden unter den Füßen, wenn sie sich auf die Situation einlasse. Die Theologie kann nicht einfach die Sätze der Bibel wiederholen, sondern muß sie in der Sprache als dem elementaren Ausdrucksmedium der Situation sagen.

d) A. als Problem der Verkündigung. Die gegenwärtige A. kehrt die alte Art der Fragestellung um: nicht die Welt hat das Christentum zu fragen, wobei dann der Gegner das Gesetz des Handelns und die Ebene der Auseinandersetzung bestimmt, sondern »Gott besitzt die Initiative des Fragens« (*Thielicke*). So wird die A. ein Stück des der Predigt aufgetragenen Wächteramtes gegenüber dem säkularen Menschen der Gegenwart. Die

A. alten Stiles suchte nach einer Anknüpfung für die Botschaft in einem allgemeinen religiösen Bewußtsein; sie erwies sich als hilflos, wenn sie einem völlig säkularisierten, religionslosen Menschen gegenüberstand. *D.* → *Bonhoeffer* macht mit Recht darauf aufmerksam, daß die Botschaft von Jesus Christus keine besonderen religiösen Voraussetzungen braucht, zumal sie selbst nicht → »Religion« (: IV; → Christentum: V) ist und nicht als Ausdruck der Innerlichkeit oder als Metaphysik mißverstanden werden will. Hier bedarf es einer völligen Umschmelzung der Begriffe, wenn diese in einer religionslosen Welt in ihrer Sachhaltigkeit erfaßt werden sollen.

RE I, 679ff - K.Heim, Das Weltbild der Zukunft, 1904 - Ders., Glaubensgewißheit, (1916) 1923^3 - Ders., Der ev. Glaube u. das Denken der Gegenwart, 6 Bde, 1931-52 - O.Zöckler, Gesch. d. Apologie d. Christentums, 1907 - K.Leese, Die Prinzipienlehre der neueren systematischen Theologie im Lichte der Kritik L.Feuerbachs, 1912 - W.Elert, Der Kampf um das Christentum, 1921 - F. Brunstäd, Zur Gewißheitsfrage (NKZ 36, 1925, 6-28) - Ders., Theologie als Problem, 1930 - Ders., Allgemeine Offenbarung, 1935 (alles in Ges. Kl. Schriften, 1957) - H.E.Weber, Das Geisteserbe der Gegenwart u. die Theologie, 1925 - A.Titius, Natur u. Gott, 1926 - H.Schreiner, Geist u. Gestalt, 1927 - E.Brunner, Die andere Aufgabe der Theologie (ZZ 7, 1929, 255-276) - Ders., Offenbarung u. Vernunft, 1941 - C.Schweitzer, Antwort des Glaubens. Hdb. der neuen A., 1929 - C.Schweitzer-W.Künneth, Freidenkertum u. Kirche, 1931 - K.Adam, Die Aufgabe der A., 1931 - W.Künneth, Naturwissenschaft u. Glaube, 1931 - J.Baillie, Our Knowledge of God, London 1939 - L.Hodgson, Towards a Christian Philosophy, London 1942 - C.S.Lewis, Screwtape Letters, New York 1942; dt.: Dämonen im Angriff, 1944 - Ders., The Problem of Pain, 1944; dt.: Über den Schmerz, 1954 - Ders., Miracles, New York 1947; dt.: Wunder, 1952 - Ders., Mere Christianity, New York 1952; dt.: Christentum schlechthin, 1956 - H. Thielicke, Fragen des Christentums an die moderne Welt, (1943) 1948^5 - A.Richardson, Christian Apologetics, London 1947 - K.Aland, Die Apologie der A., 1948 - M.Doerne, Das unbewältigte Problem der A. (ThLZ 75, 1950, 259-264) - Glaube u. Forschung, hg. v. G.Howe, K.Lücking u. H.E.Stier, 2. Folge, 1950 - P.Tillich, Systematic Theology I, Chicago 1951; dt. 1955 - R.Bultmann, Glauben u. Verstehen II, 1952 - H.-H.Schrey, Weltbild u. Glaube im 20.Jh., 1955. - Periodische Veröffentlichungen: Der Beweis des Glaubens, 1865-1908, hg.v. O.Andreae u. C.Brachmann, ab 1894 v. O.Zöckler u. E.G.Steude; fortgesetzt 1909-23 als Geisteskampf der Gegenwart, hg.v. E.Pfennigsdorf - Studien des apologetischen Seminars Wernigerode, hg.v. C.Stange, 1922-39 - Wort u. Tat, hg.v. C.Schweitzer, W.Künneth, H.Schreiner, H.D.Wendland, 1927-37 - Materialdienst. Beilage zu »Für Arbeit u. Besinnung«, hg.v. K.Hutten. *H.-H.Schrey*

IV. Praktische Apologetik (Apologie)

1. An wen wendet sich Apologie? - 2. Methode - 3. Brennpunkte der apologetischen Auseinandersetzung - 4. Mittel - 5. Organisatorisches

Apologie ist praktische Anwendung der A. auf den modernen Menschen als Gesprächspartner. Sie steht unter dem Motto: Wahr sein in Liebe (Eph 4, 15). Solche apologetische Grundhaltung gilt für die gesamte kirchliche Praxis.

1. Apologie wendet sich grundsätzlich an alle Menschen, also an (angeblich) Ungläubige, Irrgläubige, Zweifelnde; aber auch an Angefochtene und Glaubende; an die letzteren, um sie fähig zu machen, sich selbst und anderen recht zu antworten (vgl. Kol 4, 4; 1Petr 3, 15f).

2. Wenn Apologie wesentlich Gespräch ist, so ergeben sich für sie folgende Grundregeln: Nicht die Substanz der ev. Botschaft aus falscher »Liebe« durch Kompromisse verdünnen, aber auch nicht das unvermeidliche Ärgernis Christi mit dem Ärgernis verwechseln, das der Verkündiger durch den Mangel an gelebter, nicht nur gepredigter Liebe verursacht. Wir dürfen nicht erwarten, daß der andere zu uns kommt, auch nicht zu uns in den kirchlichen Raum, sondern müssen ihn da »abholen«, wo er zu Hause ist (Anknüpfung, → Apologetik: III, 3b). Man muß den andern hören können, darf ihn nicht mit fertigen Antworten überfallen, sondern soll die Fragen des andern ernst nehmen, Fragen in ihm wecken und mit ihm zusammen immer von neuem um echte Antworten ringen. »Wer kritisieren will, muß sich allererst auf den gegnerischen Standpunkt versetzen und ihn so vergegenwärtigen, wie ihn der Vertreter desselben aufgefaßt wissen will und begründet zu haben glaubt. Nur die hiergegen vorgebrachten Gründe werden dann etwas für die Sache austragen: Selbst erfundene Karikaturen totschlagen, ist dagegen ein kindliches Gewerbe« (J.Kaftan). - »Den andern besser verstehen, als er sich selbst versteht« (Brunstäd). »Die echte Anknüpfung an die Sehnsucht läßt auch die unerwartete Antwort wirkungskräftig werden« (K.Adam). Die Fragen und Zweifel des andern sind bis zu ihrer letzten Konsequenz zu durchdenken (vgl. die sokratische Methode [→ Sokratik] der immanenten Kritik bei →Heim u. a.). - Man darf nicht nur beim andern anknüpfen, sondern soll sich mit ihm und seinen Zweifeln identifizieren (vgl. Phil 2, 5ff; 1Kor 9, 19ff) - Brückenbauer (pontifex) werden. Nur wer die Sprache des andern versteht und sprechen lernt (→ Mission: III B), kann die Antwort der Bibel treffend übersetzen (→ Homiletik). Rechte Apologie ist sprachschöpferisch. - Wie in der → Seelsorge, die der Apologie nicht entraten kann, muß man elastisch sein, und zwar nicht trotz, sondern gerade aus eigener Glaubensgewißheit. Man sollte nicht »mit der Tür ins Haus fallen«. Blinder, direkt auf die andere Person gerichteter Bekehrungseifer kann, weil er lieblos ist, mehr schaden als helfen. Innerhalb der → Volksmission bedeutet Apologie im Unterschied und in Ergänzung zur unmittelbar persönlichen → Evangelisation Umweg über die Sache, wobei unter Sache sowohl das praktische wie das theoretische Gebiet zu verstehen ist, in dem der andere zu Hause ist bzw. beruflich arbeitet. Als Beispiel mag die in den 20er Jahren von C.G.Schweitzer begründete Arbeitsgemeinschaft von Medizinern und Theologen gelten, in der die den beiden Berufen des Arztes und des Seelsorgers gemeinsamen Sachfragen sachlich erörtert und gemeinsame Lösungen aus dem Glauben erarbeitet werden (→ Arzt und Seelsorger). Auf solche Weise sind Ärzte auch persönlich neu vor die Gottesfrage gestellt worden. Ähnlich haben die Ev. → Akademien (: II) seit 1945 die verschiedenen Berufe von der Sache her angesprochen.

Im Gegensatz zur abzulehnenden lahmen Verteidigungs-A. ist echte Apologie immer im Angriff. Im Kampf gegen alle Arten von Scheinwahrheiten, auch wenn sie »wissenschaftlich« getarnt sind, bedient sie sich der erkenntniskritischen Methode (metanoia = Umdenken), naturgemäß in Anpassung an die jeweiligen Denkvoraussetzungen des Gesprächspartners. Kein Apologet wird heute noch die alten Beweise für das »Dasein Gottes« ins Feld führen. »Wenn die Narren sind, die in ihrem Herzen das Dasein Gottes leugnen, so kommen mir die noch unsinniger vor, die selbiges erst beweisen wollen« (Hamann). Gott läßt sich nicht logisch beweisen; wohl aber erweist er sich als Gott in Schöpfung, Geschichte und der ihn vernehmenden menschlichen Vernunft. - Unter allen Umständen sind alle ein für allemal fertigen Formeln und »christlichen« Schlagwörter in der Apologie zu vermeiden. Diese darf, wie alle christliche Verkündigung, nie zur Routine werden.

3. Die *Kampffelder*, auf denen sich die A. zu betätigen hat, sind grundsätzlich unbegrenzt. Eine Reihe apologetisch wichtiger Fragen ist überzeitlich, und nur ihre eigentümliche Gestalt wechselt mit der Zeit. Zu den »Ismen«, die sich an die Stelle der christlichen Wahrheit setzen und sie verdrängen möchten, gehören alle nicht-

christlichen Religionen, namentlich der → Buddhismus und die verschiedenen Formen des Mystizismus (→ Mystik: I. IX) und → Okkultismus; nicht minder aller Moralismus, mag er vom Konfuzianismus, Islam, Judentum oder aber vom Idealismus herkommen. Ebenso wird die bereits in der 2. Hälfte des 18.Jh.s angebahnte, in den Freiheitskriegen erstmalig aufflammende moderne Vergötzung der eigenen Nation kritisch zu beobachten bleiben. Ferner aller sog. → Atheismus, wobei zu untersuchen wäre, ob es echten Atheismus überhaupt gibt. Hierhin gehört auch die noch keineswegs abgeschlossene Auseinandersetzung mit → Feuerbachs Gedanken bis hin zum modernen → Nihilismus. Die Apologie kann auch nicht am → Marxismus und Bolschewismus als Welt- und Lebensanschauung bzw. als Religionsersatz vorbeigehen. Auch die (positive) Auseinandersetzung mit den → Sekten gehört zur A.

Aus der Fülle der apologetisch wichtigen *Sachfragen* seien folgende herausgehoben: Das bereits in der systematischen → Apologetik (: III) herausgestellte Grundproblem von Glauben und Erkennen tritt naturgemäß auch in der praktischen A. als solches auf. Zu dem Problemkreis des 1. Glaubensartikels gehören alle alten, durch die moderne und modernste Naturwissenschaft neu gestellten Fragen wie die nach der → Schöpfung (: IV) überhaupt und der des Menschen im besonderen. Hier ist die A. besonders vor falschen Kurzschlüssen zu warnen. Immer aktuell bleibt die Wunderfrage (→Wunder: IV), die Frage nach dem Sinn des →Schicksals, die Frage der → Theodizee (: III). Aus dem Gebiete des 2. Artikels: das christliche Menschenbild (→ Anthropologie: IV), der moderne Mensch und die → Sünde (: VI-VIII), Sünde und → Krankheit (: II); ferner die Frage nach der → »Absolutheit« des Christentums, der Einzigartigkeit der Bibel innerhalb der Weltliteratur, der Weltgeschichte und → Heilsgeschichte. Endlich Fragen aus dem 3. Artikel: → Geist (: VI. VII) und Hl. Geist, Kirche und Kirchen, der Sinn des → Gebets (: VII), die Frage nach dem Ende und der Vollendung (→ Eschatologie: VI; → Telos); dazu Grenzfragen zur Ethik hin wie Glaube und Tun, → Gesetz (: VI) und Evangelium; aber auch brennende Einzelfragen wie → Eros und Agape, Technik und Glaube, die moderne Industriewelt vor der Gottesfrage, Glaube und Politik, Christentum und → Krieg (: IV, 2). Überhaupt darf nichts Menschliches, weder Theoretisches noch Praktisches, der Auseinandersetzung entzogen werden.

4. Als *Mittel* bietet sich der A. außer dem gesprochenen und gedruckten Wort alles an, was geeignet ist, auch Weltmenschen zum Nachdenken über ernste Fragen zu veranlassen. Wir nennen Plakate, Flugblätter, Tagespresse, Rundfunk, Lichtbild, Laienspiel, letzteres auch derart, daß die Zuhörer mit ins Gespräch gezogen werden; Forumgespräche, öffentliche Diskussionen; aber auch gute, also nicht »kitschige« bildende und andere Kunst. - Der geeignete *Raum* für apologetische Veranstaltungen wird in der Regel nicht ein kirchlicher sein, sondern Säle, gegebenenfalls Theater, Kino, ja das Wirtshaus oder öffentliche Plätze. - Wirksamer als Einzelveranstaltungen haben sich Freizeiten, Weltanschauungswochen, Konfirmandenstunden für Erwachsene u.ä. bewährt.

5. Es ist nicht von ungefähr, daß die Anstöße zur praktischen A. von seiten der → Inneren Mission ausgingen. Hatte schon J.H. → Wichern zu seiner Zeit auf zeitgemäße Volksmission gedrungen, so nahmen R. → Seeberg und G.Hilbert dieses Anliegen in großem Stile auf. Seeberg organisierte noch während des ersten Weltkrieges apologetische Vortragsreihen an der Front. Nach dem Kriege berief der Centralausschuß der Inneren Mission C.G.Schweitzer zur Gründung einer eigenen Abteilung innerhalb der Volksmission, die den Namen Apologetische Centrale erhielt. Vom Johannesstift in Berlin-Spandau aus wurde von 1919-35 die gesamte A. neu organisiert, ein umfassendes Archiv über alle geistigen Strömungen und Weltanschauungen einschließlich der Sekten aufgebaut, Kurse und Weltanschauungswochen in ganz Deutschland gehalten, eine → Laienschule gegründet. Die Wirkungen gingen über Deutschland hinaus (Apologetischer Ausschuß innerhalb des Internationalen Verbandes für Innere Mission und Diakonie). Nachdem 1935 die Apologetische Centrale gewaltsam geschlossen und ihr Archiv vernichtet worden ist, ist das Bedürfnis nach einer ähnlichen Einrichtung, vor allem auch nach einer systematischen Laienschulung, noch nicht wieder befriedigt worden. Vielleicht nehmen die Ev. Akademien, deren Vorläufer die Apologetische Centrale und die gesamte Bildungsarbeit des Ev. Johannesstiftes war, dieses Anliegen einmal auf.

Neben der Apologetischen Centrale wirkten auf ihre Weise a) das Apologetische Seminar, begr. von W.Hunzinger, fortgeführt von C.Stange, erst in Wernigerode, später einige Jahre in Helmstedt mit jährlichen Konferenzen auf wissenschaftlicher Ebene; b) das Wittenberger Forschungsheim für Weltanschauungskunde, begr. von Kleinschmidt, neuerdings wieder eröffnet. Dieses unterhält eine Ausstellung und setzt sich vor allem mit der modernen Naturwissenschaft auseinander.

Lit. → Apologetik: III. *C.G.Schweitzer*

V. Katholische Apologetik

1. Bestimmung und Eigenart der kath. A. - 2. Ihre Funktionen - 3. Ihre Einteilung

1. Die kath. Auffassung von A. stimmt grundsätzlich überein mit der in den vorhergehenden Abschnitten entworfenen Konzeption: »A. ist die Lehre von der Auseinandersetzung der Kirche mit ihrer geistigen Umwelt«, sie ist nicht so sehr Verteidigung als vielmehr »Antwort (aus dem Glauben)«. Die kath. A. ist eine *theologische* Wissenschaft. Ihr zentrales und einheitliches Subjekt ist die Offenbarung Gottes, die in Christus kulminiert und in der Kirche vermittelt und überliefert wird. Aber die A. untersucht nicht die inhaltliche Fülle der Offenbarung, sondern ihre der menschlichen Vernunft, Einsicht und Verantwortung zugewandte Seite, die sog. credibilitas rationalis, die Glaubwürdigkeit und Glaubpflichtigkeit der Offenbarung. Die kath. A. umfaßt deshalb keineswegs das Gesamte der Offenbarung und des ihr antwortenden Glaubens, aber eine damit gegebene entscheidende Perspektive. Diese kommt in dem Satz zum Ausdruck: nemo crederet, nisi videret esse credendum. An der Frage, was Offenbarung ist, ob sie geschah und wie sie sich legitimiert, erfolgt die erste Berührung und Konfrontation der Offenbarung mit dem Menschen, hier wird entschieden, ob die Offenbarung für den Menschen überhaupt in Frage kommt oder nicht. Die Einsicht in die Glaubwürdigkeit der Offenbarung gibt dem Glauben an sie den Charakter eines »vernünftigen Gehorsams« (Röm 12, 1) und der Verweigerung des Glaubens den Charakter der Schuld.

Die intensive Zuordnung der Offenbarung zum Menschen bringt es mit sich, daß die A. die *immerwährenden* Fragen und Möglichkeiten zu bedenken hat, die sich zwischen dem sich offenbarenden Gott und seinem Zeugnis und dem Menschen angesichts dieser Offenbarung auftun, daß sie aber daneben die besondere Verpflichtung zur *Aktualität* hat: Die Offenbarung soll mit dem Menschen, der in einer ganz bestimmten geschichtlichen und geistigen Situation und Umwelt lebt, in Begegnung gebracht werden.

2. Um ihrer wesentlich *positiven* Zielsetzung willen ist innerhalb der kath. Theologie an die Stelle des Namens A. immer mehr die Bezeichnung *Fundamentaltheologie* (→ Theologie: IV) getreten. A. als Fundamentaltheologie ist eine von der Theologie selbst geforderte und in sich notwendige *Begründungswissenschaft*: Die Selbstbesinnung der gläubigen Vernunft auf ihre Grundlagen und Voraussetzungen. Unter diesem Gesichtspunkt gewinnt die A. einen transzendentaltheologischen Aspekt, sie wird zur theologischen Prinzipienlehre: sie erörtert die Fragen, die von allen theologischen Disziplinen vorausgesetzt, aber nicht eigens behandelt werden. Die A. nimmt unter diesem Betracht dieselbe Stellung ein, wie sie innerhalb des scholastischen Systems die Erkenntnistheorie im Verhältnis zur Metaphysik hatte. Wesen und Charakter der A. als Fundamentaltheologie wären indes verkannt, wollte man annehmen, daß durch ihre Fragestellung und Antwort das eigentliche oder gar einzige Fundament des Glaubens und der Theologie gelegt würde, so daß der Glaubensakt mit logischer Notwendigkeit aus der Einsicht in die Glaubwürdigkeitsgründe folgte wie der Schlußsatz aus der Prämisse. Der eigentliche Glaube an die Offenbarung Gottes und ihren Inhalt ist ein neuer Akt und eine neue Entscheidung des Menschen um der Autorität des sich offenbarenden Gottes willen. Aber die Erkenntnis der Glaubwürdigkeit und Glaubpflichtigkeit schafft die Voraussetzungen dafür, daß der Glaube möglich wird, verantwortet und gefordert werden kann.

Die positive und begründende Seite der A. und ihre besondere Zuwendung zum Menschen schließt die Momente des *Missionarischen* und *Apologetischen* im spezifischen Sinn des Wortes ein. A. als *missionarische Theologie* will »Seelsorge in der Form der Reflexion« sein (E.Brunner). Sie will den fragenden und suchenden Menschen vor und außerhalb der Offenbarung zu ihr führen und angesichts ihrer zur Entscheidung stellen. Ihre Grundform ist das Gespräch zwischen Glauben und Wissen. Über die dabei zu beachtenden Möglichkeiten und Wege ist in →Apologetik: IV Wesentliches gesagt, das von der kath. A. nur bestätigt und übernommen werden kann.

Die A. als theologische *Verteidigungswissenschaft* nimmt vor allem Bedacht auf den zu aller Zeit und besonders in der jeweiligen geschichtlichen Stunde geführten Kampf gegen die Offenbarung, und zwar nicht gegen einzelne Stücke aus ihr, sondern gegen die Offenbarung im ganzen und überhaupt.

3. Man pflegt die *Aufgaben* der kath. A. einzuteilen in die sog. demonstratio religiosa, christiana, catholica: Religionsbegründung, Nachweis der in Christus kulminierenden Offenbarung Gottes und Aufweis der Tatsache, daß die kath. Kirche legitimer Träger und Vermittler dieser Offenbarung ist. Die demonstratio christiana und catholica stehen im Mittelpunkt der kath. A., aber die demonstratio religiosa kann nicht ausgeschieden werden, weil das in der Religion sich aussprechende ontologische und existentiale »Hin zu Gott« die Voraussetzung dafür ist, daß der Mensch zum Hörer des Wortes Gottes werden kann.

Die logische Reihenfolge dieser demonstrationes ist eine andere als ihre *geschichtliche Entfaltung*. In der Kontroverse mit der Reformation wurde in der kath. A. vor allem die demonstratio catholica entwickelt. Die damals noch unbestrittene gemeinsame Voraussetzung war der Glaube an die Offenbarung Gottes in Christus. In der Zeit des Deismus und Rationalismus, der idealistischen Philosophie und der klassischen Naturwissenschaften erwies sich die demonstratio christiana geboten gegenüber der noch verbliebenen Grundlage des Glaubens an den Schöpfergott und einer »natürlichen Religion«. In der Zeit des Positivismus, Materialismus und Nihilismus wurde die Frage noch weiter vorgeschoben; es war die Frage nach Gott und nach dem Menschen und seiner Grundverfassung als dem Wesen von Gott her und zu Gott hin, also die Frage nach der demonstratio religiosa zu erörtern.

In der *gegenwärtigen Situation* sind wohl alle drei Formen der demonstratio gefordert. Dabei ist die gesammelte Arbeit der A. in der Vergangenheit in sinngemäßer Weise zu engagieren. Es zeigt sich, daß heute für alle Aufgabengebiete der A. große Hindernisse, aber auch noch weithin unausgeschöpfte positive Möglichkeiten bestehen, die in den Fragen der demonstratio religiosa und christiana von der A. beider Konfessionen weithin gemeinsam geleistet werden könnten und die auch in der Frage der demonstratio catholica - allem Augenschein zum Trotz - eine Annäherung und Begegnung der Konfessionen ermöglichen dürften. Das Ethos aller Bemühungen der A. muß das biblische »Die Wahrheit in Liebe« (Eph 4, 15) sein.

Zur Geschichte: K.WERNER, Gesch. der apol. u. polemischen Lit., 5 Bde, 1861-65. - Systematisch: J.S.DREY, Die A. als wissenschaftl. Nachweisung der Göttlichkeit des Christentums in seiner Erscheinung, 3 Bde 1838-47 (erste system. Darstellung der A. als selbständ. Disziplin). - DAFC - A.GARDEIL, La crédibilité et l'apologétique, (1907) 1928² - M.BRILLANT-M. NÉDONCELLE, Apologétique. Nos raisons de croire et réponses aux objections, (1937) 1948² - A.RIEDMANN, Die Wahrheit des Christentums, 4 Bde 1949-55 - A.LANG, Fundamentaltheologie, 2 Bde, 1954 (Lit.) - H.LAIS, Probleme einer zeitgemäßen A., 1956.
H.Fries

VI. Missionsapologetik

Der Begriff der M.s-A. (M. = Mission) ist in der Geschichte der M.swissenschaft verschieden gefüllt und verwandt und als fragwürdig erkannt worden. Nach M. → Kähler hat die M. »das Christentum als die wahre Religion darzulegen oder auch gegen Angriffe zu verteidigen«, und die Entfaltung der M. als solche sei eine tatsächliche Apologie des Christentums. 1883 äußerte sich ausführlich G. → Warneck über die Bedeutung der Heidenmission. Die Heiden-M. sei eine Verteidigung des Christentums, und indirekt sei damit »natürlich« auch eine Apologie der M. geführt. Zwar sei die Tatsache der Ausbreitung an sich noch kein Beweis für die Wahrheit einer Religion - aber sie gewinne apologetische Bedeutung, wenn sie sich als das notwendige Ergebnis ihrer innersten Wesensnatur darstelle, wenn sie wirklich in Kraft ihres Lehr- und Lebensgehaltes geschehe und als Frucht religiöse Befriedigung, sittliche Erneuerung und geistige Erhebung bewirke. Apologetisch auszuwerten sei das Faktum, »daß die durch frühere M.sarbeit christianisierten Völker in sittlicher und geistiger Beziehung allen nichtchristlichen Völkern weit überlegen sind, daß sie die Führerrolle in der Weltgeschichte überkommen haben und auch an der Spitze der Kulturbewegung stehen«. Von der noch völlig im Anfang stehenden missionarischen A. seien drei Hilfen zu erwarten: sie weise die → Anknüpfungspunkte im allgemein menschlichen Heilsbedürfnis nach, sie liefere aus der Geschichte der M. den Beweis der sittlichen, geistigen und kulturellen Superiorität des Christentums, sie erweise die Gotteskraft des Evangeliums und im Kampfe gegen die Religionen die Wahrheit des christlichen Glaubens.

Auch für den Katholiken J.Schmidlin (1917) hat die M.s-A., neben der besonderen literarischen Verteidigung des Christentums, vor allem Begründungswert: Wert, Nutzen, Berechtigung, Bedeutung, Notwendigkeit, Wichtigkeit und Unentbehrlichkeit der (gerade auch kath.) M. sind nachweisbar! Bei J.Richter dagegen wird die M.s-A. zur »offensiven Disziplin«, zum Wechselbegriff für die »Auseinandersetzung des Christentums mit den nichtchristlichen Religionen«. Wieder anders und doch auf altem Gleise subsumiert H.W. Schomerus M.s-A. dem Begriff »Recht und Pflicht zur M.«.

Über die bisher beobachtete »Haltung des Anti« (W. Holsten) ist die heutige M.swissenschaft hinausgewachsen. Ihr ist die M. nicht Sache von Spezialisten. Es soll und es kann nicht »noch« bewiesen werden, was zum Wesen selbst, was als zum *esse* der Kirche gehörig erkannt ist. »Das Recht der M. läßt sich im Rahmen der Welt überhaupt nicht erweisen« - dann müßte man auch und erst Gottes Berechtigung, in Christus rechtfertigend mit der sündigen Menschheit zu handeln, nachweisen wollen und können. Recht und Pflicht zur M. erwachsen nicht aus diesem und jenem »M.swort« oder dem »M.sgedanken« Jesu, sondern aus dem Schriftganzen als Offenbarungswort, das nicht einsichtig und durch kulturelle oder sittliche Erfolge verbindlich zu machen ist.

G.Warneck, Zur apolog. Bedeutung der Heiden-M. (AMZ 10, 1883, 97-104. 145-169. 305-322; 17, 1890, 80-82) - Ders., Ev. M.slehre I, 1897[2], 32ff - Ph.Horbach, Repertorium zur AMZ, 1903, 11 (Lit.) - J.Richter, Welt-M. u. theol. Arbeit, 1913, 91 ff - Ders., Ev. M.skunde, 1920, 87 ff - J.Schmidlin, Einführung in die M.swiss., 1917, 135 ff - H.W.Schomerus, M.swissenschaft, 1935, 23 ff - A.Lehmann, Thesen zum Thema Kirche u. M. (in: Die Sache Gottes, 1950, 7-9) - W.Holsten, Das Kerygma u. der Mensch, 1953, 41 ff. 67 ff. 120 ff.

A.Lehmann

Apologie der Augustana. Nachdem die ev. Reichsstände am 25.6.1530 das → Augsburger Bekenntnis überreicht und die kath. mit der → Confutatio geantwortet hatten, ergab sich für die Protestanten die Notwendigkeit, noch einmal mit einer Verteidigung ihres Bekenntnisses hervorzutreten. Sie konnten die kaiserliche Behauptung, die Augustana sei durch die Gegenschrift auf Grund der hl. Schrift widerlegt, nicht unerwidert lassen. Da ihnen die Aushändigung der am 3.8. 1530 verlesenen Confutatio verweigert wurde, war →Melanchthon bei der Ausarbeitung der A. auf die Notizen, die einige sich gemacht hatten, angewiesen. Die unter diesen Schwierigkeiten und starkem Zeitdruck entstandene Apologia confessionis nostrae sollte in der Sitzung am 22.9.1530 überreicht werden. Der Kaiser verweigerte jedoch die Annahme. So konnte Melanchthon die Erstform der A., nachdem er endlich den Wortlaut der Confutatio erhalten hatte, für den Druck gründlich umarbeiten. Ihr lateinischer Text erschien April oder Mai 1531, der deutsche, eine frei bearbeitende Übersetzung von Justus → Jonas, im Herbst 1531. Offizielle Bekenntnisschrift wurde sie erst durch die Unterzeichnung auf dem Bundestag zu Schmalkalden 1537. Nachdem Melanchthon an der A. ähnlich wie am Augsburger Bekenntnis noch weitergearbeitet hatte, kehrte das → Konkordienbuch bei beiden Texten zu den Erstdrucken zurück.

Die ernste Situation nach dem gescheiterten Reichstag und die Zeit der Besinnung in Wittenberg haben der A. einen festeren und klareren Charakter gegeben als dem Augsburger Bekenntnis selbst. Seinem Aufbau folgend, setzt sie sich entschieden, oft scharf mit den Einwänden der Konfutatoren auseinander. So ist sie nicht nur die unentbehrliche Erläuterung zur Augustana, sondern eine der besten theologischen Schriften Melanchthons überhaupt. Der ausführliche Art. 4 ist eine wichtige Monographie über die reformatorische Rechtfertigungslehre. Er enthält eine vorzügliche Kritik der kath. Anschauung, freilich auch schwer faßbare, darum vielfach untersuchte Spuren einer Wandlung des Begriffs (nicht so sehr des Inhalts) der → Rechtfertigung (: II) in ein einseitig »forensisches« Verständnis, in dem das handelnde Wort Gottes, das nach Luther Vergebung und Erneuerung umschließt, zu einem Urteilsspruch verkürzt wird.

Erstform: CR 27, 244 ff; endgültiger Text: BSLK XXII f. 139 ff. - G.Plitt, Die A. der Augustana geschichtlich erklärt, 1873 - K. Thieme, Der Geist der luth. Ethik in Melanchthons A., 1931. - Die Lit. zur Rechtfertigungslehre der A. in: BSLK 158, A. 2; dazu noch: G.Gloege, Zur Rechtfertigungslehre der Augsb. A. (MPTh 45, 1956, 205-214).

H.Bornkamm

Apophthegmata patrum. Während der von Erasmus veröffentlichte Band »Apophthegmata« von ihm aus antiken Autoren gesammelte Anekdoten enthält, entstammen die A.p. dem frühen ägyptischen Eremitentum als dessen älteste Selbstzeugnisse. Aus mündlicher, überraschend fester Überlieferung zuerst durch → Evagrius Pontikus, dann zB im Schülerkreise Poimens, eines der Wüstenväter (5.Jh.; →Mönchtum: II), zu kürzeren und längeren schriftlichen Sammlungen (Gerontika) vereinigt, haben sie aus durchweg griechischer Urform bald den Weg in die verschiedensten Sprachen gefunden. Es sind kurze Worte, oft im Rahmen einer knapp andeutenden Erzählung, in denen meist ein »Greis« auf die Frage eines Ratsuchenden Antwort gibt. Ein solches Logion ist nur den »Großen« zu sagen gegeben, ergeht mit dem Anspruch höherer Weisung und verlangt als heilverbürgend Glauben und Gehorsam. Als der Gehorsam nachließ, hörte auch die Gabe auf, Logien zu erteilen (um 500). Der Anspruch, der darin zu liegen schien, war schon vorher mit der mönchischen Demutsforderung in Spannung geraten. Fraglich war auch das Verhältnis zwischen solchem Wort und der Hl. Schrift, als deren rechte Deutung es sich nicht selten gab. Wie die Eremitenzelle vom Kloster, so ist das Logion von der Mönchsregel abgelöst, die doch nicht ohne dieses verständlich ist.

Für die Sichtung der Sammlungen grundlegend W.Bousset, A.p. Stud. z. Gesch. des ältesten Mönchtums, 1923. Eine krit. Ausg. fehlt. Die wichtigste griech. Sammlung hg.v. Cotelier, 1677 (abgedr. MPG 65, 71 ff); lat. Sammlungen unter dem Titel »Vitae patrum« in MPL 73/74.

H.Dörries

Aporie (wörtlich: Weglosigkeit, Verlegenheit, Ratlosigkeit) ist eine der Grundvoraussetzungen des Philosophierens, an der sich die Geister scheiden. Denn die auf ein System ausgehenden Denker betrachten die A. als eine unbequeme Störung ihres aufs Ganze zielenden Vorhabens, während die Skeptiker in dem Aufweis der A.n die endgültige Bestätigung für ihr Mißtrauen gegen die Möglichkeit allgemeingültiger Erkenntnisse finden. Fruchtbar wird aber die Aporetik erst da, wo die Herausarbeitung der entscheidenden A.n zur Vertiefung der Problemstellung und damit zu radikalerer Begründung führt. So waren die A.n des Eleaten Zenon hinsichtlich der Möglichkeit der Bewegung gemeint, und so hat auch → Platon (vor allem im Parmenides und Sophistes) das aporetische Verfahren gelegentlich so weit getrieben, daß die Verlegenheit unüberwindlich scheint. Gleichwohl schließt bei ihm eine überlegene metaphysische Konzeption den vollen Ernst der Aporetik aus. Dagegen darf → Aristoteles als der Klassiker des aporetischen Denkens gelten. Wer aus dessen »Metaphysik« nur ein ontologisches System zu exzerpieren wüßte, würde den eigentlichen Sinn dieser in immer neuen Ansätzen um die A.n sich mühenden Bücher verfehlen. Aristoteles stellt den ἀπορῶν neben den sich Verwundernden (982 b), und er treibt Historie, um die A.n herauszustellen, die sich gegen die Lösungen seiner Vorgänger ergeben. Aber es geht ihm doch jederzeit um die Lösung (λύσις) der A. (1061 b, 1062 b). Wer sich ernsthaft mit einer Sache beschäftigen will, muß die A.n durchgehen (διαπορεῖν), wenn er den guten Weg finden will (εὐπορεῖν, 421 b). Im Geiste des Aristoteles hat dann die mittelalterliche

Philosophie in ihren Summen die quaestio disputiert und auf das pro das sed contra und das respondeo dicendum folgen lassen, zuweilen sogar das sic et non unvereinbart nebeneinandergerückt (→ Abaelard). Von Aristoteles her eignet der scholastischen Philosophie bis hin zu → Suarez jene Geöffnetheit für den Reichtum der Probleme, die in der neueren Philosophie so oft verlorengeht, weil man (Stein um Stein schichtend oder im dialektischen Verfahren, das der Antithese im voraus Herr ist) nur die eigene These zu beweisen sucht. Unter den Neueren hat → Kant (im Gegensatz zu den Idealisten) die bis zur → Antinomie sich verschärfende aporetische Methode zum Angelpunkt seines Denkens gemacht und auch die theologische Tragweite der A. sehen lassen, insoweit die Unentschiedenheit der Vernunft dem Glauben freie Bahn gibt.

N.Hartmann, Metaphysik der Erkenntnis, (1921) 1949[4].

H.Knittermeyer

Apostat ist im kath. Kirchenrecht derjenige, welcher entweder vom christlichen Glauben (so die Hauptbedeutung, c. 1325 § 2 CIC) oder vom kath. Glauben (so c. 646 § 1 CIC sonst Häretiker genannt) offen abfällt; im Klosterrecht (→ Kloster: III) der, der ohne Glaubensapostasie eigenmächtig die Klostergenossenschaft verläßt, in der er ewige Gelübde abgelegt hat (c. 644 § 1 CIC). Die Apostasie ist mit der von selbst eintretenden → Exkommunikation (: I) bedroht (cc. 2314 § 1, 2385 CIC).

K.Mörsdorf, Kirchenrecht II, 1953[7], 380; III, 1954[7], 414. 464.

H.Barion

Apostel

1. Im Griechentum und Judentum - 2. Im NT - 3. Die Zwölf - 4. A. im weiteren Sinn - 5. Paulus - 6. Jesus als A. - 7. Funktionen der A. - Vgl. auch → Apostolat

1. Das Wort ἀπόστολος (apostolos) in nt. Bedeutung vereint drei Begriffslinien. Im griechischen Raum bezeichnete es u.a. die offizielle Aussendung einer Flotte, von Kolonisten oder einer Gesandtschaft, so Jos.Ant. 17, 300, im Jonischen zuweilen die Einzelperson eines Gesandten. Im nachexilischen Judentum entwickelte sich das Rechtsinstitut des bevollmächtigten Vertreters (šalî^a^ḥ = Gesandter). »Der Gesandte einer Person ist wie diese selbst« Ber V, 5. Einem solchen konnten von Privatleuten oder Korporationen Aufträge juristischer, fiskalischer oder religiöser Art mit weitgehenden Befugnissen übergeben werden. → Handauflegung (: II) und Aussendung zu zweit kamen vor. Für die jüdische Mission ist das Institut nicht belegt. In orientalischen Religionen trifft man schließlich die Vorstellung vom Gesandten, der göttliche Offenbarung vermittelt. Im AT ist sie mit dem Begriff des Propheten verbunden, zB Jes 6, 8; Jer 1, 7; 1Kön 14, 6 LXX, auch in eschatologischer Zuspitzung, Jes 61, 1ff. Bei den Rabbinen galten Mose, Elia u.a. als Gesandte, mit wunderkräftiger Vollmacht begabt.

2. In eigenartiger Weise erfolgte um Jesus und in der Urkirche die Verbindung der zweiten (vgl. zB Joh 13, 16; Mt 10, 25) und dritten Linie: bestimmte Jünger wurden mit der Messias- bzw. Christusrepräsentation in der Verkündigung der Heilsbotschaft und in der Vermittlung der Kräfte des Gottesreiches beauftragt. Frühzeitig legte die Kirche in Palästina oder Syrien dieser Funktion den griechischen Namen A. bei. Schon in Galiläa hatte Jesus Anhängern zeitlich begrenzte Vollmacht für Wort und Wirken gegeben, Mk 6, 7ff, vgl. 9, 14ff; Mt 10; Lk 10, 1ff. Wie bei einem rechtlichen Auftrag mußten sie Rechenschaft ablegen, Mk 6, 30. Mt und Mk beschränken den Gebrauch von »A.« auf diese Stellen. Nach der Auferstehung vollzog sich die Wirksamkeit der leitenden Persönlichkeiten in Mission und Gemeindeleben auf Grund erneuter, zeitlich unbegrenzter Sendung und Bevollmächtigung durch den Auferstandenen, womit der Geistesbesitz verbunden war. Diese Funktion der vertretenden Vergegenwärtigung des Heilswerkes Christi wurde in der theologischen Reflexion als → Amt (: II) innerhalb des kirchlichen Organismus aufgefaßt, wodurch A. zum Titel wurde. Wesentlich ist die Beschränkung der Bezeichnung A. auf Personen der ersten, grundlegenden Zeit der Kirche. Verschiedene Kategorien von A. erscheinen im NT, ohne sich eindeutig voneinander abgrenzen zu lassen.

3. Die Erwählung eines engeren Kreises von *zwölf Jüngern* zur symbolhaften Darstellung des neuen Israel ist sicher historisch, zB Mt 19, 28 par, vgl. 1Kor 15, 5. Unter ihnen ist Simon → Petrus der Sprecher, → Judas Ischarioth Gegenspieler des Messias. In den Namenlisten der A. Mt 10, 2ff; Mk 3, 16ff; Lk 6, 13ff; Apg 1, 13 stimmen weitere neun Namen überein. Bei dem Zehnten schwankt die Überlieferung. In der Jerusalemer Urgemeinde haben dann die Zwölf, unter der Leitung des Petrus, den führenden Platz innegehabt, Apg 1-12; 15; vgl. 1Kor 15, 5; Gal 1, 17. 19; mit ihnen im besonderen verband sich der Begriff A. An die Stelle des Judas Ischarioth wurde Matthias berufen, Apg 1, 21-26; Voraussetzungen für den Apostolat bilden hier die Gefolgschaft während des Erdenlebens Jesu und die Augenzeugenschaft der Auferstehung. Eine besondere Berufung durch den Auferstandenen ergibt sich aus Apg 1, 24ff; Mt 28, 18-20; Lk 24, 47-49, vgl. Joh 21, 15-17. Die missionierende und leitende Tätigkeit der Zwölf erstreckte sich nach Apg 8-11 von Jerusalem über Judäa und Samarien. Der Verfolgung unter Herodes Agrippa i.J. 44 fiel der Zebedaide → Jakobus zum Opfer; Petrus verließ Jerusalem, Apg 12, 2. 17. »Die A.« erscheinen noch im Bericht über das Apostelkonzil, Apg 15; 16, 4, dann entschwinden sie. Die zugleich kirchengründende und eschatologische Einmaligkeit der Zwölf wurde später in der Tradition immer stärker hervorgehoben, vgl. die Verwendung von »A.« bei Lk, ferner zB Apk 21, 14; Eph 2, 20. Missionsreisen der Zwölf erscheinen erst in den apokryphen Apostelakten (→ Apokryphen: II), sind aber aus dem NT zu erschließen, zB 1Kor 9, 5; Mt 28, 18; Mk 16, 15.

4. Die Bezeichnung A. wurde auch einem *weiteren Kreis* von selbständigen Missionaren beigelegt. Hier scheint gleichfalls Augenzeugenschaft der Auferstehung und bevollmächtigende Berufung den Auftrag zu begründen, 1Kor 15, 7. 9. Doch ist bisweilen die Grenze zur Beauftragung durch eine Gemeinde im Sinne des jüdischen Gesandten-Instituts unscharf. A. werden genannt: Paulus und Barnabas, Apg 14, 4. 14, vgl. 13, 1ff; Barnabas, 1Kor 9, 6; Andronikus und Junias, Röm 16, 7. Beim Herrenbruder → Jakobus ist der Fall strittig, 1Kor 15, 7; Gal 1, 19. Paulus schilt seine Gegner in Korinth Über-A., 2Kor 11, 5; 12, 1, und Falsch-A., 11, 13, vgl. Apk 2, 2. Sie waren wohl Gemeinde-A., vgl. 2Kor 8, 23; Phil 2, 25. A. werden neben Propheten und Lehrern als Charismatiker bezeichnet, 1Kor 12, 28f. Ob Did 11, 3ff ein Zeugnis für eine späte Benennung von wandernden Predigern als A. abgibt, ist unsicher.

5. Theologische Entfaltung und christologische Konzentration hat der A.-Begriff bei → *Paulus* erhalten. Auf Grund seiner Begegnung mit dem Auferstandenen und der damit verbundenen Berufung, 1Kor 9, 1; 15, 8ff; Gal 1, 12 u.a., vgl. Apg 9, 3ff, wußte er sich als Augenzeugen der Auferstehung und als A. Jesu Christi, zB 1Thess 2, 7; Gal 1, 1, gleichberechtigt neben den Zwölf und deren Leitern und vorzüglich mit der Mission unter den Heiden beauftragt, Gal 2, 8f; Röm 1, 5; 1Kor 9,

1 ff. Im Vollzug des Heilsplanes hatte er seine Sendung zu erfüllen; zum Wesen der Kirche gehört es, daß sich der erhöhte Herr auf diese Weise vertreten läßt, Röm 11, 13ff; 15, 15ff; 2Kor 5, 18ff.

6. Den urchristlichen A.-Begriff voraussetzend, nennt Hebr 3, 1 im Anschluß an die alte Vorstellung vom Gesandten Gottes und in wichtiger Erfassung seines Sendungsbewußtseins Jesus einen A. Lk 11, 49 verchristlicht ein Wort über rettende Gottesboten.

7. Die *Funktionen* der A. ergeben sich aus der Christusrepräsentation und sind vor allem: Verkündigung des Evangeliums und Darlegung der Lehre, Wundertaten als Ausfluß der geistgewirkten Vollmacht, Gründung und autoritäre Leitung von Gemeinden, Disziplinargewalt und Ordinationsrecht, bei alledem Bereitwilligkeit zum Dienen und zur Anteilnahme an der Schmach und dem Leiden Christi.

Dict. de la Bible, Suppl. 1, 1928, 533ff - ThW I, 1932, 406ff (Lit.) - K.H.Rengstorf, Apostolat u. Predigtamt, (1934) 1955² - H.v.Campenhausen, Der urchristl. A.begriff (StTh 1, 1947, 96-130) - G.Widengren, The Ascension of the Apostle and the Heavenly Book (UUÅ 1950, 7) - E.Lohse, Ursprung u. Prägung des christl. Apostolats (ThZ 9, 1953, 259-275). *H.Riesenfeld*

Apostelbilder. Unter A.n versteht man die durch die nt. Überlieferung oder die apokryphe Literatur festgelegte Einzel-, Gesamt- oder symbolische Darstellung der Zwölf Jünger Jesu (= Apostelkollegium) bzw. jener Apostel wie Paulus, Matthias usw, die ursprünglich außerhalb des Kreises der »Zwölf« standen (→ Apostel). Neben der Einzeldarstellung (zuerst der vier: Petrus, Paulus, Johannes und Andreas, deren besondere Verehrung liturgisch am frühesten mit dem Sacramentarium Leonianum zu belegen ist) kam es fast gleichzeitig im 4.Jh. auch zu der des Apostelkollegiums. Die Darstellung und Entwicklung des einzelnen Aposteltypus (anfänglich meist in gleicher Gewandung dargestellt wie Christus, → Christusbild) dürfte wohl auf die Märtyrerverehrung zurückgehen. Die Apostelverehrung wird motivisch mit dem Märtyrerkult zusammenhängen, worauf zB die Errichtung der ersten Apostelkirche in Byzanz durch Konstantin mit ihren Apostelschreinen hinweist. Die Wiedergabe des Apostelkollegiums dürfte dagegen mehr dogmatisch begründet sein; jedenfalls findet sich oft das Bild des lehrenden, segnenden oder richtenden Christus, des »Dominus mundi«, inmitten seiner Jünger, eine Darstellung, die die Apostel an der altchristlichen Symbolik von der Majestas Domini teilnehmen läßt. Hier sind zu nennen die A. seit dem 4.Jh. in den Katakomben (zB Domitilla), ferner das Mosaik von Sta.Costanza in Rom, die sog. frühchristlichen Sarkophage, zB die des Probus oder des Bassus, beide in Rom, sowie die Elfenbeinpyxis der Byzantinisch-Frühchristlichen Sammlungen in Berlin, Darstellungen, die man mitunter richtig als erweiterte Majestas-Domini-Bilder bezeichnet hat (vgl. RGG² I, 436). Desgleichen ist auch auf jene Darstellungen der Apostel zu verweisen, die unter dem Einfluß eschatologisch-apokalyptischer Gedanken entstanden sein dürften: sie zeigen die Apostel zB als Richter (oft zusammen mit den Propheten) oder als Lämmer bzw. Tauben nach Mt 10, 16 (Apsismosaiken von Alt-S.Peter und S.Clemente in Rom) und schlagen somit zum sog. Mysterienbild (→ Andachtsbild) eine Brücke. Im Mittelalter erfahren die A. eine Weiterentwicklung. Die einzelnen Apostel erhalten unter dem Einfluß des Heiligenkultes mit dem 13.Jh. sog. Attribute (→ Heiligenattribut); beliebt wird auch das Bild der credotragenden Apostel. Bezeichnend ist zudem ihre Aufstellung und Verwendung, zuerst in romanischen Kirchen als gemalte oder gehauene Repräsentationsbilder, besonders in den Apsiden (zB Niederzell/Reichenau), an Chorschranken (zB Bamberg) und auf Triumphbögen (darum auch Apostelbalken genannt); später in gotischen Kirchen an den Portalen (zB Chartres) und Pfeilern des Langhauses (zB Freiburg i.Br.), wo man immer häufiger zur Darstellung der miteinander disputierenden und nach Gruppen geordneten Apostel überging. Hier spiegelt sich mittelalterliche Symbolik, die in den Aposteln konstituierende Glieder »portae« und »bases et columnae« der Kirche sieht, sowie die → Typologie (: III) des Mittelalters, besonders in der Zuordnung zu Prophetenbildern. Seit dem 11.Jh. ist das A. immer mehr auf kirchlichen Geräten und bei der Ausstattung angebracht worden (zB an Tragaltären, Heiligenschreinen, Kaseln, Teppichen, Kelchen, in der Buchmalerei; im späteren Mittelalter geschnitzte oder gemalte A. auf den Flügelaltären). Neue Motive, wohl auch im Zusammenhang mit dem → Passionsspiel und der wachsenden Bedeutung der Mission (Einführung eines Zwölfbotenfeiertags) kamen auf; so der »Apostelabschied« (= Zwölfbotendarstellung), Abendmahl, Himmelfahrt und Pfingstfest, die bis ins 17.Jh. hinein auf einzelnen Holzschnitten und Kupfern immer wieder auftauchen. Die Darstellungen der Apostel bei Tod und Himmelfahrt Mariä leiten zu den Marienleben über (→ Marienbild). Mit dem Aufkommen der Reformation geht man zu stärkerer Individualisierung über; so die A. der Graphik des 16.Jh.s, vor allem aber in der deutschen Bronzeplastik (Nürnberger und Augsburger Schule; Hauptwerk: Sebaldus-Grab) und Malerei (A. → Dürer). Während die großen Barockmaler wie → Rubens, Ribera und Van Dyck das Apostelporträt verweltlichen (ausgenommen → Rembrandt, der letzte Maler eines christlichen Aposteltyps) und die dem Barock folgenden Stilepochen im allgemeinen über kein künstlerisch bemerkenswertes A. mehr verfügen, finden sich gerade in jüngster Zeit wieder bedeutende Neuansätze, so zB in der Glasfensterkunst Albert Birkles (Hauptwerk: Stadtpfarrkirche in Graz).

J.Ficker, Die Darstellung der Apostel in der altchristl. Kunst (Beitr. z. Kunstgesch. NF 5), 1887 - J.E.Weis-Liebersdorf, Christus- u. Apostelbilder, 1902 - F.Saxl, Frühes Christentum u. spätes Heidentum (Wiener Jb. f. Kunstgesch. 2, 1923, 63-121) - RGG² I, 435ff (Lit.) - A.Artelt, Die Quellen d. mittelalterl. Dialogdarstellung (Diss. Frankfurt), 1933 - RDK I, 811ff (Lit.) - K.Wessel, Das Haupt der Kirche. Zur Deutung ausgewählter frühchristl. Bildwerke (AA 65/66, 1951, 298-324) - G.Baudmann, Ein Fassadenprogramm des 12.Jh.s (Das Münster 5, 1952, 1-21) - U.Rapp, Das Mysterienbild, 1952, 94ff. *H.Paulus*

Apostelbrüder, eine Genossenschaft von Eremiten, auch Apostoliner und Santarelli (die kleinen Heiligen) genannt. Wahrscheinlich bildeten sie ein Gegenstück zum häretischen Verband der Apostel vom armen Leben (→ Apostoliker, 3) und entstanden im 14.Jh. in Mailand, hatten aber bald auch im Genuesischen, Rom und Recanati Niederlassungen. Ihr besonderer Förderer war der sel. Plazidus von Foligno († 1398). Sie legten zunächst keine Gelübde ab; aber Innozenz VIII. gab ihnen 1484 die → Augustinerregel und Alexander VI. 1496 die feierlichen Gelübde mit den Privilegien der Augustinereremiten. 1496 verband sich die Genossenschaft mit den aus den Ambrosianerbrüdern hervorgegangenen Religiosen des Augustinerordens und 1589 mit den Ambrosianern zur Kongregation des hl. Barnabas, die dann von Urban VIII. 1643 und Innozenz X. 1645 aufgehoben wurde.

Heimbucher I, 599f - LThK I, 559. *Ph.Hofmeister*

Apostelfeste *in der evangelischen Kirche.* A. wurden von Luther mit den übrigen Heiligenfesten abgelehnt (»der Apostel Legende ist keine reine, außer S.Pauli«), aber nicht abgeschafft (»man mag sie auf die Sonntage ziehen oder, so es gefällt, gesondert feiern« WA 12, 37). Nach Luthers Rat verfuhr man jahrhundertelang; wurden die A. an einem Wochentag begangen, so galten sie meist als halbe Feiertage. Allmählich kamen sie ganz ab, vielerorts aber erst im 19. Jh. Besonders zäh hielt sich das → Peter-und-Pauls-Fest (29. 6.), das älteste A. (seit 354 gefeiert). Die neuesten deutschen Agenden (J. Beckmann u.a., Kirchenagende I/1, 1949, 149; Agende f. ev.-luth. Kirchen I, 1955, 213ff) empfehlen wieder die Feier der A. an den 13 in der römischen Kirche üblichen Tagen. In den nordischen Kirchen werden keine A. gefeiert, nachdem sie auch in Schweden seit 1741 bzw. 1772 abgeschafft sind. Dagegen begehen die Gemeinden der Kirche von England (nicht aber die der englischen Freikirchen) unter vielen Heiligentagen A. mit Abendmahlsgottesdiensten und besonderen Liedern, über die auch gepredigt wird.

P. Graff, Gesch. der Auflösung der alten gottesdienstl. Formen I, (1921) 1937², 127f; II, 1939, 87f - R. Lansemann, Die Heiligentage, bes. die Marien-, Apostel- u. Engeltage, in der Reformationszeit, 1939 - G. Kunze, Die gottesdienstl. Zeit (Leiturgia I, 498-519).

E. Hertzsch

Apostelgeschichte

1. Text - 2. Inhalt - 3. Literarische Eigenart - 4. Verfasser und Quellen - 5. Historische Probleme - 6. Theologische Probleme

1. Der Text liegt in zwei alten Formen vor. Der sog. »westliche« Text (→ Text und Textkritik: II), vertreten besonders durch D, die altlateinischen Übersetzungen (→ Bibelübersetzungen: II), die Randlesarten der Harclensis (→ Bibelübersetzungen: III) und $\mathfrak{P}^{38}$ $\mathfrak{P}^{48}$, entspricht den Wünschen des frühen 2. Jh.s mit seinen liturgischen Ausweitungen (zB 6, 8 »durch den Namen des Herrn Jesus Christus«) und seinen Erweiterungen, die anschauliche Einzelheiten bringen (zB 12, 10 die »7 Stufen«, 19, 28 »auf die Straße laufend«) oder Spannungen beseitigen (zB 3, 11 »als aber Petrus und Johannes hinausgingen« - die Halle Salomos lag außerhalb der »Schönen Pforte«; 15, 34 »es gefiel aber Silas, dort zu bleiben« - er wird 15, 40 in Antiochia vorausgesetzt). Weit überlegen ist im allgemeinen der besonders durch B ℵ A C 81 $\mathfrak{P}^{8}$ vertretene Text (Sigel: ℌ), den eine Revision im 3. Jh., aber nach guten alten Handschriften und mit gesunder Methode geschaffen hat. - Daß → Lukas die A. zweimal herausgegeben habe (so Zahn nach F. Blaß), erklärt die zwei Textformen nicht, da sie sich öfter widersprechen; zB nennt der D-Text 15, 20 ethische, der B-Text kultische Forderungen.

2. Die A. (ursprünglicher Titel unbekannt; s. Zahn, Urausgabe, 327f) schildert in kunstvollem Aufbau die Ausbreitung des »Wortes Gottes« (= der christlichen Missionspredigt; »praedicatio verbi divini est verbum divinum«) von Jerusalem nach Rom (1, 8). Der Missionsbefehl, Jesu Himmelfahrt, die Nachwahl für Judas (c. 1) bilden die Voraussetzung für die mit Pfingsten (c. 2) einsetzende Mission, die der immer schärfere Konflikt der jerusalemischen Urgemeinde und besonders der → Apostel mit dem → Sanhedrin (c. 4. 5. 7) und Herodes Agrippa (c. 12; → Herodes und seine Nachfolger) nicht hemmt. Die → Stephanus-Verfolgung (6, 8 - 8, 3) führt (nach der Bekehrung des ersten Heiden durch → Petrus: 10, 1 - 11, 18) zur Gründung der Gemeinde von → Antiochia (11, 19ff), von der dann die Mission des → Paulus und → Barnabas ausgeht. Nach → Syrien und Cilicien erreicht sie (über Cypern) Pisidien und Lykaonien (c. 13. 14). Der »Apostelkonvent« in Jerusalem endet mit dem sog. Aposteldekret: die Heidenchristen sind von der Beschneidung frei, müssen sich aber enthalten der εἰδωλόθυτα, der πορνεία, des πνικτόν und des αἷμα (c. 15). Eine zweite Reise bringt Paulus durch Kleinasien nach Mazedonien und Griechenland (15, 36 - 18, 17). Über → Ephesus geht er nach Antiochia und wirkt über 2 Jahre in Ephesus (18, 18 - 19, 40); dann begibt er sich über Hellas und Mazedonien nach Jerusalem (c. 20. 21). Die Darstellung der paulinischen Gefangenschaft in Jerusalem (c. 21-23) und Cäsarea (c. 23-26) erlaubt, Apologien des Christentums vorzutragen (c. 22. 24. 26). Nach stürmischer Seefahrt und Schiffbruch bei Malta kommt Paulus heil nach Italien (c. 27. 28). Mit dem ungehinderten Wirken des gefangenen Paulus in der Welthauptstadt Rom erreicht die A. ihr Ziel.

3. Die A. erzählt von der Apostelzeit, um die Christen zu erbauen und unter den Heiden zu werben. Ein historisches Werk im Stil der großen griechisch-römischen Geschichtsschreibung hätte nur einen kleinen Leserkreis interessiert und einen noch kleineren erbaut. Der Verfasser hat einen anderen Weg gewählt, der an hellenistische Geschichtsschreibung, stärker freilich an at. Erzählungskunst erinnert: er hat auf den gleichmäßigen Fluß der Erzählung verzichtet und führt immer wieder - entbehrliche Nebenzüge kürzend oder auslassend - zu gefühlsbetonten Höhepunkten. Dabei verwandelt er die Geschichte in Geschichten, die »history« in »stories«. Jede solche Geschichte gliedert sich wieder in eine Reihe von (oft dramatischen) Szenen. So zerfällt zB die Bekehrungsgeschichte des Paulus 9, 3-19 in die drei Szenen: a) das Ereignis vor Damaskus, b) das Gespräch des erhöhten Herrn mit Ananias, c) die Heilung und Taufe des Saul durch Ananias. Jede solche Szene hat ihre Eigenbedeutung: zB macht b) die unerhörte Wende deutlich, die Gott herbeigeführt hat, und bringt die Berufung des Paulus zum auserwählten Werkzeug Gottes. In der 1. Wiederholung dieser Geschichte (c. 22) ist diese Szene fortgeblieben, hat aber einen Teil ihres Inhalts an eine c) entsprechende Szene (22, 12-16) abgegeben, in der Ananias dem Paulus seine Berufung zum μάρτυς (vgl. 1, 8!) mitteilt. Hier, vor den fanatischen Juden, wird nicht viel von Christus gesprochen; dagegen wird Ananias als frommer Jude vorgestellt (22, 12). Bei der 2. Wiederholung der Geschichte (c. 26) tritt Ananias nicht mehr auf; mit ihm verschwinden Blendung und Heilung des Paulus. Hier soll der König Agrippa (und mit ihm der Leser!) begreifen, daß Paulus einem unwiderstehlichen unmittelbaren Befehl Christi gehorchte, als er aus einem Verfolger zum Missionar wurde (26, 19). Man sieht, wie frei der Verfasser seinen Stoff behandelt: ganze Szenen verschwinden und werden durch andere ersetzt, die im neuen Zusammenhang notwendig sind. Dieselbe Geschichte, deren Einzelzüge weithin variabel sind - unverändert bleibt nur der Kern, von dem eigentlich die Lk 1, 4 beanspruchte ἀσφάλεια gilt -, kann verschiedene theologische Erkenntnisse vermitteln.

Die A. hätte wenig Leser gefunden, wäre sie langweilig geschrieben. Tatsächlich hält aber das ganze Buch, bis in die einzelne Szene hinein, die Spannung im Leser wach. Er erfährt zB nicht sofort, was aus dem geblendeten Paulus wird (9, 9; auch 22, 10 bleibt diese Ungewißheit bestehen. Dagegen fällt sie in c. 26 notwendig und ohne Schaden fort: nun ist ja der Ausgang dem Leser schon bekannt). Die Bedenken des Ananias (9, 13f) sind ein retardierendes Moment, das uns die Bedeutung der folgenden Bekehrung erst ganz ermessen läßt.

Größere Szenenreihen kommen nicht mit *einem* Höhepunkt aus. Schon in 9, 3-19 heben sich deutlich zwei heraus: die Erscheinung des Herrn im blendenden Lichtglanz und die Heilung und Taufe Sauls. In der sehr kunstvollen Komposition 12, 1-23, die Herodes und Petrus als Gegenspieler zusammenbringt, erzählen 12,

1-3 in äußerster Kürze als Einleitung die Christenverfolgung des Herodes und des Zebedaiden Jakobus Märtyrertod. Er dient hier als Folie für die folgende Geschichte von der Verhaftung und wunderbaren Befreiung des Petrus (12, 4-10), deren Bedeutung die Überlegung des Petrus 12, 11 dem Leser zu Bewußtsein bringt. Auf diesen ersten Höhepunkt folgt die auch nicht spannungslose Erzählung, wie Petrus noch rasch die Christen im Hause der Maria aufsucht. Aber gegen die Wundergeschichte selbst würden 12, 12-17 doch abfallen und einen matten Schluß bieten. Darum folgt die zweite Herodesgeschichte (12, 18-23): über die (gleichfalls die Wirklichkeit des Wunders betonende) Szene vom Verhör der Soldaten (12, 18f) führt der Verfasser den Leser mit wachsender Spannung zu dem Triumph des bösen Königs, auf den unmittelbar die göttliche Strafe folgt (12, 23). So bilden die Rettung des Petrus und der Tod des Herodes die beiden eigentlich die Geschichte beherrschenden Schwerpunkte und lehren: Gott rettet den Frommen und straft den Frevler.

Wieweit natürliche Erzählergabe, wieweit die schriftstellerische Überlegung zum Gelingen solcher Komposition beitragen, läßt sich im einzelnen nicht erweisen; beteiligt ist beides. Ebenso wird der Verfasser die biblische Sprache bewußt und unbewußt verwendet haben (er war mit der LXX innig vertraut, in der sich $^{9}/_{10}$ seines Wortschatzes finden): sie begegnet vor allem in der ersten Hälfte des Buches (wo man sie nicht mit Aramaismen verwechseln darf!), die in jüdischem Milieu spielt, aber auch noch in den Worten des erhöhten Herrn 18, 9f und 26, 16-18. Wie stark bewußtes Schaffen an der Komposition der A. beteiligt war, zeigen 17, 16ff. Der Name des Sokrates wird in der →Areopagrede vermieden, aber auf die Anklage gegen ihn wird so deutlich angespielt, daß der gebildete Leser sofort begriff, wessen Schicksal hier Paulus drohte. Eine solche schriftstellerische Technik der indirekten Aussage ist ebenso wohlüberlegt wie die Aufnahme des griechischen Sprichwortes vom Stachel in das überlieferte Jesuswort der Bekehrungsgeschichte (26, 14): die griechische Erfahrung, daß der Mensch vor dem Schicksal machtlos ist, verdeutlicht den hellenistischen Hörern des Paulus und dem Leser, wie vollständig Paulus in der Gewalt Jesu war.

Diese bewußte Anpassung von Sprache und Stil an die jeweilige Situation besagt nicht, daß der Verfasser dem Ideal des Realismus huldigt. Als Paulus 27, 21 im Seesturm auf schlingerndem Schiff eine Ansprache an die Reisegefährten beginnt, sind Geste und Wortwahl nicht anders als bei dem Redner auf dem Areopag (17, 22ff). Nicht realistisch ist auch die Zeichnung des Petrus. Er benutzt wie Paulus die LXX (zB 1, 20; ebenso Jakobus 15, 16ff) und spricht ein ebenso gewähltes Griechisch wie Paulus (10, 34ff; 15, 7ff). Beide verkörpern das Apostelideal (wenn dieser auf die Zwölf beschränkte Titel dem Paulus auch in der Regel versagt bleibt) und tragen darum auch dieselbe Botschaft vor (15, 10f; 10, 38f). Darum sagt der Verfasser auch unbedenklich von beiden die erstaunlichsten Wunder aus (5, 15; 19, 11f); und wie Cornelius dem Petrus die Proskynesis erweist (10, 25), so fällt der Gefängnismeister vor Paulus und Silas nieder (16, 29). Wie Petrus versichern muß: »Auch ich bin nur ein Mensch!« (10, 26), so die für Götter gehaltenen Missionare Paulus und Barnabas (14, 15; vgl. auch 28, 6). Hier werden keine individuellen Apostelbilder dargeboten, sondern das Idealbild des θεῖος ἄνθρωπος ist das Modell.

Die realistischen Züge, die viel zur Lebendigkeit des Buches beitragen, stammen meist aus der Tradition (zB 18, 3; verallgemeinert und gesteigert 20, 34). Gerichtsszenen werden ebenso erwähnt wie Wirtschaftskämpfe (12, 20; 19, 27), Volksversammlung, Tempeldienst und Handwerk, Philosophenschule und nächtliches Brotbrechen. Der Kreis der handelnden Personen - über 80 werden mit Namen genannt - ist erstaunlich groß und reicht von der Sklavin am Tor bis zum Kaiser.

Die Notwendigkeit, diesen gewaltigen Stoff unterzubringen, erlaubt dem Verfasser nur selten, die Einzelszene liebevoll auszumalen; bisweilen schadet die Kürze der Deutlichkeit erheblich. Sein eigentliches schriftstellerisches Können beweist der Verfasser in der Komposition der Szenenfolgen. Aber auch das Buch als Ganzes ist eine wohlausgewogene Komposition: die erste Hälfte handelt von der Urgemeinde und Antiochias Mission (c. 1-14), die zweite vom Wirken des freien (c. 15-21) und des gefangenen Paulus (c. 21-28).

4. a) Wer hat die A. verfaßt? Schon Irenäus erschloß (adv. haer. III 14, 1) aus Kol 4, 14 und 2Tim 4, 11 als Verfasser Lukas, den allein bei Paulus ausharrenden »geliebten Arzt«. Die damit begründete kirchliche Tradition über den Verfasser übersieht: wer von der paulinischen Gesetzeslehre schweigt, den Petrus zum Anfänger der Heidenmission und Vorgesetzten des Paulus macht und die Pharisäer wegen der Auferstehungslehre mit den Christen sympathisieren läßt (23, 8f; vgl. 5, 34-39), kann nicht der treue Paulusgefährte sein. Dagegen ist es durchaus möglich, daß dieser im »wir« der A. zu Wort kommt.

b) Nach jener Tradition würde Lukas im zweiten Teil der A. als Augenzeuge berichten; die Quellen, nach denen er im ersten Teil - vermutlich wie im LkEv (→ Evangelien, synoptische) - gearbeitet hätte, wären dann zu suchen. Diese ältere Anschauung wurde dann revidiert: man muß den Verfasser vom Ich der »Wir-Quelle« (16, 10-17; 20, 5 - 21, 18; 27, 1 - 28, 16) unterscheiden. Damit werden verschiedene Quellentheorien möglich. Besonders beliebt war die einer mit c. 6 beginnenden »antiochenischen Quelle« (so vor allem H.J.Wendt und J.Jeremias). Eine Wende leitete 1923 die stilkritische Untersuchung von M.Dibelius ein. Er wies darauf hin, daß die in eschatologischer Naherwartung lebenden Christen weder Neigung noch Fähigkeit zur Abfassung historischer Werke hatten, und daß darum Quellenschriften aus der Frühzeit nicht wahrscheinlich sind. Außerdem hat die Apostelzeit - die Apostel selbst eingeschlossen - wohl Jesuslogien überliefert, aber keine Apostellogien. Damit stimmte der Befund bei Dibelius überein: Außer einem von Reisewegen und Gastgebern berichtenden Itinerar (das aber nicht einfach mit den »Wir«-Stücken zusammenfällt) ist keine durchgehende schriftliche Quelle benutzt. Der Verfasser hat vielmehr Einzelgeschichten - meist ist Petrus oder Paulus der »Held« - verwertet, weiter Namenlisten (1, 13; 6, 5; 13, 1) und Einzelangaben wie 4, 36f oder 11, 20. 28f. Da die Apostelzeit keine Apostellogien überlieferte, mußte der Verfasser die 24 Reden der A. (fast ein Drittel des Buches) selber entwerfen. Die Missionsreden in c. 2. 3. 4. 5. 10. 13. 17 enthalten in immer neuen Variationen das frühchristliche Kerygma mit dem Schriftbeweis der hellenistischen Gemeinde. Die Stephanusrede (c. 7) benutzt eine Synagogenpredigt über die Geschichte Israels; sie umreißt dessen Geschichte, begründet dann seine Verwerfung und läßt endlich den Angeklagten zum Ankläger werden; so verwandelt sich das erste christliche Martyrium in einen Sieg. Die Abschiedsrede des Paulus in c. 20 faßt die verschiedenen Züge des Paulusbildes zusammen und zeichnet zugleich den idealen Gemeindeleiter. Die Reden in c. 22. 24. 26 bringen Apologien des Paulus und damit des Christentums. Alle diese Reden der A. mit ihrem klaren Aufbau und ihrer inhaltsreichen Kürze sind ohne Gegenstück in der antiken Geschichtsschreibung. Der

Verfasser hat auch die Summarien gebildet, die durch Verallgemeinerung von Einzelnachrichten allgemeine Zustandsschilderungen bieten. Daß diese Methode nicht ungefährlich ist, wird an 2, 44 ff und 4, 34 f deutlich: aus diesen Stellen hat man irrtümlich einen »urchristlichen Liebeskommunismus« erschlossen. Es haben aber nur einzelne Christen ihren Besitz der Gemeinde übereignet: 4, 36 f, 5, 4.

Diese Quellenverhältnisse machen es nötig, die Frage nach dem historischen Wert von Fall zu Fall zu prüfen. Im allgemeinen gibt die A. das Bild der Apostelzeit wieder, das man gegen Ende des 1.Jh.s sah.

5. Die historischen Probleme der A. entstehen dadurch, daß die richtigen historischen Intentionen des Verfassers durch Umfang und Art der ihm vorliegenden Traditionen und durch die dogmatischen Voraussetzungen seiner Zeit begrenzt werden. - Das läßt sich an einem Hauptproblem zeigen. Der Verfasser kennt die Stephanus-Verfolgung und weiß: einige der versprengten Christen gründeten die Gemeinde in Antiochia und begannen dort mit Heidenmission. Andererseits ist er Historiker genug, um zu wissen: solche Verfolgung hat eine Vorgeschichte. Daß nur die Stephanus-Gruppe verfolgt wurde, ist ihm unbekannt oder unverständlich: das damalige Bild der Urgemeinde hat für eine solche Sondergruppe keinen Raum. So nimmt er an: die Verfolgung traf die Gesamtgemeinde. Aber von einem Auszug der Apostel wußte man nichts. Darum schloß er: sie blieben von der Verfolgung verschont. Eine schlechte Variante zur Tradition von 12, 3 ff ließ die Apostel vom Hohenrat eingekerkert, aber von einem Engel befreit werden. Das gab einen Fingerzeig für den vorbereitenden Konflikt: er ging vom Hohenrat aus und traf die Apostel. Diese Annahme hat der Verfasser in c. 4 und 5 in Erzählung umgesetzt. (Zur Korrektur dieser Konstruktion hilft die Unvereinbarkeit von 8, 1. 4; 11, 19 mit 9, 31, ferner die Tradition von 6, 1-6 und endlich die Unwahrscheinlichkeit, daß eine Verfolgung gerade den christlichen Führerkreis schonte.) Die hier aufgewiesenen Elemente der historischen Problematik bleiben in der ganzen A. dieselben; sie wirken sich nur jeweils verschieden stark aus.

6. Das Christentum der A. wird von zwei religiösen Hauptfragen bewegt. Die erste betrifft sein *Verhältnis zu Israel,* das durch die gesetzesfreie Heidenmission gestört wird. Daß die christliche Taufe die volle Mitgliedschaft in der Gemeinde verleiht, setzt die A. voraus. Zugleich aber entzündet sich daran der leidenschaftliche Widerspruch der Juden gegen die Christen. Die A. erklärt ihn einmal mit dem Neid der Juden gegen die glücklicheren Konkurrenten (13, 45; 17, 5); zum andern sieht sie in der Ablehnung des Retters Christus eine Wiederholung der Ablehnung des Retters Moses (7, 35 ff) und findet Israels Verstockung von den Propheten als gottgewollt vorausgesagt (28, 26 f).

Gegenüber dem jüdischen Einspruch sucht die A. zu erweisen, daß nicht Menschenwille, sondern Gott selbst die Heidentaufe gegen das ursprüngliche Widerstreben der Christen herbeigeführt hat (10, 1 - 11, 18), und hebt hervor, daß gerade die jüdische Ablehnung die christlichen Missionare zu den Heiden treibt (13, 46; 18, 6; 28, 28). Da die Christen die messianische Hoffnung Israels teilen (26, 6 f) und nur das verkünden, was in Mose und den Propheten steht (26, 22), können ihnen die Juden eigentlich nichts vorwerfen; das Gesetz halten sie ja selbst nicht (7, 53; 15, 10; vorausgesetzt ist hier die heidenchristliche Schau des Gesetzes als einer Unsumme von Geboten und Verboten, mit denen kein Mensch fertig werden kann). Insbesondere stimmen die Christen in der Auferstehungshoffnung mit der strengsten jüdischen Richtung (26, 5), dem Pharisäismus, überein (23, 8), der nur im Fall Jesu nicht die Konsequenzen seines Glaubens zieht. Da die Heidenchristen jene vier vom Gesetz den Nichtjuden auferlegten Forderungen von Lev 17 und 18 erfüllen, leben sie auch nach jüdischem Maßstab korrekt (15, 20 f; 21, 25). Diese Übereinstimmung der Christen mit der jüdischen Norm hat eine wichtige politische Konsequenz: der christlich-jüdische Gegensatz wird zu einem innerjüdischen Problem, das den römischen Beamten als Heiden unverständlich bleibt und darum nicht unter ihre Kompetenz gehört (18, 15; 23, 29; 25, 19; 26, 31f; 28, 18. 31). Indirekt besagt das: das Christentum kann die Toleranz (ἀκωλύτως) beanspruchen, die Rom der religio licita des Judentums gewährt.

Damit ist schon das zweite Hauptproblem berührt: das *Verhältnis zur heidnischen Welt.* Sie steht zwar, wie Israel, unter der Forderung der Buße und Bekehrung (14, 15; 17, 30). Aber wenn ihr auch der wahre Gott unbekannt ist (17, 23), so hat er sich ihr doch in den Wohltaten der fruchtbaren Natur bezeugt (14, 17; vgl. 17, 26) und wird, wenn auch als unbekannter und neben den falschen Göttern, verehrt (17, 23b). Damit berührt sich die Tatsache, daß die heidnische Dichtung die Nähe Gottes und die Gottverwandtschaft des Menschen erkannt hat, aus der die Nichtigkeit des Götzendienstes folgt (17, 29). Aber auch die heidnische (stoische) Philosophie wird aufgenommen. Im Begriff der Bedürfnislosigkeit Gottes geht ein Zug des griechischen philosophischen Gottesbildes in das christliche ein (17, 25). Daß wir in Gott leben, uns bewegen und sind, kann zwar nach Ps 139, 3. 5 verstanden werden, aber es eröffnet - ebenso wie das Zitat aus Aratos (17, 28), das sich als Ausdruck des christlichen Schöpfungsglaubens deuten läßt - den Gottesaussagen der heidnischen Philosophie das Tor. Die heidnische Kultur in ihren Gipfelpunkten, der Philosophie und der Dichtung (ein zum Sprichwort gewordenes Euripideszitat wird 26, 14 Jesus in den Mund gelegt, ein anderes Wort griechischer Spruchweisheit 20, 35), wird also keineswegs abgelehnt, sondern als korrigierbarer Ansatz aufgenommen.

Diese Wendung zur »Welt« erscheint auch in der literarischen Widmung an Theophilus (1, 1; vgl. Lk 1, 3) und dem Reichtum an rhetorischen Wendungen, der besonders in der zweiten Hälfte der A. enthalten ist. Sie zeigt sich ferner in der Betonung dessen, daß das Christentum keine Winkelangelegenheit ist (26, 26). Das erweisen nicht nur die Massenszenen und die hohe Zahl der Bekehrten (2, 41; 4, 4; 5, 14; 6, 7; 11, 21. 24; 14, 1; 18, 10; 21, 20), sondern auch die Hervorhebung der (meist freundlichen) Berührung mit den höchsten Kreisen: in Palästina mit dem Hohenrat, dem »König Herodes«, Lysias, dem römischen Militärkommandanten in Jerusalem, den Statthaltern Felix und Festus und dem »König Agrippa« (II.), nicht zu vergessen die Prinzessinnen Drusilla und Berenice; auf Cypern mit dem Prokonsul Sergius Paullus, in Korinth mit Gallio, in Ephesus mit den Asiarchen und dem Kanzler, auf Malta mit dem »Ersten der Insel«; 27, 24 deutet eine Begegnung des Paulus mit dem Kaiser an.

Diese freundlichere Stellung zur Welt hat einen tieferen Grund. Die A. hat zwar die Hoffnung auf die Parusie nicht aufgegeben (1, 11; Israels Bekehrung würde sie beschleunigen: 3, 20), aber sie erwartet nicht, daß diese Welt bald endet. Praktisch fällt aber diese Welt mit dem römischen Imperium zusammen. Darum muß man einen modus vivendi mit ihm suchen, und deshalb möchte es die A. zur Duldung bewegen (28, 31). Sie zeigt das Einvernehmen der Christen mit den römischen Behörden auf: der erste bekehrte Heide ist römischer Offizier, der erste von Paulus Bekehrte sogar Prokonsul! Römische Behörden respektieren das Bürgerrecht des Paulus (16,

38; 22, 26-29), Asiarchen - Förderer des Kaiserkultes! - sind seine Freunde (19, 31), die höchsten Beamten erkennen seine Unschuld und damit die des Christentums an. Die Märtyrerstimmung der Apk ist der A. ebenso fremd wie der Haß gegen Rom.

Trotzdem vermittelt die A. nicht den Eindruck, daß sich die Christen in der großen Welt bewegen. Sie bilden vielmehr eine in enger, auch gottesdienstlicher Verbundenheit lebende und gedeihende Gemeinschaft mit gegenseitiger wirtschaftlicher Unterstützung, bei welcher der Brudername eine neue Verbundenheit ausdrückt (vgl. Lk 18, 29 f). Die einfache Lebensführung dieser Christen entspricht der unkomplizierten Lehre, welche die A. vorträgt.

Die *Christusbotschaft* der A. ist ganz unpolitisch; nur die Feinde setzen den »König Jesus« dem βασιλεύς in Rom entgegen (17, 7). Gott hat Jesus durch seine Wunder legitimiert (2, 22, ebenso später Petrus 5, 15 und Paulus 19, 11 f); trotzdem haben ihn die Juden getötet (2, 23 u.ö.), obwohl ihn Pilatus freigeben wollte (3, 13). So hat sich an ihm das vom AT prophezeite Sterben und Auferstehen des Messias erfüllt (1, 3 u.ö.). Durch seine Auferstehung, die mit der Erhöhung (zur Rechten Gottes: 7, 56) ineinsgesehen werden kann (5, 31), ist er χριστός, κύριος und σωτήρ geworden (2, 36; 5, 31; 13, 23). Sein Name ist den Menschen zur Rettung gegeben (4, 12; gegen die Verfemung des nomen Christianum gesagt). Als Erhöhter teilt Jesus den hl. Geist aus (2, 33; der nicht stets ekstatisch ist wie in c. 2 oder 19, 6). Vorbedingung sind Buße (2, 38 u.ö.) und Bekehrung zu Gott (3, 19 u.ö.), mit denen man die Taufe begehrt und Sündenvergebung empfängt (2, 38 u.ö.). Dazu muß die πίστις εἰς τὸν κύριον (20, 21) hinzutreten; oft wird allein dieses »Gläubigwerden« (= sein Vertrauen setzen auf...) genannt. Im kommenden Gericht, das Jesus über Lebende und Tote halten wird (10, 42; 17, 31), wird er den Glaubenden retten (15, 11) und ihm sein unvergängliches Auferstehungsleben (2, 31; 13, 35) als ἀρχηγὸς τῆς ζωῆς (3, 13; 5, 31) mitteilen.

F.Jackson u. K.Lake, The Beginnings of Christianity, Part I: The Acts of the Apostles, 5 Bde, 1920-33 - A.Loisy, Les Actes des Apôtres, 1920 - O.Bauernfeind, Die A. (ThHK V), 1939 - E.Haenchen, Die A. (MeyerK III[10]), 1956. - Th.Zahn, Die Urausgabe der A. des Lucas (FGNK IX), 1916 - A.Wikenhauser, Die A. u. ihr Geschichtswert (NTA 8, 3-5), 1921 - H.H.Wendt, Die Hauptquelle der A. (ZNW 24, 1925, 293-305) - J.Jeremias, Untersuchungen zum Quellenproblem der A. (ZNW 36, 1937, 205-211) - M.Black, An Aramaic Approach to the Gospels and Acts, (1946) 1954[2] (dazu: E. Haenchen, Zum Textproblem der A. (ZThK 54, 1957) - M.Dibelius, Aufsätze zur A., hg.v. H.Greeven (FRLANT NF 42), 1951 - Ph. Vielhauer, Zum »Paulinismus« der A. (EvTh 10, 1950/51, 1-15) - E.Haenchen, Schriftzitate u. Textüberlieferung in der A. (ZThK 51, 1954, 153-167) - Ders., Tradition u. Komposition in der A. (ZThK 52, 1955, 205-225) - H.Conzelmann, Die Mitte der Zeit. Studien zur Theologie des Lukas (BHTh 17), 1954 - W.Eltester, Gott u. Natur in der Areopagrede (BZNW 21, 1954, 202-227) - B.Gärtner, The Areopagus Speech and Natural Revelation (ASNU 21), 1955 - W.Nauck, Die Tradition u. Komposition der Areopagrede (ZThK 53, 1956, 11-52). *E.Haenchen*

Zur *Auslegungsgeschichte* (s. auch → Schriftauslegung: IV):

Quellen: 4.Jh.: Ephräm der Syrer, ed. N.Akinian, Wien 1921 - Didymus v. Alexandrien (MPG 39) - Joh. Chrysostomus (MPG 60). - 5.Jh.: Cyrill v. Alex. (MPG 74) - Ammonius v. Alex. (MPG 85). - 6.Jh.: Arator (MPL 68; CSEL 72) - Cassiodor (MPL 70) - (Oekumenius) (MPG 118). - 8.Jh.: Beda Venerabilis (MPL 92); ed. M.Laistner, Cambridge (Mass.) 1939. - 9.Jh.: Ishodad v. Merv, ed. M.D. Gibson, Cambridge 1913. - 11.Jh.: Theophylakt (MPG 125). - 12.Jh.: Dionysius bar Salibi (CSCO Script. Syri Ser. II tom. 101). - 16.Jh.: Justus Jonas, Basel 1525 - Heinr. Bullinger, Zürich 1533 - Erasmus Sarcer, 1540 - Joachim Camerarius, 1556 - Rudolf Gualther, Zürich 1557 - Benedikt Arias Montanus, Antwerpen 1575 - Benedikt Aretius, 1581. - 17.Jh.: Joh. Lorinus SJ, Lyon 1605 - Caspar Sanctius, Köln 1617 - Thomas Gattacker, London 1652 - Joh. Quistorp, Rostock 1652 - Aloys. Novarinus, Lyon 1654 - Georg Calixt, Braunschweig 1654 - Joh. Ludwig Wolzogen, Irenopoli (Amsterdam) 1656 - Joh.Crell, Irenopoli 1656 - Caspar Streso, Amsterdam 1658 - Joh. Pricaeus, London 1660 - Joh. Lightfoot, Horae Hebraicae et Talmudicae in Acta, Leipzig 1679 - Joh. da Sylveira, Lyon 1681 - C.M. de Veil, London 1684. - 18.Jh.: Philipp v. Limborch, Rotterdam 1711 - Joh. Ludwig Lindhammer, Halle 1725.

Literatur: A.Merk, Der neuentdeckte Kommentar des hl. Ephraem zur Apg (ZKTh 48, 1924, 37-58. 226-260) - Ders., Der hl. Ephraem u. die Apg (ebd. 460-465) - L.Cerfaux, Le chapitre XVe du livre des Actes à la lumière de la littérature ancienne (Miscellanea Giovanni Mercati Bd 1 = StT 121, 1946, 107-126) - M.Lackmann, Vom Geheimnis der Schöpfung. Die Geschichte der Exegese von... Acta 14, 15-17; 17, 22-29 vom 2.Jh. bis zum Beginn der Orthodoxie, 1952. *W.Werbeck*

Apostelkonzil → Paulus.

Apostellehre, vollständiger Titel »Lehre des Herrn durch die zwölf Apostel an die (Heiden-)Völker«, ist, wenn man von den → Pastoralbriefen absieht, die älteste Kirchenordnung. Die A. wurde 1883 von Bryennios entdeckt und herausgegeben. Das Schriftchen ist in der griechischen Originalsprache in einem Pergamentcodex vom Jahre 1056 erhalten; einige Abschnitte finden sich bereits in einem Papyrus von Oxyrhynchos (4.Jh.). Kap. 1-6 liegen auch in lateinischer Übersetzung vor, außerdem Fragmente der A. in Koptisch, Syrisch, Arabisch und Georgisch. Kap. 1-6 ist eine Sittenlehre nach dem Schema der beiden Wege (der Weg des Lebens und der Weg des Todes). Kap. 7-10, ein Ritual, enthalten Vorschriften für Taufe (einschließlich Vorschriften über Fasten und tägliche Gebete) und Eucharistie (Kap. 9-10). Kap. 11-16 bieten kirchenrechtliche Bestimmungen über umherreisende Apostel und Propheten (Kap. 15 hinsichtlich der festen Gemeindebeamten, Bischöfe und Diakone), ihre Rechte und Pflichten, mit Anweisungen für die Scheidung zwischen echten und falschen Charismatikern. Manches trägt ein archaisches Gepräge: der Moralkatechismus, die umherreisenden Charismatiker, eucharistische Gebete, die keine Beziehung zum letzten Mahl des Herrn haben, christologische Aussagen, die Jesus im Anschluß an Jes 53 als Gottes »Knecht« (παῖς) bezeichnen, die altertümlichen Kriterien für echte und falsche Propheten (rein moralischer, nicht dogmatischer Art) und die eschatologische Hochspannung. Die Datierung der A. ist davon abhängig, ob man den Moralkatechismus in Barn 18-20 als Vorlage für die A. betrachtet oder umgekehrt Barn als sekundär ansieht. Wahrscheinlich haben jedoch beide einen jüdischen Proselytenkatechismus benützt und leicht verchristlicht. Mehrere englische Forscher sind neuerdings für eine späte Datierung (Ende des 2.Jh.s oder später) eingetreten, weil in der A. eine montanistische Tendenz vorwalte oder weil in der A. ein gewollter Archaismus zu erkennen sei. Die angeführten Argumente sind jedoch nicht durchschlagend, und eine frühe Datierung (erste Jahrzehnte des 2.Jh.s) bleibt wahrscheinlicher. Vermutlich ist die A. in Syrien entstanden. Vieles vom Inhalt der A. ist in die jüngeren Kirchenordnungen (die → Apostolische Kirchenordnung, die syrische → Didaskalia, die → Apostolischen Konstitutionen) übernommen worden.

Kritische Ausgabe: K.Bihlmeyer, Die apostolischen Väter I, (SQS II, 1), (1924) 1956[2] (Lit.). Deutsche Übers.: Hennecke[2], 555ff - R.Knopf, Die Lehre der 12 Apostel (HNT ErgBd, 1920, 1-40). - Bardenhewer I, 90 ff (ältere Lit.) - Altaner (Lit.) - J.Quasten, Patrology I, 1950 (Lit.). - A.Adam, Erwägungen zur Herkunft der Didache (ZNW 46, 1955, 266f). *E.Molland*

A posteriori → A priori.

Apostolat. Die Auffassung vom Wesen des A.s (zur Überlieferung → Apostel) ist in der neueren Geschichte der Exegese eng mit der von der Person Jesu und vom

Kirchenbegriff verbunden. Die Geschichtlichkeit der zwölf Jünger ist seit Schleiermacher oftmals in Frage gestellt worden, jedoch ist diese Skepsis jetzt größtenteils überwunden. Der Sinn ihrer Berufung durch Jesus und ihrer Stellung ist sehr verschieden beurteilt worden, je nachdem man sie als Einzelanhänger oder als Kollegium für die Ausbreitung der Lehre, für das Leben der Kirche oder für die antezipierende Darstellung des Gottesreiches bedeutsam werden ließ. In der sonst den Amtscharakter des A.s hervorhebenden Zeichnung J.B. → Lightfoots findet sich erstmals der Nachweis, daß der A. in den nt. Schriften sich nicht auf die Zwölf und Paulus beschränkt. Unter der Voraussetzung der Kirche als einer freien Vereinsbildung wurden um 1900 die Apostel weithin als wandernde und verkündende Charismatiker gesehen, unabhängig von der sich sekundär ausbildenden Organisation der Gemeinden, grundsätzlich nicht von andern urchristlichen Enthusiasten und Lehrern verschieden. Dafür berief man sich besonders auf die Didache (so Harnack). Ihre Autorität wurde gegen einen rechtlichen Amtsbegriff abgegrenzt und im Charisma verankert (Sohm). Des öfteren ist der pneumatische A. des Paulus dem traditionalistischen des Zwölferkollegiums gegenübergestellt worden (zB Baur, Holl, Goguel). Seitdem (nicht ohne Einwirkung der eschatologischen und religionsgeschichtlichen Aspekte) der nt. Kirchengedanke zum messianischen Selbstbewußtsein Jesu und zur Christologie der Urkirche in unmittelbare Beziehung gesetzt wird (zuerst Kattenbusch und K.L. Schmidt), kommt der Frage, ob der A. für den Stiftungscharakter und die Entfaltung der Gesamtkirche wesentlich war, neue Bedeutung zu. Die Debatte dreht sich um das Verhältnis zwischen der Erwählung der Zwölf und der Rolle des Apostelkollegiums in der Urgemeinde, wobei es auch um die Echtheit des an → Petrus gerichteten Jesuswortes über die Kirche (Mt 16, 18) geht, um das Problem, inwiefern der A. in organisatorischem Sinne als → Amt (: II) aufzufassen ist, um die paulinische Deutung des A.s sowie um die Apostelnachfolge (Apostolische → Sukzession).

Da die Bestimmung des Amtsbegriffes durch außerhalb des NT liegende kirchenrechtliche und konfessionelle Gesichtspunkte erschwert wird, erscheint es angebracht, von phänomenologischer Betrachtungsweise ausgehend, die Funktionen und Typologie des A.s im soziologisch erfaßbaren Organismus der Urkirche zu beschreiben. Hierbei ist der Übertritt des in messianisch-eschatologischen Kategorien denkenden palästinensischen Christentums in die Gemeinschaftsformen der hellenistischen Welt zu beachten. Die im Selbstverständnis der Urkirche dem A. beigelegte Bedeutung läßt sich u.a. an den symbolhaften Metaphern ablesen, zB Grundstein, Fels, Säule, Hirt, Verwalter, Diener, Opferdiener.

O.Linton, Das Problem der Urkirche in der neueren Forschung (UUÅ 1932, 1) - F.M.Braun, Neues Licht auf die Kirche, 1946 - H.v.Campenhausen, Kirchl. Amt u. geistl. Vollmacht in den ersten drei Jh.en (BHTh 14), 1953 - E.M.Kredel, Der Apostelbegriff in der neueren Exegese (ZKTh 78, 1956, 169-193. 257-305). *H.Riesenfeld*

Apostolicae Sedis moderationi, Apostolische → Konstitution Pius' IX. vom 12.10.1869, in der er die allgemein geltenden Zensuren latae sententiae (→ Strafrecht: III) neu festlegte (45 → Exkommunikationen, 14 → Suspensionen, 4 → Interdikte). Die unübersichtliche Vielzahl dieser Zensuren, die in der → Abendmahlsbulle nicht vollständig erfaßt waren, wurde beschränkt, die verbleibenden wurden klar umschrieben, und die Absolutionsbefugnis wurde geregelt. Mit dem Inkrafttreten des CIC (19.5.1918) verlor diese Konstitution ihre Rechtskraft und ist seitdem nur noch rechtsgeschichtlich wichtig; den Charakter der Vollständigkeit hatte sie schon vorher durch das Hinzutreten von schließlich 9 neuen Zensuren verloren.

Text: CIC Fontes, hg.v. P.Gasparri, 3, 1925; Auswahl bei Mirbt. - J.Hollweck, Die kirchlichen Strafgesetze, 1899 - DDC I, 698ff (Lit.). *H.Barion*

Apostolides, *Michael* (1789-1862), aus Kreta, studierte in Smyrna, Wien und München, leitete griech. Gemeinden in Triest, Wien und München, 1837 Prof. der Dogmatik und Ethik in → Athen, 1850 Sekretär des Hl. Synod, 1855 Erzbischof von Patras, 1862 Metropolit von Athen. A. hat sich auch um den Aufbau des höheren Schulwesens und der Kirchenverfassung Griechenlands verdient gemacht. Anhänger des → Pharmakides, dh der Unabhängigkeit und Modernisierung der griech. Kirche.

Vf. u.a. (griech.): Gesch. des AT u. NT, 1837; Christl. Ethik, 1847/49. 1868; Joh. Damascenus, 1862. - Über A.: D.Demetriades, Biographien der verstorbenen Prof. der Univ. Athen, Athen 1916 - Chr.Papadopoulos, Gesch. der Kirche Griechenlands, Athen 1920, 316ff. *(H.Alivisatos) Ernst Wolf*

Apostoliker (*Apostelbrüder*), Name religiöser Gruppen, die dem apostolischen Ideal nacheifern. - 1. nach Epiphanius haer. 61 im 3./4.Jh. enkratitische Sekte in Kleinasien, die von ihren Anhängern Armut und Ehelosigkeit forderte. - 2. Im 12.Jh. Sektierer am Niederrhein und in der Bretagne, die, des Manichäismus verdächtigt, besonders von → Bernhard von Clairvaux bekämpft wurden. - 3. Um 1260 stiftete in Italien der Laie Gerhard Segarelli die Gemeinschaft der »Apostelbrüder« (Brüder, Schwestern vom armen Leben Jesu), die in Übertreibung des franziskanischen Armutsideals zum Urchristentum des apostolischen Zeitalters zurückkehren wollten. Die Sekte wurde wiederholt verboten, der Stifter gefangen und 1300 in Parma verbrannt. Auch sein Nachfolger Fra Dolcino, der stark von → Joachim von Fiore beeinflußt war und seine Ideen mit Waffengewalt durchzusetzen versuchte, erlitt 1307 den Feuertod. Reste der Sekte, die sich in Italien, Spanien und Frankreich noch eine Zeitlang gehalten hatten, fielen der Inquisition zum Opfer. - 4. Fratres Apostolorum, italienische Eremitengenossenschaft, Gegengründung gegen die (häretischen) »Apostelbrüder« (s. 3); → Apostelbrüder. - 5. Heute heißen A. die Mitglieder der → Neuapostolischen Kirche.

Heimbucher I, 599f - LThK I, 567f - EC I, 1691 ff (Lit.). *O.Rühle*

Apostolikum

I. Entstehung - II. Im Protestantismus

I. Entstehung

1. Der Name ist abgekürzt aus der neuzeitlichen Bezeichnung Symbolum apostolicum; der alte Name *Symbolum Apostolorum* begegnet zuerst in einem Schreiben der mailändischen Synode von 390 an Papst Siricius. In derselben Zeit (404) schrieb → Rufinus in seiner Auslegung des Symbols die ausführliche Erzählung von dem apostolischen Ursprung der einzelnen Sätze nieder, kannte also eine Einteilung in 12 Artikel. Daß die Darstellung Rufins auf ältere Quellen zurückgeht, zeigen die Apostolischen Konstitutionen (6, 14). Rufin hat auch den Begriff des *Symbols,* wie er antikem Denken entspricht, umschrieben: es sei Losungswort und Erkennungszeichen, das zum Eintritt in einen Bereich bevollmächtigt. Die Einteilung in drei Artikel ist zuerst bei Justin und Irenäus festzustellen, wurde dann vergessen und ist erst von Luther wieder aufgenommen worden.

2. Das Judentum der nt. Zeit besaß in dem → Schma (Dtn 6, 4) ein Glaubensbekenntnis, das nach Tamid V, 1

seine feste Stätte im (nachexilischen) Tempelkult beim Morgen- und Abendopfer und im Morgen- und Abendgebet der Gläubigen (→ Gottesdienst: III) hatte. Es konnte von den Mitgliedern der christlichen Gemeinde mitgesprochen werden, bedurfte aber der Ergänzung durch das Bekenntnis zu der Erfüllung der Verheißungen in Jesus Christus, wie es in einer Anzahl von *Glaubensformeln des NT* erscheint; die Herkunft aus gottesdienstlichen Doxologien ist deutlich erkennbar. Die Urgemeinde, die in der Gegenwart des Geistes lebte, hat keine feste Formel herausgebildet, sondern fand den Ausdruck ihres Wesens in der Vielgestaltigkeit der äußeren Form bei gleichbleibendem Grundgehalt. Wo eingliedrige Bekenntnisse zu Jesus Christus vorkommen, setzen sie das Bekenntnis zu Gott dem Schöpfer voraus, wie zB Röm 10, 9. Von einem »Urbekenntnis«, das »Jesus der Herr« (Phil 2, 11) gelautet habe, wird man kaum sprechen können (vgl. → Christologie: I). Dagegen ist die Tatsache, daß Jesus Christus die Mitte des Bekenntnisses ist, unbestreitbar; bei dreigliedrigen Formeln (2Kor 13, 13) tritt die Nennung des heiligen Geistes hinzu.

Die Entwicklung ist Mt 28, 19 zusammengefaßt; der *Taufbefehl* bringt die erste geschlossene Formulierung, und sie erscheint in der Didache mit dem gleichen Wortlaut wieder. Irgendeine Abwehr heidnischen oder jüdischen Glaubens ist nicht erkennbar; die Fassung ist voll verständlich als unmittelbarer Ausdruck der Hauptpunkte des christlichen Glaubens.

Von dieser gemeinsamen Grundlage aus ist die Entwicklung in den einzelnen Kirchengebieten verschieden verlaufen. Ohne Berührung mit dem Westen steht *Ostsyrien,* wie das siebengliedrige Symbol → Afrahats zeigt (Text: ZNW 6, 1907, 203 in Burkitts Übersetzung); seine Eigenart gründet sich auf eine langdauernde Auseinandersetzung mit einer lebendigen jüdischen Theologie.

Ebenso wie im Osten ist in den *hellenistischen Gemeinden* die Entwicklung im Fluß geblieben. Die Schriften der Apostolischen Väter enthalten nirgends die Andeutung einer festen Formel; eine solche widerspräche vor allem der schwebenden Denkweise der Ignatianischen Theologie. Bei → Justin dem Märtyrer, der wohl aus ephesinischer Tradition heraus redet, ist eine theologische Systematisierung festzustellen, wenn er erklärt: Wir ehren »Jesus Christus, der gekreuzigt ist unter Pontius Pilatus, . . . da wir gelernt haben, daß er der Sohn des wahren Gottes ist, erklären wir, daß er an zweiter Stelle, der heilige Geist aber im dritten Range steht« (Apol. 13, 3). Auch → Irenäus kennt keine feste Formel, wohl aber einen unverbrüchlichen Grundgehalt aller Aussagen (regula fidei, regula veritatis). Auf dem gleichen Boden steht die kleinasiatische → Epistula Apostolorum (150/160 nChr) mit ihrer fünfgliedrigen Formel des Glaubens (c. 5)

an den Vater, den Herrscher der ganzen Welt,
und an Jesus Christus, unseren Heiland,
und an den Heiligen Geist,
und an die heilige Kirche,
und an die Vergebung der Sünden.

Bereits verfestigt erscheint das *ägyptische* Taufsymbol des Papyrus von Der Bala'izeh (7.Jh.), das von Brightman der Mitte des 4.Jh.s zugewiesen wird:

Ich glaube an Gott, den allmächtigen Vater,
und an seinen eingeborenen Sohn, unsern Herrn Jesus Christus,
und an den Heiligen Geist,
und an des Fleisches Auferstehung,
und an die heilige Kirche.

3. Eine neue Entwicklung hat das Symbol in *Rom* genommen. Hier ist aus dem Reichtum der syrisch-palästinensischen und der Systematik der griechischen Formeln ein einheitlicher Text gewonnen worden, der in den Tauffragen → Hippolyts als allgemein gebraucht vorausgesetzt ist und von Rufin als Symboltext bezeugt wird. In die ältere triadische Form der Tauffragen ist eine ausführliche christologische Aussage eingeschoben (→ Christologie: II). Diese Erweiterung wird in der Mitte des 2.Jh.s entstanden sein. Damals mußte der marcionitische und valentinianische Doketismus abgewehrt werden, und das geschah durch das Bekennen des christologischen Kerygmas innerhalb der vorhandenen Taufformel. Die einzelnen Aussagen waren unmittelbare Bezeugung des Glaubens, also nicht antihäretisch gedacht; wohl aber wirkte die neue Zusammenstellung als Abwehr der Häresie. Aus den Tauffragen ist dann, wohl im 3.Jh., die deklaratorische Form des Symbols entstanden, gleichzeitig mit dem Festwerden der Liturgie. Das Ergebnis, das sogenannte *Romanum,* hat im Westen allmählich die Vorherrschaft erlangt. Die Formel lautet nun:

Ich glaube an Gott, den Vater, den Allmächtigen.
Und an Christus Jesus, seinen eingeborenen Sohn, unsern Herrn.
Der geboren ist aus dem Hl. Geiste und der Jungfrau Maria.
Der unter Pontius Pilatus gekreuzigt wurde und begraben, am dritten Tage auferstand von den Toten, auffuhr in den Himmel, sitzt zur Rechten des Vaters, von dannen er kommen wird, zu richten die Lebendigen und die Toten.
Und an den Hl. Geist, die hl. Kirche, die Vergebung der Sünden, des Fleisches Auferstehung.

4. Im mailändischen Symbol, das bei der Taufe Augustins gebraucht wurde, war, offenbar unter östlichem Einfluß, vor »sub Pontio Pilato« eingeschoben »passus est«. Bei → Niketas von Remesiana sind die beiden Glieder »sanctorum communionem« und »vitam aeternam« zugefügt; mit diesen Aussagen, die anscheinend aus syrischer Theologie stammen, ist wohl die Teilhabe am himmlischen Bereich ausgesagt. Es wird schwerlich Zufall sein, daß zur gleichen Zeit das Attribut »catholicam« zu »sanctam ecclesiam« auftaucht. Diese Näherbestimmung begegnet zuerst in den → Apostolischen Konstitutionen (7, 41).

Die Entwicklung ist durch mancherlei *Zusätze zu dem Text des Romanum* gekennzeichnet. Im 4.Jh. taucht die logische Unterscheidung »qui *conceptus* est *de* Spiritu Sancto, *natus ex* Maria virgine« auf. Zur gleichen Zeit (Sirmium 359) ist der Einschub »descendit ad inferna« von dem Syrer Markus von Arethusa formuliert worden, als Beschreibung des Todesschicksals Jesu; im Westen ist darunter bald der erste Akt des Sieges Christi über den Teufel verstanden worden.

Unter Benutzung solcher Abänderungen hat sich im westgotischen Spanien und in dem benachbarten Gallien der *Textus receptus* herausgebildet, der vom 5.Jh. an bezeugt ist. Unter Otto I., der wie Karl d.Gr. in seinem Reiche auf liturgische Einheitlichkeit drängte, wurde dieser Text in Rom anstelle des dort seit dem 6.Jh. zur Herrschaft gekommenen → Nicäno-Konstantinopolitanums als Taufsymbol eingeführt.

5. Der Text dieses *»apostolischen Symbols«* stellt in einfachster Form den Ertrag der dogmengeschichtlichen Entwicklung auf der Grundlage der apostolischen Verkündigung dar. Er hat im Mittelalter noch einige stilistische Veränderungen erfahren. Von Luther ist er als zutreffende Zusammenfassung der apostolischen Predigt in den → Katechismus (: II) aufgenommen worden.

→ Bekenntnisbildung.

Sammlung der Texte: A.Hahn, Bibliothek der Symbole u. Glaubensregeln der alten Kirche, mit einem Anhang von A.Harnack, 1897[3]; F.Cabrol-H.Leclercq, Monumenta ecclesiae liturgica I, 2, 1913, 209ff; H.Lietzmann, Symbole der alten Kirche (KlT 17/18), 1935[4]; Denzinger Nr. 1-12. - F.Kattenbusch, Das apostolische Symbol I, 1894; II, 1900 - RE I, 741 - R.H.Connolly, The Early Syriac Creed (ZNW 6, 1907, 202-223) - K.Holl, Zur Auslegung des zweiten Artikels des sog. apostolischen Glaubensbekenntnisses, 1919

(= Holl II, 115-128) - H.Lietzmann, Symbolstudien (ZNW 21, 1922, 5-22; 22, 1923, 257-279; 24, 1925, 193-202; 26, 1927, 75-95) - Ders., Die drei altkirchlichen Symbole (BSLK, XIff; 21 ff) - RGG[2] I, 443ff - Lietzmann II, 100ff - E.Stauffer, TheolNT, (1941) 1948[4], 212ff; Beilage III, 322 - H.Dörries, Das Bekenntnis in der Gesch. der Kirche, 1946 - O.Cullmann, Die ersten christlichen Glaubensbekenntnisse (ThSt[B] 15), 1949 - C.H.Roberts-B.Capelle, An early Euchologium, the Dêr-Balizeh Papyrus enlarged and reedited, 1949 - J.N.D.Kelly, Early Christian Creeds, 1950 - W.Trillhaas, Das apostolische Glaubensbekenntnis, Geschichte, Texte, Auslegung, 1953.

A.Adam

II. Im Protestantismus

1. Geltung und Gebrauch des A.s - 2. A.streit

1. Die Frage der Aufnahme und Geltung des A.s im Protestantismus gehört in die umfassendere nach der Stellung der Reformation zum altkirchlichen Dogma überhaupt, damit auch zu den Symbolen der alten Kirche. In diesem Rahmen beansprucht das A. einen besonderen Platz; gerade in den Reformationskirchen hat es zunehmend einen Vorrang vor den anderen altkirchlichen Bekenntnissen gewonnen, wie ihn andere christliche Kirchen, einschließlich der anglikanischen, nicht kennen, von der morgenländischen, die das A. überhaupt nicht gebraucht, ganz zu schweigen. Die Beweggründe für die Beibehaltung des A.s und der beiden anderen Symbole überlagern sich vielfach. Der Sache nach sind es vor allem drei.

a) Daß das A. zum volkstümlichsten der altkirchlichen Bekenntnisse geworden ist, verdankt es vornehmlich seiner *katechetischen Verwendung*, hier wieder vor allem der Aufnahme in den Kleinen → Katechismus. Die drei Artikel waren, verbunden mit Luthers Erklärung, der allen bekannte Inbegriff des biblischen Heilsglaubens, die »Summa der Heiligen Schrift«. So hat Luther das A. persönlich verstanden und geschätzt; so hat er es durchgehend ausgelegt von der »kurzen Form der 10 Gebote, des Glaubens und des Vaterunsers« von 1520 über die Katechismen, die »einfältige Weise zu beten« und verschiedene Predigten bis zu den »drei Symbola oder Bekenntnis des Glaubens Christi« von 1538. Es ist der Vorzug des A.s, daß es »kurz und richtig die Artikel des Glaubens gar fein fasset«. Die wiederholte Bezeichnung des A.s als »Kinderglaube« bedeutet Lob und nicht Kritik. Auch Calvin hat das A. (compendium et quasi epitome quaedam fidei) hoch gewertet und in seiner Prägnanz dem weitläufigen → Nicänischen Symbol vorgezogen. Unter seinem Einfluß hat das A. in der ref. Kirche früher und betonter als im Luthertum eine zentrale Stellung gewonnen. Hier ist es zur Grundlage auch des höheren theologischen Unterrichts geworden. Calvin selbst hat der abschließenden Fassung seiner »Institutio« die Form einer Auslegung des viergliederig verstandenen A. gegeben. Darin hat er Nachfolger gefunden bis hin zu Karl → Barth; seinem »Credo« von 1935 und der »Dogmatik im Grundriß« von 1947 liegt der »klassische Text« des A.s als Leitfaden zugrunde.

b) Neben dem katechetischen Gebrauch hat der *dogmatisch-ekklesiologische* die Geltung des A.s - ebenso wie die der anderen Symbole - in den Reformationskirchen bestimmt: ihr ökumenisches Verständnis als »Bekenntnisse des Glaubens Christi in der Kirche einträchtiglich gebraucht« und, darauf gestützt, ihre kontroverstheologische Bedeutung. Die Übernahme der altkirchlichen Symbole ist Anerkennung der Kontinuität der Kirche in der Gliedschaft der gesamten Christenheit. In ihr prägt sich das kirchliche Selbstverständnis der Reformation aus, auf dem Boden der einen, ungeteilten Kirche zu stehen und nicht Sekte zu sein, nicht Aufspaltung, sondern innerkirchliche Erneuerung zu wollen. Das Ja zum altkirchlichen Bekenntnis dient der Verteidigung: wir haben den wahren katholischen Glauben nicht verlassen - kann aber auch zum Angriff gewendet werden: *wir* berufen uns zu recht auf die Symbole, deren genuin evangelisches Verständnis *ihr* preisgegeben habt. Bei diesem Ja geht es insonderheit auch um das altkirchliche trinitarische und christologische Dogma. Neuprotestantische Forschung hat hierin eine Inkonsequenz gesehen, das Fortschleppen eines nicht völlig überwundenen Restbestandes mittelalterlich-kirchlicher Tradition. Doch ist in Wahrheit die reformatorische Rechtfertigungslehre von ihren altkirchlichen dogmatischen Voraussetzungen nicht zu trennen; sie ist »nicht Wurzel, sondern Frucht« (Maurer), Ausprägung eines neuen Verständnisses des trinitarischen und christologischen Dogmas. Darum ist die Berufung auf die altkirchlichen Symbole von der Sache her legitimiert, nicht lediglich aus Gründen der Anpassung, des Nichtloskommens von der Tradition oder aus dem Wunsch nach Rechtssicherheit zu erklären. Die Aufnahme des A.s und der anderen Symbole bedeutet jedoch nicht die Anerkennung eines grundsätzlichen Traditionalismus. Das A. wird nicht übernommen, weil es das Bekenntnis der alten Kirche ist, sondern weil die alte Kirche wahre Kirche war, ihr Bekenntnis den reinen, apostolischen Glauben ausspricht. Das A. ist als altkirchliches Symbol zugleich biblische Summa und darin autorisiert. Bei Melanchthon werden daneben freilich auch traditionalistische Tendenzen spürbar, die sich in der Folgezeit verstärken; das »Zeugnis des kirchlichen Altertums« beginnt schon bei ihm Eigenwert zu bekommen. Die → Konkordienformel durchschneidet diese Fäden zunächst noch einmal: das A. und die anderen altkirchlichen Symbole werden als »kurze, runde Bekenntnisse« anerkannt, »welche für den einhelligen, allgemeinen christlichen Glauben und Bekenntnis der rechtgläubigen und wahrhaftigen Kirchen gehalten«, aber zugleich wird ihre Autorität deutlich gegen die der Heiligen Schrift abgesetzt; sie sind nicht Richter wie diese, sondern »allein Zeugnis und Erklärung des Glaubens«. »Der Schrift wird gehorcht. Die alten Symbole werden rezipiert« (Elert).

c) Auch der *liturgische* Gebrauch hat die Geltung des A.s in den Reformationskirchen bestimmt. Die Verwendung des A.s im ev. Gottesdienst ist als Regelfall - mindestens im luth. Raume - erst jüngeren Datums. Im Reformationsjahrhundert findet es sich gelegentlich, vor allem in süddeutschen Kirchenordnungen und im ref. Bereich, in verschiedener Stellung: bisweilen nach der Predigt, mitunter - so bei Calvin - vor den Einsetzungsworten der Abendmahlsliturgie. Die luth. Kirchenordnungen des 16.Jh.s behalten indessen in der Regel als gottesdienstliches Credo das »Nicänum« bei oder sehen Luthers Glaubenslied bzw. ein anderes Loblied vor. Erst die liturgischen Reformen des 19.Jh.s, die das Credo nach seinem völligen Wegfall wiedereinführten, verliehen dem A. die Vorherrschaft im Gottesdienst. Wohl nicht zufällig kam der preußischen Agende hierbei besondere Bedeutung zu; die → Union (: I) wertete das A. als ein die inner-ev. Unterschiede überbrückendes Bekenntnis. Doch übernahmen auch luth. Kirchen die Regelung, daß im Gottesdienst für gewöhnlich das A. und nur an Festtagen das Nicänum verwendet wurde. Der Charakter als lobpreisender Hymnus ging dem Bekenntnis weithin verloren. Die liturgische Erneuerung des 20.Jh.s versuchte den Erstrang des Nicänums wiederherzustellen und das A. als Katechumenensymbol auf die Nebengottesdienste und den Gebrauch bei Taufe und Konfirmation zu verweisen. Im Kirchenkampf bürgerte sich mancherorts die - liturgisch umstrittene - Sitte ein, daß die Gemeinde das A. im Gottesdienst laut mitspricht. Die luth. Agende von 1955 bietet unter Voranstellung des

Nicänums beide Symbole, daneben das Glaubenslied, und sieht als fakultative Regelung vor, daß das Nicänum an Fest- und Abendmahlstagen, sonst das A. gebraucht wird.

2. Beim Ausdruck »*Apostolikumstreit*« denkt man zumeist an die Auseinandersetzungen des 19. und 20.Jh.s, in denen der theologische Liberalismus sich gegen den »Symbolzwang« wandte, während auf der anderen Seite etwa der Däne → Grundtvig und seine Anhänger, die fundamentale Bedeutung des A.s übersteigernd, dieses sogar als das »lebendige Wort« dem »toten« Schriftwort entgegensetzten. Es hat aber schon im 17.Jh. eine Bestreitung des A.s gegeben, die gerade von der luth. Orthodoxie ausging. In den synkretistischen Streitigkeiten hatten → Calixt und seine Freunde die Bedeutung des kirchlichen Altertums, der ersten fünf Jahrhunderte, für die Austragung aller nachfolgenden Lehrdifferenzen als Grundlage von Unionsverhandlungen stark betont. Hierbei wurde das A. nachdrücklich herausgestellt: in ihm seien alle für den Heilsglauben grundlegenden Dogmen vollständig und deutlich ausgesprochen. Gegen diese mit einer Abwertung der reformatorischen Bekenntnisse verbundene Überbetonung des A.s richtete sich die orthodoxe Kritik von → Hülsemann, → Calov, → Quenstedt u.a. Sie bestritt im Anschluß an → Valla den apostolischen Ursprung des Symbols, bemängelte, daß viele für das reformatorische Verständnis wichtige Glaubensartikel wie zB Erbsünde, Verdienst Christi, Rechtfertigung im A. nicht enthalten seien, und wies darauf hin, daß jede Konfession das A. anders, im Sinne *ihrer* Gesamtlehre, auslege, dieses mithin als Unionsbekenntnis ungeeignet sei. In den Grundlinien war hier die nachmals vom Rationalismus ausgebaute Kritik am A. bereits vorgezeichnet. Der A.streit des 19.Jh.s, eng mit der Agendenfrage verknüpft (→ Agendenstreit), richtete sich gegen den neuaufgenommenen obligatorischen Gebrauch des A.s im Gottesdienst sowie seine Einbeziehung in das Konfirmations- und Ordinationsgelübde. Zu der grundsätzlichen Kritik: einseitige Betonung der fides historica, Zurücktreten des Heilsglaubens, Bindung an griechische Metaphysik, Anschluß an das überholte räumliche Weltbild usw trat die Beanstandung von Einzelaussagen wie Jungfrauengeburt, Hades- und Himmelfahrt, Auferstehung des Fleisches usw. Versuche, neue Bekenntnisse zu formulieren, vom »Nitzschenum« (1846; → Bekenntnisschriften) bis zum »Biblikum« im Kirchenbuch von Arper-Zillessen (1910 bzw. 1917), konnten die Schwierigkeiten nicht beheben, ebensowenig Einleitungsformeln (»... mit den Worten der Väter ...«), die das A. dem historischen Gewissen annehmbar machen sollten.

Als Phasen des A.streites zeichnen sich ab: um die Jahrhundertmitte der Fall Rupp, die → Lichtfreunde und die Preußische Generalsynode von 1846; im ersten Jahrzehnt nach der Reichsgründung die Fälle Lisco, Sydow, Hossbach u.a. in Berlin; in den neunziger Jahren der Fall → Schrempf in Württemberg, → Harnacks berühmte Stellungnahme (keine Abschaffung des A.s, aber Kritik an Einzelaussagen) mit einer Flutwelle von Streitliteratur; vor dem ersten Weltkriege die Fälle → Jatho und Traub in Altpreußen (1911-12), nach dem Kriege → Leimbach und Knote in Bayern (1922, 1924). Gegenwärtig ist es um das A. stiller geworden. In den Verhandlungen zur Agende blieb der theologische Gehalt des Credo außerhalb des Streites. Auf der einen Seite sind ein konservativer Grundzug des Denkens, neues Verstehen der Trinitäts- und Inkarnationslehre und das Betonen der Faktizität des göttlichen Heilshandelns fraglos dem Ansehen des A.s zugute gekommen. Auf der anderen Seite ist die Gegenströmung im Ringen um ein neues Geschichtsverständnis und in Ablehnung einer Vergegenständlichung des Glaubens weit über die bloße Bestreitung des A.s hinausgelangt. Es geht nicht mehr nur um die Bekenntnis-, sondern um die Schriftnorm, im Ringen um ein neues Schriftverständnis. Den Ort, an dem einst der A.streit den Brennpunkt der Auseinandersetzungen zwischen »liberaler« und »positiver« Theologie bildete, nimmt in dem theologischen Gespräch der letzten Jahre vergleichbar die Frage der → Entmythologisierung ein.

Vgl. auch → Agende, → Bekenntnis: IV, → Konfirmation, → Lehrverpflichtung, → Lehrzuchtverfahren: I, → Ordination: V.

F.Kattenbusch, Luthers Stellung zu den ökumenischen Symbolen, 1883 - Th.Zahn, Der Kampf um das A., 1893 - O.Ritschl I, 1908; IV, 1927 - G.Hoffmann, Die altluth. Orthodoxie vor 250 Jahren im Kampfe wider das A., 1912 - K.Thieme, Das Apostolische Glaubensbekenntnis, 1914 - J.Meyer, Luther u. das A. 1918 - Elert, ML I, 76ff - W.Nigg, Gesch. des religiösen Liberalismus, 1937, 279ff - A.v.Zahn-Harnack, Der A.streit des Jahres 1892 u. seine Bedeutung für die Gegenwart, 1950 - W.Trillhaas, Das apostolische Glaubensbekenntnis, 1953 - E.Wolf, Peregrinatio, 1954, 162ff - J.Koopmans, Das altkirchliche Dogma in der Reformation, 1955 - A.Gilg, Weg u. Bedeutung der altkirchlichen Christologie, 1955 - E.Kinder, Der Gebrauch des Begriffs »ökumenisch« im älteren Luthertum (KuD 1, 1955, 180-207; Lit.) - Leiturgia II, 1955, 29ff (Lit.) - Chr.Mahrenholz, Die Stellung des Credo im Hauptgottesdienst (ELKZ, 10, 1956, 215-218) - BSLK 1219 (Lit.). - Vgl. auch RGG^1 I, 601ff; RGG^2, I, 446ff.

G.Hoffmann

Apostolisch, als Adjektiv noch nicht im NT, besagt in der Alten Kirche, daß Schriften, Personen oder Einrichtungen von den → Aposteln Jesu Christi verfaßt, eingesetzt (→ Sukzession) oder begründet wurden. Apostolizität wird für Bestehendes (Tradition, Kanon, Amt) wie für Neues (Apokryphen, Kirchenordnungen) beansprucht. Die Kirche selbst heißt ap. (im Nic. Const.). Die Kategorie des Apostolischen dient der Erhaltung von Kirche und Lehre (Vincentius von Lerinum) *und* deren Kritik bzw. Reform(ation). Luther überwindet die formale Autorität des abstrakten Schriftprinzips (Ockham, Biel), indem er die Predigt von Christus zum inhaltlichen Kriterium des Apostolischen erhebt (WADB 7, 284; WA 39/I, 47; 51, 476ff). Andere Reformatoren erheben mit dem Schriftprinzip das Apostolische zur exklusiven Norm (vgl. BSLK 83 c-d; Calvin, Inst. 4, 1, 8ff, Conf. Scot. 18 u.a). In der römischen Ekklesiologie wird die Apostolizität zum äußeren Kennzeichen der wesentlich an den »ap. Stuhl« gebundenen Kirche (Denz. 1686) nach → Bellarmins Regel: Potius ecclesia est nota verae praedicationis, quam vera doctrina sit nota ecclesiae. Dagegen betont K. → Barth besonders den exklusiv-normativen Charakter der Kategorie der Apostolizität. - Zum ap. und nachap. Zeitalter → Altchristliche Kirche; zu den ap. Vätern → Altchristliche Literaturgeschichte.

G.Thils, Les notes de l'église dans l'apologétique depuis la réforme, 1937 - Ders., Histoire doctrinale du mouvement oecuménique (Bibl. EThL), 1955 - T.Zapelena SJ, De Ecclesia Christi I^4, 1946, 383-481 (dazu HerKorr 9, 1954, 362-367) - Y.Congar OP, Vraie et fausse Réforme dans l'Église (Unam Sanctam 10), Paris 1950 - Ders., Le saint esprit et le corps apostolique (RSPhTh 36, 1952, 613-625; 37, 1953, 24-48) - P.Brunner, Schrift u. Tradition (SThKAB 2), 1951 - G.Söhngen, Die Einheit i. d. Theol., 1952, 305ff - Barth, KD IV, 1, 1953, 795ff - E.J.Bicknell-H.J.Carpenter, Theol. Introd. to the 39 Art. of the Church of England, 1955^3, 229ff (Lit.) - I.Salaverri SJ, Sacrae Theol. Summa I, Tract 3 n. 1176-81, Madrid 1955^3.

K.G.Steck

Apostolische Canones, 85 Kirchenrechtsregeln in der Form von Synodalbestimmungen, den → Apostolischen Konstitutionen angehängt und von demselben Verfasser. Sie enthalten größtenteils Anweisungen für Wahl und Pflichten der Kleriker. C. 85 gibt eine Liste der biblischen Bücher (ohne Apk, mit 3Makk, 1.2Clem und Apost.Konst.; Sirach notwendig für Kinder). Sie wiederholen aus den Apost. Konst. Bestimmungen von den Synoden von Antiochia (341) und Laodicea (um 360). 50 Canones waren in lat. Übersetzung von → Dionysius Exiguus im Westen einflußreich.

Ausg. u. Lit. bei →Apostolische Konstitutionen - GCAL I, 1944, 572ff (orient. Rezensionen). *W.C.van Unnik*

Apostolische Kirchenordnung, eine sehr kurze KO, besteht aus zwei Teilen: 1) einer Zwei-Wege-Lehre im Anschluß an die → Apostellehre; 2) Vorschriften über die Wahl der Kleriker und Witwen und die Unterordnung der Laien. Die Bestimmungen werden durch die einzelnen Apostel gegeben; ihre Reihenfolge ist undurchsichtig. Verfasser, Zeit und Ort der Entstehung sind nicht zu ermitteln (Redaktion um 300 in Ägypten? ältere Vorlage um 250?). Die A.K. zeigt fortgeschrittenere Zustände als die Apostellehre, aber die vorausgesetzten Verhältnisse weisen noch primitive Züge auf.

Text bei TH.SCHERMANN, Die allgemeine Kirchenordnung, frühchristliche Liturgien u. kirchliche Überlieferung I, 1914, 12ff - A. HARNACK, Die Quellen der sog. A.K. (TU 5, 2), 1886 - HENNECKE² 566ff - J.V.BARTLETT, Church-Life and Church-Order, 1943, 99ff. *W.C.van Unnik*

Apostolische Konstitution (kirchenrechtlicher Begriff) → Konstitutionen.

Apostolische Konstitutionen, eine große kirchenrechtliche Sammlung in 8 Büchern, angeblich angeordnet durch die Apostel und durch → Clemens von Rom versandt (VI 18, 11), in Wirklichkeit eine Kompilation von zT sehr stark überarbeiteten Quellen: 1) Buch I bis VI die (syrische) → Didaskalia; Buch VII, 1-22 die → Apostellehre; 3) Buch VII, 23-28 eine auch später benützte Gebetssammlung jüdischen Ursprungs; 4) Buch VIII vermutlich eine Schrift → Hippolyts über die Gnadengaben, sowie dessen Kirchenordnung (3-22). Dieser letzte Teil enthält auch im Anschluß an die Bischofsweihe die sog. Clementinische Liturgie (VIII, 6-15), eine wegen ihrer Vollständigkeit sehr bedeutende Quelle für die Liturgie der Zeit (→ Gottesdienst). Die A.K. entstanden zu Ende des 4.Jh.s in Syrien. Der Verfasser war nahe verwandt oder identisch mit dem Bearbeiter der → Ignatiusbriefe, seine Theologie war arianisch oder apollinaristisch.

Text: F.X.FUNK, Didascalia et Constitutiones Apostolorum, 2 Bde, 1905 - BARDENHEWER IV, 1924, 262ff (Lit.) - ALTANER 43f (Lit.). *W.C.van Unnik*

Apostolischer Stuhl, Heiliger Stuhl, gemäß c. 7 CIC sowohl der Papst persönlich wie die mit der Leitung der Gesamtkirche befaßten Kongregationen, Gerichtshöfe und Ämter der Römischen → Kurie. Wer gemeint ist, muß jeweils aus dem Zusammenhang entschieden werden.

K.MÖRSDORF, Kirchenrecht I, 1953⁷, 358. *H.Barion*

Apostolischer Vikar ist im kath. Missionsrecht der Geistliche, der kraft päpstlicher Vollmacht ein bistumsähnlich organisiertes, aber noch nicht formell zum Bistum erhobenes Missionsterritorium (Apostolisches Vikariat) mit den Rechten und Vollmachten eines Bischofs leitet. Das gleiche gilt vom *Apostolischen Präfekten* und seinem Territorium, der Apostolischen Präfektur; jedoch wird der A.V. regelmäßig auch zum → Titularbischof ernannt, während der Präfekt meist kein Bischof ist (cc. 293-311 CIC).

C.SARTORI, Iuris missionarii elementa, 1952² - K.MÖRSDORF, Kirchenrecht I, 1953⁷, 383ff. *H.Barion*

Apostolos → Perikopen.

Apotaktiten, sich vom Leben Abkehrende (vgl. Lk 14, 33), eine nicht fest abzugrenzende, vornehmlich aus Laien bestehende Asketengruppe, die im 4.Jh. in Kleinasien Verbreitung gefunden hatte. Die Quellen (u.a. Escorial Cod. Gr. T I 17; Epiphanius, Pan.haer. 61; Basilius, Ep. 188, 1; 199, 47; Cod. Theodos. XVI, 5, 7. 9), die die A. im Zusammenhang mit anderen → Enkratiten nennen, geben kein einhelliges Bild. Sicher ist, daß die A. sich der Ehe, tierischer Nahrung und selbst des konsekrierten Weines enthielten, aber auch jeden Besitz verwarfen. Durch Rigorismus, Separatismus und Berufung auf Apokryphen als → Manichäer verdächtigt, wurden sie mit diesen durch die Theodosianischen Ketzergesetze (s.o.) verdammt.

G.FICKER, Amphilochiana, 1906 - DACL I, 2615ff - LThK² I, 571 - RAC I, 559ff. *K.Junack*

Apotaxis → Taufe: V.

Appasamy, *Aiyadurai Jesudasen,* * 3.9.1891, seit 1950 Bischof der Coimbatore-Diözese der Kirche von → Südindien. Missionstheologisch bedeutsam ist seine Interpretation des Evangeliums in indischen Denk- und Ausdrucksformen (→ Anknüpfung, → Comprehensive Approach); sein Hauptinteresse gilt der christlichen Mystik.

The Sadhu, London 1921 (gemeinsam mit B.H.STREETER; deutsch: Der Sadhu, [1922] 1923²); Christianity as Bhakti Marga, London 1927; Temple Bells, London etc 1930; What is Moksha? Madras 1933; The Gospel and Indian's Heritage, London etc 1942; The Christian Task in Independent India, London 1951. - In Vorbereitung: eine Anthologie sowie eine Biographie über Sadhu → Sundar Singh. *P.Gäbler*

Appellantenstreit → Unigenitus.

Appellation → Gerichtsbarkeit, kirchliche: I.

Applicatio, *applizieren* → Liturgik: III.

Approbation, Anerkennung, Genehmigung, Zulassung, bedeutet im kirchlichen Rechtsbereich: 1. die approbatio pro cura. Sie umfaßt die Zulassung zur Ausübung der Seelsorge, die Anerkennung der Tauglichkeit des Approbierten und die → missio canonica; sie wird in der kath. Kirche Pfarrern für die Dauer der Amtszeit, Hilfsgeistlichen widerruflich verliehen; 2. besondere, widerrufliche Vollmacht zum Beichthören (approbatio ad audiendas confessiones); 3. die Rechtsfähigkeit verleihende Anerkennung einer kirchlichen Gemeinschaft oder Vereinigung und ihrer Satzungen; 4. Druckerlaubnis (→ Index); 5. Billigung der Verehrung von Heiligen oder Seligen.

LThK I, 574f. *A.Erler*

Apringius, Bischof von Beja (Portugal), schrieb ca 550 einen nur lückenhaft erhaltenen Apk-Kommentar mit antiarianischer Tendenz. In der einzigen Hs. stehen zwischen den Erläuterungen zu Apk 1, 1 - 5, 7 und 18, 6 bis 22, 21 Auszüge aus dem Kommentar des → Viktorin in der Bearbeitung des → Hieronymus.

M.FÉROTIN, A. de Béja. Son commentaire de l'apocalypse, Paris 1900 - BARDENHEWER V, 395f - A.C.VEGA, Apringii Pacensis Episcopi Tractatus in Apoc., Escorial 1941 - ALTANER 444. *K.Treu*

A priori

1. Philosophisches a p. - 2. Religiöses a p.

1. Das a p. gehört sprachlich und sachlich zum a posteriori; denn das Frühere fordert ein Späteres und umgekehrt. Dieser Zusammenhang ist in der Geschichte der Begriffe aber nicht immer gewahrt worden, und sie sind dadurch Urheber von »Ismen« geworden, die zu schwerwiegenden Verfestigungen der Standpunkte geführt haben.

Terminologisch geht die Unterscheidung auf → Aristoteles zurück. Die klassische Stelle lautet: »Denn nicht ist dasselbe das der Natur nach Frühere (πρότερον τῇ φύσει) und das mit Bezug auf uns Frühere (πρότερον πρὸς ἡμᾶς)«. Dieses ist das den Sinnen Nähere und jenes das je Allgemeinste (τὰ καθόλου μάλιστα). Damit verknüpft sich der Gegensatz der genetischen und ontologischen Priorität (γενέσει πρότερον ... τῇ οὐσίᾳ δ' ὕστερον), wie denn das Kind früher ist als der Mann, der doch ontologisch ihm vorausgeht. Folgenreicher noch war die Unterscheidung des der Möglichkeit und Wirklichkeit nach Früheren (τὰ κατὰ δύναμιν πρότερα, τὰ δὲ κατ' ἐντελέχειαν), zB in der Zuordnung von Materie (ὕλη) und Sein (οὐσία), weil hier die Problemfassung ontologisch relevant wird und die kausale Erörterung in den Seinshorizont einbezogen wird (71b. 989a. 1050a. 1077a. 1019a). Der lat. Terminus ist vielleicht durch → Boethius vermittelt, aber die meist zitierte Übersetzung der klassischen Stelle aus MPL 64 (non idem est natura prius et ad nos prius) geht wohl erst auf Jakob von Venedig (1128) zurück. Nach Prantl findet sich das a p. - a posteriori ausdrücklich bei → Albert von Sachsen und bezeichnet hier den Gegensatz des Beweises aus den Ursachen bzw. aus den Wirkungen. Ontologischer gefaßt findet sich das Begriffspaar bei Johannes → Gerson, von dem es auch → Luther haben könnte, der es dem scholastischen Sprachgebrauch entsprechend mit »von vornen her« und »von dem, was hernach folget« übersetzt.

In der neueren Philosophie hat sich das »Angeborene« (ideae innatae) mit dem Apriorischen vermischt. Eine solche, von → Platons Anamnesis sich nahelegende Deutung ist schon von → Nikolaus von Kues zurückgewiesen. In der Fassung → Descartes' (die gleichfalls eine tiefere Ausdeutung zuläßt) wird sie zB von → Gassendi bestritten. → Leibniz nimmt den exakten Sinn des a p. wieder auf, wenn er die experimentelle Philosophie a posteriori und die reine Vernunft a p. verfahren läßt. Die apriorische Möglichkeit fordert kausale Definition, die aposteriorische ist durch Erfahrung bekannt. Jene kann durch das Prinzip des Widerspruchs oder auch durch das des zureichenden Grundes verbürgt werden. → Kant vertieft diese ihm aus der Schulphilosophie geläufige Terminologie, indem er von dem psychologischen a p. (an das sich seit → Fries eine subjektivische Kantauslegung gern hält) das logische (im Sinne von Leibniz) und das transzendentale a p. unterscheidet. Dieses trägt wieder ontologisches Gepräge, indem es nicht nur die Gegenstände in ihren Gründen befestigen soll (als a p. der Erfahrung, der Sittlichkeit, der Kunst), sondern die über das Seiende hinausgreifende Möglichkeit der Erkenntnis von Gegenständen überhaupt als eigentliches Problem begreift. Kant wahrt in diesem Bezug des a p. auf die Transzendenz des Seins die kritische Grenze, während die deutschen Idealisten (vor allem → Hegel) das a p. der Erkenntnis mit dem a p. des Seins in eins setzen, damit aber die von Kant eröffnete, auch theologisch erregende Problematik wieder verdecken.

K. Prantl, Gesch. der Logik, Bd 1-4, 1855-85 - R. Eucken, Gesch. der philos. Terminologie, 1879 - E. Cassirer, Das Erkenntnisproblem, Bd 1-3, (1906-20) 1922-23³.
H. Knittermeyer

2. Der Gedanke eines *religiösen* a p. ist aus dem Bestreben hervorgegangen, die Bedeutung der Religion als ein integrierendes und entscheidend wichtiges Glied des geistigen Kosmos aufzuzeigen und sie in ihrer inneren Notwendigkeit zu begreifen. Auch innerhalb der → Religionsphilosophie bildet → Kant Epoche, wenn er auf diesem Gebiete auch nicht die Möglichkeiten verwertet hat, die seine allgemeine Problemstellung darbietet, sondern bei einem Kompromiß mit der traditionellen, metaphysischen Religionsphilosophie stehengeblieben ist. Das transzendentale a p., das die Frage beantwortet, was gelten muß, damit überhaupt etwas gelten kann, tritt uns bei Kant nicht nur bei der Behandlung des erkenntnistheoretischen Problems, sondern auch bei der Behandlung des ethischen und des ästhetischen Problems entgegen. Gemäß den Ideen der → Aufklärung (: I) hat er jedoch keinen selbständigen Platz für die Religion innerhalb seines Systems, sondern kann ihr nur in Verbindung mit der Ethik Allgemeingültigkeit zuerkennen.

Kants transzendentale Deduktion wird in der Religionsphilosophie von → Schleiermacher folgerichtiger angewendet. In dem entscheidenden Punkte seiner Religionstheorie, in der Lehre von dem »schlechthinnigen Abhängigkeitsgefühl«, von Kants allgemeiner Problemstellung abhängig, zeigt er die Notwendigkeit und Allgemeingültigkeit des schlechthinnigen Abhängigkeitsgefühls als vom Selbstbewußtsein unzertrennbar und als eines in jedem Akte desselben gegenwärtigen Momentes. Wenn dieses Moment als das für die Religion charakteristische Moment aufgewiesen wurde, ist damit die transzendentale Deduktion zu Ende geführt. Indessen hat eine Vermischung transzendentaler und psychologischer Gesichtspunkte Schleiermacher daran gehindert, die kantischen Intentionen vollständig durchzuführen.

Das Schlagwort des religiösen a p. ist erst von Ernst → Troeltsch in unmittelbarem Anschluß an Kant geprägt worden. Durch seinen Vortrag über »Psychologie und Erkenntnistheorie in der Religionswissenschaft« (1905) wurde die Frage eines religiösen a p. für ein paar Jahrzehnte aktualisiert. Bei Troeltsch findet jedoch eine Verschiebung des transzendentalen Gültigkeitsapriori in psychologisch-metaphysischer Richtung statt. Es ist auch sein Bestreben, den kantischen Phänomenalismus zu überwinden und die erkenntnistheoretische Betrachtung in eine abschließende Metaphysik auslaufen zu lassen, die die Realität des religiösen Objektes garantieren soll. Mit den verschiedenen Interessen, denen bei ihm die A-p.-Theorie dienen muß, hängt es zusammen, daß es bei Troeltsch nie ganz klar wird, ob er das religiöse a p. formal oder inhaltlich auffaßt. Wenn er sich von dem erfahrungstheoretischen Interesse leiten läßt, hält er im Anschluß an Kant an dem formalen Charakter des a p. fest. Wenn er das a p. psychologisch begreift und die verschiedenen geschichtlichen Religionen als besondere psychologische Aktualisierungen von dem ansieht, was schon im religiösen a p. angelegt ist, muß er es inhaltlich auffassen.

Die gleiche psychologische Umformung des transzendentalen a p. wie bei Troeltsch kommt auch bei Rudolf → Otto vor. Im Anschluß an den Kantschüler J. F. Fries lehnt er jedes transzendentale a p. ab. Das religiöse a p., dessen Grundkategorie »das Heilige« ist, soll statt dessen durch anthropologische Deduktion aus dem tiefsten Erkenntnisgrund der Seele hervorgeholt werden. Für Otto kommt alles darauf an, die psychologische Selbständigkeit und Spontaneität der religiösen Erlebnisse und ihrer Unableitbarkeit von allem Außerreligiösen zu behaupten.

→ Nygren kritisiert sowohl Troeltsch als auch Otto wegen ihrer metaphysischen und psychologischen Umbiegung des transzendentalen A-p.-Gedankens. Er sucht auf dem Gebiet der Religion Kants allgemeine Idee der transzendentalen Deduktion konsequent zu verwerten, wobei er sich durch Schleiermacher und aus neuerer Zeit vor allem durch Carl Stange hat belehren lassen. Der letztere hat in formaler Ablehnung des Begriffes des religiösen a p. aber in engstem Anschluß an die kantisch-schleiermachersche Fragestellung auf erkenntnistheoretischem Wege die Religion als einen notwendigen und integrierenden Bestandteil im Seelenleben aufzuweisen versucht. Es gibt nach Stange im Leben des Menschen überhaupt keinen einzigen Moment, in welchem das religiöse Problem nicht gegenwärtig ist, denn in jedem einzelnen Moment des Lebens muß es sich entscheiden, ob wir die Welt der sinnlichen Erfahrung für die ganze Wirklichkeit halten oder nicht. Wie Erfahrung ohne die sinnliche Anschauung und ohne das Selbstbewußtsein nicht möglich ist, so ist Erfahrung auch nicht möglich ohne eine Antwort auf das religiöse Problem. Nygren bemerkt, daß Stange nur die Notwendigkeit des religiösen Problems, aber nicht die Notwendigkeit, eine positive Stellung dazu einzunehmen, aufzeigt. Daß die transzendentale Deduktion in dieser Weise bei Stange abgebrochen wird, hat nach Nygren seinen Grund darin, daß das Realitätsproblem und das transzendentale Problem gemeinsam behandelt werden. Nygren löst folgerichtig die transzendentale Frage der Religion von ihrer Wirklichkeitsfrage los und geht davon aus, daß zur transzendentalen Deduktion der Religion erforderlich ist, daß wir ein derartiges Moment in der religiösen Erfahrung aufweisen können, daß ohne dessen Anerkennung keine Erfahrung möglich ist. Dieses Moment muß Gültigkeit haben, wenn überhaupt etwas gelten soll. Wenn die transzendentale Deduktion die allgemeinsten Erkenntnis- und Sittlichkeitswerte als notwendige Bedingungen für das Kulturleben hinstellt, bedeutet dies jedoch eine Legitimierung von ganz anderer Tragweite, als wenn der religiöse Grundwert als notwendige Voraussetzung des religiösen Lebens hingestellt wird; denn Erkenntnis und Sittlichkeit werden unmittelbar als notwendig für die Kulturgemeinschaft anerkannt. Das ist bei der Religion nicht der Fall. Darum muß man nicht nur nachweisen, daß keine religiöse Erfahrung, sondern vielmehr, daß überhaupt keine Erfahrung ohne die religiöse Grundkategorie möglich ist, oder daß es überhaupt anders keine Gültigkeit gibt als auf religiösem Grund. Nygren meint, daß im Gültigkeitsbegriff selbst eine bedeutungsvolle Voraussetzung liegt, welche über die sinnliche Erfahrung hinausweist. Wenn wir etwas als gültig erklären, so erheben wir es damit über die Beschränkungen von Raum und Zeit. Diese zeitlose Gültigkeit, auf welcher das ganze Kulturleben ruht, die aber keine Kultur zu begründen vermag, ist von religiöser Art. Denn die Religion macht gerade den Anspruch, das menschliche Leben über die endliche Sphäre hinaus in die des Ewigen zu erheben. Die Ewigkeitskategorie ist die transzendentale Grundkategorie der Religion, und die religiöse Erfahrung besitzt also apriorische Gültigkeit. Von *einem* religiösen a p. zu sprechen, sei jedoch im Grunde unkantisch. Nygren hat seine transzendentale Deduktion bei kritischer Abrechnung u.a. mit dem Kulturidealismus in der Wertphilosophie von Windelband und Rickert, aber offenbar nicht ohne positiven Einfluß dieser Philosophie, durchgeführt. Später hat er die Anknüpfung an den Kulturidealismus radikal abgebrochen. Um mit der nachkantischen Transzendentalphilosophie nicht verwechselt zu werden, nennt er dann seine Ausgestaltung der transzendentalen Methode lieber »logische Voraussetzungsanalyse«.

Außer den Hdb.ern der → Religionsphilosophie: E.Troeltsch, Psychologie u. Erkenntnistheorie in der Religionswissenschaft, 1905 - Ders., Ges. Schriften II, (1913) 1922², 754 ff - R.Otto, Kantisch-Fries'sche Religionsphilosophie, (1909) 1921² - Ders., Das Heilige, (1917) 1929¹⁷⁻²² - C.Stange, Christentum u. moderne Weltanschauung I, Das Problem der Religion, (1911) 1913² - Ders., Die Religion als Erfahrung, 1919 - R.Köhler, Der Begriff Apriori in der modernen Religionsphilosophie, 1920 - A.Nygren, Religiöst apriori, 1921 (Lit.) - Ders., Die Gültigkeit der religiösen Erfahrung, 1922 - S.Holm, Religionsfilosofien i det tyvende Aarhundrede I. II, 1952 - N.H.Søe, Religionsfilosofi, 1955.

V.Lindström

Apriorismus und Empirismus

1. Altertum - 2. Mittelalter - 3. Neuere Zeit - 4. Seit Kant - 5. Systematisches

Weil die methodische Bevorzugung des a posteriori dem E. entspricht und das →a priori und das a posteriori Wechselbegriffe sind, liegt es nahe, auch von einer Zuordnung des A. zum E. auszugehen. In der Tat ist die schroffe Entgegensetzung beider Lehrmeinungen erst innerhalb des neuzeitlichen Denkens zur Auswirkung gekommen, als die methodischen Zusammenhänge sich verdunkelt hatten und die neu in Besitz genommene Welt den Menschen als eine fraglose Gegebenheit mit Beschlag belegte.

1. Im *Altertum* sollte → Platons apriorischer Ansatz die »Phänomene retten«, dh das empirisch sich Gebende als ein Paradigma der ideellen Ordnung erweisen. Trotz der metaphysischen Priorität des »überhimmlischen Raums« bleibt doch die Diskussion der ideellen »Hypothesen« auf die Rechtfertigung des Erfahrbaren bezogen. Auch → Aristoteles läßt sich keineswegs dem E. zurechnen, obwohl er, vollends in seinen späteren Jahren, auf eine systematische Sammlung des empirischen Befunds im Bereich der Natur und der Geschichte ausging. Für ihn bleibt immer die → Form das organisierende Prinzip, das zwar ein »Aufnehmendes« voraussetzt und nur mit ihm ein »Seiendes« konstituiert, doch so, daß es jeweils auf die Probe, auf die Em-pirie, auf das Ex-periment, auf die Er-fahrung ankommt.

2. Auch das *Mittelalter* darf trotz des → Universalienstreits nicht auf eine Alternative von A. und E. festgelegt werden. Auf der einen Seite vertritt selbst → Thomas einen E. und auf der andern Seite zB Roger → Bacon einen Erfahrungsbegriff, der ein höchst spekulatives Gepräge trägt. Für Thomas sind nur die sinnlichen und nicht die geistigen Gegenstände dem Menschen unmittelbar faßbar, während Roger Bacon - ganz abgesehen von seiner hohen Schätzung der Mathematik - die Erfahrung zwar dem Beweis überordnet, aber als deren Krönung die mystische Erleuchtung betrachtet.

3. Die *neue Zeit* findet zu sich selbst in der Gegnerschaft gegen Aristoteles, aber sie büßt damit auch die überlegene Reife seiner Problemsicht ein. So wird man → Descartes und Francis → Bacon als die Väter des A. und E. ansehen müssen, auch wenn sie je für sich eine günstigere Auslegung zuließen. Für Bacon ist der E. Instanz, weil die Natur ein Widerstehendes ist, das bewältigt werden soll, und dem das Experiment sein Geheimnis zu entreißen hat. Für ihn ist daher die induktive Methode der einzige Weg, der die Natur dem Menschen dienstbar zu machen verspricht. Descartes dagegen hat zwar seine »eingeborenen Ideen« niemals als einen fertig bereitliegenden Besitz begriffen, sondern sie sich als Erkenntnismethoden gedeutet, aber seine Physik gibt das krasse Beispiel einer mechanischen Konstruktion der Wirklichkeit auf Grund der apriorischen Methoden; im Gegensatz etwa zu → Galilei, der den hypothetischen Charakter jedes apriorischen Ansatzes im Sinn behielt und eine apriorische Vergewaltigung der Erfahrung vermied. So hat Descartes den Einspruch → Gassendis herausgefordert, dessen Verweis auf die Erfahrung nun umgekehrt einen dogmatischen E. begünstigt. So besteht von hier an jener Gegensatz von A. und E., der bis ins 19.Jh. hinein eine fruchtbare Entfaltung der Erkenntnisproblematik immer wieder gehemmt hat. Zwischen → Leibniz, der die Spannung zwischen Vernunftwahrheiten und Tatsachenwahrheiten nicht übersieht, aber grundsätzlich die Zurückführung dieser auf jene für möglich und für aufgegeben hält, und → Locke, der alle Erkenntnis auf äußere oder innere Erfahrung begründen will, kommt es

zu der oft für klassisch gehaltenen Antithese jenes »Nihil est in intellectu, quod non antea fuerit in sensu«, dem Leibniz dann das »nisi intellectus ipse« hinzufügt.

4. Erst → *Kant* hat diesen in der Aufklärung weiter sich verfestigenden Gegensatz durch echte Korrelation zu überwinden gesucht, indem er eine Verifizierung des a priori an der empirischen Gegebenheit forderte; aber in der Durchführung dieses Vorhabens gewinnt das a priori einen so eindeutigen Vorrang - vor allem im Bereich der Ethik -, daß der empirische → Realismus in den Schatten des transzendentalen → Idealismus gelangt. Während innerhalb der idealistischen Bewegung dann → Fichte und → Hegel - durch ihre Verabsolutierung des Handelns bzw. des Denkens - die aprioristischen Motive der kritischen Philosophie in bezwingendem dialektischem Aufriß sich entfalten lassen, neigt → Schelling trotz seiner Übernahme der idealistischen Methode von Anfang an dazu, sie zur Artikulation des Gegebenen zu benutzen. Später hat zwar auch Fichte das sich offenbar machende »Sein« die Erkenntnis bedingen lassen und in diesem Sinn von »logischer Empirie« gesprochen, aber erst Schelling hat sich zu einer »Darstellung des philosophischen Empirismus« entschlossen, die Kantische Grenzüberlegungen wieder aufnahm. Die → Vernunft trifft im Zuge ihrer apriorischen Selbstverwirklichung auf ein sie begrenzendes Positives, das nur als Erfahrung hingenommen werden kann und den Ansatz des A. als eine im sokratischen Sinn negative Bemühung zu durchschauen nötigt. Zugleich aber weist dieser E. damit auf ein »Überempirisches« zurück, das im theologischen Sinn als »Offenbarung« anzusprechen ist. In solcher Tiefe sind die Probleme nie wieder aufgerollt worden. - Denn der E. der Jahrhundertmitte, vor allem durch John Stuart → Mill vertreten, begnügt sich wieder mit einem primitiv realistischen Ansatz, wenn auch - wie schon bei Locke - neben die äußere vor allem die innerpsychische Erfahrung tritt. Später hat Ernst Mach ohne Rücksicht auf die unkritische Scheidung eines Äußeren und Inneren eine strenge »Analyse der Empfindungen« zur Grundlage seines E. gemacht. In verwandter Weise hat auch Richard Avenarius die »reine« Erfahrung des wie immer Vorfindlichen, frei von aller metaphysischen Beimengung, in seinen »Empiriokritizismus« eingebaut. Im allgemeinen stehen sich aber ein kritischer A. (vor allem bei den Neukantianern) und ein kritischer E. (vornehmlich bei den Psychologen) gegenüber, ohne daß der Versuch einer systematischen Vereinbarung gewagt wird.

5. Die reine Erfahrung ist so illusionär wie das reine a priori; denn Erfahrungen zu machen ist ohne logische Voraussetzungen unmöglich, und das a priori ist jederzeit vorgegeben von einem Sein her. Erst das Geschehen von Erkenntnis nötigt zur dialektischen Ineinanderspannung des apriorischen Ansatzes und der empirischen Ganzheit. Totaler A. und totaler E. würden sich decken. Da aber menschliche Erkenntnis niemals total ist, sondern stets in der Frage bleibt, zwingt das Geschehen solchen Fragens in eine übersteigende (transzendentale) Grenzerörterung hinein, die auf ein Antwortgebendes hinausführt, das doch jeder logischen Umgrenzung sich entzieht.

Außer der Lit. zu → a priori vgl. F.W.J.SCHELLING, Darstellung des philosophischen E. (Werke Bd 10), 1861 - E.WENTSCHER, Das Problem des E., 1922 - E.GILSON, L'esprit de la philosophie médiévale, (1932) 1948².

H.Knittermeyer

Apsis → Kirchenbau.

Aquaviva, 1. *Claudius,* * 14.9.1543 in Neapel als Sohn des Fürsten und päpstlichen Kammerherrn Joh. Ant.A., † 1615. A. wurde mit 25 Jahren Jesuit und wirkte seit 1581 als fünfter (und nach → Ignatius bedeutendster) Ordensgeneral. Er vollendete die Ordensverfassung durch die Ratio atque institutio studiorum (1586) und setzte sich erfolgreich mit den durch Papst, Inquisition und König unterstützten zentrifugalen Tendenzen der spanischen Provinzen auseinander. Eine Verfassungsänderung des Ordens wurde auf Generalversammlungen (1593 und 1606) unter A.s Leitung abgelehnt. A. gab der Ordensverfassung den Charakter einer Herrschaft des Reglements an Stelle der persönlichen Leitung Loyalas. Er führte Residenzen, zeitweilige Niederlassungen von acht Ordensgliedern, zum Zweck der Volksmission ein. In den Gnadenstreitigkeiten, die sich nach dem Auftreten von → Molina zwischen Dominikanern und Jesuiten besonders in Frankreich erhoben hatten, vertrat A. auch dem Papst gegenüber wirkungsvoll die Lehre des Ordens und festigte damit dessen Ansehen in theologischen Fragen.

Vgl. die Lit. zu → Jesuiten: I.

2. *Rudolf,* SJ, * 2.10.1550 zu Atri, Neffe von 1, † 1583 als Märtyrer. A. ging 1576 nach Indien, seit 1578 Prof. der Philosophie in Goa, 1579 am Hofe des Großmoguls Akbar, der die christlichen Missionare wohlwollend empfing. 1583 übernahm A. die Leitung der Mission auf der Halbinsel Selsette, 3 Meilen südlich von Goa.

N.ANGELINI-H.GRUBER, Der sel. R.A. u. seine Gefährten, 1894.

F.W.Kantzenbach

Aquila (Adler), *Caspar* (1488–1560), Augsburger Patriziersohn, war nach Studium in Leipzig und Wittenberg Feldprediger Sickingens (?), Pfarrer in Jengen bei Augsburg, gefangen in Dillingen, 1524 in Wittenberg, 1527 Prediger und von 1529 an Pfarrer und Superintendent in Saalfeld/Thür., 1548 auf den Schlössern Rudolstadt und Untermaßfeld verborgen, 1550–52 Stiftsdekan in Schmalkalden. Guter Hebraist. Trotz antinomistischer Anwandlungen bei Luther angesehen, beteiligte er sich literarisch am Kampf gegen → Interim, → Osiander und → Major. A. war ein scharfer, volkstümlicher Prediger, hatte aber wenig Einfluß auf seine Pfarrer.

Sermon vom Almosengeben, 1533 (WA 38, 70); Kurze Fragstücke, 1538 (in: J.M.REU, Qu. z. Gesch. d. kirchl. Unterrichts I, 2, 1911, 173 ff); Wider den spöttischen Lügner u. unverschämten Verleumder M.Jslebium Agricolam, 1548. - G.L.SCHMIDT, Prediger d. Reformationszeit III (ZprTh 3, 1881, 124–143) - RE I, 759 f; XXIII, 106 - C.SAGITTARIUS, Saalfeldische Historien, hg.v. E.DEVRIENT, 1904 - M.SAUPE, Vita Aquilae (Thür. Kirchl. Jb. 17, 1912, 16–48).

R.Jauernig

Aquila und Prisca (Priscilla); ein aus Pontus stammendes judenchristliches Ehepaar, das durch das Edikt des Claudius gegen die Juden (vgl. Sueton, Vita Claudii 25) aus Rom vertrieben nach Korinth kam. Dort arbeitet Paulus mit A. zusammen als Zeltmacher (Apg 18, 2f). Mit Paulus fährt das Ehepaar nach Ephesus (Apg 18, 18). Das in diesem Zusammenhang erwähnte Gelübde wird nicht auf Paulus, sondern auf A. zu beziehen sein (so Preuschen im HNT gegen Bill. z.St.). Da es auf Grund einer überstandenen Gefahr geleistet sein könnte, kann sich hierauf auch Röm 16, 3f beziehen. In Ephesus hat das Ehepaar nach Apg 18, 26 den Apollos im Christentum unterwiesen. Nach dem Tode des Claudius im Jahre 54 ist das Ehepaar nach Röm 16, 3f - falls dieses Kapitel im Römerbrief ursprünglich ist -, wieder nach Rom zurückgekehrt. 2Tim 4, 19 setzt allerdings voraus, daß beide in Ephesus blieben, hat jedoch keinen historischen Wert, erweist lediglich, daß das Ehepaar in der christlichen Gemeinde eine bedeutende Stellung einnahm.

H.LIETZMANN, Exkurs zu Röm 16, 29 (in HNT 8, 1933), sowie Kommentare zu Apg 18.

H.W.Bartsch

Aquileja, antike Großstadt in Norditalien, die Attila 452 nChr zerstörte. Das Christentum hatte hier um 250

Fuß gefaßt (Blutzeuge Bischof Hilarius). Nach 450 übertrug man die Verehrung des Hermagoras aus Sirmiun nach A., das im 5.Jh. Metropolitansitz für Venetien wurde. 452 verlegte Bischof Niketas seinen Sitz nach Grado, Bischof Paulinus nahm als Führer im → Dreikapitelstreit 557 den Titel Patriarch an und behauptete den apostolischen Ursprung seiner Kirche. Unter dem Druck des Kaisers Phokas wurde 606/08 in Grado Candidianus Patriarch, der das Schisma aufgab; gleichzeitig wurde auf dem Festland Johannes gewählt; fortan gab es Patriarchen von Grado, seit 1451 von Venedig, neben solchen von A., die Rom mitunter unterstützte. Karl d.Gr. ernannte Paulinus (785/86-802/04) und gab ihm Missionsaufträge, die er 811 nach der Drau im Norden begrenzte. Spätestens 827 wurden die Bischöfe Istriens von Grado gelöst und A. unterstellt. Die Patriarchen tragen seit ca 850 überwiegend germanische Namen; 1019-1251 sind es meist Deutsche, die im Investiturstreit auf kaiserlicher Seite standen. Aus Burgen- und Forstschenkungen entwickelte sich ein geistliches Fürstentum, das 1077 Grafen- und Herzogsrechte in Friaul erhielt, die Lehenshoheit über Krain und Görz besaß, 1209 auch endgültig die Mark Istrien in die Hand bekam. Die Stadt A. verfiel im 13.Jh. so sehr, daß die Patriarchen nach Udine zogen. Den italienischen folgten seit 1350 wieder deutsche Patriarchen; 1418-21 eroberte Venedig das Fürstentum, seit 1465 saßen nur venetianische Adlige auf dem Patriarchenstuhl. 1751 hob Papst Benedikt XIV. das Patriarchat auf und teilte den Sprengel in zwei Erzbistümer: Udine für den venetianischen, Görz für den österreichischen Teil.

Die ursprüngliche Liturgie von A. ist nur teilweise bekannt (Codex Rehdigeranus, Capitulare evangeliorum); wahrscheinlich wurde um 400 in A. das sog. Martyrologium Hieronymianum zusammengestellt. Kirchliche Einflüsse strahlten bis in die deutschen Gebiete von Kärnten und Tirol aus, war doch das Bistum Brixen bis ins 8.Jh. Suffragan von A.

J.F.deRubeis, Monumenta ecclesiae Aquilegensis, Straßburg 1740 - PW III, 1895, 318 ff - RE I, 761 f - W.Meyer, Die Spaltung des Patriarchats A. (AGG 1898, NF 2/6) - DACL I, 2654 ff - P.F.Kehr, Italia pontificia VII/1, 1923 - Ders., Rom u. Venedig bis ins 12.Jh. (Qu. u. Forsch. aus ital. Arch. 19, 1927, 1-280) - DHGE III, 1924, 1112 ff - E.Klebel, Zur Gesch. d. Pfarren u. Kirchen Kärntens (Carinthia I, 116, 1926, 1-63; 117, 1927, 81-144) - Ders., Zur Gesch. d. Patriarchen v. A. (Carinthia I, 143, 1953, 326-352) - LThK I, 582 ff - P.Paschini, Storia di Friuli, 1948 ff (Lit.) - H.Schmidinger, Patriarch u. Landesherr, Graz 1954. *E.Klebel*

Arabien

I. Vorislamisch - II. Mission in A. - Vgl. die Sonderartikel → Arabische christliche Literatur, → Islam (hier Karte 16 »Der Islam im 8.Jh.«), → Islamische Philosophie; zur arabischen Sprache vgl. → Semitische Sprachen

I. Vorislamisch

A., von den Bewohnern als »Insel« bezeichnet, wird in das westliche Küstengebiet, Tihāma, das dahinterliegende Hiǧāz, östlich davon das Hochland Neǧd, die südarabische Landschaft Jemen-Haḍramaut sowie ʿOmān und Baḥrain am Persischen Golf eingeteilt.

Die älteste Kultur befand sich in dem reichen Handelsgebiet *Südarabien*, wie die dort gefundenen Inschriften bezeugen. Minäer, → Sabäer u.a. herrschten etwa vom 9.Jh. vChr an; 525 nChr überwältigten die Abessinier die seit dem 2.Jh. nChr herrschenden Himjariten; 570 wurde das Land persische Provinz. - Die alte Regierungsform war eine → Theokratie, der Fürst Stellvertreter des Herrschergottes (→ Königtum, sakrales). Bodenwirtschaft, Anlage der Bewässerungswerke (Staudamm von Ma'rîb) wurden kollektiv ausgeführt. An Göttern ist aus den 5 Haupttypen der Inschriften vor allem die Trias → Mond (männlicher Hauptgott, verschiedene Namen), → Sonne (die Herrin) und Venusstern (männlich, ʿAṯtar) bekannt; den Göttern wurden → Opfer aller Art dargebracht; Votivgaben sind erhalten. Die → Tempel waren elliptisch oder häufiger rechteckig.

Im *Norden* der Halbinsel bestanden kleine Grenzreiche, wie das der Lihyan, das der → Nabatäer von Petra (106 vChr von den Römern aufgehoben), später das der Ghassaniden vor der byzantinischen, der Lachmiden vor der persischen Grenze. Im Innern des Landes herrschte das Stammessystem mit seinem absoluten Sippenzusammenhalt, Pflicht der → Blutrache, grenzenloser → Gastfreundschaft. Im Handelszentrum Mekka hatte sich eine Art Aristokratie gebildet; dort befand sich eines der bedeutendsten Heiligtümer, die Kaʿba, deren wichtigster Teil, ein schwarzer Meteorstein, den auch sonst nachweisbaren Steinkult der Araber bezeugt. Ein Götterbild des Hubal soll sich dort befunden haben. Sonst waren Götterbilder selten. → Steine und → Bäume galten als kraftgeladen. Den zahlreichen Gottheiten waren kleine Schutzgebiete (ḥimā) geheiligt, die ein Priester verwaltete. Dessen Aufgabe war außerdem, Orakel zu spenden; als Los dienten stumpfe Pfeile. Im Gegensatz zu ihm hatte der gewöhnliche kāhin nur Wahrsagerfunktion. Der Stil aller Orakel ist kurze Reimprosa. - Der Kult wurde vor allem in heiligen Monaten geübt; dann herrschte Gottesfriede; man traf sich auf Messen und Märkten (bes. ʿUkāz nahe Mekka). Die freiwillige → Wallfahrt bestand, wie die Wurzel ḥǧǧ (kreisen) besagt, aus dem Umkreisen (→ Umgang) des Objekts; auch Küssen und Streicheln gehörte dazu. An Opfern wurden vor allem Schlachtopfer gebracht; das Blut wurde über den Opferstein gestrichen oder in die unter dem Heiligtum befindliche Grube gegossen. Auch → Menschenopfer sind vorgekommen - so angeblich an die ʿUzza, die zeitlich jüngste der drei bekannten Göttinnen; al-Lāt, »die Göttin«, wird schon in frühen palmyrenischen Inschriften genannt; al-Manāt war Schicksalsgöttin. Neben vielen stammesmäßig verschiedenen Göttern und unzähligen Geistern ist schon früh von Allah als einem höheren göttlichen Wesen die Rede.

In A. befanden sich Judenkolonien (Neǧrān, Medina, Chaibar; der letzte himjaritische König hatte das Judentum angenommen). Das Christentum dürfte seit dem 4.Jh. in A. bekannt gewesen sein, vor allem in seiner nestorianischen Form; doch auch monophysitische Einflüsse (von → Äthiopien [: III]) sowie gnostische Sekten lassen sich nachweisen. Das Bild des christlichen Eremiten ist der altarabischen Dichtung wohlvertraut. Diese Dichtung zeigt zugleich, daß die arabische Volksreligion kurz vor Muhammads Auftreten keine lebendige Macht mehr darstellte; tiefer veranlagte Seelen suchten einen neuen Erlösungsweg.

Th.Nöldeke, Gesch. der Perser u. Araber zur Zeit der Sassaniden, 1879 - J.Wellhausen, Reste arab. Heidentums, (1887) 1897[2] - W.Robertson-Smith, The Religion of the Semites, (1889) 1927[3] - F.Buhl, Muhammads Liv, 1903 (dt. 1930) - H.Grimme, Die weltgeschichtliche Bedeutung A.s. Muhammad, 1904 - ERE I, 659 ff - H.Lammens, Le Berceau de l'Islam I, 1914 - I.Guidi, L'arabe antéislamique, 1921 - C.Brockelmann, Allah u. die Götzen (ARW 21, 1922, 99-121) - T.Andrae, Der Ursprung des Islams u. das Christentum (KÅ 23, 1923, 149-206; 24, 1924, 213-192; 25, 1925, 45-112) - D.Nielsen, Hdb. der altarab. Altertumskunde, 1927 - K. Mlaker, Die Hierodulenlisten von Ma'in, 1943 - J.Henniger, Das Opfer in den altsüdarab. Hochkulturen (Anthropos 37-40, 1942-45, 779-810) - A.Jamme, Le panthéon sud-arabe préislamique, 1947 - M.Höfner, Die Kultur des vorislamischen Süd-A. (ZDMG 99, 1945/49, 15-29) - W.Caskel, Lihyan u. Lihyanisch, 1954. *A.Schimmel-Tari*

II. Mission in Arabien

1. Die politischen Verhältnisse - 2. Die Geschichte der M. - 3. Die gegenwärtige Lage der M.

1. Der größte Teil der arabischen Halbinsel gehört zu Saudiarabien; ein kleiner selbständiger Staat am Roten Meer ist Jemen, während die übrigen Gebiete, Aden, Hadramaut, Oman, die Piratenküste, Katar, Bahrein und Kuweit unter britischem Einfluß oder direkter Schutzherrschaft stehen.

Saudiarabien verdankt seine heutige Bedeutung dem 1953 verstorbenen König Ibn Saud, dem es als Führer der →Wahhabiten, einer puritanischen islamischen Sekte, 1915 in einem Vertrag mit Großbritannien gelang, als unabhängiger Herrscher des Nedschd mit der Hauptstadt Er-Rijad anerkannt zu werden. 1924 besiegte er den Scherifen von Mekka und annektierte sein Gebiet. Nach einem Sieg über den Nachbarstaat Jemen gehört seit 1934 auch fast die gesamte Ostküste des Roten Meeres zu seinem Reich. Sein Sohn und Nachfolger Saud versucht das Land durch wirtschaftliche und kulturelle Reformen langsam mit der modernen Zivilisation in Berührung zu bringen. Die Wirtschaft wird von der Arabian American Oil Company (Aramco) bestimmt, die 1936 mit der Ausbeute von 2600 t Öl begann und heute weit über 40 Mill. t jährlich fördert.

Jemen, ein Feudalstaat mittelalterlichen Stils, vergab 1953 zum ersten Mal eine Ölkonzession an eine deutsche Firma.

In den britischen Einflußgebieten sind die zahlreichen Scheichs durch das Öl meist unvorstellbar reich geworden, während die Bevölkerung nur in wenigen Fällen, wie etwa in Kuweit, davon profitiert. An der Piratenküste gibt es bis heute keine Schulen, während in Katar 1953 auf Drängen der Engländer die erste Schule eröffnet wurde.

2. Henry → Martyn hatte 1811 auf dem Wege nach Persien Maskat besucht und machte auf die arabische Halbinsel als M.sgebiet aufmerksam. Aber erst 1885 schlug General Haig, Offizier der britischen Indienarmee und später Mitglied des Komitees der Church Missionary Society (CMS; → Anglikanische Kirche: II), offiziell vor, in Aden eine M.sarbeit zu beginnen, weil Aden als Sprungbrett nach dem gegenüberliegenden Somaliland dienen könne. Die CMS nahm die M. in Aden auf, versetzte aber schon 1888 ihren Missionar Dr. Harpur nach Kairo und überließ die Arbeit in Aden der schottischen Freikirche, die sich kurz zuvor, vertreten durch Keith-Falconer, dort niedergelassen hatte. Ion Keith-Falconer, Sohn des Grafen von Kintore in Schottland, hatte sich auf Grund einer persönlichen Begegnung mit General Haig entschlossen, als Missionar nach Aden zu gehen, und seine Arbeit 1885 in Sheikh Othman bei Aden begonnen. Er starb 1887 30jährig, nachdem er kurz zuvor von der Universität Cambridge zum Professor der arabischen Sprache ernannt worden war. Die in Sheikh Othman begründete schottische M.sarbeit (→ Schottland: II) legte, Ideen Keith-Falconers folgend, ihr Hauptgewicht auf ärztliche M. und Erziehung und nahm mit vielen Arabern der ganzen Umgebung Verbindung auf. Wiederholt wurde versucht, ins Innere des Landes vorzudringen und die kleineren Küstenstädte zu besuchen; Stationen zu gründen gelang jedoch nicht. Auch zerschlug sich ein Versuch, in Jemen eine M.sarbeit zu beginnen.

Angeregt von Dr. Samuel → Zwemer, kam 1903 der dänische Missionar Høyer nach Makkalla in Hadramaut. Politische Unruhen zwangen ihn aber, Hadramaut zu verlassen und nach Sheikh Othman auf die schottische M.sstation zu gehen. 1904 wurde von der schottischen und dänischen M. (Dansk Kirke Mission i A.; → Dänemark: III) ein M.skomitee gebildet und ein Übereinkommen getroffen, wonach die Schotten besondere Verantwortung für die ärztliche und die Dänen für die erzieherische Arbeit übernahmen. 1910 begann die dänische M. auch in Aden und übernahm die Verantwortung für das dortige Bibeldepot der British and Foreign Bible Society (→ Bibelgesellschaften, 1, a).

A.M. → Mackay schrieb 1889 im Church Missionary Intelligencer, der arabische Einfluß auf Ostafrika habe in Maskat seinen Ausgangspunkt. Daraufhin reiste Bischof Thomas Valpy French 1891 nach Maskat, wo er aber schon 2 Monate später starb. In dieser Zeit begann auch die amerikanische M.sarbeit an der Ostküste mit drei jungen Studenten, James Cantine, Samuel Zwemer und Philip T. Phelps. Der »Board of Foreign Missions of the Reformed Church in America« weigerte sich jedoch, in einem »arabisch sprechenden Land« eine neue Arbeit zu beginnen; so wurde 1889 ein unabhängiger M.sausschuß gebildet. Die erste Station wurde 1891 in Basrah gegründet. 1893 wurde die Arbeit auf den Bahrein-Inseln aufgenommen und eine Station in Maskat eröffnet. 1910 begann die ständige Arbeit in Kuweit. Schließlich übernahm der »Board of Foreign Missions of the Reformed Church in America« 1894 doch die M.sarbeit unter dem Namen »The Arabian Mission of the Reformed Church in America« in seine Verantwortung. Die amerikanische M. konzentrierte sich wie die M. in Aden hauptsächlich auf ärztliche und erzieherische Arbeit und versuchte mit Erfolg mehrere Male, von den Küstenstationen aus ins Inland vorzustoßen.

Die Arbeit der röm.-kath. Kirche begann um 1840. 1859 wurde Aden Apostolische Präfektur und 1888 Sitz eines Apostolischen Vikars, dem auch Britisch-Somaliland unterstellt war. Die röm.-kath. M. arbeitete hauptsächlich unter der nichtislamischen Bevölkerung von Aden.

3. Die schottische M., die heute zur M. der Kirche von Schottland gehört, arbeitet von ihrem Krankenhaus in Sheikh Othman aus; die dänische Arbeit in Aden umfaßt eine Predigtstätte, eine Mädchenschule und Jungmännerarbeit. Während der 50jährigen Tätigkeit der beiden M.en, die heute auf die Gründung einer einheimischen Kirche abzielt, sind nur wenige Araber getauft worden. Verschiedene kleinere, meist fundamentalistische M.sgruppen arbeiten seit einigen Jahren ebenfalls im Gebiet von Aden.

In Bahrein ist das »Mason Memorial Hospital« (gegr. 1902) Mittelpunkt der amerikanischen M.sarbeit. 1948 wurde ein kleineres Zweigkrankenhaus in Katar errichtet. In Maskat vollzieht sich die Arbeit in derselben Richtung. Das »Knox Memorial Hospital« liegt in Matrah, außerhalb von Maskat, und ein kleineres Frauenkrankenhaus in Maskat selbst. Auch in Kuweit liegt der Schwerpunkt auf der ärztlichen M. Die Bildung von einheimischen Gemeinden ist in allen Gebieten nur zum Teil gelungen.

Die röm.-kath. Kirche hat 1954 in Kuweit ein Bistum errichtet und einen Gemeindekern von aus → Goa zugewanderten indischen Katholiken gebildet, an den sich die aus dem Islam gewonnenen Glieder anschließen können.

In Saudiarabien und Jemen ist jede christliche M. verboten; von Bahrein aus ist es bisher lediglich gelungen, einen M.sarzt auf dem saudiarabischen Festland in Hofuf zu stationieren.

Die großen Ölfelder und Raffinerien, von denen heute die arabische Halbinsel lebt, stellen auch die M. vor neue Verantwortung und Möglichkeiten. Vor allem geht es darum, daß die Auslandsgemeinden der europäischen und amerikanischen Kirchen in Arabien ihre missionarische Verantwortung erkennen und wahrnehmen und bereit sind, neugewonnene Christen, die als Abtrünnige aus ihrer bisherigen Gemeinschaft ausgestoßen werden, in ihre Mitte als Brüder aufzunehmen.

S.Zwemer, Arabia, The Cradle of Islam, 1900 - J.Cantine, Twenty Years of the Arabian Mission, 1909 - A.Mason-Barny, History of the Arabian Mission, 1926 - D.van der Meulen, Aden to the Hadramaut, 1933 - W.M.Storm, Whither Arabia? 1938 - J.vanEss, Meet the Arab, 1947 - E.W Nielsen, Der kaempes om Arabien, 1950 - H.Rörig, Die arabische Welt, 1955 - A.Bischoff, M.sstationen am Persischen Golf (AMN 35, 1955, 25-27).

E.W.Nielsen

Arabische christliche Literatur. Wenn auch Anfänge der a.chr.Lit. schon in früher Zeit in → Arabien (: I) zu vermuten sind, so fehlen doch Texte und sichere Nachrichten darüber aus vormohammedanischer Zeit. Die ältesten erhaltenen Schriften der a.chr.Lit. stammen aus dem 8.Jh., als die Sprache der mohammedanischen Eroberer in Palästina, Ägypten und Syrien die einheimischen Landessprachen zurückdrängte und so auch zur Umgangs- und Lit.-Sprache der dort wohnenden Christen (Melchiten, Maroniten, Nestorianer, Jakobiten und Kopten) wurde. Gesondert davon entwickelte sich auch im äußersten Westen bei den Mozarabern, den unter muslimischer Herrschaft stehenden Christen Spaniens, eine bescheidene a.chr.Lit.

1. Zu den ältesten Werken der a.chr.Lit. gehören Übersetzungen von Teilen der Bibel aus dem Griechischen, Syrischen, Koptischen, vereinzelt auch aus dem Hebräischen und Lateinischen (→ Bibelübersetzungen: III), von Apokryphen und Pseudepigraphen (Schatzhöhle, Patriarchen- und Prophetenlegenden, Protev, Evangelium von der Kindheit Jesu, Marien- und Apostellegenden, Apokalypsen), zahlreiche Heiligenleben, → Barlaam und Joasaph, → Physiologus und → Alexanderroman. Die patristische Lit., hauptsächlich durch Auszüge und Florilegien vertreten, umfaßt Übersetzungen griechischer Theologen wie → Athanasius, → Basilius d.Gr., → Chrysostomus, → Cyrill von Alexandrien, syrischer Theologen wie → Ephräm, → Isaak der Syrer u.a. bis herab auf → Barhebräus, koptischer Theologen wie → Antonius, → Pachomius und → Schenute. Die kirchenrechtliche Lit., nach deren Bestimmungen die kirchlichen Autoritäten im mohammedanischen Machtbereich die Rechtsprechung über ihre Gemeindemitglieder ausübten, umfaßt Übersetzungen der meisten pseudo-apostolischen und pseudo-patristischen Rechtsschriften, der Konzilsakten und wichtigsten zivilrechtlichen Sammlungen.

2. Die ältesten Werke der a.chr.Lit. entstanden im 8.Jh. bei den *Melchiten* im Raum von Mar Saba, Sinai und Antiochia. Das dogmatisch-polemische Schrifttum eröffnet die überragende Gestalt des Theodor Abū Qurra († nach 820) mit einer Reihe von Abhandlungen über die Bilderverehrung, den orthodoxen Glauben u.a. Ihm folgten der Philosoph und Übersetzer Qusṭā b. Lūqā († 912), Klostervorsteher Antonius (10.Jh.), Abū ʿAlī Naẓīf b. Yumn (10.Jh.), der vielseitige und fruchtbare Diakon ʿAbdallāh b. al-Faḍl (11.Jh.), Übersetzer, Exeget und Enzyklopädist zugleich, Paulus ar-Rāhib (13.Jh.), ʿAfīf b. al-Makīn (13.Jh.), Salomon von Gaza (13.Jh.) und Diakon Stephanus. Bedeutende Geschichtswerke verfaßten Eutychius von Alexandrien († 940), dessen Fortsetzer Yaḥyā b. Saʿīd (11.Jh.) und Agapius von Manbiǧ (10.Jh.), eine Rechtssammlung Ibn al-Hiḏāḥ (13.Jh.). Dann traten erst wieder vom 17.Jh. an einige Schriftsteller hervor, wie zB Meletius Karma († 1635), Makarius b. az-Zaʿīm († 1672), Athanasius IV. Dabbās († 1720) und Maximus Maẓlūm († 1885).

3. Spärlich sind die Anfänge der a.chr.Lit. der *Maroniten.* Wir finden den Geschichtsschreiber Qais (10.Jh.), das »Buch der rechten Leitung«, ein theologisch-kanonistisches Sammelwerk syrischen Ursprungs, und den Polemiker Thomas von Kafarṭāb (um 1100). Bedeutung gewinnt sie erst unter Gabriel b. al-Qulāʿī († 1515), der die abendländische Schultheologie in zahlreichen Werken bekannt machte, dem Theologen und Historiker Patriarch Stephan ad-Duwaihī († 1704) und dem vielseitig gebildeten und überaus fruchtbaren Gabriel Germanus Farḥāt († 1732).

4. Die a.chr.Lit. der → *Nestorianer* hatte den größten Anteil an der Vermittlung antiker Wissenschaft und Bildung an die Araber durch Übersetzer, wie zB mehrere Mitglieder der Ärztefamilie Baḫtīšūʿ (8.-11.Jh.), Ḥunain b. Isḥāq († 873/77), Isḥāq b. Ḥunain († 910/11), Ḥubaiš b. al-Ḥasan (9.Jh.) und Bibelübersetzer Pethion (9.Jh.). Auf dogmatisch-polemischem Gebiet sind zu nennen Elias al-Ǧauharī (um 900), die Apologie des ʿAbd al-Masīḥ al-Kindī (10.Jh.?), die Baḥīralegende, besonders aber der fruchtbare und vielseitige Philosoph, Arzt und Mönch ʿAbdallāh b. aṭ-Ṭaiyib († 1043), Metropolit Elias v. Nisibis († nach 1049) und Ibn Buṭlān († nach 1063). Wertvolle Quellenwerke sind die Chronographie des Elias von Nisibis und die Chronik von Seert, das »Turmbuch«, eine theologische Enzyklopädie von Mārī b. Sulaimān (12.Jh.), im 14.Jh. zweimal neu bearbeitet von ʿAmr b. Mattā und Ṣalībā b. Yūḥannā, sowie das theologische Kompendium des ʿAbdīšūʿ (Ebedjesu, † 1318) und das »Recht der Christenheit« von Ibn aṭ-Ṭaiyib († 1043).

5. Die a.chr.Lit. der syrischen → *Jakobiten* umfaßt hauptsächlich dogmatisch-polemische Werke: Ḥabīb b. al-Ḫidma Abū Rāʾiṭa (Anfang des 9.Jh.s), der Gegner Abū Qurras, Yaḥyā b. ʿAdī († 974), der ausgedehnte Gelehrsamkeit mit literarischer Produktivität vereinte, sein Schüler ʿĪsā b. Isḥāq b. Zurʿa († 1008), Muḥyī ad-Dīn, der Mönch Eustathius, der Fundamentaltheologe ʿĪsā al-Ǧurǧānī und der Dogmatiker Naǧm ad-Dīn (alle 11.Jh.). Später entstanden die Predigten des Yūḥannā b. al-Maʿdanī († 1263) und die theologischen Kompendien des Daniel b. al-Ḫaṭṭāb († nach 1382). Die wichtige Enzyklopädie »Buch des Führers« stammt von Yaḥyā b. Ǧarīr († nach 1030). Eine gewisse Nachblüte erlebte die arab. jakobitische Lit. unter Patriarch Ignatius Nūḥ († 1509), Mūsā b. ʿAṭša (16.Jh.) und Maphrian Basilius Simeon († 1740).

6. Die a.chr.Lit. der → *Kopten* (: I) ist umfangreicher, vielgestaltiger und selbständiger als die der anderen Orientalen. Das vorwiegend dogmatisch-polemische Schrifttum von Severus b. al-Muqaffaʿ (10.Jh.), al-Wāḍiḥ b. Raǧāʾ (10.Jh.), dem Reformer Markus b. Qanbar (12.Jh.), Simon b. Kalīl († nach 1206), Petrus Severus al-Ǧamīl von Maliǧ (um 1200), ʿAbd al-Masīḥ al-Isrāʾīlī (11.Jh.), ar-Rašīd Abu l-Ḫair b. aṭ-Ṭaiyib (13.Jh.), Petrus as-Sadamantī († nach 1260) und Abū Šākir b. Buṭrus ar-Rāhib († nach 1282) wird gekrönt durch die Werke der drei »Assaliden«, die tiefgründigen Apologien des aṣ-Ṣafī abu l-Faḍāʾil b. al-ʿAssāl, seines Bruders al-Asʿad abu l-Faraǧ Hibatallāh b. al-ʿAssāl (beide † vor 1260) und die theologische Summa »Sammlung der Grundlehren der Religion« ihres jüngeren Halbbruders al-Muʾtaman Abū Isḥāq Ibrahīm b. al-ʿAssāl, das beste Werk dieser Art in der a.chr.Lit. Die wichtigste Enzyklopädie »Lampe der Finsternis« stammt von Abu l-Barakāt († 1324), eine kürzer gefaßte von Yūḥannā b. Sabbāʿ (14.Jh.), exegetische Schriften von al-Waǧīh († 1271), Paulus al-Būšī und Ibn Kātib Qaisar (13.Jh.). Die kirchenrechtliche Lit. weist neben Kanones der Patriarchen Christodulus († 1077), Cyrill II. († 1092), Makarius († 1128), Gabriel II. († 1145) und Cyrill III. († 1243) auch Rechtssammlungen auf von Michael von Dimyāṭ († nach 1208), Faraǧallāh v. Aḫmīn (um 1300), besonders aber den »Nomokanon« von aṣ-Ṣafī b. al-ʿAssāl (als »Recht der Könige« in der äthiopischen

Kirche zu kanonischem Ansehen gelangt; → Äthiopien: IV) und die Sammlung des Priesters Makarius (14.Jh.). Als Geschichtsschreiber traten hervor Severus b. al-Muqaffa' (»Patriarchengeschichte«), Yūsāb von Fūwah († nach 1257), al-Makīn Ǧirǧis al-'Amīd († 1273), al-Mufaḍḍal (14.Jh.) und Abū Ṣāliḥ der Armenier († nach 1208). Das koptische Synaxar ist ein Werk von Petrus Severus al-Ǧamīl und Michael von Atrīb und Malīǧ (13.Jh.). Seit dem 13.Jh. entstanden zahlreiche Grammatiken und Wörterbücher zum Verständnis der koptischen Sprache.

7. Die bescheidene a.chr.Lit. der spanischen → *Mozaraber* enthält fast nur Übersetzungen aus dem Lateinischen, wie zB Teile der Bibel (Evangelien, Paulinen, Pss), den sog. Kalender von Cordova (961) und die »Sammlung der kirchlichen Gesetze und des hl. Kanons.«

C.Brockelmann, Die chr.a.Lit. (Die Literaturen des Ostens VII, 2, 1909, 67-74) - H.Goussen, Die chr.a.Lit. der Mozaraber, 1909 - A.Baumstark, Die christl. Literaturen des Orients II, 1911, 7ff - G.Graf, Gesch. der chr.a.Lit., 5 Bde, 1944-53. *J.Aßfalg*

Aramäer. Als A. werden diejenigen semitischen Stämme bezeichnet, die seit dem Ende des 2.Jt.s weithin das Kulturland Mesopotamiens und Syriens besetzten. Die ihnen gemeinsame Sprache gehört als besonderer Dialekt in die Reihe der → semitischen Sprachen. Am 9, 7 nennt als ihre Heimat Kir, dessen genaue Lage unbestimmt ist; am ehesten möchte man an ein Gebiet in der syrisch-arabischen Steppe denken. Der Name Aram scheint ursprünglich nicht eine Landschaft, sondern eine große Stammesgemeinschaft zu bezeichnen, die lange das Bewußtsein der Zusammengehörigkeit bewahrt hat.

Die Zeit des ersten Auftretens ist noch umstritten; ungewisse Spuren könnten in die erste Hälfte des 2.Jt.s führen. Jedenfalls haben die Assyrer (→ Assyrien) seit Tiglatpileser I., um 1100, sich gegen ihre ständigen Angriffe wehren müssen; damals waren sie also schon in starkem Vordringen. Die Schwäche des Assyrerreiches in der Folgezeit ermöglichte die Errichtung mehrerer A.-staaten, zunächst in Mesopotamien, wie Bet-Adini (Am 1, 5?), Bit-Bachiani (Tell Halaf [→ 3 C 2] u.a.); dann in → Babylonien (: I), wo der Stamm der Chaldäer später zur Macht kam, und in Nord- und Mittelsyrien, das mehr und mehr von den A.n besetzt wurde. So entstand im Norden Scham'al (Sendschirli, → 3 A 2); in Mittelsyrien ist Hamath (→ 3 A 3) nach Ausweis der Ausgrabungen einer aram. Einwanderung erlegen; im Süden nennt das AT die A.staaten von Soba, Beth-Rechob, Maacha, Geschur und Tob, die, östl. und südöstl. vom Antilibanon (→ 3 A 3) gelegen, von David unterworfen wurden (1Sam 14, 47; 2 Sam 8, 3ff; 10, 6ff).

Zu besonderer Bedeutung kam der A.staat von → Damaskus (→ 3 A 3), der, zunächst auch von David unterworfen, sich zZ Salomos wieder selbständig machte (1Kön 11, 23f) und zeitweilig eine Vormachtstellung unter den A.staaten bis nach Nordsyrien eingenommen hat. Auch Israel wurde bald in Kämpfe mit Damaskus verwickelt, wie zZ Baesas (um 885; 1Kön 15, 16ff; → Israel: I).

Um die gleiche Zeit begann das wieder erstarkte Assyrerreich unter Assurnasirpal und Salmanassar III. die Unterwerfung der A.staaten Mesopotamiens, die dann als Provinzen dem Assyrerreich eingegliedert wurden. Einem weiteren Vordringen nach Syrien stellte sich aber ein Staatenbund unter Führung Hadadesers von Damaskus entgegen, dem auch → Ahab von Israel angehörte. Es gelang 853 (Schlacht bei Karkar) wie auch 849, 848 und 845, die Assyrer zurückzuschlagen. Erst als nach Hadadesers Tode der Usurpator Hasael (2Kön 8, 7ff) den Thron bestiegen hatte, drangen die Assyrer bis Damaskus vor, ohne es erobern zu können: 841 (Tribut des → Jehu) und 837. Infolge eines erneuten Rückgangs der assyrischen Macht konnte Hasael die Stellung von Damaskus halten und sogar Israel und Juda unterwerfen (2Kön 12, 18f; 13, 3; Am 1, 4). Erst Joas von Israel warf die A. unter Benhadad III. zurück, und Jerobeam II. nahm ihnen die vorher eroberten Gebietsteile wieder ab (2Kön 13, 25; 14, 25). Doch hat Damaskus nach Ausweis der ZKR-Stele auch weiter seinen Einfluß bis nach Nordsyrien hin geltend gemacht.

Als aber Tiglatpileser III. von → Assyrien nach 745 erneut Syrien angriff, erlagen ihm zunächst die A.staaten des Nordens, wie Scham'al, Arpad u.a. Wohl suchte daraufhin Rezin von Damaskus der drohenden Gefahr dadurch zu entgehen, daß er mit Pekah von Israel ein Bündnis schloß und auch → Ahas von Juda zum Anschluß zu zwingen suchte (sog. Syrisch-ephraemitischer Krieg; 2Kön 16; Jes 7, 1ff). Aber auch dieser Bund konnte den Assyrern nicht widerstehen; 732 wurde Damaskus erobert und ebenso wie alle anderen aram. Kleinstaaten zu einer Provinz des Assyrerreiches gemacht. Eine politische Rolle hat das A.tum seitdem nicht mehr gespielt.

Ebensowenig wie die A. zu einer Großreichbildung gekommen sind, haben sie eine eigene Kultur schaffen können. Auf ein weites Gebiet verstreut, haben sie sich wohl meist die Kulturen der älteren Bevölkerung, der Kanaanäer, Churriter und Hethiter, zu eigen gemacht und gepflegt, so daß besondere Merkmale schwer zu erkennen sind. Das gilt auch für die Religion, deren Eigenart kaum zu erfassen ist. Die in den aram. Inschriften genannten Götter, wie El, Melkart u.a., finden sich meist auch anderwärts. Immerhin scheint → Hadad oder Ramman (2Kön 5, 18) vor anderen bei den A. verehrt worden zu sein, ein Sturm- und Wettergott, der mit dem (kanaanäischen?) »Himmelsbaal« und dem churritischen »Teschup« manche Berührung haben dürfte. Ob → Atargatis, die in Hierapolis verehrte »Dea Syria«, eigentümlich aram. Ursprungs war, ist zweifelhaft. Ein besonderer Typus scheint dagegen der »Schutzgott« des Königs zu sein (Euler), der auch zum Schutzgott der Dynastie wird (vgl. den Vätergott in Israel, → Gott: II).

Hat das A.tum so auch weder politisch noch religiös dauernden Einfluß gehabt, so hat doch seine Sprache sich weit verbreitet und ist seit der Perserzeit zur Sprache des vorderen Orients geworden (→ Semitische Sprachen).

RLA I, 1932, 131ff - A.Alt, Die syrische Staatenwelt vor dem Einbruch der Assyrer (ZDMG 88, 1934, 233-258) - K.F.Euler, Königtum u. Götterwelt in den altaram. Inschriften Nordsyriens (ZAW 56, 1938, 272-313) - A.Jepsen, Israel u. Damaskus (AfO 14, 1944, 153 bis 172) - M.Noth, Die Aramäer (BBLAK 1949, 19-36) - R.T.O'Callaghan, Aram Naharaim, 1948 - A.Dupont-Sommer, Les Araméens, 1949 - S.Moscati, Gesch. u. Kultur der semitischen Völker, (1953) 1955² (Lit.). *A.Jepsen*

Aramäisches in der Bibel

I. Im AT - II. Im NT. - A. = (das) Aramäisch

I. Im AT

1. In Gen - 2. In Jer - 3. In Dan - 4. In Esr - 5. Ergebnis

Da Israel mindestens seit der Zeit Sauls im Nordosten an Staaten der → Aramäer grenzte und die → Hebräer vor der Landnahme vermutlich aram. gesprochen hatten, ist es nicht verwunderlich, daß das Hebräische schon in den älteren Teilen des AT gelegentlich Einwirkungen des A.en zeigt. In den jüngeren und jüngsten nehmen diese Aramaismen infolge des Umsichgreifens des A.en stark zu (→ Bibel: I C). Daneben stehen einige kleinere und größere Abschnitte, die ganz in A. abgefaßt sind.

1. Gen 31, 47. Bei ihrer Trennung nennt Jakob auf hebräisch, Laban auf aram. den gemeinsam aufgetürm-

ten Steinhaufen »Hügel des Zeugnisses«. Da der Jakoberzählung die Voraussetzung, Laban habe eine andere Sprache geredet als Jakob, sonst fremd ist und der Vers zudem im Zusammenhang vorgreift, muß er mitsamt den zwei aram. Wörtern als gelehrter Zusatz gelten.

2. Jer 10, 11. In einem Kapitel, das selber jung ist, und Abhängigkeit von Deuterojesaia (→ Jesajabuch, 2) verrät, ist dieser Vers ein noch jüngerer Einschub.

3. Dan 2, 4b - 7, 28. Die Frage, warum dieser Teil des → Danielbuches aram. geschrieben sei, ist um so schwieriger zu beantworten, als Anfang und Ende desselben nicht mit sachlichen Einschnitten zusammenfallen. In 2, 4 tritt der Wechsel mitten im Vers mit der Rede der babylonischen Weisen ein; und c. 7 gehört nicht mehr zur erzählenden ersten, sondern zur apokalyptischen zweiten Buchhälfte. Genauere sprachliche Untersuchung ergibt, daß 1, 2 - 2, 4a ursprünglich aram. abgefaßt waren; dasselbe für c. 8-12 anzunehmen (Zimmermann und Ginsberg, die dasselbe auch für das → Predigerbuch vertreten) hält schwerer. Der Sprachenwechsel dürfte doch mit der Komposition des Buches zusammenhängen. Warum dann der Eingang ins Hebräische übertragen wurde, wissen wir nicht. Der Wechsel in 2, 4 mag dadurch veranlaßt sein, daß man im A.en die Sprache der Babylonier (»Chaldäer«) zu sehen meinte. Aus demselben Irrtum heraus hat man das Biblisch-A. bis weit ins 19.Jh. hinein als »chaldäisch« bezeichnet.

4. Im Esrabuch sind die Abschnitte 4, 8 - 6, 18 und 7, 11-26 aram. geschrieben. Letzterer enthält das Empfehlungsschreiben, das Artaxerxes dem → Esra mitgab; ersterer vier den Tempel- und Mauerbau in Jerusalem betreffende Schreiben des Darius, Artaxerxes und ihrer Beamten im Westen. Die Echtheit dieser Urkunden, die der Chronist zusammen mit eigenen aram. Verbindungsversen im Zusammenhang seines Werkes unterbrachte (→ Esrabücher: I), ist oft bestritten worden, darf aber, seit Ed.Meyer für sie eingetreten ist, und seit dem Bekanntwerden der → Elephantine-Urkunden im wesentlichen als gesichert gelten. Sie stammen aus der Kanzlei der Perserkönige, und was an ihnen zunächst auffällt (4, 15. 20; 7, 25 u.a.), dürfte bei Annahme jüdischer Schreiber verständlich werden (Schaeder).

5. Diese verschiedenen aram. Abschnitte stehen sich sprachlich alle sehr nahe. Soweit kleine Unterschiede vorhanden sind, haben Esr und der Vers in Jer die älteren Formen als Dan. Doch lassen sie sich kaum im Sinn einer sprachlichen Entwicklung auswerten; zumeist sind es nur orthographische Veränderungen innerhalb einer und derselben Sprachstufe. Und zwar gehört dieses »Biblisch-A.« zum Bereich des sog. »Reichs-A.en«, einer aram. Amtssprache innerhalb des Perserreiches, die uns namentlich durch die aram. Texte aus Ägypten und die aram. Ideogramme im Mittelpersischen (Pehlevi) bekannt ist. In den von Juden geschriebenen → Elephantine-Urkunden stammen Wörter und Wendungen der sakralen und theologischen Sprache aus dem Hebräischen; anderes ist alter kanaanäischer Einschlag schon im Reichsaramäischen. Die rein formalen Hebraismen sind wohl beim Abschreiben hineingekommen.

E.Kautzsch, Die Aramaismen im AT, 1902 - H.L.Strack, Grammatik des Biblisch-A.en, (1896) 1921⁶ - H.Bauer-P.Leander, Grammatik des Biblisch-A.en, 1927 - W.Baumgartner, Das A. im Buche Daniel (ZAW 45, 1927, 81-133) - H.H.Rowley, The Aramaic of the Old Testament, 1929 - K.H.Schaeder, Iranische Beiträge, 1930 - G.Messina, L'aramaico antico, 1934 - F.Zimmermann, The Aramaic Origin of Dan 8-12 (JBL 57, 1938, 241-282) - F.Rosenthal, Die aramaistische Forschung, 1939 - J.J.Hospers, Twee problemen betreffende het Aramese van het Boek Daniel, 1948 - H.L.Ginsberg, Studies in Daniel, 1948 - K.Galling, Kronzeugen des Artaxerxes? (ZAW 63, 1951, 66-74) - W.Baumgartner in KBL, XVI-XLIX.

W.Baumgartner

II. Im NT

Die Bedeutung des A.en für das NT ist seit → Wellhausen, → Dalman und A.Meyer bekannt und in neuester Zeit namentlich von → Torrey betont worden. Zur Zeit Jesu war das A.e Volkssprache, und Jesus lehrte auf A. Daher die zT formelhaften aram. Wörter und Sätze in den Evangelien: Abba »o Vater« Mk 14, 36, Hephata »öffne dich« 7, 24, Talitha kum(i) »Mägdlein, steh auf« 5, 41, Jesu Ruf am Kreuz 15, 34 mit dem aram. sabachthani gegenüber der hebr. Variante zaphthani (von ʿazäb), der Kultruf der Gemeinde Maranatha »komm, unser Herr« 1Kor 16, 22. Wie namentlich die Texte von → Qumran zeigen, war das Hebräische daneben noch lebendig und für offizielle und theologische Sprache bevorzugt (umgekehrt, aber wenig einleuchtend, Birkeland). Welcher unter den uns bekannten aram. Dialekten der Sprache Jesu am nächsten komme, war lange strittig: das Galiläische der Targume (Dalman, Meyer) oder das Christlich-Palästinische (Schulthess); heute steht der im Palästinischen Pentateuchtargum vorliegende (Kahle, Black) im Vordergrund. Abgesehen von den aram. Zitaten (s.o.) läßt das Griechisch der Evangelien oft, besonders für die Spruchquelle und den Grundstock des Mk, einen aram. Hintergrund durchschimmern, der von den durch die LXX vermittelten Hebraismen absticht. So nimmt man vielfach für die vier Evangelien, Apg und Apk geradezu ein aram. Original an; doch fehlt der zwingende Beweis, wie bei Black ersichtlich wird.

A.Meyer, Jesu Muttersprache, 1896 - G.Dalman, Die Worte Jesu, (1898) 1930² - F.Schulthess, Das Problem der Sprache Jesu, 1917 - M.Black, An Aramaic Approach to the Gospels and Acts, (1946) 1954² - P.Kahle, Das zur Zeit Jesu in Palästina gesprochene A. (ThR NF 17, 1948, 201-206) - H.S.D.Sparks, Some Observations on the Semitic Background of the NT (Stud. NT Soc. Bull. 2, 1951, 33-42) - Ch.C.Torrey, The Aramaic Period of the Nascent Christian Church (ZNW 44, 1952/53, 205-223) - H.Birkeland, The Language of Jesus, 1954. *W.Baumgartner*

Ararat → Armenien: I, 1.

Arator, christlicher lateinischer Dichter des 6.Jh.s, aus ligurischer Familie stammend, in Mailand Schützling des → Ennodius. Zunächst Rechtsanwalt, hielt A. 526 vor Theoderich eine Aufsehen erregende Rede, die ihm unter Athalarich die Ämter eines comes domesticorum und comes privatorum eintrug. Da wandte er sich vom Staatsdienst ab und wurde in Rom Subdiakon des Papstes Vigilius. Als solcher dichtete er 544 die Apostelgeschichte nach Lukas in 2336 Hexametern um in dem Werk De actibus apostolorum. Sein Hauptinteresse gilt dabei Petrus. In typologischen Gedankengängen (→ Typologie: III) bietet A. eine allegorische Textdeutung voll von → Zahlensymbolik. Das Papst Vigilius gewidmete Werk wurde jahrhundertelang bewundert.

CSEL 72, 1951. - A.Hudson-Williams, Notes on the text and interpretation of A. (VigChr 7, 1953, 88-97). *R.Hanslik*

Arbeit

I. Soziologisch - II. Wirtschaftlich - III. Theologisch. - Ergänzend vgl. → Arbeiter, → Arbeitsethos, → Arbeitslosigkeit, → Arbeitswissenschaft, → Arbeitszeit, → Beruf, → Betrieb, → Industrie, → Rationalisierung, → Sozialgeschichte, → Sozialismus, → Technik

I. Soziologisch

1. Als die unmittelbarste Form aller Versuche des Menschen, sich an eine gegebene natürliche und soziale Umwelt zunächst anzupassen, später diese auch zu gestalten, ist die A. eines der tragenden Elemente jedes Kultur- und Gesellschaftssystems, das sich zugleich in den A.swerkzeugen und -erzeugnissen sichtbar manifestiert. Werden einerseits von Art und Ausmaß des A.svollzugs die wich-

tigsten Formen sozialer Beziehungen mitbestimmt, so ist andererseits die der A. zugemessene soziale Bedeutung und dementsprechend ihre Bewertung Ausdruck der jeweils geltenden gesellschaftlichen Wertordnung. Die Erforschung dieser Wechselwirkungen wurde im Zusammenhang mit der Herausbildung der modernen Industriegesellschaft besonders durch die Veröffentlichungen sozialistischer Schriftsteller angeregt und ist seit Durkheims berühmter Dissertation über die A.steilung (1893) und Büchers Leipziger Antrittsvorlesung über das gleiche Thema (1892) auch Gegenstand soziologischer Monographien und Untersuchungen geworden.

2. Der primär gesellschaftliche Charakter des A.svollzugs wird durch die Forschungsergebnisse der Archäologie und Ethnologie deutlich demonstriert. Gesellige, aber auch gemeinsame (genossenschaftliche) A. sind bei den Naturvölkern *Hauptmerkmale der A.sorganisation*. Schon früh findet sich eine auf die biologischen Verschiedenheiten von Mann und Frau und unterschiedliche Begabung zurückgehende, später oft irrational begründete A.steilung, die den Gesellschaftsaufbau differenziert. Dagegen hat die A. ihren streng wirtschaftlich orientierten und bewußt zielstrebigen Charakter erst einhergehend mit ihrer Trennung von kultischen Aktivitäten erhalten. Dieser ist somit Merkmal einer späteren Zivilisationsstufe, auf der eine mit zunehmender Naturbeherrschung verbundene Säkularisierung magisch-religiöser Bräuche und Traditionen erfolgte.

Mit der Ergänzung von Fischerei und Jagd durch Ackerbau und Viehzucht, später auch Handel und Handwerk und dem damit verbundenen Anwachsen technologischer Kenntnisse verschiebt sich allmählich das Tätigkeitsfeld des arbeitenden Menschen. Die Beschaffung und Bedienung von Produktionsmitteln gewinnt gegenüber der unmittelbaren Urproduktion an Bedeutung. Gleichzeitig wird der Besitz an dem durch vorgeleistete A. gebildeten → Eigentum (: III) immer wichtiger. In dem Maße, in dem die A. so den Menschen von den unmittelbaren und unkontrollierbaren Einflüssen der umgebenden Natur emanzipiert, bindet sie ihn stärker an die Gesellschaft, zumal mit fortschreitender Differenzierung der Tätigkeiten und → Berufe eine Selbstversorgung immer schwieriger wird. A. wird in zunehmendem Umfang im Rahmen einer Marktbeziehung für andere Wirtschaftssubjekte verrichtet. Diese vergesellschaftende Funktion der entwickelten A. hat entsprechend dem jeweiligen Zivilisationsniveau und der jeweiligen Eigentumsverteilung unterschiedliche Auswirkungen auf die *Ausgestaltung der A.sverhältnisse* gehabt. In der Antike trugen sie weitgehend den unmittelbaren Zwangscharakter der bis zur Sklaverei gesteigerten sozialen Abhängigkeit. Damit verbunden war eine soziale Minderschätzung der im wesentlichen durch undifferenzierte, aber stark intensivierte A.shäufung (Pyramidenbau!) charakterisierten Handarbeit. Erst allmählich hat ein durch Spezialisierung entstandenes städtisches → Handwerk und die Herausbildung eines seßhaften Kaufmannsstands Ansätze für eine individualisierende Verselbständigung des arbeitenden Menschen geschaffen. Der so entstandene unterschiedliche Freiheitsgrad städtischer und ländlicher A. ist für weite Bereiche des abendländischen Mittelalters kennzeichnend. Während auf dem Lande Hörigkeit und Leibeigenschaft vorherrschen (→ Agrarverfassung: IV), entsteht in den Städten durch das in → Zünften vereinigte Handwerk ein in zahlreichen Bräuchen und Sitten sich manifestierendes A.sleben, das eines der wichtigsten sozial integrierenden und kulturtragenden Elemente des bürgerlichen Zeitalters darstellt.

3. Die wesentlich durch ein verändertes → Arbeitsethos ermöglichte und in der zweiten Hälfte des 18.Jh.s mit der Erfindung der ersten krafterzeugenden bzw. kraftübertragenden Maschinen einsetzende *Industrialisierung* verändert grundlegend soziologische Struktur und gesellschaftliche Auswirkungen der A. Die Ergänzung vorindustrieller Formen der A.steilung (Produktionsteilung und Spezialisation) durch die A.szerlegung, dh die Aufspaltung des A.sprozesses in zahlreiche Teilfunktionen (erstmals dargestellt in Adam Smiths »Stecknadelbeispiel«) bedingt einen dauernd abhängigen Arbeiterstand (Bücher). Damit einher geht die Auflösung anfangs hartnäckig verteidigter handwerklicher Traditionen in dem Maße, in dem der vom → Arbeiter (: I) selbst gesteuerte A.sablauf durch maschinelle Einrichtungen »fremdbestimmt« wird. Anstelle individueller Spezialkenntnisse wird die zunächst durch drohende → Arbeitslosigkeit, später durch materielle und immaterielle Leistungsanreize geschaffene A.sdisziplin für den A.sertrag immer bedeutsamer, da sie allein eine optimale Ausnutzung der Maschine gewährleistet. Da die industrielle A.sproduktivität hauptsächlich hiervon und von der Höhe und zweckmäßigen Verwendung des Investitionskapitals abhängt, wird die A. zwangsläufig zum Objekt des technischen Apparates. Damit einhergehend wird das A.sverhältnis von seinen sozialen Bindungen »befreit« und auf die rein ökonomische Beziehung zwischen Angebot und Nachfrage am A.smarkt reduziert. So entsteht im 19.Jh. eine neue Gesellschaftsschicht, die → Klasse der rechtlich freien, aber besitzlosen und damit tatsächlich vom Unternehmer bzw. der jeweiligen Marktlage abhängigen Lohnarbeiter. Erst die Tätigkeit der → Gewerkschaften, die staatlichen → Sozialreformen und die sozialpolitischen Bestrebungen fortschrittlicher → Unternehmer (→ Abbe) bewirkten allmählich ein Abnehmen des Klassenantagonismus und das Entstehen eines neuen, industriellen → Mittelstandes. Durch diese wirtschaftlichen Maßnahmen wurden jedoch die gesellschaftlich desintegrierenden Auswirkungen der modernen A. keineswegs kompensiert. Die scharfe Trennung der A. von den übrigen Lebensbereichen führte zu einem tiefgreifenden Strukturwandel der → Familie (: III) und zur sozialen → Emanzipation der immer stärker ins Berufsleben tretenden → Frau (: V, 1). Grundlegend veränderte sich auch der soziale Charakter der Wohngemeinden durch die Herausbildung großstädtischer Industriezentren (→ Dorf, → Stadt). Erst in der um die Jahrhundertwende einsetzenden »zweiten industriellen Revolution« findet die → Rationalisierung der menschlichen A. ihren Höhepunkt. Während die physische A.sleistung eine geringer werdende Rolle spielt, stellt die Anpassung an die moderne Teil- und Repetitiv-A. besonders hohe Anforderungen an die psychische Konstitution des Arbeiters (Monotonieproblem, »Kampf um die A.sfreude«, → Arbeitswissenschaft). Die gesamtgesellschaftlichen Auswirkungen dieser Veränderungen sind noch nicht abzusehen. Verschiedene Soziologen haben die Hypothese aufgestellt, daß die zunehmende Funktionalisierung der A. mit abnehmenden individuellen Unterschieden verbunden sei (Caplow). Durch systematische Pflege der menschlichen Beziehungen im A.sbereich, Förderung des »team-work« und durch → Mitbestimmung versucht man, soziale Faktoren für den Ausgleich der als schädlich erkannten Auswirkungen der »A.sverfremdung« (Briefs) planmäßig zu nützen. Dies ist um so bedeutsamer, als die vollrationalisierte bzw. automatisierte Produktion nur noch wenig soziale Kontaktmöglichkeiten während der → Arbeitszeit bietet. Die sozialen Beziehungen, die früher einen selbstverständlichen Bestandteil des A.svollzugs darstellten, wirken sich oft nur noch negativ (als »Betriebszwang«) und indirekt durch das Fehlen jeder damit verbundenen Spontaneität aus. Dies

ist eine der Ursachen für die wachsende Bedeutung des Freizeitproblems (→ Arbeitszeit, 4).

K.MARX, Das Kapital, Bd 1, 1867 - E.DURKHEIM, De la division du travail social, Paris 1893 - K.BÜCHER, Die Entstehung der Volkswirtschaft, (1893) 1913[3] Kap. VII. VIII. IX - P.LOUIS, Le travail dans le monde romain, Paris 1912 - G.GLOTZ, Le travail dans la Grèce ancienne, Paris 1920 - R.THURNWALD, Art. »A.« (RLV I, 1924, 207 ff) - W.HELLPACH, Die Gesch. der A. (in: A.skunde, hg.v. J.RIEDEL, 1925) - L.H.AD.GECK, Die sozialen A.sverhältnisse im Wandel der Zeit, 1930 - K.DUNKMANN, Soziologie der A. (Hdb. d. A.swissenschaft VIII/IX, Teil 1), 1933 - G.FRIEDMANN, Der Mensch in der mechanisierten Produktion, 1952 - DERS., Zukunft der A., 1953 - TH.CAPLOW, The sociology of work, Minneapolis, 1954. *F.Fürstenberg*

II. Wirtschaftlich

1. Begriff - 2. A. als »Produktionsfaktor« - 3. A.steilung und A.sarten - 4. Moderne Industrie-A. - 5. A.smarkt und Lohn

1. Unter A. im wirtschaftlichen Sinne versteht man zunächst jede Tätigkeit, die auf die Selbstversorgung mit materiellen, der Bedürfnisbefriedigung dienenden Gütern gerichtet ist. Weiter umfaßt der Begriff jede Tätigkeit, die mittelbar (über Gelderwerb und Tausch) der Versorgung des Arbeitenden mit Gütern und Dienstleistungen zur materiellen und ideellen Bedürfnisbefriedigung dient. Grundsätzlich kann jede Tätigkeit zur wirtschaftlichen A. werden, nämlich dadurch, daß sie gegen Geld entrichtet wird. Tätigkeiten, die unmittelbar der ideellen Bedürfnisbefriedigung des Tätigen dienen (zB Hausmusik), rechnet man nicht zur A. im wirtschaftlichen Sinne, ebensowenig »zweckfreie« spielerische Tätigkeiten. Diese Abgrenzung entbehrt nicht der Willkür. Es leuchtet ein, daß sich der wirtschaftliche nicht mit dem physikalischen (A. = Kraft × Weg) und physiologischen (A. = körperliche, energieverbrauchende Anstrengung) A.sbegriff deckt.

2. Die Notwendigkeit der wirtschaftlichen A. ergibt sich aus dem wirtschaftlichen Grundtatbestand der materiellen Bedürftigkeit des Menschen. Durch die A. wandelt er die von der Natur dargebotenen Stoffe und Kräfte in für die Bedürfnisbefriedigung geeignete Produkte um, wobei er sich materieller Hilfsmittel (Werkzeuge, Maschinen) bedient, die selbst wieder mit Hilfe der A. erzeugt worden sind. Bei der Güterproduktion vereinigt sich so die A. mit Naturgaben (Bodennutzungen) und dem Einsatz von Werkzeugen, es werden, wie man sagt, drei Produktionsfaktoren kombiniert. »Faktor« im eigentlichen Sinne ist jedoch nur die A.; die beiden anderen Elemente stellen Instrumente dar, ohne deren Hilfe die A. erfolglos bleiben würde. Hieraus darf nicht geschlossen werden, daß lediglich die A. »wertbildend« (→ Wert und Preis) sei. Das wäre nur dann der Fall, wenn die beiden Hilfsmittel im Überfluß vorhanden wären. Dies gilt jedoch weder für die Bodenkräfte noch für die Werkzeuge. Genauso wie die A. sind sie knapp; das bedeutet, daß auch mit ihnen gewirtschaftet werden muß, daß ihre Verwendung einen Aufwand darstellt und daß sie deshalb bei der Wertbildung mit beteiligt sind (die Werkzeuge auch deswegen, weil ihre Herstellung mit einem Sparvorgang verknüpft ist).

3. Im Laufe der Zeit hat sich aus der Eigenproduktion der sich selbst versorgenden Wirtschaftseinheiten eine A.steilung im Sinne einer spezialisierten Produktion für Fremdbedarf, verbunden mit gegenseitigem Gütertausch, gebildet. Eine weitere Form der A.steilung ist die Aufteilung der Produktion in einzelne hintereinander geschaltete Stufen. Für die neuere Entwicklung charakteristisch ist ferner die immer stärkere Verschiebung des A.seinsatzes auf die Produktionsmittelerzeugung und die Vorbereitung des eigentlichen Fertigungsprozesses, der mehr und mehr maschinell, zT sogar schon vollautomatisch vor sich geht. Man kann diese Erscheinung mit Bücher (→ Arbeit: I) als *A.sverschiebung* bezeichnen. Schließlich hat sich seit Entstehen der Manufakturen eine äußerst differenzierte *A.szerlegung* in den einzelnen → Betrieben entwickelt, dergestalt, daß die Fertigung in eine Vielzahl von A.sgängen aufgespalten wird, von denen jeder von einem spezialisierten Arbeiter verrichtet wird. Das bedingt die Zusammenfassung einer entsprechend großen Zahl von A.skräften (*A.svereinigung*). Die verschiedenen Formen der A.steilung haben zu einer gewaltigen Steigerung der Ergiebigkeit der A. geführt.

Man kann in mannigfacher Weise zwischen einzelnen A.sarten unterscheiden. Wenig glücklich ist die Einteilung in *produktive* und *unproduktive* A. Unter der zweiten Art versteht man hauptsächlich die A., die der Vorbereitung und Kontrolle der Fertigung sowie der Verwaltung dient. Es ist klar, daß diese Tätigkeiten für das Produktionsergebnis viel entscheidender sein können als die A. im eigentlichen Fertigungsprozeß. Auch die Unterscheidung zwischen *geistiger* und *körperlicher* A. ist insofern schief, als es hier keine scharfe Trennung gibt. Brauchbarer sind die Einteilungen in *leitende* und *ausführende*, ferner in *qualifizierte* und *unqualifizierte* A., wobei weitere Untergliederungen vorgenommen werden können.

4. Die A. im modernen Industriebetrieb (→ Industrie: II) empfängt ihre besondere Problematik dadurch, daß es sich um »fremdbestimmte« und extrem einseitige A. handelt. Der Arbeiter fühlt sich nicht mehr als schöpferisch Tätiger, sondern als Rädchen in einer überdimensionalen Maschinerie, die er nicht überblicken kann. Bei vorgeschriebenem Rhythmus (Fließband) und festgelegten Bewegungen fehlt ihm jede Freiheit der A.sgestaltung. Es besteht weiter die Gefahr, daß er nicht als Persönlichkeit, sondern nur als Träger einer A.sleistung gewertet wird. Die A. kann nur schwer eine unmittelbare Befriedigung gewähren, wie dies bei der frei gestalteten A. der Fall ist. Die Produktion, die ja für den Menschen durchgeführt wird, zwingt ihn in die Stellung eines versachlichten Produktionselements. Es ist sehr schwer, durch → Mitbestimmung, Zuteilung von Verantwortungsbereichen u.ä. die Situation zu ändern.

5. Während im vorkapitalistischen Zeitalter die »Gehilfen« der selbständigen Produzenten für ihre A.sleistungen im wesentlichen natural mitversorgt wurden, wird heute den unselbständigen »A.nehmern«, die den Hauptanteil der wirtschaftlich Tätigen ausmachen, für ihre A. ein Geldlohn bezahlt (→ Lohn und Lohnsystem). Die A.sleistung tritt als besonderes wirtschaftliches Gut auf und hat wie jedes andere Gut ihren Markt bzw. ihre Märkte für die einzelnen A.sarten. Die A. wird von den → Unternehmern in denjenigen Mengen gekauft, die ihnen für die Durchführung der geplanten Produktionsprogramme erforderlich erscheinen. Hieraus ergibt sich eine bestimmte Nachfrage nach A. Auf der anderen Seite kann jeder A.sfähige entscheiden, ob (und zu einem gewissen Grad in welchem Umfang) er bestimmte A.sleistungen anbieten will. Hieraus ergibt sich das A.sangebot. Es hängt jedoch weder die Nachfrage noch das Angebot auf den A.smärkten in erster Linie von der Lohnhöhe ab, vielmehr sind in der Hauptsache die Absatzlage bzw. die Notwendigkeit oder der Wille, ein bestimmtes Einkommen zu erzielen, maßgebend. Die Lohnhöhe wird auch nicht durch Angebot und Nachfrage bestimmt, sondern im wesentlichen durch kollektive Vereinbarungen der A.nehmer- und A.geberverbände. Ein Ausgleich zwischen Angebot und Nachfrage tritt also nicht automatisch ein (→ Arbeitslosigkeit).

H.HERKNER, A. u. A.steilung (GdS. II, 1), (1914) 1923[2] - E.WILLEKE, Von der raumgebundenen menschlichen A.skraft, 1937 - A.

KOKKALIS, Die Theorie der A., 1942 - GLENN W. MILLER, Problems of Labor, 1951 - HWSW I, 229ff (Lit.) - HWBW I, 155ff (Lit.).

H. Haller

III. Theologisch

1. Das Problem - 2. Ruhe und A. - 3. A. als Gott-Dienen: a) im Gehorsam, b) in Mandatserfüllung, c) als Dank - 4. A. als Dienst am Menschen: a) zur Existenzerhaltung, b) unter Fürsorge und Segen, c) als Dienst am Mitmenschen, d) als Dienst an der Gemeinde, e) in Genügsamkeit - 5. Ende der A. - 6. Antworten in der Kirchengeschichte: a) im Katholizismus, b) in der Reformation

1. Die Theologie hat ihr besonderes Verständnis der A. nur von der *Bibel* her. Da A. eine Tätigkeit des Menschen ist, hat es nicht nur die → Sozialethik mit der A. zu tun, sondern ebenso die Anthropologie, die Lehre von der Schöpfung, der Erlösung, der Fürsorge, der Heiligung und der Gemeinde. Daher genügt es nicht, auf einige zur A. ermunternde Bibelstellen (Ps 128, 2; Prov 6, 1-6; 2Thess 3, 10; Eph 4, 28 u.ä.) oder auf einige die Sinnhaftigkeit der A. in Frage stellende Aussagen (Gen 3, 17 bis 19; Ps 90, 10; Pred 2, 11-13; Lk 10, 38-42; 12, 15 bis 21; Mt 6, 19-34 u.ä.) hinzuweisen. Während dem modernen Menschen die A. ein besonders gewichtiges Problem ist, erscheint sie in der Bibel als etwas Selbstverständliches mehr interlinear. Darum kann die Gesamthaltung der Bibel zur A. nicht lediglich aus deren direkten Aussagen gewonnen werden. Die Antwort ist aus dem Strukturganzen der biblischen Botschaft zu erheben, wobei jedoch die vielen indirekten Bezugnahmen (unter den Begriffen Sabbat, Sorge, Mensch, Mühe, Nahrung, Schätze, Wandel u.a.) einbezogen werden müssen.

2. Die Bibel zeigt an der (→Sabbat-)*Ruhe* als Ordnung des apodiktischen Rechtes ein größeres Interesse als an der keiner besonderen Anweisung bedürfenden A. Diese in der Urform des → Dekalogs als Arbeitsverbot anbefohlene Ruhe am Sabbat ist positiv dann ein Heilighalten und damit eine Bereitschaft des Menschen für Gott; als solche ist sie zu unterscheiden von der griechischen »Muße« als einem Bereitsein des Menschen für sich selbst (geistige Betätigung). Größer als die Gefahr, die A. und damit seine Existenz zu vergessen, ist für den Menschen die Gefahr, über der A. Gott zu vergessen. Darum erst die Forderung der Ruhe für Gott (Ex 20, 8; Mt 6, 33a) und dann die Freiheit zur A. (Ex 20, 9; Mt 6, 33b). Dabei meint die A. der sechs Werktage nicht nur die zur Existenzerhaltung notwendige A., sondern darüber hinaus alle Beschäftigungen, so daß nicht ein Ausfüllen der sechs Werktage mit Broterwerb gefordert wird. Zudem kann der Mensch erst in der Ruhe vor Gott seine rechte Zuwendung zur Welt und damit auch Sinn, Ziel, Zweck und Wert seiner A. aus der → Offenbarung erfahren. Der Mensch ist nicht »zur A. geboren« (Hi 5, 7 lautet wörtlich: »der Mensch ist's, der das Leid erzeugt«), sondern von Gott für Gott. Letzteres schließt die A. ein, aber verabsolutiert sie nicht (Dtn 8, 3; Mt 4, 4).

3. Der Bibel gilt die A. in all ihren Formen als ein *Dienen.* Sie heißt im AT ʿᵃbodā (von ʿabād = dienen, vgl. ʿæbæd = Knecht, Sklave) bzw. mᵉlaʾkā (= Botendienst von laʾāk = senden); im NT hat ἐργάζεσθαι gemäß dem Sprachgebrauch der Koine ebenso primär die Bedeutung von Dienstleistungen bzw. »niederer« A. Die lat. Bezeichnungen sind servitium bzw. ministerium, während das lat. labor etwa dem hebr. ʿamal bzw. jᵉgîaʿ und dem griech. πόνος bzw. κόπος entspricht.

a) Die als Dienen verstandene A. ist der Bibel zufolge primär ein *Dienen dem Gott.* Das »Gott sprach« steht *vor* dem Auftrag zur A. (Gen 1, 28; Ex 20, 1), nicht aber ist menschliche Erwägung der Quellort der A. Schon vom paradiesischen Menschen wird die A. als Erfüllung einer göttlichen Forderung erwartet (Gen 2, 5. 15), ebenso vom nachparadiesischen, unter der Ordnung Gottes lebenden Menschen (Gen 3, 19; 8, 22; Ex 20, 9; Dtn 5, 13) und auch von dem durch Christus erlösten Menschen (Lk 13, 10ff; Apg 20, 35; Eph 4, 28; 1Thess 4, 11; 2Thess 3, 10ff u.a.). Der Mensch steht daher vor der A. nicht als vor einer »Naturordnung« oder »Schicksalsfügung« (so daß er sie als »schwerstes der Übel« verstehen müßte wie Homer, Il. X, 70f), sondern als dem Willen Gottes. Der Mensch unter Gott steht der A. deshalb bejahend gegenüber. Der griechische Streit in der Tugendlehre, ob die A. ein »Gut« oder ein »Übel« sei, beruht auf anderer Fragestellung. Die A. an sich würde die Autonomie des Menschen voraussetzen. Die *A. aus Gehorsam* ist *A. als Gott-Dienen.* Sie ist nicht als Naturzwang verstanden, sondern Ausdruck der Gemeinschaft mit Gott.

b) Nicht nur in diesem formalen Sinne ist die A. ein Gott-Dienen, sondern auch mit der Sache, die sie tut. Denn sie ist ein *Gott-Dienen am Werk Gottes,* an der Schöpfung (Gen 1, 28). Der Mensch ist mit seiner A. in das Gesamtwerk der Schöpfung als in ein stetig sich vollziehendes hineingestellt und somit Gottes Gehilfe bzw. Mandatar. Dieses *Mandat* hat die Unterstellung der Erde unter den gottgehorsamen Menschen zum Ziel. Der Begriff → »Schöpfungsordnung« für A. ist mit Recht in Mißkredit geraten und trifft die Sache nicht recht; sachgemäßer ist die (von Bonhoeffer vorgeschlagene) Bezeichnung Mandat. Den Auftrag zur A. an der Schöpfung hat der Mensch nicht als Einzelwesen, sondern in der Gemeinschaft. Gen 1, 27f wird das Mandat der als Mann und Frau erschaffenen Menschheit erteilt; Gen 2, 5-16 wird dem mit der A. betrauten Menschen die Frau als »Gehilfin« bzw. Mitarbeiterin zur Seite gestellt (Gen 2, 18).

c) Indem der Mensch seine Doppelstellung nach der einen Seite durch seinen *Ungehorsam* durchbricht (Gen 3, 1-7), zerbricht ihm auf der anderen Seite die Möglichkeit, durch A. Herr der Erde zu werden. Auf Grund des göttlichen, auf das A.sfeld (nicht auf die A.) gelegten Fluches entzieht sich die Erde dem ursprünglich gesteckten A.sziel und antwortet auf die A. mit weitgehendem Versagen der erwarteten und mit Hervorbringen unerwünschter Früchte, so daß der Mensch nur noch unter *Mühsal* (»im Schweiße seines Angesichtes«) der Erde gerade die Nahrung abringen kann (Gen 3, 17-19). Daher kann Ps 90, 10 vom menschlichen Leben sagen: »das meiste daran ist Leid und Enttäuschung« (Luthers Übersetzung trifft nicht den Ursinn); der Prediger (Qohælæt) sieht das (stets von Unsicherheit bedrohte) Arbeiten als »Eitelkeit und ein Haschen nach Wind« an (Pred 2, 11; 1, 3. 13). So ist der Mühsalcharakter der A. in der menschlichen *Schuld* begründet und nicht in Schicksalhaftigkeit (wie bei Hesiod, Erga 43-46; 90-91; 112-118; 176-178; Euripides, fragm. 757 u.ö.). Da die Schuld nicht im A.sunwillen, sondern im Zerbrechen der Gottesgemeinschaft besteht, kann sie auch nicht durch A. aufgehoben, sondern nur durch Wiederherstellen der Gottesgemeinschaft, dh durch *Vergebung,* überwunden werden. Deshalb kann der A. keine sündentilgende oder miterlösende Bedeutung beigemessen werden. Nur Gottes Erlösungswerk (Gottes »zweite A.«) kann überbrükken: »Mir hast du A. gemacht mit deinen Sünden« (Jes 43, 24); des Gottesknechts »Seele hat gearbeitet«, denn »er trägt ihre Sünden« (Jes 53, 11). Diese Erlösungs-A. meint der johanneische Christus: »Ich muß wirken die Werke des, der mich gesandt hat« (Joh 9, 4; 4, 34; 14, 10).

Auf Grund dieser A. Gottes bzw. Christi ist die A. in einen ganz neuen Sinnzusammenhang gestellt und zu einem Handeln befreit, das auch die Mühsal der A. in der Kreuzesnachfolge trägt. Die A. ist nicht nur Antwort auf einen Auftrag Gottes, sondern nun zugleich *Antwort auf die Heilstat Gottes,* dh sie erfolgt als *Dank.* Der erste Teil des Hauptgebotes (Mt 22, 37-39 par) erstreckt sich somit auch auf die A., die ein Ausdruck dankender Gottesliebe ist. Den Haustafeln zufolge soll selbst die schwere Sklavenarbeit Christo zuliebe getan werden (Eph 6, 5; Kol 3, 22-24; Tit 2, 9-10; 1Tim 6, 1-2). Bezüglich der A. heißt es: »Dem Herrn Christus dienet!« (Kol 3, 24). Wo die A. den Menschen gegenüber sinnlos erscheint, erhält sie in der Nachfolge Christi eine neue Begründung: »Was immer ihr tut, daran arbeitet von Herzen als für den Herrn und nicht für Menschen« (Kol 3, 23).

4. a) Indem A. als Mandatsdienst ein Dienst an der Schöpfung ist und der Mensch selbst zu dieser Schöpfung gehört, ist A. zugleich *Dienst am Menschen,* der nur durch seine eigene Mitarbeit seine Existenz zu erhalten vermag. Gott verknüpft sein Interesse an der Schöpfung mit dem *Selbsterhaltungs*interesse des Menschen. Dadurch erhält die A. für den Menschen ihren *Zweck.* Eine sog. »zweckfreie« A. ist eine weltfremde Utopie. Darum ist schon in den Schöpfungsberichten das Nahrungsfinden des Menschen an dessen A. geknüpft (Gen 1, 28-29). Das »Essen« ist abhängig von der A. (Gen 3, 17-19). Insofern als Gott der menschlichen A. aber diese Folge nicht entzieht, bleibt die A. ein Segen: »Du wirst dich nähren durch deiner Hände A., wohl dir, du hast es gut« (Ps 128, 2). Über der Menschheitsgeschichte liegt die Verheißung, daß dieser an die A. gebundene Segen erhalten bleibt (Gen 8, 22). Indem dieser Segen (im weitesten Sinne, einschließlich Kleidung, Wohnung, materieller und geistiger Kulturgüter) aber an die A. gebunden ist, zieht Trägheit als Ungehorsam, Armut und Sünde nach sich (Spr 6, 6-11; 10, 4; 12, 11-27; 13, 4; 14, 23; 19, 15. 24; 20, 17; 21, 25; 24, 30-34; 26, 13-16; 28, 19 u.ö.). Auch im NT ist die Verantwortlichkeit des Menschen für seine Existenzerhaltung durch eigene A. betont (Apg 20, 33-35; 1Kor 9, 7-15; 1Thess 4, 10-12; 2Thess 3, 6-9; 1Tim 5, 8). Wohl sollen die Armen mit den A.sfrüchten der Gläubigen unterstützt werden (Apg 2, 45; 4, 34; 2Kor 8, 14; 9, 1-13), nicht aber Arbeitsscheue (2Thess 3, 10). Wenn Existenzerhaltung auf den Menschen gesehen der Zweck der A. ist, so muß der → Lohn dem Arbeitenden auch das Leben ermöglichen (Dtn 24, 14; Jer 22, 13; Mt 10, 10 par; 1Kor 9, 7-14; 1Tim 5, 18; 2Tim 2, 6; Jak 5, 4).

b) Dieser Segen liegt nicht automatisch auf der A., er ist ein Geschenk der *Fürsorge Gottes,* der Sonne und Regen für Gute und Böse spendet (Mt 5, 45). Darum sollen sich Bitte und Dank an den fürsorgenden Gott wenden (Ps 90, 17; Pred 3, 13; Dtn 16, 15; 30, 9; 28, 1-12; Ps 65, 10-14). Weil der Mensch sich der Fürsorge Gottes anvertrauen darf (Mt 6, 25-34), soll er um das Brot nur für den jeweiligen Tag bitten (Mt 6, 11 par).

c) Nicht nur auf den Arbeitenden selbst, sondern ebenso auf den *Mitmenschen* soll sich die Ausrichtung der A. beziehen, schon auf Grund des zweiten Teils des Hauptgebotes (Mt 22, 38 par). Nicht ein verantwortungsloses der Gemeinde oder anderen Zurlastfallen, sondern ein Mittragen für die Gemeinschaft wird erwartet, zunächst in bezug auf die eigene *Familie* (1Tim 5, 8. 16; 2Kor 12, 14). Kein Gemeindeglied soll auf ein »geschenktes Brot« aus sein (2Thess 3, 7-8). So hat Paulus sich seinen Gemeinden als Vorbild empfohlen, obwohl er Anspruch auf Unterhalt durch die Gemeinde hätte (Apg 20, 33-34; 1Kor 4, 12-16; 9, 4-15; 1Thess 2, 9; 4, 11-12; 2Thess. 3, 6-8). Über solche Rücksicht hinaus geht es darum, mit den A.sfrüchten den *A.sunfähigen die Existenz zu ermöglichen* (Apg 20, 35). Dies kann als spezifisch christliches A.smotiv gelten: Eph 4, 28; und so hat Paulus aus der Nächstenliebe die A.spflicht hergeleitet (1Thess 4, 9-11; 2Thess 3, 11-13; Eph 4, 28; Apg 20, 35; vgl. auch Tabea in Apg 9, 36ff). Damit wird keine neue »christliche« Wirtschaftsordnung aufgestellt, vielmehr in der jeweilig vorfindlichen die Bewährung der Liebe erwartet.

d) Einen neuen Aspekt erhält die A. im Hinblick auf die *Gemeinde,* nämlich als *missionarisches Zeugnis.* Die A. und die A.sweise der Gemeindeglieder wird im Zusammenhang der gesamten Lebensführung als ein Christuszeugnis der Gemeindeglieder gesehen und soll als solches bei den Heiden Achtung auslösen und eine werbende Kraft unter diesen entfalten. Der »ordnungsgemäße« und »ehrbare«, unter Arbeitsamkeit sich vollziehende Wandel der Christen vor den »Draußenstehenden« ist ein Stück Mission (Kol 4, 5; 1Thess 4, 12; 2Thess 3, 7; Röm 13, 13; 1Kor 14, 10; vgl. bes. 1Petr 2, 12; Mt 5, 16). Die Konsequenz ist dann die Gemeindezucht an denen, die Christo Unehre machen (2Thess 3, 10-15).

e) Wenn Zweck der A. die Lebenserhaltung des Arbeitenden und der Bedürftigen ist, so kann die A. nicht auf das Anhäufen von Schätzen gerichtet sein. Nicht das Besitzen, sondern das Erstreben von Schätzen als vermeintlicher Lebenssicherung (Lk 12, 15-21; Mt 6, 27; 19, 22-24) und der Mißbrauch des Reichtums zu Ausschweifungen und in Unbarmherzigkeit (Lk 6, 24; 16, 19ff; 1Tim 6, 17; Jak 2, 6; Gal 5, 19ff) stehen dem Dienstcharakter der A. entgegen. Der Besitz (→ Eigentum: I) gilt als Leihgabe Gottes, den die Christen »haben, als hätten sie nicht«, und den sie darum in den Dienst der Mitmenschen stellen können (Mt 19, 21; Lk 19, 8; 1Kor 7, 29-31; 1Tim 6, 18). Das Mehrhabenwollen (die Pleonexia; → Lebensstandard) ist das versucherische A.smotiv (Mk 7, 22; Lk 12, 15; Röm 1, 29; Eph 4, 19; 5, 3; Kol 13, 5; 1Kor 5, 10; 6, 10). Auf den Arbeitenden selbst gesehen sollen angesichts der eschatologischen Stunde die Lebensnotwendigkeiten genügen (1Tim 6, 8-10; vgl. Phil 4, 11-13; Hebr 13, 5). Die moderne Überschätzung der A. als einer Quelle der Sicherheit und die daher rührende hektische Betriebsamkeit ist nach biblischem Urteil eine Auswirkung der Angst (Mt 6, 25-34) und letztlich ein Zeichen von Unglauben und Götzendienst (Mt 6, 32; Eph 5, 5; Kol 3, 5).

5. Die A. als Dienst an der Schöpfung, an der Selbsterhaltung, am Mitmenschen und an der auf Erden wandernden Gemeinde ist vergleichbar den sechs Werktagen des göttlichen Schöpfungswerkes und wird abgelöst von dem *Sabbat des ewigen Lebens,* so daß der irdische Ruhetag bereits ein Vorschmack der Ewigkeit ist, auf die sich die Hoffnung der Christen richtet (Hebr 4, 19-8; vgl. 4, 9-11; Mt 6, 33; Lk 10, 38-42; Mt 24, 37-44 par; Apk 14, 13; Mt 25, 31-46). Der Werktag des Lebens hat dann ein Ende. Das irdische Dienen wird abgelöst von dem ewigen Gottesdienst der Anbetung.

6. a) Schon der *altkirchliche Katholizismus* hat in seiner A.slehre eine Synthese von Naturrecht und biblischer Botschaft gebracht. Die A. wird im philosophischen Sinne als moralische Tugendübung verstanden und damit das Evangelium zum Gesetz gemacht. Unter dieser Voraussetzung aber hat die Alte Kirche eine bewundernswerte Erziehungs-A. an einer heidnisch-geprägten Bevölkerung geleistet. Jesus, Paulus und Petrus werden als moralische Vorbilder insbesondere handwerklicher A. vor Augen gestellt; Augustin prägt das Wort vom »ehrbaren Handwerk« (De op. monach. 14). Der heidnische Philosoph Celsus spottet darüber, daß die Christen sich die Zugehörigkeit zur arbeitenden Bevölkerung als Ehre anrechnen (Orig., Contra Cels. III, 55. VI, 36). Die biblischen A.smahnungen werden als Gemeindeordnung gehalten (Did 12, 3-5; Barn 10, 4; Ambrosius, De Cain II, 2, 8). Didasc. 13 bestimmt: »All ihr Gläubigen nun sollt an jedem Tage und zu jeder Zeit, sooft ihr nicht in der Kirche seid, fleißig bei eurer A. sein... Ein Fauler näm-

lich kann nicht Gläubiger werden.« In Motiv und Zielsetzung aber tritt eine entscheidende Änderung ein. Die A. wird vom Dienen zum Verdienen. Schon in nachapostolischer Zeit setzt die asketische Wertung der A. als eines Sühnemittels ein: »Arbeite mit deinen Händen zur Erlösung von Sünden« (Barn 19, 10). Die sündentilgende Kraft der durch A. erworbenen und als Almosen gegebenen Güter überträgt sich auf die A. selbst (Const. ap. VII. 12, 2; Iren., Adv. haer 12, 5; Origenes, In Lev 2, 4; Cyprian, De lapsis 35). Daher wird die A. (in falscher Exegese von Gen 3, 17ff) als Sündenfluch verstanden, der durch A. wieder gutgemacht werden kann (Iren., Adv. haer III. 23, 2). »Was du auch arbeitest, das arbeitest du dafür, daß du Gott schauest« (Augustin, En 2 in Ps 90, 13). So hat auch das → Mönchtum (: II) - neben anfänglicher Weltflucht - die A. asketisch als Prophylaxe gegen Sünden eingeschärft (Hieron., ep. 130, 15). Makarius forderte von jedem Mönch neben den Gebetsleistungen eine siebenstündige Hand-A. (Reg. ad monach. MPL 34, 968; vgl. Basilius, Reg. fus. tract. interr. 37; Benedikt, Reg. 48).

Der *mittelalterliche Katholizismus* führte diese Entwicklung weiter, bis sie in Thomas von Aquino ihre klassische Ausprägung fand. Vom Naturrecht her verstand Thomas die A. als Mittel zur Lebenserhaltung (ad victum quaerendum: Summa theol. II, 2. qu. 187c). Die A. gehört ihm zur Gottebenbildlichkeit des Menschen, da er Gott (in Anlehnung an Aristoteles) als reine Tätigkeit versteht (ebd qu. 188 a 7; Summa c. gent. 3, 21). Wie die 2. Lateransynode von 1339, so lehnte auch Thomas das Zinsnehmen bei Kapitalgeschäften als Verdienen ohne Gegenleistung ab. Als Begründung diente neben dem fälschlich als Zinsverbot bei Kapitalgeschäften ausgelegten Verbot des Zinsnehmens für Darlehen an Notleidende (Ex 22, 24; Dtn 23, 20. 35; Mt 5, 42) vor allem das aristotelische Prinzip: nummus nummum non parit. Von stoischen Traditionen her versteht Thomas die A. als officium und meint, daß der Mensch durch A. gottähnlich werde. Dabei unterscheidet er unter dem Einfluß des Aristoteles und des Mönchtums die körperliche A. auch sittlich von der kontemplativen, wobei er letzterer das »größere Verdienst« zuspricht (Summa theol. II, 2. qu. 182, 1-2), und begründet auf diese Weise somit die mittelalterliche Ansicht von der größeren Verdienstlichkeit mönchischer Lebensführung vor »weltlichem« Tun.

Diese Anschauung von der A. hat der *moderne Katholizismus* übernommen und in seine Lehre von der »berufsständischen Ordnung« der Gesellschaft eingebaut (vgl. die Enzykliken Rerum novarum 1891 und Quadragesimo anno 1931). Die A. wird einmal als Mittel zum Erwerb des Lebensunterhalts und als Voraussetzung zur Erhaltung der menschlichen Gesellschaft erkannt; aber sie gilt auf der anderen Seite auch als »Gott versöhnende Buße«, als »Selbstveredelung durch Selbstverleugnung«, als »Quelle reichsten Verdienstes« und als »der sicherste Weg zu den höchsten Gütern« (H.Pesch, Lehrb. d. Nationalökonomie IV, 1923, 333; vgl. F.Tillmann, Hdb. d. kath. Sittenlehre IV, 2, 1950, 160). Die große sittliche Kraft dieses asketisch-verdienstlichen Bewertens der A. sollte nicht übersehen werden, auch nicht die erzieherische Wirkung der kath. Tugendlehre, die sowohl im karitativen Dienst der Orden als auch im Alltag der Laien zu einem geduldigen Tragen der Mühen befähigt.

b) Die *Reformation* hat durch Luthers Zurückgehen auf die Schrift und infolge seiner Lehre von der Rechtfertigung durch Gnade nicht nur die asketisch-verdienstliche Wertung der A. abgelehnt, sondern zugleich auch wieder die Freiheit gewonnen, den biblischen Dienstcharakter der A. zu erkennen. »Weil es Gottes Gebot ist und ihm vor allen anderen Werken gefällt«, sollen selbst Knechte und Mägde »mit Lust und Freuden« ihre A. verrichten (Gr.Kat. 4. Geb. § 143). Insofern versteht *Luther* die A. als »Gottesdienst«. Nur Gläubige (aus Gnade Gerechtfertigte) können den wahren Charakter der A. erkennen und diese nicht nur als Geldquelle bewerten: »Wenn ich auch Geld und Gulden habe, werde ich dennoch arbeiten, weil es ein Gebot ist, daß ich arbeite und ihm die Sorge überlasse. Wer ist es aber, der so arbeitet? Die Christen« (WA 29, 441, 19ff). Im Gegensatz zu kath. Selbstveredelungsverständnis gilt die A. hier als Dank für die Erlösungstat: »Derhalben sollst du von Herzen froh sein und Gott danken, daß er dich dazu erwählt und würdig gemacht hat, ihm solch köstliche angenehme Werke zu tun. Und halte es nur für groß und teuer (obgleich es als das allergeringste und verachtetste angesehen wird), nicht unsrer Würdigkeit halber, sondern daß es in dem Kleinod und Heiligtum, nämlich Gottes Wort und Gebot, gefaßt ist und geht... Sollte nun nicht ein Herz springen und von Freuden zerfließen, wenn es zur A. ginge und täte, was ihm befohlen wäre« (WA 30/I, 149, 17ff). Gott will die A.sfrüchte aber nicht für sich, er will sie in den Dienst des Nächsten gestellt wissen. Folglich wird der Christ, wenn er im Gehorsam gegen Gott seine A. in den Dienst der Nächsten stellt, zu einem »Mitarbeiter« Gottes. Das meint Luthers Bezeichnung der A. der Christen (und nur dieser) als »Gottes Larve« (ebd 436, 7ff). Nur weil K.Barth diesen Zusammenhang nicht berücksichtigte (KD IV/4, 597), konnte er mit der Deutung der A. als Gottes Larve bei Luther nichts anfangen. Luther meint es als ein Tun des Willens Gottes auch in der A. und mit ihren Früchten: »Du sollst etwas tun und dem Nächsten dienen wie Christus dir« (WA 27, 361, 10). Luther weiß wohl von der Plage und dem Schweiß der A. (WA 32, 472, 16ff u.ö.), aber den Segen der A. schreibt er Gott zu: »Arbeite du und laß ihn Früchte bescheren« (WA 30/I, 436, 7ff). Unter diesen Voraussetzungen konnte Luther die mönchische Überordnung der kontemplativen A. über die »weltliche« nicht anerkennen, schrieb vielmehr jeder in Gottgehorsam erfolgenden A. ihr von Gott Angeordnetsein und ihre Verantwortlichkeit vor Gott zu und bezeichnete daher jede solche A. als →Beruf (: III). Aus dieser Schau hat er zwar 1Kor 7, 20 die Berufung zum Glauben irrtümlich als Berufung in weltliche A. verstanden und mit »Beruf« übersetzt, aber doch zu Recht die religiös-unterschiedliche Bewertung von »geistlicher« und »weltlicher« A. aufgehoben. Seine A.sauffassung korrespondiert seiner Lehre vom allgemeinen →Priestertum. Die häufig nachgesprochene These von Holl (I, 262; Elert, ML II, 468), daß Luther damit die »A. um der A. willen« lehrte, ist ein von K.Barth zu Recht monierter Irrtum (IV/3, 597).

Calvins Ansichten über die A. sind lange Zeit (vor allem bei M.Weber) vom späteren → Puritanismus aus interpretiert worden. Tatsächlich geht Calvin in seinen sozialethischen Ansichten von der geschenkten Erlösung aus und steht mit seiner Distanzierung von der Welt wie mit seiner Zuwendung zur Welt viel näher bei Luther als bei einer Askese. Nach Calvin sind »die Menschen zu dem Zweck geschaffen, daß sie sich in A.en üben, und keine Opfer gefallen Gott mehr, als wenn jeder in seine Berufung eingespannt nutzbringend für das gemeine Beste zu leben bemüht ist« (CR 45, 382 zu Lk 10, 38ff). In der Berufs-A. vollzieht sich auch nach seiner Ansicht das Dankopfer gegen Gott ebenso wie »die natürliche Verbundenheit mit dem Nächsten«. Darum lehnt Calvin Müßiggang, Bettel und mönchische Beschaulichkeit ab und fordert Arbeitsamkeit, Sparsamkeit und Mäßigkeit der Erwählten. Ähnlich wie Luther lehnt er die Askese als inhumana illa philosophia ab, die nullum nisi necessarium usum concedit ex creaturis (Inst. III, 10, 3), während Gott die Kreaturen doch auch zur Annehmlichkeit für den Menschen geschaffen habe (Serm. 6 sur le Décal.; vgl. Inst. III, 19, 9). Ebenso wie Luther verwirft er Wucher und Zinsmißbrauch, geht aber in der Entwicklung einer Zinslehre für kaufmännische Geschäfte über Luthers einfache Zulassung hinaus. Die Entstehung des modernen → Kapitalismus ist weniger aus Calvins Lehre zu begründen als aus der → Renaissance und einem sich säkularisierenden Calvinismus.

Über die weitere Entwicklungsgeschichte des Begriffs A. in der Neuzeit und über die Problematik, die sich aus der mechanisierten Produktionsweise ergibt, →Arbeiter, → Arbeitsethos, → Beruf: III, → Liberalismus, → Kapitalismus, → Sozialismus, → Marxismus, → Eigentum, → Geld, → Lohn.

HOLL I, 259ff - M.WEBER, Gesamm. Aufs. z. Religionssoziologie I, 1947[4] - E.BRUNNER, Das Gebot u. die Ordnungen, 1939[4] Kap. 33 bis 35 - W.ELERT, Das christl. Ethos, 1949 § 19f - ELERT, ML II, 466ff - J.H.OLDHAM, Work in Modern Society, London 1949 (dt.: Die A. in der modernen Welt, 1950) - BARTH, KD III/4 § 55, 3 - A. RICHARDSON, The Biblical Doctrine of Work, London 1952 (dt.: Die bibl. Lehre von der A., 1953) - W.BIENERT, Die A. nach der Lehre der Bibel, 1954 (Lit.) - DERS., Grundriß einer ev. Sozialethik für den Handwerker, 1956 - THIELICKE, ThE II/1, 395ff - A.DEQUERVAIN, Ruhe u. A., Lohn u. Eigentum (Ethik II/3), 1956.

W.Bienert

Arbeiter

I. Soziologisch - II. A. und Kirche

I. Soziologisch

1. Löst man den *Begriff* A. von der konkreten Sozialstruktur ab, so wird er zu einer leeren Formel, die nur noch wenig zum Verständnis und Selbstverständnis einer Gesellschaft beizutragen vermag. Das wird deutlich, wenn man, wie zB → Sombart, den Sklaven, den Tagelöhner und den Industrie-A. gleichermaßen als A. auffassen will. Im Sozialbewußtsein unserer Zeit gilt vor allem derjenige als A., der in lohnabhängiger Stellung überwiegend körperlich-manuelle Arbeit verrichtet. Nun findet man zwar den sich gegen Lohn Verdingenden als »Tagelöhner« schon im Altertum und MA, aber die Existenz des vorwiegend dem agrarisch-handwerklichen Lebensbezirk zugehörigen Tagelöhners war noch keineswegs wie die des A.s ausschließlich oder in erster Linie auf Lohneinkommen gegründet. Die prinzipielle soziale Ungesichertheit des Tagelöhners wurde allerdings zu einem entscheidenden Charakteristikum des Lohnarbeitsverhältnisses überhaupt (→ Lohn). Der Begriff A. taucht dagegen zuerst im nicht-handwerklichen, frühindustriellen Produktionsbereich auf und wird auch erst mit dem Industriesystem (→ Industrie: I) zu einer zentralen Deutungskategorie unserer Gesellschaft. Wenn andererseits Sombarts These, daß sich jeder bei dem Wort A. etwas anderes denken könne, heute mehr denn je zuzutreffen scheint, so geht das nicht zuletzt darauf zurück, daß die vielfältigen Deutungen, die in der Vergangenheit aus partiellen politischen, ökonomischen oder sozialen Ansätzen heraus gewonnen worden sind, noch außerordentlich stark und weitgehend unkoordiniert das Erkenntnis- und Orientierungsbemühen der Gegenwart beeinflussen.

2. Es ist verständlich, daß man das neue *Phänomen* A. zunächst mit den überlieferten sozialen Kategorien zu bewältigen suchte. W.Weitlings → »Kommunismus« ist dafür ebenso ein Beispiel wie W.H.Riehls »vierter Stand«. Diese Versuche entsprangen dabei keineswegs einem unzeitgemäßen → Konservativismus, sondern waren Ausdrucksformen der »eigentümlich langdauernden Situation des Übergangs unserer arbeitenden Schichten aus gebundenen Gemeinschaftsverhältnissen zur ökonomischen Klassenlage und zum Klassenbewußtsein« (Jantke). Mit der Entfaltung der industriell-kapitalistischen Produktionsweise (→ Industrie, → Kapitalismus) tritt dann aber der politisch-ökonomische Aspekt immer mehr in den Vordergrund. Soziale Gestalt und gesellschaftlich-politische Position des A.s werden demnach vorrangig durch das Lohnarbeitsverhältnis bestimmt. Als Lohn-A. ist er »der rechtlich freie, wirtschaftlich selbstverantwortliche Mensch, der seine Arbeitskraft, geistige wie körperliche, zu fremdbestimmten Leistungen gegen Marktpreis veräußert« (Briefs). Seine Arbeitskraft ist die einzige Ware, die der A. auf dem kapitalistischen Markt (→ Kapitalismus) anzubieten vermag. Und er muß sie zu jedem Preis anbieten, weil er aller sonstigen Subsistenzmittel beraubt worden ist. Das ist die Grundlage der Ausbeutung des A.s durch die Besitzer der Produktionsmittel. Die kapitalistische Produktionsweise hat eine neue politisch-soziale → Klasse geschaffen: die Arbeiterschaft als → Proletariat. In dieser gesellschaftspolitischen Kategorie haben → Marx und → Engels ihre folgenschwere Analyse der ökonomisch-sozialen Situation des A.s eingefangen. Sie hat der deutschen A.bewegung (→ Sozialismus: I, → Marxismus, → Sozialdemokratie: I, → Gewerkschaften) ihr eigentümliches, von dem der A.bewegungen in den übrigen Industrieländern abweichendes Gepräge gegeben.

Bei Marx und Engels tritt auch der spezifische Aspekt des A.s als »Industrie-A.« zum ersten Mal in aller Schärfe zutage. Der Verlust des selbständigen Charakters der Arbeit in der arbeitsteiligen Industrie setzt den Beginn der Selbstentfremdung des Menschen. Der A. »wird ein bloßes Zubehör der Maschine, von dem nur der einfachste, eintönigste, am leichtesten erlernbare Handgriff verlangt wird« (Kommunistisches Manifest). In dieser Formierung ist der A. durchaus und wesentlich zum Gegentyp des Trägers der vorindustriellen Produktion, des Handwerkers (→ Handwerk), geworden. War der Handwerker der mit hohen beruflichen Qualifikationen ausgestattete, eigenständig Schaffende, so stellte sich der A. als der durch nichts qualifizierte Teil einer immer vollkommener werdenden Maschine dar. Die Arbeit war zu einem Werkstoff unter anderen geworden (Briefs). Nun hat aber weder die vollkommener werdende Maschinentechnik (→ Technik, → Rationalisierung) noch die fortschreitende Arbeitsteilung zu der vorausgesagten Einebnung aller beruflichen Qualifikationen (→ Beruf) geführt. Soweit dieser Prozeß auch auf der »Stufe der halbselbständigen Maschinen« (Friedmann), deren Symbol das Fließband ist, vorangetrieben wurde, von Anfang an und in zunehmendem Maße entwickeln sich auch neue Formen beruflicher Qualifikation. Das wird auf der bereits heute erkennbaren Stufe der selbständigen Maschine, der Vollautomatisierung, besonders deutlich. Stand zunächst der A. als »Ungelernter« nur dem »gelernten« Handwerker gegenüber, so gesellte sich zu dem Handwerker bald der »gelernte« industrielle Fach-A. Zwischen diese beiden Gruppen aber hat sich eine immer breiter werdende Schicht von »angelernten« Spezial- und Fach-A.n eingeschoben. Die »berufliche« Differenzierung der Arbeiterschaft ist heute schon so weit fortgeschritten, daß auf der einen Seite noch immer der »Ungelernte« steht, von dem man nicht viel mehr als ein gewisses Maß an körperlicher Kraft verlangt, während sich auf der anderen eine wachsende Gruppe von Fach-A.n, von »neuen Handwerkern«, mit hohen technischen Qualifikationen herausbildet. Dabei zeichnet sich die Tendenz ab, den Begriff A. auf die erste Gruppe zu beschränken. Diese Entwicklung ist allerdings noch nicht so eindeutig und allgemein, daß sie bereits eine Gleichsetzung von ungelerntem A. mit A. schlechthin erlaubte. Das geht nicht zuletzt darauf zurück, daß A. nicht nur eine »berufstechnische«, sondern zugleich auch eine gesellschaftspolitische (klassentheoretische) Kategorie war und, wie abgeschwächt auch immer, noch gegenwärtig ist. Einen anderen, aber von diesen grundlegenden Veränderungen bereits gleichfalls in Frage gestellten Aspekt gewinnt der Begriff A. auf dem Hintergrund der wachsenden Schicht der → Angestellten. Sowohl A. wie Angestellte sind lohnabhängige Arbeitnehmer, aber die Zurechnung zur einen oder zur anderen Gruppe hat für den einzelnen nicht nur erhebliche Unterschiede hinsichtlich seiner arbeits- und versicherungsrechtlichen Stellung (→ Arbeitsrecht, → Sozialversicherung) zur Folge, sondern beeinflußt auch ganz entscheidend seine Position in der gesellschaftlichen Umwelt und sein soziales Selbstbewußtsein. Dennoch sind die Zurechnungsmerkmale heute weniger denn je klar und eindeutig. Sie laufen aber letztlich alle darauf hinaus, daß die Tätigkeit des A.s vorwiegend körperlich-manueller, die des Angestellten dagegen überwiegend geistiger Natur sei oder sich doch zumindest im »Büro« vollziehe. In dem Maße aber, wie die halb- und vollautomatische Maschine auch im Büro vordringt, während der A. neuartige, nicht-manuelle Qualifikationen gewinnt, überlagern sich beide Bereiche derart, daß die traditionellen Abgrenzungen zwischen A. und Angestellten irreal erscheinen und eine unterschiedliche rechtliche Behandlung und soziale Wertung aus der Perspektive des A.s schwerlich gerechtfertigt werden kann. Hinzu kommt, daß die Einkommens- und damit Lebenshaltungschancen der qualifizierten Fach-A. vielfach schon höher als die der unteren und mittleren Angestellten sind.

3. Die Vielschichtigkeit dessen, was unter A. verstanden worden ist und verstanden wird, macht es unmöglich, ein allgemeines Urteil über die *gegenwärtige soziale Situation* des A.s zu finden. Man wird aber soviel feststellen dürfen, daß das vielfältige Mit- und Gegeneinander von A.bewegung, Staat und Wirtschaft in den letzten acht Jahrzehnten (→ Sozialgeschichte) dazu geführt hat, daß der A. mehr und mehr von der proletarischen Existenz abgelöst wurde, auf die er in der industriekapitalistischen Epoche scheinbar hoffnungslos verwiesen war. Die soziale und ökonomische Lage des A.s hat sich heute zweifelsohne wesentlich von ihrem Ausgangspunkt entfernt: → Lebensstandard und Lebenszuschnitt bewegen sich in unmittelbarer Nachbarschaft der Lebensmöglichkeiten und -formen des sog. Kleinbürgertums (→ Bürgertum: I): Verkürzung der → Arbeitszeit, umfassendere Sicherungen gegen die Wechselfälle des Lebens (→ Sozialversicherung), Chancen des individuellen Aufstiegs, Zugang zu den politischen und gesellschaftlichen Führungsstellen, usw. In der gleichen Zeit hat sich auch die Stellung des A.s im Betrieb gewandelt. Fachqualifikation, → Gewerkschaften, Kündigungsschutz und → Mitbestimmung haben seine innerbetriebliche Position wesentlich verstärkt. Hinzu kommt, daß auch auf Betriebsseite die enge technisch-kommerzielle Sicht mehr und mehr überwunden wird. Betriebliche → Sozialpolitik, »human relations«, »Verbesserung des Betriebsklimas« sind Kennzeichen dieser veränderten Situation. Ihr begegnet die Suche des A.s nach einem sicheren Arbeitsplatz als Grundlage seiner sozialen → Sicherheit. Auf diese Weise nähert sich der A. zunehmend dem Betrieb, ohne daß der im gesellschaftspolitischen A.begriff zum Ausdruck kommende überindividuelle Solidaritätszusammenhang (→ Solidarität) vollends verlorenginge. Allmählich schwindet aber der Glaube, daß der A. als A. keine andere Chance als ein prekäres Lohnverhältnis habe. Der A. fängt an, sich als gleichwertiges Mitglied der Gesellschaft zu fühlen und einzurichten. Dieser Prozeß weist aber so viele Schattierungen und Abstufungen auf wie die Gruppe selbst, die man unter der Kategorie A. zusammenzugreifen versucht.

G. Briefs, Das gewerbliche Proletariat (GdS IX/1), 1926 - W. Sombart, A. (HWS) - E. Mayo, The Social Problems of an Industrial Civilization, 1945 (dt.: Probleme industrieller Arbeitsbedingungen, 1949) - G. Friedmann, Problèmes humains du machinisme industriel, 1947 (dt.: Der Mensch in der mechanisierten Produktion, 1952) - H. Maus, A. (HWSW I, 234ff; Lit.) - H. Schelsky (Hg.), A.jugend gestern u. heute, 1955 - C. Jantke, Der vierte Stand, 1955 (Lit.) - F. Pollock, Automation. Materialien zur Beurteilung der ökonomischen u. sozialen Folgen, 1956 - H. Popitz u.a., Technik u. Industriearbeit, 1957.

H. Kluth

II. Arbeiter und Kirche *in Deutschland*

1. Der einzelne Arbeiter: a) Allgemeines Verhalten; Wandlungen - b) Bewertung der Kirche und des Pfarrers - 2. Die vorhandenen A.-Organisationen - 3. Die Stellung der Kirche zum A.: a) Neuorientierung - b) Kirchliche Organisationen - 4. Die besondere Lage in der DDR - 5. Ausblick. - Vgl. auch → Arbeiterbewegung

1. a) Rein äußerlich gesehen haben die in Deutschland tätigen A. zwischen den beiden Weltkriegen und auch danach der Kirche keinesfalls eher den Rücken gekehrt als Glieder anderer Stände. Weder die alten Kirchenaustrittsparolen (→ Kirchenaustritt: III) noch auch die nationalsozialistische Propaganda konnten die äußere Lösung von der Kirche erreichen. Allerdings wußte der weitaus größere Teil der A. sehr wenig mit der Botschaft der Kirche anzufangen. Der Prozeß der inneren Entfremdung drückte sich in einem bewußten Abseitsstehen aus, mitverschuldet durch den oft seelenlosen modernen Arbeitsprozeß (»berufsfremde« Arbeitsausübung!). Die in »Randsituationen« noch großenteils beanspruchte Mitwirkung der Kirche (Taufe, Konfirmation, Trauung, Beerdigung) darf über die tatsächliche Einstellung nicht hinwegtäuschen.

Dennoch sind wichtige Wandlungen festzustellen, auch wenn sich in Gesprächen wie im praktischen Verhalten noch das aufklärerisch-materialistische Weltbild weithin auswirkt. Die schweren Erschütterungen der jüngsten Vergangenheit haben Fronten aufgelockert und kirchenfeindliche Stimmungen in breiteren Kreisen zurückzudrängen begonnen.

Vorurteile aus früherer Zeit, als stehe die Kirche auf der Seite der Arbeitgeber oder trage mit einer überalterten Botschaft zur Verdummung des Volkes bei, werden allmählich abgebaut und persönliche Erfahrungen von ehedem berichtigt. Neben einzelnen, bewußt kirchlich gebliebenen A.familien tritt heute ein neuer A.typ hervor, der Zugang zur christlichen Botschaft sucht, wobei ihm die tatsächliche Anrede an den Menschen wesentlicher erscheint als überkommene Formen kirchlichen Lebens. Schätzungsweise 5% der A. scheuen heute nicht ein offenes Bekenntnis zur Kirche, wobei allerdings oft die Stellung dieser kleinen Schar gegenüber der Mehrheit im Betrieb schwierig und ihre Sammlung weithin nur ein Wunsch bleibt. Nicht übersehen werden darf die neue gesellschaftliche Stellung des A.s auf Grund verbesserter Lebensbedingungen und endlich erreichter Gleichstellung.

b) Die Kirche wird heute nur noch in Einzelfällen - meist im Zusammenhang mit Kirchensteuer u.ä. - offen angegriffen. Der A. übersieht keineswegs die gesteigerte soziale Leistung der Kirche (Heime und Anstalten, Kindergärten und Erholungsstätten und bes. die Betreuung der heranwachsenden Jugend). Die Bewertung der Kirche als notwendiges Erziehungsinstitut für Kinder bis zur Konfirmation erweitert sich allmählich zu einem tieferen Verständnis für die Wichtigkeit ihrer Botschaft an den modernen Menschen. So sieht es auch der indifferent eingestellte A. mitunter nicht ungern, wenn seine Kinder auch nach der Konfirmation noch die Verbindung zur Kirche halten oder wenn der Pfarrer bei Erziehungsproblemen berät und hilft.

Ohne Zweifel gibt es nicht wenige A., die höchst skeptisch von der »Arbeit« des Pfarrers sprechen; der weitaus größere Teil ist jedoch bereit, Verständnis für das vielseitig gewordene Wirken des Pfarrers aufzubringen, auch wenn er selbst weiterhin nur selten wirklich seelsorgerlichen Rat bei ihm sucht.

2. Von den verschiedenen Organisationen der Arbeitnehmer übt heute die Einheitsgewerkschaft den größten Einfluß aus, nachdem der Versuch, eine eigene »christliche« Gewerkschaftsbewegung ins Leben zu rufen, sich nicht als durchschlagend erwiesen und vor allem in ev. Kreisen Widerstand gefunden hat (→ Gewerkschaften). Für das Verhältnis zur Kirche ist entscheidend, daß die alten Vorurteile bei den Funktionären der Gewerkschaft vielfach einer echten Bereitschaft zum Verständnis gewichen sind. Auch von einer »parteioffiziösen« Linie gegenüber der Kirche, etwa aus dem sozialistisch bestimmten Lager her, kann kaum die Rede sein; selbst die kommunistisch beeinflußten Gruppen nehmen durchweg nicht mehr offen gegen die Kirche Stellung. Diese Haltung der Verbände gegenüber der Kirche ist allerdings nicht ohne weiteres Folge einer wirklichen Besinnung auf den Gehalt der christlichen Botschaft, sondern eher der Beseitigung der bisher herrschenden negativen Vorurteile zuzuschreiben.

3. a) Die Kirche hat die vielfältigen Unterlassungen und Fehler aus der Zeit des sog. Staatskirchentums von Jahr zu Jahr klarer erkannt und ist nun mit einer wachsenden Zahl ihrer Diener und Gemeinden bereit, die frühere falsche Haltung, die sich in der kirchlichen Entfremdung des A.s bitter gerächt hat, zu korrigieren. Dies geschieht vornehmlich in einem neuen Durchdenken ihres Auftrags und in der Erkenntnis einer bisherigen falschen Abschließung und damit Verengung ihrer Lebensäußerungen. Was im vorigen Jh. nur einigen wenigen Pionieren geschenkt war, in der Hinwendung zum A. nicht nur eine soziale, sondern auch eine allgemein menschliche und damit außerordentlich bedeutsame theologische Aufgabe zu sehen, wird heute langsam Allgemeingut kirchlicher Kreise. Missionarische Wirksamkeit und sozialpolitische Betätigung gehen dabei Hand in Hand. Es wächst die Erkenntnis, daß die Kirche jetzt nicht nur in größerer Offenheit für alle Probleme des A.s in neuer Weise auf ihn zu warten hat, sondern ihrerseits den Weg zu ihm suchen muß und sich nicht scheuen darf, vom Evangelium her zu seinen rechtlichen Problemen (Mitbestimmung, Eigentumserwerb, Arbeitszeitverkürzung) Stellung zu nehmen.

b) Ausdruck dieser Neuorientierung sind nach 1945 entstandene Organisationen für Begegnungen zwischen Kirche und Arbeitnehmerschaft. So die Ev. Aktionsgemeinschaft für A.fragen, die Kammer für soziale Ordnung der Ev. Kirche in Deutschland, die Sozialreferate einzelner Landeskirchen, die Ev. A.bewegung mit ihrer besonderen Tradition (hauptsächlich im Rheinland), das sozialpädagogische Haus »Villigst«, die sich um eine neue Art der Verkündigung bemühende Goßner-Mission in Mainz-Kastel (→ Arbeiterpfarrer), die Ev. Sozialakademie Friedewald, überhaupt die landeskirchlichen → Akademien (: II) und nicht zuletzt das aus der Männerarbeit der ev. Kirche nun auch organisatorisch gewachsene A.werk. Dieser wichtige neue Dienst der Kirche begann mit der Besprechung von A.themen in den Männerabenden und mit der Sammlung kleinerer Kreise in Betrieben, ferner in sog. A.freizeiten und Soziallehrgängen. Die nunmehr systematisch in allen Landeskirchen durchgeführte Organisation des A.werks mit Sozialsekretären und A.pfarrern steht jetzt vor einer ersten Bewährungsprobe. In der Präambel für die Bildung des A.werks heißt es: »Das Ev. A.werk will das Evangelium in die Welt der Arbeit hineintragen. Es will dem ev. Arbeitnehmer helfen, auch in der Welt des Betriebes als Christ zu leben und sich im Sinne echter Partnerschaft zu betätigen. Es will an der Lösung der Fragen der Arbeitswelt vom Glauben her mitarbeiten, sich für die Wahrung der Menschenwürde einsetzen und zur Verwirklichung der Gerechtigkeit und des sozialen Friedens beitragen.« Die hauptamtlich von der Kirche angestellten Sozialsekretäre gelten als Missionare in der Arbeitswelt. Sie sollen dem A. durch die Fragen seines Berufes hindurch zum Glauben helfen und eine Sammlung in »Betriebsgruppen« anregen. Die A.pfarrer stellen praktisch die Verbindungsleute zwischen der Kirche und der neu in Bewegung geratenen Arbeitswelt dar. Entscheidend bei all diesen organisatorischen Bemühungen der Kirche bleibt das Ziel, den neu für den Glauben gewonnenen A. selbst zum Träger und Gestalter der missionarischen und sozialpolitischen Aufgabe in der Arbeitswelt zuzurüsten.

4. Auch in der DDR hat die A.schaft eine vermutlich ähnliche innere Auflockerung gegenüber der Kirche und ihrem Auftrag in der Welt erlebt. Die praktische Verwirklichung in einem neuen Miteinander wird jedoch durch die im Selbstverständnis der Regierung gegebene Verbindung von A.klasse und materialistischer Welt- und Lebensbetrachtung entscheidend gehemmt. Dadurch wird das hier besprochene Problem zu einer Teilfrage der grundsätzlichen Einstellung des Staates zur Kirche abgewandelt. Allerdings darf der staatliche Versuch, die praktische soziale Hilfe für den einzelnen wie für die Gemeinschaft, vor allem in den Betrieben, ernstzunehmen, von der Kirche nicht einfach als falsch oder unwesentlich angesehen werden. Organisatorische Möglichkeiten, A.-welt und christliche Verkündigung einander begegnen zu lassen, sind jedoch außerhalb des üblichen gemeindlichen Rahmens nicht gegeben.

5. Für die Zukunft darf im Verhältnis zwischen Kirche und A.schaft nicht der Eindruck entstehen, als käme alles auf die äußerliche Eingliederung der neu gewonnenen A. in die bestehenden »intakten« Gemeinden an; dafür erscheint vielen A.n die christliche Gemeinde als eine zu isolierte Größe mit erstarrten Lebensformen. Gerade angesichts der tatsächlichen Situation unserer Jugend, die in Konfirmandenunterweisung und kirchlicher Veranstaltungspraxis kaum einen Bezug zum eigenen Leben findet, sind neue Wege notwendig, für den heutigen Alltag zuzurüsten. Ansätze in dieser Richtung auf den Sozialakademien, in Soziallehrgängen und in einzelnen A.-gemeinden verlangen nach mutiger Fortführung dieser für die Kirche lebenswichtigen Pionierarbeit.

G. Heilfurth, Kirche u. A.schaft (KJ 80, 1953, 256-284) - Kirche u. Volk H. 5. 7. 16, 1951/52/55 - ESL 34ff (Lit.) - W. Bienert, Die Arbeit nach der Lehre der Bibel, 1954 - Die Kirche u. die Welt der Arbeit. Synode Espelkamp 1955, 1955 - E. zur Nieden, Die Gemeinde nach dem Gottesdienst, 1955 - H.D. Wendland, Die Kirche in der modernen Gesellschaft, 1956 - Die Mitarbeit. Ev. Monats-H.e zur Gesellschaftspolitik, hg.v. G. Heilfurth. *K. Schuster*

Arbeiterbewegung *in Deutschland*

1. Arbeitervereine, allgemein - 2. Ev.A.B. - 3. Kath.A.B.

1. Als die Arbeiterschaft ihre Entwurzelung in der industriellen Gesellschaft zu begreifen begann, war das gleichbedeutend mit dem Beginn der Ausformung eines spezifischen Klassenbewußtseins. Damit wurden die ersten unterirdischen Versuche der Organisation im »Bund der Gerechten«, später »Bund der Kommunisten« als vorbildlich auch für »legale« Organisationsversuche anerkannt (»Arbeiterverbrüderung« des damals mit Marx verbun-

denen Stefan Born 1848). Die bis 1861 (Sachsen) und 1869 (Preußen) bestehenden, durch die Übernahme der Gewerbeordnung des Norddeutschen Bundes auf das Reichsgebiet erst 1871 faktisch und überall aufgehobenen Koalitionsverbote ließen die Vereinigungen nur in der Form von »Vereinen« zu, die wiederum die Möglichkeit der Einflußnahme auch von »bürgerlicher« Seite darboten. Neben den »Arbeiterbildungsvereinen« standen deshalb liberal geleitete »Genossenschaften« (Schulze-Delitzsch). Die Genossenschaften erlahmten bald. Die Bildungsvereine waren zunächst weithin das, was ihr Name besagt: Vereinigungen zur Hebung der Elementar- und Allgemeinbildung der Arbeiterschaft. Der Psychologe Wilhelm Wundt, der Zoologe Brehm, der Geograph Ratzel wirkten in ihnen mit. Durch Männer wie Wilhelm Liebknecht und August → Bebel wurde die »neutrale« Bildungsarbeit insgeheim mehr und mehr in politische Schulungsarbeit zunehmend marxistischer Prägung verwandelt. Der 1863 von → Lassalle begründete »Allgemeine deutsche Arbeiterverein« war der Rechts- und Organisationsform nach ebenfalls »Verein«. Die Vereinigung der Lassalleaner und der von Bebel geführten Bildungsvereine sprengte 1875 die Vereinsform. Die damals in Gotha begründete Sozialdemokratische Partei war Massen- und Klassenorganisation (→ Sozialdemokratie: I). Ihre marxistische Haltung schloß damals die kritische und ablehnende Stellung sowohl zum Staat wie zur Kirche in sich (→ Sozialdemokratie: III).

2. Nachdem die ev. Arbeiterschaft zunächst der allgemeinen A. angehört hatte, entstanden erst gegen Ende des 19.Jh.s ev. Arbeitervereine (E.A.V.), in Parallele und zT in Konkurrenz zu den kath. Arbeitervereinen (s. 3). Ersten Ansätzen in Bayern (1848) folgte die eigentlich formgebende Gründung des Bergmannes L.Fischer 1882 in Gelsenkirchen. Weitere Vereine entstanden im sonstigen Ruhrgebiet, in Baden usw. Die Organisationsform war von der der kath. Vereine kaum verschieden, doch fehlte die klare kirchliche Weisung. Adolf → Stoeckers Einfluß bewirkte »Treue zu Kaiser und Reich«, wirtschaftsfriedliche Gesinnung als Bejahung des patriarchalisch geführten Betriebes, kirchliche Haltung, Unterstützung in Krankheits- und Todesfällen. Der »kleinbürgerliche« Charakter der Vereine trat im Stil der gepflegten Geselligkeit zutage. Das organisatorische und seelsorgerliche Bemühen von Pastor L.Weber aus Mönchen-Gladbach führte seit 1890 zu einer erheblichen Vermehrung der Vereine. Jedoch haben diese weder im kirchlichen Leben noch sozialpolitisch einen bestimmenden Einfluß erlangt. F. → Naumanns Versuch, sie sozialpolitisch zu aktivieren, ist so wie mancherlei verwandtes Bemühen gescheitert, wiewohl einige der süddeutschen Vereine einen Stilwandel zeigten. Aus den Vereinen sind eine Anzahl christlicher Gewerkschaftler von Charakter und Format hervorgegangen. »Männerwerk« und »Arbeiterwerk« der EKD verließen nach 1945 grundsätzlich das Vereinsprinzip zugunsten kirchlicher Gliedhaftigkeit, welche die Möglichkeit und Freiheit der »Begegnung« mit der kirchlich ungebundenen Arbeiterschaft in → Betrieb und → Gewerkschaft als Glaubenswagnis in sich schließt. Dennoch entstanden vor allem durch das Bemühen des Generalsekretärs Martin erneut E.A.V., zunächst in Westfalen und später auch anderwärts im Bundesgebiet. Seit der Feier des 70jährigen Bestehens (1952) nennen sie sich »Evangelische Arbeiterbewegung in Deutschland« (E.A.B.). Angesichts der trotz bewußter sozialethischer und sozialpolitischer Schulungsarbeit von leitenden Männern wie Otto Klein weiter bestehenden »kleinbürgerlichen« Traditionslinie kann dies keineswegs als Anspruch der Gesamtrepräsentation ev. Arbeiter in Deutschland verstanden werden. Die ehemalige Konkurrenzhaltung gegenüber der K.A.B. ist neuerdings einer Art paralleler Ausrichtung in politischer Hinsicht gewichen. Darum geht die Trennungslinie im Verhalten gegenüber dem Versuch der Neubegründung einer christlichen Gewerkschaft auch mitten durch die E.A.B. Die trotz kritischer Erschütterung bewahrte Zugehörigkeit der E.A.B. zur Ev. Aktionsgemeinschaft für Arbeiterfragen (→ Arbeiter: II) schließt die Verpflichtung für E.A.B. wie »Männerwerk« in sich ein, immer erneut um Einheit im kirchlichen Raum und in der sozialpolitischen Bewährung bemüht zu sein.

ESL 34ff - A.Just, Die Ev. A., 1926 - E.Thier, Kirche u. soziale Frage, 1950 - E.Gerstenmaier, Die Ev. A.B. Deutschlands als christl.-soziale Verwirklichung. Vortrag, 1952 - Zeitschrift der EAB: Ev. Arbeiterbote. *E.Thier*

3. Älter als die ev. sind die kath. Arbeitervereine. Vereinzelt begegnet uns ein Verein dieser Art bereits 1849 (Regensburg), also etwa zu der Zeit, als A. → Kolping Handwerksgesellen zu organisieren bemüht war. Die »Generalversammlung der kath. Vereine« in Düsseldorf (1869) regte dann die Gründung »christlich-sozialer Vereine« an, aus denen später kath. Arbeitervereine geworden sind. Diese verfolgen das Ziel, röm.-kath. Christen aus der Arbeiterschaft auf konfessioneller Grundlage zu sammeln, sie im Glauben zu stärken und sozialethisch zu schulen. Heute werden sie als »Kath. Arbeiterbewegung« (K.A.B.) bezeichnet. Ihr Programm von 1884 stammt von Franz Hitze und bedeutete die Wendung zur eigenständigen Vereinsarbeit des kath. Arbeiters frei von wohlmeinender Fürsorglichkeit anderer Gesellschaftsschichten. Die Enzyklika Rerum novarum (1891) gab den Arbeitervereinen die Gewißheit priesterlicher Förderung, die volksbildnerische Arbeit des »Volksvereins für das kath. Deutschland« (seit 1890) die geistige Ausbildung ihrer Funktionäre im Deutschen Reich; von hier aus strahlte die Bewegung auf andere Länder Europas aus: 1929 gab es im Reichsverband der kath. Arbeiter- und Arbeiterinnenvereine 380 000, in der 1928 gegr. Kath. Arbeiter-Internationale 910 000 Mitglieder. In der Bundesrepublik wurden 1956 wieder 200 000 Mitglieder gezählt. Die Bewegung hat sich nach dem Kriege ein neues Programm auf den alten Grundlagen gegeben; Sitz ist Köln (Ketteler-Haus). Den neu errichteten Christlichen Gewerkschaften stehen weite Kreise der K.A.B. sympathisch gegenüber. Gewisse Reibungen bestehen mit den »Sozialausschüssen« der Christlich-Demokratischen Union, die bisher am Deutschen Gewerkschaftsbund als »Einheitsgewerkschaft« festhalten. Die Situation ist nur mit größten Vorbehalten vergleichbar mit derjenigen zur Zeit der Jahrhundertwende. Damals setzten sich die Kath. Arbeitervereine West-, Süd- und Ostdeutschlands für Christliche Gewerkschaften ein, während sich der »Verband kath. Arbeitervereine (Sitz Berlin)« für »Fachabteilungen« der Arbeitervereine selbst entschied. Dieser Gegensatz beschwerte den innerkath. Zusammenhalt. Papst Pius X. trat 1912 grundsätzlich auf die Seite der »Sitz-Berliner«, gab aber auf Intervention von Adam Stegerwald in der Enzyklika Singulari quadam vom 24.11.1912 (und deren Interpretation durch den deutschen Episkopat) die Möglichkeit frei, daß in Deutschland kath. Arbeiter gemischt-konfessionellen Christlichen Gewerkschaften beitreten, sofern sie gleichzeitig einem kath. Arbeiterverein angehören. Diese Situation ist grundsätzlich auch heute noch gegeben (→ Gewerkschaften: III).

Die Notwendigkeit von kath. Arbeitervereinen hat Papst Pius XII. in Einklang mit der Enzyklika Quadragesimo anno Pius' XI. erneut betont, und zwar im Hinblick auf den Stand der Gewerkschaftsbewegung; wo

»gemischte Gewerkschaften« bestünden, werde »von der Kirche ein kath. Arbeitervereinswesen gewünscht, das nach Aufbau und Weite der Organisation personell und materiell befähigt ist, die notwendige, den jeweiligen Zeitfragen entsprechende Bildung sowohl in der Glaubens- und Sittenlehre im allgemeinen als auch in der Soziallehre der Kirche im besonderen den kath. Arbeitern zu vermitteln und sie zur praktischen Lebensgestaltung eines kath. Christen mit den Mitteln außerordentlicher Seelsorge anzuregen und zu unterstützen«. Außer gegenüber den »gemischten« Gewerkschaften bemüht er sich aber auch um eine Abgrenzung gegenüber den innerbetrieblichen konfessionellen (und überkonfessionellen) Sammlungsversuchen christlicher Arbeiter, wie sie besonders vom Männerwerk ausgehen. Hierzu führt Pius XII. u.a. aus, er sei erfreut, daß die K.A.B. die außerbetriebliche Lebenssphäre des Arbeiters anerkenne, die erst Voraussetzung und Richtmaß für die Pflege echter menschlicher Beziehungen im Betrieb selbst darstelle. Das Nebeneinander von »Werken« und von Vereinen stellt beide Kirchen vor verwandte Abgrenzungsfragen. Die kath. Arbeitervereine haben neben einem Laien als Vorsitzenden einen Geistlichen als Präses, und zwar auf sämtlichen Stufen (Vereins-, Bezirks-, Diözesanpräsides und an der Spitze der Bewegung neben dem Verbandsvorsitzenden einen Verbandspräses). Bei Christlichen Gewerkschaften (bikonfessionellen Charakters) fehlt diese Verbindung zum Klerus natürlich völlig.

L.Heyde, Abriß der Sozialpolitik, (1920) 1953[10] - HWSt I, 701 ff - Internationales Handwörterbuch des Gewerkschaftswesens II, 1923, 992 ff. - Kirche u. Arbeiterschaft. Botschaft Papst Pius' XII. an die K.A.B. vom 9.5.1956, 1956. - Selbstdarstellungen: H.F.Zeck, Vom Werden u. Wachsen der K.A.B., 1932 - H.J.Schmidt, Gewerkschaften u. kath. Arbeiter-Vereine (Die Kirche in der Welt 2, 1949 Nr. 3) - Gelsenkirchener Programm der K.A.B., 1950 - Jahrbuch der K.A.B. - 20. Verbandtag der K.A.B. Westdeutschlands in Marl, 1956.

L.Heyde

Arbeiterbildung → Volksbildungswesen.

Arbeiterdichtung, *Deutsche*

1. Der Begriff A. ist mehrdeutig wie der Begriff Arbeiter selbst und daher am besten historisch zu fixieren. Nach Minna Loeb ist A. »Dichtung, die von Arbeitern geschaffen ist und formal oder inhaltlich Beziehungen aufweist zu der Schicht, in der sie entstand«. Sie ist dasjenige Teilgebiet der sozialen Dichtung, das sich mit dem Arbeitersein befaßt und von Arbeitern selbst verfaßt ist. Unter »Arbeitern« ist dabei vorwiegend die mit dem Industrialismus des 19.Jh.s entstandene soziale Schicht der körperlich Arbeitenden zu verstehen, die von dem ungesicherten fluktuierenden städtischen Proletariat bis zu den kleinbürgerlichen Handwerkerschichten reicht. Sozialrevolutionäre Impulse sind schon in der Geniedichtung des 18.Jh.s, insbesondere im Drama des → Sturm und Drang wirksam. Mit der zunehmenden Industrialisierung gewinnen sie in der bürgerlichen Literatur des 19.Jh.s an Umfang, Tiefe und politischer Stoßkraft. In drei großen literarischen Wellen wird diese Bewegung vorangetragen, die als ideologische *Vorbereitung* der spezifischen A. gelten kann: 1. vom sog. → Jungen Deutschland und den Lyrikern des Vormärz, 2. von der gesellschaftskritischen Dichtung des → Naturalismus und 3. von den revolutionären → Expressionisten (Brecht, Becher, Toller, Mühsam u.a.m.). In den Saint-Simonistischen Ideen der Französischen Revolution und in England als dem Ursprungsland des modernen Industrialismus hat diese deutsche sozialrevolutionäre Dichtung ihre Vorläufer und Vorbilder; in England kommt auch zuerst der soziale Roman zu breiter Entfaltung. Von der sozialen Lyrik wird zB Thomas Hoods »The song of the shirt« (1843) und »The bridge of sighs« (1845) durch Ferd.Freiligrath übersetzt. Dieser macht sich in der Zeit seiner Freundschaft mit Karl → Marx zum Wortführer der sozialrevolutionären Dichtung (»Wir hämmern jung das alte morsche Ding den Staat / Die wir von Gottes Zorne sind bis jetzt das Proletariat« aus »Ça ira« 1846). Schon 1844 hatte er in seinem »Glaubensbekenntnis« (darin u.a. das Weber-Gedicht »Aus dem schlesischen Gebirge«) das Elend der Unterdrückten geschildert. Noch zündender in der Wirkung waren Heinrich → Heines »Zeitgedichte« aus Paris, von Saint-Simonistischen Ideen getragen und gleichfalls durch den persönlichen Kontakt mit Karl Marx angeregt. (Die aggressivsten dieser Zeitgedichte, zB »Die schlesischen Weber«, »Jammertal« u.a., erschienen allerdings infolge der Zensur erst in der »Nachlese«.) Auch wahrte Heine bei allem revolutionärem Elan eine deutliche innere Distanz vor dem heraufziehenden Kommunismus und der Herrschaft des Proletariats, dieses »täppischen Souveräns«. Vorbehaltlos hingegen identifiziert sich mit der Idee des Klassenkampfes Georg Weerth (1821-56), von Friedr. → Engels als »der erste und bedeutendste Dichter des Proletariats« bezeichnet, in zahlreichen satirischen und politischen Gedichten und in seinem von Marx hg. Roman »Leben und Thaten des berühmten Ritters Schnapphahnski« (1848/49). Jakob Audorf, der Verfasser der »Arbeitermarseillaise« (1864), der zusammen mit Ferd. → Lassalle in Leipzig 1863 den Allgemeinen Deutschen Arbeiterverein gründete, ist ein erster, vereinzelter Vorläufer der A.

Der soziale Themenkreis der naturalistischen Dichtung, die von Zola über Gerh. → Hauptmann und Arno Holz bis zu Maxim Gorkij sich erstreckt, ist hier nicht zu erörtern, doch muß im Zusammenhang mit der A. nachdrücklich auf Max Kretzer hingewiesen werden, der mit »Meister Timpe« (1888) den ersten deutschen Arbeiter*roman* schuf und auch versuchte, in seinem Roman »Das Gesicht Christi« (1897) das Christliche in die Arbeiterwelt einzubeziehen. Im übrigen wird jedoch das literarische Erbe des sozialrevolutionären Naturalismus noch nicht von der Arbeiterschaft, sondern von linksradikalen bürgerlichen Intellektuellen weitergetragen; denn noch fehlt es der Arbeiterschaft an ihrer literarischen Mündigkeit, sie muß im wesentlichen andere für sich sprechen lassen. Darum ist zum historischen Verständnis der A. mindestens ebenso entscheidend wie die proletarische Idee des Klassenkampfes und der politischen Selbstbehauptung die lebendig in die Arbeiterschaft hineinwirkende *Bildungsidee*, die auf Herdersche, in der Romantik weiterentwickelte Vorstellungen vom »Volksdichter« zurückgeht. Sie hat zweifellos die agitatorische Stoßkraft der A. geschwächt; aber nur aus dieser historischen Perspektive ist diese apolitische Tendenz, die der A. auch eigen ist, zu verstehen. - Bereits Goethe ermuntert unter der Überschrift »Deutscher Naturdichter« (1823) Anton Fürnstein aus Falkenau in Böhmen zu »Gewerbs- und Handwerksliedern«. Noch in der zweiten Hälfte des 19.Jh.s sind die Naturtalente vorwiegend im ländlichen Bereiche zu entdecken wie etwa Franz Michael Felder oder Peter → Rosegger; aber was hier als bescheidener Naturpoet oder als gefeierter Volksschriftsteller von unten her in die Literatur eintritt, wird auch maßgebend für das literarische Selbstverständnis der kommenden Arbeiterdichter. In dem Moment, da sie ihre Stimme erheben, tun sie es nicht nur im Bewußtsein der politischen und sozialen Macht, die dem Proletariat als Masse innewohnt, sondern zugleich aus einem vitalen Selbstbewußtsein; sie fühlen sich nicht als die »Hefe«, sondern als das Herz des Volkes.

2. Die A. als Versuch der literarischen Selbstdarstellung des Arbeiters wird, als sie im zweiten Jahrzehnt des

20.Jh.s erstmals als literarisches Gesamtphänomen in Erscheinung tritt, wesentlich durch drei Faktoren bestimmt: 1. künstlerisch durch den Expressionismus, nicht den Naturalismus, 2. sozial durch die Jugendbewegung, sie ist eher reformistisch als revolutionär, 3. politisch durch die nationale Erschütterung des ersten Weltkrieges, eher versöhnlich als kämpferisch, schwankend zwischen Pazifismus und Patriotismus, zwischen Menschheitsverbrüderung und Klassenkampf. Sie ist zudem der Versuch, sich geistig und seelisch in einer Welt zurechtzufinden, die primär bestimmt ist durch den Gegensatz zwischen Mensch und Maschine, Mensch und Technik, Mensch und Masse und dann erst durch den zwischen Unterdrückern und Unterdrückten, Ausbeutern und Ausgebeuteten. Sie äußert sich daher vorwiegend im Gedicht und seltener im Roman; eine besondere Stellung nimmt dabei die Arbeiter-Selbstbiographie ein, jedoch weniger als literarisches, sondern als kulturgeschichtliches Dokument.

Die bekanntesten Arbeiterdichter in Deutschland sind - nach der Altersfolge geordnet - Ernst Preczang (* 1870) Ludwig Lessen (* 1872), Max Dortu (* 1878), Otto Krille (* 1878), Alfons Petzold (* 1882), Otto Wohlgemuth (* 1884), Karl Bröger (* 1886), Julius Zerfaß (* 1886), Heinrich Lersch (* 1889), Fritz Woike (* 1890), Bruno Schönlank (* 1891), Gerrit Engelke (* 1892), Max Barthel (* 1893), Oskar Maria Graf (* 1894), Kurt Kläber (* 1897), Erich Grisar (* 1898), Willi Bredel (* 1901) Walter Bauer (* 1904). - Die beiden stärksten dichterischen Begabungen sind Gerrit Engelke und Heinr. Lersch. *Engelke*, ein Tünchergehilfe aus Hannover, fiel im Oktober 1918; seine Verse waren aufs stärkste von der Dichtung Walt → Whitmans beeinflußt; in dem Dichterkreis der »Werkleute auf Haus Nyland« (Josef Winkler, Jakob Kneip, Wilhelm Vershofen) fand er seine Förderer. Kneip gab auch posthum 1921 Engelkes Gedichte »Rhythmus des neuen Europa« heraus, der bezeichnend ist für das neue Lebensgefühl. Von dem Kesselschmied Heinr. *Lersch* aus Mönchen-Gladbach erschienen 1916 die Kriegsgedichte eines Arbeiters »Herz, aufglühe dein Blut« und 1925 »Mensch im Eisen«, eine Art lyrischer Selbstbiographie. Nicht immer und noch weniger bei den anderen Vertretern der A. findet das neue Lebensgefühl den adäquaten Ausdruck. Bei dem Rückgriff auf vorgeformtes Gedankengut bedient sich die A. zuweilen auch der religiösen Metaphern und Symbole, ohne daß von daher immer auf eine echte innere Beziehung zum Christentum geschlossen werden darf (Falk). Bildung ist für den Arbeiter stärker mit dem Wissen als mit dem Glauben verknüpft. Doch bringt ein Aufruf des Arbeiterdichters Bröger in wenigen Monaten über 1000 Gedichte aus Arbeiterkreisen zusammen. In der Besinnung auf die hier schlummernden Seelen- und Bildkräfte liegt die eigentliche Bedeutung der A. Zu Beginn des ersten Weltkrieges zitiert Reichskanzler Bethmann-Hollweg die Verse des Arbeiterdichters Karl Bröger »...daß dein ärmster Sohn auch dein getreuester war. Denk es, o Deutschland!« und beim Tode G.Engelkes dichtet H. Lersch: »Die Granaten haben die Lieder erschlagen.« In gewissem Sinne besingt er damit das Schicksal der gesamten A.; sie geht zwar nicht unter, so wenig die Jugendbewegung untergeht, aber sie geht wie diese in anderen Erscheinungen auf. Die Arbeiterdichter von 1910 sind zwischen 1920 und 1930 meist keine Arbeiter mehr, sondern Funktionäre, Journalisten und freie Schriftsteller geworden. Unter dem Einfluß der wirtschaftlichen und politischen Entwicklung nimmt die Betonung des proletarischen Charakters wieder zu. 1928 erscheint ein »Querschnitt durch die A. der Gegenwart«, hg.v. H. Mühle mit dem Titel »Das proletarische Schicksal«. Schon 1935 heißt die »erweiterte und neugeformte« (!) Ausgabe vom gleichen Hg. »Das Lied der Arbeit. Selbstzeugnisse der Schaffenden... mit einem Geleitwort von Dr. Robert Ley«. Der Vergleich beider Ausgaben enthüllt die deutsche Tragödie. Aber schon vor der nationalsozialistischen Machtergreifung ist eine ganz andere Konzeption des Arbeiters entstanden, die in Ernst → Jüngers 1932 erschienenen Buch »Der Arbeiter. Idee und Gestalt« formuliert ist und den Arbeiter als den Typ des neuen Menschen des Zeitalters der »Perfektion der Technik« von den überlieferten bürgerlichen und proletarischen Vorstellungen ablöst. Zwischen der marxistisch-proletarischen und der heroisch-asketischen Konzeption Jüngers ist das zarte Gewächs der expressionistisch-jugendbewegten A. zerdrückt worden. Auch die staatlich gelenkte Dichtung der sog. Volksdemokratien nach dem Zusammenbruch hat bisher keine gültige neue Gestaltung der A. hervorbringen können. Für den Historiker bleibt hier nur die Feststellung eines Vakuums; alles andere ist unrealistisch.

J.Bab, A. (1924) 1930² - A.Rotter, Der Arbeiterroman in England seit 1880, 1929 - E.Falk, Die religiöse Symbolik der dt. A. der Gegenwart, 1930 (Lit.) - Ch.Strasser, A. Sieben Vorlesungen, 1930 - M.Loeb, Die Ideengehalte der A. (Diss. Gießen), 1932 - C.A.Trunz, Die Autobiographien von deutschen Industriearbeitern (Diss. Freiburg), 1934 - Ch.Fraenkel, Studien zur sozialen Arbeiterlyrik in Frankreich vom Beginn des 19.Jh.s bis zum Ausbruch des Weltkrieges (Diss. Breslau), 1935 - E.Jelken, Die Dichtung des deutschen Arbeiters, 1938 (nat.-soz.).

M.Greiner

Arbeiterfragen. *Evangelische Aktionsgemeinschaft für A.* → Arbeiter: II.

Arbeiterjugend

I. Geschichtlich und soziologisch - II. Pädagogisch

I. Geschichtlich und soziologisch

1. Erst zu Beginn unseres Jh.s, als sich junge Arbeiter und Lehrlinge in Deutschland unter dem Einfluß von Ideen der »bürgerlichen« → Jugendbewegung als »proletarische Jugend« in eigenen Gruppen zusammenfanden (→ Jugendbewegung: IV), rückte die A. als eigenständiges soziales Phänomen in den Blickkreis der Öffentlichkeit. Bis dahin wurde sie jeweils nur als Teil einer allgemeineren Problematik gesehen (Arbeiterfrage, Kinderarbeit, Großstadtjugend, Schul- und Ausbildungsfragen usw). Wenn auch der Zusammenhang der ersten Gruppen der A. mit der Jugendbewegung unverkennbar ist, so ließen doch bereits die unmittelbaren Anlässe ihrer Entstehung (Lehrlingsselbstmorde, wirtschaftliche und soziale Unzulänglichkeiten) und ihre ersten Zielsetzungen (Verbesserung der wirtschaftlichen und rechtlichen Verhältnisse) deutlich werden, daß ihr Anliegen letztlich nicht mit dem Generationsprotest der Jugendbewegung, sondern mit dem sozialen Protest der Arbeiterbewegung identisch war. Erst mit und nach dem ersten Weltkrieg nahmen sowohl die »Sozialistische Arbeiterjugend (SAJ)« als auch die Jugendgruppen der freien Gewerkschaften in zunehmendem Maße Stilelemente und Gedankengut der Jugendbewegung in sich auf. Im Verlaufe der Auseinandersetzungen um Wege, Gestalt und Aufgabe der A. in der Weimarer Republik löste sich neben der Kommunistischen Jugend eine Reihe von Splittergruppen von den ursprünglichen Verbänden ab. Der Anteil der A. in den nichtsozialistischen Gruppen ist immer verhältnismäßig gering geblieben. Der weitaus größte Teil der A. verhielt sich allerdings wie die Mehrzahl der übrigen Jugendlichen dem politisch-weltanschaulichen Leben gegenüber indifferent. Jeder Versuch, ein verbindliches Bild des jungen Arbeiters dieser Zeit zu gewinnen, stößt auf die Schwierigkeit, daß sich

der überwiegende Teil der überlieferten Aussagen auf besonders auffällige Minderheiten der A. (organisierte Jugend; ungelernte Fabrikarbeiter; A. im proletarischen Großstadtmilieu usw) bezieht. Nimmt man diese Aussagen aber zusammen, so stellt sich die A. der zwanziger und dreißiger Jahre bereits als eine beruflich und sozial außerordentlich differenzierte Erscheinung dar. Die faktischen Unterschiede zwischen den einzelnen Gruppen sind größer als ihre Gemeinsamkeiten (→ Arbeiter). Während der größte Teil der Ungelernten sich noch kaum von der Lebenssituation des → Proletariats entfernt hatte, reichten die Spitzengruppen der »Gelernten« und »Angelernten« bereits in das Kleinbürgertum hinein. Insgesamt gesehen aber vollzog sich bis in die Gegenwart hinein ein allmählicher sozialer Aufstieg.

2. Wenn sich heute in den industrialisierten Ländern der westlichen Welt kaum noch ein junger Arbeiter als Proletarier oder als Arbeiter in einem klassenspezifischen Sinn versteht und verhält, so geht das wohl zu einem Teil, aber keineswegs ausschließlich darauf zurück, daß sich die materiellen Lebensmöglichkeiten der A. in den letzten Jahrzehnten nicht unbeträchtlich ausgeweitet haben. Es bleibt allerdings zu fragen, wieweit dieser Gewinn mit einer zunehmenden Belastung durch die modernen Produktionsmethoden erkauft worden ist. Die zweite Wurzel für den weitgehenden Abbau eines schichtgebundenen Selbstverständnisses liegt in Deutschland zweifelsohne in dem vom Nationalsozialismus erzwungenen Traditionsbruch. So gibt es auch heute keinen Jugendverband mehr, der sich ausdrücklich mit der A. zu identifizieren versucht; das gilt für die »Sozialistische Jugend« ebenso wie für die Gewerkschaftsjugend. Der junge Arbeiter ist jedoch nicht in irgendeinem herkömmlichen Sinne »verbürgerlicht«. Er hat sich zwar weitgehend aus dem solidarischen Klassenzusammenhang der Vergangenheit gelöst, ist aber nicht in einen anderen Sozialzusammenhang eingebunden worden. Die Folge ist vorerst eine zunehmende Orientierungs- und Verhaltensunsicherheit, die bei der Berufswahl und im Berufsleben (→ Beruf: I) ebenso deutlich zutage tritt wie bei den Versuchen, mit der sich ihm immer weiter öffnenden Welt jenseits des Berufes fertig zu werden. Diese umfassende Verhaltensunsicherheit beschränkt sich jedoch keineswegs mehr auf die A. Sie wird zu einem allgemeinen Kennzeichen des »individualisierten« jungen Menschen unserer Großstädte und Industrielandschaften und greift in zunehmendem Maße auch schon auf die Jugend des sog. flachen Landes über.

K.Korn, Die A.bewegung, Einführung in ihre Gesch., 1922 - R.Thurnwald (Hg.), Die neue Jugend (Forsch. zur Völkerpsychologie u. Soziologie 4), 1927 - G.Dehn, Proletarische Jugend. Lebensgestaltung u. Gedankenwelt der großstädtischen Proletarierjugend, 1929 - Arbeitslosigkeit u. Berufsnot der Jugend, hg.v. Bundesvorstand des DGB, erarbeitet v. der Arbeitsgemeinschaft zur Erforschung v. Jugendfragen unter der wiss. Leitung v. H.Schelsky, 1952 - K.Bednarik, Der junge Arbeiter von heute - ein neuer Typ, 1953 - A. gestern u. heute. Sozialwissenschaftliche Untersuchungen v. H.Kluth u.a., hg.v. H.Schelsky, 1955. *H.Kluth*

II. Pädagogisch

Die »anders gewordene Welt« des industriellen Jungarbeiters erfordert pädagogische Besinnung und praktische Erziehungsmaßnahmen. Gerade weil er in dem ihm zugehörigen Sozialgefüge noch nicht fest profiliert ist und an der schulungsfeindlichen ideologielosen Einstellung der allgemeinen Nachkriegsjugend auf seine Weise teilnimmt, bedarf der erzieherische Einsatz mehr der funktional-indirekten Bereitstellung als der planmäßig-direkten Einwirkung. Das gilt nicht zuletzt für den erziehlichen Dienst der Kirche. Der Jungarbeiter ist bar aller Affinität zum Katechetischen im strengen Sinne des Wortes, hungert aber unbewußt nach dem, was man Berufsseelsorge nennen könnte. Die hauptsächlich erst nach dem zweiten Weltkrieg einsetzenden arbeitsseelsorgerlichen Bemühungen (→ Arbeiter: II) haben auf die Dauer nur Verheißung, wenn sie weder die institutionelle Heimerziehung noch die private Gesprächsinitiative einseitig verabsolutieren, sondern vielmehr beides als ganzheitliche Aufgabe erkennen. *Grundsätzliche Postulate:* 1. *Erziehung zur Sache,* dh zur Arbeit bzw. zum Beruf und Betrieb: Einerseits vom Berufsstolz gepackt (man nennt sich lieber »Reparaturschlosser« als »Arbeiter«), fehlt es anderseits dem Jungarbeiter heute nicht selten an Standesbewußtsein, Klassenideologie und Wissen um den Sinn der Arbeit. Neuralgische Punkte sind bei dem ungelernten Anfänger Berufswahl (»ich weiß nicht, was ich werden soll«), Berufsspannung (»ich ärgere mich täglich im Betrieb«), Berufskrise (»ich habe keine Lust mehr an der Arbeit«). Seelsorgerliche und nicht bloß »arbeitsamtliche« Berufsberatung, Gruppengespräche über »Partnerschaft im Betrieb« und Freizeiten für jugendliche Arbeitslose können hier helfen, den Job-Hunger zu überwinden und sachliche Freude an der Arbeit zu wecken. 2. *Erziehung zum Du:* Trotz seiner offenkundig zunehmenden Verbürgerlichung (Bednarik), ja vielleicht gerade deswegen gehört der heutige Jungarbeiter nach wie vor zu der »Jugend ohne Geborgenheit« und zur Masse der »unbehausten Menschen«. Wenn auch nicht mehr Träger eines proletarischen Klassenschicksals (Dehn), fühlt sich der junge Mensch in dem amorphen Kollektiv der Berufskollegen einsam und sozial unsicher. Der Ausfall an Vätern und die innere Zerstörung von Familien machen das erzieherische Angebot von überschaubaren Gemeinschaften und kleingruppenhafte Initiative (Schelsky) notwendig, sei es durch Jugendgruppen, Jugendwohnheime oder an Großbetriebe angelehnte Jugenddörfer. Wo modellartig Lebensgemeinschaft und Partnerschaft im Jugendkreis selbst erfahren, vorgelebt und trainiert wird, wächst die Verantwortung für die Du-Relation im Betrieb bis hin zur Entwicklung von »Ev. Betriebskernen«. Die Gleichförmigkeit der technisierten Arbeit, besonders aber die isolierende Arbeitslosigkeit bedrohen die natürliche Kontaktfähigkeit des Jungarbeiters. Er weicht deshalb nur zu leicht in einen ungesteuerten Freizeitbetrieb aus (Kino, Toto, Tanz). So entsteht der »Schlurf-Typ«, den Bednarik richtig gesehen, aber überzeichnet und verallgemeinert hat. Ihm kann nur durch eine Erziehung zur Freizeit, dh durch Gewährung gesunder Freizeitbewältigung in einer Jugendgemeinschaft begegnet werden. 3. *Erziehung zum Selbst:* Der jugendliche Arbeiter, der Schule, Staat, Organisation und Kirche als »fremd« empfindet, aber auch zu keiner »jugendbewegten« Opposition gegenüber den Erwachsenen durchstößt, steht in der Gefahr, zu zeitig und künstlich erwachsen zu werden, das Selbstbewußtsein des Arbeiterstandes zu verlieren und im Strom der Betriebsangehörigen oder Arbeitslosen typisch mitzuschwimmen. Er muß enttypisiert und deshalb zur eigenen Verantwortung gerufen werden. Eine Erziehung unter dem Evangelium wird ihm seelsorgerlich Mut machen zum Selbstsein, Jungsein und Arbeitersein. *Praktische Maßnahmen:* Die Jungarbeiter-Betreuung der Gewerkschaftsjugend und der Falken ist nach dem Kriege eindrucksvoll ausgebaut worden. Die Bundesarbeitsgemeinschaft Jugendaufbauwerk bemüht sich seit 1949 zu helfen. Ihr gehört auch der »Ev. Jugendaufbaudienst« an: Das Christliche Jugenddorfwerk Deutschlands (A.Dannenmann), das dem CVJM angeschlossen ist, möchte durch Berufsbildung, musische Erziehung und Selbstverwaltung nicht zuletzt dem Jungarbeiter dienen (zB das Industriejugenddorf Castrop-Rauxel).

Es führt auch Sozialpädagogische Institute (Kurse) für Arbeiter von 18-25 Jahren durch. 370 Ev. Jugendwohnheime, von Kirche und CVJM betreut, etwa 100 je 30köpfige Ev. Jugendgilden, die unter einem Gildenmeister den vertriebenen Jungarbeitern bei der beruflichen Integrierung behilflich sind, die Arbeitertagungen und Bergarbeiterkurse der Ev. → Akademien, die Ev. Sozialakademie Friedewald, die »Jungarbeiteraktion« und die Ev. Betriebskerne des CVJM, der Dienst des Ev. Männerwerks an der »Station II (Werkbank)« und vor allem die Ev. Aktionsgemeinschaft für Arbeiterfragen (→ Arbeiter: II) versuchen, die oben aufgezeigten Grundanliegen in vielfältiger Weise zu verwirklichen.

W. Jentsch, Das seelsorgerliche Gespräch mit dem jungen Deutschen, 1948 - Ders., Der Dienst der Kirche an den Fernstehenden, 1955 - H. Schelsky, Arbeitslosigkeit u. Berufsnot der Jugend, 2 Bde, 1952 - Ders., A. gestern u. heute, 1955 - C. Bondy u. K. Eyferth, Bindungslose Jugend, 1952 - G. Heilfurth, Jugend ohne Geborgenheit, 1953 - K. Bednarik, Der junge Arbeiter von heute - ein neuer Typ, 1953 - H. Roth, Die Sozialpädagogischen Kurse (Jugenddorf), 1955 - G. Feuser, Brücke zur neuen Heimat (Jugendgilden), 1955.

W. Jentsch

Arbeiterpfarrer ist in Deutschland noch kein festumrissener Begriff, wird vom → Sozialpfarrer oder Industriepfarrer nicht scharf unterschieden. Der A. ist von der Kirche (zB in Württemberg 1954) oder einem Kirchlichen Werk (zB Gossner-Mission in Mainz-Kastel 1949) eingesetzt. Er gehört zur Arbeitsgemeinschaft der Sozial-, Industrie- und Arbeiterpfarrer (ASIA, gegr. 1956). Sein Dienst ist gekennzeichnet durch besondere Nähe zur Arbeiterschaft (zeitweilige eigene Fabrikarbeit und evtl Mitgliedschaft in der Gewerkschaft, Teilnahme an sozialpolitischen und sozialethischen Auseinandersetzungen seiner Arbeitskollegen). Der A. kann auch besonders für die Ausbildung von Arbeitern freigestellt werden (zB an der Ev. Sozialakademie oder im Ev. Arbeiterwerk). Seine immer häufiger erfolgende Mitwirkung an den Bundesschulen des DGB bestätigt seine Nähe zur Arbeiterschaft. Als Prediger und Seelsorger begegnet er dem Arbeiter meist nicht auf dem Boden eines traditionellen Pfarramts, sondern auf der überparochialen Ebene des Betriebes, der Gewerkschaft oder eines Kirchlichen Werkes (Ev. Arbeiterwerk, Ev. Akademie, Gossnerhaus in Mainz-Kastel u.a.). Seine Tätigkeit führt bereits zu eigenen Formen des gottesdienstlichen und gemeinsamen Lebens und weckt in der Kirche die Diskussion über das Verhältnis der Ortsgemeinde zu dieser »Paragemeinde« (Evanston). Die Tendenz geht dahin, in Gegenden mit überwiegender Industriebevölkerung auch in den parochial geordneten Gemeinden einen besonderen A. einzusetzen, der für diesen Dienst eine zusätzliche Ausbildung erfahren hat (zB im Seminar für Kirchlichen Dienst in der Industrie in Mainz-Kastel, 1956). - Auch außerhalb Deutschlands widmet sich die Kirche der Ausbildung von A.n, so in den USA, wo der Boston School of Theology ein Training Center of Industrial Chaplains angegliedert ist.

H. Symanowski

Arbeiterpriester. Die Bewegung der A. in Frankreich 1943-54 hatte zwei Wurzeln: die Einsicht, daß Frankreich durch die Entchristlichung der Arbeiter und Bauern selbst Missionsland geworden sei, und die von der französischen Kirche als dringend erkannte Pflicht, den 1942-45 nach Deutschland zwangsverpflichteten Arbeitern trotz der Ablehnung offizieller kirchlicher Betreuung durch die deutschen Behörden seelsorgerlich Hilfe zu leisten. Etwa 250 Priester meldeten sich mit diesem Ziel als A. nach Deutschland. Zur Förderung der Mission in Frankreich selbst wurde 1943 in Lisieux das Seminar der »Mission de France« gegründet. Es bildete in 10 Jahren etwa 350 Welt- und Ordensgeistliche für diesen Spezialdienst aus. 1944 wurde daneben die »Mission de Paris« eröffnet. Etwa 100 Geistliche der beiden Missionen nahmen volle Stellungen als A. an. Die Solidarität zwischen einzelnen A.n und linksradikalen Bewegungen veranlaßten den Vatikan im September 1953 durch einen Brief des Kardinalpräfekten der Kongregation der Seminare Mgr. Pizzardo an die französischen Bischöfe, den Theologiestudenten die Annahme von Ferienarbeitsstellen zu untersagen. Eine Besprechung der Kardinäle Liénart, Feltin und Gerlier mit dem Papst am 5.11.1953 führte zu der Erklärung aller beteiligten französischen Bischöfe vom 19.1.1954, in der die Einrichtung der A. praktisch aufgehoben wurde. Die Stellungnahme begegnete im französischen Linkskatholizismus großem Widerspruch. 73 A. protestierten im Februar 1954 solidarisch gegen die Entscheidung. 40-50 unterwarfen sich endgültig nicht, sondern veröffentlichten im November 1954 eine Dokumentensammlung »L'Evangélisation du monde ouvrier«, in der eine betont linksradikale Haltung zum Ausdruck kam. Amtlich gibt es seit Anfang 1954 keine A. mehr. Durch die Apostolische Konstitution Omnium Ecclesiarum vom 15.8.1954 wurde die Mission de France auf neue Grundlagen gestellt. - Auch in Belgien gab es einige A., die aber seit 1954 ihre Tätigkeit aufgegeben haben.

H. Godin et Y. Daniel, France, pays de Mission, Paris 1943 (dt. bei R. Michel, Zwischen Abfall u. Bekehrung, 1950) - H. Perrin, Journal d'un Prêtre ouvrier en Allemagne 1943-44, Paris 1945 (dt.: Tagebuch eines A.s, 1955) - G. Cesbron, Les Saints descendent en enfer, Paris 1951 (dt.: Die Heiligen gehen in die Hölle, 1953) - L'Evangélisation du monde ouvrier, Paris 1954 - Documents. Les prêtres ouvriers, Paris 1954 (Weißbuch der 73 protestierenden Priester; dt.: A. Dokumente, 1956) - JK 1953 u. 1954, passim - HerKorr 7-9, 1952-54, passim.

K. Epting

Arbeitervereine → Arbeiterbewegung.

Arbeitgeberverbände → Sozialpartner.

Arbeitnehmer → Sozialpartner.

Arbeitsethos

1. Begriff des A. - 2. Quelle des A. - 3. Das Ethos der wirtschaftlichen Arbeit: a) Heutige Situation des A. - b) Möglichkeit des A. - 4. Begrenzung der wirtschaftlichen Arbeit - 5. Beruf

1. Der Mensch verlangt danach, den Sinn der Arbeit zu wissen, und dieser kann nur als eingebettet in den letzten Sinn des Gesamtdaseins, seinen Ursprung, Inhalt und Ziel begriffen werden, der im Glauben erfaßt wird. Damit wird die Arbeit Gegenstand des Sollens, das ihr erst die Möglichkeit gibt, in Freiheit zu geschehen. Diese anerkennende und zugleich kritische Stellung zur Arbeit macht das Wesen des A. aus.

2. Die *Quelle* des A. ist immer ein mehr oder weniger bewußt gewordener Glaube. Geschichtlich dargestellt wurzelt es im Abendland in zwei großen Bewegungen, in Christentum und Humanismus. Der geschichtliche Verlauf des A. geht von der Antike über das Christentum und seine Konfessionen zur Verweltlichung. Hat bis dahin das A. seine Begründung aus Gott, seine Gestalt aber aus den menschlich-weltlichen Bedingungen empfangen, so hat die neue Zeit auf die Begründung aus Gott verzichtet oder sie nur am Rande in Erscheinung treten lassen. Was dann als Quelle des A. blieb, war der Mensch selbst. Er mußte, wenn Gott entfiel, naturgemäß sich selbst als das höchste Wesen erscheinen. Diese humanistische Quelle des A. scheidet sich wieder in zwei Grundauffassungen, je nachdem der wesentliche Mensch als Erzeugnis der Idee des absoluten Geistes (Hegel) oder der diesseitigen materiellen Wirklichkeit (Marx) ver-

standen wird. Daraus folgt entweder ein idealistisches oder ein realistisches A.

Außerdem muß neben dem A. der Erwerbsarbeit auch dasjenige der nichtwirtschaftlichen Arbeit berücksichtigt werden. Beide Inhalte der Arbeit haben ihre besonderen Probleme und wirken mit ihrem Ethos aufeinander.

3. a) Inwieweit *heute* der arbeitende Mensch faktisch von sittlichen Motiven bestimmt wird, ist schwer zu sagen. Denn A. ist innerlich, verborgen und vielfach unbewußt. Viele Beobachtungen lassen den Schluß zu, daß die Arbeitsbedingungen für ein A. ungünstig sind, weil sie über die natürliche Arbeitsmühe hinaus die Freiheit der Arbeit durch die Notwendigkeit der technischen Organisation unmöglich machen (→ Arbeit: I, → Technik, → Rationalisierung). Nun geschieht nicht alle Arbeit am Fließband, nicht alle ist in gleicher Weise technisiert. Aber die *Situation* ist doch für alle gleich und erzeugt eine dumpfe Wehrlosigkeit gegen die Befehlsgewalt des technischen Erfolges, die an der Möglichkeit eines A. verzweifeln läßt. – Ein starkes Hindernis für ein A. ist der Mißmut des arbeitenden Menschen über die gesellschaftlichen Zustände, namentlich die Verteilung des → Eigentums (: III) und des Einkommens. Neben dem keineswegs gelösten Problem Kapital und Arbeit stellt sich dem nachdenkenden Arbeiter die Frage: *Wofür* arbeite ich eigentlich? Diese Frage zielt nicht in erster Linie auf den Lohn, sondern meint den Sinn der bestehenden Gesellschaftsform und ihrer Arbeitsordnung. Ist es nicht eine »Ordnung«, die, im Prinzip selbst unethisch, die Menschheit mit Teuerung, Inflation, Krisen, Unsicherheit, Arbeitslosigkeit bedroht? Und was soll der Physiker, Ingenieur, Arbeiter von A. halten, wenn seine Arbeit der Produktion von gigantischen Vernichtungswaffen dient? Die Reaktion darauf kann praktisch entweder weitgehende Abstumpfung oder aber der Wille sein, an einer Organisation der Gesellschaft mitzuarbeiten, die die Zwecke der Arbeit versittlicht und so A. überhaupt möglich macht.

b) Trotz der geschilderten Hindernisse besteht die *Möglichkeit* der Entfaltung eines A. Arbeit gehört zum Wesen des Menschen und ist eine Bedingung für seine körperliche und geistige Gesundheit. Das gilt gerade auch für die technisierte Arbeit. Unabhängig von einem Gesellschaftssystem kann der Mensch sie treu und gewissenhaft tun und sich in ihr vervollkommnen. Es verleiht ihm gesellschaftliche Ehre, durch Arbeit seinen Lebensunterhalt zu erwerben, von andern unabhängig zu sein und noch darüber hinaus anderen Gutes zu tun (1Thess 4, 11ff; Eph 4, 28; → Arbeit: III). – Die Arbeit hat *gesellschaftlichen* Charakter. Im Wissen um das Miteinander, in dem jeder auf den anderen angewiesen ist, kann der Arbeiter in gegenseitiger Hilfsbereitschaft → Solidarität beweisen. Einer erwartet vom andern, daß er ein »guter Kamerad« sei. – Wenn auch der einzelne Arbeiter bei notwendiger Arbeitsaufgliederung nur größere oder kleinere Teilarbeit verrichtet, so kann er doch wissen bzw. unterrichtet werden, wie sie letztlich *ein Ganzes* schafft. Die Erweiterung des Gesichtskreises führt über die Grenzen der Arbeitsstätte hinaus zum Verständnis der Gesamtproduktion für die menschliche Gesellschaft. Es liegt an der Lebendigkeit des Interesses, also am einzelnen Arbeiter selbst, zu erkennen, wie Einzelnes mit dem Ganzen zusammenstimmt und auf welche Weise er selbst für die Gesellschaft verantwortlich ist. Der Arbeitsplatz an einer Maschine in Werkstatt oder Fabriksaal ist gewiß der Ort, wo der Arbeiter seine Kraft in Mühe und Aufmerksamkeit verausgabt; aber gerade das kann für ihn eine Quelle vielleicht nicht unmittelbarer Liebesbetätigung, wohl aber der Freude und des Stolzes werden. Nicht selten wird die Trennung vom gewohnten Arbeitsplatz infolge Krankheit, Invalidität oder → Arbeitslosigkeit (, 2) schmerzlich empfunden.

Neuerdings werden Versuche zur Ermöglichung und Unterstützung des A. erörtert (→ Betrieb: III. IV). Im modernen technisierten Betrieb kann das nicht mehr ein Patriarchalismus alten Schlages leisten, denn der Arbeitgeber ist anonym. Wohl aber ist das gute »Betriebsklima« von Wert; das Mittel dazu ist die geeignete *Betriebsorganisation*, um die sich eine eigene Wissenschaft bemüht. Als das beste Betriebsklima gilt jedoch die Solidarität der Arbeiter selbst. Um den Arbeitsfrieden als Voraussetzung für ein A. zu verwirklichen, wird heute der Begriff der *Partnerschaft* zwischen Arbeitgebern und -nehmern verwandt. Real gesehen hat auch er seine besonderen Schwierigkeiten; denn zwischen den »Partnern« steht ungelöst das Problem des Besitzes der Produktionsmittel. – Der Verwirklichung des guten Betriebsklimas und der Partnerschaft dient das Verständnis des Verhältnisses von Arbeitgeber und Betriebsangehörigen als *Mitarbeiterschaft*. Der Arbeitgeber spricht heute nicht mehr von seinen »Untergebenen«, sondern von seinen »Mitarbeitern«. Diese Auffassung dürfte theoretisch unbestritten sein; praktisch aber soll sie in der → *Mitbestimmung* zum Ausdruck kommen. Diese ist die wichtigste sozialpolitische Maßnahme zur Schaffung eines echten, auf realistischer Basis beruhenden A. Es wäre zu fragen, ob es nicht auch zum A. gehört, daß der einzelne sich solidarisch zu seiner Gruppe bekennt und ihren Kampf ideell und materiell mitträgt, anstatt Nutznießer einer errungenen Position zu sein, ohne Opfer gebracht zu haben.

4. Die Arbeit zur Produktion materieller Güter erfüllt allein nicht den menschlichen Lebenssinn; sie schafft die materiellen Mittel als Basis des menschlichen Lebens und ist als solche ungeheuer »wertstark«; das besagt aber nicht, daß ihrer Dringlichkeit auch ihre Werthöhe entspricht. Der Mensch ist nicht nur homo oeconomicus. So gibt es Erwerbsarbeit, deren Inhalt nicht wirtschaftlicher Natur im engeren Sinn ist: die »geistigen« Berufe. Leider werden sie in der Diskussion allzuoft vernachlässigt. Ihren besonderen sittlichen Anforderungen sollte ein eigenes A. entsprechen.

Weil sich in keiner Erwerbsarbeit, sei sie nun wirtschaftlicher oder außerwirtschaftlicher Natur, die Ganzheit des menschlichen Wertlebens erschöpft, ist es notwendig, sie zeitlich zu beschränken, dies geschieht in der Regel durch Begrenzung der auf die Erwerbsarbeit verwendeten → Arbeitszeit. Auch in der arbeitsfreien Zeit hat das A. Geltung. In doppelter Hinsicht: es fordert deren Benutzung zur Regeneration und zugleich, jetzt freie, Arbeit zur Erfüllung des Sinnes der Gesamtpersönlichkeit.

5. Das christliche A. versteht die Notwendigkeit der Arbeit als Gottes Gebot. Sein Inhalt ergibt sich aus den Bedingungen der menschlichen materiellen und geistigen Existenz im allgemeinen, die im Glauben als Gottes Schöpfung begriffen wird, und im besonderen aus der geschichtlichen und individuellen Situation, in die Gott den einzelnen versetzt und ihm durch deren Vermittlung seine persönliche Aufgabe vor die Hand stellt. Als Richtlinie dient die Liebe zum Nächsten. Das bringt unübertroffen der durch Luther entdeckte besondere Begriff des → »Berufes« zum Ausdruck, der sich in allen abendländischen christlichen Konfessionen durch mancherlei Verengungen hindurch (ständischen Katholizismus, konservatives Luthertum, gesetzlichen Calvinismus) durchgesetzt hat und auch für die technische Arbeitsweise Geltung haben kann. Dann kann diese im Gehorsam gegen Gott, den Schöpfer (Gen 1, 28), statt Zerstörung viel-

mehr Ermöglichung des A. bewirken. Die Beziehung zwischen den heutigen Arbeitsbedingungen und dem christlichen Verständnis des Berufes klarzustellen, ist eine Hauptaufgabe christlicher Sozialethik.

M.Luther, Schriften zum Wucher, 1519. 1520. 1524. 1540 - G. Wünsch, M.Luthers Bedeutung f. d. ev. Wirtschaftsethos (Schweiz. Theol. Umschau 21, 1951, 73 ff). - K.Marx, Histor. Materialismus, hg.v. Landshut-Mayer, 1952 - Ders., Das Kapital. - M.Weber, Die prot. Ethik u. der Geist des Kapitalismus (Ges. Aufs. z. Religionssoz. I, [1920] 1947[4], 17-206) - Ders., Wissenschaft als Beruf (Ges. Aufs. z. Wissenschaftslehre, 1922, 524-555) - J.Hässle, Das A. der Kirche, 1923 - G.Wünsch, Ev. Wirtschaftsethik, 1927 - RGG[2] I, 471 ff - H.deMan, Der Kampf um die Arbeitsfreude, 1927 - E.Kroll, Der Begriff der Arbeit im ökumenischen Materialismus u. im Idealismus (Diss. Bern), 1946 - J.H.Oldham, Die Arbeit in der modernen Welt, 1950 - G.Friedmann, Der Mensch in der mechanisierten Produktion, 1952 - E.Michel, Sozialgeschichte der industriellen Arbeitswelt, (1947) 1953[3] - C.Jantke, Bergmann u. Zeche, 1953 - H.Weinstock, Arbeit u. Bildung, 1954 - G.W.Locher, Der Eigentumsbegriff als Problem ev. Theologie, Zürich 1954 - W.Bienert, Die Arbeit nach der Lehre der Bibel, 1954 - Arbeiterjugend gestern u. heute, hg. v. H.Schelsky, 1955.

G.Wünsch

Arbeitsgemeinschaft christlicher Kirchen in Deutschland, 1948 gegründeter Zusammenschluß derjenigen Kirchen in Deutschland, die auch dem Weltrat der Kirchen angehören. Sie stellt daher gleichsam eine »Ökumene zu Hause« dar. Die A. bemüht sich um den Ausgleich von Spannungen, die aus dem Nebeneinanderarbeiten von Landes- und Freikirchen an einem Ort entstehen und trägt Entschließungen und Empfehlungen an ihre Mitglieder heran, die zur Toleranz beitragen. Ihr gehören an: die → Evangelische Kirche in Deutschland, der Bund Ev.-Freikirchlicher Gemeinden in Deutschland (→ Baptisten), die → Evangelische Gemeinschaft, die Methodistenkirche (→ Methodisten), die Altkatholische Kirche (→ Altkatholiken), die Vereinigung der Deutschen Mennonitengemeinden (→ Mennoniten) und die Evangelische → Brüderunität; angeschlossen sind ihr der Bund → Freier evangelischer Gemeinden, die Altreformierten Kirchen in Deutschland (→ Reformierte Kirche: II) und die → Heilsarmee. Ihre Dienststelle ist die Ökumenische Centrale in Frankfurt/Main. Ihr Vorsitzender ist (1956) Kirchenpräsident M.Niemöller.

Taschenbuch der ev. Kirchen in Deutschland I, 1955.

H.-H.Schrey

Arbeitskämpfe

1. Geschichte - 2. Streikarten

1. A. gibt es, seit die Menschheit organisierte Arbeit kennt. Sie haben im Grunde alle dieselbe Ursache: Unzufriedenheit, und sie erstreben dasselbe Ziel: Verbesserung der Arbeitsbedingungen. Sie sind zumeist von der sozialen Gesamtlage der Gesellschaft, in der sie auftreten, geprägt. In der späteren Ramessidenzeit legten die Arbeiter an den thebanischen Königsgräbern die Arbeit nieder; Thukydides (Pelop. Krieg VII, 27) berichtet von der Rebellion der Mineure in den Silberminen von Laurium (413 vChr). Auch in der ständischen Gesellschaft des ausgehenden Mittelalters und der Neuzeit in Europa gab es heftige A., zB zwischen Gesellen und Handwerksmeistern. Während die Zunftordnungen einen numerus clausus für Meister statuierten, wuchs die Zahl der Gesellen unaufhörlich. Der scharfe Konkurrenzkampf unter den Meistern selbst führte deshalb bereits gegen Ende des 14.Jh.s zu einer verbreiteten Einführung des Stücklohnes. Die Arbeitgeber dieser Zeit forderten in der Folge immer höhere Arbeitsleistungen von ihren Untergebenen, für die sie im wahrsten Sinne des Wortes Brotgeber waren, da die vollbrachte Arbeit zum größten Teil in Naturalien vergütet wurde. Während also die Gesellen immer mehr arbeiten mußten und kaum je erhoffen konnten, in den Meisterstand aufzurücken, wurde ihre Verpflegung und Unterkunft immer dürftiger. Hinzu kam die Bestimmung, daß der bis dahin traditionelle »blaue Montag« und viele kirchliche Feiertage, an denen es damals nicht mangelte, als Arbeitstage zu gelten hätten. Diese Gründe führten zB zum Ausstand der Gürtler in Breslau 1329 und der Weberknechte in Speyer 1351.

Die Geschichte der industriellen Revolution im ausgehenden 18. und im 19.Jh. bleibt mit einer nicht endenden Reihe intensivster A. unentwirrbar verbunden. Aus dieser Zeit stammt der heute allgemein verwendete Begriff *Streik*. Dem Wortschatz der seefahrenden Nation England entstammend, wurde er offiziell 1768 zum ersten Male verwendet. Von der ursprünglichen Bedeutung »to strike a sail«, ein Segel einholen, wurde er alsbald allgemein auf Arbeitsniederlegungen übertragen. In der heutigen von der technischen und wirtschaftlichen Entwicklung zutiefst geprägten Gesellschaftsordnung haben wir unter A.n ganz allgemein den wirtschaftlichen Kampf der → Sozialpartner um Arbeitsbedingungen und Arbeitsverfassung zu verstehen. Der Streik ist wohl ein erprobtes Mittel seitens der Arbeitnehmer, ihren Forderungen Nachdruck zu verleihen, keineswegs aber das einzige. Andererseits stehen den Arbeitgebern Boykott und Aussperrung als Gegenpart zur Verfügung, die indessen im Vergleich zur Streikhäufigkeit weit weniger zur Anwendung gelangen.

Waren zunächst die A. Revolten unzufriedener Gruppen gegen einzelne Industrielle und Fabrikanten, die oft in blutige, von Miliz und Polizei niedergeschlagene Auseinandersetzungen ausarteten, so haben sie insbesondere in den letzten Jahrzehnten immer mehr die Form von Interessenkonflikten zwischen wirtschaftlichen Organisationen und Verbänden angenommen, die im Einsatz der Kampfmittel strategische Regeln beachteten: anstelle von Barrikadenkämpfen und Zerstörungen traten die Verhandlungen am grünen Tisch, und gesetzliche Institutionen sollen einer weitestgehenden gegenseitigen Befriedung dienen (→ Arbeitsrecht).

Die anfänglich meist chronisch erfolglosen Arbeiteraufstände riefen nach Zusammenschluß und organisierter Führung. Eng mit der Geschichte des Streiks ist deshalb das Aufkommen der → Gewerkschaften verbunden.

2. Die *Streikarten* sind nach Anlaß und Durchführung verschieden. 1. Der *Angriffsstreik*. Zur Verfolgung ihrer Ziele bereitet die Gewerkschaftsleitung eines oder mehrerer Betriebe eine systematische Arbeitsniederlegung vor, wenn ihrer Ansicht nach kein anderer Weg zur Erfüllung ihrer Forderungen mehr offen steht. Sie versucht sich so das Moment der Überraschung zunutze zu machen. 2. Beim *Abwehrstreik* versucht sich die organisierte Arbeiterschaft gegen Situationen aufzulehnen, die mit an sich zulässigen wirtschaftlichen Machtmitteln der Arbeitgeber und ihrer Organisationen geschaffen wurden. Meist pochen sie dabei auf die Tatsache, daß ihre berechtigten Forderungen verletzt worden seien. 3. Der *Solidaritätsstreik* wird immer dann ausgerufen, wenn sich die Arbeitnehmer mit der Haltung eines einzelnen oder ganzer Belegschaften anderer Betriebe oder Industriezweige aus irgendwelchen Gründen solidarisch erklären. 4. Von *Demonstrationsstreik* wird gesprochen, wenn gegen allgemeine Vorkommnisse mit dem Mittel der Arbeitsniederlegung demonstriert wird (in Deutschland etwa aus Anlaß des Mordes an Rathenau, 26.6.1922; oder gegen die Besatzungsmächte wegen prekärer Ernährungslage, 1948). 5. Beim *Teilstreik* treten nur vereinzelte, indessen an lebenswichtigen Zentren stehende Arbeitnehmer in Ausstand, womit zwangsläufig doch ganze Betriebe stillgelegt werden. Solche Streiks können mit geringem finanziellen Aufwand für die Gewerkschaften durchge-

führt werden. 6. Bei *Sitzstreik* ruht die Arbeit lediglich für eine begrenzte Zeit. Die Arbeiter verlassen ihre Maschinen nicht. 7. Der *Generalstreik* schließlich steht den Gewerkschaften als äußerstes Mittel zur Verfügung, um ihre grundsätzlichen Rechte zu verteidigen. Er trägt dann die Züge einer Abwehrhandlung (zB nach dem Kapp-Putsch vom 13.3.1920). Ein erfolgreicher Generalstreik setzt indessen eine intakte Gewerkschaftsspitze voraus. So konnten die Nationalsozialisten jede Gefahr für einen Generalstreik bannen, indem sie die Gewerkschaftsführer der Weimarer Republik kurzerhand außer Gefecht setzten.

Die A. scheinen in letzter Zeit in eine neue Phase eingetreten zu sein. Während zunächst die unorganisierten Arbeiteraufstände abgelöst wurden durch Streiks, die von der Gewerkschaft mitunter mit fast wissenschaftlicher Präzision geführt wurden, zeigen die Streikstatistiken allgemein ein Wiederansteigen der sog. *wilden Streiks* an. Dies kann zT aus der Überorganisation dieser Verbände erklärt werden. Gesamtinteressen und Strategik von Gewerkschaften kollidieren mit den Sonderinteressen von Gruppen innerhalb ihrer eigenen Gefolgschaft. Die Zahl wilder Streiks steigt ferner immer da an, wo die Arbeitnehmerverbände aus ihrer angestammten Oppositionsstellung zur vermehrten Mitverantwortung im Staate herangezogen werden, so etwa während des Krieges in den USA und unter der Labourregierung in England. Wilde Streiks werden ohne finanziellen Rückhalt durch die Gewerkschaften, ja oft gegen diese ausgeführt.

Während Streiks ursprünglich fast ausschließlich aus einer wirtschaftlichen Notlage heraus entfacht wurden, schieben sich heute anderweitige Motive mehr in den Vordergrund: sozialpolitische Forderungen führen u.U. zu Prestigekämpfen, die mit einer eigentlichen wirtschaftlichen Notlage nichts mehr gemein haben (insbesondere in den USA). Die sozialwissenschaftliche Streikforschung steht noch am Anfang. Die überlieferten Streikstatistiken sind weitgehend unvollkommen. Besondere Beachtung findet in diesem Zusammenhang die chronische Streikanfälligkeit gewisser, oft weitgehend desintegrierter Bevölkerungsteile (zB Gruben- und Dockarbeiter in England). Auch das Problem des »Streikbrechens« und damit zusammenhängende Solidaritätskonflikte finden besondere Beachtung. Der durch Streik verursachte Ausfall an Arbeitsstunden wird oft überschätzt: er stellt in allen Fällen nur einen geringen Bruchteil des »natürlichen« Arbeitsausfalles dar (Fehlschichten, Krankheit usw). Obwohl die Verluste, die durch Streiks entstehen, große Summen ausmachen, sind doch die Ausfälle, die durch den »schleichenden« Arbeitskampf entstehen, kaum unerheblicher. Darunter fallen systematische Arbeitsverlangsamung, gesteuerter Materialverschleiß und Werksabotage. Diese sind schwerlich zu erfassen und werden von der breiteren Öffentlichkeit kaum je wahrgenommen.

Im Interessenkonflikt zwischen den Sozialpartnern wirkt neben den institutionellen Vertretungen des Staates (→ Schlichtungswesen) die breite Öffentlichkeit als zusehends wirkungsvoller werdendes Regulativ; so mag ein Streik zwar faktisch gewonnen werden, er wird sich aber als Pyrrhussieg erweisen, wenn er von der Mehrheit der Bevölkerung moralisch verurteilt wird.

In jeder demokratischen Staatsverfassung ist die Möglichkeit legal geführter A. verbürgt. In totalitären Systemen dagegen erkennen wir zuweilen in den Massenaufständen von Werktätigen letzte verzweifelte Versuche, der allgemeinen politischen und wirtschaftlichen Unzufriedenheit Ausdruck zu geben (Aufstand der Berliner Arbeiter 1953, Unruhen in Polen und Erhebung der Ungarn 1956).

H. Kautsky, Vorläufer des neueren Sozialismus, 1947 - H. Grote, Der Streik, 1952 - K.G.J.C. Knowles, Strikes, New York 1952 - A. Kornhauser-R. Dubin-A. Ross, Industrial Conflict, New York 1954.

P. Atteslander

Arbeitslosigkeit

1. Begriff - 2. Arten und Entstehungsursachen - 3. Bekämpfungsmaßnahmen - 4. Sozialpsychologische Auswirkungen. - A. = Arbeit, Al. = Arbeitslosigkeit

1. Unter Al. versteht man den Tatbestand, daß A.nehmer, die fähig und willens sind, zu den gegebenen Lohntarifen und sonstigen A.sbedingungen üblicherweise nachgefragte A.sleistungen anzubieten, keine Beschäftigung finden können, weil keine entsprechende Nachfrage der A.geber nach solchen A.sleistungen vorliegt. Entschließt sich jemand freiwillig dazu, zu den gegebenen Bedingungen nicht zu arbeiten, oder ist er, etwa infolge Invalidität, nicht fähig, eine wirtschaftlich verwertbare A.sleistung anzubieten, so liegt keine Al. in diesem Sinne vor. Die allgemeine Ursache der Al., wie sie hier in Übereinstimmung mit dem üblichen Sprachgebrauch verstanden wird, ist der Mangel an (geeigneter) A.sgelegenheit. A.sruhe im Falle eines Streiks fällt also für die Streikenden selbst auch nicht unter den Tatbestand der Al., wohl aber für die A.nehmer von abhängigen Industrien, die durch den Streik vorübergehend stillgelegt werden (→ Arbeitskämpfe). Die genaue Abgrenzung ist wegen der an den Tatbestand der Al. geknüpften Unterstützungs- und Fürsorgeleistungen (s. 3) von großer praktischer Bedeutung. Ob A.swilligkeit und -fähigkeit vorliegen, ist oft schwer zu entscheiden. Wenn wirtschaftlich Selbständige (etwa freiberuflich Tätige) die von ihnen angebotenen Leistungen nicht absetzen können und deswegen untätig bleiben müssen, liegt ebenfalls keine Al. vor. Schein-Al. ist gegeben, wenn jemand sich als A.sloser registrieren läßt und »Schwarz-A.« verrichtet.

2. Die wichtigsten Unterscheidungen zwischen einzelnen Arten von Al. ergeben sich, wenn man von den Entstehungsursachen ausgeht. Man kann hier einteilen in a) Fluktuations-Al., b) Saison-Al., c) konjunkturelle Al. und d) strukturelle Al. Die Arten b) und c) treten mit einer gewissen Periodizität auf, während a) und d) mehr oder weniger permanente Erscheinungen darstellen. Im einzelnen ist hierzu zu sagen:

a) Die *Fluktuations*-Al. entsteht dadurch, daß beim stets in einem gewissen Umfang auftretenden Wechsel des A.splatzes vielfach noch kein neuer A.svertrag abgeschlossen ist, wenn der alte gelöst wird. Die A.nehmer sind so lange arbeitslos, bis sie einen neuen A.splatz gefunden haben. Im Normalfall tritt eine A.sunterbrechung von einigen Wochen ein. Je mehr A.splätze angeboten werden und je besser die Vermittlung von solchen organisiert ist, desto geringer ist das Ausmaß der Fluktuations-Al. Ganz vermeiden läßt sie sich infolge der stets in bestimmtem Ausmaß notwendigen Anpassungsbewegungen der Wirtschaft nicht. Führen solche Anpassungsbewegungen zu länger dauernder, massiert auftretender Al., so ist bereits ein Übergang zu struktureller Al. gegeben (s. d).

b) Die *Saison*-Al. tritt in denjenigen Branchen auf, in denen aus klimatischen Gründen nicht während des ganzen Jahres gearbeitet werden kann, sei es wegen niedriger Temperaturen (Bauwirtschaft), sei es wegen des naturgebundenen Produktionsprozesses (Landwirtschaft), ferner dort, wo zu bestimmten Zeiten eine stoßweise Nachfrage auftritt, während eine kontinuierliche, mit entsprechender Lagerhaltung verbundene Produktion nicht oder nur beschränkt möglich ist. Der Beschäftigungsrhythmus der großen betroffenen Produktionszweige überträgt sich in gewissem Grade auf die mit ihnen enger verflochtenen Branchen, so daß die Saison-Al. ein erhebliches Ausmaß annehmen kann. Diese Form der Al. ist jedoch insofern wenig problematisch, als man ihre Ursache klar zu erkennen vermag und von vornherein weiß, daß sie von selbst wieder verschwinden wird.

c) Weit bedenklicher ist die *konjunkturelle* Al., die darauf zurückzuführen ist, daß zu gewissen Zeiten, nämlich in den Phasen des Konjunkturabschwungs (→ Wirtschaftsphasen) ein Nachfragerückgang auf mehr oder weniger allen Gütermärkten eintritt, der zu einer entsprechenden Drosselung der Produktion und also auch der Beschäftigung führt. Dieser generelle Nachfragerückgang ist ein Zeichen dafür, daß die Selbstregulierung des Wirtschaftsprozesses durch den Marktmechanismus nicht funktioniert. Wäre dies nämlich der Fall, so dürften immer nur partielle Nachfrageschrumpfungen auftreten, denen Nachfrageausweitungen an anderer Stelle gegenüberstehen müßten, so daß das Beschäftigungsvolumen im ganzen etwa gehalten werden könnte und nur Fluktuations-Al. auftreten dürfte. Man war den Konjunkturschwankungen gegenüber bis vor etwa zwei Jahrzehnten ziemlich machtlos und nahm die in ihrem Gefolge auftretende Massen-Al. als Schicksal hin.

d) Die *strukturelle* Al. läßt sich, soweit sie nicht durch gewaltsame politische Eingriffe, Kriegszerstörungen und Naturkatastrophen bedingt ist, von der konjunkturellen nicht scharf abtrennen. Sie entsteht dann, wenn sprunghafte und heftige Verschiebungen in den nicht-wirtschaftlich bestimmten Gegebenheiten (»Daten«) auftreten, denen sich der Wirtschaftsprozeß anzupassen hat. Wichtige Fälle sind technische Revolutionen, die eine Mechanisierung und A.seinsparung bewirken (→ Rationalisierung) und zu massenhafter Freisetzung von A.skräften führen, ferner starke Verschiebungen der Bedürfnisstruktur. Die Wirtschaft ist kurzfristig nicht in der Lage, sich so umzustellen, daß das gesamte A.spotential jederzeit beansprucht wird. Aus partiellen Störungen entwickeln sich dann leicht generelle. Ebenso können Katastrophenschäden (Zerstörung der sachlichen Produktionsmittel) und politische Eingriffe (zB Zerreißung von Tauschbeziehungen) zu einer Verringerung der Beschäftigung führen.

3. Mit Hilfe der A.slosen-Versicherung und A.slosen-Fürsorge (→ Sozialversicherung) kann man die Existenzbedrohung der von der Al. Betroffenen ausschalten und so die mit der Al. verbundenen Ungerechtigkeiten und psychischen (s. 4) sowie politischen Gefahren verringern. Sehr viel zweckmäßiger ist es jedoch, die Al. selbst mit wirtschaftspolitischen Mitteln zu vermindern und nach Möglichkeit zu beseitigen. Es gehört heute zum politischen Programm fast aller Länder, ein »Recht auf A.« zu verwirklichen. Relativ einfach, jedoch von beschränkter Wirksamkeit sind die Methoden zur Bekämpfung der Fluktuations- und Saison-Al. Der ersten kann man begegnen durch Verbesserung der A.svermittlung (Erhöhung der »Transparenz« des A.smarktes) sowie durch Umschulungsmaßnahmen für solche A.nehmer, die nur in anderen Produktionszweigen untergebracht werden können. Zur Verminderung der Saison-Al. kommen hauptsächlich technische Verbesserungen, die die betreffende A. klimaunabhängiger machen, sowie die Koppelung sich ergänzender saisonabhängiger Produktionen in den Betrieben und die Erlernung entsprechender Doppelberufe seitens der A.nehmer in Frage.

Schwieriger ist die Bekämpfung der konjunkturellen Al., die die weitaus bedeutsamste Form darstellt. Man hat sich lange mit Verlegenheitsmitteln wie »produktiver«, mit einer Beschäftigung verknüpfter A.slosen-Fürsorge und bescheidenen öffentlichen Arbeiten beholfen. Ferner glaubte man, über Lohn- und Preissenkungen Produktion und Beschäftigung anregen zu können. Erst die moderne Beschäftigungstheorie, die weitgehend auf Gedanken von J.M. → Keynes basiert, hat klargestellt, daß es gilt, die gesamte Nachfrage einer Volkswirtschaft zu steigern und möglichst auf einem hohen Stand zu stabilisieren. Man erkannte, daß man Schrumpfungen der privaten Nachfrage durch eine Ausweitung der öffentlichen ausgleichen kann, ferner mittels Steuersenkungen die private Nachfrage wirksam anregen, wobei man allerdings Defizite der öffentlichen Haushalte in Kauf nehmen muß. Man praktizierte auch bald eine Beschäftigungspolitik mit im wesentlichen finanzwirtschaftlichen Mitteln mit dem Ziel, → Vollbeschäftigung zu erreichen. Die Politik war zwar erfolgreich, aber es zeigte sich die Gefahr, daß man sie zu weit trieb, nämlich bis zu einem Punkt, bei dem eine »Übernachfrage« zu Preissteigerungen führte. Es erwies sich als zweckmäßig, einen gewissen Prozentsatz von Al. bestehen zu lassen. Strukturelle Al. läßt sich mit den eben erwähnten Mitteln nicht beheben. Sie kann im allgemeinen nur langfristig beseitigt werden durch Ausbau und richtige Abstimmung des Produktionsapparates, Umschulung der A.nehmer und sonstige Maßnahmen, die die notwendige Anpassung der Wirtschaft erleichtern.

A.C.Pigou, Theory of Unemployment, 1913 - J.M.Keynes, Allgemeine Theorie der Beschäftigung, des Zinses u. des Geldes, (1936) 1954[2] - United Nations, National and International Measures for Full Employment, 1949 - A.P.Lerner, Economics of Employment, 1951 - HWSW I, 305ff (Lit.) - HWBW 187ff (Lit.). *H.Haller*

4. Al. ist im Verlauf der wechselseitigen Anpassung von Produktionsmethoden, Güterangebot und Nachfrageänderungen ein zeitlich zwar begrenztes, aber unvermeidlich wiederkehrendes Merkmal moderner Wirtschaftsformen. Während die wirtschaftlichen Ursachen der Al. Gegenstand zahlreicher Erörterungen gewesen sind (s. 1-3), liegen über ihre sozialpsychologischen Auswirkungen bisher nur wenige systematische Untersuchungen vor. Die Kenntnis der Art und Weise, in der das Leben arbeitswilliger Menschen durch den Verlust ihrer normalen einkommensichernden Tätigkeit verändert wird, ist jedoch Voraussetzung für die Wirksamkeit entsprechender sozialer Hilfsmaßnahmen.

Unter den *Primärwirkungen* der Al. nimmt die Einkommensverminderung die wichtigste Stelle ein. Sie verursacht eine weitgehende Umformung der Verbrauchsgewohnheiten in Richtung einer Reduktion herkömmlicher Ansprüche und Bedürfnisse. Doch geht die Anpassung an einen niedrigeren Lebensstandard nur sehr langsam vonstatten. Es ist beobachtet worden, daß auch bei langandauernder Al. und akuter Notlage immer noch Ausgaben für »Luxusgegenstände« gemacht werden. Jenseits eines vom jeweiligen Kulturniveau bestimmten Minimums wird planmäßige Mittelverwendung ohnehin illusorisch. Der Wunsch, möglichst lange die gewohnte Bedarfsstruktur aufrechtzuerhalten, erschwert den Ausgleich zwischen Ansprüchen und zur Verfügung stehenden Mitteln im A.slosenhaushalt.

Das Fehlen einer geregelten Beschäftigung führt schließlich zum Verlust einer sinnvollen Zeiteinteilung. Je länger die Al. andauert, desto primitiver wird das Zeiterlebnis, das sich nur an den wenigen gleichförmig wiederkehrenden Alltagsereignissen (Mittagessen, Schlafengehen) orientieren kann. »Das Gefühl, freie Zeit in beschränktem Ausmaß zur Verfügung zu haben, treibt zu ihrer überlegten Verwendung; das Gefühl, unbegrenzt Zeit zu haben, aber macht jede Zeiteinteilung überflüssig« (Lazarsfeld-Jahoda und Zeisl 63).

Die *Sekundärwirkungen* der Al. zeigen sich vor allem in der sozialen Haltung und den sozialen Beziehungen des A.slosen. Der Aktivitätsbereich des einzelnen wird weitgehend eingeschränkt, was eine zunehmende Erlebnisarmut zur Folge hat. Die mit dem A.splatz und dem Umgang mit den Kollegen verbundene soziale Rolle wird nur teilweise durch ein intensiveres Familienleben und engere Nachbarschaftsbeziehungen bzw. regere Teilnahme an Vereinsveranstaltungen und kulturellen Aktivitäten ersetzt. Lazarsfeld-Jahoda und Zeisl berichten, daß bei langandauernder Al. in der von ihnen untersuchten Gemeinde nicht nur die Mitgliedschaft in Vereinen, sondern auch die Leserzahl der öffentlichen Bibliothek abnahm. Bakke kommt zu ähnlichen Ergebnissen für den Bereich der Nachbarschaftskontakte. Die vergeblichen Bemühungen des A.slosen, für sich und seine Angehörigen aus eigener Kraft zu sorgen, wirken sich in zunehmender Abstumpfung gegenüber allen Ereignissen aus, die nicht unmittelbar mit der Existenzsicherung in Verbindung stehen. Bakke zeigt anschaulich, daß auch das kirchliche Leben unter dieser Tendenz leidet.

Die Struktur des Familienlebens wird durch Al. des Familienvorstands bemerkenswert verändert. Die Stellung der Hausfrau, auf der die Hauptlast der richtigen Mittelverwendung ruht, gewinnt entscheidende Bedeutung, während der bisher für den Lebensunterhalt verantwortliche Ehegatte seine normale Rolle nicht mehr erfüllen kann. Die Wiedergewinnung der Selbstsicherheit unter den veränderten Lebensbedingungen ist ein schwieriger Anpassungsprozeß, der zahlreiche Konfliktmöglichkeiten in sich birgt. Die gemeinsame Notlage führt nur selten zur Festigung der Familie.

Die persönliche Einstellung des A.slosen zu seiner Lage hängt zum großen Teil von dem Ausmaß ab, in dem seine außerhalb der A.ssphäre liegenden sozialen Beziehungen und Interessen ihm das Gefühl sozialer Sicherheit und Selbstbestätigung vermitteln. Neben dem Verlust des gewohnten Lebensrhythmus kann vor allem das wachsende Abhängigkeitsgefühl gegenüber unkontrollierbaren Wirtschaftsvorgängen und das Angewiesensein auf fremde Hilfe zu Resignation, Apathie und schließlich zu Haltlosigkeit führen.

Die desintegrierenden Begleiterscheinungen langandauernder Al. lassen sich nur begrenzt durch wirtschaftliche Unterstützung und Ausgleichsbeschäftigung neutralisieren. Es ist entscheidend, bis zu welchem Grade es dem A.slosen selbst gelingt, seine bisherige Lebenserfahrung mit den neuen Anforderungen in Einklang zu bringen und seine Eigeninitiative weiterzuentwickeln. Persönliche Beratung und der Anschluß an eine Gemeinschaft sind besonders bei jugendlichen und alleinstehenden A.slosen für die Bewältigung ihrer Probleme förderlich.

Die Rückführung der A.slosen in eine geregelte Tätigkeit wird mit wachsender Dauer der Al. immer schwieriger, da A.sübung und -disziplin abnehmen. Auch ist insbesondere bei technologisch bedingter Al. ein Berufs- und Ortswechsel oft unvermeidlich. Die Bereitschaft zu einer derartig einschneidenden Anpassung ist vor allem dann gering, wenn die betroffenen Personen stark traditionsorientiert sind und wenn der zu erwartende Lohn die Unterstützungssumme nur wenig überschreitet.

M. Lazarsfeld-Jahoda u. H. Zeisl, Die A.slosen von Marienthal. Ein soziographischer Versuch über die Wirkungen langandauernder Al., 1933 - E. Wight Bakke, Citizens without work. A study of the effect of unemployment upon the workers' social relations and practices, New Haven 1947[2].

F. Fürstenberg

Arbeitsrecht

1. Geschichtliche Entwicklung - 2. Geltende Rechtsnormen in Deutschland

1. Das moderne A. verdankt seine Ausbildung der Industrialisierung und der durch sie hervorgerufenen ungünstigen Lage der Fabrikarbeiterschaft im 19.Jh. Da die rechtliche Ordnung der Arbeitsverhältnisse mit der technischen Entwicklung nicht Schritt hielt, die maschinelle Ausrüstung der Betriebe früher unbekannte Gefahren mit sich brachte und viele Unternehmer im Arbeiter nur die »Arbeitskraft« sahen, die man so wirtschaftlich wie möglich zu nutzen suchte, war die Lage der Arbeiter durch unzureichende Löhne, überlange Arbeitszeiten und bevorzugte Verwendung der billigen Kräfte von Frauen, Jugendlichen und Kindern gekennzeichnet. Die hieraus erwachsenden Gefahren führten zum Eingreifen des Staates. Die *staatliche* → *Sozialpolitik* bekämpfte zunächst nur die schwersten Mißstände (Verbot der Kinderarbeit, Beschränkung der → Arbeitszeit für Jugendliche, später auch für Frauen), seit dem Ausgang des 19.Jh.s sorgte sie auch für Eindämmung der Betriebsgefahren. Epochemachend war in den achtziger Jahren in Deutschland die Einführung der → *Sozialversicherung*, die der großen Masse der Arbeitnehmer in den »Wechselfällen des Lebens« einen gesicherten Anspruch auf ärztliche Hilfe und Versorgung gibt. Im Jahre 1927 kam die Arbeitslosenversicherung hinzu.

Schutz des Arbeitnehmers blieb auch weiterhin der Leitgedanke des Arbeitsrechts. BGB, Gewerbeordnung und eine Reihe von Sondergesetzen enthalten zahlreiche Vorschriften, die bei der Regelung des *Arbeitsvertrages* der persönlichen und wirtschaftlichen Abhängigkeit des Arbeitnehmers vom Arbeitgeber Rechnung tragen. Eine wichtige Ergänzung bildet der nach dem ersten Weltkrieg eingeführte *Kündigungsschutz*, der in seiner heutigen Gestalt bei den meisten Arbeitsverhältnissen für die Kündigung durch den Arbeitgeber eine soziale Rechtfertigung verlangt.

Zur vollen Entwicklung kam das A. erst, als man es von den besonderen Verhältnissen einer bestimmten sozialen Klasse gelöst und als seinen *Grundtatbestand* den Eintritt des Arbeitnehmers in den Arbeits- und Herrschaftsbereich, meistens den Betrieb, des Arbeitgebers erkannt hatte, der sich vertraglich das Recht zur Verwertung der fremden Arbeitskraft verschafft. Das heutige A. erfaßt denn auch alle, die sich in den Dienst eines anderen begeben haben, ohne Rücksicht auf die Art ihrer Tätigkeit und die Höhe ihres Einkommens. Die durch die Aufnahme des Arbeitnehmers in den Dienst des Arbeitgebers begründete persönliche Verbundenheit hat allmählich dazu geführt, in dem Arbeitsverhältnis nicht mehr nur ein auf den Austausch von Arbeit gegen Lohn gerichtetes Schuldverhältnis, sondern ein durch die beiderseitige Treuepflicht wesentlich mitbestimmtes *Gemeinschaftsverhältnis* zu sehen.

Die Aufhebung der Koalitionsverbote seit der Mitte des 19.Jh.s ermöglichte es den Arbeitnehmern, sich zur Verbesserung ihrer Lage in → *Gewerkschaften* (I. II) zu vereinigen. Eines ihrer Hauptziele war es, die Unterlegenheit des einzelnen Arbeitnehmers gegenüber dem wirtschaftlich stärkeren Arbeitgeber durch die kollektive Vereinbarung der Arbeitsbedingungen in *Tarifverträgen* auszugleichen. Zum vollen Erfolg kamen diese Bestrebungen, als gleich nach dem ersten Weltkrieg die volle Koalitionsfreiheit hergestellt und die tariflichen Arbeitsnormen für unabdingbar erklärt wurden. Dieser kollektive Zug des A.s setzte sich in den → Betrieben fort, wo die Belegschaften bald darauf in den *Betriebsräten* eine Vertretung erhielten, der im Laufe der Zeit immer weitergehende Mitwirkungsrechte verliehen wurden. Der ausgeprägt kollektive Zug des heutigen A.s erlaubte es, nach Beseitigung des nationalsozialistischen autoritären Systems die Ordnung des Arbeitslebens weithin den → Sozialpartnern im Wege der sozialen Selbstverwaltung zu übertragen.

H.Herkner, Die Arbeiterfrage, (1894) 1922[8] - A.Weber, Der Kampf zwischen Kapital u. Arbeit, (1910) 1954[6] - A.Hueck-H.C. Nipperdey, Lehrbuch des A.s I, (1929) 1955[6] §§ 2-6 - L.Preller, Sozialpolitik in der Weimarer Republik, 1949 - A.Nikisch, A. I, (1951) 1955[2] §§ 2-4.

A.Nikisch

2. Im Gegensatz zu zahlreichen ausländischen Staaten ist das deutsche A. nicht kodifiziert. Es gibt kein »Gesetzbuch der Arbeit«, sondern die zahlreichen Einzelgebiete des A.s sind in Spezialgesetzen geregelt. Es sind jedoch Bestrebungen im Gange, die auf das A. bezogenen Rechtsnormen zu vereinheitlichen und zusammenzufassen. So wird zB zZ (1957) ein »Allgemeines Arbeitsverhältnisgesetz« vorbereitet. Zum besseren Überblick über die zahlreichen Einzelgesetze sei hier das Gesamtgebiet des A.s in fünf Gruppen systematisch untergegliedert: a) Rechtsnormen des Grundgesetzes (→ Verfassungen: I) und der Länderverfassungen, die sich auf das A. beziehen; b) Rechtsnormen über die Rechtsbeziehungen des einzelnen Arbeitgebers zum einzelnen Arbeitnehmer und deren gegenseitige Rechte und Pflichten (Arbeitsvertragsrecht, Individual-A.); c) Rechtsnormen über die Rechtsstellung und Rechtsverhältnisse der Verbände des A.s (Arbeitgebervereinigungen, Gewerkschaften [→ Sozialpartner], Betriebsverfassung [→ Betrieb]), d) die arbeitsrechtlichen Behörden; e) die Gerichtsbarkeit im A.

a) Das *Grundgesetz für die Bundesrepublik Deutschland* von 1949 (→ Verfassungen: I) hat im Gegensatz zur Weimarer Reichsverfassung auf die Festlegung sozialer Grundrechte verzichtet. Trotzdem ist das GG für das A. nicht ohne Bedeutung. Es enthält eine Anzahl Grundrechte, die zumindest mittelbar für das A. gelten. So ergibt sich aus Art. 2 Abs. 1, der das Recht auf freie Entfaltung der Persönlichkeit gewährleistet, soweit dadurch nicht die Rechte anderer verletzt werden und nicht gegen die verfassungsmäßige Ordnung oder das Sittengesetz verstoßen wird, daß die Wahl des Arbeitsplatzes und die Festlegung der Arbeitsbedingungen grundsätzlich der *freien Vereinbarung* zwischen Arbeitgeber und Arbeitnehmer unterliegt. Dem entspricht auch Art. 12, in dem es heißt: »Alle Deutschen haben das Recht, Beruf, Arbeitsplatz und Ausbildungsstätte frei zu wählen.« Ferner enthält Art. 12 das *Verbot des Arbeitszwanges*, außer im Rahmen einer herkömmlichen allgemeinen, für alle gleichen öffentlichen Dienstleistungspflicht, und das *Verbot der Zwangsarbeit*. Art. 4 schützt die Gewissensfreiheit und die Freiheit der Religionsausübung auch im Rahmen des Arbeitsverhältnisses. Ein Arbeitnehmer kann Arbeiten, die gegen seine Gewissenspflicht verstoßen, unter gewissen Umständen verweigern, aber auch eine Religionsgesellschaft braucht in den von ihr betriebenen karitativen Anstalten (Krankenhäuser usw) keine solchen Arbeitnehmer weiterzubeschäftigen, die durch ihr Verhalten gegen das interne Recht dieser Religionsgesellschaft verstoßen. Durch ein Arbeitsverhältnis ist niemand gehindert, gemäß Art. 5 seine Meinung in Wort, Schrift und Bild frei zu äußern, außer wenn er dadurch gröblich den Betriebsfrieden verletzt oder sonst gegen die allgemeinen Gesetze verstößt. Von besonderer Bedeutung für das A. ist Art. 3, nach dessen Abs. 2 Männer und Frauen gleichberechtigt sind und nach dessen Abs. 3 niemand wegen seines Geschlechtes, seiner Abstammung, seiner Rasse, seiner Sprache, seiner Heimat und Herkunft, seines Glaubens, seiner religiösen und politischen Anschauungen benachteiligt oder bevorzugt werden darf. Nach herrschender, wenn auch nicht unbestrittener Ansicht bindet dieses Grundrecht auch die Parteien des Arbeitsvertrages. Insbesondere haben Männer und Frauen bei gleichwertiger Arbeit Anspruch auf *gleichen Lohn*. Ein ausgesprochen soziales Grundrecht ist Art. 9 Abs. 3. In ihm ist das Recht, zur Wahrung und Förderung der Arbeits- und Wirtschaftsbedingungen Vereinigungen zu bilden, für jedermann und alle Berufe gewährleistet. Abreden, die dieses Recht einschränken oder zu behindern suchen, sind nichtig, hierauf gerichtete Maßnahmen sind rechtswidrig. Weitreichende Folgerungen für das A. sind aus Art. 20 Abs. 1 und 28 Abs: 1 zu ziehen, die die Bundesrepublik Deutschland zu einem *sozialen* Rechtsstaat erklären. Aus ihnen wird die verfassungsmäßige Gewährleistung der Institute des kollektiven A.s (Unabdingbarkeit der Tarifverträge, Mitbestimmungsrecht, Schlichtungsrecht, Autonomie der Sozialpartner) abgeleitet. Nach Art. 74 Nr. 12 steht dem Bundesgesetzgeber die *konkurrierende Gesetzgebung* im A. zu, dh der Bundestag kann mit sperrender Wirkung gegenüber den Landesgesetzgebern arbeitsrechtliche Gesetze erlassen. Art. 96 Abs. 1 sieht ein *Bundesarbeitsgericht* vor, das durch Gesetz vom 3.9.1953 errichtet wurde.

Besondere *soziale Grundrechte* sind in den Verfassungen von Bayern (Art. 166-177), Bremen (Art. 37-58), Hessen (Art. 27-47), Rheinland-Pfalz (Art. 53-69) und Nordrhein-Westfalen (Art. 24-29) enthalten. Sie stellen die Arbeitskraft unter den Schutz des Staates, verbriefen die existentielle Sicherung der Arbeitnehmer durch die Statuierung eines Rechts auf Arbeit und durch die institutionelle Gewährleistung der Arbeitslosen- und Sozialversicherung und gewährleisten die wichtigsten Institute des A.s wie zB den Tarifvertrag, das Schlichtungswesen, das Mitbestimmungsrecht, das Koalitionsrecht und zum Teil auch das Streikrecht der Gewerkschaften.

b) Die *gegenseitigen Rechte und Pflichten zwischen Arbeitgeber und Arbeitnehmer* aus dem Arbeitsvertrag ergeben sich in erster Linie aus den §§ 611-630 (Dienstvertrag) des BGB. Sie enthalten Vorschriften über die Arbeitspflicht und die Lohnzahlungspflicht, über die Lohnfortzahlung in bestimmten Fällen unverschuldeter Arbeitsversäumnis, über die Fürsorgepflicht des Arbeitgebers für Leben und Gesundheit des Arbeitnehmers, über die Kündigung des Arbeitsverhältnisses und die Kündigungsfristen sowie über die Pflicht des Arbeitgebers zur Zeugniserteilung bei Beendigung des Arbeitsverhältnisses. Daneben bestehen für einzelne Berufsgruppen von Arbeitnehmern Sonderbestimmungen in anderen Gesetzen, die die Vorschriften des BGB teils modifizieren, teils ergänzen (vgl. dazu Hueck-Nipperdey Bd 1 §§ 8 V. 21 ff; Nikisch §§ 8. 25 ff).

Zu diesen, das Arbeitsverhältnis im allgemeinen, auf der Grundlage der formalen Gleichheit der Vertragspartner regelnden Vorschriften treten zahlreiche Sondergesetze, deren Zweck es ist, den Arbeitnehmer von der wirtschaftlichen Übermacht des Arbeitgebers und damit vor Ausbeutung an Leben und Gesundheit zu schützen oder ihm seinen Arbeitsplatz zu sichern. Das *Bundeskündigungsschutzgesetz* (KSchG) vom 10.8.1951 läßt in Betrieben mit in der Regel mehr als 5 Beschäftigten ordentliche Kündigungen nur zu, wenn sie durch die Person oder das Verhalten des Arbeitnehmers oder durch dringende betriebliche Erfordernisse bedingt sind; es knüpft ferner Massenentlassungen innerhalb einer Sperrfrist an die vorherige behördliche Genehmigung und enthält einen besonderen Kündigungsschutz für Betriebsratsmitglieder. Das *Mutterschutzgesetz* des Bundes vom 24.1.1952 schützt die werdende Mutter und die Wöchnerin gegen schwere und gesundheitsschädliche Arbeiten, gewährt ihr einen besonderen Mutterschaftsurlaub und enthält einen besonderen Kündigungsschutz für Schwangere und Wöchnerinnen. Das *Schwerbeschädigtengesetz* des Bundes vom 16.6.1953 legt den Arbeitgebern eine bestimmte Pflichtquote zur Einstellung von Schwerbeschädigten auf und gewährt diesen einen erhöhten Kündigungsschutz. Die *Arbeitszeitordnung* (AZO) vom 30.4. 1938 legt den 8-Stundentag und die 48-Stundenwoche als gesetzliche Arbeitszeit fest und gestattet hiervon nur bestimmte, gesetzlich geregelte Ausnahmen zuungunsten der Arbeitnehmer (→ Arbeitszeit). Die Jugend ist durch das *Jugendschutzgesetz* vom 30.4.1938 geschützt (→ Jugendschutz). Dem Schutz der Arbeitnehmer dient endlich der *Erholungsurlaub*. Er ist jedoch bis jetzt nicht bundesgesetzlich geregelt, ein Anspruch auf ihn wird aber aus der Fürsorgepflicht des Arbeitgebers abgeleitet und ist in den meisten Tarifverträgen ausdrücklich festgelegt. Besondere *Urlaubsgesetze,* die Voraussetzungen und Dauer des Erholungsurlaubs festlegen, bestehen in Bayern, Hessen, Bremen, Baden-Württemberg, Niedersachsen, Schleswig-Holstein, Hamburg, Nordrhein-Westfalen, Rheinland-Pfalz, West-Berlin (vgl. dazu Hueck-Nipperdey Bd 1 § 47, Nikisch § 39).

c) Im *kollektiven* A. sind Form, Abschluß, Inhalt und Wirkung der Tarifverträge im Tarifvertragsgesetz (TVG) vom 9.4.1949 geregelt. Nach § 1 TVG regelt der Tarifvertrag die Rechte und Pflichten der Tarifvertragsparteien und enthält Rechtsnormen, die den Inhalt, den Abschluß und die Beendigung von Arbeitsverhältnissen sowie betriebliche und betriebsverfassungsrechtliche Fragen ordnen können. Diese Tarifnormen gelten unmittelbar und zwingend, dh sie können nicht zuungunsten (wohl aber zugunsten) des Arbeitnehmers im Arbeitsvertrag abbedungen werden. An die Stelle tarifwidriger Bestimmungen im Arbeitsvertrag treten automatisch die Tarifnormen. Parteien des Tarifvertrages können nur die Gewerkschaften einerseits und die Arbeitgebervereinigungen oder einzelne Arbeitgeber andererseits sein. Das TVG enthält weiter Vorschriften über das Verbot der Verwirkung tariflicher Ansprüche, über Beschränkungen von Ausschlußklauseln und des Verzichts auf tarifliche Ansprüche sowie über die Allgemeinverbindlicherklärung von Tarifverträgen für nicht organisierte Arbeitnehmer und Arbeitgeber.

Zur Verhütung und Beilegung von Streitigkeiten, die sich zwischen den Tarifvertragsparteien beim Neuabschluß von Tarifverträgen ergeben, steht ein *Schlichtungsverfahren* zur Verfügung (→ Schlichtungswesen). Es ist für das gesamte Bundesgebiet im Gesetz Nr. 35 des Alliierten Kontrollrats vom 20.8.1946 geregelt. Daneben bestehen in einigen Bundesländern besondere landesrechtliche Durchführungsvorschriften (vgl. Hueck-Nipperdey Bd 2 §§ 41 ff, Nikisch §§ 74 ff).

Die organisatorischen und materiellen Fragen des *Mitbestimmungsrechts* der Betriebsvertretungen (Betriebsräte, im öffentlichen Dienst Personalräte) sind für die private Wirtschaft im Betriebsverfassungsgesetz (BetrVG) vom 11.10.1952, im öffentlichen Dienst durch das Personalvertretungsgesetz vom 5.8.1955 geregelt. Das BetrVG gilt für alle Privatbetriebe im Bundesgebiet, das PersVG dagegen nur für die Betriebe und Verwaltungen des Bundes; für die Betriebe und Verwaltungen der Länder und Gemeinden enthält es nur Rahmenvorschriften, die von den Landesgesetzgebern auszufüllen sind.

Daneben bestehen für die Beteiligung der Arbeitnehmer in den Aufsichtsräten der Unternehmen des Bergbaues und der Eisen und Stahl erzeugenden Industrie Sondervorschriften im sog. Mitbestimmungsgesetz vom 21.5.1951.

d) Für die Arbeitsvermittlung und Arbeitslosenversicherung sind durch das Gesetz über die Errichtung einer Bundesanstalt für Arbeitsvermittlung und Arbeitslosenversicherung vom 10.3.1951 besondere Bundesbehörden auf Selbstverwaltungsbasis (Arbeitsämter, Landesarbeitsämter, Bundesanstalt) errichtet worden. Die materielle Regelung der Arbeitsvermittlung und Arbeitslosenversicherung enthält das seit seiner Verkündigung (16.7. 1927) mehrfach (zuletzt am 23. 12. 1956) geänderte Gesetz über Arbeitsvermittlung und Arbeitslosenversicherung (AVAVG).

e) Nach dem Arbeitsgerichtsgesetz vom 3.9.1953 in der Fassung vom 2.12.1955 besteht eine dreistufige besondere Gerichtsbarkeit in Arbeitssachen (Arbeitsgerichte, Landesarbeitsgerichte, Bundesarbeitsgericht) unter starker Berücksichtigung des richterlichen Laienelements.

Textsammlung arbeitsrechtlicher Gesetze: H.C.Nipperdey, A. (Loseblattausgabe), (1949) 1956[4]. - Entscheidungssammlungen: Amtl. Sammlg. des Bundesarbeitsgerichts, hg.v. den Mitgliedern des Gerichts, seit 1955 - A.Hueck-H.C.Nipperdey-R.Dietz, Arbeitsrechtliche Praxis (AP), seit 1950; seit 1954 Nachschlagewerk des Bundesarbeitsgerichts. - Lehrbücher: A.Hueck-H.C.Nipperdey, Lehrbuch des A.s, 2 Bde, (1927/30) 1955[6] (Lit.) - A.Nikisch, A., (1951) Bd 1 1955[2] (Lit.).

H.C.Nipperdey

Arbeitsschule

1. Geschichtlicher Rückblick - 2. Die drei A.begriffe - 3. Das arbeitsunterrichtliche Verfahren - 4. Die A. als Lebensschule - 5. A. und Kirchliche Unterweisung

1. Aus der Vielzahl der pädagogischen Reformbestrebungen und -versuche seit der Jahrhundertwende hat die A. die breiteste und nachhaltigste Wirkung auf die gegenwärtige Situation gezeitigt. Die im arbeitsunterrichtlichen Verfahren entfalteten methodischen Gestaltungsprinzipien gehören zum klassischen Bestand der Pädagogik. Dennoch weist der A.gedanke eine auch in der gegenwärtigen Diskussion noch spürbare *Mehrdeutigkeit* auf, die jeweils den Handfertigkeitsunterricht, die politisch-ökonomische Bedeutung der Arbeit im klassenkämpferischen Sinne oder die an der selbsttätigen Arbeit entfaltbaren methodischen Prinzipien betont. Zur Klärung dieser drei Bedeutungsgehalte empfiehlt sich ein kurzer *geschichtlicher Rückblick.* Die Einsicht, daß ein im tätigen Umgang mit den Dingen gelegtes Fundament an Anschauungen und Erfahrungen die erste Voraussetzung für das Lernen und Lehren ist, wurde seit Platon bis zu Montaigne immer wieder ausgesprochen. Eine erste wissenschaftliche Begründung fand dieser Gedanke in der von → Bacon von Verulam und → Locke entfalteten empiristischen Psychologie, nach der die tätige Übung der Sinnesfunktionen und des Körpers eine notwendige Vorstufe zur geistigen Bildung ist. Die spezifisch erzieherischen Momente in diesem Ansatz wurden indessen erst von → Rousseau, → Pestalozzi, → Fröbel und → Schleiermacher durch die Betonung des kindlichen Tätigkeitstriebes herausgehoben. Neben diese Argumente trat im Verlauf des im 18.Jh. einsetzenden Industrialisierungsprozesses eine dritte Auslegung: die Erziehung zur Arbeitsbrauchbarkeit. So betonten die → Philanthropinisten seit → Basedow den Gedanken einer Erziehung zu wirtschaftlicher Tüchtigkeit; das gilt sowohl von den durch Kindermann in Böhmen begonnenen Versuchen eines Industrieunterrichts als auch von der Schulgründung Fellenbergs in Hofwyl. Unter dem Einfluß dieser philanthropinistischen Bestrebungen und derjenigen Pestalozzis und Fröbels entwickelte sich in den nordischen Staaten das Sloydsystem, das die Förderung des Handwerks und des Hausfleißes durch eine tätige Übung der Werkzeug- und Materialkunde zum Ziel hatte.

2. a) Auf diesem geschichtlichen Hintergrund entfaltete sich die durch die Kritik an der Lernschule ausgelöste A.-Bewegung in Deutschland. Unter unmittelbarer Einwirkung des nordischen Sloydsystems kam es 1881 durch Schenkendorf zur Gründung des »Zentralinstituts für Handfertigkeit und Hausfleiß«, das 1886 in den »Deutschen Verein für Knabenhandfertigkeit« überging. Die schulorganisatorische Folge war zunächst die

Einführung des *Handfertigkeitsunterrichts* in den Schulen. In pädagogischer und psychologischer Begründung wurden die erzieherischen Werte der manuellen Arbeit für eine ganzheitliche Entwicklung betont.

b) Einen zweiten Impuls löste die von Karl → Marx entworfene Resolution auf dem ersten Kongreß der internationalen Arbeiterassoziation 1866 in Genf aus. In dem hier präzisierten Schulideal wurde die Handarbeit in klassenkämpferischer Absicht als Grundlage aller Erziehung gefordert. Unter politischem Vorzeichen wurden die industriepädagogischen Ideen des 18.Jh.s zum Grundanliegen einer Schule, wie es etwa in der Produktionsschule des Russen Blonskij gestaltet wurde, in der die *produktive Kinderarbeit im politisch-ökonomischen Sinne* der wirtschaftlichen Selbständigkeit der Schule und der Erziehung eines neuen politisch aktiven Arbeitertyps dienen sollte.

c) Weder der Gedanke der A. als Handfertigkeitsunterricht noch seine sozialistische Auslegung vermochten die mehrschichtige erzieherische Bedeutung der Arbeit zu erschließen. Das gelang erst durch ein bewußtes Wiederanknüpfen an die pädagogischen Klassiker in den Arbeiten von → Kerschensteiner, Gaudig, Scheibner und Fischer. Wegweisend wirkte die Pestalozzi-Gedenkrede Kerschensteiners 1907 in Zürich »Die Schule der Zukunft im Geiste Pestalozzis«, die später unter dem neuen Titel: »Die Schule der Zukunft eine A.« das verbindende Grundanliegen zum Ausdruck bringt. Die A. wird in dieser dritten Entwicklungsphase als ein *methodisches Prinzip* verstanden, das sowohl in der manuellen als auch in der geistigen Arbeit entfaltet werden kann. Nicht die Art des Arbeitens ist entscheidend, sondern die geistig-sittliche Einstellung des Arbeitenden. Das Ziel der A. als methodisches Prinzip ist die selbsttätig und selbstverantwortlich durchgeführte Arbeit, die sowohl im Rahmen der Arbeitsgemeinschaft als auch als Einzelarbeit gestaltet werden kann. Der Lehrer tritt aus dem Zentrum der Klasse zurück und wird zum Anreger und stillen Lenker, der seine wesentliche Aufgabe in der Einführung in die Methodik des Arbeitens erblickt. Seine Tätigkeit ist zwar auch im Idealfall nicht gleich Null, wie Gaudig fordert, aber er wird doch entlastet vom Unterricht im engeren Sinne und frei für das sachliche und erzieherische Gespräch mit dem einzelnen oder der Gruppe.

3. Die eigentlich erzieherischen Werte der selbsttätigen »Arbeit« liegen in der Möglichkeit des Planens und der abschließenden Prüfung, die den Grad der Sachgerechtigkeit einsichtig machen. Zwischen diesen beiden Polen entfalten daher auch alle Vertreter des methodischen A.gedankens ein im Grundsätzlichen übereinstimmendes arbeitsunterrichtliches Verfahren. Es ergibt sich indessen nicht aus einer Analyse des Lernprozesses, wie die Formalstufen → Herbarts, sondern aus dem natürlichen Ablauf der selbsttätigen Arbeit. Die Stufung umschreibt unabhängig vom Stoffgebiet die Arbeitsschritte des Lernenden in ihrem wechselseitigen Bezug zum Lehrenden. Vier Stufen heben sich heraus, die sinngemäß sowohl bei Kerschensteiner als auch bei Fischer und Scheibner angelegt sind.

Die erste Stufe bildet das *Problembewußtsein*. In Anknüpfung an die Interessen des Kindes soll eine natürliche Lernbereitschaft geweckt und das Kind zu *seinen* Problemen geführt werden. Das Problembewußtsein löst einen Gestaltungswillen aus. Nach einer Prüfung der Mittel und Wege wird in gemeinsamer Überlegung mit dem Lehrer der *Arbeitsplan* aufgestellt. Hier gilt es, den Schüler mit der Methode des Arbeitsgebietes vertraut zu machen, Schwierigkeiten vorauszusehen und Arbeitsmittel bereitzustellen. Auf der dritten Stufe, der *Arbeitsausführung*, setzt sich der Schüler in eigener Verantwortung selbsttätig mit den Inhalten seines Arbeitsgebietes auseinander. Der Lehrer tritt still beobachtend zurück und greift erst ein, wenn Sachlogik oder Arbeitstechnik verletzt werden. Die letzte Stufe führt endlich zur *Lösung der selbsttätigen Arbeit*. Ihr besonderer erzieherischer Wert liegt in der inneren Nötigung zur Selbstprüfung, die den Grad der Sachgerechtigkeit einsichtig macht und damit über den stofflichen Wissenserwerb hinaus zu einem sittlichen Bildungsertrag führt: »Letzten Endes ist alle Sachlichkeit auch Sittlichkeit« (Kerschensteiner).

4. Die A. sucht wieder an den ursprünglichen Sinn alles Lernens und Lehrens anzuknüpfen, der immer Meisterung eines persönlich empfundenen Problems bedeutet. Ihr Ziel ist nicht das bloße Wissen, sondern die Einführung in die Methodik des Wissenserwerbs. Daß die A. der geistigen Grundstimmung der Gegenwart entspricht, zeigt sich nicht zuletzt in der Wirksamkeit des arbeitsunterrichtlichen Verfahrens in den verschiedenen pädagogischen Ansätzen; so bildet es das verbindende Glied sowohl bei Dewey, Kilpatrick und H.Parkhurst als auch in der Methode Decroly und der Tatschule Ferrières. Die zeitgeschichtliche Gliedschaft kommt indessen auch darin zum Ausdruck, daß sich im arbeitsunterrichtlichen Verfahren der sachlichrationale Geist unserer Gegenwart spiegelt, der die Arbeit zum Selbstzweck erhebt und die verweilende Betrachtung und Meditation einengt. Eine wertvolle Ausweitung bedeutet das Unterrichtsgespräch, das Scheibner unter dem Einfluß des Prinzips der freien geistigen Schularbeit Gaudigs entwickelt hat.

H.Gaudig, Didaktische Ketzereien, (1909) 1921[4] - Ders., Freie geistige Schularbeit in Theorie u. Praxis, (1921) 1922[2] - Ders., Didaktische Präludien, (1921) 1923[3] - G.Kerschensteiner, Begriff der A., (1912) 1955[11] - F.Weigl, Wesen u. Gestaltung der A., (1921) 1950[8] - O.Scheibner, A. in Idee u. Gestaltung, (1928) 1951[3] - H.Nohl, Die pädagogische Bewegung in Deutschland u. ihre Theorie, (1933) 1949[3] (Lit.) - F.Blättner, Die Methoden der Jugendführung durch Unterricht, 1937 (Lit.) - H.Röhrs, Die Pädagogik Aloys Fischers, 1953 (Lit.).
H.Röhrs

5. Nach Kerschensteiners ursprünglicher Auffassung führt die Aufgabe des *Religionsunterrichts* (R.U.), »das religiöse Verhalten zu erwecken, zu entwickeln, zu veredeln und mit dem praktischen Verhalten zu verschmelzen«, »unmittelbar in das Prinzip der A.«. Alles hänge davon ab, »wie weit es dem Lehrer gelingt, die Beziehung zum Transzendenten, zu Gott, *erleben* zu lassen« (aaO 190). Später trennt Kerschensteiner scharf: nur rationale Einsichten lassen sich erarbeiten, »irrationale Werte« nur erleben. Arbeit und Erleben dürfen nicht vermischt werden. Gaudig wendet die »freie geistige Schularbeit« auch auf den R.U. an und weist dem Lehrer die Funktion des Helfers im »freien Unterrichtsgespräch« zu. Der erste umfassende Versuch, die Anwendung der A. auf den R.U. darzustellen, wurde von O.Eberhard unternommen. Dieser verbindet die A. im Sinne des früheren Kerschensteiner mit der Erlebnispädagogik. Dementsprechend beschreibt er drei »Leitbilder«: »Die am Stoffe selbsttätig werdende Arbeitsgemeinschaft, die zu den verborgenen Quellen des Lebens herniedersteigende Seelengemeinschaft, die zu sozialethischem Handeln eins gewordene Tatgemeinschaft« (aaO 10). - Mit der neuen Wendung in der → Religionspädagogik seit etwa 1930 ergibt sich eine ganz andere Sicht des Problems. Der R.U. als ev. Unterweisung steht - unbeschadet seines eigentlichen Auftrages, der Verkündigung des Evangeliums an die getauften Kinder - wie jeder Unterricht allen methodischen Möglichkeiten offen. Auch in der ev. Unterweisung wird gearbeitet. Auf der Unter- und Mittelstufe der Volksschule gibt es viele Gelegenheiten

zu manueller Tätigkeit der Kinder im Sinne der A. (Kinderzeichnung, Kneten, Werkarbeit u.a.). Auf höheren Altersstufen kommt die geistige Selbsttätigkeit des Schülers anhand geeigneter Hilfsmittel zu ihrem Recht. Das Ziel solcher Selbsttätigkeit ist niemals, eine religiöse Anlage oder Lehre zu entwickeln, sondern der Botschaft der Bibel sachgemäß begegnen zu lernen. Eine andere Möglichkeit der Selbsttätigkeit ist der diakonische Dienst der Schüler. Das Maß solcher christlicher Liebestätigkeit wird in Schule und Gemeinde verschieden sein, fehlen sollte sie nie, sondern bei gegebenen Gelegenheiten wenigstens zeichenhaft geschehen. Schließlich bieten auf allen Altersstufen geistliche Musik und geistliches Spiel eine Möglichkeit der Selbsttätigkeit des Schülers, die über die Arbeit hinaus in den Bereich der Andacht führt. Andacht, Feier und Gottesdienst dürfen innerhalb der ev. Unterweisung als Formen der Verwirklichung und des eigenen Tuns der Schüler im Sinne der A. verstanden werden, zielen also nicht auf »religiöse Erlebnisse«, sondern sind aktive Antwort auf das Wort Gottes.

G.Kerschensteiner, Begriff der A., (1912) 1920⁴ - O.Eberhard, Arbeitsschulmäßiger R.U., (1923) 1925³·⁴ - M.Rang, Hdb. für den bibl. Unterricht, (1939) 1947² - W.Uhsadel, Die Kirche im Erziehungswerk, 1939 - Ders., Ev. Erziehungs- u. Unterrichtslehre, 1954 - H.Kittel, Ev. Unterweisung u. Reformpädagogik, 1947 - K.Frör (Hg.), Das Zeichnen im kirchlichen Unterricht, ein Arbeitsbuch, (1950) 1954² - G.Bohne, Grundlagen der Erziehung, 2 Bde, 1951-53.

W. Uhsadel

Arbeitsverfassungen → Arbeit: I, → Beruf: I.

Arbeitswissenschaft

1. System der Arbeitswertung - 2. Spezielle Arbeitsgebiete. - Vgl. → Arbeit, → Arbeitsethos, → Betrieb, → Rationalisierung. - A. = Arbeit; Aw. = Arbeitswissenschaft

Unter A. verstehen wir die sinnvolle mit Ernstgefühl ausgeführte Tätigkeit des Menschen mit dem Ziele der Schaffung ideeller, materieller und kombinierter Werte. Es ist Sache der allgemeinen Aw., die Gesetze jeder A. zu erforschen, Sache der speziellen, den gesetzlichen Bedingungen der verschiedenen A.sarten, der körperlichen, geistigen und kombinierten nachzugehen. Der Mensch ist ein körperlich-geistig-seelisch-charakterliches Wesen. Alle diese Faktoren sind an der A. beteiligt.

Auch das Verhältnis von A. und Freizeit sowie die Schaffung von A.sfreude werden in der Aw. behandelt.

1. Die wissenschaftliche Durchdringung der A. knüpfte an die Methoden und Ergebnisse der bestehenden Natur-, Geistes- und Kulturwissenschaften an.

a) Nach *physikalischem* Vorbilde wurde eine Messung der A. im Zentimeter-Gramm-Sekunden-System (Z-G-S) versucht. Wenn ein Mensch eine Last von etwa 30 kg über eine Strecke von 100 m in der Zeit von 600 Sek. bewegt, so kann man zur Kennzeichnung der A. ein Produkt aus Gewicht, Metern und Sekunden bilden.

b) In Ergänzung der physikalischen Messung wurde das *chemische* Gaswechselverfahren vorgeschlagen: Die Auswertung der A. nach dem verbrauchten Sauerstoff. Auch hiermit ist nur ein Teil der menschlichen A. erfaßbar, da beispielsweise die geistige A. ausfällt.

c) Am verbreitetsten ist die *Zeitbestimmung* der menschlichen A. Die Zeit ist die Verlaufsform jedweder Tätigkeit, der körperlichen und der geistigen. Als Grundlage wird die Stunde benutzt, die entsprechend gelöhnt wird, oder das A.sstück und seine Herstellungszeit in Sekunden. Die Zeitbestimmung wird ergänzt durch die *Intensitäts*bewertung. Es kommt ja nicht nur auf den Zeitverbrauch an, sondern auch auf die Intensität, also die Anstrengung, mit der die Zeit genutzt wird. Zu Zeit und Intensität kommt als drittes Bewertungskennzeichen die *Schwierigkeit* der A. Sie wird nach Maßgabe der Anteile bestimmt, die körperlich, geistig, seelisch, charakterlich in einer A. enthalten sind. Vier Bewertungskategorien wurden aufgestellt: Ausbildungsanforderungen, geistige, also intellektuelle Erfordernisse, körperliche Beanspruchung, Umwelteinflüsse. Damit wird die Bewertung der A. zu einer systematischen Analyse der beteiligten A.sfelder des Menschen fortgebildet.

Die Analyse der A. erstreckt sich von einfachsten mechanischen immer wiederkehrenden Verrichtungen bis hin zu den schwierigsten und qualitativ hochwertigsten, den schöpferischen Leistungen von Talent und Genie, denen Einmaligkeit und Seltenheitscharakter zukommt.

Die A.szeit je Tag und Woche sowie im Jahr sollte den Schwierigkeitsanforderungen der A. entsprechen und mit ihnen abgestimmt werden. Die Aw. hat die Bedeutung der Kurzpausen untersucht, die in den A.sablauf eingestreut werden, um die Ermüdung der A.skraft zu steuern. Durch Mechanisierung der Fertigung wird der Mensch von schwerer körperlicher A. weitgehend befreit zu Lasten von Aufmerksamkeit und Kontrolltätigkeit. Nach Einführung der Automation, also der elektronischen Steuerung der A.sprozesse, die sich fortschreitend entwickelt (→ Rationalisierung), wird der Industriearbeiter vorwiegend für hochwertige A. der Betreuung und Instandhaltung der elektronischen Vorrichtungen benötigt werden.

d) Die A. wird bezahlt, und der Preis der A. ist als *wirtschaftlicher Kennwert* ein weiteres Bestimmungsstück der menschlichen A. Lohnordnende Maßnahmen billigen der steigenden Schwierigkeit der A. einen entsprechenden Preis zu. (→ Lohn).

e) Der *seelische* Gehalt der A. wird in ihrer arbeitsseelischen Kennzeichnung widergespiegelt. Der Entseelung der A. wird durch Anreicherung der verschiedensten Art entgegengewirkt, um an Stelle von Monotonie und A.sverdrossenheit A.sfreude und Interesse zur Entfaltung zu bringen. Nach weltanschaulicher Wertung der einen ist die A. Pflichterfüllung, nach anderen Gottesdienst, nach anderen wieder Sklaventum und Frondienst, um das Leben zu fristen. Die Beseelung der A., die erfahrungsgemäß den A.svollzug erleichtert, hängt von der entsprechenden Einstellung der A.skraft ab.

f) Schließlich ist es Sache der *psycho-sozialen* Wertung, die Wertschätzung der A. durch die soziale Gemeinschaft bewußt zu machen.

2. a) Die *A.spsychologie* fußt auf der Psychologie des einzelnen sowie vor allem auch auf der Psychologie der Gruppe und der Gemeinschaft, um die mitmenschlichen Beziehungen der A.sgemeinschaft zu untersuchen und zu gestalten. Um A.sanforderung und Befähigung aufeinander abstimmen zu können, studiert man Eignungsfrage und Personalbegutachtung. Die Erwachsenenschulung und Anlernung zwecks Besteinführung in die A. ist gut entwickelt. Die Zusammen-A. im Betrieb zwischen den A.skräften und Vorgesetzten wird heute mit gleicher Gründlichkeit studiert wie früher der Zeitwert der A.sverrichtungen durch die Stoppuhr. Ziel ist die Schaffung eines guten Betriebsgeistes.

b) Die *ingenieurwissenschaftlichen* Bestrebungen zielen auf eine Bestgestaltung der A. ab. Nach dem *Sparsamkeitssatz* wird der Produktivitätseffekt, dh das Verhältnis zwischen aufgewandten Mitteln und A.sertrag, fortlaufend erhöht. Die stetige Produktivitätssteigerung ist ein Hauptziel der industriellen A., das auch in der A.sgesinnung verankert werden soll.

Gemäß dem Grundsatz des *Optimums* ist die Intensität der A. festzusetzen und zu normen, um ein Kräftegleichgewicht während der gesamten A.szeit des Tages, der Woche und des Jahres sicherzustellen. Die A.skurve gibt die Verlaufsform der A. wieder. Die einzelnen Tage der

Woche sind verschieden ertragreich. Die Ermüdung etwa am Spätnachmittag setzt die Leistung herab, Einarbeit etwa in den Morgenstunden zunächst stetig herauf. Die Pausen sind nach Länge, Lage und Zahl den A.sbedingungen anzupassen. Richtige Pausengebung führt zum Kräfteausgleich und zur Kräftesteigerung. Der arbeitsfreie Sonntag bringt Leistungsfrische, wenn er angemessen, der Erholung dienend, verbracht wird. Seine Erwartung regt die Leistung an, seine Nachwirkung verlangt mitunter zusätzliche Einarbeitung am Montag, um zum Arbeitsoptimum zu kommen.

A.steilung und *-bindung* sind weitere Gesetze der A.sgestaltung. Wenn die Schwierigkeit einer A. einen Grenzwert überschreitet, so zerlegt man die A., um ihren Vollzug zu erleichtern. Bei Ganz-A. nach handwerklichem Vorbilde findet eine fortlaufende Umstellung von einem A.steile zum anderen statt, die infolge Gleichförmigkeit der Haltung bei A.steilung wegfällt. Die A.steilung wird durch die A.sbindung, durch Einführung von A.s- und Fließbändern ergänzt.

Das hauptsächlichste Wirkungsgesetz der A.sformung ist die *Leistungsverdichtung*. Das Tablett der Hausfrau vergrößert die Transporteinheit. Entsprechend nimmt der Sack eine Vielzahl von Dingen auf, die nun gleichzeitig befördert werden können. Die Zweihand-A. mobilisiert auch die linke Hand, die im allgemeinen nur für Neben- und Hilfs-A. eingesetzt wird oder oft ganz ruht. Nach dem Gesetz des élan économique steigert sich die A.sproduktivität fortlaufend.

F.W.TAYLOR, The Principles of Scientific Management, New York 1911 (dt.: Gründzüge wissenschaftl. Betriebsführung, 1913) - H. FAYOL, Administration Industrielle et Générale, Paris 1916 (dt.: Allgemeine u. industrielle Verwaltung, 1929) - W.MOEDE, Experimentalpsychologie im Dienste des Wirtschaftslebens, 1919 - DERS., Betriebliche Aw., 1954 - F.GIESE (Hg.), Hdb. der Aw., 10 Bde 1925-32 - J.E.HEYDE, Technik des wissenschaftl. Arbeitens, (1931) 1951[8] - W. LANGE-EICHBAUM, Das Genie-Problem, 1931 - A.CARRARD, Persönlichkeitsschulung, 1944 - W.KRÖBER, Kunst u. Technik der geistigen A., 1950 - E.V.HARNACK, Die Praxis der öffentlichen Verwaltung, 1951 - Das Refabuch, 4 Bde, 1952-55 - L.H.A.GECK, Soziale Betriebsführung, 1953 - G.LEHMANN, Praktische A.sphysiologie, 1953.

W.Moede

Arbeitszeit

1. Begriff - 2. Entwicklung und gesetzliche Regelung - 3. Problematik der Arbeitszeitkürzung - 4. Sozialethisch. - A. = Arbeit, Az. = Arbeitszeit

1. Unter Az. versteht man diejenige Zeit, während der die A.nehmer je Tag bzw. Woche im Betrieb tätig sind (effektive Az.). Rechnet man die Pausen ein, so kommt man auf die nominale Az. Die Zeiten, die für den An- und Abmarsch benötigt werden, zählen nicht zur Az., sind aber insofern von Bedeutung, als sie die Freizeit ebenfalls beschränken.

2. Zu Beginn der Industrialisierung war die Az. bis zur Grenze des Erträglichen ausgedehnt: 12-14stündige A.stage waren keine Seltenheit. Die A.nehmer waren zunächst nicht in der Lage, eine Verkürzung durchzusetzen. Da sie keine andere Möglichkeit der Einkommenserzielung hatten, mußten sie die ihnen angebotenen A.sbedingungen auch hinsichtlich der Az. akzeptieren. Je niedrigere Löhne die A.geber zahlten, desto länger mußten die A.nehmer arbeiten, um ein Existenzminimum zu verdienen. Erst durch den gewerkschaftlichen Zusammenschluß gelang es den A.nehmern allmählich, die Az. herabzudrücken und gesetzliche Regelungen für eine Normal-Az. zu erreichen, die nur innerhalb bestimmter Grenzen unter Zahlung von Überstundenzuschlägen überschritten werden durfte. Die Entwicklung ging über den 10-Stunden- zum 8-Stundentag, der nach dem ersten Weltkrieg von den meisten Ländern eingeführt wurde. Einzelne Länder (zB die USA) sind heute bereits bei der 40-Stunden-Woche angelangt und streben einer 32-Stunden-Woche zu. In Westdeutschland gilt gemäß Az.ordnung von 1938 (→ Arbeitsrecht, 2b) die 48-Stunden-Woche bzw. die 96-Stunden-Doppelwoche als Regel, wobei der einzelne A.stag normalerweise 10 Stunden nicht überschreiten darf. Hiervon gibt es eine Reihe von Ausnahmen.

3. Seit einigen Jahren verfolgen die Gewerkschaften das Ziel, eine Kürzung der Az. auf 40 Wochenstunden bei unverändertem Lohn (vollem Lohnausgleich) zu erreichen. Mit der Az.kürzung ist also hier eine Erhöhung der Lohntarife gekoppelt. Ökonomisch begründet wird diese Forderung hauptsächlich mit der bei der heutigen gegenüber früher weit stärker konzentrierten Fabrik-A. sich ergebenden starken nervlichen Beanspruchung, die längere Erholungszeiten erforderlich mache, wenn die A.skraft erhalten bleiben soll. Eine wesentliche Kostenerhöhung, so wird vielfach behauptet, entstehe durch die Az.verkürzung nicht, weil diese eine entsprechende Leistungssteigerung der A.nehmer hervorrufe. Empirische Untersuchungen, zB in den USA, haben zwar ergeben, daß zu einem nicht unerheblichen Grad Leistungssteigerungen eintreten können, trotzdem kann generell mit solchen in ausreichendem Umfang nicht gerechnet werden. Wenn keine Preissteigerungen eintreten sollen, muß sich die Az.kürzung im Rahmen der allgemeinen Erhöhung der A.sproduktivität halten. Da diese jährlich normalerweise nur um einige Prozente steigt, kann vernünftigerweise nur ein etappenweiser Übergang von der 48- zur 40-Stunden-Woche vorgenommen werden, wobei zusätzliche Lohnerhöhungen vermieden werden müßten. Auch dann entstehen noch zahlreiche Probleme in einzelnen Branchen. Das gilt insbesondere für diejenigen Berufsarten, in denen eine Produktivitätssteigerung bei verkürzter Az. kaum möglich ist, zB bei bestimmten Beamten- und Angestelltentätigkeiten, bei Wissenschaftlern und bei vielen freien Berufen. Fraglich ist es auch, ob die tatsächliche Az. bei einer solchen Verkürzung der Normal-Az. wesentlich zurückgeht.

O.LIPPMANN, Das Az.problem, (1924) 1926[2] - J.DENECKE, Az.ordnung, (1950) 1953[2] - HWSW I, 408ff (Lit.) - HWBW 255ff (Lit.) - H.HALLER-G.KROEBEL-H.SEISCHAB, Die 40-Stundenwoche, 1955.

H.Haller

4. Die Beantwortung der Frage, was hinsichtlich der Az. unter *sozialen Gesichtspunkten* anzustreben ist, hängt von einer Reihe von Faktoren ab. Man wird bei Institutionen mit überwiegend fremdbestimmter, unpersönlicher, mechanisierter A. andere Maßstäbe für die Az. anlegen müssen als dort, wo die A. noch einen in sich ruhenden Sinn hat und Tempo und Intensität der A. gering sind. Der Kampf der modernen Industriearbeiterschaft um die Az. ist wegen Nichtbeachtung ihrer besonderen Lage vielfach auf Unverständnis gestoßen. Bei der Diskussion des Für und Wider spielten zudem Interessengesichtspunkte, übersteigertes Pflichtbewußtsein, Heroisierung der A. u.ä. eine Rolle. Die eigenartige Verbindung des Erwählungsgedankens mit geschäftlichem Erfolgsdenken im (calvinistischen) Puritanismus, die Hochschätzung weltlicher Stände und weltlicher Tätigkeit im Luthertum und die Sorge um die Gefahren des Müßiggangs haben ihren Anteil an der für die moderne Wirtschaft charakteristischen rastlosen Tätigkeit. Man war auch in christlichen Kreisen voller Bedenken im Blick auf die ökonomische Realisierbarkeit von Az.verkürzungen. So konnte der Eindruck entstehen, als werde ein Recht des Arbeiters auf eine den Ersatz der Körperkraft überschreitende Erholung, ein Recht auf freie Betätigung, Pflege des Familienlebens, der Geselligkeit usw nicht anerkannt.

Davon kann freilich längst keine Rede mehr sein. Die vielfältigen sozialethischen Überlegungen und Forderungen, an denen die christliche Soziallehre beider Konfessionen in erfreulicher Weise beteiligt ist, richten sich in der Gegenwart a) gegen eine Vergötzung der → Arbeit (: III), bei der zum Schaden des einzelnen (Gesundheit, seelische Konstitution) und der Gesamtheit (Verwirtschaftung des Lebens, Marx: »Verwandlung der Lebenszeit in Az.«) wichtigere Werte äußerer und innerer Art zu kurz kommen. Es geht b) darum, Maßstäbe und Möglichkeiten zu finden, wie bei der verkürzten Az. der größere Freizeitraum in einer guten, nicht verflachenden Weise ausgefüllt werden kann. Muße, Erholung, Feiertagsheiligung sind heute oft stärker von der »Freizeitbetätigung« als von der A. her gefährdet (Bedeutung bestimmter Konsumgüter- und Vergnügungsindustrien besonders für die Jugend usw). Das sozialethische Interesse richtet sich c) darauf, trotz Intensivierung der A., die mit der Verkürzung der Az. einhergeht, eine sinnvolle Gestaltung der A. in den Werkstätten und Büros (→ Betrieb: IV) auch durch institutionelle Maßnahmen sicherzustellen. Dazu gehören u.a.: Verminderung der negativen Folgen mechanisierter A., A.splatzgestaltung, Anpassung der Maschinen an den Menschen, Schaffung kleiner Verantwortungsbereiche.

Daß die Praxis hinter diesen Überlegungen und Forderungen oft zurückbleibt, ist sicher. Wo das der Fall ist, handelt es sich, von besonderen Notlagen und Notfällen abgesehen, freilich heute schon oft weniger um sozialethische als um individualethische Gründe (Maßstablosigkeit, Mangel an Verzichtbereitschaft, Gewohnheit). → Arbeitsethos.

G.Wünsch, Die Az. als Problem christl. Sozialethik (Religion u. Wirtschaft, 1925, 44-94) - Ders., Ev. Wirtschaftsethik, 1927 - E. Heimann, Die Problematik der Az.frage (SchmJb 50, 1926, 249-270) - J.H.Oldham, Die A. in der modernen Welt, 1950 - L.Heyde u.a., Vom Sinn der A. (Kirche im Volk 8), 1952 - ESL 334f. 912ff - Arbeiterjugend gestern u. heute, hg.v. H.Schelsky, 1955 - V.Graf Blücher, Freizeit in der industriellen Gesellschaft, 1956 - A.de Quervain, Ruhe u. A., Lohn u. Eigentum (Ethik II/3), 1956 - F.Karrenberg, A. u. Freizeit (Der mündige Christ, hg.v. H.Giesen u.a., 1956, 147-153).

F.Karrenberg

Arbués, *Pedro,* * 1441 in Épila (Aragonien), studierte und promovierte in Bologna, wurde 1474 Domherr in Saragossa und 1484 von Thomas de → Torquemada zum Inquisitor in Aragon ernannt. Obwohl A. sein Amt mit Eifer, doch ohne außergewöhnliche Strenge begann, rief die Einführung der Inquisitionstribunale den Widerstand der jüdischen Neuchristen hervor. Sie fanden bei vielen Adligen Unterstützung, weil die Freiheiten des Landes bedroht erschienen. A. wurde schon 1485 in der Kathedrale ermordet. 1664 selig, 1867 heilig gesprochen.

H.Ch.Lea, A History of the Inquisition of Spain I, New York 1906 - A.C.Floriano, El Tribunal del Santo Oficio en Aragón, Madrid 1925.

R.Konetzke

Arbusow, 1. *Leonid,* * Mitau 19.1.1848, † bei Riga 14.1.1912, aus russischem Adelsgeschlecht, nach frühem Tode der Eltern deutsch erzogen, hörte in Göttingen bei Waitz und war seit 1893 in Riga Hg. des Livländischen Urkundenbuchs. Der Kirchengeschichtsforschung leistete er einen bleibenden Dienst durch die großen personenkundlichen Zusammenstellungen »Die im Deutschen Orden in Livland vertretenen Geschlechter« und »Livlands Geistlichkeit vom Ende des 12. bis ins 16.Jh.« (Jb. f. Genealogie Mitau 1899, 1907/08, 1911/13) mit Nachrichten über rd 1000 Ritterbrüder und mehr als 5000 Geistliche.

Nekrolog: Mitauer Jb. 1911/13 (1914) - NDB I, 334f.

2. *Leonid,* * Bauske 31.10.1882, † Göttingen 16.2.1951, Sohn von 1, studierte in Dorpat Theologie, in Göttingen Geschichte (Schüler von K.Brandi), war Prof. der mittleren und neueren Geschichte in Riga (Universität 1922 bis 1936, Herder-Hochschule 1936-39) und in Posen (1941-45), zuletzt Lehrbeauftragter an der Universität Göttingen. Seine »Einführung der Reformation in Liv-, Est- und Kurland« (QFRG 3, 1921) ist grundlegend, quellennah, objektiv, bewußt ev., aber ohne theologische Deutung. In »Liturgie und Geschichtsschreibung im Mittelalter« (1951) wies A. liturgische Einflüsse in der mittelalterlichen Chronistik nach.

Nekrolog (u.a.): HZ 173, 1952, 439f - NDB I, 335.

R.Wittram

Archäologie

I. Biblische A. - II. Christliche A. - Vgl. → Ausgrabungen: I-IV

I. Biblische Archäologie

1. Begriff - 2. Anfänge und Geschichte - 3. Die neue Methode - 4. Bedeutung und Schranken

1. Bis ins 19.Jh. hinein verstand man unter biblischer A. eine Darstellung der Privat- und Staats- sowie der Sakralaltertümer als eine an biblische Stichwörter gebundene bzw. an diesen orientierte Realienkunde; die moderne biblische A. zielt auf eine Auswertung aller im zeitlichen und örtlichen Bereich der Bibel und darüber hinaus erreichbaren *Denkmäler* und damit auf eine »Kulturgeschichte (Israels)«, die prinzipiell gegenüber einer solchen aus literarischen Urkunden selbständig ist (was Querverbindungen nicht ausschließt). Zum besseren Verständis des durch die → Ausgrabungen in Ägypten, dem alten Orient einschließlich Kleinasien und insbesondere in Syrien-Palästina bedingten Neuansatzes ist zunächst auf die Geschichte der biblischen A. einzugehen.

2. Innerhalb des AT und NT begegnen zuweilen Notizen oder Zwischenbemerkungen, die den Lesern einen Sachverhalt zusätzlich aufhellen wollen und die man deshalb als Anfänge einer biblischen A. ansehen kann. So werden zB in Gen 43, 32 und Mk 7, 3f auffallende Sitten erläutert, anderenorts Maße (Ex 16, 36), Geldstücke (Mk 12, 42), fremdsprachliche Ausdrücke (Mk 5, 41; 15, 22; Apg 9, 36) erklärt und Ortslagen bestimmt (Dtn 11, 30; Sach 14, 4). Um 320 nChr erscheint das in der lat. Übersetzung durch Hieronymus weitverbreitete alphabetische Register der »Ortsnamen in der heiligen Schrift« (Onomasticon) des → Eusebius von Cäsarea, das durch den Rückgriff auf damals bestehende (Römer-) Straßen und Ortsanlagen von unersetzlichem Wert ist. Des → Epiphanius' Werk über Maße und Gewichte (392 nChr) geht kaum über eine Zusammenstellung hinaus. Pilgeritinerare des 4.-8.Jh.s liefern je und dann Beiträge zur biblischen A. Als einen humanistischen Nachfahren des Euseb kann man Matth.Aurogallus (De hebr. urbium, locorum populorumque nominibus, 1526) bezeichnen. Im 16. und 17.Jh. begegnen in Parallele zu den Konkordanzen und Polyglotten zuweilen sehr umfangreiche Werke, die für ein Realien-Thema alle einschlägigen Notizen (zT auch als Parallelen solche aus griech. und röm. Klassikern) zusammenstellen - zumeist mehr Zeugnisse eines stupenden Fleißes als einer kritischen Durchdringung des Sachverhaltes. Vom Material aus ist es verständlich, daß dabei das AT im Vordergrund steht. 1593 erläutert zB der Spanier Arius Montanus überaus breit die »Jüdischen Antiquitäten«. Vorherrschend jedoch sind Einzelthemen, wobei besonders, aber nicht nur im calvinistischen Raum die Staatsaltertümer des AT interessierten: Bonav.Corn.Bertram, De politia Judaica, 1517; Carol.Sigonius, De republica Hebr., 1608; Petr.Cunaeus, De republ. Hebr., 1617, mit klassischen und rabbinischen Parallelen; Thom.Goodwin, Moses et Aaron, 1616 (in

lat. Übersetzung viel benutzt). M.Leydekker, Republ. Hebr., 1704, widerlegt dabei auch die Weltentstehungslehre seiner Zeit. Im Bereich der Privataltertümer handelt man über Pflanzen und Tiere (Joh.Hen.Ursinus, Arboretum Bibl., 1663; Sam.Bochart, Hierozoicon, 1663) und über die Frau (Joh.Seldenus, Uxor Hebr., 1646). Die alten jüdischen Heiligtümer bespricht M.Kund (1695); über die Feste der Juden, Griechen und Römer äußert sich Rud.Hospinianus (1594), über die von Ägypten abgeleiteten Ritualgesetze der Hebräer 1685 John → Spencer und über Trauerbräuche (De luctu Ebr., 1666) M.Geier. A. und Palästinakunde vereinigt erstmals Hadr. → Reland (Antiqu. sacrae Hebr., 1708; Palaestina ex monumentis vet. illustrata, 1714). Einen Thesaurus antiquus in 34 Bdn sammelt Blas. → Ugolinus, 1744-69. Seit dem 16.Jh. setzen zunächst noch sporadisch Orientreisen von Europäern ein, deren Berichte indirekte Beiträge zur biblischen A. darstellen (L.Rauwolff, 1575; J.Thevenot, 1665; J.Pitton Tournefort, 1718; R.Pococke, 1743; Karsten Niebur, 1772; L.Fr.Cassas, 1799). Weiteres → Geographie: I.

In Parallele zur kritischen → Bibelwissenschaft werden die »Hebr. A.n« von der 2. Hälfte des 18.Jh.s an – nach wie vor an den biblischen Stichworten orientiert – stärker geschichtlich aufgebaut. »Der Ton der Darstellung wird so objektiv, als ob es sich um Gebräuche fremder Heidenvölker handle« (Diestel). Bedeutsam werden dabei die Schilderungen der Orientreisenden. Hervorzuheben ist das »Mosaische Recht« (6 Bde, 1770-75) von Joh.David → Michaelis, worüber 1846-48 Jos.L.Saalschätz noch einmal handelt. Die auf Ideen des Romantikers G.Fr.Creuzer beruhende »Symbolik des mosaischen Kultus« von K.Bähr (1837-39) wird durch das gewichtige Werk über die (sakralen) Altertümer des Volkes Israel von H. → Ewald (1848) überholt. Fortschritte mehr im Einzelnen als im Grundsätzlichen bieten die hebr. A.n von W.Nowack (1894) und J.Benzinger (1.Aufl. 1894). Verständlicherweise bleiben die »Talmudische A.« (3 Bde 1910-12) und »Die synagogalen Altertümer« (1921), beide von Sam.Krauss, weitgehend an literarischen Quellen orientiert.

3. In der 3. Aufl. von Benzingers Hebr. A. (1927) zeichnet sich die entschiedene Wende zu den Ausgrabungen und Funden ab, die in allen neueren Arbeiten vorherrscht (Galling [BRL], Nötscher, Barrois). Da die Ausgrabungen die Periode des AT und NT nach beiden Seiten hin überschreiten, taucht im Titel verschiedener Veröffentlichungen das allgemeinere »Palästina« auf (St.A. Cook, C.Watzinger, W.F.Albright), wenn auch dabei die Zeit zwischen etwa 1800 vChr bis 500 nChr im Mittelpunkt steht. Es leuchtet ferner ein, daß man sich auch für eine biblische A. nunmehr nicht auf West- und Ostjordanien von Dan bis Beerseba beschränken durfte. Was in Syrien und schließlich auch in Kleinasien, Ägypten und im Zweistromlande zutage trat, durfte grundsätzlich für die Aufhellung der biblischen A. nicht ausgeschaltet werden. Als weiteres Material bot sich das Brauchtum und die Lebensweise der arabischen Bevölkerung des gekennzeichneten Bereiches in der Neuzeit an, wenn man die Beobachtungen auch nicht unbesehen um zwei Jt.e vordatieren darf, da sich bei näherem Zusehen die These vom »unbeweglichen Osten« als Irrtum herausgestellt hat. Vor dem Einbruch der westlichen Zivilisation in den Orient sind glücklicherweise neben Einzeluntersuchungen (zB Granquist) in den großen Publikationen von Dalman und Oppenheim unschätzbare Materialien verbucht worden. Zutage geförderte *Texte* sind schwerlich zur A. zu rechnen (»A.« im weiteren Sinne). Sofern man sie als Beiträge zur → Epigraphik oder zur Orthographie, Grammatik und Lexikographie wertet, gehören sie zur Semitistik (→ Semitische Sprachen). Indem man ihre inhaltlichen Aussagen zur Darstellung der Geschichte und Religion heranzieht, stellen die Urkunden von → Mari, → Ugarit und → Qumran oder jüdische und frühchristliche Inschriften ein Eigenes dar, das nur durch die Fundumstände einen archäologischen Charakter hat. Zur Abgrenzung des Aufgabenbereichs der biblischen A. und zur Kennzeichnung ihres derzeitigen Standes empfiehlt es sich, in diesem Zusammenhang von den neugefundenen Texten ganz abzusehen.

4. Während die Ausgrabungstechnik primär darauf ausgeht, das an einem bestimmten Ort in verschiedenen Schichten Auftauchende genau zu erfassen und als Faktum zu registrieren, was freilich schon durch die Heranziehung von Analogien zugleich eine Ausdeutung in sich schließt, besteht die Aufgabe der »biblischen A.« darin, vor allem das hier und dort in einer zeitlich umgrenzten Schicht Gefundene als Ausdruck einer Kulturperiode zusammenzunehmen. Sie muß so aus vielen Mosaiksteinen *ein* Bild entwerfen, auch wenn dabei einige weiße Felder bleiben oder Lücken nur durch Rekonstruktionen ausgefüllt werden können. Ein derartiges kombinatorisches Verfahren ist deswegen im Bereich der biblischen A. möglich, weil – von seltenen Ausnahmen abgesehen – das Einzelstück immer in einem Traditionszusammenhang steht. Die Feststellung der Kontinuität schließt natürlich nicht aus, daß größere Epochen sich nicht nur in der als »Leitfossil« dienenden Keramik, sondern in allen Kulturäußerungen klar voneinander absetzen. So ist zB der Unterschied der Periode Eisen I (ca 1200-900 vChr) und der Periode Eisen II (ca 900-600 vChr) unverkennbar. Wie schon gesagt, wertet die biblische A. die ihr zur Verfügung stehenden Exempel konkreter Lebensäußerungen in erster Linie für eine *Kulturgeschichte* aus. Unabhängig von literarischen Auskünften vermag sie etwas über das städtische Leben auszusagen, wenn sie für den jeweiligen Zeitabschnitt die Wohnverhältnisse in Häusern und Palästen, die Stadtmauern und Tore und die sakralen Gebäude (→ Tempel: II, → Synagoge) heranzieht. Je und dann tritt auch das → Kunstgewerbe einer Epoche deutlicher zutage. Die wirtschaftlichen Verhältnisse (→ Wirtschaftsgeschichte: II) und der Handel (→ Handel: II) werden u.a. durch → Maße, Gewichte und Münzen, Krongutsquittungen, Königsstempel unmittelbar anschaulich. Die Art der Bestattung (→ Begräbnis: II) gewährt zugleich einen Einblick in die Vorstellungen von → Tod und Totenreich (: II). Wären die Gebeinreste in allen Ausgrabungen sorgfältiger ausgewertet, ließe sich auch Näheres über das Somatische der »Palästinenser« in den verschiedenen Epochen aussagen. Bei leicht vergänglichen Materialien wie Holz und Gewebe kann die Lücke in der Anschauung durch Darstellungen auf zeitgenössischen Reliefs speziell aus Ägypten und Assyrien und durch moderne Parallelen im arabischen Brauchtum gefüllt werden. Ist auch die A. als Denkmälerkunde ihrem Material und ihrer Methode gegenüber der Bibel selbständig, so bedeutet das natürlich nicht, daß man sie nicht zur Illustration literarischer Aussagen heranziehen darf. Bei dem grundsätzlich berechtigten Versuch, die in Grabungen aufgetauchte Keramik mit den im AT verwendeten Ausdrücken für verschiedene Gefäßarten zu koordinieren, und der dabei zutage tretenden Unsicherheit kann man sich freilich als an einem Beispiel klarmachen, daß derartige Kombinationen niemals restlos aufgehen. Was hier im Bereich der nomina festzustellen ist, gilt nun noch in besonderem Maße von der Auswertung archäologischer Fakten für die geschichtliche Erkenntnis. Da man die Abfolge der Keramik an den Hängen der Ruinenhügel (tell, plur.

tulul) auch durch Oberflächenforschung als Besiedlungsspanne im Groben konstatieren kann, liefert die archäologische Forschung ohne Zweifel einen positiven Beitrag zur *Topographie,* dh der örtlichen Fixierung von in literarischen Urkunden genannten Orten. Eine umfassende Tell-Untersuchung im West- und Ostjordanland vermag die Gesamtsiedlungsgeschichte in Kontinuität und Intervallen aufzuhellen. Problematischer ist die Auswertung archäologischer Fakten für konkrete Geschichtsereignisse, die letztlich nur durch Inschriften (zB datierte Stelen) möglich ist. Zerstörung und Neuaufbau einer Stadt vermag die A. zu datieren, aber die geschichtlichen Voraussetzungen für beides sind damit noch nicht aufgehellt. In allen Fällen, in denen die literarische Überlieferung kein einfach in Historie umzusetzendes Dokument darstellt (Israels Landnahmetradition etwa im Unterschied zur Scheschonkliste, → Ägypten: I Sp. 109), muß sorgsam erwogen werden, ob man archäologische Fakten und Überlieferungen überhaupt koordinieren kann und gegebenenfalls mit welchen Kautelen (zB → Sodom und Gomorrha zu bab eḏ-ḏrā', → Ai, → Jericho). »Man kann daher nicht ohne weiteres sagen, daß der Ertrag der palästinischen A. geeignet sei, die Zuverlässigkeit der literarischen Geschichtsüberlieferung zu *bestätigen;* denn es ist nach der Lage der Dinge unsachgemäß, eine solche Bestätigung von ihr zu erwarten, obwohl selbst in der wissenschaftlichen Literatur die Dinge vielfach so dargestellt werden« (Noth, WAT 111). Vollends bedenklich ist die in populären Büchern zutage tretende Neigung, die kritische Erforschung literarischer Urkunden dadurch als überflüssig, ja als Zeichen unnötiger Skepsis abzutun, daß man archäologische Fakten und Bibelzitate zum Erweis der historischen Wahrheit einfach nebeneinander stellt (vgl. zB → Sintflut: II).

L.Diestel, Gesch. des AT in der christl. Kirche, 1869, 467ff. 579ff - Dalman, AuS - RGG² I, 513ff - St.A.Cook, The religion of ancient Palestine, 1930 - C.Watzinger, Denkmäler Palästinas, 1933/35 - BRL - M.Noth, Grundsätzliches zur geschichtl. Deutung archäolog. Befunde auf dem Boden Palästinas (PJ 34, 1938, 7-22) - A.G.Barrois, Manuel d'archéologie biblique, 1939/53 - M.Frhr.v.Oppenheim, Die Beduinen, 1939/52 - F.Nötscher, Bibl. Altertumskunde, 1940 - H. Granquist, Child problems among the Arabs, 1947 - Dies., Birth and Childhood, 1950 - Noth, WAT - W.F.Albright, Archaeology of Palestine, (1949) 1956³.

K.Galling

II. Christliche Archäologie

Wie die klassische, so hat auch die christliche A. als Kunde des christlichen Altertums mit seinen Einrichtungen und Gebräuchen begonnen und sich erst im 19.Jh. als die Disziplin der Altertumswissenschaft herausgebildet, die sich das Studium der monumentalen Überlieferung der Alten Kirche im Gegensatz zur literarischen zur Aufgabe gesetzt hat. Die christliche A. geht in das 16.Jh. zurück; erster Anreger war O.Panvinio († 1568), der über altkirchliche Begräbnissitten und Coemeterien sowie die Basiliken Roms arbeitete. Ihm folgte A. → Bosio († 1629), dessen Hauptinteresse dem »unterirdischen Rom« galt (Roma sotterranea, 1632). Diese Anfänge der kath. Forschung beschränken sich auf Roms Katakomben und Kirchen und suchen sie kirchengeschichtlich bzw. kontroverstheologisch (→Baronius) auszuwerten. Auf prot. Boden machte B.Bebel (Antiquitates ecclesiasticae, 1679) den ersten Versuch einer Darstellung der allgemeinen christlichen A., ohne auf die monumentale Überlieferung einzugehen; das tat zuerst andeutungsweise J.Bingham (Origines ecclesiasticae, 1708-22). Noch J.C.W.Augusti (Denkwürdigkeiten aus der christlichen A., 1817-31) handelte aus rein literarischen Quellen über Riten und Ordnungen der Alten Kirche sowie über die Kirchengebäude; erst im 12. Bd kam er auf wenige Denkmäler (3 Kirchentüren!) zu sprechen. Später versuchte er auch die Kunstdenkmäler heranzuziehen (Die christl. Altertümer, 1819; Handbuch der christl. A., 1836; Beiträge zur christl. Kunstgeschichte, 1841). In Frankreich wirkten in ähnlichem Sinn J.B.L.G.Seroux d'Agincourt, A.N. und E. Didron (Annales d'Archéologie Chrétienne, 1844-70) und J.Corblet (Revue de l'Art Chrétien, seit 1875). Der Hauptanstoß für die ausschließliche Konzentration auf die archäologischen Denkmäler kam aus Rom von A. Marchi, R.Garrucci und G.B.de → Rossi († 1894), aus dessen Schule die bedeutendsten Vertreter der christlichen A. des beginnenden 20.Jh.s hervorgingen: M.Armellini, O.Marucchi, C.Stornaiolo, E.LeBlant, L.Duchesne, A.deWaal, J.→ Wilpert, F.X.Kraus, Nik.Müller, J.P.Kirsch, F.J.Dölger, J.Sauer. Selbstgesetzte Aufgabe dieser Richtung war die Sammlung des Materials (bes. Wilpert: Die Malereien der Katakomben Roms, 1903; Die römischen Mosaiken und Malereien, 1912; I sarcofagi cristiani antichi, 1929ff, ferner H.Achelis, Die Katakomben von Neapel, 1935) bei einseitiger Überwertung Roms und Italiens. Die → altchristliche Kunst wurde ohne Berücksichtigung der Spätantike isoliert betrachtet, so daß trotz zahlreicher Gesamtdarstellungen kein richtiges chronologisches System zustande kam.

Seit etwa 1930 begann man die altchristliche Kunst stilgeschichtlich als Teil der spätantiken Entwicklung zu werten. Die klassische A. hatte ihrerseits die Spätantike als eigenständige Kunstentwicklung erkannt und ihre Chronologie erarbeitet (A.Riegl, G.Rodenwaldt, H.P. L'Orange, F.Wirth u.a.). Nachdem schon 1901 J.Strzygowski (Orient oder Rom? → Orient-Rom-Frage) die einseitig römische Bindung der christlichen A. bekämpft hatte und in seiner Nachfolge das Pendel zu weit nach Osten ausgeschlagen war (O.Wulff hielt zB nur Alexandria und Antiochia für Quellorte christlicher Kunst; ähnlich D.Ajnalov u.a.), konnte nun auch versucht werden, den Beitrag des Orients zur altchristlichen Kunst herauszustellen. Außerdem war die gesamte Chronologie neu zu erarbeiten (noch nicht abgeschlossen). Vertreter der neuen Richtung sind H.U.v.Schoenebeck, S. Bettini, G.Bovini, H.v.Campenhausen, C.Cecchelli, F.W.Deichmann, E.Dinkler, F.Gerke, Th.K.Kempf, Th. Klauser, J.Kollwitz, M.Lawrence, Ch.R.Morey, E.Schäfer, E.H.Swift u.a. Diese bedienen sich rein archäologischer Methoden, um die zeitliche und kunstgeographische Ordnung der altchristlichen Kunst herauszuarbeiten, und zwar als Trieb am Stamm der spätantiken Kunst und zugleich als Wurzel der Kunst des Mittelalters in Byzanz und Westeuropa.

Dabei darf freilich die christliche A. nicht stehenbleiben. Betrachtet sie sich nur als Teil der Kunstwissenschaft, verliert sie ihr Daseinsrecht gegenüber der klassischen A., der Byzantinistik und der Kunstgeschichte, die die von der christlichen A. behandelten Zeiträume (die Abgrenzung geht auf L.v.Sybel und V.Schultze zurück) als Ausläufer bzw. Vorgeschichte ihrer Bereiche aus innerer Notwendigkeit mehr und mehr mitberücksichtigen. Die christliche A. muß sich bewußt bleiben, *auch* ein Zweig der historischen Theologie zu sein, nicht in dem Sinne, als liefere sie der Kirchengeschichte die Illustrationen, sondern im Sinne einer theologie- und frömmigkeitsgeschichtlichen Auswertung der monumentalen Quellen, wie dies bereits V.Schultze (1851-1937) forderte und H. → Lietzmann in seiner »Geschichte der alten Kirche« weitgehend durchgeführt hat. Ihre besondere Aufgabe ist es, den Aussagegehalt des Kunstwerkes als Zeugnis einer bestimmten Frömmigkeit, einer erkennbaren kirchengeschichtlichen bzw. kirchenpolitischen Lage, einer faßbaren theologischen Spekulation wieder zum Sprechen zu bringen. Voraussetzung dafür ist, daß Zeit und Herkunft des Kunstwerkes vorher erarbeitet sind; dann muß das Zeugnis der bildgewordenen Quelle abgehört werden, um die Geschichte der Alten Kirche aus einer recht verstandenen theologia monumentalis darstellen zu helfen.

Außer der im Text genannten Lit. vgl. DACL - L.v.SYBEL, Christl. Antike, 2 Bde, 1906-09 - O.WULFF, Altchristl. u. byzantin. Kunst, 2 Bde, 1914 (mit bibliogr.-krit. Nachtrag 1939) - V.SCHULTZE, Grundriß der christl. A., (1919) 1934² - CH.R.MOREY, Early Christian Art, (1940) 1953² - G.GOLDAMMER, Christl. A.' (in: H.BORNKAMM, Grundriß zum Studium der KG, 1949, 101 ff). - Neuere Lit.-Berichte v. K.WESSEL in ThLZ 74, 1949, 655 ff - A.M. SCHNEIDER bei F.DÖLGER-A.M.SCHNEIDER, Byzanz, 1952, 253 ff - E.DINKLER in ThR 21, 1953, 318 ff. Fortlaufend unterrichten RivAC u. RQ. Weiteres → Altchristliche Kunst, → Ausgrabungen: IV.

K.Wessel

Archiv für Religionswissenschaft, *Zeitschrift,* 1898 von Thomas Achelis begründet, von Bd 22-35 (1923/24 bis 1938) vereint mit den Beiträgen zur Religionswissenschaft der Religionswissenschaftlichen Gesellschaft in Stockholm. Ab Bd 7 (1904) trat Albert Dieterich in die Redaktion ein und formulierte das Programm: »→Religionswissenschaft kann nur in den Grundsätzen und mit den Mitteln der philologischen Geschichtswissenschaft aufgebaut und gefördert werden.« Aber: »Keine geschichtliche Religion kann ohne das Verständnis der ›volkstümlichen‹ Unterschicht, ... der ›Volksreligion‹ verstanden werden.« Zielpunkt ist daher »vor allem ... die Erforschung der überall in so augenscheinlich gleichen Formen erkennbaren Unterschicht religiöser Vorstellungen, ... die Aufdeckung ... des uralten, ewigen und gegenwärtigen, allgemein ethnischen Untergrundes alles Historischen«. Von 1904 ab erschienen im ARW auch eingehende, wichtige Literaturberichte. Spätere Herausgeber waren Richard Wünsch, Otto Weinreich und M.P. → Nilsson. Ab Bd 33 (1936) wurde Friedrich Pfister Mitherausgeber. Hinfort sollte im Mittelpunkt der Forschungsarbeit des ARW das Thema stehen: »Die Religion und der Glaube der germanischen Völker und ihrer religiösen Führer«. Damit trat nicht nur eine Verengung des Blickfeldes ein, sondern es begann das allmähliche Zurücktreten der Prinzipien streng wissenschaftlicher Forschung zugunsten bestimmter weltanschaulich gebundener Überzeugungen und Theorien. Ganz offenkundig wurde diese Wandlung, nachdem ab Bd 36 (1939) Heinrich Harmjanz und Walther Wüst die alleinige Herausgeberschaft übernommen hatten. 1942 stellte das ARW mit Bd 37 sein Erscheinen ein. Die Fortsetzung dieses aus der Geschichte der Religionswissenschaft nicht wegzudenkenden Organs ist geplant. - Bd 25 (1927) ist ein systematisches Verzeichnis der Mitarbeiter und ihrer Beiträge in Bd 1-25 von O.Weinreich beigegeben. - Als Beiheft zu Bd 8 (1905) erschien eine Festgabe für H.Usener. - Als Beihefte zum ARW wurden 1943 F.Böhmer, Ahnenkult und Ahnenglaube im alten Rom, und O.Huth, Vesta, Untersuchungen zum Indogermanischen Feuerkult, herausgegeben.

Chr.M.Schröder

Archivwesen, kirchliches

1. Unter kirchlichem A. wird alles erfaßt, was einerseits theoretisch, wissenschaftlich, geschichtlich und rechtlich, andererseits praktisch, also technisch wie verwaltungsmäßig mit der Sammlung von Schriftstücken zur dauernden Aufbewahrung auf kirchlichem Gebiet zusammenhängt. Damit verbinden sich auch Begriffe wie kirchliche Archivwissenschaft, -kunde und -pflege.

Mit Archiv als solchem wird der Bestand an Schriftstücken oder sonstigen Dokumenten bezeichnet, die wegen ihres amtlichen, rechtserheblichen, geschichtlichen, wissenschaftlich oder literarisch wichtigen Inhaltes einen Dauerwert haben und deshalb zur endgültigen Aufbewahrung bestimmt sind. Das Archiv ist zu unterscheiden von der Registratur als Inbegriff von Schriftstücken, die im täglichen Ablauf einer Verwaltung dauernd zur Hand zu nehmen sind, also der sog. laufenden Akten.

2. Die Aufbewahrung von Handschriften (Briefen und Sendschreiben) im kirchlichen Bereich ist bereits bei den Christengemeinden des 1./2.Jh.s gegeben. Sie geschah seit dem 3./4.Jh. nachweisbar in den mit den gottesdienstlichen Stätten verbundenen Sakristeien. Die ersten eigentlichen kirchlichen Archive befinden sich in den Klöstern. Unter ihnen ist eines der ältesten das von St. Gallen, mit Urkunden bis in das 8.Jh. zurückreichend.

Ansätze für ein Archiv des Vatikans finden sich unter Papst Damasus I. (366-384). Papst Paul V. schuf 1012 das Vatikanische Geheimarchiv. Die wissenschaftliche Benutzung dieses Archivs wird bereits früh erwähnt. Cäsar → Baronius hat es bei der Widerlegung der Magdeburger Zenturien des → Flacius noch benutzt. Später war es sodann für die wissenschaftliche Forschung Dritter nicht mehr zugänglich. Erst Papst → Leo XIII., der 1879 den Würzburger Professor Josef → Hergenröther zum Praeses Vaticani Tabularii (Präfekt der apostolischen Archive) berief, öffnete 1881 das Archiv selbst der gelehrten Welt. 1885 begannen durch Giovanni Battista de → Rossi Veröffentlichungen aus diesem Archiv, das als das wertvollste der Welt zu bezeichnen ist.

3. Im Bereich der *ev. Kirche* ergaben sich zufolge des → landesherrlichen Kirchenregiments die ersten Ansätze kirchlicher Archive bei den Hofkanzleien, weiter bei den neu entstandenen ev. Pfarreien. Schon die ersten Kirchenordnungen des 16.Jh.s enthielten Bestimmungen darüber, was an Schriftstücken, Urkunden und Büchern in den Pfarreien zu sammeln und wie dies alles aufzuheben sei, somit erste Maßnahmen einer kirchlichen Archivpflege. Als sich aus den kirchlichen Abteilungen der Hofkanzleien selbständige Behörden - Konsistorien - entwikkelten, geschah die Archivbildung sowohl am Sitze eines Konsistoriums wie auch der weltlichen Aufsichtsstelle über die geistlichen Dinge - später bei dem zuständigen Kultusministerium bzw. bei der Regierung. Unter dem Konsistorium gab es in allen Zweigen der kirchlichen Verwaltung Archivansätze, so bei den Pfarreien die Pfarrarchive, bei den Mittelinstanzen die Superintendentur-, Ephoral-, Dekanats- oder Propstei-Archive; bei den Kirchenpatronen wurde das entsprechende Archivmaterial in den Patronats-, Guts- oder Stadtarchiven niedergelegt.

Bei den Pfarreien sind die Kirchenbücher und Kirchenrechnungen der wichtigste Archivinhalt. Während in den kath. Diözesen die Generalvikariats- und Domkapitelsarchive sich organisch entwickelten, konnte bei den ev. kirchlichen Oberbehörden ein eigenständiges kirchliches Archiv erst nach Auflösung des landesherrlichen Kirchenregiments - also nach 1918 - entstehen. Vorher waren zentrale ev. Kirchenarchive Sammelstellen nur für gefährdetes kirchliches Archivgut. An zentralen kirchlichen Archivbildungen sind zu nennen: als Besonderheit das Unitätsarchiv der Brüderunität in Herrnhut (seit 1765 aus dem Hausarchiv Zinzendorf entstanden), das Provinzialkirchenarchiv zu Koblenz (begründet 1853, seit 1928 in Bonn), jetzt als Archiv der Ev. Kirche im Rheinland zu Düsseldorf, das Provinzialkirchenarchiv zu Breslau (1945 durch die Kriegsereignisse vernichtet). Nach 1918 sind als eigenständige Einrichtungen zu erwähnen u.a. das Thüringische landeskirchliche Archiv zu Eisenach (1922), das Landeskirchenarchiv zu Speyer (1930), das zu Nürnberg (1931) für

Bayern, das zu Hannover (1933) und nach 1945 das zu Ludwigsburg für Württemberg und das zu Hamburg für die Ev.-Luth. Landeskirche zu Hamburg.

Eine stärkere Betonung des kirchlichen Urkundenschutzes bzw. der kirchlichen Archivpflege wurde seit 1933 notwendig. Die damaligen Maßnahmen führten mehr zu einer Zentralisation. So wurde 1934 die Stelle eines Beauftragten für das Kirchenbuchwesen in der Kanzlei der Deutschen Ev. Kirche geschaffen. Diese wurde 1937 zu dem Amt eines »Beauftragten der Deutschen Ev. Kirchenkanzlei für das kirchliche Archiv- und Kirchenbuchwesen« erweitert, aus dem 1939 das Archivamt der Deutschen Ev. Kirchenkanzlei in Breslau unter Präsident D. Hosemann († 1947) hervorging. Dieses wird seit 1946 fortgeführt als Archivamt der EKD mit dem Sitz in Hannover. 1939 wurde sodann das Reichskirchliche Archiv geschaffen, das, durch die Kriegsverhältnisse bedingt, 1945 schon wieder seine Tore schloß. Das Material ist gerettet und seit 1957 wieder zugänglich. 1935 schlossen sich die landeskirchlichen Archivare zu einer Arbeitsgemeinschaft zusammen, die fast jährlich gesamtkirchliche Arbeitstagungen abhält. Seit 1956 besteht eine Arbeitsgemeinschaft der territorialkirchengeschichtlichen Vereine, deren Ziel die Errichtung einer historischen Kommission der EKD ist.

Einen guten Überblick über die ev. kirchliche Archivverwaltung und Archivpflege in Deutschland gibt die noch geltende kirchliche Schriftgutordnung vom 24. 3. 1942 (Gesetzblatt der D. Ev. Kirche, Ausgabe A, 1942, 50ff). Wichtig ist ferner die Einrichtung kirchlicher Archivpfleger (vgl. Dienstanweisung Gesetzblatt der D. Ev. Kirche, Ausgabe A, 1943, 40ff). Zur stärkeren Durchordnung der kirchlichen Archive trägt auch die vom Archivamt herausgegebene »Aktenordnung für die ev. Kirchengemeinden und Pfarrämter« (1956³) bei.

G.B.DEROSSI, Bibliothecae Apostolicae Vaticanae codices manuscripti recensiti I, 1885 - A.GLITSCH, in: Gesch. der Historischen Sammlungen der Brüder-Unität, 1899 - DHGE III, 1924, 1558ff - A.BRENNEKE, Archivkunde, 1933, 124ff (Lit.) - W.LAMPE, Das kirchl. A. (Archivalische Zeitschrift 44, 1936, 164-171) - DERS., Das A. der Ev. Kirche in Deutschland in der Gegenwart (Der Archivar 6, 1953, 25-30) - DERS., Vom A. innerhalb der Ev. Kirche in Deutschland (Archivum 5, 1955, 40-49) - DERS., Gedanken zum kirchl. Archiv- u. Bibliothekswesen (Der Archivar 9, 1956, 19-24) - H.V.JAN, Das A. der dt. ev. Kirche (AevKR 5, 1941, 173-178) - Niederschrift über die Tagung der Arbeitsgemeinschaft landeskirchl. Archivare in Treysa v. 21.-23.10.1946 - D.SIMON, Das Landeskirchl. Archiv zu Nürnberg (Nachrichten der Ev.-luth. Kirche in Bayern 9, 1954, 77-79) - A.RIECKE, Die Arbeitsgemeinschaft landeskirchl. Archivare (Der Archivar 9, 1956, 23-31) - H.STOOB, Kirchl. A. (Informationsblatt für die Gemeinden in den niederdeutschen luth. Landeskirchen 1956 Nr. 14 S. 221 f).
W. Lampe

Areopagrede (*Apg 17*)

1. Inhalt - 2. A. und Apg - 3. Charakter der A. - 4. Echtheit und Bedeutung

1. Die Einleitung der durch V. 16-22 in farbig stilisierter Erzählung vorbereiteten A. knüpft an die Inschrift eines athenischen Altars an (→ Agnostos Theos). In drei Gedankengängen sucht der Redner die Ahnung des Göttlichen bei den heidnischen Hörern zum Wissen von Gott zu erheben: a) Gott ist der Schöpfer und Geber aller Gaben, der selber nichts bedarf, auch nicht des Kultes in Tempeln als seiner vermeintlichen Wohnung (V. 24f); b) Gott will sich finden lassen als der Allmächtige und Gütige in den Werken der Schöpfung von den Menschen, die er erschuf und denen er nahe ist (V. 26f); c) Gott ist die lebendige Bewegtheit, von der wir, ihm verwandt, umfangen sind: darum fort mit den vergänglichen Bildern! (V. 28f). Der Schluß nimmt die letzte Hülle fort und zeigt Gott als den Langmütigen: jetzt gibt er Gelegenheit zur Buße vor dem Weltgericht, das er durch den Auferstandenen heraufführt (V. 30f).

2. Nach Dibelius sind die Reden der Apg von Lukas entworfen. Lukas will in der Weise der antiken Historiker durch sie den Richtungssinn der Geschichte erläutern. Die Szene in Athen steht, ein Gegenstück zum Aufenthalt des Paulus in Rom als dem Machtzentrum der Welt, auf einem Höhepunkt der Apg. Sie stellt in der Stadt der griechischen Bildung das Evangelium der Philosophie gegenüber.

3. Die A. erweist sich als Verbindung at. und stoischer Gedanken. Grob gesagt sind V. 24-26 at.; V. 27-29 sind griechisch, wie das Aratzitat und das Auftreten stoischer Terminologie (κινεῖσθαι) zeigen. Wahrscheinlich hat durch Zwischenglieder → Posidonius eingewirkt. Einen christlichen Akzent gibt dem Ganzen erst der Schluß, der damit eine wichtige Funktion erhält. Die verschiedenen Elemente stehen nicht ohne Spannungen nebeneinander: der allmächtige gütige Weltschöpfer dort, die immanente ins Pantheistische schillernde Gottheit hier. Trotzdem ist die A. von großer Geschlossenheit. Offenbar geht ihr schon eine Tradition voraus, in der jene Elemente sich verbunden hatten. Der Vergleich mit andern Texten zeigt, daß die A. zum Typus der Missionspredigt des hellenistischen Judentums gehört. Sie entwickelt wie diese den Begriff des einen, geistigen, bedürfnislosen Gottes, dem sie durch Betonung des Schöpfungsgedankens persönliche Wärme verleiht. Auch die Polemik gegen den heidnischen Kult ist hier wie dort die gleiche. Vielleicht geht schließlich die A. auf ein vorgegebenes Schema zurück, das sich heilsgeschichtlich in Schöpfung, Erhaltung, Erlösung entfaltet und für das es in zahlreichen jüdischen und jüdisch-hellenistischen Texten Beispiele gibt. Nach allem scheint also ein jüdisches Grundmotiv in hellenistischer Überarbeitung vorzuliegen. Es konnte von einem Christen ohne weiteres übernommen und neu akzentuiert werden.

4. Die paulinische Herkunft der A., heute meist abgelehnt, läßt sich aus Gründen der theologischen Differenzen nicht halten, so sehr betont werden muß, daß die A. auf Traditionen beruht, die Paulus mit ihr gemeinsam hat. Lukas hat die Rede vermutlich aus der christlichen Missionspredigt seiner Zeit geschöpft. Sie zeigt uns das Christentum an einem geschichtlichen Wendepunkt. Auf dem hier eröffneten Weg der geistigen Anknüpfung und der religiösen Belehrung sind die Apologeten des 2.Jh.s der A. in die Welt des Griechentums gefolgt.

Lit. s. bei → Agnostos Theos. Ferner: M.DIBELIUS, Paulus auf dem Areopag (Aufsätze zur Apg, 1953², 29-70) - H.HOMMEL, Neue Forschungen zur A. (ZNW 46, 1955, 145-178) - B.GÄRTNER, The Areopagus speach and natural revelation (ASNU 21), 1955 - W.NAUCK, Tradition u. Komposition der A. (ZThK 53, 1956, 11-52). - F. MUSSNER, Einige Parallelen aus den Qumrantexten zur A. (BZ NF 1, 1957, 125-130).
W. Eltester

Aretas. Aus der Reihe der Nabatäer-Fürsten dieses Namens (Charitat) ist A. IV. hervorzuheben, der ca 9 vChr bis 38 nChr in Petra regierte. Seinem siegreichen Zug gegen seinen Schwiegersohn Herodes Antipas (→ Herodes und seine Nachfolger) wegen der Entlassung seiner Tochter zugunsten der Herodias folgte eine beim Tode des Tiberius abgebrochene Strafexpedition des syrischen Legaten. Eine Oberhoheit des A. auch über → Damaskus erscheint schon nach dem Wortlaut von 2Kor 11, 32 fraglich. Der Ethnarch dürfte als Aufsichtsbeamter über die Beduinen in Damaskus von A. seitens der Römer erbeten und von den Juden (Apg 9, 24f) zur Gefangennahme des Paulus gedungen worden sein.

Jos.Ant. XVIII, 5, 1. 3 § 109-115. 120-125 - SCHÜRER I, 731ff - E.SCHWARTZ, NGG 1906, 367 - PW IV, 2042ff.
W. Schmauch

Arethas *von Cäsarea* in Kappadozien, * um 850 in Patras, spätestens 895 Diakon in Konstantinopel, etwa 902 Metropolit von Cäsarea, † nicht vor 944. Er ist Verfasser eines der seltenen Kommentare der byzantinischen Kirche zur Apokalypse (MPG 106, 493 ff), wobei er freilich nur den seines Vorgängers Andreas neu auflegte und ergänzte, sowie glossenartiger Wort- und Sacherklärungen zu den Paulusbriefen. Außerdem hat er die verschiedensten Kirchenväter durch → Scholien dem Verständnis erschlossen. Seine übrigen Theologica gelten Einzelfragen der Dogmatik und Polemik (Armenier und Juden, Julian Apostata, Islam und Ikonoklasten), der juristischen Streitfrage um die vier Ehen Kaiser Leos VI. u.ä. Seiner philologischen Sammlertätigkeit verdanken wir die frühchristlichen Apologeten (cod. Paris. gr. 451).

Die Schriften des A. sind an verschiedenen Stellen ediert. Eine GA ist ein dringendes Desiderat. - S.KUGEAS, Ὁ Καισαρείας Ἀρέθας, Athen 1913 (einzige Monographie über A.; hier die älteren Ausg.n verzeichnet). *H.-G.Beck*

Aretino, *Pietro,* * 1492 in Arezzo, † 1556 in Venedig, satirischer Schriftsteller, lebte unter der Protektion → Leos X. und → Clemens' VII. bis 1527 in Rom, später in Venedig, wo er mit Tizian befreundet war. Ihm lag als typischem Vertreter einer späten Renaissancegeneration besonders an vollendeter literarischer Form. Er handhabte sie meisterhaft, konnte sie jedoch mit Leichtigkeit jedem Stoff und jeder Tendenz dienstbar machen, bald religiöser Erbauung (7 Bußpsalmen, 1534; Von der Menschheit Christi, 1535; Leben der Jungfrau Maria, 1540), bald der Skandalchronik Roms (Ragionamenti, 3 Teile, 1535-38), bald den Interessen Frankreichs, bald denen Habsburgs. Vergeblich strebte er nach der Kardinalswürde.

GA Mailand 1881, Rom 1911 ff - LThK I, 626; außerdem: Komödien u. 1 Tragödie, Mailand 1888³; Corrispondenza, ed. F.NICOLINI, Bd 1. 2, Bari 1913-16. - Über A.: G.TOFFANIN, Il Cinquecento, 1935, 284 ff - A.FOSCHINI, L'A., Mailand 1931 - G.PETROCCHI, P.A. tra Rinascimento e Controriforma, ebd 1948. *H.Liebing*

Aretius (gräzisiert aus Marti), *Benedictus* (ca 1522 [nicht 1505]-1574), bedeutender bernischer Theologe, Kirchen- und vor allem Schulmann. Er studierte in Bern, Straßburg, Marburg, wo er auch Logik dozierte. Seit 1549 Gymnasiarch in Bern, dann Professor für Griechisch und Hebräisch, wurde er 1563 als Nachfolger von W. → Musculus Professor der Theologie. A. ist auch als Botaniker und Erforscher der Berner Alpen bekannt.

Vf. u.a. eine hebr. Grammatik, bibl. Kommentare, ein Kompendium des theol. Studiums: Examen theologicum; eine Rechtfertigung der Hinrichtung → Gentilis und das Hauptwerk: Problemata theologica (1573), die aber auch Naturwissenschaftliches, zB Medizinisches, umfassen. - Über A.: J.H.GRAF, Gesch. der Mathematik u. Naturwissenschaften in bern. Landen, 1888 - D.A.HALLER, Benedikt Mart, 1901 - RE II, 5 - RGG² I, 522. *O.E.Strasser*

Argentinien. Als 1535 die Eroberung A.s begann (erste Landung der Spanier 1515), trafen die Spanier sehr unterschiedliche Gruppen von → Indianern an, deren religiöse Vorstellungen und Bräuche nur in Umrissen bekannt sind. Außer der → Sonne verehrten sie auch eine Erd- und Himmelsmutter, und Zauberei wurde bei Saat, Ernte usw geübt. Manches davon hat sich bis heute erhalten (zB zeremonielle Tänze in Quichualand).

Während der fast 300jährigen spanischen Herrschaft ist die Zahl der reinen Indianer zurückgegangen; gegenwärtig sind es knapp 30 000 gegenüber einer Gesamtbevölkerung von 18,08 Mill. (1942: 13,5 Mill.). 1539 begann die christliche Mission durch die → Franziskaner, und seit 1686 entwickelten die → Jesuiten eine rege und erfolgreiche Tätigkeit, die auch mit geographischen, ethnologischen und sprachlichen Forschungen verbunden war (1631-1767 Jesuitenstaat; 1700 Druck des Martyrologium Romanum; 1705 Übersetzung des NT in Guarani). Ebenfalls wichtig ist die Arbeit der → Benediktiner. Der Katholizismus hat A. seinen Stempel aufgeprägt; oft gingen kath. Kult und indianisches religiöses Brauchtum ineinander über. Die Vertreibung der Jesuiten (1767) war nur eine Episode. Die politische Unabhängigkeitsbewegung (1810-16) führte schließlich zur Gründung eines gegenüber Spanien selbständigen Staates; doch blieb der Katholizismus Staatsreligion. Es besteht, wie auch in anderen südamerikanischen Staaten, ein Staatspatronat über die kath. Kirche (Ernennung der Bischöfe und Verkündung päpstlicher Erlässe durch den Präsidenten). Die Verfassung von 1853 gewährt allen anderen Bekenntnissen Toleranz. Organisation der röm.-kath. Kirche (1955): 7 Metropoliten, 16 Bischöfe, 1 Erzbischof in Buenos Aires; zZ hat A. 2 Kardinäle.

Die Gebildeten in A. sind vielfach religiös indifferent. An den bestehenden Universitäten haben stets ausländische Lehrkräfte doziert, die aber einen tüchtigen einheimischen Nachwuchs herangezogen haben. A. zählt rd 15 000 Volksschulen, 735 höhere Schulen und 7 staatliche Universitäten; gleichwohl gibt es noch vielerorts Analphabeten. Seit 1818 konnte der Protestantismus in A. Fuß fassen, und nach und nach entstanden Einwanderergemeinden. 1823 wurde die erste deutsche ev. Gemeinde (Buenos Aires) und erst 1867 die erste ev. Gemeinde spanischer Zunge gegründet. Die ev. Kirchen mit spanischer Sprache sind in einer Confederación de Iglesias del Rio de la Plata vereinigt, die 17 verschiedene Denominationen (Methodisten, Waldenser, Lutheraner, Presbyterianer, Jünger Christi u.a.) umfaßt und in der auch die ev. Kirchen von → Uruguay und → Paraguay vertreten sind. Eine Facultad Evangélica de Teología in Buenos Aires wird von Methodisten, Waldensern, Presbyterianern und Jüngern Christi unterhalten und auch von Studenten aus Chile, Peru und Bolivien besucht. Das Luth. Theologische Seminar hat seit 1954 einen neuen Aufschwung genommen. Andere Erziehungsanstalten sorgen in Buenos Aires für die Ausbildung der spanischsprechenden Pfarrer, ev. Lehrer und Lehrerinnen usw. Außer zahlreichen Gemeindeblättern bestehen die Zeitschriften Cuadernos Teológicos und Predicador Evangélico. 1949 fand in Buenos Aires zum ersten Male eine »Lateinamerikanische Ev. Tagung« mit Vertretern aus allen Ländern Mittel- und Südamerikas statt. Schätzte man um die Wende zum 20.Jh. die Zahl der ev. Christen in A. auf ca 28 000, so waren es 1949 rd 250 000. Die deutschen Gemeinden sind seit 1899 in einer »Deutschen Ev. La-Plata-Synode« (→ Auslandsgemeinden: I) zusammengeschlossen (Gemeindeblatt in deutscher und spanischer Sprache: »Ev. Gemeindeblatt - Revista Parroquial Evangélica«, 60.Jg., 1956). Die Synode umfaßt 17 Hauptgemeinden und 18 Filialgemeinden in A., Uruguay und Paraguay. Bei der 19. ordentlichen Tagung der »Deutschen Ev. La-Plata-Synode« in Esperanza (Santa Fé), 1956, wurde ein Vertrag mit der Ev. Kirche in Deutschland abgeschlossen, nach dem »das zwischen ihnen bestehende Verhältnis kirchlicher und brüderlicher Gemeinschaft« bestätigt wird, wobei beide Teile sich »zur weiteren vertrauensvollen Zusammenarbeit« verpflichtet haben. In derselben Tagung wurde der Beitritt zum Weltrat der Kirchen, die Fortführung der brüderlichen Zusammenarbeit mit dem argentinischen Nationalkonzil des Luth. Weltbundes und die Mitgliedschaft in der Confederación de Iglesias del Rio de la Plata beschlossen. Der Vorsitzende der »La-Plata-Synode« führt die Dienstbezeichnung Propst. Die Amtsdauer der Mitglieder des Synodalvorstandes währt sechs Jahre.

Seit 1948 werden auch die ev. Deutsch-Schweizer von eigenen Pfarrern betreut (je 1 in Buenos Aires und in der Provinz Missiones). Gemeindeblatt in deutscher und spanischer Sprache ist der »Kirchenbote von Buenos Aires«, 1956 im 8.Jg.

EUI VI, 78ff - DHGE IV, 41ff - R.Lehmann-Nitsche, Studien zur südamerikanischen Mythologie, 1939 - R.Levene, Historia de la Nación Argentina, 10 Bde, Buenos Aires 1939-41 - W.Rohmeder, A., Buenos Aires 1943 - J.C.Zuretti, Historia Eclesiástica Argentina, Buenos Aires 1945 - J.P.Howard, La otra conquista de América, Buenos Aires 1951 - Berichte von der 19. Tagung der »Deutschen Ev. La-Plata-Synode« (Ev. Gemeindeblatt, 1.3.1956). *M.Gutiérrez Marin*

Arianischer Streit

1. Die Anfänge bis 328 - 2. 328-342 - 3. 342-362 - 4. 362-381.- Abkürzungen: A.S. = Arianischer Streit; A. = Arius; ar. = arianisch; Alex. = Alexandrien; Ath. = Athanasius; Ort und Jahreszahl in Klammern = Synode dort

Im A.S. hat die Kirche des 4.Jh.s um die Einheit des Dogmas gerungen, die durch verschiedene Faktoren gefährdet war: Die Verkirchlichung des von → Origenes ausgehenden theologischen Denkens bzw. seine Radikalisierung (Einfluß des Aristoteles) im 3.Jh. sind ebenso Voraussetzung wie die monarchianische Gemeindetheologie. Der Name A.S. (von dem alex. Presbyter → Arius hergeleitet) ist Parteiname und bezeichnet nur unvollkommen den komplexen Sachverhalt. Dieser Kampf um die Einheit des Dogmas, die für die neue Reichskirche notwendig war, verquickte sich mit kirchen- und machtpolitischen Fragen (Vorherrschaft einzelner Patriarchate u.a.) und wurde durch die Bindung der Kirche an den Staat verschärft. Um Verzeichnungen des Bildes zu vermeiden, müssen beide Faktoren, Kirchenpolitik und Theologie, berücksichtigt werden. In diesem Artikel sollen allerdings nur die kirchengeschichtlichen und -politischen Fragen zur Sprache kommen; für die theologischen Probleme → Christologie: II.

1. Um 318 wurde A. durch ehemalige Freunde (→ Meletius, 2) bei → Alexander von Alex. wegen seiner Lehre angezeigt und nach manchen Verhandlungen durch eine Synode exkommuniziert (319). Die origenistischen Theologen des Ostens wehrten sich dagegen (Briefe, Reisen, Synoden), wohl schon unter Führung des → Euseb von Nikomedien (Bithynien 320). Die politischen Ereignisse 322-24 hinderten die Debatte, aber gleich nach seinem Sieg hat → Konstantin, zunächst durch Ossius von Corduva (Brief nach Alex.; 324/25 Antiochien), in den Streit eingegriffen. Auf der durch den Kaiser einberufenen Reichssynode in → Nicäa (Sommer 325) bemühte sich der Kaiser, dem neu zusammengefügten Reich in der einigen Kirche das tragende Fundament zu geben. Die Mehrheit fügte sich dem Kaiser (trotz des für Origenisten sabellianisch klingenden ὁμοούσιος), nur A. und wenige Freunde wurden verurteilt. Im Interesse der Einheit hat Konstantin nach 325 die theologische Diskussion verhindert (Absetzung des → Eustathius u.a., 326; Wiederaufnahme von Euseb und A. 327 in Nicäa), wobei er sich wohl auf die Mehrheit der Orientalen stützen konnte. Diese, sich langsam zur Partei der »Eusebianer« formierend, waren keineswegs Arianer, wie die gehässige Polemik des Ath. will, sondern mehr oder weniger Origenisten und daher auch der politischen Ideologie des Kaisers nicht sehr fern.

2. Die zweite Phase des A.S. ist ganz von den Kämpfen, Unruhen, Intrigen und Denunziationen bestimmt, die mit der Person des Ath., seit 328 Bischof von Alex. und damit Gegenspieler gegen die kaiserliche Kirchenpolitik, zusammenhängen. Er dachte nur »kirchlich«, dh, er war auf die Macht des alexandr. Patriarchats bedacht. Mehrmals konnte er sich vor dem Kaiser rechtfertigen; seine Provinz regierte er mit eiserner Hand. 334 sabotierte er eine kaiserliche Synode (Cäsarea), aber 335 wurde er in Tyrus verurteilt und mußte in die Verbannung (Trier). Im selben Jahr wurde A. rehabilitiert (Jerusalem), starb aber, ehe er in Alex. wieder Fuß fassen konnte. Nach dem Tod des Kaisers 337 kehrten Ath. u.a. Verbannte (→ Marcellus von Ancyra) zurück, und es begannen neue Kämpfe. Ath. fand Rückhalt in Rom (→ Julius I.), während Euseb auf mehreren Synoden in Antiochien die Verurteilung des Ath. als rechtmäßig verteidigte (Abwehr der Vorwürfe: Alex. 338). Theologische Fragen blieben weitgehend unberührt, bis die Aufnahme des Marcell in Rom, wohin auch Ath. geflüchtet war, sie zur Geltung brachte (Antiochenische Formeln 341). Das politische Gewicht des Westens zwang Konstantius zum Einlenken. Die von Rom gewünschte Reichssynode war nach dem Tod des Euseb (341) nicht mehr zu verhindern: Sie tagte 342 in Serdika, brach aber vor Beginn der Verhandlungen auseinander; auch der theologische Gegensatz wurde bekräftigt (vgl. die beiden Formeln).

3. Die kaiserlichen Einigungsversuche, die 345/46 (nach dem Tode des Gegenbischofs Gregor in Alex.) zu der Rückkehr des Ath. führten, wurden durch die Orientalen in der Formula makrostichos (344) und auf der Synode von Mailand, auf der auch Ursacius und Valens sich dem Westen unterwarfen, unterstützt und hätten durch die Verurteilung des → Photin (347), mit dessen Lehrer Marcell Ath. gebrochen hatte, erfolgreich sein können, wenn nicht der Westen in der Lehre von drei Hypostasen ar. Ketzerei gesehen hätte. Als Alleinherrscher (353) errichtete Konstantius eine harte Herrschaft über die Kirche (Mailand 355). Die Führer der Opposition (→ Lucifer, → Hilarius von Poitiers u.a.) mußten in die Verbannung, und Ath. wurde 356 mit Hilfe des Militärs aus Alex. vertrieben (Gegenbischof Georg). Gleichzeitig entstanden neue theologische Fronten: Ein radikaler Neuarianismus (→ Aetius, → Eunomius) bildete sich, und die Mittelpartei brach auseinander in Homöer (→ Acacius von Cäsarea) und Homöusianer (→ Basilius von Ancyra; Ancyra 358). Erst in dieser Zeit begann das ὁμοούσιος wirksam zu werden (vgl. Ath., De decretis Nicaeni synodi). Die verschiedenen Synoden (Sirmium, Rimini, Seleucia) zeigen den vor allem von Valens und Ursacius bestimmten Kurs der kaiserlichen Kirchenpolitik in den Jahren 357-59, und die Formel von Nike bedeutet den Sieg der Homöer. Diese Zwangseinheit hielt bis zum Tod des Konstantius (3.11. 362); → Julian ließ sofort alle verbannten Bischöfe zurückkehren.

4. Der Burgfriede unter Julian gab Anlaß zur Klärung der Fronten: Die Synode von Alex. 362 sollte die Einheit aller antiar. Gruppen, die zum Nicänum hielten und auch die Homousie des Hl. → Geistes (: V) anerkannten, ermöglichen. Aber damit waren die antiochenischen Verhältnisse (Spaltung zwischen Meletianern und Eustathianern) noch nicht bereinigt, vielmehr wurde die dortige Spaltung dadurch noch vertieft, daß Lucifer den Paulinus eigenmächtig zum Bischof der Altnicäner weihte. Die Sondergemeinde des → Apollinaris von Laodicea trug zur Verwirrung der Lage bei. An dieser antiochenischen Frage scheiterten die Friedensbemühungen des → Basilius. Sie hätten angesichts der Bedrückung der Nicäner durch Kaiser Valens (unter Beistand des → Eudoxius) nur mit Hilfe des Westens erfolgreich sein können. Aber die Arroganz des römischen Bischofs → Damasus und die Intrigen der Alexandriner (Ath. † 373; → Petrus von Alex.) ließen eine Lösung ohne Paulinus nicht zu. Erst nach dem Regierungsantritt des Theodosius (379) wurde unter Mitwirkung des → Meletius und

auf der von den Kappadoziern erarbeiteten theologischen Grundlage der Streit beendet. Das Edikt von 380 erhob das Nicänum unter Ablehnung aller ar. oder halbar. Formeln zur Norm der Reichsreligion, verwies dabei allerdings noch auf Rom und Alexandrien als die Garanten der Orthodoxie.

Diese für den Osten verhängnisvolle Orientierung gab Theodosius indessen bald auf: Auf dem Konzil von Konstantinopel 381 ist nicht nur die jungnicänische Trinitätslehre staatsrechtlich anerkannt, sondern auch die Ordnung der Staatskirche den Reichsinteressen angepaßt: Konstantinopel erhielt den zweiten Rang der Metropolen hinter Rom.

So war also durch die lange Kontroverse nicht nur die Einheit des Dogmas errungen, sondern auch die Bindung an den Staat rechtlich fixiert worden, wobei die theologische Entwicklung und der Ausbau der Staatskirche im Osten eng zusammengehören. Aber die Einheit zwischen Ost und West war durch die theologischen Differenzen und durch die verschiedenen Auffassungen des Verhältnisses von Staat und Kirche bereits schwer gefährdet und auf die Dauer kaum mehr zu halten (→ Ambrosius).

Über das Fortleben des Arianismus → Germanen.

Quellen: Vor allem Urkunden bei den Kirchenhistorikern des 4. u. 5.Jh.s; die kirchenpolitischen Flugschriften des Ath. u. die Briefe des Basilius. Die Urkunden werden zusammengestellt: Ath. Werke Bd III (bis jetzt: III, 1 hg.v. H.G.Opitz, 1934, Urk. z. Gesch. d. A.S. bis 328; wird von W.Schneemelcher fortgesetzt). Symbole: A.Hahn, Bibliothek der Symbole, 1897³. - Vorgeschichte des A.S.: G.Bardy, Recherches sur S.Lucien d'Antioche et son école, 1936- RAC III, 1955, 306ff. - Grundlegend: Ed.Schwartz, Zur Gesch. d. Ath. (in: NGG 1904. 1905. 1908. 1911). - Gesamtdarstellung: H.M.Gwatkin, Studies of Arianism, 1900² - Lietzmann III. IV - Ed.Schwartz, Zur Kirchengesch. d. 4.Jh.s (ZNW 34, 1935, 129-213). - Grundsätzliches: W.Schneemelcher, Ath. v. Alex. als Theologe u. als Kirchenpolitiker (ZNW 43, 1950/51, 242-256). - Einzelfragen: H.G. Opitz, Die Zeitfolge des A.S. von den Anfängen bis 328 (ZNW 33, 1934, 131-159) - W.Schneemelcher, Zur Chronologie d. A.S. (Th LZ 79, 1954, 393-400) - V.deClercq, Ossius of Cordova, 1954 - R.Devreesse, Le Patriarcat d'Antioche, 1945 (dazu: E.Honigmann, Traditio 5, 1947, 135-161) - P.Peeters, AnBoll 63, 1945, 131-144 (Tyrus) - W.Schneemelcher, Serdika 342 (EvTh Sonderheft f. E. Wolf, 1952, 83-104) - J.Gummerus, Die homöusianische Partei, 1900 - J.Wittig, D. Friedenspolitik d. Papstes Damasus I., 1912. - Weitere Lit.: → Arius, → Athanasius, → Basilius d.Gr., → Christologie: II, → Konstantin, → Staat: III, → Theodosius d.Gr.

W.Schneemelcher

Aribo *von Mainz* († 1031), aus dem Hause der bayerischen Pfalzgrafen und mit Kaiser Heinrich II. verwandt, gehörte A. 1020 zu dessen Hofkapelle und wurde 1021 von ihm zum Erzbischof von Mainz ernannt und unter Konrad II., der ihm 1024 die Erhebung zum deutschen König verdankte, auch Erzkanzler durch Italien. 1027 nahm er am Laterankonzil teil. Die Synoden von Mainz 1023, Grona 1025, Frankfurt 1027 und Pöhlde 1029 sowie die Diözesansynoden von Seligenstadt 1023 und 1026, Höchst 1024 und Geisleben 1028 stellte der umfassend theologisch und kanonistisch gebildete Erzbischof in den Dienst der Durchführung aller überkommenen kirchenrechtlichen Bestimmungen. Seine Verweigerung der Krönung Giselas, deren Ehe mit Konrad II. er als unkanonisch ablehnte, sein Kampf gegen die Hammersteiner, in dem er die Appellation Irmgards von Hammerstein an den Papst verwarf, sind Zeugnis für seine Anhänglichkeit an das »alte Recht«, nicht für seine Ablehnung der päpstlichen Gewalt überhaupt.

NDB I, 351 (Lit.). *A.Brück*

Arie (ital. aria, franz. engl. air), wahrscheinlich von altfranz. air = Nest, Ursprung, Art, Anordnung (modus); in der ital. Musik seit dem 16.Jh. Baßmelodieformel für Begleitinstrumente, über der Versstrophen improvisierend gesungen wurden (Aria per cantar Ottave usw). Von hier aus wurde der Begriff schon im 16.Jh. auf das ein- oder mehrstimmige strophische Lied, auch auf den liedhaften Tanz übertragen. In dieser Bedeutung tritt er bei geistlichen Sololiedern und mehrstimmigen liedartigen Sätzen bis ins 17. und 18.Jh. auf (→ Schütz, → Buxtehude, → Bach). Daneben spezialisiert sich der Begriff A. seit der ital. Oper des 17.Jh.s auf den kunstvollen Sologesang (Affektdarstellung, Betrachtung) im Gegensatz zu Rezitativ (Handlung, Erzählung) und einfachem Lied. Die sich nun in der Oper ausbildenden verschiedenen Typen der A. erscheinen schon im 17.Jh. auch in der Kirchenmusik (in Solomotette, Kantate, Messe, Passion, Oratorium usw) und behalten ihre Verbindlichkeit bis zum 19.Jh.

MGG I, 612ff (Lit.). *W.Osthoff*

Aristeasbrief, eine Erzählung (kein Brief, auch ohne Briefform), deren Rahmenthema die Entstehung der Übersetzung des Pentateuchs ins Griechische bildet. Nach einem Vorwort (1-8) wird berichtet, Ptolemäus II. Philadelphus (284-247 vChr) habe sich vom Hohenpriester Eleazar in Jerusalem 72 Gelehrte (je 6 aus jedem Stamm) ausgebeten, die das jüdische Gesetz für seine Bibliothek übersetzen sollten (9-50); im Schlußabschnitt (301-321) wird erzählt, wie das Übersetzen vor sich ging: auf der Insel Pharos, mit täglichem Vergleichen, bis in 72 Tagen der ganze Wortlaut in völliger Übereinstimmung vorlag. Im großen Mittelstück werden, breit ausgeführt und ganz im Stil entsprechender Gattungen der hellenistischen Literatur gehalten, die Geschenke für Eleazar (51 bis 82) geschildert, ferner Jersualem und sein Tempel (83 bis 120), eine Unterredung mit Eleazar (121-171), der Empfang der Übersetzer durch den König (172-186), vor allem die dabei geführten Tischgespräche (187-300). Der Verfasser, der hoher Hofbeamter sein will, berichtet seinem Bruder Philokrates (1. 322 u.ö.) dies alles als Augenzeuge. Doch ist dies eine Fiktion. Aus verschiedenen Gründen muß der A. zwischen 130 und 100 vChr geschrieben sein. Als Quelle für die Entstehung der LXX (→ Bibelübersetzungen: I, 1) scheidet der A., obwohl die gelegentliche Benutzung älterer Überlieferungen vermutet werden kann, aus. Die Schrift zielt deutlich auf eine Verherrlichung des LXX-Pentateuchs und des Judentums überhaupt ab; der unbekannte Verfasser wird daher auch Jude gewesen sein. Als aktueller Anlaß kann die Notwendigkeit gelten, das Ansehen der LXX (gegenüber anderen Übersetzungen? im Blick auf eine damals erfolgte Revision der LXX?) zu sichern. Für die Vorstellung, die man sich in der christlichen Kirche von der Entstehung der LXX gemacht hat, ist der A. von nachhaltigem Einfluß gewesen (erste Kritik bei → Vives und → Scaliger).

Text: P.Wendland, Aristeae ad Philocratem Epistula 1900; Meecham (s.u.) 5ff; Hadas (s.u.) 92ff (mit Übers.). - Übers.: Kautzsch, AP II, 1ff (P.Wendland); Charles, AP II, 83ff (H.T.Andrews); Riessler 193ff. - H.G.Meecham, The Letter of Aristeas. A linguistic study with special reference to the Greek Bible, 1935 - P.Kahle, The Cairo Geniza, 1947, 132ff. 158. 175 - M.Hadas, Aristeas to Philocrates, 1951 (Lit.) - P.Dalbert, Die Theologie der hellenistisch-jüdischen Missions-Lit. unter Ausschluß von Philo u. Josephus (ThF 4, 1954, 92-102) - B.H.Stricker, De Brief van Aristeas. De hellenistische codificaties der praehelleense godsdiensten (VAA NR 62, 4), 1956. *W. Michaelis*

Aristides, nach Eusebius (Chron. J. 125 nChr; h.e. IV, 3, 3) »Philosoph« in Athen, der Hadrian eine Apologie für das Christentum überreichte. Erst neuere Funde (1878: armen. Fragmente; 1889: syr. Übers. des ganzen Werkes; 1922: griech. Papyrusfragmente) ermöglichten eine Textrekonstruktion, wobei sich herausstellte, daß dem byzantinischen Roman → »Barlaam und Joasaph«

das Werk (griech.) einverleibt ist. Die syr. Übers., die im Gegensatz zu Euseb Antonius Pius (138-161) als Empfänger nennt, galt bisher als beste Textgrundlage. Nachdem aber → Euthymius (ca 978) als Autor der Vita Barlaam (Peeters), dem vielleicht eine griech. Hs. zu Gebote stand (R.A.Wolff), und ebenso → Johannes von Damaskus (Dölger) benannt wurden, ist das Textproblem neu gestellt worden. - In dem Werk überwiegen die polemischen Partien (2-14) gegenüber der eigentlichen Apologie (15-17: Geschichte, Lehre und Leben der Christen). Dementsprechend verteilt sich auch das verarbeitete Gedankengut. Die kritische Religionsskizze der »drei Geschlechter« (Barbaren, Hellenen und Juden) wendet auf erstere (oft sehr bissig) Argumente der epikureisch-skeptischen Aufklärung an, während die Juden milde beurteilt und nur in einem Schlußsatz ohne den christlichen Weissagungsbeweis verworfen werden, was auf Quellen jüdischer Apologetik deutet. Hingegen zeigen sich im Einleitungskapitel, das den christlichen Gottesbegriff naturphilosophisch begründet, und Kap. 15-17 Einflüsse popularphilosophischer Protreptik (→ Aristoteles). Diese Teile sind eigenstes Werk des Verfassers, dessen warme Darstellung des Christentums in der schlichten Sprache sehr eindrucksvoll ist. A. schuf die erste literarische »Apologie«. → Apologetik: II.

Ausg.n, Übers.en u. Lit. bei J.QUASTEN, Patrology I, 1950, 191ff. - RGG² I, 525 - P.PEETERS, La première tradution latine de »Barlaam et Joasaph« et son original grec (AnBoll 49, 1931, 276-312) - R. WOLFF, The Apology of A. (HThR 30, 1937, 233-247) - G.LAZZATI, L'Aristotele perduto e gli scrittori cristiani, 1938, 60f - M.PELLEGRINO, Studi su l'antica apologetica, 1947, 8ff - RAC I, 652ff - F. DÖLGER, Der griech. Barlaam-Roman, 1953; dazu F. HALKIN, AnBoll 71, 1953, 475-480. *C.Andresen*

Aristo *von Pella* verfaßte wohl in Alexandria den »Dialog zwischen Jason und Papiskus«, der → Celsus wie → Origenes bekannt war und von einem unbekannten Celsus ins Lateinische übersetzt wurde (Ps. Cyprian, De judaica incredulitate 8 als Vorrede zur Übers.), heute aber verloren ist. Nach den antiken Zeugen stellte A. den urchristlichen Weissagungsbeweis ins Zentrum seiner Argumentation, gab ihr aber durch die literarische Komposition eines Streitgespräches, das mit der Bekehrung des Juden endete, eine neue Gestalt. Darin wurde A. für spätere »Dialoge« gleicher Art vorbildlich.

J.CH.TH.V.OTTO, Corpus apologetarum II, 1872, 349ff - ALTANER 89f - J.QUASTEN, Patrology I, 1950, 195f (Lit.) *C.Andresen*

Aristobul, jüdisch-hellenistischer Religionsphilosoph, der um die Mitte des 2.Jh.s vChr in Alexandria lebte. Von seinen Schriften sind nur einige Fragmente bei den Kirchenvätern Clemens, Origenes und Euseb erhalten. A. hat eine Erläuterung der mosaischen Gesetze geschrieben, die den Gebildeten seiner Zeit beweisen sollte, daß in der recht, dh allegorisch verstandenen Tora bereits alles enthalten sei, was die griechischen Philosophen auch lehrten und daher von Mose übernommen haben müßten. Gefälschte Zitate aus griechischen Schriftstellern sind zur Unterbauung dieser Behauptung aufgeboten worden.

RE II, 48f - SCHÜRER III, 512ff - PW II, 918ff - W.SCHMID-O.STÄHLIN, Gesch. der griech. Lit. II/1, 1920⁶, 603ff - A.SCHLATTER, Gesch. Israels, 1926³, 81ff - RIESSLER 179ff - EJud III, 321ff - P.DALBERT, Die Theologie der jüd.-hellenist. Missionsliteratur (ThF 4, 1954, 102-106). *E.Lohse*

Aristoteles

1. Leben - 2. Schriften - 3. Lehre: a) Allgemeines - b) Logik - c) Naturphilosophie und »Metaphysik« - d) Ethik und Politik - e) Poetik

1. A. wurde 384 vChr in Stagira, einer griechischen Stadt auf der Chalkidike, geboren. Sein Vater, der früh starb, war Leibarzt des Makedonenkönigs Amyntas. 17jährig trat A. in → Platons Akademie ein; 20 Jahre lang gehörte er ihr an, anfangs lernend, später mitforschend und selbst (Rhetorik) lehrend. Nach Platons Tod (347) ging er nach Assos in Mysien. Dort hatte sich um den Fürsten Hermias ein Akademikerkreis gebildet. Hier löste sich A. von Platons Philosophie und entwickelte, gefördert durch Naturstudien, seine eigene Methode. 342 berief ihn Philipp von Makedonien zum Erzieher des 13jährigen → Alexander. Dessen Thronbesteigung beendete 336 den Kurs, über dessen Art und Erfolg wir wenig wissen. 335 gründete A. im Nordosten von Athen seine nach der Gegend »Lykeion« und nach der Wandelhalle, in der er lehrte, »Peripatos« genannte Schule. 12 Jahre lang leitete er mit erstaunlicher Arbeitskraft die gemeinsamen Forschungen, hielt Vorlesungen über fast alle Wissensgebiete seiner Zeit und baute sein System zu meisterlicher Subtilität und Geschlossenheit aus. Nach Alexanders Tod (323) strengte die Nationalpartei einen Asebieprozeß gegen A. an, der sich dem Schicksal des Sokrates durch Weggang nach Chalkis entzog. Er starb im Jahr darauf (322) an einem Magenleiden.

2. Der literarische Ruf des A. bei den Alten gründete sich auf *Dialoge*, die er als Akademiemitglied ganz in Platons Gedankengängen, später in Assos mit polemischen Exkursen, schrieb. Uns sind nur Fragmente erhalten; eine Vorstellung von der Form geben die von A. beeinflußten Dialoge → Ciceros. Die Schriften der sog. »Meisterzeit« sind teils umfangreiche *Vorlesungskonzepte*, die das eigentliche Corpus Aristotelicum ausmachen, teils Materialsammlungen der Schule; hiervon ist uns die von A. selbst geschriebene »Verfassungsgeschichte Athens« aus der Sammlung 158 griechischer Verfassungsgeschichten (auf einem 1890 entdeckten ägyptischen Papyrus) erhalten. In den Dialogen bediente sich A. stilistischer Kunstmittel; der Ausdruck der anderen Schriften ist nüchtern, dabei unpedantisch, oft bewundernswert knapp und klar, stellenweise bis zur Dunkelheit kurz, als Arbeitsfeld für lange Reihen von Kommentatoren ebenso reizvoll wie schwierig.

Unseren Ausgaben liegt die um 50 vChr edierte Sammlung des Andronikus von Rhodos zugrunde. Die Unechtheit eines Teils der Schriften ist erwiesen, andere Teile sind umstritten, die wichtigsten Werke zweifellos authentisch. Die Frage der Chronologie der Schriften ist seit den Arbeiten W.Jaegers in den Vordergrund getreten, zugleich die nach der philosophischen Entwicklung des A. Der Entwicklungsgedanke hat zu wichtigen philologischen Resultaten geführt; sein Ertrag für die Auslegung der Philosophie des A. ist aber überschätzt worden.

3. a) A. unterscheidet (Met. E, 1) theoretische, praktische und poietische Philosophie. Praktische Philosophie formuliert Regeln für menschliches Verhalten als Individuum und Mitbürger, poietische Philosophie für das Herstellen nützlicher oder schöner Werke. Theoretische Philosophie schafft hierfür die Grundlagen; sie allein handelt von Dingen, die so sein müssen, wie sie sind. Ihre Gegenstände sind teils wirklich, aber mit Materie behaftet, darum veränderlich (von diesen handelt Naturphilosophie), teils sind sie unmateriell (und daher unveränderlich), jedoch nicht im eigentlichen Sinn real (dies sind die Objekte der Mathematik, die bloße Abstraktionen gewisser Eigenschaften, wie Zahl, Größe, Gestalt, von Naturgegenständen sind). Eine dritte Gruppe vereinigt die positiven Merkmale der vorhergenannten Gegenstände: sie sind wirklich *und* unveränderlich. Zu dieser Gruppe gehört der göttliche νοῦς des »ersten Bewegers«. Daher nennt A. die entsprechende Wissenschaft »Theologie«. Wie die theoretische Philosophie die praktische und poietische, so übertrifft die Theologie Mathematik und Na-

turphilosophie an Allgemeinheit und Wert. Sie *begründet* alle anderen Wissenschaften, weil ihr Gegenstand der allgemeine *Urgrund* ist, auf den alles Seiende zurückweist. Darum nennt A. die Theologie auch »erste Philosophie« (der Name »Metaphysik« für die Sammlung der Schriften zu diesem Thema ist spätantik).

b) In dieser Einteilung der Wissenschaften hat *Logik* keine Stelle: diese ist vielmehr unentbehrliches Rüstzeug aller Wissenschaft. Die spätere Bezeichnung »Organon« für die logischen Traktate ist also ganz in A.s Sinne. Die Kategorienschrift stellt allgemeinste Unterschiede aller Aussagen zusammen. A. orientiert sich an Sätzen von dem Typ: »Dies ist... (zB ein Mensch, weiß, 2 Ellen lang, halb, usw)«. Er unterscheidet 10 »Kategorien«: Substanz, Qualität, Quantität, Relation, Zeitpunkt, Ort, Habitus, Lage, Tun und Leiden. Das »eigentlich« Seiende ist die Substanz (zB ein Mensch); Qualitäten »sind« nur, sofern sie an einer Substanz auftreten; Entsprechendes gilt für die übrigen Kategorien. Die Verbindung von Subjekt und Prädikat im Satz spiegelt das Grundverhältnis der Wirklichkeit: die Substanz mit ihren Attributen. Jedes wahre Urteil spiegelt ein Seinsverhältnis. Die Lehre vom Urteil trägt A. in der Schrift »Vom Satz« (De interpretatione) vor. Er unterscheidet allgemeine und partikuläre Sätze, definiert Negation, konträren und kontradiktorischen Gegensatz. Das Grundbuch der Logik des A. ist aber die »Erste Analytik«, in der er die von ihm entdeckte »Syllogistik«, die Lehre von Schlüssen, ihren Figuren und Modi vorträgt. Daß A. hier Begriffs*variabeln* einführt, zeigt, daß er die Logik als eine Theorie der Satz*formen* ansah. Das Gebiet der Logik ist durch die moderne Forschung (Logistik) sehr erweitert worden, die Syllogistik hat dadurch an Bedeutung verloren. Auch heute ist sie aber fester Bestandteil der Lehrbücher, und die logische Strenge und Prägnanz des Ausdrucks des A. haben erst die neuesten Forscher wieder erreicht (→ Logik).

c) Philosophie muß Prinzipien formulieren, die Werden und Vergehen, Wachsen und Schwinden, Veränderung und Bewegung (diese alle faßt A. unter der Bezeichnung »κίνησις« zusammen) verstehen lassen. Daß Platons → Ideen das nicht leisten, ist Haupteinwand des A. gegen die Ideenlehre. Etwas erkennen heißt, nach antiker Grundüberzeugung, einsehen, warum es so ist, wie es ist. Auch für Platon war der Hinweis auf die Idee die einzig befriedigende Antwort auf die Frage nach dem Warum: die Anwesenheit der »Idee des Schönen« zB erklärt die Schönheit eines Einzeldings (Phaed. 100 Cf.). Diese Auskunft nennt A. »müßig, weil nur formal« (Eth. Eud. A, 8). Er kehrt die platonische These um: nicht eine von anderswoher erschaute Idee gilt es als den Grund des Wirklichen bloß auszugeben; man muß die faktischen Seinsgründe des einzelnen analysieren und ihren Zusammenhang verstehen. Der Inbegriff der Seinsgründe einer Sache ist dann auch ihr »Wesen« (εἶδος), zugleich ihr rechter Begriff (λόγος). Dies Prinzip wendet A. auf die ganze Breite der Erfahrung an. Die Ewigkeit der Wesenheiten ist nicht freischwebende Ruhe eines seligen Reichs weltentrückter Formen, sondern die unerschöpfliche Kraft, mit der sich Ordnung, Maß, Zweck in den natürlichen Prozessen durchsetzen. Dies ist die Quelle des Fleißes, mit dem A. Tatsachenmassen ordnet. Nicht das Erlahmen metaphysischen Interesses läßt ihn Gefallen an der Vielfalt der Welt finden: nach seiner Theorie gibt nur die Fülle der Tatsachen verläßlichen Grund zum Aufstieg zu Prinzipien (vgl. Met. A, 1).

In jedem Prozeß lassen sich nach A. *drei Momente* unterscheiden: eine Substanz (οὐσία), an der er sich vollzieht, eine Form (εἶδος, μορφή), auf die er zustrebt, und die dieser entgegengesetzte »Beraubung« (στέρησις), von der er ausgeht. Das Seiende ist Stoff (ὕλη), sofern es (in der »Beraubung«) die Möglichkeit (δύναμις) höherer Formung an sich hat; es ist Form, sofern es die Verwirklichung (ἐνέργεια, ἐντελέχεια) einer Form ist. Form und Stoff, Möglichkeit und Wirklichkeit sind korrelative Begriffe: jeder Stoff hat schon seine bestimmte Form, jede Form ist nur an ihrem bestimmten Stoff möglich. Die ungeformte Urmaterie (πρώτη ὕλη) ist nur ein Grenzbegriff, dem keine Realität zukommt. Erste Annäherung an die Urmaterie sind die Elemente (Feuer, Luft, Wasser, Erde), geformt von den Gegensatzpaaren Warm-Kalt, Trocken-Feucht. Stofflose Form hingegen existiert: der unbewegte Beweger, göttlicher Ursprung und Gipfelpunkt zugleich jener Hierarchie, die sich im kontinuierlichen Aufstieg von niederer zu höherer Form verwirklicht.

Neben die Lehre von den drei Momenten in allem Werden tritt die Theorie von den *vier Ursachen:* causa materialis, efficiens, formalis und finalis. Wenn ein Haus entstehen soll, müssen Steine und Holz bereitliegen (Materialursache), muß ein Baumeister mit Hilfe eines Bauplans die Materie organisieren (Wirkursache), muß das Endprodukt das Wesen »Haus« verkörpern (Formalursache); und brauchte man nicht »schützende Hüllen für Menschen und deren Besitz«, baute man kein Haus (Endursache). Entsprechend bei Lebewesen: der Vater teilt als Wirkursache der vom mütterlichen Organismus vorgeformten Materie das εἶδος mit; der embryonale Prozeß wird von dem Ziel (τέλος) gesteuert, ein neues Exemplar der Spezies, dem Vater gleich, hervorzubringen. Wirk-, Formal- und Endursache fallen im εἶδος zusammen. Nur »ein Mensch kann einen Menschen zeugen«, das fertige Bild des Hauses »in der Seele des Baumeisters« bringt ein Haus hervor. Allgemein: die Wirklichkeit ist früher als die Möglichkeit; Endursachen regieren die Welt. Die Welt im ganzen ist *ewig,* denn alles Werden setzt schon ein Substrat voraus. Die reine Form des »ersten Bewegers« muß also der Welt eine *ewige* Bewegung mitteilen. Nun können in endlichem Raum nur Kreisbewegungen unaufhörlich fortgehen: unmittelbare Wirkung des göttlichen νοῦς ist daher das Kreisen des Fixsternhimmels. Gott ist stofflos und kann also nicht mechanisch wirken: er bewegt, selbst ruhend, die Welt, so »wie das Geliebte« (Met. Λ, 7), selbst unbewegt, den Liebenden anzieht. Der Fixsternhimmel ahmt durch ewiges Kreisen die Ewigkeit Gottes auf seine Weise nach. Daß A. das reine Wesen, die stofflose Form Gottes als »*Denken*« bestimmt, entspricht seiner Gleichsetzung des Begriffs mit dem Wesen, der Wahrheit mit dem Sein. Nicht, daß er Denken und Sein identifizierte; er läßt sie in einer naiven, zugleich tiefsinnigen Weise undifferenziert.

Die rückläufigen Bewegungen von Sonne, Mond und Planeten erklärt A. durch ein System ineinandergeschachtelter, freibeweglicher Sphären, deren Pole an der je nächstäußeren Sphäre befestigt sind. Grund der Vergänglichkeit in der »sublunarischen« (irdischen) Sphäre ist die Verschiebung der Sonne gegenüber dem Fixsternhimmel (De caelo B, 3). Der Äther, Material der Sternsphären, ist unvergänglich, nur Ortsbewegungen unterworfen. Werden und Vergehen ist mit der Natur der Elemente gesetzt, die unter Einwirkung der Sonnenwärme im sublunarischen Raum aufwärts (zum »natürlichen Ort« des leichten Feuers) und zum Zentrum der Welt (dem »natürlichen Ort« der schweren Erde) streben, sich dabei mischen und ineinander umwandeln (De gener. et. corr. B, 3-10). Ihre geradlinigen Bewegungen, in der endlichen Welt notwendig endlich, sind die Quelle irdischer Vergänglichkeit.

Aus den Elementen bilden sich höhere Formen, Organismen. Die Seele (ψυχή) belebt und reguliert alle organische Gestaltung, sie ist die »erste Entelechie des organischen Körpers« (De anima B, 1). Die Seelenkraft differenziert sich in verschiedene Potenzen (δυνάμεις): der Pflanze eignet Ernährungs- und Reproduktionskraft, beim Tier kommen Wahrnehmung und Selbstbewegung hinzu. Alle diese Potenzen entwickeln sich durch die Reiche der Natur mit fließenden Grenzen zu höherer Leistung. A. verfolgt diese Entwicklung bis ins einzelne, mit mehrfach ausgesprochener Bewunderung für die immanente Zweckmäßigkeit der Naturgestalten. In gewissen Grenzen nimmt er → Goethes morphologische Betrachtungsart und die Selektionslehre → Darwins vorweg. Beim Menschen schließlich wird Vernunft (νοῦς) den anderen Seelenkräften gleichsam von außen (θύραθεν, De gener. anim. B, 3) eingepflanzt, befähigt ihn zur Erkenntnis von Wesenheiten und Prinzipien. Die übrigen Lebewesen ahmen Gottes Ewigkeit durch Fortpflanzung ihrer Art nach. Der Mensch kann außerdem durch Vernunftgebrauch und Kontemplation der Seligkeit Gottes teilhaftig werden. Der νοῦς des Menschen ist unsterblich; jedoch ist das Verhältnis des νοῦς zu den übrigen Seelenteilen, die Unterscheidung eines »aktiven« und »passiven« νοῦς, sowie vor allem das Verhältnis des aktiven zum göttlichen νοῦς (Hauptstreitpunkt im christlichen → Aristotelismus) schon im Text des A. unklar. Grundgedanke scheint folgender: wie am Beginn *und* Ende der Entstehung des Einzeldings das εἶδος steht, muß auch im (nicht zeitlich zu verstehenden) Weltprozeß der νοῦς Anfang und Ende sein. Er läßt als erster Beweger den Sternhimmel kreisen und krönt den aus verworren sublunarischen Anfängen sich aufschwingenden Formungsprozeß dadurch, daß er sich dem Menschen erschließt.

d) Praktische Philosophie wendet diese Einsicht auf menschliches Handeln an. Ihre Disziplinen, *Ethik* und *Politik* sind untrennbar: der Wert eines Staates liegt in der Sittlichkeit seiner Bürger, der einzelne kann sittliche Existenz nur im Staat haben. Höchstes Gut jedes Wesens ist die Entfaltung seiner Eigenart. Den Menschen zeichnet Vernunftbesitz aus; in deren Betätigung liegt daher sein Glück (εὐδαιμονία). Ethische Tugend ist vernünftige Leitung von Trieben und Leidenschaften; sie ist jeweils Mitte (μεσότης) zwischen zwei extremen Fehlern: Tapferkeit Mitte zwischen blindem Draufgehen und Verzagen, Freigebigkeit zwischen Verschwendung und Geiz, usw. Gerechtigkeit ist Sammelname für alle Tugenden, sofern sie Interessen von Mitmenschen berühren; im engeren Sinn ist sie Mitte zwischen Zuviel und Zuwenig beim Austeilen von Gütern nach Verdienst (»austeilende Gerechtigkeit« des Staatsmanns) oder »ausgleichende Gerechtigkeit« des Richters, die unrechten Gewinn dem Geschädigten wieder zuleitet. »Ethische« Tugenden (allgemein) sind Willenshaltungen, die sich von Vernunft in der Wahl der »Mitte« leiten lassen (Eth. Nic. B, 6), »dianoetische« Tugenden Vorzüge der Vernunft selbst, die ihre Aufgabe, Regeln zu geben und Prinzipien zu erkennen, mehr oder weniger vollkommen löst.

Der Mensch ist von Natur gemeinschaftsbildendes Wesen (ζῷον φύσει πολιτικόν, Pol. A, 2). Jede Gemeinschaft hat ihren Zweck: die Ehe, daß Menschen *entstehen*, die Produktionsgemeinschaft von Herr und Knecht, daß Menschen *leben* können. Beide Gemeinschaften zusammen bilden den Haushalt, und mehrere Haushalte schließen sich zum Staat zusammen, damit Menschen *»gut« leben*, sittliche und geistige Existenz führen können. Erziehung ist daher die wesentliche Aufgabe des Staats. Den Idealstaat beschreibt A., unter Kritik an Platon, mit gesundem Sinn für Realitäten. Seine Theorie der Verfassungen unterscheidet drei Grundformen: Monarchie, Aristokratie, Politie, die in ihre Verfallsformen Tyrannis, Oligarchie und Demokratie übergehen, wenn die regierende Gruppe eigenen Vorteil dem Gemeinwohl überordnet. A. zieht die Monarchie der Aristokratie und diese der Politie vor. Da aber beide leicht in ihre Verfallsform übergehen, die um so schlechter ist, je besser die Normalform sein könnte, rät er für die Praxis die Politie an, die Vorzüge von Demokratie und Oligarchie verbindet und sich durch Stabilität auszeichnet. Die Rhetorik, eine Hilfswissenschaft der Politik, definiert A. als die Theorie des Überzeugens. Mit Weltklugheit gibt er Regeln für die drei Arten öffentlicher Rede, die beratende (politische), die Gerichtsrede und die Prunkrede.

e) Zur *poetischen Philosophie* des A. ist nur das erste Buch seiner Schrift über die »Dichtkunst« erhalten. Hier handelt A. kurz über das Epos, ausführlich über die Tragödie als die wertvollste literarische Gattung. Wesen und Zweck der Tragödie ist, durch »Nachahmung einer Handlung mit Hilfe bestimmter Kunstmittel und durch Erregung von Furcht und Mitleid die Reinigung von solchen Leidenschaften zu bewirken«. Die vielerörterte »Reinigung« (κάθαρσις) ist als eine medizinische Metapher aufzufassen, ähnlich der modernen Theorie von der »Abreaktion« starker Emotionen.

Zitiert wird nach der 5bänd. Berliner Akademieausg. v. BEKKER (1831-70); für Textgestaltung und Interpretation wichtig sind die (meist spätantiken) griech. Kommentare, in 23 Bdn (1882-1903) von der Berliner Akademie veröffentlicht. Beste kommentierte Einzelausg. der Hauptwerke: Organon, ed. TH.WAITZ, 1844/46; Analytica priora et posteriora, ed. W.D.ROSS, Oxford 1949; Physica, ed. W.D.ROSS, Oxford 1936; Metaphysica, rec. et en. H.BONITZ, 1848/49; Metaphysica, ed. W.D.ROSS, Oxford 1924; Ethica Nicomachea, ed. J. BURNET, London 1900. Fragmente: Fragmenta selecta, ed. W.D. ROSS, Oxford 1955.

Noch immer grundlegend: E.ZELLER, Die Philosophie der Griechen II, 2⁴, 1921 - F.BRENTANO, A. u. seine Weltanschauung, 1911 - W.JAEGER, A., (1923) 1955² - W.D.ROSS, Aristotle, London 1923 - Ü. I (Lit. bis 1924) - M.D.PHILIPPE, A. (BEStPh 8), 1948 (neuere Lit. in Auswahl) - BPhil I, 65ff (Lit. 1934-1945) - J.LUKASIEWICZ, Aristotle's Syllogistic, Oxford 1951 (wichtig für die Logik des A.) - D.J.ALLAN, Die Philosophie des A., 1955. *G.Patzig*

Aristotelismus

1. Begriff - 2. Geschichte: a) Antike - b) Frühes Christentum - c) Syrer und Araber - d) Scholastik - e) Protestantismus und Neuzeit

1. Der *Begriff* A. ist Sammelname für die Nachwirkungen aristotelischer Lehren, die durch zwei Jahrtausende und in mehreren Wellen die geistige Entwicklung des Mittelmeerraumes, später auch Westeuropas beeinflußten, meist in Zusammenhang mit (oft zufälliger) Erhaltung und Verbreitung aristotelischer Schriften. Der bequeme Ausdruck bezeichnet in sich höchst Differenziertes; doch gibt es Grundformen des A., die in der Geschichte wiederkehren. Die Schriften des → Aristoteles enthielten eine umfassende Theorie der Wirklichkeit. Ihre Vorzüge waren ausführliche Behandlung logischer und methodischer Grundlagen, anschauliche Fülle der verarbeiteten Tatsachen, eine fruchtbare Terminologie. Kehrseiten dieser Vorzüge - auch bei Aristoteles selbst nicht durchweg vermieden - sind Spitzfindigkeit, Hang zum Schematisieren, das Festhalten an eingängigen Lösungen auch angesichts widersprechender Beobachtungen. Ein Rückgriff auf Aristoteles konnte sich auf seine logischen Hilfsmittel beschränken, man konnte darüber hinaus seine Resultate in eigene Theorien einbauen, schließlich durfte man sich im Streit gegen alle Autoritäten auf den freien, an Erfahrung orientierten Vernunftgebrauch des Aristoteles berufen. Rückgriff auf aristotelische → *Logik,* durch Handbücher und Trivialschulen bequem vermittelt, war im Hellenismus, in der → Patristik und → Scholastik allgemein. Die Übernahme von *Resultaten* setzt mit dem spätantiken Eklektizismus ein und

erreicht in der Hochscholastik ihren Höhepunkt. Dies Verfahren wurde von der Orthodoxie nur gebilligt, wo die übernommenen Lehren sich mit Glaubenswahrheiten vertrugen; solche Lehren erreichten dann mitunter selbst verpflichtende Geltung. Die dritte Art des A. hatte stets die Orthodoxie gegen sich. In der Scholastik machten zB → Adelard von Bath und die Pariser Averroisten (→ Averroismus) Aristoteles zum Eideshelfer ihres Kampfes gegen Autoritäten; ebenso → Galilei, der Begründer moderner Naturwissenschaft, in deren Entfaltung sich der A. dann gleichsam selbst beseitigte. Wo neue Einsicht sich ans Licht durchrang, hat man den A. stets befehdet, seine Logik als Pedanterie, seine → Ontologie als Verbalismus abgelehnt. Wenn es dann galt, erreichte Erkenntnisse mitzuteilen, Einwürfe abzuwehren, griff man regelmäßig auf Aristoteles zurück. Die Geschichte des A. mit ihren Perioden gänzlichen Vergessens und lebendigster Wirkung ist nicht die Geschichte der wenigen Gelehrten, die zu allen Zeiten Aristoteles studierten, sondern die der gebildeten Massen, die sich ihm zuwandten oder sich von ihm zurückzogen, je nach der Hilfe, deren man sich in aktuellen Streitfragen von ihm versah.

2. a) In der *Antike* blieben → Platon und Aristoteles Hauptquellen allen Philosophierens. Die Differenzen zwischen Platon und Aristoteles verschärften sich im → Platonismus und A. bald zu Gegensätzen. Denn bei der Wahl zwischen beiden Philosophen konnte sich der Nachkomme nur an die Züge halten, in denen sie sich unterschieden. Innerlichkeit, mystischer Tiefsinn, Weltflucht, übersinnliche Schau verbanden sich so mit dem Namen des Platonismus; zu Kennzeichen des A. wurden Sinn für Empirie, nüchtern verständige Bearbeitung des Gegebenen. Wiederholte Harmonisierungsversuche, die mit Recht die tiefgehende Übereinstimmung zwischen Platon und Aristoteles betonten, änderten an dieser ebenso folgerichtigen Tendenz nichts. Der Peripatos (→ Aristoteles, 1) wandte sich unter den Nachfolgern des Aristoteles (Theophrast und Straton) der Wissenschaftshistorie und Naturforschung zu, auf den Phalereer Demetrius geht die gelehrte Tätigkeit in → Alexandria zurück. Die → Stoa übernahm, außer Teilen der Naturphilosophie, aristotelische Logik und erweiterte sie um die Aussagenlogik (→ Logik). Die gegenseitige Polemik zwang die Schulen (Stoa, Epikureismus, Akademie) zum systematischen Ausbau ihrer Theorien mit Hilfe aristotelischer Logik; daneben dringen naturphilosophische und psychologische Lehren des Aristoteles, besonders seit dem 2.Jh. vChr, in andere Schulen ein. Voran geht die mittlere Stoa (Panaitios und sein Schüler → Poseidonios). Von Panaitios ist der Lehrer → Ciceros, der Akademiker Antiochus von Askalon beeinflußt. Er leitet zum eklektizistischen mittleren Platonismus über. Der → Neuplatonismus (3. bis 6.Jh. nChr) beseitigt dann endgültig die schon längst durch Querverbindungen verwischten Schulunterschiede. Von Aristoteles übernimmt er das methodische Rüstzeug, von Platon die metaphysische Grundposition. Wichtiges Instrument für die Ausbreitung des A. war die Aristotelesausgabe des Andronikos (um 50 vChr). Erst damals wurden die eigentlichen Lehrschriften zugänglich, während man Aristoteles bis dahin hauptsächlich aus seinen (frühen) Dialogen kannte. Einen Eindruck von der Wirkung des neuentdeckten Wissenschaftlers Aristoteles geben die Schriften des Arztes und Polyhistors Galen (* 129 nChr). Andronikos eröffnet die lange Reihe der Aristoteleskommentatoren. Deren größter, Alexander von Aphrodisias, leitete um 200 nChr den athenischen Peripatos. Die Auflösung der Schulen im Neuplatonismus hat diese Arbeit nur kurz unterbrochen; die Neuplatoniker selbst setzten sie fort. → Porphyrios, einer der bedeutendsten »Harmonisten« (s.o.), schrieb um 275 nChr seine εἰσαγωγή (Einführung) in die aristotelische Kategorienschrift, unter dem Namen »Quinque voces« bis zur Hochscholastik logisches Grundbuch, als Ausgangstext des → Universalienstreites von fast weltgeschichtlicher Bedeutung. Um 350 erweckte Themistius mit guten Paraphrasen den A. in Konstantinopel zu neuem Leben. Die Schließung der Athener Akademie durch Justinian i.J. 529 vertrieb Simplikios, der in seinen Kommentaren wertvollste Reste besonders vorsokratischer Philosophie überlieferte. Er war Schüler des Neuplatonikers Ammonios Hermeiou von Alexandria, dessen Schüler zT Christen wurden. Der bedeutendste von diesen, → Johannes Philoponos, versuchte den christologischen Streit (→ Christologie: II) mit aristotelischer Logik und Ontologie zu schlichten. Seine Lösung wurde als Häresie verurteilt, doch hat die Theologie die aristotelischen Kategorien nie wieder ausgeschieden.

b) In der Auseinandersetzung mit philosophischer Kritik bildete sich das *Christentum* zur Theologie aus, verstand sich schließlich selbst als die »wahre« Philosophie. Dabei mußte es auch traditionelles Lehrgut aufnehmen. → *Origenes* deutete die kostbaren Gefäße, die Israel aus Ägypten mitführte, allegorisch als die heidnischen Wissenschaften, die rechter Glaube sich dienstbar macht. Dieser Ton sollte bis zu Petrus Damianis Wort, die Philosophie sei »ancilla theologiae«, nicht mehr verklingen; doch ist es ein Unterschied, ob man nur die *Unmündigkeit* oder die *Unentbehrlichkeit* einer solchen Magd betont. Die alexandrinische Schule folgte mehr dem Platon; zu ihrer allegorischen Schriftauslegung stand der nüchtern historische Sinn der *antiochenischen Schule* im Gegensatz, die mehr zum A. neigte. Die *lateinischen Väter* standen dem A. fremder gegenüber. → Tertullian nannte die Dialektik des A. die Hauptwaffe der Heiden, → Hieronymus führte die arianische Häresie auf den A. zurück. Besonders die aristotelische Auffassung des Verhältnisses von Gott und Welt (→ Deismus: II), seine Lehre von der Ewigkeit der Welt und die Meinung, er leugne die Unsterblichkeit der Seele und vertrete den Fatalismus, mußten bei christlichen Vätern Anstoß erregen. So gern man sich auch zum Ausbau der Theologie methodischer Hilfsmittel des A. bediente – daß Heiden und Häretiker sie ebenso benutzen konnten, blieb bedenklich. Fortgewirkt hat vor allem die Autorität → Augustins, der den Aristoteles nur aus zweiter Hand kennt und ihm jedenfalls Platon vorzieht (De civ. VIII, 12). Hauptquelle des *mittelalterlichen A.* bis zum Beginn des 12.Jh.s waren die Schriften des → Boethius († 525). Seine Übersetzungen und Kommentare zu den »Kategorien« und »De interpretatione« des Aristoteles und zur porphyrischen »εἰσαγωγή« bilden das Fundament der scholastischen Logik, gaben dem Latein die mittelalterliche philosophische Terminologie; seine »Consolatio philosophiae« vermittelte neuplatonische Metaphysik, deren aristotelischer Einschlag hier noch durch Einfluß des aristotelischen »Protreptikos« verstärkt war.

c) Bei den syrischen → Nestorianern und → Jakobiten (→ Syrien: IV), denen Aristoteles der »dreizehnte Apostel« hieß, blühte der A. über den Untergang Westroms hinaus fort, auch nach der Eroberung Syriens durch die Araber. Unter ihrer Herrschaft schrieb → Johannes Damascenus († um 749) seine »πηγὴ γνώσεως«, die im Mittelalter viel gelesen wurde und Logik und Psychologie (aus → Nemesius von Emesa geschöpft) des A. vermittelte. Die arabische Aristotelesrenaissance von Bagdad stützte sich zunächst auf syrische Werke, dann aber auch auf die griechischen Texte. Eine Übersetzerschule unter dem syrischen Christen Hunain schuf einen vollständigen arabischen Aristoteles. Jede Erklärung der Vorherrschaft des A. im Hochmittelalter muß den historischen *Zufall* in Rechnung stellen, daß die Araber Philosophie gerade von Syrern lernten, denen Aristoteles mehr galt als Platon, und daß diese Schätzung des A. mit den arabischen Kommentaren nach Westeuropa vordrang. Nach hundert Jahren bloßer Rezeption versucht →Farabi († 950) in seinem auf aristotelische Logik und Wissenschaft gegründeten System die Philosophie gegen die islamische Orthodoxie zu verteidigen. → Avicenna verknüpfte in seiner »Orientalischen Philosophie« A., Neuplatonismus und Islam. Höhepunkt und Ende dieses arabischen A. (der im Islam selbst bald vergessen war) ist → Averroes († 1198 zu Cordoba). Ihm gilt Aristoteles als das »exemplar, quod natura invenit ad demonstrandam ultimam perfectionem humanam«. Vor allem drei Lehren knüpfen sich an seinen Namen, alle drei für den späteren A. folgenreich: die These, daß der menschliche Geist in allen Individuen derselbe, eine persönliche Unsterblichkeit unmöglich sei, und seine Unterscheidung der allegorischen Darstellung der Wahrheit in den heiligen Schriften und ihrer wissenschaftlichen Darstellung in der Philosophie (besonders des A.), die in der Hochscholastik und später zum Schlagwort von der »doppelten Wahrheit« vergröbert und umgedeutet wurde.

d) Gegen Ende des 11. Jh.s und dann besonders im 12. Jh. tritt die gesamte aristotelische Philosophie mit überraschender Schnelligkeit und Breitenwirkung in den Gesichtskreis des Abendlandes. Von Sizilien und Spanien (Toledo) dringen arabische Übersetzungen und Kommentare in die Schulen ein, gleichzeitig werden die griechischen Texte vom Osten her eingeführt und übersetzt. Um 1140 ist das gesamte Organon (besonders durch Vermittlung der Schule von Chartres) bekannt, als »logica nova« der »logica vetus« des Boethius gegenübergestellt. Auch die eigentlichen Lehrschriften wurden bald in lateinischen Übersetzungen greifbar, darunter unechtes Gut, das dem A. neuplatonische Züge gab. So sehr man die »neue Logik« als eigentliches Lehrgebiet der Artistenfakultäten schätzte, so gefährlich mußte der Orthodoxie die aristotelische Physik und Metaphysik scheinen. Nur auf diese beziehen sich die Aristoteles*verbote* (1210 und später) an der Pariser Universität; auch war nur der öffentliche Unterricht, nicht das private Studium untersagt. Die Kirche setzte 1231 eine Kommission zur Prüfung der neuen Lehren ein und überwand ihre Unschlüssigkeit bald (unter dem Eindruck der Werke von → Wilhelm von Auvergne, → Alexander von Hales, → Albertus Magnus und vor allem des Albertusschülers → Thomas von Aquino) zugunsten eines entschiedenen A. Im Jahre 1366 verlangten die päpstlichen Legaten für den Grad des Licentiaten Kenntnis sämtlicher Werke des Aristoteles. Für Thomas von Aquino ist Philosophie (und im engeren Sinne die des A.) Inbegriff der dem lumen naturale zugänglichen Wahrheiten, die von Offenbarung nicht widerlegt, vielmehr überformt und ergänzt werden. Das Verhältnis von Welt und Kirche wird ähnlich gesehen, dadurch der Eintritt der Kirche in die Welt und die Weltmacht der Kirche philosophisch begründet. Formales Instrument seiner Synthese war für Thomas die Lehre von der → Analogia entis, die er aus der Metaphysik des Aristoteles aufnahm und, freilich unkorrekt, verwertete. Die lateinischen Averroisten wollten die Philosophie (gegen Thomas) ganz von der Führung der Theologie befreien, die Franziskaner ihr auch die von Thomas anerkannte relative Autonomie nehmen. Der lange Streit wurde schließlich zugunsten des Thomas und des A. entschieden, seine Philosophie 1879 (→ Aeterni Patris; vgl. CIC can. 1366, § 2) zur offiziellen Philosophie der kath. Kirche erhoben und 1950 erneut als solche bestätigt (Humani generis). Gegen Ende des 14. Jh.s beginnt man unter Einfluß der → Renaissance den aristotelischen Urtext zu studieren und spielt den »echten« gegen den »scholastischen« Aristoteles aus. Noch im 16. Jh. streiten Averroisten und Alexandristen (→ Pomponazzo) in Padua und Bologna. Verhängnisvoll für den A. wurde die Polemik der Naturwissenschaftler (Galilei, → Gassendi) gegen die durch die Autorität der Kirche geschützten Lehrsätze der aristotelischen Physik. Noch 1687 erneuerte die Pariser Universität ihr Verbot, von den Lehrsätzen des Aristoteles abzuweichen. Die Intoleranz der Universitäten rief die wissenschaftlichen Gesellschaften ins Leben, an die bald die Führung in der eigentlichen Forschung überging.

e) Im *Protestantismus* modifiziert sich die Auseinandersetzung mit dem A. erheblich. Luther, 1508 seine Lehrtätigkeit mit einer Vorlesung über die nikomachische Ethik aufnehmend, sucht, durch Paulus und Augustin geleitet, den A. in seiner spätmittelalterlichen Form (Nominalismus) zu überwinden. Er verbindet schärfste Ablehnung im Sachlichen (WAB 1, 88 ff. 99; WA 1, 224–228) mit maßvoller Anerkennung im Formalen (Logik, Rhetorik, Poetik), bei beachtlichen Ansätzen, Aristoteles historisch-kritisch gegen den A. abzusetzen (WA 58, 1, 163–170). Die Vorliebe Melanchthons, der gegen Luther an der Willensfreiheit festhielt, gilt der Ethik des A., auf die sich eine weltliche Ethik gründen ließ. Die Schulphilosophie des protestantischen Deutschland ist in Methode und Lehre vom A., besonders in Metaphysik und Logik, beeinflußt (bes. →Wolff, Baumgarten, auch → Leibniz); → Aufklärung, schließlich → Kant und der deutsche → Idealismus fühlen sich von ihm frei. Der (Mitte des 19. Jh.s einsetzenden) rein historisch-philologischen Beschäftigung mit Aristoteles verdanken wir die heutigen Ausgaben und Hilfsmittel, schließlich auch ein deutliches Aristotelesbild, unter dessen Leitung man Aristoteles und A. unterscheiden lernte.

P. Petersen, Gesch. der aristotel. Philosophie im prot. Deutschland, 1921 - Ü II (Lit.) - BPhil I, 145 f (Lit.) - M. Grabmann, Mittelalterliches Geistesleben I, 1926; II, 1936; III, 1956 - Ders., Methoden u. Hilfsmittel d. Aristotelesstudiums im MA, 1939 - M. Wundt, Die dt. Schulmetaphysik des 17. Jh.s, 1939 - Ders., Die dt. Schulphilosophie im Zeitalter der Aufklärung, 1945 - F. v. Steenberghen, Aristotle in the West, Louvain 1951 - I. Düring, Von Aristoteles bis Leibniz (Antike u. Abendland 4, 1954, 118-154). *G. Patzig*

Arius, Schüler des → Lucian von Antiochien, Diakon des → Petrus von Alexandrien, Presbyter an der Baukaliskirche. Von ehemaligen Freunden, Melitianern, 318 wegen seiner Lehre (→ Christologie: II) angezeigt, 318/19 von einer Synode unter →Alexander von Alexandrien exkommuniziert, organisiert A. durch Briefe und Reisen den Widerstand der Origenisten, die sich auf Synoden für ihn erklären (→ Eusebius von Nikomedien). 324/25 verhandelt Ossius in Alexandrien und auf einer Synode in Antiochien. In Nicäa 325 wird A. anathematisiert, 327 rehabilitiert; Alexander und → Athanasius verweigern aber die Wiederaufnahme. 333 erfolgt neue Verurteilung durch → Konstantin, die 335 durch eine Synode in Jerusalem rückgängig gemacht wird. A. starb bald darauf. Schriften des A. (Thaleia = Gastmahl, Mischung aus Poesie und Prosa; Briefe) sind nur fragmentarisch erhalten.

G. Bardy, Recherches sur S. Lucien d'Antioche, 1936, 220 ff - W. Elliger, Bemerkungen zur Theol. des A. (ThStKr 103, 1931, 224 bis 251) - Altaner 229 f (Lit.). - Vgl. auch → Arianischer Streit, → Athanasius, → Christologie: II. *W. Schneemelcher*

Arkandisziplin

1. Vorchristliches - 2. Die alte Kirche - 3. Ähnliche Erscheinungen

1. A. (»Geheimhaltungspflicht«) ist ein Wort, das aus dem 17. Jh. stammt; es bezeichnet aber einen Tatbestand, den wir schon in primitiven Religionen finden: gewisse,

teilweise religiöse Akte werden so vollzogen, daß man die Teilnehmer, vor allem Jugendliche, von den übrigen isoliert (→ Geheimbünde, → Initiationsriten). Von hier führt eine Verbindungslinie zu den griechischen → Mysterien, besonders deutlich zu denen von Eleusis, die nachweislich vom vorgeschichtlichen Kreta beeinflußt sind. In den Mysterien herrscht überall der strenge Brauch, besonders sakramentale Akte und Formeln, aber auch gewisse Gedanken und Kulterzählungen geheimzuhalten. Schon deshalb finden die Hauptfeiern nachts statt. Heilige → Schriften sind wohl meist vorhanden; aber sie werden ängstlich verwahrt und nur zum Feste den Eingeweihten verlesen; oder (wenn der Homerische Demeter-Hymnus hierher gehört) berichten sie schlicht den Kultmythus und flechten nur zuweilen undeutliche Hinweise auf den Gottesdienst ein, der sich aus dem → Mythus ergibt. Alkibiades wird beschuldigt, eleusische Bräuche mit einigen Bekannten privat nachgeahmt zu haben; er wird, da diese Mysterien in Athen Staatsreligion darstellen, zur Gütereinziehung und zum Tode verurteilt und von sämtlichen Priestern und Priesterinnen des Stadtstaats verflucht. Im Heiligtume von Samothrake erhielt sich eine lateinisch-griechische Inschrift, die Ungeweihten das Weitergehen verbietet. Ein Papyrus bewahrt die Eidesformel, mit der sich ein Neugeweihter zur Geheimhaltung verpflichtet (wohl mithrisch; HThR 26, 1933, 151ff). Die Mysterien des → Alexander von Abonu Teichos beginnen mit einer öffentlichen Feier; es folgt die »Austreibung« der Ungeweihten. Die A. wird angetroffen in der Schule der → Pythagoreer und bei den jüdischen → Essenern. Sie wird in späteren Zeiten öfters rein erzieherisch aufgefaßt (zB von → Plutarch), aber formal bewahrt; so von den Schriftstellern Apuleius (11. Buch der »Verwandlungen«) und Pausanias; auch von Kaiser Augustus, der bei einer Verhandlung über eleusische Dinge die Nichteingeweihten ausschließt. Wenn wir trotzdem allerlei über die geheimgehaltenen Dinge erfahren oder erschließen können, so danken wir das den Indiskretionen zuweilen der Künstler, öfter einiger Kirchenväter, die offenbar einmal eingeweiht waren, aber als Christen sich nicht mehr an die A. gebunden fühlten (so besonders → Clemens von Alexandrien und → Firmicus Maternus).

2. Im Christentum ist das → Abendmahl (: I. II. IV) anscheinend von Anfang an nur den Gläubigen zugänglich; das liegt in der Natur der Sache. Der Einfluß der griechischen A. läßt sich wohl zuerst bei einigen (nicht allen) Schriften spüren, die auch der Werbung unter Außenstehenden dienen sollen. Lukas (im Evangelium, nicht in Apg) führt nahe an die Einsetzung der Taufe heran, ohne sie zu nennen (24, 47); vom Abendmahl spricht er ganz undeutlich, falls der kürzere Text der ursprüngliche ist (22, 17ff; vgl. aber → Abendmahl: I, 4). Der → Hebräerbrief (6, 4f) macht Angaben über die christlichen Gottesdienste, die nur der Christ versteht. Der 4. Evangelist erzählt die Einsetzung weder der → Taufe (: II) noch des → Abendmahls (: I, 2); aber dem Wissenden macht er deutlich, wie er über die beiden Sakramente denkt (3, 3ff; 6, 53ff). Diese Entwicklung setzt sich zunächst nicht fort. In einer Zeit, da den Christen schlimme Verbrechen vorgeworfen werden, empfiehlt es sich, nichts zu verheimlichen (so übt vor allem → Justin der Märtyrer keine A.). Das wird erst um 200 anders: die heidnische Haßlegende ebbt ab; die Zahl der Taufbewerber steigt. Jetzt beginnt die A. auf die ganze Kirche einzuwirken. Ein frühes Zeugnis liefert die Kirchenordnung des → Hippolyt von Rom, wo es am Abschlusse der Tauf- und Abendmahlsordnung heißt: »Die Ungläubigen sollen es nicht erfahren«; als Schriftbeweis dient Apk 2, 17 (TU 58, 1954, 24f). Ihren Höhepunkt erreicht die kirchliche A. im 4.Jh., in der Zeit der Massenübertritte (vgl. zB → Cyrill von Jerusalem). Geheimgehalten wurden die Bräuche und der Sinn der Taufe und des Abendmahls (einschließlich des → Bekenntnisses [: III] und des → Vaterunsers); die Sakramente werden bei verschlossenen (und bewachten!) Türen gefeiert. Doch hören wir nirgends, daß eine Verletzung des Brauchs bestraft worden wäre wie im Falle des Alkibiades (s. 1). Im 5.Jh. klingt die A. ab, weil sie unnötig wird: das ganze Volk ist christlich. Hier und da erhielten sich Reste der A. in den Liturgien.

3. Einen Fall für sich bedeutet es, daß im Judentum aus seelsorgerlichen Gründen Texte in der Synagoge nicht vorgetragen werden, die als mißverständlich gelten und deshalb für Vortragenden und Hörer gefährlich sind; zB die Thronwagenvision in Ez 1 f.

G. ANRICH, Das antike Mysterienwesen in seinem Einfluß auf das Christentum, 1894 - J. JEREMIAS, Jerusalem II B, 1924, 106 - E. HILDEBRAND, Die Geheimbünde Westafrikas als Problem der Religionswissenschaft, 1937 - RAC I, 667ff (Lit.) - J. LEIPOLDT u. S. MORENZ, Heilige Schriften, 1953 - H. CLASEN, Die A. in der alten Kirche (Diss. Heidelberg), 1956. *J. Leipoldt*

Arles (Arelate), am Unterlauf der Rhone, heute ca 40 000 Einwohner. Das »kleine Rom Galliens« (Ausonius), wohl im 2.Jh vChr gegründet, stand seit Cäsars Zeiten in enger Verbindung mit Rom. A. besitzt zahlreiche Zeugnisse aus vorchristlicher Zeit, wie Forum mit Kryptoportikus, Amphitheater (2.Jh. nChr), Zirkus, Bäder und Brücken Konstantins d.Gr., der A. als Aufenthaltsort bevorzugte. Das Coemeterium Aliscamps (Champs-Elysées) wurde bis ins MA benutzt (Funde daraus im Musée Lapidaire in A.: heidnische und frühchristliche Inschriften und → Sarkophage, letztere für die christliche Ikonographie von großer Bedeutung). Über dem Tempel der Bona Dea wurde eine christliche Kirche errichtet. In der jetzigen Notre Dame de la Major (erneuert im 12.Jh.) fand 451 das Konzil statt.

A. hatte bereits im 3.Jh. eine christliche Gemeinde. Der erste beglaubigte Bischof war Marcian (Novatianisches Schisma), dessen Absetzung → Cyprian 254 forderte. In A. tagte die Reichssynode von 314 (Streit um den → Donatismus). Um 400 verlegte der in Trier regierende römische Staathalter für Gallien seinen Sitz nach A. Patroklus, Bischof seit 412, erreichte 417 von Papst Zosimus die Erhebung von A. zum Metropolitansitz. Als Metropolit der Provinzen Narbonensis I und II und Viennensis - zu letzterer gehörte A. - erhielt Patroklus die Stellung eines von Rom abhängigen Vikars in der Rolle eines Mittlers zwischen dem Episkopat Galliens und dem päpstlichen Stuhl. Patroklus' Nachfolger Honoratius (426-29) gründete das Kloster Lerinum auf der Insel Saint-Honorat bei Marseille (seit dem 7.Jh. Benediktiner-, seit 1868 Zisterzienserkloster). 445 übertrug Papst → Leo d.Gr. die Metropolitenrechte von A. auf Vienne, teilte jedoch 450 Viennensis in zwei Metropolien (A. und Vienne). 451 billigte die Bischofsversammlung in A. feierlich Leos Epistula Dogmatica (→ Chalcedon). - Mit der Erhebung von Aix zum Metropolitansitz 828 verblieben A. acht Suffragansitze. Dieser Zustand hielt an, bis 1475 Avignon als Metropolis gewählt wurde. → Friedrich I. Barbarossa empfing in A. durch Erzbischof Raimund die Königskrone von Burgund. Ab 1251 stand A. unter französischem Einfluß. Nach dem Schisma hatten die Bischöfe von A. erheblichen Einfluß auf die Konzile von Konstanz und Basel (→ Reformkonzile). 1801 wurde das Bistum aufgehoben; seitdem vereint der Bischof von Aix unter seinem Titel die Sitze von A. und Embrun.

RGG² I, 532 (Lit.) - EC I, 1945ff (Lit.) - A. GRENIER, Saint-Césaire (Rev. Deux Mondes 1950, VI, 338-349) - J. LATOUR, Le

Sanctuaire d'Auguste (RevArch 42, 1953, 42-51) - F.BENOÎT, Le premier baptistère d'A. Nouv. rech. sur la topogr. paléochrét. (Cah Arch 5, 1951, 31-59) - DERS., Sarcophages paléochrét. d'A. et de Marseille (Fouilles et Monuments »Gallia«, Suppl. 5), 1954 - DERS., A. (J. HUBERT u. a., Villes épiscopales de Provence.... de L'Epoque Gallo-Romaine au Moyen-Âge. V. Congrès Intern. d'Archéol. Chrét., 1954, 15-21; Lit.) - J. HUBERT, L'Archéologie chrétienne en France depuis 1939. Actes du Ve Congrès international d'Archéol. Chrét. (Aix-en-Provence 1954) (Studi di Antichità cristiana 22, 1957, 100. 105-108; Lit.). *E.A.Voretzsch*

Arme Seelen, nach der kath. Lehre die Seelen der verstorbenen Gerechten, die noch nicht getilgte läßliche Sünden und nicht abgebüßte zeitliche Sündenstrafen im Reinigungsort (→ Fegfeuer) abbüßen müssen. Die irdische Kirche tritt im Wissen um die geheimnisvolle Tiefe der Sünde wie um die Mitwirkung des Menschen beim Gnadenwerk Gottes für die im Prozeß der Reinigung, Befreiung und Sühne zurückgehaltenen Seelen fürbittend ein durch Darbringung des Meßopfers, Gebet, Fasten, Almosen, → Ablässe.

P.KEPPLER, Armenseelenpredigt, 1919 - B.BARTMANN, Das Fegfeuer, (1929) 1931² - Y.CONGAR, Das Fegfeuer (Das Mysterium des Todes, hg.v. A.-M.ROGUET [Übers. aus d. Franz.], 1955, 241). *R.Mayer*

Armenbibel oder *Biblia pauperum* ist (neben der Concordantia Caritatis und dem →Heilsspiegel) eines der drei typologischen Hauptwerke des späten MA. Die A. führt Begebenheiten der christlichen Heilsgeschichte (von der Verkündigung bis zur Krönung Mariens im Himmel) unter Hinweis auf at. Vorbilder in Wort und Bild vor Augen (→ Typologie: III), wobei das Bild wichtiger erscheint als der Text. Im Umfang schwankt die A. zwischen 28 und 103 Seiten; einem nt. Bild als Hauptthema sind zwei at. Vorbilder und vier Propheten zugeordnet, durch einen biblischen Text ergänzt. Der nachträgliche Name A. bezieht sich entweder auf die Armen im Geiste, denen der Stoff handgreiflich gemacht werden sollte, oder nach einem alten Spruch (»Die Bibel ist der armen Leut, die nit han viel Pergamenthäut«) auf die in ärmlichen Verhältnissen lebenden Leutpriester, die sie zur Predigt und zur religiösen Unterweisung gebrauchten. Vielleicht hängt die Bezeichnung auch mit der Bekämpfung der ketzerischen »pauperes Christi« zusammen. Das typologische Bildzyklensystem der A. ist das Ergebnis einer jahrhundertealten, ans NT anknüpfenden und in der altchristlichen wie mittelalterlichen Kunst (darunter auch kirchliche Wandmalerei) begegnenden Tradition. Die A., welche diese Tradition theologisch-systematisch zusammenfaßte, entstand gegen Ende des 13.Jh.s wahrscheinlich in einem der bayrisch-österreichischen Benediktinerklöster.

Erhalten sind zahlreiche Handschriften in lateinischer und deutscher Sprache. Man unterscheidet eine bayrische, eine österreichische und eine mitteldeutsche Gruppe. Im 1. Drittel des 15.Jh.s begann man in Deutschland und in den Niederlanden, die A. als Blockbuch von ausgeschnittenen und eingefärbten Holztafeln zu drucken (→ Graphik). Ein Heidelberger Exemplar um 1440 zeigt nur die Bilder in Holztafeldruck, während der Text noch mit der Hand eingeschrieben wurde. Die ersten A.n mit typographisch gesetztem Text stellte Albrecht Pfister in Bamberg zwischen 1462 und 1464 her. Den Abschluß der xylographischen (= holzgeschnittenen) A. bildet eine italienische Ausgabe; da sich diese nur für die at. Bilder an die üblichen Vorlagen hielt, für die nt. Bilder aber teilweise → Dürers kleine Holzschnittpassion kopierte, kann sie erst nach 1510 erschienen sein.

Die A. ist ein hochbedeutsames Zeugnis mittelalterlichen Bibelverständnisses und seiner Spiegelung in der Kunst. Weitverbreitet hat sie auf die Ikonographie der mittelalterlichen Kunst starken Einfluß geübt. Eine Abbildung s. Bildtafel bei → Bibelillustration.

Faksimileausgaben mit Einl. von LAIB-SCHWARZ, 1892; HEITZ-SCHREIBER, 1903; P.KRISTELLER, 1906; R.EHWALD, 1906; DEISSMANN-WEGENER, 1934. - W.L.SCHREIBER, Manuel de l'amateur de la gravure sur bois et sur métal au XVe siècle IV, 1902, 1-113 - DERS., Handbuch der Holz- u. Metallschnitte des 15.Jh.s I-VIII, 1926-30 - H.CORNELL, Biblia pauperum, Stockholm 1925 (deutsch) - RDK I, 1072ff - TH.MUSPER, Die Haarlemer Blockbücher, 1939 - DERS., Zur Lokalisierung u. Datierung der ältesten Blockbücher (Die Graphischen Künste NF 5, 1940, 1-10) - DERS., Der Holzschnitt in 5 Jh.en, 1944, 41ff - M.SANDER, Le livre à figures, 1942. *A.Ruppel*

Armenien

I. Im Altertum - II. Die armen. Kirche - III. Mission (Evangelisation) unter Armeniern

I. Im Altertum

1. Frühgeschichte - 2. Byzantinische Zeit - 3. Die altarmen. Theologie - 4. Die altarmen. Literatur - 5. Sekten

1. A., von den einwandernden Armeniern (Hajk): Hajastan genannt, meint eine Landschaft in Kleinasien mit dem Zentrum am Araxes und Vansee (→ 3D1). Das Hochland von A. heißt heute Ararat-Gebirge (darin auch ein 5000 m hoher erloschener Vulkanberg Ararat). Im AT ist Ararat (Jes 37, 38 in 1QIs^{a} hwrrṭ!) immer, auch Gen 8, 4 (→ Sintflut: II), Landschaftsname für den Bereich der vorarmen. Chalder (Urartäer), die hier vom 9. bis 6.Jh. die Herrschaft innehatten. Etwa im 6.Jh. stießen die Armenier, ein ethnisches Konglomerat, aus dem phrygischen Raum nach Osten (dh nach A.) und setzten sich im Raum der Urartäer fest. Das dem achämenidischen Großreich zugeordnete A. war in hellenistischer Zeit selbständig, stand aber nach der Niederlage des Tigranes (69 vChr) unter römischem, später arsakidischem Einfluß (bis 428 war die Königswürde bei einer arsakidischen Nebenlinie). Die wesentlich indogermanische Sprache der Armenier ist mit ibero-kaukasischen, aramäischen und griechischen Elementen verschmolzen. Die nur aus späten Zeugnissen (→ Faustus von Byzanz, → Moses von Chorene u.a.m.) bekannte vorchristliche Religion der Armenier stellt eine Mischung mitgebrachter, vorgefundener und, u.a. von den Persern, aufgenommener Mythen und Kulte dar.

2. Die ersten sporadischen Versuche, in A. zu missionieren, wurden von syrischen und griechischen Missionaren unternommen; Tertullian erwähnt Christen in Melitene (Legende von der → Legio fulminatrix). Unter den Syrern sind der Chorbischof Daniel, sein Schüler Selita, der Gnostiker → Bardesanes, → Jakob von Nisibis und Zeno von Slak zu erwähnen. Der bedeutendste Grieche war → Gregor der Erleuchter, der aus Cäsarea (in Kappadozien; → 18 E 3) mit »Brüdern« von Sebaste nach A. kam und dort erfolgreich predigte. Um 280/290 wurde der König Tiridates III. Christ; in A. entstand neben Edessa das erste Staatskirchentum. Anfangs arbeiteten Syrer und Griechen friedlich miteinander. Gregor zB hat den Syrer Daniel zum Vorsteher der Provinz Taron ernannt. Sein Bischofsstuhl war Aschtischat, die Faustus als »die Mutter aller armen. Kirchen« beschreibt und wo sich die ersten armen. Synoden versammelten. Griechisch und Syrisch waren zunächst die Kirchensprachen. Doch entwickelte sich die armen. Kirche in der Wende zum 5.Jh. zu einer durchaus national bestimmten Kirche, in der zT noch heidnische Traditionen fortlebten. Mittelpunkt wurde das Kloster Etschmiadsin. Bis Theodosius II. hatte Cäsarea in der Verwaltung der armen. Kirche die Oberhand. Dort wurden die ersten Katholikoi geweiht, und das Amt des Primas vererbte sich für mehrere Generationen in der Familie Gregors oder der des ehemaligen Götzenpriesters Aghbianos.

Theodosius II. trennte die armen. Kirche von Cäsarea und erhob sie zu einer Nationalkirche unter dem Patronat Konstantinopels. Unter dem politischen Druck der Perser (Sassaniden) und später der Araber hatten A. und seine Kirche viel zu leiden. Trotz schwankender Stellung einiger Fürsten blieb das Volk unter der Leitung des oberen Klerus dem christlichen Glauben treu.

3. Die *altarmen. Theologie* wird gewöhnlich als monophysitisch betrachtet, aber nicht mit vollem Recht. A. war auf dem Konzil von Nicäa vertreten, hat aber an den weiteren dogmatischen Streitigkeiten der griechischen Kirche kaum teilgenommen. Die Akten der Synode von → Ephesus (431) wurden nach A. geschickt und von Katholikos Sahak approbiert. Proklus von Konstantinopel sandte einen monophysitisch gefärbten Brief, in dem er den Nestorianismus streng verwarf, an die armen. Kirche; dieser Brief bekam eine normative Bedeutung. Während des Konzils von Chalcedon stand A. in bitterem Konflikt mit den Persern und war von der Reichskirche isoliert. Infolgedessen war A. bei dem Konzil selbst nicht vertreten. Als die Beziehungen mit Byzanz wieder angeknüpft wurden, hatte die byzantinische Theologie Zenos Henotikon anerkannt, und die Beschlüsse von Chalcedon wurden allgemein im Sinne der cyrillischen → Christologie (: II) interpretiert. An einem Konzil zu Dwin (505/06) trat man mit syrisch-persischen Monophysiten in Beziehung, die die Armenier erstmals über die dogmatischen Streitigkeiten im byzantinischen Reich orientierten. Unter dem Einfluß besonders syrischer Monophysiten wurde die neue Haltung in der Mitte des 6.Jh.s durch einen Brief des Katholikos Bekun an die syrischen Orthodoxen in Persien bestätigt: Nestorianismus und das Chalcedonense wurden zugleich abgelehnt; die Akten von Nicäa (325), Konstantinopel (381) und Ephesus (431) und das Henotikon wurden anerkannt. Nestorianische Propaganda von den in Persien ansässigen syrischen Gemeinden blieb ohne jeden Erfolg. Aber gerade das ist unklar, wie der Monophysitismus in A. in dieser Zeit aufgefaßt wurde. Die christologischen Divergenzen innerhalb der griechischen Theologie (4. bis 6.Jh.) führten öfter zu Mißverständnissen infolge der Zweideutigkeit mancher »technischen« Ausdrücke; und deren Übertragung ins Armenische ließ die grundlegenden Probleme nicht selten ungeklärt. Fest steht nur, daß die Nestorianer von Hause aus offiziell verdammt wurden und das Chalcedonense, soweit man es als ein nestorianisches Dokument ansah, abgelehnt wurde. Die Monophysiten Eutyches und Severus wurden ebenfalls verdammt. Die Richtlinie der altarmen. Theologie ist danach vielleicht mehr julianistisch gewesen. Um die altarmen. Dogmengeschichte auf festen Boden zu stellen, wäre eine neue, objektive Untersuchung der Quellen unentbehrlich.

4. Unter christlichem Einfluß entstand die *altarmen. Literatur*. Reste mündlicher Tradition und Sagen sind in den Chroniken aufbewahrt; das erste Alphabet, von dem kein Beispiel erhalten ist, war vielleicht eine Nachahmung der syrischen Estrangela. Ein neues System, das der armen. Phonetik besser paßte, wurde von → Mesrop (?) erfunden und hat die literarische Tätigkeit der Armenier entscheidend gefördert. Mesrop, Sahak und ihre Schüler haben in Edessa und Konstantinopel studiert und eine Menge wichtiger griechischer und syrischer Texte wurden ins Armenische übertragen. Die Bibelübersetzung ist bei weitem die bedeutendste Leistung der ersten Epoche (5.Jh?). Das AT stützt sich auf die LXX. Eine verlorengegangene armen. Übersetzung der Evangelien ist durch die älteste georgische Version (Adysh-Hs. und Khanmeti-Fragmente) bezeugt, wurde aber im 6.Jh. (?) von der jetzigen Vulgata ersetzt. Diese Übersetzung ist ein Mischtext, der syrische und griechische Archetypen benutzt haben muß. Die Apostelgeschichte und die paulinischen und katholischen Briefe haben eine ähnliche, aber noch nicht geklärte Geschichte gehabt. Die Apokalypse, die erst im 12.Jh. in den armen. Kanon aufgenommen wurde, ist in zwei Rezensionen erhalten. Die erste dürfte aus der gleichen Zeit wie die Evangelien stammen; die zweite war das Werk des Nerses Lambronatzi.

Neben der Bibelübersetzung steht eine Reihe anderer Texte, die teils übersetzt, teils auf Armenisch verfaßt wurden. Von diesen besitzen die Geschichtswerke die größte Bedeutung. Unter den Autoren des 4.–9.Jh.s sind → Agathangelos, → Elisäus, → Faustus von Byzanz, Lazar von Pharpi und → Moses von Khorene zu erwähnen. → Eznik von Kolb stellte ein großes, unter dem irreführenden Titel »Gegen die Sekten« umlaufendes theologisches Kompendium zusammen. Mariès hat darauf aufmerksam gemacht, daß Ezniks Ziel sowohl ein systematisches als ein polemisches war und infolgedessen sein Traktat als ein Gegenstück zu des → Johannes Damascenus »Adversus haereses« anzusehen sei. Die armen. Hagiographie hat aus griechischen und syrischen Quellen geschöpft, aber ihnen eine Anzahl echt armen. Heiligenbiographien hinzugefügt, zB Koriuns Leben Mesrops, das vielleicht in zwei späteren Rezensionen erhalten ist, und die Märtyrerakten der hl. Rhipsimé und ihrer Genossinnen, die von Agathangelos benutzt wurden.

Der altarmen. Sprachstil ist von den Bibelübersetzern und Geschichtsschreibern am besten repräsentiert. Die sog. hellenistische Schule hat eine Reihe allzu wörtlicher Übersetzungen geliefert (zB von Dionysius Thrax, Aristoteles und Philo), deren Sprache kaum mehr als ein Kuriosum darstellt. Der Einfluß der griechischen Rhetorik ist ohne sklavische Nachahmung in den Homiliensammlungen, religiösen Gedichten und asketischen Prosawerken spürbar. Apokryphen fehlen auch nicht und umfassen sowohl Übersetzungen aus dem Syrischen und Griechischen wie auch einheimische Produkte.

5. Verhältnismäßig wenig ist von der frühesten armen. *Sektengeschichte* bekannt. Der syrische Gnostiker → Bardesanes hat – wir wissen nicht mit welchem Erfolg – eine Missionsreise durch A. gemacht. Es wird auch von → Borborianern berichtet, die vielleicht mit den Barbelioten bei Irenäus (→ Barbelo-Gnostiker) identisch sind. A.s Marcioniten sind durch Eznik bekannt, und → Paulizianer und → Bogomilen haben in späterer Zeit eine gewisse Rolle gespielt. Aber die wirklichen Rivalen des Christentums in A. sind nicht die Sekten, sondern die großen Weltreligionen, Mazdaismus und → Islam gewesen.

PW I, 63ff – F.C.Conybeare, The Key of Truth, Oxford 1898 – E.Ter-Minassiantz, Die armen. Kirche in ihren Beziehungen zu den syrischen Kirchen (TU 26, 4), 1904 – C.F.Lehmann-Haupt, A. einst u. jetzt I; II, 1. 2, 1910–31 – A.v.Harnack, Die Mission u. Ausbreitung des Christentums in den ersten 3 Jh.en, 1923[4], 166ff – F. Tournebize, Histoire politique et religieuse de l'Arménie, Paris 1910 – P.Asdourian, Die polit. Beziehungen zwischen A. u. Rom von 190 vChr bis 428 nChr, Venedig 1911 – K.Aslau, Etudes historiques sur le peuple arménien, Paris 1928 – J.Karst, Gesch. der armen. Philologie, 1930 – St.Lyonnet, Les versions arméniennes et géorgiennes du NT (in: J.-J.Lagrange-St.Lyonnet, Introduction à l'étude du NT. II. Critique textuelle, Paris 1935) – R.P.Casey, The Armenian Marcionites and the Diatessaron (JBL 57, 1938, 185–194) – H.Bossert, Altanatolien, 1942, 87ff – K.K'iparian, Gesch. der armen. Lit. I: Von den Anfängen bis 1300, Venedig 1944 – N.Adontz, Histoire d'Arménie. Les Origines, Paris 1946 – M.Abeghian, Gesch. der armen. Lit. I, Erivan 1948 (russ.) – RAC I, 678ff (Lit.) – H.Thorossian, Histoire de la littérature arménienne, Paris 1951 – N.E.Vrouyr, Inscriptions ourartéennes, 1952 – Malik Bakchian, Die paulizianische Bewegung in A., Erivan 1953 (armen.) – V.Inglissian, Chalkedon u. die armen. Kirche (Das Konzil von Chalkedon II, 1953, 361–417).

R.P.Casey (H.v.Campenhausen)

II. Die armenische Kirche

Mit den Beschlüssen der beiden Synoden in Dvin (505/06 und 552) war im östl. Kleinasien eine konfessionelle Scheide aufgerichtet worden, die sich als dauerhaft erwies. Daß schon die zeitgenössischen Armenier so empfanden, beweist die Wahl des Jahres der 2. Dviner Synode 552 als Ausgangspunkt ihrer nationalen Ära, die sich mit Eigenheiten des Festkalenders (Weihnachten noch heute: 6. Januar) jahrhundertelang erhielt. Als um 594 die georgische Landeskirche (→ Georgien: I) sich der Orthodoxie wieder anschloß, war der Monophysitismus außer nach Süden (zu den Syrern) hin zugleich Volkstums- und Bekenntnisgrenze. Die Perser als Oberherren des Landes ließen sich, wie hinsichtlich der → Nestorianer, die Pflege dieser kirchlichen Sonderstellung gegenüber ihrem Erbfeind Byzanz nachhaltig angelegen sein.

Als mit Kaiser Herakleios (610-41) eine Einigung unter Verwerfung des → Eutyches auf der Grundlage des Monotheletismus (→ Christologie: II) möglich erschien, bewirkte die arabisch-islamische Eroberung des Landes (zwischen 642 und 653) - wieder aus politischen Gründen - erneut einen Abbruch der Verhandlungen. Der Monophysitismus (→ Christologie: II) hatte sich endgültig durchgesetzt; die armen. Kirche, nach ihrem Stifter → Gregor Illuminator »gregorianisch« genannt, stand nun ganz selbständig da. Von da an verschmolzen Glaube und Volkstum mehr und mehr zu einer untrennbaren Einheit, die aber auch den Abfall eines volksbewußten Armeniers zum Islam ausschloß. Übertritt bedeutete Aufgabe des Volkstums, und ein »muslimischer Armenier« blieb bis heute ein Widerspruch in sich. Diese nationale Gebundenheit der Kirche führte gelegentlich selbst mit den syrischen Konfessionsverwandten zu dogmatischen Auseinandersetzungen. Dabei vertraten die Armenier meist den Aphthartodoketismus des → Julian von Halikarnass. Daneben kam es zur Herausbildung von Sekten: → Paulizianer und → Thondrakier; auch Gegner der Bilderverehrung finden sich, obschon eine solche in der armen. Kirche nie eine besondere Rolle spielte (deshalb Vorhang statt → Bilderwand; kein eigener Stil für → Ikonen).

Seit der Mitte des 9.Jh.s lockerte sich allmählich die muslimische Oberherrschaft. Unter der Dynastie der Bagratunier (885-1046) erlebten Volk, Kirche und Literatur (→ Armenien: I) eine neue Blüte. Das bagratunische Reich erstreckte sich von Kilikien bis Gändschä und von der Nordgrenze Syriens bis fast Bayburt-Ardahan (Karten: Atlas Istorii SSSR I, Moskau 1949, S. 5f; E.Honigmann, Die Ostgrenze des byz. Reiches 363 bis 1071, Brüssel 1935). Die Klöster beherbergten auch monophysitische Flüchtlinge aus Nachbarländern. Das Katholikat nahm seinen Sitz schließlich in der Landeshauptstadt Ani (sös Kars); es war 1065-1202 erneut in *einer* Familie (Pahlavuni) erblich. Nach dem Untergang der Bagratunier setzten sich die Byzantiner in A. fest und versuchten, den Armeniern die Orthodoxie aufzuzwingen, nachdem im 10.Jh. Unionsversuche gescheitert waren. Die dadurch ausgelösten Kämpfe erleichterten den türkischen Seldschuken nach dem Entscheidungssiege bei Mantzikert (Malazgird) 1071 die Behauptung des Landes und damit letztlich die allmähliche Ausschaltung des Griechentums und der Orthodoxie in Kleinasien. Vor den Leiden unter türkisch-muslimischer Herrschaft flohen zahlreiche Armenier in Nachbarländer, aber auch nach Kilikien, wo sich unter den Rubeniden (einem Zweige der Bagratunier) seit 1080 das Königreich *Klein-A.* bildete. Katholikatssitz wurde 1147 Hromklā, 1293 Sis in Kilikien.

Klein-A. erhielt von Kaiser Heinrich VI. die Königswürde zuerkannt und 1198 vom Papste eine Krone übersandt. Dies und die Hilfe der Kreuzfahrer gegen Byzanz und den Islam bildete den Auftakt zu wiederholten Unionsverhandlungen, die zu vorübergehenden Scheinerfolgen führten, aber durch den Übereifer der Unions-Bruderschaft der »Unitores« letztlich immer wieder zum Scheitern verurteilt waren. Der Versuch der Katholikoi → Nerses IV. Schnorhali von Klaj (1166-73), des bedeutendsten Theologen der armen. Kirche, und Gregors IV. Tegha (1173-80), mit Ostrom zum Ausgleich zu kommen, wurden auf der Synode von Hromklā 1179 und wieder 1196 verworfen, obwohl sich Nerses von Lambron dafür einsetzte. Rituelle Zwistigkeiten mit den → Jakobiten im 12.Jh. konnten ausgeglichen werden.

Die Eroberung Klein-A.s durch die Mamluken 1375 verlagerte den Schwerpunkt des Armeniertums wieder nach Groß-A. (zwischen Van- und Göktschä-See). Hier entstand 1443 das Katholikat Edschmiatzin (Etschmiadzin) westl. Eriwan bei der ehem. Residenz Wagharschapat. Durch den Besitz der Hl. Lanze und die Reliquie des rechten Armes Gregors des Erleuchters gewann es bald Anerkennung als Mittelpunkt der armen. Kirche. Daneben existierte das Katholikat Sis mit örtlichen Aufgaben weiter, und auch das seit 1311 bestehende Katholikat Aght'amar (einer Insel im Van-See) hielt sich. In Jerusalem schufen die Mamluken 1311, in Konstantinopel die Osmanen 1461 ein »Patriarchat« für die Armenier ihrer Reiche. Sie erlangten mit dem Ansteigen der armen. Flüchtlinge und der Bedrückung des Katholikats von Edschmiatzin durch die Perser seit 1472 (Safawiden seit 1502) wachsende Bedeutung. Die Katholikate und 2 Patriarchate spiegeln noch heute die leidvolle Zerrissenheit der armen. Geschichte wider. 1614-38 war das Katholikat von Edschmiatzin in die armen. Zwangssiedlung Neu-Dscholfa bei Iṣfahān verlegt.

Schon durch die jahrhundertelangen Kämpfe zwischen Persern, Türken und Russen um A. in wachsender Not, erfuhr das armen. Volk und mit ihm die armen. Kirche durch die blutigen Armenier-Massaker in der Türkei 1895/96, 1909 und 1914/15 eine entscheidende Schwächung; die Verluste durch Mord und Entbehrung betrugen erst 200 000, dann 600 000 Seelen; etwa 100 000 Frauen wurden in Harems verschleppt (vgl. die Volkstumskarten bei H.F.Helmolt, Weltgesch. II, 1913, vor S. 415; Der Große Brockhaus[16] I, 1952, 408; zur A.-Hilfe → Armenien: III, 1). Die Überlebenden flohen aus Kleinasien. Die dortige kirchliche Organisation ist seitdem untergegangen, das Katholikat Aght'amar seit 1895 erloschen, Sis seit 1921 in den Libanon verdrängt, so daß für die Armenier in der Türkei, meist in Konstantinopel, praktisch nur der dortige Patriarch zuständig ist. - Edschmiatzin kam 1828 unter die Herrschaft der Russen, an die sich die kaukasischen Armenier wiederholt hilfesuchend gewandt hatten. 1836/37 wurde die Leitung der armen. Kirche der Oberaufsicht des Russischen Kaisers unterstellt, der sich die Ernennung des Katholikos und Einspruchsrechte vorbehielt. Die Verwaltung des Katholikats wurde der russischen Bistums-Verwaltung angeglichen; Edschmiatzins Rechte umfaßten seitdem praktisch nur die armen. Bevölkerung in Rußland. Diese Verfassung blieb bis 1917 in Kraft. Seit 1920 (der Eroberung der unabhängigen Republik A. durch den Rätebund) wurde das Katholikat von den gleichen Drangsalen betroffen wie die Orthodoxie. Das seit 1938 verwaiste Katholikat durfte erst 1945 neu besetzt werden und spielt seither - nun wieder allgemein anerkannt - kirchen- und außenpolitisch eine dem Moskauer Patriarchat vergleichbare Rolle. Auf eine Zusammenarbeit mit den orthodoxen Kirchen und eine Beteiligung an »Friedens-Kundgebungen« wird Wert gelegt. Dem Katholikos steht jetzt wieder eine Synode und eine Theologische Akademie zur Seite. Die Freiheit der Wahl durch die armen. Geistlichkeit und Laien auch aus dem westlichen Auslande wurde bei der Neuwahl am 30.9.1955 gewährt, aus der Erzbischof Vazgen (Baldschián) als 130. Katholikos hervorging. Vazgen versuchte im Februar 1956 vergeblich, auf die Neubesetzung des Katholikats Sis (in Beirut) Einfluß zu nehmen, und reiste dann nach Ägypten und England, um kirchenpolitische Fäden anzuknüpfen. Doch stehen ihm weite Teile der Auslands-Armenier reserviert gegenüber, und die Patriarchen in Konstantinopel und Jerusalem sowie der Katholikos von Sis wahren ihre Eigenständigkeit.

Über die *Unierte Armen. Kirche* → Unierte Kirchen des Orients.

Evangelische Gemeinden bildeten sich unter den Armeniern seit 1831 durch amerikanische Mission; trotz Widerstands der Gregorianer wurden sie 1846 vom Sultan anerkannt. 1914 zählten sie etwa 60 000 Seelen. Die bei den Massakern und der Vertreibung (s.o.) Überlebenden haben sich besonders in den Ländern des Vorderen Orients, ferner in Frankreich und den Vereinigten Staaten niedergelassen. Ihre Organisation (wenn möglich, in Landes-Synoden) ist wiederaufgebaut worden. Vgl. → Armenien III.

RE II, 63ff; XXIII, 115ff - DHGE IV, 1925, 290ff - EI¹ I, 452ff (Lit.) - Allgemein: TH.E.DOWLING, The Arm. Church, NewYork 1910 - M. ORMANIAN, Church of Armenia, (1912) 1955² - A.ABRAHAMIAN, The Church and faith of A., London 1920 - L.ARPEE, A history of Armenian Christianity, New York 1946 (berücksichtigt bes. die ev. Kirche; Lit.). - Einzelperioden: J.MARKWART, Die Entstehung der armen. Bistümer (OrChrP 80), 1932 - A.TĒR-MIKELIAN, Die armen. Kirche in ihren Beziehungen zur byzantinischen vom 4.-13.Jh., Leipzig 1891 - E.TĒR-MINASSIANTZ, Die armen. Kirche in ihren Beziehungen zu den syr. Kirchen (TU 26, 4), 1904. - Unionsfragen: S.WEBER, Die kath. Kirche in A., 1903 - M.ORMANIAN, Le Vatican et les Arméniens, Rom 1873. - Ev. Kirche: J.O.PETERS, Tests and triumphs of Armenians, Grand Rapids/Mich. 1940. - Laufende Berichterstattung: B.SPULER, halbjährlich in der IKZ seit 1939. - Vgl. auch die allg. Werke zur → Konfessionskunde, zu den Ostkirchen und zur polit. Gesch. A.s. *B.Spuler*

III. Mission (Evangelisation) unter Armeniern

1. Nach ersten Anfängen in Russisch-A. um 1815 nahm die → Basler Missionsgesellschaft 1822 in der Stadt Schuscha die Evangelisation auf, doch wurde die Arbeit 1835 unter Einfluß der armen. Kirche behördlich verboten. In der → Türkei begann 1831 der kongregationalistische »American Board of Commissioners for Foreign Missions« eine umfangreiche Tätigkeit, erst in Konstantinopel, dann in ganz Anatolien (höhere Schulen, Hospitäler, literarische Arbeit, theologische Seminare). Da die armen.-gregorianische Kirche seit 1841 gegen ihre evangelisch orientierten Glieder vorging, konstituierten sich diese als protestantische Kirche, die innerhalb der Türkei etwa 60 000 Seelen umfaßte.

Nach dem Armeniermassaker 1895/96 entstanden in England die »Friends of Armenia«, in Deutschland - zugleich auf Islammission ausgerichtet - die »Deutsche Orientmission von Dr. Lepsius« (Hauptstation Urfa) und der in Frankfurt/M. beheimatete »Deutsche → Hülfsbund für christliches Liebeswerk im Orient« von Pfr. Ernst Lohmann (Waisenhäuser, Schulen, Krankenhaus, Lehrerseminar, Bibelfrauenschule usw). Zu nennen sind noch die → Christoffel-Blindenmission in Malatia, später Iran, und die schweizerische Armenierhilfe mit Sitz in Genf.

Die Vertreibung der Armenier aus der Türkei ab 1915 machte viele Arbeit zunichte. Das entstehende amerikanische »Near East Relief«-Werk (1915-29) hat wohl über 100 000 armen. Waisen gerettet. Der »American Board« mußte seine Arbeit aufgeben oder sich auf die türkische Bevölkerung umstellen; teilweise ist er den Armeniern nach Syrien gefolgt. Der »Deutsche Hülfsbund« diente den Armeniern in Bulgarien und Griechenland. 1950 eröffnete er bzw. sein Züricher Zweig eine Arbeit in Aindjar (Libanon). In Straßburg gründete 1922 Pfr. Dr. Berron die »Action Chrétienne en Orient« für die Armenier und für M.sarbeit in Syrien. In Frankreich hat die A.C.O. unter den dort lebenden 70 000 armen. Flüchtlingen die armen.-ev. Kirche neu konstituiert. Ein »Bund schweizerischer Armenierfreunde« nahm die Arbeit in Libanon und in Griechenland auf. Dänische Hilfe erfolgte in Syrien (Karen Jeppe) und Libanon.

2. Die Mission bzw. Evangelisation seitens der ev. Christenheit unter orientalischen Schwesterkirchen und daraus resultierende prot. Kirchengründung kann anfechtbar erscheinen, zumal neuerdings bei beiderseitiger Zugehörigkeit zum ökumenischen Kirchenbund. Doch erstrebten die M.en in A. (und anderswo) nur geistlich-biblische Neubelebung der alten Kirchen, keine Kirchengründung. Die erweckten Glieder wurden jedoch von ihren Kirchen ausgestoßen und waren dadurch standesamtlich rechtlos, so daß die Konstituierung einer prot. Kirche unvermeidlich wurde. Einmal entstanden, erfolgte ihre ständige Mehrung und Verbreitung (vgl. die Entstehung der Freikirchen aus den Landeskirchen). Die prot. Kirchen im Orient entsprechen den Jungen Kirchen in anderen M.sgebieten; sie sind die Träger der evangelischen Sache. Ihre Existenz dient oft den Mutterkirchen zu Ansporn und Segen. - Vgl. → Mission und Evangelisation.

H.G.O.DWIGHT, Le Christianisme en Turquie, Paris 1855 - Der christliche Orient, Jahrgang 1900-14 - G.WARNECK, Gesch. der protest. Mission, 1910 - 25 Jahre im Orient, 1922 - J.RICHTER, Mission u. Evangelisation im Orient, 1930 - Gesch. der deutschen Orientmission, 1932. *P.Berron*

Armenpflege

I. Religionsgeschichtlich - II. In Israel - III. Im Judentum - IV. Im Urchristentum. - Vgl. → Diakonie

I. Religionsgeschichtlich

Die Verpflichtung zur A. und die Art der A. hängt in der Religionswelt ab von den verschiedenen Weisen der Beurteilung der → Armut. In den weltzugewandten Religionen, zumal in den Volksreligionen der Frühzeit, in denen uns eine uneingeschränkte Bejahung des Besitzstrebens und des Besitzes begegnet, erscheint Armut entweder, wie im alten Iran, als Schande oder als verpflichtender Notstand. Im Rigveda zB heißt es (10, 117, 2. 5): »Wer selbst Speise besitzt, aber gegen den Bedürftigen, der um Brot bettelnd ausgehungert kommt, sein Herz verhärtet und doch früher sein Freund war, der findet erst recht keinen, der sich seiner erbarmt... Der Vermögende soll dem in Not Geratenen schenken.« Auch im Mazdaismus kennt man die Verpflichtung zur Hilfe gegenüber den Armen. Im Ahuna vairya, dem Glaubensbekenntnis der Avestareligion, wird wahrscheinlich - die Stelle ist umstritten - von Armenunterstützung gesprochen. Auch im alten Ägypten bezeugen häufig Grabinschriften, daß der Verstorbene sich seiner im Leben geübten A. rühmt und Vergeltung dafür im Jenseits erwartet: »Wenn man verklärt wird für Wohltätigkeit, dann wird meine Seele göttlich sein« (RGL 10, 46). Die Motive der A. zum Zweck der Linderung des Notstandes der Armut sind natürlich verschieden. In den erwähnten Beispielen steht das Lohnmotiv im Vordergrund. In universalen Heilsreligionen dagegen erscheint A. häufig als Auswirkung und Abbild göttlicher Barmherzigkeit. Die Amida-Sekte des Mahâyâna-Buddhismus (→ Amida: I) zB drückt dies Motiv in folgender Form aus:

Zum Dank für Gnade, mir geworden,
Selbst will ich wohltun allerorten.

Während im → Buddhismus vorzugsweise das Mitleid wirksam ist, hat das Christentum die → Liebe (: IV) zum zentralen Motiv auch der A. (→ Diakonie).

Wie in der christlichen Kirche die A. schon früh organisiert wurde, so geschah es, allerdings in besonderer Form, auch im → Islam. Im → Koran wird die Wohltätigkeit als eine der Haupttugenden bezeichnet (Sure 13, 22; 35, 29; 70, 24f). Was aber ursprünglich nur freiwillige Wohltätigkeit war, wurde dann daneben noch als gesetzliche Pflicht von Mohammed in Medina in der Form einer Armensteuer (Zakât) eingeführt.

Neben der Bewertung der Armut als Notstand begegnen uns in den Religionen, die der Welt kritisch gegenüberstehen und Besitz daher nicht als einen Wert, ja, viel eher als eine Gefahr ansehen, Armut als Ideal. Diese Einstellung findet sich in den asketisch gerichteten Religionen (→ Askese), die den Menschen von jeder Bindung an die Welt befreien wollen wie zB im Buddhismus in seiner Hînayânaform, aber auch in den Mönchsorden des Christentums und des Islam (→ Mönchtum: I. II). Diesen freiwillig Armen gegenüber ist A. in der Weise geboten, daß ihrem Wunsch, unter Aufrechterhaltung ihres prinzipiellen Verzichts auf Besitz das Lebensnotwendige gespendet zu erhalten, von den Besitzenden entsprochen wird.

M. Weber, Ges. Aufs. zur Religionssoziologie I-III, (1920) 1922/23² - H. Bolkestein, Wohltätigkeit u. A. im vorchristl. Altertum, Utrecht 1939 - G. Mensching, Soziologie der Religion, 1947, 110ff - RAC I, 689ff (Lit.; vgl. auch 301f; 698ff; 1200ff). *G. Mensching*

II. In Israel

1. Die Struktur der nomadischen und halbnomadischen Gemeinschaft schließt soziale Unterschiede weithin aus. Diese soziale Ausgeglichenheit blieb auch nach der Landnahme unter den als Kleinbauern lebenden Israeliten zunächst bestehen. Doch die Unterhaltung einer Söldnertruppe seit Saul und → David sowie des Königshofes und des Beamtenapparates, bei deren Ausbau → Salomo den altorientalischen Großreichen nacheiferte, dazu die häufigen Kriege brachten großen Teilen des Volkes einen sozialen Niedergang, dem das Emporkommen eines zahlenmäßig kleinen Patriziats in Verbindung mit dem Königtum und durch den von Salomo aufgenommenen Außenhandel gegenüberstand (→ Wirtschaftsgeschichte: II, → Handel: II). Dieser Gegensatz wurde noch dadurch verstärkt, daß die sozial Schwächeren auch bei der Rechtsprechung benachteiligt wurden. Neben den Armen standen die Witwen und Waisen, die des Ernährers und Beschützers entbehrten, und die »Schutzbürger« (gerîm; → Fremde: II), die - als Menschen ohne Landbesitz - in der Rechtsgemeinde keine Stimme hatten.

2. a) Eine geregelte *Fürsorge* für die Armen aller Art gab es in Israel ebensowenig wie sonst im alten Orient. Sie blieb zunächst dem Einzelnen, vor allem der Verwandtschaft überlassen (zu Einzelheiten solcher Hilfeleistung vgl. zB Jes 58, 7; Hi 31, 13-23. 32; 29, 12-17; 42, 11; 22, 5-9). Gesetzliche Bestimmungen hierzu gehören erst einer jüngeren Zeit, vor allem dem Dtn, an. Aus der auch in Ruth 2, 2ff vorausgesetzten Erlaubnis zur Nachlese für die Armen wird Dtn 24, 19-22 ein Verbot der Nachlese für den Besitzer und Lev 19, 9f; 23, 22 sogar die Forderung, das Getreide einer Ackerecke für den Armen und den Schutzbürger stehen zu lassen. Auch die Überlassung des Wildwuchses im Siebentjahr (Ex 23, 10f) an die Bedürftigen ist vielleicht erst eine sozial-karitative Auslegung der ursprünglich wohl religiösen Institution des Brachjahres (→ Erlaßjahr). Dtn 14, 28f wandelt das ursprüngliche Opfer des → Zehnten (, 2) in eine Abgabe für Schutzbürger, Waisen und Witwen ab, neben denen hier wie 16, 11, 14; 26, 11-13; vgl. 12, 12. 18 auch die → Leviten genannt sind, denen durch die Kultusreform des → Josia die Einkünfte genommen waren.

b) Neben dem allgemeinen Verbot der Rechtsbeugung und Unterdrückung gegenüber dem wirtschaftlich Schwachen (Ex 22, 20ff; 23, 6. 9; Dtn 24, 14f. 17f; Lev 19, 33) enthalten die israelitischen Gesetze konkrete schuld- und pfandrechtliche Bestimmungen zum *Schutz* des in Not Geratenen: das Zinsverbot (Ex 22, 24; Dtn 23, 20f; Lev 25, 36-38), Beschränkungen im Pfandnehmen (Ex 22, 25; Dtn 24, 6. 10-13), Anordnungen über Kreditgewährung (Dtn 15, 7ff; Lev 25, 35). Das Dtn verbindet (entsprechend dem Brauch seiner Zeit?) mit der Brache im Siebentjahr den Erlaß von selbstschuldnerischen Bürgschaften (Dtn 15, 2; dann wieder Neh 10, 32; → Erlaßjahr). Lev 25, 25-34 regelt das Rückkaufsrecht für aus Not veräußerten Grund- und Hausbesitz (vgl. Jer 32, 7). Wer sich selbst in Schuldknechtschaft verkaufen mußte, soll nach 6 Jahren (Codex Hammurapi § 117: der verkaufte Familienangehörige nach 3 Jahren) entlassen werden (Ex 21, 2-6); Dtn 15, 12-18 sichert ihm auch noch eine Unterstützung bei der Entlassung zu (vgl. aber Jer 34, 8ff). Anders läßt später das → Heiligkeitsgesetz das durch Selbstverkauf entstandene Dienstverhältnis mit dem → Jobeljahr enden (Lev 25, 39-41). Bei Selbstverkauf an einen Schutzbürger oder Beisassen besteht hier auch die Möglichkeit des Freikaufs (25, 47-55). Schließlich gehören auch die Bestimmungen über entlaufene Sklaven (Dtn 23, 16f) und über kriegsgefangene Frauen (21, 10-14) hierher.

3. Das Ideal der Fürsorge für Witwen und Waisen ist im ganzen alten Orient verbreitet; wie am Euphrat und am Nil mahnt in Israel der Weise, die Notleidenden zu unterstützen (Spr 3, 27f u.ö.), und wie zB in → Ugarit (1Aqht 21-25; 2Aqht V, 6-8; 127, 33f. 45-48 Gordon) wird in Israel bzw. Juda von dem König Schutz und Recht für die Armen erwartet (Ps 72; Jes 11, 4f; vgl. Spr 29, 4). Dagegen findet sich das Eintreten für den Schutzbürger (ger) nur bei den Israeliten, und die Pfand- und Zinsbestimmungen stehen in krassem Gegensatz zu den Zinsforderungen in den Nachbarländern. Die Fürsorge- und Schutzgebote gelten aber (außer für den »ger«) durchweg nur für die Armen des eigenen Volkes (Ex 22, 24; 23, 6. 10f), für den »Bruder« (Dtn 15, 2. 12 u. ö.; Lev 25, 25. 35. 39). Hier wird - neben Gedanken an Vergeltung (Spr 11, 25 u.ö.; vgl. Dtn 14, 29 u.ö.) - das Haupt*motiv* der A. in Israel sichtbar: A. ist Treuehandeln (ḥæsæd; vgl. Ps 109, 16), gemeinschaftsgemäßes Verhalten (ṣᵉdaqā, im Judentum = »Almosen« [→ Armenpflege: III]) gegenüber dem Mit-Glied des von Jahwe erwählten Volkes. Weil die Reichen mit ihrer Unterdrükkung und Ausbeutung der Armen dem entgegen handeln, richten sich gegen sie die Schelt- und Drohsprüche der *Propheten* (zB Am 2, 6ff u.ö.; Jes 3, 14f; 5, 8ff; 10, 1ff; Mi 2, 1ff; 3, 1ff; Jer 5, 26ff; Ez 18, 10ff). - Daß auch nach dem Exil die große soziale Kluft weiterbestand, beweist für die Mitte des 5. Jh.s vChr der Schulderlaß Nehemias Neh 5, 1ff, aber auch die erschütternde Schilderung des Elends der von ihrem Grundbesitz vertriebenen Armen Hi 24, 1ff.

Außer den Kommentaren zu den genannten Stellen, den »bibl. Archäologien« u. der Lit. zu → Armut: I: W. Nowack, Die sozialen Probleme in Israel, 1896 - F. Buhl, Die sozialen Verhältnisse der Israeliten, 1899 - M. Lurje, Studien zur Gesch. der wirtschaftl. u. sozialen Verhältnisse im israel.-jüd. Reiche (BZAW 45), 1927 - JüdLex V, 501ff - N. Peters, Die soziale Fürsorge im AT, 1936 - J. Hempel, Das Ethos des AT (BZAW 67), 1938 - H. Bolkestein, Wohltätigkeit

u. A. im vorchristl. Altertum, Utrecht 1939 - F. ROSENTHAL, Sedaka, Charity (HUCA 23/I, 1950/51, 411-430) - S. STEIN, The Laws on Interest in the OT (JThS NS 4, 1953, 161-170) - E. NEUFELD, The Prohibitions against Loans at Interest in Ancient Hebrew Laws (HUCA 26, 1955, 355-412) - A. ALT, Micha 2, 1-5 (Interpretationes ... S. Mowinkel ... missae, 1955, 13-23). *E. Kutsch*

III. Im Judentum

Das im AT aufgerufene Verantwortungsgefühl der jüdischen Gemeinde für die wirtschaftlich Schwachen (→ Armenpflege: II) bewährte sich bei den Katastrophen der Jahre 70 und 135 nChr und bei der zumeist ungesicherten Lage der Juden. Örtliche Sitten und religionsgesetzliche Entscheidungen der Rabbinen (zuerst im Mischnatraktat Pe'ah) regelten die private und öffentliche A. Auch die jüdische Religion verurteilt Almosen (ṣᵉdaqa, nach Spr 13, 6, aram. zakûta, wovon arab. zakāt) ohne Liebe und zu äußeren Zwecken, ungeachtet ihrer Verdienstlichkeit, und lobt heimliches Wohltun (Baba Batra 9b. 10b). Es gilt ihr als imitatio Dei (Sôṭa 14a zu Dtn 13, 5), beschleunigt die Erlösung und rettet vom Tode (Baba Batra 10a zu Spr 10, 2). Das öffentliche Almosen erheben die gäbba'îm (Steuereinnehmer) wöchentlich von allen Gemeindegliedern, auch den armen (Taᶜanît 24a), in Form von Bargeld, Lebensmitteln, Kleidern, Bettzeug. Mißbrauch des privaten Almosens führte jüdische Gelehrte des Mittelalters (Maimonides, Jakob ben Ašer) zu der bereits im Talmud begegnenden Opposition gegen das Betteln zurück. Nach talmudischem Vorbild (Baba Batra 8b) hat die Gemeinde eine öffentliche Kasse für Geldspenden an Eingesessene, eine öffentliche Küche für Speisungen armer Wanderer, oft auch eine Kleidersammlung. Nach Šᵉqalîm V, 6 gab es schon im zweiten Tempel eine »Zelle für Verschämte«. Zuteilungen wurden an Festtagen erhöht (heute noch qimḥa lᵉpasḥa, Mehl an Arme auf Passa). Der Terminus haqdeš, ursprünglich für Opfergaben an den Tempel, wurde zum Ausdruck karitativen Tuns. Unter Einfluß christlicher, den Kreuzzügen und vielleicht islamischen Vorbildern entstammender Organisationen des Mittelalters (monti di pietà u.ä.) entstanden seit dem 13. Jh. jüdische Hospitäler, Fürsorgeverbände für Waisen, Bestattungsbruderschaften (ḥebra qaddîša); man stattete arme Bräute aus, unterstützte Gelehrte, kaufte Gefangene los, sorgte für Flüchtlinge, lud Arme zu Gast und gewährte zinslose Darlehen. Seit Beginn des 17. Jh.s gab es fromme Stiftungen (auch einzelner) zugunsten der armen Gemeinden in Palästina (ḥaluqqa »Verteilung«), die dem modernen → Zionismus mit vorgearbeitet haben, so seit 1860 die »Alliance Israélite«. Eine neuzeitliche Einrichtung ist der Wohlfahrtsverein der Bᵉnê Bᵉrît.

MAIMONIDES, Mišneh, Mattᵉnôt ᶜanijjîm IX, 3 - JOSEF QARO, Šulḥan ᶜArûk, Jôræ Deᶜa § 250 - ELIJJĀ BEN ŠᵉLOMO ABRAHAM HA-KOHEN, Mᵉᶜîl ṣᵉdaqā (Traktat über Wohltätigkeit), 1731. - L. BAECK, Wesen des Judentums, (1906) 1926⁶, 216ff - S. KRAUSS, Talmudische Archäologie III, 1912, 63ff - S. DUBNOW, Gesch. des jüd. Volkes III, 1926, 354ff - S. WITTMAYER BARON, The Jewish Community II, 1945. *E. L. Dietrich*

IV. Im Urchristentum

Im Urchristentum ist die A. motiviert durch Jesu Verhalten gegenüber den Armen; er lebt mit seinen Jüngern in freiwilliger Armut (Mk 1, 17ff; 2, 23; Mt 8, 20; 19, 27; Lk 8, 1ff) und erwartet alles von Gott (Mt 11, 27; Joh 4, 34). So weiß er sich besonders an die Armen gewiesen (Mt 5, 3 par; 11, 5; Lk 4, 18) und lehrt die Jünger, hinter dem Armen ihn selbst zu erblicken (Mt 25, 40; 26, 11) und darum jenem mitzuteilen bis zur eigenen Armut (Mt 5, 42). Aber er hat kein soziales Programm (→ Bergpredigt: I); er, der als der Arme kam (Lk 22, 27), ruft seine Jünger zur Nachfolge in der Liebe (Lk 10, 25ff; Joh 13, 34).

Darum ist διακονία (→ Diakonie) ein Charisma und wird der Prophetie und Gabe des Lehrens gleichgestellt (Röm 12, 7; 1Kor 12, 4; Eph 4, 7. 16; 1Petr 4, 10f) und ist wie die anderen Gnadengaben nicht auf bestimmte Personen beschränkt. A. innerhalb der Einzelgemeinde ist Ausdruck der Liebe, die jeden als Bruder umfängt (Gal 5, 13; 6, 2. 10), sie ist freiwillig und nicht organisiert. Auch die Kollekte für die Jerusalemische Gemeinde ist freiwilliger Akt der Glaubensverbundenheit (Röm 15, 25ff; 1Kor 16, 2; 2Kor 8-9; Gal 2, 10). Sammler und Überbringer sind von den Gemeinden gewählt (2Kor 8, 16f). Die zum ersten Mal Phil 1, 1 genannten »Diakone« haben vermutlich mit der A. zu tun, ohne den Charakter von Gemeindebeamten zu besitzen.

Die Wahl des Wortes διακονία weist darauf hin, daß die älteste Form der A. die Versorgung der Ortsarmen bei den gemeinsamen Mahlzeiten gewesen zu sein scheint (Apg 6, 1; vgl. Just.Ap. I, 67, 6 und Tert.Ap. 39, 16; → Agapen); zur eschatologischen Mahlgemeinschaft sind insonderheit die Armen geladen (Mt 22, 1ff; Lk 14, 16ff) und die Jünger sind dabei die ersten »Diakone« (Mk 6, 37. 41 par; Apg 6, 2). Wenn sich auch die Urgemeinde aus den sozial niedrigen Schichten zusammengesetzt hat (1Kor 1, 26f) und sich in dem oben skizzierten Sinn als die Gemeinde der Armen wußte, bestand sie nicht aus gänzlich Mittellosen. Lk bewahrt die Überlieferung, daß die Urgemeinde in der Lage war, ihre bedürftigen Glieder zu unterstützen (Apg 2, 45; 4, 32; 5, 1); aber auch diese A. ist eine freiwillige (5, 4). Die sieben in 6, 3 genannten »Almosenpfleger« sind offenbar keine »Diakone«, sondern stehen im Dienst der Verkündigung.

Witwen und Waisen gelten als besonders bedürftig (Apg 9, 39; Jak 1, 27; 1Tim 5, 3ff); ihre Versorgung wird wie herkömmlich (→ Armenpflege: II) zunächst der Sippe übertragen, ein Versorgungsanspruch geklärt. Aber das Interesse der Hinweise gilt der Abwehr von Irrlehre, nicht der Festigung einer Institution.

Mit der Jahrhundertwende wird in den Gemeinden die A. in zunehmendem Maße organisiert. Geldgaben aus Ersparnissen durch Fasten oder Übersendung von Lebensmitteln (Herm sim V, 3, 7, 5, 3) sind geboten (Barn 20, 2; Herm sim I, 8; mand VIII, 10) und verdienstlich (Herm sim V, 3, 7). Die Amtsträger der A müssen berufsethischen Forderungen genügen (Herm sim IX, 16, 2; Polyk 6, 2; IgnSm 6, 2).

Außer den Kommentaren zu den angeführten Stellen: RAC I, 693ff (Lit.) - E. SCHWEIZER, Das Leben des Herrn in der Gemeinde u. ihren Diensten, 1946 - DERS., Die nt. Gemeindeordnung (EvTh 6, 1946/47, 338-363) - L. H. MARSHALL, The challenge of New Testament ethic, 1946 - J. ELLUL, Der Arme (EvTh 11, 1951/52, 193-209) - B. REICKE, Diakonie, Festfreude u. Zelos, 1951. *H. W. Surkau*

Arminianer heißen die Anhänger von → Arminius, nach der wahrscheinlich von → Uytenbogaert unter Mitarbeit von → Oldenbarnevelt verfaßten und von 44 Predigern unterzeichneten »Remonstrantie« an die Staaten von Holland (1610) gewöhnlich »Remonstranten« genannt. Die »Remonstrantie« legt die Notwendigkeit einer Revision der Confessio Belgica (→ Niederlande: I) und des → Heidelberger Katechismus dar und enthält eine Erörterung der arminianischen Lehre von der Prädestination gegen die strenge calvinistische Auffassung in fünf Artikeln: 1. Gott hat in Ewigkeit beschlossen, nur diejenigen zur Seligkeit zu erwählen, die glauben; 2. Christus hat für alle Menschen Versöhnung erworben, aber nur die Glaubenden werden dieser teilhaftig; 3. und 4. der Mensch erlangt den seligmachenden Glauben nur durch Gottes Gnade; diese ist aber nicht unwiderstehlich, und der Mensch kann sich darauf vorbereiten; 5. die

Möglichkeit, daß die Gläubigen abfallen, ist nicht ausgeschlossen. Die Anhänger von → Gomarus widerlegten diese Artikel in einer »Contra-Remonstrantie« (1611). Ein heftiger Streit in vielen Konferenzen endete mit der Verurteilung und Absetzung von ca 200 remonstrantischen Pfarrern durch die → Dordrechter Synode (1618 bis 1619). Die Politik (Prinz Moritz von Oranien gegen Oldenbarnevelt) spielte dabei eine große Rolle. Die verbannten Remonstranten organisierten sich 1619 in Antwerpen in der »Remonstrantsche Broederschap«, anfänglich einer Bruderschaft von Pfarrern, bald auch von Gemeindegliedern. Ihre Führer waren Uytenbogaert, → Episcopius, Grevinchoven; auch → Grotius gehörte zu ihnen. 1621 schuf Episcopius für sie eine Konfession. Nach dem Ende der Verfolgungen 1630 konnten sie in versteckten Kirchen zusammenkommen und in Rotterdam ihre allgemeine Versammlung halten. Eine Kirchenordnung wurde 1633 angenommen und 1634 in Amsterdam ein Seminar gestiftet mit Episcopius als Prof., dem später S. → Curcellaeus, Phil. von → Limborch, J. → Clericus, J.J. → Wettstein, D. → Wyttenbach folgten. Im 19.Jh. kam unter dem Einfluß des Modernismus die »Rem. Broederschap« zu neuer Blüte. 1861 wurde ein neues Allgemeines Reglement angenommen. Am Seminar, das 1873 nach Leiden verlegt wurde, waren Abr. des Amorie van der Hoeven, J.Tideman, H.Y.Groenewegen C.P. → Tiele hervorragende Gelehrte. In der »Rem. Broederschap«, die heute 33 Gemeinden mit ca 25 000 Mitgliedern zählt, lebt der Geist der vom erasmianisch-biblischen Humanismus beeinflußten sog. »National-Reformierten« fort. Ihre Kennzeichen sind: biblisches, undogmatisches, »praktisches Christentum; Betonung der universalen Liebe Gottes mehr als der Sünde und der Erlösung; Toleranz; Abneigung gegen Klerikalismus und Konfessionszwang. Jedoch ist die neuere theologische Entwicklung, woran besonders die christozentrischen »Rechts-Modernen«, unter der Führung von K.H. → Roessingh und G.J.Heering, einen beträchtlichen Anteil nahmen, keineswegs an ihr vorbeigegangen, wie sich aus einem Bekenntnis (1940) und einer Kirchenordnung (1950) ergibt.

In England wird im 17.Jh. mit dem Namen »Arminianism« die hochkirchliche, latitudinarische Richtung bezeichnet: bei hoher Wertschätzung des Episkopats und der Zeremonien ist sie tolerant, manchmal sogar in bezug auf bestimmte Punkte der Lehre indifferent; sie geht aus von der universalen Versöhnung und der Willensfreiheit und gibt größeren Spielraum für die Lebensgestaltung, im Unterschied zu dem strengeren prädestinatianischen Puritanismus. Ihre bedeutendsten Vertreter waren Lancelot → Andrewes, William → Laud, Jeremy → Taylor. Später fand dieser »Arminianism« auch unter Non-Konformisten Eingang und wurde im 19.Jh. besonders in der → »Broad Church party« gefunden.

G.Brandt, Historie der Reformatie in de Nederlanden, 4 Bde, 1677-1704² - A.à Cattenburgh, Bibliotheca scriptorum Rem., 1728 - J.Tideman, De Remonstrantie en het Remonstrantisme, 1851 - Ders., De stichting van de Rem. Broederschap, 1871 - Ders., Biogr. Naamlijst, 1905² - J.H.Scholte, De leer der Herv. Kerk, 1862 - H.C.Rogge, Beschrijvende catalogus der pamfletten-verzameling van de boekerij der Rem. Kerk te Amsterdam, 1863-65 - J.A.Beyerman, De Rem. Broederschap (S.D.v.Veen, Kerk en Secte), 1907 - H.Y.Groenewegen, De Remonstrantie op haren 300sten gedenkdag, 1910 - K.H.Roessingh, De mod. Theologie in Ned., 1914 - Ders., Het modernisme in Ned., 1922 - G.J.Heering u.a., De Remonstranten (Gedenkboek), 1919 - F.Siegmund-Schultze, Die ev. Kirchen der Niederlande, 1922 - J.Lindeboom, Geschiedenis van het Vrijzinnig Protestantisme, 2 Bde, 1929-33 - G.J.Sirks, Het Seminarie der Remonstranten 300 jaar, 1934 - L.J.N.K.v.Aken, De Rem. Broederschap in verleden en heden, 1947. - Zum Arminianismus in England: W.H.Hutton, The Engl. Church from Charles I to the death of Queen Anne (Stephens and Hunt, A History of the Engl. Church V. VI), 1903 - W.H.Frere, The Engl. Church in the Reign of Elisabeth and James I, 1904.

W.F.Dankbaar

Arminius, *Jacobus* (Jacob Harmensz; 1560-1609), Oudewater, wurde in seiner Jugend von einem reformiert gewordenen Pastor unterrichtet. 1575 nahm der Mathematiker Rudolf Snellius ihn mit sich nach Marburg. Zurückgekehrt fand er seine Stadt von den spanischen Truppen geplündert und seine Eltern ermordet. Der Rotterdamer Pfarrer Petrus Bertius sen. nahm ihn in seine Familie auf und schickte ihn nach der Leidener Akademie, wo Snellius, der dort Lektor geworden war, ihn mit der anti-scholastischen Philosophie des Petrus → Ramus bekannt machte. Seit 1581 reiste A. ins Ausland: er studierte 1582 in Genf unter → Beza, 1583 in Basel und machte eine Reise nach Italien. Seit 1588 war er Pfarrer in Amsterdam. Der Kirchenrat gab ihm den Auftrag, D.V. → Coornhert zu widerlegen; aber schon geriet A. selber in Verdacht mangelnder Orthodoxie wegen seiner Mitarbeit an einer den Kirchlichen verhaßten (jedoch niemals eingeführten) Staatskirchenordnung (1591) und wegen seiner Korrespondenz (»Amica Collatio«) mit dem Leidener Professor Franciscus → Junius über die Prädestination. Der calvinistische Amsterdamer Pfarrer und Geograph Petrus Plancius beschuldigte ihn des Sozinianismus. 1603 wurde A. Professor in Leiden und erhielt als erster dieser Universität die Doktorwürde der Theologie h.c. Bald brachten seine milden Thesen über die Prädestination (er lehrte das allgemeine Dekret Gottes, daß die Glaubenden erwählt und die Ungläubigen verworfen werden; → Prädestination: III), seine freie Bibelauslegung und unabhängige Stellung gegenüber der Konfession ihn in Konflikt mit seinem Amtsgenossen → Gomarus und andern »präzisen« Calvinisten. Der Streit wurde in unzähligen Debatten im ganzen Lande verbreitet, selbst vor dem Hohen Rate. Die Überanstrengung durch solche Debatten untergrub die schwache Gesundheit des A. Er starb, noch bevor die von ihm verabscheuten Prädestinationsstreitigkeiten ihren Höhepunkt erreicht hatten. → Arminianer.

J.A., Opera theologica, 1629 (engl. Übers. 1825-28). - P.Bertius, Oratio in obitu J.A., 1609 - Biographien v. K.Brandt, 1724 - A.Stolker, 1809 - J.H.Maronier, 1905 - H.Y.Groenewegen, 1909 - L.D.Petit, Biogr. lijst der werken van de Leidse hoogleeraren I, 1894 - BWGN I, 228ff (Bibliogr.) - G.P.v.Itterzon, Fr.Gomarus, 1930.

W.F.Dankbaar

Armut

I. Biblisch - II. Kirchengeschichtlich - III. Ethisch

I. Biblisch

1. Die A. als wirtschaftliche Notlage (→ Armenpflege: II) wird im *AT* als gegeben vorausgesetzt. Die israelitische → *Weisheit* – ähnlich der des alten Orients und besonders Ägyptens – spiegelt die Erfahrungen wider, zeigt aber auch ein tieferes Verständnis. So kann sie in der A. ein selbstverschuldetes Übel sehen (Folge von Faulheit: Spr 6, 6-11; 24, 30-34 u.ö., von Zuchtlosigkeit: Spr 13, 18, von Genußsucht: Spr 21, 17; 23, 21; Sir 18, 33; 19, 1), aber auch ein Handeln Jahwes (zur Prüfung: Hiob, bes. Hi 1, 13-21; zur Läuterung: Hi 36, 15; vgl. PsSal 16, 13ff). In A. und Reichtum als Extremen liegen besondere Gefahren (Spr 30, 8); andererseits ist der Arme wie der Reiche ein Geschöpf Gottes (Spr 22, 2 [MT; Luther ungenau]; 29, 13; vgl. 14, 31a). Ihm zu helfen ist Pflicht (Spr 31, 9. 20; vgl. Hi 29, 12. 16; 30, 25; 31, 19) und Ehrerweis gegenüber Gott (Spr 14, 31b; 19, 17), der die Armen beschützt (Hi 5, 15; 36, 6) und die Guttat vergilt (Spr 19, 17). Schlimmer als die A. ist für den Weisen die Sünde jeglicher Art (Spr 19, 1 = 28, 6; 19, 22). Dagegen erhöhen Weisheit und guter

Wandel auch den Niedrigen (Sir 11, 1) und Armen (Pred 4, 13f; 9, 15f; Spr 28, 6). Der Arme ist verlassen (Spr 14, 20; 19, 4. 7; Sir 13, 21), wird vom Reichen und somit Mächtigeren bedrückt (Hi 20, 19; 24, 4. 14; Spr 14, 31; 30, 14) und findet nicht einmal vor Gericht sein Recht. Die *Propheten,* die diesen Tatbestand geißeln, verwerfen den Reichen nicht um seines Besitzes willen und ziehen nicht den Armen als solchen vor (vgl. Jes 9, 12 bis 16; Jer 5, 3-5). Vielmehr greifen sie den Mißbrauch des Reichtums, den Stolz und Hochmut der Reichen an, also ihre Haltung gegenüber Jahwe und ihren Mitmenschen (Jes 3, 13-15; 10, 1f; 32, 7; Am 2, 6f; 4, 1; 5, 7. 12; 8, 4. 6; Jer 5, 26-28; Ez 22, 29). Dem Unterdrücker gegenüber ist der Arme »gerecht«, dh im Recht (Am 2, 6; 5, 12; Hab 1, 13; vgl. Ex 23, 7f). – Ein unterschiedliches Verständnis der A. zeigen die *Psalmen.* Neben dem wirtschaftlich Schwachen (Ps 9f; 22, 27; 72; 82; 147, 6) kann auch ein Kranker oder sonst Leidender der »Arme« sein (Ps 22; 25; 34; 69; 76; 86; 88; 102). Auch der im Rechtsstreit zu Unrecht Gefährdete erscheint als der »Bedürftige« und »Gebeugte« (Ps 40, 18; 70, 6; 86, 1; 109, 22. 31; 140, 13), ohne daß damit seine soziale Stellung ins Auge gefaßt ist. Die Gewißheit, daß Jahwe den Armen, Bedürftigen und Gebeugten hilfreich zur Seite steht, ja daß er sie erwählt hat, beruht auf Israels Grunderfahrung der Errettung aus der Not in Ägypten. In nachexilischen Psalmen sind die »Armen« gegenüber den »Gewalttätern«, »Gottlosen« selbst die »Gerechten«, die, »die redlich wandeln« (Ps 37, 14 [vgl. dazu Ez 18, 5-9]; Ps 140). Indem der »Gebeugte« (ʿanî) der Sich- (unter Jahwe) Beugende ist, steht der Arme neben dem Frommen, geht die A. in → Demut (: I) über und erhält geradezu eine ethische Qualität. – Materielle A. als Lebensideal kennt das AT nicht (gegen Causse). Eine Partei der Armen (»Anawim«) hat es weder in Israel noch im Judentum gegeben. Nachdem im AT schon gelegentlich mit den »Armen« das auf Gottes Hilfe angewiesene Israel gemeint war (Jes 49, 13; 14, 30. 32 [?]; Ps 68, 11; 74, 19. 21), verstehen sich die »Armen« in den → Salomo-Psalmen geradezu als das wahre Israel (PsSal 10; 15; 18, 1-5); als die Frommen und Gerechten wird Jahwe sie retten. Dieses Bewußtsein und damit das Gefühl des Auserwähltseins läßt auch die Angehörigen der Gemeinschaft von → Qumran sich »Arme« (ʼæbjônîm) bzw. »Arme im Geiste« (1QM XIV, 7: ʿănwê rûaḥ; vgl. Mt 5, 3) nennen, die zwar der »gottlose Priester« vernichten wollte (1Q pHab XII, 3. 6. 10), deren sich aber Jahwe im eschatologischen Endkampf zur Niederwerfung aller Feinde bedienen wird (1QM XI, 9. 13; XIII, 14).

2. Auch im *NT* tritt zur sozialen eine religiöse Wertung der A. Der Arme steht Gott näher als der Reiche, der sich seinem Mammon widmet, dabei aber das Gebot der Nächstenliebe mißachtet (Lk 16, 19ff), der um seines Besitzes willen Jesu Ruf zur Nachfolge nicht nachkommt (Mk 10, 17ff par). Deshalb gilt den Armen wie den Kranken und Verachteten Jesu Wirken und Verkündigung des Reiches Gottes (Mt 11, 5; Lk 4, 16ff; vgl. Jes 61, 1), dessen sie teilhaftig werden sollen (Lk 6, 20; vgl. Mt 5, 3; Jak 2, 5). Der materiellen Not steht der geistliche Reichtum gegenüber, den die Armen in ihrem Glauben besitzen und anderen mitteilen können (Jak 2, 5; Apk 2, 9; 2Kor 6, 10; vgl. auch 8, 9). Die Aussendungsreden verlangen zwar den Verzicht auf Besitz (wie auch auf andere menschliche Bindungen) im missionarischen Dienst; generell fordert aber das NT die A. nicht. Wie die Gemeinschaft von Qumran (s. 1) hat wohl auch die Urgemeinde in der Selbstbezeichnung »die Armen« einen (eschatologischen) Ehrennamen gesehen. → Ebioniten.

M.Dibelius, Der Brief des Jakobus (MeyerK XV[7.8]), 1921 = 1956, 37ff – K.Holl, Der Kirchenbegriff des Paulus in seinem Verhältnis zu dem der Urgemeinde (SAB 1921, 920-947 = Holl II, 44-67) – A.Causse, Les »pauvres« d'Israël (EHPhR 3), 1922 – H.Bruppacher, Die Beurteilung der A. im AT, 1924 – W.Sattler, Die Anawim im Zeitalter Jesu Christi (Festg. A.Jülicher, 1927, 1-15) – A.Meyer, Das Rätsel des Jakobusbriefes, 1930, 146ff – H.Birkeland, ʿanî u. ʿanaw in den Pss (SNVAO 1932, 4) – A.Kuschke, Arm u. reich im AT mit besonderer Berücksichtigung der nachexil. Zeit (ZAW 57, 1939, 31-57) – RAC I, 701f – H.v.Campenhausen, Die Askese im Urchristentum (SgV 192), 1949 – J.v.d.Ploeg, Les pauvres d'Israël et leur piété (OTS 7, 1950, 236-270) – J.Ellul, Le pauvre (Foi et vie 40, 1951, 105-127) = Der Arme (EvTh 11, 1951/52, 193-209) – A.Gelin, Les pauvres de Yahvé, 1953 (Lit.) – E.Percy, Die Botschaft Jesu. Eine traditionskrit. u. exeget. Untersuchung (LUÅ 1. Avd. 49, 5), 1953, 45ff – ThW VI, 37ff (πένης). 366ff (πλοῦτος) (Lit.) sowie die Art. πραΰς, πτωχός, ταπεινός (zZ noch nicht erschienen).
Weiteres → Armenpflege: II. IV. *E.Kutsch*

II. Kirchengeschichtlich

1. Grundsätzliches – 2. Die ersten drei Jahrhunderte – 3. Orientalische Formgebungen – 4. Kirchenspaltungen des Altertums – 5. Das Abendland im Zeichen der Tradition – 6. Neue Formen im Abendland – 7. Stellungnahme der Reformation

1. Die Stellungnahme der christlichen Gemeinde zur A. hat *grundsätzlich* zwei Seiten, je nachdem es sich um die A. als sozial bestimmte Erscheinung handelt (→ Armenpflege), oder ob es um eine religiös begründete, freiwillige A. geht. Fälle, in denen ein einzelner in gemeinschaftsloser Form die freiwillige A. wählte, werden nicht selten vorgekommen sein, sie entziehen sich aber meist dem forschenden Zugriff. Deshalb ist der Historiker auf die größeren religiösen Gemeinschaften angewiesen. Grundsätzlich lassen sich *drei Hauptformen* feststellen: a) freiwilliger Verzicht auf irdische Güter seitens des einzelnen bei Besitzmöglichkeit der Gemeinschaft – diese Form wurde begründet mit dem Beispiel der Urgemeinde (vgl. auch → Qumran, 4); b) freiwilliger Verzicht auf irdische Güter sowohl beim einzelnen als auch bei der Gemeinschaft – man sah diese Art begründet mit Christi Leben und Lehre; c) innere Loslösung von der Welt: A. im Geiste – diese Form sah man gefordert durch die Gesamthaltung der Hl. Schrift, besonders der → Bergpredigt (→ Armut: I).

2. Die Christen der Urgemeinde betrachteten den Besitz als zur Verwaltung übertragenes Gut, das besonders durch Verkauf den Armen zugewendet wurde. In den *ersten drei Jahrhunderten* finden sich Beispiele für diese Haltung, so zB bei → Origenes, → Gregor dem Wundertäter, → Cyprian und → Marcion. → Hermas stellt heraus, das Eigentum sei notwendig, um die menschlichen Bedürfnisse zu decken, es komme vornehmlich auf die A. im Geiste an. Das 2.Jh. bringt keine weitere Entwicklung des A.sbegriffes. → Justin beginnt als erster mit grundsätzlichen Erörterungen: die Haltung der → Askese (: IV) verträgt sich nicht mit dem Besitz irdischer Reichtümer. Dabei muß bedacht werden, daß sich der Stand der Jungfräulichen in den ersten drei Jahrhunderten nicht direkt mit dem Vermögensverzicht verbunden hat. Im 3.Jh. ist ein Fortschreiten festzustellen. → Clemens von Alexandrien betont, unbedingt notwendig sei für jeden die Liebe zu Gott und zum Nächsten, diese erfahre aber eine starke Stütze durch die A. im Geiste. Dagegen dehnt Cyprian die Konsequenzen der A. stark auf den materiellen Bereich aus: »Je mehr man reich an irdischen Dingen wird, desto ärmer wird man bei Gott« (De opere et elemosynis, Kap. 13). Eine ähnliche Haltung nehmen schon Origenes und → Tertullian ein.

3. Mit dem Aufhören der Christenverfolgungen traten die Anachoreten (→ Mönchtum: II) zunächst des *Orients* in die bis dahin dem Märtyrer gezollte Hochschätzung ein. Als Grundsatz galt für das Anachoretentum: Wer sich als Asket in die Wüste zurückzog, gab vor-

her alles Eigentum fort. Diese Entäußerung geschah zT in recht krassen, bisweilen kynischen Formen. Der Anachoret behielt aber ein Minimum an Besitz, weil er Werkzeug und Material benötigte, um von seiner Arbeit leben zu können. Mit → *Pachomius* setzt der Übergang zur radikalen A. des einzelnen ein. Die religiöse Gemeinschaft des Zönobitentums (→ Mönchtum: II) übernahm die Beschaffung des Arbeitsmaterials und die Bewirtschaftung der Erzeugnisse. So ist der Zönobit persönlich ärmer als der Anachoret. Von ihm kann die tatsächlich oft gestellte Forderung Christi an den reichen Jüngling (Mk 10, 21) in radikaler Form verwirklicht werden, wobei ihm allerdings die Gemeinschaft mit ihrem festen Besitz eine Existenzsicherung gibt. Es handelt sich also um gesicherte A. Diese Form wurde bestimmend für die meisten religiösen Gemeinschaften der Folgezeit. Wir finden sie bei → Basilius wieder, wo der Gebrauch des Wortes »Mein« bereits als unstatthaft gilt. Basilius gibt als Begründung das Beispiel der Urgemeinde (Apg 4, 32) an und trägt wesentlich zur Vertiefung des A.sgedankens bei, indem er die A. als Konsequenz der christlichen Hoffnung bezeichnet. Johannes → Chrysostomus wurzelt gleichfalls stark im Gedanken an die Urkirche, er empfiehlt die A. jedoch allen Christen. Ausgeprägt ist bei ihm auch das psychologische Moment vom Glück des Besitzlosen. Durch Kaiser → Justinian I. wurden der freiwilligen A. dann auch allgemeingültige rechtliche Verankerungen gegeben. Im orientalischen Mönchtum setzte jedoch schon bald ein Nachlassen der A.sstrenge ein, wenngleich in der Folgezeit auch immer wieder Ansätze zu harter A. begegnen, so bei → Theodor von Studion.

Die sog. »uneigentlichen Klöster«, mit denen in *Rußland* die Bildung religiöser Gemeinschaften einsetzte, lebten vom Almosenbettel. Das weithin maßgebliche Höhlenkloster bei Kiew führte Formen des armen Lebens ein, vornehmlich durch Übernahme der Regel Theodors von Studion. Doch zeichnete sich im 11. bis 14.Jh. ein Rückgang ab, bis → Sergius von Radonesch eine erneute Wendung zu strenger A. bewirkte. Generell ist aber die persönliche, strenge A. trotz Geltung der Basilius-Regel im russischen Mönchtum selten gewesen.

4. Der Blick auf die *Kirchenspaltungen des Altertums* ergibt: In Konsequenz ihrer Auffassung, daß alles Materielle böse sei, mußten die Gnostiker (→ Gnosis: III) und Manichäer (→ Manichäismus) zur Verwerfung jedes persönlichen und gemeinsamen Besitzes neigen. Auch die Montanisten (→ Montanismus) und Novatianer waren dem Besitz gegenüber nicht von rigoroser Strenge. Von den → Apostolikern und Euchiten ist zu vermuten, daß sie auch gemeinsamen Besitz nicht kannten. Die radikale Gruppe der Circumcellionen versuchte, zT mit Gewalt, der gesamten Kirche die besitzlose A. aufzuzwingen.

5. Die A.sgedanken begannen im *Abendland* aufzuleben, als man mit der Vita des → Antonius und - durch → Athanasius - mit dem orientalischen Mönchtum bekannt wurde. Damit hängt es zusammen, daß die Formgebungen der A. für die ersten Jahrhunderte im Abendland ganz *traditionshaft* blieben. In diesem Sinne gewannen vier Werke patristischer Autoren auf lange Sicht größten Einfluß. Sulpicius Severus mit der Vita → Martins von Tours, → Augustin mit De Civitate Dei, → Gregor d.Gr. mit dem Liber regulae pastoralis und vor allem Johannes Cassianus mit De institutis coenobiorum. Bei Augustin fällt die starke Betonung genossenschaftlicher Gemeinsamkeit von Hab und Gut besonders auf. Bei ihm ist auch ein - allerdings gescheiterter - Versuch neuer Formgebung festzustellen: um 411 beabsichtigte er, im Kreise seiner Kleriker-Gemeinschaft von Hippo und Thagaste auf die Nutznießung des Kirchenvermögens zu verzichten und von den Almosen des gläubigen Volkes zu leben. Die → Benediktinerregel bleibt ganz im Traditionshaften: A. des einzelnen bei gemeinsamem Eigentum; das Wort »A.« fehlt freilich in ihr. So halten denn auch die benediktinischen Reformrichtungen von → Cluny und → Gorze die gleiche Grundlinie bei.

Eine gewisse Korrektur erfährt das gemeinschaftliche Eigentum bei den → Kartäusern. Sie verboten jeden Besitz außerhalb der Kartausen und lehnten vor allem den Zehntbesitz und die Annahme von Oblationen ab. Auch die → Zisterzienser begannen in ähnlicher Weise, doch wirkte sich die Ablehnung des Zehntbesitzes bei ihrem Prinzip der Eigenbewirtschaftung des Besitzes auf die Dauer als Sicherung des Eigentums ab.

6. Im 11.-12.Jh. begann die freiwillige A. wieder volkstümlich zu werden; sie blieb nicht mehr auf die Orden beschränkt und bildete *neue Formen* aus. Große Bedeutung haben in diesem Zusammenhang die zahlreichen Wanderprediger, von denen → Robert von Arbrissel genannt sei mit seinem Grundsatz: »Nackt dem nackten Christus am Kreuze nachfolgen«. Seine Gruppe endete allerdings wie die meisten gleicher Art beim Gemeinschaftsbesitz. Starke Betonung erfuhr die A. seitens der → Albigenser, → Katharer und → Waldenser. In ihnen klang viel von gnostisch-manichäischen Haltungen des christlichen Altertums nach, so auch die oppositionelle Formulierung: Weil die Kirche reich wurde, ist sie nicht die wahre Kirche. Bedeutung hat in diesem Zusammenhang auch die Gedankenwelt eines → Joachim von Fiore, da er die kommende Geistkirche als von der A. geprägt verkündete.

Die erwachte A.ssehnsucht fand ihre kirchliche Möglichkeit durch die Mendikanten des 13.Jh.s, vor allem durch → *Franz von Assisi*. Er formulierte die A. als ein »Leben ohne Eigentum« sowohl für den einzelnen als auch für seine Gemeinschaft. Es kommt bei ihm auch nicht nur auf die materielle A. an; sehr stark drückt er die geistliche Besitzlosigkeit der Seele Gott gegenüber aus, eine Haltung, die von der Mystik des ausgehenden Mittelalters betont gepflegt worden ist. Die universale A. ist bei Franziskus eine Konsequenz der christlichen Hoffnung. Sie begründet sich in der Nachfolge des armen Christus. Zur Bettelarmut wird sie durch den Verzicht auf Arbeitslohn-Forderungen: »Wenn uns der Arbeitslohn nicht gegeben wurde, nahmen wir Zuflucht zum Tische des Herrn, indem wir von Tür zu Tür Almosen bettelten« (Franziskus-Testament). Weil Christi Beispiel für jeden Christen verpflichtend ist, wurde die Behauptung franziskanischer Kreise, Christus habe in völliger Besitzlosigkeit und A. gelebt, als gefährlich empfunden. Papst Johannes XXII. verurteilte diese Ansicht im sog. Armutsstreit zu Beginn des 14.Jh.s und erließ ein Diskussionsverbot über den Fragekreis. Dem Ideal der A. hat dies keinen Abbruch getan, sie wurde weiterhin als Lebensform gewählt, wenn auch die Folgezeit bis heute keine neuen Ausformungen des A.gedankens gebracht hat, vielmehr stets auf bereits erarbeitete Formen dieser oder jener Art zurückgriff.

7. Während die freiwillige A. in der kath. Kirche bis heute ein religiöses Ideal geblieben ist und zu den → Evangelischen Räten zählt, lehnten die *Reformatoren* die geformte freiwillige A. wegen ihres → Gelübde-Charakters ab und behielten nur die A. im Geiste als religiöses Ziel bei. Die ev. Kirche kennt in ihren Reihen jedoch nicht nur die Besitzentäußerung einzelner, vor allem im Zusammenhang mit der Armenpflege (→ Diakonie). Verschiedentlich sind auch Ansätze zur geformten A. besonders auf der Grundlage gemeinschaftlichen

Besitzes gemacht worden, so zB bei der Herrnhuter Brüdergemeine Zinzendorfs im 18.Jh. (→ Brüderunität: II). Auch die heutige »Evangelische Franziskanerbruderschaft« der Nachfolge Christi unter Leitung von Friedrich → Heiler bekennt sich zum »apostolisch-franziskanischen Ideal der A.... Sie entsagen innerlich dem Besitz, indem sie die Anhänglichkeit an Geld und Gut ertöten. Sie erwerben und behalten an irdischem Besitz nicht mehr als für ihr eigenes Leben und für das Leben und die Erziehung ihrer Familie nötig ist«.

K.BALTHASAR, Gesch. des A.sstreites im Franziskanerorden bis zum Konzil von Vienne (Vorreformationsgeschichtl. Forsch., 6), 1911 - M.v.DMITREWSKI, Die christl. freiwillige A. vom Ursprung der Kirche bis zum 12.Jh. (Abhandl. zur Mittleren u. Neueren Gesch. 53), 1913 - H.GRUNDMANN, Religiöse Bewegungen im MA (Historische Studien 267), 1935 - L.SPÄTLING, De Apostolicis, Pseudoapostolis, Apostolinis, 1947 - RAC I, 702ff - Werkbuch zur Regel des hl. Franziskus, 1955 - K.BEYSCHLAG, Die Bergpredigt u. Franz von Assisi, 1953, bes. 166ff - K.ESSER u. L.HARDICK, Die Schriften des hl. Franziskus von Assisi (Franziskanische Quellenschriften, Bd 1²), 1956.

L.Hardick

III. Ethisch

A. ist ein relativer Begriff. Absolute A. wäre Mangel an jeglichen Existenzmitteln, bedeutete also den biologischen Tod. Arm ist der, der auf das sog. »Existenzminimum« gestellt ist. Auch einen, der sich so gut wie alle Lebensgenüsse versagen muß, nennt man noch arm. Bei sehr hohem Lebensstandard wird bescheidener Wohlstand als A. erscheinen. - A. ist in der Regel verordnetes Lebensschicksal, kann aber auch als Beruf gewählt sein.

Das A.sproblem ist der Christenheit heute anders als früher gestellt. Während ehedem jedes Volk den scharfen Gegensatz zwischen Arm und Reich in sich trug, hat ein allgemeiner Kampf um die Erhöhung des → Lebensstandardes speziell der handarbeitenden Bevölkerungsschichten bei vielen Völkern Europas den Gegensatz stark ausgeglichen oder wenigstens gemildert. Diesen »entwickelten« Völkern stehen aber die »unterentwikkelten« Völker insbesondere Asiens und Afrikas mit einem sehr geringen Lebensstandard, also einer großen allgemeinen A. gegenüber. Demgemäß hat sich das A.sproblem weithin aus einem innervolklichen in ein Problem der Völkergemeinschaft verwandelt, verflicht sich mit dem der Gerechtigkeit im Zusammenleben der Völker und wird heute gerade an dieser Stelle akut.

Auch abgesehen davon darf das A.sproblem nicht isoliert werden. Der Arme ist nicht nur der Darbende, sondern auch der, der nicht viel gilt, der mißachtet wird, dessen Einfluß und Macht gering ist, u.U. der Unterdrückte. Die A. ist nur eine Seite eines vielgestaltigen Phänomens.

Der erwähnte Kampf gegen die A. und für eine Erhöhung des Lebensstandardes ist noch mitten im Gange, und er steht weithin im Zeichen der Hoffnung und des Strebens auf eine ideale Gesellschaftsordnung, die keine A. mehr kennt und in der der Gegensatz zwischen Arm und Reich endgültig überwunden ist. Demgegenüber wird die christliche Predigt immer wieder von dem unlöslichen Zusammenhang sprechen müssen, der zwischen A. und → Sünde besteht. A. darf gewiß nicht im primitiven Sinne als Sündenstrafe angesehen werden; aber die Tatsache der A. ist Folge der Herrschaft der Sünde in dieser Welt. Ist das aber so, wird, solange diese Welt steht, die A. vielleicht Gestaltwandlungen erleben, aber grundsätzlich unausrottbar sein.

Damit darf jedoch nicht dem Verzicht auf den Kampf gegen die A. das Wort geredet werden, und zwar schon deshalb nicht, weil die A. auch unter geistlichem Aspekt gesehen werden muß und da zunächst Versuchung, Anlaß zum Unglauben und zur Verzweiflung ist. Und wenn die Hl. Schrift den Mammon als Götzen auftreten läßt (Mt 6, 24), so befindet sich der Arme, der ihn nicht hat, ihn sich aber ersehnt, nicht weniger in der Gefahr, ihn anzubeten, als der Reiche, der ihn hat. Der Segen der A., von dem auch die Bibel oft spricht, ist nur dann zu erwarten, wenn die A. innerlich und in Freiheit bejaht wird.

So hat ein Preis der A. und die Forderung eines generellen Verzichtes auf die guten Gaben Gottes (1Tim 4, 4) in einer ev. Ethik keinen Raum. Aber vom ev. Christen muß die Bereitschaft erwartet werden, verordnete A. geduldig und fröhlich zu tragen; und er darf hoffen, daß ihm dann die A. zum Segen wird. A. als in Freiheit ergriffener Beruf, wie sie für die kath. Morallehre so bedeutsam ist (→ Askese: V), ist als Möglichkeit auch in einer ev. Ethik anzuerkennen. Ein für immer verbindliches A.sgelübde (→ Gelübde: V) hat in ihr allerdings keinen Raum.

H.GEORGE, Fortschritt u. A., (1880) 1892⁵ - A.KOSTANECKI, Arbeit u. A., 1909 - S.WEBER, Evangelium u. A., (1898) 1920² - K.FARNER, Christentum u. Eigentum, 1946 - W.ELERT, Das christl. Ethos, 1949 - J.ELLUL, L'homme et l'argent, 1954 - ESL 98ff. *F.Lau*

Arnaud, *Henri,* Führer der → Waldenser, * 30.9.1641 in Embrun (Dauphiné), † 5.12.1721 in Schönenberg b. Maulbronn, studierte in Genf und Basel (1662/66), war dann Pfarrer in Piemont und in La Tour (Dauphiné), floh von dort mit seiner Gemeinde nach Aufhebung des Edikts von Nantes (→ Frankreich: I) wieder in die Waldensertäler, führte den Widerstand gegen den Herzog von Piemont, mußte aber nach Genf ausweichen. 1689 suchte er, unterstützt von Wilhelm III. von England, die Waldensertäler zurückzugewinnen (Bergfeste Balsille; Eigenbericht in »La glorieuse rentrée«, 1710); nach der Wendung des Herzogs gegen Ludwig XIV. an seiner Seite, aber nach dem Frieden von Ryswick wieder vertrieben, führte A. die französischen Waldenser 1698 in die Schweiz, nach Württemberg, Baden und Hessen-Darmstadt und wurde selbst Pfarrer in der Kolonie Dürrmenz-Schönenberg. Sein Haus ist heute »Waldensermuseum«.

J.K.MÖRIKOFER, Gesch. der ev. Flüchtlinge in der Schweiz, 1876 - K.H.KLAIBER, H.A., (1880) 1889² - E.COMBA, H.A., 1889 - NDB I, 356. *Ernst Wolf*

Arnauld, Familie des Parlamentsadvokaten *Antoine* A. (1560–1619), eine der ersten großbürgerlichen Familien, die im geistigen und politischen Leben Frankreichs eine Rolle spielten. Von Antoine A.s 20 Kindern sind zu nennen:

1. *Jacqueline* (1591–1661), 11jährig Äbtissin des Zisterzienserinnenklosters → Port Royal, führte später als solche den Namen *Mère Angélique.* Durch eine Kapuzinerpredigt zu strenger Askese bekehrt, reformierte sie seit 1608 ihr Kloster, bald auch das von Maubuisson. Hier trat sie in Beziehung zu → Franz von Sales und Frau von → Chantal. Seit 1626 leitete sie ein in der Hauptstadt gelegenes Zweigkloster, Port Royal de Paris. In ihrem geistlichen Leben machte die Verbindung mit dem Jansenisten Jean → Duvergier de Hauranne, Abt von St.-Cyran, Epoche; er wurde ihr und ihrer Nonnen Seelenführer. Eine streng asketische Ethik verband sich mit dem jansenistischen Augustinismus. In der Verteidigung ihrer Ideale hat Mère Angélique ihren Freunden und Untergebenen den Geist des Widerstandes gegen Jesuiten und Kurie eingepflanzt.

Relation écrite par la Mère A.A. sur Port Royal, hg.v. L.COGNET, 1949 - A.DELPLANQUE, Les femmes de Port Royal I, 1912 - A.GAZIER, J. de Chantal et A.A. d'après leur correspondance (1620-41), 1915 - SAINT RENÉ-TAILLANDER, La tragédie de Port Royal. La Mère A. et la reine de Pologne, 1950.

2. *Mère Agnès,* Antoines dritte Tochter (1593-1671), löste 1635 ihre Schwester Angélique (s. 1) in der Leitung von Port Royal ab; in ihre Amtszeit fällt die Zeit der Blüte und der Kämpfe um den Bestand des Klosters.

J.FRENCKEN, A.A., 1932.

3. *Antoine,* der gleichnamige jüngste Sohn (1612-94), »le grand Arnauld«, ist nach St.-Cyran der große Vorkämpfer des → Jansenismus. Seine Schrift: »De la fréquente communion« (1643) bestreitet die jesuitische Beicht- und Sakramentspraxis und fordert eine strenge Vorbereitung zur Kommunion. Seine »Apologie pour les saints pères de l'Église« sucht die augustinische Gnadenlehre als herrschende Lehre des christlichen Altertums zu erweisen. In drei Bänden hat er »La perpétuité de la foi de l'Église touchant l'Eucharistie« (1669/74) gegen den Protestantismus verteidigt; gegen → Jurieu hat er das jansenistische Verständnis der → Prädestination (: III) gegenüber dem calvinistischen abgegrenzt, allerdings unter dem Einfluß der von → Descartes befruchteten neueren Philosophie auch Abschwächungen vorgenommen. 1679 emigrierte er nach Belgien und Holland.

Ges.W. in 43 Bdn, Lausanne 1775-83. - E.MOOG, A.A.s Stellung zu den kirchlichen Verfassungsfragen im Kampf mit den Jesuiten, 1914 - H.DAUM, Pierre Jurieu u. seine Auseinandersetzung mit A.A. im Streit um die Rechtfertigungs- u. Gnadenlehre, 1937.

4. *Henry* (1597-1692), seit 1649 Bischof von Angres, wo er trotz jansenistischer Grundhaltung in den Kämpfen um Port Royal eine Mittelstellung einnahm.

5. *Robert* (d'Andilly) (1588-1674), Hofmann, seit 1646 Einsiedler in der Umgebung von Port Royal.

C.COCHIN, H.A., 1922.

Zum Ganzen: EC I, 2005ff u. die Lit. über → Jansenismus, → Port Royal, vor allem J.ORCIBAL, Les origines du Jansénisme, 3 Bde, 1947/48. *W.Maurer*

Arnd (Arndt), *Johann* (1555-1621), * in Edderitz bei Köthen, im geistlichen Amt in Badeborn/Anh., Quedlinburg, Braunschweig, Eisleben und Celle, hier seit 1611 als General-Sup. für Lüneburg. Berühmt geworden ist A. durch sein großes Erbauungsbuch »Vier (später sechs) Bücher vom wahren Christentum« (1. Buch: 1606, 4 Bücher 1610) und durch sein »Paradiesgärtlein aller christlichen Tugenden« von 1612. Das »Wahre Christentum« ist das erste deutsche luth. Erbauungsbuch für das Volk und das, das am stärksten nachgewirkt hat. Die »Reformorthodoxie« (Leube), das luth. Gesangbuch, die luth. Gebetsliteratur und der deutsche luth. → Pietismus sind stark von A. befruchtet. A.s Luthertum scheint unantastbar, denn 1590 beim Übergang Anhalts zum ref. Bekenntnis schied A. von seinem Amte. Aber die unbefangene Art, in der A. Anregungen mittelalterlicher und anderer Mystiker aufgenommen hat (→ Bernhard von Clairvaux, → Angela von Foligno, → Deutsche Theologie, Val. → Weigel u.a.), die Anziehungskraft, die er auf Sektierer seiner Zeit ausübte (Schwenckfeldianer u.a.), die Art und Weise, in der er die sittliche Heiligung gegenüber der Rechtfertigung betonte und das luth. Wort- und Glaubenschristentum in ein Gefühlschristentum zu verwandeln drohte, sind die Ursache schwerer Angriffe auf A. geworden (die A. → Ritschl in seiner Geschichte des Pietismus im 19.Jh. wieder aufgenommen hat). A.s naturwissenschaftliche Interessen und gewisse rationale Züge in seiner Theologie machen deutlich, wie sehr er in die Zukunft weist. In mancherlei Hinsicht ist er dem ihm befreundeten Joh. → Gerhard verwandt.

J.A.s Geistreiche Schriften u. Werke, hg.v. J.J.RAMBACH, 1734-36; Auswahlausg. v. W.KOEPP, 1912; J.A., Lebensworte aus dem wahren Christentum u. dem Paradiesgärtlein, zusammengest. v. W.A. WAGNER, 1955[1.2]. - JÖCHER-ADELUNG I, 1784, 1107f (Bibliogr.) - J.WINTER, J.A., 1911 - W.KOEPP, J.A., 1912 - H.LEUBE, Die Reformideen in der deutsch-luth. Kirche zur Zeit der Orthodoxie, 1924 - P.ALTHAUS sen., Forschungen zur ev. Gebetslit., 1927. *F.Lau*

Arndt, 1. *Ernst Moritz,* * 26.12.1769 in Schoritz (Rügen), † 29.1.1860 in Bonn, aus bäuerlicher, zunächst leibeigener Familie, studierte 1789/94 in Greifswald und Jena Theologie, Geschichte, klassische Philologie, aber auch Erdkunde und Naturwissenschaften. Nach seiner Hauslehrerzeit bei Pfarrer L.G. → Kosegarten und seiner Bildungsreise wurde A. 1800 PDoz. für Geschichte und Philosophie in Greifswald, 1805 ao. Prof., nach seinem schwedischen Exil 1812 Mitarbeiter des Frhr. vom → Stein und schließlich 1818 Prof. in Bonn, aber bereits 1820 wegen angeblicher demagogischer Umtriebe suspendiert und ohne Abschluß des Verfahrens erst 1840 von Friedrich Wilhelm IV. rehabilitiert. 1848 ist A. als Abgeordneter für Solingen in der Paulskirche Anhänger der preußischen Erbkaiserpartei. - Trotz starker Neigung zu Schweden und anfänglicher Geringschätzung Preußens entschied sich der leidenschaftliche und wandlungsreiche Mann 1810 für Preußen-Deutschland. Für sein mit germanischen Rechtsideen arbeitendes Volkstumsverständnis ist der Einfluß des Schweden Thorild wichtig, ebenso für den erfolgreichen Kampf gegen die Leibeigenschaft. »Germanien und Europa« streitet 1803 gegen den Absolutismus und seine römische Wurzel. → Schiller und → Schelling, die Antike und auch die zunächst begrüßte französische Revolution bestimmen A.s Persönlichkeitsideal. In dem Buch »Geist der Zeit« (I, 1806) setzt A. dem napoleonischen Universalismus und Rationalismus ein romantisch-mittelalterliches Gesamtdeutschland im Rahmen gesamtgermanischer Kultur ständischer Volksfreiheit entgegen, und aus Luther liest er ein natürliches, menschenfreundliches (Nachwirkung → Rousseaus!) Christentum mit rationalistisch-pantheistischem Hintergrund heraus. Alles verbindet sich gegen das antichristlich entartete Frankreich zum Ideal der germanisch-christlichen Volkspersönlichkeit und Völkergemeinschaft, das in Kampfschriften und (at. gefärbten) -liedern gepredigt wird (Katechismus für den teutschen Kriegs- und Wehrmann; Der Rhein, Teutschlands Strom, nicht Teutschlands Gränze, 1813; Was ist des Deutschen Vaterland? Der Gott, der Eisen wachsen ließ). Hinzu treten etwas unklare ständische Verfassungsideen und Programme für Bünde der geistigen Führer (Entwurf einer teutschen Gesellschaft). A. fördert damit unbewußt und im Grunde gegen seinen Gedanken der völkerverbindenden Funktion Deutschlands, aber nicht ohne gefährliches Spielen mit dem Völkerhaß das Aufkommen eines deutschen Nationalismus in neuromantischer Färbung. Ziel seiner Hoffnung war Preußen. Die Freundschaft mit Gneisenau, Jahn u.a., auch mit → Schleiermacher führte ihn zu einer Stellung zwischen revolutionärem Liberalismus und Reaktion und machte ihn zum entschlossenen Mahner zu deutscher Einigkeit, unter Verzicht auf Österreich. Der nationalen Einheit soll auch die Wiederversöhnung der Konfessionen als Verbindung prot. Freiheit und kath. Autorität zu einem Nationalchristentum dienen. Ein praktisch-lebendiger Glaube an Gottes Führung spricht sich werbend in A.s Kirchenliedern aus, die stärkere Rückwendung zu Luther verraten, aber auch gelegentlich mystisch-pessimistische Weltverneinung (Ich weiß, woran ich glaube; Ziel eines einheitlichen Gesangbuchs, Von dem Wort und dem Kirchenliede, 1819). In Bonn verschärfte sich zugleich die Bekämpfung des internationalen Katholizismus.

Sämtl. Werke, hg.v. H.RÖSCH, H.MEIMER, E.SCHIRMER, 14 Bde, 1892/1909 - Geistliche Lieder, hg.v. R.ECKHART, 1910 - Zahlreiche Auswahlausgaben, aber noch keine kritische Edition. - Über A.: RE XXIII, 117ff - NDB I, 358ff - E.MÜSEBECK, E.M.A., 1914 -

H.KERN, E.M.A. (Die großen Deutschen II, 1935, 503-523) - G. LANGE, Der Dichter A., 1910 - F.GUNDOLF, Hutten, Klopstock, A., 1924 - H.LAAG, Die religiöse Entwicklung E.M.A.s, 1926 - E.CREMER, E.M.A. als Geschichtsschreiber, 1926 - R.FLAD, Der Begriff der öffentl. Meinung bei Stein, A. u. Humboldt, 1929 - W.v.EICHHORN, E.M.A. u. das deutsche Nationalbewußtsein, 1932 - H.PLATH, E.M.A. u. das Bild vom deutschen Menschen, 1935 - R.FAHRNER, A.s geistiges u. polit. Verhalten, 1937. - A.-Museum in Bad Godesberg. *Ernst Wolf*

2. *Joh. Friedrich Wilhelm* (1802-81), einer der bedeutendsten Prediger im Berlin des vorigen Jh.s, der es verstand, die Auslegung des im Text enthaltenen Kerygmas im pietistisch-positiven Sinn mit seiner Anwendung auf die Verhältnisse der Zeit, namentlich auf die um die Mitte des Jh.s einsetzenden sozialen und kirchlichen Veränderungen zu verbinden. Dadurch gewann er beachtlichen Einfluß auf den Hof und die verantwortlichen Kreise. Außer seinen sehr zahlreichen gedruckten Predigten (Vaterunser, Bergpredigt, Gleichnisse u.a.) hatten seine erbaulichen Schriften weite Verbreitung gefunden.

Bibliogr. im Gesamtkatalog der preuß. Bibliotheken, Bd 6, 1934, 944ff. - RE II, 113ff - RGG² I, 558. *A.Niebergall*

Arnim-*Suckow, Harry Kurt Eduard Carl v.*, Graf (1870), Diplomat, * 3.10.1824 in Moitzelfitz (Hinterpommern), † 19.5.1881 in Nizza, Legationssekretär in Rom, preußischer Gesandter in Lissabon, Kassel, München, seit 1864 beim päpstlichen Stuhl (1868 auch für den Norddeutschen Bund). A. unterstützte beim → Vatikanum die Gegner des Unfehlbarkeitsdogmas, nachdem er vergeblich für Zulassung von Regierungsbevollmächtigten beim Konzil eingetreten war. Die Unterdrückung antiprotestantischer Schärfen in den Konzilsbeschlüssen scheint zT auf ihn zurückzugehen; dagegen vermochte er den deutschen Episkopat nicht zu geschlossenem Protest zu bewegen. Nach Beteiligung an den Friedensverhandlungen mit Frankreich wurde A. 1872 Botschafter des Reichs in Paris (Regelung der Kriegsentschädigung), geriet aber aus seiner sehr konservativen, die Wiederaufrichtung der Monarchie in Frankreich betreibenden Einstellung in Konflikt mit Bismarck, wurde jedoch erst 1874 abberufen und im Zusammenhang mit diplomatischen Enthüllungen sowie wegen Zurückhaltung von Aktenstücken zu Gefängnis (»Arnim-Paragraph« 353a RStrGB), nach persönlichen Angriffen auf Bismarck (Pro Nihil. Vorgeschichte des Arnimschen Prozesses, Zürich 1876) des Landesverrats sowie der Beleidigung des Kaisers und Bismarcks angeklagt und in Abwesenheit zu fünf Jahren Zuchthaus verurteilt. In seinen kirchenpolitischen Broschüren (Der Nuntius kommt, 1878; Quid faciamus nos? 1879) vertrat A. die These, daß 1870 die Gelegenheit zur Gründung einer romfreien deutschen kath. Kirche versäumt worden sei. A. warnte frühzeitig vor einem → Kulturkampf.

NDB I, 373 - Darstellung der in der Untersuchungssache wider ... A. stattgehabten öffentl. Verhandlungen, 1875 - E.v.WERTHEIMER, Der Prozeß A. (PrJ 222, 1930, 117-133. 274-292 - F.HARTUNG, Bismarck u. Graf H.v.A. (HZ 171, 1951, 47-77) - G.FRANZ, Kulturkampf, 1954 - F.HANUS, Die Preussische Vatikangesandtschaft 1747-1920, 1954, 290ff. *Ernst Wolf*

Arnobius, 1. *der Ältere*, Rhetor zu Sicca in Numidien, Lehrer des Lactantius, erst Heide und Bekämpfer des Christentums. Als Beweis für die Aufrichtigkeit seiner Konversion soll er 304/310 seine 7 Bücher Adversus nationes geschrieben haben, in rhetorischem, oft derbem Latein, erhalten nur im Cod. Paris 1661 saec. IX. - Die beiden ersten Bücher bieten eine Apologie des Christentums voll Polemik gegen die Heiden, die fünf folgenden bekämpfen die heidnische Götterlehre. Der Gottesbegriff des A. ist epikureisch-stoisch-neuplatonisch gefärbt. Gott Vater ist der Hauptgott, der sich allerdings um die Welt nicht kümmert; Christus ist ihm untergeordnet. Den Heidengöttern wird Existenz nicht abgesprochen. Die Seele ist körperlich, daher sterblich; sie stammt nicht von Gott, sondern von einem Mittelwesen zwischen Gott und den Menschen. Durch die Gnade Gottes erlangt sie aber Unsterblichkeit. Die Polemik des A. gegen die Heidengötter beruht auf Varro, abhängig ist er auch von Tertullian, Clemens, besonders aber von Marcion. Das AT lehnt er daher ab. → Altchristliche Literaturgeschichte, 3 b.

Ausg.: A.REIFFERSCHEID, CSEL 4, 1875; C.MARCHESI, Turin (1934) 1953². - Übers.: J.ALLEKER, 1858. - E.RAPISARDA, Arnobio, 1945 - ALTANER, 152f - RAC I, 709 - J.QUASTEN, Patrology II, 1953, 383 (Lit.) - F.SCHEIDWEILER, A. u. der Marcionitismus (ZNW 35, 1954, 42-67). *R.Hanslik*

2. (von Sicca) *der Jüngere*, Mönch vermutlich afrikanischer Herkunft, lebte seit 432 als Flüchtling vor den Vandalen in Rom. Er bekämpfte die Gnadenlehre → Augustins zugunsten pelagianischer Anschauungen.

Commentarii in psalmos (allegorische Deutung aller Psalmen mit dogmatisch-polemischen Exkursen); Expositiunculae in evangelium (Scholien zu Joh, Mt und Mc); Conflictus Arn. cath. cum Serapione Aeg. (Streitschrift gegen den Monophysitismus); Liber ad Gregoriam (asketische Trostschrift an eine römische Aristokratin); Praedestinatus (von G.MORIN dem A. zugewiesen). - Ausgaben: MPL 53 - G.MORIN, Anecdota Maredsol. 3, 3. 1903, 129-151 - Ét., textes, découv. 1, 1913, 383-439 - ALTANER, 407 (Lit.) *H.Kusch*

Arnold *von Brescia* (* um 1100 in Brescia, † 1155 in Rom). Zum Kleriker bestimmt, studierte er bei Abaelard in Paris (?) und wurde in Brescia Regularkanoniker und Propst eines Augustinerchorherrenstifts (S.Petrus de Ripa?). Von den Idealen der gregorianischen Reformpartei, wohl auch der → Pataria ergriffen, vertrat er sie unbedingt und bekämpfte den Besitz der Kleriker und Mönche, die Regalien der Bischöfe; die Kirchengüter sollten an die weltliche Macht fallen, die Geistlichen vom Zehnten leben. A. gab durch Askese und Bettel selbst das Vorbild, »ein gewaltiger Prediger der Weltverachtung«. Seine Predigt unterstützte indirekt auch die Freiheit der Städte vom bischöflichen Stadtherrn. Auf Betreiben des Ortsbischofs forderte Innozenz II. 1139, vielleicht auf dem Laterankonzil, A. zum Schweigen und Verlassen Italiens auf. Als A. 1140 auf dem Konzil von Sens offen Abaelards Partei ergriff, verhängte der Papst Klosterhaft; doch bald lehrte A. in Paris Theologie und fand mit seiner Bibelerklärung und mit Angriffen gegen die Bischöfe bei ärmeren Studenten Gehör. → Bernhard von Clairvaux, von A. als eitel attackiert, erwirkte A.s Vertreibung aus Frankreich, ließ ihn auch in Zürich nicht Fuß fassen und verfolgte ihn bis Böhmen, wo A. beim Kardinallegaten Guido Schutz fand. Dieser vermittelte wohl 1145 oder später die Aussöhnung A.s mit Eugen III. in Viterbo; an Roms Wallfahrtsstätten tat A. Kirchenbuße. Dem römischen Aufstand gegen den päpstlichen Stadtherrn (seit 1144) stand A. zunächst fern, begann aber 1147 erneut, u.a. auf dem Kapitol, zu predigen, sammelte Fromme, vor allem Frauen, um sich, verlangte ein schriftgemäßes Leben der Geistlichen, kritisierte simonistische Priester, verweltlichte Kardinäle und den Papst, der mit Brand und Mord Macht übe, sein Fleisch mäste und den Beutel fülle, anstatt den Aposteln nachzufolgen. A. stützte so das römische Autonomiestreben, verwarf die → Konstantinische Schenkung als Fälschung und forderte für Rom Freiheit und Achtung, zu deren Wahrung er sich eidlich verpflichtete. Vom Papst 1148 gebannt, behielt er doch seinen Einfluß, bis die Annäherung → Hadrians IV. an → Friedrich Barbarossa Rom zum Einlenken zwang. A. wurde 1155, bis zuletzt ungebeugt, vom päpstlichen Stadtpräfekten wohl in Monterotondo gehängt und seine Asche in den Tiber gestreut. A. predigte nur die → Armut (: II) der Kirche, keine dogmatischen Häresien, wie man ihm vorwarf. Seine Anhänger, Arnoldisten oder Lombardische Ketzer genannt, mehr in Oberitalien als in Rom verbreitet, waren keine organisierte Sekte und verloren sich bald unter → Waldensern und → Katharern. A. suchte nicht nur das Ideal der Zeit, die reine, weltfreie Kirche, sondern wollte von der Hierarchie ihre Verwirklichung erzwingen; daß er seine religiöse Predigt nicht von politischer, weltlicher Verflechtung freihalten konnte oder wollte, wurde ihm zum Verhängnis und macht ihn bis heute zur umstrittenen Figur.

G.W.Greenaway, A. of B., 1931 - A.Ragazzoni, A. da B. nella tradizione storica, 1937 - A.DeStefano, Riformatori ed eretici del medioevo, 1938 - P.Fedele, Fonti per la storia di A. da B., 1938 - Haller III, 88 ff - A.Frugoni, A. da B. nelle fonti del secolo XII, 1954. *A.Borst*

Arnold, 1. *Carl Franklin,* * 10.3.1853 als Sohn des Pfarrers Franklin Luther A. in Williamsfield (Ohio), Nachkommen von 1635 ausgewanderten englischen Puritanern. A. wurde 1886 PDoz. in Königsberg, 1888 ao., 1895 o. Prof. für KG in Breslau. † 1927.

Die neron. Christenverfolgung, 1888; Studien zur Plinian. Christenverfolgung, 1888; Cäsarius von Arelate, 1894; Die Vertreibung der Salzburger Protestanten, 1900; Die Ausrottung des Protestantismus in Salzburg, 1900/01; Gesch. der alten Kirche bis auf Karl d.Gr., 1919 *Ernst Wolf*

2. *Eberhard,* * 1883 als Sohn von 1, † 1935. Aus der Deutsch-christlichen Studentenvereinigung (→ Studentenverbände) hervorgegangen und angeregt durch die → Religiös-soziale Bewegung und die → Jugendbewegung, trat A. für die praktische Verwirklichung völliger Lebens- und Arbeitsgemeinschaft ein. Richtunggebend waren ihm dafür Glaube und Lebenshaltung des Urchristentums, aber auch das Beispiel der Hutterischen Brüder (→ Täufer). 1920 gründete er eine Siedlung in Sannerz, Kreis Schlüchtern, die das Beispiel einer auf dem Evangelium begründeten neuen Lebensordnung geben sollte. Mit diesem Gemeinschaftszentrum war ein Buchverlag und ein Heim für Waisenkinder verbunden. Die Gemeinschaft fand ihre Fortsetzung auf dem 1927 von A. gegründeten → Bruderhof im Kreise Fulda.

Vf. u.a. Urchristliches u. Antichristliches im Werdegang Nietzsches, 1910; Lebensbeweise lebendiger Gemeinden, 1914; Innenland. Ein Wegweiser in die Seele der Bibel, (1918) 1936; Die Religiosität der heutigen Jugend, 1919; Die ersten Christen nach dem Tode der Apostel. Aus sämtl. Quellen der ersten Jh.e hg., 1925 - Über A.: E.A. Aus seinem Leben u. Schrifttum. Ein Zeugnis für völlige Gemeinschaft, 1953 - NDB I, 384f. *H.Zumpe*

3. *Gottfried* (1666–1714), * in Annaberg (Erzgeb.) als Gymnasiallehrerssohn, ging A., von der Wittenberger Orthodoxie nicht befriedigt, 1689 in Dresden zu → Spener über und schloß sich bald als Hauslehrer in Quedlinburg dem mystisch-spiritualistischen Pietistenkreise unter Johann Heinrich und Susanna Sprögel an, die 1700 A.s Consilia et Responsa Theologica (mit viel autobiographischem Material) herausgab. Er erforschte mit bewundernswertem Fleiß das Urchristentum, um es der verdorbenen Kirche als Modell vorzuhalten (Die Erste Liebe d.i. Wahre Abbildung der ersten Christen nach ihrem lebendigen Glauben und heiligen Leben, 1696). 1697 als Historiker an die pietistische Universität Gießen berufen, verzichtete er schon 1698 auf dieses Amt aus grundsätzlicher Absage an die Universitätstheologie, ging nach Quedlinburg zurück und verfaßte mit wesentlicher Beihilfe F. → Brecklings die »Unparteiische (dh unkonfessionelle) Kirchen- und Ketzerhistorie von Anfang des NT bis 1688« (1699). Sie stellte ein unkonfessionelles, aus der Wiedergeburt erwachsenes Christentum als wahren Sinn der Kirchengeschichte hin und kehrte damit die bisherige dogmatische Betrachtung um, so daß die »Ketzer« (insbesondere die Mystiker) als die wirklichen Christen erschienen. Die seit dem griechischen Mönchtum konzipierte, von → Joachim von Fiore auf die Höhe geführte Abfallstheorie gipfelt in A. (die Geschichte der Kirche ist Abfall von ihrem Ursprung).

Nach mystischem Grundsatz, der nur die Liebe zur himmlischen Sophia erlaubt, ehefeindlich, vermählte er sich dennoch 1701 mit Sprögels Tochter Anna Maria, fand ein bedingt positives Verhältnis zur Kirche und nahm Pfarrämter an. Das Eindringen preußischer Soldatenwerber in den Pfingstgottesdienst in Perleberg/Altmark gab ihm den Todesstoß.

Außer seinen 52 Büchern verfaßte er Kirchenlieder, die durch biblische Tiefe und Sprachgewalt zu den Perlen pietistischer Dichtung zählen (O Durchbrecher aller Bande; So führst du doch recht selig, Herr, die Deinen). Die Bedeutung seiner Kirchengeschichtsschreibung beruht formal auf der umfassenden, so nicht wieder erreichten Quellenbenutzung, inhaltlich auf der radikalen Verinnerlichung, die die idealistische Formel vorbereitet: Geschichte ist Menschenbildung. Träger der Kirchengeschichte ist der wiedergeborene Mensch. Diese Schau nimmt nicht nur das täuferische Geschichtsbild (Sebastian → Franck, Hutterische Brüder [→ Täufer]) auf, sondern löst in grundsätzlicher Ablehnung jeder Institution und Form alles Gegebene in Bewegung auf. Diese Entdogmatisierung und Individualisierung hat über die Theologie hinaus das gesamte neuzeitliche Geschichtsverständnis beeinflußt. Kirchengeschichte wird Frömmigkeitsgeschichte (A. → Neander, J.v. → Walter), Weltgeschichte wird Biographie und psychologische Motivgeschichte (→ Dilthey). Nachwirkungen sind wahrnehmbar bei seinem Schüler → Dippel, bei → Lessing, → Herder, → Semler, → Novalis, → Schleiermacher, → Goethe, von den Kirchenhistorikern bei → Weismann und → Mosheim. → Leibniz, J.H.Feustking und E.S. → Cyprian verwarfen, → Thomasius begrüßte die Kirchen- und Ketzerhistorie.

Fr.Dibelius, G.A., 1873 (Bibliogr.) - B.Willkomm, G.A. als professor historiae in Gießen (Mitt. des oberhess. Geschichtsver. 9, 1900, 53-73) - W.v.Schröder, G.A. (Beitr. z. neuer. Lit.gesch. 9), 1917 - E.Seeberg, G.A. Die Wissenschaft u. d. Mystik s. Zeit, 1923 - W.Nigg, Das Buch der Ketzer, 1949 - F.Tanner, Die Ehe im Pietismus, 1952. *M.Schmidt*

Arnoldi, 1. *Bartholomäus, von Usingen* (in Nassau; ca 1462–1532), Lehrer → Luthers (: I), später sein Ordensgenosse und zuletzt sein Bekämpfer, in Erfurt 1484 Student, 1491 magister artium, neben Jodocus → Trutvetter Lehrer der Philosophie und bekannter, auch von Humanisten geschätzter Schriftsteller, trat erst als Fünfzigjähriger auf Luthers Zureden 1512 in den Augustinereremitenorden ein, 1514 Doktor der Theologie, kritisierte die Scholastiker, hielt aber 1518 gegen Luther am Orden fest. Aus Erfurt 1525 vertrieben, visitierte er Klöster der Diözese Würzburg, predigte im Augsburger Dom während des Reichstages 1530, griff offen die kirchlichen Mißbräuche an und war an der → Confutatio (→ Augsburger Bekenntnis) beteiligt.

A. ist bedeutsam als Logiker, Naturphilosoph und Pädagoge. Aus der Verbindung seines Ockhamismus mit dem Moralismus des Humanismus erklärt sich seine antireformatorische Haltung. In seinem Libellus von der Rechtfertigung 1526 lehnt A. die reformatorische Gerechterklärung ab und lehrt, dabei doch synergistisch, eine innere Gerechtmachung durch die rechtfertigende und heiligmachende Gnade, als unverdientes Geschenk der göttlichen Barmherzigkeit. Der kirchentreue Theologe A. war ein kleiner, konservativer, aber in seiner Weise ehrlicher Geist und zeigt die Begrenztheit dieses bereits antiaristotelisch und humanistisch gemilderten Nominalismus in seinem baldigen Stehenbleiben nach gewissen reformatorischen Ansätzen.

Vf. u.a.: Parvulus philosophiae naturalis, 1499; Compendium totius logices, 1500; Exercitium de anima, 1507; Interpretatio Donati Minoris, 1511; De tribus necessario requisitis ad vitam christianam que sunt gratia, fides et opera. Contra Lutheranos, Hussopycardos, 1526; Sermo de s. cruce, 1524. - Luther über A.: WAB 2 Nr. 511 u. 534 - N.PAULUS, Der Augustiner B.A. von U., 1893 (Bibliogr.) - RE II, 127f - P.DUIJNSTEE, Polemica de s. eucharistiae sacramento inter B.A. de U. eiusque olim... discipulum M.Lutherum, 1903 - CathEnc I, 749 - O.SCHEEL, Martin Luther I, 1917²; II, 1930³·⁴ - LThK I, 695 - Augustiner-Gemeindeblatt 1935, 43 ff - EC I, 2013 - NDB I, 388f. *E.Barnikol*

2. *Wilhelm,* * 4.7.1798 in Badem (Eifel) als Sohn eines Schmiedes, † 7.1.1864 in Trier. A. wurde 1821 Priester und Prof. für AT und Homiletik in Trier, 1826 Pfarrer in Laufeld, 1831 Dechant in Wittlich, 1834 Domkapitular und -prediger in Trier. 1839 wurde er hier zum Bischof gewählt, aber erst nach zweimaliger Resignation und Wiederwahl trotz unnachgiebiger Haltung in der Mischehenfrage und Verweigerung des Eides staatlicherseits bestätigt und 1842 inthronisiert. Die Ausstellung des Hl. → Rockes 1844 kündigte das streng kirchliche Restaurationsprogramm an und löste die Bewegung des → Deutschkatholizismus (J.Ronge) aus. A., als Prediger nicht ohne starken Eindruck, förderte das Erziehungs- (bischöfliches Knabenkonvikt), Missions-, Kloster- und Exerzitienwesen mit beachtlichem Erfolg.

Übers. der Homilien des hl. Joh. Chrysostomus über die Briefe des hl. Paulus, 6 Bde, 1831/40; Predigten, hg.v. J.KRAFT, 3 Bde 1868/70. - Über A.: LThK I, 696 - NDB I, 390f. - J.KRAFT, W.A. 1865 - S.BEISSEL, Gesch. d. Trierer Kirchen, 1889 - K.BACHEM, Vorgesch., Gesch. u. Politik der deutschen Zentrumspartei I, 1927. *Ernst Wolf*

Arsames, nach griech. Quellen von Megabyzos 455/54 vChr zum persischen Satrapen in Ägypten ernannt, half Darius II. (424-404) auf den Thron zu bringen. Nach babylonischen Urkunden aus Nippur besaß er Güter in Babylonien. Weiteres über ihn brachten die → Elephantine-Papyri. 410 reiste er »zum König« (dh nach Susa), als der jüdische Tempel in Elephantine zerstört wurde. In einer von dem Statthalter in Judäa und dem Sohn Sanballats (Delaja) diktierten Instruktion (um 408?) wird die Anwesenheit des A. in Ägypten vorausgesetzt. Die mehrjährige Abwesenheit von seinem Posten, seine administrative Tätigkeit und der Verwaltungsapparat der Satrapie empfangen neues Licht durch die von L.Borchardt in Ägypten erworbenen aramäischen Lederurkunden (G.R.Driver). Zehn Briefe stammen von A., drei davon sind von Susa oder Babel aus an seinen ägyptischen Verwalter Naht-Hor gerichtet. Drei weitere Briefe an Naht-Hor sind von anderen Absendern verfaßt. A.s Kunstsinn bezeugt eine Briefnotiz über einen Bildhauer, dem er in Susa Aufträge gab, die dieser in Ägypten ausführen sollte. Daß A. die Wiederherstellung des jüdischen Tempels gestattet hat, ergibt sich aus der Erwähnung des Tempels in Brooklyner Elephantine-Urkunden, von denen etliche noch in die Anfangszeit Artaxerxes' II. (404-358) gehören.

Allgemeines → Elephantine-Papyri. Griech. u. bab. Texte im Anhang zu DRIVER (ohne Übersetzung). Bab. Nachweise: RLA I, 155ff. - G.R.DRIVER, Aramaic Documents of the Fifth Century B.C. 1954 (vgl. den Vorbericht in ZAW 62, 1949/50, 220f sowie die von D. nicht erwähnte erstmalige Erschließung des Urkundeninhalts durch E.MITTWOCH, MGWJ NF 47, 1939, 93f) - H.CAZELLES, Nouveaux documents araméens (Syria 32, 1955, 75-100; mit Nachträgen von G.R.DRIVER). *E.G.Kraeling*

Artemon (*Artemas*), † in Rom gegen 270 (?), wird als Adoptianer und Fortsetzer des von → Theodotus dem Gerber begründeten Monarchianismus bezeichnet (→ Adoptianismus, 2). Nähere Nachrichten über ihn fehlen.

Euseb. h.e. V, 28; VII, 30. - Lit. → Adoptianismus. *A.Hamel*

Artes liberales, ein System antiker und mittelalterlicher Allgemeinbildung (ἐγκύκλιος παιδεία), das auf griechische Sophisten zurückgeht. Seneca (ep. 88) spricht von den »a.l.«. Sie lehren formales und reales Wissen, keine technischen Fertigkeiten (Malerei, Bildhauerei). »Liberal« heißen sie, weil sie eines freien Mannes würdig sind. Sie stellten die Propädeutik der Philosophie dar. Am Ausgang der Antike blieben sie als einziger allgemeiner Wissensbestand übrig. Seit Varro und Augustinus lag die Siebenzahl fest und auch die im ganzen MA erhaltene Reihenfolge: Grammatik, Rhetorik, Dialektik (seit → Isidor von Sevilla: Trivium) und Arithmetik, Geometrie, Musik, Astronomie (in dieser Zusammenstellung seit Archytas von Tarent; von → Boethius: Quadruvium, später: Quadrivium genannt). Die für das MA maßgebende Darstellung gab Martianus Capella (spätes 4.Jh.) in »De nuptiis Philologiae et Mercurii« (ed. A.Dick 1925). Die wichtigsten Träger der Artes-Überlieferung sind: → Boethius, → Cassiodor, → Isidor von Sevilla, → Alkuin, die Schule von Chartres → Hugo von St. Viktor, → Johann von Salisbury. Die a.l. waren Lehrplan und Lehrstoff der Mittelschulen; die Universitäten des MA haben sie in der Artistenfakultät wissenschaftlich gepflegt und ausgebaut. Heute noch nennt man im angelsächsischen Raum die formale, humanistische Bildung ein Studium der »liberal arts«.

H.-I.MARROU, Histoire de l'Éducation dans l'Antiquité, (1948) 1950² - E.R.CURTIUS, Europäische Lit. u. lat. MA, 1948 - W.WÜHR, Das abendländische Bildungswesen im MA, 1950 - MANITIUS I-III - J.ISAAC, Le Peri Hermeneias en Occident 1953. *H.Wolter*

Arzt und Seelsorger. A. und Priester sind in vielen Religionen eine Einheit gewesen. Der antike Tempelbereich war beides zugleich: Kultstätte der Anbetung und Heilstätte für die Kranken (vgl. Epidaurus). Die Berufssynthese des Priester-A.es mußte zerbrechen im Zusammenhang mit dem Mündigwerden der naturwissenschaftlichen Forschung (Diepgen). Das von den verschiedenen Ausbildungswegen her seit dem MA unvermeidliche Auseinanderfallen von Medizin und Theologie hat sich für A. und Seelsorge ungünstig ausgewirkt. Die Theologie neigt zu einem »Spiritualismus«, der die Bedeutsamkeit der leiblichen Vorgänge für das Leben des Glaubens nicht mehr zu sehen vermag, während die Heilkunde, nachdem sich die Trennung durchgesetzt hat, weithin den Menschen nur noch unter biologischen und physiologischen Gesichtspunkten betrachtete und darüber die Person als Schicksal und Gewissen vergaß. Unter der Einwirkung der bahnbrechenden Erkenntnisse von Psychotherapie (→ Psychoanalyse) und psychosomatischer Medizin (→ Psychosomatik) hat sich in unseren Tagen eine neue und verheißungsvolle Begegnung zwischen A. und S. angebahnt. Nachdem bereits 1925 in Berlin eine Arbeitsgemeinschaft A.u.S. (mit gleichnamiger Schriftenreihe) entstanden war, haben sich nach 1945, nicht zuletzt dank der Mitwirkung der Ev. → Akademien, an vielen Orten, teils locker, teils organisatorisch fester gefügt, derartige Arbeitsgruppen gebildet, in enger Zusammenarbeit mit ähnlichen Bestrebungen in anderen Ländern, zB Médecine de la Personne in Genf und Athen, Congrès Médico-Social Protestant in Frankreich. 1954 erfolgte die Gründung einer Europäischen Arbeitsgemeinschaft. Ein ökumenischer St.Lukasorden für Krankenseelsorge hat sich besonders die Betreuung der Selbstmord-Gefährdeten mit Hilfe einer »Telefonzentrale für Lebensmüde« zur Aufgabe gesetzt.

Die Theologie gewinnt von neuem den Blick für den Zusammenhang von »Körperbau und Charakter«, von Gehirn und Seele, von hormonalen und sittlichen Prozessen. Die Heilkunde aber sieht die Krankheit wieder in der Verbundenheit mit den Lebensproblemen des kranken Menschen. In diesem Sinne hat der Heidelberger Professor V. v. Weizsäcker dargelegt: Der Mensch beantwortet nicht selten ein Erlebnis, mit dem er nicht fertig wird, mit Krankheit. Körper und Seele können einander vertreten. Der Leib redet mit, wenn die Seele es nicht mehr schafft. Darum ist es nötig und möglich, die Frage zu stellen, warum ein Mensch gerade jetzt und gerade an einem bestimmten Organ erkrankt sei. Dergestalt rechnet man heute mit Zusammenhängen, zB von Asthma und Angst, von Kränkbarkeit und Stoffwechselstörungen, von Doppel-Leben und Schlaflosigkeit. Die Allherrschaft einer rein naturwissenschaftlich-technischen Medizin ist durchbrochen, so gewiß diese immer noch, besonders im chirurgischen Bereich, großartige und gewaltige Triumphe feiern kann. Die Zusammenarbeit von A.u.S. zum Wohl der Kranken rückt heute in verheißungsvoller Weise erneut in den Vordergrund.

Zur Problemlage vgl. auch → Anthropologie: I, 5, → Leiden: VI, → Psychoanalyse, → Seelsorge.

P.TOURNIER, Krankheit u. Lebensprobleme, 1946 - TH.BOVET, Die Person, ihre Krankheit u. Wandlungen, 1948 - DERS., Der Glaube, Erstarrung u. Erlösung, 1950 - P.DIEPGEN, Geschichte der Medizin I, 1949 - V.V.WEIZSÄCKER, Diesseits u. Jenseits der Medizin, 1950 - DERS., Der kranke Mensch, 1951 - W.KÜTEMEYER, Die Krankheit Europas, 1952 - W.TOCHTERMANN, Das Wort als Arznei, 1952 - W.BITTER, Angst u. Schuld, 1953 - J.BODAMER, Gesundheit u. technische Welt, 1956 - A.u.S. Mitteilungsblatt d. Gemeinschaft »A.u.S.«, Stuttgart - A.u.Christ, Vierteljahrsschrift, Salzburg (kath.) - Wege zum Menschen. Der Weg zum Kranken, Göttingen.

A.Köberle

Asarjagebet. Als ZusDan bildet das A. mit dem Lobgesang der → Drei Männer im feurigen Ofen eine Einschaltung im griech. Dan-Text zwischen Dan 3, 23 und 3, 24 (MT). Daß sie im ursprünglichen Dan-Text fehlte, bezeugt jetzt auch 6QpDan. Derartige Zusätze entsprechen dem Verlangen einer späteren Zeit; daher berücksichtigt das A. den Erzählungszusammenhang nicht, sondern zielt ganz allgemein auf die Notlage der Diaspora. Das A. ist ein Volksklagelied mit den Motiven: Sündenbekenntnis, Anerkennung des göttlichen Gerichts, Bitte um Rettung auf Grund der Verheißungen und Verpflichtung zum Gehorsam.

KAUTZSCH, AP I, 172ff - CHARLES, AP I, 632ff - C.KUHL, Die Drei Männer im Feuer (BZAW 55), 1930 - O.EISSFELDT, EinlAT, 1956^2, 729ff - DJD I, 1955, 151. *M.Weise*

Aschera, im AT einerseits appellativische Bezeichnung eines aus dem kanaanäischen in den Jahwekultus eingedrungenen Emblems, nämlich des neben dem Altar stehenden Kultpfahles (Ri 5, 25; Dtn 16, 21), anderseits Name einer Göttin, wobei nicht sicher auszumachen ist, ob das Wort von Haus aus einen Eigennamen oder ein Appellativum darstellt. Außer-at. Zeugnisse aus der Mitte des 2.Jt.s vChr, darunter die Briefe aus → Amarna und die Texte aus → Ugarit, lehren uns Art und Bereich dieser Göttin gut kennen. Wie die anderen westsemitischen Göttinnen, vorab → Astarte und → Anat, gilt auch A. als Förderin von Fruchtbarkeit bei Menschen, Tieren und Pflanzen. Indes tritt wenigstens in den ugaritischen Texten diese ihre Art etwas zurück, indem sie hier als Gemahlin des obersten Gottes, des → El, erscheint und damit matronenhafte Züge angenommen hat. Ob das auch sonst der Fall gewesen ist, läßt sich nicht sagen. Aus 1Kön 15, 13, wo ein in Vulgata mit simulacrum Priapi übersetztes hebräisches Wort für »Idol« oder dergleichen vorkommt, und 2Kön 23, 7, wo A. mit sakraler → Prostitution (: I) in Verbindung gebracht zu sein scheint, hat man verschiedentlich folgern wollen, daß die in Israels kanaanäischer Umgebung verehrte und aus dieser auch in Israel eingedrungene A. doch in höherem Grade, als es bei der ugaritischen A. der Fall zu sein scheint, mit Zeugung und Geburt bei Menschen und Tieren sowie Grünen und Blühen bei Bäumen und Pflanzen verbunden zu denken ist.

P.TORGE, A. u. Astarte, 1902 - W.GRAF BAUDISSIN, Adonis u. Esmun, 1911, Reg. - DERS., Kyrios, 1929, Reg. IV - RLV I, 235 f - RAC I, 730f. - Lit. zu → Baal und → Atargatis. *O.Eißfeldt*

Aschermittwoch, nach dem Gelasianum »caput Quadragesimae«, Beginn der Fastenzeit (7.Jh.). Am A. wurden die *Büßer* mit dem Bußgewand bekleidet, mit Asche bestreut und ausgewiesen (Aschenweihe seit dem 10.Jh.); später empfingen *alle* Geistlichen und Laien das Aschenkreuz an der Stirn (Benevent 1091, can. 4). Die Asche für diesen noch heute üblichen Brauch wird aus geweihten Zweigen vom vorjährigen Palmsonntag gewonnen. – In der ev. Kirche hielt Nürnberg seit 1640 am A. einen Bußtag, sonst beginnen die »Fastenpredigten« (Passionsandachten) am A. Neuerdings wird die kirchliche Feier des A. aus der anglikanischen in die luth. Kirche übernommen (K.B.Ritter).

BRAUN, LH 35f - LThK I, 715 - RIETSCHEL-GRAFF 163. *H.Urner*

Asdod → Pentapolis.

Aseität Gottes → Gott: VII.

Asien, *Religionen.* A., religionsgeschichtlich von überragender Bedeutung, Heimat der großen Religionsstifter und entscheidenden Religionen, auch der monotheistischen, hat die Menschheit religiös stärkstens geformt und zeigt sämtliche Arten, Typen und Entartungen der Religion.

In der *geschichtlichen vorchristlichen Zeit* begegnen im Orient die Religionen der → Sumerer, → Babylonier, → Hethiter, der Phöniker und Syrer (→ Ugarit, 3, → Syrien: II) sowie die Israels. In → Iran herrschte die persische Religion, die, durch → Zarathustra im Sinn eines gemäßigten → Dualismus gestaltet, extremem Dualismus wich und im Kultus des → Mithras weite Verbreitung fand. Demgegenüber bilden die indischen Religionen einen geschlossenen Kreis: die vorvedische, die → vedisch-brahmanische, der → Jinismus und → Buddhismus. Letzterer greift nach → Ceylon, Hinterindien, Zentral- und Ostasien über. In Fernasien pflegen Religionen universistischer Art die Verbundenheit mit Natur und Welt. Auf diesem Boden entwickeln sich der → Konfuzianismus, der → Taoismus und die chinesische Volksreligion (→ China: II). Eigenes hat → Japan im → Shintoismus. In Korea tritt Hananim gegenüber den Religionen Chinas in den Hintergrund. In Zentral- und Nordasien begegnen → Hochgottglaube, Geisterkult, → Schamanismus und auf dem malayischen Archipel Religionen wie sonst bei »Primitiven«. Das größte Ereignis in Asiens Religionsgeschichte war die Wirksamkeit *Jesu.* Fast alle Religionen treten in seinen Bannkreis und übernehmen früher oder später christliches Gut. Im Orient überrundet das → Christentum die alten Religionen, doch zerfällt es im 4.-6.Jh. in einander bekämpfende Gruppen und muß wenig später außer in Armenien, Georgien und im Libanon dem → Islam weichen. In Iran kämpfen persische Religion und Christentum miteinander; beide werden schließlich vom Islam verdrängt. In Vorderindien existieren zunächst Buddhismus und → Hinduismus nebeneinander, bis der erstere verschwindet. Der Hinduismus triumphiert, erreicht in der → Bhakti einen Höhepunkt und erhält im Islam einen Konkurrenten. Dazu kommen Neubildungen (Sikhismus [→ Sikhs], Brâhmo-Samâj, Arya-Samâj, usw)! Auf Ceylon und im westlichen Hinterindien dominiert das Hînayâna. Doch leben alte Kulte fort, und in Malaya setzt sich der Islam durch. Im östlichen Hinterindien behalten Chinas Religionen das Übergewicht. Neu ist hier der → Caodaismus. In Zentralasien bleibt es im ganzen beim alten. In Inselasien weichen die alten Religionen samt Hinduismus und Buddhismus weithin dem Islam und Christentum (→Philippinen). Doch bleiben bei Negritos, Dajak, Batak u.a. die Verehrung des → Urheber-Gottes, der → Geister und der Ahnen (→ Totenverehrung: I) bestehen, samt Kopfjagd, → Kannibalismus und Zauberei (→ Magie). Nicht zu übersehen sind die Wirkungen asiatischer Religionen auf den Westen.

Die *Gegenwart* kennzeichnet das Fortleben ältesten Religionsgutes in den Religionen der Semang, Aëta u.a., die Tatsache, daß Hinduismus, Buddhismus, Islam an mächtigen Staaten Rückhalt gefunden haben, der → Synkretismus, die Neubildungen, die Auseinandersetzung mit dem Westen und Christentum, die Übernahme christlicher Elemente und Methoden und die Propaganda des Islam, Buddhismus, Hinduismus im Okzident. Bezeichnender noch ist die Erschütterung und Bedrohung der Religionen durch den → Säkularismus (: II) und → Atheismus (: I). Nie haben A.s Religionen eine Krise erlebt wie heute, wo Millionen, der Aktion und der »Welt« verfallen, dem introvertierten Leben den Abschied geben und wo der Konfuzianismus bereits verschwunden ist.

Über Quellen, Literatur und die einzelnen Religionen vgl. die einschlägigen Artikel. - K.P.Landon, Southeast Asia: Crossroad of Religions, 1949 - M.Schlunk,-J.F.Embree-L.O.Dotson, Bibliography of the Peoples and Cultures of Mainland Southeast Asia, 1950 (Reg. s. v. Religion) - H.Quiring, Karte der Religionen u. ev. Missionen der Erde, (1951) 1955² - C.Hobbs, Southeast Asia, an Annotated Bibliography of Selected Reference Sources, 1952 (Reg. s.v. Religion) - R.B.Manikam, Christianity and the Asian Revolution, 1954 - Th.Ohm, Die Religionen in A. (Veröffentl. d. Arbeitsgemeinschaft f. Forschung des Landes Nordrhein-Westfalen, Geisteswiss. 28, 1954, 11-37; mit Karten u. Statistik). *Th.Ohm*

Askalon → Pentapolis.

Askese

I. Religionsgeschichtlich - II. In Israel - III. Im Judentum - IV. Im Urchristentum - V. In katholischer und protestantischer Ethik

I. Religionsgeschichtlich

Während das griech. Wort ἄσκησις, das Übung oder Pflege bedeutet, im Griechentum vorwiegend einen positiven Sinn hat, bezeichnet es im modernen Sprachgebrauch, wohl durch den Pythagoreismus beeinflußt, eine negative Haltung zur Erreichung positiver religiöser Ziele. Der Begriffsumfang wurde also beschränkt auf die Überwindung bestimmter Grundtendenzen menschlichen Lebens, die der Verwirklichung religiöser Ziele entgegenwirken. Dem Ziel des Gottesumgangs steht die kultische Unreinheit (→ Rein und unrein) entgegen. A. ist hier daher temporäre Enthaltung von verunreinigenden Dingen (zB Speisen; → Fasten) oder Funktionen (zB sexuellen; → Keuschheit). Die Gewinnung höherer Macht wird durch hemmungslose Hingabe an die Fülle der Lebensgüter verhindert. A. wird daher hier zur Verengung der Lebenstendenz zwecks Lebenssteigerung. Dem Gewinn göttlichen Wohlwollens steht egoistisches Handeln entgegen; A. wird unter diesem Aspekt dann zur verdienstlichen Leistung, zum → Opfer. Wo man die Bindung der Seele an den Körper für unheilvoll ansieht, erscheint A. als körperliches Training (→ Yoga) zur Entmächtigung des Körpers. Sofern auch der Seele religiös negative Tendenzen (Triebe, Leidenschaften) innewohnen, wird A. zum geistigen Bemühen um deren Ausschaltung. Dem Ideal einer permanenten vita religiosa zB im → Mönchtum entspricht die Haltung des Berufsasketen, der die Welt radikal und in jeder Form überwindet. Vorzugsweise begegnet A. in mystischen Religionen (→ Mystik) mit weltanschaulichem → Dualismus.

O.Zöckler, A. u. Mönchtum, 1897/98 - Chant, Reg. - RGG² I, 570ff - K.Schelderup, Die A., 1928 - RAC I, 749ff (Lit.) - van der Leeuw, Reg. *G.Mensching*

II. In Israel

Sofern A. von einer dualistischen Grundhaltung aus die Abtötung des diabolisierten Körpers bedeutet, um das »Beste« im Menschen, die Seele, zu befreien (van der Leeuw), hat es in Israel keine A. gegeben. Ein Gegensatz zu Jahwe ist durch die menschliche Sünde gegeben; Brauch und Überlieferung zeigen, was als schädlich und sündig zu meiden ist. Daher fehlen besondere Begriffe für A. und asketisches Handeln im at. Hebräisch. Andererseits treten aus bestimmtem Anlaß askeseähnliche Erscheinungen auf, für die in einzelnen Fällen auch eine besondere Terminologie vorhanden ist.

a) *Fasten* ist verbunden mit dem Purimfest (Est 9, 31), mit dem Versöhnungstag (Lev 16, 29-31; 23, 26-32) und dem Jahrestag der Eroberung Jerusalems (Sach 7, 3ff) (→ Feste: II). Ein Bußfasten mit anschließendem Sündenbekenntnis erscheint 1Sam 7, 6; ein ähnliches Fasten nennt Jer 36. 1Kön 21, 5ff führt die Ansetzung eines solchen Fastens auf einen königlichen Befehl zurück. Vgl. ferner Ri 20, 26; Jon 3, 5; Jo 1, 14; 2, 12. Ein Bußfasten beschreibt Jes 58, 3ff. Auch einzelne Personen unterziehen sich büßendem Fasten (2Sam 12, 16ff: David; 1Kön 21, 27-29: Ahab; Ps 35, 13; 69, 11f). Öfter erscheint das Fasten in Verbindung mit der Totenklage (1Sam 31, 13; 2Sam 1, 12; 3, 35). Nach Esr 8, 21 steht das Fasten in Beziehung mit Bittgebeten. Dies läßt sich durch die nachexilische Zeit hindurch verfolgen. Mit Fasten bereitet sich Daniel auf den Empfang einer Offenbarung vor (Dan 9, 3; 10, 3. 12). Gelegentlich wird das Fasten begleitet vom Anlegen des Trauergewandes (Jon 3, 5; Dan 9, 3; Ps 35, 13); es wird auch bei Nacht nicht abgelegt (1Kön 21, 27-29). David liegt während des Fastens auf dem Boden (2Sam 12, 16).

Legendäre Erzählungen berichten von lange währendem Fasten. So spricht Ex 34, 28 von vierzigtägigem Fasten des Mose; ähnlich dürften die 40 Tage/40 Nächte bei Elias Wanderung zum Horeb (1Kön 19, 6-8) zu verstehen sein.

b) *Enthaltung vom Wein* ist für die Priester vor Ausübung ihres Dienstes verbindlich (Lev 10, 9; Ez 44, 21). Die → Rekabiter dürfen weder Wein trinken noch einen Weinberg bepflanzen oder in Besitz haben (Jer 35). Ebenfalls ist der → Nasiräer vom Weingenuß ausgeschlossen (Am 2, 11; Ri 13, 14; Num 6, 3ff).

c) *Enthaltung vom geschlechtlichen Umgang* wird für das Nahen zum Gottesberg gefordert (Ex 19, 15). Ebenfalls darf heiliges Brot nur genossen werden, wenn eine solche Enthaltung geübt worden ist (1Sam 21, 5). Geschlechtliche Verunreinigung schließt vom Kult aus (Lev 15, 16-18). Auch für den Krieger gilt diese Forderung (2Sam 11, 11). Der Priester unterliegt außerdem bestimmten Beschränkungen hinsichtlich der Eheschließung (Lev 21, 7. 13f).

Auch die at. → *Gelübde* müssen als ein Zeichen der Enthaltung angesehen werden. Beispiele bieten Num 30, 3ff; 1Sam 1, 10ff; Spr 20, 25. In diesem Zusammenhang muß auch die Enthaltung von der Arbeit an Fest- und

Sabbattagen genannt werden (Am 8, 5; Lev 23, 3. 7 usw; Jes 58, 13 u.ö.), die dem späteren Diasporajudentum zahlreiche Konflikte mit der Umwelt eintrug und somit ihren askeseähnlichen Charakter unter Beweis stellte. Der Sendungsauftrag stellte die Propheten oft vor Enthaltungsforderungen, zB das Eheverbot für Jeremia (Jer 16, 1ff). Prophetische Symbolhandlungen nötigen zu Unbequemlichkeit, Nahrungs- und Wasserentzug (Ez 4, 9ff). Besondere Kleidung und vielleicht Stigmata kennzeichnen sie als Propheten (1Kön 20, 35ff; Sach 13, 4ff). 2Kön 2 deutet wohl auf askeseähnliche Züge der Lebensweise bei Prophetengruppen.

Zusammenfassend ist zu sagen, daß die einer A. ähnlichen Handlungen in Israel nie Selbstzweck sind, sondern stets in inniger Verbindung mit Jahwe stehen, dem gegenüber die begangene Sünde oder das allgemeine Sündenbewußtsein zu asketischen Bußhandlungen treibt. Dieses Urteil darf ungeachtet der Verwurzelung der einzelnen Akte im → Tabu-Glauben (Speisegesetze!) oder im Totenkult und verschiedenen Trauerriten gelten. Als Erscheinungen eines Kulturprotestes sind sie höchstens sekundär zu werten. Die Anschauung vom Aufhören des Fleischgenusses in der Endzeit steht im Dienst des Glaubens an die vollkommene Schöpfung Gottes, die in der Urzeit keinen Fleischgenuß kannte (Jes 11, 6ff; Gen 1, 29f; 9, 2ff).

ERE II, 65ff - P. Volz, Die biblischen Altertümer, (1914) 1926² - A. Wendel, Das israelitisch-jüdische Gelübde, 1931 - ThW I, 492ff - J. Hempel, Das Ethos des AT (BZAW 67), 1938 - RAC I, 750ff.

H. Bardtke

III. Im Judentum

1. Das Judentum ist von Haus aus, schon vom AT her (→ Askese: II), seiner Struktur nach unasketisch. Zwar kennt es Enthaltsamkeitsgelübde, vor allem in der Einrichtung des Nasiräats, bei dem Enthaltung von Wein und Rauschtrank und das Wachsenlassen der Haare gefordert war (→ Nasiräer). Eine besondere Bedeutung hat auch das Fasten als Bußübung, insbesondere als Gebetsfasten (Montag und Donnerstag waren die beiden wöchentlichen Fasttage; vgl. Lk 18, 12). Doch ist das alles nicht A. im eigentlichen Sinne, sondern einfache Frömmigkeitsübung. Eigentliche A. liegt erst dort vor, wo »Leib« und »Seele« bzw. »Fleisch« und »Geist« unterschieden und als Gegensatz gesehen werden. Dieses dualistische Denken findet sich im palästinischen Judentum bei den → *Essenern*, wie sowohl die Darstellungen des Philo und Josephus als auch die Texte von → Qumran zeigen. In diesen bezeichnet »Fleisch« den Menschen in seiner Geschöpflichkeit, die als Sphäre des Sündigens verstanden wird (vgl. zB 1QS XI, 7-12; 1QH 4, 29 u.ä.). Die Hinwendung des Menschen zu Gott wird nur möglich, indem er das »Fleisch« in strenge Zucht nimmt, damit es für ihn nicht Anlaß zum Sündigen wird. Hier gibt es also im Gegensatz zum sonstigen Judentum echte A. im Sinne soldatischer Zucht und Haltung im Kampf gegen Satan und die gottfeindliche Welt, in der wachsamen Bändigung des »sündigen Fleisches«. So sind fortlaufende Lesung der Tora und die Pflicht für die Ordensmitglieder, den dritten Teil aller Nächte mit Schriftstudium und gemeinsamem Gebet zu durchwachen (1QS VI, 6-8), charakteristische Kennzeichen dieser Haltung des »Wachens und Betens« (vgl. dazu Mk 14, 38). Die Essener sind »Arme« ('æbjônîm) und führen diese Selbstbezeichnung als Ehrentitel (→ Armut: I, 1). Geld und Gelderwerb gelten als böse und verwerflich (zB Dam VIII, 7; XIX, 17-19; äthHen 97, 8). Der Essener lebt persönlich mittellos. Der Orden hat Gütergemeinschaft. Jeder übergibt beim Eintritt sein privates Vermögen dem Orden. Kleidung und Nahrung sind auf das Lebensnotwendigste beschränkt. Wein haben die Essener vielleicht gar nicht getrunken (merkwürdigerweise heißt der Trank bei den essenischen Kultmahlen immer »Most« [tîrôš], nie »Wein« [jājin]; vgl. 1QS VI, 5f; 1QSa II, 17ff). Auch die geschlechtliche A. wird bei ihnen geübt, und zwar bei den eigentlichen Essenern nach Josephus und Philo in der strikten Form des völligen Zölibats (so auch in den Qumrantexten). Der Grund dafür ist nicht, daß die Essener alles Geschlechtliche als sündig und verwerflich gesehen hätten (dem stand das at. Gebot entgegen). Es geht ihnen also nicht um die Abtötung des Fleisches und die Befreiung vom Leib (diese Konsequenz findet sich erst im Bereich hellenistischer Umwelt), sondern um Inzuchtnahme des Fleisches durch Enthaltsamkeit, weil das Weib leicht zum Sündigen verführt. Und zum anderen geht es, da man durch geschlechtliche Dinge leicht kultisch unrein wird, um die Wahrung der für den Essener notwendigen priesterlichen Reinheit und Heiligkeit (vgl. Dam VII, 6f). Daneben begegnet auch eine Gruppe von Essenern, die ehelich leben (bei Josephus, Bell. Jud. II, 160f; Dam V, 6f). Aber bei ihnen ist der geschlechtliche Umgang nur auf die tatsächliche Kindererzeugung beschränkt. In den Bereich dieser essenischen A. gehört auch die Forderung der Einehe auf Lebenszeit (die Frau soll in ihrem Leben nur einen Mann haben: 4Makk 18, 7f; Jdt 16, 23; dazu Lk 2, 36f; die entsprechende Forderung für den Mann findet sich Dam IV, 21 und wird in den Past. für den Bischof der christlichen Gemeinde wieder aufgenommen: 1Tim 3, 2; Tit 1, 6). Diesem Gesamtbild essenischer A. fügen sich auch die → Testamente der 12 Patriarchen ein, die darum hier nicht besonders erörtert werden.

2. Im Bereich des *hellenistischen Judentums* ist vor allen Dingen Philo zu nennen, dessen asketisches Ideal eben die Essener sind. (Die → Therapeuten, die er in »De vita contemplativa« als das Muster hinstellt, sind nichts anderes als eine ägyptische Abzweigung des palästinischen Essenerordens.) Bei Philo wird aber dieses asketische Ideal begründet aus griechisch-philosophischer Tradition. Für ihn ist der Körper materielle Fessel. Man soll ihn deshalb in der A. abstreifen. Erst dadurch kommt der Geist zur Vollkommenheit in der unio mystica mit Gott. Das sind Gedanken, die ihre breite Entfaltung dann in der → Gnosis gefunden haben und die auch wesentlich geworden sind für die Entstehung des christlichen → Mönchtums.

3. Das rabbinisch-talmudische und von da aus das gesamte *spätere Judentum* kennt in Fortführung der at.-pharisäischen Linie keine A., sondern beschränkt sich auf das aus der Tradition überkommene Fasten. Zeitweilig (vor allem im Mittelalter) auftretende asketische Tendenzen konnten sich nicht durchsetzen und wurden stets als heterodox verdächtigt. Wie der → Chassidismus des 18. Jh.s zeigt, gedeiht im Judentum auch mystische Frömmigkeit ohne jede asketische Tendenz.

ERE II, 97f - I. Elbogen, Der jüdische Gottesdienst, (1913) 1931³, 126ff - JewEnc II, 165ff; V, 347ff - EJud III, 525ff - RAC I, 750ff.

K. G. Kuhn

IV. Im Urchristentum

1. Johannes der Täufer - 2. Jesus - 3. Die palästinische Urgemeinde - 4. Die hellenistische Gemeinde und Paulus - 5. Spätere Entwicklung

1. Wie sich heute an Hand der Texte von → Qumran zeigt, hat *Johannes der Täufer* in engem Zusammenhang mit der essenischen Gemeinschaft gestanden. Wahrscheinlich war er zunächst Mitglied dieses Ordens und ist dann wegen seiner, der essenischen gegenüber veränderten, Taufpraxis ausgetreten oder ausgeschlossen worden. Seine Ehelosigkeit, einfachste Nahrung und Kleidung (vgl. Mk 1, 6; ferner Lk 1, 15; 7, 33 par) und

offensichtlich auch Armut (Besitzlosigkeit) sind jedenfalls Züge essenischer A. Bei Johannes waren diese Lebensformen wahrscheinlich auch nicht eschatologisch, mit seiner Verkündigung vom demnächst hereinbrechenden Ende und Weltgericht begründet, sondern ähnlich wie bei den → Essenern als Heiligkeits-A. (Lk 1, 15). Ob und wieweit er von seinen Jüngern die gleichen Lebensformen verlangt hat, läßt sich schwer sagen (war vielleicht die Ehe- und Besitzlosigkeit für Jesus schon von der Zeit seines Johannesjüngertums her feste Lebensregel?). In bezug auf Nahrung und Kleidung kannten seine Jünger jedenfalls keine A. im besonderen Sinne. Ihr Fasten (Mk 2, 18 par) zeigt nur, daß sie im Rahmen der gottesdienstlichen Ordnung des gesamten Judentums standen.

2. *Jesu* Verkündigung ist die Freudenbotschaft von der hereinbrechenden Gottesherrschaft (Mk 1, 15), die in seinem Wirken in Krankenheilungen und Dämonenaustreibungen schon geschieht (Lk 11, 20). Darum fasten seine Jünger nicht (Mk 2, 18), weil seine Gegenwart und sein Wirken göttliche Freudenzeit bedeuten. Dem Charakter seiner Botschaft entspricht auch die freie und offene Lebenshaltung Jesu, die sich in der völlig unasketischen Unbefangenheit seines Umgangs mit der Welt (Frauen, Zöllner, Sünder) zeigt. Aber diese Unbefangenheit ist getragen von dem Ernst des Bewußtseins des Handelns Gottes durch ihn und von der Radikalität seines Rufes zur unbedingten Nachfolge (Lk 14, 33; vgl. Lk 9, 62; 12, 33; Mk 10, 17-31 und Mt 10, 38f; 16, 24f usw). Reichtum, Geld und Besitz sind unvereinbar mit der Nachfolge Jesu und mit der Gottesherrschaft (Lk 16, 19-31; Mk 10, 25 par); nur der wirklich Arme wird ihrer teilhaftig (Lk 6, 20), wie auch Jesus selbst in völliger Armut lebte (Lk 9, 58 par). Besonders Lukas betont die »ebionitischen« Züge, speziell das Armutsideal, in der Verkündigung Jesu; tatsächlich handelt es sich dabei um essenisch-asketische Züge, die durch die judenchristliche Gemeinde übernommen wurden, ebenso wie ihre Selbstbezeichnung als 'æbjônîm, »Arme«. – Jesus selbst lebt ehelos, ohne doch von seinen Jüngern prinzipiell Ehelosigkeit zu verlangen. Aber Jesus begründet, sehr im Unterschied zu der Begründung des Zölibates bei den Essenern, die religiöse Ausnahme, ehelos zu leben, eschatologisch (Mt 19, 12), mit der Größe und Dringlichkeit der Botschaft von der hereinbrechenden Gottesherrschaft. Aufs Ganze der Verkündigung Jesu gesehen ist zu sagen, daß das Ja zu Gott als Schöpfer und Erhalter des Lebens und damit auch das Ja zum Menschen und zu seiner Leiblichkeit so stark ist, daß eigentlich asketische Motive und Tendenzen weder in seinem Leben (»Er ist ein Fresser und Weinsäufer«, sagen seine Gegner, Mt 11, 19!) noch in seiner Verkündigung wirksam sind.

3. Die Grundlinie der Haltung Jesu bleibt auch in der nachösterlichen *palästinischen Gemeinde* wirksam. Von asketischer Haltung ist darum bei ihr nicht die Rede, weder in bezug auf Nahrung und Kleidung noch hinsichtlich des Geschlechtslebens. Zwar schließt sich die Gemeinde nun, da ihr Herr von ihr gegangen ist, bis zu seiner Parusie wieder der jüdischen Sitte des Fastens an (Mk 2, 20), wobei sich später die christliche Gemeinde vom Judentum distanziert durch Verlegung der wöchentlichen Fasttage auf Mittwoch und Freitag (Did 8, 1). Aber das fällt nicht unter den Begriff A. Essenischen Lebensformen folgen sie lediglich in bezug auf das Armutsideal und die Gütergemeinschaft innerhalb der Gemeinde (Apg 2, 44f; 4, 32 – 5, 10).

4. Beim Übergang in die *hellenistische Gemeinde* wird auch diese letzte essenische Lebensform aufgegeben. Nun aber werden aus der hellenistischen Umwelt andere Kräfte wirksam, die eine wirkliche A. fördern und begründen. In der korinthischen Gemeinde zB entsteht schon in den ersten Anfängen aus einer Abwertung des Leiblichen und einer Überbewertung des Pneumatischen die Forderung des asketischen Verzichtes auf eheliches Leben, eine Haltung, mit der sich Paulus 1Kor 7 auseinandersetzt. Die Korinther denken dabei in dem stofflich-naturhaften Gegensatz von sinnlich-irdischer und geistig-himmlischer Substanz im Menschen. Darum wird hier Ehe und Geschlechtlichkeit als der niedrigen Sphäre der Sinnenwelt zugehörig abgelehnt. *Paulus* beruft sich ihnen gegenüber auf das at.-jüdische Ja Gottes zu Ehe und Fortpflanzung (1Kor 7, 28. 36). Dennoch neigt er selbst dem Prinzip der Ehelosigkeit zu, das er in seinem eigenen Leben verwirklicht und auch den Korinthern anempfiehlt (1Kor 7, 7f). Aber – und das ist entscheidend – seine Begründung für diese A. ist eine andere als die der Korinther; einmal eschatologisch: Die Zeit drängt bis zum bevorstehenden Ende, und man sollte sich daher nicht mehr mit Ehe und Kindern belasten (1Kor 7, 28f); zum anderen christologisch: Die unbedingte Hingabe an den Herrn fordert Totalität und verbietet die Geteiltheit mit der Hingabe an den Gatten (1Kor 7, 32ff). Beides sind Begründungen, die, in anderer Form zwar, aber im gleichen Sinne, schon bei Jesus selbst begegnen. Asketische Tendenzen in bezug auf Nahrung und Besitz finden sich bei Paulus nicht.

5. Die bei der korinthischen Gemeinde beobachtete hellenistische Haltung findet in der Folgezeit in der → *Gnosis* (: III) ihren kräftigen Ausdruck und systematische Durchbildung. So finden sich bei den gnostisierenden Gegnern in Kol 2, 21ff Tendenzen zur Nahrungs-A., und die gnostischen Gegner in 1Tim 4, 3 verlangen außer der Nahrungs-A. auch geschlechtliche Enthaltung. Aber in beiden Fällen wird diese Haltung mit ihrer Begründung in einem gnostisch-substanzhaften Denken, das den Leib als stofflich schlecht verwirft zugunsten des Pneuma als himmlischer Lichtsubstanz, scharf abgelehnt mit dem Hinweis auf Gott als den Schöpfer auch des Leiblichen (1Tim 4, 3f).

Diese Antithetik ist in der alten Kirche bestimmend geblieben: Auf der einen Seite die gnostisch-dualistische A. (typisches Beispiel: das gnostische ÄgEv [Fragm. C], das Jesus sagen läßt: »Ich bin gekommen, die Werke des Weiblichen aufzulösen«) und von da aus die religiöse Höherbewertung des weltverneinenden Asketen gegenüber einem christlichen Leben in der Welt, Motive, die dann zum christlichen → Mönchtum weiterwirken; auf der anderen Seite der Hinweis auf das Schöpfungs-Ja Gottes zur Welt und zur Leiblichkeit als Begründung des christlichen »In-der-Welt-Seins«, damit zugleich aber auch des mannhaften Kampfes gegenüber dem Gefährdetsein als Christ durch dieses »In-der-Welt-Sein«. Das sind Gedanken, die aus at.-jüdischer Tradition stammen und durch Jesus ebenso wie durch Paulus zum Grundmotiv christlicher Ethik wurden.

ERE II, 73ff – H. Strathmann, Gesch. der frühchristl. A. I, 1914 – H. Preisker, Christentum u. Ehe in den ersten drei Jh.en, 1927 – G. Delling, Die Stellung des Paulus zu Frau u. Ehe, 1931 – PW Suppl.-Bd VII, 1940, 50ff – H.v. Campenhausen, Die A. im Urchristentum (SgV 192), 1949 – RAC I, 758ff (Lit.). *K.G.Kuhn*

V. In katholischer und protestantischer Ethik

1. Begriff der A. – 2. Kath. A. a) als Gebot, b) als Rat – 3. Der reformatorische Protest gegen die kath. A. – 4. Innerweltliche A. – 5. Neue Ansätze in der ev. Ethik

1. Eine Verständigung zwischen kath. → Moraltheologie und ev. Ethik über Recht und Bedeutung der A. für das christliche Leben ist deshalb schwierig, weil zwar hüben und drüben derselbe *Begriff* verwendet wird – auf

kath. Seite freilich meist in der Form Ascese oder Aszese–, aber eine verschiedene Bedeutung hat. In der kath. Moraltheologie ist die A. zwar auch auf die Schwächung der sinnlichen Triebe bzw. die Beherrschung des niederen Teiles der Menschennatur gerichtet; aber etwa alles, was nur irgendeinen Bezug darauf hat, gehört mit zur A.: inneres und mündliches Gebet, Sakramentsempfang, Lesung geistlicher Schriften, Abtötung, Gehorsam gegen einen Seelenführer usw. Ascetik kann als Wechselbegriff für Tugendlehre überhaupt gebraucht werden, und Erbauungsbücher jeder Art bezeichnet man als ascetische Schriften. Wenn man zu einer sinngemäßen Konfrontierung kommen will, muß man das, was in der kath. Morallehre Abtötung (mortificatio) heißt oder was unter dem Thema der → Evangelischen Räte abgehandelt wird, mit dem vergleichen, was in einer ev. Ethik als A. bezeichnet ist. Wenn hier im Blick auf das kath. Denken von A. gesprochen wird, geschieht das in dem einschränkenden Sinne ev. Begriffsbestimmung.

Auch in der ev. Ethik wird der Begriff der A. vielfach sehr weit, allzuweit gefaßt. Es besteht zB Neigung (R. Seeberg), die demütige Bereitschaft, das auferlegte Kreuz des Lebens geduldig zu tragen, schon als A. zu bezeichnen (s. 4). Aber man sollte vom Wortsinn nicht allzuweit abgehen (ἄσκησις = die körperliche Abhärtung des Sportlers, philos. = die sittliche Zuchtübung) und als A. lediglich die aktiven – zeitweisen oder anhaltenden – Verzichtübungen ansehen, die der Christ sich zur Bannung seiner Triebhaftigkeit und zur Förderung seines geistlichen Lebens auflegt (W. Elert handelt in seiner Ethik überhaupt nicht mehr von der A., sondern nur noch von Verzicht). Auf alle Fälle wird A. *geübt,* und die passiven Tugenden wie → Demut und → Geduld sind etwas anderes als A.

2. Für das *kath.* Christentum ist ein christliches Leben ohne A. unvorstellbar. Die mittelalterlichen Formen der kath. A. (Verzicht auf Sauberkeit oder auf zusammenhängenden Schlaf, dauernde Reizung der Haut durch Dornen, Ketten, Steine, Leben in ungeheizten Räumen, übermäßiger Nahrungsverzicht usw) dürften im allgemeinen abgeschafft sein. Das asketische Prinzip ist heute wie ehedem in Geltung.

a) Dabei steht die A. einerseits unter dem Gebot (praeceptum), ist also Pflicht für alle Christen. Völlerei gehört zu den 7 Hauptsünden (→ Sünde: V), und Mäßigkeit, auch im Sinne etwa der Beschränkung der Nahrungsaufnahme, ist eine der Kardinaltugenden (→ Tugend). Aus dem strikten Verbot der Verwendung konzeptionsverhindernder Mittel (→ Geburtenregelung) können sich harte Verzichtspflichten ergeben. Die Fastengebote, die jeden Katholiken binden (→ Fasten: II), sind zwar nicht mandata Dei, aber als mandata ecclesiae von gleicher Verbindlichkeit. Unter der Pflicht des Gehorsams (Verzicht auf den eigenen Willen) gegen den Papst, den Bischof, den Beichtvater steht ebenfalls jeder gläubige Katholik. Akte der Abtötung sind wie alle guten Werke verdienstlich. Übung von A. in der dargetanen Weise ist eine unbedingte Voraussetzung für den Erwerb der christlichen → Vollkommenheit und das Erlangen der ewigen Seligkeit.

b) Von noch größerer Bedeutung als die A., die unter dem praeceptum steht und allen Gläubigen abgefordert wird, ist diejenige, die consilium ist und nicht unbedingt von jedermann geleistet werden muß (→ Evangelische Räte; zur Unterscheidung von praeceptum und consilium vgl. 1Kor 7, 25 Vulg.). Allerdings ist A. als consilium nicht einfach identisch mit der Mönchs-A. Es ist durchaus möglich und für den einzelnen vielleicht sehr rätlich, *auf Zeit* unbedingte sexuelle Kontinenz zu üben (in der Ehe; außerhalb dieser ist sie natürlich geboten), sich einer völligen Seelenführung zu unterstellen, ein Leben der Armut zu führen oder außerordentliche Fastenpflichten zu übernehmen. Jedem Katholiken wird auf mancherlei Wegen angeraten zu erkunden, in welcher Sonderneigung sich bei ihm die sinnliche Gier in besonderer Weise durchsetzt, und durch Akte der Abtötung die gefährliche Neigung zurückzudämmen. A. als consilium steht also auch über dem Katholiken, der in der Welt lebt und Laie ist. – Im qualifizierten Sinne besteht A. als consilium freilich in den durch Gelübde für die Lebensdauer zu übernehmenden Pflichten des vollkommenen Verzichtes auf persönlichen Besitz (→ Armut: III), der vollkommenen Enthaltsamkeit vom Verkehr mit dem anderen Geschlecht (→ Keuschheit: II) und der freiwilligen Unterordnung unter den Befehl eines Oberen (→ Gehorsam).

Nach der klassischen, thomistischen Doktrin ist der durch die dauernde Übernahme geratener asketischer Leistungen erworbene Habitus nicht identisch mit der christlichen Vollkommenheit. Vielmehr ist er nur der bessere und weniger hindernisreiche Weg zu ihr (»consilia vero oportet [sc. data] esse de illis, per quae melius et expeditius potest homo consequi finem praedictum [sc. aeternae beatitudinis]«; Thomas von Aquino, S.Th. 1, 2 qu. 108, a. 4). Die christliche Vollkommenheit besteht »essentialiter« im Doppelgebot der Liebe; nur »instrumentaliter« besteht sie u.a. in den angeratenen Verzichtleistungen. Freilich ist der biblische Hauptbeleg das Evangelium vom reichen Jüngling (Mt 19, 16ff par); und von daher wird auch in modernen Lehrbüchern der Moraltheologie immer wieder festgestellt, daß die, die den asketischen Weg gehen, einen besonderen Lohn zu erwarten haben, daß ihre Leistungen opera supererogatoria und demnach noch in anderem Sinne verdienstlich sind als alle guten Werke, daß ihnen besondere Gnaden zuteil werden und daß sie eine höhere Vollkommenheit erlangen als die, die allein die Gebote halten. Daß das dualistische Erbe in der kath. A. immer noch lebendig ist, wird am → Zölibat (, 2) deutlich, dem die Vorstellung zugrunde liegt, daß das Leibliche minderwertig ist und daß die Betätigung des fleischlichen Triebes deshalb kultisch unrein macht.

3. Die *Reformation* mußte mit der A. der mittelalterlichen Kirche radikal brechen. Eine ganze Reihe von Motiven sind im Kampf gegen die A. wirksam geworden. Von der → Rechtfertigung aus dem Glauben her wurde jede meritorische Wertung der A. unmöglich. Das luth. Sündenverständnis schloß die Vorstellung von opera supererogatoria unbedingt aus. Daß Luther schon seit seiner Frühzeit unentwegt betonte, daß die Grundsünde, in der alle anderen Sünden ihre Wurzel haben, die Sünde gegen das erste Gebot sei, die superbia, die praesumptio, der Unglaube, und damit alle »opera speciosa« von vornherein unter Verdacht stellte, bedeutete zugleich eine Kampfansage gegen alle asketischen Werke. Ihre Pflege erweckt einerseits den falschen Schein, als ob die eigentliche Sünde vom Fleische, vom leiblichen Sein herkomme – statt aus dem ungläubigen Herzen; andererseits wird das augenfällige oder gar sensationelle asketische Leben nur allzuleicht zum Ausdruck geistlicher Eitelkeit und Selbstgefälligkeit. Insbesondere dem Zölibat gegenüber führte die Reformation noch etwas anderes ins Feld (CA XXIII; vgl. zum Thema der A. auch die Art. XXVI und XXVII): A. als Unterdrückung natürlicher Funktionen ist ein freventliches »creationem mutare«: »Mandatum Dei et ordinationem Dei nulla lex humana, nullum votum tollere potest.«

Es ist einerseits nicht verwunderlich, daß die prot. Theologie, speziell die der luth. Kirche, die der guten Schöpfung Gottes ihr volles Recht zu geben trachtete, auf die Dauer eine starke Abneigung gegen alles, was A. heißt, behalten hat. Andererseits darf ebensowenig wundern, daß gelegentlich innerprot. stark asketisch gestimmte Gegenströmungen aufbrachen (→ Täufer; Präzisismus; → Pietismus; modernes Sektentum).

4. Unter keinen Umständen darf verkannt werden, daß Luther und der ganzen klassischen Reformation nichts ferner gelegen hat als der Wille zu einem sittlich laxen und weltfreudigen Leben. Im Kampfe gegen die kath. A. wirkte im Gegenteil ein im tieferen Sinne »asketisches« Motiv mit. Luthers Kampf gegen die Mönchswerke hat zur Kehrseite den Preis der Pflichterfüllung in den profanen Berufswerken, und zwar so motiviert, daß diese »nicht gleißen«, dh daß sich in ihnen kein Ruhm erwerben läßt. Das Leben in ihnen ist exinanitio, Entäußerung; so werden sie zum Felde einer echten Christusnachfolge (→ Nachfolge Christi) in Selbstentäußerung. Auch dadurch empfehlen sich die alltäglichen Werke, daß sie mühselig und sauer sind. In Luthers Obrigkeitslehre ist das Leidensmotiv von nicht geringer Bedeutung (Auseinandersetzung um Mt 5, 38ff).

Im Ethos der ref. Welt sind in anderer Weise »asketische« Motive wirksam geworden. Der Wille zum unbedingten Gehorsam gegen das Gesetz Gottes und das Bestreben, sich der eigenen Erwählung zu vergewissern, gaben dem ganzen Leben einen Zug des Ernstes, der Einschränkung, des Arbeitsfleißes und der Scheu vor irgendwelchen und sei es noch so geringen Ausschreitungen. Allein die strenge Sonntagsheiligung schloß stärkste Verzichte ein. Insbesondere im Blick auf die Entwicklungen im Calvinismus haben Max → Weber und Ernst → Troeltsch von einer »innerweltlichen A.« gesprochen.

In der modernen luth. Ethik spricht man lieber von »innerer A.« oder betont (Elert), daß wahrer Verzicht ein echtes absconditum ist. Es bestehen dann nebeneinander: Freude an allen guten Gaben Gottes und das paulinische »haben, als hätte man nicht« (1Kor 7). Dabei kommt auch das eschatologische Motiv der urchristlichen A. wieder zu seinem Recht. Thielicke spricht davon, daß die stöhnende und schnaufende Arbeit und die A. sich hinter dem »Lächeln des Spiels« verstecken und verbergen (Ethik II, 1, Nr. 1640). Freilich wird fraglich, ob man hier im strengen Sinne noch von A. sprechen kann, da es sich kaum noch um bewußte Übung handelt. Aber vielleicht darf trotzdem die Rede von einer »A. unter dem ersten Gebot« gewagt werden.

5. Das letzte Wort über die A. als Gegenstand auch einer ev. Sittlichkeit ist mit all dem Dargetanen und namentlich auch mit dem Hinweis auf die »verborgene A.« schwerlich schon gesprochen. Es läßt sich doch nun einfach nicht übersehen, daß das NT den ganz realen Verzicht einzelner Jünger kennt. Mt 19, 12 spricht Jesus von solchen, die sich zu Eunuchen machen um des Himmelreichs willen. An Selbstverstümmelung ist sicherlich nicht gedacht und auch nicht an generelle, marcionitische Ehelosigkeit. Daß ein einzelner um seines Dienstes für das Himmelreich willen auf die Ehe verzichtet, ist gewiß der Sinn der Stelle. In ähnliche Richtung weist 1Kor 7 (→ Askese: IV, 4). Daß Jesus von seinen Jüngern im engeren Sinn Nachfolge in seinem Leben in → Armut (: I, 2) verlangt hat, geht nicht nur aus dem Evangelium vom reichen Jüngling hervor.

Die reformatorische Theologie weist klar hin auf den richtigen Ansatz zur theologischen Klärung dieser biblischen Sachverhalte. Sie findet ihn im Berufsgedanken (→ Beruf: III). Jeder Christ hat (vgl. CA XXIII) seine Berufung und steht damit unter einem mandatum specialissimum. Man wird nicht nur sehen müssen, daß im reformatorischen Denken vom Berufsgedanken her eine Linie zur A. gezogen ist, sondern auch, daß das kath. Denken den Berufsbegriff in einem ähnlichen Bezug kennt. Man spricht von Ordens*berufen* und von Priester*berufen*. Freilich besteht ein Unterschied: Der Katholik weiß sich durch das → Gelübde (: IV) an den u.U. mit harten Verzichten verbundenen Beruf auf ewig gebunden, während der Evangelische keine unfehlbare Berufserkenntnis kennt und deshalb von einer vermeintlichen Berufung zurücktreten darf (vgl. Luthers Stellung zur Gelübdefrage). Aber Berufung zum Verzicht um des Dienstes, sowohl des profanen Dienstes als auch des Dienstes am Evangelium willen, ist im Rahmen eines ev. Ethos durchaus eine Möglichkeit. Die Gleichnisse vom Schatz im Acker und von der köstlichen Perle (Mt 13, 44-46) weisen auf die Möglichkeit einer echten ev. A. Mit Nachdruck darf man jedoch fragen, ob aus dem im reformatorischen Denken vorhandenen Ansatz in der ev. Ethik der Gegenwart schon die vollen Konsequenzen gezogen sind.

Die Unterscheidung von innerer und äußerer A. kennt bereits die kath. Moraltheologie. Sie weiß um die Wertlosigkeit der äußeren Abtötung ohne die innere. Umgekehrt behauptet sie, daß angesichts der Sündhaftigkeit der menschlichen Natur innere Abtötung ohne äußere nicht verwirklicht werden kann. Die Frage ist, ob eine ev. Ethik, die sich ja auf ein viel radikaleres Sündenverständnis beziehen muß als die kath., sich der in der genannten Behauptung beschlossenen Wahrheit entziehen darf. Es ist das Verdienst der Ethik von A.D.Müller, daß sie auf die Bedeutsamkeit der ganz nüchternen asketischen Übung dringlich hingewiesen hat. Freilich wird streng darauf zu achten sein, daß alle reformatorischen Antithesen gegen die kath. A. (s. 3) unbedingt in Geltung bleiben. Daß »Fasten und leiblich sich bereiten eine feine äußerliche Zucht« ist, dürfte nicht nur ein formelhafter Satz sein, der aus Luthers Kleinem Katechismus bekannt ist. Daß ein Bemühen um ein ev. Fasten Versuchungen heraufführt, ist kein Gegenargument dagegen, daß es zu geschehen hat. Der im ref. Protestantismus insbesondere heute vorhandene Zug nach ev. Klöstern und Gemeinschaften, Bruderschaften usw steht zwar unter der Gefahr des Rückfalles in kath. Wesen, kann sich aber, wenn der Gefahr standhaft begegnet wird, als legitim erweisen.

J.Kaftan, Die A. im Leben des ev. Christen, 1904 - A.Köberle, Rechtfertigung u. Heiligung, 1929 - R.Runestam, Liebe, Glaube, Nachfolge, 1931 - R.Seeberg, Christliche Ethik, 1936 - A.D.Müller, Ethik, 1937 - W.Elert, Das christliche Ethos, 1949 - D.Bonhoeffer, Ethik, 1949 - N.H.Søe, Christliche Ethik, (1942 dän.) 1949 - H. Thielicke, Theol. Ethik I, 1951; II, 1, 1955 - R.Hupfeld, Ev. A. (ZSTh 23, 1954, 387-415). - J.Mausbach, Kath. Moraltheologie, (1920-22) I[8], 1954; II[10], 1954; III[9], 1953 - G.Staffelbach, Kath. Sittenlehre, 1945 - H.Fichtenau, A. u. Laster in der Anschauung des MA, 1948 - R.Egenter, Die A. des Christen in der Welt, 1956.

F.Lau

Asklepios (gemeingriech. Ἀσκληπιός, lat. Aesculapius; Name bis jetzt unerklärt), der »göttliche Arzt«, ursprünglich eine Gestalt des vorhomerischen griech. Mythus (ältere Theorie: Heilheros). Er gehört als Sohn des Apollon dessen Bereich zu. In dieselbe Richtung weist seine Verbindung mit Cheiron, dem thessalischen Kentaur, als seinem Erzieher und Lehrer. Was ihn bei offenbar ursprünglicher göttlicher Würde von Apollon unterscheidet, sind seine Philanthropie, die Bedeutung der Hand in seiner Erscheinung und seine Freiheit von Affekten, wenn man von einem ebenso sachlichen wie gütigen Humor absieht. Unter den ihm heiligen Tieren weist vor allem die → Schlange als Vermittlerin von Heilung und Rettung auf alte Beziehungen zur Unter- und Todeswelt hin. Sein Kult als Heilgott hat sich von Thessalien aus ausgebreitet. Sein Heiligtum in Epidauros, berühmt durch mit → Inkubation verbundene wunderbare Kuren, wurde zur Mutter von Hunderten weiterer Wallfahrtsorte (besonders Pergamon, Kos). Sie häufen sich in der röm. Zeit vor allem in Kleinasien und Nordafrika. Als »Heiland schlechthin« ist A. lange der stärkste Konkurrent für Jesus Christus als »Heiland der Welt« (Joh 4, 42; 1Joh 4, 14) gewesen und erst nach schwierigen und wechselvollen Kämpfen (→ Julian Apostata) überwunden worden, wobei örtliche Traditionen von der Kirche im Zuge der Erbfolge übernommen wurden (→ Kosmas und Damian).

RAC I, 795ff (Lit.) - E.J. u. L.Edelstein, Asklepius I. II, 1945 - K.Kerényi, Der göttliche Arzt, (1948) 1956² (Lit.) - F.J.Dölger, Der Heiland (AuC 6, 1950, 241-272) - K.H.Rengstorf, Die Anfänge der Auseinandersetzung zwischen Christusglaube u. A.frömmigkeit, 1953 (Lit.). *K.H.Rengstorf*

Asmodi, Name eines Dämons, aus dem Iranischen übernommen, wo Aēšma (Zorn, Raserei) Daēva (Dämon) als Vorkämpfer des bösen Prinzips und Widersacher Mithras und Sraošas auftritt. Der älteste jüdische Beleg ist Tob 3, 8: der »böse Dämon«, der nacheinander sieben Freier der Sara in der Hochzeitsnacht tötet, bis Tobias ihn unter Anleitung Raphaels vertreibt, heißt 'Ασμοδαῖος. Als 'Ašm^{e}dai wird er dann in der späteren rabbinischen Literatur zum »König der Dämonen« (bes. bGiṭ 68ab: A. auf dem Thron Salomos).

A.Kaminka, The Origin of the Ashmedai Legend in the Babylonian Talmud (JQR NS 13, 1922/23, 221-224) - Chant II, 225 - Bill. IV, 510ff - M.Rudwin, Asmodeus, Dandy among Demons (The Open Court 44, 1930, 459-466) - G.Widengren, Hochgottglaube im alten Iran, 1938, 311ff -UJE I, 545. *C.-H.Hunzinger*

Asmussen, *Hans,* * 21.8.1898 in Flensburg, Pastor an der Diakonissenanstalt in Flensburg, in Albersdorf/Dithmarschen und Altona. 1934-45 aus dem Amt vertrieben, führend im Pfarrernotbund und in der → Bekennenden Kirche, mehrfach inhaftiert, der erste Leiter der Kirchlichen Hochschule in Berlin. 1946-48 Präsident der Kanzlei der EKD, 1949-55 Propst von Kiel. A. erneuerte höchst eigenständig theologische Motive luth. Theologie (→ Luthertum: II). Sein Eintreten für die Reinerhaltung von Verkündigung, Bekenntnis und Ordnung der Kirche im sog. Dritten Reich ließ ihn zu einem Vorkämpfer der Bekennenden Kirche werden (»Altonaer Bekenntnis«). Neben Karl → Barth und Thomas Breit ist A. einer der Väter der »Barmer Theologischen Erklärung« (→ Barmen). Auch nach 1945 wandte sich A. gegen jeden totalitären Anspruch innerhalb und außerhalb der Kirche und setzte sich für eine Klärung der konfessionellen Zugehörigkeit ein. Darüber hinaus fordert er, das Verhältnis der ev. zur röm.-kath. Kirche neu zu durchdenken (→ Una-Sancta-Bewegung).

Vf. u.a.: Die Offenbarung u. das Amt, 1932; Die Seelsorge, 1934; Gottesdienstlehre, 3 Bde, 1936/37; Der Brief des Paulus an die Epheser, 1949; Warum noch Lutherische Kirche?, 1949; Der Römerbrief, 1952; Rom-Wittenberg-Moskau, 1956. *J.Pfeiffer*

Aspersionstaufe → Taufe: V.

Asseburg, *Rosamunde Juliane von,* * 1672 in Eigenstedt bei Aschersleben, † nach 1708, aus altadligem Geschlecht, seit 1690 befreundet mit J.Wilhelm und J.Eleonora → Petersen. Ihre zT apokalyptischen, zT erotischen Christusvisionen wurden von Petersen als göttliche Offenbarungen bekanntgemacht. Johann Friedrich Mayer und → Löscher, die Pietistengegner, verwarfen sie als Schwärmerin, → Spener gab ein zurückhaltendes Urteil ab, → Leibniz sprach für sie.

M.Trippenbach, R.J.v.d.A., die Prophetin u. Heilige des Pietismus (Asseburger Familiengeschichte, 1912, 305-329). *M.Schmidt*

Assemani (ital. aus arab. as-simʿānī »der Simeonit«), vier berühmte Orientalisten aus einer maronitischen Familie des Libanon (→ Unierte Kirchen des Orients), in Rom gebildet und von den Päpsten ausgezeichnet als Begründer der modernen orientalischen, bes. syrischen Studien. 1. *Joseph Simonius* (1687-1768), Begründer der orientalischen Hss-Sammlung und Kustos der Vatikanischen Bibliothek. - 2. *Joseph Aloysius* (1710-1782), Neffe von 1, Prof. an der päpstlichen Universität (Sapienza) in Rom. - 3. *Stephan Euodius* (1707/09-1782), Neffe von 1, Vetter von 2, Kustos der Vaticana. - 4. *Simon* (1749/52 bis 1821), Großneffe von 1, Prof. für orientalische Sprachen in Padua.

Bibliogr.: RE II, 144ff; XXIII, 125 - CathEnc I, 794f. - Hauptwerke von 1: Bibliotheca orientalis, 4 Bde, 1719-28; Italicae historicae scriptores, 4 Bde, 1751-53; Kalendaria ecclesiae universae 6 Bde, 1755; Bibliotheca iuris orient. canonici et civilis, 5 Bde, 1762 bis 1766. - Von 1 u. 3: Ephraemi Syri opera, 6 Bde, 1732-46. - Von 2: Codex liturgicus eccles. univ., 13 Bde, 1749-66; De sacris ritibus, 1757; De Catholicis seu Patriarchis Chaldaeorum et Nestorianorum, 1775. - Von 3: Außer Bibliothekskatalogen: Acta s. martyrum orientalium et occidentalium, 2 Bde, 1748. - Von 4: Museo Cufico Naniano illustrato, 2 Bde, 1787/88. - Über A.: DACL I, 2973ff. *C.Colpe*

Assoziation → Psychologie.

Assumptionisten (Congrégation des Augustins de l'Assomption), Augustiner von der Himmelfahrt (Mariä), seit 1929 dem Dritten Orden der Augustiner angeschlossen. 1845 durch Immanuel d'Alzon († 1880), Generalvikar von Nîmes, gegründet, 1864 von Pius IX. bestätigt. In Anlehnung an die Ziele der Jesuiten errichtete die Kongregation Erziehungsanstalten für den priesterlichen Nachwuchs, entfaltete eine soziale Tätigkeit unter der Arbeiterschaft, trieb Seemannsmission, baute das »Werk der guten Presse« auf (La Croix; Noël, eine Zeitung für Kinder) und förderte Pilgerfahrten nach → Lourdes und Jerusalem. Die A. ließen sich nach ihrem Verbot in Frankreich 1901 hauptsächlich in Belgien (Mission im Kongo und in Südamerika), England und Amerika nieder und erwarben neue Arbeitsgebiete in Argentinien, Brasilien, Kolumbien und Mexiko. In dem Bemühen um Wiedervereinigung der schismatischen orientalischen Kirchen mit Rom (→ Einigungsbestrebungen: V, 2) gründeten sie in Bulgarien, Rumänien und der Türkei Anstalten, von denen die meisten im ersten Weltkrieg verlorengingen.

Echos d'Orient, Paris 1897-1942, Forts. Revue des études byzantines - LThK I, 731ff - J.Monval, Les Assomptionnistes, Paris 1932 - S.Vailhé, Vie du P. d'Alzon, Paris 1926-34 - Heimbucher II, 384ff - G.Bernoville, Le Père Pernet, fondateur des petites Soeurs de l'Assomption, Paris (1944) 1951² - E.Peyriller, Les Soeurs de Sainte-Marie-de l'Assomption, servantes des aliénés, Paris 1952 - Escobar II, 1303ff. *W.Göbell*

Assyrien

1. Das Land - 2. Die Frühzeit und das 2.Jt. - 3. Die Großreichszeit - 4. Das Ende - 5. Die Kultur A.s. - Karte 3 »Babylonien-Assyrien« s.Sp. 653 f. - Vgl. Bildtafel 4 bei → Babylonien

1. A. ist die Landschaft beiderseits des Tigris zwischen dessen Austritt aus dem Gebirge Armeniens und dem Durchbruch durch das Hamrin-Gebirge. Das für den Ackerbau ausreichend beregnete Hügelland hat nur zT natürliche Grenzen gegen die Nachbargebiete und ist für Angriffe aus dem Gebirge und aus Mesopotamien weithin offen und auch ein lohnendes Ziel. Das Land braucht daher eine zielbewußte Verteidigung, die sich bemühen muß, dem Fruchtland Sicherheitszonen vorzulagern. Diese Zonen zu Sprungbrettern für weitere Eroberungen auszubauen, war um so verlockender, als A. sehr arm an Bodenschätzen und gutem Bauholz ist und wenig Raum für eine wachsende Bevölkerung bot. Der natürliche Mittelpunkt A.s, an dem sich viele Straßen kreuzen, ist Ninive (→ 3 D 2, ass. Ninua) bzw. heute Mossul; das politische Zentrum war allerdings lange Zeit

Assur (Aššur, → 3 D 3) bzw. seit 1250 auch Kalach (→ 3 D 2) an der Mündung des Oberen Zab (→ Ausgrabungen: I, 4). Nahe dem Gebirgsrand liegt die noch nicht ausgegrabene alte Stadt Arbela (älter Urbillum, später Arba'ilu, → 3 D 2). Die Babylonier nannten A. ursprünglich Schubartum (sumer. Subir, jünger Subartu). Der Name Assur-Land (daraus 'Ασσυρίη) wurde erst um 1350 von Aššur-uballit I. eingeführt, weil man Subartu als abwertende Bezeichnung empfand.

2. Die Anfänge A.s liegen im Dunkeln. Die ackerbauende Bevölkerung gehörte im 4.Jt. teils zur Tell-Halaf-Kultur (→ Ausgrabungen: I, 4), teils zur Samarra-Kultur. Aus der Vermischung dieser alten Bevölkerung mit den im 3.Jt. eindringenden Semiten entstand das Volk der Assyrer, das einen Dialekt des Akkadischen sprach und das in der den Sumerern entlehnten Keilschrift schrieb. Nach 2000 (für die Chronologie → Babylonien: I) zog Assur unter Ilušumma und seinen Nachfolgern reichen Gewinn aus dem Metall- und Stoffhandel mit Anatolien (Tontafeln von Kanesch/Kültepe). Etwa 1815 vChr usurpierte der Ostkanaanäer Šamši-Adad I. die Herrschaft in A. und eroberte von Assur aus Mesopotamien (Korrespondenz von → Mari). Bald danach besetzten die Churriter A., das dann lange zu dem von Ariern geführten → Mitanni-Reich gehörte. In Assur regierten abhängige Stadtfürsten aus der Dynastie des Adasi. Erst Aššur-uballit I. (1356-1320) erkämpfte A. wieder die Selbständigkeit und griff bereits selbst in Babylonien ein. Seine Nachfolger hatten es in Mesopotamien schon mit den → Aramäern zu tun, die dort zahlreiche Kleinstaaten bildeten und die bei günstiger Gelegenheit auch den Angriff auf A. nicht scheuten. Adad-narāri I. (1297-1265) übernahm dann von Šamši-Adad I. den ursprünglich babylonischen Titel »König der Gesamtheit« und damit für den Gott Aššur den Anspruch auf Beherrschung ganz Vorderasiens, der jeden Angriff rechtfertigte. Der Kriegsbericht trat in den Inschriften immer mehr in den Vordergrund. Nach Salmanassar I. (1265-1235), dem Gründer von Kalach, vollendete Tukulti-Ninurta I. (1235-1198), der Ninos der Griechen, die Eroberung Mesopotamiens und besetzte ganz Babylonien. Babylon selbst wurde nach einem Aufstand zerstört und die Mardukstatue entführt. Der König fiel in seiner neuen Hauptstadt Kar-Tukulti-Ninurta (→ 3 D 2) dem Aufstand eines Sohnes zum Opfer. Nach ihm zerfiel das Reich und konnte erst von Tiglatpilesar (ass. Tukulti-apil-Ešarra) I. (1116-1077) zurückgewonnen werden. Tiglatpilesar erreichte bei seinen Expeditionen erstmalig in Syrien das Mittelmeer. Auch er unterwarf Babylonien, vergriff sich jedoch nicht am Marduktempel; er tat viel für die Hebung der Landwirtschaft und die Pflege babylonischer Literatur. Aber auch sein Reich hatte keinen Bestand. Seine Nachfolger konnten die erneut vordringenden Aramäer nur von A. selbst fernhalten.

3. Erst Aššur-dan II. (935-912) ging wieder zum Angriff gegen die Aramäer über, erzielte aber ebenso wie Adad-nirāri II. (912-891) und Tukulti-Ninurta II. (891 bis 884) keine dauerhaften Erfolge. Erst Aššurnassirpal II. (884-859) pazifizierte in planmäßigem, aber besonders brutalem Vorgehen den größten Teil Mesopotamiens. Nicht gefügige Gebiete wurden durch Blutgerichte und Deportationen vieler Tausende entvölkert und später aus anderen Landesteilen neu besiedelt. Dadurch entstand eine meist aramäisch sprechende Mischbevölkerung. Weitergeführt wurde seine Politik von Salmanassar III. (859-824), der seine eignen noch weiter gesteckten Ziele freilich nur teilweise erreichen konnte. Er zog fast jedes Jahr in den Westen. Bei dem ersten Versuch, Damaskus zu erobern, verlegte ihm 853 eine Koalition unter Führung des Ben-Hadad von Damaskus, zu der auch → Ahab von Israel gehörte, bei Karkar (→ 3 A 2) den Weg, so daß er nach einer blutigen Schlacht wieder abzog. Erst 841 erreichte er (nach Teilerfolgen 848/45) Damaskus; Hasael verteidigte aber die Stadt mit Erfolg. → Jehu von Israel zahlte damals ebenso wie Tyrus Tribut. Salmanassars Sohn Šamši-Adad V. (824-810) kämpfte wie dieser in Armenien, wo sich das neue Reich Urartu (im AT: Ararat) gebildet hatte, und Babylonien, starb aber früh. Die Regentschaft für seinen Sohn Adad-nirāri III. (810-782) führte bis 806 seine Frau Sammuramat, die Semiramis der Griechen. Adad-nirari selbst rühmt sich u.a. der Unterwerfung Israels, Edoms und der Philister, ist also vielleicht nach Südpalästina vorgedrungen. Damaskus hat er erneut geschwächt (vgl. dazu 2Kön 13, 5?). Seine Nachfolger waren durch schwere Seuchen an Eroberungen verhindert. 746 brachte eine Revolution gegen die bisher herrschende Priester- und Adelsschicht Tiglatpilesar III. (746-727) auf den Thron, der das Reich reorganisierte und dabei die zu groß gewordenen Provinzen aufteilte. Erst durch ihn wurde A. zur unbestrittenen Vormacht in Vorderasien, wurde Urartu aus Syrien verdrängt und Babylonien durch Personalunion mit A. verbunden; er nannte sich dort Pulu (2Kön 15, 19 Pûl). In Syrien fiel 741 Arpad (Jes 10, 9), 738 Hamath (→ 3 A 3); auch Israel und Juda zahlten Tribut. 734 zog der König durch Israel und Philistäa bis an die Grenze Ägyptens; das Küstengebiet Israels wurde zur Provinz Dor (Alt II, 150ff). 733 kam er auf den Hilferuf Ahas' von Juda (2Kön 16, 10ff) wieder und nahm Israel den größten Teil seines Gebietes weg (Provinzen Megiddo und Gilead); zugleich wurde Damaskus belagert und 732 erobert. Erst 724 fiel Israel erneut von A. ab, worauf Salmanassar V. (727-722) den → Hosea gefangennahm und → Samaria belagerte. Da er 722 einer Revolution der hauptstädtischen Aristokratie zum Opfer fiel, konnte erst sein Nachfolger Sargon II. (722-705) Samaria einnehmen und zerstören (→ Israel: I); Juda ließ er bestehen. Seine weiteren Feldzüge führten ihn u.a. nach Kleinasien und Iran; 714 zerstörte er die Hauptstadt von Urartu Tuschpa (heute Wan). In Babylonien konnte er sich aber nur teilweise durchsetzen. 720 schlug er einen Aufstand in Syrien nieder und besiegte anschließend bei Raphia die Ägypter. Einen neuen Aufstand in Palästina 711 ließ er durch einen General niederwerfen; das Philisterland wurde nun zur Provinz Asdod. Das Mißtrauen gegen die alten Hauptstädte veranlaßte Sargon zur Gründung einer neuen Hauptstadt Dur-Šarrukin, in der er einen gewaltigen Palast erbaute. Er fiel 705 in Iran. Sein Sohn Sanherib (705-681) machte dann alsbald Ninive zur Hauptstadt. Dieser vielseitig, auch technisch begabte, aber maßlose König kämpfte vor allem gegen Babylonien und Elam und zerstörte 689 Babylon völlig, was ihm sogar in A. als Sakrileg ausgelegt wurde. Nach dem Westen führte ihn 701 der Aufstand, den → Hiskia von Juda gemeinsam mit Sidon, Askalon und Ekron in Gang gebracht hatte; Ägypten und Babylonien unter Merodachbaladan standen als Anstifter dahinter. Sanherib warf die meisten Gegner rasch nieder und schlug die Ägypter bei Elteke; die Belagerung Jerusalems mußte er aber wegen einer Seuche im Heer aufgeben, konnte jedoch einen reichen Tribut eintreiben. (zu 2Kön 18, 13-16; 18, 17-19, 36; Jes 36, 1-37, 37, vgl. AOT 332ff, ANET 287f, TGI 57f). Er wurde 681 von einem seiner Söhne ermordet (2Kön 19, 37). Sein Sohn Asarhaddon (681-669) baute Babylon wieder auf und hielt den Kimmeriersturm von A.s Grenzen fern. Im Westen leistete nur Sidon Widerstand und wurde 677 zerstört. Da alle Aufstände dort von Ägypten unterstützt wurden, war dessen Unterwerfung das nächste

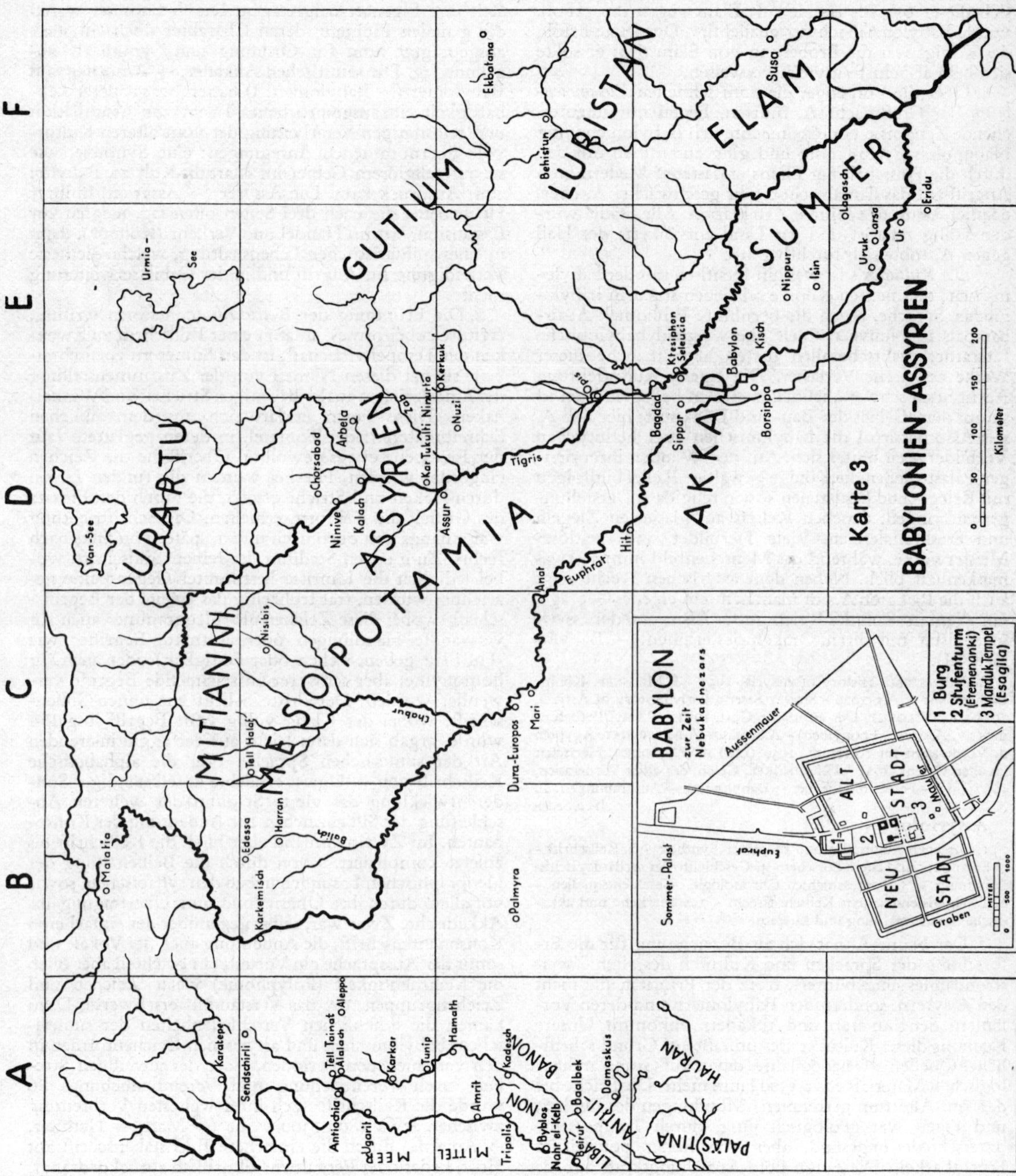
Karte 3
BABYLONIEN-ASSYRIEN
Kilometer
0 50 100 150 200
URARTU
MITANNI
MESOPOTAMIA
ASSYRIEN
GUTIUM
LURISTAN
ELAM
SUMER
AKKAD
MITTEL MEER
LIBANON
ANTILIBANON
HAURAN
PALÄSTINA
Van-See
Urmia-See
Malatia
Karatepe
Sendschirli
Karkemisch
Edessa
Harran
Tell Halaf
Nisibis
Antiochia
Ugarit
Tell Tainat
Alalach
Aleppo
Karkar
Tunip
Hamath
Kadesch
Amrit
Tripolis
Byblos
Nahr el-Kelb
Beirut
Baalbek
Damaskus
Palmyra
Dura-Europos
Mari
Anat
Hit
Chabur
Balich
Euphrat
Tigris
Zab
Assur
Ninive
Kalach
Chorsabad
Arbela
Kar Tukulti Ninurta
Nuzi
Kerkuk
Diyala
Bagdad
Sippar
Ktesiphon
Seleucia
Babylon
Kisch
Borsippa
Nippur
Isin
Uruk
Larsa
Ur
Eridu
Lagasch
Susa
Behistun
Ekbatana
BABYLON zur Zeit Nebukadnezars
1 Burg
2 Stufenturm (Etemenanki)
3 Marduk-Tempel (Esagila)
Aussenmauer
Sommer-Palast
Euphrat
ALT STADT
NEU STADT
Mauer
Graben
Meter
0 500 1000
A B C D E F
1 2 3 4 5

Ziel; sie gelang 671, freilich nur für kurze Zeit. Nach zwei Aufständen wurde Ägypten etwa 656 wieder frei. Assurbanipal (669-631) mußte zunächst seinen Bruder Šamaššumukin als Vizekönig in Babylon einsetzen; als sich dieser 652 im Bunde mit Elam gegen ihn erhob, wurde Babylon 648 schwer gezüchtigt. Der letzte Erfolg des Königs war die Eroberung von Elam 639; er sollte sich bald als sehr fragwürdig erweisen.

4. Über die Vorgänge, die zum schnellen *Zusammenbruch* der Großmacht A. führten, liegen nur unzureichende Zeugnisse vor. 625 machte sich Babylonien unter Nabupolassar selbständig und ging zusammen mit den durch die Ausschaltung Elams entlasteten Medern zum Angriff auf das damals schon sehr geschwächte A. über. 614 fiel Assur, 612 Ninive, 610 Harran. Alle Städte wurden völlig zerstört und das Land entvölkert; der Haß gegen A. tobte sich furchtbar aus.

5. Die *Kultur* A.s ist weithin identisch mit der babylonischen; die meisten Könige schrieben sogar in babylonischer Sprache. Auch die berühmte Bibliothek Assurbanipals in Ninive enthielt überwiegend babylonische Literatur; wahrscheinlich hatten aber manche dieser Werke assyrische Verfasser. Die eigene Kulturleistung A.s ist noch schwer abzuschätzen. Am bedeutendsten ist sie auf dem Gebiet der Bau- und Bildkunst; hier ließ A. seit Aššurnassirpal die babylonischen und hethitischen Vorbilder weit hinter sich. Auf den Wänden ihrer riesigen Paläste ließen die Könige gewaltige Reliefbildfolgen mit Kriegs- und Jagdszenen sowie religiösen Darstellungen anbringen, daneben Reliefs aus glasierten Ziegeln und Freskomalereien. Viele Tierbilder sind »zeitlose» Meisterwerke, während das Menschenbild immer etwas maskenhaft blieb. Neben dem assyrischen Recht zeigt auch die Religion A.s in manchem ein eigenes Gepräge, vor allem im Kult des Reichsgottes Aššur und der assyrischen Ištar mit ihren Orakelpriesterinnen (→ Babylonien: II).

A.T.Olmstead, History of Assyria, 1923 - B.Meissner, Könige Babyloniens u. A.s, 1926 - Sidney Smith, Early History of Assyria, 1928 - K.Tallqvist, Der assyrische Gott, 1932 - RLA I/II (besonders s.v. Assyrien, Eponymen) - A.Scharff-A.Moortgat, Ägypten u. Vorderasien im Altertum, 1950 (Lit.) - W.v.Soden, Herrscher im alten Orient, 1954 - H.Schmökel, Gesch. des alten Vorderasien, 1957 (Lit.). - Ferner die Lit. bei →Babylonien, →Ausgrabungen: II.

W.v.Soden

Assyriologie

1. Ursachen kultureller und religiöser Synthese - 2. Keilschrift - 3. Entzifferer und ältere Forscher - 4. Geschichte der archäologischen Forschung - 5. Vorgeschichte, Chronologie, Geschichtsquellen - 6. Zweigwissenschaften; Keilschriftrecht - 7. Sumerische und akkadische Sprachforschung und Literatur

1. Der Name A. hat sich als Bezeichnung für die Erforschung der Sprachen und Kulturen des alten Zweistromlandes eingebürgert, trotz der Priorität, die nicht den Assyrern, sondern den Babyloniern und deren Vorläufern, den Sumerern und Akkadern, zukommt. Unsere Kenntnis dieses Kulturkreises umfaßt auf Grund schriftlicher Quellen etwa 3000 Jahre, davor auf Grund archäologischen Materials etwa 1500 Jahre mehr. Die Fläche bei den (im Altertum getrennten) Mündungen des Euphrat und Tigris war geologisch jung, durch Temperaturunterschiede ungesund, aber von hoher potentieller Fruchtbarkeit. Diese nun übte Anziehungskraft auf die halbnomadischen Stämme und Gruppen der benachbarten und auch entfernteren Hochländer und Steppen, konnte aber nur durch die Anlage von Deichen und Kanälen in großen organisierten Arbeitsgemeinschaften effektiv werden. So wurde diese Ebene nicht etwa zum Ausgangspunkt, sondern zum Sammelbecken, wo sich die verschiedenen Bevölkerungen und Rassen unabhängig von Familie oder Stamm zu Stadtstaaten zusammenschlossen. Durch die Gemeinschaft von Milieu und Geschichte erwuchs dann trotz innerer Verschiedenheit (selbst der Sprache) eine feste kulturelle und auch religiöse Einheit. Hierzu hat jede Bevölkerung im Laufe der Zeit ihre Eigenart beigetragen. Die → Sumerer waren die genialen Pioniere, deren Charakter doch ein stark ausgeprägter Sinn für Ordnung und Symmetrie zugrunde lag. Die semitischen Akkader, → Amoriter und Babylonier (→ Babylonien: I) hatten bei größerer Lebhaftigkeit ein ausgesprochenes Talent zur Assimilation und selbsttätigen Verarbeitung der vom älteren Kulturvolk übernommenen Anregungen: eine Synthese, wie sie auf religiösem Gebiet im Marduk-Kult zu Babylon zum Ausdruck kam. Die Assyrer (→ Assyrien) in ihrer Hochebene, die nach drei Seiten offen lag, neigten zur Expansion, erst im Handel und Verkehr (Kültepe), dann in einer militaristischen Lebenshaltung, welche die beste Verteidigung im Angriff und in der Gebietserweiterung suchte.

2. Die Erfindung der *Keilschrift* (cuneiform writing, écriture cunéiforme), anfangs einer Bildschrift zu Zwecken der Tempelwirtschaft, ist den Sumerern zuzuschreiben; sie hat diesen Namen von der Zusammenstellung der Einzelzeichen aus keilförmigen Strichen und Winkelhaken. Diese Form erklärt sich aus dem üblichen Schreibmaterial: der Tontafel, in deren geglättete (auf der Rückseite etwas gewölbte) Oberfläche die Zeichen eingeritzt wurden. Hierbei wurden die runden Linien durch Haken und Striche ersetzt, die durch den Einsatz des Griffels die Keilform erhielten. Die Schriftrichtung war anfangs von oben nach unten, später von links nach rechts. Zum ersten Stadium der reinen Bildschrift, wobei lediglich die Umrisse bestimmter Gegenstände gezeichnet wurden, trat frühzeitig das zweite der Begriffsschrift, wobei diese Zeichen als »Ideogramme« auch für verwandte Handlungen oder abstrakte Begriffe (wie »Fuß« für gehen, stehen oder Festigkeit) oder auch für homonyme, aber schwerer zu zeichnende Begriffe verwendet wurden. Der dritte Schritt zur reinen Silbenschrift, wobei der Klang völlig vom Begriff losgelöst wurde, ergab sich dann leicht aus der agglutinierenden Art der sumerischen Sprache. Nur die alphabetische Keilschrift von → Ugarit erreichte in selbständiger Sonderentwicklung das vierte Stadium der weiteren Abschleifung der Silbenzeichen zur Andeutung der Konsonanten. Im Zweistromland aber blieb die Keilschrift bis zuletzt kompliziert, schon durch die Beibehaltung der ideographischen Lesungen neben den syllabischen, sowie vor allem durch ihre Übernahme und Übertragung ins Akkadische. Zwar war, selbst gegenüber der einfacheren Konsonantenschrift, die Andeutung auch der Vokale und somit der Aussprache ein Vorteil; ein Nachteil aber blieb die Mehrdeutigkeit (Polyphonie) vieler Zeichen und Zeichengruppen, die das Verständnis erschwerte. Dazu kamen die erheblichen Verschiedenheiten der sumerischen, babylonischen und assyrischen Zeichenformen in den verschiedenen Perioden, trotz des jeweiligen Strebens nach Vereinfachung und Vereinheitlichung. So wurde die Keilschrift nach ihrer weitesten Verbreitung zwischen etwa 1800-1300 vChr (→ Mari, → Hethiter, → Amarna) durch die einfachere Buchstabenschrift auf Holz, Leder oder Pergament allmählich zurückgedrängt, vor allem seit dem Vordringen der → Aramäer und des Aramäischen auch im Zweistromland. Da uns hier nur das auf Stein oder Ton Geschriebene erhalten blieb, ergibt sich daraus gerade für die den Reichen Israel und Juda gleichzeitige Periode eine bedauerliche Einseitigkeit der an sich noch reichen Quellenüberlieferung. Hierfür bieten selbst die tausende Tontafeln, welche Assurbanipal um 650 vChr in seiner Keilschriftbibliothek in

→ Ninive sammelte, keinen vollwertigen Ersatz. Aus demselben Grunde beginnt im Zweistromland die Quelle der schriftlichen Überlieferung seit der Perserzeit für uns zu versiegen. Die jüngsten Keilschrifttexte (bis etwa 70 nChr) stammen aus einer Astronomenschule in Uruk-Warka: im Partherreich. Schon damals war diese Literatur innerhalb des römischen Imperiums (anders als die ägyptische) längst verschollen und vergessen und blieb es bis tief in die Neuzeit hinein.

3. Ihre Wiedererweckung gehört zu den Großtaten der Geisteswissenschaft. Zuerst wurden die dreisprachigen (persisch-elamisch-babylonischen) kurzen Inschriften der Achämeniden aus Persepolis bekannt. Der erste *Entzifferer* der (aus nur 41 einfachen Zeichen bestehenden) persischen Kolumne war 1802 G.F.Grotefend (1775 bis 1853, Hannover). Unabhängig von ihm wurde die Arbeit seit 1836 durch (Sir) Henry Rawlinson (1810-95) in Angriff genommen, der auf Grund der großen trilinguen Inschrift des Darius I. in Bisūtūn auch die dritte (babylonische) Kolumne zu entziffern begann, und der später durch sein fünfbändiges Inschriftenwerk der Cuneiform Inscriptions of Western Asia (1870-84) als der eigentliche Begründer der A. zu gelten hat. Sein Mitarbeiter, der Ire Edw.Hincks (1792-1866), stellte die erste Zeichenliste zusammen (1852-55). Ein erster Höhepunkt wurde 1857 erreicht, als Rawlinson, Hincks, Talbot und Oppert in unabhängigem Wettstreit die Entzifferung und Übersetzung der Annalen Tiglatpilesers I. gelang. Der geniale Nachfolger der beiden erstgenannten war George Smith (1840-76, London), der auf Grund der ins Britische Museum überbrachten Tafeln aus der Bibliothek Assurbanipals als erster auch in die Geheimnisse der babylonischen Dichtkunst (Weltschöpfungsepos, Sintfluterzählung) eindrang. Die sprachliche Durchforschung erfolgte sodann von deutscher Seite. In Friedrich Delitzsch (1850-1922, Berlin), dem Nachfolger Eberhard Schraders (1836-1908, Berlin), erstand der eigentliche Begründer der assyrischen Philologie. Seine Schüler - u.a. Heinrich Zimmern (1862-1931, Leipzig), Peter Jensen (1861-1936, Marburg), Fritz Hommel (1854-1936, München), Paul Haupt (1858-1926, Baltimore) - trugen durch ihren Unterricht die junge Wissenschaft auch über den Ozean. In Frankreich folgten auf J.Oppert (1825 bis 1905, Paris) und Lenormant Gelehrte wie F.Thureau-Dangin (1872-1944, Paris, der geniale Pionier des Sumerischen), P.Vincent Scheil (1858-1940, Paris, der Begründer der elamischen Sprachforschung) und C.Fossey (1869-1946 Paris) und in England nach A.H.Sayce (1846-1933, Oxford) der vielseitige St.Langdon (1876 bis 1937, Oxford).

4. Diese rasche Blüte beruhte auf den Resultaten der *archäologischen Forschung* (→ Ausgrabungen: II), die zuerst (daher der Name A.) in Assyrien einsetzte. Schon 1842-44 gruben die Franzosen P.E.Botta (1802-70, Mosul) und E.Flandin in Kujundschik (Ninive) und Chorsabad (Dûr-Scharrukin). 1845-50 folgten die Engländer in Ninive und Kalach (Nimrud) unter (Sir) Austen Henry Layard (1817-94). Die Grabungen in Chorsabad wurden 1851-54 trefflich fortgesetzt von Victor Place (1822-75), die in Ninive von Hormuzd Rassam (1826 bis 1910, Mosul), der dort 1853/54 den größten Teil der Bibliothek Assurbanipals und die Jagdreliefs ausgrub und nach dem frühen Tode von George Smith dort dessen Grabungen wiederaufnahm und zugleich in Balawat (Imgur-Ellil) die Bronzestreifen vom Palasttor Salmanassars III. aufdeckte. Bahnbrechend war 1903-13 die deutsche Grabung von Assur (Qal'at Scherqât), mit welcher der Name Walter Andraes (1875-1956, Berlin) verknüpft bleibt. Die Bedeutung der amerikanischen Grabungen in Tepe Gaura (E.A.Speiser, * 1902, Philadelphia) lag auf dem Felde der Vorgeschichte; die der Ausgrabung von Nuzi (Jorgan Tepe) durch E.Chiera (1885 bis 1933, Chicago) und F.S.Starr zeigte die Fremdeinflüsse, denen die assyrische Bevölkerung im 2.Jt. erlag. Seit 1928 wurden auch ältere Grabungen mit besserer Methode aufgenommen: Ninive durch R.C.Thompson (1876-1941, Oxford), Chorsabad (seit 1930) durch H. Frankfort (1897-1954, zuletzt London) und Gordon Loud (Oriental Institute, Chicago), Nimrud (seit 1949) durch M.E.L.Mallowan (* 1904, London).

Die ersten Untersuchungen in Südbabylonien (Larsa, Ur, Uruk) und auch in Susa nahm W.Kennet Loftus 1849-54 vor. Hier bedeutete die französische Ausgrabung von Telloh (Lagasch) eine neue Epoche. Zum erstenmal kamen dort auch sumerische Kunstwerke ans Licht, die heute (u.a. die Statuen Gudeas) den Louvre schmücken. Die Arbeit von E.deSarzec und L.Heuzey (1877-1901) wurde seit 1929 von H.deGenouillac und A.Parrot fortgesetzt; 20 Kampagnen von 1877-1933. Erfolgreich waren auch (seit 1897) die französischen Grabungen an der Stelle des alten → Susa, mit der Namen wie J.deMorgan (1857-1924), Scheil, Dieulafoy, de Mecquenem verbunden sind, und die auch babylonische Beutestücke elamischer Eroberer (wie die Gesetzesstele des → Hammurapi) ans Licht brachten. Die Gelehrten des Museums von Philadelphia - H.Hilprecht (1859 bis 1925, Philadelphia) u.a. - konzentrierten sich von 1899 an auf Nippur, die Stadt des sumerischen Hauptgottes Enlil; die Grabung wird seit 1949 durch D.McCown fortgesetzt. Die hier ausgegrabenen hymnischen und epischen neusumerischen Texte kommen erst heute zu vollem Recht. Das Ziel der deutschen Expedition unter R.Koldewey (1855-1925) in den Jahren 1899-1917 war die Hauptstadt → Babylon, von deren Pracht das im Berliner Museum rekonstruierte Ischtartor zeugt. Ein Zweigunternehmen waren die Grabungen zu Fara, dem alten Schuruppak, der Stadt des babylonischen Sintfluthelden (fortgesetzt 1931 durch E.Schmidt). Beschränkten sich die Ergebnisse in Babylon hauptsächlich auf die chaldäische Periode, so fällt bei der großen Grabung in Uruk-Warka aller Nachdruck auf die Vor- und Frühgeschichte. Diese Grabung, anfangs unter Leitung von J.Jordan, dann von E.Heinrich, A.Nöldeke (* 1875, Hannover), H.J.Lenzen (* 1900, Berlin), ist die erste, die nach dem Kriege von deutscher Seite wiederaufgenommen wurde; sie ist vorbildlich durch präzise Einzelbeobachtung. Dagegen zeichnete sich die englisch-amerikanische Grabung von Ur unter Sir Leonard Woolley (* 1880, Oxford) vor allem durch die glänzenden Einzelfunde aus den Schachtgräbern altsumerischer Fürsten oder Priesterinnen und ihres Gefolges aus; eine Zweigunternehmung war die Grabung in El-Ubaid. Aufschlußreich waren ferner die Ausgrabungen des Oriental Institute (Chicago) beim Dijala (Kurnat), dem Nebenfluß des Tigris, die zur Wiederentdeckung des Reiches von Eschnunna und seiner altsumerischen Vorläufer führten. Auf dem Tell Asmar (dem alten Eschnunna) und auf dem Hügel von Chafadschi (dem alten Tutub) mit seinem ovalen Tempel des Mondgottes haben H.Frankfort und P.Delougaz die alte Kultur dieser Gegend erschlossen. Zu diesem Reiche gehörte auch Schaduppum (heute Tell Harmal), wo der Gesetzeskodex - Vorläufer der Hammurapi-Gesetze - gefunden wurde. Wichtiger noch als Eschnunna war → Mari am Euphrat. Der Ruhm dieser Grabung gebührt Frankreich und dem Louvre (André Parrot, * 1901, Paris). Durch das Tontafelarchiv aus dem Palast des Zimrilim schloß sich (auch chronologisch) eine Lücke unserer historischen Kenntnis. Überzeugend wies dieses Archiv auf die Bedeutung des »Westlandes« und auf die engen Beziehungen zwischen

Akkad und Amurru (→ Amoriter). Dort, am Mittellauf des Euphrat und an seinen Nebenflüssen Chabur und Balich, liegen wichtige Aufgaben künftiger Forschung. Die Grabungen am Tell Halâf (Guzana) und Fecheria (Waschugganni?), von Chargarpazar (Schubat-Enlil?) und Tell Brak und von Sultantepe mit seiner Fülle literarischer Texte weisen auf weitere Aufschlüsse, die von diesem zentralen Kulturboden noch zu erwarten sind.

5. Am aktuellsten ist die *prähistorische* Forschung, deren Übungsfeld und Vorbild die Grabung von Uruk-Warka mit ihrer sorgfältigen Unterscheidung der ältesten Schichten war. Man benennt die vorgeschichtlichen Perioden nach den ersten Spuren ihrer Fundorte, wobei die Keramik als »Leitfossil« für die Reihenfolge dient: Samarra, Tell Halaf, El-Ubaid, Uruk, Dschemdet-Nasr, Lagasch. So schließen sich Vorgeschichte und Frühgeschichte zusammen, und die keilschriftlich überlieferten Listen der Dynastien und Könige sowie die Datenlisten und die assyrischen Eponymenlisten bieten daran beinahe lückenlosen Anschluß, wobei sich von der Mitte des 2.Jt.s an auch die Königsannalen (bei den Assyrern mit Aufzählung der Feldzüge) und Chroniken immer mehr häufen. Die letzte große Lücke in der 1. Hälfte des 2.Jt.s verschwand durch die Verkürzung der *Chronologie,* welche sich u.a. auf Grund der Urkunden von Mari und der beiden assyrischen Königslisten von Chorsabad als nötig erwies. Hierdurch werden alle der Hammurapi-Dynastie vorhergehenden Perioden um etwa 275 Jahre zusammengeschoben. Freilich bleibt (auch auf Grund der hethitischen Synchronismen) manches noch unsicher. Nimmt man die Regierungszeit Hammurapis als Angelpunkt an, so pflegte man diese früher auf 1955 bis 1913 anzusetzen, während man heute wohl nur noch zwischen 1792-1750 vChr (Sidney Smith, * 1889, London) und 1728-1686 (W.F.Albright, * 1891, Baltimore, und F.Cornelius) schwankt. (Weiteres → Babylonien: I.)

6. Auf dem Gebiet der *Sprachforschung* haben sich die Erforschung des Sumerischen, Elamischen, Hethitischen (einschließlich des Protochattischen, Luwischen, Palaïschen usw), des Churrischen, Urarṭäischen, Ugaritischen trotz der gemeinsamen Keilschrift selbständig abgezweigt (→ Hethitologie, → Ugarit). Nur wenigen Großen der vorigen Generation gelang die Synthese und das Bahnen neuer Wege auf den verschiedenen Gebieten: so A.Ungnad (1879-1945, Breslau), B.Hrozný (1879-1952, Prag), E.Dhorme (* 1881, Paris). Selbständige Wege schlug auch das Studium des *Keilschriftrechtes* ein, dessen Bahnbrecher J.Kohler (1849-1919, Berlin), Paul Koschaker (1879-1955, Tübingen) und M.SanNicolo (1887 bis 1955, München) waren. Denn die Zahl der Kontrakte, Quittungen, Prozeßakten und Geschäftsbriefe ist aus vielen Perioden groß, und bereits drei neuerlich entdeckte Kodifikationen übertreffen an Alter die des Kodex Hammurapi: die Gesetze des Ur-Nammu von Ur, des Bilalama (?) von Eschnunna und des Lipit-Ischtar von Isin.

7. Für den Sprachforscher wie für den Religionshistoriker bietet die endgültige Erschließung des *Sumerischen* (→ Sumerer) eine Fülle neuer Anregung. Nach langer Periode des Tastens und Suchens waren hier F.Thureau-Dangin und Arno Poebel (* 1881, Chicago) die Bahnbrecher. Unentbehrliche Vorarbeiten sind das Sumerische Lexikon von P.A.Deimel (1865-1954, Rom) und die Bearbeitungen keilschriftlicher Vokabulare durch B. Landsberger u.a. Waren die neusumerischen Dichtungen früher weniger verständlich, so bot nun der Sammelfleiß S.N.Kramers (* 1897, Philadelphia) eine solche Fülle neuen Materials, daß auch hier durch die philologische Kleinarbeit von Sumerologen wie Th.Jacobsen (* 1904, Chicago) und A.Falkenstein (* 1906, Heidelberg) der Schleier fällt und sich weite Ausblicke eröffnen. Am eindrucksvollsten sind die Tempelbauhymne Gudeas von Lagasch, die monotonen Hymnen, Liturgien und Litaneien, sowie die epischen Liederzyklen von → Gilgamesch, Enmerkar und Lugalbanda.

Auch auf dem Gebiet des *Akkadischen,* das dem Hebräischen nahesteht, bahnten sich wichtige Fortschritte an. Hier gebührt Benno Landsberger (* 1890, jetzt Chicago) und seiner Schule das Verdienst, dieses auf das Niveau der modernen Sprachforschung erhoben zu haben. Davon zeugte 1952 der Grundriß der akkadischen Grammatik von Wolfram v.Soden (* 1908, jetzt Wien), von welchem auch das neue Handwörterbuch zu erwarten ist. Vom großen Assyrian Dictionary unter Leitung von J.Gelb, Th.Jacobsen, B.Landsberger, A.L.Oppenheim erschien 1956 der Band mit dem Buchstaben Ḫ. Die Aufgabe der Zukunft ist genaue Scheidung der verschiedenen Sprachperioden und Dialekte und deren Einzelbehandlung. Von der Bedeutung und Mannigfaltigkeit der *Literatur* bieten die Übersetzungen in AOT (1926²) von E. Ebeling (1886-1955, Berlin) und die in ANET (1955²) von E.A.Speiser, Th.J.Meek, A.L.Oppenheim, A.Sachs, F.J.Stephens, R.H.Pfeiffer einen Eindruck. Die sumerischen und akkadischen Hymnen und Gebete wurden übersetzt von A.Falkenstein und W.v.Soden (1953).

Zu 1: B.Meissner, Babylonien u. Assyrien I, 1920; II, 1925 - H. Schmökel, Ur, Assur u. Babylon, 1955 (Lit.) - S.A.Pallis, The Antiquity of Iraq, A Handbook of Assyriology, 1956 - RLA, 2 Bde, A-E; wird fortgesetzt. - Zu 2: E.Chiera, Sie schrieben auf Ton, 1939 - R.Labat, Manuel d'épigraphie akkadienne, (1948) 1952² - W.v.Soden, Das akkadische Syllabar, 1948. - Zu 3: E.A.W.Budge, The Rise and Progress of Assyriology, 1925. - Zu 4: V.Christian, Altertumskunde des Zweistromlandes I, 1940 - A.Parrot, Archéologie mésopotamienne I, 1946; II, 1954 - A.L.Perkins, The Comparative Archaeology of Early Mesopotamia, 1949. - Zu 5: H.Frankfort, The Birth of Civilisation in the Near East, 1951 - F.Schmidtke, Der Aufbau der babylonischen Chronologie, 1952. - Zu 6: J.Kohler u. A.Ungnad, Hammurabi's Gesetz, 1904-23 - A.Goetze, The Laws of Eshnunna (AASOR XXI), 1956. - Zu 7: A.Falkenstein, Grammatik der Sprache Gudeas, 1949f - W.v.Soden, Grundriß der akkadischen Grammatik, 1952 - A.Falkenstein u. W.v.Soden, Sumerische u. akkadische Hymnen u. Gebete, 1953 - S.N.Kramer, From the Tablets of Sumer, 1956. - Passim: ANET.

F.M.Th. de Liagre Böhl

Assyrische Kirche. Offiziell bezeichnen sich heute in Nordamerika neben der nestorianischen »Church of the East and the Assyrians« (ca 3200 Seelen) auch hier lebende syr. → Jakobiten »Church of the Assyrians«(ca 3300 Seelen). Im allgemeinen versteht man unter der A.K. aber allein die *Reste der alten Nestorianer-Kirche.* In Ostsyrien (→ Syrien: IV), auf aramäischem Boden, hatte sich die Kirche von Anfang an gegenüber dem hellenistischen Westen in Lebensformen (etwa → Mönchtum), Theologie und Ordnungen (→ Abendmahl: IV, 1b, → Taufe: V) eigenständig entwickelt. Auf persischem Staatsgebiet blieb auch später der Kontakt mit der werdenden Reichskirche lose. Das Konzil von → Nicäa (325) wurde 410 noch anerkannt; die offizielle Rezeption der nestorianischen Christologie (→ Christologie: II) 484 brachte bereits die bis heute bestehende dogmatische Scheidung von Byzanz (und entlastete damit die hier fast stets verfolgten Christen politisch vor dem Vorwurf der Zusammenarbeit mit dem Landesfeind). Diese Kirche der → Nestorianer erreichte eine mächtige Ausbreitung, wurde aber seit etwa 1400 zurückgedrängt und lebte, zu Beginn der Neuzeit zur geschlossenen Nationalkirche umgebildet, fast nur noch im Raum des alten Assyrien (daher später A.K.), am Urmiah- (= Besaijeh-)See und in Kurdistan; daneben hielt sich noch eine Gruppe an der Malabarküste. Patriarchatssitz war jetzt Alqōs (nördlich von Mosul). Auf der Suche nach Hilfe aus dem Westen schloß sich ein großer Teil der Nestorianer seit 1553 Rom an. Nach mehrfacher Lösung und Erneuerung dieser Verbindung umfassen die »Unierten Chaldäer« (→ Unierte Kirchen des Orients) heute den größten Teil der ehemaligen Nestorianer (Spuler: nach dem 1. Weltkrieg ca 60 000; 141 000 für 1937 [de Vries] ist wohl zu hoch). Der Rest hielt sich als politisch-kirchliche Gemeinschaft um ein bei Urmiah in Kurdistan entstandenes Patriarchat, bestrebt, von Türken, Kurden und Persern unabhängig zu bleiben. Seit dem 19.Jh. bemühten sich, freilich nur mit begrenztem Erfolg, vornehmlich anglikanische Missionare um eine innere Erneuerung der A.K. Immerhin geriet sie so unter stärkeren angelsächsischen und später auch russischen Einfluß und wurde dadurch 1915 in den Weltkrieg hineingezogen. Der stets latente Religionshaß der mohammedanischen Kurden und Türken fand einen politischen Ansatzpunkt; wie die Armenier wurden die Assyrer zu Tausenden erschlagen. Die Hoffnung, sich einen eigenen Staat erkämpfen zu können, scheiterte; die Überlebenden sammelten sich in Kaukasien, Iran, Syrien und besonders im Irak. Als es 1933 auch hier zu Zusammenstößen kam, wanderten viele nach Amerika aus; seit 1940 hat auch der Patriarch seinen Sitz in Chicago. Ihm unterstehen im Irak Bischöfe in Bagdad und Jilu (ca 30 000 Seelen; in Iran leben ca 20 000 Nestorianer) und an der Malabarküste ein Metropolit (ca 6000 Seelen?). Die A.K. ist Mitglied des Ökumenischen Rates der Kirchen.

Zur Geschichte der A.K. → Nestorianer. - Allgemeines u. Gegenwart: R.S.Stafford, The tragedy of the Assyrians, 1935 - R.Strothmann, Heutiges Orientchristentum u. Schicksal der Assyrer (ZKG 55, 1936, 17-82; Lit.) - B.Spuler, Die Gegenwartslage der Ostkirchen (Bücher des Wissens 6), 1948, 123ff (vgl. auch die regelmäßigen Berichte v. Spuler in IKZ) - W.deVries SJ, Oriente cristiano ieri e oggi, 1950 (dt.: Der christl. Osten in Gesch. u. Gegenwart = Das östliche Christentum NS 12, 1951, 235ff u.a.) - WChH 1952, 76ff u.a. - Mulert-Schott 159f. *G.Kretschmar*

Astarte, der babylonischen Form Ischtar entsprechender Name einer kanaanäischen Göttin, der, wenn singularisch gebraucht, entstellt als ʿaštoræt, also mit den Vokalen von bošæt »Schande« ausgesprochen wird und damit als Schimpfname erscheint, ähnlich wie im AT statt → Baal einige Male geradezu Boschät, »Schande«, steht. Mit Baal hat A. auch das gemein, daß das Wort häufig im Plural vorkommt (Ri 2, 13; 10, 6) und dann soviel wie weibliche Götzen bedeutet. Von Haus aus handelt es sich aber um eine bestimmte Göttin, die - ihrer Art nach Fruchtbarkeitsgöttin - der → Baalat gleich auch zur Herrin einer staatlichen Gemeinschaft aufsteigen kann. So wird sie 1Kön 11, 5. 33 »Göttin der Sidonier« genannt und als solche dem → Kamos von Moab und dem Milkom von Ammon an die Seite gestellt. Unter den außerat. Zeugnissen für die Verehrung der A. bei den Kanaanäern (in Ägypten s. RÄRG) sind die der Mitte des 2.Jt.s vChr angehörigen ugaritischen Texte die wichtigsten. In → Ugarit und sonst sind zudem bildliche Darstellungen weiblicher Gottheiten mit starker Hervorhebung der weiblichen Geschlechtsmerkmale zutage gekommen, die, wenn sie auch nicht beschriftet sind, doch wenigstens teilweise auf A. bezogen werden dürfen.

RAC I, 806ff (Lit.). - Lit. zu → Aschera, → Atargatis, → Baal. *O.Eißfeldt*

Asterius, 1. *Sophist* aus Kappadozien, † nach 341, Schüler → Lucians (→ Antiochenische Theologie, 2), gemäßigter Arianer (→ Arianischer Streit). → Athanasius zitiert wiederholt sein »Syntagmation« (kaum der Titel). Von seinen übrigen Schriften sind neuerdings Erklärungen und Homilien zu einigen Psalmen wiederentdeckt worden.

Ausg.: M.Richard, Asterii Sophistae Commentariorum in psalmos quae supersunt. Accedunt aliquot homiliae anonymae, Oslo (SO Suppl. 16), 1956 (Bd II, Tafeln u. Indices von E.Skard in Vorbereitung). - RE II, 161 - Bardenhewer III, 1912, 122f - Altaner 230. *K.Treu*

2. *Bischof* von Amasea in Pontus um 400, bedeutender Kanzelredner, orthodox, klassisch gebildet. Bevorzugt in seinen kulturgeschichtlich interessanten Homilien und Lobreden auf Märtyrer erbauliche Themen. Einzige feste Daten: A. erlebte die Zeit des Kaisers →Julian; erreichte ein hohes Alter; hom. 4 am 1.1.400 gehalten. Fest: 30.10. Im Bilderstreit (→ Bilder: III) mehrfach als Autorität zitiert.

14 Reden in MPG 40 (Ps-Homilien s. bei 1), 2 ed. Bretz, 4 weitere Auszüge bei Photios Bibl. 271, Fragmente in Lk-Katenen; Unechtes: A.Bretz, TU 40, 1, 1914. - Bardenhewer III, 1923², 228ff. 672 - Stählin 1429ff - E.Skard, SO 20, 1940, 86-132. *G.Perl*

Astralreligion

1. Allgemeines - 2. A. bei den Indogermanen - 3. Babylonische und hellenistische A.

1. A. ist keine an sich bestehende selbständige Religionsform, sondern ein bestimmtes Religionselement, das in jeder geschichtlich erkennbaren Religion eine Rolle spielt, in der einen mehr, in der anderen weniger. Man versteht unter A. die religiöse Verwertung und kultische Verehrung von Gestirnen (astra). Dabei kann es sich das eine Mal mehr um einzelne Himmelskörper, → Sonne, → Mond, besonders leuchtende → Sterne (zB Sirius), Planeten oder merkwürdige Sterngruppierungen (zB Orion, Plejaden, Großer Bär), das andere Mal mehr um Einbettung der religiösen Vorstellungswelt in ein geschlossenes System astral fundierter Weltbetrachtung (→Weltbild: I C) handeln. Die verhältnismäßig häufige mythologische Verwertung der Himmelskörper hat einzelne Forscher veranlaßt, die Mythologie überhaupt (→ Mythus: I. II) astral zu deuten, ihre Gestalten in ein solares oder lunares Schema zu pressen.

Nun darf man freilich die mythologische Bedeutung der Gestirne nicht einfach mit der religiösen in eins setzen. Der Hauptstrom des astralen Mythus teilt sich in zwei Arme: ein großer Teil wird von der dichtenden Phantasie zur Poesie abgeleitet. Vielleicht nur der kleinere Teil des im Mythus erlebten Außergewöhnlichen und Ungeheuerlichen wird *religiös* abreagiert und führt zur A. Mit den Elementen des Zaubers (→ Magie) verknüpft, wird die A. zur → Astrologie. Ansätze von wirklichem Gestirndienst finden sich hin und her bei primitiven Völkern (→ Naturvölker: II). Die Ewe in Togo kennen Gottheiten astraler Natur, die allerdings neben zahllosen erdhaften Göttern und Geistern nur ein kümmerliches Dasein führen. Bei den Masai kommen gelegentlich Opfer an den Mond vor. Kanadische Indianer richten Gebete an die aufgehende Sonne, verehren sie durch Gesang und Tanz. Stark mit astralen Elementen ist die altmexikanische Religion durchsetzt: Alles irdische Geschehen ist Offenbarung der Gestirngötter, und die Hauptgottheiten tragen Sternencharakter (→Mexiko: I). Uitzilopochtli ist ein Sonnengott, manchmal die Sonne selbst, manchmal ihr Träger. Der Maisgott ist ein »Stern am Himmel«. Der Morgenstern ist der Vermittler zwischen der göttlichen Oberwelt und den Menschen. Die Himmelsgottheiten haben auch die Funktionen der Erdgottheiten übernommen (vor allem der Vegetation, mit der gerne der Mond in Verbindung gebracht wird), ein Vorgang, der in der Religionsgeschichte häufig beobachtet werden kann. In → Ägypten (: II) ist deutlich der Prozeß erkennbar, wie die heliopolitanische Sonnentheologie alle religiösen Vorstellungen durchdringt, bis schließlich alle Gottheiten mit Re identifiziert und zu

Sonnengöttern werden. Der König → Amenophis IV. versucht vergebens, die Sonnenscheibe (Aton) selbst in den Mittelpunkt des religiösen Lebens zu stellen (→ Ägypten: II, 3, Sp. 115, → Sonne).

Auf ausgeprägten Gestirnkult weisen auch arabische Denkmäler aus der vorislamischen Zeit (→Arabien: I). Wir wissen von einem ganzen Pantheon astraler Gottheiten mit 'attar an der Spitze. Neben Ahnenkult und Verehrung des Gottes des Erdbodens bildet ein Himmels- und Gestirndienst eine der Wurzeln der ältesten chinesischen Volksreligion (→ China: II).

2. Bei den Völkern des *indogermanischen* Kulturkreises (→ Indogermanen) hat, wie es scheint, A. stets nur eine periphere Rolle gespielt. Der Himmelsgott als Personifizierung des → Himmels (: I), als Lichtgott ist die zentrale Erscheinung. Merkwürdigerweise werden aber die einzelnen Himmelskörper nur selten vergöttlicht. Wo es doch geschieht, treten sie nur im Mythus, nicht aber im Kultus eindrucksvoll hervor. In der → vedischen und brahmanischen Religion sind Sonne und Mond als Götter bezeugt, aber kultisch waren sie bedeutungslos.

3. Ihre klassische Ausprägung fand die A. in *Babylonien.* Schon die ältesten Urkunden lassen ein Weltbild erkennen, in dem übersinnliche und sichtbare Welt zu einem kosmischen System zusammengeschlossen sind, das alles religiöse und kultische Leben beherrscht (→ Weltbild: I C). Die babylonische Religion sieht die Gestirne als Götter an (→ Babylonien: II) und betrachtet die gestirnte Welt als Offenbarung der göttlichen Mächte, so daß das Walten der Gottheit in den Geschikken des Volkes wie des einzelnen in den Vorgängen am Sternenhimmel vorgezeichnet ist. Die Sterne sind die Schrift des Himmels; diese Geheimschrift zu entziffern, den verborgenen Willen der Götter zu erforschen, ist der Sinn babylonischer Sterndeutung (→ Astrologie, 2a). Die Götterlehre nimmt ihre Elemente aus der astralen Sphäre. Schon das Zeichen für »Gott« in der ältesten Form der Keilschrift ist ein Stern. Die zu einer Dreiheit verbundenen Götter Sin, Schamasch und Ischtar sind als die eigentlichen Regenten des Welt- und Naturlaufs Gegenstand zahlreicher prächtiger Hymnen. Sie künden ihren Willen in Mond, Sonne und Venus. Das Gestirn des später zum Reichsgott erhobenen Stadtgottes Marduk von Babel wird der Jupiter. Der Kriegs- und Jagdgott Ninurta offenbart sich im Saturn, der Verkünder Nabu im Merkur, der Unheilbringer Nergal im Mars. Um günstige Sternkonstellationen zu erwirken, werden den Göttern Opfer dargebracht.

→ Berosus brachte den Griechen (um 280 vChr) unmittelbar die bunte Fülle der babylonischen astralen und astrologischen Gedanken, die im Verein mit dem griechischen Erbe erstaunlich schnell in der Literatur des → Hellenismus, besonders den → Hermetischen Schriften und der apokalyptischen Literatur, heimisch wurden. Die synkretistischen Kulte, die Mysterien des → Attis, → Mithras, der → Isis, des → Serapis sind stark mit astralen Elementen durchsetzt. Auch im Sol invictus der römischen Kaiserzeit lebt ein Stück A. Und noch das junge Christentum ist zB in der Apk mit astralen Ideen belastet (vgl. auch → Sonntag, → Astrologie, 2b).

Die babylonische Gestirnreligion hat umfassenden Einfluß auf die Gedankenwelt des vorderen Orients und der Antike geübt. Aber deshalb Babylonien überhaupt nach Art des → Panbabylonismus zum Ausgangspunkt aller astralen Vorstellungen machen zu wollen, wäre verfehlt. A. kann jederzeit und überall selbständig entstehen; denn ihre Naturgrundlagen sind stets dieselben, wie auch die Empfänglichkeit des menschlichen Gemütes für die gleichen Reize dieselbe bleibt. Die A. gliedert den Menschen als Mikrokosmos ein in den Makrokosmos. Sie bewahrt ihn vor dem Aufgehen in religiösem Subjektivismus, führt allerdings folgerichtig weiter zu einem Fatalismus (→ Schicksal: I). Bedeutungsvoll ist A. schließlich für die → Eschatologie.

H. Gressmann, Die hellenistische Gestirnreligion, 1925 - O. Rühle, Sonne u. Mond im primitiven Mythus, 1925 - W. Gundel, Sternglaube, Sternreligion u. Sternorakel, 1933 - E.W. Maunder, The Astronomy of the Bible, 1935 - RAC I, 810ff (Lit.) - E. Dhorme, Les religions de Babylonie et d'Assyrie, (1945) 1949², 53 ff - F. Cumont, Lux perpetua, 1949 - C.-M. Edsman, Ignis divinus (SVSL 34, 1949, 204-219) - F. Boll, Kleine Schriften zur Sternkunde des Altertums, hg.v. V. Stegemann, 1950 - E. Zinner, Sternglaube u. Sternforschung, 1953 (Lit).

O. Rühle (C.-M. Edsman)

Astrologie

1. Wesen der A. - 2. Geschichte und Zusammenhang mit der geistigen Kultur

1. Die A. bringt den Elementargedanken vom Zusammenhang des irdischen Geschehens mit dem himmlischen zum Ausdruck (→ Analogie). Die A. ist Sternglaube und Sterndeutung, mithin auch → Astralreligion. Die Erde ist Mittelpunkt der Welt, der Mensch ein Mikrokosmos und Spiegelbild des → Makrokosmos; er unterliegt den gleichen Gesetzen; aber auch in ihm ist das »Göttliche« der Sterne, er ist irgendwie von der Stunde der Empfängnis bis zum Tode mit den Urbildern am Himmel durch geheimnisvolle Fäden verknüpft. Diese Verknüpfung zu erkennen, zu lösen und zu deuten, ist Sache der A. Alle Wissenschaft und Weisheit ist im Himmel niedergeschrieben. Zugleich ist die A. mit ihren Prophezeiungen düster und unheimlich. Diese kosmische Betrachtung klingt sogar noch in den die Welt abbildenden Kirchenbauten der abendländischen mittelalterlichen Kunst an (→ Kirchenbau: III).

Die Elemente des *astrologischen Himmelsbildes* sind die im Griechentum, Hellenismus und sich später fortsetzenden orientalischen Überlieferungen. Entscheidend war in der A. vor allem die Stellung der → Sonne, des → Mondes und der Planeten (→ Sterne) zueinander und zur Erde. Die Planeten haben »ihre besondere Bedeutung durch ihre Örter oder ›Häuser‹, womit die Teile des Tierkreises, die ihnen zugehören, gemeint sind« (Ptolemaios). Von den Vorherbestimmungen der A. ist der »aufsteigende Grad« (Aszendent), dh der aufsteigende Punkt oder Grad der Ekliptik berühmt geworden. Man nannte ihn auch *Horoskop* (»die die Stunde anschauende Stelle des Tierkreises«), das sich dann auch auf das vollständige Bild des Sternenhimmels zur Zeit der Geburt erstreckte (*Nativität* = Schicksalsbestimmung der Neugeborenen). Bedeutsam ist vor allem die Konstellation von Planeten und Tierkreiszeichen.

2. a) Die Anfänge der A. liegen in Babylonien und Assyrien. Die A. der *Chaldäer* ist im Kern religiös (→ Astralreligion, 3), obgleich ihre wissenschaftliche Praxis und Theorie auch für die Geschichte der Naturwissenschaften wertvolle Ergebnisse bringt. Die babylonische »Kunst« der A. bestand im Lesen der Bildschrift der Sterne, ihrer Benennung und ihrer Anwendung auf das irdische Geschehen. Früh bildet sich auch schon eine astrologische Sprache, deren man sich bei Erklärung der himmlischen Prophezeiungen bedient. Die sieben Planeten als Einheit »spinnen mit ihrem Gang über den Himmel die Fäden des Schicksals; lautlos weben sie das Muster des Erdenlebens«.

Die Gestirnreligion teilen auch die Alchemisten, Metallurgen und Goldmacher, die ja nicht nur die vier Elemente, sondern auch die sieben → Metalle den einzelnen Planeten zuordneten (→Alchemie, 1. 2). Im *Hellenismus* wurden die Planetentage nach den Metallen geordnet; Gold (Sonne), Silber (Mond), Eisen (Mars), Elektron (Merkur), Zinn (Jupiter), Kupfer (Venus), Blei (Saturn) oder nach den Farben der Planeten in ihrer Beziehung zu den sieben Farben des → Regenbogens. Alt ist auch die Lehre vom Zusammenhang der Metalle der Planeten mit den → Weltperioden. Die erste Andeutung in der *griechischen* Literatur findet sich im platonischen Dialog Kritias (zu Platon vgl. → Alchemie, 2). Im Hellenismus vollzieht sich der glänzende Aufstieg der A. (vgl. → Astralreligion, 3). Hipparch von Alexandria (um 150 vChr) vertritt eine ausgesprochen astrologische Theorie und Praxis. Damals setzt sich auch eine *spätägyptische* A. durch, die sich auf eine dem 2.Jh. vChr angehörende theologische Prophetenliteratur stützt (Petosiris und Nechepso). Den Gegnern der A. wie Karneades, dem großen Stoiker Panätius, Cicero, Horaz, Properz zum Trotz hat vor allem → Posidonius von Apamea die A. im gesamten Geistesleben des Hellenismus als heimatberechtigt eingebürgert. Dabei bricht sich im neuplatonischen Hellenismus (→ Neuplatonismus) die Überzeugung Bahn, daß die Stellungen und Bewegungen der Sterne nicht Schicksal und Geschichte bewirken - das tut die Gottheit - sondern sie nur anzeigen (→ Omen).

b) Im *Christentum* wird die A. anfänglich abgelehnt. Die heiligen → Drei Könige (Mt 2) galten zunächst als Chaldäer (Magier, Astrologen); noch Hieronymus nennt sie docti a daemonibus (von Dämonen belehrt). Erst im 6.Jh. werden sie »Könige«; Beda Venerabilis kennt sie bereits als »heilige Könige«, die den Stern Jesu in der »Aszendenz« gesehen haben. Astrologisch zu interpretieren ist auch die Sonnenfinsternis in Jesu Todesstunde (Mk 15, 33). Tertullian warnt eindringlich vor der A. Konstantin d.Gr. dagegen bekennt sich zur A., die damals als divina scientia bei → Firmicus Maternus ihre höchste Blüte erreicht. Auch einige christliche Sekten (zB die Anhänger → Priscillians) bekannten sich religiös zur A. Die *mittelalterliche* Kirchenlehre sieht in Sterngöttern und im König Helios Todfeinde des Glaubens an das wahre »Königtum des Himmels«. Durch die über Spanien im Abendland bekanntgewordene *arabische* A. wurde die Lehre von den Planetenkonjunktionen weiter ausgebaut. Die mittelalterliche Naturforschung steht großenteils auf dem Boden der A. oder erkennt sie wenigstens an, wenn auch als eine gefährliche (dämonische) Lehre. Die A. findet auch den Weg zur religiösen Symbolik und belebt die Mariologie und Heiligenlegende, obwohl die Scholastik wenigstens offiziell vor ihr warnt. Dante kennt ihre Macht. An den Höfen blüht die A. → Friedrich II. und sein Astrolog → Michael Scotus seien hier genannt. Im Zeitalter der Renaissance und des Humanismus kommt die A. zur vollen Blüte. Von Päpsten waren es besonders Julius II., Paul III. und Leo X., die ihr unbedingtes Vertrauen schenkten. Die *Reformation* vermochte nicht viel daran zu ändern; Melanchthon empfahl sogar die A. 1514 schuf Albrecht → Dürer für Maximilian I. seinen bekannten Stich »Melancholia«, der den saturnischen, schwerblütigen und dunklen Melancholiker astrologisch darstellt. Luther selbst hielt nichts von dieser »heillosen« und »lustigen Phantasie«, wie vor ihm schon Petrarca und seltsamerweise auch der neuplatonisch gerichtete → Pico della Mirandola sowie nicht wenige Ärzte und u.a. auch → Paracelsus. → Calderon ist der große Dichter der A. geworden (»Das Leben ein Traum«). Auch in Shakespeares Dramen finden sich astrologische Gedanken.

c) Nur langsam tritt das astrologische Interesse an der Himmelskunde zurück, selbst die Klassiker der beginnenden *neuen* → *Naturwissenschaft* sind in ihren frühen Jahren Astrologen gewesen (Johannes Regiomontanus [Müller aus Königsberg in Franken], Tycho Brahe, → Galilei, Johannes → Kepler, Francis → Bacon, Heinrich Rantzau u.a.). Bis in die Tage der Klassik (Goethes Horoskop!) und Romantik wird die astrale Welt des Himmels schicksalshaft verstanden. Daß heute Sternglaube und Sterndeutung auch als Weltanschauung in Kreisen der → Theosophie, des → Okkultismus und der → Anthroposophie, in sog. »astrologischen Gesellschaften« gepflegt werden, zeigt, daß dieser uralte Glaube immer noch als eine Art Erlösung der Natur durch den Einfluß der Sterne gilt und daß auch noch im »aufgeklärten« Menschen eine leise Verzückung darüber lebt, daß der Weise irgendwie an den Kräften des Himmels teil hat. - Vgl. auch → Aberglaube.

P.SAINTYVES (E.NOURRY), L'Astrologie populaire, 1937 - M. P.NILSSON, Gesch. der griech. Religion I, (1941) 1955²; II, 1950 (Reg.) - K.PRÜMM, Religionsgeschichtliches Handbuch für den Raum der altchristlichen Welt, (1943) 1954, 404 ff (Lit.) - E. DHORME, Les religions de Babylonie et d'Assyrie, (1945) 1949², 282 ff. 296 ff - RAC I, 817 ff (Lit.) - G.ABETTI, The History of Astronomy, 1952 - FR.H.CRAMER, Astrology in Roman Law and Politics (Philadelphia Philos. Soc. Mem. 37), 1954; - U.RIEDINGER, Die Hl.Schrift im Kampf der griech. Kirche gegen die A. Von Origines bis Johannes von Damaskos, 1956. - Vgl. die Lit. bei → Astralreligion u. → Alchemie. *F.Strunz (C.-M.Edsman)*

Astruc, *Jean* (1684-1766), * in Sauve (Languedoc) als Sohn eines ev. Pfarrers aus altem jüdischen Geschlecht, der nach der Aufhebung des Edikts von Nantes 1685 konvertierte, vor seinem Tode aber wieder protestantisch wurde; Professor der Medizin in Toulouse, Montpellier und Paris, seit 1730 Leibarzt Ludwigs XV.; verfaßte neben für ihre Zeit beachtlichen medizinischen Werken zwei Abhandlungen über die Unsterblichkeit (1755). Für die at. Wissenschaft bedeutend ist A. durch seine 1753 in Brüssel anonym erschienenen Conjectures sur les mémoires originaux Dont il paroit que Moyse s'est servi pour composer le Livre de Genèse. Avec des Remarques qui appuient ou qui éclaircissent ces Conjectures (deutsche Übersetzung 1783 in Frankfurt a.M.). Nachdem die kritische Bibelwissenschaft seiner Zeit bereits mit Quellen rechnete, die → Moses verwertet habe, erklärt A. hier - ohne Kenntnis der Arbeiten von H.B. → Witter - den (schon von → Tertullian und → Augustin bemerkten) Wechsel des Gottesnamens (»Elohim« und »Jehova«) und die »Antichronismen« in der → Genesis einschließlich Ex 1. 2 aus der Verschmelzung zweier durchlaufender, inhaltlich im wesentlichen übereinstimmender, doch an der Gottesbezeichnung zu unterscheidender Erzählungen. Moses habe diese ihm getrennt vorliegenden Berichte mit 12 in zwei weiteren Kolumnen vereinigten kleineren Schriften synoptisch zusammengestellt; diese vier Kolumnen seien von späteren Abschreibern - teilweise falsch - ineinandergeschoben worden. - War auch die Tendenz der Conjectures noch apologetisch (der → Pentateuch geht auf Moses zurück - gegen → Clericus und → Spinoza), so bildet doch der methodische Ansatz des zunächst kühl aufgenommenen, erst durch J.G. → Eichhorn gewürdigten Werkes das Fundament der modernen Pentateuchkritik (→ Literarkritische Schule).

A.C.LORRY, Eloge historique de M.A., Paris 1767 - A.LODS, A. et la critique biblique de son temps (RHPhR 4, 1924, 109-139. 201-227) - EJud III, 611 ff - DBF III, 1391 ff (Lit.) - R.DE VAUX, A propos du second centenaire d'A. Réflexions sur l'état actuel de la critique du Pentateuche (VT Suppl. Vol. 1, 1953, 182-198) - J.DE SAVIGNAC, L'oeuvre et la personnalité de J.A. (NC 5, 1953, 138-147) - E.O'DOHARTY, The Conjectures of J.A. 1753 (CBQ 15, 1953, 300-304).

E.Kutsch

Asylrecht

1. Religionsgeschichtlich - 2. In Israel - 3. Kirchenrechtlich

1. Asylie (ἀσυλία), Unverletzbarkeit an Leib und Leben, bieten in alten Religionen allgemein heilige Bezirke, → Tempel, insbesondere → Altäre dem zu Recht

oder Unrecht Verfolgten. Die Bezeichnung des Asylbezirkes φύξιμον (Zufluchtsstätte), nicht ἄσυλον, war ursprünglich in Griechenland allein gebräuchlich; schon früh kam es dort zu Codifizierungen der A.s und juristischen Auseinandersetzungen. Die ganze Kompliziertheit des A.s und seine Folgen zeigen attische Tragödien, zB die Danaiden des Aischylos oder die »Schutzflehenden« des Euripides. Das A. erhält besonders für zwischenstaatliche Beziehungen bei dem Fehlen völkerrechtlicher Bestimmungen größeren Wert, wird dann aber seines sakralen Grundcharakters oft entleert (Beispiel: Asklepiosinsel Kos). Auf dem Wege diplomatischer Vereinbarungen sichern die Städte im A. gegenseitig den Schutz ihrer Bürger. Den Auswüchsen des A.s besonders in Kleinasien tritt Tiberius durch Überprüfungsmaßnahmen entgegen (Tac. Annal. 3, 60, 3), wie denn Rom das A. nicht gekannt zu haben scheint. In Kleinasien und in Ägypten ist das A. unter dem Einfluß priesterlichen Zweckdenkens und des Fremdenverkehrs stark ausgebildet mit gleichzeitigem Verlust seines ursprünglichen Sinns.

M.P.NILSSON, Gesch. d. griech. Religion I, (1941) 1955², 77f; II, 1950, 84f - E.SCHLESINGER, Die griech. Asylie (Diss. Gießen), 1933 (mit Berücksichtigung des sprachl., literar. u. inschriftl. Materials) - A.HEUSS, Stadt u. Herrscher des Hellenismus, 1937, 145ff - ERE II, 161ff - RAC I, 836 - VAN DER LEEUW 448 (ethnol. Lit.).

K.Deichgräber

2. Wie das Amphiktyonenheiligtum des Apollo auf dem Berge Ptoon (Dittenb., Syll. 2³, 1917, 635 A 5ff) besaß der Altar des (Jerusalemer) Jahwe- → Zeltes das von Adonia und Joab in Anspruch genommene A. (1Kön 1, 50ff; 2, 28ff). Wieweit neben diesem Bundesheiligtum noch andere Heiligtümer das A. besaßen, ist angesichts des Singulars »mein Altar« Ex 21, 14 zweifelhaft; doch könnte das A. der Dtn 4, 43; Jos 20, 7f genannten Freistädte auf ein solches der dortigen Heiligtümer in vorisraelitischer Zeit zurückgehen, wiewohl die altorientalischen Rechtsurkunden, zB Codex Hammurapi, keinen Beleg für eine derartige Sitte bieten. Der Zusammenhang mit alten Tabuvorstellungen ist im israelitischen A. in dreifacher Weise durchbrochen: 1. Das Sichdurchsetzen des Verschuldensprinzips anstelle der Strafbarkeit der Tat als solcher führt zur Einengung des A.s auf den »Totschlag« im Gegensatz zum Mord (Ex 21, 13f; Dtn 4, 42; 19, 4ff; Num 35, 9ff und davon abhängig Jos 20, 2ff). Als Mörder hat Joab keinen Anspruch auf A. Auffallend ist das Fehlen einer Strafbestimmung für Bruch des A.s. 2. Die Berührung mit dem → Altar (: II) und seinen Hörnern »heiligt« den Totschläger nicht, sondern schützt ihn vor der Blutrache nur bis zur Prüfung durch eine über der geschädigten Sippe und dem Schädiger stehende Instanz (Dtn 19, 12; Num 35, 12. 24). Ein Rest der »Heiligung« des Geflüchteten lebt vielleicht in seinem Freiwerden beim Tod des Hohenpriesters fort, mit dem die in seiner Amtszeit entstandene Schuld erloschen ist (Num 35, 25). 3. Die in der Gesetzgebung von D und P sich vollziehende Desakralisierung schafft als Ersatz für das A. der aufgehobenen Heiligtümer (?) und des zerstörten Jerusalemer Altars weltliche Asylstädte mit kodifiziertem Recht im Ost- und Westjordanland. Die Hiketie, dh die Schutzgewährung, geht damit in die Asylie im engeren Sinne über, doch ist diese Regelung wohl Theorie geblieben. Eine eigenartige Folge des Glaubens an Israel als das heilige Volk ist das A. des flüchtigen Sklaven, das in den hethitischen Vasallitätsverträgen sein Vorbild hat (Dtn 23, 16f).

RGG² I, 598f (Lit.) - N.M.NICOLSKY, Das A. in Israel (ZAW 48, 1930, 146-175) - M.LÖHR, Das A. im AT (SGK 7, 3), 1930 - J.HEMPEL, Das Ethos des AT (BZAW 68), 1938 - C.L.FEINBERG, The cities of refuge (BS 103, 1946, 411-417; 104, 1947, 35-48) - RAC I, 836ff - J.A.MONTGOMERY, A Crit. and Exeg. Commentary on the Books of Kings, ed. H.S.GEHMANN, Edinburgh 1951, 93f - M.DAVID, Die Bestimmungen über die Asylstädte in Jos. XX. Ein Beitrag zur Gesch. des bibl. A.es (OTS Bd 9, 1951, 30-48) - E.LOHSE, Märtyrer u. Gottesknecht (FRLANT 64), 1955, 64ff.

J.Hempel

3. *Kirchenrechtlich* ist A. im weiteren Sinne die → Exemtion geweihter Orte wie Kirchen, Friedhöfe oder öffentlicher Kapellen von der weltlichen Jurisdiktion (CIC c. 1160). Im engeren Sinne bezeichnet »A.« das Freiungsrecht für den an die heilige Stätte geflüchteten Verbrecher, der ohne zwingenden Grund dort nicht festgenommen werden soll (c. 1179). Eine Verletzung des A.s gilt als Sakrileg, es wird aber von dem modernen Staatsrecht in der Regel nicht mehr anerkannt.

Außer den Lehrbüchern des → Kirchenrechts: Österreich. Konkordat von 1855, Art. 15 - DACL IV, 1549ff - LThK I, 748 - O. HENSSLER, Formen des A.s u. ihre Verbreitung bei den Germanen (Frankf. wiss. Beiträge, Rechts- u. Staatswiss. Reihe 8), 1954 (Lit.).

A.Erler

Atargatis, seit dem 3.Jh. vChr bezeugte griechische Form des mit Derceto identischen aramäischen Göttinnennamens ʿAtarʿate. Die Erklärung des zweiten Bestandteils dieses Namens ist strittig, aber ʿatar ist doch wohl sicher aramaisiertes Astarte. Jedenfalls gehört A. mit → Astarte und den ihr verwandten zwei anderen kanaanäischen Fruchtbarkeitsgöttinnen → Anat und → Aschera zusammen. Als von etwa 600 vChr ab die bis dahin im nordwestsemitischen Bereich maßgebende kanaanäisch-phönizische Kultur durch die aramäische in den Hintergrund gedrängt wurde, hat auch die aramäische Fruchtbarkeitsgöttin den Sieg über ihre älteren kanaanäisch-phönizischen Schwestern errungen. Dabei ist mit der Möglichkeit zu rechnen, daß auch kleinasiatische Elemente auf A. eingewirkt haben. A. selbst kommt im AT nicht vor, wohl aber wird in 1Makk 12, 16 ein Atargateion, also ein dieser Göttin geweihter Tempel, erwähnt. Im übrigen stehen uns indes für den Kultus der A. eine Fülle von Zeugnissen, sowohl Texte als auch Monumente zur Verfügung. Besonders blühende Stätten ihres Kultes waren Hieropolis-Bambyke im nordöstlichen Syrien, wo sie, die »Syrische Göttin«, ihn an Bedeutung überragende Partnerin des → Hadad war, Askalon an der palästinischen Mittelmeerküste, wo ihr Bild sie halb als Weib, halb als Fisch zeigte, und Delos im ägäischen Meer, wohin Kolonisten aus Hieropolis ihren Kult verpflanzt haben.

O.EISSFELDT, Tempel u. Kulte syrischer Städte in hellenist.-röm. Zeit, 1941 - RAC I, 854ff - P.LAMBRECHTS-P.NOYEN, Recherches sur le culte d'A. dans le monde grec (NC 6, 1954, 258-277. Taf. I-III).

O.Eißfeldt

Atem. Da das Atmen zu den wichtigsten und am leichtesten erkennbaren Lebensprozessen gehört, gilt der A. vielen Völkern als das eigentliche Lebensprinzip; ihr Wort für → »Seele« ist deshalb von »A.« abgeleitet (hebr. næpæš, rûaḥ; griech. πνεῦμα, ψυχή; lat. animus, anima, spiritus; ind. → âtman). Deshalb läßt Gen 2, 7 Gott dem aus einem Erdenkloß gemachten Menschen den lebendigen Odem einblasen und deshalb bemühten sich die Römer (Aeneis IV, 684), Seminolen, Athapasken und andere Völker den letzten Hauch eines Sterbenden aufzufangen. Da dem A. eine belebende Kraft zugeschrieben wird, ist es in Indonesien und anderwärts üblich, Kranke anzuhauchen. Auch geistige Kräfte werden in dieser Weise übermittelt (Joh 20, 22). Anhalten des A.s ist bei den Indern die notwendige Voraussetzung für erfolgreiche Kasteiung: dadurch soll die innere Wärme erzeugt werden, die das »tapas« (wörtl. »Hitze«, dh → Askese) hervorbringt. Schon in den Upanishaden werden 5 Arten des A. (prâna) unterschieden (P.Deussen, Allg. Gesch. der Philosophie I, 2, 1899, 248ff; 3, 1908, 70ff)

Eine hohe Bedeutung für die Beruhigung des Denkens wird im → Yoga-Sûtra 1, 34 und 2, 49ff der A.-regulierung (prânâyâma) zugeschrieben; spätere Texte haben diese Lehren und Praktiken weiter ausgebildet. Auch der → Taoismus sucht durch Anhalten des A.s und Einziehen der Luft in besonderer Weise das Einströmen der Kraft des Tao zu erzielen. Mystische mohammedanische Orden wie die Maulawis pflegen ebenfalls die A.gymnastik: dadurch sollen ekstatische Zustände (→ Ekstase) erzeugt werden. Gilt hier der A. als eine kostbare Lebensessenz, so wird er anderwärts wieder als befleckend angesehen. Deshalb tragen die Parsen-Priester beim Dienst vor dem Feueraltar eine Binde um den Mund, ebenso die japanischen Shintô-Priester beim Speiseopfer. Vgl. → Animismus, → Geist, → Wind.

ERE II, 838f; VIII, 9ff - CHANT, Reg. - F.RÜSCHE, Das Seelenpneuma, 1933 - G.VERBEKE, L'évolution de la doctrine du pneuma du stoïcisme à S.Augustin, 1945. *H.v.Glasenapp*

Athanasianisches Symbol, heute meist nach seinem Anfang als Symbolum Quicunque (quicunque vult salvus esse) bezeichnete und in 40 Absätze geteilte, primär private, literarische, nicht liturgische (§ 25) Lehrformel zur Trinitäts- und Zweinaturenlehre, ergänzt durch dem → Apostolikum verwandte Sätze. Abgewehrt werden Sabellianismus, Arius, Pneumatomachen, Apollinaris und Nestorius (?). Entstehungszeit und -ort sind umstritten. Die ältesten Hss. entstammen dem 7./8.Jh. Nach Morin kennt → Cäsarius von Arles den Text. Auf eine Sammlung des Vinzenz von Lerinum gehen evtl die augustinischen Formeln zurück. Gegen den wirksamsten Vorschlag, in Ambrosius den Verfasser zu sehen, spricht u.a. das durchgängige Fehlen des Begriffs humanitas bei diesem, gegen den jüngsten, Fulgentius, das von natura im Ath.Symbol. Auch die sonstigen zahlreichen Zuweisungen bezeugen nur, daß es zunehmend sich verfestigendes Formelgut verarbeitet. Besonderheiten (bes. in § 36-40) weisen meist nach Spanien. Dort oder in Südgallien dürfte es um 500 entstanden sein. Quasi-ökumenischen Rang gewann es in karolingischer Zeit; die Gleichstellung mit Apostolikum und Nicänum haben Scholastiker des 13.Jh.s vollzogen, die Kirchen der Reformation durchweg übernommen; die anglikanische gebraucht es häufig. → Bekenntnisschriften.

RE II, 177-194; XXIII, 125f (ält. Lit.) - H.BREWER, Das sog. Athanas. Glaubensbekenntnis ein Werk des hl. Ambrosius (FChL DG IX, 2), 1909 - J.STIGLMAYR, Das »Quicunque« u. Fulgentius v. Ruspe (ZKTh 49, 1925, 341-357) - G.MORIN, L'origine du symbole d'Athanase (RBén 44, 1932, 207-219) - J.MADOZ, Excerpta Vincentii Lirinensis (Estudios Onienses I, 1), Madrid 1940 - ALTANER 235f (Lit.). 403. *E.Kähler*

Athanasius, * ca 295 in Alexandrien, als Diakon in Nicäa, 8.6.328 Metropolit von Alexandrien. In heftigen, nur zT aus theologischen, zT auch aus machtpolitischen Motiven erklärbaren Kämpfen mit Melitianern, Arianern und Eusebianern (von A. als Arianer diffamiert), in denen A. den Westen auf seine Seite zog, ist er mehrfach verbannt: 335-37 (Trier), 339-46 (Rom und Aquileia), 356-62, 362-64 und 365 (ägyptische Wüste). Synodale Verurteilungen (335 in Tyrus, 342 in Philippopel, dagegen gleichzeitig Synode in Serdika, und 355 in Mailand) zeigen die Stärke der kirchlich-theologischen Opposition im Orient. Die Synode in Alexandrien von 362 bedeutet die Anerkennung der Jungnicäner durch A. † 2. 5.373. Zur Theologie → Christologie: II.

Aus dem reichen, noch kritisch zu sichtenden Schrifttum, das im späteren theologisch-kirchenpolitischen Kampf gebraucht und bearbeitet worden ist, sind zu nennen: De incarnatione und Contra gentes (336?; apologetische Tradition!); 3 Orationes contra Arianos (IV ist unecht; 356ff?); »Apologien«, dh kirchenpolitische Pamphlete, nicht historische Berichte; Vita → Antonii (in der Form des antiken »Bios«; wichtig für die Bindung des Mönchtums an die Kirche, auch im Westen); exegetische und asketische Werke, Festbriefe (nur Fragmente).

MPG 25-28; A. Werke, hg.v. H.G.OPITZ, 1934ff (bisher 9 Lfg.; darin Bd III: Urkunden); Briefe (koptisch), hg.v. LEFORT, (CSCO 150/51), 1955. - E.SCHWARTZ, Zur Gesch. d. A. (NGG 1904, 1905, 1908, 1911) - H.G.OPITZ, Unters.en z. Überlieferung d. Schriften d. A., 1935; (dazu: M.TETZ, VigChr 9, 1955, 159-175 - DERS., Studien z. Überl. d. dogm. Schr. [Ev. theol. Diss. Bonn], 1955, dort Lit.) - F.L.CROSS, The study of St. A., 1945 - ALTANER 230ff (Lit.) - W. SCHNEEMELCHER, A.v.Alex. als Theologe u. als Kirchenpolitiker (ZNW 43, 1950/51, 242-256) - G.MÜLLER, Lexicon Athanasianum, 1952. *W.Schneemelcher*

Atheismus

I. Religionsgeschichtlich - II. Neuzeitlicher A., philosophisch

I. Religionsgeschichtlich

Der Begriff des A. bedeutet streng genommen entweder die Unkenntnis numinoser Wesenheiten oder deren Leugnung. Die erste Interpretation des Begriffs A. wäre anzuwenden auf Völker, die keine Religion haben. Religionslose Völker hat indessen die moderne Völkerkunde nirgend entdeckt, sofern man unter → Religion erlebnishafte Begegnung mit dem wie immer vorgestellten Heiligen versteht. Die zweite Anwendungsform des Begriffs A. ist die am meisten gebrauchte. Erscheinungsformen dieses A. im Sinne einer radikalen und bewußten Bestreitung der Existenz jeder Art göttlicher Wesen, persönlich oder unpersönlich vorgestellt, finden sich in materialistischen (→ Materialismus), aber auch in manchen idealistischen philosophischen Systemen des Abendlandes (→ Atheismus: II). Ein Beispiel für eine solche Form des A. innerhalb der Philosophie Indiens ist die → Sâmkhya-Philosophie, die bedeutenden Einfluß auf manche Gebiete der indischen Religionsgeschichte ausgeübt hat, zB auf den → Buddhismus (: I) und die → Bhagavadgîtâ. Diese Sâmkhyalehre ist ausgesprochen atheistisch, da sie die Existenz eines höchsten Wesens leugnet und die Welt nur aus zwei Elementen, Materie (prakriti) und den unendlich vielen Seelen (purusha) bestehen läßt. Aber diese beiden ersten Formen des A. gehören im eigentlichen Sinne nicht in die Religionsgeschichte; denn Unkenntnis und Leugnung jeder Art von numinoser Wirklichkeit schließt Religion aus, weil es keine Religion ohne das → Numinose gibt. Wenn also von A. in der Religionsgeschichte gesprochen werden soll, dann kann das in einem dreifachen Sinne geschehen:

1. Zunächst einmal kann der Begriff A. so verstanden werden, daß darunter nicht die Leugnung jeder Art numinoser Wesenheiten erfaßt wird, sondern nur die Ablehnung persönlich vorgestellter Gottheiten. Das markanteste Beispiel dieser ersten Form eines in der Religionsgeschichte selbst auftretenden A. ist der → Buddhismus (: I), der nicht selten auch als atheistische Weltanschauung aufgefaßt wurde. Wäre er das, dann gehörte er nicht in die Religionsgeschichte. Andere abendländische Interpreten, wie zB H.v.Glasenapp, bezeichnen den Buddhismus als atheistische Religion in eben dem Sinne, von dem hier die Rede ist. Einen ewigen Weltenherrn hat der Buddha ausdrücklich geleugnet. Auf die von anderen vertretene theistische Anschauung entgegnet Buddha (Ang. Nik. 3, 61, 3): »Dann werden die Menschen ja auf Grund des Schöpferwillens Gottes zu Mördern, Dieben, Wüstlingen, Lügnern und solchen, denen Gier, Übelwollen und irrige Meinungen eignen.« Die Götter, deren Existenz auch im Buddhismus angenommen wird, sind indessen nur Wesen, die im Prozeß des Geburtenkreislaufes (samsâra) auf Grund ihrer Taten (→ karma) eine Wiedergeburt in der Götterwelt gewonnen haben, aber selbst auch weiterhin erlösungsbedürftig

sind und daher keinen Einfluß auf das Leben der Menschen und der Welt haben wie in theistischen Religionen. Dennoch handelt es sich im Buddhismus um eine echte Religion mit impersonal aufgefaßtem Numinosen, dem → Nirvâna, von dem die Texte in der gleichen Weise als numinoser Wirklichkeit sprechen wie die Mystiker anderer Religionen, nämlich in negativer Weise. Auch der → Taoismus Chinas gehört in diesen Zusammenhang; denn auch er ist in diesem Sinne atheistisch. Das vom Taoismus behauptete Numinose ist das »Tao«, von dem → Laotse (Tao-te-king 1) sagt: »Das Tao, kann es genannt werden, ist nicht das ewige Tao. Sein Name, kann er genannt werden, ist nicht der ewige Name. Das Namenlose ist der Anfang von Himmel und Erde« (→ Mystik: II).

2. A. kann weiterhin innerhalb der Religionsgeschichte als abwertendes Urteil über fremdreligiösen Glauben auftreten, wobei also auf Grund eines Absolutheitsanspruches der einen Religion anderen Glaubensformen der Charakter der Religion abgesprochen wird, indem sie als A. bezeichnet werden. Wie das dem Wort A. zugrunde liegende »atheos« aus dem Griechischen kommt, so liefert auch das alte Griechenland die nächstliegenden Beispiele für diese zweite Form der Anwendung des Begriffs A.; denn für die Griechen war ein Atheist jeder, der die Götter des Staatskultes nicht anerkannte und sich an den öffentlichen Kultfeiern nicht beteiligte. Diese Anschauung findet sich auch bei Platon. In den »Gesetzen« (X, 904) ist die Rede von den »staatlich anerkannten Göttern«, deren Verehrung in öffentlichen Kulten gefordert wird. Diejenigen aber, die aus persönlichen Gründen private Altäre und Heiligtümer errichten (X, 910), werden als verkappte Atheisten bezeichnet und mit Zuchthaus bedroht (X, 909). Aber nicht nur literarisch ist diese Anschauung bezeugt, auch im Staatsleben wurde sie verwirklicht; denn die athenische Volksversammlung setzte einen Beschluß durch, der sich gegen diejenigen richtete, die »nicht an das Göttliche glaubten und Lehren von den Erscheinungen im Himmelsraum verbreiteten« (Plut. Per. 32, 1). Dieses Gesetz erlaubte es, den Naturphilosophen Anaxagoras des A. anzuklagen und eine Reihe sonstiger Asebieprozesse einzuleiten, deren bekanntester der gegen Sokrates war. Protagoras, von dem nach Diogenes Laertius (9, 51) der Satz stammt: »ob es Götter gibt und wie sie sind, kann ich nicht sagen«, wurde von dem frühchristlichen Schriftsteller Epiphanius in seiner Schrift »Gegen die Häretiker« (III, 2, 9) als Atheist bezeichnet. Aber auch Pythagoreer und Stoiker, die doch keineswegs die Gottheit leugneten, wurden von der Staatsreligion aus als Atheisten bezeichnet.

3. Endlich kann in dem Sinne innerhalb der Religionsgeschichte von A. gesprochen werden, daß den religiösen Dokumenten zufolge in einzelnen Religionsbereichen A. im radikalen Sinne der Leugnung jeder Form des Göttlichen auftrat und bekämpft wurde. Schon im indischen Rigveda begegnet uns die Bezeugung atheistischer Skepsis, wenn es (II, 12, 5) von einem Gott heißt: »nach dem sie fragen: Wo ist er? und sie sagen: Er ist nicht.« An anderer Stelle (VIII, 100, 3) wird von Indra gesagt: »Es gibt keinen Indra, so sagt manch einer. Wer hat ihn gesehen, wen wollen wir also preisen?«. Das sind Worte, die unmittelbar erinnern an Ps 14, 2: »Der Tor spricht in seinem Herzen: Es ist kein Gott«, oder an Ps 10, 4; Jer 5, 12. Offenbar hat es also auch in Israel Menschen gegeben, die weniger aus intellektueller als aus ethischer Skepsis Atheisten waren. Auch → Philo setzt sich in »De somniis« (43, 44) gegen die Theorien des A. zur Wehr. Ebenso begegnet im → Islam (: I) eine sich dort als notwendig erweisende Abwehr atheistischer Anschauungen unter den Ungläubigen. → Theodizee.

R. Garbe, Die Sâmkhya-Philosophie, 1894 - F. Mauthner, Der A. u. seine Gesch. im Abendlande I, 1920 - F. Heiler, Buddhistische Versenkung, 1922, 36ff - G. Mensching, Zum Streit um die Deutung des buddhist. Nirvâna (ZMR 48, 1933, 33-57) - T. Andrae, Die letzten Dinge, 1940, 167ff - H.v. Glasenapp, Die Philosophie der Inder, 1949, 197ff 307ff - Ders., Buddhismus u. Gottesidee (AAMz 1954, 8) - A.E. Jensen, Das religiöse Weltbild einer frühen Kultur, 1948 - RAC I, 866ff (Lit.); 735ff (Asebieprozesse) - E. Frauwaller, Gesch. der indischen Philosophie I, 1953 - K. Dittmer, Allgemeine Völkerkunde, 1954 - W. Gruehn, Die Frömmigkeit der Gegenwart, 1956, 356ff.

G. Mensching

II. Neuzeitlicher Atheismus, philosophisch

1. Christliche Vorbedingungen - 2. Die religiöse Emanzipation der frühen Neuzeit - 3. Pierre Bayle und der französische Skeptizismus - 4. Der A. im Gefolge der Naturwissenschaft - 5. Der A. im Gefolge Kants und Hegels - 6. Der Monismus des 19. Jh.s - 7. Nietzsche - 8. Der existentialistische A. der Gegenwart

1. Die theoretische Verneinung der Existenz Gottes oder eines Göttlichen schlechthin ist erst für das Denken der → Neuzeit charakteristisch. Zwar kennt schon die Antike Atheisten: In der Konsequenz der sophistischen Emanzipation vom Nomos verwerfen vereinzelte Aufklärer wie der Kyrenaiker Theodoros mit der herkömmlichen Verehrung der Götter der griech. Polis wohl auch den Götterglauben überhaupt und erhalten dafür den Beinamen »Atheos« (→ Atheismus: I). Doch ist der antike A. stets eine Sache weniger einzelner geblieben. Die antike Aufklärung und der in ihr aufgetretene A. sind nicht so radikal wie ihre neuzeitlichen Parallelen, welche die für griech. Ohren unerhörte Weltentheiligung des Christentums voraussetzen. Denn erst in der christlichen, zugunsten eines schlechthin transzendenten Gottes entmächtigten Welt hat die zuvor unausdenkbare Weltbemächtigung neuzeitlicher Wissenschaft und Technik einsetzen können, und erst auf deren Boden konnte die Existenz Gottes dann allgemeiner deshalb negiert werden, weil ihn die Wissenschaft nicht feststellen kann und ohne ihn auskommt. Auch vermochte erst auf christlichem Boden der A. selbst eine nun unüberbietbare Radikalität anzunehmen, weil er hier gegen die unüberbietbare Radikalität der christlichen Predigt des einzig einen und darum schlechthin allgemeinen Gottes auftritt und sie mit negativem Vorzeichen wiederholt. Nur wo Gott so verkündigt und geglaubt wird, kann er dann so negiert werden: Der neuzeitliche A. ist eine nachchristliche Erscheinung.

2. Jedoch erreicht diese Negation nicht von vornherein ihren äußersten Grad, so daß die Geschichte des neuzeitlichen A. bis ins 18. Jh. hinein eine Geschichte des A. noch gar nicht ist. Doch gibt es seit der → Renaissance eine Selbständigkeit des Denkens, die ihn vorbereitet, nämlich es lernt, die bisher unangefochtene Autorität der christlichen Überlieferung in minder radikalen Negationen zu nivellieren, und seither gibt es im Abendland neben der Tradition des christlichen Glaubens die konkurrierende Tradition von → Aufklärung, als deren radikalste Version dann der A. der Neuzeit auftritt. Mancherlei hat aber jener neuen Selbständigkeit gerade im Italien der Renaissance den Boden bereitet.

In den am Levantehandel reich gewordenen italienischen Städten vollzieht sich die Auflösung des mittelalterlichen Ständestaates durch den Frühkapitalismus. Staatliche Macht und politische Ordnung verlieren ihre Begründung aus christlicher Metaphysik, indem sie in die Hände traditionslos Emporkommender geraten. Die Selbstbehauptung in der neuen Gesellschaft erfordert nun bedenkenlose, kühle Berechnung. 1513 schreibt → Machiavelli als der eiskalte Theoretiker eines neuen, rücksichtslosen Willens zur Macht sein Buch vom »Fürsten«, in dem er jenseits jeder Religion und Moral den nackten Kalkül des Erfolgs entwirft.

In den → Kreuzzügen war die Christenheit dem fremden religiösen Wahrheitsanspruch des → Islam begegnet. Indem sich dabei die Selbständigkeit distanzierten Vergleichens aufdrängt, wird die Selbstverständlichkeit erschüttert, mit der das → Abendland in der christlichen Tradition die alleinige Wahrheit erblickt hatte. Das in der frühen Neuzeit weitbekannte Motiv von den »drei Betrügern« Moses, Jesus und Mohammed, das Boccaccio in sein Decamerone aufnimmt und das → Lessing dann zur Ringparabel des »Nathan« formt, geht in seinem neutralen → Theismus auf die Zeit der Kreuzzüge, vermutlich auf den freigesinnten Bildungskreis des Stauffers Friedrich II. zurück. Solcher universale Theismus ist dann, neutral gegen jede positive Religion und von deren Relativität überzeugt, im Quattrocento die heimliche Religion der Emanzipierten, die nur glauben, was - vorerst - niemand bezweifelt. Er wird aber besonders auch von den Platonikern der Florentiner Akademie vorgetragen als die ursprünglich gemeinte Wahrheit des Christentums, die es mit Platon teilt. In der Berufung gegen geltende Tradition auf andere Tradition wirkt ihre Erneuerung des → Platonismus zunächst ja gleichfalls emanzipierend, obwohl später eben dieser christliche Platonismus noch lange den einsichtigen Zusammenhang von überkommenem Schöpferglauben und mechanistischer Wissenschaft ermöglicht und so die antireligiösen Tendenzen der neuzeitlichen Aufklärung verzögert.

Derart also liegen die historischen Wurzeln der →*»natürlichen Religion«*, die nun für zwei Jh.e die Kontrareligion fortschrittlicher Selbständigkeit gegenüber dem Glauben der Väter wird: Während die → Sozinianer, von Reformation und Gegenreformation durch ganz Europa gehetzt, dem kommenden → Deismus den Weg ebnen, erhebt der französische Humanist → Bodin in einem Vergleich aller Religionen (Colloquium Heptaplomeres ca 1593) den ihnen gemeinsamen Bestand zu der natürlichen Religion als der ursprünglichen und ältesten, deren Wahrheit in allen positiven Religionen nur entstellt sei. Und 1624 gibt → Herbert von Cherbury in »De Veritate« die Erkenntnistheorie zu dieser natürlichen Religion als einer Religion der Vernunft, indem er die Autonomie des »natürlichen Lichtes« proklamiert gegenüber der Offenbarungsautorität besonders der protestantischen »Naturverleumder«. Er restringiert den überkommenen Glauben auf die Anerkennung eines unerkennbaren höchsten Wesens, einer Vorsehung und einer lohnenden und strafenden Gerechtigkeit, welches Glaubensbekenntnis noch die Deisten der englischen und französischen Aufklärung wiederholen. Ein Jh. später ist diese künstliche Naturreligion die Religion des neuen europäischen Bildungsbürgertums als die Kontraposition fortschrittlicher Vernunft gegenüber dem »alten Aberglauben« und ist das bis heute weithin geblieben. Daß aber der christliche Glaube immer wieder gemeinsam mit den drückenden Ansprüchen absolutistischer Fürsten auftrat, hat ihn besonders unter dem politisch bewußt werdenden Bürgertum Frankreichs sehr diskreditiert und hat nicht zuletzt der französischen Aufklärung mit dem politischen auch das extreme antireligiöse Gefälle gegeben, das sie vor der Aufklärung anderer Länder auszeichnet. Immer wieder wird hier die überkommene Religion gerade darum negiert, weil sie das Instrument herrschsüchtiger Priester und Fürsten sei, um die Ausbreitung des Lichtes der Vernunft zu verhindern und das Volk in seiner zahlenden Botsamkeit zu erhalten.

3. Als durch → Collins' Discourse of Freethinking (1713) der Deismus in Europa als »Freidenkertum« (→ Freidenker) Mode wird, hat ihn ein noch freieres Denken schon überboten: *Pierre* → *Bayle* kritisiert die Halbheit der Deisten, weil sie naiv genug sind, die überkommene Religion für unvernünftig zu halten, die Existenz Gottes aber für die Vernunft retten wollen. Im Unterschied zu den »Rationalisten« sind sie noch immer »Religionäre« wie Juden, Christen und Mohammedaner auch (Réponse aux questions d'un Provincial III, 1706). In der skeptischen Stimmenthaltung, die Bayle angesichts der Frage nach der Existenz Gottes übt, demonstriert die Vernunft der Aufklärung zwar heilsam, daß im Horizont ihres objektivierenden Denkens und mit dessen Gründen der überlieferte Gott in der Tat nicht zu haben ist, so daß, wer dennoch von ihm zu wissen beansprucht, fortan andere Gründe dafür haben muß. Insofern aber jene Stimmenthaltung zugleich auftritt mit der dezidierten Bestreitung einer glaubenden Vernunft, gibt sie sich zu unrecht kritisch, da sie noch immer nicht das Verstummen bedeutet im Eingeständnis des Nichtwissens, sondern nur ein anmaßendes Schweigen selbstbewußten Besserwissens. Bayle ist der erste Abendländer, der sich eine menschliche Gesellschaft als Gesellschaft von Atheisten denken kann. Er neutralisiert deshalb die Moral gegenüber der Religion, indem er betont, daß auch der Atheist ein sittlicher Bürger sein könne (Continuation des pensées diverses, 1705). Ohne daß er selbst den A. vertritt, erscheint er ihm doch vertretbar in der skeptischen Negation des Gottesglaubens, nicht schon in der Position wissenschaftsgläubiger Gegendogmatik.

Die antireligiöse Skepsis der *französischen Aufklärung* ist bei Bayles Stimmenthaltung nicht stehengeblieben. Die anonymen »Lettres de Thrasibule à Leucippe« (1758) lassen schon in der Einleitung den skeptischen Zweifel an der Existenz eines höchsten Wesens von vollkommener Güte und Allmacht fallen zugunsten der positiven Behauptung, daß alle Religion sich aus der Verführung der Sprache erkläre, die, weil sie Worte hat wie »Gott«, »Vorsehung«, »Schicksal«, glauben mache, daß es solche Dinge auch gäbe. Und 1762 verwirft das angebliche Testament des Priesters Meslier mit allen Gründen des Skeptikers den Zweifel an der Existenz eines allmächtigen, weisen und gerechten Gottes, da durch eben diese Gründe die Unmöglichkeit seiner Existenz erwiesen sei. Der französische → Skeptizismus leitet die Aufklärung der Neuzeit ein in der humanistischen Rezeption der antiken Aufklärung, nämlich spätantiker Skepsis, und hat mit deren Mitteln auch den modernen A. auf den Weg gebracht. Fortan tritt dieser aber nicht mehr in skeptischem Gewande auf, sondern als positive Theorie, indem nun die Überheblichkeit des Nichtwissens der des Wissens Platz macht.

4. In den Städten der oberitalienischen Spätrenaissance ist, entstanden aus der Nachfrage nach neuen technischen Möglichkeiten, längst die *neue mathematische* → *Naturwissenschaft* unterwegs. Die erfolgreiche Ausarbeitung der Mechanik zu einem für Himmel und Erde gleichermaßen gültigen System von Gesetzen führt zum Einsturz des mittelalterlichen Weltgebäudes und macht dessen himmlischen Gott obdachlos. Sie fordert aber auch die Philosophie heraus: Die neue Physik verlangt nach einer neuen Metaphysik. → Descartes' Entwurf einer riesigen »Weltmaschine« einerseits und eines weltüberlegenen Geistes andererseits führt zu einem desperaten → Dualismus, dessen Aufhebung dann auf konträren Wegen versucht wurde: Fortan streiten in der Metaphysik → Idealismus und → Materialismus derart miteinander, daß sich der letztere stets auf die Ergebnisse der neuen Wissenschaft beruft. Schon → Hobbes (Elementorum Philosophia, 1655) beseitigt so mit jenem Dualismus am Ende auch den christlichen Gott. Dabei begründen → Galilei und → Newton die Mechanik als christliche Platoniker, nicht als atheistische Materialisten. Und

→ Voltaire (Eléments de la philosophie de Newton, 1738) und d' → Alembert (Traité dynamique, 1743, Discours préliminaire de l'Encyclopédie, 1751) popularisieren als Deisten, nicht als Atheisten das mechanistische → Weltbild (: IV) in Gestalt des »Newtonianisme«. Aber jetzt zeigt sich die Zerbrechlichkeit solcher Verbindung von Wissenschaft und Schöpferglauben: Lamettrie zieht aus der Mechanik die konträre Konsequenz eines völlig gottlosen Materialismus (L'homme machine, 1748). Und 1770 schreibt Holbach im »Système de la nature« die Dogmatik dieses materialistischen A., die den überlieferten Schöpfergott und Weltenlenker entbehren kann, weil sich nun alles von selbst regelt. Ohne die Anmaßung des Wissens, die man seit langem dem Glauben der Väter vorwirft, ist der aufgeklärte Gegenglaube an Vernunft und Wissenschaft undenkbar. Daß er längst eine politische Kehrseite hat, zeigt die französische Revolution, in der erstmals der A. mit einem politischen Programm auftritt und handelt: Am 10.11.1793 wird von der Partei der Hébertisten in Notre Dame zu Paris der christliche Gott abgesetzt und die Gegengöttin atheistischer Vernunft proklamiert.

Endgültig hat → Laplace die Eliminierbarkeit des Schöpferglaubens aus der Wissenschaft erwiesen und damit demonstriert, daß auf ihrem Boden Religion Privatsache, also unwissenschaftliche Sache ist. Hatte Newton seinen Gott noch physikalisch benötigt zur Korrektur der Planetenbahnstörungen, so vervollständigt Laplace dessen Theorie derart, daß sich der Rekurs auf einen Weltschöpfer erübrigt (Mécanique céleste, 1805). Seine Antwort an Napoleon: »Ich hatte diese Hypothese nicht nötig«, ist berechtigt, insofern die Theorie, die ohne die Erklärung »Gott« auskommt, physikalisch sicher die bessere ist. Generell besagt sie, daß neuzeitliche Wissenschaft methodisch getrieben wird ohne Gott und es eine Erklärung dieses Namens in ihr nicht mehr geben kann. Doch haben selbst Wissenschaftler oft die subtile Unterscheidung von zweckmäßiger Methode und methodisch erforschter Sache übersehen: Der Astronom Lalande bekennt sich zum A., weil »man Gott nicht beweisen«, doch »alles ohne ihn erklären kann« (Bekenntnis 1805). Die neuzeitliche Wissenschaft hat sich gegen eine autoritätsgläubige Welt durchsetzen müssen und schon von daher eine Tendenz zu Aufklärung mitgebracht, die immer wieder zum voreiligen Generalisieren und Zuvielwissen neigt.

5. Im Unterschied zum Westen kann in *Deutschland* die → Aufklärung (: III) religiös bleiben, selbst wo sie als entschiedener → Rationalismus auftritt. Erst am Ende des 18. Jh.s wird auch hier der überlieferte Gottesglaube problematisch: → Jean Paul träumt im »Siebenkäs« (1796f) die »Rede des toten Christus vom Weltgebäude herab, daß kein Gott sei«, und 1798 lösen zwei Aufsätze in → Fichtes Philosophischem Journal den → »*Atheismusstreit*« aus. Seinen eigenen Artikel traf der Vorwurf des A. freilich zu unrecht, nicht aber den seines Schülers Forberg über »Die Entwicklung des Begriffs der Religion«. Mit einem Kunstgriff → Kants restringierte er den theoretischen Glauben Fichtes an eine moralische Weltordnung auf den praktischen → Fiktionalismus zu leben, »als ob« es diese gebe, und überläßt es am Schluß dem Leser, ob solche Definition von Religion noch mehr bedeute als Spielerei. Zur Zeit der religiösen romantischen Philosophie ist dann → Schopenhauer in einsamer Bitterkeit aufgetreten gegen »den alten Juden in Wolkenkuckucksheim«, des verhaßten → Hegel »wohlbekanntes Absolutum« (1852 an Frauenstädt), zugunsten der pessimistischen Verneinung des Willens zum Leben (Welt als Wille und Vorstellung, 1819/44), in der der fortschrittsfrohe A. der Aufklärung müde geworden ist. Doch propagiert ihn nun der revolutionäre »linke« Flügel der Hegel-Schule, der die Dialektik des Lehrers gegen dessen restaurative Religions- und Staatsphilosophie kehrt. → Feuerbachs »Wesen des Christentums« (1841) bestreitet den dogmatischen Aussagen der Theologie die behauptete »gegenständliche Wahrheit«, da deren Prädikate und Subjekt bloße menschliche Vorstellungen, sie also insgesamt → Anthropomorphismen sind, die das menschliche Wesen naiv als Wesen Gottes objektivieren. Er reduziert daher die Religion als Anthropologie auf Philosophie. Seine Kritik berührt genau den wunden Punkt, der das Christentum für die Aufklärung so anfällig gemacht hat: Die Theoretisierung des eschatologischen urchristlichen Kerygmas zu objektivierenden Aussagen über Gott hat diesen genau in den Horizont »gegenständlicher Wahrheit« gebracht, dessen erfolgreiche Klärung durch das neuzeitliche Denken dann ergab, daß er darin nicht vorkommt. Feuerbachs Kritik ist aber nicht kritisch genug, wenn sie die Nichtobjektivierbarkeit des christlichen Gottes als dessen Nichtexistenz versteht.

Für → Marx ist die Kritik der Religion mit Feuerbach beendet. Und in der Tat wird ihre theoretische Bestreitung zwar weiter wiederholt, doch was an Kritik neu auftritt, widerlegt nicht, sondern »erklärt« nur mehr den alten Aberglauben. B. → Bauers »Entdecktes Christentum« (1843) versteht die christliche Vertagung des Glücks auf ein zu spätes Andermal, die den Menschen im Leiden fixiere, historisch aus dem Verfall der Freiheit in der römischen Welt. Und Marx' Analyse der neuen Industriegesellschaft erklärt es soziologisch als Weise menschlicher »Selbstentfremdung«: Religion ist »das Opium des Volks«, da sie der »Heiligenschein einer verkehrten Welt« ist, produziert von einer verkehrten Gesellschaft. Obgleich »Ausdruck wirklichen Elends«, verführt sie dazu, das Glück im Jenseits zu suchen, statt es in der »Wahrheit des Diesseits zu etablieren« (Kritik der Hegelschen Rechtsphilosophie, 1844) durch die proletarische Revolution der bürgerlichen Gesellschaft, die sie erübrigen wird. In der verkürzenden Interpretation besonders Lenins ist dieser profane Heilsglaube mit seiner politischen Eschatologie heute die machtvollste, militante Abart des modernen A. geworden, die als »dialektischer → Materialismus (: III)« stets im Gewand wissenschaftlicher Wahrheit auftritt und gerade dies doch niemals ist. → Stirners »Einziger und sein Eigentum« (1845) dagegen sieht in allen diesen Atheisten noch immer »fromme Leute«, deren Ersetzung der Religion durch Allgemeinheiten wie »den« Menschen unbemerkt weiter den Kult der Ewigkeit pflegt. Er aber will nach lauter Abstraktionen endlich sich selbst, den solipsistisch »Einzigen«, dessen Recht und Moral seine Macht ist.

6. Nach 1850 scheint der Sieg des A. endgültig. Helmholtz' Formulierung des Satzes von der Erhaltung der Energie (1847) läßt die Biologie von der vitalistischen Theorie einer besonderen »Lebenskraft« (→ Vitalismus) überschwenken zu dem physiologischen Materialismus Lamettries, den Moleschott (Kreislauf des Lebens, 1852), Vogt (Köhlerglaube und Wissenschaft, 1854) und Büchner erneuern, dessen »Kraft und Stoff« (1855) zur Bibel dieses deutschen Materialismus geworden ist. Als dann noch → Darwins »Entstehung der Arten« (1859) eine plausible Evolutionsmechanik der Organismen gab, lag das universale, streng homogene Weltbild moderner Wissenschaft offenbar abgeschlossen vor. Mit der dualistischen Metaphysik von Natur und Geist schien auch das Schicksal des christlichen Gottes besiegelt. An seinem Grabe proklamiert → Haeckel die neue atheistische Naturreligion des → Monismus als das unumstößliche Ergebnis der Wissenschaft (Welträtsel, 1899, Aufl. 400000!).

Erst die neue Quantenphysik erwies, daß das mechanistische Weltbild nicht das Ergebnis strenger Wissenschaft war, sondern das eines falschen Glaubens an die universale Geltung ihrer bisherigen Denkweise.

7. Jenen selbstsicheren A. der »Herrn Naturforscher und Physiologen«, diesen schlechten »Spaß«, dem »die Leidenschaft, das Leiden an den Dingen fehlt«, hat → *Nietzsche* aufzurütteln gesucht mit seiner prophetischen Deutung des Gottestodes. Aber dieses »größte neuere Ereignis«, diese Tat der »gottgleichmachenden Wissenschaft«, daß wir ihn »weder in der Geschichte, noch in der Natur, noch hinter ihr mehr wiederfinden«, scheint erst »unterwegs« zu den Menschen, da sie noch immer nicht begriffen haben, »was eigentlich sich damit begeben hat«. Einsam schaut Nietzsche »die lange Folge von Zerstörung, Untergang, Umsturz, die nun bevorsteht, die ungeheure Logik von Schrecken, welche Europa alsbald einwickeln muß« (Fröhliche Wissenschaft, 1881 ff, Antichrist, 1888). Aber der »tolle Mensch« ist mit seiner entsetzten Suche nach dem ermordeten Gott »zu früh gekommen«: Der nun folgende Nietzsche-Kult rezipiert zwar den »Herrenmenschen« und seine Ablehnung des »Arme-Leute-, Sünder- und Krankengottes« der christlichen »Décadence«, diesen »Widerspruch des Lebens«, doch abermals in der gedankenlosen Selbstsicherheit fortwirkender Aufklärung und also ohne das »Leiden«, das in Nietzsches erbitterter Feindschaft gegen den »alten Gott« von ihm nicht loskommt und sich darum seinen Totenschein immer wieder vorhält. Noch Mauthner schreibt nach dem ersten Weltkrieg seine revisionsbedürftige Geschichte des A. im Abendland (1920 ff) eigensinnig als die Geschichte der menschlichen »Geistesbefreiung«.

8. Aber die Freiheit, in der sich der Mensch heute vorfindet, wird von diesem anders verstanden als von den fortschrittsfrohen Generationen seiner aufklärerischen Vorfahren, die sie ihm bereitet haben. Für den an → Heidegger geschulten Atheisten → Sartre ist der Mensch zur Freiheit »verurteilt«, zu der gequälten Freiheit nämlich, einsam im Bodenlosen existierend die Angst und Verzweiflung seiner »Geworfenheit« zu übernehmen und im entschlossenen Handeln sich allererst als er selbst zu konstituieren (L'existentialisme est un humanisme, 1946). Zu dem dialektischen Materialismus des Ostens ist dieser Existentialismus (→ Existenzphilosophie) die westliche Variante des zeitgenössischen A., in welcher der profane Glaube der Neuzeit an das souveräne Können des Menschen nun zwar seine naive Zuversicht verloren, doch noch immer nicht gelernt hat, sich selbst als die letzte und kapitalste seiner Illusionen zu durchschauen.

F. Mauthner, Gesch. des A. im Abendlande, 4 Bde, 1920-23 - M. Rossi, Alle fonti del deismo e del materialismo moderni, 1942 - W. Dilthey, Weltanschauung u. Analyse des Menschen seit Renaissance u. Reformation, 1913 (Ges. Schr. Bd. II) - B. Groethuysen, Die Entstehung der bürgerlichen Welt- u. Lebensanschauung in Frankreich, 2 Bde, 1927-30 - P. Hazard, Die Krise des europäischen Geistes, (1939) 1949[2] - Ders., Die Herrschaft der Vernunft, 1949 - W. Kamlah, Die Wurzeln der neuzeitlichen Wissenschaft u. Profanität, 1948 - K. Löwith, Von Hegel zu Nietzsche, (1941) 1953[3] - A. Camus, Der Mensch in der Revolte, 1953. *H. Kößler*

Atheismusstreit. Der A. von 1798/99, der mit J.G. → Fichtes Entfernung von der Universität Jena endete, wurde ausgelöst durch einen Aufsatz Forbergs in dem von Fichte und Niethammer hg. »Philos. Journal«. Die kursächsische Regierung konfiszierte das Heft und forderte bei den »Fürstlich Sächsischen Höfen« Bestrafung der Verantwortlichen. Der in aufgeklärter Mittellage sich bewegende Aufsatz (mit dem Satz: »Es ist nicht Pflicht zu glauben, daß eine moralische Weltregierung oder ein Gott... existiert, sondern es ist bloß und allein dies Pflicht, zu handeln, als ob man es glaubte«) war von Fichte eingeleitet: »Über den Grund unsers Glaubens an eine göttliche Weltregierung« (»diese moralische Ordnung ist das Göttliche, das wir annehmen«; vgl. dazu Fichte an F.C. Jensen: »Nur der Gott aller Vernunft ist der wahre Gott«, 3.5.1799). Fichte verteidigte sich gegen den Vorwurf des Atheismus mit der »Appellation an das Publikum« (1799), schrieb einen übereilten und mit seiner Demission drohenden Brief an Geheimrat Voigt, den er überdies abschwächte, als es zu spät war und auf Goethes Verlangen die Demission angenommen war. Auch Schiller, dessen »Worte des Glaubens« neben Goethes faustischem Glaubensbekenntnis Fichtes einleitenden Aufsatz schlossen, verhielt sich nicht eindeutig, und der einzig Überlegene in dem Streit war Friedrich Wilhelm III., der dem überall abgewiesenen Philosophen in Berlin Zuflucht gewährte: »Ist es wahr, daß er mit dem lieben Gotte in Feindseligkeiten begriffen ist, so mag dies der liebe Gott mit ihm abmachen, mir tut das nichts.«

Die philos. Schriften zum A., hg.v. F. Medicus, 1910. *H. Knittermeyer*

Athen, *Universität*

1. Die *Universität* von A., deren Errichtung schon der erste Regent Griechenlands, Kapodistrias (1827), geplant hatte, wurde 1837 durch Dekrete König Ottos I. (aus Bayern) gegründet und nach deutschem Vorbild aufgebaut. Sie hatte zunächst noch kein eigenes Gebäude. Durch großzügige Spenden von Griechen und Philhellenen konnten die anfänglichen materiellen Schwierigkeiten bald überwunden werden, so daß 1839 mit dem Bau des heutigen U.sgebäudes begonnen werden konnte, das 1857 vollendet war. Bis 1900 waren der U. bereits zahlreiche Kliniken, Museen, eine Bibliothek, ein botanischer Garten und viele wissenschaftliche Institute angegliedert. Die U. hieß zuerst (nach Otto I.) »Othonion«, dann »Nationale U.«, wurde 1911 fiktiv geteilt und »Nationale und Kapodistria-U.« benannt. Sie hatte zunächst 4, heute 5 Fakultäten: die theologische, juristische, philosophische, medizinische, physikalisch-mathematische. Die Dauer des Studiums beträgt 4 Studienjahre (Medizin: 6). Wegen des großen Andranges ist ein numerus clausus für Studenten eingeführt worden; die Vorlesungen für jedes Studienjahr sind vorgeschrieben, alljährliche Schlußprüfungen Pflicht. Das Studium schließt in der Regel mit dem Staatsexamen. Die Zahl der Studenten ist seit der Gründung der zweiten U. Griechenlands in → Saloniki (1925) gesunken, 1955-56 betrug sie 10 323 Studenten, davon 2410 Frauen (1926: 14 482, davon 714 Frauen). Es lehren 99 ord. Prof., 35 Hon. Prof., 32 a.o. Prof., 152 Dozenten.

2. Die *Theologische Fakultät,* die 1837 mit drei Lehrstühlen und 8 ord. Studierenden begann, hat an Bedeutung für die orth. Kirche, nicht nur Griechenlands, stetig zugenommen. An ihr wirkten u.a. C. → Androutsos, C. → Papadopoulos, G. → Papamichail, D. → Balanos. Gegenwärtig lehren als ord. Prof.: A. → Alivisatos (Kanonisches Recht und Seelsorge); P. → Bratsiotis (Einleitung in das AT und Auslegung der LXX), V. Vellas (Hebr. AT), P. Trembelas (Praktische Theol.), L. Philippidis (Religionsgeschichte), J. Karmiris (Dogmengeschichte), V. Ioannidis (NT), K. Bonis (Patrologie), G. Konidaris (KG), A. Phytrakis (Hymnologie, Paläographie). Von den 758 Studierenden des Jahres 1955-56 waren 111 Frauen (1926: 4), die ebenso wie viele männliche Studierende später als Religionslehrer an den höheren Schulen Verwendung finden. Die Fakultät, die den konservativen Typus orth. Lehre verkörpert, genießt ein hohes Ansehen und zieht auch Studenten aus anderen orth. Kirchen und sogar nicht-orth. Gasthörer

an. Ihre Prof. sind für die ökumenische Bewegung sehr aufgeschlossen und zT in ihr praktisch tätig, auch mit der deutschen ev. Theologie in besonderem Maße verbunden; haben doch von den heutigen ord. Prof. außer einem alle auch an deutschen Fakultäten studiert.

Neoteron Enkyklopaidikon Lexikon (hg.v. J.Passas), Athen, XV, o.J., 411f - G.Balanos, Gesch. der theol. Fakultät, 1937 - Die orth. Kirche (Ekklesia 10), 1939, 46ff. *G.Möckel*

Athenagoras, 1. der »christliche *Philosoph* von Athen«, wie ihn die einzige Textquelle (Arethascodex Paris gr. 451) bezeichnet, richtete 177 eine »Schutzschrift für die Christen« an Mark Aurel. In der Hs. wird gleichfalls ein Traktat über die Fleischesauferstehung mitgeteilt, der jedoch kaum A. zuzuweisen ist. A. beweist eine ungeheure Belesenheit, die jedoch weniger aufs Studium der Originale als auf spätantike Florilegien zurückgeht. Er wendet den rhetorischen Stil des Attizismus in rhythmischer Prosa an. Nach einer Einleitung (1-3), die unter Hinweis auf die Toleranz des römischen Staates gegenüber allen Religionen ein gleiches Recht für die Christen fordert, werden im Hauptteil (4-36) die gegen sie umgehenden Beschuldigungen (→ Christenverfolgungen) entkräftet, um im Abschluß (37) nochmals die Forderung einer rechtlichen Behandlung der Christen zu stellen. Der maßvoll abgewogene Tenor der Darstellung, die das eigentliche Motiv der Propaganda im protreptischen Stil ausdrückt, macht A. unter den → Apologeten am stärksten zu einem »Philosophen«; sein Werk ist das schönste Beispiel des literarischen Typus (→ Apologetik: II).

Ausg., Übers.en u. Lit. bei Altaner 98f - J.Quasten, Patrology I, 1950, 229ff. - L.Alfonsi, Motivi tradizionali del giovane Aristotele ...in Atenagora (VigChr 7, 1953, 129-142) - R.M.Grant, A. or Pseudo-Athenagoras (HThR 47, 1954, 121-129) - RAC I, 881ff. *C.Andresen*

2. A. I. (Spyron), *Ökumenischer Patriarch* von Konstantinopel. * 1886 in Janina; 1918 Priester, Archimandrit und 1. Sekretär der Hl. Synode der Griechischen Kirche in Athen; 1922 Metropolit von Korfu; 1930-48 Erzbischof der Griechischen Kirche von Nord und Südamerika, wo er neue Kirchen und Schulen errichtete. Jan. 1949 in Istanbul zum Patriarchen inthronisiert, pflegte A. mit Betonung der traditionellen Würde des Ökumenischen Patriarchen die Beziehungen zu den griechischen und slawischen Schwesterkirchen und die Kontakte mit den westlichen Kirchen. Nach der politischen Katastrophe vom 6./7.9.1955 richtete er in unerschüttertem Glaubensmut seine Gemeinde wieder auf und erlangte, nachdem er mehrere Monate die Gottesdienste in den Kirchen eingestellt hatte, Genugtuung durch die türkische Regierung.

Ansprachen u. Sendschreiben, veröffentlicht in »Orthodoxia«.

3. (Cavadas), *Metropolit* von Thyateira, * 1885 in Korfu; studierte in Athen und Oxford; 1937 Bischof von Boston, Gründer und Leiter des dortigen griechischen Priesterseminars; 1951 Exarch des Patriarchats Konstantinopel für West- und Mitteleuropa in London, Mitglied des Präsidiums des → Ökumenischen Rates der Kirchen bis 1954. Als Leiter der orthodoxen Delegation auf der dritten Weltkirchen-Konferenz für Glaube und Kirchenverfassung in → Lund (: III) 1952 suchte A. den Willen der Orthodoxen Kirchenleitungen von Konstantinopel und von Griechenland zur ökumenischen Zusammenarbeit mit dem exklusiven ekklesiologischen Akzent der Kirche von Griechenland zu vereinigen.

Predigten, 2 Bde, 1936; History of Protestantism, 2 Bde, 1947. *Hildegard Schaeder*

Athos

1. Der A., der »Heilige Berg« des orthodoxen Mönchtums (Halbinsel Chalkidike), tritt erst im 9.Jh. in das Licht der *Geschichte*; alle anderen Überlieferungen sind legendär. Das wichtigste Ereignis ist die Gründung der »Größten Laura« nach studitischen Grundsätzen (→ Studiten) durch den hl. Athanasios Athonites (963). Kaiser Johannes I. Tzimiskes gibt 912 dem Berg (damals 58 Siedlungen) das erste → Typikon (Regel), den »Tragos«. Gab es zur Zeit des hl. Athanasios auf dem A. Klöster der Lateiner (Amalfitaner) und Georgier (Iberer), so setzte sich, seit dem 12.Jh., das slawische Element stärker durch, besonders durch die Gründung von Chilandar seitens des serbischen Prinzen Rasko (Hl. Sawa) 1198 und des Rossikons 1169. Das 14.Jh. brachte nicht nur schwere Auseinandersetzungen über die hesychastische Mystik (Palamismus; → Palamas), sondern auch einen Verfassungswandel der Klöster durch die allmähliche Einführung der Idiorrhythmie, dh der Aufgabe des zönobitischen Ideals zugunsten des Eigenlebens der Mönche. Die Türken (seit 1430) beließen dem A. eine gewisse Selbständigkeit. 1743 gründete Patriarch Kallistos V. eine Akademie auf dem A. unter der Leitung von Eugenios → Bulgaris, die jedoch schon 1758 von den Mönchen selbst zerstört wurde. 1912 griechisch geworden, behielt der A. weiter eine gewisse Autonomie.

Ph.Meyer, Die Haupturkunden für die Gesch. der A.klöster, 1894. - Aus der Unzahl der A.-Lit. vgl. bes. R.M.Dawkins, The monks of Athos, London 1936 - Mönchsland Athos, hg.v. F.Dölger, 1943 - E.A.deMendieta, La presqu'île des caloyers: Le Mont A., Paris 1955 (Bibliogr.). *H.-G.Beck*

2. Die Epochen der → byzantinischen *Kunst* haben auch auf dem A. ihren Niederschlag gefunden, nämlich die makedonische und paläologische Renaissance sowie die italo-griechische und die kretische Schule (im 16.Jh. wirken die Apk-Darstellungen → Dürers nach). Diese Impulse hat der A. nicht nur konserviert, sondern auch vor allem an die slawischen Völker weitergegeben, wo sie zT eigenständige Entwicklungen hervorriefen. Die Nachwirkungen des Hesychasmus (→ Hesychasten) haben in der Ikonenmalerei (→ Ikone) das Problem ihrer Ästhetik bis nach Rußland hin neu angerührt. Das im 19.Jh. gefundene Malerbuch vom A. (Ἑρμηνεία τῶν ζωγράφων) soll in seinen ältesten Teilen bis auf den sagenhaften Maler Panselinos (11.Jh.) zurückgehen; es besitzt keine kanonische Geltung. - Ist das Katholikon von Laura um 1000 entstanden, so gehen die ältesten Malereien (nach Millet) kaum unter das 14.Jh. Die Klöster beherbergen eine bisher nur zu einem Bruchteil edierte Fülle von Hss., deren älteste Miniaturen (Tetraevangelium von Philotheu) bis ins 10.Jh. hinabgehen. In jüngster Zeit sind auch die Neumen-Hss. (→ Neumen) vom A. für die Forschung erschlossen worden.

G.Schafer, Das Handbuch d. Malerei v. Berge A., 1855 - Duchesne et Bayet, Mission au Mont A. 1876, - Sp.Lambros, Catalogue of the Greek manuscripts of Mount A., Bd 1, 1895; Bd 2, 1900 - N. Kondakov, Denkmäler d. christl. Kunst auf d. A., 1902 (russ.) - L. Nikolskij, Historischer Abriß d. A.-Wandmalereien, 1907-08 (russ.) - H.Brockhaus, Die Kunst in d. A.klöstern, (1891) 1924² (Lit.) - G.Millet, Monuments de l'A., Bd 1, 1928 - Ders., L'art byzantin chez les Slaves, 1930 - F.Fichtner, Wandmalereien d. A.klöster, 1931 - L.Heydenreich, Der Apokalypse-Zyklus im A.gebiet (Zeitschr. f. Kunstgesch. 8, 1939, 1-40) - F.Dölger, Mönchsland A., 1943 - V.N.Lazarev, Gesch. d. byzantin. Malerei, Bd 1, 1947 (russ.; Reg. s.v. Isichazm, Hesychasmus) - deMendieta (s. 1). *K.Onasch*

Atkinson, *Henry Avery,* * 26.8.1877 in Merced (Kalif.). A. studierte am Pacific Methodist College (B.D. 1897) und Garrett Biblical Institute. 1902 zum Dienst in der kongregationalistischen Kirche ordiniert, war er 1902-04

Pfarrer in Albion (Ill.), 1904-08 in Springfield (Ohio), 1908-11 in Atlanta (Georgia) und hier gleichzeitig Professor für Soziologie. Von 1911-18 war er Sekretär des Sozialausschusses der kongregationalistischen Kirchen in den USA, von 1918-55 Generalsekretär der Church Peace Union und des Weltbundes für Freundschaftsarbeit der Kirchen (→ Einigungsbestrebungen: V, 2). Während dieser Zeit stand er auch im Dienst des Federal Council of Churches in den USA, arbeitete einige Jahre als Sekretär des Ökumenischen Rates für Praktisches Christentum in Genf und war an den Vorarbeiten zur Gründung des Völkerbundes und später der → Vereinten Nationen beteiligt.

Wichtigste Werke: The Church and Industrial Warfare, 1914; The Church and the People's Play, 1915; Men and Things, 1918; Causes of War, 1932 (Mit-Hg.); Prelude to Peace, 1937; Theodore Marburg, the Man and his Work, 1952. *H.H.Harms*

Âtman (masc., wahrscheinlich etymologisch verwandt mit → Atem) bedeutet im Sanskrit »Selbst« und wird in sehr verschiedenem Sinne verstanden. Â. bezeichnet 1. die eigene Person im Gegensatz zu anderen, 2. den Körper im Gegensatz zu den Gliedern, Kleidern usw, 3. den Lebensfaktor, der als ein Element neben anderen aufgefaßt wird, 4. die zentrale Daseinsmacht im Menschen, von der alle Lebensfaktoren abhängig sind, 5. die unsterbliche Geistmonade im vergänglichen Körper, 6. das Geistige im Menschen, durch das er mit dem Weltgeist eins ist, 7. den Weltgeist, das Brahma. Die Herausbildung der verschiedenen Bedeutungen des Wortes â. begleitet den ganzen Entwicklungsgang der indischen Geistesgeschichte. Die Auseinandersetzungen darüber, ob der â. materiell bedingt (Materialismus), ein kontinuierlich fließender Strom vergänglicher Daseinsfaktoren (Buddhismus), ein unvergängliches Einzelwesen (Jainismus, Hindusekten) oder eine Erscheinungsform des Allgeists ist, bildet das Hauptthema der indischen Philosophie. → Indien: II, → Upanishaden, → Vedische und brahmanische Religion.

P. Deussen, Allg. Gesch. der Phil. I, 1, 1894, 282ff. 324; 2, 1899, 78ff - H.v. Glasenapp, Entwicklungsstufen des indischen Denkens (SGK 15/16, 5), 1940, 44ff. *H.v.Glasenapp*

Atom und Atomtheorien

1. Atomismus in der antiken Philosophie - 2. Empirischer Atomismus der Neuzeit - 3. Der innere Bau der Atome - 4. Quantentheorie und philosophische Probleme - 5. Technische Anwendung der Atomphysik. - A. = Atom

1. Die A.lehre wird auf Leukipp und Demokrit (→ Griechisch-römische Philosophie) zurückgeführt und wurde später von → Epikur und seiner Schule vertreten. Neben Fragmenten dieser griechischen Autoren ist das Lehrgedicht »De rerum natura« des Römers Lucretius Carus (etwa 50 vChr) unsere Hauptquelle.

Nach dem antiken Atomismus gibt es nur die A.e und das Leere. Die A.e (ἄ-τομον, das was keinen Teil hat und daher unteilbar ist) bilden durch ihre verschiedene Größe, Gestalt, gegenseitige Lage und Bewegung alle sichtbaren Körper und Vorgänge. Auch die Seele besteht aus feinen A.en. Die Kosmogonie des Atomismus läßt unser Himmelsgewölbe und in ihm eingeschlossen unsere Erde aus einem Urwirbel von A.en entstehen. Außerhalb unseres Weltgebäudes gibt es unzählige viele andere ähnliche Welten, die entstehen und vergehen. Die A.e selbst sind unvergänglich.

Den philosophischen Hintergrund des Atomismus wird man in der eleatischen Fragestellung finden dürfen. Nach → Parmenides ist das Seiende eines und unwandelbar; ist also unsere Welt der Vielheit und des Wandels bloßer Trug? Nach den Atomisten ist das einzelne A. eines und unwandelbar. Seine Unteilbarkeit wurzelt demnach darin, daß es im Sinne der Eleaten wahrhaftes Sein hat. Vielfalt und Wandel der Erscheinungen berühren das einzelne A. nicht. So läßt sich in der Erscheinungswelt das wahrhaft Seiende in Gestalt der A.e vom Veränderlichen in Gestalt ihrer wechselnden Beziehungen zueinander unterscheiden. Doch ist damit die Paradoxie nur in die Grundlage der Theorie aufgenommen. Nicht nur muß eine Vielheit von A.en behauptet werden, sondern auch die Existenz des Vakuums, das den A.en erst Bewegungsfreiheit gibt. Das Vakuum ist aber gerade im Sinne jenes Seinsbegriffs im strengen Sinne Nicht-Seiendes.

Gegenüber der von → Platon ausgehenden Auflösung des eleatischen Problems, die das unwandelbar Seiende nicht in zeitüberdauernden Einzeldingen wie den A.en, sondern in der zeitlosen Gestalt (ἰδέα) fand, hat sich die A.lehre auf die Dauer nicht durchgesetzt. Die soeben gestreiften begrifflichen Einwände gegen die Theorie haben daran nur einen Teil der Schuld, einen größeren Teil dürfte die antireligiöse Haltung des Atomismus tragen. Epikur verweist die Götter als unserem Leben fremde selige Wesen in die Zwischenräume zwischen den Weltsystemen. Lukrez empfiehlt die atomistische Welterklärung als Befreiung von den Fesseln des Aberglaubens und der Priesterherrschaft. Das in der Spätantike wachsende Bedürfnis nach Religion ertrug eine Lehre nicht, die sich selbst so verstand. Im Christentum war der Atomismus bis tief in die Neuzeit hinein als einer der Exponenten des → Atheismus verrufen.

2. Das Aufkommen der mechanischen Denkweise im 17.Jh. war vielfach mit dem Glauben an A.e verbunden. Die Unterscheidung der sog. sekundären sinnlichen Qualitäten der Körper von den sog. primären geometrischen und mechanischen Qualitäten ließ sich atomistisch leicht denken. Pierre → Gassendi und Robert → Boyle sind frühe Vertreter des Atomismus; Huygens verteidigt ihn im Briefwechsel gegen die philosophische Kritik von → Leibniz. Die philosophische Problematik wird vielleicht von → Kant in der zweiten Antinomie der Kritik der reinen Vernunft am deutlichsten hervorgehoben: Will man die Körperwelt aus wahrhaft seienden Körpern zusammengesetzt denken, so scheint es notwendig, letzte unteilbare Einheiten anzunehmen. Denn was bliebe sonst, wenn man alle Zusammensetzung aufgehoben dächte? Andererseits erscheint der Gedanke eines prinzipiell unteilbaren, aber ausgedehnten Körpers widersinnig. Denn indem wir ihn als ausgedehnt denken, denken wir Teile des von ihm erfüllten Raumes und damit Teile seiner selbst; es könnte höchstens eine empirische Unmöglichkeit vorliegen, ihn mit den gerade verfügbaren Mitteln in diese Teile zu zerlegen. In glücklicher Naivität geht die empirische Wissenschaft der Neuzeit über diese Schwierigkeiten zunächst hinweg. Daniel Bernoulli erklärt um 1740 das Verhalten der Gase durch die Annahme, Wärme sei eine unregelmäßige Bewegung weit voneinander getrennter Moleküle (kinetische Gastheorie). Ein Verständnis der Aggregatzustände bahnt sich an: im festen Körper sind die A.e durch gegenseitige Kräfte an bestimmte Orte gebannt, in der Flüssigkeit haften sie aneinander, gleiten dabei aber aneinander vorbei, und im Gas fliegen sie durcheinander wie in einem Mückenschwarm. 1808 erklärt Dalton die Grundgesetze der Chemie durch die A.lehre. Die Gewichtsanteile zweier Elemente (zB Wasserstoff und Sauerstoff) in einer Verbindung (zB Wasser) sind stets dieselben (Gesetz der konstanten Proportionen). Man kann aus denselben Elementen gelegentlich mehrere verschiedene Verbindungen herstellen; dann stehen die Gewichtsverhältnisse im einen Fall zu denen im anderen Fall in einem einfachen rationalen Verhältnis (Gesetz der

multiplen Proportionen). Beides erklärt sich durch die Annahme, alle A.e desselben Elements seien gleich schwer und jede Verbindung sei durch ein bestimmtes Molekül, das von jedem der beteiligten Elemente eine festgelegte Zahl von A.en enthalte, charakterisiert. Dies rechtfertigt die Schreibweise der Verbindungen in Formeln wie H_2O (dh zwei Wasserstoff-A.e und ein Sauerstoff-A.). Im 19.Jh. kommt es zu einer umfassenden Lehre der Struktur chemischer Verbindungen, in die schließlich auch die räumliche gegenseitige Lagerung der A.e einbezogen wird (Stereochemie). Die Physik des 19.Jh.s entwickelt aus der kinetischen Gastheorie eine allgemeine kinetische Theorie der Wärmeerscheinungen (Maxwell, Boltzmann). Die beiden Hauptsätze der Thermodynamik werden atomistisch gedeutet. Der erste Hauptsatz ist der Satz von der Erhaltung der Energie. Die Wärmeenergie ist dabei nur als Bewegungsenergie der A.e zu verstehen. Der zweite Hauptsatz behauptet die Unumkehrbarkeit des Geschehens. Atomar verstanden ist Wärme ungeordnete Bewegung, und die Unumkehrbarkeit besagt, daß Unordnung sich nicht von selbst in Ordnung verwandelt, wohl aber Ordnung von selbst in Unordnung.

3. Schon Prout hat 1815 wegen der Ganzzahligkeit vieler A.gewichte vermutet, alle A.e bestünden aus dem leichtesten, dem Wasserstoff-A. Der Zusammenhang der chemischen Elemente untereinander wurde 1869 von Mendelejew und Lothar Meyer im periodischen System formuliert. Um 1880 wird der atomistische Charakter der Elektrizität (Elektron) entdeckt. Die Entdeckung der Radioaktivität (Becquerel und Ehepaar Curie) gibt die technischen Hilfsmittel zur Untersuchung des A.baus und führt Rutherford zur Deutung des radioaktiven Zerfalls als Umwandlung chemischer Elemente ineinander. Nach Rutherford (1911) besteht jedes A. aus einem Kern, der fast die ganze Masse auf einen Radius von höchstens 10^{-12} cm vereinigt, und einer Hülle von Elektronen, deren Durchmesser etwa 10^{-8} cm, also 10 000mal größer ist. Als Bestandteile des A.kerns kennen wir heute das Proton (identisch mit dem Wasserstoffkern) und das elektrisch ungeladene Neutron. Die Protonen tragen positive Elektrizität und halten durch die Anziehung, die sie auf die negativ geladenen Elektronen ausüben, die A.hülle zusammen. Protonen und Neutronen sind im Kern durch sehr starke Kräfte kurzer Reichweite aneinander gebunden. Die bisher genannten Teilchen sind nach heutiger Kenntnis nur die durch Stabilität ausgezeichneten unter einer großen Fülle sogenannter Elementarteilchen, für welche das (durch den Gebrauch der Chemiker für das aus Kern und Hülle bestehende System in Anspruch genommene) Wort A. eigentlich besser passen würde. Elementarteilchen können sich aber ineinander umwandeln, und man vermutet, daß es eines Tages möglich sein wird, auch sie auf eine einheitliche Wurzel zurückzuführen.

4. In dem Maß, in dem die Vorstellungen von A.en konkret wurden, tauchten die von den Philosophen längst gesehenen Fragen in einer von den Philosophen nicht vorhersehbaren Gestalt wieder auf. Ein statistisches Gleichgewicht der ungeordneten Wärmebewegung kann sich in einem echten Kontinuum nicht einstellen, da die Bewegung in immer kürzere Wellen übergehen kann. Die äußere Bewegung der A.e kann die Wärmephänomene nur erklären, wenn die A.e nicht fähig sind, unbegrenzt innere Bewegung anzunehmen, also in ihrem Inneren selbst warm zu werden. Nur die noch unpräzisen Vorstellungen über das Innere der A.e ließen diese Schwierigkeit nicht hervortreten. Sichtbar wurde sie im Problem des Wärmegleichgewichts der elektromagnetischen Strahlung, für die eine ausgearbeitete Kontinuumstheorie seit Maxwell bestand. Max Planck (1858-1948) löste 1900 die Schwierigkeit durch eine nach der klassischen Physik unbegreifliche Annahme: die Energie eines schwingungsfähigen Systems der Frequenz ν soll nur ein ganzzahliges Vielfaches von $h\nu$ sein. Die universelle Konstante $h = 6{,}6 \cdot 10^{-27}$ erg · sec heißt das Plancksche Wirkungsquantum. → Einstein nahm 1906 die Existenz korpuskelähnlicher Quanten der elektromagnetischen Strahlung (Lichtquanten) an, obwohl die Kontinuums- oder Wellentheorie dieser Strahlung empirisch gesichert war. Er entdeckte damit das erste Beispiel des Dualismus von Teilchen und Wellen. Bohr zeigte 1913, daß auch Rutherfords Modell nach der klassischen Physik unmöglich ist. Die Elektronen müßten ständig ausstrahlen und in den Kern fallen. Er übernahm Plancks Quantenvorstellung für das Innere des A.s und erklärte so die Stabilität und Gleichheit aller A.e eines Elements durch einen radikalen Verzicht auf die klassische Anschaulichkeit unseres Bildes vom Inneren der A.e. Dies ist eine unerwartete Lösung der Kantschen Antinomie: Insofern das A. die von Demokrit gewünschte Stabilität hat, ist die Raumvorstellung auf sein Inneres nicht anwendbar. Bohrs Theorie, die notwendigerweise zunächst ein Gemisch klassischer und quantenmechanischer Vorstellungen war, wurde zur konsequenten Quantentheorie einerseits durch die Quantenmechanik (Heisenberg 1925), andererseits durch die Ausdehnung der Wellenvorstellung auch auf die Materie (Wellenmechanik, de Broglie, Schrödinger 1924-26). Quanten- und Wellenmechanik erwiesen sich mathematisch als identisch. Die physikalische Deutung gaben Heisenberg und Bohr 1927.

Nach dieser Deutung müssen wir atomare Gebilde in zwei zueinander komplementären Bildern (Teilchen- und Wellenbild) beschreiben, die beide durch die Erfahrung gefordert sind, sich aber gegenseitig ausschließen. Der Zusammenhang zwischen beiden wird durch die statistische Deutung der Wellen (Born) gegeben. Die Intensität der Welle ist die Wahrscheinlichkeit für das Auftreten von Teilchen an der betreffenden Stelle. Man kann demnach den Teilchen keine zusammenhängende Bahn im klassischen Sinn zuschreiben. Zwar kann man ihnen einen Ort oder einen Impuls (Masse mal Geschwindigkeit) zuschreiben, sofern man eine dieser Größen mißt. Die genaue Kenntnis der einen schließt aber eben wegen des Dualismus der Bilder die genaue Kenntnis der anderen Größe aus (Unbestimmtheitsrelation).

Versuche, den hierin gelegenen Verzicht als nur vorläufig nachzuweisen, haben bisher keinen Erfolg gehabt und sind vermutlich eine unangemessene Übertragung der Gesetze, die im sichtbaren Bereich gelten, auf einen seinem Wesen nach unsichtbaren Bereich. Philosophisch hat man das Wesentliche der Quantenmechanik in einem Versagen des Kausalgesetzes gesehen. Genauer sollte man von einem Versagen des Determinismus der klassischen Physik reden. Atomare Ereignisse sind im allgemeinen nur mit Wahrscheinlichkeit vorauszusagen. Was dabei versagt, ist nicht die kausale Verknüpfung zweier ontisch völlig bestimmter Ereignisse, sondern gerade die ontische Bestimmtheit des jeweils nicht beobachteten und nicht beobachtbaren Anteils der Eigenschaften des atomaren Gebildes. Die Quantentheorie scheint im Grunde eine Änderung der Ontologie zu bedeuten.

An diese Änderungen des physikalischen Weltbildes haben sich naturgemäß weltanschauliche Diskussionen angeschlossen. Der naiv anschauliche Materialismus, der in der Naturwissenschaft des 19.Jh.s vorherrschte, ist nicht zu halten. Gefährlich wäre aber ein vorschneller apologetischer Gebrauch dieser Erkenntnis. Mit einer skeptischen oder nihilistischen Gesamtauffassung ließe sich das an der modernen Physik, was bisher begrifflich klargeworden ist, sehr wohl vereinen. Standgehalten hat der Begriff des mathematischen Naturgesetzes, geändert haben sich die mit ihm verbundenen Vorstellungen. Es scheint, daß die traditionelle Denkweise, welche das Subjekt der Erkenntnis vom an sich seienden Objekt trennt, mit der in der Quantentheorie geübten Diskussion des Beobachtungsvorgangs unvereinbar ist. Dies muß weiter philosophisch durchdacht werden.

5. Die chemische Energie ist Energie der A.hülle, die Energien im A.kern sind rund eine Million mal größer als die chemischen. Seit 1938 gelang es, die Energiequelle der Sonnenstrahlung und allgemein der Strahlung der Sterne in Kernumwandlungen nachzuweisen. Die irdische Anwendbarkeit der Kernenergie ergab sich als unerwarteter Nebeneffekt der Entdeckung der Uranspaltung durch Hahn und Strassmann 1939. Die schwersten A.kerne, wie Uran, können durch Beschuß mit Neutronen in zwei vergleichbare Teile gespalten werden. Es zeigte sich, daß dabei auch Neutronen aus den Splittern austreten. Diese können andere Kerne spalten und so eine Kettenreaktion hervorrufen.

Die Reaktion kann in kontrolliertem Tempo ablaufen in einem Reaktor oder Meiler oder aber plötzlich in einer Bombe. Der erste Reaktor wurde 1942 von Fermi in Gang gebracht, die ersten A.bomben fielen 1945. Seitdem haben die friedliche und kriegerische A.technik eine rasche Entwicklung genommen. Reaktoren vieler verschiedener Typen wurden entwickelt als Strahlenquellen zur Erzeugung radioaktiver Isotope, die in der Medizin und Chemie Verwendung finden, sowie zur Energielieferung für Kraftwerke und Schiffe. Ein Prozeß des Aufbaus leichter A.kerne aus Wasserstoff (analog dem, der in der Sonne stattfindet) ist die Energiequelle der größten bisher erzeugten Bomben.

Die Erschließung der A.energie hat eine Umgestaltung wesentlicher Bereiche des menschlichen Lebens eingeleitet. Im Bereich der Kriegstechnik ist dies schon offenkundig. Vor allem wegen der für den Organismus schädlichen und in großer Dosis tödlichen langlebigen radioaktiven Folgeprodukte rückt ein Krieg unter vollem Einsatz der A.waffen nahe an einen Selbstmord der Menschheit heran. In der Auseinandersetzung mit dem Problem der Entstehung von Kriegen ist der Menschheit damit eine Aufgabe gestellt, die sie bisher nie gelöst hat und der sie sich heute nicht mehr entziehen kann. Neben der direkten Gefahr des Waffeneinsatzes steht die Gefahr, sich einer Tyrannis hinzugeben, weil diese den Schutz vor dem Waffeneinsatz verspricht.

Die friedliche Ausnutzung der A.energie wird in dem Maße vordringlich werden, in dem der wachsende Energiebedarf die anderen Energiequellen erschöpfen wird. Bei einer weiteren Expansion der Wirtschaft im Maßstab der letzten Jahrzehnte wird dies in wenigen Jahrzehnten der Fall sein. Der Energievorrat in Gestalt von Uran und Thorium mag etwa das Zehnfache des Vorrats an Kohleenergie betragen. Eine kontrollierte Ausnützung der Wasserstoffenergie würde vielleicht praktisch unbegrenzte Energiemengen zur Verfügung stellen. Zusammen mit der zunehmenden Automatisierung der Industrie (→ Rationalisierung) kann diese Entwicklung vielleicht als Teil einer »zweiten industriellen Revolution« gelten. Weniger sichtbar, aber ebenso entschieden wie A.waffen stellt der Zuwachs an Macht und Verantwortung und die Umgestaltung des natürlichen Lebens durch diese friedliche technische Entwicklung das menschliche Bewußtsein und Gewissen vor Aufgaben, auf die es kaum vorbereitet ist.

Zu 1: H.Diels, Die Fragmente der Vorsokratiker. Griech u. dt., (1903) 1951f[6] - Die Vorsokratiker. Die Fragmente u. Quellenberichte, übers. u. eingeleitet v. W.Capelle, 1935f - Lucretius Carus, De rerum natura. - Zu 2: B.Bavink, Ergebnisse u. Probleme der Naturwissenschaften, 1954. - Zu 3 u. 4: E.Zimmer, Umsturz im Weltbild der Physik, (1934) 1954[10] - W.Heisenberg, Wandlungen in den Grundlagen der Naturwissenschaft, (1935) 1947[7] - C.F.v.Weizsäcker, Zum Weltbild der Physik, (1943) 1954[6] - P.Jordan, Die Physik des 20.Jh.s, 1945. - Zu 5: O.Hahn, Die Nutzbarmachung der Energie der A.kerne, 1950 - S.H.Schurr-J.Marschak, Economic Aspects of Atomic Power, Princeton 1950 - U.Jetter, A.waffen, 1952 - P.C.Putnam, Energy in the Future, 1953 - J.Shepley-C.Blair, The Hydrogen Bomb, New York 1954.

C.F.v.Weizsäcker

Atomwaffen, *Stellung der Kirchen zu den A.* Der Einsatz thermonuklearer Waffen gegen Ende des zweiten Weltkrieges in Japan und besonders die Weiterentwicklung zur Wasserstoff- und Kobaltbombe hat der Menschheit Massenvernichtungsmittel von bisher unbekanntem Ausmaß in die Hand gegeben, deren Anwendung die Möglichkeit der Vernichtung allen menschlichen Lebens auf der Erde in sich birgt. Das christliche Gewissen steht heute angesichts dieser Waffen vor einem noch unbewältigten Problem. Die erste Reaktion der amerikanischen Kirchen auf Hiroshima war emphatische Ablehnung, ebenso protestierte der Vatikan. 1946 setzten das British Council of Churches und die anglikanische Kirche Ausschüsse ein, die zwar die Größe der Gefahr würdigen und eine Warnung gegen deren unbedachten Einsatz aussprechen, aber doch im Falle eines Angriffs den Einsatz der wirksamsten Abwehrwaffen, heute also der A., für moralisch gerechtfertigt halten. Eine einseitige Abrüstung des Westens komme einer Schwächung der Sicherheit des nichtkommunistischen Teils der Welt gleich, die kaum riskiert werden könne. Auch die Kommission des Federal Council of Churches in Amerika kommt 1950 nicht zu einem unbedingten Verbot der A., sie betont vielmehr, daß die Unterscheidung des Grades der Gefährlichkeit der verschiedenen Waffen für die moralische Entscheidung nicht ausschlaggebend sei, vielmehr die Frage, welche Motive hinter dem Einsatz von Waffen aller Art liegen. Es wird vor einem amerikanischen Präventivkrieg gegen Rußland ebenso gewarnt wie vor einem Fatalismus, der den Krieg mit den Russen für unvermeidlich hält. Als positives Äquivalent zum Krieg wird ein Friedensprogramm gefordert, bei dem zwar nicht auf militärische Stärke verzichtet, aber vor allem die politische und moralische Gesundung des eigenen Volkes und die Hebung des Lebensstandards der unterentwickelten Völker gefördert werden soll.

Die zweite Vollversammlung des Weltkirchenrats in → Evanston 1954 warnt ebenfalls vor der Anwendung der A. und fordert Rüstungsbeschränkung und internationale Atomkontrolle. Weitere Forderungen: Selbstverpflichtung der Regierungen, keine A. einzusetzen; verstärkter Einsatz der Friedenskommission der UN; Verwendung der Atomkraft für friedliche Zwecke; Verbot von Atomversuchen außerhalb der Landesgrenzen. - Auch die kath. Kirche lehnt zwar die Anwendung der A. zu Verteidigungszwecken nicht völlig ab, verurteilt aber, vor allem im Fall der H-Bombe, den unkontrollierbaren und terroristischen Einsatz (vgl. Osterbotschaft Pius' XII. 1954 und Ansprache vor dem Ärztekongreß 1954).

Atomic Warfare and the Christian Faith (Kommissionsbericht des Federal Council), New York 1944, mit Ergänzung vom März 1946 - The Era of Atomic Power (Kommissionsbericht des British Council of Churches), London 1946 - The Church and the Atom (Kommissionsbericht der anglikan. Kirche), London 1948 - The Christian Conscience and Weapons of Mass Destruction (Amerikan. Kommissionsbericht), New York 1950 - The Churches and the Hydrogen Bomb, London 1955 - Evanston-Dokumente 1954 - AAS 46, 1954, 213f. 589f - HerKorr 8, 1953/54, 412 (Osterbotschaft Pius' XII.); 9, 1954/55, 509-516 - H.J.Iwand, Das geschichtl. Phänomen der A. u. die Angst (Weltmacht Atom, 1955, 87-115) - H.Vogel, Die Wasserstoffbombe - das Ende?, 1955 - H.Thielicke, Der Christ u.

die Verhütung des Krieges im Atomzeitalter (ZEE 1, 1957, H. 2, 1-6; dazu H.GOLLWITZER u. W.SCHWEITZER, ebd 36-41).
H.-H.Schrey

Attis, phrygischer Gott (Hauptkultort Pessinūs), der nach wunderbarer Erzeugung von der Muttergöttin Kybele/Agdistis geliebt, aber wegen seiner Liebe zu einer Nymphe am Hochzeitstag in Raserei versetzt wurde, so daß er sich selbst entmannte und daran starb. Er war wohl ein Vegetationsgott (→ Fruchtbarkeit) wie → Adonis (→ Auferstehung: I). Der orgiastische Kult seiner Priesterschaft (Gallen) kam über Hellas nach Rom und wurde unter Claudius anerkannt. Sein großes Fest dort fand am 15.-27. März statt. Am 22. wurde der Todestag begangen, Klagen und Blutigpeitschen der Priester folgten. Auf die Katabasis folgte am 25. das Auferstehungsfest (Hilaria). Bei dem grausigen Tauro- oder Kriobolium (→ Stierdienst) ließen sich die Mysten vom Blut des geschlachteten Stieres berieseln, um dadurch die Wiedergeburt zu erreichen. Die gnostischen → Ophiten gaben dem Kult eine vergeistigte Deutung, die noch Kaiser Julian zu dessen Rechtfertigung veranlaßte.

H.HEPDING, A., seine Mythen u. sein Kult (RVV 1), 1903 - FRAZER IV/1 (= 5), 261 ff - PW II, 2247 ff; XI, 2255 ff. 2274 ff - RAC I, 889 ff (Lit.) - P.LAMBRECHTS, Les fêtes »phrygiennes« de Cybèle et d'A. (Bull. de l'institut hist. belge de Rome 27, 1952, 141-170).
W.v.Soden

Auberlen, *Carl August,* * 19.11.1824 in Fellbach, † 2.5.1864 in Basel, wuchs mit dem Ideal Goethe-Hegelscher Humanität auf, wurde dann stark von J.T. → Beck beeinflußt und auf die altwürttembergischen Theologen gewiesen; Vikar bei W. → Hofacker, 1849 Repetent in Tübingen, von 1851 bis zu seinem Tode ao. Prof. in Basel. A. verbindet über den Biblizismus → Bengels und den Jenseitsrealismus Becks hinaus in seinem biblizistisch-apologetischen Universalismus die heilsgeschichtliche Sicht K.v.Hofmanns und der älteren Offenbarungsgeschichtler mit der philosophia sacra → Oetingers und R. → Rothes zur leitenden Idee einer geistleiblichen Wiedergeburt der Welt mit einer kosmisch-metaphysischen Christologie und chiliastischen Zügen.

Vf.: Über die Theosophie Oetingers, (1847) 1859² (m. Vorw. v. R.ROTHE); Der Prophet Daniel u. die Offenbarung Johannis, (1854) 1857²; Die göttl. Offenbarung I, 1861 (unvoll.). - Über A.: RE II, 215 ff - G.WETH, Die Heilsgeschichte, 1931.
Ernst Wolf

Auden, *Wystan Hugh* (* 1907), der nach Persönlichkeit und dichterischer Begabung bedeutendste der Modern Poets (C.Day Lewis, St.Spender, L.MacNeice) im England der 30er Jahre. Nach Studium in Oxford, Aufenthalten in Berlin (1928-29), Spanien (Bürgerkrieg, 1936) und China (1938) lebt A. seit 1939 in USA (Professor an der Ann Arbor University). Als Exponent der von T.S. → Eliot angeregten Gruppe aus dem gebildeten Bürgertum analysiert er in (zT gemeinsam mit Isherwood, J.Garrett und MacNeice verfaßten) Versdramen, Gedichten und Prosa in Sprache und Bildern aus dem Alltag die soziale, geistige und sittliche Dekadenz der Moderne (zB The Dog Beneath the Skin, 1935). Für A. ist »die wahre Wirkung der Kunst entzaubernd«. Sein vom Marxismus angeregter Sozialismus, welcher der vollen Entfaltung des Individuums dienen soll (On the Frontier, 1938), und die zunehmende religiöse Problematik führen A. zu einem christlichen Existenzialismus, der die Angst als permanentes Attribut des Menschen ohne Gott erkennt (The Age of Anxiety, 1948). Damit rückt A. in die Nähe von P. → Tillich und Reinh. → Niebuhr als Stimme des religiösen → Sozialismus im Bereich des amerikanischen Protestantismus. Über die kritische Analyse hinaus führt The Shield of Achilles (1955) mit den sieben Gedichten Horae Canonicae, in denen die Erfahrung einer beseelten Wirklichkeit und Lösung der Spannungen in der Meditation verkündigt wird. A. ist zur → Anglikanischen Kirche, in deren Raum er aufgewachsen war, zurückgekehrt. - A.s Dichtung hat starken Widerhall bei der jungen Generation Amerikas gefunden.

R.HOGGART, A., 1951 (Lit.).
G.Müller-Schwefe

Audianer, Sekte aus dem 4.Jh. nChr. Ihr Gründer ist der Mesopotamier ʿAwd (ʿŌdi, ʿŪdai; griech. Audios, Audaios), vielleicht Archidiakon von Edessa, sehr angesehen als Asket. Sein heftiger Kampf gegen die lockeren Sitten des offiziellen Klerus führt kurz nach dem Nicaenum, dessen Osteredikt er verwirft, zum Bruch mit der Reichskirche. Illegal zum Bischof geweiht, wird er auf kaiserlichen Befehl in das Gebiet der Skythen verbannt und missioniert unter den → Goten am Schwarzen Meer. Nach seinem Tode kehren seine Anhänger in den Orient zurück, wo sehr bald der Verfall der Bewegung einsetzt. Um 376 war die Mehrzahl der audianischen Klöster bereits aufgegeben. Die Sekte hat jedoch wahrscheinlich noch über das 5.Jh. hinaus als Gruppe gnostischen Gepräges weiterbestanden. Die Überlieferung läßt den Audianismus zunächst als bloßes Schisma erscheinen, bei dem sich orthodoxe Trinitätsauffassung mit einer anthropomorphen Gottesvorstellung und dem Festhalten an der traditionellen Osterberechnung (Sonntag nach dem 14. Nisan) verbindet. In der Folge jedoch verwandelt er sich in eine Häresie; wahrscheinlich sind die ihm zugeschriebenen Lehren nicht in erster Linie mit dem Manichäismus und Bardesanismus, sondern eher mit denen der eigentlichen »Gnostiker«, der → Sethianer und Archontiker, in Verbindung zu bringen. Auf jeden Fall stehen drei apokryphe Schriften, die im Zusammenhang mit den A. zitiert werden: die ApkAbr, das Buch oder die Apokalypse der Fremdlinge und die Apokalypse des Johannes (zweifellos identisch mit dem Apokryphon Iohannis!), in Beziehung zu diesen gnostischen Richtungen (vgl. → Epiphanius und den Fund der beiden letzten Schriften bei Nag Hammadi).

RAC I, 910 ff (Lit.).
H.-Ch.Puech

Auferstehung

I. Sterbende und auferstehende Götter - II. A. des Menschen, religionsgeschichtlich - III. In Israel - IV. Im Judentum - V. Im NT - VI. Dogmatisch. - Vgl. → Auferstehung Christi

I. Sterbende und auferstehende Götter

Als st. u. a. G. faßt man eine Anzahl von Göttern verschiedener Völker zusammen, deren Tod und zT auch spätere A. im Mythus erzählt und in kultischen → Begehungen vergegenwärtigt wird. Man rechnet hierzu vor allem den ägyptischen Osiris (→ Isis), den sumerisch-babylonischen Dumuzi / → Tammuz, den phönikischen → Baal nebst verwandten Gottheiten wie → Adonis/Eschmun, Melqart (s. dazu R.Dussaud, Syria 25, 1948, 205-230) u.a., den phrygischen → Attis und den germanischen Baldr (→ Germanische Religion). Der oft ebenfalls dazu gerechnete babylonische Marduk gehört nicht in diesen Kreis (s. W.v.Soden, ZA 51, 1955, 130-166). Von allen diesen Göttern wird berichtet, daß ihre Herrschaft in der lichten Welt eines Tages durch ihren Tod, oft durch die Hand eines feindlichen Gottes, beendet oder doch unterbrochen wurde. Anders als bei manchen Urweltgottheiten, die durch den Tod aus dem Kreis der Götter ausschieden, hat bei ihnen der Tod nicht das letzte Wort, sondern sie bleiben Götter, bisweilen allerdings als Unterweltsherrscher. Die Menschen beklagen ihren Tod jedes Jahr in einer Kultfeier mit festgelegten Riten, der manchmal sogleich oder einige Zeit später ein Freudenfest zum Gedenken an ihre A. folgt. Nach der vor allem von J.G. → Frazer ausgearbeiteten, weithin übernommenen Auffassung sind alle diese Götter Vegetationsgottheiten. Ihr Sterben stellt das jährliche Absterben der Vegetation in der trockenen Hitze des subtropischen Sommers oder des Winters dar, ihre A. aber das neue Sprießen der Vegetation. Da von ihrer A. das menschliche Leben abhängt, haben die Trauerfeiern bei ihrem Tod vor allem den Sinn, dem Gott zur Wieder-A. durch magische oder andere Mittel wie zB mimo-dramatische Agierung des Mythus zu verhelfen. Verbunden damit sind oft → Mysterien, die den Mysten zur Wiedergeburt bzw. gemeinsamer A. mit dem Gott führen sollen (→ Auferstehung: II). Zur A.sfeier, die zT mit dem Neujahrsfest zusammenfiel, gehörte nach dieser Auffassung auch der Kult der Heiligen Hochzeit (ἱερὸς γάμος), in dem Menschen die Wiedervereinigung des Auferstandenen mit einer Muttergöttin nachvollzogen.

Der ganze Fragenkreis bedarf gründlicher neuer Durchforschung, da man bisher die oft lückenhaften Überlieferungen über die einzelnen Götter und ihre Kulte zu unbedenklich sich gegenseitig ergänzen ließ. Die erheblichen Verschiedenheiten dieser Überlieferungen wurden dabei zu wenig beachtet und zwischen der jeweils ältesten für uns greifbaren Gestalt von Mythus und Kultfeier und späteren Aus- bzw. Umdeutungen nicht immer genügend unterschieden. Offenbar waren nicht alle genannten Götter ursprünglich schon Vegetationsgötter (→ Tammuz); auch dürfen wir aus der jährlichen Begehung der Trauerfeiern nicht ohne weiteres erschließen, daß der Gott jedes Jahr neu starb und auferstand. Der Übergang des Gottes aus der lichten Welt in das Dunkel kann auch ein einmaliges Ereignis sein bzw. sich in größeren Abständen wiederholt haben (C.Gordon, Ugaritic Literatur, 1949, 4f. denkt zB an Siebenjahrperioden; vgl. → Erlaßjahr). Auch muß zwischen Göttern, die ursprünglich gottmenschliche Könige waren (zB Osiris und Tammuz), und Göttern ohne festen Ort in der Geschichtsüberlieferung unterschieden werden. – Die These, daß die Mythen von st. u. a. G. auf den Bericht des NT von Tod und A. Jesu Einfluß gehabt hätten (→ Panbabylonismus), wird heute nicht mehr ernsthaft diskutiert.

FRAZER VIII (= 12; Reg. s. v. Death and Resurrection) – J.LEIPOLDT, Sterbende u. auferstehende Götter, 1923 – C.M.EDSMAN, Ignis divinus (SVSL 34), 1949, 11ff – RAC I, 919ff. – S. ferner die Lit. zu den einzelnen Göttern u. H.SCHMÖKEL, Heilige Hochzeit u. Hoheslied, 1956.

W.vSoden

II. Auferstehung des Menschen, religionsgeschichtlich

1. Begrifflich – 2. Im Taoismus – 3. Im Hinduismus – 4. In der iranischen Religion

1. Das Wort A. ist mit christlichen Vorstellungen so verbunden, daß seine Anwendung bei außerchristlichen Verhältnissen leicht zu falschen Assoziationen führt. Wenn man jedoch mit A. die nach dem → Tode erneuerte und verklärte Existenz des ganzen Menschen ansieht, findet sich dieser Gedanke auch außerhalb der jüdisch-christlich-islamischen → Eschatologie. Er setzt eine mehr oder weniger monistische Menschenauffassung voraus, während der Unsterblichkeitsglaube auf einer dualistischen → Anthropologie basiert. Dieser Unterschied kann jedoch nur in der Theorie gemacht werden, in der Praxis kommen viele Mischformen vom Glauben an die A. des Körpers und Glauben an die Unsterblichkeit der Seele vor. Es ist auch nicht möglich einen bestimmten Zusammenhang zwischen dem Glauben an die A. und der Erdbestattung zu konstruieren. Die Steppenbestattung (s. 4), die Jagd-Riten (→ Jäger- und Jagdriten), wo der sorgfältigen Erhaltung der Knochen eine gewisse Bedeutung beigemessen wird (vgl. Tors Böcke, → Bärenfest) und die sog. Nachbestattung (→ Begräbnis: I), die im Zusammenhang mit einer Baumbestattung oder → Leichenverbrennung vorkommen kann, zeugen alle von einer Kontinuitätsvorstellung. Die Gedankenschwierigkeit, die die teilweise oder vollständige Vernichtung des Körpers für den Glauben an die A. ausmachte, hat man in verschiedenen Glaubenssystemen auf eine merkwürdig ähnliche Art zu lösen versucht. Diese Lösungen enthalten oft eine Vergeistigung des Glaubens an die A.

2. Im chinesischen → Taoismus gibt es schon im 3.Jh. vChr die Ansätze der später ausführlich entwickelten A.slehre. Nach dieser muß schon in diesem Leben der Unsterblichkeitsembryo im Menschen gepflegt und entwickelt werden, so daß der äußere Körper davon ganz durchdrungen und verklärt wird. Der Tod des Frommen ist der Endpunkt dieses Prozesses und ist nur scheinbar: in diesem Moment wird der Leib ganz unsterblich und nimmt seine Wohnung unter den Unsterblichen, was die »Befreiung des Körpers« genannt wird.

Vom 2.Jh. nChr an gewinnt der Gedanke immer festeren Fuß, daß man durch bestimmte Riten während der Gedenkfeier für die Seelen der Toten (→ Totenverehrung: I), die im Dunkel der ewigen Nacht ihr Dasein fristen, den Gestorbenen die Erlösung davon verschaffen kann. Das Materielle, das den Schatten anhaftet, wird nach dieser Auffassung durch die veranstalteten Zeremonien umgeschmolzen und verklärt. Das geschieht durch fließendes → Feuer im himmlischen Südpalast. Die Seelen bekommen dadurch den neuen Lebenskörper, der die Voraussetzung des vollen, ewigen Lebens ist.

Typologisch erinnern diese Gebräuche und Vorstellungen sowohl an ägyptische als auch an indische entsprechender Art. Vielleicht besteht auch ein geschichtlicher Zusammenhang mit Indien. In den ägyptischen Pyramidentexten handelt es sich bei den verschiedenen Zeremonien weniger um eine physische A. – der Körper bleibt im Grabe – als um eine Wiedersammlung der spiritualisierten Teile des Königs, ihre Auferweckung, Wiederbelebung und Verklärung.

3. Die Leichenverbrennung, die in einer kurzen Zeit die sterblichen Überreste vernichtet, scheint mehr als irgendeine andere Art der Vernichtung den Gedanken an ein körperliches Fortleben auszuschließen. Jedoch hat sie eingebürgerte Grabopfer und Zeremonien, die einen solchen Glauben voraussetzen, nicht geändert. Nach vedischer Anschauung, die mit der Leichenverbrennung als fester Einrichtung rechnet, obgleich Erdbestattungen auch nicht ganz verdrängt waren, erhält der Tote einen neuen, verherrlichten Körper. Der irdische Körper löst sich auf und geht, wie die psychischen Funktionen, in die verschiedenen Elemente auf (RV X, 16, 3; vgl. u. 4). Aber da es in der indischen Anschauung weder ein Ende der Zeit, noch eine damit zusammenhängende allgemeine A. gibt, geschieht durch die himmlischen Ahnen die Wiedersammlung und die Neuschaffung gleich nach dem Tode des einzelnen. Träger der individuellen Existenz ist in der Zwischenzeit das andere Ich des Toten, sein Wesen, seine Form oder Persönlichkeit (vgl. die ψυχή der Griechen). Um ein vollkommen himmlisches Leben zu führen, muß diese somit den Körper und die Lebensfunktionen wiedererlangen. Dadurch wird auch »der zweite Tod« verhindert.

Der himmlische Körper ist im Gegensatz zum irdischen vollkommen frei von allen Fehlern. Diese Vollkommenheit kann bereits auf dem Scheiterhaufen erlangt werden, wo das Feuer, Agni, auch eine positive Funktion hat. Nach einer Auffassung scheint es, als ob die Scheiterhaufenreste sich mit diesem verherrlichten Körper vereinigen würden, nach einer anderen hat der himmlische Körper keine Knochen.

In den Brâhmanas und Upanishaden heißt es, daß ein neues, himmlisches Ich beim Opfern geformt sowie auch die Leichenverbrennung mit einem → Opfer gleichgestellt wird. Dieses neue Ich wird in der → Sonne gebildet, zu welcher der Tote mit dem Rauch vom Scheiterhaufen aufsteigt. Vom Sonnengott erhält er dort sein himmlisches Ich und tritt in den Himmel ein. Dieser → âtman ist etwas spezifisch Neues, das durch eine sakrale Handlung zustande kommt und mit der Persönlichkeit vereinigt wird. Die Zeremonie, durch welche die Brahmanen dem Opferer ein neues, himmlisches Ich bereiten, ist das Feueraltarritual (agnicayana). Eigentlich wird der Mensch auf diese Art dreimal geboren, erst durch Mutter und Vater, dann durch das Opfer und schließlich durch die Leichenverbrennung.

Die Idee einer Neugeburt aus dem Feuer hatte zur Folge, daß indische Asketen den Feuertod (agnipravesha) freiwillig gesucht haben (Râmâyana III, 5, 37ff; III, 74, 33ff; im Westen Kalanos wohlbekannt).

4. Kurze Notizen bei griechischen Autoren bezeugen, daß die Iraner bereits in vorchristlicher Zeit den Glauben an die A. hatten (→ Iran: II). Die Quellen, die darauf näher hinweisen, sind jedoch bedeutend jüngeren Datums (9.Jh. nChr). Laut Bundahishn 30 erweckt der Erlöser Saoshyant und seine Helfer am Ende der Zeit alle Toten. Zuerst steht der Urmensch Gayomart und das erste Menschenpaar auf; bis alle Menschen wiedererweckt sind, sind 57 Jahre vergangen. Die Apokalypse Zâtspram 34 enthält eine Reihe von Parallelen zur Darstellung in dem Bundahishn. Auf eine Frage Zoroasters, wie denn der Körper, der von wilden Tieren und Vögeln zerrissen worden ist (Steppenbestattung), wiedergesammelt werden kann, antwortet Ohrmazd mit dem Gleichnis einer zerstörten Kiste (kiβôt, syr. Lehnwort = griech. κιβωτός), die leichter auszubessern ist als aus dem Nichts herzustellen sei. Möglicherweise ist gerade dieser Teil in der Argumentierung jüdisch-christlichen Ursprungs

Die Frage, wie die A. nach der Auflösung des Leibes eigentlich zugeht, wird so beantwortet, daß die »körperliche Substanz« des Menschen im Tode zu den entsprechenden Elementen in der Natur zurückkehrt (→ Makrokosmos). Jeder der »fünf Einsammler« sagt beim Erhalt von Ohrmazds Befehl bei der Wiederverjüngung, die Körper wiederherzustellen, daß sie die Bestandteile der einzelnen Menschen nicht mehr unterscheiden können. Daraufhin tut es der Gott selbst mit der Bemerkung, daß es ihm leichter sei als die »zwölf Schöpfungen, die ich am Anfang schuf«. Außer dem Weltgebäude und den Himmelskörpern werden hier u.a. die Eigenschaften der Pflanzen, das Korn, das »Frucht trägt und als Nahrung dient«, und der Embryo aufgezählt. Die nachdrückliche Betonung von Ohrmazds Allwissenheit und die Hervorhebung der Wunder der Natur erinnern wiederum auffallend an die A.sargumente der christlichen Apologeten und Väter, obgleich diese mit der fortlaufenden Erneuerung der Natur mehr verbunden sind, als mit deren Urschöpfung.

E. Arbman, Untersuchungen zur primitiven Seelenvorstellung mit bes. Rücksicht auf Indien I-II (MO 20, 1926, 85-226; 21, 1927, 1-185) - Ders., Tod u. Unsterblichkeit im vedischen Glauben (ARW 25, 1927, 339-87; 26, 1928, 187-240) - H.v.Glasenapp, Unsterblichkeit u. Erlösung in den indischen Religionen (SGK 14, 1), 1938 - Ders., Entwicklungsstufen des indischen Denkens (SGK 15/16, 5), 1940 - Ders., Die fünf großen Religionen, 1951, 243f - T.Andrae, Die letzten Dinge, 1940 - G.Thausing, Der A.sgedanke in ägyptischen religiösen Texten, 1943 - C.-M.Edsman, The Body and Eternal Life (HS I, 2), 1946 - Ders., Död, förintelse och evigt liv (RoB 6, 1947, 1-26) - Ders., Ignis divinus (SVSL 34), 1949 - RAC I, 930 ff - H.Maspero, Mélanges posthumes sur les religions et l'histoire de la Chine I-III (AMG, Bibl. de diff. 57-59), 1950 (Reg. s. v. Immortalité conçue comme corporelle) - S.A.Mercer, The Pyramid Texts in Transl. and Commentary IV, 1952, 206 (Reg. s. v. Resurrection).

C.-M.Edsman

III. In Israel

Von A. spricht das AT in verschiedenen Zusammenhängen, die in ihrer Eigenart genau erfaßt werden müssen. Auszuschließen ist die Vorstellung von der → Entrückung (Gen 5, 21ff; 2Kön 2).

1. Verschiedene at. Stellen äußern sich zu der ebenso geheimnisvollen wie wunderbaren Tatsache, daß Jahwe seine Erwählungstreue im geschichtlichen Leben verwirklicht und *verstorbene Erwählungsträger wieder zum Leben erweckt.* Diese A. oder besser: diese Wiedererwekkung bezieht sich nicht eigentlich auf die personale Existenz als vielmehr auf den urbildlich und namentlich bezeichneten Repräsentanten der Erwählungszusage Jahwes. Ein solcher ist zB David. Die mythologische Vorstellung von der Wiederkehr eines unvergeßlichen Heroen schlägt sich in den messianischen Weissagungen (→ Messias: II) nieder und bekundet dort die in der Geschichte seines Volkes sich verwirklichende Erwählungstreue Jahwes. In diesem Sinne wird man Jes 11, 1ff verstehen müssen. Auch in Ez 34, 23ff und 37, 24 ist von dem erneut eingesetzten David die Rede: als Gottes Knecht und Hirte Israels tritt er in der Heilszeit wieder in die Funktionen ein, die seiner ureigenen Erwählung entsprechen. – Auch das im Gericht des Exils gestorbene Israel erfährt die Erwählungstreue Jahwes, der die Toten wieder zum Leben erweckt. In einer Vision (Ez 37) wird Ezechiel die Tatsache des Todes Israels, zugleich aber die schöpferische, lebenerweckende Macht Jahwes demonstriert. Der Prophet (37, 3) überläßt Jahwe die Antwort auf die Frage: »Können wohl diese (sc. verdorrten) Gebeine wieder lebendig werden?« (ḥajā). Die A. geschieht durch den »Geist Jahwes«, der als lebenschaffender Wind über das Feld des Todes weht. Das Geschehen als ganzes bezeugt, daß der erstorbene und gerichtete Erwählungsträger Israel in der (diesseitigen) Geschichte wieder zum Leben gelangt: »Siehe, nun öffne ich eure Gräber und lasse euch aus euren Gräbern steigen und bringe euch heim ins Land Israel« (37, 12).

2. Ein besonderes Problem stellt sich in allen denjenigen Psalmen des AT dar, die von einer *Errettung vom Tode* sprechen. Die Aussage, Jahwe errette seine Knechte aus dem in ihrem Leben wirksamen Machtbereich des Todes, kann aus dem at. A.sglauben nicht ausgeschieden werden, weil in die immanenten Vorstellungen mythologische Anschauungselemente hineinreichen, die das at. Verständnis des Todes und des Lebens in die weittragende Auffassung von Machtsphären treiben. Der Tod ist ein ins Leben hineinreichender Machtbereich. In der religiösen Umwelt Israels wird im schöpferischen, lebenbringenden und lebensichernden Drama des Kultus der Gemeinde periodisch Hilfe und Kraft gespendet. Priester und Könige wirken durch stellvertretende Taten eine Zufuhr von Lebenskraft. In Israel ist Jahwe *allein* der Herr des Lebens. Er errettet seinen Knecht aus dem Machtbereich des Todes. Mythologische Anschauungselemente schlagen sich in der Bezeugung dieser Rettungstat nieder und geben ihr einen überindividuellen und das empirische Leben transzendierenden Charakter. Von hier aus ist es verständlich, wenn einzelne Psalmentexte als A.saussagen verstanden worden sind; jedoch wird man in Stellen wie Ps 16, 10; 116, 8, 118, 17 u.a. eher an eine Errettung aus dem Unterweltsbereich zu denken haben, in den auch der Lebende hineingezogen werden kann (Chr.Barth).

3. Es gibt Aussagen, in denen der Tod nicht nur als ein ins Leben hineinreichender Machtbereich verstanden wird, aus dem Jahwe erretten kann, in denen vielmehr

das tatsächliche Ende der menschlichen Existenz gemeint ist. Auch hier beschreiben ins Mythologische ausgreifende Bilder die Furchtbarkeit der Todessphäre (Ps 88). Das Dahinschwinden des Menschen wird in eindrücklichen Bildern veranschaulicht (Hi 14, 7ff). Angesichts dieses Endes fragt der Mensch nach A. Kann Jahwe, der aus dem ins Leben hineinreichenden Todesbereich errettet, auch den Tod als Lebensende überwinden? »Wirst du an den Toten Wunder tun? Können Schatten aufstehen, dich zu preisen?« (Ps 88, 11) »Wenn der Mann stirbt, wird er wieder lebendig?« (Hi 14, 14). Aus einer solchen Situation erhebt sich die alle Schranken des Todes durchbrechende Gewißheit Hiobs, daß Jahwe als Sachwalter seines Knechtes das Recht wiederherstellt (Hi 19, 25f). Aus dieser Lage ersteht auch die Vertrauensäußerung in Ps 73, 23f. Hier handelt es sich um Frage und Gewißheit, wie sie diesseits des Todesendes laut werden, ohne daß man - auf Grund von Zusagen oder Verheißungen - von A. oder einem Gotteshandeln jenseits des Todes etwas weiß.

4. Erst die → *Apokalyptik* (: II) beginnt über Diesseits und Jenseits zu reflektieren. Am Ende der kleinen Apokalypse Jes 24-26 erwacht auch die Frage nach dem Schicksal der Toten. Auf der dunklen Folie der at. Endaussagen über den Tod (Jes 26, 14) erhebt sich eine umfassende Gewißheit, die zur Zusage wird: »Deine Toten werden leben... werden auferstehen; aufwachen und jubeln werden die Bewohner des Staubes« (Jes 26, 19). - In der Daniel-Apokalypse (→ Auferstehung: IV) tritt an die Stelle der generellen Heilsbotschaft die doppelte Aussage: »Viele, die da schlafen im Erdenstaube, werden erwachen, die einen zu ewigem Leben, die anderen zu Schmach« (Dan 12, 2). Hier wirken fraglos fremde (parsistische?) Vorstellungen mit. So zeigt sich, daß nur am äußersten Rande des AT in dieser klaren Weise von der A. der Toten die Rede ist. Daß es sich dabei jedoch nicht um dem Glauben fremde Äußerungen handelt, geht aus dem größeren at. Zusammenhang hervor, in dem die späten A.s-Vorstellungen zu sehen sind.

5. Ein besonderes Problem bietet Jes. 53. Zweifellos ist hier von Tod und A. des *Ebed-Jahwe* (→ Knecht Jahwes) die Rede. Dabei ist das stellvertretende Leiden und die das Gottesvolk und seine weitere Existenz tragende A. von Wichtigkeit. Es treffen verschiedene Vorstellungen in dem stark visionär bestimmten Text zusammen. Dabei hat man zu Recht auf die Anklänge an das Sterben und Auferstehen im Tammuz-Kult (→ Auferstehung: I) hingewiesen. Wichtiger ist der inneralttestamentliche Sachzusammenhang. Im Leiden, Sterben und Auferstehen des Ebed-Jahwe bekundet Jahwe seine Erwählungstreue (s. 1). Mit seinem auferweckten Knecht schenkt er seinem erwählten Volk Gerechtigkeit und Leben. Der Gesichtspunkt der Stellvertretung ergibt sich aus der das Leben einsetzenden Fürsprache (Ex 32, 32) und dem Opfergedanken (Lev 16). Die A. des Ebed ist ein Gnadenerweis gegenüber Israel und ein Machterweis gegenüber den Völkern.

P.Kleinert, Die Idee des Lebens im AT (ThStKr 68, 1895, 693 bis 732) - A.Bertholet, Die israel. Vorstellungen vom Zustand nach dem Tode, (1897) 1914² - E.Sellin, Die at. Hoffnung auf A. u. ewiges Leben (NKZ 30, 1919, 232-289) - H.Schmidt, Der Mythos vom wiederkehrenden König im AT, (1925) 1932² - F.Noetscher, Altorientalischer u. at. A.sglaube, 1926 - H.Gressmann, Der Messias, 1929, 232ff - Chr.Barth, Die Errettung vom Tode in den individuellen Klage- u. Dankliedern des AT, 1947 - H.Riesenfeld, Resurrection in Ez. XXXVII and the Dura Europos Paintings (UUÅ 1948, 11) - A.Moortgat, Tammuz, 1949 - RAC I, 919ff - H.Birkeland, The Belief in the Resurrection of the Dead in the OT (StTh 1, 1950, 60ff) - R.Martin-Achard, De la mort à la résurrection. L'origine et le développement d'une croyance dans le cadre de l'AT (Diss. Genf), 1956.
H.-J.Kraus

IV. Im Judentum

Um die Wende vom 3. zum 2.Jh. vChr findet sich im Judentum zuerst die Hoffnung auf eine A. verstorbener Israeliten. Diese Erwartung kann nicht allein aus der Weiterentwicklung von Ansätzen innerhalb des AT (→ Auferstehung: III) erklärt werden. Vielmehr werden iranische Einflüsse auf das Judentum eingewirkt haben, die hier auf aufnahmebereiten Boden trafen. In den harten Kämpfen der Makkabäerzeit erhob sich die Frage, ob die im Kriege gefallenen Gerechten nicht am zukünftigen Heil der Endzeit teilhaben könnten. Die Antwort fand man zunächst darin, daß einzelne Fromme aus der Geschichte Israels und die Märtyrer vom Tode auferweckt werden sollten, um die volle Seligkeit mitzuerleben (2Makk 7, 9ff). An sie ist bei den Dan 12, 2 genannten »Vielen« in erster Linie gedacht. Ebenso wird PsSal 3, 10-12 davon gesprochen, daß diejenigen, die Gott fürchten, auferstehen werden zum ewigen Leben, während die Sünder fallen und nicht mehr sich erheben werden (vgl. auch Lk 14, 14: A. der Gerechten).

Doch wurde bald der Gedanke der A. im Zusammenhang mit dem in der → Apokalyptik geschilderten zukünftigen Weltgericht erweitert. Nicht nur die Gerechten werden zur Seligkeit auferstehen, sondern alle Menschen sollen aus dem Tode auferweckt werden, um sich vor dem Richtstuhl Gottes zu verantworten. ÄthHen 22 heißt es, daß alle Toten der Unterwelt, die Gerechten wie die Gottlosen, zum Gericht auferstehen werden. Ausgenommen sind lediglich die ermordeten Sünder, die durch ihren Tod bereits hinreichende Sühne für ihre Schuld geleistet haben und daher nicht mehr vor Gericht zu erscheinen brauchen. Die Bilderreden des äthHen (37-71), die Visionen des 4Esr (7, 29ff) und die ApkBar (syr) (30, 1-5; 50, 2-51, 3) setzen die allgemeine A. aller Toten voraus. Die nationale Hoffnung auf zukünftige Glückseligkeit des Volkes tritt damit zurück, und das Geschick des einzelnen Menschen wird zum Gegenstand der Erwartung von A. und Gericht. Am Ende der Tage muß die Erde die in ihr ruhenden Toten freigeben, damit sie vor den Thron des Höchsten treten können (ApkBar [syr] 51, 1-3; 4Esra 7, 32f). Dabei ist im palästinischen Judentum der Vorgang der A. stets als leibliche Auferweckung der Toten vorgestellt. Dadurch ist die Identität des auferstandenen Menschen mit dem verstorbenen verbürgt, so daß dieser für seine einst begangenen Taten Rechenschaft abzulegen hat.

Im einzelnen sind die Vorstellungen über die A. im Judentum unterschiedlich ausgeprägt und auch keineswegs allgemein anerkannt worden. Das hellenistische Judentum nahm vielfach unter griechischem Einfluß die Hoffnung auf die Unsterblichkeit der Seele auf (Philo, Josephus, 4Makk u.a.). Die → Sadduzäer fanden im AT keinen Anhalt für eine Toten-A. und lehnten deshalb jeden Gedanken an eine solche ab (Mk 12, 18-27 par; Apg 23, 8). Die → Pharisäer dagegen vertraten diese Lehre und fanden weitgehende Zustimmung im jüdischen Volk (Apg 24, 15. 21). Nach der Zerstörung Jerusalems im Jahre 70 nChr kam der Einfluß der sadduzäischen Kreise vollständig zum Erliegen, und die pharisäisch bestimmten Schriftgelehrten beherrschten von nun an allein das Feld. Daher wurde die Hoffnung auf die A. der Toten zum Bekenntnis, das jeder Jude zu bejahen hat. In der 2. Benediktion des Achtzehngebets (→ Schmone 'esre) wird der Gott Israels täglich als derjenige gepriesen, der die Toten auferweckt. Ganz Israel wird an der zukünftigen A. teilhaben. Und nur einzelne, ganz böse Sünder werden davon ausgenommen sein (Sanhedrin X, 1ff).

Bousset, Rel 269ff - Bill. IV, 1166ff - G.F.Moore, Judaism II, 1927, 279ff - EJud III, 665ff; IV 765ff - ThW I, 368ff - P.Volz, Die

Eschatologie der jüd. Gemeinde, 1934², 229ff - J.BONSIRVEN, Le Judaïsme Palestinien au temps de Jésus-Christ I, 1934, 468ff - A.T.NIKOLAINEN, Der A.sglaube in der Bibel u. ihrer Umwelt (Annales Academiae Scientiarum Fennicae B 49, 3, 1944, 148-197) - H.RIESENFELD, The Resurrection in Ez. XXXVII and the Dura-Europos Paintings (UUÅ 1948,11) - K.SCHUBERT, Die Religion des nachbibl. Judentums, 1955, 50ff.
E.Lohse

V. Im NT

Die Anschauung Jesu wie des frühen Christentums von der *A. der Toten* stammt aus dem Judentum (→ Auferstehung: IV). Daß man sich dessen bewußt ist, zeigt die Polemik gegen die Sadduzäer und die Hervorhebung der Übereinstimmung mit den Pharisäern (Mk 12, 18ff par; Apg 23, 6ff). Eine Seelen- und Unsterblichkeitslehre griechisch-philosophischer oder gnostischer Prägung kennt das NT nicht; eine solche erscheint lediglich am Rande als Gegenstand der Polemik (2Tim 2, 18). Durch Polemik bedingt ist auch die Aufnahme dualistischer Termini durch Paulus 2Kor 5, 1ff. Wie in der Rezeption der jüdischen → Eschatologie (: III) überhaupt, so zeigt sich hinsichtlich der A. die Reduktion, welche für Jesus und das Urchristentum charakteristisch ist: infolge der Radikalisierung des theologischen Ansatzes verschwindet das Interesse an der Ausmalung jenseitiger *Zustände*. Das Sein der Auferstandenen wird nach jüdischem Muster vorgestellt (himmlisches Mahl, aber vgl. die kritische Tendenz Mt 8, 11; engelgleiches Dasein, aber mit Abwehr von Spekulation Mk 12, 18ff); doch die Schilderung wird nicht zum eigenen Thema. Allgemein erwartet man die A. mit → Parusie und → Weltende; vereinzelt finden sich Spuren, daß man an sofortigen Eingang in die Seligkeit bzw. Verdammnis nach dem Tode denkt, vgl. Lk 16, 19ff; 23, 42. Einer Diskrepanz ist man sich nicht bewußt; das erklärt sich aus der Übernahme der jüdischen Vorstellung und der Konzentration des Interesses auf die Heilsfrage. Da man das → Gericht (: III) über alle erwartet, rechnet man mit der A. aller, der Gerechten wie Ungerechten (Apg 25, 15); höchstens in der Ausdrucksweise erscheint eine Erwartung der A. nur der Gerechten (Lk 14, 14).

Der Unterschied zwischen Jesus und Gemeinde ergibt sich aus den Osterereignissen (→ Auferstehung Christi: I): wie sind *allgemeine* A.serwartung und A. *Jesu* zu verknüpfen? Erst im Laufe der Zeit kommt es zur umfassenden theologischen Fragestellung.

Neben die traditionelle Begründung durch den Gottesgedanken (Gott der Erwecker der Toten Röm 4, 17; 2Kor 1, 9; vgl. Mk 12, 27) tritt der Hinweis auf die Erweckung *Jesu* Gal 1, 1. Jesus ist der ἀρχηγὸς τῆς ζωῆς Apg 3, 15; 5, 31; der πρῶτος ἐξ ἀναστάσεως νεκρῶν Apg 26, 23 bzw. πρωτότοκος ἐκ τῶν νεκρῶν Kol 1, 18; Apk 1, 5. → *Paulus* führt den umfassenden Nachweis für die Gültigkeit der Hoffnung einerseits aus dem christologischen Kerygma (1Kor 15), andererseits aus der → Taufe (: II), welche als Mitsterben mit Christus die künftige (!) A. verbürgt (Röm 6). In der Auseinandersetzung mit hellenistischen Ideen hält er die Totalität (Leiblichkeit) und Künftigkeit fest (vgl. aber die Änderung der Terminologie in Kol 2, 12; 3, 1; Eph 2, 6, wo gesagt ist, daß wir bereits mit Christus auferstanden seien; jedoch ist auch hier die Erwartung einer künftigen A. nicht in gnostischer Weise aufgehoben). Die Kontinuität zwischen dem jetzigen und dem künftigen Leben der Christen wird von Paulus nicht anthropologisch anschaulich gemacht (auch nicht durch den σῶμα-Begriff); sie geht vielmehr aus der Vorwegnahme des Heils im gegenwärtigen gläubigen Existieren hervor, in welchem der Christ das Leben sub specie contrarii besitzt. Wie fremd diese Vorstellung griechischem Denken ist, dessen ist man sich bewußt (Apg 17, 32).

Die weitere Entwicklung wird bestimmt einmal durch die Notwendigkeit der Abgrenzung gegen griechischen oder gnostischen Spiritualismus, ferner durch die Problematik, die mit der Verzögerung der Parusie gestellt ist. Im Grunde ist die Hoffnung bereits bei Paulus von Terminen unabhängig. Geklärt wird das Problem durch Lk, bei welchem die allgemeine Form der Aussage hervortritt: »Es gibt eine A. aller«, vgl. Apg 24, 15. Dadurch wird in erster Linie die - von kosmologischen Terminen unabhängige - Beziehung der Hoffnung auf das *Individuum* betont, wobei freilich der Ausblick auf die Parusie Christi ein notwendiger Bestandteil des eschatologischen Entwurfes bleibt (→ Eschatologie: III). Einen anderen Weg geht das → Johannesevangelium. In ihm erfährt die christologische Begründung ihre schärfste Zuspitzung: »Ich bin die A. und das Leben« Joh 11, 25. Damit ist die kosmologische Vorstellung reduziert auf den Tatbestand der Christusoffenbarung: → Glaube (: III) und → ewiges Leben (: III) sind zur theologischen Einheit verbunden (Joh 5, 24).

Die Lehrbücher der nt. Theol.; die einschlägigen Artikel in ThW, RAC, EKL; BAUER, WB s.v. ἀνάστασις (alle mit Lit.); Forschungsbericht: W.G.KÜMMEL, Das Urchristentum (ThR NF 17, 1948, 3-50. 103-142). - K.DEISSNER, A.shoffnung u. Pneumagedanke bei Paulus, 1912 - H.MOLITOR, Die A. der Christen u. Nichtchristen nach dem Apostel Paulus (NTA XVI, 1), 1932 - M.GOGUEL, La naissance du christianisme, 1946 - E.FASCHER, Anastasis-Resurrectio-A. (ZNW 40, 1941, 166-229) - A.N.WILDER, Variant Traditions on Resurrection in Acts (JBL 42, 1943, 307-318) - PH.-H.MENOUD, Le sort des trépassés, 1945 - A.T.NIKOLAINEN, Der A.sglauben in der Bibel u. in ihrer Umwelt II, 1946 - O.CULLMANN, Unsterblichkeit der Seele u. A. der Toten (ThZ 12, 1956, 126-156). - Vgl. die Lit. zu → Auferstehung Christi: I.
H.Conzelmann

VI. Dogmatisch

1. A. bezeichnet das von Gott gewirkte eschatologische Geschehen, in dem er kraft seines Geistes die Toten aus dem Todeszustande heraus zu dem Leben in der Herrlichkeit seines ewigen Reiches führt (Auferweckung). Die A. ist also Gegenstand der christlichen → Hoffnung (: III). Diese gründet in der Erfahrung der Liebe Gottes: sie beruft jeden einzelnen zur Teilnahme an ihrem Leben und gilt ihm daher über den Tod hinaus (Mk 12, 26f). Diese theologische Begründung der Hoffnung auf A. ist in sich selbst christozentrisch. Denn die dem einzelnen unverbrüchlich zugewandte Liebe begegnet dem Menschen in Jesus Christus. Daß sie durch den Tod durchhält und hindurchführt in ein Leben der Doxa (→ Ewiges Leben: IV), wird an der im Evangelium bezeugten → Auferstehung Christi (: II) offenbar: Christus, Gottes Liebe in Person, gibt den Seinen an seinem durch den Tod hindurchgebrochenen Leben schon heute Anteil, aber noch verborgen (Kol 3, 1ff), voll wirklich erst jenseits des leiblichen Todes.

2. Der Begriff A. oder Auferweckung schließt die volle Wirklichkeit des Sterbens und des Todeszustandes (→ Tod: IV) ein und widersetzt sich jeder Abschwächung. Das Sterben besteht nicht darin, daß eine unsterbliche Seele sich von ihrem Leibe trennt und sich durch den Tod durchhält, sondern die jetzige leiblich-seelisch-geistige Daseinsgestalt des Menschen wird als ganze zerbrochen. Die A. betrifft also den ganzen Menschen; es geht um A. der *Toten*, nicht nur des Leibes! Man könnte einwenden, ob denn nicht das durch Christus in den Seinen begründete geistliche Leben den Tod überlebe, weil es in sich selbst schon jenseits des Todes ist (Joh 5, 24 u.ö.). Aber das neue Leben aus Christus haben wir auf Erden immer nur in der Gestalt eines sehr irdischen, anfälligen, schwankenden, der Ohnmacht und Sünde verhafteten Seelenlebens: dieses kann nicht in Gottes Reich eingehen und muß daher im Sterben en-

den. Der Christ ist dessen gewiß, daß Gott das von seinem Geiste bestimmte Ich durchhält, aber dieses ist für ihn völlig verborgen unter seiner leiblichen *und* seelischen Hülle, die abgetan werden muß. So wird auch der Christ im Sterben sich selber ganz genommen.

Das Bekenntnis zur A. der Toten steht demgemäß in ausschließendem Gegensatze zu allem platonisch-hellenistischen Denken, das die → »Unsterblichkeit der Seele« behauptet. Hier wertet man den Leib als Kerker der Seele ab und lehrt das Sterben als Befreiung der Seele aus ihm verstehen (→ Leib und Seele: I. II). Gegenüber solchem dualistischen Seelen-Glauben betont das christliche Denken mit der Hl. Schrift die leib-seelische Einheit des Menschen (→ Anthropologie : I. II. IV). Bei der Frage des Sterbens und des Lebens aus dem Tode sind nicht Seele (bzw. Geist) und Leib zu unterscheiden, sondern die Person und ihre jeweilige Daseinsgestalt. Sterben besagt: die irdische Daseinsgestalt der Person wird ganz zerbrochen; A. besagt: Gott gibt der Person die neue, ewige, todüberlegene leiblich-seelische Daseinsgestalt.

3. Diese Erkenntnis ist in der christlichen Dogmatik nicht immer festgehalten worden. Schon im NT wirken am Rande Vorstellungen des hellenistisch-gnostischen Dualismus ein (zB 2Kor 5, 1ff). Auf sie konnte die kirchliche Lehre sich berufen, als sie ihre → Eschatologie (: V. VI) ausgestaltete. So entstand eine Synthese zwischen der aus dem Judentum kommenden zentralen nt. Hoffnung der A. des ganzen Menschen aus vollem Todeszustande und dem griechischen, in das Spätjudentum und das NT zT hineinwirkenden Gedanken einer leiblosen Lebendigkeit der Seele nach dem Tode. Die kirchliche Eschatologie verbindet beides so, daß sie erklärt: die Seelen, die sich im Tode vom Leibe trennen, leben ohne Leiblichkeit an vorläufigen Orten der Seligkeit oder Verlorenheit oder eines Mittelzustandes, also im → Himmel oder in der → Hölle oder im → Fegfeuer und erfahren dort schon Seligkeit oder Qual oder Schmerzen der Läuterung. Aber erst am jüngsten Tage bekommen die Seelen ihren Leib, in der A. der Toten, und damit wird ihre Seligkeit bzw. Unseligkeit erst voll. So lehrt die kath. Dogmatik im ganzen bis heute, so - abgesehen vom »Fegfeuer« - auch die ev. Lehrtradition (vgl. die meisten Sterbe- und A.slieder). Dabei verliert die A. ihren Ganzheits-Charakter. Sie gilt nur noch dem Leibe, nicht mehr dem ganzen Menschen. Es wird verkannt, daß wir ein Jenseits des Todes allein durch die Auferweckung haben.

4. Die Auferweckung aus dem Tode - das wird an der A. Jesu deutlich - ist nicht Schöpfung aus Nichts, sondern sie geschieht an der von Gottes Liebe durch den Tod hindurchgehaltenen Person. Nicht ein anderes Ich als das meine wird gesetzt, sondern im »Erwecken« *bewahrt* Gott mein Ich, um es zu vollenden. Meine, des irdischen Ich Geschichte mit Gott kommt an ihr Ziel. Die A. erhält die Individualität der Person, zB auch die persönlichen Geschlechtscharaktere, das Mannsein und das Frausein. Aber die Selbigkeit der Person wird zugleich nur gewahrt in völliger Andersheit der Daseinsgestalt; die Bewahrung geschieht nur in Verwandlung; die Kontinuität nur durch Abbruch hindurch. Die Bestimmtheit unserer jetzigen Geistleiblichkeit durch Sünde und Sterblichkeit wird abgetan; wir werden aus ihr in die Doxa, die Ganzheit des Lebens im Reiche Gottes versetzt. Der Abbruch der hiesigen Lebensgestalt tritt an der leiblichen Seite des Daseins unmittelbar vor Augen; die Leiblichkeit löst sich auf in das allgemeine Leben der Natur. Deshalb ist es nicht statthaft, die neue Leiblichkeit jenseits des Todes in organischer Kontinuität mit der jetzigen zu denken. So hat freilich die urchristliche Theologie gedacht, selbst Paulus trotz aller Betonung der Andersartigkeit der neuen Leiblichkeit gegenüber der jetzigen, und ebenso die Lehrtradition der Kirche fast durchweg bis heute: Gott erweckt den ins Grab gelegten Leib zu neuem verklärtem Sein. Aber das kann man nur als einen bildhaften, uneigentlichen Ausdruck dafür werten, daß Gott in der A. den Menschen als eben diesen in der Ganzheit seines Seins herstellt und vollendet, daß also seine künftige Leiblichkeit eben *seine* sein wird, so gut wie die jetzige die Gestalt seines individuellen Seins ist. Über die in der A. bereitete Leiblichkeit läßt sich nichts Konkretes aussagen. Aber das schließt das Bekenntnis nicht aus, daß *Leibhaftigkeit* nicht eine jetzige Not-Gestalt menschlichen Daseins ist, sondern als dessen ursprüngliche und bleibende Gestalt von Gott gesetzt ist. Der Christ sehnt sich daher nach Erlösung von dem jetzigen Leibe nicht anders und nicht mehr als nach Erlösung von seinem jetzigen gebrechlichen und anfälligen »inneren Leben«, seiner »Seele«. *Beide* werden dahin erlöst werden, daß sie ohne Schranke und Bruch Wohnung und Ausdruck des Geistes Gottes sind.

5. Der Christ erwartet die A. »am jüngsten Tage«, dh von der → Parusie, dem Kommen des Reiches, das zugleich Verwandlung des Kosmos sein wird. Diese Verknüpfung der A. mit der Parusie und der Befreiung aller Kreatur ist keine preiszugebende Mythologie, sondern ein angesichts des Zusammenhanges von Person und Kosmos notwendiger Gedanke. Dann tritt aber zwischen das Sterben der einzelnen und die A. offenbar eine Zwischenzeit. Daher hat das eschatologische Denken vom Spätjudentum an bis heute immer wieder über einen »*Zwischenzustand*« zwischen Sterben und A. Aussagen gemacht. Aber vielleicht ist Gottes Zeit für die Toten eine ganz andere als unsere irdische und vielleicht ist das, was wir, der irdischen Zeitgestalt verhaftet, als eine lange Zwischenzeit sehen, ein einziger Augenblick (Luther). Will man dennoch über den Zustand der Toten etwas sagen, so kann es nur dieses sein, daß er Todes-Zustand (»Schlaf«) ist. Jede Behauptung einer Zwischen-Lebendigkeit der »Seele« bei Christus bricht die Ganzheit der A. Jenseits des Todes wartet der Toten in der Tat Christus. Aber Christus ist selber der »jüngste Tag« und die Auferstehung und die Gegenwart des ewigen Reiches.

Außer den Dogmatiken: TH. KLIEFOTH, Christl. Eschatologie, 1868 - C. STANGE, Die Unsterblichkeit der Seele, 1925 - DERS., Das Ende aller Dinge, 1930 - P. ALTHAUS, Die letzten Dinge, (1922) 1956[6] - DERS., Luthers Gedanken über die letzten Dinge (LuJ 1941, 9-34) - W. KÜNNETH, Theol. der A., (1933) 1951[4] - E. BRUNNER, Das Ewige als Zukunft u. Gegenwart, 1953, Kap. 15.

P. Althaus

Auferstehung Christi

I. Im NT - II. Dogmatisch. - Zur A.Chr. in der Kunst → Christusbild, → Ostern

I. Im NT

1. Das Kerygma - 2. Die Ostergeschichten. - Vgl. → Auferstehung: V

1. Daß Jesus durch Gott aus den Toten erweckt wurde, ist einhellige Überzeugung der frühen Kirche, ja, der »Glaube« ist geradezu identisch mit ihr (Röm 10, 9). Daß es sich um einen Vorgang in Raum und Zeit handelt, ist (ohne ausdrückliche Reflexion) angenommen; freilich wird dieser nicht als isoliertes, vergangenes Ereignis betrachtet. Vorgang und Zeugnis von demselben sind unlösbar verknüpft, und dieses stellt sofort vor die Glaubensentscheidung. Vom kerygmatischen Ansatz sind die beiden Formen der Berichterstattung zu verstehen: das Glaubensbekenntnis und die Ostererzählungen.

Das *Bekenntnis* schildert nicht den Vorgang der A.Chr., sondern stellt lediglich das Faktum fest. Die Formulierung variiert: a) Gott hat Jesus von den Toten erweckt (vgl. Röm 10, 9); b) Jesus ist gestorben und auferstanden (1Thess 4, 14). Solche Formeln sprechen nicht Teilwahrheiten aus, sondern den ganzen »Glauben«. Auch in der zweiten Formulierung ist an Erweckung durch Gott, nicht etwa an Selbsttätigkeit Jesu, gedacht (anders dann Ign). Tod und A. stehen noch zusammen in den synoptischen Leidensweissagungen, in den kerygmatischen Stellen der Reden der Apg (2, 23f u.ö.); vgl. noch Röm 14, 9; Lk 24, 7. Eine besonders ausführliche Formel (wohl Jerusalemer Ursprungs) haben wir 1Kor 15, 3ff. Zur Anführung der Fakten kommt hier der Hinweis auf die Schrift und auf die Erscheinungen des Auferstandenen. Die Aufführung der Zeugen zeigt, wie der geschichtliche Bezug des Glaubens auf die A.Chr. zur Bildung von Tradition führt; man bleibt ständig auf jenes ursprüngliche Zeugnis angewiesen. Weitere Möglichkeiten der Ausgestaltung: Die Bedeutung für Christi Person kann angegeben werden (Röm 1, 3f). Der soteriologische Sinn, der zunächst implizite darin steckt, wird ausdrücklich gesagt (Röm 4, 25). Durchweg ist der Tod als wirklicher Tod aufgefaßt (daher die Erwähnung des Begräbnisses 1Kor 15, 4). Eine Differenzierung nach Leib und Seele liegt fern. Die A.Chr. ist in dieser Schicht der Tradition noch fest mit dem Akt der Erhöhung in den Himmel verbunden; beides bildet den einheitlichen Vorgang der Auffahrt aus dem Grabe. Die Erscheinungen sind dann als Manifestationen des Erhöhten zu verstehen. Die andere Vorstellung, daß der Weg des Auferstandenen zunächst auf die Erde zurückführe und daß sich die Erscheinungen in der Zeit zwischen A. und Himmelfahrt abspielen, findet sich nicht im frühen Kerygma, auch nicht bei Paulus, wohl aber in der jetzigen Komposition der Ostergeschichte bei Lk und Joh.

2. Formgeschichtliche Beobachtung zeigt, daß der Osterteil der Evangelien aus ursprünglichen Einzelgeschichten komponiert ist (Brun, Bultmann, Dibelius). Den Übergang vom kerygmatischen Summar einer-, der Einzelgeschichte andererseits zum Erzählungskranz vermag Apg 10, 40ff zu beleuchten. Verschiedene Typen heben sich heraus: Geschichten, in welchen das Erscheinen als solches den Erzählungszweck bildet (vgl. das Motiv ὤφθη 1Kor 15, 5ff), und solche, die im *Missionsbefehl* gipfeln; Mt bringt nur eine solche. Eine andere Gruppe bilden die *Grabesgeschichten*. Das Motiv vom leeren Grabe findet sich nicht im frühen Kerygma (auch nicht 1Kor 15, 4; das ergibt sich aus der Gliederung der Formel), bildet aber in sämtlichen Evangelien den Auftakt. Diese Geschichten gehören ursprünglich nicht mit den anderen Erscheinungen zusammen. Umstritten ist, ob sie eine eigene, frühe Traditionsschicht bilden oder erst nachträglich aus apologetischen Motiven entstanden. Im ersten Falle würden sie voraussetzen, daß Jesus unmittelbar aus dem Grabe in den Himmel fuhr (Bickermann, Goguel, Kümmel),

Schwierigkeiten bereitet die doppelte Lokalisierung der Erscheinungen in Galiläa bzw. Jerusalem; beide Traditionen schließen einander ursprünglich aus; erst durch den Nachtrag zum JohEv (Kap. 21) ist ein Ausgleich versucht. Die Schwierigkeit wird durch den eigenartigen Schluß des MkEv vermehrt: ist dieser ursprünglich? Ein historischer Ausgleich wird gewöhnlich in der Richtung gesucht: nach der Kreuzigung seien die Jünger nach Galiläa geflohen; dort sei ihnen der Herr erschienen; darauf seien sie nach Jerusalem zurückgekehrt. Diese Hypothese scheitert jedoch am Befund der Texte. Weder die galiläische noch die jerusalemische Tradition weiß von einer Flucht und Rückkehr; beide schließen eine solche aus; auch die einhellige Zeitangabe »nach drei Tagen« bzw. »am dritten Tage« widerspricht der Hypothese. Traditionsgeschichtlich dürfte den Jerusalemer Berichten ein Prae zukommen; die erste Erscheinung (die vor Petrus) wird nicht von dieser Stadt zu trennen sein.

Angesichts der Probleme, die offen bleiben, will v.Campenhausen wieder von der Priorität der Grabesgeschichten ausgehen. Die Entdeckung des leeren Grabes am dritten Tage (wie immer sie auch zu erklären sei) habe die anderen Ereignisse ausgelöst. Sie habe die Jünger veranlaßt, unter Führung des Petrus nach Galiläa zu ziehen. Dort seien die Erscheinungen erfolgt. Damit kann das Datum »am dritten Tage« historisch erklärt werden. Die Konstruktion einer »Flucht« erübrigt sich. Freilich spricht der traditionsgeschichtliche Befund gegen diese Erklärung. Die Datierung »am dritten Tage« haftet von Hause aus nicht am Grabe (auch nicht an den ersten Erscheinungen), sondern am Faktum der A. selbst; und sie ist ihrer Natur nach kein historisches, sondern ein »dogmatisches« Datum (Graß). Nicht erklärt ist, wieso dann das leere Grab im Innern der Erscheinungsgeschichten so wenig eine Spur hinterließ wie im Kerygma. Der Zug nach Galiläa ist durch die psychologische Erklärung, die Jünger haben den Auferstandenen in seiner Heimat gesucht, kaum überzeugend motiviert. Es ist unwahrscheinlich, daß die Erscheinungen von 1Kor 15, 3ff in Galiläa zu lokalisieren sind; die Formel weist auf Jerusalemer Ursprung und eine entsprechende Vorstellung über den Ort der Erscheinungen. Endlich enthalten die Texte keine Andeutung einer »Rückkehr« der Jünger aus Galiläa nach Jerusalem; sie wissen nur von *einer* Anabasis, mit Jesus, vor der Passion; die Art dieser Reisetradition schließt es aus, daß hier ein Zug nach Ostern in das Leben Jesu vordatiert wäre.

Die weitere Entwicklung zeigt die Tendenz, die Wahrheit des A.sglaubens apologetisch zu sichern. Mt verteidigt das leere Grab gegen die jüdische Diebstahlshypothese. Die Realität der Leiblichkeit wird betont (vgl. Lk, Joh, dann Ign) und dient der Abwehr des Doketismus. Bald wird auch der *Vorgang* der A. geschildert (PetrEv).

Fragt man nach den historischen Bedingungen für die Entstehung des Osterglaubens, so scheint es wenig aussichtsreich, hinter die Berichte zurückzugelangen. Die Form der Erzählung ist die der Legende (nicht des Mythus; wenn im einzelnen mythische Motive eingewirkt haben, so geben sie doch für eine motivgeschichtliche Erklärung wenig her). Die sog. Visionshypothese hilft nicht wirklich weiter, zumal alle Mutmaßungen über die psychische Prädisposition des Jüngerkreises prekär sind. Für die Beurteilung ist zu berücksichtigen, daß es keinen nichtgläubigen Zeugen gibt, der den Auferstandenen gesehen hätte, daß die Erscheinungen andererseits Gegner überwältigten.

Außer der Lit. zu → Auferstehung: V: E.BICKERMANN, Das leere Grab (ZNW 23, 1924, 281-291) - L.BRUN, Die A. Chr. in der urchristl. Überlieferung, 1925 - G.BERTRAM, Die Himmelfahrt Jesu vom Kreuz aus u. der Glaube an seine A. (Festg. f. A.Deißmann, 1927, 187-217) - S.V.MCCASLAND, The Resurrection of Jesus, 1932 - M. GOGUEL, La foi à la résurrection de Jésus, 1933 - G.KITTEL, Die A. Jesu (DTh 4, 1937, 133-168) - W.MICHAELIS, Die Erscheinungen des Auferstandenen, 1944 - J.LEIPOLDT, Zu den A.sgeschichten (ThLZ 73, 1948, 737-742) - E.LICHTENSTEIN, Die älteste christl. Glaubensformel (ZKG 63, 1940, 1-74) - H.v.CAMPENHAUSEN, Der Ablauf der Osterereignisse u. das leere Grab (SAH 1952, H. 4) - K.H.RENGSTORF, Die A. Jesu, (1952) 1954[2] - H.GRASS, Ostergeschehen u. Osterberichte, 1956.

H.Conzelmann

II. Dogmatisch

1. Die A.Chr. als fundamentum christianum - 2. Das A.sereignis - 3. Die dogmatische Entfaltung der A.sbotschaft

Im Rahmen der christlichen Lehre nimmt die A.Chr. eine zentrale Stelle ein. Ihre grundlegende Bedeutung wird verfehlt, wenn sie lediglich als ein dogmatischer Lehrsatz neben anderen verstanden würde.

1. Im Gegensatz zu einer dogmatischen Koordination der einzelnen Heilsfakta wie Geburt, Leben, Passion und

Tod Jesu mit dem krönenden Abschluß der A. gilt es, die fundamentale Bedeutung der A.Chr. für alle christlichen Aussagen überhaupt herauszustellen. Die A.Chr. ist die Urvoraussetzung der christlichen Botschaft überhaupt. Das Osterzeugnis ist nicht nur das älteste urchristliche Bekenntnis (Lk 24, 34), sondern auch spezifischer Inhalt des christlichen Glaubens (1Kor 15, 3; 15, 21; 12, 3; 2Kor 5, 1; Röm 5, 15; 8, 34; 10, 9; Phil 2, 11; Kol 2, 15; 2Tim 2, 8; Hebr 2, 14). In ihm kulminiert die gesamte Heilsoffenbarung (Röm 4, 25; 6, 4; 8, 11. 34; Kol 1, 18; Eph 1, 22; 4, 15. 24; 5, 23; Apg 1, 22; 2, 36; 3, 15). Die Begegnung der Jünger, einschließlich des Paulus, mit dem Auferstandenen begründet das → Apostolat (Apg 1, 2. 22; 10, 41; 13, 31; 20, 24; 22, 6f; 26, 13f; Gal 1, 10. 16; 1Kor 9, 1; Röm 1, 5; 15, 16) und prägt die missionarische Verkündigung (Apg 2, 32; 4, 2. 33; 13, 33f; 24, 21; 25, 19; 26, 6f; 23, 6; 17, 31). Aus diesem unbestreitbaren Tatbestand ergibt sich die Schlüsselstellung der A.Chr. für das rechte Verständnis des christlichen Offenbarungszeugnisses sowie für die »Schriftmitte«, von der aus die gesamte Christusbotschaft interpretiert werden muß.

2. Als Gottes schöpferische Tat, die den gekreuzigten Jesus von Nazareth zu einem Herrlichkeitsleben erweckt, steht dieses Ereignis jenseits der immanenten menschlichen Erkenntnismöglichkeit, ist als »Urwunder Gottes« nicht mit den Wundern im Raum der Geschichte zu vergleichen, sondern steht vielmehr in Parallele zur Weltschöpfung. Demnach besagt die A.Chr. die Setzung einer neuen Lebenswirklichkeit, den Beginn einer zweiten Schöpfung, den Anfang des »neuen Äons«. Der geschichtliche Niederschlag des unanschaulichen *A.sereignisses* manifestierte sich primär und wesenhaft in der Selbstbezeugung des Auferstandenen durch seine »Erscheinungen« und sekundär in dem Zeugnis vom »leeren Grab«. Die nur dem Glauben zugänglichen »Erscheinungen« sind schlechthin einzigartig und schließen jede Analogie mit at. Theophanien, prophetischen Visionen und Ekstasen aus (2Kor 12, 2f; Apg 22, 17). Die A.serscheinungen repräsentieren eine unvergleichbare Dimension, die paradox einerseits die Identität mit dem Gekreuzigten, andererseits die »Doxa« des göttlichen Herrn zum Inhalt hat (Joh 20, 28; Phil 3, 21; 1Kor 15, 42f). Die mit dem Osterzeugnis unlösbar verbundene Nachricht vom »leeren Grab« (Mt 28, 6; 12, 4f; Mk 16, 6; Lk 24, 3. 12; Joh 20, 2. 5. 7.; Röm 6, 3f; 1Kor 15, 4) vermag zwar nicht den A.sglauben zu begründen, ist aber dogmatisch bedeutsam als Abwehr jeder symbolischen, spiritualistischen oder ideenmäßigen und existentialen Deutung der A.Chr.

3. a) Die A.Chr. ist gleichbedeutend mit der *Einsetzung und Erhöhung Jesu zum »Kyrios«*, dem »alle Gewalt« verliehen ist (Mt 28, 18f) und dem göttliche Anbetung gebührt (1Kor 1, 2. 10; 6, 11; 8, 5; Röm 7, 25; 10, 13; 15, 20; Eph 4, 5; Kol 3, 1; Apg 9, 14; Joh 20, 28). Das Herrentum Jesu wird erst durch die A. begründet (Röm 1, 1f; 4, 24; 6, 4; 14, 7. 9; 8, 11. 34; Apg 10, 42; 2, 24; 2, 39f; 3, 26; Hebr 1, 13; Eph 1, 10; 1, 20; Kol 2, 10; 3, 1; Phil 2, 9f; 3, 21; 2Kor 4, 14; 5, 15f; Gal 1, 1; 1Tim 1, 10; 1Petr 3, 22). In ihm ist zugleich der Sieg über die satanische Macht verkörpert (Joh 8, 44; Jud 6. 9; 1Joh 3, 8. 10; Eph 2, 2; 2Kor 4, 4; 11, 14; 12, 7; 2Petr 2, 4; Lk 8, 30; Apk 20, 10). Gerade das urchristliche Bekenntnis, daß der Cruzifixus zugleich der lebendige »Herr« ist, wurde von Anfang an als Skandalon empfunden und hat zu einer Scheidung der Geister geführt (1Kor 1, 18. 23; 2, 14; Röm 9, 32; 1Petr 2, 6f).

b) Alle zentralen christlichen Heilsaussagen über Gnade und Errettung, *Vergebung* und *Versöhnung* erfahren nur *im Aspekt der A.Chr.* ihre Gültigkeit. Ohne die A.Chr. sind alle Glaubensurteile »eitel«, umsonst. Auch die theologia crucis hat ihren Ermöglichungsgrund nur in einer theologia resurrectionis. Die Botschaft vom »Kreuz« empfängt ihren Sinn erst im Licht der A., denn nur der Auferstandene ist der »Mittler« und »Fürsprecher« (Röm 5, 8. 10. 17; 4, 25; 6, 1; 8, 10. 34; 1Kor 1, 23f; 1, 18; 1Thess 4, 14; Apg 3, 15. 26; 5, 31; 1Petr 1, 18f; 2, 24; 3, 18; Kol 2, 12f; Phil 3, 10f; 2Kor 5, 15f).

c) Der Auferstandene ist das *»Haupt« der Kirche,* die durch ihn den Charakter seines »Leibes« empfängt. Die gesamte Existenz, Wirksamkeit und universale Sendung der Kirche erfährt in der A. die Begründung und sinnhafte Ausrichtung. Die christliche Kirche ist als »Herrenkirche« eine »Kirche der A.«, und ihre Sakramente sind »A.ssakramente« (Apg 2, 22; 4, 2. 11. 33; 13, 33f; 17, 31; 23, 6; 24, 21; 25, 19; 26, 6f; Eph 2, 20; 1Kor 3, 11; 1Petr 2, 4f; Röm 6, 4f; Gal 6, 14; 2, 19; Kol 2, 12; 2Kor 4, 11).

d) Die legitime Begründung einer *christlichen → Eschatologie* (: VI) ergibt sich aus der A.sperspektive. Der auferstandene Herr ist zugleich der »Wiederkommende« und der »Weltvollender«. Die christliche Hoffnung auf eine → Auferstehung (: VI) des Leibes und ein → »ewiges Leben« (: IV) gründet darin, daß Christus der »Erstling« der aus dem Tode Auferweckten ist (1Kor 15, 20f. 40f; Phil 3, 21; Röm 8, 11. 17f; 1Kor 2, 8; 2Kor 3, 18; 4, 10; Phil 4, 19; Kol 1, 18; 3, 4; 1Thess 4, 14; 5, 10; 2Thess 2, 14; 1Petr 1, 3). Damit ist er aber auch der Anfänger einer neuen Menschheit und Repräsentant des neuen Kosmos (Eph 4, 30; 3, 2f; 1, 14; Röm 8, 17. 23f; 2Kor 1, 22; 5, 5; Jak 1, 18; Apk 1, 5; 14, 4; 21, 1; 22, 1. 17f; Kol 1, 15f; 2Petr 3, 13). Der in die A.Chr. gesetzte Heilsuniversalismus erfährt in dieser Erfüllung seine letzte Vollendung der in der A. anhebenden Welterneuerung.

K.Barth, Die Auferstehung der Toten, (1924) 1953⁴ - Barth, KD IV/1, 323 ff. 810 ff; IV/2, 147 ff. 332 ff - E.Burger, Der lebendige Christus, 1933 - W.Künneth, Theol. der A., (1933) 1951⁴ (Lit.) - K.Heim, Jesus der Weltvollender, 1937. *W.Künneth*

Auferstehungssekte oder »Sekte zur Aufstehung« war die Gruppe von Dorothea (Pfister geb.) Boller in Oetwil (Zürcher Oberland). 1848 hörte sie Stimmen, worauf sie meinte, sie sei die auserwählte Braut Christi. Durch die innere Leitung des Hl. Geistes empfing sie »Gebötlein«. Die Freiheit von der Bibel führte zu neuer Gesetzlichkeit. Nicht die Ehe, aber der eheliche Verkehr war verboten. Was ihre nächsten Anhänger verdienten, floß in ihre Kasse. Um als Braut auf die Wiederkunft gerüstet zu sein, kaufte sie einen reichen Goldschatz. Als nach dem Tod der »Prophetin« (1895) die erhoffte Auferstehung ausblieb, fiel die Sekte auseinander.

H.Messikomer, Die A. u. ihr Goldschatz, 1908 - G.Kuhn, Dorothea Boller u. die Sekte zur Aufstehung, 1910. *O.Eggenberger*

Aufgebot, *kirchliches.* Schon im 2.Jh. forderte die Kirche, vor der Eheschließung von Gemeindegliedern zu prüfen, ob diese beabsichtigte Ehe nach Gottes Willen sei. Daher sollte der Bischof befragt, auch die Gemeinde benachrichtigt werden. Die gesetzliche Vorschrift eines A.s gab im Abendland erst das Laterankonzil von 1215. Die ev. Kirchen haben das A. beibehalten, doch gab Luther ihm im Traubüchlein vornehmlich den Sinn eines Aufrufs zur Fürbitte. Dem entsprechen die ev. Kirchenordnungen. Nach der sich allmählich durchsetzenden Trennung der Eheschließung von der kirchlichen Trauung seit dem Ausgang des 18.Jh.s wurde die Fürbitte in den ev. Kirchen mehr und mehr zum einzigen Sinn des kirchlichen A.s; mit dem Fortfall der Aufforderung, etwaige Einsprüche zu erheben, wurde statt des früheren zwei-, ja dreimaligen A.s durchweg nur ein einmaliges A. üblich.

Rietschel-Graff 688f. 713ff - LThK I, 792f. *J.Beckmann*

Aufklärung

I. Geistesgeschichtlich - II. Deutsche Literatur der A. - III. Theologisch-kirchlich

I. Geistesgeschichtlich

1. Begriff, Tendenzen, Herkunft - 2. Elemente der Herkunft: die theologische Metaphysik und die exakten Naturwissenschaften - 3. Der philosophische Rationalismus: a) Hobbes - b) Descartes - c) Spinoza - d) Leibniz - 4. Der Empirismus: Hume; seine Kritik durch Kant - 5. Kant und Platon in ihrem Verhältnis zur A. - 6. Die Kritik der Offenbarung

1. Das Wort *Aufklärung* begegnet zuerst im 18.Jh. In ihm ist die Selbständigkeit des vernünftigen Selbstbewußtseins gegenüber der positiven Religion ausgesprochen. Die Vernunft hat in sich selbst das natürliche Licht (lumen naturale), vermittels dessen sie die umfassende und grundlegende Wahrheit über Gott, Welt und Mensch finden kann. Die Wahrheit der positiven Religion ist von außen gesetzt und auf Autorität hin zu glauben. Die Wahrheit des vernünftigen Selbstbewußtseins ist selbst erzeugt und von Grund auf einsehbar. Vermöge ihrer ist die Vernunft frei und autonom. Der Begriff der → *Autonomie* besagt: Die Vernunft hält sich ausschließlich an ihr eigenes Verstehen, das für sie die einzige Instanz über Wahrheit und Irrtum ist. Sie ist der Rechenschaft über sich fähig; denn sie kann über die Herkunft und den methodisch geordneten Zusammenhang ihrer Begriffe Auskunft geben. Sie hat in sich selbst ihr Gesetz, das es ihr möglich macht, selbständig und folgerichtig zu denken und den widerspruchsvollen und unvollständigen Bestand an Gewußtem zu einem System der Erkenntnis zu erweitern. Was sich der Rechtfertigung vor dem selbstgefundenen Gesetz der Vernunft und der Einordnung in ihr System entzieht, ist ein Vorurteil. Das Jahrhundert der A. nimmt für sich in Anspruch, das »Zeitalter der Kritik« zu sein, »der sich alles unterwerfen muß« (Kant). Die Vernunft bewilligt nur demjenigen Achtung, »was ihre freie und öffentliche Prüfung hat aushalten können«. Weder die »Heiligkeit der Religion« noch die »Majestät der Gesetzgebung«, dh des Staates, dürfen sich der Kritik entziehen. Das aufgeklärte Bewußtsein ist sich am *Gegensatz zur Offenbarungsreligion* seiner Selbständigkeit bewußt geworden; aber seine Kritik richtet sich auf jede *Tradition,* auf die bestehende Autorität und auch auf die Gewohnheit, die zur festen Konvention geworden ist und nun die selbständige Lebensführung einschränkt oder ausschließt. Der Mut, »sich seines Verstandes zu bedienen«, ist die Entscheidung, das moralische auf das intellektuelle Gewissen zu gründen. Die vernünftige Wahrheit ist nicht dogmatisch; sie unterstellt sich selbst der *Öffentlichkeit der Kritik.* Die wahre Öffentlichkeit ist die Wissenschaft, die in gegenseitiger Kritik auf ihre einsichtige Wahrheit geprüft, in stetigem Fortschritt ist. Verglichen mit ihr erscheint der Vernunftgebrauch im Dienste einer Autorität (des Staates, der Kirche) als etwas Privates, von geringerem Wahrheitswert. Es ist das Besondere der modernen A., daß sie sich auf das System der Wissenschaften, und innerhalb seiner besonders auf die *exakten Naturwissenschaften* stützt. Dadurch erhält sie eine methodische Sicherheit, eine Stetigkeit des Fortschritts und eine vom einzelnen Individuum losgelöste Allgemeingültigkeit, die der antiken A. abgehen. Der *Fortschritt* der wissenschaftlichen Wahrheit und der auf ihr aufbauenden Kultur ist unabsehbar; er hat seine Grenze nur in der spezifischen Grenze des Erkenntnisvorganges selbst. In ihm kommt das wahre Wesen des Menschen, seine vernünftige Autonomie zur Verwirklichung. Voraussetzung ist, daß die Autoritäten (Staat, Kirche) das ursprüngliche Recht der Vernunft auf Gedankenfreiheit anerkennen, daß sie → *Toleranz* üben.

Folgende Tendenzen kennzeichnen die A.: 1. die Lösung des Denkens von jeder Bindung an die Offenbarungsreligion; die Religionskritik; 2. die Konstituierung des vernünftigen Selbstbewußtseins im Hinblick auf die vor allem durch die exakten Naturwissenschaften gewonnene Autonomie des Denkens; 3. die systematische bzw. enzyklopädische Ordnung der Wissenschaften; 4. die Ausbildung einer rationalen Lehre der Lebensführung (Moral, Pädagogik) und des Gesellschaftsaufbaus. Diese Tendenzen stehen in genauem Zusammenhang mit dem langdauernden Umwandlungsprozeß der gesamten europäischen Kultur im Übergang vom Mittelalter zur Neuzeit. Die A. entspringt innerhalb dieses Prozesses, und sie hat zunehmend auf ihn mit Bewußtsein Einfluß genommen.

Das 18.Jh. heißt im ausgezeichneten Sinne das Zeitalter der A. In ihm sind alle »aufklärerischen« Tendenzen in einem zum großen Teil breiten literarischen und popularphilosophischen Schrifttum zur vollen Auswirkung gekommen. Es ist sich seiner als Epoche bewußt und hat sich zu sich selbst bekannt. In den einzelnen Gestalten treten die Tendenzen in verschiedener Stärke und auch in polemischer Unterscheidung auf. Für die *Religionskritik* kann man u.a. verweisen auf → Voltaire, → Reimarus, → Lessing, → Rousseau, die alle die Positivität des Dogmas in Frage stellen und von einer dem Menschen immanenten vernünftigen Religiosität sprechen; für die *Naturwissenschaften* auf → Newton, → Laplace und auch auf → Kant. Newton hat durch seine Mechanik des Himmels gezeigt, daß das Universum ihren Gesetzen gehorcht, Laplace hat in seinem Gedanken der Weltformel und - wie vor ihm Kant - durch die Hypothese der mechanischen Konstruktion des Universums den mechanischen Begriff der Natur bis zur äußersten Konsequenz durchgeführt. Für die *philosophische Enzyklopädie* ist zu verweisen außer auf → Bayle auf → Diderot, → Turgot, d' → Alembert, die bereits den positivistischen Begriff der Philosophie entwickeln, demgemäß das Studium des Menschen, der geistigen, gesellschaftlichen, geschichtlichen Tatsachen dem gesetzlichen Zusammenhang der Außenwelt unterzuordnen ist. Die rationale Begründung der *Moral* und des *Gesellschaftsaufbaus* ist zu verstehen aus der Abwehr ihrer »heteronomen« Begründung durch die Kirchen. Für sie ist zu verweisen noch auf → Hobbes, Hugo → Grotius, die den Begriff des natürlichen Rechtes und Staatsvertrages zugrunde legen, danach zB auf → Hume und → Rousseau, die beide eine natürliche Lebensführung gegen den Dogmatismus der positiven Religion und die Verfallstendenzen der Gesellschaft gewinnen wollen; der eine, indem er auf die in der Gesellschaft lebendige Lebenspraxis des gesunden Menschenverstandes verweist, der andere, indem er auf die in sentimentalischem Naturgefühl erfahrene ursprüngliche Einheit mit dem Lebensganzen zurückblickt, die, zum Naturzustande objektiviert, Grundlage einer radikalen Gesellschaftskritik wird.

Über der inneren *Einheit* der Epoche dürfen die polemischen *Spannungen* innerhalb ihrer nicht übersehen werden. Sie verweisen zurück auf die großen Systeme des philosophischen Rationalismus im 17.Jh., in denen die Auseinandersetzung der autonomen Vernunft mit der theologischen Metaphysik Ausdruck gefunden hat, und vorwärts auf Grundprobleme, die, durch das Faktum der wissenschaftlichen A. gestellt, in der Philosophie unvermindert ihre Macht behalten haben. Für das Verständnis der A.sphilosophie ist entscheidend ihre *Herkunft aus dem philosophischen Rationalismus,* der mit überlegener methodischer Kraft und Originalität die Strukturelemente ausgebildet hat, die in ihr zur Auswirkung kommen. Die Spannungen innerhalb ihrer lassen sich im Ganzen zurückführen auf den *Kampf um die theologische Metaphysik,* um deren Beibehaltung, Umwandlung, Ausscheidung es geht. Eigentümlich ist, daß die theologische Metaphysik nicht mehr selbst auftritt in der Gestalt, die sie bei den Kirchenvätern und in der Scholastik erhalten hat, sondern daß sich innerhalb der A. zwei Richtungen gegenüberstehen, die Kant unter den Namen des *Dogmatismus* und des *Empirismus* zusammengefaßt hat. Der Empirismus steht für die Tendenz, die Metaphysik möglichst auszuscheiden, der Dogmatismus für die entgegengesetzte Absicht, sie mit Hilfe des philosophischen Rationalismus zu bewahren. Er wird dadurch selbst zur Metaphysik.

2. Der rationalistische Charakter der neuen Metaphysik kommt deutlich in den Blick, wenn man sie von dem theologischen Charakter der alten Metaphysik abhebt. Die *theologische Metaphysik* (bei Augustin, bei Thomas von Aquino) hat die antike Lehre von der teleologischen Ordnung des Universums in den christlichen Schöpfungsglauben hineingenommen. Sie war dazu imstande, weil sie den griechischen Begriff der vernehmenden Vernunft (νοῦς, intellectus) in sich lebendig bewahrt hatte. Diese Vernunft versteht die Welt als ein sinnvoll Lebendiges, innerhalb dessen jedem Seienden sein Ort zugewiesen und sein Wesen bestimmt ist. Das Seiende zeigt sich als eigenständiges, individuelles Wesen, das fähig ist, sich von sich her im Sein zu halten. Als solches ist es in sich selbst ein Gutes (bonum). Es ist gut auch für den Menschen, dem es von seinem Sein mitteilt. Als Gutes ist es auch schön (pulchrum); denn nur als einstimmig Geordnetes und dh eben als Schönes vermag es zu sein. Das Seiende als Gutes und Schönes ist zugleich auch wahr (verum), dh es ist in seiner vernünftigen Geordnetheit verstehbar. Diese Ordnung stellt den verstehbaren Schöpfungswillen Gottes dar. Diese Philosophie denkt nicht in der Form des *Systems,* sondern in der Weise der → *Analogie.* Jedes Seiende und alles Seiende insgesamt ahmt in dem unendlichen Abstand des Geschöpfes, begrenzt durch das Dasein der anderen Dinge im Raum und durch das Werden in der Zeit, die unbegrenzte, dem Werden enthobene Einheit Gottes nach. Jedes Seiende ist von Gott; aber nur der Mensch weiß darum; denn er ist vernehmende Vernunft. Nur er ist nach dem Bilde Gottes geschaffen (imago Dei, Gen 1, 26); denn er weiß um die Herkunft seiner selbst und des Ganzen aus Gott, er hat ein auch durch die Korruption der Sünde nicht aufgehobenes Verhältnis zur Wahrheit. Jeder Mensch, der das geordnete Wesen der Dinge (der Sachen, der Menschen, der Gemeinschaft, der Welt als der Gesamtheit der Dinge) versteht, ist daher moralisch und religiös orientiert. Er weiß die Dinge ihrem Wesen gemäß richtig zu gebrauchen oder er hat Tugend, und er versteht, daß nur dem Herrn dieser Ordnung, Gott, schrankenlose Hingabe gebührt.

Diese Metaphysik hat bereits im → *Nominalismus* starke Veränderungen erfahren: der analogische Charakter der Wahrheit scheint die Allmacht Gottes in unerlaubter Weise einzuschränken. Nicht nur Gottes Handeln, sondern auch sein Wesen ist über alle Analogie zum Geschaffenen erhaben. Im Zusammenhang damit wird das menschliche Denken nicht mehr als vernehmende, sondern nur noch als *diskursive Vernunft* aufgefaßt. Sein ist jetzt gleich Vorgestelltsein. Unsere Begriffe sind nur Zeichen, vermittels deren wir unsere Eindrücke ordnen. Der Ordnungszusammenhang der Welt ist also nicht vorweg gesehen, sondern nachträglich gedacht. Dennoch besteht kein Zweifel – bis weit in die A.sphilosophie hinein, daß auch der diskursiv gedachte, dh selbst erzeugte Zusammenhang der Zeichen fähig ist, die theologische Metaphysik zu tragen und auf die Frage nach Mensch und Welt innerhalb des Schöpfungshorizontes zu antworten. Die Möglichkeit der theologischen Metaphysik wird im Ernste erst fragwürdig, als in der *neuzeitlichen Mechanik,* an deren Beginn die große Gestalt → Galileis steht, Zahl, Raum, Zeit, Bewegung zu Funktionen im Vorgang des Messens von rein quantitativen Größen werden. Für die christliche Metaphysik gab die Zahl den ontologischen Charakter der Einigkeit und Einstimmigkeit des Seienden an, der in der Proportionalität von Gestalt, Bewegung, Klang sichtbar ist. Infolgedessen war die Zahlenhaftigkeit des Seienden Ausdruck der von der Weisheit Gottes geordneten Zweckmäßigkeit der Welt. Jetzt aber ist die Zahl auf den von der menschlichen Vernunft fixierten Meßvorgang bezogen, und damit erst wird sie das Mittel der errechenbaren Konstruktion von Bewegungsvorgängen, nicht nur in begrenzten Versuchssituationen, sondern auch innerhalb der Astronomie und potentiell des Weltganzen. Auch vorher (zB bei Platon, bei Augustin) war die *Mathematik* Vorbild des philosophischen Erkennens gewesen, ohne dem theologischen Charakter der Metaphysik Abbruch zu tun. Unter den neuen Denkbedingungen aber drängt ihre Vorbildlichkeit in die Richtung einer radikalen A. Die Natur darf nicht mehr teleologisch, sondern muß mechanisch-kausal verstanden werden. Daraus ergibt sich dann die Tendenz, in den Relationen der mechanisch bewegten physikalischen Körper die fundamentale Seinsweise zu sehen, von der aus die Welt und auch der Mensch zu verstehen sind. Jetzt erst wird Naturerkenntnis methodisch strenge, dh exakte Ableitung eines Sachverhaltes aus vorausgesetzten *Prinzipien.* Die *antike materialistische Philosophie* führt zwar auch alle Erscheinungen auf die Bewegung kleinster Körper, der → Atome, zurück, aber sie denkt noch nicht exakt; denn sie bleibt noch an den anschaulichen Eindruck des Lebendigen gebunden. Sie muß sich daher das Atom als eine nicht völlig mechanisierte Lebenseinheit vorstellen, während in der exakten Wissenschaft die durch die symbolische Mathematik ermöglichte abstrakte Formel die wissenschaftlich begriffene Wirklichkeit, also die Wahrheit darstellt, die durch das Experiment im Einzelfall nur veranschaulicht wird. Mit dem Begriff der Wahrheit ändert sich auch der Begriff des Prinzips (ἀρχή). Diese Veränderung erscheint zunächst nur methodischer Art; sie enthält tatsächlich eine *neue Stellung des philosophischen Selbstbewußtseins.* Prinzip heißt jetzt der einfachste in der erkennenden Auseinandersetzung mit der Welt gewonnene Grundsatz. Es ist Prinzip des erkennenden Bewußtseins, während in der theologischen Metaphysik Gott oder die göttliche Wahrheit als Prinzip der Seinsgrund ist, von dem her das Seiende Existenz, Wesen (essentia) und ordo, Eingefügtsein in die Ordnung des Ganzen, erhält. Die göttliche Wahrheit als Prinzip muß hingenommen werden mitsamt der Ordnung, die in ihr sichtbar wird. Innerhalb des Rationalismus werden die Prinzipien des Bewußtseins dazu gebraucht, um von ihnen aus die Welt aufzubauen. Hier konkurriert in gewisser Weise die autonome und souveräne Vernunft mit Gott. Sie verfügt über den absoluten Ausgangspunkt, von dem her sie den Naturzusammenhang konstruiert. Diese Erkenntnis aus Prinzipien ist auch Metaphysik, aber nunmehr der autonomen Vernunft; sie ist *philosophischer Rationalismus.*

3. a) Bezeichnend für den metaphysischen Charakter dieser Weise zu philosophieren ist die methodische Fiktion, von der → *Hobbes* in seiner Konstruktion des Na-

turzusammenhanges ausgeht. Hobbes nimmt an, er sei mit seinem Bewußtsein und den in ihm enthaltenen Prinzipien, die er allerdings erst in der Auseinandersetzung mit der Welt gewonnen hat, allein und baue nun von den einfachsten und abstraktesten Elementen aus die komplizierten Gestalten und Vorgänge der Wirklichkeit in seinem Bewußtsein wieder auf. Entsprechend gliedert er das System der Wissenschaften. Das Element, bei dem alle Erkenntnis einsetzt, ist der *Körper*. Aus dem Bewegungszusammenhang der Körper resultiert die *Natur*. Auch die *Seele* gehört zur Natur. Sie ist eine Kraft, die aus der Bewegung der Materie resultiert, aber sich nicht wieder in physikalisch meßbare räumliche Bewegung umsetzt. Ihre Grundfunktionen, *Erkennen* und *Wollen*, sind physiologisch zu erklären. Die Sinneseindrücke bewirken die subjektiven Empfindungen, die sich in uns zu Wahrnehmungen umsetzen; das wiederkehrend Gleichförmige an ihnen veranlaßt uns zu vergleichender Assoziation, in der sich die Vorstellungen bilden, auf denen dann der Erkenntnisvorgang beruht, der in der *Konstruktion der Natur* seinen *Einheitspunkt* findet. Für das System der Triebe liegt der einigende Beziehungspunkt im *Selbsterhaltungstrieb*. Von diesem natürlichen Einheitspunkt aus wird der Gedanke notwendig auf die *Gesellschaftslehre* geführt. Nur über die Gesellschaft erreicht der Selbsterhaltungstrieb sein Ziel; denn da dieser »Stand der Natur« notwendig ein »Stand des Unrechts und der Gewalttätigkeit« ist, bedürfen die Menschen des → Staates (: I), der als souveräne Macht »die Freiheit des einzelnen so einschränkt, daß sie mit jedes anderen Besten zusammen bestehen kann« (Kant). Hobbes leitet zwar aus dem allgemeinen Besten gewisse Grenzen der Staatsgewalt ab, aber ihre Festsetzung untersteht allein der staatlichen Souveränität. Es gibt keine Institution, die ihr gegenüber Anspruch auf selbständige Autorität hätte, auch nicht die Kirche.

Bereits hier am Beginn der A. tritt ihre *Aporie* hervor. Die Souveränität sowohl des wissenschaftlichen Erkennens als auch der politischen Macht ist konsequent gedacht. Welt, Mensch und Gesellschaft sind in einer strengen Analysis ihrer Grundelemente als geschlossene Systeme konstruiert und daher der Beherrschung durch die Vernunft zugänglich; aber wenn Vorstellungen und Triebe nur gleichsam die Innenseite materieller Vorgänge sind, dann wird in diesem mechanischen *Determinations*zusammenhang die Freiheit der → Person, mit der die theologische Metaphysik rechnete, unverständlich. So ist für Hobbes der Selbsterhaltungstrieb ein determinierter Naturvorgang, der die Freiheit der Person ausschließt. Aber auch die theologische Metaphysik sprach vom Selbsterhaltungstrieb: Jedes Seiende ist um seine Unversehrtheit oder um die Bewahrung seiner Einheit besorgt. Darin liegt jedoch die Analogie zu Gott; denn der Mensch als vernehmende Vernunft kann die Unversehrtheit seines Wesens oder sein Heil nur in der Wahrheit erreichen, dh indem er sich frei in die von Gott gesetzte Ordnung einfügt. Mit dem Wandel des Vernunft- und des Seinsbegriffes scheidet dieser Aspekt aus.

b) Im Unterschied zu Hobbes geht → *Descartes* nicht von der Erkenntnis der Außenwelt aus, sondern von der Reflexion auf das *denkende Bewußtsein*. Seine Methode der Reflexion ist der *radikale Zweifel*. Descartes scheidet alle Vorstellungen aus, die *von außen* kommen, also die Vorstellungen, die durch die Sinne vermittelt sind, und die, die der Tradition entstammen. Ihnen geht die *Klarheit* und *Deutlichkeit* ab, die uns der Wahrheit des Erkannten gewiß macht (verum est, quod clare et distincte cognoscitur). Sogar die innerhalb des Bewußtseins vorkommenden mathematischen Wahrheiten (Ausdehnung, Zahl, Gestalt) werden in Zweifel gezogen, obwohl sie dem Wahrheitskriterium entsprechen. Alle ewigen Wahrheiten sind möglicherweise von Gott willkürlich gesetzte Denkformen. Es ist denkbar, daß wir zum Irrtum geschaffen sind und daß unseren Bewußtseinsinhalten keine Wirklichkeit entspricht. Es gibt jedoch eine Wahrheit, die nicht bezweifelt werden kann: Auch wenn wir irren, denken wir, und solange wir denken, sind wir (ego sum, quamdiu cogito). Das Wissen des Bewußtseins um seine Realität im Akte des Denkens ist die Wahrheit, die durch keinen Zweifel entrissen werden kann. Entscheidend ist nun, daß mit dem Akt des Denkens im Bewußtsein zugleich die Begriffe gesetzt sind, die die Prinzipien der Erkenntnis abgeben (ideae innatae), und daß das Bewußtsein berechtigt ist, diese immanenten Begriffe zum Maßstab für die Erkenntnis der Außenwelt zu machen: Sie könnten selbsterzeugte Gebilde unseres Denkens sein, denen keine objektive Gültigkeit zukommt. Aber die Vorstellung von Gott, dem vollkommenen und also guten Schöpfer, die sich auch in unserem Bewußtsein findet, kann nicht von uns selbst erzeugt sein; sie kann nur von Gott selbst herrühren; denn sie ist ihrem Sinne nach jeder innerweltlichen Ursache überlegen. Gott kann nicht täuschen; aus der Wahrheit seines Wesens folgt die zweckmäßige Konstruktion des Weltganzen und dementsprechend unserer Vernunft. Damit ist für Descartes das Bestehen der Außenwelt und die Möglichkeit ihrer vernünftigen Erkenntnis gesichert. Die *cartesianische Begründung der neuen Bewußtseinsstellung* ist in sich schwierig und problematisch. Innerhalb der Gotteslehre besteht eine starke Spannung zwischen der Betonung der Omnipotenz Gottes, die den äußersten Zweifel motiviert, und der Berufung auf die Güte seines Wesens, die die Überwindung des Zweifels begründet. Dann erscheint die Unbefangenheit problematisch, mit der Descartes von der kritischen Selbstreflexion zur metaphysischen Argumentation übergeht. Dieser Weg ist jedoch unvermeidlich, solange die Prinzipien der Naturwissenschaft ontologisch verstanden werden: Wenn sie das Wesen der Dinge an sich treffen, dann genügt nicht die Feststellung, daß sie in der Forschung fruchtbar sind, sondern dann ist ihre Herkunft zu klären, und falls sie aus dem absoluten Bewußtsein stammen, dann ist aus diesem *der* Zusammenhang zu deduzieren, der sich in der theologischen Metaphysik der vernehmenden Vernunft zeigte.

Der *Entgegensetzung von Innen und Außen* entspricht die Aufteilung des Seins (der Substanz) in *Bewußtsein* (res cogitans) und *Körpersein* (res extensa). Der räumlich-zeitliche Zusammenhang der körperlichen Substanzen bildet die *Natur*. Alle Naturveränderungen werden auf Bewegungsvorgänge zurückgeführt. Auch das Funktionieren des organischen Körpers ist ein Naturvorgang. Sein regelmäßiger Gang beruht wie bei einer Maschine auf dem Zusammenspiel mechanischer Ursachen. Die *Seele* mit ihren Empfindungen ist leibbedingt, sie gehört zur Natur. Noch Kant spricht vom Selbsterhaltungstrieb als mechanischer Selbstliebe. Der *Natur*, auch der eigenen leiblichen-seelischen Natur steht der *Geist* oder die Vernunft unabhängig gegenüber. Die autonome Vernunft gehorcht dem von ihr selbst spontan erzeugten Gesetz und ist im Verhältnis zur Welt souverän. Da nun der Geist unmittelbar zu Gott ist – der argumentierende Gottesbeweis versichert ihn ja nur der Wahrheit der evidenten Gewißheit –, so ist inmitten des mechanischen Naturzusammenhanges die Stellung wiederholt, die die Person innerhalb der theologischen Metaphysik innehatte. Allerdings hat sich mit den Mitteln der Begründung auch die Gesinnung geändert, in der sie gegeben wird. Es geht um das philosophische Selbstbewußtsein, das sich im methodischen Zweifel aus dem Dasein herauslöst, sich seines metaphysischen Ursprunges versichert und sich als Subjekt der Erkenntnis in direkte Analogie zu Gott stellt, ja in bezug auf die Freiheit des Willens sich mit ihm gleich weiß. Soweit sich der menschliche Geist innerhalb der von ihm selbst geschaffenen Wahrheit hält, ist er frei, ohne Irrtum und souveräner Herr seines Tuns.

Diese neue Position des Bewußtseins gibt für Descartes die Grundlage der *rationalen Lebensführung in der Moral* und *im Aufbau der Kultur*. Auf der intellektuellen Freiheit gründet die eine Tugend, die Descartes kennt: die Hochgemutheit (magnanimitas, auch générosité). Der Geist ist seinem Wesen nach spontanes Tätigsein (actio), die Seele dagegen Erleiden (passio). Sie ist leidenschaftlich bewegt von den Einflüssen des Leibes und der Welt. Seine vernünftige → Autonomie ermöglicht es dem Menschen, seiner Seele überlegen zu bleiben und sein natürliches Dasein wahren Zwecken unterzuordnen. Darauf beruht seine vernünftige Selbstachtung. Descartes hat mit klarem Bewußtsein die philosophischen Voraussetzungen für den Fortschritt der Kultur gesetzt, die bis in die Gegenwart hinein geblieben sind, obwohl das sichere Vertrauen auf die moralische Autonomie des Bewußtseins seither problematisch geworden ist.

Bei dem Versuch, Geist und Natur innerhalb des konkreten Menschen in ein rational verstehbares Verhältnis zu setzen, entsteht eine *Aporie*. Die Selbständigkeit des Geistes gegenüber den Einflüssen der Natur läßt sich zwar als moralische Aufgabe verstehen; aber die Einwirkung von Materie auf Geist (influxus physicus) und von Geist auf Materie, die dabei vorausgesetzt ist, bereitet theoretisch unlösbare Schwierigkeiten; denn zwischen menschlichem Geist und Natur, auch menschlicher Natur, liegt eine unüberbrückbare Kluft. Der konkrete Mensch rückt auf die Seite des empirischen Bewußtseins; er ist Teil der Natur und untersteht dem Naturgesetz. Der radikale Dualismus von Geist und Natur ist ein Produkt erst der rationalistischen Metaphysik.

c) → *Spinoza* hat die metaphysische Einheit der Natur, zu der Descartes nicht kommen konnte, zum ausschließlichen Thema seiner Philosophie gemacht. Er hat Gott und die Natur in eins gesetzt. Infolgedessen läßt sich die absolute Distinktion zwischen den selbständigen Substanzen, der res cogitans und der res extensa, nicht aufrechterhalten. Beide sind nur Attribute der einen unendlichen Substanz (der Gott-Natur), die an sich unendlich viele Erscheinungsformen hat, von denen uns die beiden bekannt sind. Der Ansatz des metaphysischen Naturbegriffes läßt sich nur dann durchführen, wenn die logische Struktur des Seins durch das deduktive Verfahren der formalen Logik adäquat erfaßt ist, dh wenn das menschliche dem göttlichen Denken gleich kommt. Da dann der Denkvorgang im Menschen und das Geschehen außerhalb seiner zwei Modi der einen in sich zusammenhängenden Natur und zugleich einander gleichgeordnet sein müssen, ergibt sich für Spinoza das Problem des psychophysischen Parallelismus, ein Problem, dessen metaphysischer Ursprung zwar vergessen, das aber in die positiven Wissenschaften eingegangen ist. Aus dem metaphysischen Charakter seines Systems erklärt es sich, daß für Spinoza die Einsicht in die Notwendigkeit des Naturablaufes einen Grundaffekt hervorbringt, in dem aller Widerstreit der Seele aufgehoben ist: die vernünftige Gottesliebe (amor Dei intellectualis). Die systematische Deduktion ist das Mittel, den Geist der lebendigen Allerfahrung der Renaissancephilosophie (Giordano → Bruno) inmitten des rationalistischen Denkens zu bewahren. Den Aspekt der einen beseelten Gott-Natur, die sich in jeder endlichen Gestaltung auswirkt, hat → Goethe in Spinozas Philosophie gefunden und auf seine Weise weitergebildet.

d) → *Leibniz* hat ausdrücklich den teleologischen Charakter der Metaphysik innerhalb der modernen Denkbedingungen bewahren wollen. Auch für ihn setzt die objektive Erkenntnis die Prinzipien der Mechanik voraus und ist auf die meßbare Bewegung der Körper im Raum bezogen. In dieser Beziehung denkt Leibniz selbstverständlich cartesianisch. Er hat die cartesianische Bestimmung des Naturzusammenhanges durch den Begriff der Kraft (vis) korrigiert. Raum und Gestalt reichen zwar in Verbindung mit der Zeit aus, um Bewegung zu messen, aber nicht um den wirklichen Vorgang zu erklären. Der Begriff der Kraft kommt dem philosophischen Interesse von Leibniz, dem *principium individuationis*, entgegen. Das Individuum ist für Leibniz das »ens positivum«. Überall haben wir es mit konkreten individuellen Dingen zu tun. Das Individuelle ist auf sich selbst bezogene Einheit. Nun ist aber der Raum ein Kontinuum. Daher ist der Körper, der Raum einnimmt, unendlich teilbar. Im Raum gibt es keine vorhandene Einheit. Unsere Wahrnehmungen können also nur Erscheinungen sein, hinter denen unräumliche Einheiten als das wahrhaft Seiende anzunehmen sind: die *Monaden*. Da das Subjekt die einzige auf sich bezogene Einheit ist, um die wir unmittelbar wissen, wird es das Vorbild für den Begriff der Monade. Alle Monaden sind sich selbst denkende Subjekte, Denken verstanden in dem allgemeinen Sinne des wissentlich vollzogenen Verhaltens. Die Unterschiede zwischen den Monaden beruhen nur darauf, daß sie gemäß dem *Prinzip der Kontinuität* in unmerklich sich steigernden Graden der Deutlichkeit und der Bewußtheit das anfänglich verworrene und unbewußte Vorstellen durchsichtig machen. Jeder Körper ist ein Zusammenhang von Monaden; er wird von einer Hauptmonade gesteuert: der Seele, die ihre Vorstellungen nicht nur hat (perzipiert), sondern sich ihrer ausdrücklich bewußt ist (apperzipiert). Auf die Monade wendet Leibniz Begriffe der aristotelisch-thomistischen Scholastik an. Die Gestalt ist eine *substantiale Form*, die in ihren Bewegungen auf sich und ihre Erhaltung als auf ein Letztes bezogen ist. Daher kann sie auch → *Entelechie* heißen. Während aber bei → Aristoteles die Entelechie in der lebendigen Einheit des Kosmos gesehen ist, muß Leibniz der Monade um ihrer punktuellen Zentriertheit willen von vornherein das natürliche Weltverhältnis des leibhaften Daseins absprechen. Die Monade ist ohne Fenster. Da aber Vorstellen auf Welt bezogen ist und in seinem Fortgang die Einheit der Welt in sich voraussetzt, so muß die Monade in sich selbst das Universum spiegeln.

An den Schwierigkeiten, die die monadologische Struktur des Vorstellens mit sich bringt, wird die gemeinsame Problemlage der rationalistischen Philosophie sichtbar. Auch bei Leibniz ist die Übereinstimmung zwischen dem Innen des denkenden Bewußtseins und dem Ablauf der Welt draußen nicht von vornherein einzusehen und wird erst durch den Rückgriff auf die Vernunft Gottes gesichert. Leibniz geht hier weiter als Descartes. Nach seiner Lehre von der *prästabilierten Harmonie* ordnet Gott sogar die konkreten Vorstellungen im Bewußtsein und die Vorgänge in der Außenwelt einander gleich. Gott hat also die Monaden wie ein Ingenieur in den einheitlich konstruierten Weltlauf hineingestellt. Es ist die eine ewige Vernunft, die alles durchwaltet und zweckmäßig ordnet. Hier scheint der Schöpfungs- und Vorsehungsglaube der alten Metaphysik wiederholt zu sein, und tatsächlich haben ja auch Leibniz und Christian → Wolff, der schulmäßige Fortsetzer seiner Philosophie, auf die breite Bewegung der *frommen* A. großen Einfluß gehabt. Die fromme A. hat durch die Fülle ihrer popularphilosophischen und poetischen Produktionen das Bild der A. in Deutschland stark geformt. In der Physikotheologie der frommen A. lebt die Tradition der Metaphysik fort, jedoch ohne das Bewußtsein ihrer methodischen Problematik. Für Leibniz bedeutet die Lehre der prästabilierten Harmonie innerhalb seiner Systematik auch die Auflösung einer methodischen Schwierigkeit. Sie ist das Prinzip, das uns gestattet, die monadische Struktur des Seienden und die Einheit des Universums zu denken. Methodisches und metaphysisches Interesse sind hier nicht voneinander zu trennen. Die gleiche Lage zeigt sich in der Lehre von den *ersten Wahrheiten* und im *Satz vom zureichenden Grunde* (principium rationis sufficientis). Leibniz unterscheidet zwischen notwendigen und zufälligen Wahrheiten (auch vérités de raison und vérités de fait). Notwendige Wahrheiten sind die der Mathematik. Dort werden die konkreteren Bestimmungen aus einfachen Grundbegriffen durch Analysis gewonnen oder erschlossen. In jeder ersten Wahrheit ist die folgende enthalten. In ihr liegt der zureichende Grund dafür, daß das folgende ist wie es ist. Die mathematische Notwendigkeit ist das Vorbild für die Erkenntnis des Faktischen, dessen komplexe Tatbestände durch den Rückgang auf den zureichenden Grund festgelegt und erklärt werden. Für uns ist die Rückführung der zufälligen auf die notwendigen Wahrheiten nicht möglich, aber wir dürfen nach der Tendenz zur Vollendung, die im Prinzip der Kontinuität enthalten ist, annehmen, daß Gottes vernünftige Güte der zureichende Grund dafür ist, daß unter allen Möglichkeiten immer die beste zur Verwirklichung kommt und daher die Welt in einem ständigen Fortschreiten zum Besseren begriffen ist, ein Gedanke, der auf die Ausbildung der Entwicklungslehre und der Geschichtsphilosophie von Einfluß gewesen ist. Er enthält auch die das System abschließende Lehre von der →*Theodizee* (: II): um der größeren Vollkommenheit willen, die freie Vernunftwesen vor unfreien haben, mußte Gott die Möglichkeit des Bösen in der Welt zulassen.

Trotz der umfassenden Ausgleichung von Naturerkenntnis und Metaphysik ist auch Leibniz *dogmatischer Rationalist*. Er geht ebensowenig wie Descartes von der Lebenserfahrung des in der Schöpfung stehenden wirklichen Menschen aus, sondern er konstruiert eine als Negation des räumlichen Kontinuums, also doch als ein Atom gedachte punktuelle Einheit, aus der er einen metaphysischen Weltzusammenhang aufbaut. Auch bei ihm kehren die *Aporien* des Rationalismus wieder: im Verhältnis von Freiheit und Weltlauf, Zufall und Notwendigkeit, Kausalität und Teleologie. Es bleibt die spekulative Überhöhung der Vernunft. Der Prinzipiencharakter der wissenschaftlichen Erkenntnis ist in der methodischen Konstruktion des Systems überspannt. Die Fragestellungen, die Leibniz in dem Horizont seines Systems entwickelt hat, haben nachhaltig weitergewirkt, auch dort, wo es selbst in Vergessenheit geraten ist, zB das Problem der Individualität, der Begriff des Unbewußten und der Schwelle des Bewußtseins, das Problem des Organismus, der Entwicklungsgedanke – alles Fragestellungen, in denen innerhalb der wissenschaftlichen A. Raum bleibt für die mechanisch nicht erfaßbare Lebendigkeit des Universums. Zu einer der großen Schlüsselgestalten des A.szeitalters wird Leibniz vor allem dadurch, daß er die neue Stellung des philosophischen Selbstbewußtseins dazu gebraucht, um das absolute Bewußtsein zum ontologischen Grundbegriff zu machen, in Analogie zu dem nunmehr die sinnvolle Lebendigkeit des Seienden gedacht wird. Er weist damit vor auf die Systeme des deutschen → Idealismus (Hegel), in denen die Unumgänglichkeit der positivistischen A. und zugleich die Möglichkeit einer nicht theologischen, allerdings auch nicht rationalistischen Metaphysik behauptet und in umfassenden Entwürfen durchgeführt worden ist.

4. Der *Empirismus* hält sich an den Erfahrungscharakter der Wissenschaft. Er hält daran fest, daß jede Regel der Erkenntnis in ihrem Inhalt aus der Erfahrung gewonnen und in ihrer Richtigkeit an ihr ausgewiesen werden muß. Die bedeutendsten Vertreter des Empirismus sind Engländer: → Locke und → Hume. Unter ihrem Einfluß steht die französische A., zB → Voltaire, → Diderot. Diese ist durch den Gegensatz zum absolutistischen Staat zu größerer Radikalität getrieben worden.

Die Philosophen des Empirismus heben den Systemcharakter der Philosophie auf. Sie kennen kein absolutes Prinzip. Alle Begriffe des Verstandes werden in der Auseinandersetzung mit der Welt gebildet, indem wir regelmäßig wiederkehrende Eindrücke vergleichen, verbinden und aus dem Strom der Sinnesempfindungen herausheben. Es gibt keinen angeborenen Vorrat reiner Begriffe. Unsere Vorstellungen zielen zwar auf den wirklichen Gegenstand, aber sie sind doch nur *Zeichen*, die den Gegenstand bedeuten, ohne ihm adäquat zu sein. Kriterium der Wahrheit ist die faktische Anwendbarkeit der Begriffe, ihre Denkbarkeit, dh ihre Widerspruchslosigkeit und ihre Übereinstimmung mit den Erfahrungen anderer. Der objektive Zusammenhang besteht nur als Zusammenhang unseres empirischen Bewußtseins. Hume hat den Grundsatz der Kausalität, von dessen durchgängiger Geltung er praktisch – etwa in der Ausschließung des Wunders und damit des Dogmas – fest überzeugt war, theoretisch aus der *Gewohnheit der Erfahrung* abgeleitet, der wir faktisch das Recht entnehmen, an den Ablauf der Ereignisse mit bestimmten Erwartungen heranzutreten. Diese Erwartungen beruhen auf *Glauben*, nicht auf eingesehener mechanischer Notwendigkeit. Es gibt keine mechanischen, sondern *nur statistische Naturgesetze*. Die wiederkehrenden Eindrücke im Bewußtsein nötigen den Verstand, die in ihnen liegenden Regelmäßigkeiten herauszuheben und die Mittel auszubilden, mit denen er sie ordnet. Hier ist alle Metaphysik ausgeschieden und alle Wahrheit auf die empirische Natur des Menschen zurückgeführt. Es gibt keine höhere Instanz für die Wahrheit als das seine Eindrücke vergleichende und prüfende menschliche Bewußtsein.

Die Folgerungen für die *Lebensführung* sind einfach und schlagend. Im Empirismus gibt es keine andere Instanz als den *gesunden Menschenverstand*, dem als seiner wahren Natur sich der Mensch ohne Gefahr überlassen darf, zumal er nicht Sache des isolierten Individuums, sondern der menschlichen Gesellschaft ist. Der einzelne könnte sich ohne die Sympathie mit dem Wohl des Mitmenschen des eigenen Wohls nicht freuen. Er strebt natürlicherweise dahin, das eigene Wohl mit dem des Mitmenschen und dem allgemeinen Wohl auszugleichen. Auch die Moral ist also Sache der Erfahrung; sie enthält die innerhalb der Gesellschaft lebendigen Regeln des common life. Auch die *Religion* ist empirischen Ursprungs. Hume führt eine *Kritik* der positiven Religion durch. Er erklärt sie aus der überwältigenden Erfahrung der Abhängigkeit von den übermächtigen Gewalten des Lebens, also psychologisch. Die Entwicklung des Polytheismus zum Monotheismus ist historisch aus dem Siege eines Nationalgottes über die anderen Götter hervorgegangen. Die Einsicht in den Wahn der positiven Religion befreit zur »natürlichen Religion«. Hume nähert sich in behutsamer Weise der frommen A. Die radikale Skepsis seiner Erkenntnistheorie läßt – wie auch bei Locke – noch Raum für eine persönliche Anerkennung metaphysischer Wirklichkeit. Der überzeugende Anblick der vernünftigen Zweckmäßigkeit legt es nahe, an einen weisen und vernünftigen Urheber zu glauben; aber zwingend ist diese Annahme nicht, auch der Atheismus kann als Lösung erwogen werden.

Kant billigt, daß Hume den *empirischen Ursprung* unserer Begriffe betont und ihnen nur den Grad an Wahrheit zugesteht, der sich in der *Erfahrung* ausweisen läßt. Wir müssen uns mit dem begnügen, was uns durch sinnliche Erfahrung vermittelt wird. Die rationalistische Metaphysik wollte mehr. Sie wollte die physikalische Natur zugleich als Schöpfung und als Feld unseres moralischen Handelns konstruieren, ohne sich darüber Rechenschaft zu geben, daß die Mittel unserer theoretischen Vernunft dazu nicht ausreichen. Hume hat recht, darauf zu bestehen, daß der *Inhalt* unserer Vorstellungen aus der Erfahrung stammt; aber er hat unrecht, das gleiche von der *Form* ihrer Verknüpfung in Raum und Zeit zu behaupten. Unser erkennendes und ordnendes Bewußtsein enthält tatsächlich reine Elemente, die nicht aus der Erfahrung stammen. Die notwendige Abfolge der Gegenstände in Raum und Zeit nach Gesetzen der Kausalität ist die Bedingung, unter der jede faktische Erfahrung zustande kommt und durch die jede mögliche Erfahrung in gewissen Grundstrukturen vorweggenommen ist. Hume hat ferner darin recht, daß die Einheit der Natur kein Gegenstand unserer Erkenntnis ist, aber er versteht nicht, daß sie eine notwendige *Idee* unseres Bewußtseins ist, die jede empirische Erkenntnis erst ermöglicht. Konsequent gedacht, so meint Kant, müßte der Empirismus die Notwendigkeit der Mathematik und des Naturgesetzes und damit die prinzipielle Dignität der Wissenschaft aufheben. In der Wissenschaft aber ist das Zutrauen der Vernunft in sich selbst, in den Fortschritt der A. angefochten. In der Wissenschaft führt der Empirismus also zum *Skeptizismus*. Die menschliche Gemeinschaft führt er in die *Anarchie des Denkens:* Der gesunde Menschenverstand kann zwar praktisch-technische Regeln des Zusammenlebens hervorbringen, auch eine gemeinsame Überzeugung ihrer Richtigkeit; aber diese ist nur ein Produkt bestimmter Verhältnisse, ihr geht wahre Verbindlichkeit ab. Ohne moralische Verbindlichkeit gibt es aber keine Freiheit. Das psychologische Bewußtsein von seiner Freiheit, auf das der Empiriker hinweisen könnte, beweist nichts. Es entsteht, wo wir der Eigenbewegung unserer Natur folgen. Aber gerade dann sind die Vorstellungen, von denen wir uns leiten lassen, durch ihnen vorausliegende Erfahrungen und Zustände bestimmt. Der Empirismus gelangt dahin, den Willen der empirisch beobachteten, objektiven Natur zu unterwerfen, und er muß deshalb, radikal gedacht, in die *Freigeisterei* und den *Materialismus* führen, die sich in Frankreich unter seinem Einfluß ja auch ausgebildet haben. An seinen Konsequenzen zeigt sich, daß der Empirismus selbst *dogmatisch* anmaßend ist. Die Daten der Erfahrung werden ihm die an sich seiende letzte Wirklichkeit, aus der auch er den Menschen wie aus Elementen aufbaut. Er vermag sich gerade nicht in der ursprünglichen Erfahrung des Menschen von sich und seiner Freiheit zu halten. So wird die *Kritik an der A.* zur moralischen Aufgabe. Nur wo die Vernunft anerkennt, daß der Mensch nicht zuerst Naturwesen ist und also durch objektivierende Erkenntnis nicht begriffen werden kann, ist sie fähig, sein wahres Wesen zu bewahren: den moralischen Charakter, den er sich im Gehorsam unter das Sittengesetz erwerben soll. Kant hat den Streit zwischen Empirismus und Dogmatismus so geschlichtet, daß beide Gegner *einer* Partei zugewiesen werden: der ihre Grenze überschreitenden Vernunft. Die A. ist gegen ihre eigene Anmaßung in Schutz zu nehmen. Sonst bringt sie den Menschen in Widerspruch mit sich selbst.

5. Nur indem er über die A. hinausgeht, kann Kant zu ihrem Anwalt werden. Er befindet sich in einer Lage, die der *Auseinandersetzung Platons mit den Sophisten* vergleichbar ist: Auch Platon weist darauf hin, daß die naturphilosophische Erklärung des Menschen ihn sich als sittliches Wesen nicht verständlich macht. In den Sophisten begegnet er Menschen, die aus der Sicherheit ihres Lebenswillens heraus ihr Leben frei bestimmen wollen. Sie anerkennen keine von außen kommende Autorität. Wenn sie nach Glück oder Macht streben, folgen sie der Freiheit der eigenen Natur. Platon erkennt dieses Grundverlangen als unaufhebbar und als berechtigt an; aber er zeigt, daß es in dem rücksichtslosen Ergreifen innerweltlicher Güter sein Ziel nicht erreicht. Die Güter können nur dann richtig gebraucht werden, wenn sie innerhalb der einsichtigen, sinnvollen Ordnung gesehen werden, in die unser Leben von der Gottheit hineingestellt worden ist. Erst der Hinblick auf sie, ihre überlegene und erleuchtende Wahrheit ermöglicht uns ein vollkommenes Menschsein (ἀρετή, virtus, Tugend).

Kant steht in der modernen A., er hat es mit den exakten Naturwissenschaften, mit der dogmatischen Metaphysik des Rationalismus, mit dem Skeptizismus der empirischen Philosophie und ihren Folgeerscheinungen zu tun. Der Grundbegriff der platonischen und der christlichen Philosophie: der Begriff des νοῦς, der vernehmenden Vernunft, ist ihm fremd; aber er hat etwas Analoges: die durch keine Weltverhältnisse vermittelte Instanz des mit unmittelbarer Autorität gebietenden *Sittengesetzes*. Der Eigenwille der auf Glückseligkeit gerichteten Selbstliebe, in deren Dienst auch die aufklärerische Vernunft gerät, muß gebrochen werden. Das geschieht, wenn der Mensch genötigt ist, ein unbedingt gebietendes Gesetz spontan, dh freiwillig anzuerkennen, oder zu achten. Dieses Gesetz ist dem Zugriff der objektivierenden Erkenntnis und der Relativierung entzogen. Es beweist sich durch die Existenz von Wesen, die es als bindend anerkennen. In der Spontaneität der Anerkennung ist die *Autonomie der »praktischen Vernunft«* gewahrt. Die Vernunft macht sich freiwillig zum Anwalt des Gesetzes gegen die Selbstliebe. Aber es gibt keinen Hinblick auf die vorgegebene Ordnung der Welt und keinen Drang, der im Gebrauch der Welt zur verbindlichen Wahrheit des Gesetzes geführt würde. Daher ist die *Ethik* Kants in ihrer Motivation *formal*. Doch bleibt es nicht bei der nur formalen, die Selbstliebe negierenden Autorität des Sittengesetzes. Indem der Mensch seinem unbedingten Gebot gehorcht und zu handeln beginnt, eröffnet sich ihm eine »intelligible Welt«, das »Reich der Zwecke«, das nichts anderes ist als die zweckmäßige Ordnung der Schöpfung, von der die theologische Metaphysik sprach. Aber das Reich der Zwecke ist nur für die sittliche Persönlichkeit und mit ihrem moralischen Handeln da. Es gibt Metaphysik nur als *Ethikotheologie*. Die A., in der durch die Ethikotheologie gebotenen Begrenzung, bleibt die von Kant bejahte Aufgabe unserer sich in der Geschichte entfaltenden Freiheit zur Kultur, und die Ethikotheologie bleibt in sich A. In ihr bleibt die Autonomie der Vernunft mitsamt dem ihr zugehörigen Zutrauen in den Fortschritt der Geschichte gewahrt.

6. Die negative Vorbedingung der vernünftigen Autonomie ist die *Kritik der Offenbarung* und die *Einschränkung ihrer positiven Autorität*. Die autonome Vernunft hat in sich selbst die wahren Maßstäbe des Wissens und das Vermögen ihnen gemäß zu handeln. Gleichzeitig mit der Naturwissenschaft haben sich – von ihr gestützt – die Lehre vom → *Naturrecht* und von der → *natürlichen Religion* ausgebildet. Beides hängt in sich zusammen und geht zurück auf die großen Lehrer des Naturrechts im 16. und 17.Jh. (→ Bodin, → Althusius, → Grotius). Der besonders durch den holländischen Humanismus vermittelte starke und langandauernde Einfluß der *stoischen Philosophie* und ihre Lehre vom *consensus gentium* ist hier von Bedeutung gewesen. In der Vergleichung der nach

Zeiten und Völkern verschiedenen Kulturen treten Allgemeinbegriffe heraus, denen unabhängig von aller Offenbarung feste Normen des Rechtes und die undogmatischen Grundsätze einer vernünftigen Religion zu entnehmen sind. Ihre vornehmste Konsequenz ist die *Toleranz*. Als weithin sichtbare Zeugen gelten in England die Toleranzakte von 1689, auf dem Festlande die Regierungen → Friedrichs II. von Preußen und → Josephs II. von Österreich, die den aufgeklärten Wohlfahrtsstaat in Wirtschaft und Gesetzgebung durchzusetzen suchten. Die wachsende Bedeutung der historischen Kritik zusammen mit der selbstverständlichen Geltung der Naturwissenschaften hat dann die *kritische Auseinandersetzung mit der positiven Religion* hervorgebracht. Der dem Rationalismus naheliegende Weg ist der → *Deismus*: Gott erscheint als der Ingenieur, der den mechanischen Weltablauf konstruiert hat, so daß dieser nach der ihm immanenten Gesetzlichkeit abläuft. Der Deismus läßt keine Wunder und kein spezielles Heilshandeln Gottes zu. Auch diejenigen Philosophen, wie zB Leibniz und Kant, die aus moralischem Interesse den theistischen Charakter der Metaphysik bewahren wollen, bleiben im Hinblick auf den Naturablauf Deisten. Daraus erklärt sich Kants Kritik am »statutarischen Kirchenglauben«, dh am Dogma.

Das Verhältnis von *Vernunft und Offenbarung* ist besonders lebendig von *G. E.* → *Lessing* erfaßt worden. Lessing hat sich an den holländischen Humanisten geschult. Er denkt mit völliger Sicherheit historisch, auch über die Schrift, deren Berichterstattung er scharfsinnig prüft (vgl. seine Herausgabe der sog. Wolffenbütteler Fragmente). Er hat dazu die innere Freiheit; denn er ist sich darüber klar, daß die Religion eine selbständige Gewißheit ist, die durch keine historische Dokumentation bewiesen werden kann. »Zufällige Geschichtswahrheiten (Wunder, Auferstehung) können der Beweis von notwendigen Vernunftwahrheiten (Allmacht Gottes) nicht werden.« Der Beweisgrund für religiöse Wahrheit liegt in der Vernunft, wenn sie genügend durchbildet ist, der Wahrheit des Herzens und des Gefühls den Charakter klarer Einsicht zu geben und dadurch ihren ursprünglichen Sinn vor Schwärmerei und Konvention zu bewahren. Dazu braucht sie kein Dogma als Stütze. Lessing ist weit davon entfernt, eine Vernunftreligion als neue Konfession einzuführen. Der orthodoxe Christ, der aus dem Glauben an Gottes überlegene Macht über die Geschichte das Recht herleitet, auch an Wunder als Gottes freies Handeln zu glauben, hat eine folgerichtige Position und ist der rationalistischen Vermittlungstheologie, die die Vernunftgemäßheit des Dogmas demonstrieren möchte, überlegen. Der dogmatische Glaube hat im Gange der Geschichte seine relative und noch nicht überholte Berechtigung. In der Geschichte der Religion zeigt sich der *göttliche Erziehungsplan;* das Dogma ist eine Hülle der *vernünftigen Humanität*, die ohne ihren Schutz nicht zur Reife hätte gedeihen können. Der Toleranzgedanke erhält eine neue Wendung: es gibt keine andere Entscheidung über die Wahrheit der positiven Religion als ihre Bewährung in der praktischen Humanität. Lessing hat den Autoritätsanspruch der Offenbarungsreligion durch den Appell an ihre moralische Bewährung relativiert (Nathan der Weise, Ringparabel); dennoch bedeutet er innerhalb der A. ein Letztes an Verständnis.

Andere, vor allem die *französischen Geschichtsdenker*, haben die Geschichte entschiedener im Geiste der A. aufgefaßt und sie offen zur *Destruktion der positiven Religion* gebraucht. *Voltaire* bricht mit dem Schema der christlichen Heilsgeschichte, dem Lessing einen neuen säkularisierten Sinn unterlegte. *Condorcet* hat auf einer positivistischen Gesellschaftslehre seinen Glauben an die unbegrenzte Perfektibilität des Menschengeschlechts gegründet und hat damit den Grundzug des A.sdenkens bestätigt, daß die freie Vernunft nicht anders kann als im selbsterzeugten Fortschritt der Wahrheit Ziel und Maß der Geschichte zu sehen.

P.HAZARD, Die Krise des europäischen Geistes, 1948 - DERS., Die Herrschaft der Vernunft, 1949 - G.F.W.HEGEL, Phänomenologie des Geistes, 1807 - W.WINDELBAND, Lehrbuch der Gesch. der Philosophie, (1891) 1957[17], erg. v. H.HEIMSOETH (Lit.) - H.WUNDT, Die dt. Schulphilosophie im Zeitalter der A. (Heidelb. Abh. z. Philos. 32) 1945 - H.MEYER, Gesch. der abendländ. Weltanschauung, Bd 4, 1950 - K.SCHILLING, Gesch. der Philosophie, Bd 2, 1953[2] (Lit.) - W.DILTHEY, Weltanschauung u. Analyse des Menschen seit Renaissance u. Reformation, 1891-1904 (Ges. Schr. Bd 2, 1914) - DERS., Das 18.Jh. u. die geschichtl. Welt (Ges. Schr. Bd 3, 1927) - E.CASSIRER, Die Philosophie der A., 1932 - W.R.SORLEY, A history of English Philosophy, (1920) 1937[2] - C.v.BROCKDORFF, Die englische A.sphilosophie, 1924 - DERS., Die deutsche A.sphilosophie, 1926 - B.GROETHUYSEN, Die Entstehung der bürgerlichen Welt- u. Lebensanschauung in Frankreich, 2 Bde, 1927/30 - M.WUNDT, Chr. Wolff u. die dt. A., 1941 - BARTH, PrTh - M.HORKHEIMER-TH.W.ADORNO, Dialektik der A., 1947 - HIRSCH I-V - H.M.WOLFF, Die Weltanschauung der dt. A. in gesch. Entwicklung, Bern 1951. *W.Anz*

II. Deutsche Literatur der Aufklärung

1. Allgemeine Voraussetzungen - 2. Die Anfänge der A.s-Literatur in Deutschland - 3. Brockes, Haller und Hagedorn - 4. Die Robinsonaden und die Moralischen Wochenschriften - 5. Der Aufstieg Gottscheds - 6. Der Literaturstreit mit den Schweizern - 7. Die Ausbildung der bürgerlichen Gefühlskultur - 8. Das »Zeitalter Friedrichs« und das Fortwirken der Populär-A.

1. Die deutsche A. ist nur die Teilerscheinung einer *gesamteuropäischen* Geistesbewegung, sie empfängt ihre stärksten Impulse von außen, aus England und Frankreich. Das Selbstverständnis des Zeitalters gründet sich auf die Autonomie der Vernunft. Mit ihrer Hilfe wird es in zunehmendem Maße gelingen, den natürlichen Zusammenhang alles Seins »aufzuklären«; denn die Vernunft und die Natur sind vom Schöpfer aufeinander abgestimmt. Rationalismus und Empirismus sind die beiden Weisen der Wirklichkeitsbewältigung. Diese Überzeugung von der zunehmenden Erkennbarkeit der Welt verleiht dem Zeitalter einen *optimistischen Fortschrittsglauben* und gibt ihm einen *toleranten* und *weltbürgerlichen* Zug. Zugleich erhält damit die Bildungsidee eine zentrale Bedeutung. Das philosophische wird zugleich ein pädagogisches Jahrhundert. Damit erhält auch die Literatur in ihrem ureigensten Bereiche als Poesie ihre Funktion als Mittel zur Erziehung des Menschengeschlechts; sie wird unter dem Primat des neuen Denkens gleichsam zur Magd der Philosophie, so wie diese bisher die Magd der Theologie gewesen war. Ihre Funktion besteht in der Vermittlung des neuen Denkens und in der Anwendung der neuen Denkinhalte auf die verschiedenen Lebensgebiete. Es ist daher nicht verwunderlich, daß die Vorbereitung der deutschen Muttersprache auf diese Aufgabe von den Philosophen selber ausgeht. → Leibniz selbst hatte in seinen »Unvorgreifflichen Gedanken betreffend die Ausübung und Verbesserung der teutschen Sprache« (1697) und in seiner Abhandlung über »Eine deutschliebende Gesellschaft« auf die Notwendigkeit hingewiesen, »mehr die gründliche Beschreibung der tätlichen Wissenschaften in deutscher Sprache als Klinggedichte und Schäfereien« zu pflegen. Christian → Thomasius hatte bereits 1687 in seinem in deutscher Sprache statt des üblichen Latein abgehaltenen Diskurs, »welchergestalt man denen Frantzosen im gemeinen Leben und Wandel nachahmen soll« versucht, das Bildungsideal des französischen Klassizismus, den »homme savant et galant«, in Deutschland einzubürgern. Dabei bestand freilich die grundsätzliche Schwierigkeit darin, das Lebensideal einer feudalen Gesellschaftsschicht auf bürgerliche deutsche

Verhältnisse zu übertragen. Der eigentliche und erfolgreiche Popularisator des modernen autonomen Vernunftdenkens aber wurde Christian → Wolff. 1712 erscheinen seine ›Vernünftigen Gedanken von den Kräften des menschlichen Verstandes und ihrem richtigen Gebrauch in Erkenntnis der Wahrheit«, die immer wieder neu aufgelegt werden. Mit solchen »Vernünftigen Gedanken« durchdringt er regulierend und ordnend alle Wissens- und Lebensgebiete und bereitet den Boden, auf dem sich das höfische Tugendideal des nachbarocken Klassizismus zur Lebenspraxis der bürgerlichen Tüchtigkeit verwandelt. Im Zusammenhang mit dieser Bürgerkultur verlagert sich das geistige Schwergewicht von den Fürstenhöfen auf die großen Handelszentren und Bürgerstädte Hamburg, Leipzig, Halle, Zürich.

2. Was Chr. Wolff für die bürgerliche Lebenskultur im allgemeinen geleistet hat, das übernimmt Johann Christoph Gottsched (1700-1766) als energisches Erzieheramt gegenüber der Literatur und Sprache. Nach dem Vorbilde Wolffs, aus dessen umfangreichem Gesamtwerk er 1734 einen zweibändigen Auszug »Erste Gründe der gesamten Weltweisheit« herausgibt, macht er sich »vernünftige Gedanken« über die Dichtkunst, und es entspricht nicht nur seiner Natur, sondern dem Wesen der A. überhaupt, daß die theoretischen Erwägungen über die poetische Praxis dominieren. Im Jahre 1724, genau hundert Jahre nach dem Erscheinen von Opitzens »Büchlein von deutscher Poeterey«, kommt der junge Magister Gottsched aus Ostpreußen nach Leipzig und schwingt sich hier an der Universität im Laufe von anderthalb Jahrzehnten zu einer literarischen Führerrolle auf. Wie sah die deutsche Literatur aus, die Gottsched in seinen Anfängen vorfand?

Von der beflügelnden Kraft des neuen Denkens ist zunächst in den ersten Jahrzehnten des Jh.s literarisch nur wenig zu spüren; die Entwicklung der deutschen Dichtersprache bis zu ihrem Mündigwerden in → Klopstock, → Wieland und → Lessing und ihrer vollen Entfaltung in der Lyrik des jungen → Goethe vollzieht sich nur schrittweise und zögernd. Die ersten Spuren eines Stilwandels im Sinne der Abkehr vom barocken Schwulst, vom Manierismus und Preziosentum des italienischen Geschmacks und der Hinwendung zur größeren Natürlichkeit des französischen Klassizismus vollzieht sich bei den sog. *Hofdichtern* des preußischen und sächsischen Hofes von Canitz (1645-99), von Besser (1654-1729) und von König (1688-1744). Auch Gottsched steht noch durch seinen Königsberger Lehrer Joh. Val. Pietsch (1690-1733) und mit seinen »Helden- und Ehrenliedern« in dieser Tradition der höfischen Gelegenheitsdichtung.

3. a) Auf welche Weise sich der moderne Zeitgeist der A. in der deutschen Literatur geltend macht, das wird erstmals stärker fühlbar und bewußt an drei so verschiedenartigen Erscheinungen wie Brockes, Haller und Hagedorn. Barthold Hinrich → *Brockes* hat mit seinem Hauptwerk »Irdisches Vergnügen in Gott« (1721-48) gleichsam das Programm der moralisch-erbaulichen Lehrdichtung der A. gegeben. Sein Feld ist die minutiöse Naturbeobachtung und -beschreibung. »Er steht der Natur wie ein Kurzsichtiger gegenüber, der nur die Einzelheiten scharf erkennt« (Newald). Er demonstriert im einzelnen das Nachweislich-Nützliche und zugleich Angenehme der wohleingerichteten Natur. Seine teleologische Naturbetrachtung bewundert »den Schöpfer im Geschöpf«. Seine außerordentliche Wirkung und Bedeutung beruht darauf, daß hier das moderne Naturgefühl, wenn auch auf eine behutsame, unaggressive Art, an die Stelle des kirchlichen Offenbarungsglaubens tritt.

b) Ungleich tiefer als bei Brockes, dessen auf harmonischen Ausgleich bedachte Natur im Didaktisch-Erbaulichen verharrt, kommt in Albrecht (von) → *Haller* die ganze Problematik der A.sdichtung zum Ausdruck, und zwar als der tiefdurchlittene Konflikt zwischen dem Erkenntnisstolz des Forschers über die sich offenbarende göttliche Vernunft und der gleichzeitigen Einsicht in menschliche Unzulänglichkeit und Schwäche. Der frühverwaiste Berner Patriziersohn, schon von klein auf als eine Art wissenschaftliches Wunderkind auffallend, erwarb sich auf Studienreisen ein umfassendes Wissen und wurde 1736 auf den Lehrstuhl für Anatomie, Botanik und Chirurgie an der neugegründeten Universität Göttingen berufen. Seinen phänomenalen wissenschaftlichen Aufstieg begleiteten schwere Schicksalsschläge. Diese und die Sorgen um die politische Entwicklung seines Vaterlandes, wohin er 1753 unter Verzicht auf ehrenvollere Stellungen zurückkehrte, begünstigten seinen Hang zur religiösen Grübelei, der indessen grundsätzlich als dunkler Unterton aus dem optimistischen Bilde der frühen A. nicht wegzudenken ist. Haller war dichterisch zuerst 1729 mit einem philosophischen Lehrgedicht in schwerfälligen zehnzeiligen Alexandrinerstrophen, »Die Alpen«, hervorgetreten, das die Frucht einer in den Anfängen der Touristik noch ungewöhnlichen Hochgebirgswanderung war und bereits in einer frühen andeutenden Vorwegnahme rousseauistischer Ideen auf den zivilisatorischen Kontrast von reiner unberührter Natur und schlichter Naturverbundenheit gegenüber städtischer Überfeinerung und Verderbtheit abgestimmt war. Noch aufsehenerregender, weil eingängiger in der Form, war Hallers 1732 erstmals erschienener »Versuch Schweizerischer Gedichten«, der Anfang moderner deutscher Gedankendichtung, von Schiller bewundert und fortgeführt. Auch Hallers Dichterschicksal war nicht ohne eine gewisse Tragik und darin ungemein bezeichnend für die Literatur der A. überhaupt. Während anfangs seine Gedankendichtung vielfach zB von Gottsched als zu kühn, zu modern, zu anspruchsvoll abgelehnt wurde und Haller als revolutionärer Neuerer galt, was er keineswegs war, wurden seine literarischen Alterswerke, die sog. Staatsromane, von der nachfolgenden Generation der Stürmer und Dränger kaum mehr beachtet. Haller hat in diesen Werken seine politischen Anschauungen über den Wert der verschiedenen Staatsformen niedergelegt, getrieben von der Sorge, so wie später Jeremias Gotthelf, um die Erhaltung eidgenössischen Wesens. In dieser aristokratisch-konservativen Art staatsbürgerlicher Erziehung bekundet sich die Art, wie der Rationalismus der A. seinerseits den Anschluß an das historische Denken herstellt. Aber eben darin findet die A. keinen Zugang zum Lebensgefühl des → Sturm und Drang.

c) Der Hamburger Friedrich *Hagedorn* (1708-54) verkörpert neben der hausbackenen Erbaulichkeit seines Landsmannes Brockes und dem reflektiven Ernst des gelehrten Haller die horazische Heiterkeit. Das Vorbild für seinen »Versuch einiger Gedichte oder erlesene Proben poetischer Nebenstunden« (1729) (später folgen »Versuche in poetischen Fabeln und Erzählungen« 1738 nach La Fontaine; »Sammlung neuer Oden und Lieder« 3 Teile, 1742/44/52) ist die poésie légère oder fugitive der französischen Rokokogesellschaft. Damit wird Hagedorn zum Vorläufer der deutschen (bürgerlichen) *Rokokodichtung* und *Anakreontik*, die vor allem durch Joh. Wilh. Ludwig Gleim (1719-1803), Joh. Peter Uz (1720-96), Joh. Nikolaus Götz (1721-81) gepflegt wird, in → Wieland ihren deutschen Gipfelpunkt erreicht und in der Leipziger Dichtung des jungen Goethe noch nachwirkt. (Der Name Anakreontik stammt von den »Anacreontea«, neulat. Nachbildungen des Anakreon, die Henricus Stephanus 1544 veröffentlichte). Für die Lokkerung und Schmeidigung der deutschen Sprache ist die Rokokodichtung und Anakreontik von nicht abzuschätzender Bedeutung gewesen, während freilich die Übertragung des graziösen und frivolen Lebensstils der französischen Hofgesellschaft auf deutsche Verhältnisse an den soziologischen Voraussetzungen des deutschen Bürgertums und Landadels scheiterte. Dafür kamen die überwiegend ländlich-patriarchalischen Verhältnisse der Entfaltung einer deutschen *Idyllen- und Schäferdichtung* entgegen.

4. Während bei den drei bedeutendsten dichterischen Gestalten der frühen deutschen A., bei Brockes, Haller und Hagedorn, die Einflüsse der französischen und englischen Vorbilder sich, wenn auch verschieden akzentuiert, überschneiden und die Rokokodichtung sich ganz an Frankreich anlehnt, macht sich in den Moralischen Wochenschriften und in den Robinsonaden gerade auf dem wichtigen Felde der Popularliteratur der englische Einfluß aufs stärkste geltend. Die *Moralischen Wochenschriften* sind die erste Form der modernen, an ein breiteres, insbesondere auch weibliches Publikum gerichteten Zeitschriften mit unterhaltender und zugleich belehrender und erzieherischer Tendenz. Bereits Thomasius hatte 1688/89 mit seinen »Monatsgesprächen« einen Versuch in dieser Richtung gewagt, aber erst in der bildungswilligen Bürgerschicht des 18.Jh.s ist der Boden dafür bereit. Die Engländer Steele und Addison geben die ersten Moralischen Wochenschriften heraus (The Tatler, 1709/11; The Spectator, 1711/12; The Guardian, 1713); im unmittelbaren Anschluß daran erscheint 1713 als erste deutsche moralische Wochenschrift Matthesons »Vernünftler« in Hamburg; es folgen 1721 die »Discourse der Mahlern« von Bodmer und Breitinger in Zürich; 1724 Brockes' »Patriot«, 1725 »Die vernünftigen Tadlerinnen« und 1727 der »Biedermann« von Gottsched in Leipzig, und bald entstehen allenthalben als wichtiges Mittel literarischer Erziehung und Bildung neue Zeitschriften. Die Flut der moralischen Wochenschriften erreicht zwischen 1770 und 1780 ihren Höhepunkt; alle namhaften Schriftsteller der Zeit arbeiten daran mit, wenn auch der Akzent sich mehr und mehr vom Praktisch-Erzieherischen zum Literarisch-Ästhetischen verlagert. - Der sensationelle Erfolg, den der Roman »Robinson Crusoe« (London 1719, dt. Ausg. 1720) von Daniel Defoe errang, führte zu zahlreichen deutschen Nachbildungen und Umgestaltungen. Die erste und bedeutendste stammt von Joh.Gottfried Schnabel mit dem Titel »Wunderliche Fata einiger See-Fahrer, absonderlich Alberti Julii, eines geborenen Sachsens, auf der Insel Felsenburg« (4 Bde, 1731-43). Aus dem Geiste des Pietismus und des aufgeklärten Vernunftdenkens entstand hier die Utopie einer patriarchalisch-bürgerlichen Gesellschaft im Gegensatz zur Wirklichkeit des absoluten Staates als das allgemeine Wunschbild der Zeit. Robinsonaden erschienen in der Folge in zahlreichen Variationen von sehr unterschiedlichem Wert, vielfach zum niedrigen Abenteuerroman absinkend. Die Bearbeitung des Pädagogen Joh.Heinr.Campe »Robinson der Jüngere« 1779 macht schließlich den Stoff für die Jugendliteratur fruchtbar.

5. Bei aller Mannigfaltigkeit des literarischen Lebens fehlte ihm doch der große beherrschende Zug; dem suchte *Gottsched* durch eine neue theoretische Grundlegung der Dichtkunst abzuhelfen. Er ersehnte eine deutsche Nationalliteratur und wollte sie am Spalier des französischen Klassizismus großziehen. Dem dienten seine theoretischen Werke und seine sog. Theaterreform. - Seine wissenschaftliche Entwicklung, deren Stationen sich an der Reihenfolge seiner Werke ablesen lassen, macht ihn zum Begründer der deutschen Philologie: 1728 erscheint die »Ausführliche Redekunst« (Forderung einer einfachen, klaren und vernünftigen Diktion statt des barocken Schwulstes); 1730 folgt der »Versuch einer Critischen Dichtkunst vor die Deutschen«. Im Anschluß an »L'art poétique« (1674) von Nicolas Boileau, dem Theoretiker des französischen Klassizismus, entwirft Gottsched eine normative Poetik. Zu nützen und zu ergötzen ist nach Horaz die Bestimmung der Kunst; sie wird erfüllt durch die Nachahmung der Natur. Die Natur nachahmen heißt ihre Gesetze und Regeln befolgen, die vermöge der menschlichen Vernunft einsehbar sind; sie sind bereits befolgt in den antiken Mustern, die sich der moderne Künstler daher zum Vorbild nehmen sollte.

In der dramatischen Dichtung macht Gottsched die Schauspieler zu Gesprächspartnern, die moralische Thesen abhandeln statt zu agieren. In der Praxis läuft es also auf die sinnfällige Demonstration moralischer Lehrsätze hinaus. Diesem Ziele diente auch die Theaterreform. Gottsched wollte die klassische Bühnenkunst des französischen Hofes auf Deutschland übertragen. Zu diesem Zweck verband er sich mit der Theatergruppe der Friederike Karoline Neuberin. Anstelle der sog. Haupt- und Staatsaktionen (→ Barock: II, 2), der barocken Oper und der unflätigen Hanswurstpossen und der Komödien, wie sie der Leipziger Modeautor Picander verfaßte, wollte er die regelmäßige klassische Tragödie, das Schäferspiel und das gehobene bürgerliche Lustspiel setzen. Der Hauptsorge, nämlich der Beschaffung eines Vorrats von Stücken, diente die »Deutsche Schaubühne, nach den Regeln und Exempeln der alten Griechen und Römer eingerichtet« (6 Bde 1741-45), die außer zwei »Originaldramen« Gottscheds im wesentlichen französische Übersetzungen und Bearbeitungen von Dramen des 17.Jh.s enthält. Zwar verfuhr Gottsched barbarisch und ohne Fingerspitzengefühl, aber der Anfangserfolg gab ihm recht, und die reformierende Wirkung ist unbestreitbar, wenn auch die Neuberin sich bald wieder von Gottscheds Geschmacksdiktatur trennte. Gottscheds Verdienst besteht denn auch nicht darin, etwas Neues geschaffen, sondern darin, etwas Überlebtes beseitigt, den Baugrund bereinigt zu haben, auf dem das bürgerliche Theater entstehen konnte. Die banausische Starrheit seiner rationalistischen Kunsttheorie brachte ihn auch mit seinen früheren Weggefährten, den Zürichern, in Konflikt.

6. Während Gottscheds Hauptinteresse dem Drama galt, lag den Schweizern Joh.Jac.Bodmer (1698-1783) und Joh.Jac. → Breitinger (1701-76) vor allem das Epos am Herzen. →Homer und →Milton waren ihre Vorbilder; der Messiasdichter →Klopstock wurde daher Bodmers vielgefeierter, wenngleich ungebärdiger Schützling, ebenso wie später der seraphische Dichterjüngling → Wieland sich bald seiner Führung entzog. Denn im Grunde waren die beiden Züricher, wie Gottsched auch, keine Poeten, sondern nüchterne Schulmeister mit gelehrten literarischen und antiquarischen Interessen. Wie der Titel ihrer Moralischen Wochenschrift »Die Discourse der Mahlern« schon verrät, sollte bei der Nachahmung der Natur die Dichtkunst bei der Malerei in die Schule gehen nach dem Grundsatz »ut pictura poesis«. Zehn Jahre nach Gottscheds Poetik, 1740, erschienen Breitingers »Critische Dichtkunst« und Bodmers »Critische Abhandlung von dem Wunderbaren in der Poesie«. Die beiden Züricher lassen dem Gefühl und der Phantasie einen etwas größeren Spielraum; aber nicht die theoretisch-ästhetischen Grundsätze sind das Trennende zwischen Gottsched und den Zürichern, sondern die Tatsache, daß die Züricher dank dem engeren calvinistischen Nord-Süd-Zusammenhang England-Holland-Schweiz ein stärkeres Gefühl für die Seelsorgefunktion der mo-

dernen Dichtung hatten (Schöffler). Im Zuge der innerkirchlichen A. vollzog sich eine rapide Verlagerung vom religiösen auf weltliches Erbauungsschrifttum. Träger dieser neuen weltlichen Erbauungsliteratur waren vielfach selber Theologen oder Theologensöhne, zB der sog. ältere Hallesche Dichterkreis (Sam.Gotth.Lange [1711 bis 1781], Imman.Jac.Pyra [1715-44]). Während bei Gottsched die Schaubühne zum Katheder wurde, konkurrierte bei den Schweizern der Dichter mit der Kanzel; sie hatten einen echten Spürsinn für die weltliche Seelsorgeaufgabe der modernen kommenden Poesie. Und wenn sie auch bei der Betreuung künftiger Dichter wie im Falle Klopstocks und Wielands nur die Funktion von Wegweisern hatten, die nicht mitmarschieren, so haben sie doch Gottsched noch eines voraus: sie haben dazu beigetragen, eine neue empfängliche Leserschicht heranzubilden, und zwar weniger durch Bodmers Patriarchaden, biblische Epen im Stile von Miltons »Verlorenem Paradies«, sondern durch ihre theoretischen Schriften und durch die ersten Editionsversuche mhd. Dichtung, zB der Manessischen Sammlung und des Nibelungenliedes. Ihre Kunstlehren fanden in Joh.Georg Sulzer (1720-79) und Georg Fried.Meier (1718-77) Nachahmer und Fortsetzer.

7. Merkwürdig rasch verliert der erbitterte Prinzipienstreit zwischen Leipzig und Zürich an öffentlichem Interesse; die nächste Generation geht darüber hinweg, aus zwei tiefgreifenden Ursachen: Mehr und mehr verblaßt der asketisch-strenge und nüchtern-rationalistische Zug. So wie sich im kirchlichen Raum der → Pietismus als mächtige religiöse Glaubensbewegung außerhalb der orthodoxen Theologie durchsetzte, so überflutet nach einer reinigenden rationalistischen Phase der theoretischen Klärung und Besinnung das künstlich zurückgestaute Gefühl die Poesie und schlägt sogar in einen forcierten Empfindungsreichtum um (→ Empfindsamkeit). Gerade in Leipzig, unter den Schülern Gottscheds, wird die Reaktion und das bisher zu kurz gekommene Gemütsleben zuerst deutlich in dem Kreis der Bremer Beiträger (so benannt nach dem Verlagsort ihrer Zeitschrift »Neue Beiträge zum Vergnügen des Verstandes und Witzes«; hier erscheinen 1748 die ersten drei Gesänge von Klopstocks Messias). Zu den Bremer Beiträgern gehörten neben den empfindsamen Dichtern Cramer, Ebert, Giseke, dem Satiriker Rabener und neben Fr. Wilh.Zachariä, dem Verfasser der komischen Leipziger Studentensatire »Der Renommist«, als bedeutendste Mitglieder der hochbegabte Dramatiker Joh.Elias Schlegel (1719-39), der sich in seinen theoretischen Schriften schon weit von Gottsched entfernt und als Vorläufer Lessings dem Verständnis Shakespeares und der antiken Tragödie vorgearbeitet hatte, und sein Bruder Joh.Adolf Schlegel (1721-93), der Vater der Romantiker Aug.Wilh. und Friedr. → Schlegel, und vor allem Chr.Fürchtegott → Gellert.

Fast in allen literarischen Gattungen ist *Gellert* fruchtbar und erfolgreich gewesen: 1746 und 1748 erscheinen in 2 Bden seine Fabeln und Erzählungen, das Kernstück seines literarischen Erfolges, 1745 schafft er mit der »Betschwester« im Anschluß an die Comédie larmoyante das erste deutsche rührende Lustspiel, dem weitere folgen; 1747/48 veröffentlicht er nach dem Muster von Richardsons »Pamela« den ersten deutschen moralischen Roman »Das Leben der schwedischen Gräfin von G.«. Daneben übt er einen ungeheuren erzieherischen Einfluß durch seine Moralischen Vorlesungen, seine Mustersammlung von Briefen und vor allem als Kirchenlieddichter durch seine »Geistlichen Oden und Lieder« (1757) aus. Gellert legte, wie Goethe im 7. Buch von »Dichtung und Wahrheit« sagt, das »Fundament zur deutschen sittlichen Kultur«.

8. Die Ausbildung der Gefühlskultur in den mittleren Jahrzehnten des 18.Jh.s, gleichsam das poetische Nach-Innen-Schlagen der A. in eine innerliche und beseelte private Sphäre, ist nur die eine Seite der Entwicklung; ihr entspricht auch eine Entfaltung nach außen. Kant hat 1784 das Zeitalter der A. als das *Zeitalter Friedrichs* bezeichnet. Das kann allenfalls vom Jahre 1740, der Thronbesteigung → Friedrichs II., ab gelten, im vollen Sinne erst seit dem Siebenjährigen Krieg; die Literatur aber empfing von daher das, was alle Gedankenschärfe, aller Witz und alle Gemütstiefe ihr nicht ersetzen konnten, nämlich den »nationellen Gehalt«, wie es Goethe genannt hat. Dafür ist die Umwandlung des Anakreontikers Gleim in den Dichter der »Lieder eines Preußischen Grenadiers« (1758) oder Lessings »Philotas« (1759) und »Minna von Barnhelm« (1767) nur ein äußeres Symptom; denn nicht vom Thematischen her ist diese Wandlung zu fassen. Die Saat der A. beginnt jetzt erst in der Dichtung aufzugehen; Freiheit, Toleranz, Humanität und Bildung sind nicht mehr nur theoretische Postulate, sondern sie werden durch Klopstock, Wieland und Lessing in den Leitbildern der Dichtung verwirklicht. Aber gleichwie sich in der Philosophie eine Höhenlinie der Entwicklung von Leibniz über Kant bis zum deutschen Idealismus hin fortsetzt und charakteristischerweise von Chr.Wolff ein breiter Strom der Popularphilosophie abzweigte, so setzt sich auch die Literatur der A. in einer breiten Erbauungs- und Erziehungsliteratur fort. Für die pädagogischen und volkserzieherischen Tendenzen sind Namen wie Joh.Bernh. → Basedow, Joach.Heinr. → Campe, Joh.Georg Schlosser (1739-99), Friedr.Eberh.von → Rochow, Joh.Heinr. → Pestalozzi, Rud.Zach.Becker (1752 bis 1822) bezeichnend. Ihren besonderen literarischen Ausdruck findet diese *populäre A.* in der Entwicklung des Zeitschriftenwesens und in dem Anwachsen der Romanliteratur. Garve und Engel, der Berliner Buchhändler und Schriftsteller Friedr. → Nicolai, der Begründer der Allgemeinen Deutschen Bibliothek, und Moses → Mendelssohn sind die markantesten Fortsetzer des populären A.sgeistes. Der Familienroman »Sophiens Reise von Memel nach Sachsen« (1769/73) von Joh.Tim. Hermes und Friedr.Nicolais »Leben und Meinungen des Herrn Magister Sebaldus Nothanker« (1773/76) sind die getreuen Spiegelungen des geistigen und kulturellen Zustandes der bürgerlichen Gesellschaft des A.szeitalters.

Bibliographie: J.Körner, Bibliograph. Hdb. d. dt. Schrifttums, Bern 1949^{3}, 197ff - H.W.Eppelsheimer, Hdb. d.Weltlit. I.II, 1937^{2}, passim - HWS 14ff - G.Müller, A.szeitalter (Lit.wiss. Jb. d. Görres-Gesellsch. 6, 1931, 82-94) - F.Schalk, Zur Erforschung d. franz. A. (Volkstum u. Kultur d. Romanen 4, 1931, 321-342; 5, 1932, 289-316) - B.v.Wiese, Dichtung u. Geistesgesch. d. 18.Jh.s. Eine Problem- u. Lit.schau (DVfLG 12, 1934, 430-478) - W.Rasch, Neue Forsch. z. Lit. d. A.szeit u. d. Sturm u. Drang (Zeitschr. f. dt. Bildung 17, 1941, 314-319) - W.Andreas, Neue A.slit. (ZRGG 3, 1951, 152-155) - V. Suchy, Geistesgesch. d. A. (Wiss. u. Weltbild 4, 1952, 106-110) - W.Rasch, Die Lit. d. A.szeit (DVfLG 30, 1956, 533-560) - RDL^{2} I, 117ff.

Textsammlungen: Dt. National-Litteratur, hg.v. J.Kürschner - Dt. Lit.denkmale des 18. u. 19. Jh.s in Neudr. hg.v. B.Seuffert - Dt. Literatur. Sammlung literar. Kunst- u. Kulturdenkmäler in Entwicklungsreihen, hg.v. H.Kindermann, Reihe A. hg.v. F.Brüggemann, Bd 1-16, 1928-38; Reihe Selbstzeugnisse hg.v. A.Beyer-Fröhlich, Bd 7-8 (1933/34); Reihe Polit. Dichtung, hg.v. R.F.Arnold, Bd 1, 1930; hierzu: M.v.Geismar, Die polit. Lit. d. Deutschen im 18.Jh., 4 Bde, 1847.

Gesamtdarstellungen: K.Biedermann, Deutschland im 18.Jh., 3 Bde, 1854-80 - H.Hettner, Gesch. d. dt. Lit. im 18.Jh. (H.Hettner, Lit.gesch. d. 18.Jh.s T. 3, hg.v. E.A.Boucke, 1925/26^{7}, neubearb.v. G.Witkowski, 1929) - A.Köster, Die dt. Lit. d. A.szeit, hg.v. J.Petersen, 1925 - O.Walzel, Die dt. Dichtung von Gottsched bis zur Gegenwart (HLW 1), 1927/30 - E.Ermatinger, Dt. Kultur im Zeitalter d. A. (HKultG 1, 10), 1934 - Ders., Dt. Dichter 1770-1900, T. 1: Vom Beginn d. A. bis zu Goethes Tod, 1948 - H.A.Korff, Geist der Goethezeit I, (1923) 1955²; II, (1930) 1954² - R.NEWALD, Vom Späthumanismus zur Empfindsamkeit. 1570-1750 (DE BOOR-NEWALD, Gesch. d. dt. Lit. 5), 1951 - F.J. SCHNEIDER, Die dt. Dichtung vom Ausgang d. Barock bis zum Beginn d. Klassizismus. 1700-1785 (Epochen d. dt. Lit. 3, 1), (1924) 1948². *M.Greiner*

III. Theologisch-kirchlich

1. Name, Ursprung, Abgrenzung - 2. Die west- und südeuropäischen Länder - 3. Deutschland bis 1790: Vernünftige Orthodoxie und Neologie - 4. Die Krisis der kirchlichen A. - 5. Rationalismus und Supranaturalismus - 6. Die kirchliche A. im deutschen Katholizismus - 7. Würdigung

1. In Theologie und Kirche hat der *Name* A. einen besonderen, von der allgemeinen Entwicklung geschiedenen Sinn. Er weist hin auf die Auseinandersetzung des überlieferten Christentums mit der umfassenden Kulturbewegung, die auf allen Lebensgebieten durch den Begriff → Aufklärung (: I, 1) bezeichnet wird. Die Eigenständigkeit, die der Kirche und ihrer Theologie im abendländischen Kulturkreis zukommt, bewährt sich darin, daß sich hier die A. nicht kompromißlos durchgesetzt hat. Sie hat freilich einen *Umformungsprozeß* eingeleitet, der sowohl Protestantismus wie Katholizismus in gleicher Weise, wenn auch nicht in gleichem Grade erfaßt hat.

a) So bedeutet die A. eine epochale Wendung in der Geschichte des Christentums. Sie ist unmittelbar vorbereitet durch den → *Pietismus*. Er darf nicht, wie es im 19.Jh. geschah, schlechthin als Gegensatz zur A. angesehen werden. Diese im Selbstgefühl der Erweckungsbewegung wurzelnde Beurteilung, die auch von liberalen Forschern wie → Troeltsch und Wernle vertreten wird, verkennt die gemeinsamen Ursprünge und die Übereinstimmungen, die im Bilde des Menschen, seiner geistigen und geistlichen Möglichkeiten und seiner Assoziationsfähigkeit zwischen beiden Bewegungen bestehen. Die eine ist immer latent in der anderen vorhanden, ihre gegenseitige Abgrenzung sachlicher und zeitlicher Art immer relativ. Einzelne markante Vertreter des Pietismus wie Joh.Konrad → Dippel und Joh.Christian → Edelmann, aber auch der Historiker Gottfried → Arnold haben direkt als Väter der A. zu gelten. Daß der Hallische Pietismus (A.H. → Francke) trotz anfänglichen Widerstandes unvermerkt in die A. überging, ist für beide Teile bezeichnend. Die pietistischen Gegenströmungen, die sich trotzdem immer wieder gegen die A. erheben und ihren Gang in Deutschland ständig begleiten, münden schließlich in die → Erweckungsbewegung des 19.Jh.s. Erst in ihr wird sich der Pietismus seines Gegensatzes gegen die A. endgültig bewußt.

b) Zu den gemeinsamen *Ursprüngen* von Pietismus und A. muß man vor allem rechnen den biblischen → Humanismus, der vom 16.Jh. an im Protestantismus als legitim anerkannt worden war, aber auch den von der offiziellen Kirche zurückgedrängten → Spiritualismus und die teils verketzerte (Val. → Weigel, Jak. → Böhme), teils adoptierte (Joh. → Arnd, Joh. → Gerhard) Mystik, vor allem auch romanischen Gepräges (→ Mystik: VI). Speziell in der A. wirken nach die Traditionen des → Naturrechtes aus dem Spätmittelalter und westeuropäische Traditionen sowie die skeptischen Stimmungen der ausgehenden Scholastik und der → Renaissance (→ Philosophie: II B). Vor allem aber wird ihre Entstehung herbeigeführt durch die großen Entdeckungen der modernen → Naturwissenschaft und die ersten Regungen der kritischen → Geschichtswissenschaft.

Die Philosophie der → Aufklärung (: I), die dieses neue Weltbild vorbereitet hat, hat der Theologie die entscheidenden Impulse gegeben. So hinkt die kirchliche A. dem Gang der geistesgeschichtlichen Entwicklung nach. Die Theologie führt nicht mehr die Wissenschaft an, wie das im Mittelalter und in der Reformation geschehen war, sondern liefert Rückzugsgefechte. Nachdem sie die Verbindung mit dem Aristotelismus aufgegeben hat, knüpft sie der Reihe nach mit den einander ablösenden philosophischen Schulen an. Und dabei geschieht es, daß jede in sorgfältiger Apologetik gewonnene Synthese fast im Augenblick ihrer Entstehung abgelöst wird und veraltet durch eine neue Phase der philosophischen Entwicklung.

c) In den westeuropäischen Ländern (s. 2) hebt die Auseinandersetzung früher an als in Deutschland; hier muß man daher die *zeitliche Abgrenzung* besonders festlegen. Während der Cartesianismus (→ Descartes) zunächst nur an einigen ref. Hochschulen Westdeutschlands eine bescheidene Rolle spielte, bildete der Spinozismus bis zum Ende des 18.Jh.s eine verborgene, mit Argwohn beobachtete Unterströmung und machen sich englische Einflüsse erst verhältnismäßig spät geltend. Die A. hebt in der Christenheit Deutschlands in breiter Front erst an, als die Philosophie von → Leibniz durch dessen Schüler Christian → Wolff (seine »Vernünfftigen Gedanken von Gott, der Welt und der Seele des Menschen« kamen 1720 heraus) systematisiert und auf alle Lebensgebiete angewandt worden war. Das Ende der Wirkungsmächtigkeit der A. in der ev. Kirche wird etwa durch das Jahr 1835 bezeichnet. Das »Leben Jesu« von Dav.Fr. → Strauß, das damals erschien, war von dem Gedankengut des → Idealismus bestimmt, der das Anliegen der A. in neuer Weise weiterführte.

In den vier Menschenaltern von 1720 bis 1835 bedeutet das Jahr 1790 Höhe- und Wendepunkt in der Entwicklung der A. Im Zusammenstoß mit der Französischen Revolution und der Philosophie → Kants beginnt die A. sich zu zersetzen, erheben sich in → Romantik und → Restauration die Kräfte des Widerstandes. In dem Abschnitt von 1720-90 unterscheiden wir die *Aufgeklärte Orthodoxie* von der sich unmerklich ablösenden *Neologie;* seit 1790 treten → *Rationalismus* (hier nicht [wie in → Aufklärung: I, 1. 2] als eine spezifische Form aufgeklärten Denkens, sondern als eine theologische Schule verstanden) und *Supranaturalismus* immer mehr auseinander und gegeneinander.

2. In den *westeuropäischen Ländern* setzt die kirchliche A. wesentlich früher ein; ihre Ergebnisse beeinflussen die deutsche Entwicklung. Der Humanismus hat hier besonders stark in das kirchliche Leben eingegriffen und sich zugleich in religiöser und wissenschaftlicher Selbständigkeit neben ihm behauptet. Seine Ausprägung im → Arminianismus Hollands, im frühen → Deismus Englands und in der zwischen Hugenotten und Katholiken vermittelnden Richtung in Frankreich bilden eine Vorstufe kirchlicher A.

a) In *England* hat der Sturz der Stuarts durch Wilhelm von Oranien die Bahn für die kirchliche A. geöffnet. Hier haben die → Latitudinarier der Anglikanischen Kirche zuerst die apologetischen Methoden entwickelt, die dann auch auf dem Festland zur kirchlichen Neutralisierung der A.sphilosophie angewandt wurden; hier ist vor allem die kritische Geschichtswissenschaft sowohl in der biblischen Exegese wie in der Dogmengeschichte in vorbildlicher Weise für die Verteidigung des Christentums eingesetzt worden. Der Erfolg war, daß etwa um 1760 die Expansionskraft der A. in England erlahmte; die religiöse Kraft, die von den → Methodisten ausging, hat das konfessionell so gespaltene englische Christentum vor der radikalen A. bewahrt und der Nation eine einheitlich-christliche Grundstimmung erhalten.

b) Anders in *Frankreich*. Hier hat die A. auf dem durch die Aufhebung des Ediktes von Nantes und durch den

Streit zwischen Jansenisten und Jesuiten zerklüfteten Boden erreicht, daß sich der neue Stand des Bürgertums im ganzen gegen die kath. Kirche gestellt und sich ihrem Einfluß entzogen hat. Über die Ursachen, die diese entscheidende Wende in der Geschichte des christlichen Abendlandes herbeigeführt haben, lautet das Urteil verschieden. Sicher darf der radikale Einfluß der → Enzyklopädisten und der Materialisten (→ Lamettrie, → Holbach), der ätzenden Geschichts- und Kirchenkritik → Voltaires, der Weltanschauung → Rousseaus, die die normale A. an Kühnheit der Konzeption und Kraft des Gefühls bei weitem übertrifft, nicht unterschätzt werden. Daneben aber müssen auch die innerkirchlichen Verhältnisse für die Trennung der bürgerlichen A. von der kath. Kirche verantwortlich gemacht werden: Die Feudalisierung der Kirche, die daraus erwachsende Kluft zwischen höherem und niederem Klerus, die Anfälligkeit beider Schichten für die radikalen kirchenfeindlichen Ideen; die blutige Unterdrückung der Hugenotten, die kaum weniger gewaltsame der Jansenisten, die gegenüber der Akkommodationspraxis der Jesuiten in Ethik und Gottesanschauung ein urtümliches christliches Anliegen vertraten. Kurzum, es war die ganze Atmosphäre, die unter dem bloß äußerlichen Sieg der → Gegenreformation in der französischen Staatskirche eingetreten war und die mit dem Sturz des ancien régime auch das Emporkommen einer antikirchlichen, ja antichristlichen A. in der Französischen Revolution begünstigte.

c) Während im *Holland* des 18.Jh.s englische und französische Einflüsse sich kreuzten und das Land die selbständige geistige Bedeutung, die es seit dem Ausgang des Mittelalters gehabt hatte, verlor, nahm die kirchliche A. in den romanischen Ländern *Südeuropas* einen eigentümlichen konservativen Verlauf. In *Italien* machte sich freilich der → Josephinismus in den von Österreich abhängigen Ländern geltend; auch in Neapel zeigten sich freiere Regungen. Aber ein Bilderstürmer gegen den Papst wie Pietro Giannone († 1748) blieb doch eine vereinzelte Erscheinung. Und mit der Kurie sorgten die Herzöge von Savoyen dafür, daß die kirchliche Entwicklung nicht in revolutionäre Bahnen gelenkt wurde; erst unter Napoleon hat sich hier die Lage verändert. Ähnlich verlief die Entwicklung in *Spanien* und *Portugal;* der aufgeklärte Katholizismus beider Länder erschöpfte sich im Kampfe gegen den scholastischen Aristotelismus.

3. Verfolgen wir nun die Entwicklung in *Deutschland* bis zum Einbruch der kantischen Philosophie und der Französischen Revolution.

a) Die *Vernünftige Orthodoxie* verbindet in Männern wie Joh.Franz → Buddeus und Christoph Matth. → Pfaff das orthodoxe mit dem pietistischen Erbe und verteidigt es gegen die offen oder verhüllt »atheistischen« Strömungen seiner Zeit. Sie sucht die Unvernunft solcher Lehren nachzuweisen und entwickelt ihrerseits die zwingenden Beweise für das Dasein Gottes. Dabei ist vorausgesetzt, daß menschliche Vernunft und göttliche Offenbarung aufeinander angelegt sind, sich also gegenseitig nicht widersprechen, sondern nur bestätigen können. Von dieser Voraussetzung aus ist die Dogmatik der luth. Orthodoxie wie bei den Pietisten auf die Lehre von Rechtfertigung und Versöhnung konzentriert und reduziert und besonders die Lehre von der Kirche im Sinne des → Kollegialismus umgedeutet worden.

Während Buddeus noch gegen Chr. Wolff polemisierte, Pfaff sich ihm gegenüber neutral verhalten hatte, hat die jüngere Generation der Vernünftigen Orthodoxie - von Siegmund Jak. → Baumgarten ab - die hier vorhandene Übereinstimmung erkannt und ausgewertet. Denn Wolff hatte ihr Anliegen - die Versöhnung von Vernunft und Offenbarung - zu seinem eigenen gemacht, indem er zugleich die leibnizische Harmonie von Vernunft und Glauben näher begründete. Er bestätigt damit die Eigentümlichkeit der deutschen A., die von Anfang an ein klares Ja zur christlichen Offenbarung gefunden hat.

Der Vernünftigen Orthodoxie schien damit ihre Aufgabe sehr leicht gemacht, in dem quantitativen Nebeneinander von Vernunft und Offenbarung die Ergänzungsbedürftigkeit der einen und die Vernünftigkeit der anderen nachzuweisen. Die Offenbarung wird dabei auf die inspirierte Schrift reduziert; deren Wunder liefern den Beweis für das göttliche Offenbarungshandeln. Alle Wunderwerke aber stehen in sich selbst in einem von Gott geordneten Zusammenhang, der formal denselben Gesetzen kausaler Verknüpfung gehorcht, wie sie auch im natürlichen Bereich herrschen. Natur und Gnade stehen daher in derselben Korrelation wie Vernunft und Offenbarung.

b) Grundsätzlich bleibt dieses Verhältnis auch in der *Neologie* bestehen; sie hält mit der Vernünftigen Orthodoxie an der Notwendigkeit einer außerordentlichen göttlichen Offenbarung fest. Aber inhaltlich wird diese beschränkt auf das, was dem Menschen an sich schon seine natürliche Vernunft sagt. Die Vernunft wird durch die Offenbarung bestätigt, nicht ergänzt wie in der Vernünftigen Orthodoxie. Und dabei wird der Umfang der Vernunft erweitert; sie umfaßt für die Neologen nicht nur den logischen Verstand, sondern auch Willen und Gefühl; sie sind nicht umsonst die Zeitgenossen des → Sturm und Drang. Dieses Verhältnis von Vernunft und Offenbarung bedeutet nun aber in Anwendung auf die Bibel als die Urkunde der göttlichen Offenbarung, daß sie in sich nicht Unvernünftiges oder gar Widervernünftiges enthalten kann. Der gegenteilige Anschein beruht darauf, daß Jesus, die Propheten und die Apostel sich den volkstümlichen Anschauungen ihrer Zeit akkommodiert haben; für sich selbst waren sie so vernünftig wie die aufgeklärten Zeitgenossen der Neologie auch, und ihre wahre Meinung ist aus den biblischen Aussagen leicht zu erkennen.

Mit dieser Akkommodationstheorie hängt die *Bibelkritik,* die von der Neologie reichlich geübt wird (für das NT vor allem durch Joh.Aug. → Ernesti, für das AT Joh. Dav. → Michaelis), zusammen. Die Haltung ist also nicht nur konservativ (man hält die Schriftinspiration fest), sondern insofern auch unhistorisch, als die Andersartigkeit der biblischen Gestalten nicht wahrgenommen, das Befremdende an ihnen nicht zugegeben wird. Derselbe Mangel an geschichtlicher Distanz zeigt sich auch in der kritischen Darstellung der *Dogmengeschichte,* die in Joh.Salomo → Semler ihren ersten großen Meister gefunden hat; die dogmatischen Aussagen der Überlieferung werden der Vernunft des ausgehenden 18.Jh.s angeglichen. Trotz solcher Einseitigkeiten hat die Neologie auf beiden Feldern historischer Kritik in vielen Einzelheiten Bahnbrechendes geleistet.

4. Die *Krisis* der kirchlichen A. tritt im letzten Jahrzehnt des 18.Jh.s offen hervor. Sie liegt im Zuge der geistigen Entwicklung in Deutschland. Zwar haben sich radikale Tendenzen nicht durchsetzen können: Naturalisten, die jede übernatürliche Offenbarung leugnen wie K.F. → Bahrdt und Joh.Bernh. → Basedow; Deisten wie der nur im Verborgenen seine »Schutzschrift« abfassende → Reimarus, Materialisten, wie sie am Hofe Friedrichs d.Gr. sich aufhielten. Zwar war die Kirchlichkeit breiter Schichten auch des städtischen Bürgertums ungebrochen; Schriftsteller wie → Gellert und Nikolai (→ Aufklärung: II, 7), der eine mehr der Vernünftigen Orthodoxie, der andere mehr der Neologie zugehörig, sind des Zeugen. Eine ähnliche Entwicklung wie im bürgerlichen

Frankreich hat die konservative Haltung der deutschen A. verhütet.

Und doch bahnte sich in dem, was zunächst als radikale Übersteigerung der A. erschien, ein Neues an, das in lebendiger Religiosität die überlieferten Formen sprengte und dem die kirchliche Theologie nicht gewachsen war. Rousseau ist »im Gewande des 18.Jh.s bereits ein Mensch der neuen Zeit« (Karl Barth). → Lessing steht turmhoch über seinen theologischen Zeitgenossen; sein Verständnis von der Offenbarung als Geschichte überwindet die Spannung von Vernunft und Offenbarung und weist hinüber in die Probleme des 19.Jh.s. Der von ihm entfachte Fragmentenstreit und der nach seinem Tode über ihn entbrannte Spinozastreit enthüllten die Ohnmacht der Theologie der A. Und ihre religiöse Armut überwand → Hamann mit Luthers Theologie. Ihre Bibelkritik überbot → Herder durch die ästhetische Würdigung der hebräischen Poesie. Und während der mit dem Sturm und Drang anhebende Idealismus die Gefühlsinnigkeit des Pietismus wieder zu schätzen begann, spottete die junge Romantik über den hausbackenen Moralismus der A.

Daß diese Gegenkräfte die positiven Errungenschaften der A. stillschweigend übernahmen, ist das sicherste Zeichen dafür, daß sie sich zu ihrer Überwindung anschickten. Der Hauptwiderstand aber lag auf dem *politischen* Felde. Man verdammte die Göttin Vernunft, die in der Französischen Revolution auf den Thron erhoben worden war, und verband ein freiheitsberaubendes Polizeisystem mit der Förderung von Christentum und Kirche (→ Wöllners Religionsedikt). Heimisch war die Reaktion gegen die A. in der Welt der Bauern und Kleinbürger, die von ihr relativ unberührt geblieben war, vor allem aber in den pietistisch erweckten Kreisen, die wie Gottfr. → Menken und → Jung-Stilling in der Revolution das losgelassene Tier aus dem Abgrund witterten.

In dieser kritischen Lage machte die Philosophie *Kants* (→ Aufklärung: I, 5) die innere Zersetzung der A. offenbar. Indem er die Vernunft auf das Gebiet der Erfahrung beschränkte und die Methode der Gottesbeweise als unzulässige Grenzüberschreitung brandmarkte, zerbrach er die Verbindung von Vernunft und Offenbarung und zerstörte so das Schema, das Vernünftige Orthodoxie und Neologie gemeinsam angewandt hatten. Es blieb der Theologie der A. nichts anderes übrig, als entweder die Vernunft gegen die biblische Offenbarung ins Feld zu führen (Rationalismus) oder die Vernunft von der positiven Offenbarung aus ad absurdum zu führen (Supranaturalismus).

5. *Rationalismus* und *Supranaturalismus* entstanden also aus gleichen Ursprüngen und mußten sich die gemeinsamen Voraussetzungen gegenseitig streitig machen. Vor allem seitdem Franz Volkmar → Reinhard 1810 die Unvereinbarkeit beider Richtungen dargelegt hatte, tobte der Streit zwischen ihnen ohne Unterbrechung bis 1835. Dabei haben beide Parteien sich beständig mit den philosophischen und historischen Erkenntnissen des Idealismus anzureichern versucht, ohne sie ganz mit ihren eigentümlichen Intentionen verschmelzen zu können. Schließlich hat der Rationalismus in dem Ringen den kürzeren gezogen, nicht ohne der liberalen Theologie des 19.Jh.s sein Erbgut zu übermitteln.

a) Der theologische *Rationalismus* beschränkt die göttliche Offenbarung auf die vernünftige Erkenntnis des Menschen. Dabei kann sich der Vernunftsbegriff – wie das etwa bei dem bekanntesten rationalistischen Dogmatiker → Wegscheider und mehr noch bei → Röhr, dem Generalsuperintendenten im goetheschen und nachgoetheschen Weimar geschah – durch Anleihen beim Idealismus über die von Kant gesetzten Grenzen hinaus erweitern; immer wurde jedoch eine von außen an den Menschen herantretende Offenbarung bestritten. Der Offenbarungsgehalt der Bibel beschränkte sich auf die Person des Menschen Jesus als die reinste Verkörperung menschlicher Vernunft. Ihr Bild aus den heiligen Schriften zu erheben und geschichtlich verständlich zu machen, erschien als Aufgabe der biblischen Kritik. Daß auch der Rationalismus – bei trefflichen Beiträgen zur Literarkritik des AT und NT – die rechte Distanz zwischen dem Standpunkt der Evangelisten und dem modernen geschichtlichen Bewußtsein noch nicht gewonnen hat, zeigen die gekünstelten Versuche des Heidelberger H.E. G. → Paulus, aus der Wunderüberlieferung des NT das Bild des idealen Menschen Jesus zu gewinnen. So hat die rationalistische Predigt – trotz Röhr – die Gebildeten unter den Zeitgenossen ebensowenig befriedigen können wie das nach unmittelbar anschaulicher Verkündigung verlangende einfache Volk. Da wo der Rationalismus ungebrochen geherrscht hat, ist in weiten Gebieten Deutschlands eine Entfremdung zwischen ev. Kirche und Volk eingetreten.

b) Der *Supranaturalismus* konnte nicht nur an gewisse Restbestände von Vernünftiger Orthodoxie und Neologie, sondern vor allem an die pietistischen Kräfte des 18.Jh.s anknüpfen und sich mit der seit der Jh.wende immer stärker werdenden Erweckungsbewegung verbinden. So hat er seine Hauptvertreter in der älteren Tübinger Schule (Gottl.Chr. → Storr, Joh.Fr. → Steudel) und im nordwestdeutschen Reformiertentum (Gottfr. → Menken) gefunden, also in Kirchengebieten, in denen der Pietismus heimisch war. Aber er hat sich auch an den geschichtlichen Erfahrungen der napoleonischen Zeit gesättigt und die geschichtsphilosophischen Erkenntnisse Herders und der Romantik in sich aufgenommen; er hat so die Möglichkeit gewonnen, die geschichtliche Offenbarung der Bibel den Zeitgenossen, auch vielen Gebildeten, zugänglich zu machen. Indem er freilich die von der A. und erst recht die von dem Idealismus gestellten Fragen unbeantwortet ließ und in einem starren Biblizismus die Vernunft unter einen falschen Gehorsam des Glaubens gefangen hielt, trägt auch er ein gutes Teil Schuld mit daran, daß in Deutschland nicht wie in England die A. durch eine umfassende religiöse Volksbewegung überwunden wurde. Es rächte sich, daß er im Grunde am Offenbarungsverständnis der A. festhielt.

In kurzschlüssiger Apologetik haben sich die Supranaturalisten Kants Beschränkung der Vernunft so zunutze gemacht, daß sie daraus die Notwendigkeit einer biblischen Offenbarung ableiteten. Die Bibel ist gerade deshalb wahr, weil sie der natürlichen Vernunft widerstreitet. Ihre Wahrheit muß erfahren werden von dem Glauben, der in der Bekehrung willentlich allem Vernunftstolz absagt und die Autorität der göttlichen Offenbarung anerkennt. Materiell besteht dann die Dogmatik aus den auf Rechtfertigung und Versöhnung reduzierten Lehren, die schon der Altpietismus aus der orthodoxen Dogmatik übriggelassen hatte. So kehrte im Supranaturalismus die Theologie der A. zu ihrem Ausgangspunkt in Orthodoxie und Pietismus zurück; es scheint, als habe sie keinen eigentümlichen Ertrag hervorgebracht. In der Tat sind ihre Fragen vom Idealismus weitergeführt und vertieft, wenn auch nicht alle beantwortet worden.

6. Im deutschen *Katholizismus* weist die theologische Entwicklung der A. mit der des Protestantismus mancherlei Übereinstimmung auf. Nachdem man die philosophische Grundlage des Aristotelismus – nicht überall und nicht ohne Widerstände – verlassen hatte, verband man sich mit den wechselnden Systemen von Leibniz-Wolff bis Kant. Die Verbindung von Vernunft und

Offenbarung, für die die Scholastik ja schon das Vorbild bot, erfolgte ähnlich wie in Aufgeklärter Orthodoxie und Neologie. Dem Rationalismus verwandt erscheint etwa die Theologie →Wessenbergs; in den Wirren der Revolution gab Eulogius → Schneider das Beispiel eines Umschlags vom Rationalismus zum materialistischen Atheismus. Die Vertiefung des kantischen Vernunftsbegriffes, wie sie im Zuge der Entwicklung des deutschen Idealismus bei G. → Hermes und Anton → Günther erfolgte, führte schon hinüber in die innere Erneuerung des Katholizismus im 19.Jh.

Die eigentliche Bedeutung der kath. A. liegt auf organisatorischem und volkspädagogischem Gebiete. Im Verhältnis von Staat und Kirche bildet der → Josephinismus den Höhepunkt eines Staatskirchentums, das in den kleineren Territorien eifrig nachgeahmt wurde. Die Auflösung der Diözesen und die Zentralisierung der kirchlichen Verwaltung in den staatlichen Behörden, die schon in der Gegenreformation begonnen hatte, vollendete sich; wie damals, so wurde sie auch jetzt durch päpstliche Nuntiaturen (→ Nuntiaturstreit) gefördert. Bedrängt vom staatlichen und kurialen Zentralismus schloß sich der deutsche Episkopat weithin den Ideen des → Febronius an und erstrebte auf dem Emser Kongreß die Verselbständigung der deutschen Kirche.

Auch solche Bischöfe, die als getreue Anhänger Roms eine Orthodoxie schärfster Observanz pflegten, haben die volkspädagogischen Bemühungen der kath. A. unterstützt. Sie beziehen sich auf die Reinigung des Kultus (Auswüchse barocker Volksfrömmigkeit werden beseitigt), Reduktion der Feiertage, Abschaffung der → Bruderschaften, volkstümlicher Gebräuche (Wettersegen), Einschränkung von Prozessionen und Wallfahrten, Ausbau der Volksschule. Nützlichkeitserwägungen der weltlichen Obrigkeit gehen dabei mit dem kirchlichen Reformeifer Hand in Hand. Passiver Widerstand regte sich in weiten Teilen des Klerus und im einfachen Volke in Stadt und Land. Wo er aktiv zu werden drohte, wurde er mit Polizeigewalt niedergeknüppelt.

7. Bei der zusammenfassenden *Würdigung* der kirchlichen A. beider Konfessionen darf man nicht vergessen, daß sie die breiten Massen der Bevölkerung bis zur Jh.-wende nicht erfaßt, sondern sich auf einem mehr oder weniger großen Ausschnitt aus Adel und Bürgertum beschränkt hat. In der politischen und kirchlichen Aktivierung dieser Massen – wie sie während der Französischen Revolution zuerst in der Vendée erfolgte – liegen Chancen für die Restauration. Andererseits ist nicht zu verkennen, daß mit der fortschreitenden Zersetzung der A. im 19.Jh. auch die kirchliche Entfremdung dieser Massen einsetzte, wobei die mit dem Aufschwung der → Industrie einsetzende Verstädterung eine große Rolle spielt.

Einerlei ob man die theologische Leistung der A. positiv würdigen kann (E.Hirsch) oder nicht (K.Barth), zuzugeben ist, daß hier die entscheidenden Fragen gestellt sind, mit denen sich der philosophische und theologische Idealismus vergebens abmühte und deren Lösung uns noch aufgegeben ist.

RE II, 225ff (A.); IV, 532 (Deismus); XIII, 436ff (Moralisten) – E.Troeltsch, Ges. Schr. IV, Neudr. 1925 – Hnr.Hoffmann, Die A. (RV 19), 1912 – P.Wernle, Der schweizerische Protestantismus im 18.Jh., 3 Bde, 1923f – K.Aner, Die Theologie der Lessingzeit, 1929 – W.Maurer, A., Idealismus u. Restauration. Stud. z. Kirchen- u. Geistesgesch. in bes. Bez. auf Kurhessen (1780–1850), 2 Bde, 1930 – K.Barth, PrTh – Hirsch I–V – F.Valjavec, Die Entstehung der politischen Strömungen in Deutschland 1770–1815, 1951. – S.Merkle, Die kirchl. A. im kath. Deutschland, 1910 – J.Rössler, Die kirchl. A. unter dem Speierer Fürstbischof August von Limburg-Stirum (1770 bis 1797) (Diss. Würzburg), 1914 – B.Groethuysen, Die Entstehung der bürgerl.Welt- u. Lebensanschauung in Frankreich, 2 Bde, 1927 bis 1930 – M.Braubach, Die kirchl. A. im kath. Deutschland im Spiegel des »Journal von u. für Deutschland« (1784–92) (HJ 54, 1934, 1–63. 178–220).

W.Maurer

Aufnahme in die Kirche

1. Kirchenrechtlich – 2. Praktisch-theologisch

1. Ev. und kath. Kirche stimmen darin überein, daß der Mensch durch die Taufe Glied der wahren Kirche Jesu Christi wird (→ Taufe: VII). Unterschiedlich ist die Auffassung über das Verhältnis zwischen der geistlichen Gliedschaft am Leib Christi und der Mitgliedschaft in der Rechtskirche (→ Kirche: VI). Für die *kath. Kirche* ist die Kirche des Glaubens mit der Rechtskirche identisch. Die Taufe ist der von Christus eingesetzte Rechtsakt des Kircheneintritts: »Baptismate homo constituitur in Ecclesia Christi persona cum omnibus christianorum iuribus et officiis« (can. 87). Durch die Taufe sind auch die ev. Christen de iure divino in die kath. Kirche aufgenommen und im Stande der »excommunicati tolerati« (→ Kirchenmitgliedschaft). Für die *ev. Kirche* folgt aus der Unterscheidung zwischen der Gemeinschaft des Glaubens und der Rechtskirche die Unterscheidung zwischen der A. in die Gemeinde Jesu Christi und dem Erwerb kirchlicher Mitgliedschaft in einer Landeskirche. Auch nach ev. Lehre ist die Taufe unverlierbare Rechtsgrundlage kirchlicher Mitgliedschaft.

A. in die Rechtskirche setzt Wohnsitz in einer Ortsgemeinde voraus. Wie sich die Landeskirche in ihren Gemeinden aufbaut, so vermittelt in der Regel die Gemeindezugehörigkeit die Kirchenmitgliedschaft. Die Gemeinde (Pfarramt und Ältestenkreis) ist auch für den innerkirchlichen Vollzug der A. zuständig.

Neben der Taufe ist wichtigste Voraussetzung der A. das → Bekenntnis, dh die Erklärung, einer bestimmten Kirche und ihrem Bekenntnis angehören zu wollen. Dieses Element ist nach dem in Deutschland geltenden kirchlichen und staatlichen Recht bei den einzelnen Tatbeständen der A. sehr unterschiedlich berücksichtigt:

a) Für das religionsunmündige Kind (bis zur Vollendung des 14. Lebensjahres) wird die Erklärung der Kirchenzugehörigkeit stellvertretend von den Eltern als den Trägern der religiösen Erziehungsgewalt in der Regel implicite mit der Anmeldung zur Taufe abgegeben. Hinzu kommt die ev. Erziehung und Unterweisung, die es dem religionsmündig gewordenen Kind ermöglicht, bei der → Konfirmation (: II) das bei der Taufe stellvertretend gesprochene Ja des Glaubens aufzunehmen und seine kirchliche Mitgliedschaft zu bekräftigen. Das getaufte Kind ev. Eltern ist also auch kirchenrechtlich volle Rechtspersönlichkeit. Eine Gegenansicht nimmt eine mit der Taufe beginnende und sich erst mit der Konfirmation vollendende A. und vor der Konfirmation eine Mitgliedschaft minderen Rechts an (vgl. Bredt II, 411f).

b) Am unmittelbarsten kommt das Bekenntniselement bei der A. Erwachsener zur Geltung. Über die A. entscheidet nach seelsorgerlichem Ermessen der Pfarrer im Benehmen mit dem Ältestenkreis. Die A. wird bei Ungetauften durch die Taufe, bei Getauften durch die Teilnahme am Abendmahl vollzogen.

c) Freiwilligkeit und Bekenntnisbindung treten zurück bei der A. eines ev. Christen durch Wohnsitzbegründung im Bereich einer Landeskirche. Ebenso formlos und automatisch wie der »Austritt« durch Wegzug aus dem Gebiet der Landeskirche vollzieht sich die A. Die Freiwilligkeit der A. beschränkt sich hier auf das Negativum des nicht erklärten Austritts aus der Landeskirche des neuen Wohnsitzes. Bei dieser A. wirkt die auf früheren Entwicklungsstufen der Landeskirche aus dem territorialen Charakter der Kirche (→ »cuius regio, eius religio«) und dem Parochialrecht folgende »Zwangsmitgliedschaft« noch in der Ev. »Volkskirche« der Gegenwart nach. Staatskirchenrechtlich ermöglicht die Eigenschaft der Kirche als → Körperschaft des öffentlichen Rechts, daß der einzelne ihr nicht wie bei der Freiwilligkeitskirche in der Rechtsform des Vereins durch ausdrückliche Erklärung beitreten muß, sondern kraft Gesetzes Mitglied werden kann. Dies wirkt sich zB bei der Kirchensteuerpflicht des Zugezogenen aus (→ Kirchensteuer: I).

Die neuere Entwicklung in der ev. Kirche von der Volkskirche zur konfessionell bestimmten Bekenntniskirche legt eine Reform der A. und des Mitgliedschaftsrechts im Rahmen eines stärker bekenntnisgebundenen Kirchenrechts nahe.

E. Friedberg, Lehrbuch des kath. u. ev. Kirchenrechts, 1903⁶, §§ 92. 93 - V. Bredt, Neues ev. Kirchenrecht für Preußen II, 1922, 399ff - P. Schoen, Kirchenmitgliedschaft u. Kirchengemeindemitgliedschaft nach den neuen ev. Kirchenverfassungen (Verwaltungs-Archiv 30, 1925, 114f) - HdR III, 547 ff - H. Wehrhahn, Zur Kirchensteuerpflicht der Protestanten in Deutschland (Recht u. Staat in Gesch. u. Gegenwart 167, 1952) - W. Maurer, Zur theol. Problematik des kirchl. Mitgliedschaftsrechtes (ZevKR 4, 1955, 337-360) - H. Liermann, Die kirchl. Mitgliedschaft nach geltendem ev. Kirchenrecht (ebd 382-399). *G. Wendt*

2. a) Nichtchristen (Juden und Heiden) werden in die Kirche Christi durch die → Taufe aufgenommen. Auch die Kinder von Christen werden erst durch die Taufe Glieder der Kirche. Wenn man auch in der alten Kirche schon durch die Aufnahme in den Katechumenenstand (→ Katechumenat) »zum Christen gemacht« wurde, wurde die eigentliche Mitgliedschaft (Zulassung zum Abendmahl) erst durch die Taufe erlangt. Nach Anschauung und Lehre der reformierten Kirche gehören Kinder von Gläubigen durch die Geburt dem Volke Gottes, gleichwohl sollen sie die Taufe als »Zeichen des Bundes« empfangen.

Daneben gibt es Kirchen, für die nicht die Taufe die A. in die Kirche darstellt, sondern der persönliche Beitritt der Erwachsenen zur Gemeinde auf Grund von Glaube, Buße und Bekehrung (zB Quäker, Heilsarmee u.a.).

b) Für alle christlichen Kirchen, bei denen die A. in die Kirche mit der Taufe verbunden ist, kommt es dadurch zu dem Problem der »A.«, daß die Kirche Christi in Konfessionen gespalten ist und daher auch bereits Getaufte von einer »Kirche« zu einer anderen konvertieren. In der alten Kirche schon fand die A. von »Häretikern« oder »Schismatikern« bzw. die Wieder-A. von Abgefallenen nach einer gehörigen Bußzeit durch die Zulassung zum Abendmahl statt. Auch seit der Reformation wurde in den großen Konfessionskirchen daran festgehalten, daß die A. eines getauften Christen anderer Konfession durch die Teilnahme am Abendmahl der Kirche, der er beitreten wollte, vollzogen wurde. Allerdings kamen in den verschiedenen Kirchen besondere Bestimmungen über die A. in Geltung, in denen sich die verschiedene Lehre von der Kirche zeigt. Die *orthodoxe* Kirche hat in ihrem A.-Ritual für Glieder der anderen Kirchen verschiedene Formulare, in denen der Konvertit den Lehren der bisherigen Kirche ausdrücklich abschwören muß. Außerdem empfängt er das Sakrament der Salbung (Konfirmation). Die *röm.-kath.* Kirche fordert für die A. eines christlich getauften Konvertiten die Ablegung des röm.-kath. Glaubensbekenntnisses unter Abschwören aller entgegenstehenden Lehren (→ abjuratio) und durch Empfang des Sakramentes der Buße, dem eine bedingungsweis gespendete Taufe vorherzugehen hat, falls über die Gültigkeit der Taufe Zweifel bestehen. Der A.-Akt kulminiert in einer Erklärung des Priesters, welche die Absolution von der Exkommunizierung und die Wiederherstellung der vollen Kirchengemeinschaft ausspricht (CIC 2314). Die *anglikanische* Kirche vollzieht die A. von Christen anderer Konfession durch die Konfirmation, die in der bischöflichen Handauflegung besteht. In den *ev.* Landeskirchen gab es früher keine besonderen A.-Handlungen vor der Gemeinde, doch wurde die Zulassung zum Abendmahl, die die A. dokumentiert, von der Kenntnis der Kirchenlehre abhängig gemacht (Katechumenat). Neuerdings ist es üblich, einen formellen A.-Akt für Übertretende einzurichten. Die A. erfolgt auf Beschluß des (örtlichen) Kirchenvorstandes in einer liturgischen Handlung vor der Gemeinde oder vor Mitgliedern ihres Vorstandes. In ihr wird der Aufzunehmende nach seinem Bekenntnis zur ev. Wahrheit und nach seiner Willigkeit, der ev. Kirche anzugehören, gefragt. Dabei wird vielfach der Gegensatz zur Lehre seiner bisherigen Kirche herausgestellt. Die A. selbst wird nach einer Erklärung des zum Abendmahl zulassenden Pfarrers (unter Handschlag oder Einsegnung) durch die Teilnahme der Konvertiten am Abendmahl vollzogen. Da diese A. mit dem Abendmahl zusammenfällt, bedarf es keiner besonderen Konfirmation. Die ev. Landeskirchen fordern im Unterschied zu der röm.-kath. Kirche vor der A. den rechtlichen Austritt aus der bisherigen Kirche. Aber da manche Freikirchen (zB auch die »Brüdergemeine«) Glieder einer Landeskirche aufnehmen, ohne ihren Austritt aus dieser zu fordern, kommt es zu dem fragwürdigen Tatbestand einer Doppelmitgliedschaft ev. Christen in zwei »Kirchen«.

Rietschel-Graff 675ff. *J. Beckmann*

Augenblicksgötter → Sondergötter.

Augsburg, *Bistum*

1. Frühzeit - 2. Das Reichsbistum 843-1803 - 3. Das Landesbistum seit 1803

1. Wenn auch zureichende Bezeugung fehlt, so darf doch angenommen werden, daß die Augusta Vindelicorum als Vorort der Provinz Raetia II. in spätrömischer Zeit Bischofssitz war (→ Afra, 2). Ob das Bistum die Völkerwanderungszeit überdauert hat, ist unklar. Neubelebt wurde das Bistum A. im späteren 6. oder beginnenden 7. Jh. durch die fränkische Herrschaft. Das Bistum A. erhielt damals den Umfang, den es im allgemeinen bis zum 19. Jh. behauptete. Vorübergehend wurde um 741 aus dem östlich des Lechs gelegenen, staatlich zu → Bayern gehörigen Bistumsteil ein bayerisches Bistum (Neuburg, einmal auch Staffelsee genannt) errichtet, das 801/807 wieder mit dem Bistum A. vereinigt wurde. Schenkungen der fränkischen Krone bildeten den Grundstock des späteren Hochstifts A. Seit 829 ist Zugehörigkeit des Bistums A. zur Kirchenprovinz → Mainz bezeugt. Seit 738 sind Bischofsnamen sicher beglaubigt.

2. Von den mittelalterlichen Bischöfen verdienen besondere Erwähnung Adalpero 887-909; → Ulrich 923 bis 973, der Verteidiger A.s 955; Hartmann Graf von Dillingen 1248-86; Petrus von Schaumberg 1424-69, Kardinal, Humanist. Der Investiturstreit hatte 1077-88 Doppelbesetzung im Gefolge. Im späten Mittelalter hatte das Bistum A. gegen 1054 Pfarreien und 98 Klöster und Stifte. Die Reformation brachte dem Bistum den Verlust von etwa 150 Pfarreien in den Gebieten der Herzöge von Württemberg, der Markgrafen von Ansbach, der Grafen von Oettingen-Oettingen, der meisten Reichsstädte. Um die Erneuerung des Bistums bemühten sich die Bischöfe Kardinal Otto Truchseß von Waldburg 1543-73 und Heinrich von Knöringen 1598-1646. Den Forderungen einer gemäßigten Aufklärung kamen entgegen die Bischöfe Joseph Landgraf von Hessen 1740-68 und Klemens Wenzeslaus Prinz von Sachsen und Polen 1768 bis 1812.

3. Durch den Reichsdeputationshauptschluß 1803 verlor das Bistum seinen weltlichen Besitz (gegen 405 qkm) an Bayern, durch die folgende kirchliche Neuordnung 91 außerbayerische Pfarreien und gewann dafür 65 ehemals konstanzische. Metropole wurde München. Anfang des 19.Jh.s wurde das Bistum durch die schwäbische Erweckungsbewegung (→ Boos, → Goßner, → Lindl) beunruhigt. Seit Mitte des 19.Jh.s rückte das kirchliche Fürsorgewesen stark in den Vordergrund (große Anstalten in Dillingen, Ursberg). Der bekannteste Bischof des 19.Jh.s war Pankratius von Dinkel (1858-90), Opponent auf dem Vaticanum. Gegenwärtig (1955/56) zählt das Bistum A. 1 399 827 Katholiken in 941 Pfarreien (davon 251 unbesetzt) mit 1010 aktiven Weltgeistlichen.

DHGE V,1930, 389ff (Lit.) - LThK I, 804ff (Lit.) - F.ZOEPFL, Das Bistum A. u. seine Bischöfe im MA, 1955 (Lit.) - Die Regesten der Bischöfe u. des Domkapitels von A., Bd 1, 1. Lfg., bearb. v. W.VOLKERT u. F.ZOEPFL, 1955 (Lit.) - W.ZORN, A., Gesch. einer deutschen Stadt, 1955. *F.Zoepfl*

Augsburger Bekenntnis

1. Der Augsburger Reichstag von 1530 bot den ev. Landesherren und Städten eine unerwartete Gelegenheit, ihren Glauben vor Kaiser und Reich zu vertreten. Hatten sie seit dem scharfen Wormser Edikt von 1521, dessen Aufforderung zur Unterdrückung der lutherischen Reformation noch immer drohend über ihnen schwebte, vergeblich um freie Behandlung der Glaubensfrage auf einem Konzil oder auf einer deutschen Nationalversammlung gebeten, so schien jetzt endlich das Ausschreiben Kaiser →Karls V. vom 21.1.1530 die Erfüllung dieser Forderung anzukündigen. Es setzte genau genommen drei Ziele: »eins jeglichen Gutbedünken, Opinion und Meinung ... in Lieb und Gütigkeit zu hören«; was auf beiden Seiten »nicht recht ausgelegt oder gehandelt wäre, abzutun« und »durch uns alle ein einige und wahre Religion anzunehmen«. Daß in dem Versprechen zugleich eine verborgene Drohung steckte, konnte nicht gut überhört werden. Jedenfalls sind Inhalt und Gestalt des Bekenntnisses durch die hier sich bietenden Möglichkeiten bestimmt. Die ev. Reichsstände, die soeben erst auf dem Protestationsreichstag von Speyer 1529 in einen bedrohlichen Konflikt mit den kath. und mit der Reichsführung geraten waren, mußten bestrebt sein, so weit wie möglich die Glaubenseinheit mit der alten Kirche zu erweisen und die bei ihnen getroffenen Änderungen als Abstellung von Mißbräuchen zu begründen. Kurfürst Johann von Sachsen forderte daher die Wittenberger Theologen auf, die Fragen, an denen der Zwiespalt »im Glauben und auch in anderen äußerlichen Kirchenbräuchen und Zeremonien« entstanden war, zusammenzustellen. Er wollte für sich und die anderen Stände, »so die reine Lehre bei ihnen angenommen und zugelassen«, Bescheid wissen, wieweit sie sich, ohne ihr Gewissen zu verletzen, auf Verhandlungen einlassen konnten. Für die Glaubensfragen konnte man auf die »Schwabacher Artikel« zurückgreifen, die im Sommer 1529 von den Wittenberger Reformatoren für die Bündnisverhandlungen zwischen den Protestanten von Speyer verfaßt worden waren. In ihnen waren Anregungen aus dem Bekenntnis verarbeitet, mit dem Luther seine Schrift »Vom Abendmahl Christi« (1528) abgeschlossen hatte. Dagegen mußten die Fragen der Kirchenordnung und -bräuche neu behandelt werden. Das geschah abschließend in einem von → Melanchthon, wohl auf Grund von verschiedenerlei Vorarbeiten, verfaßten Gutachten, das man nach einer Verhandlung in Torgau vom 27.3.1530 »Torgauer Artikel« nennt. Nach der Ankunft in Augsburg (2.5.) erkannte Melanchthon, der theologische Führer der Evangelischen auf dem Reichstag, die Notwendigkeit, die mitgebrachten Lehr- und Zeremonienartikel zu einem einheitlichen, umfassenderen Bekenntnis zu verarbeiten. Dabei bediente er sich hie und da auch einiger Formulierungen seines »Unterrichts der Visitatoren« (1528). Die so entstandene kursächsische Verteidigungsschrift wurde an → Luther gesandt, der als Geächteter auf dem Reichstag nicht erscheinen konnte und auf der Koburg zurückgeblieben war. Er schrieb am 15.5., der Entwurf gefalle ihm sehr gut, er wisse nichts daran zu bessern, »würde sich auch nicht schicken, da ich so sanft und leise nicht treten kann«. Da der Kaiser erst am 15.6. in Augsburg eintraf, hatte Melanchthon noch mehr als einen Monat Zeit, an dem Bekenntnis zu arbeiten, wovon die uns erhaltenen zahlreichen Zwischenformen Zeugnis ablegen. Das unerwartet schroffe Auftreten Karls V. beschleunigte das Bemühen anderer Stände, das kursächsische Bekenntnis gemeinsam zu überreichen. Schließlich wurde vom widerstrebenden Kurfürsten auch Landgraf → Philipp von Hessen zur Unterzeichnung zugelassen, der zwar keine Milderung des gegen → Zwingli gerichteten Abendmahlsartikels (10), wohl aber eine bedeutsame Veränderung des Rechtscharakters des Bekenntnisses erreichte. Anstelle einer an den guten Willen des Kaisers appellierenden Vorrede Melanchthons zur sächsischen Konfession trat eine politisch wohlabgewogene Einleitung aus der Feder des kursächsischen Kanzlers → Brück. Sie berief sich zwar auf das kaiserliche Ausschreiben, erneuerte aber für den Fall, daß keine Einigung zustande käme, geschickt an des Kaisers eigene Bemühungen um ein Konzil anknüpfend, die in Speyer 1529 ausgesprochene Appellation an ein Generalkonzil. Damit gab man zu verstehen, daß man sich einem Zwangsspruch des Reichstags nicht unterwerfen würde. In dieser Gestalt wurde das A.B. von Kurfürst Johann von Sachsen und seinem Sohn Johann Friedrich, Markgraf Georg von Brandenburg (-Ansbach), den Herzögen Ernst und Franz von Lüneburg, Landgraf Philipp von Hessen, Fürst Wolfgang von Anhalt und den Reichsstädten Nürnberg und Reutlingen unterschrieben. Mitte Juli traten Windsheim, Heilbronn, Kempten und Weißenburg (Nordgau) bei. Die betont lutherische Abendmahlslehre verhinderte andererseits eine Unterzeichnung durch die oberdeutschen Städte, welche die → Confessio Tetrapolitana einreichten (Straßburg, Konstanz, Lindau, Memmingen), und durch Zwingli, der die Fidei ratio übersandte.

2. Da die öffentliche Verlesung des Bekenntnisses, welche die Protestanten dem Kaiser abzwangen, vom 24. auf den 25.6. verschoben werden mußte, ergab sich noch einmal Gelegenheit zu einer letzten stilistischen Überprüfung, die vor allem der von Justus → Jonas ins Lateinische übersetzten Vorrede und dem Artikel 28 galt. Der kursächsische Kanzler verlas am 25.6. um 3 Uhr im Kapitelsaal des bischöflichen Palastes, der Wohnung des Kaisers, den deutschen Text vor Kaiser und Reichstag. Beide Ausfertigungen wurden danach überreicht; sie sind nicht mehr vorhanden. Die Urtexte müssen aus den 54 bisher bekannt gewordenen Kopien rekonstruiert werden. Während das deutsche Original spurlos verloren ist, läßt sich der Weg des lateinischen bis in das kaiserliche Archiv zu Brüssel verfolgen; dort ist das lateinische Original mehrfach abgeschrieben worden. Das Urexemplar wurde 1569 von Philipp II. nach Spanien eingefordert, damit es vernichtet werde. Zwei mittelbar aus ihm geflossene Kopien, die sich heute im Vatikanischen Archiv und im Kloster Hünfeld (bei Fulda) befinden, geben uns neuerdings Sicherheit über den ursprünglichen lateinischen Text. Die zahlreichen kleinen Differenzen der beiden, evangelischer- und katholischerseits überlieferten Hauptgruppen des lateinischen Textes erklären

sich aus den Änderungen letzter Hand, die nur im übergebenen Exemplar angebracht waren. Für den deutschen Text ist vor allem eine aus dem Mainzer Erzkanzlerarchiv stammende, im Staatsarchiv in Wien aufbewahrte Abschrift maßgebend. Sie wurde auch dem deutschen Konkordienbuch (1580) zugrunde gelegt, während das lateinische (1584) die Editio princeps Melanchthons (1531) nachdruckte, da es keine als offiziell geltende Handschrift gab. Der deutsche und der lateinische Text des A.B. sind nicht durch Übersetzungen des einen in den anderen, sondern nebeneinander entstanden. Obwohl die lateinische Fassung meist, aber nicht immer die ursprüngliche ist und Melanchthon ihr offenbar bis zuletzt die größere Sorgfalt widmete, haben beide, da sie beide dem Kaiser überreicht wurden, als authentisch zu gelten.

3. Aus der Situation zu Beginn des Reichstags ergibt sich die Zweiteilung des A.B.: I) Articuli fidei praecipui. Sie umfassen, wenn auch nicht in strenger Reihenfolge, drei Problemkreise: a) Art. 1-3 sollen die Übereinstimmung mit der altkirchlichen Gotteslehre (1), Erbsündenlehre (2) und Christologie (3) nachweisen. b) In Art. 4-6 und 18-20 wird das reformatorische Verständnis des Evangeliums entfaltet: Rechtfertigung (4), Predigtamt (5, genauer: Vermittlung des hl. Geistes durch Wort und Sakrament), neuer Gehorsam (6), freier Wille und Ursache der Sünde (18-19), Glaube und gute Werke (20, ein durch Länge und Schärfe hervorragender, auf einer älteren Vorlage beruhender Artikel). c) Art. 9-15 behandeln Probleme der Kirche: Kirchenbegriff (7-8), Sakramente (9-13, Beichte und Buße hier eingeschoben, ohne dadurch zum Sakrament erklärt zu werden), Kirchenregiment und -ordnungen (14-15). Zu den drei Kreisen kommen noch drei Einzelprobleme: Weltliches Regiment (16), Wiederkunft Christi (17), Heiligenverehrung (21). - II) Articuli, in quibus recensentur abusus mutati (22-28): Von beider Gestalt des Sakraments (22), Priesterehe (23), Messe (24), Beichte (25), vom Unterschied der Speisen (26, dabei Erörterung über die Bedeutung kirchlicher Zeremonien überhaupt), Klostergelübde (27), Gewalt der Bischöfe (28, darin: Schlüsselgewalt, weltliches und geistliches Regiment, nochmals Zeremonien u.a.). Andere Mißbräuche (Ablaß, Wallfahrten, Mißbrauch der Exkommunikation usw) werden am Schluß summarisch erwähnt.

In der Hoffnung auf eine Verständigung auf dem Reichstage und aus Sorge vor der Gefahr eines Religionskrieges suchte Melanchthon nach Möglichkeit die Übereinstimmung mit der Lehre der römischen Kirche auszusprechen; er verschwieg einige besonders heikle Fragen (vor allem Papsttum und Fegfeuer) und ließ sich sogar zu dem unwahren Satz hinreißen: Tota dissensio est de paucis quibusdam abusibus (Schluß des 1. Teils), den er dann in Wittenberg bei der Editio princeps (1531) mitten im Druck abändern mußte. Das A.B. allein kann also nicht als ausreichende Darstellung der reformatorischen Lehre angesehen werden. Zum mindesten muß man Melanchthons in vielem kraftvollere → Apologie, seinen Tractatus de potestate ac primatu papae (1537) und Luthers → Schmalkaldische Artikel (1537) hinzunehmen. Wenn dem A.B. also auch die Kraft und Entschiedenheit Lutherscher Formulierungen fehlt, so ist es doch eine reife Frucht der ihm vorausgehenden Bemühungen um eine Bekenntnisbildung der Wittenberger Reformation. Freilich ist es Melanchthon nicht immer gelungen, die Fülle der reformatorischen Glaubenserkenntnis in seine Formeln zu bannen. Gotteslehre und Christologie enthalten nur die Traditionselemente, Rechtfertigung und Heiligung sind nicht so lebensvoll verbunden wie bei Luther, in den unscharfen Aussagen über die Kirche kündigt sich die Aufspaltung von Luthers Kirchenbegriff in der Orthodoxie an. Aber die Grundgedanken ev. Lehre treten gleichwohl mit großer Klarheit hervor. Und gerade weil das A.B. nur das nötige Mindestmaß aussprechen wollte, eignet seinen abgewogenen Definitionen eine ruhige Sicherheit. Sie bewährte sich bei Religionsgesprächen, denen es um seines unpolemischen Tones willen oft zugrunde gelegt wurde.

4. Trotz ihres amtlichen Charakters sah Melanchthon die Augustana so sehr als sein persönliches Werk an, daß er schon seit der deutschen Erstausgabe (1531) bei Neudrucken unbefangen an ihr änderte, zT durch Einarbeitung von Ausführungen aus der → Apologie. Bedeutsam wurden von diesen Änderungen, an denen niemand von ev. Seite Anstoß nahm, nur die der lat. Ausgabe von 1540 (*Variata*). Sie betrafen keineswegs nur den Abendmahlsartikel, den Melanchthon im Sinne der Wittenberger Konkordie von 1536 milderte, sondern auch Punkte, die bei den späteren synergistischen Streitigkeiten eine Rolle spielten, und andere, in denen er die Polemik gegen die römische Seite verschärfte. Diese zuerst von → Eck auf dem Wormser Religionsgespräch 1541 bemängelten Änderungen wurden in den späteren innerevangelischen Auseinandersetzungen nach Luthers Tode bedeutsam, da sich die philippistisch denkenden Territorien und Theologen gern auf die Variata, die lutherischen dagegen auf die Invariata (→ Konkordienbuch) beriefen. Diese Differenz erhielt ihr besonderes Gewicht dadurch, daß sich die Evangelischen bei besonderen Gelegenheiten (zB Wittenberger Konkordie 1536, Schmalkaldischer Bundestag 1537, Naumburger Fürstentag 1561, Konkordienformel 1577) erneut zur Augustana bekannten. So bekam das A.B. eine bestimmte kirchenrechtliche Funktion. Als offizielle → Lehrverpflichtung wurde es wohl zuerst nach Luthers Tode beim Wittenberger Doktoreid eingeführt. Wichtiger wurde seine reichsrechtliche Bedeutung. Der → Augsburger Religionsfriede (1555) gewährte Schutz nur den Katholiken und den »Verwandten der Augsburgischen Konfession«, zu denen seit dem Westfälischen Frieden (1648) auch die Reformierten gerechnet wurden.

BSLK XVff. 31ff. - P.Tschackert, Die unveränd. Augsb. Konf., 1901 - Th.Kolde, Die Augsb. Konf., 1911[2] - Ders., Histor. Einleitung in die Symbol. Bücher, 1912 - J.Ficker, Die Originale des Vierstädtebekenntnisses u. die originalen Texte der Augsb. Konf. (Geschichtl. Stud. für A.Hauck, 1916, 240-251) - H.Bornkamm, Der authentische lat. Text der Conf. Aug. (1530) (SAH 1956, 2. Abh.) - W.Gussmann, Quellen u. Forschungen z. Gesch. d. Augsb. Glaubensbekenntnisses, I, 1. 2, 1911; II, 1930 - J.v.Walter, Der Reichstag zu A. (Lutherjahrbuch 1930, 1-90) - R.Hermann, Zur theol. Würdigung der Augustana (ebd 162-214) - K.Thieme, Die Augsb. Konf. u. Luthers Katechismen, 1930 - W.E.Nagel, Luthers Anteil an der Conf. Aug., 1930 - H.Bornkamm, Der prot. Mensch nach dem A.B. (Anhang: Die Kirche in der Augustana), 1936[2] - G. Hoffmann, Zur Entstehungsgeschichte der Augustana (ZSTh 15, 1938, 419-490) - W.Maurer, Zum gesch. Verständnis der Abendmahlsartikel in der Conf. Aug. (Festschrift f. Gerh. Ritter, 1950, 161-209) - R.Prenter, Das A.B. u. die röm. Meßopferlehre (KuD 1, 1955, 42-58).

H.Bornkamm

Augsburger Religionsfriede

1. Der A.R. vom 25.9.1555 eröffnet in der kirchlichen Rechtsgeschichte Westeuropas die Epoche der staatlichen →Kirchenhoheit. Zustande gekommen ist er im Vollzug des Passauer Vertrags vom 2.8.1552 durch die Einigung der röm.-kath. und prot. Stände untereinander und mit dem römischen König Ferdinand auf dem Reichstag zu Augsburg (→ Deutschland: I). Mit dem R. beginnt die Herrschaft des konfessionellen Föderalismus in der Reichsgesetzgebung.

2. Der Leitgedanke des R.s ist es, die seit der »Spaltung der Religion« eingetretene Verfassungsstörung bis zur Wiederkehr der Glaubenseinheit durch eine politische

Zwischenlösung zu überbrücken. Um die »Ruhe und Sicherheit« wiederherzustellen, wird für die Anhänger der »Augsburgischen Konfessionsreligion« (→ Augsburger Bekenntnis) – aber auch nur für diese – im Rahmen der bestehenden Reichskirche ein Sonderrecht geschaffen. Das Ketzerrecht hört ihnen gegenüber auf; es tritt ein von Staats wegen gebotenes, im Ansatz paritätisches → Simultaneum beider Konfessionen ein: Gegenüber den Evangelischen wird die röm.-kath. geistliche Jurisdiktion suspendiert. In den prot. weltlichen Gebieten regeln die Landesherren (→ Landesherrliches Kirchenregiment) unter dem Schutz des Reiches ihr Kirchenwesen neu. – Die Wahl des ev. Bekenntnisses ist niemand verwehrt (→ Religionsfreiheit), kann aber ohne Rechtsnachteil nur von den weltlichen Reichsständen und von der reichsunmittelbaren Ritterschaft vollzogen werden. Geistliche Reichsfürsten verlieren durch den Konfessionswechsel ihr kirchliches Amt und ihr Reichslehen (Geistlicher Vorbehalt, vom König einseitig dem R. eingefügt und von den Protestanten nicht anerkannt). Für die Untertanen gibt es keine »Freistellung der Religion«. Selbst eine zugunsten der Ritterschaft, Städte und Kommunen in den geistlichen Fürstentümern vom König bewilligte, aber nicht dem R. einverleibte Deklaration vom 24.9.1555 setzt sich nicht durch. Den Landesherren steht der Religionsbann zu. Andersgläubige Untertanen haben – jedoch nicht in den niederländisch-burgundischen Erblanden – das Recht des Abzugs gegen Verkauf ihrer Habe und gegen Zahlung einer Nachsteuer. Einen Anspruch auf → Toleranz kennt der R. nicht; das Zwangskirchentum dauert bei beiden Konfessionen fort (→ Cuius regio, eius religio). – Reichsunmittelbares Kirchengut (insbesondere die geistlichen Fürstentümer) bleibt vermöge des Geistlichen Vorbehalts der »alten Religion« gesichert. Reichsmittelbares Kirchengut wird den prot. Landesherren für kirchliche und andere Zwecke freigegeben, soweit es am 2.8.1552 »oder seithero« der röm.-kath. Kirche entfremdet war. – In gemischt konfessionellen Reichsstädten (→ Interim) richtet sich die Kultausübung und der Besitz des Kirchenguts nach dem Stand des Inkrafttretens des R.s. – Zum Schutz unparteiischer Rechtsprechung wird durch eine Reform des Reichskammergerichts die Aufnahme Evangelischer in das Personal des Gerichts zugelassen.

3. Der R., das Spiegelbild des damaligen Gleichgewichts der Konfessionen und ihres Strebens, je für sich den erreichten Besitzstand zu sichern, hat seiner Absicht zuwider die Glaubensspaltung im Reich grundgesetzlich besiegelt und die Reichsverfassung wesentlich umgestaltet.

4. Die publizistische Theorie der Protestanten hat aus ihm die wichtigsten Begriffe und die maßgebenden Systeme des Staatskirchenrechts des 17.Jh.s (→ Kirchenverfassung: V) entwickelt. Für die Fortgeltung des kanonischen Rechts (→ Corpus iuris canonici) in der Praxis der luth. Kirche Deutschlands war er eine starke Stütze.

Krit. Textausg.: K.Brandi, Der A.R., 1927² – W.P.Fuchs, Das Zeitalter der Reformation und E.W.Zeeden, Das Zeitalter der Glaubenskämpfe (Gebhard-Grundmann II, 1-104 und 105-202; Lit.) – M.Simon, Der A.R., 1955 – G.Pfeiffer, Der A.R. u. die Reichsstädte) Zeitschr. d. hist. Ver. f. Schwaben 61, 1955, 213-321) – H. Tüchle, Der A.R., Neue Ordnung oder Kampfpause (ebd 322-355) – M.Heckel, Staat u. Kirche nach den Lehren der ev. Juristen in der 1. Hälfte des 17.Jh.s (ZSavRG Kan. Abt. 42, 1956, 117-247).

J.Heckel

Augusta, *Johann* (1500-72), Hutmacher, utraquistisch erzogen, 1532 Bischof, 1547 Richter der → Brüderunität (: I), ihr einflußreichster Repräsentant nach dem Tod des Bruders → Lukas, wurde der Beteiligung am böhmischen Aufstand 1547 verdächtigt und 16 Jahre auf Burg Pürglitz in Haft gehalten. Seine eigenwillige, von starkem Sendungsbewußtsein bestimmte Amtsführung und seine Kirchenpolitik, die auf die Vereinigung der Brüder und Utraquisten zu einer Nationalkirche gerichtet war, führten zu heftigen Konflikten mit den utraquistischen Priestern und dem Engen Rat der Unität.

J.Müller, Gesch. der Böhmischen Brüder II, 1931. *E.Peschke*

Augustin, 1. *Aurelius* (354-430)

I. Leben und Schriften – II. Theologie

I. Leben und Schriften

1. Jugend und Entwicklung bis zur Berufung nach Mailand – 2. Die Bekehrung und die Jahre bis zum Eintritt ins kirchliche Amt – 3. A. als Presbyter und Bischof

1. Die Quellen für A.s Leben fließen reichlich (biographisch ergiebige Texte zusammengestellt bei Courcelle, Recherches S. 281ff), ein Zeichen, daß bei ihm im Unterschied zu den Denkern des Altertums die Lebensgeschichte in den Vordergrund tritt. Aurelius A. (Quellenstellen zu Name, Familie, Entwicklung und Werken bei G.Krüger S. 403ff) wurde am 13.11.354 zu Thagaste geboren. Der Vater Patricius, Mitglied des Gemeinderats und in bescheidenen Vermögensverhältnissen, starb als Christ in A.s 17.Lebensjahr. A.s Liebe galt der Mutter Monnica, deren eifrige kath. Frömmigkeit ihm unauslöschliche christliche Kindheitseindrücke vermittelte. Nach dem Elementarunterricht in Thagaste wurde A. zur weiteren Ausbildung in Grammatik und Rhetorik nach Madaura gesandt. Das Griechische erlernte er mit Unlust und erreichte darin nur mäßige Kenntnisse. Seine Bildung blieb lateinisch. Nicht Homer, sondern Vergil begeisterte ihn. Die Schule vermittelte A. die Methode der atomistischen Vergilexegese, wo Wort für Wort isoliert ohne Rücksicht auf den Zusammenhang erklärt wird, eine Methode, die noch in seinen Psalmenauslegungen nachwirkt. Das 16. Lebensjahr verbrachte A. in Thagaste, bis die Mittel für das Studium in Karthago verfügbar waren. Dieses Jahr des Müßiggangs und der Pubertätswirren schildert er in den Confessiones übertrieben dunkel. Erst als Student in Karthago verlor er sich in sinnliche Lust. Vor regelloser Ausschweifung bewahrte ihn die Bindung in einem festen Konkubinat, aus dem 372 ein Sohn, Adeodatus († 388), entsproß. Der Mutter seines Kindes hat A. über ein Jahrzehnt Treue gehalten, bis er sie etwa 385 in Mailand auf das Drängen Monnicas entließ, die eine der Laufbahn ihres Sohnes förderliche Verlobung betrieb. Der Lehrgang der Rhetorik führte A. in die Werke Ciceros ein. Man begann offenbar mit den rhetorischen Traktaten und den Reden und endete bei den philosophischen Dialogen. So gelangte er in seinem 19. Lebensjahr an Ciceros Hortensius. Hier war der Platon noch nahestehende Protreptikos des Aristoteles benutzt. So kam A. indirekt jetzt schon mit dem → Platonismus in Berührung. Der Hortensius erregt in ihm die große Frage seines Lebens: Wie gelange ich zu wahrer Glückseligkeit? Der Gedanke, daß das Glück nur in der Philosophie und der unsterblichen Weisheit zu finden sei, während die irdischen Hoffnungen auf Ehre und Reichtum eitel sind, läßt ihn nun nicht mehr los. Vom Hortensiuserlebnis aus schreitet A. in zweifacher Richtung weiter. Einmal lenkt der Hortensius seine Gebete zu Gott hin, der Weisheit selbst, und erweckt seine christlichen Jugenderinnerungen. Der Sohn Monnicas vermißt den Namen Christi bei Cicero und beginnt mit der Lektüre der hl. Schrift. Aber ihr Stil schreckt ihn ab, und sachliche Anstöße (Verschiedenheit der Stammbäume Jesu, Anthropomorphismen des AT) machen ihn der manichäischen Propaganda zugänglich. Dem Hang zum Rationalismus kommt das Versprechen der Manichäer entgegen, daß sie nicht Beugung unter eine Auto-

rität fordern wie die Kirche, sondern durch Vernunft überzeugen wollen. Auch die Frage nach dem Ursprung des Bösen, die im → Manichäismus gelöst scheint, treibt den Jüngling der Sekte zu (De lib. arb. 1, 4). Neun Jahre lang, etwa Ende 373 bis Ende 382 war A. eifriger Manichäer und gewann auch unter seinen Freunden Proselyten. Freilich begnügte er sich mit der Stufe des »Hörers«, ohne die Gelübde der »Erwählten« auf sich zu nehmen. Die manichäische Bibelkritik, der Vorwurf eines anthropomorphen Gottesbegriffs gegen die Katholiken und der manichäische Materialismus (das göttliche Licht und die Seele eine feinstoffliche Substanz) bilden für A. bis zur Berührung mit Ambrosius und dem Neuplatonismus ein Hindernis für die richtige Auffassung der kath. Lehre und ihres Gottesbegriffs. Die Forschung beginnt jetzt aber auch den Manichäismus als eine der Grundlagen des Denkens A.s mehr zu würdigen. Die christozentrische Frömmigkeit der manichäischen Psalmen muß A. auch innerlich gewonnen haben. Seine »mystische« Terminologie zeigt Anklänge an ihre Sprache (de Menasce). Die Hochschätzung des Paulus im afrikanischen Manichäismus vermittelte A. sicher schon damals die Kenntnis der paulinischen Briefe (Frend) und bereitete die wichtige Rolle des Paulus bei A.s Bekehrung vor. Die spätere Konzeption der beiden civitates hat auch eine manichäische Wurzel (A.Adam). → Julian von Eklanum macht A. den Vorwurf, daß manichäische Vorstellungen hinter seiner Auffassung der Sünde stünden. - Zum anderen erhält A. durch die Bemerkung Ciceros im Hortensius, daß die Wissenschaften den Geist zum Empfang der Weisheit vorbereiten, wohl den Anstoß zu der in sein 20. Lebensjahr fallenden Beschäftigung mit den freien Künsten - er las wahrscheinlich Varros Werk über die Disziplinen, sowie die Enzyklopädie des Cornelius Celsus - und den Kategorien des Aristoteles. So hat Cicero A. über das bloße Fachmenschentum emporgehoben und ihn über die rhetorische Bildung hinaus für das Ideal wissenschaftlicher und philosophischer Bildung gewonnen. - Nicht allzulange nach der Zuwendung zum Manichäismus beendet A. sein Studium, wirkt etwa 1 Jahr als Lehrer der Grammatik in Thagaste (die Mutter verweigert dort dem Manichäer anfänglich ihr Haus) und läßt sich dann als Lehrer der Rhetorik in Karthago nieder.

Der zweite karthagische Aufenthalt (bis Sommer 383) ist für A. eine Zeit der Weiterbildung durch Selbststudium und des regen geistigen Austauschs mit Freunden. Mit 26 oder 27 Jahren verfaßt er seine erste, verlorene, Schrift De pulchro et apto, die ihn im Banne platonisierend-pythagoreisierender manichäischer Anschauungen zeigt (das Gute als Monas, das Böse als Dyas). Jedoch hatten Zweifel am Manichäismus längst begonnen, angeregt durch den Widerspruch zwischen der mythologischen Kosmologie der Manichäer und den Ergebnissen der Astronomie. Auch vom Gottesbegriff her melden sich Bedenken. A.s Freund Nebridius weist darauf hin, daß der Kampf zwischen Licht und Finsternis die Angreifbarkeit des höchsten Gottes, dh seine Veränderlichkeit voraussetze. Die langerwartete Begegnung mit dem Manichäerbischof → Faustus in A.s 28. Jahr löst diese Fragen nicht, bringt vielmehr eine Ernüchterung, die A.s Abwendung vom Manichäismus vorbereitet, ohne daß zunächst der äußere Bruch erfolgt. An die Stelle der manichäischen Lehre (deren negativer Teil, die Kritik am Katholizismus, jedoch bleibt) tritt der Zweifel. A. ergibt sich der gemäßigteren Skepsis der Akademiker, welche das Sein der Wahrheit nicht bezweifelt, sondern nur seine Erkennbarkeit. Sein Zweifel tastet nie das Letzte, nie die Existenz Gottes an. - Im folgenden Jahr, 383, verlegt A., angewidert durch die Disziplinlosigkeit der karthagischen Studenten, gegen den Willen der Mutter seine Lehrtätigkeit nach Rom und faßt mit Hilfe manichäischer Freunde Fuß. Durch diese bewirbt er sich beim Stadtpräfekten Symmachus um die Stelle eines Lehrers der Rhetorik in Mailand und siedelt wohl Herbst 384 dorthin über. Die Mutter folgt mit einigen Verwandten A.s nach.

2. In Mailand lernt A. den → Ambrosius zuerst als gütigen Menschen (obwohl sich nie ein vertrautes Verhältnis einstellte) und glänzenden Redner schätzen. Ambrosius behebt A.s manichäische Anstöße an der Bibel (durch die allegorische Schriftauslegung), am kath. Gottesbegriff (durch den Hinweis, daß Gott nicht materiell-körperlich vorzustellen ist) und führt das Böse, das A. als Problem fortwährend beschäftigte, auf den freien Willen des Menschen zurück - entgegen der manichäischen Lehre von dem im Menschen wirkenden substanziellen Prinzip des Bösen. So zeigen seine Predigten, daß der kath. Glaube nicht unvernünftig ist. Auch die Autorität der kath. Kirche wird A. an der Person des Ambrosius deutlich. Andererseits hindert ihn die Skepsis an voreiliger Zustimmung. Schwer bedrückt ihn, daß er seit der Hortensiuslektüre dem Ziel der Weisheit nicht näher gekommen ist. Sinnliche Begierde, der Wunsch nach Karriere, die Pflichten des Berufs hindern ihn, sich dem philosophischen Leben im Sinne des Hortensius zu ergeben. Seufzend unter dieser Last disputiert er mit den Freunden über das Lebensziel. In dieser Stimmung stößt er Sommer 386 auf Schriften → Plotins und des → Porphyrius in der lat. Übersetzung des Marius Victorinus, die ihm aus dem Kreise christlicher Neuplatoniker in Mailand (dazu gehören Manlius Theodorus und Simplicianus) zukommen. Courcelle hat versucht, die die Forschung in vielen Abwandlungen beherrschende Antithese, ob A.s Bekehrung 386 eine Bekehrung zum Neuplatonismus oder zum Christentum sei, dadurch zu überwinden, daß er nachwies, daß A. schon bei Ambrosius eine Synthese von Neuplatonismus und Christentum vorfand. Die Predigten des Ambrosius hätten A. schon einem neuplatonisierenden Christentum näher gebracht (bestritten von Theiler, Boyer, O'Meara). - Die Lektüre der »Platoniker« erneuert bei A. das Hortensiuserlebnis in dem glühenden Wunsch, sich über das Irdische emporzuschwingen, bringt darüber hinaus die volle Lösung vom Manichäismus durch die Einsicht, daß das Geistige und Gott immateriell zu denken sind und das Böse nur der Mangel des Guten sei. A. lernt durch Plotin, die Wahrheit jenseits der körperlichen Welt zu suchen und die unsichtbare Vollkommenheit Gottes durch die geschaffenen Dinge hindurch zu erkennen. Er gewinnt die Überzeugung, daß der kath. Glaube, wie er ihn durch Ambrosius kennengelernt hatte, mit der Philosophie übereinstimme. Die Lektüre des Apostels Paulus bestärkt ihn in diesem Eindruck. Er wird überwältigt durch die Entdeckung des Zusammenklangs von Christentum und Platonismus. Doch die intellektuelle Bekehrung muß die moralische nach sich ziehen - Askese und ein Leben im Geiste stehen ja schon dem Manichäer A. als unerreichtes Ideal vor Augen; die Bekehrung akzentuiert schon vorgezeichnete Linien seines Lebens. Wochen inneren Ringens folgen, in denen sich schon die beiden Tendenzen des Augustinismus ankündigen: das Wahrheitsstreben als Form des Verlangens nach der vita beata und das fortdauernde Abgezogenwerden von der reinen Geistigkeit durch die als Sinnlichkeit verstandene Sünde. Versuche, zur plotinischen Ekstase zu gelangen, enden mit dem Gefühl des Scheiterns. Durch Simplicians Erzählung von der Bekehrung des Marius Victorinus (→ Viktorin) tritt der Schritt des berühmten Rhetors aus der Welt in die Kirche als Leitbild vor A. Den Ausschlag gibt das mönchische Ideal: der Bericht von A.s Lands-

mann Pontitianus über die Mönchskolonien des → Antonius und die Weltentsagung zweier junger Hofbeamter in Trier. In der berühmten Gartenszene hört A. die Kinderstimme »tolle, lege« - sie ist nicht in einen psychischen Vorgang aufzulösen - und findet in Röm 13, 13f die Weisung zum Bruch mit der Welt. Das ist die *Bekehrung A.s zur mönchischen Form des Christentums*. Er gibt sein Amt zu Beginn der Weinleseferien 386 unter Berufung auf sein Brustleiden auf und zieht mit seiner Mutter und einigen Freunden und Schülern auf das seinem Freunde Verecundus gehörende Landgut Cassiciacum. Hier genießt A. endlich philosophische Muße in gemeinsamer Vergillektüre, in Meditation und Gesang der Psalmen (bes. Ps 4 wird ihm wichtig) und Gesprächen. Deren überarbeiteter Niederschlag sind die Dialego C.Academicos, De beata vita, De ordine (Problem der Weltordnung und des Übels) und Soliloquia (Gespräch A.s mit sich selbst, in dem schon Töne der Confessiones anklingen). Um sein Ziel, die Erkenntnis Gottes und der Seele, zu sichern, bekämpft A. den Skeptizismus und überwindet ihn mit Hilfe der neuplatonischen Zweiweltenlehre: die skeptischen Zweifel berühren nicht die intelligiblen, dialektischen und ethischen Wahrheiten - sowie durch Rückgang auf die Tatsache des Selbstbewußtseins, in dem ein unbezweifelbares Wissen gegeben ist (Parallelen bei Cic. Tusc. 1, 53 und → Descartes). - Im Frühjahr 387 kehrt A. nach Mailand zurück und wird Ostern von Ambrosius getauft. In dieser Zeit verfaßt er De immortalitate animae und beginnt unter Benutzung Varros ein Werk über die Disziplinen, in dem er vom Körperlichen zum Intelligiblen führen will. - Auf der Rückreise nach Afrika stirbt Monnica (vor Herbst 387) in Ostia, wenige Tage nach dem Gespräch, in dem sie mit ihrem Sohne sich über die Welt zu Gott erhob. In dieser »Vision« mischen sich Einflüsse Plotins mit Reminiszenzen an den 4. Psalm (Gott als id ipsum, Ps 4, 9). Nach etwa einjährigem Verweilen in Rom gelangt A. 388 über Karthago, wo er im Hause seines Gastfreundes, des Advokaten Innocentius, den späteren karthagischen Bischof Aurelius kennenlernt (eine Verbindung, die in der kirchenpolitischen Zusammenarbeit beider Männer fruchtbar werden sollte) nach Thagaste. Dort lebt er im väterlichen Grundstück mit Freunden in philosophisch-asketischer Gemeinschaft. Der Freundschaftsgedanke A.s, der aus der stoischen Sozialphilosophie stammt (Freundschaft als Übereinstimmung in göttlichen und menschlichen Dingen), mündet in sein Mönchtum ein. Bei einem Besuch in Hippo wird A. Anfang 391 im Gottesdienst bemerkt und gegen seinen Wunsch zum Presbyter ordiniert. - Die Schriftstellerei der zweiten römischen und der thagastenser Zeit (De quantitate animae, wichtig für die mittelalterliche Mystik; De moribus eccl. cath. et de moribus Manichaeorum; De libero arbitrio [vollendet in Hippo]; De magistro u.a. bis zu De vera religione) zeigt eine Zunahme des Neuplatonischen. Die antimanichäische Polemik treibt A. in die neuplatonischen Spekulationen über Sein und Nichtsein, nötigt ihn aber auch zur Beschäftigung mit dem biblischen Schöpfungsbericht (De gen. adv. Manichaeos).

3. A. beginnt sein Presbyteramt, nachdem er einen Aufschub erreicht hat, um sich mit der Bibel besser vertraut zu machen, vor Ostern 391 mit der Unterweisung der Taufkandidaten. Bischof Valerius, ein Grieche, dessen Latein nicht ausreichte, überträgt ihm auch die Predigttätigkeit. Schon 395 zum Mitbischof ordiniert, wird A. 396 sein Nachfolger. Fast 35 Jahre hat er in Hippo residiert und von hier maßgebenden Einfluß auf die afrikanische Kirche (→ Nordafrika: I), ja die Kirche des ganzen Abendlandes, gewonnen. Während der Belagerung Hippos durch die Vandalen stirbt A. am 28.8.430.

Die Berufung ins kirchliche Amt führt A. von der neuplatonischen Introspektion zu den Wirklichkeiten des kirchlichen Lebens: Kirche, Wort Gottes, Sakramente. Die Erfahrungen mit seinen Pfarrkindern und die Zerrissenheit der afrikanischen Kirche zerstören seinen Optimismus. Er entdeckt die Demut und wird beim Studium des Paulus zu einem nachdenklichen Betrachter von Sünde und Gnade. Im Anfang seines Episkopats erfolgt durch den Einfluß des Paulus, bei dem er im Gegensatz zu den Neuplatonikern das »zerknirschte und demütige Herz« findet, die Ausbildung der augustinischen Gnadenlehre, die A.s Entwicklung im wesentlichen abschließt und in De div. quaestionibus ad Simplicianum (396/97) vor uns tritt. A. ist der Antipode des → Pelagianismus, ehe er ihn kennenlernt. Seine Wirksamkeit als Bischof erstreckt sich außer der Leitung seiner Gemeinde, wo er dem Vorbild des Ambrosius folgt, auf die Durchsetzung der monastischen Bewegung in Nordafrika. Aus dem von ihm in Hippo gestifteten Klerikerkloster gehen zahlreiche Freunde und Schüler als Bischöfe aus und verbreiten A.s Grundsätze. Vor allem aber ist sein Episkopat erfüllt von der Bekämpfung der Feinde der Kirche. Die Auseinandersetzung mit dem Manichäismus wird 404/05 im wesentlichen abgeschlossen. Im Ringen mit dem → Donatismus, das schon in seiner Presbyterzeit beginnt, führt A. das Übergewicht der kath. Kirche herbei (Religionsgespräch zu Karthago 411). Entgegen seiner ursprünglichen Absicht, die Schismatiker durch friedliche Überredung zurückzubringen, wird A. durch die Widerspenstigkeit der Donatisten und ihre Gewalttaten (Circumcellionen) seit 404 dazu gebracht, den Arm des Staates zu Hilfe zu rufen. Im Kampf mit den Donatisten arbeitet er seinen Kirchenbegriff heraus. Sein Hauptvorwurf gegen sie ist ihr Mangel an caritas, der die Einheit der Kirche sprengt. Die pelagianische Kontroverse setzt 412 ein und hält A. trotz der von ihm 418 durchgesetzten Verurteilung des → Pelagius bis an sein Ende in Atem.

Die bleibende Bedeutung von A.s bischöflicher Zeit liegt in seiner Schriftstellerei, die hier nur angedeutet werden kann (chronologische und sachliche Übersicht in DThC I/2, 2286ff).- 1. Unter den *autobiographischen Schriften* stehen die um 400 vollendeten Confessiones (im dreifachen Sinn von Sündenbekenntnis, Lobpreis und Glaubensbekenntnis) an erster Stelle. Der biographische Teil (Buch 1-9) bildet mit dem exegetischen (11-13; die memoria-Lehre von 10 als Überleitung) eine Einheit, zusammengehalten nicht nur durch die Stimmung der Confessio, sondern auch durch die leitmotivische Verwendung der Psalmenzitate (Knauer). Der wegen gewisser Unterschiede zu den Dialogen zeitweise bestrittene Wert der Conf. als Geschichtsquelle wird jetzt durchweg anerkannt, freilich stellen die Conf. A.s Entwicklung als Modell seiner Gnadenlehre dar. Die Conf. geben eine Interpretation des Zustandes des Bekehrten, die Dialoge diesen Zustand selbst. Die Retractationes (427), eine chronologische und dem Bischof anstößige Stellen verbessernde Übersicht über A.s Schriften (ohne Briefe und Predigten), ergänzen die Conf. - 2. *Polemische Schriften*. Gegen die Manichäer: De utilitate credendi (391), C. Faustum M. (400), C. Secundinum (ca 405). Von den über 20 antidonatistischen Schriften seien erwähnt: C. epistolam Parmeniani (400), De baptismo c. Donatistas (ca 400) und C. Cresconium grammaticum (ca 406). Die antipelagianische Polemik setzt mit De peccatorum meritis et remissione und De spiritu et littera (412) ein und schließt mit den Schriften gegen die Semipelagianer (De gratia et libero arbitrio 426/27) und gegen → Julian von Eklanum, von denen das Opus imperfectum c. Julianum A.s Lehre in ihrer schroffsten Gestalt enthält. - 3. *Exegese*. A.s hermeneutische und homiletische Grundsätze enthält die für die Scholastik wichtige Schrift De doctrina christiana (396-427). Unter den Schriftauslegungen ragen hervor die Enarrationes in psalmos (der Titel stammt von Erasmus) und die Tractatus 124 in Joannis ev., beide aus Homilien entstanden. Wichtig sind die Auslegungen des Schöpfungsberichts (bes. De gen. ad litteram lib. XII). - 4. *Dogmatische Schriften* sind De trinitate (399-419) und das Enchiridion ad Laurentium seu liber de fide, spe et caritate (421), ein Handbuch des Augustinismus. - 5. Aus den *übrigen Kategorien* der Werke A.s seien genannt: De catechizandis rudibus (ca 400), wo A. fordert, die Unterweisung solle in hilaritas geschehen, und 2 Beispiele von Katechesen gibt, und De civitate Dei (413-26), die Krone der altkirchlichen → Apologetik (: II), veranlaßt durch die heidnischen Angriffe gegen das Christentum, die der Fall Roms 410 ausgelöst hatte. A. verurteilt hier das antike Römertum als geschichtliches Gebilde wie als Form menschlicher Lebenshaltung und entwirft eine die Weltgeschichte in die Heilsgeschichte einbettende Geschichtstheologie. Die Konzeption der beiden civitates (civ. Dei und civ. diaboli) hat er wohl von → Ticonius übernommen; auch an den Manichäismus ist als Quelle gedacht worden. Einen Querschnitt durch Wirken und Denken A.s gibt sein Briefwechsel.

Lit. s. bei → Augustin II. *R.Lorenz*

II. Theologie

1. Allgemeines - 2. Die Lehre von Gott - 3. Die Gnadenlehre - 4. Die Kirche und die Gnadenmittel, Civitas Dei - 5. Nachleben A.s

1. Das philosophische und theologische Denken A.s (Philosophie und Theologie sind bei ihm nicht streng zu scheiden, doch sei ausdrücklich auf F.Cayrés Unternehmen einer gesonderten Darstellung der augustinischen Philosophie verwiesen) geht von den Lebensproblemen aus, die ihn bewegen, und wird durch Fragen und kirchliche Notwendigkeiten, die an ihn herantreten, weitergetrieben. Daher hat dieses Denken nicht die Form eines geschlossenen Systems. Dabei führen Neuplatonismus und Christentum vielfach Denkansätze der vorchristlichen Zeit A.s weiter. Das gilt für das Zentralproblem des Augustinismus, die Frage nach der vita beata. Den Telosformeln der Popularphilosophie (Cicero, Varro) entnimmt A., daß das Glück im Erreichen des höchsten Gutes besteht (frui summo bono, Cic. fin. 2, 88; Tusc. 3, 40) und stellt, da Gott dieses Gut ist, frui Deo als Zielformel auf. Dieses frui Deo (der Terminus fruitio Dei kommt bei A. kaum vor, er kann als Arbeitsbegriff für die Gesamtheit der in »frui Deo« zusammenfließenden Phänomene gebraucht werden), das Haben, Schauen und Erkennen Gottes, erfüllt sich mit der Stimmung der plotinischen ὄψις μακαρία, der visio beatifica. Doch erlischt in der Gottesschau das Denken nicht, wie bei Plotin. Sie ist visio intellectualis, Einsichtigwerden und Evidenz des Ewigen. Mit diesem intellektualistisch-kontemplativen Element verbindet sich ein voluntaristisch-affektives. Frui Deo vollzieht sich im willentlichen Lieben Gottes, einer Liebe, die verwandt ist mit dem platonischen Eros, aber auch bestimmende Züge der christlichen caritas, Demut und Gehorsam, enthält. In der caritas, einem hervorstechenden Merkmal des Augustinismus, entfaltet sich die »soziologische« Seite der fruitio Dei. Die Liebe zu Gott, die Lust am Herrn (delectari in Domino Ps 36, 4), verbindet die Liebenden zu einer Gemeinschaft. Hier verknüpft sich die fruitio Dei mit dem christlichen Doppelgebot der Liebe und mit der Konzeption der civitas Dei, die ja als »geordnetste und einträchtigste Gemeinschaft des Gottgenießens und des wechselseitigen Genießens in Gott« (De civ. 19, 13) definiert wird. A.s Bewegung zu Gott ist nicht die plotinische Flucht des Einsamen zum Einsamen. Das Seligkeitsziel der fruitio Dei wird näherhin als Friede bestimmt. Der Friede ist die tranquillitas ordinis, die Harmonie und Konstanz der Seele, wo der Geist nicht mehr Gott widersteht und der Körper nicht mehr dem Geiste - ein Nachhall der stoischen homologia und apatheia, in den aber der christliche Gedanke vom Frieden zwischen Gott und Mensch einfließt. - A. versucht, sich dem Ziele des Erkennens und Schauens Gottes auf dem Wege des neuplatonischen Aufstiegs zu nähern, der von der Schönheit und Ordnung der geschaffenen Dinge über die Einkehr in die eigene Seele und die in ihr vorfindlichen Wahrheiten zur intelligiblen Schönheit und Wahrheit Gottes führt - ein Stufenweg, der zugleich die Etappen des augustinischen Gottesbeweises beschreibt. Während der junge A. die Verwirklichung der beata vita noch in diesem Leben für möglich hält, verlegt A. Ende der 90er Jahre das Hauptgewicht vom Diesseits auf das Jenseits. Friede und fruitio Dei werden eschatologisiert. In diesem Leben gibt es nur ein frui im Glauben, im Spiegel und Rätsel. Die Spannung zwischen dem Vorgeschmack der beatitudo in Augenblicken der Kontemplation und dem Entgleiten des Geschauten ist Stachel zur Erhebung auf die jenseitige vita beata zu. Das Glück auf Erden ist allein das Glück der Hoffnung. Von dieser Eschatologisierung aus wird fraglich, ob die Frömmigkeit A.s mystisch genannt werden darf. Die Entscheidung hängt vom Begriff der → Mystik ab, den man verwendet. Eine Mystik im Sinne der Verschmelzung von Gott und Seele hat A. nicht gelehrt; die weitere Fassung von Mystik etwa als Wahrnehmung der Gegenwart Gottes in der Seele bringt die Gefahr, daß der Begriff Mystik unbrauchbar wird. - Der Ausgang des augustinischen Denkens von den Problemen der antiken Ethik erweist sich auch darin, daß frui Deo im Zentrum der Ethik A.s steht. Das der philosophischen Güterlehre (Varro) entstammende Begriffspaar frui-uti regelt das Verhalten des Menschen zu Gott und Welt. Gott allein darf genossen werden, die übrigen Dinge müssen gebraucht werden, um das Genießen Gottes vorzubereiten und zu fördern, und behalten darin ihren relativen Wert. - Diese grundsätzliche Orientierung des Augustinismus auf das Seligkeitsziel der vita beata hin muß im Auge behalten werden, wenn man die wichtigsten Lehrstücke A.s, die Lehren von Gott, der Gnade und der Kirche, betrachtet.

2. A. faßt *Gott* als das höchste Sein, dessen wichtigste Eigenschaften Einheit und Unwandelbarkeit sind (→ Gott: V). Damit muß er die christlichen Lehren von der → Trinität, der → Schöpfung und der → Inkarnation, welche die Einheit und Unwandelbarkeit in Frage zu stellen scheinen, vereinbaren. Die Trinitätslehre A.s geht von der Einheit Gottes aus und sichert die Dreipersönlichkeit mit logischen Mitteln durch die Kategorie der Relation (Vater und Sohn sind nicht zwei Substanzen, sondern der Vater ist Vater nur in seiner Bezogenheit auf den Sohn und umgekehrt) und die plotinische Lehre von den intelligiblen Kategorien (zB: in der intelligiblen Welt ist der Teil gleich dem Ganzen, also der Sohn allein nicht geringer als Vater und Sohn zusammen). Die Parallelen zur Dreieinigkeit, die A. im menschlichen Seelenleben findet (die Ternare memoria, intelligentia, voluntas; mens, notitia, amor u.a.), machen seine Trinitätslehre nicht zu einer psychologischen, ihr Ausgangspunkt ist das metaphysische Gesetz der Selbstentfaltung Gottes. - Gott ist Schöpfer, ohne wandelbar zu sein. Wandelbarkeit gibt es nur in der Zeit, die auf die Seite des Geschaffenen gehört (zum Zeitproblem s. bes. Conf. 11, 14-31; die Zeit als distentio animi). Die Dinge sind nach den im Geist Gottes enthaltenen Ideen geschaffen, die die intelli-

gible Welt (die auch mit Christus als Inbegriff der Formideen Gottes gleichgesetzt wird) bilden. Dabei gibt A. der Möglichkeit einer Entwicklung Raum, indem er den Lebewesen die samenartigen Vernunftkräfte (rationes seminales) eingeschaffen sein läßt, die Keim und Gesetz des Wachstums bilden. – Auch hinsichtlich der Inkarnation bewahrt A. die Unwandelbarkeit Gottes, indem er mit Hilfe der Zweinaturenlehre (→ Christologie: II) Christus als Gott die dem göttlichen Sein zugehörigen Bestimmungen zuerkennt, ihn als Mensch Gott unterordnet. Dabei hält er streng an der Einheit der Person Christi fest. (Vgl. auch → Antike und Christentum, 1 g.)

3. Die *Gnadenlehre* A.s, die immer mehr zum Zentrum seiner Theologie wurde (der A., der von der Frage nach der Seligkeit ausgeht, betont die alleinige Ehre Gottes), ist eine Frucht des Paulusstudiums. Während er anfangs der menschlichen Entscheidungsfreiheit die Annahme oder Ablehnung der Gnade Gottes zuschrieb, kommt er 396 zu der Überzeugung, daß auch der Glaube ein Geschenk Gottes ist (→ Gnade Gottes: IV). Vorbereitet ist die Lehre von der Alleinwirksamkeit der Gnade durch den Neuplatonismus A.s. Die Illumination, das Zustandekommen der Erkenntnis durch göttliche Erleuchtung, ist zugleich belebendes Tun Gottes. Gott ist das Leben der Seele. Von da laufen Verbindungsfäden zur Einhauchung des Glaubens und der Liebe. A. versteht die Gnade als Liebe im Sinne der edleren Lust am Ewigen, welche die Lust an den sinnlichen Dingen verdrängt. Adam hat freilich, wie die gefallenen Engel vor ihm, die Selbstliebe der Gottesliebe vorgezogen. Seine Sünde ist, wie Sünde überhaupt, Wille, Abkehr von Gott. Sie wirkt das Böse, das im Mangel des Guten besteht. Die Folgen des Falles sind für alle Menschen Hochmut und Konkupiszenz (dh sinnliche Lust und Zuwendung zum Niederen), Sünde als Strafe der Sünde. Die Menschheit ist zu einer Masse der Verdammnis geworden. Aus dieser Masse führt Gott die einen zum Heil durch sein Erbarmen, um die Zahl der gefallenen Engel wieder aufzufüllen, die anderen überläßt er dem Verderben auf Grund seiner unerforschlichen Gerechtigkeit. Die → Prädestination (: III), die ab 417/18 (ohne etwas radikal Neues gegenüber A.s bisheriger Lehre zu sein) immer größeren Raum in A.s Schriften gewinnt, da A. in dieser Lehre das stärkste Bollwerk für die Verteidigung der Gnade gegen den Pelagianismus sieht, ist das göttliche Vorauswissen (A. verteidigt die praescientia Dei gegen Cicero, De civ. 5, 9) und die Vorbereitung der Gnaden für die, welche zur Rettung erwählt werden. Diese Gnade kommt zu uns als Gnade Christi, der als Christus humilis (der demütige Christus ist wichtig für A.s Frömmigkeit) das Erlösungswerk vollbrachte. Christus ist die Quelle der Gnade und Modell der Prädestination. Wie er prädestiniert wurde, unser Haupt zu sein, wurden wir zu seinen Gliedern prädestiniert (De praed. sanct. 15, 31). Der Erwählung geht die → Rechtfertigung (: II) des Sünders voraus, dh die Gerechtmachung und In-Ordnung-Bringung durch Herstellung des Übergewichts des Geistigen über das Sinnliche in der Einhauchung der caritas. Trotz der Prädestinationslehre hat A. am liberum arbitrium des Menschen zeitlebens festgehalten. Die libertas, das Vermögen, das Gute zu wählen und auszuführen, ist zwar durch den Fall verlorengegangen. Aber das bedeutet nicht den Verlust des liberum arbitrium, mit dem die Spontaneität und Selbstbestimmung gemeint ist, die dem Willen als solchem stets innewohnt (C.d.ep.Pel. 1, 5). Gott gibt Glaube und gute Werke, die unser sind durch die Spontaneität des Willens. In unseren guten Werken ist nichts unser, das nicht von Gott käme, und nichts, das von Gott gegeben wird, ist nicht unser. Die Freiheit des Willens (→ Willensfreiheit), zu der die Prädestinierten geführt werden, besteht in der durch die erwählende Gnade bewirkten Befreiung des Willens zum Guten.

4. A. hat sich der *Ekklesiologie* (→ Kirche: III) vom Gedanken der Autorität her genähert. »Ich würde dem Evangelium nicht glauben, wenn mich nicht die Autorität der kath. Kirche dazu bewegte« (C.ep.fund. 5, 6). Die Autorität ist in das Erkenntnissystem A.s von vornherein eingebaut. Die Annahme nicht selbst zugänglicher, sondern von anderen bezeugter Wahrheiten ist Erkenntnis aus Autorität. Insofern ist die Unterwerfung unter die Kirche, deren Zeugenwert ebenso wie der der hl. Schrift durch apostolischen Ursprung, Fortpflanzung durch Bischofssukzession, Anerkennung durch viele Völker, feststeht, kein widervernünftiger Akt. Der *Glaubensbegriff* A.s enthält ein rationales Moment: Glaube ist Zustimmung, die auf angemessenem Zeugnis beruht (→ Glaube: IV). Die Kirche ist Lehrautorität und (hier knüpft A. an → Cyprian an) die Gnade vermittelndes Institut. Die seit H.Reuter in der Forschung verbreitete Ansicht von dem doppelten Kirchenbegriff A.s (Kirche einerseits die »empirische kath. Kirche«, andererseits die »Gemeinde der Heiligen«, die »Zahl der Prädestinierten«) wird von Kamlah bestritten. Kirche im eigentlichen Sinn ist für A. nur die Gemeinde der Erwählten. Die irdische kath. Kirche, die ja viele Böse in sich schließt, ist Kirche nur im eschatologischen Sinn, indem sie auf die ecclesia praedestinata hin existiert. Die Merkmale der Kirche, die A. gegen die Donatisten, zT im Anschluß an → Optatus von Mileve herausarbeitet, sind die Einheit, die Liebe (welche die Einheit bewahrt) und die Verbreitung über den Erdkreis. Die Kirche verwaltet die Gnadenmittel der Sakramente. Die *Sakramentslehre* A.s ist am Begriff des Zeichens, der letztlich aus seiner Sprachphilosophie stammt, orientiert. Das sakramentale Zeichen ist ebenso wie das Wort Anreiz für das auf die Sache selbst, auf Gott, zielende Erkenntnisstreben. Bei den unbezweifelbaren realistischen Äußerungen A.s über die Gegenwart des Leibes Christi im → Abendmahl (: II, 1c) muß beachtet werden, daß auch »Leib Christi« für ihn etwas in Richtung auf das Intelligible hin zu Transzendierendes ist. – Die auf Erden pilgernde Kirche ist als Zahl der Erwählten ein Teil der civitas Dei, der Bürgerschaft Gottes, dh der durch die Liebe zu Gott vereinten Engel und Menschen. Ihr steht die Gemeinschaft der durch Liebe zum Irdischen Geeinten gegenüber, die civitas terrena oder civitas diaboli. Diese ist nicht völlig identisch mit dem Staat, dem ja auch Prädestinierte angehören. Der Kampf zwischen civitas Dei und civitas diaboli, zwischen Gottesliebe und Selbstvergötzung, ist das Thema der Menschheitsgeschichte.

5. A. hat das gesamte abendländische Christentum nach ihm entscheidend beeinflußt. Die philosophische und theologische Arbeit der → Scholastik ist durch ihn methodisch und inhaltlich bis ins 13.Jh. bestimmt. Nach der Rezeption des gesamten Aristoteles sucht der sog. Augustinismus der Franziskanerschule (→ Bonaventura) vor allem in Erkenntnistheorie und Psychologie an A.s Lehrgut festzuhalten. Die → Mystik des Mittelalters ist ohne A. nicht zu denken. Augustinische Gedanken haben die Staatstheorie des Mittelalters beeinflußt und die theoretische Lösung des Investiturstreits etwa bei → Ivo von Chartres herbeizuführen geholfen. Obwohl die Verurteilung des Pelagianismus A.s wichtigste Einwirkung auf die Dogmengeschichte ist, hat die kath. Kirche seine antipelagianischen Gedanken nicht in vollem Umfang übernommen. So geriet der strenge Augustinismus immer wieder in Konflikt mit der Kirche, von dem Mönch → Gottschalk bis zum → Jansenismus. Die Frage, ob der junge Luther durch den von → Gregor

von Rimini beeinflußten Augustinismus seines Ordens mitgeformt ist, ist noch nicht entschieden (für das Verhältnis → Luthers zu A. vgl. das Buch von Hamel). Wie im Bereich der Reformation ein selbständiges Studium A.s schließlich doch von Luther wieder abführt, läßt das Beispiel → Karlstadts erkennen. Dasselbe gilt vom Augustinismus der Abendmahlslehre → Calvins.

Die folgende Bibliographie ist eine knappe Auswahl.

Werke: Maurinerausg., 11 Bde, 1679-1700; MPL 32-47; CSEL 1887ff; Oeuvres de S.A., hg.v. F.CAYRÉ, (1936ff) 1949ff^{2} (lat.-franz.); CChr 1954ff; G.MORIN, S.Augustini Sermones post Maurinos reperti, 1930.

Deutsche Übers.: BKV^{2} 12 Bde, 1911-35; Aur. A., Werke in dt. Sprache, Paderborn 1940ff; Werke, Zürich 1950ff; St.A. der Seelsorger. Deutsche GA seiner moraltheol. Schriften, hg.v. A.KUNZELMANN-A.ZUMKELLER, 1949ff; St.A. der Lehrer der Gnade. Dt. GA seiner antipelagianischen Schr., hg.v. A.KUNZELMANN-A.ZUMKELLER, 1955ff; Vom seligen Leben, übers.v. J.HESSEN, 1923; Christl. Ethos, des Aur. A. Buch »Von den Sitten der kath. Kirche« übertr. u. erl. v. P.KESELING, 1948; Der christl. Kampf, übertr. v. C.J.PERL, 1948; Der Gottesstaat, in dt. Sprache v. C.J.PERL, 1951/52; Alleingespräche, in dt. Sprache v. C.J.PERL, 1955. Textauswahl: E.PRZYWARA, A., die Gestalt als Gefüge, 1934.

Konkordanzen: Divi Aur. A. Milleloquium Veritatis a F.BARTHOL. DEURBINO digestum, Lugduni 1555 - D.LENFANT, Concordantiae Augustinianae, 2 Bde, 1656-65 - DERS., Biblia augustiniana, 1661.

Bibliographien: G.KRÜGER (HAW 8, 4, 2, 1920, 398-472) - ALTANER 369 (dort weitere Bibliogr.). Vgl. die DGen (bes. LOOFS). Außerdem: F.VANSTEENBERGHEN, La philos. de S.A. d'après les travaux du Centenaire (Rev. Néoscol. de Philos. 34, 1932, 366-387; 35, 1933, 106-126. 230-281) - M.F.SCIACCA, A.us, Bern 1948 - L'Année théologique augustinienne 1, 1940ff (seit 1955: Revue des Etudes augustiniennes) - Augustiniana, Heverlee-Leuven 1, 1951ff.

WB-Art.: RE II, 257ff - DThC I/2, 2268ff - RGG^{1} I, 793ff - DHGE V, 440ff - RGG^{2} I, 656ff - LThK I, 827ff - DSp I, 1101ff - RAC I, 981ff.

Forschungsübersichten: G.BEYERHAUS, Neuere A.probleme (HZ 131, 1923, 189-209) - H.DÖRRIES, 15 Jahre A.forschung (ThR NF 1, 1929, 217-245) - W.THEILER, Gn 11, 1935, 36-41 - H.v.CAMPENHAUSEN, Neuere A.literatur I (ThR 17, 1948, 51-72) - K.BAUS, Neuere A.forschungen (TThZ 61, 1952, 107-112. 165-169) - P.KESELING, Augustiniana (ThRv 49, 1953, 81-98).

Festschriften: Aur. A., die Festschr. d. Görresgesellschaft, Köln 1930 - Miscellanea Agostiniana, Rom 1930/31 - Miscellanea Augustiniana, Rotterdam 1930 - A Monument to S.A., London 1930 - Mélanges Augustiniens, Paris 1931 - A.us Magister, 3 Bde, Paris 1954 - Augustiniana, Löwen 1954 - A.us, Averbode, Brabantse Circarie der Norbertijnen, 1954 - S.A.parmi nous, Le Puy-Paris 1954.

Untersuchungen: H.REUTER, Augustin. Studien, 1887 - A.v.HARNACK, A.s Confessiones, 1888 - W.THIMME, A.s geistige Entwicklung in den ersten Jahren nach seiner »Bekehrung« 386-391, 1908 - K.ADAM, Die Eucharistielehre des hl. A., 1908 - J.MAUSBACH, Die Ethik des hl. A., (1909) 1929^{2} - E.TROELTSCH, A., die christl. Antike u. d. MA, 1915 - P.ALFARIC, L'évolution intellectuelle de S.A., Bd 1, 1918 - B.KÄLIN, Die Erkenntnislehre des hl. A. (Diss. Freiburg/Schweiz), 1920 - CH.BOYER, L'idée de vérité dans la philos. de S.A., (1921) 1941^{2} - DERS., Christianisme et néoplatonisme dans la formation de S.A., (1920) 1953^{2} - K.HOLL, A.s innere Entwicklung (AAB 1922 Nr. 4 = HOLL III, 54-116) - J.NÖRREGAARD, A.s Bekehrung, 1923 - H.FUCHS, A. u. d. antike Friedensgedanke, 1926 - M.SCHMAUS, Die psychol. Trinitätslehre des hl. A., 1927 (Lit.) - F.CAYRÉ, La contemplation augustinienne, 1927 - DERS., Initiation à la philos. de S.A., 1947 - DERS., Dieu présent à la vie de l'esprit, 1951 - E.GILSON, Introduction à l'étude de S.A., (1929) 1949^{3} (Lit.) - J.HESSEN, A.s Metaphysik der Erkenntnis, 1931 - E.BENZ, Marius Viktorinus, 1932 - F.HOFMANN, Der Kirchenbegriff des hl. A., 1933 - W.THEILER, Porphyrios u. A., 1933 - K.KUYPERS, Der Zeichen- u. Wortbegriff im Denken A.s, 1934 - E.DINKLER, Die Anthropologie A.s, 1934 - A.HAMEL, Der junge Luther u. A., 2 Bde, 1934/35 - P.HENRY, Plotin et l'occident, 1934 - DERS., La vision d'Ostie, 1938 - R.GUARDINI, Die Bekehrung des Aur. A., der innere Vorgang in seinen Bekenntnissen, (1935) 1950^{2} - E.HENDRIKX, A.s Verhältnis zur Mystik, 1936 (Lit.) - R.JOLIVET, Le problème du mal d'après S.A., 1936 - J.BURNABY, Amor Dei, (1938) 1947^{2} - H.I.MARROU, S.A. et la fin de la culture antique, (1938) 1949^{2} (mit Retractatio) - DERS., L'ambivalence du temps de l'histoire chez S.A., 1950 - K.H.SCHELKLE, Virgil in d. Deutung A.s, 1939 - G.BARDY, S.A., l'homme et l'oeuvre, (1940) 1948^{7} - DERS., Les Révisions, Oeuvres de S.A. 1re série vol. 12, Introduction, 1950, 11ff - M.PONTET, L'exégèse de S.A. prédicateur, o.J. (1944) - A.DAHL, A. u. Plotin, Unters. zum Trinitätsproblem u. zur Nuslehre, 1945 - F.VAN DER MEER, A. der Seelsorger, (holl. 1947) 1953^{2} - E.FRANK, S.A. and the Greek Thought, 1949 - M.F.SCIACCA, S.Agostino, I, 1949; II, 1954 - A.ZUMKELLER, Das Mönchtum des hl. A., 1950 - P.COURCELLE, Recherches sur les confessions de S.A., 1950 (Lit.); dazu W.THEILER, Gn 25, 1953, 113-122 - DERS., L'enfant et les sorts bibliques (VigChr 7, 1953, 194-220) - R.LORENZ, Fruitio Dei bei A. (ZKG 63, 1950, 75-132) - DERS., Die Herkunft des aug. Frui Deo (ZKG 64, 1952/53, 34-60) - DERS., Die Wissenschaftslehre A.s (ZKG 67, 1956, 29-60. 213-251) - W.KAMLAH, Christentum u. Geschichtlichkeit (1940: Christentum u. Selbstbehauptung), 1951^{2} - G.AMARI, Il concetto di storia in S.A., 1951 - A.NIEBERGALL, A.s Anschauung von der Gnade. Ihre Entstehung u. Entwicklung vor dem pelagian. Streit, 1951 - E.GILSON, Les métamorphoses de la Cité de Dieu, 1952 - B.ALTANER, A. u. die griech. Patristik (RBén 62, 1952, 201-215) - A.ADAM, Der manichäische Ursprung der Lehre von den 2 Reichen bei A. (ThLZ 77, 1952, 385-390) - W.H.C.FREND, The Gnostic-Manichaean Tradition in Roman North-Africa (JEH 4, 1953, 13-26) - H.RONDET, M.LELANDAIS, A.LAURAS, C.COUTURIER, Etudes augustiniennes, 1953 - H.KUSCH, Studien über A. (Festschr. F.Dornseiff, 1953, 124-200) - T.J.VANBAVEL, Recherches sur la christologie de S.A., 1954 - J.RATZINGER, Volk u. Haus Gottes in A.s Lehre von der Kirche, 1954 - E.BENZ, A.s Lehre von der Kirche (AAMz 1954) - J.O'MEARA, The young A., 1954 - G.N.KNAUER, Psalmenzitate in A.s Konfessionen, 1955 (Lit.) - M.LÖHRER, Der Glaubensbegriff des hl. A. in s. ersten Schriften bis zu d. Conf., 1955 - F.G.MAIER, A. u. das antike Rom, 1955 (Lit.) - H.I. MARROU, S.A. et l'augustinisme, 1955 - J.CHAIX-RUY, S.A. Temps et histoire, 1956 - G.NYGREN, Das Prädestinationsproblem in der Theol. A.s, 1956 - P.J.DEMENASCE, A.Manichéen (Freundesgabe für E.R.Curtius, 1956, 79-93) - M.HENSCHEL, Das malum in A.s De civitate Dei (Diss. Jena), 1957.

R.Lorenz

Augustin, 2. *von Canterbury* († zwischen 604/609), Leiter der Angelsachsenmission und erster Erzbischof von → Canterbury. Prior des Andreasklosters in Rom, wurde er 595/596 von Papst Gregor I. mit 40 Mönchen mit fränkischer Unterstützung nach Canterbury zu König Ethelbert von Kent und seiner (fränkischen) christlichen Gemahlin Bertha gesandt. Er erreichte am 1.6.597 die Bekehrung des Königs und des Adels. Gregor I. legte 601 die kirchliche Gliederung → Englands fest, wie sie im Prinzip bis heute gilt. A., offenbar eine etwas zaghafte, anlehnungsbedürftige Natur, hing ganz von Rom ab. Mit den altbritisch-keltischen Bischöfen trat er in keine Beziehung. Erst 664 kam es in Streaneshalch (Whitby) zur Einigung mit ihnen.

E.L.CUTTS, Saint Augustine of Canterbury, 1895 - A.J.MASON, The Mission of St. Augustine to England, 1897 - K.D.SCHMIDT, Die Bekehrung der Germanen zum Christentum II, 1942, 111ff - R.H. HODGKIN, A History of the Anglo Saxons I, 1935 - F.M.STENTON, Anglo Saxon England, 1943 (Oxford History of England vol. II).

M.Schmidt

3. *Augustinus Triumphus* von Ancona († 1328), Augustinereremit, studiert (mit → Ägidius von Rom) und lehrt in Paris, später Ratgeber am Hof zu Neapel, Verfasser zahlreicher philosophischer und theologischer Werke, bedeutender Exeget. Seine → Johannes XXII. gewidmete Summa de ecclesiastica potestate ist das erste umfassende Handbuch vom Papsttum, von dessen Vollmacht (als »potestas Christi, qua nunc regnat mediante papa«) in extrem kurialistischer Weise alle geistliche wie weltliche Gewalt abgeleitet wird.

RGG^{2} I, 666 (Lit.) - P.GLORIEUX, Répertoire des Maîtres en théologie de Paris au XIIIe siècle II, 1933, 321ff - DHGE V, 487ff - DThC XV, 1855ff - EC XII, 546ff (Lit.) - B.MINISTERI, Agostino d'Ancona, 1954.

M.A.Schmidt

Augustiner, Bezeichnung für verschiedene männliche und weibliche Ordensgenossenschaften.

1. *Augustiner-Chorherren* (Canonici regulares). In seiner Augustinbiographie berichtet Possidius vom gemeinsamen Leben Augustins mit den Klerikern von Hippo. Durch Augustins Schüler fand dieses Vorbild in Afrika, Gallien, Italien und England Eingang. An → Chrode-

gang von Metz und die Aachener Synoden 816/19 knüpft sich die fränkische Reform; doch erst die Reformen des 11.Jh.s führten dazu, daß viele Kapitel das gemeinsame Leben mit der → Augustinerregel annahmen. Die Lateransynode 1059 wünschte dies. Es scheint, daß Gervasius von Reims († 1067) die Augustinerregel zum Chorherrenstatut machte. In Rom führte sie Gelasius II. für die Kanoniker der Lateranbasilika ein.

Von großer Bedeutung waren die Vorschriften über die Feier von Generalkapiteln (Eugen III. 1145 für die deutschen Chorherren; Laterankonzil 1215 c. 12; Benedikt XII. 1339). Zu den größeren Kongregationen, die freilich später wieder eingingen, gehörten die von Marbach bei Kolmar 1089, Arrouaise 1090, St. Victor in Paris 1113 (→ Viktoriner), vom hl. Grabe 1114, von Gilbert Sempringham († 1189; → Gilbertiner), → Windesheim 1393, Unserem Heiland vom Hl. Petrus Fourier 1623, St. Genofeva in Paris 1634. Heute gibt es noch folgende: a) Die Abtei St. Moritz in der Schweiz, um 825 durch Kanoniker besiedelt, die 1128 die Augustinerregel annahmen. Konstitutionen 1642, 1722, 1831, 1888, 1931. Seit 1937 ist ihr die Apostolische Präfektur Sikkim anvertraut. - b) Die Kongregation vom Großen St.Bernhard, vom hl. Bernhard von Aosta († 1181) gegründet. Innozenz III. gab ihr die Augustinerregel, zu der 1438 noch besondere Satzungen kamen. Der Propst residiert in Martigny-Ville. 1932 wurde eine Mission in → Tibet (: II) übernommen, die später nach Formosa verlegt wurde. - c) Der Orden des hl. → Kreuzes, 1210 anscheinend von Kanonikus Theodor von Celles bei Clair-Lieu gegründet und 1248 von Innozenz IV. bestätigt. Außer der Regel beobachtete man seit 1245 einen Teil der Dominikanerkonstitutionen. Statuten 1433, 1464, 1466, 1658, 1925. Reformatoren des Ordens waren Johann von Merode, Heinrich von Wijmelenberg. Der Generalmagister residiert zu St.Agatha bei Cuyk. 1516 erhielt der Orden das Privileg des Kreuzherrenablasses. - d) Die Kreuzherren mit dem roten Stern entwickelten sich aus einer Bruderschaft in der Zeit der Kreuzzüge, die Gregor IX. 1237 als »ordo canonicus« bestätigte. Schon 1244 trugen die Mitglieder auf dem Mantel ein Kreuz, dem Alexander IV. 1256 einen roten Stern beifügte. Statuten 1853, 1880, 1934. Der Großmeister residiert in Prag. - e) Die Kongregation von Fregionaria bei Lucca 1421, der 1439-71 auch das Kapitel vom Lateran in Rom angehörte, daher seit 1445 Lateranensische Chorherren genannt. Konstitutionen 1592, 1629, 1841, 1926. - f) Sechs aus dem 11. und 12.Jh. stammende Stifte bilden seit 1907 die österreichische Kongregation, deren Statuten 1907 und 1940 approbiert wurden. - g) Die von Adrien Grea gestiftete und 1887 bestätigte Kongregation der regulierten Chorherren von der Unbefleckten Empfängnis. Mutterhaus Tanglinan Diöz. Valence. Konstitutionen 1908, 1913, 1925.

2. *Augustiner-Chorfrauen.* Von den Kanonissen, denen die Aachener Regel von 817 die Nutznießung von Privatvermögen gestattete, nahmen manche im 12.Jh. (zB Odilienberg unter der Äbtissin Rilindis, † 1167) die → Augustinerregel an. Verschiedene Klöster schlossen sich auch zusammen und bildeten Kongregationen. Noch heute sind die Chorfrauen teils ganz selbständig, andere haben sich zu Föderationen zusammengetan. Die Lateranensischen Chorfrauen haben gegenwärtig 8, die vom hl. Grabe 14 (Konstitutionen 1631, 1926), die des Ordens vom hl. Viktor 3 selbständige Klöster. Die vom hl. Petrus Fourier und der sel. Alice le Cleve 1597 gegründeten Klöster Unserer Lieben Frau zerfallen in 3 Kongregationen oder Föderationen, die von Jupille 1910, die deutsche 1927 und die römische (Konstitutionen 1645, 1926, 1937). Dazu kommen dann noch die Kranken-Kanonissen von der Barmherzigkeit Jesu, von denen die meisten der 1946 errichteten europäisch-afrikanischen Föderation beigetreten sind. Die Missions-Kanonissen sind weit verbreitet; Konstitutionen 1926. Von der → Windesheimer Kongregation sind noch die Klöster zu Soeterbeck und Deursen-Ravenstein übrig; Konstitutionen 1930. Die Frauen widmen sich in der Regel der Erziehung von Mädchen.

3. *Augustiner-Eremiten,* Ordo Eremitarum S. Augustini (OESA), ein Priesterorden, den Alexander IV. 1256 aus kleineren Eremitenverbänden bildete. 1257 eximierte ihn der Papst von der bischöflichen Gewalt und gab ihm einen Kardinalprotektor. Neben der → Augustinerregel befolgte er noch besondere Konstitutionen, die 1287 und 1290 genehmigt und in der Mitte des 14.Jh.s, 1581, 1586, 1625, 1895 und 1926 verbessert wurden. Seit 1331 bzw. 1900 hütet er das Grab des hl. Augustin in Pavia.

Oberstes Organ des Ordens ist das jetzt alle 6 Jahre tagende Generalkapitel. Außerhalb desselben leitet der Generalprior mit 4 Assistenten den Verband. Sitz des Ordensgenerals in Rom ist St.Monika bei St.Peter. Die Tracht besteht aus einem schwarzen Habit mit Skapulier und Kapuze. Seit Ende des 13.Jh.s versieht ein Ordensmitglied das Amt des päpstlichen Sakristans, der nunmehr auch Generalvikar der Vatikanstadt ist.

Der Orden breitete sich rasch aus. In Deutschland hatte er 1299 schon etwa 80 Niederlassungen. Um 1700 umfaßte er 42 Provinzen, 12 Kongregationen und 2 Vikariate; heute hat er noch 25 Provinzen und 6 Vizeprovinzen. Das abendländische Schisma spaltete den Orden in 2 Obödienzen. Gegen die eingerissenen Milderungen traten Reformkongregationen (→ Observanten) auf; die sächsische wurde 1506 bestätigt. In Kastilien, Frankreich und Italien entstanden seit dem Ende des 16.Jh.s die Rekollekten und Barfüßer; die Stürme der Zeit überstanden nur die spanischen Rekollekten, die seit 1912 einen unabhängigen Orden (Konstitutionen 1936) bilden, und die italienischen Barfüßer. Die Reformation Martin → Luthers, der aus dem A.-E.-Kloster in Erfurt stammte, fügte dem Orden schwere Schläge zu, ebenso die französische Revolution und die Säkularisationen, doch nahm der Orden gegen Ende des 19.Jh.s neuen Aufschwung. Die A. widmen sich der Wissenschaft, Schule und Mission. Unter den über 70 Seligen und Heiligen seien erwähnt Nikolaus von Tolentino, Friedrich von Regensburg und Thomas von Villanova; im 19.Jh. allein wurden 28 A. und 6 Augustinerinnen selig gesprochen. Seit dem 13.Jh. lehrte der Orden auch an Universitäten (Paris, Salamanca, Bologna, Löwen, Wien, Prag, Heidelberg, Freiburg i. Br., vor allem Erfurt u.a.) und unterhielt Kollegien (Escorial in Spanien 1885 königliches Kolleg Alfons' XII. und 1893 Universität), Akademien und Gymnasien (Münnerstadt 1685, Weiden 1917). Unter den Theologen ragen hervor Jakob Cappoci von Viterbo, Doctor speculativus genannt, der erste deutsche Ordensgeneral, Jordan von Sachsen, Gregor von Rimini, Thomas von Straßburg und Girolamo → Seripando. Besonders zu erwähnen ist die vom Ordensgeneral → Ägidius von Rom, einem Schüler des hl. → Thomas von Aquino, begründete Augustinerschule, die sich von den Thomisten und den Molinisten u.a. durch eine besondere Erklärungsweise der wirksamen Gnade unterscheidet. Als Missionare wirkten die A. in Mittelamerika, Philippinen, China, Japan und Indien; heute ist ihre Wirksamkeit auf Australien, Japan, Nigerien und Peru beschränkt.

4. *Augustiner-Eremitinnen* waren im Mittelalter zahlreich, heute gibt es solche nur noch in Italien, Spanien und Polen. - Einen Dritten Orden (Mantellati) gestattete der Hl. Stuhl 1400 bzw. 1470.

Zu 1: LThK I, 812ff - ESCOBAR I, 1ff - PH.HOFMEISTER, Die Verfassung des holländischen Kreuzherrenordens (KRA 117/118, 1938, 189-223) - Die Verfassung der Windesheimer A.-Kongregation (ZSavRG Kan. Abt. 30, 1941, 165-270) - S.VON DEN WOUDE, Acta Capituli Windeshemensis, 's-Gravenhage 1953 - Canonicorum regularium Sodalitates, 1954.

Zu 2: Canonicorum regularium Sodalitates, 1954, 201ff.

Zu 3 u. 4: DThC I, 2474ff - LThK I, 816ff - HEIMBUCHER I, 536ff - R.ARBESMANN, Die A. in Deutschland, 1934 - L.GOEGEBUER, L'ordre des Augustins, 1946 - ESCOBAR I, 521ff - F.RENNHOFER, Die A.-Eremiten in Wien, 1956 - Cassiciacum. Wissenschaftl. Forschungen über den hl. Augustin u. den A.orden, hg.v. A.KUNZELMANN u. F.LANG, 1936ff. - Zeitschriften: Augustiniana, 1951ff - Revue des Etudes augustiniennes, 1955ff. *Ph.Hofmeister*

Augustinerregel umfaßt drei Texte, die zu verschiedenen Zeiten entstanden sind. In ihrer ältesten Fassung ist sie um 500 von → Cäsarius von Arles bezeugt. Neben der Regula tertia oder einfach Regula Augustini steht die Regula prima oder consensoria monachorum und die Regula secunda. Letztere ist als Umschreibung eines Briefes von Augustin an die Nonnen von Hippo zu betrachten, der als Nr. 211 unter seine Schriften aufgenommen wurde; dessen Echtheit wird neuerdings bestritten und eine Entstehung im 7.Jh. in Spanien behauptet. Während die ältere Forschung den augustinischen Ursprung dieser Regeln bestritt, betont die neuere kath. Forschung (Hümpfner, Zumkeller) den Zusammenhang mit Augustin. Doch bleiben noch manche Fragen ungeklärt (so die Priorität der Nonnenregel, die Echtheit des Briefes Nr. 211). Die erste kurze Regel enthält die älteste im Abendland bekannte Ordnung der kirchlichen Tagzeiten (noch ohne Prim). In der weiteren Fassung wird das augustinische Lebensideal mit seinem obersten Grundsatz der Gottes- und Nächstenliebe entfaltet. Seit dem 11. Jh. wurde die A. Grundlage vieler Ordensgemeinschaften, der → Augustiner, → Prämonstratenser, → Dominikaner, → Merzedarier, → Serviten, → Pauliner, → Alexianer, Cellitinnen, → Hieronymiten → Jesuaten, → Apostelbrüder, → Ambrosianerbrüder, → Barmherzigen Brüder, → Birgittinnen, → Annunziaten, → Ursulinen, → Angeliken und Guastallinen, → Salesianerinnen sowie verschiedener Kongregationen. Besonders kam ihr die Bestimmung des Laterankonzils 1215 c. 13 zugute, daß neue Orden nur approbiert würden, wenn sie eine der alten Regeln annehmen.

Krit. Textausgabe bei R.ARBESMANN-W.HÜMPFNER, Jordani de Saxonia Liber Vitasfratrum, New York 1943, 498ff; deutsch bei H.U. v.BALTHASAR, Die großen Ordensregeln, 1948, 99ff; A.ZUMKELLER, Das Mönchtum des hl. Augustinus, 1950, 215ff (Lit.). - RE II, 254f - HAUCK IV, 340f - S.HERTLING, Kanoniker, A. u. Augustinerorden (ZKTh 54, 1930, 335-359) - DDC I, 1412ff - DSp I, 1126ff - Catholicisme I, 1035 f. *Ph.Hofmeister*

Aumônier (= Almosenier), u.a. Bezeichnung der französischen Militärgeistlichen; der »grand aumônier de France« ist seit dem 13.Jh. nachweisbar.

LThK I, 288. *W.Jannasch*

Aurifaber (Goldschmid), 1. *Andreas,* * 1514 Breslau, † 1559 Königsberg. Student, dann Dozent in Wittenberg, Schulrektor in Danzig und Elbing; ab 1542 Stipendiat → Albrechts von Preußen, seit 1545 in Königsberg Prof. der Physik und Medizin, herzoglicher Leibarzt und Rat. Schwiegersohn A. → Osianders und Hauptstütze seiner Partei.

RE II, 287f - WAB 7, 179; 10, 415 - G.v.SELLE, Gesch. d. Albertus-Univ. zu Königsberg, (1944) 1956² - P.G.THIELEN, Die Kultur am Hofe Hzg. Albrechts v. Preußen, 1953 (Lit.).

2. *Johannes* (Vratislaviensis), * 1517 Breslau, † 1568 ebd, Bruder von 1. Student, dann Dozent (Mathematik) in Wittenberg, vorübergehend in Magdeburg und Schulrektor in Breslau; 1550 Prof. der Theol. und Pastor in Rostock, Hauptverfasser der Mecklenburgischen Kirchenordnung von 1551/52. Seit 1554 Prof. der Theol. in Königsberg, später Präsident des Samländischen Bistums. Als Philippist um Beilegung des Osiandrischen Streites (A. → Osiander) bemüht (Mitarbeit an der Preuß. KO von 1558). Seit 1565 in Breslau, ab 1567 dort Pfarrer und Schulinspektor.

RE u. v. SELLE vgl. bei 1 - SEHLING IV, 23ff; V, 130ff - W.FRIEDENSBURG, Gesch. d. Univ. Wittenberg, 1917 - E.ROTH, Zur Mitarbeit an der Confessio approbata d. Hzg. Albrecht v. Preußen (ThLZ 75, 1950, 760-765). *I.Höß*

3. *Johannes* (1519-75), * Weimar, 1537 Student in Wittenberg, 1540 dort Hauslehrer, dann Feldprediger bei den Grafen von Mansfeld, 1545 Famulus Luthers, bei dessen Tod anwesend, Prediger im Schmalkaldischen Krieg und 1547 bei dem gefangenen sächsischen Kurfürsten Joh. Friedrich, dann Adjunkt des Hofpredigers Joh. → Stoltz in Weimar, 1556 dessen Nachfolger, 1561 als Flacianer abgesetzt, nach Aufenthalt in Eisleben 1566 Pfarrer an der Reglerkirche in Erfurt, Senior. - Nicht führend beteiligt am Gutachten gegen → Interim und A. → Osiander, am Konfutationsbuch, Wormser Gespräch und an der Jenaer → Lutherausgabe. Sammler von Lutherana, ebenso fleißig wie geschäftstüchtig.

Hg. von 2 Luther-ErgBdn (1564/65), 2 Bdn lat. Lutherbriefe (1556/65), Tischreden (1566). - RE I, 290; XXIII, 139 - WOLF, QK, Reg. - R.JAUERNIG, Zur Jenaer Lutherausgabe (ThLZ 77, 1952, 747). *R.Jauernig*

Aurobindo (sprich: Orobindo) Ghosh, indischer Philosoph (1872-1950). Da der Familienname Ghosh häufig ist, wird er meist mit seinem Vornamen (A. = Lotus) und vorgestelltem Shrî (»ehrwürdig«) bezeichnet. * in Calcutta, 1879-93 in England erzogen, 1893-1906 in verschiedenen Regierungsstellungen im Fürstentum Baroda. Weil er sich der revolutionären Nationalbewegung angeschlossen hatte, kam er 1908/09 ins Gefängnis. Dort erlebte er eine religiöse Erweckung und begann sich eingehend mit → Yoga zu beschäftigen. 1910 ließ er sich in Pondicherry (im damaligen Französisch-Indien) nieder, wo er auch starb. Hier begründete er einen Âshram (Einsiedelei, Erziehungsheim), der sich aus kleinen Anfängen zu einem »Centre Universitaire International« und einer Schule für die Ausbildung der Jugend im geistigen und körperlichen Training (Yoga und Sport) entwickelte. A. wurde hierbei seit 1920 unterstützt von seiner französischen Lebensgefährtin Mira Richard, die seit seinem Tode die Schule leitet.

A. hat eine große Anzahl von Werken, zumeist in englischer Sprache verfaßt; das umfangreiche »Life Divine« gibt die ausführlichste Darstellung seiner Lehre. Diese strebt eine Synthese von indischen und abendländischen Gedanken an. Indisch ist die Anerkennung der Theorie der → Seelenwanderung und der → Avatâras, die Anschauung, daß die höchste Wirklichkeit jenseits von Gut und Böse steht und die Moral nur Stufen zur Aufwärtsentwicklung bezeichnet, schließlich die Vorstellung, daß der Mensch sich durch Yoga über die Welt erheben und das Göttliche in sich einströmen lassen kann. Abendländisch ist der durch Gnostiker, → Hegel und → Darwin vermittelte Gedanke einer Involution und Evolution, die Idee eines künftigen Übermenschen und einer kosmischen Erlösung, die eschatologische Hoffnung auf die Verwirklichung eines »Himmelreichs auf Erden« und eines zukünftigen Weltstaats.

Vf. außerdem u.a.: Synthesis of Yoga; Evolution; The Problem of Rebirth; The Supramental Manifestation upon Earth, die meist in Pondicherry im Verlag des Âshram, zT auch in Madras u. New York erschienen. Von einigen liegen dt. Übers.en vor. Außer philos.

Werken verfaßte A. auch Gedichte u. Dramen sowie Erläuterungen indischer Texte (Upanishads, Gita). - S.K.MAITRA, An Introduction to the Philosophy of A., Benares 1941 - DERS., Studies in Sri A.S philosophy, 1955 - G.H.LANGLEY, Sri A. Indian poet, philosopher and mystio, 1949 - H.CHAUDHURI, Sri A., the prophet of life divine, 1951 - J.HERBERT, Le Yoga de Sri A., 1951. Nützlich ist das Werkchen »Einführende Terminologie zu den Schriften von Sri A.«, Pondicherry 1955. *H.v.Glasenapp*

Ausgrabungen

I. Allgemein - II. Im Vorderen Orient - III. In Palästina - IV. Im Raum der Alten Kirche. - Vgl. auch → Archäologie: I. II, → Prähistorie. - A. = Ausgrabung

I. Allgemein

1. Gräber - 2. Kult- und Opferstätten

In dieser den A.sübersichten im Vorderen Orient, in Palästina und dem Mittelmeergebiet der Alten Kirche (→ Ausgrabungen: II-IV) vorangehenden Erörterung kann es sich nicht darum handeln, gewissermaßen den geographischen Raum, in dem A.en stattgefunden haben, als Ganzes zu umgreifen. Denn abgesehen davon, daß auch noch im Zusammenhang mit der Wissenschaftsgeschichte (→ Ägyptologie, → Assyriologie, → Hethitologie, → Klassische Altertumswissenschaft, → Germanistik, → Keltologie) und unter → Kunst von Objekten der A. die Rede ist, sind die jeweils sich aus den A.en ergebenden Erkenntnisse so verschiedener Art, daß eine auch nur die wichtigsten Themen und Objekte nennende Zusammenstellung einen sehr großen Raum beanspruchen würde und andererseits dann doch wieder zu knapp und unergiebig bleiben müßte. Wir beschränken uns daher auf den Bereich von Religion und Kultbräuchen in vor- und frühgeschichtlicher Zeit und grenzen dies räumlich in dem Sinne ein, daß hier über A. von Gräbern und Kultstätten vornehmlich Nord-Europas berichtet wird.

1. Die beiden Hauptgruppen vorgeschichtlicher *Gräber* sind die Skelett- und Brandgräber (→ Begräbnis: I); oft kommen beide gleichzeitig auf demselben Gräberfeld vor. Brand- wie Skelettgräber enthalten häufig ein reiches Inventar von Waffen, Schmuckstücken und Geräten, ferner Reste von mitgegebenen Speisen, die vom Glauben an ein Weiterleben des Toten im → Grabe zeugen. Dagegen ermöglichen es selbst eingehende A.en nicht, vielleicht vorhandene Unterschiede in der Auffassung vom jenseitigen Leben festzustellen.

Oft lassen Gräber Spuren von verschiedenen Bestattungsbräuchen erkennen. Nicht selten findet man auch zB in den nordeuropäischen Steinkammergräbern der jüngeren Steinzeit, die für Leichenbestattung vorgesehen sind, neben Spuren von Feuer zerstreute und verbrannte Menschenknochen; hier handelt es sich wahrscheinlich um Menschenopfer. Sehr sorgfältige A.en in Norddeutschland und Skandinavien haben ergeben, daß auch die große Menge von Tongefäßscherben, die oft streng an eine Steinpflasterung vor dem Eingang der Steinkammergräber gebunden ist, wo die Gefäße zerschlagen worden sind, Überreste von Opferzeremonien darstellt (→ Totenverehrung: I). Früher nahm man an, daß diese Riesenmengen von Scherben - außerhalb eines Ganggrabes bei Fjälkinge in Schonen (Schweden) rechnet man anhand der aufgefundenen Scherben mit ca 1400 zerschlagenen Tongefäßen - aus der Kammer herausgeworfen wurden, um Platz für eine neue Grablegung zu schaffen; als Vergleich zog man zB die mykenischen Kammergräber heran. Indessen haben die A.en in Griechenland gezeigt, daß die Knochen und Beigaben der älteren Gräber in den mykenischen Kammern nie herausgeworfen, sondern nur gegen die Wände der Kammer aufgeschichtet wurden, wo sie in ganzen Haufen liegen.

Bei anderen A.en, zB im Gräberfeld bei Hallstatt (Salzkammergut), wurde auch unvollständige Leichenverbrennung nachgewiesen. Durch A. allein kann man jedoch die damit zusammenhängenden religiösen Vorstellungen nicht ermitteln. Bei anderen A.en innerhalb des Gebietes der Nordseeküste hat man bei vorgeschichtlichen Gräbern wiederholt Pfostenlöcher angetroffen, die als Spuren einer Art Palisade rings um das Grab gedeutet werden müssen. Andere Pfostenlöcher scheinen nach ihrer Lage von Totenhäusern zu stammen, zB in Vetteryd in Mittelschonen (Schweden). Innerhalb einer vierseitigen Steinsetzung aus hochkantgestellten Platten (den Wänden) sind symmetrisch vier große Pfostenlöcher (von Dachpfeilern) angebracht; zwischen diesen liegen vier kleine Gruben mit verbrannten Knochen und Fragmenten von Schmuckstücken aus dem Ende des 8.Jh.s, den Überresten des Toten. Etwa in der Mitte befindet sich eine Herdstätte mit zahlreichen Tierknochen und Kohlen: eine Opferstätte.

2. Außerhalb der Gebiete, wo man Steingebäude als Tempel errichtet hat, förderten A.en *Kult- und Opferstätten* der verschiedensten Art zutage. In paläolithischen Höhlen hat man zahlreiche Zeugnisse von Kultbräuchen gefunden; mesolithische Gräber und Kultstätten lassen erkennen, daß Rentiergeweihe in dem altsteinzeitlichen Kultus eine gewisse Rolle gespielt haben. Mit Hilfe der → Ethnologie versucht man, die Religion der alten → Jäger zu rekonstruieren. Im Zusammenhang mit Megalithgräbern finden sich mitunter besondere Anordnungen für Kulthandlungen, zB in Tustrup im nordwestlichen Jütland (Dänemark). Hier liegen in einem halbkreisförmigen Bogen zwei Ganggräber und ein → Dolmen-Grab. Etwa im Zentrum des Bogens liegt die Kultstätte; ein hufeisenförmiger Steinwall mit einer Holzkonstruktion an der Innenseite umgrenzte eine Grube; ausserhalb der Grube lagen in Scherben zerschlagen meist trommelförmige Tongefäße, sog. Fußschalen, auf einem Haufen, ein anderer enthielt löffelförmige Tongegenstände, die sicher für Kultzwecke an einem Stiel befestigt waren. Gefäße und Löffel sind paarweise gleich verziert; offenbar gehören sie zusammen.

Sehr oft findet man bei A.en offene Kultstätten ganz verschiedener Art. Umfassende A.en an einem der berühmtesten Monumente Englands, Stonehenge bei Salisbury, haben gezeigt, daß außer den noch stehenden Monolithen noch zwei (verschwundene) Steinkreise vorhanden gewesen sind und daß dieser Kultplatz von spätneolithischer Zeit bis in die Eisenzeit benutzt und mindestens dreimal verändert wurde. Mit Hilfe von Luftaufnahmen hat man in der Nähe ein ähnliches Monument festgestellt, die A.en ergaben hier eine »Woodhenge« (Holzhege) aus 6 konzentrischen Kreisen von Holzpfosten. Dieses Monument ist in die Zeit der Glockenbecherkultur (ca 2000 vGhr) zu datieren. In Nordskandinavien, Finnland und Sibirien sind Kultstätten, wie zB die Opferstätten der Lappen (→ Finnisch-ugrische Religion), an gewisse Naturformationen gebunden: an eine Gebirgsschlucht, einen großen Stein, einen Bach oder auch etwas anderes ins Auge Fallendes. Hier versprechen A.en oft wenig Erfolg, da die geopferten Gegenstände in der freien Luft niedergelegt wurden und wohl häufig verlorengegangen sind. Andererseits sind unter diesen offenen Opferstätten die südskandinavischen Moorfunde von größter Bedeutung. In Käringsjön, unweit von Halmstad (Halland/Schweden), hat man zB festgestellt, daß die Bewohner zwischen 200-400 nChr ihre Opfergaben ins Wasser gesenkt haben, gewöhnlich grobe Gebrauchsgefäße aus Ton, die Speisen enthielten, aber auch feine Trinkgefäße, landwirtschaftliche Geräte und andere bemalte Büchsen usw. Man findet auch Zweige, die an einem Ende abgebrannt waren; diese sind wohl als Fakkeln benutzt worden, woraus man wohl folgern darf, daß die Opferhandlungen mitunter nachts vor sich gingen.

Die angeführten Beispiele lassen einerseits erkennen, daß es bei sorgsamer Beobachtung des Befundes der A. möglich ist, gewisse Aufschlüsse über Kultbräuche zu erhalten, andererseits zeigen sie, wie schwierig es ist, aus dem Fundmaterial aus dieser weit zurückliegenden Zeit auf die hinter den Bräuchen stehende Ideenwelt zu schließen. Bei der kultisch-religiösen Ausdeutung von Gräberfunden ist jedenfalls Vorsicht am Platze und dies um so mehr, je größer schon beim archäologischen Bestande verschiedener Grabungsstätten kombinatorische Vergleiche angestellt werden.

A.Rust, Das altsteinzeitl. Rentierjägerlager Meiendorf, 1937 (Opfer von Rentiergeweih) - Ders., Die alt- u. mittelsteinzeitl. Funde von Stellmoor, 1943 (vielleicht Totempfahl) - G.Schwantes, Die Vorgesch. Schleswig-Holsteins, 1939 (neue Aufl. in Vorbereitung; Angaben u.a. über Totenhäuser) - H.Arbmann, Käringsjön, 1945 (Untersuchung eines Opfersees aus röm. Zeit) - GlynE.Daniel, The Prehistoric Chamber Tombs of England and Wales, 1950 (Symbolismus u. Ritus der Steinkammergräber), - J.G.D.Clark, Starr Carr, 1954 (Hirschgeweih für kultische Zwecke, mesolithische Zeit) - M. u. S.-J.Péquart, Hoedic, 1954 (Hirschgeweih bei Grablegungen, mesolithische Zeit) - P.Kjaerum, Tempelhus fra stenalder. Kuml, Aarhus 1954 (Kultusgebäude der mittelneolithischen Zeit) - J.Behn, A.en u. Ausgräber, 1955 - R.J.C.Atkinson, Stonehenge, 1956 (neue A.en) - J.Maringer, Vorgeschichtl. Religion, 1956 (Lit.).

H.Arbman

II. Im Vorderen Orient

1. Allgemeines - 2. Ägypten - 3. Babylonien - 4. Assyrien - 5. Mesopotamien - 6. Westiran - 7. Kleinasien - 8. Syrien und Cypern - 9. Arabien

1. Vor Beginn der großen A.en im 19.Jh. standen für den alten Orient als Geschichtsquellen nur die Bibel und die Berichte einiger antiker Schriftsteller zur Verfügung. Wir verdanken daher den allergrößten Teil unseres Wissens hier den A.en, neben denen die Aufnahme noch freistehender Baureste nur eine untergeordnete Rolle spielt. Die langsame Entwicklung der Grabungstechnik hatte zur Folge, daß die A.en vor 1900 meist wesentliche Fragen offen lassen mußten, obwohl viele von ihnen reiche Funde erbrachten. Aber auch einige A.en seither ließen die nötige methodische Strenge vermissen. Alle A.sberichte bedürfen daher kritischer Auswertung. Hier können nur die für die einzelnen Geschichtsperioden vor Alexander d.Gr. jeweils wichtigsten A.en ohne Einzeldaten genannt werden.

2. Für die Ausbildung der A.smethode wurden in *Ägypten* (→ Ägyptologie, 1) die A.en von Fl.Petrie nach 1880 und nach 1900 die von L.Borchardt und H.Junker besonders wichtig. Für die Vorgeschichte (4.Jt.) wurden grundlegend die A.en von H.Junker in Merimde und die von O.Menghin in Maadi in Unterägypten sowie für Oberägypten die von Fl.Petrie in Negâde und G.Brunton in Mostagedda und Badâri. Ergänzungen brachten u.a. die A.en in Heluan (F.deBono u.a.) und die Felsbilderaufnahmen von H.A.Winkler. Für das Alte Reich ist die immer noch nicht abgeschlossene Untersuchung der großen und kleineren Pyramiden mit zugehörigen Tempeln und den umliegenden Gräbern bei Gise, Sakkara, Daḫšur und Medum zuerst zu nennen; viele Gelehrte sind daran beteiligt (u.a. L.Borchardt, H.Junker, G.Reisner, Abu Bakr). Die Hauptstadt Memphis (→ 1 B 3) ist jedoch noch kaum erforscht. Ausgedehnte Friedhöfe des Mittleren Reiches fand P.Newberry in Beni Hassan (→ 1 B 4) bei Assiut, während gleichzeitige Tempel in und bei Theben (→ 1 C 6) von E.Naville und H.Winlock freigelegt wurden. Fl.Petrie deckte bei Illahun/Kahun neben der Pyramide Sesostris' II. eine ganze Stadtanlage auf. Für die Hyksosresidenz Auaris nehmen manche das spätere Tanis in Anspruch; aus dieser Zeit gibt es aber nur wenige sichere Zeugnisse. Überaus reich ist der Ertrag der A.en für das Neue Reich. Theben wird vor allem vom Oriental Institute in Chicago erforscht (H. Breasted, U.Hölscher, H.Nelson u.a.). Das berühmte Tutanchamun-Grab legte H.Carter frei, die Residenz Echnatons in el- → Amarna L.Borchardt, M.Davis, H. Frankfort, J.Pendlebury u.a. Für die Ramessiden und die 21. Dynastie erbrachten ferner die A.en von P.Montet in Tanis (→ 1 C 2/3), das nach manchen mit Pi-Ramses und höchstwahrscheinlich mit Auaris identisch ist, reiche Funde (→ Pithom). Für die spätere Zeit sind noch besonders zu nennen die A.en von S.Gabra in Hermopolis (Tuna el-Gebel) und die Aufnahme der Ruinen von Elephantine (→ Elephantine-Urkunden) am 1. Katarakt sowie die Grabungen von E.Reisner u.a. in Nubien.

3. In *Babylonien* (→Assyriologie) sind die Ruinen besonders schlecht erhalten, da es fast keine Steinbauten gibt. Die Ausbildung der A.smethoden wird hier vor allem R.Koldewey, L.Woolley und H.Frankfort verdankt. Für das 4.Jt. sind nach L.Woolleys A. in el-Obeid bei → Ur (→ 3 E 5) die A.en von S.Lloyd und F.Safar in Eridu (→3 E 5/6) besonders wichtig (früheste Tempel). Für die Zeit der Schrifterfindung und der Anfänge monumentaler Kunst (Uruk- und Dschemdet-Nasr-Kultur) erbrachten die A.en in Uruk (→ 3 E 5) durch J.Jordan, H.Lenzen u.a. Entscheidendes. Unser Bild von der frühdynastischen Zeit ist für Tempelbau und Plastik vor allem durch die A.en von H.Frankfort u.a. in Ešnunna, Chafadschi und Tell Agrab bei Baghdad bestimmt und für Gräber und Kunsthandwerk durch H.Woolleys Aufdeckung des Königsfriedhofs in Ur. Dazu kommen die Funde von L.Watelin u.a. in Kisch (→ 3 E 4), von E.de Sarzec u.a. in Lagasch (→ 3 E 5/6) und R.Koldewey u.a. in Šuruppak (Fara). Für die noch dürftig bezeugte Zeit der Akkade-Dynastie sind wiederum Ešnunna, Ur und Lagasch zu nennen, ebenso für die neusumerische 3. Dynastie von Ur und Gudea (dazu noch Uruk). Altbabylonische Funde gab es ebenfalls in Ešnunna und Umgebung (s. noch die A. von T.Baqir in Tell Harmal), in Ur und Uruk, dazu in Nippur (→ 3 E 4; H.Hilprecht, D.McCown u.a.), Larsam (→ 3 E 5; A.Parrot) und → Babylon (→ 3 E 4; R.Koldewey). Für die Kassitenzeit kommt zu Ur, Uruk, Nippur und Babylon noch die A. von Dur-Kurigalzu durch S.Lloyd und T.Baqir. Funde aus den folgenden Jahrhunderten fehlen fast ganz. Mit der Zeit Sargons II. von Assyrien setzt Uruk wieder ein (Tempel Eanna), in dem dann vor allem auch die Spätrenaissance babylonischer Kulturen unter den → Seleuciden reich vertreten ist. Für die Zeit der Chaldäerkönige und der Achämeniden sind wieder u.a. Ur, Nippur und Kisch zu nennen, vor allem aber Babylon mit seinen Palästen, Tempeln und der Prozessionsstraße. Zu einem wirklichen Abschluß konnten die A.en in keiner der größeren Städte gebracht werden.

4. Im Bereich von → *Assyrien* und dem südlich daran angrenzenden Gebiet wurden für das 4.Jt. (Hassuna-, Tell-Halaf- und Samarra-Keramik) die A.en in Tell Hassuna (S.Lloyd und F.Safar) und Arpatschija bei Ninive (M.Mallowan) sowie in Tepe Gaura (E.Speiser und Ch. Bache) und Samarra (E.Herzfeld) besonders wichtig. Für das an Schriftdenkmälern nach ganz arme 3.Jt. erbrachten die A.en von W.Andrae in Assur (→ 3 D 3), von R.C.Thompson u.a. in Ninive, von E.Speiser u.a. in Tell Billa und von E.Chiera, F.Starr u.a. in Nuzi (→ 3 D 3) bedeutsame Ergebnisse. Aus der altassyrischen Zeit (2000-1600) sind die Funde bislang noch sehr dürftig. Für die Mitanni-Zeit stellt Nuzi (Palast und Wohnhäuser) den Hauptfundort dar, für die mittelassyrische

Zeit bis 1000 ist es Assur (Tempel und Festungswerke); dazu kommen Tell Billa und Kar-Tukulti-Ninurta gegenüber Assur (W.Bachmann). Am reichsten sind trotz zT unzureichender Grabungsmethoden die Ergebnisse für die Großreichszeit nach 900 (bildgeschmückte riesige Paläste und Tempel). Wir verdanken sie vor allem den A.en von E.Botta, H.Rassam, G.Smith, R.C.Thompson u.a. in → Ninive (→ 3 D 2) und von A.Layard, M.Mallowan u.a. in Kalach (→ 3 D 2) sowie von V.Place und H.Frankfort in Dur-Šarrukin. Dazu kommen Assur, Imgur-Ellil (= Balawat; Ausgräber H.Rassam) und der Aquädukt Sanheribs bei Gerwan (Th.Jacobsen).

5. Die Erforschung der Ruinenhügel *Mesopotamiens* begann viel später als in den anderen Ländern Vorderasiens (erst nach 1900). Die Ruinenhügel sind hier zumeist wesentlicher kleiner. Das 4.Jt. erforschte zuerst M.v.Oppenheim auf dem Tell-Halaf (→ 3 C 2). Die dort gefundene Buntkeramik und zT auch Samarra-Ware wiesen L.Woolley in Karkemisch (→ 3 B 2) und M.Mallowan in Tschagar Bazar und Tell Brak südlich von Nisibis (→ 3 C 2) nach. Aus dem 3.Jt. legte man in Tell Brak einen Hochtempel (Dschemdet-Nasr-Periode) und einen Palast des Naram-Sin von Akkade frei, während A.Parrot in → Mari (→ 3 C 3) u.a. frühdynastische Plastik fand. Die großartigen Funde im altbabylonischen Mari werden durch Tschagar Bazar ergänzt. Die Suche nach der Mitannihauptstadt Waššukanni hatte noch keinen Erfolg, und die Funde aus der Mitannizeit an anderen Plätzen sind gering. Um so reichhaltiger waren die Funde an späthethistisch-syrischer Plastik der Zeit nach 1000 auf dem Tell Halaf (Gusana), in Karkemisch und in Sendschirli (s. 7). Einige Denkmäler dieser Art fand auch Fr.Thureau-Dangin in Arslan-Taš (Ḫadatu) und Tell-Aḥmar (Til-Barsip); wichtiger sind dort aber die assyrischen Paläste Tiglatpilesars III. mit Freskomalereien. Ein großes assyrisches Gebäude aus der Sargonidenzeit wurde kürzlich von S.Lloyd und N.Gökče auf dem Sultantepe nahe Harran (→ 3 B 2) angeschnitten (reiche Tontafelfunde); doch wurde die Grabung als zu teuer vorläufig wieder eingestellt.

6. In *Westiran*, das noch dem vorderen Orient zuzurechnen ist, sind erst wenige Ruinenhügel näher untersucht worden. Die Buntkeramikkulturen des 4. und 3.Jt.s waren in Iran besonders reich. Die Folge der vorgeschichtlichen Kulturen wurde vor allem von R.Ghirshman in Tepe-Giyan bei Nihavend und Tepe Sialk bei Kaschan, von E.Schmidt in Tepe Hissar bei Damghan und von T.Arne in Schah-Tepe herausgearbeitet. Eine Dorfanlage des 4.Jt.s legte A.Langsdorff in Tall-i-Bakun bei Persepolis frei. Weitaus am reichsten waren die Funde von der vorgeschichtlichen Zeit (feine Buntkeramik) bis hin zu den Achämeniden in Susa, der Hauptstadt von Elam (→ 3 F 4), wo J.deMorgan, R.deMecquenem und R.Ghirshman lange Jahre arbeiteten; als alte Beutestücke fanden sich dort auch babylonische Denkmäler wie die Gesetzesstele → Hammurapis. Mehrere A.en in der Umgebung von Susa ergänzten die Ergebnisse; besonders bedeutsam ist die Auffindung einer gewaltigen Tempelhochterrasse in Tschoga-Zanbil (Dur-Untaši) wohl aus dem 13.Jh. durch R.Ghirshman. Die Fundorte der sog. Luristanbronzen (ca 1000-800?) sind jedoch noch unbekannt. Paläste und Grabdenkmäler der Achämeniden wurden außer in Susa vor allem in Persepolis und Umgebung von E.Herzfeld, A.Godard u.a. ausgegraben (Auffindung langer Reliefbildfolgen); die Reste anderer Denkmäler und Felsreliefs wie das von Behistun (→ 3 F 3) wurden aufgenommen.

7. Von *Kleinasien* bleibt hier der Westteil außer Betracht, da er zur ägäischen Welt gehört, ebenso die phrygischen und lydischen Funde. Die Buntkeramikkulturen des 4.Jt.s wurden vorläufig nur in Kilikien von J.Garstang bei Mersin und in Saktschegözü festgestellt. Für das 3.Jt. stellten die A.en H.von der Ostens in Alischar (Ankuwa; → 18 E 2) die Kulturenfolge fest. Sie wurden ergänzt durch die Auffindung eines Friedhofes mit sehr reichen Beigaben in Aladscha Hüyük (→ 18 E 2) durch O.Arik und Z.Kosay und für Kilikien durch die A.en von H.Goldman in Gözlü Kule bei Tarsus. Für die Zeit der assyrischen Handelskolonien in Anatolien (ca 1900-1800) verdanken wir das meiste den A.en von B. Hrozný, T. und N.Özgüç u.a. in Kültepe (Kaneš; → 18 E 3), dem Hauptfundort der sog. kappadokischen Tontafeln. Einige Ergänzungen erbrachten u.a. die A.en in Alischar und diejenigen von K.Bittel in Boghazköi (Hattusas; → 18 E 2). Für die Zeit des Reiches der → Hethiter stehen die A.en in Boghazköi (früher O.Puchstein und H.Winckler) an erster Stelle (Burg Büyükkale, Tempel, Felsreliefs von Yazilikaya). Daneben verdienen Erwähnung die A.en von Th.Makridy in Aladscha Hüjük und die Aufnahmen von Felsreliefs und -inschriften in hethitischen Hieroglyphen. Für die Kunst der hethitischen Nachfolgestaaten der Zeit nach 1000 brachten besonders reichen Ertrag die A.en von F.vonLuschan, R.Koldewey u.a. in Sendschirli (Sam'al; → 3 A 2, → 18 F 4), von J.Garstang in Saktsche Gözü, von L.Delaporte und C.Schaeffer bei Malatya (→ 3 B 1) und von Th.Bossert, H.Çambel u.a. in → Karatepe (→ 3 A 1). Die gleichzeitige Kultur Armeniens (Urartu) ist durch A.en erst wenig erforscht (wichtige Vorarbeiten leisteten C.Lehmann-Haupt und W.Belck sowie K.Lake in Wan und Umgebung). P.Piotrowskij u.a. gruben mit Erfolg in Karmir Blur bei Eriwan. Die Kimmerier sind archäologisch vorläufig noch nicht greifbar.

8. Unter *Syrien* ist hier das alte Syrophönizien einschließlich des heutigen Hatay westlich des Euphrat verstanden. Funde aus dem 4.Jt. wurden bisher erst vereinzelt gemacht (in Atschana und von McEwan in Tell Dschudeide). Die Gewinnung eines chronologischen Gerüstes für das 3.Jt. verdanken wir vor allem den A.en von L.Woolley in Atschana (→ Alalaḫ; → 3 A 2), von C.Schaeffer in Ras Schamra (→ Ugarit; → 3 A 2), von P.Montet und M.Dunand in → Byblos (Gubla; → 3 A 3) und H.Ingholt in Hamath (→ 3 A 3). Für die Datierung halfen besonders die vielen ägyptischen Importstücke in Byblos. Die Zeit des Mittleren Reichs Ägyptens und der daran anschließenden Hammurapi-Zeit Babyloniens ist außerdem u.a. auch in Mischrife (= Qatna; Ausgräber R.du Mesnil du Buisson) vertreten. In Alalaḫ fanden sich Tempel- und Palastanlagen mit akkadischen Urkunden der Könige von Jamchad in Halab/Aleppo, in Byblos Tafeln mit der sog. byblischen Schrift, der Vorläuferin der phönikischen. Noch reicher sind die Funde aus der Zeit des ägyptischen und hethitischen Neuen Reiches (ca 1450-1200) in Ugarit, Alalaḫ und Qatna; an allen drei Orten kamen auch akkadische Urkunden in großer Zahl zutage. Zum Ahiram-Sarkophag in Byblos → Epigraphik: I. Weniger ertragreich waren die A.en bisher für die Zeit von etwa 1000 bis zu Alexander d.Gr., da sie in den bedeutendsten Städten dieser Zeit wegen der modernen Siedlungen gar nicht oder nur sehr schwer durchführbar sind. Die bekannt gewordenen Denkmäler entstammen großenteils Zufallsfunden. Auf Cypern hatten vor allem die A.en von C.Schaeffer in Enkomi und Vounos und diejenigen von E.Gjerstad, J.du Plat Taylor u.a. an verschiedenen Orten Erfolg. Das Verhältnis der Kulturen auf der Insel zu denen des Festlandes konnte (von etwa 3000 an) weithin geklärt, zahlreiche Plastiken geborgen werden.

9. Die archäologische Erforschung *Arabiens* ist wegen ungünstiger Verhältnisse besonders weit zurück. Über

die Zeit vor dem Einsetzen der altsüdarabischen Inschriften um 900 ist fast nichts bekannt. Forschungsreisende wie E.Glaser, M.Halévy u.a. haben zwar Tausende von Inschriften und viele andere Denkmäler bekannt gemacht, eigentliche A.en haben aber erst kürzlich W.Phillips, W.Albright u.a. in Timnaʿ und Mārib in Jemen begonnen, mußten sie aber bald wieder einstellen.

W.Otto u.a., Hdb. der Archäologie, 1947ff (Lit.) - W.Ceram, Götter, Gräber u. Gelehrte, 1953 - R.Ehrich u.a., Relative Chronologies in Old World Archaeology, 1954 (Lit.). - Zu 2: J.Vandier, Manuel d'Archéologie égyptienne I, 1 - II, 2, 1952-55 (Lit.). - Zu 3 bis 5: V.Christian, Altertumskunde des Zweistromlandes I, 1940 - A.Parrot, Archéologie mésopotamienne I. II, 1946-53 (Lit.). - Zu 5-8: C.Schaeffer, Stratigraphie comparée et Chronologie de l'Asie Occidentale (IIIe et IIe millénaires), 1948 (Lit.). - Zu 7: H. Bossert, Altanatolien, 1942 - Ders., Altsyrien, 1951 - K.Bittel, Grundzüge der Vor- u. Frühgesch. Kleinasiens, (1946) 1950² (Lit.) - R.Naumann, Architektur Kleinasiens, 1955 - W.Ceram, Enge Schlucht u. schwarzer Berg. Entdeckung des Hethiterreiches, 1955. - Berichte über neuere A.en u.a. in AfO, AJA, Or. *W.v.Soden*

III. In Palästina

1. Um die nachfolgende Übersicht über die A.en in Palästina (dh im West- und Ostjordanland) zu entlasten, wird über diejenigen Orte, die einen eigenen Artikel haben, nur kurz berichtet. Auch können die verschiedenen Institutionen und Gesellschaften aus Europa, Amerika (USA) und dem Bereich Palästinas, mit deren Unterstützung die Grabungen jeweils durchgeführt wurden, nicht im einzelnen aufgezählt werden. Die wichtigsten sind, nach Gründerjahren geordnet: a) Der Palestine Exploration Fund (England, 1865); b) der Deutsche Palästina-Verein (Deutschland, 1877); c) die Ecole Biblique (Dominikaner; Frankreich 1890); d) die American School of Oriental Research (USA, 1900). Die 1913/21 gegründete Jewish Pal. Explor. Soc. ist seit 1948 umgewandelt in die Israel Exploration Society.

Die hauptsächlich in Betracht kommenden Metallzeit-Perioden lassen sich folgendermaßen gliedern und annähernd datieren: Frühe Bronzezeit = 3300/3200-2100, Mittlere Bronzezeit = 2100-1550, Späte Bronzezeit = 1550-1200, Eisenzeit = 1200-600 vChr; die nachfolgenden Perioden benennt man zumeist nach der politischen Geschichte (persisch, griechisch, hellenistisch, römisch, byzantinisch, frühарabisch usw).

2. Die erste Grabung in Palästina führte Ch.Warren (1867-71) an der Südostecke des Tempelbezirks von → Jerusalem durch; Mauerzüge im Südbereich deckten H.Guthe (1884) sowie J.C.Bliss und A.Dickie (1894-97) auf. Doch blieb die Datierung und damit der Arealumfang der eisenzeitlichen Stadt weithin ungeklärt. Hier führten erst die A.en von R.A.St.Macalister, G.Duncan, J.W.Crowfoot und G.Fitzgerald im Bereich des Südosthügels (1923-29) und die von C.N.Johns an der Zitadelle (1935) weiter. Grundlegende Bedeutung gewann die 1890 von Fl.Petrie und J.C.Bliss durchgeführte A. auf dem tell el-ḥesi durch die Erkenntnis, daß die verschiedenartige Keramik eine Datierung von Schichten auch ohne Inschriftenfunde ermögliche. Jedoch war die Typenbestimmung der einfachen Keramik noch zu grobschichtig, als daß sie sich für die meisten vor 1914 durchgeführten Grabungen voll auswirken konnte. Irrtümer blieben nicht aus. Auch beeinträchtigte das geringe Budget A.en, wie die von E.Sellin in Thaanach (1901-03), G.Schumacher in → Megiddo (1903-05) und die Teilgrabungen auf verschiedenen südjudäischen Hügeln (J.C. Bliss und R.A.St.Macalister 1898-1900).

Das umfassendste Projekt vor 1914 war R.A.St.Macalisters Grabung auf dem tell dscheser (Geser) in den Jahren 1902-09. Die ziemlich summarische Gliederung des Befundes im Grabungsbericht läßt sich durch Vergleich der Objekte in manchem wenigstens noch verbessern. Geser war seit etwa 3500 vChr besiedelt, wurde um 2400 zerstört und erlebte eine zweite Periode von etwa 2000 bis zur Eroberung durch Schoschenk (so Albright). Die dritte Periode reicht von etwa 700 bis in die spätrömische Zeit. Der tell es-sulṭān, das at. → Jericho, war das Grabungsobjekt von E.Sellin und C.Watzinger 1908-09. Die neuere Keramik-Chronologie erfordert eine Umdatierung des sauber aufgenommenen und beschriebenen Befundes. An gleicher Stelle gruben 1930 bis 1936 J.Garstang und von 1952-56 K.Kenyon. Nach den neuesten Grabungsergebnissen gab es drei Hauptperioden, eine im präkeramischen Neolithikum (5.Jt.) mit erstaunlich wuchtigen Steinmauern und eigentümlicher Schädelbestattung, eine in der frühen und eine in der mittleren Bronzezeit. Auf dem von Omri gegründeten → Samaria (sebaṣṭie) gruben G.A.Reisner und C.S. Fisher (1908-10). Die A. wurde 1931-35 durch J.W.Crofoot u.a. weitergeführt (zu den Elfenbeinen → Kunstgewerbe: I).

3. In der Geschichte der A.en in Palästina bezeichnet die Zeit um 1920 eine Wende nicht nur durch eine erzieherisch wirkende Kontrolle aller A.en durch den Antikendienst, sondern auch durch eine genauere und komperative A.smethode. Ihre Auswirkung zeigen wertvolle Spezialstudien (u.a. G.E.Wright, The pottery of Palestine from the earliest time to the End of the Early Bronze Age, 1937; H.Otto, Studien zur Keramik der mittleren Bronzezeit [ZDPV 61, 1938, 147-277]). Einen Markstein bedeuten die A.en W.F. → Albrights auf dem tell el-ful (Gibea Sauls) und auf dem von 2500-587 besiedelten tell bēt mirsim (20 km s.w. von Hebron). Die zwischen 1925 und 1939 durchgeführte A. des Oriental Institute von Chicago in → Megiddo galt ausgedehnten Arealen; ein Tiefschacht ergab 20 Schichten, die sich in 5 Perioden einteilen lassen. Die Siedlungsperiode der Schichten XIX bis XVI reicht von 3100 (Langraumtempel) bis etwa 2500; die nach einer Pause folgende zweite Periode (XV bis XI = 1900-1550) wies drei Tempel auf; in der dritten Periode (X-VII = 1550-1125) wurde ein turmartiger Tempel wie in → Sichem gefunden. Bedeutsam sind die Elfenbeinreliefs und Plastiken aus dem 12.Jh. (→ Kunstgewerbe in Israel). Die vierte Periode (VI-III = 1050 bis 733) ist durch die Stallungen (→ Baukunst in Israel) besonders bemerkenswert; die fünfte endet um 400 vChr.

Die A. des tell el-ḥōṣn (→ Beth-Sean) durch A.Rowe und G.M.Fitzgerald 1921-33 war für die Kenntnis der kanaanäischen Religion besonders ergiebig (mehrere Tempel aus dem 15.-12.Jh.).

Von 1932 an leitete J.L.Starkey die Grabung von tell ed-duwēr (→ Lakisch) bis zu seiner Ermordung 1938, die zum vorzeitigen Abbruch der A. führte. Außer Architekturfunden (Tempel des 15./13.Jh.s.; Palast der Zeit Davids; Residenz eines persischen Stadthalters) sind die im Torraum der Stadtmauer gefundenen beschrifteten Ostraka der Zeit um 588 vChr (→ Brief und Buch im Altertum) besonders wichtig geworden.

Zwischen 1927 und 1937 grub Flinders Petrie auf drei Hügeln im weiteren Bereich von → Gaza, nämlich auf dem tell ʿaddschūl, tell dṣchemme und tell el-fāreʿ mit beachtlichen Einzelfunden aus ägyptischer und persischer Zeit. Eine dänische Expedition arbeitete 1926-32 in chirbet sēlūn (→ Silo); ihre Resultate wurden von W.F.Albright und N.Glueck interpretiert. Hinsichtlich der Methode bzw. der Publikation unbefriedigend ist die A. des tell balāta (→ Sichem) unter der Leitung von E.Sellin und später G.Welter; 1956 wurde hier erneut eingesetzt (G. E.Wright). Der Ruinenhügel von et-tell (→ Ai) wurde von J.Marquet-Krause 1933/34 ausgegraben. Ai war zwischen 3300 und 2400 vChr eine bedeutende Stadt (Tempel); eine Neubesiedlung erfolgte etwa um 1000 vChr. R.de Vaux leitete die A. in tell el-fārʿa nordöstlich von Sichem (seit 1946). Die Stadt war vom 4.Jt. an bis um 600 vChr besiedelt (→ Tirza, so Albright). Von außergewöhnlicher Bedeutung waren de Vauxs A.en in der Essenersiedlung von → Qumran (, 2); in der Eisenzeit lag hier die Jos 15, 62 genannte Salzstadt (so Noth).

Die A. des tell en-naṣbe (→ Mizpa) führte W.F.Badé 1926-35 durch. Der kleine Ort war zwischen dem 12. und 4.Jh. besiedelt; bemerkenswert ist die gewaltige um 900 zu datierende Festungsmauer. Zeitweilig (1928/29) mit C.S.Fisher setzte E.Grant 1928-33 eine frühere A. von Beth-Semes (D. Mackenzie; in PEF-Annual 1-3 1911f publiziert) fort. Die syrisch-makkabäischen Festungen in Beth-Zur wurden 1932 durch O.R.Sellers aufgedeckt. 1934 und 1954-55 wurde in bētīn (→Bethel) unter Leitung von W.F.Albright und J.L.Kelso gegraben. Da Bethel entgegen Ri 1, 22ff eine Brandschicht aufweist, vermutet Albright, daß Jos 7f ursprünglich von Bethel berichtet hat. Seit 1950 gräbt die American School of Oriental Research in dībān (Dibon), der Hauptstadt des alten Moab. 1953 hat die A.sarbeit auch in tell dōta (Dotan) eingesetzt. Die Arbeit israelischer Archäologen galt u.a. seit 1944 der chirbet ḳeraḳ. Die Hauptschichten liegen im Chalkolithikum und in der frühen Bronzezeit sowie in der hellenistisch-byzantinischen Periode. Seit 1955 wird auf dem tell waḳḳas = tell el-ḳedaḥ (Hazor) gegraben, der wohl die größte Stadt Palästinas in der Spätbronzezeit birgt. Nach den ersten Berichten darf man von der Grabung besonders wertvolle Erkenntnisse für das 2.Jt. vChr erwarten (Stampfbodenplateau der Hyksoszeit für Pferde und Kriegswagen; Kultplatz mit Götterbild und Stelen). Israelische Archäologen (u. a. B.Mazar) haben 1948-50 auch beim nahr el-ʿodscha gegraben, besonders auf dem eisenzeitlichen tell kasīle. Der diesem benachbarte tell dscherīsche (E.L.Sukenik 1934-35) war von der frühen Bronzezeit bis zur Eisenzeit besiedelt (= Gath Rimmon?).

4. Für die römische und byzantinische Periode verdienen die 1905 begonnenen Aufdeckungen antiker →Synagogen (C.Watzinger u.a.) und christlicher Kirchen (E. Mader u.a.) hervorgehoben zu werden, ebenso die Aufnahmen und A.en in →Petra (G.Dalman u.a.) und →Gerasa (C.H.Kraeling). Herodianische Bauten konnten auf den tulūl abu el-ʿalajik bei Jericho (J.L.Kelso und J.B. Pritchard) und in Masada (L.Schulten u.a.) aufgewiesen werden. In schēch abrēḳ fand man eine ausgedehnte jüdische Nekropole (→ Begräbnis: II) des 2.-5.Jh.s nChr. Byzantinische Kirchen wurden 1935/36 in ʿōdscha el-hafir (südl. von Beerseba) aufgedeckt; hier wurden auch Papyri gefunden.

5. Die Aufhellung der prähistorischen Perioden ist seit 1925 erheblich gefördert worden. Die älteste uns bisher bekannte Dorfkultur des 4.Jt.s wird nach der A. auf den telēlāt ghassūl (P.Mallon u.a.) Ghassulien genannt. Spuren hat man auch anderen Ortes im Jordantal, in der Jesreelebene und an der Küste gefunden (verwandte Phase auch in tell el-fārʿa). Auch der tell abu matar bei Beerseba (A.en durch J.Perrot seit 1953) scheint damals ein wichtiger Mittelpunkt palästinischen Lebens gewesen sein zu. Zwischen dem neolithischen Jericho und den frühbronzezeitlichen Stadtanlagen fehlt es bislang noch an einer genauen Stratifikation.

Die mesolithische Periode in Palästina wird nach einem Höhlenfund im wādi en-naṭūf die Natufian-Stufe (etwa 8000-6000 vChr) genannt. Sie stellt das Übergangsstadium von einer Nahrung sammelnden zu einer Nahrung produzierenden Wirtschaft dar. Die altsteinzeitliche Periode wird am besten durch die Höhlenfunde des wādi el-mghāra auf dem Karmel repräsentiert (E.Garrot 1928-34). Eine Anzahl von Skelettüberresten, die eine Mischung von Neandertaler und Homo sapiens aufzeigen, wurde hier aufgefunden. Als erster entdeckte E. Turville-Petre in einer Höhle über dem See Genezaret einen Neandertal-Schädel in einem Mousterien-Zusammenhang.

C.Watzinger, Denkmäler Palästinas I. II, 1933/35 - C.C.McCown, Ladder of Progress in Palestine, 1943 - W.F.Albright, The Archæology of Palestine, (1949) 1956³ - Ders., The Excavation of Tell Beit mirsim (AASOR 12f, 17. 21f) - G.E.Wright-F.V. Filson, The Westminster Historical Atlas to the Bible, 1956², 111ff - G.E.Wright, Biblical Archæology, Philadelphia 1957. - Berichte u. Besprechungen der A.en vornehmlich in AfO, BASOR, IEJ, JPOS, PEQ (vor 1937 = PEFQSt), QDAP (seit 1949 QDAJ), RB u. ZDPV; Bibliogr. bei P.Thomsen, Die Palästinaliteratur A. I-VI, 1908-57 (für 1878-1939). *G.E.Wright (K.Galling)*

IV. Im Raum der Alten Kirche

1. Von den Anfängen bis zum Jahre 1914 - 2. Zwischen 1914 und 1939 - 3. Von 1939 bis zur Gegenwart

1. Auch die Erforschung der christlichen Antike ist seit der 2. Hälfte des 19.Jh.s in steigendem Maße mit A.en verbunden, die jedoch meist geringeren Umfanges sind als die A.en auf dem Gebiete des Alten Orients und der klassischen Antike. In der vorausgehenden Zeit waren A.en wissenschaftlichen Charakters ganz vereinzelt (erste A. an einem christlichen Bau führte C.Fea 1806 in Rom [Vorhalle von S.Costanza] durch). Die ersten A.en mit dem Ziel der Erforschung christlicher Monumente waren jene von 1838 und 1850 im Querschiff von S.Paolo fuori le mura zu Rom, als man das Grab des Apostels suchte und Reste der wohl konstantinischen Anlage fand. Bald darauf entwickelte sich in Rom die A. als eine der Grundlagen der christlichen → Archäologie vorzüglich bei der Erforschung der Katakomben durch G.B.de → Rossi und seine Schule (M.St.deRossi, E.Stevenson, R.Lanciani und später J. → Wilpert und O.Marucchi). Die ersten wichtigen A.en fanden 1852 in den Domitilla-Katakomben und 1854 in der Papstgruft der Callixt-Katakombe statt. Im Lauf weniger Jahrzehnte wurden die Friedhöfe der frühen Christen Roms freigelegt (Priscilla, Praetextat, Coemeterium, Maius, Hippolytus, Marcellinus und Petrus u.a.m.), mit überraschenden Erfolgen: die Malerei der → Katakomben wurde wiederentdeckt, der Bestand an christlichen reliefgeschmückten → Sarkophagen und Inschriften (→ Epigraphik: II) um ein Vielfaches vermehrt. Vor den Mauern legte man vor allem Gedenk- und Coemeterialkirchen frei (S.Alessandro, S.Giovanni in Via Latina, S.Generosa, Xendochium zu Porto, S.Sinforosa, S.Valentino). Ebenso begann man Geschichte und ursprüngliche Gestalt der Kirchen in der Stadt durch A.en zu erforschen (S.Clemente durch P. Molooly, S.Lorenzo fuori le mura, Lateran, S.Giovanni e Paolo durch P.Germano, S.Cecilia S.Maria Antiqua). Entsprechende Untersuchungen fanden von 1865 an in → Ravenna statt (Vorhalle von S.Croce, Mausoleum der Galla Placidia, Atrium von S.Apollinare in Classe u.a.m.).

Wenn sich auch das Interesse der christlichen Archäologie in der 2.Hälfte des 19.Jh.s auf Rom und besonders die Katakomben konzentrierte, so begannen doch auch schon systematische A.en in anderen Teilen der Oikumene (Funde wie die Basilika von Orleansville 1843 und der Kirchen von Troesmis 1869 waren noch nicht als christliche A.en unternommen, dagegen bereits die 1848 bis 1858 am Dom zu → Trier durchgeführte A.). Im hl. Lande waren die ersten A.en jene von 1873 in El-Qubeibeh (Emmaus?); es folgten Amwas-Emmaus und Jerusalem (Stefanskirche, Ausbauten der Grabeskirche im Russenhospiz, Siloahkirche, Dormitio, Haus des Kaiphas, S.Peter in Gallicantu). 1874 begannen die A.en von

Salona (Dalmatien), die dann durch F.Bulić zu wichtigen Entdeckungen führten. 1878 fand P.Delattre die Kirche Damus el-Karita zu Karthago; das war gleichsam der Auftakt für eine rege A.s-Tätigkeit in ganz Nordafrika, wo in den folgenden Jahrzehnten durch systematische Erforschungen (P.Delattre, P.Gauckler, St.Gsell) völliges Neuland erschlossen wurde (Bir Ftuha, Thebessa, Anuna, Tipasa, Timgad, Castiglione, el-Kef, Maktar, Tigzirt, Ued Ramel, Lambaesis, Morsott, Dermesch, Benian, Siagu u.a.m.). Erst um die Jahrhundertwende erwachte ein besonderes Interesse für die Denkmäler der Ostkirche und führte zu selbständigen A.en von zT beachtlichem Ausmaße (die großen A.en klassischer Stätten wie Olympia, Pergamon und Milet hatten nur nebenbei Christliches erschlossen): 1900-09 in Armenien durch N.Marr und umfangreiche A.en in Ägypten zwischen 1901 und 1908 (Bawit durch T.Cledat, Saqqara durch T.E.Quibell, Menasstadt durch C.M.Kaufmann). 1904 bis 1907 wurde die Konzilskirche in → Ephesus durch R.Heberdey ausgegraben, 1907 Meryamlik und Korykos durch S.Guyer und E.Herzfeld. 1911 begann eine Intensivierung der A.en in der Dobrudscha. Im Westen gewährten die 1893 begonnenen A.en unter dem Dom von → Aquileja (K.M.Swoboda und G.Niemann, später A.Gnirs und G.Brusin) einen neuen Einblick in den frühkonstantinischen Kultbau. Im oberen Adria-Raum (Grado, Istrien) wurde der bauliche Zusammenhang mit den Denkmälern der Alpenländer (Virunum Teurnia, Juenna, Auguntum) deutlich.

2. Hatte sich bis zum Beginn des ersten Weltkrieges vor allem durch A.en der Umfang der christlichen Archäologie ungeahnt erweitert, so wirkte sich in den folgenden Jahrzehnten auch hier die Verbesserung der A.s-Methoden und die vertiefte Fragestellung besonders fruchtbar aus, so daß die neuen Funde die Anschauung von der christlichen Antike wesentlich veränderten. Für Rom ergaben ein neues Bild der christlichen Entwicklung die A.en von S.Sebastiano durch A.deWaal, P.Styger, E.Josi und A.Ferrua. Die Entdeckung des Aurelier-Hypogäums warf Licht auf die Grenzbezirke von Christlichem und Heidnischem im 3.Jh. nChr. In den Katakomben Roms wurden die Untersuchungen durch A.en ergänzt und fortgeführt (Callixt, Pamphilus, Jordanorum, Praetextat, Coemeterium Maius, Marcellinus und Petrus); man entdeckte auch neue Katakomben (Viale Margherita, Via Latina, Agapitus). A.en im Lateran-Baptisterium, in S.Maria Maggiore, S.Pudenziana und der Laterankirche erbrachten weitere Klärung der Geschichte des stadtrömischen Kirchenbaus. Die neuen Untersuchungen von Salona durch E.Dyggve und R. Egger erwiesen sich als wichtig für die Entstehung der christlichen Stadt und des Märtyrerkults. A.en in Stobi, Butrinto und Bulgarien vervollständigten die Kenntnis des Balkangebietes. Durch reiche A.stätigkeit in Griechenland und auf den griechischen Inseln ergab sich ein geschlossener Überblick über die Entwicklung des griechischen Kirchenbaus, besonders in Epirus, Thessalonien, Attika, Peloponnes und Makedonien (vor allem durch A.Orlandos, G.Soteriu und P.Lemerle). In → Konstantinopel begannen 1914 systematische A.en, und zwar im Hebdomon und 1921 im Manganen-Viertel durch R.Demangel und E.Mamboury. Die A.en des Triumphtores Theodosius' I. und am Hippodrom (D.Talbot Rice), vor allem aber im Vorhof der Sophienkirche (A.M. Schneider), im Hofe des Saray (A.Ogan) und im großen Palast (G.Brett) ergaben wichtige Resultate besonders für die vor-justinianische Zeit. Die wichtigste A. in Kleinasien war die der Johanniskirche zu Ephesus 1921 ff durch G.Soteriu, J.Keil und H.Hörmann (1926 Entdekkung des Siebenschläfer-Coemeteriums). Systematische A.en in Palästina klärten die Baugeschichte hl. Stätten (Jerusalem: Gethsemane, Kirche Johannes' des Täufers, Bethsean, Mamre-Kirche durch A.Mader, Garizim durch A.M.Schneider, Brotvermehrungskirche am See Genezareth durch A.Mader und A.M.Schneider, konstantinische Geburtskirche in Bethlehem durch R.W. Hamilton, Nebo durch S.J.Saller und B.Bagatti, Sbeita im Negeb durch C.Baly). Reiche Funde ergaben die A.en von → Gerasa und von → Antiochia. Der Kirchenbau des syrischen Hinterlandes war wohl durch die Expeditionen des Marquis M. de Vogüé (La Syrie Centrale, 1865-67) und der Princeton University (Publ. of an American Expedition in Syria, New York, 1904; Syria, Leiden 1919-21) erschlossen, aber noch nicht durch A. eingehender erforscht worden. So konnte erstmalig die liturgische Einrichtung des syrischen Kirchenbaus durch die von J.Lassus und G.Tschalenko durchgeführten A.en besonders in Brad, Qirk Bize geklärt werden. Die A. von → Dura Europos (: III) ergab das erste sichere Beispiel einer vorkonstantinischen Hauskirche, während die Wandmalereien der dortigen Synagoge (→ Dura Europos: II) wesentliches Material für die Frage nach dem Verhältnis der jüdischen zur christlichen Kunst vermittelten. Die Gestalt des größten syrischen Martyriums von Qalat Seman wurde durch D.Krenker und R.Naumann und weiter von G.Tschalenko geklärt. Bis in das Zweistromland (Ktesiphon, Hira) konnte der Kirchenbau verfolgt werden. Die mit A. verbundenen Untersuchungen Monneret de Villards erschlossen die Denkmäler des christlichen Nubien. In Libyen wurden seit 1925 vor allem in Leptis, Sabratha, Ptolemais und in Apollonia Kirchen ausgegraben (R.Bartoccini, P.Romanelli, B.Apollonj-Ghetti). In Algerien war die wichtigste A. jene von Dschemila; weitere A.en fanden in Tunesien statt (u.a. Tipasa, Madaurus, Sbeitla, Thuburbo, Thabraca, Thugga). In Spanien erwies sich die A. der Nekropole von Tarragona als besonders erfolgreich. Seit 1928 wurden auch frühe Kultbauten im Rheinland entdeckt (Bonn, Xanten, St.Severin in Köln, St.Alban in Mainz).

3. Während des zweiten Weltkrieges erlahmte die A.stätigkeit keineswegs. Von 1939-46 fanden die A.en unter St.Peter in Rom statt, die eine außerordentlich heftige Diskussion über die Echtheit des Petrusgrabes (→ Petrustradition) auslösten. Wichtige Entdeckungen und Grabungen waren ferner: die Katakomben von Agrigent durch C.Mercurelli, Ain Karim durch S.J.Saller, die Kirche von Hermopolis durch A.H.S.Megaw, das Euphemiamartyrium in Konstantinopel durch A.M. Schneider, die Gruftkirche der Menasstadt durch J.B. Ward Perkins, die Theklakirche zu Mailand durch A.de Capitani d'Arzago, die Georgskirche in Saloniki durch E.Dyggve und die konstantinische Doppelbasilika unter Dom und Liebfrauenkirche in Trier durch Th.Kempf. Nach dem Kriege haben in Rom die A.en von S.Lorenzo fuori le mura durch R.Krautheimer und E.Josi, die der ursprünglichen Agneskirche bei S.Constanza durch R.Perrotti und die Entdeckung der mit dem Mausoleum der Helena verbundenen Kirche des Marcellinus und Petrus durch A.Tschira und F.W.Deichmann die Frage des Märtyrerkults in konstantinischer Zeit neu gestellt. Die 1956 erfolgte Entdeckung einer Katakombe an der Via Latina durch A.Ferrua bedeutet für die christliche → Ikonographie seit langem das wichtigste Ereignis. Neue bedeutsame A.en in Italien sind ferner die Katakomben von Syrakus (A.Agnello), die Apostelkirche in Mailand (E.Viola), S.Apollinare in Classe (M.Mazotti), Basilika Tullio und Monastero zu Aquileia (G.Brusin), Nekropole von Julia Concordia (P.L.Zovatto), Dom in Grado (M.Mirabella Roberti), S.Giusto in Triest und

der Dom von Ancona. Die A.en von Caričingrad in Makedonien sind wichtig als Aufdeckung eines Beispiels einer christlichen Stadtgründung. Reiche Funde in Griechenland und auf den griechischen Inseln durch A. Orlandos, G.Travlos, G.Soteriu und E.Stikas vervollständigen den Überblick über die Architektur in diesem Gebiet (Thasos, Nikopolis, Brauron, Korinth, Athen u.a.m.). In Konstantinopel entdeckte man Kirchen in der IX. Region (A.Müfid Mansel) sowie einen Palast nördlich vom Hippodrom (Rüstem Duyuran), führte die A.en am großen Palast fort (Rice, Perkins) und legte südlich der Irenenkirche einen Baukomplex frei (Muzaffer Ramazanoglu). Die A.en des kleinasiatischen Side (A.Müfid Mansel, S.Eyice) ergaben erstmalig einen Überblick über die christlichen Denkmäler einer südkleinasiatischen Stadt. Vielversprechend begannen 1952 die Ausgrabungen von Rusafa-Sergiopolis in Syrien durch J.Kollwitz. In Palästina grub man u.a. in Bethanien (Lazarusgrab), Gräberfeld am Ölberg, Evron nördlich Akko (Kirche), Sheikh Badr bei Jerusalem, Susitha-Hippos, Chirbet el-Kerak, Shikmona und Bethsean. In Ägypten wurden die Klöster bei Heluan und Luxor durch Ch.Bachatly und Der el-Gazag durch J.Doresse aufgedeckt. In Libyen, besonders in Leptis und Sabratha ergänzte J.B.Ward Perkins die früheren A.en. Die stets lebhafte A.stätigkeit in Nordafrika hatte wichtige Ergebnisse in Karthago, Thibiuca, Bulla Regia, Maktar, Junca, Sbeitla, Thebessa, Thebessa Khalia, Hippo, Timgad und Tigzirt. In Spanien grub man in Barcelona (Nekropole, Basilika) sowie in Ampurias, Tarrasa, Aljezares und in Son Bou auf Menorca. Die systematische Bodenforschung in Frankreich brachte bedeutende Aufschlüsse über die frühchristlichen Denkmäler des Landes, u.a. in Arles, Marseille, Saint-Blaise, Lyon, St. Martin-de Ligugé, Vaison, St.Remy, St.Martin d'Angers und St.Denis (Seine). In Deutschland schloß Th. Kempf die wichtige Ausgrabung unter Dom und Liebfrauenkirche in Trier 1953 ab; die Kölner Kirchen, besonders St.Géreon, erforschte A.v.Gerkan. In Österreich wurden beachtliche Entdeckungen in Duel, am Ulrichsberg (R.Egger), in Lavant (F.Miltner), in Klosterneuburg und in Heiligenstadt gemacht.

Über die A.en im Raum der Alten Kirche wird fortlaufend berichtet in folgenden Zeitschriften: Annales du Service des Antiquités de Syrie - Archäologischer Anzeiger des Jahrbuches des Deutschen Archäologischen Instituts - Bulletin de Correspondance Hellénique - Ephemeris Archailogike - Fasti Archaeologici - Journal of Roman Studies - Journal of Hellenic Studies - American Journal of Archaeology - Israel Exploration Journal - Praktika tes en Athenais Archaiologikes Hetairias - Revue Biblique - Rivista di Archeologia Cristiana - Bibliographie der Byzantinischen Zeitschrift.

F.W.Deichmann

Auslandsgemeinden, *deutsche*

I. Evangelische A. - II. Katholische A.

I. Evangelische Auslandsgemeinden

1. Geschichte - 2. Bestand 1956 - 3. Problematik - 4. Kirchenrechtliche Verhältnisse. – Vgl. → Diaspora: II

1. A. entstehen im allgemeinen als Fremden-Gemeinden oder als Kolonistengemeinden. Die ersten sind eine Folge des Austausches zwischen Völkern (Handel, Gewerbe, Technik, Kultur), die zweiten das Ergebnis von → Auswanderung.

Vereinzelte deutsche A. (zB in Stockholm, London) bildeten sich bereits im ersten Jahrhundert nach der Reformation. Doch liegt die eigentliche Entstehungszeit der A. erst im 19.Jh. Von 1819 (Rom, unter dem Schutz der Preußischen Krone) bis 1956 (Teheran) entstehen in allen Kontinenten deutsche A. Im 19. und 20.Jh. bis zur Bildung des Deutsch-Ev. Kirchenbundes (1922) sind vor allem der Ev. Oberkirchenrat in Berlin (fast 90%), daneben der Luth. → Gotteskasten und die Ev. -Luth. Landeskirche von Hannover Träger der Auslandsarbeit: Entsendung von Pfarrern, Übernahme der Ruhestands- und Hinterbliebenenversorgung, finanzielle Unterstützung der Gemeinden durch teilweise oder ganze Übernahme der Besoldung der Pfarrer, Finanzierung von Kirchbauten. Im Laufe eines Jahrhunderts hat die ev. Christenheit in Deutschland für die A. etwa 50 Mill. Goldmark aufgebracht.

Erstmalig 1898, dann 1924 wurden die Beziehungen zwischen den A. und den Heimatkirchen auf eine rechtlich geregelte Grundlage gestellt. Nach dem 1. Weltkrieg wurde durch die zuständige Abteilung im Kirchenbundesamt, dem späteren Kirchlichen Außenamt, die Verbindung zu den »Volkstumskirchen« in Siebenbürgen, der Batschka, im Sudetenland und anderorts immer enger geknüpft. Die Kolonistengemeinden in Brasilien, Argentinien, Chile und Südwestafrika standen schon seit Jahrzehnten in rechtlichen Beziehungen zum Deutschen Ev. Kirchenbund. 1933 konnte es so scheinen, als stehe die kirchliche Zusammenfassung aller ev. Deutschen im Ausland bevor. Doch die reichskirchlichen Ziele des nationalsozialistischen Regimes pervertierten die deutsche Komponente im kirchlichen Leben drinnen und draußen, die als sprachliche Komponente und als Träger der Sitte legitim war. Jetzt aber sollte sie konstitutiv für das kirchliche Leben und zugleich als Regulativ für die christliche Substanz anerkannt werden.

Der in Deutschland ausbrechende Kampf um die Substanz des Evangeliums und der Kirche berührte die A. in ihrer Gesamtheit leider nicht. Die Leitung des »Kirchlichen Amtes für auswärtige Angelegenheiten bei der Deutschen Ev. Kirche (Kirchliches Außenamt)« versuchte die A. den in Deutschland geforderten Entscheidungen fern zu halten, um Konflikte mit der NSDAP und der Auslandsorganisation zu vermeiden, ohne andererseits die Deutschen Christen zu fördern. Wo aber in einer A. die Bindung an das Evangelium stärker war als die Bindung an das Deutschtum, entstanden notwendig Konflikte mit dem heimatlichen Außenamt (Aufnahme christlicher Emigranten!). Die Wirkung des zT gegensätzlichen Verhaltens der A. war in jedem Falle weittragend. Wegen ihrer bekennenden Haltung waren die einen dem politischen Druck der Nationalsozialisten, auch in kirchlicher Gestalt, ausgesetzt; die entgegengesetzte Richtung geriet unter den politischen Druck des Gastlandes, weil sie mit dem Nationalsozialismus zu eng liiert war oder schien. Diese Erfahrungen führten nach 1945 zu dem Wunsch, für alle Zukunft die Beziehungen zur Mutterkirche in einer Weise zu gestalten, die jedes politische Mißverständnis über den Charakter solcher Beziehungen ausschließt. Nachdem nach 1945 mit der Rückführung der Deutschen aus allen Kontinenten das Ende der ev. A. gekommen schien, kann seit 1950 von einem Neuaufbau der A. gesprochen werden.

2. Gegenwärtig bestehen folgende deutsche ev. A.:

a) In *Europa* liegen heute alle A. im engeren Sinne westlich der Grenzen des kommunistischen Machtbereiches. Die Kirche in Siebenbürgen und in Jugoslawien, auch die deutschen Gemeinden in Ungarn und Polen sind keineswegs untergegangen. Die *Kirchen* (Siebenbürgen und Jugoslawien) bestehen aus eigener Kraft, die *Gemeinden* leben eigenständig innerhalb der konfessionsgleichen Kirchen. Die heute gerade ostwärts des »Eisernen Vorhanges« besonders lebhaft bejahte ökumenische Verbundenheit hat den Nationalitätenhaß, der in den östlichen Randgebieten Deutschlands besonders grausame Früchte trug, verhältnismäßig früh überwunden.

Die europäischen A. im eigentlichen Sinne zeigen ein durchaus uneinheitliches Gesicht. In *skandinavischen Län-*

dern gehören sie zT zur Staatskirche; das gilt für Helsinki und Åbo wie für Stockholm, Gotenburg und Kopenhagen. Die Pfarrer kommen zwar aus der Ev. Kirche in Deutschland (EKD), aber sie sind Pfarrer der betreffenden Staatskirche. Daneben aber steht eine Gemeinde wie Malmö, als Freigemeinde konstituiert, in enger, durch Vertrag geregelter Verbindung mit der EKD. – In *Holland* haben die Gemeinden in Den Haag und Rotterdam den Krieg überdauert. Sie wurden in den ersten Nachkriegsjahren zu wichtigen Mittlern zwischen ihrem Gastland und der Heimat. Auch in Amsterdam, dessen deutschsprachige Gemeinde im Verbande der holländischen Kirchen untergegangen war, hat eine Neubildung in enger Verbundenheit mit der EKD stattgefunden. – In *Belgien* trat die Gemeinde in Brüssel wieder ins Leben. – In *Frankreich* erlangte die Gemeinde in Paris erst 1956 wieder die Voraussetzung zu ihrer vollen, auch juristisch einwandfreien Existenz. Die Sorge um zehntausende deutscher Arbeiter in Frankreich trägt zZ noch der französische Protestantismus, vor allem die Luth. Kirche mit Hilfe des Luth. Weltbundes. – Auf der *Iberischen Halbinsel* gibt es A. in Barcelona mit den Balearen, Madrid, Nordspanien mit Sitz Bilbao, Lissabon mit den Kanarischen Inseln und den Azoren, Oporto und Vigo. – In *Italien* lösten sich die Gemeinden Rom, Florenz, Genua, Mailand, Bozen und Triest 1948 aus ihren Beziehungen zur EKD und schlossen sich zur Ev.-Luth. Kirche in Italien zusammen. Meran versagte sich diesem Zusammenschluß und verblieb in unmittelbarer Beziehung zur EKD. – In der *Schweiz* steht Genf, mit Bern, im Vertragsverhältnis mit der EKD, Zürich wird von der Vereinigten Ev.-Luth. Kirche Deutschlands getragen. – In *Griechenland* ist Athen mit Außengemeinden und Gruppen, vor allem in Saloniki, Zentrum der Arbeit. – In *Großbritannien* sind nur wenige der ehemals konstituierten Gemeinden (Edinburgh, Bradford, Manchester, Liverpool, die Londoner Gemeinden, Hull) geblieben. Weitere in ihrem Bestande stark fluktuierende Gemeindegruppen werden von diesen alten Gemeinden oder von ad hoc gewählten Plätzen aus versorgt. Die schon auf Jahrzehnte zurückgehenden Versuche, die Gemeinden in Großbritannien kirchlich in eine geeignete, von allen anerkannte Form zusammenzufassen, sind noch nicht zu einem Abschluß gelangt.

b) In *Afrika:* Zu hunderten von deutschen Arbeitern in *Libyen* wurde ein Pfarrer mit Sitz in Benghasi entsandt. – In *Ägypten* besteht eine deutsche ev. Gemeinde mit einer höheren Schule in Kairo. Auch die Deutschen im Süden werden von Kairo aus bedient. – Besonderes Kennzeichen für die A. in *Südafrika* ist die Personalunion zwischen Missionar und Gemeindepastor. In *Südwest-Afrika* sind von 14 Gemeinden 11 durch Missionare besetzt. Diese Personalunion in der Pastorierung der deutschen Gemeinden und der missionarischen Aufgabe an den Farbigen hat im Zeitalter wachsender Rassenspannung große Bedeutung gewonnen. Die Gemeinden in Südwest-Afrika stehen in Verbindung mit der EKD; daneben bestehen Gemeinden im Bereich der → Hermannsburger Mission (in Verbindung mit der Ev.-Luth. Kirche Hannover), der → Berliner Mission sowie Gemeinden in Johannesburg, Prätoria u.a. in Verbindung mit der Ev. Kirche der Union. Alle diese Gemeinden sind über territoriale Zusammenschlüsse hinaus (zB »Deutsche Ev. Synode von Südwestafrika«) lose zusammengeschlossen im Südafrikanischen Kirchenbund.

c) In *Kleinasien:* Istanbul mit Ankara und Izmir sowie Gruppen in verschiedenen weiteren Orten der Türkei, Beirut mit Bagdad, Jerusalem mit Damaskus. – Neue Aufgaben zeichnen sich in *Iran* ab. – In *Ostasien* ist in Tokio und Kobe der Missionar der Ostasienmission gleichzeitig Gemeindepfarrer. – In → *Australien* (Melbourne und Sydney) bestehen besondere, noch nicht gelöste Aufgaben infolge des Zustroms von jährlich einigen tausend deutschen Einwanderern. Neben diesen beiden Gemeinden, die im Anschluß- bzw. Vertragsverhältnis zur EKD stehen, gibt es die beiden aus der Einwanderung erwachsenen bodenständigen luth. Kirchen: Ev.-Luth. Kirche Australiens und die Vereinigte Ev.-Luth. Kirche Australiens. Eine Zusammenfassung der drei Gruppen ist bisher nicht möglich.

d) Die Gemeinden in *Südamerika* sind aus der Einwanderung des 19.Jh.s entstanden. Hier haben sich in Jahrzehnte währendem wachstümlichen Prozeß nach dem 2. Weltkrieg autonome Kirchengebilde entwickelt. So entstand in *Brasilien* der »Bund der Synoden, Ev. Kirche luth. Bekenntnisses in Brasilien« (1950), in dem sich die »Riograndenser Synode«, die »Luth. Kirche in Brasilien«, die »Ev. Synode von Santa Catarina und Paraná« und die »Mittelbrasilianische Synode« zusammenschlossen (Gesamtzahl ca 500 000 Seelen). Als nächste folgte die Chile-Synode (1955) mit ca 20 000 Seelen und 1956 die La-Plata-Synode mit ca 100 000 Seelen, deren Bereich sich über die La Plata-Länder, Argentinien, Uruguay und Paraguay, erstreckt.

Der Bund der Synoden, die Chile-Synode und die La Plata-Synode sind Mitgliedskirchen des Ökumenischen Rates der Kirchen; die beiden ersteren gehören außerdem dem Luth. Weltbund an. Einzelgemeinden in Verbindung mit der EKD bestehen darüber hinaus noch in La Paz (Bolivien) und Lima (Peru).

In *Mittelamerika* besteht eine A. in Mexiko-Stadt, zugleich für den Bereich des Landes.

Gibt es in *USA und Kanada* auch noch hunderte von Gemeinden mit deutscher Predigtsprache, so leben sie doch von alters her im Verbande der Denominationen des Landes, dank der starken Assimilationskraft, die diese beiden jungen Nationen auf ihre Einwanderer ausüben. In Nordamerika gibt es daher zwar Gemeinden deutscher Sprache, aber keine A. im eigentlichen Sinne.

3. Die hier gegebene Zusammenfassung kann nur ein grobes Bild von einer überaus differenzierten Vielfalt geben. Diese Vielfältigkeit soll abschließend durch einen Hinweis auf die *Problematik der A.* unterstrichen werden.

a) So gewiß die *nationale Herkunft* der Gemeindeglieder kirchlich nicht konstitutiv sein kann, so gewiß ist die Sprache, in der sie beten, entscheidend für die Sprache in Predigt und Seelsorge. Je stärker die seelsorgerliche, dh relative Bedeutung der deutschen Sprache, aber auch von Sitte und Volkstum, erkannt werden, desto wichtiger wird es, sprachkundige Geistliche für die *zweisprachig* werdenden Gemeinden und Kirchen zu gewinnen, weil nur diese den hierdurch gestellten Aufgaben auch theologisch gerecht werden können.

b) Aus Angehörigen aller in der EKD vertretenen *Bekenntnisse* setzen sich die A. zusammen. Deutschsprachige oder deutschsprechende Nichtkatholiken aus der Schweiz und Skandinavien, aber auch des Gastlandes, gehören oft als Mitglieder deutschen A. an. Falls die konfessionellen Unterschiede in der EKD kirchentrennend sind, dürfte dem konfessionellen Miteinander in den A. nicht tolerant zugesehen werden, mögen die sich ergebenden Konsequenzen auch noch so weittragend sein. Haben die konfessionellen Unterschiede unter den Gemeindegliedern aber nicht diesen scheidenden Charakter, dann bestimmt das Bekenntnis der Gemeinde lediglich das Gepräge ihres Gottesdienstes und ihres Lebens. Sofern alle A. ihren Gliedern unbeschadet ihrer ref., luth. oder unierten Herkunft ausnahmslos die volle Mitgliedschaft gewähren, sind sie »uniert«, sofern aber in fast allen A. der luth. Katechismus verwendet wird, haben sie luth. Gepräge.

Wenn irgendeine Aufgabe von der EKD als der Gesamtheit aller in ihr vertretenen Bekenntnisse getragen werden muß, dann ist es die Arbeit an den A.

c) Die A. sind Freiwilligkeitsgemeinden. Ihre Mitglieder aber kommen aus volkskirchlicher Tradition; darum fehlen den A. die hohen Mitgliedszahlen der Heimatgemeinden, aber ebenso die imponierende Opferwilligkeit amerikanischer Gemeinden. Die meisten Gemeinden, außer in Südamerika, sind zahlenmäßig klein: Eine Zahl zB von 200 Mitgliedern bedeutet ca 800 Familienglieder und eine vermutbare Anzahl von 1500 bis 2500 ev. Deutschen (= Seelenzahl der innerdeutschen Statistiken). Die kirchliche und ökumenische Bedeutung einer solchen A. steht zu den geringen Mitgliederzahlen in keinem Verhältnis. Die stellenweise hohen Beihilfen der Heimatkirche müssen unter diesem Gesichtspunkt gesehen werden. Bestand und Gedeihen einer solchen A. ist eine öffentliche Angelegenheit in dem betreffenden Lande.

d) Der in Südamerika erreichte Abschluß einer über hundertjährigen Geschichte durch die Bildung von drei *autonomen Kirchengemeinschaften* ist erst ein Anfang. Geistlich, personell und materiell sind die Kirchen, trotz ihrer rechtlichen Unabhängigkeit, in solchem Maß auf die Hilfe der Heimat angewiesen, daß ernste Sorgen bestehen, ob das zu ihrer Erhaltung, vor allem aber zu ihrem Ausbau Notwendige geleistet werden wird. Die notwendige Heranbildung eines eigenen Pfarrerstandes ist noch unzureichend. Wohl ist das Seminar in São Leopoldo (Brasilien) auf dem Wege, Kirchliche Hochschule zu werden. Die Zahl der Studierenden deckt aber erst die Hälfte des Bedarfs, und die Zahl der Lehrstühle reicht noch nicht aus.

e) Fast alle Auslandskirchen und -gemeinden stehen vor der Aufgabe, ihr *Selbstverständnis* zu überprüfen. Nationalität bzw. Volkstum und Kirchlichkeit sind konstitutiv nicht mehr durch eine gemeinsame Klammer verbunden. Die kirchliche Aufgabe bleibt aber bestehen, ja sie gewinnt recht erst ihr Gewicht; wenn die Glieder der A. die Nationalität des ehemaligen Gastlandes erwerben und auch sprachlich in dem neuen Staatsverbande einwurzeln, wird das geistliche Erbe, das sie aus dem Mutterlande der Reformation mitbrachten, zu einer hohen Verpflichtung.

W. Nelke, Das Deutschtum in Uruguay (Schriften des Dt. Auslands-Instituts, Kulturhist. Reihe 5), 1921 - RGG² I, 1920ff (Lit.) - W. Rotermund, Ein Kampf um Recht u. Richtung des ev. Deutschtums in Südbrasilien, São Leopoldo 1936 - F. Schröder, Brasilien u. Wittenberg. Ursprung u. Gestaltung dt. ev. Kirchentums in Brasilien, 1936 - Herm. Schmidt, Gesch. der dt. ev. Gemeinde Buenos Aires 1843-1943, Buenos Aires 1943 - Th. Heckel, Kirche jenseits der Grenzen, 1949 - G. Stratenwerth, Ev. Deutsche im Ausland (KJ 77, 1950, 333-371) - Tätigkeitsberichte des Kirchl. Außenamtes der EKD, veröff. in den Berichten über die Tagungen der Synode der EKD, hg.v. der Kirchenkanzlei der EKD - Ev. Diaspora. Zeitschr. des Gustav-Adolf-Werkes, 1919-38; 1953ff - Auslandsdeutschtum u. ev. Kirche. Jb.er, hg.v. E. Schubert, 1932-40. *G. Stratenwerth*

4. Die *kirchenrechtlichen Verhältnisse* der A. werden durch das Recht des Landes, in dem sie existieren, durch ihre Ordnung und durch die Beziehungen zur Heimatkirche bestimmt, wie sie auf Grund der Gesetzgebung der EKD geregelt werden. Bei denjenigen A., die einer Kirchengemeinschaft angehören, zB dem Bund der Synoden in Brasilien, kommt die Ordnung dieses Bundes als ein Element ihrer kirchenrechtlichen Stellung hinzu.

a) Nach dem *Recht des Gastlandes* bestimmen sich zB die Anforderungen an die Ordnung einer Gemeinde im Hinblick auf ihre Rechtsstellung im staatlichen Recht; von hier aus ergeben sich die Voraussetzungen für die rechtliche Handlungsfähigkeit, für die Fähigkeit, Grundbesitz zu erwerben oder arbeitsrechtliche Verträge abzuschließen. In einigen Ländern muß ein besonderer Rechtsträger für Vermögensangelegenheiten bestellt werden; in Frankreich zB muß neben der Gemeinde eine Association des Immeubles als Träger des kirchlichen Grundbesitzes errichtet werden; in England wird das gesamte Vermögen der Gemeinde von besonders bestellten Treuhändern verwaltet.

b) Die *Ordnungen* der A. regeln u.a. die Bildung und die Zuständigkeit des Kirchenvorstandes und der Gemeindeversammlung, die Voraussetzungen für den Erwerb der Mitgliedschaft und die bekenntnismäßige Prägung der Gemeinde.

c) Die *rechtlichen Beziehungen zur EKD* sind durch das Auslandsgesetz vom 18.3.1954 geregelt. Während bis zum Erlaß dieses Gesetzes Kirchengemeinden, Kirchengemeinschaften und Pfarrer durch einen Hoheitsakt der ev. Kirche an diese »angeschlossen« werden konnten, eröffnet das neue Gesetz den Kirchengemeinden und Kirchengemeinschaften die Möglichkeit, als freie Partner mit der EKD Verträge über ihre Rechtsbeziehungen zur EKD abzuschließen. Die EKD übernimmt dabei wie früher die Fürsorge für ihre Vertragspartner. In der Regel werden der EKD bestimmte Mitspracherechte eingeräumt. Sie entsendet auf Antrag Pfarrer zum Dienst in den Gemeinden, entweder auf Zeit oder zum dauernden Übergang in die ausländische Kirchengemeinschaft. Die auf Zeit entsandten Pfarrer bleiben unbeschadet ihres Verhältnisses zur EKD in rechtlichen und geistlichen Beziehungen zu der Gliedkirche, aus der sie stammen. Sie kehren nach Ablauf ihrer Dienstzeit in diese zurück und erhalten im Regelfall auch von dieser ihre Altersversorgung. Einzelheiten werden in den Verträgen mit den Kirchengemeinschaften oder den -gemeinden je nach deren Lage geregelt; zB werden über die Ausübung der Disziplinargewalt und der Dienstaufsicht über Pfarrer besondere Vereinbarungen getroffen. Die EKD wird in den Rechtsbeziehungen zu deutschen ev. Gemeinden, Kirchengemeinschaften und Pfarrern durch das Kirchliche Außenamt vertreten; einige wichtige Entscheidungen sind dem Rat der EKD vorbehalten.

Nach Erlaß dieses Gesetzes wurden mit zahlreichen Gemeinden Einzelverträge abgeschlossen, ebenso mit den drei Kirchengemeinschaften in Südamerika.

Eine Sonderstellung nehmen die ev. Gemeinden deutscher Sprache in Italien ein, die sich nach dem Kriege zu einer Gemeinschaft zusammenschlossen und in eine Vertragsbeziehung zur Vereinigten Evangelisch-Lutherischen Kirche Deutschlands traten. Es wurde auch eine Vereinbarung mit der EKD abgeschlossen, in der diese insbesondere die Verpflichtung übernahm, weiterhin für die Altersversorgung der unter der alten Rechtslage entsandten Pfarrer einzustehen. *E. Schwarzhaupt*

II. Katholische Auslandsgemeinden

Der gemeindliche Zusammenschluß der Gläubigen erfolgt in der kath. Kirche grundsätzlich nach dem territorialen Prinzip, dh die innerhalb dieser Grenzen wohnenden Katholiken bilden die Pfarrgemeinde. Das Recht, solche zu errichten, hat nur der Bischof des entsprechenden Territoriums. Die Kirche bejahte stets das Recht der Gläubigen auf den Gebrauch der Muttersprache in der Kirche. Schon das 4. Laterankonzil 1215 legte für die Bischöfe verpflichtend fest, daß in sprachgemischten Gemeinden für jede Sprache oder jeden Ritus entsprechende Gottesdienste eingerichtet werden. Das Tridentinische Konzil hielt zwar an den Territorialpfarreien als Regel fest, ließ aber auch National- oder Sprachpfarreien zu, welche die Ortsbischöfe selbständig einrichten durften. Eine neue Regelung für die Seelsorge der Auswanderer oder Ausgewanderten brachte die Apostolische

Konstitution »Exsul Familia« (1952). Papst Pius XII. hat in dieser Konstitution die Errichtung einer Sprach- oder Nationalpfarrei im kanonischen Sinn abhängig gemacht von der Genehmigung des Apostolischen Stuhles. Zu einer deutschen Sprachpfarrei können Deutsche, Schweizer, Österreicher, Südtiroler usw, zu einer deutschen Nationalpfarrei nur Deutsche deutscher Staatsangehörigkeit gehören. Sofern Deutsche geschlossen siedelten, wie etwa im Banat, in Rio Grande do Sul oder Sta.Catarina oder in den rußlanddeutschen Siedlungen in Argentinien, bildeten sie eigene Pfarreien mit deutscher Sprache in Seelsorge, Schule und dem gesamten religiösen Leben. So auch in der jüngsten Nachkriegszeit in der Siedlung Guarapuava in Brasilien. Diese Seelsorgebezirke sind aber keine eigentlichen Sprach- oder Nationalpfarreien, weil auch Zuwanderer anderer Sprache oder Nationalität zu ihnen stoßen können. Tatsächlich deutsche kath. Gemeinden bestehen auch heute noch in Brasilien, in Kanada, im südosteuropäischen Raum und in Südtirol. Sie sind allerdings - nur mit geringen Ausnahmen (zB in Kanada) - keine deutschen Sprach- oder Nationalpfarreien im kanonischen Sinn. Diese kath. Gemeinden hatten ihr eigenes Schulwesen, deutsche Pfarrschulen, die heute aber in fast allen Ländern aufgelöst sind. Aber auch dort, wo Katholiken in größerer oder geringerer Zahl unter Anderssprechenden oder Andersnationalen leben, schließen sie sich zusammen. Sie bilden meist deutschsprachige Gemeinden; dh Gläubige mit deutscher Sprache (Deutsche, Österreicher, Schweizer, Südtiroler usw) gehören ihnen an. Auch diese Gemeinden sind keine kanonischen Pfarreien. Für diese Formen der Gemeindebildung hat die Apostolische Konstitution »Exsul Familia« gesorgt. Der Priester, der der Gemeinde vorsteht, ist zwar nicht Pfarrer im kanonischen Sinn, erhält aber von der Hl. Konsistorialkongregation einige pfarrliche Vollmachten, wie zB der Ehe zu assistieren, zu taufen, eigene Matrikeln zu führen und selbstverständlich das Recht zu Predigt und Religionsunterricht in deutscher Sprache. Je nach dem Recht des entsprechenden Landes erwerben diese Gemeinden häufig die juristische Persönlichkeit. Mit ihrem Aufbau mußte nach dem Krieg fast überall neu begonnen werden; heute bestehen sie fast in allen größeren Städten der Welt, wo eine größere Anzahl von Deutschen lebt. Ihnen allen stehen Priester vor, die von der Konsistorialkongregation mit den nötigen Vollmachten versehen sind. Das Kath. Auslandssekretariat in Beuel/Bonn, das von den deutschen Bischöfen errichtet und von der Konsistorialkongregation bestätigt ist, hat die Aufgabe, für die Entsendung deutscher Seelsorger zu sorgen, ihre Tätigkeit materiell und geistig zu unterstützen, Seelsorgezentren zu errichten, Seelsorgehelfer und -helferinnen zu entsenden u.a. Seit 1952 wurden 65 solche Gemeinden begründet, denen ein Priester gemäß den Bestimmungen der »Exsul Familia« vorsteht. Es fanden sich ferner an zahlreichen Orten der Welt deutsche Katholiken zusammen, die ein Geistlicher in deutscher Sprache religiös betreut, ohne daß es zu einer der oben erwähnten Formen der Gemeindebildung gekommen ist. Ihre Zahl ist nicht statistisch erfaßt.

B. Kleinschmidt, Auslandsdeutschtum u. Kirche, 1930 - Th. Grentrup, »Exsul Familia«, 1955/56 - A. Büttner in: Berichte u. Quellen z. kath. dt. Seelsorge im Ausland, als Ms. hg.v. Kath. Auslandssekretariat, Nr. 4 u. 6, 1956. *A. Büttner*

Auslegung → Schriftauslegung, → Hermeneutik.

Ausonius (Decimus Magnus), * um 310 in Bordeaux, daselbst ab 345 Lehrer der Grammatik und Rhetorik. Nach 365 auch Erzieher des → Gratian. - Die vielen opuscula des A. mit ihren oft gedrechselten Wortkünsteleien atmen meist Bibliotheksluft, sind aber kulturgeschichtlich wertvolle Zeugnisse der Provinzialkultur. Die Mosella ist ein Kleinod beschreibender Dichtung; echt lyrische Stimmung atmen einige Gedichte auf Bissula. Ob A. Christ war, läßt sich kaum entscheiden; christliches Gepräge haben die Versus paschales, Oratio matutina, vor allem die Versus rhopalici. Kirchengeschichtlich wichtig sind drei Versepisteln (27-29 Schenkl) an seinen ehemaligen Schüler → Paulinus und dessen Antworten (c. 10-11).

Ausg.: R. Peiper, 1886; H. Schenkl, MG AA 5, 2, 1883; H.G. Evelyn-White, 1919/21. - PW II, 1896, 2562ff- RAC I, 1020ff (Lit.) - Altaner 357 (Lit.). *H. Kusch*

Aussätzigenmission. In der Bibel wird der → Aussatz als eine schlimme, nach Lev 13 freilich heilbare Krankheit angesehen. Die heute medizinisch Lepra (Hansen's Disease) genannte Form des »Aussatzes« ist bis auf diesen Tag eine Geißel der Menschheit. Wenn man auch inzwischen festgestellt hat, daß sie nur zu bestimmten Zeiten übertragbar ist, werden immer noch alle Leprakranken in besonderen Krankenhäusern oder Kolonien isoliert.

Ging auch in manchen Teilen der Welt (zB im Nahen Osten) die Lepra zurück, so ist die Zahl der Aussätzigen in anderen Ländern doch noch sehr groß. In Afrika gibt es über 1 Mill., in Indien 1,2 Mill., in China 1 Mill. Aussätzige. Von ihnen erhalten die wenigsten medizinische Hilfe, in Indien nur 3%.

Mit der → ärztlichen Mission begann auch die Fürsorge für die Aussätzigen. Viele Missionsgesellschaften und Kirchen, die in Lepra-Gebieten arbeiten, unterhalten Aussätzigenheime und -stationen. In vielen Fällen werden die Aussätzigen in den allgemeinen Missionskrankenhäusern oder durch die Polikliniken betreut. Die Furcht vor der Lepra hat in vielen Ländern dazu geführt, daß die vom Aussatz Geheilten mit einem gesellschaftlichen Makel behaftet bleiben. Daher ist es die besondere Aufgabe der Missionen und Kirchen, solchen Menschen zu helfen, damit sie ins normale Leben zurückkehren können und wieder voll in die menschliche Gemeinschaft aufgenommen werden. Auch geht es darum, daß den Aussätzigen selbst von ihren gesunden Mitmenschen die ihnen zukommende menschliche Würde nicht abgesprochen wird, wie das oft aus Unkenntnis und Vorurteil geschieht. Die ärztlichen Kräfte der Mission haben sich die neuesten Erkenntnisse der medizinischen Wissenschaft zu eigen gemacht, um mit den modernsten Behandlungsmethoden (Sulfonamide) der Lepra Einhalt gebieten zu können. Chirurgische Eingriffe, orthopädische Behandlung und vor allem Arbeitstherapie können neuerdings darüber hinaus den Geheilten in vielen Fällen wieder normales Aussehen und den vollen Gebrauch ihrer Gliedmaßen verschaffen.

Von der deutschen Mission unterhält die Herrnhuter Mission (→ Brüderunität: II) gegenwärtig Lepraheime in Jordanien und Surinam; die Basler Mission begann 1954 eine Aussätzigenarbeit in Kamerun.

Die weitaus wichtigste Missionsarbeit an Aussätzigen ist die 1874 gegründete internationale und interdenominationelle Gesellschaft »Mission to Lepers«. Ende 1955 unterhielt oder förderte diese Gesellschaft 100 Aussätzigenkolonien in 25 Ländern; außerdem wurden zahlreiche Patienten in Polikliniken ambulant behandelt. Aus einem Bericht von 75 Stationen geht hervor, daß im Jahre 1955 4487 Patienten so weit geheilt wurden, daß sie keine aktiven Symptome mehr aufwiesen. 1279 von ihnen behielten keine bleibenden Entstellungen. Die »Mission to Lepers« arbeitet in Indien, Pakistan, Burma, Honkong, Formosa und in Ost-, Zentral-, Süd- und

Westafrika sowie in Westindien. Neuerdings soll das Wirkungsfeld nach Korea und Nepal ausgedehnt werden. Die »Mission to Lepers« ist eine Hilfsorganisation, deren Arbeit weitgehend durch die Beiträge von Christen getragen, aber auch von den Regierungen mancher Länder unterstützt wird. Sie bildet keine eigene Kirche oder Gruppe, arbeitet aber mit 50 ev. Kirchen und Missionsorganisationen zusammen, die die volle Verantwortung für den seelsorgerlichen Dienst an den Aussätzigen in den Anstalten der Gesellschaft haben.

A. DONALD MILLER, A Bridge of Compassion, 1955.

W.H.Russell

Aussatz. Unter A. (ṣarăʿăt, nægăʿ; λέπρα) versteht das AT (bes. Lev 13f) und das NT (Mk 1, 40ff; Lk 17, 11ff) einen Ausschlag an der Haut des Menschen, aber auch an der Oberfläche von Stoffen, Leder (Schimmel?) und Hauswänden (Salpeterfraß?). Bei der Erkrankung Hiobs (Hi 30, 9ff; ob auch 2, 8?) handelt es sich wohl um die heute vereinzelt auffangbare, im Altertum ausnahmslos unheilbare Lepra; dagegen muß bei dem heilbaren »A.« (Num 12, 10f; 2Kön 5, 11; Mk 1, 41; Lk 17, 14) eine andere, auch psychisch bedingte Hauterkrankung angenommen werden (vitilligo?), die als ansteckend galt (bei Psoriasis begegnen weiße Schuppen: 2Kön 5, 27). Die Heilung bestätigte der Priester (vgl. auch Dam 15, 7f).

BILL. IV, 745ff - ThW IV, 240 - L. KÖHLER, Der hebr. Mensch, 1953, 42ff - DERS., Aussatz (ZAW 67, 1955, 290f).

K.Galling

Aussegnung → Begräbnis: III.

Australien

I. Religionsgeschichtlich - II. Die christlichen Kirchen in A. - III. Mission in A. - IV. Australische Missionen

I. Religionsgeschichtlich

1. Die übernatürlichen Mächte - 2. Kultische Bräuche - 3. Die höchsten Wesen - 4. Lokalkulte - 5. Magie, gemeinsame Züge und Sonderart der australischen Religion

1. Die religiösen Vorstellungen der australischen Eingeborenen beruhen auf dem Glauben an eine ewige Existenz übernatürlicher Wesen, der Totemvorfahren, die untrennbar verbunden sind mit bestimmten Totemtieren oder -pflanzen (→ Totemismus) oder Naturerscheinungen (→ Naturgottheiten). Sie werden rituell verehrt an geweihten Stätten, wo sie den Mythen nach hervorgegangen sind, kultische Gebräuche eingesetzt oder ewige Ruhe gefunden haben. Diese Anschauungen setzen naturgemäß voraus, daß Himmel und Erde ebenfalls ewig und unerschaffen sind. Unter der ursprünglich nackten, formlosen Erdrinde schliefen die Totemvorfahren seit Ewigkeit. Die Zeit begann, als sie an ihren verschiedenen Stätten hervorbrachen; diese Kultstätten sind heute kenntlich durch Sümpfe, Wasserlöcher, Quellen usw. Jedes übernatürliche Wesen war gewöhnlich mit einem bestimmten tierischen oder pflanzlichen Lebewesen verbunden. So hatte zB ein Honigameisen-Ahn im allgemeinen menschliche Gestalt, konnte sich aber nach Belieben in eine Honigameise verwandeln; von ihm sollen die Honigameisen in dem ihm eigenen Distrikt wie auch die Menschen, die dort empfangen oder geboren wurden, abstammen. Letztere werden als Reinkarnation dieses Vorfahren oder seiner übernatürlichen Sprößlinge betrachtet. In ähnlicher Weise soll ein Känguruh-Vorfahre die Känguruhs und die menschlichen Lebewesen, die in seinem heiligen Bezirk empfangen oder geboren wurden, ins Leben gebracht haben. Folglich wird im allgemeinen niemand, der zB zum Känguruh-Totem gehört, ein Känguruh essen oder töten, da er glaubt, daß es von demselben übernatürlichen Wesen abstammt wie er selbst. Jeder Mensch glaubt also, daß er mit seiner Totempflanze oder mit seinem Totemtier das Leben teilt.

Diese Totemvorfahren haben auch die äußeren Züge der heutigen Landschaft, Felsen, Hügel, Bergketten, Flüsse, Flora usw geschaffen. Nachdem ihr Werk vollendet war, kehrten sie entweder zu ihrer Geburtsstätte zurück oder sie verwandelten sich in heilige Felsen (→ Berge, heilige), → Bäume oder - besonders in Zentralaustralien - in heilige Steine oder Holzstücke (tiurunga). Wieder in ewigen Schlaf versunken, behielten sie jedoch ihre Macht, die Erde mit Pflanzen und Tieren ihres eigenen Totems zu füllen, → Regen zu senden und die Menschen, die sich in Nachlässigkeit oder Sakrilege an ihnen vergehen, mit → Krankheit und → Tod zu bestrafen.

2. Diese Anschauungen sind in A. in Mythen (→ Mythus), rituelle Lieder und Bräuche eingekleidet. Letztere zerfallen in zwei Gruppen: Gedächtniszeremonien und magische Vermehrungsriten (increase ceremonies). In den ersten werden die übernatürlichen Wesen durch Darstellungen in → Drama und → Tanz (: I) vor den Eingeweihten der Totemsippe verehrt. In den Vermehrungszeremonien werden verschiedene magische Riten ausgeführt. Im allgemeinen werden die Felsen, die die verwandelten Leiber der Totemvorfahren darstellen, von den Totemmitgliedern gerieben oder mit deren Blut besprengt. Man nimmt an, daß alle dramatischen Handlungen oder Vermehrungsriten von den Totemvorfahren selbst gestiftet seien; die Ausübenden betrachten sich auf Grund der Reinkarnation als wesensgleich mit den übernatürlichen Wesen, die sie personifizieren. Das Ritual hat keinen Erfolg, wenn es nicht vom Gesang bestimmter traditioneller Lieder begleitet ist, deren Entstehung man den übernatürlichen Urwesen zuschreibt. Das Vermehrungsritual der Eingeborenen in A. hat deshalb sakramentalen Charakter.

3. In einer so mit Geistern belebten Welt lebend, haben die australischen Eingeborenen wenig Bedürfnis für Schutz oder Hilfe von einem himmelbewohnenden höchsten Wesen (→ Hochgottglaube), wenn man auch fast überall in A. an die Existenz von Himmelbewohnern glaubte. Diese greifen jedoch nicht in die menschlichen Angelegenheiten ein und bleiben daher ohne Verehrung. In Ost-A. dagegen werden die Himmelsheroen (Baiame, Daramulum usw) kultisch verehrt und mit den → Initiationsriten in Verbindung gebracht.

4. Ein auf Northern Kimberleys begrenzter Kultus ist der der Wondjina. Diese sind besonders mit dem Himmel verbunden mit → Regenbogen, Geistkindern und dem Zuwachs der Naturarten. Die Wondjina sind in besonderen Felsgalerien im Bilde dargestellt, Malerei spielt in ihrem Ritual eine große Rolle (→ Felsenzeichnungen).

Endlich gibt es noch die Fruchtbarkeitskulte in den nördlichen Teilen des Nordterritoriums. Hier werden zB die Mutter der → Fruchtbarkeit, die Regenbogenschlange, ebenso Kunapipi und Djanggawul verehrt.

5. Daneben werden in A. verschiedene Arten der → Magie geübt, darunter der Ritus des Knochenzeigens (zur Vernichtung des Feindes) und das von der besonderen Klasse der Medizinmänner durchgeführte Heilen. Die in diesen magischen Zeremonien benützten Zaubermittel sind auch mit den Totemvorfahren verbunden, doch sollen den Medizinmännern besondere Kräfte eignen, die sich entweder unmittelbar von übernatürlichen Wesen herleiten oder mittelbar durch die älteren Medizinmänner übertragen worden sind.

Alle religiösen Überlieferungen und Riten werden in hoher Verehrung und Ehrfurcht gehalten: Sakrilegium und jede Verletzung des mit ihnen verbundenen → Tabu wird mit dem Tode bestraft. Wissen der heiligen Mythen, Riten, Gesänge wird nur denen zuteil, die nach der → Pubertät durchzuführende Initiationsriten durchgemacht haben. Fast in ganz A. - ausgenommen die Ostteile des Kontinents und Strecken an der Westküste - kulminieren die Initiationsriten in der → Beschneidung (: I).

Wie oben dargestellt ist, verbindet ein gemeinsames Lebensband jeden Menschen mit dem Tier oder der Pflanze seines Totem, mit dem übernatürlichen Wesen, das er durch sein Ritual verehrt, und mit dem Lande seiner Geburt. Wohl gibt es örtliche Unterschiede dieser Anschauungen, doch die führende Struktur der australischen Totemreligion baut immer auf dieser *persönlichen Verbundenheit* des einzelnen (oder kleiner Gruppen) mit Naturwesen oder -erscheinungen und bestimmten heiligen Stätten auf. Hierin unterscheidet sie sich von anderen Naturreligionen (→ Naturvölker: II).

B.Spencer-F.J.Gillen, The Native Tribes of Central Australia, 1899 - Dies., The Northern Tribes of Central Australia, 1904 - A.W. Howitt, The Native Tribes of South-East Australia, 1904 - C.Strehlow, Die Aranda- u. Loritjastämme in Zentral-A., 1907-20 - Ph.M. Kaberry, Aboriginal Woman, Sacred and Profane, 1939 - A.P.Elkin, Aboriginal Men of High Degree, 1946 - Ders., The Australian Aborigines, 1954 - T.G.H.Strehlow, Aranda Traditions, 1947 - J. Haekel, Zum Individual- u. Geschlechtstotemismus in A., Wien 1950 - R.M.Berndt, Kunapipi, 1951 - Ders., Djanggawul, 1952 - O.Eberle, Cenalora, 1955 (Teil V: Die Australier). - Religiöse Vorstellungen der Australier werden behandelt vom Standpunkt der kulturhistorischen Schule in UdG III. V. VI, 1931/34/35, u. unter Freudschem Gesichtspunkt bei G.Roheim, The Eternal Ones of the Dream, 1945.

T.G.H.Strehlow

II. Die christlichen Kirchen in Australien

1. Die Kirchengeschichte A.s beginnt mit der Besiedlung des von den Holländern 1606 entdeckten Kontinents (noch im 19.Jh. »New Holland«) durch England seit 1788. Die neue Kolonie »New South Wales« (N.S.W.; → 4 D 3/4) sollte den Erdteil bis auf den erst 1826 annektierten Westen sowie Van Diemen's Land (Tasmanien) umfassen. N.S.W., als Ersatz für die verlorenen amerikanischen Kolonien gedacht, wurde zunächst reine Strafkolonie, als am 26.11.1788 die erste kleine Flotte mit über 1000 Seelen, darunter etwa 700 Sträflingen (viele davon keine »Verbrecher« im heutigen Sinne), in Port Jackson (Sydney; → 4 D 4) landete. Die moralischen Folgen dieses Systems haben lange auf der jungen Kolonie gelastet. Die kirchliche Betreuung war ganz unzulänglich, da die im staatskirchlichen Provinzialismus versunkene und stark verweltlichte Kirche von England damals ihre Aufgabe nicht erkannte. Doch veranlaßte der fromme Politiker W. → Wilberforce die Regierung, der Flotte einen Kaplan mitzugeben, dem die Seelsorge an Offizieren, Soldaten und Gefangenen aller Denominationen oblag und der außerdem noch Verwaltungsbeamter war. Die Aufsicht über die gesamte englische Diaspora, die seit Karl I. dem Bischof von London zustand, war rein theoretisch und unwirksam. Erst die Errichtung einer bischöflichen Diözese »A. und Tasmanien« 1836 (mit 15 Priestern) ermöglichte den Aufbau einer anglikanischen Kirche in A. Der Versuch, die Kirche von England zur Staatskirche zu erheben, war schon 1834 gescheitert. Der Grund dafür liegt einerseits in den liberalen Tendenzen der Zeit, andererseits in der Tatsache, daß inzwischen die Dissenters (Presbyterianer seit 1802; Methodisten seit 1812; Kongregationalisten seit 1830; Baptisten seit 1831) und Katholiken (erste Messe 1803) begonnen hatten, eine Rolle in der Kolonie zu spielen, die für die englische Wirtschaft (Wolle) immer wichtiger wurde. Ein Jahr vor der Weihe des ersten anglikanischen Bischofs, Broughton, hatte bereits ein kath. Bischof, Polding, sein Amt in Sydney angetreten.

2. Die Erschließung weiterer Teile des Erdteils und der Zustrom freier Einwanderer seit dem frühen 19.Jh. und vor allem seit den Goldfunden von 1850 und dem amerikanischen Sezessionskrieg (1861-65) veränderte den Charakter der alten Strafkolonie und führte zur Abtrennung neuer Kolonien von N.S.W.: Tasmanien 1803 (→ 4 D 4); Südaustralien 1836 (→ 4 C/D 3/4); Victoria 1850 (→ 4 D 4); Queensland 1859 (→ 4 D 3). Zusammen mit dem Rest von N.S.W. und Westaustralien (1826) bestanden so sechs voneinander unabhängige Kolonien, denen England seit 1850 das Recht der Selbstregierung gewährte. So entstanden die australischen Staaten, die sich 1901 zum »Commonwealth of Australia« zusammenschlossen, heute ein autonomer Staat im Rahmen des British Commonwealth. Die australische Kirchengeschichte des 19. und 20.Jh.s ist dementsprechend zunächst die Geschichte der Kirchen in den Einzelstaaten und geht dann in die Geschichte der ganz A. umfassenden Konfessionskirchen über. Völlig abgeschlossen ist dieser Prozeß in der *römischen Kirche*, die einheitlich in fünf Kirchenprovinzen und zwei weiteren Erzbistümern (29 Diözesen) unter dem Kardinalerzbischof von Sydney als Primas und dem apostolischen Delegaten für A., Neuseeland und Ozeanien in Sydney organisiert ist. Weit zurück in der Organisation ist die »Kirche von England in A. und Tasmanien«; denn nur ihre Diözesen besitzen Körperschaftsrechte. Mit Rücksicht auf die Pläne weitreichender Kirchenvereinigungen (→ Einigungsbestrebungen: IV) wird die Arbeit an der rechtlichen Aufrichtung der durch die Generalsynode vertretenen Gesamtkirche jetzt energisch betrieben. Die Kirche besteht aus 25 Diözesen in vier Kirchenprovinzen und drei selbständigen Bistümern unter einem gewählten Primas (zZ Sydney). Die *protestantischen Kirchen* haben sich ebenfalls zu ganz A. umfassenden Kirchenkörpern vereinigt, wobei zugleich Spaltungen innerhalb der einzelnen Denominationen beseitigt wurden. So schlossen sich am 1.1.1901 die Methodisten der verschiedenen Staaten und Gruppen (Wesleyans, Primitive Methodists, Bible Christians) zur »Methodist Church of Australasia« zusammen, wenige Monate später die Presbyterianer (aus der Kirche von Schottland, der alten Sezession und der Free Church). Das aus der deutschen Einwanderung seit 1838 erwachsene Luthertum mußte in der völlig von den britischen Kirchen geformten religiösen Welt A.s ein Fremdkörper bleiben. Aus dem Kampf gegen die Union entstanden, hat es das Erbe des konfessionellen Luthertums des 19.Jh.s auch nach dem Übergang in das anglo-australische Volkstum bewahrt. Die Spaltungen sind zT aus der unzureichenden Unterstützung von der Heimat zu erklären. Heute bestehen nur noch zwei über das ganze Land verbreitete, ungefähr gleich große Kirchen, die sich bemühen, den alten Gegensatz zwischen dem Luthertum von Neuendettelsau-Iowa und Missouri (→ Luthertum: III) zu überwinden. Eine Reformierte Kirche mit 4000 Seelen, 14 Pastoren und einem Theologischen College hat sich 1952 aus holländischen Einwanderern gebildet.

3. Die Probleme des heutigen Kirchentums in A. ähneln mutatis mutandis denen der USA in den Zeiten der größten Einwanderung. Nach der Verfassung des Commonwealth, welche die Einzelstaaten bindet, sind Kirche und Staat überall nach amerikanischem Muster getrennt. Am schwierigsten ist die Versorgung der wachsenden Großstädte und der einsamen Siedlungen im Innern. Hier ist das Werk der anglikanischen »Bush Brotherhoods« zu erwähnen, in denen junge Priester Jahre des entsagungsvollsten Dienstes auf sich nehmen. Die Stati-

Denomination	Zahl der Glieder nach Volkszählung 1954	Zahl der Glieder nach Angabe der Kirche 1955	Geistliche	Gemeinden Pfarreien usw
Church of England	3 408 850	341 000[1])	1 791	über 2 000
Katholiken bzw. Röm. Katholiken	1 299 884 762 102	1 596 863	2 932, davon 1 013 Ordensgeistliche	2 635
Methodisten	997 993	243 924	1 163	2 662
Presbyterianer	869 242	210 017	496	655
Baptisten	127 444	70 390	491	544
Lutheraner	116 178	93 904[2])	240	518
Churches of Christ (Disciples)	80 364	66 000	233	382
Orthodoxe	74 760			
Kongregationalisten	69 452	14 801[3])	149	ca 180
Heilsarmee	42 836	6 825	2 009	1 038
Seventh Day Adventists	25 331	20 339[3])	164	253
Brethren (Plymouth)	16 404		(Angaben verweigert)	

[1]) Kommunionberechtigte nach Schätzung der Kirche – [2]) Einschließlich europäischer Diaspora (ca 5 000 Seelen) – [3]) Kommunikanten

stik zeigt ein Anwachsen der röm., luth. und der orth. Kirche, vor allem infolge der großen Einwanderung seit 1945, sowie einen langsamen, aber stetigen Rückgang der alten englischen Kirchen, andererseits, eine erstaunliche Zunahme der Sekten, besonders der Seventh Day Adventists (→ Adventisten) und der (Plymouth) Brethren. Dieser Vorgang kann schwerlich durch organisatorische Maßnahmen aufgehalten werden wie durch den geplanten Zusammenschluß der Presbyterianer, Methodisten und Kongregationalisten (nach dem Vorbild von Kanada) oder durch die Bildung eines National Council (nach dem Vorbild der USA) oder gar durch eine von den Kreisen um den Weltrat der Kirchen geplante »Reunited Church of Australia«, sondern allein durch eine innere Erneuerung des australischen Kirchentums, das bisher keine Erweckungsbewegung erlebt hat und das, fern von der übrigen Christenheit, den christlichen Glauben vor den großen Weltreligionen Asiens zu vertreten hat.

4. Kirchliche Statistik A.s s.o.

Eine KG A.s ist bisher nicht erschienen. Geschichtswerke über die Einzelkirchen: P.F.Moran, History of the Catholic Church in Australasia, 2 Bde, Sydney 1894 – A.C.Nelson, History of the effective Establishment of Congregationalism in the Australian Colonies and New Zealand, Hobart 1930 – W.Iwan, Um des Glaubens willen nach A. Eine Episode deutscher Auswanderung, 1931 – Th.Hebart, Die Vereinigte Ev. Luth. Kirche in A., 1938 (auch engl.) – A.Brauer, Under the Southern Cross. History of the Ev. Luth. Church of Australia, 1956. – Über die Kirchen in den einzelnen Staaten: E.C. Rowland, A Century of the English Church in New South Wales, Sydney 1948 – D.Pyke, Paradise of Dissent. South Australia 1829 bis 1857, 1957 – From Cabin Boy to Archbishop. The Autobiography of Archbishop Ullathorne with Introduction by Sh.Leslie, London 1941 – E.S.Kiek, An Apostle in Australia. The Life and Reminiscences of J.C.Kirby, 1927 (Congregational). – CathEnc II, 113 ff (ältere Statistiken).
H.Sasse

III. Mission in Australien

1. Bevölkerung – 2. Mission. – Karte 4 »Mission in Australien und Indonesien« s. Sp. 781 f

1. Die Urbevölkerung A.s ist von schätzungsweise 300 000 auf heute rund 43 000 gesunken (in dieser Zahl sind die Mischlinge nicht eingeschlossen). Nur zT ist dies die Folge einer erbarmungslosen Ausrottungspolitik, so schlimm auch immer die Erschießungen, die Vergiftung von Speisen und die verheerenden Auswirkungen eingeschleppter Krankheiten waren. Der Hauptgrund für das Aussterben liegt vielmehr darin, daß die Eingeborenen dem plötzlichen Zusammenprall mit der westlichen Zivilisation in keiner Weise gewachsen waren; sie verloren allen sittlichen Halt, ihr Familien- und Stammesleben zerfiel, und sie gingen unter. – Neben den Männern, die die Ausrottung der Eingeborenen systematisch betrieben, standen auch immer solche, die Unrecht gutzumachen und neues zu verhüten suchten. Nach vielen Fehlschlägen, die durch den Mangel an Verständnis für die Lage der Eingeborenen verursacht wurden, ist in den letzten Jahrzehnten eine wesentliche Besserung eingetreten. – Die Regierung hat die Fürsorge für die Eingeborenen, die von den weißen Siedlern verdrängt wurden, übernommen. Die Eingeborenen, die ihr Nomadentum aufgeben (ca 95%), erhalten Kinderbeihilfe; Alte, Kranke, Frauen und Kinder werden jetzt mit Nahrung und Kleidung versorgt, sofern sie sich in einem Reservat oder in der Nähe einer weißen Siedlung aufhalten. Alle Eingeborenen erhalten kostenlos ambulante und klinische Behandlung. Diese Maßnahmen haben eine bedeutende Steigerung der Geburten zur Folge gehabt, so daß in vielen Bezirken die Zahl der Geburten die der Todesfälle wesentlich übertrifft. – Bisher ist es aber noch nicht gelungen, die Eingeborenen in die Wirtschaft des Landes einzugliedern; wie die Zigeuner in Europa versuchen Eingeborene ihr unstetes Leben fortzusetzen (Bettler oder Gelegenheitsarbeiter). Von Ausnahmen abgesehen, haben auch die meisten M.sunternehmungen in dieser Beziehung nicht zu helfen vermocht. Die Ohnmacht gegenüber dieser besonderen Not der Eingeborenen hat oft die geistliche Entwicklung aufgehalten. Das Ausmaß, in welchem die M.sarbeit den Eingeborenen eine neue Einstellung zu der veränderten wirtschaftlichen Lage und eine Eingliederung in die Arbeitsgemeinschaft der Weißen ermöglicht, wird für den Erfolg der kirchlichen Verkündigung entscheidend sein.

2. Die M.sarbeit in A. ist durch die weiten und außerordentlich dünn besiedelten Gebiete geprägt, in denen die Eingeborenen auf Grund der starken Bevölkerungsschrumpfung sehr zerstreut leben. Die folgende Übersicht über den gegenwärtigen Stand der M.sarbeit erhält von dieser Situation her ihren Charakter. – Die luth. Kirchen (→ Australien: II) unterhalten vier M.sstationen und vier Außenstationen. Ein Anfang war gesetzt, als am 31.1.1867 die ersten luth. Missionare in Lake Kilalpeninna in Süd-A. zu arbeiten begannen und diese Arbeit später in Koperamanna fortsetzten. Sie wurde 1917 aufgegeben. 1877 wurde die Station Hermannsburg in Zentral-A. (→ 4 C 3) gegründet, von der die Außenstationen Haasts Bluff (1941), Areyonga (1943) und Alice Springs ausgingen. In dieser Staffelung vollzieht sich die Arbeit

durch 13 weiße M.skräfte an etwa 1900 Eingeborenen, von denen in Hermannsburg 425 leben. Ihnen stehen dort 2 Missionare, 4 weiße Lehrer und 3 eingeborene Hilfslehrer zur Verfügung. Die Ausbildung zielt auf Viehzucht und Handwerk. In der Schule werden 135 Kinder unterrichtet. Trotz wirtschaftlicher Nutzung ist eine bedeutende Beihilfe seitens der Regierung notwendig. Das Bild dieser Station kann als typisch angesehen werden. 1886 entstand die Station Elim in Queensland, nach dem zweiten Weltkrieg Hope Vale genannt. Von hier aus wurde die bis 1900 selbständige Station Bloomsfield gegründet. In der Nähe führte 1887-1902 die deutsch-skandinavische Synode die Station Yamba. Zweigstation war eine Zeitlang Wayarego. Als Folge der Kirchentrennung unter den Lutheranern wurde 1901 Koonibba in Süd-A. gegründet, das zur Missouri-Synode gehört (600 Getaufte). 1954 wurde von Koonibba aus die Station Yalata gegründet (400 Eingeborene; 23 Getaufte). - Die Presbyterianische Kirche in A. (→ Australien: II) arbeitet durch den Presbyterian Board of Missions (Sydney) mit 36 M.skräften auf 6 Stationen und 1 M.sagentur (Thursday Island). In Queensland bestehen Mapoon (1891), Weipa (1898), Aurukun (1904) und Mornington Island (1914), in West-A. Wotjulum (1910), wo unter den Überresten von 5 verschiedenen Stämmen gearbeitet wird, und in Zentral-A. Ernabella (1937), mit einer aufblühenden Industrie. Insgesamt haben die Presbyterianer Berührung mit 2800 Eingeborenen, darunter 800 Mischlingen. Zur Kirche gehören 300 eingeborene Kommunikanten. - Die → Baptisten in A. sind seit 1942 unter etwa 600 Eingeborenen in Yuendumu (Zentral-A.) auf einer Regierungsstation und in Katanning in West-A. (Landwirtschaftsschule für verwahrloste Kinder) tätig. Die Arbeit wird demnächst von Yuendumu aus auf Warrabri ausgedehnt. - Die → Adventisten in A. unterhalten seit 1913 eine Station in Mona Mona (Queensland) und in West-A. seit 1954 eine solche in Karalundi (Schularbeit an 400 - 130 getauften - Kindern). - Die Assembly of God (→ Pfingstbewegung) arbeitet unter etwa 360 Eingeborenen ebenfalls auf 2 Stationen: Daintree River und Yungaburra (Queensland). - Die Aborigines Inland Mission und die United Aborigines Mission (beides interkonfessionelle Organisationen) arbeiten außer mit hauptamtlichen auch mit nebenamtlichen M.skräften, wobei die erste keine eigenen Stationen unterhält, sondern überall dort im Einsatz ist, wo immer sich Eingeborene aufhalten. Die andere ist dagegen auf den Stationen Mount Margaret, Gnowangerup und Warburton Ranges (West-A.) tätig. Ihre Mitarbeiter leben ohne festes Gehalt von den eingehenden Gaben. - Die Arbeit des Australian Board of Missions der Church of England in A. (→ Anglikanische Kirche: II) erstreckt sich mit 50 M.skräften unter mehr als 2000 Eingeborenen auf 9 Stationen: Forrest River (West-A.), Yarrabah (Queensland), Palm Island, Edward River, Lockhart River, Mitchell River, Moa Island, Thursday Island und Alice Springs. In Lockhart River hat die erste landwirtschaftliche Genossenschaft unter Eingeborenen mit gutem Erfolg angefangen. - Die Church Missionary Society (→ Anglikanische Kirche: II) ist mit 42 M.skräften unter 1100 Eingeborenen, darunter 210 Getauften, auf 4 Stationen tätig: Roper River (1908); Groote Eylandt (1922); Oonpelle (1925) und Rose River (1953). - Die (Plymouth) Brethren (→ Darbysten) arbeiten seit 1932 in Doomagee/Wallace (Queensland), seit 1940 in Umeewara/Süd-A. (ein Heim für verwahrloste Kinder und alte Leute) und seit 1952 in Kurrawang (West-A.). - Die → Heilsarmee hat eine größere Station in Queensland aufgegeben und beschränkt sich jetzt auf gelegentliche Besuche in Reservaten und auf Viehstationen, wo hin und wieder von ihr erreichte Gruppen bestehen. - Die Methodistenkirche (→ Methodisten: II) arbeitet mit 10 M.skräften unter nahezu 2900, darunter 27 getauften Eingeborenen auf 6 Stationen vornehmlich in Nord-A.: Goulburn Island (1916), wo für die Selbständigkeit der Eingeborenen Bedeutendes geleistet worden ist; Millingimbi (1921), wo neben 1 weißen Missionar 1 ordinierter Fidschianer tätig ist; Yirkalla (1935); Crocker Island (1941); Elche Island (1942) und Mogumber, einer erst neuerdings von der Regierung übernommenen Station (Heim für 60 vornehmlich Mischlingskinder). - Die Church of Christ ist mit 10 M.skräften besonders unter Kindern wirksam; ihre beiden Stationen Norseman und Carnarvon liegen in West-A. - Die röm.-kath. M. unterhält in der Diözese Perth mit der St.Francis Xavier M. 1 Station in Wandering Brook; in der Diözese Geraldton 1 Pallotiner M.sschule (1947) in Tardun. In White Springs (1949) ist eine Schule. Im Vikariat Kimberley ist die M. vom Heiligen Herzen in Beagle Bay (1890) tätig; in Broome (1897) wirken Kräfte der Gesellschaft Our Lady of Peace im St. John of God Waisenhaus; Balge (1940) ist eine Station der Pallotiner M.; in Derby wurde 1946 ein Aussätzigenheim mit 300 Patienten eingerichtet; darüber hinaus wird seit 1910 auf der Station Lombardina gearbeitet. Die Abbatia Nullius (→ Hierarchie) New Norcia wird von Benediktiner-Nonnen geleitet. Der Benediktiner-Orden unterhält darüber hinaus seit 1908 die Station Drysdale River (West-A.). In Nord-A. bestehen Stationen in Bathurst Island (1912), wo bisher keine Industrie entwickelt wurde; in Port Keats (1935); in Melville Island (1940), wo nur unter Mischlingen gearbeitet wird, eine Reihe von Familien in eigenen Häusern wohnen und Gartenbau und Fischfang betrieben wird; in Santa Teresa (1935) und in Berrimah, wo ein Aussätzigenheim betreut wird, das seit 1943 von der Regierung finanziert und übernommen wurde. In Fantome Island (Queensland) arbeiten Franziskaner-Nonnen ebenfalls in einem Aussätzigenspital. An der Arbeit nur teilweise beteiligt ist die röm.-kath. M. in den 1200 bzw. 700 Menschen umfassenden Regierungsreservaten Palm Island und Woorabinda (Queensland). In letzterem arbeitet sie neben der Aborigines Inland Mission. Insgesamt stehen mehr als 22 Priester, 20 Laienhelfer und 69 Nonnen unter etwa 4000 Eingeborenen in der Arbeit. - In Cherbourg (Queensland) arbeiten unter 1100 Mischlingen die Aborigines Inland M. und die Church of England in A. - Abgesehen von der Tätigkeit der luth. Finke River M. arbeiten auf den Viehstationen des Nordterritoriums noch keine anderen M.en. Ebenfalls ist an den Stellen keine M.sarbeit vorhanden, wo die Eingeborenen im gleichen Gebiet Arbeit gefunden haben. In den Reservaten und auf den M.sstationen des Nordens sind etwa insgesamt 4000 Eingeborene erfaßt, etwa 10 000 jedoch sind fast ganz unberührt. Hier haben die M.en noch eine Pionier-Aufgabe.

Außer den Werken v. TH.HEBART u. A.BRAUER (→ Australien: II): J.ST.NEEDHAM, White and Black in Australia, London 1935 - A.J.DYER, Unarmed Combat, Sydney. - Zeitschriften: Foreign Mission Review. Austr. Presbyterian Board of Missions, Sydney - The United Aborigines Messenger, Melbourne, Victoria - Our A.I.M. Monthly Record of the Aborigines Inland Mission of Australia, Sydney. *F.W.Albrecht*

IV. Australische Missionen

Der Anfang australischer M.en liegt in den frühen Tagen der Besiedlung A.s und Neuseelands. Diese M.en gingen ursprünglich von England aus, die meisten aber wurden bald folgerichtig der Verantwortung der Kirchen in A. und Neuseeland übergeben. Schwerpunkt der von diesen Gesellschaften durchgeführten Arbeit war

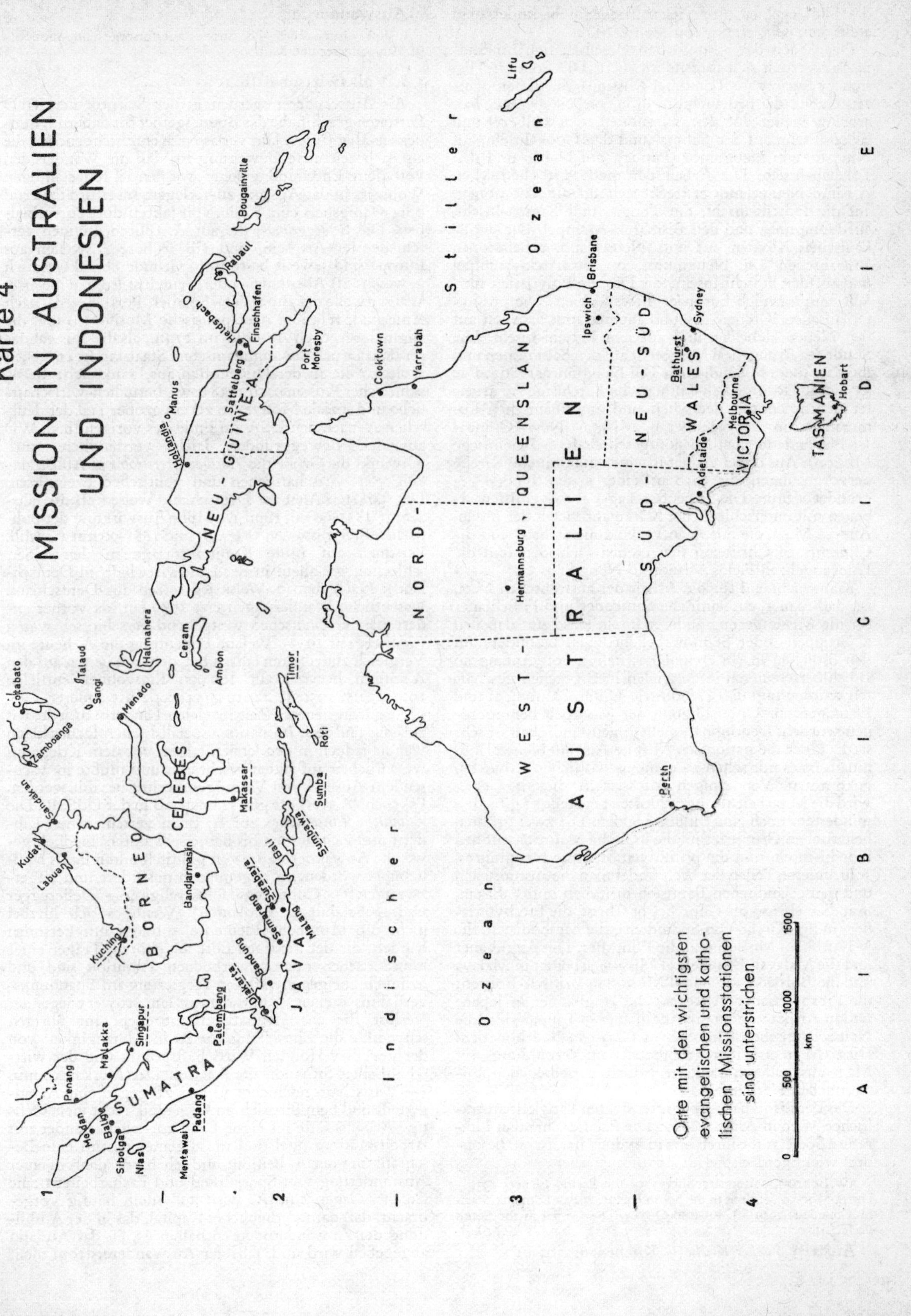
Karte 4
MISSION IN AUSTRALIEN
UND INDONESIEN
Orte mit den wichtigsten
evangelischen und katho-
lischen Missionsstationen
sind unterstrichen
0
500
1000
1500
km
SUMATRA
Medan
Balige
Sibolga
Nias
Mentawai
Padang
Penang
Malakka
Singapur
Palembang
Kuching
BORNEO
Labuan
Kudat
Sandakan
Bandjarmasin
JAVA
Djakarta
Bandung
Semarang
Surabaya
Malang
Bali
Sumbawa
Sumba
Roti
Timor
CELEBES
Makassar
Menado
Sangi
Talaud
Zamboanga
Cotabato
Halmahera
Ceram
Ambon
NEU-GUINEA
Hollandia
Manus
Sattelberg
Heldsbach
Finschhafen
Rabaul
Bougainville
Port Moresby
Cooktown
Yarrabah
Lifu
Indischer Ozean
Stiller Ozean
AUSTRALIEN
WEST-
NORD-
QUEENSLAND
SÜD-
NEU-SÜD-WALES
VICTORIA
TASMANIEN
Hermannsburg
Perth
Adelaide
Melbourne
Bathurst
Sydney
Ipswich
Brisbane
Hobart
1
2
3
4
A
B
C
D
E

das Südseegebiet. Auf vielen Südseeinseln findet man außerdem sehr starke röm.-kath. M.en.

Die Arbeit der australischen Gesellschaften im Südpazifik verteilt sich folgendermaßen: Die London Missionary Society (→ Londoner Mission), die in dem ganzen Gebiet die bedeutendste Pionierarbeit geleistet hat, arbeitet weiter auf den Salomonen, den Gilbert- und Ellice-Inseln, auf den Samoa- und den Cook-Inseln, auf Niue und in Neuguinea (Papua), auf Nauru und den Tokelau-Inseln. Die Arbeit der methodistischen M.en A.s und Neuseelands erstreckt sich auf die Salomonen, auf die Fidschi-Inseln, die Tonga- und Samoa-Inseln, auf Neuguinea und den Bismarck-Archipel. Die anglikanischen Kirchen A.s und Neuseelands arbeiten im australischen Teil Neuguineas, im Bismarck-Archipel und auf den Fidschi-Inseln; die Diözese Polynesien umfaßt hauptsächlich Europäer dieses Gebiets. Die presbyterianischen Kirchen A.s und Neuseelands arbeiten auf den Neuen Hebriden und auf den Fidschi-Inseln. Die South Sea Evangelical Mission ist auf den Salomonen und in Irian (dem holländischen Teil Neuguineas) tätig. Die Vereinigte Evangelisch-Lutherische Kirche in A. arbeitet zusammen mit deutschen und amerikanischen Lutheranern in der »Lutheran Mission New Guinea« (→ Neuendettelsauer Missionsgesellschaft, → Rheinische Mission). Aus dieser Arbeit ist eine einheimische Kirche hervorgegangen, die 1956 auf einer ersten Synode gegründet wurde. Die Siebenten-Tag- → Adventisten arbeiten mit unterschiedlicher Stärke auf vielen der Inseln. Andere M.en, die mit A. in Verbindung stehen, sind die Churches of Christ auf den Neuen Hebriden und die Unevangelized Fields Mission in Neuguinea.

Kennzeichnend für die Arbeit der australischen M.en ist, daß man 1. einheimische Samoaner und Fidschianer für die Missionierung anderer Inseln einsetzte; daß sich 2. Gruppen- oder Stammesbekehrungen besonders auf den östlichen Inseln ereigneten; daß 3. von Anfang an Bibelübersetzungen in die vielen Inselsprachen geschaffen wurden und daß 4. Industrie-Unternehmungen und Plantagen zur Unterstützung der M.sarbeit herangezogen wurden. Denominationelle Eigenständigkeit ist sehr stark. Über die nationalen M.sräte A.s und Neuseelands hinaus ist es nur selten zu gemeinschaftlichen Projekten gekommen. Von einigen Autoren in diesem Gebiet wird die M.sarbeit als abgeschlossen beurteilt, es gibt aber mindestens noch eine Million Heiden. Die zwei größten heidnischen Gruppen sind die indische Majorität auf den Fidschi-Inseln und die primitiven Stämme Neuguineas.

In anderen Teilen der Welt findet man die australischen und neuseeländischen Baptisten in Indien und Pakistan, in Indien ebenso die Churches of Christ, die Presbyterianer (in der Kirche von Südindien), die Methodisten, die Mayurbhanj Mission und die Pfingstler. Die Anglikaner und die Malayan Evangelical Mission arbeiten in Malaya und die Borneo Evangelical Mission in Britisch-Borneo; die Presbyterianer in Korea; die Anglikaner in Japan; und in Afrika wirken die Anglikaner in Tanganyika, die Neuseeländischen Churches of Christ in Südrhodesien. Diese M.en arbeiten größtenteils in Verbindung mit M.en aus anderen Ländern, jedoch derselben denominationellen Herkunft.

Das Bedürfnis nach einer intensiveren Tätigkeit australischer M.en in Asien wächst. Die Pacific Christian Literature Society, die ihren Sitz in Sydney hat, ist ein besonders wichtiges Beispiel an Zusammenarbeit.

J.W.Burton, Missionary Survey of the Pacific Islands, 1930 - Ders., Modern Missions in the South Pacific, 1949 - I.Shevill, Pacific Conquest, 1949 - J.Whitsed Dovey, The Gospel in the South Pacific, 1950.

E.J.Bingle

Austritt *aus der Kirche* → Kirchenaustritt.

Auswanderung

I. Volkswirtschaftlich - II. Auswandererfürsorge und -mission - III. Auswanderer und Mission

I. Volkswirtschaftlich

Als Auswanderer werden in der Statistik der BRD Personen gezählt, die das Bundesgebiet für dauernd, mindestens aber für ein Jahr verlassen. Kennzeichnend für die als A. bezeichnete Bewegung ist, daß die Wandernden von dem Entschluß geleitet werden, ihren ständigen Wohnsitz in das Ausland zu verlegen, sei es um dauernd oder wenigstens eine Reihe von Jahren dort zu verbleiben. Die *Beweggründe,* die zur A. führen, können verschiedenster Art sein, und für frühere A.swellen aus Europa sind jeweils bestimmte Gründe charakteristisch gewesen: zB Abenteuer- oder Beutelust (so u.a. die erste Wanderwelle der Europäer - Spanier, Portugiesen - nach Amerika), religiöse oder politische Motive (so u.a. die englische A. nach Amerika im 17.Jh., als die Auswanderer dem Druck der anglikanischen Staatskirche entgehen wollten; die A. der Hugenotten aus Frankreich; die A. zahlreicher Russen nach 1918 usw), beruflich-wirtschaftliche und soziale Motive (so zB ein großer Teil der deutschen A. nach den USA am Ende des vorigen Jh.s). Wie aus den Beweggründen leicht verständlich wird, schwankt die Größe des *Auswandererstroms* in Abhängigkeit von wirtschaftlichen und politischen Ereignissen. Die stärksten A.en aus Deutschland weisen zB die Jahrzehnte 1851-60 mit rund 1,1 Mill. (Auswirkung der politischen Ereignisse von 1848/49) und 1881-90 mit 1,4 Mill. Personen auf (gute Konjunkturlage in den USA, schlechte, vor allem in der Landwirtschaft, in Deutschland). Nach dem 2. Weltkrieg setzen aus Deutschland wesentliche Wanderungen erst 1949 ein, da vorher andere Länder Deutschen weitgehend verschlossen waren (Statistik seit 1953). Welche Bedeutung die A. heute im Vergleich zu früheren Jahren hat, geht am besten aus den A.sziffern hervor: auf 100 000 Einwohner entfielen 1921/25 95, 1936/37 22, 1953/54 124 Auswanderer.

A. gilt in neuerer Zeit in vielen Ländern als jederzeit zulässig und frei. Im nationalsozialistischen Deutschland war sie jedoch in den letzten Jahren vor dem Kriege im wesentlichen auf Juden beschränkt und mußte in wachsendem Ausmaß mit Vermögensverlust bezahlt werden. Faktische A.sverbote gibt es heute zB in der UdSSR. Die *»staatliche Einstellung«* zur A. ist in verschiedenen Ländern und Zeiträumen bis heute sehr unterschiedlich gewesen; Abwanderungen von politisch und religiös Mißliebigen wurden im allgemeinen gefördert und zT erzwungen (→ Cuius regio eius religio, → Defferegger und → Salzburger Exulanten). Wenn es sich hierbei nicht um kriminelle Elemente, sondern um Personen handelt, die der geistigen Elite angehören, Träger einer künstlerischen oder gewerblichen Tradition sind und lediglich zur gegenwärtigen Regierung im Spannungsverhältnis stehen, kann daraus ein schwerwiegender Verlust für das Heimatland entstehen. Im übrigen schwankte die Einstellung zur A. in Abhängigkeit von der jeweils verfolgten Wirtschaftspolitik und der wirtschaftlichen Situation der Länder. Der Merkantilismus (→ Wirtschaftsgeschichte: I) war zB gegen eine A. eingestellt und bemühte sich im Gegenteil, recht viele tüchtige Arbeitskräfte ins eigne Land zu ziehen. Länder mit Arbeitskräftemangel sind im allgemeinen um eine Beschränkung der A. bemüht und sehen vor allem in einer Abwanderung von Spezialisten und Facharbeitern eine Gefahr. Gegen eine A. wird außerdem häufig vorgebracht, daß damit erhebliches Kapital, das in der Ausbildung der Abwandernden enthalten ist, an das Ausland abgegeben wird und, falls der Auswandererstrom nicht bessere wirtschaftliche Beziehungen zum Aufnahmeland im Gefolge hat, dem Heimatland verlorengeht. Eine A. bejahen häufig Länder mit starkem Bevölkerungsdruck, weil sie hierin ein Mittel zur Beseitigung der Spannungen sehen. Eine planmäßige A.spolitik ist zB in diesem Zusammenhang von Italien betrieben worden. Ob A. als positive oder negative Erscheinung anzusehen ist, läßt sich also nie grundsätzlich, sondern nur unter Berücksichtigung der jeweiligen Situation und eines evtl gesetzten Zieles entscheiden.

R.v.UNGERN-STERNBERG-H.SCHUBNELL, Grundriß der Bevölkerungswissenschaft (Demographie), 1950 - Wirtschaftskunde der Bundesrepublik Deutschland, 1955. *K.M.Bolte*

II. Auswandererfürsorge und -mission *in Deutschland*

1. Erst seit etwa 1830 ermöglichten Weltverkehr und Gewährung grundsätzlicher Freizügigkeit eine individuelle Massen-A. Damit wurde eine neue Form des kirchlichen Geleites für die Auswanderer notwendig, die Auswandererfürsorge, die die älteren Formen der religiösen Siedlung und der kirchlichen Begleitung von Wanderungsbewegungen ersetzte. W. → Löhe und L. → Harms gründeten noch Missionsgemeinden und christliche Siedlungen. Aber daneben trat sogleich nach dem Einsetzen der Massen-A. der Versuch, die kirchliche Entwurzelung der Ausgewanderten zu verhüten. Seit 1837 entsandten deutsche Gesellschaften in Langenberg und Bremen, bald auch W.Löhe Kolonistenprediger und -lehrer nach Übersee. Seit 1841 trat die Auswanderermission in Bremen und Hamburg hinzu, die um die Seelsorge an den Auswandernden bemüht war. Der Central-Ausschuß für die → Innere Mission (1848) förderte beide Aufgaben planmäßig. Er dehnte die Auswanderermission auf Antwerpen (1850) und Rotterdam (1855) aus, regte eine planmäßige kirchliche Fürsorge für Auswanderer an (1855) und bereitete durch Denkschriften (Die deutsche Auswanderung, 1881) und Anregungen (Bekämpfung des Mädchenhandels seit 1897) den Boden für die seit 1897 einsetzende A.sgesetzgebung des Deutschen Reiches vor. In Zusammenarbeit mit dem Central-Ausschuß baute seit 1897 der »Ev. Hauptverein für deutsche Ansiedler und Auswanderer« den Dienst der Auswandererberatung planmäßig aus (35 Beratungsstellen). Auch der deutsche Zweig der »Freundinnen junger Mädchen« und die Ev. → Bahnhofsmission beteiligten sich im Rahmen ihrer Spezialaufgaben an diesem Dienst (seit etwa 1880). Angesichts der großen A.swelle nach 1918 regte der Deutsche Ev. Kirchenausschuß 1922 die Zusammenfassung aller Auswandererhilfe im »Verband für Ev. Auswandererfürsorge« an.

Nach 1945 übernahm die A.sabteilung des Ev. →Hilfswerkes mit 20 Beratungsstellen und in Zusammenarbeit mit den Auswanderermissionen in Bremen und Hamburg das Werk. Sie arbeitet mit dem kath. St.-Raphaels-Verein (seit 1871) in der »Kirchlichen Arbeitsgemeinschaft für A.sfragen« zusammen.

2. Kirchliche, seelsorgerliche, soziale und nationale Gesichtspunkte haben sich in der Auswandererfürsorge immer wieder gekreuzt. W.Löhe und J.H. → Wichern haben im 19. Jh. programmatische Gedanken entwickelt. Von ihnen ist geblieben die grundsätzliche Forderung nach einem umfassenden kirchlichen Geleit des Auswanderers bis zu seiner Einwurzelung in einer bekenntnisgleichen Kirche seines Aufnahmelandes. Dieses Geleit umfaßt Beratung des A.swilligen und seine Betreuung während der Umsiedlung und am Ziel. Bedeutsam bleibt aber auch Wicherns Anregung einer planmäßigen A.spolitik. Da heute die Rückkehr zu einer staatlich gelenkten und geplanten A. zu beobachten ist, wird die Einflußnahme auf die A.spolitik der Staaten immer wichtiger. Die kirchliche Auswandererfürsorge wird versuchen, die echte Freiwilligkeit der A. (Freizügigkeit) zu erhalten, vor allem aber die Beachtung der menschlichen, psychischen und familialen Situation des Auswanderers zu erwirken.

3. Kirchliche Auswandererhilfe sucht den A.swilligen sachlich und persönlich zu beraten, seine Aufnahme durch eine bekenntnisgleiche Kirche der neuen Heimat zu vermitteln und in besonderen Notfällen zu einer neuen Existenz im Auslande zu verhelfen. Die Auswanderermission tritt vor allem während der Übersiedlung seelsorgerlich beratend und helfend ein. Das gesamte Werk versteht sich als Versuch, in Stellvertretung der Heimatkirche deren wandernden Gliedern nahezubleiben und beizustehen.

J.H.WICHERN, Die innere Mission, 1849, 151ff - M.GRISEBACH, Auswandererfürsorge u. Ev. Kirche (Der Ev. Wohlfahrtsdienst, H. 9), 1925 (Lit.) - B.HEYNE, Über die Anfänge kirchlicher Fürsorge für die ausgewanderten Deutschen in Nordamerika (Auslandsdeutschtum u. Ev. Kirche, Jahrbuch, 1933, 54-75) - K.GÖTZ, Auswandern? Handbuch für alle Fragen der A., 1951 - ESL 113ff - H. SCHUSTER, A. als Schicksal (Dank u. Verpflichtung - 10 Jahre Ev. Hilfswerk, 1955, 130-160). *K.Janssen*

III. Auswanderung und Mission

1. Diasporahilfe als Sonderfall der Mission - 2. A. als Missionsmethode - 3. Auslandsgemeinden und Mission - 4. Vorübergehende A.

1. Seit Beginn der neueren prot. M.sbewegung, vor allem in der ersten Hälfte des 19.Jh.s, machten Missionare, besonders in Nordamerika, auf die geistliche Not der ausgewanderten ev. Deutschen aufmerksam. 1840 wurde ein »Dresdener Verein zur Unterstützung der luth. Kirche in Nordamerika« in enger Anlehnung an die Dresdner M. (→ Leipziger Mission) gegründet. Die Dresdner M. hatte schon vorher von der → Basler Missionsgesellschaft ausgebildete Diasporamissionare nach Südrußland und Nordamerika gesandt. Aus Neuendettelsau sandte → Löhe 1841 »Christliche Nothelfer« nach Nordamerika zum Dienst unter Kolonisten und Indianern. Ausgewanderte Lutheraner in Australien baten die → Hermannsburger Mission um Missionare, die 1865 fünf Zöglinge dorthin sandte. Auch Löhe sandte später Diasporapfarrer und -missionare nach Australien.

Die Diasporahilfe, die so aus der M. erwuchs, wurde stets als Sonderfall der M. gesehen. Löhe betrachtete die christlichen Gemeinden draußen als Grenzposten der Kirche, die zugleich den umwohnenden Heiden das Evangelium bezeugen sollten.

2. A. als M.smethode findet sich, wie in der Alten Kirche, schon in den Anfängen der ev. M. Zwar zerfiel der Plan der ersten Herrnhuter Missionare, sich als Sklaven verkaufen zu lassen, um so die Negersklaven in Westindien zu erreichen (→ Brüderunität: II). Aber seither hat es immer wieder Missionare gegeben, die sich ganz von ihrer Heimat lossagten, um Glieder eines anderen Volkes zu werden (zB Hudson → Taylor). Der Plan, ganze Gemeinden in heidnisches Gebiet zu verpflanzen, um dadurch wirksamer M. treiben zu können, taucht erstmals 1843 bei der Norddeutschen M. in Rostock auf. Der Rostocker Prof. Hoffmann forderte, neben theologisch ausgebildeten Missionaren auch gläubige Lehrer, Bauern und Handwerker auszusenden. Dieser Gedanke wurde vor allem von L. → Harms aufgenommen. Es sei ein großer Gewinn, wenn die Heiden nicht selbst eine Gemeinde gründen müßten, sondern in eine vorhandene eintreten könnten. Dazu kam die Überzeugung, M. müsse zweckmäßigerweise mit Kolonisation verbunden werden. Als Ideal standen Harms die kolonisierenden Mönche des Mittelalters vor Augen (ähnliche Gedanken bei D. → Livingstone). Die erste Hermannsburger Ko-

lonie, 1854 in Natal gegründet (→ Hermannsburger Mission), erwies freilich die Undurchführbarkeit dieses Plans.

3. Vornehmlich durch die großen A.sbewegungen des 19. und 20.Jh.s entstanden zahlreiche → Auslandsgemeinden (: I). Neben den deutschen Gemeinden, die besonders stark in → Brasilien, → Chile und → Südafrika vertreten sind, gibt es heute in allen Erdteilen Auslandsgemeinden fast jeder europäischen und einiger asiatischer Kirchen (zB → Malaya).

Die von Ausgewanderten gebildeten Gemeinden gehören durchweg zur Kirche ihres ehemaligen Heimatlandes, nur selten besteht eine Verbindung zu den Kirchen ihres Gastlandes. Löhes Idee, daß diese Auslandsgemeinden Ausgangspunkte eines missionarischen Vorstoßes in die heidnische Umwelt sein könnten, ist nur in Ausnahmefällen verwirklicht. Vielfach hemmt die Exklusivität von Auslandsgemeinden die Verkündigung des Evangeliums unter der übrigen Bevölkerung des Landes (das gilt u.a. auch von den deutschen Gemeinden in Südamerika). 1955 hat sich zum ersten Mal eine englischsprechende Auslandsgemeinde (die »Internationale Gemeinde« in Bangkok) einer einheimischen Kirche, der Kirche Christi in Thailand, angeschlossen.

Ein besonderes Problem gibt die Apartheid (→ Rasse: III) der Kirchen der Europäer in Südafrika auf (→ Südafrikanische Union). Gleichwohl beteiligen sie sich aber wie auch die aus den Nachkommen deutscher Missionare gebildeten »weißen« luth. Freikirchen stark an der M. unter den Bantus in Südafrika.

4. Nach dem zweiten Weltkrieg führten die verschiedenen Programme zum wirtschaftlichen Aufbau der sog. »underdeveloped areas«, zB das amerikanische »Point-Four-Program« oder der »Colombo-Plan« der Commonwealth-Länder, zu einer wesentlich verstärkten vorübergehenden A. Dabei handelt es sich vor allem um Techniker und Ingenieure, die den asiatischen und afrikanischen Ländern beim Aufbau ihrer Industrie helfen. Kirchen und M.en in Europa bemühen sich darum, diesen Auswanderern ihre missionarische Verpflichtung deutlich zu machen. 1955 wurde vom Hilfswerk der Evangelischen Kirche in Deutschland in seinem Zentralbüro eine Abteilung Auswanderung eingerichtet, durch die Christen aus Deutschland u.a. in besonderen Kursen für die Wahrnehmung ihrer missionarischen Verantwortung als Techniker und Kaufleute in Asien und Afrika zugerüstet werden.

Vorübergehende Auswanderer sind auch asiatische und afrikanische Studenten und Praktikanten, die sich vielfach einer langjährigen Ausbildung in Europa oder Amerika unterziehen. ZB studierten im Wintersemester 1955/56 2137 Studenten aus Asien und Afrika in Deutschland. Die Kirchen bemühen sich, dieser neuen missionarischen Aufgabe gerecht zu werden.

G.Haccius, Hannoversche Missionsgeschichte II, 1910², 215ff - Martin Schmidt, Wort Gottes u. Fremdlingsherrschaft, 1953 - Ausländer in Deutschland. Entschließung des Deutschen Ev. Missions-Tages (EMZ 13, 1956, 183-185). *E.Viering*

Auto-da-Fé → Inquisition.

Autokephale Kirchen heißen die administrativ selbständigen Gliedkirchen der → Orthodoxen Kirche, die miteinander übereinstimmen in den Fragen des Glaubens, des Kultus und des Kirchenrechts, aber ihr »eigenes Haupt« haben, dh deren leitender Bischof nicht von einem vorgesetzten Bischof ernannt oder bestätigt, sondern von einem Gremium seiner eigenen Kirche gewählt und im allgemeinen von ihm untergebenen Bischöfen geweiht wird. Das Prinzip des Autokephalismus ist zuerst mit Klarheit ausgesprochen in dem 35. Kanon der →»Apostolischen Canones«. Die Autokephalie ist rechtsgültig nur dann, wenn die bisherige Mutterkirche sie förmlich anerkennt. - Autokephal in diesem Sinne sind die altkirchlichen Patriarchate →Konstantinopel, →Alexandrien, → Antiochien, → Jerusalem; ferner die Kirchen von Cypern (seit 431), → Georgien (692-1801 und seit 1918; gegenüber der russischen Kirche), → Bulgarien (927-1018; 1235-1767; nach Schisma 1870-1944 von Konstantinopel 1944 anerkannt), Serbien (mit einigen Unterbrechungen 1219-1766; seit 1879), → Rußland (seit 1448, Anerkennung durch Konstantinopel später), das mit einem winzigen Erzbistum verbundene → Sinaikloster (Anerkennung durch die östlichen Patriarchen 1782), → Griechenland (seit 1850), → Rumänien (seit 1885), → Polen (Autokephalie 1924 von Konstantinopel, 1948 von Moskau anerkannt), → Albanien (seit 1937), → Tschechoslowakei (1951 durch Moskau verliehen, von Konstantinopel nicht anerkannt).

F.Lauchert, Die Kanones der wichtigsten altkirchl. Konzilien nebst den Apostolischen Kanones (SQS 12), 1896 - F.Heiler, Die Kath. Kirche des Ostens u. Westens, Bd 1: Urkirche u. Ostkirche, 1937 - M.Jugie, Le Schisme Byzantin, Paris 1941 - B.Spuler, Die Gegenwartslage der Ostkirchen, 1948 - W.deVries, Der christliche Osten in Gesch. u. Gegenwart (Das östl. Christentum NF 12), 1951; dazu Nachtrag: Zur neuesten Entwicklung der Ostkirche, 1955.

L.Müller

Automation → Rationalisierung.

Autonomie und Theonomie

1. Begriffsgeschichte - 2. Problemlage

Autonomie, Selbstgesetzlichkeit, die von Zwecken unabhängige Selbstbestimmung des Willens aus der Vernunft, nach → Kant das »alleinige Prinzip der Moral«, im Gegensatz zu jeder Fremdgesetzlichkeit (*Heteronomie*). Im heutigen, erweiterten Sprachgebrauch ist A. die immanente → Eigengesetzlichkeit bestimmter Sachbereiche, zB des biologischen, ästhetischen, wirtschaftlichen, technischen usw; in extremer Zuspitzung A. des Individuums. *Theonomie,* Gottesgesetzlichkeit, ist Grundbestimmung der Religion. Das religionsphilosophische Kernproblem, das sich in diesem Zusammenhang stellt, lautet: Schließen A. und Th. einander aus oder kann ihre Zuordnung positiv bestimmt werden?

1. In der antiken Ethik ist die Ordnung des Kosmos letztes Prinzip; sittliches Gutsein ist natürliche Vollkommenheit. Insofern der menschliche Geist als Mikrokosmos den → Makrokosmos repräsentiert, ist ihm das kosmische Gesetz nicht heteronom; → Freiheit ist Einordnung in den Kosmos (zB Aristoteles, Metaphysik 1075a, 18-23). Insofern die Gottheit kosmisches Prinzip ist, kann es keine absolute Th. geben. Die mit den Begriffen A. und Th. verbundene Problematik kann erst mit der akosmischen → Transzendenz des Gottesbegriffs einerseits, mit der Aufhebung der Weltimmanenz des Menschen hinsichtlich seiner Herkunft und Bestimmung andererseits auftreten. Neben neuplatonischen und gnostischen sind dabei vor allem christlich-theologische Antriebe wirksam. Dabei wirken aus der Th. des *AT* vorwiegend heteronome Züge ein: die Verbindung von sittlich-religiöser Th. und politisch-sozialer Theokratie, die Geltung des Vertragsmodells, die Bedeutung der Strafsanktion im Gottesgesetz usw. Bis zu →Kierkegaard hin ist die Opferung Isaaks in der Exegese das Paradigma reiner Th.; die Begründung der Gehorsamspflicht auf das Gotteseigentum tritt hier klar heraus. Im *NT,* wie schon vielfach bei den Propheten, tritt die materiale Gesetzeserfüllung zurück zugunsten der inneren Gesinnung als Maß für die Qualität der Handlung. Die Gottesliebe als Inbegriff der neu geforderten Gesinnung kann nur den Ausschluß der zweckhaften oder furchtbestimmten Motivierung der

Gesetzeserfüllung und damit die autonome Begründung der Handlung bedeuten. Die sog. → Goldene Regel (Mt 7, 12) macht autonome Einsicht zum Grund der Verbindlichkeit des Gesetzes. Bei → Paulus dient das Prinzip der A. dazu, die Selbstverantwortung der Heiden für die Verfehlung ihres Heils zu fixieren (Röm 2, 14). Zugleich aber steht die Voraussetzung der Unerfüllbarkeit des heteronomen at. Gesetzes hinter dem paulinischen Rechtfertigungsbegriff (→ Rechtfertigung: I). Die pharisäische Gesetzeserfüllung genügt nur dem Buchstaben, nicht dem Geist, weil sie von der Salvierung vor der Strafsanktion des Gesetzes bestimmt ist. Die paulinische »Gerechtigkeit« (δικαιοσύνη), als der vorausgewährte Freispruch im Gottesgericht, entkräftet die Gesetzessanktion und macht frei für eine geistbestimmte Erfüllung. Die Bedingung dieser Rechtfertigung freilich, der → Glaube (: III), kann von keinem Subjekt autonom geleistet werden, sondern wird von Gottes Prädestination gewährt; die Problematik der Th. hat sich also verlagert und zugleich verschärft. In der → *Patristik* wird die Idee der A. vor allem in der stoisch-ciceronisch beeinflußten Tradition weitergeführt. Nach → Ambrosius ist die Th. nur für den Ungerechten heteronom, quia iustus legem habet mentis suae; nur den böse Gesinnten trifft der terror poenae des Gesetzes und bestimmt ihn, äußerlich von der innerlich möglichen Handlung abzustehen (De off. min. III, 5, 31 unter Berufung auf 1Tim 1, 9). Nur als Strafgesetz ist das Gottesgebot heteronom; als solches kann es den Gerechten nicht bestimmen, weil die Strafsanktion die Möglichkeit der unbedingten inneren Entscheidung zerstört. → Augustin ist diesen Weg nicht weitergegangen, weil er das Freiheitsproblem ganz unter dem Gesichtspunkt der Abwehr des gnostischen Dualismus betrachtet (De lib. arb. I, 1); die menschliche A. wird unter dem Aspekt gesehen, für die Herkunft des malum in der Welt einzustehen, um das eine absolute Seinsprinzip zu rechtfertigen. Dieses negative Vorzeichen des A.gedankens führt konsequent zur Steigerung des theonomen Prinzips bis zur Heteronomie der antipelagianischen Position. Die mittelalterliche → *Scholastik* ist auf das A.problem bei der systematischen Formulierung des Gottesbegriffs (→ Gott: V) gestoßen; dabei schälte sich als Kernfrage heraus: Ist das, was Gott tut und gebietet, dadurch gut, *daß* er es tut und gebietet, oder tut und gebietet er es, *weil* es gut ist? Für die aristotelische Scholastik (→ Aristotelismus, 2d) ist der göttliche Willensakt rational begründet und damit *prinzipiell* auch für den endlichen Geist einsichtig, wenn auch diese Einsicht *faktisch* verdunkelt ist. Das extreme Beispiel für diese Position hatte der jüdische Aristoteliker Moses → Maimonides mit seinem Versuch der rationalen Ableitung des mosaischen Gesetzes gegeben; → Thomas von Aquino ist ihm mit seiner Synthese aristotelischer und biblischer Ethik gefolgt. Die entgegengesetzte Position gewinnt in der augustinisch-franziskanischen Tradition Vorrang: die Freiheit des göttlichen Willens ist prinzipiell uneinsichtig und unbegründet, das Quia voluit ist die letzte Antwort auf die Frage nach der Verbindlichkeit des göttlichen Gebotes. Die menschlichen Begriffe von Gut und Böse haben angesichts des göttlichen Willens keine Relevanz; die Heilsbedingung wird dem Menschen in nackter Faktizität zur Unterwerfung offenbart. Diese Aussagen des spätmittelalterlichen → Nominalismus bedeuten die absolute Th., diese wiederum impliziert die Unerfüllbarkeit des Gottesgesetzes und damit die Verabsolutierung des Gnadenweges. Zwar wird die autonome Fähigkeit des Menschen, sittlich gut zu sein, nicht geleugnet; aber die theonome Heilsbedingung ist mit der sittlichen Qualität nicht identisch. Die ethische substantia actus - etwa in dem Versuch, das göttliche Gebot zu erfüllen - verfehlt wesentlich und notwendig die intentio praecipientis (Gabriel → Biel, Collect. Sent. III d. 26). Aus dieser Voraussetzung ergeben sich die theonomen Paradoxe der nominalistischen Theologie, zB; Talis est obligatio creaturae ad Deum, quod quanto plus solvit, tanto plus tenetur (Marsilius von Inghen, Sent. II q 18 a. 4 Ritter). Auf dem Gedanken der absoluten Th. beruht auch die *reformatorische* Position: die offenbarte Heilsbedingung des Glaubens kommt ex liberali Dei dispositione und kann aus keinem autonomen Antrieb des menschlichen Geistes erfüllt werden. »Völlig sich zu demütigen aber vermag der Mensch nicht, bis er weiß, daß sein Heil ganz und gar außerhalb seiner Kräfte, Entschlüsse, Bemühungen, außerhalb seines Willens und seiner Werke gänzlich von dem freien Ermessen, dem Entschluß, Willen und Werk eines anderen, nämlich Gottes allein abhänge« (Luther, De servo arbitrio, WA 18, 632). Der menschliche Begriff von Gerechtigkeit ist bloß äquivok gegenüber der göttlichen Gerechtigkeit: »Wenn ich durch irgendwelche Vernunft begreifen könnte, auf welche Weise dieser Gott barmherzig und gerecht sei, der so großen Zorn und Ungerechtigkeit an den Tag legt, dann wäre der Glaube nicht nötig« (aaO 633). Die *neuzeitliche* A.idee entsteht aus dem Gegensatz gegen die absolute Steigerung der Th., zuerst in der Renaissancephilosophie. Bei → Nikolaus von Kues tritt der Gedanke noch in theonomer Bindung auf: O Domine... posuisti in libertate mea ut sim, si voluero, mei ipsius. Hinc nisi sim mei ipsius, tu non es meus (De visione Dei c. 7); ähnlich in der Rede Gottes an Adam bei → Pico della Mirandola, De hominis dignitate. Die Lösung der A. von der Th. vollzieht vollends erst → Descartes, zunächst als methodisches Prinzip, dann aber auch durch die Einbeziehung der Moral in den Zusammenhang der Selbstbehauptung, indem er seine morale définitive als das wirklichkeitsgemäße, auf Vollendung der Wissenschaft beruhende Verhalten bestimmt, dessen letzter Sinn das marcher avec assurance en cette vie ist. Hier entspringt der *moderne*, weitläufige Sprachgebrauch von A., der vor allem in der philosophisch-theologischen Zeitkritik vorherrscht, obwohl schon → Kant gezeigt hat, daß es sich bei dieser letztlich auf das Naturgesetz gegründeten Verhaltensnorm gar nicht um ein autonomes Prinzip handelt. Konsequent mußte Kant den A.begriff neu definieren. Er geht davon aus, daß die Erfüllung eines Gesetzes nur dann die sittliche Qualität einer Person bestimmen kann, wenn das Gesetz selbst das ausschließliche Motiv seiner Befolgung ist. Furcht vor der Strafsanktion oder überhaupt jeder eudämonistische Antrieb ist dem Gesetz äußerlich und hebt die moralische Zurechenbarkeit der gesetzmäßigen Handlung auf. Das Gesetz wird aber zum ausschließlichen Motiv seiner Befolgung durch die Einsicht in seine Gesetzlichkeit, dh in seine Notwendigkeit und Allgemeingültigkeit. Die sittliche Gesetzmäßigkeit einer Handlung wird ermessen an der Einsicht in die Möglichkeit des Handlungsprinzips (Maxime) als allgemeines Gesetz. Diese Fähigkeit, sich selbst als handelndes Individuum an der möglichen, also widerspruchsfreien Allgemeingültigkeit der eigenen Grundsätze zu messen und zu normieren, ist das Wesen der A. Diese Fähigkeit wird der Vernunft zugeschrieben, weil sie ein über den Menschen hinaus jedem geistigen Wesen notwendig eignendes Vermögen darstellt. A. ist das Prinzip möglicher Bestimmung eines freien Wesens überhaupt; sie ist die Bedingung, der ein Gebot genügen muß, um eine Person unbedingt zu beanspruchen. Nicht die individuelle Subjektivität ist also autonom, dh die Norm, an der sie sich mißt, ist ihrer Willkür entzogen, aber sie ist doch nicht insofern transzendent, daß sie der

Willkür eines anderen - und sei es des göttlichen - Wesens anheimgegeben wäre. Ein Gesetz, welches der Mensch als den Willen Gottes soll erkennen und anerkennen können, kann daher nach diesem Sinne von A. nicht heteronom sein. A. und Bindung, Freiheit und Gesetz sind wesentlich untrennbar, »weisen wechselweise aufeinander zurück« (Kritik d. prakt. Vernunft I, 1, 1 § 6 [Cassirer V, 33]). Für Kant ergibt sich die religionsphilosophische Einsicht, daß ein heteronomes Verständnis des Gotteswillens nicht nur den Menschen vor Gott, sondern auch Gott vor dem Menschen zunichte macht, denn »eine Religion, die der Vernunft unbedenklich den Krieg ankündigt, wird es auf die Dauer gegen sie nicht aushalten« (Die Religion innerhalb der Grenzen der bloßen Vernunft, Vorrede zur 1. Aufl. [Cassirer VI, 149]).

2. Der heftige Widerspruch gegen den A.begriff, der seit Kierkegaard zunehmend theologisch und religionsphilosophisch wirksam geworden ist, richtet sich der Sache nach nicht gegen Kant, sondern gegen die nachkantisch-idealistische Identität von Selbstsetzung und Selbstgesetzlichkeit. Die volle Konsequenz dieser Weiterbildung des A.gedankens war aber erst an → Nietzsches Gleichung von Selbstschöpfung und Wertsetzung des »Übermenschen« zutage getreten; diese Linie fand ihre letzte Steigerung im Existentialismus → Sartres u.a. An Sartre wird aber auch deutlich, daß die Genealogie dieser Ideen nicht auf Kant, sondern auf Descartes zurückgeht. Auch die moderne materiale Wertethik (M. → Scheler, Nic. → Hartmann) hat eine cartesische Wurzel: ihr geht es mehr um eine A. der → Ethik als um eine Ethik der A., indem sie der Ethik eine eigene und eigengesetzliche Gegenstandssphäre zu geben sucht, eben die der »Werte«. Im übrigen ist der heute landläufige A.begriff der immanenten Eigengesetzlichkeit der human-kulturellen, ästhetischen, ökonomischen und technischen Realität hergeleitet von der cartesischen Bestimmung aller Verbindlichkeit als Sachgemäßheit. Diese Sachgemäßheit schien sich in ihrer autonomen Auffassung um so sicherer zu bestätigen, je mehr die Sachwelt, die das Leben umgebende und ermöglichende Realität, aus dem konstruktiven Willen und Werk des Menschen selbst hervorging. Das gegenwärtige Bewußtsein ist aber tief bestimmt durch die Enttäuschung dieses Scheins: die technisch-ökonomische Sachwelt ist in ihrer Heteronomie immer fühlbarer geworden. Die Eigentumsanalogie, dh die Begründung der souveränen Verfügung auf die Urheberschaft, hat sich hier genauso wenig bewährt, wie sie für die Deutung des Verhältnisses des Menschen zu Gott je zureichend gewesen ist; notwendig läuft der Gebrauch dieser Analogie auf die Begründung der absoluten Th. hinaus. Die Verfügung des Eigentümers über sein Eigentum kann nur ein kausaler Vorgang sein. Ein freies Wesen zu wollen, schließt notwendig ein, es nicht als verfügbares Eigentum zu wollen. A. ist also notwendige Bedingung für die Möglichkeit der Th. Jede theologische Bestimmung des göttlichen Anspruchs auf Unterwerfung findet dort ihre Grenze, wo der freie Akt in den kausalen Vorgang umschlägt. Wenn »Vernunft« etwas spezifisch Menschliches und damit potentiell Widergöttliches wäre, müßte geleugnet werden, daß der Mensch irgendein Gesetz seines Gottes als ihn unbedingt verpflichtend erkennen und anerkennen könnte. Unterwerfung unter Heteronomie kann nie unbedingt sein; ein Akt bedingter Unterwerfung wäre aber wiederum unverträglich mit dem Wesen des Absoluten. Wahrhafte Erfüllung der Th. kann nur ein Gehorsam propter mandatum, dh ein autonomer Gehorsam sein.

J.EBBINGHAUS, Luther u. Kant (LuJ 9, 1927, 119-155) - G.KRÜGER, Philosophie u. Moral in der kantischen Kritik, 1931 - R.OTTO, Freiheit u. Notwendigkeit. Ein Gespräch mit N.Hartmann über A. u. Th. der Werte, 1940 - W.LINK, Das Ringen Luthers um die Freiheit der Theologie von der Philosophie, 1954² - ThW IV, 1016ff (νόμος) - D.LERCH, Isaaks Opferung, christlich gedeutet (BHTh 12), 1950 - H.BLUMENBERG, Kant u. die Frage nach dem »gnädigen Gott« (Studium Generale 7, 1954, 554-570) - DERS., Marginalien zur theol. Logik R.Bultmanns (PhR 2, 1954/55, 121-140). *H.Blumenberg*

Autorität - im Unterschied zu blinder Gewalt - liegt nur dann vor, wenn der Inhaber von A. auf einer im letzten Grunde gleichen Ebene mit dem steht, über den er A. ausübt. Das tritt etwa an der A. des Richters im Strafprozeß hervor. Der Richter vertritt insofern A., als er den Strafprozeß leitet. Diese Stellung versetzt aber den Angeklagten nicht in eine reine Abhängigkeit vom richterlichen Willen, sondern macht ihn zu seinem Partner innerhalb der Rechtsgemeinschaft. Der Richter steht mit seinem Spruch genauso wie der Angeklagte mit seinem Handeln unter den gleichen Rechtskriterien. Ebenso stehen Erzieher und Zögling unter den gleichen Normen. Das gilt auch von theologischen A.en: Luther will gemäß seinem Selbstverständnis an der Hl. Schrift gemessen sein; ebenso wollen das die reformatorischen Bekenntnisschriften. Sie stehen also mit denen, über die sie A. ausüben, unter der gleichen normativen Instanz. Selbst die Hl. Schrift steht als A. unter dem gleichen Gesetz: Auch sie wird nach dem sie »Kanonisierenden« gefragt. Das ist jedenfalls das Wahrheitsmoment in der Lehre vom Materialprinzip: Christus kanonisiert die Schrift. Auch die Schrift steht mit denen, über die sie A. hat, vor der gleichen normativen Instanz. Die A. entmündigt also nicht, sondern ruft diejenigen, die unter ihr stehen, gerade zur Mündigkeit auf. Sie fordert nicht Kapitulation, sondern verantwortliche, dh mündige Kontrolle. Sie will nach ihrer Autorisierung gefragt sein und besitzt deshalb nur eine relative Überlegenheit. Diejenigen, die sie autoritativ »in Kontrolle« hat, kontrollieren sie auch ihrerseits. Dadurch hat A. nie absolute Überlegenheit, sondern befindet sich zu den ihr Nachgeordneten zugleich im Verhältnis der Koordination. Dies Verhältnis von Überordnung und Nebenordnung (Koordination) erklärt sich so, daß sich *grundsätzlich*, dh im Hinblick auf die autorisierende Instanz, die Nebenordnung ergibt, während sich *empirisch*, dh im Hinblick auf erwiesene Bewährung, die Überordnung der A. ergibt. Damit ist es begründet, daß die Überlegenheit der A. nicht auf einer Entmündigung des ihr Nachgeordneten, auf einem Raub seiner Autonomie beruht. Sie gründet vielmehr in einem »Vorschußkredit«, den der Mündige der A. einräumt, weil sie sich im Umkreis seiner Erfahrung bewährt hat. Darum wäre es grundsätzlich falsch, im Hinblick auf ganz kleine Kinder oder auch auf Tiere von der A. der Eltern oder des »Herrn« zu sprechen. Denn hier liegt keine Erfahrung vor, die überhaupt Kredit einräumen könnte, und ebenso gibt es keine Mündigkeit, die imstande wäre, A. kritisch anzuerkennen. Hier geht es vielmehr nur um Überlegenheit des Einflusses und des Willens, um die ausstrahlende Kraft der Liebe, um elterliche Gewalt oder auch die Befähigung des Überlegenen zur Dressur. Der Vorschußkredit der Erfahrung wird in ähnlicher Weise, wie man ihn der A. einräumt, auch der Tradition gewährt. Sie ist das Reservoir überlegener Erfahrungen und bewährter Geltungen. Auch Traditionen dürfen darum nicht entmündigen, sondern rufen zu kritischer Partnerschaft. Besteht das beschriebene Verhältnis von A. und Autonomie (Mündigkeit) zurecht, so ist für echte A. zugleich der Wille zur Selbstbegrenzung konstitutiv. So spielt Paulus wiederholt auf die Begrenzung seiner apostolischen A. an und sieht sich zu ihr veranlaßt durch die Forderung, daß die Gemeindeglieder durch ihr unmittelbares Verhältnis zu dem ihn autorisierenden Herrn oder Evangelium *Selbständigkeit* gegenüber der apostolischen A. zu wahren haben. Dieses Verständnis von A. vertritt er gerade dort, wo er das Postulat der Selbständigkeit und Mündigkeit *nicht* erfüllt sieht. So empfindet er es offensichtlich als eine Diskreditierung seiner A., wenn die von ihm belehrten Korinther sich als so suggestibel erweisen, daß sie jeder neuen Lehre und Botschaft blindlings, dh kritiklos anheimfallen, daß sie also »hörig« werden (2Kor 11, 4!). Dadurch wird auch die apostolische A. selbst kompromittiert, weil sie unter diesem Aspekt als Ursache von Einflüssen erscheinen muß, die nur im Augenblick ihrer Ausstrahlung wirksam sind, dann aber von anderen Einflüssen abgelöst werden. A. setzt eben Mündigkeit bzw. Autonomie voraus, sonst hört sie auf oder beginnt gar nicht erst, A. zu sein. Darum bezeugt Paulus - auch das ist von exemplarischer Bedeutung! - seine A. paradoxerweise gerade dort am stärksten, wo er diese Mündigkeit seiner Hörer beansprucht und sich der Möglichkeit der Infragestellung ausliefert. Je mehr er auf die ihn autorisierende Instanz verweist (und damit die Möglichkeit seiner Infragestellung schafft), um so stärker ist auch der Anspruch seiner A. Denn er ist dessen gewiß, daß er vor jener Instanz besteht und das Evangelium auf seiner Seite hat (Gal 1, 8). - Die gleiche Struktur der A. läßt Paulus in Erscheinung treten, wenn er 1Kor 7 seine eigene durchaus autoritär vertretene Meinung über das Verhältnis der Geschlechter zu erkennen gibt, sie aber deutlich vom Range eines Herrenwortes unterscheidet und damit die Möglichkeit freigibt, diese Meinung im Namen einer besseren Erkenntnis des Herrenwortes auch für unverbindlich zu halten (1Kor 7, 6. 12. 25). In diesen Worten ist die ganze Dialektik der A. eingefangen: ihr Anspruch und ihre Selbstbegrenzung, ihre Überlegenheit und ihre Gleichrangigkeit mit den andern. - Einen wichtigen Hinweis in der gleichen Richtung gibt Paulus, wenn er seine »Glaubwürdigkeit« als Apostel beteuert und zu diesem Zwecke in »törichter« Weise aufzählt, was er für das Evangelium geleistet und gelitten hat. Denn dadurch erweist er sich als Dienender, der nicht auf Herrschaft ausgeht und der sich statt seiner Macht und Größe lieber seiner Schwachheit rühmt (2Kor 11, 16-33; Gal. 2, 17). Glaubwürdig bin ich ja nur, wenn ich in Übereinstimmung mit der von mir vertretenen Lehre existiere, wenn ich in der Wahrheit »bin« (Joh 18, 37), wenn also mein Leben nicht sich selbst bezeugt, um auf *diese* Weise A. zu begründen, sondern wenn es sich in seiner Bindung an das tertium bewährt und die durch Leben und Lehre Angesprochenen »überzeugt«. Darum »betäubt« und »zähmt« der Apostel seinen Leib, damit er nicht anderen predigt und selbst verwerflich wird und so in den Augen der nach Legitimation Fragenden seine A. verliert (1Kor 9, 27). Auf das Problem der A. hin formuliert, heißt dies, daß die A. in doppeltem Sinne den Kontakt mit dem verlieren kann, wodurch sie autorisiert wird: einmal so, daß sie die autorisierende Wahrheit als Gegenstand der *Lehre* verliert (Gal 1, 8ff), und ferner so, daß sie in dieser sie autorisierenden Wahrheit nicht mehr *existiert,* dh daß sie unglaubwürdig wird (1Kor 9, 27), weil sie sich eigenmächtig auslebt und insofern nur *selber* bezeugt.

Zum Wesen der A. gehört es folglich, daß sie sich im Unterschied zur blinden Machtüberlegenheit (Tyrannis, Gewalt usw) als norma normata versteht. Genauer würde man freilich sagen müssen, daß sie sich zugleich als norma normanda zu verstehen habe, da ihr Autorisiertsein niemals in einem Perfectum abgeschlossen ist, da sie nie einen character indelebilis gewinnt und da sie bei allem Vertrauen auf ihre erfahrene Bewährung (normata) ständig auf eine Bestätigung durch die Mündigen angewiesen bleibt, so daß A. über eine ständig neue Konstituierung nie hinauskommt (normanda). Eben damit aber räumt sie den Nachgeordneten die Freiheit ein, sich aus eigener Unmittelbarkeit zur norma normans heraus kritisch oder bejahend zur A. zu stellen. Daß die A. damit nicht zur Punktualität zusammenschrumpft, sondern praktisch ein hohes Maß an Konstanz aufweisen wird, ergibt sich daraus, daß sie aus der Bewährung hervorgeht und insofern *Vertrauen* bewirkt. Zum Wesen des Vertrauens gehört es aber, nicht eingesehene, dunkle und sogar fragwürdige Interims-Aspekte der A. zu überstehen und im Namen des eingeräumten Vorschuß-Kredits darauf zu verzichten, die eigene Einsicht mit derjenigen der A. synchronisiert zu sehen. In diesem Sinne will Luther die Schrift-A. auch dann erhalten wissen, wenn sie dunkle und uneinsichtige Partien enthält. Ebenso bezeugt das eschatologische Nacheinander von Glauben und Schauen (2Kor 5, 7), daß das Vertrauen sich gegenüber allem zwischenzeitlich Uneinsichtigen durchhält.

Von hier aus ergibt sich die Frage, ob das kath. Lehramt den so entfalteten Begriff von A. für sich in Anspruch nehmen kann. Diese Frage ist zu verneinen, weil der Unfehlbarkeitsanspruch dieses Lehramtes seine Proklamationen der Nachkontrollierbarkeit entzieht. Auch wenn man diese Lehr-Hoheit nicht in *dem* Sinne banalisieren darf, daß sie willkürliche Lehrsetzungen vollzöge, wenn man vielmehr sehen muß, daß sie sich auf den Beistand des Hl. Geistes und also sehr wohl auf eine innere Autorisierung beruft, so fehlt doch das tertium comparationis einer *über* den Lehrenden und den Belehrten stehenden, aufweisbaren Norm - etwa der so verstandenen Hl. Schrift -, die es ermöglichte, ein gültiges Kriterium für die Äußerungen des Lehramtes abzugeben. Insofern ist der im vorstehenden entfaltete Begriff von A. hier nicht anwendbar. Aus dem gleichen Grunde muß man, was den Protestantismus anlangt, sagen, daß zwar die Hl. Schrift als letzte A. angesprochen werden könne, daß aber Christus selbst *nicht* mit dem Begriff der A. angemessen bezeichnet werde. (Es mag zu denken geben, daß auf kath. Seite die Kirche bzw. ihr Lehramt, auf prot. Seite Christus hier in der gleichen Situation sind.) Da Christus nur der die Schrift Autorisierende, aber nicht der Autorisierte ist (es sei denn, daß man seine Autorisierung trinitarisch versteht; aber das steht dann auf einem anderen Blatt), fällt er selbst nicht unter den Begriff der A. Er ist der »Herr«. Das ist etwas anderes und ist mehr als A. Der Herr wird durch den Geist legitimiert. Dieser aber steht nicht über ihm und ist als Kriterium auch nicht ohne ihn zu haben; er ist vielmehr von ihm, bei ihm und mit ihm identisch (2Kor 3, 17). Nur von dem Seinen »wird er's nehmen« (Joh 16, 15).

A. u. Freiheit: G.Wehrung, A. u. Freiheit im Protest., 1922 - M. Laros, A. u. Gewissen (Hochland 36/I, 1938/39, 265-280) - Gerh. Krüger, Das Problem der A. (Offener Horizont. Festschr. f. K.Jaspers, 1953, 44-62) - Th.Ellwein, A. u. Freiheit (Intern. Jb. d. Polit. 1954, 2-35). - A. u. Tradition: F.Gogarten, Wider die Ächtung der A., (1931) 1932² - E.Krebs, Vom Wesen der A. im Lichte des christl. Glaubens, 1933 - G.Ebeling, Die Geschichtlichkeit der Kirche u. ihrer Verkündigung als theol. Problem (SgV 207/208), 1954, 69ff. - Soziologie der A.: A.Vierkandt, A. u. Prestige (SchmJb 41, 1917, 1681-1703) - H.Schelsky, Wandlungen der dt. Familie in der Gegenwart, 1954, 314ff, bes. 327f. - A. u. Macht: R.Hansen, A. u. Macht. D. staatl. A. in der neueren prot. Ethik u. in der kath. Gesellschaftslehre, 1949. - Historischer Überblick: Fr.v.Tessen-Wesiersky, Der A.-Begriff in den Hauptphasen seiner histor. Entwicklung, 1907.

H.Thielicke

Autosuggestion → Suggestion.

Avatâra (Sanskrit, mask.), der »Herabstieg« eines Gottes in die irdische Welt, seine Inkarnation in tierischer oder menschlicher Gestalt. Die Lehre von den a.s ist ein Hauptdogma der → Vishnu-Verehrer, die sich auf Bhagavadgîtâ 4, 7f berufen. Der zugrunde liegende Gedanke ist, daß Gott zwar dauernd in seinem überweltlichen Reich bleibt, zeitweise aber auf Erden außerdem als ein begrenztes Wesen erscheint, um die Welt vor Unheil zu schützen und Missetäter zu strafen. Gewöhnlich werden 10 zeitlich aufeinander folgende a.s Vishnus angenommen, als 1. Fisch, 2. Schildkröte, 3. Eber, 4. Mannlöwe, 5. Zwerg, 6. Râma mit dem Beil, 7. → Râma (candra), 8. → Krishna, 9. Buddha, die schon erschienen sind, während der 10. als Kalki erst in Zukunft erwartet wird. Neben diesen Haupt-a.s gibt es noch eine Anzahl von Neben-a.s. Die bedeutendsten a.s sind Nr. 7 und 8: zwei volkstümliche Kultheroen sind so in das vishnuistische System eingefügt worden. Die a.-Theorie wurde später auch von der → Shiva-Religion übernommen, hat dort aber keine wesentliche Bedeutung erlangt.

ERE VIII, 192ff - F.O.Schrader, Introduction to the Pâncarâtra, Adyar 1916, 42f - H.v.Glasenapp, Der Hinduismus, 1922, 120f.

H.v.Glasenapp

Ave Maria, der »englische Gruß«, ist aus dem Text von Lk 1, 28 und 42 (mit dem Zusatz »Jesus«) und einem Bittgebet an Maria zusammengesetzt und nach älteren Vorformen seit dem 11.Jh. erst bei Mönchen, dann immer wachsend in allgemein-kirchlichem Gebrauch. Seine jetzige liturgische Fassung erhielt es im Brevier Pius' V. von 1568. Schon im Mittelalter wurde das A.M. zum → Rosenkranz gebetet, gehörte zu den katechetischen Stücken der Römischen Kirche und somit auch zum sog. Predigtauftritt (→ Predigt: I, 2) und wurde durch all dies Gegenstand lebhafter reformatorischer Bekämpfung. In der Kirchenmusik spielte es seit → Josquin des Près und → Palestrina bis in die Neuzeit eine Rolle (Schubert, Gounod unter Verwertung eines Bachschen Präludiums). - Der Marienhymnus Ave maris stella, der mindestens schon aus dem 9.Jh. stammt, ist ein dem A.M. verwandtes Stück der röm.-kath. → Marienverehrung. → Angelusläuten.

Braun, LH 14 - LThK I, 864f. *W.Jannasch*

Aventinus (Turmair), *Johannes* (1477-1534), * in Abensberg (Niederbayern), Student in Ingolstadt, Wien (Hausgenosse von → Celtis), Krakau, Paris, 1508 Prinzenerzieher, 1517 bayerischer Historiograph. Seine »Annales ducum Boiariae« (vollendet 1521, veröffentlicht 1554) und ihre deutsche Bearbeitung, die »Bayerische Chronica«, geben die erste quellenmäßige Darstellung der bayerischen Geschichte. Hier und in der unvollendeten »Germania illustrata« kommen die nationalen Ideale des deutschen Humanismus zum Ausdruck. Bei aller Kritik am Papsttum des MA und bei aller Pflege humanistischer Gelehrtenfreundschaft u.a. mit → Melanchthon hat A. sich der Reformation nicht angeschlossen. Der Quellenwert seiner Werke ist größer, als oft angenommen wurde.

GA Bd 1-5, hg.v. S.v.Riezler, 1881/86; Bd 6 hg.v. G.Leidinger, 1907. - J.v.Döllinger, A. u. seine Zeit, 1877 - R.Bauerreiss, Ein Quellenverzeichnis der Schriften des A. (Stud. u. Mitt. z. Gesch. d. Benediktinerordens 50, 1932, 54-77. 315-335) - M.Übelein, A.s Geschichtsbewußtsein (Diss. Erlangen), 1947 - NDB I, 469 (Lit.)

W.Maurer

Averroes, lat. für (Abu l-Walīd Muḥammad Ibn Aḥmad Ibn Muḥ.) Ibn Rušd, * 520/1126 in Cordoba, † 595/1198 in Marrākuš. Er wendet sich gegen al- → Ġazzālī und dessen Werk Destructio philosophorum (tahāfut al-falāsifa) und nennt daher sein Hauptwerk Destructio destructionis (tahāfut al-tahāfut). Noch stärker wirkte er durch seine Kommentare zu den aristotelischen Schriften (oft in 3 Fassungen), die ihm für Jh.e den Namen des Kommentators schlechthin einbrachten und überdies seinen Ruhm als eines selbständigen Philosophen begründeten. Als solcher bezeichnet er einen Endpunkt in der → islamischen Philosophie, aber einen Beginn in der abendländischen.

A. befreite die arabische Interpretation des → Aristoteles weithin von ihrer bisherigen neuplatonischen Färbung, wobei er zT der Exegese des Alexander von Aphrodisias folgte. Er nimmt die aristotelischen Lehren von Form und Materie, von Möglichkeit und Wirklichkeit unmittelbar wieder auf; die schon in der Spätantike auftretende Vermischung beider Lehren tritt auch bei ihm zutage. Der aristotelische Formbegriff erfährt eine Verschiebung: A. verlegt ihn analog zur stoischen Lehre von den λόγοι σπερματικοί, die das Werden der einzelnen Naturformen und der Dinge bestimmen, in die Materie hinein. Während die Materie bei Aristoteles reine Möglichkeit war, die von der ihr gegenüberstehenden Form bestimmt wurde, wird sie so bei A. zum Träger der Formen bzw., als allem zugrunde liegende Möglichkeit, zum Träger ihrer eigenen Wirklichkeit. Der Folgerung, daß alles Mögliche einmal wirklich wird, stimmt später → Descartes zu, während → Leibniz ihr widerspricht.

Aristoteles hatte in seiner mehrdeutigen Schrift über die Seele den νοῦς als den göttlichen, unsterblichen Teil der Seele angesehen; A. folgert daraus, daß es sich dabei um einen einzigen, allgemeinen, aktiven Intellekt handele, an dem alle Menschen während ihres Lebens teilhaben, der aber mit dem Tode sich wieder von der Einzelseele löse. Durch diese Lehre vom intellectus universalis schützt sich A. zugleich vor dem Einwand des Subjektivismus, der gegenüber seinem berühmten Satz, daß der Intellekt den Allgemeinbegriff erzeuge, nicht fernlag. Die Unsterblichkeit der Einzelseele (dh des gegenüber dem νοῦς passiven Seelenteils) ist nach A. philosophisch nicht beweisbar. Die Abwehr dieser Lehre unternahmen → Albertus Magnus und → Thomas von Aquino. Beide schrieben einen Traktat »De unitate intellectus contra Averroistas« (→ Averroismus).

Sonst versteht A. den Aristoteles überwiegend kongenial. Gegen Ġazzālī behauptet er, daß sich Ewigkeit und Erschaffenheit der Welt sowie Gottes Charakter als Schöpfer und Erste Ursache vertragen. Er prägt Ġazzālīs Lehre von den Attributen und der Vorsehung Gottes um; denn grundsätzlich beweist in Begriffen das wissenschaftliche Denken dasselbe, was in Bildern auch die nur für das Volk bestimmte Religion sagt. Wenn es deshalb auch in der Philosophie und in der Theologie zuweilen zu gegensätzlichen Aussagen kommt, und obwohl der Vernunft vor dem Glauben der Primat gebührt, so ist doch die Wahrheit für beide dieselbe.

Corpus Commentariorum A.' in Aristotelem der Medieval Academy of America, ed. Wolfson, Baneth, Fobes - Bibliogr. v. J.P.de Menasce in BEStPh H. 6, 1948 - GAL I, 461f - GALS I, 833ff - EI[1] II, 463ff - Ü II, 313ff. 722f - UJE I, 643 - L.Gauthier, Ibn Rochd, 1948 - Cl.Vansteenkiste, De A. - latinus editie (TPh 12, 1950, 534 bis 548) - R.Walzer s. Lit. zu → Islamische Philosophie - M.Fakhry, The Antinomy of the Eternity of the World in A., Maimonides and Aquinas (Muséon 66, 1953, 139-155) - E.I.J.Rosenthal, The Place of Politics in the Philosophy of Ibn Rushd (BSOAS 15, 1953, 246 bis 278) - H.Gaetje, Die Epitome der Parva Naturalia des A. (Diss. Tübingen), 1954 (Lit.).

C.Colpe

Averroismus. Im Lehrbetrieb an der Pariser Universität des 13.Jh.s sind drei philosophische Richtungen zu unterscheiden: 1. die traditionelle scholastische Schulphilosophie neuplatonisch-augustinischer Färbung, vertreten vom konservativen französischen Weltklerus und erneuert durch fortschrittliche → Franziskaner wie → Bonaventura; 2. der kirchliche → Aristotelismus, vertreten von den → Dominikanern unter Führung → Alberts d.Gr. und seines Schülers → Thomas von Aquino; 3. der radikale Aristotelismus der Artistenfakultät (→ Artes liberales), welcher den → Aristoteles mit der Interpretation des → Averroes übernahm und deshalb meist (lateinischer) A. genannt wird.

Hauptvertreter des A. waren → Siger von Brabant, Boetius von Dacien und Bernier de Nivelles. Der A. hat ständig mit den beiden anderen Richtungen in Kampf gelegen und wurde erstmals durch die Dekrete des Pariser Bischofs Stephan Tempier von 1270 und 1277 offiziell verurteilt. Wo der für den A. kanonisch gewordene Aristoteles zum christlichen Dogma in Widerspruch stand, verzichtete man auf den Ausgleich und behauptete, nicht secundum veritatem (sc. christianam, die für Thomas mit der Wahrheit der natürlichen Vernunft zusammenfiel!), sondern secundum philosophum zu philosophieren. Dieser Haltung diente die sog. Lehre von der doppelten Wahrheit; sie hat im Wahrheitsbegriff des Averroes ihre Wurzel, unterscheidet sich aber von diesem durch das auch inhaltliche Auseinanderfallen von vernünftiger und geoffenbarter Wahrheit. Dabei wurden die geoffenbarten christlichen Glaubenssätze faktisch nur aus opportunistischen Gründen als Wahrheit bezeichnet.

Die Averroisten haben aus ihren metaphysischen und psychologischen Theorien auch bewußt widerchristliche Konsequenzen für ihre Auffassungen vom Sinn des Lebens gezogen. Ihre immanentistisch-naturalistische Glückseligkeits- und Sittenlehre breitete sich von der Artistenfakultät über die Goliarden (→ Clerici vagantes) schnell in weitere Volkskreise aus und hat schon im 13.Jh. im sog. Rosenroman des Jean de Meung ihren Niederschlag gefunden. Das Weiterleben des A. nach dem frühen 14.Jh. und sein Einfluß auf die späteren kirchen- und staatspolitischen Richtungen sowie auf die Philosophie der Renaissance ist noch wenig erforscht; nur in Padua und Venedig sowie in den Schriften seiner Anhänger Jean de Jandun, Nic. Vernias, Pietro → Pomponazzo und seines Bestreiters → Petrarca läßt sich bislang der spätere A. fassen.

Die hinter dem ganzen aristotelischen Corpus stehende Lehre von der Ewigkeit der Materie ermöglicht für den A. eine geschlossene rationalistische Konstruktion; es bedarf darin dann nur weniger weiterer Prinzipien, die in Darstellungen und Widerlegungen immer wieder fixiert werden: keine göttliche Vorsehung im Reich der Kontingenz; keine Willensfreiheit auf Grund der Bestimmtheit des menschlichen Handelns durch die Gestirne; numerische Einheit der Geistseele für alle Menschen, dh keine individuelle Unsterblichkeit (Mono- oder Panpsychismus, ohne die Differenzierungen des Averroes); Unmöglichkeit des Fortbestehens von Akzidentien ohne tragendes Subjekt (gegen die Transsubstantiationslehre; → Substanz).

Bibliogr. v. F. van Steenberghen in BEStPh H. 17, 1950 - Ü II, 445ff - M. Grabmann, Der lat. A. des 13.Jh.s u. seine Stellung zur christl. Weltanschauung (SAM 1931, H. 2) - DHGE V, 1032ff - G. Toffanin, Gesch. des Humanismus, 1941 - F.W. Müller, Der Rosenroman u. d. lat. A. des 13.Jh.s, 1947 - B. Nardi, Note per una storia dell' a. latino (RSF 2, 1947, 19-25. 197-220; 3, 1948, 8-29. 120 bis 122; 4, 1949, 11-22). *C. Colpe*

Avesta (mittelpersisch apastāk, aβastāk, eigentlich wohl »Grundtext« im Gegensatz zu zand »Kommentar«) ist das heilige Buch der Zoroastrier in → Iran (: III) bzw. der Parsen in Indien. In der vorliegenden Gestalt umfaßt es einen gottesdienstlichen und einen religionsgesetzlichen Teil. Ersterer setzt sich aus folgenden vier Haupttexten zusammen.

1. Der *Yasna* (»Verehrung, Opfer«) begleitet das Ritual der Haoma-Bereitung. Nach Einladung der Götter und Genien zu Opferzeremonie und Gebet wird die vergöttlichte Haomapflanze (vedisch Sōma) im Hōm-Yašt gepriesen, der Saft vom Priester (zōt) getrunken und das Glaubensbekenntnis (fraorəti d.i. fravarti) gesprochen. Die folgenden zahlreichen Anrufungen umrahmen eine zweite Haoma-Zeremonie. Zugleich bergen sie den wichtigsten und ältesten Teil des A., die 17 *Gathas* (gāϑā »Gesang«), vermutlich Worte Zoroasters selbst (→ Zarathustra). Diese bilden das Kernstück des ganzen A. Zwischen den Gathas selbst (Yasna 28-34; 43-51; 53) finden sich einige in der gleichen altertümlichen Sprache, aber in Prosa abgefaßte Kapitel, der »Siebenteilige Yasna« 35-42, eine schlichtere Abwandlung des in den Gathaversen verkündeten Gedankengutes. An die Gathas reihen sich, nach einer kurzen Zusammenfassung derselben, der kleine und große Srōš-Yašt sowie der »Spruch vom Viehhalter« (58, 4ff). Darnach folgen noch verschiedene Segenssprüche und eine Weihwasserhandlung mit entsprechenden auf das heilige Wasser bezüglichen Texten sowie andere Schlußanrufungen, die das Yasna-Hochamt beenden.

2. Der nur etwa 24 Kapitel (karde) umschließende *Vispered* (Visprat, eigentlich vīspe ratavō »alle geistigen Schutzherren«) bildet kein selbständiges Werk, sondern ist lediglich die Erweiterung des Yasna, wie er besonders an den Jahreszeitfesten (gāhānbār) rezitiert wird.

3. Nach der üblichen Anordnung folgt nun das *Churde Avestā* oder »Kleine A.« (X^vartāk Apastāk), eine Art Auszug des Ganzen. Dieses je nach Handschrift etwas abweichend zusammengesetzte Laienbrevier enthält die notwendigsten Gebetsformeln: das aus Ašəm vohū und Ahuna vairya bestehende Glaubensbekenntnis, die Formel für die Anlegung der heiligen Schnur (kustī), vor allem aber die an fünf Gottheiten gerichteten Gebete und die fünf Tageszeitengebete. Erst zwischen Yašts und Vendidad findet man gewöhnlich die auch hierher gehörigen *kleineren Texte:* den die Genien der 30 Monatstage feiernden Gebetskalender sowie die vier »Segensprüche« für bestimmte Gelegenheiten.

4. Nächst dem Yasna mit den unschätzbaren Gathas beansprucht die Sammlung der 21 *Yašts* höchstes Interesse. Diese den indischen Veden vergleichbaren Lobgesänge (yašt zu yasna, s.o.) auf einzelne Genien und Götter (yazata) stehen zT den Gathas an Altertümlichkeit nicht nach, obwohl sie in jüngerer Sprache verfaßt sind als diese. Während sich die ersten und letzten Yašts sogleich als späte Machwerke erweisen, feiern die langen altüberkommenen Hymnen in guten acht- und zwölfsilbigen Versen Heroen und Yazatas samt ihren Taten. Die großenteils noch der indo-iranischen Vorzeit entstammenden Sagenmotive lassen auf das Bestehen einer episch geformten Mythologie schließen, deren letzter Ausläufer das in neupersischer Sprache gedichtete Königsbuch des Firdausī ist (Šāhnāme, 1000 nChr).

5. Seinen Abschluß findet das uns vorliegende A. mit dem großen religionsgesetzlichen Text des *Vendidad* (Vidēv-dāt »Gesetz gegen die Dämonen«), einer späten theologischen Kompilation in schlechtem kasuistisch-formelhaftem Stile und mit ermüdenden Wiederholungen. Der Vendidad enthält u.a. die kultischen Reinheitsgesetze des Mazdaismus. Hier werden u.a. Kenntnisse über Dämonologie und Aberglauben sowie Vorstellungen über das Jenseits und das Kommen des künftigen → Erlösers (Saošyant) vermittelt.

Nach einhelliger Überlieferung bildet das uns überlieferte A., nur einen kleinen, besonders für Kultzwecke zusammengestellten Auszug, vielleicht ein Viertel des früheren Bestandes. Das *sassanidische* A. war eine umfangreiche kanonische Sammlung, welche in dreimal sieben Abteilungen, nask »Bündel, Strauß« genannt, zerfiel. Über Gliederung und Inhalt berichtet eingehend, wenn auch oft schwer verständlich, ein in Baghdad entstandenes Pehlewiwerk des 10.Jh.s, der Dēnkart (Dīnkard, 8. und 9. Buch). Nach dieser bedeutenden Glaubensenzyklopädie muß damals noch die Mehrzahl der 21 Nasks vorhanden gewesen sein und zwar, soweit nicht in der alten A.-Sprache selbst, wenigstens in mittelpersischer Übersetzung (Pehlewi). Als einziger Nask hat sich der 19. unverändert erhalten; es ist der Vendidad (s.o. 5). Aber auch der Stōt-Yašt (21. Nask) liegt vollständig im Yasna vor (s.o. 1), während die Hauptquelle der Yašts (s.o. 4) als 14. Nask den Titel Bakān-Yašt führte, dh Nask der an die Bayā (Götter) gerichteten Hymnen. Daneben existieren wichtige *Fragmente* der alten Nasks wie etwa der dem priesterlichen Ritual gewidmete Nīrangistān aus dem 17. (Hūsparam) Nask.

Als geschriebene Urkunde des zoroastrischen Bekenntnisses macht das A. wegen der Ungleichartigkeit seiner Texte ähnlich der Bibel einen sehr unterschiedlichen Eindruck. Tiefe Erfülltheit von der Glaubenssendung des Propheten spricht unmittelbar-persönlich aus den Gathas, arische Volksfrömmigkeit mit Reflexionen vermischt aus den alten Yašts, die auch durch epische Einschübe für die fehlenden mythologisch-geschichtlichen Partien des 4., 10., 12. und 13. Nask einigermaßen entschädigen. Formelhafte Litaneien und immer wiederkehrende durch Anwendung bloßer Denkschemen gebildete Wendungen lassen große Teile des A. als religiös wertlos und geistig öde erscheinen. Am unerquicklichsten ist die moraltheologische Kasuistik des Vendidad (s.o. 5), einer Art Priesterkodex bestehend aus fingierten Fragen Zoroasters, auf die Ahuramazda (→ Ormazd) zur Belehrung der Gläubigen detaillierte Auskunft erteilt. Verglichen mit den literarischen Erzeugnissen anderer Offenbarungsreligionen steht das A. seiner geistigen Eigenart nach in der Mitte zwischen Indien und Vorderasien, wie es die geographische Lage voraussetzt. Mit dem Osten hat es die arische Götter- und Heldenwelt sowie bestimmte Denkkategorien gemein, ebenso die Freude an rationalistischer Spekulation wie an mantrischem Spruchwesen, auch die vom Metrum gestaltete Form, die der mündlichen Weitergabe innerhalb der Priesterschaft diente. Mit dem Westen verbindet das A. vor allem die rigoros sittliche Einstellung gegenüber der Gottheit und Umwelt, die große Aktivität, zu der es im Leben aufruft, auch ein Zug zu konfessionalistischem Hader, zu Verketzerung Andersgläubiger und zu durchgreifender weltlicher Autorität in rein spirituellen Dingen. Die alles, selbst die Yašts, durchdringende dualistische Weltansicht (→ Dualismus: I) bleibt bei gedanklicher Aufgliederung des Daseins nicht stehen, sondern fordert zu praktischer Parteinahme für die Welt des Guten im Denken, Reden und Tun auf. Ein kämpferisch unduldsamer Fanatismus, ein noch der heutigen Schia (→ Islam: I) eigentümlicher Machtwille der Priesterklasse beruft sich allenthalben auf die unmittelbare Offenbarung, die dem einzig wahren Propheten von seiten des guten Schöpfers zugegangen ist. Sehr westlich in seiner Art erscheint daher der Vendidad und überhaupt der jüngere Überlieferungsbestand der heiligen Schriften. Liegt doch auch das politische Schwergewicht Irans spätestens seit den Achämeniden im Vorderen Orient. Von hier (Mesopotamien) stammt denn auch die sich allmählich durchsetzende *Schriftlichkeit* in der Überlieferung des für das Gedächtnis eines einzelnen viel zu umfangreichen alten A.

Wie schließlich der jetzige, allen Handschriften zugrunde liegende *A.-Text* zustande gekommen ist (kein Ms. vor dem 13.Jh., keines vollständig), bleibt bis jetzt strittig. Nach der traditionellen Auffassung (Dēnkart, Buch 4) stellt sich die Geschichte des A.-Textes als dauernder Schrumpfungsvorgang dar. Der verfluchte Alexander (d.Gr.) habe den schon auf Veranlassung von Kavi Vīštāspa (→ Zarathustra) aufgeschriebenen bzw. vom letzten Darius in zwei Exemplaren niedergelegten Urtext vernichtet (Brand von Persepolis 330 vChr), der immer wieder gesammelt und geordnet worden sei.

Daß die ältesten Teile des A. (Gathas, Yašts) zunächst wie in Indien *mündlich* weitergegeben wurden, ist schon angesichts ihrer ostiranischen Herkunft (→ Zarathustra) nicht zu bezweifeln. Auch später noch bleibt gedächtnismäßige Aufbewahrung des Offenbarungsgutes eine Hauptobliegenheit des Priesterstandes. Schon zur Zeit des Alexandriners Hermippos (um 200 vChr) muß jedoch nach Plinius (Hist. nat. XXX, 1, 4) eine ganze geschriebene Bibliothek heiliger Bücher unter Zoroasters Namen vorhanden gewesen sein. Vermutlich waren die Texte auf Leder in aramäischer Schrift (Pehlewi) aufgezeichnet. Dieses »arsakidische« Avesta (F.C.Andreas) dürfte dann in Anlehnung an die mündliche Tradition unter den Sassaniden umredigiert, erweitert und schließlich aus dem vieldeutigen Pehlewi in die sogenannte A.-Schrift übertragen worden sein, einem eigens zu diesem Zweck erfundenen Alphabet von über 50 Zeichen, die, äußerlich stark an das sassanidische Pehlewi angelehnt, noch über das griechische Vorbild hinaus die Vokale nach Qualität und Quantität genau festlegen. Die in eine ältere und eine spätere Mundart (Gathaavestisch und Jungavestisch) zerfallende *Sprache* des A. gehört nicht zum Westiranischen, wie es in Medisch und Persisch vorliegt, sondern deutet wahrscheinlich auf nordöstlichen Ursprung (nach Henning Chorasmien).

In Europa wurde das A. durch den französischen Orientalisten Anquetil-Duperron bekannt, der sich 1755 eigens zum Studium der Parsenschriften von der East India Company als Soldat hatte anwerben lassen. Nach anfänglichen Zweifeln an der »Echtheit« der Texte hat schließlich gesunde etymologisch-kombinatorische Methode den Grund einer A.-Forschung gelegt, zu der die sich nur langsam erschließende Pehlewi-Tradition wichtige Erkenntnisse beizusteuern vermag (→ Iranistik).

Textausgaben: N.L.Westergaard, Zendavesta or The Religious Books of the Zoroastrians. Vol. I: The Zend Texts, 1852-54 - F. Spiegel, A. Die hl. Schriften der Parsen ... Grundtext sammt der Huzvāresch-Übers. I: Vendidad, 1853; II: Vispered u. Yasna, 1858 - K.F.Geldner, A. Die hl. Bücher der Parsen I-III, 1886-95 - Chr. Bartholomae, Die Gāϑā's ..., 1879. - Übersetzungen: J.Darmesteter, Le Zend A. I-III, Paris 1892-93 - Ders., The Zend A. (SBE IV, 1880; XXIII, 1883; XXXI, 1887, v. L.H.Mills)) - F.Wolff, A. Die hl. Bücher der Parsen übers. auf der Grundlage von Chr.Bartholomaes Altiranischem Wörterbuch, 1910 (= 1924). Dazu ergänzend: Chr.Bartholomae, Die Gatha's des A. Zarathustras Verspredigten übersetzt, 1905 - J.Duchesne-Guillemin, Zoroastre. Etude critique avec une traduction commentée des Gâthâ, Paris 1948 (engl. Übers. 1952 in WES) - H.Lommel, Die Yäšt's des A. übers., 1927. - Für die einzelnen Teile des A. vgl. die einschlägige Fachliteratur bei W.B.Henning, Bibliography of Important Studies on Old Iranian Subjects, 1950. Seitdem: W.Lentz, Yasna 28 (AAMz 1954, 16) sowie die Gatha-Diskussion auf dem 13. Dt. Orientalistentag Hamburg 1955 (ZDMG 105, 1955, *61*-*63*).

Über das A.: K.F.Geldner im Grundriß der iran. Philologie II, 1896-1904, 1ff (Inhalt u. Gesch.; A.-Forschung) - ERE II, 1909 (= 1951), 266ff - W.Henning, The Disintegration of the Avestic Studies (Transactions of the Philological Society, London 1942, 40-56) - F.Altheim, Awestische Textgeschichte (HM 9), 1949 - Ders., Lit. u. Gesellschaft im ausgehenden Altertum II, 1950, 178ff (vgl. H.Humbach in OLZ 50, 1955, 540-542) - M.Sprengling, Third Century Iran, 1953, bes. 44f. - Zur A.-Schrift: F.C.Andreas, Die Entstehung des A.alphabetes (Verhandl. des 13. Internationalen Orientalistenkongresses in Hamburg 1902, 1904, 99-106) - H.F.J. Junker, Das A.alphabet, 1927. - S. auch ZDMG 78, 1924, LXXVIII f (Junker) u. 91, 1937, 16* (O.Hansen). - Zur A.sprache: Chr.Bartholomae in: Grundriß der iranischen Philologie I/1, 1895, 1ff - Ders., Altiran. WB, 1904 - A.V.W.Jackson, An A. Grammar in Comparison with Sanskrit. Part I, 1892 - Ders., A.Reader. Series I, Stuttgart 1893 - H.Reichelt, Avestisches Elementarbuch, 1909 - Ders., A. Reader, Straßburg 1911.

W.Eilers

Avicebron oder Avicebrol (Avencebrol), lat. für (Salomo) Ibn Gabirol (d.i. Gabriel), * 1020 in Malaga, † 1050/1070 in Valencia (?), jüd. Metaphysiker und religiöser Dichter. In seinem arabisch verfaßten Hauptwerk »Der Lebensquell«, von dem nur die lat. Übersetzung (fons vitae) und hebr. Auszüge (m^eqôr ḥājjîm) erhalten sind, entwickelt er aus neuplatonischen Ansätzen ein selbständiges System, dessen Gedanken in seinen Dichtungen (am bekanntesten die »Königskrone«) und in den Resten seiner allegorischen Bibelerklärung wiederkehren. – Die beiden Zentralbegriffe Materie und Form sind gegenüber → Aristoteles und → Plotin weiterentwikkelt. Die Materie ist vom Prinzip der Potentialität zum tragenden Prinzip der Gemeinsamkeit geworden, das den Dingen ihr Wesen verleiht. Die Form ist nicht mehr aktualisierend, sondern differenzierend. Diese Dualität (ohne Plotins Wesensunterscheidung intelligibler und sinnlicher Materie) wiederholt sich in allen Bereichen des Universums. Die begriffliche Folge des Allgemeinen und Besonderen in ihnen identifiziert A. mit der dinglichen des Höheren und Niederen und läßt dieses aus jenem hervorgehen. Eine nicht ganz durchsichtige Lehre vom göttlichen Willen soll die Grunddualität aus Gott erklären und die neuplatonischen Vermittlungen zwischen göttlicher Einheit und weltlicher Vielheit überflüssig machen.

Keter malkut ed. I.SEIDMAN, 1950 – Übers. des Fons vitae v. J. BLOWSTEIN (hebr.) 1950 u. F.BRUNNER (franz.) 1950 – Bibliogr. v. G.VAJDA in BEStPh H. 19, 1950 – Ü II, 335ff. 726 – UJE V, 526 – A. MANDELBAUM, Seven Secular Poems (Ibn G.) (AJC 45, 1951) – E. BERTOLA, Salomon ibn G., 1953 (ital.) – HO III, 92.
C.Colpe

Avicenna, lat. für (Abū ʿAlī al-Ḥusain Ibn ʿAbdallāh) Ibn Sīnā, * 370/980 in Afschana bei Buchara, † 428/1037 in Hamadān, islamischer Philosoph und Universalgelehrter. Einzelne Motive aus seinen ins Lateinische übersetzten Schriften (Hauptwerk die philos. Enzyklopädie aš-Šifāʾ »die Heilung«) wirkten auf die → Scholastik und → Dante. Jedoch war sein Einfluß auf die → islamische Philosophie ungleich größer und entspricht dem des → Averroes im Abendland; hier, im Abendland, wirkte A., der »arabische Galen«, bis ins 17.Jh. vornehmlich durch seine Medizin, während er im Orient das gesamte System der Wissenschaften für die folgenden Jh.e festlegte. Die logische Leistung, die das System des A. erschließt und seine neuplatonische Interpretation des → Islam zu einer fruchtbaren Neuschöpfung macht, ist die Unterscheidung von Wesen und Existenz. Sie gilt im möglichen, kontingenten Sein; dieses empfängt seine Existenz vom notwendigen Sein, wo jene Unterscheidung nicht gilt. Das Mögliche und Vielfache haftet am Wesen, welches der Existenz logisch vorausgeht. Indem es über diese vom notwendigen Sein abhängt, hängt auch das Mögliche und Vielfache von ihm ab. Dieser Sachverhalt wird nach neuplatonischer Tradition dynamisch als Emanation beschrieben. Erste Zwischenstadien in diesem Prozeß sind das Hervortreten der Ersten Vernunft aus dem notwendigen Sein und das der Zweiten Vernunft aus der Ersten. Damit treten auch die Sphären ins Dasein, von der obersten und ihrer Form, der Seele, bis zu der des Mondes. Dieser außerzeitlichen lichthaft vorgestellten Welt steht die zeitliche gegenüber; sie erhält durch die Zehnte Vernunft (intellectus agens) ihre Formen und aus den vier Elementen durch die Bewegung der Sphären ihre Materie. – Die koranisch-islamische Theologie und Kosmologie haben in diesem Weltbild keinen Platz. Jedoch erstrebte A. die Harmonie zwischen beiden und verstand die geoffenbarten Texte als → Allegorien, in denen intelligible Wahrheiten ausgesprochen wurden; die Propheten als notwendige Deuter im universellen Determinismus; ihre Verkündigung als Entwurf des zu bewältigenden Planes der Philosophie. Intellektuelle Erkenntnis des notwendigen Seins, mystischer Seelenaufstieg und Glaube an Allah sind im Grunde identisch.

Bibliogr. v. P.J.DEMENASCE in BEStPh H. 6, 1948 – GAL I, 452ff – GALS I, 812ff – EI[1] II, 445ff – Ü II, 291. 307ff. 721 – UJE I, 648 – A.M.GOICHON, La philosophie d'A. et son influence en Europe médiévale, (1944) 1951[2] – G.VAJDA, Les Notes d'A. sur la Théologie d'Aristote (RThom 51, 1951, 346–406) – L.GARDET, La Pensée Religieuse d'A., 1951 – F.RAHMAN, A.'s Psychology, 1951 – A.M.GOICHON, Livre des Directions et Remarques d'A., 1951 – A., Scientist and Philosopher, ed. G.M.WICKENS, 1954 – A.J.ARBERRY, A. on Theology, 1954.
C.Colpe

Avitus, *Alcimus Ecdicius,* aus senatorischer Familie, war wie vorher sein Vater Bischof von Vienne (etwa 494–518). Er arbeitete für die Katholisierung Burgunds, stellte enge Beziehungen seiner Kirche zu Rom her und bewirkte den Übertritt des späteren Königs Sigismund zur kath. Kirche. 517 leitete er die Synode zu Epaon. – Die 86 Briefe – die ersten sind theologische Abhandlungen – sind historisch und sprachgeschichtlich wertvoll; zwei der Homilien sind als Predigten über die Bittgänge zu Christi Himmelfahrt wichtig. Sein literarisch sehr bedeutsames Bibelepos De spiritalis historiae gestis hat eine selbständige epische Konzeption und beeinflußte die angelsächsischen und althochdeutschen Bibeldichtungen. – De consolatoria castitatis laude ist ein Trostgedicht für seine Schwester.

Ausg.: R.PEIPER, MG AA 6, 2, 1883. – ALTANER, 426 (Lit.).
H.Kusch

Awaren, türkisches Reiterhirtenvolk, drang um 400 aus Innerasien vor und eroberte zunächst das westsibirische Flachland am Irtysch. 557 erscheinen sie landsuchend an der Grenze des oströmischen Reiches. 568 verdrängen sie die → Langobarden aus Pannonien und errichten vom mittleren Donauraum aus ihr weites Reich, dem als Hilfsvölker die → Bulgaren und zahlreiche Slawenstämme untertan waren. Durch das Vordringen der A. wurde auch der Hauptstoß der slawischen Landnahme ausgelöst. Nach der Niederlage vor Konstantinopel 626 schüttelten die slawischen Hilfsvölker die awarische Zwingherrschaft ab. Um 750 erstarkt die awarische Macht vorübergehend nochmals. Auf zwei Feldzügen 791 und 796/97 unterwarf → Karl d.Gr. die A.; in seiner Zeit wurde die Bekehrung der A., die schon vorher von → Salzburg aus begonnen war, zu einem relativen Abschluß gebracht. Die Westhälfte ihres Reiches kam unter fränkische, die Osthälfte unter bulgarische Herrschaft. Letzte Reste der A. sind im 9.Jh. in der Nähe des Neusiedlersees nachweisbar.

HAUCK II, 471ff – A.ALFÖLDI, Der Untergang der Römerherrschaft in Pannonien, 2 Bde, 1924–26 – N.FETTICH, Das Kunstgewerbe der A.zeit in Ungarn I, 1928 – E.ZÖLLNER, Awarisches Namensgut in Bayern u. Österreich (MIÖG 58, 1950, 244–266) – A.KOLLAUTZ, Die A. Die Schichtung in einer Nomadenherrschaft (Saeculum 5, 1954, 129–178).
G.Stadtmüller

Azariah, *Vedanayakam Samuel* (1874–1945), Sohn eines tamulischen anglikanischen Dorfgeistlichen aus niederer Kaste in Tinnevelly (Südindien). Studium am Madras Christian College. 1895–1909 Reisesekretär des Y.M.C.A. Mitbegründer der Indischen Missionsgesellschaft von Tinnevelly (1903) und der Nationalen Missionsgesellschaft Indiens (1905). Nach der Ordination (1909) ging A. als Missionar nach Dornakal (Hyderabad) auf das Arbeitsfeld der Tinnevelly-Mission unter den Telugu. Überzeugt, daß die Massen- oder Gruppenbewegung »der Weg Jesu zum Herzen Indiens« (Pickett) sei, wurde er zum Führer einer Bewegung, durch die die Zahl der anglikanischen Teluguchristen von 50 000 (1912) auf 235 000 (1945) stieg. 1912 wurde er, als erster

Inder in solcher Stellung, Bischof der neuen anglikanischen Dornakal-Diözese. Grundsätze seines Wirkens waren: Auch unter den Kastenlosen (die 85% der Dornakal-Christen ausmachten) ist Evangeliumspredigt das Wichtigste, unbeschadet der Notwendigkeit materieller Hilfe; die Kirche bedarf von Anbeginn eines gut ausgebildeten geistlichen Standes; jeder Christ muß ein Evangelist sein. A. trat ferner hervor im Kampf gegen Kastengeist (→ Kaste: II), in der Arbeit für Erwachsenenbildung, Selbstunterhalt der Kirche, indische Kirchenarchitektur (Kathedrale Dornakal), Bibelverbreitung, Kircheneinheit. Sein Eintreten für additive, nicht absorptive Union war bedeutsam für das Werden der Church of South India (Kirche von → Südindien). Als Vorsitzender des Indischen Nationalen Christenrats (1929–45) übte er in ganz Indien tiefgreifenden Einfluß aus. Als Vizepräsident des Christlichen Studentenweltbunds (1909–11) und des Internationalen Missionsrates (1938–45) und als Mitglied der »Faith and Order«-Kommission wurde A. einer der Pioniere der → ökumenischen Bewegung.

Vf. u.a. Christian Giving; Christ in the Indian Villages. – C.GRAHAM, A. of Dornakal, 1946 – J.Z.HODGE, Bishop A. of Dornakal, 1946 – P.B.EMMET, Apostle of India, 1949 – TH.LORCH, Asarja. Ein indischer Bischof, 1949. *H.-W.Gensichen*

Azteken → Mexiko: I.

Azymiten. Der Name ist abgeleitet von ἄζυμα = ungesäuertes Brot (Mazzen), das die Juden zum Passafest verwenden (Ex 12), und wurde seit der Spaltung zwischen Ost- und Westkirche den Abendländern von den Orientalen als Ketzerbezeichnung beigelegt. Zum ersten Male wurde er 1053 vom bulgarischen Erzbischof Leo von Achrida im Einverständnis mit Michael → Caerularius gebraucht. Anlaß war die vorzugsweise Benützung von ungesäuertem Brot beim Abendmahl im Westen (vielleicht seit dem 9.Jh.; das Datum ist umstritten), während man im Osten von alters her gewöhnliches Brot verwandte. Im Westen hat man auf diesen Unterschied wenig Wert gelegt, weil er nicht dogmatischer Natur war. Im Osten dagegen wurde das Liturgische immer stark dogmatisch interpretiert. Die lebhaft diskutierte Frage, was Jesus beim letzten Mahl gebraucht habe, hängt wesentlich davon ab, ob das letzte Mahl ein Passamahl war oder nicht (→ Abendmahl: I, 6; das Wort ἄρτος Mk 14, 22 par bedeutet nicht nur »gewöhnliches Brot« [Jeremias]). Im Osten galt ungesäuertes Brot als jüdisch und deshalb der christlichen Kirche unwürdig. Es wurde nur von einigen Sekten und der Armenischen Kirche (→ Armenien: II) verwendet, die es – unter Bestreitung durch Griechen und Syrer – als eine alte Tradition betrachtete (bei den Maroniten [→ Orientalische Nationalkirchen] liegt wahrscheinlich westlicher Einfluß vor).

DACL I, 3254ff – M.JUGIE, Theologia dogmatica christianorum orientalium I, 1926, 311ff; III, 1930, 232ff; V, 1935, 684ff – J.JEREMIAS, Die Abendmahlsworte Jesu, (1935) 1949[2], 34ff – F.HEILER, Urkirche u. Ostkirche, 1937, 136ff. 145f. 262. 521 – RAC I, 1056ff. *W.C. van Unnik*

B

Baader, *Benedikt Franz Xaver* (23.3.1765–23.5.1841), * und † in München, Katholik. 1781–84 Medizinstudium in Ingolstadt und Wien, 1786 Übergang zum Bergfach, Beginn seiner Tagebücher. Unter dem Einfluß → Sailers wendet er sich dem Theosophen → Saint-Martin sowie → Herder und → Lavater zu (Analogie von Natur- und Geistesleben: »Moral ist höhere Physik des Geistes«). 1788–92 an der Bergakademie Freiberg, 1792 bis 1796 in England und Schottland (Anschluß an die radikale Gesellschaftskritik des Anarchisten W.Godwin, Auseinandersetzung mit Kant). 1796 schließt er sich vorübergehend in Hamburg F.H. → Jacobi an, beginnt sich mit Fichtes und Schellings Idealismus auseinanderzusetzen, wird 1799 Bergrat in München. B. macht sich immer mehr → Böhmes Theosophie zu eigen und nimmt die ganze mystisch-theosophische Tradition in sich auf (→Kabbala, → Eckehart, → Oetinger usw). Die Freundschaft mit Schelling (seit 1806) zerbricht 1824. B. gehört zum Kreise der Romantiker und hat Beziehungen zur Französischen Restaurationsphilosophie. Ob sein Memorandum an Zar Alexander I. u.a. (Überwindung von Despotismus und Sklaverei durch den Gemeingeist der Liebe und Freiheit) auf die Entstehung der ursprünglichen Proklamation der Heiligen → Allianz (1815) eingewirkt hat, ist nicht sicher. Doch reist B. als Korrespondent des russischen Unterrichtsministers A.Golycin nach Riga, um in Petersburg eine christliche Akademie zur Beförderung der Reunion einer im Geiste der Restauration »purifizierten« Wissenschaft mit der Religion zu errichten, wird aber 1822 ausgewiesen. Nun wendet er sich völlig vom Pietismus ab und nähert sich Hegel (»Fermenta cognitionis«), hält seit 1826 in München Vorlesungen über Religionsphilosophie und nach deren Verbot 1838 über »Psychologie« und »Anthropologie«, gibt mit → Görres im Dienste der Restauration 1826–29 »Eos« heraus. Im Zusammenhang mit dem → Kölner Kirchenstreit bekämpft er (seit 1838) den Primatsanspruch des Papstes und verteidigt die korporative Grundlage der Kirche und das Schriftprinzip. In enger Verbindung mit den Russen E.Meščerskij, Minister S.Uvarov und dem Slawophilen S.Ševyrev stehend, sieht er in einer erneuerten Orientalischen Kirche, die das ursprüngliche korporative Prinzip aufrechterhalten habe, die gegebene Mittlerin zwischen der zur »Diktatur« degenerierten Römischen Kirche und den von »Nihilismus« bedrohten protestantischen Kirchen. B. hat wesentlichen Einfluß auf die russischen → Slawophilen, Wl. → Solowjew und N. → Berdjajew.

Seine Erkenntnislehre hat B. in ständiger Auseinandersetzung mit Kants Kritizismus entwickelt, dem er vorwirft, die Vernunft bleibe bei ihm »gottblind«. Sie sei aber fähig, als innerer Sinn das Innere der Natur und Gott zu vernehmen. Gott spreche sich selbst im Symbol, der Anschauungsform der Vernunft, aus und setze uns durch seine Offenbarung in Jesus Christus zu einer spekulativen höheren Erkenntnis instand. Eigentliches Organ der unmittelbaren, begegnenden Erkenntnis Gottes sei das Gewissen: conscientia als Mit-wissen Gottes, also Wissen vom Gewußtsein durch Gott. Wahre schauende Erkenntnis und richtiges Wollen beruhen auf dem gläubigen, bewundernden Einatmen des göttlichen Odems. Alles schöpferische Handeln ist Teilhabe an Gottes Schöpfertum; Dasein ist je Erkanntsein in Gottes Logos; Sprache ist Angesprochensein von Gott. So stellt B. dem gottesleugnerischen, subjektivistischen »cogito ergo sum« → Descartes' das theonome Erkenntnisprinzip

»cogitor ergo cogitans sum« entgegen: die Spontaneität meines Willens beruhe auf der persönlichen Einwohnung Gottes in meinem Willen und nicht auf einer sich auf ein unpersönliches abstraktes Sittengesetz (Kant) beziehenden, zu einem revolutionären Nihilismus führenden Autonomie. Einzig Christus erlöst uns aus dem tantalischen Streben einer endlosen Zeit und erneuert die gefallene Schöpfung zu einer verklärten Leiblichkeit. – In seiner Sozietätsphilosophie (auf Gottes Liebe beruhende korporative Ständeordnung) nimmt B., den liberalen Kapitalismus mit seiner nur formalen Freiheitsidee ablehnend, die Reintegrierung der schutz- und heimatlos gewordenen »Proletarirs« verlangend, wesentliche Erkenntnisse von Karl → Marx vorweg.

Sämtl. Werke, hg.v. F.Hoffmann, 16 Bde, 1851-60. - J.Klaassen, F.B.s Leben u. theosophische Werke, 2 Bde, 1886/87 - J.Jost, Bibliogr. der Schriften F.B.s, 1929 - S.P.Ševyrev, Eine christliche Philosophie. Gespräche B.s (Maskvitjanin, 1841, H. 3, russ.) - H.Reichel, Die Sozietätsphilosophie F.B.s, 1901 - E.Gaugler, B.s Kampf gegen die Alleinherrschaft des Papstes (IKZ 7, 1917, 240-269) - F.Lieb, B. u. Kant (Diss. theol. Basel), 1923 (Masch.) - NDB I, 474ff (Lit.) - E.Benz (Hg.), Adam (Dokumente relig. Erfahrung), 1955.

F.Lieb

Baal. Das hebr. bă'äl kommt im AT häufig als Appellativum mit der Bedeutung »Herr«, »Besitzer« vor. Auf Gott bezogen, wird es mehr und mehr zu einem Eigennamen, der aber insofern vieldeutig ist, als er von mehreren Göttern gebraucht werden kann. Nach Ausweis altisraelitischer Personennamen wie Eschbaal »Mann des B.« ist B. zunächst auch auf Jahwe angewendet. Die scharfe Auseinandersetzung der Jahwe-Religion mit der kanaanäischen, in der dieses Gottesprädikat besonders beliebt war, hat jedoch seine Ausscheidung aus dem israelitischen Sprachgebrauch zur Folge gehabt, und zwar bis zu dem Grade, daß nun auch die profane Verwendung des Wortes, etwa als »Mann (Besitzer) eines Weibes«, »Ehemann« verpönt wurde (Hos 2, 18-19). So nimmt B. die Bedeutung »Götze« an, und in den häufigen Fällen, wo es im Plural, vielfach in Verbindung mit den → »Astarten« (Ri 10, 6; 1Sam 7, 4), vorkommt, kann »B.e und Astarten« geradezu mit »männliche und weibliche Götzen« wiedergegeben werden. Diese polemisch-abwertende Verwendung des Wortes hat zu der Vorstellung geführt, daß es sich bei den B.en wirklich um eine Unzahl kleiner, unbedeutender Lokalgottheiten handle. In Wahrheit sind diese B.e Erscheinungsformen eines großen B. und die Frage ist nur, ob wir diesen, mit dem Appellativum »Herr« bezeichneten Gott noch genauer bestimmen und seinen Eigennamen angeben können. Nun legen manche hier in Betracht kommende Stellen des AT den Gedanken, daß wir es bei diesem B. mit dem Sturm-, Wetter- und Regengott → Hadad zu tun haben, sehr nahe, und außer-at. Texte, darunter die dem 14.Jh. vChr angehörigen Amarna-Briefe (→ Amarna) sowie die gleichaltrigen ugaritischen Texte und Monumente (→ Ugarit), beweisen es geradezu, daß zum mindesten häufig der als B. bezeichnete Gott mit Hadad identisch ist. Andere Stellen des AT lassen eher an Baalschamem, den »Himmelsherrn«, denken, der vom 2.Jt. vChr ab bei Kanaanäern und Aramäern in hohem Ansehen gestanden hat und dessen Name oft zu B. abgekürzt worden ist. Da sich die Bereiche des Wettergottes und des Himmelsgottes nahe berühren, wird man sich auch in den Fällen, in denen das AT B. als einen bestimmten Einzelgott nennt, die Grenze zwischen Hadad und Baalschamem nicht allzu scharf denken dürfen. Ist es also auch nicht überall mit Sicherheit auszumachen, welcher Gott jeweilig im AT mit B. gemeint ist, so läßt sich in wenigstens zwei Fällen doch Genaueres sagen: bei der Bedrohung Jahwes durch den B. von 1Kön 17-18 und bei den gegen den Jahwe-Kultus gerichteten religionspolitischen Maßnahmen des → Antiochus Epiphanes, die sich im → Danielbuch und in 1.2.4Makk spiegeln. Im ersten Falle steht fest, daß es ein phönizischer Gott ist, dessen Verehrung von Ahabs Gemahlin → Isebel, einer tyrischen Prinzessin, in Israel propagiert wird, wenn auch darüber, ob dieser tyrische Gott als Melkart oder als Baalschamem zu bestimmen ist, die Meinungen auseinandergehen. Im zweiten Falle handelt es sich aber deutlich um den im griechischen Gewande als Zeus Olympios auftretenden Baalschamem.

H.Gressmann, Hadad u. B. nach den Amarnabriefen u. nach ägypt. Texten (BZAW 33, 1918, 191-216) - AOB Nr. 247-366 - O.Eissfeldt, Ba'alšamēm u. Jahwe (ZAW 57, 1939, 1-31) - Ders., Der Gott Karmel (SAB 1953, 1) - C.F.Schaeffer, The Cuneiform Texts of Ras Shamra-Ugarit, London 1939 - R.Dussaud, Les Découvertes de Ras Shamra (Ugarit) et l'Ancien Testament, Paris 1941² - J.Obermann, Ugaritic Mythology, New Haven 1948 - RAC I, 1063ff - S.Kapelrud, B. in the Ras Shamra Texts, Kopenhagen 1952 - ANET² Nr. 464-501 - F.Løkkegaard, The House of B. (AcOr 22, 1955, 10-27).

O.Eißfeldt

Baalat, Femininum von → Baal, bedeutet von Haus aus »Herrin«, »Besitzerin« und wird so auch profan gebraucht, etwa 1Kön 17, 17 von der »Besitzerin eines Hauses«. Wie Baal ist dann aber auch B. Gottheitsepitheton und geradezu Göttinnen-Name geworden. Unmittelbar kommt B. als solcher im AT nicht vor, aber doch mittelbar, insofern hier einige Orte dieses Namens erscheinen, die offenbar nach einer in ihnen verehrten Göttin B. benannt worden sind (Jos 15, 11. 29). Wie die hier vorausgesetzte B. näher zu bestimmen ist, ob sie mit einer der uns sonst bekannten kanaanäischen Göttinnen, → Anat, → Aschera, → Astarte und gegebenenfalls mit welcher, zu identifizieren ist, bleibt ungewiß. Aber um eine Göttin, die ihrer Art nach Fruchtbarkeitsgöttin ist, handelt es sich wohl jedenfalls. Aus der Verdrängung des eigentlichen Namens dieser Göttinnen durch das – ja »Herrin« bedeutende – Appellativum B. wird man aber wohl schließen dürfen, daß hier der naturhafte Charakter hinter der politisch-sozialen Funktion der Göttin zurückgetreten ist. Vom phönizischen Byblos (Gebal) wissen wir es jedenfalls, daß eine B. hier die oberste Gottheit gewesen ist. In den auf semitische Sklaven, die in den dortigen Malachit-Minen tätig waren, zurückgehenden und um 1500 vChr anzusetzenden Inschriften von Ṣerābīṭ el-Chādem auf der südwestlichen Sinai-Halbinsel kommt wahrscheinlich b'lt = B. vor. Als ganz gesichert darf indes diese Lesung noch nicht betrachtet werden.

Lit. zu → Aschera. - Zur B. von Ṣerābīṭ el-Chādem vgl. einerseits G.R.Driver, Semitic Writing from Pictograph to Alphabet, London 1954², 94ff, anderseits J.Friedrich, Entzifferung verschollener Schriften u. Sprachen, 1954, 129f.

O.Eißfeldt

Baal-Schem-Tob, * um 1700 in Okop, Ukraine, † um 1760 in Miedžibož, wo er seit 1740 wirkte. B. bedeutet »Meister des rechten Gottesnamens« und ist zum Namen für Rabbi *Israel ben Elieser* geworden. Historisch ist wenig über ihn bekannt; die Biographie (Erstdruck 1814) ist rein legendarisch. Selbst im Rabbinismus nicht gebildet, nahm er sich, aus langer Einsamkeit in den Karpathen zurückgekehrt, zunächst der religiösen Not der armen Masse seines Volkes an. Die Grundaussage dieses Begründers des → Chassidismus lautet: das Entscheidende ist nicht, daß Gott *ist*, sondern daß alles, was ist, Gott innewohnt. Im Gegensatz zur weltverachtenden lurianischen → Kabbala lehrte er einen freudevollen Dienst Gottes unter Bezug auf Ps 100, 2. Weitere Elemente seiner Lehre sind die Gabe der Gebetskonzentration, die Entflammung der Begeisterung bis zur Aufhebung der individuellen Existenz, die Anhänglichkeit oder Ekstase und die Demut. Der Gerechte wird als der aus den höchsten Gottessphären kommende und in ihnen wirkende Mensch hoch verehrt.

JüdLex III, 68ff - S.DUBNOW, Gesch. des Chassidismus, 1931 - EJud V, 357ff - T.YSANDER, Studien zum Beʿeštschen Ḥasidismus, 1933 - M.BUBER, Die Erzählungen der Chassidim, 1949 - H.SAHLIN, Chassidische Parallelen zum NT (Judaica 12, 1956, 65-98).

E.L.Rapp

Babai *der Große* († 628), der berühmteste der nestorianischen Theologen, lehrte in Nisibis, wurde Abt des Klosters auf dem Berge Īslā und übernahm 609 stellvertretend das Amt des Katholikos seiner Kirche. Von den 83 Bänden seines literarischen Nachlasses ist die Schrift »Über die Union« das Hauptwerk der nestorianischen → Christologie (: II). Die Erklärung der Zenturien des → Evagrius Ponticus schreitet den gesamten Umfang der Theologie ab. Das nestorianische Glaubensbekenntnis von 612 ist wahrscheinlich von ihm verfaßt. → Nestorianer.

O.BRAUN, Das Buch der Synhados, 1900 - A.VASCHALDE, Babai Magni liber de unione (CSCO 80), 1915 (Lit.) - A.BAUMSTARK, Gesch. d. syr. Lit., 1922.

A.Adam

Babismus. 1844 erklärte sich der 24jährige Mirza ʿAlī Muḥammad aus Schiraz für den *Bāb*, die Pforte (zum Verborgenen), das Werkzeug des verborgenen Imams, - er trat 1000 Hiǧra-Jahre nach dessen Verschwinden auf (260 h/1260 h). Seine Angriffe gegen die Mollas gehen zusammen mit spiritueller Deutung des islamischen Dogmas: keine leibliche Auferstehung; das Paradies ist geistige Vollendung. Gewaltanwendung ist verboten, Ehe - bei Gleichberechtigung der Geschlechter - Pflicht. Wein, Tabak, Morphium sind verboten. - Neben ethischen Geboten stehen kabbalistische Zahlen- und Buchstabenbedeutungen (→ Alphabet, → Kabbala); da den 19 Buchstaben der arabischen Formel »Im Namen Gottes des Barmherzigen des Erbarmers« (basmala) der Zahlwert 19 des Gottesnamens vāḥid, einer, und mavǧūd, vorhanden, entspricht, ist 19 die heilige Zahl der Babis; sie teilen das Jahr in neunzehn 19tägige Monate ein, deren letzter ein Fastenmonat ist. Der Bab bezeichnet sich selbst als den Punkt unter dem b der basmala (in der arab. Schrift), in welchem der gesamte Sinn des Koran eingeschlossen ist. Er fühlt sich damit als letzten in der Reihe der Propheten, die alle der gleichen Essenz entstammen. Seine Schriften (bayān, arab. und pers.; Baina'l-ḥaramain; Kommentar zur Jusufs-Sure) beanspruchen Geltung als göttliche Offenbarung. - Der Bab wurde am 8.7.1850 hingerichtet. Ein Attentat gegen den Schah von Persien (1852) führte zur Hinrichtung zahlreicher Babis, darunter der begabten jungen Dichterin Ṭāhira Ḳurrat al'Ain. Die folgenden Kämpfe kosteten tausenden von Menschen das Leben, und die persische Regierung suchte die babistische Bewegung in jeder Weise auszurotten. - Nach dem Tode des Bab ging die Führung der Gemeinde zunächst an Mirza Yaḥya Ṣubḥ-i Azal (Morgenröte der Urewigkeit) über, der in Verbannung erst in Famagusta, dann in Edirne lebte und die klassische, der Schia nahestehende Richtung des B. vertrat; andererseits entwickelte sich unter Bahā'ullāh die umfassende → Bahai-Bewegung. Vgl. → Islam: I.

A.NICOLAS, Beyan arabe, trad. 1905 - DERS., Bayan Persan, 4 Bde, 1911-14 - H.RÖMER, Die Babi-Bahai, 1912 - E.G.BROWNE, Materials for the Study of the Babi-Religion, 1918 - ERE II, 299ff - HIsl 69ff.

A.Schimmel

Babylas, Bischof von Antiochien, † 250/51 unter Decius im Kerker. Caesar Gallus (351-354) baute zu seiner Ehre im Vorort Daphne nahe einem Apollotempel eine Kirche. Die dahin übergeführten Gebeine des B. mußten auf Befehl → Julians entfernt werden; in festlichem Zug wurden sie zum Coemeterium zurückgebracht. Unter Bischof → Meletius († 381) wurde B. in einer seinem Namen geweihten Basilika beigesetzt.

CH.BAUR, Zur Ambrosius-Theodosius-Frage (ThQ 90, 1908, 401-409) - P.PEETERS, La Passion de S.Basile d'Epiphanie (AnBoll 48, 1930, 302-323) - LIETZMANN II, 166; III, 285. 335.

F.Paschke

Babylon

1. Name und Geschichte - 2. Die Stadt unter Nebukadnezar II. - 3. Die Tempel und der Babylonische Turm. - Vgl. die Nebenkarte »Babylon« auf Karte 3, Sp. 653f.

1. Die bisher älteste Erwähnung von B. enthält ein Jahresname der Dynastie von Akkade (→ Babylonien: I) um 2290 vChr. Der Name wurde von den Babyloniern schon damals als Bāb-ilim »Gottespforte« verstanden, was aber eine Volksetymologie sein dürfte; Babilla (so oft vor 2000 geschrieben) ist ein vorsemitischer Name (I. Gelb, Or 25, 1956, 105). Gen 11, 9 deutet die hebr. Namensform Babel nach hebr. balal als »Verwirrung«. Andere Namensformen sind griech. Βαβυλών, altpers. Babiruš. B. war vor 1900 vChr ein unbedeutender Ort und wurde erst durch → Hammurapi Landeshauptstadt. Über den Umfang und die wichtigsten Bauten B.s im 2.Jt. konnten die deutschen Ausgrabungen unter R.Koldewey (1899-1917) wegen ungünstiger Bedingungen fast nichts mehr ermitteln. Mit nur kurzen Unterbrechungen blieb B. die Hauptstadt des Landes bzw. später der Provinz Babylonien bis zur Zeit Alexanders d.Gr., der B. zur Reichshauptstadt machen wollte. Erst mit der Gründung von Seleucia durch Seleukos I. begann der Verfall, der unter der Partherherrschaft rasch fortschritt. Kleinere Siedlungen zwischen den Ruinen, zT von Christen und Juden bewohnt, bestanden noch bis zu der um 1000 nChr erfolgten Gründung der unmittelbar südlich benachbarten Stadt Hille. Einer der Ruinenhügel heißt noch heute Babil. Zugleich Landesname wurde B. erst unter den Persern, im AT entsprechend in nachexilischer Zeit. Für Juden und Christen wurde B. später der Inbegriff entarteten Götzendienstes und wird im NT in Apk 17ff zum Decknamen für Rom bzw. die Stadt des → Antichrist (: I).

2. Die → Ausgrabungen (: II) haben uns in der Hauptsache mit der Glanzzeit B.s unter → Nebukadnezar II. (Nbk.) und seinen Nachfolgern bekannt gemacht. Die Fläche des von der mindestens 15 km langen äußeren Stadtmauer umschlossenen Gebietes ist nicht mehr genau bestimmbar; mit 12 qkm oder mehr dürfte sie etwa der Roms in der Kaiserzeit entsprochen haben. Bebaut war natürlich nur ein Teil dieses Gebietes. Die Einwohnerzahl (kaum unter 100 000) ist daher schwer abzuschätzen. Das erst von Nbk. zur Stadt geschlagene Gebiet zwischen der von ihm angelegten dreifachen Außenmauer (3 bzw. 8 bzw 7 m stark; Höhe unbekannt) und der inneren Mauer ist größtenteils noch nicht ausgegraben. In der Nordecke lag am Euphrat ein großer *Palast des Königs* von noch unbekannten Ausmaßen (heute Hügel Babil, → 3 B 5 [»1« = Burg]). Die meist zweifache innere Ummauerung wurde nach der völligen Zerstörung B.s durch Sanherib 689 von Asarhaddon nach 681 zT auf alten Fundamenten wieder aufgebaut und in der Folgezeit verstärkt. Er gibt als Länge die runde Zahl von 14 400 Ellen (ca 7300 m) an; nach der Ausgrabung ist sie etwa 8100 m lang und umschließt ein Rechteck von fast 4 qkm, das der Euphrat durchfloß. Eine 6 m breite Brücke verband beide Stadtteile. Die *Altstadt* mit den meisten Monumentalbauten lag am Ostufer. An ihrem Nordrand lag der Palast (heute Kasr) mit dem alten Südteil, der sog. Südburg, innerhalb des Innenmauerringes, während die erst von Nbk. erbauten neuen Teile (Hauptbau und Nordbau) außerhalb der Mauer daran an-

schlossen. Vollständig ausgegraben wurde nur der gewaltige, fünfteilige Südbau (Fläche über 4 ha) mit dem glasurziegelgeschmückten Thronsaal und in der Nordostecke einer Terrassenanlage auf 14 Gewölbebögen, vermutlich den »hängenden Gärten der Semiramis« der Griechen. Die Paläste lagen an der Westseite der großen Prozessionsstraße, die vom Marduktempel (→ 3 B 5 [»3«]) zum Ischtartor führte. Dieses zT noch 12 m hoch anstehende Prachttor war über und über mit farbigen Ziegelreliefs (Löwen, Drachen usw) geschmückt. Die anderen Stadttore sind nicht ausgegraben. Von der Wohnstadt wurden nur einige Häuserblocks aufgedeckt (Hügel Merkes) sowie ein griechisches Theater.

3. Die Zahl der *Tempel* im B. Nbk.s ist unbekannt. Die kleineren lagen in verschiedenen Stadtteilen; vier von ihnen wurden freigelegt, die Ninurta und den Göttinnen Ninmach, Gula und Ischtar von Akkade (Merkes) geweiht waren. Der Tempelbezirk des Stadtgottes Marduk ist besonders stark zerstört und nicht vollständig ausgegraben; mit 20-30 ha Fläche übertraf er alle anderen Tempelanlagen Babyloniens bei weitem. Im Mittelpunkt des Südteils lag der Tieftempel Esa(n)gila mit dem Gottesbild, nördlich anschließend der weitaus größere heilige Bezirk von Etemenanki (→ 3 B 5 [»2«]) mit dem Hochtempel. Während Esa(n)gila schon 50 Jahre vor Hammurapi erstmalig erwähnt ist, wird Etemenanki zuerst 680 von Asarhaddon genannt, der den *Wieder*aufbau des Turms (Zikkurrat) »wie früher« berichtet. Wann er zuerst errichtet wurde, verrät keine Inschrift; doch ist nach Analogie der Hochtempel anderer Städte ein höheres Alter zu vermuten. Die Erzählung vom Turm zu Babel in Gen 11, 1-9 zeigt wohl, daß ein älterer Bauplan nicht zu Ende geführt werden konnte, so daß zur Zeit des → Jahwisten um 900 der Bau schon länger unvollendet dalag. Vielleicht war er damals schon viel größer als alle anderen Hochtempel-Stufenterrassen geplant, was als Überheblichkeit ausgelegt wurde. Das von Asarhaddon angegebene Grundflächenmaß von 180×180 Ellen wurde durch die Ausgrabung bestätigt (91,50 m Seitenlänge); vollendet hat den Bau erst Nbk. Herodot bzw. seine Gewährsleute kannten den Tempel um 460 herum noch in gutem Zustand; wenig später dürfte der Verfall begonnen haben. Heute ist so wenig erhalten, daß die Grabung nur den Grundriß der untersten Stufe mit der dreiteiligen Freitreppenanlage ermitteln konnte. Für eine Rekonstruktion sind Herodots Angaben wichtig, vor allem aber eine keilschriftliche Beschreibung von Esa(n)gila und Etemenanki mit vielen Maßangaben, die freilich vieles nicht sagt und anderes nur recht unklar. Die (nur von den 3 größten Pyramiden Ägyptens übertroffene) Gesamthöhe entsprach danach der Seitenlänge. Gut ¾ dieser Höhe entfiel auf die 5 Kolossalstufen der Terrasse, davon 33,60 m auf die unterste. Der Hochtempel mit dem Außenmaß 24,50×22,95 m enthielt außer der bildlosen Zella für Marduk mit einem großen Bett für die Gottesbraut und einem überdachten Hof noch 6 Kulträume für 7 weitere Götter. Ein Treppenhaus führte in das Obergeschoß (6 m hoch), das 7. des ganzen Baus, das nur einen Wach- (und Beobachtungs-?)raum enthielt. Herodots Beschreibung weicht hiervon mehrfach ab; statt 7 Stufen nennt sie 8. Die modernen Rekonstruktionszeichnungen sind demgemäß in wichtigen Einzelheiten noch recht verschieden. Die Erzählung in Gen 11 hat seit dem Mittelalter viele Maler zu phantastischen Turmbaubildern angeregt.

PW II, 1896, 2667ff - R.Koldewey, Das wiedererstehende B., (1913) 1925^4 - Ders., O.Reuther, F.Wetzel u.a. in WVDOG 15. 32. 47f. 54f. 59, 1911-38 - A.E.Unger, B., die hl. Stadt, 1931 - RLA I, 1932, 330ff - BRL 68ff - O.E.Ravn, Herodotus' Description of B., 1942. - Zum Turm von B.: F.Wetzel-F.H.Weissbach, Das Hauptheiligtum des Marduk (WVDOG 59), 1938 - W.v.Soden, GGA 200, 1938, 516-526 - A.Parrot, Ziqqurats et Tour de Babel, 1949 - Ders., La Tour de Babel, 1953. *W.von Soden*

Babylonien

I. Geschichte - II. Babylonische und assyrische Religion - III. Babylonische Traditionen und das AT. - Vgl. Karte 3 »Babylonien und Assyrien«, Sp. 653f, sowie die Bildtafeln 3 und 4 nach Sp. 816. - Über die babylonische religiöse Kunst → Kunst: II F; vgl. außerdem → Assyrien, → Assyriologie, → Ausgrabungen: II.

I. Geschichte

1. Das Land - 2. Die Frühzeit. Sumerer und Akkader - 3. Der Aufstieg Babylons und die Kassiten - 4. Aramaisierung und Spätzeit - 5. Die Kultur B.s

1. B. ist das Schwemmland beiderseits des unteren Euphrat und Tigris bis etwa nach Baghdad hinauf. Wegen ganz ungenügender Regenmengen ist es auf künstliche Bewässerung unter Ausnutzung des Frühjahrshochwassers der Flüsse angewiesen. Es gibt besonders reiche Ernten, wenn das dauernd von Versandung bedrohte Kanalsystem gepflegt wird, dazu bedarf es aber eines geordneten Staates. Die abgelagerten Sinkstoffe schieben die Flußmündung immer weiter nach Südosten vor. Eridu und → Ur (→ 3 E 5) lagen in der Frühzeit noch am Meer, Uruk und Larsam nicht weit entfernt von den Lagunen. Die wichtigste Stadt in Mittel-B. war Nippur (→ 3 E 4), während Isin (→ 3 E 4) und Lagasch (→ 3 E 5) nur zeitweise größere Bedeutung hatten. Im Norden B.s lagen das sehr alte Kisch (→ 3 E 4) und Akkade sowie → Babylon, Borsippa (→ 3 D/E 4) und Sippar (→ 3 D 4), ferner östlich des Tigris Eschnunna. Die Westgrenze bildet die arabische Wüstensteppe, die Ostgrenze die Vorberge des Zagros mit dem alten Reich Elam (Hauptstadt Susa, → 3 F 4). Im Norden fehlt eine natürliche Grenze gegen → Assyrien und Mesopotamien.

2. B. wurde kaum vor dem 5.Jt. von den Gebirgsrändern aus besiedelt und hatte schon im 4.Jt. auf bäuerlicher Grundlage eine höhere Kultur, zuerst die sog. Eridu-Kultur, später die El-Obeid-Kultur (→ Ausgrabungen: II). Die → Sumerer kamen (vermutlich von Osten) wohl erst mit der sog. Uruk-Kultur (seit etwa 3200) ins Land. Da bei ihnen alles Land Tempeleigentum war, führten die Bedürfnisse der Verwaltung sie um 3000 auf den Gedanken zu schreiben und zur Ausbildung einer Bildzeichenschrift, die sich später zur Keilschrift entwickelte (→ Assyriologie). Geschichtliche Nachrichten fehlen aus der Zeit vor etwa 2600 mit der auch nach Ägypten ausstrahlenden Dschemdet-Nasr-Kultur (reiche Bau- und Bildkunst) fast ganz und setzen erst in der sog. frühdynastischen Zeit ein, die nach der heute wahrscheinlichsten Chronologie für die Zeit vor etwa 1500 von Sidney Smith bis etwa 2420 dauerte (nach F. W.Albright ca 2360, nach B.Landsberger und anderen ca 2500). Sie zeigen das Land in Stadtstaaten geteilt, die im Norden B.s schon damals von den wohl bald nach 3000 eingedrungenen semitischen Akkadern beherrscht wurden. Der jeweils stärkste Stadtfürst hatte als König die Führung. Nach etwa 2550 regierte im Süden die 1. Dynastie von → Ur (Mesannepadda; Königsgräber), daneben die Dynastie von Lagasch, die umfangreiche sumerische Inschriften hinterließ. Ihr letzter König Urukagina rühmt sich sozialer Reformen, verlor aber durch den Eroberer Lugalzaggesi von Umma den Thron. Dieser wieder mußte Sargon (Šarrukin) von Akkade (2414 bis 2358) weichen, dem Gründer des ersten semitischen Großreichs, das unter ihm und Naramsin (2334-2297) von Oman bis nach Anatolien reichte. Es folgte eine Niedergangszeit mit Fremdherrschaft der Gutäer aus Westiran und dann eine Renaissance des Sumerertums

mit Gudea von Lagasch (ca 2140) und der 3. Dynastie von Ur (2128-2019), deren letzte Herrscher akkadische Namen trugen. Es ist die klassische Zeit der sumerischen Literatur.

3. Semitische Gruppen der kanaanäischen Wanderungswelle fassen nach 2100 (mittlere Chronologie, s.o.) in B. Fuß und stürzen 2019 das Reich von Ur. Von den neugebildeten Kleinstaaten sind zunächst der von Isin (2033-1796) und der von Larsam (2025-1764) die bedeutendsten; ihr geistiges Gesicht wird noch weithin durch die Sumerer bestimmt. Die soziale Umschichtung fördert die Semitisierung auch des Südens, die aber erst um 1500 zum Abschluß kommt. Eine weitere Dynastie neben anderen wird 1894 in → Babylon begründet. Ihr 6. Herrscher ist → Hammurapi (1793-1750), der nach sehr kleinen Anfängen 1764 Rim-Sin von Larsam (1825 bis 1764) beseitigt und B. von der neuen Hauptstadt aus wieder einigt, später auch Ešnunna, Assyrien und → Mari (→ 3 C 3) erobert; das ganze Gebiet zwischen Elam und den syrischen Staaten ist damit für eine kurze Zeit zusammengefaßt. Durch seinen Gesetzeskodex versuchte er, auch das Recht in seinem Reich zu vereinheitlichen. Unter seinen Nachfolgern ging das Reich bald wieder verloren; auch Süd-B. machte sich für etwa 250 Jahre wieder selbständig. Von Nordosten brachen aus Iran die Kassiten, ein Volk noch unbekannter Herkunft, ein und machten sich, nachdem Babylon 1595 einem Raubzug der → Hethiter zum Opfer gefallen war, zu Herren in B., im Süden des Landes freilich erst etwa 1480. Eine größere Macht hat das Kassitenreich wohl nie entfaltet. Die Ägypter behandelten es daher in der Korrespondenz von → Amarna auch nicht sehr achtungsvoll, und seit etwa 1340 konnten die Assyrer mehrfach in B. eindringen und um 1220 sogar Babylon zerstören. Die Periode nach etwa 1400 war jedoch kulturell eine Blütezeit. Um 1150 trat an die Stelle der ganz babylonisierten Kassitendynastie die einheimische 2. Dynastie von Isin, deren bedeutendster Herrscher Nebukadnezar I. um 1100 das damals sehr starke Elam besiegte.

4. Seit etwa 1000 brachen die → Aramäer in immer neuen Scharen in B. ein und besetzten zunächst das flache Land, später auch die Städte, paßten sich aber weitgehend der überlegenen Kultur B.s an. Zu stabilen politischen Verhältnissen kam es durch die aramäische Infiltration nicht, zumal auch die Assyrer und zeitweilig auch Elam immer wieder in B. eingriffen. Immer erneute Versuche, sich gegen die Übermacht Assyriens seit Tiglatpilesar III., der in B. als Pulu regierte, zu behaupten, scheiterten trotz elamischer Hilfe an der Unbotmäßigkeit der Aramäerstämme B.s. Ein besonders zäher Gegner Assurs war der Chaldäer Marduk-apal-iddin II. (722 bis ca 700), der nach Sanheribs Regierungsantritt etwa 703 sogar mit → Hiskia von Juda Verbindung gegen die Assyrer aufnahm (Jes 39; 2Kön 20, 12ff, dort Merodachbaladan genannt). Langdauernde Kämpfe führten 689 zur völligen Zerstörung Babylons, das freilich schon 681 von Asarhaddon wieder aufgebaut wurde. 652-648 verursachte der Krieg Assurbanipals gegen seinen als Vizekönig in Nord-B. eingesetzten Bruder Šamaššumukin (669-648) erneut schwere Zerstörungen. Die Schwächung Assyriens nach 630 benutzte der Chaldäer Nabupolassar 625 zur Gründung des sog. Chaldäerreichs, das alsbald zusammen mit den Medern Assyrien angriff und 609 vernichtete. Bei der Teilung fiel der Westen des Reichs mit Syrien und Palästina an B. Den Versuch Nechos von Ägypten, nach dem leicht errungenen Siege über → Josia von Juda Syrien an sich zu reißen, wehrte → Nebukadnezar II. (605-562) noch als Kronprinz 605 bei Karkemisch (→ 3 B 2) ab, konnte 601 aber Ägypten nicht besetzen. Später erhoben sich Juda und Tyrus gegen ihn. Daher zog Nebukadnezar Ende 598 in den Westen und eroberte im Frühjahr 597 Jerusalem und führte viele Einwohner mit dem König Jojachin ins Exil nach B. 589 erhob sich Juda unter → Zedekia erneut, wurde aber bald niedergeworfen; Jerusalem fiel 587 und wurde völlig zerstört; die Oberschicht der Stadt und des Landes wurden nach B. deportiert. → Tyrus mußte sich nach 13jähriger Belagerung unterwerfen. Ein weiterer Krieg gegen Ägypten ist unsicher bezeugt. Nach Nebukadnezar verfiel das Reich schnell. Sein Sohn Awil-Marduk (2Kön 25, 27 Ewilmerodach) wurde von Neriglissar (560-556) beseitigt, dessen Sohn wiederum von dem Harranier Nabonid (555-539), der als Verehrer des Mondgottes die Mardukpriester vor den Kopf stieß und daher mit seinen Versuchen, den Widerstand gegen Kyros von Persien zu organisieren, scheiterte. Babylon fiel 539 fast kampflos in die Hand der Perser, und B. wurde ein Teil des Perserreichs, behielt aber eine gewisse Autonomie. Unter den → Seleukiden und seit 141 den Arsakiden wurde B. auch kulturell hellenisiert; eine Art Spätrenaissance der alten Kultur finden wir in Uruk. Astronomen schrieben noch bis 75 nChr Keilschrift.

5. Kulturell hatte B. die Führung in ganz Vorderasien. Zwölf Sprachen wurden in Keilschrift geschrieben. Bestimmend für die Kultur war vor allem die Auseinandersetzung der Semiten mit den Sumerern (→ Babylonien: II). Sie führte u.a. zur Entstehung einer von der griechischen grundverschiedenen Wissenschaft, die, wie Kunst und Literatur in allem Wesentlichen religiös bestimmt, sich am stärksten in der Philologie, Medizin, Mathematik und vor allem in der Spätzeit in der aus der Astrologie erwachsenen Astronomie entfaltete. Die große Zeit der Bildkunst war das 3.Jt.; später trat die Baukunst in den Vordergrund. Seinen Reichtum verdankt B. dem Handel, in dem es noch im Perserreich führend war; aber auch das Handwerk und die Landwirtschaft waren hochentwickelt. Die Bedeutung B.s für die Kultur der Antike ist noch schwer genau abzuschätzen.

Außer der Lit. zu → Assyrien, → Babylonien: II, → Ausgrabungen: II vgl. B.Meissner, B. u. Assyrien, 2 Bde, 1920/25 - RLA I. II, bes. I, 369ff; II, 131ff - W.v.Soden, Leistung u. Grenze sumer. u. babyl. Wissenschaft (Die Welt als Geschichte 2, 1936, 411-464. 509 bis 557) - H.Schmökel, Ur, Assur u. Babylon, 1955 (Lit.) - D.J. Wisemann, Chronicles of Chaldaean Kings, 1956. - Bibliogr. in AfO u. Or.

W.v.Soden

II. Babylonische und assyrische Religion

 - Vgl. → Weltbild: I C

1. Die Stadt und das Reich von → Babylon (Babel) erhielten ihre religiöse und kultische Vorherrschaft erst durch den Sieg der Marduk-Religion um 1700 vChr (→ Hammurapi). Damals waren die → Sumerer bereits durch die semitische Bevölkerung der Akkader und die jüngeren → Amoriter (Ostkanaanäer) und Assyrer (→ Assyrien) verdrängt. Doch betrachtete man diese stammfremden Sumerer innerhalb des Kulturkreises des Zweistromlandes und seiner Ausläufer bis zuletzt als die geistigen Väter und Vorläufer, deren Götterwelt, Literatur und Sprache man in Kult und Wissenschaft trotz aller Angleichung und Übertragung übernahm und bewahrte. Schon in der Spätzeit der Reiche von Sumer und Akkad findet sich eine Symbiose zweier sprachlich wie rassisch grundverschiedener Gruppen. Schon damals handelte es sich um eine künstliche Einheit sumerischen Gepräges und um eine Verschmelzung zentrifugaler Tra-

ditionen und Tendenzen im Sinne eines → Synkretismus, dessen Anfang für uns, trotz der Fülle der Grabungsergebnisse, noch im Zwielicht der Frühgeschichte liegt.

2. Bezeichnend für die Sumerer war ihr Ordnungswille und Sinn für Sicherheit und Harmonie, entsprechend ihrem durch Deiche und Kanäle symmetrisch gegliederten und gegen die Gefahren der Steppe und des Berglandes (kur) gesicherten Landes (kalam). Dem Ordnungsprinzip liegt die Entsprechung des Himmlischen und Irdischen, der Götter- und Menschenwelt im Kleinen wie im Großen zugrunde. So besteht auch ihre Theologie und Wissenschaft aus eintönigen Listen, und ihre Poesie beruht auf dem Prinzip regelmäßiger Wiederholung. Ihre →Theogonie und Kosmogonie, wie wir diese den in ihrer Spätzeit aufgezeichneten Mythen und Weisheitsschriften entnehmen, ist nüchtern und utilitaristisch. Das kosmische Leben ist gedacht nach doppelter Analogie in Raum und Zeit: der der menschlichen Wohnung in Haus und Stadt und der des Menschenlebens von der Zeugung bis zum Tod. Das Ziel der → Schöpfung (: I), die aus der Gemeinschaft von Himmelsgöttern mit Fruchtbarkeitsgöttinnen aus den Elementen von Luft, Erde, Wasser entsteht, ist der Mensch mit seinen Geräten als Hirt, Landmann, Handwerker. Beliebt sind die Streitgespräche zwischen diesen Berufen oder Geräten, die sich ihres Nutzens für die menschliche Gesellschaft rühmen.

Ähnliches gilt, trotz aller poetischen Kraft und Kunst, von den Liederzyklen zu Ehren von Heroen wie → Gilgamesch, Enmerkar, Lugalbanda. Zwar finden sich viele Belege einer auf Anspielungen beschränkten älteren Mythologie und einer wohl mit Absicht gebändigten Phantasie, vor allem auf dem Gebiet der Götterhochzeit und der Totenklage: besonders deutlich in den (im allgemeinen älteren) Tammuz-Liturgien und in der prächtigen Tempelbauhymne des Gudea von Lagasch. Sie beruhen auf dem überwiegend chthonischen Charakter der sumerischen Religion in der frühdynastischen Periode mit ihrem Nachdruck auf Fruchtbarkeitsriten (→ Fruchtbarkeit) und Kreislaufgedanken. Der Gottmensch oder Gottkönig (→ Tammuz) erscheint unter verschiedenen Namen und Erscheinungsformen und trägt einen eigenartigen Doppelcharakter: einerseits als der Partner der »Himmelsherrin« (Inanna), der von dieser verraten und von Dämonen ins Totenreich weggeführt wird, wo er zwar als Fürst und Totenrichter auftritt, aber auf Erden in ergreifenden Liturgien beklagt wird; andererseits als die Frucht dieses Bundes: der »wahre Sohn« (Dumuzi), mit welchem sich als Vertreter des Nachwuchses der Herden und Äcker die Hoffnung auf neues Leben und Glück verband (→ Auferstehung: I). So bildete diese Klage und Hoffnung die dynamische Korrektur der allzu statischen sumerischen Weltansicht. Ob aber in noch entfernterer Vorzeit der Himmelsgott (An oder Ana) selbst in den auf Hochterrassen errichteten Tempeln verehrt, aber allmählich (wie in Uruk durch Inanna) verdrängt wurde, läßt sich noch nicht nachprüfen.

3. Im Gegensatz zu den Sumerern liegt die Heimat und Einwanderung der Semiten großenteils im Licht der Geschichte. Als Halbnomaden und Bewohner der westlichen Steppen standen sie in einem anderen Verhältnis zur Gottheit als die ihnen materiell und geistig überlegenen Städter und Ackerbauer des Flachlandes, wenngleich auch sie am Mittellauf des Euphrat mit seinen Nebenflüssen Chabur und Balich wohl auch bereits städtische Kultur kannten. Für sie bedeutet der Gottesbegriff persönliche Kraft und ist das Stammes- und Familienband das stärkste im Himmel wie auf Erden. Der irdischen Dynastie und Hofhaltung entspricht eine immer reicher gegliederte göttliche. Denn stark ist der Trieb zur Assimilation und Erhaltung des Überlieferten, wobei nicht Verdrängung, sondern Eingliederung angestrebt wird und das einmal Geoffenbarte stets in Ehren bleibt: das sumerische Erbe bei den Akkadern, das akkadische bei den Amoritern, das babylonische bei den Assyrern und → Aramäern. Die Götter der Volksreligionen werden zusammengefaßt zu einem polytheistischen System auf sumerischer Grundlage.

So vermehrte sich die Zahl dieser Götter und Heiligtümer (einschließlich der Einzelaltäre allein in der Stadt Babylon unter → Nebukadnezar II. 1392). Denn man war konservativ und tolerant. Zwar finden sich manche Spuren religiösen Zwistes und Wetteifers; vor allem die Erhebung Marduks zum Haupt des →Pantheons war eine Reform ersten Ranges. Aber selbst diese erfolgte mit Erhaltung des Bestehenden durch Eingliederung (Marduks als Sohn des Ea) und Kultübertragung (von Nippur und Eridu nach Babylon) und Identifikation mit älteren Göttern (Marduks mit dem sumerischen Hauptgott Enlil). Im übrigen aber mußten die Veränderungen durch Bearbeitung alter Mythen erklärt und durch Riten dargestellt werden, wobei die Theogonie und Theomachie, die Abstammung und der Streit der Götter, sowie ihre friedliche Übereinkunft, welche das Neue bestätigt, die Hauptrolle spielen. Zerstörung aber von Stadt und Tempel war innerhalb des Zweistromlandes ein unerhörter Frevel, der sich zB am Zerstörer Babylons, Tukulti-Ninurta I., bald rächte, sowie später an Sanherib, der in dem Bestreben, Marduk durch Assur zu ersetzen, ähnlich vorgegangen war. Ein weiteres Mittel zur Vereinfachung war die gelegentliche Gleichsetzung von Einzelgöttern mit Aspekten des Weltgottes oder auch mit dessen Körperteilen: ein pantheistischer Zug, der nicht mit monotheistischen Tendenzen zu verwechseln ist (→Pantheismus: I, → Monotheismus: I). Durch solche Züge unterscheidet sich der babylonische Gottesbegriff prinzipiell vom israelitischen. Ein scharfer Gegensatz aber zeigte sich schon frühzeitig zwischen den astralen Gottheiten (→Astralreligion, 3), vor allem dem Sonnengott (→ Sonne), und den → chthonischen Göttern des Naturlebens.

4. So mußte man die Gottheiten nach Rang und Stellung in die Götterfamilie einzuordnen suchen. Eine frühdynastische Liste aus Fara, die in vollständiger Form auf 20 Kolumnen etwa 500 Götternamen enthielt, kann wohl als frühstes Erzeugnis theologischer Wissenschaft gelten. Aus spätsumerischer Zeit (19.Jh.) stammt ein Verzeichnis von 473 Namen, wohl aus dem Kreis des Ea-Tempels in Eridu (→ 3 E/F 5), noch längst vor der Reform, die Marduk (Nr. 104 dieses Registers) an die Spitze stellte. Etwas jünger, doch auch vor der Reform, ist der umfangreichste Götterkatalog, der (nur in fragmentarischen Abschriften erhalten) 12 Doppelkolumnen mit etwa 2500 sumerischen Namen mit akkadischen Erklärungen enthielt. Sein Ursprung ist wohl der Ischtar-Tempel in Uruk (→ 3 E 5). Er erhielt kanonische Bedeutung, obwohl auch er Marduk an untergeordneter Stelle einreiht und assyrische Hauptgötter, wie Assur und Schulmânu, ignoriert. Die Liste beginnt mit zwei Gruppen von je vier Hauptgöttern, die sich mit Ausschaltung der jeweils dritten Gottheit auf zwei ältere Triaden beschränken lassen, worum sich die übrigen Gottheiten wie eine große Dynastie und Hofhaltung mit Nachdruck auf Genealogie und Legitimität gruppieren. Die Erinnerung an ältere, verdrängte Göttergenerationen blieb in diesen Listen und deutlicher am Anfang des Schöpfungsepos erhalten. Wieder etwas später erwähnt Hammurapi am Anfang und Ende seiner Gesetze die 12 Hauptgötter und Heiligtümer seines Reiches. Außerhalb des Dutzends

steht Marduk voran, dem der Vorrang von Anu und Enlil übertragen sei. Die spätere Einteilung erfolgt meist in je 600 Götter des Himmels (Igigi) und der Tiefe (Anunnaki).

5. Die drei großen *kosmischen Gottheiten* des Himmels, des Luftreichs mit der Erde und der Wassertiefe (mit den heiligen Zahlen 60, 50 und 40) wurden im Lauf der Entwicklung in ihrer Macht beschränkt und sogar unfreundlich beurteilt; so am deutlichsten beim a) *Himmelsgott Anu* (sumerisch An oder Ana »Himmel«), der als Göttervater an erster Stelle erscheint, dessen Bedeutung als »Hochgott« aber zurücktritt, da sich nähere Helfer und Fürsprecher anbieten. Er überläßt nach dem Schöpfungsepos dem »Sonnenkind« Marduk seinen Vorrang, wird in Uruk von Ischtar, die seine Dienstmagd gewesen, verdrängt, muß in Assur seinen Tempel mit Adad und in Dêr mit einem Schlangengott teilen und erscheint als der Vater abtrünniger Dämonen. Abbildungen fehlen, Hymnen sind selten. In hellenistischer Zeit übertrug man den Kult aus dem zerstörten Marduktempel auf ihn und seine Gemahlin Antum, die man wohl mit Zeus und Hera identifizierte, und baute ihnen riesige Tempel in Uruk. - b) *Ellil* (sum. En-lil »Herr der Luft«) beherrschte die Erde, die wie ein Berg über dem Wasserreich in die Luft ragt: der Hauptgott der Sumerer, der im »Berghaus« zu Nippur (→ 3 E 4) thront, aber seine Herrschaft und auch seinen Namen Bêl »Herr« dem Marduk abtritt. So ist er (mit seiner Gemahlin Ninlil) als Gott des Sturmes und der Sturmdämonen keineswegs stets freundlich gesinnt. - c) *Ea* (sum. En-ki »Herr der Tiefe«) beherrschte die Wasser rundum und unter der als Scheibe gedachten Erde. Sein Tempel stand bei der (bald versandeten) Lagune Apsu bei Eridu. Er ist der Gott der Weisheit, Beschwörung und Genesung, Freund und Berater der Menschen, doch auch der Schlaue, der gelegentlich (wie in der Adapa-Mythe) als Betrüger auftritt.

6. Die Triade der großen *astralen Gottheiten* umfaßt Mond, Sonne und Venusstern (mit den Zahlen 30, 20 und 15): a) Der *Mondgott Sin* (sum. Suen oder Nanna) hat den Vorrang als freundlicher Leuchter (Nannar) und Lenker, mit berühmten Heiligtümern in Ur und Harrân. In Hymnen wird er gepriesen als »sich von selbst erneuernde Frucht« und »alles gebärender Schoß«; doch wird er, Sohn des Ellil und Vater des Schamasch, abgebildet als bärtiger Greis oder (in Ur) als blaubärtiger Stier. - b) Der *Sonnengott Schamasch* (sum. Utu oder Babbar »der Glänzende«), der auf seinem täglichen Lauf über das Himmelsgewölbe das Dunkel vertreibt, alles sieht und alles Unrecht erspäht, war nicht nur (neben Adad) der Orakelgott, sondern auch Held und Sieger über die Todesmacht, Gesetzgeber und Schirmer des sozialen Gleichgewichts und der Rechtshilfe. So zeigt die Gottesauffassung an seinen Tempeln zu Larsa und Sippar schon früh juristische und didaktisch-moralisierende Züge, im scharfen Gegensatz zur mehr magisch-sakramentalen Art der alten Vegetationskulte, die sich um die Göttin Inanna-Ischtar in Uruk gruppierten (→ Gilgamesch). - c) Die *Göttin des Morgen- und Abendsterns Ischtar* entspricht der phönizischen → Astarte und an ihrem Haupttempel Eanna (dem »Himmelshaus«) in Uruk der sumerischen »Himmelsherrin« Inanna. Sie erscheint als Tochter des Sin und anfangs als Magd des Anu, die von diesem zur Himmelskönigin erhoben ist. In Sumer und Babel galt sie als die große Fruchtbarkeits-, Mutter- und Minnegöttin, deren Kult unsittlich entartete; die Assyrer aber verehrten sie an ihren Tempeln zu Assur (→ 3 D 3), Ninive und Arbela (→ 3 D 2) als Kriegs- und Siegesgöttin: ersteres wohl dem Abend-, letzteres dem Morgenstern entsprechend. Dieser Doppelcharakter war Anlaß zu Widerspruch und Streit mit den Anhängern des Sonnendienstes (Schamasch). Berühmt ist die Mythe von ihrer Fahrt ins Totenreich, berühmt auch ihr Stadttor am Eingang der Prozessionsstraße in Babylon (s. Bildtafel bei → Kunst: II F). Eigentümlich sind gelegentlich hermaphroditische Züge, die wohl auf Kontamination mit → Tammuz beruhen.

7. Von den übrigen Naturgöttern sind noch hervorzuheben: a) die des → Feuers: *Gibil* oder *Girru*, der Erreger des Steppenbrandes, und *Ischum*, der als Götterbote auftritt, wie auch *Nusku*, Gott des Planeten Merkur. - b) Wichtiger ist *Ninurta*, den die Assyrer als Kriegs- und Jagdgott verehrten, entsprechend dem biblischen → Nimrod. Den Sumerern war er Gott des Naturlebens, Besieger der Unterweltsmacht, »König des schrecklichen Lichtglanzes«. Seine Gattin *Gula* war Heilgöttin und »Großärztin«. - c) *Adad*, der den sumerischen Ischkur verdrängte, auch *Rammân* (Rimmon »Donnerer«) genannt, war als Addu oder → Hadad im Westen der große Wettergott, der befruchtenden Regen und zerstörenden Sturm sendet und in Assur (neben Anu) und im syrischen Aleppo auch als Orakelgott auftritt. - d) Erst hier folge nach dem Muster der Götterlisten *Marduk* (aus sum. Amar-Utuk »Sonnenkalb«; im AT: Merodach): anfangs nur Stadtgott von Babel, Gott der Frühjahrssonne, seit Hammurapis Reform aber Götterherr und Weltschöpfer und von nun an als Sohn des Ea »Herr der Weisheit« und Heilgott, als der »Herr« (Bêl) mit Enlil (Ellil) gleichgesetzt. So erhielt er zwar eine Zwitterstellung, die bis zur Darstellung als Janusfigur mit Doppelantlitz führte; so aber wurde die Marduk-Religion von ihrem geistigen Zentrum in Babylon aus zur großen Synthese, welche (etwa gleichzeitig mit dem ägyptischen → Amon) die Gegensätze überbrückte. - e) Ähnliche Ansprüche erhoben die Assyrer für ihren Nationalgott *Assur*, wie schon aus der Gleichheit von dessen Namen mit seinem Land und ältester Hauptstadt folgt, wo er im »Haus des Weltenberges« die Weltherrschaft beanspruchte. Zwar entsprach ihre Abhängigkeit von den Babyloniern auf kulturellem und religiösem Gebiet der dieser von den Sumerern; doch ist ihre Eigenart auch hier nicht zu unterschätzen. Vergebens versuchte Sanherib um 700 (durch Identifikation mit dem uralten Weltengott Anschar) die Verdrängung Marduks durch Assur. So blieb dessen Bedeutung, wie auch die des Götterpaares *Schulmânu* und *Schulmanîtu*, auf das Assyrerreich beschränkt. - f) Gefährlicher noch hätte für Marduk die Konkurrenz seines Sohnes *Nabû* (AT Nebo) werden können, des Herolds und Schreibers der Götter, im Tempel Ezida zu Borsippa (→ 3 E 4). Er war Gott der Schriftgelehrten und Sterndeuter, des Handels und Verkehrs. Doch hat sich das Streben, ihn zum Allgott zu erheben, nicht durchgesetzt.

8. Das Totenreich gehört zum Kosmos, nicht zum von finsteren Dämonen durchzogenen → Chaos. Es wurde als die Nachtseite der Welt und das Spiegelbild des Himmels gedacht: ein Palast mit 7 Stockwerken, Mauern und Toren. Über dieses »Land ohne Rückkehr« herrscht *Ereschkigal* als »Gebieterin des großen Reiches«. Ihr Gemahl ist Nergal, Gott der sengenden Mittagssonne während ihres Höhepunktes sowie der Mitternachtssonne während ihres Tiefpunktes. Aus seinem Tempel in Kutha bringt er zwar Krisis zur Genesung, doch meist Fieber, Pest und Tod. Als gekrönter Bogenschütze sprengt er zu Pferd einher und streut Tod und Verderben. Die Mythe erklärt den Doppelcharakter, statt aus dem scheinbaren Sonnenlauf, durch eine Erzählung: Nergal hatte als Himmelsgott Ereschkigal beleidigt und stieg, von 14 Dämonen begleitet, zu ihr hinab, bezwang sie und herrscht als ihr Gemahl. In einer Unterweltsvision

1

2

1. König Ur-Nanše von Lagaš: einen Korb auf dem Kopf tragend (l. o.) und aus einem Becher trinkend (r. u.) – um 2550 – *Paris, Louvre (Originalaufnahme)*
2. Priesterkönig Gudea von Lagaš – um 2140 – *Paris, Louvre (Originalaufnahme)*

3

4

5

3. Bronzekopf aus Ninive (Sargon I. ?) – um 2360 – *Gipsabguß: Berlin, Vorderasiatisches Museum (aus H. Schmökel, Ur, Assur, Babylon)*
4. Hammurapi empfängt von Šamaš Rechtsunterweisung – um 1760 – *Paris, Louvre (aus A. Jeremias, Das Alte Testament im Lichte des Alten Orients)*
5. Assurnasirpal II. – um 870 – *London, British Museum (Originalaufnahme)*

a
b
c
d
e

1

2

3

1. Obelisk Salmanassars III. - um 830 - *London, British Museum (Originalaufnahme)*

2. Merodachbaladan belehnt einen Großen - um 715 - *Berlin, Staatliche Museen (Originalaufnahme)*

3. Tiglatpileser III. - um 740 - *Leiden, Rijksmuseum van Oudheden (Originalaufnahme)*

wird sein finsterer Hofstaat, darunter der leibhaftige Tod, beschrieben. – Schauerlich für die Nachtseite des Lebens im kosmischen Kreislauf sind die »Nachtgötter«, die freie Bahn haben, wenn alles schläft. Am gefährlichsten in der Praxis aber sind die Dämonen, die umherschweifen und den Menschen überall bedrohen. Zwar gibt es auch gute Geister und Fürsprecher: ist doch jeder Mensch »das Kind seines Schutzgottes«. Zu diesen gehören die *Schêdu* und *Lamassu*, die als Stiere mit Menschenhäuptern Tempel und Paläste bewachen, sowie die »7 Weisen« mit ihren Fischmasken oder Vogelgesichtern. Die Teufel aber bedrohen und verbittern das Leben; zu ihnen gehören die »bösen Sieben« und, als Gefahr für die Wöchnerin, die scheußliche *Lamastu* mit ihrem Partner *Pazuzu* (→ Geister: I). Der Abwehr dieser unheimlichen Mächte gilt die → Magie der Sühn- und Beschwörungspriester.

9. Die → *Tempel* (: I) unterschied man in Hoch- und Tieftempel. Erstere waren kleine Tempelgebäude auf erhöhten Terrassen, wie die Grabungen in Uruk und Eridu schon für die Frühzeit ergaben. Seit Ur-Nammu von → Ur (um 2050) wurden solche Hochterrassen (Zikkurat) als Abbildungen des kosmischen Weltberges zu echten Stufentürmen mit 5 oder 7 Stockwerken erweitert. Vom berühmtesten, dem »Haus der Grundfeste Himmels und der Erde«, Urbild des Turmes von Babel, kennen wir die Maße (91 m breit und hoch, bei Verjüngung nach oben). Er galt als »Nabelschnur« zwischen beiden Welten. Denn da sich die Götter sowohl in den Gestirnen wie in den irdischen Bildern manifestieren, verbindet solches »Band« beide Bereiche mittels der Prozessionen und Riten des Neujahrsfestes. – Die »Tieftempel« zu ebener Erde zeigten in ihrer Einteilung in Vorhöfe, Haupt- und Nebengebäude und Göttergemächer kosmische Symbolik, wie auch die Altäre und manche kultischen Geräte. Ihre Zahl war groß (in Babylon 53 große Heiligtümer, in Assur 34), und sie waren von jeher auch Mittelpunkte des Wirtschaftslebens.

10. Der älteste »Priesterfürst« (Ensi) war auch weltlicher Herrscher. Die Scheidung zwischen »Tempel« und »Palast« wurde allmählich angebahnt und war unter Hammurapi vollendet. Wir kennen 30 verschiedene Klassen von *Priestern* und 20 von Tempelfrauen. Sie allein waren zum »Betreten des Tempelhauses« berechtigt. Zu den Kultpriestern (sangû) gehörten die Liturgisten (kalû); von ihnen unterschieden sind die Gruppen der Beschwörer, Seher und Wahrsager. Wichtig war in Babylon die Rolle des Oberpriesters (urigallu). An der Spitze der Tempelfrauen stand in alter Zeit (von Nabonid erneuert) die Ober-Hierodule oder Götterbraut (entu); daneben gab es eine Art von Nonnen, die eine Scheinehe eingehen und Kinder adoptieren durften, und vor allem in Uruk zahlreiche Tempeldirnen, deren Treiben Herodot (I, 199) fälschlich verallgemeinert hat. – Die Aufgabe der Beschwörer war die Vertreibung der Krankheitsdämonen und die Entsündigung durch → Exorzismus (: I) im Sinne der »weißen Magie«; die der Wahrsager war Zukunftsdeutung aus Leber und Eingeweiden der Opferlämmer (Hepatoskopie), aus Öltropfen im Becher (Lekanomantie), aus Mißgeburten, Träumen, auffälligen Erscheinungen oder Begegnissen. Hierzu gehört auch die Beobachtung der Himmelskörper und ihrer Positionen; doch hat man erst in der Spätzeit die → Astrologie auf die Erforschung des Einzelschicksals anzuwenden begonnen.

Eine Sonderstellung unter den Kultpersonen nimmt der *König* (sum. lugal »Großmensch«) ein. In der Frühzeit ist er prinzipiell der einzige Träger des Kultes: Darbringer und Empfänger zugleich, der göttlichen Rang beansprucht (→ Königtum, sakrales). Königsvergötterung im engeren Sinn findet sich aber nur zur Zeit der 3. Dynastie von Ur (um 2000) durch Identifikation mit Vegetationsgöttern wie Tammuz. Später finden sich in den Königsinschriften eher Äußerungen bewußter Demut im Sinne der Gottesknechtschaft. Doch gilt der König bis zuletzt (besonders deutlich Assurbanipal) als der Heilbringer, mit dessen Thronbesteigung die Heilszeit anbricht. Auch mußte er sich als Vertreter des sündigen Volkes Enthaltungen und Bußübungen auferlegen; ihn trafen die Strafen und Gefahren, die jenes bedrohten und welchen er sich (wie noch Asarhaddon) durch die Einsetzung eines »Ersatzkönigs« zu entziehen suchte.

11. Das Heiligtum verhält sich zum *Fest* wie der Kosmos zum Kreislauf. Der kultische Kalender war kompliziert, da jeder Gott eigene Feiern hatte, an denen Opfer, Speisen oder Enthaltungen vorgeschrieben waren, bis das ganze Leben durch Vorschriften und Verbote umzäunt war und die Observanzen für die einzelnen Monatstage zum eigenen Wissenszweig wurden (Menologie, Hemerologie). Für den König übernahm wohl meist ein Vertreter unter dem sakralen Titel des »Völkerhirten« diese rituelle Verpflichtung, während der König, im Fall der zeitweiligen Anstellung eines solchen unter der Bedrohung böser Omina, die Regierung unter dem bescheidenen Titel des »Landmanns« getrost weiterführte.

Die jährliche Hauptfeier, deren Ritual am besten bekannt ist, war das *Neujahrsfest* (akîtu), das in Babylon im Frühjahr (Nisan) 12 Tage dauerte. Hier galt die erste Woche der Sühne für die Sünden des alten Jahres; die Zeremonien erinnern an den → Sündenbock des jüdischen Versöhnungstages (Lev 16; → Feste: II). Sodann muß sich der König als Vertreter des sündigen Volkes vor dem Oberpriester erniedrigen, worauf er nach erfolgter Unschuldserklärung die Absolution empfängt. Der weiße Stier, der dann in einer Grube geopfert wird (was an das Taurobolium der → Mithras-Mysterien erinnert), bedeutet wohl schon den Gott Marduk, dessen Leiden und Sieg am 8.–10. Tag dargestellt werden. Der König ergreift die Hand des Götterbildes und geleitet Marduk an der Spitze einer Prozession der aus den benachbarten Tempeln zusammengebrachten Götterbilder zum »Festhaus« außerhalb der Stadt. Hier verweilen Gott und König 3 Tage im unterirdischen Gemach, wobei der Sieg über die Todesmacht wohl pantomimisch dargestellt wurde. Inzwischen sind in der Stadt die sozialen Bande gelöst: die Sklaven sind Herren, wie später beim Sakäen- und Saturnalienfest. Am 11. Tag kehrt die Prozession im Triumph zurück, und nun werden die Bilder ins kostbare kleine Heiligtum auf der obersten Terrasse des Tempelturmes gebracht und die Zeremonien der Thronbesteigung, Götterhochzeit und Schicksalsbestimmung symbolisch dargestellt, wodurch Glück und Heil für das angebrochene Jahr gesichert sind (→ Neujahr).

12. Zur Beschwörung gehört das Ritual, zum Gebet und zur Hymne das → Opfer. Im Tempeldienst und bei der Gottesverehrung des einzelnen verschafft die *Opferhandlung* dem gleichfalls magisch wirksamen Wort sakramentalen Nachdruck. Zur Erhaltung ihrer Lebenskraft bedürfen auch die Götter der Lebensspeise und des Lebenstrankes, deren Lieferung auch dem Götterbild als irdischer Manifestation der himmlischen Gottheit gebührt. Dasselbe gilt von den Schatten der Toten, deren friedliches Weiterbestehen von den Opfergaben und Libationen der Hinterbliebenen abhängt. Neben den Tieropfern stehen (bei Zurücktreten des Brandopfers) die aufgeschichteten Speisopfer voran. Außer der Darbringung regelmäßiger Gaben gab es ein feierliches Göttermahl (tâkultu) beim Fest. Beim Tieropfer tritt auch der sühnende und stellvertretende Charakter zutage; doch gehören die vermeintlichen Spuren von Menschenopfern schwerlich hierher.

13. Die *Dämonenbeschwörungen,* in neusumerischer Zeit noch kurz und selten, wurden später je nach Art der verschiedenen Krankheitsdämonen und Zauberer und der dagegen angewandten Mittel (wie Verbrennung ihrer Bilder) zu großen Serien mit akkadischer Interlinearübersetzung zusammengefaßt. Aber auch zu den → *Gebeten* um Erlösung von Krankheit oder Unglück gehört das magische Ritual. Es sind Gebetsbeschwörungen (Gebete »mit erhobener Hand«), die nach festem Schema eingeteilt sind, das mit Anrufung beginnt und mit Lobpreis endet. Trotz Schablone und Zauberkunst treten individuelle Frömmigkeit, Sündenbewußtsein und Dank für Erlösung oft so deutlich zutage, daß sich der Vergleich mit biblischen → *Psalmen* nicht nur in der äußeren Form aufdrängt. Dies gilt noch mehr von den Bußpsalmen (»Klageliedern zur Herzensberuhigung«, nämlich der erzürnten Gottheit), die zum religiös Tiefsten gehören, das aus diesem Kulturkreis erhalten ist. Jene wurden für Assurbanipal um 650 vChr in einer Art Brevier zusammengefaßt. Gedichtet sind sie wohl zZ der Hochblüte akkadischer Literatur im 18.Jh. Von den akkadischen Götterhymnen, die sich von den sumerischen durch Prägnanz, Lebhaftigkeit, Abwechslung und individuelle Zuspitzung unterscheiden, gebührt mehreren an Schamasch und auch einzelnen an Marduk religiöse Bedeutung.

14. Den Übergang zur *epischen Literatur* bildet das Textbuch des Neujahrsfestes: die 7 Gesänge des Liedes der Schöpfung und Weltordnung, nach den Anfangsworten *Enuma elisch* »Als droben...« geheißen. In dieser Endform (es gibt ältere Vorstufen) ist es ein Preislied auf den jungen Weltenherrn Marduk mit breiter mythologischer Einleitung. Keiner der Himmelsgötter wagt den Kampf gegen den weiblichen Meeresdrachen Tiâmat und den Usurpator der Götterherrschaft Kingu und ihre Helfer. Das »Sonnenkind« Marduk, vom Götterrat zum Herrn erkoren, besiegt Tiâmat, erschafft aus ihren zerspaltenen Hälften die sichtbare Welt, wonach aus dem Blut des teuflischen Kingu die Menschheit geformt wird, welcher der Kult auferlegt wird, damit die Götter der Ruhe genießen. - Die kürzere akkadische Mythe von *Ischtars Höllenfahrt,* bedeutsam durch Beschreibung des Totenreichs, beruht auf breiter sumerischer Vorstufe. Während aber im sumerischen Lied Tammuz von seiner Geliebten verraten wird, die sich damit die Rückkehr in die Oberwelt erkauft, sind hier Stimmung und Ende tragisch. Das tragische Moment und die Resignation ob irdischer Vergänglichkeit und der Unerreichbarkeit ewigen Lebens steht im Zentrum der akkadischen Epen. - Dies ist am deutlichsten im großen Epos von *Gilgamesch und Enkidu,* welches in seiner älteren und jüngeren akkadischen Form die erhabenste Dichtung aus vorhomerischer Zeit ist. Es ergibt sich auch, kürzer und leichteren Tons, aus der Mythe von *Adapa,* der durch den Neid der Götter die ihm angebotene Lebensspeise nicht erlangen kann. - Im Epos von *Atrachasis,* dem Helden der Sintflut, nur teilweise in älterer und jüngerer Form erhalten, sind die Plagen beschrieben, welche die Menschheit je 6 Jahre lang treffen; die letzte ist die → Sintflut (: I), aus welcher der Held, von Ea gewarnt, in der Arche entkommt. Der Schluß beschrieb wohl die Neuschöpfung der Menschheit. - Die Mythe vom *Sturmvogel Zû* erzählt vom Raub der Schicksalstafeln, mit welchen die Enlil gebührende Herrschaft verbunden ist, und die vergeblichen Versuche zu ihrer Wiedererlangung, die schließlich wohl Lugalbanda (= Marduk) gelingt. - Die (nur in Bruchstücken verschiedensten Alters erhaltene) Mythe von *Etana* spielt in der Urzeit, bevor das »Königtum vom Himmel herabkam«. Die beiden Beherrscher der Luft und des unterirdischen Bereiches sind hier Tiere: Adler und Schlange, eine Entmythologisierung, die sich auch sonst wahrnehmen läßt. Die beiden teilen auf Grund eines Vertrages ihre Beute. Aber der Adler strebt nach der Weltherrschaft und vernichtet die Brut der Schlange. Diese beklagt sich bei Schamasch und fängt auf dessen Befehl den Adler durch List in einer Grube. Nun tritt der Hirt Etana auf, der das Gebärkraut (Verjüngungskraut) sucht, und befreit den Adler. Zum Dank trägt dieser ihn (nach vorbereitendem Traum) in den Himmel hinauf zum Thron der Ischtar. Der Flug, bei dem die Erde immer kleiner erscheint, wird lebhaft beschrieben. Vom Schwindel befangen müssen sie zurück. Der Schluß läßt sich nur (nach der Analogie von Gilgamesch-Epos XI, Ende) etwa vermuten: Das Kraut wächst nicht droben, sondern in der Tiefe, wo die Schlange dem Etana das bereits gepflückte raubt. - Das Epos vom *Pestgott Era,* dem »König aller Wohnstätten«, ist das jüngste (aus der Zeit Sanheribs, um 685 vChr?) und das einzige, dessen Dichter sich nennt. Es schildert den Titanenstreit, in welchem Era mit Hilfe des Feuergottes Ischum und der Siebengottheit den Sieg davonträgt. Sogar Marduk muß weichen, und Babylon wird zerstört: »Wehe Babylon...!« Dann aber treffen wir die Motive der Reue des zerstörenden Gottes und der Rettung eines Restes an. Das Feuer erlischt, und aus dem geläuterten Boden entsprießt neues Heil (→ Babylonien: III, 7).

15. Für den Sumerer mit seinem Ordnungswillen war → *Sünde* jeder Versuch einer Durchbrechung der kosmischen Ordnung. Hierzu gehörten auch die Kulte und Riten mit ihren Geboten und Verboten, deren Bedeutung für den Sündenbegriff die Folgezeit einseitig betonte. War die Menschheit nach den Schöpfungsmythen des Kults wegen erschaffen, so war unbewußte Übertretung der zahllosen rituellen Vorschriften eine ständige Gefahr, zumal man dann nicht einmal wußte, welchen Gott man beleidigte, sondern die Sünde erst aus der Krankheit als ihrer Folge erschloß. - Daß aber auch die moralische Übertretung als Sünde tief empfunden wurde, folgt schon aus den Sündenlisten, die dem Kranken zur Selbstprüfung und Unschuldserklärung vorgelegt wurden, weshalb man den betreffenden Text (die 2. Tafel der Schurpu-Serie) als den »babylonischen Beichtspiegel« bezeichnet. Zu den dort aufgezählten Sünden gehört u.a., daß man den Schwachen unterdrückte, den Gefangenen nicht freiließ, der Frau des Nächsten unehrbar nahte, den Gerechten verfolgt und mit Bösem sich befaßt hat. Diese höhere Auffassung des Sündenbegriffs findet sich vor allem in den Kreisen der Verehrer des Sonnengottes Schamasch. Alle juristischen und moralischen Übertretungen galten hier als Sünden gegen diesen göttlichen Gesetzgeber und Schirmherrn des Rechts und der Gerechtigkeit. Wiederholt findet sich in den Weisheitssprüchen und auch in Hymnen zu Ehren dieses Gottes die Ermahnung, daß Unzucht, Hochmut oder Betrug dem Schamasch mißfallen und mit Bösem vergolten werden, während er Frömmigkeit und auch die Unbestechlichkeit des Richters, der für die sozial Schwachen eintritt, mit langem Leben belohnt. Dem entspricht auch die Ablehnung des ausschweifenden Kultes der Göttin Ischtar. Die erwähnten Weisheitssprüche warnen nachdrücklich vor dem ehelichen Umgang mit ihren Buhldirnen, und im Gilgamesch-Epos, dessen Dichter demselben Kreise angehört, besteht der tragische Wendepunkt darin, daß der Held den Liebesantrag dieser seiner eigenen Stadtgöttin als der großen Verführerin mit Spott ablehnt und diese dadurch tödlich beleidigt.

16. Allerdings sind hier Lohn und Strafe auf dieses Leben beschränkt, ohne Aussicht auf Ausgleich im Jenseits. Auch die eschatologische Hoffnung auf Welter-

neuerung und Totenauferstehung lag der nüchternen Einstellung der Babylonier fern. Sünde und Schuld müssen hienieden beglichen werden, und ihre Folgen sind Krankheit und Leid. Aus dem *Totenreich* aber kehrt niemand zurück, der es betrat; die Schatten leben dort im Dunklen und tragen wie Fledermäuse ein Flügelkleid. Zwar gibt es hier Abstufungen, abhängig von der Todesursache, der Bestattungsart, der Sorge für die Totenopfer, doch kaum vom sittlichen Habitus. Wer im Streit sein Leben geopfert, genießt Erquickung in der Gemeinschaft seiner Lieben; wer unbegraben und ohne Versorger ist, dessen Schatten schweift umher und sucht Speisereste zur Nahrung. Durch solche Unterscheidungen wird der Schrecken des Todes gemildert: der böse Tod läßt sich durch Tapferkeit und die Fürsorge der Hinterbliebenen vermeiden; der gute muß mit Gelassenheit ertragen werden. Das tragische Lebensgefühl und die pessimistische Grundstimmung aber sind unverkennbar. – Uralt sind allerdings Figuren wie Tammuz, Gilgamesch, Adapa, Nergal, die in die Tiefe hinabstiegen und dort als Fürsten und Totenrichter herrschen. Die Vorstellung vom Totengericht weist doch auf Lohn und Strafe im Jenseits und auf die Mitteilung geheimnisvollen Lebens in jener Tiefe, wo das Lebenskraut blüht und das Lebenswasser strömt.

17. Die Sumerer kannten neben dem Pantheon eine Reihe numinoser Ordnungsbegriffe, wie die göttliche Kraft (me), die göttliche Regel (gischchur), das → Schicksal (namtar). Der Vertreter des Volkes diesen Mächten gegenüber war die »korporative Persönlichkeit« des Priesterkönigs. Die Individualisierung und Demokratisierung der Königsmoral erfolgt erst allmählich, doch dann um so kräftiger. Eine gewisse Verselbständigung der individuellen *Sittlichkeit* (Ethik) und ihre Trennung von Götterlehre und Kult wurde wohl schon von Urukagina (um 2300) angebahnt und war unter Hammurapi (um 1700) vollendet. Die Höhe des Sittlichkeitsideals zeigt sich schon in den älteren Gesetzen aus Ur (Ur-Nammu), Eschnunna (Bilalama?) und Isin (Lipit-Ischtar). – Seit der Plünderung Babylons durch die → Hethiter und die schon vorher einsetzende Fremdherrschaft der Kassiten ging die Wohlfahrt zugrunde; damit erhob sich die Frage nach der Ursache des Zornes der Götter. Das Sündenbewußtsein, das damals hervortrat, führte gelegentlich bis zu Skepsis und Zweifel an der Allgemeingültigkeit sittlicher Normen. Die Erweckung aber, die nun einsetzte und auch zur Sammlung der religiösen Literatur in einem »Kanon« führte, knüpfte an die neusumerische Blütezeit von Isin und Larsa an: eine Erneuerung des Glaubens an den Sieg der sittlichen Weltordnung über die Macht der Finsternis. – In den Weisheitssprüchen aus dem Kreise des Sonnengottes werden Bescheidenheit, Friedlichkeit, Bedächtigkeit, Wohltätigkeit eingeprägt. Ein Höhepunkt ist die Ermahnung, dem Widersacher nicht mit Bösem, sondern mit Gutem zu vergelten und auch dem Feinde Gerechtigkeit widerfahren zu lassen. Hier nähert sich die babylonische Moral dem christlichen Ideal der Nächsten- und Feindesliebe.

18. Doch bleibt diese Moral im Grundzug eudämonistisch und auf das Diesseits eingestellt. Somit erhebt sich das Problem der → *Theodizee* (: I): die Frage nach dem Bestand der sittlichen Weltordnung, wenn der verdiente Lohn langen Lebens und Glückes ausbleibt und Krankheit und Leid gerade den Frommen betreffen. Diese bange Frage erhebt sich vor allem in einem Disput zweier Freunde, eines Skeptikers und eines Frommen. Der Weisheit letzter Schluß ist auch hier die Beugung unter den unerforschlichen Gotteswillen, somit Demut und Resignation. – Die Frage, ob es doch für Eingeweihte auf magischem Wege im Sinne der Mysterien Mittel zur Erlangung des höheren aus dem Tod entsprießenden Lebens gab, läßt sich noch nicht beantworten. Im großen Mysterienlied zu Ehren Marduks als des »Herrn der Weisheit« findet der Dulder aus tiefster leiblicher und seelischer Not den Ausweg durch eine himmlische Vision und die Besprengung mit Lebenswasser. Die Dämonen entfliehen, und er darf durch die 12 Himmelstore emporsteigen, um Marduk sein Loblied zu singen.

Bemerkenswert sind die Anzeichen, daß sich das religiöse Leben aus der scheinbar hoffnungslosen Befangenheit in Ritualismus und Magie zu befreien begann. Selbst die *Vorzeichenlehre* entwickelte sich auf die Dauer in der Richtung zur Sittenlehre. Denn wurde jede irgendwie auffällige Erscheinung als Omen durch einen vermeintlichen Kausalnexus mit dem menschlichen Schicksal verknüpft, so suchte man solchen ursächlichen Zusammenhang schließlich auch zwischen Eigenschaften und Wandel des Menschen und seinem Los. Von hier aus aber ließ sich noch weitergehen. Man las in der 53. Tafel des großen Omenwerkes, daß dem König, wenn er auf das Recht achte, Machtfülle und alles Gute zuteil werde. Hieran anknüpfend wagt es der Verfasser des »Fürstenspiegels« (Cun. Texts XV, 50), den König (wohl Merodach-baladan II., um 710 vChr) in einer Strafpredigt nach Art der Propheten, doch noch stets in der hergebrachten Form des Omens, mit seinen Beamten aufs schärfste zu bedrohen, wenn sie auf das Recht nicht achten. Unter Wahrung der alten Form wurde hier der Seher erst zum Sittenprediger und dann zum Propheten.

Auch sonst dienten die vielen Beobachtungen aus dem Gesamtbereich der Natur zwar zunächst abergläubischen Zwecken, wurden aber durch ihre Genauigkeit und ihren Umfang zur Vorschule der exakten Wissenschaft, welche das Abendland durch Vermittlung der Hellenen überkam.

Zu 1-3: M.Jastrow, Die Religion B.s u. Assyriens, 3 Bde, 1905-12 - B.Meissner, B. u. Assyrien II, 1925 - B.Furlani, La Religione Babilonese e Assira, 2 Bde, 1928 f - E.Dhorme, Les religions de Babylonie et d'Assyrie, 1945 - Th.Jacobsen, Mesopotamia (in: H.Frankfort u.a., The Intellectual Adventure of Ancient Man, 1946 = Frühlicht des Geistes, 1954) - N.Schneider u. F.M.Th.deLiagre Böhl in ChrRel II, 383-498 (Lit.) - J.Bottéro, La religion babylonienne, 1952 - S.H.Hooke, Babylonian and Assyrian Religion, 1953 - F.M.Th.deLiagre Böhl in: De Godsdiensten der Wereld II, 1956³, 51 ff (Lit.). - Zu 2: S.N.Kramer, Sumerian Mythology, 1944 - Ders., Sumerian Theology and Ethics (HThR 49, 1956, 45-62) - Ders., From the Tablets of Sumer, 1956 - A.Moortgat, Tammuz, 1949. - Zu 4-8: P.A.Deimel, Pantheon Babylonicum, (1914), 1950² - K.Tallquist, Akkad. Götterepitheta, 1938. - Zu 9-12: C.Frank, Studien zur babylon. Religion, 1911 - F.Blome, Die Opfermaterie in B. u. Israel, 1934 - R.Labat, Hémerologies et Ménologies d'Assur, 1939 - Ders., Le caractère religieux de la royauté assyro-babylonienne, 1939 - H.Frankfort, Kingship and the Gods, 1947 - F.M.Th.deLiagre Böhl, Das Menschenbild in babylon. Schau (Anthropologie religieuse, Numen Suppl. 2), 1955. - Zu 13-14: A.Ungnad, Die Religion der Babylonier u. Assyrier, 1921 - E.Ebeling, in AOT - E.Speiser u.a. in ANET - A.Falkenstein u. W.v.Soden, Sum. u. akkad. Hymnen u. Gebete, 1953. - Zu 15-18: E.Ebeling Tod u. Leben, 1931 - W.v.Soden, Religion u. Sittlichkeit nach den Anschauungen der Babylonier (ZDMG 89, 1935, 143-169) - B.Landsberger, Die babylon. Theodizee (ZA 43, 1936, 32-76) - F.M.Th.deLiagre Böhl, Der babylon. Fürstenspiegel (MAOG 11/3), 1937 - J.J.A.vanDijk, La Sagesse suméro-accadienne, Leiden 1953.

F.M.Th. de Liagre Böhl

III. Babylonische Traditionen und das AT

1. Babel und Bibel, Panbabylonismus - 2. Jahwismus und Babylonismus - 3. Schöpfung, Urväter, Sintflut - 4. Patriarchen - 5. Gesetzgebung - 6. Königszeit - 7. Propheten - 8. Hagiographen

1. Am 3.12.1872 hielt George Smith (→ Assyriologie, 3) in London einen aufsehenerregenden Vortrag. Er hatte als erster Stücke der babylonischen Sintfluterzählung (→ Gilgamesch-Epos, Tafel 11) entziffert, die er dann 1875 u.a. mit dem Schöpfungsepos, natürlich

sehr lückenhaft, zu einem »Chaldaean Account of Genesis«, also zu einer Art von babylonischer Genesiserzählung neben der biblischen zusammenstellte. – Am 13.1.1902 hielt Friedrich Delitzsch in Berlin, in Gegenwart des Kaisers, den ersten seiner Vorträge über »Babel und Bibel«, in denen er die Selbständigkeit und den Wert des AT gegenüber Babel leugnete. Auch er erregte Aufsehen: allein 1902/03 erschienen 53 Streitschriften; der Kaiser nahm Stellung in einem Brief an Admiral v.Hollmann. Heute hat der Streit nur mehr historische Bedeutung. Israel erwuchs auf einem Boden, der weithin von der Kultur und Sprache des Zweistromlandes beeinflußt war, und nicht auf diese Gemeinsamkeit, sondern auf die prinzipiellen Unterschiede kommt es für uns an, zumal direkte Entlehnungen aus der babylonischen Literatur (ebensowenig wie aus der von → Ugarit) im AT kaum vorliegen. Delitzschs Verdienst war die Herausarbeitung dieser Gemeinschaft des Mutterbodens; dadurch kam die evolutionistische Konstruktion von Israels Kultur und Religion ins Wanken. – Dies aber gelang dem genialen Hugo Winckler (1863–1913, Berlin) besser, da Delitzsch sich polemisch auf Einzelheiten beschränkte, bis er in »Die große Täuschung« (1920) das AT prinzipiell ablehnte. Wincklers Verdienst war eine Rekonstruktion der altorientalischen Weltanschauung im weitesten Umfang, auf vermeintlich babylonischer Grundlage, wobei Israel nur eine provinziale Rolle zufiel. Zugrunde lag nicht die Entwicklungslehre, sondern (mit Recht, aber übertrieben) die gegenseitige Entsprechung von → Makrokosmos und Mikrokosmos, Kalender und Kreislauf. Altbabylonien sei die Quelle, aus der sich Ströme astralmythologischen Denkens allseitig ergossen. Dieser »Panbabylonismus« wurde popularisiert und mit dem konservativen Luthertum verquickt durch Alfred Jeremias (1864–1934, Leipzig), der im »Handbuch der altorientalischen Geisteskultur« (1913, 1929²) dessen Ursprung bereits den → Sumerern zuschrieb. Seitdem zeigten Vor- und Frühgeschichte das Zweistromland zunächst als Sammelbecken verschiedener Rassen und Kulturen und erst später auch als Ausstrahlungszentrum (→Assyriologie, 1). Auch ergab sich bei den ältesten Städtern und Landbauern (im Gegensatz zur Steppe) das Zurücktreten der astralen Kulte und Berechnungen hinter den Vegetationskulten. Trotz dieser nötigen Korrekturen bleiben jene reichen Anregungen unvergessen. – Noch weiter ging Peter Jensens (1861 bis 1936, Marburg) Behauptung weitester literarischer Ausstrahlung der Motive und Motivreihen des Gilgamesch-Epos in der Weltliteratur, vor allem auch im AT. Motivwanderungen und Motiventlehnungen weit über die Grenzen der Kulturkreise hinaus sind zwar unleugbar (zB bei den → Sintflut-Traditionen); doch wird dergleichen heute weithin zunächst als Ausfluß geistiger Normen oder Schablonen (»Gußformen vorschaffender Einbildung«, engl. »pattern«) erklärt.

2. Im allgemeinen betont man heute die »Eigenbegrifflichkeit« der Babylonier oder der Israeliten, ohne die Probleme durch weit hergeholte Analogien zu verwirren. Zudem hat die religiöse Bewegung in Alt-Israel, von der das AT zeugt, eine deutliche Sonderstellung. Mit Recht kann man sie innerhalb der altorientalischen Weltanschauung, von der auch die eigene Volksreligion ausging, als Protestbewegung kennzeichnen. Es handelt sich dabei nicht nur um die Exklusivität des einen Gottes gegenüber den vielen Gottheiten in ihrem kompliziert gegliederten Pantheon. Der Gottesbegriff des Jahwismus ist transzendent und spiritualistisch; der des Babylonismus im weitesten Umfang ist dagegen immanent und kosmisch ausgerichtet, bis zu pantheistischen Aspekten des Weltgottes hin. Das »Sonnenkind« Marduk, durch die älteren Götter durch Vertrag zum Kosmokrator erhoben, beherrscht und vereinigt als Schöpfergott alle Elemente der Welt, während das übrige Pantheon ungestört weiter verehrt wird und Macht ausübt. → Jahwe aber ist auch als Weltgott persönliche und geballte Willenskraft: der eifersüchtige Gott, der die Schuld des Abfalls heimsucht. Daher hier die intolerante Unterdrükkung oder Umformung abweichender Traditionen, die nur in poetischen Anspielungen erhalten bleiben. Der Mythus der Urzeit (sowie der Ritus als seine kultische Darstellung) wird in Israel durch Historisierung abgeschwächt und in einen ununterbrochenen pragmatischen Geschichtsverlauf ethischer Färbung eingereiht.

3. So wurde der kosmische Drachenkampf des babylonischen Mythus (→ Drache), mit der Spaltung des Urmeeres (Tiâmat) bei der → Schöpfung, zur Spaltung des Schilfmeeres oder des Jordan umgeformt: an genau bestimmtem Ort und Zeitpunkt, zum sicheren Durchzug am Anfang der neuen Heilszeit. Deutlicher sind die Anspielungen auf die Spaltung des Meeresdrachen bei Schöpfung und Durchzug in hymnischen Partien wie Ps 89, 10f; Hi 26, 5ff; Jes 51, 9f. Doch entsprechen die Namen dieser Chaosungeheuer (Leviathan, Rahab) nicht den babylonischen, sondern weisen vielleicht eher auf → Ugarit. Dazu kommt freilich, daß von der 5. Tafel des Epos Enūma eliš noch etwa 125 Zeilen fehlen: die Schilderung der Erschaffung des Pflanzen- und Tierreiches. – Darum läßt sich nicht feststellen, inwiefern der Schöpfungsbericht der → Priesterschrift (Gen 1) davon abwich. Jedenfalls ist seine Tendenz antimythologisch. Zwar bedeutete sein Wort für »schaffen« vielleicht ursprünglich »spalten« und entspricht sein Wort für das Urwasser (t^{e}hôm) etwa der Tiâmat. Wenn hier aber Sonne, Mond und Gestirne erst am 4. Tage (nach den Pflanzen) als Lampen und Zeitweiser am Himmelsgewölbe befestigt werden, so ist dies wohl ein bewußter Protest gegen die Verehrung der großen astralen Gottheiten: der 4. Generation in der Götterfamilie. Auch steht die mühelose Erschaffung durch die Kraft des Wortes im Gegensatz zur »Formung« von Mensch und Tier aus Lehm, die sich im älteren Schöpfungsbericht (Gen 2) findet und jenen Traditionen besser entspricht, während freilich Menschenschöpfung aus dem Blut eines feindlichen Gottes (Kingu, Lamga) im AT unerhört wäre. Die Einteilung in 6 Tagewerke mit ihrer Krönung durch den → Sabbat entspricht zwar etwa der von Enūma eliš in 6 Gesänge mit dem Lobpreis Marduks als 7. Gesang. Die Wocheneinteilung aber ist in Babel (Uruk) erst spät nachweisbar, und der babylonische šabattu oder šapattu entspricht dem Vollmondstag. – Für die Erzählung vom Sündenfall mit ihrer ethischen Färbung gibt es dort nur Ähnlichkeit von Einzelmotiven (denn jene Zylinderabbildung zweier Götter mit Lebensbaum und Spirallinie kommt kaum in Betracht): so etwa bei Enkidu (im Gilgamesch-Epos) die anfängliche Unschuld in Gemeinschaft mit den Tieren, die Verführung durch die Hetäre, die Nacktheit und Bekleidung. Der babylonische Heros Adapa aber verliert die Aussicht auf ewiges Leben durch Verweigerung der angebotenen, nicht durch Genuß der verbotenen Speise. Der schirmende Kerub (Gen 3, 24) ist in Babel ein Schutzgott und Hüter des heiligen Baumes. – Zur Erzählung von Kain und Abel ist etwa an das sumerische Streitgespräch zwischen Enkimdu und Dumuzi, dem Landmann und dem Hirten, zu denken, wo aber die tragische Note fehlt. – Mit den Urvätern vergleicht man die Urkönige der Königslisten (und bei → Berossos) mit ihren noch viel längeren Regierungsjahren. Doch zeigt hier nur der 7. eine entfernte Ähnlichkeit mit dem 7. der Sethiten, Henoch (Gen 5, 22f): Enmeduranki (Euedoranchos), Liebling des Sonnengottes und

Patron der Wahrsager. Der Name des 10., des »Trösters« → Noah, der das Leben von Mensch und Tier in der Arche rettet, fand sich neuerdings in ostkanaanäischen Eigennamen (u.a. aus Chana). Der babylonische Sintflutheld aber genießt nach der Rettung auf einer Insel inmitten der Todeswasser nur in Gesellschaft von Frau und Fährmann die Unsterblichkeit, die den Nachkommen versagt ist, wovon sowohl sein sumerischer (Ziusudra-Xisuthros) wie sein akkadischer Name zeugen.

Die Sintfluterzählung ist das Musterbeispiel auffallender Ähnlichkeit und tiefer Verschiedenheit, bei welchem wiederum die strenge Sittlichkeit des Jahweglaubens die groteske Farbenpracht des fremden Mythus verdrängt hat (→ Sintflut: I. II). Wenn aber der Dichter des Gilgamesch-Epos, der diesen Mythus im 11. Gesang bearbeitete, die Götter sich (durch den Verrat des Geheimnisses an die Rohrwand) betrügen, streiten, jammern, sich wie Hunde verkriechen und wie Fliegen um den Opferduft scharen läßt, so bedenke man seine Vorliebe für den Sonnengott, der hoch über diesem Götterkreis steht. Am stärksten ist die Ähnlichkeit bei der Aussendung der Vögel, vor allem des Raben (Gen 8, 7 vgl. Gilg. XI, 152f). Die Verheißung Gen 8, 21 f bedeutet ein Aufgeben des babylonischen Kreislaufgedankens. Für den Regenbogen als Bundeszeichen gibt es etwa in Enūma eliš VI, 84ff eine Parallele. – In der Völkertafel ist der Jäger Nimrod wohl eine Vermenschlichung des Kriegs- und Jagdgottes Ninurta, dessen Name einer Verbalform von mrd »sich empören« schmählich angeglichen wurde. – Aufschlußreich ist die Erzählung vom Turmbau (Gen 11), zu der zwar keine Parallele, wohl aber Äußeres und Zweck des Babelturmes selbst bekannt sind. Er galt wohl als die Verbindung (Nabelschnur) zwischen der himmlischen und irdischen Welt, während in Israel Bau, Zerstörung und Strafe als Folgen des frevelnden Übermuts der Menschen erscheinen und der Name der Gottespforte Babel vom Wort für »verwirren« schmählich abgeleitet wird. Entstehung und literarische Bearbeitung solcher Umbiegung dürften in eine Zeit fallen, als Etemenanki zerstört lag: durch Tukulti-Ninurta I. i.J. 1227 vChr, dann durch Sanherib 689 (die 3. Zerstörung durch Xerxes i.J. 482 ist zu spät).

4. Für die Patriarchenzeit (→ Abraham) ist am wichtigsten der Gesamtblick auf den historischen Hintergrund, welchen die zahllosen Urkunden aus → Mari (Tell Hariri) eröffneten: auf jene merkwürdige Einheit von akkadischer Sprache, Keilschrift, Kultur und Götterwelt innerhalb der mesopotamisch-syrischen Stadtstaaten, um 1700 vChr. Dieser Einblick ist wichtiger als Einzelheiten (Land Nachor, Benjaminiten) oder Versuche näherer Zeitbestimmung (→ Amraphel). Freilich gehörte Kanaan zum ägyptischen Machtbereich, der sich gerade damals partikularistisch abschloß. Doch zeigten die → Amarna-Briefe, daß auch dieser Bereich noch um 1350 demselben akkadischen Einfluß unterlag. Die Chabiru (Chapiru) aber, mit ihrer merkwürdig weiten Verbreitung, waren vielleicht doch → Hebräer, die sich, durch die Churriter aus ihren obermesopotamischen Stammsitzen verdrängt, über die verschiedensten Stadtstaaten beider Bereiche zerstreut hatten, ohne das volle Bürgerrecht zu genießen. Durch die Trennung dieser Bereiche und die politische Schwäche Babylons zur Kassitenzeit erklärt sich das Zurücktreten babylonischer Einflüsse gerade in der Anfangszeit Israels in Kanaan.

5. Dies ist auch der Grund, weshalb der direkte Einfluß der babylonischen und assyrischen Gesetzgebung auf die älteste Israels (→ Bundesbuch) gering ist. Durch die Völkerwanderungen um 1200 vChr wurde die gegenseitige Isolierung der alten Kulturkreise erhöht, und für Halbnomaden waren Gesetze städtischer Kultur zunächst ungeeignet. Früher überschätzte man die Bedeutung und Einflußsphäre des nur für B. klassischen Kodex des → Hammurapi. Seither wurde dieser in eine Gruppe alter Gesetzgebungen eingereiht, die mit Ur-Nammu von Ur (um 2050) beginnt. Analogien verstehen sich zwar von selbst: so in rein formaler Beziehung, sowie auf dem Gebiet des »ius talionis« und des Ersatzes der Blutrache durch die staatlich geregelte Todesstrafe. Im übrigen läßt sich in Israel nur eine weit geringere Scheidung des kultisch-sakralen Rechtes vom Privatrecht konstatieren.

6. In der Königszeit beginnt der Einfluß der Assyrer auch als Träger babylonischer Tradition, sowie der erhöhte Widerstand gegen diese. Erwähnungen von Königen des Nordreichs (»Haus des → Omri«) als Alliierter von Damaskus sind in den assyrischen Königsinschriften spärlich: → Ahab, → Jehu (abgebildet in Proskynese vor Salmanassar III.; s. Tafel 4 Abb. 1: Szene b), Menahem, Pekah, Hosea; von Juda: Asarja, → Ahas, → Hiskia, Manasse. Lebhaft ist nur Sanheribs Schilderung seines Feldzugs gegen Hiskia (701). Diese Spärlichkeit und das völlige Fehlen diplomatischer Korrespondenz in aramäischer Sprache und Schrift (vgl. 2Kön 18, 26) mit den Königen des »Westlandes« erklärt sich aus der Vergänglichkeit des nicht erhaltenen Schreibmaterials. Hierfür bieten die trockenen Chroniken aus der Anfangszeit der chaldäischen Dynastie nur späten und unvollkommenen Ersatz; auf ihrem Grund läßt sich die erste Eroberung der »Stadt Judas« nunmehr datieren (März 597). Nur aus der Gefangenschaft Jojachins in der Südburg von Babylon fanden sich dort kurze Urkunden mit Erwähnung auch jüdischer Prinzen und Höflinge.

7. Der Prophetismus erstand aus zwei Strömungen, der ekstatischen und der mantischen (vgl. 1Sam 9, 9). Zur ersten, deren Ursprung und Verbreitung man ins 11.Jh. verlegte, fanden sich nun in den Mari-Briefen Belege aus der Zeit um 1700. Diese kurzen Prophetensprüche sind durch Alter und Form (Doppelverse mit je 4 Hebungen) wichtig für die Untersuchung der Anfänge des israelitischen Prophetismus. Daneben finden sich schon dort Belege für die mantische Vermittlung der Offenbarung durch Seher: durch Träume, Orakel (männliche und weibliche »Beantworter«) und Vorzeichen. Die Vorzeichenlehre entwickelte sich unter Wahrung der alten Form auf die Dauer zur Sittenlehre und (wohl durch einen babylonischen Zeitgenossen Jesajas) zur prophetischen Strafpredigt (→ Babylonien: II, 18). Nur wenig jünger als Jesaja ist vielleicht die in Abschrift aus Assur erhaltene Sammlung babylonischer Prophezeiungen (ANET 451). Damals lebte wohl auch der Verfasser des Era-Epos, Kabti-ilâni-Marduk, mit seinem Nachdruck auf die »Beruhigung« des strafenden Gottes, die Erhaltung eines »Restes« und den Anbruch der Heilszeit (vgl. Era, Tafel V, 18. 37f. 41).

8. Zu den → Psalmen finden sich in den babylonischen Liedern und Gebeten manche Anklänge durch Äußerungen von Lobpreis, Gotteskindschaft, Demut, Sündenbewußtsein, Buße, aber ein scharfer Gegensatz zu deren Bindung an Magie, Riten und Kult. Interessant sind die Abweichungen des Aufbaus analoger at. Psalmen vom Schema der babylonischen Gebetsbeschwörungen und Bußpsalmen. Aussichtsreich ist eine formgeschichtliche Vergleichung der sumerischen, akkadischen und hebräischen Verskunst, Rhythmik und Strophik. – Zur Weisheitsliteratur (→ Sprüchebuch) seien erwähnt die anziehenden, wenngleich sprachlich noch oft rätselhaften Sammlungen sumerischer und auch akkadischer Adagia, als deren Urheber (wie für Israel Salomo) bei den Sumerern Schurrupak galt, während die akkadischen Weisheitssprüche dessen Sohn, dem Sintfluthelden Uta-

napischtim zugeschrieben wurden. – Das Problem des → Hiobbuches wird als Klage des Gerechten über unverdientes Leiden schon in einer erst neuerdings bekannt gewordenen neusumerischen Dichtung behandelt. Ähnlich ist die Klage im akkadischen Liede, in welchem Marduk als der Erlöser und »Herr der Weisheit« gepriesen wird. Einen Dialog zweier Freunde über die göttliche Gerechtigkeit enthält die sog. »babylonische Theodizee«: dies alles freilich ohne Spur literarischer Abhängigkeit des AT. – Als Vorläufer zum → Hohenlied kommt (wenigstens in formaler Hinsicht) eine Gruppe von Ischtar-Tammuz-Liedern in Betracht, deren Titel und Anfangsverse in einem Katalog aus Assur erhalten sind. – Was schließlich das → Danielbuch betrifft, so ist hier möglicherweise für den Verfasser (lange nach dem Exil) die Figur des großen Nebukadnezar II. irgendwie zusammengeflossen mit der des letzten babylonischen Königs Nabonid, dessen religiöse und kultische Reformversuche von den Priestern des Gottes Marduk auf das heftigste (auch durch Spottschriften) bekämpft, von den exilierten Juden aber vielleicht nicht ohne eine gewisse Sympathie begrüßt wurden.

H.WINKLER-H.ZIMMERN, Die Keilinschriften u. das AT (begr. v. E.SCHRADER), 1903^{3} - A.JEREMIAS, Das AT im Lichte des alten Orients (ATAO), (1904) 1930^{4} - DERS., Hdb. der altoriental. Geisteskultur (HAOG), (1913) 1929^{2} - J.HEHN, Die bibl. u. die babylon. Gottesidee, 1913 - B.BONKAMP, Die Bibel im Lichte der Keilschriftforschung, 1939 - M.NOTH, Die Welt des AT, (1940) 1956^{3} - M.A. BEEK, An Babylons Strömen, Amsterdam, (1950) 1955^{3} (holl.) - A.JIRKU, Altoriental. Kommentar zum AT, 1923 - K.GALLING, Textbuch zur Gesch. Israels (TGI), 1950. - Zu 6: D.J.WISEMAN, Chronicles of Chaldaean Kings, London 1956. - Zu 7: P.F.GÖSSMANN, Das Era-Epos, 1956. - Zu 8: S.N.KRAMER, Man and his God, A Sumerian variation on the ›Job‹ Motif (= VT Suppl. 3, 1955, 170 bis 182) - H.SCHMÖKEL, Heilige Hochzeit u. Hoheslied (AKM 32, 1), 1956. - Passim: AOT u. ANET - F.M.TH.DELIAGREBÖHL, Opera Minora, Groningen 1953. *F.M.Th. de Liagre Böhl*

Babylonische Gefangenschaft → Exil, → Papsttum: II.

Bach, 1. *Carl Philipp Emanuel,* * Weimar 8.3.1714, † Hamburg 14.12.1788, einer der vier als Komponisten bedeutenden Söhne von 2 neben Wilhelm Friedemann (1710–84), J.Chr.Friedrich (1732–95) und J.Christian (1735–82), war erst Jurist, wurde 1740 Kammercembalist Friedrichs d.Gr. und 1768 als → Telemanns Nachfolger Kantor am Johannesgymnasium und Musikdirektor an den fünf Hauptkirchen in Hamburg. Er war berühmt wegen seines »empfindsamen« Klavierspiels, dessen Grundsätze in seinem Lehrbuch »Versuch über die wahre Art, das Klavier zu spielen« (2Tle, 1753–62; Neudr. 1921^{3}) niedergelegt sind, und wurde von den Zeitgenossen, zB von J. → Haydn, als Komponist von Sonaten, Klavierkonzerten und Sinfonien hoch geschätzt. Sein Werk ist wichtig als Brücke von der Bachzeit zu der Wiener Klassik. Das Hamburger Amt regte ihn zu reichem kirchenmusikalischem Schaffen an; vieles davon ist von bleibendem Wert, so ein Magnificat (1749), eine Passionskantate (1770), das Auferstehungsoratorium (1787), ein doppelchöriges »Heilig« (1779) oder die Klavierlieder nach Texten von Gellert (1758), Cramer (1774) und Sturm (1780). 1784–87 gab er eine Sammlung von 371 Choralsätzen seines Vaters heraus.

A.WOTQUENNE, Themat. Verzeichnis der Werke Ph.E.B.s, 1904 - O.FRIEDLÄNDER, C.Ph.E.B., 1923 - MGG I, 924ff.

2. *Johann Sebastian,* * Eisenach 21.3.1685, † Leipzig 28.7.1750, entstammt einer weitverzweigten thüringischen Musikerfamilie, als deren Stammvater der Bäcker Veit B. aus Wechmar (um 1550–1619) nachweisbar ist und aus der schon im 17.Jh. namhafte Komponisten wie Heinrich B. (1615–92, Organist in Arnstadt) und dessen Söhne Joh.Christoph (1642–1703, Organist in Eisenach) und Johann Michael (1648–94, Organist in Gehren) hervorgegangen sind. Sein Vater Joh.Ambrosius B. (1645–95) war Stadtmusiker in Eisenach, die Mutter Elisabeth geb. Lämmerhirt stammte aus einer angesehenen Erfurter Patrizierfamilie. J.S.B. war der jüngste von 5 Söhnen; bis zur Quarta besuchte er, wie ehedem der junge Martin Luther, die Eisenacher Lateinschule. Im Alter von 10 Jahren elternlos geworden, kam er in das Haus seines Bruders Joh.Christoph (1671–1721), der Organist in Ohrdruf war und der ihm den ersten Musikunterricht erteilte. Seit 1700 war B. Schüler (Chorsänger) der Michaelisschule in Lüneburg und besuchte von hier aus mehrfach Hamburg, Lübeck und Celle, wo für Orgel- und Orchesterspiel ausgezeichnete Kräfte wirkten. 1703 wurde er Geiger in der Weimarer Hofkapelle. Noch im gleichen Jahr übernahm er das Organistenamt in Arnstadt, von wo er 1705 eine längere Studienreise nach Lübeck zu dem berühmten Orgelmeister D. → Buxtehude antrat. 1707 wurde er Organist in Mühlhausen, 1708 Hoforganist in Weimar, 1714 dort auch Konzertmeister. 1717–23 war er Hofkapellmeister in Köthen. Von 1723 bis zu seinem Tode wirkte er (nach J.Kuhnau) als Thomaskantor und Universitätsmusikdirektor in Leipzig. Auf Ansuchen wurde er 1736 zum königlichen Hofkompositeur ernannt. Einer Einladung nach Potsdam an den Hof Friedrichs d.Gr. folgte er 1747. In seinen letzten Lebensjahren litt er an einer Augenkrankheit, die schließlich zu völliger Erblindung führte. Er war zweimal verheiratet, in erster Ehe (1707) mit seiner Base Maria Barbara († 1720), in zweiter mit Anna Magdalena Wülken, der Tochter eines Hoftrompeters aus Weißenfels. Elf Söhne und neun Töchter, von denen ihn nur 5 Söhne und 4 Töchter überlebt haben, gingen aus den Ehen hervor.

Mit einzigartiger Schöpferkraft hat B. eine Fülle von musikalischen Werken verschiedenster Gattungen geschaffen. Seine Kunst stellt eine der bewunderungswürdigsten Äußerungen des abendländischen Geistes dar. Die Grundlage seiner Satztechnik ist der → Generalbaß, jene lebendig fließende, durch das Verhältnis zur kontinuierlich fortschreitenden Baßlinie geregelte Abfolge von Harmonien, wie sie seit dem 17.Jh. das Rückgrat der musikalischen Komposition bildete. Doch ist seine musikalische Sprache wesentlich bereichert durch die Aufnahme aller entscheidenden Errungenschaften aus früheren Epochen, besonders durch die Anwendung der alten, streng gearbeiteten Vielstimmigkeit. Die → *Fuge* hat durch B. ihre endgültige Prägung erhalten. Sie ist als Gattung die reinste Verwirklichung seiner Denkweise und befruchtet als Idee sein ganzes Schaffen. Unerschöpflich ist die Mannigfaltigkeit ihres Aufbaus. Die Gestalt der Einzelstimme zeigt der überkommenen → Polyphonie gegenüber neue Züge: sie erscheint harmonisch durchtränkt und trägt ornamentales Figurenwerk als wesentlichen Bestandteil. Das B.sche Fugenthema stellt eine instrumentale Neuinterpretation des alten, von der Sprache her geformten »Subjekts« (der Melodieerfindung) der a-cappella-Motette (→ a cappella) dar. In den Choralbearbeitungen für Orgel, B.s Hauptinstrument, tragen freie oder aus der Choralweise abgeleitete Motive von sprechender Ausdruckskraft dazu bei, einen bestimmten Sinngehalt auch ohne das wirkliche Vorhandensein der Textworte wiederzugeben. Die musikalische Ausdeutung wird durch die Harmonik unterstützt, deren vielgestaltige, fortzeugende Kraft stets den Untergrund bildet. In den freien Instrumentalsätzen stellt die Folge harmonischer Klangflächen oft das eigentliche Gestaltungsprinzip dar. Die von Vorgängern und Zeitgenossen ausgebildeten Gattungen: → Präludium, Tokkata, Sonate,

Konzert, Ouverture und Suite erfüllt B. mit neuem Sinn. Bei den Vokalkompositionen erhellt die Verbindung mit dem Wort die große Welt symbolischer und bildhafter Vorstellungen, die B.s Musik umschließt. Im einfachen Choralsatz, dem B.-Choral, gibt die kräftige Harmonik, verbunden mit einer eigentümlich plastischen und einprägsamen Stimmführung, Grundstimmung und Detail der einzelnen Liedstrophen. In den Chören, Arien und Rezitativen verbergen sich, bei aller sinnfälligen Eindringlichkeit, neben mannigfachen, in ihrer Bedeutung nur dem Kenner verständlichen → Figuren noch viele unerkannte Geheimnisse.

Unbegreiflich bleibt die Stetigkeit, mit der B. in der Fülle der → *Kantaten,* deren Komposition zu seinen Pflichten als Kantor gehörte, Meisterwerk an Meisterwerk gereiht hat. Wie seine Amtsgenossen benützte er meist die madrigalischen, in Perikopenjahrgängen vorliegenden Dichtungen von S.Frank, E.Neumeister, F. Henrici, M.Ziegler u.a., deren sprachliche Fassung heute nicht mehr in allen Fällen erträglich ist. B.s Vertonung stößt hier bis auf den Sinn des Textes durch und läßt in der deutenden, durch die Instrumente besonders geprägten Gestaltung sprachliche Mängel völlig vergessen. In späteren Jahren bevorzugte er reine Choraltexte, vorwiegend aus der Reformationszeit. Sorgsame, feinsinnige Textwahl kennzeichnet besonders die → Motetten, bei denen aus äußeren Gründen das Orchester fehlt; unübertrefflich in der Durchdringung von Kirchenlied und Bibelwort bei »Jesu, meine Freude«. Kantatengrundriß zeigen auch die kleinen → Messen (: IV), das Magnificat, das Weihnachtsoratorium (6 Einzelkantaten) sowie die erhaltenen Großwerke, die → h-moll-Messe, die → Johannespassion und die doppelchörige → Matthäuspassion. - Zu den verbreiteten Liedern aus Schemellis Gesangbuch hat B. größtenteils nur den Baß beigesteuert. - Dem gottesdienstlichen Bedarf verdankt endlich auch der Großteil der Orgelwerke seine Entstehung, deren Formreichtum und Gedankentiefe ganz im Dienste des Lutherischen Erbgutes stehen. Gilt dies in besonderem Maß für die Stücke, denen der ev. → Choral zugrunde liegt, so atmen doch die freien Fugen und Präludien denselben Geist, wie denn überhaupt die verbreitete Anwendung der Antithese geistlich-weltlich im heutigen Sinn auf jene Zeit und insbesondere auf die Musik B.s problematisch ist. Es bedeutete für B. mehr als nur die Weitergabe überlieferter Lehrsätze, wenn er seinen Schülern ins Heft diktierte, es »soll wie aller Musik, also auch des Generalbasses Finis und Endursache anders nicht, als zu Gottes Ehre und Recreation des Gemüts sein. Wo dieses nicht in acht genommen wird, da ist keine eigentliche Musik, sondern ein teuflisches Geplärr und Geleier«. Ob B., wie in seinen kirchlichen Werken, protestantische Glaubensgewißheit verkündet oder, wie in den Suiten und Konzerten, das gesellschaftliche Weltbild höfischer Prägung darstellt, ob der Meister in den kontrapunktischen Lehrwerken der Spätzeit an die Grenzen mystischer Spekulation rührt, stets bleibt die starke, festgegründete Persönlichkeit eines großen Mannes spürbar. Sein Werk trägt die Grundzüge seines Wesens: Innigkeit des Gemütes und echte Herzensfrömmigkeit.

Bei den Zeitgenossen war B. vor allem wegen seines virtuosen Orgelspiels berühmt. Kenntnis und Pflege seiner Werke blieben auch nach seinem Tode noch längere Zeit auf den Umkreis der Leipziger Thomasschule und die Wirkungsstätten seiner Schüler beschränkt. Gegen 1800 weckte die begeisterte Biographie N.Forkels in Deutschland eine Vorstellung von B.s Bedeutung. Aber erst die Aufführung der Matthäuspassion durch Mendelssohn in Berlin (1829) lenkte die allgemeine Aufmerksamkeit auf B. Mit der Herausgabe sämtlicher noch vorhandener Werke schuf die 1850 gegründete Bachgesellschaft die wichtigste Voraussetzung für die Verbreitung seiner Kunst in aller Welt; sie ging, als diese Aufgabe erfüllt war, 1900 in die Neue Bachgesellschaft über mit dem Ziel, das Verständnis der B.schen Musik durch Neuausgaben und Veranstaltung regelmäßiger Bachfeste zu vertiefen. Eine besondere Bachtradition lebt in der Leipziger Thomasschule bis heute fort (→ Straube). Die Rückgewinnung B.s für die Liturgie stellt noch manche Fragen; sie ist mit dem unbefangenen Optimismus der Jahrhundertwende nicht möglich; desungeachtet verbreitet sein Werk unablässig und bis in die entferntesten Gegenden auf unmittelbare Weise Kraftströme aus unversiegbarer Quelle.

Hauptwerke: a) Instrumental: Orgel: Etwa 20 große Präludien (Toccaten, Fantasien) u. Fugen; 6 Triosonaten; Passacaglia. Orgelbüchlein (46 Orgelchoräle, um 1717); 21 Vorspiele über Katechismus- u. andere Gesänge (»Orgelmesse«, gedr. 1739); 6 (»Schüblersche«) Choräle verschiedener Art (gedr. um 1746); Kanonische Veränderungen über »Vom Himmel hoch, da komm ich her« (gedr. 1748); 18 große Choräle verschiedener Art (um 1749). - Klavier: »Das wohltemperierte Klavier« I u. II (48 Präludien u. Fugen auf alle Dur- u. Molltonarten, 1722 u. 1744); Inventionen u. Sinfonien (1723); 6 franz. u. 6 engl. Suiten; 6 Partiten (gedr. 1726-31); Italien. Konzert (gedr. 1735); Aria mit 30 Veränderungen (»Goldbergvariationen«, gedr. 1742). - Kammermusik: Je 6 Sonaten u. Suiten für Violine bzw. Violoncello solo (um 1720); Sonaten für Violine, Flöte, Gambe mit Generalbaß, einige mit obligatem Cembalo. - Konzerte: 6 Brandenburgische Konzerte (um 1720); 3 Violinkonzerte; Tripelkonzert für Flöte, Violine u. Klavier; Klavierkonzerte, auch für 2-4 Cembali (um 1731). - 4 Ouverturen (Suiten) für Orchester. - Musikalisches Opfer (Zyklus kontrapunktischer Sätze über ein Thema Friedrichs d.Gr., gedr. 1747). - Die Kunst der Fuge (gedr. 1752).

b) Vokal: Passionen nach dem Evangelium Johannes (1723) u. Matthäus (1729); Magnificat (1723); h-moll-Messe (1733); Weihnachtsoratorium (1734); 200 Kirchenkantaten auf alle Sonn- u. Festtage des Kirchenjahrs, ursprüngl. 5 vollständige Jahrgänge, darunter die Nr. 106: Gottes Zeit ist die allerbeste Zeit (Actus tragicus), 131: Aus der Tiefe rufe ich (Frühwerke), 79: Gott, der Herr ist Sonn u. Schild, 21: Ich hatte viel Bekümmernis, 65: Sie werden aus Saba alle kommen (über Bibeltext mit freien Einschüben), 4: Christ lag in Todesbanden, 80: Ein feste Burg ist unser Gott, 140: Wachet auf, ruft uns die Stimme (Choralkantaten), 119: Preise Jerusalem, 29: Wir danken dir, Gott (Ratswahlkantaten); etwa 30 Kammerkantaten (vieles später in Kirchenkantaten übernommen); Trauerode (1727, Text von Gottsched); 6 große Motetten: Singet dem Herrn ein neues Lied; Fürchte dich nicht; Komm Jesu, komm; Der Geist hilft unsrer Schwachheit auf (1729); Jesu meine Freude (1723); Lobet den Herrn, alle Heiden; Geistliche Lieder u. Arien aus Schemellis Gesangbuch (gedr. 1736).

Viele Werke B.s sind verlorengegangen.

Kritische GA der Werke durch die Bachgesellschaft in 46 Jahrgängen, 59 Bde, Leipzig 1851-99. Neue GA Kassel 1954ff. Orgelwerke hg.v. F.C.Griepenkerl u. F.Roitzsch, Bd 1-8, 1844-52; Bd 9, 1881 (mit Quellenwert).

W.Schmieder, Thematisch-systemat. Verzeichnis der Werke J.S.B.s, 1950 (vollst. Lit.) - J.N.Forkel, Über J.S.B.s Leben, Kunst u. Kunstwerke, (1802) Neuausg. 1942³ - Ph.Spitta, J.S.B., 2 Bde, (1873-80) 1921³ (grundlegend) - A.Pirro, J.S.B., Paris 1906 (dt. v. Engelke 1910) - A.Schweitzer, J.S.B., (1908) 44.-49. Taus. 1951 - E.Burri, J.S.B. (ZZ 5, 1927, 158-177) - Ch.S.Terry, J.S.B., London 1928 (dt. mit Vorrede v. Straube 1929) - R.Steglich, J.S.B., 1935 - H.Besch, J.S.B.s Frömmigkeit u. Glaube, (1938) 1950² - A.Schering, J.S.B. u. das Musikleben Leipzigs im 18.Jh. (Musikgesch. Leipzigs Bd 3), 1941 - The Bach Reader, hg.v. David u. Mendel, New York 1945 (Lebensdarstellung in Briefen u. Dokumenten) - F.Smend, Luther u. B. (Der Anfang, Zehlendorfer Stud. der Kirchl. Hochschule Berlin 2), 1947 - Ders., B. in Köthen, 1951 (Erg. zu Spitta) - MGG I, 962ff - Chr.Mahrenholz, J.S.B. u. der Gottesdienst seiner Zeit, 1950 - B.Paumgartner, J.S.B. Leben u. Werk I, 1950 - W.Vetter, Der Kapellmeister B., 1950. - Bericht über die wissenschaftl. Bachtagung der Gesellsch. für Musikforschung 1950, hg.v. H.Eggebrecht, 1951 - Ges. Briefe hg.v. E.Müller von Asow, (1938) 1950². - B.-Jahrbuch, hg. im Auftrag der Neuen B.-Ges. v. A.Schering 1904ff.

S.Hermelink

Bachofen, *Johann Jakob* (1815-87), schweizerischer Rechtsgeschichtler, nach Aufgabe seiner Professur (1844) als Forscher und Schriftsteller tätig. Das Studium des römischen Rechts, der klassischen Autoren und Denkmäler, besonders des Gräberschmucks ließ B. als die gestaltende Kraft hinter allen Erscheinungen des menschlichen Lebens den religiösen Glauben sehen. Dieser war in der glücklichen und harmonischen Urzeit (Einfluß der Romantik!) am meisten greifbar. B. spöttelte über die rein gegenständliche Erklärung der damaligen Archäologen: etwa: »Hier ist Odysseus, dort Achilleus dargestellt.« Mommsens Römische Geschichte erweckte ebenso seinen Abscheu. Statt eines geplanten großen Werkes über das alte Italien konnte B. nur die Arbeiten »Gräbersymbolik« (1859) und »Mutterrecht« (1861) veröffentlichen, deren letzte seinen bleibenden Ruhm begründet hat und in der ethnologischen Theorienbildung bis heute nachwirkt (→ Ethnologie). Weniger bekannt, aber ebenfalls bedeutend ist »Die Unsterblichkeitslehre der orphischen Theologie auf den Grabdenkmälern des Altertums« (1867). »Die Sage von Tanaquil« (1870) entwirft ein neues Geschichtsbild mit dem Gegensatz Orient-Okzident, stoffgebundene Sinnlichkeit - geistige Lichtreligion. Von seinen Zeitgenossen und manchen Modernen als romantischer Sonderling und sogar Dilettant (zB unhaltbare Etymologien) beurteilt, wird B. in der letzten Zeit positiver bewertet. Dazu haben u.a. Ganzheitspsychologie, → Kulturkreislehre und erhöhtes Interesse am → Symbolismus (vgl. auch → Cumont) beigetragen.

GesW Iff, 1943ff (III, 1011ff: Biographie u. Würdigung v. K. Meuli). - RGG² I, 723f - A.Bäumler, B. u. Nietzsche, 1929 - M. Burckhardt, B. u. die Politik, 1943 - K.Kerényi, B. u. die Zukunft des Humanismus, 1945. *C.-M.Edsman*

Bachstrom, *Johann Friedrich* († 1742), Pietist, 1717-20 Prof. am Thorner Gymnasium, dann von 1720-24 Pastor der luth. Gemeinde zu Wengrow. Er war Theologe, Mediziner, Techniker, Chemiker, Erfinder, Übersetzer, Romanschriftsteller. 1729 begab er sich nach Konstantinopel, wo er die Gründung einer Akademie der Wissenschaften und einer medizinisch-naturwissenschaftlichen Hochschule beabsichtigte. Seine jesuitischen Feinde vereitelten jedoch seine Pläne. Nach Polen zurückgekehrt, wurde er später unter der Anklage des Hochverats in Nieświez gefangen gesetzt, wo er 1742 mutmaßlich eines gewaltsamen Todes starb. Die einen sehen ihn als Abenteurer an, die anderen als einen Vorläufer und stillen Mitarbeiter der humanitären Ideen unserer Großen des 18.Jh.s. *E.Kneifel*

Bacon, 1. *Francis, von Verulam* (1561-1626) ist der erste Philosoph von Rang, den England nach seinem bedeutenden Eingreifen in die Philosophie des Mittelalters hervorgebracht hat. Nachdem man seine Verdienste um die Begründung der modernen Naturwissenschaft lange Zeit überschätzte, ist neuerdings eine unberechtigte Unterschätzung eingetreten, die den humanistischen Grundzug seines Denkens übersieht; denn B. hat als erster die kulturgeschichtliche Tragweite des naturwissenschaftlich-technischen Zeitalters erkannt. - B. (* 1561) ist in der geistig-bewegten Welt des Elisabethanischen Hofes aufgewachsen. Seine Bemühungen um die Gunst der Königin blieben erfolglos, und erst unter ihrem Nachfolger Jakob I. setzt der politische Aufstieg ein, der ihn bis zum Lordkanzler und Peer (mit dem Titel Baron von Verulam) emporträgt, dem aber wegen einer doch wohl nicht ehrenrührigen Bestechungsaffäre ein plötzlicher Sturz folgte. Die 5 Jahre bis zu seinem Tode 1626 gehören ganz den Wissenschaften, denen er sonst nur seine Mußestunden hatte widmen können. - Sein bekanntestes Buch sind die glänzend geschriebenen »Essays« (1597, erweitert 1612 und 1625), die das Vorbild → Montaignes nicht verleugnen und kaum einen Bereich des öffentlichen und privaten Daseins unberührt lassen (darin über Einigkeit in der Religion und über Atheismus). B.s Lebenswerk ist die »Magna Instauratio imperii humani in Naturam« (1. Novum Organum scientiarum, 1620; 2. De dignitate et augmentis scientiarum, 1623, vorher engl. 1605), das auf Grund einer neuen Erkenntnis die durch Adams Fall verlorene Macht über die Natur und damit das christlich verstandene »Königreich des Menschen« wiederherstellen will. Das an die Stelle des aristotelischen gesetzte Neue Organum will die Trugbilder des Verstandes und der Sinne abbauen (die idola tribus, die der analogia hominis vertrauen; die idola specus, die das »Höhlen«dasein der einzelnen verursacht; die idola fori, mit denen die Sprache die Wirklichkeit verstellt; die idola theatri, die durch die philosophischen Lehrmeinungen ausgelöst werden), positiv aber eine Methode entwerfen, die das empirisch Gefundene aus der Kraft des Geistes zu verarbeiten weiß. In der Durchführung dieser induktiven Methode bleibt B. freilich trotz einer geistvollen Theorie des Experiments weithin in veralteten Anschauungen stecken. Der 2. Band der (Fragment gebliebenen) Instauratio bietet eine neue Einteilung der Wissenschaften. Besonders aufschlußreich ist die Gliederung der Wissenschaft vom Menschen (1. Gedächtnis: Geschichte, naturalis et civilis; 2. Einbildungskraft: Poesie; 3. Verstand: Philosophie, unterteilt in natürliche Theologie, Anthropologie und Naturphilosophie). Während die natürliche Theologie den → Atheismus widerlegen soll, bleibt die Offenbarungstheologie als übervernünftig von jeder Verknüpfung mit der Philosophie frei.

Works, hg.v. J.Spedding u.a., Bd 1-14, 1857-74. - W.Frost, B. u. die Naturphilosophie, 1927 - E.Lewalter, F.B., 1939 - F.H.Anderson, The Philosophy of F.B., 1948. *H.Knittermeyer*

2. *Roger* (ca 1214-ca 1292), gelehrter englischer Franziskaner, gen. »Doctor mirabilis«. Adliger Herkunft aus Ilchester, studierte B. in Oxford und in Paris, wo er (vor 1245) als magister artium lehrte. Im Widerspruch zu den dort maßgeblichen Theologen drang er auf Sprachenkenntnis und mathematisch begründete, experimentierende Naturforschung als Voraussetzung für wahres Verständnis sowohl der Bibel wie des Aristoteles und der arabischen Philosophen, überzeugt vom Einklang aller Tradition mit Vernunft und Erfahrung und vom heilsamen Wert einer universalen »scientia perfecta«. Um 1250 ging er nach Oxford zurück und wurde Franziskaner, machte sich aber seinen Ordensoberen mißliebig. Seit ca 1257 wieder in Paris, forschte er eifrig (Opera hactenus inedita hg.v. R.Steele, 16 Fasz. 1905-41), durfte aber nicht lehren und publizieren, bis 1266 Papst → Clemens IV. um Vorlage seiner Schriften bat. Statt der Bitte zu entsprechen, entwickelte er teils umfassend, teils im Abriß sein Programm einer neuen Universalwissenschaft (Opus maius, 3 Bde, hg.v. J.H.Bridges 1897-1900, dazu 7. Buch: Moralis Philosophia, hg.v. E.Massa 1954; Opus minus und Opus tertium hg. v. J.S.Brewer 1860). Vor einer Entscheidung über B.s Programm starb der Papst (1268). Der Ordensgeneral verhängte 1278 über B. als verdächtigen Neuerer ein Schreibverbot und Klosterhaft in Oxford, wo er erst 1292 noch ein »Compendium studii theologiae« veröffentlichen konnte (hg.v. H.Rahsdall 1911). Bald darauf starb er. Im 19.Jh. als Vorläufer moderner Naturwissenschaft und Technik überschätzt, dann als rückständiger Enzyklopädist verkannt, darf B. als ein von → Grosseteste angeregter eigensinniger Außenseiter gelten, der nicht durchdrang und auch in der Folgezeit wenig Gehör fand.

R.B.Essays, hg.v. A.G.Little, 1914 - R.Carton, L'expérience physique chez R.B., 1924 - Ders., L'expérience mystique de l'illumination intérieure chez R.B., 1924 - Ders., La synthèse doctrinale de R.B., 1924 - H.Liebeschütz, Der Sinn des Wissens bei R.B. (Vorträge d. Bibl. Warburg 1930/31) - Th.Crowley, R.B., the Problem of the Soul in his philos. Commentaries, 1950 - S.C.Easton, R.B. and his Search for a Universal Science, 1952 (Lit.). *H.Grundmann*

Baden

1. Kirchengeschichte - 2. Einrichtungen der Landeskirche - 3. Kirchliche Vereine - 4. Äußerungen des kirchlichen Lebens - 5. Schulwesen - 6. Die kath. Kirche - 7. Konfessionszugehörigkeit

1. a) Die literarischen und monumentalen Zeugnisse von den Anfängen des Christentums in B. lassen darauf schließen, daß es in der ersten nachchristlichen Zeit einzelne Christen, aber keine Kirche gab. Die Christianisierung der → Alemannen und → Franken setzte erst nach der Völkerwanderung ein. Im Mittelalter gehörte der Norden zum Erzbistum → Mainz, der Süden zu Konstanz. Die bedeutendsten Benediktinerklöster sind die → Reichenau und → St.Blasien.

b) Das Gebiet, das die 1821 entstandene ev. Landeskirche ausmacht, lag zZ der Reformation in dem Spannungsfeld, das räumlich und geistig zwischen → Luther und → Zwingli lag. Die Vermittlung zwischen Wittenberg und Zürich übernahm das benachbarte → Straßburg. - In Nord-B. geht die Reformation aus von Graf Georg II. von *Wertheim,* ihrem ersten landesherrlichen Förderer in Süddeutschland. 1522 erbat er sich von Luther einen ev. Prediger (Dr. Jak.Strauß). Dessen Nachfolger Franz Kolb führte die erste ev. Gottesdienstordnung ein, die zwischen 1526 und 1530 von der ältesten erhaltenen Wertheimer Kirchenordnung (Joh. → Eberlin von Günzburg) abgelöst wurde. Seither ist ein Teil der Grafschaft ev. - In der Reichs- und Bischofsstadt → *Konstanz* wurde die ev. Sache durch Joh. Wanner und Joh. → Zwick vertreten. Die Seele war Ambrosius → Blaurer (»Form und Ordnung« 1526 von Joh. Spreter, Nüw gsangbüchle 1536 im Fragment erhalten, 1540²). Die ev. Bewegung wurde infolge des → Interims (1548) und des Übergangs der Stadt an Österreich völlig unterbunden. - Obwohl Luther schon 1518 in Heidelberg war, gewann die Reformation in der → *Pfalz* erst unter Ottheinrich (1556-59) festen Boden. Die Kirchenordnung von 1556 ist eine fast wörtliche Wiedergabe der sog. »Kleinen KO« von Württemberg von 1553. Friedrich III., der Schützer der ref. Kirche, führte den Calvinismus konsequent durch und schuf 1563 dem Lande im → Heidelberger Katechismus ein normatives Bekenntnis. Nach einer unter Ludwig VI. (1576-83) erfolgten luth. Restauration führte sein Bruder Johann Kasimir (1576-92) 1585 wieder die ref. KO (mit Kurzfassung des Heidelberger Katechismus) ein, die den Lutheranern in der Abendmahlslehre bei der Spendeformel und durch Freistellen der Perikopen mehr entgegenkam. Die KO von 1601, die die Zugeständnisse unter Friedrich IV. (1582 bis 1610) tilgte, wurde in den folgenden KOen von 1652, 1684, 1724, 1763 nahezu unverändert übernommen. Die Kirche war Staatskirche mit geistlichen Synoden und presbyterialem Ansatz in den Gemeinden. Nach dem Aussterben der ev. Kurlinie 1685 wurde die ref. Kirche unter den kath. Kurfürsten unterdrückt; doch schränkte die Religionsdeklaration von 1705 die Willkür ein. - In der Markgrafschaft *Baden-Durlach* erließ Karl II. die KO von 1556, verwandt mit der Württembergischen KO von 1553. Der Versuch seines Sohnes Ernst-Friedrich, den ref. Glauben einzuführen (→ Staffortsches Buch 1599), scheiterte. Die Kirchenratsinstruktion (KRI) von 1629 ordnete die Verfassung, die im 18.Jh. sich zur KRI von 1797 im Geiste des aufgeklärten Absolutismus entwickelte. - Nach vielmaligem Glaubenswechsel blieb *B.-Baden* seit Ende des 16.Jh.s wieder kath. - Früh fand die Reformation im reichsritterschaftlichen *Kraichgau* Förderer. Die dortige KO von 1560, eine Art 2. Aufl., vermischte ref. und luth. Elemente. - In der Herrschaft *Hanau-Lichtenberg* wurde 1545 die sog. »Kölner Reformation« von 1543 eingeführt, die 1573 durch eine eigene, sich stark an Württemberg 1553 anlehnende KO abgelöst wurde. - Dieses in allen KOen erkennbare eigene oberdeutsche Gepräge, das sich auch in den Gesangbüchern und Katechismen nachweisen läßt, trägt schon früh - abgesehen von einigen bewußten Unionsbestrebungen - in sich den Keim zur Vermittlung, zur Union. Mit der großen politischen Flurbereinigung in den Jahren 1802-10, in der 1806 B. zum Großherzogtum erhoben wurde, hatte der Staat 231 000 luth., 62 000 ref., 616 000 kath. Einwohner.

c) 1807 wurde der ref. Kirchenrat der neuerworbenen rechtsrheinischen Kurpfalz gegen dessen Willen aufgehoben und mit dem luth. Kirchenrat in Karlsruhe vereinigt zum Ev. Oberkirchenrat, der 1809 Sektion des Ministeriums des Innern wurde (Verwaltungsunion mit ausgeprägtem Staatskirchentum). Erleichtert wurde dieses Werk von 1817 an durch den Wunsch von Gemeindegliedern beider Kirchen, daß »Unterscheidungszeichen der beiden Kirchen in Glaubensangelegenheiten aufhören sollten«. 1821 nahm die vom Großherzog einberufene Generalsynode die Unionsurkunde (UU) der »Vereinigten Ev.-prot. Landeskirche« an. In § 5 der UU legte man unter Verwendung der biblischen Spendeformel die neue gemeinsame Anschauung des Abendmahls (ohne Abstimmung) nieder. Lediglich über die das Bekenntnis betreffenden Artikel wurde abgestimmt. Als »unversiegbare Quelle des ev. Glaubens«, als »einzig tiefere Quelle des christlichen Glaubens und Wissens« wurde die Hl. Schrift bezeichnet. Das → Augsburger Bekenntnis, der Heidelberger und der luth. → Katechismus (: II) wurden zu Symbolen der geeinten Kirche erhoben, doch »insofern und inwieweit als das verlorene Prinzip und Recht der freien Forschung in der Hl. Schrift wieder gefordert und von ihnen angewendet wurde und demnach in ihnen die reine Grundlage des Protestantismus zu finden ist«. - Der Bekenntnisstand gab bald Anlaß zu Meinungsverschiedenheiten. Die Generalsynode von 1855 suchte durch eine bindende Aussage zu helfen. Bekenntnisstand ist: CA mit Ausnahme von Art. X, an dessen Stelle § 5 der UU tritt, dazu der Heidelberger und der luth. Katechismus, soweit diese beiden übereinstimmen. - Inzwischen hatte sich die für die badische Kirchengeschichte bedeutungsvollste Gemeinschaft unter Führung Aloys → Henhöfers gebildet. Diese führte mit der wiedererweckten → Orthodoxie gegen den Rationalismus einen heftigen Kampf, durch den nach der Revolution von 1848/49 der konservativen Richtung die Führung in die Hand gegeben wurde. Das 1855 beschlossene Kirchenbuch wurde u.a. ein Anlaß zum Sturz des positiven Kirchenregiments (1860). Hinzu trat die Frage der Kirchenverfassung, die 1861 mit starkem Einfluß des presbyterialen und synodalen Elementes sowie der Pfarrwahl durch die Gemeinden eingeführt wurde. Damit endete das Staatskirchentum. Eine neue Erschütterung brachte → Schenkels »Charakterbild Jesu« (1864). Der Oberkirchenrat und die Generalsynode traten für den angegriffenen Seminardirektor ein, da nach Rich. → Rothes Gutachten eine Kirchenbehörde weder Beruf noch Vollmacht habe, eine theologische Lehrweise zu autorisieren oder zu verdammen. In diesem Zusammenhang wurde auf Rothes Anregung 1865 der »Badische Wissenschaftliche Predigerverein« gegründet, um der durch den Schenkelstreit in sich zerfallenen Geistlichkeit die Gemeinsamkeit ihrer theologischen Arbeit zum Bewußtsein zu bringen und sie zu brüderlicher Aussprache über wichtige Fragen der Wissenschaft und Praxis zu vereinigen.

d) Das Ende des landesherrlichen Kirchenregiments brachte 1919 nach einer gemäßigten Revolution einen neuen Umbau der Kirchenverfassung mit demokratisch-parlamentarischem Einschlag und der Verhältniswahl sowie der Urwahl zur Landessynode. Als oberstes Organ zur Leitung und Verwaltung der Kirche wurde die Kirchenregierung eingesetzt, die aus dem Kirchenpräsidenten und dessen Vertreter, dem Prälaten und 6 Synodalen bestand (§ 110 der Kirchenverfassung). Schon in der Mitte des 19.Jh.s hatten die »Positiven« und die »Liberalen«, die zeitweise echte Fronten darstellten, miteinander gerungen. Nach 1919 kamen neben der »Mittelpartei« die »Religiösen Sozialisten« hinzu. Bei der Landessynodalwahl 1932 trat, durch die nationalsozialistische Bewegung bedingt oder verursacht, die »Kirchliche Vereinigung für positives Christentum und Deutsches Volkstum« hinzu. 1933 gingen die badischen ev. Nationalsozialisten in den Bahnen der Reichsorganisation der Deutschen Christen (DC), nachdem sie sich anfänglich für die biblisch-bekenntnismäßigen Grundlagen der Kirche ausgesprochen hatten. Durch die Einführung des Amtes des Landesbischofs im Juni 1933 wurde das autokratische Amt des Kirchenpräsidenten in großem Umfang beseitigt und die Zuständigkeit des Oberkirchenrats als kollegiales Gremium ausgestaltet. Die Landeskirche wurde durch Gesetz vom 14.7.1934 zwangsweise in die DEK zur Einigung des deutschen Protestantismus eingegliedert. Weit mehr als die Hälfte aller Geistlichen lehnte die Eingliederung ab. Allenthalben wurde die Dahlemer Erklärung verlesen. Als ¾ aller Geistlichen hinter dem Landesbischof standen, gab dieser in einem Hirtenbrief vom 19.11.1934 die Freistellung der Landeskirche den Gemeinden kund. Durch die zwangsweise Eingliederung der ev. Jugend in die Hitlerjugend wurde der Totalitätsanspruch des Politischen völlig offenbar. 1935 unterstellten sich der Landesbischof und der Oberkirchenrat der geistlichen Führung der Vorläufigen Kirchenleitung (→ Kirchenkampf), während sich die DC gegen Ende 1936 ganz der Thüringer Richtung zuwandten. Während 1937 die Landeskirche in Arbeitsgemeinschaft mit dem Lutherrat trat, wurden beim Oberkirchenrat in Karlsruhe 1938 eine Finanzabteilung und mit der Zeit in 71 Gemeinden »Bevollmächtigte« eingesetzt, um von zentraler Stelle die landes- und gemeindekirchliche Verwaltung nach dem Führerprinzip zu leiten. Damit war die schwerste Kampfperiode und entscheidungsvollste Krisis seit der Reformation angebrochen.

e) Der Zusammenbruch von 1945 ebnete wieder die Bahn für eine Reorganisation der Kirche. Eine vorläufige Landes-Synode bekannte sich 1945 1. »zu den ev. Wahrheiten und Grundsätzen der Kirchenleitung, die in der Erklärung der Bekenntnissynode von Barmen und Dahlem allen aus der Reformation erwachsenen Kirchen in Deutschland geschenkt worden sind« und 2. »bewußt und freudig als Glied der neu geeinten EKD zu der von ihr geschaffenen Ordnung und Leitung«; sie machte sich die → Stuttgarter Erklärung zu eigen. Die neue Wahlordnung von 1946/53 baute die kirchlichen Körperschaften von den Pfarrgemeinden her auf, wobei die »Kirchenausschüsse« abgeschafft wurden. Die Leitung der Kirche geschieht durch die Landessynode (zZ 56 Mitglieder), den Landesbischof, den Landeskirchenrat (= synodale und hauptamtliche Mitglieder der Kirchenleitung) und den Oberkirchenrat. – Das Gebiet der Landeskirche umfaßt die Regierungsbezirke Nord- und Süd-B. des Landes B.-Württemberg und ist in die Kirchenkreise Nord-, Mittel- und Süd-B. eingeteilt. Die an ihrer Spitze stehenden Kreisdekane (1945), seit 1956 Prälaten, zur Unterstützung des Landesbischofs in der geistlichen Leitung der Gemeinden und Pfarrer ihrer Kirchenkreise, sind Mitglieder des Landeskirchenrats mit beratender Stimme. Die 27 Kirchenbezirke, die Rechtspersönlichkeit als Körperschaften des öffentlichen Rechts besitzen, pflegen die Verbundenheit ihrer Gemeinden untereinander und mit der Landeskirche. Ihre Organe sind die Bezirkssynode und der Bezirkskirchenrat. Die geistliche Leitung und Verwaltung obliegt dem Dekan. Die 416 Kirchengemeinden und 117 Filialkirchengemeinden (dh Gemeinden ohne Sitz eines Pfarramtes) sind Körperschaften des öffentlichen Rechts, die innerhalb der durch Gesetz oder Satzung bestehenden Grenzen ihre Angelegenheiten selbständig verwalten. Die Diasporagemeinde, die Zusammenfassung der in überwiegend kath. Gebieten lebenden Glieder, ist nicht rechtskräftig, besitzt aber eine innerkirchliche rechtliche Selbständigkeit. Ihre Leitung obliegt dem Kirchenvorstand. – Am 1.1.1955 waren es 787 geistliche Stellen, darunter 538 Pfarrstellen, 49 sonstige geistliche Stellen (Kirchenleitung, Innere Mission usw), 156 Vikariate, 20 Stellen für Vikarinnen (rd 1450 Seelen je geistliche Stelle). Tätig sind insgesamt 678 geistliche Kräfte (= 1680 Seelen je geistliche Kraft), darunter 528 festangestellte Pfarrer, 91 Vikare, 20 Vikarinnen. 1900 wurden 582, 1950 1045 Predigtstätten gezählt. – Das Landeskirchliche Vermögen wird vom Ev. Oberkirchenrat bzw. von 4 beauftragten Bezirksverwaltungsstellen verwaltet. Die Verwaltung des Vermögens der Pfarreien (Pfarrpfründe), die Rechtsfähigkeit besitzen, ist in der Ev. Zentralpfarrkasse (1884) zusammengefaßt. – Die Einführung der Kirchensteuer wurde von der Generalsynode von 1891 beschlossen. – Die Beziehungen zum Staat sind durch den Kirchenvertrag vom 14.11.1932 geordnet, der uneingeschränkt noch gilt. Das Jahr 1934 brachte die endgültige Verkirchlichung der Vermögensverwaltung, die mit dem Kirchengesetz von 1860 immer noch unter gemeinsamer Leitung der Kirche und des Staates stand.

2. Der Ev. Presseverband für B. ist zuständig für die kirchliche Pressearbeit und den Informationsdienst. Er hat die Verlagsrechte für das Ev. Kirchengesangbuch (Ausg. Baden), die kirchlichen Lehrbücher, das Sonntagsblatt »Kirche und Gemeinde«, die »Handreichung für die Pfarrer« u.a.m. Angegliedert sind die kirchliche Rundfunkstelle, die Ev. Filmgilde sowie die Pflege der 345 Gemeindebüchereien. Daneben erscheinen in Freiburg, Konstanz und Mannheim weitere Sonntagsblätter. – Männerwerk einschließlich Arbeiterwerk, Frauenwerk und Landesjugendpfarramt sammeln die jeweiligen Gruppen, wollen ihren Glauben stärken und sie für ihre Aufgaben in Familie, Kirche und Öffentlichkeit zurüsten. Die Ev. Akademie in Herrenalb (Haus der Kirche) bildet einen Ort der Begegnung zwischen Kirche und Öffentlichkeit. Die Ämter für Volksmission und für Kirchenmusik dienen der Förderung und Ordnung kirchlichen Lebens. Als Ausbildungsstätten bestehen in Freiburg das Ev. Seminar für Wohlfahrtspflege und Gemeindedienst (1918 bzw. 1956), in Heidelberg das Kirchenmusikalische Institut (gegr. 1930) und das Petersstift als Kandidatenkonvikt (seit 1955). An ev. Schulen bestehen im Bereich der Landeskirche: die christliche Internatsschule Schloß Gaienhofen, das Zinzendorf-Gymnasium der Europäisch-Festländischen Brüderunität Herrnhut in Königsfeld, die Elisabeth-von-Thadden-Schule in Heidelberg-Wieblingen, das Joh.-Seb.-Bach-Gymnasium in Mannheim-Neckarau.

3. Die Innere Mission, im Jahre 1921 in einem Landesverband unter Führung des Landesvereins (gegr. 1849) zusammengeschlossen, wurde 1929 organisatorisch im »Gesamtverband der Inneren Mission in B. e.V.« zusammengefaßt, dessen erster Geschäftsführer der Landeswohlfahrtspfarrer ist. In der Anstaltsarbeit hat sich trotz

Im Regierungsbezirk	ev.[1]		röm.-kath.		übrige Christen[2]		Sonstige[3]	
	1939	1950	1939	1950	1939	1950	1939	1950
Nordbaden	51,8	47,6	44,2	48,8	0,9	1,1	3,1	2,5
Südbaden	24,6	28,0	72,9	69,9	0,5	0,7	2,0	1,4

[1]) Einschließlich Freikirchen. – [2]) Altkatholiken, Orthodoxe und Angehörige der christlichen Sondergemeinschaften. – [3]) Angehörige der jüd. Religionsgemeinschaft, der Weltanschauungsgemeinschaften, Freireligiöse und Gemeinschaftslose.

Die Entwicklung der Konfessionszugehörigkeit

Religionszugehörigkeit	1900	1925	1950
Evangelische (Landeskirche)	701 962	895 609	1 061 170
Evangelische Freikirche insgesamt	(4 208)	(8 535)	(13 348)
Luth. Freikirchen	1 641	3 175	7 450
Ref. freie Gemeinden	431	76	412
Bund ev.-freikirchlicher Gemeinden	807	1 165	1 555
Methodisten	} 711	1 244	1 336
Evangelische Gemeinschaft		1 677	965
Bund freier ev. Gemeinden	—	—	116
Mennoniten	618	1 198	1 489
Heilsarmee	—	—	25
Röm.-kath. Kirche	1 123 057	1 350 479	1 654 471
Altkatholiken und verwandte Gruppen	8 356	6 528	5 459
Angehörige von orth. Kirchen	226	480	2 657
Andere christlich orientierte Sondergemeinschaften			
Adventisten	—	958	1 602
Apostolische Gemeinden	184	5 125	13 172
Pfingst- und Heiligungsbewegung	—	—	78
Zeugen Jehovas und verwandte Gruppen	—	601	353
Gesellschaft des deutschen Tempels	—	—	131
Kirche Jesu Christi der Heiligen der letzten Tage (Mormonen)	4	124	355
Sonstige	—	—	1 266
Angehörige der jüdischen Religion	26 132	24 064	654
Andere Volks- und Weltreligionen	.	.	158
Freireligiöse Angehörige von Weltanschauungsgemeinschaften und Gemeinschaftslose	.	.	52 195
Ohne Angabe	.	.	4 083
Gesamt-Bevölkerung	1 867 944	2 312 462	2 811 152

der Rückschläge durch den Nationalsozialismus und die Kriegsereignisse die Zahl von 1933 mit 171 Heimen (6700 Betten), die 1945 auf 120 Heime (4000 Betten) zurückgegangen war, auf 216 Heime (11 165 Betten) i.J. 1955 erhöht und zwar 91 Heime der Gesundheitsfürsorge (5322 Betten; darunter 13 Krankenhäuser, 3 Pflegeanstalten für Schwachsinnige und Epileptische, 13 Einrichtungen für Mütter und Säuglinge, 41 Erholungsheime usw), 67 Heime für Erziehungsfürsorge (3321 Betten), 58 Heime der Alters- und Herbergsfürsorge. Insgesamt arbeiten 4500 Menschen im Dienst der Inneren Mission. 10 Mutterhäuser setzen 2700 Diakonissen und Schwestern ein; außerdem gibt es 5 Krankenpflegeschulen, 3 Kindergärtnerinnen- und 3 Kinderpflegeseminare, 6 Haushaltungsschulen, 3 Melanchthonschülerheime. Die halboffene Arbeit umfaßt 420 Kindergärten (28 580 Kinder), 53 Nähschulen (1800 Plätze). 1774 Kinder wurden 1955 in 42 501 Verpflegungstagen in Kinderheimen der örtlichen Erholungsfürsorge betreut. Die offene Arbeit wurde durch die 9 Gemeinde- und 26 Kreisstellen der Inneren Mission in ambulanter Betreuung von Kindern, Jugendlichen und Erwachsenen, geleistet. 371 Gemeindepflegestationen sowie der Film- und Schriftendienst runden die Arbeit ab. – Dem kirchlichen Wiederaufbau und der Linderung und Behebung der Notstände der Zeit, auch in der Patenkirche in der DDR, dient seit 1945 das Hilfswerk der Ev. Kirche in B. – Der Verein für innere Mission Augsb. Bekenntnisses (gegr. 1849) setzt sich für die sittlich-religiöse Erneuerung des Volkslebens durch Evangelisation und Gemeinschaftspflege ein. Er umfaßt zZ 450 Gemeinschaften mit 26 Reisepredigern und Stadtmissionaren, 4 Missions-, 3 Kinderschwestern. Außer dem Bibelheim Bethanien in Langensteinbach und dem Altersheim Edelstein in Schriesheim nennt er 60 Häuser sein eigen. – Der Heidenmission dienen der Verein für Äußere Mission, von Anfang an (1840) ein Hilfsverein für die → Basler Missionsgesellschaft (Halbbatzenkollekte mit 34 000 Mitgliedern) und der Badische Zweig der → Ostasienmission. Daneben werden noch andere Missionsarbeiten unterstützt. – Der Diaspora nimmt sich seit 1842 der Gustav-Adolf-Hauptverein, seit 1946 in → Gustav-Adolf-Werk umbenannt, an (30 Zweig- und 17 Frauenvereine). – Der Ev. Bund (1887 gegr.) zählt 30 Ortsgruppen und 130 korporative Mitglieder. – 1820 wurde die Landesbibelgesellschaft gegründet. – Etwa 300 Chöre mit 11 000 Sängern sind in dem 1880 gegr. Landesverband ev. Kirchenchöre zusammengefaßt. – Der Verein für Kirchengeschichte gab bisher 17 Arbeiten heraus. – Standesorganisation ist der Pfarrverein mit seiner Bruderhilfe, in den der Wissenschaftliche Predigerverein 1941 sich eingegliedert hat.

4. Die aktive Beteiligung am kirchlichen Leben nimmt ständig ab. Die rezeptive →Kirchlichkeit (Taufe, Konfirmation, Trauung, Beerdigung) ist weithin noch gute Sitte, wenngleich sich hierbei immer stärkere Konfessionsverschiebungen zeigen.

5. Die Volksschule ist christliche Simultanschule. Die Einrichtung von Privatschulen ist nach dem Grundgesetz gewährleistet. Der Religionsunterricht ist ordentliches Lehrfach an den öffentlichen Schulen.

6. Die *kath. Kirche* konstituierte sich aus den napoleonischen Wirren allmählich wieder neu. Durch Organisa-

tions- und Religionsedikte war die Kirchenherrlichkeit (Staatsaufsicht) ähnlich wie in der ev. Kirche geordnet und griff weit in das Innere (zB Besetzung der kath. Pfründen durch den Landesherrn) ein. Durch Zusammenlegung staatlicher und kirchlicher Grenzen wurde aus Anteilen der sechs alten, bis in die Anfänge des Christentums in dieser Gegend zurückreichenden Diözesen (Konstanz, Straßburg, Speyer, Worms, Mainz, Würzburg) durch die Bullen Provida sollersque von 1821 und Ad Dominici Gregis custodiam von 1827 die oberrheinische Kirchenprovinz geschaffen, der Freiburger erzbischöfliche Stuhl errichtet, seine Dotation und das Besetzungsverfahren für ihn geregelt. Der immer mehr erstarkende Katholizismus verlangte in Auswirkung der Revolution von 1848 durch seinen Episkopat die Wiederherstellung der alten kirchlichen Rechte und Freiheiten. Mit dem sog. Trauerkonflikt anläßlich des Todes Großherzog Leopolds (1852) entbrannte der sog. badische Kirchenstreit, der nach einem vermittelnden Eingreifen Roms nach langen Verhandlungen durch eine Konvention (Konkordat) 1859 endete. Nach der Bestellung eines liberalen Kabinetts (Stabel, Lamey) und nach der Osterproklamation (1860) unter Großherzog Friedrich I. erfolgten die Einigung über die Pfründenbesetzung (1859), das Gesetz von 1860 über die Verselbständigung der kirchlichen Vermögensverwaltung, die Beseitigung der geistlichen Schulaufsicht (1864-68), die Empfehlung der Zivilehe (1869), das Verbot der Ordensniederlassungen usw (endgültig 1917 aufgehoben). - Die neue badische Verfassung von 1919 beseitigte die letzten Reste der Kulturkampfgesetzgebung. - 1932 wurde das Konkordat unmittelbar zwischen dem Hl. Stuhl und dem Freistaat B., im wesentlichen nach dem Vorbild des Preußischen (1929), abgeschlossen, das auch nach dem Deutschen Reichskonkordat (1933) aufrechterhalten wurde.

7. Das prozentuale Verhältnis zwischen den Konfessionen verschiebt sich seit der Jh.-Wende ständig, besonders zwischen 1939 und 1950. Vgl. dazu die Statistiken zur *Konfessionszugehörigkeit* auf Sp. 837f.

K.F.Vierordt, Gesch. der ev. Kirche im Großherzogtum B., 2 Bde, 1847/56 - G.Spohn, Kirchenrecht der Vereinigten ev.-prot. Kirche im Grßhzgt. B., 2 Bde, 1871/75 - H.Bassermann, Gesch. der ev. Gottesdienstordnung in bad. Landen, 1891 - A.Ludwig, Das kirchl. Leben der ev.-prot. Kirche des Grßhzgt. B., 1907 - Ders., Kurze Gesch. der ev.-prot. Kirche des Grßhzgt. B., (1918) 1927² - H.Waldenmaier, Die Entstehung der ev. Gottesdienstordnungen Süddeutschlands im Zeitalter der Reformation (SVRG 125/126), 1916 - J.Bauer, Zur Gesch. des Bekenntnisstandes in B., 1915 - Ders., Die Union, 1921 - F.Kobe, Die Reformation in der Grafschaft Wertheim, 1924 - Die Religionszugehörigkeit in B. in den letzten 100 Jahren, 1927 - O.Friedrich, Der ev. Kirchenvertrag mit dem Freistaat B., 1932 - Ders., Die kirchen- und staatskirchenrechtl. Entwicklung der ev. Landeskirche B.s von 1933-53 (ZevKR 3, 1954, 292-349) - W.Schwab, Die Vereinigte ev.-prot. Landeskirche B.s als besonderer Typ einer Unionskirche, 1938 - E.Fiedler, Die Vielgestaltigkeit religiösen Lebens in B.-Wttbg. seit der Jh.-Wende (Jb.er f. Statistik u. Landeskunde v. B.-Wttbg. 1, 1955, 295-323) - R.Hupfeld, Zur Frage des Bekenntnisstandes der Ev.-prot. Kirche in B. (Arbeit u. Besinnung 3, 1949, 420-430. 454-466 [Bad. Beilage]) - H.Erbacher, Das Ev. Kirchengesangbuch im Lichte der Gesangbuchgesch. der Markgrafschaft B.-Durlach u. der beiden Unionsgesangbücher (ebd 6, 1952, 100-107. 120-124) - Ders., Die Kirchlichkeit der bad. Landeskirche (Handreichung f. d. Pfarrer d. bad. Landeskirche 1, 1953, 48-52 [Abendmahl]. 70-72 [Gottesdienstbesuch]; 2, 1954, 303-310 [Kirchenaustritte, Konfessionswechsel]) - Ders., Zur Frage der Perikopenordnung (ebd 1, 1953, 328-342) - Ders., Die soziolog. Struktur der Kirchengemeinderäte (ebd 4, 1956, 185-190) - Veröffentlichungen des Vereins für KG 1-17, 1928-56 - RE II, 348ff; XXIII, 150f - RGG¹ I, 890ff - RGG² I, 726ff. *H.Erbacher*

Bader, 1. *Augustin* († 1530), Weber und später Kürschner zu Augsburg, schloß sich hier den → Täufern an; 1526 wurde er mit seiner Frau getauft und 1528, trotz eines Widerrufs im Jahr zuvor, zum Vorsteher bestellt und als Sendbote über Land geschickt. Er stand zunächst unter dem Einfluß von → Denck, → Bünderlin und Hans → Hut. Nach dem Zusammenbruch der Augsburger Täufergemeinde führte er ein unstetes Wanderleben bis nach Mähren und zur Schweiz. Im Vordringen der Türken (1529 vor Wien) sah er ein Zeichen des Endes, zu den Juden trat er in Beziehung, zuletzt verfiel er der Apokalyptik von 4Esr (von Leo → Jud damals übersetzt). In Visionen sah er das Tausendjährige Reich nahen, sein eben geborenes Söhnchen als Messias und sich selbst als dessen Stellvertreter und als König. Von den Täufern hatte er sich auf Zusammenkünften in Schönberg bei Lahr und Teufen bei St.Gallen getrennt; die Taufe solle aufhören! Mit ein paar Anhängern lebte er schließlich auf Mühlen in der Gegend von Ulm, wo er sich bereits königliche Insignien und Kleider besorgte. Die österreichische Regierung in Stuttgart ließ B. als vermeintlich staatsgefährlichen Propheten am 30.3.1530 mit seinem eigenen Königsschwert in Stuttgart hinrichten.

G.Bossert, A.B. (ARG 10, 1913, 110-175. 209-241. 297-349; 11, 1914, 19-64. 103-133. 176-199) - Ders., Qu. zur Gesch. der Wiedertäufer I: Herzogtum Württemberg (QFRG 13, 1930, 20. 921-988) - Mennonit. Lexikon I, 107ff - NDB I, 512. *E.Crous*

2. *Johannes* (ca 1487-1545), war seit ca 1509 Prinzenerzieher in Zweibrücken, seit 1518 Pfarrer in Landau (Pfalz), wo er, um 1522 für die ev. Bewegung gewonnen, wegen seiner reformatorischen Predigt vor das geistliche Gericht in Speyer geladen und exkommuniziert wurde, aber geschützt vom Rat der Stadt sich bis zu seinem Tode halten konnte. B.s theologische Schriften gelten dem Aufbau ev. Gemeinden. Gegen Hans → Denck schrieb er die »Brüderliche Warnung vor dem neuen abgöttischen Orden der Wiedertäufer« (1527). In der Abendmahlslehre stand er → Bucer und den Oberländern nahe. Sein »Gesprächbüchlein« von 1526 (MG Paed. XX, 1900, 261ff) war der erste wirkliche → Katechismus (: II) der ev. Kirchen. Sein »Katechismus« von 1544 (bei J.M.Reu, Quellen z. Gesch. d. kirchl. Unterr. I, 1940) zeigt Spuren Schwenkfeldischen Geistes. Seine Freundschaft mit → Schwenkfeld wirkte sich auch in einer strengen Kirchenzucht aus: er scheute sich nicht, Unwürdige vom Genuß der Sakramente auszuschließen. Gegen Ende seines Lebens verteidigte B. die Bedeutung des AT, als der Landauer Stadtarzt Dr. Alex.Seitz die Göttlichkeit des mosaischen Gesetzes vom Glauben an Christus abhängig machen und das AT überhaupt verwerfen wollte.

J.P.Gelbert, H.Joh.B.s Leben u. Schriften, 1868 - RE II, 353ff - LThK I, 913 - NDB I, 512. *G.Biundo*

Badischer Kirchenstreit → Baden, 6, → Protestantenverein.

Baeck, *Leo,* * 23.5.1873 in Lissa, † 2.11.1956 in London, 1913 Dozent für Homiletik und Religionsgeschichte an der Hochschule für die Wissenschaft des Judentums und Rabbiner in Berlin, 1943 nach Theresienstadt deportiert, seit 1945 in London, vertrat in steter wissenschaftlicher und trotz Theresienstadt (vgl. Adler) menschlicher Fühlungnahme mit deutschen Theologen ein »fortschrittliches Judentum«, das Weg zum wahren Menschentum sein will, in der Überzeugung, daß das Judentum seiner Mission in der Menschheit um so mehr gerecht zu werden vermag, je stärker es sich seines Eigentümlichen bewußt ist.

Das Judentum (Die Religionen der Erde, 1949², 261-298); Maimonides, 1954; Some Questions to the Christian Church from the Jewish Point of View (The Church and the Jewish People, hg.v. G. Hedenquist, 1954, 102-116); Dieses Volk - Jüdische Existenz, 1955. -

Festschr. zum 80. Geb. von Rabbiner Dr. L.B. . . . hg. vom Council for the Protection of the Rights and Interests of Jews from Germany, 1953 (Lit.). - Über B. vgl. H.S.Adler, Theresienstadt 1941-1945. 1955, passim.
W.Holsten

Bärenfest. Unter Lappen und Finnen (→ Finno-ugrische Religion) hat man bei der Bärenjagd eine Reihe von verschiedenen Vorschriften religiös-magischen Inhaltes beachtet. Dasselbe galt auch dem Fest, das einer erfolgreichen Jagd folgte. Wahrscheinlich sehr altertümliche Zeremonien entsprechender Art sind vom ganzen Polarkreisgebiet bekannt und von der Großwildjagd (→ Jäger- und Jagdriten) der Naturvölker überhaupt. Der Geistliche S.Rheen in Jokkmokk (schwed. Lappland) gibt 1671 die älteste, ausführliche Beschreibung eines B.es der *Lappen*. Vor der Jagd wird mit Hilfe der Zaubertrommel das Jagdglück erforscht. Nach der Tötung wird der Bär mit Reisig geschlagen und das Bärenlied angestimmt mit Dank an den Schöpfer. Bei der Heimkehr mit der Beute stimmen die Jäger erneut das Bärenlied an, dessen Inhalt andeutet, daß die Lappen nicht die Töter sind. Deren Frauen heißen sie singend in ihrer Hütte willkommen, woraufhin die Jäger durch die Hintertür hereinkriechen und der erste von ihnen mit Saft aus Erlenrinde bespritzt wird. Die Männer, die im Laufe der nächsten 3 Tage und Nächte ihren Frauen nicht nahen dürfen, begeben sich zu ihren Hütten, wo der Bär abgehäutet, gekocht und in Abwesenheit der Frauen verzehrt wird. Die Knochen, die nicht zerschlagen werden dürfen, werden gesammelt und vergraben. Das älteste erhaltene lappische Bärenlied, aus der Zeit um 1775, enthält ein Dankgebet an den Bären, in dem der Gedanke über das erneuerte Leben des Bären oder die → »Auferstehung« und Wiederkehr, um erneut Beute zu werden, klar ausgesprochen ist.

Der Ursprungsmythus der Lappen selbst weist auf eine Mischehe zwischen einem Bären und einer Frau hin. Das Tier läßt sich freiwillig vom jüngsten Bruder seiner Frau erschießen, nachdem es die Frau über alle die Zeremonien, die im Zusammenhang mit seinem Tod und fortan beachtet werden sollen, unterrichtet hat.

Bei den *Finnen* heißt das B. »Bärenbegräbnis«, aber auch »Bärenhochzeit«, die dramatisch ausgestaltet worden ist. Den Bärenschädel hat man in einer Kiefer aufgestellt, eine uralte Bestattungsform (→ Begräbnis: I). Die Bärenlieder der Finnen sind sehr reichhaltig und bis auf unsere Tage lebendig gewesen.

Durchgehend trifft man in den Bärenriten wie bei aller Jagd auf eine Reihe von Sprechverboten (Sprach-Tabu); die Frauen sind mit einer Mehrzahl von abwehrenden Vorschriften umgeben, und vor dem Tiere selbst entschuldigt man sich, bezeugt seine Ehrerbietung und ist um sein fortgesetztes Leben besorgt. Ein Teil der Forscher deutet hiermit die Hauptansicht als einen magischen Wiederbelebungsakt, der den Fortbestand des Wildes sichern soll. Andere meinen, daß es sich um religiöse Kulthandlungen handelt, die ihrerseits in verschiedener Weise ausgelegt werden: als totemistisch-sakramentale → Mahlzeit oder als Verehrung des Gottes bzw. des Ahnvaters im Tiere. Nach anderen liegt ein Gabenaustausch zwischen der jenseitigen und der diesseitigen Welt vor. Das B. unter den → Ainu und Giljaken ist somit ein Iomante (»Wegsenden«) des enthüllten kamui (»Seelenkraft«, »Göttlichkeit«), mit den Gaben der Menschen versehen. Die neueste Forschung hat betreffs der Religion des Jägers im allgemeinen die Bezeichnung → *Herr des Tieres* für die Gottesmacht, die man hinter dem Wilde zu erkennen glaubt, gewählt.

A.J.Hallowell, Bear Ceremonialism in the Northern Hemisphere (AmA NS 28, 1926, 1-175) - K.Krohn, Bärenlieder der Finnen (Anthropos 23, 1928, 401-406) - H.Findeisen, Zur Gesch. der Bärenzeremonie (ARW 37, 1941/42, 196-200) - B.Collinder, The Lapps, 1949 - C.-M.Edsman, Studier i jägarens förkristna religion: finska björnjaktsriter (KÅ 53, 1953, 48-106; Lit.) - Ders., The Story of the Bear Wife in Nordic Tradition (Ethnos 21, 1956, 36-56) - KLNM, 1956, 671-677. - Vgl. auch die Lit. unter → Altaische Religion.
C.-M.Edsman

Bäume und Pflanzen. Der Baum- und Pflanzenkultus ist ein Teil der Verehrung von Naturgegenständen. Er steht oft in enger Verbindung mit Stein- und Schlangenkult (→ Schlange). Kult oder Verehrung von Naturgegenständen ist eine über den bloßen Nutzwert dieser Gegenstände oft weit hinausgehende Hochschätzung, die sich in den Gegenständen angepaßten Zeremonien und Glaubensüberzeugungen äußert. Infolge zunehmender Naturerkenntnis ändern sich notwendig die Motive und Erwartungen, die an besondere Bäume, Pflanzen und deren Produkte geknüpft werden, so daß sie schließlich nur noch bei Volksfesten, in der Kunst und der philosophischen Dichtung eine Freude auslösende Rolle spielen. Insbesondere haben die hellenistischen Mysterienreligionen viel zur Vergeistigung der auch ursprünglich stoffgebundenen Verehrung von Bäumen, Pflanzen und ihren Produkten beigetragen (vgl. Plutarch: De Iside et Osiride) und diese Problematik der christlichen Theologie überliefert (Brot, Wein). Somit läßt sich wohl begrifflich eine unmittelbare und eine übertragene Form der Verehrung der genannten Naturerscheinungen unterscheiden, die aber beim Gläubigen oft ineinander übergehen.

Die unmittelbare und wohl auch älteste Form der Verehrung von Bäumen und Pflanzen wird mit den ihnen eigentümlichen Wachstumsverhältnissen wie Größe, Dauer des Bestehens, Festigkeit (des Holzes), Regenerationsfähigkeit, Schattenspenden u.a.m. zusammenhängen, verbunden mit ästhetischen Eindrücken. Der zeremonielle Gebrauch dieser Eigenschaften wird üblicherweise, aber sehr unzureichend »Vegetationsmagie« (→ Fruchtbarkeit) genannt. Im deutschen Sprachbereich ist das dafür kennzeichnende Wort → »Maibaum« oder »Maizweig«. Durch zeremoniellen Kontakt verschiedenster Art mit diesen Naturobjekten werden die ihnen innewohnenden besonderen Fähigkeiten auf Menschen und (Haus-) Tiere übertragen, um deren entsprechende Anlagen oder Fähigkeiten des Wachstums und Reifens zu verstärken. Je nach den Ländern werden die dazu »besten Zeiten« (»Frühjahr«) bevorzugt. Die Abwandlungsformen dieser Zeremonien sind überaus mannigfaltig. Eine sozial und religiös sehr bedeutungsvolle Verwendung von (meist grünenden) Bäumen und Zweigen findet bei den »Mannbarkeitsfeiern« (→ Initiationsriten) statt. Hierbei wird noch besonders das (scheinbare) »Sterben- und Wiederaufleben« der Pflanzenwelt und ihrer Fähigkeit, Samen und Früchte zu produzieren, in Betracht gezogen. Beziehen sich diese Zeremonien auf die ganze heranwachsende junge Generation, so betrifft der sog. »Miteinanderwuchs« den einzelnen Menschen. Hierbei wird zur Zeit der Geburt eines Menschen ein Baum gepflanzt, dessen Wachstum und Reifung mit den Lebensphasen dieses Menschen übereinstimmt. Die sog. »Baumgeburtssagen« beziehen sich dagegen oft auf die Tatsache der verschiedenen wirtschaftlichen Verhältnisse nebeneinander wohnender Völker, so zB in Südafrika. Der »Werft- und Dorfschutzbaum« dieser Völker umfaßt neben vielen anderen auch noch rechtliche Ideen, insofern seine Einpflanzung unter dem Schutze der Ahnengeister die Besitznahme des betreffenden Landstückes ausdrückt.

Zeremonieller Genuß berauschender Früchte und Baumsäfte, der in den Religionen außerordentlich verbreitet ist, verschafft den Gläubigen prophetische Einsichten und Erhebung von den Leiden des Daseins (vgl. Soma, Haoma, Kawa, Wein- und Biergetränke, insbesondere auch das Meskalin des Peyotekults).

RGG[3] I, 734 (Lit.) - W.D.WALLIS, Religion in Primitive Society, Chap. V, New York 1939 - ELIADE 299ff - AD.E.JENSEN, Mythos u. Kult bei Naturvölkern, 1951 (Reg.: »Pflanze« mit Zusammensetzungen). *F.R.Lehmann*

Baeumker, *Clemens,* * 16.9.1853 in Paderborn, † 7.10.1924 in München, studierte neben Theologie und Philologie vor allem Philosophie, war Gymnasiallehrer in Münster, 1883 Prof. für Philosophie in Breslau, 1900 in Bonn, 1903 in Straßburg und 1912 in München als Nachfolger Georg von Hertlings. B.s Interesse galt insbesondere einer auf strenger Methode beruhenden historisch-kritischen Erforschung der Geschichte der Philosophie. Geschichte sah er als eine Evolution des menschlichen Geistes, bei der das Vergangene wie in allem Lebendigen immanent im Gegenwärtigen sich erhält und zur Kontinuität verpflichtet. Als solche hatte sie für ihn sachlich-systematische Bedeutung und den Wert des rettenden Standpunktes bei gleichzeitiger Möglichkeit der Kritik. So gewann er die Basis für sein Verständnis des Verhältnisses des philosophischen Gedankens zum Katholizismus. Die Impulse des durch → »Aeterni Patris« für kanonisch erklärten → Thomismus wußte er für die literarhistorische und ideengeschichtliche Erforschung der Scholastik fruchtbar zu machen (BGPhMA seit 1892), und diese Bewegung griff allmählich auf die ganze kath. Philosophie über (→ Neuscholastik). Im besonderen erkannte er die große Bedeutung des platonisch-neuplatonischen Traditionsstromes im Zusammenhang mit der erkenntnistheoretischen Rolle der Lichtmetaphysik, auch die der arabischen Philosophen. Nicht minder stark war sein Interesse an mathematisch-naturwissenschaftlichen und medizinischen Problemstellungen in der mittelalterlichen Philosophie. Sein bedeutendstes Werk ist »Witelo, ein Philosoph und Naturforscher des 13.Jh.s«. Seine zusammenfassende ideengeschichtliche Darstellung der Philosophie des Mittelalters (in: Hinneberg, Die Kultur der Gegenwart) ist heute noch nicht überholt.

Selbstbiographie in: Die deutsche Philosophie der Gegenwart in Selbstdarstellungen II, 1921, 31-60 (Bibliogr.) - M.GRABMANN, C.B. u. die Erforschung der Gesch. der mittelalterlichen Philosophie (BGPhMA 25, 1927, 1-38) - NDB I, 533f (Lit.). *J.Klein*

Bahai-Religion. Der Bahaismus ist aus dem → Babismus entstanden. Mirza Ḥusain ʿAli, genannt Bahāʾullāh, »Glanz Gottes«, * 1817 in Mazenderan, ein Halbbruder Ṣubḥ-i Azals, schloß sich dem Bab an, wurde 1852 nach dem Attentat auf den Schah gefangengesetzt, gelangte dann nach Bagdad, Edirne und schließlich Akka, wo er 1892 starb und die Leitung seiner Gemeinde seinem Sohn ʿAbdulbahā übertrug. Dieser entfaltete in Europa und Amerika eine umfassende Propaganda. Der Bahaismus überschritt bewußt die Grenzen des Babismus, um sich für die Krone der Religionen zu erklären. Sein Verhältnis zum → Islam ist, nach Aussage eines Bahai, gleich dem des Christentums zum Judentum: Abstreifung des gesetzlichen Zwanges zugunsten einer neuen Freiheit und Freude.

Der Bahaismus sieht in allem eine Offenbarung Gottes und erkennt eine gemeinsame Grundlage aller Religionen an. Die Religion soll ein Fundament für die Einheit der Menschen bilden, die es zu verwirklichen gilt. Religion muß mit den Forderungen von Wissenschaft und Vernunft übereinstimmen, und jeder soll die Wahrheit vorurteilsfrei erforschen. - Kulturoptimismus und weltoffene Ethik zeigen sich in der Ablehnung der Askese, ferner besonders in der Bedeutung, die der Gleichberechtigung der Geschlechter, der Lösung der sozialen Frage, dem Weltfrieden zugemessen wird; sie gehen bis zur Forderung einer Einheitssprache und Einheitsschrift.

Durch diese Prinzipien, die auf umfassender → Toleranz bauen und alle vorhergegangenen Propheten - über Mose, Buddha, Jesus, Mohammad usw bis zu Bahāʾullāh - anerkennen, hat der Bahaismus starke Anziehungskraft bewiesen. Bahāʾullāh ist nach der Anschauung der B.-Anhänger kein gewöhnlicher Prophet, sondern, wie Jesus, ein maẓhar-i ilāhī, ein Erscheinungsort des Göttlichen.

Die genaue Zahl der Bahai steht nicht fest; es besteht kein Klerus, aber eine straffe Organisation (deutsches Zentrum in Stuttgart). Am Riḍvānfest, zwischen 21.4. und 2.5., wird die Gemeindeleitung gewählt; sowohl die örtliche als auch die nationale Leitung besteht aus je 9 Personen. Der als vāliyi amr, Verwalter des »Befehls«, in Haifa residierende Leiter der Bahai hat keine Jurisdiktionsgewalt. Er wird von einem internationalen Rat unterstützt. Das Ziel ist, eine moderne Theokratie zu schaffen.

Verborgene Worte von Bahaullah, (1910) 1924[3] u. ö. - ABDUL BAHA ABBAS, Ansprachen über die Bahai-Lehre, (1914) 1923[3] - HIsl 73 - G.ROSENKRANZ, Die Bahā'i, 1949 - SHOGI EFFENDI, Die Sendung Baha'ullahs, 1950 - J.E.ESSLEMONT, Baha'ullah u. das neue Zeitalter, 1953 - Hutten 201ff. 578. *A.Schimmel*

Bahnhofsmission

1. Die B. ging aus gleichlaufenden Bestrebungen des Deutschen Nationalvereins der »Freundinnen junger Mädchen« und der ev. weiblichen Jugendarbeit hervor. Die wachsende Gefährdung der in großer Zahl in die Städte strömenden alleinstehenden Frauen und Mädchen führte bereits 1884 zu Schritten des Central-Ausschusses für die → Innere Mission, 1894 zur Gründung der Berliner B. Das Werk dehnte sich rasch aus und wurde 1897 in der »Kommission der deutschen B.« zusammengefaßt, die als Fachverband der Inneren Mission die Betreuung der Arbeit selbständig übernahm. Neben einer sehr umfangreichen persönlichen Fürsorgearbeit konnte auch eine Reihe wichtiger Verordnungen und Gesetze zum Schutze der reisenden Bevölkerung erwirkt werden. Die B. wurde durch die seit 1898 eingeführte einheitliche Plakatierung in den Zügen und durch das gemeinsame Abzeichen der Helferinnen sehr bald volkstümlich. Seit 1910 besteht eine »Interkonfessionelle Kommission für B. in Deutschland«, die 1930 den Namen »Konferenz für kirchliche B.« annahm. In ihr arbeitet die Ev. B. mit dem Kath. Mädchenschutzverband zusammen, der seit 1895 B. treibt. Eine ev. Fachzentrale stellt seit 1910 Koordinierung der Arbeit, Vertretung gegenüber der Eisenbahnverwaltung und Werbung sicher. Die B. wurde 1939 verboten, lebte aber 1945 in allen vier Besatzungszonen spontan wieder auf. Neben den ursprünglichen Aufgaben des Gefährdetenschutzes sind der B. in den Notzeiten immer wieder andere Aufgaben zugewachsen. Im ersten Weltkrieg übernahm sie die Betreuung der Soldaten auf Reisen, der Eisenbahnerinnen, der Mädchen in der Etappe, der Optanten und der ausländischen internierten Frauen. Nach dem zweiten Weltkriege wurde das Arbeitsfeld durch den Flüchtlingsstrom fast unübersehbar. Seit 1945 sind durch die B. etwa 40 Mill. Menschen betreut worden. Dazu bedurfte das Werk erheblicher Hilfe der Inneren Mission, des Ev. → Hilfswerkes und der Gemeinden. Heute sind jährlich etwa 1 550 000 Betreuungsfälle zu übernehmen. Hierfür stehen in Westdeutschland 121 vollarbeitende B.en und 64 Abholdienste mit 213 hauptamtlichen, 132 nebenamtlichen und über 1700 ehrenamtlichen Mitarbeiterinnen zur Verfügung. In der DDR bestehen 99 B.en, jedoch ruht seit

Jan. 1955 ihre Arbeit. In Berlin arbeiten 10 B.en. In erster Linie der männlichen Reisenden nimmt sich seit 1925 der Ev. Bahnhofsdienst an.

2. Die B. versteht sich als Diakonat helfender Liebe an Reisenden und Fremden. Ihre Hilfeleistungen sind außerordentlich vielseitig: Auskunft, Abholung, Bahnsteighilfe, Verpflegung und Beherbergung Bedürftiger, Beratung und Anbahnung von Hilfsmaßnahmen durch die entsprechenden Stellen der karitativen und öffentlichen Fürsorge. Auch wirtschaftliche Unterstützung und Vermittlung von Heim- oder Krankenhausaufnahmen kommen in Frage. Immer noch ist es erforderlich, heimatlose und gefährdete Jugend aufzufangen und Hilfsmaßnahmen für sie einzuleiten (etwa 5500 im Jahre 1955). Kennzeichen der Helferinnen: Ev.: weiß-rosa, kath.: weiß-gelbe Armbinde. Die B. stellt einen bedeutsamen Zweig der modernen → Wohlfahrtspflege dar. Ihre Volkstümlichkeit zu erhalten und zu vertiefen ist eine wichtige Aufgabe der Gemeindearbeit.

3. Der B. entsprechende freie Arbeiten sind in den meisten Kulturländern vorhanden, auch in den USA und Kanada. Als Träger treten meist die Nationalvereine der Fédération internationale des Amies de la Jeune Fille (Genf) hervor, in Kanada das National Council YWCA, in kath. Ländern teilweise auch die Association Cath. Internationale de Protection de la Jeune Fille (Mädchenschutzbund). In der Regel steht die Aufgabe des Schutzes gefährdeter Frauen und Mädchen noch stärker als in Deutschland im Vordergrund.

H.Schreiner, Hauptprobleme der ev. Bahnhofsfürsorge (Der ev. Wohlfahrtsdienst, H. 12), 1926. *K.Janssen*

Bahrdt, *Karl Friedrich* (1741-92), * in Bischofswerda (Oberlausitz), Urenkel E. → Neumeisters, Sohn des späteren Sup. und Prof.s Johann Friedrich B. in Leipzig, 1761 PDoz., 1766 Prof. in Leipzig, 1769 in Erfurt, 1771 in Gießen, 1775 auf Basedows Empfehlung Direktor des Philantropinums Marschlins (Graubünden), 1776 General-Sup. in Dürkheim (Hardt), von wo aus er ein Philanthropinum in Heidesheim gründete, 1778 aber wegen Ketzerei abgesetzt wurde; 1779 Dozent in Halle (von Semler bekämpft). Nach dem Tode Friedrichs II. zur Aufgabe seiner Vorlesungen gezwungen, kam er 1789 wegen Verspottung des → Wöllnerschen Religionsedikts in Festungshaft nach Magdeburg. B. endete als Gastwirt in Nietleben bei Halle, wo er die freimaurerische »Deutsche Union« begründete. B. ist der »Thersites der deutschen Aufklärung«, der sich von der Orthodoxie weg zu immer größerem Radikalismus und zu seichter Oberflächlichkeit entwickelte (natürliche Erklärung der biblischen Wunder, Jesus als Naturalist und Stifter eines geheimen Ordens, Verhöhnung der Kirche), moralisch sank und radikaler Parteigänger der Französischen Revolution wurde.

Vf. zahllose Schriften; die bekanntesten: Neueste Offenbarungen Gottes, 1772-75 (Umschreibung des NT, von Goethe verspottet); Briefe über die Bibel im Volkston, 1782f (Wochenschrift); Ausführung des Plans u. Zwecks Jesu, 8 Bde, 1784f; Das Religionsedikt. Ein Lustspiel, 1789; Kirchen- u. Ketzeralmanach aufs Jahr 1781; Häresiopol (Züllichau). Gesch. seines Lebens, seiner Meinungen u. Schicksale, 4 Teile 1790f (gekürzte Neuausg. v. F.Hasselberg, 1922, mit Biogr.); Leben u. Taten des weiland hochwürd. Pastor Rindvigius, Ochsenhausen 1790. - G.Frank, Dr. K.F.B. (Hist. Taschenbuch v. Raumer 4. F., 7, 1866, 203-370) - J.Leyser, K.F.B., der Zeitgenosse Pestalozzis, sein Verhältnis zum Philanthropinismus u. zur neueren Pädagogik, (1867) 1870² - P.Drews, Das Eindringen der Aufklärung in die Univ. Gießen (PrJ 130, 1907, 35-59) - W.Diehl, Beitr. z. Gesch. v. K.F.B.s Gießener Zeit (Arch. f. hess. Gesch. NF 8, 1912, 199-254; Briefe) - N.Bassewitz, Die polemischen Romane C.F.B.s (Diss. Würzburg), 1923 - GG IV, 1, 1951³, 811ff - W.Valjavec, Die Entstehung der polit. Strömungen in Deutschland 1750 bis 1815, 1951, 135ff. 215ff - NDB I, 542f. *M.Schmidt*

Baier, *Johann Wilhelm* (1647-95), * in Nürnberg, studierte in Altdorf und Jena, war ab 1675 in Jena Prof. der Theol., ging 1694 als Prof. und erster Rektor nach Halle und wurde in seinem Todesjahr Oberhofprediger und General-Sup. in Weimar. Als Schüler und Schwiegersohn des Joh. → Musäus glich er sich dessen bestimmter, aber versöhnlich vertretener Orthodoxie an. Wie Musäus betont den Synkretismus der Ireniker ablehnte, aber sich an deren Verfolgung nicht beteiligte, polemisierte B. nicht gegen → Spener, was für seine Berufung nach Halle mitbestimmend wurde. In Halle jedoch wahrte B. seinen orthodoxen Standpunkt sehr deutlich (Forderung der Verpflichtung der Universitätsangehörigen auf die FC). B.s Bemühen um den Entwurf einer natürlichen Theologie (in seinem Compendium theologiae positivae, 1694³) ist als Weiterführung eines Anliegens von Musäus anzusehen; mit seinem Sinn für praktisch-ethische Probleme (vgl. sein Compendium theologiae moralis, 1698) knüpfte er ebenfalls an Musäus an. Die auffällige Betonung der eigenen Orthodoxie durch B. erklärt sich daher, daß B. die Rechtgläubigkeit der Jenenser bekunden wollte. Das Compendium theologiae historicae (1698; Geschichte der Dogmen) bezeugt den schon bei Musäus spürbaren Trieb zu freiem Forschen. - B.s Bedeutung besteht einerseits in der Verbreitung der Theologie des Musäus, andererseits darin, daß er das dogmatische Erbgut der Orthodoxie noch dem Luthertum des 19.Jh.s, auch und insbesondere dem amerikanischen, vermittelt hat.

C.Stange, Die syst. Prinzipien i. d. Theol. des Musäus, 1895 - RE II, 359ff - Ritschl IV, 1927 - K.Heussi, Gesch. d. Theolog. Fakultät zu Jena, 1954. *F.Lau*

Baillie, *John,* ref. Theol., * 26.3.1886 in Gairloch, Schottland, studierte in Edinburgh, Jena und Marburg; 1919-34 Prof. in USA und Kanada, seit 1934 an der Universität Edinburgh und seit 1950 Rektor (Principal) des New College, Edinburgh. 1940-45 leitete er den von der Kirche von Schottland eingesetzten Ausschuß für »die Interpretation des Willens Gottes in der gegenwärtigen Krise« und war 1943-44 Moderator der Kirche von Schottland. B. gehört seit 1954 zum Präsidium des Ökumenischen Rates der Kirchen.

Vf. u.a.: The Roots of Religion in the Human Soul, 1926; The Interpretation of Religion, 1929; The Place of Jesus Christ in Modern Christianity, 1929; And the Life Everlasting, 1933; A Diary of Private Prayer, 1936 (viele Aufl.); Our Knowledge of God, 1939; Invitation to Pilgrimage, 1942; The Prospects of Spiritual Renewal, 1943; What is Christian Civilization?, 1945; The Belief in Progress, 1950; The Human Situation, 1950; Natural Science and the Spiritual Life, 1951; The Idea of Revelation in Recent Thought, 1956. *H.H.Harms*

Bajus, *Michael* (1513-89), belgischer Theologe und Vorkämpfer des → Jansenismus, 1543 Prof. der Philosophie, 1552 der Exegese zu Löwen. Im Kampf gegen die scholastische Methode knüpfte er vor allem bei Augustins antipelagianischen Schriften an. So kam er zur Leugnung der Übernatürlichkeit des Paradieseszustandes des Menschen und zu seinen Lehren über Erbsünde, Gnade und Freiheit, die von den Franziskanern in 18 Sätzen bei der Sorbonne angeklagt wurden, so daß sie 1567 durch Pius V. (Bulle: Ex omnibus afflictionibus) und 1578 durch Gregor XIII. (Breve: Provisionis nostrae) verworfen wurden. B. unterwarf sich schließlich und starb als Kanzler der Universität. Mit Joh. → Hessels und einem anderen Gesinnungsgefährten Cornelius → Jansen d.Ä. nahm B. 1563 am Trienter Konzil teil, 1563 erschienen die Traktate De libero arbitrio, justitia, justificatione, sacrificio, 1564 folgten andere über Verdienst, Urstand, Sakramente, Erbsünde, Gottesliebe. Bedeutendster Gegner des Bajus war J.M.Ripalda: De ente supernaturali III, Köln 1648.

Baji Opera, Köln 1696. - EC II, 706ff (Bibliogr.) - F.X.Jansen, B. et le Baianisme, Lovanio 1927 - J.Orcibal, Les Origines du Jansénisme I (Bibl. de la RHE 25), 1947 - M.Roca, Documentos inéditos en torno a Miguel Bayo (Antología Anual de la Iglesia Nacional Española Roma 1, 1953, 303-476). *F.W.Kantzenbach*

Baksay, *Sándor* (1832-1915), ung. ref. Bischof und Schriftsteller. Studierte in Csurgó und Kecskemét, 1856 Gymnasiallehrer in Kiskunhalas, 1862 Pastor in Ersekcsanád, seit 1866 in Kunszentmiklós. 1904-15 Bischof des ref. Kirchendistriktes an der Donau. B. war ein Meister ungarischer Prosa, Darsteller des ungarischen Calvinismus in seiner volkhaften Eigenart.

Ges. lit. Werke, hg.v. d. Kisfaludy-Ges. u. von der Ung. Akad. d. Wiss., 3 Bde, 1916f. - Kirchliche Arbeiten, hg.v. K.Hetessy, 4 Bde, 1930-33. - Über B.: L.Kéky, B.S., 1917. *B.Nagy*

Balai († um 460), syrischer Dichter, auf den die Formung eines fünfsilbigen Versmaßes zurückgeführt wird. Über seine Lebensumstände ist nur bekannt, daß er Chorbischof im Bezirk von Aleppo gewesen sein soll. Die Verfasserschaft der ihm zugeschriebenen kirchlichen Gesänge und Gebete ist nicht gesichert. → Altchristliche Dichtung, 3.

RGG² I, 740 - S.Landersdorfer, Ausgewählte Gedichte des Chorepiskopus Baläus (BKV² 6, 1913, 57ff) - A.Baumstark, Gesch. d. syr. Lit., 1922, 61ff. *A.Adam*

Balanos, *Dimitrios S.,* neugriech. Theol., * 1877 in Athen, Studium in Athen, Leipzig, Jena, Halle und Breslau, 1923-48 Prof. an der Universität → Athen, 1931 Mitglied der Akademie von Athen, zweimal für kürzere Zeit Kultusminister Griechenlands (1935-36 und 1945).

Vf. u.a. (griech.): Isidoros Piloussiotis, 1922; Patrologie, 1930; Die großen Gestalten der alten Kirche, 1942; Die byzant. kirchlichen Schriftsteller von 800-1453, 1951; Die Geschichte der griech. kirchl. Lit. (Die orthodoxe Kirche [Ekklesia 10], 1939, 37ff) u.a. Aufsätze in deutscher Sprache. - Bibliogr.: D.Balanos, Gesch. der theol. Fakultät, 1937, 50. *G.Möckel*

Baldachin. Ursprünglich bezeichnete man als baldachinus einen kostbaren Seidenstoff, der aus Bagdad (Baldac) kam. Der Name ging dann über auf die aus Seidenstoffen hergestellten Ehrendächer über Altären, Thronen, Bischofsitzen, Kanzeln, Gräbern, Betten usw. - Bei Prozessionen dient ein durch vier Stangen hochgehaltener B. als Traghimmel über dem → Allerheiligsten (, 2). - B. nennt man auch die Schutz- und Zierdächer aus Holz oder Stein, die sich über den Köpfen gotischer Plastiken befinden.

RDK I, 465ff. 473ff. 1389ff - RAC I, 1150ff - A.Alföldi, Die Gesch. des Throntabernakels (NC 10, 1950, 537-566). *H.Claussen*

Balde, *Jakob* (* 1604 zu Ensisheim/Elsaß, † 1668), wurde nach einer plötzlichen Bekehrung Jesuit in Ingolstadt (1624), wo er seit 1630 vier Jahre Theol. studierte und von 1635-37 als Lehrer der Rhetorik wirkte. Von 1637-50 lebte er als Hofprediger in München, auch mit Arbeiten über bayerische Geschichte befaßt, danach bis 1653 in Landshut. Dann ging er als Stadtprediger nach Amberg und wurde 1654 Hofprediger und Ratgeber des Pfalzgrafen Philipp Wilhelm in Neuburg/D. Herder bezeichnete B. als »Dichter Deutschlands für alle Zeiten« und bot in seiner »Terpsichore« Proben aus B.s Dichtungen in deutscher Übertragung. B. beherrschte alle poetischen Stilformen, war aber als Lyriker am bedeutendsten (Lyricorum libri 4 et epodon 1., 1643). Besonders hat er sich der Mariendichtung und der Schilderung nationaler Ereignisse angenommen.

GA: 8 Bde, 1729 - J.Bach, J.B., 1904 - A.Henrich, Die lyrischen Dichtungen J.B.s, 1916 - EC II, 732f. *F.W.Kantzenbach*

Balfour, *Arthur James,* erster Earl of Balfour (1848 bis 1930), schottischer Herkunft, war zweimal englischer Premier. Auf moderne religiöse Probleme hat er theoretisch durch religionsphilosophische Schriften und praktisch als Urheber der sog. Balfour Declaration eingewirkt, die im Endeffekt zur Entstehung des Staates → Israel führte. B.s Religionsphilosophie ist ein echter Abkömmling derjenigen → Berkeleys. Sie geht von der Beobachtung aus, daß einerseits auch das naturwissenschaftliche Denken mit Axiomen (beliefs) beginnt, und daß andererseits Denken im bloß menschlichen Bereich seine Überzeugungskraft verliert, wenn es mit der Endlichkeit nicht nur des einzelnen Denkers, sondern der Menschheit insgesamt konfrontiert wird. Aus sich selbst habe die Vernunft ebensowenig die Garantie der Unendlichkeit wie Schönheit, Güte oder Liebe. Ist man aber von der Unendlichkeit der Vernunft überzeugt, so lasse sich kein logischer Grund anführen, weshalb man von der Unendlichkeit der andern weniger überzeugt sein sollte. Wendet man nun dies Argument auf den Ursprung der Dinge an, so weist es unmittelbar auf einen göttlichen Schöpfungsakt. Denn eine Theorie, die an den Anfang der Dinge die Unvernunft setzt, »befindet sich auf der Straße zum Selbstmord«. - Die *Balfour Declaration* hat ihren Ursprung in Besprechungen B.s mit Dr. Weitzmann in Manchester 1906, durch die B. in hohem Maße am → Zionismus interessiert wurde. Sie erfolgte 1917, als B. englischer Außenminister war, und führte im Vertrage von Versailles zur Schaffung einer »Jüdischen Heimstatt« (national home) in Palästina, wo den jüdischen Siedlern unter britischem Mandat die gleichen Rechte gewährt wurden wie den eingeborenen Arabern. Da den Arabern von den Alliierten widersprechende Zusagen gemacht worden waren, ist B.s Versuch, seine Pläne durchzusetzen, an den nachfolgenden Wirren in Palästina weitgehend schuld.

The Foundations of Belief, 1895 (deutsch von R.König, Die Grundlagen des Glaubens, 1896); Theism and Humanism; Theism and Thought, Gifford Lectures 1914/15 u. 1922/23; A.J.B. as philosopher and thinker, 1912 (Auszüge aus B.s Werken). - Über B.: DNB Suppl. 1922-30, 1937, 41ff - B.E.C.Dugdale, A.J.B., 2 Bde, 1936 - S.Landman, Origins of the Balfour Declaration in Essays presented to J.H.Hertz, 1943, 261f. *A.Ehrhardt*

Ballagi, *Mór* (1815-91), ung. ref. Theologe und Philologe jüdischer Abstammung (bis 1848 Moritz Bloch). In seiner notvollen Jugend waren AT und Talmud seine erste geistige Nahrung. B. studierte Mathematik und Technologie in Budapest und Paris, dann Philosophie und Theologie in Tübingen (1840/42) und trat 1843 zum ref. Glauben über. 1844 Gymnasiallehrer in Szarvas, 1851 Theol.-Prof. in Kecskemét, 1855-77 erster ord. Prof. der neuen Prot. Theol. Hochschule in → Budapest, ein bahnbrechender Vertreter des liberalen Geistes im ung. Protestantismus. Seine vielseitige Tätigkeit galt der Emanzipation und Magyarisierung der Juden, der Union der beiden prot. Kirchen in Ungarn, der Gründung des ung. Protestantenvereins (zusammen mit A. → Kovács), den Reformbestrebungen im öffentlichen Erziehungswesen, der Verteidigung der prot. Autonomie, besonders in der schweren Zeit nach dem Freiheitskampf 1848/49, an dem er sehr aktiv teilnahm, der Philologie und vor allem der Förderung der modernen wissenschaftlichen Theologie.

Hg. der Prot. Kirchen- u. Schulzeitung, 1858-88; der Prot. Wissenschaftl. Rundschau, 1869-72; des Prot. Jahrbuches, 1855-72. - Vf. u.a.: Die fünf Bücher Mosis (ung. Übers.), 1840-41; Josuah (ung. Übers. u. Ausleg.), 1842; Die Protestantenfrage in Ungarn u. die Politik Österreichs, Hamburg 1860; Lehrbuch der hebr. Sprache, (1856) 1872² (Goldziher); Die Bibel, 1864 (nach Tholuck; ung.); Biblische Studien, 2 Bde, 1865-68 (ung.); Protestantismus gegen Ultramontanismus, 1867; Die Entstehung der nt. Schriften, 1872 (ung.); dazu zahlreiche philologische u. pädagogische Schriften. - Über B. vgl. die Gesch. der Ref. Theol. Akademie von Budapest 1855-1955 (ung., mit dt. u. engl. Anhang). *B.Nagy*

Balmes, *Jaime* (1810-48), span. kath. Publizist, Theologe und Philosoph, in Barcelona und Madrid tätig, Erneuerer des kath. Gedankens auf philosophischem und kulturpolitischem Gebiet in stark rhetorischer Abwehr des Liberalismus und Protestantismus seiner Zeit.

Vf. u.a. Filosofia fundamental, 1846 (dt. v. LORINSER 1855); El protestantismo comparado con el cattolicismo, 4 Bde, 1842-44 (in Auseinandersetzung mit Guizot auf den Spuren Bossuets, dt. v. TH. HAAS, 2 Bde, 1888[2]); Briefe an e. Zweifler, 1843/44 (dt. v. LORINSER, [1855] 1894[5]). GA v. J.CASANOVAS SJ, Barcelona 1925-27. - Über B.: ADEBLANCHE-RAFFIN, B., sa vie et ses oeuvres, Paris 1849 (dt. v. F.X.KARKER, 1852) - StL[4] I, 1911, 553ff - Ältere Lit. in der span. Enc. Univ. VII, 381ff - M.HERMKES, Die Fundamentalphil. des J.B. (Diss. München), 1919 - A.DEMPF, Christl. Staatsphilosophie in Spanien, Salzbg. 1937 - BPhil I, Nr. 16514-16562 (Lit.) - EC II, 753ff (Lit.). *K.G.Steck*

Balokole → Erweckungen in der Mission.

Balogh, *Ferenc* (1836-1913), ung. ref. Kirchenhistoriker. Studierte in Debrecen, Paris, London und Edinburgh. Seit 1865 Prof. für Kirchengeschichte in Debrecen. Seine theologische Richtung nannte er selbst »Neuorthodoxie«, in deren Geist er gegen den liberalen ung. Protestantenverein erfolgreich kämpfte.

Vf. u.a.: Der Einfluß von P.Melius, 1866 (auch deutsch); Die Literatur der Gesch. der ung. prot. Kirche, 1879 (ung.); History of the Creeds and Confessions of the Hungarian Reformed Church (Report of the Presbyterian Alliance 1880); Die Gesch. des ref. Kollegiums von Debrecen, 1904 (ung.); History of the Reformed Church of Hungary, 1907. *B.Nagy*

Balsamon, *Theodoros,* byzantinischer Kanonist, * etwa 1. Hälfte des 12.Jh.s, zuerst Chartophylax (dh etwa Generalvikar und Offizial des Patriarchen) von Konstantinopel, zwischen 1185 und 1191 zum Patriarchen von Antiochia bestellt, nahm diesen Sitz aber niemals ein. † nicht vor 1195. B. ist neben Alexios Aristenos und → Johannes Zonaras der bedeutendste Kanonist der Byzantiner, kommentierte den → Nomokanon der XIV Titel und verfaßte eine Reihe kanonistischer Monographien und juristischer Entscheidungen im Namen des Patriarchen. Sein Streben geht nach Ausgleich zwischen Kanon und Kaiserrecht, ohne daß eine Generallinie festzustellen wäre.

MPG 119. 137. 138. - M.KRASNOŽEN, Ausleger des Rechtsbuchs der Ostkirche Jurjew, 1911 (russ.) - DDC II, 76ff. *H.-G.Beck*

Balthasar, *Hans Urs von,* kath. Theol. und Religionsphilosoph, * 1905 in Luzern als Sohn einer angesehenen Politiker- und Gelehrtenfamilie, seit 1940 Studentenpfarrer und Schriftsteller in Basel. B. ist durch eine Fülle von Arbeiten auf dem Gebiet der deutschen Geistesgeschichte und Literatur, der Patristik und des Mönchtums ebenso hervorgetreten wie als Übersetzer und moderner Apologet des Katholizismus. Sein Buch über Karl → Barth gehört zu den verständnisvollsten Auseinandersetzungen von kath. Seite mit der Theologie Barths.

Die Apokalypse der deutschen Seele, 3 Bde, 1937-39, Bd 1 1947[2]; Das Weizenkorn, 1944; Das Herz der Welt, 1945; Die großen Ordensregeln (Hg.), 1948; Laie u. Ordensstand, 1948; Therese von Lisieux, 1950; Theologie der Gesch., 1950; Karl Barth, 1951; Der Christ u. die Angst, 1951; Elisabeth von Dijon, 1952; Schleifung der Bastionen, 1952; Reinhold Schneider, 1953; Bernanos, 1954; Das betrachtende Gebet, 1955; Die Gottesfrage des heutigen Menschen, 1956. - Patristische Studien u. Übers.en: Augustin (Über die Psalmen, 1936; Das Antlitz der Kirche, 1942); Origenes (Le Mystère d' Origène, 1937; Geist u. Feuer, 1938); Gregor von Nyssa (Der versiegelte Quell, 1939; Présence et Pensée, 1941); Maximus Confessor (Kosmische Liturgie, 1941; Die gnostischen Centurien des M.C., 1941). - Übersetzte von P.Claudel: Der seidene Schuh, 1949; Fünf große Oden, (1940) 1954[2]; Gedichte, 1942. *H.-H.Schrey*

Baltische Länder

1. Mittelalter - 2. Reformation und Gegenreformation - 3. Kirchenbildungen - 4. Estnisches und lettisches kirchliches Schrifttum - 5. Orthodoxie, Pietismus, Rationalismus - 6. Gemeinschaftsleben - 7. Verhältnis zur griech.-orth.-Kirche - 8. Nationale Tendenzen - 9. Rückgang der Kirchlichkeit - 10. Kirchenfeindschaft seit 1905 - 11. Neuordnung nach 1918

1. Die heutige nationale Zweiteilung des baltischen Gebiets im eigentlichen Sinne, dh Lettlands und Estlands (ohne Litauen), ist erst ein Ergebnis der beginnenden Neuzeit. Die Letten (im Süden) haben sich die finnisch-ugrischen Liven eingegliedert, das Mischvolk der Kuren assimiliert; die Unterschiede zwischen Semgallern, Selen und Hochletten sind verwischt. Bei den Esten im Norden hat dagegen die dialektische Zweiteilung der Schriftsprache in Reval- und Dorpat-Estnisch bis ins 19.Jh. angedauert. Die ersten christlichen Einflüsse kamen aus dem Osten, da die Letten nördlich der Düna bis 1214 (bzw. 1264) unter russischer Tributherrschaft verblieben, wovon zB das Lehnwort baznica = Kirche zeugt. Auch bei den Esten gibt es, obwohl nur Dorpat (Jurjev) zeitweise (1030-61) von Russen besetzt war, sprachliche Hinweise auf christlichen Einfluß vom Osten, besonders wohl aus Novgorod, zB rist = Kreuz. Doch wurde auch der christliche Norden seit etwa 1069 für die Mission bedeutsam, und um 1165 wurde der französische Zisterzienser Fulco vom Erzbischof → Eskil von Lund zum Estenbischof geweiht, ohne allerdings Erfolge zu erzielen. Mit der »Aufsegelung« der Dünamündung durch deutsche Kaufleute beginnt um 1180 die deutsche Mission, getragen zunächst von Bischof Meinhard aus Segeberg, dann seit 1199 vom energischen → Albert von Buxhoeveden, dem Gründer Rigas (1201), der kurz vor seinem Tode (1229) noch die endgültige Unterwerfung und Zwangstaufe ganz Estlands erlebte. Allerdings hatte sich in → Reval (bis 1346) ein dänisches Bistum unter der Königsmacht Waldemars II. gebildet, das zu Lund gehörte, während die Gründung Alberts in → Riga, 1255 zum Erzbistum erhoben, als Suffraganbistümer → Dorpat, → Ösel-Wiek, Kurland und in Preußen → Samland, → Pomesanien und → Kulm umfaßte. Riga wurde 1207 Reichsfürstentum, später auch seine Suffragane; doch schwächte der Gegensatz zum Schwertbrüderorden, der 1237 mit dem Deutschen Orden (→ Ritterorden) vereinigt wurde, die Stellung der so entstandenen deutsch-abendländischen Kolonie in Livland erheblich, wenn sie auch in der Form einer geistlichen Staatenkonföderation als »Marienland« unter dem besonderen Patronat des Papsttums stand. Wichtig für den Zusammenhalt wurden vor allem die livländischen Hansestädte und die weltlichen Ritterschaften der Bistümer, welche die Landtage beschickten. Innerlich für die kath. Kirche gewonnen wurde das »undeutsche« Landvolk trotz mehrfacher Provinzialkonzile (1226, 1258, 1428, 1437) erst gegen Ende des 15.Jh.s, teils durch Bettelorden, teils durch Reformen der Bischöfe, welche den Gebrauch der Landessprachen verbindlich machten. Doch blieben viele Winkel halbheidnisch, nur die Städte entfalteten eine tiefergreifende Seelsorge. - Dennoch hinterlassen die mittelalterlichen Denkmäler kirchlicher Baukunst im Baltikum (Dom zu Riga, St. Olai-Reval, Domruine-Dorpat, Karris auf Ösel, Padiskloster usw) und die schönen Beispiele künstlerischer Ausgestaltung des Gottesdienstes (Altartafeln des B.Notke und H.Rode in Reval, der silberne St.Georg in Riga usw) unbestrittenes Zeugnis vom Hochstand kirchlicher Kultur. Dasselbe gilt für die Büchersammlungen der Kirchen und Klöster in

Städten und bischöflichen Residenzen, wenn auch die eigene geistliche Literatur nur schwach entwickelt war (Rigaer Missale, Revaler Liederhandschrift, Dorpater »Schachbuch«). Die geistliche Chronistik ist durch die schlichte, aber lebensvolle Darstellung des Lettenpriesters → Heinrich u.a. gut vertreten.

F.KOEHLER, Ehstländische Klosterlectüre, Reval 1892 - H.v.BRUININGK, Messe u. kanon. Stundengebet nach dem Brauche der Rigaschen Kirche im MA, Riga 1904 - L.ARBUSOW sen., Livlands Geistlichkeit vom Ende des 12. bis ins 16.Jh., Mitau 1901-14 - L.ARBUSOW jun., Das entlehnte Sprachgut in Heinrichs »Chronicon Livoniae« (DA 8, 1950, 100-153) - P.JOHANSEN, Nordische Mission, Revals Gründung u. die Schwedensiedlung in Estland, Stockholm 1951 - R.WITTRAM, Baltische Geschichte 1180-1918, 1954. *P.Johansen*

2. *Reformation und Gegenreformation.* Reformbestrebungen der livländischen Prälaten am Anfang des 16.Jh.s drangen nicht durch, weil ihr Machtanspruch den Widerstand der Stände weckte. So konnte auch das Wormser Edikt hier nicht durchgeführt werden. Der rigasche Kaplan Andreas Knopken (1468-1539) predigte seit 1521 evangelisch. Schon Mitte 1522 war Rigas Übergang zur Reformation entschieden. Reval und Dorpat, auch Vasallengruppen folgten. Die Städte säkularisierten nach mehreren Bilderstürmen das Kirchenvermögen und führten eine von J. → Briesmann 1529 geschaffene Kirchendienstordnung nebst niederdeutschem Gesangbuch mit 22 Lutherliedern ein (gedr. Rostock 1530). Seit 1523 stand Luther mit Livland in brieflicher Verbindung. B. → Waldis schuf 1527 in Riga das Fastnachtsspiel vom »Verlorenen Sohn«. Schwärmerische Tendenzen (M. → Hofmann) wurden ausgeschieden, Wittenberg oberste Lehrinstanz. Einen Bauernaufstand gab es nicht. - Die Reformation entzog dem Gefüge der 5 geistlichen Territorien Altlivlands die politischen Grundlagen. Der Deutschordensmeister Wolter von Plettenberg († 1535) lehnte es ab, Livland nach dem Beispiel Albrechts von Preußen zu säkularisieren; dessen Bruder Markgraf Wilhelm von Brandenburg, der es als Erzbischof von Riga anstrebte († 1563), scheiterte u.a. am Widerstand der Stände, die jedoch um die Mitte des Jh.s allgemein evangelisch wurden. Erst im Russenkrieg (seit 1558), in dem Estland bei Schweden, Livland bei Polen Schutz suchte, gewann der letzte Ordensmeister Gotthard → Kettler Kurland als polnisches Lehnsherzogtum (1561). Der Herzog führte in Kurland, unterstützt besonders vom Rat S.Henning, seit 1570 einen großartigen Aufbau des ev. Kirchenwesens durch. Die Letten und Esten, in den Städten schon seit Beginn der Reformation evangelisch, folgten auf dem Lande dem Bekenntniswandel des deutschen Vasallenadels. - Polen, das seit 1561 gegen Gewährleistung der Augsburgischen Konfession, der deutschen Obrigkeit und des Indigenatsrechts im Kampf gegen die Russen Livland, seit 1581 auch das bisher reichstreu gebliebene Riga beherrschte, wurde Vorkämpfer der Gegenreformation: in Riga wurde die Jakobikirche rekatholisiert, in Wenden 1582 ein kath. Bistum errichtet; seit 1583 wirkten die Jesuiten in Livland, erfolgreich fast nur in der lettischen und estnischen Bevölkerung und im Kleinbürgertum. Die rigaschen Kalenderunruhen (1585-89) blieben Episode. Dem kath. Druck machte → Gustav Adolf ein Ende, der 1621 Riga eroberte, 1629 Livland erwarb (mit Ausnahme des polnisch bleibenden, bald rekatholisierten Lettgallen).

3. Die *ev.-luth. Landeskirchen* bildeten sich im Anschluß an die ständische Ordnung, in Kurland unter Herzog Gotthard (s. 2), in Estland (seit 1561 schwedisch) und Livland im Rahmen der schwedischen Gesetzgebung und Verwaltung. Grundlegend wirkten in Estland Dompropst Dubberch († 1603) und Bischof Ihering (seit 1638), in Livland Superintendent H. → Samson und Generalgouverneur Skytte († 1645). Die Konsistorialordnung (1634), das Priesterprivileg (1675) und die schwedische Kirchenordnung (1686) schufen feste Rechtsgrundlagen für die Organisation und den Besitz der Kirche sowie die Stellung des Pastorenstandes, die auch nach dem Übergang Livlands und Estlands unter russische Herrschaft (1710/21) gemäß den ständischen Kapitulationen bestehenblieben. Unter strenger Beschränkung auf das luth. Bekenntnis entstand eine eigenständige Pastorenkirche mit großem Pfarrland, herkömmlicher Mitwirkung bäuerlicher Kirchenvormünder bei der Kirchenzucht (nicht in Kurland) und organisatorischer Bindung ans Patronat und die ständische Selbstverwaltung in Stadt und Land, die u.a. den weltlichen Präsidenten des Konsistoriums und die Kirchenvorsteher stellte, die Generalsuperintendenten vorschlug und im Kirchenkonvent weltliche und geistliche Aufgaben vereinigte. Geduldet wurden in Riga die Reformierten (die erst in russischer Zeit eine Kirche bauen durften) und seit 1670 die russischen Altgläubigen (→ Russische Sekten). Die Zahl der Griechisch-Orthodoxen blieb auch nach dem Anschluß an Rußland, zu dem seit 1795 auch Kurland gehörte, zunächst gering.

4. Estnisches und lettisches kirchliches *Schrifttum,* damit die Grundlage der Schriftsprachen dieser Völker, entstand vornehmlich durch Übersetzungen seit Beginn der Reformation: in Reval ein 1535 in Wittenberg gedr. estnisch-niederdeutscher Katechismus, dem 1554 ein weiterer estnischer folgte, 1586 das erste erhaltene lettische Buch (Übers. des kath. Katechismus von → Canisius), in Kurland 1587 (gedr. Königsberg) ein auf älteren Hss. beruhendes lettisches Hausbuch, 1632-38 das estnische Handbuch von H.Stahl, 1654 die erste lettische Postille (G.Mancelius); Chr.Fürecker († 1680) schuf die ersten gereimten lettischen Kirchenlieder. Propst Ernst → Glück in Livland übersetzte die Bibel ins Lettische (1681-89). Für die Übersetzung ins Estnische waren u.a. Pastor A.Virginius und A.Thor Helle maßgebend. 1686 erschien das NT in südestnischer, 1715 in nordestnischer Mundart, 1739 die ganze Bibel im Nordestnischen. Die Frömmigkeit der estnischen und lettischen Bauernbevölkerung zeigt im 17.Jh. synkretistische Züge; vielfach lebte heidnisches Brauchtum fort. In langen und furchtbaren Kriegen (2.Hälfte des 16., Anfang des 17. und des 18.Jh.s) kam die kirchliche Versorgung der Landbevölkerung fast zum Erliegen. Oft wurde über ungenügende Kenntnisse der Pastoren in den Volkssprachen geklagt. In schwedischer Zeit regte sich auch schon der Eigenwille der Bauerngemeinden.

5. In der schwedischen Zeit (Estland 1561-1710, Livland 1621-1710) bestimmte die orthodoxe luth. Reichskirche Schwedens die Richtung auch an der Theologischen Fakultät der von Gustav Adolf 1632 gestifteten lat.-schwedischen Universität → Dorpat. Der dogmatische Abwehrkampf richtete sich wie in Schweden gegen synkretistische Tendenzen und erfolglos gegen das Eindringen des Naturrechts und des Pietismus, der trotz Verfolgung und Überwachung nach 1700 zu einer Macht wurde, begünstigt durch den Übergang Liv- und Estlands an Rußland (1710.) Großen Einfluß gewann die Brüdergemeine, besonders seit → Zinzendorfs Besuch (1736), unter Pastoren, im Adel und in der estnischen (auch lettischen) Bauernbevölkerung, trotz zeitweiligen Verbots (1743-64). Die Aufklärung kam mit verstärkten Bildungsbestrebungen zugunsten des estnischen und lettischen Landvolks (Pastor G.Fr.Stender in Kurland, † 1796), besonderem Interesse für das Schulwesen (Schulpatent des livländischen Landtags 1765), einem neue Wege weisenden Blick für das Volkstümliche (→ Herder 1764-69 in Riga), Kritik an der Leibeigenschaft

(Merkels »Letten« 1795). Bedeutend war der livländische General-Sup. → Sonntag († 1827). Die rationalistische Reform von Liturgie und Gesangbuch drang nicht ins Volk. Auch die (1802 wiedergegründete) Universität → Dorpat war anfangs fast ganz rationalistisch; dann ging von ihr die Rückkehr zu neuer Gläubigkeit aus, die um die Mitte des Jh.s einheitlich konfessionell-luth. Gepräge gewann.

6. In der Zeit des landeskirchlichen Rationalismus wurde das der Kirche fehlende *Gemeinschaftsleben* zT von der Brüdergemeine ersetzt, die bei ihrer rechtlichen Konsolidierung unter → Alexander I. (1817) in Liv- und Estland in 144 Gemeinden rd 30 000 Mitglieder mit 44 deutschen und rd 1000 estnischen und lettischen leitenden Brüdern zählte und in ihrer Blütezeit (bis zur Mitte des Jh.s) den Esten und Letten die Anfänge eines neuen religiösen, sozialen und nationalen Selbstbewußtseins vermittelte. Der Landeskirche, die sich in den 40er Jahren mit luth. Kirchenbewußtsein und vertieftem Glaubensleben durchdrang, erschien Herrnhut mit seiner ans Los gebundenen Exklusivität mehr und mehr als Sprengkörper, als separatistische Sonderkirche, gegen die auch Maßnahmen gemäß dem Kirchengesetz von 1832 (s.u.) angezeigt waren (bes. Aufsicht über die Bethäuser). Entsprechend den theologisch begründeten Beschlüssen der Synode (1845, 1852) führte die Landeskirche in Livland einen Kampf gegen die Brüdergemeine, der erst mit dem Rückgang der Bewegung in der 2. Hälfte des 19.Jh.s abklang. Der Kampf blieb im wesentlichen auf Livland beschränkt. - In Estland ging von Pastor A.F.Huhn-Reval († 1871) eine Erweckungsbewegung aus. In Kurland gewannen die Baptisten Anhang.

7. Zum schwersten Problem für die Landeskirche wurde das *Verhältnis zur griech.-orth. Staatskirche,* die im Zusammenhang mit dem Aufkommen russischer nationalstaatlicher Tendenzen eine neue Stellung in den Ostseeprovinzen beanspruchte. Das Gesetz für die Ev.-Luth. Kirche in Rußland (1832), das den Landeskirchen die segensreiche Einrichtung jährlicher Pastorensynoden gab, verschlechterte ihre Rechtsstellung, indem nun auch hier die für die ev. Kirche ganz Rußlands geltenden Beschränkungen in Kraft traten: Amtshandlungen an Griech.-Orthodoxen, auch evangelische Trauung von Paaren mit einem griech.-orthodoxen Partner und die evangelische Taufe von Kindern aus Mischehen, waren strafbar; nichtorth. Ehepartner mußten sich verpflichten, die Kinder griech.-orth. zu taufen und zu erziehen (Reversalzwang). 1836 wurde in Riga ein griech.-orth. Bistum errichtet. Die estnischen und lettischen Bauern waren 1816-19 frei geworden, hatten aber eine ungesicherte und gedrückte Existenz. Mißernten und Hungersnot führten in den 40er Jahren eine Massenpsychose herbei, in deren Verlauf bis 1847 mindestens 75 000 Esten und Letten zur griech.-orth. Kirche übertraten. Da ein Zurück rechtlich unmöglich war, stellte die bald einsetzende Rekonversionsbewegung der Enttäuschten jeden Pastor vor den Konflikt zwischen Gesetz und Gewissen. Erleichterungen kamen unter Alexander II. (1865 Aufhebung des Reversalzwangs, 1874 Einstellung der Strafverfahren gegen Pastoren), eine Verschärfung im Zusammenhang mit der Russifizierung von Verwaltung, Gericht und Schule unter Alexander III. (u.a. Wiederherstellung des Reversalzwangs 1885, neue Konversionen in Estland, Pastorenprozesse). Religionsfreiheit brachte erst das Toleranzmanifest 1905.

8. *Nationale Tendenzen* traten schon im Kampf zwischen der russischen Staatskirche und dem deutschen Luthertum der Provinzen auf beiden Seiten hervor. Seit der nationalen Aktivierung der Letten und Esten in der 2. Hälfte des 19.Jh.s machten sich innerhalb der Landeskirchen nationale Spannungen geltend, die durch die demokratische Kritik an der Ständeordnung verschärft wurden. Mehr und mehr Anstoß erregte das gutsherrliche Patronatsrecht, das auch aus politischen Gründen angegriffen und verteidigt wurde. Bei der Amtseinführung von deutschen Pastoren in estnischen und lettischen Landgemeinden gab es mehrfach Zwischenfälle. Die Zahl der estnischen und lettischen Pastoren stieg (am meisten in Livland: 1912 51 estnische bzw. lettische, 48 deutsche). Der estnische Journalist A.Grenzstein forderte 1899 als erster u.a. die nationale Teilung der Landeskirchen. Die Synoden folgten dem Grundsatz, daß es Aufgabe der Kirche sei, ohne nationale Sym- oder Antipathien »jedem in seiner Sprache Christum zu predigen« (1875). Gab es auch nach der Revolution von 1905 noch weithin kirchlichen Frieden, so erstarkte doch die volks- und nationalkirchliche Tendenz.

9. Auch in den konservativen Ostseeprovinzen brachte die 2. Hälfte des 19.Jh.s einen langsamen *Rückgang der Kirchlichkeit,* sowohl unter den Gebildeten (bei den Deutschen blieb sie vielfach als nationales Gut erhalten), als in der zunehmenden städtischen Arbeiterbevölkerung, in der am Ende des Jh.s die Sozialdemokratie Fuß faßte, als auch auf dem Lande. Bahnbrechend für die Innere Mission waren der mit → Löhe in Verbindung stehende kurländische Pastor L.Katterfeld (1843-1910), der u.a das Mitauer Diakonissenhaus gründete, und Pastor O.Schabert, der nach dem Vorbild der Berliner 1901 die Rigaer Stadtmission ins Leben rief. Neben der Großstadtmission, die sich rasch entfaltete, begann nach 1905 die »baltische Landmission«. Im ersten Weltkrieg wurde die Arbeit der Inneren Mission von den russischen Behörden schwer behindert.

10. In der lettischen und estnischen sozialistischen Revolution von 1905, die auch eine nationalpolitische Dynamik hatte, richtete sich die *Kirchenfeindschaft* besonders gegen die deutschen Landpastoren (5 ermordet). Die unmittelbare Bedrohung war so groß, daß etwa 25 zeitweilig nach Riga flüchteten. Viele Kirchen wurden geschändet. Im ersten Weltkrieg brachte das Mißtrauen der russischen Behörden 18 Pastoren in die Verbannung nach Sibirien. Mehr als 1/3 des lettischen Volkes (rd 1/2 Million) verließ in einer Massenflucht vor dem deutschen Einmarsch Kurland. In der Zeit der bolschewistischen Herrschaft 1918/19 wurde das Leiden der Kirche zum weithin sichtbaren Martyrium. Von den ermordeten 32 Pastoren war der bekannteste Prof. Traugott → Hahn, der am 14.1.1919 in Dorpat gleich nach dem griech.-orth. Bischof Platon erschossen wurde. Die »Union des Leidens« wirkte sich in der 1924 von O.Schabert begründeten »Baltischen Rußlandarbeit« aus.

11. Nachdem die russische revolutionäre Regierung 1917 die historische Einteilung der Ostseeprovinzen durch die ethnographische ersetzt hatte, wurde auf dem 1. estnischen Kirchenkongreß (Mai/Juni 1917) die Umgestaltung der kirchlichen Verhältnisse beschlossen. Wirklichkeit wurde die *Neuordnung* nach der Schaffung des *estnischen* Freistaats (proklamiert 24.1.1918), der nach dem Abzug der deutschen Besatzungsmacht (Nov. 1918) und Vertreibung der Bolschewisten (Jan. 1919) das ganze estnische Siedlungsgebiet umfaßte. Die Leitung der Kirche ging an die Esten über (zu Bischöfen gewählt: J.Kukk 1920, H.B.Rahamägi 1934, J.Kôpp 1939), doch blieb rund 1/4 der estnischen Landgemeinden in der Bedienung deutscher Pastoren. Die deutschen und schwedischen Gemeinden bildeten je einen nationalen Propstbezirk. Da das Agrargesetz (1919), das den deutschen Großgrundbesitz aufhob, auch das Kirchenland (bis auf 50 ha) enteignete, stellte die Kirche sich finanziell auf die Grundlage freiwilliger Beiträge. Der von der

Konstituierenden Versammlung abgeschaffte Religionsunterricht wurde durch Volksabstimmung (Febr. 1923) mit 328 369 gegen 130 476 Stimmen als fakultatives ordentliches Lehrfach wiederhergestellt. 1925 beschloß das Parlament die Trennung von Kirche und Staat; nach Einführung der autoritären Regierungsform (1933) bekam der Staat neuen Einfluß auf die Kirche. Als Bekenntnisgrundlage der Kirche war (seit 1925) das dogmatische Luthertum anerkannt. 1927 wurde die Revaler Domkirche der deutschen Domgemeinde genommen und in die Nutzung des Bischofs und Konsistoriums übergeführt. Vom ganzen Deutschtum Estlands wurde dieser Akt sehr schwer empfunden; die estnische Kirchenleitung sah darin die Konsequenz der politischen Umwälzung. – An der Theologischen Fakultät der Universität Tartu/ → Dorpat gingen nach und nach alle Lehrstühle an Esten über. Von 1931 bis zur Umsiedlung der Deutschbalten (1939) bestand in Dorpat die deutsche Luther-Akademie. – In der bolschewistischen Okkupation 1940/1941 wurden 2 estnische Pastoren ermordet, 15 verschleppt. Beim zweiten bolschewistischen Einmarsch 1944 flüchteten mit Bischof Kôpp 70 Pastoren.

12. Als die am 18.11.1918 proklamierte Republik *Lettland* nach Vertreibung der Bolschewisten (22.5.1919 Befreiung Rigas) und Abwehr des russisch-deutschen Bermont-Angriffs (Nov. 1919) mit dem staatlichen Aufbau begann, mußte die Kirche auf neue Grundlagen gestellt werden. Die Letten, an die jetzt die Führung überging, hatten für die Flüchtlinge in Rußland ein Konsistorium erhalten, dessen Leiter, Propst K. → Irbe, ein Mann von überragender Bedeutung, auf der lettländischen Synode (Pastoren und Laienvertreter) im Febr. 1922 zum Bischof gewählt wurde. Die gleiche Synode wählte auf seinen Antrag P.H.Poelchau zum Bischof der deutschen Gemeinden, die in der Gesamtkirche Autonomie erhielten. Beide Bischöfe wurden im Juli 1922 vom schwedischen Erzbischof Söderblom geweiht. Der Oberkirchenrat vereinigte (bis 1934) 6 lettische und 3 deutsche Glieder. Das Agrargesetz, das den deutschen Großgrundbesitz enteignete (1920), reduzierte auch in Lettland das Pfarrland auf 50 ha. Die Kirche stellte sich auf freiwillige Selbstbesteuerung um. Als Lehrgrundlage wurden die luth. Bekenntnisschriften anerkannt (Kirchenverfassung 1928), während die Theologische Fakultät der neugegründeten Universität → Riga liberal war. Die deutschen Pastoren wurden an der Theologischen Fakultät der 1921 gegründeten Herder-Hochschule ausgebildet. Mit Rücksicht auf die seit 1920 mit Lettland vereinigten kath. Lettgaller schloß die Regierung am 22.7.1922 ein Konkordat; Pius XI. ernannte Springovičs zum Erzbischof, die Jakobikirche in Riga wurde den Katholiken übergeben (1923). Die aus der Jakobikirche verdrängte lettische Gemeinde wurde von der deutschen Domgemeinde in Riga aufgenommen, die ihr Parität zu gewähren bereit war. Die Einigung scheiterte am Verlangen der 1926 gegründeten alternierend mit ihr die Domkirche benutzenden lettischen Garnisonsgemeinde, die im Einklang mit dem Nationalismus der lettischen Öffentlichkeit gleiche Rechte beanspruchte. Als Bischof und Synode die Forderung ablehnten und eine Volksabstimmung ergebnislos blieb, erließ die Regierung Ulmanis 1931 ein Gesetz in ihrem Sinn, wonach Bischof Irbe mit Berufung auf das 9. Gebot zurücktrat und die deutsche Gemeinde den Dom verließ. Irbes Nachfolger T.Grīnbergs, zum Erzbischof erhoben, vermied eine Auseinandersetzung mit dem autoritären Regime des Staatsgründers Ulmanis (Staatsstreich 1934). – Die deutsche Bevölkerung, von außen hart bedrängt, von innen durch den Nationalsozialismus bedroht, wurde 1939 umgesiedelt. Vor dem Einmarsch der Bolschewisten (1944) flüchteten Erzbischof Grīnbergs und 144 lettische Pastoren. Seitdem teilt die Kirche in Estland und Lettland die Lebensbedingungen der kommunistischen Staaten.

L.Arbusow, Die Einführung der Reformation in Liv-, Est- u. Kurland (QFRG 3), 1921 – O.Schabert, Baltisches Märtyrerbuch, 1926 – L.Adamovičs, Die Letten u. die ev. Kirche (Die Letten, 1930, 240–283) – H.Stählin, Die Verfassung der Livländischen Landeskirche 1622–1832 (ZSavRG 52 [Kan. Abt. XXI]), 1932 – E.v. Schrenck, Baltische KG der Neuzeit (Abh. der Herder-Gesellschaft u. des Herder-Inst. V, 4), 1933 – O.Sild, Eesti kirikulugu vanimast ajast olevikuni, 1938 – T.Hahn, Lebenserinnerungen, 1940 – J.Kôpp, From Established Church to Free People's Church (Apophoreta Tartuensia 1949, 1–9) – R.Wittram (Hg.), Baltische KG, 1956 (Lit.).

R.Wittram

Baltische Religion

1. Quellen – 2. Die Gottheiten – 3. Festzeiten – 4. Familienkult – 5. Zur Forschung

1. Das Verbreitungsgebiet der B.R. fällt mit dem Bereich der eine besondere Sprachengruppe bildenden sog. baltischen Sprachen – Altpreußisch, Litauisch und Lettisch – zusammen. Die Bekehrung der baltischen Völker zum Christentum begann erst Ende des 12.Jh.s unter dem Einfluß der Kreuzzüge und wurde formell im Laufe des 14.Jh.s beendet. Da die Bekehrung gleichzeitig auch eine Eroberung dieser Länder und Völker darstellte, konnte das Christentum, als Religion der Eroberer und der Herrenschicht und der sozialen und nationalen Gegensätze wegen, bis in die neueste Zeit hinein in den breiteren Schichten der Bevölkerung nur mit großen Schwierigkeiten Wurzel fassen.

Die Religionsquellen der baltischen Völker sind zunächst die von den ersten christlichen Missionaren geschriebenen Chroniken (Heinrich: Reimchronik; → Baltische Länder, 1) und die offiziellen Verordnungen der Kirche zur Bekämpfung des Heidentums (gut, wenn auch unvollständig, hg.v. W.Mannhardt). Diese sind ein erstklassiges Material, jene enthalten viele Mißverständnisse, wie in den Götterverzeichnissen (Töppen, Bertuleit, Juskiewicz), so auch in der Charakterisierung der Religion (Adamovičs, Zicāns, Biezais). Noch schwieriger ist die Auswertung des besonders bei den Letten umfangreichen folkloristischen Materials, insbesondere bei den Aufzeichnungen der letzten 50 Jahre (litauisch), das neben den ursprünglichen Elementen viele international bekannte wandernde Motive enthält und überhaupt nicht frei von fremden Einflüssen ist.

2. In der B.R. nehmen die *Himmelsgottheiten* eine sehr bedeutende Stellung ein. Alle diese Völker kennen Gott (lett. dievs, lit. diẽvas, altpreuß. deiws) mit der ursprünglichen Bedeutung Himmel. Dieser Gott wird auch Himmels-Vater (lett. debestēvs) genannt. Ob er der höchste Gott (→ Hochgottglaube) dieser Völker ist, ist nicht sicher zu sagen. Er ist der Hauptgott dieser Bauernvölker und erscheint daher oft als himmlischer Hofbesitzer und Viehzüchter. Er geht aber auch als Bauer verkleidet auf der Erde, wo er den Menschen Segen bringt oder sie vor dem Einfluß der bösen Geister beschützt. Neben diesem Gott (dievs) kennen alle baltischen Völker den mit dem gemeinsamen Namen bezeichneten *Donner* (lett. pĕrkons, lit. perkúnas, altpr. percunis), der ebenfalls stark anthropomorphisiert ist und einerseits die Fruchtbarkeit fördert, andererseits die Lebensordnung und die Gesetze des Lebens bestimmt. Im Laufe der Zeit hat sich Donner (als Begriff) mit Einflüssen fremder Völker und christlichen Elementen vermischt und erscheint als Gegner des Teufels und Vernichter der bösen Geister. Die Grenzen zwischen dievs und pĕrkons verschwimmen, beide begegnen teils mit denselben Epitheten, teils in denselben Funktionen. Von den Himmels-Gottheiten ist noch die → *Sonne* (lett. saule, lit. sáulė, altpr. saule) zu nennen, die als schöne Jungfrau mit goldenem Haar oder

auch als Mutter und Bäuerin erscheint. Lettische Volkslieder schildern sehr farbig ihre Fahrt im pferdebespannten Wagen über den Himmelsberg. Mehrere Texte sprechen über ihre Beziehungen zum → *Monde* (lett. mēness, lit. mėnulis, altpr. menins), ja möglicherweise Heirat mit ihm. Die Sonne hat, ebenso wie Gott, ihren eigenen Bauernhof im Himmel, der wie ein lettischer Hof eingerichtet ist. Sie hat viele Töchter, die auf ihrem Himmels-Bauernhof beschäftigt sind, wo sie das Heu harken, Vieh hüten oder ihre Freier erwarten. In den Texten ist jedoch nirgends gesagt, daß sie auch Töchter des Mondes sind. Zur Familie der Himmels-Götter gehören auch *Söhne Gottes,* die die Freier der Sonnentöchter sind. Ihre Nebenbuhler waren einerseits der Mond, der sich dieserhalb sogar mit der Sonne verzankt, andererseits der *Morgenstern.* Ungeklärt ist immer noch die Frage über das Wesen der Ūšas und Ūsinaš in der lettischen Religion, die jetzt starken Einfluß des christlichen Heiligenkultes aufweisen, hinter denen aber ursprünglich wohl irgendwelche Himmelserscheinungen stehen.

Eine besondere und hervorragende Stellung in der B. R. nimmt Laima ein, die allen baltischen Völkern gemeinsame *Schicksalsgöttin.* Mit inbrünstigen Gebeten wird sie angerufen, und bei wichtigen Anlässen wird ihr geopfert (Huhn, Schaf oder Ferkel). Sie wird auch zu dem kultischen Festmahl nach einer Geburt eingeladen. Ebenso eng wie mit dem menschlichen Leben, wo sie Bringerin von Glück und Erfolg und Hüterin der Moral ist, ist sie mit dem Kult der Fruchtbarkeit und zum Teil mit dem Totenkult verbunden. Als Fördererin der Fruchtbarkeit segnet sie die Äcker und schützt das Vieh, besonders die Kühe. In ihre Funktionen teilt sich Laima mit Gott und bei der Förderung der Fruchtbarkeit auch mit der Sonne. Ungeachtet dessen, daß die Hl. Maria im späteren Synkretismus einen Teil von Laimas Funktionen als Fördererin der Fruchtbarkeit übernommen hat, hat sie doch ihre ursprünglichen Wesenszüge als Schicksalsbestimmerin und Glücksbringerin bewahrt. Diese Wesenszüge Laimas sind sehr alten Ursprungs; durch sie fügt sie sich, als besonders hervorragende Vertreterin, in die Gemeinschaft der Schicksalsgötter der anderen indoeuropäischen Völker ein.

Neben den erwähnten höheren findet man eine größere Anzahl *niederer Gottheiten* und Dämonen, denen einigermaßen betonte persönliche Züge fehlen. Alle baltischen Völker hatten auch eine Gottheit der → *Erde,* die bei den Letten als Erdenmutter bezeichnet wurde, auch Erdenherr - letzteres besonders bei den Litauern. Auch die Verehrung anderer Naturgegenstände ist sehr verbreitet. Man kennt heilige → Bäume (Eiche, Linde) und Wälder, Steine, Flüsse und → Berge. Bei den Letten hat sich der *Mutterkult* (vgl. → Muttergottheiten) sehr stark entwickelt, mit über 70 namentlich genannten »guten« Müttern: Feld,- Wald-, Weg-, Vieh-Mutter und viele andere, oder auch bösen Müttern: Pest-, Feuer-, Kriegs-Mutter und viele andere. Diese Erscheinung in der B.R. ist noch nicht endgültig geklärt.

3. In der B.R. sind zwei bedeutende *Jahresfestzeiten* zu bemerken, die in das Frühlings- und Herbsthalbjahr fallen. Der Zyklus der *Frühjahrsfeiertage* beginnt mit den ersten Arbeiten in der Landwirtschaft und in der Viehzucht. Eine besondere Stellung nimmt hier das erstmalige Hinausreiten der Pferde zur Nachthütung ein. Die Nachthütung ist mit einem besonderen rituellen Mahl und anderen Verrichtungen verbunden, die die Pferde im kommenden Sommer vor Bösem bewahren und ihre gute Fütterung fördern sollen. In dieselbe Zeit fallen auch die religiös-magischen Verrichtungen, die mit dem Beginn der Saatarbeiten verbunden sind (ähnliche Bräuche auch bei den Nachbarn der baltischen Völker). Der Zyklus der Frühjahrsfeiern schließt mit der Johannis-Feier am 23. und 24. Juni. Das Brennen von Johannisfeuer an langen Stangen oder auf Scheiterhaufen weist auf vorchristliche Feste des Lichtes und der Fruchtbarkeit hin. Die Nacht wird bei den Feuern mit einem Festmahl verbracht. Dieses wird von fast ununterbrochenem Singen von Volksliedern begleitet. Dem Inhalte nach handelt es sich hierbei um das Rühmen des Reichtums des Bauern (von der dargereichten Käse- und Biermenge hängt der Reichtum des kommenden Jahres ab) und um das Erotische und das Sexuelle. Durch den Wechselgesang zwischen Männern und Frauen und den Genuß alkoholischer Getränke werden hierbei die Lebens- und Fruchtbarkeitsinstinkte gesteigert.

Der Zyklus der *Herbstfeiern* beginnt mit der Ernte und dem Auffinden der Doppelähre auf dem Felde, dem zu Hause ein Festmahl mit Opfern für die Geister der Fruchtbarkeit folgt. Den Höhepunkt erreichen die Herbstfeiern nach der Einbringung der Ernte. Diese vom Oktober bis November dauernde Herbstzeit wird *Seelen-Zeit* genannt. In ihr wurde den Verstorbenen an bestimmten stillen Stellen, gewöhnlich in der Badestube oder in der Scheune Festmahle gegeben. Ab und zu nahm an diesen Festmahlen die Hausgemeinschaft teil, zumindest aber der Bauer. Es ist eine Begegnung der Lebenden mit den Toten am gemeinsamen Festtisch. Dieser Brauch war sehr verbreitet und hat sich in einzelnen Gegenden Lettlands bis heute erhalten. Mit dieser → Totenverehrung steht die bedeutende Stellung des Schlangenkultes (→ Schlange) der baltischen Völker in Verbindung. Der Zyklus der Herbstfeiern schloß mit der *Weihnachtsfeier,* deren ursprüngliche Bedeutung innerhalb der B.R. durch den Einfluß der christlichen Tradition so weit verblichen ist, daß besondere Eigenheiten gegenüber den anderen Nachbarvölkern nicht mehr hervortreten. Es scheint, daß auch hier die Seelen der Verstorbenen und die Sicherung der Fruchtbarkeit des nächsten Jahres eine bedeutende Stellung einnahmen.

4. Im *Familienkult* treten die drei größten Ereignisse im menschlichen Leben - → Geburt (s. 2), Heirat und Sterben - mit eigenartigen Bräuchen hervor. Bei diesen ist das kultische Festmahl mit esoterischem Charakter, wie es scheint, sehr alten Ursprungs und dürfte auf indoeuropäische Frühzeiten zurückgehen. Das umfangreichste geschichtliche und folkloristische Material bezieht sich auf die Heirat. Diese Bräuche haben eine sehr große Ähnlichkeit mit den Ehebräuchen des Veden-Zeitalters, mit der Familienfeuerstelle bzw. dem Herd im Mittelpunkt. Die junge Frau bringt vom Elternhaus ins neue Heim einen Feuerscheit mit, den sie dem dortigen Herde zulegt. Hierbei geht sie um die Feuerstelle und wirft Opfer ins Feuer. Zum Familienkult gehören auch die bereits erwähnten Festmahle der Seelen-Zeit. Sehr verbreitet und verzweigt sind die Bräuche beim Ausgeleit der Verstorbenen vom Hause; man wirft zB einen geschlachteten Hahn unter das Gespann des Leichenwagens und besprengt den Sarg mit dem Blute. Auf dem Friedhofe fand gewöhnlich nach dem Zuschütten des Grabes, am Grabe selbst oder am Friedhofstor, ein Festmahl statt. Auf das Grab goß man Bier oder hinterließ Fleisch usw. Die kritische Auswertung der genannten Bräuche und ihrer religionsgeschichtlichen Zusammenhänge steht noch in den Anfängen. Vgl. → Begräbnis: I.

5. Die Erforschung der Sprache, Bräuche und Religion der baltischen Völker ist erst richtig nach dem ersten Weltkriege aufgekommen, als diese ihre staatliche Selbständigkeit gewannen. Die enge Verbindung der Sprachen dieser Völker mit der indoeuropäischen Ursprache und die Altertümlichkeit ihrer ganzen Kultur verspricht auch dem Religionsforscher neue Erkenntnisse.

Z.IVINSKIS. Bibliogr. der alten litauischen Religion, 1938 (litauisch) - SDF II, 607ff. 631ff - W.C.JASKIEWICZ, Study in Lithuanian mythology (Studi baltici 9, 1952, 65-106) - H.BIEZAIS, Die Religionsquellen der baltischen Völker u. die Ergebnisse der bisherigen Forschungen (Arv 9, 1953, 65-128; Lit.) - DERS., Die Hauptgöttinnen der alten Letten (Diss. Uppsala), 1955. *H.Biezais*

Baltzer, *Eduard Wilhelm,* * 24.10.1814 Hohenleina (Krs. Merseburg), † 24.6.1887 Durlach, studierte als Pfarrerssohn 1834-38 Theologie in Leipzig und Halle, wurde 1841 Diakonus in Delitzsch, aber als Anhänger der »Protestantischen Freunde« (→ Lichtfreunde) nach seiner Wahl in Halle und Nordhausen nicht im Pfarramt bestätigt. Das Kirchenkollegium an St. Nikolai in Nordhausen gründete 1847 mit B. eine »freie prot. Gemeinde«, der B. bis 1881 diente und die bald die Führung des Bundes freier prot. Gemeinden übernahm. Das Eintreten für kirchliche Lehrfreiheit verband B. mit politischer Tätigkeit (Stadtverordneter, Frankfurter Vorparlament, Berliner Preuß. Nationalversammlung). Später setzte er sich für soziale (erster Kindergarten 1851) und Lebensreform ein, gründete 1867 den ersten Deutschen Vegetarierverein (Vereinsblatt, später »Thalysia«).

Vf. u.a.: Delitzsch-Halle-Nordhausen oder mein Weg usw, 1847; Alte u. neue Weltanschauung, 1850-52; Allg. Religionsgesch. 1854; Das Leben Jesu, (1860) 1861²; Gott, Welt u. Mensch, 1865; Die natürl. Lebensweise, 4 T., 1867-72; Ideen zur socialen Reform, 1873; Erinnerungen (hg.v. G.SELSS), 1907. - Über B.: H.HEINE, E.B. (Mitteldt. Lebensbilder IV, 1929, 322-341) - NDB I, 570. *Ernst Wolf*

Baluze, *Etienne,* * 1630 in Tulle, † 1718 in Paris, französischer Kirchenhistoriker und Kanonist, studierte in Toulouse. Seit 1656 war er Sekretär des Bischofs von Toulouse, späteren Erzbischofs von Paris, Petrus de Marca, der ihn im Sinne des → Gallikanismus beeinflußte. 1667 wurde er Bibliothekar Colberts, 1689 Professor des kanonischen Rechts, 1707 Direktor am Collège de France. Ludwig XIV. verbannte ihn 1711-13 aus Paris wegen unbequemer Äußerungen in der »Histoire généalogique de la Maison d'Auvergne« (1708). Sein Hauptwerk, die »Vitae Paparum Avenionensium« (2 Bde 1693, krit. Ausg. v. G.Mollat 1923-28) wurde wegen gallikanischer Ideen auf den Index gesetzt. Wichtig sind seine »Conciliorum nova collectio« (1683) und die »Miscellanea« (1678-1715; 1761³).

E.FAGE, E.B., sa vie, ses ouvrages, son exil et sa défense (Bull. de la Soc. des lettres, sciences et arts de la Corrèze 20, 1898, 135-161. 263-346. 445-484) - RE II, 379f - RGG² I, 751 - DHGE VI, 439ff (Bibliogr.). *H.Liebing*

Bamberg wurde 1007 als *Bistum* von Kaiser Heinrich II. und seiner Gemahlin Kunigunde gegründet, die beide im 1012 geweihten, 1200 erneuerten Dom beigesetzt sind. Als Missions- und Grenzbistum löste es am Obermain das anderweitig entschädigte Bistum → Würzburg ab, auf dessen, zT auch auf → Eichstätts Kosten der Sprengel von B. gebildet wurde. Die Besitzausstattung, 1020 dem Schutz des Papstes unterstellt, griff über Bayern weit nach Österreich hinein und sollte vornehmlich der Reichspolitik dienen. Der zweite Bischof Suidger wurde 1046 Papst (→ Clemens II.), behielt aber die Leitung seiner Diözese bei (Grab ebenfalls im Dom). → Leo IX. schränkte nach Verleihung des Palliums an den Bischof von B. die Mainzer Metropolitanrechte ein. Bischof → Otto v.B. gründete zahlreiche Klöster und schuf die wirtschaftlichen Grundlagen für den Territorialstaat des 13.Jh.s. Die vielfach adligen Geschlechtern (Andechs-Meran, Aschhausen, Schönborn, Seinsheim) entstammenden Fürstbischöfe waren - wie das später exklusiv adlige Domkapitel - sich ihrer Würde und Selbstherrlichkeit voll bewußt, wovon die Bauten der Barockzeit zeugen.

Durch die Reformation im 16.Jh. büßte B. große Gebiete ein; von rund 500 Seelsorgestellen blieben nur 150 übrig. Erst zu Beginn des 17.Jh.s erholte es sich wieder. Die 1648 gegründete Akademie wurde 1773 vorübergehend zur Universität ausgebaut (1803 Lyzeum, 1923 Philosophisch-Theologische → Hochschule [: II]). 1802 durch Bayern säkularisiert, erstand B. 1817 als Erzbistum (→ Karte 10) mit Würzburg, Eichstätt und → Speyer als Suffraganen. Ihm eignet starkes Diasporagepräge; von allen bayrischen Diözesen besitzt es die wenigsten Pfarreien. Unter 1 944 265 Einwohnern des Diözesangebietes sind kath. 768 096, von 866 Kirchen und Kapellen 288 Pfarrkirchen; neben 601 Welt- sind 132 Ordenspriester tätig; 21 männliche Ordensniederlassungen zählen 216, 215 weibliche 1676 Mitglieder, das Seminar 51 Alumnen (1956). In neuester Zeit bereiten die sog. → Marienerscheinungen von Heroldsbach den kirchlichen Behörden schwere Sorgen.

Berichte des Historischen Vereins ... Bamberg, seit 1834 - E.v. GUTTENBERG, Die Regesten der Bischöfe u. des Domkapitels von B. I-III, 1932-49 - DERS. in Germania Sacra 2. Abt. I, 1 - DHGE VI, 457ff (Lit.) - TH.MAYER, Die Anfänge des Bistums B. (Fürsten u. Staat, 1950, 248-275) - J.KIST, Fürst- u. Erzbistum Bamberg, 1953 (Lit.). *J.B.Aufhauser*

Báñez, *Dominikus* (1528-1604), spanischer Dominikaner aus der Schule der Kommentatoren von Salamanca (→ Neuscholastik) und mit → Bartholomäus de Medina der Typus der »reinen« Thomisten (→ Franz von Vitoria, Melchior → Cano, Dominikus und Petrus → Soto). B. ist speziell durch den »Banesianismus« berühmt geworden, d.i. durch seine (und seiner Anhänger Didacus Alverez, Thomas de Lemos, Petrus de → Ledesma) Theorie des Verhältnisses von → Gnade (: IV) und menschlicher Freiheit beim guten Werk. Dieser »Thomismus im engeren Sinn« lehrt: Die gratia sufficiens gibt zwar die Möglichkeit des guten Werkes, aber der Akt kommt nur zustande durch den Hinzutritt der gratia efficax, die den Akt setzt, aber die Freiheit des Menschen mitsetzt. Die gratia efficax ist ab intrinsece efficax boni operis. Dagegen erheben sich die Jesuiten von Salamanca, unter denen Luis de → Molina hervorragte. Ihr Grundsatz war: Gratia efficax boni operis non ex se est, sed ex consensu humano. - B. war 1561-66 Beichtvater der → Therese von Jesu und blieb dauernd ihr geistlicher Berater.

Scholastica Commentaria in D.Thomam (in I. et in II. IIae) 1586; B.DEHEREDIA, D.Báñez O.P. Commentarios inéditos a la Prima secundae de santo Tómas, Bd 3: De gratia Dei, Madrid 1948; Relictio de merito et augmento charitatis, 1590; Apologia 1595. - P.ALVEREZ, Santa Teresa y el Padre Bánez, 1882 - M.-B.LABAUD, Jean de Saint Thomas, 1928 - M.GRABMANN, Gesch. der kath. Theologie, 1933 (Lit.) - EC II, 784f. *† L.Fendt*

Bann. Das hebr. Wort für B., ḥæræm, kehrt in arabisch-deutschem »Harem« wieder, der Bezeichnung für einen »verbotenen Raum« und so auch für »Frauengemach«. Der B., der wie für Israel auch für Moab bezeugt ist (Mesa-Inschr. Z. 11f. 16ff), macht alles, was mit ihm belegt wird, für menschliche Nutzung verboten und unzugänglich. Demzufolge werden Menschen und Tiere ohne Ausnahme mit dem Schwert getötet, Siedlungen mit der gesamten Habe eingeäschert und meist wüst gelassen. In den Zeiten von Landnahme und Landausbau war Austilgung ferro flammaque eine im »heiligen Krieg« nicht ungewöhnliche Maßnahme. Man kann von ihr berichten, auch ohne dabei von B. zu sprechen. Zum B. wird sie, indem das Austilgungstabu ausdrücklich zuvor als Gottesbeschluß oder Menschengelübde ausgerufen wird. Vor Tabubruch warnte man wegen der dadurch heraufbeschworenen Gefahren (Jos 6, 18) und bestrafte jede Aneignung von Banngut mit Verbrennung des Täters samt allem, was zu seiner Sphäre gehört (Jos 7, 15. 25). Die Ausrufung des B.s mag von Riten begleitet gewesen sein, etwa der magischen Umkreisung der zu bannenden Stadt (Jos 6, 3ff) oder dem Ausstrecken eines Wurfspeeres gegen sie (Jos 8, 18). Beides, B. und magischer Ritus, sollte die Niederzwingung besonders starker und gefährlicher Feindzentren gewährleisten. - Weil der B. zu proklamieren war - sonderlich wo er Gelübde wurde -, konnte er sich den *Weihungen* an die Gottheit annähern. So gesehen wurde es möglich, Teile aus der tabuierten Feindsphäre herauszunehmen und sie als »heilig« in die Kultsphäre der Gottheit zu überführen. Edelmetalle und Metallgeräte werden dem Gottesschatz zugewiesen (Jos 6, 19. 24; Mi 4, 13; Mesa-Inschr.). Im Amalektiterkrieg (1Sam 15) hatte nicht nur Saul den feindlichen König vom B. ausnehmen wollen - Samuel tötet ihn hernach durch Zerhauen »vor Jahwe« (vgl. Mesa: »zur Augenweide für Kamos und Moab«) -, sondern das Volk auch die wertvollsten Tiere zur späteren Opferung am Stammesheiligtum beiseite gestellt. Doch wird hier solch eigenmächtiges Verfügen über Banngut scharf mißbilligt. Prophetischer Protest gegen Verschonung des feindlichen Königs vor dem B. erhebt sich noch einmal unter Ahab (1Kön 20, 42). Inzwischen hatten aber Israels Kriege weithin ihren sakralen Charakter verloren, und die Vorstellungen vom B. hatten Raum für Milderungen. Vieh und Fahrnis werden Beutegut (Dtn 2, 34; 3, 6; Jos 8, 2; 11, 14). Dtn 20, 14 nimmt dazu noch Frauen und Kinder vom B. aus. Doch ist die nachfolgende Einschränkung kennzeichnend für sekundäre Theorien in Dtn, wonach die Kanaanäer schonungslos zu bannen sind, weil sie fremde Götter verehren (vgl. auch 7, 2. 26). Ganz zur feierlichen und in keiner Weise mehr aufzulösenden Weihung von Menschen, Tieren oder Feldern an das Heiligtum hat sich der B. im späteren Priesterrecht entwickelt (Lev 27, 28; vgl. Num 18, 14; Ez 44, 29). - Hart neben den B. als Weihung stellt Lev 27, 29 den B. als *Strafe*. Als Strafe erscheint der B. bei Frevel am Banngut (Jos 7) sowie bei Apostasie eines einzelnen (Ex 22, 19 Bundesbuch) wie einer Stadt (Dtn 13, 13ff). Strafe für Unbotmäßigkeit gegen den Sakralbund ist er Ri 21, 11. Auch Gottes Straf- und Gerichtshandeln kann als B. beschrieben werden (Jes 34, 2. 5; 43, 28; Jer 50, 21. 26; 51, 3; Sach 14, 11; Mal 3, 24). Handelt es sich bei solchem Strafvollzug um Tötung der Schuldigen und zusätzliche Vernichtung von deren Habe, so erstreckt sich umgekehrt Esr 10, 8 der B. als Strafe nur auf die Konfiskation der Fahrhabe, und der Ausschluß aus der Gemeinde, die Exkommunikation, hat einen eigenen Terminus. B. und Exkommunikation sind im AT stets unterschiedliche Maßnahmen gewesen. B. ist Tabuierung und Austilgung, Exkommunikation (»Verbannung«) ist Austreibung und Abtrennung von der Gemeinschaft und ihren Heilsgütern.

RGG³ I, 754ff - W.Eichrodt, Theol. AT I, 1933, 63f - G.v.Rad, Der hl. Krieg im alten Israel, (1951) 1952². *F.Horst*

Bann, *kirchenrechtlich* → Exkommunikation.

Banner gibt es in vielen Kulten. Ihre deutende Einordnung aber ist kaum möglich, da sie vielfach - »Zeichen« des Krieges, des Glückes in Staat oder Familie - den Kult nur in seinen Ausstrahlungen auf das Leben des Volkes oder der Familie anzeigen, also weithin nicht genuin religionsgeschichtliche Phänomene sind. Die slawische staniza zB ist doch wohl Kriegs-Standarte. ihr wird zwar »religiöse Ehrfurcht« erwiesen (RGL 3, 11), sie hat aber ihre Kraft von dem zum Feldzuge aufbrechenden Stamm. In diese Zusammenhänge gehört das B. (vé), das die Nord-Germanen im Blothause bewahrten, und dessen Name (vé = Heiligkeit) auf den heiligen Bezirk deutet. Ähnlich ist die Bedeutung der Fahne in vielen Fällen zu erläutern. Insofern der Feldzug und die zu ihm gehörige Standarte zum Kultischen Beziehung haben, gehört das B. auch in den religiösen Bereich (vgl. Ex 17, 15f).

Demgegenüber sind die Fahnen vor den Tempelpylonen Ägyptens wie die Fahnen im lamaistischen Kulte zB eigenständig religiös. Was sie auszeichnet, ist einerseits die Farbe und andererseits die Bewegung im Winde. Beides scheint von Bedeutung zu sein. Die Farbe vertritt eine bestimmte Gottheit, Macht oder Wesenheit. Ihre Ausdruckskraft kann durch das gestickte Symbol verstärkt werden. Die lebendige Bewegung der Farbe oder des Zeichens im Winde und vielleicht auch die Erhöhung am Stabe geben dem Versinnbildeten Wirksamkeit. Kaum wird das B. nur als sekundäres »Anhängsel« zum Stab zu verstehen sein. Die Fahne kann daher das → Fest sichern und fördern (zB Japan). Sie kann auch Opfergabe und Stärkung des numen sein (zB im → Lamaismus). Sie kann aber auch stellvertretend das → Heilige selbst wahrnehmen und empfangen.

ERE II, 348ff - A.v.Domaszewski, Die Fahnen im römischen Heer, 1885 - R.Bleichsteiner, Die Gelbe Kirche, 1936, 184f - S.Wikander, Vayu. Texte u. Untersuchungen zur indoiranischen Religionsgesch., Uppsala 1941 (Reg.) - K.Goldammer, Die hl. Fahne. Zur Gesch. u. Phänomenologie eines religiösen Ur-Objektes (Tribus NF 4/5, 1954/55, 13-55). *C.H.Ratschow*

Baptisten

I. Konfessionskundlich - II. Baptistische Missionen

I. Konfessionskundlich

1 Name, Einordnung und theologische Eigenart - 2. Geschichte - 3. Organisation und Statistik. - Vgl. → Täufer, → Allianzbewegungen, → Mennoniten

1. a) Die Übersetzung der Bibel in die Volkssprachen, Buchdruck, Humanismus und Reformation lenkten mehr und mehr die Aufmerksamkeit der Laien auf das nt. Gemeindebild und damit auch auf die Taufe der Gläubigen. Letztere finden wir dann bei den böhmischen Brüdern (→ Brüderunität: I). Den Spottnamen »Täufer« oder »Wiedertäufer«, → Duncker, holländisch Dompelaers bekommt die Bewegung erst durch die Reformatoren; er ist keine ursprüngliche Selbstbezeichnung der B. - b) *Konfessionskundlich* gehört der Baptismus zur Heiligungs- und Erweckungsbewegung. Er wird Mitträger der pietistischen Bewegung, die sich im 19.Jh. als Brücke für den neueren Baptismus auf dem europäischen Kontinent erwies. Die B. lehnen jede Mittelinstanz zwischen Gott und den Menschen und damit auch jedes bindende Glaubensbekenntnis ab. Folgende Grundsätze sind heute allen B. gemeinsam: Alleingeltung der Hl. Schrift; Vollzug der Taufe durch Untertauchen des Gläubigen nach einem Bekenntnis seines Glaubens; Ablehnung der Lehre von der Wiedergeburt durch die Taufe; Wiedergeburt als Bedingung für die Gliedschaft in der Kirche; Verständnis der Kirche als geistlicher Demokratie; Trennung von Staat und Kirche. Von den meisten B. wird Allianz mit allen »Gläubigen« (→ Allianzbewegungen) und Mitarbeit in der Ökumene angestrebt. Offen für Geistesgaben, haben die B. Beziehungen zur → Pfingstbewegung. Sonderbildungen blieben für das Gesamtbild ohne Bedeutung (Seventh Day Baptists, Free Will Baptists, Primitive Baptists u.a.). Die anfangs mit den B. vereinigten → Disciples of Christ gehören konfessionell eigentlich zu den B. - c) *Soziologisch* gesehen hatten die B. in der Reformationszeit ihren stärksten Zustrom aus Kreisen der Humanisten, Bauern und Kleinbürger, nicht aus den politisch führenden Schichten. Daher ihr »Apolitismus«. In den USA hat der Baptismus das Verdienst, den ärmeren Einwandererschichten, den Pionie-

ren der Westwanderung und den Negern, vor allem im Süden, eine religiöse Heimat gegeben zu haben. Dort gehört er heute zu den größten Denominationen und ist durch seine Betonung des Laienelements in der Gemeinde ein wichtiger Faktor im Sinne der demokratischen Erziehung geworden.

2. a) Der neuere Baptismus verdankt seine Entstehung einem Zusammenwirken täuferischer Elemente der Reformationszeit mit separatistischen Bewegungen in *England* zu Ende des 16.Jh.s. 1606 floh der frühere anglikanische Geistliche John Smyth mit seiner kleinen Gemeinde nach Amsterdam, führte dort die Erwachsenentaufe ein, schloß sich aber später den → Mennoniten an. Doch eine kleine Gruppe unter Helwys, einem Juristen, blieb selbständig und ging 1611 sendungsbewußt nach England zurück. In London, wo 1612 ein Ketzer als »Anabaptist« verbrannt wurde, nahm die baptistische Bewegung einen neuen Anfang. Helwys setzte sich literarisch für Gewissensfreiheit ein, was ihm Gefängnis und Tod einbrachte. Er war Arminianer, lehrte den Universalismus des Heils und die Willensfreiheit, wonach man seine Anhänger *General Baptists* nannte. Als Folge von Taufgesprächen in den Kongregationalistengemeinden bildeten sich unabhängig von diesen in London Gemeinden mit calvinischer Lehre von der Gnadenwahl (*Particular Baptists*). Die General Baptists übernahmen die Tauchtaufe von den → Rijnsburger Kollegianten. Bis 1644 entstanden in London 7 neue Gemeinden. B. verhalfen dem Independentismus mit → Cromwell zum Sieg, distanzierten sich aber von dessen Diktatur wie von der späteren Restauration. In dieser Zeit entstand die »Pilgerreise« des Baptisten → Bunyan. Auch John → Milton bekannte sich zum Baptismus. Unbeugsam führte William Kiffin durch die Restaurationszeit. Nach erlangter Religionsfreiheit 1689 folgte eine Zeit des Niedergangs, die erst mit dem Auftreten → Wesleys überwunden wurde. 1770 bildete sich die New Connection of General Baptists, die sich 1891 mit den Particular Baptists vereinigte unter der Formel: die Einladung zum Hören des Evangeliums ist unsere Sache, die Erwählung Gottes Sache. Höhepunkt dieser Entwicklung war die Gründung der Particular Baptist Missionary Society 1792 durch W. → Carey. Auf Betreiben ihrer Missionare setzten B. 1838 die Sklavenbefreiung durch. Im 19.Jh. prägte C.H. → Spurgeon den englischen Baptismus. Der Baptist F.B. → Meyer wurde Mitbegründer der → Keswick-Bewegung. Heute ist der größte Teil der englischen B. in der *Baptist Union* zusammengefaßt. Die Gesamtentwicklung geht zum offenen Abendmahl, zur offenen Taufe und somit zur offenen Gemeinde, zur verantwortlichen Mitarbeit in der Theologie (H.Davies, H.H.Rowley) und Politik.

b) Im Bereich der USA gründete Roger → Williams 1636 auf der Basis völliger Religionsfreiheit den Staat Rhode Island, 1639 die erste B.gemeinde, doch stieg die Gesamtzahl bis 1688 nur auf 13 Gemeinden. Erst mit dem → Great revival begann die eigentliche Ausbreitung. Auf der Westwanderung (1790–1830) waren es »fast immer B., die als erste in den neuen Gebieten Gemeinden gründeten« (W.Sweet) dank dem allgemeinen → Priestertum und dem »second awakening«, das um 1800 einsetzte. Die Evangelisation blieb seither bezeichnend für die B., mit besonderer Wirkung unter → Finney, → Moody, Torrey, bis hin zu dem Baptist Billy → Graham. Nach dem Bürgerkrieg (1861) gewannen die B. die Neger, deren größte Kirche sie heute bilden; von 14 Mill. gehören 6,5 Mill. (ohne die ungetauften Kinder) zu den B. Charakteristisch sind neben Missionsgesellschaften (→ Baptisten: II) ihre Home Mission Societies (Motto: North America for Christ), deren erste 1832 entstand, und die besondere Pflege der Christian Education. 1845 wurde die Southern Baptist Convention, ein stärker zentralistisch organisierter Zusammenschluß der B. im »bible belt« der Südstaaten, gebildet, 1907 die mehr föderalistisch organisierte Northern Baptist Convention, die seit 1950 American Baptist Convention heißt. Sachlich kam es über der Stellung zur Sklavenfrage und zur Mission zur Spaltung. Während die Southern B. stärker zum → Fundamentalismus neigen und sich auch der → ökumenischen Bewegung nicht anschlossen, öffneten sich die B. des Nordens der neuen liberalen Theologie, vor allem dem → social gospel (W. → Rauschenbusch, Shailer → Mathews u.a.), doch lehnte man mit Ausnahme der Fundamentalisten eine lehrmäßige Festlegung als unvereinbar mit der religiösen Freiheit des einzelnen ab. Die Neger-B. sind in zwei Bünden zusammengeschlossen, der National Baptist Convention of the USA und der National Baptist Convention of America. – Außerdem gibt es noch 19 kleinere B.-Gruppen in den USA, die in einzelnen Lehrpunkten von den großen Verbänden abweichen. Mit ihrem unhierarchischen Gemeindeaufbau, ihrem Eintreten für Glaubensfreiheit und Trennung von Staat und Kirche sowie eine nichtdenominationell bestimmte öffentliche Schule üben die B. einen wichtigen Einfluß auf das amerikanische Leben aus. Das Anwachsen der B. in den USA geht aus folgenden Zahlen hervor: 1850: 700 000 Mitglieder; 1900: 4,18 Mill.; 1950: 18,5 Mill. bei nur etwa 200 Gliedern pro Gemeinde.

c) Auf dem *europäischen Kontinent* begann der *deutsche* Kaufmann J.G. → Oncken 1823 seine missionarische Arbeit als Agent einer englischen Bibelgesellschaft. Nach seinem Losungswort »Jeder B. ein Missionar« wurden besonders die wandernden Handwerksgesellen vielfach Missionare. Die → Sonntagsschule, zunächst in Verbindung mit Pastor → Rautenberg, dann von Oncken in → Wicherns Hände gegeben, erwies sich nach der Gemeindegründung 1834 in Hamburg als unerläßliches Missionsinstrument und zugleich als Ausbildungsstätte für die Mitarbeiter. G.W. → Lehmann, Kupferstecher, religiös vielseitig interessiert, in der Atmosphäre der → Christentumsgesellschaft stehend, begründete die Arbeit in Berlin. Weitere Schwerpunkte wurden Königsberg und Ostpreußen; heute sind es Süddeutschland und das Rheinland. Die deutschen B. besitzen in Hamburg ein Predigerseminar und in Kassel den Verlag Oncken. 1941 vereinigten sie sich mit den Brüdern von der Versammlung (→ Darbysten und offene Brüder) und den aus der Berlin-Lichtenfelder Zeltmission stammenden Pfingstgemeinden zum *Bund Evangelisch-Freikirchlicher Gemeinden in Deutschland*. Zusammen mit dem Bund unterhalten sie 5 Diakonissenhäuser (Berlin-Dahlem, Hamburg und Hamburg-Hochkamp, Wuppertal-Elberfeld und Wülfringhausen über Wiehl) mit 850 Schwestern, Sonntagsschulen mit 50 000 Kindern, ein Jugendwerk mit 19 000 Jugendlichen, ein öffentliches Sozialwerk mit 27 Heimen und Werkstätten sowie eine Zeltmission und eine Bibelschule (in Wiedenest/Rhld.). – Dem deutschen Bund gehörte bis 1923 auch die *Schweiz* an. In Zürich-Rüschlikon bauen die Southern Baptists für den europäischen Baptismus ein theologisches Seminar auf, eine baptistische Fachbibliothek und eine Stätte der Begegnung. – In *Kopenhagen* bildete Julius Köbner, Graveur, Sohn eines dänischen Oberrabiners, 1839 aus einer kleinen Gruppe von Bibelchristen die B.-Gemeinde. Er wurde der Liederdichter der deutschen und dänischen B. – 1845 konstituierte er auch die erste B.-Gemeinde in *Holland*. – Der *schwedische* Baptismus, von deutschen, dann auch amerikanischen B. geprägt, besteht seit 1848. Der Einbruch der Pfingstbewegung führte zur Sonder-

Missionsgesellschaft	Kirchliche Bindung	Jährliches Einkommen in $	Missionare	Kommunikantenzahl in Übersee
The Foreign Mission Board	Südbaptistische Kirche (USA)	11 287 775	1058	350 000
Foreign Mission Societies*	Amerikanische Baptistische Kirche (nördliche USA)	2 376 035	407	550 000
Conservative Baptist Foreign Mission Society	Unabhängig (USA)	1 630 834	362	—
Mid-Missions	Missionsrat e. V. der Baptisten Nordamerikas	825 459	500	—
Baptist Missionary Society*	Baptistische Union von Großbritannien und Irland	765 635	344	109 402
Association of Baptists für World Evangelisation	Unabhängig (USA)	510 000	130	—
The Canadian Baptist Foreign Mission Board*	Baptistische Föderation Kanadas	503 598	134	44 253
Board of Foreign Missions	Baptistische Generalkonferenz Amerikas (USA)	466 000	93	5 173
Foreign Mission Board*	Nationale Baptistische Kirche (USA)	362 581	—	—
The North American Baptist General Missionary Society	Nordamerikanische Baptistische Generalkonferenz	300 000	55	16 000
Lott Carey Baptist Foreign Mission Convention*	Unabhängig (USA)	125 000	88	—
Board of Foreign Missions	Nationale Vereinigung der Free Will Baptisten (USA)	90 000	21	3 000

* Diese Organisationen sind mit der ökumenischen Bewegung verbunden.

stellung der Oerebroe-B. – In *Norwegen* entstand der Baptismus durch dänische Seeleute und durch Einflüsse aus den USA. – In *Rußland* bildete sich unter dem Einfluß der 1813 gegründeten Russischen Bibelgesellschaft sowie eingewanderter süddeutscher Stundisten (→ Stundismus) und durch das Übergreifen der Erweckung auch auf die Mennoniten 1860 die Mennoniten-Brüdergemeinde. Oncken ordnete dann die Stundenbewegung in die festen Prinzipien des deutschen Baptismus ein und schickte Handwerkermissionare aus, die als Wanderprediger weite Gebiete bereisten. Von Ostpreußen ging die Bewegung nach Russisch-Polen bis nach Wolhynien und ins Baltikum. Seit 1944 sind die B. in der UdSSR als Freikirche anerkannt und werden von einem Ältestenrat geleitet. Heute sollen dort etwa 2000 Gemeinden bestehen. Neben der russisch-orthodoxen Kirche sind die B. die größte christliche Religionsgemeinschaft in Rußland. – *Rumänien,* das Oncken schon 1845, dann 1869 noch einmal besuchte, steht mit mehr als 100 000 B. nächst Schweden, an der Volkszahl gemessen, an der Spitze. – Zu den romanischen Völkern kam der Baptismus sehr spät, und zwar von Amerika und England. Infolge der Weltkriege hat sich Amerika dort eingesetzt, wo die deutsche Mitarbeit nicht mehr möglich war, besonders in den Donauländern. Seit 1949 besteht die *European Baptist Federation.*

3. Jede Gemeinde ist selbständig. Daran ändert auch nichts das sehr viel später einsetzende Verständnis für übergemeindliche Arbeiten: Evangelisation, Unterstützung, Schriftenmission, Predigerausbildung, äußere und innere Mission. Die Gemeinden sind in regionalen und nationalen Bünden zusammengefaßt, diese wieder im Weltbund (seit 1905). Die B. gelten heute als die größte protestantische Freikirche. In den USA zählt man (1956) 18,5 Mill., in Mittelamerika etwa 100 000, in Südamerika 132 000, in Australien 45 000, in Asien über 640 000, in Afrika 223 000, in Europa etwa 1,2 Mill. Davon entfallen auf Rußland schätzungsweise 512 000, die Britischen Inseln 325 000, Deutschland 98 000 in 1652 Gemeinden und Zweiggemeinden, Rumänien 100 000, Schweden 57 000, Ungarn 20 000, Litauen 12 000, Estland 10 000, Norwegen 7500, Dänemark 7200, Holland 7000, Polen 4300, Italien 4170, Finnland 3380, Tschechoslowakei 3150, Frankreich 3000, Jugoslawien 3000, Spanien 2800, Schweiz 1380, Österreich 800, Bulgarien 680, Belgien 290.

H.C. Vedder, A Short History of the Baptists, Philadelphia (1907) 1952[11] – H.W. Robinson, The Life and Faith of the Baptists, London (1927) 1946[2] – H Luckey, J.G. Oncken u. die Anfänge des dt. Baptismus, 1934 – Ders., G.W Lehmann u. die Entstehung einer dt. Freikirche, 1939 – W.R. McNutt, Polity and Practice in Baptist Churches, Philadelphia 1935 – E.A. Payne, The Fellowship of Believers: Baptist Thought and Practice yesterday and today, London 1945 – Ders., The Anabaptists of the 16th Century and their influence in the modern world, 1949 – A Baptist Bibliography, hg.v. E.C. Starr, Philadelphia 1947 – A.C. Underwood, A History of the English Baptists, London 1947 – R.A. Baker, Relations between Northern and Southern Baptists, Fort Worth 1948 – R.G. Torbet, A History of the Baptists, Philadelphia (1950) 1952[2] (Lit.) – A. Olson, A Centenary history as related to the Baptist General Conference of America, Chicago 1952 – The American Church of the Protestant Heritage, hg.v. V. Ferm, 1953, 187ff (Lit.) – U. Kunz, Viele Glieder – Ein Leib, 1953, 115ff (H. Stahl) – F.E. Mayer, The Religious Bodies of America, St. Louis 1954, 257ff (Lit.) – G. Westin, Den kristna friförsamlingen genom tiderna, Stockholm 1954, in dt. Übers.: Der Weg der freien christl. Gemeinde durch die Jh.e, 1956 – W. Gutsche, Westliche Quellen des russ. Stundismus, 1956. – Jährlich erscheinen: American Baptists Year-Book (Philadelphia) u. Baptists Handbook (London). – Deutsche Zeitschriften: Die Gemeinde – Friedensbote (evangelistisch) – Wort u. Tat (für Mitarbeiter) – Der Morgenstern (für Sonntagsschulen).

H. Stahl

II. Baptistische Missionen

In der Weltmission nehmen die B. eine führende Stellung ein. Als »Vater der modernen M.en« überhaupt gilt der Baptist William → Carey. Ebenfalls Baptist war der erste Sekretär der British and Foreign Bible Society (→ Bibelgesellschaften, 1a). Die älteste baptistische M.sgesellschaft, Vorläufer der Baptist Missionary Society (Großbritannien), wurde 1792, die Vereinigung, die sich zur American Baptist Foreign Mission Society entwickelte, 1814 gegründet. Die anderen Gesellschaften (s. Tabelle) entwickelten sich in der Folgezeit als freie oder an baptistische Kirchengruppen angeschlossene Institutionen. Schließlich sind B., vornehmlich solche konservativer Richtung, in interkonfessionellen Gesellschaften tätig (zB in der früheren → China-Inland-Mission). Rechnet man die M.sarbeit der → Mennoniten, die ihrem Wesen nach baptistisch sind, und die der Christian and Missionary Alliance, ebenfalls durch baptistische Elemente charakterisiert, mit ihren 667 Missionaren hinzu, so ergibt sich, daß die M. der B. (freilich in einigen Gebieten nur hier und da) weiter verbreitet ist als die anderer Denominationen oder christlicher Gruppen. Deutlich wird diese Tatsache an der Zahl der Bekehrten, die zB in Südindien (→ Indien: IV), in → Burma und am Kongo (→ Belgisch-Kongo) durch Massenbewegungen gewonnen wurden: In Asien gibt es 642 000 B., in Afrika 222 000 und in Südamerika - einschließlich Westindiens - 114 000 (Lord), wobei zu bedenken ist, daß diese Zahlen nur getaufte Erwachsene einschließen. Die von diesen Christen gebildeten jungen Kirchen sind gewöhnlich selbständig und beteiligen sich in Anbetracht des baptistischen Kirchenbegriffs im allgemeinen nur zögernd an Kirchenunionen (→ Südindien, → Einigungsbestrebungen: VII, → Unionen: III). Allerdings bedeutet das nicht, daß die größeren Gesellschaften, die sich weitgehend von einer fundamentalistischen Prägung freigehalten haben (diese ist dafür um so stärker bei den kleineren, oft durch Sezession zustande gekommenen Gesellschaften), an der ökumenischen Bewegung (→ Internationaler Missionsrat) oder an der Zusammenarbeit mit anderen Denominationen keinen Teil hätten. Ausgenommen hiervon sind nur die zahlenmäßig führenden Southern Baptists (USA), die sowohl in ihrer kirchlichen als auch in ihrer missionarischen Arbeit eine konsequente Isolationspolitik treiben. Dieser charakteristische independistische Zug führte jedoch, wie zB die baptistische Kirche in Burma zeigt, zu der profilierten Stellung der B. in den nichtchristlichen Kulturen und Staaten, obwohl die weitgehend mangelnde akademische Ausbildung der Missionare und der einheimischen Pfarrer diese Stellung gerade hätte erschweren können.

Die *Tabelle* auf Sp. 865f zeigt die wichtigsten Gesellschaften und Einzelheiten ihrer Arbeit auf, wie sie sich nach 1950 ergeben hat.

Vgl. → Europäische Baptistische Missionsgesellschaft.

H.C.Vedder, Short History of the Baptists, Philadelphia (1892) 1907[3] - R.G.Torbet, A History of the Baptists, Philadelphia (1950) 1952[2] - Ders., Venture of Faith. The Story of the American Baptist Foreign Mission Society and the Woman's American Baptist Foreign Mission Society 1814-1954, Philadelphia 1955 - R.P.Beaver, The Protestant Foreign Missionary Enterprise in the United States (vervielfältigt in Occasional Bulletin of the Missionary Research Library, New York, IV, 7, 1953) - F.T.Lord, Baptist World Fellowship, London 1955 - Yearbook of American Churches, National Council, New York 1956.

J.W.Decker

Baptisterium. Der Name B. ist bereits vorchristlich für das Badebecken der Frigidarien römischer Thermen nachweisbar, wird seit dem 4.Jh. auf das christliche Taufbecken (piscina) und weiterhin auf die ganze Taufkirche übertragen (ebenso gebraucht: lavacrum, κολυμβήθρα, λουτρόν, φωτιστήριον). - Die → Taufe (: V) vollzog sich in der alten Kirche in besonderen Räumen, dh in einem Annex oder selbständigen Gebäude neben der Bischofs- oder Gemeindekirche (selten auch bei Martyrien: Rom, S.Peter, S.Agnese u.a.). Der getrennte Taufraum ist mindestens seit dem 3.Jh. Brauch (frühestes Beispiel wohl in der Hauskirche von → Dura Europos [: III]) und vom 4. bis 7.Jh. allgemein üblich. - Die Lage der Baptisterien im Verhältnis zur Kirche ist sehr verschieden: im Westen (Italien, Afrika, Griechenland), im Norden (Italien, Afrika, Griechenland, Kleinasien), im Osten (zB El Flusiyeh, Morsott, Castiglione, Sila), im Süden (Syrien, Ägypten, gelegentlich Griechenland); am Atrium (Parenzo, Thebessa, Milet, Marienkirche in Ephesus; Basilika in Nea Anchialos), am Seitenschiff (Karthago, Dermesch, Nordnekropole der Menasstadt, Ras Siagha, Brauron bei Athen), neben der Kirchenapsis (S.Stefano in Via Latina zu Rom, Vega del Mar, Ptolemais, Tschoban Dere) oder hinter ihr (El Flusiyeh, Morsott, Sbeitla). Baptisterien haben oft einen Vorraum oder Vorhof (προαύλιον βαπτιστηρίου οἴκου). Liturgisches Zentrum ist das in den Boden eingetiefte, über Stufen zugängliche Taufbecken, dessen Tiefe, Breite und Grundrißgestalt (quadratisch, rechteckig, rund, polygonal, Vierpaß, Kreuzform u.a.) sehr verschieden ist. Häufig war das Becken durch ein → Ziborium überdeckt, es liegt meist in der Raummitte, und daher sind Baptisterien vorwiegend zentralisierende, oft rein zentrale Anlagen (Zentral-B.). Doch kann sich die Piscina auch am West- oder Ostende und in einer Apsis befinden (Apsis-B.). - Die für Baptisterien angewandten Raumformen sind sehr mannigfaltig. Fast über die ganze Oikumene verbreitet war der Nischenzentralbau, bes. mit 8 Nischen (»templum octachorum«), so in Ephesus, (Marienkirche), Kos, Konstantinopel (Sophienkirche), Qalat Seman, Thabraka, Mailand, Riva (S.Vitale), Albenga, Fréjus, oder mit 4 Nischen (Ravenna; Menasstadt). Daneben erscheinen einfache, dünnwandige Zentralräume (rund: Brauron, Aljezares; oktogonal: Grado, Parenzo, Hemmaberg, Stobi), Rundbauten mit tiefer Apsis (Mons Admirabilis, Arnikha auf Rhodos). Besonders prächtige Bauten hatten einen inneren Säulenumgang (Butrinto), wobei mitunter die Piscina den Mittelraum ausfüllt (Lateran-B. in Rom, Nocera). Auch konnte ein äußerer Umgang vorhanden sein (B. der Arianer in Ravenna, Djemila, Kos). Eine als Apsis hervorgehobene Nische diente wohl zur Aufstellung des Bischofsthrons (nachweisbar in Djemila). Weitere Zentralbauformen sind Drei- und Viernischenbauten (El-Flusiyeh, Bir-Bou Rekba, Tigzirt, Didyma, Tropaeum), Hexagonalbauten (Dehes, Zara) sowie Kreuzbauten (B. am Forum von Sabratha, mit Apsis für den Bischofsthron, Pola). Am verbreitetsten waren quadratische Grundrisse (Tipasa, Bakirha, Chirbet il-Khatib; mit nach dem Zentrum sich öffnendem Umgang: Gülbağce, Milet, Severuskirche in Sbeitla, Karthago, Dermesch), sowie rechteckige mit der Piscina in der Mitte der Längsachse (Argos, severianische Basilika in Leptis, Morsott) oder an deren Ende (Damus el Karita in Karthago, Guea). Aus der Verschiebung der Piscina aus dem Zentrum entsteht das Apsis-B. (Basilika von Nea Anchiales, Kepos, Tschoban Dere, Garizim; die Piscina ist gleich einem Sanctuarium durch Schranken abgetrennt: Johanneskirche von Gerasa, Ras Siagha). In Syrien und mitunter in Kleinasien wird die Apsis als Piscina vertieft (Antiochia - Kausiyeh, Amwas, El-Flusiyeh, Dar Kita, Didyma). Die verschiedenen Raumtypen waren nicht auf bestimmte Gegenden beschränkt, doch haben manche Provinzen gewisse Typen bevorzugt: in Nordafrika finden sich vor allem quadratische und rechteckige Grundrisse, sie kommen jedoch auch in Kleinasien vor; rechteckige Baptisterien mit Zentralpiscina waren in Griechenland besonders verbreitet; Apsis-Baptisterien gibt es außer in Syrien und Palästina in Kleinasien und Griechenland, sie fehlen im eigentlichen Westen. Am verbreitetsten waren die Nischenzentralbauten, vor allem im Westen. Ihre Form, wie auch jene von Dreipaß- und Kreuzbauten wird von A.Grabar damit erklärt, daß sie von bestimmten, schon heidnischen Mausoleen übertragen seien, aus der Idee des Todes und der Wiedergeburt in der Taufe. Alle Nischenzentralbauten sind andererseits jedoch bereits fester Bestandteil der Raumformen in den römischen Thermen. - Bildlicher Schmuck in Baptisterien ist selten erhalten (zB in Dura, Neapel, Ravenna, Albenga). Wohl waren Darstellungen des Heilsgeschehens, die eine besondere Beziehung zur Taufe haben konnten (Dura Europos), wie in Gemeindekirchen und Martyrien, so auch in Baptisterien verbreitet. In Ravenna zielen die Darstellungen eindeutig auf die Taufe: im Kuppelzentrum erscheint die Taufe Christi, zugleich räumlich im B. das himmlische Gegenstück zur irdischen Taufe, während in Neapel das → Monogramm Christi das Zentrum bildet.

E.SJÖQVIST, Studi intorno alla Piazza del Collegio Romano. 2. L'origine del battistero costantiniano romano (Opuscula Archaeol. 4, 1946, 135-153; Lit.) - A.GRABAR, Martyrium 1. 2, Paris 1946, passim - RAC I, 1157ff (Lit., Beispiele); II, 944ff (Beisp.) - L.MORRICONE, Scavi e richerche a Coo (Bolletino d'Arte 35, 1950, 65-66. 327-328) - E.STIKAS, 'Ανασκαφὴ παλαιοχριστιανικῆς βασιλικῆς παρὰ τὴν Βραυρῶνα (Prakt. Arch. Ges. 1951, 53-76) - Atti Congr. Int. di Archeologia Cristiana 1954 in Aix-en-Provence.

F.W.Deichmann

Barabbas = Sohn des Abbas. An B. (Mk 15, 6ff par usw) will die christliche Verkündigung zeigen: die Juden haben für den Schwerverbrecher (Mt 27, 16), Räuber (Joh 18, 39), Mörder (Apg 3, 14) gebeten, den »Anfänger des Lebens« (so Apg 3, 15) aber getötet. Lk 23, 19 (auch Joh?) sieht wohl in B. den Exponenten pseudomessianischer Bewegungen (vgl. die Variante 'Ιησοῦς [ὁ] B. Mt 27, 16; Origenes comm. ser. 121 und die allegorische Deutung von B. HE 18 nach Hieronymus: filius magistri eorum = Bar rabban). Die juristischen Bedenken gegen Mk 15, 6ff sind nicht unüberwindlich, die Szene ist also nicht prinzipiell zu bezweifeln. Wahrscheinlicher ist, daß um der Kontrastwirkung willen eine ursprünglich fremde Szene mit der Verkündigung von Jesus verbunden wurde. An dem kerygmatischen Gehalt der novellistischen Erzählung ändert das historische Urteil nichts.

R.BULTMANN, Die Gesch. der synopt. Tradition (FRLANT NF 12), (1921) 1931[2], 293 u.ö. - G.BERTRAM, Die Leidensgesch. Jesu u. der Christuskult, 1922 - BILL. I, 1031 - P.L.COUCHOUD-R.STAHL, Jesus B. (HibJ 25, 1926/27, 26-42) - A.DEISSMANN, Der Name Jesus (Mysterium Christi, 1931, 11-41) - M.DIBELIUS, Das historische Problem der Leidensgesch. (ZNW 30, 1931, 193-201 = Botschaft u. Gesch. I, 1953, 248-257) - J.FINEGAN, Die Überlieferung der Leidens- u. Auferstehungsgesch. Jesu (BZNW 15), 1934 - H.A.RIGG, B. (JBL 64, 1945, 417-456).

J.Müller-Bardorff

Barbara, *die Heilige.* Die seit dem 7.Jh. auftauchenden Märtyrerakten setzen den B.-Kult schon voraus; Joh. Damascenus besingt B. (MPG 96, 781ff); im 10.Jh. wird sie in das Menologium des Metaphrasten (MPG 116, 301ff) aufgenommen. Tag: 4. Dez. (im 9.Jh. auch 15. Dez.). Die historisch wertlose Legende schreibt ihren Tod dem eigenen Vater, einem Heiden in Syrien, zu, der dafür vom Blitz erschlagen wird. Die Tradition über Zeit und Ort des Martyriums ist nicht einheitlich. Sie zählt zu den 14 → Nothelfern und gilt als Patronin des Feuers, daher der Artillerie, Pulverkammern, Bergleute, und Helferin gegen Gewitter u.a. Bilder werden erst seit dem 15.Jh. häufig. Attribut ist besonders ein Turm.

LThK I, 958f - DHGE VI, 627f - S.PEINE, St. B. u. ihre Darstellung in der Kunst, 1896 - P.PASCHINI, S. B. Note agiografice, 1927 - Künstle II, 112ff.

G.Kretschmar

Barbelo-Gnostiker. Der in einigen gnostischen Zirkeln Ägyptens für den obersten weiblichen Äon gebräuchliche Name Barbelo ist bisher nicht befriedigend gedeutet und schon in dem ältesten bekannten Text, dem Apokryphon des Johannes (= AJ; vor 185, da von Iren. I 29 exzerpiert; Quispel: ca 130; Schmidt, Till später), formelhaftes Traditionsgut. Jedenfalls zielt der Anfang des Mythus inzwischen auf Fall und Erlösung einer späteren Emanation, der Sophia. Ähnlich steht es in der → Pistis Sophia, die das AJ benutzt hat. Bei den von Epiphanius haer. 26, 17f genannten → Borborianern, die er ca 335 in Ägypten kennenlernte, hatte dagegen die Barbelo selbst die Funktion der Sophia Prunikos der → Ophiten. Das mag dem alten Mythus entsprechen. Die B. sind wie → Sethianer, Ophiten u.a. nur eine Gruppe innerhalb der frühen mythologischen → Gnosis (: III), die bereits im AJ philosophisch durchgeformt wurde (anders Till). Abhängigkeit der ganzen Richtung von → Valentin (so Cerfaux, RAC I, 1180) besteht nicht, für das AJ (so Schmidt, RGG[2] I, 760) ist sie fraglich.

H.LEISEGANG, Die Gnosis, (1924) 1955[4], 186ff. 350ff - RAC I, 1176ff. - Zum Apokr. Joh.: ed. W.TILL (TU 60, 1955, 33ff [Lit.]. 78ff) - G.QUISPEL, De oudste vorm van de gnostische mythe (NedThT 8, 1953/54, 20-25).

G.Kretschmar

Barclay (ursprünglich wohl Berkeley), 1. *John* (1582 bis 1621), * Pont-à-Mousson (Lothringen) als Sohn eines röm.-kath. juristischen Professors (aus Schottland) am dortigen Collège, jesuitisch erzogen, ging bei der Thronbesteigung Jakobs I. 1605 nach England, wo er sich zu einem Satiriker von europäischem Ruf entwickelte, besonders auch durch sein an Petronius geschultes Latein. Seinen Spott richtete er gegen die Jesuiten, Puritaner und Höfe. Sein Satyricon erschien (unter dem Pseudonym Euphormio Lusininus) 1605-14 in 4 Teilen, dessen letzter, »Icon Animorum«, die Nationalcharaktere Europas schildert. 1616 ging er nach Rom, offenbar enttäuscht von der mangelnden Anerkennung in England, fand bei Paul IV. und Bellarmin gute Aufnahme und schrieb die antiprot. Paraenesis ad Sectarios (1617). Den größten Ruhm erlangte er mit seinem Regentenspiegel Argenis (1621) - Vorbild für → Fénélons Télémaque (1699-1721) -, den Richelieu, Leibniz und Coleridge bewunderten.

J.DUKAS, Bibliographie du Satyricon de J.B., Paris 1880 - K.FR. SCHMID, B.s Argenis, 1903 (Bibliogr.) - CathEnc II, 291 f - DNB I, Neudr. 1949, 1082ff.

2. *Robert* (1648-80), * Gordonstown, Morayshire, aus schottischem Adel, studierte in Paris (unter röm.-kath. Einfluß), seit 1667, seinem Vater David (1610-86) folgend, → Quäker, seitdem unermüdlich als deren Apologet literarisch tätig. Grundgedanke seiner stark von der kabbalistischen Mystik → Keiths beeinflußten Apologia ist die Überzeugung, daß jede wahre Erkenntnis aus der göttlichen Ur-Offenbarung in jedes Menschen Herz stammt. 1676 reiste er nach Holland und Deutschland, wo er mit der Pfalzgräfin → Elisabeth, der Äbtissin von Herford, in Verbindung trat. Später verwandte er sich bei Jakob II. (1685-1688) für die Quäker.

Theologiae verae Christianae Apologia, Amsterdam 1676, engl.: Apology for the true Christian Divinity, 1678; Anarchy of the Ranters (zu denen die Quäker nicht gehören!), 1676; Universal Love established and founded upon its right foundation, 1677 (gegen die Prädestination); Truth Triumphant (GA mit William Penn zugeschriebener Vorrede), (1692), 3 Bde 1717[2] f; Reliquiae Barclaianae, 1870 (Briefe; Privatdruck). - A short Account of the Life and Writings of R.B., 1802 - W.ARMISTEAD, Life of R.B., 1850 - M.C.CADBURY, Life of R.B., 1912 - W.C.BRAITHWAITE, The second period of Quakerism, 1919 - DNB I, Neudr. 1949, 1087ff.

M.Schmidt

Bardesanes, syr. Bardaisan (154-222), syrischer Theologe mit gnostischem Einschlag, lebte am Hofe Abgars IX. von Edessa (179-216), und diese Welt, in der sich syrische, iranische und hellenistische Kultureinflüsse kreuzten, hat ihn geprägt. Er schrieb und dichtete syrisch, hatte aber auch ein lebhaftes Interesse für andere Völker (erhaltene Werke: der von einem Schüler redigierte Dialog »Buch der Gesetze der Länder«, Fragmente einer Schrift über die Inder und seiner 150 Psalmen in altsyr. Metrik). B. verbindet dabei Wissenschaft und Glauben. Er kämpft gegen den Dualismus → Marcions und die

Leugnung der Willensfreiheit durch die → Astrologie, ohne sie und damit das Fatum ganz zu verwerfen. Die Schöpfung dient zur Läuterung der Seele. Seine Weltentstehungslehre trägt er als Mythus vor, sie nimmt Elemente der griechischen Kosmologie und der christlichen → Gnosis (→ Hermogenes? so Lietzmann) auf, versteht die »Mischung« aber recht ungnostisch als gute Tat des → Logos. Andererseits galt B. bereits für Hippolyt (zu Unrecht) wegen seiner doketischen Christologie als Schüler →Valentins. Ob schon B. mit einer Gruppe von Antiochien abhängiger Christen in Edessa in Konflikt geriet, ist nicht mehr zu erkennen. Sein Sohn Harmonius verstärkte die gnostischen Züge und übernahm Elemente der griechischen Metrik. → Ephräm bekämpfte B. und seine Anhänger als Häretiker, sie hielten sich aber noch lange. Die Melodien ihrer Lieder lebten in der syrischen Kirche fort.

Werke ed F.NAU (PS I, 2, 1907, 490ff) - DERS., Bardesane, Le livre des lois des Pays, 1931 - H.H.SCHAEDER, B. von Edessa in der Überlieferung der griech. u. der syr. Kirche (ZKG 51, 1932, 21-73; Lit.) - A.BAUMSTARK, Ìwannîs von Dàrā über B. (OrChr 30, 1933, 62-71) - W.BAUER, Rechtgläubigkeit u. Ketzerei im ältesten Christentum (BHTh 10), 1934, 6ff - LIETZMANN II, 266ff - RAC I, 1180 ff - ALTANER 106 - QUASTEN I, 264 (Lit.). *G.Kretschmar*

Barfüßer, in Deutschland gebräuchliche Bezeichnung für Angehörige von Mönchs- bzw. Nonnenkongregationen, deren Ordensregeln das Anlegen von Fußbekleidung verbieten oder nur das Tragen von Sandalen gestatten. Danach unterscheidet man Calceaten- und Discalceaten-Orden. Abgesehen von den Mönchen der Frühkirche wurde diese Sitte zunächst durch die Franziskaner im Anschluß an Mt 10, 10 und Mk 6, 9 nach dem Vorbilde → Franz von Assisis und seiner Genossen geübt. Dieser jedoch wie auch die Konstitutionen des Ordens von 1501 gestatten in besonderen Fällen das Anlegen von Schuhen. Im 17.Jh. erwähnen die Ordensregeln der Franziskaner nur noch Schuhe als Fußbekleidung. Eingang findet das Barfußgehen besonders durch Reformbestrebungen in verschiedenen Kongregationen bzw. bei der Neugründung von Orden oder Abspaltung zur strengeren Observanz; so u.a. bei den → Karmeliterinnen nach den Vorschriften der Heiligen Therese von 1560, den → Kamaldulensern, den → Trinitariern, den → Passionisten, den → Feuillanten und durch P.Thomas von Jesus bei den Augustinern in Portugal.

HEIMBUCHER I, 32. 40ff. 720. 823f. 827 - LThK I, 967 - ESCOBAR I, 157ff (Lit.). *W.Göbell*

Barhebräus, eigentlich Johannes, als Bischof Gregor Abu'l Farağ, Sohn eines jüdischen Arztes (daher der Beiname), * 1225/26 in Melitene, † 1286 in Maraga. Auf der Flucht vor den Mongolen kam B. nach Antiochia, wurde zunächst Eremit, dann Bischof von Guba und schließlich von Aleppo. 1264 wurde er Obermetropolit des östlichen Teiles des jakobitischen Patriarchats Antiochia. B. ist einer der letzten großen syrischen Enzyklopädisten, der »wie kein anderer das Erbe der islamischen mit demjenigen der national-kirchlichen Kultur verschmolzen hat« (Baumstark). Ähnlich → Albertus Magnus, rekurriert er auch in der Theologie immer auf Aristoteles und die Naturwissenschaften.

Aus seinen Werken sind bes. zu nennen: Das große Buch der Wissenschaft der Wissenschaften (eine Enzyklopädie der Philosophie, hauptsächlich aus Aristoteles geschöpft); Speicher der Mysterien (eine große Väterkatene zum AT u. NT); Buch der Taube (ein Nomokanon nach byzant. Art); Buch der Ethik (eine mystisch orientierte Sittenlehre mit Anleihen bei → Gazali). Eine kirchliche Chronik bis 1286 schöpft aus Michael dem Syrer. - J.GOETTSBERGER, B. u. seine Scholien zur hl. Schrift, 1900 - A.BAUMSTARK, Gesch. der syr. Lit., 1922, 312ff. *H.-G.Beck*

Bar-Kochba → Simon, 1. Ben Kosba.

Barlaam *von Kalabrien* (Seminaria) (* um die Mitte des 13.Jh.s, † 1350), kam nach dem Osten, betätigte sich als Verteidiger der Orthodoxie gegen die Lateiner und als kaiserlicher Gesandter. Er bekämpfte die Gebetspraktiken der hesychastischen Mystiker auf dem → Athos und fand in → Gregor Palamas seinen stärksten Gegner. 1341 wurde sein Kampf auf einer Synode getadelt. B. wurde römischer Katholik, kehrte nach Italien zurück und erhielt vom Papst das Bistum Gerace in Unteritalien. - 1351 belegte die Palamitensynode von Konstantinopel sein Andenken mit dem Bann.

DHGE VI, 817ff - C.GIANNELLI, Un progetto di B. Calabro per l'unione della Chiese (Miscellanea G.Mercati III, Vatican 1946, 154 bis 208) - G.SCHIRÒ, B. Calabro: Epistole greche, Palermo 1954.
H.-G.Beck

Barlaam und Joasaph ist ein erbaulicher Roman nach der verchristlichten Boddhisatva-Legende: B., ein christlicher Eremit, macht J., einen Prinzen, den sein Vater Abenner fern von allem Leid halten will, mit der christlichen Weltverachtung bekannt. Der Prinz verzichtet auf die Krone, wird Christ und Einsiedler, bekehrt schließlich auch seinen Vater und stirbt als mächtiger Wundertäter. In diese Rahmenerzählung bringt der Verfasser mit viel Geschmack und Kompositionstalent das ganze Rüstzeug der christlichen Apologetik, u.a. zT auch die Apologie des → Aristides, sowie die meisten Topoi christlicher Erbauungsliteratur unter. Die ursprüngliche griechische Version ist ein Werk des → Johannes Damascenus. Welche Quellen, ob überhaupt schriftliche, etwa in Syrisch oder Pehlevi, Johannes vorlagen, ist nicht mehr festzustellen; jedenfalls handelt es sich um eine Neuschöpfung von künstlerischer und theologischer Eigenständigkeit.

MPG 96, 857ff. - Dt. Übers. v. L.BURCHARD, o.J. - H.ZOTENBERG, Notice sur le texte et les versions orientales du livre de B. et J. (Notices et Extraits de la Bibl. Nat. 28), Paris 1887 - E.KUHN, B. u.J. (AAM XX), 1897 - P.PEETERS, La première traduction latine de »B. et J.« et son original grec (AnBoll 49, 1931, 276-312) - F.DÖLGER, Der griech. B.-Roman, ein Werk des Hl. Johannes von Damaskos, 1953.
H.-G.Beck

Barlach, *Ernst,* Plastiker und Dichter. * 2.1.1870 in Wedel (Holstein), † 24.10.1938 in Rostock; besuchte die Gewerbeschule in Hamburg, 1891-95 die Dresdener Akademie; lebte 1895 und 1897 in Paris, hernach in Hamburg, Wedel, Berlin. Wichtig - trotz der Kürze - ein Aufenthalt in Charkow (Rußland). Seit 1910 arbeitete B. in Güstrow. Erst die Gesamtausstellung seiner Arbeiten 1926 (Berlin, Dresden) vermittelte sein Werk der breiten Öffentlichkeit. Denkmalsaufträge (Kiel, Lübeck, Güstrow) entfesselten Kritik. Mit der Entfernung des Magdeburger Ehrenmals von 1929 begann der auf politischer Ebene (Nationalsozialismus) gegen B. geführte Kampf, der mit der Diffamierung seiner Bildwerke als »entartete Kunst« endete. - B. gestaltete nach eigenem Zeugnis aus innerer Vision, nicht nach visuellen Beobachtungen (»Du darfst alles Deinige, das Äußerste, das Innerste, Gebärde der Frömmigkeit und Ungebärde der Wut, ohne Scheu wagen, denn für alles ... gibt es einen Ausdruck«). Mit dieser Einstellung gehört er zum → Expressionismus (→ Malerei: VI), wahrt aber persönlich und künstlerisch seine Selbständigkeit als Einzelgänger. - Unzählige Skizzen halten seine Schau fest; die großflächigen Züge der Gewandfalten lassen den Plastiker erkennen. Anfangs schuf er einige kleinformatige Modelle für keramische Vervielfältigung, bei den Denkmälern ging er zum Großformat über. B.s eigentliches Ausdrucksmittel ist die Holzplastik von oft halber Lebensgröße. Seine Graphik zeigt die gleiche Schwere und Verdichtung. B.s Illustrationen stehen oft eigenwillig neben dem Werk. Großartig und ganz eigen ist die Holzschnittfolge »Die Wandlungen Gottes« (1922).

Der Erlebnisgrund drängt B. zur Entfaltung im Wort. Nach zwei Romanfragmenten schreibt er Dramen: Der tote Tag (1912), Der arme Vetter (1918), Die echten Sedemunds (1920), Der Findling (1922), Die Sündflut (1924), Der blaue Boll (1926), Die gute Zeit (1929), Der Graf von Ratzeburg (unvollendet). Stets ist es eine bezeichnende menschliche Situation, welche die Gestalten mit dichter Atmosphäre umhüllt. In den Dramen löst sich die sprachliche Aussage schwer wie aus Angstträumen. Das Gemeinte äußert sich gern im Bild, bei der Plastik ganz als Gebärde. Fern allem gesucht Symbolistischen oder konstruiert Abstrakten wird hier die Sinntiefe des Gehaltes unmittelbar geschaut und so das erstrebte Kunstideal erreicht: »außen wie innen«. In allem bewegt B. die Frage nach dem Sinn menschlicher Existenz, ein Verlangen nach Wesenhaftem. Er stellt die Forderung nach erfülltem Leben und gewachsenem Selbst und spürt besonders gern dem erschreckten Erwachen aus stumpfer Herzensträgheit, egoistischer Selbstgerechtigkeit oder drapierter Lebenslüge nach. Nicht die gesellschaftlichen Mißstände reizten B. zur Kritik, sondern Mitleid erfüllt ihn mit den Menschen in ihrer Verstrikkung und Vereinsamung. Den einzelnen sieht B. gefesselt an seine Kreatürlichkeit, jedoch mit sehnendem Aufblick zu den Sternen. Aber eine Mauer trennt ihn von Gott. B.s religiöses Grübeln und Fühlen bleibt dem eigentlich Christlichen gegenüber in achtungsvoller Distanz. Biblische Motive weiten sich ihm ins Allgemein-Menschliche. Besonders aufschlußreich sind: Der tote Tag, Findling und Sündflut; die sieben Holzschnitte »Die Wandlungen Gottes«, die Lithographie: Empörung (des Propheten Elias, 1922); von der Holzplastik: Vision (1912), Der Beter (1925), Begegnung (der Auferstandene und der Jünger, 1926, vgl. Tafel bei → Malerei: VI) sowie das letzte vollendete Werk »Der Zweifler« (1937). Mit seinen Plastiken des Gekreuzigten (1916) und des Lehrenden Christus (1931) schuf B. einen bedeutenden Beitrag zum modernen → Christusbild.

Ein selbsterzähltes Leben, (1928) 1948²; Aus seinen Briefen, 1947; E.B., Leben u. Werk in seinen Briefen, 1952; Zeichnungen 1935, 1948; B. im Gespräch, aufgezeichn. v. F.Schult, 1949; E.B. Das dichterische Werk, 2 Bde, Bd 1: Die Dramen, 1956. - C.D.Carls, E.B., (1936) 1950² - F.Schult, E.B. 46 Bilder, 1950 - W.Flemming, E.B., der Dichter, 1933 - K.Lazarowicz, B.s religiöse Existenz (Eckart 1953, 126-139) - Bibliogr. v. W.Gielow, 3 Teile, 1954.

W.Flemming

Barletta, *Gabriel* (wahrscheinlich aus B. in Apulien, † nach 1438), OP, volkstümlicher Bußprediger der spätmittelalterlichen »grotesken« Tugend- und Lasterhomilie, derb satirisch, verbunden mit dem Volksleben und den Nöten seines Landes. Spätere fanden in ihm vulgäre Abgeschmacktheiten, nachdem seine Predigtsammlung etwa 20mal gedruckt und das Sprichwort geprägt worden war: Nescit praedicare, qui nescit barlettare.

Nouv. Biogr. Gén. IV, 1859, 516f - RE II, 408f - Chevalier I, 1631 - CathEnc II, 297 - DHGE VI, 841f. *M.A.Schmidt*

Barmen

1. Die erste Bekenntnissynode der DEK - 2. Die Barmer Theologische Erklärung

1. Die *erste Bekenntnissynode der Deutschen Ev. Kirche (DEK)* trat vom 29.-31.5.1934 in der ref. Kirche in Barmen-Gemarke zusammen. Sie zählte 139 Abgeordnete aus 18 Landeskirchen, darunter 53 Nichttheologen. Ihre Verhandlungen leitete Präses D. Karl → Koch. Zur Durchführung der »ihr gestellten Aufgaben« bestellte sie einen → Bruderrat. Es ging in ihr um die Wahrung der Verfassung der DEK vom 11.7.1933 gegenüber politisch bestimmten Änderungsversuchen der reichsbischöflichen Kirchenleitung L.Müllers und um die Sicherung von Art. 1 dieser Verfassung gegenüber der als solche erklärten Irrlehre der → Deutsch-christlichen Bewegung (DC). Dementsprechend verabschiedete sie eine »Erklärung zur Rechtslage der Bekenntnissynode der DEK«, die für das damalige Reichskirchenregiment feststellt, es habe durch Abweichung von Art. 1 sowie durch »zahlreiche Rechts- und Verfassungsbrüche« den Anspruch »verwirkt, rechtmäßige Leitung der DEK zu sein«; zugleich erklärt sie die an Schrift und Bekenntnis festhaltenden Gemeinden und Kirchen für die »rechtmäßige DEK« (1), deren Organ die Bekenntnissynode der DEK sei (2); ferner stellt sie fest, daß in der Kirche eine »Scheidung der äußeren Ordnung vom Bekenntnis nicht möglich«, mithin die »Eingliederung« der bekenntnisgebundenen Landeskirchen in die DEK als »Reichskirche« durch Verwaltungsmaßnahmen oder Zwang (→ Kirchenkampf) rechtsunwirksam sei (3); weiterhin daß »Führerprinzip« und »hierarchische Gestaltung« der Kirche dem reformatorischen Bekenntnis widerstreite (4); schließlich daß »echte kirchliche Einheit« nur auf dem Grund des landeskirchlichen bzw. gemeindlichen Bekenntnisstandes unter Respektierung der Gemeinde als »Trägerin der Wortverkündigung« möglich sei (5). »Im Gehorsam gegen den Herrn der Kirche liegt so starke einigende Kraft, daß wir trotz der Verschiedenheit der reformatorischen Bekenntnisse zu einem einheitlichen Wollen und Handeln in der DEK zusammenstehen können.« Zu dieser einstimmig angenommenen Erklärung gehören die Referate von Rechtsanwalt Fiedler (Bekenntnisgemeinschaft und Reichskirchenverfassung), Reichsgerichtsrat Flor (Kritik der Gesetze und Verordnungen des Reichskirchenregiments) und Oberkirchenrat Meinzolt (Unsre Vorstellung von der richtigen Verfassung der DEK). - Eine »Erklärung zur praktischen Arbeit der Bekenntnissynode der DEK« gilt der geistlichen Erneuerung des Pfarrerstandes und dem Aufbau der Bekennenden Gemeinde. Der tragende Grund aller Erklärungen und Beschlüsse war die Theologische Erklärung (s. 2). - Eine Kundgebung »An die ev. Gemeinden und Christen in Deutschland« schloß die Verlautbarungen der Synode ab. Den Ausklang bildete ein von 15 000 Teilnehmern besuchter Rhein.-Westfäl. Gemeindetag »Unter dem Wort«.

Zur unmittelbaren Vorgeschichte der Barmer Bekenntnissynode der DEK gehörte auch die erste Bekenntnissynode der Ev. Kirche der altpreußischen Union (apU) in B. am 29.5.1934, die für ihren Bereich bereits mit dem Aufbau einer → Bekennenden Kirche begann und einen Bruderrat bildete. Voran gingen »freie Bekenntnissynoden«, beginnend mit der wichtigen Freien ref. Synode in Barmen-Gemarke (ref. Barmen) vom 3. und 4.1.1934 (Freie ref. Synode in Pommern, 4.2.; Freie ev. Synode im Rheinland, 18./19.2., der sich der Bruderrat des → Pfarrernotbunds anschloß; Freie ev. Synode für Berlin und Brandenburg, 7.3.; Erste Westfäl. Bekenntnissynode, 16.3.; gemeinsame 2. Tagung der Rhein. und Westfäl. Bekenntnissynode, 29.4.; Vorläufige ev. Bekenntnissynode in Pommern, 7.5.). Den Hintergrund dafür bildete neben anderen kirchenzerstörenden Maßnahmen die »Eingliederungspolitik« des Reichsbischofs L.Müller und seines »Rechtswalters«, Ministerialdirektor A.Jäger, gegenüber außerpreußischen Landeskirchen im Frühjahr 1934, dergegenüber die Freien Bekenntnissynoden und die Landeskirchen von Württemberg und Bayern sich im März 1934 zu einer »Bekenntnisgemeinschaft der DEK« zusammenschlossen, aus deren Bruderrat über den sog. »Nürnberger Ausschuß« (11.4.1934) später der → »Reichsbruderrat« hervorging. Auf einem Bekenntnistag in

Ulm (22.4.) wandte man sich scharf gegen das Reichskirchenregiment und erklärte sich für die »rechtmäßige ev. Kirche Deutschlands«. Im Anschluß daran beschloß der »Nürnberger Ausschuß« auf seiner 2. Sitzung (2.5., Berlin) die Einberufung einer »Freien Deutschen Nationalsynode« nach B. und begann mit Vorarbeiten (theologischer Dreierausschuß mit → Asmussen, → Barth, Breit; Rechtsausschuß). Die Einladungen zur Synode versandte Präses Koch als Vorsitzender des vorbereitenden Ausschusses. Ihre Legitimität mußte sich die Synode durch ihr Handeln unter Voraussetzung eines kirchlichen → Notrechts erwerben.

Die kirchengeschichtliche Bedeutung der Barmer Synode besteht darin, daß mit ihr die → Bekennende Kirche Gestalt zu werden begann und der Prozeß einer tiefgreifenden Selbstkritik und Neubesinnung im deutschen Protestantismus eingeleitet wurde (→ Kirchenkampf), zugleich auch die dritte Phase im Verhältnis von Staat und Kirche in Deutschland (innerliche Distanzierung vom Staat verbunden mit Kräftigung des Verhältnisses zur Ökumene und einem verantwortlichen Handeln der Kirche für Welt und Staat im »politischen Gottesdienst« als Wahrnehmung des »Öffentlichkeitsauftrags« der Kirche).

2. Die *Barmer Theologische Erklärung* (= *»Barmen«*) ist unmittelbar durch die als solche erklärte »Irrlehre« der DC veranlaßt, bedeutet aber eine umfassende Auseinandersetzung des deutschen Protestantismus mit seiner theologischen Vergangenheit. Darum wirkte sie sowohl einend wie trennend. Ihre sechs Sätze ruhen im wesentlichen auf einem Entwurf von K.Barth. So kam es, daß er anerkanntermaßen *»der* Theologe von B. wurde, nicht so sehr der Synode, wie der ›Theologischen Erklärung‹, die ohne seine Person und seine theologische Arbeit nicht zustande gekommen wäre«; er galt zudem »allen als der Theologe, der das entschlossene Wort zur Katastrophe des deutschen Protestantismus gesagt hatte. Diesem Worte glaubte man den engen Zusammenhang mit seiner gesamten theologischen Arbeit 1918–33« (G. Merz), während andere Theologen, gerade auch luth., durch ihre »Stimmen zur Lage« der Gemeinde unglaubwürdig geworden waren. Insbesondere ist die von ihm verfaßte »Erklärung über das rechte Verständnis der reformatorischen Bekenntnisse in der DEK der Gegenwart« von *ref. Barmen* neben anderen Thesenreihen die Grundlage für »Barmen«. Der *Vorspruch* der Barmer Theol. Erklärung hält ausdrücklich an der Verfassung der DEK vom 11.7.1933 als eines »Bundes der aus der Reformation erwachsenen, gleichberechtigt nebeneinanderstehenden Bekenntniskirchen« fest und erklärt, daß die Bekenntnissynode zusammengefügt sei durch »das Bekenntnis zu dem einen Herrn der einen, heiligen, allgemeinen und apostolischen Kirche«, ferner daß man angesichts der Bedrohung der Einheit der DEK durch das deutsch-christliche Kirchenregiment, dessen Handeln die »theologische Voraussetzung« der DEK »dauernd und grundsätzlich durch fremde Voraussetzungen durchkreuzt und unwirksam« mache, »gemeinsam ... als Glieder luth., ref. und unierter Kirchen« reden »dürfe und müsse«, »gerade weil wir unseren verschiedenen Bekenntnissen treu sind und bleiben« wollen; schließlich heißt es: »wir befehlen es Gott, was dies für das Verhältnis der Bekenntniskirchen untereinander bedeuten mag«. »Barmen« ist also, was gut 20 Jahre später ziemlich allgemein anerkannt wird (auch lutherischerseits), seiner Absicht nach *kein »Unionsbekenntnis«* (B. »bemüht sich, den Schein einer unierten Tendenz zu vermeiden«, Klügel), hält aber durchaus die Frage nach einer Einheit der DEK bzw. EKD über die Vereinigung in einem Kirchenbund hinaus offen. Während und nach der Synode hat H.Sasse sich gegen den Gebrauch von »Kirche« für die DEK statt »Bund« gewendet und die seiner Meinung nach mit »Barmen« begonnene »Union« als den eigentlichen Sündenfall der EKD anzusehen suggeriert, »Barmen« zwar inhaltlich anerkannt, aber die Annahme der Erklärung durch die Synode verworfen, da diese damit ein »Lehramt« über den Konfessionen usurpiert habe. Jedoch hatten Lutheraner und Reformierte über die Erklärung zunächst getrennt verhandelt und ihr *vor* der Vorlage im Plenum zugestimmt. Daß »Barmen« gleichwohl als »Unionsbekenntnis« angegriffen wurde, hängt, wie Sasses Protest lehrt, damit zusammen, daß der Unterschied zwischen der »Bekenntniskirche«, wie die Erweckung im 19.Jh. sie begriff (Bekenntnis als »Statut«), und der Bekennenden Kirche (aktuales Bekennen) nicht klar gesehen wurde und daß der Begriff des »Bekenntnisses« nicht einhellig war, jedenfalls auf luth. Seite sich eng an der »Lehrnorm« und dem Begriff »reine Lehre« orientierte. Hinzu kam, daß Bestrebungen zu konfessionellem Zusammenschluß bei den Lutheranern sich »reformiert« bedroht sahen und daß das formale Verhältnis von »Barmen« zu den Bekenntnisschriften des 16.Jh.s trotz dem deutlichen Hinweis der Erklärung von ref. Barmen mißverstanden wurde im Sinn einer Überbietung der CA durch eine »Confessio Barmensis« (Elert). »Barmen« hat nie beansprucht, »übergeordnete« Lehrnorm zu sein; schwierig bleibt freilich seine Beurteilung unter dem im Sinn des neuluth. Bekenntnisbegriffs eingeführten Gesichtspunkt des »kirchgründenden Bekenntnisses«; denn die Barmer Synode hat Konsequenzen in dieser Richtung gehabt. Die Synode übergab ihre »Theologische Erklärung« ausdrücklich den zu bildenden Bekenntniskonventen »zur Erarbeitung verantwortlicher Auslegung von ihrem Bekenntnis aus«. Aber über heute fast unbekannte Ansätze hierzu im Bereich der Ev. Kirche der apU ist man nicht hinausgekommen, zumal Bischof → Meiser die ihm aufgetragene Formierung des Luth. Konvents nicht durchführte. Ein dergestalt verschieden motivierter luth. Protest verschob so die grundsätzlichen Probleme von »Barmen« bis heute durch kirchen- bzw. konfessionspolitische Belastung. Der Kirchenkampf wurde in seinem innersten Kern zu einem Kampf um »Barmen«, zumal sich in der »Theologischen Erklärung« die Selbstkritik des Protestantismus gleichsam konzentrierte. Damit hängt die Auseinandersetzung zwischen verschiedenen theologischen und kirchenpolitischen Positionen innerhalb der Bekennenden Kirche zusammen; sie setzte sich auch nach 1945 im Rahmen des Ringens zwischen Neuanfang und Restauration bei der Gestaltung der EKD fort bis zur Gefahr der völligen Preisgabe des in B. Gewonnenen.

Die *sechs Thesen,* die einen strengen Aufbau zeigen (Schriftworte, »Bekenntnis«- und Verwerfungssatz), richten sich in den Verwerfungssätzen gegen die mit der Sportpalastkundgebung vom 13.11.1933 offenkundig gewordene Irrlehre der DC und gegen die in die Kirche eingedrungenen Elemente der nationalsozialistischen Weltanschauung und Kirchenpolitik, zusammen damit aber auch bewußt gegen den solchen Auffassungen geschichtlich zugrunde liegenden geistigen Umformungsprozeß im Neuprotestantismus. Manches davon ist in theologischen Erklärungen, »Bekenntnissen« und Sätzen einzelner Theologen oder verschiedener Gremien 1933/34 bereits ausgesprochen worden, besonders auch in Barths »Theol. Existenz heute« (H. 1) und »Für die Freiheit des Evangeliums« (ThEx 2) sowie in seinen Gegenthesen gegen die Rengsdorfer Thesen und den fünf Sätzen »Kirchliche Opposition« (beide ThEx 4), die im besonderen den Vorwurf der Einführung einer zweiten Offenbarungsquelle neben der Hl. Schrift erhoben und sie auf den prot. Modernismus der letzten beiden Jh.e zurückführten; dazu auch die sog. Düsseldorfer Thesen vom 20.5.1933 (bei Niesel, BS).

Mit der *1. Barmer These* wird die Barthsche Diagnose der kirchlich-theologischen Lage kirchlich anerkannt. Das löste eine Gegenbewegung vornehmlich luth. Theologen im Namen der Lehre von der → Uroffenbarung (→ Althaus) oder von den zwei Worten Gottes (Elert) gegen angeblichen »Christomonismus« und »Antinomismus« von »Barmen« aus. Es geht aber in These 1 nicht um das theologische Problem der sog. natürlichen Offenbarung als solches, sondern darum, im Blick auf die Verkündigung und ihren Grund einen »Schlußstrich unter eine jahrhundertealte Geschichte prot.-theologischer Unklarheit und Verwirrung« zu ziehen, die »längst fällig gewordene Abrechnung mit der röm.-kath. Denkmethode« vorzunehmen (Barth) und zugleich das schlichte Christusbekenntnis der Gemeinde, ihrer Verkündigung und Theologie eindeutig auszusprechen; es geht also nicht um einen Christozentrismus als »christomonistisches« Prinzip, wie die Gegner unterstellten. Es handelt sich um Abwehr einer theologia gloriae in Gestalt prot. Geschichts- und Kairostheologie mit ihrer Nomoslehre (Volksnomos) auch außerhalb der deutsch-christlichen Vergröberungen. Daß »Barmen« damit einen Wandlungsprozeß in der prot. Theologie bekundet und wirksam proklamiert, kann man an der theologischen Arbeit (besonders auch am AT), der Predigt, der Missionstheorie und der Bedeutung der Thematik Evangelium und Welt (zB Problem der »christologischen« Rechtsbegründung) seither ablesen. - Noch nachdrücklicher spricht *These 2* das Bekenntnis zu dem Herrsein Christi aus als »Gottes Zuspruch der Vergebung aller unserer Sünden« und »kräftigem Anspruch auf unser ganzes Leben«. Die neue Wendung der Kirche zur Öffentlichkeit, die tätige Bejahung ihrer Verantwortung für die Gesellschaft, der Auftrieb ökumenischer Aktivität sind Konsequenzen daraus, kurz die bewußte »Entprivatisierung« des Christendaseins als Folge der Anerkennung der Christusherrschaft. Luth. Kritik bringt hier, wenig glücklich, die Zwei-Reiche-Lehre ins Spiel gegen vermeintliche ref. »Christokratie«. - Die *5. These* streicht souverän in sachlicher Übereinstimmung mit der Reformation wie mit dem NT alle Theoreme neuprot. Staatstheologie durch, die u.a. auch zur theologischen Bejahung des NS-Staates seitens namhafter Theologen geführt hatten, und öffnet den Weg zu einem neuen, sich dem idealistisch-romantischen Erbe des 19.Jh.s entwindenden Durchdenken der Probleme christlicher Existenz in der modernen staatlichen Wirklichkeit; sie gibt der Kirche innere Freiheit gegenüber dem Staat und ruft den Christen zu seiner politischen Verantwortung auf. - Die *3., 4. und 6. These* haben es mit der Kirche, ihrer Selbständigkeit als Gemeinde Jesu Christi, mit der Bindung ihrer Botschaft wie ihrer Ordnung an ihr geistliches Wesen (3), mit dem Dienstcharakter ihrer Ämter statt einem hierarchischen Führertum (4) und mit ihrem Auftrag zu tun, »an Christi Statt und also im Dienst seines eigenen Wortes und Werkes durch Predigt und Sakrament die Botschaft von der freien Gnade Gottes auszurichten an alles Volk« (6). Sie proklamieren Christus als alleiniges Haupt und alleinigen Herrn der Gemeinde. Die Kirche steht nicht unter zwei Herren. Die neue Besinnung auf ein ev. Kirchenrecht sui generis, auf die Bekenntnisgebundenheit des Kirchenregiments und auf den Verkündigungscharakter der Kirche stehen damit in Zusammenhang. Die Erklärung schließt mit einem Aufruf zur Umkehr und Sammlung.

»Barmen« hat die ev. Christenheit vor eine Entscheidung des Glaubens gestellt. Daher konnte die zT schon angedeutete *Auseinandersetzung um »Barmen«* nicht ausbleiben. Sie war und ist theologischer und vor allem kirchenpolitischer Art, entstammt also sowohl der theologischen Situation (die luth. Theologen der nichtunierten Kirchen waren im allgemeinen der Ausgangssituation des Kirchenkampfes nicht gewachsen und zu stark gehemmt durch die Tradition des Neuluthertums [→ Luthertum: II] und das ihm entsprechende Verhältnis zu Staat und Nation) als auch der Konzeption einer geschlossenen deutschen luth. Kirche. So fühlte sich dieses Luthertum von Anfang an »Barmen« gegenüber in der Defensive, im Kampf um seinen eigenen Bekenntnis- und Kirchenbegriff. Seine Kritik an »Barmen« - von derjenigen der DC kann abgesehen werden - wendet sich vor allem gegen Vorspruch und gegen These 1. Neben den Bedenken einzelner (G.Kittel, H.Sasse, E.Stange), bei denen P.Althaus hervorzuheben ist (von seinen »Bedenken« vom Juli 1934 bis zu »Die christliche Wahrheit«, 1952³) mit seinem Einspruch gegen den »Christomonismus«, steht der *Ansbacher Ratschlag* vom 11.6.1934, bestimmt durch W. → Elert unter Mitwirkung von Althaus und den Pfarrern Seiler und Sommerer (Schmidt II, 102f), der sich als »genuin luth. Stimme« empfahl, sehr bald aber nur noch bei den DC etwas weiterlebte und von H. → Lilje richtig als »ein treffliches Beispiel für jene Haltung der vornehmen theologischen Abseitigkeit« bezeichnet wurde. Er entwickelt in acht Thesen eine Theologie des Gesetzes und der Ordnungen, zeiht von da aus »Barmen« des Antinomismus und kommt zu einer kräftigen theologischen Bejahung der NS-Staatsordnung. - Kritik vom luth. Bekenntnis aus hat Chr. Stoll frühzeitig aufgenommen und bis 1946 durchgeführt; H.Brunotte nahm an ihr einige kleinere Korrekturen vor. Vor allem kirchenpolitisch bestimmt sind die Stellungnahme des Luth. Rates vom 3.2. und 15.6.1937 (bei Stoll) und der ELKD vom 7.1.1947 im Zusammenhang kirchlicher Gestaltungspläne. Insbesondere lehnt man hier eine Aufnahme von »Barmen« in das Ordinationsgelübde (sogar gegenüber andern Kirchen wie Rheinland und Westfalen!) ab. So sucht man »Barmen« zu bagatellisieren, teils durch Messen am luth. Bekenntnis, teils durch »Historisierung«: als berechtigte Abwehr der Irrlehre der DC sei »Barmen« eben zeitbedingt.

Während die Verfassung der VELKD von 1948 in Art. 2 die positive Stellung zu der »auf der Bekenntnissynode von B. 1934 bezeugten Gemeinschaft« ausspricht, aber unter Übergehung der thetischen Sätze nur erklärt: »Die dort ausgesprochenen Verwerfungen bleiben in der Auslegung durch das luth. Bekenntnis für ihr (der VELKD) kirchliches Handeln maßgebend«, und während die Grundordnung der EKD vom 13.7.1948, Art. 1 Abs. 2 sagt: »Mit ihren Gliedkirchen bejaht die Ev. Kirche in Deutschland die von der ersten Bekenntnissynode in B. getroffenen Entscheidungen«, haben andere neuere landeskirchliche Verfassungen und diejenige der Ev. Kirche der Union »Barmen« in zT größerem Umfang aufgenommen, einzelne auch in das Ordinationsgelübde, vor allem Rheinland, Westfalen und Hessen-Nassau (Brunotte 27ff). Im Bereich der → Jungen Kirchen spielte »Barmen« beim Zustandekommen der südindischen Kirchenunion von 1947 (Kirche von → Südindien) eine beachtliche Rolle.

Bekenntnissynode der DEK Barmen 1934. Vorträge u. Entschließungen, hg.v. K.Immer, 1934 - K.D.Schmidt, Die Bekenntnisse u. grundsätzlichen Äußerungen zur Kirchenfrage I, 1934; II, 1935 (Texte u. Dokumente) - H.Asmussen, Barmen! (ThEx 24), 1935 - Hans v.Soden, Artikel 1 der Verfassung der DEK vom Juli 1933 u. die Barmer Theol. Erkl., 1935 (= Urchristentum u. Gesch. II, 1956, 272-293) - Versch. Beiträge in ThEx, EvTh, BEvTh, Bekennende Kirche, JK, alle 1934ff - E.Schlink, Die Verborgenheit Gottes des Schöpfers nach luth. Lehre (zu Art. I) (Theol. Aufs. f. K.Barth, 1936,

202–221) – BARTH, KD II/1, 1940, 194ff – DERS., B. (Bek.Kirche. Festschr. M.Niemöller, 1952, 9–17) – CHR.STOLL, Die Theol. Erkl. v. Barmen im Urteil des luth. Bekenntnisses (Kirchl.-theol. Hefte 2), 1946 – G.KOCH, Die christl. Wahrheit der Barmer Theol. Erkl. (Th Ex NF 22), 1950 (Lit.) – W.NIEMÖLLER, Kampf u. Zeugnis der Bek. Kirche, 1948, 122ff – DERS., Die Ev. Kirche im Dritten Reich. Hdb. des Kirchenkampfes, 1956 – E.KLÜGEL, Die Theol. Erkl. von B. u. ihre Vorgeschichte (ELKZ 8, 1954, 145–151) – H.BRUNOTTE, Die Theol. Erkl. von B. 1934 u. ihr Verhältnis zum luth. Bek. (Luthertum 18), 1955 – K.KUPISCH, Zwischen Idealismus und Massendemokratie, 1955, 227ff – EKL I, 309ff (G.MERZ) – G.NIEMÖLLER, Die erste Bekenntnissynode der DEK u. ihre Theol. Erkl. (theol. Diss. Münster), 1957 (umfassendste Darstellung; Lit.). *Ernst Wolf*

Barmherzige Brüder und Schwestern, Bezeichnung für eine Reihe von Krankenpflegeorden der kath. Kirche, wie sie bereits im Mittelalter als »Brüder der Barmherzigkeit« (Fratres caritatis) auftreten.

1. a) Stifter des bedeutendsten, heute noch bestehenden *Männerordens* dieser Art der B.B. vom hl. Johannes von Gott (Ordo hospitalarius S.Joannis de Deo, Fatebenefratelli, Frères de la Charité) war der Portugiese Juan → Ciudad (* 1495). Die von ihm in Granada zur Pflege von Kranken begründete Genossenschaft von Laien erhält 1571 die → Augustinerregel und wird 1586 von Sixtus V. zum Orden erhoben. Vom Ende des 16.Jh.s bis zur Wiedervereinigung im 19.Jh. gliedert sich dieser in einen spanischen und einen italienischen Zweig mit je einem General an der Spitze. Seit 1878 sind sämtliche Ordenshäuser unter einem für sechs Jahre gewählten, in Rom residierenden General-Prior vereinigt. In Deutschland entsteht als erste 1605 die Ordensniederlassung Feldsberg (Niederösterreich), der weitere Gründungen folgen. 1950 gibt es 187 Anstalten des nach Provinzen gegliederten Ordens auf allen fünf Kontinenten, in Deutschland (1952) 22 Niederlassungen. Die Provinzen sind einem Provinzial unterstellt, die Klöster einem Prior, während die Hospitäler und Kliniken gewöhnlich unter der Leitung eines weltlichen ärztlichen Ordinarius stehen und von Laienbrüdern bedient werden. Zu den drei allgemeinen Ordensgelübden tritt als viertes das der Krankenpflege. Die Tracht besteht aus schwarzer Kleidung mit gleichfarbigem Skapulier und schwarzer Kapuze oder rundem schwarzen Hut.

b) Außerdem bestehen folgende *Kongregationen für Krankenpflege.* 1. B.B. von Montabaur, 1856 von Peter Lötschert gegründet, 1921 bestätigt. 2. B.B. vom hl. Vinzenz von Paul, gegründet 1810. 3. B.B. von Trier, 1850 gegründet, 1926 bestätigt.

2. Die Bezeichnung *Barmherzige Schwestern* wird zwar in der kath. Kirche allgemein auf weibliche Genossenschaften für Armen- oder Krankenpflege angewandt; streng genommen trifft sie jedoch nur zu auf → Vinzentinerinnen, → Borromäerinnen, → Clemensschwestern, → Dernbacher Schwestern, → Elisabetherinnen, → Franziskanerinnen, → Graue Schwestern, Kreuzschwestern, Schwestern von der schmerzhaften Mutter.

HELYOT IV, 156ff – RE III, 443f – LThK I, 972ff – HEIMBUCHER I, 600ff; II, 461ff – KH 24, 1952–56 – G.HILPISCH, Die Genossenschaft der B.B. von Montabaur, 1926 – S.REICKE, Das deutsche Spital u. sein Recht im MA (KRA 111–114), 1932 – J.MONVAL, Les Frères hospitaliers de St.Jean de Dieu, (1936) 1950[2] – J.CAMEIRO, Os Irmãos hospitaleiros de S.Joao de Deus em Portugal, 1943 – HERMAS BASTIEN, L'Ordre Hospitalier de Saint Jean de Dieu au Canada, 1948 – G.RUSSOTTO, L'Ordine Ospedaliero di S.Giovanni di Dio, 1950 – F.VIEBÖCK, Die Frauenorden u. Frauenkongregationen in Österreich, 1950 – S.CLAVIJO, La obra de la Orden hospitalaria de S.Juan de Dios en America y Filipinas, 1950 – G.ANTROPIUS, La spiritualità dell' Ordine ospedaliero di S.Giovanni di Dio, 1951 – ESCOBAR, I, 665ff. *W.Göbell*

Barnabas, wichtiger urchristlicher Missionar neben → Paulus. Apg 4, 36f; 9, 27; 11, 22–26. 30; 12, 25; 13, 1–15, 39 geben folgendes Bild: der Levit Joseph, aus einer in Cypern ansässigen Familie stammend, verkauft sein Grundstück zugunsten der Urgemeinde und bekommt von den Aposteln den als »Sohn des Zuspruchs« gedeuteten Beinamen B. Er vermittelt den Anschluß des Paulus an die Urgemeinde. Zu der neugegründeten Gemeinde in Antiochia gesandt, billigt er die gesetzesfreie Heidenmission; er holt Paulus aus Tarsus und arbeitet ein Jahr mit ihm zusammen. Beide überbringen eine Kollekte nach Jerusalem und unternehmen gemeinsam mit Johannes → Markus (nach Kol 4, 10: Vetter des B.) die erste Missionsreise nach Cypern und (ohne Markus) Pisidien und Lykaonien. Beide vertreten Antiochia auf dem »Apostelkonvent«. Als sie sich wegen Johannes Markus trennen, geht B. mit diesem nach Cypern. – Die kritische Forschung vermutet, daß B. (= »Sohn des Nebo«) ein hellenistisches Mitglied der Urgemeinde war, im Konflikt um → Stephanus fliehen mußte und als einer der ἄνδρες Κύπριοι von Apg 11, 20 die heidenchristliche Gemeinde Antiochias gründete. Wie Paulus verzichtete B. auf den Unterhalt durch die Gemeinde (1Kor 9, 6); mit diesem trat er für die Freiheit der Heidenchristen von der Beschneidung ein (Gal 2, 1. 9). Aber es kam zur Trennung, als B. sich in Antiochia dem Sonderabendmahl der Judenchristen anschloß (Gal 2, 13). Die Erwähnung des B. im 1Kor und Gal zeigt: er war ein in allen paulinischen Gemeinden bekannter und angesehener Missionar; der Bericht Apg 14, 4. 11 nennt ihn wie Paulus »Apostel«. Aber dieser offensichtlich selbständig neben Paulus und der Urgemeinde wirkende Mann hat keine eigene Tradition hinterlassen; in Apg 14 liegt keine solche vor. Darum lassen sich auch über seine Theologie nur Vermutungen anstellen.

BAUER, WB 243 (Lit.). – Vgl. die Kommentare zu den genannten Stellen, besonders zur → Apostelgeschichte. – Über B.legende, B.-evangelium, B.akten s. HENNECKE[2, 3] – RAC I, 1207f.

E.Haenchen

Barnabasbrief. In der alten Kirche genoß der B. hohes Ansehen, weil er als apostolisches Schreiben galt. Codex Sinaiticus hatte ihn ins NT als Anhang aufgenommen. Das Werk ist jedoch kein apostolischer Brief, sondern ein Aufruf an heidenchristliche Gemeinden in Ägypten, Syrien oder Kleinasien aus dem 2.Jh.; den Apostolischen Vätern (→ Altchristliche Literaturgeschichte, 2) wurde er nur dadurch zugeordnet, daß er als Brief des Joseph → Barnabas, des judenchristlichen Mitarbeiters des Paulus, galt. Als solchen zitiert ihn → Clemens Alexandrinus. Der B. setzt die Zerstörung des Tempels von Jerusalem voraus (Kap. 16); die → Gnosis (: I) ist schon bekannt, aber noch nicht als eine das Christentum bedrohende Gefahr; auch geht aus dem B. deutlich hervor, daß die Kirche sich von der Synagoge bereits endgültig losgesagt hat. Der Hauptteil (bis Kap. 17) enthält eindringliche Warnungen vor einem Rückfall ins Judentum und heftige antijüdische Polemik, dazu wird das AT nach alexandrinischer Methode pneumatisch und allegorisch ausgelegt (→ Allegorie: II); dies geht bis zu Enthüllungen sensationeller Art mit Umsetzung von Zahlen in Buchstaben: 9, 7ff (→ Alphabet). Die Juden, denen jegliches tiefere Verständnis für ihre heiligen Schriften abgesprochen wird, seien ihrer gar nicht wert. Vielmehr sind die Bücher des Alten Bundes die authentischen Dokumente für den Erweis des christlichen Glaubens. Mittels geistlicher Deutung schöpft B. aus dem AT die Christus-Dogmatik und vielerlei aus der Überlieferung der Geschichte Jesu, ohne Jesusworte aus den Evangelien heranzuziehen. Dem AT wird der Beweis entnommen für die Erscheinung des präexistenten Gottessohns, seiner Passion und Parusie, für die christliche Taufe und das Kreuz. Die Juden seien im Irrtum, wenn sie meinen, den Tempel Jerusalems wieder aufbauen zu können, er, der voller Götzendienst war, ist endgültig dahin wie das jüdische Volk. Nur geistig läßt sich ein Tempel bauen, im Herzen der von Sünde befreiten Christen 4, 11; 6, 15; 16, 6ff.

Als Anhang enthält der B. die Lehre von den 2 Wegen 18-21, vgl. Did 1-5 (→ Apostellehre). Auf dem Wege des Lichts wandeln, ist angesichts des nahen Gerichtstages Pflicht des Christen. Ein Katalog von christlichen Tugenden ist aufgeführt und von Sünden, die auf dem Weg der Finsternis zu meiden sind. Der B. benutzte hier vermutlich im 1. Teil eine Testimoniensammlung, im 2. einen jüdisch-christlichen Katechismus.

Griech. Ausg.: F.X.Funk-K.Bihlmeyer, Apostolische Väter, 1924. - H.Windisch, Der B. (HNT ErgBd Teil III), 1920 (Lit.) - H.Veil, B. (Hennecke² 503ff) - Ders. in Hennecke, Hdb., 206ff (Lit.) - Th.Klauser, Barnabae Epistula (Florilegium Patristicum, Fasc. 1), 1940 - E.Goodspeed, The Didache, Barnabas and the Doctrina (AThR 27, 1945, 228-247) - Quasten I, 85ff - RAC I, 1212ff (Lit.). *R.Schütz*

Barnabiten, amtlich Clerici regulares S.Pauli decollati, 1530 von Antonius M.Zaccaria, Bartholomäus Ferrari und Jakobus Antonius Morigia zur eifrigen seelsorgerlichen Wirksamkeit (Volksmissionen) in Mailand gegründet. Clemens VII. gestattete die Ablegung von feierlichen Gelübden, Paul III. gab ihnen die Privilegien der Lateranensischen Chorherren und den Namen »Kleriker des hl. Paulus«. Bald darauf erhielten sie in Mailand das alte Kloster des hl. Barnabas, daher B. genannt. Anfangs des 17.Jh.s wurden sie nach Frankreich und Österreich verpflanzt. Außer in der Seelsorge sind die B. auch an Gymnasien und Universitäten tätig. Sitz des Ordensgenerals ist San Carlo di Catinari in Rom. Konstitutionen 1579, 1939, 1946. Heiliggesprochen sind der Gründer Zaccaria und der Ordensgeneral Alexander Sauli. Dem Orden gehörte auch der Liturgiker Bartholomäus Gavanti († 1638) an; zu dessen Andenken verfügte Benedikt XIII., daß immer ein Barnabit Konsultor der Hl. Ritenkongregation sein solle.

Heimbucher II, 106ff - Escobar I, 631ff. *Ph.Hofmeister*

Barock

I. Barockkunst - II. Deutsche Literatur im Zeitalter des Barock

I. Barockkunst

1. Das Wort B., ital. barocco, diente ursprünglich der ablehnenden Kennzeichnung einer als absonderlich empfundenen Kunstweise, wurde aber von der Wissenschaft zum Namen des Stils erhoben, der sich aus der italienischen Renaissance entwickelt, über Europa und seine Kolonien verbreitet und Ende des 18.Jh.s erlischt. Neuerdings ist jedoch erkannt, daß sich zwischen → Renaissance und Frühbarock der → Manierismus als eigener Stil trennend einschiebt (um 1520 - um 1580). Anfänglich mehr auf die Kunst der romanischen, kath. Völker angewandt, umfaßt der Ausdruck B. heute die abendländische Gesamtkultur des 17.-18.Jh.s. Der B. enthält eine klassizistische Komponente. Diese entwächst ebenfalls der Renaissance, behauptet sich in Frankreich und England als nationale Konstante und überwindet den B. in der → Aufklärung. Formengeschichtlich geht der B. aus immanenter Gesetzlichkeit der Stilentwicklung hervor. Im übertragenen Sinne spricht man daher von barocken Spätphasen anderer Stile, zB der Antike. Geistesgeschichtlich stellt der B. die fortgeschrittene Phase der auf Naturgesetzlichkeit begründeten Kunstform dar, die um 1300 bei → Giotto ansetzt. Soziologisch ist er der Lebensstil des absolutistischen Zeitalters, der aber tief im Volksboden einwurzelt. Religionsgeschichtlich sind die Anfänge des B. mit der gegenreformatorischen Propaganda verknüpft, sein Fortgang mit der Säkularisation der Neuzeit. Auch die prot. Welt hat im B. ihre Form gefunden.

2. Der B. steigert die künstlerische Nachbildung der Natur über die von der Renaissance erstrebte Formenharmonie zu bewegterer Gestalt, packender Unmittelbarkeit, differenzierter Vielfalt. Die nachmittelalterliche Konfrontierung des Kunstwerks als Objekt mit dem erkennenden und einfühlenden Betrachter als Subjekt wird durch ein dynamisches Überspielen der ästhetischen Grenze in ein mitschwingendes Einbezogensein des Erlebenden in den künstlerischen Gestaltungsbereich verwandelt. Gegenstand, Farbe und Licht werden machtvoller und kontrastreicher behandelt, die Dimensionen wachsen an, aus der ruhenden wird die bewegte Form, die sich sowohl auf den Betrachter zu wie in den Raumhintergrund hinein öffnet, aber als ornamentale Bildform Geschlossenheit wahrt. Diese Struktur ist der Bau- und Bildform gemeinsam. Beide spiegeln in einem mit allen Mitteln, auch der Illusion, als unendlich gedeuteten Raume die Welt als Geschehen von kontinuierlicher Einheit, dem eine Emotionalität von unauslotbarer Tiefe antwortet. Bindet der Manierismus diesen Gehalt als Synthese hochgespannter Kontraste in kunstvoll strenge Bildformen, so erfährt der Hoch-B. einen starken Einstrom unmittelbarer Natur, die in → Malerei und Plastik (: IV) als sprechendes Leben, im Bauwerk als flutende Räumlichkeit erscheint. Im B. bildet sich das nachreformatorische Zeitalter der Erfindungen und Entdeckungen, rationalistischer Wissenschaft und Philosophie, aber auch tiefer Gläubigkeit und mystischer Versenkung bei ständisch gefestigter Lebensordnung aus. Der Stil lebt aus der Spannung dieser Elemente, die er im architektonisch-malerisch-plastischen Gesamtkunstwerk zu polyphonem Einklang führt, aber auch in die stille Darstellung des Einfachsten zu bannen weiß.

3. Die Vorstufen des B. bilden sich in Rom, wo → Michelangelos künstlerische Subjektivität, sich erstmals als Maß des Schaffens selbst setzend, im Spätwerk der Peterskuppel in den Dienst der religiösen Aufgabe zurückkehrt, während Vignola in der Jesuitenkirche Il Gesù zu Rom den für Europa verbindlichen neuen Typus der Basilika prägt (→ Kirchenbau: IV). Correggios Schule steuert die Mittel malerischer Raumerweiterung bei (→ Malerei: IV). In Rom, Mittel- und Norditalien entfaltet der Stil seine Hochblüte; eine bedeutende Spätphase erlebt Piemont um 1670-1730 (Guarini, Juvara). Spanien übernimmt den strengen italienischen Manierismus (Escorial), geht aber zu einer üppig dekorativen Bauweise und zwischen Mystik und Realismus ausgespannten Bildkunst über, die nach Neapel-Sizilien wie auch, exotisch gefärbt, nach Lateinamerika ausstrahlen. Frankreich wahrt auch bei umfassenden Planungen maßvoll gehaltene Formen von »gotischer« Feingliedrigkeit; es wandelt den Stil seit der Mitte des 17.Jh.s ins Fürstlich-Gesellschaftliche, bildet aus Palast, Park und Stadt die barocke Residenz (Versailles) und begründet die neuzeitliche Wohnkultur in dem verfeinerten innenräumlichen Dekorationsstil des Rokoko. Dieses steht bereits im Zeichen der Säkularisation; auch der Fürst zieht sich aus der sakral erhöhten Repräsentation in eine privatere Sphäre zurück (Sanssouci). Nur Süddeutschland hat das Rokoko zum Kirchenstil erhoben. England (Wren) und der prot. Norden geben bei bedeutenden Leistungen (St.Paul, London) der barocken Gesamtstruktur eine kühle, klassizistische Note, während Schlüter in Berlin wie Pöppelmann und Bähr in Sachsen-Polen auf den bewegten Stil des Südens eingehen, der auch in Rußland als Hof- und Kirchenbau auftritt. Eine Sonderleistung bildet die einfach strenge Hugenottenbaukunst in Deutschland. Der deutsche B. selbst setzt nach dem 30jährigen Kriege erst um 1680 in Österreich (Fischer v. Erlach, Hildebrandt), Böhmen und Bayern

neu an, um in großartiger Spätentwicklung aus der Synthese italienischer und französischer Elemente und dem eigenen Erbe den Sakral- und Profanbau zur höchsten Vollendung der in diesem Stil liegenden Möglichkeiten zu führen (B.Neumann, M.Fischer), während eine lebensvolle Volkskunst das ganze süddeutsch-österreichische Land in reicher Fülle durchwächst. Dieser Entfaltung der anschaulichen Künste entspricht im prot. Bereich die ebenso umfassende Gestaltungskraft der B.-musik. So wird der B., umfassender noch als einst die → Gotik, zum europäischen Gemeinstil und eignet sich den Völkern als vertraute Sprache zu. Es ist eine Sprache der Darstellung. Nur insofern etwas sich darstellt, ist es beachtenswert. Das Zeitalter lebt sich demgemäß auch in Schaustellungen und Festen aus; es hat den Theaterstil der Neuzeit geschaffen. Diese Identität von Leben und Schauspiel wird von der Idee der Universalität beherrscht. Erscheinen soll die Würde des Menschen in dem als unendlich erfahrenen, aber als einheitlich, anthropozentrisch, beziehungsvoll geordnet empfundenen Kosmos. Diesseits und Jenseits schwingen ineinander; Kirche, Imperium, die Welt der Geschichte, Moral, Bildung personifizieren sich in einem aus christlichen und antiken Elementen gemischten Mythos. Sein Mittel ist die → Allegorie, die die Fülle der Sinnesbeziehungen in ausführlichen Programmen begrifflich entwickelt. Beliebt ist die zyklische Darstellung umfänglicher Themenkreise. Die bindende Kraft ist so stark, daß auch noch im Bilde scheinbar abgespaltener Einzelwirklichkeit die Hinordnung auf eine Mitte unverkennbar bleibt.

a) Diese komplexe Thematik bewältigt der Süden vermittelst des in der Baugestalt zusammengefaßten Gesamtwerks aus *Architektur*, bildenden und schmückenden Künsten, wozu der aktuelle Vollzug noch Handlung und Aufzug, Musik, Tanz, hinzufügt. Denn alles ist auf bewegte Schaustellung hin gedacht, die Kirche mit dem Prozessionsweg wie der Palast mit Auffahrt, Treppenhaus und der Flucht der Gemächer.

Der kath. *Kirchenbau* bevorzugt die »Weg«form der → Basilika. Diese stellt sich dar als auf den Teilnehmer hin geöffneter Erlebnisraum von bildhafter Wirkung. An die Stelle des rhythmischen Mitvollzugs der mittelalterlichen Liturgie ist das anschauende Nacherleben einer theatralisch gestalteten Sakralhandlung getreten. Im Gesù zu Rom öffnet sich ein gedrungenes, schattiges Langhaus auf die unter der Kuppel stehende Lichtsäule. Diese symbolisch-dynamische Kontrastführung wird von Oberitalien her zu überwältigendem, immer schmuckvollerem Reichtum entfaltet. Kühne perspektivische Scheinbilder an Wand und Decke (S.Ignazio, Rom) lassen Himmel und Erde ineinander überschwellen, rings ertönt aus Bild- und Malwerk die eindringlichste Predigt. Mit erregendem Naturalismus werden die Höllenstrafen (Asamkirche, München) und die Glorie der Seligkeit, das Martyrium und die Ekstase (Berninis hl. Therese, Rom) dem Gefühl nahegebracht. Unter Verzicht auf dieses theatrum sacrum führt Borromini den Bauleib selbst in irrational kurvige Bewegung über; Guarini bringt das Lichtwunder der Gotik verwandelt zurück. Beide wirken auf den deutschen Spät-B., der den Ansatz, Transzendenz mit den Mitteln der klassisch-organischen Kunstsprache erlebbar zu machen, zu sublimer Vollendung führt (Vierzehnheiligen, Wies). Zugleich findet die prot. Predigtkirche ihre vorwiegend zentral-räumliche Prägung, die Monumentalität erreicht (Frauenkirche, Dresden). Den Verzicht auf Bildschmuck ersetzt die reiche Bildung von → Orgel und → Kanzel (, 1), die mit dem → Altar (: III C) zur Zentralgruppe zusammentreten können, sowie die schwingende Innenraumbildung durch hohe Emporen. Auch der Quer- und Längsbau der Calvinisten, ja der schlichte Betsaal der Brüdergemeine gewinnen aus sparsamer Nutzung solcher Mittel ein innerliches Leben. Hohe Turmbauten mit reichen Helmen setzen im Norden die gotische Überlieferung fort.

Auf bewegte Einheit und transzendente Bezogenheit zielt auch der *Palastbau*. Als quergelegtes Hufeisen fängt er eine Achse auf und entläßt sie über die Flucht des Parkes ins Unendliche; im symbolischen Schnittpunkt liegt die Hauptraumgruppe, deren Fülle und Pracht sich zunehmend dem Maßstabe des Kirchenbaus angleicht, dem sakralen Herrscherbegriff der Zeit entsprechend (Residenz, Würzburg). Das sacrum imperium stellt der Stiftsbau aus Palast und Kirche dar (Melk), gleich der Villa Italiens gebietend in die Landschaft gelegt. Von Rom aus über Frankreich entwickelt sich der *Städtebau* als Aufgabe, ein Ganzes einheitlich mit Achsen zu durchgliedern, die auf Bauprospekte ausgerichtet sind; der B. hat den Platzraum, das Denkmal, den Brunnen bedeutend entwickelt (Petersplatz, Rom).

b) Vom Primat der Architektur macht sich die *Malerei* als zukunftreichste Kunst zunehmend unabhängiger. Das sinngebundene Sakral- oder Profangemälde entläßt als selbständige Bildtypen die Historie und Landschaft, das Bildnis und Stilleben, raumtiefe Bühnen hochbewegten Lebens. Dabei bleiben die Mythenwelt des → Rubens, der Ordnungsbau Poussins, des Velazquez durchleuchtete Realität dem christlichen Humanismus des orbis catholicus zugeordnet. Das prot. Holland dagegen erhebt das Gemälde zum autonomeren Gefäß weltzugewandter Innerlichkeit. → Rembrandts weltschaffendes Ich entfaltet sich an der heiligen Geschichte wie an allem Menschlichen; Landschaft, Interieur und Stilleben deuten am still geweiteten Raum und am Wunder des Alltäglichen den sinnhaften Kosmos aus (Ruysdael, Vermeer).

H.Wölfflin, Renaissance u. B., (1888) 1926^{4} - Ders., Kunstgeschichtliche Grundbegriffe, (1915) 1948^{9} - A.Riegl, Die Entstehung der B.kunst in Rom, 1908 - W.Weibel, Jesuitismus u. B.skulptur in Rom, 1909 - M.Dvořák, Gesch. der italien. Kunst II, 1927 - W.Weisbach, Der B. als Kunst der Gegenreformation, 1921 - A.E. Brinkmann-M.Wackernagel, Die Baukunst des 17. u. 18.Jh.s in den romanischen u. germanischen Ländern, (1919) 1922^{4} - A.E. Brinckmann, B.skulptur, (1919) 1921^{2} - W.Hager, Die Bauten des deutschen B., 1942 - C.I.Friedrich, The Age of Baroque, the rise of modern Europe, 1952.

W.Hager

II. Deutsche Literatur des Barocks

1. Abgrenzung - 2. Eigenart - 3. Geistige Grundhaltung - 4. Europäischer Zusammenhang - 5. Formen - 6. Der historische Ablauf

1. Die deutsche Literatur des 17.Jh.s wird seit etwa 1920 in Anlehnung an die bildenden Künste als Literatur-B. bezeichnet. In der Übernahme dieser Benennung spricht sich die Erkenntnis aus, daß es sich um einen selbständigen Zeitraum handelt, nicht um eine bloße Übergangszeit ohne Eigencharakter. Im lebhaften Zusammenhang mit den anderen Ländern Europas bilden sich Lebensformen und Darstellungsweisen aus, die das 17.Jh. als besondere Epoche kennzeichnen. Die zeitliche Abgrenzung ist ziemlich scharf markiert. Den entscheidenden Beginn setzt das Erscheinen der Gedichtsammlung von Opitz und seiner Progammschrift »Buch von der teutschen Poeterey« 1624. Das Ende wird repräsentiert durch die von Benjamin Neukirch herausgegebenen Bände spätbarocker Lyrik (»Herrn von Hofmannswaldau und anderer Deutschen auserlesene und bißher ungedruckte Gedichte«, von 1695 an). Seit etwa 1710 zeigt sich vor allem in den nunmehr erscheinenden moralischen Wochenschriften der Geist einer neuen Epoche, der → Aufklärung (: II). Ausprägung und Ausbreitung der B.-Literatur erfolgt durch die Generation des 30jährigen Krieges. Die beiden Gipfel des Hoch-B.s sind

→ Gryphius, der Dramatiker, und → Grimmelshausen, der große Erzähler; daneben stehen der Dichter geistlicher Lieder Paul → Gerhardt, → Angelus Silesius und Logau als Epigrammatiker. Seit den 80er Jahren des 17.Jh.s werden Zeichen einer Spätzeit deutlich.

Geographisch heben sich als Kulturkreise ab: Zentral ist Ostmitteldeutschland mit den zahlreichen kleinen Residenzen mit Braunschweig, Hannover und Brandenburg im Norden; Schlesien ist besonders lebendig und bringt eine Reihe wichtiger Dichter hervor. Die »Fruchtbringende Gesellschaft« organisiert das kulturell führende Publikum mitsamt den anerkannten Poeten. Enge Beziehungen bestehen zum oberfränkischen Kreis mit Nürnberg als Zentrum, dazu Ansbach, Bayreuth. Überall ist das ererbte Luthertum lebendig. Dieses erleichtert auch die Ausstrahlung auf das niederdeutsche Gebiet von Holstein bis Königsberg. Das reformierte Westdeutschland hält sich nicht abseits und ist durch persönliche Beziehungen vielfach mit jenen verknüpft. Straßburg bleibt wie früher rege und wichtig. Die Schweiz hält sich zurück. Nur im Niederrheinischen finden sich kath. Autoren deutscher B.-Dichtung, wie Friedrich → Spee. Im übrigen kath. Deutschland begegnet nur lateinische Ordensdichtung.

2. Im 17.Jh. war das Landesfürstentum faktisch wie kulturell maßgebend. Die zahlreichen Territorien werden bewußt und nachdrücklich zu geschlossenen Staatswesen ausgebaut und zwar mit Hilfe eines leistungsfreudigen Beamtentums. Der Absolutismus nimmt die Form des patriarchalischen Gottesgnadentums an auf Grund der Staatsauffassung Luthers. Der Fürst als Landesvater ist Gott direkt, aber auch allein verantwortlich für das Wohl seiner Landeskinder. Weltliches wie geistliches Regiment sind von Gott verordnet und konkretisieren sich in Landeskirche, Schulwesen, Rechtspflege, Wirtschaftsordnung (Merkantilismus). Die gesellschaftliche Achtung wird durch die Nähe zum Hof bestimmt. Das durch Gymnasium und Universität gebildete Beamtentum (wozu auch die Pastoren gehören) entstammt dem Bürgertum und hat sich durch längere Bildungsreisen (mit Abschlußstudium in Holland, Italien oder Frankreich) weiteren Blick und »höfliche« Umgangsformen erworben. Auch für die Künste ist die höfische Ausrichtung entscheidend, der Fürst oft direkt der Mäzen. Auch die Dichter sind überwiegend Beamte. Poetische Betätigung gilt als Beschäftigung in »Nebenstunden«. Die Kunst dient der festlichen Steigerung des Lebens. Für Tragödie und Roman, auch für die Oper ist allein der Bereich der großen Welt zugelassen, Staatshändel und Staatspersonen; selbst die Wanderbühne spielt die »Staatsaktion« als Hauptstück oft mit blutigen Effekten und hinterher erst eine Posse zur Entspannung. Auch die schäferliche Einkleidung (als Rollenlied, Singspiel, Kleinepos) meint immer kostümierte Gesellschaftsmenschen, keine wirklichen Landleute. Es ist bemerkenswert, daß Simplicius in Grimmelshausens Roman, wie der Autor selbst im Leben, immer wieder versucht, in die aristokratische Schicht aufzusteigen, dabei aber nach kurzem Erfolg jäh Schiffbruch erleidet. Solch jähe Einbrüche des Schicksals in das Menschenleben sind für die Wirklichkeit ebenso häufig wie obligat für Roman und Tragödie, für Gedankendichtung und Kirchenlied.

3. Es ist bei den Erschütterungen durch den 30jährigen Krieg erklärlich, daß die *Lebensstimmung* dunkel gefärbt erscheint. Die Unbeständigkeit alles Irdischen ist das entscheidende Grunderlebnis und wird als Gedanke von der Vanitas mundi immer wieder ausgesprochen und bildlich dargestellt. Aber »sei dennoch unverzagt« mahnt der Dichter die Zeitgenossen. Aus den Trümmern der Städte und dem verunkrauteten Acker baut man »unverdrossen« neu auf, Schlösser, Rathäuser und vielfach auch Kirchen im modernen Stil des B.s. Das Ich behauptet sich, will sich personalistisch zur Geltung bringen. Das vermag es nur durch Anschluß an Gott. Weit verbreitet ist ein Stoizismus, in dem Seneca mit dem Protestantismus verschmilzt. Er wurde durch die Schriften von Justus Lipsius (Manuductio ad Stoicam philosophiam 1604) formuliert und an der Universität Leyden gelehrt, besonders durch Heinsius auch im weltanschaulichen Gedicht verbreitet. Mannhafte Gefaßtheit als Haltung und Einsatz für die gottgewollten Werte und Ordnungen werden als höchste Tugend (magnanimitas, Großmut) im Gedicht gepriesen, in Tragödie und Roman vorgeführt. Der Bereich des Staatlichen bildet dabei immer die Bühne, auf der das einzelne Ich voll Bewußtheit sich Mit- und Nachwelt präsentiert. Ein Wille zum Wirksamen ist bei allem künstlerischen Schaffen deutlich. Gründliche Kenntnis und virtuose Ausnützung aller Darstellungsmittel wird mit Fleiß erstrebt. Die Poesie wird zur gesteigerten Rhetorik. Großes und echtes Pathos erreichen und halten nur wenige (bes. Andreas → Gryphius), oft findet sich ein Abgleiten ins Schwülstige, Gesuchte oder Platte. Die Sucht zur Steigerung führt zu Übertreibungen. Hinzu kommt der Hang zum Verbildlichen, der sich nur zu leicht in gesuchter Metaphorik verrennt. Maßgebend ist die Gesamtform, welche die Teile mit ihren oft heftigen Kontrasten energisch zusammenhält. Aus distanzierender Bewußtheit wird dargestellt, nicht ein Erlebnis unmittelbar zu fassen gesucht. Ähnlich wie bei der Fuge wird ein Thema in mehrfacher Abwandlung seelisch und geistig beleuchtet und so geklärt zum Besitz gemacht. Die Kulturfunktion der Poesie besteht nicht in bloß äußerlichem Prunk oder Schmuck, sie gibt Lebenshilfe durch Anschluß an die ewigen Werte, an Gott. Dadurch bleibt die Haltung, auf die es dem B.menschen so sehr ankommt, nicht in einem äußerlichen Pomposo stecken, sondern wird durch persönliche Frömmigkeit gefestigt. Gleichzeitig werden dogmatische Spitzfindigkeiten und konfessionelle Polemik zurückgedrängt.

4. Wie im Politischen ist auch im Kulturellen der *Zusammenhang mit den benachbarten Staaten* lebhaft. Das bringt bedeutende Gefahren mit sich, da durch Krieg und konfessionelle Zerspaltung eine äußerliche Übernahme des Ausländischen begünstigt wurde. Die Fremdländerei als modisches Geckentum und die Verwendung von ausländischen Redewendungen und Wörtern wurde bald als nationale Gefährdung erkannt und das ganze Jh. hindurch energisch bekämpft (seit 1628) durch Flugschriften mit satirischen Abbildungen und Texten und durch selbständige Satiren. Positiv setzt man dagegen Lobschriften der deutschen Sprache und Verdeutschungen. Jedoch werden daneben nicht wenige Fremdwörter aufgenommen. Es handelt sich bei dieser Aufnahme nicht nur um das eigentlich Gesellschaftliche in Gehabe und Gewand, Küche und Schmuck, sondern auch um Fachwörter aus den Bereichen der Kunst und des Heerwesens. Große Wichtigkeit erlangen die »Sprachgesellschaften« (eine erst im 19.Jh. angewandte Bezeichnung für jene Zusammenschlüsse), die eigentlich auf die Ausgestaltung einer deutschen B.literatur gerichtet waren. Im Wettstreit mit anderen zeitgenössischen Nationalliteraturen erstrebt man eine eigene Bildungsliteratur in gepflegtem Deutsch. Damit verbindet sich eine Besinnung auf deutsche Art und Geschichte. Unter der Autorität der angesehensten und höchst einflußreichen Fruchtbringenden Gesellschaft (gegr. 1617) werden die entscheidenden Bücher veröffentlicht, die endlich die Normierung der Schriftsprache in Rechtschreibung, Formenlehre und Metrik durchsetzen. Neben Gueintz (Halle) steht der

große Sprachwissenschaftler Justus Schottel (Braunschweig) mit seinem Hauptwerk: »Ausführliche Arbeit von der teutschen Haubtsprache« (1663). Mit Hilfe der sprachvergleichenden Methode weist er die (indogerm.) Verwandtschaft des Deutschen mit dem Lateinischen und Griechischen nach und stellt es dadurch in den gleichen Rang mit diesen, früher als »heilig« emporgehobenen Sprachen. Auch die alten Literaturdenkmäler (Tatian, Otfried usw) werden gesammelt und gewürdigt. Trotz betonter Hochschätzung der kriegerischen und geistigen Leistungen der alten Deutschen gelten Antike und Christentum als gemeinsames Fundament aller Bildung und Kunst. Auszüge, Sammelwerke und Lexika machen es leicht zugänglich. Hinzu kommt ein Hang zum Exotischen, zum alten und zeitgenössischen Orient. Neben Reisebeschreibungen, die häufig nur übersetzt sind, bevorzugen Romane und Dramen solch fernliegende Stoffe und schildern gern ungewöhnliche Bräuche und Feste. Eine derartige »Enthebung« in farbenprächtige und schaurig blutige Fernen bot ein Gegengewicht zu der arbeitsschweren und trüben Enge des deutschen Alltags. In Stoffwahl und Stil ging die deutsche B.-Literatur nicht eigene Wege, sondern stellte sich in den europäischen Zusammenhang. Man kannte und nutzte die wichtigsten Werke berühmter Zeitgenossen, wenn nicht im Original so doch durch Übersetzungen (deutsche, holländische, auch französische). Das Französische ist am bekanntesten, doch tritt ein Übergewicht erst gegen 1700 ein. Durch die Musik werden auch italienische Texte verbreitet. Kenntnis des Spanischen wie Englischen ist ziemlich selten, man benutzt Übersetzungen oder Nachahmungen, sehr häufig von Niederländern. Überhaupt bildet die reiche und formgewandte holländische Dichtung zusammen mit dem regen geistigen und wirtschaftlichen Leben vielfältige Anregung. Daneben wird noch viel lateinisch gedichtet, auch von den bekannten Poeten. Für die kath. Gegenden ist das Latein die alleinige Sprache der Bildung und wird von den Orden, besonders den Jesuiten eifrig gepflegt. Bedeutendes leisten Jac. → Balde mit seinen Carmina und die Dramatiker Jac.Bidermann und Nic.Avancinus.

5. Da eine reine Bildungsliteratur erstrebt wird, übernimmt man bereitwillig die modischen *Formen*. Dabei macht sich jedoch die eigentümliche Struktur des Deutschen als erschwerend bemerkbar bei der Nachbildung der fremdländischen Metra, sowohl hinsichtlich der antiken wie der zeitgenössischen italienischen und französischen. Es entstand um 1600 zunächst eine theoretische Unsicherheit. Sie wird durch Opitz 1624 gemäß der deutschen Wesensart zugunsten des akzentuierenden Prinzips entschieden (gegen bloße Silbenzählung oder quantitierendes Prinzip).

Das eigentlich Lyrische wird als Gesellschaftslied im Zusammenhang mit dem Musikalischen als »Ode« in Strophenform gefaßt. Das Reflektierende wählt sich das neu eingeführte Schema des Sonettes oder die gedrängte Spruchform des Epigramms. Bestimmte Gelegenheiten (Hochzeit, Geburtstag, Begräbnis u.a.) werden in Alexandriner-Reimpaaren ausführlich und mit viel Rhetorik gefeiert. Überhaupt dient der Alexandriner als heroisches Metrum und als Ersatz für den Hexameter. Er wird auch für die wenigen Versuche in Epos und Lehrgedicht, ebenso für die Tragödie obligat. Die geistliche Dichtung knüpft an das → Kirchenlied (: I) des vorangegangenen 16.Jh.s an und gestaltet es gemäß der Metrik und Stilistik der Zeit aus. Auch im Sonett (Paul Fleming, Andreas Gryphius) und im Epigramm (Angelus Silesius) wird Echtes und Tiefes gesagt. Die Schäfermode wird im Lied und im schäferlich kostümierten Liebesroman nach dem Vorbild von d'Urfés Astrée (schon 1619 übersetzt) mitgemacht. Daneben steht der zum Derben neigende Schelmenroman. Früh machen ihn Übersetzungen bekannt (seit 1615). Im Hauptwerk Grimmelshausens (1669) »Simplicissimus Teutsch« erreicht er seinen Gipfel. In der Mitte des Jh.s setzt die Einwirkung des französischen Großromans (Calprenède, Scudery) ein, nachdem Opitz bereits 1626 den Staatsroman John → Barclays, die »Argenis« (1621) übertragen hatte. Zesen läßt auf seine Übersetzungen (1645, 1647) später zwei eigene Romane folgen (Assenat, 1670; Simson, 1679). Der Ansatz des Sup. A.H.Buchholtz in Braunschweig (1659) wird von seinem Landesherrn Anton Ulrich (1669ff) rasch in den Schatten gestellt. Den größten Erfolg errang 1689 Heinr. Anselm Zigler von Kliphausen mit der »Asiatischen Banise«. Lohensteins riesiges Romanwerk erschien erst posthum (1689). Eine Reihe von Unterhaltungsromanen setzt diese Verquickung von Staatsaffairen mit Liebeshändeln bis nach 1700 fort. Der Roman stellt die zeitgemäße Form der »heroischen« Dichtung dar und ersetzt das Versepos. Die Kleinerzählung wird nicht als spezielle Formaufgabe gefaßt und dient nur der Stoffübermittlung. Auch die Satire bedient sich der Prosa bei Moscherosch (1640/42) und Schupp. Chr.Weise (1671) und Chr.Reuter (1696) verwenden als Einkleidung den Reisebericht. Den Alexandriner benutzen Lauremberg (1652) und Rachel (1664).

Das *Theater* gehört in ganz besonderer Weise zur B.-zeit. Geltungsdrang und Enthebungssehnsucht wirken zusammen und bauen ein gesteigertes Dasein auf. Alle Künste werden eingespannt. Der Schaulust dient die hochentwickelte Maschinerie der Verwandlungsbühne mit Kulissen, Flugmaschinen, Versenkungen und vielerlei Effekten, prunkvollen Kostümen und großen Aufzügen, Schlachten, Prunkszenen. Auch für das Grausige wurde raffiniert gesorgt. Musik und Tanz werden dabei nicht nur in der Oper verwendet. Englische Wandertruppen machen (seit 1592) als die ersten Berufsschauspieler mit den neuen bewußt theaterwirksamen Darstellungsmitteln und Texten bekannt. Die daraus erwachsende deutsche Wanderbühne hat keinerlei literarische Ambitionen. Man spricht eine gravitätische Prosa, während das Kunstdrama den Alexandriner verwendet. Es folgen französische und italienische Truppen, die vor allem Singspiel und Oper pflegen. Daneben spielen die Schüler der Gymnasien beider Konfessionen; sie werden Träger des neu erstehenden Kunstdramas, das bei den Jesuiten (→ Jesuitendrama) ausschließlich lateinisch bleibt. Bei den Protestanten bildet sich eine deutsche Form heraus, welche die humanistische Tradition (besonders Seneca und Terenz) auflockert durch Rücksicht auf die zeitgenössischen Bühnenmöglichkeiten und im Zusammenhang mit Holland und Frankreich. Neben dem volkstümlicheren Ansatz bei Rist tritt die hochbarocke Stilisierung von Gryphius und Lohenstein. Bereits Opitz zieht auch das Libretto in den Gesichtskreis literarischer Gestaltung in deutscher Sprache. Als weitere Aufgaben treten mehr gegen Ende des Jh.s das → Oratorium mit seiner Abart der → Passion, sowie die → Kantate hinzu.

6. Dem deutschen Literatur-B. gab *Martin Opitz* (1597 bis 1639) den richtungweisenden Impuls. Ein Heidelberger Freund gab 1624 die in seinem Besitz befindliche Sammlung von Gedichten (Martin Opicii Teutsche Poemata) heraus, weil er von dem infolge der Kriegswirren Verschollenen nichts mehr gehört hatte, und vermehrte sie durch einen Anhang von gleichgerichteten Gedichten des Heidelberger Kreises. Dagegen setzte der in seine schlesische Heimatstadt Bunzlau Zurückgekehrte seine verbesserte Ausgabe (1625) und erläuterte seine inzwischen klarer gewordenen Prinzipien durch das in wenigen Tagen hingeschriebene »Buch von der deutschen

Poeterey«. Gleichzeitig veröffentlichte er einen Band religiöser Gedichte und eine Übertragung von Senecas »Trojanerinnen« als Beispiel für eine Kunsttragödie. 1627 tat er sich mit Heinrich → Schütz, dem angesehenen Vertreter des musikalischen Früh-B., zusammen und übertrug aus dem Italienischen die »Daphne« als ersten deutschen Operntext. Diesem schäferlichen Singspiel fügte er 1630 die »Schäfferey von der Nymphen Hercynie« (Prosa mit Liedeinlagen) und das ländlich-beschreibende »Vielgut« (1629) an und folgte so der europäischen Schäfermode, für welche vorher nur Übersetzungen der Astrée von d'Urfé geworben hatten (1619, 1624, 1625). Neben einem Lehrgedicht in Alexandrinern (Vesuvius, 1633) geben seine Übersetzungen der »Judith« (1635) das Modell für eine heroische Oper und der »Antigone« (1636) das Vorbild der heroischen Tragödie, der »Arcadia« von Sidney (1638) das Beispiel eines Romans. Ehe ein jäher Tod das Leben des rastlos daneben noch in diplomatischen Missionen Tätigen endete (1639), hatte er auch zur Rückbesinnung auf die deutsche Vergangenheit durch die Herausgabe des Annoliedes (12.Jh.) angeregt. Sein schneller Ruhm (1625 vom Kaiser zum Dichter gekrönt, 1627 geadelt, 1629 als der »Gekrönte« feierlich als 200. Mitglied in die Fruchtbringende Gesellschaft aufgenommen) und seine starke Nachwirkung erklärt sich nicht aus ungewöhnlicher Genialität, sondern aus seinem Instinkt für das Zeitnotwendige in Gehalt und Ausdrucksweise.

Eine Reihe von begeisterten Anhängern verbreiten sofort die neue Art des Opitzierens. So August Buchner als Professor Poeseos an der Universität Wittenberg (seit 1625) und Christoph Colerus (Köhler) als Konrektor des Breslauer Elisabethgymnasiums. Als Professoren machen zu wichtigen geistigen Zentren: Andreas Tscherning Rostock, Enoch Gläser Helmstedt, Christoph Kaltenbach Tübingen, Joh.Peter Titz Danzig. In Schleswig wirkt Zach.Lund, in Holstein Anna Owena Hoyers, am Liegnitzer Hofe sein Freund Casp.Kirchner. Ein anderer Freund Opitz', Georg Gloger, gewinnt Leipzig, den dort maßgebenden Thomaskantor Joh.Herm.Schein und den um diesen frühbarocken Liedmeister gescharten Kreis. Auch die Königsberger, als »Kürbishütte« zusammengeschlossen, darunter Simon → Dach und der Komponist Heinr.Albert, die seit 1630 zusammenarbeiten, schließen sich an. In Wedel bei Hamburg lebt Joh. Rist (1607-67), der von Gesellschaftsliedern zur geistlichen Dichtung wechselt. Entscheidend wurde, daß ein schon angesehener religiöser Lyriker, Joh. → Heermann, seine bisherige Produktion nach den neuen Grundsätzen überarbeitet (1630 Devoti musica cordis) und damit den Weg für die weitere Ausformung des prot. Kirchenliedes (auch für Paul → Gerhardt) weist.

In Nürnberg scharten sich um den Ratsherrn Phil. Harsdörffer (1607-58) die »Pegnitzschäfer«. In persönlicher Verbundenheit mit den Opitzianern pflegt man besonders die Schäfermode (Pegnesisches Schäfergedicht 1641, Fortsetzung 1645), betont theoretisch und praktisch stark die Klangwirkungen und das Rhythmisch-Bewegte. Wieder ist der Zusammenhang mit der Musik (durch den Stadtorganisten S.Th.Staden) für Oper und Festspiel anregend. Eigenartig sind die deklamatorischen Oratorien von Joh.Klaj(us) (Auferstehung, Höllen- und Himmelfahrt Christi 1644, Der leidende Christus 1645, Herodes 1645, Geburt Christi 1650, Engel- und Drachenstreit 1649). Der Stadt-Sup. Joh.Mich.Dilher (1604-69) verdient Beachtung wegen seiner Kirchenlieder. Auch Harsdörffer schreibt außer mehreren Sammlungen kurzer Erzählungen religiöse Lieder in bunter Formfülle. Dem Aufbau der neuen Kultur dienen seine »Gesprächspiele« (8 Bde 1641-49). Der opitzierende Ansatz der 30er Jahre wird in den 40er Jahren in Hamburg besonders durch Grefflinger und durch Schirmer neu belebt und weitergeführt, in Thüringen mit dem Ausbau der Liedoper bis hin zu Adam → Krieger, sowie in Leipzig (Brehme, Finckelthaus). Unruhig vagiert auch im Poetischen Phil.Zesen. Die bedeutendste dichterische Leistung gelingt trotz seines kurzen Lebens Paul → Fleming, dem Schüler von Schein und Freund von Gloger. Echtes Gefühl läutert die gefahrenvolle große Reise mit der Gesandtschaft nach Persien zu mannhafter Gehaltenheit in Lied und Sonett auf dem Fundament echter Frömmigkeit (»In allen meinen Taten . . .«) Gleichzeitig wird der Kampf gegen die Fremdländerei, das à-la-mode-Unwesen geführt, wobei Straßburg eine Rolle spielt, vor allem Moscheroschs (1601-69) »Gesichte Philanders von Sittewald« (1640, 1642). Daneben stehen die Sprachregulierungen durch den Hallenser Gueintz (1638, 1641), durch Schottel (seit 1641) und die anderen Schelt- und Lobschriften.

Aus dem kath. Gebiet verdient der Jesuit Friedr. → Spee von Langenveld (1591-1635) Beachtung. Voll herzlicher Inbrunst singt diese reine Seele auch in schäferlicher Einkleidung. Erst 1649 erschien die Sammlung von 51 Liedern (mit Melodien) als »Trutznachtigall«, dazu das »Güldene Tugendbuch«, ein Erbauungsbuch. Spee bejaht das von Opitz propagierte, akzentuierende Prinzip, behält aber die von jenem bekämpften dialektischen Kurzformen und einige volkstümliche Freiheiten bei. Sein Ordensbruder Jacob → Balde ist Meister der lateinischen Ode (1643), nicht des Dramas (Jephtias, 1637 aufgeführt, 1654 gedruckt). Dramatiker ist Jacob Bidermann (1578-1639); leider blieb ein erst 1666 erschienener Druck seiner seit 1607 aufgeführten Dramen ohne Wirkung.

So hat die Kriegsgeneration zielbewußt das Fundament einer neuen literarischen Epoche gelegt, deren Haltung und Gestaltung wie die der mit ihr eng verbundenen Musik als frühbarock bezeichnet werden kann. Schon die nächste Generation baute darauf die Prunkräume eines entschiedenen *Hoch-B.s.* Hierher gehört Paul → Gerhardt als der größte geistliche Liederdichter nicht nur dieser Epoche (1648, 1653; Gesamtausgabe 1666/67 mit Melodien von Ebeling, 130 Lieder). Aus der Überfülle der Produktion verdienen Joh.Franck (1618 bis 1677) und die Frauen aus dem thüringischen Hochadel Beachtung. Auf der anderen Seite steht Joh.Scheffler, der nach seiner Konversion (1653) als → Angelus Silesius 1657 seine Lieder als »Heilige Seelenlust oder geistliche Hirtenlieder« veröffentlichte. Im gleichen Jahr erschienen auch die »Geistreichen Sinn- und Schlußreime«, in der vermehrten Ausgabe von 1674 »Cherubinischer Wandersmann« betitelt. Angeregt durch die nur handschriftlich verbreiteten Monodistichen des Lausitzer Edelmanns Daniel von → Czepko, der zum Kreis um Abraham v. → Frankenberg gehörig, das Gedankengut von Jakob → Böhme und älterer Mystik verarbeitete, wählte auch Scheffler statt des antiken Distichons das Alexandrinerreimpaar als Schema für den Sinnspruch, der ihm bei der Lektüre älterer und neuerer Mystiker oder oft wohl bei der Auswahl aus diesen aufleuchtet. Formreich und lebensnahe sind Friedr.v.Logaus (1604 bis 1655) »Deutscher Sinngedichte drei Tausend« (1654). Die Schrecken und Katastrophen des Krieges kommen ebenso unverblümt zur Sprache wie die Schattenseiten des höfischen Daseins. Dem Vanitas-Erlebnis entgegen stellt er die Frömmigkeit eines stoizistischen Protestantismus, dessen Vertreter seinen Beruf als Dienst um Gottes willen, nicht um Titel und Ansehen treulich erfüllt. Auf ähnlichem religiös-ethischen Fundament ruht auch die Gedankendichtung von *Andreas → Gryphius,* der neben der Verwendung des Strophenliedes (zunächst an Joh.Heermann anknüpfend), ein Meister des Sonetts wurde (schon 1639 Sonn- und Feiertagssonette; Sonetten, Oden, Epigramme 1643). Rasch erkannte man in ihm den führenden Dramatiker (die entscheidenden Sammlungen 1657 und 1663). Breslauer Gymnasien erprobten die Bühnenwirksamkeit seiner Dramen. Als Jurist und Staatsbeamter sieht er in Sturz und Tod des byzantinischen Kaisers Leo Armenius und des englischen Königs Karl Stuart nicht nur ein grausiges Ereignis, sondern auch das ethische Problem der »ermordeten Majestät«. Von der Ethik des patriarchalischen Gottesgnadentums her gestaltet er das tragische Ende des großen römischen Juristen Papinianus unter Caracalla zum Denkmal und Ideal des damaligen staatsbauenden Beamtenstandes (1659). Chöre am Ende des Aktes betonen und deuten den Gehalt. Die Hauptfigur bewahrt ihre Haltung und wird im Einsatz für Gott und die von ihm gesetzten ewigen Werte zum Blutzeugen. Stets wird bei Gryphius das Staatliche mit dem Religiösen verbunden. Auch die Frau wird, wie Catharina Königin von Georgien, durch zähe Leidenskraft vorbildlich. Cardenio und Celinde kommen zum Erlebnis der Vanitas und wenden sich von der Leidenschaft ab. Auch für die Komödie wirkt Gryphius anregend (Peter Squentz, Horribilicribrifax, Geliebte Dornrose); als Festspiele sind ein Singspiel (Majuma) und eine Oper (Piast) gedacht.

Sein etwas jüngerer Kollege (Syndicus von Breslau) *Daniel Casper von Lohenstein* (1635-83) knüpfte zwar zunächst an den großen Landsmann an (Ibrahim Bassa 1653), fand aber seine eigene Art. Er sah den Menschen durch seine Leidenschaft mit unentrinnbarer Wucht in sein Schicksal hineingerissen. Besonders markant gestaltete er Frauen: Cleopatra (1661) und Sophonisbe (1669) sowie 1665 zwei Nerodramen: Agrippina, Epicharis.

Die dramatischen Leistungen von zwei jüngeren Schlesiern wirken epigonenhaft. *Joh.Chr.Hallmann* (etwa 1640-1704) strebt nach Bühneneffekten blutrünstiger Art. Mit äußerlichen Anleihen begnügt sich auch Aug. Ad.v.Haugwitz (1647-1706). *Chr.* → *Weise* verfaßte zwar 54 Stücke für die Bühne des von ihm geleiteten Gymnasiums in Zittau, jedoch nur einige Lustspiele sind erträglich. Frischer im Ton sind die Komödien, die Chr. Reuter als Student schreibt (1695). Dabei ist der Einfluß von Molière nicht zu übersehen, dessen Stücke damals in Deutschland bekannt wurden.

In explosiver Genialität warf Joh.Jak.Christoph v. → Grimmelshausen sein Erzählwerk in die Öffentlichkeit. Das Ethos des Volksschriftstellers beseelt ihn und die Sehnsucht nach einer Frömmigkeit, wo man »weder Petrisch noch Paulisch, sondern simpliciter glaube«. Seinen Roman (1669) ergänzte er durch Erzählungen von Nebenfiguren; sie wurden besonders in den 80er Jahren in einer Anzahl von Abenteuerromanen (Simpliciaden) nachgeahmt. Gleichzeitig wurden zahlreiche »höfische« Romane veröffentlicht. Am bedeutendsten sind die beiden Werke des Braunschweiger Herzogs Anton Ulrich (Aramena, Röm. Octavia) aus einer Gryphius verwandten Ethik des »großmütigen« Aushaltens und Sichbewährens. In dem meistgelesenen Buch dieser Gattung, der »Asiatischen Banise« von H.A.Zigler (s.o.), wird alles theatralisch veräußerlicht, in Lohensteins »Arminius« durch vielerlei eingestreute Kuriositäten alles bedenklich verbreitert. Eine Fülle von Romanen behandeln in den letzten Jahrzehnten geschichtliche Ereignisse, auch der Gegenwart, verbrämt mit Liebeshändeln. Offenbar sind die breiten Schichten des Bürgertums die Leser. An sie wendet sich ganz deutlich Christian Weise in seinen Erzählungen. Die hier schon satirischen Töne werden beißender bei Chr.Reuter (Schellmufsky 1696). Die satirischen Übertreibungen bei → Abraham a Santa Clara (1644-1709) täuschen über den Ernst der darin schwingenden Mahnung und Warnung.

Für höfische Kreise wird nach dem Vorbild von Chr. Hofmann von Hofmannswaldau (1617-79) in der Mode des Marino gedichtet, Arien, Lieder, auch Epigramme. Ganz anders zeigt sich daneben im geistlichen Lied eine schon frühpietistische Frömmigkeit. Gottfried → Arnold und der allzu fruchtbare Benj. → Schmolck sind hier zu nennen.

P.Hankamer, Dt. Gegenreformation u. dt. B., (1935) 1947² (Bibliogr.) - W.Flemming, Dt. Kultur im Zeitalter des B. (HKultG), 1937 - Ders., Das Jh. des dt. B. (Annalen der dt. Lit., 1951, 339-404) mit Bibliogr.-Bd - R.Newald, Vom Späthumanismus zur Empfindsamkeit (1570-1759), 1951. *W.Flemming*

Baronius, *Caesar,* * 1538 in Sora (Neapel), † 1607 in Rom, 1745 venerabilis. War in Rom Mitglied, später Leiter des Oratoriums (→Neri), wo er kirchengeschichtliche Vorlesungen hielt. Er gab das Martyrologium Romanum heraus, arbeitete an der Revision des Rituale und des Missale mit, war Beichtvater → Clemens' VIII., Kardinal und Bibliothekar der Vaticana. Seine »Annales ecclesiastici a Christo nato ad annum 1198« (12 Bde 1588 bis 1607, 1756²¹) sollten in der Antithese zur Verfallstheorie der »Magdeburger Zenturien« des → Flacius die Unveränderlichkeit der Kirche in der Geschichte beweisen. Das Werk ist das Modell konfessioneller kath. Kirchenhistorie geblieben. B. beeinflußte maßgeblich die Außenpolitik der Kurie. 1605 scheiterte seine Wahl zum Papst an der spanischen Opposition.

LThK I, 985ff - HN III, 527ff - EC II, 885ff - W.Nigg, Die Kirchengeschichtsschreibung, 1934, 65ff. *H.Liebing*

Barrow, 1. *Henry* (ca 1550–93), Jurist aus vornehmer Familie, gilt – wahrscheinlich zu Unrecht – als Mitbegründer des englischen Kongregationalismus. B. wurde zusammen mit John → Greenwood wegen Verweigerung des anglikanischen Kirchenbesuchs (Separatismus) gehängt.

F.J.Powicke, H.B. and the Exiled Church of Amsterdam, 1900 - M.M.Knappen, Tudor Puritanism, 1939, 310 ff.

2. *Isaac* (1630–77), führender anglikanischer Theologe und Mathematiker der Restaurationszeit (→ Caroline Divine), * London, gebildet dort auf der Charterhouse und Felstead School und der Universität Cambridge (Peterhouse). Gegner der Großen Revolution, reiste 1655–59 über Paris und Florenz nach Kleinasien (Smyrna, Konstantinopel), wo er sich mit bleibender Liebe zur Altkirchlichen Tradition erfüllte (bes. Chrysostomus). 1659 ordiniert, 1660 Regius Professor für Griechisch in Cambridge, 1663 für Mathematik, entdeckte Newtons Begabung und verzichtete zu dessen Gunsten auf seine Professur 1669. 1670 Chaplain (Hofprediger) Karls II,. 1672 Master (Leiter) des Trinity College in Cambridge. – Seine kirchengeschichtliche Bedeutung liegt in der repräsentativen Verbindung von Theologie und Wissenschaft (Mathematik), in der Polemik gegen den röm. Katholizismus und in der Begründung eines bestimmten Predigttypus, der in der anglikanischen Kirche überaus wirksam wurde. B. verband den klaren, methodisch sicheren gedanklichen Fortschritt mit großartiger Beredsamkeit. Er schlug damit die Brücke von Glanz und Fülle des renaissancebestimmten und barocken Geschmacks zu der Nüchternheit des 18.Jh.s (S. → Clarke, J. → Butler, W. → Warburton). Unter den Zeitgenossen bewunderten ihn besonders J. Locke und R. Baxter.

Works: (Theological) ed. Tillotson, 4 vols. 1863–89, Oxford 1818; ed. Napier, Cambridge 1859; (Mathematical) ed. Whewell 1860. – Über B.: DNB I, 1219 ff. *M.Schmidt*

Barsanuphius († um 540), Mönch im Kloster des hl. Seridus bei Gaza, asketisch-mystischer Schriftsteller, polemisierte gegen → Origenes. Über 400 Briefe geben Einblick in seine Seelsorgertätigkeit. Seine Schriften wurden in die 1782 von → Nikodemus Hagiorites in Venedig hg. → Philokalia aufgenommen. Durch deren Übersetzung ins Russische, das Dobrotolubie (letzte Druckauflage 1902), wurde B. für das russische Starzentum und für die russische Frömmigkeit fruchtbar gemacht. Tag: 6.2. nach griech. und slaw. Menäen.

Vita: AS, 11.Febr. - Schriften: Russ.: hg.v. MAKARIJ V.OPTINA u. I.KIREEVSKIJ, 1855; griech.: Philokalia, 1816. Fragmente: MPG 86, 1, 891 ff; 88, 1811 ff. Auszüge a. d. Philokalia: Enchiridion Asceticum, 1947[4], Nr. 1068-1075. - K.KRUMBACHER, Gesch. d. byz. Litteratur, 1897[2] - S.VAILHÉ, Echos d'Orient, 1904, 268-276; 1905, 14 bis 25. 154-160 - N.v.ARSENIEW, Die Kirche des Morgenlandes, 1926 - DERS., Das Mönchtum u. der asket.-myst.Weg in der Ostkirche (Der Christliche Osten 1939, 151-210) - J.GOUILLARD, Petite Philocalie de la prière du coeur, 1953 - E.KADLOUBOVSKY u. G.E.H.PALMER, Early Fathers from the Philokalia, 1954. *K.Onasch*

Barsumas (Bar Ṣauma) aus Bēt Qardu († um 495) nahm als Presbyter und Archimandrit von Edessa an der Synode von Ephesus 449 teil, wurde aber als Anhänger des → Ibas abgesetzt und gründete zusammen mit anderen vertriebenen Edessenern die Schule von → Nisibis. Hier wurde er Bischof und Marzbān (Präfekt) der Grenzgebiete. Auf einer Synode zu Bēt Lāpaṭ 484 ließ er die Aufhebung des Zölibats beschließen und formulierte das nestorianische Glaubensbekenntnis.

Von seinem literar. Nachlaß sind nur einige Briefe erhalten. - O. BRAUN, Das Buch der Synhados, 1900 - J.B.CHABOT, Synodicon Orientale, Paris 1902 - A.BAUMSTARK, Gesch. d. syr. Lit., 1922. *A.Adam*

Barth, 1. *Carola* (* 1879), promovierte 1907 in Jena als erste deutsche Frau zum Lic. theol. und war 1925-34 Oberstudiendirektorin in Köln. Sie trat in Aufsätzen und Vorträgen, auch auf internationalen Kongressen für Christliche Freiheit, für einen jugendpsychologisch und religionsgeschichtlich begründeten Religionsunterricht ohne kirchliche Beaufsichtigung ein, dessen Ziel es ist, die Religion als lebendig wirkende Lebenskraft erfassen zu lernen. Seit 1919 war sie als Fachvertreterin für den ev. Religionsunterricht Mitglied des Deutschen Ev. Kirchenausschusses.

Die Interpretation des NT in der Valentinianischen Gnosis (TU 37, 3), 1911. - RGG[2] I, 776. *W.Matthias*

2. *Christian Gottlob* (1799-1862), Pfarrer in Möttlingen/Württ., dann freier Schriftsteller und Verleger in Calw; begabter, einflußreicher, stark profilierter schwäbischer Pietist. Er vereinigt in sich den Reichtum gedanklichen Tiefsinns mit weltweiter Organisationsgabe und Tatfreudigkeit, schöpferische Phantasie mit erzieherischem Talent. Zunächst zum Missionar entschlossen, sammelt er durch praktisches Amt und wissenschaftliche Reisen Erfahrungen in ausgedehnter Predigttätigkeit, nimmt sich der Jugend an (Gründung der Anstalt Stammheim 1825) und entfaltet in Berührung mit der Brüdergemeine eine fruchtbare Hilfs- und Missionswerbetätigkeit. Seine von → Oetinger und → Baader beeinflußte Theologie stand durch ihre spekulative Färbung in Spannung mit seiner praktisch-pädagogischen Nüchternheit; gemeinsamer Beziehungspunkt ist aber die (von → Bengel herkommende) apokalyptische Naherwartung und aktivistische Reichsgottesarbeit, die ihm für karitative Stiftungen wie für erwecklich-belehrendes Schrifttum gleichstarke Impulse gab. Der ökumenisch denkende, rastlos tätige Mann war (später unterstützt von Dr. Gundert) ein zwar eheloser, aber zahlreiche »geistliche Kinder« betreuender Vater, der sich mit wertvollen Sammlungen, Briefen, Editionen (»Calwer Verlagsverein«) und Vorträgen verzehrte im Glauben an den Sieg des Evangeliums in der Welt. Württemberg wurde durch ihn zum Kernland missionarisch-biblischen Christentums; er gab ihm in volkstümlichen, bis heute gebräuchlichen Kirchen- bzw. Gemeinschaftsliedern (»Zieht fröhlich hinaus«, »Der du in Todesnächten«, »Der Pilger aus der Ferne«) Ausdruck. Die von ihm geschaffenen »Jugendblätter«, bebilderten Kinderschriften und christlichen Schulbücher (»Biblische Geschichten«; über 400 Aufl.) u.a. fanden, wie die »Kirchengeschichte« und Christliche Gedichte (1836), weiteste Verbreitung.

K.WERNER, Chr.G.B., 3 Bde, 1865/69 - W.KOPP, Chr.G.B.s Leben u. Wirken, 1866 - K.WEITBRECHT, Dr. B. nach seinem Leben u. Wirken, 1875 - RE II, 418 ff - Württ. Väter, III, 1924[2]. *M.Mezger*

Barth, 3. *Karl*

1. Werdegang - 2. Kirchliche Dogmatik (KD) - 3. Wirkungen

K.B., ref. Theologe, * 10.5.1886 in Basel als Sohn des Prof. für KG (NT) Fritz B., studierte in Bern, Berlin, Tübingen, Marburg; 1909 Hilfspfarrer in Genf, 1911 Pfarrer in Safenwil (Aargau), 1921 Honorarprof. in Göttingen, 1925 o. Prof. in Münster, 1930 in Bonn, 1935 wegen Widerstands gegen den Nationalsozialismus entlassen, seitdem in Basel.

1. Theologisch beeinflußt vom Neuprostestantismus (historisch vertreten durch A.v. → Harnack, ethisch durch W. → Herrmann), philosophisch vom Neukantianismus (→ Cohen, → Natorp), zeigt sich B. bereits in der frühen Untersuchung »Der Glaube an den persönlichen Gott« (ZThK 24, 1914, 21-32. 65-95) als Denker eigenen Stils. Innerhalb religionsphilosophischer Problematik sucht er die Botschaft des Evangeliums als Spannungseinheit von »Seele« und »Reich Gottes« für die »Kultur der Persönlichkeit *und* der objektiven Werte« fruchtbar zu machen. Gewisse Form- und Sachelemente des späteren Systematikers sind bereits virulent: das Drängen auf rationale Klarheit und aktuale Konkretisierung; das Vermögen, historisch eingefrorene Fragestellungen in Fluß zu bringen; dialektisches Verknüpfen von Totalaspekten; bei Schärfe logischer Konsequenz, unter »Verzicht auf eine Einheitsformel«: universal-reale Zuordnung von Gott und Mensch. - Über der *Predigtaufgabe* des Pfarrers, das in der Bibel bezeugte Wort für den konkreten Menschen als *Gottes* Rede wirksam zu machen, erkannte er das Ungenügen der rein-historischen Exegese und die Notwendigkeit der Erneuerung von Auslegung und Verkündigung. Antriebe der Schweizer Religiös-Sozialen → Ragaz und besonders → Kutter (der »lebendige Gott«, soziale Gerechtigkeit) sowie der beiden → Blumhardts und ihrer realistischen Reichgottes-Hoffnung (»Jesus ist Sieger!«) vertieften sein Verständnis der wesenhaften Solidarität von Kirche und Welt. Franz → Overbecks prophetische Kritik an Theologie und »modernem« Christentum schärfte sein Urteil über dessen Unwesen und die Erwartung, Theologie als → Eschatologie darzustellen. Der durch → Schleiermacher begründete, durch → Ritschl modifizierte, in der Ära Harnack/ → Troeltsch gipfelnde »Kulturprotestantismus« sah sich unerwartet einem radikalen Angriff aus eigener Mitte ausgesetzt, dessen reformatorische Kraft von fast allen theologischen Richtungen - »liberalen« *und* »positiven« - als revolutionär empfunden wurde. Im Protest gegen ein idealistisch und pietistisch mißdeutetes Christentum suchte B. der Theologie, die sich in Anthropologie verwandelt hatte, ihr verlorenes »Thema« zurückzugewinnen. An die Stelle des »religiösen Menschen« hatte wieder Gottes »Offenbarung« in seinem ureigenen »Wort« zu treten. Durchbrüche auf diesem gewagten, methodisch zunächst ungeschützten Wege bildeten die beiden Auflagen des *»Römerbriefs«* (1919 und,

völlig verändert, 1922 u.ö.). Im steten Ringen mit dem Text des NT und in erregender Sprache, die sich erst in weiteren exegetischen Arbeiten über 1Kor 15 (1924) und Phil (1928) abklärte, wird mittels dualistischer Kategorien (Platons und bes. → Kierkegaards) die radikale Krisis der Zeit durch die Ewigkeit verkündet. Der »unendliche qualitative Unterschied« zwischen beiden wird durch Jesus Christus, das »absolute Paradox«, aufgedeckt, das als »Ärgernis« im »Augenblick« historisch-unanschaulich geschehend den Glauben als »Gleichzeitigkeit« setzt, »Religion« (= Gesetz) als Unglauben erklärt und das christliche Dasein (negativ) zum »Hohlraum«, (positiv) zur aufs Eschaton hinweisenden »Demonstration« relativiert. – In Verbindung mit → Gogarten, → Thurneysen und → Merz (Hg.) begründete B. 1922 die Zeitschrift »Zwischen den Zeiten«, setzte ihr aber als »produktivem Mißverständnis« im Herbst 1933 durch schroffen Bruch mit Gogarten (wegen dessen Anthropologisierens) ein Ende. Spätere Abhandlungen B.s wurden in die Reihen »Theologische Existenz heute« (1933ff; NF 1946ff) und »Theologische Studien« (1938ff) sowie in »Ev. Theologie« (1934ff) aufgenommen. B. verstand die an den Reformatoren ausgerichtete »Theologie des Wortes Gottes«, der bereits 1922 »von irgendeinem Zuschauer« der Name → »dialektische Theologie« »angehängt« wurde, zunächst als »Randglosse«, »Korrektiv«, »das bißchen Zimt« (Kierkegaard) zu *jeder* Theologie, gab ihr aber in seiner »Christlichen Dogmatik im Entwurf« 1927 die Gestalt von »Prolegomena« (nur ein Bd). Die Weiterführung nötigte ihn zu grundlegendem Neuansatz: die altkirchliche und altprot. Überlieferung aufzuarbeiten und in Auseinandersetzung mit der röm.-kath. Kirche, dem Neuprotestantismus und der Philosophie die eigenen Denkvoraussetzungen zu klären. Sein Buch über Anselm (1931), das letzte Reste philosophischer und anthropologischer Begründungen ausmerzt und die »noetische Rationalität des Glaubens« erfaßt, bezeichnet den formalen Wendepunkt von der Dialektik zur analogia fidei (→ Analogie, 4), bei zähem Festhalten, ja kräftigerem Herausarbeiten der »Sache«: einer »Theologie der Gnade in Jesus Christus«, die seinen Namen als Gottes Offenbarung auslegt.

2. Das Ergebnis der trinitarisch begründeten »christologischen Konzentration« ist die nach Umfang wie Inhalt gleich gewichtige *Kirchliche Dogmatik*, eines der größten Werke der modernen Geisteswissenschaft und vielleicht die bedeutendste systematisch-theologische Denkleistung im 20.Jh. In kühnem Rückgriff, über Reformation und MA hinweg, auf die Patristik werden besonders Denkmotive von → Athanasius, → Augustin (vielleicht auch Origenes?) und der Reformatoren kritisch und konstruktiv aufgenommen. Diese bisher auf 10 Bde angewachsene, noch nicht abgeschlossene Dogmatik behandelt in oft fast zu breiter, aber eindrucksvoller Gründlichkeit und unter Auseinandersetzung mit repräsentativen Geistern der Gegenwart, monumental gegliedert: a) die Lehre vom Worte Gottes (Prolegomena); b) von Gott; c) von der Schöpfung; d) von der Versöhnung und e) von der Erlösung (noch ausstehend). Einige *Konturen* seien *angedeutet:*

a) Dogmatik ist Funktion der Kirche und vollzieht den Durchgang des Denkens von der Bibel zur Verkündigung. Ihre Aufgabe ist die Kritik kirchlicher Rede von Gott seitens seines mit dem *Menschen* Jesus Christus identischen *Wortes,* das als verkündigtes, geschriebenes, offenbartes dreifache Gestalt hat. Da dadurch die menschliche Existenz theologisch relevant wird, muß die Dogmatik auch *Ethik* sein und diese in ihre vier Aspekte als Ethik des Gebotes, der Ordnung, des Gesetzes und der Verheißung Gottes einbeziehen.

b) *Gott* ist im innertrinitarischen Sein ewig sich selbst gegenüber. In der Offenbarung macht er sich zum Gegenüber des Menschen und wird, im Geschehen seines Übergriffes, durch sich selbst erkennbar. Die Freiheit seiner dem Menschen begegnenden Gnade schließt das röm.-kath. wie das neuprot. Entsprechungsdenken – die (ontologische) → analogia entis, die »natürliche Theologie«, den »Anknüpfungspunkt« – »diskussionslos« aus, fordert aber die (aktuose) analogia fidei. Gottes Wirklichkeit (Wesen) meint sein Gottsein in gemeinschaftschaffender Offenbarung. In der Fülle seiner Vollkommenheiten (Eigenschaften), die je Gestalt der Liebe bzw. der Freiheit sind, »ist« er selber sein Wesen. – In der Lehre von Gottes *Gnadenwahl* wird das altref. Prädestinationssystem umgeschmolzen. An die Stelle des »absoluten Dekrets« tritt die universale Tat göttlicher Erwählung, die gnädig und frei zugleich ist (Gnaden-Wahl). Das abstrakte Prinzip wird durch die konkrete Person Jesu Christi ersetzt, in dem Gott dem Menschen die Seligkeit, sich selbst aber die Verdammnis zudenkt. Jesus Christus ist der erwählende Gott *und* der erwählte Mensch. Diese Gnadenwahl, in der Gott unsere Verwerfung für sich wählte, ist das Evangelium in nuce. – Auf ihr ruht die Ethik, in der das Gesetz als »die Gestalt des Evangeliums«, als Anspruch, Entscheidung, Gericht des *einen* Wortes Gottes verstanden wird.

c) Von der in der Person Jesu Christi vollzogenen Einheit Gottes mit dem Menschen wird die *Schöpfungslehre* entfaltet. Die Schöpfung ist der äußere Grund des »Bundes« und dieser der innere Grund der Schöpfung. Als Werk Gottes in Jesus Christus ist sie Gottes Ja zur Welt, Wohltat, Verwirklichung und Rechtfertigung zugleich. – Auf die Christologie wird auch die *Anthropologie* begründet. Der Mensch ist von ihr her zur Selbstverantwortung befähigt und zu Gottes Bundesgenossen bestimmt. Er hat die Grundform seiner Humanität als Mitmenschlichkeit zu verstehen; er ist ganzer Mensch *als* Leib und Seele; Mensch in der ihm gegebenen und befristeten Zeit. – Im christologisch bevorzeichneten Verhältnis Schöpfer-Geschöpf wird neben Gottes väterlicher Vorsehung und Erhaltung das der guten Kreatur feindselige »Nichtige« (das Böse, die Dämonen) in seiner von Jesus Christus her *erledigten* Bedrohlichkeit erkannt: durch Gottes Barmherzigkeit zugelassen und seinem Willen funktionell unterstellt. – Die *spezielle Ethik* hat, in Abgrenzung gegen Kasuistik und Ordnungsethik, die Beziehung von Ereignis und Ordnung, den Schnittpunkt von »Vertikaler« und »Horizontaler« zu bezeichnen und das eine Gebot des gnädigen Gottes und Schöpfers als Heiligung schon des geschöpflichen Handelns zu bestimmen. Sie wird als Ethik der Freiheit – vor Gott, in der Gemeinschaft, zum Leben, in der Beschränkung – entwickelt.

d) In der (bisher unvollendeten) Lehre von der *Versöhnung* wird diese vom kategorial verstandenen Gnadenbund her als die freie Tat der Treue Gottes begriffen. Im Gang des Sohnes Gottes in die Fremde und der Heimkehr des Menschensohnes ereignet sich Gottes Erniedrigung zum Knecht und dessen Erhöhung zum Herrn, darin aber des Menschen Rechtfertigung und Heiligung und der Gemeinde Sammlung und Erbauung durch den Hl. Geist.

3. B.s *Wirkung* auf die Öffentlichkeit wechselte nach Zeit und Lage an Weite und Tiefgang. Seine temperamentvolle Kritik am selbstsicheren Kirchentum und seinem »violetten Jh.« (»Quousque tandem?« ZZ 8, 1930, 1–6) wies »die Not der ev. Kirche« auf (ebd 9, 1931, 89–122). In seiner vollmächtigen Polemik gegen die → »Deutschen Christen« wurde er zum Rückhalt der → »Bekennenden Kirche« und zum Vater der »Barmer

Erklärung« (→ Barmen). Seine gelegentlichen Trost- und Warnrufe während und nach dem zweiten Weltkriege machten ihn zum Seelsorger unterdrückter Völker und zum Gewissen der Christenheit, die auf der Konferenz des Ökumenischen Rates der Kirchen in Amsterdam 1948 (→ Ökumenische Bewegung) in B. ihren geistreichsten Sprecher fand. Weniger überzeugte seine Analyse der deutschen Katastrophe 1945. In seiner theologischen Arbeit und in der sie anhaltend begleitenden Predigt- und Vortragstätigkeit sowie in vielseitiger Korrespondenz stellte er sich, weit über den ref. Raum (Holland, Schottland, Ungarn, Tschechoslowakei) hinaus, den politischen Tages- und Grundsatzfragen und zeigte sich als Schriftsteller europäischen Formats. Die letzte Bibliographie (1906-55) enthält 406 Titel deutscher Veröffentlichungen und 109 Übersetzungen in 12 Sprachen (darunter ins Japanische und Koreanische).

Die *theologische Gegenkritik*, die sich in der ersten Periode gegen die negative »Diastatik« (Lit. dazu s. RGG^{2} I, 778), in der zweiten gegen die positive »Synthetik« richtete, erwies sich zT als wenig sachgerecht. Rückläufig erscheint B.s Theologie als einheitliches, bei aller Labilität durchaus stabiles Variationsgefüge über ein einziges Thema: »Gottes Freiheit für den Menschen ist das Sein Jesu Christi«. Dieses theologische Axiom, das ein konzentratives und ein expansives Element birgt, wird von B. bis in seine äußersten Voraussetzungen und Folgerungen durchdacht und rührt eine Fülle von Fragen auf. Ohne Anspruch auf Vollständigkeit lassen sich stichwortartig folgende *Grundprobleme* andeuten:

a) Die *theologische Axiomatik* stellt folgende Fragen: grundsätzlich: nach der Möglichkeit der Dogmatik als methodisch diskutierbarer und kontrollierbarer Wissenschaft; erkenntnistheoretisch: nach dem Verhältnis von Offenbarung und Vernunft; ontologisch: nach dem von Akt und Sein (Analogieproblem); hermeneutisch: nach dem von theologischer und historisch-kritischer Exegese; dogmatisch: nach dem vom Kerygma und Reflexion; ethisch: nach dem von Ereignis und Ordnung; methodisch: nach dem von theologischer und morphologischer Denkbemühung.

b) Die *christologische Konzentration* stellt die Fragen nach der *Geschichtlichkeit:* der Offenbarung; des Verheißungsgeschehens (vom AT zum NT); der Erwählung (Ewigkeit-Zeitproblem); der zwischen Gott und die Mächte gestellten Existenz von Mensch und Menschheit; der Kirche; der Sakramente; der »Institutionen«.

c) Die *universale Expansion* stellt die Fragen nach der Antithetik von: Gesetz und Evangelium; Zorn und Gnade; Sünde und Glaube; Gericht und Heil; nach der Überwindung etwaiger Entschärfung von Versöhnungslehre und Eschatologie; nach der *Dialektik* von Solidarität *und* Separation: von Kirche und Welt; Christentum und Kultur; nach der *Grenze* von Kirchen und Konfessionen; der Sicherung gegen allseitige Relativierungen und Nivellierungen.

Diese Fragen werden durch den großartigen Monismus der Theologie B.s eröffnet und müssen als *offene* Fragen wachgehalten werden. Sie behalten, seitens der Kritiker (s. Lit.) je verschieden umrissen, ihr unverjährbares Recht.

Über die *theologiegeschichtliche* Bedeutung B.s läßt sich von Zeitgenossen naturgemäß kein abschließendes Urteil abgeben. Soviel steht fest: B.s Theologie hat seit den zwanziger Jahren weithin das »Klima« theologischen Arbeitens bestimmt. Auch die historischen Disziplinen empfingen, zT unbewußt oder widerwillig, Impulse seines Denkens. Hinter gewisse Grunderkenntnisse bei K.B. kann die ev. Theologie kaum zurück, ohne anachronistisch zu werden. Ob und wie sie über sie hinausgelangt, entzieht sich gegenwärtiger Feststellung.

Bibliogr. bis Nov. 1955 in »Antwort«, Festschr. z. 70. Geb. v. K.B., 1956, 945ff. - Hauptwerke: s.o.; Das Wort Gottes u. die Theologie (Ges. Vorträge), 1924; Fides quaerens intellectum. Anselms Beweis der Existenz Gottes, 1931; Die Kirchl. Dogmatik I/1, (1932) 1955^{7}; I/2, (1938) 1948^{4}; II/1, (1940) 1948^{3}; II/2, (1942) 1948^{3}; III/1, (1945) 1947^{2}; III/2, 1948; III/3, 1950; III/4, 1951; IV/1, 1953; IV/2, 1955; Credo, (1935) 1948^{2}; Gotteserkenntnis u. Gottesdienst nach reformator. Lehre, 1938 (engl. 1938); Dogmatik im Grundriß, 1947; Die prot. Theologie im 19.Jh., (1947) 1952^{2}; Die christl. Lehre nach dem Heidelberger Katechismus, 1948; Eine Schweizer Stimme 1938-45, (1945) 1953^{2}. - Nein! Antwort an Emil Brunner (ThEx 14), 1934; Evangelium u. Gesetz (ThEx 32), 1935; Christengemeinde u. Bürgergemeinde (ThSt[B] 20), 1946; Humanismus (ThSt[B] 28), 1950. - Autobiographisches: »Parergon«, K.B. über sich selbst (EvTh 8, 1948/49, 268-282).

Festgaben: Theol. Aufsätze, 1936 - Hommage et Reconnaissance, 1946 - O.Weber u.a., Die Predigt von der Gnadenwahl (ThEx NF 28), 1951 - Antwort, 1956 - ThZ 12, 1956, H. 2. 3 - KuD 2, 1956, H. 2. 3 (G.Gloege, R.Josefson, G.Merz, R.Prenter, N.H.Søe) - Essays in Christology for K.B., ed. Th.H.L.Parker, London 1956.

Über K.B.: RGG^{2} I, 777f (Lit.) - B.Dörries, Der ferne u. der nahe Gott, 1927 - F.K.Schumann, Der Gottesgedanke u. der Zerfall der Moderne, 1929, 221ff - D.Bonhoeffer, Akt u. Sein, (BFChTh 34, 2, 1931) 1956^{2} (= ThB 5) - K.B. u. G.Kittel. Ein theol. Briefwechsel, 1934 - E.Brunner, Natur u. Gnade, 1934 - Ders., Der neue B. Bemerkungen zu K.B.s Lehre vom Menschen (ZThK 48, 1951, 89-100) - F.Gogarten, Gericht oder Skepsis, 1937 - J.Fehr, Das Offenbarungsproblem in dialekt. u. thomist. Theol., 1939 - J.Rilliet, Le système de K.B. à la lumière de la KD, 1947 - J.Hamer, K.B. (L'occasionalisme théolog. de K.B.), 1949 - H.Vogel, Ecce homo (VF 1949/50, 102-128) - O.Weber, K.B.s KD, 1950; erweiterte Neuaufl. (I/1-IV/2) 1956 - G.Wingren, Gott u. Mensch bei K.B. (Luthertum 2), 1951 - Ders., Die Methodenfrage der Theol., 1956 - H.Urs v.Balthasar, K.B., Darstellung u. Deutung seiner Theol., 1951 (kath.) - M.P.vanDijk, Existentie en genade, Franeker 1952 - A.Ebneter, Der Mensch in der Theol. K.B.s, 1952 - M.Neeser, K.B., l'homme de l'arête, 1952 - G.C.Berkouwer, De triomf der genade in de theol. van K.B., 1954 (dt. 1957) - E.Buess, Zur Prädestinationslehre K.B.s (ThSt[B] 43), 1955 - A.P.Walkenbach, Der Glaube bei K.B., 1955 (kath.) - A.Brandenburg, Der Zeit- u. Geschichtsbegriff bei K.B. (ThGl 45, 1955, 357-378; kath.) - W.D.Marsch, Christologische Begründung des Rechts? K.B.s Theol. des Rechts u. die Theorie der Institutionen (EvTh 17, 1957, 145-170. 193-218).

G.Gloege

Bartholomäer (*Bartholomiten*): 1. Armenische Basilianer-Mönche, die, aus ihrem Kloster Monte-Nigro verdrängt, in Genua bei der Klosterkirche des Bartholomäus 1307 Zuflucht fanden. Innozenz X. hob die Kongregation 1650 auf. - 2. Die Mitglieder einer von Bartholomäus Holzhauser (1613-58) in Tittmoning (Oberbayern) 1640 ins Leben gerufenen Weltpriestervereinigung, die auch in Polen, auf Sizilien und in Spanien (Gerona) Eingang fand und bis zum Ende des 18.Jh.s bestand. Verdienstvoll war die Tätigkeit der B. in Diözesan-Seminarien wie vor allem in Mainz und Würzburg (Joh. Ulrich Rieger) und in eigenen wie Freising und Salzburg. Als letztes wurde das von Ingolstadt nach Landshut verlegte Seminarium Bartholomaeum in der Säkularisation 1804 aufgehoben. Das Institutum clericorum saecularium in communi viventium hat in den Diözesen die Ausbildung durch seine Lebensordnung heilsam beeinflußt (→ Oratorianer) und hätte bei größerer Ausbreitung im Klerus der Aufklärung wirksamer begegnen können.

Helyot VIII, 119ff - RE II, 421f - LThK I, 992 - Heimbucher II, 595ff - F.Busam, Das Leben u. das Institut des ehrw. D.Holzhauser (Stud. u. Mitt. aus dem Benediktiner- u. Cisterzienser-Orden 23, 1902, 403-431. 634-655). *W.Göbell*

Bartholomäus, 1. *Apostel*. B. begegnet im NT nur in den Zwölferlisten Mk 3, 18 par; Apg 1, 13. Der Name (= Bar talmaj) bedeutet »Sohn des Talmaj«; »Talmaj« wird Num 13, 22; 2Sam 3, 3 genannt und mit »Furchenzieher« oder »Bruder ein und derselben Mutter«

gedeutet. B. wurde später gern, zu Unrecht, mit Nathanael (Joh 1, 46-50) identifiziert (nicht Augustin und Gregor). Nach alexandrinischer Überlieferung soll er den Indern (Äthiopen?) das aram. MtEv gebracht, nach apokryphen Nachrichten dort auch das Martyrium erlitten haben (24.8.). Andere apokryphe Berichte erzählen von anderen Wirkungsstätten. Altertümlicher sind die sog. »Fragen des B.« mit Aufschlüssen, besonders über das Jenseits (gnostisch).

Euseb h. e. V, 10, 3 - Act. apost. apocr. II, 1898 (ed. M.BONNET) - M.R.JAMES, The apocryphal NT, 1924, 166ff - Bill. I, 536.
W.Schmauch

2. *de Martyribus*, * 1514 Lissabon, † 1590. Theologisch beeinflußt von → Bernhard von Clairvaux, → Bonaventura und → Tauler. 1559 Erzbischof von Braga. Von König Don Sebastian 1561 zum → Tridentinischen Konzil geschickt, trat er dort mit Eifer für eine Reform der Kirche ein. Danach von Pius IV. in Rom empfangen, protestierte er gegen Luxus und Unmoral der Kirchenfürsten. B. war mit Carl → Borromäus und dem späteren → Pius V. befreundet. Auf den Synoden von 1566 (Braga und Lissabon) und 1577 (Evora und Goa) erreichte er gegen heftigen Widerstand die Anerkennung und Durchführung der Dekrete von Trient auf portugiesischem Gebiet.

Compendium spiritualis doctrinae; Stimulus pastorum. - RE II, 420f.
L.Thomas

3. *Bartolomé de Medina* (1528-80), spanischer Dominikaner-Theologe und Thomas-Erklärer aus der von Franz → Ehrle neu ans Licht gebrachten bedeutenden Thomas-Schule der Dominikaner von St.Stephan in Salamanca (→ Franz von Vitoria, die beiden de → Soto, Melchior → Cano, B. de Medina, Dominicus → Bañez, auch Johann de S.Thoma in Alcalá), welche gegen den Thomas-Eklektizismus anderer Ordensschulen (allmählich speziell der Jesuiten) den strengen Anschluß an den Aquinaten durchführte; B. verfolgte zu diesem Zwecke immer wieder die »Dubia« (»Dubitata«). Seine Bezugnahme auf die »Irrtümer« Luthers und der Lutheraner ist theologiegeschichtlich von Interesse. Die berühmte Schlußthese zu I/II qu. 19 art. 6 (bei »mihi videtur«) legt es nahe, in B.d.M. einen »Probabilisten«, vielleicht sogar den »Vater des → Probabilismus« zu sehen.

Expositio in Primam Secundae, Venetiis 1580 (Salamanca 1577); Expositio in Tertiae Partis 59 priores qu., Salamanca 1578; Breve Instruccion, Salamanca 1580. - DThC X, 481ff - B.LAVAUD, Jean de Saint-Thomas, 1928 - M.GRABMANN, Gesch. der kath. Theol. seit dem Ausgang der Väterzeit, 1933 (Lit.) - LThK VII, 43 (Lit.).
† L.Fendt

Bartning, *Otto*, * 12.4.1883 Karlsruhe, studierte an den Technischen Hochschulen in Berlin und Karlsruhe, unternahm 2ojährig eine Weltreise. Danach praktische Arbeit bei O.March; seit 1906 selbständiger Architekt in Berlin. 1926-30 Direktor der Staatlichen Bauhochschule in Weimar (der Nachfolgerin des »Bauhauses«), später wieder in Berlin. Nach dem 2. Weltkrieg, 1951, schafft B. einen geistigen Mittelpunkt in Darmstadt (»Darmstädter Gespräche«, O.-B.-Stiftung). Seit 1955 Berater für Bauwesen beim Senat in Berlin. Seit 1951 Vorsitzender des Bundes Deutscher Architekten (BDA).

In der 1. Bauperiode ist B. mit dem Bau kleiner Kirchen für die Los-von-Rom-Bewegung beauftragt. Er und sein theologischer Freund H.Heisler durchdenken das Problem des echt Sakralen, ausgehend von der Frage nach der offenen Kirche. Soll der Raum abgeschlossen bleiben, nur ein leeres Gehäuse für die Predigt? Er ist vielmehr Ausdrucksform der Religion über die menschlichen Gebrauchszwecke hinaus. B. kommt zur Feststellung einer falschen, in der Gewohnheit wurzelnden Sakralität und zu dem Urteil: Der Kirchenbau ist Profanbau geworden, echte Sakralität liegt in der »Einhelligkeit des Raums«. B. sieht die »Raumspannung« als Grundforderung jenseits aller Stilfragen im einhelligen Raum, insbesondere also im Zentralbau, in dem Altar und Kanzel und alle Bauteile aus den inneren Raumgegebenheiten gestaltet sind. Nichts ist durch ornamentale Zutaten zerrissen. Das Modell der Sternkirche (1922) ist der konsequenteste Versuch, im reinen Zentralbau die bauliche und geistige Mitte zusammenfallen zu lassen: ein bis zur Mitte des Raumes vorstoßendes erhöhtes Segment, die »Feierkirche«, rückt Altar und Kanzel wie auf einem Schiffsschnabel vor. Mit ihr beginnt, nach den theoretischen Auseinandersetzungen, die 2. Bauperiode. 1927 baut B. die Taufkapelle auf der juryfreien Ausstellung in Berlin, 1929 die Auferstehungskirche in Essen als konsequente Rundkirchen. In Essen steht der Taufstein im ursprünglich freigedachten Mittelpunkt; der Altar ist Teil des engeren, das Mittelrund umschließenden Kreises, am Scheitel der spitzwinklig vorstoßenden »Feierkirche« gelegen. Interessanteste Grundrißlösung, in der 3. Bauperiode, ist das selbständige Gestalten des Segmentes: Pressakirche, Köln 1927, deren Gedanken die Gustav-Adolf-Kirche, Berlin 1932, St.Markus, Karlsruhe und schließlich die 48 nach dem 2. Weltkrieg errichteten Notkirchen (→ Kirchenbau: V) weiterführen. Alle diese Fächerkirchen weiten sich schließlich zu der »dehnbaren Kirche« aus, die als Gemeindezentrum alle Lebensräume umfaßt (Godesberg 1953, Mehlem 1955, Marl 1956). B.s Profanbauten entspringen demselben Geist der Raumgestaltung (zB Wylerberg bei Cleve, Frauenklinik »Otto-B.-Bau« Darmstadt u.a.).

Vom neuen Kirchbau, 1919; Die 48 Notkirchen, 1949; Erde Geliebte. Spätes Tagebuch einer frühen Reise, 1955; Bericht: Darmstädter Gespräch »Mensch u. Raum«, 1951 (Hg.). - Kultus u. Kunst, hg.v. C.HORN, 1925 - Grundfragen des ev. Kultus, hg.v. C.HORN, 1928 - E.POLLACK, Baumeister O.B., 1926 - Ev. Kirchbau (Kirchbautagung Essen), hg.v. P.GIRKON, 1930 - H.K.F.MAYER, Der Baumeister O.B. oder die Wiederentdeckung des Raumes, 1951 - C.HORN, O.B. 70 Jahre (Das Münster 6, 1953, 177-183) - O.B. in kurzen Worten, hg.v. O.BEYER, 1954.
C.Horn

Bartók, *György* d.Ä. (1845-1907), ung. ref. Bischof in Siebenbürgen. Studierte in Nagyenyed, 1872-74 in Tübingen, PDoz. in Kolozsvár, 1876 Pastor in Nagyenyed, 1893 in Szászváros, gleichzeitig Dozent an der theol. Hochschule von Nagyenyed. 1899 Bischof und seit 1900 auch Pastor in Kolozsvár (Klausenburg). Ein eminent kritischer Theologe mit grundsätzlicher Identifizierung von Theologie und Religionswissenschaft.

Vf. u.a.: Lessing als Theologe, 1872; Die Hauptprobleme des sittl. Lebens, 1879; Bibelkunde, 1895f; Die presbyteriale Verfassung der ref. Kirchen, 1904; Religion u. Leben. Kirche u. Staat, 1906; Theol. Wissenschaft u. Pfarrerausbildung, 1907; Kirchl. Reden u. Meditationen, 2 Bde, 1910-12. - Vgl. L.RAVASZ, Dr. B. Gy. als Theologe, 1908 (alles ung.).
B.Nagy

Baruch → Jeremia.

Baruchschriften, *apokryphe*

Unter dem Namen Baruchs, des Gefährten → Jeremias (Jer 36; 45) sind einige verschiedenartige Schriften überliefert (B. = Baruch).

1. Zur Gruppe der → Apokryphen des AT gehört das *Buch B.* (häufig als 1Bar bezeichnet), in LXX mit der Jeremiaüberlieferung verknüpft (zwischen Jer und Klgl). Es beginnt wie die kanonischen Prophetenschriften mit einer genealogischen Überschrift (1, 1f), deren zeitliche Festlegung mit 1, 3 nicht übereinstimmt, und zerfällt in drei Teile: eine historische Einleitung (1, 3-14), die offenbar die folgenden selbständigen Einheiten miteinander verklammert, betrachtet das Buch als eine von B. verfaßte, vor dem König Jojachin und den Deportierten des Jahres 598 verlesene Schrift, die mit einer spontan vorge-

nommenen Geldsammlung den Jerusalemern in fürbittendem Gedenken für Nebukadnezar und die Deportierten übersandt wird. Das Motiv der Verlesung, offenbar der Höhepunkt im Leben des biblischen B. (Jer 36), ist hier mit anderen Motiven (Esr 6, 10: Fürbitte für den König) verbunden worden. - Dann folgt ein an Dan 9 erinnerndes Bußgebet (1, 15 - 3, 8; vgl. 2, 19 mit Dan 9, 18), für das man eine hebr. oder aram. Vorlage annehmen möchte. Eine durchaus vertretbare Abhängigkeit von Dan 9 braucht kein Indiz für die Datierung zu sein, da vermutlich auch Dan 9 als selbständige Einheit vom Verfasser des Danielbuches übernommen worden ist (das Fehlen des Auferstehungsglaubens spricht für vormakkabäische Entstehung), während eine Verlegung in die Zeit nach 70 nChr (Nebukadnezar und Beltasar/Belsazar als Decknamen für Vespasian und Titus) nicht recht glaubhaft ist. - Der dritte Teil, gegenüber dem prosaischen Introitus und Bußgebet rhythmisch geformt, gliedert sich in zwei selbständige Abschnitte: ein hymnisch-lehrhaftes Weisheitsgedicht (3, 9 - 4, 4), das im Gesetz die Weisheit Israels verkörpert sieht, und einen Zyklus von Trost- und Klageliedern (4, 5 - 5, 9); letztere (4, 9 b - 28) sind umrahmt von Trostgedichten im Stile Deuterojesajas, aber auch mit PsSal verwandt (bes. Bar 5, 5-9); diese Verwandtschaft ist Hinweis für eine mögliche Entstehungszeit (bis Mitte des letzten Jh.s vChr). Violets Beobachtung einer formalen Verwandtschaft des poetischen Teiles mit der B.apokalypse (s. 2) würde eine engere Beziehung zwischen den einzelnen B.schriften herstellen. - Der komplizierte Werdegang der Schrift ist etwa so vorzustellen, daß die selbständigen Einheiten des poetischen Teiles (Weisheitsgedicht und Liederzyklus) durch ein älteres, vorweggestelltes Bußgebet miteinander verbunden worden sind, während die historische Einführung wiederum eine Verklammerung der bisher zusammengefügten Teile darstellt. Im Zuge der Sammlung ähnlicher Schriften ist als letzter Bestandteil eine an die kanonischen Prophetenschriften erinnernde Überschrift an die Spitze gestellt worden.

2. Zur pseudepigraphischen Literatur des AT gehören je eine syr. und griech. überlieferte Apokalypse des B. (in der von James u.a. vorgeschlagenen Anordnung als 2Bar und 4Bar bezeichnet).

Die *ApkBar(syr)* ist vollständig erst seit Auffindung einer syr. Bibel-Hs. durch den Mailänder Bibliothekar der Ambrosiana Ceriani (1871) bekannt. Von ihm stammt die Aufteilung in 7 Abschnitte (wie 4Esr) mit 87 Paragraphen, nachstehend aus Übersichtlichkeitsgründen etwas verändert. a) Ein umfangreicher Introitus, datiert in das Jahr 591 vChr, kündigt B. die Zerstörung der Mauern Jerusalems an (durch Engel, nicht durch die Chaldäer) mit der tröstlichen Nachricht, das künftige Jerusalem werde mitsamt dem Paradies bereits bei Gott bereitgehalten, und berichtet von der Eroberung der Stadt (1-9); während Jeremia mit den Gefangenen nach Babel zieht, klagt auf den Trümmern Jerusalems B., woran sich eine Unterredung mit Gott anschließt, um Vorwürfe B.s zurückzuweisen und eine neue Zeitenordnung anzukündigen (10-20); es folgt auf ein Gebet B.s die Mitteilung Gottes über die neue Zeitenordnung (21-30); eine Unterweisung des Volkes durch B. (eine weitere Zerstörung wird folgen, aber nach längerer Verwüstungszeit die Enderneuerung eintreten, 31-34) leitet über b) zur Vision vom großen Wald mit Zeder, Weinstock und Quelle und anschließender Deutung der Vision (35-40); B. erhält den Auftrag, das Volk zu ermahnen, und führt ihn aus (41-46). c) Ein erneutes Gebet B.s mit weiteren Offenbarungen (47-52) führt zur zweiten Vision von der Wolke mit den hellen und schwarzen Wassern und einem alles erleuchtenden Blitz (53), die nach längerer Einführung (54f) ausführlich gedeutet wird (56-74); nach einem Dank B.s (75f) folgt die abschließende Ermahnung des ganzen Volkes, in Jerusalem durch B. selbst, der 9½ Stämme im assyrischen und der 2½ Stämme im babylonischen Exil durch Briefe, die durch einen Adler bzw. durch Boten übersandt werden (77). Doch wird nur der Brief an die 9½ Stämme in nachtragähnlicher Form überliefert (78-87), während einige Forscher (Charles, Ryssel) den Brief an die 2½ Stämme abgewandelt in Bar 3, 9 - 4, 29 haben wiederfinden wollen. - Diese durch die Paränesen markierte Gliederung will stärker die Einheitlichkeit der ApkBar(syr) betonen. Denn die von Kabisch, de Faye, Charles versuchte Quellenanalyse (Skizze bei Kautzsch, AP II, 408) verkennt die eigentümliche Überlieferungsform apokalyptischen Schrifttums (Clemen), ohne die Verwandtschaft mit anderen Apokalypsen (4Esr, äthHen, slHen) zu leugnen. Die Frage der Priorität zwischen 4Esr und ApkBar(syr), anfänglich zugunsten von 4Esr, unter Wellhausens Einfluß auf die Seite der ApkBar(syr) sich neigend, scheint heute im Sinne der früheren Lösung entschieden zu werden, wobei gemeinsame Abhängigkeit von anderen Überlieferungen (etwa von der allegorisierenden Geschichte Israels in den Antiquitates Biblicae des Pseudo-Philo) angenommen wird. Das Verhältnis zu 4Esr ist für die Datierung und die Frage nach der ursprünglichen Sprache von Belang; da mit der zweiten Zerstörung Jerusalems vermutlich die Katastrophe unter Titus gemeint, der Aufstand des Bar Kochba (nach 132 nChr) aber noch nicht bekannt ist, unsere Apk zudem von Barn (um 140 nChr) zitiert wird, bleibt für die Datierung der Zeitraum zwischen den beiden jüdischen Kriegen. Wellhausens Hinweis (Skizzen und Vorarb. VI, 234) einer hebr. oder aram. Urschrift von 4Esr gilt auch für ApkBar(syr), allerdings mit dem Umweg über eine griech. Übersetzung (Charles). - Wohl könnte das Fehlen des Briefes an die 2½ Stämme auch für eine sekundäre Anfügung des Briefes an die 9½ Stämme sprechen; da dieser Brief, schon vor Cerianis Entdeckung bekannt, den Eindruck eines Nachtrages macht, hat er vermutlich eine gesonderte Überlieferungsgeschichte gehabt.

3. Die *ApkBar(gr)* (1897 aufgefunden von Cuthbert im Brit.Mus.; slaw.Hs. 1886 durch Novakovič veröffentlicht) berichtet die Reise B.s durch 5 (sl.: 2, Orig., De Princ. II 3, 6: 7) Himmel und ist zwischen ApkBar(syr) und Origenes († 254) zu datieren; der Höhepunkt liegt in der Schilderung des dritten Himmels (Paradies) mit christlichen Interpolationen (Wein = Gottes Blut; Christus = Immanuel).

4. *Rest der Worte B.s* (3Bar) oder (richtiger) Jeremias (äth.; griech.: Τὰ παραλειπόμενα Ἱερεμίου τοῦ προφήτου) vereinigt verschiedene Züge der B.- und Jeremialiteratur (der Äthiope Abimelech-Ebedmelech und sein 66jähriger Schlaf), rückt aber die Gestalt Jeremias stärker in den Vordergrund, besonders in den Schlußkapiteln, wo mit christlicher Interpolation zu rechnen ist (Jeremias Auferstehung am dritten Tage, sein Lobpreis auf Christus und Martyrium).

5. *Weitere B.literatur:* äth. und lat. B.-Apokalypse; slaw. Vision des B.; ferner Fragmente eines gnostischen B.buches (B. als Engel) bei Hippolyt (Philosophumena V, 34ff) sowie Zitate und Vermerke bei Kirchenvätern.

Zu 1: Kautzsch, AP I, 213ff (W.Rothstein) - Charles, AP I, 569ff (O.C.Whitehouse) - J.J.Kneucker, Das Buch B., 1879 - A. Herbst, Das apokryphe Buch B. aus dem Griech. ins Hebr. übertragen (Progr. Hildesheim 287, 1886, 1-10) - R.R.Harwell, The Principal Versions of B. (Diss. Yale Univ.), 1915 - H.St.J.Thackeray, The Septuagint and Jewish Worship (Schweich Lectures 1920), (1921) 1923² - W.Stoderl, Zur Echtheitsfrage von Bar 1 - 3,8, 1922 - O.Eissfeldt, EinlAT, 1956², 733 ff - A.Weiser, EinlAT, 1949², 294

- C.KUHL, Die Entstehung des AT (Samml. Dalp 26), 1953, 332f - E.HAENCHEN, Das Buch B. (ZThK 50, 1953, 123-158) - W.PESCH, Die Abhängigkeit des 11. salomonischen Psalms vom letzten Kap. des Buches B. (ZAW 67, 1955, 251-263).

Zu 2: Syr. Text: A.M.CERIANI, Monumenta sacra et profana V, 2, 1871 - KAUTZSCH, AP II, 402ff (V.RYSSEL) - CHARLES, AP II, 470ff (R.H.CHARLES) - R.KABISCH, Das 4.Buch Esra auf seine Quellen untersucht, 1889 - E.DEFAYE, Les Apokalypses juives, 1892 - R.H.CHARLES, The Apocalypse of B., 1896 - C.CLEMEN, Die Zusammensetzung des Buches Henoch, der Apokalypsen des B. u. des 4.Esra (ThStKr 71, 1898, 211-246) - B.VIOLET, Die Apokalypsen des Esra u. des B. in dt. Gestalt, 1924 (Lit.) - O.EISSFELDT, EinlAT, 1956², 775ff (Lit.) - A.WEISER, EinlAT, 1949², 318ff.

Zu 3: Slaw. Texte: ST.NOVAKOVIČ, Bd 18, 1886 - M.R.JAMES, Apocrypha Anecdota II, 1897, 95ff (MORTILL; engl. Übers.) - N.BONWETSCH, Das slaw. erhaltene B.buch (NGG 1896, 91-101; dt. Übers.) - Griech. Text: M.R.JAMES, aaO 84ff - KAUTZSCH, AP II, 446ff (V. RYSSEL) - CHARLES, AP II, 527ff (HUGHES) - W.LÜDTKE, Apokalypse des B. (ZAW 31, 1911, 219-222) - O.EISSFELDT, EinlAT, 1956², 779f - A.WEISER, EinlAT, 1949², 320f.

Zu 4: Äth. Text: A.DILLMANN, Chrestomathia aethiopica, 1866, 1ff - F.PRÄTORIUS, ZWTh 15, 1872, 230-247 u. E.KÖNIG, ThStKr 50, 1877, 318-338 (dt. Übers.) - Griech. Text: A.M.CERIANI, Monumenta sacra et profana V, 9, 1868, 11ff - R.HARRIS, The Rest of the Words of B., 1889 (Lit.) - KAUTZSCH, AP II, 402f (V.RYSSEL) - RIESSLER 903ff.

Zu 5: KAUTZSCH, AP II, 403f - B.VIOLET, Esra u. B., 1924, XCIV. *O.Plöger*

Zur *Auslegungsgeschichte* (s. auch → Schriftauslegung: IV):

Quellen: 5.Jh.: Cyrill v. Alexandrien (MPG 70) - Theodoret v. Cyrus (MPG 81). - 6.Jh.: Olympiodorus v. Alexandrien (MPG 93). - 13.Jh.: Albertus Magnus (Opera omnia Bd VIII, ed. JAMMY, Lyon 1651). - 16.Jh.: Zwingli (SCHULER-SCHULTHESS, Bd VI/1) - Victorin Strigel, Leipzig 1571 - Joh. Maldonatus SJ, Lyon 1609. - 17.Jh.: Christoph de Castro SJ, Paris 1609 - Caspar Sanctius SJ, Lyon 1621 - Michael Ghislerius, In Ieremiam Bd III, Lyon 1623. *W.Werbeck*

Basan. Unter B. (bašan) versteht man die ostjordanische, heute den südlichsten Teil Syriens bildende Landschaft zwischen dem Jarmukfluß im Süden und dem Hermon (dschebel esch-schech) im Norden mit östlicher Ausdehnung zum dschebel ḥauran (dschebel ed-drus); ungefähr deckt sich das biblische B. mit dem durch die spätere Benennung ḥauran (Ez 47, 16. 18) bezeichneten Gebiet. Mit → Gilead zusammen stellt B. das gesamte Ostjordanland dar (Mi 7, 14; 2Kön 10, 33). Politischer Begriff ist B. für die der Landnahme vorangehende Geschichte, in der sich das Ostjordanland in den Reichen des Og von B. und des Sichon von Hesbon darzustellen scheint, offenbar territorialen Gebilden. Das Reich von B. hat nach der Überlieferung 60 feste Städte besessen, die von den Israeliten erobert worden sind (Num 21, 33-35; Dtn 3). Die im Gebiet von B. häufigen Reste der Megalithkultur korrespondieren den Erinnerungen des AT an die Riesengröße des Og und seiner Leute (Dtn 3, 11. 13; 2, 10f; Gen 14, 5). B. wird dann Siedlungsland des Stammes Manasse und später umstrittenes Gebiet zwischen Aramäern und Israeliten, schon in Davids Zeit. Von den Ortschaften sind Astharoth = tell ʿaschtara (vgl. PJ 29, 1933, 21) und Edrei = derʿa die wichtigsten. In der römischen Zeit zerfiel B. in mehrere Tetrarchien: Ituräa, Gaulonitis (= dscholan), Batanäa (= B., nach aram. Aussprache), Trachonitis, Auranitis (= ḥauran). Das ganze wasser- und weidereiche Gebiet war wegen seiner Viehzucht, vornehmlich seiner Rinder berühmt (Dtn 32, 14; Ez 39, 18; Am 4, 1; Ps 22, 13), aber auch - hier vor allem das Haurangebirge - wegen seiner Eichen (Jes 2, 13). Daher wird B. gern dort genannt, wo die Herrlichkeit des Gelobten Landes gerühmt werden soll (Jes 33, 9; Jer 50, 19; Nah 1, 4) - übrigens ein Zeichen dafür, daß B. für das Bewußtsein des Volkes der Bibel durchaus als integrierender Bestandteil des hl. Landes galt.

G.SCHUMACHER, Unsere Arbeiten im Ostjordanland (ZDPV 36 bis 38. 40, 1913-15. 1917, passim) - B.MAISLER, Die Landschaft Baschan im 2. vorchr. Jt. (JPOS 9, 1929, 80-87) - A.ALT in PJ 29, 1933, 18-23; 30, 1934, 30f - F.-M.ABEL, Géographie de la Palestine II², 1938. *H.W.Hertzberg*

Basedow, *Johannes Bernhard,* führender Geist der deutschen Aufklärungspädagogik (→ Philanthropinisten). * 11.9.1724 Hamburg, † 25.7.1790 Magdeburg. B. war 3 Jahre Hauslehrer, dann ab 1753 Prof. an der Ritterakademie Soroe (Seeland), seit 1761 Prof. am Gymnasium Altona. In seinen frühen Schriften aufklärerischer Popularphilosoph und Theologe (Einfluß von → Wolff und → Reimarus), wurde er mit der »Vorstellung an Menschenfreunde« (1768) pädagogischer Reformer. Im Sinne der → Aufklärung (: II, 8) forderte er religiöse Neutralität der Schule, Zurückdrängung des kirchlichen Einflusses, rein staatliche Oberaufsicht sowie gründliche Reform des Unterrichts (Anschauung, spielendes Lernen, Handarbeit, Leibesübungen, Ausrichtung auf das Lebensbrauchbare). Grundlage sollte eine »Schulbibliothek« sein, dh eine systematisch aufgebaute Folge von Lehrbüchern vom Elementarunterricht bis zum akademischen Studium. B.s »Methodenbuch« (1770) und sein enzyklopädisches, bebildertes, vierbändiges »Elementarwerk« (1774; »geordneter Vorrat aller nötigen Erkenntnis zum Unterricht der Jugend«) dienten diesem Zweck. - B.s betriebsam-propagandistisches Wesen und die Erziehungsfreudigkeit seiner Epoche gaben seinen Ideen große Resonanz. 1771 nach Dessau berufen, gründete er dort 1774 als Musteranstalt das »Philanthropin«. Obwohl heftig umstritten und auch durch B.s zänkisch-unstete Natur beeinträchtigt, wurde es Sammelpunkt der damaligen pädagogischen Bestrebungen und Muster anderer Internatsgründungen. → Campe, → Salzmann, Trapp, Wolke wirkten dort zeitweilig mit. Weithin bekannt wurde ein öffentliches Examen 1776. Hausordnung und Lehrplan haben durch Betonung von Garten- und Werkstattarbeit, Spiel, Wandern, realistischer Bildung, Charakterformung, Abhärtung u.a. manche Ähnlichkeit mit den heutigen Landerziehungsheimen. Über dem Lehrplan steht → Rousseaus Naturenthusiasmus; er ist aber rationalistisch verengt und manches sogar ins Albern-Groteske verkehrt (zB System der Belohnungen, sexuelle Aufklärung, Utilitarismus). B. gab die Leitung der Anstalt, die bis 1793 existierte, schon 1778 auf.

Vorstellung an Menschenfreunde, hg.v. H.LORENZ, 1893; Vorstellung ..., 1906, Methodenbuch, 1913, Elementarbuch, 3 Bde, 1909, hg.v. TH.FRITZSCH. - Schilderung B.s durch GOETHE in Dichtung u. Wahrheit, 3. Teil, 14. Buch - F.JACOBI, Lohn u. Strafe bei J.B.B., 1916 - A.BASEDOW, J.B.B., 1924 - J.RAMMELT, J.B.B., 1929. - Weiteres → Philantropinisten. *A.Reble*

Basel

I. Bistum - II. Universität - III. Predigerschule

I. Bistum

Wohl 346 wird ein Justinian als episcopus Rauricorum erwähnt. Das um 615 in Augst/Basel bestehende Bistum ging unter und wurde 740 unter Walaus erneuert. Der Sprengel umfaßte bis Ende des 18.Jh.s den elsässischen Sundgau, das Land zwischen Aare und Rhein und den Berner Jura; er gehörte zur Kirchenprovinz → Besançon. Im 10.Jh. in Burgund einbezogen, wurde B. unter Bischof Adalbero (999-1025) an Kaiser Heinrich II. gegeben, der ihm reichen Besitz im Elsaß und Breisgau schenkte und das Münster neubaute (1019). Der weltliche Bereich ging vom 11.-13.Jh. hauptsächlich nach dem Jura (Elsgau, Pruntrut, Biel, Olten). Im 14.Jh. wurde das Bistum, in der Herrschaft teilweise durch die Stadt B. abgelöst, auf den Berner Jura beschränkt. 1528 wich der Bischof nach Pruntrut aus; das Domkapitel ging 1529 nach Freiburg i.Br., 1679 nach Arlesheim.

Wiederhersteller des gefährdeten Bistums war Bischof Blarer von Wartensee (1575-1606). Das Fürstbistum wurde 1792/93 Raurakische Republik, sodann dem französischen Staat einverleibt und kam 1815 an den Kanton Bern. Die Diözese wurde 1828 wiedererrichtet für die Kantone Bern, Solothurn, Luzern, Zug, Aargau, Schaffhausen, Basel (1829), Thurgau (1830); nach Auflösung des Kapitels 1874-84 wurde sie 1884 wiederhergestellt. 1888 wurde das neuerrichtete Lugano mit dem Bistum B. verbunden. Sitz des Domkapitels ist St.Ursus in Solothurn.

HBLS II, 1924, 19ff - A.Brackmann, Germania Pontificia II, 2, 1927, 213ff (Lit.) - R.Wackernagel, Gesch. d. Stadt B. I-III, 1907 bis 1924 - K.W.Hieronymus, Das Hochstift B. im ausgehenden MA, 1938 - Th.Mayer-Edenhausen, Zur Territorialbildung d. Bischöfe v. B. (Zeitschr. f. Gesch. d. Oberrheins NF 52, 1939, 225-322) - - R.Massini, Das Bistum B. zur Zeit d. Investiturstreites, 1946.

H.Büttner

II. Universität

1. In B. hatte schon während des Konzils, seit 1432, ein studium generale bestanden, da die zahlreichen Familiaren der anwesenden Prälaten ihre Zeit nutzbringend zu gestalten wünschten. Der Bestand dieser Universität hing vom Konzil ab; als dieses 1448 von B. wegzog, hörte das akademische Leben fast völlig auf. Eine Gruppe akademisch gebildeter Ratsherren und Bürger wünschte Ersatz für das verlorengegangene geistige Leben der Konzilszeit, eine eigene Ausbildungsstätte für Gelehrte; mehr materiell eingestellte Kreise versprachen sich von einer Universität wirtschaftlichen Gewinn für das Gemeinwesen. Am 12.11.1459 stellte Papst Pius II. die Stiftungsbulle aus; am 4.4.1460 wurde die Universität eröffnet. Zu ihrem Kanzler wurde der Bischof von B. bestellt; ihrem Wesen nach war sie aber eine städtische Gründung und wurde auch zum großen Teil von der Stadt finanziert. Die Hoffnungen auf einen großen Zustrom von Studenten erfüllten sich auf die Dauer zwar nicht; die Universität ist bis weit ins 19.Jh. hinein eine der kleineren im deutschen Sprachgebiet geblieben. Aber von Anfang an erfüllte ein reiches und kräftiges geistiges Leben ihre Mauern. Dies wird vor allem an der Entwicklung der philosophischen Fakultät sichtbar. Hier stellte man zunächst nur Anhänger des → Nominalismus (→ Universalienstreit) an; als aber der 1464 aus Paris gekommene Joh. → Heynlin a Lapide im »alten Weg« (Realismus) dozieren wollte und die Fakultät ihn daran zu hindern suchte, beschloß der Rat der Stadt, daß beide Richtungen künftig gleichberechtigt sein sollten, da dies der wahren Erkenntnis besser diene. Der Aufschwung der Fakultät gab dieser Überlegung recht; unter ihren Magistern finden sich → Geyler von Kaisersberg und Joh. → Reuchlin. Unter den Dozenten der theologischen Fakultät ragt hervor Joh. → Ruchrat von Wesel, der aber nur kurz, 1461-62, in B. wirkte. In die juristische Fakultät wurden zunächst vor allem Italiener berufen. Später zählte Seb. → Brant zu ihren Dozenten; er und Heynlin waren die führenden Gestalten des B.er Frühhumanismus. Dieser war von Anfang an auch offiziell, durch eine Professur für Poesie, in der Universität kräftig vertreten. - Zu Beginn des 16.Jh.s sank die Universität aus verschiedenen Gründen von der früheren Höhe herab; die bedeutendsten Mitglieder des sog. oberrheinischen Humanistenkreises, an ihrer Spitze → Erasmus von Rotterdam, standen außerhalb der Universität und weilten vor allem des Buchdrucks wegen in B. Gleichwohl bestanden mannigfache Beziehungen zwischen diesen freien Gelehrten und der Universität; zu deren Dozenten zählten u.a. der Jurist Cantiuncula, die Theologen Phrygio und Th. → Wyttenbach, der Poet Glarean. Unter ihren Studenten befanden sich Heinr. → Bebel, Leo → Jud, → Zwingli, Oswald → Myconius, Casp. → Megander, Wolfgang → Capito, Casp. → Hedio. Die kirchliche Reformationsbewegung bedrohte die Universität in ihrer ganzen Existenz, da die große Mehrheit der Dozenten auf der Seite der Altgläubigen stand. Als die Bürgerschaft am 10.2.1529 eine durchgreifende Änderung in Kirche und Staat erzwang, verließen die Professoren mit wenigen Ausnahmen die Stadt. Der Rat nahm Szepter und Siegel in Verwahrung und sicherte sich dadurch gegen eine Verlegung der Universität.

2. Daß der gelehrte Betrieb in den folgenden Jahren nicht völlig ruhte, ist das Verdienst des B.er Reformators → Ökolampad, der, zusammen mit → Pellikan, seit 1523 neben seinem Kirchenamt auch an der Universität wirkte. Im Nov. 1532 konnte die Universität als reformierte Hochschule wieder eröffnet werden. Ihr Verhältnis zum Staat hatte sich geändert: war sie bisher dem B.er Rat gleichgeordnet gewesen, so war sie ihm nun grundsätzlich unterstellt; allerdings behielt sie weitgehende korporative Selbständigkeit. Finanziert wurde sie im wesentlichen aus dem Ertrag der säkularisierten Kloster- und Stiftsgüter. Festzuhalten ist, daß der B.er Bischof bis zur französischen Revolution Kanzler der prot. Universität blieb; seine Befugnisse übertrug er freilich den Dekanen. Die theol. Fakultät besaß zwei Lehrstühle für AT und NT; 1647 kam ein dritter für loci communes et controversiae hinzu. Dozenten der ersten Zeit waren Phrygio, Myconius, → Karlstadt, → Borrhaus und, als der berühmteste, Simon → Grynäus, Stammvater einer jener B.er Gelehrtenfamilien, deren Angehörige immer wieder unter den Dozenten begegnen. Antistes Simon → Sulzer, seit 1554 Prof. des NT, suchte die B.er Kirche sachte in lutherische Bahnen zu leiten; sein Nachfolger Joh.Jak. → Grynäus und dessen Schwiegersohn Amandus → Polanus von Polansdorf führten sie mit fester Hand zum reformierten Glauben calvinistischer Prägung zurück. Daneben blieb die humanistische Kontinuität noch lange gewahrt; anderswo verfolgte Häretiker wie → Castellio oder Celio Secondo → Curione fanden, unterstützt vom Juristen Bonifacius Amerbach, dem Freund und Erben des Erasmus, an der Universität eine Wirkungsstätte. Die zweite Hälfte des 16.Jh.s und die beiden ersten Jahrzehnte des 17.Jh.s waren das »goldene Zeitalter« der Universität. Der hochbedeutende Buchdruck zog viele Gelehrte an; an der juristischen und der medizinischen Fakultät promovierten zahlreiche Studenten aus ganz Europa. Damals lehrte in B. auch der berühmte Hebraist Johannes → Buxtorf d.Ä. - Mit dem 30jährigen Krieg begann für B., wie für viele andere Universitäten, eine Periode langsamen, aber unaufhaltsamen äußeren Niedergangs, verursacht durch eine stetig abnehmende Frequenz und durch organisatorische Mängel verschiedener Art. Der Tiefstand fiel in die Wende vom 18. zum 19.Jh. Stets zählte die Universität aber unter ihren Dozenten vorzügliche Gelehrte, darunter solche von europäischem Ruf wie zB die Mathematiker Bernoulli. Die theol. Fakultät konnte sich in jener kritischen Epoche am besten behaupten. Namhafte Vertreter der Hochorthodoxie waren Lukas Gernler (Prof. von 1656-1675) und Johann Rudolf Wettstein (Prof. von 1637-1684). Gernler setzte den Beitritt B.s zur formula consensus (→ Schweiz: I) durch. Im 18.Jh. genoß Samuel → Werenfels, ein Hauptvertreter der sog. »vernünftigen Orthodoxie« (→ Aufklärung: III, 3), in ganz Europa hohe Achtung. Auf seiner Position blieb die Fakultät bis zum Beginn des 19.Jh.s stehen. Unter ihren Dozenten verdienen noch Erwähnung der als Gegner Joh.Jak. → Wettsteins hervorgetretene Johann Ludwig Frey und Johannes Grynäus. Sie machten sich auch durch die nach ihnen benannte Stiftung eines besonderen Lek-

torats und einer Bibliothek für Kirchengeschichte und Orientalistik verdient.

3. Im Jahre 1818 wurde die Universität vollständig reorganisiert und unter die unmittelbare Leitung der Regierung gestellt. Die schon 1813 umgestaltete theol. Fakultät besaß wie bisher drei Lehrstühle, doch wurde der Kreis der Fächer beträchtlich erweitert. Den Behörden gelang es, begünstigt von den politischen Verhältnissen im benachbarten Deutschland (→ Restauration), in alle vier Fakultäten Gelehrte von hohem Rang zu berufen, unter ihnen den Theologen → De Wette, der die B.er Theologie nachhaltig beeinflußt hat. Allerdings schritt die Neuordnung verhältnismäßig langsam voran; sie wurde durch die politischen Wirren der Regenerationszeit, die 1833 zur Trennung der Stadt B. von ihrer Landschaft führten, noch einmal aufgehalten. Durch die vereinten Bemühungen der Regierung und der opferwilligen Bürgerschaft konnte die Universität aber erhalten und sukzessive nach allen Richtungen hin ausgebaut werden; noch heute wird die Universität, die zZ (1956) in fünf Fakultäten 237 lesende Dozenten zählt und von über 2000 Studenten besucht wird, allein vom Kanton B.-Stadt getragen.

Das Universitätsgesetz von 1835 wies der *theologischen Fakultät* drei Lehrstühle zu, 1855 kam ein vierter, 1866 ein fünfter hinzu. Daneben stellte der 1836 gegründete »Verein für christlich-theologische Wissenschaft« aus eigenen Mitteln einen weiteren Dozenten an, der »tüchtige Wissenschaftlichkeit und dabei ein volles Herz für das Evangelium Jesu Christi« haben sollte. Diesem Beispiele folgte 1871 Ratsherr Karl Sarasin, der eine weitere freie Professur in positiv-gläubigem Sinne stiftete. Dem Wunsch der freisinnigen Richtung, in der überwiegend positiven Fakultät vertreten zu sein, verdankt man die Berufung Franz → Overbecks (1871); dieser ging dann freilich jeder Tagespolemik aus dem Wege. Schon bald nach der 1911 erfolgten partiellen Trennung von Kirche und Staat in B. waren Stimmen gegen die theol. Fakultät laut geworden. 1927 und 1936 wurde von kommunistischer bzw. sozialistischer Seite im B.er Großen Rat ihre Aufhebung beantragt mit der Begründung, der konfessionell neutrale Staat dürfte keine prot. Fakultät unterhalten. Die Anträge wurden aber abgelehnt. Dagegen beseitigte das Universitätsgesetz von 1937 die sogenannten Richtungsprofessuren, indem es bestimmte, daß Schenkungen zur Errichtung und Unterhaltung von Professuren nur dann angenommen werden dürften, wenn keinerlei Bedingungen über Person und Richtung des Inhabers der Professur daran geknüpft würden. – Von den Theologen, die seit 1835 in B. gewirkt haben, seien erwähnt: K.R. → Hagenbach, J.J.Staehelin, Joh. Georg Müller, Dan. → Schenkel, Christ.Joh. → Riggenbach, Herm.Schultz, E. → Kautzsch, Rud.Staehelin, P. W. → Schmidt, J.Stockmeyer, Rud.Smend, Bernh. → Duhm, A.Bollinger, F.W.Bornemann, B.Böhringer, Paul Wernle, A. → Bertholet, Joh.Wendland, Eberhard Vischer, K.Goetz, E. → Riggenbach, Karl Ludwig → Schmidt. Die 1836 gestiftete Professur verwalteten J.Tobias → Beck, W. → Hoffmann, K.A. → Auberlen, H.v.d. → Goltz, J.Kaftan, G.Schnedermann, O.Kirn, P.Mezger, G.Heinzelmann, A.Köberle. Die 1871 gestiftete Professur hatten inne K.v.Orelli und A. → Alt. Ebenfalls auf Grund einer Stiftung lehrte 1922–36 Carl Albr. → Bernoulli. Gegenwärtig (1956/57) lehren an der Fakultät als gesetzliche Ordinarii Ernst Staehelin (neuere KG und DG), W.Baumgartner (AT), Karl → Barth (system. Theol.), Oscar Cullmann (ältere KG und NT), Bo Reicke (NT). Von den Stiftungen besoldet sind die Ordinarii W.Eichrodt (AT und Religionsgesch.) und H.vanOyen (System. Theol. und Ethik). Extraordinarii sind F.Lieb (Dogmatik, Theologiegesch.), Jul.Schweizer (Katechetik), E.Thurneysen (Homiletik), Joh.Dürr (Missionswissenschaft).

W.Vischer, Gesch. der Univ.B. von der Gründung bis zur Reformation 1529, 1860 – A.Teichmann, Die Univ.B. in den 50 Jahren seit ihrer Reorganisation i.J. 1835, 1885 – R.Thommen, Gesch. der Univ.B. 1532–1632, 1889 – Ders., Die Univ.B. in den Jahren 1884 bis 1913, 1914 – J.Schweizer, Zur Vorgesch. der B.er Univ. (Aus 5 Jh.en schweizerischer KG, zum 60. Geb. v. P.Wernle, 1932, 1–21) – G.Boner, Die Univ.B. in den Jahren 1914–1939, 1943 – Die Matrikel der Univ.B., hg.v. H.G.Wackernagel, Bd 1, 1951, Bd 2, 1956 (Lit.) – M.Geiger, Die B.er Kirche u. Theologie im Zeitalter der Hochorthodoxie, 1952 – A.Staehelin, Gesch. der Univ.B. 1632–1818, 1957 (Lit.). *A.Staehelin*

III. Evangelische Predigerschule

Die ev. Predigerschule wurde 1876 auf Anregung des aus Baden stammenden Schweizer Pfarrers Wilh.Arnold, eines Schülers von J.T. → Beck, als freies Werk bibelgläubiger Kreise gegründet. Sie sollte angesichts der liberalen Schweizer »Reform« für Minderheitsgemeinden auf einem seminaristisch-theologischen (statt akademischen) Wege schriftgebundene Prediger heranbilden. Die zeitweise in Bischofszell bestehende Vorschule diente vor allem dem Sprachenstudium. Unter den Lehrern gab es außer dem geistesmächtigen Direktor Arnold auch andere original geprägte Gestalten, wie den Balten Joh. von Huene, den Kierkegaardübersetzer Dr. Gottsched, den Basler Alttestamentler Sam.Preiswerk sowie die Schwaben Joh.Gutscher und Gottlob Faber, später auch den Sprachforscher Albert Debrunner. Da die Schüler auch aus freikirchlichen Kreisen kamen, besonders aus den deutschen Mennonitengemeinden Südrußlands, hatte die Predigerschule ökumenischen Charakter. Als Nachfolger Arnolds berief das Komitee unter Ed.Riggenbach 1912 den Rheinländer Otto Schmitz, damals Privatdozent in Berlin. Der erste Weltkrieg verhinderte die ihm aufgegebene Neuordnung des Unterrichts. Anfang 1915 wurde die Predigerschule geschlossen. Das verbliebene Vermögen dient zu Stipendien für Theologiestudenten.

RGG¹ IV, 1731f – RGG² IV. 1408f (Lit.); dazu G.Faber im Ev. Kirchenblatt für Württ. 93, 1932, 56–59 – A.Schlitter, E.Riggenbach. Lebensbild eines blinden Gelehrten, 1932. *O.Schmitz*

Basilianer. Die Koinobia-Regeln → Basilius' d.Gr. bilden die allgemeine Grundlage des monastischen Lebens in der orth. Kirche. Daneben gelten auch andere Typika, etwa das des hl. → Sabas oder des → Theodor von Studion, welches das → Höhlenkloster in Kiew annahm. Die B. als Ordenskongregationen haben sich nur innerhalb der mit Rom unierten Kirchen entwickelt. Besondere Bedeutung erlangte der unierte B.-Orden in Polen-Litauen und in Westrußland innerhalb der sog. ruthenischen Kirche. Nach der Union von Brest-Litowsk 1596 (→ Einigungsbestrebungen: III) entstand in Wilna das erste B.-Kloster. Weljamin Rutski wandelte 1617 die B. in eine Kongregation um, die sehr bald die orth. Wesenszüge verlor (Fortfall der → Bilderwand u.a.). Die B. erzogen den unierten Klerus, aus ihrer Mitte wurde der unierte Metropolit gewählt. Ihre nach kath. Vorbild erlangte Unabhängigkeit brachte sie in Gegensatz zu Weltklerus und Episkopat. 1743 wurden die B. Polens und Litauens im Ordo S.Basilii Magni Ruthenorum zusammengefaßt. Unter → Joseph II. und den Zaren wurden die B. bedrückt. Die Reform von Dobromil 1882 gab ihrer Arbeit neue Impulse, vor allem unter den im Auslande lebenden unierten Ukrainern in den USA, in Kanada, Argentinien und Brasilien. Mit dem unierten »Zwischenreich« in Polen, Litauen und der Ukraine verschwand nach 1945 der B.-Orden. – Außerhalb Osteuropas entwickelten sich auch im Westen griechische

Klostersiedlungen, die später in B.-Klöster für unierte Griechen und Orientalen umgewandelt wurden. In Spanien und Italien bestehen sie noch heute. Das berühmteste unter ihnen ist Grotta ferrata (κρυπτοφέρρη) in den Albanerbergen.

M.MALINOVSKIJ, Die Kirchen- u. Staatssatzungen d. griech.-kath. Ritus, 1864 - N.PETROV, Geschichtl, Abriß des B.-Ordens, 1870-72 (russ.) - C.BUCCOLA, Le feste centenaria di Grottaferrata (OrChr 5, 1905, 198-221) - K.VÖLKER, KG Polens, 1930 - D.AMAND, L'Ascèse monastique de S. Basile de Cesarea, 1948 - A.M.AMMANN SJ, Abriß d. ostslav. KG, 1950 - A.PARISI, I monasteri basiliani del Carrà (Historica 6, 1953, Nr. 2; 7, 1954, 47-53. 95-106) - Documenta Pontificum Romanorum Historiam Ucrainae illustrantia, 1954.

K.Onasch

Basilides, gnostischer Lehrer in Alexandrien um 130/40. Er verarbeitete die verschiedensten christlichen, jüdischen und philosophisch-kosmologischen Traditionen zu einem theologischen Weltbild von eindrucksvoller Geschlossenheit. Sein Hauptwerk, eine Auslegung »des Evangeliums« in 24 Büchern, ist ebenso verloren wie seine Oden. Die vor allem bei Clemens v.Alex. und Origenes erhaltenen Fragmente zeigen das Bemühen, die Fremdheit des Pneumatikers in der Welt und die Allmacht, Vorsehung und Gerechtigkeit Gottes zusammenzusehen, also den Dualismus zu vermeiden (anders Bousset). Das »Böse« ist Unwissenheit, die vergeben werden kann; auch der »Archon«, der Weltgott und Demiurg, tat Buße, als er das Evangelium hörte. Leiden ist deshalb auch nicht Werk einer widergöttlichen Macht, sondern Strafe. Das gilt auch für das Martyrium und Jesus selbst; denn B. lehrte eine allgemeine Sündigkeit (ἔχων τὸ ἁμαρτητικόν) jedes Menschen, die aus einer früheren Existenz stammen kann. Er glaubte an → Seelenwanderung, auch durch Tierleiber. Das Kreuz und Ostern haben daher keine Heilsbedeutung (Iren. I, 24, 4); an ihre Stelle tritt die Herabkunft des Geistes auf Jesus in der Jordantaufe, deren Gedächtnis die Basilidianer in der Nacht zum 2. oder 6.1. feierten. Der Glaube ist zwar in jedem Menschen angelegt, tatsächlich aber die irdische Folge und Entsprechung der überirdischen Erwählung, für B. damit naturgegeben. Er ist ein Wissen um Gott ohne Beweise und schenkt die Kraft, alles (!) zu lieben, nichts zu begehren und nichts zu hassen. Die ethischen Konsequenzen zog besonders Isidor, der Sohn B.s, der für eine gemäßigte Askese eintrat und die in innerer Freiheit gewählte Ehelosigkeit rühmte, ohne die Geschlechtlichkeit radikal abzulehnen. In vielen Zügen ist eine geistige Verwandtschaft zwischen B. und → Clemens v.Alex. unverkennbar. Die von Hippolyt ref. VII, 20-27 benutzte Schrift, die wohl aus späterer Zeit stammt, zeigt den spekulativen Hintergrund der Theologie des B.: Jedes Emanationsdenken wird abgelehnt. Der radikal jenseitige, »nichtseiende« Gott schuf einen Ursamen, offenbar ex nihilo (anders Leisegang), aus dem alles Seiende mit vorherbestimmter Notwendigkeit seiner Rangordnung entsprechend nach oben aufsteigt, zuerst zwei »Sohnschaften« und der Geist oberhalb des Kosmos, dann der Archon der Ogdoas, der Fixsternsphäre, und der Archon der Hebdomas im Planeten-beherrschten Raum. Bei der Erlösung geht es um die Herauslösung der letzten noch unten verbliebenen Pneumateile, der dritten Sohnschaft. Das Endziel ist die Vollendung der anfänglich geplanten Ordnung; dann fällt der Kosmos in Nichtwissen zurück. Schon in der Seelenlehre Isidors zeigen sich anscheinend wieder stärkere Einwirkungen der vulgären Gnosis und Magie; in dem bei Irenäus I, 24, 3-7 überlieferten System haben sie sich wieder durchgesetzt, wenn es in dieser Form authentisch ist (anders u.a. Schmidt in RGG²). Basilidianer gab es sicher noch im 4.Jh.

Vgl. → Gnosis: III, → Ägypten: IV, 3.

Quellen zT bei W.VÖLKER, Qu. z. Gesch. d. christl. Gnosis (SQS NF 5), 1932. - W.BOUSSET, Hauptprobleme der Gnosis, 1907 - K. HOLL, Der Ursprung des Epiphanienfestes (SAB 1917, 402-438 = HOLL II, 123-154) - H.LEISEGANG, Die Gnosis, (1924) 1955⁴, 196ff - P.HENDRIX, De alexandrijnsche haeresiarch B. (Diss. Amsterdam), 1926 (Lit.) - RGG² I, 790f - RAC I, 1217ff - G.QUISPEL, Note sur »B.« (VigChr 2, 1948, 115f) - DERS., L'homme gnostique (La doctrine de B.) (ErJb 16, 1948, 89-139).

G.Kretschmar

Basilika

1. Sprachgebrauch - 2. Entstehung; Ableitung - 3. Entwicklung. - Vgl. → Kirchenbau: I

1. Unter frühchristlicher B. versteht man heute einen mehrschiffigen längsgerichteten Bau mit durch Ober-(Licht-)Gaden überhöhtem Mittelschiff, das durch eine Stützenreihe (Architrav oder Archivolte über Säulen oder Pfeilern) von den Seitenschiffen getrennt ist. - Im lateinisch-heidnischen Sprachgebrauch bezeichnet B. weder einen bestimmten Gebäudetypus noch einen bestimmten Zweck: B. wird für Markt- und Gerichtshallen (b. forensis), Kaufhallen verschiedener Art, Hallen im Hause (b. domestica) oder im Palaste u.a. verwendet, die einschiffig oder mehrschiffig sein konnten. Die beste Übersetzung ist daher »Halle«. Für kirchliche Gebäude ist der Ausdruck B. zuerst i.J. 303 nachweisbar (Acta S.Saturnini, 409 Ruinart) und als b. dominica noch ausdrücklich determiniert; seit konstantinischer Zeit, vor allem für die Stiftungen des Kaisers, ist er allgemein gebräuchlich. B. ist dabei keineswegs auf einen bestimmten Gebäudetypus, nämlich den mehrschiffigen Langhausbau, beschränkt, sondern kann auch andere Formen des Kirchenbaus bezeichnen (Ambros. ep. 20, 4: Zentralbau; Peregr. Aetheriae 4, 81: Grabesrotunde zu Jerusalem; CIL XI 1, 288: Zentralbau S. Vitale zu Ravenna).

2. Die Frage der *Entstehung* der christlichen B. ist bis heute noch nicht eindeutig geklärt. Vielleicht ist es kein Zufall, daß B.en erst seit konstantinischer Zeit nachzuweisen sind, denn in der Verfolgungszeit bot die Lage der Kirche kaum Voraussetzungen für die Ausbildung eines monumentalen Kirchenbaus. Das Christentum hatte kein Öffentlichkeitsrecht und war außerdem noch nicht an einer besonderen, monumentalen Ausbildung des Kultbaus interessiert: monumentale Bauten werden von den Vätern als irdisches, nicht gottgefälliges Werk angesehen (zB Clem.Alex.Strom. 7, 29). Es ist daher anzunehmen, daß noch im 3.Jh. die einfache Hauskirche, wie sie nur in einem sicheren Beispiel in → Dura Europos erhalten blieb, allgemein gebräuchlich war. Erst die völlig neue Situation, die → Konstantin d.Gr. herbeiführte, schuf die Voraussetzung für die Entstehung einer christlichen Monumentalarchitektur, deren häufigster Vertreter die B. ist. Wahrscheinlich waren die Gründungen Konstantins selbst für die folgende Entwicklung des Kultbaus wegweisend. - Beim Werden einer christlichen Baukunst war ein Anknüpfen an die heidnische Tempel-Architektur (→ Tempel: I) nicht möglich, weil einerseits mit dem heidnischen Kult dessen Stätten verfemt waren, andererseits die Kirche eine räumlich vollkommen andere Ausgestaltung erforderte: Kult und Kultteilnehmer sind seit der Urkirche in einem Innenraum vereinigt, wie auch in der → Synagoge, im Gegensatz zum Tempelkult (Ausnahmen bilden nur einige antike Mysterienreligionen). Daher knüpft die neue christliche Architektur an Bautypen der vorausgehenden monumentalen Profanarchitektur an, die zur Aufnahme von größeren Versammlungen geeignet waren. Welcher spezielle Gebäudetypus jedoch Vorgänger oder Vorbild für die christliche B. gewesen ist, hat die Forschung trotz über 100-jährigen Bemühens und jüngster lebhafter Diskussion noch nicht sicher feststellen können. Folgende *Theorien* über die Entstehung der B. sind erwogen worden: 1. aus

dem antiken Hause (Grundlage dieser Hypothese ist nicht so sehr die Ableitung der Form als vielmehr die Tatsache, daß sich in den ersten Jh.en der Kult im Hause vollzog), und zwar aus dem Peristyl (A.Prandi) oder der Haus-B. (A.v.Gerkan); 2. aus dem heidnischen Heroonbezirk als Vorgänger der Märtyrer-B. mit Querschiff (E.Dyggve); 3. aus der antiken Säulenstraße mit seitlichem Portikus als Abbild der Himmelsstadt (L.Kitschelt); 4. aus der kaiserlichen Palast-B. (A.Stange), dem kaiserlichen Thronsaal als Thronsaal Christi, übernommen als Teil des kaiserlichen Zeremoniells (E.Langlotz), der kaiserlichen Audienzhalle (J.B.Ward Perkins), oder dem gesamten kaiserlichen Palast als Himmelsstadt (S. Lang); 5. aus der antiken Profan-B. (b. forensis, u.a. F. W.Deichmann). - Da die B. nur eine der Möglichkeiten der christlichen Kirche ist, vor allem neben dem gleichzeitig überall angewandten Zentralbau, muß die Frage nach der Entstehung der B. in bezug auf die *Ableitung ihrer Form* gestellt werden. Es ist daher am wahrscheinlichsten, daß profane, mehrschiffige Hallenbauten mit breitem Mittelschiff das Vorbild waren, unter denen die Markt-B. der wichtigste und verbreitetste Typus ist; ähnliche Raumlösungen konnten in vorkonstantinischer Zeit auch für andere Zwecke, wie Audienzhallen, Thronsäle und Haushallen dienen, doch konnten für letztere Zwecke ebenso andere Raumlösungen verwendet werden. Entscheidend ist also der formale, nicht der zweckliche Zusammenhang mit den mehrschiffigen Hallenbauten. - Welche tieferen Gründe zur Aufnahme dieser Raumform geführt haben, muß ebenfalls offenbleiben: schon bei manchen Mithräen (→ Mithras) ist der Raum dreischiffig, in den Seitenschiffen befinden sich die Liegebänke für die Gläubigen; es ist daher möglich, daß analog die Verteilung von Männern und Frauen rechts und links im Raum, wie es im Westen üblich war, zur Ausbildung dreischiffiger Räume auch im christlichen Bereich geführt hat. Das Mittelschiff der B. in Breite des Sanctuariums wäre sodann, wenigstens bei feierlichen Anlässen, Prozessionen usw, ein reservierter Raum, der stets durch reichere Dekoration (Mosaiken) hervorgehoben war. Aber auch die Hypothese, daß die Seitenschiffe korridorartigen Charakter hatten, ist geäußert worden (Th.Klauser). Jedenfalls ist in konstantinischer Zeit der Charakter der christlichen B. voll ausgebildet: sie ist eindeutig auf das Kultzentrum, das Sanctuarium mit → Altar (: III A), Bischofskathedra und Subsellium für die Presbyter ausgerichtet. In Rom wird während des 4.Jh.s die bei den Tempeln übliche Westrichtung noch beibehalten, doch im Orient befindet sich schon im 4.Jh. der Altar im Osten.

3. Unzweifelhaft bilden die Gründungen Konstantins d.Gr. die Grundlage für die *Entwicklung* bis tief in das Mittelalter hinein, doch führten sie noch nicht, wie es scheint, zur Ausbildung eines kanonischen Typus. Die Bischofskirche am Lateran zu Rom, wohl schon 313 begonnen, war sicher fünfschiffig und hatte vielleicht vor der Apsis bereits ein Querschiff (die Ursprünglichkeit neuerdings bestritten, vgl. J.B.Ward Perkins; dreigeteiltes Querhaus, vgl. G.H.Forsyth); die wohl erst spätkonstantinische Peterskirche war fünfschiffig, hatte Querhaus und Apsis, vor der sich das Tropaion des Petrus befand (vgl. Esplorazioni sotto la confessione di San Pietro in vaticano, 1951). Ebenso war die Geburtskirche in → Bethlehem fünfschiffig, anstelle einer Apsis hatte sie anschließend über der Geburtsgrotte wohl einen Oktogonalbau; die Gestalt der Grabeskirche zu Jerusalem und der Apostelkirche zu Konstantinopel bleibt indes noch fraglich. Die möglicherweise schon 325 erbaute B. von Orléansville (Nordafrika) war dagegen siebenschiffig. Schon unter Konstantin entwickelte sich in Rom außerdem ein besonderer Typus von Coemeterialkirchen, die dreischiffig waren und bei denen die Seitenschiffe im Westen als gerundeter Umgang herumgeführt waren (S.Marcellino e Pietro, S.Sebastiano, S.Agnese I); sie sind die frühest nachweisbaren dreischiffigen B.en, deren einfacher, eigentlicher Normaltypus im Westen wie im Osten wohl erst in der zweiten Hälfte des 4.Jh.s ausgebildet wurde. Vor der B. liegt im allgemeinen ein von Portiken umgebenes Atrium, zwischen Atrium und B. kann sich eine geschlossene Vorhalle (Narthex) befinden. Das dreischiffige Innere wird durch eine Apsis am Ende des Mittelschiffs abgeschlossen. In der Apsis befindet sich die Bischofskathedra inmitten des subsellium (σύνθρονος) der Presbyter, vor ihr steht der Altar (nur in Syrien befindet sich der Altar allgemein in der Apsis). Der Altarraum (sanctuarium, presbyterium, βῆμα, τέμπλον) ist durch Schranken vom Laienraum abgeschlossen. Apsislose B.en gibt es noch lange Zeit im Adriagebiet und in nördlichen Ländern; hier steht das subsellium am Ende des Mittelschiffs frei im Raum (Parenzo II, Piazza della Corte in Grado, Teurnia). In Syrien wird die Apsis stets von Pastophorien (Prothesis und Diakonikon) flankiert, wobei einer der Apsisnebenräume häufig dem Märtyrerkult diente.

Die Entwicklung und Ausbildung der B. ist in frühchristlicher Zeit außerordentlich vielfältig gewesen. Die Haupttypen sind: 1. a) dreischiffige B.en: B. discoperta(?) mit Mittelschiff ohne Dach, ein umstrittener und nicht von allen Forschern anerkannter Typus; b) B. ohne Emporen; die Seitenschiffe haben Pultdächer, das Mittelschiff Satteldach über dem Oberlichtgaden; c) B. mit Emporen über den Seitenschiffen, für den Aufenthalt der Frauen (γυναικονῖτις), vor allem im ägäischen Kreise verbreitet; 2. vielschiffige B.en: a) fünfschiffige B. mit und ohne Emporen; b) B. mit sieben bis neun Schiffen, vor allem in Nordafrika verbreitet. Alle diese B.-Typen können mit durchlaufendem Querschiff vor der Apsis oder einem unterteilten Querhaus verbunden werden. Eine besonders reiche Form der B. ist die kreuzförmige B., bei der die Seitenschiffe um die Kreuzarme herumgeführt sind (lateinisches Kreuz: Johanneskirche in → Ephesus; → Menasstadt; Demetrioskirche in → Saloniki; griechisches Kreuz: Thasos, Gerasa, Salona).

J.Lassus, Les sanctuaires chrétiens de la Syrie, 1947 - RAC I, 1125ff (Lit.) - A.Stange, Das frühchristl. Kirchengebäude als Bild des Himmels, 1950 - Esplorazioni sotto la confessione di S.Pietro in Vaticano, 1951 - Die Ursprünge der christl. B. (Tagungsbericht in: Kunstchronik 4, 1951, 97-121) - E.Wistrand, Konstantins Kirche am Hl. Grab in Jerusalem nach den ältesten literarischen Zeugnissen (Acta Univ. Gotoborgensis 58, 1), 1952 - A.Prandi, Il compleso monumentale della basilica celimontana, dei SS.Giovanni e Paolo, 1953, 423ff - A.v.Gerkan, Die profane u. die kirchliche B. (RQ 49, 1953, 129 bis 146) - L.Voelkl, Die konstantin. Kirchenbauten nach Eusebius (RivAC 29, 1953, 49-66. 187-206) - Ders., Die konstantin. Kirchenbauten nach den literarischen Quellen des Okzidents (RivAC 30, 1954, 99-136) - S.Lang, A few suggestions towards a new solution of the origin of the early christian basilica (RivAC 30, 1954, 189-206) - J.B.WardPerkins, Constantine and the origin of the christian basilica (Papers Brit. School at Rome 22, 1954, 69-90) - G.H.Forsyth, The transept of Old St.Peter's at Rome (Late Class. and Medieval Studies in Honour of A.M.Friend Jun., 1955, 56-70). *F.W.Deichmann*

Basilius, 1. *von Achrida* (Ochrida), 1145-68 Erzbischof von Thessalonich. In theologischen Schriften, einem Brief an Hadrian IV. und einer Disputation mit päpstlichen Legaten verteidigte B. nachdrücklich, wenn auch maßvoll, die Eigenart der griechischen Rechtgläubigkeit und lehnte die Kircheneinigung unter Hinweis auf das Filioque, die Azyme und den römischen Primat ab.

I.Snegarov, Gesch. des Erzbistums Ochrid, Bd 1, Sofia 1924 (bulg.) - G.Stadtmüller, Gesch. Südosteuropas, 1950, 461. *Hans Koch*

2. Bischof *von Ancyra,* Nachfolger des 330/35 abgesetzten → Marcell, ursprünglich Arzt. Erst ab 347 hat B. sein Bistum behauptet und dann 358-60 eine wichtige Rolle als Haupt der Homöusianer (→ Arianischer Streit) gespielt. An der 3. sirmischen Formel und an der Synode von Ancyra 358 beteiligt, 360 aber gescheitert und verbannt. † ca 365.

Schriften: Erhalten: Rundschreiben von 358 (Epiph.haer. 73); Denkschrift zur 4. sirm. Formel (ebda); fraglich: De virginitate (bei BasilCaes, MPG 30, 669ff); verloren: Streitschrift gegen Marcell, u.a. (Hier.Vir.ill. 89). Zur Theologie des B. → Christologie: II. - J.SCHLADEBACH, B.v.A., 1898 - J.GUMMERUS, D. homöusian. Partei, 1900 - E.SCHWARTZ, ZNW 34, 1935, 149-158. - F.CAVALLERA, RHE 6, 1905, 5-14 (de virg.) - A.VAILLANT, De virg. de S.Basile. Texte vieux slave, 1943. *W.Schneemelcher*

3. *der Große,* * 329 in Cäsarea (Kappadozien), Bruder des → Gregor von Nyssa und Freund des → Gregor von Nazianz (die »drei Kappadozier«). Nach guter Erziehung und Ausbildung in Cäsarea, Konstantinopel und besonders Athen wurde B. 356/57 getauft, besuchte dann Asketen in Ägypten, Palästina, Syrien und Mesopotamien. 358 wurde er selbst Einsiedler bei Neucäsarea, 364 Priester, 370 Bischof seiner Geburtsstadt und Metropolit von Kappadozien. † 379. Er stiftete ein berühmtes Armen- und Krankenhaus (»Basilias«). B. war ein an Origenes geschulter, selbständiger Theologe, Führer der morgenländischen »Jungnicäner« (»Homousianer«, → Trinität: III), Gegner des → Eunomius und des Arianismus. Er hat die Formel »Eine Usie in drei Hypostasen« miterarbeitet. B. gilt als einer der größten Lehrer der orth. Kirche, deren Klosterwesen er gegründet und organisiert hat (→ Basilianer).

Schriften: a) Dogmatisch-polemische: 3 Bücher gegen Eunomius (4 und 5 sind unecht); De Spiritu Sancto; Philokalia (mit Gregor von Nazianz: Lese aus den Werken des → Origenes). - b) Homiletische: 9 Homilien über das Hexaëmeron; ca 15 Psalmenhomilien; mehr als 20 sicherlich echte Predigten über verschiedene Themata. - c) Briefsammlung: Von den 365 Briefen der Maurineredition sind ca 20 unecht. - d) Asketische: Moralia (80 Sittenregeln); zwei Sammlungen von Mönchsregeln (55 und 313 Regeln nach der Vulgata-Rezension).

Ausgaben: GARNIER-MARAN, 3 Bde 1721-30; MPG 29-32; G.L PRESTIGE, St. Basil the Great and Apollinaris of Laodicea (4 letters), ed. H.CHADWICK, London 1956; Die lat. Hexaëmeron-Übers. v. Eustathius (ca 400) ed. AMAND DE MENDIETA u. RUDBERG, 1957. - M.BESSIÈRES, La tradition manuscrite de la correspondance de saint B., 1923 - W.K.L.CLARKE, The ascetic Works of Saint B., 1925 - F.LAUN, Die beiden Regeln des B., ihre Echtheit u. Entstehung (ZKG 44, 1925, 1-25) - Y.COURTONNES, Saint B. et l'Hellénisme, 1934 - P.CALASANCTIUS, De beeldspraak bij den hl. B. d. grote, 1941 - S.GIET, Les idées de l'action sociale de saint B., 1941 - A.CAVALLIN, Studien zu den Briefen des hl. B., 1944 - D.AMAND, L'ascèse monastique de saint B., 1949 - ALTANER 248ff (Lit.) - J.GRIBOMONT, Histoire du texte des Ascétiques de saint B., 1953 - S.Y.RUDBERG, Etudes sur la tradition manuscrite de saint B., 1953 - L.VISCHER, B.d.Gr., 1953 - H.DÖRRIES, De spiritu sancto. Der Beitrag des B. zum Abschluß des trinitarischen Dogmas, 1956. *S.Y.Rudberg*

4. *von Seleucia* (Isaurien). Dort Metropolit nach 431, sicher 448. Auf der Synode von Konstantinopel 448 Gegner des → Eutyches, für ihn auf der Synode zu Ephesus 449 (→ Dioskur), seit 451 Anhänger des Chalcedonense (→ Christologie: II). † nach 468. Einige der bei MPG 85 unvollständig edierten Homilien sind wahrscheinlich unecht. Autor eines Werkes über die hl. → Thekla (?).

ALTANER 292 (Lit.) - E.HONIGMANN, Patristic Studies (StT 173), 1953. *D.Bartosch*

Basilius-Liturgie → Gottesdienst: V A, 1, → Liturgie: III.

Basire, *Isaac* (1607-76), anglikanischer (anglokatholischer) Theologe, * in Rouen oder Jersey, aus niederem Adel (de Preaumont), besuchte die Universitäten Rotterdam und Leiden, kam 1628 nach England und wurde Günstling des einflußreichen Bischofs Thomas Morton (1564-1659), 1643 durch ihn Domherr in Durham. Als Parteigänger Karls I. 1646 verhaftet und bei der Freilassung aus England ausgewiesen, reiste er nach Frankreich und Italien, mit Empfehlungsbriefen der Königin Henrietta Maria ausgestattet, und ergriff als seine Lebensaufgabe, im Orient für die Kirche von England zu werben. Er sorgte für Übersetzungen des anglikanischen Katechismus (Church Catechism) ins Griechische, Arabische, Syrische, bereiste Griechenland, Kleinasien, Syrien, Palästina, Persien, Mesopotamien. 1655 machte ihn Rakozy II. von Transsylvanien zum Prof. der Theologie an seiner eben gegründeten Universität Weißenburg (Alba Julia). 1661 kehrte er nach England in seine Pfarrstelle Stanhope und seine Domherrnstelle in Durham zurück.

Diatriba de Ecclesiarum Britannicarum Antiquitate, 1648 (gedr. Brügge 1656, hg.v. R.WATSON). - Hss. (Reisetagebücher) in Durham Cathedral Library. - W.N.DARNELL, Life and Correspondence of I.B. 1831 - Magyar Könyvszemle, Sept.-Dez. 1883 - N.SYKES in: History of the Ecumenical Movement, 1954, 136f. *M.Schmidt*

Basler Konfession. Am 21.1.1534 wurde den Bürgern von Stadt und Landschaft Basel durch den Rat das Bekenntnis der Basler Kirche vorgelegt. Der Verfasser war O. → Myconius, der sich auf die Vorarbeiten Ökolampads gestützt hatte. Die Annahme vollzog sich nicht ohne Widerstand. Besonders Bonif.Amerbach, aber auch die Straßburger kritisierten die schroff antiluth. Fassung des Abendmahlsartikels. Bis 1826 jährlich einmal auf den Kanzeln verlesen, wurde die B.K. 1872 auf Betreiben der Reformpartei abgeschafft. Als »Zweite B.K.« wird oft die Confessio Helvetica prior von 1536 bezeichnet.

Text: BSRK 95ff. - K.R.HAGENBACH, Krit. Gesch. der ersten B.K., 1827 - HBLS II, 38 - E.STAEHELIN, Das Buch der Basler Reformation, 1929, 241 - M.GEIGER, Die Basler Kirche u. Theologie, 1952, 7. *H.R.Guggisberg*

Basler Konzil → Reformkonzile.

Basler Missionsgesellschaft. Die »Ev. Missionsgesellschaft in Basel (Basler Mission)« wurde 1815 gegründet als die bedeutendste Schöpfung der »Deutschen → Christentumsgesellschaft«. Der übernationale und innerhalb des Protestantismus überkonfessionelle Charakter ist für die B.M. bis zur Gegenwart bestimmend geblieben. Unter dem ersten Inspektor, Christ.Gottl. Blumhardt (1816-38), wurde sie der Ausgangspunkt der neueren ev. Missionsbewegung fast über den ganzen Kontinent hin. Bis zur Gegenwart hat sie in der Schweiz, Südwestdeutschland, Elsaß und Österreich ihre Heimatgemeinde. Bis 1939 sind nicht nur der überwiegende Teil der Missionarschaft und (bis 1914) der Missionsgaben, sondern auch alle Direktoren aus Deutschland, besonders der württembergischen Kirche, gekommen, u.a. J. → Josenhans (1850-79), D.Th.Öhler (1884-1915), Dr. K. → Hartenstein (1926-39). Seit 1939 steht der Präsident des die B.M. leitenden Komitees an der Spitze des Werkes (1957: Pfr. D.Koechlin).

Zuerst wurde 1816 eine Missionsschule eröffnet für die biblisch-theologische und missionarische Ausbildung junger Männer aus allen Berufen auf Grund bewußter Entscheidung für Christus. Diese arbeiteten zunächst für schon bestehende Missionsgesellschaften. Mehrere 100 »Basler Brüder« sind im 19. Jh. nach den verschiedensten Missionsgebieten, vor allem im Dienst der Church Missionary Society (→ Anglikanische Kirche: II), aber auch zur Diasporapflege unter den deutschen Auswanderern nach Nord- und Südamerika und Australien ausgezogen. Nachdem ein erster selbständiger Missionsversuch im russischen Kaukasus durch das Verbot des Zaren (1835) bald wieder hatte aufgegeben werden müssen (1822-37), erwuchs auf der *Goldküste* (→ Ghana) seit 1838 eine beständige, mit hohen Menschenopfern besiegelte Arbeit. - Von 1834 an wurde in *Südwest-Indien* ein zweites großes Missionsfeld besetzt. Die mühevolle Arbeit fand trotz der Gründung vieler Höherer Schulen fast ausschließlich unter den niedersten Kasten Eingang. Eine bedeutende Missionsindustrie, zur Hilfe für die aus ihrer Kaste ausgeschlossenen Getauften aufgebaut, ging durch den ersten Weltkrieg verloren. 1846 entsandte die B.M. ihre ersten 2 Sendboten nach → *Hongkong;* später verlagerte sich die Arbeit vor allem auf das Hakka-Volk im Inneren der Kwangtung-Provinz in *Südchina* (→ China: IV C). 1886 wurde in → *Kamerun* das Erbe der englischen Baptisten übernommen und in stürmischem Lauf fast im ganzen damaligen deutschen Schutzgebiet Stationen angelegt. 1914 war die B.M. die größte Mission des deutschen Sprachgebiets.

Die folgende Krisenzeit hat sich auf die B.M. in besonderer Weise ausgewirkt. Im ersten Weltkrieg kam das Missionswerk auf den Feldern, abgesehen vom chinesischen Inland und einem kleinen Gebiet in Indien, völlig zum Erliegen infolge der Internierung fast sämtlicher, auch der schweizerischen, Missionare und der Beschlagnahme des gesamten Missionseigentums durch die englische Regierung. Von 1924 an konnte aber der Wiederaufbau der Arbeit einsetzen; nur Franz. Kamerun, Togo und einige Bezirke des indischen Feldes wurden endgültig aufgegeben. Dafür wurde 1921-24 Südborneo aus den Händen der → Rheinischen Mission übernommen. Doch zwangen die Weltwirtschaftskrise und die Schwächung der Heimatbasis zu mannigfachen Einschränkungen der eigenen Arbeit und zu immer stärkerer Übertragung der Verantwortung auf die werdenden einheimischen Kirchen. Im zweiten Weltkrieg gelang es, das Werk auf den Feldern auch nach der Internierung der deutschen Mitarbeiter unter ausschließlich schweizerischer Leitung weiterzuführen und alsbald nach Kriegsende von der Schweiz aus wieder auszubauen. Noch tiefergreifend waren die Entwicklungen in der tragenden Heimatgemeinde des schweizerisch-deutschen Werkes. Das Verlangen der englischen Regierung an die Leitung im Jahr 1917, sich von der deutschen Heimatgemeinde gänzlich zu lösen, wurde zwar zurückgewiesen, und die übernationale »Arbeitsgemeinschaft für das Reich Gottes« blieb erhalten; aber die politische Entwicklung in Deutschland seit 1933 stellte sie auf immer härtere Proben. Im Sept. 1939 schieden die Deutschen freiwillig aus der Leitung aus, um den schweizerischen Status des Werkes, der formal-rechtlich von jeher gegeben war, auch im tatsächlichen Bestand der Leitung durchzuführen. Die deutsche Heimatgemeinde wurde durch K.Hartenstein unabhängig von Basel gesammelt und weitergeführt (1954 als E.V. »B.M. - Deutscher Zweig« mit Sitz in Stuttgart konstituiert). Seitdem ruht die Führung der B.M. bei der schweizerischen Heimatgemeinde; doch ist die endgültige organisatorische Form für das Gesamtwerk noch nicht gefunden. Die deutsche Heimatgemeinde trägt wieder einen wesentlichen Teil des Aufwands für die Felder, und anfangs 1957 standen wieder 24 Deutsche unter insgesamt 185 Mitarbeitern auf den Feldern. Die Leitung des Missionswerks in Übersee liegt ganz in Basel, ein Vertreter der deutschen Heimatgemeinde nimmt an den Beratungen in Basel teil.

Auf der Goldküste, in Indien, Hongkong und Kalimantan (Borneo) sind die einheimischen Kirchen voll selbständig geworden, und die Integration der Mission ist durchgeführt; deren Hilfe auf den verschiedensten Gebieten wird von den Kirchen mit Dank und Vertrauen angenommen. In Brit. Kamerun ruht die Hauptverantwortung zZ noch in den Händen der Mission; doch nähert sich die Kirche der vollen Selbständigkeit. Aus Südchina mußte sich die Mission 1949/51 völlig zurückziehen; über das Schicksal der Kirche (1951 rund 150 Gemeinden mit 32 000 Gliedern, 50 Pfarrern und vielen Institutionen) ist kaum etwas bekannt. Dagegen wurde seit 1949 die Verbindung mit der von China aus gegründeten Diasporakirche auf Nordborneo und seit 1955 auch mit der Kirche in Hongkong wieder aufgenommen. In Nordborneo ist seit 1952 eine Pionierarbeit unter den Dusunstämmen des Inlands im Gang.

Stand der Missionsgebiete Anfang 1957: 1. Presbyterianische Kirche in *Ghana* (bisher Goldküste): ca 140 000 Christen (40 000 Abendmahlsberechtigte), 75 Pfarrer, mehrere 1000 Lehrer, Katecheten und Evangelisten; zZ 55 europäische Missionskräfte. - 2. In *Indien:* 3 Distriktskirchen mit rd 32 000 Christen: a) Malabarkirche in der Diözese Nord-Kerala der Kirche von → Südindien; b) und c) Vereinigte Basler Missionskirchen von Süd-Kanara und Bombay-Karnatak; zZ 25 europäische Missionskräfte. - 3. Chinesische Tsung Tsin-Kirche in *Hongkong:* 9 Gemeinden mit 3300 Christen und großem Schulwesen; zZ 5 europäische Missionskräfte. - 4. In *Kamerun:* etwa 630 Gemeinden mit 55 000 Christen (30 000 Abendmahlsberechtigte), 40 Pfarrer, 860 Lehrer(innen), Evangelisten und Katecheten; zZ 65 europäische Missionskräfte. - 5. Ev. Kalimantan-Kirche in *Kalimantan* (Indonesien): ca 30 000 Christen, 50 Pfarrer; zZ 12 europäische Missionskräfte, dazu 2 im Dienst des Indonesischen Kirchenbundes in Djakarta (Java). - 6. In *Nordborneo:* a) Borneo Basel Self Established Church: 13 Gemeinden mit ca 3000 Christen und mehreren Schulen; zZ 2 europäische Missionskräfte; b) Evangelistische Arbeit unter den Dusunstämmen (8 Gemeinden mit 4-500 Christen und 1000 Taufbewerbern); zZ 8 europäische Missionskräfte.

→ Missionen, deutsche: I.

C.Mirbt, 100 Jahre Basler Missionsarbeit (EMM 59, 1915, 468-483. 526-540) - W.Schlatter, Gesch. der B.M. 1815-1915, 3 Bde, 1916 - Ders., 125 Jahre B.M. (EMM 84, 1940, 169-186) - H.Anstein, Nicht durch Heer oder Kraft, 125 Jahre B.M. 1815-1940, 1940.

A.Dilger

Basnage, Hugenottenfamilie aus der Normandie, von der aus dem 16.-18.Jh. zu nennen sind: 1. *Benjamin* B. (1580-1652), Pfarrer in Sainte-Mère-Eglise, politisch für die → Hugenotten tätig (auch in Holland, England, Schottland). Als Synode-Modérateur mild gegen → Amyraut, fest gegen den königlichen Kommissär. - 2. *Heinrich* B. (1615-95), Sohn von 1, ausgezeichneter Rechtsanwalt in Rouen, dort auch noch nach 1685 tätig. - 3. *Jakob* B. (1653-1723), Sohn von 2, humanistisch fein gebildet, theologisch geschult in Sedan und Genf, Pfarrer in Rouen, zog sich 1685 mit königlicher Sondergunst nach Holland zurück, Pfarrer in Rotterdam und im Haag; vom französischen Hof diplomatisch benützt, erwirkte er im Frieden von Utrecht 1707 dennoch keine Toleranz für die Hugenotten, half gleichwohl in Verbindung mit Antoine → Court eine neue Kamisardenerhebung verhindern. Später betätigte sich J.B. als Historiograph der Generalstaaten.

Benjamin B., De l'estat visible et invisible de l'Eglise, 1612. - Jakob B. vf. mehr als 26 Werke, u.a. gegen die Vorschläge der Klerusversammlung, 1682, gegen → Bossuet, 1685; La communion sainte, 1688; Arbeiten über die Gesch. der ref. Kirche in Frankreich, der christl. Kirche, über die Gesch. der Juden. - RE II, 440ff - La France protestante I^2, 922ff.

O.E.Strasser

Bastholm, *Christian* (1740–1819), der Hauptvertreter der Aufklärungstheologie in → Dänemark. * in Kopenhagen, studierte B. zuerst Naturwissenschaften und Philosophie, dann Theologie, war 1768–71 Pfarrer an der deutschen Gemeinde in Smyrna, wo er seine deutsche »Lobrede auf den Messias« in Klopstockschem Stil schrieb, 1772 Pfarrer am Kopenhagener Kastell, 1777 in Helsingör, 1778–1800 Hofprediger in Kopenhagen. Durch B.Münters Predigten angeregt, schrieb B. seine »Gejstlige Talekonst« (»Geistliche Redekunst«, 1775), die im dänischen Predigtstil Epoche machte; → Joseph II. soll sie zur Anwendung in den österreichischen Priesterseminarien empfohlen haben. Auch seine »Aandelige Taler« (»Geistlichen Reden«, 1777) wirkten durch ihr gefühlvolles Pathos. B.s spätere theologische Schriften vertreten in zunehmendem Grade die religiösen Anschauungen der Aufklärung. Im selben Geiste arbeitete B. für Reformen in der Liturgie (1785) und in der Theologenausbildung.

Vf. u.a. noch: Jødiske Historie I. II, (1777) 1782²; Den christelige Religions Hovedlærdomme, 1783; Den naturlige Religion, 1784; Religionsbog for Ungdommen, 1784. – Über B. vgl. M.Neiiendam, Chr.B. Studier over Oplysningens Teologi og Kirke, Kopenhagen 1922 – Ders., Bastholmske Familienpapirer, ebd 1924 – F. Rönning, Rationalismens Tidsalder II. III, ebd 1899 – RE II, 442f – Den danske Kirker Historie V, 1951, 363ff (Kornerup).

V.Waschnitius (Hal Koch)

Batakkirche. Die B. (Huria Kristen Batak Protestant, HKBP) ist aus der 1861 begonnenen Arbeit der → Rheinischen Missionsgesellschaft (RMG) auf Andalas (Sumatra, → 4 A 1/2) erwachsen. Drei Umstände hatten die Batakmission stark begünstigt: die RMG setzte ein, ehe der Islam das Land überfluten konnte und bevor der zersetzende Einfluß europäischer Zivilisation begann. Die Batak sind ein begabtes und aufstrebendes Volk, und in L.I. → Nommensen kam ein begnadeter Missionar, der von 1862–1918 dort wirkte. Kirchenordnungen von Nommensen (1881) und J. → Warneck (1930) hatten das Werden einer eigenen Kirche gut vorbereitet, der zweite Weltkrieg hat es beschleunigt. Als am 10.5.1940 die Missionare der RMG interniert wurden, erklärte die HKBP sich selbständig und wählte einen Batak zum Ephorus. In der Zeit der japanischen Besatzung (1942–45) mußte sie sich bewähren. Nach 1945 kämpften Batakchristen zusammen mit ihren muslimischen Landsleuten für die Freiheit Indonesiens. Sie nehmen heute im öffentlichen Leben des jungen Staates eine geachtete Stellung ein. Als sich die HKBP nach 1950 von der RMG 3 Ärzte, 3 Lehrer, 3 Dozenten, 2 Missionare und 1 Architekten als Mitarbeiter erbat, gliederten sich diese der HKBP ein.

Nachdem seit 1938 freundschaftliche Beziehungen zur Ev.-luth. Tamulenkirche in Indien bestanden hatten, empfing die B. seit 1948 kräftige finanzielle Hilfe vom Luth. Weltbund. 1951 schuf sich die junge Kirche ohne jede Mitarbeit von Weißen ein eigenes Credo, das sich dadurch als ein echtes → Bekenntnis (: VIII) erweist, daß es sich in seinen damnamus-Sätzen nicht gegen irgendwelche alten Ketzereien der Kirchengeschichte abschirmt, sondern gegen die Mächte, die die B. heute bedrängen (Islam, Rom, altes Heidentum, Pfingstbewegung, übertriebener Nationalismus u.a.). 1952 wurde die B. unter Anerkennung ihres Bekenntnisses in den Luth. Weltbund aufgenommen. Ihr ausgebautes Schulwesen krönte die B. 1954 durch Errichtung einer christlichen »Nommensen-Universität« mit juristischer, volkswirtschaftlicher und theologischer Fakultät. Die alten Missionshospitäler in Tarutung und Balige (→ 4 A 1) sind heute Krankenhäuser der Kirche. Eine ausgedehnte Diasporaarbeit wird an den Batakgemeinden auf Djawa, Kalimantan (Borneo), Sulawesi (Celebes) und in Malaya getan. Den Missionsdienst auf den Mentaweiinseln hat die B. übernommen; es arbeiten dort bataksche und rheinische Missionare gemeinsam. – Das Wachstum der B. erhellen folgende Zahlen: 1918 gab es nach einem halben Jahrhundert der Wirksamkeit Nommensens 180 000 Batakchristen; 1954 zählte man 631 534 Glieder der B.

Th.Müller-Krüger, Nach 10 Jahren. Reise durch Indonesien, 1950 – H.F.deKleine, Das Bekenntnis der HKBP, 1952 (Übers.) – F. A.Schiotz, Lutheran World Missions (IRM 43, 1954, 311–322) – EKL I, 332ff – P.Beyerhaus, Die Selbständigkeit der jungen Kirchen als missionarisches Problem, 1956, 163–215.

H.Berner

Bate, *Heinrich* (1246 bis nach 1310), * zu Mecheln (Belgien), gegen 1270 magister artium, spätestens 1301 magister in theologia, zuletzt Kanonikus in Lüttich. Durch seine Übersetzungen der Werke des Abraham ibn Ezra und eigene Schriften hat er auf die Astronomie des MA einen bedeutenden Einfluß ausgeübt. Sein Hauptwerk ist das Speculum divinorum et quorundam naturalium, eine 23 Teile umfassende Enzyklopädie (Teil 1 und 2 ed. G.Wallerand, Les Philosophes Belges, t. XI, 1931), in der er die aristotelische Philosophie mit der platonischen zu einer höheren Synthese vereinen will.

B.s Leben u. Schriften bei Wallerand aaO – G.Wallerand, H.B. de Malines et saint Thomas d'Aquin (Rev. néoscol. de philosophie 36, 1934, 387–411) – Ü II¹¹, 473f. 761 (Lit.).

B.Decker

Batiffol, *Pierre* (1861–1929), * in Toulouse als Sproß einer Akademikerfamilie, studierte zunächst am Seminar von Saint-Sulpice in Paris, wo er mit dem späteren Père Lagrange zusammentraf (1892 begründete dieser gemeinsam mit B. die Revue Biblique), dann am Institut Catholique; mit der Erforschung des Codex purpureus in Albanien betraut, 1887–89 in Rom, 1889–98 und 1907 bis 1929 Hausgeistlicher an der Ecole Sainte-Barbe in Paris, 1898 Rektor des Institut Catholique in Toulouse. 1907 mußte er seine Ämter niederlegen, da sein Buch über die Eucharistie (Etudes d'histoire et de théologie positive) indiziert wurde. Die Arbeit B.s galt besonders dem Gebiet der Dogmengeschichte. In seinen Werken setzt sich freilich der Dogmatiker bisweilen über die Bedenken des Historikers hinweg. B. spielte eine bedeutende Rolle im Streit um den »Modernismus« (→ Reformkatholizismus).

Vf. außer dem genannten Werk über die Eucharistie (1905; 1913 in bereinigter Form: bes. das Kapitel über das MA ist gestrichen): über die Anfänge des Katholizismus: L'Eglise naissante et le catholicisme, 1909; La paix constantinienne, 1914; Le catholicisme de saint Augustin, 1920; Le siège apostolique, 1924. – Monographien u. Aufsätze zur Gesch. der christl. Lit. u. zu verschiedenen liturgischen Fragen, bes.: Histoire du Bréviaire romain, 1892; Leçons sur la Messe, 1918. – Ferner: L'enseignement de Jésus, 1905 (gegen die Arbeiten von A.Loisy). – Über B.: J.Rivière, Mgr. B., Paris 1929 (positiv) – A.Houtin, Mon expérience II: Ma vie laïque, Paris 1928, bes. 150ff, wo B. ausdrücklich mit »N.« bezeichnet ist (negativ) – A.Loisy, Mémoires pour servir à l'histoire religieuse de notre temps, 3 Bde, Paris 1930f, passim – DBF V, 812f (Lit.).

R.Voeltzel

Batizi, *András*, * um 1510, † nach 1546, seit 1530 Lehrer in Kassa, wahrscheinlich auch Sátoraljaujhely und Szikszó, 1542/43 Student in Wittenberg, dann Pfarrer in Tokaj und der Gegend von Szatmár, 1545 mit Kopácsi führend auf der Synode von Erdőd (→ Ungarn). B. verfaßte einen der ersten ungarischen Katechismen (1542–55 in drei Auflagen) und war der erste Epiker in der ungarischen Literatur, der Ereignisse der biblischen Geschichte besang; sein Pfingstlied ist noch im neuesten Gesangbuch der ref. Kirche Ungarns enthalten.

B.s Brief vom 8.12.1543 an Melanchthon (mit sehr interessanten Angaben über die damaligen Zustände unter der Türkenherrschaft) s. in der Bayr. Staatsbibliothek München, Collectio Camerariana, Vol. 16, Nr. 78.

B.Nagy

Baudelaire, *Charles* (1821-67), franz. Dichter. Nach dem Tode seines Vaters heiratete seine Mutter den General Aupick, als B. etwa 6 Jahre alt war. In dieser für B. schmerzlichen Erfahrung (er hing auch noch später sehr an seiner Mutter) sehen manche B.-Biographen den Anfang seines in Wahrheit unglücklichen Lebens (J.-P. Sartre). Nach seinen Studien in Paris entschied er sich gegen den Willen seines Stiefvaters für die Dichtkunst, besuchte Literatencafés und lernte die angesehensten Dichter seiner Zeit kennen. - Außer einigen kunstkritischen Schriften und der ausgezeichneten Übersetzung von Werken E.A.Poes und den »Kleinen Geschichten in Prosa« gründet sich sein Ruhm fast ausschließlich auf den Band »Les Fleurs du Mal«. Diese in thematische Gruppen gegliederte Gedichtsammlung, die bei ihrem Erscheinen (1857) einen für B. ungünstigen Prozeß auslöste, stellte innerhalb der franz. Lyrik des 19.Jh.s etwas Neues dar. Ihre Eigenart läßt sich zwar zT aus der Romantik und dem Parnass erklären; doch, ganz abgesehen von den behandelten Themen, ist das Neue dieser Gedichte ihre besondere Musikalität und eine Wortwahl, die bewußt dem Wort in seiner Umgebung im Gedicht einen eigenen Sinn verleiht. So erscheint B. als Vorläufer der Symbolisten. - Obwohl er oft religiöse Themen berührt, ist es fast unmöglich, über seine Religiosität etwas Endgültiges auszusagen oder ihn gar, wie es in der B.-Literatur öfters geschehen ist, zum kath. Dichter zu stempeln. Sein Werk, einschließlich der Tagebücher, enthält aus dem Augenblick geborene Anrufungen Gottes *und* des Satans, aber keine Anzeichen einer andauernden echten Gläubigkeit.

Oeuvres complètes, Paris 1923-52. - Über B.: E.-J.Crépet, B., Paris 1928 - F.Kemp, B. u. das Christentum, 1939 - J.-P.Sartre, B., Paris 1947. *P.M.Schon*

Baudissin, *Wolf Wilhelm Graf,* * 26.9.1847 auf Gut Sophienhof bei Kiel, † 6.2.1926 in Berlin, nach theologischem und orientalistischem Studium Prof. für AT in Straßburg (1876-81), Marburg (1881-1900) und Berlin (1900-21 bzw. 26). B.s Leistungen liegen vornehmlich auf dem Gebiet der Religionsgeschichte, wo er den Zusammenhang der at. Religion mit den Religionen der Umwelt einerseits und ihre Besonderheit anderseits erhellt hat.

Studien zur Semitischen Religionsgeschichte, 2 Bde, 1876/78; Adonis u. Esmun. Eine Untersuchung zur Gesch. des Glaubens an Auferstehungsgötter u. an Heilgötter, 1911; Kyrios als Gottesname im Judentum u. seine Stelle in der Religionsgeschichte, 4 Bde, 1929. Bibliogr. in: Abhandlungen zur Semitischen Religionskunde u. Sprachwissenschaft W.W.Gr.v.B. zum 26.9.1917 (BZAW 33), 1918. - O.Eissfeldt, Vom Lebenswerk eines Religionshistorikers (ZDMG 80, 1926, 89-130; mit Nachtrag zur Bibliogr.). *O.Eißfeldt*

Baudouin, *Francois* (Balduinus), * 1520 in Arras, † 1572/73, hervorragender Jurist; Verbindung zu → Du Moulin, → Budé u.a. Humanisten. Von den religiösen Auseinandersetzungen ergriffen, sympathisiert B. mit der ev. Reformation. 1542 wird ihm als Anhänger Calvins der Ketzerprozeß gemacht. Reizbar und unstet beginnt er das charakteristische Wanderleben dieser »Häretiker«. Seine Stationen sind Straßburg (Bucer), Genf (Calvin), Berufung nach Bourges, wieder Straßburg, Heidelberg (1555/61). Bezeichnend für B. ist seine Rückkehr nach Frankreich beim Ausbruch des Bürgerkrieges; dort versucht er vergeblich einen Ausgleich zwischen den Fronten in Poissy (1561). Später weilt B. auf Einladung Wilhelms von Oranien in Brüssel. Seit 1566 ist er wieder Professor in Paris, dann in Angers. Nach der Bartholomäusnacht weigert sich B., die Massaker zu verteidigen. Als Jurist gehört B. zur sog. historischen Schule in Frankreich: sine historia caecam esse iurisprudentiam; als Humanist ist er Anhänger → l'Hôpitals: mit ihm tritt er nach dem Mißerfolg des dogmatischen Ausgleichs für die vom Staat gewährte Toleranz ein (dafür aufschlußreich seine Polemik mit Calvin und Beza).

La France protest. I², 993 (Bibliogr.) - ADB II, 16 - DHGE VI, 1426 - Stintzing-Landsberg-Leclerc, Histoire de la tolérance II, 1955. *R.Nürnberger*

Bauer, *soziologisch.* Die häufig geübte Gleichsetzung von Landwirtschaft und B.ntum ist für die Klärung der besonderen soziologischen Situation des bäuerlichen Bevölkerungsteiles unzulässig. Landwirtschaftliche Beschäftigung übt jeder aus, der ein Grundstück bewirtschaftet und ihm durch entsprechende Nutzung Bodenerzeugnisse abgewinnt. Die Landwirtschaftsstatistik in Westdeutschland rechnet daher mit rd 2 Mill. landwirtschaftlichen Betrieben über 0,5 ha, wobei Gärten, die ausschließlich von Nichtlandwirten bewirtschaftet werden, nicht berücksichtigt sind. Auch unter den Betrieben über 0,5 ha gibt es rd 700 000, die in der Form des Nebenerwerbs bewirtschaftet werden. Demgemäß können erst die verbleibenden 1,3 Mill. Betriebe als landwirtschaftliche Betriebe im engeren Sinne aufgefaßt werden. Die von Ipsen vorgeschlagene Aufteilung nach B.ngütern (30-100 ha), Groß-B.nwirtschaften (15-30 ha), Mittel-B.n (7,5-15 ha) und schließlich Kleinbetrieben (2 bis 7,5 ha) hat gegenüber der in der amtlichen Statistik üblichen Aufteilung nach Größenklassen den Vorteil, daß sie in weitem Umfange mit bestimmten Formen der Arbeitsverfassung zusammenfällt. Wenn man nämlich danach unterscheidet, ob in der jeweiligen Betriebsform die Arbeitskapazität der Wirtschafterfamilie voll ausgenutzt wird, ob darüber hinaus zusätzliche Arbeitskräfte benötigt werden oder ob der Betrieb nach Größe und Organisation nicht genügende sinnvolle Einsatzmöglichkeiten für die Familie bietet, kommt man zu einer Unterteilung nach Fremdarbeiterbetrieben, Familienwirtschaften und kleinbäuerlichen Betrieben, denen sich nach unten hin die Nebenerwerbswirtschaften anschließen.

Diese Einteilung der landwirtschaftlichen Betriebe ist geeignet, die Trennungslinie zwischen B.ntum und Landwirtschaft im soziologischen Sinne aufzuzeigen. Als B.ntum im engeren Sinne bezeichnen wir jene Bevölkerungsteile, die die landwirtschaftliche Nutzung ihres Grunds und Bodens im wesentlichen durch den Einsatz der familieneigenen Arbeitskräfte realisieren. Den bäuerlichen Kern unserer westdeutschen Agrarverfassung repräsentieren also in der Hauptsache die Familienwirtschaften, die Groß-B.n und die kleinbäuerlichen Betriebe. Prinzipiell kann man auch noch die B.ngüiter hinzunehmen. Jedoch ist es unter Umständen schwierig, die Trennungslinie zu den eigentlichen Gutsbetrieben zu ziehen, deren Merkmal darin besteht, daß Leitung und Ausführung der Arbeit getrennt sind. Es geht aus den bisherigen Ausführungen hervor, daß die Tätigkeit der Landbebauung nur ein Faktor für die Bestimmung des B.n im soziologischen Sinn sein kann. Hierzu muß das Kriterium der Arbeitsverfassung kommen. Am meisten ausgeprägt findet sich der Sozialtyp »B.« in der Familienwirtschaft. Hier kommt der Begriff der Ackernahrung ins Spiel, der besagt, daß zur Ausprägung echten B.ntums Betriebe erforderlich sind, die nach Größe und Organisation geeignet erscheinen, nicht nur das wirtschaftende Ehepaar, sondern auch die heranwachsende Generation und gegebenenfalls auch die Altenteiler zu tragen. Die Familienwirtschaft ist mit ihrem auf Arbeitsteilung und Arbeitsvermengung ruhenden Gleichgewicht zwischen den Generationen und Geschlechtern eine dem B.ntum gewissermaßen ex definitione inhärente Wirtschafts- und Sozialform. B. sein ist also nicht nur Beruf, sondern Lebensform. Auch großbäuerliche Betriebe sind dem B.ntum im eigentlichen Sinne zuzurechnen, obwohl die Einfügung von familienfremden Arbeitskräften soziologisch von erheblicher Tragweite sein kann. Dagegen verliert der Klein-B., der keine ausreichende Existenzgrundlage mehr auf seinem Grund und Boden findet, u.U. sozialrelevante bäuerliche Wesenszüge; eine dauernd prekäre wirtschaftliche Situation löst in diesen Bevölkerungsteilen das Gefühl der sozialen Unsicherheit aus und bringt sie in eine dem ursprünglichen Begriff des B.ntums diametral entgegengesetzte proletarierähnliche Situation und dies um so mehr, als der Lebensstandard der Industriearbeiter steigt, mit denen sie sich vergleichen. Die Ungleichmäßigkeit der Gruppen, die im alltäglichen Sprachgebrauch als B.n bezeichnet werden, ist zu beachten, will man Lage und Aussichten des eigentlichen B.ntums in der industriellen Gesellschaft richtig beurteilen.

Die geschichtlichen Ursprünge des heutigen Voll-B.ntums liegen weithin im Dunkeln (→ Agrarverfassung). Soziologisch bedeutend ist vor allem, daß die Entfaltung der Agrargesellschaften mit der Errichtung von Herrschaftsverhältnissen einherging, die nicht nur Rechte auf den Boden, sondern auch auf die Person erwarben. Am Ende der Entwicklung stand ein trotz mannigfacher Differenzierung sozial relativ einheitlicher B.nstand, dem gemeinsam war, daß die verschiedenen Herrschaften ihn sowohl in der Verfügungsgewalt über den Boden als auch hinsichtlich der persönlichen Freiheit einschränkten. Besonders bedeutsam war die Ausschaltung in politischer Hinsicht.

Die zahlenmäßige Ausdehnung der Voll-B.n war grundsätzlich an die Zahl der B.nstellen gebunden. Nach Abschluß der Rodungsvorgänge war das Land mit einem Netz von Voll-B.nstellen überzogen. Den sozialen Status des Voll-B.n konnte nur der Inhaber einer solchen Stelle erlangen. Nur dieser konnte grundsätzlich eine Ehe eingehen. Für die Nachgeborenen war diese Möglichkeit beschränkt, da auch andere generativ vollwertige Arbeitsstellen, etwa die der Dorfhandwerker, indirekt an die Zahl der Voll-B.nstellen gebunden waren. Das galt letzten Endes auch für die Arbeitsplätze in den Städten. Erst mit der Industrialisierung wurden neue von der Landwirtschaft unabhängige Erwerbschancen geschaffen. Aber bereits früher bildete sich im deutschen → Dorf eine halb- bzw. unterbäuerliche Schicht aus, die durch die Aufnahme von Hausgewerbe verbunden mit einer kleinen landwirtschaftlichen Stelle ihr Leben fristete (Linde). Hier liegt der Ausgangspunkt des Arbeiter-B.ntums, das heute einen erheblichen Anteil der Industriearbeiterschaft stellt. Im Gefolge der → Bauernbefreiung und der Industrialisierung kam es dazu, daß die Bodenbewirtschaftung in Deutschland mit sozial verschieden einzustufenden Trägern verbunden wurde, auf der einen Seite mit dem aus der Emanzipierung der unterbäuerlichen Schicht hervorgegangenen Arbeiter-B.n und auf der anderen Seite mit dem Voll-B.n, der die im Eigenbesitz befindliche Ackernahrung bewirtschaftet. Wenn man von den wenigen Gutsbetrieben absieht, so darf man wohl sagen, daß die Krisenpunkte unserer → Agrarverfassung gerade an den Übergangsstellen liegen, wo diese Typen nicht realisiert werden oder werden können.

Während das alte B.ntum durch die Wirtschaftsform der Selbstversorgung geprägt war, ist es mit Fortschreiten der Arbeitsteilung immer mehr auf den Bereich der landwirtschaftlichen Produktion zurückgeworfen worden. Es ist damit in das System der Marktwirtschaft als Produzent, aber auch als Konsument eingespannt worden. Als Folge hält die Rationalität der Wirtschaftsführung ihren Einzug auch im bäuerlichen Bereich. Das rationale Element setzt sich ebenfalls in der Gestaltung der zwischenmenschlichen Beziehungen durch. Mit dem Vordringen industrieller Lebensformen wird die Einheit von Betrieb und Haushalt, also von Arbeitsstätte und Lebensstätte, die für das alte B.ntum kennzeichnend war, problematisch. Die Schwierigkeit, Betrieb und Haushalt zu trennen, ist häufig der Grund für Friktionen (Reibungswiderstände) in der Arbeitswirtschaft, da sie der Einführung von geregelten Arbeitsverhältnissen, sei es für die mithelfenden Angehörigen der eigenen Familie, sei es für Lohnarbeitskräfte - insbesondere Gesindearbeitskräfte - im Wege steht. Wenn man auch zugeben muß, daß für das Arbeitsklima sehr viele subjektive Faktoren verantwortlich sind, so wird das B.ntum sich doch letzten Endes nicht der Forderung entziehen können, die zwischenmenschlichen Beziehungen im Arbeitsleben zu versachlichen, gerade wenn es gelingen soll, das Familienleben den modernen Leitbildern anzupassen. Es wird oft übersehen, daß die Befriedigung gesteigerter Ansprüche nur durch eine rational gestaltete, der alten Hauswirtschaft entgegengesetzten Wirtschaftsführung zu erreichen ist.

Parallel zur Auseinandersetzung mit der Marktwirtschaft verläuft die Auseinandersetzung mit der → Technik. Für die Bestimmung des Verhältnisses zwischen B.ntum und Technik ist es wichtig, die grundsätzliche Technizität der bäuerlichen Arbeit anzuerkennen. Die Agrikultur verändert prinzipiell den »gewachsenen« Boden zum Kulturboden. Es ist eine der großen Leistungen des B.ntums, das bereits mehrfach technische Revolutionen mitgemacht hat, immer wieder ein Gleichgewicht zwischen Natur und Technik erreicht zu haben, das uns die angewandte Technik gewissermaßen als natürlich empfinden läßt. Daher darf der augenblickliche Stand in der technischen Entwicklung nicht als naturhaft notwendig angesehen werden. Gerade die moderne Entwicklung, die zu kleinen anpassungsfähigen technischen Aggregaten hin verläuft (Elektromotor, Schlepper), bietet vielerlei Ansatzpunkte für die Aufnahme der modernen Technik auch im B.ntum.

Das B.ntum ist heute zahlenmäßig schwach. Aber gerade diese Schwäche kann es zu einem starken politischen Faktor machen (Heimann). Wenn etwa in Deutschland 70 v.H. der Bevölkerung von nur 30 v.H. nahrungsmäßig abhängig sind, so bedeutet das, daß das auf Individualeigentum basierende B.ntum - trotz aller Abhängigkeit von der modernen Wirtschaft - Änderungen, die seine Grundlagen anrühren, praktisch unterbinden kann. Der Industrialismus, ob sozialisiert oder nicht, beruht weitgehend auf Überschüssen, die von individuellen Erzeugern mit eigenem Landbesitz produziert werden.

Vgl. auch → Bodenreform.

W.H.Riehl, Naturgesch. des dt. Volkes als Grundlage einer dt. Socialpolitik I-III, 1851-54 - G.Ipsen, Das Landvolk. Soziale Struktur (HWB d. Grenz- u. Auslanddeutschtums, 1933, 37 ff) - W.Abel, Agrarpolitik, 1951 - H.Kötter, Struktur u. Funktion von Landgemeinden im Einflußbereich einer deutschen Mittelstadt, 1952 - Ders., Agrarsoziologie (Soziologie, hg.v. A.Gehlen u. H.Schelsky, 1955, 198-227) - W.Conze, Agrarverfassung (HWSW I, 1953, 105 ff) - E.Heimann, Wirtschaftssysteme u. Gesellschaftssysteme, 1954 - H. Linde, Zur sozialökonomischen Struktur u. soziologischen Situation des dt. Dorfes (Schriftenreihe f. ländl. Sozialfragen 11), 1954 - G. Weippert, Grundfragen der ländlichen Soziologie (Deutsche Siedlungs- u. Wohnungspolitik, 1956, 187-229).

H.Kötter

Bauer, 1. *Bruno* (1809-82), * Eisenberg (Sachsen-Altenburg), studierte seit 1828 in Berlin Theologie und Philosophie, besonders Hegel. Habilitiert 1834 in Berlin, lehrte er als Rechtshegelianer und Schüler von → Hengstenberg, kritisierte das Leben Jesu von D.Fr. → Strauß (1835) vom Standpunkt der spekulativen Orthodoxie und war 1836-37 der Herausgeber der »Zeitschrift für spekulative Theologie«, an der Daub, → Erdmann, → Marheineke, Rosenkranz und F.Chr. → Baur mitarbeiteten. 1838 erschienen die beiden Bände seiner (unvollendeten) »Kritik der Geschichte der Offenbarung Teil I: Die Religion des AT in der geschichtlichen Entwickelung ihrer Prinzipien dargestellt«. Die Schrift: »Herr Dr. Hengstenberg. Kritische Briefe über den Gegensatz des Gesetzes und des Evangeliums« (1839) bedeutet den radikalen Bruch mit der Orthodoxie. Als Anonymus legte er 1840 in seinem Buche »Die evangelische Landeskirche Preußens und die Wissenschaft« dar, daß diese Unionskirche nicht nur prinzipiell, sondern auch praktisch im Staate aufgehen müsse. Da damals der Kultusminister → Altenstein ihm wohlwollte, veranlaßte dieser 1839 seine Neuhabilitierung in Bonn, wo er bis zur Absetzung im März 1842 als stets radikaler werdender Kritiker und Oppositionspolitiker wirkte. In seinen kritischen Studien über die Evangelien (evangelische Darstellung aus dem Selbstbewußtsein der Evangelisten), wurde ihm schon zu Beginn der vierziger Jahre die Geschichtlichkeit Jesu ideologisch fragwürdig. 1877 hat er seine eigentümliche These über die Entstehung des Christentums aus den Ideologien der eigentlichen Ahnherren Philo und Seneca, also nicht Jesu und des Paulus, dargelegt: »Christus und die Cäsaren. Der Ursprung des Christentums aus dem römischen Griechentum«. Dieses Buch ist durch seine anfänglichen Schüler und Freunde → Marx und → Engels seltsamerweise das autoritäre Buch des marxistischen Sozialismus und Kommunismus geworden. In zwei anonymen Schriften »entlarvte« B. in der Maske des pietistischen Theologen den Unglauben des Atheisten Hegel: »Die Posaune des jüngsten Gerichts über Hegel den Atheisten und Antichristen« (1841) und »Hegels Lehre von Religion und Kunst. Von dem Standpunkt des Glaubens aus beurteilt« (1842). Damit wurde der Oppositions-Atheismus der Junghegelianer mit großem Geschick auf Hegels synkretistisches System zurückgeführt und dialektisch begründet. Der politische Umschwung 1840 mit dem Siege der romantischen Reaktion besiegelte B.s akademisches Schicksal. Der neue Kultusminister von → Eichhorn (1779-1856) forderte alle theologischen Fakultäten Preußens zu einem Gutachten über B. auf. Die Mehrheit, zumal die Rationalisten, trat energisch für die Lehrfreiheit ein, weniger für B.s Radikalismen; trotzdem verfügte der Minister März 1842 B.s Absetzung. B. lebte seitdem in Berlin-Neukölln. Als politischer Märtyrer antwortete B. in zwei maßlosen Schriften, in: »Die gute Sache der Freiheit und meine eigene Angelegenheit« (Zürich 1842) und in seiner in Zürich durch → Bluntschli 1843 beschlagnahmten und erst 1927 publizierten radikalsten Schrift: »Das Entdeckte Christentum. Eine Erinnerung an das 18.Jh. und ein Beitrag zur Krisis des 19.«, die durch wenige gerettete Exemplare nachweislich doch u.a. auf Julius Fröbel, Karl Marx, Friedrich Engels, Arnold Ruge, Max Stirner gewirkt hat. In diesem Buche verband er die spiritualistische Kritik des freigeistigen Pietisten und späteren Logos-Spinozisten J.Chr. → Edelmann mit der atheistisch-materialistischen Religionskritik der französischen → Enzyklopädisten Lamettrie und Holbach, dazu mit der eigenen grimmigen Kritik aller Religion. Er proklamierte hier das Programm des konsequent humanistischen Selbstbewußtseins als die kommende Revolution. In der dritten Periode seiner Wirksamkeit war B. von seinem radikal weltlichen Standpunkt aus als Politiker tätig. Der radikale Atheist B. wirkte nach 1848 als konservativer Politiker, war Mitarbeiter der »Kreuzzeitung« und galt als der geistige Schöpfer des konservativen Staats- und Gesellschaftslexikons Wageners (1815-89). Zugleich trat er als entschiedener Antisemit auf. Der geistige Einfluß B.s ist im 20.Jh. wirksam geworden, nicht zuletzt durch den wachsenden Einfluß des Kommunismus, den B. selbst abgelehnt hat. B. ist der Antitheologe par excellence, längst vor Nietzsche, und der Antireligiöse, längst vor Lenin, die er beide an geschichtlicher Sachkenntnis und Sachkritik überragt. Als getreuster Hegelianer ist B. der konsequenteste Humanist der Neuzeit, der alles Christliche und Religiöse zugunsten einer reinen Geistauffassung bewußt abstreift, ohne dabei eine Lösung zu bieten.

Briefwechsel zwischen B.B. u. Edgar B. während der Jahre 1839 bis 1842 aus Bonn u. Berlin, 1844; Gesch. des religiösen u. atheistischen Frühsozialismus. Erstausgabe des von August Becker verfaßten u. von Georg Kuhlmann eingelieferten Geheimberichtes an Metternich u. von Vinets Rapport nebst einer Einleitung hg.v. E.Barnikol, 1932; G.Runze, B.B. redivivus. Ausschnitte aus den Schriften des »Meisters der theologischen Kritik« (1840-1880), 1934 (Lit.). - Über B.: W.Marr, Das junge Deutschland in der Schweiz. Ein Beitrag zur Gesch. der geheimen Verbindungen unserer Tage, 1846 - K.Schmidt, Das Verstandestum u. das Individuum, 1846 - E.Schläger, B.B.s Werke (Schmeitzners Internat. Monatsschr. 1, 1882, 337 bis 400) - RE II, 444ff - M.Kegel, B.B. u. seine Theorien über die Entstehung des Christentums (Abh. z. Philos. u. ihrer Gesch. 6), 1908 - A.Schweitzer, Gesch. der Leben-Jesu-Forschung, (1906) 1951^6 - F.Mehring, Karl Marx, (1918) 1923^4 - RGG^2 I, 766f - E.Barnikol, Das Entdeckte Christentum im Vormärz, B.B.s Kampf gegen Religion u. Christentum u. Erstausgabe seiner Kampfschrift, 1927 (Lit.) - Ders., B.B.s Kampf gegen Religion u. Christentum u. die Spaltung der vormärzlichen preußischen Opposition (ZKG 46, 1927, 1-34) - Ders., B.B.s frühe Grundthese von der Entstehung des Christentums (ThJ 1956, 87f) - G.Runze, B.B., der Meister der theologischen Kritik. Versuch einer Ehrenrettung, 1931 (unkritisch) - R. Seeger, Friedrich Engels. Die religiöse Entwicklung des Spätpietisten u. Frühsozialisten, 1935 - W.Sens, Karl Marx. Seine irreligiöse Entwicklung u. antichristliche Einstellung, 1935 - E.Benz, Nietzsches Ideen zur Gesch. des Christentums 4. Nietzsche u. B.B. (ZKG 56, 1937, 259-277) - P.Wätzel, Karl Schmidt als Theologe (Theol. Diss. Halle), 1946 (Masch.) - K.Löwith, Von Hegel zu Nietzsche, (1950) 1953^3 - A.Cornu, Karl Marx u. Friedrich Engels, Leben u. Werk, Bd 1: 1818-1844, 1954, 124. 129. 142ff - NDB I, 636f.

E.Barnikol

2. *Georg Lorenz* (1755-1806), * in Hiltpoltstein, 1789 Prof. für Orientalia und Moral in Altorf, 1805 für morgenländische Literatur und biblische Exegese in Heidelberg. Als Exeget vertritt er den Gesichtspunkt kritischer Rationalität historischer Forschung und faßt in seinem »Entwurf einer Hermeneutik des AT und NT« (1799) sowie in seiner »Hebräischen Mythologie des AT und NT, mit Parallelen aus der Mythologie anderer Völker, vornehmlich der Griechen und Römer« (2T., 1802) die Ergebnisse der von J.G. → Eichhorn (im Anschluß an Heyne) und J.Ph. → Gabler verfochtenen Position der »mythischen Schule« zu einer ausgestalteten hermeneutischen Theorie zusammen. Dabei wendet er sich gegen die Lehre vom mehrfachen Schriftsinn, besonders gegen die moralische Auslegung im Sinne Kants, und tritt für die Annahme einer stufenweisen Erweiterung der »Religionskenntnisse« in den biblischen Schriften (= »Biblische Theologie«) ein. Streng historische Sachinterpretation verbietet eine Erklärung des AT aus dem NT. Das viel erörterte Akkommodationsproblem läßt B. als äußerste Auskunft nur für das NT zu, sofern keine »wesentlichen Religionswahrheiten« vorliegen. Im einzelnen unterscheidet B. kosmogonische, historische und poetische Mythen und stellt Kriterien für ihre Bestimmung sowie Auslegungsregeln auf, in die die Mythenvergleichung mit außerbiblischem Material eingearbeitet wird.

Vf. u.a. noch: Histor.-krit. EinlAT, (1794) 1806^3; TheolAT, 1796 TheolNT. 4 Bde 1800-02; Bibl. Moral des AT, 1803-05; Bibl. Moral des NT, 1804-05; Breviarium theologiae biblicae, 1803. - Über B.: ADB II, 143ff - Chr.Hartlich-W.Sachs, Der Ursprung des Mythosbegriffs in der mod. Bibelwiss., 1952, 69ff. *Ernst Wolf*

3. *Walter*, ev. Theol., * 8.8.1877 in Königsberg, lehrte in Marburg (1903), in Breslau (1903-15) und von 1916 bis 1945 in Göttingen, seitdem im Ruhestand. Bedeutend als Erforscher der frühen Kirche und als Lexikograph der urchristlichen Sprache.

Bibliogr.: ThLZ 77, 1952, 501-504. Seither: Griechisch-deutsches WB zu den Schriften des NT u. der übrigen urchristl. Lit., (1952^{4}) 1957 f^{5}; The »Colt« of Palm Sunday (JBL 72, 1953, 220-229). Hauptwerke: Das Leben Jesu im Zeitalter der nt. Apokryphen, 1909; Das Johannesevangelium (HNT 6), (1912) 1933^{3}; Die Briefe des Ignatius v. Antiochia u. der Polykarpbrief (HNT ErgBd Teil II), 1920; Rechtgläubigkeit u. Ketzerei im ältesten Christentum (BHTh 10), 1934. Hg. der ThLZ 1930-1939.

W.G.Kümmel

Bauernbefreiung

1. Mit B. bezeichnet man die Lösung der Bauern aus den herrschaftlichen Bindungen, im weiteren Sinn ihre Befreiung auch aus den genossenschaftlichen und familienrechtlichen Bindungen, die aus der alten → Agrarverfassung in das 18. und 19.Jh. überkommen waren. In den *Umständen und Gründen* der B. trafen wirtschaftliche, soziale und politische Gegebenheiten und Bestrebungen zusammen. Gegen Ende des 18.Jh.s wurde der Boden in Mitteleuropa knapp. Die Bevölkerung wuchs, die Preise der Agrarprodukte stiegen, der Landbau gewann Interesse auch in den »feinsten Kreisen« (Voltaire). Die Landwirtschaft, bisher wenig beachtet, rückte zur »ersten aller Künste« auf (Friedrich d.Gr.: »Nur das ist wahrer Reichtum, was die Erde hervorbringt«). Zur Sorge um die Verbesserung des Landbaus gesellten sich die sozialen Bestrebungen, die unter der Fahne der Aufklärung von Frankreich her in Europa vorgetragen wurden. Die Bindungen und Belastungen, die den Bauern des Ancien régime bedrängten, erschienen den Verkündern der neuen Lehre unwürdig, unnütz und der »natürlichen Ordnung« zuwider. Die Herrschaft eines Leib- oder Grundherren vertrug sich durchaus nicht mit der Forderung und Vorstellung der Gleichheit aller Menschen.

2. Die *Rechte der Herren* verfielen als erste der Ablösung, entschädigungslos in Frankreich, in der Weise der wechselseitigen Anrechnung der Ansprüche und Interessen in Deutschland und den meisten anderen Ländern. Dort, wo die Herrschaft der Grund- und Leibherren zur reinen Rentenwirtschaft erstarrt war (Süd- und Südwestdeutschland), bedurfte es nur einer Umwandlung der Lasten und wenigen Fronden in Geldbeträge, die in Raten oder in einer Summe abgezahlt werden durften. In Ostdeutschland mußten auch die Ackerdienste berücksichtigt werden, die die Bauern auf Gutshöfen leisteten. Dort wählte man Landabgaben, die den Bauernstand hart trafen (1/3 bei erblichem, 1/2 bei nichterblichem Besitz), und schloß auch die kleineren Stellen, die nach alter Übung das Gutsgesinde stellten, aus den ersten Regulierungen (1807-16) aus. Als auch sie in die Regulierung einbezogen wurden (1850), waren sie bereits weithin im Gutsland aufgegangen.

3. Kaum weniger als die herrschaftlichen Bindungen hemmten die Verpflichtungen *genossenschaftlicher* Art die Entfaltung der Landwirtschaft am Ausgang des 18. und Beginn des 19.Jh.s. Hierzu gehörten die Feldgemeinschaften mit Flurzwang und Nachbarrechten sowie die im Gemeineigentum stehenden Allmenden. Die Feldzusammenlegungen hatten in Europa früh begonnen. Bereits im ausgehenden Mittelalter setzten in England die »enclosures«, dh die Einhegungen ein, worunter man die Aussonderung einzelner Besitzstände aus den offenen Feldern und ihre Zusammenfassung zu größeren Einheiten verstand. Zu Beginn der Neuzeit folgten in Deutschland einige Gemeinden des Hochstifts Kempten im Allgäu, deren Bauern die Hofstätten im Dorf ganz aufgaben und außerhalb des Dorfes inmitten der neu zugemessenen Wirtschaftsflächen wieder errichteten (sog. Vereinödung). Im 17.Jh. begann der schleswig-holsteinische Adel, seine Felder aus der Feldgemeinschaft der Dorfgemarkungen herauszuziehen. Im 18.Jh. wurde solches Vorgehen allgemeiner, und seit etwa 1820 setzten in Norddeutschland Zusammenlegungen und Teilungen ganz großen Stiles ein. In West- und Süddeutschland, wo die Feldzersplitterung noch viel weiter vorgeschritten war, beschränkte man sich vielfach auf den Wegebau, der nur die einzelnen Parzellen individueller Nutzung erschloß, aber nicht der Vielzahl und der ungeschickten Form der Parzellen abhalf. Dort ist man auch heute noch mit der »Flurbereinigung« nicht am Ende, die als zweiter Akt der B. begriffen und begonnen wurde.

4. Als dritte Aufgabe wurde die Ablösung der *Familien- und Sippenrechte am Boden* von den liberalen Agrarreformern in Angriff genommen. Wohl waren von den alten Einspruchs- und Rückkaufrechten, den Ausstattungs-, Zufluchts- und Erbrechten der Familienglieder nur die erbrechtlichen Partien und auch diese nur in einigen Landschaften noch erhalten geblieben, aber auch sie sollten fallen, weil das »intensivste Wirtschaftssystem, die freie Wirtschaft und der Übergang von der bloßen Rohproduktion zur Weiterverarbeitung der landwirtschaftlichen Produkte erst möglich wird mit der Freiteilbarkeit des Bodens« (Brentano).

Dem hatte schon Stüve in Hannover widersprochen mit der Folge, daß in Hannover das bäuerliche Anerbenrecht, wenn auch in sehr gelockerter Form, bestehen blieb. Seit den 80er Jahren des 19.Jh.s setzte sich auch in Preußen eine andere Auffassung vom → Eigentum und speziell vom Bodeneigentum durch. Die Vorstellung romanistisch geschulter Rechtslehrer, daß unter Eigentum die »unbeschränkte und ausschließliche Herrschaft einer Person über eine Sache« zu verstehen sei (Savigny um 1840), wich allmählich der deutschrechtlichen Anschauung, daß der Eigentümer auch Pflichten habe (Jhering, v.Gierke). In Preußen schuf man »Rentengüter«, über die der Eigentümer nicht frei verfügen konnte. Max Sering, der große deutsche Nationalökonom und Agrarpolitiker († 1939), forderte und erreichte den Ausbau des der altbäuerlichen Sitte entsprechenden Anerbenrechtes (mit geschlossener Hofübergabe und mäßiger Bevorzugung des Anerben). Genehmigungs- und Anzeigepflichten beim Kauf, Verkauf, der Verpachtung und Belastung landwirtschaftlicher Grundstücke kamen hinzu - in Deutschland wie in anderen Ländern. Dabei zeigte sich - besonders deutlich in Deutschland in der Zeit nationalsozialistischer Herrschaft -, daß ein Übermaß von Bindung genauso schädlich sein kann wie ein Übermaß an Freiheit. Auf dem schmalen und schwierigen Grat, der zwischen dem Zuviel und Zuwenig bleibt, führt die westliche Welt ihre »B.« zu Ende.

5. Im *Osten* leitete, wie im Westen, die Aufhebung der Leibeigenschaft die B. ein (Rußland 1861). Herreneigentum, Dorfgenossenschaften und Staatsländereien blieben in Rußland zunächst noch bestehen, bis Stolypin (1906) die Auflösung der bäuerlichen Feldgemeinschaften (sog. Mire) begann. Zur gleichen Zeit entwickelte schon Lenin ein, wie es damals noch hieß, sozialdemokratisches Agrarprogramm, das an die Stelle der liberalen B. die sozialistische setzte: Überführung des Bodeneigentums auf die Gesellschaft, Errichtung von Großbetrieben, Befreiung des Bauern von den Fesseln des »Kapitalismus«.

→ Bodenreform, → Agrarverfassung, → Bauer, soziologisch.

G.F.Knapp, Die B. u. der Ursprung der Landarbeiter in den älteren Teilen Preußens, 2 Bde, 1887 - HWSt II, 1924, 378ff - L.Brentano, Agrarpolitik, 1925^{2}, 215ff - F.Lütge, Über die Auswirkungen der

B. in Deutschland (JbNSt 157, 1943, 353-404) - W.CONZE, Die liberalen Agrarreformen Hannovers im 19.Jh., 1946 - W.ABEL, Agrarpolitik, 1951 (Lit.). *W.Abel*

Bauernkrieg *1524-25*

1. Vorgeschichte - 2. Verlauf - 3. Luthers Stellung; Folgen

1. a) Der erste B. in Europa, der mehr als ein örtlicher Aufstand war, brach 1323 in *Flandern* aus. Er wandte sich gegen Landesherrn und Adel, aber auch gegen die Kirche, die sich mit Bann und Interdikt auf Seite der Herren stellte. Priester wurden vertrieben, der Zehnt verweigert und der Anbruch eines neuen Zeitalters verkündet. Auch die Jacquerie, die 1356 *Nordfrankreich* erschütterte, erstrebte »die alte Freiheit des Landes wiederherzustellen«, indem sie sich gegen Kirche und Adel wandte, den König aber als Herrn anerkannte. Im *Englischen B.* 1381 verband sich besonders nachhaltig der Kampf gegen die feudale Reaktion für das alte Recht mit der religiösen Erregung. John Ball, der die Leibeigenschaft verwarf und die ursprüngliche Gleichheit der Menschen verkündete, war abhängig von der Armutslehre der Franziskaner (→ Armut: II, 6). Er berief sich nicht auf das relative, sondern auf das absolute Naturrecht des biblischen Urzustandes: »Als Adam grub und Eva spann, wo war denn da der Edelmann.« → Wiclif stellte neben Balls Lehre vom natürlichen Recht das Göttliche Recht. Sein Satz »Nullum est civile dominium, nisi in iustitia evangelica sit fundamentum« machte die lex Dei zum Maßstab auch für die Welt. Die Bauern übertrugen den von Wiclif auf die kirchliche Herrschaft begrenzten Satz auch auf den sozialen Bereich und prüften jedes Recht auf seinen biblischen Ursprung. Sie verlangten die Einziehung des Kirchenguts und die Einsetzung eines Bischofs für ganz England. Wenngleich Wiclif dem Aufstand fernblieb, schlossen sich ihm eine Reihe seiner Schüler an. Unter Führung Balls und Wat Tylers, eines Ziegelbrenners, eroberten die Bauern London, wurden jedoch bald niedergeworfen. Durch die → Hussiten kam Wiclifs Lehre vom Göttlichen Recht nach Mitteleuropa und wirkte auf den Bundschuh ein. Auch in *Ungarn* (1515) und *Spanien* kam es im ausgehenden Mittelalter zu B.en, in denen sich religiöse und politische Forderungen verbanden.

b) In *Deutschland* standen zunächst Aufstände, die sich auf das alte und solche, die sich auf das göttliche Recht beriefen, nebeneinander. Die erste Erhebung für das alte Recht ist der Freiheitskampf der Schweizer gegen die Habsburgischen Landvögte im 13.Jh. Ebenso beriefen sich um 1400 die Appenzeller und im 15.Jh. die Untertanen zahlreicher Klöster und Herren in örtlichen Unruhen auf das alte Recht. 1514-17 kam es fast gleichzeitig in Württemberg (Armer Konrad), Österreich (Steiermark, Kärnten, Krain) und der Schweiz zu größeren Aufständen. Die Bauern wandten sich dagegen, daß der sich ausbildende Territorialstaat, gestützt auf das römische Recht, die bäuerliche Selbstverwaltung einschränkte und die Nutzungen an Weide, Wasser und Wald einengte wie auch vielfach die Abgaben erhöhte und (etwa in Kempten) die Leibeigenschaft verschärfte. Die Unruhen wurden fast stets durch einen Rechtsspruch beigelegt, der wesentliche Forderungen der Bauern anerkannte (zB Tübinger Vertrag 1514).

Die ersten Unruhen, die sich nicht auf eine einzelne Herrschaft beschränkten und nicht nur begrenzte rechtlich begründete Forderungen erhoben, waren gegen die *Juden* gerichtet. Bereits 1338 wollten oberdeutsche Bauern unter einem »König Armleder« die Juden als Feinde Christi vernichten. Im Wormser Bauernaufstand 1431 machte sich zuerst hussitisches Gedankengut bemerkbar. Offener trat dies noch bei der von Hans → Böhm verkündeten Wallfahrt nach Niklashausen 1476 hervor. Böhm verwarf alle Abgaben, forderte, daß die Herren mit dem gemeinen Mann teilen sollten, und rief zum Pfaffensturm auf.

Der *Bundschuh* (der gebundene Schuh des Bauern im Gegensatz zu dem Stiefel des Ritters) begegnet schon im 13.Jh. als volkstümliches Symbol. Um 1450 (Armagnaken) ist er Zeichen der Volksabwehr wie des sozialen Aufstandes. Der erste größere Bundschuh-Aufstand (1493 in Schlettstadt) richtete sich gegen das geistliche Gericht und die Juden, wollte aber auch die Klöster abschaffen und die Pfarrbesoldung ausgleichen. In der Folge organisierte der Speyerer Bauer Joß Fritz 3 Bundschuhe (1502 Bistum Speyer, 1513 Breisgau, 1517 Oberrhein). Fritz forderte unter Berufung auf das Göttliche Recht, das er durch die Flugschrift »Reformation des Kaisers Siegmund« kennengelernt hatte, die Aufhebung der Leibeigenschaft, die Freigabe von Jagd- und Fischfang, Wasser und Weide. Er wollte die weltliche Herrschaft der Kirche beseitigen und die Klöster zerstören. Ein neuer Kaiser Friedrich sollte die Bauern führen.

War das 15.Jh. wirtschaftlich eine Krisenzeit (Bevölkerungsrückgang, Wüstungen), so brachte das 16.Jh. eine allgemeine Besserung, so daß von einer Notlage der Bauern vor dem B. nicht grundsätzlich zu sprechen ist. Führer der Aufstände wie später des B.es waren nicht etwa die Dorfarmen, sondern die Dorfehrbarkeit. Unmittelbar vor 1517 befand sich Deutschland in allgemeiner Erregung. Bauernaufstände und Städteunruhen wurden immer gefährlicher. Die ersten Verbindungen zwischen den altrechtlichen Aufständen und dem Bundschuh zeigten sich. Durch Luthers und Zwinglis Auftreten wurde die geistliche und weltliche Autorität vollends erschüttert. Der gemeine Mann wurde zur Stellung aufgefordert. Zahlreiche Flugschriften wandten sich an ihn. Seine Forderungen galten als berechtigt. Fast notwendig mußte das Volk das Evangelium »fleischlich« verstehen und in der Bibel die Rechtsgrundlage auch für das irdische Leben suchen. An die Stelle der Lex Dei trat das Evangelium. In dieser Umdeutung wurde das Göttliche Recht zum massenmitreißenden Schlagwort. In ihm verband sich reformatorische Gesinnung mit dem Streben nach einer neuen, biblisch begründeten, zugleich aber den alten Rechtsstand wiederherstellenden Ordnung. Die Reformation schlug die Brücke zwischen altem und göttlichem Recht.

2. Der B. begann im Juni 1524 in der Landgrafschaft Stühlingen im südl. Schwarzwald. Von hier aus breitete sich die Bewegung, deren Unterdrückung anfangs versäumt wurde, stetig aus. Die »Christliche Vereinigung im Schwarzwald« unter Hans Müller von Bulgenbach verband sich mit dem Pfarrer → Hubmayer in Waldshut, der den → Täufern nahestand. Im Dezember griff der B. auf Oberschwaben über. Ende Febr. 1525 stellte der Memminger Kürschner Sebastian → Lotzer auf Grund der Beschwerden der Baltringer Bauern die »Zwölf Artikel gemeiner Bauernschaft« zusammen, die Programmschrift der ganzen Bewegung. Sie verlangten unter Berufung auf zahlreiche Bibelstellen die reine Predigt, die Wahl der Pfarrer durch die Gemeinden, die Verwendung des großen Zehnten für die Pfarrbesoldung und die Aufhebung des kleinen Zehnten, die Beseitigung der Leibeigenschaft, da Christus alle Menschen erlöst habe und sie daher frei sein sollten, freie Jagd und Fischfang und die Abstellung von allerlei Neuerungen. Im letzten Artikel verpflichteten sich die Bauern, auf alle Forderungen zu verzichten, die nachweislich dem Wort Gottes nicht gemäß wären. Der Memminger Prediger → Schappeler, ein Zwinglianer, erwies einleitend die Forderung der Bauern als evangelisch und gab ihnen damit eine reli-

giöse Weihe. Anfang März bildete sich auch in Schwaben eine »Christliche Vereinigung«, die auf der Grundlage des göttlichen Rechtes ein neues ev. Gemeinwesen bilden wollte. Die »Gelehrtesten deutscher Nation«, → Luther, → Melanchthon, → Zwingli und andere Prädikanten, sollten über die Rechtmäßigkeit der bäuerlichen Forderungen entscheiden. Doch führten die Verhandlungen mit dem Schwäbischen Bund zu keinem Ergebnis. Inzwischen breitete sich der B. auf ganz Oberdeutschland vom Elsaß und der Schweiz bis nach Steiermark und Tirol (mit Ausnahme Bayerns) und auf Thüringen aus. Allerorten beriefen sich die Bauern auf die »12 Artikel«. Burgen und Klöster wurden vielfach zerstört. Die Franken forderten unter Führung Wendel Hiplers und Florian Geyers, daß sich alle Stände nach gemeinen Bürger- und Bauernrechten halten sollten. Auf einem Bauernlandtag in Heilbronn sollte ein von F.Weigandt stammender Reichsreformentwurf beraten werden. Auch in Tirol erstrebte Michael Gaismair in seiner »Landesordnung« die Aufrichtung eines Bauernstaates auf christlicher Grundlage. In Thüringen vertraten die Bauern unter dem Einfluß → Müntzers und Heinrich Pfeiffers kommunistische und chiliastische Forderungen. Mühlhausen sollte eine Theokratie werden. Die zahlreich erhaltenen Forderungen erweisen, daß der B. weder ein Religionskrieg (Erhebung zum Schutze der Reformation gegen die beginnende Gegenreformation, wie Stolze meinte) noch ein sozialer Aufstand der Dorfarmut, des Proletariats, war. Vielmehr erstrebte die bäuerliche Ehrbarkeit im Bunde mit den Städten ihre *gleichberechtigte Eingliederung* in das staatliche Leben und den Schutz ihrer Autonomie. Sie setzte gegen das Landesfürstentum ihre Hoffnung auf den Kaiser und vor allem auf Luther.

Nach anfänglichen großen Erfolgen der Bauern gelang es im Juni/Juli 1525 in Oberdeutschland dem Schwäbischen Bund unter Georg Truchsess von Waldburg, im Elsaß Herzog Anton von Lothringen, in Thüringen Landgraf → Philipp von Hessen und den sächsischen Fürsten in einer Reihe blutiger Schlachten (Böblingen, Königshofen, Zabern, Frankenhausen), die Erhebung niederzuwerfen. Letzte Ausläufer waren ein Aufstand in Preußen im Herbst 1525 und eine erneute Erhebung in Salzburg im Frühjahr 1526.

3. a) Nachdem die Bauern in den »12 Artikeln« sich auf das Evangelium berufen und später *Luther* wie andere Reformatoren als Richter angerufen hatten, nahm dieser zunächst in seiner »Ermahnung zum Frieden auf die 12 Artikel der Bauernschaft in Schwaben« Stellung. Er bezweifelt, daß ein so großer Haufe »allesamt rechte Christen« wären, und mahnt die Bauern nachdrücklich, Gottes Namen nicht zu mißbrauchen. Der Christ solle Unrecht leiden, nicht aber sich gegen die Obrigkeit empören. Die Forderungen der Bauern seien »eitel Raub und öffentliche Strauchdieberei«. Nachdrücklich mahnt er aber auch die Herren, ihr weltliches Regiment nicht zu mißbrauchen. »Es sind nicht Bauern, die sich wider Euch setzen. Gott selbst setzt sich wider Euch, heimzusuchen Eure Wüterei.« Wenige Tage später (Anfang Mai) schrieb Luther unter dem Eindruck, daß der B. mit Müntzer, seinem ärgsten Widersacher, gleichzusetzen sei, seine härteste Flugschrift: »Wider die räuberischen und mörderischen Rotten der Bauern«. In den Bauern sieht er jetzt den Teufel wirksam, ihre Niederwerfung sei Gottesdienst. »Drum soll hier zuschmeißen, würgen und stechen, heimlich oder öffentlich, wer da kann.« Ein Fürst könne jetzt eher mit Blutvergießen den Himmel verdienen als sonst mit Beten. In einem Sendbrief vom Juni 1525 erläuterte und verteidigte er nochmals seine Haltung. Melanchthon wie → Brenz lehnten in Gutachten für den Kurfürsten von der Pfalz ebenfalls die Forderungen der Bauern schroff ab.

b) Luther hat nur als Seelsorger und Lehrer, nicht als Politiker gesprochen. Er hat dennoch durch seine Stellungnahme nicht nur der Bauernbewegung die religiöse und moralische Grundlage entzogen, sondern zugleich die Stellung der Fürsten gestärkt, ihr Vorgehen und damit ihr Machtstreben religiös fundiert. Denn die Fürsten waren die Sieger im B. Das Streben nach bäuerlicher Autonomie war gescheitert. Auch gegen den Adel, dessen Schlösser zerstört waren, wie gegen den Kaiser, der nicht einzugreifen vermocht hatte, hatten sich die Fürsten behauptet. Die verwaisten Klöster zogen sie vielfach ein. Trotz Luthers Haltung hat der B. zunächst das Vordringen der Reformation gehemmt. Vielfach wurden die Prädikanten gerichtet. Süddeutschland blieb jetzt zunächst katholisch. Auch in Reichsstädten wie Mühlhausen und Rothenburg setzte sich noch einmal die alte Kirche durch. Wichtiger war, daß sich jetzt die Reformation, unmittelbar von Luther beeinflußt, von dem freien Gemeindechristentum der Frühzeit, dessen Ausdruck die Forderung nach freier Pfarrwahl war, zur Landeskirche hin entwickelte, die ihre Lehre in Abgrenzung gegen die Sekten und in Anlehnung an die politischen Gewalten dogmatisch festzulegen suchte. Der gemeine Mann wandte sich vielfach, von Luther enttäuscht, den Sekten zu oder stand nunmehr gleichgültig beiseite. Der Bauer schied auf Jahrhunderte aus dem geistigen und politischen Leben Deutschlands aus. Über den tatsächlichen Verlauf hinaus bedeutet daher der B. einen Einschnitt in der Entwicklung der Reformation.

Akten zur Geschichte des B.s in Mitteldeutschland, hg.v. O. Merx, G.Franz u. W.P.Fuchs, 2 Bde, 1921-42 - W.Stolze, B. u. Reformation (SVRG 141), 1926 - P.Althaus, Luthers Haltung im B. (Evangelium u. Leben, 1927, 144-190; selbständig 1953) - A.Rosenkranz, Der Bundschuh, 2 Bde, 1927 - G.Franz, Der deutsche B., (1933) 1957[4] - Ders., Die Entstehung der 12 Artikel der deutschen Bauernschaft (ARG 36, 1940, 193-213) - Schl. IV, 1938, Nr. 34765-35245 - A.Waas, Die große Wendung im dt. B., 1939 - K.Klaehn, Luthers sozialethische Haltung im B. (Diss. Rostock), 1940 - F.Lütge, Luthers Eingreifen in den B. in seinen sozialgeschichtl. Voraussetzungen u. Auswirkungen (JbNSt 158, 1943, 369 bis 401) - W.Elliger, Luthers politisches Denken u. Handeln, 1952, 20 ff.

G.Franz

Baugemeinden → Hilfswerk.

Baukunst in Israel

1. Allgemeines - 2. Das Haus - 3. Die Stadt

1. Bei den → Ausgrabungen (: III) in Palästina sind an nicht wenigen Orten eisenzeitliche und jüngere Schichten aufgedeckt worden, die man in historischer Klassifizierung als israelitisch-jüdisch bezeichnen könnte. Die in diesen Schichten gemachten Funde von Mauern, Toren, Häusern u.a.m. gestatten es, die im AT bis auf 1Kön 6f und Ez 40ff zumeist beiläufig gebotenen Angaben zur israelitischen B. zu veranschaulichen und zu vervollständigen. Vom Prozeß der Landnahme der Israeliten aus ist es ohne weiteres verständlich, daß es in Israel erst allmählich - seit dem 10.Jh. vChr etwa - zu einer eigenständigen B. gekommen ist. Daß man dabei weitgehend an vorgefundene Bauweisen anknüpfte und sich bei schwierigen Großbauten auch fremdländischer Baumeister bediente (vgl. 1Kön 5, 32), nimmt nicht wunder. Vergleicht man die noch sehr einfache Bauweise in Gibea Sauls (tell el-ful) mit den Bauten auf der Akropolis von → Samaria (, 1) aus dem 9./8.Jh., so wird augenscheinlich, daß die israelitische B. in der zweiten Periode der Eisenzeit einen gewissen Höhepunkt erreicht hat. Im Zeitalter Herodes d.Gr. begegnet eine zweite Blütezeit der B., die mit einer Übernahme hellenistischer Bauweisen verbunden ist (spezifisch römisch ist die Verwen-

dung bestimmter Ziegelanordnungen im herodianischen Jericho). Außer den Bauformen von Haus (s. 2) und Stadt (s. 3) sind die verschiedenen Grabformen (→ Begräbnis: II), der israelitische → Tempel (: II), die jüdische → Synagoge und aus der Wüstentradition das heilige → Zelt zu vergleichen.

2. Das Bruchsteinfundament des *Hauses* wurde auf festem Grund eingesenkt (vgl. Mt 7, 24). Auf dem Fundamentlager von drei bis vier Stein-Reihen (vgl. 1Kön 7, 12) errichtete man darüber die etwa 1 Meter dicken Mauern aus luftgetrockneten Lehmziegeln. Gegen Witterungseinflüsse schützte man die Wände durch Tünchen (Lev 14, 41). Diese einfache Bauweise hat sich beim normalen Kleinhaus bis in die Spätzeit erhalten. Großbauten der Vornehmen (Jes 9, 9) besaßen ein (zunächst noch nicht durchgängiges) Mauergefüge von behauenen Quadersteinen. Der Gründungs-Eckstein (Jes 28, 16) ist wohl schon seit dem 10.Jh. ein behauener Quaderstein gewesen. Gedeckt wurde das Haus bzw. der jeweilige Raum durch Holzbalken (Norm: Sykomoren, hochwertiger: Zedern, vgl. Jes 9, 9), Reisig und einen Lehmschlag, der häufiger gewalzt werden mußte, um das Einsickern von Regenwasser zu verhindern. Steinwalzen hierfür sind bei Grabungen nicht selten gefunden worden. Den Zugang zum Flachdach oder zur Dachterrasse bildete eine Steintreppe oder eine Holzstiege (2Chr 9, 11 nennt beim Palast Salomos Edelhölzer), die entweder an der Außenwand des Hauses oder im Hof angebracht war. Bei mehrstöckigen Großbauten und Festungstürmen (hebr. migdal) hat es auch Innentreppen gegeben. Auf der Dachterrasse, die zum Schutz eine Brüstung haben sollte (Dtn 22, 8), hat man, meist wohl einräumig, ein Obergemach (ʿalijjā) errichtet (Ri 3, 23; 1Kön 4, 10). Wenn auch die kleinen Leute ihr Genüge an einem einräumigen Haus fanden bzw. finden mußten, so ist doch normalerweise das Haus städtischer und ländlicher Siedlungen mehrräumig gewesen (Hofhaus-Typus). Die bei Grabungen in tell bēt mirsim, Megiddo, Samaria und Lakisch aufgedeckten Grundrisse lassen den Hofhaustypus klar erkennen. Innentäfelung von Palästen erwähnen Jer 22, 14 und Hag 1, 4. Stuckverkleidung (vgl. Ez 8, 10?) und Malereien fand man im Herodespalast bei Jericho. Reiche Kaufleute und Könige besaßen ein Sommer- und ein Winterhaus (Jer 36, 22; Am 3, 15), die sich vermutlich nicht nur durch die Bauweise (Wandstärke, Fenstergröße), sondern auch durch Plazierung unterschieden. Der Herodespalast bei Jericho war wohl ein Winterhaus. Innerhalb größerer Lehmwände fanden sich Holzpfeiler (Megiddo), daneben auch Steinpfeiler mit aufgesetzten Holzsäulen (und Kapitälen) für einseitig offene Hallen oder bei Tordurchgängen von Audienzpalästen. Das als Zeughaus zu deutende Libanonwaldhaus in Jerusalem (1Kön 7, 2-6) wies zahlreiche Zedernholz-Säulen auf. Aus Elfenbeinmodellen läßt sich die Form des Rahmenfensters (1Kön 7, 4) rekonstruieren. Die Fenster waren großenteils zum Hofe hin gerichtet, doch gab es auch Außenfenster (2Kön 13, 17) und bei Palästen - unter ägyptischem Einfluß? - auch große Audienz-(Balkon-)Fenster (2Kön 9, 30). Türschwellensteine zeigen, daß die Holztür des Hauses meist einflügelig war; anders war es bei Palästen und Stadttoren. Die Tür bzw. das Tor wurde durch einen Riegelbalken (Dtn 3, 5) oder durch ein Hebeschloß (Ri 2, 25) abgeschlossen. Bei Getreidespeichern begegnet in der Eisenzeit auch ein Rundbau mit Spitzdach. Aus Megiddo kennt man die zwei gegenüberliegende Boxenreihen aufweisenden Pferdeställe (2Chr 9, 25).

3. Bis in die hellenistische Zeit hinein war es üblich, die *Stadt* durch einen Mauerring zu schützen. Die Mauer wurde zumeist aus einem starken Steinfundament (neben Bruchsteinen später auch Quadern) und aufsitzender Lehmmauer gebildet. Die relativ kleinen Städte Palästinas lagen als Weiterführungen bronzezeitlicher Siedlungen oder als Neugründungen (zB Samaria) auf Kuppen oder in Spornlage, um den natürlichen Schutz des höheren Niveaus auszunutzen. Die Stadttore waren tief gegliedert, ihre Höfe bildeten den Marktplatz (2Kön 7, 1; Am 5, 2 u.a.). Da die Grundwasserbrunnen und Quellen im Talgrund lagen, war für Kriegszeiten ein gegen Feindeinwirkung geschützter Zugang zu den Wasserstellen nötig, zumal wenn die Zisternen oder Teiche für eine sich länger hinziehende Belagerung nicht ausreichten. Neben der Steigtunnelanlage in Megiddo und ed-dschib ist hier besonders der Siloa-Tunnel des Königs Hiskia zu nennen, der noch heutigen Tages das Quellwasser vom Gichon (Marienquelle) zum Siloateich leitet (2Kön 20, 20).

C. Watzinger, Denkmäler Palästinas I-II, 1933-35, passim - BRL 81ff (mit Verweisen auf Einzelartikel) - Barrois I, 100ff - Dalman, AuS VII, 1942, 1ff. K. Galling

Baulast. Unter B. wird die Rechtspflicht zur Errichtung und Unterhaltung kirchlicher Gebäude verstanden. - *Geschichtlich* oblag diese Pflicht in der alten Kirche dem Bischof, der zu ihrer Erfüllung Gelder aus dem in seiner Hand vereinigten Diözesanvermögen und nach dessen Aufteilung das für die baulichen Aufgaben und die Ausstattung des Gottesdienstes bestimmte Teilvermögen (ein Viertel oder ein Drittel), die sog. fabrica ecclesiae, verwendete. Nach Entstehung einer rechtlich verselbständigten, vom bischöflichen Vermögen getrennten fabrica bei den Einzelkirchen ruhte die B. allgemein auf dem Fabrikgut. Mit dem Durchbruch des Eigenkirchensystems im fränkischen Reich (→ Eigenkirche) wurde ihr Träger der Eigenkirchen-(Grund-)Herr. Aber auch unter seiner Herrschaft kam es im Gefolge des kirchlichen Benefizialwesens zur Ausbildung eines Sondergutes, eben der Kirchenfabrik, der primär die Tragung der B. zugeordnet wurde. Subsidiär entwickelte sich im Mittelalter kraft Rechtssetzung und Herkommen unter mannigfachen örtlichen Verschiedenheiten eine ergänzende Beitragspflicht der laikalen Nutznießer (Patrone, Zehntbesitzer u.a.), der Benefiziaten (mit den Überschüssen über ihre Kongrua) und letztlich der Pfarreingesessenen. Diesen uneinheitlichen Rechtszustand vermochte das Tridentinum trotz gewisser Modifikationen (sess. XXI c. 7 de ref.) nicht zu beseitigen.

Nach *heutigem kath. Kirchenrecht* (CIC c. 1186) wird der Träger der B., die sich wie schon nach tridentinischem Recht auch auf die notwendige innere Ausstattung der kirchlichen Bauten erstreckt (CIC c. 1297), primär durch örtliches Gewohnheitsrecht, besondere Vereinbarungen oder sonstige Verpflichtungen bestimmt, unter denen namentlich auf Grund der → Säkularisation die staatlichen eine hervorragende Rolle spielen. Subsidiär erklärt das gemeine Kirchenrecht zu Trägern der B.: bei Kathedralkirchen die Kirchenfabrik, den Bischof und die Domkanoniker (anteilmäßig), letztlich - ohne Zwangsanwendung - die Diözesanen, bei Pfarrkirchen die Kirchenfabrik, den Patron, die Nutznießer von Kirchenvermögen (anteilmäßig gemäß ihren Einkünften) und die Parochianen, bei sonstigen Kirchen entsprechende (juristische oder natürliche) Personen. In Deutschland ist die Regelung örtlich sehr verschieden; erstverpflichtet sind vielfach die Länder und politischen Gemeinden.

In der *ev. Kirche* ruht die B. - abgesehen von den wenigen Fällen einer gegenständlich aufgegliederten B. - im grundsätzlichen Anschluß an das kanonische Recht ebenfalls in einer bestimmten Rangfolge: primär auf der Ortskirchenstiftung (Kirchenfabrik, -kasse), dem Land oder der politischen Gemeinde, subsidiär auf dem Patron und der Kirchengemeinde (Bau-Umlagen). Aber auch hier sind die Verhältnisse, selbst innerhalb der einzelnen Landeskirchen, lokal nach Partikularrecht, Observanz und Vereinbarung sehr verschieden. In der Praxis gibt die Frage nach Rechtsgrund und Umfang der Baupflicht im einzelnen Fall deshalb immer wieder zu Streitigkeiten Anlaß, wobei die Feststellung der Rechtstitel in der Regel weitgreifende und schwierige historische Untersuchungen notwendig macht. Häufig werden mehrere Baupflichtige gleichzeitig in einem bestimmten Verhältnis herangezogen. Dem Umfang nach erstreckt sich die B. in der Regel auf Kirche und Pfarrhaus samt deren notwendiger Ausstattung, mancherorts aber auch auf sonstige Gebäude (Pfarrwitwen-, Küsterhaus, Wirtschaftsgebäude); sie umfaßt alle aktuellen baulichen Bedürfnisse, zB auch die Errichtung von Neu- und Erweiterungsbauten.

Außer den Lehrbüchern des kath. u. ev. Kirchenrechts: M.PERMANEDER, Die kirchliche B., (1838) 1893³ - RE II, 544f - LThK II, 43ff (ältere Lit.) - J.WENNER, Kirchliches Vermögensrecht, (1936²) 1940³ - U.BRENNBERGER, Kultus-B. u. Kriegsschäden (ZevKR 2, 1952/53, 329-364) - EKL I, 339ff. *S.Reicke*

Baum, *Johann Wilhelm* (1809-78), ev. Kirchenhistoriker, Sohn eines einfachen Müllers aus Flonheim im damaligen franz. Département Mont-Tonnerre (Rheinhessen), 1834 Dozent am Collegium Wilhelmitanum (sog. »Thomasstift«) in Straßburg, seit 1836 gleichzeitig auch im Pfarramt, 1860 Ordinarius für antike Literatur am Protestantischen Seminar, 1864 für Homiletik und dann 1872 für prakt. Theologie an der neuen Theol. Fakultät, aber schon nach zwei Jahren unheilbar erkrankt. - B. hat als Historiker Bedeutendes geleistet.

Vf. u.a.: Der Methodismus, 1838; Franz Lambert von Avignon, 1840; Theodor Beza, 3 Bde, 1843-52; Histoire Ecclésiastique des Eglises réformées, 1852; Capito u. Butzer, 1860. Für die GA der Werke Calvins im CR bearb. B. die lat. Edition der Institutio (1861), die übrigen dogmatischen Schriften Calvins u. seinen Briefwechsel. Hervorzuheben ist seine Sammlung eines Thesaurus epistolicus Reformatorum Alsaticorum (24 Bde, Univ.-Bibl. Straßburg). - Über B.: M.BAUM, J.W.B., ein prot. Charakterbild aus dem Elsaß (1809 bis 1878), (1880) 1902² - CH.TH.GEROLD, La Faculté de Théol. et le Séminaire Prot. de Strasbourg (1803-72), Paris u. Straßburg 1923, 155f. 219f. 288 Anm. 4 - Thesaurus Baumanius. Verzeichnis der Briefe u. Aktenstücke (hg.v. J.FICKER), Straßburg 1905 - RE II, 456ff - DBF V, 932 - NDB I, 650. *R.Voeltzel*

Baumgarten, 1. *Michael* (25.3.1812-21.7.1889), *Haseldorf bei Hamburg, † Rostock, studierte in Kiel (Cl. →Harms) und Berlin (W. →Hengstenberg), näherte sich als Privatdozent in Kiel (1839-46) der Position J.Chr.K. von → Hofmanns, wurde 1846 Pfarrer in Schleswig. Wegen seines - nicht nationalistischen - Eintretens für das Deutschtum mußte er nach der Schlacht bei Idstedt 1850 fliehen und folgte einem Ruf als Prof. für AT nach Rostock. Sein scharfer Gegensatz gegen die »jüdisch-gesetzliche« konfessionell-staatskirchliche Reaktion unter → Kliefoth für eine »christlich-freie« Volkskirche, nicht ohne pietistisch-spiritualistische Züge, und der Versuch biblischer Begründung des Revolutionsrechts führten 1858 zur Absetzung des durch seine »Nachtgesichte Sacharjas« (2 Bde, 1854f) bereits Verdächtigen in rechtswidrigem Verfahren (Intrigen Philippis, Gutachten → Krabbes). B. kämpfte weiterhin, vorübergehend Mitglied des → Protestantenvereins und zeitweilig in Gefängnishaft, für sein Kirchenideal in enger Verbindung mit unentwegtem Streit gegen das persönlich erlittene Unrecht, auch als Abgeordneter des Reichstags, in dem er für die Zivilehe eintrat und sich in der Judenfrage gegen → Stöcker wandte. Die kirchlichen Gegner verweigerten jede Rehabilitierung und bestätigten damit seine scharfen Urteile über den reaktionären Charakter der zeitgenössischen Kirche; andererseits zogen sich die Fakultäten Greifswald und Göttingen sowie von Hofmann wieder von ihm zurück.

Vf. u.a.: Theol. Kommentar z. Pentateuch, 2 Bde 1843/44; Liturgie u. Predigt, 1843; Die Apostelgeschichte oder der Entwicklungsgang der Kirche von Jerusalem bis Rom, 3 Bde, 1852; Ein Denkmal f. Cl.Harms, 1855; Nathanael u. Jona, 1855; Zeugnis d. Glaubens f. d. Gemeinde d. Gegenwart in Predigten, 1856; Mein kirchl. Kampf in Mecklenburg, 1865; Der Protestantismus als polit. Prinzip im deutschen Reich, 1872; Lutherus redivivus, 1875; Stöckers gefälschtes Christentum, 1881; Luthers Kirche der Zukunft, 1883; Prof. Dr. M.B. usw (autobiogr., hg.v. K.H.STUDT), 2 Bde, 1891. - Über B.: Aktenstücke die Entlassung B.s betreffend, 1858 - Zahlr. Streitschriften - C.WERCKSHAGEN, M.B., 1894 - RE II, 438ff - W.NIGG Kirchl. Reaktion, dargest. an M.B.s Lebensschicksal, 1939 (Bibliogr.) - NDB I, 661f. *Ernst Wolf*

2. *Otto,* ev. Theologe (1858-1934), Sohn des um die Reformationsgeschichte verdienten Historikers Hermann B. († 1893 in Straßburg). Nach Kirchendienst in Baden und Berlin 1890 Prof. für Praktische Theologie in Jena, 1894 in Kiel. B. verband energischen Reformwillen in seinem Fachbereich, kirchenpolitische Führerschaft (»Freunde ev. Freiheit«), sozialpolitisches und politisches Wirken (Vorsitzender des Ev.-sozialen Kongresses, 1919 Mitglied der deutschen Friedensdelegation), entschlossene Gegnerschaft zum Antisemitismus mit großer Allgemeinbildung und Offenheit für Sport und geselliges Leben, in dieser Vielfalt seiner Lebensgestaltung einer der meist befehdeten »modernen Theologen«.

RGG² I, 814 (Bibliogr. in Ausw.); außerdem: Meine Lebensgeschichte, 1929. *W.Jannasch*

3. *Sigmund Jakob* (14.3.1706-4.7.1757), *Wolmirstedt, † Halle, wurde in Halle erzogen und 1726 gleich seinem Vater Jakob B. Inspektor an den Franckeschen Anstalten, dann 1730 Adjunkt und 1743 o. Prof. der Theol. Fakultät. Ein sehr fruchtbarer und universeller Schriftsteller (vieles hat J.S.Semler postum ediert) und höchst wirksamer akademischer Lehrer, zu dessen Schülern sowohl → Semler wie → Goeze und → Wöllner zählen. Als echter Wolffianer - sein jüngerer Bruder Alexander B., Prof. der Philosophie in Frankfurt/O., hat aus dem inneren Bedürfnis des Systems Chr. → Wolffs die Wissenschaft der Ästhetik entwickelt - sucht B. durch rationale Deduktion das orthodoxe Dogma (vollständig in deutscher Sprache!) neu zu begründen, auch unter vorsichtiger Anwendung des neuen naturwissenschaftlichen und historischen Denkens. B. hält den Offenbarungsbegriff wie -inhalt fest und harmonisiert ihn mit der Vernunft. Die Ersetzung biblizistischer Erbaulichkeit durch eine wissenschaftliche Begriffssprache trug ihm den pietistischen Vorwurf kalter »Subtilität« ein. In großem Umfang vermittelte B. englischen → Deismus, Antideismus und Empirismus (Nachrichten von einer Hallischen Bibliothek, 8 Bde, 1748/51; Nachrichten von merkwürdigen Büchern, 12 Bde, 1752/58). Sein eigener Standpunkt bleibt bei der konservativen Art des Vermittelns von Gegensätzen undeutlich; so wirkte er wesentlich als Methodiker und bereitete mit seinem praktischen Intellektualismus dem Übergang vom Pietismus zum Rationalismus den Weg, indem er die Theologie auf den Boden der neuen wissenschaftlichen Weltbetrachtung stellte.

Vf. u.a.: Unterricht vom rechtmäßigen Verhalten eines Christen oder theol. Moral, 1738; Hermeneutik, 1742; Theol. Bedenken, 7 Samml., 1743-50; Ev. Glaubenslehre, 3 Bde, 1759/60; Untersuchung Theol. Streitigkeiten, 3 Bde, 1762-64; Gesch. d. Religionsparteien, 1766. - Über B.: J.S.SEMLER, Ehrengedächtnis B.s, 1758 - L.ZSCHARNACK, Lessing u. Semler, 1905, 28ff - RE II, 464ff - P. KNOTHE, S.J.B. u. seine Stellung i. d. Aufklärungstheol. (ZKG 46, 1928, 491-536) - HIRSCH II, 370ff - NDB I, 660. *Ernst Wolf*

Baumgarten-Crusius, *Ludwig Friedrich Otto,* * 31.7. 1788 in Merseburg, † 31.5.1843 in Jena. Nach Besuch der Fürstenschule Grimma studierte B. klassische Philologie und Theologie in Leipzig und habilitierte sich dort 1809 bei der philosophischen Fakultät. Seit 1812 Prof. der Theologie in Jena. Er galt als einer der gelehrtesten Theologen seiner Zeit. Wie Schleiermacher stand er einem seichten Rationalismus ebenso fern wie einer unfreien Orthodoxie. Sein Hauptinteresse galt der Erforschung der Dogmengeschichte (Lehrbuch 1832; Kompendium, in 2 Bdn, 1840/46). K.v. → Hase feierte den Kollegen und Freund als »den Historiker des religiösen Geistes«, der »durch allen Wechsel der Zeiten und alle Zertrümmerung der Formen das Wesentliche und Ewige suchte«.

Vf. außerdem: Einl. in d. Studium der Dogmatik, 1820; Grundzüge der bibl. Theol., 1828; Über Gewissensfreiheit u. Lehrfreiheit u. über den Rationalismus u. seine Gegner, 1830; Theol. Auslegung des Joh-Ev, 1843. - Neuer Nekrolog der Deutschen, 1845, 415ff (Bibliogr.) - NDB I, 662. *H.Strathmann*

Baumstark, *Carl Anton* (* 4.8.1872 zu Konstanz, † 31.5.1948, kath.) Orientalist, Prof. in Bonn (1921), Nymwegen (1923), Utrecht (1926) und Münster (1930), arbeitete von der Grundlage der klassischen und orientalischen Philologie aus als besonderer Kenner der christlichen Liturgien des nahen Ostens in dem weiten Bereich der Semitistik und der vergleichenden Liturgiewissenschaft. Er zeigte die Verwurzelung des Korans in der christlichen und jüdischen Liturgie auf und erkannte als erster das »Gesetz von der Erhaltung des Alten in liturgisch hochwertiger Zeit« (JLW 7, 1927, 1-23). Eine große Leistung ist seine »Geschichte der syrischen Literatur, mit Ausschluß der christlich-palästinensischen Texte« (1922). 1901 gründete er die Zeitschrift »Oriens christianus«.

Bibliogr.: TH.KLAUSER u. H.E.KILLY, Nachruf in EphLiturg 63, 1949, 185-207; dazu: Nocturna Laus. Typen frühchristl. Vigilienfeier u. ihr Fortleben vor allem im röm. u. monastischen Ritus. Aus dem Nachlaß hg. v. O.HEIMING (Liturgiewiss. Q. u. Forsch. 32), 1957 - NDB I, 669. *A.Adam*

Bauopfer ist ein in der ganzen Welt verbreiteter Ritus, besonders in Form eines Ersatzopfers (Opferung eines Tieres bei der Grundsteinlegung oder beim ersten Betreten des Gebäudes). Ursprünglich handelte es sich um → Menschenopfer; man hat eingemauert in den Fundamenten von Heiligtümern und Palästen des Alten Orients, des prähistorischen Italien und anderswo je und dann menschliche Skelette als B. gefunden. Heutzutage spielt die Darbringung des B.s noch bei einigen Papuastämmen und afrikanischen Völkerschaften eine gewisse Rolle. Dem Brauch scheint die Vorstellung zugrunde zu liegen, daß ein Bau, soll er Bestand haben, beseelt sein, dh zugleich Leben und Seele erhalten muß. Die Seele aber läßt sich nur durch ein Blutopfer übertragen. Exemplarisches Urbild für das B. ist höchstwahrscheinlich der kosmogonische Mythos, der die → Schöpfung aus dem Getötetwerden eines mythischen Urwesens herleitet. Legende und Volksglaube haben sich seit dem Mittelalter in Europa immer wieder mit dem B. beschäftigt. In Südosteuropa entstanden auf diese Weise großartige Volksballaden, die davon erzählen, wie des Maurermeisters Weib geopfert wird, damit der Bau vollendet werden kann.

P.SARTORI, Über das B. (ZE 30, 1898, 1-54) - L.SAINÉAN, Les rites de construction d'après la poésie populaire de l'Europe orientale (RHR 45, 1902, 359-396) - M.ELIADE, Commentarii la Legenda Mesterului Manole, Bucuresti 1943 - G.COCCHIARA, Il Ponte di Arta e i sacrifici di costruzione (Annali del Museo Pitrè, I, Palermo 1950, 38-81). *M.Eliade*

Baur, 1. *Ferdinand Christian*, * 21. 6.1792 in Schmiden (Württ.), † 2.12.1860 in Tübingen; Sohn des Pfarrers und nachmaligen Dekans von Blaubeuren Jak.Christian B. Über die Klosterschulen Blaubeuren und Maulbronn führt ihn sein Studiengang ins Tübinger Stift; begabtester und fähigster Student seines Jahrgangs, erhält er durch seine Universitätslehrer Storrscher Schule wenig Anregung. Vikar in Roßwaag und Mühlhausen, Hilfslehrer in Schöntal und Repetent in Tübingen (1816).

Seit 1817 unterrichtete er als Professor am Seminar in Blaubeuren über griech. und röm. Prosaiker, alte Geschichte und Mythologie, wobei ihn besonders die historische Methode von B.G.Niebuhrs »Römischer Geschichte« nachhaltend beeinflußt; Freundschaft mit F.H. Kern; Schüler: D.Fr.Strauß, F.Vischer, G.Pfizer, W.Zimmermann, C.Märklin u.a. Während B.s erste Veröffentlichung, eine Rezension von G.P.C.Kaisers Biblischer Theologie, sich noch in den Bahnen des Supranaturalismus der sog. älteren Tübinger Schule hält, ist seine »Symbolik und Mythologie oder die Naturreligion des Altertums« (1824-25) im Religionsverständnis und in der Anlage des Werkes ein abhängiges Gegenstück zu Schleiermachers Glaubenslehre (1821). Unter den Einflüssen der romantisch-spekulativen Arbeiten vor allem Creuzers und wohl auch Schellingscher Christologie gewinnt B. im Streben nach Einheit des Wissens die Möglichkeit, das Christentum allein religionsphilosophisch zu sehen und in einen religionsgeschichtlichen Zusammenhang zu stellen. (Weltgeschichte als Offenbarung kann in ihrer Einheit nur »als Entwicklung eines Bewußtseins angesehen werden«, als »Gesamtbewußtsein der Menschheit«, »dessen lebendige Einheit . . . Spiegel des göttlichen Geistes selbst ist«.) Bei der Neukonstituierung der → Tübinger theologischen Fakultät ernannte man B. 1826 trotz gewisser Bedenken gegen sein Offenbarungsverständnis zum Prof. für die historischen Fächer; als solcher hat er mit der ihm eigenen Energie und Ausdauer, unbestechlich in seiner Wahrhaftigkeit zeit seines Lebens gewirkt und in steter Bemühung um das Problem einer kirchlichen Geschichtsschreibung eine Arbeit geleistet, die zu den bedeutendsten der Theologiegeschichte zählt.

Religionsgeschichtliche und religionsphilosophische Untersuchungen (Primae Rationalismi et Supranaturalismi historiae capita potiora, 1827-28; Das manichäische Religionssystem, 1831) - mit besonderem Interesse für das Christentum als Lehre - bereiten B.s große dogmengeschichtliche Arbeiten vor. Auf nt. Gebiet führt B. entschlossen die historische Methode ein; so entsteht der berühmte Aufsatz: »Die Christuspartei der korinthischen Gemeinde, der Gegensatz des paulinischen und petrinischen Christentums in der ältesten Kirche, der Apostel Petrus in Rom« (Tüb. Zeitschr. f. Theol. 1831); hierin wirken sich Beobachtungen J.S. → Semlers aus und mischen sich mit B.s Gliederung der Religion in drei Religionsformen, von denen Naturreligion und Judentum nach ihrer Aufnahme durch das Christentum weiterwirken. Hegelscher Einfluß läßt sich noch nicht konstatieren. Dies gilt auch von der scharfen Antwort auf J.A. → Möhlers »Symbolik« in dem »Gegensatz des Katholizismus und Protestantismus nach den Prinzipien und Hauptdogmen der beiden Lehrbegriffe« (1833; erst 1836[2] kommen Hegelsche Gedanken zum Tragen). B. wird so ein Beispiel für das Drängen der geistesgeschichtlichen Entwicklung seiner Zeit hin zum System des absoluten Idealismus Hegels, dessen Begriffe die Überwindung des Schleiermacherschen Subjektivismus und das Begreifen der Offenbarung in ihrer Objektivität zu gewährleisten scheinen.

»Die christliche Gnosis oder die christliche Religionsphilosophie in ihrer geschichtlichen Entwicklung« (1835) zeigt den durch Hegel bedingten Umschwung in der B.schen Konzeption. Hegels System führt B. zu einem tieferen Verständnis der christlichen, in ihrer Geschichte bis zu Schleiermacher und Hegel verfolgten

→ Gnosis, läßt ihn auch sein Geschichtsbild neu konstruieren (zB die → Pseudoclementinen, in der »Christuspartei« ihrer Tendenz nach judaistisch interpretiert, werden jetzt im Dienste einer Vermittlung der Gegensätze gesehen). Als Nachtrag zur »Gnosis« erscheint im selben Jahre B.s Schrift über »Die sog. Pastoralbriefe des Apostels Paulus«, deren methodologisches Ergebnis für die nt. Wissenschaft weit wirksamer werden sollte als das kurz vorher veröffentlichte »Leben Jesu« von D.Fr. → Strauß: die nt. Schriften werden durch historische Kritik als Produkte ihrer Zeit in den Zusammenhang der Zeitverhältnisse gestellt und von hier aus verstanden. B. schafft anhand der Paulinen einen Rahmen der urchristlichen Geschichte (Abschluß dieser Arbeiten: »Paulus, der Apostel Jesu Christi«, 1845; 1866-67²). Für B. zeichnet sich in den nt. Schriften der allmähliche Ausgleich von gegensätzlichen Tendenzen einer petrinisch-judenchristlichen und einer paulinisch-heidenchristlichen, einer die Rechtfertigung durch den Glauben und die Gesetzeswerke und einer die Rechtfertigung allein durch den Glauben lehrenden Urkirche, einer jüdisch-hierarchischen Gesetzeskirche und einer presbyterial geordneten Geisteskirche ab. Die nt. Schriften sind ursprünglich, sofern sie den von B. gezeichneten Gegensatz klar vertreten (Röm, 1.2Kor, Gal; Apk); die anderen sind nach ihrer Stellung im Ausgleichungsprozeß, der die Bewegung und Kontinuität der urkirchlichen Geschichte kennzeichnet, zu bestimmen. B. hat damit der Paulusexegese noch heute richtungweisende Dienste geleistet, auch wenn er den Gegensatz von Paulinismus und Judaismus im Urchristentum unter dem Zwange eines gewissen Schematismus überbewertet hat, so daß er in der Kritik der Paulinen mit überdifferenzierten Hypothesen arbeitete und infolgedessen auch bei ihm besonders das unpaulinische Heidenchristentum nicht zu einer entsprechenden Würdigung kommen konnte.

Inzwischen erschienen »Die christliche Lehre von der Versöhnung« (1838) und »Die christliche Lehre von der Dreieinigkeit und Menschwerdung Gottes« I-III (1841 bis 1843). B. folgt diesen drei Dogmen durch die Perioden einer überwiegenden Objektivität, einer überwiegenden Subjektivität und einer sich zur Objektivität zurückwendenden Subjektivität; es gelingt B. als erstem - historische und systematische Anliegen vereinend -, klare und zusammenhängende dogmengeschichtliche Monographien zu schreiben und eine Entwicklung des trotz seiner vielfältigen geschichtlichen Formen identisch bleibenden Dogmas in der Geschichte begreiflich zu machen (Lehrbuch der christlichen Dogmengeschichte, 1847, 1858², 1867⁽²⁾³; Vorlesungen über die christliche Dogmengeschichte I-III, 1865-67 aus dem Nachlaß hg.). Hierbei gewinnt freilich statt des Kerygmas die Geschichte für B. Autorität, »dadurch nämlich, daß die rückgewandte Besinnung auf die Geschichte der Weg des Zu-sich-selbst-Kommens des Geistes im Menschen ist« (Bultmann). In seiner Verbindung von quellenmäßiger Beherrschung und einheitlich begreifender, tiefer Durchdringung des Stoffes hat jedoch bisher kaum ein dogmengeschichtliches Werk das B.sche erreichen können.

Erst 1844 greift B. auch in die »Leben Jesu«-Debatte ein. Strauß hatte das NT unkritisch als geschichtslose Einheit behandelt und die nt. Quellen gegeneinander aufgeboten; B. geht zuerst an eine Kritik der Quellen, um von da aus zu einer Kritik der nt. Geschichte fortzuschreiten. Unter tendenzkritischem Aspekt gewinnt die johanneische Frage Schlüsselstellung. In seiner Schrift »Über die Komposition und den Charakter des johanneischen Evangeliums« (1844) erarbeitet er wieder ganz neue Voraussetzungen für ein bis dahin umstrittenes nt. Gebiet: das JohEv wird als ein von bestimmter Idee getragener, unhistorischer Bericht erkannt und als vermittelnde Tendenzschrift an das Ende der urchristlichen Entwicklungsgeschichte gestellt. B.s von hier aus auch für die Synoptiker gewonnenen Ergebnisse sind zusammengestellt in »Kritische Untersuchungen über die kanonischen Evangelien, ihr Verhältnis zueinander, ihren Charakter und Ursprung« (1847). Das LkEv ist ein ursprünglich paulinisches, später überarbeitetes Evangelium; das MkEv ist vom LkEv und MtEv abgeleitet und spricht darin seine Tendenz aus; das MtEv ist judaisierend, hat aber keinen tendenziösen Charakter, daher findet der Historiker unter den Evangelien im MtEv die beste Quelle.

Von den letzten Arbeiten B.s verdienen die kirchengeschichtlichen besondere Aufmerksamkeit: »Die Epochen der kirchlichen Geschichtsschreibung« (1852) - die erste und noch heute nicht ersetzte Untersuchung der sich erst B. in ganzer Deutlichkeit aufdrängenden Problematik einer Kirchengeschichtsschreibung und ihrer Methoden. »Das Christentum und die christliche Kirche der drei ersten Jahrhunderte« (1853; 1863²) ist - oft als B.s bestes Werk gerühmt - in der Auseinandersetzung mit seinen Schülern A. → Schwegler und A. → Ritschl entstanden (Bd II seiner KG: 1859, 1863²; die weiteren drei Bde 1861-63 aus dem Nachlaß hg.). In den vierziger Jahren hatte sich das Hauptinteresse B.s von der Spekulation als Verstehen eines geistigen Zusammenhanges nach Hegelscher Weise einer Kritik zugewandt, die für ihn die Rolle der Vermittlung zwischen der Objektivität der Geschichte und dem denkenden Subjekt, zwischen Geschichte und Spekulation übernahm. B. räumt nun auch den geschichtlichen Subjekten mehr Bedeutung ein, sofern sie mit »Energie . . . als Repräsentanten ihrer Zeit . . . die ihre Zeit bewegenden Ideen ergreifen und in ihrer vollen Erscheinung in sich darstellen«.

Die harten und zT ungerechten Urteile, die B. fällte, seine weitgespannten Konstruktionen, dazu vor allem der gegen ihn erhobene Vorwurf eines Hegelschen »Pantheismus« ließen ihm allenthalben heftige, nicht immer unberechtigte Gegnerschaft erstehen. Seinen Schülern blieben die theologischen Fakultäten verschlossen, einige gingen zu anderen Fakultäten über, andere fielen ab. Die sog. jüngere Tübinger Schule löste sich auf, bevor noch ihr Meister gestorben war. Doch konnten weder Haßtiraden (H. → Ewald) noch Ignorierung die Bedeutung B.s auf die Dauer schmälern. Schon mit seinem Nachfolger C. → Weizsäcker begann man das Werk B.s in manchen Teilen richtiger zu würdigen; und heute lassen sich seine starken und allem Anschein nach stärker werdenden Einflüsse auf die jüngsten nt. und dogmengeschichtlichen Debatten nicht verkennen.

E.Zeller, Vorträge u. Abhandlungen, 1865, 267-434 - W.Dilthey, Ges. Schriften IV, 403 ff - RE II, 467 ff - G.Fraedrich, F.Chr.B., der Begründer der Tübinger Schule als Theologe, Schriftsteller u. Charakter, 1909 (Bibliogr.) - E.Schneider, F.Chr.B. in seiner Bedeutung für die Theologie, 1909 - W.Nigg, Die Kirchengeschichtsschreibung, 1934, 202 ff - Barth, PrTh 450 ff - Hirsch V, 518 ff - Bultmann, NT 583 ff - NDB I, 670 f - E.Pältz, F.Chr.B.s Verhältnis zu Schleiermacher (Diss. Jena), 1955 (Selbstanzeige ThLZ 81, 1956, 570 ff) - J.R.Geiselmann, Die theol. Anthropologie Johann Adam Möhlers, 1955 - Chr.Senft, Wahrhaftigkeit u. Wahrheit (BHTh 22), 1956, 47 ff - Antwort. Festschr. K.Barth, 1956, 176-179. 786-789.

M.Tetz

2. *Wilhelm* (1826-97), * in Lindenfels (Odenwald), † als General-Sup. der Rheinprovinz; vorher war er 11 Jahre Hofprediger in Berlin. Er wirkte bei der Gesangbuchneuordnung in Hessen, Hamburg, Brandenburg und im Rheinland einflußreich mit, war führender Mitarbeiter in der → Inneren Mission und Förderer der Union internationale des amies de la jeune fille in

Deutschland. B. war einer der besten Volksschriftsteller seiner Zeit.

Ges. Schriften, 1898ff; Das deutsche ev. Pfarrhaus, 1902[5]; Mit-Hg. der Neuen Christoterpe. - RE XXIII, 167ff. *W.Matthias*

Bavinck, *Herman* (1854-1921), 1881 Pfarrer der reformierten Kirche zu Franeker, 1882 Dozent an der theologischen Schule zu Kampen, 1903 Professor an der Freien Universität zu Amsterdam. Als Dogmatiker zeigt er eine außerordentliche Kenntnis der ganzen Dogmen- und Philosophiegeschichte. Für den Kirchenmann und Theologen ist die Haltung der Katholizität bezeichnend. In allem suchte er die Synthese zwischen dem geschaffenen Sein und der Gnade in Christus. Er arbeitete von daher, auch schriftstellerisch, viel auf den Gebieten der Ethik, der Politik, der Ästhetik, der Pädagogik und der Psychologie. Seine Schriften haben immer noch ihre Bedeutung, weil sie zugleich eine aktuell-moderne und eine klassische Art zeigen.

Hauptwerk: Gereformeerde Dogmatiek, 4 Bde, (1895-1901) 1928 bis 1930[4]; De wetenschap der H.Godgeleerdheid, 1883; De Katholiciteit van christendom en kerk, 1888; De algemene genade, 1894; Godsdienst en godgeleerdheid, 1902; Christelijke wetenschap, 1904; Paedogogische beginselen, 1904; Wijsbegeerte der openbaring, 1908; Verzamelde opstellen, 1921. - Über B.: V.Hepp, Dr. H.B., 1922. *A.A.van Ruler*

Baxter, *Richard* (1615-91), * in Rowton, Shropshire, 1638 ordiniert, bis 1659 Pfarrer der anglikan. Gemeinde in Kidderminster, wo er große evangelistische Erfolge hatte, zwischendurch 1645 Kaplan in → Cromwells Armee. 1653 gründete er die berühmte Worcester Association, eine Pfarrervereinigung mit dem Ziel der »fortgesetzten Reformation«. Bei Cromwells Tod 1659 nach London berufen, wurde er bei der Restauration (→ England: I) Kaplan des Königs, lehnte jedoch den ihm angebotenen Bischofssitz ab. 1662 wurde er wegen seiner puritanischen Gesinnung seines Amtes als Pfarrer der anglikan. Kirche enthoben, hielt aber trotz ständiger Verfolgungen erfolgreiche Predigten in London. 1684-86 Gefängnishaft. B. war weitgehend Autodidakt, entfaltete eine äußerst rege schriftstellerische Tätigkeit (etwa 150 Schriften). Am berühmtesten wurden seine noch heute viel gelesenen Erbauungsschriften »The Saints' Everlasting Rest« (1649) und »The Reformed Pastor« (1656). B. ist die führende Gestalt des gemäßigten → Puritanismus der zweiten Hälfte des 17.Jh.s. Theologisch war er vermittelnder Calvinist; seine Unionsbestrebungen (middle-way) stellen ihn an die Seite John → Durie's. Als Evangelist war B. einer der Vorläufer des → Pietismus.

Vf. u.a.: Practical Works (1707), ed. W.Orme, 23 Bde, 1830; R.B. Autobiography (1696), ed. J.H.Lloyd Thomas, 1925; The Reformed Pastor (1656), ed. J.T.Wilkinson, 1939. - Ausgewählte geistliche Schriften. hg.v. O.v.Gerlach, 1837-38. - Bibliogr.: E.F. Matthews, The Works of R.B., 1926. - Beste Biogr.: F.J.Powicke, A Life of the Rev. R.B., London, 1924 (bis 1662 reichend) - Ders., The Rev. R.B. under the Cross, London 1927 (die Jahre 1662-91 umfassend) - Isolde Jeremias, R.B.s Catholic Theology, ihre Voraussetzungen u. Ausformungen (Diss. Göttingen), 1956. *Isolde Jeremias*

Bayern, *Land*

1. Frühzeit und Mittelalter - 2. Von der Reformation bis zum Rationalismus - 3. 19.Jh. und Gegenwart. - Zur Ergänzung → Bayern, Stamm, → Pfalz

B.s heutiger Gebietsbereich ist im Zeitalter Napoleons geschaffen und auf dem Wiener Kongreß konsolidiert worden. 1921 kam das Coburger Land hinzu, und infolge der Besatzungszoneneinteilung nach dem zweiten Weltkrieg wurde die Rheinpfalz ausgegliedert (→ Deutschland: II). B. besteht also aus Landesteilen, die verschiedenen deutschen Stämmen angehören und bis in den Beginn des 19.Jh.s sich geschichtlich und auch kirchengeschichtlich verschieden entwickelt haben.

1. a) Der Südteil des Landes bis zum Limes und der Donau hat noch während der römischen Herrschaft den Einfluß des Christentums erfahren. → Augsburg war sicher Sitz eines Bischofs; die episkopale Organisation hat die Völkerwanderung nicht überstanden, wohl aber ein christlicher Bevölkerungsteil, wie die Fortdauer der Verehrung der hl. → Afra zeigt. Die endgültige Bekehrung der → Bayern vollzog sich unter fränkischem Einfluß durch iroschottische Wandermönche wie → Rupert von Salzburg und → Emmeram von Regensburg vom Ende des 7.Jh.s an. Ein von Papst Gregor II. im Zusammenhang mit einer Romreise des B.herzogs Theodo entworfener baierischer Kirchenorganisationsplan wurde erst 738 durch Bonifatius verwirklicht. Jetzt entstanden die festumgrenzten Bistümer Freising, wo Korbinian gewirkt hatte, Regensburg, das nach Böhmen hin missionierte, Passau, dem eine gleiche Aufgabe für Ungarn zufiel, und Salzburg, das nach der Absetzung des Herzogs Tassilo zum Metropolitansitz der baierischen Kirchenprovinz erhoben wurde (798). Im 8.Jh. ist nicht nur überraschend schnell der Ausbau der Pfarrorganisation erfolgt, sondern auch ein Netz von Klöstern geschaffen worden, die die Regel Benedikts (→ Benediktinerregel) annahmen (zB Weltenburg, Niederaltaich, Metten, Altomünster, Wessobrunn, Tegernsee).

Während (unter dem Einfluß von Luxeuil) die Christianisierung und kirchliche Organisation Schwabens, auch des heutigen bayerischen Anteils zwischen Lech und Iller im Bereich der Diözese Augsburg, der Entwicklung in B. zeitlich voraufging, hielt Ostfranken mit Alt-B. zeitlich ungefähr gleichen Schritt. Die vorher von → Worms her begonnene Pfarrorganisation und die Klostergründungen (Amorbach, St.Gumbert-Ansbach, Herrieden, Feuchtwangen, Münsterschwarzach) vollzogen sich im Laufe des 8. und 9.Jh.s. Im Grenzraum von Schwaben, Ostfranken und B. wurde das Bistum → Eichstätt, das ebenso wie → Würzburg bis ins 19.Jh. im Mainzer Metropolitanverband verblieb, errichtet.

b) Mit dem Ende der Karolingerzeit und den Ungarneinfällen erfuhr die kirchliche Entwicklung einen spürbaren Einschnitt. An der Wende zu einer neuen Zeit standen Bischöfe wie → Ulrich von Augsburg, → Pilgrim von Passau und Wolfgang von Regensburg. Eine Klosterreformbewegung, die von Gorze und St. Maximin-Trier ausging, erfaßte in einer ersten Welle vor der Cluny-Hirsauer-Bewegung (→ Cluny) die Ordensniederlassungen im baierischen, fränkischen und schwäbischen Raum. Klosterneugründungen (in B. zB Seeon, Scheyern, Formbach, Kastl, in Schwaben Hl. Kreuz-Donauwörth und Auhausen, in Franken Michelsberg-Bamberg, Weißenohe, Theres, Banz) fanden vielfach Hilfe bei dem Episkopat, zB bei dem Pommernapostel Bischof → Otto d.Hl. von → Bamberg. Zu den erwähnten Klosterneugründungen tritt die Reform des Weltklerus, der in zT neugegründeten Chorherrenstiften mancherorts die → Augustinerregel annahm (St.Nicolaus-Passau, Berchtesgaden, Bernried, Polling, Rebdorf u.a.). Das 12.Jh. sieht die Fortführung dieser Tendenzen in der schnellen Ausbreitung der Zisterzienser (Ebrach, Langheim, Heilsbronn, Kaisheim, Waldsassen zwischen 1127 und 1135) und dem langsameren Eindringen der Prämonstratenser (Oberzell bei Würzburg; Speinshart und Steingaden im baierischen Raum, Ursberg in Schwaben). An der theologischen Arbeit der Zeit ist in B. u.a. → Otloh von St.Emmeram, an den kirchenpolitischen Auseinandersetzungen → Gerhoh von Reichersberg, an der Geschichtschreibung → Otto von Freising und Ekkehard von Aura († nach 1125) führend beteiligt. Religiöse Dichtung und kirchliche bildende Kunst stehen in Blüte (→ Mittelalterliche Literatur: I. II, → Malerei: II).

Die durch die Entwicklung der Städte gestellten Aufgaben wurden im 13.Jh. von dem Deutschen Orden mit seinen Spitälern und Niederlassungen in Städten vor allem Frankens (Nürnberg, Rothenburg, Würzburg, Ellingen) und von den Bettelorden aufgegriffen. Von Augsburg aus verbreiteten sich die Franziskaner u.a. nach Würzburg, Bamberg, Nürnberg und Regensburg. Von ihren Mitgliedern wirkten vor allem → David von Augsburg und → Berthold von Regensburg als volkstümliche Prediger. Die Dominikaner, in deren Reihen der aus Lauingen stammende → Albert d.Gr. stand, widmeten sich der theologischen Arbeit im Sinne der Scholastik und der Bekämpfung von Ketzerbewegungen, die sich vom 13.Jh. an auch im Raum zwischen Alpen und Fichtelgebirge nachweisen lassen. Das fast ganz von Laienkreisen verbreitete Ketzer-Gedankengut weist eine gewisse Verwandtschaft mit dem der Mystik auf. Deren Impulsen gaben sich vor allem Dominikanerinnen (Christine → Ebner und Adelheid Langmann [† 1371] in Engelthal bei Nürnberg, Margarethe → Ebner in Maria Mödingen), aber auch Weltpriester wie → Heinrich von Nördlingen hin.

c) Im → Gottesdienst (: V B, 1) drang auch in B. seit dem 13.Jh. auf Grund der scholastischen Transsubstantiationslehre die Elevation, der Gebrauch von Monstranzen und die Feier des → Fronleichnamsfestes ein. Die Gewährung von Ablässen (erstmals 1229 in Eichstätt) kommt zur Förderung von Kollekten in Übung. Der Streit Ludwigs des Bayern mit der Kurie, das abendländische Schisma und die landeskirchlichen Bestrebungen der Fürsten und Reichsstädte (Pfaffensteuerstreit in der Markgrafschaft Ansbach) arbeiteten der Reformation vor. Die Bemühungen um die wissenschaftliche und sittliche Hebung des Welt- und Ordensklerus, denen landesherrliche Maßnahmen und Kloster-Reformbewegungen, etwa von → Melk und → Kastl aus, dienten, erzielten nicht überall Dauererfolge, so daß Klagen über die Geistlichkeit am Vorabend der Reformation nicht fehlen (→ Onus Ecclesiae). Das starke religiöse Bedürfnis des einzelnen machte sich in Privatmeß- und Altarstiftungen, in der Teilnahme an Bruderschaften und Wallfahrten (Andechs bes. seit 1388, Vierzehnheiligen [Nothelferwallfahrtskirche] seit 1447, Altötting bes. seit 1489), aber auch in karitativen Einrichtungen, besonders bürgerlichen Spitalgründungen, und schließlich in Prädikaturstiftungen geltend.

2. a) Bereits 1524/25 führte die Reichsstadt Nürnberg die *Reformation* ein (→ Osiander, → Spengler). Sie wurde hier wie auch im Nürnberger Landgebiet durch die Kirchenvisitation von 1528 abgeschlossen. Gleichzeitig wurde im Auftrag des Markgrafen Georg die Markgrafschaft Ansbach-Bayreuth visitiert. Zu demselben Zeitpunkt gelangte die Reformation in den Reichsstädten Weißenburg und Windsheim zum Durchbruch, so daß in *Franken* ein Block von reformatorischen Ländern entstand, der auf dem Speyrer Reichstag hinter der Protestation und auf dem Augsburger Reichstag hinter dem Augsburger Bekenntnis stand. Mit dem Erlaß der Brandenburg-Nürnbergischen Kirchenordnung (1533) fanden auch die äußeren Gottesdienstformen ein einheitliches Gepräge. Schweinfurt und Rothenburg dagegen, bei denen reformatorische Anfänge durch die Reaktion auf den → Bauernkrieg erstickt waren, konnten erst 1542 und 1544 den entscheidenden Schritt tun. Die Grafen von Castell und die Mehrzahl der Reichsritter bekannten sich nach dem → Augsburger Religionsfrieden zu Luthers Lehre. In den Stiftsländern der Bischöfe von Bamberg und Würzburg und hie und da auch in dem des Bischofs von Eichstätt begegnen damals luth. Predigt und Abendmahlsfeiern unter beiderlei Gestalt; von Kulthandlungen, die die Reformatoren bekämpften, wie Firmung und letzte Ölung, sah man in diesen Kreisen weitgehend ab.

Während in Franken das → Interim schnell überwunden wurde, wirkte es in *Schwaben* lange nach. Hier war die geographische Nähe der Schweiz bestimmend. Kämpfe zwischen der Wittenberger und Schweizer Richtung und Versuche um den Ausgleich nach Straßburger Vorbild blieben nicht aus. Jn Augsburg fiel 1534 die Entscheidung zugunsten der Reformation, die 1537 auf die Dom- und Stiftskirchen ausgedehnt wurde. In den Reichsstädten Lindau, Memmingen und Kempten siegte die luth. Richtung erst beim politischen Zurücktreten der Schweiz nach der Schlacht von Kappel, in Kaufbeuren mußte sich das Luthertum gegen spiritualistisch-wiedertäuferische Strömungen (→ Täufer) durchsetzen. Nördlingen und Dinkelsbühl konnten dank ihrer Berührung mit der Grafschaft Öttingen im Laufe der 30er Jahre dem Luthertum gewonnen werden.

Die weitere Entwicklung wurde dadurch bestimmt, daß das baierische Herzogshaus der röm.-kath. Kirche ergeben blieb. Trotz energischer Maßnahmen, die zum Märtyrertod von Lutheranern und Wiedertäufern führten, konnte es zunächst nicht verhindern, daß die Kelchbewegung das Land erfaßte, und mußte selbst den päpstlichen Dispens für den Laienkelch erbitten. Die dabei zutage tretende Aufsässigkeit des landständischen Adels (die sog. Adelsverschwörung von 1563) benützte die Regierung aber dazu, die Kelchbewegung in wenigen Jahren abzudrosseln. Nur die reichsunmittelbare Grafschaft Ortenburg hat die Reformation ganz durchführen können. Sonst ist das Land zwischen Böhmerwald und Alpen, zwischen Inn und unterer Altmühl fest in der Hand der kath. Kirche geblieben.

Seit dem Hausvertrag von Pavia (1329) bzw. dem Landshuter Erbfolgekrieg (1504) waren aber die Oberpfalz und die »junge« Pfalz mit der Hauptstadt Neuburg a. D. den kurpfälzischen Linien der Wittelsbacher zugefallen. Hier wurde seit 1542 die Reformation eingeführt. Sie erleichterte den Reichsstädten Regensburg und Donauwörth den gleichen Schritt.

Während die Oberpfalz in den folgenden Jahrzehnten zwischen gemäßigtem Luthertum und mit Unionstendenzen auftretendem Calvinismus hin- und hergerissen wurde, nahm Pfalz-Neuburg das Konkordienbuch an. Nur Nürnberg mit seiner Klientel Windsheim und Weißenburg versagte die Unterschrift und schuf in der Akademie → Altdorf eine zunächst dem Philippismus verschriebene Bildungsstätte.

b) Für die seit den 80er Jahren des 16.Jh.s energisch einsetzende *Gegenreformation* wurde B. der politische Rückhalt. 1609 unterwarf es die Reichsstadt Donauwörth. Durch die Konversion des Neuburger Pfalzgrafen Wolfgang Wilhelm bei seiner Vermählung mit einer Tochter Maximilians I. von B. wurde sein Land rekatholisiert und diese Maßnahme auf das Land der Neuburger Sekundogenitur in Sulzbach-Weiden ausgedehnt. Hier gelang es jedoch auf dem Westfälischen Friedenskongreß und durch den Kölner Vertrag von 1650, dem ev. Leben wenigstens ein Simultaneum zu erhalten. Die übrige Oberpfalz wurde nach der Niederlage des Kurfürsten Friedrich V. von der Pfalz in harter Weise dem Katholizismus zugeführt.

Im *Schwaben* hatte schon vorher B. zugunsten der kath. Kirche eingegriffen. Die dortigen benachbarten Reichsstädte, ohne Rückhalt an einem großen ev. Landesherrn, seit der Wahlordnung Karls V. von einem konservativen und zT kath. Patriziat geführt, hielten nach dem Interim einen bikonfessionellen Status aufrecht, der vielfach zur Bedrückung der ev. Bevölkerungsmehrheit führte. Der Nachfolger des erasmisch gesinnten Christoph von Stadion auf dem Augsburger Bischofsstuhl, Kardinal Otto Truchsess von Waldburg, der die Jesuiten nach Dillingen berief, und Bischof Heinrich von Knöringen waren die Hauptträger dieser Konfessionspolitik. Ihren Höhepunkt fanden die Kämpfe im Dreißigjährigen Kriege, wo den Restitutionen das Eingreifen Gustav Adolfs und je nach der militärischen Lage ein Hin und Her der Lösungen folgte. Der Westfälische Friede beendete dieses Ringen durch Einführung der sog. Parität in Augsburg und Dinkelsbühl; diese Regelung, die Besetzung der öffentlichen Ämter mit der gleichen Anzahl ev. und kath. Mitglieder, setzte sich auch in Kaufbeuren durch.

Auch für die fränkischen Bistümer Würzburg und Bamberg war die politische Unterstützung durch B. nicht ohne Bedeutung. Julius → Echter von Mespelbrunn hat nicht nur in seinem Würzburger Gebiet die Gegenreformation von 1585 an rücksichtslos durchgeführt, sondern auch durch die Neuerrichtung der Universität und die Gründung des Juliusspitals die Bildungsschicht und die Armen der von ihm ausgerichteten Kirche verbunden. In Bamberg hat nach ersten Anfängen unter Neidhard von Thüngen Bischof Johann Gottfried von Aschhausen mit seinem am Germanicum ausgebildeten Weihbischof Johann Forner den Protestantismus beseitigt.

c) In der Zeit nach dem Dreißigjährigen Kriege lebten die kath. Länder in den Formen barocker Frömmigkeit, oft geleitet durch Volksmissionen der Jesuiten und Kapuziner. Gleichzeitig wurde in den ev. Ländern die Forderung nach Tatchristentum, nach Erfüllung der pia desideria laut. Unter dem Einfluß → Arnds und → Speners drang der Pietismus in den fränkischen Reichsstädten und durch persönliche Beziehungen Franckes und Zinzendorfs im Aischgrund und in der Grafschaft Öttingen ein und wurde in der Markgrafschaft Bayreuth und in Castell eine Zeitlang kirchenregimentlich gefördert. Die offizielle Anerkennung des Pietismus hörte um 1740 in Bayreuth, Nürnberg, Regensburg auf, nachdem die theologische Legitimität pietistischer Haltung durch das Auftreten inspirierter Schwärmer (zB → Rock) in Franken und Schwaben bereits erschüttert war. So wurde der Pietismus nur vereinzelt durch dogmatisch korrekte Persönlichkeiten wie Sam. → Urlsperger in Augsburg weitergeführt und speiste noch die Erweckungsbewegung des 19.Jh.s. Er führte, zB in Erlangen und Fürth, zur Separation kleiner Gruppen oder verflachte zum Rationalismus, der nun die Gemeinden beherrschte und durch Einführung neuer Gesangbücher und Agenden sowie der allgemeinen Beichte dem kirchlichen Leben die dogmatische und liturgische Prägung des Luthertums nahm. Die seit Ende des 17.Jh.s in einzelnen Ländern eingeführte Konfirmation fand in einem bis ins 19.Jh. sich erstreckenden Vorgang allmählich überall Eingang.

3. a) Nach der Vereinigung der pfälzischen und rechtsrheinischen Länder der Wittelsbacher und der Angliederung fränkischer und schwäbischer Gebiete nach dem Frieden von Lunéville (1801) sah sich die Regierung vor eine schwere kirchenpolitische Aufgabe gestellt. Sie löste sie staatlich zentralistisch im Sinne der Aufklärung, die schon am Ende des 18.Jh.s zB durch den in Ingolstadt gegründeten → Illuminatenorden eingedrungen war. Sie unterwarf auch die *kath. Kirche* einer verstärkten staatlichen Reglementierung, erließ ein Toleranzedikt zur Gleichstellung der drei reichsrechtlich zugelassenen christlichen Konfessionen und säkularisierte die Klöster, ohne überkommene religiöse und kulturelle Werte zu schonen.

Innerhalb des bayerischen Katholizismus lösten diese Vorgänge im Zusammenhang mit der Romantik eine Reaktion aus, die zum Abschluß des bayerischen Konkordats (5.6.1817) führte. Die hier zugesicherte Unversehrtheit der nach göttlichem Recht und den kanonischen Satzungen der kath. Kirche zukommenden Stellung und die Nichtigkeitserklärung der entgegenstehenden Gesetze riefen in der ev. Bevölkerung Besorgnisse wach. Die Neugliederung der Kirchenbezirke (Erzbistum München-Freising mit Augsburg, Passau, Regensburg als Suffraganbistümern; Erzbistum Bamberg mit den Suffraganbistümern Würzburg, Eichstätt, Speyer) wurde erst nach der Tegernseer Erklärung (15.8.1821) König Max Josephs durchgeführt. Danach sollte der vom Episkopat beanstandete Verfassungseid lediglich die bürgerlichen Verhältnisse betreffen und die Gewissen nicht gegen göttlich-kirchliches Recht binden, das Konkordat aber als Staatsgesetz vollzogen werden. Die Wiederherstellung von Klöstern setzte sich bis in die Gegenwart fort (unter den Benediktinerklöstern auch die Neugründung St.Bonifaz-München, 1907 die Wiederherstellung des von Ludwig dem Baiern gegr. Ettal).

Die von der Romantik beeinflußte kath. Erweckungsbewegung, deren Haupt der Prof. und Regensburger Bischof Joh.Mich. → Sailer war, führte vereinzelt zu Übertritten zur ev. Kirche oder zum Irvingianismus (zB Joh.Ev. → Lutz). Diese letzte zahlenmäßig kleine Bewegung, der Heinr. → Thiersch als Oberhirte gedient hat, hat sich auch aus prot. Kreisen rekrutiert, ist aber heute gespalten (apostolische, neuapostolische und reformiert-apostolische Gemeinden; → Neuapostolische Kirche). Im allgemeinen führte die kath. Erweckungsbewegung in eine strenge Restauration, wie sie in München von Josef → Görres (in den Historisch-politischen Blättern) und von Möhler literarisch vertreten wurde. Bezeichnend war die Intoleranz in der Mischehenfrage und die Verständnislosigkeit im → Kniebeugungsstreit.

In der Resolution von 1848 forderte die Würzburger Bischofskonferenz die Freiheit der Kirche, und die Freisinger Erklärung vom 11.10.1850 bekämpfte die staatskirchenrechtlichen Bindungen. Seit 1848 konnte religiöses, missionarisches und volksmissionarisches wie karitatives Leben in Vereinen (als erster 1838 der Ludwig-Missionsverein; Vinzenz-, kath. Arbeiter- und Gesellenvereine) und neuen Orden und Kongregationen (Vinzentinerinnen, Arme Franziskanerinnen von Mallersdorf, Niederbronner Schwestern, Benediktinerkongregation St.Ottilien usw), aber auch in einer kirchlich gelenkten → Presse (1905 Gründung des kath. Pressevereins für B.) ihren Ausdruck finden. 1916 wurden die neuen kath. Wohlfahrtseinrichtungen im Landescaritasverband B. zusammengefaßt.

Das Vaticanum (→ Infallibilität) blieb nicht ohne Widerspruch auch in B., dessen Episkopat auf dem Konzil nur zT für das Dogma eingetreten war. Aufgerüttelt durch den Kirchenhistoriker Ignaz v. → Döllinger, bildeten sich altkath. Gemeinden (→ Altkatholiken, Mitgliederzahl 7764 i.J. 1950).

Nach dem Abflauen des Kulturkampfes, zu dem B.s Kultusminister Lutz den Vorschlag des Kanzelparagraphen im Strafgesetzbuch beitrug, brachte der Antimodernismus manche Theologen, wie zB den Würzburger Prof. → Schell, in Gewissenskonflikte. Den Veränderungen durch die Revolution von 1918 trug das neue bayerische Konkordat vom 19.3.1924 Rechnung. Der Nationalsozialismus schädigte besonders die religiöse Vereinsarbeit und brachte im zweiten Weltkrieg die kath. Presse auch in B. zum Erliegen. Der Flüchtlingsstrom hat die absolute Zahl der Katholiken vermehrt (statt 5 149 878 i.J. 1939: 6 600 895 i.J. 1950) und den Hundertsatz von 73,2 auf 71,9 vermindert, jedoch in vielen bisher rein ev. Gebieten eine kath. Diaspora entstehen lassen. Die kath. Bevölkerung wird in 3209 Pfarreien und 608 sonstigen Seelsorgebezirken von 4649 Welt- und 320 Ordensgeistlichen betreut. Trotz der großen Einbußen durch die Säkularisation verfügt die kath. Kirche über 78 221 ha Grund, d.i. 1,12% der bayerischen Gesamtfläche.

b) Die *ev. Kirche* wurde im 19.Jh. nach den Normen des sog. Protestantenedikts vom 25.5.1818 von einem kath. Landesherrn regiert, der ihr bis 1824 den Namen Kirche (statt dessen »Gesamtgemeinde«) und grundsätzlich die Bezeichnung »ev.« versagte und nur im innerkirchlichen Verkehr ihre Kennzeichnung als ev.-luth. seit 1853 zuließ. Ursprünglich gehörte zur prot. Kirche B.s auch die → Pfalz, die 1818 die Union vollzog, aber auf ihren Wunsch 1849 von der Unterstellung unter das Münchener Oberkonsistorium befreit wurde. Im rechtsrheinischen B., in dem nur acht zT auf Hugenotteneinwanderung zurückgehende ref. Gemeinden bestanden, waren die Voraussetzungen für eine Union nicht gegeben. In der Erweckungsbewegung, an der der Erlanger Prof. Chr. → Krafft stark beteiligt war, entwickelte sich durch die Auseinandersetzung mit dem Rationalismus der Sinn für konfessionelle Bestimmtheit. Dazu trug die ErlangerTheologie (→Erlanger Schule) bei, deren Hauptvertreter Joh.v. → Hofmann, → Harleß, Chr. → Thomasius, → Höfling, später Reinhold Frank, ja sogar der ref. Theologe Aug. → Ebrard in einer positivistischen Wendung das Christentum unspekulativ als geschichtlich konkreten Tatbestand faßten, den der erweckte Theologe als Glied der Kirche zu umschreiben habe. Das Kirchenregiment förderte durch seine Personalpolitik die Wendung zum Bekenntnis. Vielfach wurde die → Abendmahlsgemeinschaft mit Unierten und Reformierten abgelehnt. Der markanteste Vertreter des Neuluthertums in B., Wilh. → Löhe, gestaltete nicht nur Predigt und Liturgie in seiner Dorf- und Diakonissengemeinde → Neuendettelsau aus dem luth. Bekenntnis heraus, sondern auch die → Diakonie, die äußere und innere Mission. Die Wünsche solcher Männer nach Verselbständigung der ev. Kirche gingen nur allmählich in Erfüllung, zumal der Oberkonsistorialpräsident v.Harleß nach Erlaß der Anordnungen über Kirchenzucht, über die Einführung eines neuen Gesangbuches, eines aus der reformatorischen Überlieferung gestalteten Agendenkerns und der fakultativen Privatbeichte im Lande heftigen Widerspruch, den sog. Agendensturm, erlebte und Rückhalt bei der Krone suchte. Doch hatte das Jahr 1849 die Vereinigung der bisher getrennt tagenden Generalsynoden der Konsistorialbezirke Ansbach und Bayreuth und eine Verstärkung des Laienelements auf den Synoden gebracht. Zudem konnten sich nun das kirchliche Vereinsleben (1849 Aufhebung des Verbots des Gustav-Adolf-Vereins; vorher nur: 1823 Zentralmissionsverein, 1843 der »prot.«, seit 1853 »ev.-luth.« Missionsverein) und die kirchliche Presse entfalten. Durch die kgl. Entschließung, daß Anordnungen in innerkirchlichen Fragen erst nach Anhörung der Generalsynode ergehen würden, und durch die Errichtung des Generalsynodalausschusses (1887) wurden die Voraussetzungen geschaffen, unter denen die Kirche nach dem Wegfall des → landesherrlichen Kirchenregiments (1920) aus sich heraus die neue Form ihrer Rechtsorganisation schaffen konnte.

Der theologische Liberalismus hat an den Grenzen der Landeskirche nicht Halt gemacht. Bedeutsamer Vertreter des für moderne geistige und soziale Fragen aufgeschlossenen Kulturprotestantismus war Christian → Geyer, ein Gegenpol zum Oberkonsistorialpräsidenten Hermann → Bezzel, dem strengen Lutheraner und Vertreter der Kondeszendenztheologie. Geyers Amtsbruder und Freund → Rittelmeyer, gleichfalls in Nürnberg, wandte sich zu Steiners → Anthroposophie.

Nach der Verfassung vom 10.9.1920 übt die Landessynode die Gesetzgebung in der ev.-luth. Landeskirche aus; der Landeskirchenrat, zu dessen geistlichen Oberkirchenräten die (1956: 5) Kreisdekane gehören, führt die Verwaltung nach Maßgabe der Gesetze als Kollegialbehörde. An seiner Spitze steht ein Kirchenpräsident, seit 1933 Landesbischof, der die Kirche nach außen vertritt. Durch den Staatsvertrag von 1924 sind die Rechte der Landeskirche im Land B. umschrieben und gewährleistet. Den → Kirchenkampf hat Landesbischof → Meiser als Kampf zur Wahrung des luth. Bekenntnisses geführt. Nach den Beschlüssen der Landessynode hat er für die Kirche 1947 den Beitritt zur Ev.-luth. Kirche Deutschlands, 1948 zum → Lutherischen Weltbund, aber auch »unter Wahrung ihres unantastbaren Bekenntnisstandes« zur EKD vollzogen. Neben der theol. Fakultät → Erlangen steht in der Augustana-Hochschule Neuendettelsau für die Ausbildung des Theologennachwuchses eine eigene kirchliche Bildungsstätte zur Verfügung.

Die von 1 749 595 i.J. 1939 auf 2 401 541, dh von 24,9 auf 26,15% der Gesamtbevölkerung gestiegene ev. Bevölkerung wurde 1954 in 1018 Pfarreien und 71 Nebenpfarreien von den Inhabern der 1224 Pfarrstellen kirchlich betreut. Der Einstrom der Heimatvertriebenen verschärfte das Diasporaproblem (→ Diaspora: II).

Als Einrichtungen der Inneren Mission traten neben die Neuendettelsauer Anstalten vor allem die Diakonissenmutterhäuser Augsburg (1855) und, aus der Gemeinschaftsbewegung erwachsen, Hensoltshöhe (1909) sowie die vom Landesverein für Innere Mission getragene Landesdiakonenanstalt Rummelsberg bei Nürnberg (1890 zunächst in Nürnberg gegr.). 1924 wurden die Einrichtungen der Inneren Mission im Landesverband für Innere Mission zusammengefaßt. Für die unter dem Nationalsozialismus zum Erliegen gekommene kirchliche Presse besteht der Ev. Preßverband in München.

Die ref. Gemeinden, die seit 1853 eine eigene Synode und ein eigenes Moderamen haben, gaben sich 1920 ihre selbständige Verfassung und übertrugen dem ev.-luth. Landeskirchenrat die Vertretung ihrer Kirche gegenüber dem Staat, die Steuererhebung und Pfarrbesoldung. An der Universität Erlangen besteht eine Professur für reformierte Theologie (extra facultatem).

c) Die griechisch-→ orthodoxe Kirche (1950 mit 15 993 Mitgliedern) ist seit 1834 den andern drei christlichen Konfessionen gleichgestellt. Die →Mennoniten und seit 1885 die → Methodisten genießen die Rechte einer Privatkirchengesellschaft. Die als »Angehörige der freikirchlichen ev. Gemeinden« zusammengefaßten Gruppen weisen nach der Statistik des Bayerischen Statistischen Landesamts für 1950 32 734 Personen auf. Die freireligiösen Gemeinden mit einer Seelenzahl von 100 408 i.J. 1950 gehen zT auf die deutschkath. und freichristlichen Gemeinden zurück, die Joh.Ronge 1848/49 ins Leben rief und die nach Aufhebung ihrer Eigenschaft als Privatkirchengesellschaften (1851) als Privatvereine (meist »Bund für Geistesfreiheit«) bestehen.

E.J.H.MEDICUS, Gesch. d. ev. Kirche i. B., 1863 - G.THOMASIUS, Das Wiedererwachen ev. Lebens i. d. luth. Kirche B.s, 1867 - H. BECK, D. kirchl. Leben d. ev.-luth. Kirche i. B., 1909 - M.BUCHBERGER, Eineinhalb Jt. Kirchliche Kulturarbeit in B., (1920) 1950² - DHGE VI, 1932, 1524ff - M.SIMON, Ev. KG B.s, (1942) 1952² (Lit.) - R.BAUERREISS, KG B.s, 1949ff - Beiträge z. bayer. KG, 1894-1925 - Zeitschr. f. bayer. KG, 1926ff - Quellen u. Forsch. zur bayer. KG, 1917-22 - Einzelarbeiten aus der KG B.s, 1925ff. *G.Pfeiffer*

Bayern, deutscher *Stamm,* enstanden wohl aus den 515/525 (nach anderen Ende des 5.Jh.s) von Osten in das heutige Stammesgebiet eingewanderten Sueben und Skiren, die sich mit Alemannen-, vielleicht auch Markomannengruppen und Romanenresten vereinten; überwiegend heidnisch, doch vielleicht mit arianischem Einschlag. Seit etwa 536 unter Oberhoheit der Merowinger, erhielten sie von diesen das (burgundische) Herzogsgeschlecht der Agilolfinger. Diese förderten die Bekehrung, die Ende des 7.Jh.s äußerlich abgeschlossen war. Im 8.Jh. bildete sich trotz fränkischer Oberhoheit ohne Erzbistum eine bayerische Landeskirche mit eigenen Synoden. Doch stand der Großteil von Klerus und Adel auf fränkischer Seite; 788 wurden Tassilo und das bayerische Herzogtum gestürzt. 798 erhielt B. durch Karl d. Gr. eine eigene Kirchenprovinz unter Arn von Salzburg. Die innere Kraft der Kirche im vorkarolingischen B. bezeugen die Mission unter den Slowenen Karantaniens und ein blühendes geistiges Leben (Arbeo von Freising, → Virgil von Salzburg).

R.Bauerreiss, KG Bayerns I, 1949 - E.Klebel, Zur Gesch. des Christentums in B. vor Bonifatius (St.Bonifatius. Gedenkgabe z. 1200. Todestag, 1954, 388-411) - H.Löwe, Arbeo v. Freising (Rhein. Vierteljahresbl. 15/16, 1950/51, 87-120). *H.Löwe*

Bayle, *Pierre,* * 1647 in Carlat (nördl. der Pyrenäen), † 1706 in Rotterdam, studierte als Reformierter in Genf → Descartes, ohne Cartesianer zu werden, und wirkte nach kurzer Lehrtätigkeit in Sedan seit 1681 als Professor in Rotterdam. Seine kritische Leidenschaft büßte er auch hier mit dem Verlust seines Lehramtes und lebte fortan in einem gelehrten Kreis, zu dem auch → Leibniz und → Shaftesbury in Beziehung traten. - In einer Zeit, als sich das »natürliche Weltbild« schon auszuwiegen begann, stiftete B. neue Unruhe, indem er auch die Geschichte in den Wirbel seiner Fragen hineinriß. Schon die mehrfach fortgesetzten »Pensées diverses« über den Kometen von 1680 wenden sich gegen die astrologisch begründeten Legenden und fordern deren Überprüfung an den Tatsachen. Aber der Angriff zielt schon hier auf die durch Jahrhunderte vererbten Meinungen überhaupt: der dogmatische Aberglaube ist der »Teufel im Geist des Menschen«, und der Atheist (→ Atheismus: II) steht Gott womöglich näher als der abergläubische Christ. Der »Dictionnaire historique et critique« (1695 bis 1697) eifert in allen Bereichen um das Vorrecht der Tatsache vor den Meinungen. B.s Drang nach Büchern und Neuigkeiten gründet in der revolutionären (und dann von → Vico methodisch ausgewerteten) Überzeugung, daß die historische Tatsache alle Naturgesetze an Gewißheit übertrifft. Diese bahnbrechende Freilegung des geschichtlichen Denkens mußte kritische Folgen von erregendem Ausmaß haben. Denn die Tatsache bedroht die theologische Geschichtskonstruktion. »Religionäre« und »Rationalisten« sind verdächtig. B. ist Skeptiker im Stil des → Sextus Empiricus. Die Vernunft führt auf Widersprüche, aber die durch die Tatsache verbürgte Wahrheit bleibt »einzige Königin«. Die Widervernünftigkeit ist daher kein Argument gegen den Glauben, der nur eingeschränkt ist durch das Vernunftgesetz der Sittlichkeit und das Gebot der Toleranz.

E.B.Sugg, P.B., 1930 - E.Cassirer, Die Philosophie der Aufklärung, 1932 - E.Beyreuther, Zinzendorf u. P.B., 1955. *H.Knittermeyer*

Bayly, *Lewis* (1565-1631), schottischer Herkunft, Prediger in Evesham, Pfarrer, dann Hofkaplan in London, 1616 Bischof von Bangor (Nordwales). B. repräsentiert die Wendung der → Puritaner weg von einer durch Verfassungsfragen bestimmten Streittheologie zu einer Erbauungsbewegung, für die eine eschatologische Gerichtspredigt - mit drastischer Schilderung des Elends der menschlischen Kreatur und im Angriff auf persönliche und nationale Laster - den entscheidenden Anstoß bildet (so schon vorher William → Perkins und Arthur Dent [als Pfarrer von South Shoeburg, Essex, † 1607] und später u.a. John → Bunyan). B.s Hauptwerk »Practice of Piety« (Praxis Pietatis) - in erster Fassung unbekannt - kam in immer neuen Auflagen heraus (1636^{24}) und wurde in die meisten europäischen Sprachen, ja ins Indianische übersetzt (deutsch Zürich, 1629, Lüneburg 1631); es hat auch für den deutschen → Pietismus große Bedeutung. In seiner »radikalen ›mystischen‹ Entwertung des Diesseits« durch die Eschatologie (M.Schmidt) legt es Zeugnis ab für den Einfluß spätmittelalterlicher und spanisch-gegenreformatorischer Erbauungsliteratur auf Puritanismus und werdenden Pietismus.

RE II, 497f - H.Leube, Die Reformideen in der dt. luth. Kirche zZ der Orthodoxie, 1924, 167ff - A.Lang, Puritanismus u. Pietismus, 1941, 186ff - M.Schmidt, Eigenart u. Bedeutung der Eschatologie im engl. Puritanismus (ThViat 4, 1952, 205-255). *W.Maurer*

Beamte

I. Soziologisch - II. B. der ev. Kirche, rechtlich

I. Soziologisch

1. In einer Vielzahl der uns bekannten Kulturgemeinschaften erscheint als Vorläufer oder Urtyp des B.n der *Priester.* Er nimmt neben seinen sakralen Aufgaben bestimmte Ordnungsfunktionen des menschlichen Gemeinschaftslebens wahr, die, wenn man die magischen Verhüllungen von der Sache trennt, als administrative Funktionen zu deuten sind. Im Standeswesen hat sich die Mitwirkung des Geistlichen bis in die jüngsten Kulturformen erhalten, in ausgeprägter Form in der kath. Kirche (→ Kanonisches Recht, → Kulturkampf).

Sinnfällig werden Vergleiche mit der Gegenwart erst bei den sogenannten Hochkulturen, dh bei Kulturen, die eine Schrift entwickelt haben. Erst die Niederschrift von Gedanken und Feststellungen ermöglicht eine von B.n getragene Verwaltung, die unpersönlich, sachorientiert und kontinuierlich arbeitet. Dieser Zusammenhang tritt bei den historisch früh auftretenden Kulturbau-B.n hervor. So beruht die ägyptische Kultur ausschließlich auf einer von rationaler Planung getragenen, agrarischen Bewirtschaftung des Niltales, in welchem einzelne Bauern mit Rücksicht auf die jährliche Überschwemmung des Ackerlandes nur schwer existenzfähig gewesen wären. Dagegen zeitigte die staatswirtschaftlich betriebene Agrarnutzung des Niltales für mehrere Jahrtausende Entwicklungsmöglichkeiten, die auch heute noch in Erstaunen setzen. Diese Leistung wäre ohne eine geschulte Bürokratie unmöglich gewesen. Ihr oblag die Aufgabe einer Neuvermessung des Landes nach Rückgang des Hochwassers, Organisierung der Aussaat und der Ernte, deren Lagerung und Verteilung sowie die Erledigung aller hiermit zusammenhängenden Organisations- und Verwaltungsarbeiten.

Die für die kontinentaleuropäische Entwicklung einflußreiche Vorform des heutigen B.n findet sich in den Helfern der Regierenden in Heeresverwaltungs- und Armeequartierangelegenheiten seit der Renaissance. Die zunächst nur für Heeresverwaltungsaufgaben tätigen B.n übernehmen zwangsläufig die Steuereinhebung, Haushaltsangelegenheiten, Wege- und Kulturbausachen (in Preußen zB fungieren lange Zeit die Kriegs- und Domänenkammern) mit dem Ergebnis, daß um die Wende des 18.Jh.s in allen kontinentaleuropäischen Staaten neben einem Korps von Militärverwaltungs-B.n eine durch Vorbildung und Laufbahn abgehobene Zivilverwaltungsbeamtenschaft festzustellen ist.

Abweichend verläuft die Entwicklung in England und, ihm folgend, in den USA. Hier erhält sich das auf germanischem Rechtsgut beruhende Selbstverwaltungsprinzip mit dem Ergebnis, daß erst gegen Ende des 19.Jh.s und nach der Industrialisierung hierarchisch gegliederte B.nkörper notwendig werden.

2. Besondere Bedeutung kommt dem B.n in allen neuzeitlichen Kulturstaaten zu, in denen die Ausübung der öffentlichen Gewalt Rechtsbindungen unterworfen ist. Vor allem legen Staaten mit gewaltenteilenden, demokratischen Verfassungen (→ Demokratie) staatspolitischen Nachdruck auf die Bindung der Verwaltung (Exekutive) an Gesetze und davon abgeleitete Rechtsvorschriften. Dies bedeutet, daß nicht nur die Richter, sondern auch alle Verwaltungs-B.n neben Fachkenntnissen auf dem Gebiet der Organisation, der Haushalts- und Personalwirtschaft über ein großes Maß an Kenntnissen auf dem Gebiet des öffentlichen Rechts und des Privatrechts verfügen müssen. Diese hohen beruflichen Anforderungen zwingen dazu, nur hauptberufliche B. mit laufbahnbedingter Ausbildung und lebenslanger Anstellung zu verwenden, da Gelegenheits- oder Zeitpersonal diesen besonderen Anforderungen des öffentlichen Dienstes nur in Ausnahmefällen gewachsen ist.

Die Leistungsfähigkeit und moralische Sauberkeit des Beamtentums wird durch ein besonderes Disziplinarrecht (Dienststrafrecht) und gesetzlich geregeltes Disziplinarverfahren vor besonderen Dienststrafgerichten gewährleistet.

3. Während sowohl in den Republiken als auch in den konstitutionellen Monarchien Europas im 19.Jh. die staatstragende Funktion des Beamtentums im wesentlichen unangefochten war, änderte der erste Weltkrieg diese Lage gründlich. Nachdem die liberale Prophetie von dem Abbau des Staates und dem Verschwinden der B.n bei steigender Güterproduktion und Ausweitung des Marktes spätestens seit der Epoche der Bismarckschen Sozialversicherungsgesetzgebung de facto zu Grabe getragen worden war, trat nach dem Zusammenbruch der Mittelmächte im Jahre 1918 um so nachdrücklicher die marxistische Ideologie in der politischen Wirklichkeit in Erscheinung. Der Marxismus erklärte den Staat zum Instrument kapitalistischer Ausbeutung der Arbeiterklasse und lehrte, daß in der vollkommenen, dh klassenlosen Gesellschaft der Staat und seine Beamtenschaft von selbst absterben würden. In den westeuropäischen Staaten ist der radikale Marxismus nie zum gestaltenden Faktor der politischen Wirklichkeit geworden. In Rußland jedoch, wo er durch die Oktoberrevolution des Jahres 1917 die Chance der Verwirklichung seines Konzepts in die Hand bekam, hat er in der Praxis alle seine Prognosen der staatlichen Entwicklung selbst widerlegt und eine Superbürokratie aufgebaut. Das Staatsfunktionärkorps des sowjetrussischen Staates übertrifft an Zahl, Gewicht und Bedeutung jede andere Bürokratie der Welt.

4. In der Bundesrepublik Deutschland sind bei einem Stand von rund 18 Mill. Beschäftigten am 1.1.1957 rund 2 Mill. Bedienstete in den Verwaltungen von Bund, Ländern und Gemeinden (einschließlich Post, Bahn und öffentlichen Körperschaften) tätig. Den Status von B.n im Sinne der B.ngesetze haben jedoch nur die Richter, die in B.nplanstellen geführten Verwaltungs-B.n, Lehrer, Polizisten u.a. Fast 60% des Personals im öffentlichen Dienst sind auf Grund von Arbeitsverträgen als Angestellte und Arbeiter tätig. Die Ausdehnung des Anteiles der Angestellten am öffentlichen Dienst ist eine Folge der Ausweitung der Aufgaben der öffentlichen Hand seit der Jahrhundertwende; sie ist in allen modernen Industriestaaten fühlbar. Dieser Zusammenhang zeigt, in welchem Maße Umfang und Gliederung des öffentlichen Dienstes von der Sozial- und Gesellschaftsstruktur und ihrer Veränderung abhängen, die dem öffentlichen Dienst heute, neben der Verbürgung der Rechtssicherheit im Gemeinwesen, wichtige kulturelle Funktionen, soziale Aufgaben und weite Bereiche der Daseinsvorsorge für die Sozialgemeinschaft (Post, Bahn, Elektrizität, Gas, Wasser) zuweist.

Die Relativierung der Staatsautorität einerseits und die Ausweitung der Funktionen der öffentlichen Hand (Verwaltung als Leistungsträger) andererseits haben das Beamtentum in zwielichtige Auseinandersetzungen im politischen Kraftfeld hineingedrängt. Sein Auftrag, die politische Lebensgemeinschaft eines Staatsvolkes in rechtlicher und administrativer Hinsicht zu integrieren, würde jedoch unerfüllbar, wenn es ganz oder überwiegend dem politischen, ideologischen oder machtmäßigen Druck einer sozialen Gruppe, einer Partei, einer Gewerkschaft usw erliegen würde. Eine Institution wie das Berufsbeamtentum steht und fällt daher mit den sittlichen Kräften, die es an seine gemeinnützige, überparteiliche Aufgabe binden. Die sicherlich gegebenen Gefahren der Inpflichtnahme der Beamtenschaft durch Machtgruppen (pressure groups) sollten jedenfalls für Europa nicht überschätzt werden. Die Wahrnehmung von beruflichen Funktionen im öffentlichen Dienst setzt fachliche Fähigkeiten, Kenntnisse und Erfahrungen voraus, die in Verbindung mit dem Druck, das Leistungsniveau zu halten und zu steigern, sachfremden Einflüssen Grenzen setzen. In bestimmten Ländern kommen daneben Traditionen in einer soziologisch relevanten Weise zum Tragen. So wirken zB die deutschen B.ntraditionen in der Bundesrepublik in einer für andere Staaten kaum vorstellbaren Form nach: selbst der ganz überwiegende Teil der in Berufsverbänden (B.ngewerkschaften) organisierten B.n in der Bundesrepublik bekennt sich zu den hergebrachten Grundsätzen des Berufsbeamtentums (Streikverzicht, Fach- und Laufbahnprinzip, Ablehnung der Patronage u.a.).

Bibliographien: H.PUGET, Bibliogr. de la Fonction Publique et du personnel civil des administrations publiques, Paris 1948 - C. SECKLER-HUDSON, Bibliography on Public Administration, Washington 1949 - Bibliography of Public Personnel Administration Literature, hg.v. United States Civil Service Commission, 1949. - Ferner G.v.SCHMOLLER, Über Behördenordnung, Amtwesen u. Beamtentum (Acta Borussia. Teil IV Bd 1, 1894) - O.HINTZE. Der Commissarius u. seine Bedeutung in der allgemeinen Verwaltungsgeschichte (Hist. Aufs. Festschr. f. K.Zeumer, 1910, 493-528) - WB d. dtsch. Staats- u. Verwaltungsrechts I^2, 1911, 358ff - StL I, 1926, 676ff. 703ff - A.KOTTGEN, Das deutsche Berufsbeamtentum u. die parlamentarische Demokratie, 1928 - J.M.JURAN, Bureaucracy: A Challenge to Better Management, New York 1944 - H.R.G.GREAVES, The Civil Service in the changing State, London-Toronto 1947 - A.BRECHT, Vorspiel zum Schweigen, Wien 1948 - C.HEYLAND, Das Berufsbeamtentum im neuen demokratischen Staat, 1949 - A. GEHLEN, Bürokratisierung (KfS NF 3, 1950/51, 195) - C.A.EMGE, Bürokratisierung unter philosophischer u. soziologischer Sicht, 1951 - TH.ESCHENBURG, Der B. in Partei u. Parlament, 1952 - E.KERN, Die Institution des Berufsbeamtentums im kontinentaleuropäischen Staat, 1952 - W.WEBER, Das Berufsbeamtentum im demokratischen Rechtsstaat, 1952 - H.v.BORCH, Obrigkeit u. Widerstand. Zur politischen Soziologie des Beamtentums, 1954 - R.GREGOIRE, La Fonction Publique, Paris 1954 - K.-O.FRIEDRICH, B.nauslese in den Vereinigten Staaten u. in Großbritannien, 1955 - A.FRISCH, Großmacht Technokratie. Die Zukunft der Gesellschaft, 1955 - E.KORDT-M.P.GAUDEMENT-E.KERN, Der europäische B., 1955 - R.NAUMANN-H.SPANNER, Die Berufs-B.n u. die Staatskrisen, 1955 - B.MEISSNER, Das Ende des Stalin-Mythos, 1956. *E.Kern*

II. Beamte der ev. Kirche

In der Zeit des → landesherrlichen Kirchenregiments waren Leitung und Verwaltung des ev. Kirchenwesens mit der staatlichen Behördenorganisation eng verbunden. Im Laufe des 19.Jh.s wurden die staatlichen und die → Kirchenbehörden stärker geschieden; → Konsistorien und Oberkirchenrat verloren (in Preußen im Zuge der Synodalgesetzgebung der 70er Jahre) endgültig die Eigenschaft als Staatsbehörden; die Konsistorial-B.n und Generalsuperintendenten blieben aber Staats-B. Die Weimarer Reichsverfassung Art. 137 schloß eine Staatskirche und damit vor allem jegliche Verwaltung innerkirchlicher Angelegenheiten durch Staatsorgane oder staatlich bestellte bzw. besetzte Kirchenorgane aus, erkannte die Kirchen aber als Körperschaften des öffentlichen Rechts an. Das ganze kirchliche Rechtssystem behielt den Charakter des öffentlichen Rechts, das → Dienstrecht ihrer Geistlichen und kirchlichen B.n blieb nach öffentlich-rechtlichem B.nrecht geordnet. Sie sind nicht in einem zivil- oder arbeitsrechtlichen Vertragsverhältnis koordinationsrechtlich verpflichtet, sondern von einer übergeordneten Behörde in einem öffentlich-rechtlichen Dienstverhältnis angestellt. Die Geistlichen haben zwar eine beamtenrechtliche Stellung, insbesondere was die Begründung und Beendigung ihres Anstellungsverhältnisses, Pensionierung und Disziplinarverhältnisse anlangt, sie werden aber nicht zu den Kirchen-B.n im engeren Sinne gerechnet. Die auf innerer Bindung beruhende Selbständigkeit der geistlichen Amtsführung unterscheidet sie von den B.n, die die Eingliederung in den Behördenorganismus kennzeichnet (→ Pfarrer: II). Entsprechend regeln die neueren kirchlichen Ordnungen die Stellung der leitenden Geistlichen (Landesbischöfe, Prälaten, Landessuperintendenten usw) nicht als die von Kirchen-B.n, sondern als beamtetes geistliches Amt. Daß die Kirche ihr Amtsrecht als öffentlich-rechtliches B.nrecht gestalten kann, daß sie Dienstherreneigenschaft hat, daß ihr Dienst öffentlicher Dienst ist, ist allgemein anerkannt. Dagegen besteht keine volle Übereinstimmung darüber, inwieweit das in dem Sinne gilt, daß der Staat alle Rechtsvorteile, die er seinen B.n und anderen Angehörigen des öffentlichen Dienstes gewährt, auch den Kirchen zu gewähren hat.

In der Kirche ist die Zahl der Beschäftigten, die nicht beamtenrechtlich, sondern im Vertragsverhältnis angestellt sind, neuerdings stark gewachsen. Dabei haben sich neben dem Pfarramt wichtige Gruppen von Mitarbeitern herausgebildet, so die Pfarrgehilfinnen, kirchlichen Fürsorgerinnen und Erzieherinnen, Gemeindeschwestern, Geschäftsführer kirchlicher Werke. Ihre Beschäftigungsvoraussetzungen und -verhältnisse sind weitgehend in Kirchengesetzen geregelt, wodurch ihnen eine den Kirchen-B.n angenäherte Stellung als »kirchliche Amtsträger« gegeben wird. Auch wird ihnen auf Grund rechtlicher Ordnung in den meisten Landeskirchen eine zusätzliche Altersversorgung zu den Leistungen der Angestelltenversicherung gewährt.

G. Holstein, Die beamtenrechtl. Normen der Reichsverfassung u. die Stellung der Geistlichen u. Kirchen-B.n (AÖR NF 13, 1927, 153-208) - W. Kalisch, Grund- u. Einzelfragen kirchl. Dienstrechts (ZevKR 2, 1952/53, 24-63) - K. Hesse, Der Rechtsschutz durch staatl. Gerichte im kirchl. Bereich, 1956. *E. Ruppel*

Beatus, *der Heilige*, wird seit dem 12. Jh. als »Apostel der Schweiz« verehrt. Nach der historisch wertlosen Vita des 16. Jh.s war B. Engländer, wurde durch Barnabas bekehrt, durch Petrus zum Priester geweiht und wirkte als Glaubensbote in Helvetien bis zum Tode 112 nChr in der Beatushöhle am Thunersee.

D. Agricola, Almi Confessoris et Anachorete Beati vita, 1511 - Übers. v. P. Canisius, Freiburg/Schw. 1590 - Nacherzählung der Vita B. bei H. Murer, Helvetia sancta, Luzern 1648, 5ff - H. Moretus, La légende de Saint Béat (AnBoll 26, 1907, 423-453) - O. Scheiwiller, Zur B.frage (ZSKG 5, 1911, 21-52) - HBLS VI, 1931, 33. *R. Pfister*

Beatus Rhenanus (1485-1547), * in Schlettstadt, † in Straßburg. Nach dem Heimatdorf seines Vaters Rheinau im Unterelsaß Rhenanus genannt, studierte der begabte Schlettstädter Lateinschüler B. Bild 1503-07 in Paris, wo → Faber Stapulensis sein Lehrer wurde. Er erlernte die Druckerkunst und lebte teils in Basel, teils in seiner elsässischen Heimat. Als Freund und nächster Mitarbeiter des → Erasmus fand er seinen Lebensberuf. Bemerkenswert durch ihre Vorreden sind seine Ausgaben antiker Schriftsteller und Kirchenväter ebenso wie seine Arbeiten zur Geschichte des deutschen MA. Bleibende Bedeutung erlangten seine Nachrufe auf Erasmus (Allen. Op. ep. I, 53 ff. 56 ff), dessen Anschauungen er auch in kirchlicher Hinsicht teilte. Trotz persönlicher Beziehungen zu einigen Reformatoren und trotz seiner Neigungen für kirchliche Reformen blieb er bei der alten Kirche.

ADB 28, 283ff - A. Horawitz, Die Bibliothek u. Korrespondenz des B.R. zu Schlettstadt (SAW 78, 1874, 313-340) - A. Horawitz-K. Hartfelder, Der Briefwechsel des B.R., 1886 - W. Teichmann, Die kirchl. Haltung des B.R. (ZKG 26, 1905, 363-381) - P. Joachimsen, Geschichtsauffassung u. Geschichtsschreibung in Deutschland, 1910, 125ff - A. Hartmann, B.R. (Gedenkschrift zum 400. Todestag des Erasmus, 1936, 11-24) - G. Ritter, Erasmus u. der dt. Humanistenkreis am Oberrhein, 1937. *R. Stupperich*

Beausobre, *Isaak de* (1659-1738), Hugenotte, * zu Niort (Poitou), Studium in Saumur, Pfarrer in Chatillon à l'Indre (1683-85), nach Aufhebung des Ediktes von Nantes (1685; → Frankreich: I) Flucht nach Rotterdam, 1686-93 Pfarrer in Dessau, Hofprediger in Oranienbaum (1694), Pfarrer und Inspektor der französischen Kirche und Schule in Berlin. B. stand am dortigen Hof in hohem Ansehen und wurde zu diplomatischen Missionen verwendet. Beredter Prediger und gelehrter Schriftsteller.

Vf. u.a.: Défense de la doctrine des Réformés sur la providence, la prédestination, la grâce et l'eucharistie, 1693; Les psaumes de David, mis en rime française, 1701; Le NT traduit en françois, 1718; Histoire critique de Manichée et du Manichéisme, 2 Bde, 1739-44; Remarques historiques, critiques et philosophiques sur le NT, 2 Bde, 1742; Sermons, 4 Bde, 1755 (dt. 1760-62); Histoire de la Réformation 1517 bis 30, 2 Bde, 1785/86. - RE II, 499f - H. Bordier, La France protestante II, 1877², 127f. *W. Delius*

Bebel, 1. *August* (1840-1913), Arbeiterführer. * in Köln-Deutz, schloß sich B. als junger Drechsler zunächst den »Arbeiterbildungsvereinen« an. Bis zu seinem Tod war er unermüdlich um Erweiterung seines Horizontes bemüht, ohne den Autodidakten je ganz abstreifen zu können. Die außergewöhnliche Begabung als Massenführer machte ihn nach der Bekanntschaft mit Wilhelm Liebknecht, einem Vertrauten von → Marx, zum eigentlichen Baumeister der sozialdemokratischen Partei, die er auch im Reichstag und im sächsischen Landtag vertrat, wenn er nicht gerade wieder einmal für seine Überzeugung auf Festung oder ins Gefängnis gehen mußte. Daß die Partei die »Lassalleaner« einschmelzen konnte, daß sie in der Zeit des Sozialistengesetzes und in der Spannung der Debatten über den »Revisionismus« - wenigstens so lange er lebte - nicht zerbrach, hatte sie wesentlich ihm zu verdanken. - B. hat sich um »marxistische« Schulung bemüht, ohne Marx' »Kapital« je wirklich bewältigt zu haben. Seine Liebe galt jenem »utopischen Sozialismus«, der sich die künftige Gestalt der menschlichen Gesellschaft plastisch vorzustellen versuchte. So hat er über Fourier geschrieben, und so ist sein Erfolgsbuch »Die Frau und der Sozialismus« geradezu als spätes Zeugnis utopischer Erwartung zu begreifen. Seine Zukunftsgesellschaft kennt keinen Staat und ist also ohne Herrschaft. Sie besitzt keine → Klassen und bewahrt deshalb gesellschaftlichen Frieden. Das Fehlen der Ausbeutung läßt die Versuchung, Böses zu tun, gar nicht erst entstehen. In Gartenstädten wird ein bescheidenes Glück im Genuß irdischer Freuden um so intensiver genossen, als kein »Jenseits« den Wert des Irdischen mindert. - Max Weber hat bei hoher Achtung der Person das »Kleinmeisterliche« der politischen Haltung gegenüber der Tiefe heraufkommender Gefährdungen gänzlich unzulänglich befunden. Daß die naiv aufklärerische Haltung von B. die christlichen Aussagen gar nicht begreifen konnte, läßt sich unschwer einsehen. Warum aber traf er in seiner Werdezeit keinerlei ihn stellende und barmherzig bindende christliche Verkündigung? Die Ehrerbietung in einer persönlichen späten Begegnung mit dem Vater Bodelschwingh blieb Episode. So stellt B. der Christenheit noch heute die Frage, wie sie zu dem → Arbeiter (: I) in der industriellen Gesellschaft steht. → Sozialdemokratie: I, → Sozialismus: I.

Vf. u.a.: Aus meinem Leben, 1910-14; Charles Fourier, (1887) 1921[4]; Die Frau u. der Sozialismus, (1883) 1914. - Über B.: RGG[2] I, 842f - K.Kupisch, A.B. (Unterwegs 7, 1953, 216-222). *E.Thier*

2. *Heinrich* (1472-1518), schwäbischer Humanist, * zu Justingen (Kr. Münsingen), bäuerlicher Herkunft. Nach Studium in Krakau, Basel und zuletzt in Tübingen hier seit 1497 Professor für Beredsamkeit und Dichtkunst. Als erster vertrat er dort den wissenschaftlichen Humanismus: gegen Scholastik und Mönchslatein lehrt er Grammatik und Metrik klassischer Latinität. Mit gleicher Gewandtheit wie die Prosa beherrscht B. die lat. Versdichtung in vielen Gattungen: das Gelegenheits-, Lob- und Streitgedicht, die Elegie, Ode, Ekloge, Hymne, Allegorie und Satire, den Dialog, das Epigramm wie Sprichwort und Schwank. Hingegen versucht er sich nur selten in deutschen Versen. 1501 durch Kaiser Maximilian in Innsbruck zum Dichter gekrönt. Seine umfangreichste Dichtung Triumphus Veneris (1502) ist eine allgemeine Satire auf die zunehmende Sittenverderbnis der Zeit. Zwei Werke erringen ihm europäischen Erfolg: die Proverbia Germanica (1508), eine volkskundlich wertvolle Sprichwortsammlung, und die Schwanksammlung der Facetien (1508-12), eine Fundgrube für die Kultur- und Sittengeschichte.

W.Zapf, B. nach seinem Leben u. Schriften, 1802 - ADB II, 195ff - W.Suringar, B.s Proverbia Germanica, Leiden 1879 - J.Haller, Die Anfänge der Univ. Tübingen I, 1927, 212ff; II, 1929, 76ff - G.Bebermeyer, Tübinger Dichterhumanisten: Bebel Frischlin Flayder, 1927 - Ders., B.s Facetien. Hist.-krit. Ausg. (Biblioth. d. Lit. Vereins in Stuttgart 276), 1931. *G.Bebermeyer*

Becanus, *Martin,* SJ, Kontroverstheologe. * 1563 in Hilvarenbeek (Nordbrabant), † 1624 in Wien. Professor in Würzburg, Mainz und Wien. Seit 1619 Beichtvater Kaiser Ferdinands II., riet er diesem, in Österreich das Augsburgische Bekenntnis zu dulden. Er bekämpfte vor allem den Calvinismus und den Anglikanismus (Controversia Anglicana de potestate regis et pontificis, 1613; aus diplomatischen Rücksichten zeitweilig auf dem Index).

Backer-Sommervogel I, 1091ff; VIII, 1798f (Bibliogr.) - HN III, 720ff - DThC II, 251ff - EC II, 1120f. *H.Liebing*

Beck, 1. *Johann Tobias* (1804-78), * in Balingen (Württ.) als Sohn eines Seifensieders, 1827 Pfarrer in Waldtann bei Crailsheim, 1829 Stadtpfarrer und Oberpräzeptor in Bad Mergentheim, 1836 von einem »Verein für christlich-theologische Wissenschaft« als Prof. nach → Basel (: II) berufen, um der kritischen Richtung von → De Wette entgegenzutreten. Seit 1843 Prof. der Systemat. Theol. und Frühprediger an der Stiftskirche in Tübingen. B. hatte zunächst große Mühe, in der Hegelschen Luft der dortigen Fakultät einen Hörerkreis zu finden. Mit der Zeit aber füllte sich sein Hörsaal. Seine Anziehungskraft erstreckte sich zuletzt bis nach → Finnland (: II), wo heute noch Spuren seiner Wirksamkeit deutlich wahrnehmbar sind. B. war eine originale christliche Persönlichkeit von hohem sittlichen und seelsorgerlichen Rang. Einsam in seiner Zeit stehend, war er doch der verehrte Mittelpunkt eines großen Kreises von dankbaren Schülern, besonders auch innerhalb der Schweiz. B. gehört wesentlich hinein in die Reihe der »Schwäbischen Väter«. Von J.A. → Bengel und Ph.M. → Hahn übernimmt er den → Biblizismus und die heilsgeschichtliche Behandlung der Theologie. Unter Ablehnung einer mechanistischen Inspirationslehre wird der Geist Gottes in den biblischen Schriftstellern am Werk gesehen, wie er in fortschreitenden Offenbarungsstufen die eine zusammenhängende Gotteswahrheit zum Heil der Menschheit enthüllt. B. versteht das Reich Gottes als eine reale übersinnliche Wirklichkeit, die sich in unsere Welt einsenkt, in wachstümlicher Progression sich entfaltet und am Ende aller Tage als Christokratie sichtbar in Erscheinung treten wird. Der Zugang zu dieser Reichsgemeinschaft vollzieht sich für B. allein auf dem Weg des praktischen Gehorsams in der Nachfolge Christi. »Das Sittliche ist der Arm, durch den Gott den Menschen ergreift.« B. versteht daher die Rechtfertigungslehre nicht als bloße Gerechterklärung, sondern als effektive Umbildung: der Mensch wird in die göttliche Gerechtigkeit hineingezogen und verwandelt - eine Anschauung, die ihm von dem konfessionellen Luthertum seiner Zeit nicht wenig verübelt wurde. In seinen Predigten und »Expauken«, von denen die Vorlesungen vielfach unterbrochen waren, entfaltete B. eine prophetische Zeitkritik von düsterem Pessimismus. Dem Pietismus in vielen Stücken nah verwandt, hat er doch an pietistischen Einrichtungen, zB an der Erzieherarbeit im Basler Missionshaus, freimütig Kritik geübt.

Vf. u.a.: Einl. in das System der christl. Lehre, (1838) 1870[2]; Die christl. Lehrwissenschaft nach den bibl. Urkunden I, (1847) 1875[2]; Umriß der bibl. Seelenlehre, (1843) 1871[3]; Gedanken aus u. nach der Schrift, (1858) 1876[3]; Christl. Reden, 1.-6. Sammlung, 1834-70; Vorlesungen über Christl. Ethik, 3 Bde, 1882/83; Erklärung des Briefes Pauli an die Römer, 1884; Vorlesungen über Christl. Glaubenslehre, 1886/87; Treu u. frei. Zwischenreden aus den Vorlesungen über Glaubenslehren, 1935. - Über B.: B.Riggenbach, J.T.B., 1888 - A. Schlatter, B.s theologische Arbeit, 1904 - G.Sentzke, Die Theol. J.T.B.s u. ihr Einfluß in Finnland I, 1949. *A.Köberle*

2. *Johan Vilhelm* (1829-1901), Begründer und langjähriger Führer der pietistisch-orthodoxen, »Innere Mission« genannten Richtung in der dänischen Volkskirche (→ Dänemark: I). Der seeländische Pfarrerssohn, der traditionsgemäß Theologie studierte, erlebt seine Erweckung durch S. → Kierkegaards »Augenblicke«. Als Pfarrer in seinem Geburtsort stand er im scharfen Gegensatz sowohl zur Richtung → Grundtvigs wie zur »toten Hochkirche«. Eine pietistische Laienbewegung organisierte er 1861 zu der »Kirchlichen Vereinigung für I.M. in Dänemark«, die unter seiner Führung und durch seine frische, kraftvolle, volkstümliche Verkündigung große Ausdehnung in Dänemark und Nordschleswig fand. Sein Verdienst ist es, die altgläubige Laienreligiosität wie auch S.Kierkegaards Christentumsauffassung für die Kirche fruchtbar gemacht und eine religiöse Volksbewegung geschaffen zu haben, die das notwendige Gegengewicht zu dem andersgearteten → Grundtvigianismus bildet.

Hg.v. Zeitschriften u. Erbauungsbüchern; Selbstbiographie: Erindringer fra mit Liv, 1901 - Über B.: Chr.Sörensen, V.B., 1913 - M.Pontoppidan, Dansk Kirkeliv, 1916 - V.Erichsen-Krarup, Dansk hist. Bibl. III, 1917, 57 - A.Beck, V. u. Nina B., 2 Bde, 1921/22 - Dansk biogr. Lex. II, 1933, 306ff. *V.Waschnitius (Hal Koch)*

Becker, 1. *Bernhard* (1843-94), * in Herrnhut, † in Gnadenberg, seit 1872 Dozent, seit 1886 Leiter des theologischen Seminars der Brüdergemeine in Gnadenfeld, setzte, A. → Ritschl nahestehend, dort historisch-kritische Forschung durch. In der Person Jesu Christi erblickte er die Quelle der Gotteserkenntnis für Luther (theologia crucis) und zog die Verbindungslinien zu → Zinzendorf, den er als Erneuerer ev. Christentums gegenüber Dogmatismus und mystischem Pietismus in seiner Zeit darstellte. Das persönliche Bekenntnis zum gekreuzigten Christus ermöglichte B. wissenschaftlich-theologische Arbeit in Forschung und einflußreichem Unterricht.

Luthers Wertschätzung des gekreuzigten Christus, 1884; Zinzendorf im Verhältnis zu Philosophie u. Kirchentum seiner Zeit, 1886, 1900² als: Zinzendorf u. sein Christentum im Verhältnis zum kirchl. u. religiösen Leben seiner Zeit; Die Christl. Volksunterweisung, ein Bindeglied zwischen Reformation u. Pietismus, 1891. – Über B.: NDB I, 712. *H.Renkewitz*

2. *Cornelius* (1561–1604), ev. Theol., in kursächsischen Diensten, seit 1592 an St. Nicolai in Leipzig, seit 1599 auch Prof. der Theol. Sein »Psalter Davids gesangweise, auf die in der Lutherischen Kirche gewöhnliche Melodeyen«, 1602 und weiter bis 1661, auch vollständig abgedruckt in größeren Lieder- und Gesangbüchern, sollte den Psalter von → Lobwasser verdrängen; besonders wertvoll sind die vierstimmigen Ausgaben von Seth Calvisius und vor allem von Heinrich → Schütz mit *eigenen* Melodien, die wenigstens teilweise neuerdings wieder zu verdienten Ehren kommen. Perlen unter den im ganzen mittelwertigen Psalmen B.s sind Ps 23, im EKG durch eine betont archaistische Wiedergabe verdrängt, und Ps 119 (EKG 190).

Jöcher I, 898 (hier die theol. Werke) – ADB II, 221 – Koch II, 219ff – GG II/4, 174 – RE XVI, 224 – Nelle 84ff – MGG I, 1481ff (Lit.). *W.Jannasch*

Becket, *Thomas* (1118–70), * in London als Kind einer normannischen Kaufmannsfamilie, wurde nach seinem Studium in Paris Geistlicher und später Archidiakon bei Erzbischof Theobald, 1154 Kanzler des jungen Königs Heinrich II. Er war energisch, beredt und ehrgeizig, als Kanzler wohlhabend und prunkhaft, aber äußerst fähig und unbestechlich. 1163 berief ihn der König zum Erzbischof von Canterbury. Jetzt wurde er mit einem anscheinend plötzlichen Gesinnungswechsel ein Vorkämpfer der kirchlichen Freiheit und der Grundsätze → Gregors VII., Heinrich dagegen entschloß sich, die alte Ordnung der königlichen Aufsicht, besonders über die Prozesse von Geistlichen, wieder in Geltung zu setzen. Bei Verhandlung der Beschlüsse von Clarendon (1164) widersprach B. dem König; als ihm Verhaftung drohte, floh er nach Frankreich, um Papst → Alexander III. aufzusuchen. Büßend und den Streit weiterführend verbrachte er 6 Jahre im Exil; denn er selbst war unnachgiebig, der König verschlagen und unzuverlässig, der Papst nicht bereit, es mit einem mächtigen Herrscher zu verderben. 1170 wurde ein etwas zweifelhafter Friede geschlossen, und Thomas kehrte im Triumph nach Canterbury zurück. Als Heinrich im Zorn über des Erzbischofs Härte mit seinen Gegnern einige Worte äußerte, die vier Ritter als Befehl auffaßten, ihn zu töten, ermordeten diese den Erzbischof in seiner Kathedrale (vgl. T.S. → Eliot). Ganz Europa war außer sich. Man berichtete von Wundern an seinem Grab. Als Märtyrer wurde Thomas B. 1173 heiliggesprochen. Heinrich leistete öffentliche Buße, und vieles, wofür B. sich eingesetzt hatte, wurde durchgeführt.

Materials for the history of Archbishop Th.B. (7 Vol) ed. J.Robertson, 1875–85 – E.Walberg, La tradition hagiographique de S. Th.B., 1929 – R.Foreville, L'Eglise et la Royauté en Angleterre, 1942 – D.Knowles, Archbishop Th.B., a character study, 1949. *M.D.Knowles*

Beckmann, *Max* (1884–1950), * in Leipzig, schloß sich der Berliner Sezession an und wirkte seit 1915 in Frankfurt. Über Paris und Berlin ging er 1937 nach Amsterdam, 10 Jahre später in die USA, wo er, weithin anerkannt, starb. – In der Phantasie dieses großen Sittenbildmalers, dessen Gemälde und Radierungen auch das Bildnis, die Großstadt, die Natur, das Stilleben in traumhaft-grausamer Verfremdung spiegeln, scheint die Unerlöstheit vom Bösen den Ton anzugeben. Trotzdem wird hinter dem äußeren Verismus auch eine tiefere Wirklichkeit spürbar. Christliche Themen haben ihn nur in der ersten, malerischen Periode beschäftigt (Litho-Folgen, Kolossalgemälde). Die Gemälde »Kreuzigung«, »Ehebrecherin vor Christus« (1917; s. Abb. bei → Christusbild) und »Auferstehung« stehen stilistisch bereits im Übergang zu jener Verhärtung der Konturen, Verflechtung und Versperrung, wovon sich der Künstler erst viel später in Hinsicht auf tiefere Farbe und offeneren Raum befreit hat. In dieser letzten Phase trat denn auch der chiliastische Metaphysiker wieder hervor – so in den aus Überlieferung und Divination seltsam gemischten mythologischen Triptychen sowie vor allem in den Tagebuchaufzeichnungen.

B.Reifenberg–W.Hausenstein, M.B., 1949 – M.B., Tagebücher 1940–50, 1950. *G.F.Hartlaub*

Beckx, *Pierre Jean,* * 5.2.1795 zu Sichem (Brabant), † 4.3.1887 in Rom, der 22. General des Jesuitenordens. 29.10.1819 Eintritt in den Orden; Hofkaplan des Herzogs Friedrich Ferdinand von Anhalt-Köthen, dann Beichtvater seiner Witwe in Wien (bis 1848); 1852 Provinzial von Österreich, seit 2.7.1853 General bis zu seiner Abdankung 11.5.1884. Sein Generalat ist gekennzeichnet durch die Gründung bedeutender Zeitschriften (Civiltà Cattolica, Etudes, Stimmen aus Maria Laach, Zeitschr. f. kath. Theol.), die die Auseinandersetzung mit dem Liberalismus, die sein Generalat überhaupt erfüllte, aktiv aufnahmen. 1872 weihte er alle Provinzen des Ordens dem Göttlichen Herzen Jesu.

Der Monat Mariae, Wien 1838 (über 30 Aufl.). – A.M.Verstraeten, Leben van den hoogeerwaarden P.Petrus B., Antwerpen 1889, dt. v. J.Martin SJ, 1897 – L.Koch, Jesuitenlexikon, 1934, 170ff. *K.D.Schmidt*

Beda Venerabilis (673/74–735), Mönch in → Wearmouth und Jarrow. Als Lehrer und Gelehrter tätig auf allen Wissensgebieten, wirkte er als Theologe durch Bibelkommentare und sein Martyrologium, das Vorbild der historischen Martyrologien, als Geschichtschreiber durch die quellenmäßig gut unterbaute Historia ecclesiastica gentis Anglorum, die Weltchronik und die Vitae quinque abbatum Wiremuthensium. In De natura rerum griff er auf Plinius zurück. B. bedeutet den Höhepunkt der northumbrischen Bildungsbewegung, die mit ihm den westsächsischen Kreis (→ Aldhelm, → Bonifatius) weit überragte. Seine angelsächsische Übertragung des Johannesevangeliums blieb unvollendet; von volkssprachlichen Dichtungen zeugt sein Sterbegesang. Die das Wissensgut der Vergangenheit vermittelnde Tätigkeit B.s hat der sog. »Karolingischen Renaissance« (→ Alkuin) und dem mittelalterlichen Geistesleben überhaupt wesentliche Grundlagen gegeben.

MPL 90–95 – MG AA 13, 224ff – Opera historica ed. C.Plummer, 2 Bde, 1896 – Ch.W.Jones, B. opera de temporibus, 1943 – H. Quentin, Les martyrologes historiques, 1908, 17ff – LThK II, 82f – M.Th.A.Carroll, The Venerable B.: His Spiritual Teachings, 1946 – Ch.W.Jones, Saints' Lives and Chronicles in Early England, 1947, 16ff. 80ff – E.S.Duckett, Anglo-Saxon Saints and Scholars, 1948, 215ff – Wattenbach-Levison 2, 169f – L.Wallach, Speculum 29, 1954, 821 (Lit.) – EKL I, 349f. *H.Löwe*

Beerseba, at. Stadt und Wallfahrtsheiligtum etwa 80 km südwestl. von Jerusalem am Rande der Wüste

(Gen 21, 14) an der wichtigen Straße nach Ägypten (46, 1b-5a; vgl. 1Kön 19, 3), der südlichste Ort von »ganz Israel« gegenüber Dan als dem nördlichsten (Ri 20, 1; 1Sam 3, 20; 2Sam 3, 10 u.ö.) bzw. im Königreich Juda gegenüber Geba (2Kön 23, 8; vgl. 2Chr 19, 4; Neh 11, 30), das heutige bīr es-seba' (A.Alt, JPOS 15, 1935, 320f gegen PJ 26, 1930, 50f). Der Name »Siebenbrunn« (zur Zahl 7 vgl. auch Gen 21, 28-30) kennzeichnet den Wasserreichtum; 21, 22ff und 26, 26ff wird er volksetymologisch von »schwören« (šb') abgeleitet. - An B. und seiner Umgebung hafteten die Sagen um → Isaak (vgl. 26, 12-33), deren Stoff sekundär auch auf → Abraham übertragen wurde (21, 22-33). Das von den Kanaanäern verehrte Numen des Ortes, der El 'olam, »Gott der Ewigkeit« (vgl. Jenni), wurde mit dem pāḥād jiṣḥaq, dem »Schreck« oder richtiger wohl »Stammverwandten Isaaks« (Albright) bzw. dem »Gott Isaaks« (vgl. 46, 3 mit 31, 53) und in diesem »Väter-Gott« (→ Gott: II) schließlich mit Jahwe identifiziert (das Ergebnis: 21, 33). Durch die Wanderung der Verehrer des »(Schrecks bzw.) Stammverwandten Isaaks« nach Norden besonders mit den nördlichen → Stämmen Israels verbunden (vgl. 1Sam 8, 2), behielt B. trotz seiner Lage in Juda (2Sam 24, 7; 1Kön 19, 3 u.ö.) neben → Bethel, → Gilgal und Dan auch nach der Gründung des Jerusalemer Heiligtums durch David seine Bedeutung vor allem für das Nordreich (Am 5, 5; 8, 14; [Hos 4, 15]). Nach 701 vorübergehend philistäisch (AOT 354, TGI 57f, ANET 288a), spielte es bis zur endgültigen Abtrennung des Südens von Juda keine besondere Rolle mehr (vgl. 2Kön 23, 8). Wohl 597 (vgl. Jer 13, 18f) wurde B. edomitisch, dann nabatäisch, Ende des 1.Jh.s nChr römische Garnison, später bis zum Arabersturm im 7.Jh. ein Hauptort der Palaestina Tertia. Nach Verwüstung im 14.Jh. wurde der Ort erst anfangs des 20.Jh.s wieder besiedelt und ist heute ein Zentrum im Negev des Staates → Israel (: III). - Vgl. → Feste: II.

PJ passim - A.ALT, Der Gott der Väter (BWANT III, 12), 1929 = ALT I, 1-78 - DERS., Limes Palaestinae (PJ 26, 1930, 43-82; 27, 1931, 75-84) - W.ZIMMERLI, Gesch. u. Tradition von B. im AT (Diss. Göttingen), 1932 - L.KÖHLER, ZAW 55, 1937, 166 - J. u. H.LEVY, HUCA 17, 1942/43, 40 Anm. 178 (»Brunnen der 7 Dämonen«) - W.F.ALBRIGHT, Von der Steinzeit zum Christentum, 1949, 248. 434 Anm. 84 (vgl. O.EISSFELDT, JSS 1, 1956, 32) - K.GALLING in Festschr. A.Bertholet, 1950, 182ff - E.JENNI, Das Wort 'ōlām im AT. § 19: El 'ōlām (ZAW 65, 1953, 1-5). *E.Kutsch*

Beethoven, *Ludwig van,* am 17.12.1770 in Bonn getauft, * also wohl am 16., † 26.3.1827. Er ist der jüngste der drei Wiener Klassiker. (Auch die zwei älteren, → Haydn und → Mozart, waren keine gebürtigen Wiener.) Nach musikalischen Studien in Bonn (Neefe) kam er 1792 nach Wien, wo er bis zu seinem Tod blieb. Die Verknüpfung der Wiener Klassiker mit der sie tragenden aristokratischen Gesellschaft wird durch die Eintragung Graf Waldsteins in B.s Stammbuch bei dessen Abreise aus Bonn beleuchtet: »Mozarts Genius trauert noch und beweint den Tod seines Zöglings. Bei dem unerschöpflichen Haydn fand er Zuflucht... Durch ununterbrochenen Fleiß erhalten Sie: Mozarts Geist aus Haydns Händen.« B. hat sich denn auch in seinen Werken als Haydns großer Schüler erwiesen, trotz des umstrittenen Erfolgs der eigentlichen Lektionen bei Haydn. Da auch Haydn und Mozart durch eine innere freundschaftlich-fachlich begründete Wechselbeziehung verbunden waren, bilden die drei Wiener Klassiker gleichsam auch als Werkstatt ein in der Geschichte der Musik einzig dastehendes Dreigestirn. - B. blieb ledig. Schon früh schwerhörig, war er seit 1819 völlig taub. - B.s religiöser Boden ist der katholische. Seine Persönlichkeit wird aber gleichzeitig durch die überwundene Aufklärung und die Kantische Geisteshaltung bestimmt, so daß in ihm eine Integration von zeitlos katholischer Kultusselbstverständlichkeit und aktueller geschichtlich-deutscher Geistesstruktur stattfindet. Daher geht seine → Missa Solemnis, eines der größten Werke des europäischen Geistes, nicht in den bloß ästhetischen Kategorien (etwa im Sinn der späteren bürgerlich-liberalen Konzertmusik) auf.

Weitere geistliche Werke: Messe in C-dur (1807), Oratorium Christus am Ölberg (1803), 3 Equale für 4 Posaunen (1812), im weiteren Sinn auch die Vertonung von Gellertliedern. Wichtigste weltliche Werke: 9 Sinfonien, Streichquartette, Klaviersonaten. - Krit. GA, Leipzig 1862-65. - Über B.: A.W.THAYER, L.v.B.s Leben, 5 Bde, 1866-1908 - R.ROLLAND, B., (1903; dt. 1918) 1930² (dt. 1948²) - DERS., B., ses grandes époques créatrices, 7 Bde, 1928-49 - W.RIEZLER, B., (1936) 1951⁷ - MGG I, 1509ff - G.KINSKY-H.HALM, Das Werk B.s. Thematisch-Bibliographisches Verzeichnis, 1955.
Thr.G.Georgiades

Befruchtung, *künstliche,* → Insemination.

Begarden, *Begharden* → Beginen.

Begehung

1. Religionsgeschichtlich - 2. Theologische Beurteilung

1. Zum Verständnis des mit dem Wort B. Gemeinten geht man am besten vom sprachlichen Wortsinn aus: er weist auf »gehen«. Ein sakral bedeutsames Gehen sind → Prozession und → Umgang durch Stadt und Land. Bei solchem Gehen, bei dem zumeist sakrale Gegenstände mitgeführt werden, handelt es sich darum, numinose → Macht über ein größeres Gebiet auszubreiten, wobei die → Ambivalenz des → Numinosen insofern sichtbar wird, als hier mit der positiven Ausbreitung der Macht die gleichzeitig erstrebte negative Abwehr von unheilvollen Mächten verbunden ist. Wie die Prozession als solche als Aktivierung der numinosen Kraft der Kultgemeinde zu verstehen ist, so ist auch der → Tanz (: I) eine B., bei der durch Bewegung und Rhythmus Macht hervorgebracht wird. Aber auch die wichtigsten Lebensabschnitte wie → Geburt, Namengebung, Initiation (→ Initiationsriten), Hochzeit (→ Ehe: I) und → Tod (: I) sind wie im frühreligiösen Milieu so auch im universalreligiösen Bereich oft von B.en begleitet, von Riten also, durch die jene Lebensereignisse mit numinoser Macht in Beziehung gebracht werden. Geburt, Namengebung usw müssen also »begangen« werden; erst dadurch erlangen jene Ereignisse Wirklichkeit, andernfalls sind sie bedeutungslos. Erst wenn zB nach der Geburt das Kind auf die Erde gelegt oder um den Herd herumgetragen wird, lebt es eigentlich. So erklärt es sich auch, daß Kindestötung unmittelbar nach der Geburt, ehe eine B. stattgefunden hat, nach diesen frühreligiösen Vorstellungen nicht als Mord gilt und deshalb auch keine Sühneriten (→ Blutrache) nach sich zieht. Auch die → Sakramentalien gehören in diesen Zusammenhang, denn sie bedeuten im Unterschied zu den nur in begrenzter Zahl auftretenden Sakramenten eine Ausdehnung numinoser Mächtigkeit über das ganze Leben. Sakramentalien sind Dinge aus den verschiedensten Lebensbereichen, die durch B. zu Instrumenten des Heiligen werden. Auf diese Weise wird das ganze Leben auf das → Heilige hingeordnet, es wird selbst zur B. und erst dadurch zum eigentlichen Leben. Aus diesen Beispielen wird ersichtlich, was B. ist. Bereits in der Frühzeit lebt das Bewußtsein, daß eigentliches Leben erst gegeben ist, wenn das natürliche Leben durch B. am Heiligen Anteil hat. → Orpheus-Christus.

H.USENER, Heilige Handlung (Kl. Schriften IV, 1913, 422-467) - C.H.RATSCHOW, Magie u. Religion, 1947 - VAN DER LEEUW (Reg.).
G.Mensching

2. Es könnte scheinen, als ob in der *ev.* Theologie B. in dem dargelegten Sinne (s. 1) - anders in der röm. Kirche, wo es Umgänge und Prozessionen gibt und

jede Messe eine B. ist, – ohne Bedeutung wäre. Aber in einer verfeinerten Fassung des Begriffes spielt B. auch in das Leben ev. Gemeinden hinein. Van der Leeuw (645) spricht davon, daß man die Offenbarung, wie das im Kultus geschieht, »zu regulieren versuchen« könne, und sagt: »In der B. offenbart sich Gott zu bestimmten Zeiten den Seinen; er hat seine Epiphanien und Epidemien, ›Ein Engel fuhr herab zu seiner Zeit in den Teich und bewegte das Wasser‹ (Joh 5, 4)«. Damit betont er genau das, was heimlich als B. in einer das Evangelium gefährdenden Weise im ev. Gottesdienst nachwirkt, vor allem im Gange des sog. → Kirchenjahres und besonders an den großen christlichen Festen. Nicht nur zahlreiche (und zT überaus wertvolle) Kirchenlieder scheinen auf ein Heil hinzuweisen, das nur zu einer bestimmten Zeit als erreichbar dargeboten werden kann. Noch gefährlicher sind Aussagen in Predigten, in denen eine bestimmte »Festtagsgnade« herausgestellt wird, als ob sie morgen oder übermorgen so schon nicht mehr gewährt würde. Auch liturgische Gestaltungen jüngster Zeit können als B. mißverstanden werden. Es zeigen sich hier die Gefahren des Kirchenjahres und die Versuchungen des an sich liturgisch wertvollen → Detempore. Das »Sic et non« luth. Kirchenjahresfreudigkeit und ref. Kritik an ihr wird vom Theologen immer wieder zu bedenken sein.

W. Jannasch

Begierdetaufe → Taufe: III. IV.

Beginen (*beguinae*) werden seit dem 13. Jh. fromme Frauen genannt, die freiwillig arm und keusch, aber ohne bindende Gelübde, ohne Ordenszugehörigkeit und -regel gemeinsam in B.-Häusern und -Höfen leben. Die religiöse Armutsbewegung um 1200 (→ Armut: II, 6) führte zuerst in Brabant (Nivelles) und in Deutschland, auch in Frankreich viele Frauen in solche Gemeinschaften, die keine Aufnahme in die neuen Orden fanden, aber anfangs oft von Zisterziensern, später meist von Dominikanern oder Franziskanern als Seelsorgern betreut wurden. Sie waren besonders empfänglich für die Mystik, auch gegen deren häretischen Überschwang nicht gefeit. Von früh an oft verdächtigt, wurden die B. 1311 verboten, aber bald unter Vorbehalt ihrer Rechtgläubigkeit und Ehrbarkeit wieder zugelassen. Sie beschränkten sich aber seitdem zumeist auf karitative Versorgung und Betätigung von unverheirateten Frauen unterer Stände. In Belgien und den Niederlanden bestehen bis heute B.-Höfe. Ihr Name, fälschlich auf die hl. Begga († 695) oder auf den Lütticher Priester Lambert »le Bègue« († 1177) zurückgeführt, ist noch nicht einhellig erklärt, vielleicht vom Ketzernamen »Albigenser«, vielleicht von ihrer grau-braunen Tracht (»beige«) abgeleitet. – Das männliche Seitenstück waren die *Beg(h)arden*, die weniger Verbreitung fanden, häufiger der Ketzerei verfielen und nach dem 15. Jh. kaum noch vorkommen.

J. Greven, Die Anfänge der B., 1912 – Ders., HJ 35, 1914, 26–58. 291–318 – J. L. M. Philippen, De Begijnhoven, 1918 – H. Grundmann, Religiöse Bewegungen im MA, 1935 – Ders., AKultG 21, 1931, 296–320; 37, 1955, 168–182 – A. Mens, Oorsprong en Betekenis van de Nederlandse Begijnen- en Begardenbeweging, Antwerpen 1947 – E. W. McDonnell, The Beguines and Beghards in medieval Culture, New Brunswick 1954 (Lit.).

H. Grundmann

Begräbnis

I. Religionsgeschichtlich – II. In Palästina – III. Im Christentum – IV. Rechtlich

I. Religionsgeschichtlich

Die B.sitten hängen einerseits mit den jeweiligen Anschauungen von → Mensch, → Tod und Jenseits (→ Eschatologie: I) nahe zusammen und gehören somit zum spezifischen → Weltbild und zur Lebensweise des betreffenden Volkes oder Stammes. Sie können also eigentlich nicht ohne diesen in jedem besonderen Falle eigenartigen Hintergrund behandelt werden. Andererseits werden oft die B.sitten zähe beibehalten, auch wenn das Kulturmuster, worin sie eingefügt sind, sich verändert. Deshalb treten gerade auf diesem Gebiete so viele einander mehr, weniger oder scheinbar widersprechende Züge auf. Es besteht keine zwingende Korrespondenz zwischen B.sitten und Jenseitsvorstellungen, wie es öfters angenommen wird, so daß zB die Einführung der → Leichenverbrennung eine geistigere Anschauung vom Leben nach dem Tode voraussetzt (→ Ausgrabungen: I). Typologisch gibt es auch überall auf der Welt eine Menge überraschend ähnlicher Gebräuche, die von gleichartigen psychologischen Reaktionen vor dem Tode und den Toten bedingt sind, wenn sie nicht auf Kulturzusammenhängen beruhen. Furcht und Liebe bestimmen beide die Haltung der Nachlebenden gegen die Toten (→ Totenverehrung) und damit auch die B.sitten.

Es kommt vor, daß ein B. schon vor dem Tode veranstaltet wird mit einem dreitägigen Fest, wo der Sterbende selbst Ehrengast ist und nachher lebendig begraben wird (Yakuten). Oder der Todkranke wird ausgesetzt, damit er nicht im Hause stirbt. Beim Tode im Hause werden zahlreiche Vorsichtsmaßnahmen und Veranstaltungen vorgenommen, sowohl im Hinblick auf die Hinterbliebenen als auf den Toten (→ Tabu). Todesklage ist allgemein (→ Trauerbräuche: I). Zur Vorbereitung zum B. gehört die Leichentoilette, oder der Körper wird getrocknet bzw. balsamiert. Speisung des Toten vor dem B. kommt auch vor, und Totenwache bzw. Nachtwache wird gehalten.

Der Zweck der B.sitten ist, den Toten in gebührender Weise ins Totenreich zu überbringen und dadurch sowohl ihm als den Hinterbliebenen Ruhe zu geben. Wer aber durch Ertrinken, Unfälle, Zerreissen durch wilde Tiere, Sterben im Kindbett einen schlimmen Tod erlitten hat, ein Zeichen eines furchtbaren Vergehens während der Lebenszeit, kann nicht ins Totenreich gelangen. Ihm werden die Toten-Zeremonien verweigert, und der Betroffene wird ein gefährliches Gespenst. Oder es müssen besondere B.sriten ausgeführt werden. So kommt ebenso nach dem Tode im fremden Land ein B. in effigie vor – wie noch 1956 der französische Ethnologe M. Griaule von seinen ihn liebenden Dogonen in Westafrika begraben worden ist. Wie die Verhältnisse im Reiche der Lebenden und Toten nach allgemeinem Glauben einander genau entsprechen, bekommen weniger einflußreiche Leute, wie Kinder, Sklaven u. dgl., ein einfacheres B.

Die B.sarten sind mannigfach: Erd-B. (→ Grab), beschütztes oder schutzloses Aussetzen der Toten, Höhlen-, Wasser- und Haus-B., Verbrennung und sogar Verzehren der Hingeschiedenen. Kombinationen dieser B.sformen sind nicht ungewöhnlich. Dazu gehört zB das Nach-B. der Gebeine oder der Asche. Das Austragen des Toten geschieht unter allerhand abwehrenden Maßnahmen. Der Tote bekommt als Beigaben Essen, Getränke, Waffen, Eigentum, usw und als Begleiter im Jenseits getötete Frauen (→ Witwenverbrennung), Freunde und Sklaven. Auch werden bisweilen Totenpässe mitgegeben. Die Trauernden halten zur Ehre des Toten, der als anwesend gedacht wird, Festmahl und Kampfspiele, entweder am Grabe oder nach der Rückkehr ins Haus, wo auch umfassende → Reinigungen vorgenommen werden. – Vgl. → Baltische Religion, 4.

Th. Preuss, Die B.arten der Amerikaner u. Nordostasiaten, 1894 – ERE IV, 411 ff – H. Kees, Totenglauben u. Jenseitsvorstellungen der alten Ägypter, (1926) 1956² – E. Bendann, Death Customs, London 1930 – L. Hagberg, När döden gästar, Stockholm 1937 – C. van

WYLICK, Bestattungsbrauch u. Jenseitsglaube auf Celebes (Diss. Basel), 1940 - F.L.K.HSU, Under the Ancestors' Shadow (China), London 1949 - K.STRAUBERGS, Lettisk folktro om de döda, Stockholm 1949 (mit dt. Zusammenfassung) - RAC II, 194ff - E.R.LANGE, Sterben u. B. im Volksglauben zwischen Weichsel u. Memel (Jb. der Albertus-Univ. zu Königsberg, Beih. 15, 1955, 1-176) - H.J.SELL, Der schlimme Tod bei den Völkern Indonesiens, 's-Gravenhage 1955. - In den ethnographischen Monographien ist gewöhnlich ein Abschnitt dem B. gewidmet. Zu zahlreichen weitverstreuten Zeitschriftenartikeln vgl. zB African Abstracts (Subject Index: Burial) u. Intern. Volkskundl. Bibliographie (Sachregister: B.).

C.-M.Edsman

II. In Palästina

1. Grabformen - 2. Bestattungsarten

1. Über die Steinzeit (vor 4000 vChr) hinaus dienten in Palästina im allgemeinen natürliche *Höhlen* als B.-stätten. Zum Typus des Höhlengrabes gehört auch die Höhle Machpela bei Hebron (Gen 23). → Dolmen, dh oberirdische Steinstubengräber, und Kromlechs, dh Steineinfriedungen um einen Grabtumulus, haben sich im Ostjordanland und in Galiläa gefunden (4.-3.Jt.); in Dtn 3, 11 ist wohl ein Dolmen als »Bett« Ogs von Basan gedeutet. Für die mittlere und spätere Bronzezeit (2000 bis 1200) ist das *Schachtgrab* kennzeichnend. Der Zugang besteht aus einem meist senkrechten, zylindrischen Schacht, der mit Geröll zugeschüttet wurde; auf der Sohle führt eine - verschließbare - niedrige Öffnung in den Leichenraum. Eine Vorform des in einer ausgehauenen Felskammer angelegten *Bankgrabes* bilden die Nischengräber der Hyksoszeit (die Wände des Zentralraumes besitzen Nischen zur Aufnahme mehrerer Leichen) und die wahrscheinlich den Philistern zuzuweisenden Gräber in tell el-fāre', deren Mittelgang vertieft ist, so daß auf beiden Seiten Bänke entstehen. Das eigentliche Bank- oder *Diwangrab* ist für die 2. Eisenzeit (900-600) kennzeichnend. In den Felsen gehauene Grabkammern mit im Innern umlaufenden Bänken, an Hängen angelegt, haben einen horizontalen, klein gehaltenen, rechteckigen, durch eine genau in einen Falz passende Steinplatte (vor die ein schwerer Stein gewälzt wurde) verschließbaren Zugang. Derartige Bankgräber sind wohl in 2Kön 13, 20; 23, 17 vorausgesetzt. Die Inschrift eines Kammergrabes aus silwān (IEJ, 3, 1953, 137-147) kann mit dem in Jes 22, 16 genannten Minister Schebna kombiniert werden; unter ägyptischem Einfluß - Hohlkehle, Krönung mit Pyramide - wurde in der Königszeit der sog. Monolith von silwān aus dem Felsen gehauen.

Etwas Einmaliges sind die beiden großen, innerhalb der Stadtmauern gelegenen Stollengräber auf dem Südosthügel von Jerusalem, vermutlich für die Davididen bestimmt. Eine Spätform des Bankgrabes stellt das *Bogenbankgrab* dar; hier ist die Nische mit der Bank durch einen Bogen abgeschlossen. Der Typus ist vom 1.Jh. vChr bis zum 1.Jh. nChr in Gebrauch. Das *Bogentroggrab*, bei dem sich der Bogen über einer trogartigen Vertiefung der Bank wölbt, kommt erst am Ende des 2.Jh.s nChr auf. In der großen jüdischen Nekropole von schēch abrēk (Galiläa) findet er sich neben dem Schiebegrab. Der Typus des *Schiebegrabes* (aus Alexandrien stammend?) findet sich in der sidonischen Grabanlage in Marissa (2.Jh. vChr). Das Schiebegrab ist die von den Juden bevorzugte Grabform vom 2.Jh. vChr bis ins 2.Jh nChr. Bei ihm sind in den Wänden des Hauptraumes - durch Steinplatten (zT mit Namensangabe) verschließbare - Querstollen (hebr. kok) zu Einzelbestattungen ausgehauen. Monumentale jüdische Grabanlagen der spät-hellenistisch-römischen Epoche mit Säulen und Friesen haben sich nur in Jerusalem gefunden. Der Eingang der im Norden der Altstadt gelegenen unterirdischen Grabanlage (Schiebe- und Bogenbankgräber) der Königin Helena von Adiabene (1.Jh. nChr) wurde durch einen in einer leicht ansteigenden und zu einer seitlichen Nische schiebbaren mühlsteinartigen Rollstein verschlossen. Ob Mt 27, 60 eine derartige Rollsteinanlage voraussetzt, ist nicht sicher. Vielleicht wurde das *Grab Jesu* ähnlich den Diwangräbern verschlossen (s.o.). In allen jüdischen Grabanlagen hat man für die Zweitbestattung Ossuare verwendet (s. 2). Die aus dem 2.Jh. vChr bis 1.Jh. nChr stammenden, in der Regel mit Nord-Süd-Orientierung auf einem Friedhof angelegten, an der Erdoberfläche durch eine ovale Steinanhäufung erkenntlichen Gräber von → Qumran (, 2) bestehen meist aus einer rechteckigen, in den weichen Kalkstein gehauenen Grube, deren Sohle zur Aufnahme einer Leiche nach Osten ausgehöhlt wurde; diese Längsnische wurde nach der Beisetzung durch Steine schräg abgedeckt, bevor man die Grube mit Geröll auffüllte (RB 60, 1953, 95. 102f; Bild IV u. V).

2. Die *Bestattung* war der letzte Akt der → Trauerbräuche (: II). Die Leichen wurden außerhalb der Siedlung in Einzelgräbern (selten! vgl. Mt 27, 57-60), Familiengräbern oder Nekropolen bestattet. Da die Leiche in Israel als unrein galt (→ Rein und Unrein: II), werden nicht zufällig nur zwei Fälle einer Bestattung Erwachsener im Hause erwähnt (2Sam 25, 1; 1Kön 2, 34). Leichenverbrennung galt in Israel als Frevel (Am 2, 1). Bei dem 1Sam 31, 12f erwähnten Leichenbrand ist offensichtlich nur an eine Verbrennung von bereits in Verwesung übergegangenen Weichteilen gedacht. Die auf Leichenverbrennung weisenden Urnen von tell el-fāre' gehören allem Anschein nach Nichtisraeliten.

Der Tote wurde noch an seinem Sterbetag in Kleidern (1Sam 28, 14; Ez 32, 27) auf einer Trage (2Sam 3, 31) zum Grabe getragen und mit Beigaben (→ Tod: II) zumeist im Familiengrab »zu seinen Vätern« versammelt (Ri 2, 10 u.ö., → Tod: II). Die Einbalsamierung der Leiche Josephs und ihre Einsargung (Gen 50, 20) spiegeln ägyptischen Brauch wider. Im allgemeinen werden die Gräber nicht besonders gekennzeichnet (Ausnahme: Gen 35, 20). Oberirdische Grabanlagen kommen in der Königszeit - unter phönikischem Einfluß? - vereinzelt vor; in der hellenistischen Zeit sind Grabmonumente über oder neben dem Grab Ausnahme (1Makk 13, 27). Um in den Sammelgräbern, die oft über Jh.e hindurch benutzt wurden, Raum zu gewinnen, wurden in alter Zeit die Gebeine wahllos in eine Grube im Boden oder an der Seite der Grabkammer gelegt; zur Sicherung der Individualität des Toten haben die Juden seit dem 2.Jh. vChr eine Zweitbestattung vorgenommen. Die Knochenreste eines Verstorbenen wurden in einem aus Kalkstein, Ton oder Holz bestehenden Kleinsarkophag, einem sog. *Ossuar*, beigesetzt, auf dem dann häufig der Name des Toten aufgezeichnet wurde (vgl. CIJ). Tönerne und steinerne Sarkophage in Menschengröße gehen in der älteren Zeit auf ägyptischen, später auf hellenistisch-römischen Einfluß zurück. Kinder hat man in der Bronzezeit nicht selten in Tonkrügen bestattet. Abwegig ist es, hier an Opfer (→ Menschenopfer: II) zu denken. Das Verscharren der Armen (2Kön 23, 6; Jer 26, 23; Jes 53, 9), die sich das Aushauen eines Felsengrabes nicht leisten konnten, in einer Erdgrube läßt sich typologisch-archäologisch nicht näher festlegen.

C.WATZINGER, Denkmäler Palästinas I. II, 1933-35, passim - BRL 237 (Lit.) - K.GALLING, Die Nekropole von Jerusalem (PJ 32, 1936, 73-101) - B.ALFRINC, L'expression šākab 'im 'ābōtāw (OTS 2, 1943, 106-118) - DERS., L'expression ne'ĕsaf 'el 'ammaw (OTS 5, 1948, 118 bis 131) - NOTH, WAT 134ff - BARROIS II, 274ff - R.DE VAUX, Fouille au Khirbet Qumran (RB 60, 1953, 83-106) - CIJ II, passim - N.AVIGAD, Ancient monuments in the Kidron Valley, 1954 - L.HUGUES VINCENT-A.M.STEVE, Jerusalem de l'AT I, 1954, 313ff.

H.Schmid

III. Im Christentum

1. In der Alten Kirche - 2. In der röm.-kath. Kirche - 3. In den ev. Kirchen - 4. In den jungen Kirchen

1. Lobend führt selbst der große Gegner der Christen, Julian Apostata, ihre Fürsorge für die Gräber der Toten als eine der Hauptursachen für die Verbreitung des Christentums an. Wesentlich dabei war nicht nur der Glaube an die Auferstehung des Leibes, sondern die Verehrung desselben als an der Erlösung teilhabend. Zwar war Begrabensein für das Fortleben nach dem Tode bedeutungslos (Aug. civ. D. 1, 12, 13; cura pro mort. 2, 4; 3, 5). Doch war Totenkult wesentlich mit dem Grabe verbunden. Grabstätte und Heiligtum waren bei Märtyrern gewöhnlich eins. Erwünscht war B. in der Heimat; beispielhaft jedoch ist die Bitte der Mutter Augustins, ihrer am Altare Gottes zu gedenken, gleichgültig wo sie begraben sei (Aug.Conf. 9, 11). Pflege des Leichnams, Art des B.ses, Prunk des Leichenbegängnisses sind, laut Aug. civ. D. 1, 12, mehr Trost für die Hinterbliebenen als Wohltat für den Toten. Pflicht zum B., das in Erinnerung an Christus vermutlich von Anfang an, nachweisbar aber erst seit Anfang des 3.Jh.s stets in Form der Erdbestattung geschah, oblag den Familien; spätestens seit dem 2.Jh. wird B. Gemeindedienst. Heidnische Elemente im Grabkult wurden nie ganz ausgemerzt, auch die frühchristliche Grabeskunst gehört trotz neuen Inhalts noch zur Antike. Einzelheiten des B.ses, bei dem at. und römische Bräuche mitwirken (zB Beisetzung außerhalb der Wohnorte), sind genauer erst aus späterer Literatur vom 4.Jh. ab bekannt, so Waschen, Einhüllung in Tücher, Gewänder, Aufbahrung (= Prothesis), Conclamatio, Salbung, Ölung, Kleidung der Hinterbliebenen, Totenwache, Überführung, Leichenzug (= pompa), Psalmengesang, Totengruß, Grabbeigaben. Ferner kennt man den Besuch am Grabe am 5., 7., 30. und am Jahrestage, 40tägige Trauer, Eucharistie (als Opfer für das ewige Heil) und im MA die Seelenmesse (suffragium mortuorum). In solchen Einzelheiten, besonders aber in den Grabformen, bieten Rom, Norditalien, Gallien, Spanien, Nordafrika jeweils ein anderes, im Zeitlauf wechselndes Bild. - Grabmäler und Grabinschriften sind in römischer wie altchristlicher Zeit auch auf deutschem Boden bekannt, Grabhügel vor der Karolingerzeit kaum nachweisbar. - Beisetzungen sub Divo (Bodengräber unter der Erdoberfläche, einfach, in Holzkisten oder Ziegelgräbern) waren bei Armen auf Gemeinschaftsfriedhöfen üblich. Auch teilten reiche Christen ihre Privatanlagen mit ärmeren. Einzelne Coemeterien entstanden in kaiserlichen Villen bei den Gräbern Freigelassener. Grabädikulen sind um die Basilica Apostolorum = S.Sebastiano in Rom erhalten. Gemeindecoemeterien entstanden im 3.Jh. in Rom auf genau umgrenzten Landstücken außerhalb der Stadtmauern. → Katakomben, deren älteste Grüfte aus dem Anfang des 3.Jh.s stammen, wurden zu Massenfriedhöfen. In Verfolgungszeiten suchte man die Nähe der Märtyrergräber. - Es gibt drei Grabhauptformen: 1. die vornehmste: der Sarkophag, 2. Arkosolgrab, dh vom Boden aufgemauerte Grabnische, von halbkreisförmigen Bogen überspannt, 3. die schlichteste und häufigste: Loculus mit Langseite in der Wandfläche. - Reliefverzierte Marmorsarkophage stammen im allgemeinen aus Grüften und Mausoleen; Anhäufungen von einfacheren Sarkophagen finden sich in → Arles, Salona, → Trier (: III) und Tipasa (Marokko). In Tipasa besteht außer der Westnekropole (mit Bischofskapelle und Rundmausoleum) ein Friedhof von über 350 m Länge im Osten der Stadt. - In der Friedenszeit wurden zur Heiligenverehrung Coemeterial-Basiliken errichtet, um die zuweilen ganze Wohnstädte entstanden (Rusafa nahe dem Euphrat). Eine Vereinigung von Mausoleum und Kirche bestand in der Apostelkirche in Konstantinopel, in deren Grabesrotunde Konstantins Sarkophag von 12 Scheingräbern der Apostel umgeben war. - Von der 2. Hälfte des 5.Jh.s an kommen B.se innerhalb der Städte häufiger vor, und obwohl sich verschiedene Synoden dagegen aussprachen, verlegte man seit dem 6.Jh. Gräber hochstehender Persönlichkeiten in die Stadtkirchen. - Vgl. → Altchristliche Kunst, → Goldgläser, Hl. → Grab, → Katakomben, → Kirchenbau: II, → Kopten: III, → Martyrion, → Sarkophag, → Symbole: III, → Messe, → Requiem, → Trauerbräuche: III.

Für das NT: BL 173ff - DACL III, 2, 162ff - PW III, 1, 331ff (Lit.) - RAC II, 194ff (Lit.) - RDK II, 332ff (Lit.). - Antike Symbolik: F.Cumont, Rech. sur le symbolisme funér. des Romains, 1942. - Grabbauten: A.Grabar, Martyrium, Recherches sur le culte des reliques, 1946. - Altchristliche Friedhöfe: Salona, Marusinac, Manastrine: Forschungen in Salona I-III, 1917-39 - L.Leschi, Tipasa de Maurétanie, 1950 - P.L.Zovatto, Une nouvelle aire sépulcrale paléochrét. à Julia Concordia (CahArch 6, 1952, 147-155.) - J.Toynbee-J.Ward Perkins, The shrine of St.Peter and the Vatican excavations, 1956. - Inschriften: C.M.Kaufmann, Hdb. d. altchristl. Epigraphik, 1917. - Weitere Lit. in RivAC. *E.A.Voretzsch*

2. In der *röm.-kath. Kirche* wird heute noch die Bestattungsordnung eingehalten, die sich im Mittelalter herausgebildet hat und im Rituale Romanum (A. VI) festgelegt worden ist. (Örtliche Verhältnisse erzwingen Abänderungen, zB Wegfall der Prozession zur Kirche; Totenamt *nach* der Bestattung). Dem Todkranken spendet die Kirche die Sterbesakramente (Buße, → Kommunion, letzte → Ölung) und betet mit ihm und für ihn die Sterbegebete (commendatio animae). Diese beginnen mit der »Entlassung aus dem Verband der streitenden Kirche«: »Zieh hin, christliche Seele« (8.Jh.), und enden mit Lk 23, 46 und Apg 7, 58. Der Ritus der »Exequien« besteht aus drei Teilen: a) Der Leichnam wird unter Psalmengesang (Pss 130; 51) und Gebet in feierlicher Prozession zur Kirche gebracht (die Pss werden gebetet ex persona defuncti, im Namen des Toten [Ord. Rom. X, n. 39]!). Beim Eintritt in die Kirche werden Engel und Heilige angefleht, die Seele in den Himmel zu geleiten. b) Es wird das (im 8./9.Jh. entstandene) »Totenoffizium« verrichtet, das »offenkundig dem Offizium der drei letzten Tage der Karwoche nachgebildet ist« (Eisenhofer). Das »Totenamt«, eine Requiem-Messe, schließt sich an. »Die Kirche will in Muttersorge allen ihren Kindern, die am Reinigungsorte seufzen, durch machtvollen Beistand bei Christus... zur baldmöglichen Aufnahme in die Gemeinschaft der Himmelsbürger verhelfen« (Prim am 2.Nov.). »Der ›machtvolle‹ Beistand besteht vor allem in der Darbringung des hl. Meßopfers« (Schott, Meßbuch, 1952, [171]). Begründet wird dies mit 2Makk 12, 43-46 (Lectio der 2.Messe am 2.Nov.). Anschließend an das Totenamt kann eine »Leichenrede« gehalten werden. Es folgt eine → »Absolutio«, die die Freigabe des Leichnams zur Bestattung in »geweihter Erde« in sich schließt. Denn während nach antiker Anschauung der Tote die Erde »sacer« macht, muß nach röm.-kath. Lehre die Erde geweiht werden, die einen Toten zu christlicher Grabesruhe aufnehmen soll; Ketzer, Selbstmörder, aber auch ungetaufte Kinder sind von der Bestattung in geweihter Erde ausgeschlossen. c) Zur Bestattung selbst gehört der altkirchliche Gesang »In paradisum«, Joh 11, 25 als Antiphon und das Canticum Lk 1, 68-79 (Benedictus). Für das B. kleiner getaufter Kinder gibt es ein besonderes Ritual, »dem ein freudiger Charakter aufgeprägt ist, weil die Seelen der Kinder sich bereits der Anschauung Gottes erfreuen« (Eisenhofer). Die anhaltende Sorge für die Verstorbenen findet ihren Ausdruck in der Sitte, am 3., 7., 30. Tage nach der Beerdigung und in anniversario defuncti

(→ Anniversarien) für ihn »Seelenmessen« halten zu lassen. Die Fürbitte: »Requiem aeternam dona eis, Domine, et lux perpetua luceat eis« ist dringend geboten; sie gilt aber nur den »armen Seelen« im → Fegfeuer; den Verdammten nützt sie nichts, und die Seligen bedürfen ihrer nicht.

3. In den *evangelischen Kirchen* sind von den Reformatoren Totenämter und Seelenmessen radikal beseitigt worden. Von grundlegender Bedeutung ist, was Luther in der Vorrede zu den »Christlichen Gesängen zum B.« 1542 schreibt: »Wir haben in unsern Kirchen die päpstlichen Greuel, als Vigilien, Seelenmessen, Begängnis, Fegfeuer und alles andere Gaukelwerk, für die Toten getrieben, abgetan und rein ausgefegt. Und wollen unsere Kirchen nicht mehr lassen Klaghäuser oder Leidesstätten sein, sondern, wie es die alten Väter auch genannt, Koemiteria, d.i. für Schlafhäuser und Ruhestätte halten. Singen auch kein Trauer- noch Leidgesang bei unsern Toten und Gräbern, sondern tröstliche Lieder von Vergebung der Sünden, von Ruhe, Schlaf, Leben und Auferstehung der verstorbenen Christen, damit unser Glaube gestärkt und die Leute zu rechter Andacht gereizt werden; denn es ist auch billig und recht, daß man die B.se ehrlich halte und vollbringe zu Lob und Ehre dem fröhlichen Artikel unseres Glaubens, nämlich von der Auferstehung der Toten« (WA 35, 478f). Selbstverständlich galt es nach wie vor als eine Liebespflicht der Gemeinde, den verstorbenen Gemeindegliedern ein christliches B. zu bereiten. Denn »patres... non abiecerunt mortuos tanquam cadavera bestiarum« (WA 44, 203; zu Gen 35, 20). Drei Kennzeichen hat die ev. Bestattungsfeier: »1. Öffentliche Kundschaft der Auferstehung, 2. Beweisung der Liebe und Freundschaft, 3. Erinnerung an den eignen Tod und Mahnung zur Bereitung auf denselben« (Württembergische KO 1536). Beibehalten wird demgemäß das Glockenläuten, das den Tod bekannt machen und zur Fürbitte für die Leidtragenden auffordern soll; das Geleit des Sarges vom Haus zur Kirche und die Bestattung auf dem Friedhof unter Gebeten und Liedern, gesungen von Chor und Gemeinde (im 16.Jh. bevorzugt man die Luther-Lieder »Aus tiefer Not schrei ich zu dir«; »Mitten wir im Leben sind«; »Mit Fried und Freud«; »Wir glauben all«). An die Stelle des Totenamtes tritt ein Gemeindegottesdienst, der die Predigt zum Mittelpunkt hat. – Trotz grundsätzlicher Klarheit über den Sinn einer ev. Bestattung blieb aber das B. in den ev. Kirchen bis in die Gegenwart hinein belastet mit Unklarheiten und Unsitten: a) Unklar blieb, ob die Fürbitte für die Toten gestattet, ja geboten sei. Calvin lehnte sie entschieden ab. Luther hielt sie »nicht für eine Sünde«. Melanchthon sagte (Apol. XXIV, 94): »Orationem pro mortuis non prohibemus.« Auch M.Chemnitz und Joh. Gerhard sprachen sich für sie aus. Bugenhagen unterschied (in der Braunschweiger KO 1528) zwischen privater Fürbitte, die erlaubt, und öffentlicher Fürbitte, die unstatthaft, da nicht von Gott geboten sei. Im 19.Jh. waren in manchen Agenden Fürbitten für die Toten vorgesehen; am Ende des Jh.s wurden sie wieder entfernt. Neuerdings treten die »Berneuchener« (→ Berneuchen) und der Kreis um F. → Heiler für ihre Restaurierung, auch im Hauptgottesdienst, ein. b) Eine liturgische Fürbitte für den Toten ist, genau genommen, die (mit dem dreimaligen Erdwurf des Pfarrers verbundene) »Einsegnung« der Leiche. Bis etwa 1830 war der Erdwurf des Pfarrers, mit dem die Schließung des Grabes begann, lediglich von einem Hinweis auf die in Gen 3, 19 klassisch formulierte Erkenntnis begleitet. Nach dem Vorbild des → Common-Prayer-Books wurde die Bestattungsformel (von Löhe, Petri u.a.) zur »Einsegnung« erweitert. Die agendarischen »Einsegnungs«formeln hatten oft statt der biblischen Auferstehungshoffnung eine platonisierende Unsterblichkeitsanschauung zum Inhalt. In einigen Landeskirchen kam auch noch eine »Aussegnung« beim Verlassen des Hauses dazu! In der Gegenwart bemühen sich verantwortungsbewußte Liturgiker um Bestattungsformeln, die eindeutig kerygmatischen Charakter tragen und den biblisch begründeten Glauben an die Auferstehung bezeugen. c) Die B.spredigt wird, vor allem in der Barockzeit, zur »Leichenrede«, dh zur Lobrede auf den Toten, die diesen, meist auf Kosten der Wahrheit, zu einem fehlerlosen Frommen macht und daher der Kirche den Vorwurf einträgt, ihre Leichenreden seien Lügenreden. Hinzu kam das unglückselige Klassensystem, das nicht nur Unterschiede im Äußeren kannte, sondern auch, je nach der Zahlungsfähigkeit der Hinterbliebenen, die »Gedächtnispredigt«, die »Standrede«, oder die »Abdankung« (Parentation) vorsah und bei Armen überhaupt keine Predigt kannte (»Segensleiche«). Wo solche Unterschiede etwa noch bestehen, sind sie radikal zu beseitigen. Reden an Sarg und Grab müssen (bei allem Eingehen auf den Einzelfall) Schriftauslegung und Verkündigung der Auferstehung sein. (Allerdings ist hier jeder Purismus [P.Schempp] zu vermeiden und die von H. → Asmussen vorgeschlagene Unterscheidung von »Gedächtnisrede« und »Trostrede« zu beachten.) d) Die »musikalische Umrahmung« steht oft mit dem gottesdienstlichen Charakter einer ev. Bestattung im Widerspruch. Hier gelten dieselben Grundsätze wie im Hauptgottesdienst: Gemeindegesang ist unentbehrlich. (Wo Gesangbücher fehlen, sind Liederhefte mit den wichtigsten ev. Gemeindeliedern auszulegen.) e) Soll aus Gründen der Kirchenzucht (zB bei Selbstmördern) die kirchliche Bestattung versagt werden? Kirchenzuchtmaßnahmen sind sinnvoll nur gegenüber Lebenden, die noch zur Umkehr gerufen werden können. f) Für die ev. Kirche gibt es keinen zwingenden Grund, die Mitwirkung bei → Feuerbestattungen abzulehnen, da die christliche Sitte der Erdbestattung ein Adiaphoron ist.

RE II 526ff - RGG² I, 855ff - RAC II, 194ff - RIETSCHEL-GRAFF 764ff - EISENHOFER-LECHNER, Liturgik des römischen Ritus, 1953⁶, 331ff. 371 - H.ASMUSSEN, Die Seelsorge, 1934, 156ff - O.DIETZ, Eine B.liturgie der luth. Kirche, 1938 - R.GÖLZ, Das B. als christlicher Gottesdienst (MGkK 36, 1931, 311-315) - W.LOTZ, Die Ordnung der Bestattung, 1946 - B.JORDAHN, Das kirchl. B., 1949 - Ordnung des kirchlichen Lebens der VELKD, 1955, VIII (20-22).

E.Hertzsch

4. Bei jedem Missionsanfang führte das ganz Neue der Christenhoffnung zum Bruch mit alten, als heidnisch empfundenen Sitten bzw. zur Umgestaltung der heidnischen Trauersitten in christliche. Deren Maß ist in den einzelnen Ländern verschieden und hängt ab vom Glaubensstand der trauernden Christen. Heidnische Überhänge fanden und finden sich, werden aber bekämpft (Grabbeigaben: Huhn, Schmuck u.a.m.; am 3. Tage Milchspenden aufs Grab). Allgemein und selbstverständlich hat sich die Erdbestattung durchgesetzt, zB auch in Neuguinea (statt Verbrennung, Abhäutung, Räucherung, Aufhängen in Bäumen, ja Auffressen der Leichen).

Die zunehmende Verwendung des Sarges ist lediglich eine Geldfrage der Familie. Sonst werden die Leichen je nach Landessitte bekleidet oder eingewickelt ins Grab gelegt. Friedhöfe sind üblich. Grabpflege war und ist nicht selbstverständlich und mußte, im christlichen Sinne, erst angeregt werden.

In Trauerhäusern und auf dem Wege zum Friedhof wird viel gesungen. In Indien geht auch heute die Witwe nicht ans offene Grab. Die Hauptfeier mit Verkündigung findet im Haus statt, hinterher auch eine Bet- und Bibelstunde, in der der Witwe das Ehezeichen (Tali) abgenommen wird. Unbedenkliche Sitten werden beibehalten (oft wenig gute, immer weiße Trauerkleidung, Bad u.a.). Neue Sitten: in China werden an die Trauergäste weiße Taschentücher verteilt, in Indien Tabak oder Zigarren: »Weil diese bitter sind, werden sie zum Zeichen der Trauer gereicht«; sie dienen auch als Desinfektionsmittel. Am Grabe folgt man der aus europäischen Agenden übersetzten Ordnung. »Das christliche Begräbnis muß ein Zeugnis an die Lebenden sein« (Japan).

Zur theologisch-ethnographisch interessanten Problematik der Beerdigung in den »Missionskirchen« fehlt eine monographische Darstellung. Der reiche Stoff ist in Hunderten von Berichten zerstreut. *A.Lehmann*

IV. Rechtlich

1. Das B.wesen, das ursprünglich als rein kirchliche Angelegenheit kirchlichem Recht unterlag, wurde im Verlauf der letzten 200 Jahre wegen seiner zunehmenden Bedeutung für die öffentliche Sicherheit und Ordnung weitgehend der Staatsaufsicht unterstellt. Es wird heute vorwiegend von den politischen Gemeinden, örtlich auch von Kirchengemeinden wahrgenommen.

2. Das B. menschlicher Leichen und damit die Beschaffung von B.plätzen (→ Friedhof: I) ist ein Gebot der öffentlichen Gesundheitspflege. In Deutschland besteht praktisch Bestattungszwang. Die Bestattungspflicht ist, obwohl es an ausdrücklicher gesetzlicher Regelung fehlt, öffentlich-rechtliche Pflicht der Angehörigen. Sofern keine Angehörigen vorhanden sind und niemand sonst das B. freiwillig übernimmt, obliegt dieses letztlich der Polizei. Die B.pflicht braucht nicht immer mit der Kostentragungspflicht zusammenzufallen; diese liegt grundsätzlich bei den Erben bzw. Unterhaltspflichtigen, ausnahmsweise bei anderen Personen, falls sie den Tod verursacht haben. - Die Entscheidung über Ort, Zeit und Art des B.ses ist persönliches Recht jedes Menschen. Fehlt eine eigene Entscheidung des Toten, so sind die Angehörigen hierzu berechtigt und verpflichtet. Dabei ist der mutmaßliche Wille des Verstorbenen tunlichst zu wahren. - Das B. ist zulässig als Erd- oder → Feuerbestattung. Erdbestattung hat grundsätzlich auf einem öffentlichen B.platz zu erfolgen; Aschenreste können auch außerhalb öffentlicher B.plätze beigesetzt werden (Urnenhaine). Der Bestattungsanspruch umfaßt die Zuweisung einer Grabstelle sowie das Recht auf deren Ausschmückung und Pflege.

3. Jeder Sterbefall ist dem zuständigen Standesbeamten anzuzeigen, der hierüber eine Bescheinigung (Sterbeurkunde) ausstellt. Vor Eintragung des Sterbefalls darf ohne polizeiliche Genehmigung kein B. stattfinden. Wird ein B. trotzdem vorgenommen, so darf der Sterbefall erst nach genauer Ermittlung des Sachverhalts und nur mit aufsichtsbehördlicher Genehmigung eingetragen werden. Ein B. ohne Vorwissen der Staatsbehörde sowie Zuwiderhandlungen gegen polizeiliche Anordnungen über vorzeitiges B. sind strafbar. - Bei Tod an gemeingefährlicher bzw. ansteckender Krankheit ist außerdem unverzügliche Anzeige bei der örtlichen Polizeibehörde und beim Gesundheitsamt vorgeschrieben.

4. Das B. unterliegt im öffentlichen Interesse zeitlichen Beschränkungen: Es darf erst nach Eintritt der Todesmerkmale, frühestens 48 Stunden nach dem Tode stattfinden (Ausnahmen bei Epidemien und auf besonderen Antrag, sofern der Tod durch Arztattest bescheinigt worden ist), jedoch soll jede menschliche Leiche innerhalb von 96 Stunden nach dem Tode entweder bestattet oder in eine Leichenhalle übergeführt sein. - Eine ärztliche Leichenschau ist gesetzlich nicht allgemein vorgeschrieben, jedoch üblich und in bestimmten Fällen, zB bei Überführungen, erforderlich. Bei Feuerbestattung ist eine amtsärztliche Leichenschau zwingend vorgeschrieben. - Die Leichenbesorgung ist gesetzlich nicht geregelt, sie wird meist durch besondere Leichenbesorger ausgeführt. Die Verwendung von Särgen ist vorgeschrieben; die Einsargung unterliegt bei Tod an ansteckender Krankheit besonderer Vorschrift. - Öffentliches Ausstellen der Leichen und Öffnung des Sarges bei der B.feier ist grundsätzlich verboten, letzteres lediglich für nächste Angehörige zulässig. - Für Überführungen bestehen besondere Vorschriften.

5. Jeder Verstorbene hat Anspruch auf ein »ehrliches« B. mit allen üblichen Feierlichkeiten, unter Ausschluß abträglicher Ausnahmemaßnahmen. Dies gilt auch für Lage und Umgebung der Grabstelle - »B. in der Reihe« - sowie Durchführung des B.ses. Das kirchliche B. kann jedoch, besonders in der kath. Kirche, in bestimmten Fällen versagt werden. Die B.feier umfaßt neben Amtshandlungen des Geistlichen häufig auch Laienreden, Musikvorträge u.a. Bei kirchlichem B. ist dazu stets die Zustimmung des Geistlichen erforderlich. Auf kommunalen Friedhöfen dürfen allgemein kirchliche B.feiern abgehalten werden; auf kirchlichen Friedhöfen bedürfen Amtshandlungen durch Geistliche anderer Konfessionen regelmäßig der Genehmigung. Das kirchliche B. ist als gottesdienstliche Verrichtung gegen Störungen geschützt.

J.v.Bredt, Ev. Kirchenrecht für Preußen, II, 1922, 448ff - O. Bachof, Rechtsnatur, zulässiger Inhalt u. gerichtl. Anfechtung von Friedhofsordnungen (ÄÖR 78, 1952/53, 83-96) - J.Gaedke, Hdb. des Friedhofs- u. Bestattungsrechts, 1954. *J.Gaedke*

Begrich, *Joachim,* * 13.6.1900 in Predel Krs. Zeitz, seit 1930 Prof. für AT in Leipzig, gef. 25.4.1945. B. hat in konsequenter Weiterführung der gattungs- und formgeschichtlichen Arbeiten seines Lehrers H. → Gunkel nicht nur dessen »Einleitung in die Psalmen« (1933) vollendet, sondern auch durch zahlreiche eigene Beiträge die Erforschung der Gattungen und Formen der Psalmen und der prophetischen Rede gefördert (→ Formen: I). Auch seine historischen und begriffsgeschichtlichen Untersuchungen lassen den scharfsinnigen Forscher erkennen.

Der Psalm des Hiskia. Ein Beitrag zum Verständnis von Jes 38 10-20 (FRLANT NF 25), 1926; Die Chronologie der Könige von Israel u. Juda u. die Quellen des Rahmens der Königsbücher (BHTh 3), 1929; Studien zu Deuterojesaja (BWANT IV, 25), 1938; Berit. Ein Beitrag zur Erfassung einer at. Denkform (ZAW 60, 1944, 1-11). - Über B. vgl. H.Bardtke in ThLZ 75, 1950, 441-446 (Bibliogr.). *E.Kutsch*

Behaviorismus → Psychologie.

Beheim-Schwarzbach, *Martin,* * 1900 in London, emigrierte dorthin von Hamburg 1938, kehrte 1947 nach Hamburg zurück, wo er als freier Schriftsteller lebt. In seinen Romanen - »Die Runen Gottes«, 1927; »Die Michaelskinder«, 1930; »Die Verstoßene«, 1938 - bewegt er sich gerne im Grenzgebiet zwischen Tag und Traum, Modernität und Legende, die Chancen des Gegenwartsmenschen eher skeptisch als optimistisch beurteilend. Seine melancholische Konzeption muß sich nicht selten Korrekturen durch einen niederdeutsch-angelsächsisch gearteten Humor gefallen lassen, der ihn denn auch zum eindrucksvollen Erzählen von Kurzgeschichten, Anekdoten und Döntjes befähigt. Am Grunde seiner Bücher wird eine manchmal resignierte, manchmal aufbegehrende Sehnsucht nach Transzendenz sichtbar. B. gehört durchaus in den Bezirk der christlich gestimmten Dichtung, sträubt sich aber gegen dogmatische Festlegung, was zB auch in seiner eigenwilligen, eher anthroposophisch als evangelisch getönten Paulus-Biographie (1939) zum Ausdruck kommt. Bedeutend, wenngleich heute nicht mehr »gefragt«, sind seine Gedichte, darunter Stücke von starker eschatologischer Energie. Aus seiner Mitarbeit am Rundfunk sind die »Geschichten der Bibel« (1952) entstanden: Nacherzählungen beider Testamente, darin »die strenge Sonderung der vier Evangelisten voneinander aufzuheben versucht werden mußte, zugunsten eines fließenden Berichtes, der alle Begebnisse, Sprüche, Reden, Betrachtungen des Heilandlebens zusammenfaßt«. Daß B. bald nach dem Kriege dem damals politisch schwer mitgenommenen Knut Hamsun mit einer temperamentvollen Broschüre sekundierte, gehört auch zum Charakterbild dieses auf seine Unabhängigkeit leidenschaftlich bedachten Autors. *K.Ihlenfeld*

Behemoth → Leviathan.

Behm (Behemb), *Martin* (1557-1622), ev. Kirchenliederdichter und Erbauungsschriftsteller, seit 1581 Pfarrer in seiner Vaterstadt Lauban (Ober-Lausitz). Von seinen rund 500 geistlichen Liedern enthält das EKG sieben, insbesondere zu den Tages- und Jahreszeiten, Wetter- und Erntelieder. Von seinem Sterbegebetslied »O Jesu Christ, meins Lebens Licht« (EKG 317) wurde die damalige Fassung der 10. Strophe »Laß mich durch deine Nägelmal erblicken die Genadenwahl« eine Lieblingsstrophe Zinzendorfs und der Brüdergemeine.

J.Mützell, Geistl. Lieder der Ev. Kirche aus dem 16.Jh., 1855, 785ff - W.Nöldeke, M.B.s geistl. Lieder (Schirks geistl. Sänger H. 9), 1857 - Ph.Wackernagel, Das dt. Kirchenlied ... V, 1877, 196ff - Koch II, 227ff; VIII, 618ff - GG III, 154 (§ 187 Nr. 25). *W.Lueken*

Beichte

 - Vgl. →Beichtgeheimnis, →Sündenbekenntnis, → Bußwesen: II

I. Im modernen Katholizismus

1. Allgemein kann die röm.-kath. Kirche unter B. jedes Sündenbekenntnis verstehen, das in Gewissenserforschung und Reue im stillen Kämmerlein, beim Beten der fünften Bitte des Vaterunsers, beim Mitbeten des Staffelgebets zu Beginn der Messe (Confiteor!) abgelegt wird. Man kann diese Form der B. als personale B. bezeichnen. Im besonderen ist mit dem Wort B. die sakramentale B. gemeint, die mit der in ihr geschehenden confessio (Sündenbekenntnis) und absolutio (Lossprechung) den Höhe- und Einheitspunkt des Bußsakraments darstellt (→ Bußwesen: II). Die göttliche Einsetzung der B. und ihre Notwendigkeit ergibt sich für das Tridentinum aus der Einsetzung des Bußsakraments (Joh 20, 21-23; Mt 16, 19; 18, 19).

Die B. wird von der Kirche gefordert, wenn der Gläubige durch die Todsünde (peccatum ad mortem oder p. grave) aus der Taufgnade gefallen ist. Diese Forderung gründet in dem der Kirche übertragenen Amt des richtenden Christus. Nach dem Tridentinum ist die sakramentale Lossprechung des Priesters ein richterlicher Akt (actus iudicialis). Über das Verständnis dieses Begriffs herrscht keine Einigkeit. Mörsdorf und Schmaus verstehen darunter den Ausdruck des obersten Hoheitsrechtes und die Wahrnehmung hoheitlicher Hirtengewalt. So versucht man die B. aus dem Banne des rechtlichen Denkens zu befreien. Tatsächlich hat der Akt der Lossprechung nur *ein* Ziel: die Begnadigung des Sünders; dieses »Gericht« kennt nur den Freispruch, denn es gibt keine unvergebbare Schuld. Die Vermischung des Juristischen mit dem Heilsvorgang in der B. kommt darin zum Ausdruck, daß zur Spendung des Bußsakraments zwei Befähigungen nötig sind: priesterliche Weihegewalt (potestas ordinis) und hoheitliche Hirtengewalt (potestas iurisdictionis). Eine von einem Priester ohne Besitz der letzteren erteilte Absolution ist ungültig und strafbar. Die Absolution ist unmöglich, wenn das Beichtkind mit einer jeglichen Sakramentsempfang ausschließenden Beugestrafe (censura) wie zB Kirchenbann belegt ist. Erst nach Befreiung von dieser Strafe (oft durch eine höhere Instanz als den Beichtvater) kann die Absolution erfolgen. Die Lossprechung von bestimmten Sünden kann allein einem höheren Oberen vorbehalten sein (reservatio peccatorum oder casuum) - trotz grundsätzlicher Vergebbarkeit aller Sünden.

Besonders dringlich ist die B. und damit die Tilgung der begangenen Todsünde vor dem Empfang der Kommunion und für den Priester vor dem Vollzug des Meßgottesdienstes. Einmal im Jahre (mit Rücksicht auf die pflichtmäßige Osterkommunion gewöhnlich in der österlichen Zeit) ist jeder kath. Christ zur B. verpflichtet, falls er sich im Stande der Todsünde weiß; sonst ist auch diese B. nicht vonnöten.

Die läßlichen Sünden (peccata venialia) brauchen nicht gebeichtet zu werden. Trotzdem wird die sakramentale B. in starkem Maße auch für die Tilgung der läßlichen Sünden in Anspruch genommen; man redet dann von *Andachts-* oder *Devotions-B.* Die Kirche billigt und fördert diese B., wofür die Praxis der Orden und religiösen Genossenschaften und die Vorschriften des Kirchenrechts zeugen. Sie hängt auch zusammen mit der Unsicherheit der Unterscheidung von läßlichen und Todsünden, die dem Beichtenden überlassen ist.

2. Das Sündenbekenntnis des Pönitenten in der B. macht mit der ihm vorhergehenden und zugleich einen Teil von ihm darstellenden, sich durch sie recht eigentlich vollendenden *Reue* (contritio und attritio) mit der ihm nachfolgenden *Genugtuung* (satisfactio), die *Materie des Bußsakraments* aus; die priesterliche → Absolution dagegen ist die *Form des Sakraments.* Wie im Bußsakrament im ganzen, so vereint sich in der B. im besonderen unscheidbar zweierlei: die Eigentätigkeit des Menschen oder die Herstellung seiner Disposition einerseits und sein Beschenktwerden andererseits. Dabei wird in der Theorie versucht, die Einheit des Unvereinbaren zu erzwingen. Wenn das Absolutionswort des Priesters in der B. der Brennpunkt ist, in dem sich gleichsam alle Strahlen des Bußsakraments sammeln, dann ist nach kath.-theologischer Lehre die bewirkende Kraft des doch zeitlich fast am Ende des Bußsakraments stehenden und jedenfalls es erfüllenden Absolutionswortes schon bei allem ihm Vorangehenden mit dabei. Das wird besonders deutlich an dem Problem der vollkommenen Reue (contritio), in der es dem Menschen gelingt, Gott ohne Begehren rein um seiner offenbarten Herrlichkeit willen zu lieben. Wo ein Mensch diese Selbstdisposition erreicht, da ist er gerechtfertigt schon vor dem Empfang des Bußsakraments. Das kann für den kath. Christen praktisch werden bei einsamem Leben in der Diaspora fern vom Amtspriestertum oder auf dem Sterbebett. Aber wenn die röm.-kath. Kirche hier einen doppelten Weg der Rechtfertigung, einen personalen und einen sakramentalen, zu eröffnen scheint, so versucht sie doch, den in der contritio möglichen Personalismus dem Sakramentalismus unterzuordnen. Sie sieht in der contritio den Wunsch nach dem Sakrament eingeschlossen (votum sacramenti); denn wie kann man Gott lieben und zugleich an der von Christus eingesetzten Form der Buße vorbeilaufen? Erst die sakramentale Lossprechung in der B. ist also die Erfüllung auch der vollkommenen Reue.

Nach der Lehre des Tridentinums genügt zum Empfang der Rechtfertigung im Bußsakrament die unvollkommene Reue (attritio). Als Abwendung des Menschen von der Sünde beseitigt sie vollauf genugsam die Hindernisse für das Einströmen der Gnade, und die priesterliche Absolution in der sakramentalen B. verwandelt ex opere operato die unvollkommene in die vollkommene Reue; dh die heiligmachende Gnade (gratia habitualis) schafft sich die Vollendung der Disposition des Menschen für ihren Empfang selbst. Die Vorstellung eines schwereren Weges der Rechtfertigung vermittels der contritio und eines leichteren durch die attritio wird in der kath. Lehre abgelehnt.

Auch die Todsünde zerstört nicht den character indelebilis der Taufgnade und trennt also den Sünder nicht absolut von der Kirche. So empfängt der Gläubige in der Absolution ein Doppeltes: die Wiedergewinnung der vollen Gliedschaft in der Kirche (reconciliatio) und die Vergebung der Schuld vor Gott. Über den ekklesiologischen Aspekt der Sünde wird in der kath. Theologie (Schmaus, Karl Rahner) heute viel nachgedacht.

Die *Formel der Lossprechung* (die Form des Sakraments) »in der«, wie das Tridentinum sagt, »seine Kraft vorwiegend ruht«, lautet: »Absolvo te a peccatis tuis in nomine Patris et Filii et Spiritus Sancti«. In den unmittelbar vorhergehenden Formeln des »Misereatur« und des »Indulgentiam«, die, weil nicht notwendig, heute im Beichtstuhl wohl häufig weggelassen werden, finden sich mit der Entwicklung zur indikativen Form und ihrem Sieg (Thomas von Aquino, Opusculum de forma absolutionis) nicht ausgeglichene Überreste der alten Beichtliturgie mit deprekativen oder optativen Absolutionsformeln.

Das eigentlich richterliche Amt des Beichtvaters beschränkt sich heute auf die Auferlegung der *sakramentalen Genugtuung*. Dabei kann es sich 1. um Wiedergutmachung der durch die Sünde in der Menschengemeinschaft entstandenen Schäden handeln oder 2. um vom Beichtvater bestimmte Werke, in denen die Hingabe an Gott und der Abstand von der Welt sich ausdrücken. Nur dies zweite gehört im eigentlichen Sinne zur Buße. Es wird heute darüber geklagt, daß diese Satisfaktionsauflagen meist zu gering seien, um dem Menschen wirklich nachdrücklich sein Büßertum bewußt zu machen.

3. Die B. ist die wichtigste Seelsorgeeinrichtung der röm.-kath. Kirche. Mit ihr wird der kath. Christ schon in früher Jugend vertraut gemacht; die Kinder-B. kann zu schweren seelischen Belastungen führen und infolge davon zu einer lebenslänglichen Abneigung gegen Priester und Kirche. Der Beichtzwang führt zur Mechanisierung der B.; die unbiblische Aufteilung der Sünden in Tod- und läßliche Sünden schafft Unklarheit an der ernstesten Stelle des Lebens; dazu ersteht aus der Notwendigkeit, jede einzelne Sünde zu beichten, die Kasuistik, die das Gottesverhältnis durch ein geradezu geschäftliches Denken verderben kann. Die B. kann durch einen rechten Seelsorger zu einer Lebenshilfe werden; hier verwandelt sich dann freilich meist die B. in das seelsorgerliche Gespräch.

Tridentinum Sess. XIV, cap. 1-9 und can. 1-15 - HDG IV, 3. - F. Heiler, Der Katholizismus, 1923, 243 ff - L. Fendt, Symbolik des röm. Katholizismus, 1926, 34 ff - RGG² I, 862 ff - LThK II, 16 ff - Eichmann-Mörsdorf II. III, Reg. s. v. Beichte - M. Schmaus, Kath. Dogmatik IV, 1: Die Lehre von den Sakramenten. 1952³⁻⁴, 417 ff - Ph. Hofmeister, Das Beichtrecht der männl. u. weibl. Ordensleute, 1954 - Kath. Katechismus der Bistümer Deutschlands, 1955, 160 ff - K. Rahner, Vergessene Wahrheiten über das Bußsakrament (Schriften zur Theol. II, 1955, 143-183) - Ders., Vom Sinn der häufigen Andachts-B. (ebd III, 1956, 211-225) - Ders., Beichtprobleme (ebd 227-245) - Mulert-Schott 280 ff - Th. Kronholz, Der verlorene Schlüssel, 1956.

W. Sucker

II. Evangelische Beichte, liturgisch-praktisch

1. Die ev. Kirchen hatten im Frühpietismus die Privat-B. wegen Verweltlichungserscheinungen als Institution abgebaut und es dem einzelnen überlassen, ob er von seelsorgerlicher Aussprache mit dem Pfarrer Gebrauch machen wollte. Die allgemeine B., zunächst noch vom Abendmahl getrennt, wurde allmählich mit ihm zu einer Feier verbunden (→Abendmahl: V, 1). Zudem hatte die Philosophie der Neuzeit gegenüber autoritativen Bindungen die Autonomie des →Gewissens entdeckt und popularisiert. Die B. erschien so als Angriff auf die Gewissensselbständigkeit (bis ins politische Gebiet hinein), und der Protestantismus des 19. Jh.s sah vielfach im Verfall der B. geradezu eine Errungenschaft der Reformation. Heute ist eine Gegenbewegung zu bemerken: eines der Themen des Frankfurter Kirchentages 1956 zB lautete: »Evangelische beichten«. (Man wird freilich unterscheiden müssen zwischen Kirchentagsgemeinden und dem durch Gewohnheit bestimmten Gemeinde-Alltag.) Noch ist nicht erkennbar, wie sich die Wiedereinführung der B. vollziehen könnte, obwohl neuere Kirchenordnungen sie erstreben, besonders die »Ordnung des kirchlichen Lebens« der Vereinigten Ev.-Luth. Kirche Deutschlands.

Die Erkenntnis von der Notwendigkeit der Einzel-B. gewann an Nachdruck in der Neubesinnung des Luthertums auf seine Ursprünge. Freilich ignorierte man weithin die Bedeutung, die namentlich Luther dem Wortgeschehen als der Aktualisierung des selbstherrlichen Gnadenwillens Gottes beimaß. Deswegen vermochte man den Grund der Spannung nicht immer zu durchschauen, daß Luther und die Bekenntnisschriften einerseits den B.zwang verwarfen und im B.akt die Absolution der Aufzählung der Sünden (CA 11: quamquam non sit necessaria delictorum enuntiatio) überordneten, andererseits die Einzel-B. hochschätzten und als Stück christlichen Lebens beibehielten. In einer Kirche, die die Sündenvergebung verkündigt, muß die Wirklichkeit der Sündenvergebung akthaft bezeugt werden und nicht nur im brüderlichen Gespräch seelsorgerlicher Hilfe, dh aber so, daß dem einzelnen Menschen in konkreter Sündennot die Versöhnung mit Gott im Auftrag Jesu Christi in Vollmacht zugesprochen wird. Daß diese Möglichkeit in der Liturgie der allgemeinen B. offengehalten war, änderte nichts am Schwinden der Einzel-B. und wurde durch den abschreckend wirkenden Hinweis entwertet, daß sie für solche bereit stehe, die »durch Gemütsbekümmernis bedrückt« (oder ähnlich) seien, wodurch bei übersehbaren Verhältnissen der Gang zum Pfarrhaus zu einer seelischen Bloßstellung in der Gemeindeöffentlichkeit gemacht wurde.

2. *Außerkirchliche Strömungen* legen die B. nahe. Die seit der Jahrhundertwende aufkommende → Psychoanalyse hat ein allgemeines Vertrauen zur Heilwirkung der Aussprache geschaffen, auch da, wo wenig schulmäßige Erkenntnis der Sache vorhanden ist. Der Wille, Masken abzuwerfen, unter denen man es nicht mehr aushält, vertreibt die Scheu vor Selbstenthüllungen, mag man letztere beurteilen, wie man will. Das galt wohl zuerst vom geschlechtlichen Gebiet, ist aber in der Psychotherapie längst darüber hinausgewachsen. Die unerledigte Vergangenheit, oft mit verdrängten Schulderlebnissen verbunden, ist als Ursache seelischer Notlagen und sogar körperlicher Erkrankungen erkannt. So ist außerhalb der Kirche eine Art B. entstanden, die wohl anfänglich auf Beseitigung von Schuldgefühlen ausging, aber in dieser negativen Einstellung zur seelischen Wirklichkeit längst Korrekturen erfahren hat. Daß immer der Arzt ein außerkirchlicher Beichtvater ist, ist nicht anzu-

nehmen, selbst wenn seine Ausbildung sich stärker auf diese vielleicht ihm zuwachsende Aufgabe eingestellt hätte. Auch hier handelt es sich um Gaben.

Man hat den Zusammenhang von Psychotherapie und B. in Frage gestellt; der Beichtende wisse, was er zu bekennen habe; in der Psychotherapie dagegen werde unklaren depressiven Zuständen durch Aufdeckung der Lebensgeschichte eine Deutung gegeben. Dazu ist zu bemerken, daß auch der Beichtende oft die Gewichtigkeit seiner Bewußtseinsinhalte überschätzt (es gibt durchaus krankhafte Schuldgefühle) und die tieferen Gründe seiner seelischen Notlage erst in der Aussprache zutage treten. Immerhin bringt einseitige psychotherapeutische Behandlung, wie klinische Statistiken über Selbstmordversuche zeigen, die Gefahr mit sich, den Menschen zu sehr ich-bezogen zu machen. Demgegenüber hat die Seelsorge von der durch Jesus Christus gewirkten, für den Menschen schon bereitstehenden Überwindung des Ich (zu wirklicher Freiheit) auszugehen. Diese Hilfe Gottes meint die wirkliche Not, die viel hintergründiger ist als die Sache, die im Bewußtsein eine Rolle spielt. Beim Seelsorger gehört also eine Kenntnis der Seelenwirklichkeit dazu, die lernbare Grundlagen hat. Die Ausbildung der Theologen kann auf diesem Gebiet sachgemäß kaum im Rahmen des Universitätsstudiums geschehen, die Kirche könnte jedoch mit christlichen Psychiatern Ausbildungsstätten für *geeignete* Kräfte schaffen; der Pfarrer kann nicht alles. Es könnten sich auch zunächst Zentren der Arbeit bilden (Jugend- oder Eheberatung), an denen Vertrauen zu neuen Wegen kirchlicher Seelsorge erwüchse, und damit neue Möglichkeiten der B. Sie kann auch heute noch da entstehen, wo eine geistliche Erweckung vor sich geht und Hemmungen niedergelegt werden (wie beim älteren →Blumhard in Möttlingen) oder (planmäßig) wo an Stellen besonderer Notstände Vertrauen gewonnen wird.

3. Das → *Beichtgeheimnis* muß betont und streng eingehalten werden. Die Pfarrfrau *kann* in dieser Hinsicht Hindernis sein, sie kann aber auch in der Seelsorge helfen. Beichtkonflikte (zB bei Verbrechen) können sehr schwer werden und sind generell nicht zu lösen. Die Belastung mit Not und Sünde des Bruders ist nur zu tragen im Blick auf die Vergebung in der → Absolution. Im Glauben werden dem Beichtvater geistliche Gaben geschenkt. Was lernbar ist an Psychologie, Takt im Zuhören und Fragen, sollte ernstlich gelernt werden. Es kann auch bis in den Religionsunterricht hinein nicht spurlos bleiben, daß mit Luther und Melanchthon die Bekenntnisschriften die Absolution ursprünglich als drittes Sakrament angesehen haben. Ohne Erschütterung neuprotestantischer Meinungen ist die B. schwerlich wiederzugewinnen. Soll sie dem Pfarrer vorbehalten sein? Das ist trotz Mt 16, 19 und 18, 18; Joh 20, 23 nicht unbedingt erforderlich. Das NT kennt das brüderliche Tragen der Last; selbst die Bußzucht ist nicht ans Amt gebunden (1Kor 5); die seelsorgerliche B. beim Priester tritt in der Alten Kirche relativ spät auf. Es besteht kein biblischer Grund, die Geistesgaben bei Laien zu dämpfen. Von liturgischer Ausgestaltung ist nichts zu erwarten, außer daß Auftrag des Herrn und Vollmacht klar bezeugt werden. Wer B. entgegennimmt, braucht selbst den Beichtvater. Es ist aber davon abzuraten, aus einem kirchlichen Vorgesetztenverhältnis ein Beichtverhältnis zu machen.

4. Als *Beichtersatz* hat sich die »allgemeine B.« durchgesetzt. Sie ähnelt der →»Offenen Schuld«, und diese hat ihren guten Sinn in ihrer Beziehung zur vorangegangenen Predigt: Die in der rechten Predigt gewirkte Selbsterkenntnis und verkündigte Annahme des Sünders durch Gott findet den Ausdruck der Aneignung im Gebet. Denn auch in der Predigt kann sich Absolution vollziehen. Wenn aber in einem Gottesdienst Kyrie und Gloria noch so verknüpft sind, daß sie als Sündenbekenntnis und Gnadenverkündigung erscheinen, kann die »allgemeine B.« vor dem hl. Abendmahl nicht gehalten werden. Die Kirche würde sonst bezeugen, daß die vorangegangene Gnadenverkündigung nicht ernst zu nehmen sei. Die allgemeine B. auszugestalten und wieder zur selbständigen Feier zu machen, hat mit der Erneuerung der B. wenig zu tun.

5. Als *Ort der Einzel-B.* wird das Pfarrhaus selten geeignet sein; es hat auch bei würdiger Studierstube eine bürgerliche oder gelehrte Atmosphäre, in der die beabsichtigte B. leicht zum Gespräch zerrinnt. Die kleine Sakristei einer offenen Kirche, die kleine Kapelle im Gemeindehaus bieten bessere Voraussetzungen. Bestimmte Stunden sind anzusetzen. Die → Beichtstühle der kath. Kirche sind dämmerig, jedenfalls soll nicht die Beobachtung des menschlichen Gegenübers möglich sein; am besten ist der Blick beider Partner auf einen Gegenstand, etwa ein Kreuz, gerichtet. Zur *Form* gehören eine kurze Beichtbelehrung zu Anfang, klare Absolution und Gebet als wesentliche Stücke. Darüber hinaus werden liturgische Zutaten kaum zweckvoll sein; wem es ernst ist, der braucht keine Feierlichkeit. Die Handauflegung behalte man der Amtsverleihung vor; den die B. hörenden Bruder brächte sie in ein falsches Verhältnis zum Beichtenden. Der Anfang der Beichterziehung sollte in Jahren gemacht werden, wo Sünde als Not erfahren wird.

Lehrbücher der →Praktischen Theologie - K.B.Ritter-W.Stählin, Die Ordnung der B., (1926) 1952[3] - H.Asmussen, Die Seelsorge, (1934) 1937[4] - L.Fendt, Die B. (MPTh 31, 1935, 116-126) - Ders., Luthers Reformation der B. (Mittlgn. d. Luther-Ges. 1953, H. 3) - D.Bonhoeffer, Gemeinsames Leben, (1939) 1953[2] - Ders., Ethik, 1949 - E.Schlink, Theol. der luth. Bekenntnisschriften, (1940) 1946[2] - M.Lackmann, Wie beichten wir?, 1948 - E.Thurneisen, Die Lehre von der Seelsorge, 1948 - Th.Bovet, Lebendige Seelsorge, (1952) 1954[2] - E.Roth, Die Privat-B. u. die Schlüsselgewalt in der Theol. der Reformatoren, 1952 - K.Harms, Die Einzel-B. (MPTh 42, 1953, 374-382) - Allgemeines Ev. Gebetbuch, 1954 - Ordnung des kirchlichen Lebens, hg.v. Luth. Kirchenamt Hannover, 1955 - W.Böhme, Beichtlehre für ev. Christen, 1956 - O.Planck, Ev. Beichtbüchlein, 1956 - B.Giertz, Die Kirche Christi, o.J. - E.Stange, Die ev. Privat-B. im Blickpunkt unserer Kirchenleitungen (PBl 97, 1957, 196-202).
W.Loew

III. In den jungen Kirchen

Da die B. den jungen Kirchen von den Missionen in ihrer konfessionellen und denominationellen Bestimmtheit vermittelt wurde, dürfte sie sich formal von der B. in der alten Christenheit nicht unterscheiden. Dennoch haben das Ziel der Missionsarbeit und der nichtchristliche Hintergrund die B.praxis der jungen Christenheit bestimmt. - Da die Heidentaufe immer eine Abkehr vom Alten zur Voraussetzung hat und auch nach vorchristlicher Auffassung nur bekannte Sünde unwirksam wird und vergeben werden kann, ergab sich die Verbindung von → Taufe (: VIII) und Sündenbekenntnis von selbst. Eine ähnliche Koppelung liegt beim → Abendmahl (: VII) vor, weil auch nach vorchristlicher Auffassung nur Menschen am Mahle teilnehmen und mit dem Heiligen in Berührung kommen können, die durch Bekenntnis ihrer Sünden im Frieden miteinander leben. Da sich in den jungen Gemeinden die Kirchenzucht viel wirksamer durchführen ließ als in der alten Christenheit, bekam die B. eine größere Bedeutung für die Gemeindeführung und Seelsorge. Hier wurde die B. ein Akt der Barmherzigkeit Gottes, mit der Vergangenheit fertig zu werden. Allerdings vermittelten nur wenige Missionen die B. mit liturgischem Charakter und amtlicher Absolution. Nur in einigen Gebieten (zB Neuguinea) ist die Einzel-B. Übung geworden. Die B. ist meist nicht an den

Amtsträger gebunden. Sie kann vor Ältesten oder anderen Vertrauenspersonen der Gemeinde abgelegt werden. Bei Fällen von → Kirchenzucht (: III) bestehen manche jungen Kirchen auf einem Bekenntnis der Sünden vor der Gemeinde, wobei die ganze Gemeinde Vergebung zusprechen muß.

Auf der anderen Seite erschwerte und gefährdete der vorchristliche Hintergrund das Verständnis der christlichen B. Da Inhalt der B. und Sündenerkenntnis eng verbunden sind, war es für das christliche Leben erschwerend, daß nur solche Sünden ernst genommen werden, die zum Verlust des Heils führen. Die meisten jungen Christen haben nicht begriffen, daß das ganze Leben eine Buße sein soll. Andererseits nimmt das Sündenbekenntnis im Leben der jungen Christenheit einen breiten Raum ein. Da auf Grund der Sünde Strafe und Vergeltung zu erwarten ist, sucht man dieser durch die B. zu entgehen. Bei Krankheits- und Unglücksfällen wird auf Sündenbekenntnis gedrängt. Nach demselben Grundsatz kann man durch das Sündenbekenntnis Glück und Heil herbeiführen. Dieser Gedanke wurde vor allem von den synkretistischen Sekten Südafrikas und von den synkretistischen Kulten und messianischen Bewegungen Asiens und der Südsee aufgenommen. Das Sündenbekenntnis ist der rituelle Akt der Reinigung und die Voraussetzung zum Heilsempfang.

Darüber hinaus hat der christliche Gedanke, daß man das neue Leben nicht erlangen kann, ohne das alte ins Gericht zu geben, zu großen Erweckungsbewegungen in der jungen Christenheit geführt. Bei der »großen Reue« auf Nias, bei der Eemasangbewegung auf Neuguinea und bei der derzeitigen Erweckungsbewegung in Zentralafrika ist die B. der Ausdruck des beginnenden neuen Lebens, eine große Hilfe zur Vertiefung der Sündenerkenntnis und zur Erfassung der Heilswahrheiten in der zweiten Generation der Christen. Aus diesem Grunde darf man mit → Warneck bedauern, daß die B. nicht bei allen jungen Kirchen eingeführt wurde.

Eine zusammenfassende Lit. fehlt. - L.FLIERL, Eemasang, 1931 - TH.MÜLLER, Die »große Reue« auf Nias, 1931 - W.FREYTAG, Die junge Christenheit im Umbruch des Ostens, 1938 - DERS., Die Sakramente auf dem Missionsfeld (EMZ 1, 1940, 122-126f) - J.WARNECK, Missionarische Seelsorge (EMZ 1, 1940, 290-297) - DERS., Das Wunder der Gemeinde Jesu in dieser Welt, 1947 - J.W.C.DOUGALL, African Separatist Churches (IRM 45, 1956, 257-266). *G.F.Vicedom*

Beichtgeheimnis. Das B. erstreckt sich auf den gesamten Inhalt dessen, was dem Geistlichen bei Ausübung der Seelsorge anvertraut ist, nicht nur auf die bekannte Schuld, sondern auf alle damit zusammenhängenden Vorgänge und Umstände. Seine Wahrung gehört zu den wichtigsten und selbstverständlichen Amtspflichten. Im kath. Kirchenrecht (c. 889 CIC) ist sie besonders vorgeschrieben, aber auch in ev. Kirchenordnungen zur Pflicht gemacht. Sie ist selbst dann nicht ohne weiteres aufgehoben, wenn der Beichtende den Geistlichen von der Schweigepflicht entbunden hat; vielmehr bedarf es der Prüfung, ob eine Mitteilung des Anvertrauten mit dem Wesen der → Beichte zu vereinbaren ist und ob sonst Unzuträglichkeiten zu befürchten sind. Der Staat nimmt mit Billigung der Kirchen (Art. 9 Reichskonkordat) in seiner Gesetzgebung auf das B. Rücksicht. Im Anschluß an § 138 StGB, der die Nichtanzeige drohender schwerer Verbrechen unter Strafe stellt, bestimmt § 139 Abs. 2, daß ein Geistlicher nicht verpflichtet ist anzuzeigen, »was ihm in seiner Eigenschaft als Seelsorger anvertraut ist«. Außerdem ist den Geistlichen und teilweise auch ihren Gehilfen im Prozeß ein weitgehendes → Zeugnisverweigerungsrecht eingeräumt. - → Amtsgeheimnis.

EICHMANN-MÖRSDORF II, 81ff - G.FLOR, Zum Zeugnisverweigerungsrecht der Geistlichen (MPTh 42, 1953, 14-23). *E.Ruppel*

Beichtstuhl. Das MA kennt für die Abnahme der (Ohren-)Beichte nur bewegliche Stühle (zumeist in der Nähe des Altars). Erst in nachtridentinischer Zeit werden unter dem Einfluß des Römischen Rituale (1614 tit. III, c. I, 8) Seitenwände und Gitter (zwischen dem Beichtvater und dem Beichtkind) angebracht. Der B. mit schrankartigem Mittelteil und in der Regel mit beiderseits anschließenden, eine Kniebank enthaltenden Zellenansätzen hat für gewöhnlich seinen Platz an den Seitenwänden des Kirchenschiffes, da er, insbesondere für die Beichte der Frauen, an einem allen sichtbaren und jedermann zugänglichen Ort aufgestellt werden soll. Die für ihren Gebrauch zweifellos höchst zweckmäßig entwickelte Form, die mit Rücksicht auf den oft stundenlang amtierenden Priester Bequemlichkeit mit der Sicherung des → Beichtgeheimnisses verbindet, findet im Barock und Rokoko, dem Charakter des B.s als »Richterstuhl Gottes« und »Thron der göttlichen Barmherzigkeit« entsprechend, eine vollendete künstlerische Durchgestaltung in Prunkstücken der Tischlerkunst.

Der Verfall der Privatbeichte auf ev. Seite hat zunächst zum »Beichtverhör« in Gruppen geführt, für die in norddeutschen Kirchen Beichtkammern ausgebildet wurden, die bis zu 30 Personen zugleich aufnehmen konnten. Nachdem sich die »Gemeindebeichte«, vornehmlich unter dem Einfluß des Pietismus und der Aufklärung, durchgesetzt hat, verschwinden mit Beginn des 19.Jh.s die B.e aus den Kirchen des Luthertums. Doch sind nachweisbar in einzelnen Kirchen, so in der Stadtkirche zu Wittenberg, B.e bis gegen Ende des vorigen Jh.s in Gebrauch geblieben. Die liturgische Bewegung der Gegenwart mit ihrem Anliegen der Wiederherstellung der Privatbeichte kommt konsequent zur Forderung der Einrichtung der Sakristei als Beichtraum mit Altar, vor dem Pfarrer und Beichtender Platz nehmen (→ Beichte: II, 5), während in der röm. Kirche neuerlich Bestrebungen erkennbar sind, den B. zu ergänzen, um eine bessere Wahrung des Beichtgeheimnisses zu gewährleisten.

G.JACOB, Die Kunst im Dienste der Kirche, (1857) 1908[5], 257ff - C.GURLITT, Kirchen (Hdb. der Architektur IV, 8, 1) 1906, 274ff - P.GRAFF, Gesch. der Auflösung der alten gottesdienstlichen Formen in der ev. Kirche Deutschlands I, (1921) 1937[2]; II, 1937 - K.B.RITTER-W.STÄHLIN, Die Ordnung der Beichte, (1926) 1952[3] - L.EISENHOFER, Hdb. der kath. Liturgik I, 1932, 380f - RDK II, 1948, 183ff - M.THURIAN, La Confession, 1953. *K.B.Ritter*

Bekehrung

I. Im AT - II. Im Judentum - III. Im Urchristentum - IV. Systematisch - V. Als Missionsproblem

I. Im AT

Der Begriff »B.« ist im AT zunächst nicht auf den einzelnen bezogen. Jahwe hat sich in → Erwählung (: I) und → Bund (: II) dem Volke Israel zugewendet und erwartet daher die Zuwendung des Volkes in völliger Hingabe, dh in Abwendung von allen anderen Mächten (Jos 24, 14) und im ganzen Gehorsam gegenüber der Bundessatzung (Ex 20, 2; 24, 3 u.ö.).

Durch die wiederholte Abkehr des Volkes und seine Vertrauenslosigkeit gegenüber dem Gott des Bundes wird das Thema B. immer wieder akut. Zumeist wird im AT dafür das Verbum šûb verwendet, »zurückkehren, sich abwenden«; das Substantiv šûbā, »Umkehr«, begegnet nur Jes 30, 15, mešûbā, »Abfall«, mehrmals (Hos 11, 7; 14, 5; Jer 8, 5 u.ö.), während das im Judentum gebräuchliche Wort für B., tešûbā, im AT nur in profaner Bedeutung vorkommt. Ziel der Hinkehr ist bei šûb, soweit es nicht absolut gebraucht wird, fast ausschließlich Jahwe (so im Grunde auch Jer 15, 19; Mal 3, 24), nur Neh 9, 29 das Gesetz. Der Gegenstand der Abkehr wird verschieden formuliert; von Jer ab begegnet das dann bei Ez vorherrschende šûb mit min, »sich abkehren von«. Immerhin ist es bedeutsam, daß B. im AT meist als »Rückkehr« bezeichnet wird und damit auf den Anfang des Handelns Jahwes mit seinem Volk weist (Wolff 133 ff).

Israel hat auf dem Wege des Kultus die Möglichkeit zur Umkehr gesucht und im Sündenbekenntnis der Fasttage seine Bereitschaft dazu bekundet (1Sam 7, 6. [3]; Jer 36, 6ff; Sach 7, 3; Dan 9, 3 ff). Die Propheten von Amos bis Joel übten freilich an der »kultischen Buße« scharfe Kritik, da sie im äußerlichen Wesen stecken zu bleiben drohe und keine echte und ganze Umkehr zu Jahwe bedeute (zB Hos 6, 4-6; Jes 1, 10ff; Jer 3, 10; Jo 2, 12f).

Nach der Botschaft der vorexilischen Propheten (und Ezechiels) bestünde nur in radikaler Umkehr noch Aussicht auf Rettung und Heil (Am 5, 4. 14?; Hos 10, 12; 14, 2-4; Jes 1, 19; [6, 10]; 30, 15; Jer 4, 1-4; Ez 18. 33), und nach einzelnen ihrer Worte rechnen sie offenbar mit der Möglichkeit zur Umkehr (Hos 10, 12; Jes 1, 16f; 31, 6; Jer 26, 3; 36, 3; bes. 4, 1-4). Sie sehen die Umkehr in der Abkehr von falscher Gottesverehrung und vom Vertrauen auf eigene Macht (Am, Jes, auch Hos), in der Hinwendung des ganzen Herzens (Hos, Jer) und der Abwendung vom Unrecht (Ez). Freilich begegnet das Thema »Umkehr« bei ihnen zumeist nicht in der Mahnrede, sondern in der Scheltrede (Am 4, 6ff; Hos 5, 4; 7, 10; Jes 9, 12; 30, 15f) und in anderen Redegattungen (Hos 11, 5; Jes 7, 3; Jer 3, 1; vgl. Wolff 137ff). Es gipfelt in der Feststellung, daß Israel nicht umgekehrt ist und auch nicht umkehren will. Hos und Jer mögen am Anfang ihres Wirkens mit der Möglichkeit der Umkehr gerechnet haben (Fohrer 169), bis ihnen sehr bald deutlich wurde, daß Israel aus eigner Kraft nicht mehr umkehren kann (Hos 5, 3f; 13, 12ff; Jer 13, 23). Jes erhält sogar den Auftrag, die Umkehr zu verhindern (6, 8-10).

Und doch blieb die Umkehr ein Thema auch bei diesen Propheten (vor allem bei Hos und Jer); nur, daß sie nicht mehr als menschliche Möglichkeit, sondern als Werk Gottes, der die Umkehr durch seine Heilstat ermöglicht, verkündet wurde (Erlösung Hos 2, 16f; 3, 1-5; 14, 5, neuer Bund Jer 31, 31ff, neues Herz Ez 11, 19f; 36, 26). In dieser Linie ist vielleicht auch Jesajas Hoffnung auf einen durch das Gericht hindurchgeretteten Rest, der sich bekehrt, zu sehen. Die Mahnung zur Umkehr bleibt bestehen, kann bei Ez sogar auffallend scharf formuliert werden (»macht euch ein neues Herz« 18, 31f); aber sie ist umschlossen von der Verheißung Gottes, daß er den Neuanfang gibt (Zimmerli 55ff). Das wird deutlich sichtbar in der Verkündigung Deuterojesajas vom kommenden Heil in der Vergebung der Sünden (43, 23 ff; 55, 7 u.ö.), mit der er seinen Ruf zur Umkehr begründet (44, 22).

Schon in Jesajas Hoffnung auf den Rest wie dann bei Jer (25, 5; 26, 3; 36, 3) und erst recht bei Ez (18. 33, 10ff) wird die Erwartung der Umkehr auf einzelne Glieder des Volkes bezogen. Jer hatte selbst in der Auflehung gegen seinen Auftrag den Ruf zur Umkehr hören müssen und war ihm gefolgt (15, 19ff). Die individualisierende Tendenz erscheint auch in den Bußgebeten des Psalters (32, 3ff; 51, 11-15; 130; 143, freilich ohne šûb) und im Buche Hiob (5, 8; 22, 23; 33, 27; 36, 10). Daneben findet sich die universalistische Erwartung der Hinkehr der Völker zu Jahwe (Jes 45, 22; Jon 3, 8. 10; vgl. Jes 19, 22 - meist mit šûb).

Der Deuteronomist erhofft die Umkehr nach dem Gericht (Dtn 4, 30; 30, 2; vgl. 1Kön 8, 33ff) im Vertrauen auf Jahwes Barmherzigkeit, der »das Herz (des Volkes) beschneiden wird« (Dtn 30, 6; vgl. 10, 16). Ist bei ihm auch die Umkehr eng mit dem Halten der Gebote verbunden, so ist doch an ihrer Echtheit und Totalität nichts gemindert (Eichrodt 134). Die Umkehr wird freilich immer stärker in der nachexilischen Zeit am Gesetz orientiert (Neh 9, 29; 2Chr 30, 6. 13ff), und der prophetische Ruf zur Umkehr stößt bei den »Gerechten« auf Unverständnis (Sach 7, 5; Mal 3, 7); aber daneben erklingen noch in spätester Zeit Töne echter Umkehrbereitschaft (Dan 9, 13. 15).

J.Hempel, Berufung u. B. (Festschr. f. G.Beer, 1935, 41-61) - E.K.Dietrich, Die Umkehr (B. u. Buße) im AT u. Judentum, 1936 - ThW IV, 976ff - Sh.H.Blank, The current misinterpretation of Isajah's She'ar Yashub (JBL 68, 1948, 211-215) - H.W.Wolff, Das Thema »Umkehr« in der at. Prophetie (ZThK, 48, 1951, 129-148) - G.Fohrer, Umkehr u. Erlösung beim Propheten Jeremia (ThZ 11, 1955, 161-185) - W.Zimmerli, Das AT als Anrede (BEvTh 24), 1956. - Vgl. die Lehrbücher der Theologie des AT, bes. W.Eichrodt, III, 1939, 131ff.

J.Fichtner

II. Im Judentum

1. Im *hellenistischen Judentum* werden B. (ἐπιστρέφειν, ἐπιστροφή) und Buße, Umkehr (μετάνοια, μετανοεῖν) fast synonym (Jes 46, 8 LXX; TestSeb 9,7). Dabei verlagert sich, mitbegründet in dem wachsenden Einfluß von šûb auf Vorstellung und Begriff der B., besonders sichtbar bei Symmachus, das Gewicht zunehmend darauf, daß durch die B. Leben und Wirken vor Gott in Ordnung kommen. Daher besteht die B. immer, ob es sich nun um Juden oder um Heiden handelt, in gehorsamer Zuwendung zu dem *einen* Gott der Offenbarung (Sib 3, 545ff. 580; 5, 497ff; TestJud 23, 5).

Auf dieser inneren Konsolidierung des Begriffs B. beruht es, wenn das hellenistische Judentum eine förmliche Lehre von der B. nicht entwickelt hat. Die B. ist hier immer ein individuelles und praktisches, niemals dagegen ein theoretisch-theologisches Problem. Sie kann deshalb auch sowohl summarisch beschrieben werden (Sir 38, 10; PsSal 10, 1; Weish 12, 2. 19f) wie ausgesprochen persönliche Züge tragen (Sir 28, 6; bes. Test XII). Ihre Wahrheit erweist sich darin, daß nun Gottes Gebote gehalten werden (Tob 1, 6ff; 4Esr 7, 81f; 9, 11f; ApkBar[syr] passim), und zwar mit Einschluß des Zeremonialgesetzes (Jub 1, 8ff; 23, 19ff; ApkBar[syr] 84, 8). Sogar die universale B. wird von da aus sinngemäß zu einer universalen B. zum Gesetz. Zwar ist von einer B. der Heiden nur selten die Rede (Sib; TestSeb 9, 7); aber daran ist kein Zweifel: »Das Gesetz bleibt in seiner Herrlichkeit« (4Esr 9, 37) und wartet auf seine große Stunde, die die Stunde der universalen B. ist.

Es entspricht dem biblischen Menschenbilde, wenn die B. an das Herz gebunden ist (TestDan 5, 11). So kann sie mit der Entstehung des Glaubens zusammengesehen werden (Weish 12, 2). Andererseits fehlt es nicht an ritualistischer Veräußerlichung (Test XII; LebAd). Hier ordnet sich *Josephus* ein, bei dem die B. stark formalisiert ist, während für *Philo* die B. den Weg zu einem »harmonischen« Leben öffnet, das der Unbekehrte entbehren muß (Virt 175ff).

2. Für die *Schriften vom Toten Meer* (→ Qumran) gehört die B. (šûb, t^{e}šûbā) zu den zentralen Anliegen. B. »von allem Bösen« (1QS V, 1) und »zur Tora Moses« (ebd 8) erscheint als Voraussetzung für den Eintritt in den neuen Bund Gottes (ebd; Dam XV, 5ff). Hier trägt die B. unverkennbar deuteronomistisch-prophetische Züge (bes. 1QS V, 7ff) und wird zum Prinzip der Lebensgestaltung nach dem Willen des *einen* Gottes Israels und der Welt.

3. Das *Rabbinat* hat ebensowenig wie das hellenistische Judentum eine Lehre von der B. Da diese für Nichtjuden nur im Proselytismus möglich ist, ist sie wesentlich eine innerjüdische Sache. Als solche steht sie jedermann frei, während doch nicht jeder ihrer bedarf, da es »vollkommene Gerechte« gibt (TosKid 1, 14), »die der Buße

nicht bedürfen« (Lk 15, 7). Auch hier wurzelt die B. im Herzen, das deshalb gut sein muß (Ab 2, 9), wenn es zu den guten Werken kommen soll, die das Kennzeichen der B. sind (ebd 4, 11. 17). Die B. selbst geschieht, weil sie zur Tora führt, »vor« Gott (Achtzehnbittengebet) und ist für den Sünder die Voraussetzung für den Anteil an der kommenden Welt (Ab 4, 11). B. setzt deshalb Studium der Tora voraus, und wenn es heißt: »Bekehre dich einen Tag vor deinem Tode!« (Ab 2, 10), so schließt das die Aufforderung ein, rechtzeitig damit zu beginnen.

4. Für das *moderne Judentum* gilt, daß »die Wege Gottes die Wege sind, die der Mensch gehen soll. Auf ihnen kann er sich Gott zuwenden... durch die Treue gegen Gottes Gebot... Wir können ihn immer finden, wenn unser ganzes Herz sich seinem Gebot zukehrt« (Baeck).

BOUSSET, Rel. 389ff - G.F.MOORE, Judaism I, 507ff - BILL. I, 162ff - E.K.DIETRICH, Die Umkehr (B. u. Buße) im AT u. Judentum, 1936 (Lit.) - H.BRAUN, »Umkehr« in spätjüd.-häretischer u. in frühchristl. Sicht (ZThK 50, 1953, 243-258) - DERS., Spätjüd.-häretischer u. frühchristl. Radikalismus I. II (BHTh 24/I. II), 1957 - E.SJÖBERG, Gott u. die Sünder im paläst. Judentum (BWANT IV, 27), 1939 - S.BERNFELD u. F.BAMBERGER, Die Lehren des Judentums nach den Quellen I-II, (1920) 1928³ - L.BAECK, Das Wesen des Judentums, (1905) 1932² - DERS., Dieses Volk, 1955.
K.H.Rengstorf

III. Im Urchristentum

1. Das Substantiv »Bekehrung« (ἐπιστροφή) findet sich im NT nur Apg 15, 3. Das Verb »bekehren« wird von der Gewinnung der Juden (Apg 3, 19; 9, 35; 15, 19; 26, 20; 2Kor 3, 16) wie der Heiden (Apg 11, 21; 14, 15; 26, 20; 1Thess 1, 9) für Christus gebraucht. Buße und B., die mehrmals zusammen genannt werden (Apg 3, 19; 26, 20), als »Abwenden vom Alten« und »Zuwenden zum Neuen« bzw. als innere Vorbereitung und äußeren Vollzug zu unterscheiden, ist abwegig. Statt von B. wird auch vom Gläubigwerden geredet (Apg 11, 21; vgl. Lk 22, 32; Apg 26, 18). Was B. heißt, nennt Paulus weithin Rechtfertigung, das johanneische Schrifttum Wiedergeburt (vgl. Mt 18, 3 mit Joh 3, 3). Diese kann man nicht dadurch von der B. abgrenzen, daß man sagt, sie bringen das Tun Gottes zum Ausdruck, die B. dagegen die Tat des Menschen. So sehr der Mensch bei der B. auch persönlich beteiligt ist, so trifft er doch nicht in freier Souveränität seine Entscheidung. Seitdem er sich von Gott befreit hat, ist er nicht mehr frei für Gott, so daß er von sich aus gar nicht mehr die Möglichkeit zur B. hat (Joh 6, 44; Mt 11, 27). Erst durch die Nähe der Gottesherrschaft kann er umkehren (Mt 3, 2; 4, 17). Wie Gott den einen die Augen verblendet, so daß sie sich nicht bekehren (Mk 4, 12; Apg 28, 27), so öffnet er anderen die Augen (Apg 26, 18), bzw. er tut ihnen das Herz auf (Apg 16, 14), daß sie anders werden. Der Mensch muß zu Gott gerufen werden (Apg 11, 20f). Darum ist die B. eine Tat Gottes. Sie erfolgt, weil »die Hand des Herrn« mit den Missionaren ist (Apg 11, 20f). 1Petr 2, 25 wird direkt im Passiv von der B. gesprochen. Wie wenig sie ein Akt freier Entscheidung ist, zeigt die B. des Paulus (Gal 1, 13ff; Apg 9). Sie ist aber auch nicht ein magischer Vorgang oder ein naturhafter Prozeß; denn der Mensch hat die Möglichkeit, die angebotene Gnade auszuschlagen.

2. Die B. besteht nicht primär in der Abwendung von dem Bisherigen, sondern in der *Hinwendung* zu dem Neuen. Das kommt in ἐπιστρέφειν klar zum Ausdruck. Paulus wendet sich nicht voll Abscheu vom Judentum ab (Gal 1, 14; Phil 3, 6) und gelangt bei der Suche nach etwas Besserem zu Christus, sondern Christus erscheint ihm und dadurch erkennt er die Nichtigkeit seines bisherigen Lebens (Phil 3, 7). Dementsprechend ruft Paulus bei seiner Missionsverkündigung nicht von den Götzen weg zu Gott, sondern er verkündigt Gott, was einen Bruch mit den Götzen zur Folge hat (1Thess 1, 9). Wer sich bekehrt, wendet sich hin zum Kyrios (Apg 9, 35; 11, 21; 2Kor 3, 16), zu Gott (Apg 14, 15; 15, 19; 26, 18. 20; 1Thess 1, 9), zum Hirten und Bischof der Seelen (1Petr 2, 25). Die B. hat Vergebung der Sünden zur Folge (Apg 3, 19; 26, 18 vgl. 5, 31).

3. Die Hinwendung zu Gott ist auch *Abwendung* von der bisherigen Zugehörigkeit. Man sagt sich los von den nichtigen Dingen (Apg 14, 15), von den Götzen (1Thess 1, 9). Darum ist die B. mehr als eine Änderung der Gesinnung, sie ist ein Wechsel von der Finsternis zum Licht, von der Herrschaft Satans zu Gott (Apg 26, 18). Sie hat eine radikale Veränderung (vgl. 2Kor 5, 17; Eph 4, 22ff), eine Umwertung der Werte (Phil 3, 7) zur Folge.

4. Die Art und Weise, wie es zur B. kommt, ist verschieden. Meist erfolgt sie auf Grund der Verkündigung des Evangeliums (Apg 11, 20f; 14, 15; 26, 20). Es können aber auch besondere Ereignisse der Anlaß sein (Apg 9, 3ff. 35; 16, 25ff). Bei Paulus ist sie ganz plötzlich erfolgt; zu Petrus wird, nachdem er schon lange Jesus nachgefolgt ist, gesagt: »Wenn du dich bekehrst« (Lk 22, 32). Es gibt keine Schablone oder Formel für die B.

P.FEINE, B. im NT u. in der Gegenwart, 1908 - A.D.NOCK, Conversion, The old and the new Religion from Alexander the Great to Augustine of Hippo, 1933 - J.SCHNIEWIND, Was verstand Jesus unter Umkehr? (Rechtgläubigkeit u. Frömmigkeit, hg.v. H.ASMUSSEN, Bd 2, 1938, 70-84) - DERS., Das biblische Wort von der B., 1948 - M.HOFER, Metanoia, B. u. Buße im NT (Diss. Tübingen), 1947 - H.BRAUN (→ Bekehrung: II).
G.Friedrich

IV. Systematisch

Wenn wir uns im Verständnis dieses durch mancherlei Brauch und Mißbrauch belasteten Begriffs an dem Sprachgebrauch des NT zurückorientieren (→ Bekehrung: III), so gilt folgendes: B. ist die Zuwendung des Menschen in seiner ganzen Existenz zu der Wirklichkeit des lebendigen Gottes und damit zugleich die Abwendung von jeglicher anderen Macht, die einen totalen und bindenden Anspruch auf unsere Existenz erhebt: seien dies heidnische Götter oder der Mammon oder irgendeine andere Form schuldhafter Bindung an das, was nicht Gott ist. Da wir uns faktisch in der Bindung an solche Mächte vorfinden, die unsere falschen Götter sind, kann der Zugang zu dem Leben mit dem lebendigen Gott immer nur die Weise einer solchen Umkehrung haben, einer radikalen Lösung und Neugründung. Ihre Voraussetzung ist das Kommen des Reiches Gottes zu uns, das siegreiche Hervortreten der Gottesgerechtigkeit in Christus und in dem Wort, das uns von der Sünde los- und Christus zuspricht. Nur weil Gott selbst sich uns in Christus vergebend-machtvoll zugekehrt hat, kann es B. geben. Sie ist unser Ja zu dieser Zukehrung Gottes und darin eins mit → Glauben, → Buße, → Wiedergeburt. Differenzierungen dieser Begriffe, als handle es sich um festgelegte verschiedene Stadien des Heilsweges (ordo salutis), sind künstlich und dem einheitlich-ganzheitlichen Lebensvorgang fremd, in dem ein Mensch zum Heil kommt. Wohl aber akzentuiert der Begriff B. besondere Seiten dieses einheitlichen Lebensvorgangs, nämlich 1. seine Wirkung auf die konkrete Gestalt unseres Lebens und Handelns, und 2. sein Wesen als Kampf und Umbruch. Indem der Glaube als solcher auch B. ist, wird hervorgehoben, daß es in ihm um ein Entweder-Oder, um Stellungnahme in dem Kampf zwischen Gott und der Macht des Bösen geht und damit auch um eine Stellungnahme des Menschen gegen sich selbst - nicht um eine kontinuierlich anschließende Überhöhung und Verklärung des Seins, in dem wir uns vorfinden.

In der *Theologiegeschichte* sind zwei Aspekte des B.-geschehens besonders zum Problem geworden:

1. Die Frage nach dem *Verhältnis des Wirkens Gottes und der Aktivität des Menschen* in der B. Es ist festzuhalten,

daß das bekehrende Wirken Gottes und die willentliche Zukehrung des Menschen zu Gott nicht gegeneinander ausgespielt werden dürfen, sondern ineinanderliegen. Aber dies darf nicht in der Weise eines Zusammentreffens zweier konkurrierender und kooperierender Faktoren verstanden werden (so der Semipelagianismus, im Ansatz weithin die Scholastik - nicht Thomas -; aber auch der späte Melanchthon mit seiner Nebenordnung dreier »Ursachen« der B.: Wort, Geist, menschlicher Wille). Vielmehr ist unsere Zukehrung zu Gott auf der ganzen Linie durch Gottes Zukehrung zu uns gewirkt und getragen; Glaube und B. ist restlos das Geschenk der Gnade (so Augustin, die Reformatoren, der I. und II. Art. der Konkordienformel gegen die synergistischen Schüler Melanchthons). Und doch hat dieses Bekehren Gottes nicht die Weise einer automatischen Determination, sondern des Anrufs an unser Ich zur Entscheidung. Das Geheimnis dieses Geschehens entzieht sich der Alternative von → Synergismus und → Determinismus, das Verhältnis von göttlichem Wirken und menschlichem Eingehen auf Gott bleibt damit logisch unaussagbar. Es kann letztlich nur in dem paradoxen Satz formuliert werden: Unsere Zukehrung zu Gott ist, obwohl in voller Lebendigkeit *unsere* Zukehrung, ganz und gar Gottes Werk - unsere Weigerung und Abkehrung aber ist ganz und allein unsere Schuld.

2. Die Frage nach dem *konkreten Sichtbar- und Bewußtwerden der Lebensumkehr,* die vor allem durch den → Pietismus gestellt und in ihm teilweise zur Forderung eines einmaligen und datierbaren B.serlebnisses zugespitzt wurde, ohne das niemand seines Heilsstandes gewiß sein könne. Das Dringen des Pietismus auf das Bewußte und Konkrete der Umkehr ist zu bejahen. Die Forderung des einmaligen Erlebnisses aber ist gesetzliche Verallgemeinerung einer bestimmten Gestalt, die die B. haben kann (Paulus, Augustin), aber nicht haben muß. Verhängnisvoll wird diese Forderung besonders da, wo sie zu Versuchen methodischer Herbeiführung solchen Erlebnisses führt. Auf jeden Fall bleibt die B. auch da, wo sie in einem besonderen Erlebnis des Umbruchs beginnt, ein lebenslanges Geschehen, denn das Ja zu dem befreienden Anspruch der Gottesgerechtigkeit und das Nein zum Anspruch der Sünde will täglich neu vollzogen sein. Das bedeutet nicht Halbierung und Dosierung - als brauchte ich mich heute noch nicht endgültig für Gott zu entscheiden, da ich mich ja auch morgen und immer wieder bekehren kann. B. meint immer das *Ganze* der Wendung und die Übergabe des *ganzen* gegenwärtigen und künftigen Lebens an Gott. Aber als diese ganze Umwendung ist und bleibt sie in jedem Augenblick akut, solange die Situation des geistlichen Kampfes währt - und ihr sind wir in diesem Leben nie entnommen. → Rechtfertigung: III.

J. HERZOG, Der Begriff der B., 1903 - H. POHLMANN, Die Metanoia als Zentralbegriff der christl. Frömmigkeit, 1938 - W. ELERT, Der christl. Glaube, (1940) 1956[3] § 80 - P. ALTHAUS, Die christl. Wahrheit, (1948) 1952[3], 637ff - J. SCHNIEWIND, Das bibl. Wort von der B., 1948 - H. BRUNS, Die Entscheidungsstunde, 1951 - BARTH, KD IV/2, 340ff. 626ff.

W. Joest

V. Als Missionsproblem

1. Das Problem - 2. Der B.svorgang - 3. Folgerungen

1. B. im weiteren Sinne, nämlich daß Heiden zu Christen werden, ist allgemein anerkanntes Ziel der Mission. Was in diesem Gesamtvorgang die B. im engeren Sinne, die radikale Wendung, das Anderswerden in der persönlichen Begegnung mit Christus, bedeutet, darüber sind die Meinungen verschieden. Wenn das Entscheidende am Christenstand die Zugehörigkeit zur Heilsinstitution der Kirche ist, dann ist mit der Taufe alles gegeben, und das Drängen auf persönliche Entscheidung und erst recht die Frage nach einem B.serlebnis ist sekundär. Wenn aber die persönliche Erfahrung der menschlichen Verlorenheit und das Gerettetsein in Christus als die eigentliche Begründung des Christenstandes angesehen wird, dann wird eine so verstandene B. zur unaufgeblichen Voraussetzung der Taufe. Neben diesem nur in den äußersten Polen angedeuteten Gegensatz dogmatisch begründeter Meinungen steht der andere, der von der Frage nach der Methode ausgeht. Da wird auf der einen Seite die Einzel-B. als ausschließliches Ziel der Mission angesehen, weil sie allein eine kompromißlose Annahme der Botschaft und damit auch eine echte Durchdringung des Lebensganzen der Völker verspricht, während man auf der anderen Seite meint, daß Stammes-B. und Volks-Christianisierung eine schnellere, gleichsam atmosphärische Wirkung der missionarischen Aktion garantieren, innerhalb deren dann die geistliche Vertiefung einsetzen kann und soll. Unter einen anderen, spezifisch missionarischen Blickpunkt kam das Problem, als man es im Zusammenhang mit dem Eintritt der Botschaft in einen anderen Kulturbereich sah. Das begann mit Joh. → Warnecks Schilderung der »Lebenskräfte des Evangeliums« innerhalb des animistischen Heidentums, in der er feststellte, daß der Primitive zunächst nicht die Botschaft von Sünde und Gnade, sondern die von Gottes oder Christi Herrsein über die Geister erfaßt, und wurde neben anderen von Chr. → Keyßer weitergeführt mit der Beobachtung, daß der Mensch der primitiven Stammeskultur überfordert sei, wenn man von ihm eine persönliche Entscheidung fordere, die nicht vom Stamm als solchem zugelassen würde. Damit war am Beispiel der Primitiven die Voraussetzung in Frage gestellt, die für alle aus dem Pietismus kommende Mission selbstverständlich galt, nämlich daß das Ziel der Mission eine B. des Heiden sei, die das Erlebnis der Erweckungszeit wiederhole.

2. Wie geschieht es denn, daß Heiden Christen werden? Am Beispiel der schriftlosen Völker, bei denen man dieser Frage besonders nachgegangen ist, kann man folgende Grundlinien aufzeigen: Kein Heide wird Christ, ohne daß er dem Zeugen begegnet, sei es in der Gestalt des Missionars oder der Gemeinde. In einer Umwelt, in der das Verlassen der überlieferten Heilsordnung so unsinnig erscheint, wie wenn jemand seine Eltern wechseln wollte, ist es die menschliche Beziehung zum Botschaftsträger, die die erste Brücke schlägt. Nicht *was* gesagt wird, sondern *wer* es sagt, ist entscheidend dafür, daß man zu hören beginnt. Der Zeuge, der anders ist und zu dem man doch Vertrauen hat, ist in seiner Person die → Anknüpfung. Unter seiner Botschaft treten vorhandene Nöte ins Bewußtsein und wachen Fragen auf. Wo man bisher sich selbstverständlich in Schicksal und Tradition gefügt hatte, ahnt man die Möglichkeit eines andern Lebens. Damit entsteht ein innerer Widerstreit, eine Krise. »Seit wir dich hören, haben wir zwei Herzen«, sagen Afrikaner zum Missionar. Um das eine sammelt sich alles, was zum Neuen zieht, Sehnsucht nach Frieden und Kraft und die Vorstellung eines besseren Lebens, beides durchaus nicht nur im innerlichen Sinne; um das andere das, was widerstrebt und Beharrungskraft hat, auch da nicht nur im Sinne unverantwortlicher Selbstbehauptung. Diese Krise kann zu Kurzschlüssen führen. Man sucht sie mit Teilzugeständnissen abzutun in der Annahme der Sonntagsruhe, der Abkehr von rückständig scheinenden Handlungsweisen, bis hin zum »Lernen«, zum Taufunterricht. Oder man sucht die Krise durch ein entschlossenes antichristliches Nein zu überwinden. Gelingt das nicht, dann tritt im Verlauf der Krise ein merkwürdiger Wandel des Gewissens ein. Derselbe Mensch, der in ihrem Anfang ein ihm zustoßendes

Unglück als Strafe der Ahnen ansieht dafür, daß er sich mit dem Neuen eingelassen hat, kann in einem späteren Stadium ein anderes Unglück als Strafe Gottes dafür verstehen, daß er noch nicht mit dem Alten gebrochen hat. Der Bluträcher, der sich nach der alten Ordnung mit Recht seiner Taten gerühmt hat, sieht sie plötzlich als gemeinen Mord und kann nicht davon erzählen, obgleich die bewunderungsbereite Jugend ihn dazu auffordert. Derselbe Mensch, der am Anfang der Krise gelitten hat im Vorgefühl dessen, was er aufgeben muß, wenn er dem Neuen folgt, leidet später darunter, daß er nicht verzichten kann. In dem allen meldet sich eine neue Instanz des Gewissens, die in der ihr eignen Heteronomie und Unabdingbarkeit auf die entschlossene und totale Abkehr vom Alten drängt. Kommt diese Krise zum Ziel, dann endet sie mit dem Sieg des neuen Gewissens, der Wegwendung und Hinwendung zugleich ist. Diese doppelte Wendung ist Durchbruch nicht nur des neuen Willens als Entscheidungstat, sondern des neuen Lebens, das als Geschenk, als schöpferische Tat des Herrn empfangen wird, von dem man sich gerufen weiß.

3. Die phänomenologische Beschreibung der Missionssituation zeigt, daß es sich bei der B. um einen den ganzen Lebensstand umfassenden Vorgang handelt. Diese ihre formale Bestimmtheit hat zwei Folgen für den missionarischen Aspekt. Zunächst ist damit gesagt, daß sie bis zu gewissem Grade unabhängig ist vom Stand biblischer Erkenntnis. Das einfache Papuaweib, das nichts anderes begreift, als daß Christus ihr Herr ist, der allein ihrem Leben Regel und Hilfe geben will, und das nun allen anderen Mächten absagt und ihm gehorcht, ist genauso bekehrt wie der Brahmane, der mit derselben Ausschließlichkeit sich von allen eigenen Erlösungswegen abkehrt und im vollendeten Werk Christi Frieden gefunden hat. Das ist eine Tatsache, die wir vom biblischen B.sbegriff (→ Bekehrung: I. III) her wissen müßten. Es ist gegen das biblische Wort und unseren Auftrag, beim Papuaweib auf eine B. zu drängen, die beim Brahmanen möglich ist.

Sehen wir die B. von der Ganzheit her, dann wird ihre Relativität darin deutlich, daß sie nur den jeweiligen Lebens- und Erkenntnisstand umfassen kann. In diesem Sinne ist sie nicht endgültig, sondern bedarf der Wiederholung. Das Wort der Batakfrau: »Mein Herz ist bekehrt, aber meine Gedanken noch nicht«, weist darauf, daß in der jungen Christenheit heidnische Denkformen wirksam sind, Reste, die es zu überwinden gilt. Darüber sammeln sich mit verändertem Lebensstand (Altersstufen) und mit dem Wachstum biblischer Erkenntnis Entscheidungsanlässe, die in eine genau der ersten B. parallel laufende innere Krise führen und zur Wiederholung der B. drängen (→ Erweckungen). Auf diese Tatsache weist das NT hin mit seiner Verwendung derselben Begriffe μετάνοια und ἐπιστροφή für die Verkündigung an Heiden und an Christen.

Dieser Aufriß zeigt die formale Gleichheit der B. in den Religionen. Die gleichen Stufen finden sich in der → Bhakti und bei modernen politischen Religionen. Der Unterschied in der christlichen B. ist der, daß es sich um Entscheidung zur Taufe handelt, zum Bekenntnis, daß Christus mein Herr sei, zum Hineingenommenwerden in seine Gemeinde, in die »Gottesgemeinschaft von Gott her« (Wort eines Papua). Das gibt der christlichen B. eine Dimension, um die nur der Glaube weiß.

J.Warneck, Die Lebenskräfte des Evangeliums. Missionserfahrungen innerhalb des animistischen Heidentums, (1908) 1922[7] - G.Simon, Islam u. Christen im Kampf u. die Eroberung der animistischen Heidenwelt, 1914 - R.Allier, Psychologie de la Conversion, 1925 - A.C.Kruyt, Van Heiden tot Christen, o.J. (1929) - W.Freytag, Zur Psychologie der B. bei Primitiven (M.Schlunk, Botschafter an Christi Statt, 1932, 280-306) - Ders., Die junge Christenheit im Umbruch des Ostens, 1938, 192ff - J.W.Pikket, Christian Mass Movements in India, 1933 - G.E.Phillips, The Transmission of the Faith, 1946 - Chr.Keysser, Eine Papua-Gemeinde, 1950 - W.Ringwald, Die Religion der Akanstämme u. das Problem ihrer B., 1952.

W.Freytag

Bekennende Kirche

1. Die BK ist, veranlaßt durch die kirchenpolitischen und weltanschaulichen Bestrebungen und die zumeist unter Verletzung geltenden Rechts erfolgten Maßnahmen der Deutschen Christen (=DC, →Deutsch-christliche Bewegung) und des von ihnen weithin bestimmten, der nationalsozialistischen Kirchenpolitik willfährigen Reichskirchenregiments der Deutschen Ev. Kirche (DEK) unter dem Reichsbischof L.Müller sowie einzelner landeskirchlicher »Kirchenführer« (→ Kirchenkampf), hervorgegangen aus einer Gemeinde- und Pastorenbewegung (zunächst und wesentlich im Bereich der Ev. Kirche der altpreußischen Union [apU]) als Gestalt für eine breite kirchliche Opposition, die sich schon etwa seit Mai 1933 ankündigte. Am Anfang steht der von M.Niemöller begründete → Pfarrernotbund (Sept./Okt. 1933). Sein Bruderrat schloß sich Febr. 1934 der Freien ev. Synode im Rheinland an. Im März 1934 bildete sich eine »Bekenntnisgemeinschaft der DEK«, die neben den verschiedenen freien Bekenntnissynoden (→Barmen) die Landeskirchen Württembergs und Bayerns umfaßte und im »Nürnberger Ausschuß« sich am 11.4.1934 ein eigenes bruderrätliches Organ schuf, aus dem später der »Reichsbruderrat« hervorging. Seine »Kasseler Erklärung« vom 7.5.1934 stellt das erste »Aufbauprogramm« der BK dar (nachdem am 22.4.1934 die Bekenntnisgemeinschaft auf einem Tag in Ulm sich als »rechtmäßige ev. Kirche in Deutschland« bezeichnet und die offizielle Reichskirchenregierung für rechtswidrig, gewalttätig und bekenntnisgefährdend erklärt hatte): »Wir wollen die einige, geistlich geleitete, deutsche ev. Kirche, klar und fest im Bekenntnis des Evangeliums, gehorsam dem Herrn der Kirche und darum auch treu im Dienst an Volk und Staat... Wir lehnen es ab, uns zu unterwerfen a) einem ungesetzlichen Machtregiment..., b) einer ungeistlichen Führung..., c) einer unevangelischen Bedrückung der Gewissen, die die freie Wortverkündigung zu hindern sucht... Wir wissen uns dafür verantwortlich, das Bekenntnis unserer Väter zu hüten und die Verfassung der DEK zu schützen... Wir erklären feierlich, daß wir bekenntnis- und verfassungswidrigen Anordnungen nicht Folge leisten werden... Wir fordern alle ev. Christen und Gemeinden auf, sich... zu örtlichen Bekenntnisgemeinschaften, unter Verbleib in ihrer Kirche, zusammenzuschließen...«

2. Die Konstituierung der BK als »rechtmäßige DEK« im Sinn eines der Verfassung vom 11.7.1933 entsprechenden Bundes gleichberechtigt nebeneinanderstehender Bekenntniskirchen erfolgte auf der ersten *Bekenntnissynode* der DEK in → *Barmen* vom 29.-31.5.1934. Sie bestellte als exekutives Organ im Anschluß an den »Nürnberger Ausschuß« einen »*Bruderrat* der Bekenntnis-Synode der DEK« (→ Reichsbruderrat). Die rechtliche Grundlage sah sie in einem kirchlichen Notrecht, das es erlaubte, kirchliche Legitimität gegenüber formaler Legalität zu gewinnen. Später schlossen sich noch weitere Landeskirchen (Hannover, Baden u.a.) an. Bekenntnissynoden und Bruderräte blieben oder wurden die entsprechenden Organe auf landeskirchlicher Ebene, wobei deren Vollmacht verschieden war, je nachdem, ob es sich um »zerstörte« Kirchen handelte (apU, Hessen-Nassau, Oldenburg, Sachsen u.a.) oder um »intakte« (Bayern, Württemberg, Hannover, Baden), bei denen das vorhandene Kirchenregiment bestehen blieb.

3. Von Anfang an war jedoch die BK nicht frei von *inneren Spannungen*. Sie ergaben sich nicht nur aus der verschiedenen rechtlichen Lage in den einzelnen kirchlichen Gebieten, sondern vor allem auch daraus, daß auf der einen Seite die BK bestimmt war durch einen neuen Bekenntnisbegriff des aktuellen Christusbekenntnisses, auf der anderen Seite (in den konfessionellen Kirchen) durch den statutarisch-rechtlichen, an der »reinen Lehre« orientierten Bekenntnisbegriff der konfessionellen → Erweckung des 19.Jh.s, dessen Mitte der rechtlich verbindliche öffentliche »Bekenntnisstand« bei relativer Freiheit für die Privatreligion bildete (sog. »kirchgründendes Bekenntnis« mit dem Wert eines unveränderlichen Statuts; wesentlich innerkirchliche Funktion des Bekenntnisses). Hinzu kam der »lutherische Sonderweg«, der, anhebend mit einem Aufruf zur Sammlung der Lutheraner von W. → Zoellner (13.4.1933), die »nationale Revolution« als geschichtliche Stunde ansah, alte Wünsche eines engeren kirchlichen Zusammenschlusses des Luthertums zu verwirklichen. In extremen Äußerungen hat er bereits die »Kasseler Erklärung« des Unionisierens verdächtigt und im allgemeinen einen ähnlichen, wenn auch zT nur stillschweigenden Vorbehalt gegen → »Barmen« gehegt. Ohne Fühlungnahme mit dem Bruderrat der DEK fand Ende August 1934 eine Tagung des »Lutherischen Rates« statt (→ Luthertum: III). Am 12.2.1935 schlossen sich die Kirchen von Hannover, Württemberg und Bayern enger zusammen; im Juli 1935 folgte der Deutsche Lutherische Tag in Hannover, am 18.3.1936 wurde der »Rat der Ev. Luth. Kirche Deutschlands« neu gebildet. Im besonderen meldete sich die Spannung in der BK dort, wo man zu politischen Stellungnahmen sich gedrängt sah, da der Luth. Rat zum Staat ein grundsätzlich und taktisch viel engeres Verhältnis zu wahren suchte (Erklärung auf dem Dt. Luth. Tag). Schon vor Barmen zeigte sich die Spannung beim Austritt zahlreicher Pfarrer in Bayern, Hannover und Württemberg aus dem Notbund auf die Kapitulation ihrer Landesbischöfe hin nach dem Kanzlerempfang vom 25.1.1934 (→ Kirchenkampf). Später wiederholte sich ein ähnliches Abrücken von der »radikalen« BK im Okt./Nov. 1936 anläßlich der am 4.6. überreichten Denkschrift der Vorläufigen Leitung (s. 4) und im Sept. 1938 anläßlich ihrer Friedensliturgie, während andererseits die stets positivere Einstellung zum NS-Staat sich in der Haltung gegenüber dem Reichskirchenausschuß (Okt. 1935 bis März 1937, → Kirchenkampf) und der sog. Godesberger Erklärung (Frühjahr 1939) sowie dem Geistlichen Vertrauensrat (zusammen mit DC, Herbst 1939) zeigte, nicht unbeeinflußt durch patriotische Stimmungen zu Beginn des 2. Weltkrieges.

4. Die 2. Bekenntnissynode der DEK vom Okt. 1934 in → *Dahlem* suchte das Notkirchenregiment weiter auszubauen, setzte aus dem Reichsbruderrat einen »Rat der DEK« (→ Koch, → Asmussen, Fiedler, → Barth, → Niemöller) heraus, der am 22.11. von einer *»Vorläufigen Leitung* der DEK« (1. VL) unter Bischof → Marahrens abgelöst wurde. Er hatte »gemäß den Botschaften der Bekenntnissynoden der DEK von Barmen und Dahlem auf der Grundlage von Bekenntnis und Verfassung die DEK zu ordnen und in wahrer Einigkeit aufzubauen«. Diese 1. VL amtierte vom 22.11.1934 bis 19.2.1936. Ein Antrag des Reichsbischofs auf einstweilige Verfügung gegen die VL wurde auch in 2. Instanz gerichtlich abgewiesen, aber die VL, von der 3. Bekenntnissynode in *Augsburg* (4.-6.6.1935) bestätigt, verlor, vor allem gegenüber dem Reichskirchenminister, mehr und mehr an Initiative und entschloß sich im Dez. 1935, mit dem Reichskirchenausschuß zusammenzuarbeiten. Sie geriet dadurch in wachsende Spannung zum Reichsbruderrat. Schon bei ihrer Bildung waren M.Niemöller u.a. aus diesem ausgetreten, um sich gegen das »Verlassen der Linie Barmen-Dahlem« zu verwahren. Auf der 4. und letzten Bekenntnissynode der DEK in *Oeynhausen* (17. bis 22.2.1936) erklärte Marahrens, die VL habe nicht vermocht, den Rechtsanspruch der BK gegenüber dem Staat durchzusetzen. Die Bekenntnissynode beschloß, den Reichsbruderrat zur Bildung einer neuen VL zu ermächtigen (2. VL, 12.3.1936, Müller, Fricke, Albertz, Böhm, Forck). Daneben wurde ein Rat der DEK gewählt. Die Spannung innerhalb der BK hat sich dadurch und durch die Zurückhaltung der Lutheraner erheblich verschärft. Sie äußerte sich gelegentlich der *Denkschrift* an Hitler (s. 3), mit der die 2. VL ein sehr deutliches Wort zu den allgemeinen Verhältnissen im Dritten Reich sagte. Die intakten Landeskirchen machten nicht mehr mit und legitimierten ohne Fühlungnahme mit der VL den Reichskirchenausschuß. Nachdem dieser mit seinem Auftrag gescheitert war (11.3.1937), notwendigerweise, wie die BK vorhergesagt hatte, schlossen sich VL und Luth. Rat wieder zusammen: »In den von der EKD heute geforderten Entscheidungen werden *beide* Kirchenleitungen gemeinsam vorgehen«, auch gegen die Bestreitung ihrer Legitimität durch den Reichskirchenminister. Zum Bruch kam es bei der *Gebetsliturgie* gelegentlich der Tschechenkrise (27.9.1938); der Reichskirchenminister sah in der sich distanzierenden Haltung der »gemäßigten Bekenntnisbischöfe« die Gelegenheit zu einem vernichtenden Schlag gegen die BK gekommen. Dennoch arbeitete die VL, gestützt durch Solidaritätserklärungen auch aus luth. Gebieten, trotz zunehmender Verfolgung und wiederholter längerer Verhaftung einzelner ihrer Männer (Albertz, Böhm) weiter. Sie warnte im Mai 1939 vor der Godesberger Erklärung, die der NS-Weltanschauung Zugeständnisse machte. Bischof → Wurm revidierte seine Entscheidung von 1938 (»Verleugnung«), nahm die Fühlung mit der VL wieder auf und beteiligte sich an Vorarbeiten für die Zeit nach dem Kriegsende. Darauf und auf innerkirchliche Dienste und Ordnungsversuche beschränkte sich die Arbeit der VL notgedrungen während des Krieges. Präses Scharf und Pfarrer Rott führten zuletzt oft allein die Geschäfte. Ein Grußwort zum Christfest 1944 ist die letzte Äußerung der VL.

5. Mit der VL und mitunter kräftiger als sie hielt die *Konferenz der Landesbruderräte* - auch aus luth. Gebieten - praktisch als Nachfolgerin des Reichsbruderrats die BK während des Krieges zusammen und führte sie dem von Bischof Wurm 1942 aufgenommenen *Einigungswerk* mit der kirchenpolitischen »Mitte« zu. Auch die Landesbruderräte, besonders der Preußische Bruderrat, arbeiteten bis ins Frühjahr 1945 weiter, vor allem auch an künftigen Ordnungen. Im Okt. 1943 fand die letzte (12.) Preußische Bekenntnissynode statt; die erste nach dem Kriege war die Synode der BK von Berlin, 29.-31.6.1945 in Spandau. Auf ihr wurden Worte der Selbstkritik und der Hoffnung laut, der Buße und des Dankes. Ältere Vorarbeiten zur Neuordnung wurden aufgegriffen und die Bildung eines Kirchenregiments begonnen. Die Konferenz der Landesbruderräte fand sich am 21.-24.8.1945 in Frankfurt zusammen und stand vor der Frage, ob der Weg der BK mit der Neubildung bekenntnisgebundener Kirchenleitungen am Ende sei. Die Selbstkritik, die sich dann im »Stuttgarter Schuldbekenntnis« des Rates der EKD vom 19.10. aussprach, ließ eine einfache Bejahung nicht zu. Man erklärte sich auch auf der von Bischof Wurm auf den 27.-30.8. nach *Treysa* einberufenen Konferenz der Kirchenführer als mitverantwortlich für die Bildung der bekenntnisgebundenen vorläufigen Kirchenleitung der Ev. Kirche in

Deutschland (EKD), wie man statt DEK sagte, im Sinn von Barmen. Auch der Rat der Ev. Luth. Kirche meldete sich - schon am 26./27.8. - in Treysa mit seinem Anliegen und kündigte die Bildung einer Vereinigten Ev. Luth. Kirche Deutschlands (VELKD) an. Die Notordnung der EKD vom 31.8.1945 leitete die Auflösung der Notorgane der BK ein. Am 15.7.1948 erklärte schließlich in *Eisenach* der Reichsbruderrat den mit den Bekenntnissynoden von Barmen und Dahlem beschrittenen Weg des kirchlichen Notrechts für beendet und seine kirchenleitenden Funktionen, die er in Treysa 1945 bereits dem Rat der (werdenden) EKD übertragen hatte, für erloschen. Seitdem besteht der Bruderrat der EKD als ein vor allem theologisch arbeitendes Gremium weiter (zunächst unter dem Vorsitz M.Niemöllers), das in eigener Verantwortung den Ertrag des Kirchenkampfes für die Gegenwart auszuwerten sucht (Wort zum politischen Weg unseres Volkes, 8.3.1947; zur Judenfrage, 8.4.1948; zur Flüchtlingsnot, 7.1.1949; zur Bildung von Baugemeinden, 2.3.1949; zur Frage der Wiederbewaffnung, 29.9.1950). Die Zeitschriften »Ev. Theologie«, »Junge Kirche« und »Stimme der Gemeinde« stehen in ähnlichem Zusammenhang zum Erbe der BK.

6. BK als »dritte Möglichkeit« neben Konfessionalismus und Liberalismus hat sich auch in *außerdeutschen* Kirchen, vor allem unter dem Druck der NS-Besetzung, aber schon vorher, entwickelt, so in den *Niederlanden* mit beachtlichen Folgen für die grundlegend neue Ordnung der Hervormde Kerk vom 1.5.1951; ähnlich in *Norwegen,* wo die Bekenntniserklärung »Kirkens Grunn« (Grundlage der Kirche) von Ostern 1942 auch nach der Befreiung in Geltung blieb. - Ebenso hat die BK auf die innere Vertiefung und Umgestaltung der → Ökumenischen Bewegung nachhaltig eingewirkt.

7. Auf einer Sitzung in Detmold erklärte im Jan. 1949 der Bruderrat der EKD es für seine Pflicht, gegenüber den Restaurationstendenzen der kirchlichen Institutionen die entscheidenden Ursprünge der BK wirksam zu erhalten, da die BK »nicht als eine Widerstandsbewegung gegen Deutsche Christen und Nationalsozialismus entstanden sei, sondern aus einem neuen Verständnis des Wortes Gottes und der reformatorischen Theologie«. Damit wies er zutreffend hin auf die weitere Vorbereitung der BK im theologisch-kirchlichen Umbruch seit dem 1. Weltkrieg, wie ihn vor allem die → »dialektische« Theologie gefördert hat. Auch dieser Umbruch griff über Deutschland hinaus. In der BK sind so in eigentümlicher Weise Gemeinde und Theologie einander ganz nahe gekommen. Zugleich erklärte der Bruderrat sich für verpflichtet, für eine Vertiefung der Einheit der EKD zu sorgen. Hier lebt die brüderliche Auseinandersetzung mit dem Konfessionalismus aus dem 19.Jh. weiter, vor allem auch im Abendmahlsgespräch im Anschluß an die → Hallenser Synode 1937. - Von den zwei Gruppen der BK in der Zeit des Kirchenkampfes hat die eine, vom Bekenntnisbegriff des 19.Jh.s geleitete, zugleich mit einer kräftigen Zuwendung zu den Bekenntnisschriften des 16.Jh.s, auch im wesentlichen ihr kirchenpolitisches Ziel in der Errichtung der VELKD erreicht. Die andere, entscheidend an Barmen und auch an Dahlem orientierte und durch den Namen Niemöllers repräsentierte, vermochte nicht, sich organisatorisch durchzusetzen, und gewann wieder den Charakter einer »Richtung« in der Kirche. Die sie vor allem hemmenden Spannungen zur konfessionellen »Bekenntniskirche« sind geblieben. Im Krieg hat sie außerordentlich hohe Verluste in den Reihen ihrer »illegalen« Prediger und Kandidaten erlitten. Dazu läßt die fortschreitende Aufrichtung geordneter Verhältnisse in den bestehengebliebenen Landeskirchen und zum Staat mit dem natürlichen Schwergewicht des Institutionellen und der behördlich eingestellten »Mitte« die weiterhin an »Barmen« als maßgeblichem Ausgangspunkt festhaltenden innerkirchlichen Kreise der BK (im engeren und strengen Sinn) heute als eine Gruppe von »Schwärmern« erscheinen (wie zB auf der Synode der EKD, März 1957). Man darf jedoch nicht übersehen, daß die »selbstverständlich« gewordene kirchliche Verbindlichkeit der theologischen Arbeit, die spürbare Erneuerung der Verkündigung des Evangeliums und der Liturgie, die Bejahung und Betätigung der öffentlichen Verantwortung der Kirche »für die Welt«, ihre innere Verselbständigung gegenüber den staatlichen Mächten samt dem Wissen auch um ein politisches »Wächteramt« geschichtlich ohne den Aufbruch der gesamten BK nicht denkbar sind. Als innerkirchliche Erneuerung wurde sie auch zum *Widerstand* gegen Partei und Staat gerufen und mußte sich von daher auch politisch auswirken, nicht umgekehrt. Sie hat es aber stets abgelehnt, zum bloßen Instrument eines politischen Widerstandes gegen den totalen Staat zu werden. Im Streben nach innerer Freiheit als der Freiheit des Evangeliums ruhte ihre Kraft.

Außer der Lit. zu → Barmen, → Kirchenkampf: W.NIEMÖLLER, Die Ev. Kirche im Dritten Reich, Hdb. des Kirchenkampfes, 1956 (Lit.) - W.NIESEL, Der Weg der BK, 1947 - W.NIEMÖLLER, Kampf u. Zeugnis der BK, 1949 - Bekennende Kirche. M.Niemöller zum 60. Geb., 1952 (zahlr. Aufs.) - P.FLEISCH, Das Werden der VELKD u. ihrer Verfassung (ZevKR 1, 1951, 15-55) - W.NIEMÖLLER, Die BK sagt Hitler die Wahrheit. Die Gesch. der Denkschrift der VL vom Mai 1935, 1954 - DERS., Ein Gebet für den Frieden (EvTh 10, 1950/51, 175-189) - H.GOLLWITZER, Die Bedeutung der Bekenntnisbewegung u. der Bek.Synoden für die Kirche (EvTh 3, 1936, 234-256) - E. WOLF, Bekennende Kirche oder bekennende Bekenntniskirche?, 1936 - DERS., Erneuerung der Kirche im Licht der Reformation (EvTh 6, 1946/47, 313-338) - D.BONHOEFFER, Zur Frage nach der Kirchengemeinschaft (EvTh 3, 1936, 214-233 = Mündige Welt, 1955, 123-144 - H.DIEM, Restauration oder Neuanfang in der Ev. Kirche?, 1946 - W.KÜNNETH, Die Autorität des Bekenntnisses (Bek. Luth. Kirche H. 4), 1950 - Treysa 1945, hg.v. F.SÖHLMANN, 1946 - Eisenach 1948, hg.v. d. Kanzlei d. EKD, 1951 - H.BRUNOTTE, Die Grundordnung der EKD, 1954 - EKL I, 363 ff - Zahlr. Aufs. in JK 1949 ff.

Ernst Wolf

Bekenntnis

I. Religionsgeschichtlich - II. Im AT und im Judentum - III. Im NT - IV. Kirchengeschichtlich - V. Dogmatisch - VI. Praktisch-theologisch - VII. Rechtlich - VIII. In den jungen Kirchen. - Zur Ergänzung vgl. → Bekenntnisbildung, → Bekenntniskirche, → Bekenntnisschriften

I. Religionsgeschichtlich

Unter B. versteht man die begriffliche Formulierung der Lebensmitte einer Religion. Von der → Lehre unterscheidet sich das B. darin, daß es nur im Akt der Rezitation Wirklichkeit besitzt. Als Lobpreis der Gottheit ist das B. Teil der → Anbetung, als statuierende Aussage summa einer Lehre. Das B. ist direkt oder indirekt ein feierliches Sich-Bekennen zu einer Gemeinschaft, die auf der Grundlage des im B. Ausgesagten steht. Diese Begriffsbestimmung läßt zugleich verständlich werden, sowohl warum in reinen Volksreligionen (→ Religion) kein B. auftritt, als auch aus welchen Motiven in Universalreligionen B.se mit innerer Notwendigkeit gebildet werden. Die Volksreligion kennt in der Regel keine spezifisch religiösen Gemeinschaften neben der Volksgemeinschaft, die ihr sozialer Lebensbereich ist, in die man hineingeboren wird und zu der man sich nicht zu bekennen braucht. Aus diesem Grunde bedarf die Volksreligion, die wesentlich Kultus ist, wohl eines Ritenrechtes, aber keiner Lehre. Sobald eine Universalisierung der Volksreligion oder gar die Stiftung einer reinen Universalreligion erfolgt, tritt diese Religion mit andern Religionen und ihren Gemeinschaften in Konkurrenz. Sie muß sich sowohl über ihr eigenes Selbstverständnis als auch über ihre Unterschiede gegenüber anderen Religionen klarwerden und ihr Spezifikum im B. statuieren. Umfängliche Gemeinden und universale Kirchengebilde bedürfen im Gegensatz zu den in unreflektierter Unmittelbarkeit ohne B. lebenden Jüngerkreisen für ihren Bestand unter allen Umständen eines B.ses. Die Religionsgeschichte kennt B.e aller universalen Religionen. Im Mazdaismus (→ Iran) bildet eine Textstelle des Avesta (Yasna 27, 13) den sogenannten Ahuna-Vairya, die hl. Glaubensformel. Aus sehr alter Zeit stammt das B. der Zoroastrier, in dem es heißt: »Ich verschmähe ein Dev (= Anbeter sein), ich bekenne mich als Zarathustrier, als Feind der Devs, als Bekenner des Herrn, als Lober der Unsterblichen Heiligen ...« (Yasna 12, 1). In ähnlicher Weise rezitiert der fromme Jude das → Schma (Dt 6, 4) als → Bekenntnis (: II). Im Islam steht unter den sogenannten »5 Pfeilern« an erster Stelle das Glaubens-B., Shahâda: »Es gibt keinen Gott außer Allâh; Mohammed ist der Gesandte Allâhs.« Eine Art B. kennt auch der Hînayâna-Buddhismus in der Formel der dreifachen Zufluchtnahme: »Ich nehme meine Zuflucht zu Buddha, ich nehme meine Zuflucht zur Lehre (Dhamma), ich nehme meine Zuflucht zur Gemeinde (Sangha).« Ein modernes außerchristliches, aber unter christlichem Einfluß entstandenes B. hat der Stifter des (heute in einigen Intellektuellen Kreisen Indiens bestehenden) Brâhma-Samâj, Debendranath Tagore, der Vater von Rabindranath → Tagore, verfaßt, das die Weite seiner Gottesanschauung erkennen läßt (Text: RGG² I, 871). Das B., das in seiner ursprünglichen Funktion die Lebensmitte der Religion im Akt des Bekennens lebendig erhält, gerät im Stadium der organisierten Religion in Gefahr, nicht mehr als Ausdruck, sondern als Gegenstand des Glaubens angesehen zu werden. Gegen eine solche Wertung des B.ses als bindendes Glaubensgesetz richtet sich je und dann der Protest sowohl der Mystiker als auch der prophetischen Reformer in der Religionsgeschichte.

ERE III, 831 ff; IV, 231 ff - RGG² I, 870 ff - A.J.Wensinck, The Muslim Creed, Its Genesis and Historical Development, 1932 - H.S. Nyberg, Die Religionen des alten Iran, 1938 - van der Leeuw (Reg.) - J.Wach, Relsoz. (Reg.) - G.Mensching, Soziologie der Religion, 1947, 207 ff. *G.Mensching*

II. Im AT und im Judentum

1. B. und Abrenuntiation - 2. B. des einzelnen - 3. B. im Judentum - 4. B. der Sekte von Qumran

1. Am Anfang steht das einfache B. Israels: »Jahwe ist unser Gott«. Es hat seinen ursprünglichen Ort in der erstmaligen Entscheidung dieses Volkes für Jahwe, in der Erklärung der Bereitschaft, ihm zu dienen und den anderen Göttern abzusagen (Jos 24, 16 ff; 1Kön 18, 21). Die Wesensmerkmale dieses B.ses sind: a) Subjekt des B.ses ist das Volk, dh ganz Israel; b) das B. ist Antwort auf eine Frage; c) es hat den Charakter einer Entscheidung; d) es ist forensisch, dh es geschieht vor anderen. Das B. zu Jahwe als Israels Gott ist von Anfang an mit dem Bericht von der Israels Geschichte begründenden Rettungstat, der Herausführung aus Ägypten, verbunden. Dieses Urbekenntnis zu Jahwe, dem Gott Israels, der sein Volk aus Ägypten geführt hat, begegnet in allen Schichten des AT. Die verbale Aussage (Herausführung aus Ägypten) wurde zu dem sog. »geschichtlichen Credo« (v.Rad) erweitert, das die wesentlichen Heilstaten Gottes an seinem Volk aufzählt (Dtn 26, 5-9; 6, 20-24; Jos 24, 2b-13; Ps 105; 136). Es hatte seinen Platz im Gottesdienst schon von den Zusammenkünften des Zwölfstämmebundes an (Jos 24; Dtn 6, 4f). Von der nominalen (»Jahwe ist unser Gott«) wie von der verbalen Aussage des B.ses in seiner einfachsten Form geht ein breiter Strom der Überlieferung in fast alle Schichten des AT hinein. Die nominale Aussage entfaltet sich auch in Prädikationen Gottes. Zur Selbstprädikation Gottes umgewandelt bekommt sie einen wesentlichen Platz in der Gottesrede des Dtn, in der priesterlichen Literatur und bei Deutero-Jes. Die verbale Aussage, der Bericht von Gottes rettender Tat an seinem Volk, entspricht einer Hauptform des Gotteslobes in Israel, angefangen vom Mirjamlied (Ex 15, 21) bis hin zu den großen Geschichtspsalmen (Ps 78; 135f; Neh 9, 6ff).

Das B. des Volkes zu Jahwe hat seine negative Entsprechung in der *Absage an andere Götter,* der Abrenuntiation, in früher Zeit vollzogen in der ganz realen Beseitigung der fremden Götterbilder und -zeichen (Gen 35, 2-4; A.Alt), später in der Absage an die fremden Götter (Jos 24, 23), die dem B. zu Jahwe als dem Gott Israels voraufging (vgl. Ri 10, 16; 1Sam 7, 3f; Hos 14, 3; Ez 20, 7; 2Chr 33, 15).

2. Vom B. des Volkes ist das B. des einzelnen unterschieden. Es ist, ähnlich wie jenes, zweiseitig: Lob-B. und Sünden-B. Das hebr. hôdā kann »loben« oder »eingestehen« (einer Verfehlung, zB Jos 7, 19) bedeuten. Wie das B. des Volkes unmittelbar in das Lob der großen Taten Gottes übergeht, so berichtet das B. des einzelnen von dem, was Gott an ihm getan hat; tôdā (dh Bekenntnis) heißt der Dankpsalm oder der berichtende Lobpsalm ebenso wie die Opferdarbringung, die er begleitet (Ps 116, 7). Das Sünden-B. bekam eine immer größere Bedeutung und wurde ein selbständiger gottesdienstlicher Akt (hitwäddā, etwa unserem »beichten« entsprechend), auch mit einer Handlung, der Bußleistung verbunden (so an allen Stellen bei P; zB Lev 5, 5).

3. Im Mittelpunkt des jüdischen (synagogalen) → Gottesdienstes (: III) steht das B. des Glaubens in den Worten Dtn 6, 4-9, das sog. → Schma Jisrael. Später wurde Dtn 11, 13-21 und Num 15, 37-41 hinzugefügt; zunächst nur Num 15, 41, das B. in seiner frühesten Form, mit nominaler und verbaler Aussage. Der Papyrus Nash (→ Epigraphik: I), der nur Dtn 6, 4-9 und den Dekalog enthält, läßt auf ein Stadium schließen, in dem allein das Schma und der Dekalog im Gottesdienst verlesen wurden. »Belehrung und B., die beiden ältesten Bestandteile der regelmäßigen gottesdienstlichen Versammlungen, haben dem jüdischen Gottesdienst sein Gepräge gegeben« (Elbogen). Der Ursprung solchen Gottesdienstes, in dessen Mitte das B. steht, ist möglicherweise im babylonischen Exil zu sehen. Aus der Situation des Judentums ist es zu erklären, daß das »Anrufen des Namens des Herrn« den Nebenton des Sich-Bekennens zum Herrn bekam. Sünden-B. der Gemeinde und des einzelnen werden ihrem verschiedenen Ursprung entsprechend voneinander unterschieden. Zu jedem Gottesdienst gehören die Tachanunim, in denen im Anschluß an das öffentliche Gebet jeder einzelne still vor Gott brachte, was ihm auf dem Herzen lag: Sünden-B., Bitten und Fürbitten. Das Sünden-B. der Gemeinde, die Selicha (= Vergebung), gehörte zu den Fasttagen und besonders zum Versöhnungstag, dem es das Gepräge gab. Dabei gehören jedesmal Sünden-B. und Lob.-B. zusammen.

4. Daß es neben der Hauptlinie des jüdischen Gottesdienstes andere Linien gab, zeigen die Schriften von → Qumran. Die → Hodajoth stellen eine eigentümliche Weiterbildung der tôdā dar, sie sind Lob Gottes und Glaubens-B. in einem; hinter dem Ich dieser Lieder steht wahrscheinlich das Ich des Meisters der Sekte, der den Gliedern der Gruppe seine eigene Erfahrung mit Gott weitergeben will, die sich durch Rezitieren der Lieder zugleich im Glauben einüben wollen (Bardtke).

In der Geschichte des Judentums hat es Zusammenfassungen des jüdischen Glaubens gegeben, von denen die bekanntesten die dreizehn Glaubensartikel des → Maimonides sind. Sie wurden als Glaubensartikel in das Gebetbuch, in verkürzter, gedichteter Form (das sog. Jigdal) in die Gottesdienstordnung aufgenommen.

Außer den EinlAT und den TheolAT: J.Elbogen, Der jüd. Gottesdienst in seiner geschichtl. Entwicklung, (1913) 1931³ - O.Procksch, Das B. im AT, 1930 - G.v.Rad, Das formgeschichtl. Problem des Hexateuch (BWANT IV, 26), 1938 - ThW V, 199ff - Noth, ÜPent - G.E.Wright, The faith of Israel (Interpr. Bible I, New York 1952, 349-389) - Alt I, 79-88; II, 250-275 - K.Galling, Der Gott Karmel u. die Ächtung der fremden Götter (BHTh 16, 1953. 105-125) - W.Zimmerli, Ich bin Jahwe (ebd 179-209) - H.Bardtke, Die Handschriftenfunde vom Toten Meer, 1953 - Ders., Das Ich des Meisters in den Hodajoth von Qumran (WZ Leipzig 6, 1956/57, 93-104) - van der Leeuw, Reg.

C.Westermann

III. Im NT

1. Umfang der Wortgruppe ὁμολογεῖν - 2. Die Verwendung bekenntnisartiger Stücke im NT - 3. Ansätze zu fester Formulierung

1. Das nt. ὁμολογεῖν ist ein komplexer Begriff. Ist seine klassisch-griechische Bedeutung das Übereinstimmen mit einer Aussage und, so auch vor allem in der Gerichtssprache, das Eingestehen einer Beschuldigung, so erweiterte sich sein Umfang beträchtlich, als es in der LXX als Äquivalent für jadā (»preisen, danken«) eintrat. Die Brücke zwischen beiden Wurzeln bestand darin, daß in Israel und im Judentum (→ Bekenntnis: II) das Zugeben der eigenen Schuld als eine Bejahung des göttlichen Gerichtes und damit als eine Verherrlichung Jahwes verstanden wurde. So wuchs ὁμολογεῖν von jadā her die Bedeutung des Lobpreises zu. ἐξομολογεῖν übernimmt dabei vorwiegend die Bedeutung des → Sündenbekenntnisses (: I).

Schon die at. Dankopferliturgie (tôdā) umfaßte eine Reihe hymnischer Aussagen über die Taten Gottes. Dadurch wurde es möglich, die Zusammenfassung des urchristlichen Kerygmas, dessen Inhalt die endzeitliche Heilstat Gottes ist, ὁμολογία zu nennen; sie ist Antwort der Gemeinde auf Gottes Heilstat und tritt so in die Nähe zu πίστις (Röm 10, 8-13; in Apg 23, 8 bezieht sich ὁμολογεῖν auf Artikel des pharisäischen Credos). Ein neues Moment tritt ein, wenn dem Bekennen das Verleugnen entgegengestellt wird (Mt 10, 32; Lk 12, 8; Joh 1, 20; vgl. auch 1Joh 2, 23, wo es eine antihäretische Spitze hat): dem im Fluch gegen Jesus dokumentierten Abfall, steht das B. zu ihm als dem Christus (oder dem Kyrios vgl. 1Kor 12, 3) gegenüber. Im Hebr schließlich (vgl. auch 1Tim 6, 12) steht ὁμολογία für ein festumrissenes B. mit bestimmtem liturgischen Platz (Hebr 3, 1; 4, 14; 10, 14).

2. Neben dem mit dem Judentum gemeinsamen B. zu dem einen Gott als dem Schöpfer (Röm 3, 30; 1Tim 1, 17 u.ö.; Schöpfung: Apg 4, 24 u.ö.; in stoischer Form Röm 11, 36; 1Kor 8, 6; Hebr 2, 10) ist im NT das B. zu Jesus als dem Christus (oder Kyrios) grundlegend. Es findet sich bei den Synoptikern als das B. des Petrus (Mk 8, 29 par: Du bist der Christus [Mk], + Gottes [Lk], + der Sohn des lebendigen Gottes [Mt]). Es ist im JohEv die Antwort des zum Glauben Gekommenen auf das Selbstzeugnis des Christus (Joh 1, 49; 4, 42; 6, 68f; 11, 27; 20, 28 mit stets wechselnden Prädikaten). Es ist der Grundstock der kerygmatischen Tradition, wie sie sich mit den Stufen des Todes und der Erhöhung in 1Kor 15, 3ff findet. Ähnlich sind in den Predigten der Apg Jesu Messianität (2, 22; 10, 38; 17, 3) und seine Auferstehung (2, 24; 3, 15; 4, 10; 5, 30; 10, 40; 13, 29. 30. 34; 17, 3. 31) die Grundmotive; hinzukommt das Todesleiden (2, 23; 3, 13; 4, 10; 5, 30 in den Anklagepredigten gegen Israel) und die Erhöhung (2, 30; 3, 12; 5, 31; 10, 42; 17, 31) und andere Motive (Täuferpredigt: 13, 23; Jesu Vollmacht: 2, 22; 10, 38) Deutlich erkennt man ein loses, traditionelles Schema; aber eine festgelegte Motivreihe oder gar eine ins einzelne gehende Formulierung liegt nicht vor. Der durch Mk, Lk und Paulus gebräuchlichste Name für diese Tradition ist Evangelium; »Kerygma« kennzeichnet ihren Predigtcharakter (Röm 16, 25; 1Kor 1, 21; 2, 4; 15, 14; 2Tim 4, 17; Tit 1, 3 und unechter Mk-Schluß); auf die Tradierung weist »Lehre« (Joh 7, 16. 17; 18, 19; Apg 2, 42; 5, 28; 13, 12; Röm 6, 17; 2Joh 9, 10) und »Gebot« (2Petr 3, 2). Besonders feierliche Bezeichnungen sind: Form der Lehre (Röm 6, 17); gesunde Unterweisung (2Tim 4, 3); gesunde Worte (1Tim 6, 3). Als endzeitlich Enthülltes heißt es Mysterium (Röm 16, 25; 1Kor 2, 1 [𝔓⁴⁶ u.a.]. 8; Eph 1, 9; 3, 4. 9; 6, 19; Kol 1, 26; 2, 2; 4, 3; 1Tim 3, 16). Besteht schon bei Paulus eine enge Beziehung zwischen Kerygma und Glaube, so tritt in Jud 3, 20 Glaube vollends als Bezeichnung für das Kerygma ein. Diese Bezeichnungen der Tradition lassen deren Charakter erkennen: Es ist die vom Apostelkreis ausgehende Proklamation der endzeitlichen Heilstat Gottes in Christus, die von der Gemeinde glaubend angenommen wird (→Katechismus: I).

Reiche Verwendung fanden bekenntnisartige Stücke auch in der Liturgie, wie sich zB an den Hymnen zu Eingang des Eph, Kol und 1Petr erkennen läßt, oder noch konzentrierter in den Christusliedern von Phil 2, 6-11; 1Tim 3, 16 und dem Bruchstück von 1Petr 2, 21 bis 24; 3, 18ff. Diese Hymnen haben nicht Auferweckung und Messiaswürde zum Inhalt, sondern sie preisen die Erhöhung zum Herren über den ganzen Kosmos. Dieses eschatologische Herrentum Jesu bekennt die Gemeinde schon jetzt; endgültig überwunden wird ihm die ganze Welt huldigen (→ Formeln: II, → Gottesdienst: IV, → Liturgie: II).

3. Eingliedrige Christusprädikationen (→ Christologie: I) haben schon in nt. Zeit vollen B.charakter: In ihnen wird Jesu endzeitliche Würde gepriesen (Phil 2, 11); wenn man sie (wohl während der Taufhandlung) ausspricht, wird man Glied der schon jetzt den Mächten der Welt entnommenen Gemeinde (Röm 10, 9); sie manifestieren die innere Geschlossenheit der Gemeinde (1Kor 12, 3), wie sie sie gegen alle Außenstehenden abgrenzen (1Kor 8, 6). Als erstes ist hier die Formel »Herr ist Jesus« zu nennen (zB Röm 10, 9; 1Kor 8, 6; 12, 3; Phil 2, 11; Hebr 13, 20; Jak 2, 1; Apk 22, 20); ferner: »Jesus ist der Christus« (zB im Petrus-B. und 1Joh 2, 22); schließlich: »Sohn Gottes« (Petrus-B. und zB Hebr 4, 14). Daneben stehen kurze christologische oder soteriologische Aussagen in fester Formulierung (vgl. die einzelnen Glieder der angeführten kerygmatischen Tradition [s. 2]; häufig: »den Gott auferweckt hat« o.ä., zB Apg 3, 15; Röm 10, 9; soteriologisch: zB Röm 3, 25; 1Joh 2, 2; 4, 10).

Zweigliedrigkeit läßt sich schon in der Erwähnung Gottes als des Subjekts der Auferweckung erkennen. In liturgischer Sprache ist die Formel »Gott, der Vater, und der Herr Jesus Christus« geläufig (zB in den paulinischen Briefüberschriften, aber auch 1Kor 8, 6; 1Petr 1, 3).

Ganz vereinzelt findet sich in liturgischen Stücken auch die triadische Form (Mt 28, 19; 2Kor 13, 13).

Kann man also in nt. Zeit noch nicht von *einem* festformulierten B. reden, so zeigen sich doch in den Christusprädikationen, in dem kerygmatischen Schema und in der Liturgie Ansätze zur späteren B.bildung.

A.v.Harnack, Materialien zur Gesch. u. Erklärung des alten röm. Symbols aus der christl. Lit. der zwei ersten Jh.e (Bibliothek der Symb. u. Glaubensregeln der alten Kirche, hg.v. L.Hahn, 1897, 364-396) - A.Seeberg, Christi Person u. Werk nach der Lehre seiner Jünger, 1910 - H.Lietzmann, Die Anfänge des Glaubens-B.ses (Festg. f. A.v.Harnack, 1921, 226-242) - RGG² I, 443 ff (Apostolikum) - G.Bornkamm, Homologia (Hermes 71, 1938, 377-393) - Ders., Das B. im Hebr (ThBl 21, 1942, 56-66) - P.Carrington, The primitive Christian Catechism, 1940 - O.Cullmann, Die ersten christl.

Glaubens-B.se (ThSt[B] 15), (1943) 1949^{2} - E.Selwyn, The first epistle of St. Peter, (1946) 1952^{2} - R.Bultmann, B.- u. Liedfragmente im 1Petr (CN 9, 1947, 1-14) - E.Stauffer, TheolNT, 1948^{4}, 212ff - J.Jeremias, Zwischen Karfreitag u. Ostern (ZNW 42, 1949, 194-201) - E.Lichtenstein, Die älteste christl. Glaubensformel (ZKG 63, 1950/51, 1-74) - G.Delling, Der Gottesdienst im NT, 1952 - C. Spicq, L'Epître aux Hébreux I, 1952 - ThW I, 468ff; IV, 547. 549; V, 192ff - E.Schweizer, Erhöhung u. Erniedrigung bei Jesus u. seinen Nachfolgern (AThANT 28), 1955, 118ff. *E.Kamlah*

IV. Theologiegeschichtlich

Das christliche B. ist als lebendiges Bekennen die Antwort des Glaubens auf das Kerygma. Innerhalb der Kirche hat es seinen Ort gehabt einmal als Tauf-B., sodann im gottesdienstlichen Leben, vornehmlich im → Abendmahl. Weiter trat es hervor als Zeugnis vor der Welt in den Verfolgungen. Seine Ausprägung erfuhr das B. (→ Bekenntnisbildung) in Auseinandersetzung mit den Irrlehren als *Glaubensnorm* (regula fidei), die dem Katechumenenunterricht zugrunde gelegt wurde (vgl. → Apostolikum). In den trinitarischen und christologischen Streitigkeiten gewann das B. stärker den Charakter der *Lehrnorm*, die die reine Lehre der wahren Kirche herausstellt. → Augustin bezeichnet das Tauf-B. als verbum abbreviatum, das das Ganze der Bibellehre zusammenfaßt, und legte es daher seinem Enchiridion zugrunde. Nach → Vincentius von Lerinum dagegen stimmt die regula fidei zwar mit der Schrift überein, aber, da sie weder als Führer durch die Schrift noch zur Bekämpfung aller Irrlehren ausreicht, muß sie von der Tradition ergänzt werden. In der *kath. Kirche* hat sich die Auffassung des Vincentius durchgesetzt, wobei jedoch das Lehramt entscheidendes Gewicht erhielt: das B., obwohl an sich unangefochten, trat in seiner Bedeutung praktisch zurück.

Erst in der *Reformation* gewann das B. seine zentrale Stellung wieder, zunächst als aktuelles Bekennen (Luther in Worms). Die CA faßte dann die Lehre der Reformationskirchen als B. zusammen unter ausdrücklicher Aufnahme der altkirchlichen B.se. → *Luther* bezieht alle Glaubensartikel auf das Christus-B. als das allein entscheidende (Die drei Symbola, 1538). Darüber hinaus stellte er den wichtigen Grundsatz auf, daß jedes B., um wirklich übernommen werden zu können, aus seiner Zeit und Situation heraus verstanden werden muß (Von Konzilien und Kirchen, 1539). Betonte Luther mehr das mündliche B., so gehört nach → *Calvin* das ganze Verhalten eines Menschen zum B. hinzu. Schon die Institutio (1536) kann in dieser Hinsicht als B. gewertet werden (vgl. vor allem die Vorrede).

In der luth. *Orthodoxie* gewannen die B.se hohe Autorität, und zwar sowohl für die Ausbildung der Lehre als auch für die Polemik. Freilich verpflichteten sie nur, quatenus cum scriptura consentiunt. Die altkirchlichen B.se traten hinter denen der Reformation zurück. Gegen → Calixt, der das Apostolikum als mögliche Grundlage für eine Einigung mit Rom ansah, bestritten → Calov u.a. dessen apostolischen Ursprung. Der *Pietismus* brachte eine Erweichung des B.ses. Zwar ließ → Spener das B. als den Glauben, den man glaubt, gelten; aber er legte doch den Akzent auf den lebendigen Herzensglauben. Wichtiger als das Wort-B. war für ihn die Heiligung. Nach → Francke kann man sogar im Stande der Seligkeit sein und doch in wichtigen Glaubensfragen irren. Zinzendorfs Brüdergemeine (→ Brüderunität: II), die die älteren B.se gelten ließ, ohne ein eigenes B. zu bilden, stellte bereits eine Art Union dar. In der *Aufklärung* wurden die B.se geradezu aufgelöst. Zwar versuchten manche Aufklärungstheologen, die Aussagen der B.se auf vernünftigem Wege zu beweisen; im ganzen jedoch richtete sich die Forderung nach Toleranz gegen jede Form von B.sen als verpflichtende Norm.

Im *19.Jh.* kam es, veranlaßt durch die Gründung der → Unionen, zu einer Rückkehr zu den B.sen. Von der Romantik beeinflußt, betonte die konfessionalistische Erweckungsbewegung den normativen Charakter der B.se. Manche Theologen fanden in den B.sen jeweils eine bestimmte Erfahrung der Kirche ausgedrückt und konnten sogar eine Erweiterung bzw. neue Ausgestaltung des B.ses fordern (zB → Vilmar). Andererseits stellte die aufkommende historische Kritik zahlreiche Aussagen der B.se in Frage; das führte zB zum Apostolikumstreit (→ Apostolikum: II).

Das *20.Jh.* brachte sowohl durch die theologische Erneuerungsbewegung (K. → Barth) als auch durch den → Kirchenkampf hinsichtlich des B.ses eine neue Lage: einerseits kam es zu einer Neubesinnung auf die überkommenen B.se; andererseits konnten Lutheraner, Reformierte und Unierte in der Barmer Theologischen Erklärung zum ersten Mal in der Geschichte des Protestantismus ein gemeinsames Wort sprechen. Über die Frage, ob diese Erklärung den Rang eines »B.ses« hat oder nicht, ist es zu lebhaften Auseinandersetzungen gekommen (→ Barmen).

→ Bekenntnisbildung, → Bekenntnisschriften.

Außer den Darstellungen zur KG, DG u. Theologiegeschichte: Mulert-Schott - Elert, ML - Barth, KD I/2 §§ 20-23 - E.Schlink, Theol. d. luth. B.schriften, (1940) 1946^{2} - O.Cullmann, Die ersten christl. Glaubens-B.se (ThSt[B] 15), (1943) 1949^{2} (Lit.) - H.Dörries, Das B. in der Gesch. der Kirche, (1946) 1947^{2} - W.Schneemelcher, CA VII im Luthertum des 19.Jh.s (EvTh 9, 1949/50, 308-333) - H.Fagerberg, B., Kirche u. Amt in der deutschen konfessionellen Theologie des 19.Jh.s, Uppsala 1952 - Niesel, Symb. - W.Trillhaas, Das Apostolische Glaubens-B., 1953 - W.Elert, Abendmahl u. Kirchengemeinschaft in der alten Kirche hauptsächlich des Ostens, 1954 - E.Kinder, Der Gebrauch des Begriffs »ökumenisch« im älteren Luthertum (KuD 1, 1955, 180-207; Lit.) - J.Koopmans, Das altkirchl. Dogma in der Reformation (BEvTh 22), 1955 - W.Maurer, B.-stand u. B.entwicklung in Hessen, 1955. *B.Lohse*

V. Dogmatisch

1. B. als Akt: a) B. als Zustimmung - b) B. als Entscheidung - 2. B. als Aussage: a) Sünden-B. - b) Lob-B. - 3. B. als Gestalt: a) B. als Schriftauslegung - b) B. als Abwehr der Irrlehre - c) B. als ökumenisches B. - 4. B. und Bekennen - 5. Dogmatische Forschungsaufgaben

Das B. der Kirche ist nicht eine Summe von Lehrsätzen (→ Dogma: II), sondern der Ursprungs-Akt ihres Daseins. *B. ist die lebendige Antwort auf Gottes wirkendes Wort* (→ Offenbarung: VI), die Gottes universales »B.« (→ Wort Gottes: IV) zur gottfeindlichen Welt (Joh 3, 16) verantwortlich (→ Tertullian: sacramentum = Fahneneid) bezeugt. Durch die unlösliche Wesensbeziehung dieses Gegenüber ist das B. in all seinen Hinsichten beherrscht: als Akt, Aussage und Gestalt.

1. Gott »bekennt sich« zur Welt letztmalig durch Jesus Christus (→ Gnade Gottes:V). Damit ist nicht nur das »gute B.« Jesu (1Tim 3, 16) während seines Prozesses gemeint (Mk 14, 61; 15, 2; → Christologie), sondern das gesamte Verheißungsgeschehen (→ Heilsgeschichte), dessen Sinn (Gen 12, 2; Gal 3, 8) sein Auftreten verwirklicht. Im »Sohne« (→ Sohn Gottes: II) läßt Gott seine »Rede« (Hebr 1, 2; → Logos: II) als eschatologischen Urteilsspruch über die Welt ergehen, um über ihr seine → Gerechtigkeit (: III. IV) heraufzuführen (→ Eschatologie: IV. VI, → Reich Gottes: III). Gottes schöpferischer Entscheid ist nicht ein »Etwas«, sondern ein »Er«: er ist mit einem bestimmten historischen Menschen identisch, der die »alte Weltzeit« beendet und die »neue« anbrechen läßt. Durch seine Sendung stellt Gott die Welt in die Entscheidung des Gerichtes, das für sie Verurteilung oder Freispruch, Tod oder Leben bedeutet. Beides

erscheint im Schicksal des sich erniedrigenden und erhöhten Jesus Christus (→ Kenosis, → Auferstehung Christi) verbunden. In ihm bekundet Gott den »Stil« seines entscheidenden Waltens von jeher: »er tötet, um lebendig zu machen« (1Sam 2, 6).

a) In diesem Gotteshandeln hat das B. der Kirche als *Zustimmung* zu ihm seinen »Gegenstand«. Das B. ist nicht durch Überlegung zustande gekommener Entschluß, sondern vom heiligen Geist gewirktes Einverständnis, das Gottes Zuspruch in der Welt wirksam erweist. So ereignet sich das B. wie der → Glaube (: V) als »vox relativa« (→ Luther: II), dh als je auf Gottes Sprechen bezogenes Vollzugswort. Wort Gottes und B. entsprechen einander wie iustificatio activa und passiva (WA 56, 226, 22ff): im B. vollzieht sich Gottes Wort als gültig angenommenes Urteil (Lk 7, 29f; → Rechtfertigung: III). Diese Zustimmung zu Gottes Zuspruch schafft *Übereinstimmung* (consensus) unter den Menschen. Das B. als Zusage stiftet Zugehörigkeit: handelt im Zeugnis (μαρτυρία) vornehmlich der einzelne, so wird das B. (ὁμολογία) wesentlich von der Gemeinde verantwortet. Daß in Jesus Christus alle Versprechungen Gottes »Ja« sind, hält die Gemeinde durch das »Amen« des B.ses vermöge des Geistes lebendig in Kraft (2Kor 1, 20-22).

b) Als Antwort auf Gottes eschatologisches Handeln ist das B. selbst eschatologisches Ereignis: die *Entscheidung* der endzeitlichen Gemeinde. Es dient dazu, die Kampffront zwischen altem und neuem Äon zu kennzeichnen und in Bewegung zu halten. Im Horizont des göttlichen Gerichtes wie der menschlichen Gerichtshöfe geschieht es »vor« den Menschen als freies, verbindliches und endgültiges Wort in aller Öffentlichkeit (Mt 10, 32; Lk 12, 8; 1Tim 6, 12). Durch die Verlautbarung des B.ses tritt die Gemeinde als neue Heilsordnung (→ Bund: III) in Erscheinung: in vertragsrechtlichem Zugehörigkeitsverhältnis der Bekenner zum Herrn, das alte Bindungen aufhebt und neue ausschließt. Zugleich rückt das Dasein des einzelnen unter die endzeitliche Verheißung und Drohung, daß dem menschlichen Verhalten auf Erden das Urteil des himmlischen Richters entspricht. Ist das B. einerseits Zusage zu Gottes Zuspruch, so ist es andererseits *Absage* an den Anspruch der vergehenden Welt. Das Glied der Gemeinde steht im Raum der endzeitlichen Anfechtung unter dem bleibenden Entweder-Oder: die Zugehörigkeit zu dem neuen Herrn im B. durchzuhalten oder sie im Verleugnen preiszugeben (Mk 8, 38). Verleugnung setzt bereits geschehenes B. voraus und besteht als die dem B. gegensätzlich zugeordnete Möglichkeit nur für die Gemeinde. Die Welt kann Jesus verfluchen (1Kor 12, 3), nicht verleugnen.

2. Das B. hat die Aufgabe, den Inhalt des Handelns Gottes als seines »B.ses« zur Welt zur *Aussage* zu bringen. Es drückt die Erkenntnis des rechtfertigenden Glaubens mündlich aus (Röm 10, 9f), indem es Kreuz und Auferstehung Jesu als das entscheidende Gotteshandeln (→ Versöhnung: VI, → Sühne) verstehen lehrt (1Kor 15, 3f; Röm 4, 24; 1Petr 1, 21). Die Liebe des »für uns« gestorbenen und auferstandenen Christus begreift das Leben der Bekenner »für ihn« als unmittelbare Wirklichkeit in sich (2Kor 5, 14f; Röm 14, 9). Im B. bekennt sich die Gemeinde dadurch zu Gott, daß sie sich zu der Person Jesu als der abschließenden Gestalt in Gottes Weltenplan (→ Absolutheit des Christentums) bekennt. Verschiedene *B.formeln* sagen die Bedeutsamkeit Jesu aus. Als der »Christus« (Mk 8, 29; Apg 17, 3) ist er der König der Endzeit, Inbegriff und Sinn aller Geschichte. Als »Kyrios« herrscht er, der die »Gewalten« (→ Dämonen) entmächtigte, über das All und wird jedermann zum → Schicksal (: III; Phil 2, 6-11; 1Petr 3, 22), befähigt er als der im Gottesdienst Gegenwärtige seine Bekenner, sich von den Göttern zu scheiden (1Kor 12, 2; 8, 5f), und regiert er als Eigentümer Leben und Tod des einzelnen (Röm 14, 9). Als → »Sohn Gottes« (: II) siegt er im Tode auf der Grenzscheide der Zeiten (Röm 1, 3f; Mk 15, 39), weil er ins Fleisch gekommen ist (1Joh 4, 2), um die Herrschaft über die künftige Welt anzutreten (Hebr 2, 5-8; 4, 14). In diesen B.formeln wird Gottes Handeln so beschrieben, daß der Mensch in Christi Geschichte unmittelbar mit hineingenommen und von ihm vorgängig betroffen ist. Das B. hat geradezu die paradoxe Aufgabe, im Zustimmungsakt des sich aussagenden Glaubens die vorgegebene Schicksalsgemeinschaft mit dem erhöhten Herrn zu begründen (→ Taufe: IV) und die geistliche Existenz »in ihm« (→ Abendmahl: III) zu ermöglichen. – Ist das vom B. beantwortete und verantwortete »B.« Gottes zur Welt doppelseitig, richtend und rettend, und steht der Zornes- zum Gnadenspruch, das Gesetz zum Evangelium (→ Gesetz: VI) in funktionalem Bezug, so tritt auch in der Struktur des B.ses die funktionale Doppelseitigkeit hervor. Das zwiefache Rechtfertigungs-Urteil wird im zwiefachen Rechtfertigungs-B. vollstreckt (WA 57, Hebr 137, 15ff). Das B. wird mit Luthers Wiederentdeckung des Evangeliums als Sünden- und Lob-B. zugleich neuverstanden.

a) Das *Sünden-B.* (Ps 51: tibi soli peccavi, → Sünde: VI, → Sündenbekenntnis: I) ist die spontane Antwort auf Gottes letztmaliges Gnadenangebot, das inmitten seiner Zornesoffenbarung (→ Zorn Gottes: IV; Röm 1, 18-32) verkündet wird. Der Ruf zur Bußtaufe (→ Buße) zur Vergebung der Sünden (→ Sündenvergebung: III) bewirkt deren B. (Mk 1, 5; → Beichte: II). Umgekehrt ruft das Sünden-B. Gottes Vergebung auf den Plan (1Joh 1, 9). In Begegnung mit Gottes Güte und Hoheit durchschaut der Mensch sich selbst als Sünder (Lk 5, 8; 18, 13). Das B. als Absage an die alte Weltzeit individualisiert sich zur Absage an das »Fleisch« als die den Menschen bisher bestimmende Daseinsmacht. »Im zwiefachen B. bekennen wir unsere Erbärmlichkeit und Gottes Erbarmen« (WA 4, 109, 19). So wird das B. zur Selbstverleugnung und zum Selbstgericht: nicht nur in der Selbstbewertung, die die Schuld eingesteht (→ Demut: IV), sondern auch in durchlebter und durchlittener → Nachfolge (: III; Mk 8, 34).

b) Zugleich ist die echte B.-Aussage *Lobpreis* Gottes darüber, daß die Menschheit in der neuen Weltenstunde für Gottes Handeln und Gerechtigkeit offen geworden ist (Lk 2, 38; Mt 11, 25; Röm 15, 9). Durch das B. des → Namens Gottes wird ihm das Opfer der Rühmung dargebracht (Hebr 13, 15). Ja das gehorsame Tat-B. wird selbst zum Grund weiteren Preisens der Tat Gottes (2Kor 9, 13). Ernstnahme der Sünde und der Güte Gottes enstprechen sich: »Gott kann nicht besser gepriesen werden, als durch das B. unserer Sünden und Missetaten« (WA 3, 378, 24). Die Ehre des Schöpfers, die ihm der Teufel und der abgefallene Mensch raubte, wird durch das B. Gott wiedererstattet. So treten durch das B. der Verherrlichung (Apg 10, 46) Gottes Großtaten (Apg 2, 11) in Wirksamkeit. Indem das B. den Raum der Freiheit bezeichnet, den Gott der Welt erschlossen hat, hält es angesichts des »nahenden Tages« als »B. der Hoffnung« das Bewußtsein von Gottes Kommen (Hebr 10, 23-25) wach.

3. Wie Gottes wirkendes Wort in der Schrift (→ Bibel: III), so erhält das B. als dessen lebendige Antwort im *urkundlichen* B. bleibende *Gestalt* (→ Bekenntnisschriften). Seine schriftliche Fixiertheit bedeutet, wie die der Schrift, erhöhten Geltungsanspruch gegenüber der Öffentlichkeit. Die wichtigsten urkundlichen B.se sind in den ökumenischen Symbolen der alten Kirche und den B.schriften der Reformationszeit formuliert (→ Be-

kenntnisbildung). Bereits im Urchristentum waren aus verschiedenen Motiven, infolge von Missionspredigt (→ Kerygma), Unterweisung (→ Katechumenat), Verfolgung und Auseinandersetzung mit Irrlehrern, innerhalb wie außerhalb des Gottesdienstes B.formeln entstanden, deren Kern das Jesus-B. bildete. Auch die Geschichte der mündlichen und schriftlichen Überlieferung der Evangelien (→ Tradition: VII), die Sammlung wie Ausscheidung der Schriften und ihre Fixierung im Kanon (→ Bibel: I B. II B) zeigen die dem B. innewohnende Gestaltungstendenz. Ein Dreifaches ist für das urkundliche B. bezeichnend:

a) Das urkundliche B. ist die *zusammenfassende Auslegung* der Heiligen Schrift, die das Ziel (→ Telos) aller Wege Gottes mit der Welt in Christus, dem Ende des Gesetzes (Röm 10, 4) und dem Inbegriff des Evangeliums, verstehen lehrt. Ob die altkirchlichen B.se ihn vom trinitarischen Glauben aus mehr doxologisch bezeugen oder die reformatorischen B.se ihn von der Rechtfertigungsaussage aus mehr lehrhaft entfalten, so sind doch Ansatz wie Absicht gleich. Bereits Augustin nennt das Tauf-B. verbum abbreviatum. Das reformatorische B. versteht sich selbst als summa doctrinae fidei (Gr.Kat., Vorrede 18), »der Laien Bibel« (FC Epit., Einl. 5), sofern es die in der Schrift bezeugte universale Geschichte Gottes mit der Menschheit und seine beiden wichtigsten Werke, Gesetz und Evangelium, heraushebt und alle Einzelaussagen auf sie bezieht (AC 12, 53). Durch das B. wird dieses Verständnis des rechtfertigenden Gotteshandelns für die Gesamtheit der Diener und Glieder der Kirche in Verkündigung, Gottesdienst und Leben verbindlich gemacht (→ Lehrverpflichtung, → Kirchenzucht). - Das B. stellt die Grundregel der biblischen → *Hermeneutik* dar. Schrift und B. stehen dem Range nach in wesenhafter Entsprechung einander gegenüber wie im Gerichtsverfahren der Richter und der zur Aussage aufgerufene Zeuge (Epit., Einl. 7f). Dies Verhältnis ist unumkehrbar: die der Schrift ursprüngliche, unmittelbare Autorität kommt dem B. nur in abgeleitetem, mittelbarem Sinne zu (Epit., Einl. 1). Das B. wird durch die Schrift nicht nur begründet, sondern auch begrenzt: es ist stets an ihr zu messen und durch sie zu berichtigen (WA 30/II, 424f). Aus der sachlichen Gesprächspartnerschaft beider ergibt sich jedoch die Notwendigkeit des hermeneutischen Zirkels: der Inhalt der Schrift ist dem B. je vorgegeben; aber ihre Gesamtabsicht muß durch das B. so aufgewiesen werden, daß sie zum Kriterium für die Unterscheidung zentraler und peripherer Schriftaussagen wird. Diese Aufgabe des B.ses, die heute nur mit Hilfe der historisch-kritischen Forschung zu bewältigen ist (»Sachkritik«, → Bultmann), ist obligatorisch. Ein B. steht nur insoweit in Geltung, als es die Funktion der Schriftauslegung auszuüben vermag. Von hier aus läßt sich allein die Frage beantworten, inwiefern die Theologie der B.schriften als »Prolegomena zur → Dogmatik« (Schlink) zu bezeichnen ist.

b) Das urkundliche B. vollzieht als Kriterium für die Unterscheidung rechten und falschen Schriftverständnisses die *Abwehr der* in der Kirche ausbrechenden → *Irrlehre*. Wie das Akt-B. des einzelnen als Zusage zu Gott die Absage an die »Welt« (s. 1b) und das Aussage-B. das Selbstgericht (s. 2a) in sich schließt, so umgreift das urkundliche B. der Kirche die Absage an die in ihr selbst öffentlich auftretenden Häresien. Alle drei Weisen der Absage erfolgen, wie die B.bildungen des Urchristentums, der alten Kirche und der Reformationszeit zeigen, im Raume konkreter Anfechtung seitens eines verfälschten Evangeliums. Der Abfall wird zum Anlaß der B.formulierung (Joh 6, 67f), und die Treue zum Evangelium schärft die Form der Absage (Gal 1, 8f). Die zweiseitige Entscheidung, die in der frühkirchlichen Taufe der Angelobung an Gott die Absage an den Teufel (→ abrenuntiatio) vorordnet, wird in besonderen Entscheidungssituationen erneuert. Die Aufgabe, den Geist der Wahrheit vom Geiste der Verwirrung zu unterscheiden (1 Joh 4, 1-6), ist der Kirche jederzeit gestellt. Die Bezeugung der Wahrheit bleibt unglaubwürdig, solange der Irrtum in der Kirche unaufgedeckt bleibt. Das B. enthält darum entweder durch die bloße Abfassung seiner Aussagen (ökumenische B.se, Katechismus) oder durch ausdrückliche Verwerfungen (damnant secus docentes: CA, ASm, FC; → Barmen) die ihm wesensnotwendigen Abgrenzungen. Dabei handelt es sich in erster Linie nicht um Herausstellung verschiedener theologischer Lehrbegriffe, sondern um die Bloßstellung eines dem Evangelium radikal widerstreitenden Grundwillens, der trotz historischer Abwandlung Konstanz besitzt. »Irrlehre« und »reine Lehre« bedeutet für das B. nicht »falsche« bzw. »richtige Theorie«. Hinter dem Satze: »Ich *halte* es nicht für wahr« verbirgt sich die existenzielle Entscheidung: »Ich will es nicht wahr *haben*« - daß nämlich Gott Gott ist. Das B. deckt diesen urtümlichen Widerwillen gegen die geschichtliche Offenbarung in ständiger Auseinandersetzung mit dem jeweiligen Zeitgeist auf, der die Wahrheit innerhalb der Kirche zu verzerren droht.

c) Das urkundliche B. will in einer bestimmten Stunde für einen bestimmten Ort den Glauben der einen, allgemeinen Christenheit bekennen. Echtes B. trägt darum *ökumenischen Charakter*. Ist bereits das Akt-B. Zustimmung zum universalen Gotteshandeln, die Übereinstimmung (consensus) der Brüder im Glauben wirkt (s. 1a), so beansprucht das urkundliche B. universale Geltung für die Christenheit (AC 14, 3). Die Anschauung vom »kirchengründenden« B., falls darunter Konfessionskirchen gemeint sein sollten, idealisiert eine historische Fehlentwicklung und dogmatisiert ein schrift- und bekenntniswidriges Theologumenon. Die luth. B.-schriften verstehen sich selbst nicht als Grundlagen einer »luth.« Kirche, sondern als B.se der einen Kirche Jesu Christi und somit als Zeugnisse wahrer → Katholizität. Echtes B. setzt darum die vorangegangenen B.se nicht nur historisch voraus, sondern bestätigt sie sachlich als verantwortliche Stimmen der Väter im Glauben (CA 1. 3; ASm 1; WA 50, 262ff). Im Unterschied zum in sich abgeschlossenen Kanon der Schrift hält es den Raum frei für künftige B.se und erwartet von kommenden Geschlechtern die erneute Bekundung der Wahrheit im Anfechtungshorizont der eigenen Zeit. Dieser Tatbestand erfordert den Nachweis nicht nur der Übereinstimmung des jeweiligen B.ses mit der Schrift, sondern der B.se als verantwortlicher Schriftauslegungen untereinander. In der sachlichen Kontinuität dieser Urkunden verschiedener Zeiten erweist sich das B. als Zeichen der Treue, in der die Kirche die in Jesus Christus geschehene Offenbarung des Wortes Gottes im Fleisch (Joh 1, 14) vor aller Welt beharrlich bezeugt und durch ihr Dasein zu verantworten gedenkt.

4. Das überlieferte B. der Kirche entbindet das jeweilige Geschlecht nicht vom lebendigen Bekennen, sondern verpflichtet es dazu. Hat das urkundliche B. im Akt-B. seinen geschichtlichen Ursprung, so behält dieses gegenüber dem Anruf der Botschaft seine bleibende Bedeutung. Akt-B. (s. 1) und urkundliches B. (s. 3) sind durch denselben Aussage-Inhalt (s. 2) miteinander verbunden. So gilt einerseits: *B. ohne Bekennen ist stumm*. B. will immerdar bekannt werden. Das B. als historischer Besitz ist von der Gefahr begleitet, seinen Gegenstand mit einem System von Lehrsätzen zu verwechseln, indifferent gegenüber der Gegenwart zu werden und

über der zeitlos verstandenen korrekten Lehre die Gemeinschaft der Brüder zu vergessen. Das urkundliche B. verbürgt an sich nicht die *Kraft* der Aussage, die sein Gegenstand gibt, wenn anders durch das B. sich lebendiger Glaube aussprechen soll. Andererseits gilt: *Bekennen ohne B. ist leer.* Bekennen will immerdar vom B. her gestaltet werden. Das B. als Akt ist von der Gefahr begleitet, sich selbst als bloße Haltung ernstzunehmen, indifferent gegenüber der Historie zu werden und über dem Augenblick des Ereignisses die Gemeinschaft der Väter zu vergessen. Das Akt-B. verbürgt an sich nicht die *Klarheit* der Aussage, die sein Gegenstand verlangt, wenn anders durch das B. eine bestimmte Erkenntnis angeeignet werden soll. Beide Gefahren entstehen durch das Absehen vom Aussage-Inhalt, der den Akt wie die Urkunde bestimmt. Tritt jedoch die Aussage von Gottes richtendem und rettendem Handeln ins Feld, so sind die Bedrohungen seitens des erstarrenden Doktrinarismus wie des erweichenden Doketismus (→ Christologie: I. II) gebannt. Ein B. ist nur insofern anzuerkennen, als sein Vollzug wie seine Gestalt die Funktion der Aussage über die in der Schrift bezeugten Taten Gottes erfüllen.

5. Die gegenwärtige Dogmatik sieht sich hinsichtlich der Lehre vom B. zwischen zwei entgegengesetzte Ansprüche gestellt: den eines konfessionellen Positivismus, der kirchlich verengend, theologisch restaurierend und verabsolutierend wirkt, weil er alles bereits »ergriffen« zu haben meint; und den eines unionistischen Aktualismus, der kirchlich verflüchtigend, theologisch reformierend und relativierend wirkt, weil er sich für ständig »unterwegs« erklärt. Angesichts dieser historisierenden und futurisierenden Tendenzen wird die Dogmatik verschiedene *Aufgaben* anzugreifen haben. Dabei sind zumindest folgende vier Wesensbestimmtheiten des B.ses herauszuarbeiten:

a) der *kategoriale* Sinn, der das B. als durchgängige Bestimmung aller Lehr- und Lebensäußerungen der Kirche versteht;

b) der *hermeneutische* Sinn, der dem B. seine ursprüngliche Funktion wiedergibt, in Arbeitsgemeinschaft mit der kritischen Forschung die grundlegende Methodik aller Exegese zu leiten;

c) der *universale* Sinn, der das B. die Weite des biblischen Weltverständnisses erschließen und gegenüber der nachreformatorischen Engführung der Verkündigung die Zusammenhänge von Kosmologie, Soteriologie und Eschatologie herausheben läßt;

d) der *realistische* Sinn, der gegenüber dem heutigen Daseinsverständnis die gestaltende Kraft des B.ses wirksam macht, sowohl hinsichtlich des Verhältnisses von Kirche und → Kultur (: IV, → Gesellschaftsformen), wie des einzelnen und seines konkreten Lebenseinsatzes (→ Ethik): »tota nostra operatio confessio est« (WA 57, Hebr 137, 5).

Außer den Lehrbüchern der Dogmatik von H.Stephan, P.Althaus, O.Weber u. F.Buri: F.Schleiermacher, Der christl. Glaube, §§ 133-135 - RE VI, 682ff; XV, 508ff; XIX, 196ff - A.Schlatter, Über das Recht u. die Geltung des kirchl. B.ses (BFChTh 11, 3, 1907, 1-34) - L.Ihmels, Bibel u. B., 1914 - K.Barth, Wünschbarkeit u. Möglichkeit eines allgemeinen ref. Glaubens-B.ses (ZZ 3, 1925, 311-333) - Ders., Das B. der Reformation u. unser B. (ThEx 29), 1935 - Ders., KD I/2, 637ff; III/4, 79ff; IV/1, 846ff - F.Kattenbusch, Bekennen u. B. (ChW 44, 1930, 571-576) - H.Sasse, Das B. der Kirche (ChuW 6, 1930, 321-333) - E.Vogelsang, Der confessio-Begriff des jungen Luther (1513-22) (LuJ 12, 1930, 91-108) - P. Althaus, Das lebendige B., 1931 - Elert, ML I, 176ff. 240ff - Ders., Schrift u. B., 1936 - Ch.Stoll, Das B. der Kirche, 1933 - G.Gloege, Kirche u. B. (AELKZ 67, 1934, 1203-1210. 1235-1238) - F.Gogarten, Das B. der Kirche, 1934 - Ders., Die Kirche in der Welt, 1948, 170ff - E.Schlink, Pflicht u. Versuchung des christl. Bekennens (ThEx 20), 1935 - Ders., Theologie der luth. B.schriften, (1940) 1946², 5ff. 23ff. 398ff. - E.Thurneysen, Lebendige Gemeinde u. B. (ThEx 21), 1935 - H.Asmussen, Barmen! (ThEx 24), 1935 - H. Vogel, Die Autorität des Richters u. das Zeugnis der Kirche (ThEx 26), 1935 - H.Lilje, B. u. Bekennen (Bekennende Kirche 32), 1936 - F.K.Schumann, Die B.se u. das B. (ThStKr NF 3, 1937/38, 181 bis 205 = Wort u. Gestalt, 1956, 272-292) - G.Bornkamm, Das Wort Jesu vom Bekennen (MPTh 34, 1938, 108-118) - W.Maurer, B. u. Sakrament I, 1939 - O.Cullmann, Die ersten christl. Glaubens-B.se (ThSt[B] 15), (1943) 1949² - G.Koch, Die christl. Wahrheit der Barmer theologischen Erklärung (ThEx NF 22), 1950 - H.Diem, Theologie als kirchliche Wissenschaft I, 1951, 69ff. 112ff. 124ff; II, 1956, 196ff - R.Bultmann, Das christologische B. des Ökumenischen Rates (EvTh 11, 1951/52, 1-13 = Bultmann II, 246-261).

G.Gloege

VI. Praktisch-theologisch

1. Das Dasein der Kirche als B. - 2. Mehrdeutigkeit des äußerlichen B.standes - 3. B. als Verpflichtung - 4. B. im Gottesdienst - 5. B. und Predigt - 6. B. in der Taufe - 7. Das B. in den Fragen äußerer kirchlicher Gestaltung

1. Das Dasein der Kirche oder Gemeinde Jesu Christi als solches kann u.a. auch als B. verstanden werden. Ist die Jüngerschaft Stadt auf dem Berge, Salz der Erde und Licht der Welt (Mt 5, 13f), so hat auch die durch ihren Dienst zusammengerufene »Versammlung Gottes« ein sichtbares und hörbares B. zu ihrem Herrn zu sein. Alle Kirchenkritik, alle Ansätze zur Reformation der Kirche werden ihre Begründung stets darin finden, daß die Kirche in ihrem Dasein den verleugnet, von dem sie ihren Namen hat und den sie ihren Erlöser nennt. Dies Versagen mag in den verschiedenen Zeiten der Kirchengeschichte und in den verschiedenen Bereichen der kirchlichen Gemeinschaften jeweils an anderen Stellen zutage treten, heute im Wort ihrer Verkündigung, morgen im Dienst der Liebe, ein andermal in den Bezirken des politischen oder sozialen Lebens; immer neu werden alle, die den Schaden der Kirche sehen und in ihr und für sie Buße tun, bekennen müssen, daß die Kirche in ihrem Dasein nicht bekennende Kirche, daß ihre Kraft und ihr Licht erloschen ist. B. auf das Leben der Kirche als ganze bezogen führt so immer wieder zum → Sündenbekenntnis; es stimmt nachdenklich, daß es christliche Kirchen gibt, die in ihren Versammlungen kaum je ein formuliertes Glaubens-B. gebrauchen, aber nie ohne ein Sünden-B. auskommen. B. ist durchgehend auf die Ganzheit des Daseins der Kirche zu beziehen.

Nur wo dazu durch Predigt und Seelsorge, gemeindliche Unterweisung und theologische Besinnung unablässig aufgerufen wird, kann der Gefahr vorgebeugt werden, daß sich Christen durch die formale Geltung von B.sen in ihrer Kirche der Forderung Gottes gegenüber für gesichert halten.

2. Unleugbar hat die ev. Kirche in Deutschland in Sachen des B.ses während des → Kirchenkampfes im Dritten Reich praktische Erfahrungen gemacht, die über die frühere theoretische Erörterung dieser Dinge (vgl. zB RGG² I, 873ff: B. und Kirche) weit hinausgehen. Damals hat sich gezeigt, daß weder die Verpflichtung der Pfarrer auf bestimmte B.se, noch die Rezitation einer bestimmten B.formel im Gottesdienst und bei der Taufe, noch der durch Kirchenordnungen festgelegte sog. »B.stand« einer größeren Kirchengemeinschaft Sicherungen gegen das Eindringen bekenntniswidriger Verkündigung und christusgegnerischer Lebenshaltung in die Kirche sind. Umgekehrt standen Gemeinden ohne sonntägliches Glaubens-B. treu zum B., dh sie lehnten bekenntniswidrige Verkündigung ab und bewährten ihr eigenes B. im Leben (zB in der Judenfrage). Ob das B. zu Christus jeweils das Dasein der Kirche oder einer einzelnen Gemeinde bestimmt oder nicht, ist von göttlichem Geheimnis umschlossen: »Keiner kann beken-

nen: ›Jesus ist der Herr‹, es sei denn durch den heiligen Geist« (1Kor 12, 3).

3. Dies vorausgesetzt wird die Praktische Theologie hinsichtlich des B.ses in der Kirche ihre Wünsche mit großer Zurückhaltung äußern. Verpflichtungen der Pfarrer (→ Ordination: IV. V), der Lehrer (soweit sie kirchlichen Unterricht erteilen), der Katecheten usw sollten keine sachlich unerfüllbaren Voraussetzungen haben, wie zB die Unmöglichkeit, alle in der jeweiligen Verpflichtungsordnung genannten B.se wirklich zu kennen. Besonders problematisch ist das B. der Konfirmanden (→ Konfirmation: I). Es wird am besten mit dem B. der zur Konfirmationshandlung anwesenden Gemeinde verbunden, um damit jede Überforderung der Konfirmanden zu verhindern.

4. Während das → Apostolikum seine ursprüngliche Stellung als Tauf-B. behielt und im Mittelalter innerhalb des Predigtauftritts (→ Predigt) als Lehrstück eine neue gottesdienstliche Bedeutung hinzugewann, wurde das sog. → Nicäno-Konstantinopolitanum (= N.-C.) in der Fassung von 451 seit etwa 500 Bestandteil der orthodox-morgenländischen Meßliturgie, später auch des abendländischen Gottesdienstes (in Spanien 589, in Gallien im 8.Jh., in Rom 1014). Luther übernahm 1523 das N.-C. wahlweise aus der Römischen Messe, ersetzte es aber bereits 1526 durch sein Glaubenslied (EKG 132). Daneben erhielt sich in luth. Kirchen (Bugenhagen, Nürnberg, Straßburg) auch das Apostolikum, teils im Predigtauftritt, teils an Stelle des N.-C.s; bei Calvin steht es zwischen der Predigt und den Einsetzungsworten des Abendmahls. Erst die Preußische Agende von 1822 machte das Apostolikum, statt dessen auch ein B.lied verwendet werden durfte, zur Regel. Die »Agende für ev.-luth. Kirchen und Gemeinden« (I, 1955) sieht das N.-C., das Apostolikum oder Luthers Glaubenslied vor, an Festtagen ist statt des B.ses das Tedeum (→ Ambrosianischer Lobgesang, EKG 137) gestattet.

Dem äußeren Wortsinne nach ist nur das N.-C. ökumenisch, nicht, wie vielfach in Liturgien vorausgesetzt wird, das → Apostolikum (: II, 1 vor a); aber die Ökumenizität des gottesdienstlichen Bekennens läßt sich überhaupt nicht traditionalistisch durch den Gebrauch einer bestimmten B.formel gewährleisten, sondern sie hängt von dem inneren Zusammenklang des Gotteslobs der Gemeinde, der in den verschiedenen gottesdienstlichen Formen erfolgenden Wortverkündigung und des B.ses im besonderen ab, dh aber letztlich wiederum (s. 2) von der 1Kor 12, 3 ausgesprochenen Voraussetzung des zum B. bevollmächtigenden Hl.Geistes.

In den Teilen Deutschlands, in denen schon vor dem Kirchenkampf die Rezitation eines Glaubens-B.ses durch den Pfarrer üblich war, hat sich weithin der gute Brauch durchgesetzt, dies B. – zumeist das → Apostolikum (: II, 1c) – durch die Gemeinde sprechen zu lassen. Es wird aber richtig sein, das gesprochene B. ab und an mit dem lutherischen oder einem anderen Glaubenslied (u.U. auch dem Te-Deum) auszuwechseln. Dadurch kommt der Lobcharakter des B.aktes, den ohnehin die Gemeinde vermutlich nur wenig empfindet (vgl. dagegen Luther), stärker zur Geltung. Die Frage, ob man in Gemeinden, die an das selbstgesprochene Apostolikum oder ein Glaubenslied gewöhnt sind, in Abendmahlsgottesdiensten und namentlich an den hohen Festtagen das N.-C. wählen sollte, hat durch die agendarische Neuordnung mehrerer deutscher Kirchen an Gewicht verloren. Gerade heute wird es nötig sein, in regelmäßigen Abständen der Gemeinde in der Lehrpredigt (→ Predigt), in Gemeindeabenden und in der kirchlichen Presse das B. auszulegen und ein evangelisches Verständnis des gemeindlichen B.aktes zu fördern und zu vertiefen. Dazu wird der Gemeinde immer wieder deutlich zu machen sein, daß auch ihr Singen in Wirklichkeit wie Verkündigung des Wortes Gottes, so auch B. zu diesem Worte ist. Diese Erkenntnis wird auch die Arbeit in der kirchlichen Unterweisung (Katechismus; Konfirmandenunterricht) zu durchdringen haben.

5. Die Entwicklung unserer Theologie in den letzten Jahrzehnten hat dazu beigetragen, daß vielen ev. *Predigten* heute trotz anerkennenswerter Textgemäßheit und theologischer Richtigkeit der Charakter des Zeugnisses, dh aber des B.ses des Predigers zum Evangelium als einer für ihn selbst entscheidenden und lebenswichtigen Angelegenheit, verlorengegangen ist. Die dem geistlichen Pathos feindliche Haltung unserer Zeit wird es zwar verhindern, daß diesem Mangel mit *äußerlichen* Mitteln aufgeholfen wird. Aber nur ernstere Besinnung auf das Wesen und die Funktion des → Bekenntnisses (: III, 5) während des Studiums und der praktischen Hinführung der künftigen Prediger zu ihrem Dienst dürfte das Auseinanderklaffen von sachrichtiger Exegese, korrekter Dogmatik und persönlicher Beteiligtheit an der verkündigten Botschaft allmählich überwinden können.

6. Unbestritten ist in der röm.-kath. Kirche wie in den ev. Kirchen der Gegenwart die Stellung des B.ses in Gestalt des Apostolikums bei der → *Taufe* (: VI). Sofern die Taufe von Erwachsenen auf Grund persönlicher Überzeugung begehrt wird, werden hier, einen sachgemäßen Taufunterricht vorausgesetzt, kaum Probleme auftauchen. In Fülle ergeben sie sich bei der weithin noch üblichen Form der im Rahmen eines Familienkreises gehaltenen Kindertaufe, wenn kirchenentfremdete Eltern und Paten genötigt werden, ein ihnen unverständliches B. mitzusprechen oder zu bejahen. Von hier aus gesehen bedeutet die Einordnung der Kindertaufe (etwa an einem monatlichen Taufsonntag) in den Gemeindegottesdienst als den Ort des gemeindlichen Bekennens zweifellos einen Fortschritt, wenn auch keine Überwindung aller mit ihr gegebenen Probleme.

7. Daß in den äußeren Riten des Tauf- und Abendmahlsvollzuges bei den beiden ev. Konfessionen echte bekenntnismäßige Differenzen zutage träten, muß auf Grund der reformatorischen B.se bestritten werden. Das gleiche gilt von den verschiedenen Formen des Vaterunsers. Wohl aber wäre zu erwägen, ob die Gestaltung des Kirchenraumes einen dem jeweiligen B. widersprechenden Charakter haben kann. Evangelische Gemeinden werden, wenn hier Fragen aufbrechen, daran erinnert werden müssen, daß sie um die Freiheit und Eigenmacht des Wortes wissen, das nicht an Person, Zeit oder Raum gebunden ist (WA 6, 239; 16, 105; 31/I, 179). Alle Sicherung des kirchlichen B.standes, alles christliche B.wort im Akt des Bekennens im engeren Sinne wie im Akt der Predigt und des Gemeindegesanges ist zweideutig und kann leeres Menschenwerk sein. Ein kirchlich approbiertes Gesangbuch, eine kirchlich eingeführte → Agende entheben den Diener der Gemeinde nicht der Pflicht, im einzelnen zu prüfen, ob, was er gemeindlich verwertet, dem B. der Gemeinde gegenüber haltbar ist. Aber auch bestimmte Abwehr- und Angriffshandlungen der Kirche oder einzelner Christen im Verlauf eines Kirchenkampfes können zu bloßen Sitten erstarren, denen die Echtheit eines von Gott geschenkten Bekennens abgeht. Das gilt – außerhalb aller Kirchenkampf-Zeiten – auch und ganz besonders von dem B. in Taten der Liebe, auf die die ev. Kirche gern hinweist und die sie statistisch belegen kann (→ Diakonie), von denen aber nur Gott weiß, ob sie Werke sind, die aus dem Glauben fließen. Umgekehrt wird es für die Kirche im ganzen wie für die einzelne Gemeinde wie endlich für jeden Christen ein er-

schütternder Bußruf sein, wenn ihnen im allgemeinen oder in einem besonderen Falle gesagt werden muß, daß *dies* B. der Tat fehlt.

RIETSCHEL-GRAFF 440 - Leiturgia II, 29-37 (K.F.MÜLLER) - E. HERTZSCH, Die Wirklichkeit der Kirche I: Die Liturgie, 1956, § 21.

W. Jannasch

VII. Rechtlich

1. In der vorkonstantinischen Kirche - 2. In der Reichskirche - 3. Die abendländische Entwicklung - 4. In der Reformation - 5. Seit der Aufklärung

1. In der *vorkonstantinischen* Kirche ist eine kirchenrechtliche Funktion des B.ses schwer feststellbar. Seine Bedeutung als regula fidei wird in der Ausscheidung der gnostischen Ketzerei nur in einzelnen Fällen eines synodalen oder bischöflichen → Lehrzuchtverfahrens wirksam. Als Tauf-B. ist es Bestandteil der gottesdienstlichen Ordnung, ist es Voraussetzung für den Vollzug der Taufe. Wer es ablegt, erwirbt damit die kirchliche Mitgliedschaft; es entgegenzunehmen und das Taufsakrament zu spenden, gehört zu den Rechten des → Bischofs (: I), weithin des → Presbyters (nicht des Diakonen). Der Befund zeigt, daß der Wortlaut der Tauf-B.se in den einzelnen Gemeinden verschieden, also nicht buchstäblich verpflichtend war. Und das Ergebnis des → Ketzertaufstreites lehrt, daß nicht der korrekte dogmatische Inhalt des B.ses über die Gültigkeit der Taufe entscheidet.

Überhaupt tritt bei der Bekämpfung der Häresie - und das trifft noch weit bis in das MA hinein zu - das formulierte B. als Kriterium zurück. Die konkrete Entscheidung fällt meistens an Formeln, die wörtlich nicht im B. enthalten sind und bei denen man erst mehr oder weniger glücklich den Zusammenhang mit ihm herstellen muß. Oft sind solche Formeln aus der Liturgie entnommen. Hier hat das B. ja seinen »Sitz im Leben«; neben dem Tauf-B. spielt hier das Meß-B. eine wichtige Rolle. Wer zum Sakrament zugelassen ist (→ Exkommunikation), gilt als rechtgläubig; und wer, sei es auch aus disziplinären Gründen, vom Sakrament ausgeschlossen ist, ist ein Ketzer, mag er auch jedes Wort der Glaubensregel für wahr halten. In dieser Prägung des Ketzerrechtes wirkt noch bis in das hohe MA hinein nach, daß die rechtliche Bedeutung des B.ses ursprünglich nur nebensächlich ist.

2. In der *Reichskirche* → Konstantins und seiner Nachfolger wird die gesetzlich festgelegte Glaubensformel die wichtigste Klammer für die politische Einheit. Die Reichssynoden finden in der Entscheidung von Lehrfragen ihre vornehmste Aufgabe. Das B. wird durch die Religionsedikte der Kaiser ein Bestandteil des Reichsrechtes.

Freilich ist diese Entwicklung nicht mit einem Male und nicht ohne Widerstand von seiten des Episkopates eingetreten. Das B. von Nicäa aus dem Jahre 325 mit seinem Stichwort ὁμοούσιος hat im Anfang noch keine unabänderliche Gültigkeit besessen. Sonst hätten Kaiser Konstantin und seine Nachfolger nicht immer wieder versuchen können, ihm widersprechende Lehrformeln durch Synoden beschließen zu lassen und durchzusetzen. Und indem Athanasius das Nicänum verfocht, hat er zugleich für ein freies synodales B.recht gegen den aufkommenden → Cäsaropapismus gestritten.

Die erste kaiserliche B.entscheidung ist mit dem Edikt der Kaiser Gratian, Valentian II. und Theodosius I. vom 27.2.380 gegeben. Dieses »Theodosianum« (Cod. Theodos. XVI, 1 c. 2), das Heiden und Häretiker entrechtete, legt zugleich für die Reichskirche ein einheitliches und verbindliches B. fest und bindet die »apostolica disciplina« und die »evangelica doctrina« an die Übereinstimmung mit der offiziellen Lehre der Patriarchate von Rom und Alexandrien. Es bietet damit die Grundlage für die Lehrentscheidung der Konstantinopolitanischen Synode von 381 zugunsten des Nicänums, das seitdem das einzige B. von ökumenischer Gültigkeit geblieben ist, wenn auch die Einfügung des filioque in seinem Text, die sich im frühen MA im Abendlande durchsetzte, eine der Ursachen des Schismas von 1054 geworden ist.

Die christologischen Streitigkeiten der Jahrzehnte nach 381 (→ Christologie: II, 4) machten neue B.formulierungen notwendig. Durchgesetzt haben sich nur die von Ephesus 431 und von Chalcedon 451; beide geben sich als Ergänzungen, dh erläuternde Interpretationen und Bestätigungen des Nicänums. In beiden Fällen ist die Entscheidung so zustande gekommen, daß zwischen dem kaiserlichen Einheitswillen und dem kirchenpolitischen Machtwillen der Patriarchate von Alexandrien (431) und Rom (451) eine Synthese gefunden wurde. Rechtlich durchgesetzt hat sich ein B. nur da, wo es in das kirchliche Gemeinbewußtsein einging.

Das ist bei dem Chalcedonense im Osten nicht überall der Fall gewesen. Die Absplitterung der Monophysiten ließ sich durch staatskirchenrechtliche Eingriffe in die B.entwicklung auf die Dauer nicht verhindern (Henotikon von 482). Auch der geschickten Vermittlungspolitik Kaiser → Justinians gelang es nicht, durch neue Lehrformeln oder durch die Verwerfung theologischer Lehrer und Schulen (→ Origenes, → Dreikapitelstreit) eine den Monophysiten genehme Interpretation des Chalcedonense zu finden, die zugleich von dem durch Rom repräsentierten Westen anerkannt worden wäre. Es wurde offenbar, daß eine rechtliche Fixierung des B.ses nicht einseitig vom Kaiser vorgenommen werden konnte, sondern der allgemeinen Zustimmung bedurfte. Daß diese schließlich - weder mit noch ohne Einsatz staatlicher Machtmittel - nicht mehr zustande kam, ist die Ursache der konfessionellen Aufsplitterung der Christenheit geworden, die mit dem Zerfall der östlichen Reichskirche begann. Während die anatolische Orthodoxie das Verhältnis von B. und Kirchenrecht festgehalten hat, wie es sich bis zur Zeit Justinians entwickelt hatte, hat dieses Verhältnis im Abendland eine sehr verschiedene Ausprägung gefunden.

3. Durch seine Kodifizierung des römischen Rechtes hat Justinian freilich auch für die *abendländische Entwicklung* den Grund gelegt. Er stellte das Theodosianum an die Spitze seines Codex (lib. I Art. 1: De summa trinitate et fide catholica, et ut nemo de ea publice contendere audeat); die nicänische Orthodoxie, wie sie sich bis auf ihn entwickelt hatte, blieb damit die rechtliche Grundlage des Reiches, auch in seiner abendländischen Gestalt. Rechtsfähig in ihm war nur der, der das orthodoxe B. teilte. Justinian hat auch die B.verpflichtung der Bischöfe endgültig festgelegt und B.widrigkeiten unter staatliche Strafe gestellt (Nov. 6 [12] v. 16.3.535; nach Cod. lib. I tit. 3, c. 41 bilden *recta fides* et honesta vita aliarumque virtutum testimonium die Voraussetzung der Ordination).

An die Stelle der byzantinischen Reichssynoden waren seit Beendigung des Investiturstreites die Lateransynoden getreten, auf denen das siegreiche → Papsttum seine Lehrgewalt geltend machte. Das B. findet seitdem seinen Rechtsgrund in der Autorität des Papstes. Im »Innocentianum« hat Innocenz III. auf dem 4. Laterankonzil von 1215 gegen → Joachim von Fiore (aber auch gegen die Amalrikaner [→ Amalrich]) die Trinitätslehre neu formuliert und wie die Transsubstantiationslehre in den Wortlaut des Nicänums eingebaut. Und wohl nicht ohne bewußten Anschluß an den Codex Justinians und die Verwendung des Theodosianums darin hat Gregor IX.

das Innocentianum an den Anfang seiner Dekretalen gestellt (lib. I tit. 1 De summa trinitate et fide catholica) und damit zur Grundlage des päpstlichen → Kirchenrechtes überhaupt gemacht.

4. Die *lutherische Reformation* knüpft im → Augsburger Bekenntnis bewußt an diese Gegebenheiten an. Nachdem mit der Erneuerung des römischen Rechtes der Codex Justinians wieder reichsrechtliche Bedeutung gewonnen hatte, nimmt Art. 1 der CA das Nicänum wieder auf und setzt damit das Vorzeichen vor die in den folgenden Artikeln entwickelte »doctrina evangelica«. Und die deutsche Fassung von CA 10 übernimmt bewußt Formulierungen aus der Definition der Transsubstantiationslehre, ohne freilich diese selbst sich zu eigen machen zu wollen. Diese Bemühungen sollen - ebenso wie der Nachweis des zweiten Teiles des Augsburger B.ses, daß die »apostolica disciplina« mit den überlieferten Riten in den ev. Gemeinden festgehalten seien - dazu dienen, die Rechtmäßigkeit der Reformation im Sinne des bisher gültigen B.rechtes festzustellen.

→ Karl V. hat sich davon nicht überzeugen lassen, aber die Beziehung von B. und Kirchenrecht blieb im deutschen Protestantismus durch die reichsrechtlichen Gegebenheiten festgelegt. Auf ihnen beruht das Bestreben, »Bündnis und B.« (H.v.Schubert) in Einklang zu bringen. So sichert die B.verpflichtung der Bundesgenossen - beim sächsisch-fränkischen von 1529 und schließlich beim Abschluß des Schmalkaldischen Bundes Weihnachten 1530 - die Legitimität des Bundes im Reichsverband. So hat das B. im Protestantismus zuerst *bundesrechtliche* Bedeutung.

Aus ihm entwickelt sich sein *territorialrechtlicher* Charakter. Was die Unterzeichner der CA vor Kaiser und Reich als Lehre ihrer »Kirchen« bekannt haben, muß im Kirchenwesen ihres Territoriums in die Praxis umgesetzt werden. Das ev. B. wird Norm für Gottesdienst und Lehre. Es übernimmt damit die Funktionen, die Visitationsinstruktionen und -artikel bisher gehabt haben; Agenden und Katechismen, die in einer Landeskirche in Gebrauch sind, müssen inhaltlich mit ihm übereinstimmen. Solche territorialrechtliche Gültigkeit des B.ses, die sich zuerst 1532 in Hessen nachweisen läßt, erstreckt sich nach Einführung der → Ordination auch auf die → Lehrverpflichtung der Pfarrer.

Mit alledem erhebt das ev. B. zwar den Anspruch auf *reichsrechtliche* Gültigkeit, durchgesetzt aber hat er sich erst und zwar für die CA mit dem → Augsburger Religionsfrieden von 1555. Zweifelhaft blieb immer noch, ob der Wortlaut des 1530 überreichten B.ses rechtlich sanktioniert und darum unabänderlich sei oder ob sich die reichsrechtliche Anerkennung auch auf die Variata erstrecke. Auf sie allein konnten sich - wenn auch mit Vorbehalten - die Calvinisten berufen; ohne Beschränkung auf die Variata - also mit Ausdehnung auf den → Heidelberger Katechismus - gewann das reformierte B. erst im Westfälischen Frieden reichsrechtliche Anerkennung. In einer gewissen Gleichberechtigung stehen seitdem die beiden ev. B.e nebeneinander.

5. *Seit der Aufklärung* gerät die bekenntnismäßige Bestimmtheit des Territoriums ins Wanken; die Beziehung von B. und Recht lockert sich. Innerhalb des Reichsverbandes, speziell des → Corpus Reformatorum, hat die Zugehörigkeit zu einem ev. Sonder-B. immer weniger politische Bedeutung. Dennoch bleibt das B. im Schutze des öffentlichen Rechts.

Einerseits ist bis weit in die Aufklärung hinein der Staat aus volkspädagogischem Interesse darauf bedacht, die Rechtsgültigkeit der geltenden B.e streng festzuhalten. Und nicht nur Vernünftige Orthodoxie, sondern auch Neologie (→ Aufklärung: III) erkennen die Notwendigkeit an, daß im öffentlichen Lehrvortrag die B.-bindung respektiert werde; auf diesen Voraussetzungen beruht noch das → Wöllnersche Religionsedikt vom 9.7.1788. Aber schon war eine andere Auffassung vom B. auf dem Marsche. Nach naturrechtlichen Lehren, wie sie sich zuletzt im Kollegialsystem (→ Kollegialismus) niedergeschlagen hatten, ist die Kirche eine freie Gesellschaft, in der Lehrer und Zuhörer gleichberechtigt nebeneinanderstehen. Das B. faßt die Glaubensmeinungen zusammen, die alle Mitglieder gemeinsam anerkennen, beruht also auf ihrer freien Übereinkunft und weist hin auf Ursache und Zweck ihres Zusammenschlusses. An der Wahrung dieses vereinsrechtlichen Statutes hat der paritätische Staat nur ein mittelbares Interesse.

Im Allgemeinen Preußischen Landrecht vom 5.2.1794 ist die Konsequenz dieser Auffassung gezogen. Es kennt keine »Kirche« im Unterschied zum Staate, also auch kein Kirchenrecht und kein rechtlich sanktioniertes B. Für das Landrecht existieren nur Religionsparteien als freie Zusammenschlüsse von Bewohnern des Staates zur Feier öffentlicher Gottesdienste. Sie können ihr B. frei wählen; der Staat schützt jeden einzelnen aus Gründen der Toleranz vor B.zwang. Ein Geistlicher begeht ein Dienstvergehen nicht schon dann, wenn er in seiner Tätigkeit die objektive Norm des B.ses verletzt, sondern wenn er in der Gemeinde ernsten Anstoß erregt. An die Stelle des objektiv wahren, rechtlich gesicherten B.ses ist bei Lehrern und Zuhörern die persönliche Überzeugung getreten. Von Pietismus und Aufklärung vorbereitet, hat sich hier eine von der bisherigen Tradition völlig abweichende Auffassung von Kirche und B. durchgesetzt.

Obwohl sie seit dem 19.Jh. die inner- und außerkirchliche Öffentlichkeit bestimmt, kommt es zu einer kirchlichen Reaktion. Sie ist weithin identisch mit dem Widerstand gegen die → Union (: I. II), die nur auf Grund jenes neuen B.verständnisses eingeführt werden konnte. Freilich haben auch deren Vertreter wie → Schleiermacher das bindende Ansehen der symbolischen Bücher nicht völlig bestritten. Sie haben es mit der Abwehrfunktion des ev. B.ses gegen Rom begründet, dabei aber den Zusammenhang übersehen, den es selbst mit dem vorreformatorischen Rechtsbestand festhalten wollte. Für diese Theologen ist an die Stelle einer rechtlich verpflichtenden B.norm die bindende Kraft des kirchlichen Gemeingeistes getreten. Was er hervorbringt, ist insoweit »doctrina evangelica«, als es nicht kath. ist.

Diesen Anschauungen gegenüber, in denen Vermittlungstheologie und kirchliche Linke übereinstimmten, vermochte die konfessionelle Theologie zunächst nur auf die kollegialistische Theorie zurückzugreifen, daß das B. als Statut der betreffenden kirchlichen Gemeinschaft ihre Mitglieder und besonders ihre öffentlichen Lehrer binde und daß, wer diese Bindung grundsätzlich ablehne, sich selbst von der Gemeinschaft scheide. Die Forderung auf → Kirchenaustritt wird im Streit mit dem Rationalismus (zB Hallischer Streit um → Wegscheider und → Gesenius, Symbolstreit in Kurhessen) immer wieder erhoben. Der Begriff der → »Bekenntniskirche«, der sich in diesen Kämpfen herausbildete, beruht auf jenem vereinsrechtlichen Verständnis des B.ses. Es widerstreitet seiner öffentlich-rechtlichen Gültigkeit. Es zu überwinden ist eine vordringliche Aufgabe der Theologie und des ev. Kirchenrechts.

Ansatzpunkte zur Lösung sind vorhanden. Das B. hatte anfänglich seinen Platz im Gottesdienst. Das Nicänum hat diese Stellung bis heute gewahrt; die späteren B.se waren formal und inhaltlich ungeeignet zum liturgischen Gebrauch. Seitdem Friedrich Wilhelm III. das → Apostolikum in die Agende der Berliner Dom- und

Hofkirche von 1822 aufgenommen hat, wurde es (oder das Nicänum) wieder Bestandteil des ev. Gottesdienstes und damit der Kirchenordnung. Diese Stellung des B.ses schließt den Verzicht in sich ein, eine begrifflich gefaßte Lehreinheit zu verwirklichen und mit rechtlichen Mitteln durchzusetzen. Dabei gibt das B. als Bestandteil der liturgischen Ordnung in erster Linie den Inhalt der Verkündigung wieder und ist erst in zweiter Linie Ausdruck der Glaubensüberzeugung der Gemeinde. Eine Lehrverpflichtung der Pfarrer, die die Gültigkeit der reformatorischen B.se wahrt, wird ebenfalls als Ausdruck für die Zugehörigkeit des B.ses zur gottesdienstlichen Ordnung angesprochen werden müssen.

Daß solche Bindung an das über ihr stehende B. für die Existenz der Kirche lebensnotwendig ist, ist eine unverlierbare Erkenntnis des → Kirchenkampfes von 1933-45. Die Verbindung von B. und Recht hat sich damit nicht nur in dem Sinne als erforderlich erwiesen, daß das B. ein Teil der rechtlichen Ordnung der Kirche ist, sondern auch so, daß alles Recht der Kirche am B. ausgerichtet sein und in ihm die letzte Begründung finden muß.

H. Roquette, B. u. Kirche (AÖR NF 15, 1928, 197-268) - W. Elert, Die Augustana u. der Gedanke der christl. Solidarität, 1931 - W. Maurer, B. u. Sakrament I, 1939 - L. Wenger, Über canon u. regula in den röm. Rechtsquellen (ZRG, kan. Abt. 32, 1943, 495-508) - W. Hamel, Die B.freiheit (ZgesStW 109, 1953, 54-77).

W. Maurer

VIII. In den jungen Kirchen

1. Die konfessionskundliche Bedeutung der jungen Kirchen - 2. B.se junger Kirchen

1. Die Kirchen Asiens und Afrikas, die sog. → jungen Kirchen, entstanden im wesentlichen als Frucht der prot. Missionsarbeit seit dem 18.Jh. Kirchenrechtlich selbständig wurden sie größtenteils erst im 20.Jh. Daraus wird verständlich, daß sie zunächst hinsichtlich ihrer B.bindung von der jeweiligen Konfession der Missionare geprägt waren. Zwar hatten eine Reihe der Missionsgesellschaften des 19.Jh.s, wie zB die → Londoner Mission, die → Norddeutsche Mission und die → China-Inland-Mission, nicht nur praktisch, sondern auch in ihren Grundsätzen den überkonfessionellen bzw. interdenominationellen Charakter der aus ihrer Arbeit erwachsenden Christengemeinden ins Auge gefaßt. Aber faktisch hat sich doch die Prägekraft des Vorbildes durchgesetzt, das der Missionar in jeder Gemeinde von Erstbekehrten darstellt. Freilich zeigten sich, vor allem in → Kenya und in → Südindien, schon zu Beginn des 20.Jh.s Bestrebungen, auf dem Wege der → Union (: III) einen eigenen Typus des Kirchentums zu entwikkeln, die zunächst von Missionaren getragen, immer stärker aber von führenden Männern der jungen Kirchen aufgenommen wurden. Immer lauter wurden die Proteste gegen die Bindung der Christenheit in Afrika und Asien an die »importierten« Lehrstreitigkeiten und Differenzen der abendländischen Christenheit, die im wesentlichen aus dem 16.Jh. stammen. Entscheidende Zuspitzung fand dieser Protest gegen die konfessionelle Zersplitterung des abendländischen Christentums, wie sie sich in der Vielfalt der Missionen spiegelt, in dem Plan zur Vereinigung der Kirchen in → Südindien. Nach 30jähriger Vorarbeit wurde 1947 ein neuer Typus, eine »wiedervereinigte« Kirche geschaffen. Charakteristisch ist die Kirche von Südindien (CSI) für die B.frage in allen jungen Kirchen darum, weil hier programmatisch aus dem Minderheitscharakter der Christenheit in Asien und Afrika heraus der Impuls zur Überwindung der bekenntnismäßigen Verschiedenheit kam. Dabei darf nicht übersehen werden, daß nicht nur in formulierten B.sen, sondern auch in den Kirchenordnungen konfessionelle Prägekräfte liegen. Aus den angelsächsischen Ländern, in denen kaum die Lehrformulierungen, sondern vielfach die Gestalt der Kirchenordnung das unterscheidende Element zwischen verschiedenen Konfessionen bildet, wurden auch diese unterschiedlichen Kirchenordnungen auf das Missionsfeld übertragen; presbyterial, bischöflich, kongregational oder synodal waren und sind die jungen Kirchen verfaßt. Das »Scheme of Union« (Einigungsplan) der CSI zielt darum auf eine organische Verschmelzung der verschiedenen Ordnungsprinzipien ab und setzt als Ideal an die Stelle einer Lehrformulierung die »biblische« Offenheit. Von hier aus gewinnen die Lehrgespräche zwischen der CSI und dem Ev.-luth. Kirchenbund in Indien besondere Bedeutung.

Insgesamt ist festzustellen, daß in den Kirchen Asiens und Afrikas, auch dort, wo man die von den Pioniermissionaren mitgebrachte konfessionelle Prägung noch festhält, eine Verschiebung stattfindet. Sie äußert sich nicht nur in → Einigungsbestrebungen (: VII), sondern u.a. auch in der Bedeutung der Nationalen Christenräte (→ Internationaler Missions-Rat) als anerkannte Organe für die interkonfessionelle Zusammenarbeit in den Ländern Asiens und Afrikas.

2. Neben der Tendenz, die B.bindung als sekundär und den Drang zur Einheit als lebensnotwendig herauszustellen, die in der Minderheitssituation der jungen Kirchen und in der Erkenntnis, daß die Kirchenspaltung ein Hindernis für die Mission darstellt, ihren Ursprung hat und damit zum Teil auch von nichttheologischen Faktoren bestimmt ist, gibt es aber schon eine Reihe von B.sen junger Kirchen, die in ähnlicher Form wie die altkirchlichen B.se entstanden sind. Das eigenständigste dieser B.se ist das der → Batakkirche, das im Jahre 1952 endgültig formuliert wurde und seinen Anlaß in der Bitte um Aufnahme der Batakkirche in den → Lutherischen Weltbund hatte. Die Batakkirche war der Überzeugung, es sei nicht ausreichend, lediglich die luth. B.se des 16.Jh.s anzuerkennen, sondern es sei ihre Aufgabe, für ihre Zeit und in ihre Umwelt hinein die Lehre zu formulieren, die sie zu vertreten hat. Dabei entstand ein neuartiges B. insofern, als ohne Imitation der B.se des 16.Jh.s ihr sachlicher Gehalt auf dem Hintergrund der indonesischen Umwelt von heute herausgearbeitet werden mußte. Die Besonderheit dieses B.ses liegt also außer in der Anordnung der Artikel vor allem in den Verwerfungen, die unmittelbar die Versuchung durch das primitive Heidentum, durch die materialistisch-säkularisierte Lebensanschauung und durch den römischen Katholizismus spiegeln.

Neben diesem eigenständigen B. stellt die Lehrerklärung (Statement of Faith) der Federation of Evangelical Lutheran Churches (Ev.-luth. Kirchenbund) in → Indien (: IV) einen anderen Typus dar. Zum Zwecke der Klärung der luth. Position angesichts des Anspruches der CSI wurden intensive Gespräche mit Vertretern der verschiedenen nord-, mittel- und südindischen luth. Kirchen geführt, die in diesem B. (1947) ihren Abschluß fanden. Stärker als im B. der Batakkirche wurde hier der Ton auf die Exposition des biblischen Zeugnisses gelegt. Das entscheidende Gewicht liegt also nicht in den Abgrenzungen, sondern in dem Versuch, den Inhalt der luth. B.se des 16.Jh.s biblisch und dadurch zeitlos gültig neu zu formulieren.

Die Vereinigte Kirche Christi in → Japan (: IV) (Kyodan) hat ebenfalls in den letzten Jahren die Frage der B.grundlage neu untersucht. Dabei entstand aber nicht ein neues B., sondern ein Vorspruch zum Apostolischen Glaubens-B., in dem die Deutung dieses Glaubens-B.ses als gültiger Inhalt auch der jetzigen japanischen Kirche herausgestellt ist und in den zugleich eine Art Gelübde eingearbeitet ist. Wenn auch dies Dokument nicht im Sinne eines wirklichen B.ses verstanden werden kann, zeigt es doch, daß die Frage nach der eigenen Formulierung der Lehre die jungen Kirchen stark bewegt.

Ähnlich ist auch die Forderung nach der Erarbeitung einer »Confessio Africana« zu beurteilen, die sehr deutlich bei der ersten gesamtafrikanischen luth. Konferenz in Marangu 1955 erhoben wurde. - Insgesamt muß von der B.frage in den jungen Kirchen gesagt werden, daß das Ungenügen der B.se des 16.Jh.s für die tatsächliche Situation in Afrika und Asien stark empfunden wird. Zugleich aber geht es nicht so sehr um einen anderen Lehrgehalt, als vielmehr um eine neue und andere Zuspitzung. Es scheint, daß diese Tendenz unmittelbar mit dem besonderen Charakter der jungen Kirchen gegeben ist, die in ganz anderer Tiefe und Schärfe den Druck der nichtchristlichen Umgebung spüren und auch gedanklich und lehrmäßig mit ihm fertig werden müssen.

H.H.Harms, B. u. Kircheneinheit bei den jungen Kirchen, 1952 - H.Meyer, B.bindung u. B.bildung in jungen Kirchen, 1953 - B. Sundkler, The Church of South India, London 1954 - R.Rouse-S.C.Neill, A History of the Ecumenical Movement, London 1954 - H.-W.Gensichen, Kirchen auf dem Wege (EMZ 11, 1954, 75-84. 102-108) - B. der Batakkirche, 1952 - Zur Lehrgrundlage der Vereinigten Kirche Christi in Japan (EMZ 11, 1954, 56-57) - F.Birkeli, Marangu, Genf 1956.
J.Hermelink

Bekenntnisbildung

1. Wie für die Anfänge der Bekenntnisbildung (=Bb.; B. = Bekenntnis) in der Urkirche (→ Bekenntnis: III), so gab auch für deren weitere Entwicklung in der *Alten Kirche* der → Gottesdienst (: V), vornehmlich der Sakramentsgottesdienst und wieder besonders der Taufgottesdienst den eigentlichen Sitz im Leben ab. Das zeigen neben vielen anderen gerade die wichtigsten altkirchlichen B.se: das Romanum (= R) als Vorläufer des → Apostolikums (= T), das → Nicänische Symbol (= N) sowie das → Nicäno-Konstantinopolitanum (= C). In Verbindung mit diesem liturgischen Motiv stand das katechetische bzw. das der kirchlichen Unterweisung überhaupt, und damit ergaben sich gleich noch zwei weitere Veranlassungen, nämlich das Streben nach einer kurzen, autoritativen Zusammenfassung des Offenbarungsgutes im ganzen und das Bedürfnis seiner vertieften dogmatischen Durchdringung; vgl. u.a. abermals R, N, C, T sowie, für den letztgenannten Zweck, besonders auch das → Athanasianische Symbol (= Q). Angesichts dieser Grundmotive, die an sich schon genügten, um jedenfalls die Tatsache der weiteren Bb., zT aber auch die ihrer ursprünglichen Vielgestaltigkeit zu erklären, verwehrt sich eine Überbetonung der antihäretischen Bedeutung, die den B.en eignete. Immerhin war auch eine solche gegeben, wie dies zB schon aus antidoketischen Versionen bei → Ignatius zu entnehmen ist und es im weiteren u.a. der Ausbau des ersten und zweiten Artikels von R im Verhältnis zu → Marcion und zu der → Gnosis (: III), die Spuren des → Arianischen Streits in den orientalischen Symbolen des 4.Jh.s (N, → Epiphanius, C), das B. von → Chalcedon und die monophysitischen Kämpfe und vielleicht auch ein Niederschlag der Frontstellung gegen den → Donatismus in T erweisen. Liegt jedoch eben auch diese abgrenzende Bedeutung der B.se ihrem Ursprung nach im innerkirchlichen Bereich, so gilt dies erst recht von dem Einigungsbestreben, welches in den genannten dogmatischen Streitigkeiten bekenntnisbildend wirkte und schließlich für die Durchsetzung einiger weniger Symbole (T, C und Q) bestimmend wurde (→ Bekenntnis: IV).

2. Im *Mittelalter* brachte die östliche Kirche, in der C zur Alleinherrschaft gelangt war, nur noch ein neues B. (die teils politisch, teils antiunionistisch veranlaßte Confessio → Gennadii) hervor, während nun gerade im Westen - unter der dortigen Trias der Hauptsymbole - eine Reihe weiterer → Bekenntnisschriften (, 7. 8) entstand. Das war freilich nur dadurch möglich, daß dort (mit Ausnahme etwa noch des Toletanums) bei wachsender Macht des → Papsttums das Gewicht der B.se als Lehrnorm überhaupt zurückging bzw. daß bei diesen zusätzlichen Bb.en nun die Funktion einer verbindlichen Vertretung der kirchlichen Norm gegenüber Häretikern (→ Waldenser, → Albigenser) und Schismatikern (Michael Paläologus, »Armenier«) den Hauptanlaß abgaben. In ähnliche Richtung wie diese gerade für die Bb. in den damaligen → Einigungsbestrebungen (: I) bezeichnende Erscheinung weist die Tatsache, daß → Leo IX. das Symbol zur → Lehrverpflichtung bei der Bischofsweihe verwendete.

3. Im Zeitalter der *Reformation und Gegenreformation* kam es dagegen - quantitativ (→ Bekenntnisschriften, 2-4; dort auch über reformatorische corpora doctrinae und KOen) sowie theologisch (→ Bekenntnis: V, 3) - zu einer Erneuerung auch der Bb. Das Urmotiv des Taufkatechumenats lebte wieder auf (Kleiner und Großer → Katechismus, → Heidelberger Katechismus; vgl. auch das orth. B. des Petrus → Mogilas), und noch das → Konkordienbuch zeugt von dem Willen, gemäß Wesen und Auftrag der Kirche das Ganze der Schrift von deren Mitte her für die Verkündigung des Evangeliums zur Geltung zu bringen. Die gleiche Grundintention durchzieht die Menge der ref. B.se, obwohl diese nationalkirchlich stärker differierten (und kirchenrechtlich eine andere Stellung einnahmen als die luth.). Prinzipiell kommen also für beide Gruppen Motive wie zB das politische und besonders das antihäretische, wenn auch de facto ohne Zweifel wirksam, nun doch wieder nur in Verbindung mit jener Hauptveranlassung in Betracht. Immerhin zeigt die Artverschiedenheit dieser neuen → Bekenntnis-»Schriften« (,1) gegenüber den vor allem liturgisch bedingten B.sen der Alten Kirche doch auch gewisse Grenzen der reformatorischen Bb., und hinsichtlich des Endergebnisses ist nicht zu verkennen, daß die neue Bb. - entgegen der Grundabsicht und trotz (fast) allseitiger ausdrücklicher Bestätigung der altkirchlichen Symbole (→ Bekenntnis: IV) - eine weitere B.-spaltung der Kirche erbrachte. Dies letzte dokumentiert sich nicht nur in der → Professio fidei Tridentina und dem orth. B. des → Dositheus, sondern auch darin, daß es, wie zwischen der römischen und der östlichen Kirche (Professio fidei Graecis praescripta → Gregors XIII.), sogar im innerreformatorischen Bereich zwar zu luth. bzw. ref. Konsensusformulierungen, nicht aber zu einer nachhaltigen, umgreifenden B.einheit kam.

4. Die *Neuzeit* brachte die Bildung unierter Kirchen in Deutschland (→ Unionen: I), jedoch nur eine von ihnen, die bayrisch-pfälzische (→ Bayern, 3b), stellte ausdrücklich eine Konsensformel auf. Im allgemeinen ist diese ganze Zeit eher dadurch gekennzeichnet, daß die orth. und die luth. Kirche die Bb. praktisch als mit dem 16./17.Jh. abgeschlossen ansahen, die römische ihr Prinzip der Kathedralentscheidungen bis zur Dogmatisierung der → Infallibilität auf dem → Vatikanum und der leiblichen Himmelfahrt Mariä (→ Mariologie) durchführte; im ref. Bereich setzten sich einige, meist aus der → Erweckungsbewegung stammende Gruppen mit neuen B.sen vom Geist der → Aufklärung ab, wobei sie sich zugleich aus der angestammten Kirchengemeinschaft lösten (vgl. BSRK).

5. Die Kirche der *Gegenwart* ringt in ökumenischer Weite um die gemeinsame Grundlage des Glaubens und der Verkündigung (Christologisches B. von Amster-

dam). Auf reformatorischem Boden suchen die alten (zB die Niederländisch-Reformierte, vgl. Lit.) wie die jungen (→ Bekenntnis: VIII) Kirchen, ihr Verhältnis zu den B.sen der Väter zu bestimmen. Im Kampf der → Bekennenden Kirche ist die Barmer Theologische Erklärung (→ Barmen) entstanden, zu der sich Lutheraner, Reformierte und Unierte zusammenfanden. Gerade sie zeigt freilich auch, daß eine Überwindung der B.spaltung durch eine bestimmte Frontstellung noch nicht ohne weiteres gegeben ist. Zur Lösung der Aufgabe, die hier nach wie vor ansteht, wird es nicht zuletzt darauf ankommen, die innere Einheit der Motive des Bekennens wiederzugewinnen, die von der Urkirche her vorgegeben ist und in der Bildung des nt. Kanons (→ Bibel: II B) ihre noch heute maßgebliche Vergleichsgröße hat (→ Bekenntnis: V).

Außer der Lit. zu → Bekenntnis: I-VIII, → Bekenntnisschriften, → Apostolikum u. zu den sonstigen einzelnen B.sen: BSRK - J. Michalcescu, Die B.se ... der griech.-orientalischen Kirche, 1904 - CConf - BSLK (Lit.) - Niesel, BS. - F.Loofs, Symbolik I, 1902 - RE XIX, 196ff - Mulert-Schott (Lit.) - Algermissen (Lit.). - H. v.Schubert, Die Anfänge der ev. Bb. bis 1529/30 (SVRG 45/2), 1928 - E.Bizer, Zum geschichtlichen Verständnis von Luthers Schmalkaldischen Artikeln (ZKG 67, 1955/56, 61-92). - W.Elert, Zur Frage eines neuen B.ses (Luthertum 1934, H. 2, 31-50) - Lebendiges B., die »Grundlagen u. Perspektiven des Bekennens« der Generalsynode der Niederländischen Reformierten Kirche von 1949 (Reformierte Kirche 1951, H. 1) - R.Bultmann, Das christologische B. des Ökumenischen Rates (Schweiz. Theol. Umschau, 1951, 25-36 = EvTh 11, 1951/52, 1-13 = Bultmann II, 246-261). *H.Lahr*

Bekenntniskirche. Der Begriff des Bekenntnisses ist seit Augsburg (1530) den Kirchen zugeordnet, die auf der Grundlage der Heiligen Schrift und ihrer rechten Auslegung die Hauptstücke ihres Glaubens in einer besonderen Formulierung ausgesprochen haben. Seit dem Westfälischen Frieden (1648) wurden die verschiedenen Religionsparteien des Reiches als Partikularkirchen oder Konfessionskirchen bezeichnet. In den Auseinandersetzungen um Union und Staatskirche ist im Laufe des 19.Jh.s das Wort B. als Übersetzung von Konfessionskirche aufgekommen; in ihm ist jedoch die *einzelne* Landeskirche mit dem formulierten Bekenntnisstand verknüpft, während der Gesichtspunkt der übergreifenden Bekenntniseinheit der ev. Kirchen zurücktritt. Daher lehnte zB Vilmar die Anwendung des Begriffes B. auf eine einzelne ev. Kirche ab; für ihn war die Anerkennung verschiedener Konfessionskirchen gleichbedeutend mit dem Ja zur Aufspaltung der einen wahren Kirche. Mit dem erneuten Vordringen täuferischer Gedanken seit der → Lichtfreunde-Bewegung zeichnete sich als Gegensatz zur B. der Begriff einer Kirche des individualistischen Geistes ab, gegen den in der B. die Einheit der Kirche im wahren Glauben verteidigt wurde. Das ist im → Kirchenkampf 1933ff aufs neue bezeugt worden. Seitdem hat eine Entwicklung auf Verbindung bekenntnisgleicher Kirchen zu größeren Einheiten oder Bünden begonnen, so daß sich die Auseinandersetzung von den einzelnen Kirchenkörpern fort in den Raum des ökumenischen Zusammenschlusses verlagert.

Nicht Volkskirche, Staatskirche, Nationalkirche, Freikirche bilden den Gegensatz zur B., sondern die bekenntnislose Kirche, die eine formulierte Bindung ablehnt. Als Verwirklichungsgestalt einer B. sind neben der »Bekennergemeinschaft« auch andere Formen möglich. Unter B. ist eine Kirche gleich welcher Organisationsform zu verstehen, deren Wesen und Leben nicht durch die zeitweilige Meinung ihrer Mitglieder oder Leiter, sondern durch das formulierte Bekenntnis grundlegend bestimmt ist.

A.v.Scheurl, B. u. Landeskirche, 1868 - A.F.Chr.Vilmar, Dogmatik. Akademische Vorlesungen, 2. Teil, hg.v. K.W.Piderit, 1874, 201 - Joh.Schneider, B. oder Zweckverband? 1917 - RGG[2] I, 876 - A.Adam, Der Bekenntnisstand der Landeskirchen in der Deutschen Ev. Kirche (JK 5, 1937, 485-491. 573-580. 899-906. 940-845) - Th. Schneider, Die echte Einheit von Volkskirche u. B. (Diss. Tübingen). 1940. *A.Adam*

Bekenntnisschriften

1. Grundsätzliches - 2. Lutherische BSen - 3. Reformierte BSen - 4. Anglikanische Kirche - 5. Protestantische Denominationen - 6. Das Corpus Confessionum - 7. Orthodoxe Kirche - 8. Römisch-katholische Kirche. - B. = Bekenntnis, BS = Bekenntnisschrift, KO = Kirchenordnung, CD = Corpus (corpora) doctrinae

1. Die *Idee der BSen* gehört zu dem melanchthonischen Verständnis der Kirche als coetus scholasticus, zu dem sich im 16.Jh. entwickelnden, in der → Konkordienformel (=FC, Epit. Von dem summarischen Begriff usw) definierten spezifisch antihäretisch gewendeten B.- bzw. Symbolbegriff und zur Forderung der eindeutigen Lehreinheitlichkeit (consensus de doctrina) der Territorialkirche. In der Strenge dieses ihres Verständnisses ist sie wesensmäßig lutherisch. Die ihr eignende Funktion rechtlich verbindlicher und staatskirchenrechtlich praktikabler Zusammenfassung der gültigen Kirchenlehre ist im Luthertum des 19.Jh.s (→ Luthertum: II) im Sinn des »B.standes« der → Bekenntniskirche betont und im Anschluß daran im Bereich des luth. Konfessionalismus des 20.Jh.s auf der Linie der These vom »kirchgründenden B.« ausgebaut worden. Den Hintergrund dafür bildet der aufklärerische Rechtsbegriff der Kirche (Gemeinschaft im Sinn der Vertragstheorie, B. als Vereinsstatut), mit dem zB das → Wöllnersche Religionsedikt von 1788 die Rückkehr zu den für die »öffentliche« Religion bindenden Normen der »Symbolischen Bücher« fordert; ferner die durch Hegel und die Romantik verstärkte Wertung kirchlicher Rechtsnormen als objektiver Gestaltungen des Gotteswillens im Gang der Geschichte zusammen mit dem pietistisch-erwecklichen Verlangen, daß auch »die Kirche« als solche wie der einzelne Christ »bekennen« müsse und sich dadurch konstituiere. Schon im 16., vor allem im 17.Jh. hat man diese Idee der »libri symbolici« auf nichtluth. »katholische« Partikularkirchen übertragen und gelegentlich für diese zum Zweck polemischer wie kontroverstheologischer Auseinandersetzung die Zusammenstellung solcher BSen versucht (s. 7), wobei die ebenfalls luth. Idee der »ökumenischen Symbole« (Apostolikum, Nicaenum, Athanasianum) so etwas wie eine (noch) gemeinsame Basis herstellen wollte. Dabei wurden gemäß der Definition in der FC (Epit., aaO) die BSen als »norma normata« der Hl. Schrift als »norma normans« rangmäßig unter- und funktionsmäßig zugleich (als Schlüssel orthodoxen Schriftverständnisses) vorgeordnet. Die einem solchen Verständnis der BSen entstammende Disziplin der Symbolik (→ Konfessionskunde) begreift sich daher in ihren Anfängen, auch unter dem Einfluß des aufklärerischen Verständnisses, der BS als Formulierung des »Lehrbegriffs« als »die vergleichende Darstellung des in den öffentlichen B.sen der bestehenden christlichen Kirchen enthaltenen Lehrbegriffe« (G.F.Oehler, Lehrbuch der Symbolik, 1876, 12) und verkürzt damit die adäquate Erfassung der Eigenart der verschiedenen Kirchentümer auf deren offizielle »Lehre«.

Die Anfangsgestalten derartiger BSen sind die verschiedenen luth. Corpora Doctrinae (CD; s. 2), die zT mit territorialen oder städtischen → Kirchenordnungen eng verbunden sind. Auch der Begriff des CD geht auf Melanchthon zurück (um 1550) und meint die Gesamtheit der Schriften, in denen die »incorrupta Evangelii doctrina« *normativ* ausgesprochen ist. Im 16.Jh. entsteht so eine große Anzahl vorwiegend luth. CD, teils vor, teils nach dem Konkordienbuch als dem Versuch eines gesamtluth. CD. Mit ihnen gestaltet sich die schon 1533 in Wittenberg eingeführte → Lehrverpflichtung kräftig aus. Die Verwirklichungsgeschichte dieser Idee der BS bestimmt die folgende Zusammenstellung:

2. *Lutherische BSen:* a) An erster Stelle steht das → *Konkordienbuch* (1580; = Konk), dessen kirchliche Autorisierung in der Vorrede zur FC erfolgt. Es wurde und wird aber in seinem ganzen Umfang nicht in allen luth. (Landes-)Kirchen anerkannt und ist nicht die einzige luth. BS. Vor und neben ihm standen oder stehen verschiedene CD, die als BS galten oder noch gelten, vielfach im Zusammenhang mit umfangreicheren KOen. Daß das Konk später und in der Gegenwart unter dem Titel: »Die BSen der ev.-luth. Kirche« (krit. Ausgabe durch den Deutschen Ev. Kirchenausschuß, [1930] 1956^{3}; früher: »Die symbolischen Bücher der ev.-luth. Kirche«, hg.v. J.T.Müller, [1848] 1928^{12}) erscheint, ist für diesen Pluralismus der BSen bezeichnend; ebenso daß nur eine der in ihm enthaltenen Schriften, das → Augsburger Bekenntnis, für das Reichsrecht staatskirchenrechtliche Bedeutung gewann (im → Augsburger Religionsfrieden, 1555 und im Westfälischen Frieden, 1648).

b) Die *corpora doctrinae,* die in der Aufnahme einzelner Lehrschriften als normativ zT übereinstimmen, beginnen 1560 mit dem buchhändlerischen Privatunternehmen des sog. CD Philippicum (oder Misnicum), das neben den drei ökumenischen Symbolen nur Melanchthonschriften enthält, aber für Pommern, Kursachsen und Schlesien obrigkeitlich autorisiert wurde, jedoch mit dem Sturz des Kryptocalvinismus 1574 an Bedeutung verlor und schon früher zT antiphilippistische CD hervorrief: so in Württemberg die Aufnahme der Confessio Virtembergica von 1551 in die sog. Große KO, das Hamburger B.buch 1560, die Lübecker Formula consensus de doctrina evangelii (Val.Curtius) 1560, die »Lüneburger Artikel« → Mörlins von 1561, das CD (erstmals im Titel) der Stadt Braunschweig (Mörlin) von 1563, das CD Pomeranicum 1564, das das niederdeutsche CD Philippicum mitenthält, das sog. CD Prutenicum (Repetitio corp. doctr. christ. von Mörlin und → Chemnitz) 1567, das ebenso wie das Hamburger CD und das Konk besonders stark die innerprot. Lehrstreitigkeiten spiegelt, das CD der Stadt Göttingen 1568, das CD Thuringicum für das ernestinische Herzogtum Sachsen von 1570, das CD Brandenburgicum 1572 (→Musculus), das CD Wilhelminum für Braunschweig-Lüneburg (→ Rhegius, Chemnitz) und das gleichlautende, aus der KO des Herzogs Julius von 1569 etwas erweiterte CD Julium für Braunschweig-Wolfenbüttel, beide 1576. Alle diese CD verloren mit dem Aufkommen des Konk an Gewicht, soweit nicht dessen Ablehnung teils das Festhalten an älteren CD (zB Braunschweig-Wolfenbüttel), teils die Schaffung neuer zur Folge hatte; so nimmt Holstein das Konk ohne die FC an, Pommern erweitert das CD Pom. durch Abschnitte aus der FC, das CD Hassiacum für Hessen-Darmstadt (1617 bzw. 1626) verbindet das CD Julium mit der Wittenberger Konkordie von 1536, Nürnberg bleibt bei den 1573 für Brandenburg-Ansbach als Erweiterung des CD Philippicum festgestellten »Normalbüchern« und publiziert sie 1641 als »Libri normales Norinbergenses«. – Kursachsen verschärft die in der KO von 1580 formulierte Lehrverpflichtung auf das Konk durch die vier »articuli visitatorii« des Äg. → Hunnius 1592.

c) Neben und vor diesen CD stehen die B.formeln und Lehrnormen in den *Kirchenordnungen,* die zT auch in die CD übernommen wurden, so α) → Melanchthons Unterricht der Visitatoren 1528; β) Die Predigtanweisung des Herzogs Ernst des Bekenners für Braunschweig-Lüneburg, Celle 1519, an die Urbanus Rhegius mit seiner Formula caute loquendi 1535 anknüpft, dazu die KO der Stadt Hannover 1536 (Rhegius) und die Lipper KO von 1538; γ) die Brandenburg-Nürnbergische KO 1533 und die von ihr abhängige Württemberger KO 1536 sowie die Märkisch-Brandenburger KO 1540; δ) die Hallesche KO 1540; ε) die von Brandenburg-Nürnberg und Märk. Brandenburg abhängige Calenberger KO 1541 und die Pfalz-Neuburger KO 1543; ζ) die Kölner Reformation 1543 (Brandenburg-Nürnberg, → Bucer, Melanchthon); η) die Mecklenburger KO 1552 (→ Aurifaber u.a., Melanchthons Examen ordinandorum); ϑ) Die Pfalz-Zweibrücker KO 1557; ι) die sächsischen Generalartikel von 1557 mit der Confessio Saxonica; κ) die sog. große württembergische KO 1559 mit der Confessio Virtembergica; λ) die Pommersche KO 1563; μ) die KO des Herzogs Julius (sog. Calenberger KO) von 1569, die bis 1900 in Hannover galt (Chemnitz, → Andreä); ν) die Oldenburger KO von 1573 (→ Selnecker, → Hamelmann) mit ihrer starken Erweiterung des Examen ordinandorum.

d) Von den in die CD und KOen eingegangenen BSen sind außer dem Bestand des Konk noch zu nennen: die Wittenberger Konkordie von 1536, die für Trient bestimmten Conf. Saxonica (Repetitio Augustanae Conf., Melanchthon) und Conf. Virtembergica (→ Brenz) von 1551 und Melanchthons Examen ordinandorum 1552 (s. 2 c η). – Für Dänemark stellt die Confessio et Ordinatio Ecclesiarum Danicarum von 1561 (neu hg.v. B.Kornerup, 1953) die abschließende B.bildung dar; sie schließt sich in Aufbau und Lehrtypus an die Loci Melanchthons an und hat wahrscheinlich Niels → Hemmingsen zum Verfasser. – In Schweden war die KO von Laurentius → Petri 1571 die endgültige BS (neu hg.v. E.Färnström, 1932).

3. Gegenüber der luth. Bewertung der BSen steht auf *reformierter* Seite mit ähnlicher Bedeutung nur hie und da das Genfer Corpus et syntagma confessionis fidei von 1612. Aber auch diese Zusammenstellung von BSen hat ebenso wie die ältere Harmonia Confessionum (1581) und die modernen von E.F.K.Müller (Die BSen der ref. Kirche, 1903) und W.Niesel (BSen und KOen der nach Gottes Wort ref. Kirche, [1938] 1945^{2}) und eine geplante kritische Ausgabe der ref. BSen mehr privaten Charakter. Auch die Verbindung von BS mit KO ist weniger ausgeprägt. Vor allem fehlt der Gedanke einer (relativen) Abgeschlossenheit der BSen. Revision alter, Bildung neuer BSen haben grundsätzlich weiten und in den KOen zT vorgesehenen Raum. So kann → Calvins Institutio nahezu symbolisches Ansehen gewinnen und ebenso andere Stücke, die nicht als »öffentliche« BS gemeint waren. Müller stellt zB unter »Modernes« BSen aus dem 19.Jh. zusammen, Niesel nimmt neben der Barmer Theol. Erklärung von 1934 auch die »Düsseldorfer Thesen« von 1933 und »Erklärung über das rechte Verständnis der reformatorischen B.se usw« 1934 (→ Barmen) auf. Die zZ jüngsten Stücke der Neubildung sind die BS »Fundamente und Perspektiven des Bekennens« (1949, dt. Ausgabe von H.Berkhof 1951) und die KO von 1950 der Niederländischen Ref. Kirche.

Aus den 58 von Müller gesammelten Stücken sind hervorzuheben: a) vorcalvinische BSen: die Züricher Einleitung 1523, die Berner Thesen 1528 und die Lehrartikel des Berner Synodus 1532, → Zwinglis Fidei ratio 1530, → Confessio Tetrapolitana 1530 und Conf. helvetica prior 1536; b) schweiz. BS seit Calvin: Confession de la Foy, Genf 1536, Catechismus Genevensis 1545, Consensus Tigurinus 1549, Conf. helv. posterior 1562 (→ Bullinger); c) Conf. gallicana 1559 (Calvin u.a.), Conf. belgica 1562 (Guy de Bray), Conf. Scotica 1560

(J. → Knox) mit Covenant von 1581; d) für Ungarn: Erlauthaler B. 1561, Compendium doctrinae christianae 1562; e) für Deutschland: B. der Frankfurter Fremdengemeinde 1554, Emdener Katechismus 1554, Heidelberger Katechismus 1554, Nassauisches B. 1578, Consensus Bremensis 1595, das → Staffortsche Buch 1599, die Conf. Sigismundi 1614; f) für Anglikanismus und → Puritanismus: die 42 und die 39 Artikel der → Anglikanischen Kirche 1552 und 1562, die → Westminster Confession 1647 und der große und kleine Westminster-Katechismus 1647 sowie die kongregationalistische Savoy-Deklaration 1658; g) für Polen: Consensus Sendomiriensis 1570, Declaratio Thoruniensis 1645; h) für Böhmen: Conf. Bohemica 1609; i) als Lehrentscheidungen: die Dordrechter Canones 1619; k) als moderne BSen: Die Lehrartikel der pfälz. → Union 1818, B. der Calvinistischen → Methodisten 1823, Deklaration der engl. → Kongregationalisten 1833, B. der »Chiesa Evangelica Italiana« 1870 (→ Waldenser).

4. Für die → *Anglikanische Kirche* ist das → Common Prayer Book (1559/1662, Revision 1928), das auch die 39 Artikel und einen kurzen Katechismus enthält, zusammen mit den Constitutions and Canons Ecclesiastical *die* BS.

5. Von den aus den Reformationskirchen hervorgegangenen *Denominationen* haben die meisten auch den BSen vergleichbare Lehrdokumente, so zB die 25 Glaubenssätze der Bischöflichen → Methodistenkirche (in: Doctrines and Discipline, 1924) oder die → Brüderunität in Kap. 2 des Verlasses der General-Synode von 1914. - Die Magna Charta des amerikan. Kongregationalismus (→ Kongregationalisten) ist die Cambridge Platform von 1648, die sich von der → Westminster Confession nur durch die Grundsätze der independentistischen Kirchenverfassung unterscheidet. Für den heutigen Kongregationalismus gilt das Statement of Faith von Grand Rapids (1944). - Die engl. → Baptisten calvinistischer Richtung grenzten sich 1644 in der London Confession gegen die General Baptists ab. Weitere baptistische B.se sind die Baptist Confession von 1688, die Philadelphia Confession von 1742, die New Hampshire Confession von 1833; mit Ausnahme der Artikel über Kirchenverfassung und Taufe stimmen sie mit der Westminster Confession überein. - Neuen Auftrieb bekam die B.bildung in den verschiedenen amerikan. Kirchenunionen (1934 Constitution der Evangelical and Reformed Church; 1946 Discipline of the Evangelical United Brethren Church, deren erste 13 Artikel das B. der United Brethren von 1889 und deren weitere 19 Artikel das B. der Evangelical Church von 1839 enthalten). - Innere Spaltungen zwangen auch Denominationen, die jeder B.fixierung abhold waren, wie die → Disciples of Christ (»no creed but Christ«), zu einer Neubesinnung auf das B. (1946 Report of the Commission on Restudy of the Disciples of Christ). Andere, wie etwa die → Quäker, lehnen BSen grundsätzlich ab.

6. Die christologische »Basis« der Verfassung des Ökumenischen Rates von 1948 (→ Bekenntnisbildung, 5) ist nur eine Minimalformel unter Voraussetzung verschiedener BSen der zugehörigen Kirchen. Der Versuch ökumenischer Zusammenstellung der B.se der Christenheit in dem von C.Fabricius begründeten *»Corpus Confessionum«* seit 1928 ist bei 20 Abteilungen nur mit 20/I, Die Bischöfliche Methodistenkirche, 1931, 10/I, Die Brüdergemeine, 1936 und 17/I, Die Kirche von England, 1937 bisher vollständig durchgeführt.

7. Das Bekenntnis der → *Orthodoxen Kirche* ist das → Nicäno-Konstantinopolitanum als »Summe« der dogmatischen Entscheidungen der 7 ökumenischen Synoden 325-787 (→ Konzile). Can. 2 des Quinisextum 692 und der im 9.Jh. überarbeitete → Nomokanon nennen die einzelnen normativen Stücke. Daneben und neben den liturgischen Büchern sowie den Schriften der Väter, besonders der »Normaldogmatik« des → Johannes Damascenus haben die sog. symbolischen Bücher (erste Zusammenstellung 1844 durch den Jenenser Prof. E.Kimmel, Libri symbolici eccl. oriental., später J.Michalcescu, Θησαυρὸς τῆς ὀρθοδοξίας, 1904) geringe Bedeutung. Zu ihnen gehören 1. die Confessio → Gennadii (II. von Konstantinopel, 1453-59), angeblich Mahomed II. eingereicht, nur für 1-13 der 20 Art. echt; 2. die Confessio Orthodoxa des Metropoliten Petrus → Mogilas von Kiew gegen den calvinisierenden Patriarchen von Konstantinopel Kyrill → Lukaris, 1643 von den griech. und russ. Patriarchen approbiert, 1721 von Peter d.Gr. in die russ. KO aufgenommen; 3. die Beschlüsse der Synode von Jerusalem 1572 (Ἀσπὶς Ὀρθοδοξίας) gegen die Homologie des Kyrill Lukaris samt der Confessio des Patriarchen → Dositheos von Jerusalem, 1676, die 1721 von allen griech. Patriarchen gebilligt wurde; 4. das Bekenntnis des → Metrophanes Kritopulos, eine Privatschrift zur Unterrichtung der Helmstedter Theologen, 1625. Hinzu kommen die Katechismen der Moskauer Metropoliten → Platon (Lewschin) und → Philaret (Drosdow) sowie zahlreiche griech. Katechismen; neuerdings der »Versuch eines christlich-orth. Katechismus« des Metropoliten → Antonius (Chrapowitzky), Karlovzy 1924.

8. In der *Röm.-Kath. Kirche* hat man den Begriff der BSen neuerdings aufgenommen (vgl. LThK II, 114ff) und auf »authentische, dh von der obersten Leitung der Kirche erlassene oder ... approbierte Darlegungen des Glaubens« angewendet und Sammlungen dieser als »symbolische Bücher« bezeichnet. Man rechnet dazu außer den drei altkirchlichen B.sen das Toletanum (675), das Kapitel »Firmiter« des 4. Lateranense (1225), das Symbolum → Leonis IX. (1052), das von → Innozenz III. 1210 für die Waldenser vorgeschriebene B., die Professio fidei des Michael Paläologus (2. Lyonense, 1274), die Dekrete des Florentinum 1439 für Armenier und → Jakobiten, die Professio fidei Tridentina, das von → Gregor XIII. den Griechen 1575 und das von → Urban VIII. den Orientalen 1624 vorgeschriebene B., die Glaubensdekrete der → Konzile, vor allem des → Tridentinum (1545-63) und des → Vaticanum (1870) und den → Antimodernisteneid (1910). Dazu kommen die päpstlichen Kathedralentscheidungen, deren Abgrenzung allerdings schwankt (*eine* Aufzählung LThK II, 114). Als Lehrverpflichtung im strengen Sinn dienen die als Professio catholicae fidei dem → Codex Iuris Canonici (1917) vorangestellte Neufassung der Professio fidei Tridentina und der Antimodernisteneid. Die gebräuchlichste Zusammenstellung bietet H.Denzinger, Enchiridion Symbolorum usw, (1854) 1953^{29} (Rahner).

Außer der im Text genannten Lit.: Zu 1: RE IV, 293ff; XIX, 202f - P.Tschackert, Die Entstehung der luth. u. der ref. Kirchenlehre, 1910 - K.Barth, Wünschbarkeit u. Möglichkeit eines allg. ref. Glaubens-B.ses (Die Theol. u. d. Kirche, 1928, 76-105) - Ders., Das B. d. Reformation u. unser Bekennen (ThEx 29), 1935 - E.Wolf, Peregrinatio, 1954, 162ff. 342f - Gutachten (der Kirchl. Hochschule Berlin) über die konfessionelle Frage usw (Der Anfang, H. 5), 1948 - H.Fagerberg, B., Kirche u. Amt i. d. dt. konfessionellen Theol. d. 19.Jh.s, 1952. - Zu 2: E.Schlink, Theol. d. luth. BSen, (1940) 1946^{2} - F.Brunstäd, Theol. d. luth. BSen, 1951. - Zu 3.: Ref. BSen u. Kirchenordnungen in dt. Übers., hg.v. P.Jacobs, 1949 - O.Weber, Die KO d. Niederl. Ref. Kirche von 1950 (ZevKR 2, 1953, 225-269) - E.J.Bicknell, A Theological Introduction to the 39 Art., London (1919) 1955^{3} - F.Balogh, History of the Creeds and Confessions of the Hungarian Ref. Church, 1880. - Zu 5.: W.Walcker, Creeds and Platforms of the Congregational Churches, New York 1893. - Zu 7.: A.Palmieri, Theologia dogm. orthodoxa I, 1911, 425ff -

C.R.A.GEORGI, Die Conf. Dosithei, 1940. - Zu 8.: F.CAVALERA, Thesaurus doctrinae cath. ex documentis eccl. etc, Paris 1920 (reichste Sammlung) - J.NEUNER-H.ROOS, Der Glaube der Kirche in den Urkunden der Lehrverkündigung, (1938) 1949² (dt. Übers.) - P. CATTIN-H.-TH.CONUS, Aux sources de la vie spirituelle, 1951; dt. v. A.ROHRBASSER, Heilslehre der Kirche, Dokumente von Pius IX. bis Pius XII., 1953 - Quellen zur Konfessionskunde, Reihe A, Röm.-kath. Qu., hg.v. K.D.SCHMIDT u. W.SUCKER, 1954ff (dt. Übers.). - Allgemein: Bibl. d. Symbole u. Glaubensregeln d. alten Kirche, hg.v. A.HAHN, (1842) 1897³ - PH.SCHAFF, Bibliotheca symbolorum ecclesiae universalis. Creeds of Christendom, 3 Bde, New York (1876) 1919⁴.
Ernst Wolf

Bekenntnisschule (Konfessionsschule) → Schule und Kirche: I.

Bekenntnissynoden → Barmen, → Dahlem, → Bekennende Kirche, → Kirchenkampf.

Bekker, *Balthasar* (1634-98), * Metslawier, studierte 1650-54 in Groningen unter Jac. Alting (dessen Werke er 1678 herausgab), 1654-55 in Franeker (1665 Dr. theol.), war dort Schulrektor, dann Pfarrer in Oosterlittens, Franeker, Loenen aan de Vecht, Weesp und Amsterdam (1679). Ohne geradezu ein Cartesianer zu sein, mahnte er in seiner De philosophia Cartesiana admonitio (1668) zur selbständigen Untersuchung dieser Philosophie. In De vaste spijze der volmaakten (1670) gab er einen Kommentar zum Heidelberger Katechismus. Gegen → Maresius, der ihn am Antritt einer Professur in Groningen gehindert hatte, schrieb er eine Defensio (1673). Die beiden Werke Ondersoek naar de Betekeninge der Kometen (1683) und vor allem De betooverde Weereld (3 Bde, 1691-93), in denen er den Aberglauben an Kometen, Teufel und Gespenster und die gräßlichen Hexenprozesse aus Gründen der Vernunft und der Schrift bestritt, brachten ihm die heftigste Kritik von orthodoxer calvinistischer Seite ein, haben ihn aber später berühmt gemacht. Die Provinzialsynode in Alkmaar setzte ihn ihretwegen als Pfarrer ab (1692). Obwohl der »Bekkerische Irrtum« noch lange bestritten wurde, hat B. doch das große Verdienst, den Aberglauben zurückgewiesen und selbst »Hexen« vom Scheiterhaufen gerettet zu haben.

A.VAN DER LINDE, B.B. - Bibliographie, 1869 - E.J.DIESTLORGION, B.B. te Franeker, 1848 - DERS., B.B. te Amsterdam, 1851 - W.P.C. KNUTTEL, B.B., de bestrijder van het bijgeloof, 1906 - BWGN I, 389ff (Lit.).
W.F.Dankbaar

Bel zu Babel bildet mit dem → Drachen zu Babel ein Stück der ZusDan in der griech. Bibel, das nach der LXX ein Teil einer sonst nicht erhaltenen »Prophezeiung des Habakuk« sein will. - Daniel (nach LXX ein Priester) weist darin dem König durch eine List das Unvermögen Bels nach, die vorgelegten Opfergaben selbst zu verzehren. Dies tun vielmehr die Priester. Theodotion pointiert schärfer: Die »mit Händen gemachte« leblose Bel-Statue ist dem »lebendigen Gott« Daniels unterlegen. LXX wandelt die Benediktionsformel des Königs: »Groß ist Bel, denn bei ihm ist kein Betrug« ab zu der Feststellung Daniels: »Siehe den Betrug der Priester«! In B.z.B. findet somit die schärfste Form jüdischer Polemik gegen die babylonische Bel-(Marduk-)Verehrung ihren Ausdruck. - Die Entstehungszeit des B.z.B. ist völlig unsicher, doch wohl im 2.Jh. vChr am wahrscheinlichsten.

DB I, 267f - KAUTZSCH, AP I, 172ff (W.ROTHSTEIN) - SCHÜRER III, 452ff - CHARLES, AP I, 652ff (W.DAVIES) - O.EISSFELDT, EinlAT, 1956², 729ff.
M.Weise

Belgien

Die religiöse Lage in Belgien seit 1815: 1. Katholizismus - 2. Protestantismus - 3. Judentum

1. a) Seit dem Toleranzedikt → Josephs II. (1781) hatte der Katholizismus der österreichisch-habsburgischen Niederlande manchen Rückschlag erlitten; zunächst durch die aufgeklärte Herrschaft dieses Kaisers selbst, dann durch den Einbruch der Armeen und des Gedankenguts der französischen Revolution. Vom Ende des 16. bis zum Beginn des 18.Jh.s war der belgische Katholizismus eine starke Position des antiultramontanen und antijesuitischen Episkopalismus (M. → Bajus, → Jansenismus). Doch war der überwiegende Teil der Bevölkerung dem kath. Glauben treu geblieben, und der Klerus hatte es dadurch, daß das napoleonische Konkordat (1801) den Priestern einen Besoldungsausgleich für die Verluste aus den säkularisierten Kirchengütern zusicherte, nicht allzu schwer, das gottesdienstliche Leben der Gemeinden im Geist ultramontaner Restauration wieder in Gang zu bringen.

Als dann auf Grund des Wiener Vertrags B. mit Holland vereinigt wurde und dieses »Amalgam« mit Wilhelm I. der Niederlande einen bewußt und rücksichtslos prot. Herrscher erhielt, nahm die Neigung des Klerus zur Einmischung in die Politik zu. Ohne Verständnis für die Belgier, die mit ihrem ganzen Wesen an den alten religiösen und kulturellen Institutionen hingen, führten der König und seine Räte Neuerungen ein, welche ebenso die belgischen Liberalen wie die Katholiken vor den Kopf stießen. Von 1822-24 schlossen die Behörden eine ganze Anzahl kath. Schulen, ließen aber die Kollegien sowie die sog. großen und kleinen Seminarien bestehen.

Im Juni 1825 erfolgte die Aufhebung des gesamten »freien« Unterrichts, soweit er in den Händen der Katholiken lag, und die Errichtung des *Collège philosophique* in Löwen, dessen Lehrpersonal der König selbst ernannte und dessen Besuch für alle angehenden Priester obligatorisch sein sollte. Viele Eltern schickten ihre Söhne auf französische Kollegien, und unter dem Klerus wie in der Bevölkerung breitete sich eine Widerstandsbewegung aus, um so mehr als das Collège philosophique holländische Professoren erhielt, die dem belgischen Episkopat nicht genehm waren.

Nach langwierigen Verhandlungen wurde endlich im Okt. 1827 zwischen Den Haag und dem Hl. Stuhl ein neues Konkordat abgeschlossen. Eingeschüchtert durch die Proteste der holländischen Calvinisten und der belgischen Liberalen, gab das Ministerium jedoch den Provinzgouverneuren Weisung, an dem bestehenden Zustand bis zur Neubesetzung der vakanten Bischofssitze nichts zu ändern. Angesichts der despotischen Maßnahmen des Königs sowie der Ereignisse in Frankreich kam es zu einer Annäherung von Katholiken und Liberalen. Der König mußte in mehreren Punkten nachgeben.

Um diese Zeit macht sich der Einfluß der Schriften des Abbé *de → Lamennais* stark bemerkbar, der die Elite der liberalen Katholiken um sich sammelt. Van Bommel, der spätere Bischof von Lüttich, protestiert in seinen Trois chapitres sur les deux arrêtés du 20 juin 1829 relatifs au Collège philosophique gegen die Schließung der Kollegien und der kleinen Seminarien und veröffentlichte einen Essai sur le monopole de l'enseignement aux Pays-Bas.

Der König fühlt sich von der Opposition in die Enge getrieben und lenkt ein; er ernennt vier Bischöfe (Namur, Gent, Lüttich und Tournai), erklärt den Besuch des Collège philosophique für fakultativ und gestattet die Wiedereröffnung der kleinen Seminarien. Als Bischof tritt van Bommel für ein »System der unbeschränkten Freiheit in Sachen des Kultus und der religiösen Überzeugung« ein. Allerdings müssen die Kultgemeinschaften staatlich subventioniert werden.

b) Es folgte die *Revolution von 1830* und die Unabhängigkeitserklärung B.s. In der neuen belgischen Verfassung wurden die Grundsätze der Religions-, Presse-, Vereins- und Versammlungsfreiheit ausdrücklich verankert; Art. 117 garantiert darüber hinaus die staatliche Besoldung der Amtsträger der Religionsgemeinschaften. Inzwischen hatte sich der Katholiken eine fieberhafte Aktivität bemächtigt. Der Erzbischof von Mecheln, de Méan, war 1831 gestorben und wurde durch einen der aktivsten Männer aus der früheren Widerstandsbewegung, den Erzbischof Sterckx, ersetzt. Der Priestermangel forderte die Wiedererrichtung der kleinen und großen Seminarien in jeder Diözese. Die Dekane erhielten größere Vollmachten und wurden jedes Jahr zusammengerufen, um von den Bischöfen ihre Instruktionen entgegenzunehmen. 1834 wurde die Diözese Brügge wiederhergestellt; als sich das selbständige Großherzogtum → Luxemburg bildete (1840), mußten die Diözesen Lüttich und Namur eine Reihe von Gemeinden an die neue Diözese Luxemburg abtreten.

Die innere Missionierung wurde tatkräftig organisiert; der freie Volksschulunterricht nahm unter der Leitung der Brüder von der christlichen Lehre und der Schwestern von Notre Dame einen gewaltigen Aufschwung. Die bischöflichen Kollegien wurden für den Gymnasialunterricht reorganisiert. Die Jesuiten kehrten ins Land zurück und bildeten in ihren neuerrichteten Kollegien junge Leute aus den einflußreichsten Familien aus. In Mecheln wurde am 4.11.1834 die kath. Universität eröffnet; 1835 siedelte sie nach → *Löwen* über, wo sie fünf Fakultäten besaß und die alte Universitätstradition dieser Stadt wiederaufnahm. Der von Leopold I. gebilligte, von den Liberalen heftig bekämpfte Plan, diese Universität als Körperschaft öffentlichen Rechts anzuerkennen, wurde aber wieder fallengelassen.

Neuen Auftrieb erhielt auch die Arbeit der zurückgekehrten Ordensgemeinschaften: Redemptoristen, Franziskaner, Augustiner, Dominikaner, Barfüßer-Karmeliter, Zisterzienser, Benediktiner, Prämonstratenser. Neue Orden bildeten sich: Barmherzige Brüder und Schwestern (Frères bzw. Soeurs de la Charité), Töchter vom Hl. Kreuz, Ordensfrauen vom Heiligsten Herzen Jesu usw. Neue Niederlassungen wurden errichtet. Diese zahlreichen Orden förderten die Stärkung der kath. Kirche im Lande und die Mission in fernen Ländern, besonders unter den Indianern in USA und unter den Protestanten. 1857 wurde in Löwen ein amerikanisches Seminar gegründet, das sich bei seinem fünfzigjährigen Jubiläum rühmen konnte, 17 Erzbischöfe und Bischöfe und über 800 Priester nach Amerika entsandt zu haben. Im Lande selbst unternahm man einen großangelegten Feldzug zugunsten der Armenfürsorge, der Verbreitung guter Literatur und der Schaffung einer von den Grundsätzen des römischen Glaubens geleiteten Tagespresse.

Gleichwohl sah sich die Kirche immer wieder zum Kampf um ihre Positionen aufgerufen gegen Gegner, die unter dem Schutz der Verfassung Raum gewannen. Freidenkervereinigungen und Freimaurerlogen, alles, was sich nicht in den Rahmen der kath. Kirche einfügte, zeigte bald antiklerikale Tendenzen und erhob sich leidenschaftlich gegen die dauernden Eingriffe der kath. Kirche in sämtliche Bereiche des öffentlichen und sozialen Lebens. Es nimmt deshalb keineswegs wunder, daß (neben den Staatsuniversitäten von Gent und Lüttich) im gleichen Jahr wie die kath. Universität von Mecheln (später Löwen) auch eine »freie Universität« in Brüssel gegründet wurde, die sich zur freien Forschung als Grundlage ihrer Arbeit bekannte und als Gegnerin jedes Dogmatismus auftrat.

c) Als die *Liberalen* ans Ruder gekommen waren, schuf der Staat gegen den sog. »freien« kath. Unterricht, der sich indessen immer weiter entwickelte, offizielle neutrale Schulen. Es kam zu einem regelrechten Schulkrieg (das »organische Gesetz« über den Mittelschulunterricht von 1850), der jedesmal dann wieder aufflammte, wenn eine antiklerikale Regierung den Familienvätern die Freiheit in der Wahl der Schule sichern wollte, vor allem 1879 und besonders 1955. 1879 brachten die Bischöfe, die kath. Presse und die kath. Vereinigungen in 90% der belgischen Gemeinden ein Volksbegehren zustande; ein Gedankenaustausch zwischen dem Vatikan und der Regierung endete mit dem Abbruch der beiderseitigen Beziehungen. 1955 setzte die Linksregierung (Sozialisten und Liberale) die gesetzlichen Bestimmungen über die Diplomierung der Volksschul- und Gymnasiallehrer wieder in Kraft (was die Entlassung einer Anzahl nichtdiplomierter Lehrkräfte zur Folge hatte, die ihre Anstellung der Gunst der früheren klerikalen Regierung verdankten) und schuf zahlreiche offizielle Schulen.

Auch der Bereich der Liebestätigkeit wurde zum Anlaß von Konflikten zwischen Kirche und Staat, als dieser nur die öffentlichen Wohlfahrtseinrichtungen für berechtigt erklärte, Schenkungen und Legate zugunsten der Armen entgegenzunehmen. Ebenso gaben auch die Nebeneinkünfte der staatlich subventionierten Kultgemeinschaften aus den von der Kirche verwalteten Industriebetrieben Anlaß zu Meinungsverschiedenheiten: der liberale Staat wollte an dieser Verwaltung beteiligt sein.

d) Der belgische Katholizismus kennt nur eine einzige schismatische Bewegung: den *Stevenismus*. Dieser geht auf die Zeit der französischen Besetzung und des napoleonischen Konkordats zurück. Sein Begründer, Cornelis Stevens, Kapitularvikar zu Namur von 1799-1802, griff die französische Regierung an und wandte sich gegen die servile Haltung der Bischöfe gegenüber den »organischen Artikeln«. Er besaß starken Anhang im wallonischen wie im flandrischen Klerus. Nach seinem Tode (1829) begannen die kleinen stevenistischen Gemeinden langsam unter Priestermangel zu leiden; viele ihrer Glieder wandten sich wieder der Kirche zu. Gegenwärtig gibt es noch einige Hundert in der Gegend von Hal.

Die aus dem Einfluß de →Lamennais' folgende Haltung verurteilte der Papst in zwei Enzykliken: Mirari vos (1832) und Singulari nos (1834). Es kam zu Kämpfen zwischen »Enzyklisten« und »Lamennisten«. Nach der zweiten Verurteilung unterwarf sich der Episkopat und nahm den Kampf gegen die Verbreitung der Ideen de Lamennais' in den Kollegien und in der Presse auf. Seit 1840 verschärfte sich die Tendenz zum → Ultramontanismus.

Welche Haltung nahmen die belgischen Katholiken gegenüber dem → Syllabus von 1864 und dem vatikanischen Konzil ein? 1863 wandte sich → *Montalembert* in Mecheln energisch gegen »die Fraktion von Katholiken«, »die einfach die Prinzipien nicht begreifen wollen, auf denen die moderne Gesellschaft ruht«. Er fand sofort Widerspruch, und gerade damals erließ Pius IX. die Enzyklika Quanta cura und veröffentlichte gleichzeitig eine Liste von Sätzen, die von der römischen Kurie verurteilt wurden, darunter auch die Lehren de Lamennais über die Freiheit, über die Trennung von Kirche und Staat usw. Unter den verfassungstreuen belgischen Katholiken entstand Unruhe; man suchte sie indessen zu überzeugen, daß der Syllabus »weder die Verfassung, noch die Rechte und Pflichten des Staatsbürgers, noch dessen legitime politische Freiheiten« im Auge habe.

Die starke Verbundenheit der belgischen Katholiken mit dem Hl. Stuhl manifestiert sich auf verschiedene Weise: einerseits in der raschen Unterwerfung unter die Entscheidungen der römischen Kurie in Lehrfragen (wie bei der Verurteilung der Ideen de Lamennais' und des an der Universität Löwen gelehrten ontologischen Traditionalismus), andererseits in der erstaunlich schnellen Zustimmung etwa zur Erhebung des → »Peterspfennigs« oder zur Frage der päpstlichen Armee, für die sich belgische Freiwillige in großer Zahl zur Verfügung stellten, und schließlich in der Frage der Verteidigung der weltlichen Macht des Papsttums zwischen 1860 und 1870. Vor allem aber zeigte sich der einmütige Konsens der belgischen Katholiken bei der Dogmatisierung der Unbefleckten Empfängnis Mariens (→ Mariologie) und der päpstlichen Unfehlbarkeit (→ Infallibilität), genauso wie sie 1951 die Dogmatisierung der leiblichen Himmelfahrt Mariens begrüßten. Der belgische Katholizismus, voran die Universität in Löwen, setzte sich für die Definierung der Infallibilität ein. Sämtliche belgischen Bischöfe nahmen am Vatikanischen Konzil teil, und der Erzbischof von Mecheln, Kardinal →Dechamps, brachte am 25.12.1869 als erster einen formellen Antrag zugunsten der Definition der päpstlichen Unfehlbarkeit ein. Dies machte einen derart guten Eindruck, daß später, als der Vormarsch der italienischen Truppen Rom bedrohte, eine Stimme vorschlug, man solle das Konzil nach Mecheln verlegen! Ebenso widerstandslos nahm der belgische Katholizismus zu Beginn des 20.Jh.s auch die Verurteilung des Modernismus (→ Reformkatholizismus) durch Pius X. hin.

Im Blick auf die innerkath. Lehrentwicklung sei noch vermerkt, daß das Eintreten Leos XIII. für den Thomismus in Belgien sogleich starken Widerhall fand: Prof. Désiré → Mercier erhielt einen Lehrauftrag für thomistische Philosophie in Löwen und wirkte als Erzbischof von Mecheln und als Kardinal im gleichen Sinne.

Als Leo XIII. 1891 seine berühmte Sozialenzyklika → Rerum novarum veröffentlichte, begann der belgische Katholizismus diese Anregung des Papstes unverzüglich in die Praxis umzusetzen und die kath. Arbeiterschaft mit allen sozialen Errungenschaften auszustatten.

Nicht zu vergessen ist ferner die erstaunliche Ausdehnung der Missionsarbeit in der Mongolei, in → Belgisch-Kongo, auf den Philippinen, auf den Antillen, in Kalkutta, Westbengalen, Pandjab, China, Chile, Transvaal, Brasilien, Hawai usw.

e) In der *Frömmigkeit* der belgischen Katholiken spielt die Marienverehrung eine wichtige Rolle; aus ihr heraus erklärt sich auch ein Großteil der Wallfahrten im wallonischen wie im flämischen Raum (Verehrung der »schwarzen Madonnen«). In vielen Gegenden finden einmal im Jahre die sog. »marches« statt, eine Art militärischer Umzüge, bei denen die Reliquie eines Lokalheiligen von einer Kirche in die andere übergeführt wird. Um die eucharistische Frömmigkeit zu steigern, wurde ein »eucharistischer Kreuzzug« für die tägliche Kommunion proklamiert. Bruderschaften aller Art unterstützen weithin die Tätigkeit des Klerus.

2. a) Für den *Protestantismus* bedeutete das vergangene Jh. beinahe einen Neubeginn. Im 16.Jh. sah das Land die ersten Märtyrer der Reformation Luthers, die Antwerpener Augustiner Hendrik → Voes und Jan van Essen (Brüssel, 1523). Ihnen folgten zahlreiche andere, auch aus dem Täufertum. Um 1540 drang der Calvinismus ein mit den Zentren Lille und Tournai. Die Inquisition nötigte viele Protestanten zur Auswanderung nach England, dann nach Emden, Frankfurt und Heidelberg, verstärkte aber auch den Widerstand unter Wilhelm von Oranien zwischen 1576 und 1585; Gent erhielt eine ref. Akademie. Die Gegenreformation seit Alexander Farnese führte noch in dieser Zeit zu starken Abwanderungen nach Holland, so daß das Toleranzpatent → Josephs II. 1781 nur noch wenige Gemeinden im späteren B. vorfand. Sie sind der Anfang des heutigen Protestantismus in B. Als dann das napoleonische Konkordat, das sich auch auf Protestanten und Juden bezog, in Kraft trat, kam nur eine einzige von den damals bestehenden acht prot. Gemeinden in den Genuß der neuen Gesetzgebung und erhielt in Brüssel die ehemalige Kapelle des Herzogs von Lothringen an der Stelle des Museums. Erst unter der holländischen Herrschaft erhielten die sieben anderen Gemeinden ihre Anerkennung sowie die Subventionen für die Pfarrgehälter; es sind dies die Gemeinden: Gent, Antwerpen, Maria-Horebeke (im sog. »Geusenzipfel«; sie geht unmittelbar auf die Reformationszeit zurück), Dour, Rongy-Tournai, Lüttich und Verviers-Hodimont-Olne-Dalhem.

Diese acht Gemeinden wurden auch von der belgischen Regierung übernommen; in dem Bestreben, aus ihrer bisherigen Isolierung herauszukommen, schlossen sie sich 1839 zur synodalen *Union des Eglises protestantes évangéliques de Belgique* zusammen. - 1834 bildete sich in Brüssel eine kleine ev. Gemeinde, die sich 1837 an die zu Evangelisationszwecken gegründete Société évangélique belge anschloß. Nach Gründung von ungefähr einem Dutzend lebensfähiger Gemeinden überall im Lande konstituierte sich diese Gesellschaft 1848 nach ref.-synodalem Muster, zT vom Geist A. → Vinets bestimmt, zur *Eglise chrétienne missionnaire belge* (→Belgische Missionskirche). Beide ref. Kirchengemeinschaften, von denen die Union staatliche Unterstützung erhielt, die andere unabhängig blieb, entwickelten sich durch die Bildung neuer Gemeinden stetig weiter. Niederländische, deutsche und schottische Kirchen sowie aus der Evangelisationsarbeit hervorgegangene Gemeinden ließen sich vom Staat anerkennen, während die Union auf Grund ihrer beharrlich betriebenen, gesunden Propaganda Zuwachs durch Gemeinden erhielt.

1888 wurde in Brüssel eine freisinnige prot. Kirche geschaffen (*Eglise libérale de Bruxelles*) und vom Staat anerkannt; sie hat gegenwärtig zwei Stützpunkte: Brüssel und Charleroi.

1904 riefen die beiden ref. Kirchen gemeinsam die Gesellschaft für Geschichte des belgischen Protestantismus ins Leben und gründeten 1910 die Société belge de Missions protestantes au Congo, die gegenwärtig in dem Gebiet von Ruanda arbeitet.

b) Nach Beendigung des Krieges 1914-18 begannen amerikanische prot. Werke sich im Lande niederzulassen: eine fundamentalistische Gruppe, die den Namen Mission évangélique belge annahm; eine Gruppe episkopalistischer Methodisten, die gegenwärtig die Bezeichnung Eglise évangélique méthodiste-Conférence belge führt und dem Bischof der Genfer Diözese untersteht. Sie entfalteten eine rege Evangelisationstätigkeit und konnten mehr als 70 Gemeinden gewinnen.

1924 konstituierte sich eine *Fédération des Eglises protestantes de Belgique* zwischen den beiden alten ref. Kirchen, der sich in der Folge die freisinnige Kirche, die Methodistenkirche, die baptistischen Kirchen und die ref. Freikirchen (»Gereformeerde«) anschlossen.

Pfingstgemeinden und Erweckungsversammlungen in ziemlich großer Zahl entstanden zwischen den beiden Kriegen und nach 1945. Von Amerika kamen noch luth.-freikirchliche und mennonitische Gemeinden herüber. Außerdem existieren, besonders in der Hafenstadt Antwerpen, skandinavische, englische und holländische Gemeinden, dazu wenige Gemeinden von Ostvertriebenen.

c) 1957 bestehen folgende ev. Gemeinden: 36 der Union des Eglises, 50 der Eglise chrétienne missionnaire belge, 6 der »Gereformeerden«, 5 baptistische, 19 Brüderversammlungen, 47 zur Mission évangélique belge gehörende, 23 methodistische, 6 freie baptistische, 2 freie luth., 2 mennonitische, 42 Pfingst- oder Erwekkungsversammlungen, 21 ausländische und 2 freisinnige; zusammen 261 Gemeinden (1914 waren es nicht mehr als 100). Die Gefängnisseelsorge, mit der zunächst nur Pfarrer der Union des Eglises betraut wurden, wird heute auch von Pfarrern anderer Gemeinden wahrgenommen.

Seit Mitte des letzten Jh.s kennt der belgische Protestantismus Sonntagsschulen; die Laienhelfer der Sonntagsschularbeit in den verschiedenen Denominationen sind in einem gemeinsamen Verband zusammengeschlossen. Christliche Jungmänner- und Jungmädchenvereine haben besondere Jungschargruppen und zT eigene Heime. Buben und Mädchen werden außerdem in ev. Pfadfindergruppen gesammelt.

Während des Krieges 1914-18 wurde die prot. Militärseelsorge geschaffen. Heute gibt es auch eine Militärseelsorge der Streitkräfte im Kongo.

1925 begann der prot. Religionsunterricht an den öffentlichen Schulen. 1956 nahmen mehr als 2050 Jugendliche am prot. Religionsunterricht in über 216 Schulen teil.

Auf die Initiative des Brüsseler Pfarrers Mathieu Schyns wurden 1942 während des Krieges theologische Kurse zur Vorbereitung auf das Pfarramt begonnen. Der Gedanke, aus den drei Kirchengemeinschaften: Union des Eglises, Eglise missionnaire und Methodistenkirche, eine regelrechte theologische Fakultät zu bilden, wurde 1950 aufgegriffen. Bald darauf konstituierte sich diese Fakultät, seit 1954 in zwei gleichgeordneten sprachlichen Abteilungen, einer französischen und einer flämischen, in Brüssel (Faculté de Théologie Protestante de Bruxelles, 32 Boulevard de la Cambre).

Der belgische Protestantismus besitzt drei Buchhandlungen, drei Waisenhäuser, sechs Altersheime und eine Klinik; außerdem mehrere Zeitschriften in den beiden Landessprachen, so die der Fakultät »Veritatem in caritate«.

3. Für *israelitische Gemeinden* hat der belgische Staat das Großrabbinat B. und eine gewisse Anzahl von Synagogen anerkannt, deren Rabbiner und Offizianten von ihm unterstützt werden: 2 in Brüssel, 3 in Antwerpen, je eine in Ostende, Gent, Charleroi, Lüttich und Arlon. Gleichzeitig bestehen noch einige vom Staat nicht anerkannte Synagogen.

L. Anet, Histoire des trente premières années de la Société évangélique ou Eglise chrétienne missionnaire belge, Brüssel 1875 - P. Hymans, La Belgique et le Vatican, 3 Bde, Brüssel 1881 - Histoire du Synode de l'Union des Eglises protestantes évangéliques de Belgique, Brüssel 1889 - H. Pirenne, Histoire de Belgique, 7 Bde, Brüssel 1891 bis 1932 - RE II, 546ff; XXIII, 179 - P. Verhaegen, La lutte scolaire en Belgique, Gent 1905 - G. Fritze, Die Evangelisationsarbeit der Belgischen Missionskirche, 1908 - CathEnc II, 395ff - Histoire de la Belgique contemporaine, 1830-1914, 3 Bde, Brüssel 1928-30 - C. Bronne, L'Amalgame, La Belqique de 1814 à 1830, Brüssel 1948 - Rapports annuels de l'Eglise chrétienne missionnaire belge - Bulletin de la Société d'histoire du protestantisme en Belgique - A. Maskaux, Der Protestantismus in B. (JK 17, 1956, 9-12). *E. Hoyois*

Belgische Missionskirche (Eglise Chrétienne Missionnaire Belge), hervorgegangen aus der Missionsarbeit einer Société Evangélique Belge, die 1837 gegründet wurde. Zunächst waren es 11 Gemeinden, die sich 1848 zur B.M. zusammenschlossen, 1956 49 organisierte Gemeinden (1888: 26, 1912: 43) mit 82 Predigtstätten vornehmlich in den Provinzen Hainaut, Namur und Lüttich sowie 28 Pfarrern (in der Mehrzahl Schweizern), 7 Evangelisten (1921: 30 und 12) und ca 8-10 000 Gemeindegliedern, meist Konvertiten. - Die B.M. ist Gliedkirche des Ökumenischen Rates der Kirchen und des Reformierten Weltbundes. Sie unterhält mehrere Altersheime, ein Waisenhaus sowie mit anderen belgischen Kirchen eine Theol. Fakultät in Brüssel und eine Kongomission (3 Stationen, 13 Missionare). Der theologischen Weiterbildung von Laien und Ausbildung von Laienpredigern dienen Fernkurse (Ecole de Service Chrétien). - Die M. erhält keine staatlichen Subventionen; finanzielle Unterstützung für besondere Zwecke kommen aus der Schweiz, England, Holland, USA. - Die Laien sind in den Gemeinden und in der Synode sehr aktiv; großer missionarischer Eifer führt zu einer langsamen, aber stetigen Ausbreitung der Arbeit.

G. Fritze, Die Evangelisationsarbeit der B.M., 1908 - Le Chrétien Belge, Organ der B.M. - Rapports de l'Eglise Chrét. Miss. Belge.
H.-G. Steinmann

Belgisch-Kongo gilt als das erfolgreichste Gebiet der *kath. Weltmission*. Zwischen 1888 (Beginn der Mission) und 1955 entstanden 626 Stationen, verteilt auf 29 Vikariate und apostolische Präfekturen mit 5782 europäischen Priestern, Fratres und Schwestern. Unter einer Bevölkerung von 14 Mill. wurde 1933 die erste Million getaufter Christen erreicht, in einer vergleichslosen Erfolgswelle 1939 die zweite, 1947 die dritte Million. 1955 waren es 4 990 198 Christen, dazu 1 159 854 Katechumenen. Auch der einheimische Klerus ist ungewöhnlich stark: 433 schwarze Priester, 504 Fratres und 923 Schwestern stehen in der Arbeit. Fast jedes Vikariat besitzt ein petit seminaire für den einheimischen Priesternachwuchs; 6 große Seminare setzen die Ausbildung fort. Die Jesuiten verlangen ein collège, das europäische Bildung vermittelt, und haben in ihrer Kwango-Mission in Djuma ein Noviziat dafür eingerichtet. 1945 wurden 5 einheimische Priester zur Vorbereitung auf das Bischofsamt an die Gregorianische Universität nach Rom geschickt. Über 25 000 schwarze Lehrer stehen den Missionsschulen zur Verfügung. Innerhalb des ehemals deutschen Mandatsgebiets ließ sich 1928 König Mwabusta II. von Urundi taufen, 1943 König Mutara von Ruanda. 80% der Häuptlinge gehören der kath. Kirche an, angesichts der feudalen Sozialstruktur dieses Gebietes eine ausschlaggebende Tatsache. Die Vision des Kardinals Lavigerie von einem christlichen Königtum im Herzen Afrikas hat sich in B.-K. erfüllt.

Grundlegendes Datum für die Organisation der kath. Mission wurde das Dekret Leos XIII. vom 11.5.1888, durch das das apostolische Vikariat des unabhängigen Kongo-Staates errichtet und der einzigen nationalen Missionskongregation Belgiens, den Patres von Scheut, anvertraut wurde. In Reaktion gegen die von ev. Missionaren 1904 in der Welt bekannt gemachten »Kongogreuel« schuf der Vertrag mit dem Hl. Stuhl vom 25.5. 1906, dessen Hauptinhalt die Zession von Ländereien darstellt, eine Vorzugsstellung der kath. »nationalen« Mission, die 1929 durch ein Schulabkommen verstärkt, 1947 jedoch, nachdem die Schürfung des Uranerzes eine enge Bindung an die USA ergeben hatte, durch eine Verfügung des liberalen Kolonialministers Godding nivelliert wurde. 1930 wurde eine apostolische Delegatur errichtet, die die Einheit der in einzelne Kongregationen aufgeteilten Mission garantieren und als rechtlicher Vertreter gegenüber dem Staat auftreten sollte.

Die 43 im Kongo- und Mandatsgebiet wirkenden *prot. Missionsgesellschaften* englischer, amerikanischer und skandinavischer Herkunft bieten ein denominationell buntes Bild. Sie haben sich auf Grund des bei der Berliner Kongo-Konferenz 1884 ausgehandelten Artikels 6 über den Schutz »aller religiösen Werke ohne Unterschied der Nation und Religion« entwickeln können. Ihre 15 081 Gottesdienstplätze sind in einer Weise über das Gebiet verstreut, daß eine gebietsmäßige Aufteilung zwischen den Konfessionen und eine Befriedung des Missionswettkampfes ausgeschlossen bleibt. 1952 (WCh WH) wirkten in B.-K. 508 ordinierte und 341 nichtordinierte Missionare und 916 weibliche Missionskräfte zusammen mit 173 einheimischen Pfarrern, 17 455 männlichen und 1986 weiblichen einheimischen Hilfskräften. 508 079 Getaufte wurden gezählt. Im Jahr der Weltmissionskonferenz 1928 schufen die ev. Gesellschaften auf einer Konferenz in Léopoldville in dem »conseil protestant du Congo« ein gemeinsames Organ (1939 mit dem »Comité Consultatif« in der belgischen Hauptstadt weiter ausgebaut). Freilich bestimmte das kath. Urteil, man müsse die prot. Mission nicht durch das Fenster der Sakristei, sondern von der Höhe der Brüsseler Kongreßsäule betrachten, das Kolonialministerium dazu, der prot. Gesamtvertretung die Anerkennung zu verweigern.

In den neuen demokratischen Institutionen des Kongo, die durch Wahlen gebildet werden, haben die Protestanten eine ungewöhnlich starke Stellung.

A.Corman, Annuaire des Missions catholiques au Congo Belge, Brüssel 1935 - A.Michiels-N.Laude, Notre Colonie, Brüssel 1938 - G.König, Die Berliner Kongo-Konferenz 1884/85, 1938 - D.Rinchon, Les missionnaires Belges au Congo, Brüssel 1939 - Statistiques Annuelles des Missions catholiques du Congo Belge et du Ruanda-Urundi, Léopoldville - Bibl Miss 19, 1954, 971; 20, 1954, 854 (Lit.) - Th.Heyse, Associations Religieuses au Congo Belge et au Ruanda-Urundi, Brüssel 1948 (Lit.) - Revue du Clergé Africain, Mayidi, Congo Belge, Mai 1956, 275 (neueste Statistiken) - G.Mosmans, Les impératifs de l'action missionnaire en Afrique Belge (La Revue Nouvelle, Juli-August 1956, 3-21). *F.Heyer*

Belial (hebr. beliljjäʿäl, griech. Βελιαρ) ist allem Anschein nach nicht erst von späthellenistischer Zeit an, sondern von jeher die abwertende Kennzeichnung eines »Götzen«, der zur Bosheit und Lüge verführt (im Gegensatz zu »der Satan« bis auf drei Stellen immer artikellos gebraucht). Etymologisch eindeutig (anders Driver) ist das verneinende, ugaritischem blmlk = Un-König vergleichbare belî, wodurch das Wort (Unkraft?) in eine Reihe mit Hauch, Nichts und Nicht-Gott als »Götzennamen« rückt (Dtn 32, 21; Ps 96, 5; vgl. Ps 82, 5). Aus Ps 18, 5 »Ströme B.s« hat man speziell auf einen Unterweltsgott geschlossen (der Gott des Ortes, »von dem niemand aufsteigt«), kaum zu Recht, wie die sonstige Verwendung des Wortes im AT zeigt und auch 1QM (nach Rost aus der Zeit um 166 vChr), wo B. das vornehmlich aus Heidenvölkern bestehende Heer der Söhne der Finsternis anführt. Der konsequente Monotheismus im AT läßt den personalen Charakter des »kraftlosen« B. verblassen; immerhin schimmert das Personale noch an fast allen Stellen, an denen das AT von den »Söhnen (Menschen) B.s«, dh von Leuten, die der Sphäre Jahwes, der Wahrheit und des Rechtes fern Trug verüben, spricht, noch durch: ein Lügengeist hat sie verführt (vgl. 1Kön 22, 21f). Die Schlechtigkeit der B.s-Menschen begegnet im kultischen, politischen und rechtlich-ethischen Bereich (Dtn 13, 14; 1Sam 2, 12; 10, 27; 2Sam 20, 1; 1Kön 21, 10; Ri 19, 22; Spr 6, 12 [dazu 1QS X, 21]; 19, 28 u.a.m.). In Nah 2, 1 und Hi 34, 18 steht B. abgekürzt für »Mann B.s«; eindeutig abstrakt ist B. in Ps 41, 9; 101, 3; Nah 1, 11.

Die vom Iranischen her dualistisch bestimmte jüdische → Apokalyptik (: II) legt Überdecktes wieder frei: jetzt ist B. ein → Teufel (: II), Herr der Bösewichter und Abgefallenen, Gegner Gottes, aber kein Gegengott, da auch er wie die Lichtmächte zur Schöpfung Gottes gehört. In Test XII, MartJes und in den Texten der Gemeinde von → Qumran ist B. *die* Bezeichnung für die gottwidrige Macht, der nach Vorherbestimmung und Freiheit diejenigen verfallen, die zum »Los B.s« gehören und in denen sich der Geist der Verderbtheit äußert (1QS IV, 9ff; Dam VI, 10ff). In Dam XIV, 5 wird der »Mann B.s« von Dtn 13, 14 als der »von den Geistern B.s Besessene« beschrieben, und 1QH III, 38ff schildert die Gewalt der »Ströme B.s« bei der kosmischen Endzeitkatastrophe. Nur noch kurze Zeit hat B. die Herrschaft inne, dann wird er entmächtigt! Der in 1QS besonders häufige Dualismus: Gerechtigkeit-Frevel, Licht-Finsternis wird in 2Kor 6, 14f (→ Korintherbriefe: II) zur personalen Antithese: Christus-Beliar weitergeführt.

RE II, 548f - Bousset, Rel. 334ff - J.E.Hogg, B. in the OT (AJSL 44, 1928, 56-58) - ThW I, 606 - P.Volz, Die Eschatologie der jüdischen Gemeinde, 1934, Reg. - G.R.Driver, Hebrew Notes (ZAW 52, 1934, 52f) - K.G.Kuhn, Die Sektenschrift u. die iranische Religion (ZThK 49, 1952, 296-316) - G.Molin, Die Söhne des Lichtes, 1954 - L.Rost, Zum »Buch der Kriege der Söhne des Lichts gegen die Söhne der Finsternis« (ThLZ 80, 1955, 205-208). *K.Galling*

Bell, *George Kennedy Allen,* anglikanischer Kirchenführer, * 1883, Dompropst von Canterbury 1924-29, Bischof von Chichester seit 1929, Sekretär der pananglikanischen Bischofskonferenz 1930 (→ Lambethkonferenzen). B. ist seit langem führend in der Ökumene tätig. Besonders hat er sich für eine stärkere Aktivität der Kirche auf sozialem und internationalem Gebiet eingesetzt. Er war Vorsitzender des Ökumenischen Rates für praktisches Christentum 1934-36, Vorsitzender des Zentralkomitees des Ökumenischen Rates der Kirchen 1948 bis 1954 und ist Ehrenpräsident des Rates seit 1954.

Hg.: Documents on Christian Unity 1920-48, 3 Bde, London 1924-28; The Stockholm Conference 1925, Official Report, Oxford 1926. - Vf. u.a. A Brief Sketch of the Church of England, London 1929; Life of Archbishop Davidson I. II, London (1935) 1952²; Christianity and World Order, Harmondsworth 1940; Christian Unity: The Anglican Position, London 1948; The Kingship of Christ: The Story of the World Council of Churches, Harmondsworth 1954. *N.Karlström*

Bellamy, *Joseph* (1719-90), kongregationalistischer Theologe aus Cheshire (Connecticut), einer der größten Prediger Nordamerikas, ein Mann von scharfem Verstand und beißendem Witz, erhielt nach einem Studium in Yale, kaum 18jährig, die Predigtlizenz. Von 1740 bis zu seinem Tode war er Pfarrer einer Gemeinde in Bethlehem (Conn.), von wo aus er - durch Reisepredigten und literarische Tätigkeit - entscheidenden Anteil an der amerikanischen Erweckungsbewegung hatte. An der Ausgestaltung des Reformcalvinismus J. → Edwards war er als dessen Freund und Schüler wesentlich beteiligt. Besonders sein Buch »True Religion Delineated« (1750) gewann ihm hohes Ansehen. Durch eine Reihe bedeutender Schüler hat er das religiöse Leben Nordamerikas nachhaltig beeinflußt (→ Vereinigte Staaten).

Ges. W. mit Biographie, 2 Bde, Boston 1850. - Über B. vgl. F.H. Foster, Genetic History of the New England Theology, 1907, 107ff - Dictionary of Amer. Biogr. II, 1929, 165. *F.Schlingensiepen*

Bellarmini, *Robert* (1542-1621), * zu Montepulciano (Toskana), † zu Rom; aus adligem Geschlecht, Neffe des Papstes Marcellus II., 1560 Jesuit in Rom, 1563 Lehrtätigkeit in Florenz, trieb dann in Padua und Löwen nach philosophischen auch theologische Studien, wurde 1570 als Gegner des → Bajus bekannt und zum Priester geweiht. Von 1576-88 Professor der Kontroverstheologie in Rom. Frucht seiner dortigen Vorlesungen sind die »Disputationes de controversiis christianae fidei adversus hujus temporis haereticos« (3 Bde, Ingolstadt, 1586-93). Diese in gemäßigter Weise argumentierenden Disputationen erregten Aufsehen und forderten die Protestanten zur Auseinandersetzung heraus. B. behauptet, auch die Protestanten stützten sich auf die Tradition der Kirche; denn nur durch sie wüßten sie von ihrem Grundsatz, daß die Bibel Autorität sei. Seit 1588 lebte B. am Collegium Romanum, dessen Rektor er im Dezember 1592 wurde. 1594-97 war er als Provinzial des Ordens in Neapel tätig, wurde 1597 von Papst Clemens VIII. zum Hoftheologen nach Rom berufen, 1599 Kardinal. Von 1602-05 wies er sich als Erzbischof von Capua als tüchtiger Kirchenfürst aus, der an mißlichen kirchlichen Zuständen auch Kritik wagte. Seit 1605 lebte er wieder in Rom. Zweimal zerschlug sich die bestehende Aussicht, die Cathedra Petri zu besteigen. Er ermahnte Thomisten und Molinisten, den Streit über die → Gnade (: IV) und Willensfreiheit in Frieden auszutragen. B. setzte sich für Revisionen der Vulgata ein (→ Bibelübersetzungen: II, 2), betrieb die Seligsprechung des Hl. → Aloisius, dem er verbunden war, war mit Philippus → Neri und → Franz von Sales bekannt. Berühmt ist seine Staatslehre und die Lehre von der potestas indirecta papae in temporalibus, nach der der Papst in weltlichen Dingen nur indirekt der oberste Herr sei, allerdings die indirekte Gewalt eine so große Weite erhält, daß die Kirche tatsächlich doch zur Leiterin der Völker erhoben wird. Diese Lehre wurde von Sixtus V. abgelehnt. B. mußte → Galilei am 26.2.1616 das Verbot, die heliozentrische Lehre vorzutragen, mitteilen. B. starb am 17.9.1621 zu Rom, wurde 1923 selig-, 1930 trotz mancherlei Bedenken heiliggesprochen.

Werke in 12 Bdn, Paris 1870-74; Selbstbiographie von 1613, hg.v. Döllinger u. Reusch, 1887. - G.Buschbell, Selbstbezeugungen des Kard. B., 1924 - S.Merkle, Grundsätzliche u. methodologische Bemerkungen zur B.-Forschung (ZKG 45, 1927, 26-73) - F.X.Arnold, Die Staatslehre des Kard. B., Monaco 1934 - E.A.Ryan, The histor. scholarship of B., New York 1936 - S.Tromp, S.Roberto Bellarmino opera oratoria postuma, Rom 1942-50 - C.Giacon (ed.), S. Roberto Bellarmino. Scritti politici, Bologna 1950 - EC X, 1043ff.
F.W.Kantzenbach

Belowianer heißt zunächst der Kreis der Brüder Gustav († 1843), Karl († 1842) und Heinrich von Below († 1855), die seit etwa 1820 Anreger und Mittelpunkt einer von ihren pommerschen Gütern sich ausbreitenden Erweckungsbewegung geworden sind. Ursprünglich von dem Idealismus Fichtes berührt, hatten sie sich nach den Befreiungskriegen allmählich ganz den Einflüssen der Philosophie entwunden und einer erwecklichen Frömmigkeit zugewandt, deren Anfänge in Berlin, in der Umgebung des Barons von Kottwitz und des P. Jänicke, zu suchen sind. Unter Ablehnung der rationalistischen Landeskirche erbaute man sich in Privatversammlungen durch Bibelauslegung, Gebet und eigene Abendmahlsfeiern. Zu Taufen und Hochzeiten wurden nur »bekehrte« Pastoren genommen, obwohl H.v.Below später bei der Trauung seines Schwiegersohnes auch den landeskirchlichen Pastor des Ortes heranzog, »weil die Ehe etwas Civiles sei«. Die zeitweilig ekstatischen Formen wichen bald einer ausgeglicheneren streng biblischen Rechtgläubigkeit, unter starker Anlehnung an die von der Regierung verfolgten Altlutheraner (→ Luthertum: III). Tholuck nannte die Belows »neue Zinzendorfs im luth. Stil«. Bei G. und K.v.Below, zu deren Kreisen u.a. auch Adolf v. Thadden und Heinrich v. Puttkamer, der spätere Schwiegervater Bismarcks, gehörten, kam durch die Lektüre von → Böhme und → Gichtel ein mystisches Element zum Durchschlag, ohne daß das für diese von der Polizei mit Geldstrafen verfolgten Konventikel charakteristisch geworden wäre. - H.v.Below, der einst durch eine Auslegung von Lk 15 in → Tersteegens Buch »Die Perlenschnur« die entscheidende Umkehr erlebt hatte, gelangte zu einer eigenen Gemeindebildung. Eine von einem gläubigen Tischler entworfene Kirchenordnung bildete die Grundlage. Auch nach H.s Tode entwickelte sich diese Separation weiter. Publizistisches Organ war der »Friedensbote«. 1890 entstand über Streitfragen (Talartragen, Orgelspiel) eine weitere Separation, die »Ev. luth. sep. Gemeinde«. Diese B. verbreiteten sich über Pommern hinaus bis nach Danzig und Polen; eine Einzelgemeinde hat auch in Berlin bestanden. Die Folgen des 2. Weltkrieges haben die weiteren Spuren verwischt.

Th.Wangenmann, Geistliches Ringen u. Regen am Ostseestrand, 1861 - Eleonore Fürstin Reuss, Ad.v.Thadden-Trieglaff, 1890 - L.v.Gerlach, Aufzeichn. aus s. Leben, 2 Bde, 1903 - H.v. Petersdorff, Kleist-Retzow, 1907. *K.Kupisch*

Bembo, *Pietro* (1470-1547), ein von Jugend an humanistischen Studien ergebener venetianischer Nobile, wurde nach Aufenthalten an den Höfen der Este und Gonzaga 1513 Sekretär Leos X. Zum Kreis seiner Freunde in Rom gehörten → Sadoleto, Castiglione und → Raffael. Seit 1519 wieder freier Literat, schrieb B. eine italienische Grammatik, die das Idiom Petrarcas und Boccaccios zur Norm erklärte (Prose della volgar lingua, 1525). 1530 berief ihn Venedig als Historiographen (Rerum Venetarum Historiae Libri XII). Nach der Ernennung zum Kardinal (1539) wurde B., der vorher nur die niederen Weihen besessen hatte, Bischof (Gubbio, später Bergamo), doch liegt sein eigentliches Lebenswerk nicht auf kirchlichem Gebiet.

Opere, 4 Bde, Venedig 1729. - M.Santoro, P.B., 1937 (Lit.).
E.Hassinger

Benanbrief, eine Fälschung, 1910f hg.v. E.Edler v.d. Planitz mit 2 Bdn Kommentar (1911) und den Bänden »Jesus und sein Werk im Lichte des B.es« (1911) und »Jesus von Anu« (1920) bei A.Piehler & Co, Berlin (Selbstverlag). Der B., als kopt. Überarbeitung eines griech. Originals ausgegeben, gliedert sich in zwei Teile: a) Leben Jesu, b) Geschichte der Christenheit bis 79. Nach dem B. wurde Jesus in Ägypten erzogen, wo der angebliche Verfasser des Briefes, Benan, später Arzt, sein Freund war, und lebte auch in der jüdischen Gemeinde von Leontopolis, wo er seine Kenntnis der → Therapeuten und → Philos gewann. - Die Fälschung wurde vor allem von C.Schmidt nachgewiesen.

C.Schmidt, Der B. (TU 44, 1), 1921. - Zu ähnlichen Leben-Jesu-Fälschungen vgl. RGG² I, 886ff. *J.Müller-Bardorff*

Benedicamus, *Benedicite, Benedictus* → Liturgik: III.

Benedictina (declaratio, 1741) → Provida.

Benedikt I., *Papst,* konsekriert 3.6.575, † 30.(31.?)7. 579 während der Belagerung Roms durch den ersten Langobardenherzog von Spoleto. Römer.

RE II, 557 - Jaffé I, 137 - Caspar II, 350f - Catholicisme I, 1427f.
U.Treu

II., *Papst* 683 (geweiht 26.6.684) bis 8.5.685, Römer. Drang im Sinne seiner Vorgänger auf Anerkennung der 6. allgemeinen, den Monotheletismus (→ Christologie: II) verurteilenden Synode im Westen.

Caspar II, 614f.

III., *Papst,* gewählt vom römischen Klerus bald nach dem Tode Leos IV. († 18.7.855), erst nach Ausschaltung des kaiserlichen Gegenpapstes → Anastasius (Bibliothecarius) geweiht am 29.9.855, bis 7.4.858, Römer. Achtete wie sein damals wohl schon einflußreicher Nachfolger → Nikolaus I. auf Anerkennung des päpstlichen Rechtsprimats.

Haller II, 66f.

IV., *Papst,* Mai/Juni 900 geweiht, † nach 26.7.903, Römer. Erkannte → Formosus an; krönte Febr. 901 den sich kurzfristig in Italien gegen Berengar I. von Friaul behauptenden Ludwig von Niederburgund zum Kaiser.

F.FEDELE in Archivio stor. della soc. Romana 33, 1910, 177f; 34, 1911, 75ff.

V., *Papst* 964, Römer, Gelehrter (Beiname: Grammaticus). Als Nachfolger → Johanns XII. († 14.5.) von den Römern gegen den kaiserlichen → Leo VIII. erhoben, an Kaiser → Otto I. schon am 23.6. ausgeliefert, nach Hamburg deportiert, wo er am 4.7.966(?) starb.

VI., *Papst* Ende 972 (geweiht 19.1.973) bis Juli 974, Römer. Als Papst der kaiserlichen Partei wurde er nach dem Tode Kaiser → Ottos I. von Crescentius I. und dem Kardinaldiakon Bonifatius Franco (→ Bonifatius VII.) gefangengesetzt und erdrosselt.

VII., *Papst* Okt. 974 bis 10.7.983(?), aus dem Hause der Grafen von Tusculum (→ Papsttum: II), vorher Bischof von Sutri. Bannte den flüchtigen → Bonifatius VII., unterhielt gute Beziehungen zu Kaiser Otto II. und dem deutschen Episkopat, förderte das Mönchtum und verdammte die Simonie (981).

Zu II-VII: RE II, 557ff - DThC II, 648ff - LThK II, 138f - DHGE VIII, 9ff (Lit.). - Zu VI u. VII: W.KÖLMEL in HJ 55, 1935, 521-546 - O.GERSTENBERG in HV 31, 1937, 1-26 - HALLER II, 555f.

VIII., *Papst* 20.4.1012 (Weihe) bis 9.4.1024, vorher Theophylakt Graf von Tusculum, gegen den Crescentierkandidaten Gregor (VI.) von seinen Verwandten erhoben, von Heinrich II. anerkannt. Er krönte Heinrich und seine Gemahlin 1014 in Rom und wandte sich im Verein mit dem Kaiser auf einer anschließenden Synode gegen unrechtmäßige Ordination und Veruntreuung von Kirchengut. Er zwang bald die Crescentier zum Frieden, schlug mit Pisa und Genua verbündet die Sarazenen, die Sardinien räumen mußten (1016), und unterstützte die antigriechische Bewegung in Süditalien. 1020 weihte er den Bamberger Dom und schärfte auf der Synode von Pavia 1022 das Verbot der Priesterehe und der Simonie ein.

Zum Pontifikatsbeginn: L.M.HARTMANN in MIÖG, 15, 1894, 482ff - H.SCHMIDINGER ebd 58, 1950, 31f. - Weitere Lit. → Benedikt X.

IX., *Papst* 1032/33 bis 1.5.1045, vorher Theophylakt Graf von Tusculum, Neffe → Benedikts VIII. und → Johanns XIX., in jungen Jahren (aber nicht zehnjährig) simonistisch erhoben, von anstößigem Lebenswandel, wenn auch die Vorwürfe seiner Gegner übertrieben sein mögen. Konrad II. erkannte ihn an und ließ sich in seiner Italienpolitik von ihm unterstützen. Im Sept. 1044 vertrieben ihn die Römer und wählten Jan. 1045 → Silvester III. zum Papst. Zwar war B. die Rückkehr möglich, aber am 1.5. verkaufte er seine Würde für eine hohe Summe an → Gregor VI. Obgleich von Heinrich III. auf der römischen Synode Dez. 1046 abgesetzt (→ Papsttum: II), versuchte er nach dem Tode → Clemens' II. sich als Papst zu behaupten und starb 1055/56, ohne seinen Anspruch aufgegeben zu haben.

TH.SCHIEFFER in DA 8, 1951, 425f - Haller II, 278f.

X., *Papst* 5.4.1058 bis 24.1.1059, Römer, vorher Johannes Kardinalbischof von Velletri (genannt Mincius = Tor). Nach Stephans IX. Tod vom römischen Adel erhoben, vom Reformpapst → Nikolaus II. abgesetzt und in ein Kloster abgeführt, wo er zZ Gregors VII. starb.

Zu VIII-X: DHGE VIII, 61ff (Lit.) - W.KÖLMEL, Rom u. der Kirchenstaat im 10. u. 11.Jh. bis in die Anfänge der Reform, 1935.

H.Fuhrmann

XI., *Papst* 22.10.1303 bis 7.7.1304, 1736 selig gesprochen. Nicolaus Boccasini, * 1240 in Treviso. OP, 1296 Ordensgeneral, wurde 1300 Kardinal von Ostia, hielt auch nach Anagni treu bei → Bonifatius VIII. aus. Seine Wahl zum Papst dankte er Karl II. von Sizilien. Er mußte gegen die Machenschaften der französischen Gesandten in Rom, die eine Verurteilung des toten Papstes betrieben, lavieren, lehnte jedoch ein Konzil ab und ging der Sicherheit halber nach Perugia. Dort ist er während der Vorbereitung eines Prozesses gegen Nogaret und Sciarra Colonna aus ungeklärter Ursache plötzlich gestorben.

CH.GRANDJEAN, Registres de Benoît XI. (Bibl. des écoles franç. d'Athènes et de Rome 3e sér.), Paris 1905 - HALLER III, 582ff - F. BOCK, Reichsidee u. Nationalstaaten, 1943, 115ff - DHGE VIII, 106ff (Lit.).

XII., *Papst* 20.12.1334 bis 25.4.1342. Jakob Novelli (Fournier), * in der Grafschaft Foix, trat in den Zisterzienserorden ein und studierte in Paris. Dort wurde er Dr. der Theologie. Als Bischof von Pamiers (1317) und von Mirepoix (1326) zeichnete er sich als Inquisitor aus, ebenso, seit seiner Erhebung zum Kardinal 1327, gegen die Spiritualen. Als Papst überbrückte er den Gegensatz, in den sein Vorgänger zu Philipp VI. geraten war, mit einer Erklärung über die visio beatifica, die von der Johanns XXII. abwich. Er hütete sich, von der politischen Linie des französischen Königs abzuweichen: es war keine Rede mehr von einer Rückkehr nach Italien, dagegen wurde mit dem Bau des Palastes in Avignon begonnen. Auch die Ausgleichsverhandlungen mit Kaiser Ludwig IV. brach er auf Wunsch Philipps VI. ab. Als sie später wieder aufgenommen wurden, dienten sie dem Kaiser nur, die Reichsfürsten von der Unversöhnlichkeit des Papstes zu überzeugen und das Gesetz Licet iuris zu publizieren. Dadurch wurde der Ausschluß des Papstes bei der Königswahl reichsrechtlich festgelegt. Den Ausbruch des englisch-französischen Krieges suchte B. zu verhindern; er hütete sich aber, gegen Eduard III. mit Prozessen vorzugehen, als dieser mit dem gebannten Kaiser ein Bündnis schloß. Die vom Papst den Franzosen empfohlene defensive Kriegführung trug ihre Früchte und lockerte die englische Koalition. Der Verwaltung von Kurie und Kirche, besonders den Orden, widmete er seine Aufmerksamkeit und ließ viel Material aus früheren Pontifikaten kodifizieren.

J.VIDAL, Lettres communes 1-3, 1902-22 - DERS., Lettres closes ... intéressant les pays autres que la France, 1913-22 - G.DAUMET, Lettres closes ... se rapportant à la France (Bibl. des écoles franç. d'Athènes et de Rome), 1902-20 - ST.BALUZIUS, Vitae paparum Aveniensium ed. MOLLAT I-IV, 1916 - K.JACOB, Stud. über Papst B. XII., 1910 - G.MOLLAT, Les papes d'Avignon, (1912) 1950⁹ - DHGE VIII, 1935, 116ff (Lit.) - F.BOCK, Reichsidee u. Nationalstaaten, 1943, 366ff.

(XIII.), *Gegenpapst* 28.9.1394 bis 23.5.1423, abgesetzt in Pisa 5.6.1409, ebenso in Konstanz 26.7.1417. Pedro de Luna aus aragonischem Adel, Prof. des kanonischen Rechts in Montpellier, 1375 Kardinal. Die Forderung Frankreichs auf Cession lehnte er ab, stimmte auch den Beschlüssen von Pisa und Konstanz nicht zu, mußte aber aus Avignon fliehen und seine letzten Jahre in der heimatlichen Templerfeste Peñiscola bei Valencia zubringen.

N.VALOIS, La France et le grand schisme d'Occident III, 1901 - Rep.Germ. II, dazu F.BOCK, QFIBA 31, 1942, 76-80. - F.EHRLE ALKGMA 5-7, 1889-1900 u. Qu. u. Forsch. der Görresges. 12, 1906, 1ff. 541ff - S.PUIG Y PUIG, Pedro de Luna, 1920 - H.FINKE, Acta Concilii Constanciensis III, 1926 - G.ROMEO, La biblioteca de Benedicto XIII, 1929 - DHGE VIII, 135ff (Lit.).

(XIV.), *Gegenpapst* 12.11.1425 bis 1430, Bernard Garnier, wurde gegen Clemens (VIII.) erhoben, gelangte aber zu keinerlei Bedeutung.

v.PASTOR I, 288ff - EC I, 1487.

F.Bock

XIII., *Papst* 1724-30, Pietro Francesco aus dem Herzogshaus Orsini-Bravina, * 1649 in Gravina, 1667 Dominikaner, 1672 Kardinal, 1676 Erzbischof in Benevent, Nachfolger Innozenz' XIII. Mehr Mönch und Gelehrter als Politiker, überläßt er die auswärtigen Geschäfte weithin seinem Günstling Kardinal Coscia und räumt Positionen, vor allem in Sardinien, Sizilien, Luzern, während er Portugal gegenüber unnachgiebig bleibt. Innerkirchliche Reformversuche bleiben erfolglos. Ohne Freund der jesuitisch-molinistischen Theologie zu sein, bestätigt B. 1725 die Bulle → Unigenitus, der sich auch Erzbischof Noailles in Paris 1728 unterwirft. Im Zusammenhang seiner Heiligsprechungen (Joh. Nepomuk, Aloisius Gonzaga u.a.) erregt die allgemeine Anordnung der Festfeier Gregors VII. den Protest kath. Staaten. B.s Schwächen bestärkten die weitverbreitete Abneigung gegen die Wahl eines Fraters: »ein ausgezeichneter Ordensmann zu sein, genügt nicht, um auch ein tüchtiger Papst zu werden« (v.Pastor).

RE II, 571f - G.B.Pittoni, Vita di S.Pontif. B. XIII., Venedig 1730 - A.Borgia, B. XIII. vita, Rom 1752 - F.J.Sentis, Monarchia Sicula, 1869, 159ff - Inedita ed ignota corrispondenza del card. V.M. Orsini (Sannio 2, 1929, IV, 5-35) - S.Lucia, Fr.V.M.Orsini e sue opere (ebd 36-62) - G.Cardillo, B. XIII. e il giansenismo (Memorie Domenicane 58, 1941, 217ff; 59, 1942, 38ff) - v.Pastor XV, 1930, 461ff.

XIV., *Papst* 1740-58, Prosper Lambertini, * 1675 in Bologna, nach kurialer Laufbahn 1726 Kardinal, 1727 Bischof von Ancona, 1731 Erzbischof von Bologna, nach halbjährigem Konklave gewählt als Nachfolger Clemens XII. Seine Größe lag darin, »daß ihm zum Bewußtsein kam, daß die wirkliche Macht des hl. Stuhls zu seiner Zeit nur noch ein Phantom war« (Veit). In den Konzessionen an die Fürsten ging am weitesten der Ausgleich mit Neapel-Sizilien 1741, das Konkordat mit Spanien 1753, dem König die Ernennung zu fast allen Benefizien überlassend, und die Stellung zu Preußen (Anerkennung des Königstitels, Zugeständnis eines schlesischen Generalvikariats u.a.). Auch in der → Mischehen-Praxis gelangt B. zu einer Milderung (sog. Benedictina von 1741 vgl. Mirbt 543. 545). Er vermochte dadurch nicht den Zwiespalt zwischen dem Geist des 18.Jh.s und den Rechten der Kurie auszugleichen. Aber er erreichte wenigstens, daß die Differenzen für den Augenblick zurücktraten. - Innerkirchlich bedeutsam waren die wirtschaftliche Förderung des Kirchenstaates, die aber keine durchgreifende Verwaltungsreform wagte, seine Versuche, den Klerus sittlich wie wissenschaftlich zu heben, auch die Minderung der Zahl der Feiertage (1742 für Spanien, 1748 für Österreich). Durch seine gelehrten Werke wie durch die Unterstützung der Künste und Wissenschaften, die ihn mit Voltaire, aber auch mit Protestanten in freundliche Verbindung treten ließ, erwarb er sich die besonderen Sympathien seines Jahrhunderts.

Vf. u.a.: De servorum Dei beatificatione et sanctificatione, 4 Bde, 1734-38; De synodo dioecesana, 1748. Ausg. der Werke v. E.de Azevedo SJ, 12 Vol., Rom 1747-51; 17 Vol., Prato 1839-46; Acta B. XIV. ed. L.deMartinis, Neapel 1884; Opera inedita ed. F.Heiner, 1904; Briefe hg.v. F.X.Kraus, 1888²; Correspondence de B. XIV., 2 Bde, ed. E.deHeeckeren, Paris 1912. - Ferner: G.deMun, Un conclave de six mois, l'élection de B. XIV. (Revue des Deux Mondes 6e pér. 24, 1914, 490-530) - P.Tiberghen, L'encycl. »Vix pervenit« de B. (gegen den Wucher, 1745), 1921. - Über B.: HPBl 31, 1853, 153-177 - RE II, 572 - LThK II, 143 - v.Pastor XVI, 1, 1931, 1ff - A.M.Bettanini, B. XIV. e la republ. di Venezia, Milano 1931 - T.Valentini, Papa Lambertini umoristico, Rom 1938 - W.F.King, B. XIV and the Orientals, Rom 1940 - F.Montanari Il Card. Lambertini fra la leggenda e la storia, Milano 1943 - EC II, 1281ff.

XV., *Papst* 1914-22, Giacomo Giovanni Battista della Chiesa, aus altem genuesischem Markgrafengeschlecht, * 1854 in Genua, 1878 in die päpstliche Academia dei Nobili aufgenommen, 1883 Sekretär → Rampollas, 1901 dessen Kabinettschef und Unterstaatssekretär, damit wichtigster Mitarbeiter Leos XIII. Von → Pius X., dessen Haltung Frankreich gegenüber er nicht billigte, 1907 zum Erzbischof von Bologna und erst Mai 1914 zum Kardinal ernannt, wurde er am 3.9.1914 zu dessen Nachfolger gewählt. Obwohl seine zahlreichen Mahnungen zum Völkerfrieden (vgl. Mirbt 660) und schließlich auch die Friedensbotschaft an die Häupter der kriegführenden Mächte vom 1.8.1917 ohne Erfolg bleiben, hebt sich das Ansehen der Kurie doch beträchtlich: durch Wiederanknüpfung freundlicherer Beziehungen zu Frankreich und Italien, durch Einrichtung neuer päpstlicher Vertretungen (mehr als doppelt soviel wie 1914), durch Ausbau der Liebestätigkeit im größten Stil zur Unterstützung der Notleidenden und zum Austausch von Zivilpersonen und kranken Kriegsgefangenen nach allen Seiten. Innerkirchlich bedeutsam erscheint die Fortsetzung der ins Stocken geratenen Kurienreform (→ Kurie): 1915 Neugestaltung der Kardinalskongregation für Seminarien und Universitäten; 1917 Neubegründung der Kongregation für orientalische Angelegenheiten und Errichtung eines Instituts für die wissenschaftliche Förderung der Unionsbestrebungen mit den Orientalen. Hauptereignis des ganzen Pontifikats ist Abschluß und Promulgation des unter seinem Vorgänger seit 1904 bearbeiteten neuen kirchlichen Gesetzbuches (→ Codex Iuris Canonici) zu Pfingsten 17.5.1917. Unter den Enzykliken ist die Hieronymus-Enz. vom 15.9.1920 »Spiritus Paraclitus« hervorzuheben.

Verz. der Lit. mit kritischen Bemerkungen bei Jos.Schmidlin, Papstgesch. d. neuesten Zeit, Bd III, 1936, IXff. XVff. - Ferner: A. Struker, Die Kundgebungen Papst B.s zum Weltfrieden, 1917 - LThK II, 144 - M.dePietro, B. XV., Milano 1941 - H.Hermelink, Die kath. Kirche unter den Piuspäpsten des 20.Jh.s, 1949, 23ff. 88ff - EC II, 1285ff. *K.G.Steck*

Benedikt, 1. *von Aniane* († 821), ursprünglich Witiza, adliger Gote aus Septimanien, seit 773/74 Mönch, Gründer und Abt von Aniane (779), wirkte in Aquitanien für strengere Beachtung der → Benediktinerregel. Einflußreicher Berater Kaiser Ludwigs, der ihm das 817 gegründete Cornelimünster übertrug, leitete er die Klosterreform im Reich und beeinflußte die Aachener Kanoniker- und Kanonissenregeln von 817.

J.Narberhaus, B.v.A., 1930 - S.Dulcy, La règle de S.B.d'A., 1935 - J.Leclerq, Studia Anselmiana 20, 1948, 21-74 - Wattenbach-Levison 3, 1956, § 2. *H.Löwe*

2. *Benedictus Levita* (dh Diakon B.) nennt sich der unbekannte Verfasser einer Sammlung falscher → Kapitularien (1319 Stücke), die zur Gruppe der Fälschungen Pseudo-Isidors gehört. Sie schließt als Buch 5-7 an die 4 Bücher der echten Sammlung des Ansegis an. Von den vier Anhängen ist der letzte vielleicht zusammen mit den → pseudoisidorischen Dekretalen entstanden, alles übrige ist *vor* ihr anzusetzen. Etwa ein Viertel sind an sich echte, aber im Text verfälschte Kapitularien (Reichsgesetze). Die Mehrzahl sind echte kirchliche Stücke, die B. als Kapitularien ausgibt und ebenfalls textlich verfälscht. B. sucht den Anschein zu erwecken, als wären die Gesetze aus der Zusammenarbeit von staatlicher und kirchlicher Autorität entstanden. Inhaltlich betrifft die Sammlung nahezu alle Gebiete des Kirchenrechts. Über Entstehungszeit (847/852 oder 857) und -ort (Reims? Le Mans?) vgl. → Pseudoisidorische Dekretalen.

Ausgabe v. Knust, MG, Leges 2 = MPL 97. Neuausgaben geplant für MG, Capitularia Bd 3 sowie v. S.Williams. - Wattenbach-Levison, Beih., 1953, 72 (Lit.) - Grundlegend über Quellen u. Verhältnis der Teile: E.Seckel, Studien zu B. Levita I-VIII, 3 (NA 26. 29. 31. 34. 35. 39-41). VIII, 4. 5 (hg.v. J.Juncker, ZSavRG 54

[Kan. Abt. 23], 1934, 269-377; 55 [Kan. Abt. 24], 1935, 1-112). - S.WILLIAMS, The pseudo-isidorian problem today (Speculum 29, 1954, 702-707) - R.GRAND, Nouvelles remarques sur l'origine du Pseudo-Isidore source du Décret de Gratien (Studia Gratiana 3, 1955, 1-16). *R.Buchner*

3. *von Nursia,* * um 480 in Umbrien, ist nur durch seine Ordensregel und durch die Vita S.Benedicti ex libro II. dialogorum S.Gregorii papae, die aber nur der Erbauung dienen wollen, faßbar. Nach Studien in Rom zog er sich nach Subiaco als Eremit zurück. Priester war er wohl nie. Sein Ruf verbreitete sich, so daß er zum Abt eines Klosters (Vicovaro) gewählt wurde. Von den Mönchen wegen seiner festen Leitung vertrieben, gründete er um 529 auf dem Monte Cassino in einem Apollotempel ein Kloster, eine Insel monastischen Friedens in sturmvoller Zeit, das schon Töchterklöster gegründet hatte, als B. um 547 starb. Trotz alter Berichte, seine Gebeine seien nach Fleury gebracht worden, wurde sein Grab bei der Zerstörung Cassinos im zweiten Weltkrieg dort aufgedeckt. Seine 73 Kapitel umfassende Regula (→ Benediktinerregel) beherrscht den → Benediktiner-Orden dem Geiste nach noch heute. Sie erstand in langen Jahren aus der Praxis; B. hat sie gegen Ende seines Lebens in Buchform gebracht.

Ausgaben: R.HANSLIK, CSEL 75, 1957; B.LINDERBAUER, Florileg. Patrist. 17, 1928 - DERS., Kommentar, 1922 - I.HERWEGEN, Sinn u. Geist der Benediktinerregel, 1944 - I.SCHUSTER, Storia di San Benedetto, 1948 - B.STEIDLE, Die Regel St. Benedikts, 1952 - Jährl. Lit.-Berichte in RBén. *R.Hanslik*

Benediktbeuern ist das älteste, um 740 begründete Benediktinerkloster im südwestlichen Bayern, in der Frühzeit kolonisatorisch und geistesgeschichtlich bedeutsam, nach 955 bischöfliches Eigenkloster. 1031 führte Abt Ellinger von Tegernsee wieder Benediktiner ein. 1052 wurde es an Freising, 1116 an Augsburg als Eigenkloster übergeben. Abt Engelschalk (1122-36) erreichte 1133 die Reichsunmittelbarkeit. Vögte von B. waren die Grafen von Andechs. Ludwig der Bayer machte das Kloster landsässig. Schon im MA hatte B. eine Schreibschule und Bibliothek. Unter Wilhelm Diepolzkirchner (1440-83) blühte nach Annahme der Melker Reform das religiöse Leben. Die Äbte Ludwig Perzl (1548-70) und Benedikt März (1570-1604) waren Wissenschaft und Kunst fördernde Renaissanceprälaten. Viele Patres lehrten als Professoren in Salzburg und Freising, Carl Meichelbeck († 1734) gilt als der erste kritische Geschichtsschreiber Bayerns. 1803 wurde das Kloster aufgehoben. Heute dienen die Gebäude als Seminar der Salesianer Don Boscos.

J.HEMMERLE, Die Benediktinerklöster in Bayern, 1951, 32 (Lit.) - K.MINDERA, Kloster B., 1952 - D.ALBRECHT, Die Klostergerichte B. u. Ettal (Hist. Atlas v. Bayern, H. 6), 1953 - H.PLECHL, Stud. z. Tegernseer Briefsammlung. Das Verhältnis zw. B. u. Augsburg im 12.Jh. (DA 11, 1954, 422-461). *J.Hemmerle*

Benediktiner. Das benediktinische Mönchtum verdankt seine Entstehung dem hl. → Benedikt von Nursia, nach dessen in dem um 529 gegründeten Kloster → Monte Cassino verfaßten Regel die Mönche leben. Die → Benediktinerregel breitete sich rasch aus und gelangte mit den römischen Glaubensboten früh nach England. Während des 7. und 8.Jh.s wurde sie von zahlreichen Klöstern Italiens und Galliens angenommen und verdrängte hier die alten Mönchsregeln; 743 wurde sie für die Klöster des gesamten Frankenreichs als allein gültig erklärt und bewahrte auch in der Folgezeit die Alleinherrschaft. In Deutschland entstanden die ersten B.-Klöster im Laufe des 8.Jh.s; ihnen folgten im 9.Jh. zahlreiche Gründungen. Standen sie zu Beginn mehr in der missionarischen Arbeit, so erfolgte bald eine Hinwendung zur kulturellen Betätigung. Diese bekundete sich, abgesehen von der Landbebauung, im Bereich des Schulwesens, der Schriftstellerei und des Kunsthandwerks, so daß jedes Kloster eine Schule, eine Schreibstube, eine Bibliothek und die verschiedensten Werkstätten besaß. Mit → Beda Venerabilis begann die wissenschaftliche Tätigkeit, die in der Karolingerzeit einen ersten Höhepunkt erlangte mit → Alkuin, → Paulus Diaconus, → Hrabanus Maurus, → Servatus Lupus, → Walafrid Strabo, → Paschasius Radpertus, → Ratramnus, Rudolf von Fulda u.a. Nach den uniformierenden Bestrebungen → Benedikts von Aniane unter Ludwig dem Frommen erfolgte eine Neubelebung des B.-Mönchtums durch das 910 gegründete Kloster → Cluny. In Deutschland wurde das Zentrum der Klosterreform → Gorze bei Metz, das seine Ideale nach Lothringen, Alemannien, Schwaben, Bayern, Sachsen, und Thüringen tragen konnte. Das Lebensideal von Cluny fand in → Hirsau Aufnahme und wurde von hier aus an etwa 100 Klöster vermittelt. Es bedeutete auch hier Befreiung von der Laiengewalt, Einheitlichkeit der Bräuche, stärkere Hinwendung zum Chorgebet. Zur Gründung eines Verbandes kam es nirgends.

Neben Cluny entstand in Flandern, Frankreich und Italien noch eine größere Anzahl von Zentren der monastischen Erneuerung mit größerem oder geringerem Einflußbereich. In Spanien erfolgte im 11.Jh. eine starke Ausbreitung der Klöster; ein Großteil von ihnen unterstanden als Priorate französischen Abteien, wie Cluny, La Grasse, St. Viktor in Marseille und anderen.

In England war das Klosterwesen durch die Däneneinfälle fast vernichtet worden. Seine Wiederbelebung erfolgte im 10.Jh. durch Dunstan, Ethelwold und Oswald, die, unterstützt vom Königtum, den Klöstern in der Regularis Concordia eine einheitliche Observanz nach Cluniazenser Vorbild gaben. Eine zweite große monastische Bewegung wurde durch die normannische Eroberung ausgelöst, die in → Lanfrank von Canterbury ihren mächtigen Förderer fand. Im Laufe des 12.Jh.s erfolgte die Gründung von Klöstern in Skandinavien, Böhmen, Polen, Ungarn, Dalmatien, Palästina, auch in Konstantinopel und auf dem Athos.

Nach 1200 setzte ein fast allgemeiner Verfall ein. Klöster verarmten infolge der neuen Wirtschaftsform. Andere wurden Zentren einer politischen (Adels-)Herrschaft oder eines Territoriums. In den romanischen Ländern vergab die Kurie die Klöster als Kommenden an ihre Günstlinge. In England und Frankreich nahm das Königtum durch Ernennung der Äbte Einfluß auf die Klöster. Den Verfall suchten die Päpste Innozenz III., Honorius III. und Gregor IX. sowie Benedikt XII. (1336) vergeblich aufzuhalten. Erst um 1400 kam aus dem Mönchtum selber die Regenerierung. Sie ging von St. Justina in Padua aus durch den Abt Ludwig Barbo. Während bisher jedes Kloster selbständig war, begründete er eine Kongregation, innerhalb derer die einzelnen Klöster von absetzbaren Obern unter der Aufsicht von Kapiteln und Visitatoren geleitet wurden. Nach diesem Vorbild entstanden auch in anderen Ländern ähnliche Kongregationen. Unter dem Einfluß des Konzils von Konstanz bildeten sich in Deutschland Erneuerungsbewegungen um die Klöster Kastl, Melk, St. Matthias in Trier und Bursfeld. Der → Bursfelder Kongregation schlossen sich über 100 Klöster an. Der Humanismus und die Devotio moderna fanden in diesen Klöstern Förderung und Pflege.

Durch die Reformation verlor der Orden etwa 750 Klöster. Das Konzil von Trient ordnete den Zusammenschluß der Klöster in Kongregationen mit regelmäßigen Kapiteln an. Diese bildeten sich durch Unionen der Klöster in den einzelnen Provinzen oder Diözesen. In Frankreich entstand die zentral geleitete Kongregation der → Mauriner, deren besonderes Anliegen die Pflege der Wissenschaft wurde. Unter ihrer Anregung erblühte auch in anderen Klöstern wieder die gelehrte Tätigkeit, so daß die B.klöster zu bedeutsamen Trägern der Barockkultur wurden. Die französische Revolution und die ihr folgende Säkularisation traf die B. hart, doch erfolgte im 19.Jh. eine Wiederbelebung. In Deutschland ging sie von Bayern, in Frankreich durch Dom Guéranger von → Solesmes, im außerbayerischen Deutschland durch die Brüder Wolter von → Beuron aus. Es folgten Italien, Spanien, England, Brasilien, Nordamerika. 1894 schloß Leo XIII. alle B.klöster zu einer Konföderation unter einem Abtprimas mit dem Sitz in Rom zusammen. Von dieser Konföderation an kann man die Bezeichnung »B.-Orden« verwenden, obschon ein eigentlicher Zentralismus im Bereich der B. fehlt. Der Konföderation gehören heute 16 Kongregationen mit 250 Klöstern, davon 130 Abteien (25 in Deutschland), und 12000 Mitgliedern an. An der Spitze der einzelnen Kongregation steht ein Abtpräses, auf 6 Jahre von den Äbten der Kongregation erwählt; der Abtprimas wird auf 12 Jahre von den Äbten des Ordens erwählt.

Seit dem 7.Jh. nahmen auch *Frauenklöster* die B.-Regel an. In der angelsächsischen, karolingischen und ottonischen Zeit nahmen sie starken Anteil am kulturellen Leben. Ihre Entwicklung verlief parallel zu der der Mönchsklöster, wobei sie auch an deren Niedergang und Reformbewegungen teilhatten. Neben die Nonnenklöster traten im 19.Jh. auch Schwesterngenossenschaften, die vor allem in den USA Verbreitung erlangten. Heute gibt es 250 Nonnenklöster mit 10 000 Nonnen und 120 Schwesternhäuser mit 11 000 Schwestern.

Zeitschriften: Stud. u. Mitt. z. Gesch. des B.ordens, München 1925ff; früher: Studien u. Mitt. aus d. B.- u. Zisterzienser-Orden, 1880-1912 - Revue Bénédictine, Maredsous 1890ff - Benedikt. Monatschrift, Beuron 1918ff - Liturgie u. Mönchtum, Laacher Hefte, Maria Laach 1948ff. - St.Hilpisch, Gesch. des benedikt. Mönchtums, 1929 - Ders., Das Benediktinertum im Wandel der Zeiten, 1950 - Ders., Gesch. der Benediktinerinnen, 1951 - C.Butler, Benedictine Monachism, London 1919; dt.: Benedikt. Mönchtum, 1929 - Heimbucher I, 154ff - Ph.Schmitz, Histoire de l'Ordre de St.Benoît I-VII, Maredsous 1942-1956; dt.: Gesch. des B.ordens I-III, 1947ff - L.Hunkeler, Vom Mönchtum des hl. Benedikt, 1947 - Benedikt. Geistesleben, hg. v. H.S.Brechter I-IV, 1949ff - K.Hallinger, Kluny-Gorze (Studia Anselmiana 22/25), 1950/51 - Escobar I, 23ff - Das benedikt. Mönchtum im 19/20.Jh. (Regestensammlung), hg. v. P.Weissenberger, 1953 - S.Mayer, Die benedikt. Konföderation, 1957. - Bibliogr. im Bull. d'histoire bén. der RBén.

St.Hilpisch

Benediktinerregel, verfaßt von → Benedikt von Nursia unter Benutzung der altmonastischen Überlieferung, bietet in 73 Kapiteln eine kurze Lehre über das mönchische Leben, das als Leben gemäß dem Evangelium charakterisiert wird. Sie verpflichtet den Mönch zum Verharren im Kloster bzw. im Mönchstand (stabilitas), zum klösterlichen Wandel in Verzicht auf Eigenbesitz, zu Schweigen, Demut und Keuschheit (conversio morum) und zum Gehorsam. Die Verfassung gibt dem Abt die volle Regierungsgewalt im Kloster, verlangt aber von ihm, vor allen wichtigen Entscheidungen den Rat der Mönche einzuholen. Die Ordnung des Tageslebens bringt eine harmonische Verbindung von Gebet und Arbeit. Die Verpflichtung zur Lesung und die Forderung, auch Knaben aufzunehmen (→ pueri oblati), begründeten die wissenschaftliche Tätigkeit der Mönche und die Klosterschule. Maßvoll in ihren asketischen Forderungen, erlangte die B. rasch hohe Anerkennung in Mönchskreisen und verdrängte bald die übrigen Mönchsregeln, bis sie schließlich nahezu die alleinige Regel des Mönchtums im Abendland wurde. Sie wird noch heute nicht nur von den eigentlichen → Benediktinern, sondern auch von zahlreichen anderen Orden beobachtet: von den → Zisterziensern, den reformierten Zisterziensern (→ Trappisten), Missionaren von Marianhill (Abzweigung der Trappisten), → Mechitaristen (armenischer Ritus), → Kamaldulenser, → Vallombrosaner, → Silvestriner, → Olivetaner. Von den Untergegangenen lebten die Wilhelmiten, Zölestiner, → Grammontenser, Florenser, → Feuillanten, die Orden von → Fontevrault, St. Sulpice, Pulsano, Monte Vergine und andere kleinere Gemeinschaften nach der B.

Ausgaben: C.Butler, (1912) 1935^{3}; O.Linderbauer, 1928; Ph. Schmitz, Maredsous 1946; G.Arroyo, Burgos 1947. - Dt. Übers.: P.Bihlmeyer, (1914) 1947^{6}; O.Linderbauer, 1928. - Bibliogr.: A. Albareda, Montserrat 1932; R.Bauerreiss, Stud. u. Mitt. OSB 58, 1940, 3-20. - Textgesch. v. L.Traube, (1898) 1920^{2}. - Kommentare: U.Daab, Studien zur althochdeutschen B. (Hermaea 24), 1929 - O. Gradenwitz, Die Regula S.Benedicti nach den Grundsätzen der Pandektenkritik behandelt, 1929 - Ders., Textschichten in der Regel des Hl.Benedikt (ZKG 50, 1931, 257-270) - Ders., Ein Schlaglicht auf den Artikel: Textschichten in der Regel des Hl.Benedikt (ZKG 51, 1932, 228-237) - I.Herwegen, Sinn u. Geist der B., 1944 - E.Pfiffner, Die Regel des hl. Benedikt, 1947 - W.Betz, Deutsch u. Lateinisch. Die Lehnbildungen der althochdeutschen B., 1949 - G.Aulinger, Das Humanum in der Regel Benedikts von Nursia, 1950 (Lit.) - B.Steidle, Die Regel St. Benedikts, 1952 - F.A.Blazovich, Soziologie des Mönchtums u. die B., 1955. - Vgl. die Lit. zu → Benediktiner.

St.Hilpisch

Beneficium (*ecclesiasticum*), nach kath. Kirchenrecht (cc. 1409-88 CIC) ein → Kirchenamt, das zugleich einen Anspruch auf die Erträge einer mit diesem Amt verbundenen Vermögensmasse (Dos, B. im engeren Sinne) gewährt. Die Dos kann aus Land, Geldvermögen oder sicheren, dem jeweiligen Inhaber des B.s (Benefiziat) zufließenden Einkünften bestehen. Hauptarten: Beneficia consistorialia (Gegensatz: non consistorialia), solche, die gewöhnlich im → Konsistorium verliehen werden; B. saecularia (religiosa), solche, die nur Welt-(Kloster-) Geistlichen zustehen; B. curata (non curata), solche, die (nicht) mit Seelsorge verbunden sind. Die Errichtung, Veränderung oder Aufhebung und Verleihung der Konsistorial-B. steht nur dem Hl. Stuhl zu, bei den übrigen B. ist dafür in der Regel der Orts- → Ordinarius zuständig. Bei der Verleihung der B. sind vielfach konkordatär festgelegte Mitwirkungsrechte staatlicher Stellen oder → Patronate zu berücksichtigen. - Das kirchliche Benefizialwesen ist im 8.Jh. aus der Ausdehnung der merowingisch-fränkischen Landleihe (Prekarie) auf das Kirchengut entstanden. An diese vermögensrechtliche schloß sich bald auch die Ämterleihe. - Das ev. Kirchenrecht hat zunächst den Begriff des B.s im engeren Sinne aufgenommen. Im 19.Jh. ist der Unterhalt der kirchlichen Amtsinhaber aus den Erträgen des B.s fast überall durch ein der staatlichen Beamtenbesoldung angeglichenes Gehalt ersetzt worden.

RE II, 591ff - Eichmann-Mörsdorf II, 417ff - Feine I, 155, 184ff. 326. 349f. 469. 648 - Plöchl I, 390ff; II, 361ff - EKL I, 389.

H.Barion

Benevent, *Erzbistum* in Unteritalien. Während die Legende des 17.Jh.s den Petrusschüler Photinus als ersten Bischof nennt, beginnt die historisch gesicherte Reihe erst mit Januarius, * in B., um 303 in Puteoli mit 6 Gefährten enthauptet, Patron von Neapel. Der unter dem hl. Barbatus (663-82) mit der Diözese Siponto vereinigte Kirchensprengel, wurde von Papst Johann XIII. 969 zur Metropole erhoben (10 Suffragane). Die bald erweiterte Kirchenprovinz wurde durch Stephan IX. 1058 neugeordnet unter Zuweisung von 25 Suffraganen. Seit 1047 normannisch, seit 1077 päpstlich, 1798 napoleonisch, 1806 als Fürstentum an Talleyrand, 1815-60 wieder päpstlich. Erzbischof Rogerius (1179-1221) und 5 spätere wurden zu Kardinälen erhoben. Seit Erzbischof Hier.Gastaldi (1680-85) waren seine Nachfolger in der Regel Kardinäle. Erzbischof Alex.Farnese (1514-21) wurde als Paul III. und Peter Franz Orsini (1686-1724) als Benedikt XIII. Papst. Heute gehören zum Erzbistum 12 Suffraganstühle: S.Agata dei Goti, Alife, Ariano, Ascoli, Satriano-Cerignola, Avellino, Bojano-Campobasso, Bovino, Larino, Lucera, San Severo, EC: Telese, Ceretto-Sannitta, Termoli, und die 4 früher unierten Bistümer Lesina, Murcone, Limosano, Tocco als Archipresbyterate. Der Kirchensprengel zählt 163 Pfarreien. Unter 334 014 Bewohnern des Diözesangebietes sind 333 500 Katholiken; neben 217 Weltpriestern sind 101 Ordenspriester tätig; 18 männliche Ordensniederlassungen zählen 170, 78 weibliche 428 Mitglieder. Die bedeutendsten Kirchen von B. sind der sechseckige byzantinische Zentralbau S.Sophia mit Mosaiken und Türen aus dem 8.Jh. und die fünfschiffige romanisch-sarazenische Kathedrale mit berühmten byzantinischen Erztüren (um 1200) aus dem 9.-12.Jh. (seit 1124 die Reliquien des hl. Barbatus dort; Fest am 19. Februar).

F.Ughelli, Italia sacra s. de episcopis Italiae III, 1718, 3ff - G. Cappelletti, Chiese d'Italia III, 1845, 9ff - D.M.Zingarelli, Storia di B. dalle origini al 1894, 1895 - A.Groner, Die Diözesen Italiens von der Mitte des 10. bis zum Ende des 12.Jh.s (Diss. Tübingen), 1904 - F.Lanzoni, Le Diocesi d'Italia dalle origine al principio del secolo VII, 2 Bde, 1927 - Enc. Italiana VI, 1938, 628ff - EC II, 1949, 1321 - AnnPont 1957, 159f. *J.B.Aufhauser*

Bengel, 1. *Ernst Gottlieb* (1769-1826), Enkel von 2, Diakon in Marbach, seit 1805 Prof. in Tübingen (Lehrer F.Chr. → Baurs), 1820 Prälat; in historischer und systematischer Lehrtätigkeit als einstiger Schüler → Storrs betont rationalistischer Vertreter der älteren Tübinger Schule (→ Tübingen: I). Bei großem persönlichem Einfluß und Lehrerfolg (Hg. des Archivs für die Theologie und ihre neueste Literatur, 1816-26) versuchte er, die Selbständigkeit und Suffizienz der Offenbarung (Reden über Religion und Offenbarung, 1831) zu harmonisieren mit Kants Philosophie und sozinianischem Supranaturalismus (Ideen zur historisch-analytischen Erklärung des socinianischen Lehrbegriffs [Flatt-Süskinds Magazin für christliche Dogmatik und Moral, Stück 14-16, 1808-10]), was praktisch zur Entkräftung der Rechtfertigungslehre und zur Moralisierung des Glaubens führte und ihm das Verständnis entscheidender theologischer Neuansätze (Schleiermacher) verbaute.

Neuer Nekrolog IV, 1826, 162ff - ADB II, 330f - RE XX, 157f - Chr.Kolb, Die Aufklärung in der württ. Kirche, 1908.

2. *Johann Albrecht* (1687-1752), aus Winnenden/Württ., mit Fr.Chr. → Oetinger zusammen die führende Gestalt des schwäbischen → Pietismus; studierte in Tübingen (Stift), wurde 1713 Präzeptor in der ev. Klosterschule Denkendorf, Prälat in Herbrechtingen (1741) und Alpirsbach (1749 mit Amtssitz in Stuttgart; Konsistorialrat). Seine auf Reisen (1713) erworbene Kenntnis verschiedener Studienanstalten (Halle) vertiefte seine erzieherischen Anlagen und die bedachtsam-kritische Würdigung der → Brüdergemeine (Abriß der Brüdergemeine, 1751). Gleich bedeutend als Forscher wie als Pädagoge und Seelsorger, wurde er ein magister Sueviae, hochgeachteter Lehrer vieler Prediger und Ahnherr der geistlichen Väter Württembergs, ebenso tiefsinnig und schrifttreu in der Exegese wie nüchtern in der Textkritik. Seine spekulativ-apokalyptischen Gedanken entsprangen keiner Schwärmerei, sondern der stufenmäßig verstandenen göttlichen »Heilsökonomie« (→ Coccejus, → Vitringa, → Poiret). Die Überordnung der Schrift begründete jenen Biblizismus, der das Ganze der Bibel erfassen und ihre Teile gegenseitig in Beziehung setzen will (»singulae partes Deo dignae«). Das Hauptwerk, Gnomon (»Zeiger«, 1752), ein Wort-für-Wort-Kommentar, hat in der deskriptiven Prägnanz, der personalen Hermeneutik und philologischen Methode zugleich reformatorische Energie wie moderne Aktualität. Die Gewinnung eines verläßlichen NT-Textes durch Vergleich der »asiatischen« und »afrikanischen« Handschriftengruppen, samt kritischem Apparat, bedurfte kostspieliger Vorarbeit zur Beschaffung und Prüfung dieser Quellen. Die Grundsätze der Auslegung (»difficilior lectio placet«) und des strengen Sachverhältnisses (»te totum applica ad textum: rem totam applica ad te«) demonstrierte er am »innerbiblischen Wahrheitsbeweis«, die Fülle erschließend, jedem Dogmatismus ebenso abhold wie allem Reformerpathos. Reife Stille des Charakters, maßvolle Erzieherweisheit und ein »dauerhaftes Gefühl von der Wichtigkeit der unsichtbaren und ewigen Dinge« (vgl. seine Kirchenlieder) sind das Stigma seines Geistes und seiner auch bei akademischer Zurücksetzung bewahrten Gelassenheit. Die Theologie der »Bundesschlüsse« Gottes entwickelte er zu einer prophetischen Geschichtsphilosophie, die jedoch Versuch, nicht Programm sein sollte (errechneter Beginn des Milleniums 18.6.1836) und den kirchlichen Boden nie verließ (→ Bund: IV). B.s Nachwirkung dauert noch an.

Gnomon Novi Testamenti, 1742. Dt. Ausg. v. C.F.Werner 1853/1854; 1932[8]; Erklärte Offenbarung Johannis u. vielmehr Jesu Christi, 1740; Ordo temporum, 1741; Cyclus sive de anno magno consideratio, 1745; 60 erbaul. Reden über die Offenb. Johannis, 1747; Predigten, hg.v. J.Chr.F.Burk, 1839. - Über B.: RE II, 597ff - K.Hermann, J.A.B., 1937 - E.Müller, Stiftsköpfe, 1938, 145ff - NDB II, 47 - E.Ludwig, Schriftverständnis u. Schriftauslegung bei J.A.B., 1952. *M.Mezger*

Benignus, *der Heilige,* Apostel Burgunds, angeblich Schüler des Polykarp, der in Gallien missionierte und in Dijon ermordet wurde. In der über seinem Grabe im 6.Jh. errichteten heutigen Kathedrale zu Dijon ist er auch als Bischof dargestellt (Plastik des 12./13.Jh.s). Auf einigen Stichen von J.Callot und J.Wierix sieht man ihn als einfachen Priester, der von Hunden begleitet oder von Lanzen durchbohrt ist. Tag: 1. November.

AS Nov. I, 134ff - Künstle II, 126 - Doyé I, 124. *H.Paulus*

Benn, *Gottfried* (1886-1956), Dichter (Lyriker, Essayist) und Arzt, * in Mansfeld (Westpriegnitz), stammt aus einem prot. Pfarrhaus. Wie die meisten Dichter des → Expressionismus ist B. ein Feind der modernen Zivilisation, deren Rationalismus, Utilitarismus, Materialismus und Fortschrittsoptimismus er leidenschaftlich bekämpft. Gegenüber der mechanistischen Auffassung der Natur, insbesondere dem → Darwinismus, betont er, daß Entwicklung eine Folge irrationaler Schöpfungsakte sei. Auch in der Geschichte sieht er ein zufalldurchsetztes, zielloses Geschehen und erkennt nur eine sprunghaft sich vollziehende Tendenz, die zunehmende Vergehirnung des Menschen. Analog der These von → Klages vom »Geist als Widersacher der Seele« wird das als leidvolles Schicksal des »späten Menschen« begriffen und verbindet sich mit → Spenglers Prognose vom »Untergang des Abendlandes« zu einer universalen Endzeitstimmung. Paläontologie, Anthropologie, Mythenforschung und Psychoanalyse erschließen die Vorzeit, vor der die zivilisierte Gegenwart unbedeutend und vordergründig erscheint. Aus der Spekulation des Paläontologen E.Dacqué, nach der das Menschengeschlecht eine millionenjährige Vergangenheit haben soll, und der Lehre C.G. → Jungs vom »kollektiven Unbewußten«, in dem die gesamte Erlebnismasse der Menschheit noch bereitliege, entwickelt B. seine These vom »provozierten Leben«. Im Rausch soll die gesamte geistig-seelische Erbmasse wieder aktiviert werden. Er formuliert betont antiwissenschaftlich, der Kosmos werde offenbar in der Halluzination. In seinem Haß gegen die materialistische Zivilisation begrüßt er die nationalsozialistische Bewegung als neue Mutation der weißen Rasse und glaubt an die Geburt eines neuen Stils aus der Verbindung von Kunst und Macht. Die Form soll die Transzendenz der Epoche werden. Seine Erfahrungen mit der Macht führen dann zur grundsätzlichen Trennung von geschichtlich-gesellschaftlichem Leben einerseits, Kunst andererseits, was auch als bewußte Persönlichkeitsspaltung, als »Doppelleben« praktiziert wird. Im Bereich der Kunst wiederholt sich dieselbe Spaltung mit der Entwertung des relativierbaren Inhalts zugunsten der zeitenthobenen Form. Laut B. hat → Nietzsche mit dem Wahrheitsbegriff den Inhalt erledigt. Es gibt keine wahre, sondern immer nur die scheinbare Welt. Damit ist die wissenschaftliche Haltung der Rezeptivität entwertet, sind die spontanen schöpferischen Kräfte freigesetzt. Der Künstler entscheidet über die Dinge, die Welt ist ein ästhetisches Phänomen.

Verglichen mit materialistischen Auffassungen könnte man B.s Weltanschauung wegen seines »Fanatismus zur Transzendenz« religionsnah nennen. Er glaubt aber, daß die Zeit der Religionen zu Ende sei und daß nach dem Stadium des Nihilismus, in dem der Säkularisierungsprozeß endete, nur noch die Kunst die Wirklichkeit transzendiere. Religiosität ist jetzt ein Ausweichen, denn »wenn man religiös wird, erweicht der Ausdruck«. Gott wird nicht geleugnet, aber als weltenferne, unbeteiligte Schöpfungsmacht gesehen. Als Haltung bleibt ein existentieller Stoizismus: »Im Dunkel leben, im Dunkel tun, was wir können.«

Doppelleben, 1949; Ausdruckswelt, 1949; Der Ptolemäer, 1949; Frühe Prosa u. Reden, 1950; Essays, 1951; Frühe Lyrik u. Dramen, 1952; Die Stimme hinter dem Vorhang, 1952; Ges. Gedichte, 1956; Über mich selbst (1886-1956), 1956. - E.LOHNER, G.B.-Bibliogr. 1912-55 (Philobiblon I, 1, 1957, 59-79). - Über B.: M.BENSE, Ptolemäer u. Mauretanier, 1950 - M.RYCHNER, G.B. (Zur europ. Lit. zw. zwei Weltkriegen, 1951², 239-290) - D.WELLERSHOFF, Untersuchungen über Weltanschauung u. Sprachstil G.B.s (Diss. Bonn), 1952 - T.KOCH, G.B. Ein biogr. Essay, 1957. *D.Wellershoff*

Benno *von Meißen,* † angeblich 16.6.1106, zunächst Stiftsherr in Goslar, 1066 Bischof von Meißen, im Investiturstreit (→ Kaisertum und Papsttum) bald auf seiten Heinrichs IV., bald bei dessen Gegnern; die ihm zugeschriebenen Missionsverdienste sind sehr umstritten. Im Gegenstoß zur Reformation hat man 1523 B. heiliggesprochen und 1524 seine Gebeine gehoben, wodurch Luthers Flugschrift »Wider den neuen Abgott und alten Teufel« angeregt wurde.

O.LANGER, Bischof B. v. M. (Mitt. des Vereins für Gesch. der Stadt M. I, 3, 1884, 70-95; I, 5, 1886, 1-38; II, 2, 1891, 99-144; VII, 1, 1906, 122-126 (dies gegen E.KLEIN, Der hl. B., Bischof v. M., 1904) - J. KIRSCH, Beiträge zur Gesch. des hl. B., Bischofs v. M. (Diss.), 1911 - NDB II, 52f. *F.Flaskamp*

Bentham, *Jeremy,* 1748-1832, engl. Jurist und Moralphilosoph, veröffentlichte 1776 »Fragments on Government«, eine glänzende Polemik gegen Blackstones Ruhm der englischen Verfassung. In seinem größten Werk, »Principles of Morals and Legislation«, 1789, baute er sie weiter aus. 1792 wurde er Ehrenbürger der franz. Republik. B. sammelte um sich einen Kreis von Philosophen, darunter J.S. → Mill, die ihm bei Abfassung seiner späteren Werke zur Hand gingen. In Deutschland ist er mit A. Feuerbach zu vergleichen. B.s Methode, beeinflußt durch Sandersons Logik, war die des »gesunden Menschenverstands«. Er verwarf Berücksichtigung historischer Gegebenheiten im Recht. Goethes »Vernunft wird Unsinn, Wohltat Plage, weh dir, daß du ein Enkel bist« entspricht seinem Denken und dürfte von ihm beeinflußt sein. In Recht und Gesetzgebung sah B. eine rein irdische Angelegenheit. Mit dem ihm zugeschriebenen, schon von Hutcheson und Beccaria ausgesprochenen Satz vom »größtmöglichen Glück der größtmöglichen Zahl« bezeichnete er das Ziel jeder vernünftigen Gesetzgebung. Das Mittel, sie zu erreichen, fand B. in dem Satz, »jeder hat das Recht Einer zu sein, niemand mehr als einer«. Um dem Begriff Glück Inhalt zu geben, schuf B. Tafeln und Diagramme der relativen Berechtigung der Lustimpulse. Sein Einfluß auf die moderne Gesetzgebung kann nicht überschätzt werden; durch Einführung des Nützlichkeitsprinzips hat er das Recht im modernen Staat säkularisiert.

Ü V, 184 (Lit.). Seither: J.B.s Economic Writings, ed. W.STARK, London 1952-54 - D.BAUMGARDT, B. and the Ethics of today, Princeton 1952. - Außerdem: C.M.ATKINSON, J.B., London 1905 - W.S. HOLDSWORTH, Some Makers of English Law, Cambridge 1938. *A.Ehrhardt*

Bentley, *Richard* (1662-1742), englischer klassischer Philologe, * bei Wakefield, 1690 zum Geistlichen ordiniert. Unter dem Schutz von Stillingfleet (Dekan von St.Paul, später Bischof von Worcester) legte er den Grund zu seiner einzigartigen Gelehrsamkeit, die er schon früh (1691, Brief an Mill; 1699, Über die sog. Briefe des Phalaris) bewies, indem er Methoden der Text- und Sachkritik zur Aufdeckung literarischer Fälschungen verwendete. Er bekämpfte die → Freidenker in seiner Boyle-Vorlesung »A Confutation of Atheism« (1692), worin er → Newtons naturwissenschaftliche Entdeckungen zum Erweis der Existenz Gottes verwandte, und ihren Vertreter A. → Collins in seinen »Remarks upon a late Discourse of Freethinking« (1713). Zum Master von Trinity College, Cambridge, gewählt (1700), kämpfte er 40 Jahre lang mit dessen Lehrkörper (Fellows), den er durch hochmütiges und verfassungswidriges Verhalten kränkte. Nur durch einen Zufall entging er der Absetzung. Er führte tiefgreifende Studienreformen durch und schützte besonders die Naturwissenschaften. Als größter klassischer Philologe der Zeit wurde er Pionier der kritischen Methode.

50 Bände Ausgaben, Emendationen und Anmerkungen zu klassischen Autoren sowie Pläne zur Revision des griech. NT u. der Vulgata. - A.T.BARTHOLOMEW-J.W.CLARK, Bibliography of B., 1908 - J.E.SANDYS, History of Class. Scholarship II, 1908 - J.W.MACKAIL, Studies in Humanism, 1938 - A.FOX, J.Mill and R.B., 1954. *D.Carter*

Bentzen, *Aage,* Alttestamentler, * 1894 in Ordrup (Dän.), † 1953 in Kopenhagen, seit 1923 dort Dozent und seit 1929 ord. Professor. Neben seinen Lehrern F. Buhl, J.C.Jacobsen und Joh. → Pedersen haben ihn P. Kahle, G. → Hölscher und besonders S. → Mowinckel bestimmt. Anregungen der → Kultgeschichtlichen Methode (in England) und der → Kultgeschichtlichen Schule (in Schweden) nahm er weiterführend auf.

Bibliogr.: VT Suppl. I, 1953, VII-XV; bes. hervorzuheben: Die josianische Reform u. ihre Voraussetzungen, 1926; Studier over det zadokidiske praesteskabs historie, 1931; Daniel (HAT I, 19), (1937) 1952²; Fortolkning til de gammeltestament. Salmer, 1939; Indledning til det Gamle Testamente I. II, 1941 = Intr. to the OT I. II, (1948) 1952²; Messias, Moses redivivus, Menschensohn (AThANT 17), 1948. *A.S.Kapelrud*

Benz, *Gustav* (1866-1937), seit 1897 Pfarrer in einer Kleinbasler Industrie- und Arbeitergemeinde. Theologisch von W. → Herrmann beeinflußt, war er von früh auf an der Arbeiterbewegung interessiert und in der sozialen Fürsorge führend tätig. Durch seine zahlreichen Predigtbücher gehört er zu den bekanntesten Vertretern der »modernen Predigt«, gleich interessiert an den sozialen, psychologischen und theologischen Fragen der

Zeit und darum bemüht, dem Evangelium in einer sich verändernden Welt Gehör zu verschaffen.

Predigtsammlungen: In der Gewalt Jesu, (1904) 1925[11]; Vom Leben verfaßt, (1908) 1925[7]; Unser Vater, unsere Brüder, 1913; Dennoch bei Gott, 1916. - Außerdem: Vom Anfang aller Dinge, 1925; Herr, lehre uns beten, 1934; Gedanken u. Betrachtungen. Eine Auswahl, zusammengestellt v. K.FUETER, 1937. - Über B.: F.NIEBERGALL, Die moderne Predigt, 1929 - H.WERDEMANN, B. als Apologet (Christentum u. Wiss. 7, 1931, 180-187) - O.MOPPERT, Basler Jb., 1938, 7-32 (Lit.). *A.Niebergall*

Beran, *Joseph,* * 1888 in Pilsen, 1933 Regens des Prager Priesterseminars, 1942-45 inhaftiert in Theresienstadt und in Dachau, 1946 Erzbischof von Prag und damit Primas in Böhmen (Wahlspruch: »Eucharistie und Arbeit«). B. war um ein gutes Einvernehmen zwischen Kirche und Staat bemüht (zB schweigende Duldung der Deutschenaustreibung 1945-47), konnte aber den offenen Kampf des Staates gegen die Kirche mit dem Versuch einer Spaltung des Klerus und nationalkirchlichen Bestrebungen nicht verhindern. Sein Eintreten für die Freiheit der Kirche führte 1949 zu seiner Internierung und 1951 zur Deportation.

HerKorr I-V, VII-IX, Reg. s. v. Beran - H.-H.SCHREY, Die Generation der Entscheidung, 1955, 265ff. *W.Sucker*

Berdjajew, *Nikolaj Alexandrowitsch* (Berdjaev, Nikolaj Aleksandrovič), russischer philosophischer Publizist, * 6.(19.)3.1874 in Obuchovo, Gouv. Kiew, † in Clamart bei Paris 23.3.1948. B., russischem Adel entstammend, wurde als Student Marxist, als solcher 1898 relegiert und für drei Jahre verbannt. B.s Marxismus war aber auch in dieser Zeit nicht orthodox. B. sagt von sich, daß er nie Materialist oder Positivist gewesen sei. Nach Rückkehr aus der Verbannung ging er zunächst zum »Idealismus« über und kam bald danach von der Transzendentalphilosophie der kantischen Schule zu einer entschieden religiös bestimmten, die Transzendenz bejahenden Weltanschauung. Das sozial-revolutionäre Pathos behielt er jedoch bei und kämpfte stets gegen alle Formen der sozialen Unterdrückung. 1922 wurde er als ideologischer Gegner des Kommunismus aus Rußland verbannt. Er ging zunächst nach Berlin, 1924 nach Paris, wo er als freier Schriftsteller lebte. - Am stärksten wurde B. von Kant, Hegel, Marx, Schopenhauer, Tolstoj, Ibsen, Nietzsche, Dostojewski, Schelling, Baader, Solowjew, J.Böhme und Angelus Silesius beeinflußt. - Trotz dieser sehr starken und deutlich spürbaren Einflüsse tragen die zahlreichen Schriften B.s den Stempel seines Geistes, eines eigenwilligen, stark mit sich selbst beschäftigten, seine Individualität betonenden und allen fremden Ansprüchen und Einwirkungen gegenüber sich behauptenden Geistes. Seine philosophischen Konstruktionen haben vielfach nur den Wert von Symbolen für seine (jeweilige) Geisteshaltung. Dieser extreme Subjektivismus, der sich gelegentlich zu peinlicher Selbstbespiegelung steigert, äußert sich im Formalen in aphoristischer Schreibweise, im Fehlen klarer Gedankenführung und im völligen Verzicht auf philosophische Beweisführung. B. selbst zählt sich zum Typ des »prophetischen«, nicht des »wissenschaftlichen« Philosophen und vergleicht sich hierin mit Heraklit und Nietzsche.

Zentrale Bedeutung für das Leben und die philosophische Weltanschauung B.s hat die Idee der → Freiheit (: II). Von ihr aus entwickelt er in Anlehnung an Böhme eine gnostisch anmutende Kosmologie, von ihr aus baut er auch seine Geschichtsphilosophie und seine Ethik auf, in der er die christliche Ethik mit Motiven Nietzsches zu bereichern sucht, indem er das »Schöpfertum« als ethische Aufgabe des Menschen postuliert. Eng verbunden mit der Idee der Freiheit ist der Personalismus B.s, der die freie, schöpferische Persönlichkeit als den höchsten Wert auffaßt. - Die Philosophie B.s darf nicht als für die orthodoxe Kirche typisch angesehen werden. Seine Bedeutung liegt weniger in seinem philosophischen System (soweit man bei ihm überhaupt von einem solchen reden kann), als vielmehr in seiner prophetischen Kritik an allen »Objektivationen«, dh Erstarrungsformen des Geistes (bes. im sozialen Leben). Für die Theologie ist er bedeutsam durch seine Kritik an den christlichen Konfessionen, Institutionen und Glaubenslehren, andererseits dadurch, daß er vielen der Kirche entfremdeten Gebildeten einige Grundideen des Christentums, wenn auch in sehr eigenwilliger Form, vermittelt hat.

Hauptwerke: Der Sinn des Schaffens, 1916 (dt. 1927); Der Sinn der Geschichte, (1923) 1950[2] (dt. 1925); Philosophie des freien Geistes, 1927 (dt. 1930); Die Bestimmung des Menschen, 1931 (dt. 1935); Wahrheit u. Lüge des Kommunismus, (1934) 1953[2]; Selbsterkenntnis. Versuch einer philosophischen Autobiographie, 1949 (dt. 1953); Existentielle Dialektik des Göttlichen u. Menschlichen, 1951 (russ. 1952). - Über B.: V.V.ZEN'KOVSKIJ, Istorija russkoj filosofii, Bd 2, 1950 (engl. 1953) - R.RÖSSLER, Das Weltbild N.B.s (FSThR 2), 1956 (Lit.) - LUD.MÜLLER, Russ. Geist u. Ev. Christentum, 1951. *Lud.Müller*

Bereczky, *Albert,* ref. Bischof in Ungarn. * 1893 in Budapest. Nach Abschluß seiner Studien an der Theol. Akademie in Papa und in Basel war er Gemeindepfarrer, seit 1929 in Budapest. B. nahm während des Krieges an der Widerstandsbewegung teil und war 1945-46 Staatssekretär im Kultusministerium. 1948 wurde B. zum Bischof des Kirchendistriktes an der Donau gewählt und ist seit 1949 Präsident des Generalkonvents und der Generalsynode der Ref. Kirche von Ungarn. Er ist ebenfalls Präsident des Ökumenischen Rates der Kirchen in Ungarn.

Vf. u.a. (alles ung.): Der Becher fließt über, 1935 (dt. 1956); Der wahre Trost, 1941; Zwischen zwei Gerichten, 1946; Der ungar. Protestantismus gegen die Judenverfolgung, 1946; Der schmale Weg, 1954; (in deutsch): Das ungar. Christentum im neuen ungar. Staate, 1949. *H.H.Harms*

Berengar *von Tours,* * im ersten Jahrzehnt des 11.Jh.s, † 1088 auf der Insel St.Cosmas bei Tours, erhielt seine Ausbildung in Tours und Chartres (Schüler → Fulberts), wurde um 1030 Grammaticus an der Schule von Tours, um 1040 Leiter der Schule und Kanzler von Tours sowie Archidiakon von Angers. Ein glänzender Lehrer der Grammatik und Rhetorik mit trefflichen Kenntnissen auch in der Medizin, zeichnete sich B. durch Kühnheit und Originalität besonders in der Dialektik aus, der er den Vorrang vor der Autorität gab. Dies kommt in seiner Lehre vom → Abendmahl (: II, 2a) zum Ausdruck, wo er bestimmte Lehren → Augustins und des → Ratramnus zu einer symbolisch-spiritualistischen Auffassung weiterbildet, im Gegensatz zur realistisch-metabolischen. Synoden in Rom und Vercelli 1050, Paris 1051 verwerfen B.s Lehre in seiner Abwesenheit; in Tours 1054 und Rom 1059 nimmt B. die ihm vorgelegte Bekenntnisformel an, um sie später in seinem Sinn zu interpretieren bzw. zu widerrufen, ein letztes Mal in Rom 1079. Nichts deutet darauf hin, daß er die Bekenntnisformel von 1079 im Sinn des metabolischen Realismus bejaht hätte.

Schriften: Erhalten sind 23 Briefe. De sacra coena adv. Lanfrancum (vor 1070) ed. W.H.BEEKENKAMP 1941. Das von M.MATRONOLA aus Cod. Casin 276 hg. Werk: Un testo inedito di Berengario di Tours e il concilio Romano nel 1079, Mailand 1936, stammt nicht von B (vgl. J.R.GEISELMANN, ThQ 118, 1937, 1-31. 133-172) - J.R.GEISELMANN, Eucharistielehre der Vorscholastik, 1926 - A.J. MACDONALD, B. and the reform of sacramental doctrine, 1930 - DHGE VIII, 405 ff (Lit.) - W.H.BEEKENKAMP, De avendmahlsleer van Berengarius van Tours, 1941 - CH.E.SHEEDY, The eucaristic controverse of the 11th century, Washington 1946 - P.G.Meuss, Die Abendmahlslehre B.s (Diss. Tübingen; Masch.), 1955 - EKL I, 390 f. *J.R.Geiselmann*

Berg, *Franz,* Aufklärungstheologe und Philosoph, * 31.1.1753 zu Frickenhausen/Main, † 6.4.1821. Im bischöflichen Klerikalseminar Würzburg von der geistig unbedeutenden Theologie der Jesuiten enttäuscht, wandte sich B. der rationalistischen Theologie seiner Zeit zu und fand von da den Weg zu De la Mettries und Holbachs Naturalismus. Nach mehrjährigem Wirken als Domkaplan lehrte er 1785 als Prof. für Patristik, 1790 für KG, 1811 für Universalgeschichte in Würzburg. Von seinem Lehrer → Oberthür erhielt er die Anregung zu seiner ersten Arbeit über die moralische Lehre des Clemens Alexandrinus (1779). B. versteht die Religion als natürliches Erzeugnis der Kulturentwicklung. In gewissem Sinne kann B. als Vorfahre der kritischen Evangelienforschung bezeichnet werden, wie sie in Tübingen getrieben wurde. Als Patristiker stellte er zB über die Ignatianen Thesen auf, die sich von prot. Forschern später erhärten ließen. B. kritisierte Kant, besonders dessen Kategorienlehre, lehnte die Philosophie Schellings schroff ab (Sextus oder die absolute Erkenntnis von Schelling, 1804) und gelangte in seiner »neukritischen« Philosophie doch nicht über den Skeptizismus hinaus (Epikritik, 1805). 1799 und 1800 schrieb er gegen die Säkularisationsbestrebungen. Sein Leben war dadurch beschattet, daß er vertreten sollte, was er nicht bejahen konnte.

Vf. außerdem antihierarch. Streitschriften. - A.Bigelmair, Festschr. d. Univ. Würzburg, 1932, 215-238 (Lit.). *F.W.Kantzenbach*

Berge, heilige

1. Religionsgeschichtlich - 2. Im AT. - B. = Berg

1. In zahlreichen Überlieferungen wird berichtet, daß sich ein hl.B. im Mittelpunkt der Welt befindet. Sein Gipfel berührt den Himmel, seine Wurzeln reichen bis in die Regionen der Unterwelt. Der hl.B. stellt also die Axis Mundi dar, denn er verbindet alle drei kosmischen Zonen: Himmel, Erde, Unterwelt. Entsprechenden Vorstellungen begegnet man bei einigen primitiven Völkern, zB bei den Semang in Malakka; sie finden sich ebenso bereits auf prähistorischen Denkmälern. Besonders deutlich sind sie jedoch in den Kosmologien (→ Weltbild) des Vorderen Alten Orients, in → Indien (: II) und → China (: II) zum Ausdruck gebracht. Von diesen alten Kulturzentren aus hat sich das Symbol eines hl.B.es als Weltachse einerseits nach Zentralasien und Sibirien (→ Altaische Religion, 2), andererseits nach → Indonesien (: II) und → Ozeanien verbreitet. So findet sich der Name des B.es Meru, der in der indischen Kosmologie vorkommt, in dem Glauben der → Mongolen (: II) und der sibirischen Völker, und sein mythisches Bild diente als Modell für den Tempel Barabudur von Java. Nach mesopotamischen Vorstellungen gruppieren sich alle Länder um den »Länder-B.«, und dieser ist es auch, der Himmel und Erde verbindet. In den wirklich vorhandenen hl.B.en sieht man die Abbilder jenes mythischen Urbildes; jeder hl.B. wird also als Mittelpunkt der Welt verstanden. Auch die ziqqurat, die babylonischen Tempeltürme, stellten kleine B.e dar, die, wie die Namen der → Tempel bekunden (»B.e der Stürme«, »Band zwischen Himmel und Erde« usw), dem kosmischen B. nachgebildet sind. Einige Züge der archaischen Vorstellungen vom hl.B. als dem Mittelpunkt der Welt finden sich auch in den religiösen Vorstellungen des Judentums, so hieß der Garizim »Nabel der Erde« (Ri 9, 37). In dem christlichen Volksglauben heften sich derartige Vorstellungen an den hl.B. Golgatha wie früher im Judentum an den hl. Fels in Jerusalem. → Himmelsberg.

Eliade §§ 31.143 (Lit.) - H.G.Quaritch Wales, The Mountain of God, London 1953 - RAC II, 136ff (Lit.). *M.Eliade*

2. Im AT werden hl.B.e im außerisraelitischen Bereich und daneben als oftmals vorisraelitische und übernommene Kultstätten genannt. An Israels Nordgrenze lag der Gebirgszug des *Hermon* (= [das Gebirge mit dem] hervorragenden B.gipfel?), für dessen Nebenkuppen (auf dem Antilibanon?) auch die Namen Senir und Sirjon überliefert sind (Dtn 3, 9; 4, 48). Neben dem Heiligtum auf dem Gipfel gab es Filialkultorte am Fuße des B.es, so u. a. Baal-Ḥermon (Ri 3, 3; 1Chr 5, 23). Nach Alt (ZDPV 70, 1954, 142-146) wird man den Gipfelkultort als Grenzheiligtum zwischen Aramäern und Phönikern anzusehen haben. Neben Inschriften der römischen Zeit (Alt) vgl. slHen 6-11. Der auch in Cypern verehrte Baal Lebanon ist der Gott des *Libanon;* seine Hauptkultstätte liegt vielleicht bei Byblos. Eine Verehrungsstätte desselben Gottes findet sich wohl auch am »heiligen Vorgebirge«, dem »Angesicht Gottes« nördl. von Byblos (ras esch-schaḳḳa). Der bei Kilamuwa von Sendschirli (Nordsyrien) genannte Baal Hamman wird als Gott des *Amanus* zu verstehen sein. Der dschebel el-ʿakra bei → Ugarit ist der hl.B. des Baal Zaphon (griech.: Zeus Kasios). An ihn dürfte in Jes 14, 13; Ez 28, 2. 16; Ps 89, 13 gedacht sein; der wichtigste Filialkult des Baal Zaphon liegt am sirbonischen See im Nildelta (→ 1 D 2; vgl. Ex 14, 2. 9; Num 33, 7), wo sich den Schiffern ein niedriger Berg als Landmarke darbot. Die Ortsbestimmung des → Paradieses (: II) in Gen 2, 10-14 weist auf einen hohen B. im armenischen Hochland, einen hl. Gottes-B., dem Zedern-B. im → Gilgamesch-Epos vergleichbar.

Nördl. von Hesbon lag auf dem B.e *Peor* das (Grenz-) Heiligtum des Baal Peor, an dem Moabiter und Israeliten zeitweilig zusammentrafen (Num 23-25). Zum *Nebo* → Moses. Herrschaftswechsel und Kultwechsel sind am Vorgebirge des → Karmel nachweisbar (Konkurrenz zwischen dem Baal Karmel und Jahwe; 1Kön 18). Zu den hl.B.en im westjordanischen Siedlungsgebiet gehört der → *Tabor* (Dtn 33, 18f), dessen vorisraelitischer Gott dem Westen in der hellenistisch-römischen Zeit als Zeus Itabyrios bekannt war. Der vorisraelitische Gott des → *Garizim* ist nicht bekannt (Baal Berith von → Sichem?); der B. galt den Israeliten mit seinem Gegenüber, dem *Ebal* als heilig (Dtn 27; Jos 8, 30ff). Auf dem Garizim errichteten im 4.Jh. die → Samaritaner ihren Tempel. Der *Zion* genannte Tembel-B. von → Jerusalem (: III) hatte im hl. Felsen, dem Allerheiligsten des → Tempels (: II), seine Mitte, die kosmisch gedeutet wurde (s. 1); in Jes 2 (Mi 4) ist Zion der eschatologische Gottes-B. Der Öl-B. hatte einen Gipfel, auf dem man anzubeten pflegte (2Sam 15, 32; 1Kön 11, 7 vom Deuteronomisten aus 2Kön 12, 13 entfaltet). Zum »Höhendienst« → Heilige Stätten: II. Überlieferungsgeschichtlich schwer durchschaubar ist die Tradition vom B.gott (1Kön 20, 23) Jahwe, der vom fernen Gottes-B. einherschreitet (Ri 5, 4f; Dtn 33, 2). Dieser B., in Ex 18 ohne Namen (midianitisches Grenzheiligtum?), ist nachträglich mit »Horeb« benannt und wird in der deuteronomistischen Literatur mit dem → *Sinai* kombiniert.

J.Hehn, Heilige B.e (ThGl 8, 1916, 130-141) - F.M.Abel, Géographie del la Palestine I. II, 1933-38. - Weiteres bei den obengenannten Stichwörtern. *K.Galling*

Bergengruen, *Werner,* deutscher Erzähler und Lyriker. * 1892 in Riga, ging B. zum Studium von Jura und Geschichte nach Deutschland; seit 1925 lebte er als Journalist in Berlin, siedelte 1936 nach München, 1946 nach

Zürich über. Lange Zeit war er auch in Rom. - B. hat in einer großen Reihe vielbeachteter Romane und Novellen nach seinem Bekenntnis versucht, »die heidnische Welt in die christliche Verklärung heimzuholen«. B. steht fremd zu allen Versuchen moderner Dichtung, sich in der Wirrnis der Gegenwart zum Organ von Offenbarung zu machen. Er will nicht Priester oder Prophet, sondern Sänger des Lobpreises sein, denn als gläubigem Christen ist es ihm nicht möglich, die Wirklichkeit vom Menschen her zu erschließen und sich an der Mythenbildung des technischen Zeitalters zu beteiligen. Er weiß den Menschen mit all seinen Bedingtheiten geborgen in der »heilen Welt«; sie leuchtet in die Menschenschicksale hinein, die nacherzählt werden können, weil sie seit Urzeiten die gleichen sind. Das Wort dieses Dichters sucht das Miteinander und quält darum auch im Vers der Sprache nicht gewaltsam Neues und Ungereimtes ab. Denn in sprachlicher Heilheit ist gleichfalls verbürgt, daß die Gebrochenheit dieser Welt vestigium gloriae, jedes Ding, das der Dichter nennt, Gleichnis eines Höheren ist. Mit einer Bewußtheit und Deutlichkeit, wie sie bei kaum einem anderen christlichen Dichter zu finden ist, will B.s Werk mit der unermeßlichen Fülle seiner Gestalten und Fabeln analogia entis, Abbild ewigen Seins im Vergänglichen bieten. Von daher war der Übertritt des 45jährigen Dichters zur kath. Kirche nur folgerichtig. Wie sein Leben so spannt sein Werk thematisch östliche Weite, nordische Versponnenheit und mittelmeerische Tradition zusammen; eine unerschöpfliche Erzählfreudigkeit, eine nie erlahmende Phantasie, Humor und persönliche Noblesse treffen in ihm auf einen unbeirrbaren Willen zur Form und eine in diesem Jh. selten gewordene Bescheidenheit. B. ist der Dichter eines sich weit verstehenden Katholizismus, der in den letzten Entscheidungen von Gericht und Gnade weiß, aber sein Dichtertum im »ersten Artikel« ansiedelt, Tier, Blume und Stern einbeziehend, einen lächelnden Blick dem Wunder, der Welt von Zauberspruch, Bann und Segen, der Mystik, ja dem Spuk widmet und über den Abgründen der Welt zu spielen vermag.

Romane: Das große Alkahest, 1926, neue Fassung: Der Starost, 1938; Herzog Karl d. Kühne, 1930; Der Großtyrann u. das Gericht, 1935; Am Himmel wie auf Erden, 1940; Das Feuerzeichen, 1949; Die Rittmeisterin, 1954. - Novellen u. Erzählungen: Feuerprobe, 1933; Die drei Falken, 1936; Der Tod von Reval, 1939; Der span. Rosenstock, 1941; Die Sultansrose, 1946; Sternenstand, 1947; Das Tempelchen, 1950; Das Buch Rodenstein, (1927) 1950; Der letzte Rittmeister, 1952; Die Flamme im Säulenholz, 1955. - Gedichte: Rose von Jericho, 1934; Dies irae, 1946; Die heile Welt, 1950; Mit tausend Ranken, 1956. - Dt. Reise, 1934; Röm. Erinnerungsbuch, 1950; Das Geheimnis verbleibt, 1952; Badekur des Herzens, 1956. - Über B.: G.Klemm, W.B., 1949 - H.Bänzinger, W.B. Weg u. Werk, 1950 - Ders., W.B. (Christl. Dichter der Ggwart, hg. v. H.Friedmann u. O.Maun, 1955, 345 ff) - Th.Kampmann, Die Welt W.B.s, 1952 - O.F.Bollnow, F.G.Jünger-W.B. Zwei Dichter der neuen Geborgenheit (Unruhe u. Geborgenheit, 1953, 108-140).

J.Chr.Hampe

Berggrav, *Eivind,* norw. Bischof, * 25.10.1884 in Stavanger, Sohn des späteren Bischofs von Hamar Otto Jensen, 1909-19 Lehrer an Volkshochschulen, 1919 Pfarrer in Hurdal, 1925 Gefängnispfarrer in Oslo und Dozent an der Universität, 1929 Bischof in Hålogaland, 1937 in Oslo, trat 1951 aus Gesundheitsrücksichten zurück, ist aber auch nachher auf vielen Gebieten sehr tätig geblieben. Als Bischof von Oslo wurde er die führende kirchliche Persönlichkeit Norwegens. 1940 übernahm er die Führung in dem kirchlichen Widerstand gegen den Nationalsozialismus, bis er (1942-45) interniert wurde. Von Haus aus sehr kulturoffen, wurde B. immer bewußter ein Mann der Kirche und hat als solcher außerhalb der kirchlichen und theologischen Parteien seinen Standort. Seine etwa 30 Bücher sind vor allem der Religionspsychologie gewidmet, nach dem Kriege auch dem Problem des Staates und dem Verhältnis von Staat und Kirche. B. betont sowohl die Freiheit als auch die Verantwortung der Kirche und ist ein entschiedener Anhänger der Volkskirche. Seit 1909 ist er Schriftleiter der einflußreichen Zeitschrift »Kirke og Kultur«, in der er selbst häufig religiöse, kulturelle und literarische Fragen erörtert. 1950-54 Mitglied des Präsidiums des Weltkirchenrates, seit 1946 Präsident der Vereinigten Bibelgesellschaften.

Vf. u.a.: Religionens terskel (Diss.), 1924 (dt.: Der Durchbruch der Religion im menschl. Seelenleben, 1929); Den religiøse følelse i sundt sjeleliv, 1926; Fangens sjel og vår egen, 1928 (dt.: Die Seele der Gefangenen, 1929); Spenningens land, 1937 (dt.: Land der Spannungen 1938); Staten og mennesket, 1945 (dt.: Der Staat u. der Mensch, 1950); Da kampen kom, 1945 (dt.: Über die ersten Monate des Krieges, 1945); Norske kirkeprofiler, 1946; Humor og alvor, 1951; Kirkene lenges, 1952 (dt.: Es sehnen sich die Kirchen, 1953); Religionen og vi, 1953. - Über B.: O.Godal, E.B., Leader of Christian Resistance, 1949 - S.Stolpe, E.B., Norwegens Bischof, 1951 - E.Molland, Fra Hans Nielsen Hauge til E.B., 1951.

R.Hauge

Bergier, *Nicolas-Sylvestre,* * 1718 in Darney, † 1790. Pfarrer in Hochburgund, Domherr in Paris, hat an den Ideenkämpfen seiner Zeit teilgenommen, indem er das Christentum in zahlreichen Streitschriften gegen den franz. Deismus und Materialismus verteidigte, zB »La certitude des preuves du Christianisme«, gegen Freret (1768), welches die »Conseils raisonnables« von → Voltaire als Entgegnung hervorrief. Er widmete den Rest seines Lebens riesigen Sammelwerken: »Traité historique et dogmatique de la vraie religion« (1780), »Dictionnaire théologique« (1789).

B.s eigenartigstes Werk ist »L'origine des Dieux du Paganisme« (1767). Anläßlich einer Erörterung Hesiods studiert er das »ungeheure System« der griechischen Religion und erhebt sich zu allgemeinen Betrachtungen. Die Götter können unmöglich vergöttlichte Menschen sein. Sie sind »Genien«, die die Naturerscheinungen leiten. Weil die Menschen die Naturprozesse nicht verstehen, haben sie eine naive und grobe Metaphysik geschaffen. Die merkwürdigste These aber, die B. aus Hesiod gewonnen hat, ist, daß diesen Wesen die Namen der von ihnen abgeleiteten Naturerscheinungen gegeben wurden. Nach und nach wurden diese Namen unverständlich. Dank des bildlichen Stils sind sie Personennamen geworden, die in verwandtschaftliche und genealogische Beziehung zueinander gesetzt werden. Kurz, die Religion ist nicht Geschichte, sondern Naturgeschichte jedes besonderen Landes. Die These gilt für alle Religionen von den ägyptischen Göttern bis zu den Fetischen. Es gibt eine Einheit hinter allen Mythologien. Diese eine Religion, die alle unwissenden Völker erdichtet haben, wird durch die Verschiedenheit der Sprachen variiert.

DThC II, 742 ff - DBF VI, 10 (Lit.). *P.Burgelin*

Bergius, *Johann* (1587-1658), ev. Theologe, * zu Stettin. Sein Studium in Heidelberg und Straßburg, der Einfluß seines Verwandten → Keckermann in Danzig, Reisen nach England, Frankreich, Holland machten ihn mit dem reformierten Kirchenwesen vertraut. Seit 1615 Prof. der ref. Theologie in Frankfurt a.O., 1620 Hofprediger in Königsberg, 1623 in Berlin, dort 1637 Oberhofprediger und Konsistorialrat, stand er als wichtiger Vertreter reformierter Irenik und Vorkämpfer einer ev. Union (→ Einigungsbestrebungen: II) mit → Calixt und → Durie in Verbindung. Er nahm an den Unionsgesprächen zu Leipzig 1631 und Thorn 1645 teil, verfaßte Streitschriften gegen den Jenaer luth. Theologen

Johann Himmel in der Abendmahlsfrage, Predigten gegen den Supralapsarismus des Berliner Dompredigers Wolfgang Evell, in der Prädestinationslehre vertrat er in Gemeinschaft mit seinem Bruder Konrad B. (1592-1642, 1624 Prof. in Frankfurt a.O., 1629 in Bremen) und den Brüdern → Crocius die luth. universalitas mortis ac meriti Christi (→ Prädestination: III). Den kurbrandenburgischen Kurfürsten war er kirchenpolitischer Vertrauensmann.

Vf. u.a.: Daß die Wort Christi noch feststehen, für die wahre... Gemeinschaft... im hl. Abendmahl..., 1632; Relation der Privatkonferenz, welche... zu Leipzig i.J. 1631 gehalten worden, 1635; Der Wille Gottes von aller Menschen Seligkeit, 1653. - Über B.: H. LANDWEHR, Die Kirchenpolitik Fr. Wilh., des Gr. Kurf., 1894, 150ff - RE II, 613f - RITSCHL III, 395ff; IV, 261ff - H.LEUBE, Calvinismus u. Luthertum im Zeitalter der Orthodoxie, 1928, 56ff. 100ff. 126ff - LThK II, 185 - NDB II, 84f. *W.Delius*

Bergpredigt

I. Biblisch - II. Auslegungsgeschichtlich - III. In Predigt und Unterricht

I. Biblisch

1. Überlieferung und Aufbau - 2. Der Inhalt - 3. Die Deutung

1. B. ist die Bezeichnung der ersten großen Rede Jesu im MtEv (5-7). Sie erscheint durch die szenische Angabe 5, 1 (»Berg«) und den redaktionellen Schluß 7, 28f (vgl. auch 8, 1) als einheitliche Rede. Doch ist sie in Wahrheit ebenso wie die anderen »Reden« des MtEv (Kap. 10. 13. 18. 23. 24f) eine Komposition von Spruchgut, das der Evangelist in seiner Überlieferung vorfand. Diese entstammt, wie die verstreuten Parallelen bei Lk zeigen, überwiegend der Logienquelle Q (→ Evangelien, synoptische), einiges (judenchristlicher) Sonderüberlieferung, die noch nicht im einzelnen literarisch fixiert gewesen sein muß. Vorformen und Ansätze zur Komposition boten Mt bereits seine Quellen. Schon Q enthielt eine erste programmatische Zusammenstellung von Logien Jesu: Seligpreisungen (Mt 5, 3-12; Lk 6, 20-23), Vergeltung und Feindesliebe (Mt 5, 39-48; Lk 6, 27-36), Verbot des Richtens (Mt 7, 1-5; Lk 6, 37-42), Bildworte vom Baum und seinen Früchten (Mt 7, 16-21; Lk 6, 43-46), Doppelgleichnis vom Hausbau (Mt 7, 24-27; Lk 6, 47-49). Auch die Sprüche vom Schätzesammeln (Mt 6, 19-21; Lk 12, 33-34), vom Sorgen (Mt 6, 25-34; Lk 12, 22-31) und über die Erhörung des Gebets (Mt 7, 7-11; Lk 11, 9-13) waren bereits in Q thematisch gruppiert. Die Frömmigkeitsregeln (Mt 6, 1-18) waren ebenfalls vorgeformt. Mt hat also deutlich den Rahmen der Rede aus Q übernommen, aber ihn beträchtlich erweitert und das Ganze durch Aufnahme anderen Spruchgutes unter dem Thema der »Gerechtigkeit, die besser ist als die der Schriftgelehrten und Pharisäer« (5, 20), zu einer katechismusartigen Jüngerrede ausgestaltet. Das zugrunde liegende Schema ist in urchristlicher Paränese auch sonst erkennbar, vgl. den Aufbau der Didache (→ Apostellehre): Gesetzessprüche (Did 1-6), Fasten und Gebet (Did 8 mit Vaterunser), falsche Propheten (Did 11-13), eschatologischer Abschluß (Did 16). Wie auch sonst in allen »Reden« des MtEv ist für die B. die enge Verbindung von Jüngergemeinde und Endgericht kennzeichnend. Diesem Grundgedanken dient bei ihm nicht nur die Komposition, sondern auch die Bearbeitung des überlieferten Spruchgutes. Die B. wird damit zu einer »Proklamation der von Gott verfügten Einlaßbedingungen« (Windisch) für die kommende Gottesherrschaft, die Jesus als Lebensweisung und als Norm des auch die Jünger erwartenden Endgerichtes verkündet.

2. Schon die 8 Seligpreisungen (5, 3-11; die 9. ist eine Variation der 8.), im Unterschied zu den 4 der Feldrede, denen dort 4 Weherufe folgen (Lk 6, 20-26), sind bei Mt zu einer Tafel von Einlaßgeboten ausgestaltet (»christlicher Tugendkatalog«; Dibelius), ohne doch ihren Charakter als prophetischer Zuspruch des eschatologischen Heils zu verlieren. Zu Jüngersprüchen (»Ihr seid...«) macht Mt ausdrücklich auch die folgenden Bildworte vom Salz und Licht, zwischeneingestellt das Bildwort von der Stadt auf dem Berge (5, 13-16). Mit dem Stichwort »gute Werke« (5, 16) ist das Thema des folgenden bereits eingeleitet. Jetzt beginnt Jesu Auslegung des Gesetzes (5, 17-48), eröffnet durch die programmatischen Sätze Jesu über die unverkürzte, bleibende Geltung des Gesetzes, deren Formulierung mindestens in V. 18f auf die judenchristliche Gemeinde und ihren Kampf gegen Lehrer einer gesetzesfreien (hellenistischen) Richtung zurückweist (5, 18f spricht die Inspiriertheit der Tora ohne Abstrich aus, ein Gedanke, der zu Jesu Gesetzesauslegung sonst in unverkennbarer Spannung steht). 5, 20 dürfte eine eigene thematische Formulierung des Mt sein; ausdrücklich nimmt er das Stichwort »eure Gerechtigkeit« auch 6, 1 wieder auf, wie er auch 6, 33 »und seine Gerechtigkeit« zufügt, und 7, 12 das Stichwort von 5, 17 (»Gesetz und Propheten«) in charakteristisch matthäischer Wendung wieder begegnet. Die eigentliche Gesetzesauslegung Jesu enthalten die 6 Antithesen (5, 21-48), jeweils eingeleitet durch »Ihr habt gehört, daß zu den Alten gesagt ward... Ich aber sage euch...« o.ä. (5, 21. 27. 31. 33. 38. 43): vom Töten, vom Ehebruch, von der Ehescheidung, vom Schwören, von der Wiedervergeltung und der Feindesliebe. 3 dieser Antithesen haben bei Lk ihre Parallelen (Ehescheidung 16, 18, Vergeltung und Feindesliebe 6, 27-36, letztere hier noch nicht auf 2 Spruchgruppen verteilt). In Q haben diese Sprüche noch keinen antithetischen Charakter. Dieser eignete offensichtlich zunächst nur den 3 aus matthäischem Sondergut stammenden Spruchreihen (vom Töten, Ehebruch, Schwören) und ist erst von Mt auch auf die andern übertragen worden. Beide schon quellenmäßig gesonderten Antithesengruppen unterscheiden sich auch sachlich; die aus dem Sondergut stammenden Sprüche sind inhaltlich eine Verschärfung des überlieferten Gesetzes, die übrigen heben bestimmte Gesetzesweisungen auf. Charakteristisch für Komposition und Bearbeitung der antithetischen Sprüche durch Mt ist etwa noch die Anfügung der Mahnung zur Versöhnungsbereitschaft bei der 1. Antithese (5, 25f, wobei der Lk 12, 58f noch besser erkennbare Sinn des eschatologischen Bildwortes undeutlich geworden ist), die Anfügung der Mahnung zu opferbereitem Gehorsam bei der 2. Antithese (5, 29f), die Abmilderung des Verbotes der Ehescheidung durch Einfügung der Ehebruchsklausel (5, 32; vgl. auch 19, 9 gegen Mk 10, 11f und Lk 16, 18); endlich noch die Verwendung des typisch matthäischen Begriffs der Vollkommenheit (5, 48 gegen Lk 6, 36; vgl. auch Mt 19, 21). Vorgeformter Überlieferung (s. 1) entstammen offensichtlich auch die folgenden Weisungen über echte, ungeheuchelte Frömmigkeit (6, 1-18; die Trias Almosen, Beten, Fasten ist jüdischer Herkunft), von Mt durch Einfügung des → Vaterunsers (6, 9-15) mit eigener Einleitung (6, 7f) sinngemäß erweitert. Über das Thema »himmlische und irdische Schätze« handeln 6, 19-34, ergänzt und erläutert durch das Bildwort vom Auge (6, 22f) und den Spruch vom Doppeldienst (6, 24). Dann folgen, ohne erkennbaren Leitgedanken, 7, 1-5 die Sprüche vom Richten, das schwer zu deutende Bildwort von der Entweihung des Heiligen (7, 6) und die Sprüche von der Gebetserhörung (7, 7-11). Einen ersten Abschluß bildet die → Goldene Regel (7, 12). Dann folgen 4 eschatologische Spruchgruppen: von der engen Pforte (7, 13f); vom Baum und den Früchten (7, 15-20), bei Mt als Warnung vor den falschen Propheten (ihr Auf-

treten kündigt das nahe Weltgericht an, vgl. 24, 11. 24). Auf falsche Propheten bezieht Mt (anders als Lk 6, 46; 13, 26f) auch die »Herr-Herr«-Sager (7, 21-23) und vervollständigt das Logion zu einer förmlichen Weltgerichtsansage. Vom Bestehen und Fallen in den Schrecknissen des Endes redet endlich das abschließende Doppelgleichnis vom Hausbau (7, 24ff).

3. Die B. kennzeichnet nach Mt Jesus als den »Messias des Wortes«, wie der nachfolgende Abschnitt ihn als »Messias der Tat« (Schniewind) schildert (8,1 - 9,35; 9, 35 = 4, 23 bilden den Gesamtrahmen). Der messianische Charakter der B. will also wohl beachtet werden. Das bedeutet für Mt vor allem, daß Jesus mit seiner Lehre »in Vollmacht« (7, 28f) »Gesetz und Propheten« erfüllt (5, 17), dh gültig auslegt. Wie schon seine Vorgeschichten zeigen, spielt dabei das Motiv der Mose-Typologie (dh hier der positiven Entsprechung von → Moses und Christus [vgl. auch Apg 7, 35ff], nicht ihres Gegensatzes wie Joh 1, 17; 6, 32ff; Röm 10, 4ff) offensichtlich eine bestimmende Rolle. Die Vermutung liegt daher nahe, daß der »Berg« typologisch dem Sinai zuzuordnen ist, wie auch die stereotypen Abschlüsse der Reden 7, 28; 11, 1; 13, 53; 19, 1; 26, 1 an den Pentateuch erinnern mögen. Doch ist es für das Spruchgut der B. selbst kennzeichnend, daß es die Messianität Jesu nicht schon zum Gegenstand der Lehre macht. Sie gibt darin offensichtlich Jesu Lehre sachgemäß wieder. Auch läßt sie deutlich erkennen, wie eng seine Botschaft vom Kommen der Gottesherrschaft als Zuspruch (Seligpreisung!) und Forderung mit seiner Auslegung des Willens Gottes zusammengehört. Letztere setzt »Gesetz und Propheten« nicht außer Kraft, sondern erfüllt sie, allerdings nicht in einer Statuierung des Gesetzes als formaler Autorität, sondern so, daß es nicht mehr als bloßes Rechts- und Moralstatut, vielmehr als das den Menschen ganz fordernde Gebot zur Geltung kommt (Antithesen!). Jesus wehrt also ebenso einer gesetzlosen Schwärmerei, die »Gesetz und Propheten« unter Berufung auf ihn auflösen will, wie einer Gesetzlichkeit, die das Leben des Menschen in Ordnung wähnt, wenn es mit dem formalen Wortlaut des Gesetzes in Übereinstimmung bleibt. Das überlieferte → Gesetz (: IV) wird damit in der B. radikalisiert. Bezeichnenderweise sind alle Antithesen von demselben Motiv durchzogen: »Nicht erst ... sondern schon ...«; schon der Zorn, der lüsterne Blick, die »legale« Ehescheidung, der Eid, die gesetzlich begrenzte Vergeltung, die Liebe, die dem Haß des Feindes noch Raum läßt, sind wider den Willen Gottes. So fordert die B. ein von Grund auf neues Tun im Licht der Nähe Gottes und des Anbruches seiner Herrschaft. Aus dem Gesagten erhellt, daß die B. nicht ein Programm zur politischen und sozialen Weltgestaltung sein will, aber auch nicht sich auf eine Sphäre privater Innerlichkeit beschränken oder gar als bloßer Spiegel unserer Erlösungsbedürftigkeit sich verstehen läßt (dh als Weisungen, die gar nicht direkt auf den Gehorsam der Tat abzielen). Die zuletzt genannte Auffassung trägt vorschnell paulinische Gedanken in die B. ein und vermengt die theologische Reflexion über die Lage, in die uns die Forderungen versetzen, mit ihrer Interpretation. Eine sachgemäße Auslegung wird darauf verzichten müssen, Zuspruch und Forderung der B. in ein einleuchtendes, christologisch ausgeglichenes Verhältnis zu bringen, und wird ihr geradeso ihre Überlegenheit, die beunruhigende Kraft ihrer Gebote und zugleich die ermutigende Kraft ihres Zuspruches lassen. Richtig erkannten J.Weiß und A.Schweitzer ihren Zusammenhang mit Jesu Reich-Gottes-Botschaft, doch darf man sie schwerlich Gesetz des Ausnahmezustandes vor der Katastrophe des Weltendes nennen (»Interimsethik«); denn ihre Forderungen werden nicht mit apokalyptischen Erwartungen begründet, sondern als der immer schon und schlechthin geltende Gotteswille verkündet. So ist sie der Aufruf an die Jünger Jesu, inmitten der Welt die Zeichen der Herrschaft Gottes und seiner Gerechtigkeit aufzurichten.

RGG^{1} I, 1037ff - RGG^{2} I, 907ff (ältere Lit.) - H.Windisch, Der Sinn der B., (1928) 1937^{2} - E.Thurneysen, Die B. (ThEx 46), 1936 - D.Bonhoeffer, Nachfolge, (1937) 1950^{3}, 55ff - M.Dibelius, Die B. (Botschaft u. Gesch. I, 1953, 79-174) - L.Ragaz, Die B., 1945 - G.Bornkamm, Jesus von Nazareth, 1956, 92ff. 201ff.

G.Bornkamm

II. Auslegungsgeschichtlich

1. Die Geschichte der Auslegung der B. beginnt nicht erst mit den Kommentaren der griechischen und lateinischen Kirchenväter, sie hat schon eine Vorstufe in den Zitatensammlungen der *Apostolischen Väter* und *Apologeten*. Diese geben zwar keine genauen Quellenangaben und verbinden auch unbekümmert Evangelientexte und Paulusworte mit at. Zitaten zu Textgemischen unter einem bestimmten Stichwort (zB 1Clem 13, 1-2; 2Clem 4, 2 vgl. mit 4, 5 und 5, 2-3; Barn 5, 8-9; Aristides 15, 4-12; Justin Ap. 15. 16), um die Lehre der Christen oder ihren Lebenswandel als einwandfrei darzutun. Justin (Ap. 16, 4) statuiert, daß man den Lehrsätzen Jesu gemäß leben könne. Ein Problem, ob das, was der Logoschristus erfüllen kann, auch seinen Jüngern möglich sei, ist für Justin so wenig vorhanden und eine Trennung von Denken und Tun so unerträglich, daß er (vgl. Ap. 16, 8 mit 16, 14) jede Diskrepanz von Wort und Tat als ein Vergehen betrachtet, das zu strafen er den Staat geradezu aufruft. Ob nun Justin diese Logien aus den Erinnerungen der Apostel entnommen hat (ihre Kenntnis geht aus Ap. 67, 3 oder Dial. 105, 6 u.a. hervor) oder aus einem Gemeindekatechismus - er hält sie für erfüllbar.

Dasselbe behauptet Athenagoras (Suppl. 11). Christen gelangen zu einer Reinheit der Seele, welche Philosophen nicht zu erreichen vermögen. Die Aussicht auf den Lohn und die Einsicht in den Nutzen der Lehre ermöglichen, daß man nach ihr lebt. Von griechischem Menschenverständnis herkommende, ehemals heidnische Philosophen bringen also die Auffassung, daß Tugend lehrbar sei, mit und wenden sie auf die Lehrsätze (Dogmata) Christi an. Laut Barn 5, 5-9 (vgl. 6, 12) stammen sie von dem Herrn, der lehrt, Wunder tut, Jünger aussendet, als der Fleischgewordene den Tod besiegt, die Auferstehung der Toten bewirkt und sich als der erwiesen hat, mit welchem Gott in Gen 1, 26 redet und von dem in Jes 53, 5. 7 die Rede ist! Die These von Eduard Massaux, daß die B. einen großen Einfluß auf die altchristliche Literatur vor Irenäus ausgeübt habe, gilt somit von den Logien Jesu vor diesem Endstadium der Redaktion, mag man nun seine Ansicht, das MtEv sei in der ältesten Christenheit maßgeblich gewesen und innerhalb dieses Evangeliums die B. als »Idealprogramm des christlichen Lebens«, ja selbst den gemischten Zitaten der Apostolischen Väter und Apologeten sei ein »climat mathéen« abzuspüren, für wahrscheinlich halten oder nicht. Schon von Anfang an steht hinter dieser als verbindlich erachteten Logientradition die Logoschristologie.

2. Aus den Matthäusfragmenten des *Origenes* ist dessen Neigung zur Allegorese deutlich zu erkennen (Fragm. 89. 94. 152 E.Klostermann) neben der Betonung des engen Zusammenhangs von AT und NT (fr. 97). Eine Reihe von begrifflichen Definitionen (zu Mt 5, 48; 6, 11. 24) und die Interpretation des Schriftverständnisses anhand von Mt 7, 7 erscheinen daneben als für Origenes charakteristisch. *Chrysostomus,* obwohl er sich im Eingang seines Mt-Werkes höchst kritisch über schriftliche Tradition gegenüber einer ursprünglich von Gott bevorzugten direkten Offenbarung äußert, will

nun doch diese »schriftliche Erinnerung« ernst nehmen und bietet eine so ausgezeichnete Einzelexegese, daß man das Wort des Thomas von Aquino, er würde den Besitz dieses Kommentars gegen den Besitz der Stadt Paris nicht eintauschen, wohl versteht. Chrysostomus ist exegetisch Antiochener, aber doch Grieche, der es für wichtig hält, die Überlegenheit der christlichen Lehre gegenüber den philosophischen Lehren, welche dämonischen Ursprungs sind, zu betonen. Nach ihm ist Mt Lehrer, aber nicht Urheber der christlichen Politeia (ein beliebtes Wort bei Chrysostomus). Die Demut ist Jesu erstes »Gesetz« und steht gegen jenen Hochmut, der Adam zu Fall brachte. Ohne sie sei alle Gesetzeserfüllung wertlos. »Wie der Hochmut Quelle aller Schlechtigkeit, so ist die Demut Anfang aller Philosophie.« Jesus selbst erfüllt das Gesetz auf dreifache Weise. 1. Er übertritt selbst kein Gebot. 2. Er läßt es für uns erfüllt werden, damit wir, durch den Glauben gerechtfertigt, das Wollen des Gesetzes auf neue Art erfüllen. 3. Er hat es durch vertiefende Auslegung bekräftigt und somit (entgegen den Zusätzen der jüdischen Schriftgelehrten) nicht aufgelöst, sondern erfüllt. Bei unermüdlichem Eifer sind diese Gebote auch von uns erfüllbar (vgl. Hom. 17, 7 zu Mt 5, 37, ferner 18, 3). Der Felsen von Mt 7, 25 meint die Sicherheit der Lehre Jesu. Wer auf ihr steht, kann durch Feinde nichts Böses erleiden, man kann auf Erden schon leben, als ob man bereits im Himmel sei (19, 5 vgl. mit 23, 4).

Auch der unbekannte Verfasser des *Opus imperfectum in Mattheum* fordert zu Eingang seiner 20. Homilie, daß man Jesu Gebot streng halte. Wer durch Vorherrschaft des Satans ausgleitet, solle Gott, wenn er straft, nicht anklagen; denn wir gehen nur zugrunde, wenn wir Christi Gebote verachten. Wer auf dem Fundament dieser Lehre steht, erhält auch als Strauchelnder Vergebung. Nur wer zu Heiden und Irrlehrern abfällt, der tut »einen großen Fall«. Der Autor weiß: das zuhörende Volk bewundert Jesus wohl, aber es glaubt nicht; er tröstet sich jedoch damit, daß die Bewunderung eine Einladung zum Glauben sei. Zwar findet er zwei Menschengruppen, die Jünger als die Vollkommenen und das noch unsichere Volk, fordert aber in Homilie 14 eine solche Anpassung der Lehre Christi, daß alle in ihr Fortschritte machen können, da sie zur Seligkeit aller als eine »gemeinsame Medizin der Gerechtigkeit« bereitet sei. Auch hinter der Auslegung des *Hilarius* steht die Autorität des Gottessohnes, der soeben den Versucher abgeschlagen hat und nun, zur Höhe väterlicher Majestät erhoben, die Vorschriften eines himmlischen Lebens verkündet. Da sein menschlicher Mund Ewiges lehrt, gehorcht er dem hl. Geist; Ziel seiner Ausführungen ist, durch Beispiel uns zu dem zu bringen, was er gewollt, und an das zu glauben, was er verheißen hat. Die knappen Auslegungen des *Hieronymus* sind durch Einzelheiten interessant. So heißt es zu Mt 5, 44: Feindesliebe sei durchaus möglich (siehe Davids Tat in 1Sam 24. 26, Lk 23, 34, das Ende des Stephanus und die Worte des Paulus in Röm 9). Daher sei die Behauptung, hier werde mehr vorgeschrieben, als die menschliche Natur ertragen könne, abzulehnen. Jesu Auslegung des Gesetzes bestehe teils in Zusätzen, teils in Veränderungen; dazu sei er als Gott und Herr berechtigt.

Augustins behutsame Art der Exegese lernt man aus einem Vergleich seines Sermo in monte mit den Nachträgen in Retractionum I kennen. Aus vielen psychologisch feinen Einzelheiten sei hier seine Auslegung von Mt 5, 44 aufgeführt. Feindesliebe fordere nicht Fürbitte um jeden Preis; es habe Sinn für heilbare Feinde, aber nicht für unheilbare zu beten, da Gott durch Abstrafung jener kein übelwollender Peiniger, sondern ein höchst gerechter Hüter der Ordnung sei. Augustin deutet dann den Berg auf die größeren Vorschriften der Gerechtigkeit, welche jetzt die christliche Gemeinde empfing, während die kleineren den Juden gegeben wurden. Da aber hinter beiden derselbe Schöpfer-Gott steht, der die kleineren Vorschriften um des irdischen Reiches, die größeren um des Himmelreiches willen gab, kann es keinen Gegensatz zwischen beiden geben.

Über *Theophylact* mit seinen höchst eigenartigen Einzelauslegungen führt die griechische Linie weiter zu dem aus mancherlei anderen Quellen neben Chrysostomus schöpfenden *Euthymius Zigabenus*, die lateinische über Augustin, Beda und Anselm zu Luther.

3. Während Erasmus und Melanchthon manches zum Sprachlichen beisteuern, bietet *Calvin* eine philologisch saubere, auf biblische Paralleltexte gegründete Exegese und ist auf sorgfältigen Vergleich von Mt und Lk bedacht, wobei er dem Mt wegen seiner klareren Ausdrucksweise öfter den Vorzug gibt. Ihm ist deutlich, daß es die Schriftsteller Mt und Lk waren, die diese Reden gestalteten und daß es dem frommen Leser genügen muß, hier eine Summe der Lehre Christi aus mehreren und verschiedenen seiner Reden gesammelt vor Augen gestellt zu bekommen. Diese erste Rede über die wahre Glückseligkeit zeige die Paradoxie himmlischen Glückes gegenüber den irdischen Glücksvorstellungen. Dieses von Calvin erstmals gesehene Problem läßt sich über J.S.Semler, J.G.Herder und die Formgeschichte bis zu Adolf Schlatter verfolgen.

Anders *Luther:* Seine Auslegung ist zeitgeschichtlich, polemisch und theologisch zugleich, wenn sie in Anknüpfung an Augustin auf den Unterschied der beiden Reiche zielt. Der Luther von 1532 predigt gegen zwei Extreme: die Kanonisten, welche vornehmlich Mt 5 nur für die Vollkommenen gelten lassen, und die Schwärmer, welche diese Gebote als Gesetz mißverstehen (zB Besitz und Eid ablehnen) und das, was jedem der beiden Reiche zukommt, unordentlich durcheinander mengen. So gilt die Forderung der Sanftmut wohl dem einzelnen, aber nicht der Obrigkeit, denn sie trägt das Schwert! Der Begriff der Gerechtigkeit meine hier nicht »die Hauptgerechtigkeit, die uns fromm macht«; Christus lege hier gegen die Lehre der Juden das Gesetz recht aus. Er allein lehrt und lebt, dh erfüllt es. Uns ist das nicht möglich, darum schenkt er uns diese Erfüllung, damit wir im Glauben gerecht werden. Sieht man neben diesen Predigten Luthers sonstige Äußerungen zur B. als ganzer durch, so ergibt sich die »paulinische« Deutung als die häufigste (vgl. Wünsch 37f). Damit trennt sich Luther vom MA, in dem zB Bonaventura die B. nur an die Jünger gerichtet sein läßt, welche allein Vollkommenheit erreichen sollen; wie auch Maldonatus noch die Ansicht vertrat, die Erfüllung der Gebote gelte den Aposteln, dem Volke sei nur die Buße verkündet. Luther weiß demgegenüber, daß jeder Mensch gleich welchen Ranges und Standes in der Welt als Christ vor derselben Notwendigkeit einer Rechtfertigung aus dem Glauben steht und daß die Erfüllung der Gebote Jesu nur eine Frucht dieses Glaubens sein kann. (Und so meint es auch *A.Tholuck,* der verdienstvolle Darsteller der Geschichte der Auslegung der B.: Sie solle das Bewußtsein der Erlösungsbedürftigkeit wecken und preise daher nicht die, welche sich ihrer sittlichen Kraft und Gesetzeserfüllung freuten, sondern die, welche als arm im Geist nach Gerechtigkeit hungerten und dürsteten.) – Die Sessio 6 canon 21 des *Tridentinums* stellt fest: »Wer in Christus den Erlöser vom Gesetzgeber trennt und nur ersterem Gehorsam schuldig zu sein meint, sei verdammt.« Moderne kath. Exegese hält daran fest, daß »die B. ausführbare und für alle Christen verpflichtende Gebote geben will, wie vor allem aus der Schlußparabel hervorgeht«. Die Unterscheidung von Gebot und evangelischem Rat wie die

Scheidung eines Standes der Vollkommenheit vom gewöhnlichen Volk werden dabei gleicherweise abgelehnt (LThK II, 186ff; dazu J.Schmidt, Das Evangelium nach Matthäus 1948, 58. 112). Kath. und prot. Exegese begegnen sich somit in der Ablehnung einer Differenzierung der Christen, stehen aber im Gegensatz bei der Deutung der Erfüllbarkeit; die kath. Auffassung steht bei Chrysostomus, die ev. bei Paulus und Luther.

4. Die jüngste Phase der Auslegung ist weniger durch Kommentare als durch Spezialuntersuchungen gekennzeichnet, die man der Frage nach dem *Sinn* der B. widmet. Die Beantwortung dieser Frage wird mit allen Mitteln moderner Exegese und religionsgeschichtlichen Vergleiches durchgeführt. Ihre Tendenzen, die sich oft überschneiden, kann man in folgende Thesen faßen: 1. Die Gebote der B. gelten nur den Jüngern, nicht dem Volk. Sie sind zeitgeschichtlich aus dem Rabbinismus zu erklären (K.Bornhäuser). 2. Sie sind örtlich beschränkt und gelten für Galiläa, in Europa sind sie allenfalls für Mönche durchführbar (Friedr.Naumann). 3. Sie gelten für alle und sind ein Angriff auf die moderne Kultur. Mit radikalem Ernst erfaßt, vermögen sie die Welt umzugestalten (Tolstoi). 4. Die B. ist eschatologisch orientiert und als Ethik der Krisis oder als »Interimsethik« zu verstehen (Joh.Weiß, A.Schweitzer). 5. Die B. ist als Reich-Gottes-Forderung unerfüllbar und soll hinführen zu Buße und Vergebung (G.Kittel, K.Stange). 6. Die B. steht in Spannung zwischen Eschatologie und Weisheitslehre. Sie ist als erfüllbar gedacht – darin hatten die Schwärmer recht – und steht im Gegensatz zu Paulus (H.Windisch). 7. Die B. stellt den absoluten Charakter der Forderung Gottes ans Licht. Den in der jüdischen Ethik verwurzelten Gedanken des Gehorsams denkt Jesus radikal zu Ende (R.Bultmann). 8. Die B. ist nicht ein Ideal, sondern ein eschatologischer Stimulus, der beabsichtigt, die Menschen mit dem reinen Willen Gottes vertraut zu machen. Dieser Wille ist durch Zeichen in unserer Mitte offenbar. Jesu Worte sind die Zeichen, daß das Reich nahe sei (M.Dibelius). 9. Jesu sittliche Forderungen lassen ihn als Anwalt der Armen, Rechtlosen und Unterdrückten erscheinen. Sie bieten Handhaben zur Kritik an der bestehenden und zum Aufbau einer neuen Gesellschaftsordnung (K. Marx, K. Kautsky, L. Ragaz). – Vgl. → Schriftauslegung: IV.

Kirchenväter nach MPG, MPL – Origenes' Werke Bd 12, III Fragmente ed. E.Klostermann, 1941 – M.Luther, Auslegung des 5., 6. u. 7. Kap. St.Matthäi 1532 (WA 32) – A.Tholuck, Philologisch-theologische Auslegung der B. Christi, (1833) 1872[5] – G.Wünsch, Die B. bei Luther, 1920 – H.Windisch, Der Sinn der B., (1929) 1937 – H.W.Beyer, Der Christ u. die B. nach Luthers Deutung (LuJ 14, 1932, 33-60) – Harald Diem, Luthers Lehre von den zwei Reichen, 1938 – Th.Soiron, Die B., 1941 – M.Dibelius, Die B. (Botschaft u. Gesch. I, 1953, 77-174) – L.Ragaz, Die B. Jesu, 1945 – E.Massaux, Influence de l'Evangile de Saint Matthieu sur la littérature chrétienne avant Saint Irénée, 1950 – K.Beyschlag. Die B. u. Franz v. Assisi, 1955 – G.Bornkamm, Jesus v. Nazareth, 1956, bes. 201 ff. *E.Fascher*

III. In Predigt und Unterricht

Die Auslegung der B. für die Gemeinde kann keines der bekannten Schemata (→ Bergpredigt: II) zugrunde legen. Sie muß die Texte in ihrem ursprünglichen Kontext, dh im Gesamtzusammenhang der Verkündigung Jesu und des NT interpretieren. Damit wird es unmöglich, die B. als den Ausdruck einer allgemeinen, zeitlosen Moral (die »Ethik der B.« als höchste Stufe der Sittlichkeit), eines pädagogischen Ideals (Gipfel der »Pädagogik Jesu«) oder als Anweisung für eine neue Weltordnung zu verstehen.

Die B. ist Christuszeugnis, dh sie trifft den Hörer in der geschichtlichen Situation, die durch das Kommen des Christus in die Welt bestimmt ist. Ihre Gebote sind nicht abstrakte Grundsätze, sondern konkrete Weisung an die Jüngergemeinde, die den Zuspruch und die Verheißung des eschatologischen Gottesreiches empfängt. Darum muß zuerst einmal das Evangelium in ihr gehört werden. Sie bezeugt das Gesetz, das schon erfüllt ist, die Gerechtigkeit, die dem Schuldigen zugesprochen wird, die Barmherzigkeit, die an dem Geringen geschieht. Allein aus diesem Indikativ, der seinen stärksten Ausdruck in den Seligpreisungen findet, aber auch durch Mt 5, 45; 6, 8. 30. 33; 7, 7f. 11 hindurchleuchtet, wächst dann der Imperativ heraus: Gib weiter, was du empfangen hast! Handle am Bruder, wie der Vater an dir handelt! Tritt heraus aus den Bindungen, aus denen du befreit worden bist! Damit nimmt Jesus den ganzen Menschen in Anspruch für den neuen Gehorsam, bis hinein in die konkreten Wirklichkeiten des Lebens.

Das jüdische Gesetz wird teils aufgehoben, teils radikal verschärft, dh in seinem ursprünglichen Sinn wiederhergestellt. Es offenbart den Zorn Gottes und tötet den alten Adam. Aber das Reich wird dem zugesprochen, den das Gesetz zum Tode verurteilt. Darum kann die B. nur in Analogie zur apostolischen Paränese interpretiert werden. Über das Problem der »Erfüllbarkeit« und »Durchführbarkeit« reflektiert die B. bezeichnenderweise sowenig wie diese. Alle grundsätzlichen Erörterungen darüber beruhen auf dem gesetzlichen Mißverständnis und sind deshalb unfruchtbar. Das Ziel des Textes ist ein ganz anderes: Nicht Reflexionen, sondern Hören, Glauben und Gehorchen.

Demnach hat die Predigt über Texte der B. vor allem zwei Aufgaben zu lösen: 1. Interpretation der B. als zentrales Christuszeugnis. 2. Entfaltung des unlöslichen Ineinanders von Evangelium und Paränese, von Zuspruch und Forderung.

Die Lehrpläne für die ev. Unterweisung (Religionsunterricht) sehen die Behandlung der B. mit Recht erst für den 7. und 8. Schülerjahrgang vor. In der Oberstufe der höheren Schule sollte sie auf jeden Fall noch einmal erarbeitet werden. Um die Texte aus ihrer oft recht fremdartigen zeitgeschichtlichen Situation heraus zu verstehen, ist eingehende historische Vorarbeit erforderlich. Durch gemeinsame gründliche Bibelarbeit, in der die Texte selbst unmittelbar zum Wort kommen, sollen die Schüler zur persönlichen Begegnung mit ihrer Botschaft angeleitet werden. Eine paradigmatische und schwerpunktmäßige Auswahl wird sich häufig empfehlen.

W.Lüthi-R.Brunner, Der Heiland, 1936 – H.Asmussen, Die B., 1939 – E.Wissmann, Die B. u. die Gleichnisse Jesu im Unterricht, 1939 – J.Ch.Blumhardt, Ausgew. Schriften I, 1947, 195ff – J.Schieder, Die B., 1948 – L.Gengnagel, Handreichung f. den kirchl. Unterricht II, 4, 1948 – H.Thielicke, Die B., 1950, 3. Aufl.: Das Leben kann noch einmal beginnen, 1956 – K.Frör (Hg.), Der kirchl. Unterricht an der Volksschule, 8. Jg., 1954 – L.Corbach, Die B. in der Schule, 1956. *K.Frör*

Bergson, *Henri* (1859–1941), französischer Philosoph, Prof. am Collège de France, Mitglied der Akademie, Nobelpreisträger 1928. B. setzt seine Philosophie mit einer Kritik der Wahrnehmung und des Intellekts an. In der Psychologie gegen den Assoziationismus gerichtet, in der Erkenntnis der Außenwelt gegen die mechanistische Auffassung, zeigt er, daß die üblichen Mittel der Erkenntnis ihren Gegenstand entstellen, im Dienst der Praxis das Sich-Bewegende immobilisieren, das Sich-Verändernde fixieren, das als Ganzes Gegebene zerstückeln. Die intellektuelle Erkenntnis kennzeichnet B. als pragmatisch, also inadäquat für Zwecke der Philosophie. Als Mittel der philosophischen Erkenntnis setzt B. den mehrdeutigen Begriff der → Intuition ein, die auf höchster Stufe ein Zusammenfallen mit dem Sein postuliert.

Nur mittels der Intuition kann das tiefste Wesen des Seienden, die durch beständiges Werden und Schöpfung gekennzeichnete Dauer (durée, der Hauptbegriff der B.schen Philosophie, von dem die Zeit ein intellektualisiertes Abstraktum ist) erfaßt werden. Mit der Annahme dieser Postulate sollen viele → Paradoxien der Philosophie gelöst werden, zB das Problem der Willensfreiheit, die Unzulänglichkeiten des mechanistischen Evolutionismus (es muß eine finalistisch wirkende Lebensschwungkraft, élan vital, angenommen werden), die Beziehung zwischen Seele und Körper. Der B.sche Dualismus schlägt letzten Endes wieder in einen Monismus um, wenn die Materie als depotenzierte Dauer erklärt wird. Die Moral hat zwei Quellen: 1. die menschliche Gruppe, die einen Druck auf ihre Mitglieder ausübt (die geschlossene Moral), 2. Ausnahmemenschen (Heilige, Propheten), die durch ihr Leben an die Seelen appellieren (die offene Moral). Als Quellen der Religion werden genannt: 1. das der Natur entspringende Bedürfnis, die Unsicherheiten, des menschlichen Lebens zu meistern (die statische Religion), 2. ein ekstatischer Durchbruch zur tiefsten Schicht des Seins (mystische bzw. dynamische Religion). Unsere aktuelle Moral und Religion sind gemischt und stammen aus beiden Quellen. B.s Philosophie hat stark die moderne → Psychologie beeinflußt; ihre Wirkung ist fast in allen nachfolgenden Philosophien zu spüren.

Hauptwerke: Essai sur les données immédiates de la conscience, (1889) 1946[53] (dt. m. d. Titel »Zeit u. Freiheit«, 1911); Matière et mémoire, (1896) 1946[46]; L'évolution créatrice, (1907) 1946[68]; Les deux sources de la morale et de la religion, 1932. - Über B.: H.Höffding, La philosophie de B., 1916 - V.Jankelevitch, B., 1931 - L.Adolphe, La philosophie religieuse de B., 1946 - Hj.Sunden, La théorie bergsonienne de la religion, 1947 - P.Jurevics, H.B., Eine Einf. in seine Philosophie, 1949 (Lit.) - A.Marietti, Les formes du mouvement chez B., 1953 - J.Delhomme, Vie et conscience de la vie. Essai sur B., 1954.

P. Jurevics

Berkeley, *George* (1685-1753), * in Disert Castle (Grafschaft Kilkenny, Südostirland), bezog 15jährig das Trinity College in Dublin und blieb hier bis 1713, seit 1707 als theologischer Lehrer. → Descartes, → Malebranche, → Locke und → Newton bestimmen seine früh reifende Philosophie (vgl. das von 1705-09 geführte Tagebuch, die Philosophical Commentaries), → Tolands Angriff auf die christlichen Mysterien weckt eine lebenslange Abneigung gegen das Freidenkertum. 1710 erscheint (nach der phänomenologisch bedeutsamen New Theory of vision, 1709) das Hauptwerk: der Treatise concerning the principles of human knowledge (2.Aufl. 1734, die auch die zunächst verschmähten »Notionen« rechtfertigt). Ihn erläutern die Three Dialogues between Hylas and Philonous (1713). 1713 geht B. nach London, von wo er Paris und Italien besucht. Er fürchtet für den »Untergang Großbritanniens« und seine geistige Zersetzung und will dem begegnen durch die Begründung einer auf die Missionierung Amerikas ausgerichteten Schule auf den Bermuda-Inseln. Von 1719-31 wartet B. in Rhode Island vergeblich auf die zugesagte Unterstützung und schreibt hier den 1732 gedruckten Alciphron. Nach der Rückkehr in die Heimat wird er 1734 Bischof von Cloyne (Irland). In Erinnerung an die goldene Kette Homers kleidet er sein Altersvermächtnis in eine Apologie des Teerwassers ein (Siris, 1744). † in Oxford.

B. vermittelt zwischen Locke und → Hume, weist aber zugleich auf die große Überlieferung des englischen Platonismus (vornehmlich → Cudworth) zurück. Zwei Mißverständnisse sind heute ausgeräumt. Die Entwicklung B.s vollzog sich ohne Bruch, und sein »Idealismus« stellt die Realität der Außenwelt nicht (wie Kant meinte) in Frage. Mit F. → Bacon bekämpft B. den Trug der Sprache und der abstrakten Begriffe, mit Locke hält er das sinnlich Wahrgenommene (die »Ideen«) für das einzig Gewisse. Selbst die primären Qualitäten weisen auf keinen substanziellen oder materiellen Träger. Esse = percipi. Die Phänomene sind die gültigen Zeugen der Wirklichkeit. Aber Perzeption setzt ein Perzipierendes, Präsenz ein Präsentierendes voraus. Ein solches kann nur der aktive Geist sein, der als Wille und Verstand im göttlichen Geist gründet. Gott ist Ursache der Wahrnehmungswelt und der endlichen Geister, die ihrer selbst gewiß sind und von Gott her miteinander in Konnex stehen. Esse = percipere et velle. Dieser Spiritualismus (der dem des Malebranche verwandt ist) hat als treibendes Motiv in B.s Denken zu gelten. Er leitet auch die nur angedeutete Ethik, die sich als ein auf Freiheit basierender sozialer Eudämonismus verstehen läßt. Die Religionsphilosophie bleibt im Rahmen der Aufklärung. Das Böse läßt das Gute und Schöne erglänzen. Leid und Schmerz wecken die Freiheit. Die Seele ist unsterblich. Das Christentum ist über die Vernunft, aber nicht gegen die Vernunft. Im Siris endlich wird die in der 2.Aufl. des Treatise schon abgeschwächte sensualistische Erkenntnistheorie durch eine platonisch gefärbte Ideenlehre ersetzt. Die Dinge sind, wo die Erkenntnis ist. Ein göttliches Agens durchflutet die Welt, und eine Wesenskette verbindet den Gegenpol der Materie mit dem ersten Beweger.

The Works, hg.v. A.A.Luce u. T.E.Jessop, Bd 1-7, 1947-55. - R.Metz, G.B., Leben u. Lehre, 1925 (beste dt. Darstellung mit guter Bibliogr.) - G.A.Johnston, The Development of B.s philosophy, 1929 - A.A.Luce, B. and Malebranche, 1934 - Ders., The Life of G.B., 1949 - T.E.Jessop, A Bibliography of G.B., 1934.

H. Knittermeyer

Berleburger Bibel → Bibelübersetzungen: IV, 3 b.

Berlin, *Universität*

1. Gründung und Umriß der Entwicklung - 2. Theologische Fakultät. - Zum Bistum Berlin → Brandenburg: II, 6.

1. Die Gründung der Universität B. stand in Zusammenhang mit der Erneuerung des preußischen Staates nach der militärischen und politischen Niederlage von 1806/07. Der Verlust einer Reihe von Provinzialuniversitäten, die ihrer Struktur nach und im Lehrbetrieb veraltet waren, hatte die seit langem erörterte Universitätsreform zwingend gemacht. Zuerst sollte die von Napoleon suspendierte Universität Halle, eine Lieblingsschöpfung des Hohenzollernhauses, nach B. verlegt werden; bald war man sich jedoch einig, daß für die preußische Hauptstadt nur eine völlige Neugründung in Frage käme. Auch die Meinung des Königs war, daß »der Staat durch geistige Kräfte ersetzen müsse, was er an physischen verloren habe«. So befahl eine Kabinettsorder (16.8.1809) die »Errichtung einer allgemeinen Lehranstalt in Verbindung mit der Akademie der Wissenschaften«. Den geistigen Fruchtboden bildete die idealistische und neuhumanistische Bewegung. Schellings Gedanken zur Universitätsreform (1803) hatten anregend gewirkt, in den Entwürfen von Fichte, Schleiermacher und Steffens fanden die Grundzüge einer modernen Universität erste Gestalt. Anknüpfend an die überlieferten Formen sollte die neue Universität keine Fachschule sein, sondern in den historisch gegebenen Fakultäten die allem Spezialistentum übergeordnete Lehre von der organischen Einheit der Wissenschaften zum Ausdruck bringen. Die Philosophie hatte daher den positiven Wissenschaften (wozu man auch die Theologie rechnete) voranzustehen, wie auch jede gelehrte Berufsbildung die von der göttlichen Idee reinen Menschentums erfaßte Persönlichkeit zum Ziel haben sollte. Es war entscheidend, daß diese Konzeption von W.v. → Humboldt, dem Leiter der Sektion für Unterricht und Kultus, der selbst tief durchdrungen war von dem

Gedanken des klassischen Idealismus, aufgegriffen und in die Tat umgesetzt wurde. Indem er nicht nur als Ideologe, der an die geistigen Kräfte der nationalen Wiedergeburt glaubte, ans Werk ging, sondern auch die politische Bedeutung der neuen akademischen Bildungsstätte richtig einzuschätzen wußte, hat er der Universität ihren einzigartig zentralen Ort im Kulturleben der Nation zugewiesen. Als freie Stätte der Forschung und der Lehre habe der Staat die Universität nicht seinen Zwecken unterzuordnen, vielmehr solle er »die innere Überzeugung hegen, daß die Universitäten, wenn sie ihren Endzweck erreichen, auch seine Zwecke und zwar von einem viel höheren Gesichtspunkt aus sich erfüllen« (Denkschrift von 1810). Humboldt ist bereits im Sommer 1810 aus seinem Amt ausgeschieden, aber die am 19.10. 1810 eröffnete Universität, die der Tradition entsprechend den Namen ihres königlichen Stifters (bis 1945) trug, war ihrer inneren und äußeren Zielsetzung nach das Werk jenes genialen Reformers. – Der erste, noch von der Regierung ernannte Rektor war der Jurist Schmalz; erster erwählter Rektor war → Fichte. Neben diesem und → Schleiermacher gehörten als erste nichttheologische Professoren zum Lehrkörper: die Philologen Fr.Aug. Wolf und A.Boeckh, der Jurist Fr.K.v.Savigny, der Mediziner Joh.Chr.Reil. Die rasch aufwärts steigende Entwicklung der neuen Universität, die seit 1812 auch eine enge Verbindung mit der gleichfalls reorganisierten → Akademie (: I, 2b) fand, förderte nicht nur den Ausbau ihrer wissenschaftlichen Institutionen (Bibliothek, Seminare), sondern durch die Berufung hervorragender Gelehrter auch ihr Ansehen unter den bestehenden deutschen akademischen Bildungsanstalten. Neben den schon Genannten sind für die ersten Jahrzehnte zu nennen: der Philosoph → Hegel, der Jurist J.A.F. → Eichhorn, die Historiker B.G. → Niebuhr, Raumer und → Ranke, der Geograph K.Ritter, die Philologen und Germanisten K.Lachmann, J.Bekker, F.Bopp, die Mediziner A.v. Graefe und Chr.W.Hufeland sowie der Physiologe Joh. Müller. – Nicht ohne Einfluß blieb allerdings auch die nach dem Wiener Kongreß einsetzende Veränderung der politischen Verhältnisse. Blieben Lehrfreiheit und Selbstverwaltung grundsätzlich auch gewahrt, so trat mit der Sistierung der Reformpläne doch eine leise Abwandlung des Verhältnisses von Staat und Universität ein, was bei aller Liberalität des leitenden Ministers → Altenstein nicht nur bei manchen Berufungen, sondern auch durch angedrohte nnd im Falle De Wette (s. 2) durchgeführte Maßregelungen zum Ausdruck kam. Dennoch hat die Restaurations- und Reaktionsepoche sowie die Regierungszeit Friedrich Wilhelms IV. das geistige Leben der Universität nicht gebrochen. Nach den Worten des jungen Fr. → Engels, der 1841 nach B. gekommen war, um den neuberufenen → Schelling zu hören (der »die Drachensaat des Hegelianismus« vernichten sollte), war sie »die Zitadelle des geistigen B.s«, wo »täglich Worte gesprochen werden, denen mit den Grenzen Preußens, ja des deutschen Sprachgebiets kein Ziel gesetzt ist«. Die eigentliche Glanzzeit setzte jedoch erst nach 1871 ein, als der wirtschaftliche Aufstieg Deutschlands und die überragende Stellung Preußens im neuen Reich auch der Universität zugute kam. Die führenden Gelehrten fanden in B. ihre Wirkungsstätte. – Auch in der Weimarer Republik behielt die Universität diese zentrale Stellung im deutschen Hochschulleben. Der Nationalsozialismus brachte eine erste ernsthafte Krisis mit der Entfernung einer Reihe von Lehrern aus politischen und rassischen Gründen, dem Konflikt Ed.Sprangers mit dem Erziehungsminister und der Zwangseremitierung des Historikers H.Oncken und manchen Eingriffen in die Selbstverwaltung. Im Kriege kam dann seit 1943/44 der gesamte Lehrbetrieb zum Erliegen, dem bald auch die äußere Zerstörung der Universität folgte. Der seit 1945 begonnene Neuaufbau der *Humboldt-Universität* stand im Zeichen der durch die politischen Entscheidungen und die folgende Spaltung Deutschlands im Bereich der »Deutschen Demokratischen Republik« geltenden Gesetze und weltanschaulichen Zielsetzungen.

2. Von Anbeginn an hatte die Universität B. auch eine *theologische Fakultät,* obwohl es bei der Gründung auch Stimmen gegeben hat (Fichte, zT auch Schleiermacher), die der Theologie nur die Aufgabe einer fachlichen Berufsvorbildung zubilligen wollten. Ohne strenge Scheidung in Einzeldisziplinen gehörten der Fakultät in den ersten Jahren außer Schleiermacher (bis 1834) → De Wette (bis 1819), → Marheineke (bis 1846) und → Neander (bis 1850) an. Mit der bald als notwendig erkannten Einrichtung von Seminaren ergab sich von selbst eine Gliederung nach Fachrichtungen (NT: Schleiermacher; AT: De Wette; KG: Neander). Ein prakt.-theol. Seminar wurde erst 1875, ein syst.-theol. um 1900 geschaffen. Das neu geweckte Interesse für die christliche Archäologie führte 1849 zur Gründung eines entsprechenden Instituts. Die 1836 aufgestellten Fakultätsstatuten sahen 6 Ordinariate, unter Scheidung von NT und AT, sowie 2 syst.-theol. Lehrstühle vor. Eine speziell nt. Professur ist jedoch erst 1876 geschaffen worden. Mit der Errichtung eines 2. Ordinariats für KG hatte die Fakultät seit 1906 7 Ordinariate neben einer wechselnden Zahl von Extraordinariaten. Der Wandel der politischen Verhältnisse nach 1815 ging auch an der Fakultät nicht spurlos vorüber. De Wette wurde 1819 wegen seiner Sympathiebekundung für den Kotzebuemörder Sand entlassen, Schleiermacher während des → Agendenstreits mit einem entsprechenden Verfahren bedroht. Hatte schon die von hohen Gönnern geförderte Habilitation des aus der Erweckung stammenden A. → Tholuck (1821-25) den heftigsten Widerspruch Schleiermachers hervorgerufen, so drang mit der Berufung E.W. → Hengstenbergs (1828-69) die konfessionalistisch-reaktionäre Richtung in die Fakultät ein. Mit der in den Statuten verankerten Normangabe »Lehre der ev. Kirche« glaubte man eine hinreichende Sicherung gegen einseitige Festlegungen zu besitzen. Tatsächlich haben in den Kämpfen um ein Unionsbekenntnis die von Schleiermacher ausgehenden Theologen der Vermittlung wie A.Twesten (1835-76), K.I. → Nitzsch (1846 bis 1862) und I.A.Dorner (1862-83) die Führung behalten. Auch für die Fakultät war die Zeit von 1871-1918 eine Epoche des Aufstiegs. Mit der von dem liberalen Kultusminister → Falk durchgesetzten Berufung von O.Pfleiderer (NT und syst. Theol., 1875-1908) faßte die → Tübinger Schule, mit B. → Weiss (NT, 1876-1908) die hist.-krit. Richtung Fuß in der Fakultät. Die Anregungen, die von A. → Ritschl auf die gesamte prot. Theologie der damaligen Zeit ausgegangen waren, fanden in J.Kaftan (syst. Theol., 1882-1921), vor allem in Ad. → Harnack (KG, 1888-1929) ihre Vertreter. Mit Harnack, der gegen den Einspruch eines Teils des Ev. Oberkirchenrats und nicht ohne die politische Mitwirkung → Bismarcks (der hierfür von Gießen den theologischen Ehrendoktor erhielt) nach B. kam, hatte die Fakultät die bedeutendste Gelehrtengestalt des kaiserlichen Deutschlands gewonnen. Mit Rücksicht auf die theologische Rechte, die wegen Harnacks Stellungnahme in dem Streit um das → Apostolikum (: II, 2) in erneute Erregung geraten war, wurde als Ausgleich 1893 mit Ad. → Schlatter, seit 1898 mit R. → Seeberg ein »positiver« syst. Lehrstuhl geschaffen. Die → Religionsgeschichtliche Schule fand in den Alttestamentlern H. → Gunkel (1894-1907) und H. → Gressmann (1907-27) ihre Ver-

treter. Ein großer Gewinn war die Berufung von K. → Holl (KG, 1906-26) und Ad. → Deissmann (NT, 1908-37). Von den nach 1919 in der Fakultät an hervorragender Stelle wirkenden Professoren sind noch zu nennen: A.Titius (syst. Theol., † 1936), W.Lütgert (syst. Theol., † 1937), H. → Lietzmann (KG, † 1944), Erich → Seeberg (KG, † 1945), L. → Fendt (prakt. Theol., † 1957). Während des → Kirchenkampfes hielt sich die Fakultät an die offiziellen Kirchenleitungen; an der Synode der → Bekennenden Kirche in → Barmen 1934 nahm keines ihrer Mitglieder teil, ein von der rheinischen Pfarrbruderschaft erbetenes Gutachten über die von den »Deutschen Christen« in Sachsen aufgestellten und für die gesamte → deutschchristliche Bewegung als verbindlich erklärten Thesen wurde von den Deutschen Christen als eine Anerkennung ihrer Auffassung begrüßt. Die von ihnen verbreitete Behauptung, daß die ganze Fakultät hinter dem Gutachten stehe, wurde von dieser allerdings als »den Tatsachen in erheblichem Umfange nicht entsprechend« bestritten. Die staatliche Ablehnung der im Verlauf des Kirchenkampfes schließlich notwendig gewordenen Gründung der Kirchlichen → Hochschule der Bekennenden Kirche wurde auch von der Fakultät geteilt. In 5 Fällen kam es zur Relegation von Studenten, die »an Kursen der Bekennenden Kirche« teilgenommen hatten. – Der nach Ende des Krieges aus den Trümmern der Fakultät vorzunehmende Neubau war eine der schwersten Aufgaben. Die noch unter sowjetischer Administration veranlaßte Eröffnung des Lehrbetriebes fand am 21.1.1946 mit einem kirchengeschichtlichen Kolloquium von W.Eltester statt, der bis 1949 auch erster Dekan war. Von den früheren Dozenten standen außer ihm nur noch K.Aland (KG), B.Doehring (prakt. Theol.) und Joh.Schneider (NT) zur Verfügung. Die Neuberufung von im Kirchenkampf bewährten und auch wissenschaftlich ausgewiesenen Theologen wie M.Albertz (ref. Theol., bis 1949) und H.Vogel (syst. Theol.) konnte erst nach Überwindung formaler Einwände durchgeführt werden. Unter dem Dekanat von L.Rost (AT, 1950-51) hat die Fakultät unter den neuen politischen Verhältnissen ständig an Gestalt gewonnen. Nach Rost waren W.Elliger (KG) und Joh.Schneider (NT) Dekane. Der Stand der Fakultät von 1957 ist folgender: H.Vogel (syst. Theol., Dekan), Joh.Schneider (NT), AT zZ unbesetzt; W.Elliger (KG), O.Händler (prakt. Theol.), Liselotte Richter (Religionsphilosophie), R.Hermann (syst.Theol.; em.), E.Fascher (NT und hellenistische Religionsgeschichte); B.Doehring (prakt.Theologie, Honorarprofessor); K.Aland (KG, Gastprofessor aus Halle), H.G.Strasser (em. Gastprofessor aus Rostock); K.Rose (Wahrnehmung einer Professur mit Lehrauftrag für Ost- und Südslawische Religions- und Kirchenkunde); Dozenten: F.Maass (AT), H.G.Fritzsche (syst. Theol.), G.Haendler (KG). – Seit der Wiedereröffnung der Fakultät haben bis 1957 7 Habilitationen stattgefunden und sind 20 Promotionen durchgeführt worden. Die Zahl der immatrikulierten Studenten hat seit 1945 sehr geschwankt und war in den ersten Jahren nach dem Kriege stark von den zT politischen Zulassungsbedingungen abhängig. 1956/57 sind rund 200 Studenten in der theol. Fakultät eingeschrieben. Die vom Staat großzügig gewährten Stipendien kommen auch Studierenden der Theologie zugute. An die Stelle der traditionellen Semestereinteilung ist das für alle Universitäten und Fakultäten in der DDR geltende Studienjahr (10 Monate) getreten. Ebenso gilt für die theol. Fakultät die Neuordnung für die Förderung des akademischen Nachwuchses. Keine dieser von dem Überkommenen zT erheblich abweichenden Regelungen berührt direkt die geistige Zielsetzung des Theologiestudiums, wie auch Forschung und Lehre den ihnen von ihrer Wissenschaft her gebotenen Weg gehen können. Das von allen Studenten geforderte »gesellschaftswissenschaftliche Grundstudium«, das sich bei der Prüfung von Theologen nur auf Sachfragen beschränkte, wird für diese seit 1955 übergangsweise nur in den beiden ersten Studienjahren durchgeführt. – Es ist keine Frage, daß die theol. Fakultät im Gesamtkörper der Universität B. bei aller Verbundenheit mit den theol. Fakultäten der DDR eine Sonderstellung einnimmt. So besitzt sie in der alten, politisch geteilten Reichshauptstadt und unter den veränderten Daseinsverhältnissen, die auch ihre äußere Existenz in mancher Hinsicht kennzeichnen, weitere Möglichkeiten geistigen Austausches und nimmt nicht nur ihre Aufgabe im Dienste der theol. Wissenschaft und der Vorbildung des Pfarrernachwuchses wahr, sondern erfüllt darin auch an ihrem Teil einen Auftrag an der Gesamtkirche in einem Kerngebiet des deutschen Protestantismus.

RGG[1] I, 1041ff – W.Ermann-E.Horn, Bibliogr. d. dt. Universitäten 1904/05 – M.Lenz, Gesch. der Universität B., 4 Bde, 1910-18 – Ed.Spranger, Fichte, Schleiermacher, Steffens über das Wesen der Universität (Philos. Bibl. 120), 1910 – Ders., W.v.Humboldt u. die Reform des Bildungswesens, 1910 – Ders., Wandlungen im Wesen der Universität seit 100 Jahren, 1913 – L.Zscharnack, Das erste Jh. d. theol. Fakultät B. (CcW 20, 1910, 469-473. 484-485. 492-498) – W.Paszowski, B. in Wissenschaft u. Kunst, 1910 – W.Humboldt, Ausgew. philos. Schriften (Phil. Bibl. 123, hg.v. Joh.Schubert), 1910 – A.v.Harnack, Die theol. Fakultät B. (Aus Wissenschaft u. Leben II, 1911, 153-164) – E.Müsebeck, Das preuß. Kultusministerium vor 100 Jahren, 1918 – H.Maier, Gesch. der Philosophie an der Universität B. (von Schleiermacher bis Dilthey), 1927 – F.Schnabel, Dt. Gesch. im 19.Jh. I, 1929, 443ff – Das akademische Deutschland, 3 Bde, 1930 – J.Asen, Gesamtverzeichnis des Lehrkörpers der Universität B. I, 1810-1945, 1955 – Weg u. Aufgabe der Kirchl. Hochschule 1935-55, 1956. *K.Kupisch*

Berliner Missionsgesellschaft. Der 1.Abschnitt der Geschichte der B.M. reicht von der Gründung (29.2. 1824), die durch einen Aufruf Neanders erfolgte, bis 1865. Tragende Kreise waren preußische Beamte, Professoren und – in zunehmendem Maße – Kreise und Gemeinden der Erweckungsbewegung der 1. Hälfte des 19.Jh.s in den östlichen Provinzen Preußens. Die B.M. ist bis heute, hauptsächlich innerhalb der Kirche der Union, luth. ausgerichtet. Zunächst wurden Gaben für schon bestehende Missionsgesellschaften (Basel, England) gesammelt. 1833 gingen die ersten 5 Missionare der B.M. nach → Südafrika. Bis 1865 breitete sich die Missionsarbeit über das ganze heutige Südafrika aus. – Der 2. Abschnitt ist geprägt durch das Direktorat von H.Th. → Wangemann (1865-94). Schon sein Vorgänger Wallmann (1857-65) hatte Leitungsfunktionen ausgeübt, die bis dahin nur beim »Komitee der B.M.« lagen. Unter Wangemanns Direktorat wurde eine bis ins einzelne gehende Heimatorganisation (Missionsfeste, Provinzialverbände) aufgebaut. Er visitierte zweimal in Südafrika (1866/67, 1884/85), schuf eine Missionsordnung und begann die Missionsarbeit in Süd-China (Kwangtung und Süd-Kiangsi, ab 1882; → China: IV C, 1) und in dem heutigen → Tanganyika (Konde, Bena, Hehe im Süden, Uzaramo an der Küste, seit 1891). Sein Nachfolger Gensichen (1894-1913) führte die Arbeit in gleicher Weise weiter. Jetzt wurde in Mashonaland/Süd-Rhodesien (1892-1906) und Kiautschou/Nord-China (1898 bis 1924) die Arbeit aufgenommen. – Die 3. Periode, die Zeit zwischen den beiden Weltkriegen, stand nach einer Übergangszeit unter dem Direktorat Axenfeld (1913-21), das sich infolge des Krieges kaum auswirken konnte, unter der Leitung Siegfried → Knaks (1921-49). Die Entwicklung in Heimat und Übersee ist durch die Krisen der Nachkriegszeit und von 1933-45 durch die Devisenbestimmungen teilweise stark gehemmt gewesen. Trotzdem wurde die Mission zielbewußt ausgebaut und führte zuerst in Süd-China zur Eingliederung der Missionsarbeit in eine selbständige Kirche (Kirche der Glaubensgerechtigkeit). Nach Ostafrika kehrten die Missionare 1925 zurück und begannen erneut in Zusammenarbeit mit anderen luth. Missionen. Am → Kirchenkampf nahm die B.M. auf seiten der Bekennenden Kirche aktiv teil. - Seit 1949 ist G.Brennecke Direktor. Unmittelbare Arbeit wird mit 85 deutschen Mitarbeitern (neben 90 einheimischen Pastoren) nur noch in Südafrika geleistet; in Tanganyika steht die B.M. in der ökumenischen Zusammenarbeit der luth. Missionen. In Südafrika wurde ein »Rat der Kirchen auf luth. Grundlage« gebildet, in der Heimat die B.M. stärker in die Gesamtkirche eingegliedert.

J.Richter, Gesch. der B.M. 1824-1924, 1924 - S.Knak, Zwischen Nil u. Tafelbai, 1931 - Ders., Gesch. d. B.M. 1924-1950 (vorläufig nur Archivexemplare) - G.Brennecke, Brüder im Schatten, (1954) 1956[3]. *G.Brennecke*

Berlioz, *Louis Hector,* franz. Komponist, * 1803 La-Côte-Saint-André (Isère), † 1869 Paris, der bedeutendste franz. Romantiker; er schrieb neben seinen symphonischen und dramatischen Hauptwerken zahlreiche geistliche Kompositionen. Einer verschollenen, 1825 unter dem Einfluß von Lesueur entstandenen Messe und mehreren kleineren Stücken folgte 1837 die repräsentative Grande Messe des Morts, in der sich subjektive Gefühlsstärke mit nach außen gewandter Dramatik sowie archaisierende Züge mit einem Klangapparat ungekannten Ausmaßes verbanden. Ähnlich in der Anlage, konnten das konventionellere Tedeum op. 22 (1848) und das problematische Oratorium L'Enfance du Christ op. 25 (1854) die Höhe des Requiems nicht erreichen.

GA hg.v. Ch.Malherbe u. F.Weingartner, 20 Bde, Leipzig 1900 bis 1907; dort Bd 7-9: Geistliche Werke. - J.G.Prod'homme, Le Cycle B., 2. L'Enfance du Christ, Paris 1898 - A.Boschot, L'Histoire d'un romantique: H.B., 3 Bde, Paris (1906-12); letzte Aufl. 1948-50 - J.Barzun, B. and the Romantic Century I. II, Boston 1950 - C.Hopkinson, A Bibliography of the Musical and Literary Works of H.B., Edinburgh 1951. *W.Osthoff*

Bern, *Universität.* B. hat zwar erst 1834 eine Universität erhalten; die Anfänge einer Theologenschule gehen jedoch bis in die früheste Reformationszeit zurück. Sofort nach dem Übergang B.s zur Reformation im Jahre 1528 wurde für die Ausbildung von Geistlichen eine hohe Schule geschaffen, das »Collegium zun Barfüßen« (nach dem Sitz im früheren Barfüßerkloster). Als erste Lehrer wirkten, aus Zürich berufen, → Megander sowie → Rhellikan, kurz auch → Hofmeister; 1535 begann Simon → Sulzer aus Bern seine Tätigkeit, später unterstützt durch Thomas → Grynäus aus Basel. Die Gegensätze zwischen Zwinglianern und Lutheranern belasteten zunehmend die Entwicklung der hohen Schule, bis bei der Neuordnung der Bernerkirche 1548 unter Joh. → Haller die Professuren neu besetzt wurden: Eberhard von Rümlang, Niklaus Pfister (Artopöus), vor allem Wolfgang Müslin (→ Musculus) und Bendicht Marti (→ Aretius). Im 17.Jh. traten hervor Markus Rütimeyer, bernischer Abgeordneter zur → Dordrechter Synode, der als Prof. für Philosophie die Methoden von Petrus → Ramus in B. eingeführt hat († 1647), Christoph Lüthard († 1663), ferner die Cartesianer David Wyss († 1669), Samuel Leemann († 1709) und Johann Rudolf Rudolff († 1718). Dieser erhielt 1700 als theologus primarius einen Lehrstuhl für theologia didactica, Leemann einen solchen für theologia elenchtica (1796 wurden diese beiden Stellen vereinigt, dafür aber ein Lehrstuhl für theologia practica errichtet; ein solcher für eloquentia hatte seit 1709 schon bestanden). Im Pietistenhandel (Ende 17.Jh.) bekämpften Wyss und Rudolff die Pietisten, als deren Verteidiger Prof. Elisäus Malacrida († 1719), vordem Prediger bernischer Kolonisten in Potsdam, auftrat. Aus dem 18.Jh. verdienen Erwähnung Samuel Scheurer († 1747), Joh. Jak.Salchli († 1774) sowie Johannes → Stapfer und Philipp Albert → Stapfer.

Die 1805 nach den Plänen des Kantianers Johannes Ith (Prof. der Philosophie 1781, † 1813) errichtete Akademie besaß auch eine theologische Fakultät mit 2, bald 3 Lehrstühlen. Nach der Umgestaltung zur Universität 1834 traten in deren Fakultät ein: J.L.Samuel Lutz († 1844), der in der bernischen Kirche größtes Ansehen genoß (AT, NT), Matthias → Schneckenburger (Dogmatik, KG), K.B. → Hundeshagen (Exegese, KG), Ernst Gelpke (KG; † 1871), Friedrich Zyro (praktische Theol.; bis 1847), Auguste Schaffter (franz. Theol.; bis 1859). Als Anfang 1847 Eduard → Zeller auf den verwaisten Lehrstuhl von Lutz berufen wurde (für NT), war ähnlich wie beim Zürcher Straußenhandel von 1839 (D.F. → Strauß) stärkster Widerspruch kirchlich-konservativer Kreise die Folge. Zeller erwarb sich zwar rasch allseitig Anerkennung, verließ B. aber schon 1849. Sein Nachfolger Albert Immer (bis 1881) und der 1847 berufene Bernhard Wyss, die beide persönlich und wissenschaftlich allgemein geschätzt waren, verbürgten zusammen mit Gottlieb Studer (AT; Prof. 1850-78) für lange Zeit eine ungestörte Entwicklung, obwohl die Gegensätze zwischen den kirchlichen Richtungen auch in die Fakultät stark eingriffen. 1859 wurde Eduard Güder zum besoldeten Dozenten ernannt (NT; bis 1863), ebenso Eduard Müller (AT; nach dem Rücktritt von Wyss 1863 Prof. für praktische Theol.). 1859 wurde erstmals auch eine Venia für Kirchenmusik erteilt (an Joh.Jak.Mendel; † 1881). Zur Entlastung Immers wurde 1869 Carl Holsten berufen (bis 1876), als Nachfolger Gelpkes 1871 Friedrich → Nippold (bis 1884), der großen Einfluß gewann. Friedrich Langhans wurde 1876 Prof. für systematische Theol.; bei seinem Tode 1880 wurde sein Bruder Eduard Nachfolger (bis 1891). Rudolf Rüetschi wurde 1878 Honorarprof. (AT; † 1903). In Samuel Oettli (AT; 1879-95) und Adolf → Schlatter (1881-88) erhielten die Positiven wieder eine Vertretung. Nachfolger Immers wurde 1881 Rudolf Steck (bis 1921; † 1924), Nachfolger Nippolds 1884 Hermann Lüdemann (seit 1891 systematische Theol.). Fritz Barth, nach Schlatters Weggang 1889 berufen, vertrat seit 1891 KG († 1912); schweizerische KG las Eduard Bähler († 1925). Als Oettli 1895 B. verließ, wurde Karl → Marti berufen, der durch 3 Jahrzehnte der führende Mann der Fakultät war. Ihm folgte 1925 Max Haller († 1949). Die praktische Theol., die nach Müllers Tod 1900 Gottlieb Joss übernommen hatte, ging nach dessen Tod 1905 an Moritz Lauterburg († 1927). Die KG war von 1912 bis zu seinem Rücktritt 1944 Heinrich Hoffmann anvertraut († 1951). Das NT vertrat seit 1912 Wilhelm Hadorn, ein Mann von weitreichendem Einfluß († 1929). Das Lektorat für Kirchenmusik erhielt 1912 Ernst Graf († 1938).

Als sich 1927 nach Lüdemanns Rücktritt († 1933) eine Berufung von Karl → Barth zerschlug, wurde 1928 Martin Werner Nachfolger. Gleichzeitig wurden zu Extraordinarien ernannt: für praktische Theol. Albert Schädelin (bis 1950), für systematische Theol. Fritz Lienhard (bis 1941), für Ethik Fritz Eymann (bis 1944), zum Lektor für Pädagogik Werner Kasser (Prof. 1944). Außer Werner und Kasser gehören 1957 der Fakultät noch an: für NT Wilhelm Michaelis (seit 1930), für KG Kurt Guggisberg (seit 1944), für Ethik Alfred de Quervain (seit 1944), für AT Joh.Jak.Stamm (seit 1949), ferner für praktische Theol. Hans Dürr (Prof. 1951), für systematische Theol. Hans Schär (Prof. 1953), dazu die Dozenten: für schweizerische KG Otto Erich Straßer, für systematische Theol. Fritz Buri und Ulrich Neuenschwander, für NT Hans Bietenhard und Robert Morgenthaler, für Kirchenmusik Kurt Wolfgang Senn als Lektor. 1950 wurde ein Lektorat für Hebräisch errichtet (Dora Scheuner). Die aus Deutschland berufenen Professoren (Schnekkenburger, Hundeshagen, Gelpke, Zeller, Holsten, Nippold, Lüdemann, Hoffmann, Michaelis) waren Lutheraner oder uniert, nicht reformiert wie die Schweizer Professoren; doch haben die Unterschiede der Konfession (und der Nationalität) die Zusammenarbeit nie gestört. Die Zahl der Studenten, die sich fast durchweg auf den bernischen Kirchendienst vorbereiten, betrug Sommer 1932: 23, Winter 1943/44: 96, Winter 1956/57: 59. B. hat mehr Schweizer Theologiestudenten als Basel und weniger als Zürich.

Aus der Kulturkampfzeit erwuchs 1874 die *altkatholische* (christkath.) Fakultät B. Sie bildet die Pfarrer der christkath. Kirche der Schweiz aus und wird stets auch aus dem Ausland, besonders dem Balkan, besucht. 50 Jahre wirkte an ihr Bischof Eduard → Herzog. Großen Einfluß hatte auch Arnold Gilg (1915-57; zuletzt KG und DG). Gegenwärtig lehren Ernst Gaugler NT (seit 1924), Albert Emil Rüthy AT (seit 1940), Bischof Urs Küry systematische Theol. (seit 1941), Walter Frei KG und DG (seit 1957).

F. Haag, Die hohen Schulen zu B., 1903 - R. Feller, Die Universität B. 1834-1934, 1935 - W. Michaelis, Adolf Schlatter u. die ev.-theol. Fakultät B. (Aus Adolf Schlatters Berner Zeit, 1912, 11-48).

W. Michaelis

Bernadotte, *Oscar Carl August,* schwedischer Prinz (1859-1953), zweiter Sohn König Oskars II., verh. 1888 mit Ebba Henrietta Munck, Marineoffizier, Admiral 1897-1903. B. war 1892-1943 Bundespräsident des schwedischen CVJM (KFUM) und Repräsentant dieser Vereinigung im Präsidium des Weltbundes in Genf. 1927 schenkte er dem KFUM Schloß Fridhem nahe Visby als Ferienheim. B. war auch Vorsitzender der schwedischen Sektion der »Evangelischen Allianz«. Auf seine Initiative hin und unter seiner Leitung wurden nach englischem Vorbild die sog. »Södertäljekonferenzen« 1898 geschaffen (jährliche Zusammenkünfte zur Vertiefung des geistlichen Lebens). Ebenso hat er sich auch um die geistliche Wirksamkeit für Soldaten und Seeleute sowie um Mission in allen Formen und um die Heilsarmee bemüht. *G. Hök*

Bernanos, *Georges* (1888-1948), einer der bedeutendsten Vertreter des literarischen renouveau catholique, aus einem kath. Elternhaus. Seine religiöse Entwicklung vollzog sich ohne Bruch. B. führte ein unstetes Leben, hatte keinen festen Beruf, mußte eine zahlreiche Familie ernähren und mied alle literarischen »Cliquen«. Politisch stand er bis 1932 der Action française nahe. Später war er erbitterter Gegner aller totalitären Methoden. Gleich → Bloy und mehr als Péguy, mit denen ihn vieles verbindet, war er ein »Einzelner«. Sein Werk umfaßt Romane und Erzählungen, zwei hagiographische Versuche, polemische Schriften und kritische Aufsätze. Der bedeutende Briefwechsel ist nur zum Teil bekannt. In bewußter Abgrenzung gegenüber Balzac und gegenüber Proust wollte B. als Romanschriftsteller einen »kath. Realismus« verwirklichen. Darunter verstand er: Darstellung von Menschen unserer Zeit, die, zwischen Gott und Satan gestellt, ihr Heil in Freiheit wirken oder verwirken, Aufweisung des Übernatürlichen, wie es überall die Wirklichkeit durchdringt, Heraushebung der Kirche als einer Realität auch in der gegenwärtigen Gesellschaft und als Gemeinschaft der Heiligen trotz der »Mittelmäßigkeit« vieler Christen. Im engsten Zusammenhang mit diesen Absichten steht seine auffällige Vorliebe für Priestergestalten. Berühmt geworden ist B. durch den Roman Sous le soleil de satan (1926), wo der Abbé Donissan, ein heiligmäßiger Asket, durch seine mangelnde Bildung und seine ungeschliffenen Umgangsformen in Gegensatz zu dem Aristokraten und Ästheten Abbé Menousegrais tritt. Donissan begegnet der Teufel leibhaftig in Gestalt eines Pferdehändlers. In dem Doppelroman L'Imposture (1927) und La Joie (1928) wird der Abbé Cénabre, ein berühmter Schriftsteller, an seinem Glauben irre und führt ein Leben der Lüge. Der schlichte und einfältige Abbé Chevance, der »Beichtvater der Dienstmädchen«, leidet stellvertretend für ihn. In dem Journal d'un curé de campagne (1936) opfert sich der junge schwerkranke Pfarrer von Ambricourt für seine fast völlig entchristlichte Gemeinde und entreißt einzelne Seelen der Gewalt des Teufels, dessen Wirksamkeit stärker verinnerlicht dargestellt wird als in der »Sonne Satans«. In Monsieur Ouine (1943) trägt der Abbé Fenouille die Verantwortung für seine »tote Gemeinde«, die mehrere Verbrecher hervorbringt. Weitere Romane: Un Crime (1935), Nouvelle Histoire de Mouchette (1937), Un Mauvais Rêve (1950). Das polemische Werk überschneidet sich zeitlich mit den Romanen; es wirkt infolge seiner Zeitbedingtheit zwiespältiger. Die Grundthesen sind klar: der Weg der »modernen Welt« ruft den Christen zu einer letzten Entscheidung und Verantwortung auf. Diese Welt schreitet auf »die völlige Versklavung des Einzelmenschen, ja seine Vernichtung« zu. »Die Gesellschaft, die sich allmählich vor unseren Augen heranbildet, wird... das Ideal einer Gesellschaft ohne Gott verwirklichen« (La Grande Peur des Bien-Pensants, 1931). Der gegenwärtige Weltzustand ist eine Schmach für die Christen. Nicht die Welt entchristlicht sich, sondern die Christen, die durch ihre Lauheit den Glauben verraten (Nous autres Français, 1939). Der Angriff B.s richtet sich gegen die »Realisten«, die mit einer ungläubig gewordenen Welt paktieren, und gegen die technisierte Intelligenz, die kein Gespür für das Heilsgeschehen hat (La France contre les Robots, 1944). Den Totalitarismen hält B. fanatisch den freien Menschen entgegen, der »sich hingibt oder versagt, aber niemals verkauft« (Lettres aux Anglais, 1942). 1949 gab A. Béguin, aus dem Nachlaß und in Einzelheiten ergänzt, die »szenischen Meditationen« Dialogues des Carmélites heraus, die für eine beabsichtigte Verfilmung der Novelle von G. v. → Le Fort, Die Letzte am Schafott, geschrieben worden waren und erfolgreich aufgeführt wurden. Zu dem Streit um das Recht der Autorschaft ist zu bemerken, daß der Anteil der deutschen Dichterin an dem Werk unbestritten ist, von einem Plagiat aber nicht gesprochen werden kann.

H. U. v. Baltasar, B., 1954 (Lit.). *E. Schramm*

Bernard, *Daniel* (1676-1761), * zu Frankenthal/Pfalz, † zu Utrecht als Herr von Nieuw-Hellevoet und de Quack auf Voorne in Südholland. Als Kaufmann im Dienst der niederländischen ostindischen Kompanie – 1710-16 war er Gouverneur der Coromandelküste –, erwarb B. ein großes Vermögen, von dessen Erträgnissen er seit 1719 in Utrecht lebte. Durch Testament vom 18.8.1761 stiftete er mit einem Kapital von 9000 £ das Stipendium Bernardinum in Utrecht für ref. Theologiestudenten der notleidenden Kirchen der pfälzischen Lande (Kurpfalz, Simmern, Sponheim, Jülich, Berg) und Ungarns. Dies Stipendium besteht unter dem Kuratorium der Utrechter Theologieprofessoren noch heute.

S. D. van Veen, Het Stipendium Bernardinum, Utrecht, 1911 - K. F. Schneider, Zum 150jähr. Bestehen des Stipendium Bernardinum (Monatsh. f. Rhein. KG 5, 1911, 236-241. 338-346. 365-371) - NDB

II, 101 (Lit.). - Eigenes Archiv der Stiftung in Utrecht. Letzte Fassung der Bestimmungen vom 3.4.1936. *J.F.G.Goeters*

Berneuchen. Die Geschichte von B. beginnt nicht in dem Gut B. in der Neumark, dessen Besitzer Rudolf v. Viebahn († 1928, Bruder von Georg v.Viebahn) von 1923 an sein Haus für fünf Konferenzen zur Verfügung stellte. Schon in einer Jugendarbeit wie der bei Clemens Schultz, dem Hamburger Pastor von St.Pauli, war der Boden für die Verbindung von Kirche und → Jugendbewegung bereitet. Dort ist 1909 der »Bund Deutscher Jugendvereine« (BDJ) entstanden, dessen Leiter vor 1933 Gotthold Donndorf und Wilhelm → Stählin waren. Die Verbindung bestand zunächst nur darin, daß junge Pastoren und Gemeindeglieder völlig den Lebensstil der neuen Jugend teilten, nicht nur im BDJ, sondern ebenso bei den Christdeutschen (→ Cordier), den Neupfadfindern (Martin Voelkel), dem Neuwerkkreis (Hermann Schafft) und sonst. Die notvolle Erkenntnis, daß die neue Jugend dennoch nicht den Weg zur ev. Kirche fand, gab Anlaß für eine große Führertagung auf Schloß Angern bei Magdeburg Anfang 1923. Karl Bernhard Ritter und alle fünf Genannten, die sich durch den gänzlichen Mißerfolg dieser Tagung und die damals erst von wenigen erkannten Schäden der offiziellen Kirche nicht beirren ließen, luden Mai 1923 zu einer kleineren Konferenz in B. ein. Der Ertrag dieser und der folgenden Konferenzen (in B. bis 1927) ist ohne Namensnennung der Mitarbeiter nach einem ersten Entwurf von Wilhelm Thomas (1925) im »B.er Buch« (1926) niedergelegt. Der wahrscheinlich unter dem Einfluß von P. → Tillich aufgenommene Symbolbegriff ist später für B. nicht mehr charakteristisch gewesen. Gleichnis und Bildhaftigkeit blieben dagegen für B. immer wesentliche Ausdrucksmittel. Die Bedeutung von Kosmos, Natur und Menschenleib war B. von der Jugendbewegung her erschlossen. Die Gefahr spekulativer Naturphilosophie oder reiner Schöpfungstheologie war aber dadurch gebannt, daß am Anfang der gemeinsamen Arbeit in B. die Erkenntnis stand, daß die Kirche ihre überzeugende Gestalt nicht durch Impulse von außen (Weltanschauung, Politik u.a.), sondern allein aus ihrem eigenen Quellgrund empfangen könne. Dabei wurde für B. die altkirchliche Trinitätstheologie wichtiger als Luthers Rechtfertigungsglaube oder gar das Lehrsystem der Orthodoxie. Die Mitte der Trinitätstheologie ist für B. die Inkarnation. Von daher werden »Verwirklichung« und »Leibhaftigkeit« Aufgaben in der Gestaltung des kirchlichen Lebens. Auch als es 1931 in Marburg zur Gründung der Evangelischen Michaelsbruderschaft (→ Bruderschaften: III, 2a) kam, blieb B. auf das Gesamtleben der Kirche gerichtet. Es wird als Leben in »konzentrischen Kreisen« verstanden. Die Bruderschaft, in der Nichttheologen ebenso Einfluß haben wie Theologen, fordert und übt geistliche Zucht, verpflichtet den einzelnen, vor Entscheidungen den Rat der Brüder zu suchen und sich einen »Helfer« zu wählen. Der weitere Kreis heißt heute »B.er Dienst«. Geistliche Wochen, Wochen der Einkehr (1931 bis in die Kriegszeit in dem von Dr. Hell gegründeten Landschulheim Urspring bei Schelklingen, 1946-51 im Ordenshaus in Assenheim bei Friedberg in Hessen und an vielen anderen Orten) haben der Sammlung und Zurüstung gedient, nicht der Erbauung, sondern der »Sendung«. Die Kraft des persönlichen wie des gemeinsamen Lebens geben Wort, Sakrament, Gebet. Die Ordnung wird als Hilfe erkannt. Die Gottesdienst- und Gebetsordnungen sind nicht aus einem Restaurationswillen erwachsen, sondern aus der Erkenntnis, daß der Weg zur heutigen, zunächst der jungen Generation eine ebenso sinn- wie gegenwartsgemäße Gestaltung forderte. Diesem lebendigen Formwillen verdankt die ev. Kirche ein reiches Gebetsgut, das nicht mehr eines mühsamen Umdenkens von Archaismen bedarf. Die stärkere und eklektische Annäherung an liturgische Traditionen führte in eine an W. → Löhe gemahnende ökumenische Weite, aber auch zu Unklarheiten, die besonders Gerhard Kunze (s. Lit.) mit historischem Scharfsinn nachwies. Doch ist zu bedenken, daß der »Opfergang« (mit der Darbringung von Brot und Wein), der Satz in der Anamnese: Wir »nahen dem Thron deiner Gnade mit diesem reinen, heiligen allgenugsamen Opfer« und die Rede von der »Wandlung« (nicht der Elemente, sondern der Menschen: »Wie Du Ihn auferweckt hast von den Toten und den irdischen Leib verwandelt in himmlisches Wesen, so wandle uns, Herr...« [Die Ordnung der Messe, hg.v. K.B.Ritter, 1950, 36]) nicht als Romanisierungen, sondern als Ausdruck leibhaftigen Geschehens im Gottesdienst gemeint waren. Weil der ursprüngliche Gestaltungswille in überkommene Formen eingeht, kommt es zum Schillern der Begriffe. Gerade diese Unbekümmertheit zeigt, daß B. dem Ansatz nach keine liturgische Bewegung war. Aber die Erneuerung des geistlichen Lebens aus den Grundkräften der Kirche mußte zur Ordnung des Gottesdienstes und des Gebetes führen. Dabei wurde der »naturhafte Untergrund« nicht vergessen oder verlassen. Das → Stundengebet war zunächst »Gebet der Tageszeiten« ohne starke Angleichung an das Brevier; das »Gebet der Mittagsstunde« zB hatte nichts mit der Sext zu tun (»Du stehst in der Mitte und gibst allem Leben das Maß und die Richte«), die Einfügung freier Fürbitten war nie ausgeschlossen. Die Übung der Meditation ist aus der Seelsorge des Arztes Carl Happich in die gesamte Arbeit von B. eingegangen. Auch den Weg zur Ordnung der Einzelbeichte (→ Beichte: II) hat die Seelsorge gewiesen.

Doch konnte die Arbeit von B. nicht auf Gottesdienst und Seelsorge beschränkt bleiben. Der Wille zur Verleiblichung hat sich in vielen Gebieten christlichen Lebens ausgewirkt. Martyria, Leiturgia, Diakonia werden als »unteilbare Dreiheit« erkannt. Die Unterweisung und die Erziehung sind ebenso einbezogen worden wie die Kirchenmusik, das Lied und der Kirchenbau. Nirgends ging es um die Formalien oder die Methodik, sondern immer um die Gestaltung von den geistlichen Wirklichkeiten her. Der Neuwerkbote, der Sonntagsbrief, die Flugblätter der Kämpfenden Kirche, die Helfenden Worte, die Ev. Jahresbriefe (seit 1952: Quatember) und nicht zuletzt die Folge der Jahrbücher »Das Gottesjahr« und »Die Lesung für das Jahr der Kirche« haben der ganzen ev. Kirche in Deutschland gedient. J.Erbs »Schild des Glaubens« ist in vielen Gegenden zum Volksbuch geworden, und sein Heiligenkalender »Die Wolke von Zeugen« kann es wohl noch werden. Wieweit im diakonischen und sozialen Werk der Kirche B. fruchtbar geworden ist, läßt sich nicht in gleicher Weise an Veröffentlichungen zeigen. Der jetzige Älteste der Michaelsbruderschaft, Erwin Schmidt, ist Vorsteher des Diakonissenhauses von St.Anschar in Hamburg. L.Heitmann († 1953) darf wohl für viele in der Verborgenheit gebliebene Brüder und Schwestern von B. als der Mann der »sozialen Verwirklichung« genannt werden. Rat und Kapitel der Ev. Michaelsbruderschaft ließen 1955 eine Denkschrift »von der Kirche« ausgehen »als ein Bekenntnis zu ihrer wahren Katholizität, als einen Beitrag zur Stärkung ihres apostolischen Amtes und ihrer geistlichen Vollmacht...«. Vom reformatorischen Kirchenverständnis her ist mehr als ein Ansatz zu einer Antwort darauf noch nicht erkennbar.

G.Kunze, Gespräch mit B., 1938 - W.Stählin, B. antwortet, 1939 - Berneuchen, (1938) 1939² - Die ausgesonderten Tage. Von

Sinn u. Praxis geistlicher Wochen, 1954 - K.B.Ritter u.a., Nach einem Menschenalter. I ff (Quatember 17ff, 1952ff) - K.F.Müller, Die Neuordnung des Gottesdienstes in Theologie u. Kirche (Theologie u. Liturgie, hg.v. L.Hennig, 1952, 197-339; Lit.) - L.Fendt, Die B.er (ThLZ 79, 1954, 713-720; Lit.) - Credo ecclesiam. Von der Kirche heute. Hg.v. der ev. Michaelsbruderschaft, 1955 (dazu H.Benckert, ThLZ 81, 1956, 561-563 - G.Barth, EvTh 16, 1956, 541-556). *H.Urner*

Bernhard, 1. *von Clairvaux,* die beherrschende Gestalt des frühen 12.Jh.s, * 1090 in Fontaines bei Dijon, † 1153 in Clairvaux, aus frommem burgundischem Ritterhaus, von Regularkanonikern erzogen, trat 1112 in das Kloster Cîteaux ein und gründete 1115 die Abtei Clairvaux. Nach Anfangsschwierigkeiten, bei denen → Wilhelm von Champeaux B. schützte, wurde Clairvaux Zentrum der stürmischen Ausbreitung des → Zisterzienserordens. B. suchte hier die Nachfolge Christi und das apostolische Leben in Armut und Askese rigoros durchzuführen, geriet deshalb mit → Cluny in Streit, stand aber mit → Petrus Venerabilis, mit Eremiten und Kanonikern, vor allem → Viktorinern und → Prämonstratensern, in engem Kontakt. Theologisch war B., etwa durch Betonung der → Willensfreiheit, einflußreich, doch konservativ, auch in der → Mariologie. In der → Christologie (: II) kehrte er Christi Wirken für uns, nicht sein Wesen, in der Kirchenlehre die Gemeinde der gottliebenden Seelen, nicht die Gnaden- oder Rechtsanstalt hervor. Der monastische Seelsorger, ein Meister des Worts, humanistischer Form und optimistischer Anthropologie, predigte demütige Hingabe an Gottes Liebe, die zu intuitiver Kontemplation und Ekstase (→ Mystik: VI) führt und die B. im Wissensdurst → Abaelards und → Gilberts bedroht glaubte. Die Willenseinheit mit Gott trieb den mönchischen Spiritualisten zu weltlichem Wirken, wie er es dem → Templerorden vorschrieb und dem radikaleren → Arnold von Brescia verübelte. Seit 1130, als B. sich im Schisma für → Innozenz II. einsetzte, vollends im Pontifikat seines Schülers → Eugen III. gewann er weltpolitische Autorität, die in der Predigt zum 2. → Kreuzzug gipfelte und endete. Bis zum Tod blieb B. in seinen Predigten zum Hohenlied (seit 1135) und in »De consideratione« (seit 1149) der Vorkämpfer für demütige Weltentsagung, die allein die Welt heiligen könne. Unpräzis im Denken, spannungsreich im Wesen, prägte der 1174 Heiliggesprochene entscheidend sein Jahrhundert zwischen Welt und Gott.

Werke, hg.v. J.Mabillon, (1667) 1719^{3}, Nachdruck MPL 182-185; Neuausg. vorbereitet, vgl. J.Leclercq, Études sur S.B. et le texte de ses écrits, 1953. - E.Vacandard, Vie de S.B., (1895) 1927^{5} - W.Williams, St.B. of C., (1935) 1953^{2} - J.Calmette-H.David, S.B., 1953 - B. de C., hg.v. Commission de l'ordre de Cîteaux, 1953 - S.B. théologien (Anal. s. ord. Cist. 9), 1953 - B.v.C., Mönch u. Mystiker, hg. v. J.Lortz, 1955 (Lit.) - E.Kleineidam, Wissen, Wissenschaft u. Theologie bei B.v.C., 1955.

2. *Guidonis* (Gui), ca 1260-1331, wurde 1279 im Limousin Dominikaner, später Prior, Definitor und 1307 Inquisitor der Provinz Toulouse. Er verwertete seine Urteile, die die → Albigenser ausrotteten, Fraticellen und → Waldenser dezimierten, in dem besten Handbuch der Ketzerbekämpfung (Practica inquisitionis, ed. Mollat, 1926/27). 1323 zum Bischof von Tuy, 1324 von Lodève erhoben, kompilierte er mit Kritik und Fleiß Werke zur Welt-, Landes-, Ordens- und Heiligengeschichte.

A.Thomas, Histoire littéraire de France 35, 1921, 139ff (Lit.) - A.Dondaine, Le Manuel de l'Inquisiteur 1230-1330 (AFP 17, 1947, 85-194). *A.Borst*

3. *von Toledo,* * in Sauvetat (Périgord), † 1125 in Toledo, zuerst Jurist und Kleriker, dann Cluniazensermönch in Aux, übertrug die Reformbewegung von Cluny nach dem christlichen Spanien. Seit 1080 Abt des Klosters Sahagun. Nach der Rückeroberung Toledos (1085) 1086 erster Erzbischof in dieser wiederhergestellten Kirchenprovinz und 1088 Primas von Spanien mit allen Privilegien, die früher dem Toledaner Stuhl zustanden. Als solcher griff er in die Kirchenorganisation der christlichen Reconquistareiche ein, förderte deren engeren Anschluß an den Papst und die Verdrängung der mozarabischen Liturgie.

P.B.Gams, Series episcoporum ecclesiae catholicae III, 1, (1876) 1931^{2} - M.Defourneaux, Les Français en Espagne aux XIe et XIIe siècles, 1949 - D.Mansilla, La Curia romana y el reino de Castilla (1061-85), 1944 - Ders., Iglesia castellano-leonesa y curia romana en los tiempos del Rey San Fernando, 1945. *R.Konetzke*

Bernhardin *von Siena* (1380-1444). Der gebildete B. Albizzeschi trat 1402 in den Franziskanerorden ein und wirkte seit 1417 als erfolgreicher Bußprediger in ganz Italien. Er wandte sich gegen den Hader der Parteien und setzte sich für soziale Gerechtigkeit ein. 1438-43 Generalvikar der Observanten, 1439 an den Unionsverhandlungen mit der griechischen Kirche auf dem Konzil von Florenz beteiligt, 1450 heilig gesprochen.

AS 5.5.1865, 257ff - A.G.FerrersHowell, S.B. of S., 1913 - B. Stasiewski, Der hl. B. v. S., Unters.en über die Quellen seiner Biographen (FS Bh. 13), 1931 - P.Bargellini, S.B.v.S., 1933 - F.J.Hünermann, Die wirtschaftsethische Predigt des hl. B.v.S., 1939 - D. Pacetti, De Sancti Bernardini Senensis operibus, ratio criticae editionis, 1947 - EC II, 1949, 1411ff - H.Schmidt, B.v.S., Literatur 1939 bis 1949 (FS 32, 1950, 388-418) - Braun, TA 133f. *B.Stasiewski*

Berning, *Wilhelm* (26.3.1877 bis 23.11.1955), kam aus einer Handwerkerfamilie in Lingen, studierte in Münster und wurde nach der Priesterweihe und Promotion zum Dr. theol. 1901 Oberlehrer in Meppen. Am 29.9.1914 auf den Bischofstuhl von Osnabrück erhoben, leitete er seine Diözese mit großer Umsicht. 1921 wurde er Apostolischer Vikar der Norddeutschen Mission, 1931 Päpstlicher Thronassistent. Unter dem Nationalsozialismus zeigte er sich verhandlungsbereit. Am 5.12.1949 wurde er zum Titular-Erzbischof ernannt.

Vf.: Einsetzung der hl. Eucharistie in ihrer ursprünglichen Form nach den Berichten des NT (Diss.), 1901; Das Bistum Osnabrück vor Einführung der Reformation, 1940. *R.Stupperich*

Bernoulli, *Carl Albrecht* (1868-1937), ev. Theologe, Dichter und Publizist, * und † in Basel. B. studierte in Neuenburg, Basel, Straßburg und Marburg, war von 1895-97 und von 1922-26 PDoz., von 1926-37 ao. Prof. für Kirchengeschichte in Basel. Neben seiner wissenschaftlichen Tätigkeit trat B. schon früh als Romanschriftsteller, Dramatiker und Essayist hervor. Sein Hauptverdienst bilden die Studien zu → Nietzsche und → Overbeck sowie die Auseinandersetzung mit dem Werk J.J. → Bachofens.

Vf. u.a.: Die wissensch. u. kirchl. Methode in der Theologie, 1897; Die Heiligen der Merowinger, 1900; Overbeck u. Nietzsche, 1908; Bachofen u. die Natursymbolik, 1924; Bachofen als Religionsforscher, 1924. - Gab heraus: Nietzsches Briefwechsel mit Overbeck, 1916; versch. Schriften Overbecks. - Über B.: O.Kleiber, in: Basler Jb., 1938, 61-72 - Ders., C.A.B. zum Gedächtnis, National-Ztg. Basel, 1947, Nr. 73 - Neue Schweizer Biographie 38 - Kosch, Dt. Lit.-Lex. I, 1949, 152 - NDB II, 128. *H.R.Guggisberg*

Bernstorff, *Andreas Graf von* (1844-1907), * in London als Sohn des preußischen Botschafters, schon als Jüngling vom Evangelium erfaßt und früh in evangelistischer Arbeit tätig (Traktatmission, Sonntagsschule). Aus dem diplomatischen Dienst nach einem Konflikt wegen einer Rede im kirchlichen Raum zurückgetreten, wurde B. Landrat in Lauenburg und war seit 1880 im Kultusministerium. Vielseitig tätig im Sinn der → Gemeinschaftsbewegung, war er seit 1891 Vorsitzender im deutschen Zweig der Ev. Allianz.

H.v.Redern, A. Graf v.B., 1909. *H.Brandenburg*

Bernward (ca 960-1022), einer der hervorragendsten und vielseitigsten »ottonischen« Bischöfe, in dem sich Weltliches und Geistliches einzigartig vereinten, aus ostfälischem Hochadel, wurde in Hildesheim durch seinen Biographen Thangmar in Wissenschaft und Kunst unterrichtet, empfing in Mainz durch Erzkanzler Willigis die höheren Weihen, wurde 987 Erzieher Ottos III. und 993 *Bischof von Hildesheim*. Als Freund der Reform (→ Gorze) sorgte B. für Disziplin in seinem Klerus, förderte Klostergründungen und stiftete selbst die herrliche Kirche und das Kloster St. Michael (OSB). Bei der Neuorganisation seiner Diözese schuf er u.a. die Archidiakonate, errichtete Verteidigungsanlagen und gewann den eigenkirchlichen Streit um die Zugehörigkeit von Gandersheim (zu Mainz oder Hildesheim). Auch als Bischof war B. trotz Kränklichkeit häufig am Hofe. – Etwa seit 996 entstanden zahlreiche, von ihm maßgeblich bestimmte Kunstwerke. Heiligsprechung 1192.

Vita B. in MG SS IV, 754ff, dt. v. B.Gerlach, 1941 - A.Bertram, Gesch. des Bistums Hildesheim I, 1899, 60ff - F.J.Tschan, St.B. of H., 3 Bde, 1942-52 (Lit.) - H.Goetting, Gandersheim u. Rom (JGNKG 51, 1953, 36-71) - H.Beseler-H.Roggenkamp, Die Michaeliskirche in H., 1954 - R.Wesenberg, Bernwardinische Plastik, 1955 - W.v.d.Steinen, B. v. H. über sich selbst (DA 12, 1956, 338-362) - Braun, TA 136 - DNB II 43f. *R.Drögereit*

Berossos (lat. Bero[s]sus), selbstgewählte Gräzisierung eines nicht mehr sicher feststellbaren babylonischen Namens (vielleicht Bēl-rē'ûšu). B., * um 345 vChr, gehörte lange zur Priesterschaft des Bel-Marduk von Babylon. Etwa 70jährig wanderte er, vermutlich wegen Differenzen mit dem Seleukiden Antiochos I., nach der Insel Kos aus und gründete dort eine Astronomenschule, in der er überliefertes Wissen ohne besondere Selbständigkeit tradierte. † auf Kos wohl bald nach 270. B. wurde bekannt als Verfasser der Antiochos gewidmeten (in griechischer Sprache verfaßten) »Babyloniaca«, deren drei Bücher den Griechen das Wichtigste aus der babylonischen Überlieferung, vom Standpunkt der Mardukpriesterschaft gesehen, nahebringen sollten. Das Werk fand anscheinend keine große Verbreitung und ging verloren. ZT wörtliche, zT paraphrasierende Auszüge finden sich bei verschiedenen Schriftstellern, vor allem dem von Eusebios ausgezogenen Alexander Polyhistor und bei Juba von Mauretanien. Danach behandelte Buch 1 das Land und die Mythologie in einer auf griechische Leser zugeschnittenen Deutung, Buch 2 die Geschichte von der Urzeit bis 750 vChr, Buch 3 die jüngere Geschichte. B. hat vielfach vorzügliche Quellen benutzt; daher sind selbst die erhaltenen dürftigen Reste seines Werkes als Ergänzung der keilschriftlichen Überlieferung wertvoll, obwohl manche wirkliche oder scheinbare Widersprüche noch nicht aufgelöst werden können.

P.Schnabel, B. u. die babylon.-hellenist. Lit., 1923 - RLA II, 1933, 1ff (Lit.) - J.Bidez, Les écoles chaldéennes sous Alexandre et les Séleucides (AIPh 3, 1935, 41-89) - F.Cornelius, B. u. die altorient. Chronologie (Klio 35, 1942, 1-16) - EC II, 1459.

W.v.Soden

Berquin, *Louis de,* * 1490, verbrannt 1529; christlicher Humanist und Reformer in Frankreich, übersetzt das Enchiridion des Erasmus, Schützling der Margarete von Valois, Rat Franz' I., auch Übersetzer von Luthers De votis monasticis. 1523 und 1526 wurde er als Ketzer festgenommen, durch Einspruch des Königs aber zunächst wieder befreit; der Wechsel der politischen Lage entschied sein Schicksal.

RE II, 643 - R.Rolland, Mélanges Arch. Hist. 12, 1892, 314ff - J.Viénot, Histoire de la réforme française I, 1926 - G.Münzer, Franz I. u. d. Anfänge der franz. Reformation (Diss.), 1935.

R.Nürnberger

Bersier, *Eugène* (1831-89), * in Morges (Waadt) als Sohn einer nach der Aufhebung des Edikts von Nantes geflüchteten Hugenottenfamilie. Schon mit 14 Jahren entschlossen, sich sein Studium selber zu verdienen, geht er 1848 für zwei Jahre nach Amerika: Die Begegnung mit einem gläubigen alten Arbeiter und die Lektüre der Rede → Vinets über Die Freude entsprechen seiner »Bekehrung« und machen ihm seine Berufung zum Pfarrer, die sich schon früher gezeigt hatte, endgültig klar. Es folgen theologische Studien an der Faculté de l'Oratoire in Genf. Nach einem Studienaufenthalt in Deutschland (Halle und Göttingen) beginnt er 1855 in Paris (Faubg. St.Antoine) Volksmission zu treiben. 1860 wird er Hilfsprediger bei Edm. de → Pressensé an der Chapelle Taitbout. Nach dem Krieg von 1870/71 läßt er sich im Stadtviertel Ternes nieder und gründet die Eglise de l'Etoile (1874); damit trennt er sich zugleich von den sog. »Freikirchen« und schließt sich endgültig an die Ref. Kirche an. – B.s Wirksamkeit entfaltete sich vor allem auf vier Gebieten: 1. Sein Bemühen um die Volksmission (speziell nach Art der Mac-All-Mission), verbunden mit einem lebendigen Interesse an den Fragen der sozialen Gerechtigkeit und der Gewissensfreiheit, macht B. zu einem Vorläufer der »christlich-sozialen« Bewegung. 2. Eine Sammlung von Reden und Vorträgen mit dem Titel: Quelques pages de l'histoire des Huguenots (Paris 1890) zeigt B. als trefflichen Historiker. 3. B.s Name bleibt vor allem verbunden mit einer liturgischen Reform, deren man zu seiner Zeit so dringend bedurfte. Seine »Liturgie à l'usage des Eglises réformées« (Paris 1874) fand bei der Etoile-Gemeinde großen Anklang, und seine Gedanken, wenn auch nicht alle seine Formeln, spielen in Frankreich noch heute eine bedeutende Rolle. 4. Endlich war B. auch ein wahrhaft großer Prediger. Im Gegensatz zur Einseitigkeit der »Erweckungspredigt« ist er (darin deutlich Schüler Vinets) zugleich Apologet und Moralist. Ton und Stil, oft von einer gewissen Großartigkeit, bleiben stets in engem Kontakt mit der Wirklichkeit des Christenlebens.

Außer den genannten Werken und seiner fortlaufenden Mitarbeit an der Revue Chrétienne und verschiedenen Zeitschriften hinterließ B. zahlreiche kleinere Arbeiten (Reden, Vorträge) und 7 Bde Predigten (1864-84). - Über B.: L.Hubac, E.B., Genf 1906 - Marie Bersier, Recueil de souvenirs de la vie d'E.B., Paris 1912 - E.B. (Cahiers de Foi et Vie), Paris o.J. (1931). *R.Voeltzel*

Berthold, 1. *von Moosburg* (Mosburch, † nach 1361), OP, wirkte meist als Lektor am Ordensstudium in Köln. Sein einziges erhaltenes (ungedrucktes) Werk, eine Expositio (Kommentar) in Elementationem theologicam Procli, noch von → Nikolaus von Kues benützt, erklärt → Proklos im Sinne der neuplatonischen Dominikanerschule (→ Albert d.Gr., → Ulrich von Straßburg, → Dietrich von Freiberg). Der Neuplatonismus, dessen pantheistische Tendenzen nicht übernommen werden, wird nach B. der Transzendenz Gottes besser gerecht als Aristoteles.

W.Rubczyński, Studja neoplatońskie (Przegląd Filosoficzny 4, 1900, 41-69; vgl. AGPh 18, 1904f, 566-571) - Ü II, 560. 778f - LThK II, 228f - M.Grabmann, Mittelalterl. Geistesleben II, 1936, 312. 366. 390. 421f - VerfLex V, 1955, 89ff - NDB II, 164.

2. *von Regensburg* (* Anfang 13.Jh., † 1272 in R.), OFM, bedeutendster deutscher Volksprediger des MA, wirkte in Augsburg und R., durchzog dann (oft von → David von Augsburg begleitet) Süd- und Westdeutschland, die Schweiz, Schlesien, seit 1260 auch Österreich, Böhmen, Mähren, Ungarn, wurde 1263 zum Kreuzzugsprediger ernannt. Die erhaltenen »lateinischen« und »deutschen Predigten« (dh Nachschriften und Bearbeitungen, lat. auch von B. selber redigierte) sind in ver-

schiedenster Weise vom ursprünglichen deutschen Wortlaut B.s entfernt. Die deutschen Texte gehen meist auf lat. Fassungen zurück (Ende des 13.Jh. zurückübersetzt und für private Erbauung bearbeitet).

F.PFEIFFER u. J.STROBL, B.v.R., vollst. Ausg. seiner dt. Predigten, 2 Bde, 1862/80. - Zu den lat. Predigtsammlungen s. bes. A.SCHÖNBACH, Stud. zur Gesch. der altdeutschen Predigt II-VIII (SAW 142, 7, 1900; 147, 5, 1904; 151, 2, 1905; 152, 7 u. 153, 4, 1906; 154, 1 u. 155, 5, 1907). - K.RIEDER, Das Leben B.s v.R. (Diss.), 1901 (Lit.) - RE II, 649ff; XXIII, 191 - HAUCK V, 346ff - JewEnc III, 107f - E.W.KEIL, Deutsche Sitte u. Sittlichkeit im 13.Jh. nach den damaligen Predigern, 1931 - VerfLex I, 1933, 213ff; V, 1955, 91 - DHGE VIII, 980ff - DSp I, 1532ff - R.J.IANNUCCI, The Treatment of the Capital Sins in the German Sermons of B. of R., 1942 - Catholicisme I, 1501f - NDB II, 164f. *M.A.Schmidt*

Bertholet, *Alfred* (1868-1951), * in Basel, 1892-94 Pfarrer der deutsch-holländischen Gemeinde in Livorno, Prof. für AT in Basel, Tübingen, Göttingen, Berlin (bis 1939), hielt nach 1945 in Basel Vorlesungen über religionsgeschichtliche Themen. Vom AT und Judentum ausgehend, dehnte B. seine Arbeiten auf das gesamte Gebiet der Religionsgeschichte aus, wobei er letztlich um eine Phänomenologie der Religion bemüht war. → Religionsgeschichtliche Schule.

Bibliogr.: Festschr. für A.B., 1950, 564ff; daraus hervorzuheben: zum AT: Die Stellung der Israeliten u. der Juden zu den Fremden, 1896; Apokryphen u. Pseudepigraphen (Anhang zu K.BUDDE, Gesch. der althebr. Lit., [1906] 1909²); Bibl. Theologie, hg.v. B. STADE, Bd 2: Die jüd. Religion von der Zeit Esras bis zum Zeitalter Christi, 1911; Kulturgesch. Israels, 1919; Kommentare, bes. zu Ez (1897 im KHC, 1936 im HAT); zur Religionsgeschichte: Buddhismus u. Christentum (SgV 28), (1902) 1909²; Dynamismus u. Personalismus in der Seelenauffassung (SgV 142), 1930; Götterspaltung u. Göttervereinigung (SgV 164), 1933; Das Geschlecht der Gottheit (SgV 173), 1934; Die Macht der Schrift in Glauben u. Aberglauben (AAB 1948, 1); außerdem: Wörterbuch der Religionen, 1952 (in Verb. mit H.v.CAMPENHAUSEN); posthum: Grundformen der Erscheinungswelt der Gottesverehrung (SgV 205/206), 1953. - B. war Hg. bzw. Mit-Hg. v. HSAT⁴; RGL¹·²; CHANT⁴; RGG². - Über B.: W.BAUMGARTNER, Schweiz. Theol. Umschau 21, 1951, 121ff - L.ROST, ThLZ 77, 1952, 114ff - NDB II, 168. *E.Kutsch*

Bertram, *Adolf* (1859-1945), * in Hildesheim, 1881 Priester, 1906 Bischof von Hildesheim, 1914 Fürstbischof von Breslau, 1916 Kardinal, 1930 Erzbischof des neuen Erzbistums → Breslau und Metropolit der neuen Ostdeutschen Kirchenprovinz. B. war langjähriger Vorsitzender der Fuldaer Bischofskonferenzen. Sein Konflikt mit J. → Wittig (1922/26) beunruhigte den schlesischen Katholizismus tief. B. wehrte sich gegen die Nichtbeachtung des Reichskonkordats durch die nationalsozialistische Staatsführung und setzte sich für die Geisteskranken, die Häftlinge in den Konzentrationslagern, Juden und fremdländischen Priester ein.

Vf. u.a.: Gesch. des Bistums Hildesheim, 3 Bde, 1899-1925; Kirche u. Volksleben, 1914; Im Geiste u. Dienste der kath. Aktion, 1929; Charismen priesterlicher Gesinnung, 1933. - Über B.: K.ENGELBERT, A. Kard. B., Fürsterzbischof von Breslau (1914-45) (Archiv f. schles. KG 7, 1949, 7-37) - J.KAPS, Erinnerungen an A. Kard. B., o.J. - R.JOKIEL, Das Bistum Breslau fünf Jahrzehnte Vorort der kath. Kirche in Deutschland (950 Jahre Bistum Breslau, hg.v. E.BRZOSKA. 1951, 90-105). *W.Sucker*

Beruf

I. Soziologisch - II. B.sleben, religionsgeschichtlich - III. Christentum und B. - IV. B.sgedanke in den jungen Kirchen. - Vgl. → Arbeit

I. Soziologisch

1. Das Wort B. ist in der heutigen gesellschaftlichen Situation mehrdeutig. In seiner allgemeinsten Bedeutung dienen Wort und Begriff zur Umschreibung der formalen, inhaltlichen und potentiellen Eigenart menschlicher → Arbeit, die im Rahmen arbeitsteilig organisierter sozialer Beziehungen geleistet wird und der Hervorbringung materieller und geistiger Werte dient.

Im Sinne der Wirtschaftsstatistik und (»B.s-«)Systematik kann B. eine der ca 20-40 000 Erwerbschancen (»Job«) bedeuten, welche der Arbeitsmarkt im Zeitalter der Industrialisierung bietet. »B. soll jene Spezifizierung, Spezialisierung und Kombination von Leistungen einer Person heißen, welche für sie die Grundlage einer kontinuierlichen Versorgung oder Erwerbschance ist« (Max Weber). So verstanden, umfaßt B. alle Tätigkeiten (auch die sog. Stammes- und Familien-»B.e« der Natur- und Urvölker) innerhalb der verschiedenen Kulturen und Epochen, die vom hochqualifizierten, subjektiv als einmalig empfundenen »Lebens-B.« bis zur einfachsten und einförmigsten Verrichtung reichen, die ohne besondere fachliche Qualifikation ergriffen und ohne das Erlebnis der Selbstentfremdung wieder aufgegeben werden kann.

B. kann aber in einer eigentümlichen Bedeutung auch als → »Berufung« (vocatio), als potentiell ethisch oder religiös aufgegebene individuelle Verpflichtung gegenüber einer Gemeinschaft aufgefaßt werden, eine ganz bestimmte soziale Funktion auszuüben. Dieser individuelle und vokative Charakter kommt auch in der säkularisierten Form des B.sbegriffes zur Geltung, wenn es zB bei Simmel vom B. heißt, daß er »von dem Individuum auf Grund eines inneren Rufes, einer als ganz persönlich empfundenen Qualifikation« gesucht und verwirklicht werde.

Den verschiedenen Aspekten des B.sbegriffes und seine zahlreichen Übergangsformen sucht für die heutige gesellschaftliche Situation die folgende Definition gerecht zu werden: »B. soll ... heißen eine freie, möglichst kontinuierlich ausgeübte, vorwiegend auf Eignung und Neigung gegründete, erlernte und spezialisierte sowie entgeltliche Dienstleistung, die als Funktion einer arbeitsteilig organisierten Wirtschaft der Befriedigung materieller oder geistiger Bedürfnisse dient« (Scharmann).

2. Diese eigenartige Form der Arbeitsbesonderung findet sich ursprünglich weder im europäischen Bereich noch in anderen Kultur- und Gesellschaftssystemen. Der *Antike* fehlen trotz weitgehender technischer Arbeitsteilung und trotz vielversprechender Ansätze auf dem Gebiete der → Rationalisierung des Produktionsprozesses wesentliche Voraussetzungen für die Ausbildung des B.s und einer B.sideologie. Es sind dies insbesondere das Fehlen einer positiven Arbeitsgesinnung bei der Oberschicht und einer personalistisch-transzendental fundierten Soziallehre, vor allem aber der rechtlich unfreie und ökonomisch unzulängliche Status der arbeitenden Bevölkerung, die durchweg minderprivilegiert ist, nicht zuletzt gerade deshalb, weil sie arbeitet.

Auch das *frühe Christentum,* das sich in ökonomischer und politischer Beziehung weitgehend diesen Verhältnissen anpaßt, bietet noch keine originären Ansatzpunkte für die unmittelbare Entstehung einer spezifischen beruflich orientierten Arbeitsnorm. Die in der paulinischen Arbeitsethik hervortretende positive Arbeitsgesinnung gewinnt ihre eigentliche Bedeutung für die Entwicklung des abendländischen B.sgedankens erst in der Reformationszeit (→ Beruf: III, 2. 3).

Die spezifischen Formen der *mittelalterlichen* Arbeitsbesonderung werden geprägt durch die ständisch-universalistische Leistungsordnung einer streng hierarchisch gestuften Feudalgesellschaft, deren ökonomische Grundlagen im wesentlichen eine nur mäßig differenzierte ländliche Hof- und Hauswirtschaft bilden. Die verschiedenen Formen der »arebeit« (noch ganz allgemein für jede Art geistiger oder körperlicher Anstrengung gebraucht) sind als »ambet« (officium) jeweils eine Teilfunktion der Standesordnung (→ Stand, → Zunft), die, Ausdruck der göttlichen Weltordnung, jedem mit seinem angeborenen »orden« (ordo) zugleich die eigentümlichen Pflichten und Verrichtungen seines »dienstes« für die Gemeinschaft vorschreibt. Für die wirtschaftsindifferente weltliche Oberschicht ist jede Form von Erwerbsarbeit gesellschaftlich deklassierend; sie ist den niederen Ständen auferlegt. Auch für die Kirche stellt die Erwerbsarbeit wie jede Form der vita activa nur insofern einen sozialen und ethischen Wert dar, als sie die unerläßliche Voraussetzung standesgemäßer Lebensführung ist.

Eine allmähliche Änderung erfährt die Arbeitsgesinnung der mittelalterlichen Gesellschaft im Zuge der ökonomischen und politischen Durchsetzung der in Zünften und Gilden organisierten Handwerker- und Ackerbürgerschaft beim Übergang von der undifferenzierten Naturalwirtschaft zur arbeitsteiligen Stadtwirtschaft des 12. und 13.Jh.s (→ Handwerk, → Stadt, → Zunft). Diese Organisationen, aus der Verschmelzung genossenschaftlicher Tendenzen mit den neuen, auf Spezialisierung beruhenden Produktionsweisen hervorgehend, sind nicht nur politische und administrative Herrschaftsverbände, sondern auch Träger einer immer selbstbewußteren Standes- und Werkgesinnung. Der neue, werdende Stand bildet eine eigene zünftig-berufsständische Form des Arbeitsverhältnisses heraus, die sich zwar formal an die Graduierung der Herrenschicht anlehnt (Meister, Geselle, Lehrling), der Sache nach aber zwischen den alten lehensrechtlichen und den öffentlichen Ämtern der Stadt steht. Unterstützt wird diese Entwicklung, welche die »Befreiung der Arbeit von der Hörigkeit« (v.Gierke) einleitet, einmal durch die karitativ-monastischen Bewegungen, zum anderen durch die organizistisch-naturrechtlich orientierte Soziallehre der Scholastik (Thomas von Aquino), die, selbst Ausdruck kirchlicher Anpassung an die veränderte Sozialstruktur, die Erwerbsarbeit als Ausfluß der »sollicitudo« insoweit positiv wertet, als sie die ökonomische Grundlage für die Verwirklichung der → evangelischen Räte bildet.

Der Durchbruch zu einem individualistischen Leistungs- und Arbeitsethos im Sinne des modernen B.sgedankens erfolgt im Zeitalter der *Renaissance* und der *Reformation* auf Grund der ständig zunehmenden Differenzierung der arbeitsteiligen Organisation von Produktion, Verteilung und Verwaltung in den werdenden Nationalstaaten und ihren internationalen (Handels-) Beziehungen. Diese moderne Form der beruflichen Arbeitsbesonderung ist das Ergebnis des Zusammentreffens der positiven Arbeitsgesinnung des dritten Standes, der individualistischen Leistungs- und Aufstiegsideologie und der dynamisch-kapitalistischen Wettbewerbsordnung mit bestimmten religiösen Tendenzen und zünftigen Traditionen. Der B.sgedanke erfährt, durch die Mystik präformiert, im Zeitalter des Humanismus und der Reformation, insbesondere durch Luther und Calvin, aber auch von seiten der kath. → Utopisten (Morus, Campanella), eine religiös-metaphysische Sanktionierung. Ein weiterer wesentlicher Faktor für die Bildung des B.s sind die durch die Gesinnung der Werkverbundenheit, der Pietät und der → Solidarität vertiefte Ausbildungs- und B.sordnung des zünftigen → Handwerks und der → Freien Berufe.

Diese Auffassung vom B. findet ihre weitestgehende Verwirklichung in der bürgerlich-liberalen Gesellschaft des 19.Jh.s (→ Bürgertum: I, → Liberalismus), nachdem die Forderungen der Gewerbefreiheit und der Freiheit der B.swahl in den Revolutionen der voraufgehenden Epochen durchgesetzt worden waren und durch die rasch voranschreitende Industrialisierung zahlreiche B.s-chancen ständig neu erschlossen werden. Die Freiheit der B.swahl rechnet zu den demokratischen Grundrechten der bürgerlichen Gesellschaft; dies hindert freilich nicht, daß ein nicht unbeträchtlicher Teil der minderprivilegierten → Klassen aus ökonomischen und sozialen Gründen von diesem Recht keinen praktischen Gebrauch machen kann, was die gesellschaftliche Kluft zwischen den »Gelernten« und den »Ungelernten« zunächst vertieft. Im übrigen aber wird die Frage der individuellen B.sfindung, deren möglichst zweckmäßige Beantwortung die Voraussetzung eines wirtschaftlich und gesellschaftlich erfolgreichen, zugleich subjektiv sinnerfüllten Arbeitslebens ist, nicht nur zu einem sozialökonomischen Zentralthema der bürgerlichen Gesellschaft, sondern auch zu einem der wichtigsten entwicklungspsychologischen und pädagogischen Probleme ihrer Sozialphilosophie (Rousseau, Kant, Herder, Fichte, Carlyle, Spencer u.a.) und ihrer Literatur (Goethe, Balzac, Dickens u.a.). Angesichts der für den einzelnen zwar immer zahlreicheren, aber auch immer unübersichtlicheren B.s-chancen und -qualifikationen, zugleich aber aus dem Bedürfnis der modernen Volkswirtschaft nach einer möglichst rationellen Nutzung des vorhandenen Arbeitspotentials, sowie schließlich als vorbeugende Maßnahme gegen → Arbeitslosigkeit, kommt es zunächst in den europäischen Industriestaaten, später auch andernorts durch die Schaffung der (öffentlichen) Einrichtungen der Berufsberatung, mit der vielfach die Lehr- und Arbeitsstellenvermittlung für Jugendliche verbunden ist, zu einer Institutionalisierung der B.swahl.

3. In eben diesem Zeitpunkt geraten die berufliche Arbeitsordnung und die traditionelle B.sideologie durch die zunehmende Mechanisierung, Zerlegung und Einförmigkeit der Arbeit, durch die Normierung des Arbeitstempos und die Anonymität der betrieblichen Arbeitssituation in einen krisenhaften Gegensatz zur Arbeitswirklichkeit der industriellen Gesellschaft (Spranger, Friedmann, Gehlen, Ziegenfuß, Schelsky u.a.). Die gegenwärtige berufliche Situation ist einerseits durch die oben angeführten Desintegrationserscheinungen und Funktionswandlungen, andererseits durch das Fort- und Nachwirken starker berufsständischer Traditionen und Leitbilder gekennzeichnet. → Arbeitsethos, → Industrie, → Rationalisierung.

M.Weber, Die prot. Ethik u. der Geist des Kapitalismus (Ges. Aufs. z. Rel.Soz. I, [1920] 1947³, 17-206) - A.Salz, Zur Gesch. der B.sidee (Arch. Soz.Wiss. 37, 1913, 380-423) - K.Dunkmann, Die Lehre vom B., 1922 - K.Holl, Die Gesch. des Wortes B. (SAB 19, 24, 29-57 = Holl III, 189-219) - N.Paulus, Zur Gesch. der Wortes B. (HJ 45, 1925, 308-316) - R.L.Mehmke, Arbeitsgesinnung im Wandel der Zeiten (Dt. Psychologie 5, 1930) - A.Geck, Die sozialen Arbeitsverhältnisse im Wandel der Zeiten, 1931 - HWS 25 ff - R. Thurnwald, Die menschl. Gesellschaft in ihren ethnosoziolog. Grundlagen III, 1932 - K.Vontobel, Das Arbeitsethos des dt. Protestantismus von der nachreformatorischen Zeit bis zur Aufklärung, Bern 1946 - Th.Litt, B.sbildung u. Allgemeinbildung, 1947 - W. Schiffel, B.sberatung 1948 - A.Gehlen, Sozialpsycholog. Probleme in der industriellen Gesellschaft, 1949 - J.Johannesson, Umrisse einer B.santhropologie (SchmJb 69, 1949, 661-693) - E.Spranger, Umbildungen im B.sleben u. in der B.serziehung (Berufserziehung 3, 1951, 119-127) - W.Stets u.a., Ausbildung im B.sleben u. in der B.serziehung (Arch. f. Berufsbildung 3, 1951, 82-87) - G.Friedmann, Der Mensch in der mechanisierten Produktion, 1952 - H.Schelsky (Hg.), Arbeitslosigkeit u. B.snot der Jugend, 1952 - Ders. (Hg.), Arbeiterjugend - gestern u. heute, 1955 - W.Ziegenfuss, Der Mensch als Gesellschaftswesen u. der Betrieb, 1953 - F.Steinbach, Der geschichtl. Weg des wirtschaftenden Menschen in die soziale Freiheit u. polit. Verantwortung, 1954 - Th.Scharmann, Arbeit u. B., 1956.

Th.Scharmann

II. Berufsleben, religionsgeschichtlich

1. Der Einfluß des B.es auf die Religion ist darin zu sehen, daß die Urformen menschlicher Tätigkeit be-

stimmte Strukturtypen der Religion hervorgerufen haben. Das Nomadenleben (→ Nomaden) mit seinen überall ähnlichen Tendenzen ließ *Nomadenreligion* als religiösen Typus entstehen, der vornehmlich dadurch charakterisiert ist, daß er an den soziologisch hier allein wichtigen Gegebenheiten von Familie und Sippe orientiert ist. Die → Keniter und in bestimmter Modifikation auch die israelitischen Stämme vor der Seßhaftwerdung bieten das Beispiel einer Nomadenreligion mit blutigen Opfern und einem in den unheimlichen und unberechenbaren Erfahrungen des Wüstenlebens erwachenden Gotteserlebnis. Von analoger Art sind die vormohammedanische und die vorzarathustrische Religion. Der *Adel* gestaltet ebenfalls seinem Lebensstil entsprechend seine Religion; so ist zB die Götterwelt → Homers eine Adelswelt. Der Krieger-B. schuf eine in ihrer Grundstruktur allenthalben ähnliche *Kriegerreligion*. So wurde zB → Mithras Gott der römischen Offiziere und Soldaten. Auch eine Religion des *Kaufmanns* kann man in der Religionsgeschichte feststellen. Hier geht es wesentlich um die religiös-ethische Grundlage für kommerzielle Ethik. Jainismus und Parsismus (→ Iran: III), aber auch das nachexilische → Judentum (: I) sind Beispiele für eine fruchtbare Verbindung von Handel und Religion. Einen ausgeprägten Stil hat auch die Religion der *Bauern*, die stets der → Erde nahe verbunden ist und die, da der Bauer in besonderem Maße von den Naturmächten abhängig ist, stets zur → Magie nahe Beziehungen hat und selbst wesentlich Kultus ist (→ Ackerbau: I). Endlich kann man von einer *bürgerlichen* Religion sprechen, wie sie zB in Griechenland zur Zeit Solons lebte. Sie pflegt allenthalben dieselben Bürgertugenden der patriarchalischen Unterordnung und Bescheidung im Lebensgenuß und in den Lebensmöglichkeiten.

2. Die Frage nach der Bedeutung der Religion für die mit wachsender Differenzierung der beruflichen Funktionen in einem Kulturvolke sich bildende *Gesellschaftsordnung* ist dahin zu beantworten, daß hier drei Möglichkeiten bestehen: entweder macht zumal eine neue und universale Religion, wie das eschatologisch bestimmte Urchristentum, die bestehende Gesellschaftsordnung fragwürdig, oder die Religion begründet, wie zB im Hinduismus, eine eigene Gesellschaftsordnung (→ Kaste). Die dritte Möglichkeit ist die des Kompromisses zwischen beiden Extremen, wofür das mittelalterliche Christentum mit der Bewahrung der natürlichen Gesellschaftsordnung als Grundlage für die Gnadenwelt der Kirche ein anschauliches Beispiel ist.

3. Endlich ist nach dem Verhältnis der Religion zur B.sausübung zu fragen. In den Volksreligionen ist die Stellung zum B. nicht ohne weiteres positiv. Der griechische »banausos« ist jemand, der von seiner Hände Arbeit lebt und darum gering geachtet wird gegenüber dem, der ein freies und arbeitsloses Herrendasein führt. Ein weiterer Gesichtspunkt der Bewertung der einzelnen B.e ist in magischen Anschauungen begründet: so wurde zB der B. des Schlächters vielfach verachtet, weil in Mensch und Tier dieselbe numinose Macht des → Blutes wohnt, durch dessen Vergießung sich der Schlächter verunreinigt. Auch im Buddhismus schließen blutvergießende B.e vom Eintritt in den Orden aus. Aber auch die B.sausübung selbst ist im Bereich der Volksreligionen weithin von magischen Anschauungen und Praktiken bestimmt. Die Universalreligionen nehmen je nach ihrer Grundstruktur - dh je nachdem, ob es sich um ausgesprochene Kult- und Priesterreligionen handelt oder um rein prophetische Religionen - eine zwiefache Einstellung zum B. ein. Die Kult- und Priesterreligionen vertreten stets eine Höchstwertung der sakralen Tätigkeiten und der ihnen zugehörigen B.e. Sie entwerten daher die weltlichen B.e. Das ist der Fall zB im Hinduismus, wie die mit den Brahmanen als oberster Kaste beginnende Rangordnung des Kastensystems zeigt, aber auch im mittelalterlichen Katholizismus. In den prophetischen Religionen begegnen wir dagegen allenthalben einer entschiedenen Abwehr des priesterlichen Primatsanspruches und einer Gleichwertung aller, der weltlichen und der geistlichen B.e. Das Motiv liegt in der Verlagerung des Kerns der Religion von den äußeren Bezirken und Funktionen ins Innere des gläubigen Herzens, so daß alle Tätigkeit jedes B.s als Gottesdienst geheiligt wird, wie es im Protestantismus, aber auch im Amida-Buddhismus (→ Amida: I) der Fall ist. - Vgl. → Religionssoziologie.

E. Troeltsch, Ges. Schriften I, 1912; IV, 1925 - M. Weber, Ges. Aufsätze zur Religionssoziologie I, (1920) 1947[4]; III, (1920) 1923[2] - E. O. James, The social function of religion, 1940 - A. T. Geoghegon. The attitude towards labor in early Christianity and ancient culture, 1945 - G. Mensching, Soziologie der Religion, 1947 - J. Wach, Rel.-soz., 1951 - RAC II, 141ff - G. Dumézil, Aspects de la fonction guerrière chez les Indo-Européens, 1956. *G. Mensching*

III. Christentum und Beruf

1. Der Eintritt des Christentums in die Welt mit ihrer B.sordnung - 2. Das kath. Mittelalter und die irdischen B.e - 3. Das reformatorische B.sethos und seine Geschichte in der ev. Kirche - 4. Der B.sgedanke im nachreformatorischen kath. Denken - 5. Der Christ und sein B.

1. Mit dem Augenblick, in dem das Christentum in die Welt trat, war ihm das B.sproblem gestellt. Jesus wie seine unmittelbaren Jünger kamen aus einem irdischen B. Mag strittig sein, ob Mk 6, 3 par der Sohn des Zimmermanns oder der Zimmermann als Bezeichnung Jesu ursprünglich ist - die Jünger Jesu waren größtenteils Fischer; einer war ein Zöllner, andere mögen anderer beruflicher Herkunft gewesen sein. Verfemt war in der Welt des Judentums die irdische B.stätigkeit nicht; wer als Rabbi auftreten wollte, mußte einen Handwerks-B. erlernt haben.

Freilich hören wir nichts davon, daß Jesus und die Seinen nach der Konstituierung des Jüngerkreises noch berufstätig gewesen seien (Joh 21 ist aus der Katastrophenstimmung des Karfreitags zu erklären). Im Gegenteil: Ihr Wirken steht ganz im Zeichen ihrer »Berufung« (κλῆσις) zur Verkündigung des Himmelreiches. Erwerb des Lebensnotwendigen bei der Missionsarbeit durch B.sausübung kommt nicht in Frage (Mt 10 par). Unter der Erwartung des nahen Endes ist ein B.seifer oder B.sethos nicht gut denkbar. Die Berufung zu Gottes Reich und Herrlichkeit (vgl. 1Thess 2, 12) machte gleichgültig gegen alle B.spflichten.

Keineswegs hat die ganze Christenheit der apostolischen Zeit auf irdische B.sarbeit verzichtet. Paulus ging um seiner apostolischen Freiheit willen seinem B. als Lederarbeiter nach (1Kor 9, 14ff); B.skollegen gehörten zu seinem Mitarbeiterkreis (Apg 18, 3); freilich empfand er das Nebeneinander von apostolischer Berufung und irdischem B. als eine besondere Last und Not, die er zu tragen hatte (1Kor 4, 9ff.; 2Thess 3, 8). Von den Gliedern seiner Gemeinden forderte er gerade zu einer Zeit, da er das Ende als sehr nahe ansah, fleißige Arbeit im irdischen B. (2Thess 3, 6ff).

Ob bei Paulus wenigstens ansatzweise auf das B.sproblem *grundsätzlich* und *theologisch* reflektiert ist, ist fraglich. Die Antwort auf die Frage ist abhängig von der Auslegung von 1Kor 7, 20: Ein jeder bleibe in dem B. (κλῆσις), in dem er berufen ist. Es ist hier doch wohl an das gedacht, was wir »Stand« nennen (Sklave bzw. Freier) und nicht an die Arbeit in einem bestimmten B. Von einem Ja zum irdischen B.sleben im Sinne eines freudigen Dienstes in Gottes Auftrag am gottgewiesenen

Platze (→ Arbeit: III) dürfte an der Stelle schon deshalb nicht die Rede sein, weil die Enderwartung des Apostels alle seine Anweisungen in 1Kor mitbestimmt.

Je größer der Abstand von der eschatologisch-enthusiastischen Periode wurde, um so selbstverständlicher wurde es, daß der Christ einen weltlichen B. ausübte. Auch für den Kleriker galt das, in vorkonstantinischer Zeit bis zum Bischof. Bestimmend dafür war ganz gewiß nicht nur die elementare Notwendigkeit, durch Arbeit das Leben zu fristen. Auch ethische Motive ließen sich geltend machen wie der biblische Grundsatz von 1Thess 3, 10 oder die Versuchlichkeit der Untätigkeit (οὐκ ἀτάκτως περιπατεῖν 2Thess 3, 6). Ein Problem beschäftigte die Christen der altkirchlichen Zeit sehr, nämlich das der B.e, die mit der christlichen Berufung nicht zusammenstimmen: Schauspieler oder Gladiator kann der Christ nicht sein. Das schwierigste Problem war das des Soldaten-B.es, nicht wegen des Tötens, sondern wegen der heidnischen Embleme, denen der Soldat nachzufolgen hatte. Durfte ein Christ im Staate der römischen Kaiser, die sich als »Dei ac Domini nostri« verehren ließen, eine Beamtenstelle bekleiden? Die christlichen Grundsätze konnten härter oder milder formuliert werden; die Praxis bei den berufstätigen Christen ist sicherlich laxer als alle Grundsätze gewesen. Von einer Mißachtung oder Abwertung des irdischen B.slebens wird man für die altkirchliche Zeit schon deshalb nicht sprechen können, weil viele Christen Sklaven und mit ihrer zwangsläufig gegebenen B.sarbeit gleichgeachtete Gemeindeglieder waren. Aber ein eigentliches B.sethos oder gar eine Theologie der B.sarbeit dürfte die Alte Kirche nicht gekannt haben.

2. Heftig und mit großer Leidenschaft ist lange darüber gestritten worden, ob das kath. Mittelalter den weltlichen B.en die ihnen gebührende Würde und Ehre versagt und entzogen (K.Holl) oder ob es sie ihnen gewährt habe (H.Pesch, Nik.Paulus). Holl ist mit Recht davon ausgegangen, daß durch das → Mönchtum (: II) eine weltgeschichtlich bedeutsame Umprägung des urchristlichen Berufungsgedankens (→ Berufung: III) vorgenommen worden ist. Nach dem NT (vgl. Röm 1, 7 u.a.) sind alle Getauften die Geliebten, Berufenen und Heiligen. Das in der Zeit der Entstehung des Massenkirchentums entstandene Mönchtum beschlagnahmte κλῆσις und vocatio für sich: Der zum Erwerb der christlichen Vollkommenheit auf dem Wege der → evangelischen Räte Berufene hat die wahre Berufung. Damit aber war die allen Christen zugesprochene κλῆσις von 1Petr 2, 9 zum Privileg eines Standes in der mittelalterlichen Gesellschaft gemacht, und es war damit ohne weiteres eine Deklassierung aller anderen Stände (bei Sonderstellung des doch irgendwie am mönchischen Ideal orientierten Priestertums) und eine Abwertung der weltlichen B.e erfolgt. Man wird gegenüber der zugespitzten Darstellung Holls einiges zu beachten haben. Es steht für das ganze Mittelalter fest, daß auch über die Erfüllung der einfachen praecepta Gottes (im irdischen B.sleben) christliche Vollkommenheit erworben werden kann, wenn schon schwerer und dornenreicher als über die Befolgung der consilia evangelica. Weiter: Die Hochscholastiker und insbesondere → Thomas von Aquino entwerfen ein Bild der gesamten Gesellschaftsordnung, in dem auch die weltlichen officia ihren Platz bekommen. → Berthold von Regensburg hat den Gedanken der Chöre; in der Rangordnung stehen die weltlichen Ordnungen unten, und die niederen Chöre dienen den höheren. Daß der ethische Begriff des B.es längst vor Luther (und vor der Deutschen Mystik) in seiner ganzen heutigen Ausdehnung bekannt und anerkannt war (Pesch), wird man auch dann nicht sagen dürfen, wenn man das Bemühen der Scholastiker um eine Würdigung der weltlichen B.e sehr hoch einschätzt.

Daß im Spätmittelalter die irdischen B.e beginnen sich durchzusetzen und Geltung zu verschaffen, dürfte ebenso allgemein anerkannt sein wie das andere, daß der reformatorische Gebrauch des *Wortes* B. sich speziell in der Deutschen → Mystik (: II) vorbereitete. → Tauler spricht vom »Ruf« und meint das irdische B.sleben oder den irdischen Stand. 1Kor 7, 20 beginnt sichtbar zu wirken. In der vorlutherischen deutschen Bibel kommt »ruffung« und »beruffung« vor. Luther (übrigens auch Zwingli) dürfte zunächst einen ihm geläufigen Sprachgebrauch übernommen haben und so dazu gekommen sein, vom (irdischen) B. des Christen zu reden, wofür der interessanteste Beleg nicht die Übersetzung von 1Kor 7, 20, sondern die von Sir 11, 21f ist (vgl. ferner WA 10, I, 306ff).

3. a) Luthers Bedeutung für den B.sgedanken besteht nicht darin, daß er das Wort geprägt und in allgemeinen Gebrauch gebracht habe (die erstere Behauptung dürfte widerlegt, die zweite allerdings zutreffend sein). Vielmehr hat er als Korrelat zu seiner Rechtfertigungslehre eine ganz eigenartige und in ihren wesentlichen Motiven wohl kaum vorbereitete Lehre vom B. entwickelt. Das schwerste, von der gegenwärtigen Lutherforschung noch nicht bewältigte Problem in Luthers Theologie ist dieses: Wie ist angesichts des sola gratia und des sola fide eine christliche Ethik, eine Heiligung des Lebens möglich, die nicht werkgerecht ist und die gesichert ist gegen jede Verfälschung durch Werkerei? Die Antwort auf diese Frage ist Luthers Lehre vom B. Nur auf dem Felde und auf dem konkreten Platz, auf den ihn Gott kraft seines weltlichen Regimentes gestellt hat, kann der Christ gute Werke tun. Die Werke sind gerechtfertigt durch das Gebot und der Christ durch den Glauben, in dem er sie tut. Bei Luthers zugespitzten Sätzen von der stubekehrenden Magd, dem verrußten Schmied, der windelwaschenden Hausfrau, die mit ihrem Werk einen Gottesdienst verrichten, wird man nicht daran denken dürfen, daß diese Werke auch von Heiden und Ungläubigen getan werden können (was natürlich richtig und von Luther auch gelegentlich ausgesprochen ist), und nicht daraus zu folgern haben, daß glaubensloser B.sfleiß von Luther als Gottesdienst angesprochen wird. Man wird bedenken müssen, daß Luther das B.sproblem als ein Problem der vita Christiana erörtert (so wenig es nur das ist; das B.sethos ist Ethos unter dem Gesetz, das nicht nur den Christen gilt). Wenn Luther manchmal betont, daß auch Heiden diese B.swerke tun, ist ihm wichtig, daß die Werke deshalb um so weniger »gleißen«, daß sich mit ihnen nicht der Ruhm eines besonders vorzüglichen Christenlebens erwerben läßt, also bei ihnen die Verdienstmöglichkeit abgeriegelt ist. Auch abgesehen davon spricht Luther viel von der Unscheinbarkeit der B.swerke. Sie sind das Feld, auf dem eine evangelische exinanitio möglich ist, ein Ethos nach dem 1. Gebot mit dem Verzicht auf alle superbia und praesumptio. Das bedeutet aber, daß Luthers B.slehre einen eigenartigen (natürlich nicht im mittelalterlichen Sinne) asketischen Zug hat. Mit dem modernen Preis der profanen Geschäftigkeit, der sich gern auf Luther beruft, hat sie kaum etwas zu tun.

b) Auch im reformierten Protestantismus ist eine B.slehre entstanden, aber mit ganz eigenständigen Zügen gegenüber der Luthers. Die ref. B.slehre ist nicht herausgewachsen aus der Lehre von der Rechtfertigung, sondern aus → Calvins Prädestinationslehre. Es geht um die Frage der Erwählungszeichen und der Prädestinationsvergewisserung. Die Erwählung drängt nach äußerer Bewährung und Bekundung, und zwar im B., im B.seifer und B.serfolg, in der entsagungsvollen Hingabe an die B.spflichten. Max Weber hat die geschichtlichen Zusammenhänge zwischen einem auf Calvin zurückgehenden B.sethos und der Entstehung des modernen kapitalistischen Geistes herausgestellt und mit seinem Schlagwort von der *innerweltlichen Askese* darauf hingewiesen, daß auch bei diesem B.sverständnis ein entscheidendes asketisches Motiv im Spiele ist.

c) Die täuferischen Christen der Reformationszeit und alle ihre Nachfahren mußten berufstätig sein. Aber im »dritten Zweig der Reformation« konnte es - um der Absage an die Welt willen, also auch von einem asketischen Motiv her - zu keiner positiven Wertung der irdischen B.e kommen. Die eigentliche Berufung ist die zum Glauben und zur Heiligung in spezifischen Frömmigkeitswerken. Der B. ist der Ort, da man das irdische Leben fristet; und in der Welt des → Pietismus zeigt sich hier und dort Neigung, gerade eben den B. zu wählen, der nichts bietet als die Möglichkeit der Befriedigung der notwendigen Bedürfnisse (Tersteegen).

d) Die reformatorische B.slehre sowohl lutherischer als auch calvinischer Prägung hat stark in die Neuzeit hineingewirkt. Auf der einen Seite hat sie mit einem Ethos des anspruchslosen, gehorsamen Dienstes in der gottgegebenen Ordnung deutschen Beamtengeist formen helfen; andererseits ist sie von bestimmendem Einfluß auf westeuropäische Wirtschaftsgesinnung geworden. Freilich wird man nicht ohne weiteres damit rechnen dürfen, daß die religiösen Motive und die theologische Einbettung immer deutlich geblieben wären und fortgewirkt hätten. In dem Augenblick, in dem das Hineingehören der lutherischen B.slehre in Luthers Verständnis der vita christiana und ihr Bezug auf die Rechtfertigungslehre vergessen war, mußte sie geradezu ein Gefälle auf eine → Eigengesetzlichkeit der Lebensgebiete bekommen in einem Sinne, der auf eine Ausklammerung der irdischen Lebensbezüge aus der Welt Gottes hinausläuft und den Christen in zwei Welten hineinstellt, die schlechterdings nichts mehr miteinander zu tun haben. Aber damit hat dann Luthers Lehre vom B. eine Entstellung erfahren, die Luthers theologischem Grundansatz zuwiderläuft. Luthers B.slehre ruht auf dem Grunde eines Bekenntnisses zur (wenn auch verdeckten) Einheit von Schöpfer und Erlöser (→ Regiment, geistliches und weltliches).

4. Die gewaltige Wirkung, die von Luthers Preis des irdischen B.es ausgegangen ist - als Feld, auf dem die Früchte des Glaubens, der nur von der Gnade lebt, wachsen sollen - wird am anschaulichsten an dem Versuch des nachreformatorischen, insbesondere aber des modernen Katholizismus, die ganze kath. Soziallehre als eine berufsständische Ordnung darzustellen und den Gedanken des B.s als einen spezifisch kath. Gedanken zu deklarieren. Naturrechtliche Erwägungen sind natürlich stark im Spiele. Der gerade von daher akuten Gefahr der Deklassifizierung der weltlichen B.e wird entgegengesetzt die thomistische Meinung, daß zwar grundsätzlich der jungfräuliche Stand höher als jeder weltliche, daß aber, auf den einzelnen gesehen, ein weltlicher B. das Bessere, ja das Gewiesene sein kann.

5. Das Gestelltsein des einzelnen in einen B. bedeutet sowohl Einbettung in die Gemeinschaft als auch Anerkennung seiner als Persönlichkeit. Im B. stehen heißt, zusammen mit vielen in ein großes Wirkgefüge, eine Arbeitsorganisation, ein Wirtschaftsganzes hineingestellt zu sein, und zwar so, daß die Ausübung einer bestimmten Funktion noch keine Auszeichnung bedeutet: viele, vielleicht zahllose üben dieselbe Funktion ganz in der gleichen Weise aus. Der einzelne verschwindet im Ganzen, es sei denn der ganz seltene Fall gegeben, daß ein bestimmter B. nur von sehr wenigen ausgeübt wird. Auf der anderen Seite ist der B. doch der dem einzelnen von der göttlichen Vorsehung angewiesene Platz, auf dem er sinnvoll seine Gaben entfalten kann und mit seiner Eigenprägung zu seinem Recht und seiner Erfüllung kommt. Der innere Zusammenhang von B. und → Berufung (: IV) läßt sich doch nicht verleugnen. Für Luther hat der Nachdruck auf dem schlichten, den einzelnen nicht auszeichnenden Ort in der Gemeinschaftsordnung gelegen; der in seinem B. stehende einzelne bekennt sich gläubig dazu, daß Gott ihn gerade dort haben will und sein Dasein erfüllt, auch wenn ihm das gar nicht einsichtig wird. In der Neuzeit, unter dem Einfluß von Idealismus und Romantik, dürfte das individuelle Moment im Berufsverständnis erheblich verstärkt worden sein. Und wenn Gott mir den mir gewiesenen Platz dadurch anweist, daß er meinem Bewußtsein deutlich macht, wo ich hingehöre, erscheint ohne Möglichkeit der freien Wahl des B.es ein echtes B.sethos gar nicht denkbar.

Dadurch wird verständlich, daß die ev. B.sethik durch den Prozeß der Industrialisierung mit Arbeitsteilung und Mechanisierung der Arbeitsvorgänge in eine schwere Krisis geraten mußte. Man wählt und erlernt vielleicht noch einen B., den man aber nicht ausüben kann, und verrichtet eine mechanische Arbeit am Fließband oder am Kohlenflöz (Bäcker, Hutmacher usw als Bergarbeiter). Mit den Verschiebungen, die sich an ihm vollzogen haben, wird Luthers B.sethos nunmehr unverständlich, und selbst, wenn man es in seiner Urgestalt nimmt, wird es schwer sein, sich zu der Fließbandverrichtung, die ein Leben lang getan wird, als dem gottgewiesenen Platz der Glaubensbewährung im rechten Werk zu bekennen.

Es wird angesichts des modernen »B.s«lebens trotzdem und gerade notwendig sein, die innersten Motive, insbesondere das Kreuzesmotiv in Luthers Lehre vom B. festzuhalten, ja wieder zu erwecken. Vielleicht ist das die einzige Möglichkeit, angesichts der Härte und Seelenlosigkeit der modernen B.swirklichkeit zu einem gegenwartsbezogenen B.sethos zu kommen. Aber es dürfte weder geraten sein noch sich biblisch begründen lassen, die von Luthers Kampf gegen die Mönchswerke her verständlichen und für seine Zeit bedeutsamen Sätze krampfhaft festzuhalten, die besagen, daß der Christ *ausschließlich* in seinem B. echte gute Werke tun kann. Das B.sproblem ist heute nicht das einzige Problem des christlichen Lebens, und die B.sarbeit ist nicht das einzige Feld, auf dem der Glaube in rechten guten Werken tätig werden kann. Die Frage der Freizeitgestaltung ist heute mindestens von gleicher Wichtigkeit. Insbesondere wird das Problem des apostolischen Dienstes dessen, der im B. steht, neu zu durchdenken sein, also das der »Berufung« im nt. Sinne; und es wird nötig sein, B. und Berufung neu zueinander in Beziehung zu setzen.

W.MAURENBRECHER, Thomas von Aquinos Stellung z. Wirtschaftsleben seiner Zeit, 1898 - M.WEBER, Die prot. Ethik u. d. Geist des Kapitalismus, 1904/05 (= Ges. Aufs. z. Religionssoz. I, [1920] 1947^{4}, 17-206) - H.PESCH, Chr.B.sidee u. kapitalist. Geist (StML 75, 1908, 523-531) - N.PAULUS, Die Wertung der weltl. B.e im MA (HJ 32, 1911, 725-755) - E.TROELTSCH, Die Soziallehren, (1912) 1923^{3} - K.HOLL, Die Gesch. des Wortes B. (SAB 1924, 29-57 = HOLL III, 189-219) - N.PAULUS, Zur Gesch. des Wortes B. (HJ 45, 1925, 308-316) - P.ALTHAUS, Grundriß d. Ethik, (1931) 1953^{2} - DERS., Iuxta vocationem (Luthertum 48, 1937, 129-141) - E.BRUNNER, Das Gebot u. d. Ordnungen, (1932) 1939^{4}, 182ff - A.RUNESTAM, Liebe, Glaube, Nachfolge, 1933, 33ff. 152ff - A.D.MÜLLER, Ethik, 1937 - N.H.SØE, Chr. Ethik, 1949 - D.BONHOEFFER, Ethik, 1949, 197ff - W.ELERT, Das chr. Ethos, 1949, 177ff - BARTH, KD III/4, 683ff - G.WINGREN, Luthers Lehre vom B., 1952 - T.BOHLIN, Den Korsfäste skaparen, 1952 - ELERT, ML II, 65ff - A.AUER, Zum christl. Verständnis der B.sarbeit (nach Thomas v.A. u. Luther [kath.]), 1953 - TH.KRATZ, Die berufsständische Ordnung der kath. Soziallehre (Diss., Masch.), 1954 - H.GRÜBER u. G.BRENNECKE, Christus - die Hoffnung der Welt, 1955, 289ff - H.THIELICKE u. K. PENTZLIN, Mensch u. Arbeit im techn. Zeitalter, 1954 - ThW III, 488ff - ESL 142ff.

F.Lau

IV. Berufsgedanke in den jungen Kirchen

Die Kirchen Afrikas und Asiens sind insofern in einer besonderen Lage, als ihre Entstehung eingebettet ist in den Einbruch westlicher Zivilisation in diese Gebiete. Mit Verwaltung, Gesundheitswesen und Kulturarbeit, Verkehr und Wirtschaft ergab sich für die Einheimischen eine Fülle von neuen B.smöglichkeiten. Begreiflicherweise wurden diese zunächst lediglich als Möglichkeiten für ein besseres Leben angesehen. Ein gut Teil des sogenannten Bildungshungers, dem die unglaublich schnell wachsenden Zahlen gehobener Schulen entsprechen, hat seinen Grund in den materiellen Möglichkeiten, die das eingeführte westliche Bildungswesen mit seinen Examina und dem damit verbundenen Berechtigungsdenken - je höher das Examen, um so größer die Einnahmen - verspricht. Weil diese B.e meist keine Analogien in der überlieferten Gesellschaftsordnung haben, fehlt ihnen zunächst das B.sethos ganz, und der Gedanke des Dienstes bleibt fremd. Das ist im Anfangsstadium der Missionsarbeit auch bei Christen so. Anstellung bei der Mission, im kirchlichen oder schulischen Dienst und im Hospital wird zunächst als eine neue Möglichkeit des Erwerbes angesehen. Man wird zB Lehrerin nur dazu und nur so lange, bis man das Brautgeld für den Bruder verdient hat.

Trotz diesen Voraussetzungen ist gleichwohl zu beobachten, wie vom Dienst in der Gemeinde und vom missionarischen Einsatz der Christen her der B.sgedanke im Sinne einer Verantwortung vor Gott für den Nächsten aufbricht. Das fängt bei den kirchlichen Ämtern an. Wenn in Neuguinea einheimische Missionare ihren lebensgefährlichen Dienst tun und von den sendenden Gemeinden nicht mehr als ein Taschengeld bekommen, von dem sie jederzeit ein Vielfaches verdienen könnten in bequemer Arbeit auf dem Goldfeld, wenn Pastoren und Lehrer jahrelang mit einem Existenzminimum leben, obgleich sie jeden Augenblick in nicht-kirchlichem Dienst das Zwölffache (Indonesien) oder noch mehr verdienen könnten, und wenn es in Asien Kirchen gibt, in denen mehr als die Hälfte der Pastoren ihren Dienst tun, obwohl sie sich auf andere Weise ernähren müssen, dann beweist das ein Verständnis ihres Amtes als B. Es ist aber wichtig zu sehen, daß von derselben Mitte des geistlichen Lebens her der Zugang zu einem Verständnis weltlicher Arbeit als B. eröffnet wird. Es geschieht vielfach im missionarischen Dienst, im Willen, Zeuge des Evangeliums zu sein, daß der Arzt und die Pflegerin ihre Arbeit als Dienst am Menschen verstehen lernen und daß auch Menschen anderer B.e die neue Dimension, die Beziehung zum Nächsten in dem entdecken, was bisher für sie nur Broterwerb war. Es ist auffallend, wie stark in den jungen Kirchen das Echo auf die Bestrebungen des Referats für Laienarbeit im Ökumenischen Rat der Kirchen, auf die Arbeit des Ökumenischen Instituts in Bossey und der Evangelischen Akademien ist, weil gerade Christen der jungen Kirchen, die in weltlichen B.en stehen, deshalb nach dem Sinn ihres B.s fragen, weil sie ihn als Zeuge ihres Herrn erfüllen wollen.

W.FREYTAG, Die junge Christenheit im Umbruch des Ostens, 1938, 236ff - DERS. (Hg.), Mission zwischen Gestern u. Morgen. Vom Gestaltwandel der Weltmission der Christenheit im Licht der Konferenz des Internationalen Missionsrats in Willingen, 1952, 82ff - Bulletin of the Department on the Laity/World Council of Churches.

W.Freytag

Berufsschule

1. Die B. in Deutschland ist eine Pflichtschule und erfaßt alle Jugendlichen, die in einem Lehr-, Anlern- bzw. Arbeitsverhältnis stehen oder keinen Beruf ergreifen. Der Begriff B. wurde erstmalig auf der Reichsschulkonferenz (1921) geprägt.

Ihren *Ursprung* hat die B. in der Fortbildungsschule, die im wesentlichen eine Erweiterung und Vertiefung der Volksschulbildung bezweckte. Die Wandlung zur heutigen B. erfolgte Anfang der zwanziger Jahre unter der Einwirkung der Bildungsideen G. → Kerschensteiners, A.Fischers, E. → Sprangers wie auch aus praktischen Bedürfnissen der Wirtschaft, die die theoretische Fundierung der betriebstechnischen und betriebswirtschaftlichen Ausbildung immer mehr als notwendig erkannte.

Die *pädagogische Besonderheit* der B. besteht darin, daß sie den Beruf zum Kern ihrer Bildungsarbeit macht. In sinnvoller Aufgabenteilung mit Betrieb und Berufsstand ist es ihr Ziel, das im Betrieb erworbene fachliche Können durch systematische und theoretische Unterweisung zu erweitern und zu vertiefen. Die Lehrpläne der B. und die Ausbildungsrichtlinien der Wirtschaft sind weitgehend aufeinander abgestimmt. Obwohl im dauernden Kontakt mit der Wirtschaft stehend, empfängt die B. ihren Auftrag nicht von dieser, sondern aus dem anthropologisch-pädagogischen Ziel, jungen Menschen eine Hilfe zu geben, damit sie sich in Beruf und Leben bewähren. Berufsbildung in diesem Sinne schließt die gesellschaftliche, politische und religiöse Bildung des Schülers in sich ein. Das Erziehungs- und Bildungsziel aller Schulen, den *ganzen* Menschen zu formen, gilt auch für die B.; sie lehnt eine einseitige Fachbildung ab, aber sie sucht die Aufgabe der Menschenbildung aus der konkreten Lebenssituation der werktätigen Jugend zu erfüllen. Die Unterrichtsfächer der B. ergeben sich aus dieser Zielsetzung: Fachkunde, Wirtschaftskunde, Bürgerkunde (politische Gemeinschaftskunde), Religion (s. 4). Die Unterrichtsdauer beträgt 6-11 Stunden wöchentlich. Allgemein wird angestrebt, die Zahl der Pflichtwochenstunden in allen B.n auf mindestens 8 Stunden und 1 Stunde Religion festzusetzen. - Entsprechend der beruflichen Tätigkeit der Schüler gibt es gewerbliche, kaufmännische, hauswirtschaftliche, land- und forstwirtschaftliche, gartenbauliche und bergmännische B.n. Von großstädtischen Verhältnissen abgesehen sind sie meist als allgemeine oder gemischtberufliche B.n mit einer gewerblichen, kaufmännischen und hauswirtschaftlichen, zum Teil auch landwirtschaftlichen Abteilung zusammengefaßt. Für Splitterberufe können Bezirksfachklassen gebildet werden.

Für die Entwicklung der B. ist wesentlich, daß sie in vielen Ländern Grundstufe eines geschlossenen Bildungszuges ist, der über weiterführende Bildungseinrichtungen in fortschreitender Auslese zur höheren Fachbildung bzw. bei wissenschaftlicher Begabung zur Hochschule führt (2. Bildungsweg).

2. *Träger der B.n* sind in allen Ländern die Gemeinden, die Stadt- und Landkreise, gemeindliche Schulverbände (Zweckverbände); auch öffentlich rechtliche Körperschaften (Kammern) und private Wirtschaftsunternehmungen (Werk-B.en) können Träger von B.n sein. - Die *Kosten* der B. werden in den einzelnen Bundesländern auf Grund der bestehenden Vorschriften zwischen dem Schulträger (Gemeinde, Stadt- und Landkreis) und dem Land nach unterschiedlichem Schlüssel verteilt.

Nach dem Arbeitsschutzgesetz ist der Arbeitgeber verpflichtet, dem Jugendlichen die zur Erfüllung der gesetzlichen B.-Pflicht notwendige Zeit zu gewähren. Die Unterrichtszeit ist auf die Arbeitszeit anzurechnen, für die Unterrichtszeit muß Erziehungsbeihilfe oder Lohn weiterbezahlt werden.

3. Die *Lehrer* an den B.n sind in Hessen, Niedersachsen und Schleswig-Holstein Landesbeamte, in den übrigen Bundesländern meist Gemeindebeamte, in Rheinland-Pfalz teils Gemeindebeamte, teils Landesbeamte (Landwirtschaftliche B.). - Die *Ausbildung* a) der Gewerbeoberlehrer erfolgt an Berufspädagogischen Instituten oder Pädagogischen Hochschulen oder Techn. Hochschulen, Ausbildungsdauer 6 Semester, b) der Dipl.-Handelslehrer an Universitäten, Ausbildungsdauer 8 Semester, c) der Landwirtschaftsoberlehrer an Hochschulen für landwirtschaftliche Lehrer (Wilhelmshaven), dem staatl. Institut für landwirtschaftlichen Unterricht (München), am landpädagogischen Institut (Gießen) (1 bzw. 2 Jahre). Eine Neuordnung der Gewerbelehrer-Ausbildung wird zZ angestrebt. Die Ausbildung der Berggewerbelehrer bedarf noch einer besonderen Regelung. Die schulpraktische Ausbildung erfolgt im allgemeinen nach Abschluß der wissenschaftlichen Ausbildung in einem Vorbereitungsdienst, der mit der Verleihung der Anstellungsfähigkeit abschließt.

H.Höltkemeier, Die Berufsbildenden Schulen, 1953ff (Loseblattwerk) - Seipp-Haugg, Schulrecht in Nordrhein-Westfalen, 1954ff (Loseblattwerk) - W.Haugg, Die Schule in Nordrhein-Westfalen, Düsseldorf, 1953 - Ders., Die Schulfinanzierung, 1956 - S.Thyssen, Die B. in Idee u. Gestalt, 1554. - Zeitschriften: Die Berufsbildende Schule; Die Deutsche Berufs- u. Fachschule; Wirtschaft u. Erziehung; Berufspädagogische Zeitschrift. *P.Luchtenberg*

4. Nachdem die → *Kirchliche Unterweisung* in B.n seit 1925 in Baden durch W.Hellpachs Initiative verwirklicht worden war, wurde sie nach 1945 als »ordentliches Lehrfach« (GG Art. 7) zu einer der wichtigsten Aufgaben der KU in fast allen westdeutschen Landeskirchen, da sie ca 90% unserer Jugend anspricht. In ihrer Form methodisch aufgelockerter als die sonstige KU (Besprechung unmittelbarer Berufs- und Lebensfragen, Lehrgespräche, Befragungen, Themenwahl durch Jugendliche), knüpft sie an die Einsicht moderner Berufsschul-Pädagogik an, daß eine lediglich fachliche Ausbildung innerlich leer bleibt, sofern sie nicht umfassende Menschenbildung berücksichtigt. Allerdings vermag KU solche Bildungsaufgabe nur zu bejahen in der Erkenntnis, daß Gottes Zuspruch und Anspruch in Christus mehr und anderes ist als eine Bildungsidee bzw. Weltanschauung. Die daraus resultierende Spannung schockiert zwar den Jugendlichen in seinem Sicherungsbedürfnis wie seiner Verabsolutierung diesseitiger Werte (Geld, Technik), spricht ihn aber andererseits durch ihre Unbedingtheit an. Die Aufgabe des Lehrers ist schwer: Statt autoritären Redens hat er nicht nur wendig und weltoffen zu sein, sondern vor allem echte christliche Solidarität immer neu zu bewähren. Bewußte Gegnerschaft der Jugend ist ebenso selten wie ungebrochene → Kirchlichkeit. Zumeist macht sich Indifferenz geltend, die jedoch bei rechtem Kontakt (→ Seelsorge!) lebendiger Aufgeschlossenheit Platz macht.

O.Monsheimer, Drei Generationen B.arbeit, 1955 - W.Nordmann, Handreichungen für den ev. Religionsunterricht in Berufs- und Berufsfachschulen I, (1950) 1955[3]; II, (1952) 1956[2]; III, 1953 - Ders., Ev. B.-Religionsunterricht u. Menschenbildung, 1955 - Ders., Der werktätige junge Mensch, 1957. *W.Nordmann*

Berufung

I. Religionsgeschichtlich - II. Im AT - III. Im NT - IV. Dogmatisch

I. Religionsgeschichtlich

B. kennzeichnet den Installationsakt religiös schöpferischer Persönlichkeiten, daneben auch die gnadenmäßige Erwählung zur Gotteserkenntnis. Objekt der B. im ersten Sinne sind → Propheten (: II) und prophetische Religionsstifter. Der mythische König Yima wurde dem Avesta (Vendîdâd 2, 1, 2. 3) zufolge zum »Merker und Verbreiter« der mazdaistischen Religion berufen, wie denn auch → Zarathustra selbst (Yasna 43, 7ff) sich berufen weiß zur Verkündigung in Ahura Mazdas Dienst (→ Iran: III). Der Prophet → Mohammed erfuhr eine B. auf dem Berge Hirâ durch den Engel Gabriel (zB Traditionssammlung des al-Buchârî, RGL 16, S. 1), und das Tauferlebnis Jesu (Mk 1, 9ff) wird man auch als eine Art von B. verstehen dürfen (→ Berufung: III). In diesen und ähnlichen Beispielen handelt es sich nicht um die Einsetzung von beamteten Funktionären einer Sakralinstitution, sondern um das spontane Ergriffenwerden von Personen, die keinerlei durch Tradition und Berufsausbildung gegebene Voraussetzungen mitbrachten und die oft sogar gegen ihren eigenen Willen von der Gottheit in ihren Dienst gerufen wurden. Dieses übermächtige Ergriffensein spiegelt sich im Bewußtsein des Berufenen als unerschütterliche Sendungsgewißheit in göttlicher Vollmacht. Die Arten der B. sind verschieden; Auditionen, → Visionen und Traumerscheinungen (→ Traum) sind am meisten verbreitet. Bald erfolgt die B. durch die Gottheit selbst, bald durch andere Berufene oder durch Erscheinungsformen der Gottheit wie zB durch Engel (→ Geister: I).

Diese spontan Berufenen stehen häufig in einem Gegensatz zur Sakralinstitution und deren Repräsentanten und werden deshalb auch von diesen verfolgt, und ihre Legitimation wird bestritten. Die Botschaft der Berufenen protestiert ihrerseits nicht selten gegen Erstarrung in Kultus und Lehre.

In den Religionen, die um die Unfähigkeit des Menschen zum → Glauben bzw. zur Erkenntnis wissen, werden Glauben und Erkennen auf göttliche B. zurückgeführt wie zB in den Upanishaden (Katha Up. 2, 23), aber auch im Amida-Buddhismus, im Vishnuglauben und im Islam. Zum NT → Berufung: III.

→ Besessenheit, → Erlebnis, religiöses, → Schamanismus, → Weihen.

F.Heiler, Das Gebet, (1919) 1921[4], 248ff - E.Fascher, Προφήτης, 1927 - A.D.Nock, Conversion, 1933 - L.Bieler, Θεῖος ἀνήρ I. II, 1935/36 - P.Radin, Die religiöse Erfahrung der Naturvölker, 1951. *G.Mensching*

II. Im AT

1. Im Selbstzeugnis der Propheten: a) Zur Formgeschichte der B.sberichte - b) Zur Psychologie der B. - c) Zum Wesen der prophetischen B. - 2. B. in Fremdberichten - 3. B. Israels und der Völker

B. bedeutet im AT - in enger Verbindung mit → Erwählung Dtn 7, 7; Jer 1, 5; Jes 41, 9 - den Anruf Gottes, mit dem er Menschen für sein Planen und Wirken in Anspruch nimmt und sie aus ihrer bisherigen Existenz heraus in seinen Dienst ruft. Verhältnismäßig selten erscheint dabei der Terminus (be)rufen, qara'; aber das Wort Jahwes ist neben seinem Handeln konstitutiv für die B.

1. Am deutlichsten greifbar ist der Akt der B. und ihre theologische Bedeutsamkeit in den *Eigenberichten der Propheten*. Solche liegen freilich nur bei Jes, Jer und Ez ausgeführt vor; vgl. aber auch Hos 1. 3; Am 7, 10ff; Jes 40, 6ff; 49, 1ff; 61, 1ff.

a) Eigenberichte (und Fremdberichte) von B.en weisen mancherlei Gemeinsamkeiten in der *literarischen Form* und im Sprachgut auf, mit deren Hilfe sich verschiedene Formen von B.sberichten herausstellen lassen. Eine Form ist bestimmt durch Gottesrede, Einspruch, Bestätigung der Sendung und abschließendes Zeichen Jer 1, 4-19; Ex 3, 1-20 (JE); Ri 6, 11-24 (vgl. Kutsch), einfacher in Ex 6,1 - 7,7 (P). In einer anderen steht die (Thron-)Vision im Vordergrunde, gefolgt von der Beauftragung mit dem Wort Jes 6; Ez 1. 2f; vgl. 1Kön 22, 19-22 (Zimmerli). Eine dritte Form des B.sberichts besteht in der »Vorstellung« des zu Berufenden durch Jahwe selbst; sie begegnet in der B. des Ebed Jahwe Jes 42, 1ff. 6 und nichtprophetischer Gestalten Jes 46, 11; 48, 15 Kyros, 51, 2 Abraham, Jer 27, 6 (ohne qara'!) Nebukadnezar. Verschiedene B.szeugnisse weisen nur einzelne Elemente dieser literarischen Formen auf: Hos 1. 3; Am 7; Jes 40; 49; 50, 4ff; 61, 1ff. Haupttermini sind šalāḥ, senden, und qara', rufen.

b) Der Versuch, mit Mitteln moderner Psychologie in das Wesen prophetischer B. einzudringen, hat begrenzte Bedeutung. Man wird mit Vorstellungen wie Ekstase, Halluzination, abnorme Reizbarkeit, Unbewußtes - und auch mit dem religionsgeschichtlichen Vergleich - nur Randerscheinungen aufhellen können. Die großen Propheten Jahwes sind nicht Ekstatiker wie die »Propheten« von 1Sam 10, und ihre B.sberichte nicht Zeugnisse ekstatischen Erlebens oder abnormer Veranlagung (mit Hackmann, Häußermann, Seierstad, Wolff). Das Fremdartige in ihrer B. und ihrem Wirken ist von der Psychologie letztlich nicht zu erfassen.

c) Die B. ist nach dem Selbstzeugnis der Propheten ein Widerfahrnis, das sie unwiderstehlich überwältigt (Am 3, 8; Jes 8, 11; Jer 20, 7ff; Ez 3, 14): die Aussonderung durch Jahwe und die göttliche Beauftragung mit dem Wort, der sie sich bereitwillig Jes 6, 8, ohne Widerrede Am 7, 15 öffnen, oder der sie widerstrebend, aber schließlich von Jahwes Anspruch überwunden, Folge leisten Jer 1, 6; Ez 2f; vgl. Ex 3. 6; Ri 6. Der Berufene erhält zugleich Zurüstung für seinen Dienst Jer 1, 9; Ez 3, 1ff; Mi 3, 8; Jes 61, 1; vgl. 6, 6f und die Zusage der Gegenwart und des Beistandes seines Gottes Jer 1, 8. 18; Ez 3, 8ff; vgl. Jes 8, 18; Ex 3, 12; Ri 6, 16. Mit der ganzen Existenz von Gott als sein Bote beschlagnahmt, wird ihm Verzicht und Opfer bis zum Leiden und Martyrium auferlegt. Seine Beauftragung umfaßt Gericht Am 7, 15. (11!); Mi 3, 9ff - die Verstockung Jes 6, 9f; Ez 3, 4ff - oder Heil Jes 40, 3ff; 61, 1ff; vgl. Hag 2, 5ff; Sach 2, 2ff, bzw. beides Hos 1-3; Jer 1, 10. - Das Phänomen der B., wie es in diesen Eigenberichten begegnet, hat keine zureichende Parallele im Alten Orient (auch nicht in → Mari). Die B. ist weder aus politischen oder soziologischen, noch aus ethischen oder psychologischen (am wenigsten rassenpsychologischen!) Motiven abzuleiten. Sie gründet im Irrationalen, im Geheimnis des freien Handelns Gottes (Quell, Wolff u.a.).

2. Neben den Selbstzeugnissen der Propheten stehen - zumeist in den geschichtlichen Büchern des AT - Fremdberichte von der B. und Beauftragung *anderer Gottesmänner:* Retter (Gideon Ri 6 und Simson Ri 13), Propheten (Samuel 1Sam 3, Micha ben Jimla 1Kön 22 und Jona), Könige (Saul 1Sam 10, David 1Sam 16, 13; 2Sam 7, 8ff, Salomo 1Chr 28, 5ff, Jerobeam 1Kön 11, 29ff und Jehu 19, 16) und anderer Erwählter wie Abraham Gen 12, 1ff; Jes 51, 2 und Mose Ex 3. 6f. Diese Berichte weisen zT die gleichen Formelemente, Termini und Inhalte auf wie die Selbstzeugnisse der Propheten, sind aber meist - abgesehen von Mose, Gideon und Jona - kürzer und formelhafter als sie. Daß der Bericht über diese Männer mit einer B.serzählung eingeleitet wird, beleuchtet die Bedeutung, die ihnen die Tradition für das Handeln Jahwes mit seinem Volke beimißt. Im übrigen wissen sich auch die »falschen Propheten« von Jahwe gesandt Jer 28, 2; 1Kön 22, 24, wenn ihnen auch ihre Gegner das Recht dazu bestreiten Jer 28, 15; 29, 31; Mi 3, 11.

3. Die B. *Israels* liegt schon in der B. Abrahams beschlossen und klingt in den Zeugnissen von Israels → Erwählung an Dtn 7, 7f; Am 3, 2; Ps 80, 16 u.ö. Expressis verbis wird sie von Dtjes verkündet Jes 41, 8f; 43, 1; 44, 1f; 48, 12 (hier geradezu »mein Berufener«, m^{e}qora'î). Sie ist gültiger Ausdruck dafür, daß Israel Jahwes Eigentum ist und bleiben soll, von ihm geschaffen und erlöst 43, 1; vgl. die Synonyma, die Dtjes zu »berufen« gebraucht, vielfach entsprechend den Aussagen über den Ebed Jahwe. Wie dieser ist auch der »Knecht« Israel zum Heil und zum Dienst berufen 43, 1. 10. - Schließlich werden auch Völker Jes 13, 2 (10, 5) und ihre Herrscher Jes 46, 11; 48, 15; Jer 27, 6 als Werkzeuge Jahwes und zu ihrem Heil Jes 19, 24f; Jo 3, 5 berufen (→ Universalismus: II).

F.HÄUSSERMANN, Wortempfang u. Symbol in der at. Prophetie (BZAW 58), 1932 - H.HACKMANN, Die geistigen Abnormitäten der at. Propheten (NThT 23, 1934, 26-48) - O.EISSFELDT, Das B.sbewußtsein der Propheten als theol. Gegenwartsproblem (ThStKr 106, 1934/35, 124-156; Lit.) - J.HEMPEL, B. u. Bekehrung (Festschr. G. Beer. 1935, 41-61) - A.E.RÜTHI, Das prophetische B.serlebnis (IKZ 31, 1941, 97-114) - R.WALZ, Die rassenpsychologische Deutung der prophetischen B.serlebnisse (ZAW 59, 1942/43, 111-129) - I.P. SEIERSTAD, Die Offenbarungserlebnisse der Propheten Amos, Jesaja u. Jeremia (SNVAO 1946, 2; Lit.) - G.WIDENGREN, Literary and psychological aspects of Hebrew prophets, 1948 - I.ENGNELL, The call of Isajah, 1949 - H.H.ROWLEY, The biblical doctrine of election, 1950, bes. 95ff (Lit.) - G.QUELL, Wahre u. falsche Propheten (BFCh Th 46, 1), 1952 - H.W.WOLFF, Hauptprobleme at. Prophetie (EvTh 15, 1955, 446-462) - F.MAASS, Zur psychologischen Sonderung der Ekstase (Festschr. A.Alt, WZ Leipzig 3, 1953/54, 167-171) - W.ZIMMERLI, Ezechiel (BK XIII), 1955, bes. 16ff - E.KUTSCH, Gideons B. u. Altarbau Jdc 6, 11-24 (ThLZ 81, 1956, 75-84). - Vgl. weiter die Lit. zu → Propheten: II u. die Lehrbücher der Theologie des AT.

J.Fichtner

III. Im NT

1. Ebenso wie bei den → Essenern findet sich im Urchristentum ein gesteigertes B.sbewußtsein, während sich das Rabbinat in Abgrenzung gegen schwärmerische Bewegungen auf eine vorsichtige Umschreibung der biblischen Aussagen zurückzieht (Bill. III, 1. 22). B. und Vollmacht (= Berechtigung) sind Begriffe, die auch sonst in rechtlichen Bestimmungen eng zusammengehören (bSanh 11a). In der Sekte von → Qumran denkt man bei q^{e}ri'ê mô'ed (= Berufene zu einer Versammlung) oder 'ănšê hăššem (vgl. Num 16, 2) an besonders angesehene Leute (zB des priesterlichen Standes 1QSa II, 14). Die q^{e}ru'ê 'el sind die von Gott zum Kampf Berufenen (1QM III, 2; IV, 10f). Man weiß sich von Gott mit Namen gerufen (Dam II, 11ff; vgl. Jes 43, 1) und damit erwählt (Dam IV, 3f). Wenn man von Gott gerufen ist, trägt man einen Namen mit besonderer Bedeutung (Dam II, 13), der über Stellung und Rang innerhalb der Sekte entscheidet (Dam XIV, 3). Trotz einzelner Berührungen ist der Bericht des NT einzigartig und selbständig.

2. In den verschiedenen Schichten des NT begegnen die typischen *Kennzeichen* der göttlichen B. eines »Knechtes Gottes« bzw. »Christi« und eines »auserwählten Rüstzeugs« (Apg 9, 15; vgl. Röm 9, 21f; 2Kor 4, 7). Es sind Gesicht, B.swort und -auftrag, Aussonderung und Ausrüstung. Die nt. Auffassung von der B. ist also aus at. Wurzeln erwachsen. Der Begriff »auserwähltes Rüstzeug« (Apg 9, 15) entstammt einer älteren semitischen Tradition (Jes 54, 16; vgl. Dam VI, 8). Man denkt an ein Gerät zum Dienst oder zur Füllung mit einem Inhalt. Gott wählt sich nach seinem Ratschluß, von der Geburt des Menschen an, den Menschen aus (Gal 1, 15), den er zu seinem Werkzeug macht. → Erwählung (: II)

und B. bzw. Sendung sind also nicht voneinander loslösbar (Röm 8, 29f): beide weisen auf den vorzeitlichen Ratschluß Gottes zurück (Mk 1, 11), der in der Geschichte offenbar wird. Oft liegt schon in der *Anrede* die besondere Würde (äthHen 71, 14; hebrHen 10, 3; Mk 1, 11). Der hebräisch-jüdische Charakter der B.straditionen tritt dann besonders deutlich heraus, wenn von einer »Himmelsstimme« (băt qol) die Rede ist, durch die sich die B. vollzieht (Mk 1, 11; Apg 9, 4; 22, 7. 9; 26, 14). Das Wort der Himmelsstimme wird ergänzt durch die Begabung mit dem heiligen Geist (Mk 1, 10f). In jedem Fall sind die B.sgeschichten für das Verständnis der Berufenen ausschlaggebend. In ihnen liegt der Schlüssel für das Geschichtsverständnis des NT (→ Geschichte: II A). Doch spricht der Berufene mit Zurückhaltung und in der Form älterer Traditionen von diesem Geschehnis. Wichtig ist, daß das Schema von Ez 1-2; äthHen 14, 8ff nt. B.sszenen beeinflußt hat. Im apokalyptisch-gnostischen Sinn spielt der »Ruf« des himmlischen Gesandten nach dem Mandäismus eine Rolle (Ginza; → Mandäer). Auch in der Isisreligion kennt man eine besondere B. und Befähigung des Mysten (Apulejus Met. XI, 21; Paus. X, 32, 13; → Isis). Die biblische B. ist dagegen in die Heilsgeschichte eingebettet (Mt 2, 15).

3. Die Zeugen der nt. Botschaft wissen sich alle als »Berufene« und »Gesandte« in einem einzigartigen Sinn. Das gilt vor allem von *Jesus* selbst, dann aber auch von seinen *Jüngern,* die er aus eigener Vollmacht »beruft« und »sendet«. Jesus selbst empfängt seine B. unmittelbar nach dem Taufakt (Mk 1, 10f; Mt 2, 16), nach Lukas während der Taufe (3, 21f). Für alle Evangelien ist wichtig, daß dies Ereignis den Zusammenhang mit der Botschaft des Täufers bestätigt. Nach dem JohEv wird der Täufer durch Gesicht und Wort zum berufenen Zeugen der Sohnschaft Jesu, so daß auch hier Gottes Ratschluß sich im geschichtlichen Ereignis kundtut. Der Begriff → »Sohn Gottes« (: II) beschreibt das messianische Amt, hat aber ursprünglich enge Beziehungen zu dem Gottesknecht und Erwählten von Jes 42, 1. Auch hier kommt eine ältere semitische Tradition zum Vorschein. Der vielschichtige Sohnesbegriff führt zu anderen christologischen Ansätzen, die die programmatische Bedeutung der B.sgeschichte Jesu einschränken; aber die Tatsache, daß der historische Jesus sich in einzigartiger Weise als Berufener und Gesandter Gottes bezeugt, ist unanfechtbar (→ Jesus Christus). Ja, man wird in diesem Selbstzeugnis (»Ich bin gekommen«, »Ich bin gesandt«) einen aramäischen Ausdruck ständiger Bereitschaft und Vollmacht sehen (= »Gott schickt mich«). So gewinnt Jesu B. bleibende und ständige Aktualität für ihn selbst und seine Zeit.

4. Die Evangelien erzählen in kürzeren und längeren Anekdoten von anschließenden B.en *einzelner Menschen* zur Nachfolge Jesu. Ein einziges Befehlswort, das gelegentlich durch eine Verheißung verstärkt wird, ruft einen Zöllner oder Fischer aus Beruf und Familie. Die Erwählung wird als Offenbarungswort, als Befehl von Gott her verstanden. Die eigentlichen Sendungsworte und -geschichten sind in den synoptischen Evangelien von den B.sworten und -geschichten deutlich abgesetzt, so daß die Jünger erst durch einen besonderen Auftrag zu »Gesandten« und Mitarbeitern Jesu werden. Nicht alle Jünger werden »Gesandte«, wohl aber ist jeder »Gesandte« ein Jünger Jesu. Mit den Sendungsworten und -geschichten verknüpft sich die Vollmacht, »im Namen Jesu« zu reden und zu handeln (→ Apostel). Nach Ostern vollzieht der Auferstandene durch Gesicht und Wort, durch Auftrag und Ausrüstung mit dem hl. Geist eine Erneuerung der B. und die endgültige Sendung seiner Jünger. Damit empfängt das → *Apostolat* seine bleibende Gestalt. Eine besondere Vollmacht empfängt im Jüngerkreis Simon → Petrus (Mt 16, 18f; Joh 21, 17ff). Ihm wird so ein geschichtlicher Auftrag eigener Art zuteil. Das gleiche gilt auch von der B. und Sendung des Apostels Paulus. Er erlebt eine Bekehrung, die zur B. in das Heidenapostolat wird. Auch diese B. wird als unvorbereitet, unwiderruflich und als zwangsmäßig empfunden. Gottes Ratschluß, Aussonderung von Mutterleib an, B. durch Gottes Gnade, Enthüllung des göttlichen Geheimnisses sind die charakteristischen Merkmale auch dieser B. Sein Leben, Glauben und Denken wird durch dies Ereignis charakteristisch geformt. Alle B.en des NT tragen *eschatologischen Charakter:* sie sind Gaben der Heilszeit, mit at. Vorbildern wohl zu vergleichen, aber in jedem einzelnen Fall eigengeprägt und eine Überbietung der Männer der Vorzeit.

5. Nach allen nt. Zeugnissen »ruft« Gott den Menschen durch die *Botschaft des Evangeliums.* Daher besteht die *Gemeinde* aus Geladenen und Berufenen, denen eine besondere Heiligkeit, also eine Abgrenzung nach außen, gemeinsam ist (Röm 1, 6f; 1Kor 1, 2. 24). Auch hier ist der Ruf wirksames geschichtliches Ereignis, auf das die Boten Gottes immer wieder zurückweisen. Die Bilder vom Gastmahl und von der Hochzeit gewinnen daher erneute Bedeutung, weil man zum Fest »gerufen« (= geladen) wird. Um so unverständlicher ist es, daß viele den Ruf Jesu hören, aber nur wenige die Gabe der Erwählung annehmen (Mt 22, 14). Nicht die Gerufenen und Geladenen, sondern die Erwählten und Bewährten stehen unter dem Lobpreis des Evangeliums. Erwählung, B. und Glaube (= Treue) sind die zusammengehörigen Zeichen des Christenstandes in der Verfolgung (Apk 17, 14). Man kennt die Entwertung und den Mißbrauch des göttlichen Rufes. Mit der B. ist gleichzeitig eine bestimmte Ordnung des *Berufenseins* gegeben, auf die der Getaufte achten soll (1Kor 7, 17-24). Gott will die Bewährung des Gehorsams innerhalb dieser Ordnung. Der Ruf durchdringt den ganzen Aufgabenkreis, in dem der Getaufte steht, und verwehrt einen eigenwilligen Weg. Auffallend ist die Häufigkeit der einschlägigen Wortgruppe in liturgischen und paränetischen Zusammenhängen, die sich auf die → *Taufe* (: II) beziehen (Eph 1, 18; 4, 1-4; 1Petr 1, 15; 2, 9. 21; 3, 9; 2Petr 1, 10). In der Taufe wird der Ruf des Evangeliums in besonderer Weise dem einzelnen zugesprochen und angenommen, so daß auf ihre Verheißung und Verpflichtung immer wieder zurückgegriffen werden kann.

RGG² I, 944f - ThW III, 488ff - L. Jansen, Die Henochgestalt, 1939, 114ff - E. Engel, Die B.stheologie des Apostels Paulus, 1939 - Bultmann, NT 505 - J. Munck, Paulus u. die Heilsgeschichte, 1954 - J. Daumoser OFMCap, B. u. Erwählung, 1955 - Friedr. Müller, B. u. Erwählung (ZSTh 24, 1955, 38-71). *O. Michel*

IV. Dogmatisch

In der Dogmatik wurde die B. herkömmlich im Rahmen des »ordo salutis« als dessen erstes Glied behandelt. Ihr folgen → Erleuchtung, → Glaube (: V), → Bekehrung (: IV), → Wiedergeburt (: III). Während aber diese weiteren Glieder nur künstlich differenziert werden können, steht die B. ihnen in der Tat in strenger Vorordnung gegenüber. Darin wird das unbedingt Zuvorkommende der Gnade Gottes wirksam: das Heil erwirbt man nicht, sondern Gott beruft. In seinem wirksamen Berufen realisiert sich sein Erwählen, die Freiheit und Voraussetzungslosigkeit seiner Zuwendung zum Menschen, die ihrerseits die Voraussetzung alles geistlichen Lebens ist. Die B. geschieht durch das Wort des Evangeliums von Christus, im Wort menschlicher Verkündigung ruft Gott selbst. Ziel und Inhalt der B. ist eschatologisch gerichtet; sie ist

B. aus der Weltversunkenheit und Selbstgebundenheit heraus zu der Zukunft des ewigen Lebens mit Gott durch die Teilhabe an Christus und in der → Nachfolge Christi (: III). Ihr entspricht im Menschen der Gehorsam des Glaubens, in dem das vertrauende Hören und Annehmen des Gnadenrufes eins ist mit der Ausrichtung des ganzen Lebens und seiner Werke auf das durch die B. erschlossene neue Lebensziel.

In der Theologiegeschichte ist das Verhältnis von B. und → Erwählung (: III) zum Problem geworden. Dabei war der Ausgangspunkt das Jesuswort: Viele sind berufen, aber wenige sind auserwählt (Mt 22, 14), dem im übrigen NT, besonders bei Paulus, eine enge Verbindung, ja Ineinssetzung von Erwählung und B. gegenübersteht. Bei Augustin und Calvin ist die Frage so gelöst, daß zwischen einer allgemeinen B., die an alle das Wort Hörenden ergeht, und einer speziellen B. unterschieden wird, die nur den Erwählten gilt, diese aber auch unfehlbar zum Glauben bewegt. Das zwischen B. und Erwählung unterscheidende Jesuswort würde sich dann auf jene allgemeine, die Erwählung und Berufung ineinssetzenden Worte auf diese spezielle B. beziehen. Die Konsequenz dieser Unterscheidung wäre aber, daß das berufende Wort des Evangeliums einer bestimmten Gruppe von Menschen gegenüber von vornherein nicht ernst gemeint ist und daß daher vor das glaubende Annehmen des Wortes sich die Reflexion schieben müßte: gehöre ich wirklich zu der Gruppe der ernstlich Gerufenen, weil Erwählten – eine dem NT fremde, theologisch unmögliche und seelsorgerlich verhängnisvolle Erwägung. Es ist vielmehr festzuhalten, daß in dem rufenden Wort auf alle Fälle im Ernst der erwählende Wille Gottes und die Zusage der Treue Gottes zu seinem erwählenden Willen begegnet, daß aber diese Treue nach dem Glauben ruft, der sich an sie hält, und daß der den Glauben verweigernde Hörer seine Erwählung und B. von sich stößt.

Vgl. die betr. Abschnitte in den Lehrbüchern der Dogmatik. Zum Verhältnis von B. u. Erwählung vgl. ThW III, 496 zu Mt 22, 14.

W. Joest

Beryllus, Bischof *von Bostra* (Arabien), nach Euseb h.e. VI, 33, 1–3 und Sokrates h. e. III, 7 wegen seiner (wohl dynamistisch-monarchianischen) → Christologie (: II) bekämpft und auf der Synode zu Bostra (244) durch Disputation mit → Origenes zur kirchlichen Lehre zurückgewonnen, galt als bedeutender Schriftsteller. Seine Werke, darunter ein Briefwechsel mit Origenes (Hieron. de vir. ill. 60) sind verloren.

DThC II, 799f – RE XIII, 319 – Bardenhewer II, 273ff – LThK II, 240.

M. Rauer

Besançon am Doubs (Vesontio, Bisontium), angeblich durch den Irenäusschüler Ferreolus um 180, wahrscheinlich erst im 3. Jh. zum Bischofssitz erhoben; der erste geschichtlich nachweisbare Bischof ist Chelidonius († um 445); im 4. Jh. Metropolitansitz der Provincia maxima Sequanorum, umfaßte die Sprengel Basel, Belley (früher Nyon), Lausanne (früher Yverdon). Das Konkordat von 1801 wies der Erzdiözese die Bistümer Metz, Straßburg, Nancy, Dijon und Autun zu. Die beiden letzten wurden 1817 gegen St. Dié, Verdun, und Belley vertauscht. Straßburg und Metz sind seit 1874 exempt. Heute gehören zu B. die Sprengel Belley, St. Dié, Nancy und Verdun. Seit dem 5. Jh. burgundisch, dann an die Franken, 1032 mit dem Königreich Hochburgund an das deutsche Reich übergegangen, 1307 freie Reichsstadt, 1384 wieder burgundisch, 1555 spanisch, 1678 französisch. 1671 wurde die 1422 in Dôle begründete Universität nach B. verlegt. Die romanisch-gotische Kathedrale, erbaut im 4. Jh., entstammt in ihrer heutigen Gestalt dem 12. Jh. – Unter 636000 Einwohnern des Diözesangebietes sind kath. 602000. Neben 1013 Welt- sind 88 Regulargeistliche tätig; 19 männliche Ordensniederlassungen zählen 191, 225 weibliche 1892 Mitglieder.

J.F.N. Richard, Histoire des Diocèses de B., 2 Bde, 1847/51 – L. Loye, Histoire de l'église de B., 6 Bde, 1901–03 – DHGE VIII, 1150ff (Lit.) – EC II, 1488ff – AnnPont 1957, 162.

J.B. Aufhauser

Beschneidung

I. Religionsgeschichtlich – II. Als Missionsproblem

I. Religionsgeschichtlich

1. Schon die zutreffende Definition der B. ist für die Untersuchung der mit ihr verbundenen und noch nicht geklärten Fragen wesentlich. Sie betrifft die operative Entfernung des Präputiums bzw. der Klitoris (mit oder ohne kleine Schamlippen). Darin besteht das anatomische Spezifikum der B., das auch circumcisio, περιτομή, recutitio, bzw. excisio oder Klitoritektonie genannt wird. Andere Wörter wie incisio, subincisio oder superincisio (vgl. Firth) haben schon eine andere Bedeutung. Ferner muß stets die B. beider Geschlechter untersucht werden. Die These Jensens (126), daß die B. beim weiblichen Geschlecht »überall sekundär« sei, verhindert die richtige Erkenntnis der Sache. Die Ausführungen von Allwohn sind phantastisch-spekulativ. Es gibt Völker mit nur an Männern, nur an Frauen und auch an beiden Geschlechtern vollzogener B. Die Gründe dafür liegen in dem allgemeinen Aufbau einer Kultur (vgl. Lehmann). Ferner muß unterschieden werden zwischen Mannbarkeitszeremonien mit B. und solchen ohne B., worauf v. Gennep mit Recht hingewiesen hat. Für beide Formen ist es möglich zu sagen, sie wollten den jungen Menschen »reif« oder »voll« machen; aber nur sofern dabei B. geübt wird, geschieht dies durch den erwähnten operativen Eingriff, in vielen Fällen verbunden mit einer großen Zahl anderer Zeremonien, selbst auch solchen, die wie bei Feldbau treibenden Völkern (→ Bäume und Pflanzen) auf dem Prinzip des »Sterbens« und »Wiederauferstehens« begründet sind. Die B. übenden Völker, zu denen vor allem die semito-hamitischen und die malayo-polynesischen zu rechnen sind, gehören zu den entwickelteren Völkern.

2. Um die Frage nach der Verbreitung der B. zu klären, muß die Literatur kritisch geprüft und Feldforschung getrieben werden. Bei der Feldforschung darf man nicht nur die B.smeister, sondern man muß auch die sich der Reifezeit nähernden Kinder über die B. befragen, was allerdings meist nicht leicht ist. Ebenso gilt es festzustellen, in welchem Maße bei B. übenden Völkern das eine Geschlecht vom andern die B. verlangt.

3. Dabei zeigt sich, daß Äußerungen der Art, die B. sei nötig, um bei jedem Geschlecht noch das ihm vom andern Verbliebene zu entfernen, damit jedes im heterosexuellen Sinne »voll« werde, auch anatomisch-entwicklungsgeschichtlich bis zu einem gewissen Grade das Richtige treffen. Daraus ergeben sich die mannigfachsten »Mythen« und »Theorien« über die Rechtfertigung der B., unterstützt durch die Meinung, daß die betreffenden Körperteile (scheinbar) keine Funktion mehr haben (vgl. Jensen 176) oder daß beim Jüngling die B. die sexuelle Reife augenscheinlich bloßlegt. Von hier aus lassen sich entwicklungsgeschichtlich auch die üblicherweise behandelten B.sprobleme am besten verstehen, die eine Fülle wissenschaftlicher Theorien ausgelöst haben (hygienische Maßnahmen, Ödipuskomplex u.dgl.).

→ Initiationsriten, → Pubertät, → Rites de passage.

A.v. Gennep, Les rites de passage, 1909, 96f – ERE III, 659ff – F. Speiser in: Verhandl. d. Naturforsch. Gesellsch., Basel, 38, 1927, 219 – F. Bryk, Die B. bei Mann u. Weib, 1931 (engl. Übers. 1934) – A.E. Jensen, B. u. Reifezeremonien bei Naturvölkern, 1933 – R.W. Firth, We, the Tikopia, 1936, 424 – J.G. Schur, Wesen u. Motive der B. im Licht der at. Quellen u. der Völkerkunde, 1937 - P.GORDON, L'initiation sexuelle et l'évolution religieuse, 1946, 63ff - M.GRIAULE, Dieu d'eau, 1948, 183ff - H.NUNBERG, Problems of bisexuality as reflected in circumcision, 1951 - A.ALLWOHN, Die Interpretation der religiösen Symbole erläutert an der B. (ZRGG 8, 1956, 32-40) - F.R.LEHMANN, Bemerkungen zu einer neuen Begründung der B. (Sociologus 7, 1957, 57-74). *F.R.Lehmann*

4. Im *altorientalischen Bereich,* der im Kontakt und Kontrast zu AT und NT besonderes Interesse beansprucht, scheinen die Babylonier und Assyrer die B. nicht gekannt zu haben; in Ägypten wurde sie von jeher an Jünglingen (weit später auch an Mädchen) geübt und für das Priesteramt gefordert. In der altphönikisch-ugaritischen Religion ist sie unbekannt, ebenso den (griechischen) → Philistern (den »Unbeschnittenen«). Zur Zeit Herodots scheinen die Phöniker die B. geübt zu haben (Ed.Meyer). Nach Jer 9, 24f kannten die Ammoniter, Moabiter und Edomiter den B.sritus (vgl. auch das Elfenbeinritzbild von Megiddo; ANEP Abb. 332). In Israel wurde die B. nur beim männlichen Geschlecht vollzogen, zunächst in der Reifezeit (Gen 34; Ex 4, 25; Jos 5, 2f), später beim Kleinstkind (Gen 17). Das B.sgebot galt auch für Proselyten (→ Judentum: I). War man in der Urchristenheit zunächst unsicher, ob nicht auch bei neugewonnenen Heidenchristen die B. nachgeholt werden müßte, so hat sich Paulus mit der Ablehnung der B. für Heidenchristen durchgesetzt (vgl. Röm 4; Gal 2; Apg 15).

J.C.MATTHES, Bemerkungen u. Mitteilungen über die B. (ZAW 29, 1909, 70-73) - ED.MEYER, Zur B. der Phöniker (ebd 152) - Bill. IV, 23ff - ThW I, 226f - RAC II, 159ff - RÄRG 109ff.

K.Galling

II. Als Missionsproblem

Ev. und kath. Missionen haben sich am stärksten in Afrika mit dem Problem der B. auseinandergesetzt. In den Anfangszeiten ist im großen und ganzen schon auf Grund der Aussagen des NT die B. für den Christen abgelehnt worden. Es zeigte sich jedoch, daß mit dem biblischen Verständnis der B. allein der Frage nicht Genüge getan werden konnte. Es galt zu erkennen, daß die B. durchweg nur im Rahmen der → Initiations- oder Pubertätsriten (→ Pubertät) zu sehen ist. Sie kann nur recht verstanden werden als »ein Teil des großen Ritus der Einführung in die Gemeinschaft des Stammes und der Ahnen«; in ihr wird etwa sichtbar von dem »Sterben des alten und Auferstehen des neuen Menschen« (Ohm). Die Initiationsriten beenden sowohl beim Jungen als auch beim Mädchen die Kinderzeit. Diese Riten und mit ihnen die B. werden in den sog. Stammes- oder B.sschulen geübt, in denen die Jugend zugleich in das Leben, das Brauchtum, die Ordnungen und die Gesetze des Stammes eingeführt und, Jungen und Mädchen getrennt, mit den Aufgaben des ehelichen Lebens bekannt gemacht werden. Erst danach sind sie vollwertiger Mann und heiratsfähige Frau, also »Mensch« und volles Stammesmitglied. Mit einem gewissen Recht haben die Missionare betont, daß man dieses Brauchtum nicht einfach vernichten darf, wenn man nichts Besseres an seine Stelle zu setzen hat. Die einfache Übertragung der europäischen Form der Konfirmation (oder Firmung) auf afrikanische und andere Kirchen ist nicht ausreichend. Es gibt auch Missionare, die die B. im wesentlichen als hygienischen Akt erklären und sie für theologisch irrelevant ansehen. Der bekannteste Versuch, die Initiationsriten und mit ihnen die B. in das christliche Leben einzubauen, ist der des verstorbenen anglikanischen Bischofs Lucas von Masasi (Tanganyika). Nach seiner Meinung sind diese Riten als solche nicht verwerflich; nur müsse das sich darum rankende heidnische Unwesen beseitigt werden. Er wollte also das Christentum mit den Fundamenten der afrikanischen Gesellschaft verbinden, damit es nicht als ein Fremdkörper angesehen werde, und berief sich dabei auf die Verchristlichung von Volkssitten aus den Anfangszeiten der Kirche (Sonnenwendfeste, Flurumgänge u.ä.). Die Urteile über seinen Versuch, der auch von einigen Benediktinern nachgeahmt wurde, gehen bis heute auseinander. Der überwiegende Teil der Missionare wendet sich nach wie vor gegen eine Übernahme der B. wie überhaupt der Initiationsriten. Sie weisen darauf hin, daß sowohl die B., trotz der verschiedensten Motivierungen, die man ihr gibt, als auch der ganze Komplex der Initiationsriten als heidnisch-religiöser Akt zu verstehen sind, die im Grunde genommen die Taufe entleeren und heidnischen Vorstellungen die Tür öffnen. Auch Missionare, die gegenwärtig für die Beibehaltung der B. eintreten, wollen sie in der Zukunft abgeschafft wissen. Offen bleibt allerdings die Frage, was an die Stelle der Initiationsriten zu setzen sei. Diese Lücke ist bedenklich, wenn auch die tiefgreifende Umgestaltung des sozialen Lebens in Afrika, die Auflösung der Stammeseinheiten und das rapide Anwachsen der Städte, das ganze Problem etwas in den Hintergrund drängen. Wahrscheinlich wird die afrikanische Kirche selbst die Antwort geben müssen, die der europäische Missionar bisher nicht oder nicht ausreichend gefunden hat.

W.V.LUCAS, The Christian Approach to Non-Christian Customs (IRM 16, 1927, 192-198) - J.RAUM, Christianity and Africa Puberty Rites (ebd 581-591) - TH.OHM, Die Afrika-Mission u. die B. (ZM 24, 1934, 247-253) - W.G.DELARAWILSON, Christianity and Native Rites, 1950. *G.Brennecke*

Beschneidungsfest → Neujahrsfest, christliches.

Beschwörung ist eine magische Handlung, die durch das Medium des Wortes bzw. der *magischen Rede* vollzogen wird. Es kann sich dabei sowohl um das Heraufbeschwören von Heil als auch um das Wegbannen von Unheil handeln. Möglich ist ferner die Bannung vermittelnder Mächte (Geister, Dämonen, → Besessenheit, → Exorzismus) zu Heil oder Unheil. Solche Vermittler werden besonders bei den Geister-B.en der Schamanen (→ Schamanismus) beansprucht. Im rein religiösen Bereich erscheint sie als Anrufung von Göttern oder Heiligen mittels vorgeschriebener Formeln (→ Gebet: I).

Die beschwörende Rede entfaltet zwingende Kraft nur dort, wo sie nach Wort- und Satzfolge, oft auch nach Rhythmus und Tonhöhe rituell korrekt rezitiert oder gesungen wird (vgl. die certa verba im römischen carmen, die »richtige Stimme« in ägyptischen Pyramidentexten). Darüber hinaus ist die B. meist auch in einen rituellen Akt eingefügt und nur innerhalb desselben wirksam: Irrtümer oder Fehler im Gesamtablauf erzwingen sofortigen Abbruch und Wiederholung der Prozedur (brahmanisches Indien, Polynesien). Darin liegt eine Tendenz zur Liturgisierung (→ Liturgie: I).

Der Glaube an die »Macht des → Wortes« lebt in den meisten Religionen, wenn auch mit unterschiedlicher Stärke. Er findet sich vielleicht am ausgeprägtesten im finnischen Volksglauben, wo alles Außerordentliche nicht durch physische Gewalten geschieht, sondern durch die alles besiegende Macht feststehender Formeln, der sog. Zauberrunen oder »Ursprungsworte«; sogar die Weltschöpfung (→ Schöpfung: I) geschieht hier durch eine B. - Auch das indische brahman ist ursprünglich eine gesungene magische Formel. - Der Sinn verpflichtender Dringlichkeit, der den B.sformeln anhaftet, macht sich auch in der sakralen Rechtssphäre bemerkbar. Das altgermanische Rezitieren (kveđa) feststehender Formeln war nicht nur beim festlich-kultischen Umtrunk üblich, sondern auch vor Gericht als ein Mittel, Ehre und Heil zu bannen (→ Eid: I).

B. im echten Sinne ist ein religiöses Phänomen, da sie untrennbar mit dem Glauben an numinose Gewalten verbunden ist; da man jedoch die »korrekte Formel« erlernen und anwenden kann, ist es möglich, daß die B. auch in den Profanbereich abgleitet und zur »Zauberformel« trivialisiert wird (→ Zaubersprüche).

F.HEILER, Das Gebet, (1918) 1923[5] - K.KROHN, Magische Ursprungsrunen der Finnen (FFC 52), 1924 (vgl. auch FFC 19, 86. 87) - VAN DER LEEUW §§ 62. 78 - G.MEIER, Die assyr. B.ssamml. Maqlû, 1937 - W.GRÖNBECH, Kultur u. Religion der Germanen II, 1939 - ChrRel (Reg.) - RAC II, 169ff - RÄRG 111ff. *W.E.Mühlmann*

Besessenheit. Die Grundstruktur aller in der Religionsgeschichte auftretenden Formen der B. ist charakterisiert durch das Bewußtsein bestimmter Menschen, von einer fremden, der eigenen Persönlichkeit nicht zugehörenden numinosen Macht erfüllt bzw. besessen zu sein. Im gleichen Maße, in dem jene persönlichkeitsfremde → Macht von einem Menschen Besitz ergreift, wird das eigene Wollen und Denken des betreffenden Menschen ausgelöscht (zur Psychologie der B. s. K.T. Oesterreich). Die Religionsgeschichte kennt verschiedene, auch in verschiedenen Bereichen der Religion auftretende Formen der B., wovon die → Inspiration mit beibehaltener und gesteigerter Persönlichkeit eigentlich geschieden werden muß. Der Rausch wird nicht nur im primitiven Milieu, sondern auch in manchen Kulturreligionen als Erfülltheit mit numinoser Macht angesehen; »Gottesfülle« (van der Leeuw) tritt vielfach in rauschhaften Zuständen zutage. Es braucht sich dabei nicht immer nur um impersonale Macht zu handeln wie etwa bei den germanischen Berserkern, sondern häufiger noch wird solcher Rausch auf die B. durch numinose Geistwesen zurückgeführt wie zB im → Schamanismus. Auch im AT ist zB Jer 29, 27 von »Prophetentaumel« die Rede. Erfülltheit von einer bestimmten Gottheit wird etwa für Pythia in Delphi bezeugt, die sich vom Gott Apollo besessen fühlte, wie die Bacchantinnen von → Dionysos. In Israel war es entweder der Geist Jahwes (zB Ri 3, 10; 1Sam 11, 6), der den Menschen erfüllte, oder, wie Jes 8, 11, das Wort Jahwes, das mit einer Überwältigung durch Jahwe verbunden war; denn die B. hat meistens etwas Gewalttätiges an sich. Ein gewaltsames Überwinden des natürlichen Seelenzustandes und seiner Tendenzen ist stets mit B. verbunden. Das zeigt sich auch in dem vielfach bezeugten natürlichen Widerstand des Besessenen gegen die Überwältigung durch die Gottheit wie bei Jeremia (Jer 20, 7). Auch → Mohammed wehrt sich zunächst gegen die Stimme Allâhs, zumal er zunächst zweifelt, ob es sich auch wirklich um Allâh und nicht um Dämonen handelt. Damit ist bereits auf die negative Seite der B. hingewiesen. Entweder ist B. ein positiver und erwünschter, also religiös produktiver Zustand, auch wenn die eigene Person, die ja zurückgedrängt wird, sich zunächst dagegen wehrt, oder B. ist ein negativer, quälender Krankheitszustand, der nach Heilung verlangt. Dieser → Ambivalenz der B. entspricht der doppelte Zweck der Mittel, die entweder zur Herbeiführung der B. (wie Rauschmittel, → Tanz, → Musik, → Askese) oder zu ihrer Beseitigung angewandt werden, wie → Exorzismus. Vgl. → Berufung: I, → Ekstase, → Mystik: III.

K.T.OESTERREICH, Die B., 1921 - O.WEINREICH, Menekrates Zeus u. Zalmoneus. Religionsgesch. Studien zur Psychopathologie des Gottmenschentums in Antike u. Neuzeit, 1933 - D.STRÖMBÄCK, Sejd (Nordiska texter och undersökn. 5), 1935 - M.ELIADE, Le Chamanisme et les techniques archaïques de l'extase, 1951 - RAC II, 183ff - Eine Reihe von Aufsätzen mit der Beurteilung der B. in Etudes Carmélitaines 27/2, 1948 (Satan); Geist u. Leben, 24-27, 1951-54; Mensch u. Schicksal 7, 1953. *G.Mensching*

Beskow, *F. Natanael* (1865-1953), schwedischer Theologe. Aus der Erweckungsbewegung stammend, gründete er in Uppsala den ersten schwedischen Studentenmissionsverein. 1887 veröffentlichte er Missionslieder, darunter »Ack saliga dag«, das 1925 auf der Stockholmer Weltkirchenkonferenz gesungen wurde (»Stockholmer Lied«). Von der liberalen Tradition beeinflußt, bemühte sich B., in einer Zeit wachsender Säkularisierung ein für intellektuelle Zweifler und kirchenfremde Arbeiter verständliches soziales Evangelium zu predigen und zu leben. Er ließ sich nicht ordinieren, sondern predigte in einer eigens für ihn erbauten Kapelle in Djursholm bei Stockholm. 1912 gründete er in einem Stockholmer Arbeiterviertel nach englischem Muster das Settlement »Birkagården« und veröffentlichte Schriften über Gesellschafts- und Friedensfragen. Das Gesangbuch der schwedischen Kirche von 1937 enthält 7 Lieder von ihm. B. war aktiver Pazifist.

Über B.: N. och Elsa B. (Gedenkbuch), Stockholm 1954 (mit Bibliogr.). *St.Rodhe*

Bessarion, * wahrscheinlich 1403 in Trapezunt, † 1472 in Ravenna, byzantinischer Theologe und Kirchenfürst, dessen Bedeutung auf dem Gebiet der Unionstheologie, speziell dem Unionskonzil von Ferrara-Florenz, und der griechischen Befruchtung des italienischen Humanismus beruht. In Konstantinopel u.a. durch Georgios Chrysokokkes ausgebildet, wurde er 1423 Mönch und 1431 Priester. Als solcher begab er sich in den Peloponnes, wo er bei Georgios → Gemistos Plethon in die platonische Philosophie eingeweiht wurde. Vom Kaiser zu diplomatischen Missionen nach Trapezunt verwendet, erhielt er 1437 die Metropole Nicäa. Auf der Synode von Ferrara-Florenz nahm er nach anfänglichen Bedenken für die Unionisten Partei und verteidigte die grundsätzliche Identität der Formeln per filium und e filio, während er das Filioque im Symbolum als Explicatio, nicht als Additio verstanden wissen wollte. Schon vor dem Konzil hatte er den Unionspatriarchen → Johannes Bekkos gegen → Gregor Palamas verteidigt und den Unionsgegner Maximus Planudes angegriffen. Andererseits setzte er in Florenz durch, daß den unierten Griechen der Zusatz zum Symbol (filioque) erlassen wurde. An der Redaktion des Unionsdekretes »Laetentur caeli« hat er wesentlichen Anteil genommen und erhielt dafür, nach Rom übergesiedelt, den Kardinalshut und nach dem Tode von Isidor von Kiew den Titel eines lateinischen Patriarchen von Konstantinopel (1463). Papst → Nikolaus V. verwandte B. als Legaten für Bologna 1450-55. Nach dem Tode dieses Papstes war er Anwärter auf die Nachfolge; 1460 ging er als Legat nach Deutschland und 1470 nach Frankreich, jeweils um zum Kreuzzug gegen die Türken aufzufordern.

Seine wichtigsten theologischen Schriften sind außer den beiden genannten ein großer »Logos dogmatikos« auf der Synode von Florenz und eine Verteidigung der Florentiner Beschlüsse an die Adresse des Alexius Philanthropenus sowie eine Widerlegung der syllogistischen Kapitel seines einstigen Kollegen → Markus Eugenikus von Ephesus. Dazu kommen eine Reihe kleinerer dogmatisch-exegetischer Schriften, Predigten und Briefe. Sein eigentlicher Ruhm ist das große Werk »In Calumniatorem Platonis«, worin er Platon und der platonischen Philosophie denselben Dienst erweisen wollte wie seinerzeit Albertus Magnus und Thomas von Aquino dem Aristotelismus, dh den Einbau der platonischen Philosophie in die christliche Dogmatik. Freilich ging B. in der Verteidigung Platons nicht so weit wie sein Lehrer Plethon, nahm vielmehr gerade Aristoteles auch gegenüber seinem Lehrer in Schutz. Daß B. andererseits nicht nur

Plethon persönlich die Treue hielt, sondern auch durchaus Kenntnis von dessen heidnischen Überzeugungen und Reformplänen hatte, diese zT in seinen eigenen Handschriften konservierte und auch da nicht tadelte, wo Platz zum Tadel gewesen wäre, ja den Söhnen Plethons in den Formeln der plethonischen Liturgie zum Tode ihres Vaters kondolierte, gehört zu den erstaunlichen Unausgeglichenheiten, an denen so viele Persönlichkeiten der Renaissance reich sind. Seine reichhaltige Bibliothek griechischer Handschriften schenkte B. der Republik Venedig. Sie bildet noch heute den kostbaren Grundstock der Marciana.

Theolog. Werke in MPG 161; kleinere theol. Schriften u. Briefe ed. L.Mohler, Aus B.s Gelehrtenkreis, 1942 - B.is in Calumn. Plat. libri IV ed. griech.-lat. L.Mohler, 1927.

W.v.Goethe, Stud. u. Forsch. über das Leben u. die Zeit des Kardinals B., 1871 - H.Vast, Le cardinal B., 1878 - L.Mohler, B. als Theologe, Humanist u. Staatsmann, 1923 - J.W.Taylor, B. the mediator (Proceed. Amer. Phil. Ass. 55, 1924, 120-127) - R.Loenertz, Pour la biographie du card. B. (OrChrP 10, 1944, 116-149) - F. Masai, Pléthon et le platonisme de Mistra, 1956. *H.-G.Beck*

Betglocke → Angelusläuten.

Bethanien, Dorf östlich des Ölbergs, heute el-ʿazarije (= Lazarusdorf), ist eng mit der Jesusüberlieferung verbunden. Es gilt als Ort der Salbung (Mk 14, 3; M t26, 6), Wohnsitz von Marta, Maria und Lazarus (Joh 11 vgl. Lk 10, 38), Rastort in der Leidenswoche (Mk 11; Mt 21, 17; Lk 19, 29) und Himmelfahrtsstätte (Lk 24, 50). Aus byzantinischer Zeit sind Reste einer Lazaruskirche (Saller) und eines anderen kirchlichen Gebäudes (Benoit) aufgedeckt worden. Die Tradition des Lazarusgrabes (Felskammer mit Bankgräbern) ist vom 4.Jh. an bezeugt; sonstige Ortsüberlieferungen sind späteren Datums.

T.Tobler, Topographie von Jerusalem u. seinen Umgebungen II, 1854, 422ff - G.Dalman, Orte u. Wege Jesu, 1924³, 265ff - F.-M. Abel, Géographie de la Palestine II, 1938², 266f - P.Benoit-M.E. Boismard, Un ancien sanctuaire chrétien à Béthanie (RB 58, 1951, 200-251) - S.Saller, Excavations at Bethany (1949-53), 1957. *H.-W.Hertzberg*

Bethel, heute betīn, 17 km nördlich von Jerusalem 881 m hoch gelegen, so daß man von hier und der östlich vorgelagerten Kuppe burdsch betīn, der Stätte des alten Heiligtums, aus einen weitreichenden Rundblick hat (Gen 13, 10). Nach Ri 1, 22-26 soll die früher Lus genannte Stadt durch Verrat in Israels Hände gefallen sein, während Albright auf Grund des archäologischen Befundes schließt, daß B. von den Israeliten mit Gewalt erobert wurde; dieser Tatbestand soll sich nach Albright in der - nachträglich versehentlich auf das 2 km östlich gelegene → Ai bezogenen - Erzählung von Jos 7-8 spiegeln (dagegen u.a. Vincent, RB 46, 1937, 260f). B.s Bedeutung haftet ganz und gar an seiner Kultstätte, die schon in vorisraelitischer Zeit bei den Kanaanäern in hohem Ansehen stand und als Sitz des Gottes → El oder Bethel galt. Denn B. kommt innerhalb und außerhalb des AT nicht nur als Orts-, sondern auch als Gottesname vor, wobei B. gewiß als Hypostase des großen Gottes El zu verstehen ist. Ob es sich hier um die vielfach zu beobachtende Erscheinung handelt, daß die Benennung der Kultstätte eines Gottes geradezu zum Namen dieses Gottes wird, oder ob sich in unserem Falle das bet »Haus« insbesondere auf den heiligen Stein, die Massebe, bezieht, die nach Gen 28, 10-19 für B. eine große Bedeutung gehabt hat, bet'el ursprünglich also diesen heiligen Stein als »Behausung«, »Offenbarungsstätte« Els bezeichnet, muß dahingestellt bleiben. Eine Gründung Abrahams oder Jakobs, zu der Gen 12, 6-8; 28, 10-22; 35, 1-15 B. machen wollen, ist die Kultstätte von B. also keinesfalls. Aber das kann und wird zutreffen, daß schon in der »Patriarchenzeit«, also vor der endgültigen Besetzung Kanaans durch Israel, Vorfahren dieses Israel den El von B. verehrt haben. Nach seiner Landnahme hat Israel B. als Kultstätte beibehalten, diese nun aber seinem Gott Jahwe zugeeignet und dabei El, den Namen ihres alten Besitzers, als Beinamen Jahwes verstanden. Durch die Erhebung B.s zum Hauptheiligtum des Nordstaates und seine Ausstattung mit einem goldenen Jungstierbild (1Kön 12, 25 - 13, 32) hat B. an Ansehen noch gewonnen. Zwei Jahrhunderte später lehnen Amos und Hosea in scharfer Polemik den Kultus von B. als abgöttisch ab, wobei von Hosea namentlich die Verehrung des Stierbildes, des → »goldenen Kalbes«, gegeißelt wird (Am 3, 14; 4, 4-5; 7, 9-17; Hos 13, 1-4), und wieder ein reichliches Jahrhundert später hat Josia die Drohungen dieser Propheten vollstreckt und die Kultstätte von B. zerstört und geschändet (2Kön 23, 15-18). Der Ort B. erlebte im 6.Jh. noch eine Blütezeit (Wiederaufleben des B.-Kultes?). Der Gott B. hat jedenfalls weitergelebt, wie der Sach 7, 2 vorkommende Personenname Bethelsarezer zeigt und die Tatsache bestätigt, daß sich in den → Elephantine-Papyri nicht nur andere mit B. gebildete Personennamen finden, sondern auch der Gottesname Aschambethel.

W.F.Albright, A Trial Excavation in the Mound of B. (BASOR 29, 1928, 9-11) - Ders., The First Month of Excavation at B. (ebd 55, 1934, 23-25) - Ders., The Kyle Memorial Excavation at B. (ebd 56, 1934, 2-15) - Ders., Recent Discoveries in Bible Lands, 1955, 87f - J.L.Kelso, The Second Campaign at B. (BASOR 137, 1955, 5-10) - Ders., Excavations at B. (BA 19, 1956, 36-43).

R.Kittel, Der Gott Bet'el (JBL 44, 1925, 123-153) - O.Eissfeldt, Der Gott B. (ARW 28, 1930, 1-30) - Ders., El and Yahweh (JSS 1, 1956, 25-37) - J.Ph.Hyatt, The Deity B. and the OT (JAOS 59, 1930, 81-98) - Ders., A Neo-Babylonian Parallel to Bethel-Sar-Eser (JBL 56, 1937, 387-394). G.Zuntz, Baitylos and B. (Classica et Mediaevalia 8, 1947, 169-219) - E.G.Kraeling, The Brooklyn Museum Aramaic Papyri, 1953, 83ff. *O.Eißfeldt*

Bethel → Hochschulen, konfessionelle: I, → Innere Mission.

Bethel-Mission. Christliches Verantwortungsbewußtsein für die neuerworbene Kolonie (→ Tanganyika) führte 1886 in Berlin zur Gründung der »Evangelischen Missionsgesellschaft für Deutsch-Ostafrika«. Sie gewann 1890 Friedrich v. → Bodelschwingh (Vater) als Retter aus drohendem Zusammenbruch. Seitdem wuchs sie mit den Anstalten in Bethel zusammen, wohin 1906 auch die Leitung (W.Trittelvitz) verlegt wurde. Diakonissenhaus und Diakonenanstalt stellten viele Mitarbeiter zur Verfügung. 1920 wurde der Name in »Bethel-Mission« geändert, 1955 ihre Arbeit laut Satzung »Anliegen der Zionsgemeinde in Bethel und ihres Freundeskreises«. Im Arbeitsgebiet der B. in Ostafrika wurde nach Bodelschwinghs Eintritt in die Leitung der Schwerpunkt von der Küste weg (1903 Abgabe von Daressalam [→ 2 H 5] an die → Berliner Missionsgesellschaft) ins Inland verlegt. 1895 nahmen P.Wohlrab und E.Johanssen die Arbeit im Usambarabergland, 1907 E.Johanssen in Ruanda auf. 1910 entstand die erste Station in Bukoba. Im ersten Weltkrieg wurde die Kirche von Usambara selbständig. 1925 konnte dort die Bethelarbeit wieder beginnen und ebenso 1927 in Bukoba, während Ruanda verlorenging. Zwischen den Weltkriegen breitete sich die B. kräftig aus (20 Stationen, 100 Mitarbeiter). Als im zweiten Weltkrieg wieder fast alle Mitarbeiter vertrieben wurden, traten amerikanische und skandinavische Schwestergesellschaften als Treuhänder ein. Seit Kriegsende stehen die Mitarbeiter der B. in der internationalen luth. Zusammenarbeit. 1956 gab es in Usambara 20 000, in Bukoba 39 000 Christen. Seit 1947 sind vereinzelt Bethel-Missionare auch in Südafrika eingesetzt.

P.WOHLRAB, Usambara, 1915 - W.TRITTELVITZ, Nicht so langsam! Missionserinnerungen an Vater Bodelschwingh, o.J. (1930) - C.RONICKE, Afrika ruft, 1931 - E.JOHANSSEN, Führung u. Erfahrung in 40jährigem Missionsdienst, 3 Bde, o.J. (1933-36) - G.JASPER, Das Werden der B., 1936. - Zeitschrift: Nachrichten aus der Bethel-Mission. *C.Ronicke*

Bethlehem, d.i. »Haus der (kanaanäischen Göttin) Lahama«, 7 km südlich von Jerusalem gelegene, noch heute bestehende, überwiegend von Christen bewohnte Ortschaft (Gen 35, 19; 1Kön 16, 20; Mi 5, 1), Heimat Davids und nach Lk 2 Geburtsort Christi. Die Höhle und Krippe erwähnen Justinus Mart. (Dial. c. Tryph. 78, 5), auch das Protev. des Jakobus (18, 1) und später → Origenes (c. Cels. 1, 51). Die hl. Stätte wurde - vermutlich unter Decius, vielleicht schon Hadrian - profaniert. → Hieronymus, der von 384 bis zu seinem Tode 420 in B. wohnte, erwähnt in seinem 2. Brief an → Paulinus von Nola (ep. 58), daß einst ein hl. Hain des Tammuz, d.i. Adonis, B. umschattete und in der Höhle, in der das Kindlein den ersten Schrei tat, jener Liebhaber der Venus betrauert wurde. Ob die Jesaja-Legende (Rettung in einer Zeder) mit einem → Adonis-Kult in B. verquickt ist, ist umstritten (Schneider, RAC). Die Adonis-Höhle in B. ist bis heute noch nicht identifiziert, obgleich mehrere Höhlen (Grotten) vorhanden sind. - Nach der Pilgerfahrt der Kaiserin Helena (kurz vor 330) wurde die große Geburtskirche errichtet, die zu jenen Sakralbauten (→ Kirchenbau: II) gehört, mit denen → Konstantin die drei Stätten, welche die Tradition mit Geburt, Grab und Himmelfahrt Christi verbindet, in großer Pracht verherrlichte und zugleich das Andenken an seine Mutter verewigte (Euseb. v. Konst. 3, 30-43). Die Plangestaltung der von Helena geweihten Kirche, die ein Atrium hatte, ist einfacher als die der Grabeskirche in → Jerusalem. Das Gesamtschema - wie bei der konstantinischen Apostelkirche in Konstantinopel: Zentralanlage mit Basilika - hat einen zeitlichen Vorläufer in Tor Pignattara, dem sog. Helena-Mausoleum, an das sich - wie in B. - die Basilika anschloß (→ Rom: II). Nach der teilweisen Abtragung um 500 wurde die Geburtskirche durch den wohl etwas vor 529 vollendeten, heute noch stehenden Trikonchenbau ersetzt. Die fünfschiffige Basilika (Langhaus: 29,63 × 26,26 m; Breite des Mittelschiffs: 9,30 m) mit Transept, Apsiden, Krypta und Chor ist als Prototyp für einige abendländische romanische Kirchenbauten vorbildlich gewesen. In dem 17 m breiten Oktogon über der Grotte, im Mittelschiff und Transept wurden Fußbodenmosaiken (→ Mosaikkunst) aufgedeckt, die geometrische und Akanthus-Ornamente und Weintrauben, Vögel und eine Schrift ΙΧΘΥΣ (→ Fisch) zeigen. - In äthiopischen Kirchen wird mit »B.« ein am östlichen Ende des Sanktuariums gelegener Anbau bezeichnet, in welchem das Brot für die → Eucharistie von dem Diakon allein zubereitet und in einem Ofen gebacken wird, ein archäologisches Beispiel für die volksetymologische Ableitung »B.« = »Brothaus«. - B. und Jerusalem wurden wiederholt in römischen Apsis- und Triumphbogen-Mosaiken (so in Alt-S.Peter, 4.Jh.; S. Maria Maggiore, 5.Jh.; SS. Cosma e Damiano, 6.Jh.; S. Clemente, 12.Jh.) symbolisch als Ausgangs- und Endpunkt des Erdenweges Christi dargestellt: Städte, vor denen Schafe stehen bzw. aus deren Toren sich je ein Lämmerzug nach der Mitte, nämlich dem → Lamm auf dem Paradiesesberg mit seinen 4 Quellflüssen, zu bewegt. Vielleicht waren mit den Städten ursprünglich die beiden Reichsstädte gemeint (Schneider, RAC).

E.WEIGAND, Die Geburtskirche von B., 1911 - W.HARVEY, Structural survey of the Church of the Nativity, 1935 (Abb.) - L.-H.VINCENT, Le sanctuaire de la Nativité (RB 45, 1936, 544-74; 46, 1937, 93-121; Abb.) - R.W.HAMILTON, The Church of the Nativity (Guide), 1947 - A.M.SCHNEIDER, Zur Baugeschichte der Geburtskirche (ZDPV 64, 1941, 74-91) - RAC II, 224ff (SCHNEIDER; Lit.) - B.BAGATTI, Gli antichi edifici di Betlemme in seguito agli scavi e restauri (1948-51), 1952 (dazu: RB 59, 1952, 634-637) - V.CORBOS Grabungen u. Funde in der Umgebung von B., auf dem Felde der Hirten, in Chirbet el Mahrum u. Ch.Giohdom s. RB 61, 1954, 570-575. - Pilgerberichte bei WEIGAND (s.o.) und RB 62, 1955, 26f (Th.KAEPPELI-P.BENOIT) - E.BENZ, Die hl. Höhle in der alten Christenheit u. in der östl.-orth. Kirche (ErJb 22, 1953, 365-432) - U.FABRICIUS, Die Legende im Bild des 1.Jt.s der Kirche, 1956, 52ff. *E.A.Voretzsch*

Bethsaida (= Haus des Fischfangs), am See Genezareth östlich der Jordanmündung (Ebene el-ibṭeḥa) gelegen, wird in allen vier Evangelien - nicht im AT - erwähnt, teils als Stadt (Lk 9, 10; Joh 1, 44), teils als Dorf (Mk 8, 22. 26); dazu stimmt, daß der Tetrarch Philippus es 3 vChr ausbaute und nach Augustus' Tochter »Julias« nannte. Die dörfliche Fischersiedlung ist mit chirbet el-ʿaradsch am Seeufer gleichzusetzen, die eigentliche Ortslage mit et-tell, 2 km landeinwärts. B. gilt als Heimatort dreier Jünger Jesu (Joh 1, 44) und als ihm wohlbekannt, was indirekt durch den Weheruf (Mt 11, 21; Lk 10, 13) sowie durch die Blindenheilung (Mk 8, 22ff) bezeugt wird. B. muß in früharabischer Zeit zerstört und dann Beduinensitz geworden sein.

G.DALMAN in PJ 8, 1912, 45-49; 9, 1913, 50f - DERS., Orte u. Wege Jesu, 1924³, 172ff - D.BUZY, Le Bethsaïde de Galilée (RechSR 28, 1928, 93-99) - F.-M.ABEL, Géographie de la Palestine II, 1938², 279f - C.KOPP, Christian sites around the Sea of Galilee (Dominican Studies 3, 1950, 10-40) - ALT II, 393. 447ff. *H.-W.Hertzberg*

Bethsean, heute tell el-hōṣn, hart nördlich des Dorfes bēsān am nahr dschalūd, 5 km oberhalb seiner Einmündung in den Jordan, in der fruchtbaren, wasserreichen »Bucht von B.«. Der Name hängt vielleicht mit einer altbabylonischen Schlangengottheit Šahan zusammen. Seit der Kupfersteinzeit besiedelt und dank seiner günstigen verkehrsgeographischen Lage offenbar schon zZ der → Hyksos ein selbständiger Stadtstaat, fiel B. 1479 vChr in die Hand Thutmoses III. Die freigelegten Festungsanlagen und Tempel mit Statuen, Stelen und anderen Funden zeigen, daß B. von Amenophis IV. bis Ramses III. ein wichtiger Militärstützpunkt der Ägypter gewesen ist. Nach deren Rückzug, bald nach 1165 vChr, scheinen sich Elemente der Seevölker in B. festgesetzt zu haben; denn bei der Niederwerfung → Sauls durch die → Philister war die Stadt mit jenen im Bunde (1Sam 31). Nachdem → David kurz darauf die militärische Vormacht der Philister gebrochen hatte, wurde B. unter → Salomo zusammen mit → Megiddo und Thaanach einem Gau des Reiches Israel einverleibt (1Kön 4, 12). Über ein halbes Jt. lag der Ort nun im »Dunkel provinzieller Verkümmerung«; erst das hellenistische Zeitalter brachte ihm »eine Erneuerung seines stadtstaatlichen Eigenlebens« (Alt) und gab ihm die Namen Nysa und Skythopolis. Der erstere erklärt sich aus dem dort gepflegten Kult des Dionysos, von dem ein Statuenkopf gefunden wurde; die Entstehung des letzteren ist noch ungeklärt. Von 107 vChr ab für einige Jahrzehnte von den Hasmonäern (→ Judentum: I) abhängig, wurde B. unter Pompejus an seine vertriebenen hellenistischen Bewohner zurückgegeben, erhielt als Mitglied der → Dekapolis seine städtische Freiheit wieder und zählte von 64 vChr an bis zum Ende des Altertums nach eigener Ära. Es erstreckte sich, fast 2,5 qkm bedeckend, mit Theater, Hippodrom und anderen öffentlichen Gebäuden vor allem über das Gelände südlich des tells, den ein peripteraler Dionysos-Bacchus-Tempel krönte. Im 4.Jh. wurde B. Hauptstadt von Palaestina Secunda und Bischofssitz. An der Stelle des Tempels wurde eine Basilika erbaut, die in den Wirren unter Julian Apostata ausbrannte und durch ein Erdbeben vollends zerstört wurde.

Über ihren Trümmern erstand im 5.Jh. ein Zentralbau mit mächtiger Rotunde von 36 m Durchmesser. Von den zahlreichen kirchlichen Bauten, die der Boden von B. noch birgt, wurde am Nordrand der Stadt eine ausgedehnte Klosteranlage des 6.Jh.s freigelegt.

Lit. bis 1936 in BRL 103 - M.NOTH, ZDPV 60, 1937, 115f (B. zZ Sethos' I.) - G.M.FITZGERALD, A Sixth Century Monastery at Beth Shean, Philadelphia 1939 - A.ROWE, The Four Canaanite Temples of Beth Shean I, The Temples and Cultobjects, Philadelphia 1940 - L.VINCENT, La Cathédrale Antique de Beisan-Scythopolis (Muséon 59, 1946, 303-318) - W.F.ALBRIGHT, The smaller Beth-Shean Stele of Sethos I (BASOR 125, 1952, 24-31) - ALT I. II s. Reg. unter »Beth Sean« u. »Skythopolis«, bes. wichtig für die Gesch. von B. ist I, 246-255. *A.Kuschke*

Betke, *Joachim* (1601-63), * in Berlin, Konrektor in Ruppin, Pfarrer in Linum b. Fehrbellin. Er gehörte zu den spiritualistischen Kirchenkritikern des 30jährigen Krieges, besonders durch seine Schrift Excidium Germaniae (um 1640 verfaßt, hg.v. F.Breckling 1666). Aufbauend auf Johann → Arnd und Jakob → Böhme schreibt er der falschen Predigt vom »äußeren Wort« die Hauptschuld am antichristlichen Wesen der Christenheit zu. Die Kirche ist ihm in allen Konfessionen (»Partheyen«) Babel; die wahre Kirche ist verborgen. Ihm liegt alles an der Wiederherstellung des Priestertums aller Gläubigen durch Wiedergeburt, Heiligkeit und Gleichförmigkeit mit dem Christus crucifixus.

Vf. u.a.: Sacerdotium, h.e. Neutestament. Kgl. Priesterthumb..., Amsterdam 1640; Antichristenthumb, ebd 1650. - RE II, 671 - TH. WOTSCHKE, Der märkische Freundeskreis Brecklings (JBrKG 23, 1928, 134-203) - A.SCHLEIFF, Selbstkritik der luth. Kirchen im 17.Jh., 1937 - M.BORNEMANN, Das Verständnis von Kirche, Christentum u. Krieg in Grimmelshausens Simplicissimus, verglichen mit J.B.s Excidium Germaniae, 1953 (Masch. bei der Kirchl. Hochsch. Berlin) - NDB II, 194. *M.Bornemann*

Betrieb

I. Wirtschaftsgeschichtlich - II. Betriebswirtschaftlich - III. Soziologisch - IV. Sozialethisch

I. Wirtschaftsgeschichtlich

1. Gegenwärtige Problemstellung der B.sgeschichte - 2. B. als geschichtliche Erscheinung. - Vgl. Industrie: I, → Wirtschaftsgeschichte: I

1. Jede historische Betrachtung des B.es erweist ihn als einen echten Bestandteil von Gesellschafts- und Wirtschafts*ordnungen* und damit als Ausdrucksform geschichtlichen Werdens schlechthin. Es geht deshalb nicht an, die in der gegenwärtigen soziologischen Diskussion stark beachtete Erscheinung des modernen, von der häuslich-familiären Sphäre getrennt existierenden rationalen »Zweckgebildes B.« mit seinen technisch-organisatorischen Strukturelementen (Sachverfassung) gleichsam zum theoretischen Modell einer historischen Betrachtung zu erheben. Diese Gefahr liegt um so näher, als einerseits die moderne B.swirtschaftslehre nicht, wie die Nationalökonomie, durch eine »historische Schule« hindurchgegangen ist, und andererseits die der sozialen Problematik des B.es zugewandte »B.ssoziologie« nur in einzelnen Forschungsrichtungen, überwiegend deutscher Herkunft, eine historische Fundierung erfahren hat. Allerdings ist die geschichtliche Erforschung namentlich des gewerblichen B.es sowohl durch eine monographische »Werksgeschichtsschreibung« (einschl. Festschriften) als neuerdings auch im Rahmen der allgemeinen Sozialgeschichte gefördert worden.

2. So wie alle wirtschaftlichen Erwägungen, Handlungen und Verantwortungen vor Beginn des modernen Kapitalismus den außerwirtschaftlichen Antrieben der Kulturepochen entsprechen, ist die Gestaltung des B.es als Leistungsbereich zur Verwirklichung einer geordneten menschlichen Unterhaltsfürsorge ein unmittelbarer institutioneller Ausdruck des durch jene Antriebe mehr oder minder begrenzten ökonomischen Wollens. Diese Begrenzung tritt in der abendländischen Entwicklung deutlich hervor in den Epochen der Antike und des Mittelalters durch die »meta-ökonomische«, dh religiös, sittlich oder herrschaftlich-politisch bestimmte Einstellung des Menschen der Wirtschaft gegenüber. B.swirtschaftsgeschichtlich überwiegt hier (zB Oikoswirtschafts-B. oder zunfthandwerklicher B.) der Fall, wo entsprechend den Grundsätzen der geltenden Sozialordnung der Ertrag des B.es eine möglichst konstante Größe bilden soll. Dabei zeigt sich die Wirkung außerwirtschaftlich normierter Konsumtionsvorstellungen (»standesgemäßer Unterhalt«, »Idee der Nahrung« usw) auf B. und Produktion. Die soziale Bindung von B.seinheiten an überbetriebliche Ordnungsgebilde (zB Familie, Zünfte, Bruderschaften) läßt den B. - soziologisch gesprochen - als Bestandteil von sog. Mehrzweck-Institutionen erkennen. Erst die allmähliche Durchsetzung der Prinzipien reiner Erwerbs- und Ertragssteigerung und ihre Verbindung mit der Idee des ökonomischen Liberalismus (16. bis 19.Jh.) heben die außerwirtschaftliche Begrenzung des ökonomischen Handelns auf, führen zunächst bei dem noch mit handwerklicher → Technik produzierenden Manufaktur-B. zur Trennung des B.sraumes von Haus und Familie und schließlich im freiunternehmerisch geleiteten, mit Hilfe des »ökonomischen Mittels« auf das Ziel der höchstmöglichen Rentabilität eingestellten hochkapitalistischen B.e zur universellen Anwendung der modernen Produktionstechnik (Fabrik). Damit entsteht der Zwang zur Anpassung des arbeitenden Menschen an die vorgegebenen Sachanforderungen von Maschinen, Organisation und Arbeitsplanung und eine Begünstigung des die Chancen des technischen Fortschritts optimal nutzenden Groß-B.es, der als soziales Gebilde die moderne Gesellschaft entscheidend geprägt hat.

C.BRINKMANN, Wirtschafts- u. Sozialgeschichte, (1927) 1953[2] - J.LÖFFELHOLZ, Gesch. der B.swirtschaft u. der B.swirtschaftslehre, 1935 - HWBW I[3], 1956, 736ff. *C.Jantke*

II. Betriebswirtschaftlich

1. Der B. als wirtschaftliches Gebilde - 2. Der produktionswirtschaftliche, 3. der kaufmännische, 4. der finanzielle Aufgabenbereich des B.s - 5. Die wirtschaftlichen Führungsprobleme des B.s insgesamt

1. Seitdem die Menschen seßhaft geworden sind, treiben sie Daseinsvorsorge in B.en. Im weitesten Sinne sind das alle Einrichtungen, in denen Menschen auf Grund ein für alle Mal getroffener Vorkehrungen gemeinsam zur Erfüllung eines gesellschaftlichen und/oder wirtschaftlichen Zweckes zusammenarbeiten. In der modernen Wirtschaft gibt es drei Hauptgruppen solcher B.e. Das sind zunächst die Haushaltungen. In ihnen wird das im Erwerbsleben erzielte oder aus öffentlichen Mitteln zugewiesene Einkommen gemäß den Bedürfnissen der Familie verwendet, die ihr Hauptträger ist. Diesen Haushalts-B.en stehen in immer schärferer Herausarbeitung ihrer formellen Selbständigkeit und ihrer sachlichen Sonderaufgabe die Produktions-B.e gegenüber. Deren Aufgabe ist, wirtschaftlich gesehen, doppelt. Sie bringen die Güter und Dienstleistungen hervor, die den Bedarfsplanungen der Haushalts-B.e entsprechen, und leiten sie ihnen zu. Andererseits geben sie allen B.sbeteiligten Gelegenheit, Einkommen zu erzielen (→ Arbeiter, → Angestellte, → Unternehmer). Die dritte Hauptgruppe von B.en bilden die B.e des Staates und anderer öffentlicher Gemeinwesen, also die Behörden- oder Verwaltungs-B.e. Soweit bei ihnen solche Probleme der Daseinsvorsorge im Vordergrund stehen, die nur der Staat kraft seiner besonderen Stellung lösen kann (Rechtsschutz, Brücken-

bau usw), liegen Anstalts-B.e vor. Hier ist ähnlich wie in den privaten Haushaltungen rationelle Ausgabenverwendung kennzeichnend. Die andere Gruppe staatlicher B.e sind die öffentlichen Wirtschafts-B.e. Diese stehen den privaten Produktions-B.en nahe, wenn sie auch außer Gewinnerzielung andere wirtschafts-, gesellschafts- und staatspolitische Zwecke verfolgen (→ Staatsbetrieb).

Den Mittelpunkt der folgenden Ausführungen bilden die der modernen industriellen Gesellschaft das Gepräge gebenden Produktions-B.e in → Industrie, → Handel, Bank, Versicherung und sonstigen Dienstleistungsgewerben. Da diese überwiegend in den handelsrechtlich geordneten Formen der Unternehmung auftreten, wird von Unternehmungen, also von B.en im engeren Sinne, die Rede sein. Deren wirtschaftliche, nicht technische, gesellschaftliche oder wirtschaftspolitische Probleme werden aus einer kurzen Darstellung ihrer produktionswirtschaftlichen, kaufmännisch-geschäftlichen und finanzwirtschaftlichen Aufgabenbereiche ersichtlich werden.

2. Der produktionswirtschaftliche Aufgabenbereich hat auf Grund eines Produktionsprogramms, das den Produktionsmöglichkeiten und Absatzverhältnissen angepaßt ist, den Produktionsprozeß nach dem wirtschaftlichen Prinzip zu ordnen, dh die geplante Produktionsmenge mit möglichst sparsamem Einsatz der immer nur knapp vorhandenen Produktionselemente oder mit einem gegebenen Vorrat solcher Produktionsfaktoren eine möglichst große Produktionsmenge zu erzeugen (→ Rationalisierung). Dieser Einsatz von Produktionselementen, in Geld veranschlagt, heißt Kosten. Zu ihnen rechnen Lohn und Gehalt, die Werkstoffe und die Abschreibungen für die Nutzung fester Produktionsmittel wie Gebäude und Maschinen; dazu kommen die Zulieferungen fremder B.e, sowie Zinsen und Gemeinlasten wie Steuern, auch wohl Zuschläge zum Ausgleich der im Wirtschaftsprozeß schlummernden Risiken (→ Zins, → Steuern, → Lohn). Je nach der in der Kostenrechnung (Kalkulation) am stärksten hervortretenden Kostenart gibt es lohnintensive (Steinkohlenbergbau), werkstoffintensive (Feinseife) oder anlageintensive Be. (Zementfabriken). Die Kosten sind um so niedriger, je geeigneter die Größe des B.s gewählt ist und je günstiger die Standortlage: rohstofforientierte B.e, die bei der Aufbereitung des Rohstoffes große Gewichtsverluste und damit Transportverbilligungen für das fertige Produkt erzielen (Sägewerke), arbeitsorientierte, die am Ort leistungsfähiger Mitarbeiter liegen (bestimmte Großstadtgewerbe), absatzorientierte mit guter Fühlung zum Markt (Nahrungsmittel-, Reparatur-B.e). Die sogenannten festen Kosten entstehen auch bei Stillstand oder geringerer Beschäftigung der Anlagen in gleichbleibender Höhe, zB Mieten, feste Zinsen, langfristig festgelegte Gehälter, bestimmte Steuern. Sie belasten dann die Stückkosten der im schwach beschäftigten B. hergestellten Erzeugnisse stark, so zB in den Elektrizitäts-B.en, den Verkehrs-B.en, den automatisierten und dadurch kostenmäßig starren Fabriken. Derartige B.e suchen sich daher durch entsprechende Fürsorge für die Stammbelegschaft, durch den Ausbau ihrer Marktstellung in Kartellen und Konzernen vor Beschäftigungsschwankungen zu sichern. Die anderen Kosten, wie die unmittelbar für das Erzeugnis aufgewandten Löhne und Rohstoffe, sind variabel, dh sie lassen sich schnell dem Wechsel der Beschäftigung durch Stillegung des Arbeitsplatzes anpassen.

3. Im kaufmännischen Arbeitsbereich werden die Kostengüter in den erforderlichen Mengen und Qualitäten zu möglichst niederen Preisen und termingerecht beschafft und sodann in den Produktionsprozeß gegeben (Einkauf, Lager; → Wert und Preis). Die Hauptaktivität des B.s ist zumeist auf seine Absatzmärkte gerichtet. Er nimmt entweder, bevor er produziert, feste Aufträge der Kunden entgegen oder produziert auf eigene Gefahr für den unbekannten Kunden. Dieser ist entweder der Endverbraucher mit seinem täglichen oder periodisch auftretenden Bedarf oder ein anderer Produzent (Unterschied zwischen Konsumgüter- und Produktionsmittel-B.). Die Unternehmung steht in der Regel in Konkurrenz mit anderen Anbietern (→ Konkurrenz). Bietet sie als einzige auf dem Markt an, so ist sie Monopolist (→ Monopol). Die Konkurrenz geht entweder ausschließlich im Wege der Hinnahme eines im Markt automatisch herausgebildeten Preises vonstatten, oder die Unternehmung versucht, den Preis bei entsprechender Marktmacht selbständig oder im vertraglichen oder stillschweigenden Zusammengehen mit anderen Anbietern festzusetzen (Kartelle, Markenartikel-B.e). Dazu tritt häufig noch die Nichtpreiskonkurrenz durch → Werbung, Qualitätsänderung, Zugabe- und Kundendienstwesen. Eine systematisch betriebene Marktbeobachtung versucht, das Unternehmen in die Unruhe des Marktes, hervorgerufen durch Technik und Bedarfswandlung, einzuordnen. Sie untersucht die Struktur des betreffenden Marktes, indem sie sowohl dessen Aufnahmefähigkeit (den Bedarf) als auch die Konkurrenz (das Angebot), endlich auch die Absatzwege systematisch erforscht und in ihren jahreszeitlichen und längerfristigen Schwankungen sowie in ihren allgemeinen Wachstumsprozessen beobachtet.

4. Die Aufgabenkreise zu 2 und 3 steuern den güterwirtschaftlichen Teil des B.sprozesses, der finanzwirtschaftliche die geldwirtschaftliche Seite der Vorgänge. Einerseits wird in ihm ein geldlicher Überschuß (Gewinn) als von vornherein nicht zu fixierender und daher gelegentlich auch ins Negative umschlagender Anteil (Verlust) des Unternehmensleiters am Wirtschaftsergebnis erstrebt. Er nennt das Verhältnis des Gewinnes zu der von ihm selbst werbend angelegten Geldsumme Rentabilität (→ Produktivität und Rentabilität). Andererseits ist das finanzielle Gleichgewicht zwischen Einnahmen und Ausgaben unter dem Gesichtswinkel der Liquidität, dh ständiger Zahlungsbereitschaft zu sichern. Ein entsprechender Aufbau der Vermögens- und der Finanzseite, dargestellt in den Aktiven und Passiven der Bilanz, unterstützt diese geldkapitalmäßige Kontrolle des B.s. Die »Einkleidung« der verfügbaren Geldmittel in die zur Produktion erforderlichen Wirtschaftsgüter des Anlage- oder des Umlaufvermögens nennt man Investition. Die Geldmittel zur Investition werden durch die Maßnahmen der Finanzierung im engeren Sinne beschafft. Sie fließen entweder (Eigenfinanzierung) aus den eigenen Ersparnissen des Unternehmens (Eigenkapital) oder den von ihm erzielten und gleich wieder im B. angelegten Gewinnen (Selbstfinanzierung) oder aus den verschiedenen Quellen der Außenfinanzierung. Zu dieser rechnen sowohl die meist kurzfristigen Kredite der Lieferanten, also der produzierenden B.e untereinander, als auch die kurz- oder langfristig gewährten Kredite des Geld- oder Kapitalmarktes. Unter diesem versteht man die Gesamtheit aller Kapitalbeziehungen, die die wirtschaftenden B.e mit den Banken, den Sparkassen und sonstigen Kapitalsammelstellen (Bausparkassen, Versicherungsunternehmungen) sowie selbständigen privaten Kapitalgebern verbinden (→ Kapital).

5. Der Leiter des Unternehmens hat die Aufgabe, die Arbeiten seiner Mitarbeiter in diesen Teilbereichen nach der inhaltlichen Seite und nach der Seite gedeihlicher menschlicher Kooperation abzustimmen. Dazu muß er durch eine geeignete Organisation Zuständigkeiten und Verantwortlichkeiten, Dienstwege und den Lauf der

Informationen regeln. Das Rechnungswesen hilft, den B. in allen Teilen zu kontrollieren (Bilanz und Buchhaltung, Kostenrechnung, Aufstellung von Plänen und Voranschlägen). Aber Wirtschaften ist mit Rechnen nicht identisch. Gleichwertig für die Entscheidungen des Unternehmens sind die Leistungen einer rasch kombinierenden Phantasie und glücklicher Intuition. In der Frühzeit der industriellen Gesellschaft kamen diese Führungsaufgaben allein dem Unternehmer zu, dessen Legitimation aus der Aufbringung des Unternehmenskapitals und der Übernahme der Vollhaftung folgte (→ Unternehmer, → Sozialtypen). Im Lauf der Entwicklung hat sich neben den Mann an der Spitze der Unternehmung das unpersönliche Werk geschoben, in dem der angestellte Direktor nicht mehr als Kapitalgeber beteiligt ist. Bei steigender B.sgröße kommt es zu einer Überlastung der Unternehmensspitze mit Führungsaufgaben. Zu ihrer Entlastung, zur Belebung der Arbeitsgesinnung in den Mittelinstanzen des B.s und zur sozialreformerischen Auflockerung der Arbeitsgruppe im Unterbau des B.s wird eine Dezentralisierung der Organisation und eine Teilhabe der Mitarbeiter angestrebt (→ Betrieb: IV, → Mitbestimmung).

W.Rieger, Einführung in die Privatwirtschaftslehre, 1928 - M.R. Lehmann, Allg. B.swirtschaftslehre, (1928) 1956³ - E.Walb, Kaufmännische B.swirtschaftslehre (Rothschilds Taschenbuch für Kaufleute II⁶¹), 1938 - A.Schnettler, Das Rechnungswesen industrieller B.e, (1938) 1949⁴ - E.Gerwig, Organisation u. Führung industrieller Unternehmungen, (1947) 1955² - M.Lohmann, Einführung in die B.swirtschaftslehre, (1949) 1955² (Lit.) - E.Schäfer, Die Unternehmung I-II, (1949) 1954/55²; III, 1956 - P.W.S.Andrews, Manufacturing Business, 1949 - E.Gutenberg, Grundlagen der B.swirtschaftslehre I, (1951) 1957³; II, (1955) 1956² - The Principles and Practice of Management. Hg.v. E.F.L.Brech, 1953 - HWBW. - Bibliographien: Neue B.swirtschaft. Beilage zu »Der B.sberater« - Jb. für Sozialwiss.

M.Lohmann

III. Soziologisch

1. Entstehung der B.ssoziologie - 2. Der B. als soziales System. - Vgl. → Arbeit: I, → Industrie: II, → Mitbestimmung, → Rationalisierung

1. Die Erkenntnis, daß der B. nicht nur als technisch-wirtschaftliche Leistungseinheit, sondern auch als soziales Gebilde das Verhalten der in ihm tätigen Menschen entscheidend beeinflußt, hängt eng mit der Beobachtung zusammen, daß die fortschreitende Aufgliederung des Arbeitsablaufs durch → Rationalisierung die Bedeutung freiwilliger Zusammenarbeit erhöht. Doch hat die wissenschaftliche Beschäftigung mit den sozialen Beziehungen im B. nicht nur durch die Auseinandersetzung mit dem Taylorismus (Erhöhung der Arbeitsproduktivität durch Zeit- und Bewegungsstudien), sondern vor allem auch durch die sozialreformerischen Bestrebungen des ausgehenden 19.Jh.s wesentliche Anregungen empfangen. In der Frühzeit der B.ssoziologie herrschen dementsprechend in sozialpolitischen Forderungen gipfelnde, empirisch jedoch nur ungenügend fundierte Hinweise auf die sozialen B.sprobleme vor (→ Briefs: »Eigentums- und Arbeitsverfremdung« sowie »Fremdbestimmtheit« des Industriearbeiters). Obwohl in Deutschland durch die Sozialenquêten des Vereins für Sozialpolitik, in Großbritannien durch die Untersuchungen des Industrial Health Research Board wichtige empirische Vorarbeiten geleistet worden waren, führten doch erst die von Elton Mayo (Harvard University) und seinen Mitarbeitern durchgeführten Hawthorne-Experimente durch »Entdeckung« der informellen Arbeitsgruppe zum Entstehen einer empirischen B.ssoziologie. Seither liegen zahlreiche Forschungsergebnisse vor, die exakte Aussagen über die soziale B.sstruktur und ihre Funktionsweise ermöglichen.

2. Der B. als soziales System ist durch die dominierende Eigengesetzlichkeit des technisch-wirtschaftlichen Produktionsapparats, durch den Gegensatz zwischen formaler (administrativ angeordneter) und informaler (durch spontane soziale Kontakte entstandener) Sozialorganisation sowie durch das Prinzip der hierarchischen Autoritätsverteilung und schließlich durch seinen weitreichenden Einfluß auf die gegenwärtige Gesellschaftsordnung (»managerial society«) gekennzeichnet. Dementsprechend sind die wichtigsten Problemkreise der B.ssoziologie a) die Auswirkungen der Arbeitsart auf Verhaltensweisen und Verteilung sozialer Rollen, b) die formalen und informalen Aspekte sozialer Beziehungen im B., c) das Problem der Autoritätsausübung und eng damit zusammenhängend die Frage nach einer spannungsmindernden B.sverfassung sowie d) die Wechselbeziehungen zwischen B. und sozialer Umwelt.

a) Es ist darauf hingewiesen worden, daß sich den Phasen der industriellen Entwicklung verschiedene Systeme der Arbeitsorganisation zuordnen lassen (Touraine). Soziologisch bedeutsam sind vor allem die Übergangserscheinungen und die sie kennzeichnenden Anpassungsschwierigkeiten seitens der Arbeitnehmer (zB soziale Folgen der Automation!). Abgesehen von wirtschaftlichen Auswirkungen (zB auf Lohnhöhe und Beschäftigungsniveau) haben Veränderungen des Arbeitsablaufs und der maschinellen Ausrüstung meistens Veränderungen im sozialen Gruppengefüge des B.s und in der Prestigestruktur der betroffenen Arbeitsgruppe zur Folge und rufen dementsprechend mehr oder minder offen zutage tretende Widerstände hervor.

b) Neben den am Arbeitsablauf zweckorientierten sozialen Funktionen (Planung, Anordnung, Durchführung und Kontrolle von Tätigkeiten) sind die sozialen Rollen, die sich autonom durch sozialen Kontakt am Arbeitsplatz, aber auch in der Freizeit herausbilden, für das soziale Gleichgewicht im B. bedeutsam. Ein Arbeitnehmer hat zB die formale Funktion, eine bestimmte Leistungsnorm zu erfüllen. Hierfür wird er bezahlt. Seine soziale Rolle im B. ist jedoch dadurch noch keineswegs definiert. Er kann außerdem der Vertrauensmann seiner Arbeitsgruppe sein und noch dazu einer Ranggruppe oder einer Freizeitgruppe zugehören oder durch persönliche Freundschaft mit den mittelbar oder unmittelbar seine Tätigkeit beeinflussenden Personen verbunden sein. Dieses Netzwerk informaler Beziehungen kann sich positiv (als Schutz gegen die entpersönlichende Wirkung der Teil- und Repetitivarbeit), aber auch negativ (durch Leistungszurückhaltung, Widerstand gegen notwendige Veränderungen, »Cliquenwirtschaft« usw) auswirken.

c) Das Prinzip der hierarchischen Autoritätsverteilung gibt den formalen Verrichtungen im B. Zwangscharakter. Weisungsbefugnis und ausführende Tätigkeit sind - häufig bis in die kleinsten Details - voneinander getrennt. Durch die filternde Wirkung der verschiedenen Rangschichten, die eine von der B.sführung gegebene Anordnung bis zu ihrer Verwirklichung zu passieren hat, ergeben sich oft Kommunikationsschwierigkeiten. Durch Maßnahmen zur zweiseitigen Unterrichtung (Vorschlags- und Beschwerdemöglichkeiten, innerbetriebliches Informationswesen, Ausspracheveranstaltungen, beratende Ausschüsse) können sie ausgeglichen werden. Besondere Probleme ergeben sich in den betrieblichen »Grenzstellungen«, wo Funktionen und Vollmachten einander nicht entsprechen, wie zB beim Spezialisten, der Vorschläge macht, aber keine Entscheidungen fällt, oder wo eine Weisung nicht nur weitergegeben, sondern der jeweiligen Situation angepaßt und ihre Durchführung auch kontrolliert werden muß. Letzteres gilt besonders für die untere betriebliche Führungsschicht der unmittelbaren Vorgesetzten (zB Meister als »Mann in der Mitte« zwischen Werkleitung und Arbeitsgruppe). In jedem größeren B. besteht die Tendenz, den Prozeß der Entscheidungsbildung und der Weisungsübermittlung zu versachlichen. Die Gefahr, daß dann an die Stelle persönlicher Willkür die Willkür des schwer faßbaren bürokratischen Apparates tritt, läßt sich nur durch Erweiterung der Eigeninitiative durch Flexibilität der Ausführungsbestimmungen und Mitspracherecht der Betroffenen mindern. Das soziologische Problem einer von den Beteiligten als human empfundenen B.sverfassung (→ Mitbestimmung) besteht darin, daß die Produktionserfordernisse eine Dezentralisierung der Weisungsbefugnis nur begrenzt zulassen und daß Arbeitnehmervertretungen in jedem größeren B. Repräsentativcharakter tragen, was häufig zum Verlust des direkten Kontakts mit der Belegschaft führt. Darüber hinaus ist der B.srat in der schwierigen Lage, zwischen drei »pressure groups« (Belegschaft, B.sführung und Gewerkschaft) ohne besonders großes Eigengewicht Ergebnisse erzielen zu müssen, die nur durch Interessenausgleich gewonnen werden können.

d) Es gibt keine soziale Autarkie des B.s. Wie die Sozialordnung der industriellen Gesellschaft weitgehend durch Sozialstruktur und Sozialleben der B.e geprägt wird (Besitzlosigkeit der Arbeitnehmer an Produktionsmitteln, Aufspaltung des Tages in produktionsorientierte Arbeitszeit und verbrauchsorientierte Freizeit, Trennung von Wohn- und Arbeitsplatz, Ökonomisierung der Verhaltensweisen), so beeinflußt auch die soziale Umwelt den B. (Leistungsminderung durch Familienprobleme, Umwandlung politischer Spannungen in innerbetriebliche Gegensätze usw). Die Kenntnis dieser Wechselbeziehungen ist wesentliche Voraussetzung für eine verantwortungsbewußte B.sführung, von deren ausgleichenden Maßnahmen die Stabilität der Gesellschaftsordnung in hohem Maße abhängt.

G. Briefs, B.ssoziologie (HWS 31 ff) - Ders., B.sführung u. B.sleben in der Industrie, 1934 - E. Mayo, Probleme industrieller Arbeitsbedingungen, 1949 - G. Friedmann, Der Mensch in der mechanisierten Produktion, 1952 - Ders., Zukunft der Arbeit, 1953 - C. Jantke, Bergmann u. Zeche, 1953 - F. J. Roethlisberger, B.sführung u. Arbeitsmoral, 1954 - Th. Pirker-S. Braun-B. Lutz-F. Hammelrath, Arbeiter, Management, Mitbestimmung, 1955, B.sklima - 1955, hg.v. Institut für Sozialforschung - F. Fürstenberg, Die soziale Funktion der Leistungsanreize (Incentives) im Industrie-B. (KfS 7, 1955, 558-573) - A. Touraine, L'évolution du travail aux usines Renault, Paris 1955 - H. Simon, Das Verwaltungshandeln, 1955 - H. Schelsky, Industrie u. B.ssoziologie (A. Gehlen-H. Schelsky [Hg], Soziologie, 1955, 157-197) - R. Dahrendorf, Industrie- u. B.ssoziologie (SG 103), 1956 - O. Neuloh, Die dt. B.sverfassung u. ihre Sozialformen bis zur Mitbestimmung, 1956. *F. Fürstenberg*

IV. Sozialethisch

1. Ein B. hat nicht nur wirtschaftliche Aufgaben. Er ist zugleich ein soziales Gebilde, das dauernd mancherlei Belastungen ausgesetzt ist. Die sozialethische Frage ist: Was sollte sein und was kann als Hilfe für den einzelnen und im Interesse des sozialen Friedens geschehen, damit diese Belastungen beseitigt, jedenfalls eingeschränkt werden, so daß ein gutes Miteinander, vielleicht so etwas wie eine »B.sgemeinschaft« entsteht.

2. Die Belastungen, denen das Zusammenleben im B. ausgesetzt ist, der gute oder schlechte Geist, der in einem B. herrscht, das »B.sklima« können durch viele Ursachen bestimmt sein: a) von außen durch politische Meinungsunterschiede, Freizeiteinflüsse, häusliche Einflüsse u.a., b) von innen durch die Gestaltung der B.sumwelt: Belastung durch technische B.smittel und die Art der B.sorganisation. Ihre Wirkung auf den einzelnen ist nach Alter, Geschlecht, körperlicher Verfassung usw temporär oder auf die Dauer sehr unterschiedlich. Es gibt bei gewissenhafter und sorgfältiger Überlegung weitaus größere institutionelle Möglichkeiten, derartige Belastungen zu mildern, als oft angenommen wurde, so gewiß es Zeiten und Fälle geben kann, in denen die Marktgesetze den Spielraum für betriebliche Sozialmaßnahmen sehr einengen. Gerade in solchen Fällen werden sich, unabhängig von jeder Wirtschaftsordnung, Einsicht und guter Wille zu bewähren haben. Dabei hat sich sozialethisch als förderlich erwiesen, → Arbeiter und → Angestellte an der Beratung über betriebliche Probleme verantwortlich zu beteiligen (→ Mitbestimmung).

3. Es gibt auch eine Belastung des Menschen durch den Mitmenschen im B. Das ist verständlich, wenn man bedenkt, daß Männer und Frauen, Alte und Junge in der Regel ohne familiäre Bindung zusammen sind, daß sie nach Herkunft, Begabung und Veranlagung sehr unterschiedlich sind und daß es in jedem B. Menschen geben muß, die anordnen, und solche, die Anordnungen ausführen. Alle sozialethischen Bemühungen um den B. stehen vor der Tatsache, daß zwar institutionelle Maßnahmen als Hilfe und Schutz gegen Mißbrauch nur schwer zu entbehren sind, daß es aber umgekehrt auch eine Überschätzung des Institutionellen gegeben hat und gibt. Den guten Geist, der in einem B. herrscht, können sie nicht schaffen und nicht ersetzen. Eine besondere Verantwortung im Schnittpunkt zwischen leitender und ausführender Tätigkeit tragen auch heute noch die Menschen der betrieblichen Mittelschicht (Meister, Abteilungsleiter, Steiger, B.srat, Jugendsprecher). Es ist jedoch nicht gut, die Verantwortung auf allzu kleine Schichten zu lokalisieren. Daraus ergibt sich die Überlegung, inwieweit eine gewisse Gliederung und Dezentralisierung mit entsprechender Delegierung von Aufgaben an viele einzelne und an bestimmte Gruppen möglich ist, um dem Menschen im B. die Empfindung zu nehmen, daß er nichts ist als »Nummer« oder »Rädchen«. Von der Bedeutung der Gruppe her sind auch die Bemühungen zur Bildung christlicher (katholischer oder evangelischer oder kon-konfessioneller) B.sgruppen (B.szellen, B.skerne u.ä.) zu verstehen, die jedoch nicht unproblematisch sind. Die Neigung zur Abkapselung und Cliquenbildung, die Möglichkeit, daß sich Fronten auf diese Weise erst recht verfestigen, ist zum mindesten als Gefahr für die Weite des christlichen Auftrags zu sehen.

4. Der Beitrag des christlichen Ethos wird gegenüber populären Verharmlosungen einmal in dem Hinweis auf die offen oder geheim wirksame Macht des Bösen bestehen. Eben darin aber, daß man diese Mächte nicht verharmlost, wird sich die Ernsthaftigkeit aller sozialethischen Überlegungen im Gedanken des Dienstes am Nächsten (Thielicke) bewähren müssen. Die Zurüstung für diesen Dienst wird von den Kirchen seit Jahren auf sehr verschiedene Weise, aber in verstärktem Maß betrieben. Als tragender Gedanke hat sich dabei einerseits in der Ablehnung des Patriarchalismus (»Herr-im-Hause-Standpunkt«), andererseits der Klassenkampfparole die Vorstellung der Partnerschaft als Leitbild mehr und mehr durchgesetzt (Wendland). Von der Echtheit und Lauterkeit der Motive bei der Realisierung dieses Gedankens auf beiden Seiten hängt Entscheidendes ab. Dafür, ob der Mensch auch bei einer Fülle betrieblicher Sozialleistungen nur Objekt oder Subjekt ist, hat der arbeitende Mensch in der Regel ein feines Empfinden. Die Anwendung von Sozialtechniken ist ohne ein bestimmtes Leitbild unbefriedigend. Verantwortung dem Menschen gegenüber heißt, auch wenn die äußeren Bedingungen das oft erschweren, Wachen über die Menschlichkeit des Menschen (de Quervain). Wenn die Menschen im B.

sich dementsprechend verhalten, wird die Frage nach den »human relations« zu einem sekundären Problem der organisatorischen Gestaltung (Cattepoel).

Ev. Lit.: BARTH, KD III/2; III/4 §§ 55, 3 - E.MÜLLER, Recht u. Gerechtigkeit in der Mitbestimmung, 1950 - D.CATTEPOEL, Das Bild vom Menschen in den »Human relations«, 1951 - DERS., Sozialreise durch Deutschland, 1953 - K.BARTH, Mensch oder Mitmensch, 1953 - ESL 163 ff. 171 ff - L.HEYDE, Vom Sinn der Arbeit (Kirche im Volk 8), 1952 - F.KARRENBERG, Mitbestimmung in der Wirtschaft (ebd 9), 1953 - H.D.WENDLAND, Partnerschaft, christlich gesehen (Gewerksch. Monatshefte 6, 1955, 654-659) - H.THIELICKE, »Human relations« oder Nächstenliebe (ebd 7, 1956, 11-14) - DERS., Theologie u. Betriebspolitik (ebd 423-426) - A.DEQUERVAIN, Ethik II/3, Zollikon-Zürich 1956. - Schriftenreihe »Kirche im Volk« H. 5, 1951; 6, 1950; 7, 1952; 10, 1954.

Kath. Lit.: O.V.NELL-BREUNING, Der Mensch im B. (Wirtschaft u. Gesellschaft 1, 1936, 208-218) - DERS., Mitbestimmung, 1950 - E.MICHEL, Sozialgesch. der industriellen Arbeitswelt, 1947 - J.FRINGS, Verantwortung u. Mitverantwortung in der Wirtschaft, 1949 - G.FISCHER, Christl. Gesellschaftsordnung u. Sozialpraxis des B.es, 1950 - H.HIRSCHMANN, Was sagte Bochum zum Mitbestimmungsrecht, 1951 - F.MÜLLER, Soziale Theorie des B.es, 1952 - L.H.A.GECK, Soziale B.sführung, 1953. *F.Karrenberg*

Bettage, *evangelische* → Buß- und Bettage.

Bettelorden, Ordines Mendicantium, sind religiöse Genossenschaften, die stiftungsgemäß kein Eigentum haben und nur von erbetenen Almosen leben. Ihr Stifter ist der hl. → Franz von Assisi. Ihre geschichtliche Aufgabe bestand darin, die Sektierer des 13.Jh.s an sittliche Strenge und Armut, Entbehrung und Pflichteifer zu mahnen. Wurde ihnen der Lohn ihrer Arbeit nicht gegeben, dann erbettelten sie sich ihren Unterhalt von Tür zu Tür, daher Mendikanten. Man unterscheidet B. im engeren und im weiteren Sinn. Zu jenen gehören nur die → Franziskaner und → Kapuziner (Trid. sess. 25 de regul. c. 3); diese beiden Orden sind »ex instituto mendicantes« (c. 621 § 1) und haben das Recht, in der Diözese ihres Klosters zu sammeln; außerhalb derselben benötigen sie hierzu die Erlaubnis des Diözesanbischofs. Kraft Weisung Pius' V. 1571 sind auch die → Jesuiten zu ihnen zu rechnen. Zu den Mendikanten im weiteren Sinne gehören jene Orden, a) die zwar stiftungsgemäß ebenfalls eigentumslos sind, aber kraft besonderer Ermächtigung Eigentum haben dürfen, zB → Dominikaner 1475; b) die sich der Privilegien der B. einschließlich der Bettelerlaubnis erfreuen (→ Karmeliten 1253, erneuert 1603; → Augustinereremiten 1256, erneuert 1567; → Serviten 1424; regulierte Tertiaren des hl. Franziskus von Assisi 1479; → Minimen 1567; → Trinitarier 1609; Barmherzige Brüder des hl. Johannes von Gott 1624; Franziskanerkonventualen 1628; → Merzedarier 1699). Zwar nicht die Privilegien der B., aber doch die Bettelerlaubnis haben die → Kamillianer seit 1586. Ob sich die Erlaubnis auch auf die Nonnen dieser Orden erstreckt, ist strittig.

Das Betteln wurde von der Kirche noch dadurch begünstigt, daß hierbei der Verkehr mit Gebannten gestattet war. Teilweise war aber das Betteln an die Erlaubnis des Stadt- oder Staatshauptes gebunden, so in Frankreich und Belgien. Graf Ulrich von Württemberg verbot es 1464 den nicht reformierten Orden. In Bayern erließ die Regierung 1770 ein Bettelverbot, das manche Bischöfe teilweise oder ganz begrüßten. Josef II. ging ebenso vor, doch wies er den B. einen Ersatz aus dem Religionsfonds zu unter der Bedingung, daß sie in der Seelsorge mithalfen. Ausländern war das Betteln unter schweren Strafen verboten.

LThK II, 266f - HEIMBUCHER, passim - H.KONOW, Die Baukunst der B. am Oberrhein, 1954. *Ph.Hofmeister*

Betylien → Steine, heilige.

Beurlin, *Jakob* (1520-61), * in Dornstetten, in den vierziger Jahren zur ev. Lehre übergetreten; 1551 Doktor und Professor der Theologie in Tübingen, Mitunterzeichner der Confessio Virtembergica, von Herzog Christoph als vielversprechender junger Theologe zu kirchlichen Sonderaufträgen verwendet, so zweimal (1551/52 und 1552) in Trient. 1554 versuchte B. erfolglos die Schlichtung des Osianderschen Streits in Königsberg, in dessen Beurteilung er sich von dem versöhnlichen → Brenz unterschied. Mit Brenz zusammen verteidigte er die Confessio Virtembergica gegen den Dominikaner Peter a → Soto. 1561 sandte der Herzog im Zusammenhang seiner Religionspolitik B. als Propst und Kanzler der Universität Tübingen zum Religionsgespräch nach Poissy. Unterwegs starb B. in Paris an der Pest.

RE II, 671 ff; XXIII, 192 - V.ERNST, Briefwechsel des Herzogs Christoph, 4 Bde, 1899-1907 - G.BOSSERT, Die Reise der württ. Theologen nach Paris 1561 (Württ. Vierteljahrshefte NF 8, 1899, 351-412). *H.Fausel*

Beuron

1. *Erzabtei St. Martin zu B.* Benediktiner-Kloster, 1863 gegründet von den Brüdern P.Maurus und P.Placidus Wolter in dem 1077 errichteten und 1802 säkularisierten Augustiner-Chorherren-Stift zu B. (Hohenzollern). 1868 zur Abtei erhoben, wurde es Mutterkloster der sich bildenden Beuroner Kongregation (s. 2) und einer der Hauptorte monastischer Erneuerung in Deutschland. Seit 1884 Erzabtei. Stätte bedeutsamer wissenschaftlicher Forschung durch das Palimpsest-Institut unter Leitung von P.Alban Dold, dem Herausgeber der »Texte und Arbeiten«, sowie als Arbeitszentrale der Vetus-Latina-Stiftung. Quellort der liturgischen Erneuerung (Volks-Meßbuch, begonnen von P.Anselm Schott, Tagzeitenbuch u.a. Ausgaben; liturgische Kurse), zugleich wichtig für die Erforschung und Praxis des → gregorianischen Chorals (P.Dominicus Johner). In eigener Druckerei und Verlagsanstalt (»Beuroner Kunstverlag«) wird monastische (»Benediktinische Monatsschrift« seit 1919), wissenschaftliche (Veröffentlichungen des Palimpsest-Institutes) und erbauliche Literatur ediert. - Erzabt: Dr. P.Benedictus Baur. Convent am 1.1.56: 82 Patres, 4 Fratres, 1 Chor-Novize; 98 Conversen, 4 Conv.-Novizen, 3 Conv.-Postulanten.

→ Malerei: VI, → Zahlensymbolik: II.

O.WOLFF, B., (1889) 1923⁶ - Maurus Wolter, dem Gründer B.s zum 100. Geb. Erinnerungen u. Studien, 1925.

2. *Beuroner Kongregation,* Vereinigung mehrerer eigenberechtigter Klöster OSB, wurde 1884 errichtet und umfaßt heute außer der Erzabtei B. (s. 1) die Mönchsabteien Seckau, → Maria Laach, Weingarten, Gerleve, Neresheim, Grüssau (jetzt in Wimpfen im Tale), Neuburg (bei Heidelberg), Tholey, das Priorat Las Condes in Chile und als »Domus« St. Maria bei Kempen am Rhein; dazu die Nonnenabteien St. Gabriel, Eibingen, Herstelle, Kellenried. - Schematismus vom 1.1.56: 325 Patres, 26 Fratres, 9 Chor-Novizen, 1 Chor-Postulant; 302 Conversen, 17 Conv.-Novizen, 6 Conv.-Postulanten. 230 Chor-Frauen, 4 Chor-Novizinnen, 5 Chor-Postulantinnen; 120 Conversen, 6 Conv.-Novizinnen. - Präses der Kongregation seit 1948: Abt Bernhard Durst von Neresheim.

Constitutionen der B.er Congregation von 1884 (AkathKR 54, 1885, 87-104); probeweise Umarbeitung von 1936 päpstl. approbiert, doch nicht publiziert. - Rituale Monasticum sec. consuet. congreg. B., 1931 - Caeremoniale Monasticum sec. consuet. congreg. B., Tournai 1908 - HEIMBUCHER I, 259 ff - R.MOLITOR, Aus der Rechtsgesch. benediktin. Verbände, Bd 1-3, 1928-33 - H.S.MAYER, Benedikt. Ordensrecht in der B.er Kongr. I, 1929 - LThK II, 268 ff - P.WEISSENBERGER, Das benediktin. Mönchtum im 19. u. 20.Jh., 1953. *F.Buchholz*

Beveridge, *William* (1637-1708), anglikanischer Bischof und Erbauungsschriftsteller, gebildet in Cambridge, zunächst Semitist (De Excellentia et Usu Linguarum Orientalium, i.e. Hebraicae, Chaldaicae, Syriacae, Samaritanae cum Grammatica Linguae Syriacae, [1658] 1664²), 1661 Pfarrer (Priester) in Ealing (Middlesex), 1672 an St.Peter's in Cornhill, 1674 an St.Paul's in London, 1681 Archidiakon von Colchester, Mitarbeiter Anton Hornecks an den religious societies, 1684 in Canterbury, 1689 Präsident des Sion College in London, 1704 Bischof von St.Asaph's (Wales). Als Vertreter der anglokatholischen Kirchlichkeit kam er in Gegensatz zu der alle umfassenden »breitkirchlichen« Kirchenpolitik des Erzbischofs John Tillotson und des Bischofs Edward → Stillingfleet. Unter seinen Werken ragen hervor die posthumen Private Thoughts upon Religion (1709), Ecclesia Anglicana Ecclesia Catholica or: The Doctrine of the Church of England (1846 gedr.), The Great Necessity of Public Prayer and Frequent Communion 1710, Private Thoughts upon a Christian Life 1709. Sein unkritisches Συνοδικόν (altkirchliche Kanonsammlung) 1672, das seinen Ruhm begründete, zog ihm Polemik aus Frankreich (Matthieu de Laroque von Rouen) zu (dagegen B.: Vindication of his Collection of Canons 1679). Seine Erbauungsschriften waren weitverbreitet und wurden auch im Elternhause John → Wesleys benutzt.

Works in 9 vols. ed. T.H.Horne, 1824; Works in 12 vols. in: Library of Anglo Catholic Theology, 1842-46. - DNB II (Neudr. 1949/50), 447f.
M.Schmidt

Bevölkerungspolitik

1. Unter B. begreift man alle Einrichtungen und Maßnahmen, die eine Bevölkerung in ihrer Qualität, Zusammensetzung und Größe beeinflussen wollen. Man unterscheidet die qualitative B., deren Gegenstand Art und Zusammensetzung einer Bevölkerung sind, von der quantitativen, deren Problem die zahlenmäßige Beeinflussung einer Bevölkerung ist. B. kann nur in enger Koordination mit Wirtschafts-, Sozial-, Steuerpolitik usw voll wirksam werden, denn Maßnahmen in diesen Bereichen enthalten zT sekundäre Wirkungen auf die Bevölkerungsentwicklung.

Jede B. basiert 1. auf einer Vorstellung von der gegenwärtigen Bevölkerungssituation, in der sie ansetzt, 2. auf einer Bewertung der Ausgangssituation, woraus sich Ziel und Richtung der B. ergeben, und 3. auf einer Vorstellung von der Modellierbarkeit der für die Bevölkerungszusammensetzung und -entwicklung relevanten Komponenten.

2. Maßnahmen bevölkerungspolitischer Art sind von der völkerkundlichen Forschung bis zu *primitiven Völkern* zurück nachgewiesen worden. Kindesaussetzung und -tötung, insbesondere im Fall von Abnormitäten, sowie die Tötung altersschwacher und kranker Personen treten zur Beeinflussung der Zahl und noch häufiger der Zusammensetzung der Bevölkerung auf. Eine bedeutsame Rolle haben bei den frühen Völkerstämmen, die ohnehin unter einer hohen Sterblichkeit standen, Einrichtungen gespielt, die vermehrungsfördernde Wirkungen hatten, wozu religiös begründete → Fruchtbarkeits-Gebote, Hochzeitsrituale (→ Ehe: I) u.a. zu rechnen wären.

Aus der Zeit der *Antike* sind zahlreiche bevölkerungspolitische Maßnahmen überliefert. Vor allem ist ein zur Zeit des Augustus in Rom entstandenes Gesetz, die sog. lex Julia et Papia Poppaia, zu erwähnen. Hierin wird versucht, insbesondere über steuer- und erbrechtliche Maßnahmen bevölkerungspolitisch wirksam zu werden.

Die bevölkerungspolitischen Ansichten des *Mittelalters* bis hin zum Ende des 16.Jh.s stehen weitgehend unter dem Einfluß der kath. Kirche. Danach widerspricht - trotz des begrenzt gültigen Keuschheitsideals, zB für die Mönche und Ritterorden - eine künstliche Einschränkung der Geburten- und Kinderzahl dem göttlichen Fruchtbarkeitsgebot und ist Sünde. In einer oft zitierten Äußerung Martin Luthers: »Gott macht Kinder, der wird sie auch wohl ernähren« (Vom ehelichen Leben, WA 10/II, 304,2) kommt der für die Zeit des beginnenden 16.Jh.s vorherrschende Optimismus in Bevölkerungsfragen zum Ausdruck. In dieser Zeit finden sich aber auch die lange wirksam gebliebenen »ökonomisch bedingten Heiratsverbote«. Zünfte und Grundherren regulierten die Zahl der Heiratenden (und bei dem damaligen Fortpflanzungsverhalten damit auch die Bevölkerungsvermehrung) nach Maßgabe der vorhandenen Arbeitsstellen, die eine sog. Familiennahrung gewährten.

Von einer staatlichen B. in der *Neuzeit* kann erstmalig in der zweiten Hälfte des 17.Jh.s zur Zeit des sog. Merkantilismus gesprochen werden. Infolge der Religionskriege waren in die Bevölkerung vor allem Deutschlands und Frankreichs große Lücken gerissen, und die Territorialherren gingen daran zu »peuplieren« (bevölkern). Die B. dieser Zeit muß auf dem Hintergrund der allgemeinen wirtschaftspolitischen Anschauungen gesehen werden, wonach Arbeitskräfte eine unbedingte Voraussetzung der staatlichen Wohlstandsförderung waren. Als Maßnahmen bevölkerungspolitischer Art wären insbesondere zu nennen: a) die Förderung der Einwanderung (Befreiung der Einwanderer von Steuern, sofortige Aufnahme in die Zünfte usw, wie es zB in Preußen unter dem Großen Kurfürsten und Friedrich d.Gr. geübt wurde) und die Erschwerung der Auswanderung (Auswanderungsverbote gab es in Spanien [1632] und Frankreich nach Aufhebung des Edikts von Nantes [1685], Bestrafung der Verleitung zur Auswanderung in Preußen usw); b) die Förderung der Geburtenhäufigkeit (zB durch Steuerfreiheit für Kinderreiche); c) die Förderung von Eheschließungen insbesondere junger Menschen (durch Heiratskassen, Heiratsprämien, Steuererleichterungen usw) und die Erschwerung der Ehelosigkeit (zB durch eine Art Junggesellensteuer, Sperrung öffentlicher Ämter für Unverheiratete usw); d) die milde Beurteilung von außerehelichen Geburten (zB Abschaffung der sog. »Hurenstrafen« durch Friedrich d.Gr.).

Bis zum Ende des 18.Jh.s stand man Bevölkerungsfragen im allgemeinen positiv gegenüber, dh man sah wohl die Problematik, die sich aus der Vermehrung der Bevölkerung ergab, glaubte aber nicht, daß hieraus ernste Spannungen erwachsen könnten. Diesen Ansichten stellte sich zu Beginn des 19.Jh.s der Engländer Thomas Robert → Malthus entgegen, dessen Schriften einen außerordentlichen Einfluß auf die Diskussion der Bevölkerungsprobleme gehabt haben. Nachdem der Liberalismus im wesentlichen die Reste der früheren merkantilistischen bevölkerungspolitischen Praktiken beseitigt hatte und sich aus der Diskussion der Bevölkerungsprobleme die beiden großen Lager der Kritiker und Befürworter der Malthus'schen Thesen (wenn natürlich auch mit gewissen Abwandlungen) geschieden hatten, finden sich im 19.Jh. zahlreiche Forderungen, die auf eine Begrenzung der Bevölkerungsvermehrung hinzielen und diese mit zT drastischen Maßnahmen durchsetzen wollen. In diese Zeit fällt auch eine Förderung der → Auswanderung (: I) nach Übersee, die jeweils nach wirtschaftlichen Krisenjahren des 19.Jh.s besonders anschwillt.

Am Ende des 19.Jh.s macht dann eine Lehre von sich reden, die unter dem Namen »Neo-Malthusianismus« auftrat und für das heute geübte Fortpflanzungsverhalten sehr bedeutsam geworden ist. Sie geht auf die 1877 in London gegründete »Malthusian League« zurück und propagiert die Anwendung von empfängnisverhütenden Mitteln als vorbeugende Maßnahme von unerwünschten Geburten.

Die bevölkerungspolitischen Ansichten der deutschen Parteien um die Jh.wende lassen sich grob durch ihre Einstellung zum »Neo-Malthusianismus« kennzeichnen. Während die konservativ eingestellten aus nationalen Gründen eine Schwächung der eigenen Volkskraft und auch des Heeres durch die Propagierung der Empfängnisverhütung befürchten (Argumente, die sich in ähnlicher Form geschichtlich weit zurück verfolgen lassen und zB von Machiavelli deutlich formuliert wurden), sehen die Sozialisten – nach anfänglicher Uneinigkeit – hierin eine Möglichkeit, das Los des Arbeiters zu bessern (Reformisten), vor allem die Arbeiterfrau von einer Reihe für sie untragbarer sittlicher Forderungen und religiöser Tabus der bürgerlichen Gesellschaft zu befreien und dem Kapitalisten die Ware Arbeit zu sperren. Ähnliche Fronten wurden bezüglich des sog. Abtreibungsparagraphen bezogen (→ Schwangerschaftsunterbrechung).

Die bevölkerungspolitischen Bestrebungen und Maßnahmen der letzten Jahrzehnte innerhalb der westeuropäischen Länder sind vor allem durch das Bewußtwerden des etwa seit der Jh.wende deutlich hervortretenden Geburtenrückgangs zu verstehen. Ohne generell in die alten nationalistischen Argumente zurückzufallen, erscheint es aus wirtschaftlichen, sozialen u.a. Erwägungen heraus bedenklich, daß die Bevölkerung der westeuropäischen Länder zu schrumpfen beginnt. So kommt es zur Herausbildung sog. positiver bevölkerungspolitischer Maßnahmen, die auf eine Erhaltung oder langsame Vermehrung der Bevölkerungen abzielen, was bei den herrschenden Sterbe- und Heiratsverhältnissen eine durchschnittliche Zahl von 3-4 Kindern je Familie erfordert. Frankreich, das aus hier nicht zu erörternden Gründen lange vor den anderen westeuropäischen Ländern vom Bevölkerungsrückgang bedroht war, betreibt zZ die vielleicht intensivsten Maßnahmen, und England und Schweden werden ob ihrer wohlfundierten, durch sorgfältige Untersuchungen vorbereiteten Maßnahmen häufig als Beispiele für eine moderne B. und Familienpolitik hingestellt.

3. Das schwedische Beispiel zeigt, daß B. heute nur noch sinnvoll im Rahmen eines sozialpolitischen Systems betrieben werden kann, dessen Maßnahmen aufeinander und mit denen der Wirtschafts-, Finanzpolitik usw abgestimmt sind. Der heute weitgehend anerkannte Grundsatz der »freiwilligen Elternschaft«, dh daß geborene Kinder von den Eltern auch grundsätzlich gewünscht sein sollen, setzt die Freigabe der willkürlichen Empfängnisverhütung und mindestens eine sittlich neutrale Haltung der B. zur Frage der Präventivmittel voraus. Auch die kath. Kirche, die sich stets gegen eine Verwendung chemischer oder mechanischer Präventivmittel ausgesprochen hat, verschließt sich dieser Problematik keinesfalls und scheint in einer Beachtung der von Knaus, Ogino und Schmulders korrigierten Lehre – wonach eine Empfängnis an bestimmten Tagen zwischen den Menstruationen ausgeschlossen ist – eine mit ihren Anschauungen vereinbare Möglichkeit der Geburtenkontrolle zu sehen. Die B. beginnt zB in Schweden mit einer allgemeinen Sexualaufklärung und Sexualerziehung in der Schule und bemüht sich, die Fragen des Geschlechts- und Familienlebens aus einer Atmosphäre der Schwüle und Heimlichkeit herauszuhalten. Frankreich kennt eine Art bevölkerungspolitischen Pflichtunterrichts, dessen Anliegen es u.a. ist, mit der Problematik einer wachsenden oder schrumpfenden Bevölkerung bekannt zu machen. Diese Maßnahme ist um so beachtenswerter, als sich immer wieder zeigt, daß materielle Mittel, zB steuerliche Erleichterungen, nur so lange wirken, wie sie neu sind. Später werden sie von vornherein mit eingeplant.

Welche materiellen Maßnahmen in den westlichen Ländern im Rahmen der B. verwandt und vor allem wie sie in ihrer Wirksamkeit und ethischen Problematik beurteilt werden, ist zT recht unterschiedlich. Kinderbeiträge, Ehestandsdarlehen in verschiedener Form, Schulgeld- und Lehrmittelfreiheit, steuerliche Begünstigung Kinderreicher, Baukostendarlehen, kostenlose Gesundheitskontrollen finden sich neben anderen Methoden. – Als qualitativ wirksame Mittel sind Sterilisierungen für Erbkranke im Gebrauch. – Im Hintergrund aller bevölkerungspolitischen Bestrebungen, die sich nicht auf Ein- oder Auswanderungen erstrecken, tritt immer deutlicher, ob ausgesprochen oder nicht, in einigen Ländern das Bestreben zu einer Art »Familienlastenausgleichs« hervor. Dh die aus den verschiedensten Gründen erwünschte Haltung des Bevölkerungsbestandes soll finanziell von allen getragen werden, und die Ablehnung von Kindern überhaupt oder des zweiten und dritten Kindes soll nicht ohne weiteres zur Quelle persönlicher Wohlstandssteigerung werden können.

→ Familie, → Geburtenregelung.

W. Thompson, Population problems, New York-London 1942 – R.v. Ungern-Sternberg-H. Schubnell, Grundriß der Bevölkerungswissenschaft (Demographie), 1950 – G. Mackenroth, Bevölkerungslehre (Soziologie, ein Lehr- u. Hdb. zur modernen Gesellschaftskunde, hg. v. A. Gehlen u. H. Schelsky, 1955, 44-90).

K.-M. Bolte

Bewer, *Julius August* (1877-1953), * in Ratingen, studierte in New York (Union Sem.) sowie in Basel, Halle und Berlin, seit 1902 Professor für AT und semitische Philologie in New York (Oberlin College Theol. Seminary, Union Theol. Seminary, Columbia University, New Brunswick Theol. Seminary). B. war Mitarbeiter an der Revised Standard Version of the Bible (→ Bibelübersetzungen: V, 2b; VI, 6). Er vermittelte der amerikan. theologischen Arbeit die historisch-kritische und gattungsgeschichtliche Forschung in Deutschland und setzte sich nach 1918 für die baldige Wiederaufnahme der Beziehungen ein.

Vf. u.a.: The NT Canon in the Syriac Church, 1900; im ICC: Obadiah and Joel, 1911, Jonah, 1912; The Text of Ezra, 1921; The Literature of the Old Testament in Its Historical Development, 1922; in Harper's Annotated Bible Series: Die 12 Kl. Propheten, 1949, Jesaja, 1950, Jeremia, 1951/52 u. (posthum) Ezechiel, 1954, Daniel 1955.

K. Galling

Bewußtsein ist in gewisser Weise der Grundbegriff, durch den sich die moderne Philosophie von den vorausliegenden Epochen der Geistesgeschichte unterscheidet. Unter B. ist zu verstehen die Gewißheit des »Ich selbst«, in den Grundsätzen (Prinzipien) seines → Denkens die Grundlage zu haben, auf die alle Erkenntnis (→ Erkennen) bezogen sein muß, um wahr zu sein. Dieses Denken hat seinen Ursprung im »Ich selbst«. Als Subjekt der → Wahrheit ist das B. in sich selbständig und gegenüber jeder Instanz außerhalb seiner frei.

Die antike Philosophie kennt das B. als menschliche Seinsverfassung noch nicht. Zwar wird von Anfang an hervorgehoben, daß die → Vernunft den Zugang zum wahren Sein hat, nicht die sinnliche Wahrnehmung. Aber der Mensch ist zu sehr in den sichtbaren, zweckmäßigen Kosmos und in die Öffentlichkeit der Gemeinschaft eingefügt, als daß er auf das B. als Fundament reflektieren könnte. Wohl gewinnt der Weise im Erfassen der Weltvernunft Unabhängigkeit vom Schicksal, Herrschaft über die Leidenschaft; aber die freie Selbständigkeit des auf sich stehenden B.s gegenüber der Welt ist noch nicht gedacht.

In der christlichen Tradition wird die der Welt überlegene Freiheit zum Thema. Ihr Ort ist das → Gewissen (conscientia). Im Gewissen weiß der Mensch um die Wahrheit oder Unwahrheit seines Seins, so wie es sich im besonderen Tun bekundet, und ineins damit darum, daß er für sich verantwortlich ist. Das Gewissen setzt voraus, daß dem Menschen der Wille Gottes bekannt ist. Es ist Gewissen vor Gott. Begriffe wie Seele und Herz (anima, cor) zeigen, daß der Mensch durch das Gewissen in seiner innersten Freiheit getroffen und Person geworden ist, die im Glauben an Gott alle Abhängigkeit von der Welt durchbrechen kann.

Mit dem Aufkommen der modernen Wissenschaft bleiben zwar Innerlichkeit, Freiheit, Weltüberlegenheit erhalten; aber sie entspringen nicht mehr aus dem Gewissen als dem mitwissenden B. vom Willen Gottes, sondern aus der Reflexion auf die vernünftige Selbständigkeit des wissenschaftlichen B.s und bekommen damit eine qualitativ andere Bedeutung. Dieser Wandel wird greifbar bei → Descartes: Jetzt ist es das B., das Innerlichkeit, Freiheit, Weltüberlegenheit gewährt, indem es sich zum Beziehungspunkt aller Wahrheit macht. Es ist nicht nur Ursprungsort der → Wissenschaft, sondern auch einer → Metaphysik, die den Anspruch erhebt, das Fundament des ganzen menschlichen Wesens in sich zu fassen und daher die antike und auch die christliche Tradition legitim fortzusetzen. Das B. ist zuerst theoretisch. Um der zuverlässigen Erkenntnis der Außenwelt willen vergewissert es sich der Prinzipien, die es in sich selbst besitzt. Sein Denken ist im Verhältnis zur Außenwelt objektivierend. Es sieht grundsätzlich davon ab, was der Gegenstand der Erkenntnis für den bedürftigen Menschen bedeutet; es geht auf die in neutraler Distanz gehaltene Sache selbst, die gemäß den Prinzipien des Verstandes gemessen, beurteilt, geordnet wird. Diese objektivierende Vernunft ist autonom. Zugleich vermag das B. vermittels seiner Prinzipien die Welt in ihrem Ursprung aus Gott zu denken und sich dadurch einer letzten Teleologie zu vergewissern, ohne die die Wahrheit der Erkenntnis nicht gesichert wäre. Zuletzt hat es auch moralische Bedeutung: Solange die Freiheit sich an die zuverlässige Wahrheit der Vernunft hält, kann sie im Gebrauch der Welt nicht irren und vermag sie der Leidenschaften Herr zu werden. Dieses B. steht nicht mehr als Person vor Gott, sondern eher, wenn auch im Abstande des endlichen vom unendlichen Vernunftwesen, neben ihm. Darin besteht seine Gottesebenbildlichkeit. Der metaphysische Vorrang, den sich das B. gegeben hat, zeigt sich in der Monadenlehre von → Leibniz. Hier wird das B. zu dem ontologischen Vorbild, dem analog alles Seiende gedacht wird. → Kant hat die Einheit von theoretischem und humanem B., auf der die rationalistische Philosophie beruht, destruiert. Wissenschaft und Metaphysik haben miteinander nichts zu tun. Das theoretische B. ist B. überhaupt. Für dieses von der antiken Philosophie her gesehen »außerweltliche« und gegenüber dem eigenen Dasein indifferente selbstgenugsame B. überhaupt gilt der Vorgang, den Kant als die »kopernikanische Wendung« bezeichnet: Wie bei Kopernikus der Astronom in seiner Erkenntnis des Planetensystems aus der leibhaften Orientierung im Erdraum herauszutreten vermag, so nach Kant die reine Vernunft im Verhältnis zur gesamten Natur. Sie wird zu einer vom empirischen Dasein losgelösten Funktion. Das B. gewinnt dadurch die Möglichkeit, den Ablauf der innerweltlichen Ereignisse nach den ihm eigenen Maßstäben zu messen. Es findet diese Maßstäbe in sich selbst: B. überhaupt gründet in dem logischen Subjekt. Das logische Subjekt ermöglicht durch seine reinen Denkregeln die formale Richtigkeit jedes Denkvorganges. Die formale Logik hat aber zugleich transzendentale Bedeutung. Sie diszipliniert nicht nur das Denken, sondern das B. hat in den formalen Denkregeln zugleich jedes Seiende, das Gegenstand einer Erkenntnis werden kann, in den Vorgriff genommen. Es hat vor jeder faktischen Erkenntnis immer schon den Gegenstand überstiegen und sich den Horizont einer Natur überhaupt und eines Systems reiner Prinzipien, die in ihr gelten, vorgegeben. Diese Idee einer Natur überhaupt regelt im vorhinein (→a priori) jeden Gebrauch, den wir in der Erkenntnis von unserem Verstande machen. Jede mögliche Erfahrung steht also unter der Bedingung des B.s. Paradoxerweise tritt mit der Entschränkung des theoretischen B.s seine unaufhebbare Endlichkeit in den Blick und nötigt das B. zur kritischen Begrenzung seiner selbst. Die letzten Grundsätze (Prinzipien), die unserer Erkenntnis ihren sicheren Gang und die Allgemeingültigkeit ihrer Ergebnisse geben, sind zwar vor aller Erfahrung Besitz unserer Vernunft, aber der Stoff der Erkenntnis stammt aus der sinnlichen Erfahrung. Wir können die Gegebenheiten der Erfahrung immer nur unter der Bedingung des *einen* B.s der transzendentalen Apperzeption erkennen, indem wir den Gegenstand in den uns eigenen Anschauungen des einen Raumes und der einen Zeit unter den reinen Begriffen des Verstandes, den Kategorien, dem Ganzen der Natur einordnen. Dabei zeigt sich aber, daß aller Fortgang der Erkenntnis nur indefinit, unbestimmbar weit ist, aber nicht infinit, unendlich im Sinne der rationalistischen Metaphysik. Das B. hat es immer nur mit Erscheinungen zu tun. Alle mögliche Erfahrung steht unter dem Satze des B.s (Reinhold).

Von diesem Fundament aus gibt es keinen Zugang zu der freien Person der christlichen Gewissenserfahrung. Die Person ist in ihrem Gottesverhältnis als eigenständiges Wesen in Anspruch genommen. Unter der Voraussetzung des reinen B.s wird daraus eine immaterielle Seelensubstanz, die durch einen Fehlschluß (Paralogismus) zu dem logischen Subjekt hinzugedacht ist.

Das B. hat seinen metaphysischen Charakter verloren. Es ist nunmehr teils reines theoretisches, teils empirisches B., die als Subjekt und Objekt der Erkenntnis auseinandertreten. Das reine B. bleibt die Voraussetzung der wissenschaftlichen Erkenntnis. Das Interesse an der Wissenschaft ist der Grund dafür, daß seit Kant die erkenntnistheoretische Bedeutung des B.s einseitig in den Vordergrund getreten ist, zB im → Neukantianismus, in der empirischen Philosophie der angelsächsischen Länder, in der Logistik. Aber obwohl die Leistung der Wissenschaft ständig die Rechtfertigung seines Wertes und den Erweis seiner Möglichkeit erbringt, wird das B. problematisch; denn es gerät in Schwierigkeiten, wenn es auf die Frage, wer der Mensch ist, antworten soll. Die Wissenschaft ist am Menschen interessiert und macht ihn in seinem empirischen Dasein zu ihrem Gegenstand. Die Wissenschaften der Biologie, der Psychologie, der Soziologie, der Historie zeigen, daß der lebende Mensch sich in wechselnden Graden der Bewußtheit und in wechselnden Vorstellungen erlebt, je nach den natürlichen, gesellschaftlichen, geschichtlichen Bedingungen, von denen er abhängt. Der Mensch ist also nicht so frei und selbständig, wie die rationalistische Philosophie vermeinte. Es stellt sich heraus, daß die Freiheit, um deretwillen anfänglich die Wissenschaft ergriffen wurde, im B. kein zulängliches Fundament findet, ob es nun als reines oder als empirisches B. verstanden wird.

In dieser widerspruchsvollen Lage ist es verständlich, daß in der Philosophie die Frage nach einem ursprünglichen Fundament nicht zur Ruhe kommt. Kant selbst ist sich darüber klar, daß das reine B. weder das wahre Wesen des Menschen selbst ist, noch auch es in der Erforschung des empirischen B.s erreicht. Er beantwortet die Frage nach dem Menschen durch den Hinweis auf das Sittengesetz, das es gestattet, eine Grundlegung der Metaphysik der Sitten zu geben. Nur im Hinblick auf dieses dürfen wir von Persönlichkeit sprechen. Die idealistische Philosophie (→ Idealismus: II) ist den Weg Kants nicht mitgegangen. → Hegel hält daran fest, daß der Mensch Selbstbewußtsein (sich wissendes Denken, sich wollende Einheit) ist, auch dort, wo er nicht darauf reflektiert. B. ist eine Weise des Lebens, das durch seine Tätigkeit die in fortschreitenden Stufen sich entfaltende geschichtliche Welt des Geistes ausbildet. Das B. ist geschichtlich. Nur innerhalb seiner Welt und durch sie wird dem Menschen seine vernünftige Freiheit vermittelt. Das »endliche« B., als das der geschichtlich bedingte Mensch lebt, ist mehr als ein empirisch erforschbarer Lebensvorgang, weil es in seiner Welt einem ihm gleichen »unendlichen« B. begegnet, dem Geist, und weil es von diesem Geist in seinem konkreten Sein, auf der Höhe der Geschichte in seiner vernünftigen Freiheit anerkannt ist. In diesem Zusammenhang erscheint die Religion als die Weise, in der der Mensch sich seine Einheit mit dem Geiste seiner Welt, die Identität von endlichem und unendlichem B. in faßlichen Symbolen und Bildern vorstellt. Innerhalb der idealistischen Identität hat → Schleiermacher im religiösen B. den Erfahrungsboden gesehen, auf dem eine Wiederholung der Dogmatik als Beschreibung des Glaubens möglich sei.

Mit dem Ende des Idealismus führt der Versuch, das B. aus seinen gesellschaftlich-geschichtlichen Bedingungen zu verstehen, zum Problem des → Historismus (→ Dilthey). → Nietzsche hat das B. nicht mehr als Subjekt der Wahrheit verstanden, sondern nur noch als Funktion des seine Mächtigkeit wollenden, Werte schaffenden Lebens. Die »kleine Vernunft« des bewußten Geistes ist nur ein Werkzeug der »großen Vernunft« des Leibes.

Ein anderer Weg geht von dem reinen B. der → Erkenntnistheorie aus. Nach → Husserl ist jedes intentionale Gerichtetsein auf ein Objekt nur innerhalb eines umgreifenden, also transzendentalen Horizontes möglich. Ein solcher Horizont geht jedoch nicht nur dem wissenschaftlichen Erkennen, sondern jedem Verhalten vorher. Es steht nicht ein isoliertes Subjekt einer objektiven Außenwelt gegenüber. Das B. steht innerhalb seines Verstehenshorizontes, der allein es ihm ermöglicht, das Seiende in seinem Sein anzusprechen. Dann aber ist, wie → Heidegger zeigt, nicht das absolute B. das Fundament, sondern der existierende Mensch, das Dasein, das in seiner Welt je schon Boden genommen hat, von ihr durchstimmt ist und sich innerhalb ihrer versteht. Das absolute B., das die Gegebenheiten in den Zusammenhang der Ereignisse verrechnend einordnet, kann das Wesen des Daseins, das in der Existenz liegt, nicht erfassen. Es muß umgekehrt als eine abgeleitete Seinsweise verstanden werden, die das Dasein wählen kann.

Alle Versuche der kritischen Begrenzung und Neubegründung des B.s setzen die Herrschaft des wissenschaftlichen Denkens und zugleich den Abbruch der metaphysischen Tradition voraus.

EISLER I, 207ff (Lit.). *W.Anz*

Beyer, *Hartmann* (1516-77), * und † in Frankfurt/M. B. studierte bei Luther und Melanchthon in Wittenberg (1539 Magister) und wurde daselbst Privatlehrer für Mathematik. 1545 berief ihn der Rat der Stadt Frankfurt/M. zum Prädikanten. Gegen Luthers Rat machte B. 1546 den vergeblichen Versuch, die sächsische Gottesdienstordnung einzuführen. Er stritt gegen → Interim, Th. → Thamer und Calvinisten. Als der Rat 1548 das Interim annahm, veröffentlichte B. zwei pseudonyme (Cephalus, Epitimius) Streitschriften. 1552 erreichte B. beim Rat die Ausweisung Thamers, 1561 die Schließung der Weißfrauenkirche für den Gottesdienst der seit 1554/1555 in Frankfurt/M. aufgenommenen reformierten Flüchtlinge. - B. stand in Korrespondenz mit → Melanchthon, → Bugenhagen, → Brenz → Westphal u.a.

Predigten (49 Manuskriptbände); Biblische Historien...; Historienbibel, 1555. - Über B.: G.E.STEITZ, Der luth. Prädikant H.B., 1852 (u. in: Archiv f. Frankfurts Gesch. u. Kunst 4, 1847; 5, 1853). - ADB II, 597f - RE II, 675ff - H.DECHENT, Kirchengesch. v. Frankfurt/M. I, 1903, 161f - O.OPPER, Theobald Thamer (1502-69). Sein Leben u. seine religiöse Gedankenwelt, 1941, 42ff. - NDB II, 203f (Bibliogr.). *H.Steitz*

Beyschlag, *Willibald* (1823-1900). Aufgewachsen in der luth. Gemeinde von Frankfurt a. M., studierte er in Bonn und Berlin, vor allem bei C.I. → Nitzsch, dem er zeitlebens in Verehrung verbunden bleibt (C.I.Nitzsch, eine Lichtgestalt der neueren deutsch-ev. Kirchengeschichte, [1872] 1882^{2}). An den Vorgängen um das Frankfurter Parlament 1848 nimmt er vom konservativen Standort aus lebhaften Anteil. Bei der Sandhofkonferenz Juni 1848 in Frankfurt, die den Wittenberger Kirchentag vorbereitet, ist B. Schriftführer. Seine erste pfarramtliche Tätigkeit im preußischen Trier 1850-56 bringt ihn mit dem aggressiven Katholizismus in Berührung und weckt seine bleibende Kritik. Seit 1860 liest er in Halle über praktische Theologie und NT; seine zahlreichen nt. Arbeiten, u.a. ein »Leben Jesu« (1885, 1912^{5}) und eine »Nt. Theologie« (1891, 1895^{2}), tragen den Stempel einer gemäßigt-konservativen Vermittlungstheologie.

Bleibendere Bedeutung hat seine publizistische Mitarbeit am allgemeinen kirchlichen und politischen Leben, in das er erstmals während seiner Karlsruher Hofpredigerzeit 1856-60 zugunsten des vermittlungstheologischen Kirchenregiments → Ullmann im badischen Agenden- und Verfassungsstreit eingreift. Das von ihm 1860 mitbegründete »Ev. Kirchen- und Volksblatt« existierte bis 1941. In seiner preußischen Zeit ist B. einer der überzeugtesten und überzeugendsten Vertreter der Union (Festrede zu ihrem 50jährigen Bestehen 1867). Bezeichnend ist sein Vortrag auf der Berliner Allianzversammlung 1857: »Wozu fordert die Wahrnehmung auf, daß sich trotz der Rückkehr der Theologie zum kirchlichen Bekenntnis so wenig geistliches Leben in den Gemeinden zeigt?«. 1876 begründet er die kirchliche Mittelpartei der → »Evangelischen Vereinigung«. Schließlich ist B. gegen den wachsenden kath. Einfluß und die Annäherung von prot. Orthodoxie und Katholizismus 1886 Begründer des → »Evangelischen Bundes zur Wahrung deutsch-prot. Interessen«. Bedeutend ist aus dieser Zeit sein Buch »Der Altkatholizismus, eine Denk- und Schutzschrift an das ev. Deutschland« (1882, 1883^{3}). Überall kämpfte B. für ein weitherziges, für die nationalen Fragen offenes, biblisches Christentum. Seine Selbstbiographie »Aus meinem Leben« (2 Bde, 1896/98) ist eine Fundgrube für die Kirchengeschichte Deutschlands zwischen 1840 und 1900.

Auch auf dichterischem und allgemein schriftstellerischem Gebiet fand er zu seiner Zeit Gehör (»Aus dem Leben eines Frühvollendeten«, [1858] 1895^{7}, »Zur deutsch-christlichen Bildung«, [1883] 1899^{2}). Zahlreiche Predigtbände zeigen ihn als ernsten, um den Hörer ringenden Prediger.

Über B.: K.PAHNKE, W.B., 1905 - A.HAUSRATH, R.Rothe u. seine Freunde II, 1906 - M.GERHARDT, J.H.Wichern II. III, 1928-31 - F.V.

D.HEYDT, Gute Wehr. Werden, Wirken u. Wollen des Ev. Bundes, 1936 - HERMELINK III, 80. 163ff. *E.Mülhaupt*

Beza (*de Bèze*), *Theodor* (1519-1605), adeliger Herkunft, * im burgundischen Vézelay, wurde von einem Onkel in Paris aufgenommen, kam aber zur weiteren Erziehung 1528 zu Melchior Volmar nach Orléans. Dieser aus dem schwäbischen Rottweil stammende, feinsinnige und dem evangelischen Glauben zugetane Humanist gewann bedeutenden Einfluß auf die religiöse Entwicklung des jungen B. Nach dessen Weggang studierte B. in Orléans und Paris die Rechte, gefiel sich aber noch mehr als gefeierter Poet seiner Juvenalia (1548, [1569² mit Ausmerzung von allem Lasziven, 1597³]). Schwere Erkrankung und innere Wandlung brachten B. endgültig zum evangelischen Glauben. Nach Aufgabe seiner Pfründen flüchtete er im Okt. 1548 nach Genf und wurde Lehrer des Griechischen an der Akademie zu Lausanne. Hier beteiligte er sich am Kampfe Calvins gegen → Bolsec und → Servet, u.a. mit der Schrift De haereticis a civili magistratu puniendis, verfaßte eine Psalmenübersetzung und das geistliche Drama »Abraham sacrifiant«. Drei Reisen, um Hilfe für die verfolgten Glaubensbrüder (im Piemont und in Frankreich) zu finden, führten B. nach Deutschland. Hier näherte er sich unionistisch den Lutheranern (B.s Göppinger Bekenntnis 1557), fand damit aber wenig Beifall bei den schweizerischen Reformierten. Auch seine Auffassung von der Autonomie der Kirche entfremdete ihn den Bernern. Im Herbst 1558 ging B. von Lausanne nach Genf. Hier wurde er Rektor der 1559 begründeten aufblühenden Akademie. Die Auseinandersetzungen mit extremen deutschen Lutheranern beschäftigten ihn weiter. Hervorragenden Anteil nahm B. am Religionsgespräch in Poissy (Sept. 1561) und in St. Germain (Jan. 1562). Nach Ausbruch des Religionskrieges warb B. in Frankreich, in Straßburg und Basel um Hilfsmittel und -truppen für die Hugenotten und kehrte im Mai 1563 endgültig nach Genf zurück, eben recht, um nach Calvins Tod (B.s Vita Calvini, schon 1564) dessen Nachfolge übernehmen zu können. Nun ist B. der weise Leiter der Genfer Kirche, der geistige Führer der Protestanten in Frankreich. Als Antwort auf die Bartholomäusnacht erhebt er in der Abhandlung De iure magistratuum den Ruf der Résistance gegen die Tyrannei. Seine Theologie faßt er 1570 im Sammelwerk Tractationes theologicae zusammen. 1580 veröffentlicht er seine Icones. Groß sind seine Verdienste um Übersetzung, Auslegung und Textgestaltung des NT (Codex Cantabrigiensis-Claromontanus).

B. vf. gegen 100 Schriften. Bibliogr. in Compte rendu du 3e centenaire de la mort de Th.deB., 1906; doch stammt die Hist. eccl. des églises réf. au royaume de France kaum von ihm. - Über B.: RE II, 677ff - RGG² II, 973 - P.-F.GEISENDORF, Th.deB., 1949 (mit Benützung der Korrespondenz B.s; Lit.). *O.E.Strasser*

Bezzel, *Hermann* (1861-1917), aus einem altfränkischen Pfarrergeschlecht, * und begraben in Wald bei Gunzenhausen. Seine Heimatliebe band ihn frühzeitig an → Löhe, dessen zweiter Nachfolger er 1891-1909 in → Neuendettelsau war, bevor er in München an die Spitze der bayerischen Kirche trat. Von dort aus führte er einen entschiedenen Kampf gegen die moderne Theologie, in dem er dem luth. Bekenntnis auch bei den Gegnern Freunde erwarb. Er wirkte besonders durch seine Predigten und Schriftauslegungen auf die Gemeinde, auf die gesamte Theologie durch seine Vorträge, die nicht nur die Eigenart der → Erlanger Schule zeigen, sondern auch Einflüsse von Hamann, Bengel und Luther selbst, dessen Theologie des Kreuzes in dem Gedanken von der Kondeszendenz zu Ehren gebracht wird. Darum hat er auch nachdrücklich auf die Heidelberger Disputation hingewiesen. In einem 1915 gehaltenen Vortrag von der »Heiligkeit Gottes« hat er ebenso wie in dem Unterricht »Der Knecht Gottes« (1921) seine Theologie grundlegend angedeutet. Ihr entspricht die apokalyptische Haltung seiner Predigten aus der Kriegszeit, die im Gegensatz zur Zeit auf einen Kirchenkampf vorbereiten und kräftig mitgeholfen haben, eine neue Pfarrergeneration zu erziehen.

H.SCHAUDING, Lebensbild B.s, (1917) 1925³ - Zum Gedächtnis H.B.s, hg.v. E.BEZZEL, 1917 - J.RUPPRECHT, H.B. als Theologe, 1925 (Lit.). *G.Merz*

Bhagavadgîtâ (Sanskrit), die vom dem Erhabenen (dh → Krishna) in gebundener Rede vorgetragene (Lehre), also kurz »das Lied des Erhabenen«. Die Bh. ist ein 700 Strophen umfassendes, wahrscheinlich zum Hauptteil um 300 vChr anzusetzendes Lehrgedicht, das zu den an meisten gelesenen heiligen Schriften der → Hindus gehört. Es bildet eine Episode im Epos → Mahâbhârata (Buch 6, Kap. 25-42) und ist an der Stelle eingeschaltet, an der sich die feindlichen Heere der Kauravas und Pândavas vor der Entscheidungsschlacht gegenüberstehen. Der Pândava-Prinz Arjuna will nicht kämpfen, weil er auf der Gegenseite Verwandte und Freunde erblickt; der ihm als Wagenlenker dienende Gott-Mensch Krishna überzeugt ihn aber davon, daß er sich seiner Kriegerpflicht nicht entziehen dürfe. Ausgehend von der Darlegung, daß nur der Leib, nicht der Geist getötet werden könne, entwickelt Krishna in den dem 1. folgenden 17 Gesängen (deren Höhepunkt der 11. ist) eine umfassende Welt- und Lebensanschauung, die bei den Hindus um so größeren Anklang finden konnte, als sie sehr mannigfache, oft schwer miteinander in Einklang zu bringende Lehren enthält, die es jedem ermöglichen, sich auf das ihm Zusagende zu berufen. So wird Gott (→ Vishnu) bald theistisch, bald panentheistisch dargestellt; es wird bald die asketische Weltentsagung, bald das selbstlose Handeln in der Welt gepriesen, bald die selbständig erworbene Erkenntnis, bald die gläubige Gottesergebenheit (→ Bhakti) als Heilsweg empfohlen. Neben Stellen, welche die auf dem Kastenwesen (→ Kaste) begründete brahmanische Lebensordnung vertreten, stehen andere, die gegen jeden Werkdienst gerichtet sind. Die naturphilosophische Grundlage bildet ein vorklassisches → Sâmkhya, das mit dem der Katha- und Shvetâshvatara-Upanishad verwandt ist. Obwohl viel vom → Yoga gehandelt wird, hat dieses Wort noch nicht dieselbe Bedeutung wie im System der späteren Zeit. Die Widersprüche im Werk haben u.a. zu Theorien geführt, nach welchen die Bh. mannigfache Überarbeitungen erfahren hat, bis sie ihre heutige Gestalt, die um 800 nChr bezeugt ist, erhielt (Ad.Holtzmann, R.Garbe, Rudolf Otto u.a.). Wenn dies auch in gewissem Umfange berechtigt erscheint, besitzen diese Annahmen doch nur subjektive Überzeugungskraft, weil die Hindus stets dazu neigen, Anschauungen, die uns als gegensätzlich erscheinen, miteinander zu verbinden.

Die älteste Übersetzung der Bh. von CH.WILKINS erschien London 1785, die erste kritische Textausgabe mit lat. Übersetzung von A.W.V.SCHLEGEL Bonn 1823. Seitdem ist die Bh. in fast alle europäische Sprachen übersetzt worden, eine Liste gibt P.HUBERT, Histoire de la Bh. Adyar, Paris 1949. Deutsche Prosa-Übersetzungen von R.GARBE (1905), P.DEUSSEN (1906), R.OTTO (1935); Neuübersetzungen von L.V.SCHROEDER (1912), R.BOXBERGEN (1870, überarbeitet 1955 [Reclams Universal-Bibl.]). *H.v.Glasenapp*

Bhakti

I. Religionsgeschichtlich - II. Die biblische Botschaft gegenüber der Bhaktireligion

I. Religionsgeschichtlich

Das Sanskrit-Wort bh. ist von der Wurzel »bhaj« abgeleitet, die »jemandem etwas zukommen lassen, ihn verehren, lieben« bedeutet. Es bezeichnet die auf Ergebenheit beruhende gläubige Liebe zu einem Gott. Es ist in Pâninis Grammatik (350 vChr) und in den wohl noch älteren Liedern der Nonnen Buddhas, Strophe 413, zuerst bezeugt. Seit der → Bhagavadgîtâ ist bh. ein Haupttermnius der vishnuitischen Theologie, die ihre Erlösungshoffnung statt auf die selbstgewonnene Erkenntnis (wie die Upanishaden) auf das Vertrauen in → Vishnus rettende Gnade setzt. Bh. wird definiert als »die mit Liebe verbundene Überzeugung, daß Gott über allem steht«, und als die schönste Frucht gepriesen, die aus allen religiösen Bemühungen des Frommen in zunehmender Reinheit erwächst. Die späteren Theoretiker haben die Gefühle analysiert, die den Gottergebenen (bhakta) beherrschen, je nachdem er Gott in demütiger Resignation, als gehorsamer Diener, als treuer Freund, zärtlich wie einem Kinde oder mit leidenschaftlicher lusterfüllter Liebe entgegentritt. Die Ansichten gehen darüber auseinander, ob der Mensch aktiv an seiner Heilsgewinnung mitarbeiten solle (Synergismus der »Affenschule«) oder ob er, aus eigenen Vermögen dazu nicht imstande, sich allein auf die → Gnade Gottes verlassen müsse (Monergismus der »Katzenschule«).

Die Idee der bh. ist vor allem von den Vishnuiten ausgebildet worden, doch finden sich auch bei den Verehrern des → Shiva und denen der Durgâ ähnliche Strömungen. Wie sehr die Vorstellung von einer → Erlösung durch bh. den indischen Geist anzog, läßt sich daraus erkennen, daß auch der spätere → Buddhismus bh.-Gedanken in der Form des Amitâbha-Glaubens (→ Amida: I) in sein System eingebaut hat.

ERE II, 539ff - Sir G.A.Grierson in JRAS 1907-11 - R.G. Bhandarkar, Vaishnavism, Shaivism and minor religious systems, 1913 - R.Otto, Vishnu-Nârâyana, 1917 - H.v.Glasenapp, Madhva's Philosophie des Vishnu-Glaubens, 1923 - Ders., Die Lehre Vallabhâcâryas (Zeitschr. f. Indologie 9, 1934, 268-330) - D.Lauenstein, Erwachen der Gottesmystik in Indien, 1943 - W.Eidlitz, Die indische Gottesliebe, 1955. *H.v.Glasenapp*

II. Die biblische Botschaft gegenüber der Bhaktireligion

1. Im christlichen Glauben wie in der Bh.religion geht es nicht um die Frage der Realität des Göttlichen, sondern um die Antwort des Menschen auf die göttliche Wirklichkeit. Und da sich beide mit der Antwort des Menschen befassen, gibt es Ähnlichkeiten und Übereinstimmungen; da es sich aber um eine verschieden aufgefaßte göttliche Wirklichkeit handelt, bestehen andererseits auch Verschiedenheiten.

Bh. und der christliche Glaube stimmen darin überein, daß es sich bei beiden um eine liebende Hingabe an Gott handelt. Oft ist Bh. ebenso uneigennützig und tief wie der Glaube im NT. Beiden gemeinsam ist auch das Gefühl für das »Anderssein« Gottes. Ebenso sind beide erhaben über jede Art von Gesetzlichkeit und leerem Brauchtum. Wenn es auch richtig ist, den Hinduismus als von der Kastenidee (→ Kaste: I) beherrscht zu kennzeichnen, so wirkte sich Bh. doch gegen die Kaste aus und damit gegen die Tendenz, die Religion zu einem Privileg der Wenigen zu machen. Die Ähnlichkeiten zwischen Bh. und dem Christentum rechtfertigen die Behauptung, Shiva Vakyar hätte ebensogut in einer christlichen Gemeinde am Gottesdienst teilnehmen können; ja sie machen die Vermutung einiger maßgebender Gelehrter, Bh. sei von Anbeginn an christlichen Einflüssen unterworfen gewesen, verständlich.

Dennoch gibt es wesentliche Unterschiede. Diese resultieren vorwiegend aus der im Hinduismus noch nicht entschiedenen Streitfrage über das Wesen Gottes. Die Behauptung, der Hinduismus (Bh.) sei im Grunde nicht am Wesen Gottes, ja nicht einmal an der Existenz Gottes interessiert, sondern lediglich an der Befreiung der Seele, entbehrt jeder Grundlage. Über das Wesen Gottes oder die Wirklichkeit nachzudenken, ist vielmehr Hauptanliegen aller Hinduphilosophen; doch gibt es im gesamten Hinduismus keine Stimme des Propheten, die ausruft: »So spricht der Herr.« So ist es nicht ungewöhnlich, daß ein Bh.dichter seinen Gott in der liebevollsten Weise preist und daß dieser Gott ihm trotzdem plötzlich in die Leere eines unqualifizierten Monismus entschwindet (so bei Tulsi Dās, bei Tuka Rām und sogar bei Mānikkavāsagar und Tāyumānavar). Man hat von Advaita (Lehre von Brahma als dem einzig Wirklichen) und Bh. gesagt, es handle sich bei ihnen nicht um zwei sich widersprechende Anschauungen über die Wirklichkeit Gottes, sondern lediglich um variierende Stimmungen. Der Fromme schwankt, weil die Gewißheit über das Wesen Gottes fehlt. Daß sich → Shankara, der Lehrer der kompromißlosesten Form des Monismus, berechtigt fühlt, sich einen Bh. dichter zu nennen, zeigt, wie schwach das Fundament der Bh. sein kann.

2. Damit hängt es zusammen, daß die Verehrung der Bh. zwar einem einzigen Gott gilt, aber im allgemeinen nicht Monotheismus, sondern Henotheismus ist. Die in der Bh.religion am häufigsten verehrten Götter sind → Vishnu oder → Shiva. Die Verehrer dieser Götter halten jeweils ihren Gott für die höchste Gottheit; aber es besteht wenig Neigung, die Existenz des anderen Gottes, ja des Pantheons zu leugnen. In der Tat gedeiht Bh. auf dem Nährboden der Puranas, für die die Existenz vieler Götter und die Notwendigkeit, deren Beziehungen zueinander zu definieren, wesentlich ist. Ein der gesamten Bh.dichtung gemeinsames Grundthema ist die Überlegenheit des bevorzugten Gottes über die anderen Götter. Bh. erkennt zwar das Vorhandensein anderer Götter an; soweit es Bh. angeht, ist aber nur einer von Bedeutung. Henotheismus ist zeitweilig Monotheismus. Der angebetete Gott wird zwar in seinem Anderssein empfunden; das aber führt im Hinduismus niemals zum Bewußtsein des Frommen, Geschöpf zu sein. Im Hinduismus kommt es nie zu einem Gegenüber von Schöpfer und Schöpfung. Es gibt zwar das Empfinden, von Gott geschieden zu sein; aber es ist nicht die Geschiedenheit, die sagt: »Heilig, heilig, heilig ist Gott, der Herr.« Bei Shankara beruht die Geschiedenheit zwischen Mensch und Gott auf Avidya (dem Nicht-Wissen). Im Saiva Siddhānta ist Pāsa, die den Menschen von Gott fern hält, wie Gott und die menschliche Seele ewig. Der Unterschied zwischen Gott und Mensch ist im Hinduismus häufiger ein metaphysischer Unterschied, wo das Endliche auf dem Heilswege, wenn nicht zum Unendlichen wird, so ihm doch sehr nahe kommen kann. Der Ruf nach der Vereinigung mit Gott, den man im Hinduismus oft hört, ist rührend und natürlich; jedoch klingt der Ruf nach Vergebung, wird er überhaupt laut, fremd. Die Beziehung Gott-Mensch läßt die Frage nach der Versöhnung, wie sie im NT verkündigt wird, nicht laut werden.

3. Das NT verkündigt den Glauben an Jesus Christus. Glaube, und Glaube allein, darum geht es für den Christen. Im Hinduismus ist die gläubige Hingabe (Bh.) nur einer der drei Heilswege. Viele Philosophen betonen die Überlegenheit des gnāna mārga (Weges der Erkenntnis), andere bevorzugen den karma mārga (Weg des Werkens und Wirkens). Bh. betont natürlich die Bedeutung des Bh.weges. Aber weder die Gita noch Ramanuja, die entscheidenden Autoritäten der Bh., noch Sāndilya, der Verfasser der »Bh. Sutras«, erklären - wenn sie auch Bh. als Heilsweg verkünden - die anderen Wege für irrig. Die »Then Kalai«-Sekte, eine extreme Bh.-Rich-

tung, fügt den drei Heilswegen noch zwei weitere zu. All diese verschiedenen mārgas (Wege) gehen von einem Gott aus, der darauf wartet, erreicht zu werden, jedoch nicht von einem Gott, der zu uns auf dem Wege ist, um sich mit uns zu versöhnen.

Die Tatsache, daß Bh. als ein Weg zu Gott verstanden wird, beweist, daß es Mittel zur Erlangung der Gnade ist. Der Hinduismus neigte schon immer dazu, auf religiösem Gebiet eine gewisse Macht in die Hände von Menschen zu geben. Durch Opfer, Meditation, Askese oder die Wiederholung von Formeln verschaffte sich der Mensch bis zu einem gewissen Grade Macht über die Götter. Die Verläßlichkeit der Götter hängt vom Handeln des Menschen ab. In der Entwicklung der Vishnu- und Shiva-Verehrung ist Bh. ein entscheidendes Mittel dieser menschlichen Macht geworden. Im NT hingegen ist die Rechtfertigung durch den Glauben die Gewißheit einer bereits von vornherein geschaffenen Erlösung.

Auch die Auswirkung von Bh. und christlichem Glauben auf den Menschen ist verschieden. Nach dem NT gilt: »Darum, ist jemand in Christo, so ist er eine neue Kreatur.« Bh. hat viele verschiedene Typen im Laufe der Jahrhunderte entwickelt, aber für sie alle gilt, daß sie zwar in tiefe religiöse Ergriffenheit und in eine Anbetung hineinführen mögen, die alles andere vergißt, aber niemals als Neuschöpfung des Menschen beschrieben werden können. Ein Gott, der ein Du erneuern soll, muß unzweifelhaft Ich sein.

A.J.Appasamy, Christianity as Bh. Mārga, London 1927 - R. Otto, Indiens Gnadenreligion u. das Christentum, 1930 - K.Hutten, Die Bh.-Religion in Indien u. der christliche Glaube im NT, 1930 - F.Melzer, Christus u. die indischen Erlösungswege, 1949.

S.Kulandran

Biandrata (*Blandrata*), *Georg* (1515-88/90), Antitrinitarier, * zu Saluzzo in Piemont, studierte in Pavia, wurde Leibarzt am polnischen und ungarischen Königshof. Seit 1552 wieder in Italien, von der Inquisition verfolgt, übersiedelte er 1556 nach Genf, 1558 nach Zürch, 1560 wieder nach Polen, wo er auf Grund seiner früheren guten Beziehungen zum polnischen Adel, gegen die wiederholten Warnungen Calvins, das Amt eines weltlichen Vorstehers (»Senior«) der Reformierten Kleinpolens bekleidete. Seit 1563 wirkte er in Siebenbürgen als Leibarzt und Vertrauensmann des jungen Fürsten Johann Sigismund. Seinen großen Einfluß setzte er zuerst für die helvetische, seit 1565 aber offen für die antitrinitarische Richtung ein. Nach dem Tode des antitrinitarisch gesonnenen Johann Sigismund (1571) behielt er seine Stellung auch unter dem röm.-kath. Fürsten Stephan Báthory, gab den radikalen → Davidis preis und lenkte die antitrinitarische Bewegung in eine von F. → Sozini geprägte gemäßigtere Richtung (»Adorantismus«). Diese erhielt die Rechte einer »religio recepta« und wurde seit 1600 »unitarisch« genannt (→ Antitrinitarier, → Sozinianer, → Unitarier).

RE III, 250f - E.Revesz (jun.), Ungarische reformierte Kirchengeschichte, Bd 1, 1520-1608, 1938 (ung.) - E.M.Wilbur, A history of Unitarianism, Socinianism and its antecedents, 1946 - C.Cantimori, Italienische Häretiker der Spätrenaissance (Übers. v. W.Kaegi), 1949.

M.Bucsay

Bibel

I. Altes Testament - II. Neues Testament - III. Dogmatisch - IV. Im Unterricht - V. In der Mission und in den jungen Kirchen. - In Sonderartikeln sind behandelt → Bibelhandschriften, → Bibelübersetzungen, → Bibelillustration, → Armenbibel, → Historienbibel, → Bibelgesellschaften, → Bibelverbreitung in der kath. Kirche, → Bibelverbot, → Bibelwissenschaft (vgl. die dort genannten ergänzenden Artikel), → Hermeneutik, → Schriftauslegung, → Inspiration. - Über die heiligen Schriften anderer Religionen → Schriften, hl.

I. Altes Testament

A. Bestand und Zusammensetzung - B. Sammlung und Kanonisierung - C. Sprache und Schriftzeichen. - Die einzelnen Bücher haben Sonderartikel, ebenso → Text und Textkritik, → Formen und Gattungen, → Bibelkritik

I A. Bestand und Zusammensetzung des AT

Das AT ist ein kleiner Teil der reichen israelitisch-jüdischen Literatur des ausgehenden 2. und des 1.Jt.s vChr. Von ihr ist zwar aus der ältesten Zeit außer at. Schriften kaum etwas erhalten geblieben, aber allein das aus den letzten Jahrhunderten vChr überlieferte nichtkanonische jüdische Schrifttum übertrifft die B. an Umfang bei weitem. Der hebräische (masoretische) Kanon des AT (→ Bibel: I B) fand erst im 1.Jh. nChr seine endgültige Abgrenzung. Das hebr. AT ist weniger als 1000 durchschnittliche Buchseiten stark. Es besteht aus 39 einzelnen, aber großenteils nicht thematisch einheitlichen Schriften (»Büchern«, → Brief und Buch im Altertum) von sehr unterschiedlichem Umfang. Neben dem Buch Jesaja mit seinen 66 Kapiteln und dem Psalter mit 150 Psalmen steht das »Buch« Obadja mit einem einzigen Kapitel (→ Kapitel- und Verseinteilung). Diese einzelnen Bücher sind abschließend in drei Gruppen: Gesetz, Propheten und Schriften geordnet.

a) *»Gesetz«* (tôrā) ist der zusammenfassende Name für die fünf Bücher Mose (→ Pentateuch) geworden; nach den griechischen bzw. latinisierten Titeln: → Genesis, → Exodus, → Leviticus, → Numeri und → Deuteronomium.

b) Als *»Propheten«* (nebi'îm) gelten der hebräischen Überlieferung auch die alten Geschichtsbücher, da sie von Propheten verfaßt sein sollen. Danach werden auf Grund der vermeintlichen Entstehungszeit oder der Stellung im Kanon (je vier) »frühere« und »spätere« Propheten unterschieden; die früheren sind das → Josuabuch, das → Richterbuch, das 1. und 2. → Samuelbuch, das 1. und 2. → Königsbuch, die »späteren« → Jesajabuch, → Jeremiabuch, → Ezechielbuch und das → Zwölfprophetenbuch.

c) Für den dritten Teil des at. Kanons hat sich die Bezeichnung *»Schriften«* (ketûbîm, griech. Hagiographen = »heilige Schriften«) eingebürgert, vielleicht, weil sie nicht - wie das Gesetz und die Propheten - den Rang fester gottesdienstlicher Lesetexte hatten. Sie stehen in der hebräischen B. in dieser Reihenfolge: → Psalmen, → Hiob(buch), → Sprüche(buch), die fünf »Festrollen« (→ Megillot), die später zu liturgischen Festtexten erhoben wurden, nämlich → Ruth(buch), → Hoheslied, → Prediger(buch), → Klagelieder, → Esther(buch), und zum Schluß → Daniel(buch), Esra-Nehemia (→ Esrabücher: I, → Nehemiabuch) und die → Chronik(bücher). Die davon abweichende Anordnung in den meisten modernen B.übersetzungen folgt der griechischen B. (→ Bibelübersetzungen: I).

Als Gesamtzahl für die biblischen Bücher gibt 4Esr 14, 45 vierundzwanzig und Josephus zweiundzwanzig an (→ Bibel: I B). Der Unterschied zwischen dieser und unserer Zählung von 39 Schriften erklärt sich so, daß Sam, Kön, Chr, Esr-Neh und das Zwölfprophetenbuch nicht aufgeteilt waren, sondern als je ein Buch galten; dabei hat Josephus Ruth zu Ri und Klgl zu Jer gezählt.

Die griechische Bibel enthielt eine Reihe von Schriften, die keine Aufnahme in den hebräischen Kanon gefunden haben (→ Apokryphen: I, vgl. auch → Pseudepigraphen).

Außer den »Einleitungen in das AT«: O.Weber, Bibelkunde des AT, (1935) I, 1948⁶; II, 1948⁵.

F.Maass

I B. Sammlung und Kanonisierung des AT

Das AT ist einerseits eine Sammlung »heiliger Schriften«, andererseits durch die Abgrenzung »Kanon«, womit eine für Glauben und Leben der religiösen Gemeinschaft verbindliche Norm gemeint ist. Der Prozeß der Sammlung ist dabei die historische und sachliche Voraussetzung für die Kanonisierung des AT im Judentum und Christentum (das Wort »Kanon« ist erst seit dem 4.Jh. für den Tatbestand einer abgeschlossenen hl. Schrift gebräuchlich).

1. Einen eindeutigen Hinweis auf eine Schriftensammlung bietet → Jesus Sirach (c. 42ff). Hier preist er Gottes Taten auf Grund der Darstellung im Pentateuch und in den historischen Büchern; er rühmt Jes, Jer, Ez und die 12 Propheten, kennt Psalmen und Sprüche sowie das Chronistische Geschichtswerk, vielleicht auch Hiob. Um 200 vChr hat es also eine Sammlung von Schriften gegeben, die von den Taten und Worten Gottes in der Geschichte Israels bis auf Nehemia Zeugnis ablegten. Wann diese Sammlung entstanden, ist unbekannt. Die Tatsache, daß der Chronist eine Reihe Prophetenworte zitiert, könnte darauf führen, daß ihm die prophetischen Schriften (außer Dan) schon als Autorität vorlagen. In der Zeit zwischen dem Abschluß des → Pentateuch und der Endfassung der → Chronikbücher sind die historischen und prophetischen Schriften gesammelt, die sich besonderer Achtung erfreuten und daher wohl neben dem Gesetz in den Synagogen vorgelesen wurden. Aber schon für Sirach haben Pss, Spr, Chr eine ähnliche Bedeutung; von einem Abschluß der Sammlung ist jedenfalls nichts zu erkennen. Das wird noch deutlicher im griech. Prolog des Sir (um 130 vChr). Der Übersetzer spricht vom »Gesetz, den Propheten und den übrigen väterlichen Schriften«, denen er das Werk seines Großvaters anschließen möchte. So gibt es um 100 vChr eine umfassende Sammlung anerkannter »heiliger« Bücher (1Makk 12, 9), aber noch keinen abgeschlossenen Kanon.

Von daher ist es verständlich, daß diese Sammlung in den verschiedenen Zentren des Judentums erweitert wurde, daß neu entstandene Schriften wie Pred, Sir, Weish, Jdt, Tob, Makk, Dan, Henoch, Jub u.a. in ähnlicher Weise wie die älteren Schriften gelesen wurden. »Des vielen Büchermachens ist kein Ende« (Pred 12, 12), und eine Grenze war nicht gezogen. Darauf weist jetzt auch die Fülle der bei → Qumran gefundenen Werke. Einen »alexandrinischen« Kanon, der einige oder alle der genannten Schriften mit umfaßt hätte, dürfte es nicht gegeben haben; wahrscheinlich ist nur, daß man im hellenistischen Judentum zT eher geneigt war, den älteren auch neuere Werke als erbaulich zuzuordnen.

2. Erst am Ende des 1.Jh.s nChr umreißt Josephus (c. Ap. I, 8) den Begriff eines abgeschlossenen »Kanons« und verhandeln die Rabbinen über die Schriften, die zu diesem Kanon gehören. Nach Josephus ist ihre Zahl begrenzt auf 22; sie sind in der Zeit zwischen Mose und Artaxerxes entstanden; ihr Wortlaut ist unantastbar; sie gelten als Gottes Gebote (δόγματα). Der etwa gleichzeitige Verfasser des 4Esr (14, 45) zählt 94 heilige Schriften, von denen aber nur 24 allen zugänglich sein sollen. Dh wohl, daß die Zählung der Schriften nicht überall feststand, wohl aber die Abgrenzung als solche damals nötig erschien.

Die älteste jüdische Aufzählung der kanonischen Schriften steht in einer aus dem 2.Jh. nChr stammenden Überlieferung (Talm. b. Baba bathra 14b). Hier sind genannt: Tora; Jos, Ri, Sam, Kön, Jer, Ez, Jes, 12 Propheten; Ruth, Pss, Hi, Spr, Pred, Hhld, Klgl, Dan, Est, Esr, Chr. Den gleichen Bestand des jüdischen Kanons zählen ein altes transkribiertes Verzeichnis (JThS 1, 1950, 135ff; ThLZ 77, 1952, 249ff), Origenes (Euseb, h.e. VII, 25, 2), Epiphanius (de mens. 23) und Hieronymus (Prol. galeatus) auf, freilich mit abweichender Reihenfolge und Zählung. Wenn also auch der Bestand des jüdischen Kanons seit ca 100 nChr feststand, so blieben Gliederung und Zählung noch länger zweifelhaft.

Seit wann dieser Bestand als kanonisch galt, ist noch umstritten. Talmudische Nachrichten weisen darauf hin, daß über manche Schriften, vor allem über Hhld, Pred, Est, bei den Rabbinen des 1.Jh.s nChr diskutiert wurde. Ob alle drei gleichzeitig anerkannt wurden oder ob etwa Pred und Est erst später kanonisiert wurden, bleibt ungewiß. Rabbinische Versammlungen in Jerusalem (um 65 nChr), in Jabne (Synode von Jabne-Jamnia um 90 nChr), vielleicht auch noch spätere, scheinen die letzten Entscheidungen über die zum Kanon gehörigen Bücher getroffen zu haben. Dann erst hat sich langsam auch die Aufteilung auf die drei Gruppen Gesetz, Propheten und Schriften durchgesetzt, während die Ordnung innerhalb dieser Gruppen mannigfach auseinanderging.

Wichtiger als der äußere Hergang sind die inneren Beweggründe, die zum Kanon als solchem und zur Aufnahme oder Ablehnung einzelner Schriften führten. Die treibende Kraft bildeten wohl die Pharisäer bzw. das mit ihnen engstens verbundene Rabbinentum; die Schulen → Hillels und → Schammais führen untereinander die abschließenden Erörterungen. Daher kann die Funktion des Kanons wohl nicht im Tempelkult gesucht werden (ob und welche Schriften außer dem »Gesetz« im Tempelkult verwendet wurden, ist unbekannt), auch nicht in der Synagoge (die meisten Hagiographen außer den Megillot haben bis heute im Synagogengottesdienst keinen Platz), sondern nur im Studium der Schule; der Kanon sollte gelesen, studiert werden. Der Zweck solchen Studiums konnte für einen Schriftgelehrten, der aus der Tradition der Prophetie und der Weisheit kam, nur die Erkenntnis der Wege und des Willens Gottes sein. Welche Schriften boten solche Erkenntnis? Die Frage wurde um so schwieriger, je mehr Schriften sich anboten. Seit dem 2.Jh. vChr wuchs die Zahl der erzählenden, belehrenden und besonders apokalyptischen Schriften ins Unübersehbare. Zum Studium aber konnte nur das Zuverlässige zugelassen werden. Das waren vor allem die Schriften, die in den Synagogen gelesen wurden: Gesetz und Propheten. Damit war auch die zeitliche Grenze der göttlichen Offenbarung festgelegt; die Prophetie reichte von Mose bis Maleachi, und nur, was sich diesem zeitlichen Rahmen einfügen ließ, konnte anerkannt werden. Denn seitdem war das Zeitalter der Prophetie erloschen, so sehr sich die Schriftgelehrten als Erben der Propheten fühlten. Damit fielen die Offenbarungsbücher aus angeblich vormosaischer Zeit, damit auch Jesus Sirach und alles, was deutlich später war. Es blieben die Psalmen Davids, die Sprüche Salomos, die Geschichten Daniels (trotz ihrer Überarbeitung aus der Makkabäerzeit), sowie Hiob, der in die Mosezeit datiert wurde. Zuletzt und gegen manchen Widerstand wurden auch das chronistische Werk, sowie Hhld, Pred und Est zugelassen (Hhld und Pred als salomonisch, Est vermutlich, weil es als Legende des Purimfestes schon zu fest im Judentum verwurzelt war).

Wohl schon bald hat man die Schriften zahlenmäßig begrenzt, auf 22 (nach der Zahl der hebr. Buchstaben) oder 24. Diese Zahlen durften dann nicht überschritten werden, weil sie eben die Einheit und den Abschluß des Kanon in gleicher Weise andeuten sollten. Diese in den Kanon aufgenommenen und damit zum Studium zugelassenen Bücher gelten als göttlich, heilig, inspiriert. In Jadajim 3, 5 wird von den »heiligen Schriften« gesagt, daß sie »die Hände verunreinigen«. Damit ist in einer → tabu-Formulierung gesagt, daß die Berührung dieser einen Heiligkeitsstoff an sich tragenden Bücher das Wiederabwaschen dieses Fluidums erforderlich mache. Die in der → Ambivalenz des Heiligen gegebene Überkreuzung von → rein und unrein rief die Schutzmaßnahmen hervor, deren Anwendung nun eindeutig die »kanonischen« Bücher von aller sonstigen religiösen und erbaulichen Literatur trennte.

Es ist kaum Zufall, daß der jüdische Kanon erst nach der Zerstörung des Tempels (70 nChr) zum Abschluß kam. Das Judentum schuf sich damit den Grund, auf dem es eine neues Leben, auch ohne Tempel, aufbauen konnte; mit dem Ausschluß aller anderen erbaulichen Literatur vom Studium war ein Zaun um das Gesetz gelegt, der das Wesen des Judentums sicherte, aber ihm auch enge Schranken zog.

3. Die Kirche hat ihren Kanon, das AT, nicht dadurch erhalten, daß sie den jüdischen Kanon nach seinem Abschluß einfach übernommen hätte. Es ist für die Gestaltung des at. Kanons in der Kirche (und strenggenommen hat nur die Kirche ein »Altes Testament«!) entscheidend geworden, daß es in der Zeit Jesu und der Loslösung der christlichen Gemeinde vom Judentum den jüdischen Kanon in seiner abgeschlossenen Form noch nicht gab. Wohl lasen die Juden in allen Synagogen »heilige Schriften«, gewiß auch weithin die gleichen, aber nicht überall in derselben Abgrenzung. Als daher die christlichen Gemeinden die »heiligen Schriften« als Zeugnisse einer Gottesgeschichte anerkannten, zeigten sich bald Unterschiede. An manchen Orten wurden Est nicht hinzugezählt, anderwärts aber galten Weish und Sir, oder Makk, oder Jud und Tob oder noch andere als zugehörig. Je mehr die Kirche zusammenwuchs, um so mehr war auch eine Entscheidung über den Umfang der hl. Schriften nötig. So wird seit dem 2.Jh. die Frage nach der Zahl gestellt und mannigfach beantwortet. Der einzige, der den jüdischen Kanon zur Norm erheben möchte, ist Hieronymus (um 400 nChr); er ist aber damit nicht durchgedrungen. Die einzelnen Kirchenprovinzen sind, wie es scheint, zunächst ihre eigenen Wege gegangen. Öfter wird Est nicht anerkannt (zB in Kleinasien); oder Baruch wird dem Jer angehängt. Oft hilft man sich so, daß man die umstrittenen Bücher in eine Art Anhang verweist oder nur das eine oder andere als kanonisch anerkennt. Volle Anerkennung finden viele dieser umstrittenen Schriften in der syrischen und in der afrikanischen sowie, dieser folgend, in der römischen Kirche, die also auch Weish, Sir, Bar, Tob, Jdt, 1.2Makk zum Kanon rechnet (1546 im Tridentinum sanktioniert). Die griechische Kirche hat diese Schriften wohl nur langsam aufgenommen. Von den reformatorischen Kirchen haben die Reformierten den jüdischen Kanon allein anerkannt. Luther hat die Schriften der Vulgata, die nicht im hebräischen Text standen, als Apokryphen, »das sind Bücher, so der heiligen Schrift nicht gleich gehalten, und doch nützlich und gut zu lesen sind«, dem AT beigefügt. Die luth. Kirchen haben eine verbindliche Entscheidung, trotz manchen Apokryphenstreites, nie getroffen.

Was also in den christlichen Kirchen als AT angesehen wird, ist keine fest umrissene Größe; die einzelnen Kirchen sind ihre eigenen Wege gegangen. Wohl aber halten alle an der Geltung des AT fest, wobei freilich der Sinn ein anderer ist als im Judentum. Das zeigte sich schon bei der Übernahme der heiligen Schriften. Die Kirche mußte zum Abschluß des AT kommen, nicht nur, weil sie es gegen eine Fülle anderer Schriften abgrenzen mußte, sondern weil die in den heiligen Schriften bezeugte Gottesgeschichte in Jesus Christus ihr Ziel gefunden hatte. Für die Kirche umfaßt der Kanon des AT das Zeugnis von der in Christus erfüllten Gottesoffenbarung. Von daher bekommt er sein eigenes Gepräge, das ihn vom Kanon der Synagoge grundsätzlich scheidet.

Vgl. die »Einleitungen in das AT«, zuletzt v. O.Eissfeldt, 1956[2]. - W.RobertsonSmith, The OT in the Jewish Church, (1881) 1926[3] (dt. 1905) - A.Loisy, Histoire du canon de l'AT, 1890 - F.Buhl, Kanon u. Text des AT, 1891 - G.Hölscher, Kanonisch u. apokryph, 1905 - W.F.Lofthouse, The Making of the OT, 1915 - M.L.Margolis, The Hebrew Scriptures in the Making, 1922 - W.R.Arnold, Observations on the Origins of the Holy Scripture (JBL 42, 1923, 1-21) - W.Staerk, Der Schrift- u. Kanonbegriff der jüd. B. (ZSTh 6, 1929, 101-119) - F.Horst, Das AT als Heilige Schrift u. als Kanon (ThBl 9, 1932, 161-173) - S.Zeitlin, An historical Study of the Canonisation of the Hebrew Scriptures, 1933 - ThW III, 979ff - G. Östborn, Cult and Canon (UUÅ 1950, 10). - P.Katz, The OT Canon in Palestine and Alexandria (ZNW 47, 1956, 191-217. 288).

A.Jepsen

I C. Sprache und Schriftzeichen des AT

1. Die Sprache - 2. Das Konsonantenalphabet - 3. Vokalzeichen - 4. Abgeleitete Dialekte

1. Die *Sprache* des AT mit Ausnahme der aram. Teile (→ Aramäisches in der Bibel: I) nennt man Hebräisch; dabei unterscheidet man das Althebräische, in dem die meisten at. Bücher und die althebr. Inschriften (→ Epigraphik: I) abgefaßt sind, vom Mittelhebräischen und vom Neuhebräischen unserer Tage.

Das Althebräische wurzelt im Kanaanäischen, das - wohl seit dem 3.Jt. vChr die Sprache der → Semiten Kanaans - mit dem jüngeren Aramäisch den nordwestlichen Zweig der → semitischen Sprachen bildet und neben dem Hebräischen folgende Dialekte aufweist: das Altnordkanaanäische (»Ugaritische«) von → Ugarit, das sog. Ostkanaanäische der Amurriter (→ Amoriter), das Südkanaanäische der Glossen in den → Amarna-Briefen sowie das Phönikisch-Punische (→ Phönizier) und das Moabitische (→ Mesa).

Das Kanaanäische enthält eine im Ugaritischen noch erkennbare altwestsemitische Grundschicht, die mit ihren Beziehungen zum ostsemitischen Akkadisch im Althebräischen teilweise nachwirkt. Auf dieser Frühstufe ist zB der Wandel von a zu o noch nicht vollzogen, das Alef hat noch vollen Lautwert, und dem Grundtypus nach diphthongische Formen wie *baitu »Haus« und *mautu »Tod« erscheinen als *bētu und *mōtu. Vom Pronomen sei der später ausgestorbene Akkusativ hjt = *hijati »sie« (vgl. akkadisch šiāti) erwähnt. Nomen, Pronomen und Verbum werden im Singular, Plural und Dual flektiert. Die Nominalflexion kennt im Singular den Nominativ (-u), Genetiv (-i) und Akkusativ (-a), im Dual und Plural je einen Casus rectus (-āmi/-ā bzw. -ūma/-ū) und einen Casus obliquus (-ēmi/-ē bzw. -īma/-ī). Im verbalen Bereiche stellt die Präformativkonjugation ein in sich geschlossenes System dar; dieses umfaßt einen Erzählungsmodus jaqtulu, einen Konsekutiv (Subjunktiv) jaqtula, einen erzählend und jussivisch gebrauchten Kurzmodus jaqtul, einen Energicus jaqtulan(na) sowie qtul als Imperativ/Infinitiv. Hierzu kommt vielleicht - wie im Akkadischen - ein Präsens/Futur jaqat(t)al(u). Die Afformativkonjugation hat demgegenüber ausschließlich statischen Charakter.

Dieses Verbalsystem wurde anscheinend im 2.Jt. vChr durch die Afformativkonjugation qatala überlagert. So steht jetzt im Ugaritischen qatala neben erzählendem jaqtulu, vor oder nach erzählendem (wa)jaqtul, ebenso aber neben dem Jussiv jaqtul. Zugleich scheint es, als ob damit eine Verwischung der modalen Grenzen eingetreten ist. Vielleicht hängen diese Veränderungen, die zugleich die beginnende Entwicklung zum Jungwestsemitischen andeuten, mit der amurritischen Völkerwelle (→ Amoriter) und deren abweichendem Sprachgefühl zusammen.

Die Israeliten sprachen ursprünglich wohl ein dem Altaramäischen verwandtes Idiom, übernahmen jedoch in Palästina die »Sprache Kanaans« (Jes 19, 18), nicht ohne sie ihrerseits zu beeinflussen. So setzt zwar das Althebräische den in den Amarna-Glossen belegten kanaanäischen Wandel von a zu o in langer Drucksilbe voraus, aber gleichzeitig erscheint a zB in qām »stehend« neben seltenerem o in qōm (vgl. 2Kön 16, 7); auch begegnet - wie im Moabitischen - zuweilen Diphthongierung bei ehemals monophthongischen Formen; zB bēt/bait »Haus«, jēn/jain »Wein«, mōt/maut »Tod« und qēṣ/qaiṣ »Ernte« (bajit, jajin, mawet, qajiṣ sind Sekundärbildungen). Dieser Stufe gehört auch der Artikel an, ein altes Demonstrativelement hā, das man dem Nomen präfigierte. Des weiteren geht der pronominale Formenreichtum zurück, das Nomen verliert die Kasusflexion, und der Dual verschwindet beim Pronomen und Verbum ganz, beim Nomen bis auf wenige Reste. Beim Verbum rückt die Afformativkonjugation, das sog. »Perfektum«, neben die Präformativkonjugation, das sog. »Imperfektum«, so daß sich unter Verkümmerung der alten Modi ein *Aspektsystem* entwickelt: Der Konsekutiv (Subjunktiv) jaqtula verschwindet, desgleichen bis auf Rudimente das Präsens/Futur (s.u.), indem es seine Funktion an den Erzählungsmodus jaqtulu abtritt. Formal fällt letzterer zunehmend mit der Kurzform jaqtul (= »Imperfektum« jiqṭol) zusammen; syntaktisch verliert er seine erzählende Funktion weithin an das »Perfektum« qatala (= qaṭal), das somit als Präteritum gebraucht werden kann.

Gleichwohl wirkt die ältere Sprachstruktur nach. So fungiert die erzählende Kurzform (wa)jaqtul als »Imperfektum consecutivum«, auch das sog. »Perfektum consecutivum« hat altkanaanäische Voraussetzungen, und der alte Energicus lebt nach Ausweis der Qumran-Texte weiter. Alte Flexionselemente lassen sich beim Nomen und Verbum rudimentär nachweisen, und Formen wie j^{e}dabber »er redet«, die als Intensiva erscheinen und im Piel analogisch ergänzt sind, mögen auf altes Präsens/Futur *jadab(b)ar(u) zurückgehen. Diese historisch bedingte Mehrschichtigkeit, ohne die das Althebräische nicht zu begreifen ist, bewirkt vor allem in der verbalen Syntax Schwierigkeiten bei der Interpretation zahlreicher at. Stellen.

Außerdem war das Althebräische dialektisch untergegliedert. So sprachen nach Ri 12, 6 die Ephraimiten s für judäisches š. Weit mehr jedoch als die masoretische Tradition zeigen die Qumran-Texte die dialektische Differenzierung. So stehen hier zB neben hū »er« und hī »sie« alte Vollformen hū'ā und hī'ā (vgl. ugaritisch/arabisch huwa, hija), und altertümliches wašа'abtimmā »und ihr werdet schöpfen« (1QIsa 12, 3) entspricht im Auslaut etwa samaritanischem 'amartimmā »ihr sagtet« (Dtn 1, 39), wie denn überhaupt durch Qumran das Hebräische der → Samaritaner in ein ganz neues Licht gerückt wird. Leider ermöglicht es die Spätstufe von Qumran nicht mehr, die stark gemischten Ausspracheformen dialektgeographisch und soziologisch aufzugliedern.

Seit dem 6.Jh. vChr wurde das Althebräische durch das Aramäische zunehmend in den Sakral- und Literaturbereich abgedrängt und zugleich beeinflußt. In der Folge entstand das Mittelhebräische, das - entwicklungsmäßig in sich abgestuft - zB in Pred, Tob, Sir und den außerbiblischen Qumran-Schriften (→ Qumran, 1) einerseits, in → Mischna, → Tosefta und den tannaitischen → Midraschim andererseits vorliegt. Jetzt begegnen neue, ursprünglich aram. Wurzeln und Neubildungen wie das aus Nif'al und Hitpa'el gekreuzte Nitpa'el. Zugleich treten Verkümmerungen und Vereinfachungen ein: Die althebräischen Konsekutiva sterben aus; das »Perfektum« fungiert allein als Präteritum, das »Imperfektum« als Präsens/Futur. Das Partizipium dient ohne Hilfsverb als Durativ der Gegenwart, mit hajā »er war« als solches der Vergangenheit. Außerdem ersetzt ein umfassendes Infinitivsystem weithin die finiten Formen. Der Stil kann als eine Weiterbildung der deuteronomischen Sprache angesehen werden; er ist in nachchristlicher Zeit stark mit Lehnwörtern aus dem hellenistisch-orientalischen Kulturbereich durchsetzt.

Seit dem 3.Jh. nChr trat das Hebräische als Literatursprache endgültig hinter dem Aramäischen, seit dem 7.Jh. hinter dem Arabischen zurück, blieb jedoch weiterhin national-religiöser Besitz des Judentums. In der glänzenden jüdisch-spanischen Epoche (→ Judentum: II) lebte es als gehobene Kunstsprache unter arabischem Vorbild wieder auf (→ Jehuda ben Samuel ha-Levi), verfiel aber mit der Austreibung der Juden aus Spanien i.J. 1492. Die jüdische Aufklärung (Haskala; → Judentum: III) brachte um 1785 eine Renaissance des Hebräischen. Herrschte hier noch biblischer Purismus, so trug der → Zionismus seit ca 1870 zur Emanzipation bei und schuf so die einmalige Tatsache, daß aus einer »toten« Sprache ein lebendiges Gegenwartsidiom geworden ist, das heute die Sprache des jungen Staates → Israel (: III) darstellt. Unter den zahlreichen hervorragenden Sprachschöpfern verdient Ch.N.Bialik (1873-1934) besondere Erwähnung. Über das umfangreiche israelische Schrifttum unterrichtet seit 1924 die Nationalbibliographie »Kirjath Sepher, Bibliographical Quarterly of the Jewish National and University Library, Jerusalem« in hebräischer Sprache.

2. Im Rahmen der überkommenen kanaanäischen Schriftkultur verwendeten die Israeliten in vorexilischer Zeit ein *Konsonantenalphabet,* das nach Ausweis der Funde von el-Chaḍr bei Bethlehem bereits im 12.Jh. vChr seine konventionelle Form erreicht hatte. Diese 22, zT mehrdeutige Zeichen enthaltende Buchstabenschrift (zB Ṣade = ḍ und ṣ), die Mutter aller modernen Alphabete, wird vielfach, wenngleich zu Unrecht, als »phönikisch« bezeichnet. In Wirklichkeit hat sie eine lange Vorgeschichte und fußt letztlich auf einer altkanaanäischen, wohl zu Beginn des 2.Jt.s vChr anzusetzenden Erfindung, die darin bestand, daß man vorgegebene ägyptische Hieroglyphen ihres Bild- und Silbencharakters entkleidete und zu Lautzeichen abstrahierte (weiteres → Epigraphik: I). Neben dieses Alphabet trat in nachexilischer Zeit eine jüngere aram. Spielart, aus der die übliche Quadratschrift hervorgegangen ist. Kanaanäisch-althebräischer und aram.-jüdischer Duktus liefen im Judentum Palästinas noch bis in nachchristliche Zeit nebeneinander her (→ Qumran, 1; → Epigraphik: I). Erst im 2.Jh. wurde die aram.-jüdische Schrift kanonisch; die Samaritaner dagegen kanonisierten den kanaanäisch-althebräischen Duktus und entwickelten ihn zu einer Zierschrift. Von den verschiedenen Formen sei die halbkursive sog. Raschi-Schrift (→ Raschi) erwähnt, die in den jüdischen Kommentaren zu B. und Talmud häufig anzutreffen ist.

Nach den Ostraka von → Samaria (ca 750 vChr) gebrauchten die Israeliten ein *Zahlensystem,* das im 1.Jt. vChr in der gesamten semitischen Welt verbreitet war und mit seiner Dreier-Gliederung der Einer sowie seinen dekadischen Zeichen auf einem kombinierten Dezimal-Duodezimalsystem beruhte. Erst in hellenistischer Zeit lassen sich Zahlbuchstaben, wie sie die Griechen um 800 vChr von den Phönikern übernahmen, im Judentum nachweisen. In den at. → Bibelhandschriften werden die Zahlen ausgeschrieben, doch beruhen wohl manche numerische Unstimmigkeiten auf korrumpierten Zahlzeichen.

3. Der abstrakte Charakter einer reinen Konsonantenschrift führte wohl schon im 10.Jh. vChr zur Ausbildung von *Vokalbuchstaben:* Schwache Konsonanten - Alef, He, Waw und Jod - wurden nach Verlust ihres Lautwertes nicht nur an der ursprünglichen Stelle belassen, sondern darüber hinaus zur Andeutung von Vokalen benutzt; zB jd‘th = jd‘tā »du weißt«. Um 600 vChr war diese Vokalisation bei den Westsemiten allgemein verbreitet, doch blieb sie nur Vorstufe zu einem konsequenten und eindeutigen System. Immerhin stellt sie zB in Qumran ein wertvolles Hilfsmittel zur Erschließung der palästinischen Aussprachetraditionen um 100 vChr dar. In nachchristlicher Zeit hat sich der lineare Vokalismus außerhalb des Kanons weiterentwickelt. Dementsprechend enthält die → Mischna, wenngleich selten, Ajin als Vokalbuchstaben, und in → Dura-Europos ist gelegentlich ein Vokalgebrauch erkennbar, der dem der → Mandäer nahesteht und der in der supralinearen Vokalisation der babylonischen Juden nachzuleben scheint. So begegnet hier in einem Fresko zu 1Kön 18, 26 (vgl. Jalquṭ Šim‘oni II, 214) der biblische Name Hiel als ḥj‘‘l = ḥi’el mit Jod für i und Ajin für e als Vokalbuchstaben. Dagegen führte die Kanonisierung des at. Textes zu einer starken Einschränkung der Vokalbuchstaben. In der Folge hat man sich anscheinend der Aussprache durch Umschriften vergewissert, wie sie in der Sekunda des Origenes (→ Bibelübersetzungen: I) vorliegen.

Wohl nach dem Vorbild der → Nestorianer begann man schließlich ab ca 500, den Konsonantentext mit Vokalzeichen zu versehen. So deutet das einfache babylonische System, das im 7.Jh. nachweisbar ist und möglicherweise einen Vorgänger in Gestalt einer von den Ostsyrern entlehnten Punktation hat, die Selbstlaute durch supralineare Setzung der alten Vokalbuchstaben Alef, Waw, Jod und Ajin an, die zT stilisiert sind. Unter dem Einfluß der → Karäer entwickelte sich hieraus das komplizierte babylonische System (→ Bibelhandschriften: I, 3).

In Palästina begegnet im 6.-8.Jh. ein supralineares Punktationssystem, das in sich uneinheitlich und unvollkommen ist und über das die → Samaritaner nie hinausgelangten. Auch hier gaben die Karäer schließlich den Ausschlag. Um die Aussprache des Bibeltextes für den synagogalen Vortrag zu sichern, schufen die gelehrten Familien Ben Ascher und Ben Naphtali in Tiberias ein genaues Vokalisationssystem, dem ein ebenso klug durchdachtes Akzentgefüge beigegeben war, das die Kantilierung und die Betonung regelte. Durch den Zerfall der babylonischen Schulen erlangte die tiberische Punktation mit der Zeit allgemeine Geltung, wobei Ben Ascher, wenngleich durch Ben Naphtali beeinflußt, dank der Autorität des → Maimonides (1135-1204) dominierte (→ Bibelhandschriften: I).

4. Die tiberische Punktation, die zunächst die in Palästina bestehenden Aussprachetraditionen normieren sollte, konnte nicht verhindern, daß auch noch später zwischen den verschiedenen Judenschaften Ausspracheunterschiede bestanden oder daß sich - regional bedingt - *neue Dialekte* bildeten. Hiervon seien das Sephardische der spanisch-portugiesischen und das Aschkenasische der deutsch-polnischen Juden (→ Judentum: II) erwähnt. Seit → Reuchlin ist in der Wissenschaft das Sephardische gebräuchlich, dessen hellere Aussprache auf Babylonien zurückgeht und der Staatssprache von Israel zugrunde liegt.

O.EISSFELDT, Einleitung in das AT, 1956^{2}, 828ff - W.GESENIUS, Hebr. Grammatik, (1813) 1909^{28} (bearb.v. E.KAUTZSCH); I, 1918^{29} II, 1929^{29} (bearb.v. G.BERGSTRÄSSER) - G.BEER, Hebr. Grammatik, (1915) I, 1952^{2}; II, 1955^{2} (v. R.MEYER völlig neu bearb.) - H.BAUER-P.LEANDER, Historische Grammatik der hebr. Sprache des AT (mit Beitrag v. P.KAHLE) I, 1922 (Lit.) - P.JOÜON, Grammaire de l’Hébreu biblique, (1923) 1947^{2} - M.H.SEGAL, A Grammar of Mishnaic Hebrew, 1927 - P.KAHLE, The Cairo Geniza (Schweich Lectures 1941), 1947 (Neuaufl. in Vorbereitung) - DERS., Opera Minora, 1956, 3-212 - F.M.CROSS JR.-D.N.FREEDMAN, Early Hebrew Orthography (AOS 36), 1952 (Lit.) - C.BROCKELMANN, HO III, 1, 1953, 40ff (Lit.) - DERS., Hebr. Syntax, 1956 - S.A.BIRNBAUM, The Hebrew Scripts, 1954ff - F.M.CROSS JR., The Evolution of the Proto-Canaanite Alphabet (BASOR 134, 1954, 15-24) - R.MEYER, Die Bedeutung der linearen Vokalisation für die hebr. Sprachgeschichte (WZ Leipzig 3, 1953/54, 85-94) - DERS., Das Problem der Dialektmischung in den hebr. Texten von Chirbet Qumran (VT 7, 1957, 139-148).

Lexika: W.GESENIUS, Hebr. u. aram. Handwörterbuch über das AT, (1810) 1915^{16} (= 1949^{19}; bearb. v. F.BUHL; Neuaufl. durch R.MEYER in Vorbereitung) - M.JASTROW, A Dictionary of the Targumim, the Talmud Babli and Yerushalmi, and the Midrashic Literature, (1903) 1950^{2} - F.ZORELL-L.SEMKOWSKY, Lexicon Hebraicum et Aramaicum Veteris Testamenti, (1940) 1955ff^{2} - L.KOEHLER-W.BAUMGARTNER, Lexicon in Veteris Testamenti Libros, 1953 (Neuaufl. durch W.BAUMGARTNER in Vorbereitung) - F.BROWN-S.R. DRIVER-C.A.BRIGGS, A Hebrew and English Lexicon of the Old Testament ..., based on the Lexicon of W.GESENIUS, 1955. - Weiteres → Semitische Sprachen.

Rud.Meyer

II. Neues Testament

A. Bestand und Zusammensetzung des NT - B. Sammlung und Kanonisierung des NT - C. Sprache und Schriftzeichen des NT. - Die einzelnen Bücher haben Sonderartikel, ebenso → Bibelkritik, → Text und Textkritik, → Formen und Gattungen (vgl. die dort genannten ergänzenden Artikel)

II A. Bestand und Zusammensetzung des NT

In den Anschauungen über den Umfang des NT stimmen fast alle Kirchen und Gruppen der Christenheit überein. Die großen Kirchen des Ostens und Westens zählen seit dem Ende des 4.Jh.s 27 Schriften zum NT (4 Ev und Apg, 13 Paulusbriefe und Hebr, 7 kath. Briefe - Jak, 1. 2Petr, 1. 2. 3Joh, Jud - Apk). Daneben hat nur die kleine ostsyrisch-nestorianische Kirche den geringeren Umfang der ursprünglichen syrischen Kirchenbibel (Peschitta) bewahrt (22 Schriften unter Weglassung von 2Petr, 2.3Joh, Jud, Apk), und die äthiopische Kirche hat zum 27teiligen Kanon der übrigen Kirchen den Hirten des Hermas, die Clemensbriefe und die 8 Bücher der Apostolischen Konstitutionen hinzugefügt. Doch gilt das nur für einheimische Handschriften, während die europäischen Drucke des NT in diesen Sprachen auch die 27 Bücher enthalten. Spuren der unter Kämpfen vollzogenen Abgrenzung des nt. Kanons (→ Bibel: II B) haben sich also nur in unbedeutenden Resten bis in die Gegenwart erhalten. Dagegen hat sich in der Reihenfolge der nt. Schriften keine allgemein anerkannte Regelung durchgesetzt. Die in Luthers Übersetzung des NT begegnende Anordnung Evv, Apg, Paulusbriefe, Petrusbriefe, Johannesbriefe und dann erst Hebr, Jak, Jud, Apk geht auf Luthers persönliche Anschauung (Septembertestament von 1522) zurück, daß die zuletzt stehenden 4 Schriften nicht zu den »rechten gewissen Hauptbüchern des NT« gehören, sondern »vor Zeiten ein ander Ansehen gehabt« haben. Diese aus theologischen Gründen vorgenommene Umstellung Luthers entspricht aber keiner handschriftlichen Überlieferung und ist auch in andere reformatorische Übersetzungen nicht übernommen worden. In den griech. Handschriften herrscht die Reihenfolge Evv, Apg, kath. Briefe (in der Reihenfolge Jak, Petr, Joh, Jud), Paulusbriefe (mit Hebr zwischen 2Thess und 1Tim), Apk vor, und danach richten sich manche wissenschaftlichen Ausgaben des griech. NT. In den meisten lat. Handschriften aber folgen auf Evv und Apg sofort die Paulusbriefe, erst dann Hebr, kath. Briefe, Apk, und danach richten sich andere

Ausgaben des griech. NT und alle kirchlichen Übersetzungen in westlichen Sprachen. Und wie in der Anordnung der Gruppen der nt. Schriften keine einheitliche Überlieferung besteht, so begegnen auch innerhalb dieser Gruppen die verschiedensten Ordnungen. Doch wird die uns geläufige Ordnung der Evv (Mt, Mk, Lk, Joh) und Paulusbriefe (Röm, 1.2Kor, Gal, Eph, Phil, Kol, 1.2Thess, 1.2Tim, Tit, Phlm) heute fast überall befolgt.

Zum Kanon der oriental. Kirchen: M. Jugie, Theologia dogmatica Christianorum orientalium ab ecclesia catholica dissidentium 5, 1935, 25. 369. - Zur Reihenfolge der Bücher des NT: C.R. Gregory, Textkritik des NT II, 1902, 848ff. *W.G.Kümmel*

II B. Sammlung und Kanonisierung des NT

1. Die Autoritäten des Urchristentums - 2. Die Vorstufen der Kanonsbildung - 3. Die Kanonsabgrenzung in der alten Kirche - 4. Notwendigkeit und Problematik des nt. Kanons

Die Frage, wie es zu der Begrenzung des NT auf 27 Schriften gekommen ist, wurde erst in dem Augenblick als wissenschaftliche Aufgabe erkannt, als Johann Salomo → Semler in seiner »Abhandlung von freier Untersuchung des Kanons« (1771/75) nachgewiesen hatte, daß die schließlich anerkannte Sammlung das Resultat einer durch verschiedenartige Einflüsse und Entscheidungen bestimmten längeren Entwicklung gewesen sei. Weil aber zur Aufhellung dieser Geschichte außer den ausführlichen Darlegungen des → Eusebius von Cäsarea nur vereinzelte Angaben der Kirchenväter und schwer datierbare Kanonsverzeichnisse zur Verfügung stehen, läßt sich diese Geschichte nur in großen Zügen und, besonders was die inneren Triebkräfte anbetrifft, nur vermutungsweise aufhellen.

1. Das *Urchristentum* besaß als »Heilige Schrift« die Schriftensammlung der Juden, *»Gesetz und Propheten«*. Aber es ist sehr fraglich, ob Jesus und die palästinische Urchristenheit einen durch offiziellen Beschluß begrenzten Kanon kannten, da der palästinische Kanon der Juden erst Ende des 1.Jh.s auf der Synode von Jabne festgelegt worden ist (→ Bibel: I B). Jesus steht überdies der jüdischen Heiligen Schrift frei gegenüber, da er bei aller Anerkennung von »Gesetz und Propheten« (Mt 5, 17) vollmächtig darüber entschied, was in der überlieferten Schrift wirklich Gottes Willen wiedergebe (Mt 5, 21ff; Mk 10, 1ff). Der christlichen Stellung zur Heiligen Schrift als Norm wohnt daher von Anfang an eine mit der Person Jesu gegebene kritische Komponente inne. Paulus setzt als hellenistischer Judenchrist das AT in der griech. Übersetzung als »Heilige Schrift« voraus; die griech. Übersetzung aber ist innerhalb des hellenistischen Judentums niemals offiziell abgegrenzt worden, und so zitiert Paulus zweifellos 1Kor 2, 9 eine apokryphe Schrift als »Heilige Schrift« (vgl. dann später Jak 4, 5; Joh 7, 38; Jud 14f). Und auch Paulus beansprucht, daß allein die Christen im Besitz des Christusgeistes die Heilige Schrift der Juden in ihrem auf Christus vorausweisenden Sinn richtig verstehen (2Kor 3, 7ff), und als neue Norm tritt bei ihm neben die »Schrift« das *mündlich überlieferte Wort des »Herrn«* (1Thess 4, 15; 1Kor 7, 10; 9, 14). Sachlich ist damit eine Norm gegeben, die sich zwangsläufig über die alte Norm der jüdisch-christlichen »Schrift« stellen mußte; aber diese Norm ist noch nicht schriftlich niedergelegt, und neben sie tritt die *Autorität des → Apostels* als des »Beauftragten des Herrn«, der den Geist Christi hat (1Kor 7, 25. 40). »Der Herr« und »der Apostel« als lebendige Normen treten damit sachlich neben und über »Gesetz und Propheten«, doch liegt es Paulus noch völlig fern, seine Briefe an die Seite der »Schrift« der Kirche zu stellen. Die gleiche Haltung nimmt das spätere Urchristentum ein. Die Christen erheben den Anspruch, die nicht scharf abgegrenzte Schrift der Juden allein richtig deuten zu können (Apg 17, 2f; Joh 5, 39ff; 2Tim 3, 15f), weil die Christusoffenbarung als die endgültige Gottesoffenbarung der at. Offenbarung weit überlegen ist (Hebr 8, 13; Joh 10, 35f). Und so tritt überall die Autorität des »Herrn« neben die Norm der »Schrift« (Apg 20, 35; Apk 2, 1.9 usw), und ebenso erhalten die Anweisungen der christlichen Lehrer autoritativen Charakter, wobei die Verfasser christlicher Schriften teilweise einfach als zeitgenössische christliche Lehrer schreiben (Hebr 10, 26f; 3Joh 5ff), teilweise die Autorität eines der ältesten Apostel in Anspruch nehmen (Eph 4, 1; 1Tim 5, 14; 6, 13f; 1Petr 5, 1f; 2Petr 3, 1). Aber es bleibt die lebendige Überlieferung vom »Herrn« und die lebendige Stimme der Verfasser der urchristlichen Schriften, die Autorität beanspruchen; keine dieser Schriften will ihrerseits als autoritative Norm neben die at. Schriften treten (auch Apk 22, 18f bildet keine Ausnahme).

2. Auch noch im beginnenden *nachapostolischen Zeitalter* werden die Worte des Herrn neben die »Schrift« gestellt (1Clem 13, 1f; 46, 2f. 7f), und die Apostel erscheinen als die Vermittler der Gebote des Herrn (2Petr 3, 2; IgnMagn 7, 1). So wenig hier auf Schriften als neue Normen verwiesen wird, so deutlich treten noch gegen die Mitte des 2.Jh.s »die Apostel« neben »die Bücher« (2Clem 14, 2), woraus sich ergibt, daß »die Apostel« auf keinen Fall in Schriften zugänglich sind, die »den Büchern« gleichgeachtet werden. Aber wenn so »der Herr« wie »die Apostel« auch keine klar festgelegten und dem AT gleichgeordneten Größen darstellen, so ergab sich mit dem Abbrechen der mündlichen Tradition früher oder später die Notwendigkeit, die neuen Normen des »Herrn« und der »Apostel« ebenfalls in Schriften zu suchen. Und so finden wir denn auch um die Mitte des 2.Jh.s die *ersten Anzeichen einer neuen »Heiligen Schrift«*. Jesusworte werden jetzt wie at. Zitate als »Schrift« angeführt (Barn 4, 14; 2Clem 2, 4; 13, 4), und auf »die Briefe« des Paulus wird wegen der »ihm gegebenen Weisheit« hingewiesen, und dabei werden diese Briefe »den übrigen Schriften« an die Seite gestellt, ohne daß deutlich würde, was in diese »Schriften« eingerechnet werden soll (2Petr 3, 15f). Wenn so Evangelienschriften als »Schrift« angeführt und Apostelschriften als Autorität zitiert werden, mußte es zur Bildung eines neuen Kanon aus Evangelien und Apostelschriften kommen.

Diese Entwicklung auf eine abgeschlossene Sammlung »Heiliger Schriften« der Christen hin wurde nun gefördert durch das Zusammentreffen zweier Vorgänge innerhalb des kirchlichen Lebens. Vermutlich schon Anfang des 2.Jh.s muß eine *Sammlung von Paulusbriefen* bestanden haben, nachdem schon zu Lebzeiten des Paulus seine Briefe zwischen den Gemeinden ausgetauscht worden waren (Kol 4, 16; 2Kor 1, 1). Gegen die Mitte des 2.Jh.s zeigt → Papias durch seine Vergleichung der Evangelienschriften miteinander, daß er das Nebeneinander mehrerer Evangelien kennt, und → Tatians Bemühung, die 4 Evangelien in eines zusammenzuarbeiten, ist nur möglich, wenn bereits eine Sammlung dieser 4 Evangelien vorhanden war. Dieser Rückschluß auf das Vorhandensein einer *Sammlung von Evangelienschriften* wird nun aber etwa gleichzeitig bestätigt durch die erste Nachricht von der gottesdienstlichen Verwendung der Evangelien. → Justin berichtet um die Mitte des 2.Jh.s, daß im sonntäglichen Gottesdienst verlesen werden »die Erinnerungen der Apostel oder die Schriftwerke der Propheten« (Apol. I, 67, 3). Es läßt sich nun sicher erkennen, daß Justin mit diesen »Erinnerungen der Apostel« in erster Linie Evangelienschriften meint, daß er aber auch die Apk zu den christlichen »Schriften« gezählt hat. Damit ist eine Sammlung von Evangelienschriften, der vielleicht noch andere Apostelschriften angeschlossen waren, *dem AT völlig gleichgestellt,* was sich vor allem in der gottesdienstlichen Lesung zeigt, und der erste Ansatz eines neuen Kanons *neben* dem at. ist erkennbar, ohne daß sich über die Abgrenzung dieses neuen Kanons schon etwas Sicheres aussagen ließe.

Inzwischen hatte der Kleinasiate → Marcion, der das AT und seinen »gerechten Gott« ablehnte, um 144 in Rom eigene Gemeinden gegründet, für die er einen eigenen, fest abgegrenzten Kanon schuf. Sein Kanon bestand aus 2 Teilen, dem »Evangelium«, dh einem verkürzten LkEv, und dem »Apostel«, dh 10 ebenfalls verkürzten Paulusbriefen (ohne die Pastoralbriefe). Die Kirchenväter haben die Anschauung vertreten, Marcion habe diese 11 Schriften aus dem umfangreicheren Kanon der Kirche durch Ausscheidung geschaffen; dem hat die moderne Forschung die These gegenübergestellt, Marcions Kanon sei vielmehr das Vorbild für den Kanon der Kirche aus Evangelien und Apostelschriften gewesen. Obwohl diese Zusammenhänge noch umstritten sind, so läßt sich doch auf Grund der geschilderten innerkirchlichen Entwicklung mit Sicherheit sagen, daß eine Sammlung von Evangelienschriften bestanden haben muß, als Marcion seinen Kanon schuf, und daß diese Sammlung bereits zu einer dem AT gleichwertigen Schätzung vorgedrungen war; und ebenso läßt sich sagen, daß auch Apostelschriften gesammelt und als autoritativ angesehen wurden, so daß es kein völlig neuer Schritt war, wenn bald auch Apostelschriften dem AT gleichgestellt wurden. Doch wurde diese innerkirchliche Entwicklung zweifellos *beschleunigt* durch die Notwendigkeit, nun auch wie Marcion einen *abgeschlossenen* Kanon zu haben, und die Entwicklung mußte dahin tendieren, die Evangeliensammlung abzuschließen und die Sammlung der Paulusbriefe zu einer Sammlung aller Apostelschriften zu erweitern, wobei auch die Apg mit einbezogen wurde und sich der von Papias und Justin hochgeschätzten Apk der Weg zur Anerkennung als »Schrift« öffnete. Diese Entwicklung ist im Verlauf der 2. Hälfte des 2.Jh.s in sehr verschiedenartiger Weise vor sich gegangen, und die Kirche hat sich dabei mehrfach von dem marcionitischen Kanon beeinflussen lassen, wie die Übernahme marcionitischer Prologe zu den Paulusbriefen und des in der marcionitischen Kirche entstandenen → Laodicenerbriefs in zahlreiche lat. Bibelhandschriften beweist.

Über die Einzelheiten der Kanonsbildung in dieser entscheidenden Periode der 2. Hälfte des 2.Jh.s sind wir freilich nur sehr unzureichend unterrichtet. Tatian kennt die Sammlung der 4 Evangelien, aber er kann es noch wagen, ihren Text in eine Harmonie zusammenzuziehen, die dann für Jahrhunderte »das Evangelium« der syrischen Kirche blieb; er scheint auch eine sprachliche Bearbeitung der Paulusbriefe vorgenommen zu haben, kennt also ebenfalls einen zweiteiligen nt. Kanon, dessen Wortlaut aber noch nicht unantastbar ist. → Theophilus von Antiochien stellt Propheten, Evangelium und »das göttliche Wort« (= Paulus) als gleichwertig nebeneinander und zitiert überdies das Johannesevangelium als »Heilige Schrift«. Ganz entsprechend zitiert der Gnostiker → Ptolemäus in gleicher Weise »den Herrn« und »den Apostel« (= Paulus). Begegnet so Ende des 2.Jh.s überall der zweiteilige Kanon, so werden doch die Evangelien noch eindeutiger als »Schrift« zitiert als die Paulusbriefe, und über die Zahl der Evangelien und die Frage der Hinzunahme weiterer Apostelschriften zu den Paulusbriefen scheint noch keine Sicherheit zu herrschen. Das wird auch dadurch bestätigt, daß kirchliche Gegner des Montanismus um 170 (→ Aloger) das Johannesevangelium ebenso wie die Apokalypse noch als gnostische Schriften verwerfen konnten, ohne damit den kirchlichen Boden zu verlassen, und daß (um 180) die → Scilitanischen Märtyrer auf die Frage des Prokonsuls, was in ihrem Bücherkasten sei, antworteten: »Die Bücher und die Briefe des Paulus, eines gerechten Mannes«. Im einen Fall wird das 4. Evangelium noch nicht unbestrittenermaßen zu »den Evangelien« gerechnet, im andern werden die Paulusbriefe offenbar noch nicht zu den »Büchern« gezählt, womit AT und Evangelien gemeint sein dürften, obwohl allem Anschein nach auch die Paulusbriefe im Gottesdienst verlesen wurden. Die Apg wird vor dem Ende des 2.Jh.s noch nirgendwo zitiert oder genannt. Von einem Abschluß des zweiteiligen NT kann so vor dem Ende des 2.Jh.s nicht die Rede sein, obwohl das Bewußtsein, einen *neuen* Kanon zu besitzen, sich schon deutlich zeigt und →Melito von Sardes durch die Aufstellung einer Liste der »Bücher des alten Bundes« beweist, daß die Vorstellung der »Bücher des neuen Bundes« bereits vorhanden ist.

3. a) Der gleichen Unsicherheit begegnen wir auch noch um die Wende vom 2. zum 3.Jh.: → Clemens von Alexandrien stellt ausdrücklich »Gesetz, Propheten, Evangelien und die Apostel« als Quelle der Lehre hin, anerkennt nur die 4 »uns überlieferten« Evangelien und zitiert sie und die Paulusbriefe als »Schrift«. Aber er zitiert auch den 1. → Clemensbrief, → Barnabasbrief, die → Apostellehre, den → Hermas und das → Petruskerygma als inspiriert, rechnet also offenbar zahlreiche Apokryphen zum NT und kennt für den Apostelteil noch keine festen Grenzen. Auch → Tertullian, der zum ersten Mal von den »beiden Testamenten« redet und die Apg ausdrücklich als »Schrift« anführt, kennt für den Apostelteil noch keine feste Grenze, da er berichtet, daß der Hebräerbrief nicht von allen Gemeinden »angenommen« wird, und da er als großkirchlicher Theologe den Hirten des Hermas als »Schrift« zitiert, ihn als Montanist aber dann als apokryph ablehnt. Und → Irenäus, der die Vierzahl der Evangelien als notwendig nachzuweisen sucht, führt keine der von ihm oft zitierten sonstigen nt. Schriften ausdrücklich als »Schrift« an, zeigt also deutlich, daß sich die Gleichstellung von Evangelien und »Apostel« noch nicht völlig durchgesetzt hat.

Denselben Sachverhalt erkennen wir dann auch in dem ersten erhaltenen Kanonsverzeichnis, dem → »Muratorischen Fragment« (Ende des 2.Jh.s). Hier werden als in der katholischen Kirche kanonisch bezeichnet außer den 4 Evangelien und der Apg: 13 Paulusbriefe, 2 Johannesbriefe, Judasbrief und Apokalypse, dazu die → Petrusapokalypse, »von der einige der Unsern nicht wollen, daß sie in der Kirche gelesen werde«. Abgelehnt werden der Hirt des Hermas und apokryphe Paulusbriefe, deren »Aufnahme« offensichtlich umstritten ist. Gehen auch nach diesem Zeugnis die Anschauungen über die Abgrenzung des Apostelteils des neuen Kanons in den Gemeinden noch auseinander, so vollzieht der vermutlich römische Verfasser dieses Verzeichnisses doch bewußt eine maßgebliche Abgrenzung. Zwei Motive ergeben sich dabei deutlich als leitend: eine kanonische Schrift muß von einem Apostel stammen und für die ganze »katholische Kirche« bestimmt sein. Der Kanon des NT ist also, wie aus allen diesen Zeugnissen klar hervorgeht, durch einen *Ausleseprozeß* abgegrenzt worden, und die Frage nach der *apostolischen Abfassung* der einzelnen Schriften hat dabei den entscheidenden Ausschlag gegeben.

b) Die Aufgabe der weiteren Entwicklung war nun nur noch, den *Umfang des Apostelteils* des Kanons endgültig festzulegen. Denn, wenn um 200 der Bischof Serapion von Antiochien das doketische → Petrusevangelium erst anerkannte, dann aber ablehnte, als er auf die doketische Irrlehre in diesem Evangelium aufmerksam gemacht wurde, so ist das ein Einzelfall, der die Tatsache nicht aufhebt, daß die Vierzahl der Evangelien entschieden war, der aber außerdem ebenfalls beweist, daß allein die Frage der apostolischen Abfassung für die Zulassung in den Kanon maßgebend war. Im Apostelteil aber war um 200 die kanonische Geltung der Apg und der 13 Paulusbriefe ebenso unangefochten wie die von 1Petr und 1Joh. Daß über die kanonische Bewertung der übrigen Schriften des späteren NT die Meinungen noch auseinandergingen, zeigt deutlich → Origenes. Er nennt neben den »anerkannten« Schriften als »umstritten« 2Petr, 2. 3Joh, Jak und Jud; er weiß, daß die Apk in den Gemeinden anerkannt ist und wagt darum trotz persönlicher Bedenken nicht, ihre Kanonizität zu bestreiten, und für Hebr wagt er ebenfalls keine Entscheidung, obwohl er formale Bedenken gegen seine Abfassung durch Paulus hat. Apokryphe Schriften zitiert er nicht eindeutig als kanonisch. Ist bei dem allen die apostolische Herkunft der entscheidende Maßstab, so muß Origenes doch zugeben, daß man über diese Herkunft in manchen Fällen verschiedener Meinung sein kann. Wir können die Unsicherheit in der Frage der apostolischen Abfassung und damit der kanonischen Würde des Hebr, der Apk und der kleinen katholischen Briefe und über die Zugehörigkeit weiterer apokrypher Schriften zum NT auch bei andern Kirchenvätern des 3.Jh.s beobachten; ihren klarsten Ausdruck findet sie zu Beginn des 4.Jh.s in den systematischen Ausführungen des → Eusebius von Cäsarea über den nt. Kanon. Freilich sind seine Angaben nicht völlig klar, da er den Bericht über das Urteil der Mehrheit der Gemeinden vermischt mit eigenen, davon abweichenden Anschauungen. Aber in der Hauptsache läßt sich doch erkennen, daß Eusebius dieselben Bücher wie Origenes als »anerkannt« bezeichnet, aber auch den Hebr zu dieser Gruppe zählt. Als »echt und weitgehend anerkannt« nennt er dann die kleinen katholischen Briefe, während das Urteil über die Apk zwischen »anerkannt« und »unecht« schwankt. Es tritt dabei deutlich in Erscheinung, daß über die apostolische Abfassung der einzelnen Schriften nicht ohne subjektive Argumente entschieden werden kann und daß auf diesem Wege eine von jedermann anerkannte Abgrenzung des Kanons nicht erreicht werden konnte.

c) Die Unsicherheit in der Abgrenzung des Apostelteils des nt. Kanons bestand im *Osten* wie im Westen so lange weiter, bis man sich zu autoritativen Entscheidungen entschloß. 367 legte → Athanasius in seinem 39. Osterfestbrief das NT in seinem heutigen Umfang von 27 Schriften fest, und im Gebiet der griechischen Kirche hat sich dagegen kein ernster Widerspruch mehr gezeigt. Im *Westen* aber übernahm, nachdem hier der Hebr besonders umstritten geblieben war, → Augustin den Kanon des Athanasius; eine afrikanische Synode von 393 schloß sich dieser Meinung an, und 405 nannte Papst Innozenz I. auf eine Anfrage hin ebenfalls den 27teiligen Kanon. Wenn griech. und lat. Handschriften des NT noch längere Zeit nach diesen Entscheiden einen größeren oder kleineren Umfang des Kanons aufweisen (Codex Sinaiticus, Alexandrinus, Boernerianus), so ist das eher eine Nachwirkung älteren Brauchs als ein bewußtes Abrücken von den ergangenen amtlichen Entscheiden.

d) Nur in der *syrischen Nationalkirche* hat sich noch jahrhundertelang eine ältere Form des Kanons erhalten. Wie in Syrien, abweichend von den übrigen Kirchen, die Evangelienharmonie Tatians bis ins 5.Jh. allein im kirchlichen Gebrauch war und ein apokrypher 3. Korintherbrief des Paulus (→ Paulusakten) bis ins 4.Jh. als kanonisch angesehen wurde, so fehlten im syrischen Kanon bis zum Ende des 4.Jh.s sämtliche katholischen Briefe und die Apk, und die im 5.Jh. entstandene anerkannte Übersetzung des NT (Peschitta) nahm von diesen Schriften nur 1Petr und 1Joh auf. Während die nestorianischen Ostsyrer diesen kürzeren Kanon bis heute beibehalten haben (→ Bibel: II A), wurden die in der Peschitta fehlenden nt. Bücher in die späteren Übersetzungen der westsyrischen Kirche eingefügt; es ist aber nicht deutlich, wieweit diese gelehrte Angleichung an den griech. Kanon die kirchliche Praxis beeinflußt hat. Und wieweit der Kanon der übrigen orientalischen Kirchen auch weiterhin vom griech. abwich, ist nicht geklärt.

4. Der Kanon der griech. und lat. Kirche ist vom Ende des 4.Jh.s an im Bereiche dieser Kirchen nicht mehr ernsthaft in Frage gestellt worden. Zwar haben Humanisten (→ Erasmus, → Cajetan) auf Grund der Nachrichten aus der alten Kirche über die dort erhobenen Einwände gegen die apostolische Herkunft einiger nt. Schriften diese altkirchliche Kritik vorsichtig erneuert, aber das → Tridentinum verwarf diese Einwände und dekretierte in seiner 4. Sitzung, daß die Kirche »alle Bücher des Alten und des Neuen Testaments... und ebenso die Traditionen, die sich auf Glauben und Sitte beziehen..., mit der gleichen frommen Zuneigung und Ehrerbietung annimmt und verehrt«. Damit war für die *kath. Kirche* der Kanon endgültig auf die 27 Bücher des Athanasius festgelegt, freilich zugleich diese Festlegung dadurch relativiert, daß die → Tradition als gleichwertig und praktisch als höherwertig danebengestellt wurde. *Luther* andererseits hatte schon früh bemerkt, daß nicht alles im NT mit dem für ihn grundlegenden paulinischen Evangelium übereinstimmt, und er hatte darum in den Vorreden zum Septembertestament von 1522 die Bücher, die nicht »Christum treiben« (Hebr, Jak, Jud, Apk), als nicht zu den »rechten gewissen Hauptbüchern« des NT gehörig bezeichnet und ohne Numerierung ans Ende des NT gesetzt (→ Bibel: II A). Doch führten diese kanonkritischen Urteile Luthers, denen die andern Reformatoren nicht folgten, zu keinen praktischen Folgerungen, und schon Anfang des 17.Jh.s waren Luthers Vorreden aus den Bibelausgaben verschwunden. Die Geschichte der Abgrenzung des nt. Kanons hatte damit ihr Ende gefunden.

Aber hier beginnt nun gerade das *theologische Problem* dieses Kanons. Nach kath. Lehre hat die Kirche auf Grund der ihr anvertrauten apostolischen Überlieferung nur *festgestellt*, welche Bücher infolge ihrer apostolischen Abfassung kanonisch sind; sie hat also mit der Aufstellung eines Verzeichnisses der nt. Bücher nur eine in der apostolischen Offenbarung enthaltene Wahrheit *verkündet*. Diese Anschauung wird aber durch die Geschichte des Kanons widerlegt. Denn einerseits ist die Idee eines neben das AT tretenden neuen Schriftenkanons erst im Laufe des 2.Jh.s mit der wachsenden Entfernung von der apostolischen Zeit aufgekommen, und andererseits hat die Kirche die Grenze dieses Kanons nicht einfach als schon vorhanden festgestellt, sondern nach langen Auseinandersetzungen durch autoritative Äußerungen festgelegt. Als Kriterium für diese Grenzziehung aber wurde vom 3.Jh. an fast ausschließlich die Frage nach der apostolischen Abfassung der einzelnen Schrift benutzt, während in der ältesten Zeit der Kanonbildung dieser Gesichtspunkt noch nicht allgemein herrschte, wie die Aufnahme der auch nach der Tradition nicht von Aposteln stammenden Evangelien des Mk und Lk und der Apg in den Kanon beweist. Auch nachdem man die Notwendigkeit einer Abgrenzung des neuen Kanons erkannt hatte, konnte man jahrhundertelang über die Frage der Zulassung mehrerer Schriften zum Kanon verschiedener Meinung sein, ohne dadurch als Irrlehrer zu erscheinen. Die Frage der endgültigen Abgrenzung des Kanons ist vielmehr bis zur Reformationszeit nicht als eine im letzten Sinn für die Existenz der Kirche wesentliche angesehen worden.

Besteht also keine Notwendigkeit einer endgültigen Abgrenzung des nt. Kanons? Und wie ist über die von der alten Kirche vorgenommene und in der Reformationszeit endgültig festgelegte Abgrenzung zu urteilen? Weil die nt. Offenbarung ein geschichtliches Ereignis ist, bedarf die Kirche des zeitgenössischen Zeugnisses von dieser geschichtlichen Offenbarung. Dieses Zeugnis der Apostelzeit kann aber nach dem Tode der letzten Hörer der apostolischen Zeugen nur weiter gehört werden, wenn es in schriftlicher Form weitergegeben wird, und so mußte notwendigerweise an die Stelle des mündlichen Zeugnisses der Apostel und Apostelschüler das schriftliche Zeugnis aus der Apostelzeit treten. Nur eine Sammlung der aus der Apostelzeit stammenden Schriften konnte das apostolische Zeugnis späteren Generationen unverfälscht erhalten. Der aus der Botschaft der apostolischen Schriften erwachsene und durch diese Botschaft genährte Glaube allein kann die Notwendigkeit eines die geschichtliche Offenbarung Gottes in Jesus Christus bewahrenden Kanons erkennen.

Ist der Kanon aber nur um der Bewahrung der apostolischen Überlieferung willen notwendig, so ist eine Abgrenzung dieses Kanons ebenso unumgänglich. Diese Abgrenzung, deren Notwendigkeit sich freilich erst in der 2. Hälfte des 2.Jh.s aufdrängte, schuf erst die Möglichkeit, die apostolische Überlieferung vor willkürlicher Erweiterung und Verfälschung zu bewahren. Aber damit ist nicht gesagt, daß die von der alten Kirche vorgenommene und in der Reformationszeit endgültig festgelegte Abgrenzung des Kanons ohne weiteres auch als die allein richtige und mögliche angesehen werden müsse. Die Kanonsbegrenzung ist ja so geschehen, daß im Lauf des 2.Jh.s sich die allgemeine Anerkennung des Hauptteils des späteren Kanons durchgesetzt hat, daß aber über die kanonische Würde einer Reihe von Schriften noch Jahrhunderte hindurch gestritten wurde. Und die endgültige Entscheidung über die Ausscheidung der zeitweise als kanonisch angesehenen und über die Anerkennung der in ihrer kanonischen Geltung noch umstrittenen Schriften geschah am Ende ausschließlich auf Grund der Beantwortung der Frage, ob die betreffende Schrift von einem Apostel stamme oder nicht. Daß dieser Maßstab aber sehr relativ ist, hat sich schon im Verlauf der Auseinandersetzungen über die Kanonsabgrenzung gezeigt und ergibt sich erst recht in dem Augenblick, wo man erkennt, daß der Begriff des »Apostels« überhaupt nicht scharf festlegbar ist. (Judas wird im NT nirgendwo Apostel genannt; und ob Paulus den Jakobus zu den Aposteln gerechnet hat, ist umstritten.) Dazu kommt, daß in vielen Fällen eine sichere Entscheidung darüber, wer eine bestimmte nt. Schrift verfaßt hat, schon im Altertum nicht gefällt werden konnte und erst recht für die heutige wissenschaftliche Betrachtungsweise nicht möglich ist. Der Maßstab, mit dessen Hilfe die Kirche im Altertum und in der Reformationszeit den Kanon abgegrenzt hat, läßt sich also zwar geschichtlich verstehen, aber nicht theologisch rechtfertigen.

Andererseits muß der Kanon, soll er das *apostolische* Zeugnis unverfälscht bewahren, abgegrenzt sein und bleiben. Eine Veränderung der Kanonsgrenze, die nicht von *allen* christlichen Kirchen und Gemeinschaften gebilligt würde, bedeutete ja nur eine Aufhebung der Gemeinsamkeit, die an diesem grundlegenden Punkt noch zwischen sämtlichen christlichen Gruppen besteht. Es bleibt darum nichts anderes übrig, als den nt. Kanon in seiner geschichtlichen Gegebenheit hinzunehmen, und angesichts dieses Kanons die Frage zu stellen, *inwieweit* diese in ihrer Abgrenzung nicht völlig begründbare Sammlung Norm für Glauben und Leben der Kirche und des einzelnen Christen sein kann und muß. Menschliche Begrenztheit und menschlicher Irrtum sind in *allen* Schriften des NT in Rechnung zu stellen, und nicht apostolische Abfassung oder nur besonders hohes Alter, sondern allein die sachliche Nähe oder Ferne zur grundlegenden Verkündigung des NT entscheiden über die wirklich normative Bedeutung einer nt. Schrift oder ihrer Teile. Diese Besinnung über die sachliche Nähe zur grundlegenden Verkündigung des NT ist aber eine zugleich geschichtliche und theologische Aufgabe, die immer neu gestellt ist und niemals allgemein gültig gelöst werden kann. Für den Glaubenden ist diese geschichtliche und theologische Ungesichertheit der sachlichen Kanonsgrenze ein Zeichen für die wirkliche Geschichtlichkeit der göttlichen Offenbarung in Jesus Christus (→ Bibel: III).

Die Gesch. des nt. Kanons wird dargestellt in sämtl. Lehrbüchern der »Einleitung in das NT« (bes. bei A.JÜLICHER-E.FASCHER, 1931[7], 450ff). Ferner: TH.ZAHN, Gesch. des nt. Kanons I, 1. 2, 1888/89; II, 1. 2, 1890/92 (wichtig für die Bearbeitung der Quellen, es fehlt die eigentliche Gesch. des Kanons) - DERS., Grundriß der Gesch. des nt. Kanons, (1901) 1904[2] - J.LEIPOLDT, Gesch. des nt. Kanons I. II, 1907/1908 - A.V.HARNACK, Das NT um das Jahr 200, 1889 (gegen das Hauptwerk Zahns gerichtet) - DERS., Die Entstehung des NT u. die wichtigsten Folgen der neuen Schöpfung, 1914 - DERS., Die Briefsammlung des Apostels Paulus u. die andern vorkonstantinischen christl. Briefsammlungen, 1928 - M.J.LAGRANGE, Histoire ancienne du Canon du NT, 1933 - J.KNOX, Marcion and the NT, 1942. - Die wichtigsten Quellen bei E.PREUSCHEN, Analecta II: Zur Kanonsgesch. (SQS I, 8, 2. Teil), 1910[2], weniger vollständig im Anhang zu ZAHNS Grundriß u. bei F.W.GROSHEIDE, Some Early Lists of the Books of the NT (Textus minores 1), 1948. - Zu 4: H.STRATHMANN, Die Krisis des Kanons der Kirche (ThBl 20, 1941, 295-310) - W.G. KÜMMEL, Notwendigkeit u. Grenze des nt. Kanons (ZThK 47, 1950, 277-313) - E.KÄSEMANN, Begründet der nt. Kanon die Einheit der Kirche? (EvTh 11, 1951/52, 13-21) - H.DIEM, Das Problem des Schriftkanons (ThSt[B] 32), 1952.

W.G.Kümmel

II C. Sprache und Schriftzeichen des NT

1. Sprachgeschichtliche Stellung des nt. Griechisch - 2. Sprachliche Unterschiede im NT - 3. Die Semitismenfrage - 4. Schriftzeichen

1. Sämtliche Schriften des NT sind uns in griech. Sprache überliefert. Das im NT gebrauchte Griechisch ist aber von dem Griechisch der klassischen Literatur deutlich unterschieden, zeigt dagegen starke Berührung mit der Sprache des griech. AT, der Septuaginta (→ Bibelübersetzungen: I). Man hat darum lange angenommen, die gesamte griech. Bibel sei in einer besonderen Sprache, dem Bibelgriechisch, geschrieben, das noch Hermann → Cremer »die Sprache des Heiligen Geistes« nannte. Die Vermutung einzelner Forscher, daß es sich bei dem Griechisch des NT um die Volkssprache des 1. christlichen Jh.s handle, konnte aber erst als richtig erwiesen werden, als mit der Auffindung und Veröffentlichung der reichen Papyrusfunde aus Ägypten vom Ende des 19.Jh.s an (→ Papyrusforschung) die lebendige griech. Sprache der hellenistischen Zeit bekannt wurde. Es ist das Verdienst Adolf → Deißmanns, die Bedeutung der Papyri für die Erkenntnis und das Verständnis des geschichtlichen Charakters des nt. Griechisch entdeckt und zuerst systematisch ausgewertet zu haben. Es zeigte sich durch den Vergleich der Sprache des NT mit der der Papyri, Inschriften und in zweiter Linie auch der Schriftsteller des 1. vorchristlichen und 1. christlichen Jh.s, daß die Verfasser der nt. Schriften weitgehend die gesprochene Sprache jener Zeit, die *Koine*, geschrieben haben. Diese in der frühen Kaiserzeit von Rom und Afrika bis in den fernen Osten ohne wesentliche Dialekt-

unterschiede gebrauchte Sprache (daher der Name ἡ κοινὴ διάλεκτος = die allgemein verbreitete Sprache) hatte sich vom 4.Jh. vChr an durch die Mischung jonischer Sprachelemente mit dem beherrschend bleibenden Attischen gebildet und war durch Alexander d.Gr. und die Diadochen zur Weltsprache und damit zu einer der Hauptvoraussetzungen der hellenistischen Kultur (→Hellenismus) geworden. Auch die Römer haben es unterlassen, ihre lat. Sprache den unterworfenen Völkern aufzuzwingen (Lateinisch war nur Heeressprache), und innerhalb des griech. Sprachgebietes haben sich nur manche Schriftsteller vom Ende des 1.Jh.s an bemüht, statt des Gemeingriechisch die längst veraltete attische Form des Griechischen zu schreiben. Diese schriftstellerische Mode hat es bis zur Entdeckung der Papyri fast unmöglich gemacht, die geschichtliche Stellung des nt. Griechisch richtig zu bestimmen. Da sämtliche nt. Schriften, auch diejenigen nach Rom, in der Gemeinsprache abgefaßt waren, konnte diese infolge der weiten Verbreitung der Koine in weitesten Kreisen verstanden werden; erst das Eindringen des Christentums in die einheimische Bevölkerung Syriens, Ägyptens und des lat. Westens zwang dort zu einer Übersetzung des griech. NT in die Sprachen dieser Völker (→ Bibelübersetzung: II. III).

2. Wenn auch alle nt. Schriftsteller die griech. Gemeinsprache benutzten, so zeigen sich doch bei ihnen auch deutliche Unterschiede in der *Höhenlage* dieser Sprache. Während die Apk einen die grammatischen Regeln souverän mißachtenden hieratischen Stil schreibt, so daß man geradezu von einer eigenen Grammatik der Apk reden konnte, nähert sich der Verfasser des Hebr am stärksten der Literatursprache. Paulus benutzt die Stilmittel der Popularphilosophie, hält sich aber im übrigen an die Volkssprache, und nur der Verfasser des LkEv und der Apg, der je nach seinen Quellen einen auffälligen Stilwechsel aufweist, zeigt gelegentlich (Vorrede zum LkEv, manche Reden der Apg) eindeutig literarische Absichten. Im Verhältnis des Mt und Lk zu ihrer Quelle Mk zeigt sich ständig das Bestreben stilistischer Verbesserung. Doch halten sich alle diese sprachlichen Differenzen im Rahmen des Gemeingriechischen, und kein nt. Schriftsteller hat sich der der volkstümlichen Redeweise fremden Mode des Attizismus angeschlossen.

3. Eine besondere und vieldiskutierte Frage ist es, ob die nt. Schriftsteller in ihrer Sprache den Einfluß semitischer Quellen oder semitischen Denkens verraten oder zT sogar direkte Übersetzungen aus dem Semitischen darstellen. Unzweifelhaft hat Jesus selbst Aramäisch gesprochen, seine Worte liegen also in Übersetzung vor. Eine genaue Interpretation der Verkündigung Jesu muß also den Versuch unternehmen, den aramäischen Wortlaut der Worte Jesu zu rekonstruieren; doch gelingt dieser Versuch darum nur unvollkommen, weil wir die zur Zeit Jesu in Galiläa gesprochene Form des Aramäischen nicht sicher kennen und weil es oftmals gar nicht möglich ist, die ursprüngliche Form des Wortes Jesu aus den im Griechischen voneinander abweichenden Fassungen der Evangelien wiederherzustellen. Trotzdem bedeutet auch schon der Versuch der Rückübersetzung eine wesentliche Hilfe in der Jesusforschung. Aber auch abgesehen von den Jesusworten weisen die nt. Schriften teilweise deutliche Spuren einer hinter dem Griechischen stehenden semitischen Sprachgewohnheit auf. Das gilt nicht nur für die als echtes »Übersetzungsgriechisch« zu bezeichnenden Zitate aus dem griech. AT (→ Schriftauslegung: III), sondern auch für manche dichterischen Stücke wie die Hymnen in der Vorgeschichte des Lk und in der Apg oder für die Sprache des JohEv. Man hat daher häufig die Annahme vertreten, daß die Evangelien, besonders das JohEv, ferner die 1. Hälfte der Apg und Teile der Apk direkte Übersetzungen aus dem Hebräischen oder Aramäischen seien (so ganz besonders Ch.C. →Torrey). Aber sowenig sich bestreiten läßt, daß einige nt. Schriften durch das Gemeingriechisch hindurch semitische Sprachgewohnheiten ihrer Verfasser verraten, und sosehr diese Tatsache bei der Einzelerklärung und u.U. auch bei der Aufspürung von Quellen oder Vorlagen beachtet werden muß, sowenig hat bisher für irgendeine nt. Schrift der überzeugende Nachweis geführt werden können, daß sie als ganze oder in wesentlichen Teilen eine direkte Übersetzung einer oder mehrerer semitischer Vorlagen darstelle. Der beherrschende Einfluß der semitisch-at. Denkweise auf das NT zeigt sich weniger in der Sprache im engeren Sinn (oder darin höchstens durch die Nachwirkung der Septuagintasprache) als in der Begriffswelt, wie sich aus der begriffsgeschichtlichen Arbeit immer deutlicher ergibt (→Aramäisches in der Bibel: II).

4. Während die Schriften des NT uns sprachlich in ihrer Urform zugänglich sind, sind die Urschriften verloren, und wir können nur aus Analogien erschließen, wie sie ausgesehen haben mögen (→ Brief und Buch im Altertum). Es ist unzweifelhaft, daß die nt. Schriften sämtlich auf Papyrus geschrieben waren, und auf Grund der zahlreichen neueren Funde christlicher Papyri vom 2.Jh. an können wir mit großer Wahrscheinlichkeit annehmen, daß schon die Urschriften in Buchform, dh beiderseitig beschrieben waren. Pergamenthandschriften des NT kennen wir erst seit dem 4.Jh., während der Papyrus als Schreibstoff für nt. Handschriften noch bis ins 9.Jh. verwandt wurde. Die erhaltenen Handschriften des NT (vom früheren 2.Jh. an) sind sämtlich in der damals für die buchhändlerische Vervielfältigung üblichen Majuskelschrift geschrieben, einer aus den Inschriftenbuchstaben entstandenen Schrift, bei der die Buchstaben unverbunden und ohne Worttrennung aneinandergereiht wurden. Diese von Berufsschreibern verwandte Schrift eignete sich aber nicht zu raschem Schreiben, und so hatte sich für die Praxis daraus eine Kursivschrift gebildet (sog. Majuskelkursive), bei der die Majuskelbuchstaben aneinandergehängt und Abkürzungen verwandt wurden, was schnelleres Schreiben ermöglichte, aber auch die Lesbarkeit verschlechterte und mehr Möglichkeiten zu Lesefehlern bot. Es ist äußerst wahrscheinlich, daß die Originale der nt. Schriften mit dieser Majuskelkursive und nicht mit der Buchschrift der reinen Majuskel wie die erhaltenen → Bibelhandschriften (: II) geschrieben waren, doch können wir diese Schrift in der Entstehungszeit der nt. Schriften nur in nichtchristlichen Papyri und dann in einzelnen biblischen Handschriften des 3./4.Jh.s nachweisen. In den buchhändlerisch vervielfältigten Handschriften des NT hielt sich die Majuskel bis ins 10.Jh., wurde aber vom 9.Jh. an durch die Minuskelschrift verdrängt, eine Stilisierung der Majuskelkursive für die Zwecke der buchhändlerischen Vervielfältigung; und diese Minuskelschrift finden wir dann in allen griech. Bibelhandschriften bis zum Ende des Mittelalters. Die Datierung aller dieser Handschriften ist fast ausnahmslos nur durch die Beachtung der Schriftform möglich, doch hat die Paläographie so sichere Merkmale herausgearbeitet, daß die Datierung bis auf *ein* Jh. und oftmals weniger sicher vorgenommen werden kann. Datierte Handschriften gibt es erst seit dem Mittelalter.

Zur Koine-Forschung: E. SCHWYZER, Griech. Grammatik I (HAW II, 1, 1, 1939, 116–130). – Zur Verbreitung der Koine: W. OTTO, Kulturgesch. des Altertums, 1925, 96ff. – Zur Gesch. der Erforschung der Sprache der griech. B.: A. DEISSMANN, B.studien, 1895 – DERS., Neue B.studien, 1897 – DERS., Licht vom Osten, (1908) 1923[4], 14ff. 35ff (Lit.) – J. ROS, De studie van het bijbelgrieksch van Hugo Grotius tot Adolf Deissmann, 1940. - Spezialgrammatiken des nt. Griechisch: F.BLASS-A.DEBRUNNER, (1896) 1954^{9} - J.H.MOULTON, Einl. in die Sprache des NT, 1911 - DERS., A Grammar of NT Greek II, 1929 - L.RADERMACHER, (1911) 1925^{2} - C.E.D.MOULE, An Idiom Book of NT Greek, 1953 - Übersicht (mit Bibliogr.) bei W.MICHAELIS, Einl. in das NT, 1954^{2}, 368ff. - Spezialwörterbücher: H. CREMER-J.KÖGEL, (1867) 1923^{11} (Begriffs-WB); noch unvollendete Neuaufl.: Theologisches Wörterbuch zum NT, begr.v. G.KITTEL, hg.v. G.FRIEDRICH, 1933ff - W.BAUER, (1910) 1957f^{5} (vollst. WB mit reicher Bibliogr.). - Zu 3: Bibliogr. bei C.F.D.MOULE, aaO 188ff - F.ROSENTHAL, Die aramaistische Forschung, 1939, 106ff - P.KAHLE, Das zur Zeit Jesu in Palästina gesprochene Aramäisch (ThR NF 17, 1949, 201-216). - Weiteres → Aramäisches in der Bibel: II. - Zu 4: C.H.ROBERTS, The Christian Book and the Greek Papyri (JThS 50, 1949, 155-168). - Beispiele für die Majuskelkursive: profane Beispiele aus dem 1.Jh. bei W.SCHUBART, Griech. Paläographie (HAW I, 4, 1), 1925, 50ff - B.handschriften des 3./4.Jh.s bei F.G.KENYON, The Chester Beatty Biblical Papyri I, 1933, Taf. V, u. H.A.SANDERS, An Early Papyrus Fragment of the Gospel of Matthew (HThR 19, 1926, Taf. vor S. 215).

W.G.Kümmel

III. Dogmatisch

1. Problemlage - 2. B. und Schrift - 3. Vor- und außerreformatorische B.auffassungen - 4. Ev. Schriftverständnis und prot. B.theorien - 5. Akt, Urkunde, Aussage

1. Die B. wird in der ev. Dogmatik im allg. an zwei Stellen behandelt: in der Prinzipien- und in der Heilslehre. In jener erscheint sie als *Erkenntnisprinzip*, in dieser als *Gnadenmittel*. Obwohl die prot. Theologie die Heilsbedeutung der B. nie vergaß, hat die im 16.Jh. einsetzende Intellektualisierung aller Aussagen die B. als Erkenntnisquelle bevorzugt. Als solche tritt sie erstmalig bei → Calvin an die Spitze des Systems. Die rationalistische B.kritik vermochte die Grenzen des Erkenntnistheoretischen ebensowenig zu überschreiten wie die im 19.Jh. aufgebrachte Unterscheidung zwischen B. als Formal- und Rechtfertigungslehre als Materialprinzip (A.Twesten). Erst die geschichtliche Neufassung des Offenbarungsbegriffs (W. → Herrmann, M. → Kähler) und seine wissenschaftliche Bearbeitung (H.E. → Weber) machte, im Rückgriff auf Luthers Verständnis des Wortes Gottes als »lebendiger Stimme des Evangeliums«, die Bedeutung der Schrift als wirkenden Gnadenmittels erneut einsichtig. Von der Predigt als Ausgang und Ziel der Dogmatik her entfaltete K. → Barth 1927 die »drei Gestalten des Wortes Gottes«: Verkündigung, Schrift, Offenbarung. Damit war die B. als aktuoses Element in einem einheitlichen Ereignisgefälle verstanden. Etwa gleichzeitig interpretierte R. → Bultmann das nt. »Kerygma« als »eschatologisches Geschehen«, in dem Wort und Geschichte zusammenfallen. Indem er im NT den Glauben auf das »Wort« als seinen ihn autorisierenden »Gegenstand« verwiesen sah (Röm 10, 4), gab er dem nt. Kanon seinen funktionalen Sinn zurück: als »anredende Tradition« das Heilsgeschehen mittels kritisch-existentialer Methode verständlich zu machen.

2. So kräftig damit die hermeneutischen Fragen in Fluß gerieten, so sehr bedürfen ihre methodischen Voraussetzungen der Erhellung. Diese hängt an der *Begriffsbestimmung* dessen, was dogmatisch unter »B.« zu verstehen ist. Die kritische B.forschung (J.S. → Semler) begann mit der Verschlingung zwei verschiedener Methoden: der historischen und der sie heimlich leitenden dogmatischen. Ihre spannungsvolle Gegenläufigkeit bleibt nur insoweit fruchtbar, als sie nicht dualistisch in ein beziehungsloses Nebeneinander zerfällt. Die hier aufbrechende Gefahr läßt sich jedoch durch sorgfältige Begriffserklärung begrenzen. Während das Denken die Begriffe »B.« und »hl. Schrift« identifizierte, pflegte die Sprache unbewußt zu differenzieren. Sie kennt zwar eine »hl. Schrift«, aber keine »hl. B.«. »B.« ist ein historisch-literarischer, »Schrift« ein theologisch-normativer Begriff. Wohl gibt es eine B.-, aber keine Schriftwissenschaft. Umgekehrt können Aussagen als schriftgemäß bzw. schriftwidrig gelten, nicht jedoch als bibelgemäß bzw. bibelwidrig. Die *Feststellung* »biblisch - unbiblisch« und die *Wertung* »schriftgemäß - schriftwidrig« gehören qualitativ verschiedenen Aussagehorizonten an. Der gleiche Gegenstand wird in zwei spezifisch ungleichartigen Hinsichten befragt: als B. unter dem Gesichtspunkt einer Sammlung antiker religiöser Urkunden, als Schrift unter dem eines den heutigen Menschen angehenden Rufes. Beidemal handelt es sich nicht um Teil-, sondern um Totalaspekte: derselbe Literaturkomplex ist als Denkmal einer Vergangenheit B., als bestimmende Gegenwartsmacht Schrift.

3. Die *vor- und außerreformatorische Theologie* identifiziert unkritisch Schrift und B. und bietet drei Formen der B.auffassung: a) den theoretischen, b) den praktischen, c) den heilshistorischen Typus.

a) *Theoretisch* gefaßt ist die B. das apostolische *Lehrbuch*, das als Grundlage der Kirchenlehre gültige Wahrheit über Gott, Christus, das Heil birgt (→ Irenäus). Als Quelle der Gnosis (→ Clemens von Alexandrien) enthält sie nicht Menschenmeinungen, sondern Gottesworte (→ Origenes), die auf den einzigen Lehrer Jesus Christus, den Logos des Vaters, zurückgehen und zur Bekämpfung der Irrlehre dienen (→ Athanasius). Sind die Grenzen von B. und Kirchenlehre anfangs fließend, so wird früh (→ Tertullian) die *viel*deutige Berufungsinstanz der B. durch Beziehung auf die »apostolischen« Bürgen (Glaubensregel, Gemeinde, Lehramt) als *ein*deutige Autorität gesichert. Apostolizität und Überlieferung begründen ihr kanonisches Ansehen. B. und Kirche stützen sich als Autoritäten gegenseitig. Beide sind zudem für vernünftige Einsicht bestimmt (→ Augustin). So wird die B. »hl. Gesetz«, das *mit* der Tradition durch Alter und Allgemeinheit Würde empfängt (→ Vinzenz von Lerinum). Im Rahmen des Systems sich gegenseitig garantierender Autoritäten hat die Scholastik die grundsätzliche *Neben*ordnung von B. und Überlieferung (→ Anselm, 1) zur praktischen *Über*ordnung der päpstlichen Lehrgewalt über die B. verschoben (→ Thomas). - Erst in Abwehr des reformatorischen Schriftprinzips ordnete das Tridentinum dem gesetzlich verstandenen Lehrbuch der B. die Fülle schriftlicher und mündlicher Traditionen (plur.!) prinzipiell gleich (Denz. 783ff). Das Vaticanum hat schließlich selbst die Tradition der im Papst repräsentierten Kirche unterworfen (Denz. 1821ff). Damit wurde die Schriftautorität praktisch entkräftet (Mariendogma 1951), obwohl Pius XII. für ihren gesamten Inhalt Inspiration und Irrtumslosigkeit behauptet (Enz. Spiritus Paraclitus, Denz. 2186ff. 2293ff). Die B. gilt »bloß« als »schriftliches Depositum« oder »urkundliche Quelle des Glaubens« innerhalb eines genetisch-organischen Entwicklungsprozesses zwischen Offenbarung und Überlieferung. Die autoritäre Erklärung des »lebendigen, permanenten Lehrapostolats« sorgt als »souveräne und direkte Regel« für ihre Auslegung und disziplinäre Anwendung (Scheeben I, n. 267. 271).

b) *Praktisch* gefaßt ist die B. das *Gesetzbuch* für den einzelnen und die Gemeinschaft. Die frühe Kirche sieht im Evangelium das »neue Gesetz«, das Jesus als Gesetzgeber brachte. Moralisierende Verengung macht die B. zum Frömmigkeits- und Sittenkodex, der die Vorschriften des Beispiels Christi (Apostolische Väter), das sittliche Ideal (Clemens) einschärft. Sie ordnet das Leben der Laien und Kleriker, später bes. der Mönche. Darüber hinaus wird sie Grundordnung für Kirche und Welt. Mit Krise und Zerfall der Einheit des MA steigert sich ihre Geltung als universalen *Programms*. Ist den → Waldensern die B. noch Erbauungsquelle und Norm der

»ev. Vollkommenheit«, so entnimmt → Marsilius von Padua ihr, bes. dem NT, das geläuterte Kirchen- und Gesellschaftsrecht. Für → Wiclif wird sie zum Gesetzescorpus der Christokratie, zur Magna Charta des Volkes Christi im geistlichen und weltlichen Gesamtdasein: »lex caritatis«. Das NT ist als »Gesetz der Gnade« Kriterium aller Gesetzgebung, Verfassung und Ordnung. Zugrunde liegt die Identifizierung der B. mit dem → *Naturrecht,* die schon das Dekret → Gratians (um 1150) proklamiert und Thomas (S. th. II, 1. q. 90ff) vom Leitbegriff des »ewigen Gesetzes« aus entworfen hatte. Wie die Vernunft die doktrinäre, so prägte das Naturrecht die praktische B.auffassung. So verstanden diente die B. verschiedensten Tendenzen des späten MA als Generalnenner: den → Hussiten als radikales Programm der politisch-sozialen Revolution, die »Feinde des Gottesgesetzes«, dh der B., auszurotten, den Böhmischen Brüdern (→ Brüderunität: I) als Inbegriff urchristlicher Liebesethik, den Nominalisten (→ Ockham) und Konziliaristen (→ Gerson) als irrtumslose Regel des Kirchenregiments gegenüber dem fehlsamen Papst. Überall bleibt die B. - »sola scriptura!« - moralisch-juristisches Formalprinzip, das die Grundvoraussetzung kath. Gesetzlichkeit festigt, indem es deren konkrete Ausformung angreift.

c) *Heilshistorisch* gefaßt ist die B. das *Geschichtsbuch,* das die Historie himmlischer Begebenheiten auf Erden erzählt. Motive nt. Geschichtstypologie (Röm 4f; Gal 4; Hebr), überformt durch die griech. Paideia-Idee und Elemente hellenistisch-jüdischer Apologetik, machen die B. zum Generalbericht über die chronologisch berechenbare Erziehung der Menschheit durch den Gott-Logos. Mittels des Weissagungsbeweises wird der biblische Zusammenhang von Schöpfung und Erlösung, Gesetz und Evangelium als gradweis fortschreitende Entwicklung ausgelegt, deren Dynamik die Epoche der Kirche strukturiert. Gottes Heilsplan entfaltet sich in überhöhender Stufung - vierfach bei Irenäus: in den Bundesschlüssen mit Adam, Noah, Mose, Christus; dreifach bei → Theophilus von Antiochia: in den Zeitaltern vor, unter, nach dem Gesetz. Die heilsökonomische Periodisierung läßt die Einheit der B. in Mannigfaltigkeit sehen, aus der »Polyphonie« ihrer Stimmen »das eine symphonische Melos« (Irenäus) vernehmen. Nivellierende Tendenzen der doktrinären und legalistischen B.auffassung werden durch die Dramatik des Geschichtsverlaufs neutralisiert. Freilich droht hier die geschichtstheologische *Spekulation,* wie sie sich zB im symbolistischen Biblizismus des MA entfaltet. → Hugo von St. Victor erfaßt »die ganze Summe der göttlichen Schrift« nach »Zeitenserie und Geschlechterfolge« als Wachstum des Reiches Christi in den Fortschrittsphasen des Natur-, Schrift- und Gnadengesetzes. Dem Zug der so verstandenen B. zum Sakramentalen entspricht der Platz, den die *orth.* Liturgie dem heilshistorischen Mysterium einräumt.

4. → *Luther* entdeckte in intensivem Studium der B. die Schrift. Mit dem neuen Verständnis der »Gerechtigkeit Gottes« als schöpferischer Barmherzigkeit hatte ihm »der Hl. Geist die Schrift offenbart« (WATR 3, 3232c). Damit überwindet er den Biblizismus des MA in den drei Grundtypen: a) Indem er *fundamental* doctrina als Verkündigung versteht, wird ihm das »Lehr- und Lesebuch« (legibile) zum »Predigt-, Höre- und Streitbuch« (doctrinale, audibile, pugnax; WATR 2, 2185). b) Indem er *kategorial* Gesetz und Evangelium unterscheidet, qualifiziert er die B. zur Schrift, dh zur Gestalt der durch Töten lebendigmachenden Gottesrede, die jede Programmatik ausschließt. c) Indem er *existenziell* die Schrift streng auf Begegnung (experientia, conscientia) bezieht, werden die »Leseworte« des Geschichtsbuches zu »lauter Lebeworten« (WA 31, 1, 67). An die Stelle von ratio, lex, speculatio tritt der mit dem Evangelium identische *Christus.* Als der persongewordene, im Gericht gefällte Freispruch Gottes ist er einziger *Inhalt* der Schrift, die in seiner Macht sich selbst beglaubigt und auslegt. Als *Herr* der Schrift ist er Grund und Grenze ihrer Autorität, Kanon im Kanon. Der rechte Prüfstein aller Bücher - »ob sie Christum treiben oder nicht« - verwandelt den historischen Begriff des »Apostolischen« in ein Sachkriterium (WADB 7, 384). Treiben die Gegner die B. wider Christum, so »wir« Christum wider die B. (WA 39, 1, 47). - Während die Schwärmer die gesetzliche Programmatik des MA (s. 3b) fortführen, werden → *Melanchthon* (CR 23, 585ff) und *Calvin* (Inst. I, 6ff) zu Bahnbrechern des ev. Biblizismus. Luth. wie ref. Schultheologen lenken zum doktrinären Typ (s. 3a) zurück, dessen Vernünftigkeit das lebendige Schriftverständnis dämpft. Erst in der *Föderaltheologie* (→ Bund: IV) wendet sich die heilshistorische Sicht (s. 3c) gegen die doktrinäre, um sie durch eine geschichtlich bewegte zu ersetzen. J.A. → *Bengel* verstand von der Idee des Ordo temporum her die B. als universale Urkunde einer organisch fortschreitenden Ökonomie Gottes. Sie ist ihm lebendiges »System göttlicher Zeugnisse«, »ein ganzheitliches Gefüge«, »Verwahrnis himmlischen Heils« (Gnomon, praef. §§ 1. 27). Als geist-leiblicher Organismus erzeugt sie den heiligen »schriftgemäßen Gottesmenschen«. Diese theologiegeschichtlich wirksame B.theorie (→ Beck, v. → Hofmann) vermochte infolge ihrer spekulativen Befangenheit die Geschichtlichkeit der Schrift nicht voll zu erfassen. Im Gegenschlag gegen jeden dogmatisch gebundenen → Biblizismus wertete die freie *philologisch-historische Forschung* die B. als Quellensammlung. Mittels der Momente der Kritik (→ Bibelkritik: I. II), Analogie und Korrelation (→ Troeltsch) erklärte sie ihre Texte aus dem Kausalzusammenhang immanenten Geschehens. Freilich hinderte sie ihre weltanschauliche Verwurzelung in der Metaphysik des vorkritischen Rationalismus (»ewige Wahrheiten«) und der Geistphilosophie (»Ideen«), den Bann der doktrinären Schematik zu brechen. Teilte sie doch die Grundvoraussetzung der Gegner: die Identifikation von B. und Schrift. Erst durch die Wende »vom Liberalismus zum Kritizismus«, die im 20.Jh. bes. die formgeschichtliche Methode (→ Formen: I. II) einleitete, wurde die Differenzierung von Historie und Geschichte und damit auch von B. und Schrift prinzipiell möglich. Nunmehr wird »die alte Zentralfrage der biblischen → Hermeneutik, wie das Wort Gottes in der Schrift als Autorität für den Glauben verstanden werden könne« (Buri), beantwortbar.

5. Die ev. Dogmatik hat das abstrakte B.prinzip und seine Theorien (Inspiration, Eigenschaften der Schrift) preiszugeben und sich auf die existenzielle *Theologie des Wortes* zu besinnen. Dadurch empfängt die B. als Sammlung at. und nt. Urkunden ihre ursprüngliche Bestimmung zurück: geschehenes Gotteshandeln durch Verkündigung der Welt zu vergegenwärtigen. Insofern ist die B. beides: Buch der *Kirche,* »Urkunde für den Vollzug der kirchengründenden Predigt«, *und* »Buch der *Menschheit*« (M.Kähler). Zwischen Offenbarung und Kerygma stehend - durch jene begründet, dieses ermöglichend - erscheint die B. wieder als Schrift in einen Begegnungszusammenhang einbezogen. Aus ihm ergeben sich die Gesichtspunkte von a) Akt, b) Urkunde und c) Aussage.

a) *Akt.* Die B. ist auf die Schrift hin zu verstehen. Die *Bibel* (= die Schriften) ist menschliches *Zeugnis* von Gottes geschichtlich ergangener Tatrede und »enthält« insofern sein Wort. Sie ist *Niederschlag* seines Willens in der Mittelbarkeit und Begrenztheit fixierter *Bekenntnisse.* Als Sammlung von Glaubensaussagen und Berichten *über* Offenbarung ist sie deren Erkenntnisquelle für jedermann. - Die *Schrift* erweist sich (entgegen etymologischer Ableitbarkeit) als menschliche *Gestalt* der geschichtlich sich ereignenden Gottesrede und »ist« insofern sein Wort. Als *Ausdruck* seines Willens begegnet sie in der Unmittelbarkeit und Freiheit rufender *Botschaft*. In, mit und unter Aussagen und Berichten über Offenbarung (= B.) wird sie Werkzeug des Wortes, das dem Glaubenden die neue Existenz schafft (Gnadenmittel). - Dem NT ist die Schrift (= AT) das Wort im Modus lebendiger Mächtigkeit: Geschichte zu wirken, deren Kategorie nicht Entwicklung, sondern Auseinandersetzung heißt. Ihren Aktionsrhythmus kennzeichnet das Ringen Gottes mit Israel, sein Rechtsstreit mit den Völkern, der Widerspruch seines Zornes zum Gnadenwillen. In Jesu Schicksal gelangt das Verheißungsgeschehen als Gefüge göttlicher Ratschlüsse scheiternd zum Ziel (Lk 24, 26f). Die Schrift handelt wie eine *Person:* sie sieht Künftiges voraus und verkündet es zuvor (Gal 3, 8). Sie fällt das eschatologische Urteil Gottes: alles unter die Sünde verschließend, um der Welt den Glauben zu eröffnen (Gal 3, 22; vgl. Röm 11, 32). Sie redet durch Worte und Verhaltungsweisen sündhafter Menschen (Röm 4, 3; 9, 17; 10, 11; 11, 2), in der Unverbrüchlichkeit Gottes selbst (Joh 10, 35; 2, 22). Im Sterben und Auferwecktwerden des Christus sieht das älteste Bekenntnis (1Kor 15, 3f) ihre Verwirklichung. Jesus ist das »Ende« der Schrift. Die Schrift ist auf ihn als Erfüller und Vollender angewiesen. Indem er ihre Autorität als B. auflöst (Mk 7, 14ff), setzt er sie als Schrift rückwirkend in Geltung (Mt 5, 17). - Die *Bezeichnung »heilig«* für die Schrift kennt das NT noch nicht. Sie entstammt hellenistisch-jüdischem Sprachgebrauch und setzt eine Theorie voraus, die den Geist als Büchern einwohnende Gottessubstanz faßt. Sie ist tragbar, wenn man mit dem NT die B. als begegnende Kundgebung Gottes, dh eben als Schrift versteht. Der Schrift ist es eigentümlich: α) durch eigenen Spruch sich selbst durchzusetzen; β) jede andere sie zusätzlich beglaubigende Instanz auszuschließen; γ) dem Menschen in konkreter Anrede das Dasein vor Gott in der Welt aufzudecken; δ) ihn in unausweichlicher Entscheidung die Rettung aus Gottes Gericht ergreifen - oder verfehlen - zu lassen. Die altprot. Dogmatik hat dies Wissen um die Schrift als redenden Ruf - trotz Inspirationslehre - in den Aussagen vom »inwendigen Zeugnis des Hl. Geistes« (Evidenz) und von den »Eigenschaften« der Hl. Schrift wachzuhalten versucht (affectiones [J. → Gerhard: »Herrlichkeiten«]: α) auctoritas; β) sufficientia; γ) perspicuitas; δ) efficacia).

b) *Urkunde*. Die Schrift ist auf die B. hin zu verstehen. Beide sind literarischer Art. Während die Urkundlichkeit der Schrift jedoch erhöhte Autorität bedeutet (Hos 8, 12), meint die der B. Verfügbarkeit für den Dienst am Wort. Schrift und B. verhalten sich zueinander wie *Schöpfung* und *Erhaltung*. Die Kirche verdankt nicht der B., sondern der mündlichen Predigt vom gekommenen Christus und dem auf ihn hin verstandenen AT (= Schrift!) ihr *Dasein*. Die Kirche verdankt der Sammlung des NT und seines Zusammenschlusses mit dem AT zur B. ihren *Bestand*. - Nicht prinzipiell, sondern nur faktisch läßt sich die Notwendigkeit der kanonischen B. begreifen. Der im Ausscheidungsprozeß gegen häretische Wucherungen und phantastische Spekulationen entstandene *Kanon* (→ Bibel: I B. II B) zog die Grenze um diejenigen Schriften, deren Texte die Verkündigung zu tragen hatten. Der Kanon ist das folgenreichste Bekenntnis der Kirche zu dem sie treffenden Wort. Sein Besitz stellt die Kirche ständig in Frage: ob sie bereit ist, sich durch das »äußere Wort« auch in schriftlicher Gestalt, in strengem Gegenüber regieren zu lassen. Die *theologische Bedeutung* des Kanons läßt sich aus keinem, auch keinem christologischen Axiom (apriorisch) ableiten, wohl aber im Blick auf das wirkliche Dasein der Kirche in der Welt (aposteriorisch) einsichtig machen. Die Botschaft, daß in Jesu Person das Wort Gottes an die Menschheit erging und sich in seinem Schicksal Gottes letzte Geschichte mit der Welt begab, bedarf keiner Sicherung. In der Festsetzung des Kanons spiegelt sich die *Einmaligkeit* der geschehenen Gottestat wider, die mittels eben dieses Kanons die *Jemaligkeit* der Botschaft ermöglicht.

c) *Aussage*. Dafür, daß das spannungsvolle Nebeneinander der Aspekte von Akt und Urkunde, Schrift und B. nicht auseinanderbricht, sorgt die Gemeinsamkeit ihres materiellen Aussage-Inhaltes, der mit der Person Jesu Christi identisch ist. Auf der Selbstaussage seines *Namens*, in dem der Name des israelitischen Bundesgottes zu Ehren kommt (Phil 2, 9ff), beruht *die Einheit* des »Buches der Bücher«, die keine Besonderheit einebnet - in *jeder* Hinsicht: die kerygmatische Einheit des »Kyrios« und des »Apostolos« im NT; die geschichtliche Einheit von AT und NT in der Mannigfaltigkeit neben- und gegeneinander tretender Zeugnisse; die sachliche Einheit von Schrift und B. im Auseinanderstreben zentraler und peripherischer Mitteilungen; die zweckbestimmte Einheit von Kirche und Welt als widerstrebender Partner der sie beide angehenden Proklamation. - »Aussage« bedeutet für die *Theologie:* das ewige Wort inmitten der Zeit ist uns in *Texten* zur Auslegung überliefert. Für das Gesamt biblischer Aussagen gilt, was die formgeschichtliche Forschung für die Doppelseitigkeit der Evangelien gezeigt hat: »sie wollen mehr als einen bloßen Bericht geben, sie wollen Glauben wirken und predigen darum von diesem Glauben.« Sie »enthalten das Wort, durch das Gott sein Schweigen brach. Sie pressen es in menschliche Sprache und literarische Form, nicht immer ohne zu irren, jedoch unter göttlichem Auftrag. Es ist darum unmöglich das ewige Wort zu fassen, ohne die menschlichen Wörter zu studieren, unmöglich das Heil zu verkündigen, ohne sich seiner geschichtlichen Offenbarung bewußt zu sein, unmöglich Christus zu predigen, ohne von der historischen Person Jesu gehört und gelesen zu haben« (M.Dibelius). Noch ein letztes Mal taucht hier die Unterscheidung von Schrift und B. auf, in der speziellen Form des »hermeneutischen Zirkels«: Erst die B. vermittelt das Sachkriterium (die »christologische Tendenz«); erst die Schrift gibt den Weg zu sinnvoller Sachkritik frei.

Die vorgenommene Begriffsregulierung beruht auf der *»Logik« der Aussage:* B. wie Schrift reden je verschieden vom Wege *Gottes* durch die *Welt*. Unterscheidung wie Zuordnung von Offenbarung und Geschichte ergeben sich aus der in Jesus Christus geschehenen Epiphanie. Nachträglich wird erkennbar: »Die Lehre von der Schrift steht in genauer Entsprechung zur *Christologie*« (P.Althaus). In ihr wurzelt der Doppelcharakter des Buches, seine gleichzeitige Menschlichkeit als B. *und* seine Gottmenschlichkeit als Schrift. Die »Göttlichkeit« des Buches ist nur »in, mit und unter« seiner durchgängigen Menschlichkeit zu glauben, dh die Schrift ist nicht *über*, sondern nur *in* der B. zu vernehmen. So wenig Gottes »Jenseits« abstrakte »Transzendenz« meint - er ist ja »mitten in unsremLeben jenseitig« (Bonhoeffer) -, so sehr beruht die Überlegenheit der Schrift auf ihrer sich an die B. bindenden »Knechtschaft« (Kondeszendenz). Wer sich je in das Gespräch dieses Buches einläßt, wird zum Schicksalsgefährten der Kämpfe und Irrgänge, der Niederlagen und Siege, die die »göttliche Äneis« (WA 48, 241) ihrer eigenen Verheißung widerfahren läßt.

Vgl. Lit. zu → Bibelwissenschaft: I. II, → Hermeneutik, → Inspiration: II. III, → Kanon: II, → Schriftauslegung: IV, → Wort Gottes. - Folgende Lit. in Auswahl.

Zu 3 u. 4: außer den DGn: F.KROPATSCHECK, Das Schriftprinzip der luth. Kirche I, 1904 (MA) - WA 58, 1, 62-79 - P.SCHEMPP, Luthers Stellung zur Hl. Schrift, 1929 - P.ALTHAUS, Der Geist der Luther-B. (LuJ 16, 1934, 1-26) - H.BORNKAMM, Das Wort Gottes bei Luther, 1933 - DERS., Luther u. das AT, 1948 - R.PRENTER, Spiritus creator, Kopenhagen (1944) 1946[2]; dt. = FGLP 10, 6, 1954 - R.BRING, Luthers Anschauung von der B. (Luthertum 3), 1951 - H.ØSTERGAARD-NIELSEN, Scriptura sacra et viva vox, Eine Lutherstudie, 1957 (dän.); dt.= FGLP 10, 10, 1957 - RITSCHL I-IV - ELERT, ML I, § 14f - H.STRATHMANN, Die Krisis des Kanons der Kirche, J.Gerhards u. J.S.Semlers Erbe (ThBl 20, 1941, 295-310) - W.LEIBRECHT, Philologia crucis, J.G.Hamanns Gedanken über die Sprache Gottes (KuD 1, 1955, 226-242) - P.GENNRICH, Der Kampf um die Schrift in der ev. Kirche des 19.Jh.s, 1898 (Lit.) - V.A.SCHMITZ, Der Gedanke vom lebendigen Wort bei N.F.S.Grundtvig (ZSTh 11, 1934, 75-107) - NITZSCH-STEPHAN, Dogmatik, 1912[3], 241ff. 638ff (Lit.) - J.TURMEL, Histoire des dogmes IV, 1935, 369ff (kath.) - H.DIEM, Theol. als kirchl. Wissenschaft II, 1955 (Lit.).

Zu 1 u. 5: Außer den Lehrbüchern der Dogmatik, bes. von H. STEPHAN, P.ALTHAUS, E.BRUNNER, H.VOGEL, O.WEBER (Lit.), F.BURI: F.SCHLEIERMACHER, Der christl. Glaube, §§ 128-132 - R. ROTHE, Zur Dogmatik, (1863) 1869[2], 120ff - M.KÄHLER, Zur B.-frage (Dogmat. Zeitfragen I, 1907) 1937[2] - RE II, 686ff - H.E. WEBER, Hist.-krit. Schriftforschung u. B.glaube, (1913) 1914[2] - E.TROELTSCH, Hist. u. dogmat. Methode (Ges. Schr. II, [1913] 1922[2], 729-753) - R.BULTMANN, Das Problem einer theol. Exegese des NT (ZZ 3, 1925, 334-357) - BULTMANN I, 85-113. 153-187. 268-293; II, 211-235 - E.BRUNNER, Religionsphilosophie (HPh II, F), 1927, 8ff. 76ff - DERS., Offenbarung u. Vernunft, 1941, 117ff - K.BARTH, Menschenwort u. Gotteswort in der christl. Predigt (ZZ 3, 1925, 119-140) - DERS., Das Schriftprinzip der ref. Kirche (ebd 215-245) - DERS., Christl. Dogmatik I, 1927, §§ 20-22 - DERS., KD I/2, §§ 19-21; IV/1, 182f. 404ff. 804f - C STANGE, Die Bedeutung der Hl. Schrift (ZSTh 3, 1926, 694-724) - F.GOGARTEN, Glaube u. Wirklichkeit, 1928, 180ff - DERS., Die Verkündigung Jesu Christi, 1948 - R.JELKE, Hist.-krit. u. theol.-dogmat. Schriftauslegung (Festschr. f. L.Ihmels, 1928, 215-235) - E.SCHAEDER, Das Wort Gottes (BFChTh 2, 22), 1930, 111-128 - P.ALTHAUS, Grundriß der Ethik, (1931) 1953[2], 36ff - M.SCHMAUS, Kath. Dogmatik I, (1937) 1953[5], §§ 12 bis 19 (Lit.) - H.ECHTERNACH, Es stehet geschrieben, 1937 - E.SCHLINK, Theol. d. luth. Bekenntnisschriften, (1940) 1946[2], Kap. 1 - H.H.ROWLEY, The Relevance of the B., London 1942 - A.HUNTER, The unity of the NT, London (1943) 1946[3]; dt. = BEvTh 17, 1952 - C.H.DODD, The Bible to-day, 1947 - H.CUNLIFFE-JONES, The authority of the biblical revelation, London 1945 - A.G.HEBERT, Scripture and the faith, London 1947 - En bok om bibeln (R.BRING, A.FRIEDRICHSEN, HJ.LINDROTH, O.LINTON, A.NYGREN, E.SJÖBERG), Lund 1947 - M.J.SCHEEBEN, Hdb. der kath. Dogmatik I[2] (= Ges. Schr. III, hg.v. J.HÖFER), 1948, §§ 16-20 (Lit.) - G.WINGREN, Predikan, Lund 1949; dt.: Die Predigt, 1955 (Berlin 1956) (Lit.) - R. BRING, Kristendomstolkningar, Stockholm 1950, 1ff - E.DINKLER, B.autorität u. B.kritik (SgV 193), 1950 - W.G.KÜMMEL, Notwendigkeit u. Grenze des nt. Kanons (ZThK 47, 1950, 277-313) - Bibelsyn. En indførelse i aktuelle bibelproblemer (Sammel-Bd), Kopenhagen 1951 - P.BRUNNER, Schrift u. Tradition (Festschr. f. H.Meiser, 1951, 119-140) - E.KÄSEMANN, Begründet der nt. Kanon die Einheit der Kirche? (EvTh 11, 1951/52, 13-21) - DERS., Nt. Fragen von heute (ZThK 54, 1957, 1-21) - R.HAUGE, Gudsåbenbaring og troslydighet, Oslo 1952, 155ff - R.JOSEFSON, Bibelns Auktoritet, Stockholm 1953 - G.GLOEGE, Offenbarung u. Überlieferung (ThLZ 79, 1954, 213-236 = ThF 6, 1954) - DERS., Entmythologisierung (VF 1956/57, 62-101; Lit.) - G.EBELING, Die Geschichtlichkeit der Kirche u. ihrer Verkündigung (SgV 207/208), 1954 - K.E.SKYDSGAARD, Schrift u. Tradition (KuD 1, 1955, 161 bis 179) - T.AUKRUST, Forkynnelse og Historie, Oslo 1956 - R. HERMANN, Gotteswort u. Menschenwort in der B., 1956 - TH.SÜSS, Gottes Wort, Hl. Schrift u. Verkündigung (Ms.), Genf 1956 (Lit.).

G.Gloege

IV. Im Unterricht

1. Geschichtliches - 2. Grundsätzliches - 3. Praktisches. - Vgl. → Bibelarbeit, → Bibelschulen

1. Soweit biblische Stoffe im altkirchlichen → Katechumenat nachweisbar sind (Const. ap. 7, 39, Cyrill v. Jer., Augustin u.a.), gehören sie dem Erwachsenenunterricht an. Ihre erste Verwendung im Jugendunterricht ist wohl in den Klöstern des Altertums zu suchen (Basilius; → Kirchliche Unterweisung: I). In den Schulen des Mittelalters gehörten biblische Geschichten vielfach zum Unterrichtsstoff, dienten aber als Mittel der grammatischen Übung. Die mittelalterlichen → Historienbibeln, Chroniken und → Armenbibeln waren nicht für den Unterricht bestimmt, brachten aber biblische Stoffe in die Häuser.

Die Reformation bedeutet dadurch einen entscheidenden Wendepunkt, daß sie die biblische Heilsbotschaft entschlossen in die Mitte des Unterrichts rückte. Dies geschah zunächst in der schlichten Form der Katechismuslehre als der »Hauptsumme biblischer Wahrheit«. Der → Katechismus war von Anfang an der beherrschende, aber doch nicht der ausschließliche Unterrichtsgegenstand. Eine größere Zahl von Schulordnungen schreibt die Behandlung »biblischer Historien« vor, für die vielgebrauchte und mehrfach aufgelegte Biblische Geschichten zur Verfügung standen (O.Braunfels 1527, S. Castellio 1542/43, H.Beyer 1555, G.Fabricius 1561 u.a.). Neben den »Exempeln« aus der Schrift ergänzten den Katechismusunterricht (→ Katechismus: III) umfangreiche biblische Spruchbücher (Lossius 1550, Trotzendorf 1565). In den Lateinschulen wurde die kursorische Lektüre der B. verlangt (Melanchthon 1528; Württemberg 1559: Lesen der ganzen Schrift). Am Sonnabend wurden die → Perikopen des folgenden Sonntags besprochen und dafür eigene Kinderpostillen geschaffen (Wittenberger Schulordnung 1533, Veit Dietrich 1548; Nachwirkungen bis ins 19.Jh.). Damit stand der Katechismusunterricht als Hinführung zum rechten Verständnis der B. in enger Wechselwirkung mit den biblischen Stoffen. In den Lehrkämpfen der → Orthodoxie trat die biblische Geschichte hinter der wehrhaften, systematischen Katechismuslehre zurück. Erst nach dem Dreißigjährigen Krieg schuf Justus → Gesenius den für die Folgezeit bestimmenden Typus der Biblischen Geschichte (»Biblische Historien«, 1657).

Durch den → Pietismus und die von ihm beeinflußten Schulordnungen des 18.Jh.s erhielt die B. die Bedeutung eines eigenständigen Unterrichtsstoffes. Erst jetzt war es auch - dank der → Bibelgesellschaften - möglich, alle Volksschulen mit B.n auszustatten. Die Entwicklung wurde wesentlich bestimmt durch die (von Claude → Fleury angeregten) Einrichtungen A.H. → Franckes (Schulordnung 1702) und durch das auf Gesenius aufbauende vielbenützte Lehrbuch von Joh.Hübner (»Biblische Historien«, erstmalig 1714). In den Schulordnungen nach 1750 erhielten Biblische Geschichte und B.lektüre ihre feste und bleibende Stellung neben dem Katechismusunterricht.

Wie der Pietismus war die → Aufklärung davon überzeugt, daß die anschauliche geschichtliche Unterweisung dem lehrhaften Katechismus vorauszugehen habe. Aus der biblischen Anschauung sollten die allgemeinen Religionsbegriffe abgeleitet werden. Statt des Lesens empfahlen die Philanthropinen das freie Erzählen. Die Reihenfolge Lernen - Erklären wurde umgekehrt: Erst verstehen, dann memorieren! In der gelegentlichen schroffen Ablehnung des AT als Unterrichtsstoff kündigten sich spätere Entwicklungen an.

Das neue Geschichtsverständnis des 19.Jh.s (→ Herder, → Schleiermacher, → Schelling) bot die Möglichkeit einer grundsätzlichen Verselbständigung des B.unterrichts gegenüber dem Bekenntnisunterricht. Wurden die biblischen Stoffe ursprünglich als »Exempla«, später als Veranschaulichung der Lehre verstanden, so konnte die Geschichte der Offenbarung als Unterrichtsstoff jetzt zum »Selbstzweck« werden (Palmer 1844). Neben die praktische Auswertung der Einzelgeschichte (Nissen 1840) trat die Forderung eines zusammenhängenden heilsgeschichtlichen Unterrichts (Palmer, Buchrucker 1859). Ebenso konnte aber auch die Forderung eines konfessionslosen Geschichtsunterrichts, der anschaulich, aber nicht dogmatisch ist, erhoben werden (Diesterweg 1855). Unter den Textfassungen für den Unterricht sind die »Biblischen Geschichten« von J. P. → Hebel (1824) durch ihre volkstümliche, dichterische Erzählkunst von bleibender Bedeutung.

Gegen Ende des 19.Jh.s tauchte für den biblischen Unterricht das Geschichtsproblem in der Gestalt des → Historismus und der → Bibelkritik (: III) auf. Die Neuherbartianer (Thrändorf, Meltzer, R.Staude, Reukauf u.a.) trugen den Ergebnissen der Kritik entschlossen Rechnung. Ihre ausführlichen Präparationswerke bestimmten auf Jahrzehnte den Unterricht. Die Kritik wurde durch die Trennung von pragmatischer Historie und ewig gültigen Werten bewältigt. Die Persönlichkeiten der B. wurden als Träger dieser Ewigkeitswerte verstanden, von denen die Impulse zur Selbstentfaltung religiöser Lebendigkeit ausgehen. Der Entwicklungsgedanke diente zur Aufgliederung des Geschehens in lehrbare Entwicklungsstufen (F. → Niebergall).

Eine entscheidende Wende bedeutete die nach dem 1. Weltkrieg einsetzende Erneuerung der reformatorischen Theologie (K.→Barth; Forschungen zur Theologie Luthers; → Kirchenkampf), deren Ertrag den Unterricht entscheidend beeinflußte (Bohne 1929, Schieder 1935, Hammelsbeck 1939, H.Kittel). Das biblische Wort wurde neu verstanden als menschliche Rede, durch die Gott selbst unter uns zum Wort kommen will. Es wurde als die Aufgabe des Unterrichts erkannt, nach dem biblischen Wort als der →Offenbarung Gottes zu fragen. Zugleich stellte die Weiterentwicklung der → Bibelwissenschaft und die Debatte um die → Entmythologisierung den biblischen Unterricht vor neue Fragen. Damit ist das hermeneutische Problem auch für den Unterricht in seiner ganzen Tragweite aufgebrochen (→ Hermeneutik).

2. Aufgabe des Unterrichts ist es, die Schüler zum sachgemäßen Gebrauch der biblischen Texte anzuleiten. Dazu gehört, daß die Menschlichkeit und Geschichtlichkeit der B. in der ganzen Zweideutigkeit des Historischen vorbehaltlos gesehen wird. Der Unterricht kann sich nicht in eine sturmfreie Zone unkritischen Hörens zurückziehen. Dazu gehört aber auch, daß die Texte, die aus der Verkündigungsgeschichte der Gemeinde hervorgegangen sind, sachgemäß nur verkündigend interpretiert werden können. Die biblischen Texte sind weder unverbindliches Tatsachenmaterial noch ein gedankliches Lehrsystem, und ebensowenig geschichtliche Einkleidung allgemeiner Ideen. Sie sind pneumatisches Zeugnis (→ Kerygma), in dem der dreieinige Gott die Zwiesprache mit dem Hörer aufnimmt. Das prophetische Zeugnis kann sich dabei ebenso des geschichtlichen Berichtes wie der → Sage und Legende oder der mythologischen und der apokalyptischen Bildrede bedienen. Das biblische Wort kann immer nur in der untrennbaren Einheit von Bericht und Zeugnis, von Bildrede und Zeugnis gehört werden.

Es gibt keine gegenständliche Sicherung dafür, daß in einem so orientierten »Unterricht« die Selbstbezeugung des dreieinigen Gottes geschieht. Die Aktualität und Autorität des Wortes verwirklicht sich jeweils im konkreten Geschehen des Verkündigens, Hörens und Glaubens. »Das Wort bildet gleichsam die Füße, auf denen Christus geht, wenn er hierher kommt« (Wingren). Daß es im Akt der Begegnung mit dem Wort zum rechten Hören kommt, ist das Schöpfungswerk des hl. → Geistes (: IV).

Demnach hat sich der biblische Unterricht zu verstehen als Interpretation kerygmatischer Texte, die sich in dialogischer Begegnung mit einer verbindlichen Anrede vollzieht. Der Akt der Begegnung kann nicht aufgegliedert werden in eine vorausgehende objektive Feststellung des Tatbestandes und eine nachträgliche subjektive Wertung (»Anwendung«). Das Zeugnis der B. will sich selbst Gehör schaffen als das in die Existenz des Hörers schöpferisch eingreifende Tatwort Gottes. Darum soll der Schüler dem biblischen Wort in seiner ursprünglichen Selbstmächtigkeit gegenübertreten, ohne die Filterung durch die grundsätzliche Vorordnung eines dogmatischen oder biblizistischen Systems, einer philosophischen Reflexion oder einer psychologistischen bzw. historistischen Entschärfung. Die Verbindlichkeit, mit der ihm das Wort entgegentritt, entstammt nicht einer von außen kommenden Legitimation, sondern ist dem Wort als dem Werkzeug des Geistes selber eigen. Darum kann sich der interpretierende B.unterricht nicht auf eine unverbindliche Existenzerhellung oder eine allgemeine Hermeneutik in Analogie zum Literaturunterricht zurückziehen und der personalen Antwort durch Lehrer und Schüler ausweichen.

Die Begegnung mit dem Wort ist nicht ein isoliertes Gespräch über einen isolierten Text. Wir hören auf die Stimme der B. als Glieder der Gemeinde des auferstandenen Christus. Wenn wir heute auf die Schrift hören, so hören wir die Stimmen der Väter und der Brüder mit: das bedeutet kein unfehlbares Auslegungsprinzip; das Schriftwort übt auch an ihnen seine kritische Funktion. Aber die Geschichte der Auslegung ist doch immer mit im Gespräch, sobald wir in die Begegnung mit den Texten eintreten (→ Schriftauslegung: IV. V).

3. Die Grundsätze der didaktischen Gestaltung müssen in der aufgeschlossenen Begegnung mit der Unterrichtspraxis der modernen Schule gewonnen werden. Das kann jedoch nicht eine Unterstellung des biblischen Unterrichts unter sachfremde Methoden bedeuten. Es werden vielmehr alle Methoden daraufhin zu prüfen sein, wieweit sie dem besonderen Auftrag des B.unterrichts angemessen sind bzw. von da her eigenständig entwikkelt werden müssen (→ Katechetik). Seit dem Ende der Alleinherrschaft der Herbart-Zillerschen Formalstufen (→ Herbart) hat der biblische Unterricht wertvolle Impulse von der Reformpädagogik empfangen (O. → Eberhard).

Zunächst geht es darum, einen gesunden Ausgleich zwischen Stoffaneignung und Kräfteschulung zu finden. Einerseits kann nicht darauf verzichtet werden, ein bestimmtes Maß an B.kenntnis und B.kunde zu vermitteln sowie eine »Eiserne Ration« von Geschichten, Texten und Sprüchen sicher einzuprägen. Andererseits ist es aber eine wesentliche Aufgabe des Unterrichts, zu einem fruchtbaren und mehr und mehr selbständigen Umgehen mit der B. zu erziehen. Dazu gehört nicht nur das selbständige Aufschlagen und Sichzurechtfinden, sondern die Fähigkeit, sich einen biblischen Text selbst aufzuschließen, in das heilsgeschichtliche Gefüge der Schrift einzudringen und die B. im Zusammenhang zu lesen. Es ist das abschließende Ziel des Unterrichts, den Schüler zum späteren selbständigen B.lesen zuzurüsten.

Diese Aufgabe hat der wechselnde Gebrauch der Unterrichtsformen zu erfüllen. In der Unterstufe der Volksschule geschieht die Darbietung durch das lebendige, freie Erzählen der Geschichten. In der Oberstufe tritt an ihre Stelle schrittweise die erarbeitende Lehrweise. Im gelenkten oder freien Unterrichtsgespräch wird der Textinhalt gemeinsam erarbeitet. Auch die Einzelarbeit und die Gruppenarbeit kann hier ihren Platz finden (Arbeitsanweisungen, Arbeitsmittel!). Durch gemeinsame B.arbeit wird die Klasse zu fortschreitender Eigentätigkeit im Umgang mit den Texten und zu einem konzentrierten Hören auf das Wort der Schrift erzogen. Das in der Atmosphäre der Offenheit und des

Vertrauens geführte Gespräch unter dem Wort ist die fruchtbarste Arbeitsweise für biblische Stoffe. Das verlangt auch vom Lehrer eine bestimmte Haltung. Er unterrichtet weder als neutraler Wissensvermittler noch als unfehlbare Autorität, sondern er steht zusammen mit den Schülern als Hörender und Fragender unter dem Wort. Damit nimmt der Unterricht zugleich die Anregungen auf, die in der »Bibelarbeit« mit der Jugend und der Gemeinde entwickelt worden sind. Er wird frei von dem verbreiteten Historisieren, Theoretisieren und Moralisieren der Stoffe (H.Kittel) und führt zu einer lebendigen und unmittelbaren Begegnung zwischen dem Wort und dem Hörer. Es ist zu wünschen, daß dieser interpretierende biblische Unterricht nach dem Grundsatz der Konzentration auch eine lebendige Verbindung mit der Behandlung der übrigen Stoffe eingeht und diese teils unterbaut, teils durchdringt (Katechismus, Lied, Kirchengeschichte). Man wird der B.arbeit durchaus eine zentralere, grundlegendere und beherrschendere Stellung einräumen müssen, als es früher der Fall war. Das bedeutet freilich nicht, daß sie zum alleinigen Unterrichtsgegenstand erhoben und alles andere nur Anschlußstoff werden soll.

Vgl. → Bibel: I-III, → Bibelkritik: III u. die Lit. zur → Katechetik. - Zu 1: G.v.Zezschwitz, System der Katechetik II, 2, 1, (1869) 1874[2] - J.M.Reu, Qu. z. Gesch. des kirchl. Unterrichts in der ev. Kirche Deutschlands zwischen 1530 u. 1600, II, 1906 - O.Frenzel, Zur katech. Unterweisung im Zeitalter der Reformation u. Orthodoxie, 1915 - Ders., Zur katech. Unterweisung im 17. u. 18.Jh., 1920 - A.Burkert, Ev. u. kath. Religionsunterricht im Lichte des Arbeitsschulgedankens, 1926 (Lit.) - F.Hahn, Die Unterweisung im Evangelium in den reformator. Schulen des 16.Jh.s, 1956 (Masch.). - Zu 2: K.Frör (Hg.), Theologie im Dienst des Unterrichts, 1950 - H.Stock, Religionsunterricht in der Krise (Die Sammlung 7, 1952, 314-325; vgl. 369-378; 441-447) - M.Stallmann, Zum Religionsunterricht an den höheren Schulen (Die Sammlung 10, 1955, 249-263) - Th. Ellwein (Hg.), Die bibl. Botschaft in der Bildungskrise der heutigen Schule, 1956. - Zu 3: Gerh.Schmidt, Das AT im kirchl. Unterricht, (1937) 1953[2] - M.Rang, Hdb. für den bibl. Unterricht, (1939) 1947[2] - E.Steinwand, Der Heilsweg, 1949 - K.Prelle-F.Schipper, Bibl. Geschichten I (NT), 1952; II (AT), 1954 (mit ausgearbeiteten Arbeitsanweisungen) - K.Frör (Hg.), Der kirchl. Unterricht an der Volksschule, 8.Jg., 1954 - W.Uhsadel, Ev. Erziehungs- u. Unterrichtslehre, 1954 (Tabelle der Lehrpläne) - G.Bohne, Die Botschaft von Jesus Christus in der Oberstufe der Volksschule, 1955 - Der kirchl. Unterricht an höheren Lehranstalten I: H.Angermeyer, Episteln des NT, 1955; II: G.Schneider, Markus, 1957. *K.Frör*

V. In der Mission und in den jungen Kirchen

1. Grundsätzliches - 2. Die B. als Missionsmittel - 3. Das AT in der missionarischen Verkündigung - 4. Typische Reaktionen auf die biblische Botschaft - 5. Nebenwirkungen - 6. Die B. im Leben der jungen Kirchen. - M. = Mission

1. Die B. ist das »Textbuch der M.«. In ihr wurzeln Existenzrecht und unwandelbarer Auftrag der M., und zwar in der ganzen B., keineswegs nur in einzelnen »M.sworten«. In allen Zeiten und Umständen richtet sich die M. an der B. aus, nach Abirrungen unterwirft sie sich der Kritik und Korrektur der B. als letzter Instanz. Einzige Aufgabe der M. ist es, »aller Kreatur« und »bis an das Ende der Erde« die unverkürzte Botschaft der B. zu bringen. (Demgegenüber stehen die Leistungen der M. in den verschiedensten Wissenschaftszweigen, auf schulischem und sozialem Gebiet nur am Rande.) Deshalb bietet die M. den Völkern die B. auch in ihrer Sprache dar (→ Bibelübersetzungen: VII). M. als organisierte Tätigkeit ist eine geschichtlich begrenzte Erscheinung, die B. aber muß als gehörtes und (oder) gedrucktes Gotteswort bleiben, wo die M. zu einem normalen oder erzwungenen Abschluß kommt (→ China: IV C). Sie dringt ein, wo kein Mensch hinkommt, und spricht noch, wenn andere Stimmen zum Schweigen gebracht sind.

2. Die B. ist in der M.sarbeit der beste Missionar. Durch das Lesen der B. sind wahrscheinlich mehr Mohammedaner Christen geworden als durch das Hören von Predigten oder durch sonstige Zeugnisse. Manche Kirchengründung ist bei Abwesenheit von Missionaren »das Ergebnis einer B.«, zB bei den »Lukanern« von Bali ein von einem Matrosen zurückgelassenes LkEv. Bei Verfolgungen war die B. mehr als sonst »Speise und Brennstoff« (→ Madagaskar). → Erweckungen gehen zumeist auf das Lesen der B. zurück. Die B. ist *das* M.smittel im Munde und in der Hand aller M.skräfte: in der Heidenpredigt mit dem Erzählen biblischer Geschichten; in Gesprächen am Lagerfeuer, im Zug usw; in der Singepredigt, in Liedern und Bildern, bei Dramen (in Indien); durch das gedruckte Wort und das Lesenlernen nach der Laubachmethode (→ Laubach); in der Zeitungsevangelisation und daraus folgenden B.-Korrespondenzkursen (einer in Japan mit 12000 Teilnehmern); über das Radio, wobei die Lutheran Hour der → Missouri-Synode führend ist, mit anschließender ausgedehnter und sorgfältig gepflegter Korrespondenz. Ständig werden B.n und B.teile verkauft und verteilt. Als beste Methode der B.verbreitung erwies sich die Austeilung durch Kolporteure (zT mit B.-Autos). Kolporteure stehen völkisch und sozial den Käufern nahe; sie nehmen sich Zeit; sie wollen nicht nur verkaufen, sondern machen Lust zum Lesen. Ihre Kontaktgespräche kreisen häufig um das unbekannte oder mißverstandene B.wort (→ Bibelgesellschaften, 4). Überall, besonders heidnischem Philosophieren und religiösem Träumen gegenüber, erweist sich der Rückgriff auf das »Es steht geschrieben« als wirksam, der Hinweis auf den geschichtlichen Charakter der B. als Offenbarungswort und der Hinweis auf Joh 7, 17. Als besonders ansprechend gilt in vielen Ländern und Kulturstufen bezeichnenderweise das JohEv.

3. »Heilige« → Schriften gibt es auch in den nichtchristlichen Religionen: das vedische Schrifttum ist schätzungsweise 400mal und der buddhistische Kanon 700mal so groß wie der Umfang der B. Entgegen dem N.Söderblom zugesprochenen Worte »Diese hl. Schriften sind das AT der Heiden« hat die M. aus inneren und praktischen Gründen am *AT* festgehalten. Das AT hat eine Botschaft, die wichtig ist und auch gehört wird. Zumal Primitive, aber auch Menschen aus den Hochkulturen, sofern in diesen die allen Religionen gemeinsame primitive Schicht betroffen ist, atmen darin Heimatluft (→ Primitive Religion); diese Welt ist ihnen nahe und vertraut. Viele Neubekehrte, besonders aus dem Islam, führen ihr Taufbegehren auf Worte und Geschichten des AT zurück. Selbst das Deuteronomium hat sich in China und Indien als wichtig gezeigt, wie auch die Spruchweisheit und die Psalmen. Allein schon der Schöpfungsbericht konnte, bei den Papua (→ Neuguinea) wie in Indien, »wie eine Offenbarung wirken«. Das AT zeigt und bekämpft das Heidentum mehr als das NT: es ist »die Schrift des Nahkampfes mit dem Heidentum«. Schon von der at. Gottesoffenbarung her wird der Gegensatz zu allen Religionen aufgerissen durch die neue Botschaft von dem persönlichen, lebendigen Gott, von dem Schöpfer, Regierer und Richter - und von der Sünde! Bei Christen, die aus den Hochreligionen stammen, ergibt sich ein Verständnis des AT oft erst am Ende ihres Christwerdens. Daneben bestehen auch in den jungen Kirchen Strömungen, die die alte Überlieferung an die Stelle des AT setzen wollen; so in Japan, wo während des Krieges teilweise der Shinto als AT betrachtet und der Schrein in das Christentum hineingenommen wurde.

4. Anders als ein Großteil heidnischer Literatur ist die B. auch einfachen Menschen einschließlich der Frauen verständlich und zugänglich. Sie erfährt Annahme und

Ablehnung bei Primitiven und Vertretern der Hochreligionen, wobei sich die Begründungen oft weithin dekken. Als neue Gaben werden genannt: Gewißheit und Wahrheit, der Vatergott und der kindliche Gebetsumgang, Befreiung von Furcht und das neue Verhältnis zu Gott, Welt und Mensch, eine neue Sittlichkeit und die ganz neue Hoffnung. Besonders wichtig ist die Erkenntnis der Sünde in den Worten eines Zulu, die B. sei für ihn persönlich geschrieben, sie rede ihn mit seinem Namen an, nämlich mit »Sünder«. Die Ablehnung der biblischen Botschaft äußert sich in den verschiedensten Formen, zB im Islam hinsichtlich der Trinität und der Gottessohnschaft Jesu sowie, was auch von den anderen Hochreligionen gilt, gegenüber dem Anspruch auf Einzigkeit und universale Gültigkeit; Primitive können über den Opfertod Christi spotten, anderen kann er als eine Selbstverständlichkeit erscheinen. Es gibt keine festen Regeln: hier ärgert man sich über die Erwähnung der Polygamie im AT, dort freut man sich ihrer. Nach dem Maß der Erkenntnis sehen Vertreter desselben Volkes und der gleichen alten Religion in der B. mehr eine hohe Sittlichkeit und andere die Erlösung von Sünde, Tod und Teufel.

5. Das Bekanntwerden mit der B. hat viele *Nebenwirkungen*. Bezeichnend für die geistigen Wirkungen ist das Gandhi-Ideal des »Christ-like« (→ Gandhi). Auf sozialem Gebiet sind u.a. zu nennen: das Schulwesen, die Mädchenbildung, die Bekämpfung des Analphabetentums, die Bemühungen um die Paria- und Witwenfrage in Indien, das Gesundheitswesen, die Beendigung des Kannibalismus und der Stammesfehden und der Kampf gegen die → Sklaverei. Auch politische Wirkungen können entstehen; nach Sun Yat-sen ist das Erwachen Chinas eine Folge der B.übersetzung gewesen (→ China: IV C). Die von Anfang an und mit Hingabe betriebene Übersetzungsarbeit war darüber hinaus bahnbrechend für die Schaffung von Schriftsprachen (→ Bibelübersetzungen: VII).

6. Die B. ist in den *jungen Kirchen* als alleinige Quelle der Lehre, des Glaubens und Lebens anerkannt (→ Junge Kirchen). Mehrfach lebte man lange Zeit hindurch aus nur einem B.teil (LkEv auf Bali und in der Südsee). Die Freude beim Auftauchen und das Opfer beim Erwerb der in die Heimatsprache übersetzten B. sind überwältigend. Unter dem Druck der heidnischen Umgebung waren stets die Gemeinden und Kirchen am lebendigsten, in denen die B. im Gottesdienst und in der Familie fleißig gelesen und ausgelegt wurde. »Auf die offene B. und ihre Botschaft« geht es zurück, wenn die Mar-Thoma-Kirche (→ Indien: IV) sich aus ihrer Erstarrung löste, wie andererseits der Verfall der nordafrikanischen Kirche nach dem islamischen Vorstoß auch mit dem Fehlen der B. in den Volkssprachen zusammenhängt. Die B. wird anders gelesen als heidnisches Schrifttum, nämlich als gewisses Wort von Gott und nicht als mythologische Überlieferung wie die Purana-Geschichten im → Hinduismus, als persönlicher Zuspruch und Anruf zu Glauben und Gehorsam. Eine entscheidende Rolle spielt die B. im Taufunterricht (→ Taufe: VIII), in aller kirchlichen Unterweisung und vor allem bei der theologischen Ausbildung. Aufs Ganze gesehen spielen Liberalismus und B.-kritik eine geringe Rolle, da in der M. und in den jungen Kirchen mehr die bibelgläubige Frömmigkeit zur Auswirkung kommt. Das Verständnis der B. erweist sich zugleich als mitgefärbt von der Theologie, die die sendende Denomination vertritt. Für die Bemühung um ein eigenständiges Anfassen der biblischen Botschaft als Grundlage kirchlicher Lehre ist die Entwicklung in der Kirche von → Südindien bezeichnend. Nicht nur in der missionarischen Verkündigung, sondern auch im kirchlichen Leben spielt die B. eine entscheidende Rolle. Gelegentlich finden sich schon Perikopenordnung und Lektionar. B.schulen, B.kurse, B.lesevereinigungen, Sonntagsschulen mit bibelkundlichem Programm und vor allem Hausandachten finden sich in vielen Ländern (→ Korea). Ziel der Mission ist, daß jedes Christenhaus seine B. hat und liest. Mit Hilfe der → Bibelgesellschaften und des Amts der → Bibelfrauen sowie durch andere evangelistische Gruppen wird dafür gearbeitet. Es begegnen zuweilen auch Fälle eines »primitiven« Mißverständnisses der B., wenn zB die B. unter dem Kopfkissen Dämonen vertreiben soll oder die Berührung der B. vor Arbeitsbeginn zu angeblich guten Erfolgen führen oder blindes Aufschlagen klare Leitung verbürgen soll; Sonderlehren, Heilungen, unmittelbare Offenbarungen u.ä. werden gelegentlich sehr handfest »biblisch begründet« (→ Sekten: V).

F.M.Zahn, Die B. in der M. (AMZ 19, 1892, 393-411) - M.Kähler, Die B., das Buch der Menschheit (AMZ 31, 1904, 49-65. 105 bis 124) - J.Warneck, Lebenskräfte des Evangeliums, 1922 - W. Kessler, Das AT in der M. (NAMZ 12, 1935, 128-139) - W.Freytag, Das AT u. die junge Kirche (NAMZ 13, 1936, 300-317) - Ders., Das AT in der M.serfahrung (Student u. M. 55, 1937, 21-30) - G.E. Phillips, The OT in the World Church, London 1942 - Chr.Keysser, Die Papua u. das Wort (EMZ 5, 1944, 212-219) - E.Wright, The OT. A Bulwark of the Church against Paganism (IRM 40, 1951, 265-276) - W.J.Platt, The Place of the B. in Evangelism (IRM 42, 1953, 184-193) - A.M.Chirgwin, The B. in World Evangelism, London 1954 - H.Wyder, Heidenpredigt, 1954 - The B. in the World, London (monatl.).

A.Lehmann

Bibelarbeit (*Bibelkränzchen, Bibelstunden*)

1. Die Kirchen der Reformation, die auf das Zeugnis der Bibel (= B.) den Glauben gründeten, sahen von Anfang an die Aufgabe, die Gemeinde mit der B. bekanntzumachen. Der Besitz eines so umfangreichen, kostbaren Buches war in den Anfangszeiten nur bei einer kleinen Minderheit vorauszusetzen, zumal nur ein Teil der Gemeindeglieder lesen konnte. Der Vertiefung in die B. mußten daher eine Fülle von Gottesdiensten an Sonn- und Wochentagen dienen, die vielfach an die Stelle der Messen traten. *Luther* zB wünscht 1523 in der Schrift »Von Ordnung Gottesdiensts in der Gemeine« die tägliche fortlaufende Auslegung eines Buches morgens, eines anderen abends »bis die ganze Biblia ausgelesen werde«, während am Sonntag im Vormittagsgottesdienst über das »gewöhnliche Evangelium«, in der Vesper über die Epistel gepredigt werden soll, wobei allerdings dem Prediger die Wahl fortlaufender Texte aus biblischen Büchern freigestellt bleibt. In *Zürich* wurde 1525 von *Zwingli* die sog. → »Prophezei« ins Leben gerufen, ein für die gesamte Geistlichkeit der Stadt einschließlich der Studierenden bestimmtes Schriftstudium im Hochchor des Groß-Münsters, dessen Ergebnisse einer der anwesenden Prediger darnach der Gemeinde in der Kirche »in einem erbaulichen Vortrag« darlegte. Außerdem hielt schon seit 1524 Myconius im Chor des Fraumünsters stark besuchte B.stunden über das NT. In Genf gehörte die tägliche Auslegung eines biblischen Buches, die u.a. Calvin in regelmäßigem Turnus vornahm, zur Ordnung. Situation und Zielsetzung sind nicht die gleichen wie bei der B.arbeit heute. Erste Ansätze zur Aussprache finden sich in Genf in der sog. Congrégation und 1550 in der Ordnung der Fremden- (dh niederländisch-ref.) Gemeinde, die von Joh.v. → Laski stammt und für Donnerstag nach der Predigt eine Fragestunde mit den »Dienern des Wortes« vorsieht. Es wird dort der Brauch einiger Gemeinden erwähnt, daß ein Buch der Schrift nicht nur durch die Pfarrer, sondern auch durch andere »geschickte Männer« in Lehre, Vermahnung und Tröstung ausgelegt werde. Der Weseler Konvent von 1568 macht diese Art der B.besprechstunde zur Gemeindeein-

richtung. Der → Pietismus übernimmt sie direkt oder indirekt aus dem ref., besonders dem niederländischen Bereich. Da er zur Konventikelbildung neigt und die B.-stunde sich als Form dafür darbietet, hält sie ihren Siegeszug durch alle pietistisch erweckten Gebiete, in eigentümlicher Weise biblische Erkenntnis in subjektive Erfahrung und ihre Aussprache umbiegend. In Württemberg entsteht in strengerem Biblizismus die »Stunde«, die sich in der Ostwanderung süddeutscher Siedler bis zum Balkan und Rußland hin als Form der Evangeliumsverkündigung bewährt hat. Die → Erweckungsbewegung des 19.Jh.s in Deutschland hat eine ihrer Wurzeln in den B.stunden der »Stillen im Lande«, getragen von Nichttheologen und Pfarrern und zunächst nicht kirchlich geordnet. Von daher nimmt sich die Innere Mission der kirchlich Entfremdeten in B.stunden an, die → Gemeinschaftsbewegung schickt ihre Boten als Stundenhalter aus, die Jungmännerarbeit betreibt die Schriftbesprechung. Das sollte sich dann über die Arbeit der B.kreise (Bibelkränzchen) weiter auswirken. Heute gehört die B.stunde in der Mehrzahl mindestens der Stadtgemeinden zum festen Bestand der wöchentlichen Veranstaltungen. *W.Loew*

2. Die B.kränzchen-(B.K.-)Arbeit entsprang der religiösen Bewegung der 80er Jahre. Vom 1. Nationalfest der deutschen Jünglingsvereine nahmen 1882 der stud. theol. W.Weigle und die Elberfelder Gymnasiasten E. und W.Mockert entscheidende Anregungen mit. 1883 entstanden ein B.K. in Elberfeld und mehrere in Berlin, weitere folgten in Westdeutschland. 1886 wurde das »Kommittee für B.K. auf Höheren Schulen« mit P.Nordmeyer-Moers und Graf E.v. → Pückler-Berlin gebildet. Bis zur Jahrhundertwende blieb die Arbeit in bescheidenen Grenzen. Sie wurde hauptsächlich von der Gemeinschaftsbewegung und der ihr nahestehenden DCSV (Deutsch-christlichen Studenten-Vereinigung) getragen. Daraus wurde dann eine Bewegung, die auf der Nationalkonferenz in Kassel 1909 Organisation und Zielsetzung gewann: »Die B.K. verfolgen den Zweck, ihre Teilnehmer in persönliche Gemeinschaft mit dem Herrn Jesus Christus, ihrem Heiland und Erlöser, zu bringen und sie unter die Zucht des Wortes Gottes zu stellen...« Regelmäßige religiöse Versammlung, tägliches B.lesen nach eigenem Wegweiser, unterhaltende Veranstaltungen, Ferienfahrten wurden Arbeitsbestandteile. Die Arbeit schwoll in den letzten Jahren vor dem 1. Weltkrieg an (1914: 300 Kreise, Auflage des Kalenders 25 000, der B.K.blätter »Jugendkraft« und »B.K.bote« 14 000). Die Kriegsverluste an Führern und älteren Schülern und das Eindringen der Jugendbewegung führten hier und dort zu Krisen. Aber 1926 sind wieder 500 Kreise und ein großes Schrifttum vorhanden. *(† L.Cordier) W.Loew*

3. Andere Strömungen treten hinzu. Im Furche-Verlag und seiner Zeitschrift entsteht zT unter Auseinandersetzungen ein neues, für die Fragen der Zeit aufgeschlossenes Organ biblischer Arbeit, das die pietistische Sprachwelt verläßt. Der 1. Weltkrieg hatte aufgelockert, die Sicherheit des Weltbildes war erschüttert. So bilden sich hier und da Ansätze von Gemeinden unter dem Wort in B.besprechkreisen, die nur in lockerer Verbindung zu Kirche und Amtstätigkeit standen, auch wenn Pfarrer dabei maßgeblich beteiligt waren. Man wird auch die Bedeutung christlicher Bünde nichtpietistischen Typs, die der Jugendbewegung nahestanden (Bund Deutscher Jugendvereine, Neuwerk, Christdeutsche), nicht unterschätzen dürfen, die in neuer Weise für biblische Fragen und Antworten geöffnet waren. Die Zeit des Nationalsozialismus und des → Kirchenkampfes wurde Sichtungs- und Bewährungszeit. Durch die Einengung der ev. Jugendarbeit auf den rein kirchlichen Bereich wurden die einzelnen Jugendkreise genötigt, ihre Zusammenkünfte in der Hauptsache als gemeinsame B.arbeit zu gestalten. Das entsprach je länger je mehr der inneren Haltung dieser vom Ernst des kirchlichen Kampfes stark bewegten Jugend. Auch in den kirchlichen Zusammenkünften Erwachsener wurde eine einleitende B.arbeit selbstverständlich. Besonders nachhaltig wirkten für das Gemeindeleben die sog. häuslichen B.kreise, deren Ziel es war, möglichst zahlreiche um die B. sich sammelnde Gemeindegruppen für die notwendigen inneren und äußeren Entscheidungen des Tages reif zu machen.

Vieles davon hat die Kampfzeit überdauert und ist als gemeindliche Sitte gefestigt und vertieft worden. Wo freilich solche Sitte nicht einwurzelte und die tragende Kraft alter kirchlicher Gewöhnung nicht mehr vorhanden ist (vgl. → Christenlehre), ruft die → Konfirmation mit dem dann verfrühten Aufhören christlicher Unterweisung förmlich nach einer Fortsetzung in neuzuschaffender B.arbeit für Junge wie Alte. Jedenfalls gehört in den Ev. → Akademien, auf den → Kirchentagen und in den → Studentengemeinden die B.arbeit zu den selbstverständlichen Lebensäußerungen und erfaßt auch in manchen Gemeinden Menschen, die bisher mit der B. nichts anfangen konnten. Die Dinge sind im Fluß, es vollzieht sich eine oft mühsame Ablösung von der Erbauungsstunde zum vertiefenden Gespräch. Um der Sache willen sollte darauf geachtet werden, daß die B.-arbeit nicht in den Geruch der Erbaulichkeit kommt, und es muß unter Umständen um deswillen eine Trennung von Männern und Frauen, von Jungen und Alten vorgenommen werden.

Zu 1-3: RGG² I, 1029 f - P.Wurster, Die B.stunde, (1912) 1921² - U.Degenfeld, Jesus in unserm Schülerleben, 1920 - E.Stange, Weg u. Sendung der ev. Bewegung innerhalb der Jugend, 1924 - L.Cordier, Ev. Jugendkunde III, 1929 - E.F.v.Rabenau, Gemeinde im Werden, 1954 - G.Schade, Lebendige B.erfassung, 1956.
W.Loew

Bibelerklärung → Schriftauslegung: I-V, → Hermeneutik.

Bibelforscher, *Internationale Vereinigung der B.,* → Zeugen Jehovas.

Bibelfrauen. Im Bereich der deutschen Mission sind B. zuerst von der → Basler Missionsgesellschaft in → Indien (: IV) eingesetzt worden. Seit 1885 erscheinen sie in der Basler Statistik, nachdem die Heimatleitung durch das Memorandum von Dietz (1882/83) den entscheidenden Anstoß empfing. Die Anregungen stammen aus der angelsächsischen Missionsarbeit (Senana-Mission). 1884 führte die → Londoner Mission bereits eine Besoldung für B. ein. Von Indien breitete sich diese Arbeit vor allem auf → China (: IV) und später auf → Indonesien (: IV) aus. In den erwähnten Gebieten haben sie für Jahrzehnte die entscheidende Verbindung zwischen der Missionarin und den Einheimischen dargestellt. Ihr Dienst, der sehr bald aus einem neben- zu einem hauptamtlichen wurde und für den man gern Witwen einsetzte oder verheiratete Frauen, die sich dafür freimachen konnten, vollzog sich vor allem in Hausbesuchen, persönlichen Gesprächen, Schriftenverkauf und war immer missionarisch ausgerichtet. Bald wurden auch die Jugend und die Kinder besonders angesprochen. In Indien hat es zeitweise besondere Schul-B. gegeben. Die Basler Mission verlangte seit 1903 einen mindestens einjährigen Vorbereitungskursus für B. Später haben fast alle Missionen, die B. anstellten, zweijährige Kurse in eigenen Seminaren obligatorisch gemacht. Die B. sollten wenigstens 30 Jahre alt, unbescholten und im christlichen Glauben gut gegründet sein. Gute Gesundheit war Voraussetzung und, besonders in der Stadtarbeit, eine zureichende Allgemeinbildung. In den zwanziger Jahren hat man verschiedentlich besondere Ordnungen für B. eingeführt. - Heute scheint die Zeit der B. im bisherigen Sinn vorbei zu sein. Man erwartet stärker den freiwilligen Dienst der Frau in der Gemeinde oder hat die verschiedensten Formen des Frauendienstes in der Kirche entwickelt (Schwesterngemeinschaften und Frauenorden). In → Afrika (: IV) werden ähnliche Funktionen wie die der B. von den »Gemeindemüttern« und Ältestinnen (besonders West-Afrika) wahrgenommen, die allerdings fast durchweg unbesoldet sind. In → Südafrika hat sich die Arbeit der Frauengebetsbünde stark entwickelt, die um 1925 auch in die deutsche Mission übernommen wurden. Sie nehmen bestimmte Funktionen in der Gemeinde wahr: Krankenbesuche, Aufsuchen der Verirrten, Sorge um heranwachsende Kinder. In den regelmäßigen Gebetsversammlungen mit eigenen Schriftauslegungen liegt das Zentrum dieser Arbeit, die nur zu einem Teil missionarische Bedeutung gewonnen hat.

W. Schlatter, Gesch. der Basler Mission II, 1916, 235f - D. Saladin, Indische B. (in: D. Sarasin, Was Er euch sagt, das tut, 1936, 150-153) - Der Auftrag (hg. v. der Basler Missionsges.), 1956, 49-66 - G. Brennecke, Brüder im Schatten, (1954) 1956², 208ff.

G. Brennecke

Bibelgesellschaften

1. Missionarische B.G.en - 2. Volkskirchliche B.G.en - 3. Diaspora-B.G.en - 4. B.G.en in den jungen Kirchen - 5. Der Weltbund der B.G.en - 6. Statistik. - B. = Bibel, G. = Gesellschaft

Die Erfüllung des Sendungsbefehls Jesu Christi an seine Jünger geschieht nicht nur durch mündliche Verkündigung; sie schließt auch die schriftliche Weitergabe ein. Daher gehört die Verbreitung des B.textes zu den wesentlichen Diensten der Kirche. Durch die Darbietung des B.textes wird die Voraussetzung für alle weiteren Dienste in der Kirche geschaffen. Als durch die Erfindung des Buchdrucks Herstellung und Verbreitung von Büchern in großen Mengen erfolgen konnte, wurde die B. zumal seit der Reformation zwar verhältnismäßig weit verbreitet, aber genauso wie andere Bücher als Handelsobjekt vertrieben. Einige Verleger erhielten eine Lizenz zum Alleinvertrieb. Erst Anfang des 18. und dann wieder Anfang des 19. Jh.s gewann die Erkenntnis Raum, daß die B. eine Sonderstellung einnehmen müsse, damit eine möglichst weite und billige Verbreitung erfolgen könne. So sind die B.G.en als Frucht des Pietismus und der Erweckungsbewegungen entstanden. Abgesehen von der Cansteinschen B.anstalt (s. 2a) führen alle B.G.en ihren Ursprung auf die Britische und Ausländische B.G. zurück. Nach ihrer Arbeitsweise und ihrem Tätigkeitsbereich lassen sich die B.G.en in missionarische, volkskirchliche, Diaspora- und jungkirchliche B.G.en gliedern.

1. *Missionarische B.G.en* suchen jedem Menschen in der Welt die B. in seiner Sprache zu einem Preis, den er bezahlen kann, anzubieten. Die Mittel für die Arbeit werden zum größten Teil durch freiwillige Gaben und Kollekten aufgebracht, durch die nicht nur die eigene Arbeit finanziert wird, sondern auch andere B.G.en und verwandte Institutionen unterstützt werden.

a) Zuerst ist die am 7.3.1804 gegründete *British and Foreign Bible Society* (Britische und Ausländische B.G. = B.A.B.G.) zu nennen.

α) Die Veranlassung zu ihrer Gründung ergab sich aus dem Mangel an B.n in walisischer Sprache (Mary Jones). Auf einer Zusammenkunft der Religiösen Traktatgesellschaft in London 1802 fand J. Hughes das Losungswort für die Gründung und Tätigkeit der B.A.B.G.: »Surely a society might be formed for this purpose; and if for Wales, why not for the Kingdom, why not for the whole world?« Es kennzeichnet die missionarische Aktivität der B.A.B.G. Sie stellte sogleich einen Agenten für die Arbeit im Ausland an. So sind sehr bald in anderen Ländern Agenturen der B.A.B.G. oder selbständige B.G.en entstanden. An der Arbeit der B.A.B.G. haben sich von Anfang an alle Denominationen in England beteiligt. Sie kann insofern als die älteste ökumenische Organisation in der Welt gelten. Sie verbreitet nur solche B.n, die den Text (ohne Anmerkung oder Kommentar!) enthalten. Genauso halten es alle anderen missionarischen B.G.en. Auf Grund einer schottischen Forderung (1824), daß mit den dort gesammelten Gaben keine B.n mit Apokryphen gedruckt und verbreitet noch solchen B.G.en Beihilfen gewährt werden dürften, die B.n mit Apokryphen herstellen, mußte die B.A.B.G. ihre Hilfe an die B.G.en auf dem Kontinent davon abhängig machen, daß diese die Beifügung der Apokryphen unterlassen. Die B.A.B.G. betrachtet sich als einen Zusammenschluß (confederation) von Hilfs-G.en und Zweigvereinen, deren es zur Zeit 10600 gibt, davon 7056 in England und Wales. Diese bringen durch ihre Gaben die Mittel für die immer umfangreicher werdende Arbeit der B.A.B.G. auf. Von Anfang an hat die B.A.B.G. B.n in fremden Sprachen gedruckt und verbreitet. Bis 1817 waren es schon 1,5 Mill. B.n in 13 europäischen und 5 weiteren Sprachen. Bis 1955 hat sie B.n, NT und Teile in 808 verschiedenen Sprachen, vor allem für die Missionsfelder in Afrika und Asien, verbreitet. Sie hat eine besondere Übersetzungsabteilung, durch die zB 1955 nicht weniger als 226 verschiedene Übersetzungen und Revisionen von B.texten bearbeitet wurden. Die Gesamtverbreitung seit der Gründung wird auf 600 Mill. berechnet. Die Produktion von 1955 beträgt 1 297 078 B.n; 646 397 NT; 1 021 217 Teile, insgesamt 2 964 692.

β) Die B.A.B.G. hat in jedem Erdteil sog. *Agenturen* eingerichtet, die von einem Sekretär geleitet werden, aber in Verbindung mit der Zentrale in London bleiben, die auch den ganzen oder den größten Teil der finanziellen Lasten zu tragen hat. Eine Reihe dieser Agenturen sind selbständige B.G.en geworden. In *Europa* bestehen folgende Agenturen: In *Portugal* (Beginn der Arbeit 1835) stehen 4 Kolporteure hauptamtlich in unbehindertem Dienst. In *Spanien* (1835) ist die Arbeit der Kolporteure oft unterbunden worden, da die Herstellung, Einfuhr und Verbreitung nichtkath. B.n verboten ist. Trotzdem geht die Arbeit weiter. In *Italien* (1848) stehen 250 Kolporteure in der Arbeit; die Verbreitungszahlen steigen in den letzten Jahren. In *Jugoslawien* (1818) ist die Verbreitung in den letzten Jahren wieder erlaubt. In *Rumänien* (1851) mußte die Arbeit 1948 einem von der Regierung ernannten Komitee übergeben werden. Die Agenturen in *Afrika: Nordafrika* (1832) umfaßt die Länder Marokko, Algier, Tunesien und Lybien. B.n und Teile werden in 50 Sprachen, vor allem unter Mohammedanern, verbreitet. *Westafrika* (1807) hat seit 1954 eine besondere Agentur. Im *Kongobecken* besteht seit 1954 eine besondere Agentur für das Belgische Kongogebiet, Franz.-Äquatorialafrika und Angola. Die Verbreitung geschieht in 20 Sprachen. Die Agentur in *Rhodesien* (seit 1939) umfaßt Nord- und Südrhodesien, Nyassaland, Tanganyika und Port.-Ostafrika. Verbreitung in 70 Sprachen. In *Ostafrika* gibt es schon Hilfsvereine, die Gaben für den Dienst zusammenbringen. In *Südafrika* (1815) wird die B. in 83 Sprachen verbreitet, da die Bantuneger fast alle lesen können. Die revidierte Afrikaans-B. wird besonders begehrt. In *Asien* arbeiten noch drei Agenturen: In *Persien* (1816) geschieht die Verbreitung in 40 Sprachen seit jeher unter sehr erschwerten Umständen. In *Burma* (1813) verbreiten drei Kolporteure B.n und Teile in 30 Sprachen. In *Indochina* (1890) ging trotz des Krieges die Verbreitung durch freiwillige Helfer weiter. In *Amerika* besteht nur noch auf den Brit. Inseln in *Westindien* (1834) eine Agentur mit 13 Hilfsvereinen.

γ) Mit der B.A.B.G. stehen auch *selbständige B.G.en* in Verbindung: Die *Irische B.G.* (gegr. 1806) arbeitet für die ganze Insel und unterstützt durch ihre Beiträge das Werk der B.A.B.G. Die *Australische B.G.* (1817). Die Hilfsgesellschaften schlossen sich 1924 zu einer B.G. zusammen. Sie versorgt das eigene Land und Neuguinea, Indochina und die Inseln des südpazifischen Ozeans mit B.n. Die B.G. von *Neuseeland* (1837) versorgt auch die unter dem Mandat von Neuseeland stehenden Inseln mit Bibeln in 40 Sprachen. In keinem anderen Land findet sich eine so intensive Mitarbeit. Die B.G. von *Kanada* (1807) arbeitet unter den Eskimo, den Indianern und den Einwanderern.

b) *Die Nationale B.G. von Schottland* (N.B.G.S.) entstand 1862 durch Zusammenschluß der B.G.en in Schottland, deren erste 1809 gegründet wurde. Sie unterstützt prozentual gesehen die meisten Kolporteure auf den Missionsfeldern. In allen Weltteilen verbreiten ihre Agenten und Kolporteure die B. in 93 Sprachen. Die Gesamtverbreitung beträgt bis 1955 150 Mill. B.n und B.teile.

c) Die *Niederländische B.G.* (N.B.G.). ist 1814 zu einer B.G. durch Zusammenschluß der B.G.en in den Niederlanden entstanden. Sie arbeitet im eigenen Lande und vor allem in Indonesien und in den niederländischen Kolonien in Westindien. Die Mittel werden durch Mitgliederbeiträge aufgebracht. Das vorübergehende Verbot der Arbeit während der deutschen Besetzung im 2. Weltkrieg führte zu einem lawinenartigen Ansteigen der Mitgliederzahl. Diese B.G. arbeitet besonders an der Übersetzung der B. in indonesische Sprachen bzw. an deren Revision. Für das eigene Land hat sie jahrelang die Arbeit an der Nieuve Vertaling (→ Bibelübersetzungen: V, 2h) getragen.

d) Die *Norwegische B.G.* (1816) muß seit einigen Jahren auch zu den missionarischen B.G.en gerechnet werden. Ihre bis dahin volkskirchliche Arbeit wurde 1946 auf die Missionsfelder in Madagaskar, Westafrika und Assam in Indien ausgedehnt.

e) Schon bald nach der Gründung von B.G.en in Nordamerika wurden diese 1816 zur *Amerikanischen B.G.* zusammengeschlossen. Dies bewirkte eine gewaltige Ausdehnung des Werkes, so daß heute die A.B.G. die meisten B.n, NT.e und vor allem B.teile in der ganzen Welt, nicht nur durch ihre eigenen Agenturen, verbreitet. Ihre finanzielle Unterstützung gewährt sie auch anderen B.G.en. In dem Beirat der A.B.G. sind 55 Denominationen vertreten. Durch B.sonntage, B.wochen, Lesekampagnen, Filme u.dgl. macht sie ihre Arbeit im ganzen Lande bekannt. Die Gesamtproduktion beträgt bis 1955 481 149 365 B.n, NT und Teile. Für Blinde hat die A.B.G. B.n und B.teile in Blindenschrift in 41 Sprachen hergestellt. In den USA sind 12 Agenturen tätig. Weitere Agenturen außerhalb der USA sind: die *Westindische Agentur* (1820), die *Mexikanische Agentur* (1826), die B.n und Teile in 51 indianischen Sprachen durch 35 Kolporteure verbreitet. Die *Zentralamerikanische Agentur* arbeitet in 7 Staaten als »der rechte Arm aller missionarischen Tätigkeit«. Verfolgungen der Kolporteure und Verbrennungen von B.n sind öfter vorgekommen. In *Asien* hat die A.B.G. je eine Agentur in *Thailand* (1890) und auf den *Philippinen* (1899), wo seit einer Erweckungsbewegung nach dem 2. Weltkrieg mehr B.n als B.teile verbreitet werden. In Afrika besteht seit 1954 eine Agentur in *Liberia*.

f) In Ländern Südosteuropas, Nordafrikas, Kleinasiens, in China, Indien und in Südamerika haben früher die B.A.B.G., die A.B.G., die N.B.G.S. und die N.B.G. getrennt gearbeitet. Dadurch ergaben sich häufig Überschneidungen. Darum und zur Konzentration der Arbeit sind die Agenturen zu *»Vereinigten Agenturen«* (United Agencies) zusammengelegt worden. In *Europa* und *Asien* gibt es folgende Vereinigte Agenturen: *Bibelländer Nord* (die bei der B.A.B.G. und A.B.G. übliche Bezeichnung). Sie arbeitet in Griechenland, Bulgarien, in der Türkei, in Libanon, Syrien und im Irak. Das Zentrum ist Istanbul. Die Anfänge der Arbeit gehen bis 1820 zurück. *Bibelländer Süd* umfaßt die Länder Ägypten, Israel, Jordanien, Sudan, Äthiopien, Eritrea. Die Vereinigung kam 1937 zustande. Das Zentrum ist Kairo. Die Verbreitung geschieht in 84 Sprachen. Die *Malaya-Agentur* besteht seit 1946. In Südamerika arbeiten folgende Agenturen: *Nordanden* (1822) für Ekuador und Peru, seit 1946. Trotz aller Verfolgungen wächst das Verlangen nach der Hl. Schrift, die in 30 Sprachen verbreitet wird. Die *Chile-Bolivia A.* besteht seit 1936. Während in Chile die Verbreitungsziffern steigen, macht sich in Bolivien Opposition und Verfolgung gegen die weitere Verbreitung der B. bemerkbar. Die *La Plata-A.*, seit 1947, ist in Argentinien, Uruguay und Paraguay tätig. Die Verbreitung macht in Argentinien gute Fortschritte. Die *Columbia-Venezuela A.* arbeitet seit 1946. Trotz der schweren Verfolgungen der Protestanten in Kolumbien geht die Verbreitung der B. weiter. In Venezuela wird ihr kein Hindernis in den Weg gelegt. In dem *Hongkong-B.haus* (seit 1949) ist die Arbeit der B.A.B.G., der A.B.G. und der N.B.G.S. für China zusammengefaßt.

2. Die *Volkskirchlichen B.G.en* in volkskirchlich orientierten Bereichen sind sich ihres missionarischen Auftrags nicht oder nur zu einem geringen Teil bewußt geworden. Die Einnahmen dieser B.G.en bestehen zum größten Teil aus dem Erlös verkaufter B.n und B.teile. Einige erhalten auch eine Kirchenkollekte. Ihre Tätigkeit erschöpft sich meistens darin, den Bedarf an B.n usw im eigenen Lande zu decken.

a) In *Deutschland* bestehen zur Zeit 32 B.G.en, von denen die *von Cansteinsche* die älteste ist. 1710 veröffentlichte der Freiherr K.H.von → Canstein einen Aufruf: »Ohnmaßgebender Vorschlag, wie Gottes Wort den Armen um einen geringen Preis in die Hände zu geben sei.« Man sammelte das Betriebskapital für einen ständigen Drucksatz von B.n und NT. Der Preis für jede Neuauflage betrug für ein NT nur 2, für eine B. 13 Groschen. Bis zum Tode des Gründers wurden 100 000 NT in 28 Auflagen und 40 000 B.n in 16 Auflagen, bis 1804 rund 3 Mill. B.n verbreitet. Im 19.Jh. ging die Arbeit der Cansteinschen B.G. zurück. 1938 sollte sie vom NS-Staat aufgelöst werden. Dies wurde durch die Verbindung mit der Preußischen Haupt-B.G. verhindert. Sie hat dann 1951 ihren Sitz nach Witten (Ruhr) verlegt und die Produktion von B.n in moderner Form wieder aufgenommen.

Die *Württembergische B.anstalt* ist 1812 unter Mitwirkung von Dr. Steinkopf gegründet worden. Nach dem Dekret König Wilhelms I. galt das Privileg einer »B.-anstalt für die ärmeren Volksklassen in dem prot. Teil des Königreichs Württemberg«. Ihre Tätigkeit beschränkte sich daher zunächst auf das eigene Land, hat sich aber im 19.Jh. weiter ausgedehnt. Im 20.Jh. überflügelte ihre Produktion alle anderen B.G.en in Deutschland. Sie hat sich auch ein besonderes Verdienst um die Herstellung wissenschaftlicher B.ausgaben in den Grundsprachen erworben. 1898 erschien das griechische NT (Eb.Nestle). 1921 folgte das AT, die Biblia Hebraica (R.Kittel), 1935 die Septuaginta (A.Rahlfs). Bedeutsam sind auch die neueren Übersetzungen der ganzen B. und des NT von H.Menge, Th.Schlachter, H.Wiese und L.Thimme und die Luther-B. in Blindenschrift. Auch einige missionarische B.ausgaben sind seit 1891 in Stuttgart erschienen, vor allem die Suaheli-B. und die Bali-B. Die jährliche Produktion beläuft sich zur Zeit auf 300 000 B.n, 200 000 NT und 100 000 B.teile. Als Gesamtproduktion wird bis 1955 angegeben: 12 451 174 B.n, 14 849 954 NT, 11 878 897 B.teile.

Die Gründung der *Bergischen B.G.* 1814 geht auf den Sekretär der B.A.B.G., Rev. R. Pinkerton, zurück. Diese B.G. hat sich am engsten an das Vorbild der B.A.B.G. gehalten. Ihre B.hilfsvereine in Rheinland und Westfalen haben auch die Arbeit der Rheinischen Mission unterstützt, für die sie auch B.n druckt. In dem Apokryphenstreit (s. 1 a α) war sie die einzige B.G. in Deutschland, die sich gegen die Aufnahme von Apokryphen entschied. Bis 1932 beschäftigte sie Kolporteure, die ihre Tätigkeit im 19.Jh. bis nach Oberitalien und Algier ausdehnten. Sie sah ihre besondere Aufgabe darin, unter Katholiken B.n zu verbreiten. Nach dem 1. Weltkrieg hat sie die eigene Produktion aufgegeben.

Die Gründung der *Evang.* (früher *Preußischen*) *Haupt-B.G.* 1814 geht ebenfalls auf Rev. Pinkerton zurück. Im 19.Jh. war sie führend an der Revision der Übersetzung M.Luthers beteiligt. Durch den Bombenkrieg schwer getroffen, hat sie nach 1945 ihre Tätigkeit in der DDR neu aufgenommen und sucht die Gemeinden zur Mithilfe für die B.verbreitung zu gewinnen.

Die *Sächsische Haupt-B.G.*, auch 1814 gegründet, gehörte im 19.Jh. zu den führenden B.G.en. Trotz mancher neuer Anregungen, die sie gegeben hat, konnte sie sich nach 1919 nicht wieder erholen. Die *Altenburger B.anstalt* (1852) war im 19.Jh. nur in Thüringen tätig. Nach dem 2. Weltkrieg druckte und verbreitete sie die »Christenlehre« und B.n für die DDR und nimmt sich auch der Missionsdrucke für Ostafrika an.

Die Tätigkeit der *übrigen B.G.en* in Deutschland beschränkt sich auf die Belieferung der Kirchengemeinden mit verbilligten B.n und NT für Konfirmation und Trauung. Es sind dies folgende B.G.en: Badische Landes-B.G., Bayrischer Zentral-B.verein, Bremische, Eutiner, Frankfurter, Göttinger, Hamburg-Altonaische, Hanauer, Hannoversche, Köthener, Lauenburg-Ratzeburgische, Leipziger, Lippische, Lübecker, Märkische, Mecklenburgische, Niederhessische, Oberhessische, Osnabrücker, Ostfriesische B.G., Pfälzer B.verein, Schleswig-Holsteinische B.G., Stader B.- und Missions-G., Eisenacher, Weimarer B.G. Einige versuchen neuerdings ihren Tätigkeitsbereich zu erweitern. Die Kirchenkollekten, die den B.G.en gewährt werden, dienen zur Verbilligung der B.n, die sie in die Gemeinden geben. Unter den Gemeindegliedern ist kaum Verständnis für die Arbeit der B.G.en vorhanden. Seit 1954 hat auch wieder eine *B.mission* mit ihrer Arbeit eingesetzt, die von einigen B.G.en, volksmissionarischen Ämtern, der Inneren Mission und dem Hilfswerk getragen wird. Ihre B.-missionare verbreiten die Hl. Schrift in Flüchtlingslagern und Großstädten.

Schon im 19.Jh. hat man versucht, die B.G.en in Deutschland zusammenzuschließen. Die Bemühungen des Hamburger Hauptpastors Dr. Mönckeberg 1871 hatten aber keinen Erfolg. Daher konnten die B.G.en in Deutschland, von wenigen Ausnahmen abgesehen, in ihrer Isolierung keine größeren Aufgaben, wie zB den Druck von Übersetzungen deutscher Missionare, übernehmen. Nur die Mitarbeit an der Revision der Übersetzung M.Luthers (→ Bibelübersetzungen: VI, 3) führte sie zeitweilig zusammen. Erst 1919 kam es zur Bildung eines »Ausschusses der deutschen B.G.en« und 1948 zur Begründung des »Verbandes der ev. B.G.en in Deutschland«, der aber die Selbständigkeit jeder B.G. bestehen läßt.

b) Die in der Schweiz bestehenden kantonalen B.G.en vereinigten sich 1947 zu dem »Bund der Schweizerischen B.G.en«, der 1955 zur Bildung der *Schweizer B.G.* fortschritt, an der außer den B.G.en auch volksmissionarische Werke beteiligt sind. Die B.G. will die Sache der B.herstellung und -verbreitung in der Schweiz fördern. Die Mittel sollen auch zur Unterstützung anderer B.G.en und ähnlicher Werke verwandt werden. Die Zürcher B. erscheint in einem eigenen Verlag, der nicht mit der B.G. verbunden ist. Auch die Maison de la Bible arbeitet unabhängig von der B.G.

c) Auch die *Dänische B.G.* (1814) erhielt von der B.A.B.G. erste finanzielle Hilfe. Sie unterstützt auch solche Unternehmungen, die das Lesen der B. fördern wollen. Die Einnahmen ergeben sich aus dem Erlös verkaufter B.n und aus einer Kollekte. Jährlich werden 130 000 B.lesepläne ausgegeben.

d) Die *Schwedische B.G.* (1815) arbeitete bis zum Apokryphenstreit (s. 1 a α) mit der B.A.B.G. zusammen. Seit 1946 soll auch der Dienst an der B. in anderen Ländern unterstützt werden. Die B.G. selbst verschenkt nur noch B.n an die ärmere Bevölkerung in Schweden, während der Verkauf und sonstige Verbreitung durch den Verlag für Innere Mission geschieht.

e) Die *Finnische B.G.* (1812) verbreitet die B. nur in Finnland, unterstützt von der dortigen Inneren Mission. Ihre Mittel erhält sie durch Kirchenkollekten.

f) Die B.G. in *Rußland* erhielt 1813 ein kaiserliches Privileg. Sie wurde aber 1826 wieder aufgehoben. Dann erfolgte 1863 eine Neugründung der »Russischen B.G.«, die bis 1917 bestanden hat. Seitdem sind nur noch ganz wenig B.n und NT in Rußland selbst gedruckt worden; die meisten kamen aus dem Ausland. Erst seit 1955 besteht größere Freiheit für den B.druck in Rußland.

3. Als *Diaspora-B.G.en* haben solche zu gelten, die in einem Lande arbeiten, dessen Leben weitgehend durch die kath. Kirche bestimmt ist. Sie sind durch die Tätigkeit der missionarischen B.G.en entstanden und nehmen eine Mittelstellung zwischen einer Agentur und einer selbständigen B.G. ein, da sie finanziell noch von den Mutter-G.en abhängig sind. Schon Anfang des 19.Jh.s ist versucht worden, in *Österreich* B.n zu verbreiten. Die eigentliche Arbeit begann aber erst 1850 für die ganze Donaumonarchie durch die B.A.B.G. Trotz aller Behinderungen und Verbote vor dem 1. Weltkrieg hat man sie durchgehalten. Drei B.boten sind zur Zeit im Lande unterwegs, die jährlich rund 30 000 B.n und B.teile verbreiten. Die *französische B.allianz* ist 1946 aus der Pariser Prot. B.G. (1819), der Agentur der B.A.B.G. (1820) und der B.G. von Frankreich (1863) entstanden. Der Rat der B.allianz will die Tätigkeit der drei B.G.en koordinieren. Die B. wird durch 5 Kolporteure (40%), durch die Kirchengemeinden (25%) und durch den Buchhandel (25%) verbreitet. 10% der B.n gehen an Krankenhäuser und Gefängnisse. Die *Belgische B.G.* ist 1946 aus den Agenturen der B.A.B.G., der N.B.G.S. und der N.B.G. entstanden. Eine Frucht der B.verbreitung in Belgien ist die → Belgische Missionskirche. Zur Zeit sind 10 Kolporteure mit B.n im Lande unterwegs. Der B.-sonntag wird in allen ev. Gemeinden jedes Jahr gehalten. In *Polen* hat die B.A.B.G. seit 1809 - oft unter vielen Schwierigkeiten - gearbeitet. Seit 1946 hat die Verbreitung ständig zugenommen. Beschränkungen sind nicht vorhanden. In der *Tschechoslowakei* arbeitete seit 1806 bis nach dem 2. Weltkrieg die B.A.B.G. Seit 1949 besteht ein B.rat aus Vertretern aller prot. Kirchen des Landes. Die Nachfrage nach B.n ist sehr groß. In *Ungarn* (1811)

Verbreitung von Bibeln und Bibelteilen in den einzelnen Ländern im Jahre 1955

	Bibeln	NT	Bibelteile	Gesamt
Ägypten	8 045	12 404	63 068	83 517
Äthiopien	3 509	1 150	4 803	9 462
Afrika: Nordafrika	4 475	8 030	45 312	57 818
Südafrika	218 581	98 545	139 852	456 980
Ostafrika	14 169	28 399	31 047	74 617
West- und Zentralafrika	212 927	70 932	87 370	371 229
Sudan	1 063	10 464	6 016	17 543
Madagaskar	10 596	4 465	3 424	18 485
Argentinien	61 373	52 205	974 165	1 187 743
Australien	66 889	31 537	95 901	194 327
Belgien	7 000	6 656	42 889	56 545
Bolivien	16 756	25 849	132 506	175 111
Brasilien	97 448	85 414	2 363 339	2 546 201
Burma	6 418	6 481	22 369	35 268
Chile	20 982	33 360	158 879	213 221
Costa Rica	2 821	3 826	33 504	40 151
Dänemark	13 219	46 791	1 927	61 937
Deutschland	334 350	199 018	511 096	1 044 464
Ekuador	3 269	3 572	73 490	80 331
England und Wales	318 697	59 091	409 801	787 589
Finnland	63 378	43 835	7 452	114 665
Frankreich	41 429	44 914	102 022	188 365
Griechenland	5 999	104 313	73 467	183 779
Guatemala	8 606	12 164	134 608	155 378
Haiti	4 739	3 001	500	8 240
Honduras	2 372	1 778	54 302	58 452
Hongkong	42 382	79 972	248 310	370 664
Jamaika	13 266	2 875	14 221	30 362
Japan	87 918	468 637	1 303 745	1 860 300
Indien, Pakistan und Ceylon	77 652	69 473	793 400	940 525
Indochina	4 078	1 926	156 042	162 046
Indonesien	10 582	77 736	69 527	157 845
Jordanien	7 366	12 625	13 096	33 087
Irak	930	1 493	9 198	11 621
Iran	390	802	25 675	26 867
Irland	8 109	10 060	38 861	57 030
Island	326	3 700	104	4 130
Israel	11 642	610	3 423	15 675
Italien	9 778	4 787	133 698	148 263
Jugoslawien	12 374	21 015	31 308	64 697
Kanada	112 465	85 850	163 040	361 355
Kolumbien	11 642	13 946	148 698	174 286
Korea	32 656	151 090	343 059	526 805
Kuba	13 011	21 066	344 051	378 128
Malaya	9 744	6 381	85 089	101 214
Mexiko	38 035	18 732	329 970	386 737
Niederlande	104 312	20 042	79 097	203 451
Neuseeland	18 051	4 948	15 277	38 276
Nikaragua	2 097	1 942	30 244	34 283
Norwegen	26 823	69 804	5 262	101 889
Österreich	13 248	9 952	36 497	59 697
Pazifische Inseln	2 460	6 565	2 001	11 026
Panama	2 549	1 342	16 902	20 793
Paraguay	4 472	5 744	123 446	133 662
Peru	11 651	8 154	80 412	100 217
Philippinen	27 372	22 726	172 014	222 112
Polen	18 817	11 644	152 949	183 410
Portugal	5 646	6 963	140 348	152 957
Puerto Rico	12 112	16 381	135 540	164 033
Schottland	28 098	14 828	188 777	231 703
Schweden	85 335	30 733	3 582	119 650
Schweiz	68 017	26 339	56 178	150 534
Spanien	2 426	4 206	20 885	27 517
Syrien und Libanon	5 029	5 152	29 324	39 505
Thailand	1 407	2 542	277 139	281 088
Türkei	1 942	1 526	8 567	12 035
Uruguay	5 372	4 543	98 980	108 895
Venezuela	12 164	15 415	313 131	340 710
Vereinigte Staaten von Amerika	554 843	894 873	7 388 664	8 838 380
Kleinere Länder	17 116	18 831	167 863	203 810
	2 956 834	3 113 978	19 322 341	25 393 161

war die B.A.B.G. ebenfalls bis nach dem 2. Weltkrieg vertreten. Seit 1949 hat der ungarische B.rat, in dem alle prot. Kirchen vertreten sind, die Arbeit übernommen. B.n und NT können in Ungarn selbst gedruckt werden. In *Brasilien* wurden die Agenturen der B.A.B.G. und der A.B.G., die seit 1836 dort arbeiteten, 1942 vereinigt. In den letzten Jahrzehnten ist die ev. Bewegung mächtig gewachsen. Sehr viele freiwillige Helfer arbeiten mit; die große Nachfrage nach B.n übersteigt das Angebot.

4. Die *B.G.en in den jungen Kirchen* sind aus den Agenturen der missionarischen B.G.en entstanden und von deren missionarischem Eifer erfüllt. Sie haben auch weiterhin die finanzielle und materielle Hilfe der Mutter-G.en nötig. Die *Chinesische B.G.* ist aus dem Zusammenschluß der Agenturen der B.A.B.G. (1812), der A.B.G. (1833) und der N.B.G.S. entstanden. Im 20.Jh. sind Millionen von B.n und B.teilen in China verbreitet worden. So waren 1934 im Lande 400 B.boten tätig, die in einem Jahr 10 Mill. B.n und B.teile verbreitet haben. Ihre Zahl ging 1944 auf 9 zurück. Obwohl die Verbindung mit den Mutter-G.en abgebrochen werden mußte, hört die Arbeit nicht auf. Die letzten Nachrichten darüber sind jedoch undurchsichtig. In Hongkong und auf Formosa ist ungehinderte Verbreitung möglich. Die *Japanische B.G.* (seit 1941) ist aus dem Zusammenschluß der Agenturen der B.A.B.G. (1837), der A.B.G. (1837) und der N.S.B.G. hervorgegangen. Seit 1948 werden auch in Japan B.n gedruckt, ein großer Teil kommt jedoch wie bisher von der B.A.B.G. und der A.B.G. 80 Kolporteure arbeiten im ganzen Lande. Ständige B.kurse sorgen für die Einführung in die Hl. Schrift. Die Kogotai-Übersetzung (1955) findet auch unter Nichtchristen sehr viel Anklang. In *Korea* sind früher die B.A.B.G. und die N.B.G.S. tätig gewesen. Seit 1941 besteht eine eigene B.G. Jetzt werden auch B.n in Hankul, der Volksschrift, verbreitet. Die *B.G. in Indien, Pakistan und Ceylon:* In *Indien* begann die B.A.B.G. ihre Arbeit 1804, auch die N.B.G.S. hat sehr viel dort getan. Eine selbständige B.G. besteht dort seit 1944. Die ganze B. ist in 23 indische Sprachen übersetzt, wenigstens ein Buch der Bibel in weitere 117 Sprachen. 132 Kolporteure sind in Indien und Pakistan tätig. 1956 wurde für *Pakistan* eine eigene Agentur der B.A.B.G. errichtet. Die ganze B. und das NT werden in solchen Sprachen verbreitet, die von 95% der Bevölkerung Indiens verstanden werden. Im Jahre 1937 haben die N.B.G., die B.A.B.G. und die N.B.G.S. ihre Arbeit in *Indonesien* zusammengeschlossen. Vor allem die N.B.G. hat sehr viel zur Verbreitung der B. auf den Inseln dieses Reiches getan.

5. Gegen Ende des 19.Jh.s wurde es immer deutlicher, daß die Gemeinsamkeiten im Dienst der B.verbreitung eine ständige Verbindung der B.G.en nötig machten. So fand 1932 eine Konferenz der missionarischen B.G.en in London statt, auf der beschlossen wurde, die Tätigkeit ihrer Agenturen in China, Japan, dem Mittleren Osten und in einigen Ländern Südamerikas gemeinsam zu regeln. Auf der 2. Konferenz in Woudschoten 1939 wurde ein Rat der B.G.en vorgesehen. Nach dem Krieg kamen 13 B.G.en 1946 in Elfinsward (England) zusammen. Man entschloß sich nicht für die lose Form eines Rates, sondern für die festere eines Bundes. In Art. 2 der Statuten heißt es: »Die Mitgliedschaft im *Weltbund der B.G.en* steht solchen nationalen B.G.en und Ausschüssen offen, die im Leben ihres Volkes und ihrer Kirche wurzeln, deren hauptsächliche oder einzige Aufgabe die weitere Verbreitung der Hl. Schrift ist. Nur *eine B.G.* oder *ein* Ausschuß ist für jedes Land wählbar.« Damit haben sich die B.G.en ein Organ geschaffen, das sie nicht nur zu gemeinsamen Aufgaben zusammenschließt, sondern auch den Austausch der Erfahrungen und Erkenntnisse vermittelt. 1949 wurde ein hauptamtlicher Generalsekretär gewählt, zu dem 1954 ein weiterer Sekretär hinzutrat, der die Verbindung des Weltbundes mit dem Weltrat der Kirchen und dem Internationalen Missionsrat pflegen und Aufgaben übernehmen soll, die die drei Organisationen betreffen. Bisher sind zwei Unterausschüsse des Weltbundes gebildet worden, für Übersetzungen und für Werbemittel (Audio-Visual Aids). Beide sollen dem Austausch der Erfahrungen und der Mithilfe bei neuen Aufgaben dienen.

6. Die *Statistik* auf Sp. 1163f bietet die Zahlen für die Verbreitung von B.n, NT und B.teilen in den einzelnen Ländern im Jahre 1955. Sie sind nicht in jedem Jahr gleich, daher vermitteln sie nur ein ungefähres Bild von der Verbreitung der Hl. Schrift in den betreffenden Ländern. – Die Entwicklung der B.verbreitung von 1947 bis 1955 zeigt folgende Tabelle:

	Bibeln	NT	Bibelteile	Gesamt
1947	1 462 453	3 259 744	9 005 811	14 108 436
1948	1 709 257	2 128 070	10 683 171	17 505 484
1949	1 893 910	3 777 526	13 091 906	19 819 033
1950	2 497 208	3 424 748	15 878 271	21 800 227
1951	2 643 495	3 231 348	17 392 207	23 267 050
1952	2 601 196	2 904 824	16 401 358	21 907 378
1953	2 738 540	3 493 197	17 943 506	24 175 243
1954	2 736 160	2 860 128	17 440 383	23 036 671
1955	2 956 834	3 113 978	19 322 341	25 393 161

Zu 1a: W.Canton, History of the Brit. and For. Bible Soc., 5 Bde, 1904-10 - Reports of the B.F.B.S., The Bible Society's Popular Reports - Zeitschr.: The Bible in the World - E.C.Woodley, The Bible in Canada, 1953. - Zu 1b: W.C.Somerville, From Iona to Dunblane. The Story of the National Bible Soc. of Scotland, 1948 - Annual Reports of N.B.S.S. - Zu 1c: The Nederlands Bible Soc. 1940-45, 1946 - Het Nederlandsch Bijbelgenoorschap in de Jaren 1940-47 - Maandbericht van het Nederlandsch Bijbelgenootschap. - Zu 1d: Arsberetning om det Norske Bibel Selskap. - Zu 1e: H.O. Dwight, The Centennial History of the American Bible Soc., 2 Bde, 1917 - Annual Reports of the A.B.s - Zeitschrift: Bible Society Record.

Zu 2a: W.Fries, von Cansteinsche B.anstalt, 1910 - A.Risch, Festschr. zur Jh.-Feier der Priv. Württ. B.anstalt, 1912 - Jahresberichte der Priv. Württ. B.anstalt - G.Diederich u. E.Thienes, 125 Jahre Bergische B.G., 1939 - E.Breest, Festschr. zum 100jähr. Jubiläum der Preuß. Haupt-B.G., 1914 - Ich bin der Weg. Almanach der Ev. Haupt-B.G., 1954 - E.Zweynert, 100 Jahre B.verbreitung, 1914 - W.Zimmermann, 100 Jahre B.anstalt Altenburg, 1952 - K. Schroeder u. H.Seebo, Gesch. der Stader B.- u. Missions-G., 1932 - Zeitschrift des Verbandes: Die B. in der Welt. - Zu 2b: A.Ostertag, Gesch. der Basler B.G., 1892. - Zu 2c: Arsberetning det Danske Bibelselskabs.

Zu 3: 100 Jahre B.verbreitung in Österreich - O.Douen, Histoire de la Soc. Bibl. Prot. de Paris, 1868 - Cahiers de la Société Biblique Belge - H.T.Marroquin, La Biblia en Mexico, Reseña Histórica, 1953 - C.W.Turner, La Biblia en America Latina, 1950 - C.H.Morris, The Bible in Brazil, 1954.

Zu 4: W.H.Hudspeth, The Bible and China, 1952 - J.C.F.Robertson, The Bible in Japan, 1954 - Annual Reports of the Japan Bible Soc. - J.C.F.Robertson, The Bible in Korea, 1954 - M.Sinker, The Bible in India, Pakistan and Ceylon, 1953 - Reports of the Bible Soc. of India, Pak. and Ceylon - J.W.Sweetman, The Bible in Islam, 1953.

Zu 5: Minutes of the Councils and of the Standing Committees of the United Bible Societies, 1946ff - Strategy in Bible Soc. Operations, 1954 - E.M.North, The Ministry of the Bible Societies to-day, 1954. - Zeitschriften des Weltbundes der B.G.en: Bulletin of the United Bible Societies - The Bible Translator. *R.Steiner*

Bibelhandschriften

I. B. des AT - II. B. des NT

I. Bibelhandschriften des AT

1. Allgemeines - 2. B. aus Qumran - 3. Masoretische B.: a) aus Babylonien - b) aus Palästina - 4. Der samaritanische Pentateuch

1. Die handschriftliche Überlieferung des hebräischen Textes des AT (im übrigen → Bibelübersetzungen) ist dadurch gekennzeichnet, daß nach der Festlegung eines autoritativen Textes im Judentum der ersten nachchristlichen Jahrhunderte - der Konsonantentext stand vielleicht schon um 100 nChr fest - alle B. diesem Text angeglichen wurden, so daß Abweichungen im Konsonantentext nach und nach fast ganz verschwanden. Auch nach Abschluß der Arbeit der Masoreten (s. 3) entstand bald ein allgemein verbindlicher textus receptus, nach dem die B. korrigiert wurden. Zudem wurden unbrauchbare B. in die zu jeder Synagoge gehörige Geniza (wörtl. »Aufbewahrung«, von aram. g^e^nāz »sammeln, aufbewahren, verbergen«) gebracht und dann von Zeit zu Zeit feierlich begraben. So finden sich nur in Ausnahmefällen ältere oder stärker vom textus receptus abweichende B. Die ersten Bibeldrucke basierten auf spätmittelalterlichen B. (textus receptus), so auch die in Venedig 1517 von Felix → Pratensis herausgegebene Erste Rabbinerbibel (→ Bomberg), und die auf ihr fußende, vor allem um die Masora vermehrte Zweite Rabbinerbibel des Jakob ben Chajim (1524-25), die bis heute mit Ausnahme der BHK ^{3ff} allen Bibeldrucken zugrunde liegt. Auch unter den von B.Kennicott (Vetus Testamentum Hebraicum cum variis lectionibus, 2 Bde, Oxford 1776-80) und G.B.deRossi (Variae lectiones Veteris Testamenti, 4 Bde, Parma 1784-88, Suppl. 1798) kollationierten Hss. findet sich kaum älteres Material.

Erst seit der zweiten Hälfte des 19.Jh.s sind in größerem Umfang ältere B. aufgetaucht, von denen einige wohl bis ins 6.Jh. zurückgehen. Sie stammen größtenteils aus der Geniza der Synagoge von Alt-Kairo, deren Inhalt aus irgendwelchen Gründen sZ nicht vernichtet wurde. Einiges befindet sich in den beiden großen Hss.-Sammlungen von A.Firkowitsch in der Russischen Öffentlichen Bibliothek in Leningrad, anderes vor allem in der Taylor-Schechter-Kollektion der University Library in Cambridge und in der Bodleian Library in Oxford. Dieses Material ausgewertet zu haben ist das Verdienst P.Kahles. Durch seine Arbeiten ist die Klassifizierung und Gliederung der Hss. möglich geworden, die in diesem Artikel (s. 3) aufgenommen wird.

2. Wesentlich ältere B. sind in →*Qumran* (, 1) gefunden worden; sie repräsentieren ein Stadium der Textgeschichte *vor* der Festlegung eines verbindlichen Konsonantentextes.

Unter diesen B. steht an erster Stelle die vollständige Jes-Hs. aus Höhle 1 (1QIs^a; Burrows, QMss I, Tafel 1-54), bisher die einzige vollständige Hs. eines biblischen Buches aus Qumran. Sie zeigt, daß zur Zeit ihrer Abfassung (wohl um 100 vChr, vgl. Burrows) der Text des Buches Jesaja im großen und ganzen die im MT vorliegende Form gehabt hat. Im einzelnen finden sich aber zahlreiche Abweichungen, so daß von einer fest fixierten kanonischen Textüberlieferung für diese Zeit keine Rede sein kann. Ein großer Teil der Abweichungen ist orthographischer Art (vor allem zahlreiche Pleneschreibungen). Eine nicht unbeträchtliche Zahl von Abweichungen gegenüber dem MT betrifft aber den Sinn des Textes (vgl. die Variantensammlung von O.Eißfeldt im dritten Apparat der BHK seit 1951 sowie die Ergänzungen von M.H.Gottstein in Bibl 34, 1953, 212-221 und von S. Loewinger in VT 4, 1954, 80-87). In vielen Fällen handelt es sich dabei um offensichtliche Fehler in der Hs., die überhaupt nicht sehr sorgfältig geschrieben und vielfach korrigiert ist. Andererseits bleibt eine freilich nicht große Anzahl wirklicher Varianten übrig, die ernsthafte Beachtung verdienen, zumal sie zT mit den alten Übersetzungen zusammengehen.

Eine zweite aus Höhle 1 in Qumran stammende Jes-Hs. ist nur fragmentarisch erhalten (1QIs^b; Sukenik, DSS, Tafel 1-15). Aus dem ersten Teil des Buches sind nur geringfügige Bruchstücke vorhanden; erst von Kap. 38 an ist der Zustand der Rolle etwas besser. Abweichende Pleneschreibungen finden sich kaum, und die Zahl der Varianten ist wesentlich geringer (Listen bei Sukenik, DSS, und bei S.Loewinger in VT 4, 1954, 155-163). Sie gehen teils mit 1QIs^a zusammen, teils bieten sie eigene Lesarten. So zeigt diese jüngere Hs. (nach Burrows 1. Hälfte des 1.Jh.s nChr) eine weitere selbständige Textform, die aber dem später kanonisierten Text sehr viel nähersteht als 1QIs^a. Wir haben danach also in Vulgärtexten aus der Zeit vor der Festlegung des autoritativen Konsonantentextes mit einer Mehrzahl voneinander abweichender Textformen zu rechnen (→ Qumran, 3).

Im übrigen finden sich unter den Qumran-Texten Fragmente von Hss. aller biblischen Bücher außer Est (Stand 1956). Die fortlaufende Veröffentlichung aller (nicht nur der biblischen) Texte ist in der Reihe »Discoveries in the Judaean Desert« (DJD) in Angriff genommen worden. Band I (Qumran Cave I, hg.v. D.Barthélemy und J.T.Milik, 1955) enthält die bis dahin noch nicht veröffentlichten Fragmente aus Höhle 1. An B. finden sich hier Gen, Ex, Lev (in althebräischer Schrift), Dtn (zwei verschiedene Hss.), Ri, Sam, Jes (zu 1QIs^b gehörige Fragmente), Ez, Pss (zwei bzw. drei Hss.), durchweg in kleinen und kleinsten Bruchstücken.

Besondere Beachtung verdienen die Fragmente aus Höhle 4, unter denen alle Bücher des AT - außer Est - vertreten sind (vgl. RB 63, 1956, 49-67). Neben zahlreichen Fragmenten, deren Text dem MT sehr nahesteht oder sich völlig mit ihm deckt, finden sich hier andere mit bemerkenswerten Besonderheiten. So bieten zB 4QEx^a und andere Fragmente charakteristische LXX-Lesarten. In 4QSam^a, einer relativ gut erhaltenen Hs., und 4QSam^b (nach Cross aus dem 3.Jh. vChr) sind Stücke der hebräischen Vorlage der LXX-Version der Sam-Bücher erhalten (vgl. F.M.Cross in BASOR 132, Dez. 1953, 15-26; JBL 74, 1955, 147-172), die schon lange von zahlreichen Exegeten dem MT vorgezogen wird. Wo der Text dieser Hss. mit Chr parallel geht, steht er der chronistischen Textform näher als dem MT der Sam-Bücher. 4QNum^b zeigt einen merkwürdigen Mischtext, in dem sich einerseits Zusätze finden, die für die samaritanische Textform charakteristisch sind, andererseits typische LXX-Lesarten.

Neben der Masse der Hss. in Quadratschrift hat sich eine Reihe von Fragmenten in althebräischer Schrift gefunden, und zwar von den Büchern Gen, Ex (samaritanische Textform, vgl. P.W.Skehan, JBL 74, 1955, 182 bis 187), Lev, Dtn, Hi. Ob die Schrift ein Zeichen für höheres Alter der Hss. ist, ist noch umstritten.

Besondere Fragen werfen die gefundenen Dan-Fragmente auf: Die Fragmente 1Q71 und 72 zeigen ebenso wie zwei Fragmente aus Höhle 4 ein ganz ungewöhnliches Kolumnenformat (Höhe und Breite annähernd gleich, sonst Verhältnis 2:1), Höhle 4 bietet ferner ein Dan-Fragment in einer Kursivschrift, Höhle 6 eines auf Papyrus. Alle diese Abweichungen von der »kanonischen« Form der B. aus Qumran legt den - allerdings nicht zwingenden - Schluß nahe, daß Dan in Qumran nicht als kanonisches Buch galt (→ Danielbuch).

Außer reinen B. sind unter den Funden von Qumran zahlreiche andere Hss., die Bibeltexte enthalten: »Kommentare« (u.a. → Habakukkommentar), Florilegien mit einzelnen Stücken biblischer Texte und Kommentar, Paraphrasen, liturgische Texte u.ä., die für die Geschichte des Textes des AT beachtenswert sind (→ Qumran, 3). In diesen Zusammenhang ist auch der seit

1903 bekannte Papyrus Nash zu stellen, der wohl in das 2.Jh. vChr gehört (W.F.Albright, JBL 56, 1937, 145-176) und der den → Dekalog - in einer etwas vom MT in Ex 20 und Dtn 5 abweichenden Form - und den Anfang des → Schma enthält. Ein ähnliches »Phylakterium« stellt das Fragment 1Q13 dar. Zur Bedeutung der Qumran-Texte für die Geschichte der hebräischen Sprache → Bibel: I C, für die Textkritik → Text und Textkritik der Bibel: I und → Qumran, 3.

3. Die in 1 genannten mittelalterlichen B. bieten einen im wesentlichen einheitlichen Konsonantentext. Jedoch spiegeln sie eine bewegte Geschichte der Bemühungen um die Festlegung der richtigen Aussprache wider, an der in verschiedenen Schulen jüdischer Gelehrter, der Masoreten (von hebr. masoræt »Überlieferung«), Jahrhunderte hindurch gearbeitet wurde. Diese versahen den Konsonantentext mit einer »Punktation«, dh mit einem System von Vokal- und Vortragszeichen (Akzenten), sowie mit Bemerkungen zur Aussprache und zu Besonderheiten des Textes, die als masora parva (zunächst zwischen den Zeilen, dann am seitlichen Rand) und masora magna (teils an den Rändern rings um den Text als masora marginalis, teils am Schluß der einzelnen Bücher als masora finalis) beigegeben wurden. Die Geschichte der masoretischen Arbeit hat vor allem P.Kahle erschlossen.

a) Eine erste Gruppe von B. repräsentiert die Aussprachetradition der jüdischen Gelehrtenschulen *Babyloniens*. Kahle hat nach verschiedenen Vorstudien für BHK³ eine Liste von mehr als 120 B. mit babylonischer Punktation zusammengestellt, die größtenteils aus der Geniza von Alt-Kairo stammen. (Über weitere B. mit babylonischer Punktation vgl. Diez Macho.) Die babylonischen Masoreten haben ein »supralineares« Punktationssystem ausgebildet, bei dem die Vokalzeichen und Akzente durchweg über den Konsonanten stehen. Die Hss. lassen noch die Entwicklung im einzelnen erkennen. Vor allem läßt sich ein älteres, einfaches Punktationssystem von einem jüngeren, komplizierten unterscheiden. (Die Ausbildung des letzteren hängt vielleicht mit dem Aufkommen der → Karäer seit 760 nChr zusammen.) Kahle datiert Hss. mit dem einfachen System in das 7./8.Jh. nChr, solche mit dem komplizierten in das 9.Jh. Die Hss. sind größtenteils nur sehr fragmentarisch erhalten. Am umfangreichsten ist die von Kahle 1902 bearbeitete Hs. der Deutschen Staatsbibliothek in Berlin Ms. or. qu. 680 (in BHK als Ec 1 bezeichnet), die größere Stücke aus dem dritten Kanonteil, den Ketubim, enthält. Sie ist in Jemen (Südarabien) mit einem dort verwendeten anderen supralinearen Punktationssystem überarbeitet worden, unter dem aber die babylonische Punktation noch deutlich zu erkennen ist. Der »Petersburger Prophetenkodex« von 916 (Ms. B 3 der Russischen Öffentlichen Bibliothek in Leningrad; im Faksimile veröffentlicht von H.L.Strack, Prophetarum posteriorum Codex Babylonicus Petropolitanus, 1876) ist zwar mit babylonischer Punktation versehen, zeigt aber in Wirklichkeit die charakteristischen Merkmale der tiberiensischen Tradition (s. b), die um diese Zeit wohl schon die babylonische weitgehend verdrängt hatte.

b) Auf dem Boden *Palästinas* entstand zunächst ein einfaches, ebenfalls supralineares Punktationssystem, das »palästinische«, das bisher aber nur in einer sehr kleinen Zahl von B. nachweisbar ist (vgl. außer Kahle, Masoreten des Westens I und The Cairo Geniza, 51, auch Diez Macho), die nach Kahle aus dem 6.-8.Jh. stammen. Aus diesem System ist nicht, wie in Babylonien, ein komplizierteres herausgewachsen, sondern seit dem Ende des 8.Jh.s ist - wohl ebenfalls unter dem Einfluß der Karäerbewegung - in der Masoretenschule in Tiberias ein ganz neues System entwickelt worden, das die Aussprache des Textes bis in die letzten Einzelheiten festzulegen versuchte. Bei der Ausbildung und endgültigen Fixierung dieses Punktationssystems hat vor allem die Familie der Ben Ascher eine führende Rolle gespielt, die sich durch fünf Generationen verfolgen läßt. Als besondere Autoritäten galten die beiden letzten: Mosche ben Ascher (Ende des 9.Jh.s) und Ahron ben Mosche ben Ascher (Anfang des 10.Jh.s). An wichtigen B., die den reinen Ben Ascher-Text bieten, sind vor allem zu nennen: der Prophetenkodex der Karäersynagoge in Kairo (»Codex Cairensis«), von Mosche ben Ascher im Jahre 895 vollendet, der noch nicht das abschließende Stadium des Ben Ascher-Textes darstellt; der Londoner Pentateuchkodex (Ms. or. 4445 des British Museum), der ein frühes Stadium der Arbeit des Ahron ben Mosche ben Ascher erkennen läßt; der das ganze AT enthaltende Musterkodex des Ahron ben Mosche ben Ascher, der in der Synagoge der Sephardim (westlichen Juden) in Aleppo aufbewahrt, aber nicht zur wissenschaftlichen Auswertung zur Verfügung gestellt wurde und in neuester Zeit einem Brand zum Opfer gefallen sein soll: er repräsentiert das endgültige Stadium der Arbeit dieses Gelehrten; schließlich eine im Jahre 1008 nach Hss. des Ahron ben Mosche ben Ascher - wohl nicht nach dem Musterkodex von Aleppo selbst - angefertigte Hs. des ganzen AT, die sich in der Russischen Öffentlichen Bibliothek in Leningrad befindet (Ms. B 19 a, »Codex Leningradensis«). Diese Hs. wurde der BHK³ᶠᶠ zugrunde gelegt.

Neben Ben Ascher wird als masoretische Autorität Ben Naphtali genannt, über dessen Person allerdings nichts Näheres bekannt ist. Er muß aber große Bedeutung gehabt haben, denn es sind zahlreiche Listen von Abweichungen zwischen Ben Ascher und Ben Naphtali überliefert. An wichtigen B. mit dem von Ben Naphtali bearbeiteten Text sind zu nennen: der aus dem 11.Jh. stammende sog. Erfurter Kodex Nr. 3 (in der Deutschen Staatsbibliothek Berlin Ms. or. fol. 1213), den Joh. Heinr. → Michaelis für seine kritische hebräische Bibelausgabe von 1720 benutzt hat, und der in Karlsruhe befindliche Codex Reuchlianus, ein Prophetenkodex aus dem Jahre 1105 (Badische Landesbibliothek Karlsruhe, Ms. Reuchlin 3).

Der Text des Ben Ascher hat sich gegenüber dem des Ben Naphtali durchgesetzt, vor allem durch die Autorität des → Maimonides. Im Laufe der Zeit bildete sich aber ein textus receptus heraus, der bestimmte Besonderheiten des Ben Naphtali-Textes mit dem Ben Ascher-Text verband. Dieser Mischtext lag auch den ersten hebräischen Bibeldrucken zugrunde und ist bis in die Gegenwart hinein immer wieder abgedruckt worden (s. 1).

4. Eine von der Festlegung des authentischen jüdischen Konsonantentextes und der masoretischen Bearbeitung unabhängige Geschichte hat der Pentateuchtext der → *Samaritaner* gehabt. Von ihm sind allerdings bisher nur spätmittelalterliche Hss. zugänglich geworden (vgl. die Ausgabe von A.v.Gall, Der hebräische Pentateuch der Samaritaner, 1914-18), jedoch befinden sich ältere Hss. in Händen der samaritanischen Gemeinde in Nāblus, darunter besonders eine sorgsam gehütete sehr alte Hs. (vgl. Kahle, BZAW 33, 1918, 247-260). Unter den Qumran-Hss. zeigt besonders das Ex-Fragment in althebräischer Schrift aus Höhle 4 die samaritanische Textform (s. 2).

P.Kahle, Der masoretische Text des AT nach der Überlieferung der babylonischen Juden, 1902 - Ders., Masoreten des Ostens (BWAT 15), 1913 - Ders., Masoreten des Westens I (BWAT NF 8), 1927 - Ders., Die hebr. B. aus Babylonien (ZAW 46, 1928, 113-137 u. Tafeln 1-70) - Ders., Masoreten des Westens II (BWANT III, 14), 1930 - Ders., The Cairo Geniza (The Schweich Lectures in Biblical Archaeology 1941), 1947 - E.WÜRTHWEIN, Der Text des AT, 1952 - M.BURROWS, The Dead Sea Scrolls, 1955; dt. 1957 (Lit.) - A.DIEZMACHO, Importante hallazgo bíblico (Estudios Bíblicos 13, 1954, 207–210) - DERS., Tres nuevos manuscritos bíblicos „palestinenses" (ebd 247 bis 265) - DERS., Importants manuscrits hébreux et araméens aux Etats-Unis (VT Suppl. 4, 1957, 27-46). *R.Rendtorff*

II. Bibelhandschriften des NT

Im Unterschied zu den Werken vieler klassischer Autoren ist uns das NT in sehr frühen Hss. erhalten. Papyrus (= P.) Rylands 457, ein Johannesfragment, wird um 125 nChr datiert, und P. Rylands 5, ein Teil von Titus, sowie P. Magdalen (in Oxford), ein kleiner Teil von Mt, werden für die zweite Hälfte des 2.Jh.s nChr angesetzt. Aus der Zeit um 200 nChr haben wir 𝔓45, der größere Fragmente der Evangelien und Apg enthält, 𝔓46 mit den paulinischen Briefen, und sodann eine Papyrushandschrift eines großen Teiles von Joh, von der 1955 aus Genf berichtet wurde. Weiter besitzen wir eine zunehmende Anzahl von Fragmenten und vollständige Hss. der nt. Bücher. Die meisten, die eben genannten eingeschlossen, sind codices (Bücher) und nicht volumina (Rollen), und wir dürfen daraus schließen, daß, soweit unser Nachweis zurückreicht, der Inhalt des NT in der Regel in codices überliefert wurde. Der Brauch, die nomina sacra abzukürzen, scheint so alt zu sein wie P. Rylands 457 (s.o.) und der Barn (9, 8). Die Dokumente des NT sind also offenbar seit früher Zeit in einer charakteristischen Form überliefert worden.

Man kann die Hss. des NT auf verschiedene Weise einteilen. Bis zum 4.Jh. waren sie gewöhnlich auf Papyrus geschrieben, von da ab auf Pergament. Sie sind mit wenigen Ausnahmen in der griech. Gelehrtenschrift des Altertums oder in der im 4.Jh. und später sich daraus entwickelnden Unzialhandschrift geschrieben. Im 9.Jh. begannen die Schreiber die Bibeltexte in Minuskel-Hss. abzuschreiben, und dies wurde bald die Norm. Die letzten Unzial-Hss. wurden im 11.Jh. geschrieben.

In der folgenden Liste wichtiger Hss. werden zuerst Hss. des vollständigen NT mit oder ohne Apk angegeben, dann Hss. der Evangelien, und endlich die Hss. der Apg und der Briefe:

Codex Vaticanus (saec. IV, Rom, B); Sinaiticus (IV, London und Leipzig, א oder S); Alexandrinus, wahrscheinlich in Konstantinopel geschrieben (V, London, A); Ephraemi rescriptus (V, Paris, C); diese enthalten mehr oder weniger vollständig die ganze Bibel; Chester Beatty I, (ca 200 nChr, Dublin, 𝔓45) und Codex Bezae (V?, Cambridge, D) überliefern die Evangelien und Apg, Freerianus (IV?, Washington, W) und Koridethi (IX, Tiflis, Θ) die Evangelien, P. Chester Beatty II (ca 200 nChr, Dublin und Ann Arbor, 𝔓46) und Claromontanus (V?, Paris, D) die Paulinischen Briefe mit Hebräerbrief.

Die große Masse der Hss. ist in dieser Liste nicht angegeben. Einige werden in Familiengruppen wie ΝΟΣΦ (VI, die Purpurhandschriften) und unter den Minuskeln: f (= Familie) 1 (XI und später) und f 13 (X und später) zusammengefaßt. Im ganzen gibt es über 2500 vollständige oder fragmentarische griech. Hss. des NT.

Die allgemein üblichen Sigla für die nt. Hss. gehören einem System an, das von → Wettstein herrührt (NT, 1751-52). Es wurde von späteren Gelehrten weiterentwickelt und wird im allgemeinen zumeist in der von → Gregory eingeführten Anordnung benutzt (Textkritik des NT, 1900-09), die von v.Dobschütz (ZNW 1924. 1926. 1928, 1933) und Maldfeld (Papyri; ZNW 1949, 1950-51) sowie Aland (ZNW 1953) weitergeführt wurde. Herm.v. → Soden gebrauchte in seiner kritischen Ausgabe des griech. NT ein eigenes System von Sigla, das sich jedoch für eine allgemeine Übernahme als zu kompliziert erwiesen hat. In britischen Werken zum Text des NT wird gelegentlich eine von F.H.A.Scrivener (A Plain Introduction to the Criticism of the New Testament, 1894^4) aufgestellte Variation des Wettstein-Systems benutzt. B.Kraft, Die Zeichen für die wichtigeren Handschriften des griech. NT, 1955^3, mag als gute Einführung in die verschiedenen Sigla dienen.

Einige unserer B. sind nachweislich Abschriften von anderen noch vorhandenen und können als Kopien von der weiteren Betrachtung ausgeschlossen werden. Verschiedene Hss.gruppen, zB f 1 und f 13 (s.o.), stammen von einem gemeinsamen Archetypus ab und sind mit ihm und untereinander in einer Weise verwandt, die sich noch bestimmen und in einer Genealogie darstellen läßt. Wo sich die Lesart des Archetypus bestimmen läßt, können wir den Hinweis auf die abhängigen Hss., insofern diese mit ihrem Archetyp übereinstimmen, auslassen.

Die meisten NT-Hss. kann man weder als Kopien anderer noch vorhandener Hss. übergehen noch zu einer Familie rechnen, deren Archetypus genealogisch bestimmt werden könnte. Man kann jedoch die Mehrzahl nach der gebotenen Textart klassifizieren. Diese Verwandtschaft von Textarten darf nicht mit der der Familie verwechselt werden. In der Familie besteht ein beweisbarer Archetypus, die Glieder stehen in einem genealogischen Verhältnis zueinander. Wenn eine Klassifizierung aber einzig auf der Textart beruht, gibt es keinen nachweisbaren Archetyp und kein bestimmbares genealogisches Verhältnis zwischen den einzelnen Gliedern. So vertreten zB א und B dieselbe Textart; wir können aber nicht sagen, daß oder gar wie sie in einem genealogischen Verhältnis zueinander stehen.

Die Textart von א und B erscheint auch in verschiedenen anderen Evangelien-Hss., einschließlich Teilen von W. Sie zeigt sich in den koptischen Versionen und in den Zitaten christlicher Schriftsteller aus Ägypten nach Origenes. Ferner vertreten eine Anzahl von Papyri diesen Text, wie auch A C in anderen Teilen des NT. 𝔓46 kommt dieser Textart näher als irgendeiner anderen und ist dennoch kein treuer Vertreter dieses Typus. Man kennt ihn unter verschiedenen Bezeichnungen, alexandrinisch, ägyptisch, hesychianisch (nach → Hesychius, einem ägyptischen Presbyter) oder neutral. Die Zeugen dieses Textes stehen miteinander in engerem Zusammenhang als die Vertreter von anderen Textarten, und doch sind sie zu verschieden und unabhängig voneinander, um eine Hss.-Familie darzustellen.

Eine weitere Textform ist die cäsareensische, die man in Zitaten von Origenes, Eusebius, den palästinischen Vätern und in dem palästinischen Syrisch findet. Sie wird zum Teil von W, sowie Θ, 1 ff, 13 ff und anderen Minuskeln wie auch teilweise von 𝔓45 vertreten. Die Textform wurde hauptsächlich von Kirsopp → Lake und und B.H. → Streeter entdeckt. Man kann sie nicht immer einwandfrei isolieren, da viele Hss., in denen sie erscheint, auch Spuren des byzantinischen Textes aufzeigen.

Hinsichtlich der Evangelien erscheinen frühe Formen eines byzantinischen Textes (Syrisch, Antiochenisch oder kirchlich) in Teilen von W, in A, in Ν Ο Σ Φ, sowie auch in Zitaten einiger früherer Väter (IV-VI). Fürs ganze NT findet sich der byzantinische Text in weiterentwickelter Form in späteren Unzialen und in Minuskeln seit dem 9.Jh.

D W (ein Teil von Mk) D(Paulus) weisen noch eine andere Textform auf, die man auch in altlateinischen Übersetzungen und in Zitaten von Irenäus, Clemens und den lateinischen Vätern, sowie einigen Pypyri findet und die allgemein als westlicher Text bekannt ist. Auch der altsyrische Text, der oft zwischen dem westlichen und dem cäsareensischen steht, wurde zeitweise mit diesem Text in Verbindung gebracht. Ebenso zeigt → Marcion im LkEv und in den Briefen Verwandtschaften mit dieser Textform.

Der alexandrinische, cäsareensische und westliche Text kann bis ins 3. oder 2.Jh. zurückverfolgt werden, und wir dürfen annehmen, daß die ältesten Elemente des byzantinischen Textes nicht jünger sind. Daraus läßt sich schließen, daß ein großer Teil der Variation im NT schon im 2.Jh. bestand und daß zum mindesten einige der Haupt-Textformen sich schon herauszubilden begannen.

Das schließt nicht aus, daß sich diese Textformen im Laufe der Jh.e weiterentwickelten. Dies kann man am besten am byzantinischen Text sehen, an dem v.Soden und andere eine Reihe von Entwicklungsstadien entdeckten. Neuerdings meinte man, hinsichtlich des cäsareensischen Textes ein früheres oder vor-cäsareensisches Stadium wie auch ein späteres oder echt cäsareensisches unterscheiden zu können. → Westcott und → Hort versuchten zu beweisen, daß in der alexandrinischen Textform ein Unterschied zwischen dem »Neutralen« und dem »Alexandrinischen« bestände; diese Unterscheidung war freilich ein doktrinärer Versuch, der die Auffassung von Westcott und Hort stützten sollte, daß B die beste Hs. und unverfälschter Zeuge eines neutralen Textes sei. Daß sich der alexandrinische Text im Laufe seiner Geschichte veränderte, läßt ein Vergleich der sahidischen (III) und bohairischen (IV-V?) Versionen erschließen.

Die Forscher haben neben der Entdeckung von Stadien in der Entwicklung der verschiedenen Textformen auch noch auf Spuren von Rezensionen in den verschiedenen Texten aufmerksam gemacht. Solch ein Nachweis wurde von Westcott und Hort für byzantinische Textformen erbracht. Sie bestritten jedoch, daß die von ihnen in B gefundenen Vorzüge auf eine Rezension zurückgeführt werden könnten. Seither hat man diese Auffassung preisgegeben und ist jetzt auch geneigt, den alexandrinischen Text als Produkt einer Rezension zu beurteilen. Gleiches gilt wahrscheinlich auch für den cäsareensischen Text. Die einzige Textform, die vielleicht nicht als Rezension bewertet werden kann, ist der westliche Text.

Die Erforschung der Textgeschichte von B führt in das 2.Jh. zurück. Müssen auch die meisten Varianten als früher entstanden beurteilt werden, so waren doch alle Versuche erfolglos, die Geschichte ihrer Entstehung zu beschreiben bzw. die früheste Periode der Textgeschichte aufzuhellen. Hypothesen, die in Marcion oder in der Kanonisierung der Evangelien oder der Briefe oder bei Tatian den Anfang der Textgeschichte sehen, überzeugen nicht.

Eine Klassifizierung der Hss. nach Textformen ermöglicht es freilich nicht, zur ursprünglichen Form des Textes zu gelangen. Hat man eine Lesart als alexandrinisch bestimmt, weil sie in alexandrinischen Hss. erscheint, so ist man damit der Einsicht, ob sie richtig oder falsch ist, keineswegs nähergekommen. Im allgemeinen aber ist die Klassifizierung von Hss. ein wichtiger Schritt, um die Geschichte des Textes nach 200 nChr zu erfassen; es war jedoch einer der Fehler Westcotts und Horts, daß sie auf diese Weise die ursprüngliche Form des Textes wiederzugewinnen suchten. Wo man die genealogische Methode anwenden kann, wie das in Lachmanns Lukretius so erfolgreich gemacht wurde, spielt die Textgeschichte eine große Rolle bei der Herstellung eines kritischen Textes. Wie gezeigt wurde, bestehen genealogische Verhältnisse nur für einige NT-Hss., und die Klassifikation von Hss. nach Textformen bietet keinen Ersatz dafür.

Die Textkritik des NT muß sich anderer Methoden bedienen (→ Text und Textkritik: II).

C.v.Tischendorf, NT Graece, ed. octava critica maior, 1869-72 - B.F.Westcott-F.J.A.Hort, The NT in the Original Greek, 1881 - E.Nestle, NT Graece, (1898) 1956^{22} (adiuvante K.Aland) - Herm.v.Soden, Die Schriften des NT, 1902-13 - A.Souter, NT Graece, (1910) 1947^{2} - H.J.Vogels, NT Graece, (1920) 1955^{4} - A. Merk, NT Graece, (1933) 1951^{7} - G.D.Kilpatrick, ʽΗ ΚΑΙΝΗ ΔΙΑΘΗΚΗ (Ausg. der British and Foreign Bible Society), 1956 - S.C.E.Legg, NT Graece, Euangelium Secundum Marcum 1935, Euangelium Secundum Matthaeum, 1940, Euangelium Secundum Lucam, in Vorbereitung. - F.G.Kenyon, Handbook to the Textual Criticism of the NT, (1901) 1912^{2} - Ders., The Text of the Greek Bible, (1937) 1949^{2}; dt. 1952 - K.Lake, The Text of the NT, 1928^{6} - W.H.P.Hatch, The Principal Uncial Manuscripts of the NT, 1939 (neue Aufl. in Vorbereitung) - Ders., Facsimiles and Descriptions of Minuscule Manuscripts of the NT, 1951 - C.H.Roberts, The Codex, 1955. - E.Nestle-E.v.Dobschütz. Einführung in das griech. NT, (1897) 1923^{4} - H.J.Vogels, Hdb. der Textkritik des NT, (1923) 1955^{2} - V.Martin, Evangile de Jean, chap. 1-14 (Papyrus Bodmer II), 1956 - K.Aland, Papyrus Bodmer II. Ein erster Bericht (ThLZ 82, 1957, 161-184) - G.D.Kilpatrick, The Transmission of the NT and its Reliability (Proceedings of the Victoria Institute, 1957, 93 bis 101).

G.D.Kilpatrick

Bibelillustration

I. Handschriften und Miniaturen - II. Drucke und Druckgraphik. - Bildtafeln 5 und 6 »Bibelillustration« s. nach Sp. 1184

I. Handschriften und Miniaturen

1. Spätrömisch-byzantinische Zeit (4.-6. Jh.) - 2. Vorkarolingische Zeit (7.-8.Jh.) - 3. Karolingische Zeit (8.-9.Jh.) - 4. Ottonisch-salische Zeit (9.-11.Jh.) - 5. Romanische Zeit (12.-13.Jh.) - 6. Gotische Zeit (13.-15.Jh.)

Von den ersten Zeugnissen der B. im 4.Jh. bis zum Aufkommen der Druckgraphik im 15.Jh. sind die Hss. meist mit Miniaturen in oft kostbarer Deckfarbenmalerei, gelegentlich mit kolorierten oder unkolorierten Federzeichnungen geschmückt. Diese entstanden mit den Hss. und meist in engem Zusammenhang mit der Monumental- und Tafelmalerei anfänglich in den Werkstätten der Klöster für den Kirchengebrauch, seit dem späteren MA auch in Werkstätten der Höfe und dann in selbständigen bürgerlichen Werkstätten für immer weitere Laienkreise. Vollständige Bibelausgaben sind selten, die Regel sind Teilausgaben, vor allem Pentateuch, Psalter, Evangelien, Apk und liturgische Bearbeitungen wie Perikopen- und → Stundenbücher. Neben das Pergament tritt seit dem Ende des 14.Jh.s das Papier. Innerhalb der Werkstätten, die nach Vorlagen arbeiten, lassen sich Schulen und zwischen diesen, durch die verschiedenen Vorlagen bedingte, oft komplizierte Schulzusammenhänge feststellen. Auch einzelne Künstlerpersönlichkeiten sind stilistisch erkennbar und seit dem 9.Jh. gelegentlich auch namentlich bekannt.

1. Hauptorte der B. in *spätrömisch-byzantinischer Zeit* (4.-6.Jh.) sind im Osten Alexandria, Antiochia und Konstantinopel, im Westen Rom. Nur wenige der im Anschluß an die spätantike illusionistische Malerei entstandenen Werke sind fragmentarisch erhalten. Die bis ins 4.Jh. übliche Rollenform ist bekannt durch den Pergamentrotulus mit 23 Illustrationen zu Jos, einer byzantinischen Kopie des 10.Jh.s nach alexandrinischer Vorlage des 5./6.Jh.s (Vatikan) und die für den Gottesdienst in Süditalien noch im 12.Jh. gefertigten, von den Kanzeln verlesenen sog. Exultetrollen, in denen die Bilder umgekehrt stehen wie die Schrift, so daß sie beim Abrollen den Hörern als Illustration des Wortlauts sichtbar wurden. Seit dem 4.Jh. wird die Rolle durch den Codex verdrängt. Ältestes Beispiel für die B. sind die 14 Bilder zu Sam und 1Kön der wohl in Rom entstandenen Italafragmente aus Quedlinburg (2. Hälfte 4.Jh. im Stil der Mosaiken von S.Maria Maggiore in Rom [Berlin]). Syr.-palästinensisch sind die friesartig auf den Textblättern

angeordneten 48 Bilder zu der griech. geschriebenen Wiener Genesis (6.Jh.), die ganzseitigen Illustrationen mit 40 Propheten und 17 Szenen aus dem Leben Christi des ebenfalls griech. geschriebenen Perikopenfragments der Kathedrale von Rossano (Süditalien; 6.Jh.) und die 26 Illustrationen in dem 587 datierten syr. Evangeliar des Mönches → Rabula aus Zagba/Mesopotamien (Florenz, Bibl. Laurenziana); hier die älteste Darstellung der Kreuzigung (s. Taf. 5 Abb. 1) und die ältesten, in den irisch-angelsächsischen und karolingisch-ottonischen → Evangeliaren wiederkehrenden Kanonbögen für die synoptischen Tabellen der zusammengehörigen Perikopen (→ Byzantinische Kunst).

2. Während in der *vorkarolingischen* Zeit (7./8.Jh.) in Byzanz und im Mittelmeergebiet die frühchristliche Tradition fortlebt, zB im Ashburnham-Pentateuch aus Tours (Paris), bildet sich im irisch-angelsächsischen Missionsgebiet ein dann auch nach Franken dringender, aus keltischem und germanischem Geist gespeister eigentümlich nordischer Buchschmuck aus, der auf eigentliche Textillustration fast ganz verzichtet und hauptsächlich aus geometrisch stilisiertem Ornamentflechtwerk besteht, das sich auf großen Zierseiten mit Initialen prächtig entfaltet. Das Figürliche, teils nach syr., teils nach röm. Vorbildern, erscheint weitgehend stilisiert. Die großartigsten Beispiele: irisch: Evangeliar von Kells mit ganzseitigen Bildern von 3 Evangelisten, Maria, der Versuchung und Gefangennahme Christi (Dublin); angelsächsisch: Evangeliar von Lindisfarne mit 4 Evangelistenbildern (London); fränkisch: Evangeliar von Echternach mit 4 Evangelistensymbolen (Paris).

3. In der *karolingischen* Buchmalerei wird die angelsächsisch-fränkische Initialornamentik weitergebildet, in den bildlichen Darstellungen aber - unter der Initiative → Karls d.Gr. - bewußt der Anschluß an die Tradition des Südens und des christlichen Ostens gesucht. Auch werden syr., griech. und röm. Künstler berufen. Zu unterscheiden sind mehrere Klosterwerkstätten, die zT im Auftrage der Herrscher prächtige Bibeln, Psalter und Evangeliare schaffen; neben Fulda, St.Gallen u.a. vor allem die in oder bei Aachen befindliche sog. »Palastschule«, die die Hss. nicht mit Textillustrationen, sondern mit nur wenigen repräsentativen ganzseitigen Bildern wie Majestas Domini (s. Taf. 5 Abb. 2) und Evangelisten (→ Evangelistensymbole, → Ezechielbuch) und mit Zierseiten schmückt (zB Schatzkammer-Evangeliar, Wien), die von ca 800 bis zur Zerstörung des Martinsklosters 853 blühende Schule von Tours, die daneben in Streifen erzählende Darstellung im Text bringt, also die eigentliche Bilderbibel schafft (zB Viviansbibel mit Widmungsbild: Abt Vivian überreicht Karl dem Kahlen die Bibel, Paris), ähnlich die Schule von Corbie (oder St.Denis?, zB Bibel von S.Paolo fuori le mura, Rom, mit 24 ganzseitigen Bildern zum AT).

4. In der *ottonisch-salischen Zeit* (9.-11.Jh.) erlebt nach zeitweisem Absinken die B. in den Benediktinerklöstern gegen 1000 eine neue Hochblüte. Als Förderer treten neben die Herrscher die großen Kirchenfürsten wie Egbert von Trier und → Bernward von Hildesheim. Die künstlerische Führung hat die Schule der → Reichenau, die sich gegenüber den in ihren Klöstern verwahrten älteren Bilder-Hss. verschiedenster Provenienz durchaus selbständig verhält. Sie bildet für die überkommenen und die neu erfundenen Darstellungsmotive einen strengen, flächenhaften Stil von visionärer Kraft und auf Goldgrund hell leuchtender Farbigkeit aus, der sich in fest geschlossenen ganz- und halbseitigen Bildern entfaltet. Großartigstes Beispiel ist das Evangeliar Ottos III. mit Kanontafeln, Huldigungs- und Evangelistenbildern, Zierseiten und 44 Evangelienszenen (München; s. Taf. 5 Abb. 3). Von der Reichenau beeinflußt sind die Schulen in Trier und Echternach (hier zB der Codex aureus, früher Gotha, jetzt Nürnberg, German. Mus., und das Evangeliar Heinrichs III., Escorial). Andere bedeutende Schulen wirkten in Fulda, Regensburg, Hildesheim.

5. In der *romanischen Zeit* (12./13.Jh.) macht sich allenthalben ein erneuter, das Lineare betonender naturalistischer byzantinischer Einfluß bemerkbar, der wohl auf eingeführte Exempla zurückzuführen ist und Federzeichnungen auf farbigem Grund gegenüber der Deckmalerei begünstigt. Das Interesse am ornamentalen Schmuck drängt andererseits die Illustration zeitweise zurück. Wichtigste Werkstatt im 12.Jh. ist Salzburg, wo sich neben byzantinischen auch traditionsbedingte ältere angelsächsische, Reichenauer und Regensburger Einflüsse geltend machen (Riesenbibel des Abtes Gebhard aus Kloster Admont mit 31 ganzseitigen, teils doppelstreifigen Bildern zum AT, Wien), im 13.Jh. die sog. thüringisch-sächsische Schule (Landgrafenpsalter, Stuttgart; Evangeliar, Goslar).

6. In der höfisch-ritterlichen Kultur Frankreichs (13./15.Jh.) entwickelt sich unter der Führung von Paris und später Burgund seit dem Ende des 13.Jh.s in der Illustration der Bibeln und vor allem der liturgischen, für den Adel bestimmten Handschriften ein allmählicher Umschwung, der sich dann auch in den anderen Ländern bemerkbar macht. Das große geschlossene Bild tritt zurück zugunsten ornamentierter Rand- und Rahmenleisten, in denen in reichen Schmuckranken kleine Szenenbilder in fensterartig übereinander gereihten Vierpässen oder in lockerer Einstreuung angebracht sind (zB Psalter Ludwigs d.Hl., Paris; Wenzelbibel, Prag; Bibelfragment aus Pontigny, s. Taf. 5, Abb. 4). Neben die besonders im 14. und 15.Jh. verbreiteten, reich ausgestatteten → Stundenbücher mit Bildern zu den vorangestellten Kalendarien und zu den Kirchenfesten treten als Lieblingsbücher, in vielen Exemplaren verbreitet, die Apk (→ Johannes-Apokalypse [in der Kunst]) und verschiedene volkstümliche Bearbeitungen der Bibel wie die bible moralisée, die bible historiée, die → Armenbibel (s. Taf. 6 Abb. 1) und der → Heilsspiegel mit kurzen Texten, zT in Reimen und einem überaus reichen, typologisch oder rein ornamental geordneten Bildschmuck. Während die Apk-Illustration sich im 13. und 14.Jh. vor allem in Frankreich und England entwickelt, bildet Oberdeutschland mit der Hauptwerkstatt des Diebold Lauber in Hagenau im 15.Jh. das Hauptgebiet für die serienmäßig auf Vorrat gearbeiteten, auf Papier geschriebenen Reim- und → Historienbibeln mit einer Fülle flüchtig gezeichneter und kolorierter Illustrationen. In diesen Werken, Vorläufern der späteren gedruckten Bilderbibeln, kündigt sich vernehmlich das Ende der Hss. mit originalem Bildschmuck und das Heraufkommen der in vielen Exemplaren hergestellten Drucke an.

RGG[3] I, 1004f - Lexikon des Buchwesens I, 1935, 42 (Lit.) - RDK II, 1948, 478ff (Lit.) - H. BUCHTHAL, Miniature Painting in the Latin Kingdom of Jerusalem, 1957. - Außerdem die Lit. zu → Malerei und Plastik: II. *Chr.-A. Isermeyer*

II. Druck und Druckgraphik

1. Vorreformatorische Zeit (ca 1460-1522) - 2. Zeit der Reformation und Gegenreformation (ca 1522-1626) - 3. 17. und 18.Jh. - 4. 19. und 20.Jh.

Anstelle der Zeichnungen und Miniaturen in Hss. tritt seit ca 1460, zunächst in Abhängigkeit von ihnen (vgl. Kautzsch), die den Letterndruck illustrierende *Druckgraphik,* zuerst der Holzschnitt, daneben seit Mitte des 16.Jh.s Kupferstich und Radierung, die im 17. und 18.Jh. die Vorherrschaft gewinnen, um im 19.Jh. dem Steindruck und mechanischen Reproduktionen zu weichen.

Neben den Textillustrationen stehen selbständige graphische Folgen. – Deutschland, Geburtsstätte des Buchdrucks und besonders begabt für → Graphik, hat in diesem Zeitraum die Führung. Daneben treten im 15.Jh. Italien mit Venedig, im 16.Jh. die Schweiz mit Basel und Zürich, und Frankreich mit Lyon, im 17.Jh. die Niederlande, im 18. und 19.Jh. wieder Frankreich. Eine Übergangsphase zwischen Handschriftenillustration und Druckgraphik bilden die Blockbücher, in denen außer dem dominierenden Bild auch die erklärende Schrift in den Holzstock geschnitten ist. Bei naturgemäß beschränktem Umfang ergab sich eine Einschränkung auf Teilfolgen wie Apokalypse und → Armenbibel. – Die Druckgraphik ermöglichte weite Verbreitung, Wiederverwendung der Druckplatten, auch in neuen Zusammenstellungen, und ihren oft nachweisbaren Austausch zwischen den Verlegern. Häufiger noch als Nachdruck ist Nachschnitt, oft gegenseitig und verkleinernd. – Neben Text- und Bilddruck leben, in Umkehrung des ursprünglichen Verhältnisses jetzt abhängig von ihnen, Handschrift und Miniatur begrenzt weiter, vor allem für fürstliche Prachtausgaben von Bibeln und liturgischen Büchern. So zB in Deutschland das NT in Luthers Übersetzung (→ Bibelübersetzung: IV), 2 Pergamentbände für Friedrich den Weisen, 1524 (Wolfenbüttel), mit ganzseitigen Miniaturen von N.Glockendon in Nürnberg; die 21 Blatt zur Apk nach → Cranachs Holzschnitten zum Dezember-Testament 1522 (s. 2aα), aber in engerer Anlehnung an → Dürer. In den Niederlanden das sog. Breviario Grimani, Ende 16.Jh. (Venedig) mit 110 Miniaturen flämischer Meister. Im 15. und 16.Jh. findet sich vereinzelt auch die Verbindung von gedrucktem Text mit Handzeichnung oder Miniatur, häufiger eine Miniaturen nachahmende Kolorierung der Holzschnitte.

1. In der *Vorreformationszeit* (ca 1460–1522) wird der Wert der Illustration, vor allem für die des Lesens Unkundigen, wiederholt betont, so von S. → Brant und in Vorreden zur Ars Moriendi und zur Kölner Bibel von ca 1479 (s. Kautzsch). Im frühen 16.Jh. werden im Titel auch die »hübschen Figuren« (1506 und 1508, Passionale, bzw. Leben Christi, Straßburg) ausdrücklich erwähnt; vereinzelt wird der Künstler genannt (nach 1508 im Passionale ohne Druckortangabe: Hans Wächtlin). Der Stil der Illustrationen, anfänglich knapp und kräftig, oft nur auf den Umriß gestellt, bereichert und differenziert sich im späten 15. und 16.Jh.; Schauplatz und Beiwerk nehmen breiteren Raum ein.

a) *Vulgata-Ausgaben,* für den Gebildeten, enthalten meist nur ein Bild des Hl. Hieronymus. In den reicher illustrierten Ausgaben finden sich meist ausschließlich lehrhafte Darstellungen wie Arche Noah mit Angabe ihrer Einrichtung, Stiftshütte, Tempel Salomos usw. Personen- und Ereignisbilder bieten Vulgataausgaben zuerst in Venedig und Lyon (Röttinger).

b) *Bibelübersetzungen,* für einen größeren Leserkreis, werden seit 1475 mit reicherer Illustration versehen, fast ausschließlich zum AT. Die erste gedruckte deutsche Bibel (Mentelin, Straßburg 1460/61) hatte noch keinen Bildschmuck. Drei Gruppen illustrierter Bibeln lassen sich unterscheiden (alle Folio zweispaltig): solche mit Bildinitialen, mit Bildern in Kolumnenbreite und mit Bildern in doppelter Kolumnenbreite. Die letzteren hatten eine weite Wirkung in Deutschland (u.a. Koberger, Nürnberg 1483; Anregung zu Dürers Apk; Arndes, Lübeck, 1494: 152 eindrucksvolle Um- und Neubildungen), der Schweiz, den Niederlanden, Böhmen und Italien.

c) *Evangelien, Andachts-, Erbauungsbücher* u.ä., die unter den religiösen Drucken der Zeit den breitesten Platz einnehmen, enthalten reichen Bildschmuck, vor allem Ereignisbilder zu den Evangelien, die in Bibelausgaben fehlen.

d) *Selbständige graphische Zyklen, vornehmlich der Passion,* Vorläufer der Bilderbibeln (s. 2), stehen neben den Textillustrationen. Hier findet man die künstlerisch hervorragendsten Leistungen, zB Kupferstichpassion Schongauers ca 1480, Holzschnittpassion → Cranachs d.Ä. ca 1510. Hierzu zu rechnen sind auch die für die B. des 16.Jh.s als Vorbilder bedeutsamen Zyklen Dürers, die mit Text auf der Rückseite der Darstellungen und Titelblatt in Buchform bei Koberger, Nürnberg erschienen.

2. In der *Reformation* nimmt die Verbreitung von Bibeln und Bibelteilen – vornehmlich NT und Pentateuch meist in Luthers Übersetzung – bis dahin nicht gekannte Ausmaße an. Neben das Folio- tritt das Oktavformat. Der Druck von lat. Bibeln und Andachts- und Erbauungsbüchern tritt zurück; Wittenberg mit den anfänglich um ständig neuen, reicheren und prächtigeren, für die Folgezeit maßgebenden Bildschmuck bemühten Druckern Lotther und Lufft tritt in Deutschland an die führende Stelle, die bisher Augsburg innegehabt hatte. Hier allein erscheinen bis 1626 ca 100 illustrierte Bibelausgaben, Teildrucke nicht gerechnet. Außerhalb Deutschlands und in Abhängigkeit von ihm haben die der neuen Lehre anhängenden Länder – Schweiz, Skandinavien, Niederlande, Frankreich – den Hauptteil an der Verbreitung. Der Wert der Illustration wird weiterhin anerkannt, sowohl von Lutheranern wie von Reformierten. Neben den ästhetischen und didaktischen Zweck tritt in der Frühzeit der polemische (s. 2dδ). Schon im 4.Jahrzehnt treten in immer zunehmendem Maße neben die illustrierten Bibelausgaben selbständige Bilderbibeln mit kurzen Erklärungen oder – oft moralisierenden – Versen, bestimmt für diejenigen, die sich die Bibelausgaben nicht kaufen können. Das Luthertum ist grundsätzlich nicht bildfeindlich eingestellt. Melanchthon weist verschiedentlich auf die Bedeutung des Bildschmucks hin und hat auch Entwürfe geliefert, die Cranach ausführte. Luther, der eine ev. Bilderbibel als Laienbibel plante, hat für die erste Bibel 1534 (s. 2bγ) die Figuren selbst angegeben und ihren Platz im Text bezeichnet (WADB 1, 13ff; Bildaustausch 1541: ebd 4, 129). Die Reformierten haben bei ihrer Bilderfeindlichkeit doch wenigstens für die Illustration eine Ausnahme gemacht. In der Frühzeit, unter dem toleranten Zwingli, erwähnt der Titel des NT bei Wolff, Basel 1523 für die Apk ausdrücklich »die hübschen Figuren, aus welchen man das schwerest leicht verstehen kann«. In der Spätzeit freilich, seit Calvin, werden die Bilder, wohl gegen vorausgegangene Angriffe, ausdrücklich verteidigt und gerechtfertigt. Die Textillustrationen, anfänglich wenig, aber ganz- und halbseitig, werden seit ca 1560 zahlreicher, aber kleiner.

a) Wichtigste Drucke von *Lotther:* α) *NT:* Die erste Folioausgabe 1522 (*September-Testament*) zeigt 21 Holzschnitte zur Apk aus der Werkstatt → Cranachs, der den Druck verlegte, in Anlehnung an Dürer, grober und nüchterner und um 7 Blatt vermehrt, teils durch Zerlegung, teils durch Neuschöpfung (Vermessung des Tempels im Geist der lehrhaften Illustrationen der Vulgata), sicher nach Anweisung Luthers wortgetreuer und betont antipäpstlich (s. 2dδ). Im Bewußtsein ihrer polemischen Tendenz schnitt H. → Holbein sie nach für NT bei Wolff, Basel 1522, während die übrigen Schweizer Ausgaben des NT (Petri, Basel [s.Taf. 6 Abb. 2]; Froschauer, bzw. Hager, Zürich 1522–24) auf Illustration der Apk verzichten. Von Holbeins Nachschnitten sind dann die Illustrationen einiger deutscher, niederländischer und französischer NT (Straßburg, Worms, Basel, Deventer, Antwerpen, Lyon 1524–29) abhängig und Anfang des 17.Jh.s die Apk-

Zyklen in den Athosklöstern (Heydenreich). – In der zweiten Folioausgabe 1522 (*Dezember-Testament*) ist die antipäpstliche Tendenz durch Überarbeitung der Druckstöcke gemildert. Deren Bilder wurden nachgeschnitten u.a. von Schäuffelein, Burgkmaier, H.S.Beham in Augsburger und Nürnberger Ausgaben des NT 1523–31. Im kath. NT von Emser (Stöckel, Dresden 1527) wurden die von Cranach gekauften Holzstöcke benutzt. – Lotthers Oktavausgabe 1524 enthielt 44 Holzschnitte von Georg Lemberger, davon 21 zur Apk frei nach dem Dezember-Testament, im übrigen künstlerisch bedeutende Bilder von Evangelisten und Aposteln in Landschaft. Hiernach wurde eine dän. Oktavausgabe 1524 hergestellt, aber ohne Apk, da die Druckstöcke ausgeliehen waren (vgl. 2bα). Hinzu kam ein Brustbild König Christians II. von Cranach. Als Druckort ist aus Vorsicht Leipzig genannt. – β) Das *AT* wurde in mehreren Teilen herausgegeben: Folio 1523/24 mit Holzschnitten der Cranachwerkstatt und – nach diesem Vorbild neugestaltet, teilweise vermehrt – Oktav 1524 mit Holzschnitten von Lemberger. – γ) In Magdeburg, wohin er 1528 übersiedelte und wo er noch ca 30 Jahre niederdeutsche Ausgaben herstellte, druckte Lotther 1536 eine *Vollbibel* mit 117 Holzschnitten von Lemberger und 1554 eine mit Illustrationen nach Bibel bei Froschauer, Zürich, 1531.

b) Als wichtigste Drucke von *Lufft* sind zu nennen: α) *NT:* niederdeutsche Quartausgabe 1525 mit 21 Holzschnitten zur Apk von Stöcken Lembergers 1523 (s. 2aα); Oktavausgabe 1530 mit 37 Holzschnitten der Cranachwerkstatt, davon 26 zur Apk – 5 mehr als vorher, darunter Vernichtung der Türken vor Wien; die Quartausgabe 1546 zeigt neu auf dem Titel Kurfürst Johann Friedrich und Luther neben Kruzifix knieend; später auch in Bibelausgaben. – β) *AT:* eine Oktavausgabe von 1523 enthält die 5 Bücher Mosis mit 15 Holzschnitten in engster Anlehnung an Lotthers Folioausgaben (s. 2aβ). – γ) Luffts *Vollbibel* in Folio bietet in der 1. Ausgabe 1534 117 Holzschnitte, nach Anweisung Luthers von Monogrammist MS (Melchior Schwarzenberg?) mit reicher Ausschmückung von Schauplatz und Vorgang. Zur Apk gehören 26 Bilder (wie 2bα [1530]), wieder mit antipäpstlicher Tendenz. Die Ausgabe von 1540 enthält 117 Holzschnitte Lembergers von den Stöcken Lotthers 1536. In späteren Auflagen kommen dazu Holzschnitte von H.Brosamer. 1541 stellt ein neuer Titel von Cranach d.J. AT und NT nach einem Holzschnitt Cranachs d.Ä. 1529, aber mit antikath. Tendenz, gegenüber und bietet außerdem ein Brustbild Kurfürst Johann Friedrichs.

c) Neben den mit dem Bibeldruck am weitesten verbreiteten Wittenberger Holzschnitten gibt es eine ganze Reihe mehr oder weniger bedeutsamer *selbständiger Schöpfungen,* teils als Textillustration, teils als Bilderbibeln, zB: a) Deutschland: α) 1533/34 Erhard Altdorfer in niederdeutscher Bibel, Dietz, Lübeck (übernommen in 1. dän. Vollbibel, 1550 von Dietz in Kopenhagen gedruckt); β) 1550 Augustin Hirschvogel in Konkordanz des AT und NT, Adler, Wien (Radierungen); γ) 1560 Virgil Solis in Bibel, Feyerabend, Frankfurt. b) Schweiz: 1576 Tobias Stimmer in Bilderbibel, Gwarin, Basel. c) Niederlande: 1526 Jan Gwart van Groningen und Lucas van Leyden in Bibel, Vorstermann, Antwerpen. d) Frankreich: 1553 Bernard Salomon in Bilderbibel, de Tournes, Lyon.

d) *Eigentümlichkeiten* der B. des 16.Jh.s.: α) Die *lehrhaften* Illustrationen zum AT, die sich vor der Reformation ausschließlich in der Vulgata fanden (s. 1a), dringen wohl unter Einfluß des Humanismus auch in Übersetzungen ein (s.2aβ): der Anspruch auf historische Richtigkeit – Maßangaben, Erklärungen – wird immer stärker. Dazu kommen Karten, zB des gelobten Landes (schon 1525 in AT, Froschauer, Zürich), der Reisen der Patriarchen usw. Einige schweiz. und franz. Bibeln des 16.Jh.s enthalten ausschließlich wissenschaftlich-lehrhaftes Anschauungsmaterial, zB 1555 franz. Bibel in Basel mit eigenem Illustrationsanhang, 1562 ital., 1565 franz. Bibel in Genf, 1566 und 1569 franz. Bibel in Lyon. – β) Als *rationales* Element kündigt sich in einigen Schöpfungsbildern im Weglassen des Schöpfergottes ein wohl ebenfalls im Humanismus ausgebildeter Zug zu innernatürlicher Deutung der Weltentstehung an. Frühestes Beispiel: 1521 Erschaffung Evas von Springinklee in Bibel, Lyon (s. 1a). 1576 wird bei T.Stimmer, Basel, die Schöpferkraft durch Sonne bzw. Licht dargestellt. – γ) *Landeskirchliches:* Die Ausbildung einer prot. Landeskirche, deren Oberhaupt der Landesherr ist, findet ihren Ausdruck auch in der B.: Bildnisse der Landesherren oder ihre Wappen erscheinen auf Titel oder eigenen Einschaltblättern. Zuerst 1524 in dän. NT (s. 2aα), hier nur als Bekenntnis des nach Wittenberg geflohenen Königs, während 1550 in der ersten dän. Bibel (Dietz, Kopenhagen) das Bildnis wohl als Ausdruck der Personalunion von Kirchen- und Landesherrn gemeint ist. Ähnlich in Deutschland 1541 Bildnis des Kurfürsten von Sachsen (s. 2bγ), 1560 Bildnisse der Kurfürsten Friedrich und Ottheinrich von der Pfalz (Feyerabend, Frankfurt). In Bibeln bei Lufft erscheint 1561 ein Bildnis des Kurfürsten August (albertinische Linie) und seit 1606 an seiner Stelle eine Folge ganzfiguriger Bildnisse der prot. Kurfürsten Sachsens, 1612 dazu die Grabplatte Luthers mit seinem Bildnis. Einen sinnfälligeren Ausdruck fand die Verbindung von Protestantismus und Fürstentum bereits 1546 in einem NT, wo auf dem Titelblatt Kurfürst und Luther neben einem Kruzifix knieen (s. 2bα) – vielleicht in Analogie zum Titel des kath. NT, 1526, Grüninger, Straßburg: Kaiser und Papst mit Ständen neben der Trinität. – δ) Mit dem September-Testament 1522 (s. 2aα) dringt ein *polemisches* Element in die B., das bis dahin nur in Kampfschriften und Flugblättern herrschte. Es bleibt etwa zwei Jahrzehnte in Angriff und Abwehr, vorwiegend auf prot. Seite, spürbar. Nachdem man Luther, dessen Reise nach Worms mit der Passion Christi verglichen wurde, als rächenden Engel der Apk begrüßt hatte und in den bei Schott, Straßburg 1521 gedruckten Wormser Verhandlungen auch sein Bild mit Nimbus und Taube von Baldung erschienen war, bestimmte Luther seinerseits allein die von ihm nicht geschätzte Apk zur Illustration und ließ in ihr Babylon mit Rom, den Antichristen mit dem Papst und der päpstlichen Kirche bildlich identifizieren. Herzog Georg von Sachsen verbot am 7.11.1522 den Verkauf. Wohl daraufhin wurde für das Dezember-Testament wenigstens die die Hure und den Drachen krönende Tiara ausgemerzt. In dem vom selben Herzog veranlaßten kath. NT Emsers, 1527, das wohl absichtlich mit diesen veränderten Holzschnitten geschmückt wurde, erschien dann ein Titelblatt Lembergers, das die päpstliche Kirche gegen Angriffe verteidigen sollte; Gottvater tiaragekrönt setzt Christus ein, dieser die Apostel, von Petrus geführt. Beischriften verdeutlichen die Absicht – so zwischen Christus und Petrus: »wer euch hört, der hört auch mich, wer euch verachtet, der verachtet mich, Luc. 10«. Vielleicht als Entgegnung darauf erschien auf dem Titel des NT 1527/28, Sachse, Erfurt die hier ganz ungewöhnliche Vertreibung der Wechsler, wohl in Anspielung auf Emser und seine Parteigänger. In der 2. Ausg. von Emsers NT 1528, Schumann, Leipzig, erschienen dann zwei neue Holzschnitte als Verteidigung: Emser († 1528) vor dem Heiland knieend mit Beischrift »Iniquos odio habui legem autem tuam dilexi odivi / ecclesiam malignantium et cum impiis non sedebo« und Einsetzung der Apostel ähnlich wie 1527, aber mit noch eindeutigerer Beischrift: »Das du durch die stet priest setztest wie ich dir verordnet habe« und mit Hinzufügung von Papst und Geistlichen. Unter dem Eindruck der Niederlage der Türken vor Wien 1529 tritt anstelle antikath. Tendenz antiislamische: im NT 1530 (s. 2bα) erscheint zum ersten Mal, fortan beibehalten, als vorletztes Bild der Apk die Vernichtung der Türken in Anspielung auf die Vernichtung von Gog und Magog (Apk 20, 7-9). 1534 aber in der ersten Bibel Luthers, nach seinen Anweisungen illustriert (s. 2bγ), lebt daneben die antikath. Tendenz wieder auf (Hure und Drache mit Tiara); sie begegnet ein letztes Mal im Titel der Bibel 1541, wo im Höllenrachen Papst und Geistliche erscheinen (s. 2bγ). Bezeichnend für prot. B. ist auch, daß seit 1530 beim Bild des Evangelisten Lukas die traditionelle Erscheinung Marias durch die Christi ersetzt wird.

3. An die Stelle von Wittenberg, wo Druck und Bild im späten 16.Jh. entarteten, treten im *17. und 18.Jh.* Lüneburg, Nürnberg und Frankfurt, dazu im 18.Jh. Augsburg. Kupfertafeln mit mehreren kleinen oder einer großen Darstellung verdrängen die in den Text eingesetzten Holzschnitte. Bilderbibeln stehen hoch in Blüte. Der Illustrationsstil wird, wie die Titel und Vorworte, weitschweifig, im 18.Jh. geziert und verschnörkelt.

a) In *Lüneburg* werden bei Stern seit 1614 sechs verschieden illustrierte Bibeln nach- und nebeneinander immer wieder aufgelegt, die erste altertümlich mit den Holzschnitten von Mores (zuerst 1596, Lucius, Hamburg; übernommen in die erste schwed. Bibel 1618 und in die erste finn. 1642; Nachschnitte in Bibeln in Stade, Ratzeburg, Stendal 1702), die vierte, 1672, mit Kupfern nach M.Scheits.

b) In *Nürnberg* erschienen bei Endter ebenso seit 1632 vier verschiedene Ausgaben; die erste auch hier noch mit altertümlichen Textholzschnitten, dazu aber neuzeitlichen Titelkupfern, die zweite, 1641, nur mit Karten und lehrhaften Illustrationen, dazu ganzfigurigen Fürstenbildnissen von Richter (Kurfürstenbibel), die dritte, 1700, ebenfalls lehrhaft, mit kleinen Szenen auf Titeln und Einschalttafeln von J.J.Sandrart; in der Auflage von 1708 kam dazu eine Doppeltafel mit dem Reichstag von Augsburg 1530, nachdem die CA schon in der Ausgabe von 1641 abgedruckt war. Hinzu kommt bei Buggel 1679 eine Bilderbibel von Kysel und 1693 bei und von Weigel eine Bilderbibel nach J.J.Sandrart und Eimart.

c) In *Frankfurt* erschienen 1625/27 die Stiche Merians als Bilderbibel, die so und als B. im 17. und 18.Jh. oft nachgestochen wurden, auch in Holland, Frankreich und England. B.Ch.Wust, der Wittenberger Tradition nach Frankfurt verpflanzte, gab seit 1660 Bibeln mit mehreren kleinen Szenen auf Einschalttafeln heraus.

d) Aus dem 17.Jh. sind noch das Memoriale über das NT, 1674, C.Buno, Wolfenbüttel und die Bilderbibel 1680, Lichtenstein, Hamburg, hervorzuheben, beide mit spitzfindigen, skurrilen, mnemotechnischen Illustrationen von J.Buno in Lüneburg (zB Hose = Hosea, Korinthensäcke = Korintherbriefe).

e) In *Augsburg* erschienen: α) bei J.W.Krauss, von ihm »und den besten Künstlern verschiedener Nationen«, seit 1700 Bilderbibeln in verschiedenen Kombinationen und Formaten, zB 1706 »Heilige Augen- und Gemütslust«; β) bei Chr.Wagner 1731/35 J.J.Scheuchzers dreibändige Bibel (Physica Sacra), in der die hl. Schrift im Geiste der Aufklärung nach den Grundsätzen der neuen Philosophie und Naturwissenschaft erklärt wird. Die vielen prächtigen Kupfer von J.M.Füssli u.a. geben entsprechende Darstellungen, die aus naturwissenschaftlichen Werken stammen könnten; γ) bei J.Chr.Leopold, der 1713 den Verlag von Krauss übernahm, ca 1740 »500 geistliche Herzenseinbildungen« mit aus Wort und Bild gemischten rebusartigen Kupfern »zu gottseliger Belustigung« von M.Mattsperger, denen eine Auflösungstafel beigegeben ist; δ) bei Klauber, dem einzigen kath. Verlag, 1748 »Biblische Geschichten in 100 fruchtbaren Blättern« von J. und J.Klauber; ε) bei Kilian ca 1758 eine Bilderbibel mit Kupfern nach Gemälden alter und neuer Meister.

f) Aus dem 18.Jh. seien noch folgende Illustrationen genannt: α) *Deutschland:* Bibel nur mit lehrhaften Kupfern, 1704, Gleditsch, Leipzig; G.D.Nessenthaler in Bilderbibel, 1729, Cotta, Tübingen. β) *Niederlande:* Goerée u.a. in Bilderbibel, Mortier, 1700 Amsterdam und Antwerpen; J.Luyken in Bilderbibel, 1703, ebd; Romain de Hooghe in Bilderbibel, 1704, Lindenberg, Amsterdam. In allen wirken die biblischen Darstellungen Rembrandts nach. γ) *Frankreich:* (kath.) M.Demarne in Bibel, 1730, Desprez, Paris; N. le Sueur in AT, 1771, Hérissan, Paris; M.Maillier in Bibel, 1789, Defer de Maisonneuve, Paris; Moreau d.J. in NT 1793/98, Didot, Paris. δ) *Schweiz:* J.U.Schellenberg, 1714 und 1719 in Bilderbibeln, Steiner, Winterthur.

g) *Eigentümlichkeiten* der B. des 17. und 18.Jh.s: Während das Polemische verschwunden ist, findet das lehrhafte, rationale und landeskirchliche Moment, das in der Illustration des 16.Jh.s auftauchte, vor allem in Deutschland stärkere Ausprägung, bis es um die Mitte des 18.Jh.s abklingt. *Lehrhaftes,* das sich weiterhin in der Beigabe von Karten und archäologischen Illustrationen zeigt, die peinliche Ausführlichkeit annehmen, wird in den Illustrationen von Buno (s. 3 d) und Mattsperger (s. 3 eγ) schulmeisterlich und nimmt groteske Formen an. – *Rationales* zeigt sich in dem jetzt allgemein üblichen Ersatz des Schöpfergottes durch Licht, Dreieck, Oval mit Inschrift »Fiat« u.ä., auch in dem Streben nach historischer Richtigkeit in der Darstellung des Schauplatzes und Vorgangs (zB Apostel bei Abendmahl liegend, 1683, Lüneburg) und in der Darstellung historischer Ereignisse (s. 3b). – *Landeskirchliches* zeigt sich in den immer mehr üblichen Fürstenbildnissen. Neu hinzu kommt seit Anfang des 17.Jh.s eine enge Anlehnung an große Vorbilder der Renaissance, später auch der Barockkunst (→ Raffael, → Tizian, Poussin, → Rubens, → Rembrandt u.a.), zT getreue Kopien, zB 1625 Merian (s. 3c), 1679 Kysel (s. 3b), 1758 Kilian (s. 3eε).

4. a) Das historisierende *19.Jh.* bildet – die Tradition des 18.Jh.s teils fortsetzend, teils bekämpfend – drei Haupttypen der B. aus: α) *eklektisch,* Kopien nach alten Meistern, zB 1802 Duplessi-Berteaux, Paris; 1837 Bibliograph. Institut Hildburghausen (auch Naturansichten aus dem hl. Land); β) *archaisierend-nazarenisch* (→ Nazarener), meist in Anlehnung an italienische Vorbilder des 15.Jh.s betont schlicht, oft blutleer und frömmelnd. ZB Führich 1827, Prag; Olivier 1836, Hamburg; → Schnorr von Carolsfeld, 1853-60, Leipzig (s. Taf. 6 Abb. 3); γ) *barockisierend,* mit aufwendiger Herausarbeitung des morgenländischen Lokalkolorites, zB G.Doré, 1866, Tours.

b) Im *20.Jh.* leben die drei Typen des 19.Jh.s in der B. fort, wobei sich im eklektischen Typ eine Wendung von Vorbildern der Renaissance (noch 1905 Deutsche Bibelgesellschaft) zu solchen des Barock (1927/28 Rembrandt-Bibel von W.Bredt) und des frühen MA bemerkbar macht (1954 Evangelium im Bild, München, Kösel). Neue eigenständige Leistungen sind die selbständigen Blattfolgen zum AT von → Chagall und → Kubin, zum NT von → Schmidt-Rottluff (s. Taf. 6 Abb. 4), → Corinth und → Beckmann.

Die bedeutendsten Bibelsammlungen Deutschlands in Wolfenbüttel u. Stuttgart, begr. im 18.Jh., aus dem auch die ersten wissenschaftlichen Darstellungen der Gesch. der Bibelausgaben stammen (Krafft u. Goeze [Prot.], Panzer [kath.]); beide Sammlungen in den letzten Jahren neu geordnet. Bibelarchiv in Hamburg im Wiederaufbau.

Zu 1-4: Die dt. Bibel vom 15.-18.Jh. Ausstellung Hamburg 1922, Katalog - RGG^{2} I, 1005 ff (Lit.) - RDK II, 1948, 502 ff (Lit.) - Schrift, Bild u. Druck der Bibel 1255-1955, Ausstellung Hamburg 1955/56, Katalog. - Zu 1 u. 2: R.Muther, Die dt. Bücherillustration der Gothik u. Frührenaissance (1460-1530), 1884 (Abb.) - Lexikon des Buchwesens I, 1935, 187 ff (Lit.) - C.Meltz, Die ältesten niederdeutschen Bibeldrucke der Univ.-Bibl. Rostock (WZ Rostock 4, 1954/55, 167-198). - Zu 1: R.Muther, Die ältesten dt. Bilderbibeln, 1883 - R.Kautzsch, Die Holzschnitte der Kölner Bibel, 1896 - A.Schramm, Die illustrierten Bibeln der dt. Inkunabeldrucker, 1922 - Ders., Der Bilderschmuck der dt. Frühdrucke, 23 Bde, 1922-43 (Abb.) - H.Röttinger, Die Lyoner Bibelbilder Spring in Klees u. Schöns (Zs. f. Bücherfreunde NF 15, 1923, 107-111). - Zu 2: P. Plietsch, Die dt. Bibel, 2 Bde (WA), 1906/09 - H.Grisar u. F.Heege, Der Bilderkampf in der dt. Bibel (1522 ff), 1922 - A.Schramm, Die Illustration der Lutherbibel, 1923 (Abb.) - H.Zimmermann, Beiträge zur B. des 16.Jh.s, Straßburg 1924 - W.Jürgens, Erhard Altdorfer, seine Werke u. seine Bedeutung für die B. des 16.Jh.s, 1931 - M.Barnacs, Die B. Tobias Stimmers (Diss. Heidelberg), 1932 - H.Schubert, Die B. des Bernard Salomon (Diss. Hamburg), 1932 - O.Thulin, Die Gestalt der Luther-Bibel in Druck u. Bild (Luther, 16, 1934, 58-70) - L.H.Heydenreich, Der Apokalypsenzyklus im Athosgebiet u. seine Beziehungen zur dt. B. der Reformation (Zs. f. Kunstgesch. 8, 1939, 1-40) - K.Galling, Die Prophetenbilder der Lutherbibel (EvTh 6, 1946, 273-297) - H.Volz, 100 Jahre Wittenberger Bibeldruck 1522-1626, 1954. - Zu 3: O. Reichl, Die Illustration in 4 geistlichen Büchern des Augsburger Kupferstechers J.U.Krauss, Straßburg 1933 - F.Corssen, Altlüneburger Sternsche Bilderbibeln, 1934 - K.Beckey, Merian d.Ä. als Bibelillustrator (Festschr. H.Vollmer, 1941, 58-137) - H.Dumrese, Der Sternverlag im 17. u. 18.Jh., 1956. - Außerdem die Lit. zu → Graphik, religiöse. *Chr.-A.Isermeyer*

Bibelkommission (Commissio Pontificia de re biblica). Am 30.10.1902 durch das Breve »Vigilantiae« von Leo XIII. eingerichtet, sollte die B. die praktische Anwendung der in der Enzyklika »Providentissimus Deus« (1893) aufgestellten Grundsätze der kath. Exegese sicherstellen. Auch sollte die B. sogleich den Plan eines Bibelinstituts entwerfen; seine spätere Gründung durch Pius X. (1909) entsprach aber diesem Plan nicht. Die Mitglieder der B. sind Kardinäle (unter der Leitung des Kardinal-Präsidenten; 1957: Tisserant), denen etwa 30 bedeutende Exegeten und Orientalisten als Konsultoren beigegeben sind. Die B. verleiht seit 1904 die akademischen Grade der Bibelwissenschaft. Nach Einarbeitung in die Problematik, wie sie sich für die kath. Bibelwissenschaft aus der modernen Bibelkritik und der weltanschaulichen Situation ergab, veröffentlichte die B. 1905 ihre erste Entscheidung (responsum) auf eine der ihr vorgelegten Fragen (dubia), der dann bis 1915 noch weitere dreizehn responsa folgten. Die Autorität der responsa wurde von Pius X. im Motu proprio »Praestantia Scripturae Sacrae« (18.11.1907) den vom Papst approbierten Lehrentscheidungen der römischen Kongregationen gleichgesetzt. Die antimodernistische Kampfsituation der Kirche unter Pius X. brachte die meisten responsa der B. 1915-56 wurden nur fünf responsa erteilt. Der Brief der B. an den Erzbischof von Paris, Kardinal Suhard, vom 16.1.1948 über die Quellen des Pentateuchs und den literarischen Charakter von Gen 1-11 (AAS 60, 1948, 45-48; dt.: HerKorr 2, 1947/48, 313 f) zeigt, daß es keineswegs ausschließlich um Bewahrung vor dem Irrtum geht, sondern ebenso um Ermutigung und Förderung der biblischen Studien, entsprechend der Enzyklika »Divino afflante spiritu«. In diesem Sinne hat die B. auch 1950 eine Instruktion über den Bibelunterricht an den Seminarien und Ordensschulen erlassen (AAS 62, 1950, 495-505; dt.: HerKorr 5, 1950/51, 70-74).

Enchiridion Biblicum. Documenta Ecclesiastica Sacram Scripturam spectantia, Neapel u. Rom, (1927) 1954^{2} - BL 2111 ff - Benedikt. Monatsschrift 29, 1953, 48-50. *W.Sucker*

Bibelkonkordanz ist ein alphabetisch geordnetes Register aller in der Bibel vorkommenden Wörter (*Verbalkonkordanz*) oder der wichtigeren in ihr genannten Begriffe und Sachen (*Realkonkordanz*). Sie will dem Bedürfnis entgegenkommen, eine Übersicht über alle Bibelstellen zu gewinnen, an denen ein bestimmtes Wort vorkommt oder die für eine bestimmte Sache von Bedeutung sind; zugleich läßt sich mit Hilfe der B. rasch feststellen, wie häufig ein Wort, ein Begriff oder eine Sache innerhalb der Bibel oder einzelner biblischer Bücher vorkommt. Warum der Name »Konkordanz« (lat. »Concordantiae«), der schon bei den ältesten B.en belegt ist, gewählt wurde, ist nicht ganz sicher (Hinweis auf die Einheit der Schrift mitten in der Vielfalt der Wörter? Verdeutlichung der in den Anfängen öfter festzustellenden Absicht bei der Vergleichung der Stellen, diese miteinander in Einklang zu bringen?).

Die älteste bisher bekannte B. ist eine Verbalkonkordanz zur Vulgata, veranlaßt durch den Kardinal Hugo von St. Caro aus dem Dominikanerkloster St. Jacob in Paris. 1230 erschien sie als »kleine« (C. breves, nur mit Stellenangabe), 1250 erweitert als »große« B. (C. maximae, mit Zitierung des Wortlauts, soweit für das Verständnis erforderlich). 1524 erschien die erste hebräische B. im Druck (bei Daniel → Bomberg-Venedig), sie geht auf Vorarbeiten des Rabbi Isaac Mordechai ben Nathan von 1438-48 zurück. Ebenfalls im 16.Jh. erschienen auch die ersten griechischen und deutschen B.en.

Realkonkordanzen sind - abgesehen von neueren Auflagen der Büchnerschen - in neuerer Zeit nicht mehr verfaßt worden: »eigentlich ist die Verbalkonkordanz die beste Realkonkordanz; sie redet kurz und bündig im Schriftwort selbst« (C.R.Gregory, RE X, 702). Im folgenden sind nur jene B.en aufgeführt, die heute noch im praktischen Gebrauch sind:

1. *Hebräische:* S.Mandelkern, Veteris Testamenti Concordantiae hebr. atque chald., (1896) 1937^{3} (Neudruck 1955); kurz nach 1896 (o.J.) auch editio minor (ohne Anführung des Wortlauts) - G.Lisowsky-L.Rost, Konkordanz zum hebr. AT (1955 ff).

2. *Griechische:* a) Zu LXX: E.Hatch-H.A.Redpath, A Concordance to the Septuagint and the other Greek versions of the OT, 2 Bde, 1897; Suppl. 1906 (Neudruck 1954). - b) Zum NT: K.H. Bruder, Ταμιεῖον τῶν τῆς καινῆς διαθήκης λεξέων sive Concordantiae, (1842) 1913^{7} - A.Schmoller, Handkonkordanz zum griech. NT, (1869) 1951^{9} - W.F.Moulton-A.S.Geden, A Concordance to the Greek Testament according to the Texts of Westcott and Hort, Tischendorf and the English Revisers, (1897) 1950^{3}.

3. *Lateinische:* F.P.Dutripon, Concordantiae Bibliorum Sacrorum Vulg. ed., (1838 u. 1844) 1880^{7} - Peultier-Etienne-Gantois, Concordantiae universae scripturae thesaurus, 1898.

4. *Deutsche:* G.Büchner, Bibl. Real- u. Verbalkonkordanz, (1740 u. 1750) 1951^{30} - Calwer B., (1893) 1922^{3} - Bremer Bibl. Hand-Konkordanz, (1866) 1954 $^{160.-165.\ Tsd}$ - Elberfelder B., 1937 (zur sog. »Brockhaus-Bibel«); eine ziemlich knappe Wortkonkordanz auch im Stuttg. Bibl. Nachschlagewerk, (1931) Neudruck 1950. - Kath.: Wortkonkordanz im »Prakt. Bibelhandbuch«, hg.v. Kath. Bibelwerk, (1936) 2. Neudruck 1951. - Zu den älteren B.en vgl. RE X, 695 ff. *F.Hesse*

Bibelkritik

I. AT - II. NT - III. Im Unterricht. - Zur Geschichte der B. vgl. → Bibelwissenschaft: I. II

I. AT

Das Wort Gottes ist das versöhnende Tun Gottes in Jesus Christus (et vere Deus). Von diesem Tun Gottes, das ein Faktum der Geschichte ist (et vere homo), zeugt die ganze Bibel, NT und AT. Dieses Bezeugen geschah von Menschen einer bestimmten Zeit für Menschen ihrer

1. Rabula-Codex, 586, syrisch. Kreuzigung und Szenen der Ostergeschichte – *Florenz, Bibl. Laurenziana (Bildarchiv Foto Marburg)*

2. Evangeliar, westkarolingisch. Majestas mit Evangelistensymbolen – *Trier, Stadtbibliothek (Bildarchiv Foto Marburg)*

3. Sog. Evangeliar Ottos III., um 1000. Fußwaschung – *München, Staatsbibliothek Cod. lat. 4453 (Bildarchiv Foto Marburg)*

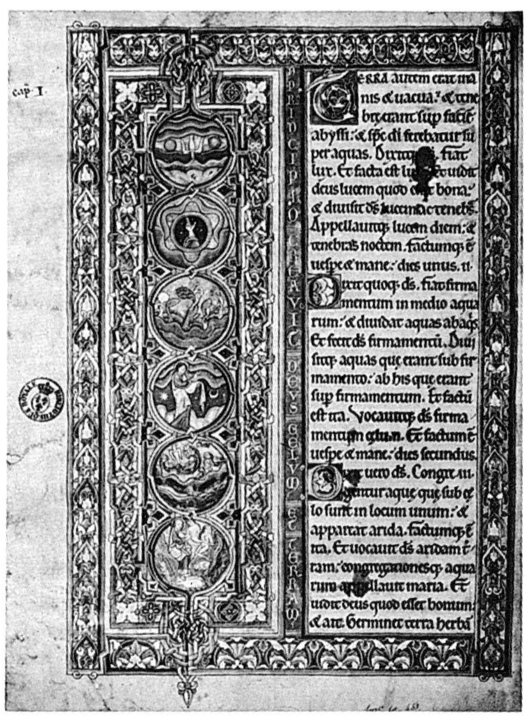

4. Bibelfragment aus Pontigny, Anfang 13. Jh. Initiale I, darin Sechstagewerk – *Paris, Bibl. Nat. Cod. lat. 8823 (Bildarchiv Foto Marburg)*

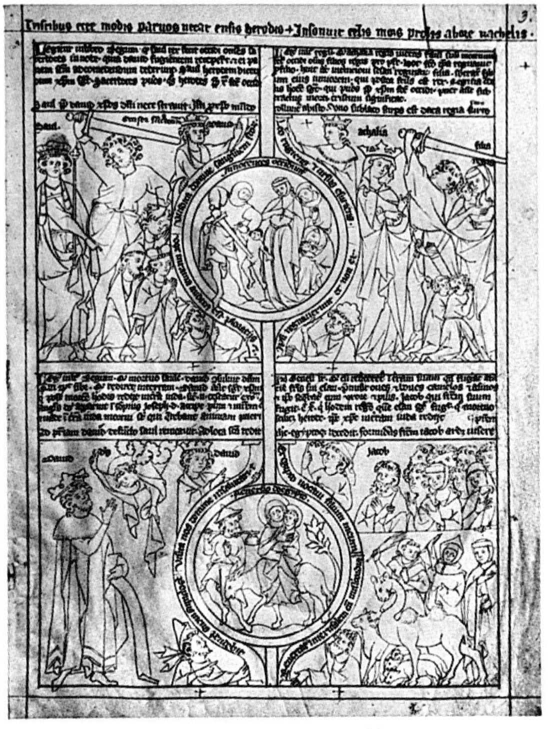

1. Biblia Pauperum, um 1300/20. Kindermord, Flucht nach Ägypten – *St. Florian, Stiftsbibl. Cod. III, 207* *(Bildarchiv Foto Marburg)*

2. Hans Holbein d. J., Titelblatt der 1. Basler Ausgabe von Luthers deutscher Übersetzung des NT (Dez. 1522), 1523 *(Bildarchiv Foto Marburg)*

3. J. Schnorr von Carolsfeld, Bibel in Bildern, 1853–60. Wunderbare Speisung *(Bildarchiv Foto Marburg)*

4. K. Schmidt-Rottluff, Zyklus »Kristus. 9 Holzschnitte«, 1918. Christus und Judas *(Bildarchiv Foto Marburg)*

Zeit. So sehr beim Versuch, das biblische Zeugnis theologisch zu verstehen, die Einbeziehung der Tatsache der Gegenwärtigkeit dieses Zeugnisses für den Christen heute unabdingbar ist, so wenig kann die Gegenwärtigkeit erfaßt werden ohne die gleichzeitige Einbeziehung der geschichtlichen Bedingtheit dieser Bezeugung. Denn es muß erst einsichtig sein, was das Zeugnis von damals für die Zeit damals meinte, ehe durchsichtig werden kann, was es in seiner Gegenwärtigkeit für den Christen heute bedeutet. So sehr nur in der Zusammenschau dieser beiden Seiten eine theologische Aussage über das Schriftzeugnis gemacht werden kann, so sehr müssen, um solche Aussage überhaupt zu ermöglichen, diese beiden Seiten arbeitsmethodisch auseinandergehalten werden. Die biblische → Hermeneutik, d.i. die Kunst, das Überlieferte seinem Gehalt nach zu verstehen und das Verstandene darzustellen, kann nur zum Ziele kommen, wenn die diesen Gehalt bezeugende geschichtlich bedingte Überlieferung eine unterscheidende und wertende Untersuchung erfahren hat, also kritisch (κρίνειν dh unterscheiden, werten) auf ihre Tragfähigkeit geprüft ist.

Das at. Zeugnis ist in einem Schrifttum überliefert, das durch zwei bis drei Jahrtausende weitergegeben wurde. Es ist somit eingegliedert in alle menschliche Überlieferung mit all ihren Bedingtheiten, Zufälligkeiten, ihren geistes- und religionsgeschichtlich bestimmten Beeinflussungen, auch mit allen Ungereimtheiten und Willkürlichkeiten. All das erfordert die Untersuchung dieses Schrifttums. Die B. sucht zu Unterscheidungen zu gelangen in bezug auf: die überkommene und die vermutlich ursprüngliche Textgestalt; verschiedenartige, auch gegensätzliche Aussagen; ältere und jüngere Bezeugungen bzw. Bearbeitungen (auch Ergänzungen) von älteren Überlieferungen; Formen der Überlieferung; originales israelitisches Gut und Einflüsse aus der Umwelt. Zugleich auch wertet die B. nach der sprachlichen und stilistischen Qualität, nach der ästhetischen Höhenlage, nach der historischen Sicherheit, nach der ethisch-religiösen Auffassung. Das Ziel dieser kritischen Durchleuchtung ist: die überlieferten Stoffe einzugliedern in den historischen Ablauf bzw. die Rekonstruktion dieses Ablaufs zu gewinnen. Mittel, Methodik sowie Ziel der B. sind die der philologisch-historischen Kritik überhaupt. Gerade in der Tatsache der Notwendigkeit des kritischen Urteilens und in der Art des kritischen Verfahrens ist die Theologie in alle Wissenschaft verhaftet. Maßgeblich auch für die B. bleibt die Autonomie des menschlichen Denkens (Logik, Erkenntnistheorie, Psychologie usw), ihr Wesen ist immanenter Art. Die Bedeutung des biblischen Zeugnisses für den Glauben zu ermitteln, ist Aufgabe der Schriftauslegung, der Exegese, die freilich insofern niemals der B. entraten kann, als ihre deutende Arbeit das Unterscheiden und das Werten, also den kritischen Vorgang einbeschließt. – Die B. des AT geht folgenden Weg:

1. Die *Textkritik* (die »niedere Kritik«) strebt die Rekonstruktion der ursprünglichen Textgestalt der at. Bücher an, die wir heute nicht mehr besitzen. Zwar war seit ca 100 nChr durch strenge Vorschriften für gewissenhafte Tradierung des Textes gesorgt, aber bis dahin geschahen an ihm zahlreiche Änderungen. Die hauptsächlichsten Fehlerquellen waren: das doppelte Schriftsystem (althebräisches, später aramäisches), Buchstabenverwechslung, -auslassung, -umsetzung, Dittographie, Haplographie, falsche Worttrennung und -verbindung, Mehrdeutigkeit des Konsonantentextes u.a. Bewußte Änderungen geschahen aus religiösen, dogmatischen, auch ästhetischen Gründen. Randglossen gerieten in den Text. Die Mittel zur Wiederherstellung der Texte sind: die → Bibelhandschriften und die → Bibelübersetzungen (bes. LXX), sprachliche und sachliche Erwägungen. Auf Grund von Textzeugen ergeben sich »Emendationen«; »Konjekturen« dagegen sind hypothetische Abänderungen eines formal gut bezeugten, aber unklaren Textes. Der ursprüngliche Text kann nur immer annähernd erreicht werden. (Weiteres → Text und Textkritik: I.)

2. Die *Literarkritik* (die »höhere Kritik«) ist der Zweig der B., der das AT als Literaturwerk untersucht, es also einreiht in das Schrifttum der Menschheit überhaupt und demgemäß mit der Methodik arbeitet, die das heutige wissenschaftliche Erkennen seit der Aufklärungszeit ganz allgemein auf überkommenes Schrifttum anwendet. Dabei werden gleichzeitig inner-at. und literaturvergleichende Gesichtspunkte obwalten. Die inner-at. Betrachtungsweise stellt innerhalb der einzelnen at. Bücher fest: Unterschiede in der Sprache (Wortmaterial, Stil), in den geschichtlichen und chronologischen Angaben, in den vorausgesetzten rechtlichen, sozialen und religiösen (Kult und Frömmigkeit) Zuständen, in den ethischen und theologischen Auffassungen; ferner sind Doppelberichte (Parallelberichte) erkennbar sowie unausgleichbare sachliche Widersprüche. Diese Beobachtungen zusammen mit der weiteren, daß innerhalb der Bücher in ihrem Aufbau deutlich Nahtstellen (fehlende Verknüpfungen, Mängel in der Komposition des Ganzen) sich kundtun, zwingen zu der Annahme, daß die Bücher kompiliert wurden und daß der literarische Tatbestand nur durch ihre Dekomposition, dh durch die Auftrennung der jetzt ineinander geflochtenen schriftlichen Überlieferungsstränge und durch Festlegung später eingearbeiteten literarischen Materials erhellt werden kann (Quellenscheidung). Die Forschung muß versuchen, diese Quellen als ursprünglich selbständige Gebilde bzw. Einzelstücke herauszuarbeiten, ihr Alter und ihre Herkunft (Verfasser, etwaiger Schulkreis) und die Motive, die Art und die Zeit der Zusammenarbeit (Redaktoren, Ergänzer, Glossatoren) zu bestimmen. Es ergibt sich schließlich folgerichtig der Versuch, auf Grund solcher literarkritischen Durchdringung des at. Materials den gesamten at. literarischen Stoff in einer geschichtlichen Abfolge durchsichtig zu machen, also ihn in eine israelitische Literaturgeschichte einzugliedern. Die B. kann diese Aufgabe aber nicht lösen, ohne sowohl die Einzelquellen bzw. -materialien wie auch die Gesamtgestalt der Bücher in einem literaturvergleichenden Verfahren zu konfrontieren nicht nur mit der außer-at. israelitischen Literatur (bes. Apokryphen und Pseudepigraphen), sondern vor allem auch mit der der Umwelt Israels (Mythen, Epen, Kult- bzw. Gebetstexte, historische Berichte, chronologische und Gesetzestexte usw). Dieser Literaturvergleich ergibt wesentliche Kriterien zur Bestimmung des Wesens und des Alters des at. Materials. (Vgl. auch → Literarkritische Schule, → Religionsgeschichtliche Schule).

3. Unter Einbeziehung des literaturvergleichenden Verfahrens ist die Literarkritik vorgeschritten zur gattungs- bzw. *formgeschichtlichen* Betrachtungsweise. (→ Gunkel, neuerdings wesentlich erweitert durch v. → Rad). Diese sucht die literarischen Gattungen (→ Formen) im at. Schrifttum zu erfassen in der Erkenntnis, daß nach dem altorientalischen literarisch-ästhetischen Empfinden bestimmte Stoffe bestimmte literarische Formen erfordern – im Gegensatz zu unserem (westlichen) Empfinden, nach dem die echte Größe literarischen Schaffens um so stärker hervortritt, je mehr die schöpferische Persönlichkeit im Werk spürbar wird. Selbst bei den Propheten, bei denen die individuelle gestaltende Kraft gefangennimmt, ist doch immer wieder formale

Gebundenheit im Spiel. Diese Eigenart der at. Literatur ermöglicht es aber der B., den »Sitz im Leben« für die literarischen Erzeugnisse festzustellen, so wahr bestimmten Vorgängen im Leben des Volkes (geschichtliches Geschehen: Sieg, Niederlage; kultische Begehungen: Königskrönung, Wallfahrten, die einzelnen liturgischen Vorgänge; Gesetzeskundmachung u.a.) und im Leben des einzelnen (Bitte in der Not, Dank für erfahrene Hilfe, Sündenbekenntnis u.ä.) bestimmte literarische Formen zugeeignet sind. Diese mehr formal-schematische Auffassung der literarischen Einheiten sucht man heute zu vertiefen durch die Erforschung der Inhalte bzw. Traditionsgehalte, von denen her die Formen geprägt sind (A. → Alt, G.v. Rad). Insonderheit ist man (nicht ohne Widerspruch) dabei, die Verwurzelung der Gattungen in sakralen Traditionen bzw. Institutionen aufzuspüren, namentlich bei den Psalmen (S. → Mowinckel; A.Weiser; → Kultgeschichtliche Schule), aber auch bei den prophetischen Stücken. Die Literaturwerdung wird dann verstanden als Prozeß der Loslösung der Traditionen von den Institutionen (v.Rad).

4. Damit zusammenhängend hat sich, in Ausweitung der formgeschichtlichen Betrachtungsweise, eine *traditionsgeschichtliche* Kritik entwickelt (G.v.Rad, weit über ihn hinausführend M. → Noth). Sie erstreckt sich zunächst auf die Überlieferungsmassen des Pentateuch, wo ihre Notwendigkeit sich besonders aufdrängt. Sie ist vor allem darauf aus, den *vor*literarischen Prozeß in der → Tradition (: III) zu durchleuchten. Die »für das Werden des Ganzen (der Pentateuchüberlieferung) entscheidenden Anfänge« und »die ersten Stadien des Wachstums« (Noth) sollen klargelegt werden. Diese Forschungsrichtung versucht die Hauptthemen (Überlieferungskomplexe) in der vorliterarischen Tradition mit Hilfe von literarischen und sachlichen Kriterien herauszufinden und das Zusammenwachsen (nach Motiven und nach Art und Weise) dieser Themen zu beschreiben. Die Forschung auf diesem Gebiet ist noch in einem Anfangsstadium.

5. All diese kritischen Operationen sind in dauerndem engem Konnex mit der sog. *Sachkritik* (historischen Kritik), dh sie sind nur vollziehbar unter fortwährender Berücksichtigung all der historischen Einsichten, die die seit hundert Jahren immer eindringender werdende Kenntnis (→ Bibelwissenschaft: I) der altorientalischen (einschließlich der israelitischen) Welt der modernen Forschung an die Hand gibt (Sprachen, politisches Geschehen, Kulturen, Religionen).

6. Alle kritische Arbeit vollzieht sich durch »Erkennen«. Erkennen ist ohne Logik nicht durchführbar und das Ziel der Kritik, die Rekonstruktion des historischen Ablaufs, ist ohne Methodik nicht erreichbar. Da die Maßstäbe und Kriterien für diese Denkvorgänge immanent sind, sind sie relativ. Das hat zur Folge: erstens die Belastung der Ergebnisse der B. mit *Hypothesen,* weil die at. Überlieferung nicht immer eindeutig und oft genug lückenhaft ist, trotzdem aber nicht auf eine systematischmethodische Gesamtschau verzichtet werden kann. Zweitens: bei dieser Gesamtschau sind bestimmte Grundauffassungen des Forschers wirksam, ohne welche wissenschaftliche Arbeit überhaupt nicht möglich ist. So sind die Ergebnisse der B. zwangsweise *subjektiv,* dh sie sind oft hinsichtlich derselben Materie sehr verschiedenartig. Damit führt sich die B. nicht ad absurdum, es wird damit nur deutlich, daß die Wörter der Schrift nicht identisch sind mit dem Wort Gottes, und daß, um das Wort in den Wörtern zu erfassen, immer erneute kritische Durchprüfung der Überlieferung geschehen muß.

7. Daß Grundauffassungen des Forschers bei der kritischen Arbeit mitwirken, bedeutet, daß die Kritik nicht abgetrennt werden kann vom »Verstehen«. Kritik ist nur dann möglich, wenn der Gehalt der kritisch zu untersuchenden Überlieferung »verstanden« wird. Insofern ist immer eine Wechselwirkung da zwischen dem Verständnis des AT und der kritischen Arbeit an ihm. Es gibt keine »gläubige« B., aber der christliche Theologe vollzieht die Kritik am AT vom evangelischen Glaubensgrund her. Weil ihm das AT Zeugnis ist vom → Wort Gottes, gestalten sich ihm in der kritischen Arbeit aus dem geglaubten Gehalt des at. Wortes heraus theologisch gegründete Kriterien, die aber gerade deshalb echte Kriterien sind, weil sie dem kritisch zu analysierenden Stoff (das AT ist Zeugnis vom Wort Gottes) gegenüber als sachgemäße gelten müssen.

RE XI, 119ff; XXIII, 642f - H.Gressmann, Die Aufgaben der at. Forschung (ZAW 42, 1924, 1-33) - F.Baumgärtel, Ist die Kritik am AT berechtigt?, 1927 - RGG² I, 1030ff - G.v.Rad, Literarkrit. u. überlieferungsgeschichtl. Forschung am AT (VF 1947/48, 172-194) - E.Würthwein, Der Text des AT, 1952 - Noth, WAT 239ff - H.J.Kraus, Gesch. der hist.-krit. Erforschung des AT von der Reformation bis zur Gegenwart, 1956.

F.Baumgärtel

II. NT

Daß Bibel und Wort Gottes oder Hl. Schrift und Kerygma nicht identisch sind, ist Voraussetzung der B., welche durch eine Scheidung innerhalb der menschlich tradierten und fixierten Texte der Erhellung des → Kerygmas zu dienen bemüht ist. Sie steht also nicht in Ehrfurchtlosigkeit gegenüber dem Kanon der Kirche, sie treibt nicht Kritik aus Freude am Kritisieren, setzt auch nicht B. in Antithese zur Bibelautorität, sondern weiß um ihre der Kirche und ihrer Verkündigung dienende Funktion.

1. Die B. als solche ist im NT selbst verankert und nicht von außen herangetragen oder gar erst ein Kind des Humanismus oder des Aufklärungszeitalters. Wenn Jesus in den Antithesen der → Bergpredigt (vgl. zB die zweifellos authentischen in Matth. 5, 21ff. 27ff. 33ff) neben und gegen die Tora sein »Ich aber sage« stellt, wird durch den Rückgriff auf die Intention des Willens Gottes, hinsichtlich des Wortlautes der Schrift, geschieden zwischen dem Deus dixit und der menschlichen Überlieferung davon. Nicht der gleiche, aber ein sachlich entsprechend kritischer Zug gegenüber der Schrift liegt bei Paulus vor, wenn er im Wissen um das Geschenk des Hl. Geistes zwischen → Geist und Buchstabe scheidet (2Kor 3, 6ff) oder auch wenn er je und je nach dem Ziel der Argumentation die Schrift wörtlich gebraucht oder allegorisch oder typologisch interpretiert (→ Schriftauslegung: III). Letztlich ist im ganzen NT die Einheit mit den Hl. Schriften Israels durch kritische Aufnahme gegeben und auch für uns heute die theologische Zusammengehörigkeit der beiden Teile der Bibel nur mittels einer B. zu behaupten. War jene an den Anfängen des Christentums stehende B. auch nicht von wissenschaftlichen Motiven geleitet, so doch von dem Anliegen, durch B. der Bibelautorität zu dienen. Die gesamte Kirchen- und Theologiegeschichte ist wesentlich eine Geschichte der B. und ihrer komplementären Seite, der → Hermeneutik.

2. Die B. ist ein Teil der → Bibelwissenschaft und mit deren Geschichte eng verflochten. Ihre moderne Entwicklung beginnt im 17. und 18.Jh. und hat einen Weg genommen, der mit der → Geschichtswissenschaft weithin konform geht. Sie arbeitet mit profanen Methoden, die sich von denen der profanen Geschichtswissenschaft nicht prinzipiell unterscheiden, wobei natürlich der Gegenstand - in unserem Falle das NT - die leitende Frage des Forschers zu bestimmen hat und die Methode zu modifizieren vermag. Im Blick auf das NT geht die

B. davon aus, daß Gottes Wort nur *in* der Schrift bezeugt wird, weil es *vor* der Schrift geschehen ist, daß Gottes Wort in der Bibel nur *aktuell*, niemals aber *qualitativ* ist. Diese Einsicht hat dazu geführt, daß über das Recht der B. - wenigstens im Protestantismus - kaum mehr gestritten wird, lediglich ihre möglichen oder gar notwendigen Grenzen verschieden beurteilt werden. Doch setzt sich weithin die Einsicht durch, daß man ihr Freiheit zu geben hat, weil einerseits ihr Ziel ja gerade die Erhellung des Kerygmas ist, seine Entflechtung aus der Überlagerung von Historie und Mythologie, anderseits aber auch, weil eine tendenziöse und falsche B. nur durch eine echte und radikale überwunden werden kann. Eine aus solcher Arbeit sich ergebende Ungesichertheit des Glaubens, was nämlich dessen Bezug auf die bruta facta betrifft, gehört mit zum Wesen des reformatorischen sola fide.

3. Die Abfassung der im nt. Kanon gesammelten Schriften fällt in die Zeit von 50-150 nChr (→ Bibel: II B) und stellt eine kirchliche Auswahl christlicher Literatur der apostolischen, nachapostolischen und frühkatholischen Zeit dar. Da die Sammlung im Kanon zugleich Ausscheidung war, muß die B. über die Kanongrenzen hinausgehen und bereit sein, eine Kritik der urchristlichen Literatur zu werden. Vor jedem Eindringen in Sachfragen ist der Text der Schriften weitmöglichst zu klären und der *Wortlaut* in der ältest erreichbaren Gestalt festzustellen. Beim Fehlen von Autographen und angesichts der Tatsache, daß offenbar erst mit der Kanonisierung der Schriften ihr Text sich festigte, sind äußere und innere Kritik notwendig, ist ferner die Textgeschichte heranzuziehen, die zeigt, daß oft eine ältere Hs. im Text wilder sein kann als eine jüngere (→ Text und Textkritik: II). Nach Herstellung eines möglichst ursprünglichen Textes hat sich die B. der *Literarkritik* zuzuwenden. Die literarische Integrität einer Schrift ist zu untersuchen und notfalls eine Ordnung der Texte zu wagen (zB im JohEv, 1. 2Kor); eventuell verarbeitete Vorlagen, die möglichen mündlichen oder schriftlichen Traditionen sind zu erhellen und die literarische Eigenart der Schrift zu bestimmen. Hierbei ist ein Vergleich mit außerkanonischer sowie mit zeitgenössischer hellenistischer und jüdischer Literatur notwendig, um gerade das Besondere des nt. Schrifttums zu erkennen. Seit 1920 hat die *Formgeschichte* diese Arbeit durch die Bestimmung literarischer Gattungen vorangetrieben durch die Frage nach dem »Sitz im Leben«, der Gattungen und ursprüngliche → Formen prägte. Es geht hierbei nicht nur um die Rahmung der Überlieferungsstücke oder um die formale Eigenart, sondern auch um geschichtlichen Wert und historische Verläßlichkeit. Der formgeschichtlichen Methode verwandt ist die gegenwärtig stärker in den Vordergrund rückende *Traditionsgeschichte,* die ihren Blick auf älteste liturgische Fragmente, Lieder, Rechtsformulare u.a. richtet und die Zusammenhänge mit → Taufe, → Abendmahl, → Predigt und → Katechetik zu bestimmen versucht. Sie vermag hierbei Licht auf die dunkle Zeit von 30-45 nChr zu werfen und die Geschichte des nt. Kerygmas in vorpaulinischer Zeit zu erhellen. Auch die Auswertung der Texte von → Qumran wird in dieser Weise für das NT fruchtbar gemacht. Die B. als Literaturkritik ist ständig verbunden mit der *Begriffsgeschichte,* deren Erforschung gegenwärtig ihren Niederschlag im ThW findet, und mit der *Motivgeschichte,* welche angesichts der Untersuchung von Wörtern nicht vernachlässigt werden darf. Zur literarischen Kritik gehört weiter die *Verfasserfrage,* zumal sie mitbestimmend sein kann für die immer zu beachtende Individualisierung der Gattung. Die Identifizierung der Verfasserpersönlichkeit - sofern sich die traditionelle Verfasserschaft nicht halten läßt - ist weniger wichtig als die zeitliche und theologische Einordnung des oft anonymen Autors einer Schrift.

4. Es liegt ganz in der Linie der heutigen gegen den Historismus und seinen inhärenten Positivismus gerichteten Forschungstendenzen, daß die *Sachkritik* stärker in den Vordergrund gerückt ist. Sie setzt die bisher genannte Arbeit voraus bzw. verbindet sich ständig mit ihr und arbeitet notwendig mit einem Offenbarungsverständnis und einem Schriftbegriff. Von der die Literarkritik leitenden Frage, für wen und aus welchen Motiven heraus der Text oder die Form bestimmt wurde, wendet sie sich zur Kritik an der Sache selbst, nämlich der Vergegenwärtigung des Heilsgeschehens, wie sie das NT darbietet. Die Sachkritik muß es wagen, Paulus mit seinen eigenen Kriterien zu beurteilen, muß überall im NT vom Zentrum aus, vom Kerygma her, die Überlieferung kritisch werten und dabei die Vielfalt von theologischen Konzeptionen innerhalb des Kanons herausstellen, ohne deshalb von theologischen Folgerungen und Nöten beirrt zu werden. Bei dieser Arbeit tritt notwendig die Existenz des fragenden Forschers, sein Verständnis und Beteiligtsein, stärker in Erscheinung, obwohl man deshalb nicht von einer Subjektivierung oder von einem deutenden Anhang zur reinen Tatsachenerhellung sprechen darf. Es ist also ein Urteil über »sachgemäße« oder »unsachgemäße« Überlieferung des Kerygmas notwendig und damit der Schrift als Vergegenwärtigung des einstmals Bezeugten und einmal Geschehenen geboten. Damit aber tritt die Sachkritik in den Bereich der *Hermeneutik* ein und stellt sich die gegenwärtig noch nicht klar beantwortete Frage: Wie weit lassen sich B. und Hermeneutik unterscheiden und doch im Vollzug zusammenhalten? Denn B. kann letztlich nur im Gesamtrahmen der Hermeneutik zum wirklichen Verstehen der nt. Texte führen.

RGG[2] I, 1033 ff - R.BULTMANN, Die Bedeutung der »dialektischen Theologie« für die nt. Wissenschaft (ThBl 7, 1928, 57-67 = BULTMANN I, 114-133) - DERS., Das Problem der Hermeneutik (ZThK 47, 1950, 47-69 = BULTMANN II, 211-235) - G.EBELING, Die Bedeutung der histor.-krit. Methode für die prot. Theologie u. Kirche (ZThK 47, 1950, 1-46) - E.DINKLER, Bibelautorität u. B., 1950 - DERS., Principles of Biblical Interpretation (The Journal of Religious Thought 13, 1955/56, 20-30) - H.DIEM, Theologie als kirchliche Wissenschaft I, 1951 - J.KNOX, Criticism and Faith, 1952 - E.KÄSEMANN, Das Problem des historischen Jesus (ZThK 51, 1954, 125-153) - A.N.WILDER, Biblical Hermeneutic and American Scholarship (BZNW 21, 1954, 24-42) - E.FUCHS, Hermeneutik, 1954 - J.BOISSET, M.GOGUEL u.a., Le Problème Biblique dans le Protestantisme, 1955 - M.KARNETZKI, Textgesch. als Überlieferungsgesch. (ZNW 47, 1956, 170-180).

Erich Dinkler

III. Im Unterricht

Seit der Jahrhundertwende griff der Unterricht die Fragen der B. nachdrücklich auf (O. → Baumgarten, F. → Niebergall). Indem man die biblischen Geschichten als äußere Einkleidung für allgemeine religiöse und sittliche Ideen verstand (Dualismus von Kausalerklärung und Werturteil), wurde ein »sturmfreies Gebiet« gegenüber der Kritik gewonnen. Bestimmend für die unterrichtliche Behandlung wurden der Persönlichkeits- und der Entwicklungsgedanke. An die Stelle der Heilslehre trat die religiöse Persönlichkeit als Träger geistiger Werte und Ideale. An die Stelle der »heiligen Geschichte« trat die entwicklungsgeschichtliche Betrachtung der Religion als das vorzüglichste Mittel ihrer Lehrbarkeit.

Im Unterricht der Gegenwart ist die B. nicht ein isoliertes Problem, sondern ein Teil der hermeneutischen Frage (→ Hermeneutik). Die biblischen Texte werden als »Predigt«-Texte verkündigend ausgelegt. Die Aufgabe des Unterrichts ist das gemeinsame existentielle Hören auf das Kerygma. Die konkrete Menschlichkeit und Geschichtlichkeit der Texte, wie sie die historisch-kritische Forschung aufzeigt, muß dabei vorbehaltlos gesehen werden. Viele damit im einzelnen gestellte Fragen (→Entmythologisierung, existentiale Interpretation, legendäre Stoffe, → Apokalyptik u.a.) bedürfen noch sorgfältiger Klärung.

Das rechtzeitige Eingehen auf die Fragen der B. im Unterricht ist um der Wahrhaftigkeit des Lehrers und um des Vertrauens der Schüler willen geboten. Es ist entschieden besser, wenn die Schüler im Unterricht auf behutsame und verantwortliche Weise mit kritischen Fragen bekannt gemacht werden, als wenn sie später hilflos einer zersetzenden »Aufklärung« gegenüberstehen. Doch darf die B. im Unterricht nie Selbstzweck sein. Ihre Behandlung steht ganz im Dienst der positiven Aufgabe, die Schüler zum ehrfürchtigen und zugleich wahrhaftigen Hören auf die Schrift zu führen. Zersetzende Kritik, ungeklärte Tagesfragen und wissenschaftliches Spezialistentum haben im Unterricht keinen Platz.

Im einzelnen muß sich die Behandlung nach dem Entwicklungsstand der Schüler richten. Absichtliche Verfrühung (als eine Art geistiger Schutzimpfung) ist fragwürdig. In den ersten Schuljahren haben kritische Fragen keinen Raum. In dem Maße, wie dann in der Oberstufe der Volksschule der Sinn für Kritik erwacht, wird man, zuerst in Einzelfragen, schließlich auch zusammenhängend, auf Probleme der B. offen eingehen. So ist zB in der Abschlußklasse die Unterscheidung von mythischer Bildrede, frommer Legende und geschichtlichem Bericht, das Verhältnis von Mythus und Prophetie, von Bericht und Zeugnis, von Naherwartung und Enderwartung u.a. zu erarbeiten. Der Unterricht in der Berufs- und Fachschule kann dann diese Ansätze ausbauen. Das ganzheitliche geschichtliche Verständnis der Bibel hat seinen Platz in der Oberstufe der höheren Schule.

Es ist eine ganz wesentliche Aufgabe des Unterrichts, die junge Generation so zuzurüsten, daß sie den biblischen Texten angesichts ihrer unverschleierten Geschichtlichkeit als dem sie in ihrer Existenz betreffenden Anruf des dreieinigen Gottes begegnen lernt.

Vgl. die Lit. zu → Bibel: I-V, → Bibelkritik: I. II, → Katechetik - F.Niebergall, Theologie u. Praxis, 1916 - K.Frör (Hg.), Neue Wege im kirchl. Unterricht, 1949 - Ders., Der kirchl. Unterricht an der Volksschule, 8.Jg., 1954 - M.Stallmann, Die bibl. Gesch. im Unterricht (ZThK 51, 1954, 216-250). *K.Frör*

Bibellexika

1. Unter B. in eigentlichem Sinne versteht man Nachschlagewerke, in denen in alphabetischer Ordnung vor allem in der Bibel vorkommende Wörter behandelt und erläutert, aber auch Stichwörter aus den Bereichen der biblischen Archäologie, Geographie und Topographie, der Geschichte Israels, der nt. Zeitgeschichte u.ä. aufgeführt und erklärt werden und auch über die Wörter hinaus zu Begriffen übergegangen wird. Vielfach nennen und besprechen die B. auch Gegenstände literargeschichtlicher, dogmatischer und ethischer Art.

Die drei wichtigsten B., die das 19.Jh. hervorgebracht hat, sind: G.B.Winer, Bibl. Real-WB zum Handgebrauch für Studirende, Kandidaten, Gymnasiallehrer u. Prediger, 2 Bde, (1820) 1847f³ - D. Schenkel, Bibellexikon, Real-WB zum Handgebrauch für Geistliche u. Gemeindemitglieder, 5 Bde, 1869-75 - E.A.K.Riehm, HWB des bibl. Altertums für gebildete Bibelleser, 2 Bde, (1884) 1893f² (hg.v. F.Baethgen). - Als B., die gegenwärtig von Bedeutung sind, seien genannt: H.Guthe, Kurzes Bibel-WB, 1903 - Calwer Bibellexikon, hg.v. P.Zeller, (1883-86) 1924⁴ (neu bearb.v. Th.Hermann) - Stuttgarter Bibl. Nachschlagewerk, (1931) Neudr. 1950 - H.Haag, Bibel-Lexikon (BL), 1951-55 (kath.). Die drei letztgenannten sind auf den wissenschaftlich nicht vorgebildeten Leser abgestimmt. - Außerdeutsche B.: F.Vigouroux, Dictionnaire de la Bible, 5 Bde 1905-12; mit Suppl. seit 1926 (hg. v. L.Pirot, fortgef. v. A.Robert) - J.Hastings-J.A.Selbie, Dictionary of the Bible (DB), 5 Bde, (1898-1904) Neudr. 1942-51 (gemäßigt kritisch) - T.K.Cheyne-J.SutherlandBlack, Encyclopaedia Biblica (EB), 1899-1903 (kritisch) - I.Engnell-A.Fridrichsen, Svensk Biblisk Uppslagsverk (SBU) I, 1948; II, 1952 (repräsentiert die skandinavische Forschungsarbeit.) - Großenteils veraltet sind die biblischen Artikel der RE; als nur bedingt brauchbar erweisen sich die Artikel über biblische Begriffe bei J.Hamburger, Realenzyklopädie für Bibel u. Talmud, (1870-83) 1896-1901³.

2. B. in weiterem Sinne kann man jene Nachschlagewerke nennen, die sich speziell den archäologisch- und geographisch-biblischen Fragen widmen, ebenso diejenigen, die die theologischen Begriffe behandeln.

Hier sind die wichtigsten:

a) Zu archäologischen Fragen: K.Galling, Bibl. Reallexikon (BRL) (HAT I, 1), 1937.

b) Zur Geographie: H.Guthe, Bibelatlas (1911) 1926² - G.E. Wright-F.V.Filson, Westminster historical atlas to the Bible, (1945) 1956² (Karten in Kleinformat gesondert erschienen: Westminster smaller Bible atlas, [1947] 1952⁵) - L.H.Grollenberg, Atlas van de Bijbel, 1954 (franz. 1955; dt. 1957) - E.G.Kraeling, Rand McNally Atlas, o.J. (1956).

c) Die theologischen Begriffe werden behandelt im Theologischen Wörterbuch zum NT (ThW), begr.v. G.Kittel, fortgesetzt von G.Friedrich, bisher 5 Bde, 1933ff. Während hier das griechische NT Grundlage ist, erläutert das Handwörterbuch zur Lutherbibel und neueren Übersetzungen von E.Osterloh-H.Engelland, 1954, die Hauptbegriffe nach deutschen Stichwörtern.

3. Abbildungsmaterial findet sich bei L.Frohnmeyer-I.Benzinger, Bilderatlas zur Bibelkunde, 1905 - H.Gressmann, Altorientalische Bilder zum AT, (1909) 1927² (AOB) - J.B.Pritchard, The Ancient Near East in Pictures relating to the OT (ANEP), 1954. *F.Hesse*

Bibelschule

1. Unter dem *Namen* B. begreift man Ausbildungsstätten für ev. Mädchen, in einigen Fällen auch für junge Männer, die als Gemeindehelferinnen (-helfer) für den kirchlichen Dienst zugerüstet werden. Der Name wechselt: Seminar für kirchlichen (Frauen-) Dienst, Seminar für ev. Gemeindedienst, Ev. Seminar für Gemeindedienst, B., Bibelhaus, Lehrgänge für kirchliche Gemeindearbeit u.ä. Träger der B.n sind ev. Jugendwerke, Verbände oder Anstalten der Inneren Mission, ev. Frauenwerke, Missionsgesellschaften oder die Landeskirchen selbst.

2. *Geschichtlich* gesehen sind die B.n im Laufe dieses Jahrhunderts aus den verschiedenen Kursen, sozialen Seminaren, diakonischen und Missionslehrgängen herausgewachsen. Da die Pfarrer den wachsenden Aufgaben in den Städten und später auch auf dem Lande nicht mehr gerecht werden konnten, forderten die Gemeinden hauptamtliche, ausgebildete Kräfte für die Leitung von Jugend- und Frauenkreisen, für Besuchsdienst und missionarischen und sozialen Einsatz in mannigfacher Richtung. Dafür gründete man Schulen mit meist zweijähriger Ausbildungsdauer: 1896 das Seminar der Morgenländischen Frauenmission in Berlin, das 1920 zu einer B. ausgebaut wurde; 1898 die ersten Fünfmonatskurse in Bad Freienwalde/Oder »Bibelhaus Malche« (heute zwei Schulen in Hannover und in Bad Freienwalde); 1910 das Ev. Diakonieseminar in Stuttgart, das 1923 die zweijährige Ausbildung einführte (heute in Denkendorf); 1913 in Dresden die »Frauenschule für kirchlichen Dienst«, die nach dem 1. Weltkrieg in eine soziale Frauenschule, 1936 wieder in eine B. umgewandelt wurde (heute in Radebeul); 1924 die »B. der MBK« (Mädchen-Bibelkreise) in Leipzig, später in Dortmund, heute in Salzuflen; 1926 das »Seminar für kirchlichen Frauendienst« des Burckhardthauses in Berlin (heute zwei Schulen in Berlin und Gelnhausen). In der nationalsozialistischen Zeit entstanden an einigen sozialen Frauenschulen selbständige kirchliche Ausbildungszweige, so in Freiburg i.Br. in der »Frauenberufsschule für kirchliche

und soziale Arbeit« im Jahre 1936, in Hannover im christlich-sozialen Frauenseminar im Jahre 1938 (heute »Seminar für kirchlichen Dienst«). Auch nach dem 2. Weltkrieg sind noch einige neue B.n gegründet worden.

3. Die *Ausbildung* ist 2- oder 2½jährig, umfaßt im allgemeinen 2-4 theoretische Semester und ½ Jahr Gemeindepraktikum in der Mitte der Ausbildung und endet mit einer kirchlichen Abschlußprüfung. Die wesentlichen Unterrichtsfächer sind: Exegese und Bibelkunde des AT und NT, Glaubenslehre, Kirchengeschichte, Methodik und Pädagogik, Musikerziehung, Innere und Äußere Mission, Literatur und Kunsterziehung, Kirchenkunde, Gemeindedienst, Sozialkunde, Psychologie, Gymnastik, Handfertigkeit. Die meisten B.n legen Wert darauf, daß ihre Schülerinnen im Internat mitleben, damit sie auch im Rhythmus des täglichen Lebens, in Abend- und Feiergestaltung, im Dienst in der Ortsgemeinde und im gemeinsamen Besuch kultureller Veranstaltungen für ihr späteres Amt zugerüstet werden.

A. Paulsen, Seminar für kirchl. Frauendienst (Unser Jugendwerk. Ev. Reichsverband weibl. Jugend, 1928, 63-65) - Einzelne Art. in: »Weibliche Jugend«, Fachschr. für Jugendführer, bes. 1926, 157-160; »Junge Gemeinde«, Fachschr. für Ev. Jugendführung u. Gemeindedienst, zB 1936, 12. 174. - »Freundesbrief« der MBK-Arbeit, Febr. 1954, Febr. 1955 u. Juni 1956. Kurze Art. in »Leiterinnenhilfe«. - 50 Jahre Bibelhaus Malche 1898-1948, 1950. *J.Becker*

Bibelübersetzungen

I. Altgriechische B.Ü.en - II. Lateinische altkirchliche B.Ü.en - III. Orientalische B.Ü.en - IV. Deutsche B.Ü.en - V. Europäische außerdeutsche B.Ü.en - VI. B.revision als kirchlich-theologisches Problem - VII. Probleme der missionarischen B.Ü. - B. = Bibel, Ü. = Übersetzung

I. Altgriechische Bibelübersetzungen

1. Als im hellenistischen Diasporajudentum die Kenntnis des Hebräischen nach und nach verlorenging, machte sich das Bedürfnis nach einer griech. Ü. des AT immer mehr geltend, sowohl für den synagogalen Gottesdienst wie für den privaten Gebrauch. In → Alexandria, wo die größte und wichtigste griechischsprechende Diasporagemeinde lebte, entstand während der drei letzten vorchristlichen Jahrhunderte die sog. *Septuaginta* (= LXX). Nach dem → Aristeasbrief (etwa um 100 vChr) soll Ptolemäus II. Philadelphus (285-247 vChr) für seine Bibliothek eine Übersetzung der jüdischen Tora gefordert haben. Das Werk sei von 72 jüdischen Gelehrten in 72 Tagen vollendet worden (daher der Name der Ü. »die der Siebzig«). Später wurde durch die Kirchenväter die Bezeichnung LXX auf das ganze AT bezogen. Der geschichtliche Wert dieser Aristeasbrief-Mitteilung besteht darin, daß die Ü. mit Alexandria in Zusammenhang steht und daß dabei mit dem Pentateuch begonnen wurde, und zwar in der ersten Hälfte des 3.Jh.s. Während der folgenden 100 oder 150 Jahre wurden die Propheten und Schriften übertragen. Zu den Schriften, die die LXX über die hebr. Bibel hinaus bietet, → Apokryphen.

2. Die LXX wurde bald von den Christen als ihre Bibel angenommen und bekam für die Missionstätigkeit in der ganzen griech. Welt eine außerordentliche Bedeutung. Gleichzeitig geriet sie bei den Juden in Mißkredit, zumal die Christen sie für ihren Schriftbeweis benutzten. Im 2.Jh. nChr wurden für die jüdischen Diasporagemeinden *neue* griech. Ü.en geschaffen. Die wichtigsten sind mit den Namen Aquila, Theodotion und Symmachus verknüpft. Sie sind uns nur durch Zitate und wenige Bruchstücke erhalten. a) *Aquila,* ein Proselyt, nach jüdischer Tradition Schüler Rabbi → Akibas, schuf etwa 130 eine sklavisch wörtliche Ü., die im Judentum großes Ansehen gewann. - b) *Theodotion,* nach altchristlicher Tradition Proselyt, von Hieronymus → Ebionit genannt, revidierte eine ältere griech. Ü., ob LXX oder einen anderen Text ist umstritten. Im Buche Daniel hat die (zu Recht?) seinen Namen tragende Ü. fast völlig die LXX-Ü. verdrängt. - c) *Symmachus,* der um 170 eine neue Ü. schuf, wird von Eusebius und Hieronymus als Ebionit, von Epiphanius als samaritanischer Proselyt bezeichnet. Nach talmudischer Überlieferung war er ein Schüler von Rabbi Meïr. Der Einfluß rabbinischer Exegese scheint bei ihm ziemlich stark zu sein.

3. Die Existenz verschiedener Ü.en mußte verwirrend wirken; daher wurden im 3.Jh. nChr verschiedene Versuche gemacht, der Textgestalt des griech. AT durch eine Rezension feste Form zu geben. Zu diesem Zweck hat → Origenes in seinem textkritischen Werk *Hexapla* (»die Sechsfache«) folgende Texte in sechs Kolumnen nebeneinander gestellt: 1. den hebr. Text, 2. den hebr. Text in griech. Umschrift, 3. Aquila, 4. Symmachus, 5. LXX, 6. Theodotion. Gelegentlich werden auch drei andere, anonyme Ü.en erwähnt, die sog. Quinta, Sexta und Septima.

Was die 5. Kolumne betrifft, so war Origenes' Hauptinteresse darauf gerichtet, die LXX-Ü. nicht für die Gemeinde, sondern für die Diskussion mit den Juden dem hebr. Original anzugleichen, um damit einen richtigeren Text zu geben. Die harmonisierenden Änderungen wurden meist - aber leider nicht immer - mit Hilfe der sog. aristarcheischen Zeichen markiert, und zwar in folgender Weise: a) Worte der LXX, die im hebr. Urtext fehlten, wurden durch Obelos und Metobelos abgegrenzt. b) Worte des Urtextes, die in LXX fehlten, wurden aus einer anderen Ü. - in der Regel nach Theodotion - in die LXX-Kolumne eingefügt, aber durch Asteriskos und Metobelos abgegrenzt.

Diese sog. hexaplarische Rezension ist - wie die Hexapla überhaupt - bis auf wenige Fragmente verlorengegangen. Ein wertvoller Ersatz ist die sehr genaue und mit den aristarcheischen Zeichen versehene syrische Ü., die Bischof Paulus von Tella 612-18 anfertigte.

Neben der Hexapla hat Origenes auch ein vierkolumniges, nur die griech. Ü.en enthaltendes Werk geschaffen, die *Tetrapla.* Ob die nur in Resten erhaltene Tetrapla ein späterer (verbesserter) Auszug aus dem größeren Werk ist oder ein früheres Stadium der Arbeit des Origenes repräsentiert, bleibt unsicher.

Neben der von Origenes ausgearbeiteten LXX-Textform nennt Hieronymus gelegentlich eine in Ägypten verbreitete Rezension, die nicht identifizierbare des Hesychius, und eine in Kleinasien benutzte, die des Märtyrers Lucian († 312).

Während der weiteren Geschichte des LXX-Textes wirkten die rezensierten Texte aufeinander ein, so daß alle überlieferten Handschriften mehr oder weniger gemischte Texte aufzeigen und keine der erhaltenen Textformen die Urgestalt der Ü. hat. Die Frage ist aber, ob wir voraussetzen dürfen, daß eine solche Urgestalt, eine »Ur-LXX«, einmal existiert hat, die zurückzugewinnen wir also wenigstens theoretisch imstande wären. Diese Frage ist von Paul de → Lagarde (1827-91) und seiner Schule bejaht worden. Er wollte die LXX-Hss. klassifizieren und auf die drei durch Hieronymus bezeugten Rezensionen aufteilen, um dann weiter zu der vorhexaplarischen LXX zurückzugehen. Eine große Arbeit auf dieser - später etwas modifizierten - Linie ist von dem Septuaginta-Unternehmen der Göttinger Gesellschaft der Wissenschaften (→ Akademie: I, 2c) geleistet worden.

Am energischsten ist de Lagardes Programm von Paul Kahle bestritten worden, der die LXX nach Analogie des aramäischen Targums beurteilt. Schon bei Beginn der griech. Ü.stätigkeit habe die Vielfalt geherrscht, während die Einheit als das erstrebte, aber nie erreichte Ziel einer jahrhundertelangen Entwicklung anzusehen sei. Kahles Parallelisierung der griech. Ü. mit dem aramäischen Targum ist jedoch auch problematisch. Während im Bereich des Aramäischen, wo das Hebräische nicht völlig unverständlich war, von Fall zu Fall frei vorgetragene Übertragungen und Erläuterungen genügten, waren in den Synagogen der griech. sprechenden Welt wirkliche und möglichst genaue Ü.en nötig (→ Septuagintaforschung).

Die These von F.Wutz, die Übersetzer der LXX hätten hebr. Texte in griech. Transkription benutzt, muß als im wesentlichen gescheitert betrachtet werden. (Damit soll nicht geleugnet werden, daß Transkriptionstexte auf griech. Sprachgebiet existierten und in den Synagogen als Hilfsmittel für die Lesung des hebr. Textes verwendet wurden.) Unzählige Abweichungen zwischen dem hebr. Text und der LXX haben nämlich ihren Grund in Verwechslung von hebr. Buchstaben (Quadratschrift, → Bibel: I C), deren griech. Äquivalente keine entsprechende Ähnlichkeit miteinander haben.

Die Übertragung der hebr. Bibel in die griech. Sprache bedeutet eine Umpflanzung in einen Raum mit anderen geschichtlichen, religiösen und kulturellen Voraussetzungen, als sie für die altisraelitische Welt Geltung hatten, und die LXX trägt daher verständlicherweise nicht selten den Charakter einer Auslegung. Dazu kommt, daß die Übersetzer, die in den einzelnen Büchern zwischen Urtext und Ü. stehen, hinsichtlich ihrer Anschauungen und Arbeitsmethoden sehr verschieden sind. Während man in einigen Büchern ein Streben nach möglichst treuer Wiedergabe der Vorlage findet (so vor allem und gewiß nicht zufällig im Pentateuch), sind andere Bücher ziemlich frei übertragen (zB Jes und Jer). Bisweilen, etwa in Spr und Hi, tritt auch eine Hellenisierung klar zutage (→Septuagintafrömmigkeit). Verallgemeinernde Urteile, die den wenig einheitlichen Charakter der LXX nicht genügend in Betracht ziehen, sind deshalb bedenklich, wie sie auch besonders bei der textkritischen Auswertung der LXX oft zu irrigen Ergebnissen geführt haben.

Über die Tochter-Ü.en der LXX → Bibelübersetzungen: II. III.

Ausgaben: H.B.Swete, The OT in Greek I-III, (1887-91) 1907 bis 1912[3, 4] - Brooke-McLean-Thackeray, The OT in Greek acc. to the Text of the cod. Vaticanus, suppl. from other Uncial MSS., with a Critical App., 1906ff (bis jetzt: Gen 1906 bis Tob 1940); - Septuaginta. Vetus Testamentum Graecum auctoritate Societatis Göttingensis ed. I. Genesis: A.Rahlfs, 1926; X. Psalmi cum Odis: Ders., 1931; IX. 1.Maccabaeorum: W.Kappler, 1936; XIV. Isaias: J.Ziegler, 1939; XIII. Duodecim Prophetae: Ders., 1943; XVI, 1. Ezechiel: Ders., 1952; XVI, 2. Daniel: Ders., 1954; XV, Jeremias: Ders., 1957 - A.Rahlfs, Septuaginta, id est Vetus Testamentum Graece iuxta LXX interpretes, 1935. - Vgl. → Polyglotten, → Bibelkonkordanz.

Lit.: P.deLagarde, Septuaginta-Studien (AGG 37, 1: 38, 1), 1891/92 - H.B.Swete, Introduction to the OT in Greek, (1902) 1914[2] - H.S.J.Thackeray, A Grammar of the OT in Greek acc. to the Septuagint I, 1909 - Ders., The Septuagint and Jewish Worship (Schweich Lectures 1920), (1921) 1923[2] - P.Kahle, The Cairo Geniza (Schweich Lectures 1941), 1947 - I.L.Seeligmann, The Septuagint Version of Isaiah, 1948 - H.M.Orlinsky, The Septuagint. The Oldest Translation of the Bible (Union Anniversary Series), 1949 - P.Katz, Philo's Bible, 1950 - Ders., Zur Ü.stechnik der LXX (WO II, 3, 1956, 267-273) - I.Soisalon-Soininen, Die Text-Formen der Septuaginta-Ü. des Richterbuches (Annales Acad. Scient. Fennicae 72, 1), 1951 - B.J.Roberts, The OT Text and Versions, 1951 - G.Bertram, Vom Wesen der Septuaginta-Frömmigkeit (WO II, 3, 1956, 274-284) - G.Gerleman, Studies in the Septuagint: I. The Book of Job (LUA NF Avd. 1, 43, 2), 1946; II. Chronicles (ebd 43, 3), 1946; III. Proverbs (ebd 52, 3), 1956. - Vgl. die Lit. zu →Septuagintaforschung, →Septuaginta-Frömmigkeit. *G.Gerleman*

II. Lateinische altkirchliche Bibelübersetzungen

Bei den lat. altkirchlichen B.Ü.en sind Vetus Latina (altlat. B.texte) und Vulgata zu unterscheiden. Der Name Itala für die altlat. Texte sollte vermieden werden: er kann höchstens eine Form der Vetus Latina bezeichnen. Durch den Sieg der Vulgata über alle anderen Formen der lat. B. sind Vetus-Latina-Texte nur in wenigen Hss. erhalten; eine weitaus reichere Quelle sind die Zitate der Kirchenväter.

1. Wahrscheinlich - sichere Nachrichten fehlen - liegen die Wurzeln der lat. B. in der Praxis des christlichen Gottesdienstes; ein Dolmetscher übersetzte den griech. Text (dh im AT die LXX) Abschnitt für Abschnitt ins Lateinische. Eine schriftliche Ü. wird sich dieser Übung angeschlossen haben. So erklärt sich die strenge Bindung der lat. B. an die griech. Vorlage im Gegensatz zur klassischen Ü.sliteratur wie auch die Tatsache, daß bei aller Verschiedenheit der Texte doch eindeutige Zusammenhänge bestehen: eine einmal geschaffene schriftliche Ü. wird sich schnell durchgesetzt, daneben aber durch die örtliche Überlieferung typische Veränderungen erfahren haben. Spuren einer lat. B. begegnen erst in der 2. Hälfte des 2.Jh.s, und wirklich deutlich wird eine Form der *Vetus Latina* erst durch die Zitate → Cyprians († 258). Diese »afrikanische« B. ist der Ausgangspunkt für die Erforschung der übrigen Vetus-Latina-Texte. Eine doppelte Absicht hat die Geschichte der altlat. B. bestimmt: den Text immer genauer dem jeweils gültigen griech. Text anzugleichen und den Wortschatz der afrikanischen B. durch den der europäischen Formen zu ersetzen. So erhalten wir wertvolles Material für die Kenntnis der griech. B. wie für die lat. Philologie, doch hat die Vetus Latina darüber hinaus ihren eigenen Wert für die Kultur- und Geistesgeschichte des Abendlandes.

2. Die *Vulgata* nimmt ihren Anfang mit den Arbeiten des → Hieronymus († 420). Hieronymus steht dort, wo er altlat. Texte nach dem Griechischen revidiert, durchaus in der Reihe der übrigen Bearbeiter, andere - zB → Augustin - sind in der Angleichung an das Griechische noch weiter gegangen als er. Die im Auftrag des Papstes → Damasus 383 von Hieronymus durchgeführte Evangelienrevision konnte sich schnell durchsetzen. Gegen die traditionelle Zuweisung auch der übrigen nt. Vulg. an Hieronymus mehren sich die Gegenargumente in immer stärkerem Maße. Von der Revision at. Bücher nach dem Griechischen ist als Ganzes nur die Bearbeitung des Psalters, des Buches Hiob und des Hohen Liedes nach der hexaplarischen LXX erhalten. (Zu Unrecht sah man eine erste flüchtige Psalterbearbeitung im sog. Psalterium Romanum.) Eine neue Wendung in der Geschichte der lat. B. bedeutet die Ü. des AT aus dem Hebräischen. Die seit 390 erscheinende Ü., die zudem noch mit der bisher in der Vetus Latina geübten wörtlichen Wiedergabe brach und dem klassischen Latein wieder mehr Rechte einräumte, stieß auf Widerstand und hat sich nur sehr langsam durchgesetzt. Den Umfang des lat. Kanons hat das von Hieronymus verfochtene Ziel der »hebraica veritas« überhaupt nicht beeinflussen können: schon er selbst hatte gegen den hebr. Kanon Judith und Tobit mitübersetzt und die Zusätze der LXX zu Daniel und Esther beibehalten. Die übrigen Bücher der LXX behaupteten im altlat. Text ihren Platz im Kanon. Der Sieg des Hieronymustextes war im 8.Jh. entschieden. Die B.ausgabe → Alkuins († 804) führte zu einer einheitlichen Textform, doch setzte sie an die Stelle der Psalter-Ü. aus dem Hebräischen die Bearbeitung nach der hexaplarischen LXX. (Psalterhandschriften des 9.Jh.s bezeichnen diese nun im Unterschied zum Psalt. iuxta Hebraeos als Psalt. Gallicanum, den bei den »Ro-

mani« gebräuchlichen altlat. Psalter als Psalt. Romanum.)

Alkuins B. war bestimmend für den im Hochmittelalter gültigen Text der Pariser Universität, auf dem auch die ersten Drucke fußen. 1546 erklärte das → Tridentinum die Vulgata für maßgeblich in Glaubens- und Sittenlehre. Die für die Herstellung eines guten Textes eingesetzte Kommission leistete unter dem Kardinal Caraffa Hervorragendes, doch durch → Sixtus' V. Eigenwilligkeit näherte sich die Sixtina (1590) wieder dem Pariser Text. 1592 setzte → Clemens VIII. an ihre Stelle die Sixto-Clementina, die offizielle Ausgabe der kath. Kirche. Für das Brevier wurde der Psalter von einer Kommission des Päpstlichen B.instituts (1945) aus dem Urtext neu ins Lateinische übersetzt.

Die maßgeblichen Ausgaben: P.Sabatier, Bibliorum Sacrorum latinae versiones antiquae seu Vetus Italica, Reims 1743 - A.Jülicher-W.Matzkow, Itala, das NT in altlat. Überlieferung, 1938ff (nur Evang.) - Vetus Latina, die Reste der altlat. Bibel, hg.v. der Erzabtei Beuron, 1949ff - J.Wordsworth-H.J.White-H.F.D.Sparks, Novum Testamentum... latine secundum edit. s. Hieronymi, Oxford 1889-1954 - Biblia sacra iuxta latinam vulgatam versionem..., Rom 1926ff. - Dazu: RGG² I, 1040ff - F.Stummer, Einführung in die lat. Bibel, 1928. *W.Thiele*

III. Orientalische Bibelübersetzungen

1. Jüdische - 2. Christliche

1. a) *Aramäische Targume* im orthodoxen Judentum und bei den Sekten. Durch den Einfluß des von den Persern verwendeten »Reichsaramäisch« wurde das Aramäische in der jüdischen Diaspora und auch in Palästina immer mehr heimisch (→ Aramäisches in der Bibel: I). Das erforderte für Bibel-Lektionen mündliche und später schriftliche Ü.en des MT ins Aramäische. Unter Billigung der Tradition, die die Entstehung des aram. Targums mit Esra verbindet (Bab. Talm. Megilla 3a), rechnet Kahle den nichtoffiziellen Gebrauch aram. Targume in Palästina vom 4.Jh. vChr ab. Er beruft sich vornehmlich auf die in der Geniza von Kairo entdeckten Fragmente von 6 Targumtexten. Eines von diesen ist für die Festlegung des terminus ad quem dieses Targums wichtig. Die hier gebotene Auslegung von Ex 22, 4f (hebr.) unterscheidet sich radikal von allen späteren offiziellen jüdischen Erklärungen und weist in eine Zeit zurück, in der das in der → Mischna kodifizierte Gesetz noch keinerlei Gültigkeit hatte (Cairo-Geniza S. 123).

Kahles Grundhypothese für eine Rekonstruktion der geschichtlichen Entstehung des Targums sieht zusammengefaßt folgendermaßen aus: Bei allen Fragen, die die Textgestalt des hebr. AT und seiner alten Ü.en betreffen, muß man annehmen, daß eine standardisierte und autoritative Textgestalt sich aus dem Durcheinander volkstümlicher Texte herausgeschält habe. Diese ältere Textschicht findet sich in dem (Kairoer) Palästinischen Targum, in dem Targum Jeruschalmi II, das zuerst in der Rabbinica Biblia des → Pratensis veröffentlicht wurde (Venedig 1517/18; mit ergänzendem Material hg.v. M. Ginzburger, Das Fragmenten-Thargum, Berlin 1899) und in dem Pseudo-Jonathan - Jeruschalmi I - (Thargum Jonathan ben Usiel zum Pentateuch, hg.v. M. Ginzburger, Berlin 1903), welches eine Kreuzung des Targum Onkelos mit midraschartigem Material aus älteren Targumen darstellt. (Zu einem neuerdings im Neofiti-Codex entdeckten vollständigen Targum vgl. Estudios Bíbl. 15, 1956, 446f.) Targum Onkelos seinerseits ist ein offizielles Targum, das in Babylon etwa im 2.Jh. nChr hergestellt wurde und sogar bis hin zum Namen des vermuteten Verfassers der parallelen griech. Übersetzung des Aquila (→ Bibelübersetzung: I, 2) entspricht. Beide spiegeln die rabbinischen Bemühungen unter → Akiba um einen Standardtext wider. So wird auch in beiden Fällen die offizielle rabbinische Auslegung übernommen und der Text ist autoritativ festgelegt; dazu kommt bei dem Targum eine in einem späteren Stadium hinzugefügte Massora. Die Tatsache jedoch, daß der Palästinische Targum bis ins 9.Jh. weiterüberliefert wurde, wie es die Geniza von Kairo beweist, ist ein Zeugnis für den Widerwillen des palästinischen Judentums, das »offizielle«, von Babylon beeinflußte Targum Onkelos zu übernehmen. Kahles Theorie und Erklärung beruht auf der keineswegs endgültig erwiesenen Annahme, daß die Geschichte des MT die einer sich herausentwickelnden Standardform ist. Folgende Bedenken sind anzumelden: Die Mischna und die beiden → Talmude setzen die Existenz eines Targums für das ganze Judentum voraus. Sodann ist es wesentlich wahrscheinlicher, daß die midraschartigen Hinzufügungen *spätere* Erweiterungen eines für den Synagogengottesdienst bestimmten Textes sind; zumindest scheint eine solche Erklärung sich besser der Entstehungsgeschichte der Mischna und der beiden Talmude einzufügen als jede andere. Wenn es, wie diese Theorie behauptet, einen energischen Versuch des orthodoxen Judentums gab, nach der politischen Katastrophe des Jahres 70 nChr das eigene Haus in Ordnung zu bringen, und wenn man dabei so weit ging, die irrigen Auslegungen in der → Halacha und im → Midrasch auszulöschen, so wäre es gewiß sehr seltsam, wenn das Palästinische Targum bis zum 9.Jh. hätte in Gebrauch bleiben dürfen. Ist es nicht ebensogut möglich, daß das Palästinische Targum niemals rabbinisch war und daß es sein Vorhandensein in der Geniza von Kairo den → Karäern verdankt, die so viele ihrer Schriften dort niederlegten?

Zur Zeit kann man mit Sicherheit nur soviel sagen, daß es zwei Typen des Targums gab, die konkurrierend nebeneinander her überliefert wurden und von denen jeder seinem besonderen Zweck diente. Der eine, repräsentiert von Targum Onkelos, war der offizielle, bot im allgemeinen eine wörtliche Ü. und wurde mit seiner eigenen Massora sorgfältig weiter überliefert. Der andere Typ, den die Jerusalemer (fragmentarischen) Targume darstellen, und möglicherweise das palästinische Targum und ebenso möglicherweise bestimmte Qumran-Rollen boten eine freie Ü. voller midraschartiger Erweiterungen.

Ähnlich wie bei dem Tora-Targum liegt es bei den *prophetischen Targumen*. Targum Jonathan, das »offizielle« Targum, ist (nach Kahle u.a.) in seinem Charakter und Namen mit der griech. Ü. des Theodotion verbunden; beide sind Überarbeitungen älteren Materials, was nach dieser Theorie erklären würde, warum im Vergleich zu Targum Onkelos so viele Erläuterungen darin beibehalten wurden. Gleichwohl sind die Berührungspunkte zwischen ihm und Onkelos stark und augenfällig. In Lagardes Prophetae Chaldaice (1872) sind Fragmente abweichender Prophetentargume aus dem Reuchlin-Codex enthalten; sie haben manche Züge mit dem Jerusalemer Pentateuchtargum gemeinsam (Bacher).

Targume zu den »Schriften« legte Lagarde (Hagiographa Chaldaice, 1873) vor, Melamed eine Studie zum Hohen Lied (1919/20).

b) Das *samaritanische Targum* ist eine aram. Ü. des hebr. Pentateuchs der Samaritaner (unzureichend ediert durch C.Petermann); es enthält eine volkstümliche Exegese, ist frei von rabbinischem Einfluß und ist nicht so wortwörtlich übersetzt wie das palästinisch-jüdische Targum. Auch findet sich bei ihm keine Spur einer endgültigen Textgestalt. Der samaritanische Pentateuch wird auch von etwa 50 Zitaten einer griech. Ü. repräsentiert, die in Anmerkungen zu Origenes' Hexapla (bekannt als das Samaritikon) bewahrt sind; ihre Übersetzer waren mit LXX vertraut. Außerdem sind spätere arab. Wiedergaben (11.-13.Jh.) des samaritanischen Pentateuchs bekannt.

2. a) Im Osten lief eine frühe, *vor* der Peschitta liegende *syr.* Ü. des AT um; ungeklärt ist nur die Frage, ob sie jüdischen (Kahle; Baumstark) oder christlichen Ursprungs (Vööbus) ist. Höchstwahrscheinlich haben sowohl Juden wie Christen vor der Peschitta ihre jeweiligen syr. Ü.en gehabt. Zugunsten einer jüdischen Übertragung sprechen die Verhältnisse in Adiabene östlich vom Tigris, wo das Königshaus im 1.Jh. nChr zum Judentum übertrat und unter anderem eine syr. Ü. der Tora anfertigen ließ. Kahle statuiert eine enge Verbindung zwischen dem syr. Pentateuch und dem palästinischen Targum; nach Baumstark reicht die alte syr. Ü. noch viel weiter in vorchristliche Zeiten zurück. Auch für das NT gab es bereits *vor* der Peschitta eine syr. Ü. Denn wie man auch → Tatians Diatessaron und sein Verhältnis zu den Curetonischen und Sinaitischen syr. Texten wertet, es ist mehr als wahrscheinlich, daß bereits im 2.Jh. nChr eine syr. Übertragung des NT im Umlauf war. Noch → Ephräm der Syrer (4.Jh.) hat für das NT eine primitive syr. Ü. benutzt. Selbstverständlich kam die syr. Kirche auch nicht ohne das AT aus (→ Bibel: I B). Daß die Peschitta - genau wie die Vulgata - einen hebr. Text voraussetzt und daß es in der syr. Ü. Spuren des jüdischen Midrasch gibt, spricht nicht gegen die Annahme eines christlichen Ursprungs. Dafür kann man auf eine in der Peschitta selbst bewahrte Tradition hinweisen: Viele gute Psalmen-Hss., einschließlich des besten Codex für das ganze AT, des Ambrosianus (6./7.Jh.), enthalten die Nachricht, daß die Psalmen aus der Sprache Palästinas ins Hebräische übersetzt wurden, aus dem Hebräischen ins Griechische und aus dem Griechischen ins Syrische. In einem andern, Codex Hunt 109, bezieht sich diese Feststellung sogar auf das ganze AT.

Noch offen sind auch die Fragen nach Entstehungsort und -zeit der Peschitta. Neben Edessa werden Adiabene (Kahle) und Antiochien (Torrey) genannt. Nach Vööbus ist sie nicht an einem bestimmten Ort entstanden, sondern entwickelte sich an den Knotenpunkten griech.-syr. exegetischer Studien, wie auch die Peschitta zum NT keine neue Ü., sondern ein Überarbeitung der alten syr. Version sei. Das würde eine unbestimmte Periode im 4.Jh. als Entstehungszeit bedeuten, und Vööbus bringt den Beweis für ihr Vorhandensein durch eine Hs. von 411 nChr. So wird man die übliche Annahme, daß → Rabbula, im 5.Jh. Bischof von Edessa, die Peschitta zum NT schuf, korrigieren müssen.

1933 entdeckte man in → Dura-Europos ein Pergamentbruchstück von Tatians Diatessaron in griech. Sprache aus der Mitte des 3.Jh.s und 1937 einen Pypyrus, der allem Anschein nach, wenn auch nicht unbestritten, ein griech. Diatessaron enthielt. Das spricht für einen griech. Ursprung des Diatessaron. Die alten syr. Hss. Syr^{cur} und Syr^{sin} und ihre Beziehungen zu Tatian einerseits und der Peschitta andererseits bieten mancherlei strittige Fragen, doch schält sich als allgemein anerkannte Meinung heraus, daß das Sinai-Palimpsest die ursprünglichere Form der alten Syrer bewahrt hat. Bei der Philoxenischen und Harklensischen Version bleibt immer noch die Frage offen, ob sie im Grunde *eine* Wiedergabe sind oder nicht. Der Textbestand der letzteren (Edition wird von W.D.McHardy-Oxford vorbereitet) ist von grundsätzlicher Bedeutung für das NT, denn als Zeuge für den Westlichen Text steht ihr nur der Codex Bezae voran. - Das palästinisch-syr. NT aus dem 5.Jh. ist vorwiegend in Lektionarien erhalten und stellt wahrscheinlich eine neue Ü. des griech. Textes dar, die aber nicht ganz frei von Einflüssen der Peschitta ist.

b) Die *armenische* Ü. ist im 5.Jh. oder früher entweder aus dem Syrischen oder aus dem Griechischen übertragen. Sie könnte auch ein altes armen. Diatessaron wiedergeben, das von dem Tatians abhängt. Bei Daniel lassen sich Beziehungen zu einem origenistisch-konstantinopolitanischen Typus aufweisen, dazu Übereinstimmungen auch mit Hesychius und dem Syrer. Beim NT geht sie mit den Textzeugen von Cäsarea (→ Bibelhandschriften: II).

c) Die *georgische* Ü. stammt aus der Mitte des 5.Jh.s. Sie hat offensichtlich Beziehungen zu dem Armenier, doch ob als Mutter oder als Schwester, ist fraglich. Größere Überarbeitungen wurden im 10. oder 11.Jh. anhand von griech. Hss. vorgenommen. So wurde sie die georg. Vulgata.

d) Die Ü. in das *Sogdische,* dh in einen iranischen Dialekt, der in Mittelasien bis etwa 600 nChr weit verbreitet war, ist vertreten durch Bruchstücke der Evangelien und Briefe in Form eines Lektionars. Die Abschnitte aus den Evangelien scheinen aus einer syr. Version übersetzt worden zu sein, die im wesentlichen mit der Peschitta identisch ist, doch bemerkenswerte Abweichungen aufweist.

e) Die *koptischen* Ü.en (→ Ägypten: IV, 1) liegen in Sahidisch (Theben und der Süden) und Bohairisch (Unterägypten) vor; daneben gibt es noch Nach-Ü.en in einer Vielfalt von Dialekten aus der Mitte des 4.Jh.s (?). Zu Daniel wurde die sahid. Version auf Grund von Theodotion übersetzt und zeigt Einfluß der Hexapla des Origenes auf hesychischem Hintergrund (Gehman). Auch in dem bohair. Text findet sich hesychisch-hexaplarischer Einfluß. Der sahid. Hiob gibt den Text der Hexapla wieder, wobei die mit Asterisken versehenen Zeilen ausgelassen sind. Die sahid. wie die bohair. Ü. des NT gehören vorwiegend der hesychischen Rezension an, zeigen aber gelegentlich auch Einfluß der Koine (Metzger).

f) Die *äthiopische* Ü. ist die wohl am meisten verwirrende unter allen Tochter-Ü.en der LXX und am schwersten einzuschätzen. Über die Datierung besteht keine Klarheit und ebensowenig über ihre (gleichmäßig benutzte?) Vorlage. Während Gehman in 1Kön starke Beziehungen zum Codex B mit lukianischem Einfluß findet, führt Gleave die äthiop. Ü. auf Symmachus und andere Grundlagen in der Hexapla zurück. Die Übersetzung des NT ist regellos, manchmal eine sklavische Wiedergabe des Griechischen, manchmal eine wilde Umschreibung.

g) Die *arabischen* Ü.en sind bestenfalls nur von zweitrangigem Wert für die Untersuchung des Bibeltextes; neuerdings hält man verschiedentlich die ältesten Ü.en für vorislamisch, was ihren sprachgeschichtlichen Wert erhöht. Für das NT nennt Metzger fünf Hauptgruppen: die arab. Ü.en aus dem Griechischen, der Peschitta, dem Koptischen und von ausgewählten spät-alexandrinischen Texten, sowie Wiedergaben in rhythmischer Prosa analog dem Koran.

Allgemeines: I.M.Price, The Ancestry of our English Bible, (1906) 1956^3 (überarb. v. W.A.Irwin u. A.P.Wikgren) - H.W.Robinson (Hg.), The Bible in its Ancient and English Versions, (1940) 1954^2 - M.M.Parvis u. A.P.Wikgren, NT Manuscript Studies, 1950 - B.J. Roberts, The OT Text and Versions, 1951 - H.H.Rowley (Hg.), The OT and Modern Study, 1951 - E.Würthwein, Der Text des AT, 1952 - B.M.Metzger, Annotated Bibliography of the Textual Criticism of the NT 1914-39, 1955 - TCERK I, 133 ff. 137 ff (E.E. Flack, B.M.Metzger u.a.).

Zu 1: C.Petermann, Pentateuchus Samaritanus, 1872/91 - W. Bacher, Krit. Untersuchungen zum Prophetentargum (ZDMG 28, 1874, 59-72) - P.Kahle, Arab. B.Ü.en, 1904 - Ders., Masoreten des Westens I. II (BWANT II, 9; III, 14), 1927/30 - Ders., The Cairo Geniza, 1947 - P.Glaue u. A.Rahlfs, Mitteilungen des LXX-

Unternehmens II, 1911 - A.v.GALL, Der hebr. Pentateuch der Samaritaner, 1914-18 - R.H.MELAMED, The Targum of Canticles according to six Yemen Mss... (JQR NS 10, 1919/20, 377-410; 11, 1920/21, 1-20; 12, 1921/22, 57-117) - W.E.BARNES, The Targum of the Later Prophets (JThS 28, 1927, 283-285) - P.CHURGIN, Targum Jonathan to the Prophets, 1927 - DERS., The Targum and the Septuagint (AJSL 50, 1933, 41-65) - A.SPERBER, Zur Sprache des Prophetentargums (ZAW 45, 1927, 267-288) - DERS., The Targum Onkelos in its relation to the Hebrew Masoretic text (Proc. American Acad. for Jewish Research 6, 1934/35, 309-351) - DERS., Peschitta u. Onkelos (Festschr. G.A.Kohut, 1935, 554-564) - A.MARMORSTEIN, Bemerkungen zu den neuentdeckten Fragmenten des jerusalem. (palestinens.) Targums (ZAW 49, 1931, 231-242) - S.SILVERSTONE, Aquila and Onkelos, 1931 - S.WOHL, Das palästinische Pentateuchtargum, 1935 - E.ROBERTSON, Catalogue of the Samaritan Mss in the John Rylands Library, Manchester 1938 - C.J.KOSOWSKI, Oṣar ha-Targum (Targum-Jonathan-Konkordanz), 1940 - E.I.J.ROSENTAL (Hg.), Saadya Studies, 1943 - J.F.STENNING, The Targum of Jesajah, 1949 (vgl. dazu H.H.ROWLEY, BiOr 6, 1949, 159 f; W.D.MCHARDY, HibJ 48, 1949/50, 190-192).

Zu 2a: Eine krit. Ausg. der Peschitta fehlt noch. Studien zu einzelnen Schriften des AT: Über Esr v. C.A.HAWLEY (1922), das Hhld v. J.BLOCH (AJSL 38, 1922, 103-139), 2Sam v. D.M.C.ENGLERT (1949) u. Teile des Psalters v. F.ZIMMERMANN (JThS 41, 1940, 44-46) u. E.R.ROWLANDS (JThS 42, 1941, 65-67). - J.BLOCH, The Autorship of the Peshitta (AJSL 35, 1918, 215-222) - DERS., The Printed Texts of the OT Peshitta (AJSL 37, 1920, 136-144) - A.BAUMSTARK, Gesch. der syr. Lit., 1922 - DERS., Pešitta u. pal. Targum (BZ 19, 1935, 257-270) - DERS., Neue orientalische Probleme bibl. Textgesch. (ZDMG 89, 1935, 89-118) - L.HAEFELI, Die Peschitta des AT, 1927 - M.BLACK, Rabbula of Edessa and the Peshitta (BJRL 33, 1950/51, 203-210) - A.VÖÖBUS, Studies in the History of the Gospel Text in Syriac, 1954. - Zu 2b-g: W.E.CRUM, Catalogue of the Coptic MSS in the John Rylands Lybrary, Manchester 1909 - DERS., New Coptic Mss in the John Rylands Library (BJRL 5, 1920, 497-503) - F.C.CONYBEARE, The Commentary of Ephrem on Acts (J.H.ROPES, The Text of Acts [The Beginnings of Christianity III], 1926, 373 bis 379) - H.S.GEHMAN. The Old Ethiopic Version of 1.Kings and its affinities (JBL 50, 1931, 81-114) - S.A.B.MERCER, The Ethiopic Text of the book of Ecclesiastes, 1931 - G.PERADSE, Die Probleme der georg. Evangelien-Ü. (ZNW 29, 1939, 304-309) - C.C.TORREY, Documents of the Primitive Church, 1941 - GCAL I - H.C.GLEAVE, The Ethiopic Version of Songs of Songs, 1951 - A.VÖÖBUS, Die Spuren eines älteren äthiop. Evangelientextes im Lichte der literarischen Monumente, 1951 - W.C.TILL, Coptic Biblical Fragments in the John Rylands Library (BJRL 34, 1951/52, 432-458).

B.J.Roberts

IV. Deutsche Bibelübersetzungen

1. Vor Luther - 2. Die Luther-B. - 3. Ev. B.Ü.en neben und nach Luther - 4. Kath. B.Ü.en - 5. Jüdische B.Ü.en

1. Die erste germanische B.Ü. war die des Westgoten → *Ulfilas.*

Ausschließlich auf der Vulg. beruht die *mittelalterliche deutsche B.Ü.,* deren sich auf den Psalter und die Evangelien beschränkende erste Anfänge durch die christlich-kulturellen Bestrebungen → Karls d.Gr. veranlaßt waren. Neben geringen Bruchstücken von Psalmen-Interlinearversionen (Anfang 9.Jh.) stammen aus jener Zeit die Monsee-Wiener Fragmente, Reste einer ausgezeichneten, ursprünglich alemannischen Ü. des MtEv. Etwas jünger ist die sich sklavisch an die lat. Vorlage anlehnende, in Fulda um 830 entstandene ostfränkische Ü. der Evangelienharmonie des → Tatian. (→ Heliand und Genesis [altsächsich] sowie → Otfrieds Evangelienbuch [südrheinfränkisch] stellen keine B.Ü., sondern freie poetische Bearbeitungen biblischer Stoffe dar.) Um 1000 verfaßte der St.Galler Klosterlehrer → Notker III. Labeo († 1022) als erster namentlich bekannter deutscher B.-übersetzer für Unterrichtszwecke eine kommentierte Ü. der Psalmen und der biblischen Cantica sowie des Hiob (verloren) sowie um 1060 Williram, Abt von Ebersberg († 1085), eine in nicht weniger als 11 vollständigen Hss. erhaltene Ü. des Hhld (mit Paraphrase).

Nach diesen wenigen Vorläufern aus althochdeutscher Zeit beginnt die eigentliche Geschichte der deutschen B.Ü. erst mit dem 14.Jh. Die in größerer Zahl unabhängig voneinander entstandenen, meist anonymen Ü.en, die aber weiteren Kreisen unzugänglich blieben, enthalten zum geringeren Teil einen vollständigen B.text, in den weitaus meisten Fällen dagegen nur Teile der B. oder einzelne biblische Bücher (vor allem den Psalter); sie sind von unterschiedlichem Wert, teils hölzern und sich eng an die lat. Vorlage bindend, teils aber auch recht gewandt und auf gutes Deutsch bedacht. Stellen auch die erhaltenen Hss. nur einen Bruchteil der einst vorhandenen dar, so zeigt doch ihre verhältnismäßig kleine Zahl, daß die deutsche B. im MA nicht sehr weit verbreitet war. Eine Änderung trat erst in der 2. Hälfte des 15.Jh.s ein, als 1466 Johann Mentelin in Straßburg mit Hilfe des Buchdrucks eine in Bayern entstandene (ca 100 Jahre alte) Ü. des vollständigen B.textes herausbrachte. Bis 1490 wurde sie elfmal (in Straßburg, Nürnberg und vor allem in Augsburg) und dann noch je einmal 1507 und 1518 (in Augsburg) nachgedruckt. Die im Wortschatz stark veraltete und textlich oft fehlerhafte oder ungeschickte Ü. unterzog man hauptsächlich in der Ausgabe von ca 1475 (G.Zainer, Augsburg) und 1483 (A.Koberger, Nürnberg; Auflagenhöhe wohl 1000-1500 Expl.) einer Revision. Sehr gering war - abgesehen vom Psalter - die Zahl der damaligen hochdeutschen biblischen Teildrucke. Ferner erschienen niederdeutsche B.n ca 1478 in Köln, 1494 in Lübeck und 1522 in Halberstadt.

War die deutsche B. im ausgehenden MA - auch infolge der → Plenare, → Historienbibeln, → Armenbibeln usw - in breiten Kreisen des deutschen Volkes auch kein völlig unbekanntes Buch, so war sie doch sowohl wegen der sprachlichen Unvollkommenheit wie auch wegen des hohen Preises der gedruckten B.n weit davon entfernt, ein wirkliches Volksbuch zu sein, wie sie es erst durch Martin Luthers Ü. wurde.

2. Als B.übersetzer betätigte sich → *Luther,* der zuerst in seiner Röm-Vorlesung (1515/16) den griech. und in seinem Hebr-Kolleg (1517/18) den hebr. Urtext benutzt hatte, erstmals bei seiner Ausg. der 7 Bußpsalmen (Frühjahr 1517), in der er allerdings noch nicht auf dem Urtext fußte. In den Jahren 1518 und 1521-24 (vor Beginn seiner vollständigen Psalter-Ü.) verdeutschte er dann noch weitere 12 Psalmen (seit 1521 aus dem Urtext). An nt. Stücken hatte er vor Beginn seiner vollständigen Ü. des NT lediglich 1521 das Magnificat und die Evangelien und Episteln der Weihnachts- und Adventspostille aus dem Griech. übertragen.

Bei seinem kurzen Wittenberger Besuch (4.-9.12. 1521) veranlaßte ihn → Melanchthon zur (sogleich nach der Rückkehr auf die Wartburg in Angriff genommenen) Ü. des (sprachlich die wenigsten Schwierigkeiten bietenden) NT. Seinen in 2½ Monaten fertiggestellten Entwurf unterzog Luther nach seiner Heimkehr nach Wittenberg (6.3.1522) mit Melanchthon als hervorragendem Gräzisten einer genauen Durchsicht. Der bereits Anfang Mai im Gang befindliche Druck war unter Zuhilfenahme von 3 Pressen kurz vor dem 21.9. beendet (daher (»Septembertestament«). Als »Das Newe Testament Deutzsch« erschien (wohl in einer Aufl. von 3000 Expl.) ohne Angabe des Übersetzers, Druckers (Melchior Lotther d.J.) und Verlegers (Luk.Cranach d.Ä. und Christian Döring [† 1533]) in Wittenberg als erster B.druck Luthers der mit 21 Holzschnitten (zur Apk; → Bibelillustration: II, 2aα) und zahlreichen Initialen geschmückte Folioband zum Preis von ½ Gulden (10½ Groschen = Wochenlohn eines Zimmergesellen). Schon im Sommer 1522 - noch während des Druckes des NT - begann Luther mit der Ü. des AT, das aber wegen seines großen Umfanges und sonst zu hohen Preises zunächst in Einzelteilen ausging. Der wiederum von Cranach-Döring verlegte und von Melch.Lotther d.J. gedruckte 1. Teil (Pentateuch) erschien zum Preis von 14 Groschen im Sommer 1523, der von Cranach-Döring verlegte und auch gedruckte 2. und 3. Teil (historische und poetische Bücher) nebst der 1. Sonderausg. des Psalters Anfang bzw. im Herbst 1524. Luthers Plan, in den 3. Teil auch die (im Inhaltsverzeichnis bereits aufgeführten) Propheten aufzunehmen, scheiterte an den zu großen sprachlichen Schwierigkeiten, die die Fertigstellung des Drukkes zu sehr verzögert hätten. Die Auseinandersetzung mit den Schwärmern, der → Bauernkrieg und die Wiederaufnahme seiner (seit 29.3.1521 ruhenden) Vorlesungstätigkeit hinderten Luther an einer zügigen Weiterführung seiner Ü. Indem er seine Vorlesungsreihe über die Kleinen Propheten (Frühjahr 1524 bis Sommer 1526) als Vorbereitung benutzte, gab er im März 1526 Jon, im Juni 1526 Hab und Ende 1527 Sach verdeutscht mit je einer (zT recht umfänglichen) Auslegung heraus (Drukker: Michael Lotther). Die (wieder von einem Kolleg [Mai 1527 bis Febr. 1530] begleitete) Ü. des Jes (seit Febr. 1527) zog sich - u.a. wegen zeitweiliger Verlegung der Universität nach Jena (so daß seine philologisch geschulten Helfer Melanchthon und der Hebraist Matthäus Aurogallus [† 1543] fehlten) - bis zum Herbst 1528 hin. Diese Einzelausg. wurde - wie dann alle folgenden Erstdrucke der B. - von Hans Lufft (1495-1584) in Wittenberg hergestellt. Die Tätigkeit als Kirchenvisitator, die Vertretung des abwesenden Stadtpfarrers Joh. → Bugenhagen, anderweitige literarische Arbeiten (u.a. → Katechismen und Revision des NT) und Krankheit, während der Luther im Frühjahr 1529 die leichter übersetzbare griech. Weish verdeutschte (im Juni 1529 erschienen), hemmten den Fortgang der Ü. Die Türkengefahr (vgl. auch Luthers »Heerpredigt wider den Türken« [Dez. 1529]) veranlaßte dann die Vorwegnahme des Dan, dessen Vision - nach Melanchthons Vorbild - auf die Türken gedeutet ist (im Frühsommer 1530 mit Widmung an den sächs. Kurprinzen Johann Friedrich und mit umfangreicher kommentierender Vorrede erschienen), sowie die Herausgabe des verdeutschten und gleichfalls auf die Türken bezogenen »38. und 39. Cap. Hesechiel vom Gog«. Nach Fertigstellung der Ü. der restlichen Propheten während Luthers Coburg-Aufenthaltes (24.4. bis 4.10.1530) zogen sich Durchsicht und Drucklegung der (von Chr.Döring verlegten und von H.Lufft gedruckten) »Propheten alle Deudsch« infolge anderer literarischer Arbeiten, Psalterrevision (Anfang 1531), erneuter Vertretung Bugenhagens und Krankheiten noch bis März 1532 hin (Preis: 8 Groschen). Bei den allein noch ausstehenden Apokryphen trat nach Fertigstellung des Ende 1532 erschienenen Sir wegen Luthers Krankheit eine erneute Stockung ein. Um das Erscheinen der 1. Voll-B. zu beschleunigen, übersetzte Melanchthon das größte noch fehlende Stück, die beiden Makk, deren 1. (mit Luthers Vorrede und Melanchthons Randglossen) 1533 als Sonderdruck herauskam (in 2. Aufl. um Susanna, Bel, Drache von Babel vermehrt). Die übrigen Apokryphen (Jdt, Tob, Bar, 2Makk, ZusEst, restliche ZusDan, OrMan) wurden - von einem Unbekannten ins Niederdeutsche übertragen - zuerst in der unter Bugenhagens Leitung am 1.4.1534 in Lübeck (Drucker: Ludwig Dietz) vollendeten niederdeutschen B. und dann erst im Herbst 1534 in der 1. Wittenberger hochdeutschen B. veröffentlicht.

Von Luthers Ü.-Mss., die philologisch und sprachwissenschaftlich wichtige Einblicke in sein Schaffen gewähren, sind - zT allerdings nur noch in diplomatisch getreuem Abdruck - ziemlich vollständig seine Niederschriften des 2. und 3. Teils des AT sowie einzelne Teile der Propheten und Apokryphen (dagegen nichts vom NT) erhalten. Da Luther - wenigstens im 2. und 3. Teil des AT - bei seiner ersten Niederschrift dunkle, bei der anschließend stets mit Melanchthon und Aurogallus vorgenommenen Durchsicht hingegen rote Tinte verwandte, lassen sich in jenen Partien Luthers Urfassung und die Ergebnisse der mit fremder Hilfe vollzogenen Durchsicht leicht voneinander scheiden. Luther begnügte sich jedoch nicht mit der in den Erstdrucken vorgelegten Fassung, sondern bei Neuauflagen nahm er immer wieder Verbesserungen vor. Enthält bei dem NT bereits das sog. »Dezembertestament« von 1522 Hunderte von Korrekturen, so sind weiterhin wegen ihrer Änderungen besonders wichtig die Auflagen von 1526, 1527 und die (mit Melanchthon 1529 revidierte) von 1530. Für den Psalter, den Luther 1525 und 1528 (»New deudsch Psalter«) allein (oder mit Melanchthon?) durchgesehen hatte, zog er Anfang 1531 eine aus Wittenberger Fachgelehrten (Melanchthon, Aurogallus, → Cruciger, → Jonas) bestehende Revisionskommission heran, die dem Psalter seine im wesentlichen endgültige Form gab. Eine solche Revisionskommission wirkte dann auch 1534 bei der Vorbereitung der 1. Gesamt-B., 1539-41 bei der umfassenden B.revision (an der auch Bugenhagen teilnahm) und bei der im Herbst 1544 in Angriff genommenen (aber bald abgebrochenen) Revision des NT mit (die von Georg → Rörer geführten Sitzungsprotololle [mit Ausnahme des von 1534] und Luthers biblische Handexemplare [AT 1538-39, NT 1540] mit eigenhändigen Korrekturen sind erhalten).

Die (entsprechend ihrer Entstehungsgeschichte) in 6 Teile gegliederte und mit 117 Holzschnitten ausgestattete 1. Vollbibel, die - von den Wittenberger Buchhändlern Moritz Goltze, Bartholomäus Vogel und Christoph Schramm verlegt und von H.Lufft gedruckt (→ Bibelillustration: II, 2 bγ) - mit einem zeitlich unbefristeten kursächsischen Druck-Privileg vom 6.8.1534 im Herbst dieses Jahres erschien und 2 Gulden 8 Groschen - etwa den Preis von 5 Kälbern - kostete (»Biblia, das ist die gantze Heilige Schrifft Deudsch«), enthält den Psalter in der Fassung von 1531 und die Propheten (außer Jes) im wesentlichen in der von 1532; am stärksten ist der 1.-3. Teil des AT (ohne Psalter), Jes und Weish textlich umgestaltet, während Sir, 1Makk und das (1529 gründlich revidierte) NT nur verhältnismäßig wenige Korrekturen aufweisen. In den folgenden 4 B.auflagen (1535, 1536, 1539, 1540) finden sich nur wenige Luthersche Textänderungen, während der Ertrag der (die gesamte B. außer den Apokryphen umfassenden) großen Revision von 1539-41 zT bereits der (Folio-)B. von 1540-41 (»Auffs new zugericht«), in vollem Umfang aber erst der prachtvollen (Median-)B. vom Herbst 1541 (Aufl.: 1500 Expl.; Preis: 3 Gulden) zugute kam. Weitere Verbesserungen finden sich (besonders im Pentateuch) in der einspaltigen B. vom Frühjahr 1543, während sich die nur Röm, 1Kor und 2Kor 1-3 betreffende Revision vom Herbst 1544 erst auf die B. von 1546 auswirkte, deren Druck zwar noch zu Luthers Lebzeiten begann, aber erst nach seinem Tod abgeschlossen wurde. Hat demnach diese B. für jene Partien unzweifelhaft als Ausgabe letzter Hand zu gelten, so sind im übrigen die (von Luther selbst bei der Drucklegung nicht korrigierte) B. vom Frühjahr 1545 und die auch noch in neuerer Zeit zu Unrecht angegriffene B. vom Sommer 1546 durchaus gleichwertig. Bei dem B.druck standen dem Reformator Rörer, der den B.n seit 1541 eigene Postfationen (mit druckgeschichtlich wichtigen Angaben) beifügte, seit 1538 als »der B. Corrector« und Christoph Walther († 1574) als Unterkorrektor hilfreich zur Seite.

Neben den Folio-Voll-B.n erschienen in Wittenberg außerdem in kleinerem Format (4^0 bzw. 8^0) auch weiterhin zahlreiche (ebenfalls fast stets von Lufft gedruckte) Sonderausgaben des NT und des Psalters sowie (von verschiedenen anderen Wittenberger Druckern im Verlegerauftrag hergestellte) Separatausgaben des Sir und der Salomonischen Bücher (Spr, Pred, Hhld), die sich beide in jener Zeit besonderer Beliebtheit erfreuten.

Von der mittelalterlichen deutschen B.Ü. unterscheidet sich die Luthersche grundsätzlich durch den Rückgriff auf den Urtext. Für das NT benutzte Luther die (mit einer eigenen lat. Ü. verbundene) Ausgabe des → Erasmus in ihrer 2.Aufl. von 1519 (Basel, Froben), für die kanonischen Bücher des AT dessen 1494 in Brescia (Gersom Ben Mose Soncino) erschienene Ausg. (Luthers Handexpl. in Marburg) bzw. den von Joh.Froben in Basel 1516 gedruckten hebr. Psalter (Luthers Handexpl. früher in Danzig); für die Apokryphen kommt die 1518 in Venedig (Aldus) herausgekommene LXX (bzw. ihr Straßburger Nachdruck von 1526) oder die Complutensische Polyglotte (1514-17) in Frage. Neben Wörterbüchern und Grammatiken wie → Reuchlins »Rudimenta linguae hebraicae« (1506) oder selbständigen Ü.en wie der lat. Psalter-Ü. des Felix → Pratensis (1515) bildeten wichtige Hilfsmittel für die Ü. des AT die LXX und Vulg. (»Wenn wir die griech. und lat. B. nicht hätten, so könnten wir heute kein Wort im Hebräischen verstehen«); für das NT zog Luther die lat. Ü. des Erasmus und dessen »Annotationes« heran. Noch nicht völlig geklärt ist der Umfang der Benutzung der vorlutherischen deutschen B.Ü.; neben dem Drucktext der sog. »Zainer-B.« (Augsburg ca 1475) oder einer späteren Auflage und den Plenaren ist mit einem Einfluß durch eine nur schwer greifbare mündliche Ü.s-Tradition zu rechnen.

Bei der *Reihenfolge der biblischen Bücher* schloß sich Luther im NT - im Gegensatz zur Vulg. und zur vorlutherischen deutschen B.Ü. - für die Stellung der Apg (hinter LkEv statt hinter Hebr) und die Auslassung des apokryphen Laod seiner Vorlage, dem Erasmustext, an, während er unter Berufung auf das Urteil der alten Kirche (auch gegen Erasmus) Hebr und Jak (statt vor 1Petr) zusammen mit Jud und Apk am Ende des NT zusammenfaßte und im Verzeichnis der Bücher des NT als nichtapostolische Schriften unbeziffert ließ. Im AT folgte Luther dagegen bereits in seinem Verzeichnis von 1523 bei den historischen, poetischen und prophetischen Büchern nicht der vom Urtext, sondern der von der Vulg. dargebotenen Anordnung, indem er dort nur die im Hebräischen fehlenden Bücher oder Stücke ausschied und diese → Apokryphen 1534 als »Bücher, so nicht der heiligen Schrift gleich gehalten und doch nützlich und gut zu lesen sind«, in der Reihenfolge der Vulg. (jedoch Tob und Weish aus inneren Gründen umstellend) in 2 Gruppen (vollständige Bücher und [im hebr. Text von Est und Dan nicht enthaltene] ausgewählte Einzelstücke) an den Schluß des AT setzte. Völlig ließ er dagegen 1534 - abweichend von seiner Auffassung von 1523 - als auch in der LXX fehlend 3.4Esr der Vulg. sowie 3.4Makk beiseite.

Dem noch ohne Verszählung (in Wittenberger B.n erst seit 1586 eingeführt; → Kapitel- und Verseinteilung der Bibel) in Sinnabschnitten gedruckten B.text gab Luther bereits seit 1522 (nach dem Vorbild der Prologe des Hieronymus) *Vorreden* zu den einzelnen biblischen Büchern bei (sie fehlen nur bei den Evangelien und den historischen Büchern des AT); mehrere ersetzte er später durch neue (1528 Psalter, 1530 Apk, 1534 Salomon. Bücher); die Apg erhielt erst 1533 eine Vorrede; der ursprünglichen Vorrede zum Ez fügte Luther 1541 eine weitere hinzu, und seine Dan-Vorrede von 1530 erweiterte er ebenfalls 1541 durch eine ausführliche Kommentierung von c. 12. Ferner setzte er an den Rand des B.textes kurze → Glossen mit Wort- und Sacherläuterungen oder exegetischen Inhalts; ihr Bestand wurde vor allem 1534 und 1541 stark verändert (u.a. sind bereits 1534 im Pentateuch die meisten allegorischen Ausdeutungen beseitigt). Hinweise auf biblische Parallelstellen finden sich am inneren Rand seit 1539 bzw. 1541 in größerer Zahl. Bei Auswahl der Motive für die → Bibelillustration (: II, 2 d δ) war Luther von Anfang an maßgebend beteiligt.

Der Erfolg der Lutherschen B.Ü. war von Anfang an durchschlagend, und so ist es begreiflich, daß sie auch von anderer Seite gleichzeitig herausgebrachte Teil-Ü.en rasch verdrängte (u.a. die von → Hätzer und → Denck 1527 veröffentlichten »Wormser Propheten«, die nur bis 1532 [Luthers »Propheten alle Deudsch«] in 12 Ausg. Absatz fand). Besonders verbreitet wurde Luthers B.Ü. durch den Nachdruck, der bis 1546 zahlenmäßig die Wittenberger Ausgaben um etwa das Dreifache übertraf und bei dem seit 1523 in Norddeutschland Erfurt, in Süddeutschland Augsburg, Straßburg und Nürnberg (und bis 1527 auch Basel) im Vordergrund standen. Das Verständnis von Luthers (auf mitteldeutscher Grundlage beruhender) B.sprache wurde den Oberdeutschen durch entsprechende Glossare, die im Anfang öfter süddeutschen Nachdrucken beigegeben wurden, erleichtert; gelegentlich erfolgten aber auch im Text selbst Veränderungen des Wortschatzes. Nachdem man zunächst in Oberdeutschland seit 1529 (sog. kombinierte) Voll-B.n in der Weise hergestellt hatte, daß man die von anderer Seite bereits übersetzten Propheten (Züricher Prädikanten bzw. Hätzer-Denck) und Apokryphen (Leo Jud) dem Luthertext hinzufügte, beherrschte Wittenberg seit 1534 im ganzen weiteren 16.Jh. hinsichtlich des Druckes von Voll-B.n das Feld (daneben fiel lediglich für einige Jahrzehnte seit 1560 die Konkurrenz von Frankfurt/M. ins Gewicht). Über die weitere Geschichte der Luther-B. → Bibelübersetzungen: VI, 2-4.

Angesichts der Rolle, die damals noch das Niederdeutsche als Schriftsprache spielte, wurden sämtliche Teile von Luthers B.Ü. meist sofort nach Erscheinen von Unbekannten ins Niederdeutsche übertragen (das NT sogar dreimal) und vor allem in Wittenberg und Magdeburg gedruckt. Die bisherigen Einzelteile wurden im Frühjahr 1534 (nach Ergänzung der noch fehlenden Apokryphen aus dem hochdeutschen Ü.s-Ms.) unter Bugenhagens Leitung zur 1. niederdeutschen Voll-B. (Lübeck, L.Dietz) zusammengefaßt (weitere Auflagen unter teilweiser Angleichung an die inzwischen von Luther vorgenommenen Textänderungen: Erfurt 1536, Wittenberg [Lufft] 1541, Magdeburg 1545; auch die späteren Ausgaben wurden vorwiegend in Wittenberg und Magdeburg hergestellt; die letzte niederdeutsche B. erschien 1621 in Goslar-Lüneburg).

Luthers B.Ü., die weit mehr als nur eine Ü. darstellt, indem sie den Grundtexten nicht sklavisch folgt, sondern bei aller Treue im einzelnen wirklich eingedeutscht ist (vgl. dazu Luthers Vorrede zum AT [1523], »Sendbrief vom Dolmetschen« [1530] und »Summarien über die Psalmen und Ursachen des Dolmetschens« [1533]), bedeutet als erstes Werk in wirklicher deutscher Kunstprosa eine literarische Großtat; Luther zeigt sich hier als genialer Dichter, der - wenn auch in philologischer Hinsicht seinen gelehrten Mitarbeitern wie Melanchthon und Aurogallus unterlegen - ein sehr feines Gefühl auch für die Besonderheiten der fremden Sprachen besaß. Erst durch Luther, der im Gegensatz zur kath. Kirche in der Hl. Schrift die alleinige Richtschnur für Glauben und Lehre erblickte und mit ihrer Ü. das sichere Fundament für die Reformation schuf, wurde die B. zu einem wirklichen deutschen Volksbuch; seine Ü. bildet aber in sprachgeschichtlicher Hinsicht auch einen wichtigen Faktor in der Entstehungsgeschichte der neuhochdeutschen Schriftsprache, für deren Wortwahl die Luther-B. von nicht zu unterschätzender Bedeutung wurde.

Allgemein: RE III, 59 ff; XXIII, 215 ff - RGG^2 I, 1047 ff - LThK II, 323 ff - RDL^2 I, 145 ff - EKL I, 480 ff. - A.Risch, Die Dt. B. in ihrer geschichtl. Entwicklung, 1907 - F.Tschirch, 1200 Jahre dt. Sprache. Die Entfaltung der dt. Sprachgestalt in ausgewählten Stücken der B.Ü. vom Ausgang des 8.Jh.s bis in die Gegenwart, 1955.

Zu 1: Die erste dt. B., hg.v. W.Kurrelmeyer I-X (Bibliothek des Litterarischen Vereins in Stuttgart 234. 238. 243. 246. 249. 251. 254. 258. 259. 266), 1904-15 - W.Ziesemer, Die Propheten-Ü. des Claus Cranc, 1930 - Frühneuhochdt. B.Ü.en, hg.v. G.Eis, 1949 - W.Walther, Die Dt. B.Ü. des MA, 3 T.e, 1889-92 - F.Falk, Die B. am Ausgange des MA, ihre Kenntnis u. ihre Verbreitung, 1905 - H.Vollmer, Materialien zur B.gesch. u. religiösen Volkskunde des MA I-IV, 1912-29 - Ders., B. u. dt. Kultur I-XI, 1931-41 - Ders., Die dt. B. (LuJ 16, 1934, 27-50) - P.Pietsch, Ewangely u. Epistel Teutsch. Die gedr. hochd. Perikopenbücher (Plenarien) 1473-1523, 1927 - F. Maurer, Studien zur mitteldt. B.Ü. vor Luther, 1929 - H.Rost, Die B. im MA, 1939.

Zu 2: Texte: WADB 1-10/II, 1906-57; 11. 12 in Vorbereitung - Dat nyge Testament to dude (H.Vollmer, B. u. dt. Kultur IX. X, 1939/40). - Faksimileausgaben: Septemberbibel 1522, hg.v. J.Köstlin, 1883 - Bibel 1534, hg.v. E.Lauch, (1934) 1935^2. - Bibliogr. der hoch- u. niederdt. B.drucke des 16.Jh.s: G.W.Panzer, Entwurf einer vollst. Gesch. der dt. B.Ü. D. Martin Luthers vom Jahr 1517 an bis 1581, 1783 - WADB 2, 201 ff - C.Borchling u. B.Claussen, Niederdt. Bibliogr. I, 1931-36 - H.Volz, 100 Jahre Wittenberger B.druck 1522-1626, 1954, 153 ff. - Darstellungen: W.Walther, Luthers Dt. B., 1917 - Ders., Die ersten Konkurrenten des B.übersetzers Luther, 1917 - A.Risch, Luthers B.verdeutschung (SVRG 135), 1922 - G.Roethe, Luther in Worms u. auf der Wartburg: II. Septemberbibel (Deutsche Reden, o.J., 182-197) - E.Hirsch, Luthers dt. B., 1928 - A.Freitag, Die Zainer-B. als Quelle der Luther-B. (ThStKr 100, 1928, 444-454) - Ders., Die Urschrift der Luther-B. als Dokument für Luthers Benutzung der dt. B. des MA (SAB 1929, 13) - T. Pahl, Quellenstudien zu Luthers Psalmen-Ü., 1931 - G.Baesecke, Die Sprache der Luther-B. u. wir (Hallische Universitätsreden 53), 1932 - E.Zimmermann, Die Verbreitung der Luther-B. zur Reformationszeit (Luther 16, 1934, 81-87) - G.Bebermeyer, Die Schlußgestalt der Luther-B. Zur Kritik der Wittenberger Luther-B. 1545 u. 1546 (Die Luther-B. Festschr., hg.v. Ausschuß der Dt. B.gesellschaften, 1934, 48-65) - G.Bruchmann, Luthers B.verdeutschung auf der Wartburg in ihrem Verhältnis zu den mittelalterl. Übersetzungen (LuJ 18, 1936, 47-82) - H.Dibbelt, Hatte Luthers Verdeutschung des NT den griech. Text zur Grundlage? (ARG 38, 1941, 300-330) - H.Bornkamm, Die Vorlagen zu Luthers Ü. des NT (ThLZ 72, 1947, 23-28) - Dt. Philologie im Aufriß, hg.v. W.Stammler, I, 1952, 1048 bis 1076 (A.Schirokauer) - H.Volz, Melanchthons Anteil an der Luther-B. (ARG 45, 1954, 196-232) - Ders., 100 Jahre Wittenberger B.druck 1522-1626, 1954 - Ders., Luthers Arbeiten am Propheten Daniel (Beiträge zur Gesch. der dt. Sprache u. Lit. 77, Tübingen 1955, 393-423) - H.F.Rosenfeld, Luther, Erasmus u. wir (FF 29, 1955, 313-317). - Über Luthers Psalterverdeutschung vgl. WADB 10/II, XXI (Lit.). - J.M.Goeze, Versuch einer Historie der gedr. Niedersächsischen B.n vom Jahr 1470-1621, 1775 - K.E.Schaub, Über die niederdt. Übertragungen der Lutherschen Ü. des NT, welche im 16.Jh. im Druck erschienen (Diss. Greifswald), 1889. *H.Volz*

3. a) In der ref. Schweiz kam die *Zürcher B.* neben der Luther-Ü. in Gebrauch. Der Wortlaut des bei Chr. Froschauer in Zürich 1524 erschienenen NT Luthers war durch Zwingli der alemannischen Mundart angeglichen worden. Seit 1525 wurde in der Prophezei an der Ü. des AT gearbeitet. 1529, fünf Jahre vor Luthers Werk, lag die ganze B. vor. Leo → Jud hatte die Propheten und Apokryphen übersetzt. Die *»Froschauer-B.«* von 1531, mit neuer Ü. der Lehrbücher des AT, enthielt Zwinglis Vorrede und Summarien der einzelnen Kapitel. Eine Neubearbeitung des AT brachte die Ausgabe von 1540. Die »Bibel Teutsch« von 1545 blieb bis zur Mitte des 17.Jh.s maßgebend. 1574 erfolgte eine Revision des NT, 1589 wurde die Verseinteilung eingefügt. Die Zürcher B. von 1667 enthielt einen stärker als bisher an die neuhochdeutsche Schriftsprache angeglichenen Text. J.C. Ulrich, Pfarrer am Fraumünster und bedeutender Vertreter des Pietismus, versah die »Biblia« von 1755/56, *»Ulrichbibel«* genannt, mit Vorreden, »vielen Auslegungen und Nuzanwendungen ... und nothwendigen Concordanzen«. Die Aufklärung machte sich bei der letzten offiziellen B. von 1772 bemerkbar. Das dem Text vorangestellte »Real-Wörterbuch der meisten biblischen Wörter, die es vorzüglich nöthig haben erklärt zu werden«, erregte deshalb Anstoß. Für die Zürcher B. von 1817 zeichnete zum erstenmal die Zürcher B.- und Missionsgesellschaft verantwortlich. Die von der Zürcher Kirchensynode 1907 beschlossene revidierte Ausgabe lag 1931 vor als Neu-Ü., für die wissenschaftliche Genauigkeit, Klarheit und Schönheit der Sprache maßgebend waren. Sie stellte eine hervorragende Leistung der B.Ü. dar. 1954 erfolgte eine 2. Ausgabe.

In den Jahren 1602-1604 ließ der ref. Theologe Joh. → Piscator eine B.Ü. erscheinen, in der er möglichste Worttreue erstrebte. Darunter litt aber der Wohllaut der Sprache. Neben einer Vorrede Piscators enthielt diese B. einen summarischen »Bericht von der H. Schrift oder wort Gottes« und einen »Bericht von der bedeutung etlicher zäichen, Wörter, sylben und buchstaben in diesem Buch«. Sie ist als das erste deutsche B.werk anzusprechen. Der Anhang mit Registern, Landtafeln und den »Loci communes biblici rerum et verborum« folgte 1610. Die Bezeichnung »Straf-mich-Gott-B.« entsprang der Polemik; sie kann sich nur auf einen durch Kleindruck gekennzeichneten Einschub bei Mk 8, 12, nicht auf die Ü. selbst stützen. Im Jahr des Duisburger Neudrucks, 1684, erklärte der Stand *Bern* in der Schweiz die Piscator-B. zur offiziellen *Kirchen-B.*, nachdem eine Beteiligung an der Revision der Zürcher B. abgelehnt worden war. Daneben fand auch die B. Luthers weitere Verwendung. 1846 wurde das NT und 1848 das AT nach Piscator zum letzten Mal in Bern aufgelegt.

b) Weitere deutsche B.Ü.en: → Zinzendorfs NT von 1727 gab den Grundtext in freier Form wieder. Die *Berleburger B.* von J.F. → Haug, in 8 Bdn 1726-42, verband die wörtliche Erklärung mit allegorisch-mystischer Auslegung. Die *Wertheimer B.* des Rationalisten J.L. → Schmidt von 1735 kam nicht über die 5 Bücher Mose hinaus. Weite Verbreitung fand die *Elberfelder B.*, die C. → Brockhaus, der Begründer des Darbysmus in Deutschland, mit mehreren Mitarbeitern geschaffen hatte (1871, 1957^{25}). 1937 erschien dazu eine Konkordanz (1957^{2}). Die Ü. des NT durch C. → Weizsäcker (1875, 1937^{12}) wurde mit der Ü. des AT von E. → Kautzsch zur *»Textbibel* des AT und NT« verbunden (1899). Übersetzer der ganzen B. waren ferner F.E.Schlachter (1905, 1952^{20}), H.Menge (NT 1923, AT 1926, 1955^{14}). Zeitgemäße Verdeutschungen des NT schufen C.Stage (1896,) H.Wiese (1905), L.Albrecht (1920, 1953^{7}), A. → Schlatter (1931), W.Michaelis (2 Bde, 1934 f, in Kröners Taschenausgabe), F.Pfäfflin (1939, 1954^{4}) und L.Thimme (1946, 1949^{2}). Alle diese Übersetzer strebten darnach, dem modernen Menschen die Botschaft der Schrift in der Sprache der Gegenwart nahezubringen.

Wissenschaftliche B.Ü.en gibt es seit J.A. → Bengels Ü. des NT (1753, 1771^{3}). M.L. → De Wette ließ 1809 das AT, 1814 das NT erscheinen (1886^{5}). Es folgte »Die Heilige Schrift des AT« von E.Kautzsch in 2 Bdn 1900 (1922 f^{4}, hg.v. A. → Bertholet). Auch die neueren B.kommentare bieten Ü.en: das Handbuch zum AT, hg.v. O. → Eißfeldt (1934 ff), der Biblische Kommentar, hg.v. M. → Noth (1955 ff), die Neuauflagen des von H.A.W. → Meyer begr. Kritisch-exegetischen Kommentars über das NT, des Handbuchs zum NT, des Theologischen Handkommentars, jetzt hg.v. E.Fascher. Unter den *ge-*

meinverständlichen B.werken nahmen die »Schriften des AT...«, hg.v. H. → Gunkel, und die »Schriften des NT...«, hg.v. J. → Weiß, eine bedeutende Stellung ein. An ihre Stelle traten neue Ausgaben, wie im Neuen Göttinger B.werk »Das AT Deutsch«, hg.v. V.Herntrich und A.Weiser (1949ff), »Das NT Deutsch«, hg.v. P. → Althaus und J.Behm (1932ff); weiter: Prophezei (Zürich 1943ff), B.hilfe für die Gemeinde, hg.v. E.Stange (1948ff), Die Botschaft des AT, hg.v. H.Frey u.a. (1935ff), Die urchristliche Botschaft, hg.v. O.Schmitz (1951ff).

4. Unter den *katholischen B.Ü.en* der Reformationszeit steht das NT von H. → Emser zeitlich an erster Stelle. Dieser lehnte sich weitgehend an Luthers Ü. an. J. → Dietenbergers deutsche B. von 1534 stützte sich für das AT auf Luther, für die Apokryphen auf Leo Jud, das NT wurde nach Emser geboten. Auch J. → Eck übernahm in seiner B. von 1537 das NT Emsers, während er das AT aus der Vulg. in oberdeutscher Mundart übersetzte. Vom Konvertiten K. → Uhlenberg stammte die Überarbeitung der Dietenberger-B. Sie erschien 1630 und wurde als *»Mainzer B.«* bekannt. Mit 50 Neuauflagen galt sie geradezu als »die B. der Katholiken Deutschlands«. Ein Kuriosum bildete die bei Holle in Wandsbeck bei Hamburg 1710ff gedruckte *»Biblia Pentapla«*, in der die Ü. von Ulenberg, Luther, Piscator, des Juden J.Athias für das AT und von J.H.Reitz für das NT, sowie die ref. holländische von 1636 nebeneinander gestellt waren. 1838 veröffentlichte J.F. → Allioli eine Neubearbeitung des vom Aufklärungstheologen H.Braun begonnenen und von J.M.Feder fortgeführten B.werkes. Die Allioli-B., später durch A.Arndt hg., war sehr beliebt. Durch K.Thieme wurde die NT-Ü. Alliolis revidiert (1949). Aus dem Grundtext war das NT von Karl und Leander van → Ess (1807) übersetzt. Weil die Anmerkungen fehlten, wurde diese Ü. 1821 kirchlich verboten. Dennoch folgte auch das AT, 1839 stand die ganze B. zur Verfügung. Für die Verbreitung sorgte die B.gesellschaft für das Eichsfeld. Besondere Verdienste um eine den modernen Anforderungen entsprechende sprachliche Gestaltung erwarben sich E.Dimmler (1911-25), P.Riessler (AT) und R.Storr (NT), deren Ü. als *»Grünewald-B.«* bekannt wurde (1924-26, 1956^7), sowie E.Henne (AT) und K. Rösch (NT 1921, 1954^{12}). Für die Verbreitung der Hl. Schrift setzte sich auch P.Parsch durch seine in Zusammenarbeit mit andern geschaffene B.Ü. ein. 1955 erschien die von V.Hamp, M.Stenzel und J.Kürzinger besorgte Ausgabe des AT und NT. Die 1947 in Zürich erschienene Familien-B. ging aus der Zusammenarbeit von Th.Schwegler, F.A.Herzog, H.Haag und J.Perk hervor. Nur das NT enthielt die *»Keppler-B.«* von P.W. von → Keppler (1915), dann von V.Schweitzer und nach ihm von P.Ketter hg. (1950 1001-1025.Tsd). 1927 stand die Ü. des NT von F.Tillmann zur Verfügung (1947^2). Sprachlich hervorragend übertrug O.Karrer das NT (1950, 1953^2). Von neueren kath. B.werken sind besonders die *Bonner B.* (1923ff), die *Herder-B.* (1935ff), das *Regensburger NT* (1938ff) und die *Echter-B.* (1947ff) zu nennen.

Zu 3: J.J.Mezger, Gesch. der Dt. B.Ü. in der schweiz.-ref. Kirche, 1876 - RE III, 77ff; XXIII, 219 - H.Schlosser, Die Piscator-B., 1908 - J.C.Gasser, 400 Jahre Zwingli-B., 1924 - Ders., Die neue Zürcher B.Ü., 1945 - W.Hadorn, Die dt. B. in der Schweiz, 1925 - RGG^2 I, 1052ff - H.Strathmann, Über einige moderne dt. Ü.en u. Bearbeitungen des NT (ThBl 19, 1940, 324-334) - K.Luethi, Bern u. die Piscator-B. (Schweiz. Gutenbergmuseum 32, 1, 1946, 3-9) - W. Michaelis, Ü.en, Konkordanzen u. Konkordante Ü.en des NT, 1947 - EKL I, 482ff.

Zu 4: RE III, 79. 84; XXIII, 220 - LThK II, 324 f - Th.Schwegler, Die dt. kath. B.Ü. seit Luther (Schweiz. Rundschau NF 49, 1949, 503-508) - W.Th.Auer, Kath. B.kunde, 1956. *R.Pfister*

5. Seit dem 13.Jh. begegnen bei den deutschen Juden *jüdisch-deutsche Ü.en* der synagogal wichtigen Texte des AT, vom 17.Jh. ab auch solche des ganzen AT. Sie sind fast ausnahmslos wortgetreu im eigentlichen Sinne, oft bis zur gänzlichen Verleugnung des deutschen Sprachgeistes (Staerk), damit man der Schriftlesung folgen konnte. Die erste schriftsprachliche (hochdeutsche) Ü. stammt von M. → Mendelssohn: der Pentateuch (mit rabbinischem Kommentar von S.Dubno) 1780-83; die des ganzen AT war (mit Hilfe von Mitarbeitern) 1809 fertig. Die teilweise Anlehnung an prot. B.Ü.en war vermutlich einer der Anlässe zu orthodoxen Protesten. In sprachlicher Hinsicht sind die B.Ü.en des 19.Jh.s (Zunz-B. 1838, Pracht-B. von J.Fürst 1874 u.a.m.) weniger wichtig. Neuere B.Ü.en sind die von S.Bernfeld (1902) und L.Goldschmidt (1921-23). Besondere Beachtung verdient erst wieder die dem hebr. Satzgefüge nachgehende Ü. von M. → Buber und F. → Rosenzweig, die mit eigenständigen, zT nur vom Original her verständlichen Prägungen das Urwort zu Gehör bringen will.

W.Staerk u. A.Leitzmann, Die jüd.-dt. B.Ü.en von den Anfängen bis zum Ausgang des 18.Jh.s, 1923 - EJud IV, 556ff - Die Schrift, verdeutscht von M.Buber, gemeinsam mit F.Rosenzweig, 1925-29; Neudr. 1956-57. *K.Galling*

V. Europäische außerdeutsche Bibelübersetzungen

1. Geschichtliche Entwicklung - 2. Die einzelnen Sprachen: a) albanisch - b) englisch - c) Eskimo - d) finnisch, estnisch, lappisch - e) keltische - f) lettisch, litauisch - g) neugriechisch - h) niederländisch - i) romanische - k) skandinavische - l) slawische - m) ungarisch.

1. Am Anfang der Geschichte der B.Ü. in die Landessprachen stehen die kirchlichen Lesungen. Es folgten schon früh Ü.en einzelner Teile, dann → Historienbibeln und seit dem 14.Jh. vollständige Ausgaben (Böhmen, England). Die Erfindung der Buchdruckerkunst, vor allem aber die Reformation gaben der Verbreitung und dem Ü.seifer gewaltigen Auftrieb. Eine weitere Steigerung brachte die Gründung der → Bibelgesellschaften zu Beginn des 19.Jh.s. Seit dem Beginn des 20.Jh.s erscheinen vornehmlich Überarbeitungen der seither maßgebenden Ausgaben sowie völlig neue Ü.en in moderner Sprache. Bemerkenswert ist in diesem Zusammenhang auch die rege Übersetzertätigkeit im Bereich der röm.-kath. Kirche. Eine neue Ära wurde 1946 durch die Gründung der Vereinigten Bibelgesellschaften eingeleitet.

2. Im folgenden kann, nach Sprachen bzw. Sprachfamilien geordnet, nur das Wichtigste hervorgehoben werden.

a) *Albanien* hat zwei Hauptdialekte: den gegischen im Norden und den toskischen im Süden. In ersterem erschien das NT 1869, in letzterem 1827 (revidiert 1879). 1913 erschien es nebst Teilen des AT in der neuen Orthographie.

b) Für *England* ist die große Zahl der erhaltenen Hss. und Bruchstücke (Psalterien, Glossarien und biblische Einzelteile) ein Beweis dafür, daß schon seit dem 9.Jh. Teile der hl. Schrift ins Angelsächsische übersetzt wurden. - Der erste, dessen Namen mit der Ü. der ganzen B. in Verbindung gebracht wird, ist *John → Wiclif*, der um 1380 das NT und um 1382 unter Mithilfe von Nikolaus von Hereford das AT übersetzte. Sein Schüler J.Purvey revidierte das Werk um 1388 und sorgte für seine Verbreitung. Im Druck erschien es erst 1731. Die erste gedruckte Ü. ist die des NT von W. → Tyndale (1525 in Köln und Worms, revidiert 1534). 1530 erschien in Marburg seine Ü. des Pentateuch. Von Heinrich VIII. und Bischof Tunstall wurden die Ü.en verfolgt und verbrannt, so daß nur wenige Reste erhalten sind. Tyndale selbst wurde als

Ketzer verbrannt. Die erste in England ungehindert verbreitete B.Ü. ist die von M. → Coverdale (1535), im AT abhängig von Zwingli und Leo Jud, im NT sorgfältige Revision Tyndales. 1537 erschien die aus Tyndales und Coverdales Ü.en zusammengestellte Matthew-B., die 1539 von R.Taverner überarbeitet wurde. Eine gründliche Überarbeitung der Matthew-B. unter Leitung von Coverdale ist die *Great Bible* von 1539, zu der → Cranmer die Vorrede schrieb. Die Psalmen dieser 1540 überarbeiteten B. stehen heute noch im → Book of Common Prayer. W.Wittingham ließ in Genf 1557 das NT und 1560 die ganze B. drucken, die als *Genfer B.* sehr beliebt wurde und bis 1644 zahlreiche Nachdrucke erlebte. 1568 wurde auf Veranlassung von Erzbischof → Parker eine Revision der Great Bible vorgenommen, die unter dem Namen *Bishops' Bible* bekannt wurde. Auf ihr und den früheren Ü.en ist die *»Authorized Version«* (A.V.) von 1611 aufgebaut, die auch unter dem Namen »King James' Version« bekannt ist. Unter Wahrung des Sprachcharakters mit Berücksichtigung der Ergebnisse der textkritischen Forschung erschien 1881 das NT und 1885 das AT in der *»Revised Version«*. Die *Amerikaner* gaben sie 1901 mit den von ihnen vorgezogenen Lesarten als *»Standard Version«* heraus, von der 1946 das NT und 1952 die ganze B. in einer neuen Revision als *»Revised Standard Version«* erschienen.

Fast unübersehbar ist die Zahl der privaten Ü.en. Weit verbreitet sind heute: Das NT von R.F.Weymouth (1903 u.ö.), die B. von J. → Moffat (NT 1913, AT 1924) und von E.J. → Goodspeed (NT 1923, B. 1931). Außerdem gibt es eine B. in Basic English (NT 1941, B. 1949).

Auf röm.-kath. Seite erschien 1582 in Reims das NT *(Rheims Testament)* und 1609 in Douai die ganze B. *(Douay Version)*, die in ihren Revisionen von Challoner auch heute noch weitverbreitet ist. In Amerika erschien 1941 eine erneute Revision des NT (Confraternity Revision), eine solche des AT erscheint zZ. Eine moderne Ü. aus der Vulg. durch R.A.Knox erschien 1944 (NT) und 1949 (AT). Außerdem sind noch bemerkenswert die Ü. des NT aus dem Urtext von F.A.Spencer (1937 u.ö.) sowie die Textausgabe der »Westminster Version« des NT (1947).

W.F.Moulton, History of the English Bible, London (1878) 1911[5] - H.Pope-S.Bullough, English Versions of the Bible, St. Louis-London 1952 (Lit.).

c) Für die grönländischen *Eskimos* übersetzte Paul Egede 1740 die Evangelien, das NT erschien 1766. Eine neue Ü. gab O.Fabricius 1799 heraus. Die Herrnhuter ließen 1822 ein nach Luther übersetztes NT drucken. Eine Ü. der ganzen B. von S.Kleinschmidt erschien nach einer Überarbeitung in den Jahren 1893-1900.

d) α) Der Schöpfer der *finnischen* Schriftsprache und Literatur ist Michael → Agricola, der in Wittenberg Schüler Luthers und Melanchthons war. 1548 erschien seine Ü. des NT aus dem Urtext unter Berücksichtigung der Vulg. und der Ü. von Luther. Die ganze B. erschien erst 1642. Sie wurde häufiger revidiert, zuletzt 1933 (AT) und 1938 (NT).

β) Das *Estnische* ist mit dem Finnischen nahe verwandt. Man unterscheidet die Dialekte von Dorpat und Reval; auf letzterem beruht die Schriftsprache. In beiden gingen der B. Ü.en der liturgischen Episteln und Evangelien voraus (Dorpat 1632, Reval 1700). Das NT im Dorpater Dialekt erschien 1686 (neue Ausg. 1727) und wurde verschiedentlich revidiert. Im Revaler Dialekt lag das NT 1715 und die B. 1739 vor, die verschiedene Revisionen erlebte.

J.Aunver, Zur Gesch. der estnischen B.Ü.en (ELKZ 9, 1955, 76f).

γ) Ebenfalls mit dem Finnischen verwandt ist das *Lappische*. Es wird, da die Lappen verschiedenen Regierungen unterstehen, in verschiedenen Dialekten gesprochen. Für die finnischen und russischen Lappen liegen nur Einzelteile der B. in Ü. vor; für die norwegischen erschien 1840 das NT und 1895 die B., während die schwedischen bereits 1755 das NT und 1811 die B. erhalten hatten.

e) Über die *keltischen* Ü.en ist wissenswert:

α) In der *bretonischen* Schriftsprache, dem Dialekt von Léon, erschien 1827 ein NT. Da es nicht befriedigte, kam 1847 eine neue Ü. heraus. Die ganze B. wurde 1866 gedruckt. Im Dialekt von Tréguier erschien das NT 1883, die B. 1889.

β) Für das im schottischen Hochland gesprochene *Gälische* erschien das NT 1767 und das AT 1801. Diese Ausgaben wurden verschiedentlich revidiert. Eine röm.-kath. Ü. des NT kam 1875 heraus.

γ) Nachdem ein NT in *Irisch* 1602 erschienen war, konnte das AT wegen der Zeitverhältnisse erst 1685 gedruckt werden. Die ganze B. erschien 1690 und wurde 1817 revidiert. Eine Ü. des NT in modernem Irisch erschien 1952.

δ) Ins *Kymrische* (wallisisch) wurden bereits 1531 die Perikopen übersetzt. Auf Beschluß des englischen Parlaments erschien 1567 eine Ü. des NT und 1588 der B. Diese wurde 1620 auf Grund des Erscheinens der englischen A.V. revidiert. Eine neue, durchgreifend revidierte Ausgabe in neuer Orthographie erschien 1955. - Die Baptisten gaben 1842 eine eigene Ü. des NT heraus.

ε) In dem auf der Insel Man gesprochenen gälischen Dialekt, dem *Manx*, erschien das NT 1767 und die B. 1773.

f) α) Ins *Lettische* wurden zuerst die im »Enchiridion« (1586-87 u.ö.) enthaltenen Perikopen übersetzt. 1685-89 erschien die B. in der Ü. von E. → Glück und Chr.B.Witten. Sie wurde verschiedentlich, zuletzt 1937, revidiert.

β) Auch im *Litauischen* wurden zuerst die Perikopen übersetzt (Königsberg 1579). Die von Joh.Bretken 1579 bis 1590 nach Luther unter Berücksichtigung des Grundtextes angefertigte Ü. erschien nicht im Druck. Erst 1701 kam in Königsberg eine Ü. des NT heraus, bei der die polnische Danziger B. benutzt war. 1727 erschien ebenfalls in Königsberg eine auf Luther fußende Ü. des NT, der 1735 die ganze B. folgte. Sie wurde 1815-16 mit dem Grundtext verglichen und zuletzt 1897 revidiert. 1934 erschien eine neue Ü. der Evangelien. - Der röm.-kath. Bischof von Samogitien Giedraitis übersetzte das NT aus der Vulg. (1816 u.ö.). Neue Ü.en erschienen 1922 und 1936.

g) Bereits 1547 erschien in einer Konstantinopler Polyglotte eine *neugriechische* Ü. des Pentateuch, die für den jüdischen kultischen Gebrauch bestimmt war. Eine Ü. des NT mit altgriechischem Paralleltext wurde 1638 gedruckt. 1828 gab Abt Hilarion eine neue Ü. des NT heraus. Die Britische und Ausländische B.gesellschaft veröffentlichte 1840 das AT. Noch nach einem neuesten Erlaß des Kultusministeriums ist für den Unterricht das NT nur im Urtext zugelassen. Inzwischen sind die Prof. der theol. Fakultät in Athen mit einer neuen Ü. in modernes Griechisch beschäftigt.

h) In den *Niederlanden* wurden die Psalmen bereits im 9. oder 10.Jh. übersetzt, im 13.Jh. folgten das Leben Jesu nach der Vulg., die Episteln und Evangelien sowie Apk. Um 1390 war das ganze NT von Joh.Schutken übersetzt. Die 1477 im Druck erschienene *»Delfter B.«* enthält nur das AT ohne Pss. Weit verbreitet war die um 1480 gedruckte Kölner B. Das 1522 erschienene NT enthält die Evangelien nach einer Brabanter Ü., der Rest ist nach Schutken. 1523 kam das NT nach Luther heraus, allerdings nicht sklavisch übersetzt.

Die 1524 erschienene Ü. nach dem NT-Text des → Erasmus war von Einfluß auf die Ü. aus dem Luthertext und auf die röm.-kath. Ü.en. Die von Liesveldt 1526 gedruckte B. enthielt Luther, soweit erschienen, den Rest nach der Vulg. Die ganze B. nach Luther erschien 1535. Das für die → Mennoniten 1554 veröffentlichte NT ist von dem griech. und lat. Text von Erasmus beeinflußt, die für die Reformierten 1556 erschienene B. basiert auf Liesveldt und der Zürcher B. Die *Lutheraner* benutzten die Liesveldt-B., aber auch eine von Mierdman in Emden für die *Mennoniten* gedruckte Ü. der Magdeburger niederdeutschen B. von 1554. Sie wurde 1648 von A.Visscher und nach einer Modernisierung i.J. 1750 verschiedentlich, zuletzt 1933 revidiert. 1561-62 erschien für die *Reformierten* eine B., die bis 1637 im Gebrauch war. In ihr gab G.v.Wingen das AT nach Luther und Joh.Dyrkinus das NT aus dem Urtext. Sie wurde abgelöst durch die sog. *»Statenbijbel«*, die allmählich auch bei den Remonstranten und Mennoniten Eingang fand. In Zusammenarbeit mit allen prot. Gemeinschaften veröffentlichte die niederl. Bibelgesellschaft 1939 eine *»Nieuwe Vertaling«* des NT, der 1951 die ganze B. folgte. Sie ist eine Frucht ökumenischer Zusammenarbeit. Außer diesen amtlichen B.n sind noch zu nennen die sog. Leidener B. (1899-1912) sowie die B. in Auswahl von Obbink und Brouwer (1925).

Die von Vorsterman 1528 mit Zustimmung des Dekans der Universität Löwen gedruckte *röm.-kath.* B. fand keine offizielle Anerkennung. 1548 erschienen zwei B.n: eine in Löwen von Nic.v.Winghe, der die Delfter B. sowie Eck und Dietenberger (→ Bibelübersetzungen: V, 4) benutzte. Sie wurde häufig aufgelegt, zuletzt 1846. Die andere von Al.Blankkart ist eine Umarbeitung des Textes von Vorsterman. Neu übersetzt wurde das NT durch S.P.Lipman (1859-1861). Ab 1929 erschien eine Ü. der ganzen B. aus dem Urtext durch die Petrus-Canisius-Vereinigung. Zur Zeit ist die Hieronymusgesellschaft mit einer neuen Ü. beschäftigt. Für Flandern erschien 1926 ein NT von Th.v.Tichelen.

Auch die Kirche von Utrecht (→ Altkatholiken) hat ihre eigene B.-Ü. 1717 erschienen das NT von Verhulst und die B. von A.deWitte, die 1732 durch die B. von A. van der Schuur abgelöst wurde. Nach verschiedenen Revisionen wurde das NT 1953 in einer neuen Ü. veröffentlicht und das AT aus der »Nieuwe Vertaling« übernommen.

Im sog. Kapholländisch oder *Afrikaans* erschienen seit 1893 einzelne Teile der B. 1922 lagen die Evangelien vor und 1933 die ganze B., die 1953 durchgesehen wurde.

H.vanDruten, Geschiedenis der nederlandsche Bijbelvertaling, 3 Bde, Leiden 1895-1905 - C.C.deBruin, De Statenbijbel en zijn voorgangers, Leiden 1937 (Lit.) - J.J.Kijne-F.Visser, De nieuwe Vertaling, Amsterdam 1952.

i) α) Bis zur Mitte des 13.Jh.s lagen die einzelnen Teile der B. in *französischer* Ü. von verschiedenen Übersetzern vor. Eine weite Verbreitung erlangten sie in Verbindung mit der sog. → Historienbibel des Guyard des Moulins, der seiner Ü. der Historia Scholastica des Petrus Comestor B.-Texte einfügte. In einer Bearbeitung von J.de Rely erschien sie um 1496 im Druck und wurde bis 1545 häufig aufgelegt. Zu erwähnen sind noch Ü.en für König Johann und Karl V. Der nt. Text der Historien-B. wurde um 1478 gedruckt. Das 1523 erschienene NT (B. 1530), von J.Le Fèvre d'Etaples (→ Faber Stapulensis) aus der Vulg. übersetzt, war kein Werk der Reformation, obwohl es durch seine »häretischen« Randglossen suspekt war. Es wurde 1546 indiziert, 1550 aber von Löwener Theologen sprachlich unter Ausmerzung der Randglossen verbessert und erschien unter weiterer Verbesserung der Sprachform mindestens 200mal im Druck.

Auf prot. Seite ist man bis heute noch nicht zu einer allgemein anerkannten Kirchen-B. gelangt. Die erste Ü. aus den Grundtexten durch den Vetter Calvins, P.R. → Olivetanus (1535, AT von ihm, NT nach Faber), wurde dauernd revidiert: 1588 u.ö. durch die Genfer Geistlichkeit, 1669 durch S. und H. Desmarets, 1707 durch Dav.Martin, dieser durch P.Roques 1736. Im Jahre 1744 gab dann J.F. → Ostervald eine Modernisierung, die aber keine Verbesserung war, heraus, die im 19. Jh. verschiedentlich revidiert wurde. Eine 1555 erschienene Ü. von S.Châtillon (Castalio) wurde von Calvin und Beza stark kritisiert und fand keine weite Verbreitung. Im 19.Jh. erschienen verschiedene Ü.en des NT, von denen aber nur die von Oltramare (1872) eine weitere Verbreitung fand. Weit verbreitet ist die B. von L.Segond (AT 1874, NT 1880). 1910 erschien eine Überarbeitung der Ostervaldschen Revision als *»Version Synodale«*, die immer wieder aufgelegt wird.

Auf röm.-kath. Seite erschien 1566 eine Ü. von Benoist, die zwar eine neue sein will, aber auf Olivetanus beruht. Die Ü. von J.Corbin ist mehr lat. als französisch. Berühmt wurde das NT von Mons (1667), das aber in Amsterdam gedruckt ist, und von den Brüdern A. und L.I.le Maistre (de → Sacy) stammt. Das AT erschien in 30 Bdn 1672-95. Wegen seines Kommentars wurde das Gesamtwerk 1668 und 1679 indiziert, aber wegen seiner vollendeten Sprachform wurde der Text immer wieder nachgedruckt. Nachdem 1885 das NT in der Ü. von Crampon erschienen war, folgte das AT 1905 (letzte Revision 1951). Weit verbreitet sind heute außerdem die »Bible de Jérusalem« (1947-56), die B. der Abtei Maredsous (1950) sowie die unter dem Patronat des Kardinals Liénart herausgegebene B. (1951).

D.Lortsch, Histoire de la Bible en France, Paris 1910 (Lit.).

β) Ins *Italienische* war die B. schon im 13.Jh. übersetzt, aber Hss. sind erst aus dem 14.Jh. erhalten. Nach Eröffnung der ersten Druckerei in Venedig wurden dort 1471 gleich zwei Ü.en gedruckt: am 1. Aug. erschien die von N.Malermi (Malherbi), die unter Benutzung der mittelalterlichen Ü.en aus der Vulg. angefertigt ist, am 1. Okt. erschien, bei Adam von Ammergau gedruckt, eine weitere Ü., die im AT auf die Ü.en des MA zurückgeht, im NT aber Malermi abdruckt. Sie wurde nicht wieder aufgelegt (1882-87 erschien ein bibliophiler Nachdruck), während Malermi führend wurde. Die letzte, stark überarbeitete Ausg. erschien 1773. Der Humanist A.Bruc(c)ioli gab 1530 das NT und 1532 die B. heraus. Er übersetzte aus Pagninus und Erasmus. Seine Ausg., die 1559 indiziert wurde, erlebte in Italien und im Ausland verschiedene Auflagen, 1562 erschien in Genf eine Überarbeitung für prot. Flüchtlinge, letzter Druck des NT 1710. In Italien selbst wurden von 1568-1768 keine B.n gedruckt.

Eine der besten Ü.en, die die Reformation hervorgebracht hat, ist die von Joh. → Diodati, der, in Genf von italien. Eltern geboren, einen reinen italien. Stil ohne franz. Einfluß schrieb. Seine B., zum ersten Mal 1607 in Genf gedruckt, und 1641 von ihm selbst revidiert, ist bis heute die amtliche prot. Kirchen-B. In Deutschland erschienen verschiedene Überarbeitungen (Ferromontanus in Leipzig, M. von Erberg in Nürnberg und Köln, J.G.Glück in Altenburg, G.D.Müller in Leipzig), die aber ephemere Erscheinungen blieben und nicht nach Italien gelangten. Seitdem sich die Brit. und Ausl. B.-gesellschaft der Verbreitung annahm, wurde Diodati öfters leicht revidiert. Einschneidender sind die Änderungen in der von G.Luzzi besorgten »Versione Riveduta« (NT 1916, B. 1924).

Auf Veranlassung Benedikts XIV. besorgte A.Martini eine neue Ü. der B. aus der Vulg. Sie blieb bis ins 20.Jh. führend. Seit 1902 zuerst die Hieronymusgesellschaft Evangelien und Apg in Hunderttausenden von Exemplaren verbreitete, sind eine ganze Reihe von Ü.en der Testamente und Einzelteile erschienen. Am verbreitetsten sind zZ die B.n von Tintori und Ricciotti, die aber aus der Vulg. stammen. Nach Fertigstellung der vom Päpstl. B.institut veranstalteten Ausg. aus den Urtexten wird eine Textausg. erscheinen.

EC II, 1556 ff - V.VINAY, Il Nuovo Testamento della Repubblica Romana 1849 (Protestantesimo 11, 1956, 5-24).

γ) In *Portugal* lag schon 1495 eine gedruckte Evangelienharmonie vor. Erst 1681 erschien in Amsterdam ein von *J.Ferreira d'Almeida* übersetztes NT, das in erster Linie für die in den portug. Besitzungen lebenden Portugiesen bestimmt war. Die vollständige B. erschien erst 1748-53 in Batavia. Sie wurde verschiedentlich revidiert und in der Hauptsache durch die Brit. und Ausl. B.-gesellschaft verbreitet. In Portugal selbst erschien 1778 bis 1790 in 23 Bdn eine Ü. aus der Vulg. unter Berücksichtigung des Urtextes von *Pereira de Figueiredo*. Eine Revision erfolgte 1819. Sie ist mit kleinen Änderungen auch heute noch im Gebrauch.

Die Brit. und Ausl. B.gesellschaft gab 1910 eine Bearbeitung des NT von Ferreira für Brasilien heraus (B. 1917). Nach einer Revision von 1926 erschien 1951 eine durchgreifende Überarbeitung des NT; das AT wird zZ bearbeitet. - Der Bischof von Coimbra, der Portugal verlassen mußte, ging nach Brasilien und gab dort 1847 eine Ü. des NT heraus, die 1875 revidiert wurde. Gegenwärtig wird die Ü. von Soares (NT 1930, B. 1934) bei den röm. Katholiken benutzt.

δ) Im *rätoromanischen* Sprachgebiet erschienen in der nieder-engadinischen Mundart bereits 1562 die Psalmen. Die vollständige B. kam 1679 heraus. Das Oberengadin erhielt 1560, 1640 und 1681 Ü.en des NT. Für Unter- und Oberengadin erschien 1932 eine neue Ü. des NT und der Psalmen. Die Übersetzer dieser Ausg. (Gaudenz und Filli) veröffentlichten 1953 eine neue Ü. der ganzen B. In der Oberländer Mundart erschien das NT 1648, die B. 1718. Da die Mundart sich im Laufe der Jahre stark verändert hatte, erschien 1955 eine völlig neue Ü. des NT und der Psalmen.

ε) Als zweites in *Rumänien* gedrucktes Buch erschien 1561 in Kronstadt eine Ü. der Evangelien von Coresi. Ein vollständiges NT wurde erst 1648 in Belgrad gedruckt, die ganze B. 1688 in Bukarest (revidiert 1795). 1865-69 erschien eine von verschiedenen Prof. verfertigte Ü. des AT, die 1873 von W.Mayer unter Hinzufügung seines revidierten NT als revidierte B. gedruckt wurde. Eine weitere B. von Cornilescu erschien 1921 (revidiert 1936). Das B.institut der Orthodoxen Kirche gab 1927 ein NT von Galaction, 1936 eine B. heraus. Für die Unierten übersetzte Bălan das NT.

ʒ) Von den kastilianischen und katalanischen vorreformatorischen B.Ü.en sind nur geringfügige Reste erhalten. Nach der Reformation erschienen *spanische* B.Ü.en zunächst im Ausland und erreichten wegen der Inquisition nicht ihr Bestimmungsland. Fr. de → Enzinas, der zwei Jahre bei Melanchthon gewohnt hatte, veröffentlichte 1543 in Antwerpen eine Ü. des NT aus dem Urtext. Für die aus Spanien vertriebenen Juden ließ Abraham Usque 1553 in Ferrara eine Ü. erscheinen. Eine neue Ü. des NT von J. → Perez de Pineda kam 1556 angeblich in Venedig, tatsächlich aber in Genf heraus. Die erste span. Voll-B. erschien 1569 in Basel. Sie war übersetzt von dem Emigranten *Cassiodoro de → Reina*. Neuauflagen erschienen in Frankfurt a. M. 1602 und 1622. Inzwischen hatte *Cipriano de Valera* 1596 das NT und 1602 die ganze B. Reinas revidiert. Diese Ausgabe wurde verschiedentlich geringfügig durchgesehen und wird seit 1821 von der Brit. und Ausl. B.gesellschaft verbreitet. Eine neue, durchgreifende Revision ist in Arbeit. Gegenüber der Reina-Valera-Ü. konnten sich in Latein-Amerika die Ü. von Pratt (1893) und das NT der sog. hispano-amerikan. Ü. (1916) nicht durchsetzen.

Die erste in Spanien selbst gedruckte B. ist die röm.-kath. Ü. von P. Scio de San Miguel (10 Bde, 1790-93). Sie wurde abgelöst durch die Ü. von Felix Torres Amat (8 Bde, 1823-25), die ebenfalls aus der Vulg. stammt. Sie wurde bis ins 20.Jh. immer wieder aufgelegt. 1944 und 1947 erschienen Ü.en aus den Grundtexten von Nácar-Colunga bzw. von Bover-Cantera.

In *Chile* erschien 1928 die erste röm.-kath. Ü. des NT aus dem Urtext von W.Jünemann. In *Argentinien* revidierte J.Straubinger zunächst die Ü. von Amat und gab dann eine eigene Ü. aus den Urtexten heraus (1948 NT, 1951 AT).

C.W.TURNER, La Biblia en América Latina, 1951.

k) α) Über alt*dänische* Ü.en ist sehr wenig bekannt, die einzige erhaltene Hs. stammt aus dem 15.Jh. Da das 1524 bei Melchior Lotter in Wittenberg gedruckte »NT Christians II.« sprachlich nicht befriedigte, gab Chr. → Pedersen 1529 eine neue Ü. heraus (revidierte Aufl. 1531). Von einzelnen Büchern des AT wurden die Psalmen von Fr. Vormordsen (Rostock 1528) und Pedersen (1531), der Pentateuch von H.Tausen (Mich.Lotter, Magdeburg 1535) sowie Richter (1539) und Jesus Sirach mit Weisheit Salomos (1541 H.Walther, Magdeburg) von P.Tidemand übersetzt. Nach langen Vorarbeiten erschien 1550 die »Bibel Christians III.« (in Kopenhagen von L.Dietz aus Rostock gedruckt) auf der Grundlage von Luthers B. von 1545. Vorsichtig revidierte Neudrucke erschienen 1589 und 1633. Diese B. wurde im Laufe der Zeit durch die im Auftrag Christians IV. von H.P. → Resen 1607 angefertigte Ü. aus den Grundtexten verdrängt. Das AT wurde zuletzt 1871, das NT 1907 revidiert. Eine neue Ü. des AT kam 1931, des NT 1948 heraus. Neben der amtlichen konnten private Ü.en keine große Verbreitung finden mit Ausnahme der des NT von T.S.Rørdam (1887 u.ö.).

Die erste röm.-kath. Ü. des NT erschien 1893 aus der Vulg. Sie wurde 1931 durch eine neue ersetzt. Aus dem Urtext übersetzte P.Schindler das NT 1953 in modernes, eigenwilliges Dänisch.

P.OTZEN, Hvorledes Danskerne fik deres Bibler, Kopenhagen 1949 - Bidrag til Den Danske Bibels Historie, Kopenhagen 1950 (Lit.) - P.H.VOGEL, Dän. u. norweg. B.Ü.en seit der Reformation (IKZ 44, 1954, 235-240).

β) Aus dem Alt*norwegischen* ist eine Hs. aus der Mitte des 13.Jh.s mit Bruchstücken erhalten. Bis 1814 wurden in Norwegen ausschließlich die dän. B.-Ausgaben benutzt. Erst 1819 erschien eine leichte Revision des NT. Nach Revisionen von 1830 und 1873 erschien 1904 die erste selbständige norweg. Ü. des NT, nachdem nach langen Vorarbeiten 1891 eine Ü. des AT erschienen war. 1930 kam eine Revision der Gesamt-B. in Riksmål (Reichssprache) heraus. Die Anhänger des heute gleichberechtigten Landsmål (Landessprache) bemühten sich seit den achtziger Jahren um eine Ü. in diesen vom Dänischen nicht beeinflußten Dialekt. Das NT erschien 1889, die ganze B. 1938.

Eine röm.-kath. Ü. aus der Vulg. erschien 1902, die 1938 unter Berücksichtigung des Urtextes eine durchgreifende Revision erfuhr.

E.MOLLAND, Norske og Danske Bibeloversettelser brukt i Norge, Oslo 1951 - P.H.VOGEL s. 2 kα.

γ) In der ersten Hälfte des 15.Jh.s wird eine *schwedische* »Bibel« erwähnt. Erhalten sind die Ü.en einiger Einzelteile. Auf Luther fußen das NT von 1526 und die »B. Gustav Vasas« von 1541. Diese ist mit unwesentlichen Änderungen die amtliche Kirchen-B. geblieben, bis 1917 eine durchgreifende Revision erschien. Außer einer guten Ü. aus dem Urtext und Luther mit Anmerkungen von Melin (1858-65) entstanden keine bemerkenswerten Ü.en.

Auf röm.-kath. Seite erschien 1895 eine Ü. des NT.

A.EIDEM, Vår svenska bibel, Stockholm 1923 - A.ADELL, Nya testamentet på svenska, Lund 1936 - R.GYLLENBERG, Våra fäders bibel 1541-1941, Stockholm 1941.

δ) Für die *Färöerinseln* erschien 1823 eine Ü. des MtEv mit färisch-dänischem Paralleltext. Erst 1931 kam ein NT heraus, dem 1937 eine weitere Ü. und 1948 die B. folgte.

ε) *Island* erhielt schon während der Reformationszeit 1540 eine Ü. des NT durch Odd Gottskálksson und 1584 die ganze B., die häufig, zuletzt 1908, revidiert wurde.

l) Im *slawischen* Sprachraum entstand schon früh die gemeinsame kirchenslawische Ü. Die erste vollständige Sammlung der biblischen Bücher in Kirchenslawisch geht auf den Nowgoroder Erzbischof Gennadius zurück und stammt aus dem Ende des 15.Jh.s. Eine Revision der Gennadius-B. ist die Ostroger B. von 1581. Eine Verbesserung auf der Grundlage der Septuaginta ist die sog. Elisabeth-B. von 1751. Da aber die einzelnen Volkssprachen im Laufe der Zeit auseinandergingen, wurde die kirchenslawische B. volksfremd. Es ergab sich die Notwendigkeit der Ü. in die einzelnen Landessprachen.

α) In der *bulgarischen* Sprache erschienen 1823 das MtEv, 1828 die Evangelien, 1840 das NT und 1860-64 das AT. Nachdem die B. verschiedentlich, zuletzt 1923, revidiert worden war, gab 1925 die Synode der Orthodoxen Kirche eine neue B.Ü. heraus.

β) Von *polnischen* alten Ü.en sind erhalten ein Psalter aus dem 14.Jh. und Teile der »Sophienbibel« aus dem 15.Jh. Der älteste Druck des NT liegt in der Ü. von J. Seclutianus (Königsberg 1552) vor. Die ganze B. wurde auf Kosten des Fürsten → Radziwill 1563 gedruckt *(Brester Bibel)* und von Budny 1572 revidiert. Wegen ihrer sozinianischen Färbung wurde sie 1632 durch die *Danziger B.* ersetzt (NT bereits 1606).

Auf röm.-kath. Seite befriedigte die Ü. von 1561 *(Krakauer Bibel)* nicht und wurde 1599 durch die Ü. von J. → Wujek ersetzt (NT bereits 1593), die führend blieb und zuletzt 1935 revidiert wurde. Ein NT von E.Dabrowski, ebenfalls aus der Vulg., erschien 1946.

Die → Mariaviten gaben 1921 eine eigene Ü. des NT heraus.

γ) In der *russischen* Volkssprache erschienen erst 1819 die Evangelien und 1821 das ganze NT. Sie enthielten auch den kirchenslawischen Text. Das erste NT mit nur russ. Text erschien 1823. Nachdem es 1862 im Auftrag des Hl. Synod revidiert worden war, erschien 1875 die ganze B. Seit 1951 arbeiten die russ. Emigranten in Paris an einer neuen Ü. des NT, die sog. Russische Bibelgesellschaft in Washington gab 1952 eine B. heraus. Gegen beide richtet sich die 1956 erschienene neue Aufl. der Ausg. von 1875, die als erste B. in Rußland seit der Revolution gedruckt wurde und die neue Orthographie befolgt.

R.A.KLOSTERMANN, Probleme der Ostkirche, Göteborg 1955, 361ff.

δ) Der Unterschied zwischen *Serben* und *Kroaten* besteht nur auf politischem und religiösem Gebiet sowie in der Verschiedenheit der Schrift. Bereits 1495 wurden in Venedig die nt. Lesungen gedruckt, 1562 und 1563 erschien in Tübingen die auf Luther beruhende Ü. von A. Dalmata und Stephanus Consul. Nachdem der Begründer der serb. Schriftsprache, Vuk. Stefanovič Karadžić, 1847 seine Ü. des NT veröffentlicht hatte, erschien 1868 das AT seines Schülers G.Daničić. Eine Revision kam 1932 heraus, eine neue Ü. 1933.

Eine röm.-kath. B. mit serb.-lat. Paralleltext erschien 1831.

ε) In *slowakischer* Sprache erschien 1832 eine röm.-kath. Ü. der B., die häufiger revidiert wurde. Eine neue Ü. des NT kam 1946 heraus. Für die Lutheraner wurden 1942 das NT und 1953 die Pss in moderner Sprache herausgegeben; die Arbeiten am AT sind im Gange.

ʒ) Primus → Truber, der Begründer der *slowenischen* Schriftsprache, gab seit 1555 das NT in Einzelteilen heraus, die 1577 in Tübingen zusammengedruckt wurden. Eine Voll-B. aus den Grundtexten mit Berücksichtigung von Luther gab Georg Dalmatin 1584 in Wittenberg heraus. Die Ausg. der Brit. und Ausl. B.gesellschaft wurde zuletzt 1946 revidiert. - Für die ungarischen Slowenen wurde in ihrem Dialekt 1771 u.ö. ein NT gedruckt.

Für die röm.-kath. Slowenen erschien bereits 1612 eine Ü. der nt. Lesungen. 1784-1802 wurde die B. aus der Vulg., 1856-59 aus → Allioli übersetzt. Eine neue Ü. des NT von dem Laibacher Bischof erschien 1925-29.

η) In *tschechischer* Sprache ist eine ganze Reihe von Hss. der B. und von B.teilen erhalten. Vor 1412 revidierte → Hus die veraltete Sprachform. Eine neuerliche Überarbeitung des NT wurde 1475, die B. 1488 gedruckt. Wichtig für die Entwicklung der tschech. Sprache wurde die von der Brüdergemeine 1579-93 herausgegebene *Kralitzer B.*, von der 1954 ein Nachdruck erschien.

Auf röm.-kath. Seite erschien das NT 1577, die B. 1712 *(Wenzel-B.)*. Eine neue Ü. kam 1917-25 heraus. Daneben gibt es noch verschiedene andere Ü.en des NT.

ϑ) In der *ukrainischen* Sprache wurde 1880 das NT und 1903 die B. gedruckt.

ι) Das *Wendische* (Sorbische) zerfällt in zwei voneinander stark abweichende Dialekte, aus denen sich zwei Schriftsprachen (Nieder- und Oberwendisch) entwikkelt haben. Im Niederwend. liegt eine Hs. einer Ü. des NT aus Luther von 1547 vor. Im Druck erschien das NT 1709, das AT 1796. Die letzte Revision erschien 1860. Im Oberwend. erschien 1706 das NT aus Luther und dem Urtext, die B. 1728. Die letzte Revision wurde 1881 vorgenommen. - Eine röm.-kath. Ü. des NT wurde 1892 gedruckt.

m) In *ungarischer* (magyarischer) Sprache sind keinerlei Reste mittelalterlicher Ü.en für liturgische Zwecke erhalten. Zu Beginn des 15.Jh.s wurde die B. von zwei Mönchen, Thomas und Valentius *(Huszita-B.)* übersetzt, aber nie gedruckt. Erhalten sind nur 3 Hss. mit Resten. Ganz verschollen ist die Ü. von L.Báthory. Nachdem die paulinischen Briefe 1533 in Krakau und die Evangelien 1536 in Wien erschienen waren, kam auf ungar. Boden 1541 die Ü. des Melanchthonschülers Joh. Sylvester (später fälschlich → Erdösi genannt) heraus. Bevor 1574 eine 2. Aufl. gedruckt wurde, erschien 1561 bis 1565 von Kaspar Heltai, ebenfalls einem Schüler Melanchthons, der größte Teil des AT und das NT. Von der Ü. des Peter Juhász (Melius), der gleichfalls einige Bücher des AT und das NT übersetzte, ist kein Exemplar des NT erhalten. 1586 erschien ein NT von Th.Félegyházi. Alle diese Ü.en wurden 1590 in den Schatten gestellt durch das Meisterwerk von Kaspar → Károlyi, dessen B. nach ihrem Druckort *Vizsoly-B.* genannt wird. Sie ist von größtem Einfluß auf die magyarische Sprache und Kultur gewesen und nahm in Ungarn dieselbe Stellung ein wie die Luther-B. in Deutschland. Nach geringfügigen Verbesserungen im Laufe der Zeit wurde sie 1908 gründlich revidiert. Von den Ü.en des AT abgesehen, erschienen seit dem 16.Jh. über 20 Ü.en des NT, darunter 4 röm.-kath. Aber keine von ihnen konnte die Stellung der Károlyi-B. erschüttern. Die beste von ihnen, die es vermocht hätte, war die 1718 in Leiden gedruckte von Georg K. Csipkés, die aber auf dem Heimtransport von der röm.-kath. Hierarchie beschlagnahmt wurde. Als viel später ein Teil freigegeben wurde, war es zu spät. Nach dem ersten Weltkrieg wurde eine neue Revision der Károlyi-B. für notwendig gehalten. 1938 kam eine Probe-Ausg. der revidierten B. von S. → Czeglédy und S.Raffay heraus, an deren Vervollkommnung bis jetzt weitergearbeitet wird. Seit 1949 geschieht dies durch den ungar. B.rat, der ökumenischen Charakter hat und Mitglied der Vereinigten B.gesellschaften ist. Die Probeausg. des NT erschien 1954, vom AT bis Herbst 1956 Gen bis Est. Sie wird als eine neue und moderne Ü. betrachtet, die nur aus Pietät den Namen Károlyi auf dem Titelblatt trägt.

Die röm.-kath. Ü. von G.Káldi (Wien 1626) versuchte ohne Erfolg, die Stellung der Károlyi-B. zu erschüttern. Nach einer 2. Aufl. 1732 wurde sie verschiedentlich, zuletzt 1916, revidiert. Eine Neubearbeitung ist im Gange. Eine selbständige Ü. des NT von Békés und Dallos erschien 1951 in Rom und Limburg.

L.Musnai, Die Gesch. der ung. B., 1927² (ung.) - I.Harsányi, Die ung. B., 1927 (ung.) - K.Erdös, Chronik der Károlyi-B., 1940 (ung.).

Zu 1 u. 2: Eine Gesch. sämtlicher B.Ü.en ist seit RE nicht erschienen. Die Lit. über einzelne Sprachen ist zum großen Teil älteren Datums oder in Zeitschriften verstreut. Für ältere Lit. noch brauchbar: RE III, 97ff; XXIII, 220ff. - Th.H.Darlow-H.F.Moule, Historical Catalogue of the printed Editions of Holy Scripture in the Library of the British and Foreign Bible Society, London 1903-11 - E.M.North, The Book of a Thousand Tongues, New York-London, 1938 (Neuaufl. 1957 in Vorbereitung) - EC II, 1556ff - V.Rosenkilde, Europæiske Bibeltryk, Esbjerg 1952 - W.Schwarz, Principles and Problems of Biblical Translation, Cambridge 1955 - TCERK I, 144ff. - Lehrreich sind die kleinen Schriften: The Gospel in Many Tongues, London zuletzt 1954, mit Proben aus 826 Ü.en, sowie: R.Kilgour, The Gospel in Many Years, London 1925, mit zeitlicher Liste der Erstveröffentlichungen in 835 Sprachen. - Über Revisionen, neue Ü.en sowie teilweise auch über die Gesch. einzelner Ü.en berichten laufend seit 1950 The Bible Translator u. Bulletin of the United Bible Societies, London (beide vierteljährl.). - Sämtliche neuen Ü.en, Werke u. Artikel sind verzeichnet im Elenchus Bibliographicus Biblicus, Beilage zu Bibl. - Vgl. auch IZBG sowie die Lit. zu → Bibelgesellschaften. *P.H.Vogel*

VI. Bibelrevision als kirchlich-theologisches Problem

1. Für alle aus der Reformation hervorgegangenen Kirchen ist - im Gegensatz zur mittelalterlichen Kirche - der grundsätzliche Rückgriff auf die im NT vereinigten Urzeugnisse des christlichen Glaubens kennzeichnend. Aus ihnen allein quillt letztlich alles christliche Leben. An ihnen allein kann letztlich geprüft werden, was christlich ursprünglich-echt, legitim und wesentlich ist, und muß sich alles christliche Leben orientieren und korrigieren. Daher gibt es für jede werdende Kirche keine wichtigere Aufgabe als die Ü. des NT (und um seinetwillen auch des AT) in die Volkssprache. Diesen Dienst hat Luthers begnadete Genialität seinem Volke in einer alle bisherigen Versuche auslöschenden Weise geleistet (→ Bibelübersetzung: IV, 2).

2. Dies aber geschah nicht in einmaligem Wurf. Vielmehr hat Luther seit dem September-Testament von 1522 unaufhörlich an ihm gebessert bis zu seinem Tode - eine *fortgesetzte Revision,* die er nie als abgeschlossen angesehen hat. Nach Luthers Tod »besserten« andere Hände weiter. Aber die Arbeit wurde nicht gesteuert. Der Versuch Kurfürst Augusts von Sachsen, der drohenden Verwilderung durch Schaffung einer Normalausgabe entgegenzutreten (1581), mißlang. Einen wirklichen Fortschritt bedeutete 100 Jahre später die »Stadische B.« des Bremer General-Sup.Dieckmann (1690), deren Text seit 1703 durch die Cansteinsche B.anstalt weite Verbreitung gewann. Aber die Verwirrung blieb groß und wuchs; gegen die Mitte des 19.Jh.s lief die Luther-B. in einem Dutzend verschiedener Rezensionen um. Die heraufziehende Gefahr, mit der gemeinsamen Luther-B. das stärkste Einheitsband der ev. Deutschen zu verlieren, ließ das Verlangen nach einer allgemein zu gebrauchenden Normalausgabe wach werden, deren Text aber erst noch zu schaffen war. - Andere Gesichtspunkte traten hinzu. Das Schriftprinzip verpflichtete zur gewissenhaftesten Treue gegenüber dem Urtext. Aber man hatte erkennen müssen, daß Luthers Werk in dieser Beziehung doch mancherlei Mängel anhafteten, teils weil seine Textvorlage keineswegs einwandfrei war, teils weil auch seine Ü. nicht immer das Rechte getroffen hatte. Weiter kam hinzu, daß die großen Papyrusfunde seit der zweiten Hälfte des 19.Jh.s die nt. Philologie weithin auf eine ganz neue Basis stellten. Die Treuepflicht gegenüber dem Urtext rief also immer dringender nach einer gewissenhaft durchgeführten Revision. - Die gleiche Forderung ergab sich auch aus dem Prinzip der Verständlichkeit. Hierbei galt es einmal, der Entwicklung der lebenden Sprache Rechnung zu tragen. Luthers B.sprache enthielt zahlreiche Wörter, die im Lauf der Jahrhunderte außer Gebrauch gekommen, unverständlich oder mißverständlich geworden sind. Altertümliche Wortformen und fremdartige Satzbildungen verlangen Erklärungen und erschweren das Sachverständnis, weil sie die Aufmerksamkeit ablenken. Der Text soll gewiß nicht alltäglich-platt, aber er darf auch nicht zu altertümlich wirken, weil das leicht die Vorstellung des Sagenhaft-Unwirklichen mit sich bringt. Außerdem verlangen manche Texte, besonders solche des Apostels Paulus, wegen ihrer komprimierten Redeweise und schwierigen Gedankenführung, daß dem Verständnis durch die technische Gestaltung der Ü. eine Hilfe gegeben wird. Unter diesen Schwierigkeiten leidet nicht nur der Jugendunterricht, sondern auch die evangelistische oder volksmissionarische Verkündigung. - So wurde also eine sorgsam durchgeführte Revision der Luther-B. im letzten Jahrhundert immer dringender, als Frage der Erhaltung des geistlichen Zusammenhalts unter den ev. Deutschen, als Frage der theologischen Wahrhaftigkeit und als Frage der volkskirchlichen und volksmissionarischen Wirksamkeit des B.wortes. Demnach handelt es sich bei der B.revision um ein kirchlich-theologisches Problem von weitesttragender Bedeutung. Dem Problem kann sich auf die Dauer keine Kirche entziehen. Immer geht es dabei um vier Aufgaben: Richtiger Text! Richtige Ü.! Verständliche Ü.! Volkstümliche und doch nicht vulgäre Ü.!

3. Die Arbeit kam im 19.Jh. zuerst in *Deutschland,* aber nur sehr langsam, in Gang. Ein großes Verdienst um sie hat einmal der Hallische Bibliothekar H.E.Bindseil, der zusammen mit H.A.Niemeyer in seiner großen kritischen Ausgabe der B.Ü. Luthers (7 Bde, 1840-55) das Material für die Schaffung einer Lutherischen Normal-B. bereitstellte, nachdem er selbst schon 1836 für die Cansteinsche B.anstalt eine Revision des Luthertextes durchgeführt hatte. Dann aber hat der Hamburger Prediger Mönckeberg die kirchliche Öffentlichkeit wachgerüttelt, indem er durch einen Aufsatz über »Luthers B.Ü. und die Eisenacher Konferenz« (1855) diese 1852 zum erstenmal zu-

sammengetretene Konferenz der deutschen ev. Kirchenregierungen aufforderte, endlich die Aufgabe der Schaffung einer revidierten Normal-B. in die Hand zu nehmen, da die privaten → Bibelgesellschaften allein zur Durchführung nicht imstande seien. Für diese stellte dann die Eisenacher Konferenz gewisse Grundsätze auf: Der Cansteinsche Text als Grundlage; vorzugsweise Berücksichtigung der Originalausgaben Luthers, also nicht nur der Ausgabe von 1545, die man damals als Ausgabe letzter Hand ansah; im Zweifel entscheidet der Grundtext; etwa nötige Änderungen unter Beachtung des Sprachschatzes der Luther-B. Das Ergebnis der 1864 eingesetzten Kommission für das NT lag bereits 1867 im Druck vor (mit etwa 200 Verbesserungen aus dem Grundtext). Eine zweite Kommission bearbeitete von 1871-81 das AT. Die fertige Probe-B. erschien 1883. Die öffentliche Kritik beanstandete lebhaft die Zaghaftigkeit der Verbesserungen und die gebliebene Altertümelei der Sprache. Eine abermalige Überprüfung kam den geäußerten Wünschen entgegen. So kam es endlich zu der »Im Auftrage der Deutschen Ev. Kirchenkonferenz durchgesehenen Ausgabe«, deren ersten Druck die Cansteinsche B.anstalt 1892 herausbrachte. Die Kritik kam jedoch noch nicht zum Schweigen. Eine ohne viel Aufhebens durchgeführte nochmalige Durchsicht drängte die als störend empfundenen Archaismen noch weiter zurück. Die seit 1912 vertriebene Ausgabe trägt den Vermerk »*Neu* durchgesehen nach dem vom Deutschen Ev. Kirchenausschuß genehmigten Text«.

4. Die wachsende Zahl und Verbreitung moderner Ü.en, die den Forderungen der Treue gegenüber Wortlaut und Sinn des Urtextes und der Faßlichkeit besser zu entsprechen suchten, ferner die Erfahrungen der B.gesellschaften und die Stimmen aus der bibellesenden Gemeinde zeigten aber, daß man bei dem bisher Erreichten nicht stehenbleiben konnte. Gehemmt von den Kräften des Beharrungsvermögens trug es dem Ernst der kirchlich-theologischen Problematik der Sache nicht genügend Rechnung. Nach Beendigung des ersten Weltkrieges nahm man die Arbeit wieder auf. B.gesellschaften und Kirchenausschuß einigten sich 1928 auf neue Grundsätze: Maßgeblichkeit des Urtextes (für das NT der Nestle-Text von 1927); Berichtigung offenbarer Fehler der Luther-Ü.; Beseitigung mißverständlicher oder unverständlicher veralteter Wörter, Wortformen und Satzgebilde - stets unter Berücksichtigung von Rhythmus und Wohllaut. Damit war die Bahn für eine gründlichere Aufräumarbeit frei. Das Ergebnis für das NT wurde 1938 in dem »Probetestament« der Priv. Württ. Bibelanstalt vorgelegt (während der Probedruck für das AT erst 1955 erscheinen konnte). Es gab eine lebhafte öffentliche Kritik, dann Beratungen in einer kleinen vom Verband der B.gesellschaften beauftragten Kommission. Der Ertrag fand seinen Niederschlag in einem Berliner Probedruck von 1949, der seinerseits wieder die Grundlage bildete für eine abschließende Durchsicht durch eine vom »Rat der Ev. Kirche in Deutschland« Ende Januar 1952 berufene Kommission. Deren Arbeit zog sich, nicht ohne krisenhafte Vorgänge, bis 1956 hin und erschien im Okt. 1956 im Verlag der Priv. Württ. Bibelanstalt als »vom Rat der Ev. Kirche in Deutschland im Einvernehmen mit dem Verband der Ev. Bibelgesellschaften in Deutschland genehmigte Fassung des revidierten Textes«. Dieser Text sanktioniert im wesentlichen den Ertrag jahrzehntelanger Bemühungen, fügt aber eine große Zahl neuer kleiner Verbesserungen hinzu. Unter ihnen auch einige recht bedeutsame, wie Röm 3, 25 »Sühnopfer« statt »Gnadenthron«, oder 1Kor 11, 7 die »Frau« ist des Mannes »Abglanz« statt »Ehre«. Anderwärts ist man freilich in Fehler zurückgesunken, die man hätte als überwunden ansehen sollen. So in Lk 2, 14, wo es nun wieder heißt »und den Menschen ein Wohlgefallen« (statt »bei den Menschen Seines Wohlgefallens«), und wenn Luthers sinnwidrige Ü. des Wortes »Passa« mit »Ostern« festgehalten oder wieder-eingeführt wird. (Das Richtige wurde in die Anmerkungen verwiesen.) Auch sollte man zB die Ü. »Richthaus« für Prätorium in Phil 1, 13 und das matte »der Friede Gottes bewahre« statt der zuversichtlichen Verheißung »wird bewahren« in Phil 4, 7 heute der Gemeinde nicht mehr anbieten. Hier hat man sich aus Gründen kirchlicher Opportunität und um des neuen Lutherischen Lektionars willen Abweichungen vom Urtext erlaubt, die mit dem Formalprinzip der Reformation nicht wohl vereinbar sind. (Die nächste Phase der Revisionsarbeit wird auch diese Überbleibsel hinwegschwemmen.) Wenn man dies auch nicht verschweigen darf, so stellt der neue Text aufs Ganze gesehen doch einen *großen kirchlich-theologischen Fortschritt* dar, über den alle sich freuen dürfen, denen die Erhaltung der Luther-B. als lebendiges Volksbuch ein Anliegen ist.

5. Unabhängig von den Bemühungen auf reichsdeutschem Sprachgebiet hat sich der *Schweizer Protestantismus* in der neuen Zürcher B. in 25jähriger stetiger Arbeit einen Text geschaffen, der sich wegen seiner wissenschaftlichen Sorgfalt ebenso wie wegen seines Sprachtaktes großen Ansehens erfreut. Dieser 1931 zuerst erschienene Text ist »das Ergebnis einer Revision, wie sie gründlicher und einschneidender seit der Reformation nicht besorgt worden ist«. Das will bei den Schicksalen, welche diese B. gehabt hat, etwas sagen.

6. Wie in Deutschland hinsichtlich der Luther-B. wurde in *England* seit der Mitte des 19. Jh.s das Verlangen nach einer Erneuerung des Textes der seit 250 Jahren überall im kirchlichen Gebrauch befindlichen King James Bible immer stärker. Auch hier waren die großen Fortschritte der B.wissenschaft einerseits und die wachsende Entfernung des gesprochenen Englisch von dem alten Text und die damit gegebene Behinderung der religiösen und kirchlichen Wirkung, also das volkskirchliche Bedürfnis, die treibenden Gründe. Eine von einer Kirchenversammlung in Canterbury 1870 eingesetzte Kommission schuf in 11jähriger Arbeit einen revidierten Text des NT, dem 1885 das AT folgte. Das Ergebnis setzte sich aber nicht recht durch. Die *Amerikaner* waren so wenig befriedigt, daß sie sich eine eigene »American Standard Version« schufen (1901). Aber erst in einem abermaligen großen Anlauf gelang es der erstarkenden inneren Freiheit gegenüber dem traditionellen Text in der *Revised Standard Version* des NT von 1946 und des AT von 1952, ein befriedigendes Ergebnis zu erzielen, mit dem trotz des Widerspruchs einzelner Denominationen die B.frage für die ev. Kirchen Amerikas als einstweilen gelöst angesehen werden kann. Bei aller Freiheit ist hier das Substrat der alten Ü. immer noch vorhanden, während man zB in den *Niederlanden* sich entschloß, die alte Staaten-Bijbel durch eine neue Ü. abzulösen (NT 1939, AT 1951).

Vgl. → Bibelübersetzungen: VII, 2.

A. KAMPHAUSEN, Die berichtigte Luther-B., 1894 (Lit.) - W. STAERK, Dokumente zur Gesch. der B.revision (ThBl 21, 1942, 145-158). - Vgl. ferner H. STRATHMANN, Probe des Probetestaments, 1940 - DERS., Die neue amerikanische Bibel (JK 14, 1953, 108-111) - DERS., Zur Frage der Revision des Textes der Luther-B. (JK 15, 1954, 15-23) - DERS., Erfordernisse einer sinnvollen Revision der Luther-B. (EvTh 15, 1955, 128-136) - L. ROST, Erwägungen zur Revision der Luther-B. (MPTh 45, 1956, 262-266). *H. Strathmann*

VII. Probleme der missionarischen Bibelübersetzung

1. Anfang 1956 waren die B. oder B.teile in 1092 Sprachen übersetzt. Es lagen 207 vollständige B.Ü.en und 265 Ü.en des NT vor; den Rest bilden vor allem Evangelien-Ü.en. Diese einmalige Leistung in der Geschichte der Literatur steht in engem Zusammenhang mit der neuzeitlichen prot. Missionsbewegung. Bis zur Erfindung der Buchdruckerkunst war die B. in nur 33 Sprachen übersetzt worden, und dies vorwiegend innerhalb der ersten Jahrhunderte. Seit der Erfindung der Druckpresse bis zum Beginn des Bibelgesellschaftswesens 1804 war die B. ganz oder teilweise lediglich in 71 Sprachen (einschl. der vorher bereits übersetzten 33) gedruckt worden. Im 19.Jh. wurden dann Teile der B. in 472 weitere Sprachen übertragen, und schon in der ersten Hälfte des 20.Jh.s kamen 549 weitere Sprachen dazu. Damit existiert die B. in den Sprachen von 95% der Erdbevölkerung, für mindestens 1000 Sprachen fehlt jedoch eine Ü.; aber gegenwärtig erscheint etwa monatlich ein B.teil in einer dieser Sprachen. Mehr als 1000 Missionare und einheimische Mitarbeiter widmen augenblicklich den größten Teil ihrer Zeit der Übertragung und Revision der B.

2. In den letzten Jahren hat das Interesse an Ü.en in neue Sprachen zugunsten einer intensiven *Revisions*tätigkeit nachgelassen. Es gibt kaum eine wichtige Sprache, in der nicht eine Revision der B. bereits vorgenommen oder wenigstens geplant ist. Diese Revisionstätigkeit hat u.a. folgende Gründe: 1. Zugang zu kritischen, exakteren Texten; 2. die Entwicklung der biblischen Wissenschaften; 3. unvermeidliche Sprachveränderungen, 4. vielerorts die Möglichkeit, durch Glieder junger Kirchen die erste Ü. der Missionare verbessern zu können; 5. ein neues Verhältnis zu idiomatischer Ü.; 6. ein neu erwachtes Interesse an der missionarischen Verkündigung, die an einer weiten Verbreitung der Hl. Schrift in einer verständlichen Sprache hängt.

3. Der B.übersetzer steht drei grundlegenden Fragen gegenüber: Wie lautet der Text? Was bedeutet der Text? Welches ist das gegebene Äquivalent in der einheimischen Sprache? Die beiden ersten Fragen löst der Übersetzer mit Unterstützung des Textkritikers und des Exegeten; jedoch nur er allein kann die Antwort auf die dritte Frage finden. Dabei muß das Äquivalent nicht nur dem Geist der Sprache entsprechen, sondern auch im gesamten kulturellen Gefüge den Sinn der biblischen Aussage fassen. Vom Phonetischen bis hin zum Lexikalischen muß der Übersetzer damit neben philologischen auch ethnologische Zusammenhänge berücksichtigen.

a) Oft hatte der übersetzende Missionar erst eine Schreibweise für die betr. Sprache zu schaffen. Er hatte sich also nicht nur mit der Phonetik zu befassen, um Laute zu fixieren, sondern auch mit der neueren Wissenschaft der Phonetik, mit deren Hilfe man Lautverbindungen feststellt, die zur Unterscheidung verschiedener Bedeutungen dienen. Schwieriger als Schriftzeichen für Schnalzlaute, Doppelkonsonanten, glossale Reibelaute oder tonale Differenzierungen zu finden, erwies sich jedoch die Verwendung unverständlich gewordener Orthographie und die Notwendigkeit, auf die kulturelle Überfremdung seitens der herrschenden nationalen oder kolonialen Sprachen sowie auf die unzulänglichen Druckereiausrüstungen Rücksicht zu nehmen.

b) Entgegen der landläufigen Ansicht über die angebliche Einfachheit primitiver Sprachen haben einige doch eine außerordentlich komplizierte Grammatik: So beginnt zB in der Aymara-Sprache Perus und Boliviens jedes Verb mit einem Stamm, dem in 23 Gruppen verschiedene Kombinationen von Suffixen angehängt werden können, so daß jedes Verb dieser Sprache mindestens 100 000 verschiedene Formen haben kann. Jedoch bilden die verwickelten Unterscheidungen grammatikalischer Kategorien eine weit ernstere Komplikation. So unterscheiden zB verschiedene Sprachen weder Numerus noch Tempus, aber sie haben eine verwirrende Fülle von Unterscheidungen hinsichtlich des Aspektes (beseelt-unbeseelt, tot-lebendig), der Lage, der Glaubwürdigkeit usw.

c) Alle Sprachen haben ihre eigene schwer zugängliche syntaktische Struktur, die nur selten der der biblischen Sprachen entspricht. Deshalb sind syntaktische Anpassungen erforderlich, zB Änderung der Wortfolge, der Stellung von Nebensätzen, Auflösung langer, schwerfälliger Sätze, Verwendung von Substantiven, wo die Originalsprache entsprechende Pronomina benutzt (und umgekehrt), und der Gebrauch von Verben anstelle von Substantiven. In vielen Sprachen müssen Substantive, die einen Vorgang wiedergeben (wie Liebe, Sünde, Umkehr, Vergebung und Taufe), durch Verben ersetzt werden, da diese Sprachen Substantive nur für Gegenstände verwenden.

d) Jede Sprache hat Zehntausende von Wörtern, und alles, was in einer Sprache ausgedrückt werden kann, läßt sich in irgendeiner Form auch in einer anderen Sprache mitteilen, jedoch nicht ohne zahlreiche Anpassungen. So liebt zB der Mensch in der Terminologie der Bibel mit dem »Herzen«; viele Völker lieben jedoch mit der »Leber«, andere mit den »Eingeweiden« und wieder andere mit der »Kehle«. Ein Ausdruck wie »feurige Kohlen auf sein Haupt sammeln« muß im allgemeinen bei Ü. radikal geändert werden, wenn er nicht mißverstanden werden soll. Damit sind vier Formen der Wiedergabe von Idiomen erfordert: 1. Metaphern durch Metaphern, zB »Herz« durch »Leber«; 2. Metaphern durch Bilder, zB »Ich bin wie eine Tür« (Joh 10, 7); 3. Metaphern durch Nicht-Metaphern, zB »begürtet die Lenden eures Gemütes« durch »macht euch bereit in eurem Sinnen«; 4. Nicht-Metaphern durch Metaphern, zB »Glaube« mit »an Gott mit dem Herzen hängen« (Tzeltal-Sprache in Mexiko). Hinzu kommt das Problem der Übertragung von Allgemeinbegriffen; häufig bildet die Hauptschwierigkeit nicht das Fehlen von Allgemeinbegriffen, sondern ihre mangelnde Korrespondenz zum biblischen Sprachgebrauch.

E.W.Smith, The Shrine of a People's Soul, 1947 - E.A.Nida, Bible Translating, 1947 - Ders., God's Word in Man's Language, 1952 - The Bible Translator, Vierteljahresschrift, seit 1950 hg. von den United Bible Societies. *E.A.Nida*

Bibelverbot. Bei der Frage nach dem B.verbot (B. = Bibel) geht es um das B.lesen in der Muttersprache durch die des Lateinischen unkundigen Laien in der röm.-kath. Kirche. Wegen der Stellung der B. in ihrem dogmatischen System gehört das B.lesen nicht zu den unabdingbaren Forderungen; denn die regula proxima fidei ist das Lehramt der Kirche. Deswegen muß die Kirche vom selbständig die B. lesenden Laien die Gefahr abwenden, dadurch von ihrer Lehre abzukommen.

Die zumeist biblizistische Opposition, besonders unter den romanischen Völkern des 12. und 13.Jh.s, veranlaßte deshalb die Kirche (bei strengem grundsätzlichem Festhalten an der Hochschätzung der B.), »die Schrift unter klerikalen Verschluß zu nehmen« (M.Kähler). So verbietet ein Brief → Innozenz' III. nach Metz (1199) nicht die (kirchlich geleitete) B.lektüre, sondern nur ihre Vornahme in »occultis conventiculis«. Dagegen verbieten im 13.Jh. Synoden in Frankreich und Spanien (Toulouse 1229, Tarragona 1234) Laien den Besitz einer B.übersetzung. Dieses Verbot wurde für Spanien öfter durch kirchliche und staatliche Instanzen erneuert. In England wurden durch die 4. Synode von Oxford (1408) → Wiclifs B.übersetzung und auch die danach entstandenen

Übersetzungen verboten, »bis die Übersetzungen von dem Bischof oder von dem Provinzialkonzil gutgeheißen werden«. In Deutschland verbot Erzbischof Berthold von Mainz 1485/86 Druck und Verkauf aller nicht ausdrücklich genehmigten deutschen B.n bei Strafe der Exkommunikation.

Luthers Übersetzung erweckte im Katholizismus sogleich den Wunsch nach einer »glaubwürdigen deutschen B.«. Andererseits möchte → Staphylus (1561) nur einzelnen ausgewählten Laien wie Fürsten, Gelehrten usw die B. gestatten, aber für die übrigen genüge ein kirchlich approbierter Auszug. Das Tridentinum wendet sich im Decretum de editione et usu librorum sacrorum (1546) gegen die unbeschränkte Freiheit, die B. oder einzelne ihrer Teile herauszugeben und zu verbreiten. Diese Bestimmungen sind nun nicht mehr bloß partiell, sondern die Reformation zwingt eine allgemeine Regelung auf. Die Entscheidung hinsichtlich der B.übersetzungen wurde dem Papst überlassen. So macht Paul IV. im ersten Index (1559) Druck und Besitz von B.n in der Volkssprache abhängig von der Genehmigung durch die röm. Inquisition. Der Index Pius' IV. von 1564 gibt Ortspfarrern oder Beichtvätern die Möglichkeit, für das B.lesen geeigneter Laien eine schriftliche Genehmigung beim Bischof oder Inquisitor zu erwirken. Nach mehrfachem Schwanken der Päpste in dieser Sache genehmigt endlich Alexander VII. (1757) die Lektüre approbierter B.übersetzungen ohne sonstige Bedingungen. Allerdings hebt Gregor XVI. diese Milderung 1836 wieder auf.

Die Konstitution Officiorum ac munerum Leos XIII. (1897) und die aus ihr gewonnenen Canones (1385. 1391. 1399. 1400) des CIC (1917) haben die Entwicklung abgeschlossen. Danach können die Bücher der B. sowie Anmerkungen und Erklärungen dazu nur mit kirchlicher Genehmigung erscheinen. Übersetzungen der B. in eine lebende Sprache bedürfen der Approbation durch den Hl. Stuhl oder müssen unter der Aufsicht der Bischöfe herausgegeben und mit Anmerkungen versehen werden, die der kirchlichen Tradition entsprechen. Verboten sind alle von Nichtkatholiken besorgten Übersetzungen und Ausgaben des Urtextes sowie der alten kath. Übersetzungen, auch solche der Ostkirche. Alle, die theologischen oder biblischen Studien obliegen, dürfen die verbotenen B.ausgaben und Übersetzungen benutzen, wenn nur die Ausgaben wortgetreu und vollständig sind und in ihren Anmerkungen und Einleitungen kein kath. Dogma bekämpft wird. – Vgl. → Bibelverbreitung im modernen Katholizismus.

RE II, 700ff – M.KÄHLER, Dogmatische Zeitfragen I, 1907², 266ff – N.PETERS, Kirche u. B.lesen, 1908 – M.BESSON, L'Eglise et la Bible, 1927; dt. Kath. Kirche u. B., o.J. – LThK II, 290ff – A.SLEUMER, Index Romanus, 1956¹¹, 91ff – EICHMANN-MÖRSDORF II, 404ff – BL 213ff.

W.Sucker

Bibelverbreitung im modernen Katholizismus. Eine kirchenamtliche Förderung der B.V. (B. = Bibel, V. = Verbreitung) konnte in dem Augenblick einsetzen, als feststand, daß die B. nicht die maßgebende Quelle der Wahrheit sei, sondern die Kirche und ihr Lehramt. Es geht bei dieser Förderung 1. um die B.wissenschaft, ihre Kirchlichkeit und deren Gefährdung, 2. um den Klerus, sein Einleben in die B. und seine Vorbereitung für Predigt, Unterricht und Seelsorge und 3. um die Laien und ihr B.lesen. Dementsprechend ermutigt und reglementiert Leo XIII. in seiner Enzyklika »Providentissimus Deus« (1893) die kath. B.wissenschaft und schärft die biblische Bildung des Klerus ein und bestimmt zugleich Ablässe für regelmäßiges B.lesen, die modifiziert auch heute gelten. Noch zu seiner Zeit entsteht in *Italien* die Gesellschaft des heiligen Hieronymus (Pia Società di S. Girolamo, Rom 1902), insbesondere zur Verbreitung des NT in der Landessprache. Papst Pius XII. kann in seiner Enzyklika »Divino afflante spiritu« (1943) auf die großen Fortschritte hinweisen, die der Gebrauch der B. unter den Katholiken gemacht habe.

In *Deutschland* hat Norbert Peters schon 1908 B.stunden, Verlesung der biblischen Perikopen des Missale auch an den Wochentagen, erweiterte Lesung der B. in der Schulmesse, Schüler-B.-Kränzchen, Verbreitung guter deutscher B.ausgaben verlangt. Eine Organisation für B.V. entstand aber erst 1933, zunächst Kath. B.bewegung, dann Kath. B.werk genannt (Sitz Stuttgart). Die Schirmherrschaft hat der jeweilige Bischof von Rottenburg im Gedenken an den »Bibelbischof« P.W.Keppler (1852–1926), der sich besonders für die Gebundenheit der Predigt an die Schrift einsetzte. Die Mitglieder sind meist Priester. Aufgabe des B.werks ist die Verbreitung billiger B.n und B.teile, die Herausgabe einer bibelwissenschaftlichen und praktischen Schriftenreihe, eines jährlichen B.leseplans »Gottes Wort im Kirchenjahr« und eines Praktischen B.handbuchs.

Der Zusammenhang von B. und Liturgie begründet die Gemeinsamkeit von liturgischer und B.bewegung. So verband Pius Parsch-Klosterneuburg organisch mit seinen volksliturgischen Bestrebungen das B.apostolat, das billige Volks-B.n verbreitet. Seit 1926 erscheint die Zeitschrift »B. und Liturgie«. In *Österreich* trat (1950) neben die Klosterneuburger Arbeit das B.referat im Wiener Seelsorgeamt, das besonders für die Einführung von »B.runden« in den Gemeinden tätig ist.

In *Frankreich* betreuen heute die Pariser Dominikaner die Ligue Catholique de l'Evangile und geben Vierteljahreshefte zum B.studium heraus. Yves → Congar sagte: »Wir scheinen am Anfang eines biblischen Zeitalters zu stehen.« Hier geht die Wiederentdeckung der B. mit der der Exegese der Kirchenväter Hand in Hand (»Neue Theologie«).

In *England* besteht seit 1940 eine »Catholic Biblical Association« (mit Wirksamkeit auch in Kanada und USA); Zeitschrift: »Scripture«. In den USA wird seit 1948 von der dortigen B.bewegung eine B.übersetzung in Einzelheften herausgegeben.

Auch in der *Schweiz* veranstaltet die »Schweizerische Kath. B.bewegung« B.wochen für Priester, gibt in den »Biblischen Skizzen« Materialien für Vorträge, Predigten und B.abende und sorgt durch die »Biblischen Beiträge« für die exegetische Weiterbildung des Klerus.

In *Spanien* wurde ähnlich wie in *Brasilien* ein »Tag der B.« festgesetzt. In Brasilien wurde eine neue Übersetzung der B. in Angriff genommen. Der Gründer der B.bewegung in Deutschland, J.Straubinger, von 1939–51 in *Argentinien* wirkend, begründete in La Plata die Zeitschrift »Revista Biblica« und übersetzte die B. ins Spanische (→ Bibelübersetzungen: V, 2 l 3). Ebenso wird von einer sich rasch über ganz Nordargentinien ausbreitenden B.bewegung berichtet mit Laiengruppen in den Pfarrgemeinden und mit B.stunden über den Rundfunk. Man versucht auf diese Weise einem extravaganten Madonnenkult und dem Vordringen amerikanischer Sekten entgegenzuarbeiten.

N.PETERS, Kirche u. B.lesen, 1908 – B. u. Kirche (zunächst als Jb., ab 1953 Vierteljahresschrift); 1953, H. 3, 29–31: Liste der zZ lieferbaren kath. B.ausg. in dt. Sprache – Prakt. B.hdb., hg.v. J.STRAUBINGER u. J.BÄRTLE, (1936) 1951² – Papst Pius XII. Enz. Divino afflante spiritu »Über die zeitgemäße Förderung der bibl. Studien« vom 30.9.1943 (AAS 35, 1943, 297ff) – H.HERMELINK, Die kath. Kirche unter den Pius-Päpsten des 20.Jh.s, Zollikon-Zürich 1949, 106ff – V.BARONI, La bible dans la vie catholique depuis la Réforme, Lausanne 1950 – L.FENDT, Die kath. B.auslegung (Materialdienst des Konfessionskundl. Instituts 3, 1952, 65–69) – BL 198ff. 238ff – Heilige Schrift u. Seelsorge, hg.v. K.RUDOLF, Wien 1955 – W.AUER, Kath. B.kunde, 1956.

W.Sucker

Bibelwissenschaft, *geschichtlich*

I. B.W. des AT - II. B.W. des NT. - Über *Aufgabe und Methode der einzelnen biblischen Disziplinen* handeln die Artikel → Schriftauslegung, → Hermeneutik, → Biblische Theologie und biblische Religionsgeschichte, → Bibelkritik, → Text und Textkritik, → Formen und Gattungen, → Bibel: I B. II B (Kanongeschichte), → Bibel: I C. II C (biblische Sprachwissenschaft), → Archäologie, biblische, → Geographie, biblische. - B. = Bibel, B.W. = Bibelwissenschaft

I. Bibelwissenschaft des AT

1. a) Anfänge und Ansätze im AT und Judentum - b) In der christlichen Kirche bis zum MA - c) Von der Reformation bis zur Mitte des 17.Jh.s - d) Bis zum Ende des 18.Jh.s - 2. a) Entwicklung und Entfaltung (analytisch) in Literatur- und Textkritik - b) (synthetisch) in Geschichte Israels, Religionsgeschichte (Biblische Theologie), Literaturgeschichte - c) (philologisch) in Text und Sprache, Übersetzungen - d) Bedeutung der Umwelt

1. a) Da die B.W. des AT ein möglichst allseitiges Verständnis des AT und seiner einzelnen Bücher vermitteln will, steht sie vor einer Fülle von Aufgaben, die sich im Laufe der Wissenschaftsgeschichte nur ganz allmählich herausgebildet haben und in ihrer Gesamtheit erst in der neueren Zeit als unabdingbare Bestandteile der B.W. erkannt worden sind. Als erste Anfänge einer B.W. können wir die in den MT zahlreich eingestreuten → *Glossen* zur Sacherklärung oder Auslegung einzelner Stellen bezeichnen sowie die → *Apokalyptik*, soweit sie die älteren Prophetenworte auszulegen bestrebt war. Die Hss.-funde am Toten Meer (→ Qumran, 3) haben Kommentare zu Nahum und Habakuk (→ Habakuk-Kommentar) und Pss mit zeitgeschichtlicher Ausdeutung zutage gebracht, die ebenso wie die → Mischna und die alten → Midraschim als ein Stück B.W. anzusprechen sind. Einen wichtigeren Beitrag hierzu leistete die *Kanonisierung* (→ Bibel: I. B) und die Arbeit der *Masoreten*, die den Text vokalisierten, ihn mit kritischen Anmerkungen versehen (Masora) authentisch festlegten und für seine peinlich genaue Tradierung Abschreiberregeln aufstellten. Im Gegensatz zu den hellenistisch-jüdischen Gelehrten (→ Philo), die unter Einfluß und Vorbild der griechischen Philosophie, vor allem der stoischen, das AT allegorisierten und damit zu Wegbereitern für die mystischen Spekulationen des Mittelalters (→ Kabbala) wurden, hielt das palästinische Judentum am Wortsinn des Textes fest, verfiel aber, da man dem einzelnen Worte einen besonderen Sinn abzupressen suchte, in eine überspitzte und kasuistische Exegese. Die hiergegen einsetzende Opposition der → Karäer, die sich als die Hüter der alten jüdischen Tradition fühlten, und der Einfluß der *arabischen* Gelehrsamkeit führten seit dem 10.Jh. zu exakterer wissenschaftlicher Arbeit. Der Gaon → Saadja al-Fajjumi († 942) leitete die hebräische *Lexikographie* ein, um die sich neben Rabbi Jona Ibn Ganach (Abul-Walid Marvan, um 1150) R. Menahem ben Saruk (10.Jh.) mit seinem arabisch geschriebenen »Wurzelbuch«, R.Salomo Parchon († um 1160) und besonders David → Kimchi (Radaq genannt) und → Elias Levita Bachur († 1549) verdient machten. Auf dem Gebiet der hebräischen *Grammatik*, als deren Vater R.Juda Chajjug (um 1040) gilt, treten neben Ibn Ganach vor allem → Raschi (R. Salomo Ben Isaak; † 1105), Joseph → Kimchi (um 1160) und seine Söhne Mose und David, Ephodäus (Isaak Ben Mose; um 1400) und Elias Levita hervor. An *Kommentatoren* sind neben Saadja, Raschi und Dav.Kimchi besonders zu erwähnen R.Tanchum von Jerusalem (13.Jh.) und Abraham Ben Meir → Ibn Esra († 1167). Stärker als hier zeigt sich der Einfluß der im MA weithin herrschenden aristotelischen Philosophie (→ Jüdische Philosophie) bei dem Dichterphilosophen Salomo Ben Juda Ibn Gabirol (latinisiert: Avencebrol) aus Cordoba († 1270), dessen »meqor chajjim« (Lebensquell) auf die christliche Scholastik eingewirkt hat, und bei → Maimonides (R.Mose Ben Maimon; abgekürzt »Rambam«; † 1204), dessen Ansichten zwar stark bekämpft wurden, aber von größter Bedeutung für das Judentum blieben. Auch → Levi Ben Gerson († 1340) und der berühmte Spanier Don Isaak Abrabanel († 1405), der nicht ohne Einfluß auf Richard Simon (s. d) gewesen ist, sind hier zu nennen.

b) Die *christliche Kirche* legte von Anfang an das AT allegorisch aus (→ Schriftauslegung: IV). Ihr Beitrag zur B.W. besteht vor allem darin, daß sie das AT, dessen Wahrheiten durch Gleichnisse und Dunkelheiten verhüllt seien, in möglichstem Umfange auf Jesus nach dem Schema → Weissagung und Erfüllung deutete und im AT die Vorbilder (Typen) für den Glauben sah (wie Röm 5, 14; 1Kor 10, 6; → Typologie: III). Hatte schon → Marcion nur den historischen Inhalt des AT als zuverlässig angesprochen und im 3.Jh. der ägyptische Bischof Nepos eine »Widerlegung der Allegoristen« verfaßt, so bedeutete das ebensowenig wie die Einwände der Kappadozier gegen solche, die »zuviel« allegorisierten. Diese Methode, die sich in der Kirche bis in die Neuzeit erhalten hat, erwies sich als notwendig, um die Kontinuität der Überlieferung von Adam bis zur Gegenwart zu sichern und das AT mit der Kirchenlehre in Übereinstimmung zu halten. Ihren klassischen Ausdruck fand sie in des → Origenes Formulierung über den dreifachen Schriftsinn: historisch, moralisch und mystisch. Zwar warnten die Antiochener, vor allem → Diodor und → Theodor von Mopsuestia, vor dieser Betrachtungsweise, die sie wenigstens mit einer grammatisch-historischen Exegese zu verbinden suchten; aber das bedeutete keinen Fortschritt, da auch sie aus dem Wortsinn das »Mystische« zu erfassen suchten. Obwohl → Augustin als erste Aufgabe die geschichtliche Wahrheit betont, bleibt auch bei ihm das Dogmatische, das geistliche Verständnis, das Entscheidende. Neben vereinzelten Angriffen heidnischer Philosophen des 2.Jh.s (→ Porphyrius, → Celsus) sind bemerkenswert die Clementinischen Homilien (→ Pseudo-Clementinen), die alle »Anstöße und Unmöglichkeiten« im AT als später eingetragene Fälschungen erklärten. Soweit sonst überhaupt *Kritik* geübt wurde, bestand sie in → Textkritik, wie sie Origenes in seiner Hexapla grundlegend und für das Verständnis der LXX bedeutsam durchführte und Hieronymus in seiner Übersetzung, die mit ihrem Zurückgreifen auf den hebräischen Urtext die Bedeutung der LXX stark erschütterte und später als Vulgata zum offiziellen Text der Kirche wurde. - Neben der allegorischen Exegese stand einer Entwicklung der B.W. die mangelnde Kenntnis des Hebräischen - auch Augustin konnte es nicht! - und Griechischen im Wege. Mit dem 5.Jh. war die Epoche der großen Exegeten vorüber; die Folgezeit beschränkte sich mit Ausnahme der ziemlich selbständigen Kommentare → Gregors des Großen († 604) auf die Herausgabe von → *Scholien* und → Catenen. Besonders sind hier zu nennen → Prokop von Gaza und → Photius und in der lateinischen Kirche → Cassiodor, → Beda Venerabilis, → Alkuin, → Hrabanus Maurus und → Walafried Strabo († 849) mit seiner berühmten Glossa ordinaria. Auch die → *Scholastik* (→ Rupert von Deutz, → Petrus Lombardus → Thomas von Aquino, → Bonaventura, → Albertus Magnus) brachte keine Förderung der B.W., da sie sich fast nur auf die dialektische Bearbeitung des Vorhandenen beschränkte. Zu den wenigen Theologen, die Hebräisch konnten, gehörte → Nikolaus von Lyra († 1340), dessen Postilla perpetua von Luther und den Protestanten hochgeschätzt wurde und bis ins 17.Jh. hinein viele Auflagen erlebte. Der Fortschritt für die B.W. besteht bei ihm darin, daß trotz Festhaltens am vierfachen Schriftsinn mit allem Nachdruck die grundlegende Bedeutung des Wortsinns betont wird, den es mit allen Hilfsmitteln zu finden gilt. – Zwei Ereignisse trieben die B.W. ein gutes Stück weiter: Die Erfindung der Buchdruckerkunst, der wir die Vervielfältigung hebräischer Bibeln (1. vollständige Ausg. 1488) und der Complutensischen → Polyglotte (1514–17) verdanken, und der im *Humanismus* neu erwachte Sinn für die Antike, der auch zu einem neuen Studium des Hebräischen führte, um das sich schon das Konzil zu Vienne (1311) bemüht hatte. Als erste Früchte dieser Neubelebung ergaben sich für die B.W. die hebräischen Grammatiken von → Pellikan (1503) und Joh. → Reuchlin (1506).

c) Einen neuen Impuls empfing die B.W. durch die *Reformation*. Wurde hier einzig und allein die Schrift als Autorität und Quelle des Glaubens anerkannt mit der Maßgabe, daß der »eine Text aus der Schrift durch den andern erklärt und ausgelegt werden soll«, so war damit im Prinzip der Allegorese der Boden entzogen. Luther wollte sie nur als »Zierat« für die praktische Exegese gelten lassen, hat sich aber von ihr nie ganz freimachen können. Gleichwohl ist auch ihm oberstes Gesetz, daß nur der Wortsinn zu gelten habe und daß dieser aus dem Urtext ermittelt werden müsse. Diese Forderung führte zu einer Vertiefung der hebräischen Studien, wie sie besonders von Seb.Münster († 1552) und Joh. → Buxtorf im Anschluß an die Rabbinen, aber auch unabhängig von ihnen durch Joh. Förster († 1556) und Val.Schindler († 1610) betrieben wurden. An Kommentatoren dieser Zeit, die alle auf den MT zurückgehen, sind vor allem → Luther und → Zwingli zu nennen und vielleicht mit noch größerem Recht → Calvin; auch Joh.Mercerus († 1570) gehört mit in die erste Reihe der Ausleger, in geringem Abstande gefolgt von Wolfg. → Musculus († 1563), Joh. → Drusius († 1616) und Joh. → Piscator († 1626), während bei → Bugenhagen und → Brenz das erbauliche und dogmatische Element und bei → Ökolampad das Homiletische unter Rückfall in die Allegorese stark hervortritt. Die geniale → Bibelübersetzung (: IV) Luthers überragte alle andern so, daß sie auch nicht durch die des Reformierten J.Piscator verdrängt werden konnte. – Begegnen *kritische Ansätze* bei Calvin nur gelegentlich, so enthalten Luthers »Vorreden« vielfach Urteile über Zeit, Verfasser und unterschiedlichen Wert der Bücher, die er auch sonst nach ihrem Bezug auf Christus einschätzt. Besonders aber hat → Karlstadt in einer Flugschrift (1520) die Mosaizität des → Pentateuch abgestritten, wie auch Esra nicht sein Buch geschrieben noch den Pentateuch redigiert haben könne, während der kath. Jurist Andr.Masius († 1573), bekannt durch seinen Josua-Kommentar, für die Redaktion des Pentateuch durch Esra eintrat. Aber das alles bleiben nur Ansätze, die nicht weiter zum Tragen kamen. Wichtiger ist schon, daß Matthias → Flacius Illyricus (Clavis Script. Sacrae, 1567) die allgemeine *Kirchenlehre* zur »norma normans« aller Exegese erklärte und damit eine B.W. illusorisch machte. Dieses Prinzip, das die Lehre von der Verbalinspiration in der luth. Orthodoxie des 17.Jh.s gründete (→ Inspiration: II), setzte die absolute Integrität des MT voraus, in welche Flacius und nach ihm andere wie Buxtorf und → Gerhard auch die Vokale miteinbezogen. Hatte schon Ibn Esra in ihre Ursprünglichkeit Zweifel gesetzt, die auch von den Reformatoren geteilt wurden (Luther: »ein neu Menschenfündlein«), so folgte nun eine rückläufige Bewegung, die endgültig erst durch J.S.Vater (Hebr. Sprachlehre, 1797) erledigt wurde. Gegenüber der geforderten Autorität des MT unterstrich Joh. → Morinus die größere Zuverlässigkeit von LXX und Vulgata, da der Urtext durch die Nachlässigkeiten der Abschreiber verfälscht sei. Gemäßigter im Urteil ist der Reformierte L. → Cappellus (Critica sacra, 1650), der sich um den Nachweis bemüht, daß durch die mangelnde Sorgfalt der Schreiber keine wesentlichen Textverfälschungen entstanden seien. Mit seinem Ansatz der Vokalisierung ins 5. oder 6.Jh. und seiner Kritik an dem Alter der B.-Hss. erregte er lebhaften Widerspruch bei den beiden Buxtorf, wie sich auch Hugo → Grotius (Annotationes, 1644) die gründliche Polemik des Abr. → Calov († 1686) zuzog, dessen gute philologische Schulung für diese Zeit weithin charakteristisch ist. Als Lexikographen sind vor allem zu nennen Buxtorf d.Ä., Edm.Castellus († 1685), Joh. → Coccejus († 1669), Joh. Heinr. → Hottinger (Heptaglott. Lex.; † 1667) und als Grammatiker mit zT recht beachtlichen arabischen und semitischen Kenntnissen besonders Ludw. de Dieu († 1642), Aug.Pfeiffer († 1698), Sal.Glass († 1656), Jak. → Alting († 1679) und Joh. Andreas Danz († 1727).

d) Wege zu besserem Verständnis des AT bahnte die *Philosophie* der Aufklärungszeit. Hatte Th. → Hobbes (Leviathan, 1631) die Behandlung der Fragen nach Alter und Autor eines jeden at. Buches gefordert, so stellte Baruch → Spinoza im Tractatus theologico-politicus (1670) methodische Grundsätze auf und gab über das AT als historisches und literarisches Erzeugnis eine kritische Gesamtschau, die in ihren Ergebnissen der Zeit weit voraus war und erst viel später fruchtbar gemacht wurde. In Auseinandersetzung mit ihm schrieb der Oratorianerpriester Rich. → Simon sein großes Werk mit dem bezeichnenden Titel »Histoire critique du Vieux Testament« (1678), das sich in den Grundzügen wenig von der Gesamtauffassung des Jesuiten Isaac Peyerius (1655) unterschied. Der Reformierte Joh. → Clericus (Amsterdam † 1736) stimmte in der Methode zwar mit seinem Gegner Simon überein, fand aber dessen Auffassung nicht kritisch genug und forderte, die einzelnen Schriften des AT genau wie die griechischen Schriftsteller als »Literatur« zu behandeln; eine grundsätzliche Forderung von größter Tragweite, um deren Verwirklichung sich noch 1728 Joh. Alphons → Turretini vergeblich mühte. – Von den englischen *Deisten* mit ihrer scharfen Kritik am AT blieb Thomas → Morgans The Moral Philosopher (1737/40) nicht ohne Einfluß auf → Reimarus und → Lessing (Wolfenbütteler Fragmente), während die von William → Whiston (1722) aufgestellte Behauptung einer absichtlichen Verfälschung des MT und der griechischen Übersetzungen Joh.Gottlob → Carpzov (Lübeck, † 1767) mit seiner Critica sacra (1728) auf den Plan rief, die mit viel Scharfsinn die Autorität des MT zu verteidigen suchte. – Der *Pietismus* vertrat zwar mit seiner Unterscheidung von Schrift und Kirchenlehre ein richtiges Prinzip (→ Spener, → Francke), brachte aber der B.W. keine Förderung, da sein Hauptanliegen die erbauliche Auslegung war, die zT in apokalyptische (Joh.Albr. → Bengel, † 1752) oder theosophische (F.Chr. → Oetinger, † 1782; Chr.Aug. → Crusius, Leipzig, † 1775) Bahnen mündete. – Ein typisches Erzeugnis des *Rationalismus* sind die Scholien von Georg Lorenz → Bauer (Heidelberg, † 1806); dagegen zeichnen sich die Scholia von K. → Rosenmüller durch reiches Wissen und gesunderes exegetisches Urteil aus. Ein Dokument der englischen Exegese bietet das sog. englische Bibelwerk (französisch 1742; später holländisch und deutsch). Bezeichnend ist für diese Epoche das große *sprachwissenschaftliche* Interesse (Jak.Gousset [Gröningen, † 1704], Caspar → Neumann [Breslau, † 1715], Augustin → Calmet [Sénones, † 1757], J.S.Vater, die holländische Schule des Alb.Schultens [Leyden, † 1790] und die hallische Schule der Brüder Joh.Heinr. → Michaelis und Christian Benedikt B. [† 1764] und dessen Sohn Joh.David → Michaelis). – Einen Fortschritt für die B.-

W. bedeutete das Postulat des Carl.Friedr.Houbigant (Oratorianerpriester, † 1782) einer *Konjekturalkritik*, da der MT außerordentlich fehlerhaft sei. Dem Bemühen um den Text diente auch die Vergleichung hebräischer Hss. durch Benjamin Kennicot (1718-83) und ihre Erweiterung durch Joh.Bernh.de Rossi (Variae lectiones V.T., Parma 1784-88). Doch legte man bei dem verhältnismäßig recht jungen Alter aller Hss. für die Texterkenntnis mehr Gewicht auf Samaritanus und LXX, für die Rob.Holmes und Jak.Parsons ein umfangreiches Variantenwerk (→ Septuaginta-Forschung) herausgaben. – Auf systematischem Gebiete ist ein Fortschritt zu verzeichnen in dem Bemühen von Gotthilf Traugott Zachariä (Kiel, † 1772) um das Verständnis der biblischen Lehre und in der Kritik vieler dogmatischer Begriffe. Bedeutsamer jedoch wurde die akademische Rede »De iusto discrimine etc« (Altdorf 1787) von Joh.Phil. → Gabler (Jena, † 1826) durch ihre deutliche Grenzziehung zwischen Dogmatik und biblischer Theologie, die er als historische Disziplin verstanden wissen will mit dem Zweck, den Wechsel der individuell bedingten religiösen Vorstellungen im AT und die Stufen ihrer Entwicklung nachzuweisen. Die Durchführung dieses Programms, etwa durch G.L. → Bauer (Heidelberg, † 1806) oder K.P. Wilh.Gramberg (Züllichau, † 1830) ließ noch recht viel zu wünschen übrig; erst durch die »Biblische Dogmatik des AT und NT« (1813) von W.M.Lebrecht → De Wette (Heidelberg, Basel, † 1849) kam hier das historische Prinzip zur vollen Geltung.

2. a) Durch Zusammenwirken der verschiedensten Faktoren war für die wissenschaftliche Interpretation die Verbindung zwischen AT und NT gelockert, so daß nun das AT genauso wie jede andere klassische Literatur behandelt werden konnte. Damit war der Weg frei für eine historisch-kritische Betrachtung und damit für eine *B.W. im eigentlichen Sinne*. Als Vater der B.W. bezeichnet man gewöhnlich Joh.Sal. → Semler (Halle, † 1791); aber seine überwiegend destruktive Betrachtungsweise hat weniger zu bedeuten als die wohl durch den Engländer R. → Lowth angeregte ästhetische Behandlung des AT durch J.G. → Herder. Seine Gedanken wirkten sich äußerst befruchtend aus auf J.G. → Eichhorn, der für das AT, das er geradezu als den »Rest der hebräischen Nationalliteratur« bezeichnete, die historisch-kritische Forschung (»Einleitung in das AT«, 1780-83) durchführte. Dadurch wurde die *Literarkritik* zur Grundlage der B.W. Sie setzte ein beim → *Pentateuch* und führte, seit Eichhorn die bis dahin wenig beachteten quellenkritischen Versuche (→ Witter, → Astruc) aufs neue aufgenommen hatte, in langer Entwicklung, entscheidend beeinflußt durch → Graf, Aug.Kayser (Straßburg, † 1885), → Kuenen und → Wellhausen zu der heute noch geltenden Theorie von vier, vielfach noch in sich differenzierten und unterteilten Pentateuchquellen, zu denen in neuerer Zeit O. → Eißfeldt, Rob.H.Pfeiffer (Cambridge Mass.) und Julian Morgenstern (Hebrew Union College, Cincinnati/Ohio) noch weitere Quellen eruierten. Die Bemühungen, diese Quellentheorie auch auf das Buch Josua (H.Holzinger, Einleitung in den Hexateuch, 1893; Eißfeldt, Hexateuchsynopse, 1922) und darüber hinaus auf Richter bis hin zu 2Könige auszudehnen (K. → Budde; C.H.Cornill, Halle, † 1920; R. → Kittel) bleiben trotz G. → Hölscher (Geschichtsschreibung in Israel, 1952) problematisch, da sich für das Ganze keine »durchlaufenden« Erzählungsfäden nachweisen lassen; wohl aber ist mit einer Anzahl anderer Quellen zu rechnen (→ Josuabuch, → Richterbuch, → Samuelisbücher, → Königsbücher; → Literarkritische Schule). Seit A.Klostermann (Kiel, † 1915; Der Pentateuch, 1893) hat sich gegen diese Theorie viel Widerspruch erhoben, von H.M. Wiener (Palästina, † 1929), M.Kegel (Berlin) und nicht zuletzt von P.Volz (Tübingen, † 1941) und W.Rudolph (Münster); für eine zusammenhängende Tradition treten Umberto Cassuto (Jerusalem, † 1951) und D.B.Macdonald (The Hebrew Literary Genius, Princeton 1933) ein. Neuerdings beschränkt man die Theorie auf den Tetrateuch (→ Noth, v. → Rad), der mit dem → Deuteronomium ursprünglich nichts zu tun habe, oder lehnt sie wie Ivan Engnell (→ Kultgeschichtliche Schule) zugunsten einer langen mündlichen Tradition, die im wesentlichen erst nach dem Exil schriftlich fixiert sei, ganz ab. In seiner »Einleitung« in das AT (1910) hatte schon → Sellin eine große Zahl älterer Materialien im Pentateuch herausgestellt; wie → Gunkel und → Greßmann für die erzählenden Stoffe haben → Alt und F.Horst (Mainz) für einen Teil der Gesetze ein hohes Alter ermittelt. Die neuere Überlieferungsgeschichte (Noth, v.Rad) hält noch an den Quellenschriften fest, sieht aber in den Quellenautoren nicht nur die Sammler, sondern auch die Umgestalter alter sakraler Überlieferungen.

In der *Prophetenkritik* hat die B.W. zu der besseren Erkenntnis geführt, daß wir es mit Sammlungen oder sogar Sammlungen von Teilsammlungen zu tun haben, deren Niederschrift nur zT auf die Propheten selbst oder ihre Schüler zurückgeht. Auch hier vertreten nordische Gelehrte wie Nyberg, Birkeland, Kapelrud, Engnell (→ Kultgeschichtliche Schule) eine lange *mündliche* Tradition und späte Fixierung, was letztlich zu einem völligen Verzicht auf die Erkenntnis der originalen Prophetenworte führen muß. Seit J.C.Döderlein (Bützow, † 1789) im Anschluß an Ibn Esra den Deuterojesaja (Jesaja-Kommentar, 1775) statuiert hatte, galt es, bei den Propheten das Ursprüngliche vom Späteren zu scheiden. Diese Aufgabe macht es notwendig, das einzelne Prophetenwort zunächst einmal in seinem Umfange abzugrenzen und seine etwaige spätere Ergänzung und Umformung (Aktualisierung) zu prüfen. Am weitesten ist diese Arbeit vorgeschritten bei → Jesaja, → Jeremia und den Kleinen Propheten (→ Zwölfprophetenbuch sowie die Einzelartikel); für Hesekiel (→ Ezechiel) ist überhaupt erst 1924 durch G. → Hölscher die Problematik aufgezeigt und die Forschung in Fluß gebracht worden.

Für die → *Psalmen* haben die formgeschichtlichen Arbeiten Gunkels und seiner Schüler (→ Formen: I) und die Untersuchungen von S. → Mowinckel (Oslo) bahnbrechend und grundlegend gewirkt, während sich für das → *Hohelied* neben der noch immer recht beliebten allegorischen Deutung seit R.Simon eine historische (Herder, Lieder der Liebe, 1778) durchgesetzt hat, aber auch eine kultische Auffassung (H.Schmökel) in Erwägung gezogen wird. Für das *chronistische Werk* ist, vor allem durch J.W.Rothstein (Münster, † 1926) und J. Hänel (Münster, † 1935) und die neuen Publikationen von K.Galling (1954) und W.Rudolph (1955) ein besseres Quellenverständnis vermittelt.

Das schon von Houbigant geforderte Recht auf freie *Konjekturalkritik* (→ Bibelkritik: I) ist im 19.Jh. und Anfang des 20.Jh.s oft übertrieben worden; besonders A. Ehrlich (New York, † 1921) ging in seinen »Randglossen« (7 Bde, 1908-14) vielfach eigenartige Wege. Fehlt es hier noch immer an der rechten Methode, so zeigen sich erfreuliche Ansätze hierzu durch Fr.Delitzschs systematische Zusammenstellung der »Lese- und Schreibfehler im AT« (1920), wie auch die vielen Textvorschläge von G.R.Driver (Oxford) gute Beispiele für Umsicht und Besonnenheit im Konjizieren sind.

b) Frei von dogmatischer Bindung an die Kirchenlehre schrieb → Vatke in glänzender historischer Darstellung die erste »Biblische Theologie des AT« (I, 1835), den »wichtigsten Beitrag zum historischen Verständnis des Alten Israel« (Wellhausen). Der theologische Einfluß von Gabler, Eichhorn und De Wette ist ebensowenig zu verkennen wie der philosophische durch Hegel. Vatke ist auch der erste, der - abgesehen von einer ähnlichen Äußerung durch Ed. → Reuß (1834) - den bislang als älteste Quellenschrift geltenden »älteren Elohisten« (P) als die jüngste Pentateuchquelle judiziert hat. Zwar kam seine These zunächst nicht zur Auswirkung, da sie unter dem Schatten der eindrucksvollen Arbeiten von H. → Ewald stand, die durch die Geschlossenheit ihrer Darstellung von großer Überzeugungskraft waren; aber sie wurde dann schließlich durch J. → Wellhausen zur herrschenden Theorie, die auch weithin im Ausland Zustimmung fand und auch heute noch trotz aller ihr gehaltener Grabgesänge die verbreitetste ist. Mit Wellhausens glänzender Darstellung der »Geschichte Israels« (1878; spätere Aufl. als »Prolegomena zur Gesch. Israels« bis 1905[6]) wurde für die B.W. ein neues *Geschichtsbild* gewonnen, das unter den Gedanken der Entwicklung, zwar nicht im Sinne einer fortschreitenden Höherentwicklung, wohl aber im Sinne einer Wandlung, gestellt war. So kam es zu einer echt historischen Darstellung der »Geschichte Israels« (B.Stade, Gießen, † 1906; R. → Kittel; E. → Sellin; wesentliche Einzelaufsätze von A. → Alt) und, was für die B.W. mindestens ebenso wichtig ist, zu einer Verlagerung des Schwerpunktes vom Pentateuch auf das Wirken der Propheten, das nun immer größere Beachtung fand (C.H.Cornill, B. →Duhm, →Gunkel), so daß es heute mit seiner ganzen Problematik im Brennpunkt der Forschung steht (→ Propheten: II).

Eine Darstellung der Geschichte Israels muß natürlich auch die *Religion Israels* mit einbeziehen. Sofern diese als selbständige Disziplin (→ Biblische Theologie: I) abgehandelt wird, macht es wenig aus, ob sie als Biblische Theologie des AT (so Stade-Bertholet, I, 1905; II, 1911; E. → Kautzsch, 1911) oder Alttestamentliche Religionsgeschichte (so R.Smend [Göttingen], [1893] 1899[2]; M.Löhr [Königsberg], 1906; Fr.Giesebrecht [Königsberg], 1908; K.Budde, [1910] 1912[3]) bezeichnet wird; sie wird im einen wie im andern Fall als historische Aufgabe behandelt (vgl. J. → Pedersen, Israel, 1920; A. → Lods, Israel, 1930; B.D.Eerdmans, De Godsdienst van Israel, 1930) und wird damit für den christlichen Glauben problematisch. Abgesehen von den Erlanger Repristinationstheologen E.W.Hengstenberg († 1869; Christologie des AT, 3 Bde, [1829-35] 1854-57[2]) und J.C.K.von → Hofmann († 1877; Weissagungen und Erfüllungen im AT und NT, 2 Bde, 1841-44), die mutatis mutandis auf die alte Orthodoxie zurückgingen, haben seit H.Schultz (Göttingen, † 1903), Alttestamentliche Theologie (1896[5]), Ed.König, E.Sellin und O.Procksch (Erlangen, † 1947; Theologie des AT, 1950) es unternommen, nicht nur die historische Entwicklung der theologischen Gedanken aufzuzeigen, sondern im Anschluß daran systematisch die wichtigsten Begriffe »vom Standort des Evangeliums aus« (Sellin) zu behandeln. Einen ähnlichen Weg geht hier W.Eichrodt (Basel), wenn er die at. Glaubenswelt in ihrer strukturellen Einheit erfassen will und sie unter Berücksichtigung ihrer Umwelt, aber auch ihres Wesenszusammenhanges mit dem NT in ihrem tiefsten Sinngehalt zu deuten sucht. Wie hier zeigt sich auch in der Exegese die neuerdings aufgebrochene Fragestellung nach der theologischen Relevanz des AT vom Evangelium her. Wohl bleibt bei dieser Forderung die historische Erfassung des AT und die Herausstellung seines religiösen Gedankengutes unangetastet; aber das alles wird nur als notwendige Vorarbeit angesehen für die theologische Aufgabe, unter Ablehnung des alten Schemas von »Weissagung und Erfüllung« ein neues christliches Verständnis des AT zu gewinnen (W.Vischer, Montpellier; Fr.Baumgärtel, Erlangen).

Eine Abkehr vom rein Historischen zum Systematischen zeigt sich auch in der Disziplin der *Einleitungswissenschaft.* Die hier zu leistende analytische Arbeit der »Einleitung« kann nicht entbehrt werden, wie eine Reihe neuerer Publikationen erkennen läßt (Sellin-Rost, [1910] 1950[8]; C.Steuernagel, 1912; O.Eißfeldt, [1934] 1956[2]; A.Weiser, [1939] 1949[2]; Rob.H.Pfeiffer, [1941] 1948[2]; C.Kuhl, 1953; G.Ch.Aalders, 1955); sie bildet die Grundlage für die neue Disziplin der at. *Literaturgeschichte* (Budde, 1909; J.Hempel, 1930-34; A.Lods, 1950), für welche Gunkel die Erforschung der einzelnen → Formen und Gattungen gefordert und zusammen mit H.Greßmann und anderen herausgearbeitet hat. Seine geniale Skizze in der »Kultur der Gegenwart« ([1906]) 1923[2]) behält programmatische Bedeutung, bietet jedoch weniger eine Geschichte der Literatur als eine Geschichte der einzelnen Gattungen.

c) Voraussetzung jeder historisch-kritischen Arbeit und damit auch jeder B.W. ist ein möglichst ursprünglicher → *Text,* um dessen Gewinnung sich besonders P. Kahle (Bonn, Oxford) und seine Schüler durch Auswertung der Genizafunde in Alt-Kairo und anderer Textfragmente aus dem 6.-9.Jh. verdient gemacht haben (→ Bibelhandschriften: I). So kann die Biblia Hebraica seit ihrer 3. Aufl. (1937) statt der bisherigen Spätform (Ausgabe von → Bomberg, Venedig 1524-25) den um Jh.e älteren Text des Ben Ascher nach einer Leningrader Hs. bieten. U.Cassuto (Jerusalem, † 1951) hatte die Möglichkeit, den inzwischen bei Unruhen vermutlich 1947 vernichteten Musterkodex des Ben Ascher zu Aleppo zu vergleichen; seine Varianten sind in die Ginsburgbibel von 1912-26 als neue Jerusalemer Textausgabe (1953) hineinkorrigiert worden. Durch die verschiedenen neuen Hss.funde haben wir jetzt für größere Teile des AT einen fast ein Jt. älteren Text. Die Auswertung steckt noch in den Anfängen, läßt aber bei allen zumeist orthographischen Verschiedenheiten eine große Zuverlässigkeit der Textüberlieferung erkennen (→ Bibelhandschriften: I).

Zur *Sprache* (→ Bibel: I C) sind zu den grundlegenden Werken von W. → Gesenius (bearb. v. Fr.Buhl, Kopenhagen) und Ed.König (Bonn, 1936) die großen Lexika von L. →Köhler-W.Baumgartner (Leiden, 1953) und F.Zorell (Rom, 1954, hg.v. L.Semkowski, Rom) hinzugekommen; auf die Grammatiken von Gesenius (bearb. von E.Kautzsch und später G.Bergsträsser, München), Ed.König (Hist.-krit. Lehrgebäude des Hebräischen, 1881-97) sind die von L. → Strack, C.Steuernagel und die mehr historischen von H.Bauer († 1937) und Pontus Leander (Göteborg) und R.Meyer (Jena; Bearbeitung der Grammatik von G.Beer, Heidelberg) gefolgt. Die große → Bibelkonkordanz von Solomon Mandelkern, (1896) 1937[3] (Neudr. 1955), findet jetzt ein kleineres Gegenstück an der handgeschriebenen von G.Lisowsky (Stuttgart, 1955ff).

Als ein wichtiges Hilfsmittel für die Textherstellung der poetischen Stücke erweist sich der Parallelismus der Aussagen und das *Metrum,* für dessen Erforschung sich J.Ley (1875), G.Bickell (Wien, † 1907), Budde (Qinavers), der Leipziger Germanist Ed.Sievers (Schallanalyse) und G.Hölscher besonders eingesetzt haben; doch ist hier noch vieles ungeklärt. - Textkritik ist nicht möglich ohne Vergleichung der alten *Versionen,* denen die B.W. ein starkes Interesse zugewandt hat (→ Bibelübersetzungen: I. II. III). Vor allem ist die Erforschung der LXX durch die Arbeit englischer und deutscher Gelehrter stark vorangetrieben, während für die Vulgata die nach den von H.Quentin (Rom, † 1935) aufgestellten Grundsätzen gearbeitete große Benediktinerausgabe (Rom 1944ff) einen wesentlich besseren Text als die Ausgabe durch Papst Clemens VIII. vom Jahre 1592 bietet.

d) Da Israel keine für sich isolierte Größe darstellt, sondern mit seiner Geschichte, Kultur und Religion organisch in den Alten Vorderen Orient hineingehört, bildet die Kenntnis dieser *Umwelt* einen wichtigen und notwendigen Teil der B.W. Die seit dem 19.Jh. durch die → Ausgrabungen (: II. III), vor allem in → Ägypten (: III), → Babylonien (: III), Kleinasien (→ Hethiter) und neuerdings in → Mari gefundenen Schriftdenkmäler, die größtenteils älter sind als die ältesten Teile des AT, haben der B.W. eine Fülle von Erkenntnissen gebracht. Zum Teil ergaben sich so enge Beziehungen, daß man nun überall eine Abhängigkeit des AT, besonders von Babylonien, glaubte statuieren zu sollen (→ Panbabylonismus; H.Winckler, Friedrich Delitzsch, A.Jeremias). Demgegenüber hat die → religionsgeschichtliche Schule ein besseres Verständnis der *fremden Einflüsse* vermittelt, indem sie nicht nur das Gemeinsame aufzeigt, sondern das Trennende und Unterscheidende und darum für Israel Charakteristische betont. Ihr geht es außerdem um eine Vermehrung des *Stoffs* durch intensives Erforschen der Allerweltsliteratur (Folkloristik) mit dem Ziel, so den Ursprung des einzelnen Stoffs zu ergründen (Stoffgeschichte). Damit ist der B.W. ein weiteres wichtiges Aufgabengebiet zugewiesen; vgl. die Arbeiten von J.G.Frazer, The Golden Bough, (1890) 1920–23^{3}, 12 Bde; R.Dussaud, Paris; W.Oesterley, London. – Für einzelne Geschichtsperioden sind von besonderer Bedeutung die *Hss.-funde* in → Amarna, → Elephantine, → Qumran und die Ostraka von → Samaria (8.Jh.) und → Lakisch (6.Jh.), während die Ausgrabungen von Ras Schamra (→ Ugarit, 2. 3) viel zum Verständnis der kanaanäischen Religion und Kultur (→ Kanaan: III) beigetragen haben. Die Annahme eines für den Vorderen Alten Orient gemeinsamen Ritualschemas (S.H.Hooke, London, Hg. der Sammelwerke Myth and Ritual, 1933, The Labyrinth, 1935, The Origins of Early Semitic Ritual, 1938) und die Betonung seines Einflusses auf Israels Religion hat besonders bei schwedischen Gelehrten (→ Kultgeschichtliche Schule) viel Anklang gefunden; doch ist man vielfach der Versuchung erlegen, diese »Muster« (pattern) zu überschätzen (→ Kultgeschichtliche Methode: II). – Die → *Archäologie* (: I) hat Palästina in großem Ausmaße erforscht. Durch Verbesserung ihrer Ausgrabe-Methoden in Auswertung der einzelnen Grabungsschichten (Stratigraphie) und durch Aufstellen einer Scherbenchronologie wie durch territorialgeschichtliche Untersuchungen (→ Alt) gewinnen wir für größere Zeiträume ein immer plastischeres Bild von Israels Geschichte; aber auch das Verständnis von Israels Leben und Kultur wird dadurch bereichert (J. Benzinger, Hebr. Archäologie, [1893] 1927^{3}; A. → Bertholet, Kulturgeschichte Israels, 1919; G. → Dalman [† 1941]). Neben den bewährten B.atlas von H. → Guthe († 1936) ist das mit Text und Bildern versehene große amerikanische (Westminster Historical Atlas, Philadelphia [1945] 1956^{2}) und holländische (Luc.H.Grollenberg OP, Amsterdam-Brüssel 1954; deutsche Übersetzung von W.Eising 1957) Kartenwerk getreten. Sammlungen der wichtigsten Texte in Übersetzungen (Greßmann, 1926^{2}; J.B.Pritchard Chester, [1950] 1955^{2}), sowie das Biblische Reallexikon von K.Galling (1937) machen die bisherigen Ergebnisse bequem zugänglich. Die fortschreitenden Erkenntnisse kommen auch in besonderer Weise zum Ausdruck in der großen B.-Enzyklika »Divino afflante spiritu« vom 30.9.1943, durch welche die kath. B.W. neue starke Impulse erfahren hat.

Aus seiner einstigen Isolierung herausgelöst und in den größeren Zusammenhang des Alten Vorderen Orients hineingestellt, bringt das AT für die B.W. heute eine solche Fülle von Fragen und Aufgaben, daß der einzelne Forscher gar nicht mehr in der Lage ist, sie allein zu bewältigen. Das hat zur Spezialisierung innerhalb der B.W. geführt, zugleich aber auch zu einer erfreulichen engeren Zusammenarbeit, über alle konfessionellen und nationalen Grenzen hinweg. Ein schönes Zeichen dafür sind die seit 1953 eingeführten internationalen Alttestamentler-Kongresse. Sie zeugen ebenso wie eine Reihe von Kommentarwerken und eine Fülle von Fachzeitschriften aus vieler Herren Länder vom Problemreichtum und dem hohen Stand der heutigen Wissenschaft vom AT.

Außer den im Text genannten Werken: L.Diestel, Gesch. des AT in der christl. Kirche, 1869 – H.Gressmann, Die Aufgaben der at. Forschung (ZAW 42, 1924, 1–33) – J.Nat, De Studie van de Oostersche Talen in Nederland in de 18e en de 19e eeuw, 1929 – W.F.Albright, Recent Discoveries in Bible Lands, (1936) 1955^{2} – Ders., Archaeology and the Religion of Israel, (1942) 1953^{3} (dt.: Die Religion Israels im Lichte der archäolog. Ausgrabungen, 1956) – M.Noth, Die Welt des AT, (1940) 1957^{3} – B.J.Roberts, The OT Text and Versions, 1951 – F.Baumgärtel, Verheißung. Zur Frage des ev. Verständnisses des AT, 1952 – E.L.Dietrich, Die hebr. Lit. der nachbibl. Zeit (HO III, 1), 1953 – C.H.Gordon, Introduction to OT Times, 1953 (dt.: Geschichtl. Grundlagen des AT, 1956) – E.G.Kraeling, The OT since the Reformation, 1955 – H.J.Kraus, Gesch. der historisch-kritischen Erforschung des AT von der Reformation bis zur Gegenwart, 1956 – H.F.Hahn, The OT in Modern Research, 1956. – Sammelwerke: Werden und Wesen des AT (BZAW 66), 1936 – Record and Revelation, ed. H.W.Robinson, 1938 – The Old Testament and Modern Study, ed. H.H.Rowley, 1951. – Vgl. die kritischen Referate in der ThR.

C.Kuhl

II. Bibelwissenschaft des NT

1. Altertum und Mittelalter – 2. Reformation und Orthodoxie – 3. Die Anfänge geschichtlicher Forschung – 4. Die konsequent geschichtliche Forschung – 5. Religionsgeschichtliche Methode – 6. Die B.W. seit dem ersten Weltkrieg (Formgeschichte; Erforschung spätjüdischer und gnostischer Einflüsse; theologische Exegese) – 7. Die katholische B.W. – 8. Die jüdische B.W. – 9. Arbeitsgebiete

1. a) Eine wirkliche wissenschaftliche Beschäftigung mit dem NT gibt es erst, seit das NT als selbständige geschichtliche Größe erkannt und mit den Mitteln geschichtlicher Forschung untersucht wurde, dh seit der Aufklärung. Wenn mithin von eigentlicher B.W. in der *alten Kirche* noch nicht geredet werden kann, hat man sich mit dem NT doch auch schon in der alten Kirche eindringlich beschäftigt, und zwar richtete sich das Interesse dabei sowohl auf die Entstehungsverhältnisse der einzelnen Schriften wie auf die Frage nach dem rechten Verständnis ihres Inhalts. Die geschichtliche Frage nach dem konkreten Zweck jedes Paulusbriefes wurde schon am Ende des 2.Jh.s in Vorreden beantwortet, die innerhalb der Kirche → Marcions den einzelnen Briefen vorangestellt wurden und die die kath. Kirche übernommen hat. Ausführlich erörtert wurde aber die Verfasserfrage für die kleineren katholischen Briefe, für Hebräerbrief und Johannesoffenbarung, als man sich im Zusammenhang der Bemühungen um den Abschluß des Kanons über die Herkunft dieser Schriften von einem Apostel Sicherheit zu verschaffen suchte (→ Bibel: II B). In diesem Zusammenhang haben → Origenes auf den Hebräerbrief und → Dionysius von Alexandrien auf die Apokalypse stilistische und inhaltliche Fragestellungen angewandt, die durchaus als Beginn einer wissenschaftlichen Untersuchung bezeichnet werden können. Doch erlosch das Interesse an diesen Fragen, als die apostolische Abfassung und damit die kanonische Geltung der bis dahin umstrittenen Schriften des NT am Ende des 4.Jh.s entschieden waren.

Um das inhaltliche Verständnis des NT hat man sich dagegen von der Zeit der ältesten Kirchenväter an immer bemüht. Während im griech. Sprachgebiet das NT sprachlich ohne weiteres verstanden werden konnte, mußte das NT für die einheimische Bevölkerung der übrigen von der christlichen Mission erreichten Sprachgebiete in deren Sprachen übersetzt werden (Lateinisch, Syrisch, Koptisch, Gotisch, Armenisch). Hier ergaben sich schwierige Aufgaben angesichts der Tatsache, daß die vorhandenen griech. Texte stark voneinander abwichen und infolge des Bestrebens, die Übersetzungen dem Wortlaut des Urtextes möglichst anzugleichen. Daraus erklären sich die großen Abweichungen der verschiedenen ältesten Übersetzungen in dieselbe Sprache voneinander und das dadurch veranlaßte Bemühen, die Übersetzungen einander und dem griech. Urtext stärker anzugleichen (→ Bibelübersetzungen: II. III). Im griech. Sprachgebiet setzte eine eigentliche Auslegung des NT relativ früh ein, und bald begann diese Arbeit auch im lat. und syr. Sprachgebiet, und zwar sowohl in der Form der Behandlung einzelner Textabschnitte im Zusammenhang dogmatischer oder praktischer Erörterungen als auch vor allem in der Form der zusammenhängenden Auslegung ganzer nt. Schriften in Predigten und Kommentaren. Kommentare über ganze Schriften beginnen im griech. Sprachgebiet schon im 2.Jh. bei dem Gnostiker → Herakleon, dann in größerem Umfang im 3.Jh. bei → Origenes; in lat. Sprache schrieb im 3.Jh. → Viktorin von Pettau Kommentare, und aus dem 4.Jh. stammt der unter dem Namen des Ambrosius überlieferte Kommentar zu den Paulusbriefen (→ Ambrosiaster). Im 4.Jh. schrieb auch der erste bedeutende syr. Exeget → Ephräm. Während → Clemens von Alexandrien und Origenes ebenso wie die späteren Vertreter der → Alexandrinischen Theologie (→ Didymus, → Cyrill von Alexandrien) sich weitgehend der allegorischen Methode bedienten (→ Allegorie: II), bemühten sich die Anhänger der → Antiochenischen Theologie (→ Diodor von Tarsus, vor allem »der Exeget« → Theodor von Mopsuestia, weniger konsequent → Theodoret von Kyrrhos) um eine wörtliche Auslegung des Bibeltextes, und diese nüchterne Methode liegt auch der sorgfältig begründeten erbaulichen Auslegung des einflußreichen Johannes → Chrysostomus zugrunde. Doch konnte von den antiochenischen Theologen nur Chrysostomus eine bleibende Wirkung ausüben, während die eigentlichen Vertreter der Antiochenischen Theologie im Zusammenhang der christologischen Kämpfe (→ Christologie: II) verketzert wurden und nur noch bei den syr. → Nestorianern in Ansehen blieben. Doch wurden die exegetischen Grundsätze der antiochenischen Schule dadurch auch dem abendländischen Mittelalter bekannt, daß Vorträge des Nestorianers Paulus aus Nisibis durch → Junilius Africanus im 6.Jh. in lat. Sprache veröffentlicht und von dem das Wissen des Altertums zusammenfassenden → Cassiodorus Senator mit anderen Schriften über die Bibel zusammen veröffentlicht wurden.

Auch im lat. Sprachgebiet herrschte weitgehend in Nachfolge des durch → Rufin ins Lateinische übersetzten Origenes die allegorische Auslegung (→ Hilarius von Poitiers, → Ambrosius), und nur ganz vereinzelte Ausleger haben sich um den Wortsinn der Bibel wirklich bemüht. Der aus dem 4.Jh. stammende Kommentar eines Unbekannten zu den Paulusbriefen (→ Ambrosiaster) vermeidet jegliche Allegorie und zeigt Verständnis für die geschichtliche Eigenart des Apostels, und auch → Pelagius hat von der antiochenischen Schule gelernt; der ebenfalls anonym überlieferte Kommentar eines Arianers zu Matthäus (Opus imperfectum in Matthaeum, 6.Jh.) zeigt selbständige Gedanken. → Augustin hat nur Teile des NT kommentiert, beherrscht die griech. Sprache nur unvollkommen und schwankt zwischen wörtlicher und allegorischer Auslegung. Er hat überdies ausdrücklich die Kirchenlehre als oberste Regel für die Schriftauslegung bezeichnet. Die größte Bedeutung für das Bibelverständnis der lat. Kirche hatte aber → Hieronymus. Seine Kommentare zu nt. Schriften waren freilich nur durch die Weitergabe der ihm in großem Umfang bekannten griech. historischen und exegetischen Tradition von Bedeutung. Aber durch die Revision des zersplitterten altlat. Textes nach dem griech. Text schuf er einen einheitlichen und zuverlässigen lat. Bibeltext (Vulgata; → Bibelübersetzungen: II, 2), und durch die Weitergabe der altkirchlichen Nachrichten über Differenzen in der Zurückführung nt. Schriften auf Apostel vermittelte er dem Mittelalter die Kenntnis von der Ungesichertheit dieser historischen Fragen und ermöglichte ihre Wiederbelebung in Humanismus und Reformation.

b) Das *Mittelalter* zeigt keine neuen Ansätze zur Erforschung des Sinnes der Bibel. Im griech. Sprachgebiet las man die Predigten des Chrysostomus und stellte die Auslegungen zahlreicher, auch sonst als ketzerisch betrachteter Väter zu Kettenkommentaren (σειραί; → Catenae) zusammen, die man oftmals um den Bibeltext herumschrieb. Auch die in byzantinischer Zeit neu verfaßten Kommentare (→ Ökumenius, → Theophylakt, → Euthymius Zigabenus) sind weitgehend nur Wiedergabe älterer Auslegungen. Im lat. Sprachgebiet wiederholten die bekanntesten Ausleger (→ Beda, → Alkuin, → Hrabanus Maurus, → Petrus Lombardus) in erster Linie die überlieferte allegorische Auslegung. Und auch hier stellte man die exegetischen Anschauungen der Ausleger der alten Kirche und des frühen Mittelalters in kettenartigen Sammlungen zusammen, von denen besonders die → Glossa ordinaria des → Anselm von Laon und seines Bruders Radulph (11./12.Jh.) Auszüge aus den berühmtesten Kommentaren mit Namenangaben um den Text geschrieben darbot. Die »Postillae perpetuae« des → Nikolaus von Lyra (14.Jh.) dagegen boten in selbständigerer Form eine zusammenhängende, den historischen Sinn betonende Auslegung. Die Weitergabe des überlieferten Stoffes war für die B.W. der Reformationszeit von wesentlicher Bedeutung.

c) Der *Humanismus* hat an dieser das überlieferte Verständnis weitergebenden Haltung gegenüber der Bibel nichts Wesentliches geändert. Auch für → Erasmus sind die Kirchenväter, vor allem Hieronymus, die maßgebliche Autorität für die Schriftauslegung. Und doch zeigt sich bei den Humanisten in doppelter Hinsicht ein Ansatz zu einer neuen Erforschung der Bibel und ganz besonders des NT. Der Ruf zu den Quellen und die neu gewonnene Kenntnis der griech. Sprache (→ Renaissance: I) veranlaßte die Herausgabe des griech. NT durch Erasmus und die Gelehrten der Universität Alcalà (Complutensische → Polyglotte) und ermöglichte dadurch den Rückgang auf den Urtext des NT (vor allem in Luthers Übersetzung von 1522) und damit auch eine Kritik an der bisher allein maßgeblichen lat. Übersetzung (solche Kritik hatte schon auf Grund von Handschriften Laurentius → Valla geübt, und Erasmus fügte seiner Ausgabe des Grundtextes eine eigene lat. Übersetzung hinzu). Zum andern entnahmen die Humanisten den Kirchenvätern, daß im Altertum mehrere nt. Schriften nicht allgemein als apostolisch angesehen worden waren; die sich darauf gründende Kritik (Erasmus, → Cajetan) hat auch Luther beeinflußt.

2. a) Die *Reformatoren* haben ebenfalls noch keine wirklich wissenschaftliche Fragestellung dem NT gegenüber eingenommen. Die von Luther und Zwingli 1519

bis 1520 gewonnene Einsicht, daß allein die Hl. Schrift Gottes Offenbarung lehren könne, gab allerdings der Auslegung der Bibel ein völlig neues Gewicht, und Luther vertrat auch die Ansicht, daß allein der *wörtliche* Sinn der Bibel vom Ausleger herausgestellt werden solle. Überdies entdeckte Luther bei seiner intensiven Beschäftigung mit dem NT, daß sich zwischen den verschiedenen Schriften des NT sachliche Widersprüche finden, die in einigen Fällen unausgleichbar sind (Hebräerbrief gegen Paulus, Jakobus gegen Paulus usw), und er hat in den Vorreden zu seiner Übersetzung des »Septembertestaments« (1522) mit aller Deutlichkeit darauf hingewiesen. Die Entdeckung der lehrmäßigen Gegensätze im NT blieb aber zunächst ohne weitergreifende Wirkung, weil das Dogma von der Einheitlichkeit des NT dagegenstand und weil man die geschichtlichen Bedingtheiten der nt. Schriften noch nicht erkannt hatte. Doch haben Luther durch sein völlig neues Verständnis für den zentralen Gehalt der paulinischen Botschaft und → Calvin durch seine zahlreichen sorgfältigen Kommentare wesentlich zu einem von der altkirchlich-mittelalterlichen Überlieferung freieren Verständnis des NT beigetragen. Der erste Theoretiker der Bibelauslegung unter den protestantischen Theologen, Matthias → Flacius Illyricus, betonte ausdrücklich, daß vor allem der wörtliche Sinn eines Textes und auf keinen Fall ein mehrfacher Sinn eines Textes aufgesucht werden müsse, und daß dieser *eine* Sinn des Textes der sei, den die ersten Leser verstehen konnten. Darum hat der Humanist unter den luth. Theologen, Joachim → Camerarius, nicht mehr die Kirchenväter, sondern die Schriftsteller des klassischen Altertums zum Verständnis der nt. Sprache und Gedankenwelt herangezogen, und Hugo → Grotius hat in seinen großen Kommentaren (1641ff) durch Heranziehung reichlicher Parallelen aus dem gesamten Altertum die wirklich geschichtliche Erklärung des NT erheblich vorbereitet. Etwas später (1658ff) hat der Anglikaner John → Lightfoot zum ersten Mal die rabbinische Literatur zum Verständnis der Evangelien ausgewertet. Doch war mit dem allen eine wirklich geschichtliche Erforschung des NT noch nicht in Angriff genommen, und das war auch innerhalb der prot. Theologie so lange nicht möglich, als die Schrift, obwohl als alleinige Grundlage der kirchlichen Lehre anerkannt, sich gegen die orthodoxe Dogmatik nicht in ihrem eigenen Sinn durchsetzen konnte.

b) Die kath. B.W. stand im 17.Jh. der Bibel darum etwas freier gegenüber, weil hier die Kirche und nicht die Bibel ausgesprochenermaßen die letzte Begründung des Glaubens darbot. Auf kath. Boden haben sich darum die ersten Versuche einer geschichtlichen Beschäftigung wenigstens mit dem *Text* der Bibel gezeigt. Der französische Oratorianer Richard → Simon ließ seiner vom Bischof → Bossuet beim Erscheinen verbotenen »Kritischen Geschichte des Textes des AT« eine »Kritische Geschichte des Textes des NT« (1689) folgen und behandelte dann auch noch in umfangreichen Werken die Geschichte der Übersetzungen (1690) und der Auslegung (1693) des NT. Durch Heranziehung der Äußerungen der Kirchenväter und aller erreichbaren Handschriften ging Simon in durchaus kritischer Weise der Entstehung des überlieferten Textes des NT nach, doch war sein letztes Ziel dabei nicht die Aufhellung der geschichtlichen Wirklichkeit, sondern der Nachweis, daß die Bibel so unsicher überliefert sei, daß sie ohne die Ergänzung durch die kath. Kirchenlehre keine brauchbare Grundlage für den Glauben sein könne. Der durch Simon gegebene Anstoß wurde jedoch auf prot. Seite aufgegriffen, und nachdem der Anglikaner John Mill in seiner 1707 erschienenen Ausgabe des NT zum ersten Mal die Lesarten aller erreichbaren Handschriften und Übersetzungen zu jedem Vers des NT gesammelt und zugleich eine kritische Geschichte des nt. Textes geboten hatte, sonderte der württembergische Pietist Joh.Alb. → Bengel auf Grund dieses Materials zum ersten Mal beachtliche Lesarten zur Verbesserung des überlieferten Textes des NT aus (1734), stellte Grundsätze für eine kritische Feststellung des Urtextes des NT auf und bot daneben in seinem berühmt gewordenen »Gnomon«(= Fingerzeig) eine prägnante, die Grammatik berücksichtigende Erklärung des NT (1742).

3. Inzwischen hatte sich aber die geistige Gesamtsituation entscheidend gewandelt. In der Religionskritik des englischen → Deismus war die Einsicht erwachsen, daß das NT wie jede andere menschliche Urkunde völlig vorurteilslos in seinem geschichtlichen Zusammenhang betrachtet werden müsse, und dabei hatte sich ergeben, daß das NT irrtümliche Vorstellungen (zB die Erwartung des nahen Weltendes) enthalte und sachlich keine Einheit darstelle (John → Locke, Matthew → Tindal, Thomas → Morgan). Unter dem Einfluß dieser bald in Frankreich und Deutschland verbreiteten Gedanken forderte der Genfer Theologe Jean Alphonse → Turretini (1728) eine der Behandlung jeder sonstigen menschlichen Schrift gleichartige Auslegung der Bibel, und der wegen seiner kritischen Ausgabe des griech. NT (1751-52) aus Basel vertriebene Johann Jakob → Wettstein bot in dieser Ausgabe eine reiche Sammlung jüdischer und heidnischer Parallelen, die ein Verständnis des NT ermöglichen sollten, wie es die Zeitgenossen haben konnten. Der Leipziger Philologe und Theologe Johann August → Ernesti hat dann in seiner »Anweisung für den Ausleger des NT« (1761) das NT für die wissenschaftliche Behandlung völlig vom AT getrennt und nur eine grammatische Erklärung des Schriftwortes anerkannt.

Von der gleichen Voraussetzung der geschichtlichen Aufgabe der Erforschung des NT aus hat dann J.S. → Semler in seiner »Abhandlung von freier Untersuchung des Canons« (1771-75) nachgewiesen, daß die Frage der Zugehörigkeit einer nt. Schrift zum Kanon rein geschichtlich zu sehen sei, weil der Kanon durch menschliche Übereinkunft zustande gekommen ist, und daß darum sich Gottes Wort und Heilige Schrift nicht decken. War damit eine geschichtliche Erforschung des NT grundsätzlich begonnen, so stellte J.D. → Michaelis die weitere Frage nach der geschichtlichen Entstehung der einzelnen nt. Schriften (»Einleitung in die göttlichen Schriften des Neuen Bundes«, 1750, 1788⁴), bestritt dabei den apostolischen Ursprung mehrerer nt. Schriften, machte aber zugleich fälschlich dieses geschichtliche Resultat zum negativen Kriterium für die kanonische Gültigkeit dieser Schriften. Die damit eingeleitete literarische Fragestellung gegenüber den nt. Schriften wurde nun auf die einzelnen Schriften angewandt: die gegenseitige Beziehung der synoptischen → Evangelien zueinander wurde durch die verschiedensten Hypothesen zu erklären versucht (J.J. → Griesbach, G.E. → Lessing, J.G. → Eichhorn, J.G. → Herder), F. → Schleiermacher bestritt die paulinische Herkunft des 1Tim, J.G. → Eichhorn die aller drei → Pastoralbriefe; im Anschluß an mehrere Vorgänger bestritt K.G. → Bretschneider die Abfassung des JohEv durch den Apostel Johannes. Die Frage nach dem Unterschied zwischen dem geschichtlichen Jesus und dem Christusbild der Evangelien wurde als theologische Aufgabe erkannt, als G.E.Lessing 1778 die Abhandlung des H.S. → Reimarus »Vom Zwecke Jesu und seiner Jünger« anonym herausgab (»Wolfenbüttler Fragmente«), und H.E.G. → Paulus suchte diese Aufgabe durch seine berüchtigt gewordene rationalistische Erklärung des Lebens Jesu (1828) zu lösen, während

K. → Hase den ersten Versuch einer wirklich geschichtlichen Darstellung des »Lebens Jesu« darbot (1829). Auch der Lehre der einzelnen nt. Schriften in ihrer Besonderheit wandte sich jetzt das Interesse zu, nachdem J.Ph. → Gabler (1777) die Unterscheidung zwischen biblischer und dogmatischer Theologie gefordert hatte. Im Anschluß an J.G.Eichhorn erkannte Gabler auch, daß das NT mythische Vorstellungsformen seiner Zeit aufgenommen habe, und G.L. → Bauer übernahm diese Erkenntnis, als er als erster in seiner »Biblischen Theologie des Neuen Testaments« (1800-02) hintereinander die Theologie der synoptischen Evangelien, der Apokalypse, des Petrus, des Johannes, des Paulus und des 2Petrus- und Judasbriefes darstellte. Eine lebhafte Diskussion über die richtige Art der Auslegung des NT führte auf der einen Seite zur Forderung einer Beschränkung der Auslegung auf das grammatisch-historische Verständnis (mit dieser Zielsetzung begründete H.A.W. → Meyer 1829 seinen »Kritischen und exegetischen Kommentar« zum NT), während andere diese Art der Auslegung verbinden wollten mit der Anerkennung des nt. Kanons als notwendiger Voraussetzung für ein sachgemäßes Verständnis des NT (F. → Lücke).

4. Die Inangriffnahme einer geschichtlichen Betrachtung des NT und seiner Probleme am Ende des 18. und Anfang des 19.Jh.s zeigte so eine Unsicherheit in der Frage nach der richtigen Methode für die Erforschung des NT. Eine völlig neue Situation aber entstand, als im 2. Viertel des 19.Jh.s zwei Forscher eine *konsequent* geschichtliche Erforschung des NT zu ihrer Aufgabe machten. D.F. → Strauß erklärte in seinem »Leben Jesu« (1835/36) den größten Teil der Jesusüberlieferung als »mythisch« und damit ungeschichtlich und fand eine fortgeschrittene und darum geschichtlich völlig unbrauchbare Form dieser mythischen Darstellung Jesu im 4. Evangelium, ohne von da aus zu einer positiven Darstellung der Geschichte Jesu und des Urchristentums zu gelangen. Der Tübinger Theologe F.Chr. → Baur aber fand im Urchristentum einen Gegensatz von Paulus, von dessen Briefen freilich nur Röm, 1.2Kor, Gal als echt anerkannt wurden, und dem Judenchristentum, am deutlichsten repräsentiert durch die Johannesoffenbarung, der sich im Lauf des 2.Jh.s zum Frühkatholizismus aufgelöst habe. Der größte Teil der nt. Schriften, der sich in diesen ursprünglichen Gegensatz nicht einordnen ließ, wurde infolgedessen als unecht erklärt und ins 2.Jh. datiert, wobei sich Baur bemühte, die geschichtliche Stellung der unechten Schriften auf Grund ihrer theologischen Haltung zu bestimmen (»Tendenzkritik«). Durch diese methodische Quellenkritik wollte Baur die Geschichte Jesu und des Urchristentums auf einen festen Boden stellen, wobei sich für die Geschichte Jesu die geschichtliche Überlegenheit der synoptischen Evangelien über das Johannesevangelium ergab. Damit war eine wirkliche Geschichte des Urchristentums begründet und die richtige Forderung aufgestellt, die einzelnen nt. Schriften in den Gang dieser Geschichte einzuordnen, wenn auch der Einfluß der Geschichtsphilosophie Hegels (Dialektik des geschichtlichen Ablaufs) und die durch die »Tendenzkritik« verursachte Überspitzung der Kritik das Bild verfälschten.

Die Schüler Baurs (»Tübinger Schule«) führten die Anschauungen ihres Lehrers in so radikaler Form weiter (E. → Zeller, A. → Schwegler), daß die Geschichte des Urchristentums unverständlich und dadurch die Leistung Baurs fragwürdig wurde. Von größter Wichtigkeit war es daher, daß nun erst einmal die Frage nach dem Charakter und Wert der urchristlichen Quellen ernstlich in Angriff genommen wurde. Der Philologe K.Lachmann, der auch die erste wirklich von den Handschriften ausgehende Textausgabe des NT schuf (1842ff), entdeckte, daß Markus die Quelle für Matthäus und Lukas sein müsse (1835), und C.G.Wilke führte dafür den allseitigen Beweis (1838). Im gleichen Jahre ergänzte C.H.Weisse diese Einsicht dahin, daß Matthäus und Lukas neben Markus eine zweite Quelle benutzt haben müssen (Zweiquellentheorie). H.J. → Holtzmann zeichnete von dieser Quellenvoraussetzung aus 1863 das Bild des geschichtlichen Jesus, in dessen Leben eine Entwicklung des Messiasgedankens und die Vorstellung von einem geistigen Gottesreich angenommen werden, und leitete damit die »liberale« Jesusforschung ein, deren wichtigste Vertreter dann D.Schenkel, Th.Keim und O.Holtzmann waren. In der Kritik der nt. Briefliteratur stellte E. → Reuß die entscheidenden Argumente gegen die Tübinger Schule heraus (1842-52), indem er auf das Nebeneinander verschiedener judenchristlicher Richtungen im Urchristentum hinwies und damit die Gründe für die Spätdatierung zahlreicher nt. Schriften entkräftete. Für die Geschichte des Urchristentums aber bestritt A. → Ritschl (1857) den radikalen Gegensatz von Paulus und den Uraposteln, indem er auf den Unterschied zwischen den radikalen Judenchristen und den Uraposteln hinwies und das gemeinsame Glaubensgut zwischen Paulus und den Uraposteln erkannte. Dieses abgeschwächte Tübinger Geschichtsbild legte dann C. → Weizsäcker seiner klassischen Darstellung des »Apostolischen Zeitalters der christlichen Kirche« (1886) zugrunde, in die er auch das kirchliche Leben einbezog.

Diese gemäßigt kritische Beurteilung der nt. Schriften, bei der 1Thess, Phil, Phlm wieder uneingeschränkt als paulinisch galten und die wenigsten nt. Schriften ins spätere 2.Jh. datiert wurden, vertraten mit geringen Unterschieden die »Einleitungen in das NT« von H.Holtzmann (1885, 1892³), A.Jülicher (1894, 1931⁷), M.Goguel (1923-26), J. → Moffatt (1911, 1918³), während die Echtheit aller oder fast aller nt. Schriften verteidigt wurde von B. → Weiss (1886, 1897³), Th. → Zahn (1897-99, 1906-07³), P.Feine (1913, 1950⁹), Frédéric Godet (1893ff). Die Geschichte des urchristlichen Denkens aber stellte von den Voraussetzungen der nachbaurschen Durchschnittsmeinung aus A. → Harnack in seiner Dogmengeschichte« (1896, 1909⁴) dar unter der Annahme einer rein innerchristlichen Entwicklung und der Bestreitung jeden Einflusses nicht-jüdischen Denkens auf das Urchristentum; und in seinem »Wesen des Christentums« (1900) fand er dieses Wesen in Jesu Lehren von Gott dem Vater und dem unendlichen Wert der Menschenseele. H.J.Holtzmann andererseits versuchte die Anschauungen der nt. Schriftsteller in die zeitgenössische Religionsgeschichte hineinzustellen und fand darin Nachfolge bei H. → Weinel (1911, 1928⁴), während B. Weiss (1868, 1903⁷) und A. → Schlatter (1909-10, 1921 bis 1922²) in ihren Darstellungen der Theologie des NT streng an der rein jüdischen Herkunft der nt. Gedankenwelt festhielten.

Der Gesamtdarstellung literarischen und theologischen Charakters, wie sie diese Zusammenfassungen darbieten, hatten selbstverständlich zahlreiche Einzeluntersuchungen auf den verschiedensten Gebieten vorgearbeitet. Für die Gestaltung eines wirklich kritischen → *Textes* des NT beschaffte K.v. → Tischendorf eine sichere Grundlage, indem er zahllose Handschriften verglich und kollationierte, wobei ihm zahlreiche wichtige Entdeckungen gelangen (die bis heute nicht überholte 8.Aufl. seiner Ausgabe des griech. Textes von 1872 ist von C.R. → Gregory fortgeführt worden, der in seiner Textkritik [1900ff] die Bestandsaufnahme zu Ende führte). War Tischendorf der große Sammler, so ermöglichten die Engländer B.F. → Westcott und F.J.A. → Hort durch die Herausstellung und methodische Bewertung der Textfamilien erst eine begründete Unterscheidung der Lesarten und damit eine sichere Festlegung des ältesten Textes (1882). Für die Erforschung der Gleichnisse Jesu legte A. → Jülicher durch die klare Scheidung zwischen Gleichnis und Allegorie den Grund (1886ff), für Paulus behauptete H.Lüdemann (1872) zuerst das Nebeneinander von jüdischer Rechtfertigungs- und hellenistischer Erlösungslehre und fand darin Nachfolge bei H.J. → Holtzmann und O.Pfleiderer. Daß die Erforschung des NT streng geschichtlich erfolgen müsse, wurde damit weithin, auch von konservativen Forschern wie B. →Weiss, bejaht, gleichzeitig aber auch grundsätzlich bestritten. H. → Cremer behandelte die Sprache des NT (1867) unter völligem Abrücken vom profanen Griechentum als die Sprache des Heiligen Geistes, A. → Schlatter bestritt in zahlreichen Werken jegliche Unterschiede innerhalb des NT, ließ auch nur Berührungen des urchristlichen Denkens mit dem palästinischen Judentum gelten, und Th. →Zahn vertrat in vielen Kommentaren, besonders aber in seiner »Geschichte des nt. Kanons« (1888/92), nicht nur eine einheitliche nt. Lehre, sondern auch die Anschauung, daß das NT am Ende des 1.Jh.s im wesentlichen fertig vorhanden gewesen sei. Der scharfsinnige, aber auch seinen Zeitgenossen so rätselhafte F. → Overbeck andererseits bestritt (1873) radikal das Recht jeder theologischen Betrachtung des NT.

Die exegetischen Resultate dieser sich widersprechenden Forschungsrichtungen fanden ihren Niederschlag in mehreren Kommentarreihen. Während die konsequent kritischen Anschauungen sich in dem kurzen, aber sehr sorgfältig gearbeiteten »Hand-Commentar zum NT« Ausdruck gaben (J.H.Holtzmann, P.W. → Schmiedel, Herm. → v.Soden u.a.), wurde der von H.A.W.Meyer begründete »Kritisch-exegetische Kommentar« in zahlreichen Auflagen das Organ einer zunächst vorsichtig konservativen, allmählich einer kritischeren Forschung, die sich Mitteilung des traditionellen Stoffes und moderne Fragestellung in gleicher Weise angelegen sein ließ (bedeutendste Mitarbeiter waren B.Weiss, J. → Weiss, W. → Bousset, M. → Dibelius, E. → Lohmeyer, G. → Heinrici, H. → Windisch u.a.). Ähnlich ist bis heute die Haltung des International Critical Commentary (1895ff; noch unvollendet). Eine streng konservative Exegese aber vertrat der von Th.Zahn begründete und in seinen wichtigsten Teilen von ihm selber verfaßte NT-Kommentar (wichtige Mitarbeiter Ph.Bachmann, E.Riggenbach), während A.Schlatter seine zahlreichen, durch ihr jüdisches Quellenmaterial bedeutsamen Kommentare alleine verfaßte.

5. Dieser das NT von verschiedenen Grundeinstellungen aus geschichtlich untersuchenden Forschung trat am Ende des 19.Jh.s eine neue Fragestellung an die Seite, die die geschichtliche Betrachtung auf die Einordnung des NT in seine religiöse Umwelt ausdehnte. A. → Hausrath hatte zwar schon 1868 eine »Nt. Zeitgeschichte« veröffentlicht, jedoch ohne das Urchristentum wirklich in seinen zeitgeschichtlichen Zusammenhang einzuordnen, und A.Hilgenfeld hatte auf die jüdische Apokalyptik als wichtige Voraussetzung für die Entstehung des Christentums hingewiesen (1857), aber erst E. → Schürer schilderte »die Geschichte des jüdischen Volkes im Zeitalter Jesu Christi« (1886, 1901-09^{4}) unter Heranziehung aller Quellen und unter dem Gesichtspunkt der Vorbereitung des Christentums. O.Pfleiderer auf der anderen Seite betonte in seinem »Urchristentum« (1887) die Bedeutung des hellenistischen Judentums und sogar der hellenistischen Mysterienfrömmigkeit für Paulus und proklamierte damit die allseitige religionsgeschichtliche Fragestellung für die Geschichte des Urchristentums. Diese Fragestellung wurde zunächst auf die verschiedensten Probleme angewandt, ohne daß man sich über die Konsequenzen der neuen Problemstellung klar gewesen wäre. C.F.G. → Heinrici und E.Hatch betonten griech. Einflüsse im Leben der paulinischen Gemeinden, W.Baldensperger die jüdisch-apokalyptischen Voraussetzungen des Denkens Jesu. O.Everling wies den jüdischen Charakter der Engelvorstellungen des Paulus nach, und G. → Dalman stellte die Verkündigung Jesu in die aus den rabbinischen Quellen erkennbare palästinisch-jüdische Gedankenwelt hinein. A. → Deißmann aber wies nach, daß das NT in der Sprache des volkstümlichen Griechisch seiner Zeit geschrieben sei und daß die Schriften des NT nicht in die »Literatur« gehörten.

Alle diese Erkenntnisse betrafen aber nicht den Kern der nt. Verkündigung. Die Forschung blieb jedoch nicht bei dem Aufweis einzelner Abhängigkeiten stehen, sondern schritt dazu fort, das Urchristentum konsequent als Teil der Religionsgeschichte seiner Zeit zu erklären. J. →Weiss erkannte in seiner epochemachenden Schrift »Die Predigt Jesu vom Reiche Gottes« (1892), daß Jesus wie die jüdischen Apokalyptiker das Reich Gottes nicht als innerliche Größe, sondern als äußeres Ereignis der nahen Zukunft erwartete, und fand darin die Zustimmung W. → Boussets. Bald darauf (1901) veröffentlichte A. → Schweitzer seine »Skizze des Lebens Jesu«, in der Jesus als der durch sein Leiden das baldige Reich Gottes herbeizwingende Messias geschildert und jede Verkündigung eines gegenwärtigen Heils durch Jesus bestritten wurde; und in seiner »Geschichte der Leben-Jesu-Forschung« (1906, 1913^{2}) verteidigte er dieses Jesusbild der »konsequenten Eschatologie« gegenüber der ganzen bisherigen Forschung. Genau entsprechend schilderte R. → Kabisch den Paulinismus als von der Erwartung der baldigen Wiederkunft Christi beherrscht (1893), suchte F. → Spitta den Jakobusbrief als jüdische Mahnschrift zu erweisen (1896) und wies W.Bousset den jüdischen Traditionscharakter der Apk nach (1896).

Richteten diese Forschungen das Augenmerk auf die jüdische Bedingtheit der Verkündigung Jesu und des Urchristentums, so trat etwa zur gleichen Zeit und teilweise durch dieselben Forscher daneben auch der Nachweis der Beeinflussung des frühen Christentums durch hellenistisches Denken und hellenistische Religion. Die völkerkundliche Schule der klassischen Philologie (H.Usener und seine Schüler) hatte die orientalisch beeinflußte hellenistische Volksfrömmigkeit untersucht, und A. → Eichhorn hatte die Notwendigkeit einer »religionsgeschichtlichen Methode« (→ Religionsgeschichtliche Schule) für die B.W. betont, und so wies, angeregt durch beide Richtungen, H. → Gunkel in »Schöpfung und Chaos in Urzeit und Endzeit« (1895) auf den letztlich babylonischen Ursprung bestimmter Traditionen in der Johannesoffenbarung hin, und W.Bousset machte fast gleichzeitig auf die Nachwirkung des alten Drachenmythos in der jüdisch-urchristlichen Antichristvorstellung (1895) aufmerksam. W. → Heitmüller zeigte die Einwirkung des antiken Namenglaubens auf die urchristlichen Taufvorstellungen (1903) und stellte die urchristlichen Sakramente in einen Zusammenhang mit den in zahlreichen Religionen verbreiteten Sakramentsbräuchen (1903). W.Bousset dehnte diese Betrachtung auch auf das Judentum aus, indem er »Die Religion des Judentums im nt. Zeitalter« als von iranischer und hellenistischer Religion abhängig erwies (1903), und zeigte die religionsgeschichtlichen Zusammenhänge der → Gnosis mit den orientalischen Religionen auf (1907). Dabei leistete der Philologe R. → Reitzenstein Hilfe, der in zahlreichen Arbeiten auf den Einfluß ägyptisch-vorderorientalischer Mythologie auf die nt. Gedankenwelt aufmerksam machte; H.Gunkel aber erklärte in seiner Programmschrift »Zum religionsgeschichtlichen Verständnis des NT« (1903), das Urchristentum des Paulus und Johannes sei eine synkretistische Religion, und Bousset suchte in seiner zusammenfassenden Darstellung der Geschichte des Christusglaubens (»Kyrios Christos«, 1913) zu zeigen, daß der entscheidende Einschnitt in der Entwicklung des Urchristentums durch die Entstehung des heidnisch beeinflußten »Herren«-Kultes beim Übergang zum Heidenchristentum geschehen sei.

Dieser konsequent religionsgeschichtlichen Erklärung des NT ging eine radikale Kritik der Evangelien und des Paulus parallel. Der Alttestamentler J. → Wellhausen hatte in seiner »Israelitischen und jüdischen Geschichte« (1894) Jesus als den unmessianischen Verkünder eines geistigen Gottesreiches dargestellt, und er hat diese Skizze des geschichtlichen Jesus später durch scharfsinnige Analysen der Evangelien unterbaut. W. → Wrede unterzog dann die »liberale« Annahme einer Entwicklung im Messiasbewußtsein Jesu einer scharfen Kritik und beraubte sie ihres entscheidenden Arguments, indem er »das Messiasgeheimnis in den Evangelien« (1901) als ungeschichtliches literarisches Mittel zur Verdeckung der Tatsache herauszustellen suchte, daß der Glaube an Jesus als Messias erst in der Urgemeinde entstanden sei. »Die Entstehung der paulinischen Christologie« führte andererseits M.Brückner (1903) auf die Einfügung des irdischen Lebens Jesu in die vorgegebene jüdische Messiasvorstellung zurück, und zur gleichen Zeit schilderte Wrede (»Paulus«) den Apostel Paulus als den zweiten Stifter des Christentums, der eine naturhafte Erlösung verkündigte, dessen Rechtfertigungslehre daneben aber nur eine unwesentliche Kampfeslehre darstelle. Für R.Reitzenstein (1910) ist Paulus ein hellenistischer Mystiker, dessen Frömmigkeit Bousset (1913) als ekstatische Kultfrömmigkeit verstand, deren Wurzeln in den hellenistischen Mysterienreligionen liegen. Das JohEv aber erklärten der Philologe E.Schwartz und J.Wellhausen (1907f) als eine dichterische Schrift, die erst nachträglich durch Einfügung synoptischen Materials an die kirchliche Überlieferung angeglichen worden sei. Und für W. → Heitmüller (1907) ist dementsprechend das JohEv eine synkretistisch beeinflußte ungeschichtliche Lehrschrift, die freilich zahlreiche Worte unvergeßlicher Prägung enthalte.

Diese methodische Kritik wurde nun freilich noch weit überboten durch die Leugnung der Geschichtlichkeit Jesu (A.Drews, P.L.Couchoud u.a.), durch die Bestreitung der Herkunft aller paulinischen Briefe von Paulus (holländische radikale Kritik, der Berner R. Steck) und durch die Erklärung des Urchristentums als unpersönlicher sozialer Massenbewegung (A. → Kalthoff). Während sich diese Überkritik in der besonnenen B.W. nicht durchsetzen konnte, hat die »religionsgeschichtliche« und die radikal kritische Forschung die B.-W. vor dem 1. Weltkrieg stark bestimmt. Das von H. → Lietzmann begründete und mitverfaßte »Handbuch zum NT« bot die exegetischen Anschauungen der Religionsgeschichtler in materialreichen Kommentaren (weitere wichtige Mitarbeiter E.Klostermann, M.Dibelius, H.Windisch, W.Bauer, später E.Lohmeyer), während die von J.Weiss, Bousset und Heitmüller herausgegebenen »Schriften des NT... für die Gegenwart erklärt« den gebildeten Laien das neue geschichtliche Verständnis des NT vermitteln wollten. Zusammenfassend zeichnete H.Weinel die Religion Jesu und des Urchristentums (noch unter dem Titel »Biblische Theologie des NT«, 1911), schilderte J.Weiss »das Urchristentum« (1917) und R.Knopf »das nachapostolische Zeitalter« (1905). Freilich fand die religionsgeschichtliche Betrachtung auch scharfe Ablehnung, nicht nur von seiten der Biblizisten (A.Schlatter, W.Lütgert) und streng konservativen Forscher (Th.Zahn, P.Feine), sondern auch von seiten A.Harnacks und A.Schweitzers, der mit dieser Frontstellung seine »Geschichte der paulinischen Forschung« (1911) abfaßte.

6. a) Das Ende des 1.Weltkriegs brachte in dreifacher Hinsicht eine neue Orientierung. Die religionsgeschichtliche Forschung, die statt literarischer Zusammenhänge und lehrhafter Entwicklungen lebendige Überlieferung und Frömmigkeit ins Auge gefaßt hatte, wandte sich im Anschluß an H.Gunkels Untersuchungen über vorliterarische Überlieferungen im AT (→ Formen und Gattungen: I) zuerst für die Evangelien, dann auch für die übrigen Schriften des NT der Frage nach der Entwicklung der mündlichen Traditionsstoffe zu. K.L. → Schmidt zeigte den sekundären Charakter des »Rahmens der Geschichte Jesu« (1919) im Gegensatz zu den überlieferten geformten Einzelstücken, M. → Dibelius wies in seiner »Formgeschichte des Evangeliums« (1919, 1933²) auf die Bedingtheit des evangelischen Stoffes durch das Leben der Urkirche (»Sitz im Leben«) und die dadurch geprägten »Formen« des Stoffes hin, und R. → Bultmann untersuchte den gesamten Stoff der synoptischen Evangelien (»Geschichte der synoptischen Tradition«, 1921, 1957³) mit scharfer Kritik auf die Entwicklung seiner Formen und auf seinen geschichtlichen Wert. Die damit begonnene »formgeschichtliche« Betrachtung der Evangelien fand trotz scharfer Ablehnung auf katholischer (P. Benoit) und konservativer (F.Büchsel) Seite auch in die angelsächsische und skandinavische Forschung (V.Taylor, F.C.Grant, K.Grobel, K.Stendahl) Eingang. Sie wurde bald auch auf die Paulusbriefe (E. → Lohmeyer) angewandt. Besonders fruchtbar erwies sich die neue Methode zur Aufdeckung liturgischer Überlieferungsstücke (R.Bultmann, E.Käsemann u.a.), zur Aufhellung der Vorgeschichte der Überlieferung in der Apostelgeschichte (M.Dibelius, E.Haenchen) und für den Aufweis der ältesten Gestalt und der umbildenden Motive in der Überlieferung der Gleichnisse Jesu (J.Jeremias). Nachdem die formgeschichtliche Arbeit sich lange Zeit mit den kleinen Überlieferungsstücken und ihren Triebkräften beschäftigt hatte, wandte sie sich neuerdings auch den theologischen Motiven der ganzen Evangelienschriften (H.Conzelmann, W.Marxsen), einzelner Briefe und der Apokalypse (E.Käsemann, E.Lohmeyer) zu. Daneben ist aber auch die literarkritische Betrachtung und Quellenscheidung weitergeführt worden (W.Bußmann, E.Hirsch, W.L.Knox, H.Sahlin), und in der angelsächsischen Forschung hat sich die Vierquellentheorie B.H. → Streeters für die synoptischen Evangelien weiterhin durchgesetzt.

b) Suchte die formgeschichtliche Arbeit die treibenden religiösen und theologischen Motive der urchristlichen Gedankenentwicklung aufzuzeigen, so verband sich damit naturgemäß auch eine Fortführung oder Umbildung der zu Beginn des 20.Jh.s begonnenen religionsgeschichtlichen Arbeit. Während die Beschäftigung mit dem rabbinischen Judentum noch zu Beginn des Jh.s nur wenigen Spezialisten möglich war (G.Dalman, A. Schlatter), erschien 1922-28 der umfassende und das ganze rabbinische Material in Übersetzung darbietende »Kommentar zum NT aus Talmud und Midrasch« von P.Billerbeck, und G. → Kittel und K.G.Kuhn veröffentlichten Übersetzungen der ältesten jüdischen Kommentare, so daß sich nun auch der Nichtrabbinist über die Quellen orientieren kann. Zugleich schufen der Amerikaner G.F. → Moore (Judaism, 1927-30), J.Jeremias (Jerusalem zur Zeit Jesu, 1923-27) und der Jesuit

J.Bonsirven (Le judaïsme palestinien, 1934-35) zuverlässige Gesamtdarstellungen des palästinischen Judentums, denen sich materialreiche Einzeluntersuchungen (E.Sjöberg, 1939; R.Meyer, 1937; W.D.Davies, 1948) anschlossen, die Zusammenhängen und Unterschieden zwischen rabbinischem Judentum und Urchristentum nachgingen. Auf diese Weise wurde es möglich, die Verkündigung Jesu und die Theologie des Paulus, aber ebenso auch die Entstehung der Urgemeinde usw wesentlich konkreter und genauer darzustellen als vorher (J.Jeremias, H.Odeberg, E.Percy, J.Bonsirven u.a.).

Stärker noch als diese Fortführung der Heranziehung palästinisch-jüdischen Materials griff aber in die Erforschung des NT die Hinwendung zur orientalischen → Gnosis (: I) ein. Im Anschluß an die Übersetzung mandäischer Texte (→ Mandäer) durch M.Lidzbarski wiesen W.Bauer (1925) und R.Bultmann (seit 1923) auf die Verwandtschaft der Vorstellungsformen des JohEv mit der mandäischen Religion und den Oden Salomos (→ Salomo-Oden) hin, und H.Odeberg stellte diese gnostische Vorstellungswelt auch noch in Zusammenhang mit jüdischen Texten (1929). In wachsendem Maße erkannten besonders die Schüler R.Bultmanns (H.Schlier, E.Käsemann, G.Bornkamm u.a.) die Bedeutung der gnostischen Mythologie für die Vorstellungsformen des Paulus, des Hebr, des Eph, und E.Lohmeyer stellte die Apk in den gleichen Zusammenhang. Zwar fand die Heranziehung der gnostischen, besonders der mandäischen Quellen aus chronologischen, geographischen und sachlichen Gründen auch scharfe Ablehnung (H.Lietzmann, E.Percy, A. → Loisy), doch hat sich besonders für das JohEv der Zusammenhang mit gnostischer Begrifflichkeit weitgehend bestätigt (E.Schweizer, R.M.Grant u.a.). Das Problem eines Zusammenhangs der nt. Vorstellungen mit der orientalischen Gnosis ist durch die Entdeckung der Texte von → Qumran in ein neues Stadium getreten. Diese weisen einen Dualismus auf, der sich mit zahlreichen nt. Schriften ebenso berührt wie mit gnostischen Texten; aber die Frage des Zusammenhangs dieser Texte mit der Gnosis ist noch völlig offen, ebenso wie die Frage ihres Zusammenhangs mit dem Urchristentum. Ohne Zweifel aber wird die religionsgeschichtliche Stellung des NT durch diese Funde weitere Klärung erfahren.

c) Noch wichtiger für die B.W. des NT als die formgeschichtliche und die religionsgeschichtliche Forschung wurde in der Zeit seit dem 1. Weltkrieg die Wende zu eigentlich theologischer Fragestellung. Nachdem K. → Barth in seinem »Römerbrief« (1919, 1921²) die Forderung erhoben hatte, die Auslegung des NT müsse dem Leser von heute den nt. Text so zum Hören bringen, daß der Zeitabstand zwischen einst und jetzt verschwinde, und nachdem R.Bultmann der Forderung einer theologischen Exegese zugestimmt hatte, wandte sich die Forschung erneut der lange vernachlässigten → Hermeneutik zu (E.v.Dobschütz, K.Girgensohn, A.Oepke u.a.). Die dabei entstandene Diskussion wurde jedoch erst heftig, als R.Bultmann in seinem Aufsatz »NT und Mythologie« (1941) die Forderung einer → »Entmythologisierung« des NT durch existentiale Exegese erhob. Während weite Kreise der nt. B.W. diese Forderung als zu weitgehend und mißverständlich ablehnten, ohne daß das Problem entschieden werden konnte, hat sich fast allgemein die Erkenntnis durchgesetzt, daß eine sachgemäße Exegese des NT nicht voraussetzungslos getrieben werden kann, sondern eine theologische Aufgabe ist, deren richtige Erfüllung das Ernstnehmen des Kanons der Kirche und des NT als Anrede Gottes voraussetzt. Die neueren Kommentare zum NT gehen daher weitgehend von dieser Voraussetzung der Notwendigkeit einer theologischen Exegese aus, ob sie nun im Rahmen der älteren Kommentarreihen erschienen (wie etwa M. Dibelius' kleine Paulusbriefe, 1937ff; R.Bultmanns Johannesevangelium, 1941; E.Lohmeyers Markusevangelium, 1936) oder selbständig veröffentlicht wurden (zB A.Nygren, Römerbrief, 1951; V.Taylor, St.Mark, 1952 u.a.). Die neugegründeten Kommentarreihen (Das NT Deutsch, Neues Göttinger Bibelwerk, 1932ff; Theologischer Handkommentar zum NT, 1931ff; Commentaire du Nouveau Testament, 1941ff) wollen sämtlich auch bei bewußt kritischer Haltung theologische Exegese bieten.

Dieser Wende zu theologischer Fragestellung entspricht, daß das Interesse sich stark auf die Arbeiten zur Biblischen Theologie verlagert hat. Auf dem Gebiet der Textkritik sind nur wenige grundlegende Arbeiten zu nennen (B.H. → Streeters Entdeckung des »Cäsarea-Textes«; die Auffindung, Veröffentlichung und Untersuchung umfangreicher Papyrusfunde, besonders der Chester-Beatty-Papyri aus dem 3.Jh., → Textkritik: II). Eine neue kritische Gesamtausgabe des griech. NT wird in Amerika vorbereitet. Literarkritische Thesen und Quellenuntersuchungen haben sich gelegentlich mit formgeschichtlichen oder geschichtskritischen Arbeiten verbunden (R.Bultmanns Johanneskommentar, Quellenhypothesen zur Apg von J.Jeremias und H.Sahlin, vgl. auch 6 a). Die zu Beginn des Jh.s geforderte »Urchristliche Literaturgeschichte« ist kaum gefördert worden (eine Skizze bot M.Dibelius, 1926, und M.Albertz schrieb eine sehr eigenwillige Entwicklungsgeschichte der nt. Literaturformen, 1947-52). Die »Einleitung in das NT« wurde in der vorher üblichen Weise weiter betrieben; hier stehen sich noch immer eine streng kritische (M.Goguel, 1922-26; E.J. → Goodspeed, 1937), eine gemäßigt konservative (P.Feine-J. Behm, 1950⁹; J.de → Zwaan, 1941) und eine streng konservative Richtung (W.Michaelis, 1946, 1954²) gegenüber. Auch die nt. Zeitgeschichte wurde als Ganzes nur wenig bearbeitet (C.Schneider, 1934; H.Preisker, 1937; W.Foerster, 1940, 1955²; R.H.Pfeiffer, 1949), doch sind seit der Entdeckung einer altjüdischen Kunst in → Dura und der Texte von → Qumran zahlreiche Einzelarbeiten zur Religions- und Geistesgeschichte des antiken Judentums mit dem Blick auf das NT erschienen (J.Jeremias, E.Stauffer, K.G.Kuhn, H.Braun u.a.).

Um so stärker sind alle Gebiete der nt. Theologie und des Lebens der Urkirche bearbeitet worden. Hier zeigte sich das Bestreben, Jesus im Zusammenhang mit seiner jüdischen Umwelt zu sehen, aber zugleich auch seinen Anspruch auf den Menschen von heute herauszustellen. Während nur wenige zusammenfassende Darstellungen Jesu erschienen (R.Bultmann, 1926; M.Goguel, 1934; M.Dibelius, 1939; C.J.Cadoux, 1941; W.Manson, 1943; E.Percy, 1953; G.Bornkamm, 1956; E.Stauffer, 1957), wurden zahlreiche Einzelfragen, vor allem die Gottesreichspredigt Jesu (H.D.Wendland, 1931; J.Héring, 1937; C.H.Dodd, 1936; W.G.Kümmel, 1945, 1953²), seine ethische Forderung (H.Windisch, 1937; A.N.Wilder, 1950), das Problem des persönlichen Anspruchs Jesu, besonders die Frage nach dem leidenden Menschensohn (J.Jeremias, H.Riesenfeld, E.Sjöberg) und der Sinn des Abendmahls Jesu (J.Jeremias, E.Schweizer, Th.Preiss u.a.; → Abendmahl: I) monographisch behandelt. Auch für Paulus wurden nur wenige zusammenhängende Darstellungen veröffentlicht (A.Schweitzer, 1930; W.L.Knox, 1939; A.D. Nock, 1940; M.Dibelius, 1951; J.Munck, 1954), wohl aber wurden seine Anthropologie (R.Bultmann, E.Käsemann, W.Gutbrod, W.G.Kümmel), seine Rechtfertigungslehre (G.Wiencke, W.Mundle), seine Sakramentslehre (H.v.Soden, W.Hahn, G.Bornkamm) und zahlreiche weitere Einzelprobleme untersucht. Bei der Behandlung der Verkündigung Jesu ebenso wie der des Paulus zeigte sich dabei ein scharfer Gegensatz zwischen den Verfechtern einer rein zukünftigen Deutung der Heilspredigt Jesu und des Paulus (M.Werner, F.Buri; »Konsequente Eschatologie«) und den Anhängern eines Verständnisses ihrer Verkündigung, das diese mehr oder weniger als auf die Gegenwart bezogen versteht (C.H. Dodd, W.Grundmann, J.Knox, H.Clavier und zahlreiche angelsächsische Forscher; »Realized Eschatology«). Auch der Theologie des JohEv (E.Schweizer, C.H. Dodd, W.F.Howard, R.Bultmann), dem Hebräerbrief (E.Käsemann, O.Michel, W.Manson), den ethischen Anschauungen des Urchristentums und seinen Lebensformen (H.Preisker, E.Lohmeyer, E.Schweizer, H.v. Campenhausen) und zahlreichen weiteren Einzelproblemen wandte sich das Interesse zu.

Am stärksten aber wurde das Verständnis des NT gefördert durch die Untersuchung seiner Begrifflichkeit. Nachdem zahlreiche Monographien über nt. Begriffe vorgearbeitet hatten (J.Schniewind, Euangelion, 1927 bis 1931; J.Horst, Proskynein, 1931; G.Stählin, Skandalon, 1931 u.a.) und W.Bauers den gesamten Wortschatz des NT mit reichen Parallelen und Bibliographien verarbeitendes Wörterbuch den Weg bereitet hatte, erschien seit 1932 das zuerst von G. → Kittel, dann von G.Friedrich herausgegebene, noch unvollendete »Theologische Wörterbuch zum NT«, dessen zT sehr umfangreiche Artikel über alle theologisch wichtigen Wörter des NT die jüdische und heidnische Vorgeschichte, die exegetische und theologische Problematik und die Nachgeschichte der Begriffe behandeln. Diese ganze Arbeit aber wurde zusammengefaßt in neuen Lehrbüchern und Gesamtdarstellungen der Biblischen Theologie des NT, die durch ihre grundsätzliche Verschiedenheit die noch immer bestehenden und zT neu aufgebrochenen Gegensätze in der theologischen Methode der Erforschung des NT besonders deutlich kennzeichnen (R.Bultmann, Theologie des NT, 1953, 1954²: religionsgeschichtliche Kritik, existentiale Exegese; E.Stauffer, Theologie des NT, 1941, 1948⁴: »Realtheologie«; O. Cullmann, Christus und die Zeit, 1946: Theologie der Heilsgeschichte; J.W.Bowman, The Religion of Maturity, 1948: Biblizismus, der Jesus vom antiken Judentum löst). Eine etwas isolierte Stellung nehmen die skandinavischen Anhänger der symbolisch und typologisch deutenden »Uppsala-Schule« (→ Kultgeschichtliche Schule) ein (H.Riesenfeld, B.Reicke, H.Sahlin u.a.).

7. Der Anteil der *kath. Theologie* an der nt. B.W. war im 16. und 17.Jh. recht gewichtig (→ Sixtus von Siena, R. → Simon), trat aber im 18.Jh. stark in den Hintergrund. Erst der Freiburger Theologieprofessor L.Hug knüpfte wieder an die Arbeiten R.Simons (s. 2) an und leitete mit seiner »Einleitung in die Schriften des NT« (1808, 1847⁴) eine konservative Untersuchung über die Entstehung des NT ein, die sich mit der kritischen Wissenschaft der gleichzeitigen protestantischen Forschung auseinandersetzte. Seither geht die kath. B.W. in steter Auseinandersetzung neben der protestantischen B.W. her, und seit dem Beginn des 20.Jh.s ist der wissenschaftliche Austausch zwischen der Arbeit beider Konfessionen immer reger geworden. Besonders auf dem Gebiete der Textkritik (H.Vogels, M.J.Lagrange) und der Erforschung des jüdischen Hintergrunds des NT (M.J.Lagrange, J.Bonsirven, J.-B.Frey) haben kath. Forscher in den letzten Jahrzehnten Bedeutendes geleistet; aber auch die Einleitungswissenschaft (M.Meinertz, A.Wikenhauser) und neuestens die Biblische Theologie (M.Meinertz, R.Schnackenburg, J.Dupont, L.Cerfaux u.a.) sind in sehr förderlicher Weise gepflegt worden. Nachdem in deutscher Sprache längere Zeit nur Kommentarreihen für einen weiteren Leserkreis bestanden (Bonner NT, Regensburger NT), tritt neben die Reihe der umfangreichen wissenschaftlichen Kommentare in französischer Sprache (Etudes Bibliques, 1907ff) seit 1953 auch »Herders Theologischer Kommentar zum NT«. Die Bestimmung des Konzils von Trient (4.Sitzung), daß »niemand in Sachen des Glaubens und der Sitte, die zum Aufbau der christlichen Lehre gehören, die Heilige Schrift gegen den Sinn zu erklären wagen darf, den die hl. Mutter Kirche anerkannte und anerkennt, der es zusteht, über den wahren Sinn und die wahre Auslegung der Hl. Schriften zu urteilen«, hindert freilich die kath. Bibelforscher an einer völlig freien Untersuchung des NT. Und wenn auch die Entscheidungen der Päpstlichen Bibelkommissionen »nicht den Charakter von unfehlbaren und irreformablen Entscheidungen« haben (A.Wikenhauser, Einleitung in das NT, 1953, 7), so wird sich doch der kath. Bibelforscher so weit wie möglich daran halten und zwar beispielsweise zugestehen, daß es »bisher nicht gelungen ist, die wichtigsten der gegen die Echtheit des 2. Petrusbriefes angeführten Argumente überzeugend zu entkräften«, wird aber doch mit der Feststellung schließen: »Ihr letztes Wort darüber hat die Kirche jedenfalls noch nicht gesprochen« (K.Th.Schäfer, Grundriß der Einleitung in das NT, 1952, 172).

8. Während sich das *Judentum* bis zur Emanzipation nur polemisch mit Jesus und dem Urchristentum beschäftigt hat, begann man im 19.Jh. auch auf jüdischer Seite die Entstehung des Christentums wissenschaftlich zu untersuchen. Aber erst Ende des 19.Jh.s fingen einige jüdische Gelehrte an, in Auseinandersetzung mit der christlichen Theologie und unter reicher Heranziehung jüdischen Vergleichsmaterials besonders die Gestalt Jesu und das Verständnis der Bergpredigt in der Aufdeckung der Übereinstimmung und des Gegensatzes gegenüber der jüdischen Überlieferung wissenschaftlich darzustellen (C.G.Montefiore, I.Abrahams, J.Klausner, L.Baeck, R.Eisler, S.Zeitlin). Einige jüdische Forscher sind auch weitergegangen und haben die Entwicklung von Jesus zu Paulus und darüber hinaus darzustellen unternommen, wobei fast durchweg die Neigung spürbar ist, Paulus zugunsten Jesu abzuwerten (G.Klein, A.Marmorstein, J.Klausner, H.J.Schoeps). Außerdem förderte H.J.Schoeps die Kenntnis des Judenchristentums (1949), und M. → Buber (1950) suchte Jesus und das Pharisäertum in Gegensatz zu Paulus und dem hellenistischen Judentum zu stellen. Selbstverständlich haben jüdische Forscher auch durch ihre Mitarbeit an der Geschichte und Interpretation des Judentums zur Zeit Jesu der nt. B.W. wertvolle Dienste geleistet (etwa W.Bacher, A.Marmorstein, E.L.Sukenik).

9. Die B.W. des NT umfaßt zahlreiche Arbeitsgebiete, deren wichtigste die folgenden sind: 1. Erforschung des nt. Griechisch (Grammatik, Lexikographie; → Bibel: II C); 2. Textkritik und Textgeschichte (Veröffentlichung und Kollationierung von Handschriften und Übersetzungen; Geschichte des Textes; Aufdeckung des Urtextes im Ganzen und im konkreten Einzelfall; → Text und Textkritik: II); 3. Geschichte des nt. Kanons (Allgemeine Kanonsgeschichte; der Kanon in einzelnen Perioden oder bei einzelnen Kirchenvätern; das Problem der Kanonsbegrenzung; → Bibel: II B); 4. nt. Zeitgeschichte (profane, Religions- und Geistesgeschichte des Judentums und Heidentums zur Zeit des Urchristentums; → Hellenismus); 5. Spezielle Einleitung in das NT (Geschichtliche Umstände und literarische Besonderheit, Vorgeschichte, literarische Zusammenhänge der einzelnen Schriften; → Bibelkritik: II, → Briefliteratur, urchristliche, formgeschichtlich, → Evangelien, formgeschichtlich, → Formen und Gattungen: II, s. ferner die Artikel

über die einzelnen Schriften des NT); 6. Auslegung der ganzen Schriften des NT, einzelner Abschnitte, einzelner literarischer Gattungen einschließlich der Theorie (→ Hermeneutik) und Geschichte der → Schriftauslegung; 7. Urchristliche Geschichte (→ Jesus Christus, → Paulus, → Petrus, → Urchristentum, → Judenchristentum, → Heidenchristentum, → Christentum: I); 8. Biblische Theologie des NT (Untersuchung der Lehre und Vorstellungen einzelner Schriften, Geschichte einzelner Vorstellungen; Gesamtgeschichte der nt. Theologie in chronologischer Abfolge oder nach Längsschnitten; → Biblische Theologie und biblische Religionsgeschichte: II); 9. Auslegung und geschichtliche Untersuchung der → Apokryphen des NT.

G.W.Meyer, Gesch. der Schrifterklärung seit der Wiederherstellung der Wissenschaften I-V, 1805/09 - A.Hilgenfeld, Kanon u. Kritik des NT in ihrer geschichtlichen Ausbildung u. Gestaltung, 1863 - E.Reuss, Die Gesch. der heiligen Schriften des NT, 1887⁶, 574 ff - RE III, 192 ff; V, 261 ff; VII, 718 ff - A.Schweitzer, Gesch. der Leben-Jesu-Forschung, (1906) 1951⁶ - Ders., Gesch. der paulinischen Forschung, (1913) 1933² - L.Salvatorelli, From Locke to Reitzenstein (HThR 22, 1929, 263-369) - O.Linton, Das Problem der Urkirche in der neueren Forschung (UUÅ 1942, Teologi 2) - G. Lindeskog, Die Jesusfrage im neuzeitlichen Judentum (ASNU 8), 1938 - W.F.Howard, The Romance of New Testament Scholarship, 1949 - A.M.Hunter, Interpreting the New Testament 1900-50, 1951.

Spezialzeitschriften für B.W.: JBL (1881 ff), ET (1890 ff), ZNW (1900 ff), NTS (1954 ff), NovTest (1956 ff). Katholisch: RB (1892 ff), BZ (1903 ff), Bibl (1920 ff). - Eine vorzügliche Bibliogr. der Neuerscheinungen bietet die Zeitschrift des päpstlichen Bibelinstituts, Biblica, für die im engeren Sinn geschichtlichen Arbeiten auch RHE; Sammelberichte erscheinen in ZNW, ThR, VF. *W.G.Kümmel*

Biblia pauperum → Armenbibel.

Bibliander (Buchmann), *Theodor,* * 1504/09 zu Bischofszell, Schweiz, wurde 1531 Nachfolger Zwinglis als Professor für AT in Zürich, 1560 wegen eines Lehrstreites mit Petrus Martyr → Vermigli seines Amtes enthoben, † 1564 in Zürich. B. ist als einer der gelehrtesten Philologen seiner Zeit der Begründer der religionswissenschaftlich-vergleichenden Exegese in der Schweiz. Sein bedeutendstes Werk ist der mit Kenntnis von über 30 Sprachen angelegte De ratione communi omnium linguarum et litterarum commentarius (1548). Berühmt wurde B. durch seine hebräische Grammatik (1535) und die wissenschaftliche Edition des Koran (1543). Religionsgeschichtlich heute noch wertvoll ist die Relatio Fidelis (1545). Als Theologe vertrat B. einen gemäßigten Universalismus und vor allem den Gedanken der Heidenmission. Er hinterließ 24 gedruckte Werke und zahllose handschriftliche Arbeiten.

E.Egli, Analecta reformatoria II, Zürich 1901 - J.Staedtke, Zwingliana 9, 1953, 536-546 - R.Pfister, ThZ 9, 1953, 438-454. *J.Staedtke*

Bibliothekswesen

I. Allgemeines B.swesen - II. Kirchliches B.swesen. - Vgl. → Brief und Buch im Altertum. - B. = Bibliothek, U.B. = Universitätsbibliothek

I. Allgemeines Bibliothekswesen

Das Werden von Schrift, Wissen und Bildung brachte die Notwendigkeit, religiöse und profane Niederschriften gesammelt zu sichern. Aus einfachen Behältnissen ging die Räumlichkeit der B. hervor. Βιβλιοθήκη (= Buch-Niederlage), früh terminus technicus geworden, bezeichnete auch »Archiv« (hellenistisch) und Sammelwerke (Bibel). Allen Kulturvölkern sind B.en unentbehrlich.

1. a) Keilschriftliche Tontafeltexte (bis 3.Jt.) bezeugen B.en in *babylonischen* und *assyrischen* Tempeln und Palästen (Nippur, → Mari, Hattuscha um 1300, → Ninive 7.Jh.), auch in Phönikien (→ Ugarit). Priesterliche B.en hatte *Alt-Ägypten* in Tempeln und »Lebenshäusern«; Diodor (1, 49. 3) erwähnt die B. im Totentempel Ramses' II. († 1230); Inschriften ptolemäischer Zeit weisen auf B.en in Edfu, Philae, Tuphium. B.en von Königen und Großen sind anzunehmen. - B.en im vorexilischen *Palästina* sind unbekannt; später lagen Torarollen und andere hl. Schriften in Truhen und Schränken (1.Jh. nChr) der → Synagogen, rabbinische Literatur in Lehrhäusern.

b) In *Griechenland* werden frühe B.en als privater Besitz von Herrschern (Pisistratus) und Gebildeten (Euripides, Aristoteles) überliefert, die ersten »öffentlichen« B.en schuf Ptolemäus I. (305-285) im Museion von Alexandria, das 47 vChr mit 700 000 Papyrusrollen verbrannte, und im Serapeion. In *Pergamon* legte Eumenes II. (197 bis 159) seine Residenz-B. nach alexandrinischem Vorbild an; hellenistische B.en entstanden an Fürstenhöfen (Pella, Seleukia), Gymnasien (Athen, Delphi, Rhodos 2.Jh. vChr), ärztlichen u.a. Schulen. Auch in *Rom* gingen private B.en (Aemilius Paulus, Sulla, Varro) den ersten öffentlichen des C.Asinius Pollio (Libertas-Tempel 39 vChr) und Augustus (Apollotempel 29 vChr und Porticus Octaviae) voran. Sie pflegten wissenschaftliche lat. und griech. Literatur wie die B.en von Tiberius, Vespasian, Traian (B. Ulpia) und Alexander Severus (Pantheon). Auch die römischen Provinzstädte waren mit öffentlichen, oft gestifteten B.en wohl versehen. Von einigen antiken *B.sbauten* blieben Grundrisse erhalten, aus einer mit Herculanum 79 nChr verschütteten Privat-B. karbonisierte griech. und lat. Papyri.

2. *Christliche* B.en erscheinen bald nach 200 (Jerusalem, Alexandria); in → Cäsarea (Pal.) wurde die des Origenes mit 30 000 Rollen um 350 in zeitgemäße Pergament-Codices übertragen. Der griech. Osten förderte das B.swesen: in Konstantinopel bestand die um antikes Schriftgut verdiente kaiserliche B. (356) bis 1453; seit dem 5.Jh. unterhielt das Mönchtum des ägäischen Raumes zahllose B.en mit geistlicher und klassischer Literatur, die im lat. Westen Cassiodors B. von Vivarium (540) viel verdankte. Planvolle Pflege fand das B.swesen seit dem 6.Jh. besonders durch irische und angelsächsische Klöster (Wearmouth, Jarrow, Canterbury u.a.) mit stärkster Wirkung auf festländische Gründungen, die (wie Bobbio, Tours, Luxeuil, Corbie, St.Gallen, Reichenau, Fulda) bis ins 12.Jh. Buch- und Schriftkultur zur Höhe führten. Mit frühen Universitäten (Sorbonne 1250, Prag 1348, Heidelberg 1386) verbanden sich scholastische Lehr- und Studien-B.en, doch erst aus dem humanistischen Geist der Renaissance gingen öffentliche B.en in Italien hervor: Cosimo de Medici, Florenz (1441), Kardinal → Bessarion in Venedig (1468). Seit dem 13.Jh. begann Papier das Pergament zu ersetzen; seit dem 15.Jh. veränderte das gedruckte Buch das Bild der B.en unaufhaltsam. Als Massenproduktion versorgte das Buch in Deutschland die vielen, durch die Reformationsbewegung hervorgerufenen städtischen und kirchlichen B.en (→ Bibliothekswesen: II) mit zeitgemäßem Schrifttum, die der Schulen und gelehrten Sammler mit humanistischer Literatur. Bestände aufgehobener Klöster vermehrten oft den Besitz junger B.en von Universitäten (so in Marburg, Tübingen, Leipzig) oder Hof-B.en, die später zu Landes- oder Staats-B.en wurden (München, Dresden, Kassel, Wolfenbüttel, Gotha, Darmstadt u.a.). Ottheinrich vermachte die kurfürstliche B. Heidelberg als »Land-B.« der Pfalz (1556). Bedeutende B.en brachte Barock und Absolutismus im Ausland hervor: Escorial (1567), Vaticana, Ambrosiana, die kgl. B. und Mazarine in Paris, Bodleiana in Oxford (1602); wissenschaftliche Gebrauchs-B.en fanden meist in Wandschränken oder Regalen prunkvoller Säle Aufstellung.

3. Während sich in Frankreich und England die seit 1735 öffentliche Kgl. B. von Paris, in London die des Brit. Museums (1759) glänzend entwickelten, hatte das *deutsche B.swesen* im 18.Jh. seine öffentliche Wirkung verloren und zeigte sich (die planvoll geleitete U.B. Göttingen von 1735 ausgenommen) unfähig, Zugänge großer Büchermengen aus Säkularisation und vermehrter Druckproduktion des beginnenden neuen Jh.s nutzvoll zu verarbeiten. Aus dem Zustand hemmender Zersplitterung führten erst die nach 1870 einsetzenden Reformen, die nach der Umstellung der Hof- zu Landes-B.en in der Schaffung eines einheitlichen deutschen B.swesens und eines staatlich eingegliederten bibliothekarischen Berufsstands gipfelten; er wurde nach langen Bemühungen (W.Brambach, K.Dziatzko, A.Klette) noch vor 1900 durch Personal- und Verwaltungsreform erreicht (Fr.Althoff). Auf ihrer Basis vollzog sich künftig die Ausbildung des Nachwuchses für die wissenschaftliche und »mittlere« bibliothekarische Laufbahn an B.sschulen (Prüfungsordnungen von 1893. 1909. 1912). Die vielfältigen Formen des Katalogisierens wurden beseitigt durch fast allgemeine Annahme der »Instruktionen für die alphabetischen Kataloge der preußischen B.en« (1899. 1908), denen auch der verfrüht abgebrochene »Gesamtkatalog« der deutschen B.en folgte. Neben dem alphabetischen Verfasser-Katalog bestehen Sach- oder Realkataloge (teils systematische, teils Schlagwortkataloge) in Band- oder Karteiform; ihre Wahl bleibt wie die Aufstellungsart der Bestände den B.en überlassen, die sich heute nach besondern wissenschaftlichen Aufgaben als Universitäts-, Hochschul-, Staats-, Landes- und Stadt-B.en unterscheiden lassen. Umfassend sammeln die Staats-B.en (Berlin, München), nur deutschsprachliches Schrifttum die Deutsche Bücherei in Leipzig (seit 1912). In größtem Ausmaß dienen Fach- und Sonder-B.en speziellen wissenschaftlichen, technischen, amtlichen oder, wie die → Volksbüchereien, allgemeinbildenden Zwecken. Die meisten deutschen B.en wurden im 2. Weltkrieg durch Verluste an Beständen und Gebäuden schwer getroffen (s. Leyh), ihre Gemeinschaftsarbeit (Leihverkehr, Auskunftswesen, Gesamtkatalog) gestört. Doch schlossen sich manche Lücken wieder durch Hilfe der Forschungsgemeinschaft (1949): die Staats-B.en in Berlin und München zählen heute je an 2 Mill. Bde, U.B. Halle und Westdeutsche B. Marburg je 1,5 Mill., die letzte, mit Berliner Beständen, eine der Nachkriegsgründungen wie die U.B. Mainz, Deutsche B. Frankfurt/M.; neue B.en in modernen Häusern erhielt Berlin mit der B. der Freien Universität und der Amerika-Gedenk-B. (1952-54).

4. Das B.swesen des *Auslands* zeigt hohe Entwicklung nach Organisation, Katalogisierungssystem und Beständen an Druckwerken und Handschriften. Fast überall haben die wissenschaftlichen, Bildungs- und Spezial-B.en der Städte und Institute an Zahl, Auswirkung und Umfang zugenommen. In *Frankreich* werden die B.en der Universitäten und Städte von der B. Nationale in Paris (6 Mill. Bde, 125 000 Hss.) und der B. der Sorbonne weit überragt; eine Sonderstellung nimmt die U.B. und Landes-B. Straßburg ein (1,5 Mill. Bde). Hervorragende Inventarisierung der Hss. und Drucke wird L.Delisle und H.Omont verdankt. In voller Modernisierung steht das B.swesen *Italiens:* 7 National-B.en (mit 2 zentralen) und 12 U.B.en besitzen als leistungsfähige Gebrauchs-B.en reiche Druckbestände und meist (wie Ambrosiana, Marciana, Laurentiana) auch Hss.-Schätze. Auf ihnen beruht der Weltruf der B. apostolica Vaticana, die über modernste Einrichtungen verfügt (amerikanische Katalogisierung, Nachschlage-B., B.sschule). Alte B.stradition besitzt die *Schweiz* in den U.B.en Zürich (900 000 Bde, 10 000 Hss.) und Basel; die Stifts-B. St.Gallen verwahrt die kostbare B. des einstigen Klosters, die Vadiana (Stadt-B.) den Nachlaß ihres Stifters J.Watt. Neuzeitlich nach Gründung (1895) und Bau (1931) bildet die Landes-B. Bern (900 000 Bde) die bibliographische Zentrale der Schweiz. Konzentriert sich das *spanische* und *portugiesische* B.swesen auf die National-B.en in Madrid (1,5 Mill. Bde, über 30 000 Hss.) und Lissabon, so unterhalten *Belgien* und *Holland* außer den öffentlichen kgl. B.en in Brüssel (2 Mill. Bde) und Den Haag beachtliche U.B.en zT mit Hss.-Besitz (Leiden), der auch *nordische* B.en auszeichnet; so die U.B. Uppsala (1620) mit der Wulfila-Bibel (Cod. argenteus). B.en jeder Art besitzt *Großbritannien,* wo drei National-B.en (Edinburgh, Aberystwyth, Dublin), U.B.en und College-B.en (Oxford, Bodleiana mit 2 Mill. Bdn, 40 000 Hss.), Kirchenbüchereien und Public Libraries (Carnegie-Foundation) ausgebreitete B.skultur bezeugen. Ihre Höhe erreicht sie in der B. des British Museum London (6 Mill. Bde, 75 000 Hss.) mit kostbaren Manuskripten (Codex Sinaïticus), Evangelien von Lindisfarne, griech. Papyri (Aristoteles, Bakchylides, Herondas). Auch die B.en im *Common-Wealth* werden durch England gefördert. In *Österreich* hat sich die National-B. in Wien, bestimmend für das B.swesen des deutschsprachigen Ostens, erst im 20.Jh. zur Auswirkung als wissenschaftliche Gebrauchs-B. (1,6 Mill. Bde) durchgesetzt. Vor den U.B.en (Graz, Innsbruck) hebt sie sich durch vielseitige Einzelbestände der einstigen K.K.Hof-B. ab: ihre Sammlungen mit 35 000 Hss., über 100 000 Papyri, musik- und theatergeschichtlichen Dokumenten, Karten und Bildarchiv haben Weltruhm erlangt. Mächtiger Buchbesitz staut sich in den öffentlichen *Sowjet-B.en.* An ihrer Spitze geht die Lenin-B. Moskau (mit gegen 15 Mill. Bdn), der die Saltykow-B. (einst kaiserliche B.) Leningrad mit 10 Mill. Bdn, 50 000 Hss. und die National-B. Kiew mit 3 Mill. Bdn folgen. Auch die Groß-B.en der *USA* verzeichnen ähnlich enorme Bestände, für die praktische Katalogisierung und modernste Magazine geschaffen sind. Nach kleinen Anfängen der Library Company Philadelphia (1731), die berufliche und technische Bildungsbedürfnisse berücksichtigte, wuchsen bald U.B.en durch Stiftungsmittel in rapider Entwicklung zu wissenschaftlichen Welt-B.en heran (Harvard-U.B. Cambridge mit 5 Mill. Bdn, Yale-U.B. New Haven mit 3 Mill.). Öfters treten zum Buchbesitz auch Hss., Papyri und Ostraka (Ann Arbor, Michigan U.B.). Zu ungewöhnlicher Größe gelangten die wissenschaftlichen Public Libraries von New York (über 5 Mill. Bde) und Boston (1,8 Mill.); unerreicht steht die universal sammelnde Kongreß-B. Washington (1800 gegründet) da mit 25 Mill. an Büchern, Hss., Mikrofilmen u.ä. bei Jahreszugängen von 500 000 Einheiten. Über 30 Fachschulen ziehen Bibliothekare heran, die der Betreuung zahlloser öffentlicher Fach- und Bildungsbüchereien in allen Städten der USA dienen. Mit mäßigerem Buchbesitz begnügen sich die Staaten von *Latein-Amerika,* wo die National-B.en von Mexiko und Buenos Aires je 1 Mill. bzw. 500 000 Bde zählen. In *Fern-Ost* pflegen große B.en einheimische und europäische Literatur: für die National-B. Peking (seit 1909) werden außer 8000 Rollen und 30 000 chinesischen Inkunabeln an 800 000 chinesische und 85 000 europäische Bde notiert; die Kaiserliche (1872), seit 1948 Nationale B. Tokio besitzt 700 000 japanische und chinesische, dazu 130 000 europäische Bücher, die U.B. 1,25 Mill. Bde, die von der U.B. Kyoto mit 1,5 Mill. übertroffen werden.

Sammlung bibliothekswiss. Arbeiten 1, 1887; 50, 1941 - Mittelalterl. B.skataloge: Deutschland u. die Schweiz 1, 1918; 2, 1928; 3, 1, 1932; Österreich 1, 1915/29 - Hdb. der B.swissenschaft, hg.v. F.Milkau I-III, 1931-42; 2.Aufl. hg.v. G.Leyh, I, 1952; III, 1, 1955 -

A.PREDEEK, Das moderne englische B.swesen (Zentralbl. f. B.swesen Bh. 66), 1933 - DERS., A history of libraries in Great Britain and North America, Chicago 1947 - A.I.K.ESDAILE, National libraries of the world, London 1934 - K.LÖFFLER-N.FISCHER, Einführung in die Katalogkunde, (1935) 1956² - J.VORSTIUS, Grundzüge der B.sgesch., (1935) 1954⁵ - M.BURTON, Famous libraries of the world, London 1937 - H.LEHMANN-HAUPT, Das amerik. Buchwesen, 1937 - J.W. THOMPSON, Ancient libraries, Berkeley 1940 - L.R.WILSON-M.F. TAUBER, The university library, Chicago 1945 - G.LEYH, Die deutschen wiss. B.en nach dem Krieg, 1947 - Répertoire des bibliothèques de France I-III, Paris 1950-51 - J.KIRCHNER, B.swissenschaft, (1951) 1953² - K.SCHOTTENLOHER, Bücher bewegten die Welt, 1951/52 - W.KRABBE-W.M.LUTHER, Lehrbuch der B.sverwaltung, 1953 - E.MEHL-K.HANNEMANN, Deutsche B.sgesch. (Deutsche Philologie im Aufriß, hg.v. W.STAMMLER I, [1952] 1956², 453-562) - Beiträge zum Buch- u. B.swesen, hg.v. C.WEHMER, 1-5, 1954-56 - RAC II, 231ff - Lexikon des Buchwesens, hg.v. J.KIRCHNER, 4 Bde, 1952-56. - Zeitschriften: Zentralblatt f. B.swesen, 1884ff (mit Bh.en) - Unesco Bulletin for Libraries, Paris 1946ff - Libri. Internat. Library Review, Kopenhagen 1950ff - Biblos. Österr. Zeitschr. für Buch- und B.swesen, Dokumentation, Bibliogr. u. Bibliophilie, 1952ff - Zeitschr. f. B.swesen u. Bibliographie, 1954ff - The Libraries Yearbook (The Librarian's Guide) ed. L.R.MCCOLVIN, London 1955. *K.Preisendanz*

II. Kirchliches Bibliothekswesen

Das kirchliche B.swesen ist seit seinen Anfängen um 200 verhältnismäßig bald in die Geschichte des allgemeinen B.swesens eingegangen (→ Bibliothekswesen: I, 2). Seit der Reformation wurde dieser Prozeß in Gestalt einer »Verweltlichung« stark beschleunigt, im Zusammenhang sowohl mit den Verwüstungen im 30jährigen Krieg als auch mit dem Geist der Neuzeit. In der Aufklärungszeit war es die Aufhebung des Jesuitenordens - viele Schätze kamen über Georg III. vom Festland an die B. des Britischen Museums - sowie der beschaulichen Orden, die fürstliche (zB München) wie Universitäts-B.en (zB Würzburg) erweiterten oder geradezu begründeten. Die Wirren der Revolutionsära boten auch privaten Sammlern, zB J.v. → Görres, Gelegenheit zu großen Bereicherungen; die Säkularisation von 1803 bedeutet nahezu das Ende eines kath. kirchlichen B.swesens. An seine Bücherkultur im Barockzeitalter erinnern Prunkräume, wie zB in den Kloster-B.en von Weinkirchen, Waldsassen, St. Geneviève (Paris). Eine Sonderstellung nimmt die Vatikanische B. ein, die nach Anfängen unter Julius I. im 4.Jh. zusammen mit dem Archiv, seit dem 7.Jh. selbständig, nach der Zerstörung 1227 und einer Neugründung am Ende des 13.Jh.s unter Bonifatius VIII. sowie nach weiteren Ansätzen in Avignon (Johann XXII.) unter Nikolaus V. als »Vaticana« neu erstand und von Sixtus IV. und V. besonders gepflegt wurde. Das 17.Jh. brachte ihr u.a. die Übernahme der Orsini-B., der Palatina aus Heidelberg, der B. Urbinas und der B. Christinae aus Schweden, das 19. und das 20.Jh. weitere große Privatsammlungen (Borghese, Barberini; Rossi, Chigi, Ferrajoli). Mit dem ausgehenden 19.Jh. beginnt auch ein neuer Aufschwung klösterlicher B.en, die nur zu geringem Teil an alte Restbestände anknüpfen konnten, dazu B.en der Seminarien und der kath. Volksbildungswerke (Borromäusverein, 1844; Gesamtbestand der Büchereien 1931: 300 000 Bde).

Im Bereich des Protestantismus ist ein kirchliches B.swesen nur sehr vereinzelt zu besonderer Blüte gelangt (Emden, Hamburg). Die reformationszeitliche Auflösung von Klöstern bereicherte vor allem fürstliche, städtische und U.B.en. Das entsprach auch Luthers mehr weltlich-pädagogischer Aufforderung in der Schrift »An die Ratherrn aller Städte... daß sie christliche Schulen aufrichten und halten sollen« (1524). Verbunden damit sind Pfarr-B.en. Das maßgebende Programm entwarf → Bugenhagen in seinen Kirchenordnungen: eine »Liberei« unter der Sorge der Schatzkammerherren, »in die für die Pfarrer, Prediger, Schulmeister... alle Bücher, gute und böse, gesammelt werden, die man in dieser Stadt dazu bekommen mag«. Im 19.Jh. wurden B.en an Predigerseminaren meist neu errichtet; gelegentlich, wie zB in Herborn, konnte man reiche Schätze einer aufgelösten Universität übernehmen (1817). Ebenso B.en bei kirchlichen Behörden, Synodal-B.en und Fach-B.en der Verbände kirchlicher, missionarischer und volksmissionarischer Werke. Samt dem verbliebenen Erbe wurden sie durch entsprechende Verordnungen zumeist geregelt und gesichert (Muster: Zirkularverfügung des kgl. Konsistoriums der Provinz Sachsen vom 18.1.1860). Zahlreiche ältere Bestände harren aber noch immer sachgemäßer Pflege. Neu ist der Aufbau von kirchlichen Volks- und von Gemeinde-B.en, besonders lebhaft in England und Amerika. Eine bald nach 1945 in Etappen in Göttingen errichtete Ev. B.s-Schule bildet im Blick darauf für den mittleren gehobenen Dienst an wissenschaftlichen und Volks-B.en aus. Sie wird getragen von dem »Deutschen Verband ev. Büchereien«, dem 11 Landesverbände angegliedert sind.

Außer der Lit. zu → Bibliothekswesen: I - A.EHRHARDT, Die griech. Patriarchats-B. von Jerusalem (RQ 5, 1891, 217-265; 6, 1892, 339-365) - T.O.RADLACH, Die B.en der ev. Kirche in ihrer rechtsgesch. Entwicklung (Zentralbl. f. B.swesen 12, 1895, 153-172) - RE III, 187ff - LThK II, 326f - E.KOCHS, Die B. der Großen Kirche in Emden (Jb. d. Ges. f. bild. Kunst u. vaterld. Altert. zu Emden 25, 1937, 18-53) - H.HOFFMANN, Schles. Kirchenbüchereien (Arch. f. schles. KG 4, 1939, 91-124) - H.HOLTZ, Ländliche Kirchen-B.en auf Rügen (WZ Rostock 5, 1955/56, 69-107). *Ernst Wolf*

Biblische Geschichte → Bibel: IV, → Ewald, J.L., → Hebel.

Biblische Theologie und biblische Religionsgeschichte

I. AT - II. NT. - Vgl. → Bibelwissenschaft: I. II, → Hermeneutik, → Schriftauslegung: IV, → Typologie: III

I. AT

1. Geschichte - 2. Methode - 3. Bezug zum NT

1. Die »Biblische Theologie« (Terminus wohl 1652 von Chr.Zeller geprägt) hatte gegenüber der Theologia scholastica bzw. dogmatica das Ziel, die Dogmatik von philosophisch-spekulativem Beiwerk zu entlasten (zu J.Ph.Gabler → Biblische Theologie: II, 1). Voraussetzung war der Glaube an die Einheit des Inhaltes beider Testamente mit der reformatorischen Lehre. Die Erkenntnis des Unterschiedes des AT vom NT, die literarkritisch unterbaute Herausarbeitung der Mannigfaltigkeit der Glaubensaussagen der biblischen Autoren, der Entwicklungsgedanke und der Vergleich mit den altarabischen, den babylonisch-assyrischen und den hellenistischen Kulten haben die B.Th. im 19.Jh. zu einer geschichtlichen, mit allen Mitteln der weltlichen Historiographie arbeitenden Disziplin gemacht. Ihr Name wurde daher folgerichtig (zuerst im AT durch Smend 1893) durch den einer (Alttestamentlichen) Religionsgeschichte ersetzt. Doch hat der Umschwung der theologischen Lage seit 1918, insonderheit die Betonung der Verwurzelung der ganzen Schrift in der Offenbarung des *einen* Gottes in Jesus Christus (W.Vischer) und die Erkenntnis der Unmöglichkeit, Wahrheitsfragen durch rein geschichtliche Forschung zu lösen, zur Forderung einer Neubelebung der B.Th. neben der Religionsgeschichte geführt. Sie soll, vom (christlichen) Glauben als dem »Erkenntnisprinzip der pneumatischen Welt« (Procksch) bestimmt, dem Entscheidungscharakter der theologischen Urteile Rechnung tragen (Eichrodt). Die dadurch angeregten Fragen sind heute voll im Fluß und beherrschen die wissenschaftliche Lage (vgl. Ebeling, Kraeling, Kraus; → Bibelwissenschaft: I, 2b).

2. Indem die Aufklärung Vernunft und Offenbarung, ewige Vernunft- und zufällige Geschichtswahrheiten gegeneinanderstellte, erhob sich für sie die Frage nach einem abgrenzenden Maßstab auch innerhalb der Bibel. Als Hilfsmittel ergab sich der Vergleich mit anderen Religionen, in denen etwa die Vernunft des »Weisen Persers« der Offenbarung vorausgeeilt sein mochte (Lessing). Unter ihnen ließ die bestbekannte, Homer, zugleich den Mythos als gemeinsame Urstufe heraustreten. Der damit angeschlagene Entwicklungsgedanke, durch Hegel vertieft und durch die Naturwissenschaft mächtig gefördert, zerlegte die B.Th. des AT in ein Nacheinander mehrer Stufen, unter denen der ethische Monotheismus der Propheten (zuerst der des Amos) die höchste erreichte darstellte. Die vor allem in den Keilschrifttexten sichtbar gewordenen Parallelen stellten das Thema »Babel und Bibel« (→ Panbabylonismus), zumal durch das Fehlen palästinischer Inschriften und die zunächst bestehende Unsicherheit in der Datierung und Deutung der archäologischen Funde im Lande die Kenntnis der kanaanäischen Religion (→ Kanaan: III) jahrzehntelang zurückbleiben mußte. Erst zwischen den beiden Weltkriegen haben die Texte von Ras Schamra (→ Ugarit, 2. 3) und die archäologischen Funde, wie Tempel, Kultobjekte u.a.m., darin Wandel geschaffen. Sie bestätigen die Zugehörigkeit der palästinischen Welt zur großen Gemeinsamkeit des östlichen Mittelmeerbeckens. Sie tragen dazu bei, auch in der nach ihren Schemata (pattern) fragenden → Kultgeschichtlichen Schule (Uppsala) die einseitige Überschätzung der babylonisch-assyrischen Texte (Gilgamesch-Epos!) bei den älteren Panbabylonisten durch den Aufweis etwa des Königs-Tammuz-Kultus auch im Westen seit der Bronzezeit zu überwinden. Ihr gegenüber sucht die frömmigkeitsgeschichtliche Forschung die Eigenart der israelitischen Religion aus der Struktur ihres seelischen Erlebens mit seiner Spannung von Abhängigkeits- und Verbundenheitsgefühl in seiner überragenden zum Gehorsam und Dienst zwingenden Wucht zu erheben und dabei auch ihre volkhafte Bedingtheit nicht zu übersehen. Hatte doch bereits → Herder seine Erkenntnis von dem Volksgeist als einer hinter aller Dichtung stehenden Größe auch auf die hebräische Poesie angewandt. Dabei war man gegenüber dem durch den Nationalsozialismus in Deutschland zur Vorherrschaft gekommenen → Antisemitismus bestrebt, in apologetischer Absicht die israelitische Mentalität von einer solchen abzuheben, die dem neuzeitlichen »Judentum« zugeschrieben wurde. Ein weiteres Kennzeichen der Disziplin im 19. und im Anfang des 20.Jh.s ist die idealistische Höchstwertung der »schöpferischen« Persönlichkeiten vor allem der → Propheten (: II) in ihrem vermeintlichen Gegensatz gegen den Kultus (die Gestalt des → Moses freilich erschien aus literargeschichtlichen und sagenkundlichen Erwägungen meist als legendär). Die literarkritischen Probleme der Echtheit der einzelnen Sprüche der Propheten ließen dabei die als sekundär ausgeschiedenen auch sachlich als nebensächlich erscheinen und verengten so den Blick für den tatsächlichen Glaubensbestand. Demgegenüber sieht die heutige Forschung stärker den Zusammenhang auch der Schriftpropheten mit den Organisationen der beamteten Kultpropheten. Die form- und traditionsgeschichtliche Arbeit (→ Formen und Gattungen: I) läßt zugleich die Verwurzelung ihrer Botschaft in den sakralen Überlieferungen ihres Volkes erkennen, statt etwa ihre sozialkaritativen Forderungen von einem liberalen »Humanismus« aus zu erklären.

3. In dieser gesamten geschichtlich ausgerichteten Forschung spielt nun die Frage nach einem Erfülltwerden des AT (→ Weissagung und Erfüllung: I) und seiner »messianischen« Erwartung in der Person Jesu keine entscheidende Rolle. Natürlich wird auch dort, wo die Gegensätzlichkeit von Gesetz und Evangelium (Bultmann, Hirsch), von Diesseitigkeit und Jenseitigkeit, von nationaler Bindung und individuell menschlicher Ausrichtung des Heilsgutes betont wird (Baumgärtel), nicht verkannt, daß die Wurzeln des Glaubens des NT, vor allem Jesu selbst und des Paulus, im AT liegen, auch daß der Blick vom NT her rückwärts manche sonst übersehene Züge deutlicher erkennen läßt. Aber dasselbe gilt doch auch für den → Talmud, auf den gleichfalls Linien innerhalb des AT zulaufen. Weiter führt es, wenn eine Strukturverwandtschaft des Glaubens beider Testamente in der Geschichte als der Sphäre des auf die eschatologische Gottesherrschaft zielenden Gotteswaltens, damit aber zugleich der Hoffnungscharakter der beiderseitigen Glaubenshaltungen im Vertrauen auf die verheißungserfüllende Treue aufgezeigt wird. Die innere Notwendigkeit dieses geschichtlichen Tatbestandes wird auf protestantischer Seite am folgerichtigsten in dem von W. Vischer betonten Glauben an die Präexistenz Christi als des Heilsmittlers schon im AT dargetan. In Christus ist zB auch der Noahbund geschlossen. Durchführbar ist ein derartiges Programm allein mit Hilfe der auch von anderen Forschern - in mannigfachen Abstufungen - getriebenen typologischen Exegese. Sie findet im AT unter Weiterführung des calvinischen Ansatzes von der Gleichheit der beiden foedera in der res ipsa et substantia »die Analogie eines auf Geschichtsfakten bezogenen Glaubenszeugnisses von dem Bundeswillen Gottes, der sich inmitten der Welt ein Volk erwählt und es zur Freiheit unter seiner Herrschaft beruft« (H.W.Wolff, EvTh 1956). Das AT wird dabei in seiner Geschichtlichkeit als Gegengewicht wider eine falsche Individualisierung und einen der irdischen Wirklichkeit ausweichenden Transzendentalismus des göttlichen Heilswirkens genutzt. Im Beachten des gottgesetzten Zusammenhanges beider Testamente werden Gestalten und Ereignisse des AT zu »Vorausschattungen« des nt. Geschehens, vor allem der Person Jesu selbst. Namentlich das Gesetz erfährt dabei als Bundesgabe Jahwes an sein Volk eine andere Beurteilung als einerseits in der Synagoge, für die es der beherrschende Mittelpunkt des AT ist, und anderseits als in seiner Abwertung als »der Juden Sachsenspiegel«. Der von diesen, in der heutigen Forschung noch lebhaft umstrittenen Gedanken beherrschte Neubau der B.Th. wird der doppelten Frage nicht ausweichen können, wieweit die Annahme solcher, über das Bewußtsein der at. Autoren selbst hinausgehenden Vorausschattungen zur Anerkennung des in der kath. Theologie lebhaft umkämpften sensus plenior zwingt (Coppens, Brown; vgl. auch H.v.Soden) und wieweit auch legendäre und sicher ungeschichtliche Vorgänge als solche Vorausschattungen angesehen werden können. Der Neubau der B.Th. des AT wird weder an dem religionsgeschichtlichen Vergleichsmaterial noch an den Erkenntnissen über das Werden der literarischen Zeugnisse des AT in ihrer eigentümlichen Formensprache vorbeigehen dürfen, ohne innerlich unwahrhaftig zu werden. Er wird aber ebensowenig vergessen dürfen, daß das AT nach seinen eigenen Aussagen offenbarendes Zeugnis von einem in der Welt über die Welt hinausgreifenden Gotteswalten sein will, das um Gottes willen über sich selbst hinausweist. → Typologie, → Hermeneutik.

C. Steuernagel, At. Theol. u. at. Religionsgesch. (BZAW 41, 1925, 266-273) - O. Eissfeldt, Israel.-jüd. Religionsgesch. u. at. Theol. (ZAW 44, 1926, 1-12) - W. Eichrodt, Hat die at. Theol. noch selbständige Bedeutung innerhalb der at. Wissenschaft? (ZAW 47, 1929, 83-91) - Ders., Ist die typologische Exegese sachgemäße Exegese? (ThLZ 81, 1956, 641-654 = VT Suppl. 4, 1957, 161-180)

- R.BULTMANN, Die Bedeutung des AT für den christl. Glauben, 1933 (= Bultmann I, 313-336) - E.HIRSCH, Das AT u. die Predigt des Evangeliums, 1936 - W.VISCHER, Das Christuszeugnis des AT I, (1934) 1947⁷; II, (1942) 1947² - J.COPPENS, Les harmonies des deux Testaments, 1949 - O.PROCKSCH, TheolAT, 1950 - F.BAUMGÄRTEL, Verheißung. Zur Frage des ev. Verständnisses des AT, 1952 - G.W. ANDERSON u. N.W.PORTEOUS bei H.H.ROWLEY, The OT and modern study, 1952, 283-345 - R.E.BROWN, The sensus plenior of Sacred Scripture, 1955 - E.G.KRAELING, The OT since the reformation, 1955 - A.A.VONRULER, Die christliche Kirche u. das AT (BEvTh 23), 1955 - G.EBELING, The meaning of »Biblical Theology« (JThS NS 6, 1955, 210-225) - EvTh 12, 1952, H. 1/2 u. 16, 1956, H. 8/9 mit Beiträgen v. H.J.KRAUS, M.NOTH, G.v.RAD, J.J. STAMM, TH.C.VRIEZEN, H.WILDBERGER, H.W.WOLF u. W.ZIMMERLI - J.HEMPEL, AT u. Religionsgesch. (ThLZ 81, 1956, 259-280) - H.v.SODEN, Papst Pius XII. über die zeitgemäße Förderung der biblischen Studien (Urchristentum u. Geschichte II, 1956, 177-194) - H.J.KRAUS, Gesch. der hist.-krit. Erforschung des AT von der Reformation bis zur Gegenwart, 1956. *J.Hempel*

II. NT

1. Geschichte - 2. Aufgabe - 3. Methode

1. Das Verständnis dessen, was B.Th. ist, hat im Laufe der Zeiten und besonders in diesem Jahrhundert stark gewechselt. Anfänglich hat sich die B.Th. aus den zur Gewinnung von Schriftbeweisen für die Dogmatik gesammelten »dicta probantia« der luth. Orthodoxie entwickelt, wie sie sich zB in Seb.Schmidts »Collegium biblicum« (1671) finden. AT und NT werden dabei als auf der gleichen Ebene liegend behandelt. Im Pietismus sowie in der Aufklärung fand eine immer deutlicher betonte Loslösung der B.Th. von der Dogmatik und von der Bindung an die absolute Autorität des Bibelwortes statt. Joh.Phil. → Gabler (Oratio de iusto discrimine theologiae biblicae et dogmaticae, 1787) forderte erstmalig Beachtung der historischen Entwicklung der biblischen Ideen und gab damit programmatisch die Richtung an, in der sich die weitere Arbeit an der B.Th. bewegte. G.L. →Bauer behandelte die »B.Th. des NT« (1800-02) getrennt von der des AT, was allmählich zur Regel wurde. In derselben Zeit, in der man noch im Sinne der Aufklärung die zeitlose, vernünftige Religion aus der Bibel zu destillieren suchte, wuchs das Interesse an der geschichtlich bedingten Individualität der einzelnen Schriften und ihrer Verfasser, deren verschiedene »Lehrbegriffe« man nunmehr voneinander getrennt darzustellen begann. Ein tieferes Verständnis für die von Personen und deren Ideen getragenen Entwicklung kam mit F.C. → Baur, der u.a. in seinen »Vorlesungen über nt. Theologie« (1864) die Geschichte der Anfänge des Christentums im Sinne Hegels als Entfaltung der Wahrheit in der Gesamtheit des historischen Verlaufes deutete. Von da an trat die B.Th. immer konsequenter als rein historische Wissenschaft hervor und löste sich von der Frage nach der Wahrheit der nt. Schriften als solcher. Den Ausgangspunkt für die vom geschichtlichen Wechselspiel bestimmte Entwicklung des Urchristentums und seines Glaubens fand man in der aus der Verkündigung Jesu hervortretenden und in der Person Jesu einzigartig verkörperten Religion oder sittlich-religiösen Weltanschauung. Dies tritt zB bei H.J.Holtzmann und P.Wernle zutage. Der bedeutsame Einfluß der → religionsgeschichtlichen Schule im Anfang dieses Jh.s machte sich in doppelter Weise geltend: einerseits betonte man die Rolle von Gefühl und Kult neben dem bisher einseitig hervorgehobenen intellektuellen Glaubensinhalt, andererseits stellte man durchgängig das Urchristentum in den Bereich der umgebenden Religionen und kam so zu einer energischen Beschäftigung mit den wichtigen Fragen der Beziehungen des NT zum Judentum der hellenistischen Zeit - also nicht nur zum AT - und vor allem zu den religiösen Strömungen der hellenistischen Mittelmeerwelt. Hierbei ergab sich zwangsläufig, daß man auch den Kanonbegriff zur Debatte stellte, wozu W. → Wrede den Anstoß gab. Ganz auf dieser Linie bewegte sich W. → Bousset, während H. → Weinel, in ähnlicher Richtung arbeitend, die »sittliche Erlösungsreligion« Jesu doch als etwas Besonderes sowohl von der Umwelt als auch vom Urchristentum distanzierte. In anderer Weise betonte P.Feine die Eigenart der göttlichen Offenbarung in der Person Jesu.

Seit den zwanziger Jahren dieses Jh.s wird in bewußter Reaktion gegen den historischen Relativismus die Unerläßlichkeit des Glaubensverständnisses und damit die theologische Eigenart und Einzigartigkeit des NT erneut hervorgehoben. Man konnte hierbei an die Arbeiten von A. → Schlatter anknüpfen. Programmatisch bedeutsam wurde vor allem die Auslegung des Römerbriefes durch K. → Barth. Die neuere Entwicklung ist jedoch nicht eindeutig, und so findet man voneinander sehr abweichende Darstellungen in den Lehrbüchern einerseits von R. → Bultmann, der von existentialphilosophischen Voraussetzungen her die Entfaltung des glaubenden Selbstverständnisses aus den Schriften des NT heraushebt, andererseits von E.Stauffer und von M.Burrows, die ihre Darstellungen der B.Th. auf eine heilsgeschichtliche Sicht bzw. auf »wertbeständige« biblische Grundgedanken bauen. Erst in dieser Periode sind auch katholischerseits Gesamtdarstellungen der B.Th. gegeben worden, und zwar von M.Meinertz und J.Bonsirven. Ein Zeichen der regen Arbeit auf verschiedenen Teilgebieten der B.Th. sind die zahlreichen während der letzten Jahrzehnte erschienenen Monographien teils über einzelne nt. Schriften oder Schriftengruppen, teils über Sachgebiete wie Christologie und Eschatologie, über nt. Begriffe sowie über Lebensformen des Urchristentums wie zB Kult und Kirche. Auch das von G.Kittel begründete Theologische Wörterbuch zum NT ist in diese Entwicklung der B.Th. einzureihen.

2. Wie schon die Geschichte der B.Th. es zeigt, kann deren *Aufgabe* in verschiedener Weise verstanden werden. Dies hängt damit zusammen, was man bewußt oder unbewußt jeweils unter dem Begriff »Theologie« versteht. Wenn man, wie es vor allem im 19. und zu Beginn des 20.Jh.s der Fall war, die B.Th. als rein historisch beschreibende Disziplin betrachtet, der es obliegt, die Anschauungen der zeitlich aufeinanderfolgenden Teile des NT in ihrer Entwicklung und in ihrer Abhängigkeit von der Geistes- und Religionsgeschichte der Umwelt zu verstehen, so ist die Bezeichnung des Forschungszweiges als B.R. des NT und des Objektes als der »Religion Jesu und des Urchristentums« angebracht. Etwas grundsätzlich anderes ist es, wenn man unter Hervorhebung der Absolutheit der biblischen Offenbarung und des Glaubenscharakters der in den nt. Schriften hervortretenden Botschaft betont, daß ein gläubiges oder immerhin irgendwie kongeniales Verständnis eine der Voraussetzungen für das Erfassen des eigentlichen Anliegens der nt. Schriften sei und daß die B.Th. den für den christlichen Glauben verbindlichen oder verbleibend aktuellen Gehalt des NT zu erarbeiten habe. So ist auch die Beschränkung auf die kanonischen Schriften begründet. Je nach dem theologischen Standpunkt des Exegeten, in dem sich auch die konfessionellen Unterschiede widerspiegeln, wird eine in verschiedener Weise bestimmte objektive Realität hinter der nt. Botschaft vorausgesetzt oder auch das dort bezeugte gläubige Daseins- oder Existenzverständnis verabsolutiert. Verschieden wird auch die wesentliche Frage nach der inneren Einheit des NT beantwortet, sei es daß man diese auf ein »Kerygma« beschränkt, sei es daß man sie im Sinn der »Heilsgeschichte« findet. Die theologische Einheitlichkeit nicht nur des

NT, sondern auch – was neuerdings wieder in den Bereich der Untersuchungen getreten ist – der gesamten Bibel sucht man durch Aufspüren gewisser Grundmotive oder »Themen« zu erfassen, zB Liebe, Glaube, Rechtfertigung, Erlösung. Zusammenfassend läßt sich sagen, daß die Deutung der Aufgabe der B.Th., von der B.R. prinzipiell verschieden, aufs engste mit den hermeneutischen Grundfragen vom Wesen und Wert des NT sowie mit denen vom Begriff der Offenbarung verbunden ist.

3. Wie sich die B.Th. einerseits von der B.R. unterscheidet, so ist sie andererseits auch von der systematischen Theologie abzugrenzen, und zwar dadurch, daß sie auf die Erfassung der im nt. Material enthaltenen Begrifflichkeit ausgerichtet ist und von der späteren Entwicklung der Terminologie und der Systematisierung des christlichen Glaubens abzusehen hat. Allgemein wird nunmehr anerkannt, daß die philologisch, historisch und religionsgeschichtlich arbeitende Exegese der nt. Schriften die unerläßliche Grundlage der B.Th. bildet, wobei deren synthetische Arbeit durch die wissenschaftliche Textanalyse einerseits ihr Material erhält, andererseits einer ständigen Kontrolle unterzogen wird. Das allein verhindert ein Dogmatisieren über den Text hinaus. Auch ein möglichst plastisches Bild von der Geschichte des Urchristentums im Rahmen der Zeitgeschichte gehört zu den Vorbedingungen für eine rechte B.Th. Die Bedeutung der religionsgeschichtlichen Zusammenhänge und ihres Einflusses auf einzelne nt. Schriften sind ein Faktor, der sehr verschieden bewertet wird. Umstritten sind noch immer die Probleme der gnostischen Religiosität. Fruchtbarer für die B.Th. ist in den letzten Jahrzehnten die auf religionsgeschichtlichen Wegen betriebene Erforschung des AT und des Judentums der hellenistisch-römischen Zeit geworden, zB der eschatologischen (apokalyptischen) und messianischen Vorstellungen. Die Interpretation der jüdischen Sektenschriften (→ Qumran, 5) kommt auch der B.Th. zugute.

Die Darstellung der B.Th. in ihrer Gesamtheit wird verschieden durchgeführt. Einerseits und zumeist werden zusammengehörige Schriftengruppen im NT voneinander getrennt behandelt (so seit Holtzmann, neuerdings bei Meinertz, Bultmann, Bonsirven), wobei die synoptischen Evangelien, die paulinischen Briefe und die johanneischen Schriften Haupttypen darstellen. Dies geschieht, um die Eigenart des Objektes je in der Sicht der in ihrer Begrifflichkeit divergierenden Texte zu ihrem vollen Recht kommen zu lassen. Andererseits zieht man es, im Bestreben, die Einheit zu erfassen, vor, den gesamten Stoff in einer jeweils dem Material entnommenen und ihm angemessen erscheinenden Gliederung zusammenzustellen (so bei Stauffer und Burrows). Das Nebeneinander beider Darstellungsweisen mit ihren Vorzügen und ihren Grenzen ist charakteristisch für die gegenwärtige Sicht der B.Th.

Zu 1-3: C.T.Craig, Biblical theology and the rise of historicism (JBL 62, 1943, 281-294) – R.Bultmann, TheolNT, (1953) 1954², 577ff (Epilegomena).

Zu 1: H.J.Holtzmann, Lehrbuch der nt. Theol., 1896-97 – W. Wrede, Über Aufgabe u. Methode der sog. nt. Theol., 1897 – P. Wernle, Die Anfänge unserer Religion, 1901 – A.Schlatter, Die TheolNT u. die Dogmatik (BFChTh 13), 1909 – Ders., Die Theol NT I. II, 1909-10 (Neuaufl.: Die Gesch. des Christus, [1921] 1923²; Die Theol. der Apostel, 1922) – P.Feine, TheolNT, (1910) 1934⁶ – H.Weinel, Bibl. Theol. des NT, (1911) 1928⁴ – W.Bousset, Kyrios Christos, (1913) 1921² – K.Barth, Der Römerbrief, 1922² – E. Stauffer, Die TheolNT, (1941) 1948⁴ – M.Burrows, Outlines of Biblical theology, 1946 – M.Meinertz, TheolNT I. II, 1950 – J.Bonsirven, Théologie du NT, 1951 – R.Bultmann, TheolNT, (1953) 1954².

Zu 2 u. 3: A.M.Hunter, The Unity of the NT, 1943 – O.Cullmann, La nécessité et la fonction de l'exégèse philologique et historique de la Bible (Verbum Caro 3, 1949, 2-13) – J.H.Otwell, Neo-orthodoxy and Biblical research (HThR 43, 1950, 145-157) – C. Spicq, L'avènement de la théologie biblique (RSPhTh 35, 1951, 561-574) – F.-M.Braun, La théologie biblique (RThom 53, 1953, 221-253) – B.Reicke, Einheitlichkeit oder verschiedene »Lehrbegriffe« in der nt. Theol.? (ThZ 9, 1953, 401-415) – G.Ebeling, The meaning of »Biblical theology« (JThS NS 6, 1955, 210-225) – H.Schlier, Über Sinn u. Aufgabe einer Theol. des NT (BZ NF 1, 1957, 5-23).

H.Riesenfeld

Biblizismus

1. Theologiegeschichtlich – 2. Systematisch-theologisch

1. B. hat ursprünglich, wie schon die Endung -zismus vermuten läßt, einen abschätzigen Sinn. So warnt M. → Kähler (vielleicht hat er das Wort gebildet?) vor »einem unvermittelten, unmethodischen B.« (1883, 56) und bezeichnet ihn als eine Erscheinungsform des »Historicismus«, und zwar »eines biblischen Positivismus«, der bei Laien schonend, bei Theologen entschieden bekämpft werden müsse (1884, 225f). – Später hat man den fragwürdigen Versuch gemacht, bestimmte theologische Richtungen als B. zu etikettieren. Allerdings tun das noch nicht die Theologiegeschichten von Pfleiderer und v.Frank, während in dessen von R.H.Grützmacher bearbeiteter 4. Aufl. (491) und bei G.Frank (360) plötzlich der »schwäbische B.« begegnet. RE behandelt das Stichwort B. nicht. RGG¹ hat unter B. keinen Text, wohl aber drei Verweise: auf Beck, Paulus-Christentum (= Greifswalder Schule), Kähler. W. → Elert spricht mehrfach von »den biblizistischen Theologen« als von etwas Bekanntem. In RGG² rechnet F.Traub zum B. im engeren Sinne Bengel, Oetinger, Beck, Auberlen, Kübel; im weiteren Sinne vor allem »unsere Altprotestanten«. Traub lehnt es ausdrücklich ab, Hofmann, Kähler und Schlatter als Biblizisten zu bezeichnen. Im Gegensatz dazu identifiziert H.Engelland (III. VII) den neueren B. ohne weiteres mit Cremer, Kähler und Schlatter, in deren Rahmen grundsätzlich auch Althaus bleibe. H. Stephan spricht bei Beck von einem »strengen« (164) oder »schwäbisch-realistischen« B., den Kübel aufrechterhalten habe (244); im übrigen bevorzugt er den Begriff »Bibel-Theologie«. Auch bei Hirsch ist der »pietistische« (V, 28), »schwäbische« (V, 130) B. ein fester Begriff (grundsätzlicher B. Bengels: II, 185; spekulativer B. Oetingers: IV, 170). K. → Barth redet mit Vorliebe von dem »sogenannten« B., den er am reinsten bei Menken findet (PrTh 469); der Fehler des B. sei es, unter Außerachtlassung des Dogmas einen unmittelbaren Zugang zur Bibel zu suchen. »Das Dogma könnte ein Korrektiv bedeuten, das nicht ungestraft einfach übersprungen wird« (477). Er erinnert u.a. daran, »daß schon der Übergang vom biblischen zum *biblizistischen* Denken den Übergang zu einem – wenn auch inhaltlich supranaturalistischen – *Rationalismus* in sich schließt« (KD IV/1, 406), verfällt selbst freilich, gerade auch an seinem eigenen Maßstab gemessen, dem Vorwurf des B. Wiesner unterscheidet B. im weiteren Sinne (Waldenser, Wiclif, Humanismus, Reformatoren, Orthodoxie, Aufklärung, Pietismus, sogar R.Bultmann) vom B. im engeren Sinne (Joh.Coccejus, Bengel, Oetinger, Crusius, Collenbusch, Hasenkamp, Menken, Auberlen, Beck, Kübel, mit Vorbehalt auch Kähler). – Die englischsprachige Literatur bietet ein ähnliches Bild wie die deutschsprachige: Reinhold Niebuhr gebraucht B. fast gleichbedeutend mit Bibliolatrie, von der er die Reformatoren bedroht sieht. Luther zwar verstehe die Bibel als »Krippe Christi« und besitze damit ein »kritisches Prinzip« für ihr geschichtliches Verständnis, das ethische Entscheidungsfreiheit ermögliche. Calvin jedoch verfalle dem »doppelten Irrtum des B.«, sie als »göttliches Gesetz« – theoretisch wie

praktisch – das individuelle wie soziale Leben bestimmen zu lassen, und verbinde so »obscurantism and pretension« (II, 157. 209f). Ähnlich spricht E.G.Kraeling im Blick auf das reformatorische Schriftprinzip allgemein von »prot. B.« (33) oder vom »orthodoxen B.« im Gegensatz zu Rom bzw. zur Bibelkritik (89), stellt aber auch Calvins »strengen B.« (26) in Gegensatz zu Luther, der in seiner Bindung an die Botschaft vor einem »einseitigen« B. (11) zurückschreckte. Nach O.W.Heick sind die → Disciples of Christ durch einen »puritanischen B.« (58) gekennzeichnet und haben Vertreter eines »starren B.« (54 Anm. 7) in Amerika das Recht der Sklaverei aus der Bibel begründet. Bei der großen Unsicherheit des Sprachgebrauchs, für die hier nur wenige Proben stehen, fragt es sich, ob man vom Begriff B. heute überhaupt noch Gebrauch machen soll, zumal B. als Selbstbezeichnung offenbar nicht vorkommt.

Außer den Theol.geschichten v. P.Pfleiderer (1889/91), F.H.R.v. Frank (1894, 1908[4]), G.Frank (1905), Hirsch I-V, H.Stephan (ST 9, 1938): M.Kähler, Wissenschaft der christl. Lehre, 1883 – Ders., Dogmatische Zeitfragen II[2], 1908 – W.Elert, Der Kampf um das Christentum, 1921 – H.Engelland, Die Gewißheit um Gott u. der neuere B. (FGLP 6), 1933 – Barth, PrTh – R.Niebuhr, The Nature and Destiny of Man, 2 Bde, New York 1946 – O.W.Heick, Amerikanische Theol. in Geschichte u. Gegenwart, 1954 – E.G.Kraeling, The Old Testament since the Reformation, London 1955 – EKL I, 515f (W.Wiesner). *E.Schott*

2. Der theologiegeschichtliche Sachverhalt fordert die *systematisch-theologische* Klärung des Begriffes B. Überprüft man die mannigfachen Verwendungsweisen der Bibel → (: III, 3) in der Kirchen- und Dogmengeschichte, so wird deutlich: B. meint eine Gesamtauffassung der Bibel, die diese als ein in sich geschlossenes, in seinen Teilen grundsätzlich gleichwertiges Ganzes versteht und ihr für die jeweilige Gegenwart unmittelbar verpflichtende Geltung beimißt. Dabei lassen sich drei auch als Mischformen auftretende Typen des B. unterscheiden. Die Bibel ist a) nach dem *theoretisch-doktrinären B.*: Kodex göttlicher Lehre; b) nach dem *praktisch-programmatischen B.*: Corpus religiös-sittlicher Vorschriften für das Leben des einzelnen wie der Gemeinschaft; c) nach dem *heilsgeschichtlichen B.*: Kompendium der die Menschheitsgeschichte gestaltenden Gotteshistorie. Alle drei Typen des B. sind als Ausformungen eines rationalistisch-gesetzlichen Bibelverständnisses für die gegenwärtige Theologie grundsätzlich überwunden. Von ihnen ist b radikal auszuscheiden, während a bedingt heuristischen Wert besitzt und c sich dem geschichtlichen Bibelverständnis annähert. Der heilsgeschichtliche B. hält die Erinnerung daran wach, über der Einzelauslegung die »Zusammenhangsexegese« (v.Dobschütz) nicht zu vernachlässigen. Jedoch sind Tendenz und Methode des B. sowohl durch das gegenwärtige Verständnis des → »Wortes Gottes« wie durch die historisch-kritische → Bibelwissenschaft erledigt. Der Ausdruck B. ist weder für die Dogmatik noch für die Ethik anders brauchbar als zur Bezeichnung eines Irrweges.

Außer den Lehrbüchern der DG u. der Lit. zu → Bibel: III: F.Kropatscheck, Das Schriftprinzip der luth. Kirche I (MA), 1904 – H.E.Weber, Hist.-krit. Schriftforschung u. Bibelglaube, (1913) 1914[2] – E.v.Dobschütz, Vom Auslegen insonderheit des NT, 1922. *G.Gloege*

Biddle, *John* (1615–62), Begründer des englischsprechenden Unitarismus (→ Unitarier), * Wotton-under-Edge (Gloucester) als Sohn eines Schneiders, begabt und frühreif, gebildet in Oxford, dann Lehrer in Gloucester. Seine (nur mündlich verbreiteten) antitrinitarischen Ansichten brachten ihn fünfmal ins Gefängnis und 1655–58 auf die Scilly-Inseln in Verbannung. † in London im Gefängnis. Sein Hauptwerk sind die gegen die Göttlichkeit des Hl. Geistes gerichteten Twelve Questions or Arguments, die er 1647 im Vertrauen auf die Freundschaft mit Sir Henry Vane drucken ließ. Viele seiner Schriften wurden ins Lateinische übersetzt; sie erreichten im Freikirchentum weite Verbreitung. Mit dem übrigen Antitrinitarismus im festländischen Europa hatte B. offenbar nur lose, literarische Verbindung.

DNB (Neudr. 1949/50) II, 475ff – H.J.McLachlan, Socinianism in 17th Century England, 1951. *M.Schmidt*

Biedermeier, *Deutsche Literatur des*

1. Ursprung und Anwendung des Begriffs – 2. B. als Stilbegriff und Epochenbezeichnung – 3. Das Lebensgefühl des B. – 4. Die literarischen Ausdrucksformen des B.

1. Der Name B. taucht zum ersten Male 1853 in einer Sammlung von Literatursatiren von Ludw.Eichrodt (1827–92) auf: »Gedichte in allerlei Humoren« v. Ludw. Rodt (Pseudonym); darin eine »Große deutsche Literaturballade hinterlassen vom alten Schulmeister Gottlieb Biedermeier und seinem Freunde Buchbinder Horatius Treuherz«. Seit 1855 veröffentlichte Eichrodt zusammen mit seinem Freunde A.Kußmaul einzelne Gedichte vom »Biedermeier« in den »Fliegenden Blättern« und machte damit diese literarische Gestalt populär. Urbild dazu war Samuel Friedr. Sauter (1766–1846) mit seinen »Gedichten des alten Dorfschulmeisters« (1845), ein naiv-treuherziger Verseschmied von philiströs beschränktem Gesichtskreis. In der Konzeption einer solchen Gestalt paaren sich politische Enttäuschung und Resignation mit Verständnis für menschliche Beschränktheit und idyllische Beschaulichkeit. Überwog anfangs entschieden der parodistisch-politische Charakter, so erlebte im Laufe der Zeit der Begriff B. einen Bedeutungswandel. Angesichts des zunehmenden technischen und materiellen Fortschritts und der damit verbundenen Lebensunrast entdeckte man in Schlichtheit, Geruhsamkeit und Gelassenheit der B.-welt die positiven Züge der »guten alten Zeit«. In den ersten Jahrzehnten des 20.Jh.s wird die B.kultur als eine letzte einheitliche Stilepoche neu entdeckt. Besonders unter dem Einfluß der Jugendbewegung beschäftigte man sich mit ihr, die man bisher als »Nachromantik« oder als »Vormärz«, Epigonentum, Restaurationszeit, nur unzureichend erfaßt hatte. Jetzt sucht man das Gesamt der Lebensäußerungen aufzunehmen: Wohnkultur und Mode, Kunstsinn und häusliche Geselligkeit. Aus einem Mosaik von Einzelzügen setzt man sich die B.-welt zusammen. Die vorbereitende Periode kulturhistorischen Interesses für das B. reicht etwa von 1910–30 (Majut).

In dieser Zeit erschienen: M.v.Böhn, B., Deutschland von 1815 bis 1847, 1911 – G.Hermann, Das B. im Spiegel seiner Zeit. Briefe, Tagebücher, Memoiren, Volksszenen u. ähnl. Dokumente, 1913 – Paul Ferd.Schmidt, B.malerei. Zur Gesch. u. Geistigkeit der dt. Malerei in der ersten Hälfte des 19.Jh.s, 1921 – E.E.Pauls, Der Beginn der bürgerl. Zeit. B.-Schicksale, 1924.

Die wissenschaftliche Erforschung des literarischen B. wird durch einen Vortrag von P.Kluckhohn über »Die Fortwirkung der Romantik in der Kultur des 19. und 20.Jh.s« (1927) eingeleitet, in dem dieser vorschlug, die erste Generation der Nachromantiker mit dem Wort »B.« zu charakterisieren. Die damit ausgelöste überaus fruchtbare B.-Diskussion ist bis heute noch nicht abgeschlossen und hat ihrerseits eine Fülle von Einzeluntersuchungen hervorgebracht.

2. Kluckhohns B.-Vorschlag entstammte der Notwendigkeit, für die Literaturgeschichte des 19.Jh.s eine einleuchtende Gliederung zu schaffen und die zwischen Romantik und Realismus klaffende Lücke zu schließen. Die Zeit zwischen 1815 und 1850 hat durchaus ihr eigenes, eben biedermeierliches Gepräge, insbesondere die

Literatur dieser Zeit; es ist nur weniger sinnfällig, weil den Vertretern des B. eigentümlich ist, daß möglichst jeder für sich bleibt; sie bilden keine »Bewegung« mit einem literarischen »Programm«, sie schließen sich nicht zu einer »Schule« oder Gruppe zusammen, am ehesten und ungezwungensten lassen sie sich nach landschaftlichen Gesichtspunkten ordnen (Österreichisches, Wiener, Schwäbisches B. usw). Das äußerlich Verbindende liegt in der ausgesprochenen *Bürgerlichkeit* der Lebenshaltung und zugleich in dem politischen Schicksal des Bürgertums in der Restaurationszeit; es ist die Zeit zwischen dem Wiener Kongreß, den Karlsbader Beschlüssen (1819), der Wiener Schlußakte (1820) und der mißglückten bürgerlichen Revolution von 1848, also zwischen zwei enttäuschten bürgerlichen Hoffnungen, für die man in der privaten Sphäre, im Geselligen und Gemüthaften einen Ausgleich sucht. Bezeichnenderweise hat sich im Metternichschen Österreich, wo das Bürgertum am entschiedensten auf die private Sphäre verwiesen war, die B.kultur am stärksten entfaltet.

3. E.v.Feuchtersleben (1806-49) hat die typische B.-Haltung formelhaft in dem Begriff »tätige Resignation« zum Ausdruck gebracht. Kluckhohn (DVfLG 13, 1935, 16) interpretiert ihn: »Also Gelassenheit, die Wahrung der Ideale im Innern und innere Freiheit bei Sichbescheiden nach außen, anspruchsloses Sein-Glück-Finden in der Beschränkung, in den Freuden und in den Sorgen des Hauses, in der Geselligkeit eines vertrauten Freundeskreises, in einem Leben der Stille und des Maßes, das ist das Ideal des B.s.« Es ist eine Epoche des »Sammelns und Hegens« und des liebevollen antiquarischen Interesses. Man vergleiche zB die freie Behandlung der Volksliedertexte durch die Romantiker Arnim und Brentano in »Des Knaben Wunderhorn« mit dem biedermeierlichen Bemühen um möglichste historische Treue der Brüder Grimm in den »Haus- und Volksmärchen«. Die »Andacht zum Unbedeutenden« (Jak.Grimm), die Andacht zum Kleinen (→ Stifters Vorrede zu den »Bunten Steinen«) bestimmt auch die wissenschaftliche Haltung der Zeit und das Verhältnis zur Geschichte. Der konservative Grundzug des B., die Achtung und Ehrfurcht vor dem Bestehenden bestimmen auch das Verhältnis zu Staat und Religion. Es wäre falsch, die Gelassenheit und Zurückhaltung des B. mit politischer Indifferenz gleichzusetzen; aber im Gegensatz zu der Bewegung des »→ Jungen Deutschland« repräsentiert das B. gleichsam das »alte Deutschland«, indem es zunächst eine Synthese zwischen privatem und öffentlichem Dasein zu erreichen sucht, aber jeden Gedanken an die Möglichkeit einer gewaltsamen Änderung der Verhältnisse von sich weist.

Noch mehr als der Staat ist für den Menschen des B. die Religion ein unantastbarer Bereich der vorwaltenden Ehrfurcht. »Kennzeichnend für das B.« ist, »daß man in dieser Weise gar nicht um die letzten Dinge ringt, daß man sie stillschweigend voraussetzt und vorbehält« (G.Weydt, DVfLG 9, 1931, 693). Darin liegt einer der tiefsten Wesenszüge biedermeierlichen Wesens, die »letzten Dinge« im Unausgesprochenen zu lassen; Weydt verweist in diesem Zusammenhang auf Stifters Schriften und betont, »wie wenig darin von Gott, Beten, Kirche und Glaubenssachen gehandelt wird« (aaO). Takt und Zartgefühl bis zum äußeren Verstummen verhindern ebenso im erotischen Bereiche den Ausbruch ungehemmter Leidenschaft, aber diese Verhaltenheit und Mäßigung besagt nichts über die innere Bewegung und die bis ins Dämonische hinabreichende Gefühlsgeladenheit in den tiefer veranlagten Naturen, zB bei → Grillparzer und Stifter, bei → Mörike und der → Droste oder selbst bei einer so heiter komödiantisch erscheinenden Gestalt wie Ferd. Raimund. »Heiterkeit auf dem Grunde der Schwermut« (Kluckhohn) ist das gemeinsame Kennzeichen biedermeierlichen Lebensgefühls.

Bei alledem bleibt eine Gefahr freilich nicht zu verkennen, auf die Walzel schon frühzeitig (Die Literatur 38, 1935/36, 318ff) hingewiesen hat und die andere (zB A.v.Grolman) veranlaßte, den Begriff B. insbesondere für die Literatur rundweg abzulehnen, die Gefahr nämlich, daß es neben dem »geadelten« B. (Walzel) auch ein sehr plattes und banales B. gibt, m.a.W., daß unter der Unscheinbarkeit des Äußeren sich sowohl wahre Gemütsinnigkeit und Seelentiefe als auch philiströse Hausbackenheit und geistige Falschheit verbergen kann; vgl. Eichrodts B.-Gestalt aus den »Fliegenden Blättern« nach dem Urbilde des Dorfschulmeisters Sauter und die erschütternde Gestalt von Grillparzers Armen Spielmann. Dennoch scheint Walzels Wort vom »geadelten« B. eine höchst unglückliche Prägung. Denn es gibt kein B., das erst von einer gewissen Höhenlage an oder Tiefendimension her begönne. Stilbestimmend für das B. ist nicht die Geisteshöhe oder die Gemütstiefe, sondern der harmonische und zugleich nivellierende Ausgleich. B. ist die Beschwichtigung zweier schöpferischer Gegensätze: der plastischen Kraft Goetheschen Bildnergeistes und der auflösenden Macht Jean Paulschen Humors. B. entsteht aus der inneren Unmöglichkeit, sich zwischen beiden zu entscheiden; das gilt auch dort, wo im Bewußtsein eine Entscheidung für Goethe und gegen Jean Paul eindeutig getroffen wird, wie zB bei Grillparzer und Stifter. Sie wird durch den Schaffensakt immer wieder außer Kraft gesetzt. Die epochale stilbildende Macht des Zeitgeistes wirkt sich sogar an Goethe selber aus, in dessen biedermeierlicher Altersphase sich die klare Bildkraft ins Vielsinnig-Bedeutende auflöst (vgl. Rud. Haller, Biedermeierisches beim alten Goethe). Auch in den Altersnovellen Ludwig Tiecks, hier allerdings schon in gesellig-verflachender Form, macht sich das nivellierende und aus der Resignation geborene B.-Element geltend. Das ist keine Hinwendung von der Romantik zum Realismus, kein »Übergang«, sondern ein bewußtes Innehalten, ein geselliges »Verweile doch« in der biedermeierlichen Zwischenwelt zwischen Ideal und Leben, zwischen Traum und Wirklichkeit.

4. Entsprechend dieser Tendenz zum Ausgleich, zur Verhaltenheit, und der Andacht zum Kleinen hat das B. eine ausgesprochene Vorliebe für die literarische Kleinkunst; der literarische Grundzug ist episch-idyllisch, nicht dramatisch-heroisch. Gefühl und Phantasie dominieren. Wie in der bildenden Kunst das Genrebild und die Historienmalerei (→ Malerei: V), so sind in der Literatur die Novelle und die historische Erzählung vorherrschend. Aus der Erzählkunst des B. erwachsen als besondere Möglichkeit vorrealistischer Heimatdichtung sowohl die kulturhistorische Erzählung (Riehl, Steub u.a.) wie anderseits die Dorfgeschichten Auerbachs, deren Erfolg ohne die Stimmungsgrundlage des B. gar nicht möglich gewesen wäre. Ihren Höhepunkt erreicht die B.-Erzählung in Adalbert Stifter, der erst in seinen Alterswerken zur größeren Form des Romans findet. Der »Nachsommer« darf als abschließende Krönung der B.-Kunst überhaupt betrachtet werden, während Stifter mit dem Monumentalwerk des »Witiko« zeitlich wie stilistisch über das B. hinausgewachsen ist. Biedermeierlich im Sinne einer künstlerischen Synthese von Ideal und Wirklichkeit, von profaner und poetischer Sphäre ist auch die besondere Vorliebe für die Verserzählung (Immermanns Tulifäntchen, Mörikes Idylle vom Bodensee, die epischen Erzählungen der Annette von Droste-Hülshoff und Lenaus). Eine ähnlich bevorzugte Stellung wie die Verserzählung genießt auch die Ballade (vgl. Wolfgang Kayser, Gesch. der dt. Ballade, 1943, 184ff),

besonders in ihren schlichten und volkstümlichen Formen und Motiven bis hin zur Schauerballade. Überhaupt entfalten sich Gattungen, die dem häuslich-geselligen Charakter der B.welt dienen, so auch in der Lyrik das gesellige Lied und entsprechend der Pflege der Hausmusik der Liederzyklus, wie überhaupt die Poesie eine spezifisch biedermeierliche Verbindung mit der Musik und der Malerei eingeht (zB Schuberts Winterreise, Die Müller-Lieder; die Balladenkomposition von Carl Loewe; die Illustrationen von Schwind, Richter, Speckter, Hosemann u.a.).

Der ästhetische Kult des Kleinen, die Entfaltung des Poetischen im häuslichen Umkreis eröffnen und vertiefen den Blick für die Welt des Kindes, zumal - zum Unterschied von der Romantik - dem B. ein unaufdringlich lehrhafter Ton eigen ist. Im ganzen hat das B. mit dieser Selbstbeschränkung zweierlei bewirkt: einmal die Kultivierung des geistigen und seelischen Niveaus des deutschen Bürgertums, wie es sich in einem nie zuvor erreichten hohen sprachlichen Niveau ausdrückt; eine hohe Briefkultur und ausgebreitete Memoirenliteratur legen davon Zeugnis ab. Nicht im Widerspruch dazu, sondern als naturgemäße Folge beginnt gewissermaßen zur Auffüllung des höheren Niveaus eine mächtig anschwellende Unterhaltungsliteratur sich auszubreiten, in der vor allem schreibende Frauen eine Rolle spielen, zB Benedikte Naubert, Luise Mühlbach u.a. Unmittelbar und am stärksten von dieser Entwicklung betroffen wird das Theater und die dramatische Dichtung. Daneben ist freilich nicht zu verkennen, daß das Theater allenthalben durch die volkstümlich dramatische Dichtung und die Lokalposse eine unschätzbare und außerordentlich belebende Blutzufuhr erfahren hat (Raimund und Nestroy in Wien; Kalisch und Angely in Berlin, Niebergall in Darmstadt u.a.).

W.Bietak, Das Lebensgefühl des »B.« i. d. österr. Dichtung, 1931 - G.Weydt, Literar. B. (DVfLG 9, 1931, 629-651) - W.Bietak, Vom Wesen des österr. B. (ebd 652-678) - Ebd 13, 1935 H. 1 (Beitr. zum B. v. Kluckhohn, Weydt, Simon, Wundt, Brie, Bietak); 14, 1936 H. 3 (Funk, Möllenbrock, Haller, Kluckhohn) - G. Weydt, B. u. Junges Deutschland (ebd 25, 1951, 506-521; Forschungsbericht) - Dichtung u. Volkstum 36, 1935 (Beitr. zum B. v. Pongs, Wiese, Kohlschmidt, Krause, Cämmerer, Grolman); ebd 40, 1939 (Klatt, Mülher, Schmidt) - R.Majut, Das lit. B. Aufriß u. Probleme (German.-Roman. Monatsschr. 20, 1932, 401-424).

M.Greiner

Biel, *Gabriel* (gegen 1410-95), aus Speyer, studierte in Heidelberg, Erfurt und Köln. 1460 Domprediger in Mainz. Vor 1468 schloß er sich den → Brüdern vom gemeinsamen Leben an. 1468 Propst zu Butzbach (Hessen), 1479 zu Urach (Württemberg), 1492 zu Einsiedel bei Tübingen. B. wirkte bei der Ausgestaltung der Universität → Tübingen mit und brachte sie durch seine Lehrtätigkeit (1484-92) zu hohem Ansehen. Sein Collectorium, das zu einem weitverbreiteten Schulbuch nominalistischer Theologie wurde, will nur die Lehren → Ockhams und seiner Anhänger wiedergeben. B. hat die theologische Entwicklung → Luthers nachhaltig beeinflußt.

Vf. u.a.: Sentenzenkommentar (Collectorium); Expositio canonis missae; Sermones; Defensorium oboedientiae apostolicae; Tractatus de potestate et utilitate monetarum (engl. Übers. von R.B.Burke, 1930) - Teiledition aus dem Collectorium: Quaestiones de iustificatione, ed. C.Feckes (Opuscula et textus, ser. schol. 4), 1929. - DThC II, 814ff - Ü II[11], 611f - LThK II, 343 - DHGE VIII, 1429ff (Lit.) - P.Anatriello, La dottrina di G.B. sull' Eucaristia, 1937 - A.M.Jodice, L'efficacia del Sacramento della Penitenza negli scolastici e in G.B. (La Scuola cattolica 66, 1938, 141-160) - Ders., La reviviscenza dei meriti in G.B. (ebd 430-442) - Ders., La dottrina di G.B. circa i ministri del potere delle chiavi e la confessione ai laici (Divus Thomas [Piacenza] 41, 1938, 113-129) - EC II, 1626 - W.M.Landeen, G.B. and the Brethren of the Common Life in Germany (Church History 20, 1951, 23-36) - NDB II, 225f.

B.Decker

Biester, *Joh. Erich* (1749-1816), gehörte zu den führenden Publizisten der Berliner Aufklärung. * in Lübeck, hat er nach dem Jurastudium in Göttingen für kurze Zeit den Advokatenberuf ausgeübt. Über eine Lehrtätigkeit am Pädagogium in Bützow kam er 1777 mit → Nicolai und dessen Kreis in Verbindung. Zunächst Sekretär des Staatsministers v.Zedlitz, dann Bibliothekar an der Kgl. Bibliothek, hat er vornehmlich als Herausgeber gelehrter Zeitschriften (Berl. Monatsschr.; Berl. Blätter; Neue Berl. Monatsschr.) im Sinne der Aufklärung gewirkt. Zu seinen Mitarbeitern gehörten u.a. Kant, Fichte, Möser, Mendelssohn und die Brüder Humboldt. B. ist auch selbst literarisch hervorgetreten, zT mit dem Schulmann F.Gedicke. Eine Aufnahme in die Akademie scheiterte an dem Widerspruch → Wöllners, mit dessen Zensuredikten er in Konflikt geriet.

V.f. u.a.: Platonis Dialogi IV, 1780; Abriß des Lebens u. der Regierung der Kaiserin Katharina II. (Hist. genealog. Kal. Bln. 1796/97) - Bibliogr.: J.S.Meusel, Das gelehrte Teutschland XVII, 1820, 170. - Über B.: ADB II, 632f - J.Hay, Staat, Volk u. Weltbürgertum i. den Berl. Monatsschr. v. F.Gedicke u. J.E.B. (Diss. Breslau), 1913 - C.Balke, Bibliogr. z. Gesch. d. Pr. Staatsbibl., 1925 - K.Bader, Lexikon d. Bibliothekare, 1925 - A.Hass, B., s. Leben u. Wirken (Diss. Frankfurt), 1925.

K.Kupisch

Bigne, *Marguerin de La* → La Bigne, Marguerin de.

Bihlmeyer, *Karl,* *7.7.1874 in Aulendorf, † 27.3.1942 in Tübingen, kath. Theologe, war nach theologischem Studium in Tübingen und Seelsorgedienst 1900-06 hier Repetent und seit 1907 als Kirchenhistoriker Nachfolger von F.X. → Funk, dessen bedeutende Kirchengeschichte er in 6 Neuauflagen (1906[6]-1940[11]; 3 Bde) mustergültig bearbeitete. Eigene Forschungen galten der Patristik und der Mystik des MA. - Zwei Brüder in Beuron, Hildebrand B. OSB und Pius B. OSB, haben sich als Hagiologen und Exegeten verdient gemacht.

Vf. u.a.: Heinrich Seuse, Deutsche Schriften, 1907; Die syr. Kaiser in Rom u. das Christentum, 1916; Möhler als Kirchenhistoriker, 1919; Die Apostol. Väter I, 1924 (1957[2], bearb. v. W.Schneemelcher); Die Selbstbiographie in der dt. Mystik des MA (ThQ 114, 1933, 504-544); Der sog. St.Georgener Prediger (ThQ 123, 1942, 379-397). - Über B.: J.R.Geiselmann, ThQ 123, 1942, 73-78 - F.X. Seppelt, HJ 62-69, 1949, 906-908 - NDB II, 234f.

Ernst Wolf

Bilder und Bilderverehrung

I. Religionsgeschichtlich - II. Im AT und NT - III. Christliche B.verehrung und B.streitigkeiten - IV. Grundsätzliches. - Vgl. → Kunst: I-V.

I. Religionsgeschichtlich

1. Die Gottheit wird im Bilde »festgehalten« (das »gefesselte« Gottesbild zB des Dionysos auf Chios u.ö.). Das bildhafte »Halt« repräsentiert die Gottheit und wird als diese Re-Präsentation »verehrt«. Die Verehrung drückt sich darin aus, daß das Bild gesalbt und gekleidet wird, daß vor ihm Lichter leuchten und Weihrauch wallt, daß man vor ihm betet und sich vor ihm verneigt, daß man »es« anruft und es berührt, daß man es zur Verantwortung zieht und auch schlägt (Peitschung des Pan-Bildes zB bei schlechter Jagd [Theokrit]). Das Bild handelt auch für die Gottheit. Die Priesterin der Artemis Orthia trägt das Bild der Göttin auf den Armen, wenn die Epheben gegeißelt werden, und das Bild zeigt durch seine Schwere an, ob der Schläge genug getan sind oder nicht (Pausanias III, 16, 10). Die Gottheit handelt als Bild. Daher erweisen sich die Bilder durch Herkunft und Wunder. Die »Findung« des Bildes ist oft solch Erweis wie das Wunder beim Umzug. Die »Weihung« des künstlichen Bildes kann die Findung ersetzen. Bilder entfalten auch eigenes Leben. Sie schwitzen und bluten. Sie fallen vom Postament und rufen. Sie »repräsentieren« die Gottheit. Was aber macht sie zum »Halt« der Gottheit? Ist es die

Ähnlichkeit? Ist es ihr Stoff? Ist es die »Macht«? An allen Bezügen ist etwas Richtiges. Und man wird weder sagen dürfen, die »Ähnlichkeit« sei es nicht (van der Leeuw), wie man von ihr nicht allein ausgehen darf (E.Lehmann). Es ist die → »Macht«. Aber die »Ähnlichkeit« ist selbst »Macht«. Das Bild ist auch »Wesen«. Aber das »Wesen« ist gestalthafter Stoff und jedenfalls nicht abgesehen von ihm. (Für die B. von Damia und Auxesia in Epidaurus zB ist das Ölbaumholz konstitutiv, Herodot V, 82.) Nebeneinander – wie in Ägypten und Griechenland – stehen das Xoanon, archaisch ungestaltet, und der Apoll als Gestalt: das »Holz« neben dem Tier, neben dem »schönen« Menschen; nebeneinander der Phallus-Stamm (Frey), die Sonnenscheibe (Wodan), das menschengestaltige Bildnis (?) und der Donnerkeil (Upsala-Thor) im nordgermanischen Bereich. Das Götterbild hat es als Abbildung auch mit »Ähnlichkeit« zu tun. Das ist jedoch die »elementare Ähnlichkeit« der vitalistischen, »Erlebnis«-bezogenen Sicht (L.Klages); sie zielt also nicht auf einen »photographisch sachlichen« Vergleich. (Die Ehrfurcht vor dem Götterbild hat nichts mit der Rührung vor dem »Bild eines lieben Freundes« zu tun; so M.P.Nilsson.) Die Bildhaftigkeit der Gottheit ist am Erweis erfahrbar, graviert also auf »Macht«. Aber diese Macht ist nicht der modernistischen, gestaltfremden »Kraft« oder »Energie« zu vergleichen. Macht ist gestalthaft als Sonnenscheibe (→ Sonne), Phallus (→ phallische Kulte), Stier (→ Stierdienst), Mensch und Ungeheuer. Die »Macht« potenziert oft die Gestalt: so die urtümliche Venus von Willendorf mit der überbetonten Gebärfähigkeit, die ephesinische Artemis mit den vielen Brüsten, der indische Shiva mit den vielen Armen. Das entscheidende Glied ist also jeweils vergrößert oder vervielfacht – als Macht. Die späte Reflektion Julians des Abtrünnigen gibt die echte Meinung nicht wieder, wenn er schreibt: »Also blickt auch, wer die Götter liebt, gern auf die B. der Götter von Marmor und Erz, in ehrfürchtigem Schauer vor den Göttern, die unsichtbar auf ihn herniedersehen« (RGL V, 86). Das Bild ist gegenwärtige Gottheit, und man hebt es nicht von der Gottheit ab (hierzu die rupa = Gestalt der Brahmana-Texte und ihre Erläuterung im pratimā = Gegenbild). Das ist schon durch den Ort seiner Aufstellung im Adyton gegeben, wie es auch die Herumführung des Bildes in Wagen oder Barke anzeigt. Daß die Bezeichnung der Gottheit (jap. hashira = Pfeiler; germ. asen / got. ans = Balken; litauisch stabas = Stab) vom Idol genommen ist, kennzeichnet das enge Wechselverhältnis.

2. Das Götterbild gehört in den Gesamtzusammenhang des sogenannten Fetisch (→ Fetischismus). Einmal behält das Bild die fetischartige »Altertümlichkeit« als Pflock, Donnerkeil usw vielfach bei. Zweitens ist der verehrende Umgang mit dem Bilde dem mit dem Fetisch vielfach analog (zB hält sich das Schlagen des Bildes mit Zähigkeit bis in die Hochformen religiöser Verehrung, wie es der Brauch neapolitanischer Fischer bei ihrer Petrus-Figur zeigt). Die Übergänge vom Fetisch zum Idol oder Bilde sind fließend. Der oft statuierte Unterschied, daß das Götterbild »persönliche Charakterzüge« (W.Wundt) ausbilde und daher dem Fetisch gegenüberstehe, ist vorsichtig zu beurteilen. Die Unterscheidung von Fetisch und Xoanon als machthaltig (dynamistisch) und Götterbild als »mächtige Person« (animistisch) geht von Einteilungsprinzipien aus, die es – scheidbar – als solche nie gab (van der Leeuw). Fetisch wie Götterbild repräsentieren die Gottheit. Man wird der Gottheit im Bilde »habhaft«, weil sie an dem Bilde und durch das Bild »statt-findet«. Kennzeichnend ist der oft festzustellende »sekundäre Fetischkult« als Rückfall aus der Bildverehrung (W.Wundt).

3. Am Bilde der Gottheit ist zu beachten, daß das Bild nicht als Wiedergabe von So-Aussehendem gemeint ist, sondern als Träger von vorwiegendem Wirken und Vermögen. Die Handhaltung der Ischtar-Figürchen von Assur zeigt deutlich, worauf es bei der Ischtar ankommt. An der Buddha-Statue ist die Haltungsweise (mudrâs) entscheidend und nicht die »Ähnlichkeit«. Das Tierbild konvergiert auf dies im Bilde überhaupt »Gemeinte«, und nicht ein Tier wird verehrt, sondern die in ihm gegebene Zeugungskraft oder ähnliche Assoziationen, die sicher nicht immer nur von Nützlichkeitsaspekten diktiert sind. – Das Götterbild ist ferner Träger seines »Symbols« und ohne dasselbe unkenntlich. Das zeigen die hethitischen und assyrisch-babylonischen Götterprozessionen. Die Menschengestaltigkeit des Bildes ist Trägerschaft des im → »Symbol« Gemeinten. (Das Bild kann vor dem Symbol völlig verschwinden: zB der Buddha auf dem Stupa von Sancî.) Das Bild in seiner Bildhaftigkeit ist »nur« Unterlage und »unwesentliches« Erscheinen vom Eigentlichen. (Man wird also mit dem »übersinnlichen« Gehalt der künstlerischen Gestalt, wie sie sich zB in Griechenland nahelegt, als Bezugsgröße der B.verehrung vorsichtig sein.) Zugunsten des Eigentlichen kann die Träger-Gestalt ja auch verschwinden und das Symbol allein der Vorstelligkeit dienen.

4. Das Bild als Ort der Verehrung ist seit dem Neolithikum zu beobachten. Die Figürchen von Lespugue, Brassempouy und Laussel zB sind als Kultfiguren deutlich, die als Grabbeigabe von Bedeutung waren. Über ihre Verehrung wissen wir nichts. Die Bronzezeit hat dann das Bild als zu verehrendes Symbol, die männliche Zeugungsgestalt wie das Prozessions-Heiligtum. Das Bild der Gottheit und seine Verehrung ist nicht überall zu finden. Einerseits gibt es primitive Kulturen ohne jede B.verehrung, andererseits Religionen wie zB die vedische, persische und japanische, die das Bild nicht kennen. Andererseits gibt es wohl kaum eine Religion mit Bild und B.verehrung, in der diese Verehrung nicht auch angefochten wäre. Das gilt für den Hinduismus wie zB für Griechenland. B.verehrung wird als minderwertig verabscheut. Es scheint bedeutsam, daß es die B.-verehrung offenbar nicht ohne Widerspruch gibt. Man hat nämlich zu bemerken, daß der Widerspruch gegen das Bild sich auf die so und so dargestellte Sache (so schon der Einwand des Xenophanes, wie der von Dayanand Sarasvati) richtet, damit aber das in der Verehrung Intendierte offenbar gar nicht trifft. Nach dem Gesagten muß sich der Schluß nahelegen: In der Verehrung der B., die am Abgebildeten vorbei einen Bildgehalt meint, der als Symbol oder in der Haltung gestaltet ist, ist die Kritik bereits angelegt, die die Bildgestalt betrifft. Es ist aber auch zu bemerken, wie diese Kritik die B.verehrung im allgemeinen nicht tödlich zu treffen in der Lage ist, da sie das Eigentliche nicht erreicht. Minucius Felix trifft eben das Anliegen der B.verehrung nicht, wenn er (im Dialog Octavius 20, 5, vgl. Geffkken) sagt: »In gleicher Weise haben auch unsere Vorfahren sich über die Götter geirrt... Während sie ihre Könige mit heiliger Scheu verehrten, während sie nach deren Hinscheiden das Bedürfnis fühlten, sie in Bildern vor Augen zu haben und das Bestreben hatten, ihr Andenken in Statuen festzuhalten, wurde später Gegenstand des Kultes, was ursprünglich nur als Tröstung gedient hatte.« Aus der religiösen Impression der Gottheit »am Ort« erneuert sich die Gestaltung und mit ihr die Verehrung des Bildes. Jedenfalls ist Bildlosigkeit des Kultes kein Wertmaßstab (E.Lehmann).

J.v.Negelein, Bild, Spiegel u. Schatten im Volksglauben (ARW 5, 1902, 1–37) – W.Wundt, Elemente der Völkerpsychologie, (1912) 1913² – J.Geffcken, Der B.streit des heidnischen Altertums (ARW

19, 1916/19, 286-315) - H.KÜHN, Die Kunst der Primitiven, 1923 - Chant I, 87ff - G.LANDTMANN, The Origin of Images as Objects of Cult (ARW 24, 1926/27, 196-208) - G.MENSCHING, Buddhistische Symbolik, 1929 - C.CLEMEN, Urgeschichtliche Religion, 1932 - E.v.SYDOW, Kunst der Naturvölker. Afrika, Ozeanien, Indonesien, 1932 - DERS., Afrikanische Plastik, 1954 - L.FRANZ, Religion u. Kunst der Vorzeit, 1937 - F.GERKE, Griechische Plastik, 1938 - E.BEVANS, Holy images, 1940 - L.ADAM, Primitive art, 1949 - RAC II, 382ff - VAN DER LEEUW 510ff.

C.H.Ratschow

II. Im AT und NT

1. Das Verbot der Anbetung eines geschnitzten oder gegossenen Bildes (Dtn 27, 15), das Verdikt der Fremdgötterverehrung im Metallbild (Ex 20, 23; Ex 34, 17; Lev 19, 4) und das apodiktische Verbot der Herstellung eines irgendwie gearteten Bildes (pæsæl: Ex 20, 4a) im Kult- und Ritenrecht Israels zeigen, daß die at. Bundesgemeinde in der B.verehrung eine besondere Gefährdung des Jahwedienstes sah. Das B.verbot des Dekalogs (Ex 20, 4a) - frühzeitig zwischen das Verbot des Fremdkultus (Ex 20, 3. 5f) gestellt - ist auch in der Ausweitung in Ex 20, 4b wohl zugleich als Warnung gegen Jahwe-B. verstanden worden. Der Hinweis auf Jahwes Eifersucht - als Motivierung des 1. Gebotes (vgl. Ex 34, 14) - bezeugt im jetzigen Zusammenhang, daß Jahwe nicht nur auf andere Götter eifersüchtig ist, sondern ebensogut auf B., welche sein Herrenrecht, seine Ehre und Herrlichkeit beeinträchtigen. Auch darf man den vom Himmel redenden (Ex 20, 22) unsichtbaren Gott des Sinai (Dtn 4, 12ff) nicht in B.n verehren! Dem entspricht es, daß später Deuterojesaja in seinen Disputationsworten die unvergleichliche Größe Jahwes als Schöpfer und Geschichtslenker gegen alles Kreatürliche herausstellt (Jes 40, 12ff u.ö.). Sowohl die apodiktischen Bestimmungen des Gesetzes in ihrem Kontext als die Polemik der Propheten jedenfalls seit und besonders bei Hosea (4, 17; 8, 4-6; 11, 2) mit ihrer Gleichsetzung von B.verehrung und Baalsdienst bezeugen andererseits die immer wieder drohende Gefahr eines Jahwekultes in Bildformen. Das nordisraelitische Heiligtum des Stammes Dan mit seiner von Mose abgeleiteten Priesterschaft (Ri 17f) hat Jahwe in einem Gußbild verehren wollen; der → Ephod Gideons (Ri 8, 22-27) läßt an ein Gottesbild denken, meint aber damit schwerlich einen anderen Gott als Jahwe. Jerobeam I. wollte in Bethel und Dan (1Kön 12) keinen fremden Gott einführen, sondern den vergegenständlichen, der Israel aus Ägypten geführt hatte. Die Errichtung eines Stierbildes (Podest [Obbink]? Standarte [Eißfeldt]?) besagt nicht, daß Jahwe als Stier vorgestellt wurde, sondern eher, daß man seine Gegenwart, Macht und Hilfe in diesem Symbol fassen wollte. Die königliche Weisung: »Das ist dein Gott, der dich aus Ägypten herausgeführt hat« (1Kön 12, 28; vgl. Ex 32, 4; Neh 9, 4) - und nicht: »der dir dieses Land zum Erbteil gegeben hat« - wie auch die Verbindung Jerobeams I. mit Ägypten (1Kön 11, 40; 12, 2) lassen für das »Stierbild« Zusammenhänge mit Ägypten als möglich erscheinen. Im Apis- und Mneviskult findet sich das theriomorphe Kultbild des Stieres, und auch bei asiatisch-ägyptischen Göttern, wie Sutech (Seth), gibt es Beziehungen zum Stier. Diese Verbindungen würden dem Bericht über das → Goldene Kalb (Ex 32) Traditionsgehalt verleihen. In Babylonien und Nordsyrien, bes. in → Ugarit (, 2) spielt der Stier eine bedeutende Rolle. Der Vergleich Jahwes mit einem Stier, der der ältesten Poesie keinen Anstoß bedeutete (Num 23, 22; 24, 8; vielleicht auch in der Bezeichnung: »der Starke Jakobs« in Gen 49, 24 und Dtn 33, 17; 1Kön 22, 11) wird gewiß nicht zufällig in der Gleichnissprache der Propheten ganz und gar gemieden (Hempel).

Im offiziellen Kultus an den führenden Heiligtümern wie in → Silo und hernach in Jerusalem (→ Tempel: II) hat es wohl niemals ein Jahwebild gegeben; die → Lade figurierte als Thronsitz des unsichtbar gegenwärtigen Gottes. Die → eherne Schlange (Num 21, 9; 2Kön 18, 4) war schwerlich ein Kultbild, sondern eher eine Votivgabe apotropäischer Art. Der Tempelweihspruch Salomos (1Kön 8, 12f, bes. in der Form der LXX) betont den Kontrast zwischen dem im Dunkeln wohnenden Schöpfergott und der von ihm geschaffenen Sonne. Die Anthropomorphismen in der Beschreibung Jahwes bei seiner Epiphanie halten sich immer in Grenzen (Ex 19; 33; 1Kön 19; Jes 6; Ez 1). Das alles weist darauf hin, daß dem Jahwismus die Vergegenständlichung der Gottheit durch ein Bild wesensfremd war. Dasselbe gilt auch für den El- und Vätergott-Kult der Erzväter; Gen 35, 4, das nach Alt (I, 79-88) mit Jos 24 zu kombinieren ist, spricht ausdrücklich von »fremden Göttern«.

2. Im AT begegnen ungefähr 10 neutrale und 10 abwertende Ausdrücke für Kult-B. Damit stimmt überein, daß es nach Berichten und Denkmälern ohne Zweifel bei den Israel umgebenden Völkern Darstellungen von Göttern (in verschiedener Bildformung) gegeben hat. Bei den Ausgrabungen hat man aus der Eisen-I-Zeit innerhalb der zentralisraelitischen Gebiete bisher kein Götterbild gefunden, wohl aber aus der Spätbronzezeit und in den Randgebieten und Nachbarstaaten. Auch in kanaanäischen Heiligtümern waren Rund-B. nicht unentbehrlich, mindestens dort, wo Masseben (→ Steine, heilige) und Kultpfähle Gott und Göttin repräsentierten. Zahlreicher sind kleine Bronzestatuetten männlicher und weiblicher Gottheiten (stehend, schreitend oder sitzend). Vielenorts hat man in der Eisen-II-Periode Tonplaketten und Tonfiguren einer nackten (oft schwangeren) Frau gefunden, aber nicht in Heiligtümern, sondern in den Häusern, wo sie der magischen Förderung der Fruchtbarkeit und als Geburtshelfer dienten. Zum Hauskult mögen auch die → Teraphim gehört haben. Jesajas Weheruf über das Nordreich: »Das Land ward voll von Götzen« (2, 8) kennzeichnet die Gefährdung Israels durch Fremdgötter und B.verehrung. Als Kult-B. haben zu gelten: das des Baal und der (phönikischen) Aschera (1Kön 16, 32f) unter Ahab in → Samaria (, 3), das »Scheusal« der Mutter des Königs Asa in Jerusalem (1Kön 15, 13), das assyrische Marduk- und Ischtarbild des Manasse (2Kön 21, 7; 23, 6) und das »Eiferbild«, das Ezechiel in Jerusalem schaute (8, 3ff). Daß B. und Symbole fremder Götter zeitweilig im Jerusalemer Kult zugelassen waren, läßt sich nicht bestreiten, ebensowenig aber, daß immer wieder reformatorische Maßnahmen den Kult von unjahwistischen Elementen säuberten und daß der Jahwekult sich als bildlos durchsetzte.

3. In bestimmten Kreisen des rabbinischen Judentums wurde das B.verbot des Dekalogs rigoros interpretiert, dh man wandte sich gegen *jegliche* Menschen- und Tierdarstellung, auch wenn es nicht um B.verehrung ging (vgl. den Mischnatraktat Aboda Zara). Nach dem Befund bei den antiken Synagogen in Palästina und → Dura-Europos (: II), in den jüdischen → Katakomben und bei der Herstellung von Münzen, → Siegeln und → Amuletten hat man keineswegs immer in dieser äußersten Strenge gehandelt (Frey). Andererseits hieße es die erzählenden Darstellungen und → Symbole (: II) sowie die Übernahme paganer Motive einseitig interpretieren, wenn man aus ihnen auf ein häretisches Judentum schließen wollte. Daß die Zeloten den von Herodes am Tempeleingang angebrachten goldenen Adler (des Sonnengottes) abrissen (Jos. b.j. I, 33) hat neben religiösen mindestens ebenso sehr politische Gründe. Bei der Missionspropaganda des Judentums spielte die seit den

Anfängen nachweisbare Bildlosigkeit im Kult des Himmelsgottes eine nicht unwichtige Rolle.

4. Im Urchristentum, wie es im NT zu Worte kommt, rechnet man nicht mehr mit B.verehrung, die vielmehr Kennzeichen der Heiden ist (Röm 1, 23. 25; Apg 17, 29); andererseits fehlt es nicht an Warnungen vor einem Rückfall (1Thess 1, 9; 1Kor 10, 7; Gal 5, 20; in 1Joh 5, 21 ist »Abgötter« schon im uneigentlichen Sinne gebraucht). Im Anschluß an jüdisch-griechischen Sprachgebrauch (LXX) wird zwischen Göttern und Götter-B.n nicht unterschieden; beide sind εἴδωλον »Schattenbild, Trugbild«. Nur dort, wo der Abgott vom Bilde unterschieden werden soll, wie in Apg 19, 15; Röm 1, 24; Apk 13ff, begegnet das neutrale εἰκών. Beide, Götter und B., gelten als Produkte menschlichen Wähnens und Zeichen eines verführten Sinnes (Röm 1, 21ff und im Zusammenhang des Götzenopfers 1Kor 8, 4; 10, 19f; 2Kor 6, 15f). Bildliche Darstellungen des Christus in der altchristlichen Kunst (→ Christusbilder) haben primär nichts mit B.verehrung zu tun.

ERE VIII, 1914 138ff - J.Hempel, Jahwegleichnisse der israelitischen Propheten (ZAW 42, 1924, 74-104) - Ders., Das Bild in Bibel u. Gottesdienst (SgV 212), 1957 - L.Malten, Der Stier im Kult u. mythischen Bild (JdI 43, 1928, 90-139) - H.Th.Obbink, Jahwe-B. (ZAW 47, 1929, 264-274) - S.Mowinckel, Wann wurde der Jahwäkult in Jerusalem offiziell bildlos? (AcOr[L] 8, 1930, 257 bis 279) - J.B.Frey, La question des images chez les Juifs (Bibl 15, 1934, 265-300) - ThW II, 373ff - BRL 200ff - O.Eissfeldt, Lade u. Stierbild (ZAW 58, 1940/41, 190-215) - H.Schrade, Der verborgene Gott. Gottesbild u. Gottesvorstellung in Israel u. im Alten Orient, 1949 - W.Zimmerli, Das zweite Gebot (Bertholet-Festschr., 1950, 550-563) - K.H.Bernhardt, Gott u. Bild, 1956 - E.R.Goodenough, Jewish Symbols in the Greco-Roman Period I-VI, 1953-56 - W.F.Albright, Die Religion Israels im Lichte der archäologischen Ausgrabungen, 1956 - C.H.Kraeling, The Synagogue in the excavations at Dura-Europos, Final Report VIII/1, 1956, 340ff. *B.Gemser*

III. Christliche Bilderverehrung und Bilderstreitigkeiten

1. Das Verbot des AT (→ Bilder: II) und der Gegensatz zum heidnischen B.kult schloß für die ersten Christen nicht nur jegliche B.verehrung, sondern auch die Herstellung und Aufstellung von B.n als heidnischen Mißbrauch aus. Dementsprechend begnügte sich ihre Kunst mit Symbolen und Allegorien, sowie - in einigem Abstand - mit den ἱστορίαι, dh erzählenden Darstellungen aus der Heilsgeschichte. Der immer stärker werdende Einfluß des spätantiken Kulturkreises aber, das Bedürfnis des einfachen Volkes nach greifbaren Vorbildern sowie der beginnende Heiligenkult führten schon im 3. und 4.Jh. zur Abkehr von dieser alten Einstellung, zunächst bei den Häretikern (zB den Karpokratianern; → Karpokrates), dann aber auch in der Großkirche. Synoden (zB Elvira um 306 can. 36) und Kirchenväter, wie besonders Epiphanius, nahmen scharf dagegen Stellung. Bibel und Überlieferung verböten B., und außerdem sei die Gottheit undarstellbar, Christi Menschheit ganz in das Licht der Gottheit versenkt und die Heiligen überirdisch verklärt. Das wahre christliche Bild sei Gottes Bild im Herzen der Gläubigen. Die Vertreter des B.kultes argumentierten dagegen mit der Relativität ihrer Kulterweise (ἐπὶ τὸ πρωτότυπον διαβαίνει) und mit der wahren Menschheit Christi. Sie hatten Erfolg, und seit dem 5. und besonders dem 6.Jh. gewinnt der B.kult eine überraschende Verbreitung, an der die Styliten (→ Mönchtum: II) einen besonderen Anteil gehabt haben dürften. An der Entwicklung nahmen Christus-, Marien- und sonstige Heiligen-B. gleichen Anteil, jedenfalls im Osten, während der künstlerisch weniger entwickelte Westen langsamer folgte. Spätestens im 6.Jh. tauchen dann mehr und mehr Wunder-B., nicht von Menschenhand gemacht (ἀχειροποίητον), auf und »garantieren« die vom echten Bild verlangte Porträtähnlichkeit, so besonders das → Abgar-Bild in Edessa und das Bild im kappadokischen Kamulia. Die Theologie folgte der volksmäßigen Entwicklung auf dem Fuße, wenn auch die Opposition nie ganz verstummte. Noch bei Leontius von Neapolis und Stephanus von Bostra ist ersichtlich, daß der Vorwurf der Idololatrie noch nicht verstummt war. Die B.-verehrer arbeiteten am stärksten mit dem Moment der Erbauung und der moralischen Unterweisung der »idiotae«. Andererseits stellt schon die Synode in Trullo (691, can. 82) den Nexus mit der Christologie wieder her, der für die Folgezeit bestimmend werden sollte.

2. Wie aus dem Gegensatz der Auffassungen der große *byzantinische B.streit* entstanden ist, läßt sich nicht mehr eindeutig klären. Das Beispiel des Kalifen Jezid II., der 723 die Entfernung der B. aus den Kirchen seines Reiches anordnete, die B.feindlichkeit der → Paulizianer, die damals das Reich bedrohten, die Aktivität bilderfeindlicher Bischöfe Kleinasiens (besonders Konstantin von Nikolia) und die »sarazenische« Gesinnung, die Kaiser Leo III. (716-741) aus seiner syrischen Heimat Germanicia mitbrachte, werden namhaft gemacht. Wie die Gewichte zu verteilen sind, vor allem, ob die eigentliche Initiative bei Leo oder Konstantin lag, ist nicht mehr ersichtlich. Daß Leo sich von vornherein mit dem Kampf gegen die B. eigentlich gegen das Mönchtum wenden oder überhaupt die Macht der Kirche brechen wollte, ist reine Hypothese. Sicher aber sah er im B.kult eine Gefährdung der Reinheit der christlichen Lehre. Um 726 begann er den Kampf, wahrscheinlich mit kaiserlichen Predigten und Disputationen. Erst 730 scheint ein eigentliches Kultverbot erlassen worden zu sein. Zu einer Verfolgung der B.diener in größerem Ausmaß kam es jedoch nicht. Sehr viel schärfer ging sein Sohn Konstantin V. (741-745) vor. Er verurteilte den B.kult auf einer »ökumenischen« Synode in Hieria 754, die sich ganz seinen theologischen (in eigenen Schriften publizierten) Argumenten anschloß. Er führte einen erbarmungslosen Kampf gegen die bilderfreundlichen Mönche, ja er scheint im B.kult auch eine Beeinträchtigung des Kaiserkultes gesehen zu haben. Die Verfolgung war so hart, daß die theologische Opposition sich nur vom Ausland her (Johannes von Damaskus) hörbar machen konnte. Erst nach dem Tode Konstantins V. konnte unter der Regentin Irene der B.kult, wenn auch unter großen Schwierigkeiten, wieder Fuß fassen. Seine Anhänger hielten unter Führung des neuen Patriarchen Tarasius im Jahre 787 in Nicäa eine Synode ab, welche sich anstelle derjenigen von 754 als die ökumenische B.synode konstituierte und in der Folgezeit durchsetzte. Wie stark die Ikonoklasten (Bilderbekämpfer) jedoch immer noch waren, beweist die Tatsache, daß unter Kaiser Leo V. (813-820), Michael II. (820-829) und Theophil (829-842) die Unterdrückung der Ikonodulen (Bilderverehrer) noch einmal - und zwar mit einer Synode im Jahre 815 in der Hagia Sophia - einsetzte. Die geistige Auseinandersetzung in dieser zweiten Phase ist unbedeutend, der äußere Kampf aber gelegentlich kaum weniger scharf als unter Konstantin V. Mit dem Tode Theophils unter der Regentschaft seiner Witwe Theodora setzt vorsichtig und zögernd der politische Umschwung ein, der dann 843 zur Wiederherstellung des Kultes und zur Einsetzung des *Festes der »Orthodoxie«* führte. - Während Leo III. sich darauf beschränkt zu haben scheint, den Ikonodulen vorzuwerfen, der B.kult sei Götzendienst, argumentiert sein Sohn Konstantin christologisch: ein echtes Bild müsse wesensgleich mit dem Prototyp sein, eine Darstellung Christi müßte also die Darstellung seiner göttlichen Natur umfassen, was absurd sei; die bei-

den Naturen Christi aber trennen, hieße dem Nestorianismus huldigen. Das einzig denkbare, weil wesensgleiche Bild Christi sei die Eucharistie. Die B.freunde begannen den Kampf zunächst ebenfalls hauptsächlich mit sittlichen Überlegungen (zB Patriarch Germanos), bis dann → Johannes von Damaskus die für die Folgezeit gültigen Argumente zusammenstellte, die von → Theodor Studites und dem Patriarchen → Nikephorus weiterentwickelt wurden: Die dem Bild erwiesene Ehre geht aufs Urbild über, die Verehrungswürdigkeit der B. resultiert aus ihrem göttlichen Ursprung, sie erweisen durch Wunder ihre Macht. Das Bild Christi speziell ist legitimiert durch die Menschwerdung Gottes, durch welche die Materie verklärt und höchsten Zwecken dienbar gemacht werde. Zwischen Bild und Abbild besteht zwar keine physische, wohl aber eine »hypostatische« Union.

3. Dem *Westen*, der mit seiner B.theologie bei erbaulichen und pädagogischen Erwägungen stehengeblieben war, wurden die byzantinischen Spekulationen durch die Akten der Synode von Nicäa (787 nChr). bekannt. Während Papst Hadrian I. die byzantinische Lehre akzeptierte, ließ sie → Karl d.Gr. durch seine Hoftheologen in den sog. Libri Carolini widerlegen und diese Widerlegung durch die Frankfurter Synode von 794 bestätigen. Einige karolingische Theologen gingen so weit, die B. überhaupt abzulehnen. Zur Beurteilung der B. bzw. der B.verehrung seitens der kath. Kirche im Hoch-MA und der Stellungnahme zur B.verehrung im Tridentinum einerseits und der divergierenden Stellungnahme der Reformationskirchen einschließlich der bilderfeindlichen, bilderstürmenden Schwärmer andererseits →Kunst: IV.

K.Schwartzlose, Der B.erstreit, 1890 - L.Bréhier, La querelle des images, 1904 - C.Clerc, Les théories relatives aux cultes des images chez les auteurs grecs du IIe siècle, 1915 - H.Koch, Die altchristl. B.frage, 1917 - G.Ostrogorsky, Stud. zur Gesch. des byzantin. B.-streites, 1929 - H.Barion, Quellenkritisches zum byzantin. B.streit, (RQ 38, 1930, 78-90) - E.J.Martin, A history of the iconoclastic controversy, 1930 - W.Elliger, Die Stellung der alten Christen zu den B.n in den ersten vier Jh.en, 1930 - RDK II, 561 ff - RAC II, 318 ff - H.v.Campenhausen, Die B.frage als theol. Problem der alten Kirche (ZThK 49, 1952, 33-60; Lit.) - Ders., Die B.frage in der Reformation (ZKG 68, 1957, 96-128) - F.Dvornik, The Patriarch Photius and iconoclasm (DOP 7, 1953, 67-97) - J.Kollwitz, Frühgeschichte der B.verehrung (RQ 48, 1953, 1-20) - E.Kitzinger, The cult of images in the age before iconoclasm (DOP 8, 1954) - EKL I, 521 ff.
H.-G.Beck

IV. Grundsätzliches

Im kirchlichen wie im profanen Bereich dienen B. 1. der Veranschaulichung, 2. der Vergegenwärtigung.

1. Gregor I. schreibt: »Was dem des Lesens Kundigen die Schrift, das gewährt dem Unkundigen der Anblick des Bildes« (ep. XI, 13). B.reihen an Wänden, Fenstern, Emporen und auf Altären der Kirchen tragen dazu bei, das geschriebene, zT auch das gesprochene Wort einprägsamer zu machen. Im 13./14.Jh. ist die → Armenbibel verbreitet, die in einem Bildzyklus (von der Verkündigung bis zur Krönung Mariens) die wichtigsten Daten der christlichen Heilsgeschichte mit at. Gegentypen bietet. B.bibeln und B.katechismen, die durch Illustrationen das gedruckte Wort unterstützen, schätzt Luther sehr. Aus katechetischen Gründen tritt er für die B. in den Kirchen ein. Der → Heidelberger Katechismus dagegen »duldet« die B. nicht »als der Laien Bücher in den Kirchen«, da Gott »seine Christenheit nicht durch stumme Götzen, sondern durch die lebendige Predigt seines Worts will unterwiesen haben« (Frage 98). Zu bedenken ist, 1. daß Gott auf keinen Fall abgebildet werden sollte, 2. daß auch »die Geschichte des Christusbildes nur eine peinliche Geschichte sein kann« (K.Barth), 3. daß hinter einer Bibelillustration oft eine theologisch fragwürdige Auslegung des Textes steht (→ Bibelillustration: II, 3. 4).

2. Wie schon eine Statue, ein Gemälde, eine Photographie dazu beitragen, den abgebildeten Menschen zu vergegenwärtigen, so ist es erst recht der Sinn der orthodoxen → Ikonen und des kath. → Andachtsbildes, Christus, Maria, die Heiligen »effektiv« zu »repräsentieren«. Durch das Abbild soll das Urbild vergegenwärtigt, dh Vergangenes in die Gegenwart übertragen, Fernes nahegerückt, Kommendes vorweggenommen werden. Platonische und plotinische Gedanken sind die Grundlage der Vergegenwärtigungstendenz, die den Weg zu B.verehrung und Bildmagie ebnet. Es ist aber »die pneumatische Selbstvergegenwärtigung des pneumatischen Heilsereignisses durch Christi Stiftung an das Mittel des aus Menschenmund verkündigten Evangeliums und an das Sakrament gebunden« (P.Brunner). Hält man die Aufgabe der B. in der Kirche, zur meditativen Versenkung in das Evangelium anzuleiten, für sinnvoll, so entsprechen ihr am ehesten B., die sich dem symbolhaften Zeichen nähern. Deshalb verdient beispielsweise ein Kruzifix ohne Corpus den Vorzug vor einem solchen mit Corpus. Es ist nicht unbedenklich, Retabeln (→ Altar: III A, 5b) aus kath. Zeit, selbst solche von hohem Rang, wieder aufzustellen, ohne die Tendenz dieser Andachts-B. zu durchschauen: es ist sehr fraglich, ob sie »eine Hilfe beim Beten« (P.Brunner) sein können. Die grundsätzliche Problematik der B.verehrung wird am stärksten bei den → Gnadenbildern der kath. Kirche deutlich, denen man eine besondere Wunderkraft (Gebetserhörungen, Krankenheilungen) zuspricht.

RE III, 211 ff - Leiturgia I, 291-332 (P.Brunner) - K.H.Bernhardt, Gott u. Bild, 1956 - J.Hempel, Das Bild in Bibel u. Gottesdienst (SgV 212), 1957.
E.Hertzsch

Bilderdijk, *Willem* (1759-1831), holländischer Jurist, Hauslehrer, Dozent, Historiker, Philosoph, Schriftsteller und vor allem Dichter in der unruhigen Übergangszeit zur Moderne um 1800. Ein genialer, romantischer Mensch, der Gefühl und Intuition gegenüber dem Verstand betont und für die Vergangenheit schwärmt. In seiner wissenschaftlichen Arbeit vielfach phantastisch, mit scharfer Wendung gegen alle Äußerungen des Liberalismus, tritt er für Autorität in der Gesellschaft ein. Gott ist ihm eine gewaltige Realität; darum versucht er nicht nur das eigene Leben, sondern auch die Welt in Geschichte und Politik von Gott her zu verstehen. B. hat in seinen Vorlesungen in Leiden (seit 1817) über niederländische Geschichte viele junge Männer stark beeindruckt, welche später Führer in der Réveil-Bewegung waren (→Da Costa, →Capadose, →Groen van Prinsterer).

Gedichten, 16 Bde, 1856 ff (besorgt v. Da Costa); Geschiedenis des vaderlands, 13 Bde, 1832 ff (besorgt v. Tydeman). - Über B.: Mr.Is.DaCosta, De mensch en de dichter W.B., 1859 - H.Bavinck, B. als denker en dichter, 1906.
A.A.vanRuler

Bilderwand (εἰκονοστάσις, selten: εἰκονοστάσιον, Frühzeit: κιγκλίς, heute: τέμπλον, russ.: Ikonostas) ist ein zum Vollzug der orth. Liturgie (→ Gottesdienst: VA) notwendiger *kultischer Baukörper,* welcher das Kirchenschiff (ναός) von dem βῆμα genannten Altarraum (→ Kirchenbau: VI) trennt. Sie bildet als Ganzes eine »Verehrungseinheit« (Wendt), indem sie die Gestalten und Festtage auf den 3 bis 8 Zonen oder Rängen (russ. činy) um die Deesis (→ Ikone) ordnet: 1. Zone: Deesis mit Erzengeln und Kirchenvätern; 2. Zone: Einzelikonen mit den Herren- und Marienfesttagen; 3. Zone: Propheten mit »Gottesmutter des Zeichens« (→ Ikone). Die mittlere Tür der B., die Königstür, trägt gewöhnlich oben die Verkündigung, darunter die vier Evangelisten (früher: Basilius und Chrysostomus). Sie führt auf die ἁγία τράπεζα, den → Altar (: III D). Die linke Tür verbirgt die → Prothesis, während die rechte sich zum Diakonikon öffnet. Rechts neben der »Königstür« hängt, vor allem in Klosterkirchen, die Ortsikone. Vor der B. steht das προσκυνητάριον, ein viereckiges Pult, auf dem die jeweilige Tagesikone zur Verehrung (προσκύνησις) liegt. Diese Form der B. mit 3-8 Zonen ist in Rußland Ende des 14. oder Anfang des 15.Jh.s entstanden. Wie die von Paulus Silentiarius geschilderte B. in der Hagia Sophia wirklich ausgesehen hat, ist ebenso unbekannt wie die Entwicklung von dieser zur russ. B. Wenn auch religionsgeschichtliche Wurzeln nicht übersehen werden dürfen (Vorhang im jüd. und der περίβολος im griech. Tempel; die hohe Bühnenwand des griech. Theaters kann nur mit der russ. B. verglichen werden, fällt also für die Entstehung der byzantinischen B. aus), wird man doch den Kultus mit seinen beiden Einzügen (→ Gottesdienst: V A) als die ihr entsprechende Veranlassung zur B. ansehen müssen. Dies um so mehr, als die Einzüge wohl wesentlich früher anzusetzen sind als die B. der Hagia Sophia (Kunze gegen Holl). Entstand der → Lettner mit der Entwicklung des Chorraumes zur »Klerikerkirche« (Jungmann), so die B. durch die Weiterbildung der frühchristlichen Liturgie zum Kultmysterium.

HOLL II, 225-237 - J.B.KONSTANTINOWICZ, Ikonostasis. Studien u. Forschungen I, 1939 - L.BRÉHIER, Studi Bizantini e Neoellenici 6, 1940, 48-56 - G.KUNZE, Lehre, Gottesdienst, Kirchbau, 1949, 90ff - E.WEIGAND, Die »Ikonostase« der justinianischen Sophienkirche in Konstantinopel (Gymnasium u. Wissenschaft. Festg. zur Hundertjahrfeier des Maximiliansgymnasiums in München, 1950, 176-196). - Zur russ. B. → Ikone; dort auch Abb. einer B. *K.Onasch*

Bildung

1. Historische Gehalte - 2. Das Wort »Bildung« - 3. Bestimmung aus der gegenwärtigen Pädagogik. - Zu B. und Religion → Kultur: II

Der Begriff der B. hat sachlich wie sprachlich seine Konturen ziemlich verloren. Man spricht von B.sanstalt, Körper-B., Berufs-B. ebenso wie von Geistes- und Herzens-B., und manche Pädagogen meiden das Wort überhaupt, weil es keinen eindeutigen Sinn mehr hat. Will man doch noch eine legitime Verwendung heraussondern, muß man sich seine historischen Gehalte und seine sprachgeschichtliche Entwicklung vergegenwärtigen und von der heutigen geistigen und pädagogischen Lage aus dazu Stellung nehmen.

1. Schon in der vorplatonischen Zeit wird der zu bildende Geist auf zweierlei Weise verstanden: einmal als *Erfasser des Kosmos,* der sich in seiner Struktur der Sache, die er erfassen will, dem Kosmos also und seinen Gegenständen, anpassen muß; zum andern als *formales Prinzip,* als die spezifische Eigenleistung des Menschen, Ausdruck seines Behauptungs- und Gestaltungswillens, für den die Welt nur das Material, nur stoffliche Objekte bietet. Zwei typische B.skonzeptionen entsprechen seither dieser Auffassung des Geistes. Ist der Geist Spiegel einer objektiven Weltordnung, so muß die B. diese Ordnung, den ganzen Kosmos erfassen und abbilden. Ist der Geist aber das besondere Menschliche gerade im Gegensatz zur materialen Welt, so kommt in der B. alles darauf an, eine hohe Form menschlichen Seins ins Auge zu fassen und ihr zuzustreben, alle Begegnung mit der Welt zu ökonomisieren und auszulesen im Hinblick auf ihre Tauglichkeit, diese ideale Seinsform zu fördern. Die erste universale und materiale B.sauffassung wird mit dem Namen des *Hippias* verbunden, der die stoffliche Beherrschung aller Disziplinen, Künste und Handwerke sich zum Ziel gesetzt hatte. In der zweiten Auffassung steht wohl *Protagoras* am Anfang, der die B. als seelische Geformtheit, als rhythmisch-harmonische Lebensordnung ansieht und die Seele durch den Umgang mit Dichtung und Musik erhöhen und läutern will. Eine erste Reflexion über die bildenden Geistesgüter, ebenfalls in sophistischer Zeit, stellt die Bedeutung der Sprache, der Redekunst, des richtigen Denkens heraus und legt den Grund zum späteren Trivium (Grammatik, Rhetorik, Dialektik), während die → Pythagoreer durch Mathematik und Harmonik den Ansatz zum späteren Quadrivium schaffen. → *Sokrates,* wie ihn Platon uns schildert, hat die selektiv-formale B. radikal erneuern, von den materialen Kenntnissen nichts mehr wissen wollen und *ein* grundlegendes Formprinzip zum Richter über alles Wissen erhoben: das Tugendwissen, das zum Rechttun verhilft. Unter seinen Anhängern wurde darum die Dialektik, die sokratische Kunst der Unterscheidung und Klärung, die zur Erkenntnis, zur Schau der Idee des Guten führt, als die eigentliche B.skunst angesehen. Bild, Vorbild, Paradeigma - und Nachfolge, Mimesis sind seither die Grundbegriffe des idealistisch-philosophischen Denkens über die B. Bei → *Aristoteles* treffen sich die beiden Strömungen noch einmal - von ihm wurde das ganze Sachwissen seiner Zeit beherrscht und gleichzeitig philosophisch überwölbt -, um dann endgültig auseinanderzustreben. In Alexandrien hat sich dann ausgebildet, was als ἐγκύκλιος παιδεία, als das System der freien Künste, die B.sordnung bis ins 17.Jh. hinein bestimmt hat: eine Reihe grundlegender Fächer und Übungen, die jeder durchlaufen haben muß, bevor er sich speziellen Studien zuwenden kann. Diese Ordnung stammt aus der voridealistischen Überlieferung (s.o.), ist aber auch von der Gegenrichtung aufgenommen und mit Mengen von Stoff zu einer ganzen »Enzyklopädie« des Wissens angereichert worden (ἐγκύκλιος παιδεία bedeutete allerdings ursprünglich nicht zyklisch vollständig, sondern vielmehr gängige, durch jedermann anerkannte, »allgemeine« B.). Im späten Mittelalter ist, wohl im Zusammenhang mit den Bewegungen der Laienfrömmigkeit, die ständische Verschiedenheit der B.sinhalte bewußt geworden. Geistliche, höfische, bürgerlich-zünftische B. sind mit den dazugehörigen Wissensgehalten, Fähigkeiten, Betragensweisen und Sitten als voneinander verschieden erkannt und in »Spiegeln« und Sittenbüchlein festgehalten worden. Die Humanisten der Renaissance seit Petrarca haben diese ständischen B.sunterschiede nicht anerkennen und nur die literarische B. gelten lassen wollen. Für sie ist aus den alten »artes liberales« vornehmlich eine die Trägerin der B.: die Rhetorik - jedoch weniger als eine beherrschbare Kunst, denn als Medium einer persönlichen Begegnung mit der Welt, mit den Mitmenschen (in Rede, Dialog und Brief) und mit den antiken Autoren, die selbst eine solche persönlich-humanistische Sprachform hatten. Im Frührationalismus des 17.Jh.s tritt wieder die objektive Seite der Wissensinhalte in den Vordergrund. Aber es sind nicht mehr die sieben Künste - wenngleich man das alte Schema noch eine Zeitlang zu erhalten sucht -, sondern es ist nunmehr die Fülle der Lebensverhältnisse und Realien, die man elementarisieren und zum B.sgut erheben will - eben der Realien, welche die neuen Wissenschaften, besonders die Naturwissenschaften, zu erforschen begannen. Der Mensch soll als Mikrokosmos den Makrokosmos, als einzelner das All in sich abspiegeln, dh wissend beherrschen. Er soll enzyklopädisch, »pansophisch« gebildet sein, was auch immer er beruflich treibe. Das 18.Jh. als Blütezeit von Rationalismus und Philanthropie hat diese Bestrebungen zwar in gewaltigen Enzyklopädien vollendet, sie aber ihres religiös-neuplatonisch begründeten B.sgedankens entkleidet. Es hat die ständische und arbeitsteilige Gesellschaft als Grundlage aller Menschen-B. angesehen, den Mann an seinem Platze und für seine Lebenszwecke zu »bürgerlichem Nutzen« und »gemeinnütziger Geschäftigkeit«

einüben wollen und alles darüber hinausgehende für schädlich und gesellschaftsbedrohend gehalten. Die zeitgenössische Staatstheorie mit ihrer Uhrwerk-Vorstellung von den Rädern und Teilchen, die nur an ihrem Platze funktionieren, hat dabei auch im Erziehungsdenken mitgewirkt. Demgegenüber hat die Zeit von Herder, F.A.Wolf, Schiller, Goethe, W.v.Humboldt das wieder in die platonische Tradition gehörige neuhumanistische Ideal der allgemeinen und harmonischen Ausformung der Persönlichkeit aufgestellt. Höchstes Menschsein sah sie verwirklicht im Griechentum, im stark ästhetisch aufgefaßten Menschen der hellenischen Klassik. Im Umgang mit griechischer Sprache und Dichtung schien ihr ein unübertreffliches B.smittel zu liegen, ein anderes in der wissenschaftlichen Forschung, die den Forschenden zum letzten Grunde seines Gegenstandes, zu seiner »Idee« notwendig hinführe. Auf diesen Gedanken sind das humanistische → Gymnasium und die deutsche → Universität als Stätten eigentlicher B. am Anfang des 19.Jh.s neubegründet worden. Auch das neuhumanistische B.swesen bricht mit überlieferten ständischen Prinzipien. Es hat aber dadurch, daß es nur eine Art von B. gelten ließ und eine einzige B.sleiter errichtete, auf der man zu ihr emporklimmen konnte, mit dazu beigetragen, daß B. selbst mehr als zuvor ein Standesmerkmal geworden ist. Nur mit Mühe haben im Laufe des 19.Jh.s neusprachlich und realistisch orientierte B. gegenüber dieser Konzeption einiges Terrain gewinnen können, jeweils nur durch den Nachweis, daß auch ihre Gegenstände einen »formalen« B.swert in neuhumanistischem Sinne in sich trügen.

2. Seit mittelalterlicher Zeit steht das *Wort* »bilden« im Wechsel- und Übersetzungsverhältnis zu lat. formare. Und so wie formare über den Grenzstrich zwischen geistigem und figürlichem Bilden hinüber- und herüberschreitet (ist doch die scholastische »forma« die Erneuerung der aristotelischen geistigen Gestalt, μορφή), so umfaßt auch das Wort »bilden« schon bei den Mystikern die seelische wie die leibliche Form (zB bei → Seuse). So auch im Wortschatz des Pietismus (Ach bild mich ganz nach Dir, G.Arnold; Die Liebe hat die Macht der B., Oetinger). In dem formare/bilden der mystisch-pietistischen Tradition liegen beide obengenannten B.sauffassungen: der Gedanke des Mikrokosmos, des Widerspiegelns der ganzen Schöpfung, und der Gedanke der idealen Formung, hier ganz religiös gefaßt als B. des Menschen zu Dem hin, der ihn »sich zum Bilde« geschaffen und ihm in Christus sein Ur- und Vorbild vor Augen gestellt hat. Bei Shaftesbury heißt es: God is the moral architect, which forms the inward form. In einer deutschen Shaftesbury-Übersetzung von 1738 kommt das Wort B., innere B., in seiner ganzen neuen Bedeutung schon vor. Bis zur Jh.wende ist es aber auch und vor allem noch in seiner älteren Bedeutung von äußerer, besonders körperlicher Gestalt gebraucht worden. Hier hat die neuhumanistische B.sbewegung im ausgehenden 18.Jh. den allgemeinen Bedeutungswandel zuwege gebracht, indem sie dieses Wort, das ihrer Auffassung von der Harmonie des Ästhetischen und des Geistigen so sehr entsprach, zu ihrem Leitwort erkor. Seitdem ist es mit jener Bewegung eng verknüpft geblieben; auch von dieser sprachlichen Seite her ist B. bis in die Gegenwart herein weitgehend identifiziert worden mit dem neuhumanistischen Ideal eines ästhetisch-verfeinerten, an der Antike orientierten, urbanen und idealischen Menschentums.

3. In der gegenwärtigen Zeit und *im heutigen Selbstverständnis der Pädagogik* läßt sich zunächst negativ bestimmen, was der B.sbegriff nicht mehr leistet und was, will man ihn weiterbrauchen, nicht mehr darin eingeschlossen werden kann. »B. zur Persönlichkeit« planmäßig veranstalten zu können, wie es die neuhumanistische Schule wollte, maßen sich die Erziehungsstätten nicht mehr an. Wie immer man den Persönlichkeitsbegriff faßt und wertet, nur ein reiches und schweres Leben kann Persönlichkeiten heranreifen lassen, nicht eine beabsichtigte B. oder Selbststilisierung. Überhaupt ist der transitive Gebrauch des Wortes, soweit er aus positivistischem Denken heraus eine Technik der Menschenführung meint, verfehlt. Man kann nicht jemanden bilden, formen wollen, sondern ihn nur auf den Weg führen, auf dem er in menschlicher Geistesfreiheit *sich* bildet. Erlebnisse können bilden, Begegnungen, Sitten, Erfahrungen, auch der Umgang mit Werken des Geistes oder der Kunst, aber nicht schon direkt unser absichtsvolles Tun. Aufzugeben ist ferner die Meinung, als gäbe es ein bestimmtes Wissen, das die B. ausmache oder das fest zu ihr gehöre, ein enzyklopädisches »Konversations«-Wissen oder ein distinguiertes B.swissen (etwa die Kenntnis der griechischen Sprache oder der Kunstgeschichte). Unrichtig ist aber auch die gegenteilige Meinung, wie sie besonders die pädagogische Reformbewegung zeitweise vertreten hat: es sei ganz von den Gehalten abzusehen und B. bestehe allein in der Verwirklichung und Stärkung der schöpferischen Möglichkeiten des Kindes und einer allseitigen formalen Entfaltung des in ihm Angelegten. Dagegen hat die wissenschaftliche Pädagogik energisch Stellung genommen und gezeigt, wie diese »Entfaltung« nur im Erfahren von Objektiv-geistigem statthaben kann, wie es zwar darauf ankommt, daß der aufwachsende Mensch seine ganz eigene Weise des Verfügens über die B.sinhalte gewinnt, wie aber abseits von ihnen und nur aus den Naturanlagen keine B. denkbar ist. Ausgeschieden werden muß schließlich in der Gegenwart das ständische Moment der B., jedenfalls insofern als damit auch ein Oben oder Unten der so oder so gebildeten Menschen gemeint ist. Natürlich haben diejenigen, die einen großen Teil ihres Lebens ausschließlich der B. widmen, die größere Möglichkeit, daß bei ihnen B. gelingt; aber wenn man ernsthaft die soziale Belastung des B.sbegriffs beseitigen will, muß man auch einem Handwerker, Bauern, Kaufmann B. zusprechen, wenn er, durch menschliche Erfahrungen und geistig-sittliche Selbstklärung gereift, seinen Lebenskreis und was an geistig Tradiertem, an Können, Sozialaufgaben, Glaube und Gesittung darin liegt, auf eigene Weise bewältigt. Das kann in verschiedenen Berufskreisen und Lebensformen auf verschiedene Art und mit verschiedenen Wertungen geschehen. Hier liegen die schwersten Probleme nicht nur des Terminus, sondern vor allem der Sache selbst. Denn während man in der Schul- und Universitäts-B. zwar über vieles einzelne nicht einig ist, aber doch bestehende Einrichtungen und bewährte Gehalte hat, ist etwa die B. des Bauern ganz auf Traditionen angewiesen, die heute zusehends verfallen, und die B. des Arbeiters, die weder Traditionen noch schulische Einrichtungen hat, vollends problematisch und über die Anfangsschwierigkeiten erst an wenigen Stellen hinausgelangt.

Nach diesen Abstrichen bleibt immer noch ein Begriff der B. stehen, der nicht zu ersetzen oder einfach zu umschreiben wäre. Er bezeichnet die seelisch-geistig-sittliche Form des Menschen, seine Art des Verstehens, Wissens, Könnens, Benehmens, des sittlichen und sozialen Verhaltens. Der Mensch strebt nach B., und er wird nach seiner B. eingeschätzt. Dh einmal, daß er sich »bildsam« weiß, seinem Wesen nach plastisch und frei, sich selbst zu bestimmen und zu formen und sich formenden Begegnungen und Eindrücken offen zu halten. B. kann also nicht fester Besitz sein, der ein für allemal zu erwerben wäre, sondern besteht in dieser fortwährenden Arbeit an sich und in der Bereitschaft zur Weiter-B. Sie läßt sich aber nicht reduzieren auf ein rein Formales, auf abstrahierte und für sich trainierbare Fähigkeiten, sondern sie ist erfüllt von den historischen Gehalten unserer geistigen Vergangenheit. Diese historischen Gehalte fügen sich zusammen und werden in bewährter Ordnung weitergegeben. Sie müssen aber von jeder Generation neu ergriffen, geordnet, verwirklicht werden und verschmelzen mit dem, was sich dieser Generation an eigenen geistig-sittlichen Aufgaben stellt. B. enthält also ein traditionelles Moment in dem überlieferten Objektiv-geistigen, und ein »protestantisches« Moment der immer neuen traditionskritischen Aneignung dessen, was daraus diese Generation und diesen Menschen angeht. Sie ist nicht selbst schon ein letztes; eigentlich religiöse Erfahrung und menschliche Bewährung ebenso wie eigentlich schöpferische Leistung gehen immer über die Grenzen dessen, was B. sein und leisten kann, hinaus. Aber sie schafft die Voraussetzungen dafür. Es ist also nicht angebracht, mit dem Blick auf einseitige, etwa nur-»humanistische« B.skonzeptionen die ganze Sache zu verdächtigen. Nur eine B., die sich selbst als letztes Ziel versteht, überschreitet ihre Grenzen. Ansonsten ist ohne B. und B.sstreben weder eine sittliche und soziale Kultur noch eine echte Bewältigung selbst enger Berufs- und Lebensaufgaben noch auch ein rechtes Lesen der Bibel und Verstehen der erschaffenen Welt zu denken.

Zu 1: W. Jaeger, Paideia. Die Formung des griech. Menschen I, (1933) 1954³ - H.-I. Marrou, Histoire de l'éducation dans l'antiquité, (1948) 1956³; dt. 1957 - A. Flitner, Neuere Lit. zur Gesch. der Erziehung u. des B.swesens (ZP 1, 1955, 109-122; 2, 1956, 225-241).

Zu 2: H. Weil, Die Entstehung des dt. B.sprinzips, 1930 - I. Schaarschmidt, Der Bedeutungswandel der Worte »bilden« u. »B.« in der Lit.-Epoche von Gottsched bis Herder (Diss.), 1931 - A. Langen, Der Wortschatz des Pietismus, 1954.

Zu 3: E. Spranger, Grundlegende B., Berufs-B., Allgemein-B. (Kultur- u. Erziehung, [1919, 25-40] 1928⁴, 159-177) - Ders., Kulturfragen der Gegenwart, 1953 - M. Scheler, Die Formen des Wissens u. die B., 1925 - G. Kerschensteiner, Theorie der B., (1926) 1931³ - F.X. Eggersdorfer, Jugend-B., (1928) 1950⁵ - F. Copei, Der fruchtbare Moment im B.sprozeß, (1930) 1950² - H. Nohl, Die Theorie der B. (HPäd I, 1933, 3-80) - Ders., Der B.sbegriff des Klassischen (Die Sammlung 4, 1949, 282-291) - W. Picht, Das Schicksal der Volks-B. in Deutschland, (1936) 1950² - Th. Litt, Berufs-B. u. Allgemein-B., 1947 - W. Guyer, Grundlagen einer Erziehungs- u. B.slehre, 1949 - W. Flitner, Allgemeine Pädagogik, (1950) 1954³ - E. Weniger, B. u. Persönlichkeit (Die Sammlung 6, 1951, 216-229) - J. Dolch, Grundbegriffe der pädagogischen Fachsprache, 1952 (Lit.) - O.F. Bollnow, Begegnung u. B. (ZP 1, 1955, 10-32). *A. Flitner*

Bildungswesen

1. Das B. als Gegenstand wissenschaftlicher Erforschung - 2. Die antiken Wurzeln des abendländischen B.s - 3. Das B. im Früh- und Hochmittelalter - 4. Entstehung und Entwicklung der Universitäten - 5. Die höhere Allgemeinbildung vom Spätmittelalter bis zur Gegenwart - 6. Entstehung und Wandlungen der Volksschule - 7. Gegenwartsprobleme des deutschen B.s im gesamteuropäischen Rahmen. - Vgl. → Bildung

1. *Lorenz von Stein* ist wohl der erste gewesen, der (1868) versucht hat, ein wissenschaftliches System des B.s zu begründen, indem er die Bildungsorganisation in ihrer eigenständigen geschichtlichen Entwicklung und zugleich in ihrem Zusammenhang mit der Geschichte des Geistes, mit Geschichte und Theorie der Bildung und Erziehung einerseits, mit der Folge der politischen und gesellschaftlichen Zustände anderseits in Beziehung setzte. »Indem die... im Staate gegebene Gemeinschaft der Menschen (die) an sich dem Geiste gehörige Bildung zum Gegenstand ihrer Arbeit macht, entsteht das *Bildungswesen,* das wir in Verfassung und Verwaltung des Staates als das *Unterrichtswesen* zu bezeichnen pflegen.« An sich umfaßt für Stein das »System des B.s nach dem Begriffe der Bildung nicht etwa dies oder jenes Gebiet der geistigen Entwicklung, sondern es enthält die Aufgabe, den *gesamten* Inhalt des geistigen Lebens und seiner nie ruhenden Arbeit zum Gegenstande der bildenden Tätigkeit zu machen. Es ist daher ebenso reich wie das menschliche Leben überhaupt.« Aber für Stein überwiegt doch der Anteil des Staates; »indem dieser die in seiner Natur liegenden Prinzipien auf dasselbe anwendet, entsteht das öffentliche Bildungswesen, getragen und geregelt durch das Bildungsrecht.« So werden dann von ihm die drei Grundformen des öffentlichen B.s deduziert: Die Elementarbildung, das Berufs-B. und die (höhere) Allgemeinbildung. Das gegenwärtige B. ist nach seiner Meinung nur aus der Geschichte zu verstehen. Daher folgt (in der 2. Aufl. 1883) dem »System des B.s« eine Geschichte des B.s »in seinen elementaren Grundzügen«, die aus den »drei geschichtlichen Grundformen des geistigen Lebens und des B.s der Welt« entwickelt wird: aus dem Geist des Orients und seinem nur religiösen Unterricht, dem Geist der alten Welt, in der es »kein staatliches und damit kein Berufs-B. gibt, alles individuelle Bildung ist«, und dem Geist der germanischen Welt, »der es gelingt, das Prinzip des Glaubens und des Wissens zu vereinen und so europäisches Leben als die gemeinsame Grundlage des individuellen Völkerlebens zu erzeugen«. Aus der Krise dieser Einung von christlichem und antikem Bildungsgehalt erwächst zu Beginn der Neuzeit die »Idee des arbeitenden Staates«. Die »Epoche von der Reformation bis zur Gegenwart gibt von alledem, was jenes Mittelalter erzeugt und begonnen hat, nichts auf... so auch nicht im B.; aber ihr Charakter besteht darin, daß sich die Staatsidee über jenen Kampf zwischen Glauben und Wissen zu erheben weiß, und daß die Ordnung des B.s daher in dieser Epoche nicht bloß ihre Gestalt, sondern auch ihr Lebensprinzip von diesem arbeitenden Staat, das ist von Verfassung und Verwaltung, von Wille und Tat desselben empfängt«. In der Epoche des staatlichen B.s aber bildet sich zugleich allmählich der Begriff der allgemeinen Bildung. »Ihr Wesen gegenüber der Volks- und der Berufsbildung ist es, daß sie sich gerade in dieser Epoche von der staatlichen Gestalt und Ordnung loslöst und das europäische geistige Gesamtleben als selbständigen Inhalt und Aufgabe neben das staatliche, nationale und damit individuelle Geistesleben hinstellt.«

Otto → Willmann, der kath. Pädagoge, übernimmt in seiner »Didaktik als Bildungslehre« dann von Stein den Begriff des B.s und auch die Vorstellung von seiner Geschichtlichkeit, befreit ihn aber auch für die Neuzeit von der faktischen (nicht theoretischen) Verengung auf den staatlichen Bereich, die Stein vorgenommen hatte, zu einer »sozialen Ansicht der Jugendbildung«, für die die selbständige Macht nichtstaatlicher Gemeinschaften, vor allem der Kirchen, konstitutiv ist, und stellt von da aus eine Lehre von den »geschichtlichen Typen des B.s« auf, in einer Untersuchung, »welche zu zeigen hat, wie die individuelle, auf die geistigen Güter gerichtete Arbeit sich zu einer kollektiven gestaltet, also wie aus der Konkretion des Strebens und Wirkens der einzelnen das B. erwächst und welchen formenden Einfluß nationale, soziale, literarische, wissenschaftliche, religiöse Faktoren auf dasselbe ausüben, noch bevor es der rechtlichen Fixierung durch den Staat entgegengewachsen ist«.

In Deutschland folgte auf diese historisch-systematischen Entwürfe zunächst eine Epoche empirischer Forschung. Man wollte die Geschichte der → Erziehung zwar aus den Papieren der Geschichte des B.s und der Bildungsorganisationen schreiben, beschränkte sich aber in der Regel auf das Schulwesen im engeren Sinne, auf die Geschichte einzelner Schulen und Schulformen, die man aus Schulgesetzen und Schulordnungen, Lehrplänen und Schulprogrammen, Visitationsberichten, Versammlungsprotokollen und Erinnerungen anschaulich zu machen suchte. Indem man dieses Material mit dem Gedankengut der Ideengeschichte und der Geschichte der pädagogischen Theorie zu verbinden sich bemühte, glaubte man ein getreues Bild der wirklichen Entwicklung der Erziehung zu gewinnen. *Friedrich Paulsens* »Geschichte des gelehrten Unterrichts auf den deutschen Schulen und Universitäten vom Ausgang des Mittelalters bis zur Gegenwart« ist das klassische Beispiel. Aber derselbe Paulsen hat dann noch versucht, wenigstens im Abriß eine »Geschichte des deutschen B.s in seiner geschichtlichen Entwicklung« zu geben, mit dem Blick also über das Schulwesen hinaus. Ihm ging, im Anschluß an → Diltheys damals der Öffentlichkeit noch nicht zugängliche Vorlesung über »Pädagogik, Geschichte und System«, voraus *Alfred Heubaums* »Geschichte des deutschen B.s seit der Mitte des 17.Jh.s«, welche »das B. der Neuzeit nach Organisation, Inhalt und Methode in Wechselwirkung mit dem politischen, sozialen und geistigen Leben« zeigen wollte. Sie kam aber nicht über den ersten Band hinaus. Wenn heute, auf Grund umfassender Einzelforschung, die Gesamtbetrachtung des B.s wieder aufgenommen werden soll, so wird sie nicht nur den alten universalgeschichtlichen Standpunkt zurückgewinnen müssen, der für den abendländischen Bereich niemals ganz verlorengegangen ist, sondern vor allem von der großen Forschungsarbeit des Auslandes, namentlich in Frankreich, Kenntnis zu nehmen haben.

2. Die Grundmodelle des abendländischen B.s entstehen in Griechenland und Rom. Während aber die Inhalte der antiken Bildung für zwei Jahrtausende die Thematik der Bildungsgeschichte bestimmen, sind von den Formen der antiken Bildungsorganisation oft nur die Namen lebendig geblieben (Schule, Gymnasium, Lyzeum, Akademie, Palästra, Museum) und vielfach für Institutionen verwandt, die mit der ursprünglichen Bedeutung der Namen nichts mehr zu tun haben. Charakteristisch für das griechische wie für das römische B. ist die geringe Achtung des Elementarunterrichts, den man anfangs Sklaven, später wenig angesehenen Privatlehrern überließ. Dennoch sind für Griechenland wie für Rom auch für das niedere Volk die Kenntnisse des Lesens und Schreibens allgemein anzunehmen. Außerhalb Spartas sorgte während der griechischen Blütezeit der Staat nur für eine musisch-gymnastische Erziehung. Das eigentliche B. entstand gemäß den Bedürfnissen der Demokratie auf der Grundlage der Freiwilligkeit zunächst als eine Art von Erwachsenenbildung in den Philosophen- und den Rhetorenschulen. Mit diesen standen Grammatikerschulen in einem gewissen Zusammenhang. Gelehrtenschulen entstanden im → Hellenismus nach dem Muster von Alexandrien. Aus ihnen haben sich in der Spätantike dann später universitätsähnliche Gebilde entwickelt mit besonderen Lehrern für Recht und Medizin. Rom übernahm mit dem politischen Erbe des Hellenismus auch seine Bildungsformen und glich ihnen die eigene ältere Überlieferung an. Seitdem ist alle höhere Bildung mehrsprachlich. Die Kaiserzeit brachte dann die staatliche Reglementierung und Aufsicht und etwa seit Trajan die Privilegierung des Lehrstandes. Für die Spätantike läßt sich von einem organischen Zusammenhang der elementaren und der höheren Bildung sprechen. Das spätantike Christentum übernahm diese Bildungsformen, entwickelte daneben eigene Katechumenenschulen (→ Katechumenat), mit denen oft der Elementarunterricht verbunden wurde. Der Vorbereitung der Lehrer für diese Schulen dienten Katechetenschulen.

3. Das abendländisch-europäische B. des Früh- und Hochmittelalters war entscheidend dadurch bestimmt, daß das nachkonstantinische Christentum den in der Spätantike mit den septem artes liberales festgestellten Kanon der Bildungs*inhalte* ebenso übernahm wie den Bildungs*gang* des trivium (Grammatik, Rhetorik, Dialektik) und quadrivium (Arithmetik, Geometrie, Musik, Astronomie). Der Bildungsinhalt wurde freilich, wie das schon in den Rhetorenschulen der Spätantike geschah, nur um seiner formalen Werte willen benutzt und überwölbt von der Theologie als der Krönung aller Bildungsarbeit. Mit dieser Bindung an die Spätantike war für alle Nationen bis in die Neuzeit hinein der fremdsprachlich lateinische und damit gelehrte Charakter der Bildung gegeben. Weiter wurde das B. des Früh- und Hochmittelalters dadurch bestimmt, daß es nach Trägerschaft, Rechtsformen und Zielsetzung kirchlich war. Im allgemeinen blieb der Zugang zu ihm nur dem geistlichen Nachwuchs vorbehalten, wenn es auch, wie immer im Mittelalter, eine Fülle von Ausnahmen gegeben haben wird. So ist anzunehmen, daß in den scholae externae das Laienelement stärker gewesen sein wird. Aber der Anteil der Laien war nirgends rechtlich festgelegt, nirgends war eine inhaltliche Rücksichtnahme auf den Laien bei Stoffauswahl und Zielsetzung vorgesehen. Es gab nur eine verhältnismäßig beständige Ausnahme: die Königskinder, insbesondere die mutmaßlichen Thronerben, aber auch die Fürstentöchter und mit ihnen wohl immer ein Teil ihrer Umgebung erhielten regelmäßig einen verhältnismäßig großen Anteil an der geistlichen Bildung, die dann auch erweitert wurde auf weltliche, vor allem auf rechtliche Bereiche. Für den kirchlichen Charakter des B.s war ferner bezeichnend, daß in der Regel Lehrer und Schüler zu gemeinsamem Leben in Kloster-, Dom- und Stiftsschulen verbunden und am liturgischen Leben beteiligt waren. Reste davon haben sich an den alten englischen Universitäten bis auf den heutigen Tag erhalten. Das kirchliche B. erfaßte freilich bis zum Ende des Mittelalters keineswegs alle Mönche und Kleriker. Die Mehrzahl vor allem der niederen Geistlichen in den Land- und Eigenkirchen hatte an der Gelehrtenbildung kaum Anteil. Noch für das 12.Jh. schätzt man, daß über die Hälfte der Kleriker sacerdotes simplices oder illiterati gewesen seien. Die seit dem Konzil von Vaison 529 immer wieder empfohlenen Pfarrschulen sind nur in Teilen des Abendlandes zur ständigen Einrichtung geworden, oft werden sie sich von den scholae legentium und scholae cantorum kaum unterschieden haben. Sie begnügten sich mit einem Minimum von Wissen. Selbst in den Kloster- und Stiftsschulen gab es nur eine kleine Zahl von Knaben und Jünglingen, die wirklich den ganzen Bildungsgang durchliefen. Auch der Elementarunterricht geschah in lateinischer Sprache. Es finden sich immer noch Legenden von einem allgemeinen Volksunterricht etwa der Karolingerzeit. Aber dieser Unterricht bezog sich auf die gedächtnismäßige Aneignung von Credo und Paternoster. Nur hier und da finden sich Versuche, es zu einem allgemeinen Leseunterricht zu bringen, aber solche Ansätze gehen im Wirrwarr der folgenden Jahrhunderte verloren. Entscheidend ist, daß ein allgemeiner Volksunterricht im frühen Mittelalter gar nicht gewollt wurde. Man ging in der Erziehung der Laien grundsätzlich andere Wege. So ist mit der Einführung des Christentums und der lateinischen Kult- und Amtssprache wenigstens in den germanischen Bereichen der tiefe Gegensatz von »gebildeten« (literati) und »ungebildeten« (illiterati) Schichten gestiftet worden, der oft erst für das 19.Jh. angenommen wird. Über ein ritterliches B. des Hochmittelalters herrschen unter dem Eindruck der Blüte der ritterlichen Dichtung vielfach legendäre

Vorstellungen. Auch die ritterliche Dichtung war ein Produkt kirchlicher Bildung, an der zu diesen Zeiten nunmehr ritterliche Laien und Frauen teilnahmen. Von gebahnten laienmäßigen Bildungswegen kann auch für diese Zeit keine Rede sein. Im Laufe des 11. und 12.Jh.s ist im Osten des abendländischen Bereiches ein allgemeiner Verfall der Kloster- und Stiftsschulen festzustellen. Die Erneuerung geschah unter dem Einfluß des romanischen Westens, in dem die Tradition ungebrochener blieb, und durch die großen Schulen der neuen Orden, vor allem der → Dominikaner. Diese bildeten eine Vorstufe zu den spätmittelalterlichen Universitäten, die außerdem die Überlieferung älterer Schulen des Rechts und der Medizin im romanischen Bereich aufnahmen.

4. Mit der Gründung der → *Universitäten* beginnt eine neue Epoche des gemein-europäischen B.s. Diese entstanden um die Mitte des 12.Jh.s in Frankreich und Italien aus Zellen sehr verschiedener Art, in denen sich eine universitas magistrorum et scholarium herausbildete, in der die sich allmählich verselbständigenden Wissenschaften zu einer Art studium generale zusammenwuchsen. Diese freien Korporationen wurden privilegiert und rechtlich gesichert. »Die Universitäten werden damit von jetzt an die herrschende Gewalt in aller europäischen Bildung« (L.v.Stein). Aber trotz der abendländischen Gemeinsamkeit der Wissenschaften entwikkelten die Universitäten bald nationale Eigentümlichkeiten. F.Paulsen unterscheidet drei Typen in der späteren Entwicklung, den Typus der alten englischen Universitäten, Oxford und Cambridge, die am meisten von dem mittelalterlichen Gut bewahrt haben, den Typus der nachrevolutionären französischen Universität, der sich am weitesten von den mittelalterlichen Formen absetzt, und die deutschen Universitäten, die in neuerer Zeit eine eigentümliche Mittelstellung einnehmen. Die deutschen Universitäten sind nicht gewachsen, sondern von Landesfürsten und auch Städten gestiftet (1348 Prag, 1365 Wien, 1385 Heidelberg, 1409 Leipzig durch Auswanderung der deutschen Studenten aus Prag). Nach einem vorübergehenden Einbruch des Humanismus durchliefen sie im Gefolge der Reformation und Gegenreformarion eine Periode territorial-konfessioneller Gestaltung. Mit der Gründung von Halle 1694 und Göttingen 1737 beginnt sich der Geist der Aufklärung und der modernen Wissenschaften durchzusetzen, vor allen Dingen gewannen die philosophischen und mit Beginn des 20.Jh.s die naturwissenschaftlichen Fakultäten einen selbständigen Rang. Ihren Höhepunkt fand diese Entwicklung in der Errichtung der Universität → Berlin 1810. Die Motive zu ihrer Gründung sind auch heute für die deutsche Theorie der Universität bestimmend. Das Beharren der deutschen Universität auf Forschung und zweckfreier Lehre hat im 19.Jh. dazu geführt, ganze Wissenschaftsbereiche und Ausbildungssysteme, die in anderen Ländern in die Universitäten einbezogen sind, besonderen Hochschulen, vor allem den Technischen Hochschulen vorzubehalten.

5. Charakteristisch für das B. im deutschen Spätmittelalter ist, daß überall in den Städten Lateinschulen als Parochialschulen vom Rat gegründet wurden, die aber die überlieferten kirchlichen Inhalte behielten. Wenn die Reformatoren die Ratsherren zur Schulgründung aufforderten, meinten sie Lateinschulen solcher Art. In diese Schulen schickten nunmehr nicht nur die wohlhabenden Bürger, sondern vielfach auch die Handwerker ihre Kinder, freilich nur in die untersten Klassen, in denen auch der Elementarunterricht lateinisch erteilt wurde. So erhalten die Laien eine nur sehr unvollkommene Bildung. Für diese untersten Stufen bildete sich der Begriff der Trivialschule aus, der erst im 18.Jh. für deutsche Schulen angewandt wird. Deutsche Schulen, in denen Lesen, Schreiben, vielfach auch Rechnen gelehrt wurde, gab es im Spätmittelalter und zu Beginn der Neuzeit als Privatgründungen, die dann von den Städten durch allgemeine Ordnungen überwacht wurden. Volksschulen kann man sie nicht nennen. Die Reformation brachte zunächst einen Niedergang der Gelehrtenschulen nach der kurzen humanistischen Blütezeit um 1500. Aber unter dem Einfluß Philipp → Melanchthons und mit Hilfe der großen Rektoren gelingt dann die Neubegründung des gelehrten Schulwesens, das durch landesfürstliche Schulordnungen gestützt »ev. Lehre und humanistische Bildung unter dem Schutz weltlicher Obrigkeit vereint« (Sturm: sapiens atque eloquens pietas). Kloster-, Fürsten- oder Landesschulen wurden Mittelpunkte erneuerter gelehrter Bildung (1543 zuerst Pforta, Meißen, Grimma); sie stellen gleichsam die reine Form dar, während die städtischen Lateinschulen vielfach nach wie vor unvollständig bleiben. Für die voll ausgebauten Gelehrtenschulen war charakteristisch, daß der griechische Unterricht eine selbständige Stellung erhielt und daß es einen ausdrücklichen Religionsunterricht gab, wie ihn das Mittelalter nicht gekannt hatte. Die Gegenreformation übernimmt diesen neuen Typus der Gelehrtenschulen, der von den Jesuiten aber dann auf eigenartige Weise umgebildet wird, wobei der griechische Unterricht zurücktritt und das humanistische Element der imitatio und eloquentia mit dem scholastischen der Philosophie verbunden erscheint. Die Jesuitenschulen nehmen dann auch den weltmännischen Zug des 17. und 18.Jh.s auf, während im prot. Bereich dafür eigene Bildungsanstalten gegründet werden. Hier besucht der junge Adel fortan nicht mehr die Gelehrtenschulen, sondern Ritterakademien verschiedenen Namens, in denen er vor allem auf den Militärdienst, aber auch auf zivile Ämter im Staat vorbereitet wird. Im 18.Jh. tritt daneben vielfach die private Erziehung durch Hofmeister. Diese Ritterakademien und diese Hofmeistererziehung hatten einen realistischen Charakter; moderne Sprachen und Wissenschaften, dazu ritterliche Übungen stehen im Vordergrund. Im 19.Jh. verlor der Adel sein gesondertes Bildungsprivileg. Er mußte wieder den Weg der Gelehrtenbildung gehen, um in die führenden Ämter zu gelangen. Nur die deutschen Kadettenanstalten behielten bis 1918 ihre Sonderstellung, allerdings nun dem realistischen Typus der höheren Schule angepaßt. Die Gelehrtenschulen bewahren im 18.Jh. zunächst die überlieferte Form ihrer Bildungsorganisation; Einwirkungen der Aufklärung und des Pietismus sowie der didaktischen Reformer gehen mehr über einzelne Rektoren und Lehrer als über Schulordnungen und Lehrpläne. Doch ist in der Folge der Einfluß des Halleschen Pädagogiums (gegründet 1702; Aug.Herm. → Francke) zu spüren, das zwar den überlieferten Kursus beibehält, aber neue Elemente hinzufügt, vor allem durch Veränderungen in der Methode des Unterrichts. Zu den alten Sprachen treten Französisch und Deutsch als selbständige Fächer, dazu Mathematik und Naturwissenschaften, Historie und Geographie. In den kath. Ländern, vor allem in Österreich und Bayern, kam es im Gegenschlag gegen die Vorherrschaft des Jesuitenordens um die Mitte des 18.Jh.s zu Reformen im Geiste der Aufklärung, die freilich ihrerseits wieder durch Gegenbewegungen abgelöst wurden. Die vor allem im Süden und Westen Deutschlands nach wie vor zahlreichen kleinen Lateinschulen wurden von solchen Neuerungen kaum berührt. Nur gab es seit dem 17.Jh. vielfach deutsche Klassen als Vorstufe für die Gymnasien. Auch die Einführung des Abiturientenexamens (zuerst in Preußen 1788) hat zwar den Zugang zur Universität geregelt, konnte aber das Grund-

übel der »höheren Schule« nicht beseitigen, das darin lag, daß die Mehrzahl der Schüler nicht den ganzen Kursus durchlief und nur eine unvollständige Bildung erhielt. Im 19.Jh. wurde das durch die Zwischenberechtigungen für den einjährig-freiwilligen Dienst und durch die »Primareife« noch verstärkt.

Zu Beginn des 19.Jh.s wird im Zusammenhang der preußischen Reform von Wilhelm von → Humboldt, in Zusammenwirken mit bedeutenden Philosophen und Schulmännern, der großartige Versuch einer Umgestaltung der Gelehrtenschule zu einer Stätte umfassender höherer Allgemeinbildung auf der Grundlage des neuhumanistischen Gedankengutes (→ Neuhumanismus) und der erneuerten Philosophie unternommen (→ Süvern). Diesem neuhumanistischen → Gymnasium sollte das Privileg des alleinigen Zugangs zur Universität erhalten bleiben; insofern ist es Gelehrtenschule, zugleich aber wird es Pflanzstätte für die »Gebildeten« überhaupt. Diese Idee einer allseitigen Bildung wird dann auch in anderen deutschen Ländern wirksam. Im Mittelpunkt steht der Unterricht in den alten Sprachen, daneben tritt die Mathematik. Aber auch der Deutschunterricht erhält endgültig einen eigenen Rang. Naturwissenschaften und Geschichte treten, wenn auch als Nebenfächer, hinzu. Zeichen der Loslösung von der theologischen Vorherrschaft ist die Einführung des examen pro facultate docendi (1810), welche die im 18.Jh. begonnene Verselbständigung des Philologenstandes bekräftigt. Paulsen sieht den Kern der Reform darin, daß der Abschluß der allgemeinwissenschaftlichen Ausbildung aus der philosophischen Fakultät, die sich nunmehr in Spezialwissenschaften aufgliederte, in den Schulkursus verlegt wird. Der Gang der Dinge in Preußen wurde für das gesamte B. charakteristisch. Es gab kirchlich-konfessionelle Gegenbewegungen; anderseits gab es Bemühungen, der mit der Allseitigkeit des Bildungsplans drohenden Überbürdung durch Konzentration auf die klassischen Sprachen zu begegnen, so Thiersch in Bayern. Entscheidend aber für das 19.Jh. wurde die Auseinandersetzung zwischen Humanismus und Realismus. Das Ergebnis war, daß Ende des 19.Jh.s das humanistische Gymnasium sein Bildungsprivileg verlor. Das Prinzip der Gleichwertigkeit der klassischen und der modernen realistischen Bildung, sei sie mathematisch-naturwissenschaftlicher, sei sie neusprachlicher Art, setzte sich mit einigen Einschränkungen durch.

Schon das 18.Jh. hatte begonnen, eine besondere Bürger- oder Realschule von der Lateinschule abzusetzen; J.J.Hecker in Berlin darf nach mancherlei Vorläufern als der erste Gründer einer »ökonomisch-mathematischen Realschule« (1747) angesehen werden. Sein Beispiel wurde vor allem in Österreich nachgeahmt. Im 19.Jh. wurden in Preußen die alten unvollständigen Lateinschulen, soweit sie nicht als Progymnasien erhalten blieben, in Bürger- oder Realschulen umgewandelt. Es gab eine Fülle verschiedener Formen; charakteristisch war das Ausscheiden des Lateinischen, die Betonung des Deutschunterrichts, der Mathematik und der Naturwissenschaften, die Verpflichtung zu einer modernen Fremdsprache, anfangs des Französischen. Doch blieb vielfach besonders in Bayern die alte Lateinschule erhalten. Schließlich setzte sich der realistische Zug auch insofern überall durch, als überall Realschulen höherer Ordnung mit neun Klassen entstanden, sei es als Realgymnasien mit Latein, sei es als Oberrealschulen ohne Latein nach österreichischem Muster und vielfach aus Gewerbeschulen entwickelt. 1901 erhielten beide Typen einen - wenn auch eingeschränkten - Zugang zur Universität. Doch fehlte es in der Folgezeit nicht an Versuchen, die verlorene Einheit des höheren Schulwesens wieder herzustellen in Gestalt der sogenannten Reformgymnasien. Eine grundlegende Veränderung geschah durch das Reichsgrundschulgesetz vom 28.4.1920, das die Vorschulen an den höheren Schulen beseitigte und alle Kinder des Volkes, wie in Bayern schon lange, in den vier unteren Klassen der Volksschule vereinigte.

In der zweiten Hälfte des 19.Jh.s setzten im Zusammenhang mit der Frauenbewegung, besonders vertreten durch Helene Lange, Bestrebungen zu einer Neugestaltung der Mädchenbildung (→ Mädchenschulwesen) ein. Sie erreichten einerseits die uneingeschränkte Zulassung der Frauen zum akademischen Studium und im Zusammenhang damit auch die Aufnahme von Mädchen in die bestehenden höheren Knabenschulen, anderseits erstrebten sie die Schaffung eigenständiger »gleichwertiger, aber nicht gleichartiger« Bildungsmöglichkeiten für die Mädchen. Die in diesem Zusammenhang entwickelte Normalform war das Lyzeum (1908); darauf baute das Oberlyzeum auf, das vielerorts als höheres Lehrerinnenseminar ausgestaltet wurde. Nach 1920 wurde die Gleichwertigkeit der Bildungswege erreicht; daneben entwickelten sich Sonderformen, wie zB die Frauenoberschule. Die Entwicklung ist aber hier noch nicht zum Abschluß gekommen.

6. Die *Volksschule* (→ Volksschulwesen) entsteht als jüngerer Zweig des B. unter der Einwirkung von Reformation und Gegenreformation aus den geistlichen Küster- bzw. Meßnerschulen, in den Städten in Verbindung mit Resten der älteren deutschen Schreib- und Leseschulen. Doch bleibt daneben in den Städten noch für längere Zeit das Privileg des Elementarunterrichts den Lateinschulen erhalten, das sie seit dem 17.Jh. durch Einführung der deutschen Klassen zu bewahren suchten. In den Küsterschulen bildeten Christenlehre und Choralsingen den Kern des Unterrichts, aber dafür bedurfte es auch eines Lese- und Schreibunterrichts. Im Fürstenstaat des 17. und 18.Jh.s zeigte sich dann aus wirtschaftlichen Erwägungen auch ein weltliches Interesse an der Volksschule. Doch blieb selbst in der Aufklärung der kirchliche Inhalt vorherrschend, dem man eine besondere Bedeutung für die Erziehung zum gehorsamen Untertan zumaß. Aus staatlichen Motiven kam es auch zur Einführung des Schulzwanges (1619 für Weimar, 1642 für Gotha, in Preußen 1716 für Litauen, 1763 für das ganze Königreich). Doch war es ein langer Weg, bis dieser wirklich überall durchgeführt werden konnte (→ Schulpflicht). Die Schulaufsicht übte der Staat, aber bis 1919 ließ er sie im allgemeinen durch kirchliche Organe wahrnehmen. Das ökonomische Motiv wurde im 18.Jh. vorherrschend. Es gab neben dem kirchlichen Stoff doch den sogenannten Realien mehr und mehr Raum. Doch war - wie Spranger dargetan hat - die eigentümliche Folge davon, daß in den Städten die Volksschulen zu einer Art industriösen Armenschule wurden; auch das Privileg der Lateinschulen und die allmählich aufkommenden Bürger- und Realschulen trugen dazu bei. Dieser Charakter der Volksschule als Armenschule wurde vor allem unter dem Einfluß → Pestalozzis und → Herbarts und in der hingebenden Arbeit der Volksschullehrerschaft im Laufe des 19.Jh.s unter manchen Rückschlägen ebenso überwunden wie die absolute Vorherrschaft der religiösen Gehalte. Die Volksschule wurde nach und nach in allen Ländern Europas die Schule einer allgemeinen und nationalen Elementarbildung. Doch ist es in Deutschland noch nicht gelungen, sie der wachsenden Bedeutung des Bauerntums, der Industriearbeiterschaft und des Kleinbürgertums wirklich dienstbar zu machen. Ohnehin bedurfte auch die ständig verbesserte Volksschule der Ergänzung durch ein Fortbildungsschulwesen (→ Berufsschule), wie es sich vor allem unter dem Einfluß

Georg → Kerschensteiners und unter Anknüpfung an frühere Entwicklungen allmählich zu einem selbständigen Berufs- und → Fachschulwesen mit einem eigenen Lehrerstand entwickelte. Anderseits führte die gesellschaftliche und wirtschaftliche Entwicklung dazu, daß sich, da die Realschulen mittlerweile zu einem Glied des höheren Schulwesens geworden waren, aus den Volksschulen der Typus der → Mittelschule herausbildete und verselbständigte, der im 20.Jh. zu immer stärkerer Bedeutung gelangte. 1919 brachte der Volksschule die endgültige Befreiung von der geistlichen Schulaufsicht, 1920 durch die Einführung der Grundschulpflicht (→ Grundschule) die organische Eingliederung in den Gesamtzusammenhang des B., damit zugleich ihre geistige Selbständigkeit in dem Gedanken einer volkstümlichen »Elementarbildung«. Ausdruck dieser Verselbständigung ist die durch die Weimarer Verfassung begründete und nach dem Intermezzo des Nationalsozialismus wiederhergestellte akademische Ausbildung der Volksschullehrer (→ Lehrer und Lehrerbildung, Pädagogische → Hochschule).

7. Das *deutsche B. der Gegenwart* steht unter neuen Bedingungen. Es ist bestimmt durch den kulturpolitischen Föderalismus der Länder der Bundesrepublik einerseits, durch den straffen von der Sowjetunion gesteuerten Zentralismus der Sowjetzone anderseits. So zeigt sich dem ersten Blick eine bunte Mannigfaltigkeit einander widersprechender Strömungen. Dennoch lassen sich wenigstens für die Bundesrepublik gewisse gemeinsame Tendenzen feststellen. Vor allem macht sich der neue Kontakt mit dem B. der westlichen Völker wohltuend bemerkbar, besonders mit Amerika und England, das durch die education act so etwas wie eine stille Revolution in seinem B. eingeleitet, zugleich aber ebenso wie Schweden ein Beispiel gegeben hat, wie heute unter den Gegebenheiten der Demokratie über Fragen der Bildungsorganisation in Freiheit Entscheidungen möglich sind. Der Zug der Zeit geht überall auf die Öffnung aller Bildungswege unabhängig von Besitz und sozialer Stellung, anderseits auf eine gemeinsame Grundbildung für alle Kinder, deren Dauer in den einzelnen Ländern verschieden bemessen ist, und auf die Hebung des Niveaus der Volksschule auf die Ebene der bisherigen mittleren Bildung, schließlich auf eine gewisse Vereinheitlichung auch der Typen der höheren Schulen (→ Einheitsschule). Dabei sind aber Gegenbewegungen festzustellen, die die grundständige humanistische Studienschule wenigstens als eine Möglichkeit erhalten möchten. Die ungeheuren Wandlungen der Technik wie der Wirtschaftsformen und die damit verbundenen gesellschaftlichen Veränderungen zwingen überall nicht nur zu einer Überprüfung der überlieferten Bildungsinhalte, sondern auch zur organischen Einfügung des Berufs- und Fachschulwesens in die Bildungsorganisation bis hinauf zu den Hochschulen. Das Jugendalter reicht für die Bildungsanforderungen nicht mehr aus, und so bilden sich im Anschluß an ältere Volksbildungsbestrebungen vielfach selbständige Formen von Erwachsenenbildung aus, wobei England und die skandinavischen Länder führend sind (→ Volksbildungswesen). Eine vor allem deutsche Besonderheit ist die Auseinandersetzung um den Charakter der Volksschule, ob Gemeinschaftsschule oder Bekenntnisschule (→ Schule und Kirche). Dieser Streit ist aber nicht etwa identisch mit dem Gegensatz zwischen kirchlichen und antikirchlichen Kräften und in Deutschland auch nicht mit dem Streit zwischen Staatsschule und → Privatschule. Die Privatschulen haben aber ihre Bedeutung als Träger der pädagogischen Versuche und als Gegengewicht gegen die Übertreibungen des staatlichen Charakters des B.s. Im übrigen geht es in Deutschland heute um die »innere → Schulreform«, um das Bemühen, den Ertrag der pädagogischen Bewegungen des Jahrhundertanfanges dem offiziellen Schulwesen zugute kommen zu lassen.

L.v.Stein, Verwaltungslehre, 5.Teil: Die Innere Verwaltung. Zweites Hauptgebiet: Das B., 1.-3. Theil, (1868) 1883^2 - O.Willmann, Didaktik als Bildungslehre, (1882-89) 1923^5 - W.Dilthey, Ges. Schr. IX.: Pädagogik. Gesch. u. Grundlinien des Systems, 1934 - A.Heubaum, Gesch. des deutschen B.s seit der Mitte d. 17.Jh.s I, 1905 - F.Paulsen, Gesch. des gelehrten Unterrichts auf den deutschen Schulen u. Universitäten vom Ausgang des MA bis auf die Gegenwart mit besonderer Rücksicht auf den klassischen Unterricht, (1884) $1919/23^3$ - Ders., Das deutsche B. in seiner geschichtl. Entwicklung, (1906) 1928^6 - L.Grasberger, Erziehung u. Unterricht im klassischen Altertum, 3 Bde, 1864-86 - H.-I.Marrou, Histoire de l'éducation dans l'antiquité, (1948) 1956^3; dt. 1957 - E.Weniger, Das deutsche B. im Früh-MA (HV 30, 1935, 446-492) - E.Spranger, Zur Gesch. der deutschen Volksschule, 1949 - W.Flitner, Die vier Quellen des Volksschulgedankens, (1941) 1954 - A.Flitner, Neue Lit. zur Gesch. der Erziehung u. des B.s (ZP 1, 1955, 109-122; 2, 1956, 225-241) - E.Hylla-W.L.Wrinkle, Die Schulen in Westeuropa, 1953.

E.Weniger

Bileam und Bileamsprüche

1. Die Gestalt des B. steht im Rahmen der Landnahmetradition des AT, nimmt in ihr jedoch eine im einzelnen schwer zu bestimmende Sonderstellung ein. Überall erscheint B. auf der Seite der Feinde Israels, aber immer als selbständige Einzelgestalt: teils im Zusammenhang mit den Midianitern (Num 31, 8. 16; Jos 13, 22; vgl. auch Num 22, 4. 7), teils mit Ammonitern und Moabitern (Dtn 23, 5f; Neh 13, 2), dann besonders mit dem Moabiterkönig Balak (Num 22-24; Jos 24, 9f; Mi 6, 5). Auch die Gleichsetzung seines Namens bilʿam bæn b^{e}ʿôr (Num 22, 5 u.ö.) mit dem des Edomiterkönigs bælaʿ bæn b^{e}ʿôr (Gen 36, 32) ist häufig erwogen worden. Gegenüber dieser Verbindung mit den östlichen Nachbarn Israels erscheint die Angabe seiner Herkunft aus Mesopotamien (Dtn 23, 5; vgl. Num 22, 5) als sekundär. Vielleicht ist das Heiligtum von Baal Peor (vgl. Num 23, 28; 31, 16) der ursprüngliche Haftpunkt der ganzen B.tradition (Noth).

Die oft nur andeutende Nennung seines Namens zeigt, daß bestimmte Überlieferungen über ihn allgemein bekannt waren. Diese müssen aber sehr verschiedene Ausprägungen gehabt haben. Nach Num 31, 16 hat er die Isrealiten zum Abfall von Jahwe verführt, nach 31, 8 (Jos 13, 22) ist er von ihnen getötet worden. Dabei wird er als »Wahrsager« bezeichnet (Jos 13, 22). In diese Richtung weist auch die übrige Überlieferung: Nach Dtn 23, 5f (Neh 13, 2; vgl. Jos 24, 9f) sprach er einen Fluch über Israel, den Jahwe unwirksam machte, nach einer zu vermutenden Grundlage von Num 22 (vgl. bes. V. 22ff) hinderte Jahwe ihn überhaupt an der Ausführung dieses Planes (Noth), während er nach der jetzigen Fassung von Num 22-24 (vgl. Mi 6, 5) auf Jahwes Befehl Segen statt Fluch sprechen mußte. - Im Judentum und im NT (2Petr 2, 15; Jud 11; Apk 2, 14) erscheint B. in Weiterführung der Tradition von Num 31, 16 als vollendeter Frevler und Verführer Israels (vgl. Kuhn).

Nur in Num 22-24 ist ein größeres Stück der B.-tradition erhalten, das freilich wohl ein relativ spätes Stadium repräsentiert. Der Moabiterkönig Balak läßt B. holen, um Israel zu verfluchen. Dieser kommt nach anfänglicher Weigerung und einem Zwischenfall (Eselin!) zu Balak, spricht aber auf Jahwes Befehl in vier Sprüchen Segen statt Fluch über Israel. Die Kapitel sind literarisch nicht einheitlich: Den ältesten Bestandteil bilden die beiden Sprüche in Num 24 (s. u.), aus denen die sie umgebende Erzählung des → Jahwisten herausgewachsen ist, zu der auch der Grundbestand von Kap. 22 gehört. Die Sprüche in Kap. 23 sind erst zusammen mit der Erzählung des → Elohisten (Num 23 und Ergänzungen zu 22) entstanden (Mowinckel).

2. Die beiden älteren B.sprüche (Num 24, 3-9 und 15-19; V. 20-24 sind spätere Zusätze) zeigen keinen ursprünglichen Zusammenhang mit der Erzählung. Beide beginnen mit einer Darstellung des Offenbarungsempfanges des Sprechers, der in der Ekstase göttliche Geheimnisse hört und schaut (V. 3b. 4 und 15b. 16). Der erste preist dann die Schönheit und Fruchtbarkeit des Landes Israel, die Macht seines Königs und seines Gottes und seine Überlegenheit über seine Feinde. Der zweite schildert in der Ich-Form des Sprechers eine Zukunftsschau: er sieht »einen Stern aus Jakob«, »einen Kometen (?) aus Israel« aufsteigen (V. 17), der Israel zum Sieg über seine Feinde verhelfen wird. Die alte messianische Deutung dieser Stelle (vgl. Targum Onkelos), die hier die Ankündigung eines endzeitlichen Herrschers sieht, wird nur noch selten in Zusammenhang mit einer Spätdatierung der Sprüche vertreten (v.Gall; Holzinger, Numeri). Im allgemeinen wird der Spruch als vaticinium ex eventu auf David verstanden (anders Albright).

Der Gattung nach gehören beide Sprüche zu einer besonderen Art von Segens- und Fluchsprüchen, die in der Stilform der Weissagung gegenwärtige Zustände als Ergebnis eines früher gesprochenen, wirksamen Segens- oder Fluchwortes erklären wollen (vgl. vor allem Gen 49 und Dtn 33; → Segen und Fluch: II). So darf man wohl in dem zweiten Spruch einen Hinweis auf David sehen und bei dem Vergleich mit Agag im ersten (V. 7) an Saul denken (vgl. 1Sam 15, 8ff). Die Sprüche werden nicht sehr lange nach diesen Ereignissen entstanden sein. Ihre Ansetzung in nachexilischer Zeit (v.Gall) hat ebensowenig Wahrscheinlichkeit für sich wie eine wesentlich frühere Datierung (Albright 13./12.Jh. vChr).

Die beiden jüngeren Sprüche in Num 23 (V. 7-10 und 18-24) nehmen Gedanken und Wendungen der Sprüche aus Num 24 auf und stehen ganz im Zusammenhang der Erzählung. Im ersten preist B. Israels Sonderstellung unter den Völkern und seine Größe. Der zweite spricht von dem feststehenden göttlichen Segensbeschluß über Israel, dem kein Fluch schaden kann. Die Stärke Israels besteht darin, daß Jahwe bei ihm und »Königsjubel in ihm« ist (V. 21). Diese Wendung wird seit S.Mowinckels Psalmenstudien II (1921) oft als Hinweis auf das »Thronbesteigungsfest Jahwes« (→ Feste: II) verstanden.

Außer den Kommentaren zu → Numeri: A.v.Gall, Zusammensetzung u. Herkunft der B.-Perikope in Num 22-24 (Festgruß B. Stade, 1900, 1-47) - H.Gressmann, Mose u. seine Zeit (FRLANT NF 1), 1913, 318ff - M.Löhr, B., Num 22, 2 - 24, 25 (AfO 4, 1927, 85-89) - S.Mowinckel, Der Ursprung der B.sage (ZAW 48, 1930, 233-271) - ThW I, 521ff (K.G.Kuhn) - W.Rudolph, Der »Elohist« von Exodus bis Josua (BZAW 68), 1938, 97ff - O.Eissfeldt, Die Komposition der B.-Erzählung (ZAW 57, 1939, 212-241) - W.F. Albright, The Oracles of Balaam (JBL 63, 1944, 207-233) - M.Noth, ÜPent 81ff - RAC II, 362ff (H.Karpp). *R.Rendtorff*

Bilfinger, *Georg Bernhard* (1693-1750), * in Cannstatt, † in Stuttgart, Schüler Christian → Wolffs, 1721 bis 1725 unbezahlter a.o. Prof. der Philosophie in Tübingen, gelangte als Prof. an der Petersburger Akademie der Wissenschaften zu Ansehen und wurde 1731 als o. Prof. der Theologie nach Tübingen zurückberufen. 1734 Geheimer Rat, 1739 Präsident des Konsistoriums in Stuttgart, verfaßte B. 1743 das Edikt, das den württembergischen → Pietismus in die Kirche eingliederte. Als Philosoph greift B. kritisch über Wolff auf → Leibniz zurück. Er sucht den Nutzen der neuzeitlichen Metaphysik für die Theologie zu erweisen (Dilucidationes philosophicae, 1725) und der sittlichen Freiheit einen Platz im System der prästabilierten Harmonie offenzuhalten (De origine et permissione mali, 1724). Wolff schrieb ihm irrtümlich den Begriff »Leibniz-Wolffsche Philosophie« zu.

Varia, 3 Bde, 1743. - Über B.: R.Wahl, Prof. B.s Monadologie u. prästabilierte Harmonie in ihrem Verhältnis zu Leibniz u. Wolff (Zeitschr. f. Philos. u. phil. Kritik 84, 1884, 66-92. 202-231) - E. Schmid, Geheimerat G.B.B. (Zeitschr. f. württ. Landesgesch. 3, 1939, 370-422) - M.Wundt, Die dt. Schulphilosophie im Zeitalter der Aufklärung, 1945. *H.Liebing*

Billicanus, *Theobald* (Diepold Gerlacher; um 1490 bis 1554), aus Billigheim bei Bergzabern, seit 1510 Student in Heidelberg zusammen mit Melanchthon, Bucer und Brenz, dann Kanonikus bei Heiliggeist. Seit mindestens 1518 war er Anhänger Luthers. 1522 wurde er Prediger in Weilderstadt, mußte aber sofort als evangelisch weichen und wurde noch im gleichen Jahr Prediger in Nördlingen, wo Kaspar Kantz bereits evangelisch wirkte. In der folgenden Zeit nahm er eine schwankende und unklare Stellung zwischen Luther, Zwingli und Karlstadt ein. 1529 betonte er auch seine altgläubige Gesinnung, heiratete aber gleich darauf und schwur dann wieder 1530 vor dem päpstlichen Legaten jede Irrlehre ab. Damit verursachte er auch eine völlig unklare Haltung der Stadt. 1535 gab er sein Predigtamt auf, um in Heidelberg Jurisprudenz zu studieren und zu lehren. 1544 aus politischen Gründen vertrieben, fand er an der Universität Marburg Aufnahme, wo er als Professor der Rhetorik tätig war.

RE III, 232ff - Th.Kolde, Zur Gesch. B. u. Althamers u. der Nördlinger KO v.J. 1525 (BBKG 10, 1904, 28-40). *Matthias Simon*

Billick, *Eberhard* (ca 1499-1557), trat 1513 in den Karmeliterorden ein, wurde Prior, Provinzial und Professor in Köln. Beim Reformationsversuch des Erzbischofs → Hermann von Wied trat er neben Gropper als Bucers schärfster Gegner auf. B. war dabei Mittelsmann zum Kaiser. Er nahm 1546 am Religionsgespräch in Regensburg teil, arbeitete mit am Interim und gehörte zu den beratenden Theologen in Trient 1551/52. 1556 Weihbischof in Köln.

K.Varrentrapp, Hermann von Wied, 1878, 165ff - A.Postina, Der Karmelit E.B., 1901 - H.Foerster, Reformbestrebungen Adolfs III. von Schaumburg (RGST 45/46), 1925 - W.Lipgens, Kardinal Joh.Gropper (RGST 75), 1951, 137ff - NDB II, 238f. *R.Stupperich*

Billigkeit. Daß bei der Rechtsprechung nicht nur der Wortlaut des Gesetzes bestimmend zu sein und die Gerechtigkeit zu gelten hat, sondern auch der Gesichtspunkt der B. zu beachten ist, ist ein Rechtsgrundsatz, der nicht nur (ausdrücklich oder stillschweigend) in allen modernen Rechtsordnungen anerkannt ist (vgl. das deutsche BGB §§ 157, 242, 315), sondern in Altertum und Mittelalter bereits in Geltung war. Im Recht kann die B. (ἐπιείκεια, ἐπιεικές, aequitas, conscientia, équité, equity usw) als allgemeiner Grundsatz bei jeglicher Rechtsprechung erscheinen, als Gesichtspunkt, auf den das Gesetz für bestimmte Gesetzesmaterien ausdrücklich verweist, oder als Norm, nach der bei besonderen Gerichtshöfen Recht gesprochen wird (England, auch nordamerik. Staaten). Rechtstheoretiker, Philosophen und Theologen (→ Luther u.a.) haben sich mit der B. befaßt. → Aristoteles hat ihre Bedeutsamkeit zuerst klar erkannt.

Nach der B. muß gefragt werden, weil das Gesetz nicht jeden einzelnen Fall von vornherein ins Auge fassen kann. Billigerweise ist zu entscheiden, wenn die genaue Anwendung des Gesetzesbuchstabens in offenem Widerspruch zur Ratio des Gesetzes stünde. Die Nötigung zu B.sentscheidungen kann von daher kommen, daß das Rechtsbewußtsein sich gewandelt hat, der Rechtssatz jedoch konstant geblieben und deshalb ein Gegensatz akut geworden ist. B.sentscheidungen legen sich nahe oder werden gesetzlich vorgesehen, wenn es mit ihnen erfahrungsgemäß rascher und einfacher geht als bei Anwendung präziser Rechtsbestimmungen (Vertragsangelegenheiten). - Ermessensentscheidung ist freilich noch nicht B.sentscheidung. Zur B. gehört nach allgemeinem Sprachgebrauch das Moment der Güte, der Milde, der Nachsicht.

Es ist die Frage, wieweit das B.sprinzip in Anwendung gebracht werden darf. Daß die B. eine klare Gesetzesbestimmung nicht außer Kraft setzen kann, dürfte anerkannt sein. Ob im Völkerrecht die B. einen Platz hat, ist strittig; die Entscheidung der Frage ist abhängig von der Deutung des Phänomens der B. (gibt es eine Grundnorm, auf die ein Bezug von zwei verschiedenen Rechtsordnungen aus möglich ist? s.u.). Daß internationale Konflikte schon durch Entscheidung unter B.sgesichtspunkten beigelegt worden sind, steht fest.

Die Frage nach der Norm, von der her B.sentscheidungen gefällt werden, ist die Frage nach dem Verständnis des → Rechtes überhaupt. Der Rechtspositivist wird nur die Entscheidung von der Ratio des Gesetzes her und aus der Intention des Gesetzgebers gelten lassen. Der Anhänger einer historischen Rechtsschule wird sich auf die Rechtsgesinnung und das Rechtsgefühl einer Zeit oder eines Volkes oder auf die einer bestimmten Gesellschaftsordnung eigene Rechtsidee beziehen. Der Naturrechtler wird die B. als die Stelle verstehen, an der eine ewige Rechtsordnung, ein »richtiges Recht«, eine alle positiven Rechtssätze korrigierende und überhöhende Urnorm in Erscheinung tritt (so oft, theologisch pointiert, bei Luther). In einem Sinne dürfte die B. auf das Wesen allen Rechtes hinweisen. Das Recht ist um des Menschen willen, als gute Ordnung zu seinem Nutzen gesetzt. Es will nicht vernichten, sondern helfen und retten. Zur B. gehört das Bewußtsein, daß der Richter es mit Menschenwohl und -wehe zu tun hat (Rümelin) und auf der Menschen Wohl bedacht sein soll.

M.RÜMELIN, Die B. im Recht, 1921 - E.RIEZLER, Das Rechtsgefühl, 1921 - F.LAU, »Äußerliche Ordnung« u. »Weltlich Ding« in Luthers Theologie, 1933, 42ff - W.GRAMSCH, Die B. im Recht, 1938 - H.H.SCHREY, Die Wiedergeburt d. Naturrechts (ThR 19, 1951, 21-75. 154-186. 193-221) - G.WINGREN, Luthers Lehre vom Beruf, 1952, 95ff - J.HECKEL, Lex charitatis, 1953 - W.WEISCHEDEL, Recht u. Ethik, 1956.
F.Lau

Bilney, *Thomas* (1495-1531), * East Bilney oder Norwich (Norfolk), studierte in Trinity Hall, Cambridge, dort Fellow, röm.-kath. Priester in Smithfield bei Ely (1519 ordiniert). In Cambridge wurde er durch Erasmus, paulinisches Schriftstudium und Lektüre für Luthers Reformation gewonnen und war unermüdlich in der Predigt wie im Beichtgespräch für sie tätig. Die bischöfliche Predigterlaubnis von 1525 öffnete ihm alle Kirchen in der Diözese Ely. Wiederholt von Wolsey verhört, wurde er 1528/29 im Tower in London wegen Häresie eingekerkert und schwor Luther ab, um sich allein auf die Schrift zu beziehen. 1529 kehrte er nach Cambridge zurück, ging dann als Volksprediger in seine Heimat, wurde dort als Ketzer ergriffen und am 19.8. 1531 verbrannt. Er bekehrte Robert Barnes, Matthew → Parker und besonders Hugh → Latimer zur reformatorischen Theologie und Predigt und gilt als der Anfänger der lutherischen Bewegung in England.

H.E.JACOBS The Lutheran Movement in England, (1891) 1894[2], 6ff - DNB II, Neudr. 1949/50, 502ff - H.S.DARBY, Hugh Latimer, 1953, 22ff - A.G.CHESTER, Hugh Latimer, Apostle to the English, 1954, 29ff.
M.Schmidt

Bination, die (im allgemeinen nicht zulässige) Zelebration von zwei Messen durch denselben Priester am gleichen Tag; *Trination,* die dreimalige Zelebration. Die Trination ist gemeinrechtlich an Weihnachten und Allerseelen gestattet; im übrigen sind beide nur mit päpstlicher oder bischöflicher Erlaubnis zulässig. Voraussetzung ist, daß sonst ein großer Teil von Gläubigen an einem Sonn- oder Feiertag ohne Messe bliebe. Der Bischof kann B. an Werktagen und Trination nur mit besonderer päpstlicher Vollmacht gestatten (c. 806 CIC).

EICHMANN-MÖRSDORF II, 45f.
H.Barion

Bingham, *Joseph* (1668-1723), engl. Theologe und Kirchenhistoriker, * in Wakefield, 1689 Fellow des University College, Oxford, 1691 zum Geistlichen ordiniert. Wegen einer Predigt, in der er angeblich der tritheistischen Lehre von Sherlock Raum gegeben hatte, von der Universität gemaßregelt, verzichtete er 1695 auf sein Lehramt und wurde Gemeindepfarrer, zuerst in Headbourne Worthy, dann in Havant. B. war ein typischer Vertreter der Schule der → Caroline Divines, unversöhnlich sowohl gegen Rom wie gegen die → Dissenters, aber ein Freund der franz. Reformierten. Seine »Origines Ecclesiasticae« (seit 1702) behandeln die Organisation, Kirchenzucht und Liturgie der frühen Kirche und sind von bleibendem Wert.

Werke, 9 Bde, ed. R.BINGHAM (mit Biographie) 1821-29; Orig. Eccl., verkürzte dt. Übers. 1788-96. - Über B.: Dict. of Engl. Church Hist., 1912, 55f.
D.Carter

Binnenschiffermission

1. Die Binnenschiffahrt auf den Flüssen und Kanälen stellt mit rund 6300 Fahrzeugen von etwa 3,8 Mill. Tragfähigkeit einen der bedeutendsten Verkehrsträger unserer Wirtschaft dar, dem besonders die Beförderung von Massengütern zufällt. Der Berufsstand, dem diese Aufgaben zufallen, ist zahlenmäßig nicht gering, stark in sich geschlossen und durch die Eigenart seiner Lebensbedingungen geprägt.

2. Die → Innere Mission hat sich der Aufgabe, die Binnenschiffer zu betreuen, seit 1870 angenommen. Damals stellte man in Hamburg einen ersten Missionar an. Seit 1874 greift der Central-Ausschuß für die Innere Mission die Aufgabe planmäßig an. Langsam entwickeln sich die Methoden, die dabei anzuwenden sind: Schriftenmission (Sonntagsblatt »Gute Fahrt«), Besuchsdienst, Gründung von Schifferheimen und Schifferkirchen, vor allem aber die Fürsorge für die Erziehung der Schifferkinder in Spezialheimen, die Unterstützung in Not geratener Schiffer, die Hilfe zur Standwerdung der Binnenschiffer. Organisatorisch geht man zunächst den Weg, selbständige Vereinigungen für die einzelnen Stromgebiete ins Leben zu rufen (besonders wichtig die »Vereinigung zur kirchlichen Fürsorge für die Fluß- und Kanalschiffer« in Berlin, 1900). Erst im Jahre 1922 schließen sich diese Vereinigungen zum »Ev. Verband (seit 1927: Reichsverband) der B. Deutschlands« zusammen, der heute noch wirkt. Seit der Nachkriegszeit macht sich auch hier das Bestreben bemerkbar, zu einer ökumenischen Arbeitsgemeinschaft zu gelangen, besonders wo dies, wie in der Rheinschiffahrt, sachlich notwendig ist.

3. Der Stand der Binnenschiffer ist eine Gemeinde ohne Parochie. In der Regel fallen Schiff und Wohnstätte für die Binnenschiffer zusammen. Das hat schwierige Fragen bei der Beschulung der Schifferkinder und bei der Ausbildung des Nachwuchses zur Folge. Ebenso ist die kirchliche Versorgung des ganzen Standes auf angepaßte Formen angewiesen. Auch die soziale Lage der Binnenschiffahrt stellt besondere Fragen: Arbeitszeit, Sonntagsfrage. Es ist das Verdienst der B. gewesen, daß sie von Anfang an bestrebt war, die gesamten Fragen des Binnenschifferstandes im Auge zu behalten. Sie bemüht sich,

die kirchliche Versorgung sicherzustellen, die Erziehung und Ausbildung des Nachwuchses zu verbessern und zu vertiefen, aber auch den gesamten Stand geistig zu heben und zur Lösung seiner sozialen Fragen Hilfe zu bieten.

4. Zur Zeit bestehen 4 Schifferheime, 3 Kirchen oder gottesdienstliche Räume, 10 Schifferkinderheime oder Kinderheime mit besonderen Abteilungen für Schifferkinder und 14 Stationen an allen Binnenschiffahrtswegen des Bundesgebietes (außerdem gibt es 13 ehrenamtliche Helfer).

Zu 1: W.M.v.BISSING, Verkehrspolitik, 1956, 117ff (Lit.). - Zu 2-4: M.GERHARDT, Ein Jahrhundert Innere Mission II, 1948, 39f. 137f - Unser Dienst an den Binnenschiffern, hg.v. M.BRAUN u. F. HORSTMANN, o.J. (1955). *K.Janssen*

Binterim, *Anton Josef,* kath. Theologe, * 19.9.1779, † 17.6.1855 in Düsseldorf, ursprünglich Franziskaner, seit 1805 Pfarrer in Düsseldorf-Bilk, Vorkämpfer des → Ultramontanismus, Gegner der Hermesianer (→ Hermes, 1), aber auch »wegen unzeitgemäßer Forderung von Diözesansynoden« u.a. in gelegentlichem Konflikt mit Erzbischof Geissel.

Vf. u. a.: Die vorzügl. Denkwürdigkeiten d. christl.-kath. Kirche, 7 Bde, (1825-41) 1838ff² (mit J.H.MOOREN); Die alte u. d. neue Erzdiözese Köln, (4 Bde, 1828-31) in 2 Bdn hg.v. A.MOOREN 1892/93²; Pragmat. Gesch. d. dtsch. National-, Provinzial- u. vorzügl. Diözesankonzilien, 7 Bde, (1835-48) 1851-52². - Über B.: F.K.FELDER-F.J.WAIZENEGGER, Gelehrten- u. Schriftsteller-Lex. d. dtsch. kath. Geistlichkeit III, 1822, 38ff (Selbstbiogr.) - G.F.H.RHEINWALD, Personen u. Zustände aus den kirchl.-polit. Wirren in Preußen, 1840, 72ff - RE III, 238f - LThK II, 363 - C.SCHÖNIG, A.J.B. als Kirchenpolitiker u. Gelehrter, 1933 - DHGE VIII, 1510f - EC II, 1645f - NDB II, 249f. *K.G.Steck*

Björnson, *Björnstjerne,* norweg. Dichter (1832-1910). Sein Schaffen ging zunächst aus von einer optimistischen christlichen Lebensauffassung. In Erzählungen von norwegischen Bauern (Synnöve Solbakken, 1857; Arne, 1859; Ein fröhlicher Bursch, 1860) sowie in Dramen aus der Zeit der Sagas zeigte er die ethische Macht des Christentums. Gegen den Pietismus verteidigte er Tanz, Kartenspiel und andere Vergnügungen. Unter dem Einfluß von → Grundtvigs Idee der Volksbildung auf christlicher Grundlage stellte er in der Erzählung »Das Fischermädel« (1868) dessen helle, kulturoffene Anschauungen dem düsteren norwegischen Pietismus gegenüber. Inzwischen begegnete er, u.a. durch Vermittlung des Schweden V.Rydberg und des Dänen G.Brandes, dem Naturalismus und Positivismus, die ihn in den Jahren 1875-78 Schritt für Schritt vom christlichen Glauben wegführten. Von dem Drang beseelt, »in Wahrheit zu sein«, griff er jetzt die Ablehnung der positivistischen Gedanken von seiten der Pfarrer an, forderte das Recht auf freies Denken, bestritt die Lehre von der Hölle und leugnete die Gottheit Jesu. Gegen die christliche Unsterblichkeitshoffnung wandte er sich in der Novelle Staub (1882) und gegen die Wunder in dem Drama Über die Kraft, I (1883). Im Evolutionismus fand er einen neuen Glaubensgegenstand. U.a. drückte er in den Gedichten mit dem Titel »Psalmen« seinen Glauben an den Fortschritt und den Sieg des Guten aus. Er setzte sich für eine bessere Moral als die der Kirche ein, bekämpfte die freie Liebe, eiferte für eine Erziehung im Geiste Spencers und verkündete: »Da wo gute Menschen gehen, sind Gottes Wege« (Roman Auf Gottes Wegen, 1889). Im praktischen Leben war er ein warmherziger Philanthrop, ein Freund alles Schwachen.

G.GRAN, B.B., 1916 - Norsk biogr. leks. I, 1923 - F.BULL, F.PAASCHE u. A.H.WINSNES, Norsk litteraturhistorie IV, 1937 (Lit.) - G.AHLSTRÖM, Det moderna genombrottet i Nordens litteratur, 1947. *G.Tolderlund-Hansen*

Biologie

1. Begriff und Umfang - 2. Geschichtliches - 3. Moderne Forschungsrichtungen - 4. B. und Philosophie - 5. B. und Religion

1. Die B. ist die Lehre von der belebten Natur. Ihr Gegenstand sind die Tiere und Pflanzen, die Protozoen, die Bakterien und neuerdings auch die Viren. Einerseits bezeichnet man speziell die Lehre von den allgemeinen Lebenserscheinungen als B., andererseits ist B. der Sammelbegriff für die verschiedenen, nach systematischen Gesichtspunkten eingeteilten biologischen Disziplinen, wie Zoologie, Botanik usw. Nach anderen Gesichtspunkten wird in der B. zwischen Morphologie und Physiologie unterschieden. Die Morphologie handelt vom Bau der Organismen, die Physiologie handelt von der Funktion. Die Morphologie ist vorwiegend beschreibende Wissenschaft. Sie wird von der vergleichenden Methode beherrscht. Zu ihr gehören die Anatomie, die Cytologie und Histologie, die sich mit dem Bau der Zellen und Gewebe befassen, und außerdem die Entwicklungsgeschichte oder Embryologie, die von dem Formwandel während der Embryonalentwicklung handelt. Die Physiologie ist vorwiegend experimentell orientiert. Ihre Hauptgebiete sind der Stoff- und Energiewechsel, das innere Getriebe der Entwicklungsabläufe (Entwicklungsphysiologie im Unterschied zur Entwicklungsgeschichte), die Befruchtung und die Fortpflanzung. Dazu kommt noch die Sinnes- und die Verhaltensphysiologie. Letztere wird bei höheren Tieren auch Tierpsychologie genannt. Eine zentrale Stellung in der heutigen Biologie hat die Genetik oder → Vererbungslehre. Außerdem ist noch die Ökologie eine besondere Disziplin, die sich mit den Organismen in ihren natürlichen Lebensräumen befaßt.

2. Die systematische Ordnung der Lebewesen nach morphologischen Gesichtspunkten war der Anfang der wissenschaftlichen B. Die Namen C.Linné (1707-78), G.Cuvier (1769-1832), Geoffroy St.Hilaire (1772-1844) sind mit diesen ersten Arbeiten verknüpft. → Darwins (1809-82) Hypothese der Artbildung, die bald weltanschaulich populär wurde, gab entscheidende Impulse für die folgende stürmische Entwicklung der B. Die Entdeckung des zellulären Aufbaus der Organismen (Schleiden, 1838, Schwann, 1839, Kölliker, 1844, Naegeli, 1846), die Entdeckung des Zellkerns (Robert Braun, 1831) und die Entdeckung des Säugetiereies (K.E.v.Baer, 1827) und der Eizelle der höheren Pflanzen (Hofmeister, 1849) führten zu der entscheidenden Einsicht, die Virchow später in dem Satz formulierte »Omnis cellula e cellula«. Insbesondere die Verbesserung der Mikroskope brachte wesentliche Fortschritte mit sich. Die weitaus größte biologische Leistung des 19.Jh.s vollbrachte der Augustinerpater Johann Gregor Mendel (1822-84), der durch Bastardierungsversuche die später nach ihm benannten Mendelschen Gesetze entdeckte. Seine Arbeiten blieben unbeachtet. Erst um 1900 erfolgte die Wiederentdeckung der Mendel-Gesetze durch Correns (1864 bis 1933), v.Tschermak (1871-1954) und de Vries (1848 bis 1935). Boveri (1862-1915) schuf aus der Verbindung von Cytologie und Genetik die Chromosomentheorie der Vererbung. Morgan (1866-1945) und seine Mitarbeiter führten diese Chromosomentheorie zu ihrem größten Triumph, indem sie auf Grund zahlreicher Kreuzungsanalysen die ersten Chromosomenkarten mit der Lage verschiedener Erbfaktoren für die Taufliege Drosophila aufstellten. Die Grundlage dafür war der Austausch von Erbfaktoren zwischen verschiedenen Chromosomen.

Durch die Anwendung physikalischer und chemischer Methoden wurden in der Stoffwechselphysiologie ungeahnte Erfolge erzielt. Zahlreiche Arbeiten über spezifische organische Wirkstoffe, wie Fermente, Vitamine und Hormone, folgten, bald auf die ersten grundlegenden Impulse von J.v.Liebig (1803-73) und L.Pasteur (1822-1895). Besondere Glanzleistungen waren die Aufklärung der energieliefernden Prozesse Atmung und Gärung und die Aufklärung der Muskelphysiologie. Eine ganze Reihe von Nobelpreisen kennzeichnet die Bedeutung der physiologischen Chemie (zwischen 1901 und 1952 wurden für biochemische Arbeiten 18 Nobelpreise für Chemie und 19 Nobelpreise für Medizin verliehen). Auf dem Gebiet der Entwicklungsphysiologie haben die Transplantationsversuche von Spemann (1869 bis 1941) und seinen Schülern tiefere Einblicke in das kompliziertere Geschehen gebracht. Pawlows (1849 bis 1936) berühmt gewordene Fütterungsversuche an Hunden, durch die bedingte Reflexe induziert wurden, führten zu ersten Ansätzen einer exakten Reizphysiologie.

3. Im Vordergrund der heutigen Forschungen stehen in erster Linie die Probleme der physiologischen Chemie. Wertvolle neue Methoden sind für diese Aufgaben entwickelt worden. Ungemein fruchtbar ist die von v.Hevesy eingeführte Markierung von Stoffen durch radioaktive Isotope. Sie hat zB ergeben, daß auch die rein statischen Organe wie die Knochen einem ständigen Substanzwechsel unterliegen. Nur die Form bleibt in diesem Wechsel erhalten. Die bisher tiefsten Einblicke in die Lebensvorgänge hat die Kombination von Genetik und Biochemie erbracht. Man hat Mutanten ausgelesen, die bestimmte Syntheseschritte, wie die Bildung einzelner Aminosäuren, nicht vollbringen können, und so festgestellt, über welche Zwischenstufen diese wichtigen Naturstoffe synthetisiert und wieviel und welche Gene an diesen Synthesen beteiligt sind. Solche Versuche wurden erstmalig in Gemeinschaftsarbeit von A.Kühn und A.Butenandt und deren Mitarbeitern für Augenfarbstoffe der Mehlmotte Ephestia und später von der amerikanischen Forschergruppe Beadle und Tatum und deren Mitarbeitern für Aminosäuren an dem Pilz Neurospora durchgeführt. Die Genetik hat sich mit den Bakterien ein neues Arbeitsgebiet erschlossen, in dem sie mit Individuenzahlen operieren kann, die mit anderen Organismen nicht erreicht werden können. Das Auflösungsvermögen für die Rekombination von Erbfaktoren durch Austausch genetischen Materials wurde dadurch ungemein verfeinert. Alte Vorstellungen über das einzelne Gen mußten gründlich revidiert werden. Die Zusammenhänge sind wesentlich komplexer, als man zunächst dachte. Der grundlegende biologische Vorgang ist die autokatalytische Reproduktion der Erbsubstanz. Ihm gehört das besondere Interesse der heutigen Forschung. Gemäß dem Leitspruch von Lamarck, daß die größten Einsichten an den kleinsten Objekten gewonnen werden, konzentriert sich die Untersuchung heute auf Bakterien, Viren und Bakteriophagen. Die Bakteriophagen sind Viren, die in Bakterien leben. Durch die spektralanalytischen Untersuchungen von Casperson wurde die Nucleoproteidnatur der Chromosomen erkannt. Nach dem heutigen Stand ist für die Autokatalyse speziell der Nucleinsäuregehalt dieser Stoffe entscheidend. – Die Energiequelle für alle organischen Vorgänge ist in letzter Instanz die Photosynthese der grünen Pflanzen. Durch die bis zum äußersten ausgefeilte Methode der manometrischen Bestimmung des Gaswechsels hat O.Warburg die ersten Einblicke in den Mechanismus der Photosynthese gewonnen. Seine Arbeiten hatten das überraschende Ergebnis, daß der Prozeß mit einer fast 100%igen Ausbeute der Lichtenergie verläuft. Ein derartiger Nutzeffekt ist in der Technik unmöglich. – Während die allgemeine Stoffwechselphysiologie von Erfolg zu Erfolg schreitet, ist die Nervenphysiologie über erste Ansätze noch nicht hinausgekommen. Lediglich der Grundvorgang der Nervenleitung ist heute relativ gut bekannt. – Einen sehr breiten Raum nimmt die Sinnesphysiologie und die Verhaltenskunde in der heutigen Forschung ein. Eine besonders erwähnenswerte Leistung auf diesem Gebiet ist die Aufklärung der Orientierungs- und Verständigungsweise der Bienen durch v.Frisch. Die Verhaltenskunde hat wegen der Popularität ihrer Ergebnisse eine große Zugkraft. Besonders interessant sind die verhaltenskundlichen Untersuchungen höherer Tiere. Führende Forscher auf diesem Gebiet sind Bierens de Haan und K.Lorenz.

4. Das Hauptthema der Philosophie des Lebendigen ist das → Vitalismus-Mechanismus-Problem. Die mechanistisch-materialistische Ideologie hatte ihre Blütezeit in der Haeckel-Periode Ende des 19.Jh.s. Darwins selektionstheoretische Deutung der Evolution war das Rückgrat der materialistischen Spekulationen. Man glaubte, allein mit der Evolutionstheorie alle biologischen Probleme lösen zu können. Zu einer weiteren Quelle der mechanistischen Weltanschauung wurden die ständigen Fortschritte der Chemie. Wöhler (1800-82) gelang es 1848 erstmals, ein organisches Naturprodukt, den Harnstoff, synthetisch herzustellen. Das war für die damalige Zeit ein überraschendes Ergebnis. Nach mechanistischer Anschauung sollen sich die Lebensvorgänge restlos physikalisch-chemisch erklären lassen. Driesch (1867-1941), der ursprünglich Entwicklungsphysiologe war, begründete den Neovitalismus. Er nahm an, daß immaterielle, ganzheitliche Faktoren, die er nach Aristoteles → Entelechie nannte, im Lebensgeschehen zwecktätig wirksam sind. Seither ist eine beträchtliche Anzahl vitalistischer Theorien aufgestellt worden. Die eigentliche biologische Forschung blieb von diesen philosophischen Streitfragen unbeeinflußt. Ihre philosophische Position ist speziell von Max Hartmann dargestellt worden. Nach ihm ist die Biologie als Naturwissenschaft auf die gleiche kausalanalytische Methode angewiesen, die Physik und Chemie beherrscht. Daß dieser Methode Grenzen gesetzt sind, sieht man besonders am Übergang zum seelisch-geistigen Sein des Menschen. Hartmann sieht darin eine Grenze der rationalen Naturwissenschaft überhaupt. Theorien, die diese Grenze durch mechanistische oder teleologisch-vitalistische Spekulationen überschreiten, werden abgelehnt. Eine dem heutigen Stand angemessene Philosophie des Organischen, die von der Vitalismus-Mechanismusproblematik frei ist, findet sich in Nicolai → Hartmanns »Philosophie der Natur«.

5. Biologische Erkenntnisse wurden sehr wechselnd sowohl für wie gegen die *Religion* ausgedeutet. In der vorwissenschaftlichen Epoche der B. wurde die Zweckmäßigkeit der Organismen direkt zu einem teleologischen Gottesbeweis benutzt. In der mechanistischen Periode des vorigen Jh.s herrschte die entgegengesetzte Tendenz vor. Darwins Hypothese der Artbildung wurde zB als natürliche Schöpfungsgeschichte der biblischen gegenübergestellt. Heute überwiegt wieder eine proreligiöse Einstellung. Das liegt sowohl am Wiederaufleben vitalistischer Theorien wie am Zusammenbruch des mechanistischen Weltbildes durch die neuen physikalischen Erkenntnisse. Weit verbreitet ist daneben die Einstellung, daß es zwischen Naturwissenschaften und Religion keine rationale Verbindung gibt. Tatsächlich führt ja auch kein allgemein verbindlicher Weg von der Naturwissenschaft zur Religion. Es hängt weitgehend von der Einstellung des einzelnen ab, ob er naturwissenschaftliche Einsichten als Argumente für oder gegen die Religion wertet.

A.WEISMANN, Das Keimplasma, 1892 - H.DRIESCH, Philosophie des Organischen, (1909) 1921^{2} - N.HARTMANN, Philosophische Grundfragen der B., 1912 - DERS., Philosophie der Natur, 1950 - C.CORRENS, Gesamm. Abhandl. zur Vererbungswissenschaft, 1924 - M.HARTMANN, Allgemeine B., (1924) 1953^{4} - DERS., B. u. Philosophie, 1925 - DERS., Die Sexualität, (1943) 1956^{2} - DERS., Die philosophischen Grundlagen der Naturwissenschaften, 1948 - DERS., Atomphysik, B. u. Religion, 1949 - K.V.FRISCH, Aus dem Leben der Bienen, (1927) 1953^{6} - O.WARBURG, Über die katalytischen Wirkungen der lebendigen Substanz, 1928 - L.V.BERTALANFFY, Theoretische B., (1932) 1951^{2} - H.SPEMANN, Experimentelle Beiträge zu einer Theorie der Entwicklung, 1936 - E.LEHNARTZ, Einführung in die chemische Physiologie, (1937) 1953^{10} - E.BÜNNING, Entwicklungs- u. Bewegungsphysiologie der Pflanze, (1939) 1953^{3} - DERS., Theoretische Grundfragen der Physiologie, (1945) 1948^{2} - A.KÜHN, Grundriß der Vererbungslehre, (1939) 1950^{2} - DERS., Vorlesungen über Entwicklungsphysiologie, 1955 - J.A.BIERENS DE HAAN, Die tierischen Instinkte u. ihr Umbau durch Erfahrung. Eine Einführung in die allgemeine Tierpsychologie, 1940 - P.JORDAN, Die Physik u. das Geheimnis des organischen Lebens, (1941) 1947^{2} - A.V.MURALT, Die Signalübermittlung in Nerven, 1945 - B.RENSCH, Neuere Probleme der Abstammungslehre, (1947) 1954^{2} - E.SCHRÖDINGER, Was ist Leben?, 1951 - A.BARTHELMESS, Vererbungswissenschaft (Problemgeschichte), 1952 - J.FREISLING, Allgemeine B., 1952 - K.G.GRELL, Protozoologie, 1956 - W.WEIDEL, Virus, 1957. *H.Förster*

Biologismus. Unter B. versteht man den Versuch, nichtbiologische, speziell geistige Phänomene durch biologische Kategorien zu erklären. Der B. ist mit dem → Psychologismus eng verwandt und führt wie dieser zum → Relativismus, indem er die absoluten Werte nicht in ihrer Absolutheit anerkennt, sondern auf utilitaristische Prinzipien der Lebenserhaltung oder Lebensförderung zurückführt. Der B. ist keine eigenständige philosophische Richtung, sondern eine Denkweise, die bei zahlreichen Philosophen auftaucht. Ein konsequenter Vertreter dieser Denkweise ist Friedrich → Nietzsche. Er begründet seine Moral- und Erkenntnistheorie fast nur mit biologischen und psychologistischen Argumenten. Die übrigen sog. Lebensphilosophen, zB Henry → Bergson, sind ebenfalls stark biologisch orientiert. Biologistische Gedanken finden sich sonst vornehmlich noch im → Pragmatismus und → Positivismus. Der B. lehnt sich meist an die biologischen Entwicklungslehren an und dehnt diese auf das geistige Sein des Menschen aus. Er meint, mit der Entwicklungsgeschichte der geistigen Funktionen und Werte diese selbst zu erklären und zu begründen. Der Zirkel, der darin liegt, daß eine spezielle naturwissenschaftliche Erkenntnis, wie die selbst noch hypothetische Entwicklungslehre, das Ganze der Erkenntnis begründen soll, wird meist übersehen. Im genetischen »Zurückführen«, im Aufweis der Entstehungsgeschichte und der historischen Bedingtheit einer Sache liegt die Eigenart des relativistischen Denkens. Der Erklärungswert solcher historischer Betrachtungsweisen wird dabei überschätzt. Auf einer solchen Überbewertung der Evolutionstheorie beruht im wesentlichen der B.

E.HUSSERL, Logische Untersuchungen, (1900) 1913^{2} - M.SCHELER, Vom Umsturz der Werte, 1919 - H.RICKERT, Die Philosophie des Lebens, 1920. *H.Förster*

Birgitta (ca 1303-73), eine der größten religiösen Persönlichkeiten des schwedischen MA, hatte bei starker visionärer Veranlagung bereits früh entscheidende geistliche Eindrücke, die sich nach dem Tode ihres Gatten (1344) vertieften. Sie empfing in einer Vision den Auftrag zur Gründung eines Ordens mit einer neuen Regel, erwirkte vom König eine bedeutende Stiftung, u.a. das Gut Vadstena, wo (nach einer Offenbarung) das künftige Doppelkloster liegen sollte. Ihr Orden wurde 1370 als Ordo Sanctissimi Salvatoris vom Papst bestätigt, jedoch der → Augustinerregel unterstellt (→ Birgittenorden, 1). B. nahm, wie die Offenbarungen zeigen, am politischen Leben ihres Vaterlandes teil und hielt sich auch für berufen, an der Aufhebung der »babylonischen Gefangenschaft« der Päpste mitzuwirken; darum unternahm sie 1349 eine Wallfahrt nach Rom, wo sie 1373 starb. Ihre Reliquien wurden 1374 nach Vadstena übergeführt. Am 7.10.1391 wurde B. kanonisiert; sie wurde besonders im Norden verehrt. Ihre »Revelationes« haben die Ikonographie des späten MA stark beeinflußt (→ Marienbild, → Weihnachten).

Nach B.s eigenen Aufzeichnungen oder mündlichem Diktat gaben ihre Beichtväter ihre Schriften heraus: Relevationes (1. Aufl. Lübeck 1492); Relevationes extravagantes; die Ordensregel; Sermo angelicus; vier Gebete. Fälschlich pflegen »15 Gebete« unter B.s Namen zu gehen. - Über B.: Svensk biogr. lex. IV, 1924, 447ff (Lit.) - RGG^{2} I, 1129f (Lit.) - EC III, 92ff (Lit.) - K.ADALSTEN, Licht aus dem Norden, 1951 - A.BYGDÉN-N.G.GEJVALL-C.H.HORTSJÖ, Heliga B.s reliker, 1954 - L.HOLLMAN (Hg.), Den heliga B.s Reuelaciones extravagantes (Saml. utg. av Svenska Fornskr.-sällsk. II, 5), 1956 - Kulturhist. lex. f. nord. medelt. I, 1956, 554ff (Lit.). O.*Odenius*

Birgittenorden

1. *Birgittinnen,* als Doppelorden, amtlich Ordo SS. Salvatoris, etwa 1346 zu Vadstena von der hl. → Birgitta von Schweden gegründet mit dem Zweck, die besondere Verehrung Mariens zu pflegen. Ähnlich wie Maria über die Apostel sollte die Äbtissin das ganze Kloster regieren. Die nach Angaben Birgittens verfaßten Satzungen wurden von Urban VI. 1378 als Ergänzung zur → Augustinerregel bestätigt. Die Kleidung ist grau. Der Orden soll früher über 80 Klöster in Europa gehabt haben und war im Norden der eigentliche Träger der religiösen und literarischen Kultur. Mittelpunkt blieb bis 1595 Vadstena. Heute gibt es nur noch 4 Nonnenklöster: South Brent (Syon) in England 1415, Altomünster in Bayern 1497, Üden und Weert in Holland 1434 und 1843. - Die schwedische Konvertitin M.Elisabeth Hesselbach gründete 1911 in Rom eine Schwesternkongregation, der 1942 der Titel »Ordo Sororum a SSmo. Salvatore et a S.Birgitta« verliehen wurde.

HEIMBUCHER I, 620ff - LThK II, 366f - AAS 35, 1943, 26 - Liber privilegiorum Monasterii Vadstenensis, ed. E.NYGREN, 1950, 87ff. *Ph.Hofmeister*

2. In Schweden wurde 1920 auf Anregung von Erzbischof Nathan → Söderblom eine Societas S.Birgittae gegründet zur Förderung des liturgischen Lebens unter Pastoren und Laien in der luth. Kirche Schwedens.

N.SÖDERBLOM, Birgitta och reformationen, Uppsala 1916 - Birgittaboken, hg.v. A.LINDBLOM, Stockholm 1954. *H.-H.Schrey*

Birkedal, *Wilhelm* (1809-92), Vertreter des älteren → Grundtvigianismus, gehörte ursprünglich der → Mynsterschen Richtung an. B. griff als Pfarrer in Ryslinge (Fünen) und als Reichstagsabgeordneter (1864-66) aus nationalen Gründen den König an und wurde 1865 verabschiedet. Dies veranlaßte die Gründung der ersten Wahlgemeinde, der durch Gesetz 1868 die Verbindung mit der Volkskirche ermöglicht wurde. 1874 neuer Konflikt durch Ordination des nordschleswiger freigemeindlichen Pfarrers Appel. 1885 legte B. infolge politischer Uneinigkeit mit seiner Gemeinde sein Amt nieder und lebte bis zu seinem Tod auf einer Volkshochschule bei Kopenhagen. Als Redner, Prediger, geistlicher Dichter und Schriftsteller zeigt B. eine eigenartige Verbindung fast mystischer Religiosität, dichterischen Schwungs und bedenklicher Rhetorik. Seine Postillen und Andachtsbücher fanden große Verbreitung.

Selbstbiogr.: Pers. Oplevelser I-III, 1895-1912. - Über B.: L.NYEGAARD, V.B. I-III, 1895-1912 - Dansk biogr. Leks. III, 1934, 134ff. *V.Waschnitius (Hal Koch)*

Bischof

I. Kirchengeschichtlich - II. Im kath. Kirchenrecht - III. Im ev. Kirchenrecht - IV. In den jungen Kirchen. - Vgl. → Kirchenverfassung: I-VII

I. Kirchengeschichtlich

1. Herkunft des Namens - 2. Entstehung des monarchischen Episkopats - 3. Das B.samt im christlichen Reich - 4. Die Entwicklung seit der Reformation

1. Der Terminus »B.« ist ein Lehnwort, das auf das griechische Wort ἐπίσκοπος zurückgeht. Im NT bezeichnen ἐπίσκοπος »Aufseher« und ἐπισκοπή »Aufsicht« nicht ein festes Amt, sondern umschreiben eine Tätigkeit, die zum Aufgabenbereich der Ältesten gehört. Die *Herkunft der Bezeichnung* ist bis jetzt ungeklärt. Die bloße Tatsache, daß sie im profan-griechischen Bereich ebenso wie in griechischen Kulten vorkommt, gibt kein Recht, sie als von dort übernommen zu erklären. Auch die These Schlatters, das Vorbild für die Benennung von Führern, die die Bauarbeit an Gottes Haus zu beaufsichtigen hätten, seien die »Bauaufseher« palästinischer Städte, ruht auf einem modernen Analogieschluß. Gewichtiger ist die These, der m^ebâqqer der Gruppe von → Qumran habe als Muster gedient, zumal seine Aufgaben weitgehend mit denen eines späteren christlichen B.s übereinstimmen. Aber diese Annahme scheitert an dem Umstand, daß in den Anfängen der christlichen Gemeinde gerade nicht der unumschränkt herrschende Einzel-B. steht, sondern die Gemeindeaufsicht auf mehrere Schultern verteilt ist. Darum sollte der Gedanke erwogen werden, ob nicht die Urchristenheit, ähnlich wie im Hebräerbrief das Werk Christi mit der Typologie des Opfergeschehens im Tempel erklärt wird, einzelne Züge ihrer Organisation nach dem Aufbau der Tempelpriesterschaft zu Jerusalem gestaltet hat. Dort nämlich gab es mehrere »Untersucher«, m^ebâqqerîn, die mit der Tauglichkeitsbeschau der Opfertiere beauftragt waren (bKetubot 106a) und nach dem Sprachgebrauch der LXX auf griechisch wahrscheinlich ἐπίσκοποι geheißen haben werden. Nach Philo (de spec. leg. I, 166) wurden »die bewährtesten Priester« zu dieser Aufgabe herangezogen. Wurde, wie es schon durch Philo geschah, diese Tätigkeit auf die Gemeinde als das Eigentumsvolk Gottes übertragen, so mußte sich ein »Weiden der Herde« ergeben, das den geistlichen Opferdienst von Röm 12, 1 leitete und die Prüfung der Taufbewerber, das seelsorgerliche Binden und Lösen der Gemeindeglieder, die in der Predigt geschehende Anleitung zum rechten Wandel sowie die Leitung von Agape und Eucharistie umfaßte. Nach 1Clem 44, 1-5 geht die Anordnung zu dieser Tätigkeit auf die Apostel zurück, wäre danach also der jerusalemischen Zeit der Urgemeinde zuzuweisen. Daß der Name Episkopos zur Anfangszeit gehört, ist auch aus dem Umstand abzulesen, daß er von der gesamten alten Kirche übernommen worden und als Lehnwort in die syrische, lateinische, koptische, äthiopische und arabische Sprache übergegangen ist.

2. In der → Apostellehre wird die alte Ordnung sichtbar, wenn die Missionsgemeinden zur Beauftragung von »B.en und Diakonen« aufgefordert werden. Offensichtlich haben die Genannten eine verhältnismäßig untergeordnete Tätigkeit innerhalb des Presbyterkollegiums, dessen Bestehen ebenso wie in 1Clem 44 als selbstverständlich vorauszusetzen ist. Als alleiniger Leiter der Gemeinde kommt der B. zum ersten Male bei → Ignatius von Antiochien vor; die Aufgabe hatte sich demnach als so wichtig erwiesen, daß sie die Grundlage für den seit dem frühen 2.Jh. sich entfaltenden *monarchischen Episkopat* wurde. Ihm sind nach und nach alle Vollmachten des Presbyterkollegiums zugefallen. Die einzelnen Stufen der geschichtlichen Entwicklung sind uns allerdings unbekannt; vielleicht kann die Vorstellung von Apk 2. 3, wo der Schutzengel der Gemeinde als himmlischer Partner des B.s erscheint, verstanden werden als Vorstufe zu der Anschauung des Ignatius, der den B. in unmittelbare Beziehung zu Gott und Christus setzt und ihn als ausschließlichen Mittelpunkt der Gemeinde beschreibt. Nirgendwo wird das Amt auf eine apostolische Sukzession gegründet; wohl gilt die Ordnung und Einrichtung als apostolisch, aber unbekannt ist die Vorstellung, daß die den Aposteln eigentümlichen Vollmachten übertragen worden seien. Nur die Gesamtheit der Presbyter einer Gemeinde und danach später die Versammlung der B.e auf einer Synode gilt als »apostelgleich«, nicht aber der einzelne B.

Diese Gesamtschau ist in der syrischen → Didaskalia und in der Kirchenordnung → Hippolyts in kirchenrechtliche Einzelbestimmungen umgegossen worden: der B. ernennt die Presbyter und Diakone, leitet alle Kirchenzuchtmaßnahmen und beaufsichtigt die Lebensverwirklichung des Glaubens in der Gemeinde. In den → Apostolischen Konstitutionen ist dieser Ansatz voll entfaltet. Der B. ist ausdrücklich dem Hohenpriester des Alten Bundes gleichgesetzt, ebenso wie die Presbyter den Priestern (II, 25), ja der B. wird als »König und Beherrscher« der Gemeinde und daher als ihr »irdischer Gott« bezeichnet (II, 26). Er ist Vorsitzender des Klerus.

3. Die Anerkennung der Kirche durch → Konstantin bedeutete gemäß der antiken Staatsauffassung die Einbeziehung der kirchlichen Amtspersonen in die Ordnung der weltlichen Würdenträger mit ihren Pflichten und ihrer Ehrenstellung, ihren Rangzeichen und ihrer Amtskleidung. Anscheinend hatten die jüdischen Patriarchen schon seit Rabbi Jehuda ha-nāsî († um 200) den Rang eines »illustris« erlangt; ihnen wurden jetzt mit der Nobilitierung die B.e gleichgestellt. Die damals übernommene Amtskleidung bestimmt bis heute die B.sgewandung. Wenn sich andererseits Konstantin vor den 318 Vätern in → Nicäa als »B. derjenigen, die außerhalb (der Kirche) sind«, bezeichnete, reihte er umgekehrt die oberste weltliche Würde in die kirchliche Rangordnung ein und nahm ihren Titel an.

Mit der *staatlichen Anerkennung* der Lehr-, Weihe- und Jurisdiktionsgewalt der obersten kirchlichen Amtsträger begann eine neue Entwicklung. Die B.e der Hauptstädte des Reiches, also von Rom, Konstantinopel, Alexandrien und Antiochien, stiegen zu Metropoliten und bald zu Patriarchen auf, während der B. von Jerusalem, dessen Sitz kein Ort äußerer Macht war, nur eine innerkirchliche Ehrenstellung erhielt. Der Ausbau des B.samtes zu reichsfürstlicher Stellung im mittelalterlichen Reich war der Endpunkt dieses Weges.

Die *B.swahl* hat den ursprünglichen Gemeindecharakter des Amtes festgehalten, auch als sein Träger die Spitze einer klerikalen Beamtenhierarchie einnahm. »Nos eligimus eum«, lautete in den lateinischen Gemeinden die Akklamationsformel des Volkes. Die nachfolgende feierliche → Ordination (→ Bischofsweihe), die durch die Nachbar-B.e vorgenommen wurde, bestimmte dann den Inhalt des Amtes. Dieser Gang der Handlung spricht seinerseits auch gegen die These, daß der B. der Nachfolger der Apostel sei.

4. In der *Reformation* verlor das B.samt sein früheres Gewicht zugunsten des Pfarramts; die Aufgaben der innerkirchlichen Aufsicht wurden einem superattendens, superintendens oder inspector, später einem Generalsuperintendenten übertragen. Nur in England, den nordischen Ländern, in Böhmen und in Ungarn blieb das Amt erhalten. In den deutschen und schweizerischen Gebieten gingen die Regierungsrechte der B.e auf die Landesherren und Magistrate über; daraus ist der landesherrliche → Summepiskopat erwachsen. Nach dem Vorbild der mährischen Brüderkirche, das auch auf die Ernennung preußischer Hofprediger zu Titular-B.en (seit

1699) eingewirkt hat, wurde 1735 durch Zinzendorf in der Brüdergemeine das B.samt eingeführt. Der Titel »Landes-B.« ist 1827 im Herzogtum Nassau als Übersetzung der alten Bezeichnung territorialis episcopus geschaffen worden und bis 1876 dem Wiesbadener Generalsuperintendenten vorbehalten geblieben. Nach dem Erlöschen des landesherrlichen Summepiskopats 1918 ist in vielen ev. Landeskirchen Deutschlands für den leitenden Geistlichen in seiner Eigenschaft als »pastor pastorum« der B.stitel eingeführt worden (→ Bischof: III). In der Verfassung der Deutschen Ev. Kirche vom 11.7. 1933 war das Amt eines »Reichs-B.s« neu errichtet, hatte jedoch keinen Bestand. – In der röm.-kath. Kirche hat das B.samt seit dem Vaticanum mit dem Verlust äußerer Macht einen Zuwachs an kirchlicher Bedeutung erfahren (→ Bischof: II).

RE III, 245ff; V, 425ff; XX, 508ff - RGG² I, 1131ff; III, 968ff - PW VI/1, 199 - ThW II, 604ff (Lit.) - BAUER, WB 541 (Lit.) - RAC II, 394ff - W.STAERK, Die jüd. Gemeinde des Neuen Bundes in Damaskus (BFChTh 27, 3), 1922, 68 - A.SCHLATTER, Die Gesch. der ersten Christenheit, 1926, 95f - J.JEREMIAS, Jerusalem zur Zeit Jesu II/B. 1, 1929, 132f - K.G.GOETZ, Ist der m^ebaqqēr der Genizafragmente wirklich das Vorbild des christlichen Episkopats? (ZNW 30, 1931, 89-93) - G.DIX, The Ministry in the Early Church (The Apostolic Ministry, essays on the history and doctrine of episcopacy, hg.v. K.E.KIRK, 1947², 183ff); dazu L.VISCHER, ThZ 12, 1956, 493f - R.SCHNACKENBURG, Episkopos u. Hirtenamt (Episcopus, Studien über das B.samt, Festschr. f. Kardinal M.Faulhaber, 1949, 66-88) - A.ADAM, Die Nassauische Union von 1817 (Jb. d. Hess. Kirchengesch. Vereinigung 1, 1949, 132f) - K.BECKER, Die Weihe des B.s, 1952 - TH.KLAUSER, Der Ursprung der bischöflichen Insignien u. Ehrenrechte (Bonner Akad. Reden 1), (1949), 1953² - H.GREEVEN, Propheten, Lehrer, Vorsteher bei Paulus. Zur Frage der »Ämter« im Urchristentum (ZNW 44, 1952/53, 1-43) - H.v.CAMPENHAUSEN, Kirchliches Amt u. geistliche Vollmacht in den ersten drei Jh.en (BHTh 14), 1953 - E.BENZ, B.samt u. apostolische Sukzession im deutschen Protestantismus, 1953 - H.LIERMANN, Das ev. B.samt in Deutschland (ZevKR 3, 1954, 1-29) - H.U.INSTINSKY, B.sstuhl u. Kaiserthron, 1955 - P.BRUNNER, Vom Amt des B.s (SThKAB 9), 1955 - W.MAURER, Das synodale ev. B.samt (ebd 10), 1955.

A.Adam

II. Im katholischen Kirchenrecht

1. Grundsätzliche Stellung - 2. Stellung nach positivem Recht - 3. Die Gehilfen des B.s in der Diözesanleitung - 4. Die Leitung der Diözese bei Sedisvakanz oder Behinderung des B.s - 5. Der personal zuständige B.

1. Die Stellung des B.s innerhalb der kirchlichen Hierarchie beruht in ihren Grundzügen auf göttlichem Recht. Nach diesem gehört das B.samt notwendig sowohl zur Weihe- wie zur Jurisdiktionsordnung. Göttlichen Rechtes ist auch die Gliederung der Kirche in Diözesen, die von einzelnen B.en als Nachfolgern der Apostel mit eigenständiger Gewalt regiert werden. Demgemäß wird jeder B. auf eine bestimmte Diözese und wird für jede Diözese nur ein einziger B. geweiht. Die göttlich-rechtliche Grundlegung des B.samtes besagt jedoch nur seine grundsätzliche Unantastbarkeit. Der einzelne B. hingegen erhält seine Jurisdiktion nicht wie der Papst unmittelbar kraft göttlichen Rechtes, sondern durch die vom Papst erteilte → Missio canonica. Auch untersteht er bei ihrer Ausübung der Oberhoheit des Papstes und muß sich an die Normen des gemeinen Rechts und an die Weisungen des Hl. Stuhles halten. Nur das B.samt als solches, nicht der einzelne B. ist vom Papst unabhängig. Ebenso schließt die grundsätzliche Gliederung der Kirche in Diözesen nicht Einzeländerungen der Diözesaneinteilung, auch nicht die Aufhebung einzelner Diözesen aus. Schließlich ist die Gewalt des B.s strikte auf seine eigene Diözese beschränkt. Gegenüber seinen Mit-B.en besitzt kein B. selbständige Befugnisse, so daß eine legitime Zusammenfassung von Diözesen zu größeren kirchlichen Territorien unter einem Ober-B. nur vom Papst, niemals von einem B. ausgehen kann. Ebenso ist der Zusammenschluß von B.en zu konziliaren Organen der Kirchenleitung nicht in ihre Entscheidung gestellt, sondern dem Papst vorbehalten.

Die Entwicklung der → Kirchenverfassung (: IV. V) hat zu einzelnen Nebenbildungen des B.samtes geführt. Neben dem B. im engeren Sinn, als welcher nur der regierende (residierende) B. einer Diözese anzusehen ist, stehen noch andere Kleriker, die der Weihe- und/oder Jurisdiktionsgewalt nach mit ihm vergleichbar sind: → Titularbischof, → Abt und Prälat nullius (→ Kirchenverfassung: V), → Apostolischer Vikar und Präfekt, Apostolischer Administrator.

2. Von den beiden geistlichen Gewalten in der Kirche besitzt jeder B. in vollem Umfang die *Weihegewalt,* dh die Fähigkeit, alle den Klerikern vorbehaltenen gottesdienstlichen Verrichtungen, insbesondere die Spendung der Sakramente und Sakramentalien, zu vollziehen. Liturgisch sind dem regierenden B. in seiner Diözese der Gebrauch von Stab und Mitra (Pontifikalfunktionen), Thron und Baldachin vorbehalten. Fremde B.e sind, mit Ausnahme des eigenen Metropoliten, des zuständigen päpstlichen Legaten und der Kardinäle, für die Ausübung dieser Vorrechte auf seine Erlaubnis angewiesen.

Seiner *Jurisdiktionsgewalt* nach ist der regierende B. der ordentliche und unmittelbare Hirt seiner Diözese, die er sowohl im geistlichen Bereich wie vermögensrechtlich als Gesetzgeber, Richter und Verwalter der kirchlichen Zwangsmittel leitet. Er ist dabei jedoch nicht völlig absolut, sondern muß, abgesehen von seiner Bindung an das gemeine Recht, in vielen Fällen den Rat oder die Zustimmung des Domkapitels zu seinen Maßnahmen einholen. Anderseits ist seine ordentliche Jurisdiktionsgewalt bedeutend erweitert durch delegierte päpstliche Vollmachten, die ihm jeweils für 5 Jahre verliehen werden (Quinquennalfakultäten).

Zu den besonderen *Pflichten* des B.s zählen:

a) die Pflicht, an allen Sonn- und kirchlichen Feiertagen für seine Diözese die Messe aufzuopfern (Applikationspflicht);

b) die Pflicht, in seiner Diözese, während der Advents- und Fastenzeit sowie zu Weihnachten, Ostern, Pfingsten und Fronleichnam an seiner Kathedrale zu residieren. Diese Residenzpflicht bindet ihn nicht während seiner, höchstens auf 2-3 Monate zu bemessenden Ferien; sie steht einem Besuch Roms oder eines Konzils nicht entgegen.

c) die Pflicht, seine Diözese jährlich ganz oder teilweise zu visitieren. Im letzteren Fall muß die Diözese wenigstens in einem Turnus von 5 Jahren visitiert werden. Der B. soll die Visitation selbst halten, kann aber, wenn er behindert oder die Diözese zu groß ist, auch andere Kleriker, gewöhnlich die Weih-B.e, an ihr beteiligen. Die Visitation muß sich auf das gesamte Diözesangebiet mit Personen (Klerus, Laien, Klosterleute), Sachen (Kultgeräte, Vermögen) und heiligen Orten (Kirchen, Kapellen) erstrecken, soweit nicht der Hl. Stuhl besondere Exemtion bewilligt hat oder die gemeinrechtliche Exemtion gewisser Klostergenossenschaften ihr entgegensteht.

d) die Pflicht, dem Hl. Stuhl (der Konsistorialkongregation) alle 5 Jahre über den Stand der Diözese zu berichten. Für diese Statusrelation ist ein sehr ausführlicher Fragebogen vorgeschrieben. Im Jahr der Statusrelation (für die deutschen B.e 1958 usw) muß der B. auch einen Rombesuch ausführen, bei dem er die Gräber der Apostelfürsten Petrus und Paulus verehrt (Visitatio liminum) und den Papst sowie die in Frage kommenden Kurialbehörden aufsucht. Die außereuropäischen B.e sind nur alle 10 Jahre zur Visitatio liminum verpflichtet.

Zu den *Ehrenrechten* des B.s gehören: violette Kleidung, Brustkreuz und Ring, Vortritt vor allen Nicht-B.en, der Titel Hochwürdigste Exzellenz. Der regierende B. hat in seiner Diözese den Vortritt vor allen fremden B.en, außer vor dem eigenen Metropoliten, einem päpstlichen → Legaten und Kardinälen.

Die B.e werden vom Papst frei ernannt; partikularrechtlich sind vielfach andere Stellen, zB Domkapitel oder B.skonferenzen (→ Konzile), bei der Bezeichnung des Kandidaten beteiligt (über das deutsche Partikularrecht → Staatskirchenrecht). Kanonische Eignung setzt eheliche Geburt und ein Lebensalter von 30, ein Weihealter als Priester von 5 Jahren voraus. Ferner werden persönliche Eignung und besondere theologische oder kirchenrechtliche Kenntnisse verlangt. Der Diözesan-B. ergreift von seiner Diözese durch Vorlage der päpstlichen Ernennungsurkunde vor dem Domkapitel Besitz; sie muß binnen 4 Monaten nach der Ernennung geschehen. Die Erledigung einer Diözese kann erfolgen durch Tod, Verzicht (der päpstlicher Annahme bedarf), Versetzung oder Absetzung durch den Papst.

Der *Erzbischof* steht mit dem B. auf gleicher Weihestufe. Er ist durch größere Jurisdiktionsgewalt vor ihm ausgezeichnet, wenn er zugleich → Metropolit ist; im anderen Fall, also als B. einer exemten Erzdiözese oder als Titularerzbischof, hat er nur den Ehrenvorrang vor einem B. Neuerdings werden auch regierende B.e vereinzelt durch die Verleihung des persönlichen Titels Erzbischof geehrt.

3. In der Regierung seiner Diözese stehen dem B. zur Seite ein oder mehrere Koadjutoren, das → Domkapitel und die Diözesankurie. Der Koadjutor ist stets Titular-B. Er wird vom Papst bestellt, gewöhnlich wird er dem B. persönlich, nur selten dem B.sstuhl als solchem beigegeben. Wenn der persönliche Koadjutor auch das Recht der Nachfolge erhalten hat, geht das B.samt bei Erledigung sofort auf ihn über; bis dahin hat er, wenn der B. dienstunfähig ist, dessen sämtliche Rechte, andernfalls nur die, die ihm der B. oder der Papst zuweist. Der persönliche Koadjutor ohne Nachfolgerecht ist bloßer Hilfs- oder Weih-B.; sein Amt erlischt bei Erledigung des B.sstuhles.

Die leitenden Beamten der Diözesankurie sind Generalvikar und Offizial (kirchliche → Gerichtsbarkeit). Der Generalvikar vertritt den B. in der Verwaltung und leitet die mit der notwendigen Anzahl von Räten und anderen Mitarbeitern besetzte Verwaltungsbehörde (Ordinariat, Generalvikariat). Der Generalvikar wird vom B. und zwar auf Widerruf bestellt. Er ist ebenso wie der B. Ortsordinarius, hat also ordentliche Jurisdiktion und verfügt mit der Ernennung über alle Jurisdiktionsrechte des B.s, bis auf diejenigen, die ihm der B. gemäß dem gemeinen Recht ausdrücklich übertragen muß oder die er sich ausdrücklich vorbehalten hat. Kanzlei, Registratur und Archiv unterstehen dem Kanzler.

4. Bei Erledigung eines bischöflichen Stuhles geht die Leitung der Diözese auf das Domkapitel über. Dieses muß jedoch seinerseits binnen 8 Tagen, nachdem es von der Erledigung Nachricht hat, einen Kapitularvikar wählen, dem dann mit der Annahme des Amtes die ausschließliche Leitung der Diözese zufällt. Der Kapitularvikar hat die Rechte und Pflichten des regierenden B.s, muß sich aber an den Grundsatz halten: Während einer Sedisvakanz sollen keine Neuerungen eingeführt werden. Auch muß er dem neuen B. über seine Amtsführung Rechenschaft ablegen. Sein Amt endet durch Amtsantritt des neuen B.s, durch eigenen Verzicht, der keiner Annahme bedarf, und durch Abberufung seitens des Hl. Stuhles.

Wenn keine Sedisvakanz, sondern nur eine tatsächliche Behinderung des B.s vorliegt, zB durch Gefangensetzung oder Ausweisung, bleibt ihre Leitung beim Generalvikar oder bei einem anderen vom B. bestimmten Geistlichen. Fallen auch diese Geistlichen aus, so bestellt das Kapitel einen Kapitularvikar. Wenn die Behinderung des B.s rechtlicher Natur ist, weil er in eine entsprechende Kirchenstrafe gefallen ist, muß der Metropolit oder, wenn es sich um diesen handelt, der dienstälteste Suffragan beim Hl. Stuhl um Eingreifen nachsuchen.

Wenn die Neubesetzung einer vakanten Diözese für längere Zeit untunlich oder unmöglich ist, oder wenn der regierende B. nicht mehr fähig ist, sein Amt auszuüben, überträgt der Papst gelegentlich ihre Leitung einem Apostolischen Administrator, den er entweder auf bestimmte Zeit oder ohne Befristung bestellt. Der Administrator ist gewöhnlich ein B.; wenn er ohne Frist bestellt wird, so hat er die Befugnisse eines regierenden B.s, andernfalls die eines Kapitularvikars. Die Jurisdiktion eines regierenden B.s und seines Generalvikars werden durch die Bestellung eines Administrators suspendiert.

5. Die Herausnahme bestimmter Gruppen von Gläubigen aus der Diözesanorganisation und ihre Unterstellung unter einen personal zuständigen B. ist wegen der göttlich-rechtlichen Verankerung der Territorialgliederung eine seltene Ausnahme und dem Papst vorbehalten. Das wichtigste Beispiel personaler bischöflicher Organisation ist die Militärseelsorge, soweit sie exemt und einem Militär-B. unterstellt ist.

cc. 108. 109. 215. 312-318. 329-355. 363-384 CIC - Lehr- u. Handbücher des kath. → Kirchenrechts. *H.Barion*

III. Im evangelischen Kirchenrecht

1. Entwicklung des B.samtes - 2. Das B.samt nach geltendem Recht

1. Der ev. B. ist bereits im frühreformatorischen Kirchenrecht anzutreffen (Herzogtum Preußen; Mark Brandenburg). Luther hat 1542 Amsdorf zum B. von Naumburg und 1545 Georg von Anhalt zum B. von Merseburg »geweiht« und aus diesem Anlaß das »Exempel, einen rechten christlichen B. zu weihen« (1542) geschrieben. Die Schmalkaldischen Artikel und die Wittenbergische Reformation erkennen den B. als kirchenrechtliche Institution grundsätzlich an. Insbesondere wurde das B.samt von Melanchthon befürwortet. Trotzdem blieb der B. für die Reformatoren ein verfassungsrechtliches Adiaphoron. Während in Schweden von der Reformation bis heute luth. B.e, deren apostolische Sukzession auch von den Anglikanern anerkannt wird, der Kirchenverfassung ihr besonderes Gepräge verleihen, ist der ev. B. in den meisten anderen Kirchen der Reformation, so vor allem auch in Deutschland, zunächst aus dem kirchlichen Verfassungsrecht verschwunden. Das B.samt wich der Superintendentur. Versuche preußischer Könige (Friedrich I.; Friedrich Wilhelm III.; Friedrich Wilhelm IV. durch Gründung des preußisch-anglikanischen Bistums Jerusalem), das Amt zu erneuern, hatten keinen Erfolg. Romantik und Luthertum (→ Stahl, → Löhe, letzterer unter besonderer Betonung des nt. B.samtes) traten für die Wiederbelebung ein. Schleiermacher lehnte es ab, weil er Beschränkung der Lehrfreiheit durch den B. fürchtete. Auf diese Weise war das B.samt in Deutschland umstritten und verfassungsrechtlich nicht praktisch. Noch RGG² (I, 1131ff) behandelt nur die *»Bischofsfrage«* (ebenso LThK II, 377f).

Mit dem Fortfall des fürstlichen summus episcopus, der trotz seiner von den Reformatoren betonten Vorläufigkeit 400 Jahre als »Not-B.« fungiert hatte, kam 1918 die Wendung. Jedoch wurde keineswegs allgemein und sofort der Summepiskopat durch das B.samt ersetzt. »Landes-B.e« gab es vor 1933 nur in einigen luth. Kirchen (Mecklenburg-Schwerin, Freistaat Sachsen, Braunschweig, Hannover, Schleswig-Holstein) und in der unierten Kirche von Nassau, die schon einmal (1817 bis 1876), damals als Ausnahme unter den deutschen Landeskirchen, einen Landes-B. gehabt hatte. Insbesondere lehnte die Synode der altpreußischen Union in mehreren dramatischen Abstimmungen die Einführung des B.samtes wiederholt mit knapper Mehrheit ab. Der vom Gedanken des Landeskirchentums getragene Name »Landes-B.« ist im allgemeinen geblieben, jedoch kommt heute auch die Bezeichnung »B.« (Oldenburg) vor. Nach 1918 bekam auch der bayerische »Kirchenpräsident« in der Kirchenverfassung von 1920 eine stark ausgebaute oberhirtliche Stellung, zunächst ohne die ihm erst 1933 zuerkannte Bezeichnung als »B.« Erst in diesem Jahr wurden überall B.e eingesetzt. Dabei war, jedoch keineswegs allgemein und überall, das im Staate zur Herrschaft gelangte »Führerprinzip« von einer gewissen Bedeutung.

Trotz des Versagens der meisten politischen B.e (→ Deutsche Christen) wurde durch echt bischöfliche Gestalten (→ Meiser, → Wurm) der ev. B. populär und für die meisten Kirchenverfassungen nach 1945 zur Selbstverständlichkeit. Nur Kirchenverfassungen mit traditionsgemäß stärkerem ref. Einschlag (Rheinland, Westfalen, Hessen-Nassau) haben keinen B., obwohl außerhalb Deutschlands (Ungarn) ref. B.e zu finden sind. Auch die keineswegs hierarchisch organisierte Brüdergemeine kennt B.e, deren Hauptbefugnis die Ordination ist. Entsprechend der grundsätzlich ablehnenden Haltung der Reformierten ist in der Grundordnung der einen Bund von Kirchen aller Bekenntnisse darstellenden → Evangelischen Kirche in Deutschland das B.samt, im Gegensatz zur Verfassung der einheitlich auf das luth. Bekenntnis ausgerichteten VELKD, nicht verankert.

2. Das geltende Kirchenrecht ordnet die Rechtsstellung des B.s teils in besonderen B.sgesetzen (zB Thüringen, Oldenburg), teils in einem besonderen Abschnitt des Pfarrergesetzes (Bayern), teils zerstreut in Kirchenverfassungen und einzelnen Gesetzen. Die letztgenannte Art der Regelung stellt regelmäßig nur einen Übergang dar. Der B. wird im allgemeinen durch die Synode auf Lebenszeit gewählt. In den Staatsverträgen der Kirchen mit den Ländern ist regelmäßig der Landesregierung ein gewisses, wenn auch nicht ausschlaggebendes Mitspracherecht bei der Bestallung des B.s eingeräumt. Der B. kann, insbesondere wegen Alter oder Krankheit, auf sein Amt verzichten; die Synode kann ihn auch u.U. wieder abberufen. Insofern ist der ev. B. ein »synodaler B.«. Durch die Entwicklung seit 1918 ist der B. aus einem leitenden »Kirchenbeamten« (Schoen) in eine geistlich-oberhirtliche Stellung hineingewachsen. Er hat eine Fülle von oberhirtlichen Rechten und Pflichten erhalten, die aber keineswegs *alle* jedem B. in *jeder* Landeskirche zustehen. Die wichtigsten sind: Ordination (neben den Superintendenten); Einführung der höheren Geistlichen (Superintendenten, Dekane, Pröpste, Kreisdekane); Visitationsrecht; Wächteramt über die reine Lehre; Seelsorge für die Geistlichen (pastor pastorum); Gnadenrecht; Anordnung außerordentlicher Buß- und Festtage; Erlaß allgemeiner Ansprachen und Verkündigungen (»Hirtenbriefe«); Einweihung von Kirchen und gottesdienstlichen Gebäuden; Kanzelrecht in allen Gemeinden der eigenen Kirche; Beteiligung an der Einführung von B.en in befreundeten Kirchen. Die zuletzt genannte Funktion unterstreicht durch das Wirken über das Gebiet der eigenen Landeskirche hinaus die zunehmende ökumenische Bedeutung des B.samtes, die sich auch in der Teilnahme an ökumenischen Konferenzen äußert. Ferner führt der B. regelmäßig den Vorsitz in den obersten Kirchenbehörden, hat aber dort nur Stimmrecht neben den anderen Mitgliedern. Neben diesen positiven Rechten und Pflichten muß die Rechtsstellung gerade des ev. B.s auch negativ im Gegensatz zu den B.en anderer Konfessionen abgegrenzt werden. Er ist nicht Gesetzgeber seiner Kirche. Er hat keine »höheren Weihen« als die Pfarrer und ist nur deren »Vorgesetzter« nach menschlichem Recht. Er hat auch keine Lehrgewalt, die über die des Pfarrers hinausgeht. Nach ev. Auffassung ist und bleibt nach dem bekannten Wort Luthers jeder Pfarrer der B. seiner Gemeinde. Dagegen kann das kirchliche Recht den B. zum Pfarrer einer Gemeinde seines Amtssitzes mit geordneter Predigttätigkeit bestellen und damit seine Stellung als Pfarrer unter Pfarrern unterstreichen. Das Recht des ev. B.s ist in Deutschland noch im Fluß, hat aber seit dem → Kirchenkampf an Ansehen und nach dem Tode der ersten bedeutenden B.e dieser Periode an historischem Schwergewicht gewonnen. Trotz mancher Gründe, die gegen das B.samt vorgebracht werden (Angst vor der Entwicklung zu einem der kath. Hierarchie analogen Episkopat; Verdiesseitigung und Veräußerlichung des geistlichen Amtes; Gefahr eines persönlichen Regiments in der Kirche; zu große Repräsentationskosten), ist sein Ansehen allgemein im Zunehmen begriffen. In einer Zeit, in der sich der Staat von der Kirche löst und die ev. Kirche zugleich als selbständige Größe in verantwortungsvolles Wirken im öffentlichen Leben hineingewachsen ist, wird die Bedeutung der Repräsentation der Kirche durch das von alter Tradition getragene B.samt immer mehr erkannt. Auch im Hinblick auf die Parität mit der kath. Kirche wird die Vertretung der ev. Kirche nicht nur durch einen Kirchenpräsidenten, der im Bewußtsein der Öffentlichkeit den zahlreichen höheren Staatsbeamten mit dem Präsidententitel gleichgestellt wird, sondern durch einen B. für erforderlich gehalten.

Ebenso wie das Recht ist die mit der Rechtsstellung eng verbundene Liturgie (Einführung der B.e!) noch im Werden und über erste Versuche rechtlicher Regelung noch nicht hinausgekommen. Doch bilden sich gewohnheitsrechtlich gewisse Bräuche (B.skreuz).

F. Schleiermacher, Sämmtliche Werke, 1. Abt. Bd 13, 1850, 546ff - K.A. Kamptz, Über das bischöfl. Recht in der ev. Kirche in Deutschland (Jb.er für die Preuß. Gesetzgebung, Rechtswissenschaft u. Rechtsverwaltung 31, 1828, 25-150) - A. Nicolovius, Die Bischöfl. Würde in Preußens ev. Kirche, 1834 - H.F. Jacobson, Gesch. der Quellen des ev. Kirchenrechts der Provinzen Preußen u. Posen, 1839 - Das ev. Bistum in Jerusalem, 1842 - H.v. Mühler, Gesch. der ev. Kirchenverfassung in der Mark Brandenburg, 1846 - W. Löhe, Aphorismen über die nt. Ämter u. ihr Verhältnis zur Gemeinde, 1849 - G.v. Polenz, Georg von Polentz, der erste ev. B., 1858 - F.J. Stahl, Die Kirchenverfassung nach Lehre u. Recht der Protestanten, 1862², 224ff - Th. Harnack, Die Kirche, ihr Amt, ihr Regiment, 1862 - F. Haupt, Der Episcopat der dt. Reformation, 2 Bde, 1863/66 - RE III, 245ff - K. Veller, Was bedeutet die bischöfl. Verfassung einer ev. Kirche?, 1921² - H. Mulert, B.e für das ev. Deutschland? (SgV 97), 1921 - P. Schoen, Der dt. ev. B. nach den neuen ev. Kirchenverfassungen (Verwaltungsarchiv 30, 1925, 403-431) - RGG² I, 1131ff - G. Holstein, Die Grundlagen des ev. Kirchenrechts, 1928, 325ff - LThK II, 377f - H. Liermann, Dt. ev. Kirchenrecht, 1933, 224f - Ders., Das ev. B.samt in Deutschland seit 1933 (ZevKR 3, 1953/54, 1-29) - KJ 60-71, 1933-44 - W. Elert, Der bischöfl. Charakter der Superintendentur-Verfassung (Luthertum 46, 1935, 353-367) - H. Sass, Die Stellung der luth. B.e im schwed. Kirchenrecht (Jur. Diss. Erlangen), 1935 - H.-E. Creutzig, Amt u. Ämter in der luth. Kirche (Theologia militans 22), 1938 - J. Beckmann, Neuordnung u. Wiederaufbau der Ev. Kirche in Deutschland 1945-48 (KJ 72-75, 1945-48, 1-238) - Ders., Kirchl. Zeitgeschichte (KJ 76, 1949, 1-260; 77, 1950, 1-227; 78, 1951, 1-221) - H.Ph. Ehrenberg, Amt u. Ämter (JK 13, 1952, 140-144) - H.J. Schoeps, Die luth. Hochorthodoxie Preußens u. der Katholizismus (ZRGG 4, 1952, 321-327) - E. Benz, B.samt u. apostol. Sukzession im dt. Protestantismus, 1953 - Kirchl. Verfassungsprobleme (Informationsblatt f. d. Gemeinden in den niederdeutschen luth. Landeskirchen 5, 1956, 270). *H. Liermann*

IV. In den jungen Kirchen

1. Einleitung - 2. Die bischöflichen Kirchen - 3. Unabhängige Kirchen - 4. Die nicht-bischöflichen Missionen - 5. Gegenwärtige Strömungen. - Vgl. → Amt: IV

1. Das Wachstum der → jungen Kirchen im 19.Jh. brachte die Kirche in eine Situation, wie sie ihr seit dem Ende des 4.Jh.s nicht wieder begegnet war. Die Kirche war aus dem ihr vertrauten Raum ursprünglich griechisch-römischer Zivilisation in Länder mit alten religiösen Kulturen vorgestoßen, die bis dahin noch nicht vom Evangelium berührt worden waren. In vielen Gebieten war die Kirche gegenüber ihrer Umgebung kulturell, sozial und zahlenmäßig unterlegen. Die Frage nach der Selbstbehauptung der Kirche unter solchen Umständen, nach der Erhaltung ihrer Einheit und nach der rechten Gestalt der Kirche inmitten ihrer nichtchristlichen Umgebung brachte zahlreiche neue Probleme mit sich. Die Situation war der des 2.Jh.s nicht unähnlich. Eines der Kennzeichen jener Zeit war die Entwicklung zur bischöflich-monarchischen Kirchenverfassung. Verwunderlich ist demzufolge nicht, daß ebenso in den jungen Kirchen - zunächst jenseits besonderer theologischer Erwägungen - aus praktischen Gründen den Fragen der Kirchenverfassung von Anfang an viel Aufmerksamkeit zugewandt und dabei in der einen oder anderen Weise die B.sfrage akut wurde.

2. Für die *bischöflichen Kirchen* war es von jeher selbstverständlich, daß auch die jungen Kirchen mit der Zeit die volle bischöfliche Ordnung haben sollten. Hier ging es lediglich um die Frage, wie und in welcher Zeit der einheimische Episkopat herangebildet werden solle.

a) Im 17. und 18.Jh. unternahm die *röm.-kath. Kirche* zwei nicht wiederholte Versuche mit indischen und chinesischen B.en. Die Errichtung einheimischer Hierarchien ist fast ausschließlich erst der persönlichen Initiative der Päpste Pius XI. und Pius XII. zu verdanken, die sie oftmals gegen die Wünsche der westlichen B.e und Missionsorden (→ Mission: III F) durchsetzten. 1926 weihte Pius XI. sechs chinesische B.e in der Peterskirche zu Rom. Von da an war die Entwicklung - in den letzten zehn Jahren besonders in Afrika (→ Belgisch-Kongo und → Madagaskar) - nicht mehr aufzuhalten. Heute gibt es nahezu 100 röm.-kath. B.e nicht-europäischer Herkunft.

b) Der erste nicht-europäische B. der *anglikanischen* Kirchengemeinschaft (→ Anglikanische Kirche: II) war Samuel Adjai → Crowther, der 1864 für die Arbeit am Niger geweiht wurde. Der erste chinesische B. wurde 1911, der erste indische 1912 geweiht. In China und Japan sind heute alle anglikanischen Diözesan-B.e Chinesen bzw. Japaner. In Indien und Afrika wächst die Zahl der einheimischen B.e im Verhältnis zu den ausländischen, die Mehrzahl der B.e ist jedoch noch europäischer Herkunft. Ein amerikanischer und ein westindischer Neger sind ebenfalls B.e geworden.

c) Mit dem schnellen Wachstum des *Methodismus* in Amerika sah sich John → Wesley vor die Aufgabe gestellt, die dortigen methodistischen Gemeinden jurisdiktionell zu ordnen. Er löste das Problem 1784 dadurch, daß er die Pfarrer Dr. Thomas Coke und Francis Asbury zu Superintendenten für die nordamerikanischen Gebiete wählen ließ. Die Superintendenten nahmen später den B.stitel an. Die aus Missionen der amerikanischen → Methodisten hervorgegangenen großen Kirchen in Japan, Korea, China und Südasien übernahmen in der Folge das B.samt methodistischer Prägung. Der erste japanische B. war B. Honda (1907), der erste indische B. J.R.Chitambar (1930). In Indien sind seit 1956 zum ersten Mal alle vier Methodisten-B.e Inder.

3. Im Laufe des 20.Jh.s sind in vielen Ländern Kirchen entstanden, die von westlichen Kirchen völlig *unabhängig* sind. Von diesen haben viele den B.stitel und das B.samt übernommen. Einige Beispiele seien hier angeführt. Die Unabhängige Kirche der → Philippinen (Aglipayan) entstand Ende des 19.Jh.s durch eine auf nationalistischen Strömungen beruhende Loslösung von der röm.-kath. Kirche. Sie wollte die bischöfliche Verfassung beibehalten. Da aber kein B. vorhanden war, legten zwölf Presbyter ihrem Führer in der Unabhängigkeitsbewegung als Zeichen der Weihe die Hand auf (nach Hieronymus der alte Brauch in Alexandria). 1948 empfingen drei B.e dieser Kirche die reguläre Weihe nach anglikanischem Ritus durch drei B.e der American Episcopal Church. Die Vereinigte Ev. Kirche der Philippinen, die 1929 durch den Zusammenschluß von → Presbyterianern, → Kongregationalisten und »Brüdern« (→ Evangelische Vereinigte Brüderkirche) entstand, hat sich selbst das B.samt geschaffen, das deshalb auch lediglich auf der Autorität der eigenen Kirche beruht. - Viele der »Splitterkirchen« (→ Sekten: V) in Afrika werden von B.en geleitet, mit deren Persönlichkeit sie stehen und fallen. Der Gebrauch des Wortes »B.« hängt offenbar mit der alten afrikanischen Häuptlingsverehrung zusammen; die Ehrerbietung, die den Häuptlingen als → »Propheten« (: I) zuteil wird, wird im christlichen Bereich auf den »B.« übertragen. Einige dieser B.e haben offenbar die Weihe durch Episcopi Vagantes empfangen, B.e, die in irgendeiner (oft irregulären) Beziehung zur anerkannt historischen Sukzession des Episkopats stehen.

4. Bei vielen der *nicht-bischöflichen Missionen* hat sich in der Praxis ein Amt herausgebildet, das dem eines B.s sehr ähnlich ist, wenn es auch nicht diesen Namen trägt und auch keinerlei Anspruch auf historische Sukzession erhebt. In Indien war dies merklich der Fall, wo die »Präsidenten« der Methodisten und die »Superintendenten« der Kongregationalisten in vielerlei Hinsicht die gleichen Funktionen ausübten wie die anglikanischen B.e. Denn es handelt sich nicht um ein rein administratives Amt; es erwuchs aus der Erkenntnis, daß eine Kirche, die als Minderheit inmitten einer dichten nicht-christlichen Bevölkerung lebt, mehr als die westlichen Kirchen zur Erhaltung und als Ausdruck ihrer Einheit einen Mann braucht, der jeweils für ein bestimmtes Gebiet und zu diesem Zweck eingesetzt wird. Für die in diesen Ländern weit verstreuten kirchlichen Mitarbeiter und Pfarrer war somit zugleich ein pastor pastorum gegeben. Es war deshalb auf weite Strecken auch nur das Problem des *historischen* Episkopats, das in den Diskussionen um die Kirche von → Südindien große Schwierigkeiten verursacht hat. Denn die nicht-bischöflich verfaßten Kirchen sollten mit dem B.samt nicht etwas für sie völlig Neues übernehmen; vielmehr ging es darum, das, was sie im Grunde bereits aus sich selbst begonnen und schätzen gelernt hatten, nunmehr in eine, nach anglikanischem Verständnis, rechte kirchliche Ordnung zu fügen.

5. Viele junge Kirchen zeigen die Tendenz, sich die eine oder andere Form bischöflicher Verfassung zu eigen zu machen. Das klassische Beispiel ist die Erörterung der B.s-Frage auf der All-Afrikanischen Luth. Konferenz (Marangu 1955). Oberhäuptling Marealla II. sprach sich für das B.samt aus und wurde hierin von fast allen afrikanischen Delegierten unterstützt. In diesen Bestrebungen spielte neben dem Wunsch, dem Prestige der röm.-kath. und anglikanischen Missionen nicht nachzustehen, die in Afrika traditionelle Häuptlingsverehrung sowie das Empfinden, daß ebenso wie der Stamm so auch die Kirche ihr sichtbares Oberhaupt haben müsse, eine gewisse Rolle. Außerdem aber wollte man ein Amt besitzen, das

biblischer ist als das des Superintendenten oder des Präsidenten. Als letzte hat die Luth. Kirche von → Neuguinea (→ Neuendettelsauer Missionsgesellschaft) auf der Gründungssynode der neuen Kirche, die durch den Zusammenschluß verschiedener luth. Missionen entstand, auf Wunsch der Christen und in Übereinstimmung mit ihrem Verständnis vom biblischen Bild der Kirche das B.samt eingeführt. Wenn auch ein Amerikaner, Dr. Kuder, gewählt wurde, so kam doch deutlich zum Ausdruck, daß man ihn als B. der Kirche wählte und nicht als Vertreter einer westlichen Mission. Auch hier entstand das B.samt ohne direkte Sukzession. Die Bestrebungen, die auf eine Kircheneinigung (→ Einigungsbestrebungen: VII) in Nordindien und → Ceylon (: III) hinzielen, sehen eine bischöfliche Verfassung vor, wie sie in Südindien gegeben ist. Auch in → Nigeria will man in derselben Weise verfahren.

A. Huonder, Der einheimische Klerus in den Heidenländern, 1909 - K.E.Kirk, The Apostolic Ministry, London 1946 - T.W.Manson, The Church's Ministry, London (1948) 1956² - J.Beckmann (Hg), Der einheimische Klerus in Gesch. u. Gegenwart, 1950 - B.Sundkler, Church of South India, London 1952. *S.C.Neill*

Bischoff, *Diedrich,* * 1866 Bremen, † 1946 Gaschwitz, Prof. Dr. jur., Versicherungsdirektor in Leipzig, beschäftigte sich theoretisch und praktisch mit Sozialreform, war Mitglied des Vereins für Versicherungswissenschaft, der Comeniusgesellschaft, des Konsistoriums der ref. Kirche in Leipzig. B. ist eine der bekanntesten Führerpersönlichkeiten innerhalb der deutschen → Freimaurerei, langjähriger 1. Vorsitzender des Vereins deutscher Freimaurer. In zahlreichen Veröffentlichungen und Vorträgen verfolgte er wissenschaftliche Vertiefung der freimaurerischen Gedankenwelt, Anschluß an den klassischen deutschen Idealismus, Verknüpfung der humanitären und christlichen Gedanken, Überbrückung der Gegensätze innerhalb der deutschen Großlogensysteme.

Vf. u.a.: Maurertum u. Menschheitsbau, 1902; Die Logenarbeit u. »das Reich Gottes«, 1904; Die soziale Frage im Licht des Humanitätsgedankens, 1908; Wesen u. Ziele der Freimaurerei, 1910; Freimaurerei u. Politik, 1911; Freimaurerei u. Sozialismus, 1912; Neuidealismus u. Freimaurerei, 1914; Vom Vaterländischen Beruf der deutschen Freimaurer, 1917; Die deutsche Freimaurerei, 1919; Menschlichkeit, das Gebot deutscher Zukunft, 1924; Heimat, eine Botschaft vom Neuen Vaterland (ein Zukunftsroman), 1924; Briefwechsel mit Pater Gruber SJ, 1925; Internationalismus u. Freimaurerei, 1929; Philosophie u. Wirtschaft, 1930; Der Ruf unserer Zeit nach Menschwerdung - die deutsche Schicksalsfrage im Licht der Freimaurerei, 1932. *G.Schenkel*

Bischofskonferenzen → Konzile.

Bischofsweihe. Kern des römischen Ritus der B., die stets mit einer Messe verbunden, zT in sie eingefügt ist, war schon nach den Ordines Romani VIII. IX die mit einer Kollekte und einer Weihepräfation verbundene → Handauflegung (: III). Die Ordines kennen auch ein Examen in Gegenwart des Volkes und das Auflegen des Evangelienbuches auf Nacken und Schultern des Gewählten vor der Handauflegung. Die → Salbung (: IV) von Haupt und Händen stammt aus dem gallikanischen Ritus, die Übergabe von Ring und Stab aus germanischem Brauch. Die an die Messe anschließende Inthronisation ist seit dem 10.Jh., die Überreichung der Mitra seit Ende des 13.Jh.s bekannt. Die acclamatio (der Geweihte wünscht dreimal dem Consecrator: »Ad multos annos«) geht auf das Hofzeremoniell von Byzanz zurück. Zur Liturgie der B. gehören noch die Verlesung der päpstlichen Ernennungsbulle und die Allerheiligenlitanei vor der Weihe und die Prozession des Geweihten durch die Kirche mit der ersten Segenserteilung. Während Nicäa can. 4 (325) die Anwesenheit sämtlicher Bischöfe der Provinz, wenigstens aber dreier fordert, ist in Rom die Assistenz noch unter Gregor I. eine Ausnahme. Heute assistieren dem Consecrator zwei Bischöfe. → Bischof: I.

Pontificale Romanum P. I, 1888, 63ff - Variationes in rubricis Pontificalis Romani P. I (AAS 32, 1950, 452-455) - Braun, LH 13ff - L.Eisenhofer, Hdb. der kath. Liturgik II, (1912) 1941², 355ff - L. Eisenhofer-J.Lechner, Grundriß der Liturgik des röm. Ritus, (1924) 1953⁶ - P.Batiffol, La Liturgie du sacre des évêques dans son évolution historique (RHE 23, 1927, 733-763) - J.Pascher, Die Liturgie der Sakramente, 1951, 187ff - S.Brechter, Die Quellen zur Angelsachsenmission Gregors des Großen, 1941, 81ff - K.Becker, Die Weihe des Bischofs, 1952. *H.Urner*

Bismarck, *Otto von*

1. Die religiöse Entwicklung - 2. Stellung zur Kirche - 3. Politik und Glaube

O.v.B., * 1.4.1815, † 30.7.1898, darf über seine politische Bedeutung hinaus auch als religiöser Charakter Interesse beanspruchen. Nachdem die Veröffentlichung der Briefe an die Braut und Gattin (1900) einen ersten tieferen Blick in sein Inneres ermöglichte, ist die Forschung sowohl dem biographischen Problem seiner religiösen Entwicklung, wie auch - unterstützt von einem ständig wachsenden Quellenmaterial - den Zusammenhängen von Politik und Glaube in seinem staatsmännischen Handeln nachgegangen. Die Urteile sind bis heute unterschiedlich geblieben. Die Stellung zur politischen Leistung B.s hat dabei ebenso mitgesprochen wie die Auffassung der betrachtenden Historiker von Christentum und Glaube. - Für das Verständnis von B.s Religiosität werden die Selbstzeugnisse immer eine besondere Bedeutung haben. Von ihnen hat auch das theologische Urteil auszugehen.

1. Das Elternhaus, in dem von Glaubensdingen nie die Rede war, hat B. keine religiösen Eindrücke vermitteln können. Spurlos ist an ihm auch der unregelmäßig besuchte und unverstandene Religionsunterricht vorübergegangen. Als er von Schleiermacher konfirmiert wurde, war sein Glaube, wie er selbst sagte, »ein nackter Deismus« mit »pantheistischen Beimischungen«. Damals hat er auch das von Kindheit her noch gewohnte Abendgebet eingestellt. Während des Studiums und der kurzen Zeit des bald wieder aufgegebenen Staatsdienstes (1838) hat er die Freuden der Welt in vollen Zügen genossen. Es folgten Augenblicke pessimistischen Überdrusses, in denen er vergeblich bei den Philosophen, vorab Spinoza, Beruhigung suchte. Die Lektüre der Junghegelianer trieb ihn noch mehr »in die Sackgasse des Zweifels«. Als Verwalter des elterlichen Gutes Kniephof geriet er (seit 1843) in die Kreise der pommerschen Erweckung. Anfänglich spöttelte er über die dort herrschenden Formen der Geselligkeit; auch der Eifer, mit dem sein Jugendfreund Moritz v. Blankenburg um seine Seele rang, blieb ohne Echo. Tiefer berührten ihn persönliche Erlebnisse in der Familie des pietistischen Adolf v. → Thadden-Trieglaff. Die tödliche Erkrankung der jungen Marie v.Blankenburg, geb. v.Thadden, führte B. in eine seelische Krisis. An ihrem Sterbebette begann er wieder zu beten. Wichtigstes Zeugnis seines damaligen inneren Zustandes ist der Werbebrief um Johanna v.Puttkamer, in dem er seinem künftigen Schwiegervater ein offenes Bekenntnis ablegte (Dez. 1846). Der Weg zum Herzen der Braut ging nur über das Ja zum christlichen Glauben. Will man nicht von einer »Bekehrung« sprechen, so war es doch eine Erweckung des Gebets, die B. erfahren hat. Pietist ist er nie geworden, aber ein Bibelleser, der um ein selbständiges Urteil rang. Äußerungsform und Wirkungsweise des neu erworbenen Glaubens wurden von Anfang an stark von der Individualität seines Charakters bestimmt. B. bekannte sich zu einem persönlichen Gott,

der ihm in Jesus Christus seine Sünden vergeben habe, und war der Zuversicht, daß Gott ihn trotz aller Zweifel und Kämpfe nicht fallen lasse. Vor allem sah er in seinem Ehe- und Familienglück ein Geschenk Gottes und die »Bürgschaft der Versöhnung« nach der in seinem früheren Leben herrschenden »Sündflut von Verwilderung und Liebesmangel«. Der einstige Pessimismus wurde eingeschmolzen in einen ins Christliche gewendeten aktiven Vorsehungsglauben, der seinem gewandelten Weltbild den religiösen Hintergrund gab und dem mitunter auch ein leicht pantheisierender Zug nicht fehlte. – Dieses vom Persönlichen her belebte Christentum B.s hat seine Bekenntniskraft auch in den folgenden Jahren, oft in überraschenden und bildkräftigen Sätzen, behalten, wenn auch Bibellesen und Gebet (bis auf das Vaterunser) allmählich nachließen. Der greise Kanzler hat selbst bekannt, daß er in den politischen Kämpfen der letzten Jahrzehnte leider »dem Herrn ferner gerückt« sei; er habe Gott aber gebeten, ihn nicht von der Erde zu nehmen, ohne ihm »die glaubensinnige Stellung zu Christo wiederzugeben«. An die Stelle der Bibellektüre waren neben einem Andachtsbuch seit dem Jahre 1864 die herrnhutischen »Losungen« getreten, deren Verse und Sprüche er unmittelbar auf seine weltlichen Geschäfte bezog.

2. B. hat bis zum Antritt seines Ministeramtes (1862) auch an kirchlichen Gottesdiensten, soweit es seine dienstlichen Pflichten erlaubten, teilgenommen. Das Abendmahl, das er in Berlin vornehmlich bei Büchsel, → Goßner oder Knak nahm, war ihm ein ernster Akt der inneren Andacht und ist es auch geblieben, als er es später nur im Familienkreise feierte. Ein engeres Verhältnis zur Kirche hat er nicht gewonnen. Als Minister hat er den ausfallenden Kirchgang mit Mangel an Zeit und mit Erkrankung entschuldigt; unmöglich war ihm, das Abendmahl mit der Gemeinde zu feiern, weil er dort »wie ein Tier im zoologischen Garten« von allen begafft werde. Der individualistische Charakter von B.s Christentum ist in solchen Äußerungen ebensowenig zu verkennen wie ein gewisser independentistischer Zug, der seinem Glauben von Anfang an anhaftet. Man wird aber auch berücksichtigen müssen, wie selten die restaurierte Kirche des 19.Jh.s, vor allem in Ostelbien, sich als Gemeindekirche darstellte, was B. schmerzlich empfunden hat. Als Staatsmann hat er die landeskirchliche Organisation immer mehr nur vom Politischen her beurteilt. Seine Kirchenpolitik hatte zeitweilig die völlige Trennung von Kirche und Staat zum Ziel. B. meinte, die Kirche könne nur gewinnen, wenn sie der staatlichen Administration entzogen werde und lediglich für ihre finanziellen Bedürfnisse eine staatliche Dotation beziehe. Aber er stieß mit diesen Gedanken, vor allem bei Wilhelm I., auf entschlossenen Widerstand, der in der Aufhebung des → landesherrlichen Kirchenregiments die Fundamente des Staates wanken sah. Immerhin erreichte B., daß die 1866 annektierten Provinzen kirchlich nicht der → Union eingegliedert und keiner Zentralbehörde unterstellt wurden. Einen Teil seines kirchenpolitischen Programms hat er im → Kulturkampf durchgesetzt, dessen Gesetze (→ Zivilstand, staatliche Schulaufsicht) auch die ev. Kirche betrafen. B. wollte damals den Katholizismus als politische Größe treffen, unterschätzte aber, indem er in das innere kirchliche Leben vorstieß, die seelischen Kräfte, die gegen ihn standen. Besonders erbittert hat ihn der Widerstand seiner früheren konservativen Gesinnungsgenossen, denen er »Fahnenflucht« vorwarf und die sein Vorgehen im Bunde mit dem Liberalismus als antichristlich verurteilten. Auch über die ev. Kirche klagte B., daß sie ihn »im Stich gelassen« habe. So blieb in ihm nach dem Abbruch des verfehlten Kulturkampfes ein tiefes Mißtrauen gegen alles Klerikertum zurück, wovon er auch den »ev. Priester« nicht ausnahm, dessen theokratische Neigungen er schwerer nahm als die des kath. Von hier aus erklärt sich zu einem Teil seine Ablehnung Adolf → Stoeckers, die zu einer prinzipiellen Gegnerschaft wurde, als der ultrakonservative Flügel der Rechten, die sog. »Kreuzzeitungspartei«, den jungen Wilhelm II. von B.s Kartellpolitik zu trennen suchte. Die *direkte* Verknüpfung des Christlichen mit dem Politischen, die er als »Giftmischerei« der »ev. Windthorste« (→ Windthorst) leidenschaftlich bekämpfte, widersprach seiner Auffassung von der Staatsräson, für deren Unantastbarkeit Sorge zu tragen er sich von Gott in sein Amt gerufen sah.

3. Es steht außer Zweifel, daß B. sich auch als Staatsmann ernsthaft als Christ gefühlt hat. Er wußte jedoch um das Problematische des Verhältnisses von *Christentum und Politik*. Seine politische Laufbahn, deren Anfang mit seiner christlichen Erweckung zusammenfiel, hatte ihn zunächst in das reaktionäre Lager der preußischen Legitimisten geführt, als deren Parteimann er sich zu den wesentlichen Gedankengängen der konservativen Ideale vom christlichen Staat bekannt und Revolution und Demokratie bekämpft hat. Der werdende Diplomat hat dann das Doktrinäre und Theoretische dieser Auffassungen bald abgestreift und es auch abgelehnt, die Politik einem übergreifenden Prinzip unterzuordnen. Diese Akzentuierung des »Realpolitischen«, die ihm das Mißtrauen und schließlich die Feindschaft der alten pietistischen Freunde eintrug, den Staatsmann jedoch auf die Höhe seiner Erfolge geführt hat, vollzog sich auf dem Hintergrund einer preußisch-royalistischen Staatsgesinnung, vor allem in der festen Überzeugung, daß die bestehende, in der Führung autoritative, überwiegend ständisch-aristokratische Gesellschaftsordnung gottgewollt sei. So hat er nach 1866 die liberalen und demokratischen Zeitströmungen nur insofern als mittragende politische Elemente in den Aufriß seines »Reichsgebäudes« aufgenommen, als sie die konservative Grundstruktur nicht veränderten. Entgegen kam ihm dabei die Anerkennung des liberalen Großbürgertums, dessen frühere politische Aktivität sich immer mehr darauf beschränkte, die wirtschaftlichen Möglichkeiten auszuschöpfen, die das Reich ihm bot. Der Klassencharakter der neuen Kapitalmächte, die mit dem Großagrariertum den nationalen Staat für sich gewonnen zu haben glaubten, mußte um so schroffer zum Ausdruck kommen, als die sich daraus ergebenden sozialen Abhängigkeiten als »gottgegebene Realitäten« galten. – Die wirtschaftliche Notlage der unteren Schichten zu mildern, hat B. stets zu den christlichen Fürsorgepflichten der Obrigkeit gerechnet. Aber das sZ vielbewunderte, hinter den ursprünglichen Absichten infolge parlamentarischen und bürokratischen Widerstandes gewiß zurückgebliebene Werk der sozialen Gesetzgebung (1881–89) erwies sich deshalb als ungenügend, weil es allein auf die materiellen Sorgen der wirtschaftlich Schwachen gerichtet war, an den seelischen, gesellschaftlich-politischen Bedürfnissen des aufstrebenden 4. Standes aber vorüberging. Erst jetzt wurde auch das 1878 erlassene Sozialistengesetz zum verhängnisvollen Fehlschlag. Wie B. im Kulturkampf nur die staatlichen Machtmittel eingesetzt hatte und damit gescheitert war, so erwies sich die doppelte Waffe des Sozialistengesetzes und der Sozialpolitik als ein stumpfes Schwert. B.s christlicher Staatssozialismus kam aus einer patriarchalischen, gutsherrschaftlichen Denkweise, der die Welt des modernen Fabrikarbeiters fremd blieb. So sehr verkannte er die Zeichen der Zeit, daß er in fortschreitender Verbitterung das Verhältnis zur organisierten Arbeiterschaft, an der sich die Tragik seines Sturzes erfüllte, als eine militärische Frage ansah und auf den

schon früher erwogenen Gedanken einer völligen Neuordnung des Reiches durch Aufhebung der Verfassung zurückgriff. Was vielen, gewiß nicht zu Unrecht, als eine Verhärtung des Alters erschien, entsprang doch seiner Grundanschauung von der überpersönlichen Macht des Staates, der als irdische Realität und göttliche Schöpfung von dem einzelnen gehorsame Unterordnung verlange. - Sein Amt als Staatsmann faßte B. als Dienst auf, in den Gott ihn gerufen habe und dessen Gnade ihm »in den Gefahren und Zweifeln seines Berufs den Stab demütigen Glaubens nicht nehmen werde«. Er wußte, daß das »Gewerbe« der Politik ein »Kampfplatz besonderer Art« sei, auf den man jederzeit »wie ein Kind ins Dunkle« geführt werde, »in die Drecklinie gerate« und mit Grundsätzen nicht weiterkomme. Das Ethos seines politischen Handelns, auch da, wo es nicht frei war von List und dämonischer Verschlagenheit, war für ihn beschlossen in der Erfüllung der Pflicht für König und Vaterland, dessen Interesse alles untergeordnet war. Sein Verantwortungsbewußtsein wurzelte in einem ganz persönlich verstandenen Immediatverhältnis zu seinem Gott, aus dem er Freiheit und Rechtfertigung seines politischen Handelns schöpfte. Von daher hat er die Hauptleistung seines Lebens, die Lösung der deutschen Frage, mit den Machtmitteln des preußischen Militärstaates und im Stile des Kabinettspolitikers vollführt, als »ein unverhofftes Gnadengeschenk Gottes« bezeichnet. - Die Parallelisierung von B.s Glauben mit dem Luthers, wie sie von dem Hintergrund der zeitgenössischen Theologie (vor allem der Ritschls) verständlich war, erleichtert trotz der von diesem Vergleich immer noch ausgehenden Wirkungen keineswegs das Verständnis dieses Glaubens. Altprot. und luth. Traditionen waren bei B. lebendig, ungleich stärker stand er mit seiner Frömmigkeit jedoch im Entwicklungsstrom des → Neuprotestantismus im 19.Jh., was für das mit seiner Person und Leistung gestellte Problem des christlichen Staatsmannes Beachtung verdient.

GesW (Friedrichsruher Ausg.) 15 Bde (in 19), 1924-35 (bes. Bd 9: Gespräche; Bd 10: Reden; Bd 14: Briefe). - Große Politik, 1-6 (1922-25). - E.MARKS, B. 1815-51, (1909) 1951² - E.EYCK, B., 3 Bde, 1943-44 (zur Kontroverse: W.U.v.HASSELL, B. [Schweizer Monatshefte 21, 1942, 660-662; 24, 1944, 245-247]; H.ROTHFELS, Probleme einer B.-Biogr. [Dt. Beitr. 2, 1948, 162-183]; F.SCHNABEL, Das Problem B. [Hochland 42, 1949, H. 10, 1-27]; W.MOMMSEN, Der Kampf um das B.-Bild [Universitas 5, 1950, 273-280]; G.RITTER, Das B.-Problem [Merkur 4, 1950, 657-676]) - A.O.MEYER, B., 1949. - F.MEINECKE, B.s Eintritt in den christl.-german. Kreis (HZ 90, 1902, 56-92) - O.BAUMGARTEN, B.s Glaube, 1915 - R.SEEBERG, Das Christentum B.s (Bibl. Zeit- u. Streitfragen X, 6), 1915 - C.SCHWEITZER, B.s Stellung zum christl. Staat, 1923 - W.LÜTGERT, Die Religion des dt. Idealismus u. ihr Ende, 4.T.; Das Ende des Idealismus im Zeitalter B.s, 1930 - A.P.MEYER, B.s Glaube, 1933 - H.KARS, Kanzler u. Kirche, 1934 - E.SCHMIDT, B.s Kampf mit dem polit. Katholizismus I, 1942 - S.A.KAEHLER, Zur Deutung von B.s Bekehrung (Gogarten-Festschr., 1948, 189-209) - R.v.THADDEN-TRIEGLAFF, Der junge B., 1950 - H.BORNKAMM, Die Staatsidee im Kulturkampf (HZ 170, 1950, 41-72. 273-306) - H.ROTHFELS, B. u. das 19.Jh. (Kaehler-Festschr. 1950, 133-248) - O.VOSSLER, B.s Ethos (HZ 171, 1951, 263-292) - K.KUPISCH, Der Staatsmann u. die Kirche (ThViat 4, 1952, 274-303) - K.GRIEWANK, Das Problem des christl. Staatsmanns bei B., 1953 - W.SCHÜSSLER, Der geschichtl. Standort B.s (Um das Geschichtsbild, 1953, 99-141) - L.v.MURALT, B.s Verantwortlichkeit, 1955. *K.Kupisch*

Bittgänge, in der kath. Kirche bei besonderer Not veranstaltete Prozessionen zur Erflehung göttlicher Hilfe. Das Rituale Romanum nennt B. in Kriegs- und Notzeit, bei Hungersnot und ansteckender Krankheit und um gedeihliche Witterung und regelt die äußere Ordnung: Vorantragen des Kreuzes, Litaneigebete, Messe vor, nach oder am Ziel der B. (»Bittamt«). B. sind zu allen Zeiten des Jahres möglich. Liturgisch gebunden sind die »litania maior« am 25. April (Markusprozession, aber vom Festtag unabhängig, weil aus der römisch-heidnischen Sitte der »ambarvalia«, wohl eines Umgangs zu Ehren des Gottes der Reife, hervorgegangen, von Gregor d.Gr. um 598 neu belebt) und die »litaniae minores« an den 3 Tagen vor Christi Himmelfahrt (daher Sonntag Rogate und Bittwoche). Letztere B. wurden von Bischof Mamertus von Vienne in großer Notzeit zu Sühnetagen bestimmt, an denen Buß- und Liebeswerke verrichtet werden sollten; 511 in ganz Gallien, unter Leo III. (795 bis 816) in die römische Liturgie eingeführt. Die Flurgänge sind eine Sonderart der B.; ihnen entspricht in vorchristlicher Zeit die kultisch-rechtliche → Begehung bzw. Umkreisung des Eigentums an Grund und Boden.

L.EISENHOFER, Hdb. der kath. Liturgik I, 1932 - J.A.JUNGMANN, Der Gottesdienst in der Kirche, 1955. *R.Mayer*

Bitzius, 1. *Albert d.Ä.* → Gotthelf, Jeremias.

2. *Albert d.J.* (1835-82), ev. Theologe, Sohn von 1. Pfarrer zu St.Immerthal (Jura) und in Twann am Bieler See, von 1878 an Leiter des Berner Kultus- und Schuldepartements und (demokratisches) Mitglied des schweizerischen Ständerates; kirchlich ein Führer der Reformer. Seine posthum veröffentlichten Predigten, die ihn dem freien Protestantismus verpflichtet zeigen, sind weitaus mehr Kasual- als Textpredigten, deuten Ereignisse des Gemeindelebens in religiösem Sinn - Musterbeispiele einer (damals) gegenwartsnahen, volkstümlich-pädagogischen Predigtart.

Predigten, 7 Bde, 1883ff; Ausgewählte Predigten, 1925 - Biogr. v. H.BALMER, 1888 - H.BLUM, 1898 - A.ALTHERR, 1913 - K.GUGGISBERG, 1935. *A.Niebergall*

Blahoslav, *Johann* (1523-71) * in Prerau, nach Studien in Goldberg, Wittenberg, Proßnitz, Königsberg und Basel Bischof der südmährischen Diözese der → Brüderunität und Gehilfe des Unitätsschreibers, Gründer einer Priesterschule und Druckerei in Eibenschitz, war nach der Gefangennahme → Augustas die einflußreichste Persönlichkeit des Engen Rates. Sein humanistisches, auf wissenschaftliche Erziehung der Priester dringendes Bildungsideal und sein Bemühen, die Eigenständigkeit der Unität zu wahren, brachten ihn in Gegensatz zur Gemeindepraxis und Unionspolitik Augustas. Seine Bildung und Sprachkenntnisse befähigten ihn, die Unität diplomatisch zu vertreten und ihr kulturelles Niveau zu heben. Die Quellensammlung Acta Unitatis Fratrum, eine neue Übersetzung des NT, die Ausgabe des Brüdergesangbuchs 1561, homiletische und ethische Schriften sowie eine tschechische Grammatik und Musikschule zeugen von seinem vielseitigen Schaffen.

JOSEPH MÜLLER, Gesch. der Böhm. Brüder II, 1931. *E.Peschke*

Blake, *William,* engl. Dichter, Maler, Graphiker. * 1757 in London, dort † 1827. Schon früh zeigte sich B.s dichterische und zeichnerische Begabung. Eines seiner schönsten Gedichte (How sweet I roam'd from field to field) entstand vor seinem 14. Lebensjahr. Mit 20 Jahren kam B. zum Graphiker J.Basire, bei dem er 7 Jahre arbeitete. Obwohl mit führenden Künstlern der Zeit wie Flaxman und Füßli befreundet, wurde B. doch auf Grund der ihn bedrängenden inneren Gesichte als Einzelgänger und Sonderling, ja als geisteskrank angesehen. Nach seinem Tode geriet er fast ein halbes Jh. lang in Vergessenheit, aus der ihn erst A.Gilchrist und die Rosettis gerissen haben. Seit Swinburnes enthusiastischem »critical essay« (1886) wurde B.s Bedeutung in zunehmendem Maße erkannt und umfassend gewürdigt.

B.s Werk verteilt sich auf drei Bereiche: 1. Malerei, Zeichnung, Stiche, 2. lyrische Dichtung, 3. prophetische

Bücher. Mit seiner Ansicht über die Bildenden Künste steht B. in direktem Gegensatz zu seiner Zeit. Einem seiner frühesten Aufträge, Stiche gotischer Denkmäler in Westminster Abbey und anderen Orts, verdankte er Liebe und Verständnis für die Gotik, deren Schönheit und Eigenart er in der Betonung des rhythmischen Umrisses sah. Die gleiche lineare Bewegtheit ist B.s Aquarellen und kolorierten Stichen eigen. Mit kolorierten Stichen illustrierte B. auch seine Dichtungen. B.s lyrische Gedichte, die der Frühzeit seines Schaffens angehören, sind von unvergleichlicher Schönheit, Wunderwerke von bezaubernder Unmittelbarkeit, nur Shakespeares Dichtung vergleichbar. An Umfang, nicht an poetischem Wert werden sie durch die sog. prophetischen Bücher (Tiriel, The Book of Thel, The French Revolution, Visions of the Daughters of Albion, America, Europe, The First Book of Urizen, The Book of Los Vala, Milton, Jerusalem usw) übertroffen. Entstanden zwischen 1789 und 1820, benutzten diese größtenteils eine freie rhythmische Sprache, deren Wurzeln in der Bibel (und Ossian?) liegen. Die neuere Forschung hat gezeigt, daß B.s Mystik in sich geschlossener ist, als man bisher annahm, und daß greifbare Beziehungen nicht nur zu → Böhme und → Swedenborg, sondern auch zum → Neuplatonismus vorliegen, den B. durch die Plotin-Übersetzungen von Thomas Taylor kennen lernte. Doch wäre es falsch, bei B. von einem »System« zu sprechen. Er sieht das Wesen höchstentwickelter (auch seiner eigenen) Dichtkunst in »allegory addressed to the intellectual powers«. Seine mythopoetische Gabe ist von → Dante und → Milton beeinflußt. Im Grunde ist B. Christ, doch kommt er zu dem Schlusse: »all religions are one« und Ausdruck der »imagination«. Als Seher und Dichter ist B. in erster Linie Individualist; die Wahrheiten, die er mit so erregender Lebendigkeit verkündet, sind Ausdruck seines Glaubens: »all deities reside in the human breast«. B. ist nicht Mystiker im engeren Sinne einer mystischen Praxis; er baute auf die Realität seiner Gesichte und auf die Kunst als einzigen Weg, diese mitzuteilen.

G.KEYNES, The Poetry and Prose of W.B., London 1927 (beste Ausg. der Werke). - A.GILCHRIST, The Life of W.B., (1863), 1880², ed. R.TODD, London 1942 (Bibliogr.). - M.WILSON, The Life of W.B., London 1927. - Weiteres über B. von S.F.DAMON, 1924; M. PLOWMAN, 1927; J.M.MURRY, 1933; M.SCHORER, 1946 - A.S.ROE, B.s Illustrations to the Divine Comedy, Princeton 1953. *H.Read*

Blankenburger Allianz wird jene Richtung der Deutschen → Gemeinschaftsbewegung genannt, die sich auf dem Boden der Ev. → Allianz mit Vertretern der ev. Freikirchen auf der alljährlichen A.konferenz in Blankenburg/Thür. trifft. Die Konferenz wurde von Anna von Weling (1837-1900) gegründet (1886). Der »Vater« der Konferenz war jahrzehntelang Dr. F.W.Baedeker aus England. Es werden nur Vorträge gehalten, ohne nachfolgende Aussprachen. Ohne auf Lehrunterschiede einzugehen, versuchen die Redner die Grundwahrheiten des biblischen Evangeliums zu bezeugen, die über die konfessionellen Schranken hinweg alle ev. Kirchengemeinschaften verbinden. Vorübergehend (1889) wurde in Thüringen eine Evangelisationsarbeit durchgeführt. 1886 enstand das A.haus mit Nebengebäuden (Halle mit ca 2000 Sitzplätzen.) und 1890 das »Ev. A.blatt«. Führende Köpfe der Konferenz waren Freiherr v. Thümmler Elias Schrenk, Otto Stockmeyer, Generalleutnant v. → Viebahn, Insp. Rappard-Chrischona, Freiherr v. → Tiele-Winckler, später Prof. Karl Müller-Erlangen, Pastor E.Modersohn, Missions-Dir. Kroeker, Bischof Melle (Methodist), Missions-Dir. Mascher (Baptist), Kaufmann Rudersdorf (Freie Ev. Gem.). Nach der Entstehung der DDR übernahm Insp. Mütze vom sächsischen Gemeinschaftsverband den Vorsitz. Die Schriftleitung des Blattes hatte zuerst Pfarrer Kaiser, später bestimmten seine Gestalt Bernhard Kühn und vor allem G.F.Nagel (derzeitiger Herausgeber Pastor Zilz). Seit 1923 ist das A.blatt Organ des deutschen Zweiges der Ev. A. A.konferenzen für kleinere Bezirke entstanden in Nürnberg (1903), Heilbronn (1905), Siegen i. W. und an anderen Orten.

RGG² II, 1141f. - G.F.NAGEL, Eine heilige christliche Kirche, 1931 - F.H.O.MELLE, 50 Jahre Blankenburger Konferenz, 1936.
H.Brandenburg

Blarer (gespr. Blaurer), 1. *Ambrosius* (1492-1564). Süddeutscher Reformator, * in Konstanz, trat 1515 in das Benediktinerkloster Alpirsbach (Schwarzw.) ein, wurde, ganz jung Prior, wegen seiner Sprachbegabung zum Studium nach Tübingen entsandt, wo er → Melanchthons Freund wurde. Sein in Wittenberg die Rechte studierender jüngerer Bruder Thomas (s. 2) hielt ihn über → Luther und die Vorgänge um diesen auf dem laufenden, so daß er die tiefe Kluft zum Mönchtum erkannte. Am 5.7.1522 verließ A.B. das Kloster. In dieser Wendezeit seines Lebens, Winter 1522/23, dichtete er sein frühestes ins Gesangbuch aufgenommenes Lied »Wie's Gott gefällt, gefällts mir auch« (EKG 281). 1523 trat B. mit → Zwingli und → Ökolampad in Briefwechsel, ohne ihre Abendmahlslehre zu teilen. Seit 1528 verband ihn enge Freundschaft mit → Bucer in Straßburg, der auf seine Theologie bestimmenden Einfluß gewann. Von 1528, dem Berner ref. Kirchentag, an wirkte B. auch außerhalb Konstanz bei der Reformation der oberdeutschen Städte Ulm, Eßlingen, Memmingen, Augsburg, Lindau kräftig mit, von denen ein Teil bei dem Augsburger Reichstag 1530 sich zur → Confessio Tetrapolitana zusammenschloß. 1534 wurde B. durch den in sein Land zurückgekehrten Herzog Ulrich beauftragt, zusammen mit dem aus Hessen heimgekehrten Prof. Erhard → Schnepf Württemberg zu reformieren. Die Gegnerschaft des strengen Luthertums verdrängte B. 1538 in kränkendster Form aus seinem Amte. Auch in Augsburg, wohin er berufen wurde, vertrieb man ihn wieder. Er kehrte nach Konstanz zurück, bewährte sich in der Pestzeit 1542, erlebte den Zusammenbruch des ev. Wesens durch die Annahme des → Interims 1548. B. mußte in die Verbannung. Er zog nach Winterthur, von wo er mit Calvin in Verbindung trat, half hier und da im Pfarrdienst aus, starb am 6.12.1564.

2. *Thomas* (1499-1570), jüngerer Bruder von 1, * in Konstanz, stud. iur. in Wittenberg, Schüler → Luthers und → Melanchthons, Zeuge der Verbrennung der Bannbulle, begleitete 1521 Luther auf seiner Fahrt nach Worms. Es gelang den Brüdern B., in → Konstanz die Reformation einzuführen. Eine Zuchtordnung brachte eine erstaunliche Umwandlung. 1526-38 war Th.B. Bürgermeister. Das Pestjahr 1542 verschonte auch die treuesten Mitarbeiter nicht, so die aufopfernde Pflegerin der Kranken, die Schwester der Brüder, Margarethe. Der unglückliche Ausgang der Schlacht bei Mühlberg (April 1547) versetzte der ev. Kirche in Konstanz den Todesstoß. Zwar gelang es Th.B., die Bürgerschaft zunächst im Widerstand gegen das Interim festzuhalten. Aber die kath. Partei gewann die Oberhand. Die Stadt gab den Widerstand auf. Ambr.B. floh, Th. blieb und suchte zu retten, was zu retten war. Der Kaiser kannte keine Gnade. Das österreichische Heer vollzog die Reichsacht an der Stadt, die nunmehr Österreich untertänig wurde. Selbst nach dem → Augsburger Religionsfrieden 1555 wurde ihr keine Religionsfreiheit zugestanden. - Th.B. fand im Thurgau bei einer verwitweten Schwester Unterkunft; † in Grießenberg bei Winterthur.

Zu 1 u. 2: F.SCHIESS, Briefwechsel der Brüder A. u Th.B., 1509 bis 1548, 4 Bde, 1908-12. - KOCH II, 62ff - RE III, 251ff; XXIII, 231f - RGG² I, 1142f - O.MICHAELIS, Liederschlüssel Thüringer Gesangbuch, 1928, 149ff - Hdb. z. EKG II, 1: Lebensbilder, 1957, 68f - TH.KEIM, A.Bl., der schwäb. Reformator, 1860 - TH.PRESSEL, A.B.s Leben u. Schriften, 1861 - J.FICKER, Das Konstanzer Bekenntnis f. d. Reichstag zu Augsburg 1530, 1902 - FR.SPITTA, A.Bl., der Dichter u. s. Lieder (MGKK 2-4, 1897-99) - DERS., Das Gesangbuch A.Bl.s (ZKG 38, 1920, 238-261) - DIETH.MEYER, Margarethe B., 1899.
W.Lueken

Blasius, *der Heilige,* Bischof von Sebaste (Armenien), erlitt angeblich während der diokletianischen Verfolgung den Märtyrertod (316). Er gilt als Patron der Ärzte (Rettung eines Knaben, der durch eine Fischgräte zu ersticken drohte) und zählt zu den → Nothelfern (Halsleiden, Kinderkrankheiten). Attribute: ein eiserner Kamm (mit dem er zerfleischt wurde) und zwei kreuzweise übereinandergelegte Kerzen (vgl. den sog. Blasiussegen). Eine der ältesten Abbildungen in S.Clemente in Rom (9.Jh.) und in Deutschland auf dem Kreuzaltar im Dom zu Lübeck von Memling (1491) erhalten.

AS Febr. I, 336ff - POTTHAST II, 1214 - S.HELLMANN, Fragment der Acta S. Blasii (Festgabe für Grauert, 1910, 20-22) - KÜNSTLE II, 137ff - DOYÉ I, 138. *H.Paulus*

Blastares, *Matthaeus,* Mönch zuerst auf dem Athos, dann in Thessalonike, verfaßte dort 1355 ein alphabetisches Handbuch zum nomokanonischen Kirchenrecht, wobei er sich ausgiebig auf → Zonaras und → Balsamon stützt. Seine Kompilation, Syntagma betitelt, erfreute sich in Byzanz und bei den slawischen Völkern besonderer Beliebtheit. Er bekämpfte auch die Lateiner und die Antipalamiten, vielleicht auch die Juden.

Syntagma: RHALLES-POTLES, Syntagma Kanonon VI, 1859 u. MPG 144, 690ff. - Über B.: DDC II, 920ff - A.SOLOVIEV, L'œuvre juridique de M.B. (Studi Bizantini 6, 1939, 698-707). *H.-G.Beck*

Blau, 1. *Felix Anton* (1754-98), * in Walldürn, † in Mainz, zunächst Kaplan in Aschaffenburg, 1782 Prof. für Philosophie, 1784 für Dogmatik an der Bischöflichen Universität → Mainz, vorübergehend auch Subregens des Priesterseminars, schloß sich bei der Eroberung von Mainz, bestimmt durch seinen kantianisierenden Freund Dorsch mit den »Klubisten« den Franzosen an, geriet in preußische Gefangenschaft, aus der er nach zwei Jahren beim Frieden von Basel 1795 entlassen wurde. Nach Abtretung des linken Rheinufers wurde er 1798 Kriminalrichter für das neue Departement Donnersberg (Rheinpfalz) und Bibliothekar der im selben Jahr aufgehobenen Mainzer Universität. B. ist einer der radikalsten Aufklärer im deutschen Katholizismus; mit dem Offenbarungsglauben und Kirchenverständnis völlig zerfallen, vertrat er die Trennung von Staat und Kirche und zusammen mit Dorsch eine durchgreifende Kultusreform.

Vf. u.a.: De regula fidei catholicae, 1780; Beyträge zur Verbesserung des äußern Gottesdienstes in der Cath. Kirche, 1789 (mit DORSCH); Krit. Gesch. der kirchl. Unfehlbarkeit, 1791; Theses selectae de sacramentis, 1791; Über die moral. Bildung des Menschen, 1795; Kritik der seit der Revolution in Frankreich gemachten Religionsverordnungen, 1797. - Über B.: H.BRÜCK, Die rationalist. Bestrebungen im kath. Deutschland, 1865 - ADB II, 694f - F.VIGENER, Gallikanismus u. episkopalist. Strömungen im dt. Katholizismus, 1913 - H.MATZKE, Die Aufklärung im Kurerzbistum Mainz (Diss. Bern), 1919 - B.THIEL, Die Liturgik der Aufklärungszeit in Deutschland (Diss. Breslau), 1926 - H.HAINEBACH, Studien zum lit. Leben der Aufklärungszeit in Mainz (Diss. Gießen), 1936 - R.HAASS, Die geistige Haltung d. kath. Universitäten Deutschlands im 18.Jh., 1952.
Ernst Wolf

2. *Paul* (1861-1944), ev. Theologe, in Sarajewo aufgewachsen, seit 1885 im preußischen Pfarrdienst, leitete als General-Sup. seit 1911 das Posener Kirchengebiet, der polnischen (1920-39) wie der nationalsozialistischen Herrschaft (1939ff) standhaltend. B. war ein Mann der Inneren Mission, zugleich vielen modernen kirchlichen Arbeitswegen aufgeschlossen. → Polen.

Schriften: RGG² I, 1144; dazu: Prakt. Seelsorge, 2 Bde, 1925²; Lebenserinnerungen, 1931 u. 1937-42; Gedichte 1948ff. - Über B.: Ev. Diaspora Bd 18 u. 25, 1936 u. 1954 - NDB II, 293 - A.RHODE, Gesch. d. ev. Kirche im Posener Lande, 1956. *W.Jannasch*

Blaues Kreuz → Innere Mission, → Suchten.

Blaurer, *Ambrosius und Thomas,* → Blarer.

Blavatsky, *Helena Petrovna* (1831-91), * in Jekaterinoslav (Dnjepropetrowsk) als Tochter des Obersten Peter Hahn, bereits als Kind lebhaft an spiritistisch-okkultistischen Phänomenen und Künsten interessiert, selbst stark mediumistisch veranlagt, heiratete 1848 den viel älteren General B., verließ ihn nach kurzer Zeit und hielt sich dann in Amerika, seit 1858 wieder in Rußland, dann angeblich in Indien und Tibet auf. 1870 lebte sie jedenfalls in Kairo und seit 1873 in New York, wo sie mit ihrem Spiritismus Anklang fand. 1875 gründete sie mit dem Obersten und späteren Lebensversicherungsagenten Henry Steel Olcott die → Theosophische Gesellschaft und ließ den Verkehr mit Geistern (»John King«) zugunsten des Studiums okkultistischer Literatur zurücktreten. Als angebliche Witwe heiratete sie einen Armenier Michael Bettalay und veröffentlichte 1877 ihr Hauptwerk: Isis unveiled (Die entschleierte Isis, dt. von A.K. u. K.W., 1907-20), eine bunte Kompilation aus der okkultistischen Literatur aller Zeiten, die den Anhängern als inspiriert galt und später auf die Mahatma zurückgeführt wurde, voll scharfer Angriffe auf Christentum und westliche Wissenschaft. Die Enthüllung spiritistischer Schwindeleien drängte die B. und Olcott 1879 nach Indien, wo sie 1882 als Sekretärin der Theosophischen Gesellschaft bei Madras das Hauptquartier »Adyar« aufschlug, buddhistische, zT auch hinduistische Elemente in ihre theosophische Geheimlehre verarbeitete und die »Meister« in Tibet entdeckte, die »großen Seelen« (Mahatma), mit denen sie schon Jahre vorher verkehrt haben wollte. R. → Steiner ließ sich davon anregen (Akascha-Chronik). Okkultistische Praktiken und »Wunder« suchte man, teilweise mit Erfolg, zu entlarven; das führte 1884 zu einer Krise der stark angewachsenen Bewegung (Coulomb-Affäre) und zu Untersuchungen durch die Londoner Society for Psychical Research (Fälschung der Mahatma-Briefe). B. ging 1885 nach Würzburg und Elberfeld, gründete 1889 eine esoterische Schule und publizierte ihre »Geheimlehre« (3 Bde, dt.v. R.Frobe, 1900 bis 1906; 4 Bde, 1957f), die von der Geheimwissenschaft Ägyptens und Indiens her das Rätsel des Seins lösen will und sich auf ein apokryphes »Buch des Dzyan« zurückführt. Annie Besant hat später, durch dieses Werk der B. bekehrt, die Theosophie zu einem esoterischen Hinduismus abgewandelt und noch 1907 B. literarisch verteidigt (H.P.B. and the Master of Wisdom).

Über B.: Proceedings of the Society for Psychical Research, 9, 1885, 201-400; 24, 1893, 129-159 - V.S.SOLOVYOFF, A modern Priestess of Isis, London 1895 - A.P.SINNETT, Incidents in the life of Madame B., London, (1886) 1913² - H.FREIMARK, H.P.B., 1906 - L.J. FROHNMEYER, Die theosoph. Bewegung, 1920 - J.W.HAUER, Werden u. Wesen der Anthroposophie, 1922. - Vgl. → Anthroposophie, → Theosophie. *Ernst Wolf*

Blessig, *Jean-Laurent* (1747-1816), ev. Theologe. Abgesehen von einer Studienreise (1772-75), einem Aufenthalt in Paris in reiferen Jahren und einer kurzen Periode politischen Exils (1793) blieb B. sein ganzes Leben lang seiner Vaterstadt Straßburg treu. Hier erhielt er seine Ausbildung, zuletzt auf der Universität. Seit 1775 Erzieher am Gymnasium, wird er 1786 Professor an der Universität, zugleich Pfarrer (1787 an der Neuen Kirche) und Mitglied des Direktoriums der »Kirche Augsburgischen Bekenntnisses« im Elsaß. Während der Schreckenszeit spielte B. eine bedeutende politische Rolle, die ihm Verbannung und Haft einbrachte (1793). Nach den Revolutionswirren war B. um eine gesetzliche Neuregelung bemüht, bis zum Gesetz vom »18. Germinal des Jahres 10« (1802; sog. »Organische Artikel« über die Verfassung der prot. Kirchen, die noch heute im Elsaß in Kraft sind). – B.s literarisches Werk umfaßt eine große Anzahl von Reden, Predigten und Gelegenheitsschriften (meist deutsch, einige franz.). Sein Discours à l'occasion de la translation du corps de M. le Maréchal de Saxe dans l'Eglise de St. Thomas le 20 août 1777 ist berühmt geblieben. Die Struktur seines deutlich supranaturalistisch bestimmten Denkens zeigen zwei in der Bibl. d. Prot. Seminars zu Straßburg aufbewahrte Nachschriften seiner Kollegs über »Dogmatik« und »Moral«.

Bibliogr. bei C.M.Fritz, Leben D.J.L.B.s I, Straßburg 1818, 336ff, zu ergänzen durch die schöne Sammlung in der Bibliothek des Prot. Seminars (Thomasstift), Straßburg. – Über B.: E.Hertzog, J.L.B., o.J. – P.Petersen, Erinnerungen an B.s Glauben u. Liebe, 1817 – Fr.Riff, Das Vater Unser, oder Dr. B. während der Schreckenszeit, 1883 – A.Fröhlich, Dr. J.L.B., ein Vorkämpfer des religiösen Liberalismus im Elsaß, 1891 – RE III, 257ff – Ch.Th.Gerold, La Faculté de Théol. et le Séminaire Prot. de Strasbourg (1803-72), 1923, 16ff – DBF VI, 686f – NDB II, 600. *R.Voeltzel*

Blick. Wie ein gesprochenes → Wort eine Wirklichkeit in → Segen und Fluch schaffen kann, so stiftet auch das Auge mit dem »bösen« oder dem guten (segnenden) B. Schaden oder Heilvolles. Der böse B. geht von Tieren (»Basiliskenblick«), Menschen (vgl. Spr 23, 6; Mt 20, 5) und Göttern aus, der segnende B. allein von Göttern (→ Aaronitischer Segen, Num 6, 25; Horaz, Carmina 4, 3) und Menschen. Der böse B., engl. evil eye, lat. fascinatio, griech. βασκανία (thrakisch-illyrisch? nicht hellenisch!), dh »Zauberei« und »Verleumdung«, begegnet in vielen Religionen der Vergangenheit und Gegenwart. Die »Schaden durch Schaden« abwehrenden Augen an griechischen Schalen und an Schiffen sowie auf → Amuletten zeugen von der hohen Bedeutung des bösen B.s im antiken Volksglauben. Was den segnenden B. angeht, so betrachtet zB Hesiod (7.Jh. vChr) die Gabe der Könige (= Richter), einschmeichelnd süß, wahrhaftig und recht zu sprechen, als ein Geschenk des Musen-B.s. Hierhin gehört auch Pindars Vorstellung vom Segens-B. des Gottes (Olymp. Ode 7, 11), ebenso Aischylos, bei dem sich in den »Eumeniden« (bes. 440ff) die Rachegöttinnen schaurigen Antlitzes zu Göttinnen mit Glück verheißendem B. entwickeln, und auch das (griechische) Gebet um den »gnädigen« B. Nachwirkung des Horaz und dieser Vorstellungsweise bei Klopstocks Lehrling der Griechen: »Wen des Genius Blick, als er geboren ward, mit einweihendem Lächeln sah...«, während der »Retterblick« in Faust II (letzte Szene) christliches Kolorit trägt.

S.Seligmann, Der böse B. u. Verwandtes, 1910 – Ders., Die Zauberkraft des Auges u. das Berufen, 1922 – ERE V, 608ff – HWDA I, 679ff – RAC I, 437ff. 957ff; II, 429ff. 473ff – RÄRG 854ff – D.Frey, Dämonie des B.s (AAMZ 1953, 6; kunstgeschichtlich orientiert) – M.Riemschneider, Fragen zur vorgeschichtl. Religion. 1. Augengott u. heilige Hochzeit, 1954. *K.Deichgräber*

Blindenfürsorge

1. Die B. ist bis in die Neuzeit hinein meist als lediglich karitative Aufgabe verstanden worden. Erst pädagogische Erfahrungen des 17. und 18.Jh.s zeigten Wege zu einer Blindenbildung, die Selbsthilfe und Selbständigkeit auch dem Blinden ermöglichte (Valentin Hauy, 1745-1822). Preußen wirkte durch seine Blindenanstalten (seit 1806) bahnbrechend. Schul- und Berufsausbildung sind in neuerer Zeit immer stärker als die entscheidenden Mittel der B. ausgebaut worden. Gesetzlich geregelt wurde die Schulausbildung durch das Reichsschulpflichtgesetz von 1938, das die bis dahin bestehenden Länderregelungen ablöste. Es sieht eine Schul- und Berufsschulpflicht für blinde Kinder vor. Das Ziel ist damit gegeben: B. soll durch Erziehung und Ausbildung dazu helfen, daß der Blinde durch die Erlernung eines Berufes dazu befähigt wird, sich selbst zu erhalten und einen befriedigenden Lebensinhalt zu finden. Der Kreis der für Blinde zugänglichen Berufe hat sich immer mehr erweitert. Neben die alten typischen »Blindenberufe« (Korbflechten, Bürstenbinden usw) sind heute viele Berufe in Handwerk und Industrie getreten, die den Blinden besser zu befriedigen vermögen. Eine höhere Schulbildung ermöglicht die Blindenstudienanstalt in Marburg/L. (C.Strehl).

2. Die *Sondererziehung* der Blinden ist heute hoch entwickelt. Sie fordert eine möglichst frühzeitig einsetzende Herausnahme des Kindes aus der sehenden Umwelt, damit nicht Selbstwertgefühl und Leistungswille des Kindes von vornherein Schaden nehmen. Die frühzeitige Trennung des Kindes von der eigenen Familie muß daher in Kauf genommen werden. Sodann sucht sie durch Bewegungsschulung den Raumsinn, durch systematische Übung den Tastsinn zu entwickeln. Damit öffnet die Blindenerziehung den Zugang zur Blindenschrift, zu Werkzeugen und Instrumenten. Die außerordentlich verfeinerte Methodik führt dazu, daß heute die Blindenschule das Ziel der Normalschule voll erreicht.

3. Die Frage nach dem Sinn seines Mangels tritt an den Blinden immer wieder mit elementarer Wucht heran. Sie schlägt sich in fatalistischer Resignation oder auch in ressentimentgeladener Auflehnung gegen sein Schicksal nieder, wenn sie nicht die Antwort des Glaubens findet. Die *Einzelseelsorge* am Blinden darf darum weder verweichlichen oder bemitleiden noch überfordern. Es kommt darauf an, zu ermutigen und dem Blinden zu zeigen, daß er als vollwertiger Mensch anerkannt wird. Eine wesentliche Hilfe ist die Verbreitung von christlicher Blindenliteratur und entsprechenden Zeitschriften. Vielfach hat sich auch die Ermöglichung gegenseitiger Seelsorge in »Blindenkreisen« bewährt. Sie entspricht der besonders gut ausgebauten Arbeit anderer Selbsthilfeorganisationen der Blinden.

4. Blindenanstalten bestehen *in der ev. Kirche* seit 1832. Der »Christliche Blindendienst e. V.« (Fachverband der Inneren Mission, Leitung: P.Berner, Schleswig) wirkt seit 1904 (zunächst unter dem Namen »Gesellschaft für christliches Leben unter den Blinden«). Ihm ist vor allem die Übertragung der Bibel, des Katechismus und des Gesangbuches sowie anderer Schriften in Blindenschrift zu verdanken, außerdem eine Freizeit- und Kreisarbeit von erheblichem Ausmaß (120 Blindenkreise).

Zur B. in der Mission → Blindenmission.

Zeitschriften für Blinde: »Der beste Freund« (in Blindenschrift); »Licht in das Dunkel« (zum Vorlesen). – W.Steinberg, Hauptprobleme der Blindenpsychologie, 1927 – C.Strehl, Hdb. der Blindenwohlfahrtspflege, 1927 – P.Meurer, Ratgeber für Blinde, 1939. *K.Janssen*

Blindenmission. Es gibt etwa 20 Mill. Blinde in der Welt. Die Mehrzahl von ihnen lebt in den sog. unterentwickelten Ländern, die sich praktisch mit den Arbeitsgebieten der christlichen Missionen decken. Unterernährung und Mangel an einfachster Hygiene bewirken die verschiedensten Krankheiten, wie Pocken, Tuberkulose, Aussatz, Rückfallfieber, Trachom (»ägyptische Augenkrankheit«) u.a., in deren Folge die Erblindung eintritt. Das Los der Blinden ist meist sehr traurig; als Bettler fristen sie mühsam ihr Leben. Deshalb haben ev. und kath. Missionen in der Betreuung von Blinden immer eine vordringliche Aufgabe christlicher Nächstenliebe gesehen. Die Domäne für Blindenarbeit war stets China. Dort verbot der Geisterglaube geradezu die Aufnahme blinder Mädchen in den Familienverband; wenn sie nicht getötet oder ausgesetzt wurden, verfielen sie der Prostitution. Darum hatte in China jede größere Missionsgesellschaft Blindenschulen und Internate, vor allem für Mädchen. Daneben gab es aber auch Missionen, die sich ausschließlich der Sammlung und Erziehung von Blinden widmeten. Auf deutscher Seite ist hier die 1892 entstandene → Hildesheimer China-B. zu nennen, die in Meishien und in Hongkong blinde Mädchen aufnahm. Durch Handarbeiten trugen diese selbst zu ihrem Lebensunterhalt bei. Auch Lehrerinnen, Organistinnen und → Bibelfrauen sind aus diesen Anstalten hervorgegangen. Ähnliche Ziele verfolgte die 1920 gegründete Shekki-B. in der Kantonprovinz. Die politische Entwicklung in China brachte auch die B. zum Erliegen. Die Hildesheimer B. konnte aber ihre Arbeit in Hongkong weiterführen. Die → Christoffel-B. im Orient hat heute noch ein kleines Heim für blinde und taubstumme Knaben in Isfahan (Iran). – In den angloamerikanischen Missionen nimmt die Blindenfürsorge einen breiten Raum ein. Die britischen und amerikanischen Gesellschaften aller Denominationen haben Blindenschulen und Internate in allen in Betracht kommenden Ländern. In Amerika hat dazu die Blindenarbeit im Lande selbst und in Übersee durch Helen Keller mächtigen Auftrieb bekommen. H.Keller ist auch die Präsidentin der größten B. überhaupt, der John Milton Society. Seit 1928 treibt sie auf interdenominationeller Grundlage in 37 Institutionen in 17 verschiedenen Ländern Blindenarbeit größten Stils. Sie bedient sich dabei auch weitgehend der Schriftenverbreitung in normaler und in Blindenschrift. – Als Beispiel eigener B. in den jungen Kirchen ist die 1896 von der Inderin Pandita Ramabai ins Leben gerufene Ramabai Mukti Mission bemerkenswert. – Für die röm.-kath. Mission ist besonders die Schule für Blinde und Taubstumme in Madras (Indien) zu nennen.

G.Brennecke, Die Träger der dt. Weltmission, 1939 – E.G.Nauck, Lehrbuch der Tropenkrankheiten, 1956 – Das ausgedehnte Schrifttum der Ev. Missionsgesellschaften (Jahresberichte, Werbeschriften usw) in aller Welt, insbesondere das der John Milton Society, 160 Fifth Ave. New York 10, N.Y. *S.Müller*

Blix, *Elias* (1836–1902), norwegischer Liederdichter, nach Studium der Theologie und der semitischen Sprachen 1879 Prof. in Christiania (Oslo), 1884–88 Kultusminister. Seine Hauptleistung liegt auf dem Gebiet der neunorwegischen Sprachbewegung (Landsmaalsbevegelsen). Seine kleine Sammlung von teils eigenen, teils übersetzten religiösen Liedern (»Nokre Salmar«, 1869), in späteren Ausgaben öfter erweitert, seit 1892 neben anderen Gesangbüchern im Gottesdienst gebraucht, wurde für diese Bewegung besonders wichtig. Ihr folgten 1900 »Salmar og Songar«. Seine originalen Lieder sind von einer treuherzigen, echt volkstümlichen biblischen Frömmigkeit und einem heimatlichen Naturgefühl getragen. Im neuen norwegischen Gesangbuch von 1926 finden sich unter 900 Liedern mehr als 100 B.lieder. Dagegen war die Übersetzung des NT 1882–89 von B. (u.a.) mit ihrer literarischen, archaischen, »hochnorwegischen« Sprache nicht volkstümlich, wenn sie auch die neunorwegische Bibel von 1939 beeinflußt hat.

E.Berggrav, E.B., 1936. *K.Valkner*

Blommaerdinne, Mystikerin und Begine in Brüssel, † 1335. Sie bedachte mehrere Kirchen mit wertvollen Legaten; in ihrer Nähe wohnte → Jan van Ruysbroek, der mit ihr einen wahrscheinlich nur nachbarlichen Streit hatte – ohne dogmatischen Hintergrund, den erst Ruysbroeks Biograph Pomerius (1382–1469) hinzugefügt haben dürfte.

Henricus Pomerius, De Origine monasterii Viridisvallis (AnBoll 4, 1885, 257–322). – St.Axters, Geschiedenis van de Vroomheid in de Nederlanden II: De eeuw van Ruusbroec, Antwerpen 1953. *St.Axters*

Blondel, 1. *David* (1590–1655), hugenottischer Theologe * in Châlons-sur-Marne. Nach Studium in Genf wurde er 1614 ref. Pfarrer in Houdan (bei Paris). Nach dem Tode des G.J. → Vossius (1649) kam er als dessen Nachfolger an das Athenaeum in Amsterdam, wo er in der Folge verschiedentlich als Arminianer verdächtigt wurde. Trotz seiner zahlreichen Streitschriften gegen die kath. Kirche wird B. von P. → Bayle besonders als Kirchenhistoriker gerühmt.

Vf. u.a.: Modeste déclaration de la sincérité des Eglises réformées en France, 1619; Pseudo-Isidorus et Turrianus vapulantes, 1628 (gegen den Jesuiten Francisco Torres); Traité hist. de la primauté en l'Eglise, 1641. – Über B.: La France prot.[2] II, 623 ff – NNBW VII, 143 f – DBF VI, 1954, 698 f. *H.R.Guggisberg*

2. *Maurice* (1861–1941), * in Dijon, Philosoph. Zur Zeit des Bergsonismus und Modernismus erweckte seine Doktorarbeit über die »Tat« (1893) sowie deren Fortsetzung »Brief über die Apologetik« großes Interesse und lebhafte Kontroversen. Zwar wurde er von Rom nicht verurteilt, doch veröffentlichte B. so gut wie nichts und weigerte sich, sein Hauptwerk wieder herauszugeben. Er stellte dessen Grundlagen der traditionellen Philosophie gegenüber und veröffentlichte dann seit 1934 nacheinander »Das Denken«, »Das Sein und die Wesen«, »Die Tat« (Neue Fassung), »Der Philosoph und der christliche Geist«. Indem er die Tat erforscht, will B. kein Pragmatist sein, sondern dem menschlichen Wesen auf den Grund gehen. Die Tat verrät eine Unruhe und einen Mangel an Gleichgewicht zwischen dem Können und dem Wollen; der Mensch ist auf der dauernden Suche nach einer unerreichbaren Vollendung. Durch eine Beschreibung, die rein philosophisch sein soll, führt B. bis zu dem Punkt, wo der Anruf des Übernatürlichen ertönen soll, welches in der hinreichend analysierten Erfahrung wie in einer Gravur vorgebildet ist. Es ist die »Methode der Immanenz«. Die großen Synthesen seines Alters sind ein gewaltiges Werk, dessen Einfluß aber nicht so tief zu sein scheint wie sein Buch »Die Tat«.

Etudes blondéliennes (seit 1951) – B.Romeyer, La philosophie religieuse de M.B., 1943 – H.Duméry, B. et la Religion, Paris 1954. *P.Burgelin*

Blount, *Charles* (1654–93), Sohn des weitgereisten Juristen Sir Henry B. (1602–82), eines Skeptikers, Verf.s des vielgelesenen Reisebuches Voyage to the Levant (1636, 1671[8]; dt. 1687). Er selbst trat im gleichen Sinne mit Schriften hervor, besonders als Anwalt der Gewissensfreiheit, wobei er → Miltons Areopagitica ausschrieb. Bewunderer von → Hobbes, sandte er ihm seine erste Schrift Anima Mundi or Historical Relation of the Opinions of the Ancients concerning Man's Soul after this Life 1678/79. Nach Hobbes' Tod verfaßte er einen volkstümlichen Traktat Last Sayings and Dying Legacy of Mr. Hobbes 1679 (Auszüge aus dem Leviathan). Sein Buch Great is the Diana of the Ephesians 1680 wandte sich gegen Priesterherrschaft in jeder Form; seine Übersetzung von Philostrat (1680), die in ihrem Kommentar auf → Herbert von Cherbury zurückgehen soll, parallelisierte Jesus mit → Apollonius von Tyana, um die Ohnmacht des Wunderbeweises darzulegen. Auf Herbert von Cherburys natürlicher Religion fußt seine Religio Laici (1682). In dem Traktat Junius Brutus 1688 wollte er einen röm.-kath. Anschlag auf die britische Regierung nachweisen. In seinem Briefwechsel (posthum 1693) griff er die biblische Urgeschichte an. Positiv vertrat er eine Vereinigung von Herberts Deismus mit dem strengen Staatskirchentum von Hobbes.

DNB II, 705ff - G.V.LECHLER, Gesch. des engl. Deismus, 1841. - Miscellaneous Works 1695. *M.Schmidt*

Bloy, *Léon* (1846-1917), erst neuerdings in seiner entscheidenden Bedeutung erkannter Wegbereiter des renouveau catholique. Aus bescheidenen Verhältnissen stammend, Autodidakt, führte B. ein schweres, oft an das Elend streifendes Leben. Selbst vereinsamt, wirkte er stark auf einzelne Menschen. Sein widerspruchsvoller Charakter - B. war leidenschaftlich, gewaltsam, sinnlich, daneben sanft, schüchtern, rein, zu blindem Haß und zu glühender Liebe fähig - und sein oft romantisch überschwenglicher Stil erschweren den Zugang zu ihm. Nicht selten verliert er sich in gewagte theologische Spekulationen. → Maistre, Barbey d'Aurevilly, → Carlyle, → Verlaine, Villiers, Hello haben auf ihn gewirkt. B. fühlte sich berufen, seiner Zeit zu widersprechen. So trat er ihrem Fortschrittsglauben, ihrer Überschätzung der Vernunft, der Verbürgerlichung des Christentums entgegen und verherrlichte die Armut. Er erwartete ein unmittelbares Eingreifen Gottes in die Geschehnisse seiner Zeit und hatte ein Gespür für die Sünde, die Gnade, das Wunder. Er kennt die sühnende Kraft des Gebets und des Leidens. Jedes echte religiöse Erlebnis enthält für ihn einen mystischen Kern. Unter den von ihm zum kath. Christentum Bekehrten befinden sich J. → Maritain und dessen Frau Raïssa.

Acht Bände Tagebücher, darin großartige Fragmente religiöser Prosa, zahllose Briefe, zwei stark autobiographisch bestimmte Romane (Le Désespéré, 1886; La Femme pauvre, 1897); Monographien über Kolumbus, Marie-Antoinette, Napoleon im Sinne einer symbolischen Geschichtsauffassung; Versuch einer christl. Deutung des Judentums (Le Salut par les Juifs, 1892); kritische Aufsätze; posthum: Le Symbolisme de l'Apparition, 1925 (verteidigt die Erscheinungen von La Salette). - Über B.: M.-J.LORY, La Pensée religieuse de L.B., 1951 (Lit.) - J.STEINMANN, L.B., 1956. *E.Schramm*

Blumhardt, 1. *Johann Christoph* (1805-80), * in Stuttgart, wuchs in der geistigen Luft des von den Reichsgottesgedanken eines → Bengel, → Oetinger und Ph.M. → Hahn befruchteten württembergischen Pietismus auf, studierte in Tübingen Theologie und war Lehrer am Basler Missionshaus. Von Kind auf trug B. in sich eine heiße Sehnsucht nach dem Erleben göttlicher Wirklichkeit. In seiner Gemeinde Möttlingen bei Calw (1838-52) tat er in einer langen, schweren Krankheit eines Mädchens aus seiner Gemeinde, der Gottliebin Dittus, Einblicke in die Gebundenheit menschlicher Seelen und in die Macht des auf dem Volksleben lastenden Aberglaubens. In geistigem Ringen, ausschließlich auf die Macht Gottes vertrauend, erlebte er an der Kranken einen durchschlagenden Sieg Jesu Christi. Sein Losungswort war von da an: »Jesus ist Sieger!« Ohne sein Zutun begann in der Gemeinde eine weite Kreise ziehende Bußbewegung, die sich durch große Nüchternheit auszeichnete und tiefe Wirkungen auf das Volksleben ausübte. Heilungen leiblicher Krankheiten, die ungesucht sich einstellten, erschienen als selbstverständliche Folgen des Offenbarwerdens der Macht Jesu Christi. Auf Grund solcher Erfahrungen wurde B. der Mann der Hoffnung, in dem die biblischen Verheißungen neu lebendig wurden, ohne daß er je in ein Rechnen oder Prophezeien verfiel. Eine Erweiterung des äußeren Rahmens seiner Wirksamkeit brachte die durch großen Menschenandrang veranlaßte Übersiedlung in das Bad Boll. Hier lebte, kämpfte und hoffte er (1852-80) als Hausvater einer sich aus vielen Ländern um ihn sammelnden Gemeinde, in ausgedehntem Briefwechsel mit Hilfesuchenden aus weiten Kreisen, als lebensvoller Zeuge bei christlichen Festen und Veranstaltungen, als volkstümliche Persönlichkeit von schlichter Einfachheit und kindlich froher Natürlichkeit.

2. *Christoph* (1842-1919), Sohn von 1, * in Möttlingen bei Calw, aufgewachsen in den Erlebnissen und Hoffnungen seines Vaters, studierte Theologie, war einige Jahre Vikar und trat 1869 an die Seite seines Vaters. Nach dessen Tod übernahm er 1880 die Leitung von Bad Boll. Durch den ihm immer wieder entgegentretenden christlichen Egoismus, in dem er ein Haupthindernis des Reiches Gottes erkannte, sah er sich genötigt, einen scharfen Kampf aufzunehmen gegen alles »Fleisch« in der Religion. Nach rückhaltloser Anerkennung der Gerechtigkeit Gottes, deren Gericht über alles menschliche Wesen ergeht, verkündigte er »als einer, der Vollmacht hatte«, die Liebe Gottes zur Welt und sein großes, nicht an Kirche und Christenheit gebundenes Wirken. Der Glaube an die alles umfassende Liebe Gottes veranlaßte ihn, an den Bewegungen seiner Zeit nicht in der Art eines weltabgewandten Pietismus vorüberzugehen, sondern das Positive in Naturwissenschaft und Sozialismus anzuerkennen; das Mitgefühl mit der ringenden und aufwärtsstrebenden Arbeiterschaft führte ihn in die Arbeiterwelt und schließlich in die Sozialdemokratische Partei, deren Abgeordneter im Württembergischen Landtag er 1900-06 war. Dieser von seinen Zeitgenossen vielfach mißdeutete Schritt sollte eine prophetische Tat sein im Namen Jesu, der auch mit den Zöllnern sich verband. In den Jahren seiner politischen Tätigkeit aber erkannte er, daß »der Versuch, seine Gottesidee ins Irdische zu tragen, keine Wurzel fassen könne in einer Zeit, in der die Menschen glauben, sie und sie allein können eine Menschheit des Glückes schaffen«.

Die *Botschaft der beiden B.* kann so wenig wie die Botschaft der Bibel systematisch erfaßt werden, ohne daß ihr Gewalt angetan wird. Beide sind nicht Männer des Denkens, sondern des Lebens und Erlebens. Ihre Eigenart tritt besonders ins Licht im Vergleich mit verwandten und teilweise aus der Geisteswelt von Bad Boll abgeleiteten Geistesrichtungen (Joh. → Müller, → Lhotzky, → Religiös-soziale Bewegung, → Kutter, → Ragaz, K. → Barth), von denen sich ihre Haltung durch stärkere Betonung der objektiven Wirklichkeit Gottes und seines Reiches, durch das Fehlen des aggressiven Kampfgeistes und durch ihre biblische Schlichtheit unterscheidet. Das Reich Gottes ist ihnen ein durch göttliches Wirken werdender, Diesseits und Jenseits umfassender Organismus; Jesus, der »Menschensohn«, der »Mensch der Menschen«, ist ihnen der Heiland aller Welt, der in göttlicher Kraft alle gottfeindlichen Mächte überwindet; die Aufgabe der Gemeinde Jesu Christi, die hoch über allen kirchlichen Richtungen und Parteien steht, ist Kampf um das Reich Gottes in der Nachfolge Jesu Christi. Aber die Scheidung zwischen Kindern Gottes und Kindern der Welt ist grundsätzlich aufgehoben im Glauben an den universalen Liebes- und Erlösungswillen Gottes, der auch Menschen, die ihn noch nicht kennen, in seinen Dienst stellt und alle Lebensgebiete mit seinem Geist schöpferisch durchdringt. In solchem, durch die beiden B. genährten Hoffen und Glauben sind noch heute viele Menschen geeint. Seit 1920 scheint dabei die Art des älteren B. eher noch wirksamer zu sein. Sie reicht vom Pietismus bis zum Interesse der an den okkulten Vorgängen (→ Okkultismus) interessierten Kreise, von den adventistisch bewegten bis zu ausgesprochen kirchlichen Männern und solchen, die ausgesprochen nicht der religiösen Christenheit angehören. Gemeinsam ist allen die Verehrung für die Größe der schwäbischen Landpfarrer, die den Glauben an die leibhaftige Heilandsmacht Jesu verkündigen, Taten bezeugen und durch eine eigenartige Form die Gemeinschaft ehren, die gegenüber der dogmatischen Abgrenzung der Kirchenleute als ein Bild des neuen Lebens erschien. Die enge Verbindung von Bad Boll mit der Brüdergemeine (→ Brüderunität: II) hat zudem den »christozentrischen« Charakter der Frömmigkeit verstärkt. Die Losung »Jesus allein!« bildet so gegenüber den weltlichen Tendenzen eine Erinnerung an die Herkunft aus Möttlingen. Vermutlich wird diese Form der Überlieferung, die aller Sektenbildung und Schulgründung widerstrebte, auch eine Bürgschaft für die Weiterwirkung sein, sowie der Versuch des jüngeren B., »weiter zu sein« als der Vater, »säkularen« Ideen und Methoden den Eingang erleichterte, während gerade das »Skandalon« der Anfangszeit die Bahn frei ließ für das Andersartige, Charismatische, das die Kirche an ihren Anfang und an ihre weissagende Verheißung erinnert.

Zu 1 u. 2: F.Zündel, J.Chr.B., ein Lebensbild, (1880) 1942[14] - RE III, 264ff - Chr.B.s Predigten u. Andachten, hg.v. R.Lejeune, 5 Bde, 1925ff - Auswahl-Bde von B. Vater u. Sohn; Lieder aus Bad Boll, 1927. - L.Ragaz, Der Kampf um das Reich Gottes in B. Vater u. Sohn u. weiter, (1922) 1926[2] - E.Jäckh, B. Vater u. Sohn u. ihre Botschaft, (1924) 1925[2] - W.Heinsius, J.Chr.B.s Hoffnungsgedanken in ihrer Bedeutung für die Gegenwart (ChW 1924, Nr. 1-6) - E.Thurneysen, Chr.B., 1926 - Barth, PrTh 588ff - L.Rimbault, Le sens du ministère évangélique chez J.Chr.B. (EThR 22, 1947, 180-191) - W.Schulte, Was kann der Arzt u. Psychiater zu J.Chr. B., zu Krankheit u. Besessenheit sagen? (EvTh 9, 1949/50, 151-169) - Ders., Zu den Heilungen J.Chr.B.s (EvTh 10, 1950/51, 91-94) - O.Bruder, Zu den Heilungen B.s (EvTh 9, 1949/50, 478-480) - B.s Kampf (B.s Bericht über Krankheit u. Heilung der G.Dittus), mit einer Einf. v.W.Koller, o.J. (1949)[5]. *† E.Jäckh (G.Merz)*

Bluntschli, *Johann Caspar,* * 7.3.1808 in Zürich, † 26.10. 1881 in Karlsruhe, wurde nach seinem Studium in Berlin und Bonn 1833 Prof. für römisches Recht in Zürich, nahm bald lebhaft am politischen Leben teil (Zürcher Privatrechtsbuch, 1853), auch am sog. Straußenhandel (1839, D.Fr. → Strauß). Konservativ eingestellt, ging er gegen Weitling und B. → Bauer vor. 1845 wurde er Präsident des Großen Rats, ging aber schon 1848 verärgert nach München, von dort 1861 nach Heidelberg. Als Jurist näherte er sich wieder dem → Naturrecht und von da aus dem → Völkerrecht. 1873 hat er das Institut de droit international in Genf mitbegründet. In → Baden war B. politisch (in der Ersten, später als Präsident in der Zweiten Kammer) auf national-liberaler Linie tätig, vor allem aber kirchenpolitisch als Mitbegründer des → Protestantenvereins, Präsident der ersten Protestantentage und der badischen Landessynode.

Vf. u.a.: Staats- u. Rechtsgesch. der Stadt u. Landschaft Zürich, 2 Bde, 1938/39; Gesch. der Republik Zürich, 2 Bde, 1846; Gesch. des schweiz. Bundesstaatsrechts, 1849; Deutsches Privatrecht, (1853) 1864[3] (F.Dahn); Allg. Staatsrecht, 2 Bde, 1851/52, zus. mit Allg. Staatslehre als »Lehre vom modernen Staat«, 1885[6]; Gesch. d. allg. Staatsrechts u. der Politik, 1864; Das moderne Völkerrecht, 1868; Politik als Wissenschaft, 1876; Ges. kl. Schriften, 2 Bde, 1879/81; Denkwürdiges aus meinem Leben, 3 T.e, 1884 (hg.v. R.Seyerlen); Briefwechsel mit Savigny, Niebuhr, Ranke, J.Grimm u.a., hg.v. Oechsli, 1915 - Hg. des Staatswörterbuchs, 11 Bde, 1857-70. - Über B.: Bad. Biogr. IV, 1891, 35ff - F.Meili, B. u. seine Bedeutung für die mod. Rechtswissenschaft, 1903 - H.Bluntschli, J.C.B. in seiner Stellung zu den geist. Strömungen s. Zeit, 1908 - Schweizer Juristen der letzten 100 Jahre, 1945, 135-168 (H.Fritzsche; Lit.) - NDB II, 337f. *Ernst Wolf*

Blut

1. Religionsgeschichtlich - 2. Im AT. - Vgl. → Blut Christi

1. Die Wertung des B.es als einer Leben gebenden Substanz entspringt aus zwei Quellen: a) Das weibliche Menstruations-B. inspirierte den Gedanken der Abstammung und der »B.sverwandtschaft« (im Sinne der cognatio); hieran knüpfen bis zum volkstümlichen und rechtlichen Sprachgebrauch der Gegenwart alle jene Begriffe an, die Abstammung und Abstammungsgemeinschaft (»B.sgemeinschaft«), Sexualverbindungen (»B.schande«), aber auch gestiftete Gemeinschaften (»B.sbrüderschaft«) im Bilde des B.es symbolisieren. b) Die Erfahrung des Verblutungstodes beim Menschen und beim erlegten Wild lenkte auf den Gedanken, daß das Leben im B. steckt; diese Erfahrung stammt kulturhistorisch aus einer jägerischen Wurzel.

Als Träger der Lebenskraft ist das B. von magischer Bedeutung. Auf den Hauspfosten geschmiert, verleiht es dem Bau Dauer (→ Bauopfer). Äußerlich angewandt, kann es Krankheiten heilen; getrunken verleiht es Kraft. Von den Jägern gemeinsam rituell auf die Erde geschüttetes B. bewirkt bei Australiern, daß die Känguruhs aus dem Boden wachsen (→ Australien). - Möglich ist stellenweise statt des B.es die Verwendung »analoger« Substanzen, zB der roten Farbe, des Weines (»Traubenbluts«) oder des Erlenrindensaftes (→ Bärenfest).

Eine im eigentlichen Sinn religiöse Rolle spielt das B. in zahlreichen orgiastischen Kulten, zB im → Dionysos-Kult sowie in den tantrischen Riten Nordostindiens, wo das blutige → Opfer (pûjâ, urspr. ein → Menschenopfer) in Verbindung mit Alkohol-, Fleisch- und Sexualorgien auftritt. Sublimierung der Opferidee kann zum Verbot blutiger Tötung führen; in manchen Religionen ist nur unblutige Tötung von Opfertieren durch Erdrosseln erlaubt. Die Perhorreszierung blutiger Riten hat häufig dazu geführt, daß bestimmte Glaubensgemeinschaften ihre andersgläubigen oder ketzerischen Gegner fälschlich blutiger Gebräuche verdächtigten und gegen sie die B.-Anklage erhoben (→ Ritualmord).

Zahlreiche Einzelangaben s.v. »Blut« in der ethnographischen Lit. - ERE II, 714ff - HWDA I, 1434ff - F.Rüsche, B., Leben u. Seele, 1930 - ESS II, 597ff - C.M.Schröder, Der B.glaube in der Religionsgesch. (Eine Heilige Kirche, Sonderheft Juli/Sept. 1936) - RAC II, 459ff - H.Tegnaeus, Blood-Brothers, Uppsala, 1951 - RÄRG, 121f. *W.E.Mühlmann*

2. Das AT teilt weithin die oben geschilderten urtümlichen Vorstellungen vom B. Das an Türpfosten gestrichene Tier-B. wehrt die bösen Geister ab (Ex 12). Es ist Lebensträger. Denn »im B. ist die Seele« (næpæš): Lev 17, 11; Dtn 12, 23; Gen 9, 4. »Fleisch und B.« kennzeichnen den (vergänglichen) Menschen in seiner »irdischen« Realität (Sir 14, 18; Mt 16, 17 u.ö.). Tier-B. mitzugenießen ist Frevel (1Sam 14, 31ff; Ez 33, 25; vgl. die Wiederaufnahme des Verbotes in Apg 15, 20. 29), daher der Ritus des Schächtens, auch bei profaner Tiertötung, die das Dtn erstmals voraussetzt (Dtn 12, 23). Im Opferritual wird das B. durch Besprengung des Altars (Ex 29, 21; jünger: des Tempelvorhanges, Lev 11, 6; Num 19, 4) Jahwe zurückerstattet, andererseits stiftet die Besprengung von Altar und Volk mit ein- und demselben Tier-B. einen → Bund (: II), Ex 24, 3ff. Im Besonderen hat das B. des Opfertieres sühnende Kraft (Lev 3; 16; 17). Wie die B.rache (Gen 4, 23) im apodiktischen Recht verboten wird (Ex 20, 13), so kann im Zusammenhang mit der Heiligkeit des B.es die Tötung eines Menschen als Vergießen von Menschen-B. gesehen und unter Verdikt gestellt werden (Gen 9, 5); geschieht sie dennoch, so sühnt der Mörder mit dem Tode (Talion). Im Morde vergossenes B. schreit zu Jahwe um Rache (Gen 4, 10).

RGG I, 1154ff - E.Bischoff, Das B. im jüd. Schrifttum u. Brauch, 1929 - ThW I, 171ff - Th.C.Vriezen, The term hizza: Lustration and consecration (OTS 7, 1950, 201-235). *K.Galling*

Blut, *Missionare vom Kostbaren B.* (C.PP.S.), von Gaspare del Bufalo (1786-1837) gestiftete Kongregation von → Weltpriestern ohne feste Residenz und Laienbrüdern für volksmissionarische Ziele und für die Heidenmission; erste Niederlassung 1815 in Giano dell'Umbria; 1841 durch Gregor XVI. bestätigt. Die durch einen Generaloberen in Rom geleitete Gemeinschaft gliedert sich heute in drei Provinzen, eine (bis 1937 auch ein spanisches Vikariat umfassende) italienische Provinz mit einer italienisch-amerikanischen Delegation in den USA (besonders für die Seelsorge unter italienischen Auswanderern); eine 1922 errichtete deutsche Provinz, Deutschland, Schweiz, Österreich und Spanien sowie eine apostolische Prälatur am Rio Xingu (Brasilien) umfassend, und eine aus Niederlassungen im Staate Ohio hervorgegangene amerikanische Provinz mit einem Vikariat in Chile. - Daneben gibt es seit 1834 *Schwestern* vom Kostbaren B.

LThK II, 402f - HEIMBUCHER II, 611ff - EC X, 1779 - ESCOBAR II, 1163ff. *W.Göbell*

Blut Christi

I. Im NT - II. Dogmatisch. - Vgl. → Blutwunder

I. Im NT

Vom B.Chr. wird im NT über 30mal gesprochen, meist in bekenntnishaften, liturgisch-hymnischen Aussagen. »B.Chr.« geht nicht auf eine Ausmalung des Sterbens Jesu zurück, ist auch nicht Ausdruck einer selbständigen B.theologie oder B.mystik, sondern nimmt den at.-jüdischen Gedanken der Sühnkraft des B.es auf (→ Versöhnung: II. III; → Blut; vgl. Lev 17, 11), der den Opferanschauungen (→ Opfer: II) und der Vorstellung der Sühnkraft des Todes des Gerechten (Märtyrer: 4Makk 6, 28f; 17, 22) zugrunde liegt. Beide Traditionen fließen im ältesten Beleg für B.Chr., den Einsetzungsworten des → Abendmahls (: I, 3), zusammen (Mk 14, 24; 1Kor 11, 25): Jesu B. hat grenzenlose Sühnkraft, weil er als der Gottesknecht sein Leben für die Völkerwelt hingibt (Jes 53), und ist zugleich das Bundesopfer (Ex 24, 8), das den neuen Bund der Vergebung (Jer 31) besiegelt (vgl. 1Petr 1, 2; Hebr 9, 18ff; 12, 24 [B. der »Besprengung«]; Hebr 10, 29; 13, 20). 1Petr und Hebr nehmen »B.Chr.« im Anschluß an at. Vorstellungen besonders auf: 1Petr 1, 18f bekennt im Hinblick auf Ex 12, 5 und Jes 52f Jesus als das Passalamm (vgl. 1Kor 5, 7f) und zugleich als den Gottesknecht (beide Gedanken verbinden sich auch in Joh 1, 29), weil er durch sein B. alle erlöst hat. Hebr bejaht den jüdischen Lehrsatz, daß es »ohne B.vergießen keine Vergebung« gibt (9, 22), und deutet Jesu Sterben und Auferstehen auf dem Hintergrund des Ritus des großen Versöhnungstages (Lev 16). Was das blutige Opfer des Hohenpriesters, der jährlich einmal ins Allerheiligste geht, nicht erreichte, das hat Christus, der mit seinem eigenen B. ein für allemal das Opfer darbrachte, erwirkt: die ewige Erlösung, den Zugang zu Gott (9, 6-15. 25f; 10, 1-4. 19. 22).

Der Begriff B.Chr. spricht immer vom Tode Jesu in seiner Heilsbedeutung für die Gläubigen, indem er von der Erfüllung und zugleich der Aufhebung des alten Bundes spricht: Jesus ist Opfer und Hoherpriester in einem; er ist der Gottesknecht, dessen B. ewige Sühnkraft für alle hat und darum den neuen Bund bekräftigt; Gott selbst hat ihn geopfert und durch seine Erhöhung die Sühnkraft seines B.es schon jetzt wirksam gemacht für die Glaubenden, denen es die → Rechtfertigung (: I) schenkt (Röm 3, 25; 5, 9 vgl. mit 5, 1). Diese Heilsbedeutung des Todes Jesu wird mit der formelhaften Wendung B.Chr. mannigfach entfaltet: Es reinigt von der Sünde (1Joh 1, 7; Hebr 9, 14; 10, 29; vgl. Apk 1, 5; 7, 14; Eph 1, 7); es begründet das neue Gottesvolk (Apk 5, 9; vgl. Eph 2, 13), die Gemeinde (Apg 20, 28), und es stiftet Frieden auf Erden und im Himmel (Kol 1, 20).

Die Sühnwirkung des B.es Chr. wird zugeeignet im Herrenmahl (1Kor 10, 16) und in der Taufe (vgl. »B. Chr.« in den Taufparänesen 1Petr 1, 13ff; Hebr 10, 19ff und im Taufhymnus Kol 1, 12ff), die beide theologisch (Vergebung, Sinaitypologie) und liturgisch eng zusammengehören (Joh 19, 34; 1Joh 6, 6-8; → Abendmahl: I, 2). Wie im Judentum die Sühnwirkung nicht ex opere operato wirksam, sondern an Sündenbekenntnis und Umkehr gebunden ist, so korrespondiert im NT die Zueignung der Sühnkraft des B.es Chr. mit der Aneignung im Glauben (Röm 3, 25; 5, 1. 9; Kol 1, 20-23), verbunden mit Sündenbekenntnis (1Joh 1, 7-10) und neuem Lebenswandel (1Petr 1, 13ff; Hebr 10, 19ff).

RGG² I, 1156f (Lit.) - ThW I, 171ff - H.WINDISCH, Der Hebräerbrief (HNT 14), 1931², 82ff (Lit.) - V.TAYLOR, The Atonement in NT Teaching, 1945², 24ff. 63f. 102ff - L.MORRIS, The Biblical Use of the Term »Blood« (JThS NS 3, 1952, 216-227) - E.LOHSE, Märtyrer u. Gottesknecht. Untersuchungen zur urchristl. Verkündigung vom Sühntod Jesu (FRLANT NF 46), 1955, 18ff. 122ff. 138ff. 174ff (Lit.) - W.NAUCK, Die Tradition u. der Charakter des 1Joh (WUNT 3), 1957, 50ff. 174ff. *W.Nauck*

II. Dogmatisch

An entscheidenden Stellen der nt. Versöhnungslehre (→ Versöhnung: IV. VI) begegnet die Aussage vom »B.Chr.«. Nicht daß sich im NT eine entfaltete Lehre über dessen Bedeutung beim Heilswerk Christi findet - theologisch-systematische Spekulationen darüber sind erst seit dem MA im Abendland zu verzeichnen - aber der Begriff B.Chr. nimmt im NT unzweifelhaft eine zentrale Stellung ein (→ Blut Christi: I). Daß wir dabei die Sprache und Denkformen des at. Opferkultes (→ Opfer: II. III) antreffen, wird niemand bezweifeln. Mit dem Tode Jesu ist die Substanz dieses kultischen Denkens im Innersten verwandelt. In Jesus Christus ereignet sich das, und zwar in einem irdisch-menschlichen Geschehen, worauf jenes kultische Handeln so lange hinwies. Jetzt gewinnen die Begriffe des at. Kultes ihre rechte, dh der Sache und dem Tun Gottes entsprechende Verwendung. Jetzt geht das Hohepriestertum von uns Menschen auf den einen Menschen über, in dem Gott versöhnend und erlösend mit dem Menschengeschlecht handelt. Jetzt haben diese Begriffe nicht mehr nur symbolische Bedeutung, sondern sind mit letzter Realität erfüllt, so daß im Blick auf Gott und sein Handeln Begriff und Sache sich decken. Wenn vor einem halben Jahrhundert P.Fiebig noch den Satz schreiben konnte: »Als eine Tat sittlich-religiöser Aufopferung ist uns Jesu Tod verständlich, als kultisches Opfer wertlos, weil unsere Religion keine kultischen Opfer bringt«, so ließ er sich dabei von einem Religionsbegriff leiten, der im Blick auf das Ganze der nt. Versöhnungslehre kaum gerechtfertigt war. Hier wurde aus dem »zur Sühne hingegebenen Leben« (H.Cremer), das als solches im Heilsplan Gottes gelebt und in den Tod gegeben wurde, eine sittliche Leistung, die wir nach unseren allgemeinen ethischen Maßstäben messen, vielleicht auch als vorbildlich erachten. Aber dies Werturteil geht von uns aus. Es ist bezeichnend, daß die Redeweise vom B.Chr. einen solchen Rahmen sprengt. Natürlich gehört sie in den Zusammenhang mit dem Tode Jesu hinein (→ Zorn Gottes), aber sie ordnet diesen Tod anders ein, macht ihn anders wirksam, als es jenes Schema der sittlich-religiösen Aufopferung tut. Von dort aus gesehen ist B.Chr. meist synonym für den Tod Jesu gebraucht. Das dürfte aber die Sache allzusehr vereinfachen. Man kann an den meisten der obengenannten Stellen nicht B.Chr. mit Tod vertauschen. B.Chr. bedeutet mehr. Es hebt die enge Beziehung hervor, die zwischen dem Tod Jesu und seinem Leben und Sieg in der → Auferstehung (Christi: II) und Erhöhung besteht (→ Christologie). Er selbst, Jesus Christus, waltet als der Herr seines Werkes. Weil er als der sich für uns opfernde Herr und Richter vor Gott steht (vgl. Hebr 9, 14), vermag sein B. die Gläubigen in deren Sein vor Gott, dh in ihrem → Gewissen, zu reinigen. So hoch und so tief reicht das B.Chr. Es schreit – anders als das B. Abels, der auch unschuldig starb – »Barmherzigkeit« (vgl. J.A.Rothes: »Ich habe nun den Grund gefunden« Strophe 4); es hat seinen Platz im Himmel, »es verwest nicht« (Zinzendorf), und doch macht es zugleich »uns rein von aller Sünde« und »rechtfertigt uns jetzt schon« (Röm 5, 9). Das B.Chr. nimmt teil an der Erniedrigung und Erhöhung Jesu Christi selbst. Auf der einen Seite erinnert uns dieses Wort daran, daß wir teuer erkauft sind, wer der war, der das Lösegeld bezahlte, und worin es bestand. Auf der anderen Seite sind wir im Glauben durch den in seinem B. geschlossenen Bund der Sünde und dem Tod für immer entnommen. Das B.Chr. umschließt die Wirkung des Todes *und* der Auferstehung. Es weist auf jene Mitte, wo Tod und Leben in Jesus Christus wie auch in uns in eins greifen. Insofern der Tod Jesu als Aktion Gottes mitten im Reich des Todes und der Sünde zu verstehen ist, hält die Redeweise vom B.Chr. dieses Von-ihm-selbst-her-wirksam-Sein des Todes Jesu aufrecht. Das B.Chr. reinigt, versöhnt, in ihm liegt die ganze Aktivität des Werkes Christi. Durch das B. ist der Tod Jesu auf uns bezogen, sind wir »besprengt«, getauft, gereinigt. Darum wird man die Lehre vom B.Chr. nach zwei Seiten hin abgrenzen müssen. Einmal gegenüber denen, die den Tod Christi in einen rein gedanklichen Bedeutungszusammenhang auflösen (vgl. S.Eberhard), dann aber denen gegenüber, die aus dem B. eine Sache für sich machen (Bernhard von Clairvaux). Die Abtrennung des B.es Chr. von der Botschaft der Versöhnung, ja, die Hypostasierung des B.es als einer materia coelestis, die dann auch zu dem Streit um die Reliquie dieses B.es bzw. die gelegentliche Wandlung in B.stropfen beim Abendmahlswein führte, löst das Werk Christi von dem Wirken seiner Person.

In der neueren prot. Theologie haben neben Paul → Gerhard als Liederdichter vor allem → Bengel und → Zinzendorf die Lehre vom B.Chr. besonders entwickelt. Bengels Ausführungen in seinem Gnomon zu Hebr 12, 24 sind noch heute mit Respekt zu lesen. Entscheidend ist für ihn § 3: Sanguis ille etiam in statu effusionis ab omni corruptione indelibatus est. Vgl. dazu Luther, WA 52, 816: Also lebt und fließt das B. unseres lieben Herrn Christi noch immerdar, es ist nicht gestokket noch kalt. Geistesorganisch will J.T. → Beck das B.Chr. verstanden wissen, biblisch gegründeter → Menken; als Bezeichnung für das »vollzogene, dargebrachte Opfer« nimmt es H. → Cremer; ähnlich versteht M. → Kähler »B.Chr.« im Hebr analog zu dem »geschlachteten Lamm« der Apk und dem »Wort vom Kreuz« des Paulus. Weitgehend dogmatisch entwickelt ist die Bedeutung des B.es bei Th. → Jellinghaus. Zu erinnern ist auch an die Symbole von B. und Feuer auf der Fahne der Heilsarmee. Vor einer solchen B.theologie warnen schon die letters of preaching von J. → Wesley.

Außer den reichen Zitaten in BENGELS Gnomon: G.MENKEN, Homilien über das 9. u. 10. Kap. an die Hebräer, 1831 – J.T.BECK, Chr. Lehrwissenschaft, (1841) 1875², 624 – H.CREMER, Bibl.-theol. WB, 1898 – M.KÄHLER, Dogmat. Zeitfragen H. 2: Zur Lehre von der Versöhnung, 1898, bes. 304ff – TH.JELLINGHAUS, Das völlige gegenwärtige Heil, 1903 – P.FIEBIG, Jesu B. ein Geheimnis, 1906 – F.W.FABER, Das kostbare B., 1920⁴ – S.EBERHARD, Kreuzes-Theologie (Zinzendorf), 1937 – BARTH, KD IV/1, 305ff. *H.J.Iwand*

Blutrache, die gewaltsame Vergeltung einer Untat an einem Mitgliede der schuldigen Gruppe. Psychophysiologisch wurzelt die B. in dem tief sitzenden Gefühl der Bitterkeit, das sich auch symbolisch ausdrückt (zB bittere Wurzeln als Sinnbild des Racheanspruchs auf Neuguinea) und zu unmittelbarem Ausgleich durch einen Gegenschlag drängt. Sinnfällig dafür ist die im Sprachgebrauch mancher Naturvölker auftretende Affektverbindung bzw. Synonymie von Begriffen wie Fehde oder Rache einerseits, »Austausch«, »Vergeltung« und »Zahlung« andererseits. Dieser Drang nach Entladung nimmt in seiner primitivsten Form keine Rücksicht auf die Qualität des Auslösers, so daß B. u.U. auch gegenüber Tieren und Gegenständen geübt werden kann. Für die volle Funktion der B. genügt diese Affektgrundlage indessen nicht; zur *sozialen Institution* wird sie erst dadurch, daß gemäß einem Rechtsanspruch der beleidigten Gruppe ihr Vollzug zur sittlichen Pflicht des Rächers wird.

Anlässe zur B. bieten nicht nur schwere Bluttaten, sondern auch geringfügige Körperverletzungen, Frauenraub, Kränkungen, Beleidigung von Gruppensymbolen u.dgl. Wir finden B. vor allem bei → Naturvölkern und anderen vorstaatlichen Kleingruppen von gentiler oder klientelartiger Sozialstruktur, deren Ehrenkomplex außerordentlich empfindlich und leicht verletzlich ist; daher die – für unser Urteil – »Geringfügigkeit« vieler Anlässe zur B.

Die B. braucht nicht an dem persönlich Schuldigen, sie kann vielmehr auch an einem von dessen Gruppengenossen vollzogen werden, wenn dieser gleichwertig ist. Im übrigen versucht die beleidigte Gruppe so viele ihrer Anhänger und Freunde wie nur möglich in ein solidarisches Rachehandeln mit hineinzureißen; da die Gegenpartei dies ebenfalls tut, können B.-Fehden ganze Dorfschaften und sogar größere Stämme in erbitterte, oft über Generationen sich hinziehende Kämpfe verwickeln.

Die B. läßt sich nur schwer überwinden. Sakrale Stätten bieten zwar dem verfolgten Schuldigen vorübergehend Schutz (→ Asylrecht), beendigen aber die B. als solche nicht. Anstelle des Blutanspruchs kann die Forderung auf eine Bußzahlung treten (»Komposition«, Wergeld), doch spielt sich diese Ablösung nur zögernd und oft nicht ohne Rückfälle ein. Die Annahme einer Buße wird noch lange als unehrenhaft empfunden. Das Nebeneinander von B. und Bußzahlung, wie es Israel kennt (Dtn 19), ist typisch für auch viele Naturvölker. (Dagegen findet sich die sich dort anbahnende Unterscheidung von Mord und Totschlag, vorsätzlichem Verschulden und Zufall bei den meisten Naturvölkern noch nicht.) – Eine endgültige Ablösung der B. kommt erst dadurch zustande, daß eine die feindlichen Parteien übergreifende Autorität sich geltend macht: der Staat. Konflikte ergeben sich vor allem aus dem Widerstreit der Rechtsauffassungen, da der Staat die Selbsthilfe der Kleingruppe als ein Verbrechen brandmarken muß. Dieser Widerstreit ist nicht nur in vielen »Kolonialrechten« spürbar, sondern fast überall, wo staatliches Recht mit älterem stammestümlichem Gewohnheitsrecht zusammentrifft. Sobald die staatliche Kontrolle aussetzt oder versagt, zB in entlegenen Kolonialgebieten, bei Grenzer-Bevölkerungen usw, flackert B. alsbald wieder auf.

S.R.STEINMETZ, Ethnolog. Stud. zur ersten Entwicklung der Strafe, 2 Bde, Groningen (1894) 1928² – ERE II, 717f. 720ff – E.MERZ, Die B. bei den Israeliten (BWAT 20), 1916 – MAX WEBER, Ges. Aufs. zur Religionssoziologie III, (1921) 1923² – HWB der Rechtswiss. I, 778 – J.PEDERSEN, Israel I–IV, London 1926–47 – A.H.GÜNTHER, Zusammenstöße zwischen Gesetz u. Gewohnheitsrecht im nördlichen Kaukasus (Zeitschr. f. vgl. Rechtswiss. 46, 1931, 317–359) – ESS II, 598f – R.THURNWALD, Werden, Wandel u. Gestaltung des Rechtes im Lichte der Völkerforschung, 1934 – W.E.MÜHLMANN, Krieg u. Frieden, 1940 – HIsl 325ff – G.GESEMANN, Heroische Lebensform. Zur Lit. u. Wesenskunde der balkanischen Patriarchalität, 1943.

W.E.Mühlmann

Bluttaufe. Irenäus (adv. haer. III, 17, 4) nennt die Kinder von Bethlehem martyres. Eine ausgeprägte Lehre vom Martyrium als B. (lavacrum sanguinis) findet sich bei Tertullian (de bapt. 16) unter Bezugnahme auf Lk 12, 50; 1Joh 5, 6; Joh 19, 32. Nicht die Wassertaufe, sondern die B. sichert eigentlich das Heil, weil der Märtyrer nicht mehr sündigen kann. Bei Cyprian (Ep. 73, 22) erscheint die B. als Ersatz der Wassertaufe, Origenes stellt die B. sogar höher. Beide sind nach dem Liber de rebaptismate (14) aus der Seitenwunde Jesu hervorgegangen. Die Überlieferung von Mk 10, 38 läßt wohl schon den Doppelsinn anklingen, bleibt aber bei der ursprünglichen Bedeutung von βάπτισμα im Sinne von Ps 42, 8; Jes 43, 2.

F.J.Dölger, AuC 2, 1930, 117-141 (Lit.) - ThW I, 536.
H.Urner

Blutwunder sind außergewöhnliche Erscheinungen vornehmlich des Blutes Christi auf Hostien, Corporalien, Kruzifixen und Gnadenbildern, die den kath. Christen jedoch nicht dogmatisch verpflichten. Nicht dazu gehören die → Stigmatisierten, wohl aber die Blutreliquien. a) *Blutreliquien* (Karolinger- und Kreuzfahrerzeit) haben ihre nt. Quelle in der epistolischen Bluttheologie (bes. Hebr) und in den Kreuzigungsberichten (bes. Lk 23; Joh 19). Aus ihnen entwickelten sich die Magdalenen-, Longinus-, Joseph v. Arimathia- und Nikodemuslegende. Eine besondere Quelle des Blutkultes stellt die Legende des blutenden Kreuzes von Beryt dar (Mart. Rom. 9. Nov.). Die Arimathialegende verschmolz mit der Artussage zur Gralssage. Unter den Blutampullen mit zeitweilig wieder flüssigwerdendem Blut ist am bekanntesten das Blutwunder des hl. Januarius zu Neapel. - b) *Bluthostien* (13.-16.Jh.) unterstützten die Lehre der Totalpräsenz sub utraque. Tatsächlicher und angedichteter Hostienfrevel durch Juden führte häufig zu Judenverfolgungen. Der Bluthostienkult - Hauptort: → Wilsnack - löste die europäische Wallfahrtsbewegung aus. 1406 verfaßte → Huß gegen Wilsnack seine »determinatio«. Hauptgegner der Bluthostien waren der Magdeburger Domherr Tocke und die Erfurter Universität, die sich auf Thomas von Aquinos These beriefen: Christus habe bei seiner Auferstehung das auf Erden vergossene Blut wieder an sich genommen (S. th. III 9. 54a 2). Obwohl → Nikolaus von Kues den Verteidigern der Mirakelhostien mehrfach das Interdikt androhte, entschied sich Rom 1453 für Wilsnack. Erst 1552 machte der erste ev. Pfarrer zu Wilsnack Ellefeld dem dortigen Hostienkult ein Ende (s. aber Tridentinum sess. XXV). Seit C.G.Ehrenberg (1849) ist bekannt, daß der Erreger der »blutenden Hostie« der sog. Hostienpilz (bacterium prodigiosum) ist. - c) Die blutenden *Gnadenbilder* Christi und Marias (seit dem 16.Jh) sind Mittel der kath. Volksfrömmigkeit, die mehr einen devotionalen Charakter tragen.

J.Heuser, Heilig-Blut in Kult u. Brauchtum des deutschen Kulturraumes (Phil. Diss. Bonn), 1948 (Qu., Lit.).
F.Schmidt-Clausing

Bobadilla, *Nikolaus* (1511-90), Jesuit, * in Bobadilla in Spanien, studierte in Paris und schloß sich dem Kreis um Ignatius von → Loyala an, wirkte zunächst in Italien, wurde 1546 Seelsorger im Heere Karls V. und war seit 1542 auf Reichstagen und an Religionsgesprächen (Nürnberg und Speyer 1543) beteiligt. Als Beichtvater und Prediger bei Geistlichen und Fürsten beliebt. Da er das Interim scharf verurteilte, konnte er sich in Deutschland nicht halten und wurde 1548 ausgewiesen. † in Loreto.

G.Boero, Vita del servo di Dio N.B., Florenz 1879 - W.Friedensburg, Die ersten Jesuiten in Deutschland, 1905 - LThK II, 410.
F.W.Kantzenbach

Bobbio, ehemaliges Kloster an der Trebbia (Oberitalien), 612 durch den jüngeren → Columba gegründet, später unter → Benediktinerregel, 628 als frühestes Beispiel des Abendlandes eximiert (→ Exemption) wie 751 → Fulda als erstes Kloster auf deutschem Boden. Reste der berühmten Handschriftensammlung finden sich noch in der Vaticana, Ambrosiana, Staatsbibliothek Turin.

Th.Gottlieb, Über Handschriften aus B. (Centralbl. f. Bibliothekswesen 4, 1887, 442-463) - O.Seebass, Handschriften von B. in der Vatikan. u. Ambrosian. Bibliothek (ebd 13, 1896, 1-12. 57-79) - G.Ottino, I codici Bobbiesi della biblioteca nazionale di Torino, 1890 - A.Ratti (d.i. Papst → Pius XI.), Le ultime vicende della biblioteca e del archivio di B., 1901 - Codice diplomatico del monastero di San Colombano di B. (bis 1208), 3 Bde, ed. C.Cipolla, 1918 - EC II, 1726ff.
F.Flaskamp

Bochart, *Samuel* (1599-1667), * Rouen, Student in Sedan, Saumur, Oxford, Leiden, von 1625 bis zu seinem Tode ref. Pfarrer in Caen. Im Beisein des Herzogs von Longueville disputierte er vom 29.9. - 3.10.1628 mit dem Jesuiten Véron (er gab die Akten 1630 heraus). Seine 1646 herausgekommene »Geographia sacra« verschaffte ihm 1652 eine Einladung an den Hof der Königin → Christine von Schweden. Auch als Naturwissenschaftler, Theologe und Orientalist war er anerkannt.

Opera omnia, 2 Bde, Leiden 1675 (mit Lebensbeschreibung von seinem Kollegen E.Morin). - Bio-Bibliographie Normande, Athenae Normannorum, éd. V.Bourrienne, 1, 1904, 376-413 (Bibliogr.) - DFB VI, 743.
W.Maurer

Bocholt, *Johannes* († 1487), Gründer und erster Rektor des Magdeburger Brüderhauses der → Brüder vom gemeinsamen Leben (in dem → Luther 1496/97 zur Schule ging). Peter → Dieburg, der vierte Rektor des Hildesheimer Hauses, sandte 1482 ihn und Joh. Elshusen († 1507) nach Magdeburg, wo B. das selbständige Hieronymus-Haus 1484 schuf.

E.Barnikol, Das Magdeburger Brüderhaus (Theol. Arb. aus dem Rhein. Pred. Verein 19, 1922, 8-58) - W.Brüggeboes, Die Fraterherren (Br.v.g.L.) im Lüchtenhofe zu Hildesheim (Diss. Münster), 1939 - NDB II, 340f.
E.Barnikol

Bocskay, *Stephan* (1557-1606), ungarischer Magnat ref. Konfession, 1604 Führer eines Aufstandes gegen die vom Hofe Kaiser Rudolfs II. unterstützte Rekatholisierung Ungarns, mit türkischer Hilfe zum Fürsten von Siebenbürgen erwählt, im Wiener Vertrag von 1606 als solcher anerkannt. Damit war eine Zeitlang die Bekenntnisfreiheit in Ungarn gesichert.

G.Lencz, Der Aufstand B.s u. der Wiener Friede, 1917.
W.Maurer

Bodding, *Paul Olaf* (1865-1938), norweg. Missionar und Gelehrter, studierte Theologie in Oslo, ging unter dem Einfluß von L.O. → Skrefsrud 1889 nach → Indien (: IV), wo er 44 Jahre bei der Santal-Mission der Nordkirchen wirkte. Nach Skrefsruds Tod im Jahre 1910 wurde B. Leiter der Mission. Während der letzten 20 Jahre seines Aufenthaltes in Indien war er jedoch fast ausschließlich literarisch tätig. Er war ein fähiger Sprachwissenschaftler und übersetzte die Bibel in die Santali-Sprache (vollendet 1914).

Vf. ferner: Materials for a Santali Grammar I u. II, Dumka (1922) 1930² u. 1929; A Santal Dictionary I-V, Oslo 1932-36. Aus dem Gebiet der Anthropologie: A Chapter of Santal Folklore, Oslo 1924; Santal Folk Tales I-III, Oslo 1925-29; Studies in Santal Medicine and Connected Folklore I-III, Oslo 1925-40; Santal Riddles and Witchcraft among the Santals, Oslo 1940. - Über B.: S.Konow, Minnetale over misjonsprest P. O. B. (Det norske Videnskaps-Akademi i Oslo, Årbok 1938, 77-86) - J.Gausdal, Santalbibelen (Norske misjonaerer som bibeloversettere, ed. H.Chr.Mamen, Oslo 1950, 174-197).
O.G.Myklebust

Bodelschwingh, 1. *Friedrich v.* (6.3.1831 bis 2.4. 1910), * in Haus Mark (Tecklenburg), aus altem westfälischem Adelsgeschlecht. Nach kurzem Studium der Naturwissenschaften in Berlin wird er zunächst Landwirt und kommt in dieser Zeit unter den geistlichen Einfluß erweckter Kreise. Er beteiligt sich an der Verbreitung von Traktaten an die Arbeiter, wird selbst durch einen Traktat innerlich angesprochen und entschließt sich 1854 unter dem Eindruck einer Missionspredigt, Missionar zu werden. Das Studium der Theologie in Basel, wo neben der Universität (Auberlen) das Missionshaus entscheidenden Einfluß hat, in Erlangen (v. →Hofmann; bedeutsame Begegnung mit W. →Löhe und Joh.Chr. → Blumhardt) und Berlin (→ Hengstenberg; K.J. → Nitzsch), das 1858 mit dem 1. theol. Examen in Münster abgeschlossen wird, ergibt letztlich Zweifel und Glaubensanfechtung; B. fühlt sich einem missionarischen Dienst nicht mehr gewachsen. Da ruft ihn Pastor Louis Meyer von der Ev. Kirche Augsburgischen Bekenntnisses in Paris zur Betreuung der dortigen deutschen Auswanderer, die als Lumpensammler und Gassenkehrer ein armseliges Leben führten. Indem B. dort Kindern die biblische Geschichte erzählt, öffnet sich ihm selbst das Wort Gottes neu. Zugleich zeigt sich schon in Paris B.s organisatorisches Talent. Im Stadtteil La Villette entsteht die Hügelkirche und ein Gemeindezentrum mit Pfarrhaus, Schule, Lehrerwohnung. Ein Gemeindeblatt »Das Schifflein Christi« sammelt und verbindet die Gemeinde. 1861 heiratete B. seine Kusine Ida v.B., folgte 1864 dem Ruf in die Heimat in die Landgemeinde Dellwig (Grafschaft Mark) und erlebte die Kriege 1866 und 1870/71 als Feldprediger mit. Entscheidende Zurüstung für den kommenden Dienst bringt 1869 das große Leid, das die Familie trifft; in 14 Tagen sterben alle 4 Kinder (vgl. B.s Bericht vom Sterben vier seliger Kinder). Damals, bekennt B. später, habe er erfahren, wie hart Gott sein kann, und darüber habe er Barmherzigkeit gelernt. 1872 übernimmt B. die Leitung der Rhein.-Westf. Anstalt für Epileptische und des damit verbundenen kleinen Diakonissenhauses am Rande von Bielefeld; den Namen Bethel gibt er dem von ihm erbauten Anstaltshaus 1873. Das Mutterhaus heißt Sarepta, das Haus für die Gemütskranken Morija. B. liebt die biblischen Namen für die Häuser als Ausdruck der Einordnung der Gemeinde der Kranken und Elenden in die große Heilsgeschichte des Bundesvolks. Aus kleinen Anfängen wächst Bethel unter B.s Leitung zur weltbekannten Stadt der Barmherzigkeit. 1877 kommt zum Diakonissenhaus das Brüderhaus Nazareth hinzu, 1882 entsteht die Arbeiterkolonie Wilhelmsdorf in der Senne - neben den Epileptikern und Gemütskranken gehört B.s Liebe besonders den »Brüdern von der Landstraße«. Um ihretwillen geht B. 1903 in den Preußischen Landtag und setzt das Wandererarbeitsstättengesetz durch (1907). Neben Wilhelmsdorf entsteht 1900 die Moorkolonie Freistatt im Wietingmoor (Hannover). Elend und Verwahrlosung im Obdachlosenasyl Berlin lassen B. keine Ruhe - so entstehen vor den Toren Berlins, bei Bernau, die Arbeiterkolonien Hoffnungstal, Lobetal, Gnadental (1905). Zur nachgehenden Fürsorge tritt die vorbeugende Hilfe: Eintreten für den Siedlungsgedanken - Verein »zur Beschaffung eigener Wohnungen mit Grundbesitz für die deutschen Fabrikarbeiter« (Verein »Arbeiterheim«) 1885. So klar B. den Öffentlichkeitsauftrag der Kirche und ihre soziale Verantwortung sah, so sehr er sich über die persönliche Betreuung von Mensch zu Mensch hinaus für »barmherzige Gesetze« einsetzte (dh eine Gesetzgebung, die den Arbeitswilligen fördert und den Faulpelz straft), so wenig konnte er sich mit →Stöckers Weg einer christlich-sozialen Partei befreunden. Das Ideal eines christlichen Staates lehnte er ab. Er wußte um die eschatologische Grenze aller Wohlfahrtsbemühungen. Wir bauen das Reich Gottes nicht, sondern sind nur Wegbereiter für den wiederkommenden Herrn. Der »Mut, eine Gemeinde von Männern, Frauen und Kindern, die als Kranke an den Rand der bürgerlichen Existenz gedrängt sind, nicht bei ihrer Gegenwart zu behaften, sondern sie auf ihre Zukunft in Gott hin anzusprechen und in diesem Vertrauen sie zu ermutigen, mit den ihnen gebliebenen Kräften als tapfere Helfer im gemeinsamen Haushalt zu schaffen, ist das Geheimnis von Bethel« (G.Merz). Darum gilt für B.: »Das Wort unheilbar steht im Wörterbuch eines Christen nicht mehr. Wer danken gelernt hat, ist gesund geworden, auch wenn er sein ganzes Leben in der Zelle zubringen muß.« B. nahm auch den kränksten, den verblödeten Menschen ganz ernst und gab dem in der Welt Verachteten die Ehre des Bruders. Dabei war er erfinderisch, für jeden noch eine Arbeit und Beschäftigung zu finden (Prinzip der Arbeitstherapie; Entstehen der Brockensammlung, wo die Kranken sich nützlich machen können). Die Elendesten sind uns gegeben, damit wir an ihnen selbstlose Liebe lernen. Patmos, das Haus der elendesten epileptischen Kinder, wird zur Hochschule der Liebe für die Diakonissen. Die Hoffnung für jedermann prägt auch B.s Pädagogik, eine Pädagogik des Evangeliums, nicht des Gesetzes. »Zwang richtet Zorn an, aber Freiwilligkeit macht fröhliche Leute.« Weil das Evangelium von dem gekreuzigten, gegenwärtigen und kommenden Herrn die Mitte ist, bleibt das großzügige Werk von Bethel Gemeinde, in der Gesunde und Kranke zu gegenseitigem und gemeinsamem Dienst verbunden sind. Im Dienst mit der »blauen Schürze« werden die künftigen Pfarrer zugerüstet für ihr Amt (Kandidatenkonvikt 1888), und für die Schüler der Theologischen Schule (1905, jetzt: Kirchliche → Hochschule) sind die Kranken die besten Professoren. Die Kerngemeinde der Inneren Mission wird zugleich Träger der Äußeren Mission (Ostafrikamission 1890, seit 1906 in Bethel: → Bethel-Mission). »Das eigentliche Herzblatt unserer Arbeit ist die Heidenmission.«

B. war ein genialer Bettler. Es ging ihm dabei nicht um das Geld allein, sondern um die persönliche Teilnahme der Geber an dem Werk in Dienst und Fürbitte. Durch Pfennigverein und Dankort ist eine unabsehbare Gemeinde in aller Welt mit dem Werk von Bethel verbunden. Auf B.s Grabstein steht sein Losungswort 2Kor 4, 1.

Ausgewählte Schriften I, 1955 (aus den Jahren 1858-71), hg.v. A.ADAM. - G.v.BODELSCHWINGH, F.v.B. Ein Lebensbild, 1922 (viele Aufl.) - F.v.BODELSCHWINGH (Sohn), F.v.B. Ein Blick in sein Leben, (1924) 1941[14] - W.BRANDT, F.v.B., (1933) 1938[2] - J.KÜHNE, F.v.B. der Ältere (Schöpferische Niederdeutsche 8), o.J. - G.MERZ, F.v.B. (Die großen Deutschen, hg.v. W.ANDREAS u. W.v.SCHOLZ, Bd 4, 1936, 164-178) - M.GERHARDT, F.v.B. Ein Lebensbild I, 1950; II/1, 1952 (wird fortgesetzt v. A.ADAM).

2. *Friedrich v.* (1877-1946), jüngster Sohn von 1, * in Bethel, dort in der Gemeinschaft der epileptischen Kinder aufgewachsen, studierte u.a. in Tübingen und Greifswald, wo H.Cremer und vor allem A.Schlatter, mit dem ihn bis zu dessen Tode enge Freundschaft verband, seine theologischen Lehrer waren. Wissenschaftliche Begabung und Neigung legten die akademische Laufbahn nahe, aber der Vater ruft ihn zur Mitarbeit nach Bethel (1901). Nach dem Tode des Vaters 1910 übernimmt er die Leitung der Anstalt. 35 Jahre hat er sie, genauer: den Anstaltsbund von Bethel, Sarepta und Nazareth mit Bethel-Mission und Theologischer Schule, geführt. Er war dem Vater kongenial. Niemals hat er versucht, ihn nachzuahmen, aber im Laufe der Jahre wurde er ihm immer ähnlicher. Bethel hat unter seiner Leitung einen

mächtigen Aufschwung genommen, neue Häuser wurden gebaut, neue Zweiganstalten angegliedert. Vor allem das Schulwesen wurde ausgebaut (Aufbauschule für Jungen, Mädchengymnasium, Volkshochschulen). Dabei wußte er der Gefahr der Entartung zum »Großbetrieb« zu wehren - die barmherzige Liebe zu den Elendesten blieb der Mittelpunkt der ganzen Gemeinde. Die ärztliche Arbeit wurde ausgebaut, Bethel die zentrale Forschungsstätte für die Behandlung der Epilepsie. Die Verbindung von Medizin und Theologie zeigt sich im Ausbau der Arbeitstherapie (s. 1), die den Kranken aus einem Objekt der Pflege zu einem Mitarbeiter im Reiche Gottes macht. Die Gemeinde der Kranken ist Missionsgemeinde, Träger einer Missionsarbeit. So wurden unter B.s Leitung auch immer neue Aufgaben angepackt - nach dem ersten Weltkrieg die Fürsorge für Deutsche in der franz. Fremdenlegion, für deutsche Auswanderer nach Südamerika, für Rußlandflüchtlinge; in der Zeit der großen Arbeitslosigkeit gründete B. den freiwilligen Arbeitsdienst. Vom Vater geerbt hatte er die Gabe des Erzählens (bes. im Bethelboten). Als Prediger verstand er den schlichtesten Epileptiker und den hochgebildeten Akademiker in gleicher Weise anzusprechen. 1933 wurde B. von den Vertretern der deutschen ev. Landeskirchen zum Reichsbischof designiert. Leider mußte er dem Vertrauensmann Hitlers, Ludwig Müller, weichen. Aber er blieb der heimliche Bischof der Kirche, bei dem sich Ungezählte Rat holten. Hielt er sich auch im → Kirchenkampf zunächst in einer gewissen Reserve, so ging er entschlossen zum Gegenangriff vor, als der nationalsozialistische Staat mit seiner Aktion zur Ausmerzung des lebensunwerten Lebens (→ Euthanasie) das Leben der Kranken bedrohte. Durch seinen unbeugsamen Widerstand hat er nicht nur seine Kranken in Bethel gerettet, sondern zusammen mit Pastor Braune (Hoffnungstal), Landesbischof Wurm, Bischof Graf Galen (Münster) u.a. erreicht, daß die Euthanasie-Aktion abgebrochen wurde. Nach dem Zusammenbruch 1945 ging er, schon todkrank, entschlossen an den Wiederaufbau des durch den Krieg schwer geschädigten Bethel. Die Nachfolge übernahm Pastor Rudolf Hardt gemeinsam mit B.s Neffen Friedrich, Sohn von Wilhelm v.B.

Lebendig u. frei (Bd 1-2: Predigten, Bd 3: Beiträge zur Schriftauslegung); Der Weg zum Bruder (Vorträge u. Aufsätze); Aus einer hellen Kinderzeit (Jugenderinnerungen), 1947; Die Macht der Ohnmächtigen, 1951; Ströme, die rückwärts fließen, 1952 (Auswahl von Erzählungen aus dem »Boten von Bethel«). - Über B.: TH.KÜSSNER, Ein leuchtend Licht, P.F.v.B., 1947 - W.TRITTELVITZ, F.v.B. der Sohn, 1947 - W.BRANDT, F.v.B. (Begegnungen, hg.v. H.LILJE, 1949, 13-34).

Zu 1 u. 2: Not u. Liebe, Dokumente aus Bethels Gesch., hg.v. K.BODE, 1950 - K.PERGANDE, Der Einsame von Bethel, 1953.

R.Frick

Bodenreform. Dieser zuerst durch Adolf Damaschke (Die B., 1902, viele Neuaufl.) einer breiten Öffentlichkeit vorgestellte Ausdruck beinhaltete bis zum ersten Weltkrieg und darüber hinaus das Bodenprogramm einer Gruppe von Reformern, die, bei Erkenntnissen der Klassiker der Nationalökonomie (Smith, Ricardo) ansetzend, etwa folgendes ausführten: Mit dem Anwachsen der Bevölkerung und des Wohlstandes steige die »Grundrente«. Das führe zu unmäßiger Anhäufung unverdienten, weil nicht erarbeiteten Einkommens der Grundeigentümer, hoffnungsloser Verarmung in der weitaus größeren Gruppe der vom Boden ausgesperrten und im Wohnen und Wirtschaften der Auswucherung preisgegebenen Bevölkerung. Darum solle die Grundrente fortgesteuert werden (Single-Tax-Bewegung in Amerika, begründet von Henry George). In Deutschland griffen Damaschke, Flürscheim, Hertzka u.a. diese Gedanken auf. Ein »Bund der Bodenreformer«, dessen Leitung 1898 Damaschke übernahm, trat dafür ein, »daß der Boden, diese Grundlage aller nationalen Existenz, unter ein Recht gestellt wird, das seinen Gebrauch als Werk- und Wohnstätte fördert, das jeden Mißbrauch mit ihm ausschließt und das die Wertsteigerungen, die er ohne Zutun einzelner erhält, möglichst dem Volksganzen nutzbar macht« (Leitsätze des Bundesprogramms).

Nach dem ersten Weltkrieg verlagerte sich der Schwerpunkt der Reformbestrebungen nach dem *Osten Europas* und in den Aktionsbereich der *Marxisten*. In Rußland wurde (bereits am ersten Tage der kommunistischen Herrschaft) der Boden zum Volkseigentum erklärt und zunächst in kleinste Einheiten zerschlagen und ausgeteilt, dann wieder (seit 1929/30) zu größeren Wirtschaftseinheiten in Gestalt von Kolchosen (Bauerngenossenschaften) und Sowchosen (Staatsgütern) zusammengefaßt. Im übrigen Osteuropa beschränkte man sich nach dem ersten Weltkrieg wesentlich auf die Zerschlagung des Großgrundbesitzes. Nach dem zweiten Weltkrieg begann in dem russisch beherrschten Raum einschließlich der DDR der Aufbau eines sog. »sozialistischen Sektors« der Landwirtschaft, der Mitte der 50er Jahre (mit Staatsgütern und sog. Produktionsgenossenschaften) in Bulgarien rund 50%, in der Tschechoslowakei 44%, in Ungarn 33%, in Jugoslawien, Polen und Mitteldeutschland 20-25%, in Rumänien und Albanien 15-20% der landwirtschaftlich genutzten Flächen umfaßte.

In *Asien,* wo Pacht und pachtähnliche Verhältnisse, zum Teil noch in feudaler oder halbfeudaler Verstrikkung, weit verbreitet waren, drangen teils kommunistische Bestrebungen ein, teils konnte die Reformbewegung in westlich-gemäßigte Formen übergeleitet werden. In *China,* dem einen Pol der asiatischen Aufbruchsbewegung, sollen bis zur Mitte des Jahres 1955 rund 17 Mill. Bauernhöfe, dh etwa 15% der chinesischen Gesamtzahl, zu 650 000 bäuerlichen Produktionsgenossenschaften zusammengeschlossen worden sein. In *Indien,* dem anderen Pol, wurde eine Pächterschutzgesetzgebung eingeleitet, die im Kern Bestimmungen über Pachthöchstzinsen, Mindestperioden für Pachtverträge und Entschädigungspflichten des Verpächters bei Verbesserungen des Pächters vorsieht, darüber hinaus aber nach einer allmählichen Überführung des Pachtlandes in das Eigentum der (bisherigen) Pächter strebt und aufs stärkste auch den Gedanken der → *Genossenschaft* betont, die als freier Zusammenschluß freier Bauern gesehen wird.

Im westlichen Europa und in der *Bundesrepublik* sind die B.bestrebungen auf das Doppelziel abgestellt: den Flüchtlingen (→ Flüchtlingsproblem) eine Wohn- und Wirtschaftsstätte zu verschaffen und die in der Landwirtschaft tätigen Volksgruppen an den von Technik und Wissenschaft gewiesenen Möglichkeiten des Produktivitätsfortschrittes teilnehmen zu lassen. Das erste Ziel scheint nur erreichbar zu sein, wenn der bereits dicht besiedelte Boden noch weiter zerstückelt wird; das zweite Ziel zwingt zu vorsichtigem Abwägen der Chancen des Kleinbetriebes in einer industriellen Gesellschaft. In der BRD strebt man - ohne die Flüchtlingssiedlung vernachlässigen zu wollen - eine Vergrößerung der Kleinhöfe und Aussiedlungen aus der Enge verbauter Dörfer in die Dorfgemarkung, Weilerbildung, Flurbereinigung und ganz allgemein eine *Stärkung des bäuerlichen Familienbetriebes* an.

Die kräftige *soziale Komponente* solcher Programme rief auch die Kirche auf den Plan, die in beiden Konfessionen die Bauernprogramme der westlichen Regierungen unterstützt, vorzüglich in Frankreich, Italien, England und Westdeutschland. In der BRD haben sich die Ev. → Akademien um den Gedanken einer Neugestaltung des → Dorfes aus christlichem Geist besonders verdient gemacht.

W.ABEL, Agrarpolitik (Grundriß d. Soz.wiss. 2, [1951] 1957²; Lit.) - Schriftenreihe für ländliche Sozialfragen, Veröffentlichungen der Agrarsozialen Gesellschaft e. V. Göttingen, hg.v. W.ABEL, bes. H. 7: Landvolk in der Industriegesellschaft, 1953; H. 11: Das Dorf, 1954; H. 13: Die Neugestaltung des Dorfes, 1955. *W.Abel*

Bodin, *Jean* (1529-96), * zu Angers, von 1555-60 stud. jur. in Toulouse, hält dort Vorlesungen, seit 1560 in Paris, seit 1571 Ratgeber des Herzogs von Alançon und Freund Heinrichs III., berühmter Staatstheoretiker und Vorkämpfer der Toleranz. Wiewohl Protestantenfreund, entkam er doch den Häschern der Bartholomäusnacht, ließ sich 1576 als Advokat in Laon nieder, heiratete dort und wurde im selben Jahr Abgeordneter des dritten Standes von Vermandois für die Ständeversammlung in Blois. 1589 ging er trotz seiner Toleranzbestrebungen zur kath. Ligue über, weil dort die Mehrheit war. † in Laon. B.s Denken basiert auf humanistischer Grundlage und bereitet die Aufklärung vor, wenn er auch bei allem Eintreten für Toleranz noch an der Realität von Hexenerscheinungen festhält. Je mehr die kirchlichen Parteien seiner Zeit sich um die Durchsetzung des Absolutheitsanspruchs ihrer Konfession bemühen, um so mehr kann nach B.s Auffassung die humanistische Religionsphilosophie den Anspruch auf unparteiische Beurteilung der religiösen Fragen erheben. Die Mutter der positiven Religionen ist die natürliche Religion. In seinem »Heptaplomeres« läßt B. sieben Vertreter verschiedenen Glaubens in Venedig zusammenkommen. Hier im Kreise einer Republik von Gebildeten (erasmisch!) soll auf der Basis der Höflichkeit und der Toleranz ein Religionsgespräch stattfinden. B. sieht im Dekalog das allgemein gültige religiöse Grundgesetz. Die Kultformen interpretiert er spiritualistisch. Als Staatstheoretiker geht er vom → Naturrecht aus und vertritt den Gesellschaftsvertrags-Gedanken, versteht den Staat als sittlichen Rechtsstaat und unterstellt den Monarchen dem sittlichen bzw. natürlichen Gesetz.

Hauptwerk: Les six Livres de la République, 1576; Heptaplomeres ed. L.NOACK, 1857. - Über B.: F.RENZ, J.B. (Diss. Leipzig), 1905 - E.BENZ, Der Toleranz-Gedanke in der Religionswissenschaft (DVfLG 12, 1934, 540-571) - EC II, 1743. *F.W.Kantzenbach*

Boeckh. Von 1650 bis 1935 hat die Familie B. ununterbrochen im geistlichen Amte gedient, freilich auch in anderen Berufen hervorragende Vertreter gestellt: *Friedrich* von B. (1795-1875), 1830 als Dekan nach München berufen, hat sich im Kirchenregiment als Freund → Löhes und als katechetischer und liturgischer Berater bewährt, der in seinem »Agenden-Kern« 1870 ein weithin wirksames Kirchenbuch schuf. - Sein Neffe *Friedrich* B. (1845-1914) gewann sich seinen Namen als Lehrer an den Augsburger Gymnasien und leitete zugleich das Diakonissenhaus von 1872 an in seelsorgerlicher Weisheit und mit Geschick. - *Friedrich* B. (1859-1930) führte als Dekan von Nürnberg geschickt seine Großstadtgemeinde und machte sich um die Neuordnung der ev.-luth. Landeskirche, deren Synode und Kirchenregiment er angehörte, verdient. Der Gesangbuchreform und der Gestaltung eines rechten Verhältnisses zur Lehrerschaft wie zur Arbeiter- und Jugendbewegung gehörte sein besonderes Interesse.

RGG² I, 1167. *G.Merz*

Boegner, *Marc,* ref. Theol. in Frankreich. * 1881 in Epinal. B. studierte zunächst Rechtswissenschaft, danach an der Pariser prot.-theol. Fakultät Theologie und war 1918-53 Pfarrer der ref. Gemeinde Passy in Paris. 1929 wurde er zum Präsidenten des Prot. Kirchenbundes in Frankreich gewählt und war 1938-50 auch Präsident des Nationalrates der Ref. Kirche Frankreichs. - B. nahm starken Anteil an der ökumenischen Arbeit. So wurde er von den ökumenischen Konferenzen des Jahres 1937 in Oxford und Edinburg in den sog. Vierzehnerausschuß gewählt (→ Einigungsbestrebungen: V). B. war ebenfalls Mitglied des Vorläufigen Ausschusses des Ökumenischen Rates der Kirchen und von 1948-54 einer der Präsidenten des Ökumenischen Rates.

Vf. u.a.: La Vie et la pensée de T.Fallot, 2 Bde, 1914-24; Le Christianisme et le monde moderne, Paris 1928; Dieu, l'éternel tourment des hommes, 1929; Jésus-Christ, 1930; Qu'est-ce que l'Eglise?, Paris 1931; L'Eglise et les questions du temps présent, 1932; La Vie chrétienne, Paris 1933; Le Christ devant la souffrance et devant la joie, Paris 1935; Le Problème de l'Unité chrétienne, Paris 1947; La prière de l'Eglise universelle, Nancy-Straßburg 1951; La Vie triomphante, ebd 1954; Le chrétien et la souffrance, ebd 1955. *H.H.Harms*

Böhm, *Hans,* der Pfeifer von Niklashausen, Hirte und Dorfmusikant in Helmstadt im Taubertal, begann in dem nahen Wallfahrtsort Niklashausen seit Mitfasten 1476 über eine Marienerscheinung zu predigen. Mit schwärmerischer Marienverehrung verbanden sich pfaffenfeindliche und kommunistische Gedanken, die in dem durch Hussitentum und Sekten erregten Mittel- und Süddeutschland breiten Widerhall fanden. Wenngleich B. mit Billigung des Ortspfarrers predigte, scheinen seine Predigten doch eigene Gedanken wiederzugeben. Er war nicht nur Werkzeug. Als die Wallfahrt die kirchliche Ordnung zu zerstören drohte, verbot sie der Erzbischof von Mainz. Am 12.7.1476 ließ der Bischof von Würzburg B. verhaften und nach einem vergeblichen Befreiungsversuch seiner Anhänger am 19.7. verbrennen. Predigt und Wallfahrt sind Symptom der im Bauernstand des Spätmittelalters herrschenden religiösen und sozialen Erregung. → Bauernkrieg.

G.FRANZ, Der deutsche Bauernkrieg, (1933) 1956⁴ - W.-E.PEUKKERT, Die große Wende, 1948. *G.Franz*

Böhme, 1. *Anton Wilhelm* (1673-1722), * Oesdorf bei Pyrmont, † Greenwich bei London, der Sendbote des hallischen Pietismus in England. Nach Theologiestudium in Halle 1698 Hauslehrer bei Graf Christ.Ludwig von Waldeck, 1700 durch das Konsistorium als spiritualistischer Kirchenkritiker und Irrlehrer entlassen, Lehrer deutscher Kinder in London, 1705 Hofprediger beim Prinzen Georg von Dänemark. Durch Übersetzungen pietistischer Literatur, vor allem von Franckes »Nicodemus«, »Segensvollen Fußstapfen«, Ziegenbalgs und Plützschaus Missionsberichten, Arnds »Wahrem Christentum«, als Mitglied der Society for Promoting Christian Knowledge und als Freund führender englischer Kirchenmänner, durch Förderung der pietistischen Auswanderung nach Pennsylvanien und der dänisch-hallischen Mission wie des Franckeschen Waisenhauses selbst trug er viel zur ökumenischen Ausbreitung des Pietismus bei. Seine eigenen Erbauungsschriften verfaßte er teils deutsch, teils englisch.

Erbauliche Schriften hg.v. J.J.RAMBACH (mit Biogr.), 1731 f; Erbauliche Briefe, 1757; handschriftl. Briefe im Francke-Archiv Halle u. im Francke-Nachlaß der Deutschen Staatsbibl. Berlin - S.WILFORD, Memorials of Eminent Persons, 1741 - G.KRAMER, August Hermann Francke II, 1882, 58 ff - F.SCHNEIDER, Geltung u. Einfluß der dt. Pädagogik im Ausland, 1943, 46 ff - W.IRMER, Gesch. des Pietismus in der Grafschaft Waldeck, 1912, 26 ff - M.SCHMIDT, Das hallische Waisenhaus u. England im 18.Jh. (ThZ 7, 1951, 38-55) - DERS., England u. der dt. Pietismus (EvTh 13, 1953, 205-224) - E.BEYREUTHER, Francke u. die Anfänge der Ökumenischen Bewegung, 1957, 126ff. *M.Schmidt*

2. *Jakob* (1575-1624), * in Alt-Seidenberg bei Görlitz, seit 1599 Schuhmachermeister, später Händler in Görlitz, war trotz des Mangels an Schulung ein Denker von ungewöhnlicher Selbständigkeit. Lange Jahre quälten ihn die großen Weltfragen, namentlich das Verhältnis

von Gott und Natur, bis ihn nach visionären Erlebnissen seine neuen Erkenntnisse überfielen und er 1612 seine »Morgenröte im Aufgang« (von Freunden Aurora genannt) schrieb. Die handschriftliche Verbreitung des Bruchstück gebliebenen Werkes führte zum ersten Zusammenstoß mit dem Görlitzer Primarius Gregor Richter, der ihm 1613 mit Hilfe des Rats das Gelöbnis, nichts mehr zu schreiben, abnötigte. Erst 1618 wagte B. sich nach Jahren verzehrender Unruhe wieder an neue Schriften. Aus der großen Zahl ragen die sprachlich besonders schönen, rein religiösen Traktate (gesammelt unter dem Titel »Der Weg zu Christo«) und die späteren Schriften »Von der Gnadenwahl« und das »Mysterium Magnum« (Auslegung der Genesis) hervor, die dem Verständnis weniger Schwierigkeiten bieten als die »Morgenröte«. Als von einem seiner zahlreichen, in der Lausitz und ganz Schlesien, besonders unter Ärzten und Adligen verbreiteten Freunde hinter B.s Rücken zwei seiner kleinen Schriften im März 1624 in Görlitz veröffentlicht wurden, kam es noch einmal zu heftigem Kampf mit Richter. Der Rat vermied diesmal alle Schärfe, und B. fühlte sich bald darauf durch liebenswürdige Aufnahme am Dresdener Hofe entschädigt. Er starb im Bewußtsein einer wachsenden Sache, einer heraufziehenden »neuen Reformation«. - B. hat in seinen späteren Jahren den Kampf für eine ernsthafte Wiedergeburt gegen die orthodoxe Imputationslehre (→ Rechtfertigung: II), bei dem ihn mystische und gut lutherische Frömmigkeitsmotive gleichmäßig trieben, als sein Hauptanliegen empfunden, während ihn anfangs die metaphysischen Probleme allein beschäftigten. Dort liegt seine Bedeutung. Trotz reicher Befruchtung durch die → Alchemie, → Paracelsus und die mittelalterliche und protestantische → Mystik (: VI. VII) ist seine Spekulation durchaus selbständig. Die harmonische neuplatonische Metaphysik, wie sie noch bei → Weigel vorliegt, wird durch einen schroffen Dualismus ersetzt. B. löst das Naturproblem zwar durch eine dem Neuplatonismus formal verwandte Kosmogonie: Aus dem innersten Wesen Gottes, dem »Nichts«, dem »Ungrund« geht die Entwicklung in großen Stufen bis herab zur Natur, die er mit einer Fülle phantastischer, alchemistisch-paracelsischer Züge schildert und von den »7 Naturgeistern« beherrscht sein läßt. Er versucht Gott und Natur in Verbindung zu setzen, ohne Pantheist zu werden. Aber seine Schärfe empfängt das Naturproblem für ihn erst von der Frage des Bösen. Gott offenbart sich in der Natur mit zwei Willen, dem »feurigen Liebewillen« und dem finsteren »Zornwillen«. Dieser Gegensatz liegt allem Leben zugrunde und macht es erst möglich. Der schroffe Dualismus ist eine naturalistische Umsetzung aus seiner religiös-lutherischen Anschauung von der Macht des Bösen und eine Umprägung des »Zornes Gottes« in eine kosmische Größe. Auch der stürmische, machtvolle Gottesbegriff trägt Züge von Luthers Allmachtsgedanken. B.s Mystik und Philosophie wurde von einer Schar ihm innig ergebener Anhänger aufgenommen, die ihm den Ehrennamen philosophus teutonicus gaben, und ist in kleinen Kreisen (→ Angelus Silesius, → Gichtel) bis heute lebendig geblieben. Seine Metaphysik hat auf die → Romantik und den Deutschen → Idealismus stark gewirkt. → Hegel fand seine Dialektik bei ihm vorgebildet; der spätere → Schelling, der ihn durch den Pietismus (→ Oetinger) kennengelernt hatte, und → Baader haben ausdrücklich an ihn angeknüpft.

Außerhalb Deutschlands hat B. vor allem stille Kreise in Holland und besonders stark die spiritualistische Mystik im England des 17./18.Jh.s beeinflußt und der sich damals dort bildenden Philadelphischen Sozietät (Freher, Law, → Lead, → Pordage) die tragenden Ideen gegeben.

GA: 1682, 1715, 1730 (die beste, Neudr. bisher 3 Bde 1942-55), 1831 (1924²). - Auswahlsammlungen: »Die hochteure Pforte«, 1921; von: H.Kayser, 1923; P.Hankamer, 1925; A.Wiesenhütter, 1925; H.Bornkamm, 1936; E.Pältz, 1957. - W.Buddecke, Verzeichnis der J.B.-Hss., 1934 - Ders., Die J.B.-Ausgaben I, 1937. - A. Harless, J.B. u. die Alchemisten, (1870) 1882² - RE III, 272ff - P.Deussen, J.B., (1897) 1922² - W.Elert, Die voluntaristische Mystik J.B.s, 1913 - M.L.Bailey, Milton and J.B., 1914 - W.Feilchenfeld, Der Einfluß J.B.s auf Novalis, 1922 - P.Hankamer, J.B., 1924 - J.B., hg.v. R.Jecht, 1924 - W.E.Peuckert, Das Leben J.B.s, 1924 - H. Bornkamm, Luther u. B., 1925 - Ders., J.B. (Die großen Deutschen I, 1956, 500-513) - A.Koyré, La philosophie de J.B., 1929 - H. Brinton, The mystic will, 1930 - K.R.Popp, J.B. u. Isaak Newton, 1935 - W.Struck, Der Einfluß J.B.s auf die engl. Lit. des 17.Jh.s, 1936 - E.Benz, Der vollkommene Mensch nach J.B., 1937 - N. Thune, The Behmenists and the Philadelphians, Upsala 1948 - Hirsch II, 1951, 208ff - H.Grunsky, J.B., 1956 *H.Bornkamm*

Boehmer, 1. *Heinrich*, * 6.10.1869 in Zwickau als Sohn eines Zuchthausdirektors, † 25.3.1927 in Bad Nauheim. Nach dem Studium war B. Mitarbeiter der Monumenta Germ. Hist., 1896 PDoz für KG in Leipzig, 1903 a.o., 1906 o. Prof. in Bonn, 1912 in Marburg, 1915 als Nachfolger Th.Briegers in Leipzig. Zunächst wandte er sich dem MA zu, von da aus der Reformationszeit. In der neueren Lutherforschung kommt seinen sorgfältigen, auch theologisch eindringenden Arbeiten hoher Wert zu, vor allem auch für die Frage nach Luthers Verhältnis zum MA. Seine Forschungen zu Ignatius von Loyola werden auch von kath. Seite anerkannt. B. war ein äußerst anregender Dozent, der profunde Gelehrtheit mit lebendiger Darstellung meisterhaft zu verbinden wußte. Sein Plan einer Fortführung von A. → Haucks KG Deutschlands, von der er 1920 Bd 5 herausgab, kam über umfangreiche Vorarbeiten und Entwürfe nicht hinaus.

Vf. u.a.: Kirche u. Staat in England u. d. Normandie im 11. u. 12. Jh., 1899; Die Fälschungen d. Erzbischofs Lanfrank v. Canterbury, 1902; Die Bekenntnisse d. Ignatius v. Loyola übers., 1902; Analekten zur Gesch. d. Franziskus v. Assisi, 1904; Die Jesuiten, (1904) 1921⁴; Luther im Lichte d. neueren Forschung, (1906) 1918⁵; Studien zur Gesch. d. Gesellschaft Jesu I, 1914, als: Ignatius von Loyola neu hg.v. H.Leube, 1941; Loyola u. d. dt. Mystik, 1921; Luthers erste Vorlesung. 1924; Der junge Luther, (1925) 1951⁴ (hg.v. H.Bornkamm); Ges. Aufsätze, 1927; Thomas Müntzers Briefwechsel, hg. mit P.Kirn, 1931. - Über B.: U.Stutz, ZSavRG Kan. Abt. 17, 1928, 707-708 - G.Kunze, Zur Erinnerung an H.B. 1869-1927 (MPTh 41, 1952, 118-121) - NDB II, 393.

2. *Justus Henning*, * 29.1.1674 in Hannover, † 29.9. 1749 in Halle, studierte in Jena Philosophie und Rechtswissenschaft und setzte nach kurzer Advokatentätigkeit in Hannover als Hofmeister junger Adliger das Studium in Rinteln (bei Stryk) und Halle (bei → Thomasius) fort, 1698 Lic. iur. utr., 1701 Dr. iur, seit 1701 Prof. in Halle, wo er trotz zahlreicher Berufungen blieb, später auch Direktor der Universität, zweimal Prorektor, 1743 Regierungskanzler des Herzogtums Magdeburg. Der gewandte Praktiker (2725 Gutachten) gehört zu den Klassikern des ev. Kirchenrechts im Anschluß an das kanonische und vertrat einen gemäßigten, aufgeklärten → Territorialismus. Als Zivilrechtler förderte er in den Bahnen Samuel Stryks durch den usus modernus des Pandektenrechts die Entwicklung des gemeinen Rechts in Deutschland. B. versuchte sich auch als Dichter von Kirchenliedern. Sein Sohn Georg Ludwig († 1797) und sein Enkel Georg Wilhelm (1839) folgten seinen Spuren.

Vollst. Bibliogr. bei P.Niceron, Nachr. v. d. Begebenheiten u. Schriften berühmter Gelehrter, T. 22, 1762, 309ff. - B. gab heraus: Corpus iuris canonici, 2 Bde, 1747. - Vf. u.a.: Introductio in ius publicum universale, 1710; Dissertationes iuris ecclesiastici antiqui, 1711; Institutiones iuris can., (1738) 1770⁶; Ius ecclesiasticum Protestantium, 6 Bde, (1714-36) 1756-89⁵. - Über B.: W.Schrader,

Gesch. d. Friedrichs-Universität zu Halle I, 1894, 146ff - RE II, 276 - H.LIERMANN, J.H.B. (ZSavRG Kan. Abt. 35, 1948, 390-399) - NDB II, 392. *Ernst Wolf*

Böse, *das.* Unter dem B.n wird hier nicht der Gegenpol zum Guten innerhalb der menschlichen → Sittlichkeit verstanden, sondern das numinose B., göttliche → Macht oder Mächte also, sofern sie böse sind, dh entweder in irgendeinem Sinne schädigend oder ethisch negativ wirken.

1. Dem Menschen, zumal im Bereich der Naturreligionen (→ Naturvölker: II), begegnet erlebnishaft in mancherlei Dingen, Personen und an bestimmten Orten (→ Heilige Stätten: I) numinose *Macht,* die als ambivalente Größe (→ Ambivalenz) nicht nur förderlich, sondern auch *schädigend* wirken kann und darum vom Bannkreis des → Tabu umgeben ist. Während bei manchen Naturvölkern mit den Begriffen → Mana, Thurunga, Orenda, Wakanda Gutes und B.s, Förderliches *und* Schädigendes umfaßt wird, bezeichnet das Wort »Arunkulta« bei dem Aranda-Stamm in Zentral-Australien eine besonders böse Art der Macht (Söderblom 33. 184). Sehen sich Menschen in dem, was ihnen widerfährt oder was sie umgibt, einem dämonischen Willen gegenüber, so entsteht die Vorstellung des *Dämons* (→ Geister: I). »Die Macht bekommt einen Willen« (van der Leeuw 77). Solche Dämonen nun sind hinsichtlich dessen, was sie wirken, oft ambivalent, einzelne Dämonen oder Dämonengruppen gelten daneben als ausschließlich böse. Nicht überall, aber häufig wird der Totengeist als ein böses Geistwesen angesehen, zB bei den Hererostämmen Afrikas (Irle); aber auch in der germanischen Vorstellung vom »wilden Heer« Wodans handelt es sich wohl um böse Totengeister.

In Volksreligionen wie Universalreligionen weiß man um böse Dämonen. Sie verbreiten Schrecken und Unheil, wie zB die germanischen Trolde, von denen V. Grønbech sagt: »Der Charakter des Trolds ist boshafte Planlosigkeit, ...seine Augen sind so böse, daß ein Blick aus ihnen genügt, um die Fruchtbarkeit eines Landes zu verbrennen.« Ganz ähnlich beschreibt ein babylonisches Lied die verderbenbringende Wirksamkeit der »bösen Sieben«: »Sie sind Stürme, die dahinjagen... Schonung und Mitleid kennen sie nicht, ...böse sind sie« (Ungnad 288). Jes 13, 21 ist von Bocksgeistern die Rede, die im zerstörten Babylon tanzen sollen, ähnlich wie (nach Jes 34, 14) in dem durch Jahwes Rache vernichteten Edom. In der frühen indischen Religionswelt ist unter den zahlreichen Dämonen und Dämonengruppen in erster Linie an die Rudras als Repräsentanten des erschreckend B.n zu denken. Der Großgott Rudra-Shiva ist aus dieser Dämonengruppe entsprungen (vgl. Otto 37ff). Im späteren → Hinduismus (: I) sind die Dämonen die Repräsentanten unheilvoller Verführung und Verblendung (→ Bhagavadgîtâ XVI, 4-12; IX, 12). Im Mazdaismus (→ Iran: III), der monotheistischen Religion → Zarathustras, wurden die alten vorzarathustrischen Götter zu bösen Dämonen. Die Devs sind die Urheber alles Verderblichen (Yasna 32, 5) und ethisch böse (Yasna 32, 3). Bei den Griechen waren in erster Linie die Keren böse und zerstörerische Dämonen bzw. Totengeister.

Auch die drei Weltreligionen kennen böse Dämonen. Die Anwesenheit → Buddhas schützt die Menschen vor der Belästigung durch böse Geister (Dîghanikâya IV, 6; III, 1, 21 ist von dem yakkha Vajirapâni die Rede, der mit einem Klumpen glühenden Erzes einen Menschen bedroht). Im → Islam (: I) sind es die Dschinne, die in den Menschen böse Leidenschaften erregen.

2. Neben den bösen Dämonen, mit denen oft die guten Götter in Kampf stehen, gibt es vielfach auch *böse Götter.* In der babylonischen Religion ist Nergal neben der Urmutter Tiâmat eine böse Gottheit (→ Babylonien: II, 8. 14). In → Ägypten (: II, 1) ist Seth ein böser Gott. Und im Parsismus steht Ahura Mazdâ im Kampf gegen den bösen → Ahriman. Hierher gehören ferner die verschiedenen Teufelsgestalten der Religionen (Satan, Mâra, Iblis; → Teufel: I).

3. Eine dritte Erscheinungsform des B.n in der Religionsgeschichte liegt in den *dualistischen Religionssystemen* (→ Dualismus: I) vor, in denen eine kosmische Spaltung in eine heilige himmlische Welt und eine unter der Herrschaft von Unheilsmächten stehende irdische Welt gelehrt wird wie im späthellenistischen Judentum, in der → Gnosis (: I) und in der Äonenlehre des NT.

J.IRLE, Die Herero, 1906 - V.GRØNBECH, Vor folkeaet i oltiden, Bd 1. 2, (1912) 1955² (dt.: 1937/39) - K.BETH, Religion u. Magie, (1914) 1927² - N.SÖDERBLOM, Das Werden des Gottesglaubens, (1915) 1926² - R.OTTO, Das Heilige, (1917) 1947²⁶ - DERS., Gottheit u. Gottheiten der Arier, 1932 - A.UNGNAD, Die Religion der Babylonier u. Assyrer, 1921 - G.MENSCHING, Gut u. Böse im Glauben der Völker, (1941) 1950² - S.PETREMENT, Le dualisme dans l'histoire de la philosophie et des religions, 1946 - C.H.RATSCHOW, Magie u. Religion, 1947 - BARTH, KD III/2, § 50 - VAN DER LEEUW 141 ff.
G.Mensching

Boethius, *Anicius Manlius Torquatus Severinus,* Philosoph und Staatsmann, * um 480 in Rom, in Alexandrien gebildet, 510 Konsul, dann magister officiorum (etwa Ministerpräsident) unter Theodorich (455-526); 524 bei Pavia (Borgo Calvenzano) hingerichtet auf Grund falscher Anschuldigungen (Hochverrat; Verbindung mit Ostrom zur Stärkung des Senats). Lokalkult in Pavia 1883 bestätigt. Dem Mittelalter wurde er der Vermittler antiker Philosophie und Lehrmeister logischen Denkens.

Schriften: Institutio arithmethica (vor 507), Institutio musica (vor 507); Komm. zur Isagoge des Porphyrius nach der Übers. des Victorinus (vor 509); eigene Übers. der Isagoge mit Komm. (vor 510); Übers. u. Komm. der Kategorien des Aristoteles (510); Übers. u. 2 Komm. zu Aristoteles Periherm. (511-13); Komm. zur Topik Ciceros (Buch VI-VII fehlen). - Logische Monographien: De categoricis syllogismis (ca 511); Introductio ad syllogismos categoricos (ca 511); De hypotheticis syllogismis (ca 513); De divisione (ca 513); De topicis differentiis (ca 515); Auszüge daraus sind: De rhetorica cognatione, und Locorum rhetoricorum distinctio. - Theologische Schriften (Opuscula sacra): De trinitate I-II; Quomodo substantiae bonae sint (= Liber de hebdomadibus); De fide catholica (Echtheit umstritten, vgl. W.BARK in HThR 39, 1946, 55-69; E.J.DALY, Scriptorium, 4, 1950, 205-219); Liber de persona et duabus naturis (um 520). Großartig sind seine 524 im Kerker verfaßten Philosophiae consolationis libri quinque, sie wurden immer wieder übersetzt (von Notker Labeo, König Alfred, G.Chaucer, Königin Elisabeth v. England, Jean de Meun, Maximus Planudes) und kommentiert (von Remigius von Auxerre, Johannes Scotus, Wilhelm von Conches, Nicolaus Triveth, Thomas Anglicus). - Verloren sind seine Übers. der Analyt. Priora u. Posteriora u. der Topik des Aristoteles. - Unecht sind die unter seinem Namen gedruckten Übersetzungen der Analytica Priora u. Posteriora, der Topik u. der Elenchi des Aristoteles (alles von Jacob von Venedig, 1128); ebenso der Liber de definitione (von Marius Victorinus), De unitate (von Dominicus Gundissalinus) u. De disciplina scolarium (Anon. saec. XIII).

Ausg.: Venezia 1491-1492 (ed. princeps); Basel 1546 (H.Lorit Glareanus); Basel 1570; MPL 63. 64; CSEL 47 (1906; In Isagogen, ed. S.BRANDT), 67 (1934; Consolatio, ed. G.WEINBERGER); R.PEIPER (1871; Consolatio u. Opuscula sacra); H.F.STEWART u. E.K. RAND (1918, 1936²: Consolatio u. Opuscula sacra); K.BÜCHNER (1947; Consolatio); E.GOTHEIM (1949; Consolatio lat. u. dt.). -

Über B.: DHGE IX, 1937, 348ff - H.M.BARRET, B. Some Aspects of his times and Work, Cambr. 1940 - E.RAPISARDA, La crisi spirituale di Boezio, Firenze 1947 - C.H.COSTER, The fall of B. (Mél. H. Grégoire IV, Brüssel 1953, 45-81) - H.R.PATCH, The tradition of B., N.Y. 1935 - L.COOPER, A concordance of B., Cambr. Mass. 1928 - K.REICHENBERGER, Unters. zur lit. Stellung d. Consolatio philosophiae, 1954. - K.BRUDER, Die philos. Elemente in den Opuscula sacra des B., 1928 - H.J.BROSCH, Der Seinsbegriff bei B., 1931 - R. CARTON, Le christianisme et l'augustinisme de B. (Rev. de Philos. 30, 1930, 573-659) - V.SCHURR, Die Trinitätslehre des B., 1935 - A. BECKER-FREYSENG, Die Vorgesch. des philos. Terminus »contingens«,

1938 - E.H.Sehrt u. T.Stark, Notkers des Deutschen Werke I, 1-3, 1933-34 (Consol.) - P.Courcelle, Etude critique sur les comm. de la Consol. de B. (IX-XV s.) (Archives d'histoire doctr. et litt. du Moyen âge 4, 1939 5-140) - M.Cappuyns, Le plus ancien comm. des Opuscula sacra (Rech. Théol. anc. méd. 3, 1931, 237-272) - N.M.Haring, The commentary of Gilbert of Poitiers on B. De hebdomadibus (Traditio 9, 1953, 177-211) - M.Grabmann, Die theol. Erk. u. Einleitungslehre des hl. Thomas v.A. auf Grund seiner Schrift In Boethium De trinitate, 1948 - M.A.Schmidt, Gottheit u. Trinität nach den Kommentaren des Gilbert Porreta zu B. De Trinitate, Basel 1956. *F.Stegmüller*

Bogatzky, *Karl-Heinrich von* (1690-1774), pietistischer Erbauungsschriftsteller, aus ungarischem Adel, kam als Student in Halle unter pietistischen Einfluß. Für den Pfarrdienst zu schwächlich, war B. viel auf Reisen, geistlicher Berater adliger Kreise, seit 1746 Gast des Waisenhauses zu Halle. Sein »Güldenes Schatzkästlein der Kinder Gottes« (1718) erlebte bis ins 20.Jh. ungezählte Auflagen auch in fremden Sprachen. Sein Lied »Wach auf, du Geist der ersten Zeugen« wurde das erste Missionslied der ev. Kirche deutscher Zunge.

B.s Lebenslauf von ihm selbst beschrieben, hg.v. A.Knapp 1801 - Koch IV, 468ff. 478 - RE III, 279f - GG III, 208 (§ 188 Nr. 40) - A.Ritschl, Gesch. d. Piet. II, 1884. 480ff. 530ff - J.Kelly, The Life and Work of Ch.H.v.B., London 1889. *W.Lueken*

Bogerman, *Johannes* (1576-1637), * Uplewert, Ostfriesl.; † Franeker, niederländ. ref. Theologe, studierte in Franeker, Heidelberg und Genf; wurde Pfarrer in Sneek, Enkhuizen und zuletzt in Leeuwarden. B. war ein strenger Eiferer für den Calvinismus, polemisierte gegen Mennoniten, Jesuiten und besonders gegen Arminianer. Wegen seiner großen theologischen Kenntnisse und seiner überragenden Persönlichkeit wurde B. zum Vorsitzenden der → Dordrechter Synode gewählt. B. hatte bedeutenden Anteil an der Staaten-Übersetzung der Bibel (→ Bibelübersetzungen: V, 2 h). Mit dem Prinzen Moritz von Oranien hatte er enge Beziehungen, auch diplomatische. 1636 wurde B. Professor in Franeker.

H.Edema van der Tuuk, J.B., 1868 - BWGN I, 466ff - NNBW I, 390ff. *J.N.Bakhuizen van den Brink*

Bogomilen, eine auf der Balkanhalbinsel und in Kleinasien seit Mitte des 10.Jh.s verbreitete, von einem Priester Bogomil (= Theophilos) organisierte Sekte, erwachsen auf der durch die Umsiedlungspolitik der byzantinischen Kaiser ermöglichten Propaganda der → Paulizianer und → Messalianer im ersten bulgarischen Reich. Ihre Lehre hat einen stark manichäischen Einschlag (Dualismus, Verwerfung des AT, doketische Christologie und rigoroser Asketismus mit Verwerfung der Ehe). Die Sekte prägte das geistige Antlitz des mittelalterlichen Balkan, wurde besonders im bosnischen Raum eine staatsformende Kraft und griff mit ihrer Propaganda auch auf die abendländische Kirche über, wo in Oberitalien und Frankreich die Sekte der → Katharer direkt auf sie zurückging.

G.Ficker, Die Phundagiagiten, 1908 - J.Ilić, Die B., 1923 - J. Ivanov, Bogomilische Bücher u. Legenden, 1925 (bulg.) - H.C. Puech-A.Vaillant, Le traité contre les Bogomiles de Cosmas le prêtre, 1945 - S.Runciman, The medieval manichees, 1947 - D. Obolensky, The Bogomils, 1948 - D.Angelov, Der Bogomilismus auf dem Gebiete des byzant. Reiches, 1948-50 - A.Schmaus, Der Neumanichäismus auf dem Balkan (Saeculum 2, 1951, 271-299). *H.-G.Beck*

Bohatec, *Joseph,* reformierter Theologe, * 26.1.1876 in Kochow (Mähren), † 6.6.1954 in Wien. Zunächst Inspektor des Reformierten Predigerseminars in Elberfeld, 1912 Privatdozent in Bonn, seit 1913 Prof. für ref. Theologie in Wien. Der Schwerpunkt seiner wissenschaftlichen Arbeit liegt auf dem Gebiet der Calvin-Forschung, die er mit seinen Werken »Calvin und das Recht« (1934), »Calvins Lehre von Staat und Kirche« (1937) und »Budé und Calvin« (1950) weithin auf neue Grundlagen stellte. Außerdem hat B. eine umfassende Darstellung der Religionsphilosophie Kants geliefert (1938). Theologisch stand Bohatec dem → Neo-Calvinismus nahe, ohne sich dadurch die Weite des wissenschaftlichen Gesichtsfeldes beengen zu lassen.

Vf. u.a.: Schleiermachers Religionsbegriff, 1904; Zur neuesten Gesch. des ontologischen Gottesbeweises, 1906; Zeit u. Ewigkeit, 1908; Calvins Vorsehungslehre (in: Calvinstudien, hg.v.d. Ref. Gemeinde Elberfeld, 1909); Die cartesianische Scholastik in der Philosophie u. ref. Dogmatik des 17.Jh.s, 1912; Calvin u. das Recht, 1934; Calvins Lehre von Staat u. Kirche, 1937; Die Religionsphilosophie Kants, 1938; Budé u. Calvin, 1950; Der Imperialismusgedanke u. die Lebensphilosophie Dostojewskijs, 1951; posthum: England u. die Gesch. der Menschen- u. Bürgerrechte, 1956. - Festschrift J.B., 1951. *O.Weber*

Boileau, *Nicolas,* genannt Despréaux (1636-1711), * und † in Paris. Er begann mit dem Studium der Theologie, wurde aber dann Jurist und lebte seit 1657 ganz der Literatur. In den Jahren 1660-66 schrieb er seine ersten Satiren, 1674 erschien das heroisch-komische Epos »Le Lutrin« (»Das Chorpult«, endgültige Fassung 1683). B.s einflußreichstes Werk wurde »L'Art poétique«, eine Versepistel in vier Gesängen, worin er die Dichtungstheorie seiner Zeit verarbeitete und damit die dem franz. Klassizismus zugrunde liegende Ästhetik in klarer Form zusammenfaßte. Ohne innere Bindung zum Jansenismus verteidigte er seinen Freund → Arnauld gegen die Jesuiten und wurde so zum scharfen Kritiker dieses Ordens. Dies wird deutlich in seiner (12.) Epistel über die Liebe Gottes (»Sur l'amour de Dieu«, 1698), in der posthum erschienenen Satire über die Zweideutigkeit (»Sur l'équivoque«) sowie in einigen seiner Epigramme. Von B.s Prosawerken sind namentlich die »Réflexions critiques« (1694) zu erwähnen, die zugunsten der Antike in den Literatenstreit der »Anciens« und der »Modernes« eingriffen. B. stand in engem Kontakt mit den hervorragendsten Männern seiner Zeit, besonders mit → Molière, La Fontaine und → Racine. Zusammen mit Racine wurde er 1677 zum kgl. Historiographen ernannt. Im Jahre 1684 erfolgte seine Berufung in die Akademie.

GA in 5 Bdn, ed. J.Bainville, Paris 1928/29; in 7 Bdn, ed. Ch. H.Boudhors, Paris 1934-39. - Über B.: G.Lanson, B., (1892) 1906[3] - E.Magne, Bibliogr. générale des oeuvres de B., 2 Bde, 1929 - R. Bray, B., 1942 - D.Mornet, B., 1942 - R.Dumesnil, B., 1943 - M.Hervier, L'Art poétique de B., 1949 - DBF VI, 1954, 794f. *H.R.Guggisberg*

Bolingbroke, *Henry St. John,* Viscount (1678-1751), englischer Politiker und Gelehrter. Dank seiner Beredsamkeit (keine seiner Reden ist erhalten) gewann er rasch großen Einfluß im Parlament als Führer der Tories, war Kriegsminister (1704) und Staatssekretär (1710), als der er den Frieden von Utrecht schloß. 1714 von Georg I. entlassen, floh er nach Frankreich, wo er bis 1716 ohne große Begeisterung dem Prätendenten James Stuart als Staatssekretär diente. Während seines Exils (bis 1725) kam er in freundschaftliche Berührung mit → Voltaire. Den Rest seines Lebens verbrachte er teils in England, teils in Frankreich, wiederholt mit politischen Intrigen beschäftigt. Seine »Letters on the Study and the Use of History« (1735, von Voltaire beeinflußt) betonten die Kontinuität der Geschichte, kritisierten die zeitgenössischen, zumal englischen Historiker und hatten die These zum Gegenstand, daß »Geschichte der Unterricht in der Philosophie durch Beispiele« sei. In »The Idea of a Patriot King« (1748) trat er für eine Theorie »demokratischer Tory-Politik« ein. Die Monarchie repräsentiere die Nation und müsse über den Parteien stehn, der König müsse herrschen und verwalten. B.s philosophische Ansichten hat A.Pope in seinem »Essay on Man« (1734) in dichterische Form gegossen. Sie brachten den damals modernen Deismus zum Ausdruck. Seine Polemik richtete sich gegen die orthodoxe Theologie, den Atheismus und die Metaphysik. Das Christentum stammt nach seiner Lehre von Moses, Platon und Paulus und erscheint ihm als eine korrumpierte »Naturreligion«. Die Schriften B.s verdecken durch ihren klaren, eleganten Stil die Seichtheit der Gedankenführung; als Politiker konnte er den Widerspruch nicht überwinden, daß er sich zum Führer einer Partei gemacht hatte, die von der Unterstützung jener anglikanischen Hochkirchler abhing, deren Prinzipien er verachtete.

Über B.: DNB XVII, 1900, 618 ff - Cambridge Hist. of Engl. Lit. IX, 1912, 316 ff - C.Petrie, B., 1937 - C.G.Robertson, B., 1947 - W.M.Merrik, From Statesman to Philosopher, 1949.

D.Carter

Bolivien zählt bei einer Ausdehnung von 1 ⅓ Mill. qkm eine fast 4 Mill. starke Bevölkerung, von der etwa 15% Weiße sind. Die übrigen Bewohner setzen sich aus reinen Indianern und »Cholos«, Mischlingen, zusammen, die ein Drittel der Farbigen ausmachen. Heute noch gibt es rund 500 000 Indianer, die vom Christentum nicht erfaßt worden sind, worunter auch einige Stämme den religiösen → Kannibalismus ausüben. - B. gehörte ursprünglich zum Inkareich. Nach der Eroberung durch die Spanier 1538 unterstand es bis 1776 dem Vizekönig von Peru, wurde aber dann an das Vizekönigreich La Plata (→ Argentinien) angeschlossen. Erst 1825 löste sich B. nach 19jährigem Kampfe von Spanien, bildete dann eine Art Staat mit Peru zusammen, ist aber seit 1839 selbständig. Trotz verschiedener Streitigkeiten mit Chile, Paraguay, Peru und Brasilien ist die Grenzfrage bis heute ungelöst. - An der Konstitution von 1880, nach der der Katholizismus Staatsreligion ist, aber eine gewisse Toleranz anderer Kulte gewährleistet ist, hat die 1931 vorgenommene Neufassung nichts geändert. - Wie in allen anderen südamerikanischen Ländern drang die christliche Mission gleich nach der Eroberung in B. ein, wobei zunächst Franziskaner, dann aber auch Merzedarier, Dominikaner und Jesuiten eifrig tätig waren. Die letzteren verstanden es, die nomadenhaften Indianer zT seßhaft zu machen. Doch haben sich die Niederlassungen seit ihrem Zusammenbruch um die Mitte des 18.Jh.s nicht mehr erholt. Noch heute wird unter den Indianern missioniert, und zwar katholischerseits weiterhin hauptsächlich durch Franziskaner, evangelischerseits (seit 1920) durch die Misión Boliviana de los Amigos de la Santidad und Hermanos Libres (→ Darbysten) und seit 1927 durch die Unión Misionera del Interior de América del Sur. Die kanadischen Baptisten betreiben am Titicaca-See eine Landwirtschaftsmission unter den Aymara-Indianern. Auf diese Arbeit der Evangelischen sind die neuen Bibelübersetzungen in Indianerdialekte zurückzuführen. - Dem kath. Erzbischof in Sucre unterstehen die Diözesen von La Paz, Cochabamba, Santa Cruz de la Sierra, Potosi, Tarija und Oruro. Seit 1917 existieren apostolische Vikariate in El Beni und Gran Chaco (1919) sowie eine apostolische Präfektur in Philcomaja. 6 kirchliche Lehranstalten sorgen für den geistlichen Nachwuchs, der im Vergleich zu der Zahl der Pfarreien (etwa 300) gering ist. Ähnlich den übrigen südamerikanischen Ländern ist die Gesamtbevölkerung B.s nominell kath.; die religiöse Indifferenz scheint der tatsächlichen Zugehörigkeit zur kath. Kirche keinen Abbruch zu tun. - Die Evangelischen, die eine starke Minderheit bilden, stammen vor allem aus dem niederen Stande der »Cholos« oder Mestizen; ihre Gesamtzahl beträgt etwa 20 000. Familien aus höheren Schichten lassen ihre Kinder die ev. Realschule »Colegio Americano« in La Paz besuchen. - In letzter Zeit bemüht sich der Staat stärker um die Erziehung des Volkes; neben 2 Universitäten in Sucre und La Paz bestehen 1600 Volksschulen und mehrere höhere Schulen sowie auch 2 Anstalten für Lehrerausbildung und einige Handelsschulen. Dennoch sind noch etwa 80% der Gesamtbevölkerung Analphabeten. Seit 1946 widmen sich 10 Missionsgesellschaften der Bekämpfung des Analphabetentums. Um die Mitte des vorigen Jahrhunderts wanderten Deutsche in B. ein. In Cochabamba besteht eine blühende deutsche Schule. Insgesamt sind in B. 3 Missionsgesellschaften mit internationaler Unterstützung und 16 nordamerikanische Gesellschaften tätig, von denen die Adventisten den stärksten Erfolg haben. Neuerdings ist es in B. zu Protestantenverfolgungen gekommen.

H.Kanter, Der Gran Chaco u. seine Randgebiete, 1936 - K.S. Latourette, Advance Through Storm, 1945 - J.P.Howard, Libertad religiosa en la América Latina, 1945 - Ders., La otra conquista de América, 1951 - C.W.Turner, La Biblia en América Latina, 1951 - WChH.

M.Gutiérrez Marín

Bollandisten, Herausgeberkreis der Acta Sanctorum (AS), der infolge seiner historisch-kritischen Arbeiten und seiner Zugehörigkeit zum Jesuitenorden auf eine wechselvolle äußere Geschichte zurückblickt. Wegbereiter war Heribert Rosweyde (1569-1629) mit seinem Plan einer kritischen Textedition der Heiligenleben nach der Ordnung des liturgischen Kalenders. Johann Bolland (1596-1665) - nach ihm der Name B. - erweiterte den Plan: Berücksichtigung alles erreichbaren Materials, Text mit Kommentar; seine Mitarbeiter waren Gottfried Henskens (1601-81) und der sehr rege, kritische Daniel → Papebroch (1628-1714). Die von ihnen gehandhabte Methode wurde von B. des 19. und 20.Jh.s (bes. P.De Smedt) verfeinert. Seit 1643 erscheinen die AS zuerst in schnellerer Folge, später nach langjähriger Unterbrechung (1794-1836) wegen äußerer Schwierigkeiten in größeren Abständen; das Werk liegt jetzt bis zum 10. Nov. des Heiligenkalenders vor. - Sitz der B. ist Brüssel. 24, Boulevard Saint-Michel.

Analecta Bollandiana, 1882 ff, für kleinere Veröffentlichungen der B.; für Monographien: Subsidia hagiographica. - DHGE IX, 618 ff - H.Delehaye, A travers trois siècles. L'oeuvre des Bollandistes 1615 bis 1915, 1920 - P.Peeters, Après un siècle. L'oeuvre des Bollandistes de 1837 à 1937 (AnBoll 55, 1937, V-XLIV) - Ders., L'oeuvre des Bollandistes (Mémoires de l'Académie Royale de Belgique, Classe des Lettres 39, 4) 1942 - Ders., Figures bollandiennes contemporaines (Collection Durendal 73), 1948 - P.Devos, Le R.P.Peeters (AnBoll 69, 1951, I-LIX).

M.Tetz

Bologna

I. Erzbistum - II. Universität

I. Erzbistum

Für B. (1278-1796 und 1815-59 Teil des → Kirchenstaates) belegt die Verehrung der Märtyrer Vitalis und Agricola frühes Christentum. Als erster Bischof ist der hl. Zama († um 300) beglaubigt, vielleicht Erbauer einer Petruskapelle an der Stelle der heutigen Kathedrale. Von seinen Nachfolgern nahm der hl. Eusebius († 400) 381 am Konzil von Aquileja teil. Bischof Petronios von Konstantinopel († 450) bezeugt als Schutzpatron der Stadt die frühe Verbindung mit dem Orient. 1582 wurde B., das früher zu → Mailand, dann zu → Ravenna gehörte, Erzbistum mit den Suffraganstühlen Modena, Reggio, Parma, Piacenza, Imola und Cervia (diese beiden letzten 1604 an Ravenna; B. entschädigte man mit Crema und dem eben begründeten Borgo S.Donnino). Heute gehören zur Kirchenprovinz nur noch Imola und Faenza. Das Erzbistum B. zählt 1957 bei 714 000 Einwohnern 703 130 Katholiken, 437 Pfarreien, 574 Welt- und 248

Ordenspriester, 47 männliche und 197 weibliche Ordensniederlassungen. Zum päpstlichen Stuhl stiegen auf die Erzbischöfe Thomas Parentucelli (→ Nicolaus V.), Alexander Ludovici (→ Gregor XV.), Prosper Lambertini (→ Benedikt XIV.) und Giacomo della Chiesa (→ Benedikt XV.). 1317 tagte in B. ein Provinzialkonzil (Ravennatensis IV, richtiger V), 1320 und 1374 Reformsynoden der Diözese, ebenso 1622, 1634 und 1698. Mit seiner 9. und 10. Sitzung tagte 1547 hier das → Tridentinum, dessen Beschlüsse durch die Provinzialsynode von 1586 durchgeführt wurden.

F.Ughelli, Italia sacra II, 3ff; X, 215 - F.Lanzoni, Le diocesi d'Italia, 1927², 778ff - LThK II, 432 ff (Lit.) - DHGE IX, 645ff (Lit.) - EC II, 1792ff (Lit.). *J.B.Aufhauser*

II. Universität

Die Universität B. entstand Ende des 11.Jh.s dank der Erneuerung des römischen Rechts durch Irnerius (ca 1055-1130) und die Glossatoren (Franciscus Accursius, ca 1185-1263). Um 1130 ist B. bereits weltberühmt (Münzinschrift: Bononia docet). → Friedrich I. gewährte 1158 Professoren und Scholaren eximierte Gerichtsbarkeit. Ende des 12.Jh.s organisierten sich die stadtfremden Scholaren in zwei Korporationen (universitates), den citramontani und ultramontani, die wieder in Landsmannschaften (nationes) zerfielen, unter denen die deutsche die einflußreichste war (zu ihr gehörten auch Slawen und Skandinavier). Die Professoren (doctores legentes) wurden anfangs von den Scholaren, vom 13.Jh. an (einige, dann alle) von der Stadt berufen und besoldet. Zur Wahrung ihrer Rechte schlossen sie sich 1215 zu einem Collegium zusammen. Als Gemeinschaft der Lernenden (universitas scolarium) unterschied sich B. von Paris und Oxford, wo die Lehrenden die universitas bildeten (universitas magistrorum et scolarium). Nach der Zusammenfassung der kanonischen Texte im Decretum Gratiani um 1140 wurde das Kirchenrecht parallel zum römischen Recht entwickelt. 1316 wurde die Körperschaft der Mediziner und Philosophen anerkannt (universitas scolarium medicorum et artistarum). Die zu den artistae gehörige ars notaria wurde 1357 den Juristen angegliedert. 1360 wurde die eigentliche theologische Fakultät gegründet. Den größten Zulauf hatte B. wegen seiner Rechtsschule bis zum 14.Jh. Eine neue Blüte brachte der Humanismus (Lehrstuhl für Griechisch 1455, für Hebräisch 1464) und die Renaissance (F.Filelfo, G. Cardano). Zu Anfang des 19.Jh.s war B. ein Mittelpunkt der politischen Erneuerungsbewegung des Risorgimento, zu Ende ein Zentrum literarischen Lebens (G. Carducci, G.Pascoli). Seit Gründung des Königreichs → Italien war B. Staatsuniversität, bewahrte sich aber bis 1909 (Lex Rava) viele Privilegien. B. ist heute eine der besuchtesten ital. Hochschulen.

Außer der allgemeinen Lit. über → Universitäten vgl. E.Friedländer,C.Malagola, Acta Nationis Germanicae Universitatis Bononiensis, Berlin 1877 - G.Knod, Deutsche Studenten in B. (1289 bis 1562), 1899 - Chartularium Studii Bononiensis dalle origini al sec. XV, 12 Bde, 1909-39 - A.Sorbelli, Storia dell' università di B., I: Il Medioevo (sec. XI-XV), Bologna 1940 - L.Simeoni, Storia dell' università di B., II: L'età moderna (1500-1888), ebd 1940 - EC II, 1804ff - DHGE IX, 656ff - Studi e Memorie per la storia dell' università di B., 14 Bde, 1909-39; Nuova serie 1954ff. *(E.Schubert) Th.Elwert*

Bolschewismus → Kommunismus: III.

Bolsec, *Hieronymus,* Geburtsjahr und -ort unbekannt, † 1584/85 in Lyon (?). Französischer Karmeliter, wandte sich in Paris der Reformation zu, floh an den Hof der → Renata von Ferrara, später auf Genfer Boden, wo er als Arzt tätig war. 1551 griff er die Prädestinationslehre → Calvins an, wurde verhaftet und vom Rat ausgewiesen. B. kehrte nach kurzem Asyl auf Berner und Mömpelgarder Gebiet nach Frankreich (Autun) zurück und unterwarf sich der kath. Kirche. An den Genfern rächte er sich durch entstellende Biographien über Calvin (Histoire de la vie, mœurs, doctrine et deportemens de Jean Calvin, 1577) und → Beza (Histoire..., 1582).

CR 37, 145ff - H.Fazy, Procès de B., Genf 1866 - E.Doumergue, Jean Calvin, les hommes et les choses de son temps VI, Neuilly 1926, 146ff - DHGE IX, 676ff (Bibliogr.). *H.Liebing*

Boltzius, *Johann Martin* (1703-1765), * Forst (Niederlausitz), Pfarrer und organisatorischer Leiter der Salzburger Emigrantenkolonie Ebenezer in Georgia (Nordamerika) seit 1734, vorher Inspektor der Lateinschule im Franckeschen Waisenhaus zu Halle, Begründer der deutschsprachigen ev.-luth. Kirche Nordamerikas. Hallenser Pietist, leistete er beispielhafte Aufbauarbeit unter schwierigen klimatischen und soziologischen Bedingungen. B. regte in wirksamer Weise J. → Wesley, G. → Whitefield und H.M. → Mühlenberg an.

Tagebücher u. Briefe zT handschr. im Francke-Archiv Halle, Photokopien in der Library of Congress, Washington. Redigierte gedruckte Berichte: Ausführliche Nachrichten von den Salzburger Emigranten, die sich in Nordamerica niedergelassen haben, hg.v. S.Urlsperger 1735-52, Forts. unter dem Titel Americanisches Ackerwerck Gottes I-III, 1754-56; IV (v.J.A.Urlsperger), 1767 - J.A.Urlsperger, De praestantia coloniae Georgico-Anglicanae prae coloniis aliis, 1747 - P.A.Strobel, The Saltzburgers and their Descendants, Baltimore 1855 - C.F.Arnold, Die Salzburger in Amerika (JGPrÖ 25, 1904, 222-261) - DAB II, 1929, 425f - M.Schmidt, Die Anfänge der Kirchenbildung bei den Salzburgern in Georgia (Luth. Kirche in Bewegung. Festschr. F.Ulmer, 1937, 21-40) - Ders., John Wesley I, 1953, 149ff. *M.Schmidt*

Bolzano, *Bernard* (1781-1848), Philosoph und Mathematiker, seit 1805 Priester und Professor für Religionsphilosophie in Prag, 1819 wegen freisinniger Lehren abgesetzt. B., mit ungewöhnlicher Denkschärfe, Klarheit und Genauigkeit der Darstellung begabt, gilt heute als der größte deutsche Logiker der Zeit zwischen Leibniz und Frege. Sein Versuch, in der Mathematik Anschauung durch strenge Begriffe zu ersetzen, eilte der Zeit voraus. Religionsphilosophie, Ethik und Logik B.s hängen zusammen: Religion ist ihm »der Inbegriff aller Meinungen, die einen wohltätigen oder nachteiligen Einfluß auf Tugend oder Glückseligkeit äußern«, Ethik verbindet Tugend und Glückseligkeit im »obersten Sittengesetz«, das die Förderung des »Wohls des Ganzen« befiehlt. Zweck der Logik ist u.a., dies Sittengesetz als eine »Wahrheit an sich« darzutun. Anwendung dieser Grundsätze auf die Politik enthält B.s erst 1933 gedruckte Schrift »Von dem besten Staate«. B. hat einen von → Leibniz beeinflußten Unsterblichkeitsbeweis und einen neuen kosmologischen → Gottesbeweis gegeben, der von der Notwendigkeit einer »sich gleichbleibenden Kraftäußerung« für die Existenz veränderlicher Dinge ausgeht. In der neuesten Philosophie, bes. bei → Husserl, ist B.s Lehre von den »Sätzen an sich« bzw. »Wahrheiten an sich« wirksam, die er als Denk*inhalt* vom Denk*vorgang* streng schied. Diesen Inhalten sprach er objektive, wenn auch nicht reale, Existenz zu und überwand so den → Psychologismus in der → Logik. Seine Untersuchungen über Eigenschaften der »Sätze an sich«, zB analytische Gültigkeit, Ableitbarkeit u.ä., mit Hilfe der Variation gewisser Teilvorstellungen in diesen Sätzen kommen den Methoden moderner mathematischer Logik sehr nahe.

Athanasia oder Gründe für die Unsterblichkeit der Seele, (1827) 1838²; Lehrbuch der Religionswissenschaft, 4 Bde, 1834 (anonym); Wissenschaftslehre, 4 Bde, (1837) Neudr. 1929-31; Paradoxien des

Unendlichen, (1851) 1921²; Von dem besten Staate, hg.v. W.STÄHLER unter dem Titel »Paradoxien in der Politik«, 1933. - Über B.: H.BERGMANN, Das philosophische Werk B.B.s, 1909 (Lit.) - E.WINTER, Religion u. Offenbarung in der Religionsphilosophie B.B.s, 1932 - DERS., B.B. u. sein Kreis, 1933 - DERS., Leben u. geistige Entwicklung des Sozialethikers u. Mathematikers B.B. (HM 14), 1949 - H.SCHOLZ, Die Wissenschaftslehre B.B.s (Abh. der Friesschen Schule, NF 6, 1937, 399-472) - Y.BAR-HILLEL, B.s Propositional Logic (APh 4, 1952, 305-338). *G.Patzig*

Bomberg, *Daniel* (1470/80-1550), aus flämisch-christlichem Adel, gründete 1515 in Venedig eine Druckerei, aus der ca 200 wichtige hebr. Werke unter Mitwirkung bedeutender jüdischer Gelehrter hervorgingen, so die erste gedruckte hebr. Bibel mit vollständigem hebr. Text, Targum, rabbinischen Kommentaren und Qeri am Rande (»Biblia rabbinica«), 1516-17 von Felix → Pratensis; wichtig die 2. Ausg. 1524-25 von Jakob b. Chajim, deren massoretischer Text bis zur Gegenwart geltend blieb; 3. Ausg. 1525-28. Neben weiteren Bibelausgaben druckte B. mit Erlaubnis Papst Leos X. die erste vollständige Ausg. des babylonischen Talmud (1519 bis 1523; 2. Ausg. 1526-31), deren Seitenzählung noch heute maßgebend ist; ferner Erstausg. des palästinensischen Talmud, der Tosephta, Midraschim, Gesetzbücher, Responsen, grammatikalische Werke und zahlreiche Bücher der verschiedensten Riten.

J.BROWN, Venetian printing press, 1891 - JewEnc III, 299ff - E.BERLINER, Jb. d. Jüd.-lit. Ges. 3, 1905, 293-305 - A.FREIMANN, Zs. f. hebr. Bibliogr. 10, 1906, 32-36. 38-42. 79-88 - D.W.AMRAM, Makers of Hebrew Books in Italy, 1909, 146ff - P.KAHLE, Masoreten des Ostens (BWAT 15), 1913 - DERS., WO 1, 1947, 32-36 - Jüd Lex I, 1115ff - EJud IV, 928ff - UJE II, 450 - E.WÜRTHWEIN, Der Text des AT, 1952, 33f. *E.Kümmerer*

Bommelius, *Henricus,* (um 1500-70), aus Bommel in Gelderland, der charaktervolle ev. Prediger aus den humanistischen Brüderkreisen am Niederrhein (→ Brüder vom gemeinsamen Leben), Verfasser der ersten biblisch-reformatorischen Ethik (»Summa«). 1520 Student in Köln, 1522 Priester, 1525 Augenzeuge des von ihm 1539 beschriebenen Utrechter Krieges, in Utrecht Rektor des Schwesternhauses, 1536 Prediger in Mörs und 1542 in Wesel, zunächst Lehrer und Konrektor, seit 1553 Pfarrer. 1560 wurde er Pfarrer in Friemersheim bei Krefeld und 1568 in Duisburg; dort † am 29.9.1570. B. verfaßte unter dem Einfluß von Luthers »Von weltlicher Oberkeit« die niederländisch-volkschristliche »Summa der Godliker Scrifturen« (1523 erschienen, bald verboten, 1526, 1527² lat. als »Oeconomica Christiana« in Straßburg hg.). Als Anhänger der Wittenberger Konkordie (→ Abendmahl: II) nahm B. im Weseler Abendmahlsstreit gegen das neu sich konsolidierende Luthertum Stellung.

K.KRAFFT, Der Niederländer H.B. zu Möers u. Wesel als Historiker (Monatsschr. f. rheinisch-westfälisch. Geschichtsforschung 2, 1876, 224-231) - B.J.L.DE GLER, Bellum Trajectinum Henrico Bomelio auctore, 1878 - K.BENRATH, Die Summa der Hl. Schrift, 1880 - DERS. in JpTh 1881-83 - J.J.VAN TOORENENBERGEN, Het oudste Nederlandsche verboden boek 1523, 1882 - O.CLEMEN, Die Lamentationes Petri (ZKG 19, 1899, 431-448). *E.Barnikol*

Bonald, *Louis Gabriel Antoine Viconte* de (1754-1840), * und † in Millau (Aveyron), zuerst Bürgermeister von Millau, reichte B., als die → Constitution civile du clergé erlassen wurde, seinen Abschied ein. Er wanderte nach Heidelberg aus, wo er die »Theorie der politischen und religiösen Macht« (1796) schrieb. 1797 kam er nach Frankreich zurück, lehnte aber jedes Amt im Kaiserreich ab. 1815 wurde er »Ultra«-Abgesandter; 1830 zog er sich aus dem öffentlichen Leben zurück. B. ist der Theoretiker des Traditionalismus, der Monarchie, der hierarchischen Gesellschaftsordnung. Gott schuf den Menschen nach seinem Ebenbild, damit dieser wieder Menschen zeuge; er schuf ihn als soziales Wesen, und die Familie ist das Vorbild jeder Gesellschaft. Dem Vater kommt eine unbedingte Macht zu, die Kinder sind Untertanen, die Mutter aber ist Dienerin und Vermittlerin zwischen der Macht und den Untertanen. Damit verbindet B. eine merkwürdige Sprachtheorie: nur durch die Sprache kann der Mensch zu Vorstellungen gelangen, folglich konnte er sie unmöglich erfinden; Gott mußte ihm das Wort, die Schrift und durch diese die Moral, die Politik und die Religion offenbaren. Daher ist für B. die Tradition so wichtig. »Die universellen Wahrheiten muß man glauben, eben weil das menschliche Geschlecht von jeher daran glaubte.« Jede Gesellschaft ist ein Bild der Familie: der Staat stellt eine Gesamtheit von Familien dar. Analog die Religion: Auch sie ist eine Familie; der Vater ist Minister und Opferpriester. In der offenbarten Religion, dem Katholizismus, wird ein universeller Vermittler, der Gott-Mensch, zur Macht der von ihm gegründeten Gesellschaft. Zwischen ihm und den Untertanen muß daher ein Priester Vermittler werden. Die Vereinigung von Kirche und Staat soll wieder hergestellt werden, aber es sollen dem Klerus Grenzen gesetzt werden. Die Geschichte der modernen Welt ist die eines langsamen Verfalls. Die Reformation, ein Ausbruch des Übermuts und der Leidenschaft, ist die Quelle des Individualismus und der freien Diskussion, die ein Werkzeug der sozialen Zersetzung ist, da jeder sich das Amt des Gesetzgebers anmaßt. Die Bewegung führt zum Deismus, dann zum Atheismus; ihr Ergebnis war die französische Revolution, »das für die menschliche Gesellschaft verhängnisvollste Ereignis der modernen Zeiten«.

Vf. u.a.: Analytischer Versuch über die Naturgesetze der sozialen Ordnung, Philosophische Versuche. - Oeuvres complètes, 15 Bde, 1817/43; neue Ausg. v. MIGNE, 3 Bde, 1864 - Recherches philosophiques, 2 Bde, 1918. - H.MOULINIÉ, De B., Paris 1915 - W.GURIAN, Die polit. u. sozialen Ideen d. franz. Katholizismus 1789-1914, 1929, 66ff. 126ff - M.H QUINLENS, The Historical Thought of the Vite de B., Washington 1953. *P.Burgelin*

Bonaventura (*Johannes Fidanza,* 1221-74), * zu Bagnorea, trat 1243/44 (nicht 1238) in den → Franziskanerorden ein und wurde zu Paris Schüler → Alexanders von Hales, 1248 Bakkalar, 1257 Ordensgeneral und bald darauf Magister der Theologie. Er heißt »zweiter Stifter seines Ordens«; denn er vollendete dessen Organisation, gab ihm seine Gesetzgebung (Statuta Narb., Opera 8) und verteidigte ihn im Mendikantenstreit (Quaestiones de perfectione evang.; Apologia pauperum, ebd). B. hielt in der Frage der → Armut (: II) die Mitte zwischen → Spiritualen und → Konventualen und schrieb die offiziellen Franziskusviten (ebd). »Seraphischer Lehrer« und »Fürst aller Mystiker« heißt er wegen seiner dogmatischen Schriften (Sentenzenkommentar, Breviloquium, u.a., Opera 1-5), seiner Arbeiten für das 2. Lyoner Konzil, seiner Schriftkommentare (ebd 6f) und Predigten (ebd 9) und seiner aszetisch-mystischen Schriften (ebd 8). In seinem Hexaemeron (ebd 5; bessere Wiedergabe bei Delorme) bekämpft er nicht Aristoteles, den er oft zitiert, sondern die auf ihn sich gründende Verselbständigung der Philosophie; an → Augustin und den → Viktorinern orientiert, will er alle Erkenntnis dem Heil der Seele dienen und durch die Liebe zu Gott führen lassen. Sein Einfluß war nachhaltiger, als man glaubt, wie die vielen deutschen Übersetzungen von B.-Werken und Ps.-Bonaventuriana des 15.Jh.s lehren. 1482 wurde er kanonisiert, 1587 »Kirchenlehrer«.

Werke: Doctoris Seraphici S.B.Opera omnia, Ad Claras Aquas, 1882ff - F.M.DELORME, S.B.Collationes in Hexaemeron, ebd 1934 - F.M.HENQUINET, Etudes Franciscaines 44, 1932, 633-655; 45, 1933, 59-82; Antonianum 8, 1933, 377-427 - K.RUH, B. deutsch, Bern

1956. - Leben: Opera 10 - L.LEMMENS, Der hl. B., 1909 - F.PELSTER, ZKTh 48, 1924, 500-532 - P.GLORIEUX, AFrH 19, 1926, 145-168; 22, 1928, 257-277. - Lehre: DThC II, 962ff - Ü II ^{11}, 735ff - E.GILSON, Der hl. B., (1929) 1943^{2} (franz.) - LThK II, 477f - DSp I, 1770ff - Collectanea Franciscana Neerlandica VII, 3, 1950, 1-88 - EKL I, 547f. Zahlreiche Monographien. *S.Clasen*

Bonhoeffer, *Dietrich* (4.2.1906 bis 9.4.1945). * als Sohn des Prof. für Psychiatrie Carl B. in Breslau, studierte B. in Tübingen und Berlin und habilitierte sich hier 1930 für Syst. Theol. 1930/31 wirkte er am Union Theol. Sem. New York, wurde dann auch Studentenpfarrer in Berlin sowie Jugendsekretär des Weltbundes für Freundschaftsarbeit der Kirchen, 1933 Auslandspfarrer in London, seit Fanö 1934 beratendes Mitglied des Ökumenischen Rates, seit 1935 Leiter des Predigerseminars der → Bekennenden Kirche in Finkenwalde. 1936 wurde ihm die venia legendi entzogen, 1937 das Predigerseminar vorübergehend aufgelöst, 1938 B. aus Berlin ausgewiesen. Mit der 2. Auflösung von Finkenwalde 1940 erhielt er Redeverbot, 1941 auch Schreibverbot, setzte aber seine wissenschaftliche Arbeit und die Beratung der Bruderräte fort und schloß sich der politischen Widerstandsbewegung im Kreis der Abwehr an, von der er 1942 über den Bischof von Chichester, G. → Bell, die englische Regierung zu unterrichten suchte, ohne Erfolg. Am 5.4.1943 wurde er verhaftet und in den letzten Kriegstagen mit den führenden Männern der Abwehr (Canaris, Oster) zusammen im KZ Flossenbürg, wie vor ihm sein Bruder Klaus und zwei Schwäger, ermordet. In der Mitte seiner Theologie stehen das Kirchenproblem, dogmatisch wie soziologisch und ökumenisch-praktisch, die »Diesseitigkeit« des Christentums und die »nichtreligiöse« Interpretation der biblischen Begriffe in der »mündig« gewordenen Welt sowie Fragen der Ethik. Die wegweisende Bedeutung B.s bewährt sich im steigenden Interesse der Theologie der Gegenwart an ihm.

Vf. u.a.: Sanctorum communio. Eine dogmat. Unters. z. Soziologie d. Kirche, (1930) 1954^{2}; Akt u. Sein. Transzendentalphilos. u. Ontologie i. d. syst. Theol., (1931) 1956^{2}; Schöpfung u. Fall. Auslegung v. Gen 1-3, (1933) 1955^{3}; Die Bek. Kirche u. d. Ökumene (EvTh 2, 1935, 245-261); Zur Frage n. d. Kirchengemeinschaft (Ev Th 3, 1936, 214-233 = Mündige Welt I, 1955, 123-144); Nachfolge, (1937) 1955^{5}; Gemeinsames Leben, (1939) 1955^{2}. Postum (zumeist hg.v. E.BETHGE): Auf dem Wege z. Freiheit. Gedichte, (1949) 1954^{3}; Ethik, (1949) 1956^{3}; Widerstand u. Ergebung, (1951) 1955^{6}; Ges. Schriften, 4 Bde, seit 1957 (hg.v. E.BETHGE); vieles auch mehrfach übersetzt. - Über B.: E.BETHGE, B. Gedenkheft, 1947 - J.ERB, Die Wolke der Zeugen, 1951, 393f - W.DRESS, D.B. (ÖP V/3, o.J., 9-16) - Die mündige Welt I, 1955; II, 1956 (versch. Aufs. zu B. u. s. Theol., Bibliogr. in II) - H.THIELICKE, Das Ende der Religion (ThLZ 81, 1956, 307-326) - E.THESTRUP PEDERSEN, Eksistentialisme og Kristendom, 1956 - R.G.SMITH, The new man, 1956 - G.BELL, Bischof von Chichester, Die Kirche u. d. Widerstandsbewegung (EvTh 17, 1957, 289-305). *E.Bethge/Ernst Wolf*

Bonifatius I., *Papst* 18.12.418 bis 4.9.422, zugleich mit dem Archidiakon Eulalius zum Papst gewählt, nach zwei Synoden von Kaiser Honorius als rechtmäßig anerkannt, veranlaßte diesen zur Anordnung, daß bei Doppelwahl ein neuer Wahlgang stattfinden sollte. Er bekämpfte den → Pelagianismus, vermittelte im Streit um Apiarius in Nordafrika und in den Rangstreitigkeiten südgallischer Bischöfe und trat für die Rechte der römischen Kirche ein gegen Theodosius II., der das Illyrikum dem Patriarchen von → Byzanz unterstellte. Er war mit → Augustin befreundet. Einige seiner Briefe sind erhalten.

MPL 20, 749ff - DThC II, 988f - RE III, 287f - BARDENHEWER IV, 614ff - LThK II, 456f - CASPAR I, 350ff. *M.Rauer*

II., erster *Papst* germanischer Herkunft (22.9.530 bis Okt. 532). → Felix IV. ernannte ihn zum Nachfolger, doch die Mehrheit des Klerus wählte → Dioskur. Nach dessen Tod wurde B. allgemein anerkannt. Er suchte sich in → Vigilius einen Nachfolger zu sichern, nahm aber - wohl besonders auf Drängen des Senats - seinen Erlaß zurück. Die Konzilsbeschlüsse von Orange (529) fanden seine Billigung, womit der semipelagianische Streit (→ Pelagianismus) sein Ende fand.

A.v.HARNACK in SAB 1924, 24ff - CASPAR II, 193ff - HALLER I, 257 - SEPPELT I^{2}, 259ff. *F.Paschke*

III., *Papst* 606 (konsekriert 19.2.607) bis 12.11.607, Römer. Als letzter Apokrisiar Gregors I. in Konstantinopel protestierte er gegen den Titel eines ökumenischen Patriarchen für den byzantinischen Bischof und erreichte von Kaiser Phokas eine Anerkennung Roms als caput omnium ecclesiarum; als Papst verbot er Wahlvorbereitungen zu Lebzeiten eines Papstes oder Bischofs.

IV., *Papst* 15.9.608 bis 25.5.615, OSB, aus Valeria in den Abruzzen. Er zeigte sich, ganz wie Kaiser Heraklius I., den Monophysiten (→ Christologie: II) versöhnlich, weshalb ihn → Columba d.J. scharf tadelte, und nahm Einfluß auf das kirchliche Leben Englands und Südgalliens. Er verwandelte das römische Pantheon in eine christliche Kirche. Als Heiliger verehrt (Fest: 25.5.).

V., *Papst* 23.12.619 bis 25.10.625, Neapolitaner. Nahm sich besonders der englischen Kirche an; allerdings ist sein Primatsprivileg für → Canterbury eine späte Fälschung (→ Lanfranks?).

VI., *Papst* 896, Römer. Obwohl des Priesteramtes entsetzt, wurde er nach dem Tode des → Formosus (4.4.) von einem Volkshaufen erhoben, starb jedoch 15 Tage später.

VII., *Papst* 974 und Anfang 984 bis Juli 985, vorher Kardinaldiakon Bonifatius Franco, Römer. Von Crescentius I. erhoben, ließ er seinen gefangengesetzten Vorgänger → Benedikt VI. erdrosseln, mußte aber nach 6 Wochen vor Kaiser Otto II. nach Byzanz fliehen. Nach dessen Tod kehrte er zurück, usurpierte abermals die Papstwürde und ließ → Johann XIV. im Kerker umkommen. Sein plötzlicher Tod deutet auf Mord.

Zu III-V: CASPAR II, 517f. - Zu III-VII: RE III, 289ff - DThC II, 990ff - DHGE IX, 898ff (Lit.). - Zu VII: G.BOSSI, I Crescenzi, Rom 1915, 21f - HALLER II, 555f. *H.Fuhrmann*

VIII., *Papst* 24.12.1294 bis 11.10.1303, Benedikt Gaetani aus Anogni, * ca 1235, Vizekanzler, Kardinal und Legat in Frankreich und Sizilien, wurde nach Abdankung Cölestins V. einstimmig gewählt. B. VIII. war eine Persönlichkeit von großer Begabung und Erfahrung in kurialer Geschäftsführung. Das Urteil über ihn hängt noch weitgehend ab von der parteiisch gefärbten französischen Geschichtsschreibung. Die Politik B.s wurzelte in der guelfischen Auffassung von der Überordnung des Papsttums über allen weltlichen Institutionen, wie sie Innozenz IV. am schärfsten formuliert hat. Aber weder in Italien noch im französisch-englischen Kriege konnte B. sein Schiedsrichteramt durchsetzen. Als Frankreich auf die Bulle Clericis laicos unerwartet scharf reagierte, lenkte B. ein, sprach Ludwig IX. heilig und unterstützte die Eroberung Flanderns. Verhängnisvoll wurde es für B., daß er durch die Maßnahmen gegen die beiden Colonna-Kardinäle diese Partei auf die Seite Frankreichs trieb, das 1301 durch die Gefangennahme des Bischofs von Pamiers die Katastrophe auslöste. Die Bulle »Ausculta, fili«, wurde von Philipp dem Schönen mit Hohn beantwortet; eine Ständeversammlung in Paris nahm den ghibellinischen Satz an, daß die königliche Macht unmittelbar von Gott sei und deshalb päpstliche Eingriffe zurückweisen dürfe. Man plante ein Konzil, vor das der Papst als der Ketzerei verdächtig evtl mit Gewalt zu stellen sei, ehe er die kirchliche Strafe gegen den

König öffentlich verkünden könne. So kam es Sept. 1303 zu dem Überfall von Anagni durch Nogaret und die Colonna-Partei. Der Papst zeigte sich bei dem Überfall persönlich tapfer und wurde bald befreit, starb aber kurz darauf in Rom. B. hat durch seine selbstbewußte, oft starre und verletzende Haltung zu der Katastrophe beigetragen, seine Aussöhnung mit dem deutschen König Albrecht I. half ihm nicht mehr. Die Anklage auf Ketzerei wurde nach dem Tode B.s aus politischen Gründen aufrechterhalten. Die viel diskutierte Bulle Unam sanctam geht nicht weiter als manche Verlautbarung von B.s Vorgängern. Sie hat noch bei Luther, Napoleon I. und den → Altkatholiken eine Rolle gespielt.

Registres du P. B. VIII., Bibl. des écoles franç., 4 Bde, 1884-1935 - H.Finke, Aus den Tagen B. VIII., 1902 - Ders., Acta Aragonensia I, 1908 - G.Caetani, Documenti dell' Archivio Caetani Regesta Chartarum I, 1928 - F.Baethgen, Quellen u. Untersuchungen zur Geschichte der päpstlichen Hof- u. Finanzverwaltung unter B. VIII. (QFIAB 20, 1928/29, 114-237) - T.Boase, Boniface VIII, 1933 - F. Bock, Reichsidee u. Nationalstaaten, 1943 - Ders., Bonifazio VIII nella storiografia francese (Rivista di Storia della Chiesa in Italia 6, 1952, 248-259) - Haller III, 1945, 464ff - R.Weiss, Cinque lettere inedite (Rivista di Storia della Chiesa in Italia 3, 1949, 157-164) - EC II, 1866ff.

IX., *Papst* 2.11.1389 bis 1.10.1404, Peter Tomacelli. B. war eine imponierende Persönlichkeit, aber weniger schroff als Urban VI. Er beseitigte die republikanische Verfassung in Rom, stellte eine gewisse Ordnung im Kirchenstaat wieder her und begegnete den französischen Eroberungsplänen in Neapel durch die Anerkennung Ladislaus, Sohn Karls von Durazzo. Vergebens drängte er Wenzel, sich zum Kaiser krönen zu lassen; dessen Indolenz verhinderte die Wiederherstellung der alten Ordnung. Mißstände in der Finanzwirtschaft und bei der Pfründenvergebung führten zu Flugschriften und zu Maßnahmen im englischen Parlament. → Dietrich von Nieheims Vorwürfe sind wohl nicht immer objektiv.

Hauck V, 1920, 749ff - Haller, Papsttum u. Kirchenreform, 1903 - M.Seidlmayer, Peter de Luna (Benedikt XIII.) u. die Entstehung des Großen Abendländischen Schismas (Span. Forsch. d. Görresges. I, 4, 1933, 206-247) - Ders., Die Anfänge des großen abendländischen Schismas, 1940 - Rep.Germ. II. *F.Bock*

Bonifatius, *Wynfrith* (672/75-754), wuchs in den Benediktinerklöstern Exeter und Nursling hinein in die irisch geprägte Bildungstradition seiner Heimat Wessex (→ Aldhelm), in den Missionsgeist und die römische Gesinnung der → Angelsachsen. Nach erfolglosem Missionsversuch bei den → Friesen 716 ging er von England nach Rom, wo er am 15.5.719 von Gregor II. den Missionsauftrag und den Namen Bonifatius (des römischen Heiligen vom Vortage) empfing. Zunächst bei den → Thüringern, seit dem Tode des Friesenfürsten Radbod 719 neben → Willibrord in Friesland tätig, wirkte er seit 721 erfolgreich in dem wie Thüringen noch weitgehend heidnischen → Hessen, das von der Herrschaft der → Franken nur wenig erfaßt war. Als Missionsstützpunkte gründete er die Klöster → Amöneburg und → Fritzlar. Am 30.11.722 in Rom von Gregor II. zum Missionsbischof ohne festen Sitz geweiht, leistete er ihm den Gehorsamseid der dem Papst unmittelbar unterstehenden suburbikarischen Bischöfe; doch wurde die formularmäßige Verpflichtung gegen den oströmischen Kaiser ersetzt durch das Gelöbnis, mit Bischöfen, die gegen das Kirchenrecht verstießen, keine Gemeinschaft zu halten, ihnen Widerstand zu leisten oder, falls dies unmöglich sei, über sie dem Papst zu berichten. Ein Empfehlungsschreiben des Papstes an Karl Martell verschaffte B. dessen Schutzbrief. In Hessen, wo allerdings der Bischof von Mainz gegen B. alte Ansprüche seines Bistums erneuerte, erzielte B. seit der Fällung der Donarseiche bei Geismar größte Erfolge, die sich in Thüringen fortsetzten, wo er das Kloster → Ohrdruf gründete. Die ihm von Gregor III. bei der Erhebung zum Missionserzbischof 732 aufgetragene Gründung von Bistümern scheiterte zunächst, wohl am Widerstand fränkischer Bischöfe. Doch entstanden im Mainland als rückwärtige Stützpunkte die Frauenklöster → Kitzingen, → Ochsenfurt und das von → Lioba geleitete Tauberbischofsheim. Auf der 3. Romreise 737-38 erhielt B. den Auftrag zur Organisation der Kirche in → Bayern und Alemannien, den er 739 für Bayern mit der Abgrenzung der Bistümer Freising, Passau, Regensburg und Salzburg erfüllte, während das Bistum → Eichstätt wohl erst gegen 745 ins Leben trat. 741 folgte die Errichtung der Bistümer → Würzburg, → Büraburg und → Erfurt, von denen nur das erste Bestand hatte. Karl Martells († 741) Söhne Karlmann und Pippin beauftragten B. seit 742 mit der Reform der fränkischen Landeskirche, in die er als Erzbischof von Austrien nun endgültig eingeordnet wurde. Trotz großer Erfolge scheiterten gewisse Reformforderungen, wie die Rückgabe entfremdeten Kirchengutes, am Widerstand des fränkischen Adels. Schwierigkeiten machten ferner die Abneigung gerade der reformfreundlichen fränkischen Kleriker gegen den Einfluß eines Ausländers sowie gewisse - auch ohne grundsätzlichen Widerstand gegen den römischen Kurs - unvermeidliche Reibungen zwischen fränkischer Landeskirchenherrschaft und päpstlicher Legatenstellung. Die nur von der Reformpartei beschickte Synode von 747, die eine Obödienzerklärung nach Rom sandte, tagte in Abwesenheit der Hausmeier. Die Einführung der Metropolitanverfassung scheiterte. B. erhielt nicht, wie schon vom Papst bestimmt, Köln als Sitz eines austrischen Erzbistums, sondern das Bistum Mainz, das nicht zur Metropole erhoben wurde. Persönlich trat B. um so mehr in den Hintergrund, je enger die unmittelbare Verbindung der Karolinger zum Papsttum wurde. Doch wurde er 751 noch herangezogen, um den zum König erhobenen Pippin zu salben und so die päpstliche Zustimmung zum Wechsel der Dynastie offenkundig zu machen. Nachdem er 752 seinen Schüler → Lullus zum Chorbischof geweiht und mit Zustimmung von Papst und König zu seinem Nachfolger bestimmt hatte, ging er im Sommer 753 wieder in die Mission im nördlichen Friesland jenseits der Zuidersee. Dort fand er am 5.6.754 in der Nähe von Dokkum mit seinen Gefährten den Märtyrertod durch heidnische Friesen. Er wurde in dem Kloster → Fulda beigesetzt, das er 744 gegründet hatte und das, dem Papst unmittelbar unterstellt, jeder anderen kirchlichen Gewalt entzogen war. Sein Nachfolger in Mainz wurde Lullus, seine Aufgaben als austrischer Metropolit übernahm → Chrodegang von Metz. Sein Wirken in Mission und Reform war gleich bedeutsam für die Entstehung des deutschen Volkstums und der abendländischen Kultur.

Werke: MPL 89 - Briefe: ed. M.Tangl, MG Ep. sel. 1, 1916 - Gedichte: MG PL 1, 1ff - Synoden: MG Concilia 2 - Lebensbeschreibungen ed. W.Levison, MG SS rer. Germ. schol., 1905 - Wattenbach-Levison 2, 174ff - W.Levison, England and the Continent in the eighth Century, (1946) 1950², 70ff - Th.Schieffer, Winfrid-B. u. die christl. Grundlegung Europas, 1954 - Ders., Angelsachsen u. Franken (AAMz 20, 1950, 1431-1549) - St. B. Gedenkgabe zum 1200. Todestag, 1954 - J.Lortz, B. u. die Grundlegung des Abendlandes, 1954 - H.Fritze, B. u. die Einbeziehung von Hessen u. Thüringen in die Mainzer Diözese (Hess. Jb. f. Landesgesch. 4, 1954, 37-63) - H.Büttner, B. u. die Karolinger (ebd 21-36) - Ders., B. u. das Kloster Fulda (Fuldaer Geschichtsblätter 30, 1954, 66-78) - H.Löwe, B. u. die bayerisch-fränkische Spannung (Jb. f. fränk. Landesforsch. 15, 1955, 85-127) - Ders., Vom Bild des B. in der neueren dt. Geschichtsschreibung (Gesch. in Wissenschaft u. Unterricht 6, 1955, 539-555) - M.Coens, S.B. et sa mission historique d'après quelques auteurs récents (AnBoll 73, 1955, 462-495) - EKL I, 549ff. *H.Löwe*

Bonivard, *François de* (1493-1570), stammte als Sproß einer savoyischen Adelsfamilie aus Seyssel an der Rhone. Er wurde 1514 Prior von St. Viktor bei Genf. Im Streit dieser Stadt mit Herzog Karl III. von Savoyen nahm er gegen letzteren Partei. 1530 wurde er auf herzoglichem Gebiet verhaftet und bis zu seiner Befreiung durch die Berner im Jahre 1536 im Schloß Chilon eingekerkert. Er trat zur Reformation über und wurde für den Verlust seiner Pfründe vom Genfer Rat entschädigt. 1542 erhielt er den Auftrag, eine Stadtchronik zu schreiben (Chroniques de Genève, hg. 1831 und 1867); das Werk wurde jedoch zu einer tendenziösen Parteischrift und ist als historische Quelle von geringem Wert. In seinen übrigen literarischen und philosophischen Schriften erweist sich B. eher als ein Vertreter humanistischen Geistes denn als strenger Anhänger Calvins.

Über B.: E.Stroehlin, F.B., 1893 - RE III, 308 ff - J.E.Berghoff, F. de B., sein Leben u. seine Schriften, 1923 - DHGE IX, 1937, 989 ff - DBF VI, 1954, 963 f. *H.R.Guggisberg*

Bonn, *Universität*

1. In den fast 2000 Jahren ihrer Geschichte bis zur Erhebung zur vorläufigen Bundeshauptstadt mehr oder weniger im Schatten der rheinischen Metropole Köln stehend, behauptet sich die Stadt, unterstützt durch Vorzüge der Lage, vor allem als kurfürstliche Residenz, erhält 1777 zum ersten Male eine aus dem Geist der Aufklärung geborene, kurkölnische Akademie und kann nach der Kümmerlichkeit der französischen Jahre alles, was Natur und Geschichte ihr gaben, neu für die Aufgabe ins Feld führen, durch eine nach dem Vorbild Berlins und Breslaus gestaltete Universität gegen die kölnische Forderung einer kath. Universität die neuen Provinzen enger mit dem vorwiegend prot. Preußen zu verbinden. B. wird nun die einzige rheinische Hochschule an Stelle der drei 1798 aufgehobenen, kath. Universitäten: → Köln (seit 1388), → Trier (seit 1473), → Mainz (seit 1477) und der ref. in Duisburg (seit 1665), die in B. aufging. Kein festlicher Akt markiert die Gründung am 18.10.1818, vielmehr hemmen noch lange kultur- und konfessionspolitische Spannungen die freie Entfaltung. Der Lehrkörper ist anfangs dem Rheinland nur wenig verbunden, die Studentenzahl übersteigt erst 1878 das erste Tausend und das fünfte nach dem ersten Weltkrieg. 1957 sind es in 7 Fakultäten 7838, davon 639 Theologen (293 ev., 7 altkath., 339 röm.-kath.). Neben den anfangs mehr praktisch als schön dem neuen Zweck angepaßten kurfürstlichen Schlössern erheben sich bald die Kliniken, die naturwissenschaftlichen Institute und die landwirtschaftliche Hochschule. Im Luftkrieg 1944/45 gehen so gut wie alle Gebäude und vieles an Sammlungen und Büchern in Flammen auf. Der Wiederaufbau, in großzügiger Weise unter Heranziehung der Selbstverwaltung der Universität von der neuen Landesregierung gefördert, läßt die Schloßbauten des 18.Jh.s als vollwertige, moderne Hochschulbauten neu erstehen, dazu völlig neu die Kliniken auf dem Venusberg und verbesserte oder völlig neue Institute. Auch die Unterbringung sämtlicher theologischer Seminare wird wesentlich verbessert.

2. Ohne kirchliche Mitwirkung und vor allem ohne Berücksichtigung des entsprechenden kanonischen Rechtes in Parität mit der ev. Schwester ins Leben gerufen, gelang es der *kath.-theologischen Fakultät* erst in wechselvoller Geschichte, sich gegen das Odium einer ihr einseitig vom Staat zugedachten Aufgabe zu behaupten und in der Ausgewogenheit staatlicher und kirchlicher Funktionen zu befestigen. So blieb zB das vom König verliehene Promotionsrecht in der Schwebe, bis 1905 Kardinal Fischer von Köln ein päpstliches Breve erwirken konnte, nach dem nicht so sehr die Fakultät aus eigenem wie der Dekan aus kirchlichem, unter Zustimmung des Erzbischofs betätigtem Recht die Promotion durchführt. Das Aufsichtsrecht des erzbischöflichen Stuhles zu Köln konnte immerhin schon 1834 durch die Fakultätsstatuten bleibend geregelt werden. Nach bescheidenen Anfängen unter Seber für Dogmatik und Gratz für NT verlieh, getragen von der vollen Gunst Erzbischof → Spiegels, der geistvolle, die Theologie kühn im Rationalen verankernde Georg → Hermes trotz schwacher Gesundheit bis zu seinem Tode 1831 der Fakultät Glanz und Ansehen. Erst unter dem neuen Erzbischof v. → Droste-Vischering beginnt der bis 1843 sich hinziehende, die Fakultät fast zum Erliegen bringende Streit um die kirchliche Tragbarkeit des Hermesianismus, verschärft und überlagert durch den Kampf der preußischen Regierung gegen die Durchsetzung des kanonischen Rechtes für die Mischehen durch den Kölner Erzbischof. Erst dessen Nachfolger → Geissel gelingt es, die namhaftesten Hermesianer → Achterfeld und vor allem Braun zu entfernen, während Hilgers mit anderen sich unterwirft und → Klee den Weg von Hermes stets abgelehnt hat. In der folgenden, ruhigeren Periode mit dem Dogmatiker → Dieringer als führender Gestalt trat zT Anton → Günther an die Stelle von Hermes, und man glaubte, in voller Treue zur Kirche die deutsche kath. Wissenschaft im Sinne → Möhlers und → Döllingers pflegen zu können. So kam es, daß in der großen Krise des deutschen Katholizismus 1870 von 5 Ordinarien 3 (Hilgers, Langen, → Reusch) sich weigerten, das vatikanische Unfehlbarkeitsdogma anzunehmen, und bereit waren, sich dem altkath. Bischof → Reinkens zu unterstellen, daß Dieringer sich zwar unterwarf, aber freiwillig auf ein dörfliches Pfarramt zurückzog, vom Staat durch den Altkatholiken Menzel von Braunsberg ersetzt, während allein der Kirchengeschichtler Floss mit den Nichtordinarien Roth, Simar und Kaulen die Vorlesungen aufrechterhielt. Während des → »Kulturkampfes« war die Lage der gespaltenen Fakultät höchst unglücklich. Schließlich wurden Ersatzprofessuren eingerichtet: Kaulen (AT) 1880, → Schrörs (KG) und → Kirschkamp (Moral) 1886; Felten (NT) 1888; Rappenhöhner (Dogmatik) 1892, so daß nach fast 70 Jahren erstmalig die 6 statutengemäßen Ordinariate besetzt waren. Ein Ordinariat für Kirchenrecht kam 1905 hinzu. In dieser Zeit finden auch mehr und mehr die Fakultätsseminare als Universitätseinrichtungen und die Konvikte als rein kirchliche Institute ihre entsprechende Form und nach stärkeren Spannungen um die Jahrhundertwende auch ihren anerkannten Platz im zwischen Fakultät und Konvikt geteilten Ausbildungsgang der Studenten. Die Fakultät erhebt sich zur meistbesuchten unter den deutschen Schwestern, ebenso steigt ihr wissenschaftlicher Ruf unter Dozenten wie → Dölger, → Ehrhardt, → Feldmann, Junglas, → Königer, Rademacher, Schrörs, Tillmann und Vogels. Von 1933-45 ist die Besetzung freiwerdender Lehrstühle stark behindert. 1957 sind sämtliche 9 Ordinariate besetzt: mit Nötscher (AT), Schäfer (NT), Klauser (Alte KG), Jedin (Mittlere und Neue KG) Lang (Fundamentaltheologie), Auer (Dogmatik), Schöllgen (Moral), Linden (Kirchenrecht), Stonner (Pastoral); dazu kommen 3 Emeriti: Vogels (NT), Neuss (KG), Geyer (Dogmatik), 2 Honorarprofessoren und 5 Privatdozenten.

3. Um nach dem 1901 erfolgten Tod Langens, des letzten altkath. Mitgliedes der kath.-theol. Fakultät, für den *altkatholischen* Priesternachwuchs am Bischofssitz B. die akademische Ausbildungsstätte zu erhalten, wurde 1902 durch Parlamentsbeschluß in der philosophischen Fakultät ein propädeutisches Seminar mit planmäßigem Extraordinariat, Bibliothek und Seminarraum eingerichtet,

seit 1935 »Altkath. Seminar« genannt und nach 1945 dem Senat unmittelbar unterstellt. Lehrstuhlinhaber war bis 1931 K.L.Goetz (in den letzten Jahren zugleich persönlicher Ordinarius für Slawistik). Seither erfolgten Lehraufträge an Mülhaupt 1932-38; Keussen 1935-44 und Küppers, apl. Professor seit 1940. Hauptgebiet ist die systematische Theologie, jedoch fördert das Seminar zugleich das Studium ostkirchlicher und anglikanischer Theologie sowie der Ökumenischen Bewegung.

4. Die Geschichte der *ev.-theol. Fakultät* in B. zeigt drei Phasen: die harmonische der Vermittlungstheologie, die disharmonische der Richtungskämpfe zwischen »positiv« und »liberal« und die Ablösung beider in der Entscheidung für die → dialektische Theologie und die → Bekennende Kirche. Trotz des sehr verschiedenen historischen Bekenntnisstandes der ev. Gemeinden in den neuen preußischen Rheinlanden fand die Union unter bewußter Förderung durch die Regierung in der Fakultät und mehr und mehr durch sie auch in der Kirche eine theologische Vertretung. Ihre Verkörperung war seit 1822 der »rheinische Schleiermacher« C.I. → Nitzsch neben Friedrich → Lücke, K.H.Sack, J.Ch.Augusti und J.K.L. → Gieseler. 1829 trat Fr.Bleek für AT und NT an Lückes Stelle und verkörperte bis zu seinem Tode 1869 den kirchlich positiven und zugleich den Geistesbewegungen des Idealismus und der Romantik nicht verschlossenen, historische Kritik maßvoll übenden, von Pietismus und Spekulation jedoch gleichweit entfernten Geist der ersten Jahrzehnte. Seit Nitzschs Weggang 1847 aber zeichneten sich auch im Leben der Fakultät die in Kirche und Theologie bis zum Ausgang des ersten Weltkrieges unbewältigten Spannungen ab, die durch die kirchenpolitischen Kennworte »liberal« und »positiv« einen mehr und mehr unadäquaten Ausdruck finden. 1842 schon wird dem theologisch, aber auch menschlich von der Fakultät abgelehnten Bruno → Bauer die venia legendi entzogen. Aus ähnlichen Gründen muß Gottfried Kinkel, zunächst ein hoffnungsvoller Nachwuchs aus der rheinischen Kirche, zur philosophischen Fakultät hinüberwechseln. Dorner und R. → Rothe werden im ungeklärten geistigen Klima der Fakultät nicht heimisch. Neben A. → Ritschl in seinen Anfängen bis 1864 und dem at. Kritiker → Budde stehen so verschiedene Exponenten »positiver« Theologie wie Lange, → Kähler und → Hundeshagen. Am heftigsten brechen die Gegensätze bis ins Persönliche hinein auf durch den aggressiven Pietismus Th. → Christliebs, dem der extreme Ritschlschüler Bender gegenübersteht. Christliebs Richtung findet kirchlichen Rückhalt in den »Freunden des kirchlichen Bekenntnisses«, während der theologische Liberalismus der Fakultät besonders in den Ferienkursen sich an die kirchliche Öffentlichkeit wendet und der Staat durch Ernennung positiver Theologen Gegengewichte schafft. Unter Abschwächungen währt dieser unerquickliche Zustand bis in den ersten Weltkrieg hinein. In den weniger spannungsreichen, dafür aber auch farbloseren Zustand der Nachkriegszeit mit König und Meinhold (AT), Goebel und H.E. → Weber (NT, Syst. Theol.), O.Ritschl (Syst. Theol.) und Pfennigsdorf (Prakt. Theol.), brach 1929 zugleich mit für B. ungewohnten Hörerzahlen wie eine Flutwelle der radikale theologische Umbruch, der von Werk und Person Karl → Barths ausging. Dieser selbst wurde 1930 von Münster nach B. berufen. Neben ihm lehrten K.L. → Schmidt, G. → Hölscher, kurze Zeit auch Erik Peterson, Ernst Wolf, Fritz Lieb. In den politischen und kirchenpolitischen Entwicklungen wuchs Karl Barth in B. heran zum geistigen Haupt des Widerstandes gegen den Nationalsozialismus und die »Deutschen Christen«. Zugleich fand jetzt die B.er ev.-theol. Fakultät zum ersten Mal ein lebendiges Echo im rheinischen Volk bis weit in die kath. Volksteile hinein. Diese eindrucksvollste Zeit in fast 150 Jahren der Fakultätsgeschichte währte nur drei bis vier kurze Jahre. Maßnahmen der Regierung bewirkten, daß schon im Laufe des Jahres 1933 Schmidt und Lieb entfernt wurden und Ernst Fuchs die venia legendi entzogen, 1934 Barth suspendiert und entlassen wurde, 1935 Goeters, Hölscher, H.E.Weber und E.Wolf versetzt wurden, 1936 F.Horst entlassen wurde. Dem Nationalsozialismus und den »Deutschen Christen« zugehörige oder nahestehende Männer sollten B. zu einer Musterfakultät gestalten. Einige von ihnen machten bis 1945 den hoffnungslosen Versuch, in einer gegenüber den Anfangsjahren der Fakultät in ihren Voraussetzungen völlig veränderten Umwelt nochmals den Weg einer Theologie der Vermittlung zu gehen, soweit sie nicht überhaupt den Parolen der »neuen Zeit« erlegen waren. Nach 1945 erfolgte in Übereinstimmung mit der Rheinischen Kirchenleitung der Neuaufbau der Fakultät mit dem Ziel, die 1933 gestörte Linie fortzusetzen. Zur Zeit sind nach Gollwitzers Berufung nach Berlin von 10 Ordinariaten 9 besetzt: Noth und Plöger (AT), Vielhauer und Dinkler (NT), Iwand (Syst. Theol.), Kreck (Syst. u. prakt. Theol.), Konrad (Prakt. Theol.), Bizer und Schneemelcher (KG); dazu kommen die Emeriti Kohlmeyer (KG) und Dehn (Prakt. Theol.), Karpp (KG) als apl. Prof., Bach als Privatdozent für AT und C.Schweitzer für Sozialethik.

Zu 1: J.NIESSEN, Gesch. der Stadt B. I, 1955 - M.BRAUBACH, Gesch. der ersten B.er Universität, 1947 - DERS., Kl. Gesch. der Universität B., 1955 - FR.V.BETZOLD, Gesch. der Rhein. Friedrich-Wilhelms-Universität I. Bd: 1818-1870, 1920; II. Bd hg. v.A.DYROFF: Institute u. Seminare, 1933. - Zu 2: H.SCHRÖRS, Kirche u. Wissenschaft. Zustände an einer kath.-theol. Fakultät, 1907 - DERS., Gesch. der kath.-theol. Fakultät zu B. 1818-31, 1922 - DERS., Ein vergessener Führer der rhein. Geistesgesch. (J.W.Braun), 1925 - A.LAUSCHER, Die kath.-theol. Fakultät zu B., 1818-1919, 1920. - Zu 4: O.RITSCHL, Gesch. der Ev.-theol. Fakultät zu B. 1818-1919, 1919 - Chronik der Universität 1920-55. *W.Küppers*

Bonnet, *Charles* (1720–93), * in Genf, Naturforscher, Philosoph und Apologet, Privatgelehrter auf seinem Landgut in Genthod bei Genf, Mitglied vieler Akademien, 1752-68 und ab 1782 Mitglied des Großen Rates, gemäßigt aristokratischer Gegner → Rousseaus. B. ist früh durch seine auf empirische Prinzipien gegründeten entomologischen und pflanzenphysiologischen Untersuchungen bekannt geworden. Gleichzeitig mit Condillac - aber ganz unabhängig von ihm - entwickelte er eine physiologisch begründete Psychologie (»Fibernpsychologie«). B.s philosophisches System ist - in der Tradition von → Leibniz stehend - ein typischer Ausdruck der schweizerischen »Vernünftigen Orthodoxie«. Die Welt ist eine von göttlicher Vernunft geleitete Harmonie, die, in der Schöpfung vorgebildet (Präformationstheorie), sich zu weiterer Vollkommenheit entwickelt. B. sieht das organische Leben als Einheit. Es bestehen keine absoluten, nur graduelle Unterschiede zwischen Tier und Mensch (Tierseele). Körper und Seele bedingen sich gegenseitig. Die biblische Offenbarung ist die notwendige göttliche Hilfe für die Schwäche des menschlichen Erkenntnisvermögens. Christus ist Verkünder der Auferstehung und Unsterblichkeit. Die Wunder sind natürliche Entfaltungen ursprünglicher Präformationen. B.s Haltung ist optimistisch, eudämonistisch und tolerant. Seine Wirkung war stark vor allem in der Schweiz (zB → Lavater) und in Deutschland (zB Tetens). Die Philosophie Kants bedeutete jedoch - mit ihrer Negation der Verbindung von Natur und Religion - das Ende seines philosophischen Einflusses.

GesW: Oeuvres d'histoire naturelle et de philosophie, 1779-83. - Hauptwerke: Essai de psychologie, 1754, dt. 1773; Contemplation de la nature, (1764) 1769², dt. (1765) 1802²; La palingénésie philosophique, (1769) 1770²; Recherches philosophiques sur les preuves du christianisme, (1770) 1772³, mit der »Palingénésie« 1769-1770 von Lavater übersetzt. - Über B.: P.WERNLE, Der schweiz. Protestantismus im 18.Jh. II, 1924 - R.SAVIOZ, La philosophie de Ch.B., 1948 (Lit.) - DERS., Mémoires autobiographiques de Ch.B., 1948.

U.Im Hof

Bonnus, *Harmen* (1504-48), niederdeutscher Reformator und Kirchenliederdichter, * in Quakenbrück i. Westf., vielleicht Schüler → Bugenhagens in Treptow, ehe er Ostern 1523 in Wittenberg immatrikuliert wurde. Aus seiner Greifswalder Zeit (seit 1525?) stammt seine Freundschaft mit Joh. → Äpinus. Nach Erziehertätigkeit am Hofe zu Gottorp (seit 1527?) kam er 1530 als Rektor der neuen ev. Katharinenschule nach → Lübeck, wo er bald unter Bugenhagens Einfluß »Superattendens« der Kirche wurde, die er bis zu seinem Tode geleitet hat, mit kurzen Unterbrechungen 1534, als sein Widerspruch gegen die immer mehr entartende Demokratie seine Suspension durch Wullenwever zur Folge hatte, und 1543, als er in Stadt und Stift Osnabrück als Reformator und Kirchenordner tätig war. Unvergessen bleibt er als Betreuer des niederdeutschen Kirchenliedes und des Slüterschen Gesangbuchs in seinen Ausgaben von 1534, 1543, 1545 und 1547. Von seinen eigenen Liedern wird das Passionslied »O wir armen Sünder« heute wieder gesungen (EKG 57). Den Namen »Bonn« (so EKG) hat B. nie geführt.

RE III, 313 f (Bibliogr.) - RGG² I, 1195 - B.SPIEGEL, H.B., 1892² - F.FLASKAMP, H.B., 1951 (Lit.). *W.Jannasch*

Bonomelli, *Geremia* (1831-1914), * und † in Nigolino (Brescia), 1855 Priester, seit 1871 Bischof von Cremona, 1900 Gründer und vom Volk hochverehrter Leiter des »Werkes zur Unterstützung der ausgewanderten italienischen Arbeiter in Europa und der Levante« (Opera d'assistenza degli emigranti), vor allem aber einer der großen Brückenbauer zwischen der Kirche und dem Zeitbewußtsein. Dabei wollte er durchaus kein Modernist sein; sein Wille richtete sich vor allem auf die Aussöhnung der Kirche mit dem Staat. Er konnte die ablehnende Haltung der Kurie gegenüber dem neuen → Italien nicht ertragen und schrieb darum 1889 sein »Roma l'Italia e la realtà delle cose«, das indiziert wurde. Er war der Beichtvater der Königin Margherita und wurde der Kurie noch mannigfach beschwerlich, so, als er ein Gebet der Königin für ihren ermordeten Gatten Humbert zum Gebrauch in seiner Diözese zuließ, vor allem aber durch seine Hirtenbriefe, besonders durch den vom Januar 1906 »Die Kirche und die neueren Zeiten«, in dem er die Trennung von Staat und Kirche befürwortete. Pius X. drückte darüber in einem Brief an den Kardinal-Erzbischof von Mailand seinen höchsten Unwillen aus. Darüber hatte B. sich schon im 3. Band seines Werkes »Seguiamo la ragione« (1898/99), das die Kirche behandelt (1903 dt.: Die Kirche), geäußert: »Ich beneide die Kirche um die Freiheit, welche sie in England und Nordamerika genießt, wo das Prinzip der Trennung aufrichtig geübt wird.« Aber sein Kampf galt auch der tieferen Bildung des Klerus und dessen Aussöhnung mit den Zeitströmungen; mit Leidenschaft wandte er sich gegen die Verdumpfung der Kirche in Marien- und Heiligenkult.

Vf. u.a.: Misteri cristiani, 4 Bde, 1894-96; Questioni religiosi, morali, soziali (gesamm. Hirtenbriefe), 2 Bde 1902 (dt.: Das neue Jahrhundert, 1903); Religiös-soziale Tagesfragen, 1906. - Briefe in: Das neue Jahrhundert, 1914, 389ff; Freie Deutsche Blätter 1915, 422ff. 429ff. - Über B.: Das 20.Jh. 5, 1905, 278ff - M.ZDZUECHOWSKI, Pestis perniciosissima, 1905, 19ff - J.KÜBEL, Gesch. des kath. Modernismus 1909, 134f - Civiltà cattolica III, 1914, 632f - W.KÖHLER, Reformismus in Italien (Wartburg 38, 1939, 67-79) - EC II, 1887ff - Dizionario Ecclesiastico I, 1953, 411f - G.ASTORI, S. Pio X ed il vescovo G. B.: Note storiche con documenti inediti (Rivista di Storia delle Chiesa in Italia 10, 1956, 212-266). *W.Sucker*

Bon-Religion heißt sowohl 1. die Urreligion der Tibeter vor ihrer ersten Berührung mit dem → Buddhismus wie auch 2. die auf dieser Urreligion basierende, systematisierte und vom → Lamaismus beeinflußte antibuddhistische Religionsform → Tibets. Das Wort Bon bedeutete ursprünglich wahrscheinlich das Anrufen von Göttern durch magische Sprüche. Die Anhänger der B. nennen sich Bon-po.

Die ursprüngliche B. war dem → Animismus und → Schamanismus der Völker Sibiriens, Turkestans und der Mongolei nahe verwandt. Ihr Charakter läßt sich nur aus Nachrichten der Chinesen wie aus der späteren Literatur des Lamaismus und der systematisierten B. erschließen, da Tibet vor dem Eindringen des Buddhismus im 7.Jh. keine Schrift und Literatur besaß. Die Welt gliedert sich nach dem Glauben der alten B. in Himmel, Luftraum und Erde; diese Bereiche sind von unzähligen Geistern bewohnt. Berggötter, nixenartige Wesen (Klu) und Himmelsgeister treten besonders hervor. Der → Himmel wird in ältester Zeit neunstufig vorgestellt. Der Sage nach kam der älteste König von Tibet, ein Sohn der Himmelsgeister, über diese Stufen an einem Geisterseil auf die Erde hinab. Eine bedeutende Rolle spielten in der alten B. auch Totenriten; wir hören von »360 Arten des Sterbens«, »4 Arten der Anlegung von Gräbern« und »81 Mitteln zur Zähmung böser (Toten-)Geister«. Im Gegensatz zu den späteren Lamaisten bestatteten die Bon-po ihre Toten in der Erde, und zwar wurden die ältesten Könige der Tibeter in einem spitzen Tumulus aus Stampferde beigesetzt (→ Begräbnis: I). Blutige → Opfer spielen in der alten wie in der späteren B. eine erhebliche Rolle. Als Opfertiere werden Pferde, Ochsen, Esel, Schafe, Hunde, Affen, Hirsche und Yaks genannt. Aber auch → Menschenopfer (: I) scheinen nicht ungewöhnlich gewesen zu sein. Die schamanistische Komponente der alten B. ist deutlich greifbar. Das Gewand, der phantastische Kopfputz und die Trommel der sibirischen Schamanen haben bei den Bon-po deutliche Parallelen. Ihre Schamanen, die gShen, verfallen mit Hilfe ekstatischer Tänze und Musik oder durch Narkotika in Trance (→ Ekstase). Während ihr Körper in kataleptischer Starre daliegt, eilt ihre Seele im »Seelenflug« in Über- oder Unterwelten (oft auf der Trommel reitend), um eine von Geistern geraubte Seele zur Erde zurückzubringen.

Als der von Indien eingedrungene Buddhismus im 8.Jh. eine politische Allianz mit dem nach absoluter Herrschaft strebenden Königtum Tibets einging, verband sich der um seine Privilegien besorgte Adel mit der autochthonen B. Da diese aber mit den kulturellen Werten des Buddhismus nicht konkurrieren konnte, ließ man aus Kaschmir, Gilgit und dem (damals noch nicht tibetischen) Kailasa-Gebiet berühmte Bon-Priester herbeiholen. In diesen Ländern hatte sich der primitive schamanistische Lokalglaube schon zu einer durch Buddhismus, → Hinduismus und wahrscheinlich auch → Manichäismus beeinflußten snykretistischen Religion entwickelt. Die Priester schufen, vornehmlich nach buddhistischem Vorbild, den tibetischen Bon-po ein Religionssystem mit einer Philosophie, → Mystik, einem Pantheon und einer religiösen Literatur. Die ersten dieser Texte wurden aus dem Idiom des Kailasa-Gebietes (Zhang-zhung) übersetzt; die Sprache dieses Landes galt hinfort als heilige Sprache der B. wie das Sanskrit als jene des Buddhismus. Als Stifter der B. und Parallelfigur zum → Buddha fungiert in diesen Texten (besonders in der Biographie gZer-myig) gShen-rab. Daß dieser nur als mythische Figur zu gelten hat, hinter der sich die Priester des Westhimalaya verbergen, erhellt aus der Tatsache, daß sein Lebenslauf der Buddhalegende nachgebildet ist, von wunderbarer Geburt, Bekehrungswerk, Kampf mit dem → Teufel (Mara) bis zur Weltentsagung und → Nirvana. Enge literarische Beziehungen verbinden die systematisierte B. besonders auch mit der von Padmasambhava in Tibet inaugurierten lamaistischen Sekte der Nying-ma-pa, von der die B. die Einteilung ihrer Lehre in 9 »Fahrzeuge« übernahm. Das Pantheon der B. ist, wie das der Buddhisten, unübersehbar. Besonders verehrt wird eine Tetrade, bestehend aus Meister gShen-rab, dem regierenden Weltgott, dem Weisheitsgott und der »Mutter des unendlichen Raumes«. Obwohl von der Kirche der Dalai Lamas vielfach bitter verfolgt, lebt die B. in ihrer alten wie in der buddhistisch gewandelten Form noch in weiten Teilen Nord- und Osttibets sowie sporadisch auch in Zentraltibet fort. Die heutige B. hat Klöster und Tempel wie der Lamaismus. Die Bon-po umwandeln diese aber im Gegensatz zu den Lamaisten linksläufig.

A.Schiefner, Das weiße Naga-Hunderttausend, 1880 - B.Laufer, Klu 'abum bsdus pai snying po, Helsingfors 1898 - Ders., Über ein tibet. Geschichtswerk der Bonpos, Leiden 1901 - A.H.Francke, gZer myig (in: Asia Major 1-6, 1924-30) - H.Hoffmann, Quellen zur Gesch. der tibet. Bon-Religion, 1950 - Ders., Die Religionen Tibets, 1956. *H.Hoffmann*

Bonsen, *Leopold Eberhard* (1699-1788), Sohn eines Deutschen und einer Französin, * und † in Montbéliard. B. studierte Theologie, nicht wie damals üblich in Tübingen, sondern in Straßburg, und wurde 1723 Vikar an der Straßburger franz. Kirche, 1727 Konrektor am Gymnasium in Montbéliard, 1735 infolge der von den Franzosen angeordneten Ausweisung des Rektors Megerlin selbst Rektor. Seine Liebe zur lateinischen Sprache hat zahlreiche Generationen von Schülern geprägt. Man verdankt ihm ferner eine franz. Sammlung von »Cantiques spirituels« (1747). Da B. in seiner kompromißlosen Art keine Kritik ertrug, schuf er sich bald Feinde und mußte schließlich seinen Posten aufgeben. - 1769 wurde er zum Superintendenten ernannt; als solcher verschrieb er sich noch stärker als bisher einer extremen luth. Orthodoxie, die sich gegen die Pietisten (deren Einfluß sich in Mömpelgard lebhaft bemerkbar machte), aber auch gegen die Reformierten wandte.

Neotericarum elegiarum decas (Bibliothek v. Montbéliard, Ms. Wetzel) - O.Schanzenbach, Mömpelgards schöne Tage, 1887 - Ch.Duvernoy, Montbéliard au XVIIIème siècle, 1891 - J.Viénot, La vie ecclésiastique et religieuse dans la principauté de Montbéliard au XVIIIème siècle, 1895 - B.Mériot, L'église luthérienne à Montbéliard au XVIIIème siècle, 1906. *R.Voeltzel*

Bonus, *Johannes* (1168-1249), fahrender Gaukler aus Mantua, zog sich, durch schwere Krankheit zur Buße gerufen, um 1208 unweit Cesena in die Einsamkeit zurück, wo er ein strenges Büßerleben führte. Seit etwa 1217 sammelte er Gefährten um sich, die Johannboniten, denen Innozenz IV. 1243 die → Augustinerregel vorschrieb. Sie verbreiteten sich über mehrere ital. Klöster, bis Alexander IV. sie 1256 in den → Augustiner-Eremitenorden eingliederte. B. wurde 1483 seliggesprochen.

C.Lodi, Vita... del Giov. Bono, Bergamo 1590 - Legendäre Vita: AS Oct. IX, 693 ff - Vgl. RE IX, 254 f - Heimbucher I, 540. *O.Rühle*

Bonwetsch, *Gottlieb Nathanael,* * 17.2.1848 als Pfarrerssohn in Norka b. Saratow (Rußland), † 18.7.1925 in Göttingen. B. studierte in Dorpat, Göttingen und Bonn Geschichte und Theologie; 1878 PDoz. in Dorpat, 1882 Prof. für KG in Dorpat, 1891 in Göttingen. Neben A.v.Harnack, F.Loofs und R.Seeberg beschäftigte er sich bahnbrechend mit der Dogmengeschichte der Alten Kirche, besonders verdient um die Edition und Kommentierung der Werke des Methodius von Olympos und des Hippolyt.

Vf. u.a.: Die Gesch. d. Montanismus, 1881; Die Apokalypse Abrahams, 1897; Studien z. d. Kommentaren Hippolyts zu Daniel u. Hohelied, 1897; Die Theol. d. Methodius, 1903; Grundriß der DG, 1909; G.H.Schubert in seinen Briefen, 1918; Aus Tholucks Anfängen, 1922; KG Rußlands, 1923; Die Theol. des Irenaeus, 1925. - Gab heraus: G.Thomasius, DG I, 1886² - J.H.Kurtz, KG, 1906¹⁴ - Stud. z. Gesch. d. Theol. u. d. Kirche, seit 1893. - Bibliogr.: Theol. Festschr. f. G.N.B., 1918, 148-154. - Über B.: G.Frey, Theol. Fakultät Dorpat, 1905, 165. *Ernst Wolf*

Boos, *Martin* (1762-1825), * in Huttenried/Schwaben, † in Sayn/Rhein. Schüler der Exjesuiten in Augsburg und Student der Theologie in Dillingen, wo er auch Johann Michael → Sailer hörte. Seit 1787 Kaplan. 1794 wächst er im Kreis um den Sailerschüler Michael → Feneberg in Seeg/Allgäu weiter in den ihm schon 1788/89 geschenkten Glauben an den »Christus für uns und in uns« hinein. 1795 wird er Kaplan in Wiggensbach, wo durch seine Christuspredigt 1796/97 eine Erweckung entstand, die weit über die Grenzen dieser Gemeinde wirkte. 1797 muß er sich einer Untersuchung beim bischöflichen Ordinariat in Augsburg unterziehen, die mit Freispruch und Überführung in Arrest endete. Anschließend wieder im kirchlichen Dienste, doch von neuem angeklagt und zur Flucht genötigt, geht er 1798 in die Diözese Linz. 1806-16 wirkt er tiefgreifend in Gallneukirchen, wo es 1810 durch seine evangelische Christuspredigt zu einer Erweckung, aber auch Spaltung der Gemeinde kommt. B. geht 1817 nach Düsseldorf als Prof. für kath. Religionslehre und folgt 1819 einer Berufung auf die Pfarrstelle Sayn/Rhein. B. wurde in der kath. Theologie manchmal als verdächtiger »Aftermystiker« abgetan, war in Wirklichkeit jedoch ein »Prediger der Gerechtigkeit, die vor Gott gilt« und als solcher von großer Bedeutung für die gesamte → Erweckungsbewegung, verließ aber aus ökumenischen Motiven nie die röm. Kirche.

Predigten auf alle Sonn- und Festtage im Jahr, hg.v. J.B.Gossner, 1830. - Über B.: J.B.Gossner, M.B., 1831 - H.Jacoby, Zwei ev. Lebensbilder aus d. kath. Kirche, 1864 - G.Geiss, M.B., 1937 - DHGE IX, 1160ff - H.Schiel, J.M.Sailer, 2 Bde, 1948/52 - Ders., M.B., seine Erweckungsbewegung u. s. Wirken in der Diözese Trier (TThZ 63, 1954, 151-173. 206-231) - F.W.Kantzenbach, Joh.M.Sailer u. der ökumenische Gedanke (Einzelarb. a. d. KG Bayerns 29), 1955, 46ff (Lit.) - NDB II, 452. *F.W.Kantzenbach*

Booth, *William* (1829-1912), Gründer der → Heilsarmee, * in Nottingham (England). Erweckt wirkte er in der Methodisten-Kirche als Prediger und Evangelist mit außergewöhnlichem Erfolg. 1861 verließ er seine Kirche und wurde Leiter einer Ostlondoner Zeltmission, später »Christliche Mission« genannt, die er 1878 in die Heilsarmee umwandelte. Zu ihrem General befähigte ihn Organisationsgabe, Scharfblick, Mut und Tatkraft im Kampf gegen Sünde, Laster und Not.

H.v.Redern, W.B., 1913 - P.A.Clasen, Der Salutismus, 1913 - H.Begbie, W.B., London 1921; dt. 1929 - J.Ervine, God's Soldier: W.B., London 1934 - M.Carpenter, W.B., London 1942. *M.Gruner*

Boquin *(Boquinus), Peter* (?-1582), wandte sich als Prior des Karmeliterklosters in Bourges dem ev. Glauben zu, entfloh 1541 nach Basel und suchte in Wittenberg Luther auf. Auf Empfehlung → Melanchthons übernahm er in → Straßburg die durch den Weggang → Calvins verwaiste Bibelauslegung, kehrte dann aber bald nach Bourges zurück. Begünstigt durch Margarete von Navarra und Jeanne d'Albret, lehrte er dort Hebräisch und trieb biblische Exegese. Von Calvin, Farel und Beza beargwöhnt, auch auf kath. Seite verdächtigt, mußte er sich vor dem Pariser Obergericht verantworten. Es gelang ihm, 1555 nach → Straßburg zu entfliehen. Wegen seiner bisherigen unklaren Haltung weigerten sich die dortigen französischen Reformierten, den von den Lutheranern Unterstützten als Prediger anzunehmen. Kurfürst Otto Heinrich von der Pfalz dagegen nahm ihn 1557 in seinen Dienst. Immer mehr neigte B. nun in Heidelberg der ref. Konfession zu. Er übersetzte → Calvins Katechismus ins Griechische. Neben → Ursinus und → Olevian arbeitete er am → Heidelberger Katechismus mit. B. wurde 1561 zum Religionsgespräch von Poissy abgeordnet. Nach dem Sieg des Luthertums in der Pfalz verlor B. seine Stellung, amtete aber noch als Pfarrer in Payerne und als Prediger und Professor in Lausanne.

Vf. Streitschriften gegen Lutheraner u. Katholiken. - Über B.: RE III, 320f (Lit.) - La France protestante II², 875ff. *O.E.Strasser*

Bora, *Katharina von* (1499-1552), Luthers Frau, aus sächsischem, damals nicht mehr wohlhabendem Adelsgeschlecht. * in Lippendorf bei Leipzig, kam sie nach dem frühen Tod der Mutter 1504 zur Erziehung in das Benediktinerinnenkloster in Brehna, später nach Nimbschen bei Grimma. Von dort gelang ihr und anderen Nonnen unter Zustimmung Luthers die Flucht. Sie wurden von ihm in Wittenberger Familien untergebracht. Nach Ablehnung einer anderen Ehe ihrerseits fand ihr Lebenswunsch in der Ehe mit Luther seine Erfüllung. Katharinas wirtschaftliche Tüchtigkeit und Schaffenskraft wandelten das Augustinerkloster zum gastfreien Lutherhaus. Luthers Briefe und Tischgespräche zeigen, daß sie auch an seinen beruflichen Arbeiten und Sorgen persönlichen Anteil nahm. Luther scherzte oft in humorvoller Weise über »seinen Herrn Katharin«. † in Torgau. Vier ihrer sechs Kinder überlebten die Eltern. Ihr Äußeres ist uns vornehmlich durch Cranach-Bilder bekannt; sie steht im Mittelpunkt des Romanfragments »Das ewige Haus« von Jochen → Klepper.

RE III, 321ff - A.THOMA, K.v.B., 1900 - E.KROKER, K.v.B., (1906) 1939⁴ - C.L.DEUTLER, Katherine Luther of the Wittenberg Personage, Philadelphia 1924 - H.BOEHMER, Luthers Ehe (Jb. der Luherges. 7, 1925, 40-76) - NDB II, 454. *O.Thulin*

Borborianer (Borboriten), »Schlammleute«, wohl gehässige Verzerrung eines Namens, womit Verehrer der gnostischen Gottheit Barbelo, also → Barbelo-Gnostiker angedeutet wurden. Epiphanius (haer. 25, 26) berichtet von ihrem Antinomismus, der darauf abzielt, die vom Demiurgen Jaldabaoth der Mutter Barbelo geraubten Lichtteile durch den Abfluß des männlichen Samens und des weiblichen Menstrualblutes zu befreien. Das »Evangelium des Philippus« und die »Hypostasis des Archonten«, 1946 bei Nag Hamadi gefunden, entsprechen teilweise dem von Epiphanius mitgeteilten Mythos, nicht aber den dort dargestellten Ausschweifungen.

GCS Epiph. 1, 1915 (K.HOLL), 275ff - H.LEISEGANG, Die Gnosis, 1924, 186ff - P.LABIB, Coptic Gnostic Papyri Cairo 1956, 79ff. *G.Quispel*

Bordeaux (Burdigula), *Erzbistum* mit den Suffraganen Agen, Angoulême, Luçon, Périgueux, Poitiers, La Rochelle und den Kolonialbistümern La Basse Terre, St.Pierre (Martinique), Fort de France, St.Denis. Die Christianisierung begann im 3.Jh. Der erste bekannte Bischof war Orientalis (314 auf dem Konzil von Arles anwesend). Im 5.Jh. wurde B. als politische Metropole von Aquitania II Sitz eines Erzbischofs. Bertrand de Got, der spätere Papst → Clemens V., war 1299-1305 Erzbischof von B., residierte bis 1309 in B. und verlieh 1305 seinem Nachfolger den Ehrentitel eines Primas von Aquitanien, freilich ohne Primatgewalt über Bourges (so bis heute). 1441 wurde eine Universität gegründet, an deren Stelle im 19.Jh. eine staatliche Universität und eine philosophisch-theologische Akademie traten. 1801 brachte das napoleonische Konkordat die Aufhebung von 4 Suffraganen, erweiterte aber die Erzdiözese durch das aufgehobene Bistum Bazas auf den Umfang des Departements Gironde. Heute umfaßt B. 50 Dekanate, 487 Pfarreien.

LThK II, 472f - E.MÂLE, La fin du paganisme en Gaule, 1950, 29 - EC II, 1900ff. *K.Wessel*

Bordelumsche Rotte ist eine Entartungserscheinung des → Pietismus, die aus dem Anspruch auf Vollkommenheit die Verwerfung der Kirche, Gütergemeinschaft und sexuellen Libertinismus folgerte. Führer waren der Kesselflicker Ernst Fischer aus Lübeck und der Theologe David Andreas Bähr aus Frankenhausen, der 1735 in Kiel studiert hatte. Bordelum bei Flensburg wurde der Mittelpunkt einer kleinen, von ihnen getragenen separatistischen Bewegung, der der nach ungeordnetem Studentenleben zum Pietismus bekehrte Bußprediger Franz Barsvenius (Borsenius) vorgearbeitet hatte. Das Verbot durch die Obrigkeit 1739 drängte sie ganz zurück.

TH.MATTHIESEN, Erweckung u. Separatismus in Nordfriesland, 1927. *M.Schmidt*

Boris und Gleb, russische *Heilige,* Söhne → Vladimirs des Hl. aus einer wohl vor seiner Taufe und der damit verbundenen christlichen Eheschließung geschlossenen Verbindung mit einer Bulgarin. Ihr Halbbruder Svjatopolk ließ sie nach dem Tode Vladimirs aus politischen Gründen ermorden (1015). Nach dem Untergang ihres Mörders wurden sie auf Betreiben ihres Halbbruders Jaroslav vor 1039 kanonisiert. Sie waren die ersten und jahrhundertelang die am meisten gefeierten Heiligen der russischen Kirche. Als ihre geistliche Tat schildern die altrussischen Viten, daß sie dem Mordplan ihres Bruders nicht mit Gewalt entgegentraten.

E.BENZ, Russ. Heiligenlegenden, 1953 - LUD.MÜLLER, Die nichthagiograph. Quelle der Chronikerzählung von der Ermordung der Brüder B. u. G. (Festschrift für Čyževs'kyj, 1954, 196-217) - DERS., Studien zur altruss. Legende der Hl. B. u. G. (ZSlPh 23, 1954, 60-77; 25, 1956, 329-363; Lit). *Ludolf Müller*

Borneo. Britisch-B. umfaßt die Dschungel- und Waldgebiete von Sarawak, Labuan, Brunei und Nord-B. mit insgesamt fast 1 Mill. Einwohnern. Die Flüsse sind die wesentlichsten Verbindungswege. Besonders Reis, Pfeffer und Sago werden angebaut; Holz, Öl und Kautschuk werden exportiert. Die Ureinwohner - See-Dajak, Land-Dajak und andere Stämme - haben primitive Stammesreligionen; die Malaien sind Mohammedaner; ferner leben auf B. zahlreiche chinesische Einwanderer. Die Isolation der Stämme untereinander bedingt eine Vielzahl von Sprachen. Auf Ersuchen des »weißen« Radscha von Sarawak nahm die anglikanische Mission um 1840 die Missionsarbeit unter den Chinesen auf und dehnte sie später auf die See-Dajak und dann auch auf die Land-Dajak aus. Schulunterricht und ärztliche Betreuung wurden rasch in Angriff genommen. Nach einem Jahrhundert umfaßt diese Kirche heute etwa 3000 Chinesen, 4000 See-Dajak und 2000 Land-Dajak, trotz der großen Zerstörungen, die die japanische Besetzung 1942 bis 1944 vor allem in Nord-B. anrichtete. Andere Missionen kamen später hinzu. Die 1928 in Australien gegründete B. Evangelical Mission arbeitet unter den Stämmen im Innern; sie zählt etwa 7000 Christen. Die amerikanischen Methodisten arbeiten seit 1901 hauptsächlich unter den Malaien, Chinesen und einigen Dajak-Stämmen. Die → Adventisten begannen ihre Arbeit

1918 unter den Chinesen und Land-Dajak. Mit der → Basler Mission stehen über 3000 Hakka sprechende Chinesen in Verbindung; seit 1952 arbeitet sie unter den Dusun-Dajak mit guten Anfangserfolgen. Röm.-kath. Missionare, vor allem die Mill Hill Fathers, arbeiten seit 1881 in B., sie zählen ca 27 000 Katholiken.

C.Hose-W.McDougall, The Pagan Tribes of B., 1912 - P.Rutter, British North B., 1922 - H.Schärer, Die dajakische Religion in ethnolog. u. theolog. Sicht (EMM 88, 1944, 131-155) - B.A.St.J. Hepburn, Handbook of Sarawak, 1949 - N.Cornwall, B. Past, Present and Future, 1955. *E.J.Bingle*

Bornholmer werden dänische Gemeinschaftskreise genannt, deren Gründer der der Erweckungsbewegung angehörende Pastor Trandberg auf Bornholm war. Er verurteilte die Verweltlichung der Kirche, gründete 1863 eine freikirchliche Gemeinde und sandte Laienprediger aus, deren bedeutendster der Schmied H.C.Möller (daher auch der Name *Möllerianer*) war. Unter dem Einfluß von K.A. → Rosenius betonten - im Widerspruch zu Trandbergs Bußpredigt - er und einige andere dieser Laienprediger die Gnade, durch die der Unterschied zwischen den frömmsten und sündigsten Menschen aufgehoben sei. 1865 löste sich die Freikirche auf. Möller und seine Anhänger traten wieder in die Kirche ein, gründeten 1869 den Lutherischen Missionsverein zur Förderung des Evangeliums in Dänemark. 1892 spaltete sich der gemäßigtere Ev.-luth. Missionsverein ab. Die Bewegung ist heute noch in Dänemark und Schleswig-Holstein verbreitet.

RE III, 326ff - K.M.Kofod, Den bornholmske Vaekkelsepraest P.C.Trandberg, 1925 - M.Neiendam, Frikirker og Sekter, (1927) 1948³ - M.K.Zartmann, Borringholms Historie II, 1935, 329ff - Dansk Biografisk Leksikon XVI, 1939, 380ff (über H.C.Möller); XXIV, 1943, 223ff (über Trandberg). *O.Klose*

Borowski, *Ernst Ludwig v.* (1740-1831), Sohn eines Königsberger Lackfabrikanten und Hofglöckners, begann unter Friedrich d.Gr. als Feldprediger (1762) und wirkte später in mehreren Gemeinden Ostpreußens. In der kirchlichen Verwaltung avancierte er vom Kirchen- und Schulrat (1793) zum Konsistorialrat (1805) und General-Sup. (1812). Ein Verehrer Kants, dem er die erste Biographie gewidmet hat, vertrat B. einen gemäßigten Supranaturalismus; im übrigen lag seine Stärke in der religiös-moralischen Kraft seiner Persönlichkeit. 1807 trat er Friedrich Wilhelm III. als Seelsorger und Prediger nahe und gewann dessen Vertrauen; 1814 war er an der Gründung der preußischen Hauptbibelgesellschaft beteiligt. Bei dem Werk der → Union stand er dem König, der ihn 1815 zum Oberhofprediger und 1816 zum Bischof ernannt hatte, mit anderen beratend zur Seite. Im Zuge der während der kirchlichen Restauration vorgenommenen Rang- und Standeserhöhungen wurde er 1829 zum Erzbischof ernannt und 1831 geadelt.

Vf. u.a.: Darstellung d. Lebens u. Charakters J.Kants, 1804; Einzelaufs. im Preuß. Staatsarchiv, 1790/94; Ausgew. Predigten u. Reden hg.v. K.L.Volkmann, 1833; Königsberger patriot. Predigten, hg.v. A.Uckeley, 1913. - Über B.: J.Rindfleisch, E.L.v.B., 1878 - RE III, 329f - K.Benrath, Aus d. Briefwechsel Fr.W. III. mit d. Erzbischof B. (Altpreuß. Monatsschr. 44, 1907, 436-475) - Ders., Erzbischof B. u. d. pr. Königspaar (DEBl 32, 1907, 185-210) - W.Wendland, B., 1910 - Ders., Zur Einwirkung B.s auf Fr. W. III. (JBrKG 13, 1915, 182-185) - R.Burger, Juliane v.Krüdener (Die Frau 33, 1925/26, 680-692; Briefe an B.) - W.Borrmann, B. (Ostpreuß. Köpfe, 1928, 133-139) - Ders., B. (Altpreuß. Biogr. I, 1941, 73) - NDB II, 473. *K.Kupisch*

Borrhaus, *Martin* (Burreß, Borrhus, als Adoptivsohn seines Verwandten Cellarius auch Cellarius, 1499-1564), * in Stuttgart, studierte in Tübingen, Freund → Melanchthons, 1520-21 in Ingolstadt unter → Eck, dann in Wittenberg, wo er unter den Bann der → Zwickauer Propheten geriet und durch → Luther nur zeitweilig sich umstimmen ließ. Seit 1522 in Stuttgart, der Schweiz, Österreich, Polen und Preußen im Dienste täuferischer Werbung, 1526 in Wittenberg, dann in Straßburg, wo er zeitweilig → Capito nahe stand, 1536 in Basel, wo er sich vom Glaser zum Professor (Rhetorik, AT) emporarbeitete und dreimal Rektor wurde. Er bekämpfte die Kindertaufe, hat aber eine andere Taufe weder erhalten noch erteilt, sich auch keiner Täufergemeinde angeschlossen. Wie andere Spiritualisten (→ Castellio, → Franck, → Karlstadt und selbst → Haetzer) Randfigur des Täufertums: Gegner der Verkirchlichung der Reformation, Vertreter individueller Laienfrömmigkeit unter humanistisch-erasmischem Einfluß, Vorkämpfer der Toleranz. → Täufer.

Vf.: De operibus dei, 1527; Exegetisches; Mitarbeiter an der Streitschrift des M.Bellius gegen Calvin. - Über B.: B.Riggenbach, M.B. (Basler Jb. 1900, 47-84) - RE III, 332f - Mennonit. Lex. I, 336ff - Mennonite Encycl. I, 538f (beide s.v. Cellarius).
W.Koehler (E.Crous)

Borromäerinnen, Kongregation Barmherziger Schwestern vom hl. Karl → Borromäus für Krankenpflege, Erziehung, Hauswirtschaft und Schulwesen, in Nancy 1652 errichtet. Die Überweisung in das Haus »Saint Charles« trug ihnen den Namen »die Schwestern von St. Charles« ein. 1679 legten die Schwestern ihr erstes Gelübde ab. Das lothringische Stamm-Mutterhaus in Nancy, jetzt Generalmutterhaus der franz. B., wurde der Ausgangspunkt aller weiteren Gründungen, die unter Leitung von selbständigen Generalmutterhäusern stehen. Von Nancy wurde 2. die deutsche Gründung in Trier »Das Haus im Krahnen« 1849 abgezweigt. Heute (1957) gehören zu diesem General-Mutterhaus 52 Niederlassungen (davon 47 in Deutschland und 5 in den Niederlanden) und 2 Noviziate (Trier und in' s-Hertogenbosch/Niederlande mit insgesamt 1106 Mitgliedern, und zwar 1142 Profeßschwestern, 25 Novizinnen, 29 Postulantinnen. Ein 3. General-Mutterhaus befindet sich in Kloster Grafschaft (Sauerland); es ist das früher in Trebnitz bestehende Mutterhaus (1871) der schlesischen B. mit polnischer, tschechischer und orientalischer Provinz. In Syrien, Palästina (1886) und Ägypten (1883) arbeiten B. unter Leitung der Provinzialoberin zu Jerusalem. Seit 1923 besteht ein Probationshaus für B. der Orientprovinz in Altstädten im Allgäu. Von dem 4. in Prag (1837) bestehenden General-Mutterhaus haben sich die deutschen Schwestern getrennt und in Wien ein eigenes errichtet. - Nicht zu den aus Nancy hervorgegangenen B. gehört die Kongregation »Liefde Zusters van den H.Carolus Borromeus« in Maastricht/Niederlande, 1837 gegründet durch Peter Anton van Baer.

RE XVIII, 84 - LThK II, 477f - Heimbucher II, 471ff - Histoire de la Congrégation des Soeurs de Charité de Saint-Charles de Nancy I-III, 1898; IV-V, 1951/52 - Mutter Xaveria Rudler, Erste Generaloberin d. B. (Trier) 1811-1886, (1914) 1927², hg.v.F.Hamm - O. Juris, Das Haus im Krahnen zu Trier, 1949 - Compte-rendu des fêtes du tricentenaire de la Congrégation des Soeurs de Saint-Charles de Nancy, du 29 juin au 2 juil. 1952, Nancy 1952 - V.Cramer, Ein Jh. dt. kath. Palästinamission 1855-1955, 1956, 31. 92ff. *W.Göbell*

Borromäus, *Karl* (1538-84), *Arona, Neffe von Papst → Pius IV., von diesem gleich nach seiner Inthronisation in leitende Ämter berufen (8.2.1560 Erzbischof von Mailand; 12.3.1560 Protektor der kath. Kantone der Schweiz; 15.3.1560 Kardinalstaatssekretär). Auf B. geht die Wiedereröffnung des → Tridentinischen Konzils zurück, an ihn berichten die Legaten und Nuntien, er hat den entscheidenden Einfluß auf die Beschlüsse. Er gibt den Anstoß zu Reformen des Kardinalkollegiums und des Konklave; an der Entstehung des → Römischen Katechismus ist er beteiligt. Die Durchführung der Tridentiner Beschlüsse aber wird die eigentliche und vorbildliche Lebensleistung des B. Hiermit hat der erst 1563 zum Priester geweihte und seit 1565 in seiner Erzdiözese tätige Nepote sich den Rang eines Heiligen seiner Kirche verdient. Getrieben von humanistisch-altkirchlichen Idealen, wie sie vor ihm Männer wie Bischof → Giberti von Verona oder → Bartholomäus de Martyribus von Braga verfolgt hatten, und politisch geschult für die Strategie der Gegenreformation, hat er einen neuen Bischofstyp geschaffen, in dem kirchlicher Eifer und diplomatisches Geschick sich vereinigten. 6 Provinzial- und 11 Diözesansynoden hat er gehalten; die hier gegebenen Anregungen sind nicht nur in Italien auf fruchtbaren Boden gefallen, sondern haben auch über die Alpen hinübergewirkt. Er begünstigte die monastischen Reformbewegungen der Zeit und gründete die Priestergenossenschaft der → Oblaten vom hl. Ambrosius. Durch die Stiftung von Knaben- und Priesterseminaren (Collegium Helveticum in Mailand gegr. 1579) schuf er einen schlagfertigen Klerus. Er leitete die Gegenreformation in der → Schweiz. 1610 heilig gesprochen, Gegenstand der Volksverehrung auch in den deutschen Alpenländern.

A. Sala, Documenti circa la vita e le gesta di S.C.B., 4 Bde, Mailand 1857-62 - C. Camenisch, C.B. u. die Gegenreformation im Veltlin, 1901 - F. Steffens, u. H. Reinhardt, Die Nuntiatur von Giovanni Francesco Bonhomini 1579-81 (Nuntiaturberichte aus der Schweiz, Einl.s-Bd), 1910 - C. Orsenigo, Der hl. K.B., 1929³ (ital.; dt. 1937) - Th. Schwegler, Gesch. d. kath. Kirche in der Schweiz, (1935) 1943² (Lit.). *W. Maurer*

Borromäus-Enzyklika (Editae saepe Dei), von Pius X. am 26.5.1910 zur 300Jahrfeier der Heiligsprechung des Karl → Borromäus herausgegeben, wollte Person und Werk des Heiligen als eines wirklichen Reformators der Kirche einsetzen im Kampf gegen den Modernismus (→ Reformkatholizismus). Sie sah seinen Kampf gegen den Protestantismus in Parallele zu dem des Papstes gegen den noch gefährlicheren Modernismus. Dabei bot sie in beiden Fällen eine erschreckende Verzerrung des Gegners, die für die Reformation und ihre geschichtlichen Folgen das auch in der Canisius-Enzyklika Leos XIII. (1897) gegebene, bis heute gültige Bild der Kurie von der Reformationsgeschichte zeigt. Die Reformatoren werden als »hochmütige und rebellische Menschen«, als »Feinde des Kreuzes Christi«, »die irdisch gesinnt sind«, »welchen der Bauch ihr Gott ist« (Phil 3, 18f), als eine »Schar von Betrügern« bezeichnet, die »nach der Willkür der verkommensten Fürsten und Völker die kirchliche Lehre, Verfassung und Disziplin gewaltsam zu vernichten« suchten. Dagegen erhob sich im ev. Deutschland ein Sturm der Entrüstung, der zu zahlreichen Protestversammlungen des → Evangelischen Bundes und auch zu einem Wort des Deutschen Ev. Kirchenausschusses führte. Es kam zu Landtagsverhandlungen über die B. in verschiedenen deutschen Ländern, Preußen protestierte durch seinen Gesandten beim Vatikan und erreichte das päpstliche Verbot der Veröffentlichung und Verlesung der Enzyklika in den deutschen Diözesen. Das bedeutete freilich nicht ihre Zurückziehung; nach kirchlichem Recht galt sie durch ihr Erscheinen in AAS als in der ganzen Welt veröffentlicht. Gegen Schluß brachte sie einen scharfen Angriff auf das zeitgenössische Frankreich der Trennungsgesetze, »wo die Macht der Finsternis ihren Hauptsitz aufgeschlagen zu haben scheint«.

Text in AAS 2, 1910, 337-403 (lat. u. ital.); Auszug bei Mirbt⁴ 514; deutsch: Die Enzyklika Pius' X. Editae Saepe (B.) vom 23.5. 1910, Abdruck, Übersetzung, Aktenstücke, 1910. - Zum Streit: KJ 38, 1911, 117ff - KH 3, 1911, 107-115 - ChW 1910, Nr. 23. 24. 27ff - CcW 1910, s.v.B. - H. Winter, Zentrum u. B., Halle, 1911 - J. Schmidlin, Papstgesch. d. neuesten Zeit III, 1936, 100 f. *W. Sucker*

Bortnjansky, *Dimitri,* * 1751/52 in Goluschoff, † 1825 in Petersburg, war dort Leiter der kaiserlichen Hofkapelle. Einflußreicher Komponist besonders von kirchenmusikalischen Werken, in denen er das gefühlvolle italienische kirchenmusikalische Ideal seiner Zeit mit der Tradition der orthodoxen Kirche verband. Durch die Verwendung verschiedener seiner Sätze in der Altpreußischen Agende von 1829 sowie durch seine Melodie zu »Ich bete an die Macht der Liebe« wurde er in Deutschland besonders bekannt.

MGG II, 145ff (Lit.) - F. Schmidt-Clausing, D.S.B. (MPTh 45, 1956, 245-251). *W. Blankenburg*

Bosch, *Hieronymus Anthoniszen van Aeken* (Aachen, woher der Vater eingewandert), niederländischer Maler, * um 1450, zuerst 1480 zu Herzogenbosch beurkundet; hier † 1516. Aufträge sind bezeugt für Sankt Johann ebendort, für Philipp den Schönen und Margarete von Österreich. Schon früh abenteuerlicher Ruf: Er fand Nachahmer, Nachfolger (Brueghel) und Sammler (durch Philipp II. und Rudolph II. kamen Hauptwerke nach Spanien und Österreich). Auch ohne die Sensation eines »faizeur de diables« wäre B. berühmt, doch bleibt seine Kunst in ihrer Mischung von Realismus und Vision vor allem das phänomenale Zeugnis für die metareligiösen (okkulten) Unterströmungen der Vorreformation auf dem sozialen Hintergrund eines Volkslebens, das den Tragiker und Satiriker zugleich faszinierte. - Die ältere Forschung begnügte sich mit allgemeineren Hinweisen; neuerdings versuchte Fraenger eine genauere geistige Ortsbestimmung, die er in Aufträgen eines (hypothetischen) Geheimordens sieht, der sich in seiner Polemik gegen schwarzmagische Winkelsekten auch der Lehrbilder der Kunst bedienen wollte. → Häresie in der christlichen Kunst.

L. v. Baldass, H.B., 1943 - W. Fraenger, H.B. Das tausendjährige Reich, 1947 - Ders., Die Hochzeit zu Kana, ein Dokument semitischer Gnosis bei H.B., 1950 - G. Dorfles, B., Mailand 1953. *G.F. Hartlaub*

Bosco, *Don Giovanni* (1815-88), kath. Pädagoge, bei dem starke sozialfürsorgerische, organisatorische und erzieherische Begabung, bezwingende priesterliche Gläubigkeit und Güte zusammenwirkten. * in Becchi (Piemont), seit 1842 in Turin im Dienst verwahrlosender Jungen tätig, gründete er 1846 ein Erziehungsheim (Turin-Valdocco), das zum Ausgangsbereich weltweiter pädagogischer Tätigkeit und Modell für über 500 ähnliche Gründungen wurde. B. lehnt Zwang und Körperstrafe ab, sucht im Zögling freudige Mitverantwortung und aktive Mitwirkung zu wecken, für Strafen muß um Einsicht und Zustimmung des Jugendlichen geworben werden; starkes Gewicht legt er auf Vorbeugung. Daher Erziehungsmittel: engstes Vertrauensverhältnis Erzieher-Zögling, Helfersystem, familienähnlich bergende Atmosphäre, altersstufengemäße Umwelt, intensive Religiosität. 1859 gründete er die Erziehergenossenschaft der → »Salesianer«. 1934 heiliggesprochen.

Etwa 100 kleinere Schriften. - F. Dilger, G.B., Motiv einer neuen Erziehung, 1950 - N. Enders, Die psychologische Begründung der Erziehungsmethode Don B.s als Ursache seiner pädagogischen Erfolge (Diss. München), 1951 (Bibliogr.). *F. Messerschmid*

Bosio, *Antonio* (ca 1575-1629), * auf Malta, † in Rom als Sekretär des Malteserordens. Seit 1593 zum Studium der römischen → Katakomben angeregt, wurde er zum Begründer der wissenschaftlichen Katakombenforschung. Von seiner Entdeckerfreude im unterirdischen

Rom zeugt sein sich dort öfter findender Namenszug (vgl. RivAC 26, 1950, 215). Sein posthumes Werk, Roma sotterranea (1632), ist bis heute wertvoll, weit weniger die spätere Ausgabe (1650).

J.WILPERT, Die Katakombengemälde u. ihre alten Kopien, 1891, 66ff - RGG³ I, 1205 (Lit.) - Enciclop. ital. VII, 1930, 550.

E.Schäfer

Boskoi, *Pabulatoren* → Mönchtum: II.

Bossuet, *Jacques-Bénigne* (1627-1704), burgundischer Herkunft, erhielt bereits mit 9 Jahren die Tonsur, mit 15 Jahren eine Pfründe in Metz. Ausbildung bei den Jesuiten in Dijon, dann in Paris (Collège de Navarre, 1642-52). 1659-69, immer noch dem Metzer Kapitel zugehörig, lebt B. in Paris; dies ist die Zeit der großen Grabreden. 1669 Bischof von Condom, verzichtet er, als Erzieher des Dauphin an den Hof berufen, 1671 auf dieses Amt. Auch als Bischof von Meaux (von 1682 bis zu seinem Tode) bleibt er eine einflußreiche Persönlichkeit bei Hofe. Unklar ist, ob B. heimlich mit Catherine de Mauléon verheiratet war. - Der Prediger B. ist einer der großen Vertreter der kath. Kanzelrede und zeigt ganz das glanzvolle literarische Gepräge des 17.Jh.s. Sein oratorisches Werk umfaßt Predigten (er selber gab nur den Sermon »sur l'unité de l'Eglise« heraus), Lobreden und Grabreden, die bei aller Unübertrefflichkeit in der Form im Grunde arm an Gehalt bleiben. - Die Erziehungstätigkeit B.s beim Dauphin endete praktisch mit einem Mißerfolg; immerhin gab das Erzieheramt B. Gelegenheit zu mehreren bedeutenden Schriften (u.a.: Discours sur l'histoire universelle, 1681; La Politique tirée de l'Ecriture Sainte). - Seine 800 seelsorgerlichen Briefe nähren sich in erster Linie von biblischen Zitaten. Der »Traité de la concupiscence« und 25 kleinere Schriften behandeln Fragen der praktischen Frömmigkeit, ohne von einem starken Intellektualismus loszukommen. - Im 17.Jh. war B. *der* große Theologe der kath. Kirche. Er ist »Gallikaner«, insofern er es verstand, den Episkopat am Vorzug der päpstlichen Unfehlbarkeit teilnehmen zu lassen. Als Theologe wandte sich B. besonders gegen die → Jansenisten, gegen die Quietisten sowie gegen die Protestanten. Hauptquellen für seine Haltung diesen gegenüber sind: La conférence avec (le pasteur) Claude (1682), die Histoire des Variations des Eglises protestantes (1688), Avertissement aux Protestants (1689 bis 1691), und die Instructions pastorales sur les promesses de l'Eglise (1700-01). Die Erwiderungen prot. Theologen (bes. → Jurieu) verdienen stärkere Beachtung. Verblendet durch die vermeintliche »Willkürlichkeit« bei den Protestanten, hat B. die geistige Bedeutung des Protestantismus nicht verstanden oder nicht verstehen wollen. Mit Leibniz u.a. führte er Unionsverhandlungen. - Das politische Handeln B.s ruht nicht ausschließlich auf geistlichen Motiven. Als unbedingter Anhänger der absolutistischen Monarchie und versierter Höfling, stark in die Intrigen der Mme de Maintenon verwickelt, ging er, vor allem gegen Ende seines Lebens, in den Angriffen auf seine Feinde oft bis zur Grausamkeit. Die Waffen, die er gegen → Fénelon anwandte, waren eines großen Kirchenmannes unwürdig. - Im Hinblick auf sein literarisches Werk gilt B. mit Recht als franz. »Klassiker«. Die Meinungen über seine Persönlichkeit und die Bedeutung seines Wirkens bleiben geteilt.

Oeuvres complètes, hg.v. F.LACHAT, 31 Bde, Paris 1863-67 - Oeuvres oratoires de B., krit. Ausg. v. J.LEBARQ (vermehrt durch C.URBAIN u. E.LEVESQUE), 7 Bde, Paris 1911-26 - Correspondance de B. (hg.v. C.URBAIN u. E.LEVESQUE), 15 Bde, Paris 1909-25. Ferner zahlreiche Teil- u. Auswahlausgaben. - Über B.: DThC II/1, 1049ff - Revue Bossuet, 8 Bde, Paris 1900-11 - A.RÉBELLIAU, B., Paris 1900 - DERS., B. historien du protestantisme, Paris 1909 - G.LANSON, B., Paris 1901 - H.BRÉMOND, B., Paris 1909 - F.BRUNETIÈRE, B., Paris 1913 - F.X.KIESL, Leibniz u. d. relig. Wiedervereinigung Deutschlands, 1925² - V.GIRAUD, B., Paris 1930 - G.TRUC, B. et le classicisme religieux, Paris 1934 - DHGE IX, 1339ff - J.CALVET, B., Paris 1941 - E.PRÉCLIN u. V.TAPIÉ, Le XVIIe siècle (Clio), Paris 1943, pass. - A.G.MARTIMORT, Le gallicanisme de B., Paris 1953 - K.LÖWITH, Weltgeschichte u. Heilsgeschehen, 1953, 129ff - R. SCHMITTLEIN, L'aspect politique du différend Bossuet-Fénelon, Paris 1954 - R.VOELTZEL, Vraie et fausse Eglise selon les Théologiens Protestants Français du XVIIe siècle, Paris 1956.

R.Voeltzel

Bost, 1. *David Ami Isaac* (1790-1874), * in Genf. Seine Eltern gehörten der kleinen, von → Zinzendorf 1741 gegründeten Genfer Brüdergemeine an. B. studierte in Genf und war Glied der 1810 gegründeten Société des Amis, des Kernes der Erweckungsbewegung. Nach der Ordination 1814 widmete er sein Leben teils dem Pfarramt, teils der Evangelisationsarbeit. Durch die Gründung der freien Gemeinde von Bourg de Four in Genf wurde er einer der Väter der Erweckungsbewegung. Als Pfarrer wirkte er in Genf, dann in Frankreich (Asnières les Bourges, Melun), zeitweise wieder in der Schweiz, dann in Jersey und Paris und arbeitete an der Errichtung der Gemeinde Châlons-sur-Marne mit.

Vf. zahlreiche Traktate u. viele Kirchenlieder, die heute noch gesungen werden; ferner: Mémoires pouvant servir à l'histoire du Réveil religieux, 3 Bde, 1855. - Über B.: L.MAURY, Le Réveil religieux dans l'Eglise réformée, 1892 - P.BEUZART, A.B., 1894 - A. STUCKI, A.B., ein tapferer Gottesstreiter, 1941 - A.ROUVERAND, A.B. et la crise ecclésiologique du Réveil à Genève (Diss.), 1944.

2. *John* (1817-81), Sohn von 1, * in Moûtier-Grandval (Bern. Jura). Nach Ausbildung am Collège de Genève und Buchbinderlehre wird der sehr musikalische B. Hauslehrer in einer Familie, die ihn mit nach Irland nimmt. Seine Berufung zum Evangelisten wird ihm dort zur Gewißheit. Nach theologischen Studien in Montauban (seit 1843) wird er nach La Force (Dordogne) berufen, wo er etwa 1847 als Pfarrer mit der Einrichtung seiner berühmten Anstalten beginnt; im Laufe der nächsten 35 Jahre wird er dort zum »französischen Bodelschwingh«. Ein Haus nach dem andern entstand: für epileptische Kinder und Erwachsene, für Schwachsinnige, für Gelähmte, für unversorgte alte Leute. Noch heute entwickelt sich das Werk weiter. Es umfaßt gegenwärtig ein Dutzend Häuser mit über 700 Insassen jeden Alters.

B.POZZI, Les oeuvres de La Force, o.J. - A.BOUVIER, J.B., 1882 - A.WESTPHAL, J.B. et sa cité prophétique, 1937 - Bulletin trimestriel des Asiles John Bost (La Force).

J.Courvoisier

Bourdaloue, *Louis* (1632-1704), * Bourges, wurde 1648 Jesuit, lehrte in Bourges Moral und Philosophie, bis er 1669 als Prediger nach Paris und an den Hof Ludwigs XIV. kam. Nach der Aufhebung des Edikts von Nantes wurde er zur Bekehrung der → Hugenotten nach Montpellier gesandt; er unterzog sich dieser Aufgabe mit kluger Mäßigung. B.s Predigten wurden wegen ihrer didaktischen Klarheit und scharfsinnigen Beweisführung gerühmt, obwohl seine Sprache nicht den Glanz derjenigen → Bossuets erreicht.

Zahlreiche GA seit 1707/34 (ed. P.BRETONNEAU, 14 Bde), krit. Ausg. v. E.GRISELLE 2 Bde, 1919/22 (unvoll.). - Über B.: E.GRISELLE, B., 2 Bde, 1901 - DThC II, 1095ff - E.BYRNE, B. moraliste, 1929 - LThK II, 498f - DHGE X, 1938, 143ff - DBF VI, 1954, 1427ff.

H.R.Guggisberg

Bourget, *Paul,* (1852-1935), zunächst Lyriker ohne Erfolg, dann Literaturkritiker und Romanschriftsteller. Seine kritischen Werke zeichnen sich durch Originalität und Ideenreichtum aus und besitzen heute noch dokumentarischen Wert (Essais de psychologie contemporaine, 1883, 1886). Auf das breite Publikum wirkte er vor allem durch Romane, wobei er sich als Kenner der weiblichen Psyche und der höheren Gesellschaftskreise erwies. Dann ging er zum Tendenzroman konservativer Prägung über. In »Le Disciple« (1889) lehnt er die freie Meinungsäußerung auf philosophischem Gebiet ab; in »L'Etape« (1902) greift er die Menschen an, die einen allzu raschen Aufstieg im sozialen Leben anstreben; in »Un Divorce« (1904) brandmarkt er die Folgen der neuen Gesetzgebung.

V.GIRAUD, P.B., Paris 1934. *E.Jarno*

Bourignon, *Antoinette* (1616-80), * in Lille als reiche Kaufmannstochter, röm.-kath., vom unerfüllten Drang nach klösterlichem Leben ergriffen, 1653-62 Oberin einer Waisenanstalt in Lille, dann nach regellosem Leben in den Niederlanden, besonders in Amsterdam, 1667-72 auf der Insel Nordstrand, 1672-74 in Husum, dann in Schleswig und Hamburg, † in Franeker. A.B. war eine launenhafte, herrschsüchtige, geltungshungrige Schwärmerin, die die romanische Mystik aufnahm und verbreitete, sich selbst für die zweite Jungfrau Maria und Mutter der messianischen Menschheit hielt und unter den mystischen Spiritualisten der Niederlande zahlreiche Eroberungen machte, sie jedoch großenteils wieder verlor.

Oeuvres hg.v. P.POIRET, 19 Bde, Amsterdam 1686; Autobiogr.: La Parole de Dieu ou sa vie intérieure, Malines 1663 (behandelt 1634 bis 1663); La Vie extérieure, Amst. 1668 (behandelt 1616-61); Sa Vie continuée ... jusqu' à sa mort, 1686 (= Oeuvres I. II). - A.V.D.LINDE, A.B., das Licht der Welt, 1895; dazu G.KAWERAU, GGA 1895, 426ff - RE III, 344ff - M.WIESER, Peter Poiret. Der Vater der romanischen Mystik in Deutschland, 1932, 47ff u. passim. *M.Schmidt*

Bourrier, *André* (1852-1932), * in Marseille. Hauptvertreter einer vormodernistischen Bewegung im franz. Klerus gegen Ende des 19.Jh.s, die eine romfreie reformkath. Nationalkirche erstrebte. Seit 1875 Priester in Marseille, verließ er 1885 vorläufig sein Amt zum Studium der ev. Theologie in Lausanne und Paris. 1895 trat er endgültig aus der röm. Kirche aus und studierte erneut ev. Theologie (1897 Bakkalaureat mit einer nt. Arbeit »Tu es Petrus« gegen den Primat). In Paris hat ihn besonders Auguste Sabatier angezogen. Er wurde schließlich ref. Pfarrer bei Versailles. Mit der Zeitschrift Le chrétien français (seit 1907 Le chrétien évangélique parmi les catholiques et les libres-penseurs) kämpfte er seit 1897 für seine Ziele, denen sich zahlreiche kath. Priester, die sog. évadés anschlossen. Der zeitweise große Einfluß der Zeitschrift ging zurück, als der Modernismus die Austrittsbewegung stoppte.

Vf.: Ceux qui s'en vont, 1905 (dt.: Warum wir austraten, 1905). - P.BRÄUNLICH, Die neueste kath. Bewegung zur Befreiung vom Papsttum, (1898) 1899[5] - E.RÉVEILLAND, Die Los-von-Rom-Bewegung in Frankreich, 1900 - H.WEGENER, Pfarrer B. in Paris, sein Übertritt u. sein Werk, 1902 - E.LACHENMANN, Die ev. Bewegung in Frankreich, 1904. *W.Sucker*

Bousset, *Wilhelm,* Mitbegründer der → religionsgeschichtlichen Schule, * 1865 in Lübeck, lehrte in Göttingen und seit 1916 in Gießen, † 1920. In seinem genialen Lebenswerk verbinden sich Genauigkeit in Textkritik und Überlieferungsgeschichte mit der Weite des bearbeiteten Feldes (der Religionsgeschichte, des Urchristentums, der alten Kirche) und systematischer Gestaltungskraft.

Vf. u.a.: Kommentare zu Gal u. 1.2Kor (SNT); zur Apk (MeyerK XVI[5.6], [1896] 1906). Textkritisch: Die Evangeliencitate Justins d. Märt., 1891; Textkrit. Studien z. NT, 1894. Überlieferungsgesch.: Apophthegmata, Stud. z. Gesch. d. älteren Mönchtums, 1923 (posthum); Der Antichrist, 1895; Der jüd.-christl. Schulbetrieb in Alexandrien u. Rom, 1915. Religionsgesch.: Die Religion des Judentums im späthellenistischen Zeitalter, (1902) 1926[3]; Die jüd. Apokalyptik, 1903; Hauptprobleme der Gnosis, 1907. Monographien über das Urchristentum: Jesu Predigt in ihrem Gegensatz zum Judentum, 1892; Kyrios Christos, Gesch. d. Christusglaubens v. d. Anfängen bis auf Irenäus, (1913) 1921[2]; Jesus der Herr, Nachtr. u. Auseinandersetzungen zu Kyrios Christos, 1916. Allgemein verständlich: Die Bedeutung der Person Jesu f. d. Glauben, 1910; Das Wesen der Religion, (1903) 1920[4]. - Vgl. H.GUNKEL, W.B. (EvFr 42, 1920, 141-162). *E.Kamlah*

Bouthillier de Rancé, *Armand Jean le* → Le Bouthillier de Rancé, Armand Jean.

Boutroux, *Emile* (1845-1921), französischer Philosoph, * Montrouge (Seine), Schüler von Lachelier und E. → Zeller (Heidelberg), 1877-85 Prof. der Philosophie an der Ecole Normale Supérieure, 1888-1907 für Geschichte der modernen Philosophie an der Sorbonne, Mitglied des Institut de France, † Paris. Gegen den →Positivismus des 19.Jh.s mit seinem - trotz der empiristischen Voraussetzung - grundsätzlichen Dogmatismus der Naturgesetzlichkeit versucht B. mit dem Begriff der → Kontingenz (Zufall im Sinne von »nicht notwendig«) einer durchgängigen schöpferischen Freiheit Raum zu geben, in welcher die Freiheit des Menschen keinen Einzelfall darstellt. Er lehrt einen Aufbau der Welt in Schichten, die sich nicht notwendig auseinander ableiten lassen. Es herrscht auch innerhalb jeder Schicht Kontingenz (jetzt im Sinne von »Indeterminiertheit«), die → Naturgesetze sind nicht durchgängig gültig, es gibt keine umfassend notwendige →Kausalität, um so weniger, je höher wir im Aufbau der Realitätsschichten kommen. In der Welt des Geschehens können wir weder eine logische noch objektive Notwendigkeit finden, die jedes Auch-anders-sein ausschließt. Die höchste Stufe ist der Mensch, auf den die ganze Entwicklung hinzielt. In Gott schließlich ist die Freiheit unbeschränkt. Die Religion, als die höchste Bestimmung des Menschen und als die höchste Stufe seines Geistes gesehen, nimmt schließlich in B.s Philosophie einen so großen Raum ein, daß er zugunsten einer Welt vollkommener Harmonie seine ursprüngliche analytische Realontologie mit einer religiös-metaphysischen Glaubenstradition verbindet. B.s Philosophie und Wissenschaftskritik muß heute durch die Wandlung, die ihre grundlegenden Begriffe wie Kausalität, Determiniertheit, Zufall, Freiheit durch die Entwicklung der modernen → Naturwissenschaft erfahren haben, einer eingehenden Kritik unterzogen werden.

Vf. u.a.: De la contingence des lois de la nature, Paris (1874) 1921[9] (dt. 1911); De l'idée de loi naturelle dans la science et la philosophie contemporaine, Paris 1895 (dt. 1907); Questions de morale et d'éducation, Paris 1895; Science et religion dans la philosophie contemporaine, Paris 1908 (dt. 1910); Morale et religion, Paris 1925. - W.ZIEGENFUSS, Philosophenlexikon, 1949, 140 (Bibliogr.). - Über B.: O. BOELITZ, Die Lehre vom Zufall bei E.B., 1907 - A.P.LAFONTAINE, La philosophie d' E.B., Paris 1920 - Ü V, 77 - H.HEIMSOETH, Zur Ontologie der Realitätsschichten in der franz. Philosophie (Blätter f. dt. Phil. 13, 1939/40, 251-276). *K.Kinkel*

Bovet, 1. *Arnold* (1843-1903), Vorkämpfer der Abstinenzbewegung, * Kanton Neuchatel, Pfarrer an der Freikirche in Bern, Mitbegründer des Vereins vom »Blauen Kreuz« (→ Suchten). Reisetätigkeit in Deutschland, Frankreich, Belgien; zahlreiche Schriften.

Hg. von: Jahrbuch des Blauen Kreuzes; Illustrierter Arbeiterfreund; Lieder zur Ehre des Erretters. - P.DIETERLEN, A.B. Sa vie, son oeuvre, 1904 - A.LANGMESSER, A.B., 1906. *E.Lachenmann (W.Loew)*

2. *Theodor,* * 1900 in Rom, konfessionslos erzogen, 35jährig getauft. Nervenarzt in Zürich und Lausanne, jetzt kirchlicher Eheberater in Basel. Unter Einflüssen von → Psychoanalyse und christlichen Strömungen (→ Blumhardt bis Karl → Barth) bemüht um christliche Anthropologie, Seelsorge und neues christliches Verständnis der Sexualität.

Bes. charakteristisch: Der Stand des Christen in der Welt, 1943; Der Mensch u. seine Ordnung, 5 Bde, 1945-50; Lebendige Seelsorge, 1951; Weg u. Sinn, 1956; Die Ehe, das große Geheimnis, 1957 (neueste Fassung des Ehebuches). *W.Loew*

Boyle, *Robert* (1627-91), englischer Naturforscher (Chemiker) und Apologet, * Lismore Castle (Irland), Schüler F. → Bacons, lebt als Privatmann in Oxford und (seit 1668) London; Mitbegründer der Royal Society (→Akademie: I, 3 d), † London. - B. gehört zu den hervorragenden, universalen Vertretern der englischen → Aufklärung (: I). Mit seinen experimentellen Untersuchungen (Gasgesetze) und der darauf gegründeten neuen Atomtheorie (→ Atom) auf der Basis eines kritischen Empirismus (→ Apriorismus) gibt B. den entscheidenden Anstoß zur Ablösung der → Alchemie durch die wissenschaftliche Chemie und damit zur modernen → Naturwissenschaft. Von seinen stark unter dem Einfluß von → Gassendi, → Descartes und Bacon stehenden philosophischen Untersuchungen hat nur seine Naturphilosophie einigen Einfluß auf die zeitgenössische Philosophie (→ Locke). In seinen theologischen Schriften versucht B. die neuen naturwissenschaftlichen Erkenntnisse mit der christlichen Wahrheit in Einklang zu bringen. Sein bedeutendes apologetisches und missionarisches Wirken hat weitreichenden Einfluß ausgeübt; die testamentarische Stiftung für jährlich zweimal zu haltende Predigtreihen (Boyle's Lectures) erhielten u.a. → Bentley, S. → Clarke, → Burnet, → Whiston als apologetische Prediger.

GesW, Genf 1676 (lat., unvollst.); vollst. engl. Ausg. v. BIRCH, 5 Bde, London 1744; 2. Ausg. v. SHAW, 6 Bde, London 1772; theol. Auswahl v. BOULTON, London 1715. - Über B.: DNB VI, 118f - RE III, 350 - F.MASSON, R.B., Edinburgh 1914 - Ü III, 370. 688 (Lit.). *K.Kinkel*

Braga in Nordportugal, Erzbistum, das Braccara Augusta der Römer, war als Hauptstadt der Provinz Galicien seit dem 4.Jh. Sitz eines Diözesanbischofs, der aber wie allgemein in der spanischen Kirche erst seit Ende des 11.Jh.s den Namen Erzbischof führte. Nach der arabischen Invasion (716) verfiel B., und seine Metropoliten residierten in Lugo. Unter Ferdinand I. (1058-64) wurde B. definitiv zurückerobert, sein erster Erzbischof erhielt 1091 das Pallium. Nach der Festigung des portugiesischen Staates wurden um 1400 die spanischen Bistümer Astorga, Tuy, Lugo und Orense von B. losgelöst. Heutige Suffragane: Aveiro, Braganza, Coimbra, Lamego, Porto, Villa Reale und Vieseu.

J.A.FERREIRA, Fastos episcopais da Igrêja primacial de B., 4 Bde, Braga 1928-35 - PIERRE DAVID, Etudes historiques sur la Galice et le Portugal, Lissabon 1947 - DERS., La métropole de Galice du VIIIe au XIe siècle. B. et Lugo (Revista Portuguesa de História 4, 1949, 107-154) - LThK II, 508f. *R.Konetzke*

Brahms, *Johannes,* Komponist, * 1833 Hamburg, † 1897 Wien. Abgesehen von seinem symphonischen und kammermusikalischen Werk war B. der bedeutendste Vertreter der prot. geistlichen Musik seiner Zeit, was allerdings nicht im kirchlich-liturgischen Sinn zu verstehen ist. B.s geistliche Werke sind für den Konzertsaal bestimmt, seine liberale Haltung erlaubt ihm auch die Komposition ausgesprochen kath. Vorlagen. Subjektives Gefühl, das auch seine Textwahl bestimmt, verbindet sich mit einem an der Musik des 16.-18.Jh.s orientierten, gestrafften Klassizismus in seinem geistlichen Hauptwerk »Ein deutsches Requiem« op. 45 (1861-68). Neben zahlreichen kantatenhaften und motettischen Kompositionen, in denen die liedhaften Züge am meisten überzeugen, und kleineren Orgelwerken sind die späten »Vier ernsten Gesänge« op. 121 (1896) besonders zu nennen.

GA hg.v. E.MANDYCZEWSKI, 26 Bde, 1926-28; Bd 16-21 u. 26: Geistliche Werke - A.EHRMANN, Thematisches Verzeichnis, 1933. - Über B.: M.KALBECK, J.B., 4 Bde, 1904-14 - K.GEIRINGER, J.B., Wien 1934, 2. Aufl. engl. New York 1947, ital. u. jap. 1952 - L. KOCH, B.-Bibliografia, Budapest 1943 - A.OREL, B., 1948 - R.GERBER, Das »Deutsche Requiem« (Das Musikleben 2, 1949, 181-185. 237-239. 282-283). *W.Osthoff*

Brakel, 1. *Dirk Gerryts* oder *Theodori à* (1608-69), niederländ. ref. Theologe der mystisch-pietistischen Richtung, Pfarrer in Beers, in Burg auf Texel und 1653 in Makkum. Seine Schrift: De trappen des geestelijken levens (1670, ins Deutsche übersetzt 1698) hat den werdenden Pietismus stark beeinflußt.

BWGN I, 560ff - W.GOFTERS, Die Vorbereitung des Pietismus in der ref. Kirche der Niederlande, 1911, 93ff.

2. *Wilhelmus à* (1635-1711), Sohn von 1. Nach Studium in Franeker, Utrecht (Voetius) Pfarrer in Exmorra, Stavoren, Harlingen, Leeuwarden, endlich Rotterdam (1683). Wie der Vater war B. praktisch-pietistisch tätig. B. sympathisierte anfangs mit den Labadisten, die von ihm aber nachher ihres Separatismus wegen ebenso wie die Quietisten bekämpft wurden. B. war und ist noch heute in bestimmten pietistischen Kreisen von Einfluß durch seine Hauptschrift: Λογικὴ λατρεία dat is: redelijke godtsdienst (1700). Wegen seiner kirchlich-autonomistischen Auffassungen geriet B. oft mit der Obrigkeit in Konflikt.

F.J.LOS, W. à B., 1892 - BWGN I, 563ff.

J.N.Bakhuizen van den Brink

Bramhall, *John* (1594-1663), * Pontefract, † Armagh (Irland), seit 1661 anglikanischer Erzbischof von Armagh, führender Vertreter des älteren → Anglokatholizismus (Glied der → Caroline Divines). In seinen Schriften nahm er gleichzeitig und gleichbetont Stellung gegen den römischen Katholizismus (Bellarmin und Brachet de la Milletière), gegen den Presbyterianismus und das englische Freikirchentum (besonders Baxter) und gegen den heraufziehenden Säkularismus und Staatsabsolutismus in Gestalt der Hobbesschen Philosophie. Er würdigte Luther stärker als irgendein andrer Anglokatholik.

Works, Dublin 1676, wiederabgedr. in Library of Anglo-Catholic Theology, 4 vols, Oxford 1842-45. - DNB (Neudr. 1949) II, 1111ff. *M.Schmidt*

Brandan (Brendanus, etwa 484-577), irischer Heiliger, gründete die Abtei Clonfert und andere Klöster in Irland und Wales, in denen er 3000 Mönche um eine selbstverfaßte Regel vereinigt haben soll. Um seine Gestalt rankt sich die navigatio oder peregrinatio S.B.i, deren Spuren schon im 9.Jh. begegnen. Faßbar wird die Legende in lat. Sprache im 11.Jh.; bald tauchen poetische und prosaische Bearbeitungen in England und Frankreich, in Italien und Spanien auf. Schließlich gibt die B.-Sage Stoff für eines der beliebtesten Volksbücher des deutschen Mittelalters. B. sticht in See, um die Insel der Seligen, das Land der Verheißung zu suchen, das er nach 7jähriger abenteuerlicher Irrfahrt unter dem Beistand des hilfreichen Meerungeheuers Jasconius erreicht. Warum gerade B. zum Odysseus unter den Mönchen wurde, ist aus seiner Geschichte nicht zu erklären. Wir können nur als Tatsache feststellen, daß er mit dem Sagenkreis der Navigatio, der aus irischen Schiffermärchen und Motiven aus der keltischen und nordischen Mythologie zusammengesetzt ist, in Verbindung gebracht wurde. B. ist noch heute Patron der Schiffsleute; Heiligentag: 16. Mai.

Die beste lat. Überlieferung gibt (neben einigen deutschen Fassungen) C.SCHRÖDER, S.B., 1871. - P.F.MORAN, Acta S.B., 1872 - A.JUBINAL, La légende latine de S.B., 1836 (zwei franz. Bearbeitungen) -

F.MICHEL, Les voyages merveilleux de S.B., 1878 - TH.WRIGHT, S.B., 1844 (zwei altengl. Fassungen) - Ital. Text bei F.NOVATI, La navigatio S.B. in antico veneciano, 1892 - Vita in AS Maii III, 599ff ist wertlose Kompilation - G.SCHIRMER, Zur B.-Legende, 1888 - C.A.STEINWEG, Die handschriftl. Gestaltungen der lat. Nav. B., 1891 - K.MEYER u. A.NUTT, The voyage of Bran, 2 Bde, London 1895-96 - W.MEYER, Die Überlieferung der dt. B.-Legende, 1918 - J.DUNN, The Brendan Problem (Cath.Hist.Review 6, 1921, 395-477).

O.Rühle

Brandenburg

I. Bistum - II. Land

I. Bistum

Das Bistum B., von Otto I. 948 im Lutizenland (→Wenden) als Suffragan von → Mainz gegründet und für die Christianisierung der Slawen zwischen mittlerer Elbe und Oder bestimmt, wurde 968 dem Erzbistum → Magdeburg unterstellt. Nach dem Slawenaufstand von 983 verloren die Bischöfe ihren Sprengel. Erst unter Bischof Wigger wurde zwischen 1138 und 1150 durch die Überführung der Prämonstratenser-Niederlassung Leitzkau nach B. - 1161 unter Bischof Wilmar zum Domkapitel erhoben - das Bistum neu belebt, das mit der askanischen Expansion in der Mitte des 13.Jh.s seine endgültigen verkürzten Grenzen gewann. Faktisch war seit Karl IV. B. landsässig, sein Suffraganverhältnis zu Magdeburg stark gelockert. Die Bischöfe, meist Prämonstratenser, residierten seit Mitte des 14.Jh.s in Ziesar, mit bescheidenem Grundbesitz ausgestattet. 1540 nahm der letzte kath. Bischof Matthias von Jagow die Kirchenordnung Joachims II. an. Sein Nachfolger Joachim von Münsterberg trat 1560 seine Rechte an den Kurprinzen Johann Georg als erblichen Administrator ab, der 1571 das Bistum dem Kurfürstentum einverleibte. Das Kapitel, das 1506/07 ein weltliches Stift geworden war und 1557 sich Luthers Lehre angeschlossen hatte, blieb als ev. Stift bestehen und wurde 1826 reorganisiert.

RE III, 355f; XXIII, 252 - F.CURSCHMANN, Die Diözese B., 1906 - H.SCHULZE, Zur Gesch. des Grundbesitzes des Bistum B. (JBrKG 9-13, 1913-15) - J.HECKEL, Die ev. Dom- u. Kollegiatstifter Preußens, 1924 - Germania Sacra I, 1, 1929; I, 3, 1929/41 - Hist. Atlas der Prov. B., Kirchenkarten Nr. 1 u. 2 v. G.WENTZ, 1929-31.

H.Ludat

II. Land bzw. Provinz

1. Die mittelalterliche Mark B. - 2. Reformation - 3. Luthertum und Calvinismus - 4. Pietismus und Aufklärung - 5. Ev. Kirchengeschichte: Neuzeit - 6. Katholizismus - 7. Kirchenkampf; Gegenwart

1. Schon im 10.Jh. war die Bekehrung der Lutizenstämme versucht worden. Die → Wenden haben aber 983 Christentum und deutsche Herrschaft zugleich wieder abgeschüttelt. Auf der Burg B. stand noch bis zur deutschen Kolonisierung des Gebietes seit Albrecht dem Bären (1134 mit der Nordmark belehnt) der dreiköpfige Triglav. Als 1411 die Mark an die Hohenzollern kam, war sie kirchlich durchorganisiert (Bistümer → Brandenburg [: I], → Havelberg, → Lebus). Sie war mit einem Netz von Stiftern und Klöstern aller Art überzogen. Den kirchlichen Sinn der Bevölkerung bezeugen zahlreiche Stiftungen, religiöse Bruderschaften, Gilden, Wunderstätten (zB → Wilsnack) u.a., mit denen die Mark hinter den älteren Gebieten kaum zurückstand. Doch hat es in B. auch an oppositionellen Gruppen nicht gefehlt. Hussitisch-waldensische Gläubige mögen sich trotz der Maßnahmen der Inquisition gegen die Ketzer in »Ketzer-Angermünde«, in der Gegend um Königsberg/Neumark, Prenzlau, Templin u.a. bis zur Reformationszeit hin gehalten haben. Aber von einer Wirkung auf weitere Volkskreise kann nicht gesprochen werden.

Von wesentlicher Bedeutung auch für die kirchlichen Verhältnisse war die starke Stellung vieler Großgrundbesitzer ebenso wie das von den Kurfürsten zwar eingeschränkte, aber nicht zerbrochene Selbständigkeitsstreben der größeren Städte. Der Landesherr seinerseits erstrebte die Schaffung einer *märkischen Landeskirche,* entsprechend der auf Vereinheitlichung und Verselbständigung der märkischen Gebiete (auch in kultureller Hinsicht; Universität → Frankfurt 1506 gegr.) und auf Förderung der kurfürstlichen Landesherrlichkeit gerichteten Gesamtpolitik. Hier hat die entscheidende Entwicklung schon im 15. und im beginnenden 16.Jh. stattgefunden, seitdem die Landesbischöfe zum Gehorsamseid gegenüber dem Kurfürsten verpflichtet waren und Friedrich II. durch zwei päpstliche Privilegien 1447 (→ Kirchenverfassung: IV) u.a. auch das Recht der Präsentation der Bischöfe erhalten hatte. Weitere Schritte auf diesem Wege waren die Einschränkung der Rechte der auswärtigen Bischöfe in den zu ihren Diözesen gehörigen märkischen Gebieten, ferner das Joachim I. 1514 gegebene Patronatsrecht über die Domkapitel von B. und Havelberg, ebenso seine Neuordnung des Kammergerichts, das auch Ersatz für das geistliche Gericht sein sollte. Diese vorreformatorischen Ansätze zu einer landeskirchlichen Ausgestaltung der Kirche boten die starke Handhabe bei deren Vollendung durch die Reformation.

2. Die *Reformation* hat sich in der Mark B. nur mühsam durchgesetzt. *Joachim I.* (Bruder des Erzbischofs → Albrecht von Mainz) betätigte sich durch immer wiederkehrende Edikte, Vereinbarungen mit seinen Landständen u.dgl. bis zu seinem Lebensende (1535) als Schützer des Katholizismus und der Ordnung gegen Ketzerei und Revolution. In derselben Richtung wirkten die Bischöfe, die Universität Frankfurt (→ Wimpina) und die überwiegende Mehrheit der Klöster. Die märkische Bevölkerung selbst aber zeigte damals doch nicht etwa nur Gleichgültigkeit gegenüber dem alten Kirchenwesen, sondern luth., reformatorische Gedanken drangen sehr bald nach Luthers Thesenanschlag durch Prädikanten, Wanderprediger in das Land. Beim Regierungsantrittt Joachims II. stand die große Masse der Bevölkerung schon im luth. Lager. Auch durch brutales Vorgehen - so in Stendal 1530 - hatte Joachim I. diese »Reform von unten her« nicht zu unterdrücken vermocht. Das Einsetzen gottesdienstlicher Reformversuche und die Anstellung in Wittenberg gebildeter Pfarrer und Lehrer seitens städtischer Räte und des Adels lassen sich früh nachweisen (Bartholomäus Rieseberg, seit 1521 Lehrer an der Berliner Nicolaischule, hernach Pfarrer in Seyda und in Gardelegen; Joh.Briesemann, 1522/23 in Cottbus; Reutter Michell, seit 1524 in Sommerfeld; Bernhard Bürger, seit 1524 in Altenhausen). Diese Reformversuche mehrten sich seit 1535 unter dem neuen Landesherrn, Kurfürst *Joachim II.* († 1571) und Markgraf *Johann* von Küstrin († 1571), dem die nur im 15.Jh. vorübergehend dem Deutschen Orden gehörige Neumark, das Land Sternberg, Krossen, Züllichau und die Herrschaft Cottbus zugefallen waren. Johann begünstigte die Reformation der Städte seines Gebietes von Anfang an. Er feierte selber dann zu Ostern 1538 das Abendmahl in luth. Form, trat dem schmalkaldischen Bund bei, veranstaltete 1538/39 eine erste Kirchenvisitation (durch A. → Althamer und den früheren ansbachschen Hofprediger Jakob Stratner; fränkischer Einfluß!) und erließ 1540 die neumärkische »Kastenordnung von Kirchen-Hospitalien und dergleichen Gütern«. Sein Drängen, dazu vor allem die dringenden Wünsche der Städte und des Adels (Berliner Landtag, Herbst 1538; Teltower Adelsvereinigung April 1539) und die Einsicht Joachims, daß Kaiser Karl V. und König Ferdinand zum Ausgleich mit den Protestanten wenig geneigt waren, haben dann am 1.11.1539 auch den öffentlichen Bekenntnisakt Joachims II. veranlaßt: Er nahm im Dom in Berlin das

Abendmahl nach ev. Art, hat aber - anders als sein Volk - an den Dingen kaum inneren Anteil genommen. Seine Politik suchte zwischen dem Kaiser und den ev. Fürsten zu vermitteln. Er hat seit 1537 eine »christliche Ordnung« seines Landes durch Verhandlungen mit → Georg III. von Anhalt, → Melanchthon, → Witzel u.a. vorbereitet. Seiner konservativen Art entsprach die Kirchenreform auf mittlerer Linie unter Schonung vor allem der kultischen Tradition, wie sie die B.er Kirchenordnung über die »Leer und Ceremonien« von 1540 kennzeichnet und die Bedenken von strenger luth. Mitarbeitern wie Jakob Stratner (s.o.; 1539 Hofprediger Joachims II.) oder Georg → Buchholzer hervorrief. Die Generalkirchenvisitationen der Jahre 1540-42, 1551-52, 1557-58 ordneten das Kirchen- und Schulwesen (auch die Universität → Frankfurt a.O.), anfangs noch mit abwartender Rücksichtnahme auf die widerstrebenden Bischöfe, von denen nur der B.er Matthias von Jagow († 1545) der Kirchenordnung sofort zugestimmt, wie er auch bei den berühmten Bekenntnisfeiern zu Anfang Nov. 1539 in Berlin und Spandau selber das Abendmahl unter beiderlei Gestalt gereicht hatte. Die Opposition der anderen Bischöfe hat die anfangs geplante Beibehaltung der bischöflichen Organisation unmöglich gemacht. Die Wahl Joachim Friedrichs, des Enkels des Kurfürsten, zum Bischof von Havelberg (1553), Lebus (1555) und B. (1560) brachte noch unter Joachim den Übergang der Bistümer in die Hände des Herrscherhauses und deren Säkularisierung. Mit der Schaffung des Amtes der Generalsuperintendenten, des Berliner Konsistoriums (1542-43; Konsistorialordnungen 1543, 1551, 1561) und der (9) Inspektoren oder Superintendenten nahm die Organisation der Kirche wie anderswo die Richtung auf das → landesherrliche Kirchenregiment (→ Kirchenverfassung: VI). In dem noch in diese erste Aufbauperiode der märkischen Kirche fallenden Streit um das kaiserliche → Interim von 1548, an dem der Berliner Hofprediger Joh. → Agricola mitgearbeitet hatte und dem Johann von Küstrin aufs schärfste widersprach, hat Joachim eine zwiespältige Haltung eingenommen: Er hat einerseits in Abhängigkeit von der habsburgischen Politik die äußere Annahme des kaiserlichen Buches in seinem Lande gefordert, aber anderseits durch eine eigene »Deklaration« seine märkische Kirchenordnung geschützt und das Interim abgeschwächt zugunsten der luth. Rechtfertigungslehre, unter Ausschaltung des Opfergedankens aus dem Messekanon u.dgl. (Jüterbogker Beschlüsse 1548, in Anwesenheit von Moritz von Sachsen und Georg von Anhalt).

3. Zu der strengeren *luth. Entwicklung,* die sich in B. unter Kurfürst Johann Georg (1571-98) vollzogen hat, lassen sich noch unter Joachim II. gewisse Ansätze bemerken. Unter ihm schon gingen Joh. → Agricola und Andreas → Musculus, aus Anlaß des → Osianderschen Streites, daran, den »Philippismus« in der Mark zu unterdrücken, und Joachim selbst faßte noch den Plan eines aus Luthers Werken zusammenzustellenden dogmatischen Lehrgesetzbuches, wie es dann, von Musculus und dem Hofprediger Georg Cölestin verfaßt, in dem die neue Kirchenordnung von 1572 einleitenden Corpus doctrinae Brandenburgicum erschien. Die kirchenrechtlich fortan grundlegende Visitations- und Konsistorialordnung von 1573, die Generalvisitation von 1573-81 und die Verpflichtung auf die → Konkordienformel stellten den Anschluß B.s an den allgemeinen luth. Typus sicher. Während die Agende von 1572 die katholisierende Agende Joachims nur vorsichtig reformierte, war man in der Lehre dauernd auf Abwehr der → Kryptocalvinisten bedacht (Generalvisitationen 1593 und 1600). Auf dem hier gelegten Grunde erfolgten die scharfen Kämpfe gegen den *Calvinismus* im 17.Jh., zu denen der durch den politischen Anschluß B.s an die ref. Pfalz und an die calvinistischen Niederlande längst vorbereitete, aber letztlich gewissenshalber erfolgte Übertritt des Kurfürsten *Johann Sigismund* zum Calvinismus 1613 (Confessio Sigismundi 1614) den Anstoß gab. Der Kurfürst erwartete anfangs trotz der den Calvinismus ausschließenden Bestimmungen des → Augsburger Religionsfriedens (1555), daß seine Untertanen ihm folgen würden, stieß aber mit seiner Abschaffung der Verpflichtung auf die Konkordienformel, seinen calvinistischen Gottesdienstreformen, seinen Verboten der Kanzelpolemik, seinem Versuch eines Religionsgesprächs (Okt. 1614) auf so heftige Opposition, daß er unter geschichtlich bedeutsamer Durchbrechung des Rechtssatzes → »cuius regio eius religio« im Revers vom 5./6.2.1615 den ungehinderten Bestand des *Luthertums* anerkannte. Damit war die Mark B. schon vor dem Westfälischen Frieden (1648) zu einem *paritätischen* protestantischen Staat geworden. Die Zahl der *Reformierten* wuchs in ihm freilich nur allmählich, übrigens auch durch kolonisatorische Maßnahmen; Friedrich Wilhelm, der *»Große Kurfürst«* (1640-88), öffnete schon 1661, dann in weiterem Umfange durch das Potsdamer Edikt vom 29.11.1685 den → Hugenotten seine Länder und schuf in der Mark (besonders in der Uckermark) 19 französische Kolonien; unter Friedrich I. (1688-1713) folgten die → Orangeois. Dem *Katholizismus* gegenüber, der seit den zwanziger Jahren in B. eine eifrige Propaganda betrieb und auch die bei den Gesandtschaften der kath. Mächte in Berlin bestehenden Gesandtschaftsgottesdienste zu öffentlichen Gottesdiensten auszugestalten bestrebt war, kam die Parität nicht zur Geltung - abgesehen von der 1686-95 zu B. gehörigen, früheren Glogauer kath. Herrschaft Schwiebus. Wohl aber erwuchsen aus dem Nebeneinander von Lutheranern und Reformierten, durch die Staatsräson gefordert, als ein Lieblingsgedanke zuerst Johann Sigismunds, dann des Großen Kurfürsten und auch Friedrichs I. von Hofpredigern wie → Bergius, → Stosch, → Jablonski eifrig gefördert, die Bemühungen um einen »Evangelischen Kirchenfrieden«, ja um eine Union der Protestanten (→ Einigungsbestrebungen: II), denen auch das Berliner Religionsgespräch 1662/63 und die Verbote der konfessionellen Polemik von 1662 und 1664 dienen sollten. Die Kämpfe darum sind aus der Lebensgeschichte Paul → Gerhardts bekannt. Schließlich hat B. der eingewanderten französischen ref. Bevölkerung auf kulturellem wie industriellem Gebiet viel zu danken; sie stellte speziell in Berlin um 1700 die eigentlichen Träger der höheren Bildung, und in der theologischen wissenschaftlichen Literatur ließen Namen wie → Abbadie, → Beausobre, → Lenfant oder der deutsche reformierte Hofprediger D.E. → Jablonski, ein Mitgründer der Berliner → Akademie (: I, 2b), die luth. Namen jener Tage auf dem Boden B.s verblassen.

4. Der strenge Konfessionalismus ist auch in B. erst durch die Teilnahme der Mark an den allgemeinen preußischen kirchlichen Bewegungen des 17. und 18.Jh.s (→ Preußen) erweicht oder gebrochen worden. Der *Pietismus,* der durch Kritiker wie Joachim → Betke, von der Altmark aus durch Erbauungsschriftsteller wie Christian → Scriver oder Stephan → Prätorius vorbereitet worden war, fand in B. in → Spener selbst und in Gottfr. → Arnold, daneben etwa in Joh. → Porst, dem Verfasser des bald in der ganzen Mark eingebürgerten Gesangbuchs (seit 1708 bzw. 1713; → Gesangbuch: I A) oder in J.J. → Hecker, dem Schöpfer des General-Landschulreglements vom Jahre 1763, typische Vertreter. Auch die Herrnhuter Brüderunität fand unter Friedrich Wilhelm I. Eingang in B. und erhielt durch einen Teil der seit 1732

bzw. 1737 (in Berlin und Rixdorf-Neukölln) eingewanderten böhmischen bzw. böhmisch-mährischen Brüder, die sich zumeist freilich 1747 der luth. oder der ref. Kirche anschlossen, Zuwachs. Von den Pietistenfehden, abgesehen von der Bekämpfung des auch in B. missionierenden separatistischen Pietismus (→ Neumeister gegen J.W. → Petersen), sind am bekanntesten die durch Caspar → Schade in Berlin veranlaßte Diskussion wegen der Privatbeichte und der → Terministische Streit des Sorauer Diakonus Joh.Gg.Böse. – →Dippel und → Edelmann, die zum Entsetzen der Orthodoxie in Berlin Zuflucht fanden, leiten zur *Aufklärung* über. Berlin wurde nicht nur durch die Haltung des Hofes unter → Friedrich dem Großen, sondern durch Theologen und Gelehrte wie → Reinbeck, A.Fr.W. → Sack, → Spalding, → Eberhard, Fr.S.G. → Sack, W.A. → Teller, → Hanstein u.a. und durch eifrige Publizisten wie → Biester oder Fr. → Nicolai ein Zentrum der Aufklärung in Preußen, wie auch die Landesuniversität durch Personen wie → Töllner, → Steinbart, → Krug in derselben Richtung wirkte. Aus Berlin stammt das vielangefochtene »Gesangbuch in den Kgl. Preußischen Landen« (→ Diterich; → Gesangbuch: I A); von hier nimmt durch → Lüdkes Kritik an den Symbolen der preußische Symbolstreit seinen Ausgang, in dem dann 1792 auf Grund des → Wöllnerschen Edikts der Gielsdorfer »Zopf-Schulz« abgesetzt wurde, wie auch der Berliner ref. Prediger Andreas Riem wegen der Herausgabe von ungedruckten Schriften des → Reimarus 1789 sein Amt niederlegen mußte; hier unternahm die Berliner »Predigtenkritik fürs Jahr 1783« nach dem Muster der Wiener, Prager und Freiburger Predigtkritiken ihre Propaganda für die moderne Predigt und ihren gefürchteten Feldzug gegen die auch dort noch durchaus vorhandenen orthodoxen (zB Joh.Jesajas Silberschlag 1769–91) und pietistischen Prediger (→ Woltersdorf, → Jänicke u.a.), die nach wie vor während dieses Zeitraumes eine einflußreiche Wirksamkeit ausüben konnten. Schon dies deutet darauf hin, daß man selbst für Berlin die zersetzende Wirkung der Aufklärung auf das kirchliche Leben nicht überschätzen darf, sowenig man im Blick auf französisch aufklärerische Einflüsse die im allgemeinen milde Art der kirchlichen Aufklärung in B. übersehen darf.

5. Im beginnenden *19.Jahrhundert* wurde das Unglücksjahr 1806, das B. auf das Gebiet östlich der Elbe beschränkte, und 1815 ausschlaggebend für die politische Gestaltung der neuen preußischen *Provinz* B., die sich von der alten Mark B. negativ durch Verlust vor allem der Altmark (zur Provinz → Sachsen geschlagen) und der nordöstlichsten Teile der Neumark (zu → Pommern) unterscheidet, positiv durch Gewinn bisher kursächsischer Gebiete (zum Teil slawisch-sorbische Bevölkerung) und des Kreises Schwiebus (s. 6).

In geistiger und in kirchlicher Hinsicht hat *Berlin* und die *Provinz* im 19.Jh. eine stark voneinander abweichende Entwicklung durchgemacht. Dabei wird man die Schuld an dem unleugbar fortschreitenden Prozeß der Entkirchlichung Berlins weder dem Berliner Volkscharakter noch dem Eintreten des Berliner Magistrats für »Freiheit der Lehre« (vgl. zB seine Eingabe an Friedrich Wilhelm IV. vom Jahre 1845 für die → Lichtfreunde) oder gar der Berufung freigerichteter Prediger in die städtischen Patronatsstellen zuschreiben dürfen, sondern dem Ausbleiben rechtzeitiger zeitgemäßer Reformen, in erster Linie aber dem Anwachsen Berlins zur Großstadt, der wirtschaftlich-sozialen Entwicklung, dem Mangel an Bodenständigkeit, Heimatgefühl und Tradition bei einem sehr großen Teil der Bevölkerung (→ Stadt). Auch alle Kirchen- und Betsaalneubauten (seit 1835 und wieder seit 1890) und die besonderen Maßnahmen der von → Stöcker 1877 begründeten Berliner Stadtmission, des Ev. kirchlichen → Hilfsvereins (seit 1887), des Stadtausschusses für Innere Mission (seit 1899), der Frauenhilfe und anderer Organisationen haben diese Hemmungen nicht ausschalten können. In geistiger und religiöser Hinsicht hatten die Dinge zu Anfang des 19.Jh.s nicht ohne die seelische Wirkung der Kriegs- und Erhebungszeit, sodann durch die Wirksamkeit → Schleiermachers, → Fichtes u.a. und die von der neuen Universität ausgehenden Wirkungen (→ Berlin) sich so gestaltet, daß man in Berlin nicht nur »eine Stadt glänzender geistiger Hoffnungen« sehen (Henrik Steffens), sondern von dieser »Metropole des Protestantismus« auch erwarten konnte, daß von hier aus »auch im Protestantischen an die Religion gedacht werde« in Gegenwirkung gegen die Stärkung des Katholizismus durch das Napoleonische Konkordat (Schiller an Zelter, 1804).

Anders als er gemeint war, erfüllte sich dieser Wunsch in der Berliner *Erweckungsbewegung*, die hier, vor allem durch → Kottwitz, → Jänicke, → Goßner auch karitatives und missionarisches Leben weckt, anderseits in → Hengstenberg oder den v. → Gerlachs in Repristinationstheologie und konfessioneller Kirchenpolitik in Verbindung mit der politischen Reaktion ausläuft, dem geistigen Leben Berlins fremd bleibt, in der Hauptstadt wie in der Provinz sich nur in einzelnen Gruppen niederschlägt (»Adel und kleine Leute«), aber durch die in Berlin erweckten Adligen sich über die Grenzen B.s hinaus in der Pommerschen Erweckungsbewegung und im dortigen Konfessionalismus auswirkt (→ Erweckungsbewegung). Die Mannigfaltigkeit der neben- und gegeneinander wirkenden Bewegungen in Berlin und B. verfestigte sich seit den 40er Jahren in der Parteiorganisation, – der streng luth. Pastoralkonferenz in Neustadt-Eberswalde (seit 1846) und dem brandenburgischen Provinzialverein des unter → Göschel begründeten luth. »Zentralvereins« (→ Luthertum: II); dem »Berliner Unionsverein« der Liberalen (seit 1848), der sich später dem in Berlin seit den 60er Jahren wirkenden → Protestantenverein anschloß; den Organisationen der vermittlungstheologischen und Schleiermacherschen Unionsfreunde (Märkischer Pastoralverein; Verein für ev. Kirchengemeinschaft, seit 1848). Die Verfassungs- und Bekenntniskämpfe seit den 70er Jahren (→ Apostolikum: II, → Kirchenverfassung: VI, → Preußen) haben dann unter dem Einfluß der »Hofpredigerpartei« (→ Kögel, → Positive Union) und der Berliner Bewegung → Stökkers (1877ff) die Gegensätze noch verschärft. Beherrscht blieben die Synoden, abgesehen von der Berliner Stadtsynode und einigen Kreissynoden, durch die Positive Union und die konfessionelle Rechte, die den Liberalen und der seit 1874 im Provinzialverein der → Evangelischen Vereinigung organisierten Mittelpartei zahlenmäßig überlegen waren. Die Verhältnisse haben sich auch in der Zeit nach dem 1. Weltkrieg, wo als (wenig einflußreiche) Neuorganisationen auch in B. Volkskirchenbundbewegung, Religiöse Sozialisten und Deutschkirche hinzutraten, nicht geändert. – In Unionsstand, Verfassung, Liturgie, Bekenntnis u.dgl. hat B. an der allgemeinen preußischen Entwicklung im 19.Jh. (→ Preußen) teilgenommen, die sich auch in dem auswirkt, was an provinziellen Neueinrichtungen zu schaffen war (zB auch neue Gesangbücher 1829 und 1886; → Gesangbuch: I A), und in dem weitverzweigten brandenburgischen Vereinswesen, den Organisationen der Äußeren Mission (Brandenburgische Missionskonferenz, seit 1882) und Inneren Mission (Provinzialausschuß, seit 1882; Berliner Stadtausschuß, seit 1899), Diakonissenwesen, → Evangelischer Bund u.dgl. – Die Erschütterung der Kirchlichkeit, die in Berlin schon 1904ff und 1908–14, dann wieder 1919ff zu größeren, mindestens teilweise auch politisch bedingten Austrittsbewegungen führte, hat doch das bisherige Konfessionsbild nicht wesentlich verändert (s. 7), obwohl Berlin in gewissen Jahren mehr als die Hälfte der gesamten preußischen Austritte aufzuweisen hatte. Die Zahlen für B. beliefen sich 1919 auf ca 80 000, ebbten dann ab, betrugen aber 1932 wieder fast 50 000.

6. Der *Katholizismus* war bis zu Beginn des 19.Jh.s in B., abgesehen von Berlin, wo Friedrich d.Gr. aus Rücksicht auf den schlesischen Adel den Bau der kath. Hedwigskirche gefördert hat (1773 Einweihung), nur ganz gering vertreten. Die Gebietserweiterungen des Jahres 1815 brachten ihm mit dem bisher schlesischen Kreis Schwiebus und dem bisher kursächsischen Kreis Guben (darin Kloster Neuzelle, 1817 aufgehoben, mit 40 Orten) einen Zuwachs, so daß man 1817 etwa 18 000 Katholiken in B. zählte. Diese haben sich dann besonders seit den 50er Jahren durch Zuwanderung, alsdann wohl auch durch systematischere kath. Siedelung (zB St.Josef bei Tegel, Lindenhof bei Marienhöhe, Mariengarten bei Marienfelde) in steigendem Maße vermehrt, obwohl anderseits dieses B.er Disaporagebiet starken Verlusten durch Mischehen und Konversionen ausgesetzt geblieben ist. Während noch 1869 die Berliner Bevölkerung auf die Gründung eines Dominikanerklosters (1868) durch den »Moabiter Klostersturm« reagierte (1875 Aufhebung), hat der Katholizismus seit dem Ende des Kulturkampfes außer zahlreichen Kirchen- und Krankenhäusern, besonders in Berlin, auch unbehelligt in größerer Zahl Niederlassungen von Orden und Kongregationen errichten, Volksmissionen, Exerzitien, märkische Katholikentage abhalten, Vereine gründen, 1925 auch zum ersten Mal öffentliche Fronleichnamsprozessionen veranstalten können. Seit der Gründung eines selbständigen *Bistums Berlin* 1930 (Reg.-Bez. Potsdam, Kreis Lebus, Prov. Pommern) mit St.Hedwig in Berlin als Kathedralkirche ist der Katholizismus in Berlin in zielbewußtem Vormarsch begriffen, obwohl auch die kath. Geistlichen einen gefahrvollen Kampf gegen den Nationalsozialismus auszufechten hatten. Der Dompropst von St. Hedwig, Prälat Bernhard Lichtenberg, erlitt 1943 den Märtyrertod.

Die *röm.-kath. Kirche* hat im Gebiet des Bistums Berlin ohne Groß-Berlin die Zahl ihrer Gläubigen während der letzten 25 Jahre von rund 5,5% der Gesamtbevölkerung auf etwa 11% (1946 etwa 9,5%) vermehrt, in Groß-Berlin von rund 10% auf etwa 12%. Der »Gesamtverband der kath. Kirchengemeinden Groß-Berlin« zählt heute 74 Pfarr-, 38 Kuratiengemeinden, 9 Lokalien und 5 Seelsorgestellen. Auch der Wiederaufbau bzw. Neubau kath. Kirchengebäude konnte erheblich gefördert werden.

K.Landwehr, Die Kirchenpolitik Friedrich Wilhelms, des Gr. Kurfürsten, 1894 - P.Steinmüller, Einführung der Reformation in der Kurmark B., 1903 - B.Hennig, Die Kirchenpolitik der älteren Hohenzollern, 1906 - RE XVIII, 331ff; XXIV, 517f (Joh.Sigismund) - RGG[1] IV, 1788ff (Lit.) - F.Holtze, Gesch. der Mark B., 1912 (Lit.) - L.Zscharnack, Das Werk Martin Luthers in der Mark B. Von Joachim I. bis zum Gr. Kurfürsten, 1917 - Ldw.Lehmann, Bilder aus der Reformationsgeschichte der Mark B., 1921 - Ders., Bilder aus der KG der Mark B. (bis 1817), 1924 - U.Stutz, Joh.Sigismund von B. u. das Reformationsrecht (SAB 1922, 2, 4-38) - F.Flaskamp, Die Religions- und Kirchenpolitik des Großen Kurfürsten (HJ 45, 1925, 253-270) - V.Herold, Die bbg. Kirchenvisitations-Abschiede u. -Register des 16. u. 17.Jh.s, 1931 - W.Hoppe, Luther u. die Mark B. (Jb f. bbg. Landesgesch. 1, 1950, 49-55) - W. Delius, Die Reformation des Kurfürsten Joachim II. v.B. im Jahre 1539 (ThViat 5, 1953/54, 174-193) - R.Wenskus, Studien z. hist.-pol. Gedankenwelt Bruns von Querfurt, 1955. - Jahrbuch des Vereins f. bbg. KG, 1904ff. - Vgl. die Lit. zu → Brandenburg: I.

† L.Zscharnack (B.Schulze)

7. Der → Kirchenkampf in den Jahren 1933ff wurde in B. erbittert geführt. In Berlin traten die Deutschen Christen (→ Deutschchristliche Bewegungen) besonders radikal auf, unterstützt von der Partei und den unkirchlichen Massen, stießen aber auf einen ebenso radikalen Widerstand der Gemeinden, bei dem Pfarrer M. → Niemöller/Berlin-Dahlem besonders hervortrat. Es bildete sich eine → Bekennende Kirche von Berlin-B. (Synode am 7.3.1934). Berlin und B. trennten sich Ende 1935 und bildeten 2 Synoden mit 2 → Bruderräten, die im Sinn des Dahlemer Beschlusses vom Herbst 1934 Kirchenleitung ausübten. Das gemeinsame Prüfungsamt leitete der abgesetzte Sup. Martin Albertz (1883-1956). Über 400 Kandidaten gingen durch dieses Prüfungsamt und konnten trotz mannigfacher Behinderungsversuche ihren Dienst in der Kirche tun.

1945 übernahm der 1933 abgesetzte General-Sup. der Kurmark, Otto → Dibelius, mit Vertretern der Bruderräte von Berlin und B. und des Konsistoriums die Kirchenleitung. Die neue Grundordnung vom 1.4.1949 sieht als Träger der Kirchengewalt die Synode vor, die von den Kreissynoden je zur Hälfte mit Pfarrern und Ältesten beschickt wird. Sie wählt die Hälfte der Kirchenleitung, die andere Hälfte besteht aus »geborenen« Mitgliedern, dem Bischof, den vier General-Sup.en, den beiden Pröpsten, dh den leitenden Geistlichen der Abteilungen Berlin und B. des Konsistoriums, dem Konsistorialpräsidenten, dem ref. Moderator und dem Präses der Provinzialsynode. Berlin ist in zwei Sprengel mit zusammen 17 Kirchenkreisen geteilt, die Provinz in die Sprengel Kurmark (Sitz Potsdam) mit 37 Kirchenkreisen und Niederlausitz (Sitz Cottbus) mit 12 Kirchenkreisen. Den General-Sup.en liegt wesentlich das Amt der Visitation ob. Die ref. Gemeinden sind in einem französisch- und einem deutsch-ref. Kirchenkreis zusammengeschlossen. Sie bilden zusammen eine ref. Synode und werden von einem ref. Moderamen geleitet, gehören aber mit 2 Pfarrern und 2 Presbytern der Provinzialsynode an. Die kirchlichen Grenzen sind die alten geblieben. Politisch umfaßt die Kirche Berlin-B. drei Gebiete, West-Berlin, Ost-Berlin, beide durch den Viermächtestatus Berlins bestimmt, und die zur DDR gehörige Provinz, deren Kirchenkreise jedoch zu 6 verschiedenen Bezirken gehören, und zwar zu Potsdam, Cottbus, Frankfurt/O., Neu-Brandenburg, Schwerin und Magdeburg. Im Gebiet der Provinz westlich von Oder und Neiße betrug 1953 die Zahl der Evangelischen 2,4 Mill., in Ost-Berlin 1956 864 000, in West-Berlin 1956 1 560 000. Berlin umfaßt 240 Gemeinden mit rund 470 besetzten Pfarrstellen. Von den 960 Pfarrstellen der Provinz sind etwa 65% mit Volltheologen besetzt. 10% werden von geistlichen Hilfskräften (Predigerdiakonen u.a.) verwaltet. 25% sind unbesetzt und werden von benachbarten Pfarrsprengeln aus mitversorgt. Besondere Mühe wird deshalb auf Heranziehung und Zurüstung von Lektoren verwandt.

Von den 191 Kirchen Berlins blieben nur 5 im Kriege unbeschädigt, 16 wurden völlig zerstört, 68 schwer beschädigt. 165 Kirchen sind wiederhergestellt, davon rund 100 in West-Berlin. In der Provinz wurden von den etwa 2000 Kirchen 50 völlig zerstört, 250 brannten aus. Von den letzteren sind eine Reihe wiederhergestellt. Die genaue Zahl der wieder benutzbaren Kirchen ist nicht feststellbar.

Berichte: Spandauer Synode. Erste Synode der Bekennenden Kirche von Berlin nach dem Kriege vom 29.-31.7.1945 - Bekenntnissynode der Mark B. vom 22.-24.10.1945. - KJ 1933-44, 1949.

G.Harder

Brandström, *Elsa* (1888-1948). * als Tochter des schwedischen Gesandten in St. Petersburg, † in Cambridge/Mass. (USA), organisierte während des ersten Weltkriegs große Hilfsaktionen zugunsten der deutschen und österreichischen Kriegsgefangenen in Sibirien. Bis 1920 blieb sie in Rußland und pflegte die Gefangenen auch selbst während der großen Typhusepidemie. Nach dem Kriege gründete sie, vor allem mit amerikanischen Mitteln, zwei Sanatorien für ehemalige Kriegsgefangene und ein Kriegswaisenhaus. Einen lebendigen Bericht über ihre Tätigkeit hat sie selbst in ihrem Buch: »Unter Kriegsgefangenen in Rußland und Sibirien« gegeben. → Kriegsgefangenenproblem. *F.Fürstenberg*

Brant, *Sebastian* (1458-1521), * in Straßburg als Gastwirtsohn, studiert seit 1475 in Basel, gleichzeitig Mitarbeiter (Korrektor) und Berater von Druckereien, 1489 Dr. beider Rechte, 1492 Dekan der juristischen Fakultät, um die Jh.wende nach Straßburg zurückberufen: Stadtschreiber, Syndikus und Kanzler. 1502 durch Kaiser Maximilian zum kaiserlichen Rat (Comes Palatinus) ernannt, Beisitzer des kaiserlichen Hofgerichts in Speyer; bis zum Tode Anhänger des alten Glaubens und Kaiser Karls V. - Neben Wimpfeling und Geiler von Kaisersberg Hauptvertreter des oberrheinischen Frühhumanismus: verfaßt außer gelehrt-juristischen Arbeiten Gedichte religiös-moralischen Gehalts, übersetzt lat. Autoren (Sittenlehren und moralische Schriften Catos), erneuert 1508 Freidanks »Bescheidenheit«, wirkt durch Neubelebung volkstümlicher Didaktik und Satirik. Hauptwerk »Das Narrenschiff« (Basel 1494) von europäischem Erfolg: in fast alle Kultursprachen, 1497 ins Lateinische übertragen; bis 1509 fünf Originalausgaben in Basel, im Gefolge zahlreicher Nachdrucke auch eine prot. Bearbeitung von Gülfferich 1553. In über 100 Kapiteln werden Laster und Torheiten aller Stände und Berufe gegeißelt, die Narren an Bord auf der Fahrt von Schlauraffenland nach Narragonien vorgestellt. Durch die an Fastnachtsbräuche und -spiele erinnernden Holzschnitte wird die Satire dramatisch bewegt. Die von B. erfundene Gestalt des St.Grobianus wird von späteren Satirikern wie Dedekind und Scheidt übernommen. Das Ganze ist ein Kompendium moralsatirischer Weisheit mit Entlehnungen aus Bibel, Antike und volkhaftem Spruchgut, das der populäre Prediger → Geiler von Kaisersberg wirkungsvoll ausschöpft. Die poetische Leistung als solche ist gering: bei lehrhaft-pedantischem Ton erinnern nur Vers und Reim äußerlich an Poesie; die Sprache ist ohne Wohllaut und Feinheit nach dem Geschmack jener turbulenten Zeit, das Ganze aber doch eine der bedeutendsten schriftstellerischen Erzeugnisse der Epoche.

Narrenschiff hg.v. F.Zarncke 1854, K.Goedecke 1872, F.Bobertag 1889, F.Schultz 1913, nhd. v. K.Simrock 1872, H.A.Junghans 1877; Facetus, 1496; Cato u. Varia Carmina, 1498; Moretus, 1499; Der Heiligen Leben, 1502; Der neue Laienspiegel, 1512. - J.Springer, B.s Bildnisse, 1906 - VerfLex I, 276ff - R.Newald, Elsäss. Charakterköpfe aus d. Zeitalter d. Humanismus, 1944 - NDB II, 534ff. *G.Bebermeyer*

Brasilien, das viertgrößte Land der Erde, ist der größte der südamerikanischen Staaten mit 55 Mill. Einwohnern und einer Gesamtfläche von 8,5 Mill. qkm. Das Land hat sich als Schmelztiegel aller Rassen erwiesen; Europäer, Asiaten, Afrikaner gelten neben den einheimischen Indianern und Mestizen als Brasilianer (brasileiros). - Nach der Entdeckung des Landes durch Cabral 1500 wurde dieses Portugal zugesprochen und blieb bis 1822 portugiesische Kolonie. Von da ab bis 1889 war es selbständiges Kaiserreich. Seit 1891 ist B. Republik, bestehend aus 20 weithin autonomen Staaten, 5 Bundesterritorien und 1 Bundesdistrikt. Die 1889 eingeführte Trennung von Staat und Kirche wurde 1934 aufgehoben, jedoch 1946 wieder eingeführt. Sofort nach der Entdeckung 1500 begannen kath. Orden mit der Missionierung, vor allem die Franziskaner. Am erfolgreichsten waren die Jesuiten, die feste Ansiedlungen, sog. Reduktionen, gründeten, vor allem im Staat Paraná. 1759 wurden sie aus allen portugiesischen Kolonien, also auch aus B. verjagt; seitdem zerfielen diese Siedlungen. Der Katholizismus ist heute die Religion von 95% der Bevölkerung. Dem Verfall des Glaubens in einen veräußerlichten, oft halb heidnischen Kult und in völlige Indifferenz suchten ausländische Ordensangehörige entgegenzuwirken. Die kath. Kirche ist in 17 Kirchenprovinzen, 53 Bistümer und 15 apostolische Prälaturen und Präfekturen gegliedert. Die ältesten Erzbistümer sind: Bahia (1676), San Sebastiano (1893), Porto Alegre und Olinda-Recife (1910). Infolge des mangelnden Priesternachwuchses ist die kirchliche Betreuung völlig unzureichend: 1947 bestanden 3038 Pfarreien mit 5383 Priestern und 20 800 Ordensleuten. Nicht zuletzt ist auch hierin die Ursache für die verhältnismäßig großen Erfolge protestantischer Denominationen zu suchen.

Mit der großen Einwanderungswelle des 19.Jh.s kamen neben Portugiesen, Italienern, Franzosen und Spaniern vor allem auch Deutsche nach B. Diese siedelten besonders in den Südstaaten (Rio Grande do Sul, Santa Catarina, Rio de Janeiro). Die kirchliche Betreuung war zunächst sehr mangelhaft, doch bemühten sich ab 1860 missionarisch interessierte Kreise um diese Siedler. 1861 sandte die Basler Mission, ab 1881 auch Barmen Prediger aus. Ein »Deutscher Verein zur Pastoration in B.« entstand. Ab 1870 begann die Altpreußische Union mit finanzieller Unterstützung der deutschen Glaubensbrüder in Südamerika. 1886 wurde die Rio Grandenser Synode gegründet, 1905 die Luth. Kirche in B., 1911 die Ev. Synode von Santa Catarina und Paraná und 1912 die Mittelbrasilianische Synode. Diese unterhielten enge Beziehungen zur alten Heimat und pflegten deutsche Sprache und Kultur. Durch den 2. Weltkrieg wurden diese Kirchen gezwungen, in Kirche und Schule die portugiesische Sprache zu benutzen und für eigenen Pfarrernachwuchs zu sorgen. 1950 schlossen sich diese vier Synoden zum Bund Luth. Synoden in B. (Federaçao Sinodal) zusammen. Seit 1954 heißt dieser Bund Ev. Kirche luth. Bekenntnisses in B.; er gehört dem → Lutherischen Weltbund und dem Ökumenischen Rat der Kirchen an. Die Kirche hatte 1952 472 000 Glieder in 820 Gemeinden mit 172 Pastoren. In São Leopoldo befindet sich ein theologisches Proseminar (1951 mit 145 Studenten), eine 1946 gegründete Theologische Schule (1951 mit 18 Studenten), das Diakonissenmutterhaus (gegr. 1939) und ein Lehrerseminar. Nach dem Rückschlag im 2. Weltkrieg besteht heute wieder eine blühende Schularbeit mit 255 ev. Schulen, 9 prot. Gymnasien und 3 Handelsschulen (vgl. → Auslandsgemeinden: I).

Neben den deutschstämmigen Lutheranern gibt es eine ausgedehnte Missionsarbeit von englischen und amerikanischen Kirchen und Sekten sowohl unter den Angehörigen der kath. Kirche wie den noch heidnischen Indianern. Die in der Verfassung verankerte Religionsfreiheit und die tolerante Haltung der Regierung zusammen mit dem starken Einwanderungsstrom ermöglichten dem nichtluth. Protestantismus in B. größere Erfolge als in anderen südamerikanischen Ländern. Alle bedeutenderen anglo-amerikanischen Denominationen, aber auch viele Sekten, vor allem die Pfingstbewegung und die Adventisten, brachten es in B. zu Kirchengründungen. Nicht weniger als 14 amerikanische, 4 kontinentale und 3 englische Missionsgesellschaften sind in B. am Werk. So ist die evangelische Bewegung in B. die am raschesten wachsende in der ganzen Welt. Während der Gesamtzuwachs an Evangelischen in Südamerika von 1911-38 88% betrug, lag die Zuwachsrate in B. bei 624%. Unter vielen dieser Gruppen besteht eine Zusammenarbeit. Als Ergebnis der Panama-Konferenz von 1916 wurde auch in B. ein Ausschuß für Zusammenarbeit gebildet, der sich zusammen mit der 1911 gegründeten Sonntagsschulvereinigung 1934 zum Ev. Bund Brasiliens (Confederaçao Evangélica do Brasil) zusammenschloß. Dieser Bund ist seit 1935 auch Mitglied im Internationalen Missionsrat.

Infolge der russischen Revolution kamen auch mehrere tausend russisch-orthodoxe Christen nach Lateinamerika. 1934 wurde zu ihrer Betreuung ein Bischof in São Leopoldo ernannt.

Eine zuverlässige Religionsstatistik ist angesichts der unübersichtlichen Verhältnisse des Landes kaum möglich (vgl. dazu WChH und Statesman's Yearbook, 1955):

Katholiken	ca 43 000 000
Protestanten	ca 1 700 000
Buddhisten	ca 152 000
Juden	ca 70 000
Orthodoxe	ca 42 000

Die Protestanten gliedern sich wie folgt:

Ev. Kirche luth. Bekenntnisses	505 000
Pfingstbewegung	220 000
Baptistenkonvent	125 000
Presbyterianische Kirche	123 000
Methodistenkirche	78 000
Missouri-Synode	65 000
Adventisten	65 000
Unabhängige Presbyterianer	48 000
Kongregationalisten	38 000

Der Rest verteilt sich auf zahllose kleinere Splittergruppen.

RGG² I, 1225ff - E.Braga-K.G.Grubb, The Republic of B., a survey of the religious situation, London 1932 - H.Friedrich, Das Recht d. dt. ev. Kirchengemeinschaften in B. (Diss. Erlangen), 1933 (Lit.) - The Evangelical Handbook of Latin America, New York 1937 - Latourette V, 1943; VII, 1945 (passim) - J.P.Howard, Libertad religiosa en la América latina, 1945 - Ders., La otra conquista de América, 1951, 62ff - LChW - F.Wehner, Ibero-Amerika 1952 - WChH (passim) - Die Lage der Protestanten in kath. Ländern, Zürich 1953, 140ff - The Statesman's Yearbook, 1955 - EKL I, 564ff.

M.Guitierrez-Marin (H.-H.Schrey)

Bratsiotis, *Panagiotis,* neugriech. Theologe, * 1889 in Athen, Studium in Athen, Leipzig und Jena, seit 1925 Prof. für AT an der Universität → Athen, 1955 Mitglied der Akademie von Athen und der flämischen Akademie Brüssel, Mitglied des Zentralkomitees des Ökumenischen Rates.

Vf. u.a. (griech.): Die Wallfahrtslieder des Psalters, 1929; EinlAT, (1937) 1955²; Offbg Joh, 1949; Jesaja, 1956; versch. Arbeiten über die »dialekt. Theologie« (bes. E.Brunner); versch. Aufsätze in dt. Sprache. - Bibliogr.: D.Balanos, Gesch. der theol. Fakultät (Athen), 1937, 54. *G.Möckel*

Braun, 1. *Johann Wilhelm Josef,* kath. Theologe (5.4. 1801 bis 30.9.1863), * in Gronau, † in Bonn, nach Studien der Philosophie, Philologie und Theologie in Düren, Köln und Bonn seit 1827 Dozent für NT und KG, seit 1833 o. Prof. in Bonn. Vergeblich um Aufhebung der Entscheidung Gregors XVI. gegen → Hermes bemüht, lehnt er die von ihm geforderte Form der Unterwerfung ab, wird 1843 kirchlich gemaßregelt und staatlich entpflichtet. B. ist kunstgeschichtlich und politisch (u.a. im Frankfurter Parlament) tätig, ohne parteipolitische Bindungen einzugehen.

Vf. u.a.: Von den Pflichten des Geistlichen, 1831; Die Lehren des sog. Hermesianismus über das Verhältnis von Vernunft u. Offenbarung, 1835; (mit P.J.Elvenich) Acta Romana, 1838 (über s. vergebl. Romreise); Meletemata theologica, 1838, dt. 1839; Bibl. regularum fidei, 2 Bde, 1844 (unvollendet); Deutschland u. die dt. Nationalversammlung, (1849) 1850²; Raffaels Disputa, 1859; Das Minoritenkloster u. das neue Museum zu Köln, 1852. - Über B.: H.Schrörs, Ein vergessener Führer aus der rhein. Geistesgesch. des 19 Jhs.: J.W.J.B., 1925 - Brück-Kissling, Gesch. d. kath. Kirche in Deutschland II, 426ff - NDB II, 582f. *K.G.Steck*

2. *(Braunius), Johannes* (1628-1708), ref. Theol., * Kaiserslautern, studierte in Leiden unter → Coccejus, war Hilfsprediger in wallonischen Gemeinden in Zeeland, Pfarrer in Delft und Nijmegen, 1665 Prof. an der dortigen Hochschule, 1680 in Groningen. Als gelehrter Hebraist und Dogmatiker setzte er die Föderaltheologie von Coccejus fort, wurde deswegen von seinem ambitiösen Groninger Kollegen Joh. à Marck der Heterodoxie beschuldigt, namentlich anläßlich seiner Sabbatsauffassung, die einen großen Zwist hervorrief.

La véritable religion des Hollandois, par Jean Brun, 1675 (Apologie der Toleranz); Vestitus Sacerdotum Hebraeorum, (1680) 1701²; De doctrina foederum sive systema theologiae didacticae et elencticae, 1688 (holl. übers.: Leer der Verbonden, 1723); Selecta sacra, libri V, 1705. - Über B.: Chr.Sepp, Het godgel. onderswijs in Ned. II, 1874, 318ff - W.J.A.Jonckbloet, Gedenkboek der hoogeschool te Groningen, 1864, 89ff - W.B.S.Boeles, Lebensschets, ebd 47f - A.Eekhof, Ned. Archief v. Kerkgesch., 1927, 65f - BWGN I, 588ff.

W.F.Dankbaar

3. *Joseph,* SJ (1857-1947), * Wipperfürth, † München, Archäologe. Verschiedene Reisen durch Frankreich, Spanien, Italien, England und Dänemark dienten u.a. dem Studium des Kirchenbaues. Anfangs als Mitarbeiter der »Stimmen aus Maria Laach« in Luxemburg wurde B. 1913 Professor für christliche Kunst, Archäologie und Liturgik am Ignatiuskolleg in Valkenburg (Holland), später in Frankfurt/M. und Pullach. Seine umfangreichen Handbücher bieten reiches Material besonders zur christlichen Archäologie und Paramentik.

Vf. u.a.: Der christl. Altar in seiner geschichtl. Entwicklung, 2 Bde, 1924; Liturg. Handlexikon, (1922) 1924²; Tracht u. Attribute der Heiligen in der dt. Kunst, 1943. - Über B.: M.Scatudo-E.Lamelle, P.J.B. (Arch. hist. SJ 16, 1947, 225f) - NDB II, 553 (Lit.).

H.Urner

Braunfels (Brunfels), *Otto* (1488-1534), * Mainz, wohl seit 1510 Karthäusermönch (1514 in Straßburg), wendet sich unter dem Einfluß des Humanismus der Reformation zu, ev. Prediger in Steinau a.d.Str. 1521/22, in Neuenburg am Rhein 1522/24, seit 1.4.1524 Schulmeister in Straßburg. Den → Bauernkrieg hat B. grundsätzlich abgelehnt, die Bewegung aber durch seine Agitation praktisch gefördert. In Straßburg begünstigt B. die → Täufer; als Hg. der Predigten von Joh. → Hus tritt er bei Luther für → Karlstadt ein. Als sich die Täuferbekämpfung in Straßburg verschärft, nimmt er 1533 einen Ruf als Stadtarzt von Bern an, wo er stirbt. B. steht als kirchlicher, pädagogischer und politischer Publizist, als Exeget, Botaniker und Mediziner in dem Spannungsfeld zwischen Luther, Erasmus und Zwingli.

Bibliogr.: F.W.E.Roth, Jb. f. Gesch., Sprache u. Lit. Elsaß-Lothringens 16, 1900, 257-288. - E.Sanwald, O.B. (Diss. München), 1932 (Teildruck) - Contrafayt Kreuterbuch, 3 Bde, 1532-1537 (hg.v. W. Rytz, Bern 1936) - H.Röttinger, Hans Weiditz, der Straßburger Holzschnittzeichner (Elsaß-Lothr. Jb. 16, 1937, 75-125; Lit.) - NDB II, 677f. *W.Maurer*

Braunsberg, (bis 1945) staatliche Akademie im → Ermland (Ostpreußen). Entsprechend den Bestimmungen des Konzils von Trient, wo er mit dem Jesuitengeneral → Laynez über die Errichtung eines Kollegs verhandelte, und als Gegengewicht gegen die Universität → Königsberg begründete der ermländische Bischof Kardinal → Hosius die theologischen Studien im Ermland. Er berief ein Jesuitenkolleg, das dann zur Ordensprovinz Litauen gehörte, und richtete ein Priesterseminar (1565, endgültige Gründungsurkunde 1568) für 24 Alumnen ein, deren Lehrer die → Jesuiten waren. Mit diesem wurde auf Anregung → Possevinos 1579 ein päpstliches Seminar für die nordische Mission für 50 Studenten verbunden. Obschon Hosius seine Gründung als »Akademie« bezeichnet hatte und die volle Akademie-Qualität auch später erstrebt wurde, war der Unterricht zunächst auf die praktischen Zwecke der Seelsorge und Mission abgestellt, indem auf die »humaniora« die »lectiones superiores« mit Kasuistik und Kontroverse folgten. Ein philosophischer Kurs wurde 1592 eingerichtet, doch wurden die theologischen und philosophischen Studien erst auf festen Grund gestellt, als auf Drängen des Bischofs Szyszkowski 1641 die Scholastiker der Jesuitenuniversität Wilna nach B. berufen wurden. Von dort wurde 1642 die gesamte Studienordnung übernommen, wie auch sonst die Abhängigkeit sehr weit ging. Von Wilna kam die Mehrzahl der Lehrer nach B., zumeist Polen, während auch deutsche Jesuiten dort lehrten und ermländische Theologen ihr Studium vor 1641 dort abschlossen. Der Unterricht hielt sich in B., das jetzt zu den »seminaria magna« der SJ gehörte, auf der durchschnittlichen Höhe der Jesuitenhochschulen und der im Orden vertretenen Theologie und Philosophie. Seine Anziehungskraft war beträchtlich, auch auf protestantische Laienkreise des Herzogtums Preußen. War durch diese Entwicklung die zehnjährige Krise, die mit der Besetzung des Landes durch die Schweden 1626 eintrat, überwunden und hatten die folgenden Kriege keine ernsteren Wirkungen, so brachte die Erwerbung des Ermlandes durch Friedrich den Großen 1772 (→ Ostpreußen) und die Aufhebung des Jesuitenordens 1773 eine neue Lage. Der König ließ die bisherigen Jesuiten als Weltgeistliche weiter wirken, das Seminar wurde in ein »akademisches Gymnasium« umgewandelt. 1805 hatte es 3 Professoren und 34 Studierende, davon 16 Theologen, 1808: 55 Studenten. Trotz gelegentlicher Reformpläne (1780) verfiel die Anstalt, auch infolge ihrer unzulänglichen Lehrkräfte, schnell, und während die preußischen Reformer nach 1807 das Bildungswesen auf neue Grundlagen stellten, wurde B. 1811 zum humanistischen Gymnasium gemacht.

Dem ermländischen Bischof Joseph Prinz von Hohenzollern-Hechingen (1808-36) gelang die Neugründung. Während das Kultusministerium zunächst die Errichtung einer kath.-theol. Fakultät an der Universität → Königsberg bevorzugte oder Breslau als ausreichend auch für die Ermländer ansah, unterstützten schließlich der protestantische Ostpreuße → Nikolovius, der Leiter erst der Unterrichts-, dann der geistlichen Abteilung im Ministerium, und der dieser Abteilung angehörige kath. Westfale Heinrich Schmedding (1774-1846), die beide dem Münsteraner Kreis um → Fürstenberg nahestanden, seine Pläne. 1817 als philosophische und theologische Lehranstalt für Westpreußen und Ermland beschlossen, 1818 offiziell begründet, begann das »Lyceum Hosianum« 1821 seine volle Tätigkeit mit einer philosophischen und einer theologischen Fakultät, den akademischen Institutionen von Rektor und Senat, dem Oberpräsidenten von Ostpreußen als Kurator. 1843 wurde ein endgültiges Statut erteilt, 1912 der Name in den einer »Akademie« geändert.

Hosius hatte den Aufbau des Priesterseminars vor allem mit westdeutschen Jesuiten begonnen. Joseph von Hohenzollern holte die ersten Professoren aus den west- und süddeutschen Kreisen, denen er geistig nahestand: um Fürstenberg, → Gallitzin, → Overberg und Friedrich Leopold Graf → Stolberg in Münster sowie um → Sailer in Bayern. Daher herrschten unter den Professoren zunächst die Westfalen vor. Unter diesen war Johann Heinrich Schmülling (1821-27 in B., † 1851), ein Schüler Overbergs und Vertreter eines christlichen Humanismus, der beste Helfer des Bischofs, unter denen als Laie der B.er Großkaufmann Johann Oestreich sich unentbehrlich machte. Unter den übrigen Westfalen verdient Johann Heinrich → Achterfeld (in B. bis 1826) genannt zu werden, der in den Streit um Georg → Hermes hineingezogen wurde, unter den Schlesiern der Philosoph und Historiker Maria Gideon Gerlach (1821 bis zu seinem Tode 1845); aus Posen stammte der Mathematiker und Astronom Laurentius Feldt. Aus Bayern kam einer der bedeutendsten Lehrer, der Pastoraltheologe und Kanonist Joseph Scheill (seit 1824, † 1834); er gehörte zum engeren Kreise Sailers und erwies sich durch sein Eingreifen in die bayrische Konkordatsfrage als entschiedener Gegner des Staatskirchentums und Vertreter der neuen »ultramontanen« Kirchenrechtsschule. Aus Berlin stammte der Professor der alten Sprachen Carl Biester (seit 1846, † 1853), der Sohn des Bibliothekars Johann Erich → Biester, der als Publizist im Berliner Geistesleben eine Rolle spielte; der Sohn gehörte in Wien dem Kreis um Friedrich → Schlegel an, stand Joseph von Hammer und Theodor Körner nahe und konvertierte. Unter den Ermländern seien Anton Eichhorn (1838-52 in B.), der Begründer der ermländischen Geschichtsschreibung, und Andreas Thiel, Kirchenhistoriker und -rechtler, später Bischof von Ermland, genannt, als Historiker schließlich Carl Cornelius, Mitglied der Frankfurter Nationalversammlung und seit 1870 Altkatholik, und Johann Matthias Watterich (1856-63 in B.). Der Kirchenhistoriker Hugo → Koch (seit 1904 in B.) hatte einen Konflikt mit der Kirche. Seit 1936 lehrte der Kirchenhistoriker und Politiker Georg Schreiber in B.

Die Theologische Fakultät hatte vor 1939 fünf Ordinariate (Dogmatik und Apologetik, Moraltheologie, at. und nt. Exegese, KG und Kirchenrecht), die Philosophische 4 (Philosophie und Pädagogik, Klassische Altertumswissenschaft, Geschichte und neuere deutsche Literatur, Biologie); ferner gab es Extraordinariate, Dozenturen und Lehraufträge. Studentenzahlen 1924: 30, 1932/33: 91, davon 47 Theologen, 1935/36: 100. Infolge der Kriegsverhältnisse 1944 nach Breslau verlegt, ging die Akademie 1945 mit Ostpreußen verloren.

J. Bender, Gesch. der philosophischen u. theologischen Studien in Ermland, 1868 - G. Lühr, Die Matrikel des Päpstlichen Seminars in B. 1578-1798 (Mon. hist. Warm. 11), 2 Bde, 1925/26 - Ph. Funk, Beiträge zur Biographie Josephs von Hohenzollern, 1927 (Lit.) - E. Brachvogel, Das Priesterseminar in B., 1932. *E. Maschke*

Braunschweig

1. Name und Bereich - 2. Mittelalter - 3. Reformation - 4. Bekenntnisbildung - 5. Calixtinismus - 6. Aufklärung - 7. Verfassungsneubau - 8. Kirchenkampf - 9. Statistik

1. Die heutige braunschw. ev. luth. Landeskirche umfaßt im wesentlichen den Bereich des ehemaligen Fürstentums B.-Wolfenbüttel, das aus einem Teil der Allodialgüter Heinrichs des Löwen gebildet war. Bei der Erbteilung von 1267 blieb die von Heinrich dem Löwen stark geförderte Stadt B. im Gemeinbesitz der welfischen Linien. Dieser Zustand und damit ihre Sondergeschichte währte bis 1617. Die Erbteilung von 1495 schuf ein bleibendes »Fürstentum B.-Lüneburg Wolfenbüttelschen Teils«, zu dem im Laufe des 16. Jh.s Teile des Stiftes Hildesheim, das welfische Fürstentum Calenberg-Göttingen, die Grafschaft Blankenburg u.a. fielen. Nach 1635 blieb davon nur Blankenburg bei Wolfenbüttel. Das Land war in drei größere Exklaven zertrennt. Erst durch den Tausch (auch kirchlich) des Kreises Holzminden gegen den hannoverschen Kreis Goslar 1942 wurde das Gebiet geschlossener. 1946 ging das Land B. in Niedersachsen auf, während die Landeskirche ihre Selbständigkeit und den Gebietsstand von 1942 behielt.

2. Das östliche Sachsen wurde durch die Schwertmission → Karls d.Gr. für den christlichen Glauben geöffnet. Vor Bildung der Diözesen trugen fränkische Bistümer und Reichsabteien wie Corvey und Werden/Ruhr (Gründung des Klosters St. Ludgeri in Helmstedt) die Missionsarbeit. 852 wurde die Reichsabtei Brunshausen/ Gandersheim gestiftet, wo um 970 die Nonne → Hroswitha lebte. In der Zeit von 800-830 wurden in diesem Gebiet die Bistümer Hildesheim, Halberstadt, Minden und Paderborn gegründet; Mainz behielt sein Missionsgebiet (Göttingen-Einbeck). Heinrich der Löwe machte B. zum Stützpunkt seiner Kolonisations- und Missionsarbeit unter den Slawen. Seit seinem Sturze 1166 sind kirchenherrliche Bestrebungen für die welfischen Herzöge nicht mehr charakteristisch. Der Klosterreform im 15.Jh. waren sie zugetan (Joh.Busch). Eingriffe in die geistliche Gerichtsbarkeit zum Schutze der Untertanen sind erst von Herzog Heinrich d.Ä. bekannt, der im Jahre 1500 die Anrufung der geistlichen Gerichte im Bistum Halberstadt verbot. Anders die Stadt B., die als Mitglied des Hansebundes im 15.Jh. zu fast reichsstädtischer Freiheit gelangt war. Seit 1394 war sie mit päpstlichem Privileg von der Jurisdiktion des Hildesheimer und des Halberstädter Bischofs befreit und einem städtischen Offizial unterstellt.

3. Auf Drängen der Bürgerschaft ließ der Rat der Stadt B. durch Joh. → Bugenhagen im Jahre 1528 einem Verbot Herzog Heinrichs d.J. zum Trotz ein evangelisches Kirchenwesen einrichten (KO 1528). B. wurde kirchlicher Mittelpunkt in Niedersachsen und sah angesehene Theologen als Stadtsuperintendenten (Joachim → Mörlin, Martin → Chemnitz, Polykarp → Leyser, Jakob → Weller). Herzog Heinrich d.J. unterdrückte alle reformatorischen Regungen im Lande und veranlaßte Luther zu der Schrift »Wider Hans Worst«, konnte jedoch die gewaltsame Besetzung und Reformation des Fürstentums 1542 durch den Schmalkaldischen Bund nicht verhindern (KO 1543). Nach dessen Niederlage bei Mühlberg kehrte er 1547 in sein Land zurück. Seine Rekatholisierungsmaßnahmen gingen bald über die kaiserliche Interimspolitik hinaus. Erst sein Sohn Herzog Julius führte mit Hilfe von Martin Chemnitz und Jakob Andreä 1568/69 die Reformation ein. Die neue Kirchenordnung von 1569 stützte sich in ihrem liturgischen Teil auf die lüneburgische von 1564, in ihrem rechtlichen auf die württembergische von 1559.

4. Auf Chemnitz' Rat hin ließ der Herzog ein Corpus doctrinae zusammenstellen, das außer den lutherischen → Bekenntnisschriften die Formulae quaedam ... caute loquendi des Urbanus → Rhegius und zwei Berichte von Chemnitz über die jüngere theologische Diskussion enthielt, in denen dieser die Ubiquitätslehre nicht verwandte. Auch das Konkordienwerk ließ Julius durch Chemnitz und Andreä vorantreiben. Als jedoch die Hoffnung schwand, daß die Konkordie eine wirklich umfassende Friedensformel auf evangelischer Seite bringen würde, trat er 1577 ganz vom Konkordienwerk zurück, zumal die Formel die Ubiquität lehrte. Hierdurch geriet B.-Wolfenbüttel innerhalb des Luthertums in eine isolierte Stellung, die der Calixtinismus nutzte und B. schneller der Aufklärung zuführte. Die Stadt B. nahm sowohl die Formula concordiae wie deren Apologie an und bekannte sich zu ihr bis über den Verlust ihrer Unabhängigkeit (1671) hinaus.

5. Auch an der 1576 von Herzog Julius gegründeten Universität → Helmstedt gewann bald ein Luthertum humanistischer Prägung die Oberhand; Georg Calixt (1614-56 Professor in Helmstedt), suchte die konfessionellen Gegensätze auf wissenschaftlichem Wege auszugleichen. Zu praktischen Unionsversuchen lieh jedoch erst Herzog Anton Ulrich (1685-1714) die Hand. Er beteiligte sich an den Verhandlungen, die der kath. Bischof Spinola im Auftrage Kaiser Leopolds I. mit Leibniz und Molanus in Hannover führte. Die konfessionelle »Weitherzigkeit« ermöglichte es Anton Ulrich, 1704 die Konversion seiner Enkelin Elisabeth Christine zwecks Heirat mit dem spanischen Thronanwärter zu betreiben (sie wurde Maria Theresias Mutter) und 1710 wohl aus politischen Gründen selbst öffentlich zum Katholizismus überzutreten. 1704 erhielt die reformierte und 1708 die katholische Gemeinde in B. ein Toleranzpatent. Diese Haltung rief eine heftige konfessionelle Reaktion hervor, die sich in der verschärften Bekenntnisverpflichtung der neuen Kirchenordnung von 1709 äußerte. Der Calixtinismus brachte dem Aufklärungsjahrhundert in B. außer dem historischen Interesse die praktische Weite, das Zutrauen zur Wissenschaft und die Abneigung gegen die Leidenschaft, die sich in B. in der schroffen Ablehnung des Pietismus äußerte.

6. Herzog Karl I. (1735-80) bot dem überall verfolgten Freigeist und Wertheimschen Bibelübersetzer Joh. Lorenz → Schmidt eine Zuflucht. Durch Besserung der Predigersynoden suchte er die Geistlichen zu bilden, baute das Schulwesen aus (Joachim Heinrich → Campe 1746-1818), reorganisierte die Helmstedter Universität und gründete 1745, beraten von dem Abt Friedrich Wilhelm Jerusalem (1709-89), das Collegium Carolinum in B. (die heutige Technische Hochschule); die Anstalt sollte der Vorbereitung auf die Universität und der Ausbildung von Ingenieuren dienen. 1770 zog er → Lessing als seinen Hofbibliothekar an die herzogliche Bibliothek in Wolfenbüttel. Obwohl 1778 im Fragmentenstreit vom alten Herzog mit strenger Zensur belegt, wurde Lessing von Herzog Karl Wilhelm Ferdinand gedeckt, als das Corpus Evangelicorum gegen ihn vorgehen wollte. Die Aufklärung blieb in B. länger als im übrigen Deutschland populär und ließ die Erweckungsbewegung nirgends Fuß fassen.

7. Als am 4.5.1849 mit den Frankfurter Grundrechten des Deutschen Volkes auch die Religionslosigkeit des Staates in B. Gesetz geworden war, begann damit die Trennung von Staat und Kirche. Obwohl die Grundrechte schon 1851 wieder außer Kraft traten, wurde im gleichen Jahr doch ein Kirchenvorstandsgesetz und 1871 das Gesetz, die Errichtung einer Landessynode betreffend, verabschiedet. Das Konsistorium blieb Staatsbehörde. Der neugewählte Landeskirchentag nahm am 23.1.1922 die heute noch gültige Verfassung an: Der Landeskirchentag ist Träger der Kirchengewalt; er wählt die Kirchenregierung und die Glieder des Landeskirchenamtes. Der Landesbischof führt den Vorsitz in der Kirchenregierung und ist zugleich Leiter des Landeskirchenamtes. Dieses Amt bekleidete als erster der Balte D. Bernewitz. Die Kirchengemeinden verwalten ihre Angelegenheiten selbständig nach den Vorschriften der Kirchengemeindeordnung. Mit dem Pfarrerbesoldungsgesetz vom 2.11.1928, das das Pfründenwesen in B. beendete, fand der Verfassungsneubau seinen Abschluß.

8. Die Auseinandersetzungen zwischen Staat und Kirche waren in B. besonders schwierig. Nach dem Zusammenbruch 1918 hatte zunächst eine sozialistische Räterepublik bestanden. Die sozialdemokratische Regierung vertrat eine kirchenfeindliche Einstellung, schaffte den Bußtag ab und brachte im März 1922 (Minister Grotewohl) ein Gesetz gegen die religiöse Beeinflussung der Kinder in den Schulen heraus. Die verweigerten Staatszuschüsse zur Pfarrerbesoldung wurden erst nach jahrelangen Prozessen wieder geleistet. Die Zentralisation der kirchlichen Verwaltung war eine Folge dieser Auseinandersetzung. Schwer wirkten sich

die Ereignisse nach 1933 auf die kaum beruhigte Landeskirche aus. Ein aus den »Kirchenwahlen« vom 23.7.1933 hervorgegangener DC-Landesbischof ging mit Amtsentsetzungen gegen den kleinen, aber äußerst aktiven → Pfarrernotbund vor. Bereits Anfang 1934 griff der Reichsbischof ein und bestimmte den verständigungsbereiten Dr. Johnsen zum kommissarischen Kirchenführer, der bald darauf zum Landesbischof gewählt wurde. Während er sich von den Deutschen Christen allmählich abwandte, wurde seine Lage durch die Ende 1935 auch in B. gebildete Finanzabteilung erschwert. Diese wirkte nach ihrer Umbildung 1938 nicht nur als Gegenkirchenregiment, sondern fügte dem kirchlichen Grundbesitz vor allem in dem Bereich der neugegründeten Industriestadt Watenstedt-Salzgitter empfindliche Verluste zu. Als »intakte« Landeskirche sah sich B. nach 1945 durch seine Grenzlage, die Industrialisierung, die Eigenart des B. Kirchenkampfes und starke katholische Aktivität besonderen Problemen gegenüber.

9. Seit 1935 ist die heute 291 Pfarrstellen umfassende Landeskirche in 15 Propsteien gegliedert. Teile zweier Propsteien mit zusammen 18 Pfarrstellen liegen im sowjetisch besetzten Gebiet. Die Dienstaufsicht erfolgt jedoch von Wolfenbüttel aus. In den dortigen Gemeinden befanden sich 1946 35 161 Evangelische, 5275 römische Katholiken, 2437 Gemeinschaftslose u.a. In dem übrigen Gebiet der Landeskirche wohnten 1954 (Schätzung des Kirchenstatistischen Amtes der EKD) insgesamt 851 600 Einwohner. Davon entfielen 624 200 auf die ev.-luth. Landeskirche, 7700 waren reformiert, 8300 gehörten einer ev. Freikirche an und 144 000 waren röm.-kath. Ihnen stehen 65 500 Freireligiöse und Freidenker sowie 1900 Angehörige sonstiger Kirchen und Religionen gegenüber.

J. Rethmeyer, Der berühmten Stadt B. Kirchenhistorie, Th. 1-3, 1707-15 - W. Havemann, Gesch. der Lande B. u. Lüneburg, Bd 1-3, 1833-57 - H. Dürre, Gesch. der Stadt B. im MA, 1861 - O.v. Heinemann, Gesch. von B. u. Hannover, Bd 1-3, 1882-92 - L. Hänselmann, Bugenhagens Kirchenordnung für die Stadt B. nach dem niederdeutschen Druck von 1528, 1885 - J. Beste, Gesch. der B.er Landeskirche von der Reformation bis auf unsere Tage, 1889 - C.v. Schmidt-Phiseldeck, Das ev. Kirchenrecht des Herzogtums B., 1894 - V. Loewe, Bibliogr. der hannoverschen u. braunschw. Gesch., 1908 (fortgesetzt bis 1932 v. F. Busch) - E. Rolffs, Ev. Kirchenkunde Niedersachsens, (1917) 1938² - L. Hüttebräuker, Das Erbe Heinrichs des Löwen. Die territorialen Grundlagen des Herzogtums B. u. Lüneburg von 1235 (Stud. u. Vorarb. zum historischen Atlas Niedersachsens 9), 1927 - J. Meyer, KG Niedersachsens, 1939 - H.W. Krumwiede, Gliederung der ev. Kirche in Niedersachsen, (Neues Archiv für Niedersachsen 1953, 38-49) - Sehling VI, 1, 1955, 3ff - A. Brennecke-A. Brauch, Die calenbergischen Klöster unter Wolfenbütteler Herrschaft 1584-1634 (Gesch. des Hannoverschen Klosterfonds T. 2), 1956 - H. Reller, Vorreformatorische u. reformatorische Kirchenverfassung im Fürstentum B.-Wolfenbüttel (Diss. theol. Göttingen), 1956 (= Studien zur KG Niedersachsens 10).

H. Reller

Brautmesse → Messe: II, → Trauung.

Brautmystik → Kirchenlied: I, → Hohes Lied: II, → Mystik: VI. VII.

Breckling, *Friedrich* (1629-1711), * Handewitt (Hanved) bei Flensburg, † im Haag. Schon im väterlichen Pfarrhaus im Sinne J. → Arnds unterwiesen, wurde B. nach Studium in Rostock, Königsberg, Helmstedt, Wittenberg, Leipzig, Jena und Gießen 1654 in Hamburg durch Betkes »Antichristentum« endgültig für den Spiritualismus gewonnen. 1656-60 in schleswigischen Pfarrämtern, wanderte er nach einem Streit mit dem Flensburger Konsistorium nach Amsterdam aus, war 1660-68 Pfarrer in Zwolle, dort abgesetzt, lebte er kümmerlich 1672-90 in Amsterdam, 1690-1711 im Haag. Von J.G. → Gichtel und → Spener bewundert, mit dem hallischen Waisenhause in enger brieflicher Verbindung, wurde er der ökumenische Korrespondent des frühen → Pietismus und Mitarbeiter an G. → Arnolds Unparteiischer Kirchen- und Ketzerhistorie.

Reiche Traktatliteratur, u.a.: Speculum seu Lapis Lydius pastorum, 1660; Tribunal conscientiae, o.O. u. o.J.; Vox de coelo, 1660; dasselbe T. II als: Mysterium magnum, 1662; Mysterium iniquitatis, 1662; Regina Pecunia, Mundi Politica, et Antichristi Theologia, 1663; Synagoga Satanae, 1666 (alle deutsch, mit lat. Titel). - B.s handschriftl. Nachlaß zT im Archiv Gotha, zT im Francke-Archiv Halle, zT in der Staatsbibl. Hamburg. E.S. Cyprian druckte mehrere Autographa B.s in Historiae Ecclesiasticae in compendium redactae lib. III, 1735², 262ff. - J. Moller, Cimbria literata III, 1744, 72f - L.J. Moltesen, F.B. Et Bidrag til Pietismens udviklingshistorie, København 1893 - J.D. Nieuwenhuis, Geschiedenis der Amsterdamsche Luth. Gemeente, Amsterdam 1856, 94f (archivalische Mitteilung über Entlassungsgründe in Zwolle) - E. Eylenstein, Ludw. Friedr. Gifftheil u. der myst. Spiritualismus des 17. Jh.s (ZKG 41, 1922, 50-52) - Th. Wotschke, B.s niederrhein. Freundeskreis (Monatshefte f. rhein. KG 21, 1927, 3-21) - Ders., Der märkische Freundeskreis B.s (JBrKG 23, 1928, 134-203; 24, 1929, 168-177) 25, 1930, 193-226 - Ders., Weseler Briefe an F.B. (Monatsh. f. rhein. KG 27, 1933, 178-185) - E. Feddersen, KG. Schleswig-Holsteins, 1938, 340ff - NDB II, 566.

M. Schmidt

Bredt, *Johann Viktor* (1879-1940), Jurist (besonders Kirchenrechtler) und Politiker, * in Barmen, 1910 Prof. in Marburg, jahrelang Mitglied des Preußischen Abgeordnetenhauses und später des Reichstages, 1930 Reichsminister der Justiz im Kabinett Brüning (im selben Jahre zurückgetreten), † in Marburg. B. ist vor allem durch sein »Neues ev. Kirchenrecht für Preußen« (1921 bis 1927) hervorgetreten: Er bietet auf überwiegend genossenschaftsrechtlicher Grundlage, innerhalb deren er besonders die ref. Traditionen verarbeitet, eine wesentlich positivistische Darstellung.

Vf. außerdem u.a.: Die Trennung von Kirche und Staat, 1919; Der Geist der dt. Reichsverfassung, 1924; Die Verfassung der ref. Kirche in Cleve-Jülich-Berg-Mark, 1938.

O. Weber

Breithaupt, *Joachim Justus* (1658-1732), * Northeim bei Göttingen, † Kloster Bergen bei Magdeburg, in Frankfurt von Spener für den Pietismus gewonnen, Konrektor in Wolfenbüttel, Privatdozent und Prof. in Kiel (Einfluß Kortholts), 1685 Konsistorialrat und Hofprediger in Meiningen, 1687 Pfarrer (Senior) und Prof. in Erfurt, dort wegen seiner pietistischen Haltung, insbesondere wegen seines Eintretens für A.H. Francke scharf angefeindet. 1691 erster und bis 1694 einziger Prof. der Theol. in Halle, 1705 zugleich General-Sup. des Herzogtums Magdeburg, 1709 Abt der Erziehungsanstalt Kloster Bergen. Dank seiner einflußreichen Ämter konnte er den hallischen Pietismus in Brandenburg entscheidend fördern. Daneben ist seine akademische und literarische Tätigkeit von geringerer Bedeutung; ohne Originalität sucht sie im orthodoxen Rahmen die Theologie biblisch und erbaulich (anknüpfend an J. → Arnd) zu gestalten.

Institutiones theologicae, (1694) 1723-32²; Theses credendorum et agendorum fundamentales, (1700) 1722⁵; De haeresi e sensu scripturae sacrae, 1697 (gegen Thomasius). - Über B.: Selbstbiographie in Memoria Caplatoniana (v. Ch.P. Leporin), Magdeb. 1725, 35 bis 112 - G.A. Francke, Das gesegnete Gedächtnis des sel. Abtes B., 1736 - Nachrufe von dem Charakter u. der Amtsführung rechtschaffener Prediger u. Seelsorger V, 1777, 34ff - Hirsch II, 187ff - NDB II, 576.

M. Schmidt

Breitinger, 1. *Johann Jakob* (1575-1645), nach Zwingli und Bullinger der bedeutendste Vorsteher der Zürcher Kirche und wie diese von großem politischem Einfluß. Er studierte in Holland und Deutschland und wurde 1613 Pfarrer am Großmünster zu Zürich. 1618-19 vertrat er seine Kirche an der → Dordrechter Synode als

Anhänger der strengen ref. Orthodoxie. Seine Bedeutung lag indessen mehr im organisatorischen als im wissenschaftlichen Bereich. Er machte sich verdient um den Ausbau der Liturgie, um die Einbürgerung des Kirchengesangs und der Kinderlehre in den Zürcher Gottesdienst, außerhalb der Kirche bes. um das Schul- und Armenwesen. Als Politiker war er bestrebt, den Einfluß der Kirche auf das Staatsleben so weitgehend wie möglich zu erhalten. Er betrieb die Vorbereitungen zu einem Bündnis der ev. Orte mit Schweden (1633-34), das zum Heil der Schweiz jedoch nicht zustande kam.

B.s Synodalreden 1613-43, Dordrechter Akten u. Autobiogr. in: Miscellanea Tigurina, 3 Bde, 1722-24. - 1629 erschien seine Revision des NT der Zürcher Bibel. - Über B.: J.C.Mörikofer, J.J.B. u. Zürich, 1873 - ADB III, 294f - RE III, 372ff - F.Gallati, Eidgenöss. Politik zZ des 30jähr. Krieges (Jb. f. Schweiz. Gesch. 43, 1918, 1*-150*; 44, 1919, 1*-258*) - HBLS II, 346f - DHGE X, 1938, 503ff - L.Haas, Schwedens Politik gegenüber der Eidgenossenschaft während des 30jähr. Krieges (Schweiz. Beitr. z. Allg. Gesch. 9, 1951, 68-160) - Ders., Der schwed. Ministerresident Carl Marin, ein Parteifreund v. Antistes B. (Schweiz. Zs. f. Gesch. 3, 1953, 60-86) - NDB II, 577f.

H.R.Guggisberg

2. *Johann Jakob* (1701-76), Theologe, Philologe, Lehrer und Ästhetiker. * und † in Zürich. Prof. an der Zürcher Akademie (»Carolinum«): 1731 für Hebräisch, 1740 für Logik und Rhetorik, 1745 für Griechisch; damit Chorherr, dh Mitglied der wichtigsten akademischen und theologischen Behörden. B. ist bekannt geblieben als Mitstreiter J.J.Bodmers im Kampf um die deutsche Literatur gegen Gottsched (»Critische Dichtkunst«, 1740). In Zürich selbst hatte seine philologische und theologische Lehrtätigkeit nachhaltige Wirkung; im besonderen hat er die Zürcher Theologengeneration der Aufklärung hochgezogen (zB Lavater, Hess). Altreformierte Tradition, ethische Interpretation der Antike, Leibniz und Wolff führten ihn zu Befürwortung einer von dogmatischen Systemen freien Forschung. In der Bibel erkannte er den theokratischen Leitgedanken (Ansätze zur Volk-Gottes-Idee). Trotz seinem Rationalismus und Antipietismus hielt er am biblischen Wunderglauben fest und griff den Deismus von Marie Huber (»De principiis in examinanda et definienda religionis essentia«, 1741, franz. Übers. 1741) und von Rousseau an. B. setzte sich auch nachdrücklich für die praktische Ausbildung der Pfarrer ein und nahm maßgebend an der Zürcher Schulreform von 1765-75 teil. Er war Mitarbeiter an der Septuagintaausgabe von 1730-32 und leitete die Zürcher → Bibelübersetzung (: V, 3 a) von 1772.

P.Wernle, Der schweiz. Protestantismus im 18.Jh. I, 1923 - J. Bräker, Der erzieherische Gehalt in J.J.B.s »Critischer Dichtkunst«, 1950 (Lit.). *U. Im Hof*

Bremen

1. Nach der ersten ev. Predigt des Augustiners → Heinrich von Zütphen in St.Anschari 1522 setzte sich die Reformation in allen Gemeinden gegen den Widerstand von Erzbischof und Domkapitel schnell durch. Die Kirchenhoheit übernehmend, regelte der Rat 1534 durch eine Kirchenordnung das Kirchenwesen der 4 Altstadtgemeinden, gab auch Anweisungen über die Landgemeinden, den Armendienst der Diakonen, das Schulwesen, setzte einen Superintendenten ein und faßte später die Prediger der Stadtkirchen zu einem Ministerium zusammen. Im Schmalkaldischen Kriege zweimal sieghaft verteidigt, wurde B. hernach von religiösen Parteikämpfen erschüttert, wobei die bereits durch A.R. → Hardenberg vertretene, sich nunmehr behauptende melanchthonische Richtung des Luthertums unter Bürgermeister Daniel von Büren d.J. und dem Superintendenten Christoph → Pezel mit dem Gedankengut der Schweizer Reformatoren durchsetzt wurde, wie dies 1595 in dem Consensus Ministerii zum Ausdruck kommt. Durch den 1610 abgeschlossenen Ausbau der 1528 begründeten Lateinschule zum Gymnasium Illustre mit 4 Fakultäten wurde die geistige Verbindung zu der gelehrten Welt calvinischen Bekenntnisses gefunden. 1618 nahm man durch Beschicken der Synode zu Dordrecht offen Partei; indes kam es trotz enger Beziehungen zum bekenntnisverwandten Holland nicht zum Calvinismus schroffer Form. Seitdem ist in B., im bremischen Landgebiet und in den damaligen Außengebieten (Blumenthal, Bederkesa) der ref. Kirchentypus die Regel; nur der Dom (schwedische, später hannoversche Enklave) blieb mit wachsender, aus der luth. Umgegend B.s durch Zuzug genährter Personalgemeinde luth. Als er 1803 an die Stadt fiel, verursachte seine Eingliederung viele Kämpfe. In der äußeren Form wurde seine Gemeinde wie die der auf ihre Pfarrgrenzen beschränkten Stadtkirchen gestaltet, die nach eigenen, vom Senate bestätigten Gemeindeordnungen lebten, mit Bauherren an der Spitze und einem Konvent der beitragzahlenden Gemeindeglieder, der die Gemeindeorgane unter Einschluß der vom Senate zu berufenden Prediger wählte, während die oft sich selbst ergänzende Gemeindediakonie die Dienste christlicher Liebestätigkeit versah, bis 1878 auch in staatlichem Auftrag. Der Senat übte unter Achtung gemeindlicher Selbständigkeit ein mildes landesbischöfliches Regiment durch eine Kommission für kirchliche Angelegenheiten. Zu synodaler Ordnung ist es bei dem starken Gegeneinfluß des Bürgermeisters Johann Smidt nicht gekommen. Ebensowenig konnte sie von kirchlicher Seite durchgesetzt werden; eine 1876 mit vieler Mühe geschaffene »Bremische Kirchenvertretung« bröckelte bald wieder ab. Bestimmend blieben die Gemeinden, von denen jede in Kultus und Lehre ihren eignen Weg ging. Seitdem ref. Stadtgemeinden gegen das Übergewicht des Domes luth. Pfarrstellen eingerichtet hatten und neue Gemeinden in den Außenbezirken und den Hafenstädten von vornherein als »evangelische« begründet worden waren, spielten Bekenntnisunterschiede keine Rolle mehr, um so mehr aber solche der Lehrauffassung. So entstanden Personalgemeinden, die 1860 für die Stadt in einer Obrigkeitlichen Verordnung eine Rechtsgrundlage erhielten.

Diese Eigenart der bremischen Kirche hat sie oftmals zum theologischen Kampffeld werden lassen, so beim Übergang zum Calvinismus, so in den Anfängen des Pietismus und des Rationalismus, so im 19.Jh. bei dessen Ablösung durch die neue Bibelgläubigkeit und später beim Streite dieser »Positiven« mit den »liberalen« Vertretern der Bibelkritik und endlich um die letzte Jahrhundertwende bei den Auseinandersetzungen mit einem auf die Kanzeln gestiegenen Radikalismus. Von den Pietisten fußen Th. → Undereyck, der Kirchenliederdichter Joachim → Neander und der bedeutende Kirchenlehrer F.A. → Lampe auf der Theologie des aus B. stammenden Joh. → Coccejus; unter den Rationalisten ragen J.J. → Stolz, J.D. → Nicolai und J.H.B. → Dräsecke hervor, als Vater der »Erweckungsbewegung« G. → Menken, als ihr Hauptkämpfer F.L.Mallet, während die kritische Theologie 1867 mit der Wahl Schwalbs das Feld zu erobern begann. Schon Mitte des Jh.s war → Dulon ein Vorläufer des theologischen »Radikalismus«, der um 1900 mit → Kalthoff unter scharfen Kämpfen seine größte Wirkung in einem idealistischen religiösen Sozialismus erzielte. Die Zeit der Weltkriege hat die Gegensätze gemildert und nach dem zweiten mit neuer Hinwendung zum Offenbarungsglauben den Einfluß der liberalen Richtung gedämpft.

2. Mit der 1918/19 vollzogenen Trennung von Kirche und Staat wurde die Gründung einer aus eigenem Recht

bestehenden Bremer Kirche nötig. Auf Anregung einer sämtliche Geistliche umfassenden »Arbeitsgemeinschaft bremischer Pastoren« wurde der Entwurf zu einer Verfassung ausgearbeitet, die 1920 von den zum 1. Bremer Kirchentag berufenen Vertretern aller Gemeinden angenommen wurde. Danach ist die »Bremische Ev. Kirche« eine freie Volkskirche; die zu ihr gehörenden Gemeinden (damals 27, 1957 45), sind nach Glaubens-, Gewissens- und Lehrfreiheit, in Selbstverwaltung und Gemeindeordnung unbeschränkt. Sie wählen ihre Prediger; berufen werden diese aber von einem (1957) 12 Mitglieder zählenden Kirchenausschuß, der unter einem Laien-»Präsidenten« die Geschäfte führt, im Auftrage des auf 6 Jahre gewählten, das Haushaltsrecht und die Gesetzgebung übenden »Kirchentages«. 1922 beschloß dieser eine allgemeine Kirchensteuer, Fortsetzung eines unter Selbsteinschätzung 1921/22 erhobenen »Kirchenschosses«. Vorher hatte es nur Gemeindebeiträge gegeben, niemals aber Leistungen des Staates für die Kirche. Des eigenen Vermögens verlustig gegangenen Gemeinden ist die verselbständigte Kirche wirksame Stütze geworden, so besonders nach dem zweiten Weltkriege beim Wiederaufbau zerstörter kirchlicher Gebäude. Die Zeit des Nationalsozialismus hat ihren Charakter auf die Dauer nicht ändern können. 1945 wurden alle Einrichtungen wiederhergestellt, und die Bremer Kirche, die 1933 bereits der »Deutschen Ev. Kirche« angehört hatte, ist 1953 als Glied der → »Evangelischen Kirche in Deutschland« anerkannt worden, nachdem sie deren Grundordnung unter Geltendmachen der besonderen bremischen Verhältnisse zugestimmt hatte.

3. Das *Land* Bremen ist zum weitaus größten Teile ev. (1910 87%, 1925 85,7%). 1950 waren 84% der Bevölkerung ev., 8,9% röm.-kath., 5,7% Freireligiöse und Freidenker. Von den nach dem zweiten Weltkriege sehr rührigen Sekten sind u.a. vertreten: Ev.-luth. Freikirche, Baptisten, Methodisten, Neuapostolische Gemeinde, Christengemeinschaft, Adventisten, Heilsarmee, Mormonen, Christliche Wissenschaft. – B. ist Sitz der 1836 gegründeten → Norddeutschen Missionsgesellschaft; neben früher Vielfalt der Einrichtungen der Inneren Mission gibt es eine größere Anzahl von Anstalten werktätiger Liebe. – Die Katholiken erhielten erst 1816 das Recht der Gemeindebildung; seit 1929 gehören sie zum Bistum Osnabrück.

Über das *Erzbistum Hamburg-Bremen* → Hamburg: I.

W.v.Bippen, Gesch. der Stadt B., 3 Bde, 1892–1904 – RE III, 375f; XXIII, 255 – O.Veeck, Gesch. der ref. Kirche B.s, 1909 – F.Petri, Unser Lieben Frauen Diakonie, 1925 – F.Prüser, 800 Jahre St. Stephanikirche in B., 1940. – Bremisches Jahrbuch, 1862ff – Hospitium Ecclesiae. Forsch. zur brem. KG, 1954ff. *F.Prüser*

Brent, *Charles Henry* (1862–1929), amerik. Bischof, geweiht 1887, Missionar und 1901–08 Bischof der amerik. Protestant. Episkopalkirche auf den Philippinen, 1918 Bischof der Westlichen Diözese des Staates New York mit Sitz in Buffalo. Auf den Philippinen eiferte B. gegen den Opiumhandel und war Vorsitzender der Internationalen Kommission gegen Opium. Schon früh wirkte er mit an den christlichen → Einigungsbestrebungen. Angeregt durch die Weltmissionskonferenz in Edinburgh 1910 ergriff er die Initiative zur Faith and Order-Bewegung und war Vorsitzender der ersten Weltkonferenz »on Faith and Order« in Lausanne 1927.

B. hat Predigtsammlungen u. andere religiöse Lit. hg. – Über B.: A.C.Zabriskie, Bishop B., Crusader for Christian Unity, Philadelphia 1948. *N.Karlström*

Brentano, 1. *Clemens Wenzel Maria* (1778–1842), * in Ehrenbreitstein, † in Aschaffenburg, Dichter der → Romantik. Seine weit verzweigte Familie verband sich durch verwandtschaftliche und auch freundschaftliche Beziehungen mit der geistigen Elite der Zeit. B. selbst hat vergeblich im bürgerlichen Leben Fuß zu fassen versucht und ist nach Studien in Bonn, Halle, Jena und Göttingen beruflos geblieben. Daraus ergibt sich sein unstetes Leben, das zunächst in der kurzen Ehe mit Sophie Mereau zur Ruhe kommt (1803), nach ihrem Tode aber und einer zweiten verfehlten Ehe immer verworrener wird, bis er 1817 unter dem Einfluß der später konvertierten Pfarrerstochter Luise → Hensel in Berlin die Generalbeichte ablegt. Die Jahre 1819–24 verbringt er in Dülmen am Bett der stigmatisierten bäuerlichen Nonne Anna Katharina Emmerich, ihre Gesichte aufzeichnend. Bis 1830 mit karitativen Aufgaben in Koblenz beschäftigt, lebt er dann seit 1833 in München in Verbindung mit → Görres und Künstlern aus dem Kreis der Nazarener (v.Steinle; → Nazarener, 5).

B. ist der musikalischste romantische Lyriker, durch die Schöpfung des »Lore-Lay«-Motivs (1801) und die »Rheinmärchen« stark beteiligt an der Romantisierung der Rheinlandschaft, zusammen mit seinem Schwager Arnim Herausgeber der Volksliedersammlung »Des Knaben Wunderhorn« (1805–08), Dichter der »Geschichte vom braven Kasperl und dem schönen Annerl« (gedr. 1838). Durch diese Leistungen lebt er hauptsächlich fort, doch muß man wissen, daß vieles, was er sang oder fabulierte, nicht fixiert ist, weil es ihm auf die gelebte »poetische Existenz« ankam, deren sekundärer Ausdruck erst die Dichtung ist. Muß er sich in der Welt romantisch durch Witz und Ironie sichern, so ist er liebend wahr und lebendig, in seinem Selbstsein durch das Du bestätigt. Da er den »Gott im Menschen« liebt, fühlt sich B. in diesem Zustande der Selbsterfüllung, vor allem in seinem Verhältnis zu Sophie, »fern von dem Abenteuer und fern von dem häuslichen Tod«, vom »Leben« umfangen. In der Urfassung der »Chronika eines fahrenden Schülers« (seit 1802) sucht er die anfangs mehr weltimmanente Erfahrung des Lebens mit dem Religiösen zu verschmelzen. Unter den drei Töchtern des Ritters, denen der Schüler begegnet, hält Pelagia als Künstlerin die Mitte zwischen Askese und Weltlichkeit. Ihr Name verrät, daß B. der Erbsündenlehre damals widerstrebt; er will des ungeteilten, Diesseits und Jenseits umgreifenden Lebens teilhaftig werden; denn es muß etwas geben, »was schön ist vor den Augen der Menschen und Engel, was betet aus innerer Lust und scherzet in tiefer Andacht.« Aber schon um 1810 kündigt die Anfügung der Legende »Vom traurigen Untergang zeitlicher Liebe«, die Fortführung der »Romanzen vom Rosenkranz«, die Neigung zu → Hölderlins Nachtgesängen und → Grünewalds Bildern B.s endgültige religiöse Wendung an (»Frühlingsschrei eines Knechtes aus der Tiefe«!). Charakteristisch für die persönliche Religiosität B.s, daß er durch die Vermittlung der Frau jetzt auch des Selbstseins in bezug zur Transzendenz versichert wird. Er verwirft seine frühere romantische Dichtung, wird, von → Hermes und → Sailer beeindruckt, zum christlichen Dichter, indem er erbaut und moralisiert. Die aus den Emmerich-Aufzeichnungen entstandenen Erbauungsschriften wie »Das bittere Leiden unseres Herrn Jesu Christi« (1838) können nach den »Romanzen vom Rosenkranz« als Versuche eines religiösen Weltepos betrachtet werden. B. durchlebt die → Kierkegaardsche Problematik des ästhetischen Dichters; seine späte Schwermut läßt die Frage offen, ob er das Religiöse nicht doch verfehlte.

Werke: Ges. Schr., hg.v. Ch.Brentano 1852–55; Sämtl. W., hg.v. C.Schüddekopf, 1912ff (unvollst.). Auswahlausg. zuletzt v. C.Hohoff, 1948. – Briefe: Ges. Schr., Bd 8 u. 9; C.B.s Frühlingskranz, 1844; A.v.Arnim u. die ihm nahestanden, hg.v. R.Steig-H.Grimm,

Bd 1, 1894; Briefwechsel zw. C.B. u. Sophie Mereau, hg.v. H.AMELUNG, 1939; Das unsterbliche Leben. Unbekannte Briefe v. C.B., hg.v. W.SCHELLENBERG-F.FUCHS, 1939; C.B., Briefe, hg.v. F.SEEBASS, 1951 (Auswahl); O.MALLON, B.-Bibliogr., 1926. - Über B.: H.RUPPRICH, B., Luise Hensel u. L.v.Gerlach, 1927 - R.GUIGNARD, C.B., 1933 - P.BÖCKMANN, Die romant. Poesie B.s u. ihre Grundlagen bei Friedrich Schlegel u. Tieck (Jb. d. Freien Dt. Hochstifts 1934/35, 56-176) - R.SCHNEIDER, An den Engel in der Wüste (Die Wende C.B.s), 1940 - W.PFEIFFER-BELLI, C.B., 1947 - E.PFEIFFER, Die religiöse Wandlung C.B.s im Spiegel seiner geistl. Lyrik (Diss. Frankfurt), 1951 - M.REIDICK, Poesie u. Religion. Ihre Bedeutung für das Leben u. Werk C.B.s, dargest. unter bes. Berücksichtigung seiner Lyrik (Diss. Münster), 1954 - W.SCHLEGELMILCH, C.B.s vergebliche Wende (Hochland 47, 1954/55, 394-397). *P.Requadt*

2. *Franz* (1838-1917), Neffe von 1. 1864 zum Priester geweiht, trat B. 1873 aus Glaubensgründen (Gutachten gegen das Dogma von der → Infallibilität 1869) aus der Kirche aus. 1874 Ordinarius für Philosophie in Wien, verlor er 1880 - infolge seiner Heirat - dieses Amt und lehrte bis 1896 als Privatdozent weiter. Bis 1915 lebte er in Florenz, dann in Zürich. - Die Philosophie B.s steht durchgängig unter der (an den exakten Naturwissenschaften orientierten) Idee strenger Wissenschaftlichkeit, durch die sie in Gegenstellung zur Philosophie des deutschen → Idealismus tritt. Ansatz und Möglichkeit zu solcher Wissenschaftlichkeit bietet die Domäne der »psychischen Phänomene«, deren wir (im Gegensatz zu den Gegenständen der äußeren Wahrnehmung, die prinzipiell trügerisch ist) in Akten evidenten, jeden Zweifel ausschließenden inneren Wahrnehmens inne werden. Das Merkmal aller psychischen Phänomene ist ihre Intentionalität: »Jedes enthält etwas als Objekt in sich, obwohl nicht jedes in gleicher Weise. In der Vorstellung ist etwas vorgestellt, in dem Urteile etwas anerkannt oder verworfen, in der Liebe geliebt, in dem Hasse gehaßt, in dem Begehren begehrt usw« (Psychologie I, 125). Nach den verschiedenen Weisen, in denen wir auf Objekte intentional bezogen sind, gliedern sich die psychischen Phänomene in die drei Hauptgruppen: Vorstellungen; Urteile; Gefühl und Willen. In der Lehre von der Intentionalität des psychischen Lebens und der auf es sich richtenden evidenten Wahrnehmung liegt die hohe Bedeutung B.s für die folgende Entwicklung der Philosophie. Neben Meinong, Twardowski u.a. hat vor allem → Husserl, dessen Wendung zur Philosophie durch B. veranlaßt wurde (vgl. Husserl bei Kraus, F.B., S. 154), in seiner Phänomenologie von ihm wesentliche Einflüsse erfahren. - Neben Arbeiten zur Logik (bes. zur Urteilstheorie), Kategorienlehre und Naturphilosophie hat B. durch seine ethischen Untersuchungen starke Wirkung geübt. Er erblickt den Ursprung unbezweifelbarer sittlicher Erkenntnis in psychischen Akten des Vorziehens, Liebens, Hassens, sofern diese mit Evidenz als richtig (angemessen) eingesehen werden. In der Metaphysik unternimmt B. eine neue Ausarbeitung und Verknüpfung der Beweise für das Dasein Gottes, innerhalb deren der sog. Kontingenzbeweis das Fundament bildet. B.s Haltung strenger Wissenschaftlichkeit führt hier zu einem rationalen Theismus. »Der Umstand, ob ein Denker Theist oder nicht Theist ist«, erscheint ihm »für seine Würdigung als Philosoph von eminenter Bedeutung«. In der Geschichte der Philosophie glaubt B. eine Vier-Phasen-Struktur zu erkennen. Auf jeweils eine Phase echten, dh rein theoretischen und methodischen philosophischen Forschens folgen drei Phasen fortschreitenden Verfalls: Abgleiten in praktische Interessen, Skepsis, mystische Begriffsdichtung.

Vf. u.a.: Psychologie vom empirischen Standpunkt, Bd 1, (1874) 1955³ (hg.v. O.KRAUS); Bd 2: Von der Klassifikation der psychischen Phänomene, (1911) 1925² (KRAUS); Bd 3: Vom sinnlichen u. noetischen Bewußtsein, 1928 (KRAUS); Vom Ursprung sittlicher Erkenntnis, (1889) 1955³. - Aus dem Nachlaß: Die Lehre Jesu u. ihre bleibende Bedeutung, 1922 (hg.v. A.KASTIL); Zukunft der Philosophie, 1929 (KRAUS); Vom Dasein Gottes, 1929 (KASTIL); Kategorienlehre, 1933 (KASTIL); Grundlegung u. Aufbau der Ethik, 1952 (hg.v. F.MAYER-HILLEBRAND); Religion u. Philosophie, 1954 (MAYER-HILLEBRAND). - Über B.: O.KRAUS, F.B., 1919 (Lit.) - DERS., B.s Stellung zur Phänomenologie u. Gegenstandstheorie, 1924 - E.SEITERICH, Die Gottesbeweise bei F.B., 1936 - A.KASTIL, Die Philosophie F.B.s, 1951. *H.Delius*

3. *Lujo* (1844-1931), * in Aschaffenburg, † in München, gehört neben Adolph → Wagner und Gustav → Schmoller zu den hervorragenden deutschen Nationalökonomen des ausgehenden 19.Jh.s. Auf einer Englandreise 1868 studierte er die Lebensbedingungen der englischen Arbeiter und ihre Gewerkschaften. Mit seinem Werk über »Die Arbeitergilden der Gegenwart« (1871/72) legte er die erste umfassende wissenschaftliche Analyse der industriellen Arbeitsbeziehungen in Deutschland vor. Als Mitbegründer des Vereins für Sozialpolitik (1872) gehörte er zur Gruppe der sog. »Kathedersozialisten«, deren Anliegen die wissenschaftliche Begründung der → Sozialpolitik war. Trotz seiner Unterstützung der Gewerkschaftsbewegung und der damals einsetzenden Versuche, die Arbeitszeit zu verkürzen und die Löhne zu erhöhen, unterschied sich B. doch merklich von seinen staatssozialistisch orientierten Kollegen. Seine liberale Grundhaltung (→ Liberalismus: II), die auch in seinem Eintreten für den → Freihandel Ausdruck fand, ließ ihn zu einem eifrigen Verfechter des Selbsthilfegedankens werden. Eine umfangreiche Lehrtätigkeit seit 1871 an den Universitäten Breslau, Straßburg, Wien, Leipzig und München sowie seine zahlreichen wirtschafts- und sozialpolitischen und sozialgeschichtlichen Veröffentlichungen sicherten ihm einen großen Einfluß auf die öffentliche Meinung seiner Zeit.

Vf. u.a: Die Arbeitergilden der Gegenwart, 2 Bde, 1871/72; Über das Verhältnis von Arbeitslohn u. Arbeitszeit zur Arbeitsleistung, 1876; Die Schrecken des überwiegenden Industriestaats, 1901; Der wirtschaftende Mensch in der Gesch. (Ges. Abh.), 1923; Konkrete Grundbedingungen der Volkswirtschaft (Ges. Abh.), 1924; Mein Leben im Kampf um die soziale Entwicklung Deutschlands, 1931. - Über B.: H.NEISSER-M.PALYI, L.B., 1924 (Bibliogr.) - W.LOTZ, Erinnerungen an L.B. (SchmJb 56, 1932, 1-6). *F.Fürstenberg*

Brenz, *Johannes* (1499-1570), luth. Theol. und schwäbischer Reformator, * in der Reichsstadt Weil, seit 1514 auf der Universität Heidelberg, wurde bei der Heidelberger Disputation (April 1518) für → Luther gewonnen. Seit Sept. 1522 wirkte er als Prädikant an St. Michael in Schwäbisch Hall für die Reformation, seiner Natur entsprechend mit maßvoller Besonnenheit. Sein evangelischer Kirchenbegriff führte ihn zur Ablehnung der Heiligen, des Papsts und der Messe. Im → Bauernkrieg bewahrte seine entschlossene Haltung Hall vor einem Angriff; er riet zur Buße auf beiden Seiten, zur Festigkeit gegen die Aufrührer, zur Milde gegen die besiegten Bauern (wie auch gegen die → Täufer). Am Christfest 1525 wurde in Hall erstmals evangelisches Abendmahl gefeiert. Die Haller Kirchenordnung von 1526 betonte stark das obrigkeitliche ius reformandi, schlug jedoch auch eine gemeindeeigene Kichenzucht vor, als deren Organ ein aus Pfarrern und redlichen Bürgern bestehender »Synod« gedacht war. Im Abendmahlsstreit (→ Abendmahl: II, 3a) stand B. auf Luthers Seite; das von ihm verfaßte, im Okt. 1525 mit 13 Theologen unterzeichnete »Syngramma suevicum« entschied den Sieg der luth. Abendmahlslehre im nördlichen Schwaben und Franken. Die enge Verbindung mit Luther, seit 1527 durch Briefwechsel, führte zu seiner Teilnahme am Marburger Religionsgespräch und am Augsburger Reichstag; auf letzterem mußte er sich um seiner schwankenden Haltung willen von Luther scharfe briefliche Zurechtweisung gefallen lassen. Nach Herzog Ulrichs Wiedereinzug in → Württemberg 1534 fiel B. die schwierige Aufgabe zu, bei der Einführung der Reformation im Herzogtum beratend und vermittelnd zu wirken. Er war an der Kirchenordnung von 1536 sowie bei der Neuordnung der Universität → Tübingen 1537/1538 maßgebend beteiligt. Nach Einführung des → Interims mußte B., vom Haller Rat im Stich gelassen, im Juni 1548 von Haus und Gemeinde fliehen, war jedoch aus der Verborgenheit theologischer Berater von Herzog Christoph. An der Abfassung der Confessio Virtembergica 1551 hatte B. bedeutenden Anteil; im März und April 1552 reiste er zu ihrer Überbringung nach Trient. 1553 berief ihn Herzog Christoph zum »Obersten Superattendenten« und zum herzoglichen Rat, 1557 zum Generalvisitator der Klöster. Sein Lebenswerk fand seine Erfüllung in der das gesamte kirchliche und sittliche Leben umfassenden großen Kirchenordnung von 1559, deren Einführung einer zweiten Reformation Württembergs gleichkam (Erhaltung des Kirchenguts, Umwandlung der Klöster in Klosterschulen). Theologisch blieb B. Lutheraner, jedoch mit subjektivistischer Erweichung der Rechtfertigungslehre (→ Osiander, A.) und mit metaphysischer Erstarrung in der Abendmahlslehre (durch Betonung der Ubiquität). Bis zu seinem Tode war er um die Einigung aller luth. Stände bemüht. Seine Predigten wie auch seine Kommentare zu fast allen biblischen Büchern sind Zeugnisse biblischer Sachlichkeit.

Eine befriedigende neuere Ausgabe seiner Werke sowie eine Biographie fehlt noch. - TH.PRESSEL, Anecdota Brentiana, 1868 - W. KÖHLER, Bibliographia Brentiana, 1904. - Über B.: HARTMANN-JÄGER, J.B., 1840-42 - RE III, 376ff; XXIII, 255f - A.HEGLER, J.B. u. die Reformation im Herzogtum Württemberg, 1899 - V.ERNST, Briefwechsel des Herzogs Christoph, 4 Bde, 1899-1907 - O.FRICKE, Die Christologie des J.B., 1927 - H.HERMELINK, J.B. als luth. u. schwäbischer Theologe, 1949 - E.BIZER, Confessio Virtembergica, 1952 - DERS., Die theol. Bedeutung der Conf. Virt. (EvTh 11, 1951/52, 385-398) - DERS., Predigten des J.B., 1955. *H.Fausel*

Brereley, *Roger* (1586-1637), * Marland (Rochdale), † Mitton, »puritanischer« (dh anti-anglikanischer) Theologe und Dichter, Pfarrer in Mitton (Craven), des Antinomismus, möglicherweise im Zusammenhang mit den Familisten angeklagt, vor 1628 von Erzbischof Tobias Matthew in York verhört. Seine theologische Stellung ist schwer zu präzisieren, seine Zuordnung von Glauben und Werken (Liebe) gemahnt an Luther, anderes an Juan → Valdes, wahrscheinlich war er auch Perfektionist. Th.Sippell hält ihn für den treuesten Schüler Luthers in England.

A Bundle of Soul-Convincing, Directing and Comforting Truths (Auszüge aus Predigten), (1670) 1777² (darin Gedichte); Auszüge aus Predigten bei TH.SIPPELL, Werdendes Quäkertum, 1937, 148ff. - R.HALLEY, Lancashire, its Puritanism and Nonconformity I, 1869, 159ff - DNB II, Neudr. 1949/50, 1174ff. *M.Schmidt*

Brès, *Guy de* (*Guido de Bray*; ca 1522-67), * Bergen (Mons) in Hennegau, »der Reformator der Niederlande«. Nach seinem Übergang zum ev. Glauben war er in England, Rijssel (Lille) und Frankfurt. Nach weiterem Studium in Genf und Lausanne predigte er unter Verfolgungen in Doornik, Sedan und Antwerpen. Mit Wilhelm von Oranien (→ Niederlande: I) arbeitete er an der Vereinigung von Lutherischen und Reformierten (1564). Als Prediger in Valenciennes wurde er bei der Einnahme der Stadt 31.5.1567 nach einem mutigen Glaubenszeugnis hingerichtet. Von seinen Schriften ist die Confession de Foy (1561), mit einer Epistre an Roy (einer Apologie für die Reformierten), die berühmteste. Die Confession (holl. Übers. 1562) ist verwandt mit der Confessio Gallicana (1559) und ist seit 1565 allmählich als Bekenntnisschrift der niederländischen ref. Kirchen (Confessio Belgica) anerkannt worden.

Le Baston de la Foy, 1555 (gegen den Katholizismus); La racine, source et fondement des anabaptistes, 1565 (gegen die Täufer). - Über B.: R.C.BAKHUIZEN V.D.BRINK, Het huwelijk v. Willem v. Oranje met Anna v. Saksen, 1853 - L.A.V.LANGERAAD, G. de B., 1884 - F.PIJPER, in: Bibliotheca Reformatoria Neerlandica VIII, 1911 - J.N.BAKHUIZEN V.D.BRINK, De Nederlandsche Belijdenisge schriften, 1940 - W.F.DANKBAAR, Hoogtepunten uit het Ned. Calvinisme in de 16de eeuw, 1946 - J.LINDEBOOM, De confessioneele ontwikkeling i. d. Nederlanden, 1946 - W.BRULEZ, in: Tijdschr. v. Geschiedenis, 1953, 294ff - BWGN I, 594ff. *W.F.Dankbaar*

Breslau

I. Bistum - II. Universität

I. Bistum

1. Im Anfang des Jahres 1000 wurde B. von Kaiser Otto III. als Suffraganbistum des Erzbistums → Gnesen errichtet. Als Kasimir der Erneuerer, Neffe des Kölner Erzbischofs und Erzkanzlers Hermann II., mit Hilfe Kaiser Heinrichs III. → Polen wiedergewonnen (1038/39) und 1050 auch Schlesien zurückerworben hatte, setzte eine intensive Christianisierung ein. Die entstehende Bistumsorganisation lehnt sich an die Burgbezirks-Verfassung an. Aber die Klage → Gregors VII. über die unbefriedigenden kirchlichen Zustände Polens (1075) gilt auch für B. Graf Peter Wlast holt 1134/38 Augustinerchorherren aus Arrouaise in Flandern (ihr Kloster »auf dem Silling«: Gorkau bei Zobten, 1155 auf die B.er Sandinsel verlegt) und Benediktiner aus St.Vinzenz in Metz (ihrem Kloster auf dem B.er Elbing wurde 1139 die Michaelskirche mit Zustimmung des Domkapitels inkorporiert: die spätere Vinzenzabtei). Bischof Walter (1149-69) aus dem Bistum Lüttich führte das Offizium von Laon ein und erlangte 1155 von Papst →Hadrian IV. die feierliche Bestätigung der Güter und Rechte des bischöflichen Stuhles und des Domkapitels. Der Ausbau der Bistumsorganisation wird von der noch im 12.Jh. einsetzenden deutschen Besiedelung → Schlesiens getragen. Bis 1200 sind 24 Kirchorte nachweisbar. Ihre Zahl steigt bis 1319 auf rund 560; bis zur Reformation verdreifacht sie sich. Eine B.er Diözesansynode von 1257 übernimmt wichtige canones des 4. Laterankonzils von 1215. Die Benediktiner wurden in Leubus 1175 durch Zisterzienser aus Pforta, in St.Vinzenz vor 1193 durch Prämonstratenser ersetzt; mit diesen Abteien gelangte das Chorherrnstift auf der Sandinsel zu hoher Blüte, desgleichen weitere Klostergründungen des 13.Jh.s, wie Kamenz, Heinrichau, Rauden, Grüssau, Himmelwitz, das Augustinerchorherrnstift in Naumburg am Bober, das, 1284 nach Sagan verlegt, im 14.Jh. eine ungewöhnlich reiche Bibliothek besaß (»Vorort der Gelehrsamkeit der Universität → Prag«). Bischof Lorenz hat den mit Ceslaus aus Prag kommenden Dominikanern 1226 die Adalbertkirche in Breslau überlassen (darin Grab des sel. Ceslaus). Minoriten sind schon früher in Goldberg. Das erste Frauenkloster war die von Herzog Heinrich I. und seiner Gemahlin, der hl. → Hedwig, 1202 gegründete Zisterzienserinnenabtei Trebnitz. Bischof Lorenz (1207 bis 1232) setzte deutsche Siedler in der Kastellanei Ottmachau an und gründete deutsche Städte: Neiße, Ziegenhals, Ujest. Mit Hilfe des Papstes gelang es, herzogliche Herrschaftsrechte abzuschütteln: Das Eigenkirchenrecht wurde durch das Patronat verdrängt, der Klerus der staatlichen Gerichtsbarkeit entzogen. Die Bischöfe Thomas I. (1232-68) und Thomas II. (1270-92) setzten ihre Immunitätsansprüche durch. Auf dem Sterbebett verlieh Herzog Heinrich IV. mit Zustimmung seiner Barone dem Bischof das große Kirchenprivileg (1290)

und gewährte den B.er Bischöfen »plenum dominium perfectumque in omnibus ius ducale«. Dieses Privileg wurde vom Papste bestätigt und bis 1296 von den Herzögen anerkannt. Der deutsche Bischof Heinrich von Würben (1302-19) regierte als unabhängiger Landesherr und organisierte sein Bistum. Das für die Domkirche eingeführte Rituale wurde die Grundlage einer einheitlichen Bistumsliturgie. Obwohl Schlesien nach dem Vertrag von Trentschin (1335) 1348 der böhmischen Krone einverleibt wurde, blieb B. Suffraganbistum von Gnesen. Das vom Papst Clemens VI. dem Domkapitel zugestandene Wahlrecht bringt den Schlesier Preczlaw von Pogarell auf den Bischofsstuhl (1341-76); unter ihm hatte B. seine glücklichste Zeit. Der Niedergang ist durch das abendländische Schisma, die päpstliche Finanz- und Pfründenpolitik, Entartung des höheren, Verproletarisierung des niederen Klerus und den sittlichen Verfall der Klöster gekennzeichnet. 1425-34 verwüsten die Hussiten das Land. Reformstatuten des päpstlichen Legaten → Nikolaus von Kues wurden vom Klerus nicht angenommen. Die Bußmahnungen des hl. → Johann von Capistrano rüttelten zwar viele auf und brachten eine Blüte des Bruderschaftswesens und die Einführung von Observantenklöstern in Schlesien, aber durch die andauernde, meist berechtigte Kritik am Klerus und das damit verbundene Emanzipationsstreben der Laiengewalt wurde der Eingang der *Reformation* gefördert.

2. Die Reformation verbreitete sich in kurzer Zeit, von der Stadt B. (1519/20) ausgehend, mit Hilfe der Fürsten über ganz Schlesien. Als Gegner traten nur hervor der Schweidnitzer Minorit Michael Hillebrand und der B.er Domherr Johann → Cochläus. Die Habsburger, seit 1526 im Besitz Schlesiens, betrieben die Rekatholisierung. 1648 wurde den Herzogtümern Brieg, Liegnitz, Münsterberg, Öls und der Stadt B. Religionsfreiheit gewährt. In den Erblanden führte der Kaiser das ius reformandi des Osnabrücker Friedensinstruments durch und nach dem Tode des letzten Piasten (1675) auch in Liegnitz, Brieg und Wohlau. Die 1653 von Ferdinand III. bestellten Reduktionskommissionen entrissen den Evangelischen rund 700 Kirchen. Für die innere Reform ist das Wirken der Jesuiten wichtig, die im 17.Jh. 9 Gymnasien und in B. seit 1638 auch eine theologische Studienanstalt besaßen. Sie erweckten durch die → »Marianische Kongregation« und die »Akademie der Liebe« ein Laienapostolat und brachten (bes. um 1700) monatlich mehrere apologetische Broschüren heraus, die - kurz, klar, oft witzig - weite Verbreitung fanden. Unter dem reformeifrigen Fürstbischof Sebastian von Rostock (1664 bis 1671) hatte die kath. Kirche in B. wieder Anziehungskraft. Damals konvertierten u.a. → Angelus Silesius (1653), der Barockmaler Michael Willmann (1660) und der nachmalige Fürstbischof Landgraf Friedrich von Hessen (1671-82), der 1677 eine Generalvisitation durchführen ließ. Äußerlich wird das Reformwerk durch prächtige Barockbauten gekennzeichnet. Karl XII. von Schweden erzwang vom Kaiser die Altranstädter Konvention (1707), durch die den Evangelischen 122 Kirchen im Bereich von Liegnitz, Brieg, Wohlau, Öls, Münsterberg und B. zurückgegeben wurden. Außerdem durften diese in Sagan, Freistadt, Militsch, Landeshut, Teschen und Hirschberg neue Gotteshäuser (»Gnadenkirchen«) erbauen. Weitere Entlastung brachte den Evangelischen sodann die Eroberung Schlesiens durch → Friedrich II. (1740). Durch den Berliner Frieden (1742) kam B. als kath. Bistum an das prot. Preußen. Der der kath. Religion garantierte Status quo wurde zwar nicht angetastet, aber die allgemeine Bevorzugung der Protestanten, insbesondere die »Peuplierung« Schlesiens mit Lutheranern, Reformierten und Hussiten, die Vergebung der Beamtenposten an Protestanten, dazu die »gegen das Proselytensystem der Katholischen« gerichtete Kabinettsorder von 1803, die für alle Kinder aus Mischehen die Religion des Vaters vorschrieb, die Erhöhung der Steuern der kath. Kirche auf 33⅓% und nach der Flucht des Fürstbischofs Graf Schaffgotsch in seinen österreichischen Bistumsanteil (1757) auf 50%, die hohen Kriegsbeiträge, die Bespitzelung des Klerus durch »surveillants« ließen den etwa die Hälfte betragenden Bevölkerungsanteil der Katholiken stark absinken. Die → Säkularisation beraubte B. 1810 seiner finanziellen Basis. Grundlage für eine Erneuerung wurde die → Zirkumskriptionsbulle »De salute animarum« von 1821. B. wurde exempt, neu umgrenzt, das Domkapitel rechtlich fundiert, die Dotation des Bistums geregelt. Der energische, umsichtige Kardinal Melchior von → Diepenbrock (1845-53) konnte u.a. das kath. Vereins- und Pressewesen aufbauen. Die Definition der → Infallibilität im Vatikanum führte zu Gemeindebildungen der → Altkatholiken. Im → Kulturkampf wurde Fürstbischof Heinrich Förster (1853-81) wegen Nichtbeachtung der neuen Gesetze mit hohen Geldstrafen belegt. Das »Brotkorbgesetz« nahm vielen Geistlichen Gehalt und Dienstwohnung; gegen viele ergingen Geld- und Gefängnisstrafen, Theologenkonvikt und Priesterseminar wurden geschlossen; schließlich waren ein Viertel der Diözesanen ohne geordnete Seelsorge. Der kluge, besonnene Kardinal Georg → Kopp (1887-1914), erfolgreicher Vermittler bei der Beilegung des Kulturkampfes, schuf zahlreiche Seelsorgestellen und Bildungsmöglichkeiten für den Klerus. Durch das Preußische → Konkordat wurde B. 1929 zum *Erzbistum* erhoben und die B.er Kirchenprovinz mit den Suffraganbistümern Berlin, → Ermland und der Freien Prälatur → Schneidemühl errichtet. Der fromme, eifrige Kardinal Adolf → Bertram (1914-45) hat als Vorsitzender der Fuldaer Bischofskonferenz mit mutigen Eingaben die Rechte der Kirche und die Grundsätze der Humanität gegen den Nationalsozialismus verteidigt. - Aus dem Gebiet östlich der Oder und Lausitzer Neiße ist die deutsche Bevölkerung vertrieben. Kapitelsvikar Ferdinand Piontek verwaltet nur die Westgebiete von Görlitz aus. Für die polnisch besiedelten Ostgebiete wurden zunächst Päpstliche Administratoren in Landsberg a.d. Warthe, B. und Oppeln bestellt. Sie wurden Dezember 1956 durch Generalvikare ersetzt, die dem Primas von Polen unterstehen und zugleich Weihbischöfe sind. Der Bischofsstuhl von B. ist vakant.

RGG² I, 1244ff - H.Jedin, Die kath. Kirche in Schlesien. Ein Bücherverzeichnis, hg.v. A.Kloss, 1933, 83-102 - Oberschles. Bibliogr., 1927, neu bearb. v. H.Bellée-Vogt, Bd 1, 1938, 533ff - Schles. Bibliographie 1942-51 (Einzelschr. d. Hist. Komm. f. Schles. 5), bearb. v. H.Rister, o.J., 79f. 82f. 125. 128. 161. 178f - Dies. 1952-53 (Einzelschr. 18), 45. 130f. 173ff - DHGE X, 1938, 589ff - B. Panzram, Gesch. Grundlagen d. ältesten schles. Pfarrorganisation, 1940 - Ders., Noch ein Beitrag zur Gesch. der B.er Diözesansynoden (ZSav RG, Kan.Abt. 33, 1944, 351-363) - Archiv f. schles. Kirchengesch., hg.v. Herm.Hoffmann (Bd 1) u. K.Engelbert (Bd 2ff) 1936-41; 1949ff.

B.Panzram

II. Universität

1. Bereits 1436 dachte man an die Stiftung einer eigenen schlesischen *Universität*. Ernstlich plante man sie um 1505 (Ratsherr Haunold, Morenberg, Bischof Johann IV. Roth). Am 20.7 d.J. unterzeichnete König Wladislaw von Böhmen die Stiftungsurkunde. Ein hölzernes Kollegienhaus erhob sich auf dem Elisabethkirchhofe, sah aber keinen Studenten; denn Eifersucht, vornehmlich Krakaus, hintertrieb die Genehmigung Papst Julius' II. Nicht zur Freude der Evangelischen räumt dann 1659 der Habsburger Leopold I. die kaiserliche

Burg den Jesuiten zu einer Schule ein, die zu noch größerer Erregung der überwiegend ev. Stadt auf Betreiben des Jesuitenpaters Wolff am 21.10.1702 zu einer Universitas Leopoldina societatis Jesu Vratislaviensis erhoben, am 25.11. eingeweiht wurde. 1728 wird der Grundstein zu dem neuen Universitätsgebäude in prächtigem italienischem Barockstil gelegt; 1738 ist es vollendet. Der Rektor des Jesuitenkollegs war auch der der Universität, die nur eine theologische und eine philosophische Fakultät besaß. Die Versuche, eine juristische (seit 1713) und eine medizinische (seit 1730), beide ohne Promotionsrecht, anzugliedern, mißlangen. Friedrich d.Gr. hatte der Leopoldina beim Übergang → Schlesiens an Preußen ihre Gerechtsame bestätigt. Mit der Aufhebung des → Jesuitenordens 1773 erlosch zwar auch das Jesuitenkollegium. Aber seine Mitglieder behielten als »Priester des schlesischen Schulinstituts« die Leitung der Gymnasien und der Universität. 1800, bis wohin der Jesuit Zeplichal an der Spitze gestanden, hebt Friedrich Wilhelm III. das Schulinstitut auf und gibt der einzigen kath. Universität Preußens ein zeitgemäßeres Reglement. Schon hatte man mit dem Gedanken an ihre Aufhebung gespielt.

Die Gründung der Universität → Berlin 1810 gab für die Zukunft der B.er Universität den Ausschlag. Jene mußte die 1506 zu → Frankfurt/O. ins Leben gerufene Viadrina erdrücken. Süvern trat im Febr. 1811 für die Vereinigung Frankfurts mit B. ein, die der König am 24.4. anordnete und der »Plan« vom 3.8. festlegte. Damit wurde B. zu einer *Volluniversität*. Die Viadrina mit ihren 4, die Leopoldina mit ihren 2 Fakultäten sollten unter Verschmelzung der beiden philosophischen in der Kgl. Universität zu B. fortleben, wobei die kath. Fakultät eine Sonderstellung behielt. So wurde am 21.10. die zweite nichtkonfessionelle preußische Universität, die erste mit 2 theologischen Fakultäten, eröffnet. Tatsächlich war es eine neue Anstalt mit anderer Verfassung und anderen Zielen. Für die beiden Fakultäten der Leopoldina wurden alle bisher geltenden Bestimmungen über Lehrwesen und Disziplin aufgehoben. Gemäß dem Vereinigungsplane wurde die Konformität mit den übrigen deutschen Fakultäten, besonders mit den aus Frankfurt übernommenen, festgestellt. Entwürfe des B.er und des Berliner Senats (1812) lagen den allmählich auf allen preußischen Universitäten eingeführten Musterstatuten des Ministeriums (1816) zugrunde, das aber erst 1840 Reglements für die einzelnen Fakultäten folgen ließ. Zum ersten Kurator wurde der kath. Generallandschaftsdirektor Graf Haugwitz ernannt, zum ersten Rektor der Frankfurter Mediziner Berendt, dem als erster erwählter Rektor der ev. Theologe Augusti (1812-14) folgte. Unvergessen bleibt der 10.2.1813, an dem der Physiker und Naturphilosoph Henrik → Steffens in seinem Hörsaal die Studenten zu den Waffen rief. Für das W.S. 1811/12 waren 218 immatrikuliert, als erster der spätere Professor der Philosophie Braniß. Im W.S. 1934/35 waren es 4144, darunter 661 Frauen. Bemerkt sei noch, daß seit Eröffnung der Universität konfessionelle Professuren für Philosophie bestanden und sich auch, wenn auch nicht immer in regulärer Fortsetzung, erhalten haben, ebenso die 1853 eingerichteten kath. Professuren für Kirchenrecht und Geschichte.

Die deutsche Universität B. endete mit der Räumung der Stadt von Zivilpersonen Ende Januar 1945. Im September 1945 wurde eine polnische Universität in B. errichtet. Sie hat keine evangelisch-theologische Fakultät.

Universität B. Festschrift, hg.v. G.Kaufmann, 2 Bde, 1911.

† *G.Hoffmann (H.Aubin)*

2. Die *evangelisch-theologische Fakultät* in B. war eine Fortsetzung derjenigen in Frankfurt/O., dessen Universität 1811 mit der Leopoldina in B. verbunden wurde. Ihre Geschichte gliedert sich nach den Perioden, welche die Geschichte der ev. Frömmigkeit und Theologie in Deutschland überhaupt durchmachte. Der *Rationalismus* dauerte in Schlesien, wenn auch nicht als alleinherrschende Richtung, doch bis zum Tode ihres einflußreichsten Vertreters David → *Schulz* im Jahre 1854. Schulz, Pastor und Prof. der Theologie, vertrat eine fast unbeschränkte Lehrfreiheit in der Kirche. Neben ihm stand ein streng luth. Bekenntnisprediger, Prof. J.G. → *Scheibel*, der nicht bloß gegen den Rationalismus, sondern auch gegen die → Union (: I) ankämpfte. Das Nebeneinander einer gemäßigt-rationalistischen Richtung, vertreten von Prof. *Räbiger*, dem Führer des schlesischen Protestanten-Vereins (1838-91), und eines strengeren, aber nicht unionsfeindlichen Erweckungs-Christentums blieb charakteristisch für Schlesien, ohne daß es in Provinz und Fakultät zu harten Kämpfen gekommen wäre. Zu welchen paradoxen Lehren sich auch die orthodoxe Richtung versteigen konnte, zeigt das Beispiel des Prof. Wolfgang *Gess* (1873-80), eines Württembergers, der in der Geschichte der Dogmatik durch eine extravagante Kenosis-Lehre (nach Phil 2, 5ff; → Kenosis: II) bekannt wurde.

Es folgte eine Zeit zwar bekenntnistreuer, aber dem Radikalismus abholder, zwischen Gegensätzen vermittelnder Theologie, als deren Vertreter zwei Professoren hervorzuheben sind, die weit über Schlesien hinaus theologisch wirksam wurden: Julius → *Köstlin*, ein Württemberger (1860-70), und Gustav → *Kawerau* (1893 bis 1907), ein Schlesier. Köstlin war zugleich Systematiker und Kirchenhistoriker und einer der bedeutendsten Förderer der reformationsgeschichtlichen Forschung. Ähnliche Verdienste um die Reformationsgeschichte erwarb sich sein späterer Nachfolger G.Kawerau. Diesen beiden Männern verdankten die schlesischen Pfarrer ihr lebhaftes Interesse für die schlesische Kirchengeschichte, das dann besonders durch Prof. Arnold, Sup. Eberlein, Propst Hoffmann und Helm.Eberlein gefördert wurde. Kawerau gründete zudem als Prof. für prakt. Theologie erstmalig an einer Preußischen Fakultät ein *Seminar für ev. Kirchenmusik*. Dadurch hat sich in Schlesien ein reiches kirchenmusikalisches Leben entwickelt.

Mit dem Aufkommen der *modernen historisch-kritischen Theologie* unter Albr. → Ritschl in Bonn und Göttingen († 1889) begannen auch für die B.er Fakultät Spannungen und Gegensätze, die mancherlei Kämpfe und unliebsame Szenen herbeiführten. Sie wurden gelegentlich durch ausgleichende ministerielle Entscheidungen geschlichtet. Hervorragende Systematiker dieser Periode sind Erich *Schaeder* (1918-29) und die beiden auch auf dem Gebiet der Religionswissenschaft tätigen Theologen G.*Wobbermin* (1909-15) und Rud. → *Otto* (1915-16). Schaeder war mit seiner Theozentrischen Theologie keineswegs ein Orthodoxer alten Stils. Seine Nachfolger waren F. → Gogarten (1931-35) und C.Fabricius (seit 1936). Auf Otto folgten H.Scholz (1917), K.Bornhausen (1919) und R.Winkler (1935). Neben ihnen wirkte 1919-27 R. → Hermann.

Das AT vertraten nach Räbiger und F.W.Schultz (1856-88) R. → Kittel (seit 1888), Cornill (seit 1898), Rothstein (seit 1910), Steuernagel (1914-35), dem H. Duhm folgte; als Extraordinarien Löhr (1892-1909), Caspari (bis 1922), Jirku (bis 1935), Schmökel (bis 1937), Wendel. - Das NT: W. → Wrede (seit 1893), P.Feine (seit 1906), E.v.Dobschütz (seit 1910), Hoennicke (1911-37), auf dem Extraordinariat W. → Bauer (1913-16), R. → Bultmann (bis 1920), E. → Lohmeyer (bis 1936) und H.Preisker. - Die KG vertraten H. → Reuter (1852-76), H.Weingarten (bis 1891), K.

→ Müller (bis 1903), C.Fr. → Arnold (bis 1921), Hans v. → Soden (bis 1925), E. → Seeberg (bis 1926), E.Kohlmeyer (bis 1930), H. → Leube, auf dem Extraordinariat J.v. → Walter (1909-17), L. → Zscharnack (1922-25), Lother (1935-37), Peschke. - Die Prakt. Theol. versahen nach Kawerau (bis 1907) Gennrich (bis 1912), Steinbeck (bis 1939) und seit 1944 Knevels, außerdem als Hon. Prof. A.v.Hase (1894-1914) und M. → Schian.

Die freie Entwicklung der Fakultät wurde seit 1933 durch die *nationalsozialistische Herrschaft* lahmgelegt. Als dann der → Kirchenkampf ausbrach, wurde auch die Fakultät in ihn hineingezogen; Lohmeyer wurde an die Universität Greifswald zwangsversetzt. Aus Gründen nationalsozialistischer »Aufbau«-Politik kamen Lother nach Bonn, Jirku nach Greifswald, später nach Bonn, Bornhausen als Religions-Philosoph nach Frankfurt/M. *H.Preisker* hielt als noch genehmer Dekan den Rest der Fakultät zusammen. Diese schrumpfte während des Krieges durch Einziehung der Jüngeren zum Wehrdienst und freiwilligen Fortzug der Älteren immer mehr zusammen, so daß schließlich nur der Dekan und die Professoren *Leube* und *Knevels* übrigblieben, die alle drei den furchtbaren Endkampf Schlesiens mit durchlebten.

Als Studentenheim diente das 1872 von dem ehemaligen Fürstbischof Graf v.Sedlnitzky gestiftete Johanneum.

C.Fr.Arnold, in: Universität Breslau I, 1911 (s. 1) - F.Haase, Die schriftstellerische Tätigkeit der B.er theol. Fakultäten, 1911 - H. Eberlein, Schles. KG, (1932) 1952[3] - W.Schwarz, Die Ev.-Theol. Fakultät der Universität B. u. das Konsistorium (Jb. d. Schles. Fr.W.-Univers. zu B. 1, 1955, 36-53). *J.Steinbeck*

3. Bei der Gründung der Universität B. wurde die *kath.-theologische Fakultät* durch die Übernahme der sechs theologischen Professoren der Leopoldina (s. 1) konstituiert. Sie waren wissenschaftlich nicht interessiert, sondern widmeten sich nur der Ausbildung der künftigen Priester. In dem viel umhergeworfenen → Dereser, der seit 1815 Dogmatik las, kam die → Aufklärung verspätet nach B. Er bemühte sich hier um kirchliche Korrektheit; durch sein Vorgehen gegen wirkliche und vermeintliche staatliche Bürokratie erregte er so sehr den Unwillen des Kultusministeriums gegen die Fakultät, daß es ihr 1823 die Aufhebung androhte. Deresers Schüler Joh.A. → Theiner entfachte eine antikirchliche Reformbewegung unter dem Klerus und mußte 1830 auf seine Professur verzichten. - Durch die Berufung von Jos.Ign.Ritter (KG) und Joh.B.Baltzer (Dogmatik) kam wissenschaftliches Leben in die Fakultät. Die bedeutendsten Gelehrten der *zweiten Periode* (1830-70) waren aber F.C.Movers (AT), der sich auch durch eine Denkschrift (1845) mit Erfolg für eine Vermehrung der Lehrstühle (seit 1843 nur 3 Ordinariate) einsetzte, und Ritters Nachfolger Jos.H. → Reinkens. Baltzer wandte sich 1839 der Lehre A. → Günthers zu, die er auch 1853 in einer eigenen Schrift verteidigte. Als diese 1859 indiziert wurde, verweigerte er nicht nur seine Unterwerfung, sondern lehnte auch, gestützt von Universität und Fakultät, nach Entziehung der → Missio canonica durch Fürstbischof Förster es ab, seine Professur niederzulegen. Für das Jahr 1862/63 wurde er sogar zum Dekan gewählt. Die Lage der Fakultät wurde in den sechziger Jahren immer unerquicklicher. Der Fürstbischof entzog dem schärfsten Gegner Baltzers, Bittner, wegen Beleidigung seiner Person ebenfalls die Missio.

Durch die von Reinkens 1861 anläßlich des Universitätsjubiläums herausgegebene Festschrift fühlte sich der schlesische Klerus beleidigt. Das Domkapitel und viele andere Geistliche nahmen öffentlich Stellung gegen ihn. Hinzu kam, daß zwei Professoren durch ihre Lebensführung dem Ansehen der Fakultät sehr schadeten und schließlich ihr Lehramt niederlegen mußten. Baltzers und Reinkens' latente Opposition gegen die Kirche trat 1870 offen zutage. Beide lehnten die Unfehlbarkeitserklärung des → Vatikanischen Konzils ab und schlossen sich den → Altkatholiken an; Reinkens wurde 1873 ihr erster Bischof. - Mitte der sechziger Jahre begann die zweite Erneuerung der Fakultät durch die Berufung des zu seiner Zeit hoch angesehenen Kirchenhistorikers und Kirchenrechtlers H. → Laemmer (1864-1905) und des Begründers der neueren Liturgiewissenschaft F.Probst (Pastoraltheologie, 1864-96). Sie gaben der Fakultät während der *dritten Periode* (1870-96) ihr Gepräge. Während des → Kulturkampfes ging die Zahl der Studenten sehr zurück und schwankte 1876-80 zwischen 51 und 66, während es früher nie weniger als 150, meist 200 und mehr waren. Die Berufung des nachmaligen Dompropstes A.König für Dogmatik (1882, seit 1897 Pastoraltheologie) war einer der ersten Akte, durch die die preußische Regierung ihren Friedenswillen kundtat. In dem Fürstbischof und spätern Kardinal G. → Kopp (1887-1914) erhielt die Fakultät einen ihr sehr wohlgesinnten Oberhirten. Bereits 1888 erreichte er, daß das 1858 suspendierte Promotionsrecht von Rom wieder anerkannt wurde. - Mitte der neunziger Jahre erfolgte die notwendige Verjüngung der Fakultät. 1896 wurde Laemmers' Schüler M.Sdralek (KG), 1897 J.Pohle (Dogmatik) und Joh.Nikel (AT) berufen. Mit ihrem Eintritt in die Fakultät beginnt die *vierte* und einstweilen letzte *Periode* ihrer Geschichte (1896-1945). Die Einsicht, daß Theologie nur in der Kirche möglich ist, wurde jetzt zur Selbstverständlichkeit. Im Streit um den Modernisteneid konnte die Fakultät erklären (1911), daß ihrer Überzeugung nach der Eid nichts enthalte, was die bisherige Lage der wissenschaftlichen Theologie ändere. Die Indizierung einiger Schriften Jos. → Wittigs (1925) und seine Weigerung, sich der kirchlichen Autorität zu fügen, bereiteten zwar viel Aufregung und Sorge, blieben aber eine persönliche Episode. Das andere Kennzeichen dieser Periode ist die intensive Forschungsarbeit, vor allem in historischer Richtung, die in fast allen Disziplinen einsetzte. Abgesehen von vielen andern Publikationen werden die »Kirchengeschichtlichen Abhandlungen« (hg.v. M.Sdralek, 9 Bde, 1901-11) und die »Breslauer Studien zur hist. Theologie« (34 Bde, 1922-42) ein Denkmal dieser Forschungsarbeit bleiben. Da die Fakultät in ihrer Berufungspolitik alle provinzielle Engherzigkeit vermied, kamen durchweg gute Besetzungen der Lehrstühle zustande: AT: Joh.Nickel (1897-1924), A. Schulz (1924-38), B.Walde (1938-39), Fr.Stummer. NT: J.Sickenberger (1906-24), Fr.W.Maier. Alte KG und Patrologie: A.Nürnberger (1904-10), J.Wittig (1913 bis 1926), Fr.J. → Dölger (1926-29), B. → Altaner (1929 bis 1933), F.Haase. Mittlere und Neuere KG: M.Sdralek (1896-1913), F.X.Seppelt. Fundamentaltheologie und philos.-theol. Propädeutik: Fr.v.Tessen-Wesierski (1899 bis 1933), J.Koch. Dogmatik: J.Pohle (1897-1921), B. Geyer (1921-27), B.Poschmann. Moraltheologie: F.S. Renz (1907-16), Fr.Wagner (1916-32), Th.Müncker (1932-35), Joh.Stelzenberger. Pastoraltheologie: A.König (1897-1921), Fr.Schubert (1922-37), H.Weber. Kirchenrecht: Fr.Triebs (1905 bis 1930). Fr.Gescher. - Auf Grund der Bulle De salute animarum (1821, → Preußen) war ein von der Regierung nominierter Ordinarius Mitglied des Domkapitels; seit 1925: Seppelt. - Die nationalsozialistische Zeit brachte auch der Fakultät viel Unerfreuliches. R. → Guardini, der seit seiner Berufung (1923) dauernd zu Vorlesungen an der Universität Berlin beurlaubt war, wurde der Lehrauftrag für kath. Weltanschauung entzogen. Als führendes Mitglied des kath.

Friedensbundes wurde B.Altaner (1933) aus dem Lehramt entfernt; dem a.o. Prof. M.Rauer (NT) wurde wegen seiner Mitgliedschaft die Venia legendi entzogen. Altaners Nachfolger F.Haase (Slawische Kirchenkunde) wurde als der Vertrauensmann von Partei und Regierung von Kardinal → Bertram nicht in die Prüfungskommission aufgenommen. H.Weber (Sozialökonomik) wurde aus der juristischen Fakultät (Münster) zwangsweise in die B.er theologische Fakultät versetzt. Er erweiterte die Pastoraltheologie durch die → Caritas-Wissenschaft. Im W.S. 1944 wurde schließlich der kath. Philosoph B. Rosenmoeller gegen alles Recht aus der philosophischen in die theologische Fakultät versetzt. Der letzte a.o. Prof. war K.Ziesché (Dogmatik), die letzten Privatdozenten H.Doms, H.Jedin (beide seit 1930), J.Gewieß, B.Panzram (beide seit 1939) und Joh.Schmidt. Die Zahl der Studenten ging von 350-400 in den dreißiger Jahren während des Krieges auf ein Minimum zurück. Der Unterricht wurde bis Anfang 1945 fortgesetzt. Das bittere Ende verstreute die letzten Mitglieder der Fakultät über ganz Deutschland.

F.C.Movers, Denkschrift über den Zustand der kath.-theol. Fakultät an der Universität B., 1845 - A.Nürnberger, Fakultät u. Fürstbischof, 1910 - J.Nikel, in: Universität B. II, 1911, 97ff (Lit.) - F.Haase (s. 2) - J.Sickenberger, Comes theologicus, 1921.

(B.Altaner) J.Koch

Bretschneider, *Karl Gottlieb* (1776-1848), * in Gersdorf (Erzgebirge), † in Gotha, studierte in Leipzig, promovierte und habilitierte sich 1804 in Wittenberg. Er entschied sich jedoch für die kirchliche Laufbahn und wurde 1816 Generalsuperintendent in Gotha. Als Theologe vertrat er den Standpunkt des rationalen Supranaturalismus. Seine wissenschaftliche Tätigkeit erstreckte sich auf Dogmatik und biblische Philologie; bleibende Verdienste erwarb er sich durch Herausgabe der Werke Melanchthons in dem von ihm begründeten »Corpus Reformatorum«, in der ihm H.E.Bindseil 1816-28 folgte.

Vf. u.a.: Syst. Entwicklung aller in der Dogmatik vorkommenden Begriffe, (1804) 1841⁴; Hdb. der Dogmatik der ev.-luth. Kirche, (1814) 1938⁴; Probabilia de evangelii et epistolarum Joannis apostoli indole et origine, 1820. - Ausg.: Ph.Melanchthonis opera (CR 1-15), 1834ff; Allg. Kirchenzeitung (seit 1832). - Selbstbiogr.: Aus meinem Leben, 1851. - Über B.: E.F.Wüstemann, C.T.Bretschneideri memoria, 1848 - Goedecke X, 133ff - RE III, 389ff - NDB II, 603 - Hirsch V, 63ff.

H.R.Guggisberg

Breve, weniger feierliche Form päpstlicher Erlasse (daneben → Bulle, Epistula, → Enzyklika, → Litterae Apostolicae, Motuproprio), aber oft in wichtigen Angelegenheiten verwendet (Verleihung von Ehrenrechten an Kirchen, Erhebung von Patronen, Seligsprechung), in den Acta Ap. Sedis heute »Litterae Apostolicae« genannt. Die Sprache ist meist lateinisch, geschrieben auf dünnem Pergament. Es beginnt mit Papstnamen und -zahl (Pius PP XII), »Ad perpetuam rei memoriam« bzw. Segensgruß an den Adressaten, wird ausgefertigt in der Sekretarie der B.n, unterzeichnet vom Kardinal-Staatssekretär und mit dem → Fischerring in Wachs gesiegelt, heute vielfach nur gestempelt.

Außer der Lit. bei → Bulle: DDC II, 1060ff. *H.E.Feine*

Brevier → Stundengebet.

Brjantschaninow, *Ignatius* (1807-67), russischer orthodoxer Asket und Mystiker. Sohn eines adligen Gutsbesitzers aus dem Gouvernement Wologda. Auf der Pionier-Militärschule in Petersburg sammelte B. einen Gebetskreis der Junker; er nahm als Offizier nach schwerer Krankheit seinen Abschied und wurde Novize im Kloster → Optina bei Moskau; 1931 Mönch, im selben Jahr Priester. Auf Befehl des Zaren Nikolaus I. zum Archimandriten »befördert«, war B. 23 Jahre hindurch Abt und Reformator des Sergius-Einödklosters bei Petersburg, 1857-61 Bischof des Kaukasusgebiets. Nach Niederlegung des Amtes beschäftigte er sich mit geistlicher Schriftstellerei und seelsorgerlicher Korrespondenz im Kloster bei Kostroma. B. ist Repräsentant der kleinen Gruppe von Bischöfen der Synodalperiode, welche ihre Kräfte aus dem mystisch-asketischen Geiste der alten Ostkirche schöpften, mit dem Endziel nicht des Seelenheils, sondern der Vergöttlichung.

GesW (darunter »Asketische Versuche«, »Asketische Predigt«, »Gabe für das zeitgenössische Mönchstum«, »Über das Jesusgebet«), 5 Bde, Petersburg 1885-86²; Briefe in: Ctenija 1875. - Über B.: L.Sokolov, I.B., Sein Leben, seine Persönlichkeit u. seine ethisch-asketischen Anschauungen, 2 Bde, 1915 (russ.) - I.Smolitsch, Russ. Mönchstum, 1953. *Hildegard Schaeder*

Bridge, *William* (ca 1600-70), führender puritanischer Prediger, * in Cambridgeshire, 1636 Pfarrer in Norwich. Wegen seiner puritanischen Gesinnung verbot ihm sein Bischof Wren das Predigen; er wanderte nach Holland aus und wurde dort als Pfarrer der Flüchtlingsgemeinde Rotterdam Nachfolger von Hugh Peters. 1642 kehrte er nach England zurück, ließ sich (presbyterianisch) neu ordinieren und wurde einer der gefeierten Prediger der Cromwellschen Revolution. Seit 1643 Pfarrer in Great Yarmouth, 1662 entlassen, lebte er seitdem in Clapham bei London. Seine theologiegeschichtliche Bedeutung beruht in der so sonst kaum erreichten gedanklich klaren Ineinssetzung von Rechtfertigung und Wiedergeburt.

Works (= Sermons), Rotterdam 1640; Works, 3 vols, London 1649; Remains (8 Sermons), 1673; Collected Works, 5 vols, 1845. - Über B.: DNB II, 1223 f. *M.Schmidt*

Bridgewater, *Francis Henry Egerton, Earl of* (1756 bis 1829), Fellow von All Souls College, Oxford, war Mäzen, natur- und altertumswissenschaftlicher Dilettant, ein Original, das Hunde und Katzen in menschlicher Kleidung hielt. In seinem Vermächtnis bestimmte er £ 8000 für das zulänglichste Werk über die sich in der Schöpfung erweisende Macht, Weisheit und Güte Gottes. Der Preis wurde unter acht Gelehrte, darunter T. → Chalmers, aufgeteilt. Deren unter dem Titel »Bridgewater Treatises« zusammengefaßten Arbeiten von unterschiedlichem Wert haben nur noch die Bedeutung merkwürdiger Überreste natürlicher Theologie, deren Methoden und wissenschaftliche Voraussetzungen längst beiseitegelegt sind. Dem British Museum hinterließ er die »Egerton Collection« seltener Handschriften.

J.M.Quérand, La France lit., 1827-64 - R.Sims, Handb. to the Brit. Mus., 1854, 47 f - DNB VI, 1908, 572ff - CathEnc II, 1907, 783 f. *D.Carter*

Brief und Buch im Altertum

1. Das Material - 2. Brief und Urkunde - 3. Buchrolle und Codex. - Vgl. → Bibel I C, → Briefliteratur, urchristliche

1. Die Modalitäten des Schreibens im Altertum sind für Hinweise innerhalb der Bibel wie für die handschriftliche Überlieferung selbst bedeutsam. Als Schreibmaterial kennt die Antike Stein, Metall, Holz, Ton, vor allem aber Papyrus und Leder. Auf hartem *Stein* wurde der Text eingemeißelt (Ex 32, 16; Jer 17, 1), auf weicherem Kalk-Stein oft nur eingeritzt. Beispiele: Mesastele, Siloah-Inschrift, Warntafel vom herodianischen Tempel, andererseits Graffiti auf jüdischen Ossuaren. Bleiausfüllung von Buchstaben (Hi 19, 24) kennt man aus Persien. Da Schrift auf Stucküberzug eines Steines im Regen leicht verwischt (vgl. Num 5, 23), dürfte Dtn 27, 2. 8 nach Analogie stucküberzogener Holztafeln gesagt sein. *Metall*tafeln kennt man im alten Orient für Urkunden

(Byblos: ANEP Abb. 287); sie werden 1Makk 8, 22; 14, 25ff erwähnt, indirekt auch Jer 17; *Holz*tafeln für kurze Texte setzen Num 17, 1ff; Jes 30, 8; Ez 37, 36 voraus. Doppeltafeln (Diptychon mit Stucküberzug) begegnen in Kleinasien und Syrien (ANEP Abb. 460), seit hellenistischer Zeit auch Wachstafeln. Für Keilschrift eignete sich die billige Tonerde; man kennt Tafeln, Zylinder und Umhüllungen (ANEP Abb. 238-264). Für Tintenschrift begegnen als Schreibmaterial gebrannte Tonscherben (ὄστρακον; vgl. → Samaria, 1, → Lakisch). Da man das Ostrakon für beiderseitige Beschriftung drehen mußte, hieß es vermutlich »Tür« (dælæt). Dælæt bedeutet zugleich bei Schriftrollen die Textspalte (columna). Der Schreibgriffel (ḥæræt; ʿeṭ) bestand aus Binse oder Rohr (calamus), seit dem 4.Jh. nChr auch aus einem Federkiel, die nichtmetallische Tinte aus Ruß und Harz, die metallische aus Galläpfeltinktur.

Das hauptsächliche Schreibmaterial bilden *Papyrus* und Leder. Im Herkunftsland Ägypten schnitt man aus armdicken Stauden das Mark in Streifen von ca 30 cm Länge, ordnete die Streifen nebeneinander und darüber in Querlage, klopfte die Doppellage zusammen, beschnitt und glättete das Blatt (Jes 8, 1 gillajôn). Aneinandergeklebte Blätter ergaben Papyrus-Rollen (βύβλοι, βίβλοι). Das griech. Wort dürfte auf → Byblos als Umschlaghafen für ägyptischen Papyrus zurückgehen. Größeren Umfang nahm der ägyptische Papyrus-Export erst seit dem 7./6.Jh. an. Abdrücke von → Siegeln mit Papyrus-Resten sowie Jer 36 (leichte Brennbarkeit), Ez 2, 8 (Eßbarkeit) beweisen Papyrus-Gebrauch in Palästina und Babylonien. Die → Elephantine-Urkunden sind auf Papyrus, die etwa gleichzeitigen des → Arsames auf Leder geschrieben. Das enthaarte und gebeizte *Leder* (bes. von Ziegen und Schafen) findet sich in Ägypten neben dem Papyrus, in Babylonien neben der Tontafel, hier vornehmlich für Aufzeichnungen in Aramäisch (ANEP Abb. 235). Von der Ledergewinnung her hieß ein südpalästinischer Ort »Buch-Stadt« (später Debir; Ri 1, 11ff). Daß die heiligen Schriften im Judentum ausschließlich auf Lederrollen geschrieben wurden, wird damit zusammenhängen, daß man dabei von Anfang an rituelle Vorschriften beobachten konnte. In → Qumran (, 1) fanden sich Papyrus und Leder nebeneinander. In Pergamon hat man seit hellenistischer Zeit ein besonders feines Schreibleder hergestellt; der Name *Pergament* galt für dieses (vgl. 2Tim 4, 13) dann auch außerhalb Kleinasiens.

2. Das allgemeine »Mitteilung« (sepær) wird neben miktab und (assyr. Fremdwort) 'iggæræt für den *Brief* verwendet (2Sam 11, 15 u.a.). Zitiert werden Briefe des Jeremia (Jer 29) und solche der Perserzeit in Esr 4-7. Ähnlich dem Ägyptischen und Akkadischen beginnt der Hauptteil des Briefes (gegebenenfalls mit einer Vorlesenotiz: 2Kön 19, 9f) nach einem Präskript (Esr 5, 7) mit »und nun«. Der Absender steht im Präskript (die Form: »Von NN an« bei Briefen des → Arsames und → Simon Ben Kosba), am Schluß zuweilen das Datum und seit hellenistischer Zeit eine Grußformel. Bei Urkunden kommen dazu noch Zeugenlisten. Zum offenen Vertragstext kann dann auch ein versiegelter geschlossener Text treten (Jer 32), um Verfälschungen zu verhindern. Unter den at. → Apokryphen begegnen literarische Kunstbriefe, sog. Epistel.

3. Die *Buchrolle* (mᵉgillāt-sepær) besteht aus aneinandergehefteten Papyrus- bzw. Lederblättern. Beim (Vor-)Lesen wurde zugleich auf- und zugerollt. Die biblischen Bücher wurden, um die Rollen handlich zu lassen, separat geschrieben (bezeichnend der Ausdruck → Megilloth), zuweilen (→ Zwölfprophetenbuch) freilich auch zusammengefaßt. Die Anordnungen des Rabbinats für die Bibelrollen faßt der Traktat Sopherim zusammen. Im Westen (Rom?) hat man für Notizbücher den *Codex* geschaffen, bei dem Einzelblätter von Pergament (seltener Papyrus) zusammengeheftet wurden, die man beidseitig beschreiben konnte. Der Codex - für die Aufzeichnung heiliger Texte - anstelle der Rolle ist christlichen Ursprungs (Roberts). Während die griechischen literarischen Papyri im 2./3.Jh. zu 90% Rollen sind, überwiegen im gleichen Maße bei der griechischen Bibel die Codices. Zuweilen hat man Pergament-Codices wiederbenutzt, wobei der alte Text (glücklicherweise selten vollständig) abgeschabt wurde (→ Palimpsest).

BRL 117ff. 407ff. 460ff - K.Galling, Ein Stück judäischen Bodenrechts (ZDPV 56, 1933, 209-218) - Ders., Die Grabinschrift Hiobs (WO 2, 1954, 3-6) - Ders., Zur Lokalisierung von Debir (ZDPV 70, 1954, 135-142) - C.Wendel, Die griechisch-römische Buchbeschreibung verglichen mit der des Vorderen Orients, 1949 - C.H.Roberts, The Christian Book and the Greek Papyri (JThS 50, 1949, 155-168) - J.Černý, Paper and Books in Ancient Egypt, 1952 - H.Bardtke, Der Traktat der Schreiber (Sopherim) (WZ Leipzig 3, 1953/54, 13-31) - O.Eissftldt, EinlAT, 1956², 825 (Lit.). *K.Galling*

Briefliteratur, urchristliche, *formgeschichtlich*

1. Kerygma und B. - 2. B. und Epistel - 3. Vorgeformtes Traditionsgut in den B.en. Formgeschichte und Echtheitsfrage. - B. = Brief L. = Literatur

1. Während im Kanon des AT keine einzige selbständige Schrift in B.form steht, werden unter den 27 Schriften des NT allein 21 B.e überliefert. Daraus geht die Beliebtheit dieser literarischen Gattung in der hellenistischen Welt hervor, derer sich auch die Schriftsteller des NT offenbar gern bedient haben. Wenn im NT den 4 Evangelien, der Apg und der Apk 21 B.e gegenüberstehen, so bedeutet das, formgeschichtlich gesehen, keine strenge Abgrenzung nach L.gattungen; denn eine ganze Schrift, die Offenbarung Johannis, »bemüht sich, den brieflichen Charakter noch halbwegs beizubehalten« (Jülicher, EinlNT, 1931⁷, 31), wie die sieben Sendschreiben in Kap. 2 und 3 sowie der Schluß in 21, 21 zeigen. Der Verfasser der Apg fügt nach dem Vorbild antiker Historiker seiner Darstellung stilechte B.e ein (15, 22-29 und 23, 26-30), während im »Hebräer-B.« Kap. 11 eine Rede über den Glauben aufgenommen ist, welche hinsichtlich ihrer Struktur und Beweismethode eine Parallele zur Stephanusrede in Apg 7 bilden könnte und innerhalb dieser Apg als Rede des Barnabas oder Apollos sich ganz gut ausnehmen würde. Fragt man aber nicht nur nach der literarischen Gattung, sondern auch nach dem »Sitz im Leben«, so ist deutlich, daß vor aller L. eine mündliche Tradition gestanden haben muß, welche nicht nur die Bausteine für die erzählenden Schriften des NT, sondern auch für die B.e geliefert hat. Für das NT ist nämlich zweierlei von vornherein festzustellen: 1. es gibt keine Antwort-B.e, so daß uns das Echo der Empfänger fehlt; 2. es gibt keine Privat-B.e im strengen Sinne, wie sie uns aus der hellenistischen Welt in großer Zahl überliefert sind; denn selbst der Philemon-B. ist an eine Hausgemeinde gerichtet neben dem Hauptadressaten, und auch der 2. (und 3.) Johannes-B. stammt weder von einem Privatmann noch behandelt er rein persönliche Angelegenheiten. Irgendwie sind also alle »B.e« im NT dienstlich, nicht privat.

Alle 27 Schriften des NT sind inhaltlich vom Kerygma her bestimmt, und dieser Inhalt hat stärkstens auf die aus der orientalisch-jüdischen oder hellenistischen Umwelt übernommenen literarischen Formen eingewirkt. Das läßt sich gerade an der nt. B.L. gut zeigen.

2. Wenn bisher vornehmlich die erzählenden Schriften des NT formgeschichtlich analysiert wurden, da hier

der Autor hinter dem Traditionsstoff und seinen vorgegebenen Formen zurücktritt, während in den B.en die Person des Autors stärker profiliert hervortritt, so ist auch dieser Unterschied nur relativ; denn wir sehen heute, daß auch die sog. echten B.e nicht nur originale Gedanken des B.schreibers für die Situation des B.empfängers enthalten, sondern vorgeformte Stoffe in Gestalt kleiner Midrasche, kleiner Diatriben, kurzer Hymnen oder liturgischer Formeln und Paränesen beigemischt worden sind, die nicht erstmalig für diesen B. gestaltet wurden, sondern entweder durch häufige Verwendung in Vorträgen bereits ihre Form erhielten oder als ein vom Geist gewirktes Lied einmal in einer Gemeinde vorgetragen sind, das nun zur Illustration eines Gedankens (zB der Forderung der Demut nach dem Vorbild der Demut Christi in Phil 2) verwendet wurde. Die seit A.Deißmanns »Bibelstudien« immer wieder diskutierte Frage nach dem Unterschied zwischen einem wirklichen, aus einmaliger Situation an eine bestimmte Person oder einen Personenkreis gerichteten B., welcher dem Verkehr von Getrennten dient, seinem Wesen nach »halbiertes Zwiegespräch« ist und daher für uns oft schwer verständliche Andeutungen enthält, und einer in bloße B.-form gekleideten Abhandlung, Mahnrede oder Predigt, die man füglich nicht B., sondern Epistel nennen sollte, besteht zu Recht, auch wenn man den Begriff der Epistel nicht glücklich findet. Auf alle Fälle muß man hinsichtlich der Form echte B.e von eingekleideten unterscheiden. Über die Echtheit hinsichtlich der Verfasserschaft ist damit noch nichts gesagt. Die Feststellung der B.form entscheidet noch nicht über die literarische Gattung, wird diese doch oft als bloße Einkleidung benützt (Dibelius). Endlich darf man die nt. B.e nicht wie O.Roller einseitig nach der B.form beurteilen, um die Frage nach dem Inhalt und der Echtheit als zweitrangig anzusehen. Nach Rollers Formular müßte zB 2Thess wegen der beglaubigenden Unterschrift echt sein, während sein Inhalt erhebliche Bedenken gegen die Echtheit erweckt. Die formgeschichtliche Unterscheidung ist also einigermaßen verwickelt, weil die Frage nach der literarischen Form, nach dem Inhalt und nach der Echtheit ständig verbunden bleiben müssen.

3. B.e im eigentlichen Sinne sind nur die echten → Paulusbriefe (1. u. 2Thess, Gal, 1. u. 2Kor, Röm, Phil, Kol, Phlm), dazu 2. u. 3Joh (wobei das Urteil über 2Thess und Kol schwankt). Diese B.e haben die in der hellenistischen B.L. entwickelte, aber der christlichen Situation angepaßte Form. Sie weisen in der Zuschrift den Absender und Empfänger auf, bieten anstelle eines Wunsches für die Gesundheit des Empfängers eine Danksagung für den guten Zustand der Gemeinde, enthalten in ihrem Haupttext sehr viel spezielle Gedanken, die weitgehend Antworten auf gestellte Fragen sein können (typisch hier der 1Kor), bieten am Schluß gewöhnlich eine Grußliste und einen kurzen Wunsch für das Wohlergehen, der eine christliche Erweiterung des in antiken B.en üblichen »gehab dich wohl« darstellt. Paulus, der große B.schreiber der Urgemeinde und das Vorbild für spätere Schrifsteller, hat diese Grundformen nicht nur weiter entwickelt, indem er zB die kurze griechische Eingangsformel in einen zweiteiligen Wunschsatz verwandelte, er hat auch die darauf folgende Danksagung (wie in 1Kor 1, 4-9 oder Phil 1, 3-11) der Situation entsprechend in eine Verwunderung mit heftiger Kritik verwandelt (Gal 1, 6-9) oder es vorgezogen, eine Danksagung für eigene Rettung an die Stelle zu setzen (2Kor 1, 3-11). Kennzeichnend für die Echtheit sind weiter Anspielungen, die allein die Empfänger richtig verstehen konnten (1Thess 4, 1f; Gal 4, 13f, der ganze Abschnitt 2Kor 10-13 sowie Phil 4, 2). Daneben werden aus der Gemeindetradition oder aus eigenen Predigten entnommene Stücke in den Fluß der Darstellung eingefügt. Beispiele aus dem → Römerbrief: Steckt in 1, 3f ein altes Taufbekenntnis, das Paulus durch den Pneumagedanken ergänzt hat? Ist 13, 1-7 eine Diatribe im Stil jüdisch-hellenistischer Weisheitslehre? Darf man 1, 18-32 eine prophetisch-apokalyptische Missionspredigt, dagegen 4, 1-25 einen exegetischen Midrasch nennen, während in 8, 31-39 und 11, 33-36 eigene Dichtungen des Apostels stecken? Der Christushymnus in Phil 2 und Kol 1, 15-20, das hohe Lied der Liebe zwischen 1Kor 12 und 14 wären weitere Beispiele. Dazu kämen aus der Paränese Spruchgruppen wie Röm 13, 8-10 als neue Gesetzesauslegung, die Tugend- und Lasterkataloge in Gal 5, 19-24 und Röm 1, 28-32, endlich die Haustafeln in Kol 3, 18 bis 4, 1 und in Eph 5, 22 - 6, 9. Auch die echten B.e sind nicht reines Zwiegespräch, sondern sie enthalten theologische, lehrhafte, hymnische und liturgische Stücke, die ebenso, formgeschichtlich gesehen, als Unterteile der Gattung B. anzusprechen sind, wie etwa die Streit- und Schulgespräche, Logien und Gleichnisse Unterteile der Gattung Evangelien sind. Dabei hängt sehr vieles davon ab, ob der Autor in einem engen Verhältnis zur Gemeinde steht oder nicht. Für das erstere sind die Korinther und Philipper, für letzteres Römer und Kolosser ein Beispiel.

Dabei ist die Frage der Verfasserschaft neuerdings (durch O.Roller) insofern als Problem aufgeworfen, als man erwägen muß, a) ob die Mitabsender (Timotheus in 2Kor, Phil, Kol, Phlm, Silvanus und Timotheus in 1. 2Thess, Sosthenes in 1Kor) nicht an der Textgestaltung Anteil gehabt haben. Das gelte auch für Tertius in Röm 16, 22. Zumindest stimmen sie dem von Paulus Ausgeführten zu. Das ist besonders in Gal 1, 2 wichtig, sofern hier die »Brüder alle« dem kämpfenden Apostel zur Seite stehen; b) ob nicht für unecht erklärte B.e (zB Eph, Past, 1Petr) als Sekretärsarbeit nach angegebenen Stichworten zu verstehen seien. Klar ist jedenfalls, daß Eph wie eine Predigt wirkt. Der lange Lobpreis 1, 15 - 3, 21 enthält in 3, 1-19 ein Selbstbekenntnis, das wie eine Ausführung von 1Kor 15, 9 anmutet. Der ganze Brief wirkt wie eine Predigt, dessen Thema in 1, 10 angedeutet und in 2, 1-22 weiter ausgeführt wird. 1Petr ist am besten als eine Taufrede zu verstehen, die in B.form versandt wurde. Eigentümlich ist den → Pastoralbriefen, die nach Stil und Inhalt auf einen Autor zurückzuführen sind, daß sie nicht an die Gemeinde direkt gerichtet wurden, sondern an einen Mitarbeiter des Apostels. Sie enthalten gesammelte Gemeinderegeln, die mit der → Apostellehre zu vergleichen sind, infolge ihrer Einkleidung in B.form aber größere Aktualität beanspruchen konnten (M.Dibelius, HNT 13, 1955³, 3f). Der sogenannte → Hebräerbrief nennt sich in 13, 22 selbst eine Mahnrede. Der interessante Versuch, Hebr in das Schema einer antiken Mahnrede einzuordnen, kann als geglückt bezeichnet werden. Ein literarisches Rätsel bildet seit Alters die Tatsache, daß kein B.eingang, wohl aber ein B.schluß vorhanden ist. Dem Hebr verwandt ist der 1. → Clemensbrief, der Form nach ein B., dessen Zuschrift sich nicht ohne Absicht an 1Kor anlehnt. Hier spricht die römische Gemeinde zur korinthischen durch einen unbekannten Autor, so daß man fragen muß, ob das Ganze sein geistiges Eigentum ist oder ob er nur als Mittelsperson gewirkt hat. Verwandt damit ist auch der sogenannte 2. → Clemensbrief, in Wahrheit eine Homilie. Der vielfach als ältestes Schriftstück des NT angesehene → Jakobusbrief ist eine Mahnrede und gehört in die Tradition jüdisch-hellenistischer Paränese. Die schon in 1Joh, 2Tim 3 beginnende Ketzerbekämpfung setzt sich in Jud und 2Petr 2 fort. Man darf damit rechnen, daß nach dem großen

Vorbild paulinischer B.e sowohl die Past, als auch die katholischen B.e, welche die Festigung der Gemeindetradition und die Abwehr der Irrlehrer zum Gegenstand haben, unter die Autorität von Aposteln gestellt worden sind. Das ist auch bei dem sog. → Barnabasbrief der Fall, den man als eine Abhandlung in B.form ansehen kann, deren Thema (Scheidung des Christentums vom Judentum) allerdings in der urchristlichen L. einzigartig ist. Bei 2Tim und 2Petr kann man angesichts der dort geschilderten Situation des Autors noch fragen, ob sie nicht unter die sog. fingierten Testamente zu rechnen sind. Dabei bildet der Abschnitt 2Tim 4, 9-22 ein besonderes Problem, weil hier die Möglichkeit besteht, daß ein echtes Billet des Paulus verwendet wurde. Echte B.e sind noch die des → Ignatius und des → Polykarp. Erstere zeichnen sich besonders dadurch aus, daß sie die Adresse reich ausgestaltet haben, ebenso den Schlußgruß. Unter dem Einfluß der paulinischen B.form hat die literarische Produktion solcher B.e etwa ein Jahrhundert gedauert, um dann immer seltener zu werden, weil man zu dem altklassischen Formular zurückkehrte, das nur noch leicht verchristlicht wurde (Roller 136ff). Das geschieht in dem Augenblick, wo die alten Apostel-B.e, die ja aus der echten Situation der Verkündigung erwachsen sind, kanonisch wurden. Paulus spricht in 2Kor 3, 1 von Empfehlungs-B.en, die seine Gegner verwenden. Solche sind uns aus urchristlicher Zeit nicht erhalten, weil sie (zB 1Kor 4, 17; 16, 10-11 sowie Phil 2, 19-23, beides für Timotheus) in den Gemeinde-B. eingefügt worden sind. Timotheus erscheint hier als Stellvertreter des Apostels mit der Aufgabe, seine früher mündlich erteilten Lehren wieder aufzufrischen.

Schließen aber echte B.e und Predigten in B.form entgegen aller antiken Gepflogenheit mit einer Doxologie (Röm 16, 25-27; vgl. Eph 3, 20f; Jud 25; 2Clem 19, 5), so ist klar, daß hier der Kultus (mit dem Friedensgruß zu Beginn und dem Segensgruß am Schluß) auf die Gestaltung dieser Schriftstücke eingewirkt hat. Der urchristliche B. (wie die in B.form versandte Rede) ist also nicht nur halbiertes Gespräch, sondern Ersatz für die mündliche Ansprache. Gleichsam auch in seiner Abwesenheit wirkt der B.schreiber als Liturg. Somit wird verständlich, daß man diese B.e als Ganze im Gottesdienst verliest und zwischen Nachbargemeinden austauscht (vgl. schon Kol 4).

Im NT fehlt ein B.*wechsel,* wie er in spätjüdischen Schriften (1.2Makk) vorgebildet ist. Es gibt da nur Fälschungen, wie den B.wechsel Jesu mit → Abgar von Edessa, des Paulus mit den Korinthern und des Paulus mit Seneca, welche zeitweise in einzelnen Kirchenprovinzen kanonisch waren, dann aber mit Recht wieder ausgeschieden wurden.

A.DEISSMANN, Bibelstudien, 1895, 189ff - DERS., Paulus, (1911) 1925², 6ff - R.BULTMANN, Der Stil der paulinischen Predigt (FRLANT 13), 1910 - E.NORDEN, Agnosthos Theos, 1913, 3ff (für die Missionspredigt) - M.DIBELIUS, Der Brief des Jakobus (MeyerK XV⁷·⁸) 1921 = 1956, 1ff - DERS., Gesch. der urchristl. Lit. II, 1926 - DERS., Aufsätze zur Apg, (1951) 1953², 89 - RGG² I, 1254ff - E.LOHMEYER, ZNW 26, 1927, 158-173 (für die Pauluspräskripte) - O.ROLLER, Das Formular der paulinischen Briefe (BWANT 58), 1933 - O.MICHEL, Der Brief an die Hebräer (MeyerK XIII⁸), 1949 - DERS., Der Brief an die Römer (MeyerK IV¹¹), 1955 - M.ALBERTZ, Die Botschaft des NT I/2, 1952, 45ff - RAC II, 564ff - W.MICHAELIS, Die apokryphen Schriften zum NT, 1956, 439ff. *E.Fascher*

Briefs, *Goetz A.,* Sozialethiker, * 1889 in Eschweiler, gehört zu den bedeutendsten Vertretern einer Sozialethik industrieller Arbeitsbeziehungen vom kath. Standpunkt aus. Von 1913 bis 1926 lehrte er an den Universitäten Freiburg und Würzburg, dann bis zu seiner Emigration in die USA 1934 an der Technischen Universität Berlin. Gegenwärtig ist er Prof. für Labor Economics an der Georgetown University, Washington D.C. B.' besonderes Interesse gilt den gesellschaftlichen Auswirkungen des → Kapitalismus, vor allem den sozialen Gegenströmungen, die er unter dem Begriff des »Laborismus« zusammenfaßt. In seinem Standardwerk über das Proletariat vertritt er die These, daß proletarisches Bewußtsein nicht notwendigerweise zum → Marxismus führt. B. hat erstmals in Deutschland eine systematische Analyse des betrieblichen Sozialsystems vorgenommen. Nach dem 2. Weltkrieg hat er sich auf Untersuchungen der → Gewerkschaften konzentriert, an deren Beispiel er die Problematik der Interessenverbände in der pluralistischen Gesellschaft erörtert. Die → Wirtschaftsethik verdankt B. den Begriff der »Grenzmoral«, die den jeweiligen Stand der unter Wettbewerb noch üblichen Ausdrucksformen des Selbstinteresses bezeichnet. Dieses ethische Minimum ist in ständiger Gefahr, von skrupellosen Außenseitern unterboten zu werden, was die übrigen Wirtschaftsteilnehmer zur Anwendung ähnlicher Methoden zwingt, um sich zu behaupten. Eine wichtige Aufgabe der → Sozialpolitik ist nach B. die Aktivierung der vorhandenen Gegenkräfte; entscheidend sei jedoch die Förderung eines allgemeinverbindlichen Ordnungsbewußtseins auf christlicher Grundlage.

Vf. u.a.: Untergang des Abendlandes, Christentum u. Sozialismus, 1920; Das moderne Proletariat (GdS IX, 1), 1926; Betriebsführung u. Betriebsleben in der Industrie, 1934; The Proletariat. London 1937; Zwischen Kapitalismus u. Syndikalismus, Bern 1952; Das Gewerkschaftsproblem gestern u. heute, 1955; Grenzmoral in der pluralistischen Gesellschaft (Wirtschaftsfragen der freien Welt, 1957, 97-108). *F.Fürstenberg*

Brieger, *Theodor* (1842-1915), * in Greifswald, ev. Theologe, Prof. der KG in Halle, (1876) Marburg und (1886) Leipzig. Aus der Schule von Herm. → Reuter hervorgegangen, widmete er sich - abgesehen von einer Studie über Konstantin als Religionspolitiker (1880) - ganz der Reformationsgeschichte. Außer bedeutenden Einzeluntersuchungen veröffentlichte er eine Darstellung des Zeitalters der Reformation, zunächst (1907) in Ullsteins Weltgeschichte, dann (1914) als selbständigen Band. Lange Jahre war er Herausgeber der ZKG und Mitherausgeber der Beitr. zur sächs. KG.

Nachrufe: Beitr. z. sächs. KG 29, 1916 (A.HAUCK) - ZKG 36, 1916, 1-10 (M.LENZ). 11-15 (Bibliogr.; BESS). *F.Lau*

Briesmann, *Johannes* (1488-1550), 1522 Doktor der Theologie und Mitglied der theol. Fakultät in Wittenberg. 1523 wird er auf Veranlassung Luthers nach Preußen berufen. In Königsberg gewinnt er entscheidenden Einfluß auf die Reformation im Ordensland. Durch wissenschaftliche Abhandlungen weiß er den Priester und den Gebildeten, durch populäre Schriften den schlichten Laien zu gewinnen. 1527 nach Riga berufen, arbeitet er auch dort unermüdlich für die Einführung der Reformation. Für die Neuordnung besonders wichtig ist seine »Kurze Ordnung des Kirchendienstes samt einer Vorrede von Ceremonien 1530«. 1531 geht er als Pfarrer am Dom nach Königsberg zurück. Hier entfaltet er neben der Predigttätigkeit eine erneute fruchtbare literarische Tätigkeit. 1546-49 verwaltet er als »Präsident« das Bistum → Samland für den erkrankten Bischof. Bei der Einrichtung der neuen Universität (1544) ist er hervorragend beteiligt. Durch Kampf gegen die Schwenkfeldianer in den 30er Jahren und gegen A. → Osiander an seinem Lebensabend sucht er die Kirche vor Zerrüttung zu bewahren. → Baltische Länder, 2.

Ausgabe der Flosculi durch P.TSCHACKERT, 1887. - RE III, 398ff - F.BLANK, Der innere Gang der ostpreußischen KG, 1927, 34ff - R.STUPPERICH, J.B.s reformatorische Anfänge (JBrKG 34, 1939, 3-21). *H.Laag*

Brigit (Brigid), irische Heilige, † ca 524. Ihr Leben, von der Legende überwuchert, trägt Züge einer heidnischen Gottheit und deren Feuerkult. Nach der Tradition ist sie Gründerin des späteren Doppelklosters Kildare (Cell-dara), unter dessen Altar ihre Gebeine ruhen. Als die »Maria der Gälen« ist ihr Ansehen nur wenig geringer als das → Patricks. Ihr Festtag ist der 1. Februar.

J.KENNEY, The sources for the early history of Ireland, New York 1929 - LThK II, 561 - A.CURTAYNE, St.Brigid of Ireland, Dublin 1933 - A.S.BLACAM, St.Saints of Ireland, 1942 - EBrit IV, 1953, 136f - W.DELIUS, Gesch. der irischen Kirche von ihren Anfängen bis zum 12.Jh., 1954. *W.Delius*

Brilioth, *Yngve Torgny,* Erzbischof von Schweden, * 1891; Dozent der KG in Uppsala 1919, Prof. der KG in → Åbo, Finnland, 1925, Prof. der praktischen Theologie und Dompropst in Lund 1928, Bischof in Växjö 1937, Erzbischof in Uppsala 1950. B. ist u.a. ein außerordentlicher Kenner des schwedischen Mittelalters, der schwedischen Kirchenkunde und des anglikanischen Kirchenlebens. Schwiegersohn von Nathan → Söderblom, gehört B. zu den jetzigen ökumenischen Führern und ist seit 1947 Vorsitzender der Faith and Order-Kommission im Ökumenischen Rat der Kirchen.

Vf. u.a.: Den påfliga beskattningen af Sverige intill den stora schismen, Uppsala 1915 (Diss.); Nyanglikansk renässans, 1921-23 (The Anglican Revival, London-N.Y. 1925); Nattvarden i evangeliskt gudstjänstliv, Stockholm (1926) 1951² (Eucharist Faith and Practice, London-N.Y. 1930); Svensk kyrkokunskap, Stockholm (1933) 1946²; Den senare medeltiden 1274-1521 (in HJ.HOLMQUIST u. H.PLEIJEL, Svenska Kyrkans Historia 2), Stockholm 1941; Predikans historia, Lund 1945; Predigtsammlungen u. Hirtenbriefe. *N.Karlström*

Britannien (*Altbritische Kirche*). Die Christianisierung des von romanisierten Kelten bewohnten römischen B. begann noch am Ende des 2.Jh.s. Die Synode von Arles 314 sah Bischöfe von Lincoln, London und York. Die Predigt → Ninians im nicht romanisierten Gebiet nördlich des Hadrianwalls und in Irland am Ende des 4.Jh.s hatte nur beschränkten Erfolg; entscheidend für Irland wurde die Mission des Briten → Patrick. Hilfreich bei der Mission war die gallische Kirche. Zur Bekämpfung des → Pelagianismus kam 429 Bischof → Germanus von Auxerre nach B. Doch löste sich seit dem Abzug der römischen Legionen 407 der Zusammenhang mit dem Kontinent. So wirkte sich in B. die Formulierung der päpstlichen Primatslehre durch → Leo d.Gr. nicht aus; es entstand kein Metropolitanverband; die alte Osterberechnung (→ Ostern) wurde trotz → Dionysius Exiguus beibehalten. Die Eigentümlichkeiten der altbritischen teilte die iroschottische Kirche (→ Irland: I), die sich zur reinen Mönchskirche entwickelte. Durch die → Angelsachsen, deren Einfälle → Gildas (um 545) beklagte, wurde die altbritische Kirche auf den Westen beschränkt. Der Nationalhaß verhinderte eine Mission der Briten bei den Angelsachsen. Dagegen wirkte die iroschottische Mission nach Bekehrung Schottlands erfolgreich in Northumbrien. Die Entscheidung Northumbriens für die römische Richtung auf der Synode von Whitby 664 führte allmählich zum Anschluß auch der Iren und Briten an die römische Osterberechnung, die zuletzt in Wales Aufnahme fand (758). Doch blieb den keltischen Kirchen eine gewisse Sonderstellung bis ins 12.Jh. erhalten.

RE X, 204ff; XXIII, 752 - L.GOUGAUD, Christianity in Celtic Lands, (1911) 1932² - J.G.MACNOUGHT, The Celtic Church and the See of Peter, 1927 - J.RYAN, Irish Monasticism, 1931 - W.A.PHILLIPS, History of the Church of Ireland I/II, 1933 - W.O.SIMPSON, The Celtic Church in Scotland (Aberdeen Univ. Studies 111), 1935 - A.W.WADE-EVANS, Vitae Sanctorum Britanniae, 1944 - W.DELIUS, Geschichte der irischen Kirche, 1954. *H.Löwe*

Brixen, eines der ältesten binnenalpinen Bistümer (Sitz bis Ende 10.Jh. in Säben), heute neben Gurk das südlichste deutschsprachige. Ende 6.Jh. als Suffragan → Aquilejas erweislich, 798 → Salzburg unterstellt, seit 1921 exemt. Von bedeutsamen königlichen Verleihungen (9.-12.Jh.) konnten die Bischöfe (u.a. Poppo = → Damasus II., → Nikolaus von Kues) nur kleine Teile als Fürstentum (bis 1803) halten, wogegen die Diözese Inn-, Eisack- und Pustertal umfaßte und 1818 bis zum Bodensee erweitert wurde. Ansätze der Reformation (besonders Huterische Brüder [→ Täufer]) wurden mit Hilfe der Tiroler Landesfürsten und Orden (Jesuiten, Kapuziner u.a.) überwunden, 1837 prot. → Zillertaler ausgewiesen. 1919 (1925) verlor B. ³/₄ des Sprengels. Die 1922 verfügte Zuteilung der nun 18 deutschen Dekanate des Erzbistums → Trient kam nicht zur Ausführung. Das Bistum hat heute 104 Pfarreien mit 103 700 Seelen.

F.A.SINNACHER, Beitr. z. Gesch. d. bischöfl. Kirche Säben u. B., 9 Bde, 1821-37 - G.TINKHAUSER-L.RAPP, Hist.-topogr. Beschreibung d. Diözese B., 5 Bde, 1855-91 - Germ. pontificia cong. A. BRACKMANN I, 1, 1910 - A.SPARBER, Das Bistum Sabiona i. d. gesch. Entwicklung, 1942 - L.SANTIFALLER, Das B.er Domkapitel im MA, 2 Bde, 1924-25 - K.WOLFSGRUBER, Das B.er Domkapitel 1500-1803, 1951 - F.DÖRRER, Diözesaneinteilung (Bistumsfragen) Tirols (Tir. Heimat 17, 1953, 41-74 u. Schlern-Schr. 140, 1955 47-88). *F.Dörrer*

Broad Church Party, häufiger: *Latitudinarismus,* bezeichnet eine theologisch-kirchliche Richtung in der Kirche von England, die ihre Wurzeln im 17.Jh., ihre Höhe im 18.Jh. hatte und im 19.Jh. einen Neuansatz entwickelte. Ihr Charakter läßt sich schwer genau bestimmen, da er wesensgemäß viel Raum für individuelle Abwandlung läßt und im Schema der Kirchenparteien die Mittelpartei darstellt. Die Ursprünge liegen im Kampf zwischen Anglikanern und Puritanern um die Herrschaft in der Kirche von England. In gewissem Sinne war → Abbot ein Vorläufer. Als der eigentliche Begründer gilt William → Chillingworth (1600-44), neben ihm John → Hales (1584-1656), die, humanistisch-arminianisch (→ Arminianer) gesinnt, für die Beschränkung der kirchlichen Forderungen auf die christlichen Grundwahrheiten eintraten. Für Hales, der mit Joseph → Hall (1574 bis 1656) Vertreter Englands auf der → Dordrechter Synode gewesen war, kam als unmittelbarer Eindruck die abstoßende Wirkung des konfessionellen Streits hinzu. Ihre Gedanken wurden in selbständiger Weise von der theologisch-religionsphilosophischen Schule der → Cambridge Platonists aufgenommen und in Richtung auf eine - konservativ verstandene - »natürliche Religion« entwickelt, in der sich nt. Christentum und platonische Antike trafen. In gemeinverständlicher, bisweilen fast weltmännisch-eleganter Gestalt vertraten diese Haltung der als (moralisierender) Prediger überaus beliebte Erzbischof von Canterbury John → Tillotson (1630-94), die Bischöfe Simon Patrick (1626-1707) und Edward Stillingfleet (1635-99). In die kirchliche Führung gelangte der Latitudinarismus im 18.Jh. mit den Erzbischöfen von Canterbury Thomas Tenison (1636-1715) und William Wake (1657-1737), den Bischöfen G. → Burnet (1643-1715), E. → Gibson (1676-1748) und W. → Warburton (1698-1779). Bei ihnen allen lag der Nachdruck auf einem praktisch-ethischen Christentum der Toleranz, die sich zwar nicht auf »Freidenker« (Deisten) und römische Katholiken erstreckte, sonst aber zu ökumenischer Aktivität ermutigte (Verbindung mit → Zinzendorf und der → Brüderunität und mit dem → Gallikanismus).

Im 19.Jh. galt als Latitudinarismus diejenige Richtung, die an die festländische, bes. deutsche, von Kant bestimmte und positivistisch-historische Theologie anknüpfte (S.T. → Coleridge [1772-1834], Thomas Arnold [1795-1842], Frederick Denison Maurice [1805-72], Ch. → Kingsley]1819-75]), Frederick William Robinson (1816-53). In scharfem Gegensatz zur anglo-kath. Oxfordbewegung (→ Hochkirchliche Bewegung: I) mit ihrem frühkirchlichen Traditionalismus öffnete sich der Latitudinarismus den modernen Problemen, der Naturwissenschaft, der historischen Kritik und der sozialen Frage. Von den Anfängen an befand sich der Latitudinarismus in belastender Nähe zum Indifferentismus (zuerst in den Streitigkeiten um A. → Burys Naked Gospel 1690 und um W. → Whistons sozinianische Primitive Christianity revived 1711 f) und verfiel der Ablehnung als Liberalismus sowohl von streng anglikanischer (»hochkirchlicher«) als auch von biblizistischer Seite.

Gesamtdarstellung fehlt. CHURTON, Latitudinarians from 1671 to 1787, 1861 - J.TULLOCH, Rational Theology and Christian Philosophy in England in the 17th Century, 2 vols, 1873² - W.B.INGE, The Platonic Tradition in English Religious Thought, 1926 - H.R.T. BRANDRETH in: R.ROUSE and St.Ch.NEILL, A History of the Ecumenical Movement, 1954, 273 ff. *M.Schmidt*

Brochmand, *Jesper Rasmussen* (1585-1652), Bischof und bedeutendster Dogmatiker der luth. Orthodoxie im → Dänemark des 17.Jh.s. * in Kjøge auf Seeland, studierte er in Leiden und Franeker, wurde 1610 Prof. der Pädagogik in Kopenhagen, 1613 für Griechisch, seit 1615 der Theologie als → Resens Nachfolger und treuer Mitstreiter; 1639 nach dessen Tod Bischof von Seeland. Er war ein unerbittlicher Gegner der Kryptocalvinisten und → Spiritualisten. Im Streit mit den Jesuiten entstanden »Controversiarum sacrarum I-III« (1626-28, mit »'Ακρόπολις pontificatus«), bes. gegen → Bellarmin. Die jesuitische Schrift »Apologia speculi veritatis« (1638) beantwortete B. mit Vorlesungen, die nach seinem Tode als »Apologiae speculi veritatis confutatio« (4 Bde 1653) erschienen. Sein dogmatisches Hauptwerk »Universae theologiae systema« (1633 u.ö.), im gesamten Luthertum sehr beachtet, für das Studium der Theologie in Dänemark wegweisend, bezeugt bei aller Bekenntnistreue durch biblischen Gehalt einen schlichten Christenglauben und vielen Sinn für praktisches Christenleben. B. beeinflußte die kirchliche Gesetzgebung, reformierte die Liturgie (Abschaffung des lat. Chorgesangs, Mittwochspredigten in der Fastenzeit eingeführt) und visitierte gründlich. Seine »Sabbati sanctificatio eller Gudelig Betænkning over alle Evangelier og Epistler paa Søndage og alle hellige Dage« 1635/38 hat im dänischen Volk bis ins 19.Jh. als Hauspostille und nachhaltig auf die Gestaltung der Predigt in der dänischen Kirche gewirkt.

Vf. außerdem u.a.: Speciminis scriptorum ecclesiasticorum primi a nato salvatore seculi exercitationes, 1633-38; Epitome systematis theologiae, 1649. - Über B.: Kirchengeschichten → Dänemarks - RE III, 412f - LThK II, 568 - Dansk biografisk Leksikon IV, 113ff - Nordisk Teologisk Leksikon I, 1952, 446f. *W.Göbell*

Brockes, *Barthold Heinrich* (1680-1747), Dichter, * in Hamburg, 1700-02 Jurastudium bei Thomasius in Halle, dem Zentrum des Pietismus. Bildungsreisen durch Europa. 1715 in Hamburg Mitbegründer der »Teutschübenden Genossenschaft«, 1722 der »Patriot. Gesellschaft«. Seit 1720 Senator, mit diplomatischen Aufgaben betraut, 1730 kaiserlicher Pfalzgraf, seit 1735 Amtmann von Ritzebüttel. B. steht auf der Grenze vom Spätbarock zur Frühaufklärung (→ Aufklärung: II, 3a), wurde bedeutend als Textdichter für die ev. Kirchenmusik durch seine »Serenaden zum Petrimahl« (1709, 1710), bes. durch seine Passion »Der sterbende Jesus« (1712; komponiert u.a. v.Keiser, Telemann, Mattheson, Händel, als »Johannespassion« v. J.S.Bach). Sein Hauptwerk »Irdisches Vergnügen in Gott, bestehend in Physikalischen und Moralischen Gedichten« (9 Bde, 1721-48), ist angeregt durch die Naturtheologie Joh. → Arnds und Scrivers, den Theodizeegedanken von → Leibniz und den Rationalismus Chr. → Wolffs. »Zu seines Schöpfers Ehre und so wol seiner als des nächsten Erbauung« schrieb er breite Gedichte, in denen minutiöse Naturbeschreibungen und moralisch-religiöse Didaktik wechseln, im Sinne eines physikalisch-teleologischen Gottesbeweises auf platte Nützlichkeitserwägungen hinauslaufend. Sein pietistisch gefärbtes Christentum läßt ihn Gott in den kleinsten Naturerscheinungen, die er mit für seine Zeit erstaunlicher Schärfe beobachtete und in allen Nuancen sprachlich wiederzugeben verstand, unmittelbar erleben und fühlen. Die Sensibilität seines echten Naturgefühls bereitete den Boden für die Dichtung Gessners, → Hallers, E.v.Kleists, → Klopstocks. Die dichterische Leistung von B. wird heute wieder gerechter beurteilt (Joh.Pfeiffer). Seine Übersetzung von Marinos »Bethlehemitischem Kindermord« (1715) zeigt seine Herkunft aus dem Spätbarock; geistesgeschichtliche Bedeutung haben seine Übersetzung von Popes »Essay on man« (1733) und Thomsons »Season« (1745).

Werke hg.v. J.J.ESCHENBURG, 1800 - Auswahl: Deutsche National-Lit., Bd 39, hg.v. L.FULDA, 1887 - Der sterbende Jesus, hg.v. W. FLEMMING, Deutsche Literatur, Barockdrama, Bd 3, 1933. - A. BRANDL, B.H.B., 1878 - O.JANSSEN, Naturempfindung u. Naturgefühl bei B. (Diss. Bonn), 1907 - F.v.MANIKOWSKI, Die Welt- u. Lebensanschauung in dem »Irdischen Vergnügen in Gott« v.B. (Diss. Greifswald), 1914 - K.LOHMEYER, B. in seinen Gedichten, 1935 - H.M.WOLFFS, B.s Religion (Publ. of the Modern Language Association 62, 1947, 1124-1152) - W.DECKELMANN, Das Glaubensbekenntnis v.B. (Zs. f. Hamburg. Gesch. 36, 1936, 142-161) - J.PFEIFFER, Wege zur Dichtung, 1952, 61ff - MGG II, 331ff. *F.W.Wodtke*

Brockhaus, *Carl* (1822-99), * in Himmelmert bei Plettenberg i. W., † in Elberfeld, wurde 1845 Lehrer in Breckerfeld bei Hagen und erlebte dort seine Bekehrung. Seit 1848 Hauptlehrer in Elberfeld, gehörte er zu den Gründern des Elberfelder Erziehungsvereins, der Ev. Gesellschaft für Innere Misson und des Ev. Brüdervereins. Sein Schulamt gab er 1850 auf, um sich ganz der Verkündigung widmen zu können. Als er sich darbystischen Sonderlehren hingab, erfolgte 1852 die Trennung vom Brüderverein. Nunmehr wirkte B. als Reiseprediger nur noch für die »Versammlung« der → Darbysten. In eigenem Verlag gab er in großer Fülle darbystische Literatur heraus. Seine Monatschrift »Botschafter des Heils« und seine anonym erschienenen Schriftauslegungen und Traktate fanden große Verbreitung. B. wirkte an der »Elberfelder Bibel« (→Bibelübersetzungen: IV, 3b) mit, gab mehrere Zeitschriften heraus und schuf eine Sammlung geistlicher Lieder, von denen 63 von ihm selbst gedichtet waren. Als kühner Organisator und begabter Prediger übte er einen so starken Einfluß aus, daß er als der eigentliche Gestalter des deutschen Darbysmus gelten muß. Darby gegenüber bewahrte er immer seine Selbständigkeit und stellte sich ihm gleich. Durch sein hohes Ansehen vermochte er die Härte und Exklusivität darbystischer Kreise bisweilen zu mildern. Seine Schriften hatten eine fast autoritative Geltung. Nach seinem Tod führte seine Familie sein Werk weiter.

E.EYLENSTEIN, C.B. Ein Beitr. z. Gesch. d. Entstehung d. Darbysmus (ZKG 47, 1928, 275-312) - R.SCHMITZ, Heinrich Neviandt, 1927 - G.ISCHEBECK, J.N.Darby, 1929 - H.HERMES, H.H.Grafe u. seine Zeit, 1933. *R.Stupperich*

Broglie, *Auguste Théodore Paul de* (1834-95), Enkel der Mme. de → Staël, * in Paris. B. zeichnete sich zunächst als Schüler des Polytechnikums und als Marineoffizier aus. Sein Eifer für die Sache der kath. Volksfürsorge in Toulon und Paris führte ihn ins Priesterseminar

(St. Sulpice 1867). Nach der Priesterweihe war er 1870 zuerst Direktor eines Pariser Patronats, dann Hausgeistlicher an zwei kath. Schulen; 1880 Prof. für Apologetik am Institut Catholique bis zu seiner Ermordung durch eine Geistesgestörte. - Das literarische Werk de B.s richtet sich ausschließlich gegen die positivistische Philosophie (Comte und seine Schule) und die historische Kritik (Reuß, Wellhausen, Renan). Seine Widerlegungsversuche treffen zwar nicht immer den Kern der Sache; dennoch ist es ihm gelungen, eine apologetische Methode auszuarbeiten, die der franz. Katholizismus zu würdigen wußte.

Vf. neben Konferenzvorträgen, Broschüren, Aufsätzen: Le positivisme et la science expérimentale, 2 Bde, Paris 1880-81; Dieu, la conscience, le devoir. Psychologie élémentaire, morale théorique et pratique (1883), Paris 1885; La morale sans Dieu, ses principes, ses conséquences (1886), Paris 1903; L'idée de Dieu dans l'AT et dans le NT, Paris 1892: Religion et critique, Paris 1896 (dt. 1900). - Über B:. C.PIAT, L'apologétique de l'abbé de B., Paris 1896 - P.A.LARGENT, L'abbé de B., sa vie et ses oeuvres, Paris 1913² - A.LOISY, Mémoires pour servir à l'histoire religieuse de notre temps. Paris 1930f, passim - DHGE X, 805ff - DBF VII, 408 f. *R.Voeltzel*

Brontë, *Charlotte* (1816-55), *Emily Jane* (1818-48) und *Anne* (1820-49), englische Autorinnen, veröffentlichten unter den Namen Currer, Ellis und Acton Bell einen gemeinsamen Gedichtband (Poems, 1846) und Romane, die inzwischen zu großer Beliebtheit und hoher kritischer Würdigung gelangt sind. Die wichtigsten sind Charlotte B.s Jane Eyre (1847), der erste moderne Frauenroman; Shirley (1849), neben Mary Barton von Mrs. Gaskell der erste englische Industrieroman; Vilette (1853), eine weithin autobiographische Gestaltung ihrer Brüsseler Erlebnisse als Privatschullehrerin; Jane B.s Wuthering Heights (1847), der ins Spirituelle und Kosmische ausgeweitete Widerstreit zwischen dynamischen und statischen Charakteren; Anne B.s Agnes Grey (1847). Deutlicher als die Romane lassen die zT erst postum veröffentlichten Gedichte Verbundenheit mit der Heidelandschaft von Yorkshire, keltische Gefühlsintensität und religiöse Tiefe erkennen. Besonders in Emily B.s Lyrik vereinigen sich methodistische Selbstprüfung und mystische Weltfrömmigkeit zu merkwürdiger Mischung. Künstlerischer Vollendung kommen die Gedichte selten nahe. Am persönlichsten und innigsten sind Anne B.s Gedichte. Einige von diesen fanden Aufnahme in methodistischen und baptistischen Gesangbüchern.

The Shakespeare Head B., ed. T.J.WISE and J.A.SYMINGTON, 20 Bde, 1931-38 (Lit.) - L. and E.M.HANSON, The Four B.s, (1949) 1950² (Lit.) - M.LANE, The B. Story, 1953. *G.Müller-Schwefe*

Brorson, *Hans Adolph* (1694-1764), * in Randrup (Nordschleswig), dän. Bischof, bedeutendster Dichter geistlicher Lieder im dän. Pietismus (→ Dänemark: I). B. scheint nach einem religiösen Durchbruch um 1717 mit dem Dichten geistlicher Lieder begonnen zu haben, gab 1732 Weihnachtsgesänge, 1739 als Stiftspropst in Ripen seine große Kirchenliedersammlung »Troens rare Klenodie« (Das kostbare Kleinod des Glaubens) heraus. 1765 erschien posthum der »Svane-Sang« (Schwanengesang). B.s Lieder waren für das kirchliche Leben in Dänemark und Norwegen von weitreichender Bedeutung. Heute befinden sich im dänischen Kirchen-Gesangbuch 130, im norwegischen 122 Choräle von ihm. Christliche Ergriffenheit verschmolz mit hoher musikalischer und lyrischer Begabung. B. stellt zunächst als Erwecker den Menschen vor das gewaltige Entweder-Oder, indem er zugleich die unverdiente Gnade Gottes verkündigt. Dadurch erhielt seine Dichtung männlichen Ernst und missionierende Kraft. Andererseits schildert B. die Zustände des Glaubens von der höchsten Erhebung bis in die Finsternis der Anfechtung und den »harten Zwang des Kreuzes« hinein. Endlich findet man bei ihm auch einen Anflug von Mystik (bernhardinische Jesusliebe, Bilder aus dem Hohen Lied, Himmelssehnsucht). Die Lieder aus den letzten Jahren tragen bisweilen geradezu visionären Charakter. Er hat auch zahlreiche deutsche Kirchenlieder ins Dänische übersetzt.

GA: Samlede skrifter I-III, 1951-56. - A.D.JØRGENSEN, H.A.B., 1887 - J.HANSEN, H.A.B. og hans Brødre, 1894 - G.BRANDES, Samlede Skrifter XII, 1902, 239f - H.BRIX, Fagre Ord, 1908, 37f - DERS., Tonen fra Himlen, 1912 - DERS., Analyser og Problemer I, 1933, 294f - C.KOCH, H.A.B., 1920 - L.J.KOCH, Salmedigteren B., (1931) 1932² - DERS., B.-Studier, 1936 - A.ARNHOLTZ, Dansk Kirkesangs Aarsskrift 1943, 44f - P.OTZEN, Nogle hidtil utrykte Vers af B., 1950. *L.J.Koch*

Brotherhood-Movement, eine 1875 von dem Engländer John Blackham ins Leben gerufene überparteiliche und überkonfessionelle Bewegung, deren Ziel es ist, vor allem die der Kirche entfremdeten Arbeiter wieder mit dem Christentum in Berührung zu bringen. Blackham verstand es, seine Versammlungen sowohl erwecklich als auch unterhaltend zu gestalten nach dem Motto »bright, brief and brotherly«. Bis 1906 gab es fast in jeder englischen Freikirche einen Pleasant Sunday Afternoon mit oft über 1000 Besuchern. 1919 wurde die Bewegung unter dem Namen B.M. offiziell anerkannt. Sie breitete sich von England aus auch in Wales, Schottland, den britischen Kolonien sowie in Amerika und Deutschland aus, hat heute jedoch wesentlich von ihrer einstigen Bedeutung verloren, vor allem seitdem der moderne Wohlfahrtsstaat ihre soziale Arbeit übernahm. Sie besteht heute aus 1500 Bruder- und Schwesterschaften. Die B.M. ist organisatorisch gegliedert in örtliche Gesellschaften, Bezirksräte, regionale Verbände und eine Nationale Konferenz. Ihr Präsident ist Bischof Walter Carey. Das Leitwort der B.M. ist Mt 23, 8. Ihr Generalsekretär hat 1955 ihre gegenwärtigen Ziele folgendermaßen formuliert: Die Bewegung glaubt an den inneren Wert jeder Persönlichkeit ohne Unterschied der Farbe, Klasse oder Religion und bemüht sich alles zu tun, was in ihrer Kraft steht, die volle Entwicklung der menschlichen Familie zu fördern, die Gott als den Vater aller anerkennt.

Zeitschrift: Outlook, 1919ff. - Über B.M.: A.G.BARKER, Social Implications of B., 1926 - J.F.LAUN, Die Bruderschaftsbewegung in England (ChW 42, 1928, 614-17) - J.G.POWELL, The Story of the B.M., Oxford 1953 - DERS., Is the B.M. really necessary?, Oxford 1954. *E.H.Robertson*

Brousson, *Claude* (1647-98), * in Nîmes, Advokat in Toulouse, einer der hervorragendsten Verteidiger und Führer der → Hugenotten. 1683 floh er zum ersten Mal nach der Schweiz und unternahm von hier aus eine Reise nach Deutschland und Holland, um die dortigen Protestanten für das Los ihrer verfolgten Glaubensbrüder zu interessieren. Er kehrte aber mehrmals nach Frankreich zurück und wirkte besonders in den Cevennen als Prediger. 1694 wurde er in Lausanne ordiniert und reiste darauf wiederum nach Holland und nach London. Sein Ziel, für das er sich vergeblich einsetzte, war die Wiederherstellung der ref. Kirche Frankreichs durch den Frieden von Rijswijk. 1698 wurde er auf seiner dritten Reise nach Frankreich verraten und in Montpellier hingerichtet.

Vf. u.a.: L'Etat des réformés en France, 1685; La manne mystique du désert, 1695. - Über B.: DHGE X, 1938, 861ff - L.RAUZIER-FONTAYNE-S.MOURS, C.B., o.J. (1949) - DBF VII, 1956, 465. *H.R.Guggisberg*

Brown, *William Adams* (1865-1943), amerik. Theologe, * und † in New York. B. war einer der Führer des kirchlichen Lebens in Amerika und wurde als Professor für systematische und angewandte Theologie am Union Theological Seminary in New York der Lehrer vieler bedeutender amerikanischer Theologen. Sein besonderes Interesse galt der → ökumenischen Bewegung, als deren wichtigster Bahnbrecher in Amerika er gelten kann. 1937 war B. der amerikanische Präsident der Ökumenischen Konferenz in Oxford sowie des amerikanischen Ausschusses des Ökumenischen Rates der Kirchen.

Vf. u.a.: The Essence of Christianity, New York 1902; Christian Theology in Outline, N.Y. 1906; Modern Theology and the Preaching of the Gospel, N.Y. 1914; Is Christianity Practicable?, N.Y. 1916; The Church in America, N.Y. 1922; Imperialistic Religion and the Religions of Democracy, N.Y. 1923; The Life of Prayer in a World of Science, N.Y. 1926; Pathways to Certainty, N.Y. 1930; The Church: Catholic and Protestant, N.Y.-London 1935; Church and State in Contemporary America, N.Y. 1936; The Case for Theology in the University, Chicago 1938. - Über B.: The Church through half a Century: Essays in honor of W.A.B., hg.v. McCrea Cavert u. H.P.VanDusen, New York-London 1936.

H.P.VanDusen

Browne, 1. *Robert* (ca 1550–ca 1633/36), gilt als Vater des englischen Kongregationalismus (→ Kongregationalisten), * in Tolethorpe (Rutland) aus alter vornehmer Familie, seit 1579 aggressiver Prediger in Cambridge gegen die Kirche von England mit ihrer bischöflichen Organisation, gründete 1580 in Norwich eine kirchenfreie Gemeinde, mit der er, verfolgt, 1581 nach Middelburg (Holland) auswanderte. Infolge von Streitigkeiten mit seinem Gegenspieler Robert Harrison kehrte er 1584 nach England zurück und wurde anglikanischer Pfarrer. Seine Bedeutung beruht auf seinen frühen Grundsätzen, besonders im Booke which sheweth the Life and Manner of all true Christians (1582): Die vollständige Verderbnis der Staatskirche fordert die Separation um des Glaubens willen; erst auf dieser Grundlage kann ein freiwilliger Zusammenschluß der echten Christen erfolgen. Die Freiheit von der staatlichen Obrigkeit ist für die wahre Kirche lebensnotwendig. Nur die Einzelgemeinde ist Kirche, sie beruht auf dem Bundesvertrag (covenant) der Brüder, Christus ist ihr einziges Haupt, aber alle Gläubigen sind Priester, Propheten und Könige. Für ihren Aufbau gelten die frühen urchristlichen Formen als Norm: Hirten, Lehrer, Älteste, Helfer, Witwen sind die echten Dienste. Die Möglichkeit synodaler Entscheidungen besteht; doch Zusammenschluß der Einzelgemeinden gibt es nur in Jesus Christus, dh geistlich. Die Sakramente dienen nur der Selbstbestätigung der Gemeinde. Mit diesen Grundsätzen hat B. täuferische Gedanken (→ Täufer) klar formuliert und weitergebildet, zugleich Kirchenverfassungsprinzipien des → Pietismus vorweggenommen.

B.s Schriften sind nur in den Originaldrucken 1582-84 vorhanden, 5 von ihnen verloren. Übersicht: DNB III, 57ff; H.M.Dexter, The Congregationalism of the last 300 years as seen in its literature ... with a bibliographical appendix, New York 1880; RE III, 423f. Ausführliche Auszüge bei W.Walker, Creeds and Platforms of Congregationalism, New York 1893. - Über B.: Ch.Burrage, The True Story of R.B., Oxford 1906 - D.C.Smith, R.B. (Independent Church History VI, 1937, 289-349) - M.M.Knappen, Tudor Puritanism, Chicago 1939, 305ff.

M.Schmidt

2. *Sir Thomas* (1605-82), * in London, Ausbildung in Winchester und Oxford, ließ sich 1637 als Arzt in Norwich nieder, wo er ausgedehnte Studien über die Vögel, Pflanzen und Fische von Norfolk betrieb.

In einer Zeit, in der die Grundlagen der modernen Wissenschaft gelegt wurden, suchte er neue Wege für eine der Naturwissenschaft wie auch der Religion gegenüber gerechte Einstellung. Obwohl seine naturwissenschaftliche Forschung ihm »hartnäckige Zweifel und heftige Widersprüche« erregte, wurde er doch dadurch nicht glaubenslos wie so viele Ärzte seiner Zeit; vielmehr fand er gerade angesichts solcher Zweifel Kraft und Ruhe im Gebet. Auch verlor er sich gern in die Betrachtung des Geheimnisvollen, das Vögel und Blumen für ihn umgab und das ihm auch von seinem Glauben bezeugt wurde. In dieser Gesinnung ist seine Religio Medici geschrieben (1. autorisierte Ausgabe 1643). In der Pseudodoxia Epidemica, die Bacons Ruf nach einer Zusammenstellung von irrigen und abergläubischen Ansichten aufnimmt und dafür Beispiele aus der Naturwissenschaft, der Geographie und der Bibel bringt, ist noch kaum etwas von dem späteren ernsten Geist wissenschaftlicher Forschung zu erkennen. Wie seine Zeitgenossen glaubt er zB noch an Astrologie, das ptolemäische Weltbild und Alchemie. Aber weil ihm die Wichtigkeit der Beobachtung und des Experiments feststand, mußte er viele überlieferte Behauptungen der Naturwissenschaft wie der kirchlichen Lehre in Frage stellen und war kritisch genug, um die Kirchen des westlichen Europa anzugreifen. Daß er in England ernstlichen Zensurmaßnahmen entging, verdankte er zweifellos der unruhigen politischen Lage, doch ist zu bedenken, daß die Verbindung einer empirisch-kritischen Haltung mit demütiger Anbetung der anglikanischen Einstellung nicht widerspricht.

Mit seiner Frömmigkeit verband er eine Theologie, deren Wahrheiten »weder von der Vernunft begründet noch von der Wahrnehmung bestätigt werden können«, woraus sich eine Neigung ergibt - offensichtlich in Widerspruch zu seiner kritischen Haltung -, unbedenklich ein ganzes Teil der überlieferten Theologie zu übernehmen. Diese konservative Haltung zeigt sich auch in seiner Abneigung gegen theologische Streitigkeiten und könnte erklären, warum er 1664 bei einer Verurteilung wegen Hexerei eine berüchtigte Rolle spielte.

Bei B.s Willen, die beiden Haltungen der Naturwissenschaft und des Glaubens zu wahren, sucht man vergebens nach einer gedanklichen Synthese. Obwohl sich schwache Spuren von Neuplatonismus finden, war er doch kein systematischer Philosoph. Die Synthese ergab sich ihm letztlich in der dichterischen Gestaltung, die von seinen wissenschaftlichen Beobachtungen angeregt und von seiner Theologie gesättigt wurde und im Stil all seiner Werke ausprägt. Wenn sein kritischer Empirismus die Aufklärung vorwegnahm, so deshalb, weil jene Bewegung Voraussetzungen deutlich machte, die er niemals in Frage stellte, und Probleme aufwarf, die sich bei seinem Standpunkt implizit ergaben. Weil er bei seiner kritischen Vernunft doch in der Einbildungskraft die Synthese findet, könnte man ebensogut behaupten, daß er die Romantik vorwegnimmt. Seine doppelseitige Position ist in gewissem Sinne der Stellung Kants vergleichbar.

Collected Works ed. G.Keynes, Bd 1-6, 1928-31; Religio-Medici. Krit. Ausg. v. J.J.Denonain, 1953; Christian Morals (mit einer Biographie v. S.Johnson) ed. S.C.Roberts, 1927. - G.Keynes, A Bibliography of Sir Th.B., 1924 - O.Leroy, A French Bibliography of Sir Th.B., 1931. - J.A.Trinius, Freidenker-Lexikon, 1759, 119ff - H.Weingarten, Die Revolutionskirchen Englands, 1868, 307f - DNB III, 1908, 64ff - E.A.George, Seventeenth Century Men of Latitude, 1908 - B.M.Richardson, Disciples of Aesculapius II, 1910, 636f - E.S.Merton, Science and Imagination in Sir Th.B., 1949.

I.T.Ramsey

Browning, *Robert* (1812-89), nach A. → Tennyson der bedeutendste englische Dichter des Viktorianismus. 1846 heiratete er Elizabeth Barrett (1806-61), die Dichterin der an ihn gerichteten Sonnets from the Portuguese (u.a. übertragen von R.M. → Rilke). Die Klärung von B.s Dichtertum vollzieht sich in der Spannung zwischen Gotteserkenntnis und Gotteserlebnis. Die Auseinandersetzung mit Fortschrittsglauben und liberaler Theologie unter Einfluß von D.Fr. → Strauß' Leben Jesu sowie die Überwindung der mit dem → Darwinismus immer mehr um sich greifenden Beschränkung auf sinnliche Erfahrung zugunsten der geistigen Wahrheit gibt seiner Dichtung das Gepräge, so dunkel und verworren sie auch weithin sein mag. Das Drama Paracelsus (1835) gestaltet die Einsicht, daß Erkenntnis aus Machtstreben ohne liebende Hingabe zur Katastrophe führe. Besonders in der Gedichtreihe Christmas-Eve and Easter-Day (1850) zeigt B., daß nicht Natur oder Geist, sondern nur die Liebe Glaubensgrund sein könne. Die Wahrheit aber wird dem Suchenden von Gott geschenkt, wie The Ring and the Book (1868-69) in der von B. bevorzugten Form des dramatischen Monologs an der Geschichte eines Mordprozesses aus dem 17.Jh. veranschaulicht.

Works, Centenary Ed., ed. F.G.KENYON, 10 Bde, 1912 - F.G. DUCKWORTH, B., Background and Conflict, 1931 - W.C.DEVANE, A B. Handbook, (1935) 1955². *G.Müller-Schwefe*

Bruce, *Alexander Balmain* (1831-99), schott. Theologe. Zeitweise von D.F. → Strauß beeinflußt, entwikkelte er später Ansichten, die orthodoxer Lehre näherstanden, wenn er auch überzeugter Liberaler blieb und freie, kritische Forschung in der ihr zurückhaltend gegenüberstehenden »Free Church of Scotland« ermutigte. Seit 1875 Prof. am Free Church College, Glasgow, wurde er 1890 vor der General Assembly auf Grund seiner Ansichten über die Entstehung des Lukas-Evangeliums wegen Leugnung der Verbal-Inspiration angeklagt, aber freigesprochen. Er arbeitete seit 1894 mit F.K. Cheyne an der Herausgabe der Theological Translation Library.

Vf. außer exegetischen Schriften: Apologetics, 1892; The Providential Order of the World (Gifford Lectures 1897); The Moral Order of the World (ebd 1898). *D.Carter*

Bruckner, *Anton,* Komponist, * 1824 Ansfelden (Oberösterreich), † 1896 Wien. B.s Werdegang ist völlig mit seiner Tätigkeit als Chorsänger, Organist und Chordirigent des kath. Gottesdienstes, unter anderem in St. Florian, Linz und Wien, verbunden. Seit 1868 war er Professor am Wiener Konservatorium, seit 1876 auch Lektor an der dortigen Universität. Nach zahlreichen liturgischen Gebrauchskompositionen brachte die 1. Messe in d-moll (1864) den Durchbruch zur eigenen Sprache. Neben kleineren Werken folgten die 2. und 3. Messe in e-moll und f-moll (1866 und 1868), das Te Deum (1881-84) und der 150. Psalm (1892). Eine tiefreligiöse Haltung bestimmt nicht nur B.s Kirchenmusik, sondern auch seine Symphonien. B. ist der bedeutendste Fortsetzer der weltoffenen geistlichen Werke Joseph und Michael Haydns und Schuberts. Dazu tritt bei ihm ein mystischer Zug, der in den harmonischen und orchestralen Errungenschaften Wagners seine adäquaten Ausdrucksmittel findet. Archaische Elemente von besonderer Eindrücklichkeit (zB Anfang des Te Deum) unterscheiden B. von seinen Zeitgenossen und lassen ihn als den eigenwilligsten Vertreter der kath. Kirchenmusik in der 2. Hälfte des 19.Jh.s erscheinen.

GA 1930ff (Bd 12-18 für die geistlichen Werke vorgesehen). - Bibliogr.: O.KELLER (Die Musik 14, 1914/15, 158-171. 217-226), K.GUDEWILL (Deutsche Musikkultur 5, 1940/41, 145-148), Zeitschrift »Chord and Discord«, New York 1947ff. - A.GÖLLERICH, A.B., 4 Bde, (1922-36) 1938² - M.AUER, A.B., Wien (1923) 1952⁷ - DERS., A.B. als Kirchenmusiker, 1927 - E.KURTH, A.B., 2 Bde, 1926. *W.Osthoff*

Bruderhof, Bezeichnung für christliche Gemeinschaftssiedlung. Seit der Reformationszeit gibt es B.e der Hutterischen Brüder (→ Täufer). Im Jahre 1920 entstand unter der Anregung von E. → Arnold in Hessen eine christliche Lebensgemeinschaft, die von 1927 an unter der Bezeichnung Rhön-B. im Kreise Fulda existierte bis zu ihrer 1937 durch die Gestapo verfügten Auflösung. Auf dem Rhön-B. hatten sich Menschen verschiedener Herkunft und Konfession zu einer Gemeinde gemeinsamen Lebens und gemeinsamer Arbeit zusammengeschlossen, in der alle Dinge in urchristlicher Weise in Gemeinschaft gehalten wurden. Die aus Deutschland vertriebenen »Bruderhöfer« gründeten Siedlungen in anderen Ländern. Der größte Teil der Gemeinschaft lebt in Südamerika, in Primavera/Alto Paraguay (700 Menschen auf 3 B.en) und in Montevideo/Uruguay (1 B. mit ca 40 Menschen). Die Gemeinschaft ist in Südamerika unter dem Namen »Sociedad de Hermanos« bekannt und im englischen Sprachgebiet als »Society of Brothers«. Seit 1941 besteht in England der Wheathill-B. in Bromdon, Bridgnorth, Shropshire mit zZ 200 Menschen. In den USA entstand 1954 ein B. in Woodcrest, Rifton, N.Y. und später ein anderer bei Uniontown, Pennsylvanien. Seit 1955 besteht auch wieder eine B.-Gemeinschaft in Deutschland auf dem Sinntalhof bei Bad Brückenau. Auf jedem B. befinden sich von der Gemeinde erwählte Brüder, die den Dienst am Wort, die Geschäftsführung und die Leitung der einzelnen Arbeitsgebiete versehen. Entscheidend für alles Geschehen ist die Versammlung der Mitglieder (Bruderschaft). Vor der Aufnahme in diese hat jeder Neuling in einer Erprobungszeit (Noviziat) seinen Entschluß zu bewähren. Die Mitglieder haben sich verpflichtet, für Lebenszeit der Aufgabe anzugehören und Gott und der Gemeinde in tätiger Hingabe an das gemeinsame Leben zu dienen. Für das geistige Leben der Gemeinde wurde das Täufertum des 16.Jh.s und das frühe Quäkertum des 17.Jh.s ebenso entscheidend wie die → Religiös-Soziale Bewegung zu Beginn des 20.Jh.s und die → Jugendbewegung nach dem 1.Weltkrieg. Zur Beschaffung der äußeren Existenz unterhalten die B.e Landwirtschaftsbetriebe sowie gewerbliche und industrielle Unternehmungen. Auf jedem B. leben Familien neben Ledigen. Die Kinder werden in eigenen Kindergärten und Schulen erzogen. Ihre Ausbildung erhalten sie meist außerhalb der Gemeinschaft; ihre Rückkehr auf einen B. erfolgt freiwillig. - In Paraguay wird ein Krankenhaus mit eigenen Ärzten und Pflegekräften für die einheimische Bevölkerung unterhalten. In England befindet sich der Buchverlag der Gemeinschaft (The Plough Publishing House), der die B.-Literatur in verschiedenen Sprachen herausgibt.

Der Pflug. Zeitschr. d. B.e, NF (vierteljährl.). - H.J.SCHOEPS, Die letzten 30 Jahre. Rückblicke, 1956, 43ff. *H.Zumpe*

Bruderräte. Die Bezeichnung entstammt der → Gemeinschaftsbewegung, wo sie für die örtlichen Vorstände und die der Landesverbände früh üblich wurde (meist Brüderräte). In der → Bekennenden Kirche übernahmen Gemeinde-B., Landes-B. und der Reichsbruderrat gegenüber deutsch-christlichen Gemeindevorständen und Kirchenbehörden kraft kirchlichen Notrechts leitende Funktionen (→ Kirchenkampf). Mit dem kirchlichen Neuaufbau nach 1945 trat die Leitung der B. in den Hintergrund. Nur der Reichsbruderrat blieb im öffentlichen Blickfeld, bestrebt, die Erkenntnisse der Bekennenden Kirche gegenüber den amtlichen Kirchenbehörden zu wahren.

W.NIEMÖLLER, Kampf u. Zeugnis der Bekennenden Kirche, 1948 (Lit.). *W.Jannasch*

Bruderschaften

I. Bruderschaft, religionsgeschichtlich - II. Kirchengeschichtlich - III. In der Gegenwart. - B. = Bruderschaft

I. Bruderschaft, religionsgeschichtlich

B. bedeutet Teilhabe an demselben Zentrum, zunächst innerhalb der Familie, dann, unter Überschreitung der

Familienbande, die Schaffung einer neuen Bindung zwischen Menschen; zunächst Teilhaben an der → Macht des anderen (durch → Blut oder kraftgeladene Materie gesichert) und als solches zur Bundessetzung gehörig (→ Bund: I).

Im höheren Sinne ist B. der gestifteten Religion eigentümlich: um eine charismatische Persönlichkeit bildet sich ein Jüngerkreis (→ Jüngerschaft); auf Grund der Verkündigung eines → Propheten bzw. des → Heilandes entsteht eine durch gleiche Gesinnung, gleiches Streben zusammengehaltene Gruppe. Die durch Gesinnung und gemeinsames Erleben vereinten Brüder stehen außerhalb der ursprünglichen Familienbindung in höherer Einheit (vgl. Mk 3, 31f par) - dh: »Die Heiligkeit der Gegebenheit wird durch eine andere Heiligkeit durchbrochen« (van der Leeuw 283).

Nach dem Tode des Stifters wandelt sich der Jüngerkreis - nun nicht mehr durch die Persönlichkeit des Charismatikers geeint - zur wirklichen B., in welcher der Stifter zum Gegenstand der Verehrung wird (Objektivierung des Brudergedankens); gemeinsame kultische Handlungen einen die Brüder. Jedoch beginnt schon in dieser Phase die Erstarrung, Organisation und »Verkirchlichung« der B. - ein Vorgang, der sich in jeder Religion wiederholt. Dabei ist zu beachten, daß das B.sgefühl verschiedenen seelischen Haltungen entsprechen kann: ist es im Buddhismus die B. im Leiden, so stützt sich der christliche B.sgedanke auf die Gemeinschaft in der Erlösung, der muslimische auf den gemeinsamen Glaubensgehorsam.

Innerhalb der religiösen Gemeinschaft bilden sich, zurückgreifend auf die reine Lehre des Stifters oder zur Pflege innigeren Gemeinschaftslebens, oftmals bruderschaftliche Gruppen, die sich als Schwerpunkte der Frömmigkeit entwickeln und eine neue Innerlichkeit pflegen: die B. der →Essener (→Qumran), die Mönchsorden im Christentum und Buddhismus (→ Mönchstum: I. II), die Collegien, die als B.en bekannten Gruppen (→ Brüder vom gemeinsamen Leben, → Brüder des freien Geistes u.ä.), im islamischen Bereich die Derwischorden, die, aus losen Kreisen um die großen Mystiker hervorwachsend, etwa vom 12.Jh. an organisiert werden, sowie die futuwwa-Bünde, die sich in Anatolien in den religiös bestimmten, den christlichen Gilden und Zünften entsprechenden Achi-B.en fortsetzen (»Alle, die von einem Meister den Gürtel annehmen, sind Brüder«). In all diesen Formen zeigt sich das Streben nach Erneuerung der Gesinnungseinheit, der brüderlichen Gleichheit und des gemeinsamen kultisch-organisatorischen Lebens. Eine Sonderform desselben Gedankens stellen, durch Gegensatz zur Großkirche bestimmt, die → Sekten dar.

Wie der B.sgedanke einerseits zur Bildung kleiner Kreise führt, kann er sich andererseits weltumfassend ausdehnen. Heißt es im Islam, »die Gläubigen sind Brüder«, so erweitert sich der Begriff dazu, in allen Menschen als Kindern ein- und desselben Gottes Brüder zu sehen, die mit gleicher Liebe umfaßt werden müssen; schließlich werden alle Geschöpfe in brüderlichem Gefühl vereint gesehen, wie es von zahllosen Mystikern, Dichtern, Philosophen der verschiedenen Religionen ausgesprochen wurde und klassischen Ausdruck im Sonnengesang des → Franz von Assisi gefunden hat.

E. Troeltsch, Ges. Schriften, 1912 - M. Weber, Ges. Aufsätze zur Religionssoziologie I, (1920) 1947[4]; II. III, (1921) 1923[2] - J. Wach, Meister u. Jünger, 1925 - Ders., Religionssoziologie, 1951 - A. Gölpinarli, Die Organisationen u. Ursprünge der B. in islamischen u. türkischen Völkern, 1953 (türk.) - RAC II, 631ff - F. Taeschner, Gülschehris Mesnevi auf Achi Evran (AKM 30, 3), 1955 (Lit.) - van der Leeuw.

A. Schimmel

II. Kirchengeschichtlich

Die Geschichte der B.en läßt sich in den ersten Jh.en nur lückenhaft verfolgen. Die älteste bekannte B. ist 336 in Konstantinopel zur Bestattung der Leichen bezeugt. Sie ging wohl auf antike, auch im Judentum bekannte Begräbnisgenossenschaften zurück, wenn auch solche im Bereich der Alten Kirche sonst nicht bezeugt sind. Im Anfang des 5.Jh.s besteht in Alexandria eine B. zur Pflege der Pestkranken. Dann reißen die Zeugnisse ab. Erst aus den Briefen des → Bonifatius erfahren wir, daß in England Anfang des 8.Jh.s Gebetsverbrüderungen (communio fraterna o.ä.) bestehen, in denen sich Mönche zusammenschlossen. Sie wurden familiares des Klosters, von dem die Verbrüderung ausging. Diese Sitte, von Bonifatius auf das Festland übertragen, griff bald über den klösterlichen Rahmen hinaus: 762 schlossen sich auf der Synode von Attigny Bischöfe, Abtbischöfe und Äbte zusammen zum Zweck bestimmter Gebete usw beim Tode eines Bruders. Solche B.en entstanden allerorten. Alkuin überliefert für sie bereits den später kanonischen Namen fraternitas. Laien scheinen zuerst in England aufgenommen zu sein als Gegengabe für Wohltaten. Sie mehrten sich so, daß die B.en zu Vereinigungen von Geistlichen und Laien wurden, die in Gebet und Messen Tod und Jahresgedächtnis der Mitglieder begingen, diese aber auch im täglichen Fürbittengebet erwähnten. Die Brüder wurden im Liber vitae aufgezeichnet (Liste der beim Opfer zu nennenden Lebenden und Toten). Der in der steten Fürbitte liegende Anreiz führte zur raschen Verbreitung der B.en im Raum der römischen Kirche. Besondere Gebetsverbrüderungen der Ritterschaft sind im 10.Jh. von → Cluny ausgegangen; für Saint-Mont belegt sie ein Privileg → Calixts II. So entstehen Laien-B.en im Anschluß an Benediktiner-Klöster, in denen unter Leitung des Ordens nach höherer Vollkommenheit gestrebt wurde: Die → Zisterzienser haben sich dieser B.en besonders angenommen.

War damit schon eine Verschiebung in Zusammensetzung und Zielen der B.en eingetreten, so brachte das 13.Jh. die Anfänge der B.en, wie sie bis heute bestehen. Die alten B.en verlieren an Anziehungskraft, obwohl einige bis in die Gegenwart erhalten sind. Zwei Gründe bedingen die neue Entwicklung: Entstehung der → Bettelorden und Aufschwung des Bürgertums und damit des Gildenwesens. Mit dem Anwachsen genossenschaftlicher Formen entstehen im 13.Jh. besonders in Norddeutschland die Kalands-B.en aus Geistlichen und Laien beider Geschlechter zur Pflege gemeinsamen Gottesdienstes (meist einem Heiligen geweiht), des sittlichen und geselligen Lebens, der Wohltätigkeit und des Totengedächtnisses, unter Leitung eines Geistlichen, ihm zur Seite ein Laie als Kämmerer (für Verwaltungs- und Rechtsgeschäfte). In Kalandshöfen trafen sich die Brüder zu gottesdienstlichen Übungen und Kalandsmahlen mehrmals im Jahre. Der Name kommt von den Versammlungen der Dekanatsgeistlichen an den Calendae jedes Monats. Im 15.Jh. wurden die Kalands-B.en mehr und mehr zu geselligen Vereinen. In der Reformation gingen die meisten ein (doch heute noch zB Dom-Kaland Münster i.W.). Neben dieser gemischten Form der B.en stehen die im Anschluß an die Bettelorden entstandenen. In ihnen verpflichten sich die Brüder zu besonderen kultischen oder karitativen Leistungen; zB (unter Leitung der Serviten) die B.en zu den 7 Schmerzen Mariä, die »St. Christoph-B. auf dem Arlberg zur Rettung der in den Schneepässen gefährdeten Reisenden«, die Rosenkranz-B. (Dominikaner), die Skapulier-B. (Karmeliter) usw. Die Pilger nach S.Jago di Compostela schufen B.en, die vornehmlich Spitäler für die Pilger betreuten; auch andere B.en versahen Spitäler, so die Katharinen-B. in Arlon. Die 1267 von → Clemens V. bestätigte B. der Gonfalonieri zum Loskauf von Christen aus sarazenischer Gefangenschaft steht wohl am Anfang dieser Reihe der karitativen B.en. Überall entstanden im späten MA solche B.en, meist an einen Nebenaltar einer Kirche und dessen Heiligen oder ein Kloster gebunden. Schon → Wiclif bekämpfte ihre Veräußerlichung scharf, obwohl sie die größte Verbreitung erst im 15.Jh. erfuhren. Pflicht sind Gebetsleistungen und Almosen, aber schon bloße Zugehörigkeit verschafft Ablässe sowie andere geistliche und weltliche Vorteile. Immer neue B.en schossen empor; mancher Vornehme gehörte zu zahlreichen B.en, die dadurch gewaltige Geldsummen einnahmen. Im späten 15.Jh. werden auch sie meist zu geselligen Verbindungen mit pomphaften Festen und üppigen Gelagen. Dieses Unwesen, die rasch eingetretene Veräußerlichung des frommen Zweckes sowie die sittliche Verwilderung ließen → Luther 1519 scharf gegen sie vorgehen. Die B.en verschwanden bald im Raum der ev. Kirche. Auf kath. Seite nahmen sich die → Jesuiten ihrer an mit scharf gegenreformatorischen Zielen. Im 17. und 18.Jh. gingen die B.en stark zurück; erst im 19.Jh. erlebten sie unter → Pius IX. erneut großen Aufschwung, vor allem in Gestalt der → marianischen Kongregationen (die erste 1553 am Collegium Romanum gegründet, 1584 bestätigt) und der B. zur Verehrung des heiligsten Herzen Jesu. Das kanonische Recht hat Gründung und Ordnung von B.en streng geregelt. Sie sind heute wichtigste Bestandteile des religiösen Lebens der Laien unter Aufsicht der Bischöfe.

RE III, 434ff - TH.KOLDE, Die kirchl. B.en, 1895 - J.RAUTENSTRAUCH, Die Kalands-B.en des MA, 1903 - LThK II, 584f - FEINE 299 (Lit.). *K.Wessel*

III. In der Gegenwart

1. In der kath. Kirche - 2. In den ev. Kirchen

1. Kath. B.en sind nach dem CIC von 1917, durch den auch das kirchliche Vereinswesen neugeordnet wurde, rechtsförmlich errichtete Körperschaften von Laien und Geistlichen, die Werke der Frömmigkeit oder der christlichen Liebestätigkeit pflegen und zugleich zur Erhöhung der Feierlichkeit des Gottesdienstes beitragen wollen. Dies geschieht durch Abhaltung besonderer Andachten, Messen, Wallfahrten, Prozessionen. Die satzungsgemäße Förderung des amtlichen Gottesdienstes unterscheidet die B. (confraternitas) von dem frommen Verein (pia unio).

Die *Mitglieder* sind nicht durch Gelübde gebunden und führen auch keine vita communis unter einer Regel; der Austritt steht jederzeit frei; die Statuten verpflichten nicht unter Sünde (wie manche Ordensstatuten). Für Frauen ist das Mitgliedsrecht in B.en auf Teilnahme an den Ablässen und geistlichen Gnaden beschränkt; aktives und passives Wahlrecht haben sie nicht.

Die *Errichtung* von B.en muß durch ein förmliches Dekret des Diözesan-Bischofs, nachdem er Zweck und Statuten geprüft hat, geschehen; sie ist möglich nur in Kirchen, öffentlichen und halböffentlichen Kapellen, in Kathedral- und Kollegiatkirchen mit Zustimmung des Kapitels, nicht also in Privatkapellen. An einem und demselben Ort dürfen nicht mehrere B.en mit dem gleichen Titel und Charakter errichtet werden, außer in großen Städten. (Dies gilt aber nicht für die Corporis Christi- und die → Christenlehr-Bruderschaft.)

Erzbruderschaften (archiconfraternitates) unterscheiden sich von den einfachen B.en durch das Aggregationsrecht, dh die Befugnis, andere B.en derselben Art sich anzugliedern. Die Erz-B. erlangt dadurch keine Rechte über die angegliederte B. Ohne daß ein Verhältnis der Über- und Unterordnung entsteht, bewirkt die Angliederung, daß auf die angeliederten B.en alle übertragbaren Ablässe, Vorrechte und geistlichen Gnaden übergehen, die der Erz-B. unmittelbar und ausdrücklich verliehen sind oder in Zukunft verliehen werden. Der Sitz der Erz-B. kann nur vom Apostolischen Stuhl verlegt werden. Der Titel Erz-B. wird ausschließlich vom Hl. Stuhl verliehen; er kann auch ehrenhalber verliehen werden.

Kanonisch errichtete B.en haben kirchliches Korporationsrecht, staatliches nur, wenn sie auch gesetzlich anerkannt sind.

Die B.en sollen *Titel oder Namen* entlehnen: den Eigenschaften Gottes, den Geheimnissen der christlichen Religion, den Festen des Herrn, der sel. Jungfrau Maria oder dem frommen Werke, das der B. eigen ist. Aus diesem Namen kann oft der je besondere Zweck der B. ersehen werden. Solche *Zwecke* sind: Sühne für die Beleidigungen Gottes; gegen die Entweihung der Sonn- und Feiertage durch Verkauf und Arbeit; Kirchenbau und -schmuck in armen Gegenden; Sorge für den Erstkommunionunterricht; Hilfe für Kranke, Sterbende und Tote; Wiedervereinigung im Glauben; Gebet für den Hl. Vater und Liebesgabensammlung zur Unterstützung des Papstes; Herausgabe und Verbreitung guter Schriften; Enthaltung von Alkohol; Zurückführung der Arbeiterwelt zur Religion; Förderung und Unterstützung der Priesterberufe u.ä.

CIC cc. 684-725 - F.BERINGER-P.A.STEINEN, Die Ablässe, ihr Wesen u. Gebrauch II, 1922[15] - EICHMANN-MÖRSDORF I. *R.Mayer*

2. a) Luther fand die geistlichen B.en der mittelalterlichen kath. Kirche als allgemein verbreitete Einrichtung vor und hat ihrer »bösen Übung« *die* Kommunion gegenübergestellt, die das Sakrament schafft. Wohl aber hat er später evangelisch gewordene Klöster, die sich in den Dienst der Gemeinde stellten, anerkannt, ja sogar den → Brüdern vom gemeinsamen Leben in Herford in ihrer Bedrängnis gegenüber dem dortigen »evangelischen« Rat nachdrücklich geholfen (WAB 6), wobei ihm freilich die Verbindung dieser besonderen Brudergemeinschaft mit der Ortsgemeinde wichtig war. Zur Gründung eigener evangelischer Sondergruppen innerhalb der Gesamtgemeinde, etwa im Sinne der sog. »dritten Weise« des Gottesdienstes in der Vorrede zur Deutschen Messe, ist er jedoch nicht fortgeschritten, sicherlich auch aus Sorge, es könne darüber der missionarische Dienst des Evangeliums für alle zu kurz kommen. Weniger bei den alten böhmischen Brüdern (ihre »Brüderhäuser«), stärker in der erneuerten Brüderkirche Zinzendorfs (→ Brüderunität: II) finden sich (hier in der Gestaltung der »Chöre«) gewisse Ansätze zu bruderschaftlicher Seelsorge und Aktivität. Auf den Gesamtprotestantismus gesehen mag vielleicht die Abspaltung zahlreicher Sekten auch damit zusammenhängen, daß von ihm bei seiner starken Betonung der Ortsgemeinde die Möglichkeit oder gar Notwendigkeit eines besonderen bruderschaftlichen Dienstes innerhalb der Einzelgemeinde und für die Kirche im ganzen nicht genügend gesehen wurde.

W.Jannasch

b) Erst die jüngste Zeit mit ihren sozialen Erschütterungen und Umschichtungen hat in dieser Hinsicht zur Entstehung zahlreicher ordensähnlicher Gemeinschaften in den ev. Kirchen der ganzen Ökumene geführt. Vorangegangen ist die Neubelebung des Ordenslebens im anglikanischen *England,* wo es seit der Mitte des vorigen Jahrhunderts zahlreiche ev. Mönchs- und Nonnenklöster gibt. Die englischen Bemühungen waren schon damals mit einer gewissen Hinwendung zur modernen Arbeitswelt verbunden und müssen trotz mancher restaurativen Züge im Zusammenhang mit der frühzeitigen industriellen Revolutionierung Englands betrachtet werden (→ Anglikanische Kirche: I, 6. 7).

In *Deutschland* kam es erst nach 1918 zu ähnlichen Strömungen, zum Teil im Anschluß an die anglikanische Entwicklung. Insbesondere war für Friedrich → Heiler, nachdem er persönlich den Weg von der röm. zu einer »Evangelischen Katholizität« gegangen war, das Vorbild des → Anglokatholizismus wesentlich. Von mehreren ordensähnlichen Institutionen, die auf diesen Anstoß zurückgehen, hat sich vor allem die ziemlich locker gefügte St. Johannis-B. erhalten.

Weniger durch geschichtliche Vorbilder als durch Anstöße der Gegenwart war das Bemühen der *Berneuchener* um eine neue Gestalt der Kirche in unserer Zeit bestimmt (→ Berneuchen). Die 1931 begründete *Ev. Michaels-B.* zählt heute in zahlreichen, zum Teil außerdeutschen Konventen über 600 Mitglieder. In ihre nähere Nachbarschaft gehören die zahlreichen, zT auf die Anregungen Nathan → Söderbloms zurückzuführenden B.en in Skandinavien wie der → *Birgittenorden* in Schweden, der *Ordo Crucis* in Norwegen sowie das *Theologische Oratorium* und die *Ansgar-B.* in Dänemark.

c) Aus den Erschütterungen des zweiten Weltkriegs sind eine Reihe ganz neuer B.en hervorgegangen, die sich von den älteren vor allem dadurch unterscheiden, daß sie in der Mehrzahl zur Verpflichtung auf die → Evangelischen Räte der Alten Kirche zurückgekehrt sind. Es ist ein ganz ungewöhnliches und sehr merkwürdiges Phänomen, daß diese »ev. Orden« - meist ohne Verbindung miteinander und unabhängig voneinander - in den verschiedensten Konfessionen der Ökumene entstanden sind. Ihre Kennzeichnung als Orden ist insofern irreführend, als sie weder Mönchtum noch Klosterleben anstreben; sie suchen vielmehr nach neuen Formen eines Apostolats in der Welt der Maschinentechnik und der Industriearbeit. Insofern gehören sie eher in die Nachbarschaft der neuen kath. »Säkularinstitute« und der → Arbeiterpriester oder der »Kleinen Brüder Jesu«. Da sie sich selber in Frankreich und der Schweiz als Communauté und in England und der englisch sprechenden Welt als Community zu bezeichnen pflegen, wäre zu fragen, ob man sie nicht als *Kommunitäten* sowohl von den eigentlichen Orden als auch von den B.en unterscheiden sollte, wie es vielfach schon geschieht.

Die wichtigste dieser neuen Gemeinschaften ist die Communauté von *Taizé-les-Cluny* in Burgund, die 1947 von ihrem jetzigen Prior Roger Schutz gegründet wurde und in mehreren Fraternitäten - in Marseille, Paris, Algier und Villigst (Ruhr) - insgesamt 30 Mitglieder zählt. In enger Verbindung mit Taizé stehen zwei weibliche Gemeinschaften, die von *Grandchamp* in der Französischen Schweiz - mit einer deutsch-schweizerischen Abzweigung in Gelterkinden bei Basel - und Pomeyrol in Südfrankreich. Die Communauté de Grandchamp ist besonders durch ihr Bemühen um »Retraiten« bekannt geworden, die in die gleiche Richtung geht wie die der Ev. Mischaels-B. um Einkehrtage und Stille Wochen.

Aus ganz eigener Wurzel ist die Community von Iona in Schottland hervorgegangen, an deren Anfang die Bemühung ihres Gründers George Macleod um das verelendete Industrieproletariat von Glasgow stand. Die Kommunität, die ihren Mittelpunkt auf einer entlegenen Insel an der schottischen Westküste hat, von der im Frühmittelalter die Missionierung des Nordens ausging, ist in drei Kreise, einen engeren, einen weiteren und einen ganz losen Freundeskreis gegliedert.

Die *Communità di Agape,* die ihren Sitz in einem italienischen Alpental hat, kommt aus der waldensischen Überlieferung. In ähnlicher Weise kann man das, was es in Deutschland an neueren Gemeinschaften gibt, in Verbindung mit den → »Brüdern vom gemeinsamen Leben« betrachten, die teilweise unmittelbar als Vorbild gedient haben. In deren geistige Nachbarschaft gehört die Ökumenische *Marienschwesternschaft* in Darmstadt, die die aktive Sühne für die deutschen Untaten an Israel als ihre besondere Aufgabe ansieht. Sie zählt trotz jahrelanger Aufnahmesperre nicht weniger als 60 vollverpflichtete Schwestern. In dieser Hinsicht wird sie von der ihr auch sonst nahestehenden *Selbitzer Christusbruderschaft* dicht gefolgt, die aber auch eine Reihe männlicher Mitglieder hat.

Von wesentlich anderer geistiger und geistlicher Herkunft sind die → *Bruderhöfe,* die zwischen den beiden Kriegen entstanden und, in der Hitlerzeit aus Deutschland ausgewandert, in Amerika mit den Hutterischen Brüdern, einer alten Wiedertäufergruppe, zusammentraten und sich in Paraguay stark ausbreiten konnten. Sie verwirklichen die Kommunität in ganz eigener Weise, indem sie, obwohl die Ehe nicht ablehnend, ihre Bruderhöfe in Gemeineigentum bewirtschaften.

Aus heidnischer Wurzel sind die *Ashrams* in Indien hervorgegangen, nämlich aus den Einsiedeleien indischer Weiser, die eine Schülerschaft um sich scharten. Wie die kath. Kirche heute in Indien an diese einheimische Kommunitätsform anknüpft, um die Missionsarbeit ihrer Orden zu entfalten, so gibt es auch eine Reihe ev. Ashrams, die sich durch ein besonders aktives und wirksames Apostolat auszeichnen.

Neben den genannten bestehen noch eine erhebliche Anzahl anderer B.en, von denen hier nur die Zoe-B. in Griechenland, das St. Katharinastiftelsen im schwedischen Sparreholm, das aus der Missionsarbeit hervorgegangene St. Julians in Südengland und die »Untermühle« in Imshausen bei Bebra genannt werden können. Außerdem gibt es eine große Anzahl von Nachbarerscheinungen, die ähnliche Züge aufweisen, ohne doch unmittelbar vergleichbar zu sein, zB die »Wikas« im holländischen »Kerk en Wereld« oder die Communauté von Villemettrie bei Paris, die eine Arbeit ähnlich der der Ev. → Akademien in Deutschland tut, mit der auch sonst viele Berührungspunkte vorhanden sind.

M. Luther, Sermon v. d. hochw. Sakrament d. hl. Leichnams Christi u. v. d. B., 1519 (WA II, 738 ff) - W. Stählin, B., 1939 - D. Bonhoeffer, Gemeinsames Leben, (1939) 1955² - Ders., Die Regel des geistlichen Lebens, 1950 - R. Schütz, La vie communautaire, 1944. - Zeitschriften: Verbum caro, Neuchatel - Der Pflug, Zs. der Bruderhöfe - Quatember, Ev. Jahresbriefe - Kommunität.

E. Müller-Gangloff

Brück, *Gregor* (1485-1557), eigentlich Heinse, * Brück bei Magdeburg, Jurist, studierte in Wittenberg und Frankfurt/O., promovierte in Wittenberg zum Doktor der Rechte und wurde der Kanzler der drei ernestinischen Kurfürsten der Reformationszeit. Er gehörte zu den bedeutendsten und besonnensten Diplomaten seiner Zeit; sein Einfluß auf die kursächsische Politik kann kaum überschätzt werden. Insbesondere gab er die Anregung zur Abfassung des → Augsburger Bekenntnisses und setzte auch dessen Verlesung durch. Den Schmalkaldischen Bund führte er energisch, den Schmalkaldischen Krieg suchte er zu verhindern. Auf Jahrhunderte hin beeinflußte er die Verfassung der ev. Landeskirchen (→ Kirchenverfassung: VI).

Vf.: Verzeichnis d. Handl., wie sie vf dem Reichstage zu Augsburg i. d. Religionssache zugetragen A.D. 1530. - RGG² I, 1272f - E. Fabian, Verz. vom Briefwechsel des Ref.-Kanzlers Dr. G.B. (1521-23), 1952 - Ders., Die Entstehung des Schmalk. Bundes u. seiner Verfassung, 1529-1531/33 (Diss.), 1953 - Ders., Dr. G.B. Lebensbild u. Schriftwechselverzeichnis, 1957 - NDB II, 652ff - A. u. E. Fabian, Nachkommen des Kanzlers Dr. G.B., 1956. *F. Lau*

Brücke. Der sakrale Gebrauch des lat. pontifex (= »B.nmacher«) wird gewöhnlich daraus erklärt, daß man bei einem B.nbau den »genius loci« (hier den »Stromgeist«) für den Eingriff in sein Gebiet mit → Bauopfer versöhnen wollte. Nach der Christianisierung ist vielfach der Teufel an Stelle des vorchristlichen Stromgeistes getreten, und er verlangt von den Benützern seinen Tribut. Schließlich wird die ganze Sitte christlich umgeformt: Die B. soll mit einer Kapelle versehen werden, ihr Bau wird als frommes Werk angesehen.

In den Jenseitsvorstellungen vieler Völker in Eurasien, und Ozeanien, bisweilen auch in Amerika gibt es eine B., über die die Seelen nach dem Tod ins jenseitige Leben (in den Himmel oder in die Unterwelt) wandern. Hierzu gehört die iranische Cinvat-B., die sich der guten Seele erweitert, aber der bösen eng wie eine Schwertklinge ist, so daß diese Seele in die unter der B. befindliche Hölle hinabstürzt. Einen ähnlichen Charakter hat die islamische Jenseits-B. (al ṣirāṭ). Die christliche Visionsliteratur des MA, besonders die irische, nennt häufig diese gefährliche und entscheidende B. mit dem oft dazugehörigen Feuerstrom. In der christlichen Bildersprache wird bisweilen das Kreuz Christi die B. der frommen Seele. Die altnordische Gjallarbro ist auch eine Toten-B., die christlich umgefärbt in der späteren Dichtung lange fortgelebt hat. Die Jenseits-B. soll nach einigen Forschern auch in den Kinderspielen (engl.: London bridge; schwed.: Bro, bro breja) einen letzten Niederschlag gefunden haben. Tatsächlich kennt man einen rituellen B.nbau für die gestorbene Seele sowohl vom nördlichen Eurasien als von China. Dadurch soll der Seele ins Jenseits geholfen werden.

Bei den Tungusen hat das Wort *sērun*, das sonst »Regenbogen« und »Blitz« bedeutet, auch den Sinn »der höchste Balken in der Mitte der Schamanenjurte«, dh der Weg in die Oberwelt, auf dem der Schamane während seiner Zauberzeremonie in der Ekstase nach dem Himmel fährt (→ Schamanismus). Bei den türkischen Tschuwassen heißt der Regenbogen eigentlich »Geisteraustreibungs-B.«, aber unter einigen südsibirischen Türkstämmen der »Himmelsweg« oder der »Donnerweg«. Der letztere Ausdruck kommt von der Anschauung her, daß der Obergott mit seinem Bogen (= Regenbogen) Pfeile (= Blitze) auf die bösen Geister schießt; diese Glaubensvorstellung ist auch bei den finnisch-ugrischen Völkern anzutreffen. - Auch die japanische himmlische »Schwebe-B.« und die altnordische schwankende Zitterstraße (Bifrost) bezeichnen den → Regenbogen bzw. die → Milchstraße.

ERE II, 848ff - RGG² I, 1273 - C.-M.Edsman, Le baptême de feu (ASNU 9), 1940, Reg. s.v. Pont - D.Strömbäck, Om Draumkvædet och dess källor (Arv 2, 1946, 35-70) - M.Haavio, För strömdrag rygga de tillbaka. Ett bidrag til de folkl. föreställn. om färden till dödsriket (Arv 3, 1947, 155-175) - M.Räsänen, Regenbogen-Himmels-B. (StOr 14, 1), 1947 - H.R.Patch, The other world according to descriptions in medieval literature, 1950 (Reg. s. v. Bridge) - R.O.Winstedt, The bridge of the dead (Journ. of the Malayan branch of the Royal Asiatic Soc. 24, 1951, 145-147).

M.Räsänen-C.-M.Edsman

Brückenbrüder (fratres pontifices), angeblich von dem Schafhirten Benezet († 1184) gestiftet, von Clemens III. 1189 bestätigt. Sie bauten besonders in Südfrankreich Brücken, Brückenkapellen, Straßen und Pilgerherbergen; im 15.Jh. aufgehoben.

F.Falk in HPBl 87, 1881, 89f - J.Jusserand in Revue Historique 19, 1882, 265-307 - Heimbucher I, 613. *O.Rühle*

Brüder (und Schwestern) des freien Geistes heißen die Vertreter einer religiösen Laienbewegung, die um die Mitte des 13.Jh.s im schwäbischen Ries auftaucht, sich über ganz Süd- und Westdeutschland ausbreitet und auch in Frankreich und Italien Boden gewinnt. Gedanken pantheistisch-quietistischer Mystik verbinden sich bei den B.d.f.G. mit politisch-sozialen Reformideen. Ihr Ziel ist religiöse Vollkommenheit und völliges Einswerden mit Gott (→ Mystik: VI). Dies wird erreicht durch Abkehr vom tätigen Leben; der Vollkommene braucht keine Priester und keine kirchlichen Gnadenmittel, ja er ist sogar erhaben über die Sünde - eine Vorstellung, die zu der Mißdeutung Anlaß gab, jede Sünde sei erlaubt. Wohl zu Unrecht wurden die B.d.f.G. moralischer Zügellosigkeit verdächtigt und als → Adamiten beschimpft. Sie waren keine geschlossene und fest organisierte Sekte; ihre Gedanken wirkten aber tief hinein in das religiöse Volksleben, befruchteten das Beginentum und fanden Eingang bei den Tertiariern der Franziskaner. Trotz harter Verfolgung durch die Inquisition hielten sich die B.d.f.G. bis in die Reformationszeit; manche ihrer Ideen wirkten bei den → Täufern nach.

K.Müller, Kirchengeschichte I, 1892, 612f - RE III, 467ff (Lit.)-H.Grundmann, Studien über Joachim von Floris, 1927, 163ff - LThK II, 582. *O.Rühle*

Brüder vom gemeinsamen Leben (Fratres communis vitae). Die Brüderbewegung entstand, wie die Windesheimer Reformbewegung (→ Windesheimer Kongregation), aus der devotio moderna als deren nichtmönchische, originalere Fortbildung. Für ihren Ursprung muß das »Scriptum« (1458) des Deventerer Bruders Rodolphus Dier de Muden als maßgeblich gelten. Weder Geert → Groote (1340-84), der durch seine Bußpredigt 1379 die devotio moderna erweckte, noch sein Freund → Florentius (1350-1400) haben die Windesheimer Klosterreform oder die Brüder-Bewegung begründet; das Reformkloster Windesheim entstand erst 1386. Die Hausgemeinschaft der B.v.g.L. ist überhaupt keine bewußte Stiftung oder Schöpfung, sondern als die bestmöglich praktische Verwirklichung des neuen unmönchischen Lebensideals in langsamer Entwicklung allmählich erwachsen. Neben den überaus zahlreichen Brüderhäusern auf niederländischem Boden stehen die westdeutschen Häuser in Münster, Köln, Wesel, Osterberg, Osnabrück und Herford (1426), wozu später (1467) Emmerich kam. Von Herford aus wurde Hildesheim gegründet, die Zentrale der mitteldeutschen Gründungen (1440-82) in Kassel, Marburg, Berlikum (Friesland), Magdeburg (1482), Merseburg (1503). Von Köln aus entstanden 1460-68 die mittelrheinischen Häuser in Butzbach, Königstein, Mariental, Wolf a.d.Mosel, Trier und Wiesbaden. Von Butzbach aus gründete Gabriel → Biel 1477-92 die württembergischen Chorherrenstifte in Urach, Herrenberg, Dettingen, Tachenhausen, Tübingen, Sindelfingen und Einsiedel im Schönbuch. Ferner gab es Brüderhäuser in Rostock (1462) und in Kulm (1472). Die Brüder stellten die Leiter und Seelsorger der weit zahlreicheren Schwesternhäuser in diesen Gebieten. Weil die Brüder von ihrer Hände Arbeit lebten, erfuhren sie früh Anfeindungen, prinzipiell von Matthäus → Grabow und dauernd aus Konkurrenzneid von Bettelmönchen, Handwerkern und Pfarrgeistlichen. → Heinrich von Ahaus und Rektor Bernhard von → Büderich verteidigten sie in Konstanz und Rom. Auf deutschem Boden begegnen uns hervorragende Gestalten: »Bruder → Gottfried«, der Devotenapostel, Rektor Bernhard von Büderich, Peter → Dieburg, Johannes → Bocholt, Nikolaus van Deer, Hinne → Rode, Henricus → Bommelius, Johannes → Veghe, Johannes → Holtmann und die beiden Herforder Brüder, Jakobus → Montanus und Gerhard Wiskamp von Xanten, der am 13.1.1532 Luthers Hilfe erfolgreich erbat (WAB VI, 248f). Die Brüder förderten den → Humanismus, sie waren Schönschreiber, zB von Agenden und Missalen, oft auch Buchdrucker, sie bemühten sich um den Text der Vulgata. Die meisten Häuser und Brüder schlossen sich der Reformation an, während die rheinischen sich kümmerlich hielten (Emmerich bis 1811). Ihre Schultätigkeit (daher »Schulbrüder«) war eine Folge ihrer pietistischen Schülermission; sie hielten zur Bekehrung drängende Bibelstunden (collationes) für die Scholaren (»Schüler-Bibelkreise«) und gründeten oft eigene Schulen. Luther urteilte 1532 über sie: »Wenn es um alles so stünde, wie um die Brüderhäuser, so wäre die Kirche allzu selig schon in diesem Leben.«

E.Barnikol, Stud. z. Gesch. der B.v.g.L., 1917 - Ders., Luther in Magdeburg u. die dortige Brüderschule (Theol. Arb. aus dem Rhein. Wiss. Pred. Verein NF 17, 1917, 1-62) - Ders., Das Magedburger Brüderhaus (ebd 19, 1922, 8-58) - P.Mestwerdt, Die Anfänge des Erasmus, Humanismus u. »Devotio moderna«, 1917 - D.deMan, Hier beginnen sommige stichtige van onsen oelden zustern, 1919 - O.Scheel. Martin Luther I, 1921[3] - E.deSchaepdijver, La »Dévotion moderne« (NRTh 54, 1927, 742-772) - Marie Josepha (G.G.Wilbrink), Das geistl. Lied der Devotio moderna, 1930 - H.Rademacher, Mystik u. Humanismus der Devotio Moderna (Diss. Münster), 1935 - K.Smits, De moderne Devoten en de Kunst (Hist. Tijdschr. 14, 1936, 331-341) - E.Hoffmann, Die Anfänge der B.v.g.L. u. die flämische Mystik (Jb. d. Arbeitsgemeinschaft der Rhein. Geschichtsvereine 2, 1936, 106-115) - J.Hashagen, Die Devotio moderna in ihrer Einwirkung auf Humanismus, Reformation, Gegenreformation u. spätere Richtungen (ZKG 55, 1936, 523-531) - R.Kekow, Luther u. die Devotio moderna (Phil. Diss. Hamburg), 1936 - J.J.Mak, Christus bij de Moderne Devoten (Ons Geestelijk Erf 9, 1937, 165-169) - R.R.Post, Studien over de Broeders van het Gemeenen Levens (Nederlandsche Historiebladen 1, 1938, 304-335; 2, 1940, 136-162) - Ders., De Broeders des Gemeenen Levens en de zielzorg (StC 15, 1939, 28-43) - Ders. De moderne devotio, 1940 - E.F.Jacob, The Brethren of the Common Life (BJRL 24, 1940, 37-58) - M.A.Nauwelaerts, De Bossche Broeders van hat gemeenen Levens (StC 18, 1942, 228-232) - M.A.Lücker, Meister Eckhart u. die Devotio moderna (Studien u. Texte für Geistesgeschichte des MA). 1950 - B.Windeck, Die Anfänge der B.v.g.L. in Deutschland (Diss, Bonn), 1951 (Masch.). *E.Barnikol*

Brüderunität

I. Böhmisch-mährische B. - II. Erneuerte B., Herrnhuter

I. Böhmisch-mährische Brüderunität

1. Die B. ist das Ergebnis von Reformbestrebungen im Anschluß an den Tod des → Hus und die hussitische Bewegung. Abgestoßen von dem gewaltsamen Treiben der Hussiten wie von der nicht in die Tiefe dringenden Kritik des Erzbischofs → Rokycana sammelte sich um dessen Neffen Bruder → Gregor, einen Landedelmann, eine Gruppe von Laien, die gute Priester und wirkliche Nachfolge Christi im Sinn eines positiven Biblizismus suchten. Nur dem Evangelium als neuem Lebensgesetz wollten sie folgen und die 6 kleinsten Gebote der Bergpredigt beachten: nicht zürnen, nicht begehren, sich nicht scheiden lassen, nicht schwören, dem Übel nicht widerstehen, den Feinden Gutes tun. Sie kamen überein, im gemeinsamen Gebet einen neuen Weg zu suchen. Rokycana hatte sie an → Peter Chelčický verwiesen, der absolute Gewaltlosigkeit predigte und den Eid ablehnte. Aber die Brüder haben weiter gesucht, bis sie - wahrscheinlich 1458 - beschlossen, die Bibel als Regel für dogmatische Fragen und als Vorbild für die Erneuerung der apostolischen Kirche anzunehmen. Eidesverweigerung und kultische Reformen ergaben sich, vielleicht im Anschluß an die Taboriten u.a. Verweigerung der Absolution und der Spendung des Sakraments an Unbußfertige. Bald mit den üblichen Ketzernamen der Waldenser und Pikarden belegt, gaben sie sich selbst früh den Namen der fratres legis Christi, womit zugleich der Gegensatz zu allen menschlichen und kirchlichen Ordnungen gemeint war. Dieser Name ist älter als »Unitas Fratrum« (Brüdergemeinschaft). Bei der ersten Verfolgung 1460, die auf die Änderung kirchlicher Gebräuche und aus politischen Gründen erfolgte, bekannten sie: »Wir sind solche, die sich ein für allemal entschlossen haben, sich nur durch das Evangelium und durch das Vorbild des Herrn Christus und der hl. Apostel in Sanftmut, Armut, Geduld und Feindesliebe leiten zu lassen« (Müller I, 85). Die Abendmahlsfrage, sonst in Böhmen entscheidend, war für sie von untergeordneter Bedeutung. Sie unterschieden wesentliche (Glaube, Liebe, Hoffnung) und dienliche Dinge (Sakramente). Aussagen über die Art der Realpräsenz Christi, die anerkannt wird, lehnten sie ab. Für die Anfangszeit ist die schärfste Trennung christlichen Lebens von jeglicher weltlicher Gewalt bezeichnend; das brachte sie in Widerspruch zum Glaubenszwang der damaligen Zeit. Da diese Forderungen aber für alle Christen erhoben wurden und sie sich in Kunwald in der Lititzer Herrschaft (wohl 1458) angesiedelt hatten, wurden sie nicht zu einem Mönchsorden, sondern suchten die Forderungen in Gemeinden zu verwirklichen, deren Glieder sich füreinander verantwortlich wissen. Die Gemeinden sind in drei Gruppen eingeteilt: 1. Priester und freiwillige Arme - Beschäftigung mit Handarbeit wird anbefohlen; 2. Das Gros der Gemeinde - Brüder und Schwestern in Handwerk und Ackerbau; 3. die Büßenden, die sich zur Aufnahme in die B. gemeldet haben, später auch die in der B. geborenen Kinder. Recht und Pflicht gegenseitiger Zurechtweisung wird in drei Arten geübt: bei leichten Verfehlungen Ermahnung, Bestrafung, Bekenntnis der Schuld; bei schwereren Verfehlungen Ausschluß vom Abendmahl; bei Todsünde oder Irrtum öffentlicher Ausschluß aus der Gemeinde. Wiederannahme ist bei offensichtlicher Besserung möglich. Diese Gemeindezucht liegt anscheinend bei den Ältesten.

Die (Laien-)Priester werden in einfacher Gemeindewahl von den gläubigen Mitchristen zum Amt gewählt und durch einen Priesterältesten, der Bischof heißt, bestätigt. Wahrscheinlich hat Bruder Gregor selbst den Anstoß dazu gegeben, daß die B. durch Wahl und Weihe eigener Priester sich von der römischen Kirche getrennt hat (Lhotka 1467). Lebendiger Glaube und unverfälschte Liebe sind die Kriterien für die Wahl. Bei der ersten Wahl wurden drei Laien in einem verwickelten Verfahren gewählt. Ausgang der Wahl und Einmütigkeit des Beschlusses wurden als göttliche Bestätigung angesehen. Ein unbekannter Waldenserältester - nicht Stephan, der damals schon den Feuertod erlitten hatte - wurde aufgesucht, um durch seine Mitwirkung die Verbindung zur unverfälschten Urkirche und ihrem Priestertum herzustellen. Auf die röm.-kath. Bischofssukzession legten sie kein Gewicht. Damit hatten sie einen neuen Ursprung eines brüderkirchlichen Amtes für die Jednota bratrská (Brüdergemeinschaft), später als Unitas Fratrum übersetzt, woraus die Bezeichnung Unität abgeleitet ist. - Der Weg zur Ausbreitung war nun frei; um 1500 werden 100 000 Glieder angegeben, die Duldung hing aber stets von den politischen Verhältnissen und der Macht adliger Herren ab, die die B. gegen die röm.-kath. und die utraquistische Kirche schützten. Ein deutscher Zweig entstand 1480 durch Einwanderung von Waldensern aus der Mark Brandenburg nach Mähren.

Nicht in der Lehre, sondern in Gemeindeordnung und -leben zeigt sich die besondere Gestalt der B. Gemäß der ursprünglich donatistischen Auffassung der Taufe (→Donatismus) wurde diese beim Übertritt zur B. wiederholt, die Kindertaufe seit 1478 mit nachfolgendem Unterricht geübt, aber die Wiedertaufe erst 1534 aufgegeben. Die 7 Sakramente werden beibehalten. Die Synoden, der alle Diener der B. angehören, fassen einmütige, für alle maßgebende Beschlüsse. Die Leitung der B. liegt in den Händen des Engen Rates (seit 1494) und der Synode. Die gegenseitigen Befugnisse sind nicht klar abgegrenzt. Der Vorsitzende des Engen Rates wird Richter genannt. Nach dem Tod des Matthias 1500 werden 4 Brüder aus dem Engen Rat als Bischöfe gewählt und geweiht. Die apostolische Zeit - Reinheit der Priester und der Gemeinden von weltlicher Gewalt - ist das Ideal der B. Die Vorstellungen über die Kirche bleiben innerhalb des Kirchenbegriffs Wiclifs, wenn auch in der Auffassung der Kirche als Gemeinschaft der Auserwählten ein biblischer Ansatz liegt.

Mit der Ausbreitung der B. auch in den Städten und dem Auftreten neuer Männer (→ Prokop von Neuhaus, → Lukas von Prag) wird in der zweiten Generation die Frage akut, ob die 6 kleinsten Gebote der besseren Gerechtigkeit weiter befolgt werden können. Die Kämpfe (Synoden von Brandeis 1490, Reichenau 1494) führen zum Ausscheiden der sog. Kleinen Partei der Amositen, die an den alten Forderungen festhalten, während die Synode erklärt, bei der ausschließlichen Geltung der hl. Schrift bleiben zu wollen.

2. Auf die Gründungszeit folgte unter Lukas von Prag der Übergang zu festen Ordnungen. Die Grundsätze von 1499 sind im wesentlichen bis zum Ende der alten B. in Kraft geblieben. Da die B. Lebensgemeinschaft ist, spielen die Anweisungen für die einzelnen Alters-, Berufs- und Standesklassen eine wichtige Rolle. Kriegsdienst, Eidesleistung und weltliche Gewalt werden nicht mehr wie früher als unbedingt unchristlich verurteilt, aber ebensowenig für völlig indifferent gehalten, so daß nähere Anweisungen erforderlich sind. Agende, ein erstes Brüdergesangbuch (1501) und Katechismus werden geschaffen und finden weite Verbreitung. Das St. Jakobsmandat (1508) gegen die pikardischen Irrtümer bedrohte die B. mit Vernichtung und führte zeitweise zur Verlegung des Schwerpunktes nach Mähren. Erst 1609 wurde es mit dem Majestätsbrief Kaiser Rudolfs außer Kraft gesetzt. Als die Reformation begann, stand die B. unter Führung des Lukas. Eine junge Generation (Johann → Horn, Michael → Weiße) suchte Fühlung mit Luther und anderen Reformatoren, wobei auch Paul → Speratus vermittelte. Luther übte Kritik an der Lehre der B. in bezug auf Glauben und Werke und Abendmahl, lobte aber Wandel und Zuchtübung. Unterschiede zwischen der Anschauung Luthers und der B. zeigen sich in der Tat beim Abendmahl (als Bestätigung vorhandenen Besitzes angesehen) und bei der »Gerechtigkeit« (auf Grund der geschenkten göttlichen Gerechtigkeit, die sich in den guten Werken äußert, wird der Mensch aktiv gerecht). Die christliche Gemeinde ist für die B. die Gemeinde der Bekehrten, die die Taufe erhalten und ihre Einrichtungen dem NT gemäß zu treffen suchen.

3. Nach dem Tod des Lukas wurde die B. zur selbständigen ev. Kirche. Die Hoffnung von Johann → Augusta, eine ev. Kirche in Böhmen unter Führung der B. zu bilden, erfüllte sich nicht. Jedoch behauptete sie sich gegen die Staatsgewalt als eine freie Gemeindekirche. In Mähren kam die B. zu hoher Blüte unter Johann → Blahoslav, dem bedeutenden Humanisten, Historiker, Pädagogen und Übersetzer des NT. Der Schmalkaldische Krieg brachte harte Verfolgung in Böhmen (Augusta 16 Jahre gefangen), vermochte aber die B. nicht zu brechen. Insofern die B. eine Mittelstellung zwischen Luther, Calvin, Bucer einnahm, war sie einer Einigung aller Evangelischen nicht abgeneigt und bekannte sich zur Böhmischen Konfession von 1575. Die 1609 endlich erreichte Religionsfreiheit öffnete den Weg zu einer Konföderation der ev. Kirchen bei selbständiger Kirchenverwaltung sie bewies jedoch wenig bindende Kraft. In Mähren kam der Versuch der B., ihre Gemeindeordnung und -zucht als ihr Bestes einer allgemeinen ev. Kirche zu übermitteln und in ihr aufzugehen, nicht zum Vollzug. Schulwesen und Literatur, besonders die sechsbändige Kralitzer Bibel (1578-93), aus den Urtexten übersetzt, zeigen Ansehen und Bedeutung der B. für das tschechische Geistesleben. Das praktisch gerichtete theologische Schrifttum nähert sich der Reformation an (allg. Priestertum, Abendmahl), übt aber Zurückhaltung in Kontroversen.

Der Gottesdienst war einfach, in Sälen (Sbor), ohne Orgel, Altar, Lichter und Bilder. Die Geistlichen trugen weder Talar noch liturgische Gewänder, verrichteten vielmehr ihren Dienst im Bürgerrock. Der wohl einstimmige Gemeindegesang, wahrscheinlich ohne Instrumente, aber in verschiedenen Chören mit Vorsängern und -gruppen im Wechselgesang (s. die bildliche Darstellung in den Gesangbüchern) ist auch fortan neben der Gemeindezucht für die B. charakteristisch. Michael Weiße (erstes deutsches Brüdergesangbuch, 1531) - nächst Luther bedeutendster geistlicher Dichter der Zeit -, Horn, Augusta, Peter → Herbert haben in stärkerem Maß das Volkslied umgeformt, als es in der Reformation geschah. Das streng geprägte Gemeindelied in kirchentonaler Bindung der Weisen herrscht vor und verkündet das Lob Gottes. Tageszeiten- und Tischlieder sowie die Kleinausgaben der Gesangbücher lassen erkennen, daß man auch im Hause oder auf Reisen in kleineren Kreisen Lieder sang. Das tschechische Gesangbuch von 1576 ist ein besonders schönes Druckwerk.

4. Der böhmische Aufstand 1618 und die Schlacht am Weißen Berg 1620 leiten den Untergang der B. ein. Zwar war schon seit 1612 ein Rückgang zu beobachten, dessen Gründe umstritten sind (u.a. Aufsaugung durch die tschechische Volkskirche); aber erst die gewaltsame Rekatholisierung des Landes führte das Ende herbei. Es blieb nur die Wahl zwischen Übertritt und Auswanderung. 1628 erlosch die B. als selbständige Kirche in beiden Ländern, während sie im Exil noch 30 Jahre weiterbestand. In (dem polnischen) Preußen hatte seit 1548 durch Auswanderung ein Zweig der B. nur kurze Zeit bestanden; der polnische war aber in Großpolen zu schöner Blüte gelangt (40 Gemeinden 1557) und schloß sich mit den Lutheranern in Großpolen und den Reformierten in Kleinpolen zum Konsensus von Sendomir (1570) zusammen, der eine gemeinsame Abendmahlsformel und Abendmahlsgemeinschaft brachte. Daneben behielt jede Kirche ihr Sonderbekenntnis, Regiment und Gottesdienstordnung. Neben diesen Zweig trat die B. im Exil seit 1628 mit Lissa als Hauptort, wo J.A. → Comenius als Bischof wirkte. Als Vertreter der B. hoffte er auf deren Berücksichtigung im Frieden von 1648, aber vergeblich. Er gab die Kirchenordnung der B. heraus (Ratio desciplinae 1660), auch das Testament der sterbenden Mutter Brüderkirche (1650). Erster auswärtiger Senior der polnischen B. wurde D.E. → Jablonski, Berlin, 1735 Mittler der Bischofsweihe an die Erneuerte → Brüderunität (:II). - Einzelne Gemeinden im Exil bildeten sich auch in Ungarn, Sachsen, Schlesien. - In der Heimat bestanden keine eigenen Gemeinden der B. mehr, als 1781 im Toleranzpatent Duldung ausgesprochen wurde. Doch lebten noch im 18.Jh. tausende heimlich Evangelische und pflegten zT die geistliche Tradition. Aus dem deutsch sprechenden Teil Mährens kamen Auswanderer 1722ff nach Herrnhut (→ Brüderunität: II). Die geschichtliche Kontinuität ergab sich an dieser Stelle zur polnischen B. (s.o.). - Seit 1870 wurde ein Zweig der Erneuerten B. im Lande der Väter begründet. Die meisten ev. Kirchen der heutigen Tschechoslowakei

führen ihren Ursprung in verschiedener Weise auf die B. zurück und haben den Brudernamen aufgenommen.

Hauptquellen: Acta Unitatis Fratrum, 15 Folio-Bde, auch »Lissaer Folianten« genannt, davon 13 in Herrnhut Unitätsarchiv (seit 1945 leihweise in Prag), 2 in Prag; 2 Bde hg.v. BIDLO, Akten der B. I, 1915; II, 1923 (tsch.); dt. Übers.: Hs. in Herrnhut Unitätsarchiv durch J.TH.MÜLLER - Historia Fratrum: Hs. in Prag (über die Quellen s. MÜLLER I, 578ff). - Lit.: A.GINDELY, Gesch. der Böhm. Brüder, 2 Bde, 1857/58 - J.TH.MÜLLER, Die Katechismen der Böhm. Brüder (= MG Paedagogica 4), 1887 - DERS., Gesch. der Böhm. Brüder, 3 Bde, 1922-31; tsch. Übers. v. MÜLLER-BARTOŠ, 1923 (mit einzelnen Zusätzen) - Zeitschrift für Brüdergeschichte, Bd 1-14, 1907 bis 1920 - W.THOMAS, Dt. Brüdergesang in Böhmen vor 400 Jahren (MuK 2, 1930, 209-214) - E.PESCHKE, Die Theologie der Böhm. Brüder in ihrer Frühzeit I/1, 1935; I/2, 1940; Bd 3 u. 4 in Vorbereitung - MGG II, 36ff - R.ŘIČAN, Die Böhm. Brüder, ihr Ursprung u. ihre Gesch. (erscheint 1957). - Tsch. Lit.: F.HREJSA, Gesch. des Christentums in der Tschechoslowakei, 6 Bde, 1947-50 - A.MOLNÁR, Bruder Lukas, der Theologe der B., 1948 - F.M.BARTOŠ, Kämpfer u. Märtyrer, 1946² - DERS., Bücher u. Kämpfe, 1948 - DERS., Heilige u. Ketzer, 1949 - Die B. 1457-1957, Prag 1956 (Sammel-Bd; vgl. ThLZ 82, 1957, 593). *H.Renkewitz*

II. Erneuerte Brüderunität, *Herrnhuter* (Ev. Brüderkirche, Brüdergemeine)

1. Geschichte und Ausbreitung - 2. Verfassung - 3. Theologie und Frömmigkeit - 4. Sozialer Aufbau, Statistik - 5. Erziehung - 6. Mission

1. Die Erweckungsbewegung des → Pietismus griff auf die heimlich Evangelischen in Mähren über. Namentlich der Zimmermann Christian → David trug dazu bei und führte Nachkommen der Böhmisch-Mährischen B. seit 1722 auf das Gut Berthelsdorf des Grafen → Zinzendorf in der Oberlausitz. Die als Handwerkerkolonie gegründete Siedlung Herrnhut übte starke Anziehungskraft auf an anderen Orten bedrängte Pietisten verschiedener Prägung aus, weil hier christliches Gemeinschaftsleben in freiwilligem Zusammenschluß gestaltet werden konnte. Kirchenkritik, christokratische Ideen, Heiligungsstreben und konfessionelle Differenzen bereiteten ernste Schwierigkeiten und gefährdeten den Zusammenhang mit der sächsischen Landeskirche. Durch intensive Seelsorge, biblische Belehrung, Gestaltung einer neuartigen Lebensordnung, der sich alle Einwohner freiwillig unterwarfen, durch eine Erweckung, die weithin die Gemeinde ergriff, und durch die gemeinsame Erfahrung der Vergebung aus dem Kreuzestod Christi bei einer Abendmahlsfeier am 13.8.1727 wurde eine innere Einheit gegeben. Die Unterschiede der Lehre, der Konfession und der persönlichen Erfahrung erschienen unwesentlich gegenüber der Wirklichkeit und Möglichkeit der Bruderliebe aus der Versöhnung in Christus. Daß die Gemeinde Herrnhut nicht zu einer losen Verbindung in der Art der Philadelphischen Sozietät (→Philadelphia, 1), sondern zur Urzelle einer Gemeindekirche wurde, ist auf dieses Ereignis, den starken Einfluß der Kreuzestheologie Zinzendorfs, auf die dringenden Aufgaben praktischer sozialer Gestaltung und auf den diakonischen Charakter des Gemeindelebens zurückzuführen, der sich besonders in der 1732 begonnenen Heidenmission und den Erweckungsfahrten zeigte. Hinzu kam ererbte kirchliche Tradition bei den mährischen Gliedern. Zinzendorf konnte seine Gedanken einer nur innerkirchlichen Erneuerungsbewegung gegenüber diesen Kräften nicht durchsetzen. Auch die Gemeindeordnung sprengte mit ihren neuen Ansätzen auf liturgischem Gebiet und in den Gruppen der Gemeinde (Chöre nach Alter und Geschlecht) die gegebene Kirchenordnung. Der entscheidende Anstoß zur eigenen kirchlichen Gestaltung kam nicht vom konfessionellen Gegensatz, sondern von der missionarischen Tätigkeit: für kirchliche Handlungen war eine gültige Ordination erforderlich. In der Übertragung der altbrüderischen Bischofsweihe auf einen der ersten Missionare, den Laien David → Nitschmann, wurde 1735 die Verbindung mit der Böhmisch-Mährischen B. offenkundig gemacht und ein eigener geistlicher Stand begründet. Die Ausweisung Zinzendorfs aus Sachsen 1736 führte zu Gemeindegründung in der Wetterau, die Mission zu neuen Zweigen in Übersee (s. 6). Friedrich d.Gr. ermöglichte durch Generalkonzessionen seit 1742 Siedlungen in Preußen, das englische Parlament erkannte die B. (Moravians) 1749 an, desgleichen dann auch die sächsische Regierung. Die Tolerierung als »Augsburgische Konfessionsverwandte« sicherte der B. in Deutschland Religionsschutz.

Über die Siedlungen der B. hinaus, an denen noch heute die ursprüngliche Form erkannt werden kann, ergab sich ein weiter Wirkungsbereich durch freie Gemeinschaftsbildung an adligen Höfen, an Universitäten, in Städten in sog. Sozietäten, deren Glieder weiter ihrer Kirche angehörten. Vielerorts wurde darin der Hallesche Pietismus überwunden und die Grundlage für Erweckungen gelegt, die die Aneignung und Erhaltung eines biblisch begründeten Rechtfertigungsglaubens bewirkten. In der Frömmigkeitsgeschichte Mittel- und Nordeuropas, zB in Livland und Estland (→Baltische Länder, 5. 6) (s. Lit.), zeigt sich diese Wirkung der »Diaspora« der B. Da man nicht zum Übertritt warb, blieb die Verbindung mit der betr. Landeskirche gewahrt, und man hielt den eigenen zahlenmäßigen Bestand niedrig. Nur auf dem Missionsfeld kam es zu größeren Kirchenbildungen volkskirchlichen Gepräges, und in den angelsächsischen Ländern wurde der Charakter der Freikirche mehr betont. Die Konfessionsgrenzen bildeten kein Hindernis für die Verkündigung des Versöhnungstodes Christi und für freie Gemeinschaftsbildung, die, weil zentral begründet, nicht kirchenzerstörend, sondern -erhaltend wirkte. Man suchte in ökumenischer Weite das Testament des Heilands (Joh 17) in der Sammlung der zerstreuten Kinder Gottes zu befolgen (Zinzendorfs Tropenidee). Die Gegnerschaft von Joh.Albrecht → Bengel und Sigmund Jakob → Baumgarten trug aber zur Ablehnung Zinzendorfs und zur kirchlichen Isolierung der B. wesentlich bei.

2. Die eigene Kirchenbildung der B. erscheint von innen gesehen mehr als Hilfe für die Arbeit und nicht als grundsätzlicher Trennungsakt. Nach früheren Ansätzen wurde die Verfassung der B. bis 1775 auf 3 Synoden gestaltet und blieb in ihren Grundzügen bis heute gültig. Die B. ist eine Vereinigung von Gemeinden, die in einzelnen Ländern als Provinzen unter einheitlicher Leitung zusammengeschlossen sind. Das verleiht ihr den Charakter einer übernationalen Kirche als einer Lebens- und Arbeitsgemeinschaft, die sich auf ihren Synoden eigene Ordnungen gibt und eigene Formen des Gottesdienstes und der kirchlichen Sitte entwickelt. Die Synoden, ursprünglich Arbeitskonferenzen, werden zur rechtsgültigen Vertretung der Gemeinden (Urwahlen) und der Arbeitszweige. Die oberste Leitung wird der Unitätsdirektion übertragen, die jeweils von der Synode gewählt wird. Sie handelt als Kollegium und beruft Geistliche und andere Mitarbeiter. Die Leitung der Gemeinden liegt bei dem Ältestenrat. Die Übertragung des Generalältestenamtes auf Christus (1741) ist als Akt des Glaubens in konkreter Notlage zu verstehen und will das ganze Leben der Gemeinden seiner Herrschaft unterordnen. In der Verfassung ergab sich daraus das »Regiment des Heilands«, das durch das Mittel des Loses verwirklicht, später aber in langer Entwicklung abgebaut wurde. - Seit 1857 nahmen die einzelnen Provinzen (Europäischer Kontinent, Großbritannien, Vereinigte Staaten von Amerika) verschiedenes Gepräge an. In Amerika folgten

die Gemeinden dem Zug zu stärkerer Ausbreitung durch »Home Mission« über den ganzen Kontinent einschließlich Kanada. Eine gemeinsame Oberleitung ist in Kraft geblieben und wird von der Gesamtunitätsdirektion als einer Zusammenfassung der Behörden der selbständigen Provinzen ausgeübt (Unitätskonferenzen) und besitzt in der von allen Provinzen beschickten Generalsynode (letztmalig 1931, geplant für 1957) ihre letzte Instanz. Die verwaltungsmäßig aufgeteilte, aber als gemeinsames Werk der Gesamtunität betrachtete Missionsarbeit einschließlich der Aussätzigenarbeit in Palästina verbindet die einzelnen Zweige der B. noch stärker als die gemeinsame Geschichte, Ordnungen, liturgische Bräuche und Lieder. Auch über die Wechselfälle zweier Weltkriege, nationale und rassische Spannungen hinweg blieb die Unitas Fratrum erhalten als ein Beispiel ökumenischer Zusammenarbeit im eigenen Kreis und mit anderen Kirchen an vielen Plätzen der Erde.

3. Die B. hat keine Sonderlehre entwickelt. Die hl. Schrift ist oberste Richtschnur für Glauben und Leben, das → Apostolikum und das → Augsburger Bekenntnis werden besonders hervorgehoben. Daraus ergab sich nicht Gleichgültigkeit in der Lehre, doch wurde von Anfang an auf die Bezeugung der offenbarten Wahrheiten des Evangeliums Nachdruck gelegt und auf persönliche Glaubensverbindung mit Jesus Christus, dem gekreuzigten und auferstandenen Herrn der Gemeinde und jedes einzelnen (Wort vom Kreuz). Aktuelles Bekennen zeigen die Lehraussagen der Kirchenordnung. Abspaltungen wegen Sonderlehren blieben der B. erspart, nicht aber theologische Kämpfe in der eigenen Mitte. Die sog. »Sichtungszeit« (1740ff) mit ihrer Übersteigerung der zT erotischen Bildersprache für die Realität der Versöhnung und mit der Verwendung bildlicher Darstellung zB der Seitenwunde wurde in kurzer Zeit überwunden. Originelle Ansätze der Theologie Zinzendorfs machten unter seinem Nachfolger A.G. → Spangenberg († 1792) in der »Idea fidei fratrum« biblischer und stärker zurückhaltender Ausdrucksweise Platz. Auseinandersetzungen mit der Romantik und der idealistischen Philosophie führten zT zum Abgang (→ Schleiermacher), zT zum »Idealherrnhutianismus«. Wie die B. die Erweckungsbewegung befruchtete, so wirkten umgekehrt Joh.Tobias → Beck, Albrecht → Ritschl, in neuester Zeit Karl → Barth, Emil → Brunner u.a. auf sie ein. In der Auseinandersetzung mit den theologischen Zeitströmungen wurde meistens die christozentrische Glaubenshaltung bewahrt, die bis heute dem Gemeindeleben und der persönlichen Frömmigkeit das Gepräge gibt. In der gegenwärtigen Neubesinnung auf Zinzendorf werden hervorgehoben seine Kreuzestheologie (auch als Methode), die Absage an die mystische Direktheit zu Gott, der Widerspruch gegen natürliche Theologie und rationale Beweisführung, der Hinweis auf die Begegnung mit Gott in Christus allein. – Das überaus reichhaltige Gesangbuch (1927) ist in besonderem Maß Bekenntnisbuch. Die wöchentliche »Singstunde« (eine Art Liederpredigt), die Liedverse in den → Losungen, die Liturgien als Gottesdienste der Anbetung, die Bezeichnung der Zusammenkünfte als »Versammlungen« und die Gemeindezucht betonen den Gemeinschaftscharakter ebenso wie die Form der Abendmahlsfeier (als eucharistische Gemeindefeier, Dank für die geschehene Versöhnung, Erwartung des kommenden Herrn, Bezeugung der Realpräsenz). Im Gemeindelied, im persönlichen Gebetsumgang mit dem erhöhten Herrn, in der Feier der Karwoche mit dem Lesen der Leidensgeschichte und des Ostermorgens an den Gräbern auf dem »Gottesacker«, in der Gemeindefeier der Taufe gibt die Gemeinde der dankbaren Freude über die Erlösung und den Christenstand Ausdruck. Jegliche Tätigkeit ist in der Gemeinde gleich wertgeachtet, Wirtschaftsleben und Erziehungsaufgaben sind einbezogen in ihren Dienst. Die sozialen Probleme der aus Handwerkern, Adligen und zahlreichen »Gemeindienern« bestehenden Gemeinden wurden auf engem Raum für ihre Zeit vorbildlich gelöst.

4. Diese Geschlossenheit ließ sich aus den Siedlungen nicht auf andere Verhältnisse übertragen. Im Werden der industriellen Gesellschaft gelang nur an wenigen Stellen die Umbildung der Handwerksbetriebe in Fabriken. Mit der aufkommenden Freizügigkeit wanderten viele jüngere Gemeindeglieder aus den Ortsgemeinden in die Städte ab. Die Gründung von Stadtgemeinden (um die Wende des 20.Jh.s) führte zur Bildung von Personalgemeinden mit größerem Freundeskreis. Die Zahl der sog. »auswärtigen« Glieder hat im Westen Deutschlands die Hälfte überschritten. Durch die beiden Weltkriege traten große Veränderungen ein: Die schlesischen Gemeinden wurden ausgesiedelt, die Diasporagemeinschaften im Osten Deutschlands und in Polen und – schon früher – die Brüdergemeinschaften in Livland und Estland fielen fort, zahlreiche Schulen und Internate (Pädagogium in Niesky) – zT schon nach 1933 –, Landbesitz und wirtschaftliche Unternehmungen in Ost-Deutschland gingen verloren. Durch die Teilung Deutschlands wurden zwei Distrikte notwendig. Der Strom der Flüchtlinge wurde nur zT in bestehenden Gemeinden im Westen und in der neuen Siedlung Neugnadenfeld (1946) im Emsmoor aufgefangen. Auch wurde mit der Erziehungsarbeit (s. 5) neu begonnen. Das theologische Seminar in Herrnhut konnte noch nicht wieder eröffnet werden. – Dagegen verstärkte sich die Verbindung der B. mit der Ev. Kirche in Deutschland, der sie durch eine Vereinbarung 1948 angeschlossen wurde. Die Losungen fanden starke Verbreitung. Die »auswärtigen« Glieder der B. machen meist von ihrer Doppelmitgliedschaft Gebrauch und arbeiten vielfach in den betr. Kirchengemeinden mit. Die B. trat der »Arbeitsgemeinschaft christlicher Kirchen in Deutschland« bei, ihre einzelnen Provinzen gehören dem Ökumenischen Rat der Kirchen an. Innerhalb der B. selbst sind Austausch und Zusammenarbeit (Mission) zwischen den einzelnen Provinzen im Steigen begriffen.

Der soziale Aufbau ist gegenüber der Anfangszeit wenig verändert. Die intensive, direkte und indirekte Erziehung durch die Gemeinde hat eine Fülle von individuellen Begabungen unter Handwerkern, Bauern, Juristen, adligen Standesherren, Geschäftsleuten und Theologen entbunden. Dies kam dem Dienst der Gemeinde zugute. Von geringen Ausnahmen abgesehen, gelang es im 19.Jh. nicht, in der Arbeiterschaft Fuß zu fassen. Der große, aber nur in geringem Maß organisatorisch gestaltete Freundeskreis der B. heute umfaßt viele Gruppen der Bevölkerung. Aus ihm werden der B. auch neue Mitarbeiter zugeführt, da die eigenen Kräfte nicht ausreichen würden, die vielfachen Aufgaben zu erfüllen. Dieser Zuwachs, der Austausch mit dem kirchlichen Leben der Länder, in denen Brüdergemeinen vorhanden sind, die Arbeitsverbindungen mit anderen Kirchen (Missionsarbeit, ökumenische Ausschüsse) tragen ebenso zur Durchführung der Arbeit wie zur Erneuerung der Kräfte bei.

Statistik: a) Die Europäisch-Festländische B. zählt 11 295 Glieder in 20 Gemeinden in Deutschland, Dänemark, Holland, Schweden, der Schweiz mit 2 Distrikten; Direktionen: Herrnhut (Ost) und Bad Boll (West). – b) Die Britische B. zählt 3255 Glieder in verschiedenen Bezirken Englands und Irlands, Sitz der Direktion in London. – c) Die B. in Nordamerika (USA und Kanada) gliedert sich in die nördliche Provinz mit 36 104 Gliedern, Direktion in Bethlehem, Pa., und in die südliche mit 19 599 Gliedern, Direktion in Winston-Salem, N.C. - d) Werdende Unitätsprovinzen mit graduell verschiedener Selbständigkeit: in der Tschechoslowakischen Republik mit 10 081 Gliedern (→ Brüderunität: I und Lit. dort), auf den östlichen westindischen Inseln, auf Jamaika, in Surinam (Südamerika), Nikaragua, Kap-Provinz (Südafrika). Gesamtzahl a) bis c) (mit B. in der Tschechoslowakei): 80 334, Missionsgebiete: 212 458 (Stand vom 31.12.1955).

CConf A 10/I, 1936. - RGG² I, 1280ff - HWB des Grenz- u. Auslanddeutschtums I, 1933, 547ff - HIRSCH II, 401ff - EKL I, 586ff. - *Dänemark:* J.LUNDBYE, Herrnhutismen i Danmark, København 1903 - L.BERGMANN, Zinzendorfs Indsats i Missions Historie, København 1935 - DERS., Grev Zinzendorfs Indsats i Kirkens og Missionens Historie I, København 1957; II in Vorbereitung. - *Estland:* Talurahva käärimine Louna-Eestis XIX. sajandi 40-ndail aastail (Die Bauernbewegung in Südestland in den 40er Jahren des 19.Jh.s), Tartu 1930 - G.SUITS, Vanemast vennastkoguduse Kirjandusest (Von der älteren Brüdergemeine) (Raamatu osa Eesti arengus [The share of the book in the development of Estonia. Ed. D.PALGI], Tartu 1935, 66ff). - *Finnland:* J.S.PAJULA, Bidrag till Herrnhutiska Brödraförsamlingens Historia i Finland, Tavastehus 1899. - *Frankreich:* S.BAYER, Das Wirken der Herrnhuter in Südfrankreich (Herrnhuter Hefte 5), 1953. - *Großbritannien:* W.G.ADDISON, The Renewed Church of the United Brethren 1722-1930, London 1932 - R.A.KNOX, Enthusiasm a Chapter in the History of Religion with special reference to the 17. and 18. Centuries, Oxford (1950) 1951² - E.LANGTON, History of the Moravian Church. The story of the first international protestant Church, London 1956. - *Holland:* W.LÜTJEHARMS, Het Philadelphisch-Oecumenisch Streven der Hernhutters in de Nederlanden in de 18. Eeuw, Zeist 1935 - J.M.VAN DER LINDE, Het Visioen van Herrnhut en het Apostolaat der Moravische Broeders in Suriname 1735-1863, Paramaribo 1956. - *Livland (Lettland):* L.ADAMOVIČS, Vidzemes baznica un latviešu zemnieks 1710-40 (Die Livländische Kirche u. der lettische Bauer), Riga 1933 - DERS., Die erste Verfolgungszeit der lettischen Brüdergemeinde 1743-45 (Studia theologica I, hg.v. d. theol. Fakultät der lettischen Universität Riga, I.Benzinger zum 70. Geb., Riga 1935, 53-100) - R.WITTRAM, Baltische KG 1956. - *Rußland:* H.HAFA, Die Brüdergemeine Sarepta (Schriften des Ost-Europa-Instituts in Breslau NR 7), 1936. - *Schweden:* ERNST NEWMAN, Nordskånska Väckelserörelser under 1800-talet, Stockholm 1925 - H.PLEIJEL, Svenska Kyrkans Historia, Bd 5: Karolinsk Kyrkofromhet, Pietism och Herrnhutism, Stockholm 1935 - DERS., Das Kirchenproblem der Brüdergemeine in Schweden (LUÅ NF Avd. 1, Bd 33, Nr. 6), 1938 - N.RODÉN, Herrnhutiska och Nyevangeliska. Väckelserörelser i Linköpings Stift intill 1856, Stockholm 1941 - G.HÖK, Herrnhutisk Teologi i Svensk Gestalt. Arvid Gradins Dogmatiska och Etiska Huvudtanker (UUÅ 8), 1949. - *Schweiz:* P.WERNLE, Les Frères moraves en Suisse romande au 18e siècle (RThPh NS 6, 1918, 118ff) - DERS., Der schweiz. Protestantismus im 18.Jh., 3 Bde 1923-25 - CHR.SENFT, Ceux de Montmirail, Esquisses historiques, Neuchâtel 1947. - *Siebenbürgen:* H.JEKELI, Die Herrnhutische Bewegung in Siebenbürgen, Hermannstadt 1931 - *USA:* E.DESCHWEINITZ, The History of the Church known as the Unitas Fratrum or the Unity of the Brethren, Bethlehem Pa (1885) 1901² - J.TAYLOR HAMILTON, A History of the Church known as the Moravian Church or the Unitas Fratrum or the Unity of the Brethren during the 18th and 19th Centuries, Bethlehem Pa 1900.

H.Renkewitz

5. a) Das *Erziehungswerk* der B. geht in seinen Ursprüngen und Intentionen auf → Zinzendorf zurück. Er war hierin zunächst Schüler von A.H. → Francke in Halle. Die Gründung einer Armenschule in Berthelsdorf 1723 und eines Adelspädagogiums in Herrnhut 1724 hatten keinen Bestand. 1727 trat dort an dessen Stelle ein Waisenhaus, das der »Erweckung« und »Bekehrung« der Kinder dienen sollte. Sehr bald erforderten Lage und Aufgabe der B. die Unterbringung ihrer eigenen Kinder in Heimen, die Zinzendorf gegenüber der Familienerziehung vorwiegend als Notbehelf ansah. Nach der endgültigen Lösung vom Hallischen Pietismus 1734 gründete er 1738 in der Wetterau neue Anstalten. Hier gewann die Erziehungsarbeit der B. bewußter ev.-reformatorische Grundlagen, Methoden und Ziele. Zinzendorf hat - wie die B. im allgemeinen - kein System der Erziehung entworfen, sich aber häufig, grundsätzlich und praktisch, wenn auch nicht ohne Widersprüche, zu Fragen der Erziehung geäußert. Seine bleibenden Verdienste bestehen in der Entdeckung der Psychologie des Entwicklungsalters, der Betonung der Natürlichkeit (die auf anderer Grundlage J.J. → Rousseau zwei Jahre nach Zinzendorfs Tode in seinem »Emile« vertreten hat), der christologischen Orientierung der Erziehung (die Menschwerdung des Heilandes als Grundlage und Motiv aller Erziehung) und ihrer Sicht von der ev. Gemeinde her und auf diese hin. - Die B. bezog auf Beschluß der Synode 1782 durch Gründung von »Pensionsanstalten« als »Missionen an die Kinderwelt« weitere Kreise in ihren Wirkungsbereich ein, die im Lauf der Entwicklung bis zur Gegenwart das Hauptkontingent in den Heimschulen der B. stellen. Einige der ersten Leiter dieser Anstalten standen unter der Einwirkung der philanthropischen Tendenzen → Basedows und → Salzmanns. Die pädagogischen Schriften von R.Früauf (1764-1851) zeigen den Einfluß idealistischer Erziehungssysteme. - Im Verlauf des 19.Jh.s wurde das Pädagogium in Niesky zur einflußreichsten, für die zahlreichen anderen Anstalten der B. richtunggebenden Heimschule, deren bedeutendster Schüler → Schleiermacher gewesen ist. Hier wurde unter Berufung auf 1Kor 3, 21ff; 6, 20 eine Synthese von Humanismus, Idealismus und Christentum angestrebt.

b) Der Absolutheitsanspruch des Nationalsozialismus, der zweite Weltkrieg und seine politischen und wirtschaftlichen Folgen haben das Erziehungswerk der B. auf dem Kontinent bis auf einen Rest zerschlagen. Dennoch kam es seit 1946 zu Neuansätzen. (Noch 1933 ca 400 Lehr- und Erziehungskräfte bei ca 3000 Jugendlichen in über 20 Heimschulen auf dem Festland; 1956 7 Heimschulen mit ca 140 Lehr- und Erziehungskräften bei ca 1400 Jugendlichen). - Bezeichnende, auf Zinzendorf zurückgehende Merkmale sind dem Erziehungswerk der B. geblieben bzw. ihm wieder neu bewußt geworden: Symbiose von Internat und Schule durch die Zusammenschau der Erziehungs- wie der Bildungsaufgabe vom Evangelium her, Einbettung der Arbeit in die Ortsgemeinde (Teilnahme der Hausgemeinschaften am gottesdienstlichen Versammlungsleben), die christologische Motivierung der Erziehung als »Pädagogik aus Glauben«, Betonung des Natürlichen und der Freude, ebenso die durch Zinzendorf vom Hallischen Pietismus übernommene Betreuungsarbeit durch junge Erzieher(innen), oft Theologen der B., die den »Stuben« als organischen Teilen der Lebensgemeinschaft der Heimschulen vorstehen. Bei positiver Einschätzung der Bedeutung der Erzieherpersönlichkeit ist die Erziehung in der B. im wesentlichen funktionale Gemeinschaftserziehung.

Eine geschichtliche Darstellung des Erziehungswerkes u. der Pädagogik der B. fehlt. - E.R.MEYER, Schleiermachers u. C.G.v.Brinkmanns Gang durch die B., 1905 - O.UTTENDÖRFER, Das Erziehungswesen Zinzendorfs u. der B. in seinen Anfängen (MG Paed. 51), 1912 - DERS., Der Ursprung der Pädagogik Zinzendorfs u. der B., 1922 - DERS., Zinzendorf u. die Jugend, 1923 - W.REICHEL, Herrnhutische Erziehung (die pädagogischen Schriften v. Friedr.R. Früauf u. Joh.Stengaard), 1937 - H.KITTEL, A. Graf Schlieffen, Jugend u. Glaube, 1939 - M.HALLER, The early Moravian education in Pennsylvania 1740-1840, 1954 - A.MOLNÁR, Die Erziehung in der B. vor Comenius, Prag 1956 (tsch.; vgl. ThLZ 82, 1957, 630f) - H.A.KRÜGER, Gottfried Kämpfer, ein Herrnhuter Bubenroman (Neubearb. 1957).

6. a) Entscheidend für die *Mission* von Herrnhut aus sind die Erweckung und der Zusammenschluß der Emigrantenkolonie am 13.8.1727 und die missionarischen Tendenzen → Zinzendorfs von seinen Jünglingsjahren her (Berührung mit → Ziegenbalg bei A.H. → Francke). Durch seine verwandtschaftlichen Beziehungen zur dä-

nischen Krone mit deren kolonialen Besitzungen in Westindien und Grönland kam es zu unmittelbaren Kontakten zwischen der Herrnhuter Gemeinde, westindischen Negersklaven und Eskimos. In der Missionsgeschichte tritt 1732 zum ersten Mal die sendende Gemeinde als Träger der Mission hervor, deren Bestrebungen durch Zinzendorf Richtung und Ziel gewiesen wird. Die Mission ist hier nicht zusätzliches »Werk«, sondern unmittelbare Lebensäußerung und Funktion der Gemeinde im Gehorsam gegen ihren Herrn, und zwar unter ökumenischen Gesichtspunkten: »Wir sind seine Zeugen in Jerusalem und Samaria, im Luthertum und in den anderen Religionen bis ans Ende der Erde.« Hervorstechende Merkmale sind: Motivierung der Sendung durch den Heilstod Jesu Christi für alle Welt, gruppenweise Aussendung von nicht vorgebildeten Laien zumeist aus dem Handwerkerstande als »Zeugen« und »Streiter«, christologische Verkündigung unter primitiven oder verelendeten Völkern unter Vermeidung konfessionalistischer Aussagen. Ziel ist nicht die Christianisierung ganzer Völker mit pädagogischen oder kulturellen Nebenabsichten, sondern die Bildung von »Erstlingsgemeinden« unter möglichst vielen Völkern nach nt. (nicht herrnhutischem) Vorbild als Frucht der Predigt vom Opfer Jesu Christi am Kreuz. Dies begrenzte Ziel muß im Wesen nicht von individualistisch-pietistischen, sondern von eschatologischen Gesichtspunkten her verstanden werden (»Angeld« auf die ganze Ernte). Im Vertrauen auf die Wirksamkeit des Hl. Geistes wird erhofft, daß die europäischen Sendboten möglichst bald überflüssig werden und »Nationalkirchen« entstehen.

b) Folgenden Missionsunternehmungen aus dem 18.Jh. war bleibender Erfolg beschieden: → Westindien 1732, → Grönland 1733, Surinam (Holländisch-→ Guyana [: II]) 1735, → Südafrika 1737 und 1792, Nordamerika 1740, Labrador 1771. Zahlreiche andere Missionsunternehmungen, zB an der Goldküste (→ Ghana), unter Lappen und Samojeden, im nahen und fernen Orient bis nach Ostindien scheiterten. Im 19.Jh. folgte Südafrika-Ost 1828, Britisch-Guyana 1835, Nikaragua 1849, Westhimalaya 1856, Alsaka 1885, Kalifornien 1890, Nordqueensland (→ Australien: III) 1891 und Ostafrika (Südhochland 1891, Unyamwezi 1898); im 20.Jh. Honduras 1930. – Nach den ersten Jahrzehnten der Pionierarbeit ist die Mission der B. bis heute weithin in patriarchalischen Bahnen geblieben, dh ihre Missionsfelder blieben abhängig von der B. als der sendenden Gemeinde. Noch auf keinem der Missionsgebiete konnte den dortigen Gemeinden die volle Selbständigkeit zuerkannt werden, obwohl von Anfang an einheimische Kräfte zur Mitarbeit herangezogen und dies letzte Ziel aller Missionsarbeit nie aus dem Auge verloren worden war. Diese langsame Entwicklung erklärt sich durch die Eigenart der von der Mission der B. erreichten Gebiete und Völker: Bis heute nicht überwundene wirtschaftliche und soziale Unterentwicklung, charakterliche Insuffizienz (Versklavung durch Generationen) oder komplizierte Verhältnisse in politischer (Südafrika) oder religiöser Hinsicht (Surinam). In den letzten Jahrzehnten hat sich jedoch eine Entwicklung angebahnt, die vorerst einigen der alten Felder einen neuen Status im Rahmen der B. bringen und sie von »Missionsprovinzen im Übergang zur Selbständigkeit« (Surinam, Jamaika, Südafrika-West) zu gleichberechtigten Provinzen neben den vier alten Stammprovinzen der B. (Kontinent, England, nördliche und südliche Vereinigte Staaten) erklären wird. Heute sieht die B. mehr als je die Stunde gekommen, ihren → jungen Kirchen innerhalb selbständig werdender bzw. gewordener Völker zur Selbständigkeit zu helfen, wobei doch an der »interdependence« oder »partnership in obedience« (→ Internationaler Missions-Rat) zwischen alten und jungen Kirchen innerhalb des Ganzen der B. festgehalten wird. Die für August 1957 festgesetzte Generalsynode der B. wird hier besondere Entscheidungen zu treffen haben. Für ökumenische Beziehungen auf den Missionsfeldern war und ist man stets offen, wie der Kontakt mit dem Rat der Kirchen auf luth. Grundlage in Südafrika, die Zusammenarbeit mit der Anglikanischen Kirche in Tanganyika und der Anschluß an die Vereinigte Kirche Nordindiens (→ Einigungsbestrebungen: VII) im westlichen Himalaya zeigen. In den Heimatländern sind die Missionsdirektionen der Stammprovinzen den Missionsräten ihrer Länder angeschlossen.

c) Im Lauf des 19.Jh.s kam es zu einer organisatorischen Verselbständigung der Missionsarbeit als eines »Werkes« der Unität neben dem »Erziehungswerk« und dem »Diasporawerk«, wobei aber die organische Verbindung mit dem kirchlichen Leben der B. immer erhalten blieb. Bis zum 1. Weltkrieg wurden sämtliche Felder von Herrnhut aus durch eine internationale Missionsdirektion geleitet. Danach wurde eine verwaltungsmäßige Trennung notwendig, die heute folgendes Bild zeigt:

Leitung	Felder
Herrnhut (bzw. Bad Boll in Westdeutschland)	Südafrika-West Südafrika-Ost
Zeist (Holland)	Surinam
London	Labrador, Südhochland, Unyamwezi, Jamaika, Westhimalaya
Bethlehem/Pa./USA	Alaska, Kalifornien, Nakaragua, Honduras, Westindien-Ost

Innerhalb dieser 13 Felder arbeiteten Ende 1954 auf 179 Haupt- und 819 Außenstationen 71 weiße ordinierte Missionare und 155 weitere weiße Missionskräfte mit 90 einheimischen ordinierten Geistlichen und 3597 einheimischen Hilfskräften an 207 300 getauften Christen. Die von den Heimatgebieten ausgesandten Missionskräfte dürften 1956 die Zahl 3200 erreicht haben (die Einzelermittlungen sind noch nicht abgeschlossen). Auf je 400 Mitglieder der B. kommt im Durschschnitt eine Missionskraft. – Innerhalb der B. bildet die gemeinsame Missionsaufgabe nach wie vor die stärkste Verbindung. Das Wissen um die Werte der B. als eines ökumenischen »Modells« schließt alte und junge Kirchen ihres Bereichs fest zusammen. – Die B. war bei ihrer Kleinheit angesichts ihrer weitverzweigten Missionsunternehmungen von Anfang an nicht in der Lage, die Mittel dafür allein aufzubringen. Ein großer Freundeskreis aus anderen Kirchen trägt die Arbeit mit; so hat auch die Heimatvertretung der Mission der B. kirchenverbindenden und damit ökumenischen Charakter.

200 Jahre Brüdermission, Bd 1: Karl Müller, Das erste Missions-Jh., 1931; Bd 2: Adolf Schulze, Das zweite Missions-Jh. (bis 1932), 1932 – Jahresberichte der Missionsdirektionen; für das dt. Sprachgebiet bis 1940 von Herrnhut aus, seit 1955 von Bad Boll aus.

H.Motel

Brüggeler Rotte ist eine Entartungserscheinung des → Pietismus wie die → Buttlarsche Rotte und die → Bordelumsche Rotte mit weithin den gleichen Zügen: Kirchenhaß, phantastischem Selbstbewußtsein der Führer und geschlechtlichem Libertinismus. Die Brüder Christian (1710–?) und Hieronymus Kohler (1714–53), Handwerker aus Brüggelen (Kt. Bern), Meister der sympathetischen Kunst, wurden 1745 durch ihre betenden Kinder für den Pietismus gewonnen und gaben sich in der Folge mit Elisabeth Kissling als Darstellung der Trinität aus, nahmen Allwissenheit in Anspruch, besonders über den Aufenthalt der Verstorbenen, und beuteten dies zu einträglichem Ablaßhandel sowie zu hemmungslosem

Geschlechtsverkehr aus. Hieronymus Kohler wurde in einem Prozeß verurteilt und am 16.1.1753 in Bern hingerichtet, Christian, der sich von der Bewegung lossagte, verschwand. Eine ähnliche Rolle spielte in der unmittelbaren Nachbarschaft (Schwarzwassergraben) zur gleichen Zeit Hans Jost oder Joss.

RE X, 638ff - W.HADORN, Gesch. d. Pietism. in den Schweiz. Ref. Kirchen, 1901, 243ff - P.WERNLE, Der schweiz. Protestantismus im 18.Jh. I, 1923, 318f. *M.Schmidt*

Brünn, Bistum in der Hauptstadt Mährens (Tschechoslowakei), auf Betreiben Maria Theresias durch die Bulle Pius' VI. vom 5.12.1777 errichtet als Suffraganat des gleichzeitig zum erzbischöflichen Stuhl erhobenen → Olmütz. 2 Archidiakonate, 7 Archipresbyterate (B., Boskovice, Jaroměrice, Iglau, Nikolsburg, Seelowitz, Znaim), 36 Dekanate, 450 Pfarreien mit 563 Kirchen und 487 Kapellen (1956), 650 Priester. In B. selbst sind 9 Gemeinden der Tschechoslowakischen Kirche, 4 der Ev. Kirche der Böhmischen Brüder, 2 der Baptistenkirche, 1 der Freireformierten Kirche (Böhmischbrüderische Unität), 1 Adventisten-, 1 altkath. Gemeinde und der Sitz des Rabbinats.

CathEnc III, 11f - Catalogus Cleri Dioec. Brunensis, 1928 - Ann Pont 1957, 172. *A.Molnár*

Bruhns, *Nicolaus* (1665-97), Organist, * in Schwabstedt, † in Husum, aus einer Schleswig-holsteinischen Musikerfamilie, war seit 1681 Schüler → Buxtehudes in Lübeck; 1689 wurde er Domorganist in Husum. B., der auch als Geiger hervorragte, gehört zu den bedeutendsten norddeutschen Orgelmeistern. Seine Kompositionen, ausschließlich Kirchenmusik, sind Erzeugnisse eines feingebildeten und feurigen Geistes.

Werke: 12 Kirchenkantaten, 3 Orgelpräludien mit Fugen, Orgelchoral »Nun komm, der Heiden Heiland«, hg.v. F.STEIN (LD Schleswig-Holstein I. II, 1937/39) - MGG II, 395ff. *S.Hermelink*

Bruïne, *Jan Rudolph Slotemaker de* (1869-1941), holländ. ref. Theologe und Staatsmann. Seit 1894 Pfarrer, u.a. in Utrecht (1907), 1916 kirchlicher Professor in Utrecht. Sein lebendiges Interesse an den sozialen Fragen, in deren Behandlung er bahnbrechende Arbeit geleistet hat, führten ihn in die Politik hinein. Sowohl auf politischem wie auf sozialem und sonstigem Gebiet trat er für die christlichen Organisationen ein. 1926 wurde er Arbeitsminister, 1935 Unterrichtsminister.

Hauptwerk: Christelijke Sociale Studiën, 3 Tle, (1908) 1915-17.[4] - Selbstbiographie in: Religionswissenschaft der Gegenwart in Selbstdarstellungen, 1925. *A.A.v.Ruler*

Brun *von Querfurt* (974-1009) wurde nach seiner Erziehung in der Domschule von Magdeburg 995 dort Domherr. Als Hofkaplan begleitete er Otto III. nach Italien. 998 trat er in Rom in ein Benediktinerkloster ein. Vom hl. Romuald beeinflußt, zog er sich 1001 als Einsiedler in die Nähe von Ravenna zurück. Hier reiften seine Pläne der Slawenmission. 1003/04 predigte er den »Schwarzen Ungarn« zwischen Theiß und Maresch. 1004 zum »Erzbischof für die Heiden« geweiht, wirkte er in Ungarn, bei den Pečenegen am unteren Dnjepr und seit 1008 in Polen, von wo er Sendboten nach Schweden schickte. Mit Boleslaw Chrobry freundschaftlich verbunden, bemühte er sich bei Heinrich II. um die Beseitigung der Spannungen zwischen dem Reich und Polen. Gleichzeitig verfaßte er die Vita V fratrum, die 1003 in Meseritz erschlagen worden waren, und die zweite Form seiner Biographie des hl. → Adalbert. Im Gebiet zwischen Preußen und Litauen erlitt er durch heidnische Jatvjagen am 9.3.1009 den Märtyrertod.

H.G.VOIGT, B.v.Q., 1907 (mit Übers. v. B.s Schriften u. Quellen über ihn) - J.WIDAJEWICZ, B. z Kwerfurtu (Polski Slownik Biograficzny III, 1937, 24ff; poln. Lit.) - A.ZIMMERMANN, Kalendarium Benedictinum 3, 1937, 182ff - B. di Q., Vita dei cinque fratelli e lettera a re Enrico, hg.v. B.IGNESTI, 1951 - H.D.KAHL, Compellere intrare. Die Wendenpolitik B.s v.Q., (Zeitschr. für Ostforsch. 4, 1955, 161-193. 360-401) - NDB II, 674f - R.WENSKUS, Stud. zur historisch-politischen Gedankenwelt B.s v.Q. (Mitteldeutsche Forschungen 5), 1956 (Lit.). *B.Stasiewski*

Brunetière, *Ferdinand* (1849-1906), franz. Literaturkritiker und Publizist, wurde bekannt durch seine Lehrtätigkeit an der Ecole Normale und an der Sorbonne, durch seine Artikel in der Revue des Deux Mondes, deren Leitung er 1894 übernahm, und durch seinen Kampf gegen den → Naturalismus (Etudes crit. sur l'hist. de la litt. française, 1880-1925). Nach einem Besuch bei Papst Leo XIII. setzte er sich nunmehr für die Kirche in Reden und Artikeln ein (Discours de Combat, 1900-07). In »Après une visite au Vatican« (1895) wies er auf die Unzulänglichkeit der Naturwissenschaften hin und verlangte die Aussöhnung zwischen Kirche und Positivismus. B. war Gegner der antiklerikalen Politik zu Beginn des 20.Jh.s und machte sich die Thesen des liberalen Katholizismus zu eigen, ohne daß er sich unmißverständlich zum christlichen Glauben bekannt hätte.

E.R.CURTIUS, F.B., 1914 - J.VAN DER LUGT, L'action religieuse de F.B. 1895-1906, Paris 1936. *E.Jarno*

Brunnemann, *Johannes* (1608-72), * Kölln (Berlin) als Sohn eines Predigers, kam vom theologischen Studium zur Jurisprudenz und wurde 1653 Prof. der Rechte in → Frankfurt/O. B. lehrte ein → Kirchenrecht, das sich einer → Pastoraltheologie näherte. Bei B. finden sich Gedanken, wie sie → Spener äußerte: neben die Predigt sollen Unterricht, Seelsorge, Hausbesuche, das studium pietatis der Theologiestudenten, treten, weil nur so Zank unter den Pfarrern verhindert würde. Als Gegner der Kanzelpolemik fordert B. Toleranz im Interesse des Staates und der Judenbekehrung. B.s Erbauungsbuch Meditationes sacrae ad ductum Evangeliorum domicalium gab A.H. → Francke mit einer Vorrede heraus (1700). Sein Tractatus iuridicus de inquisitionis processu (1647, deutsch 1717) ist wichtig für die Praxis der → Hexenprozesse in Brandenburg, die er auf Grund at. Stellen befürwortet.

J.FR.JUGLER, Beiträge zur juristischen Biographie IV, 1778, 330ff (Bibliogr.) - ADB III, 445f - E.SEEBERG, G.Arnold, 1923, 313f - H.LEUBE, Die Reformideen i. d. dt. luth. Kirche zZ der Orthodoxie, 1924. *W.Delius*

Brunner, 1. *Emil,* * 23.12.1889 in Winterthur, Gymnasiallehrer in England, lehrte seit 1924 als o. Prof. für systematische und praktische Theologie in Zürich. - B., der Mitbegründer der → »Dialektischen Theologie«, Mitarbeiter in ZZ, distanzierte sich in seinem Schleiermacherbuch scharf von der anthropozentrischen Theologie der frommen Erfahrung (→ Schleiermacher, → Erlebnis: II; → Bewußtsein). Er erkannte aber früh die Notwendigkeit einer theologischen → Anthropologie (: III. IV); in ihr geht es ihm besonders um die wesenhafte Ansprechbarkeit des modernen, weithin entchristlichten Menschen durch das Wort Gottes. Das Gottesverhältnis wird als personale Begegnung zwischen dem göttlichen Du und dem frei antwortenden Menschen verstanden (M. → Buber, F. → Ebner). Mit der Hinwendung zur Anthropologie verband sich eine solche zur → Ethik, die als Ethik der Ordnungen entfaltet wird. Die Sozialethik steht unter dem Leitgedanken der Gerechtigkeit. In der 1946/49 erschienenen Dogmatik ist eine Reihe neuprotestantischer Anliegen positiv aufgenommen. Die Breite der theologischen Arbeit verbindet sich bei B. mit ökumenischer Weite. Er lehrte zeitweise in Amerika und Japan. Viele seiner Schriften sind ins Englische und Japanische übersetzt. B.s Anschluß an die Gruppenbewegung (→ Moralische Aufrüstung) entspricht den missionarischen Intentionen seiner Theologie, deren »andre Aufgabe« (ZZ 7, 1929, 255-276) er als »Eristik« (→ Apologetik: III) bestimmte.

Bibliogr. in der Festschr. zum 60. Geb.: Das Menschenbild im Lichte des Evangeliums, 1950. - Hauptwerke: Erlebnis, Erkenntnis u. Glaube, (1921) 1933³·⁴; Die Mystik u. das Wort, (1924) 1928² (Schleiermacher); Der Mittler, (1927) 1937³; Religionsphilosophie protestantischer Theologie (HPh II), 1931; Das Gebot u. die Ordnungen, (1932) 1939³; Natur u. Gnade, (1934) 1935²; Der Mensch im Widerspruch, (1937) 1941³; Wahrheit als Begegnung, 1938; Offenbarung u. Vernunft, 1941; Gerechtigkeit, 1943; Die christl. Lehre von Gott. Dogmatik I, 1946; Die christliche Lehre von Schöpfung u. Erlösung. Dogmatik II, 1950; Das Mißverständnis der Kirche, 1951; Das Ewige in Zukunft u. Gegenwart, 1953. - Über B.: H.W.SCHMIDT, Zeit u. Ewigkeit, 1927, 76-107 - K.BARTH, Nein! Antwort an E.B. (ThEx 14), 1934 - H.EKLUND, Theologie der Entscheidung (UUÅ 1937, 1, 55-100. 186-204) - H.VOLK, E.B.s Lehre von dem Sünder, 1950 (kath.) - R.HAUSER, Autorität u. Macht, 1949, 151ff (kath.) - W.STOLZ in: Divus Thomas 28, 1950, 293-312. 361-394; 29, 1951, 318-344. 456-481 (kath.) - G.GLOEGE, Gläubiges Denken. Bemerkungen zu E.B.s Dogmatik (VF 1951/52, 57-78) - G.GLOEDE, E.B. Theologische Forschung im Dialog zwischen Gott u. Zeit (ÖP VI, 3), o.J. (1954). *H.Grass*

2. *(Fontanus), Leonhard* (ca 1500-58), aus Eßlingen, Schüler → Wimpfelings, 1510 Student in Heidelberg, 1526 Helfer an Alt-St. Peter in Straßburg, seit 1527 Pfarrer in Worms, wo er vor allem die → Täufer bekämpfte. Anfangs vermittelnd, später strenger Lutheraner, 1553 als Pfarrer nach Landau (Pfalz) berufen, wo er bessere Zucht einführte und gegen die Schwenkfelder auftrat.

Unter seinen Schriften ragen seine »Concordantz NT«, Straßburg (1524) 1530² u. sein »Catechismus«, Worms 1543, hervor. - Über B.: A.WECKERLING, L.B., 1895 - RE III, 510ff - NDB II, 683. *G.Biundo*

Bruno, 1. *von Köln,* * 925 als jüngster Sohn König Heinrichs I. und der Mathilde, † 965 zu Reims; erzogen von Bischof Balderich von Utrecht und dem der Gorzer Reform nahestehenden irischen Bischof Israel, wurde am Hofe seines Bruders Ottos d.Gr. 940 Kanzler und Haupt einer »Hofschule«, 951 zugleich Erzkapellan. 953 erhob ihn Otto zum Erzbischof von Köln und Herzog von Lothringen in einzigartiger Vereinigung geistlicher und weltlicher Gewalt (→ Deutschland: I, 1a). B. sicherte Lothringen für das Reich und förderte allenthalben das Reformmönchtum der Observanz von → Gorze, in dessen Geist er u.a. das Kloster Lorsch reformierte und das Kloster St. Pantaleon zu Köln stiftete. Dort ward er auch beigesetzt. Ruotger, Mönch von St. Pantaleon, schrieb 967-969 seine Biographie.

RE III, 511ff - HAUCK III, 41ff - LThK II, 593f - WATTENBACH-HOLTZMANN I, 1, 88ff (Lit.) - R.HOLTZMANN, Gesch. d. sächs. Kaiserzeit, (1941) 1955³ (s. Reg.) - BRAUN, TA 157 - K.HALLINGER, Gorze-Kluny (Studia Anselmiana Fasc. 22-23), 1950, 99ff. 180 - Ruotgers Lebensbeschreibung des Erzbischofs B.v.K., hg.v. I.OTT (MG SS rer. Germ. NS 10), 1951 (Lit.) - NDB II, 670f (Lit.) - F.LOTTER, Die Vita Brunonis des Ruotger (Bonner histor. Forsch. 9), im Druck. *H.Beumann*

2. *von Segni* (* spätestens 1049 bei Asti - daher auch B. von A., † 1123), ca 1080 Bischof von S., als Freund, Ratgeber und Beauftragter → Gregors VII. und seiner Nachfolger viel unterwegs, dazwischen auch in → Monte Cassino, wo er 1107/08 Abt wurde. Er behielt aber sein Bistum bei und zog sich dorthin 1111 zurück, nachdem er als strenger Gregorianer → Paschalis II. wegen dessen Investiturprivileg an Heinrich V. angegriffen hatte und dafür seine Abtswürde hatte niederlegen müssen. 1181 heiliggesprochen.

Vf. u.a. eine Streitschrift De symoniacis, liturgische Traktate, bes. aber wertvolle biblische Kommentare, Homilien u. Predigten (letztere meist Sententiae genannt), die der scholastischen Methode noch fernstehen. - MPL 163, 463f; 164; 165 - MG Libelli de lite II, 543ff - Spicilegium Casinense III, 1, 1897, 1ff. - RE III, 514f - B.GIGALSKI, B., Bischof von S., Abt von M.C., 1898 - A.M.AMELLI, S.Brunone, vescoco di S. e M.C., 1903 - DACL II, 1330f - DThC II, 1150f; XVI, 484 - LThK II, 595f - MANITIUS III, 49f - DSp I, 1969 - DHGE X, 968ff - Catholicisme II, 294 - EC III, 156. *M.A.Schmidt*

Bruno, *Giordano* (Ordensname statt Filippo; 1548 bis 1600), * zu Nola in Kampanien, trat 15jährig in das durch Thomas berühmt gewordene Kloster San Domenico in Neapel ein und empfing 1572 nach weitausgreifenden Studien (→ Plotin, → Kabbala, → Averroes, → Thomas, → Lullus, → Nikolaus von Kues, → Kopernikus) die Priesterweihe. Früh regte sich in B. der Dichter, der sich später auch in seinen philosophischen Dialogen nicht verleugnete. Sympathien für die arianische Lehre von der Sohnschaft Christi und Bedenken gegen die Transsubstantiation führten zur Anklage des Ordensprovinzials, der sich B. 1576 durch die Flucht entzog. Er ging zunächst nach Rom und Oberitalien, von wo er 1578 nach Genf auswich. Hier bekam er den harten Glaubenszwang der Calvinisten zu spüren und zog weiter nach Toulouse, an dessen Universität er zwei Jahre Philosophie lehrte. Kriegswirren und die ihm verübelte Absage an → Aristoteles trieben ihn nach Paris, wo der Ruhm seines Lehrerfolges und seines Gedächtnisses bis zum König drang, dem er sein erstes philosophisches Werk widmete (De umbris idearum). 1583 ging er mit Empfehlungen des Königs nach England, wo er seine Oxforder Vorlesungen wegen seiner Verteidigung des Kopernikanischen Systems aber bald abbrechen und in London Zuflucht suchen mußte. Hier verbrachte er die zwei schönsten und fruchtbarsten Jahre seines Lebens (Dialoge: De la causa, principio e uno, De l' infinito, universo e mondi, Degli eroici furori), in denen es sogar zu italienisch geführten Unterhaltungen mit der Königin Elisabeth kam. 1585 kehrte er mit seinem Gastgeber, dem französischen Gesandten, nach Paris zurück, mußte aber schon 1586 nach Deutschland fliehen. In Marburg versagte sich ihm die reformierte Universität, aber in Wittenberg konnte er zwei Jahre lang über Aristoteles, die Lullische Kunst und die neue Kosmologie lesen. Dann mußte er auch hier vor dem wachsenden Einfluß der Calvinisten das Feld räumen. Bei seinem Abschied hielt er die berühmte Rede auf den deutschen Geist (auf → Albertus Magnus, Nikolaus von Kues, Kopernikus und → Luther, dessen sola fide er zwar verschmähte, dessen Überwindung der römischen Zwingburg er jedoch feierte). Über Prag und Helmstedt wandte er sich nach Frankfurt, wo er die in Wittenberg ausgearbeiteten lateinischen Schriften in Druck gab (bes. De triplici minimo et mensura und De monade, numero et figura). 1592 vermochte der von Sehnsucht nach der Heimat erfüllte B. einer Einladung nach Venedig nicht zu widerstehen und fiel hier in die Hände der → Inquisition. Anfangs zu Widerruf und Unterwerfung bereit, wuchs sein Trotz über endlosen Verhören während 7jähriger Haft. So wurde er am 17.2.1600 auf dem römischen Campo dei Fiori öffentlich verbrannt. Von dem ihm zuletzt noch vorgehaltenen Kruzifix wandte er sich voll Verachtung ab.

B.s Philosophie ist in ihrem Kern neuplatonisch. Die Stufung von Leib, Seele, Geist, Gott ist die tragende Grundlage seines Weltbildes. Aber da hinein wirkt (neben Lullischer Kunst, trüber Mnemotechnik und wuchernder Mythologie) der durch Nikolaus von Kues und Kopernikus angefachte weltbejahende Drang zur Unendlichkeit. Zwar schließt die Überlegenheit des Einen und Göttlichen eine pantheistische Deutung auch dann aus, wenn die Vorliebe B.s den Mittelgliedern gehört, die das Niedere mit dem Höheren verbinden, und auch die Materie vor dem Verdikt des Bösen bewahrt bleibt. Mögen die Unterschiede in der Welt noch so groß sein, »magst du Sonne, Mond, Mensch oder Ameise sein, im Verhältnis zum Unendlichen ist es gleich«. Mag der Abglanz dieser Unendlichkeit in der Schöpfung noch so erhebend sich widerspiegeln, denkt B. doch niemals daran, Gott in die Natur einzuschließen. Es ist vielmehr die tiefe Überzeugung von der unendlichen Macht Gottes, die ihm eine endliche Schöpfung als Gottes nicht würdig zu widerlegen scheint. Ohne den mathematischen Voraussetzungen des Kopernikus folgen zu können, findet B. durch ihn das Tor aufgestoßen, durch das nun eine kühne Phantasie sich hinauswagt. Die Aristotelischen Beweise für die Endlichkeit der Welt, die Rangordnung der Stoffe und einen ersten Beweger werden beiseite gesetzt. Die Erde und selbst das Sonnensystem werden aus der Mitte herausgerückt. Das All ist vielmehr ein Organismus von unzähligen Welten, die den einen und nicht durch Sphären verschränkten Himmel erfüllen und durch die mit dem hl. Geist in eins gesetzte Weltseele in bewegter Ordnung gehalten werden. Nur die Erscheinungen wechseln, aber in dem Wechsel bleibt »das ganze Wesen... als ein und dasselbe«, als ein Inbild von Schönheit und Harmonie. - In den späteren Schriften wendet sich unter cusanischem Einfluß das Pathos der Unendlichkeit auch dem Kleinsten zu. Aber die der atomistischen Tradition (Lukrez) entlehnten Minima sind nicht tote Körperchen, sondern beseelt und zweckhaft wirkend, individuelle »Kontraktionen der Gottheit«. Der dafür gebrauchte Begriff der Monade leitet zu → Leibniz hinüber, aber noch fehlt die mathematische Formulierung, um von diesen diskreten Weltpunkten aus das Kontinuum eines allumspannenden Weltgeschehens zu konstruieren.

Überall wird zugleich die ethische und religiöse Ausrichtung dieser Kosmologie spürbar. Die Seele wird wiedergeboren, wenn sie aus der Enge des überkommenen Weltbildes heraustritt und den ihr vom Schicksal zugemuteten Flug in die Freiheit wagt. Die Menschen dürfen sich zu »gehorsamen Befolgern der göttlichen Gesetze« erheben und als »Kinder« des »Einen besten Vaters« dessen gewiß sein, daß alles »durch Gutes zum Guten geführt« wird, auch wenn dem unvermeidlich beigemischten Übel sich nicht entgehen läßt. Hier fühlt sich B. als Stifter einer neuen Religion, die über alle dogmatischen Trennungen hinausführt und dem kräftig aus sich heraus wirkenden Menschen den Eingang in die ewige Heimat alles Seins verheißt.

Über solcher Lehre aber steht für B. fast noch die Fügung der Sprache, wie sie Erfahrung des gelebten Augenblicks ihm eingibt. Er übersieht die Widersprüche, weil er ganz der Gegenwart gehört. Maßlos in der Aneignung des Gelesenen und im selbstbewußten Darüberverfügen, treffen sich in ihm scharfe Dialektik und schweifende Phantasie, Sinn fürs Hohe und verspieltes Sichverlieren ans Derbe und Verwunderliche, herausfordernde Kühnheit und tiefe Bereitschaft zum Mitlieben und Mitleiden. Als ein solcher hat er sich über → Spinoza, Leibniz, → Goethe, → Schelling bis heute auszuwirken vermocht.

Opere italiane, hg.v. G.GENTILE u. V.SPAMPANATO, Bd 1-3, 1907 bis 1909; Opera latine conscripta, hg.v. F.FIORENTINO u.a., Bd 1-3, 1879-91; Ges. Werke, übers. v. L.KUHLENBECK, Bd 1-6, 1890-1909. - G.GENTILE, G.B.e il pensiero del rinascimento, 1920 - DERS. u. V. SPAMPANATO, Documenti della vita di G.B., 1942 - L.OLSCHKI, G.B. (DVfLG 2, 1924, 1-79) - DERS., G.B., 1927 - E.GRASSI, G.B. Heroische Leidenschaften u. indiv. Leben, 1948 - A.SALVESTRINI, Bibliografia, 1926: dazu: RIPh 5, 1951, 200-228. *H.Knittermeyer*

Brunotte, *Heinz,* Präsident der Kirchenkanzlei der EKD (seit 1949) und des Luth. Kirchenamtes der VELKD, * 1896 in Hannover, nach Studium in Marburg, Tübingen, Göttingen 1927 Pfarrer in Hoyershausen; seit 1933 Mitglied des Landesbruderrates Hannover; 1936 Oberkonsistorialrat in der Kirchenkanzlei der Deutschen Ev. Kirche Berlin; 1946 Oberlandeskirchenrat in Hannover. Von Anfang an mit Werden und Weg sowohl der VELKD wie der EKD verbunden, ist B. als luth. Theologe Mitverfasser der Grundordnung der EKD.

Das Zusammenleben der Konfessionen in der EKD (Luthertum 9), 1953; Die Grundordnung der EKD, ihre Entstehung u. ihre Probleme, 1954; Die Theologische Erklärung von Barmen 1934 (Luthertum 18), 1955. - Mit-Hg. des EKL. *F.Hübner*

Brunstäd, *Friedrich* (1883-1944), Philosoph und ev. Theol., * Hannover, habilitierte sich 1911 für Philosophie in Erlangen, wurde dort 1917 a.o. Prof. für Philosophie und 1925 o. Prof. für systematische Theologie in Rostock. 1922-34 war er zugleich Leiter der Ev.-Sozialen Schule in Spandau (Johannesstift). † Villershagen bei Gelbensande (Mecklenburg). - B. erstrebte eine Synthese von Philosophie und Religion, indem er in kritischer Anlehnung an → Kant und → Hegel die Theonomie von Wissenschaft und Kultur philosophisch nachzuweisen suchte. Eine Anwendung seiner Theorie gab er in seiner Bearbeitung der Sozialethik und in seiner politischen Tätigkeit. Theologisch war er betont Lutheraner.

Theol. der luth. Bekenntnisschriften, 1951 (Bibliogr.); Ges. Aufsätze u. kleinere Schriften, hg.v. E.GERSTENMAIER u. C.G.SCHWEITZER, 1957. - G.KUHLMANN, B. u. Tillich. Zum Problem einer Theonomie der Kultur (PhG 18), 1928 - RGG² I, 1292f - NDB II, 688f *E.Schott*

Bruun, *Christopher Arnt* (1839-1920), eine der markantesten Persönlichkeiten Norwegens im 19.Jh., gründete unter dem Einfluß des dänischen → Grundtvigianismus 1867 im nördlichen Gudbrandstal eine Volkshochschule, die er bis 1893 leitete. 1893-1918 war er Pfarrer in Oslo. B. nahm an der kirchlichen und politischen Debatte eifrig teil. Sein Programm war eine nationale und lebensnahe Form des Christentums; deshalb bekämpfte er sowohl eine pietistische Isolierung des Christlichen als auch eine starre orthodoxe Kirchlichkeit. Andererseits hatte er in sittlichen Fragen sehr strenge Ansichten und war auch von Kierkegaard beeinflußt. Seine Schule verlegte er später nach Gausdal, wo → Bjørnson sein Nachbar wurde. Beide arbeiteten einige Zeit gut zusammen, dann kam es aber zum Bruch. Trotz seiner Kulturoffenheit wurde B. als Rechtsgrundtvigianer ein Gegner der modernen Theologie. In seinen späteren Jahren trat er für die Bildung einer freien Volkskirche ein.

Vf. u.a.: Folkelige Grundtanker, 1878. Schriftleiter von »For frisindet Christendom« und »For Kirke og Kultur«. - Über B.: A.UHRSKOV, C.B., 1916 - E.BERGGRAV, Norske kirkeprofiler, 1946 - K. SLETTEN, C.B., 1949. *R.Hauge*

Bryennios (spr. Vryennios), *Philotheos* (1833-1918), griech.-orth. Theologe und Kirchenführer, studierte in Chalki, Leipzig, München und Berlin, 1861 Prof. für KG in Chalki, 1867 Direktor der Patriarchatsschule in Konstantinopel, später Metropolit von Serres und danach Nikodemia. 1875 leitete er die Delegation des ökumenischen Patriarchats beim Unionskongreß in Bonn (→ Altkatholiken), 1880 wurde er als Exarch des Patriarchen nach Bukarest gesandt.

B. ist Entdecker u. Hg. des vollst. griech. Textes der beiden → Clemensbriefe (1875) u. der → Apostellehre aus dem Cod. Hierosolymitanus von 1056 (1883) u. vf. zahlreiche theol. Abhandlungen, u.a. Auseinandersetzungen mit dem Primatsanspruch des Papstes. *G.Möckel*

Buber, *Martin,* * 8.2.1878 in Wien, begegnet in der Person seines Großvaters, des Midraschforschers Salomon B., der Haskala, der jüdischen Aufklärung, und in dessen galizischer Umgebung dem → Chassidismus, stößt nach einer Periode der Entfremdung vom Judentum zum → Zionismus, hat 1923-33 einen Lehrauftrag für jüdische Religionsphilosophie und später Religionsgeschichte an der Universität Frankfurt, lehrt 1938-51 als Prof. an der hebräischen Universität in Jerusalem und leitet noch bis 1953 das von ihm 1949 gegründete Institut für Erwachsenenbildung. Als unermüdlicher Künder und Deuter des Chassidismus, in dem er wahrhafte Gemeinde und wahrhafte Führerschaft (diese im Sinn umfassenden Helfertums) gefunden hat, vertritt B. einen Zionismus, dem es im Unterschied zum politischen Zionismus Theodor → Herzls um die in der Galut, dh der Verbannung, zu beginnende, allein auf dem heimatlichen Boden des Volkes zu vollendende beispielhafte Verwirklichung wahrer Gemeinschaft und um den Beruf Israels geht, sie aller Welt zu vermitteln. »Wir sind nicht begehrlich, wir wollen nur endlich gehorchen können« ist B.s Begründung des Anspruches auf Palästina. Als Grundlage ist B.s in Philosophie und Theologie weithin wirksam gewordene Lehre von der Ich-Du-Beziehung in ihrem Unterschied und Verhältnis zur Ich-Es-Beziehung und vom »dialogischen Prinzip« anzusprechen, nach welchem Mensch und Gott oder Ich und Du und ewiges Du sich in einem Dialog befinden, der nicht in erster Linie Rede, sondern Tun ist, und der eine Fortsetzung oder Vergegenwärtigung des Dialogs zwischen Himmel und Erde ist, von dem B. das AT erfüllt und charakterisiert sieht. B. vertritt die Einzigkeit und Uneinreihbarkeit Israels und einen »biblischen Humanismus« so, daß er sich für Koexistenz der Juden und der Araber im Staat Israel einsetzt und daß er sich immer wieder zum Gespräch mit dem Christentum genötigt sieht, in dem er in der Christologie des Christentums zwar eine - im Geheimnis bleibende - »wesentliche Begebenheit zwischen Oben und Unten« bezeugt findet, aber auch »die Inkarnationslosigkeit des dem ›Fleisch‹ sich offenbarenden und ihm in der gegenseitigen Beziehung gegenwärtigen Gottes und die Zäsurlosigkeit der auf Erfüllung ausgerichteten und immerdar Entscheidung erfahrenden Menschengeschichte« behauptet.

Mein Weg zum Chassidismus, 1918; Der heilige Weg. Ein Wort an die Juden u. die Völker, 1919; Brief an Gandhi, 1939; Dialogisches Leben, 1947; Zwei Glaubensweisen, 1950; Das echte Gespräch u. die Möglichkeiten des Friedens. Rede, gehalten anl. d. Verleihung des Friedenspreises des Dt. Buchhandels am 27.9.1953, 1953; Hinweise: Ges. Essays, 1953; Die Schriften über das dialogische Prinzip, 1954. - Über B.: H.-J.Kraus, Gespräch mit M.B. (EvTh 12, 1952/53, 59 bis 77) - M.S.Friedman, M.B. The Life of Dialogue, 1956 (Lit.).

W.Holsten

Bucanus *(du Buc), Wilhelm,* aus Rouen, kam in jungen Jahren als Lehrer nach Lausanne, wurde Pfarrer und Dekan in Yverdon und 1591 Theologieprofessor an der Akademie zu Lausanne. Er löste weitgehend die Dogmatik von der Exegese und vertrat in scholastischer Loci-Methode calvinistische Orthodoxie, u.a. gegen seinen »osiandrischen« Kollegen Claude Aubery. B. verfaßte die erste uns bekannte eigentliche Homiletik des französ. Protestantismus. Er war ein treuer Helfer der → Hugenotten. An die neubegründete Akademie von → Saumur berufen, starb er noch vor Amtsantritt, 1603.

Vf. u.a.: Institutiones theologicae, 1602 u. mehrere Aufl., auch holländ., 1659 engl., (obwohl das Buch unter Jakob I. wegen des darin gelehrten Widerstandsrechts gegen Tyrannen verbrannt worden war); Ecclesiastes s. de methodo sacr. concionum, 1604. - Über B.: H.Vuilleumier, Hist. de l'Eglise réformé du Pays de Vaud II, 1938, 168ff.

O.E.Strasser

Bucer, *Martin* (eigentlich *Butzer*; 1491-1551), * als Sohn eines Küblers und einer Hebamme in Schlettstadt im Elsaß, in ärmlichen Verhältnissen aufgewachsen. Wohl weil sein Vater aus Straßburg stammte, zogen eine Eltern zehn Jahre später um besseren Verdienstes willen dorthin. Ihren Sohn ließen sie beim Großvater in Schlettstadt zurück. Dort besuchte er die Lateinschule und verschrieb sich frühzeitig dem humanistischen Ideal. Die Schlettstädter Dominikaner überredeten den 15jährigen, ihrem Orden beizutreten, um bei den Studien zu bleiben, »und ist an mir«, schreibt B., »das Sprichwort wahr geworden: die Verzweiflung macht einen Münch«. Statt seiner Klassiker mußte er nun die Ordenstheologie studieren. Erst zehn Jahre später durfte er in den Heidelberger Konvent übersiedeln und die Universität besuchen. B. erwarb den Magistergrad und lernte bei → Brenz das Griechische. Die Begegnung mit → Luther bei der Heidelberger Disputation (April 1518) gewann ihn für die neue Theologie. Wie bisher auf Erasmus, so setzte er seine Hoffnung auf Luther. Als ihm humanistische Freunde dazu verhalfen, päpstlichen Dispens vom Ordensgelübde zu erhalten, wurde B. Weltpriester. Auf der Ebernburg fiel ihm der Auftrag zu, Luther Sickingens und des Kaiserlichen Beichtvaters Glapion Anerbieten zu überbringen, bei ihm statt in Worms zu verhandeln. Luther lehnte den Vorschlag ab. Ob B. in dieser Zeit mit dem »New Karsthans« und einem anderen Dialog publizistisch hervortrat, bleibt fraglich. Der Kaplan, der am pfälzischen Hof und bei Sickingen gewesen war, wagte es 1522 als einer der ersten Priester, ehelich zu werden. B. heiratete Elisabeth Silbereisen, die 12 Jahre Nonne im Kloster Lobenfeld gewesen war. Nach Sickingens Niederlage verließ B. sein Amt in Landstuhl, um nach Wittenberg zu gehen. Zuvor wollte er seine Frau nach Straßburg bringen. In Weißenburg bat ihn der Stadtpfarrer, als Prediger zu bleiben. B. gewann zwar dort die Gemeinde, wurde aber durch den Bischof von Speyer gebannt. Heimlich mußte er die Stadt verlassen und kam nach Straßburg. In seiner »Verantwortung auf das Schreiben des Bischofs seiner Person halben« teilt er dem Rat mit, er sei in sein Vaterland gekommen, eine Zeitlang zu verweilen. Weiter sagt er: »Da ich etwas in Predigen und Lehren gelernt habe, das in göttlicher Schrift nicht ausgedruckt steht«, wollte er mit seinen Gaben der Stadt dienen. In Zells Hause begann er die Schrift auszulegen, gewann die Zuneigung der Bürger und konnte bald auch im Münster predigen und seine ersten Schriften im Druck erscheinen lassen. Als B. 1524 zum Pfarrer von St. Aurelien von den Gärtnern vor der Stadt gewählt wurde, stand er im Mittelpunkt der Auseinandersetzung mit den Altgläubigen, als deren Sprecher der Franziskaner Th. → Murner und der Augustiner K.Treger hervorgetreten waren. Ihr literarischer Kampf ist viel beachtet worden. Gleichzeitig legte B. den Grund für die Neugestaltung des Gottesdienstes. Immer stärker rückte er in den Vordergrund und wurde zum Sprecher der Straßburger Kirche. Im Abendmahlsstreit (→ Abendmahl: II, 3a) und in der Auseinandersetzung mit den Schwärmern und → Täufern steht B. in der ersten Reihe der oberdeutschen Theologen. Als Straßburg zur evangelischen Stadt wurde, mußte entschieden werden, in welchem Geiste die Neuordnung erfolgen sollte. Die Verbindung mit Basel und Zürich ließ eine gemeinsame Auffassung erstreben. B. ließ zwar Zwinglis Einfluß zu, gab aber seine eigene Auffassung nicht auf. Inzwischen hatte sich unter dem milden Regiment in Straßburg das Täufertum gesammelt und suchte sein Gemeindeideal zu verwirklichen. B. erkannte die Gefahr, die der Kirche von dieser Seite drohte. Auf sein unaufhörliches Drängen hin ist vom Rat eine Entscheidung herbeigeführt worden. Um den Gemeindeaufbau besser leiten zu können, wurde das Amt der Kirchspielpfleger eingeführt. Auf der Synode von 1533 wurden die 16 Artikel und »unser augsburgisches Bekenntnis«, dh die → Confessio Tetrapolitana, als

Lehrgrundlage festgelegt. Demselben Zweck dienten die Versuche zur Einführung der → Konfirmation. Die kirchlichen Kämpfe hatten B. zum Organisator des Kirchenwesens werden lassen. Gedanken, die er dem Rat hinsichtlich des Aufbaus der Kirche in zahlreichen Gutachten vorgetragen hatte, faßte er 1538 in seiner maßgebenden Schrift »Von der waren Seelsorge und vom rechten Hirtendienst« zusammen. Die innerkirchlichen Kämpfe hatten B. nicht nur die Kirchenverfassung straffer aufbauen, sondern auch seine theologischen Ansichten stärker ausprägen lassen. Im Gegensatz zum schwärmerischen Geistprinzip betonte er mit Nachdruck Amt, Wort und Sakrament. In seiner Abendmahlsauffassung berührte er sich mit dem jungen Luther. Wenn er unter dem Eindruck des Honiusbriefes eine Zeitlang eine andere Richtung einschlug, so sollte seine Theologie doch die Brücke zwischen Wittenberg und Oberdeutschland schlagen. Seit der Speyerer Protestation stand B.s Aufgabe fest. Das Marburger Religionsgespräch hatte ihn enttäuscht und zugleich in seinem tiefsten Anliegen bestärkt. Seine unermüdliche Einigungsarbeit begann auf dem Reichstag von Augsburg 1530. Die von ihm und → Capito dort in Eile entworfene Confessio Tetrapolitana ist dafür nicht eigentlich kennzeichnend; sie ist nur Ausdruck der Straßburger Haltung. Als B. im Einvernehmen mit den ev. Fürsten zu Luther auf die Coburg ritt, erfüllte sich seine Hoffnung, die im Abendmahlsstreit entzweiten Theologen wieder zusammenzubringen. Die theologische und praktische Annäherung wurde ermöglicht. Jahre seines Lebens opferte B. dieser Aufgabe, seine oberdeutschen Freunde mit Luther zu vereinigen. Trotz Zwinglis Widerspruch blieb B. bei seinem Vorhaben. Schien nach Zwinglis Tode der Weg zur Einigung frei, so war doch für viele Schweizer der Standpunkt Zwinglis unaufgebbar. Immerhin hat B. weitgehende Verständigung erzielt und wachsenden Einfluß gewonnen. Magistrate oberdeutscher Reichsstädte wie Ulm, Memmingen und Augsburg ersuchten ihn, ihr Kirchenwesen zu ordnen. Die Wirkung seiner Arbeit ist bei der Gewinnung Württembergs bemerkbar geworden. B.s Beziehungen zum Landgrafen Philipp von Hessen sind dadurch noch fester geworden. Auf dessen Veranlassung kamen B. und Melanchthon Weihnachten 1534 in Kassel zusammen, um über die Verständigungsmöglichkeiten weiter zu verhandeln. In seinen Formulierungen kam B. dem lutherischen Verständnis weit entgegen. Ein von B. entworfenes Bekenntnis rückte bald die Einigung in nahe Sicht. Im Mai 1536 wurde unter stattlicher Beteiligung oberdeutscher Theologen die Konkordie in Wittenberg vollzogen. Damit war B.s Aufgabe noch nicht beendet. In den folgenden Jahren bemühte er sich unaufhörlich um die Gewinnung der Schweizer. Schließlich scheiterten die Verhandlungen an → Bullingers Widerstreben; so blieb der Konkordie der volle Erfolg versagt. Als B. 1538 vom Landgrafen nach Hessen berufen wurde, sollte er nicht nur Kirchenordnungen aufstellen und durch Einführung des Ältestenamtes und der Konfirmation Einfluß auf das kirchliche Leben nehmen, sondern darüber hinaus an den großen kirchenpolitischen Aufgaben beteiligt werden. Beim Religionsgespräch in Leipzig und erst recht bei den bedeutsamen, von der kaiserlichen Politik bestimmten Verhandlungen in Worms und Regensburg 1541 steht B. im Mittelpunkt theologischer Bemühungen um Verständigung und kirchliche Einheit. In Worms zur Abfassung einer neuen Einigungsschrift herangezogen, die unter dem Namen des »Regensburger Buches« bekannt werden sollte, hat B. die von → Gropper entworfene Schrift gebilligt und meinte, eine Übereinstimmung in der Rechtfertigungslehre gefunden zu haben. In zahlreichen Berichten und Schriften hat er sich aus Überzeugung für den Vergleich eingesetzt. Es konnte nicht ausbleiben, daß er darüber in den eigenen Reihen viele Gegner bekam. Aber er hatte auch Freunde gewonnen. Als Erzbischof → Hermann von Wied auf Grund des Regensburger Abschieds die Reformation im Erzstift Köln durchführen wollte, berief er B. im Dez. 1542 nach Bonn. Die von B. verfaßte »Kölner Reformation«, an der auch Melanchthon einige Abschnitte geschrieben hat, sollte als Grundlage der Neuordnung dienen. Die politische Lage ließ es aber zu keinem Erfolg mehr kommen. Von Geldern aus schlug Karl V. zu und machte die Reformation des Erzstiftes zunichte. Äußerlich hielt B. an der Vergleichspolitik fest. In Regensburg 1546 mußte er noch mit spanischen Theologen verhandeln. B.s Name war inzwischen auch jenseits der Reichsgrenzen bekannt geworden. Staatsmänner und Vertreter der Kirchen wandten sich an ihn um Rat. Seine Korrespondenz sowie Gutachten und Traktate nahmen einen großen Umfang an. Einige seiner Schriften wurden ins Englische, andere ins Tschechische übersetzt. Als der Ausgang des Schmalkaldischen Krieges eine neue Lage geschaffen hatte, mußte auch Straßburg sich dem Kaiser unterwerfen. B. wurde nach Augsburg entsandt, lehnte aber das → »Interim« entschieden ab. Heimlich verließ er den Reichstag und schrieb in Straßburg den »Summarischen Vergriff der christlichen Religion, die man zu Straßburg in die 28 jar gelert«. Karl V. war entrüstet und verlangte seine Entfernung. Unter diesem Druck faßte der Rat den Beschluß, B. »abzufertigen«. Obwohl er Rufe nach Wittenberg, Kopenhagen und Genf hatte, zog B. um der größeren Wirkungsmöglichkeit England vor, wo ihn Erzbischof → Cranmer mit hohen Ehren aufnahm. Als kgl. Lektor der Hl. Schrift erhielt B. in Cambridge eine einflußreiche Stellung. Durch seine Gutachten zum → Common Prayer Book und durch sein Eduard VI. gewidmetes Werk »De regno Christi« leistete er der englischen Kirche wertvolle Dienste (→ Anglikanische Kirche: I, 1). Es fehlte aber auch hier nicht an Widerspruch und an theologischen Kämpfen. Durch ungewohnte Lebensverhältnisse und durch Krankheit wurde B. in seiner Arbeit behindert. Trotz aller Fürsorge von Angehörigen und Freunden ist er am 28.2.1551 in Cambridge gestorben und wurde dort mit großen Ehren beigesetzt. Die Gegenreformation sah freilich in ihm noch im Tode ihren Gegner. Unter der blutigen Maria wurde ihm der Ketzerprozeß gemacht. Seine Gebeine und Schriften wurden 1556 auf dem Scheiterhaufen verbrannt. Erst im Zeitalter Elisabeths ist sein Ansehen wieder hergestellt worden.

B. hat einen eigenen Typus der reformatorischen Theologie ausgeprägt. Mit Recht hat O. Ritschl von ihm geurteilt: »An theologischer Originalität war er Calvin überlegen, Melanchthon und Zwingli vielleicht ebenbürtig« (III, 125). Wenn seine Theologie sich nicht so ausgewirkt hat, wie sie es wohl verdient hätte, so lag es teils an ihm selbst, teils an der für ihn ungünstigen Lage. Der Theologe B. ist unter Luthers Einfluß gewachsen. Luthers Geist ist aus seiner Theologie nicht fortzudenken. Auf der anderen Seite ist er trotz der äußeren Trennung auch mit Erasmus fest verbunden. Gerade in seiner Schriftauslegung, die einen großen und bedeutsamen Teil seines Werkes darstellt, zeigt sich B. von Erasmus abhängig. In der Betonung des Gesetzes, der Verbindung von Glauben und Werken und ihrer Einwirkung auf seine Rechtfertigungslehre zeigt sich sein erasmisches Erbe. Aufs Ganze gesehen prägt sich aber in seinen Kommentaren der reformatorische Zug deutlich aus. Durch sie hat B. in starkem Maße gewirkt und fruchtbare Anregungen vermittelt. Mit dem Vernehmen des

Wortes beginnt für B. das Wirken des Hl. Geistes am Menschen, das zur Rechtfertigung vor Gott führt. Auf das Wirken des Hl. Geistes legt B. besonderen Nachdruck. Das war auch Luther in Wittenberg aufgefallen. Seine Ausdrucksweise erinnert bisweilen an die der Täufer. Der Geist erleuchtet die Menschen, die das Wort hören, und führt sie zueinander. Der Geist weckt in ihnen die Überzeugung und vermittelt ihnen die Gewißheit. In Luthers Sinn betont B. die Heiligung als Ausdruck der Dankbarkeit gegen Gott. Neben Wort und Sakrament ist der Geist konstitutiv für die Kirche. Da B. Gesetz und Evangelium nicht im Gegensatz sieht, macht er für den Kirchenbegriff den at. Bundesgedanken geltend. Er kann daher als Vertreter der Föderaltheologie bezeichnet werden. Nach seiner Deutung finden sich in der Kirche die Erwählten zusammen, um das Reich Gottes zu verwirklichen. Zu den notae ecclesiae rechnet B. daher neben Wort und Sakrament auch die Kirchenzucht. In der Sakramentslehre hat er bei einem gewissen Spiritualismus doch immer an der Realpräsenz festgehalten.

Bibliographia Bucerana ed. R.Stupperich (SVRG 169), 1952 37ff (sämtliche Schriften B.s, die veröffentlichten Briefe, Lit.). Daraus die wichtigsten Werke sowie die nach 1953 erschienene Lit.: Martini Buceri opera omnia (im Erscheinen): I Dt. Schriften, Bd 4 (im Druck); II Lat. Schriften Bd 15, 1955; III Briefe (in Vorbereitung). - J.W.Baum, Capito u. B., 1860 - A.Lang, Der Evangelienkommentar M.B.s u. die Grundzüge seiner Theologie, 1900 - W.Diehl, B.s Bedeutung für das kirchl. Leben in Hessen (SVRG 83), 1904 - G.Anrich, M.B., 1914 - J.Adam, Ev. KG der Stadt Straßburg, 1922 - W. Köhler, Zwingli u. Luther, 2 Bde, 1924/53 - W.Pauck, Das Reich Gottes auf Erden, 1926 - Hastings Eells, M.B., 1931 - C.Hopf, M.B. and the English reformation, 1946 - W.Bernoulli, Das Diakonenamt bei B., 1953 - R.Boon, De eerste drie geschriften van M.B. (NAKG 39, 1953, 192-215) - W.Maurer, M.B. u. die Judenfrage in Hessen (Zeitschr. f. hess. Gesch. 64, 1953, 29-43) - J.G.van de Poll, M.B.s liturgical ideas, 1954 - R.Stupperich, M.B.s Anteil an den sozialen Aufgaben seiner Zeit (Jb. d. hess. kirchengeschichtl. Ver. 5, 1955, 120-141) - Joh.Müller, M.B.s Hermeneutik (Diss. Heidelberg), 1955 - H.Strohl, M.B. et son activité scientifique (RHPhR 36, 1956, 122-135) - T.F.Torrance, Kingdom and Church, Edinburgh 1957, 73 ff.

R.Stupperich

Buchanan, *George* (1506-82), hervorragender schottischer Humanist. Als Student in Paris schloß er sich den Protestanten an und machte 1539 seine Ansichten durch einen satirischen Angriff auf den schottischen Klerus bekannt. Deshalb mußte er nach Frankreich zurückkehren, wo er Latein lehrte, bis er 1560 als Lehrer der Maria Stuart und ihres Sohns, Jakobs VI., und als Prinzipal des St. Leonard's College zu St.Andrews nach Schottland zurückkehrte. Er plante eine Reform der Universität und nahm an der Politik teil, seit der Ermordung Darnleys auf seiten der Opposition gegen Maria Stuart. Sein Dialog »De iure regni apud Scotos«, 1579, vertritt die Lehre, daß der König seine Autorität vom Volke empfange und ihm gegenüber verantwortlich sei. Seine »Rerum Scoticarum Historia«, 1582, war lange Zeit die einzige Geschichte Schottlands.

DNB III, 1908, 186 f.

D.Carter

Buchgemeinschaften

1. Begriff - 2. Wesen - 3. Geschichte - 4. Gegenwart - 5. Ausland

1. Die B. sind zusammengeschlossen in der Arbeitsgemeinschaft der B. und durch Vereinbarung vom 14.6. 1952 im Interesse einer »reibungslosen Zusammenarbeit« mit dem übrigen Buchhandel an Grundsätze gebunden (Hamburger Abkommen). »Eine Buchgemeinschaft muß feste Mitglieder haben, die in einem unmittelbaren Vertragsverhältnis zu ihr stehen. Diese Mitglieder müssen eine Mindestverpflichtung eingehen, die darin besteht, daß der Eintritt für mindestens ein Jahr erklärt werden muß und danach eine Kündigung nur durch eine Kündigungsfrist zulässig ist. Ferner muß das Mitglied eine Mindestverpflichtung eingehen, derart, daß es sich entweder zu einer regelmäßigen Beitragszahlung oder zur regelmäßigen Abnahme von Büchern verpflichtet.« Fast alle unter 4 genannten B. sind angeschlossen. Andere B. und der Bertelsmann-Lesering arbeiten ähnlich, letzterer hat aber keine direkte Rechtsbeziehung zu den Mitgliedern und ist dem Hamburger Abkommen nicht beigetreten.

2. a) Das *Wesen* der B. ist *wirtschaftlich* dadurch gekennzeichnet, daß durch Kaufverpflichtung (4-6 Bücher im Jahr) und durch begrenzte, durch Vorschlagsbände, Mitglieder-Zeitschrift und Pflichtexemplare gelenkte Auswahl große Auflagenhöhen einzelner Titel erzielt werden, die bei guter Ausstattung einen sehr verbilligten Preis ermöglichen. Bis zum Druck werden die meisten Kosten benötigt, so daß bei einer Erhöhung der Auflage der Herstellungspreis für den Einzelband wesentlich gesenkt werden kann. Erheblich verringern sich auch die Werbe- und Vertriebskosten, die teure Lagerhaltung des Sortiments fällt fort.

b) *Geistig* ist das Wesen der B. durch volksbildende und -erzieherische Momente bestimmt. Einerseits können Hunderttausende am kulturellen Leben teilnehmen. Andererseits trägt die Vermittlung einer begrenzten Zahl von Titeln an breitere Kreise einen so ausgesprochen beratenden und erziehenden Charakter, daß die Frage der Auswahl zu einer ethischen und kulturellen Verantwortung wird, die oft in Konflikt mit wirtschaftlichen Interessen steht.

c) Das Wesen der B. wird durch die *»Ontologie«* des literarischen Werkes zum Problem. Diese lehrt, daß sich ein literarisches Werk durch seinen Vollzug, dh durch sein Gelesenwerden von Makulatur unterscheidet. Die Frage ist also, wie weit sich das bloße Interesse an bestellten Titeln zum Lesebedürfnis intensiviert. Ihre Beantwortung gibt Auskunft darüber, ob die »gelesenen« Bücher zu wirklich billigen Preisen erworben werden oder ob die ungelesenen durch die Verpflichtung zu ihrer Abnahme den faktischen Preis für die gelesenen außerordentlich vergrößern. Erst in der Unterscheidung zwischen erworbenem Bildungsgut und bedrucktem Papier wird eine bei den B. naheliegende Fiktion beseitigt. Bedenkt man, daß sie 1956 rund 25 Mill. Exemplare ausgeliefert haben, dann fallen 200-300 Auswahlbände bzw. 50-80 jährliche Neuerscheinungen bei den größeren B. für diese Überlegungen kaum ins Gewicht.

3. Den B. liegt die Übertragung der Abonnementsidee von den Unterhaltungszeitschriften auf das Buch zugrunde. Eine frühe Form ist die 1876 gegründete »Bibliothek der Unterhaltung und des Wissens« (jährlich 12 Bücher, darin eine größere Novelle, außerdem unterhaltende und bildende Beiträge). 1916 wurde die Deutschnationale (seit 1924: Deutsche) Hausbücherei Hamburg, unter gewerkschaftlichem Einfluß und von volksbildnerischen Ideen geleitet, als erste Buchgemeinschaft im eigentlichen Sinn begründet; ihr trat 1924 die von der Gewerkschaft Buchdruck (B.Dreßler) angeregte Büchergilde Gutenberg zur Seite. Letztere hatte 1933 rd 85 000 Mitglieder. Die Gilde arbeitet genossenschaftlich, dh ohne Gewinn. Sie versteht sich als Werk des Kulturwillens der Arbeiterschaft neben Volksbühnenbewegung und Volkshochschulen. Sie hat auch Gruppen im Ausland. – Unabhängige und rein geschäftliche Unternehmungen ohne bestimmtes Kulturprogramm sind die beiden größten B. der zwanziger Jahre, der 1919 gegründete Volksverband der Bücherfreunde und die 1924 entstandene Deutsche Buchgemeinschaft, beide auf dem Höhepunkt mit rd einer halben Mill. Mitgliedern. Die freie Auswahl innerhalb der Auswahlreihen bedingte diesen Erfolg. Die von kath. Weltanschauung geprägte

Buchgemeinde Bonn wurde 1925 gegründet und durch kirchliche Stellen (Borromäus-Verein) planmäßig unterstützt (keine Auswahlbände). Eine Ev. Buchgemeinschaft wurde 1924 in enger Gemeinschaft mit den Kirchenbehörden, mit dem Ev. Preßverband und dem Ev. Buchhandel ins Leben gerufen, jedoch stand letzterer dem Unternehmen kritisch gegenüber. Andere Gründungen haben sich nicht halten können.

4. Nach dem 2. Weltkrieg haben die B. große Scharen von Mitgliedern angezogen und im Zusammenhang damit das Verteilersystem und die Mitgliederzeitschriften erheblich ausgebaut. Der Bertelsmann-Lesering hat nach eigener Angabe 1 800 000, die Büchergilde Gutenberg 400 000, der Europäische Buchklub 150 000 Mitglieder. Daneben bestehen noch über 10 kleinere B. Klassiker-Ausgaben gehören zum festen Programm fast aller B. (traditionelle Ausnahme ist die Büchergilde Gutenberg), doch zeigt die Edition oft erhebliche Mängel. Neben dem modernen Roman der Weltliteratur sind Kunstbände, belehrendes Schrifttum und Jugendbücher sehr beliebt. Ansätze zur Neugründung Ev. B. (1953) haben sich nicht ausbauen lassen. Besondere Erwähnung verdient die Wissenschaftliche Buchgesellschaft Darmstadt (15 000 Mitglieder), deren Ziel es ist, in genossenschaftlicher Selbsthilfe das Denken und Forschen vergangener Generationen durch Neuauflagen fruchtbar zu machen. Seit 1956 ist ein Kunstkreis zur Verbreitung moderner Graphik angeschlossen (2 Blätter im Jahr).

5. In England gibt es große allgemeine, aber auch spezialisierte Book Clubs. In Frankreich diskutiert man zZ das Verhältnis der dort nur kleinen B. zum Sortiment. Die USA haben ein ausgebautes und differenziertes System der B.

Mitteilung des Börsenvereins vom 15.8.1952 - Bücher voll guten Geistes, 1954 - B.N.Langdon-Davies, The Practice of Bookselling, 1951, 134ff - R.A.Jones-A.M.Mathieu, The writers Market, 1952.

W.Matthias

Buchhandel, *christlicher*

I. In Antike und Mittelalter - II. Ev. B. in Deutschland - III. Kath. B. in Deutschland. - Zur Ergänzung vgl. → Bibelgesellschaften, → Bibliothekswesen, →Buchgemeinschaften, →Kolportage, →Presse

I. In Antike und Mittelalter

1. Antike - 2. Frühmittelalter - 3. Spätmittelalter

1. Durch die Glaubensbedeutung der Hl. Schrift, zunächst des AT, dann aber bald auch des NT hat das Urchristentum eine wesensmäßige Beziehung zum Buch. Ihre Verbreitung vollzieht sich, ebenso wie die der sich bald entwickelnden erbaulichen und theologischen Literatur, in Handel und Herstellung - sonderlich seit der Zeit Konstantins (313) - in den Formen des antiken B.s überhaupt, wie er sich vom 5.Jh. vChr an von Griechenland aus entwickelt und in der augustinischen Zeit in Rom zu einer ersten Blüte entfaltet hat. Die Verbreitung literarischer Erzeugnisse ging zunächst auf privatem Wege vor sich. Die Autoren ließen ihre Sklaven (servi literati) oder Lohnschreiber Kopien für ihre Freunde herstellen. Daneben betrieben Buchhändler (liberarii, bibliopolae) Anfertigung und Verbreitung von Büchern, und zwar bis in die abgelegenen Provinzen hinein (Horaz, Epist. I, 20, 13). Umfang und Schnelligkeit des Vertriebs christlicher Literatur durch den römischen B. schildert Sulpicius Severus (363-425). Im einzelnen ist freilich über die serienmäßige Herstellung und über das Vervielfältigungsverfahren wenig auszumachen. So ist es ungewiß, ob Abschriften oder Diktate die Regel waren. Auch ist die Auflagenhöhe nicht sicher zu bestimmen. Der Bildung der damaligen Verleger und der Güte der von gelehrten Korrektoren überprüften Abschriften haben wir es u.a. zu danken, daß sich eine große Anzahl von antiken Texten erhalten hat.

2. Nach der Vernichtung des römischen Reiches durch die Völkerwanderung zieht sich die Gelehrsamkeit auf Jahrhunderte in die Klöster zurück, die ihrerseits Sammelstätten, deren Mönche Verbreiter und Vervielfältiger der literarischen Arbeiten der Antike werden. Von einem B., wie er sich in hellenistischer Zeit entwickelt hat, kann nun nicht mehr die Rede sein. Der Klerus arbeitet zu eigenem Zweck oder auf Bestellung. Abschreibeerlaubnis gibt man nur gegen wertvolle Pfänder. Verkäufe werden nur in großer Not vorgenommen, daher wird der B. meist von Trödlern betrieben. Berühmte Mönchsorden mit literarischer Wirksamkeit sind die Benediktiner, Dominikaner, Franziskaner; die Erzeugnisse von Reichenau, St. Gallen, St. Emmeran, Fulda haben als Vorlagen einen ausgezeichneten Ruf. Die christliche Literatur dient, gemäß der sakramentalen Struktur der mittelalterlichen Anstaltskirche, im wesentlichen dem Klerus. Eigenartige Verhältnisse im Vertrieb von Büchern entwickelten sich seit dem 12.Jh. an den neu entstehenden → Universitäten. Ihre Lehrer bedurften für den Unterricht ihrer zahlreichen Schüler übereinstimmender und sorgfältig angefertigter Texte, deren Verleih und Anfertigung einer festen Regelung unterworfen war und durch vereidigte Beamte (stationarii) betreut wurde. Diese waren nebenbei Pedelle oder wissenschaftliche Lehrer. Sie verliehen die Bücher entweder zum Abschreiben, oder sie ließen sie auf Bestellung kopieren. Jedoch durften im Sinn der Monopolisierung der Lehre keine Werke nach auswärts verkauft werden, die Studenten mußten ihre Lehrbücher beim Verlassen der Stadt zurücklassen.

3. Mit der Einrichtung von Schulen in den Städten im *Spät-MA* wird das Bedürfnis nach Schreibstuben und B. dringend. Vor allem fördert der Humanismus die Verbreitung des Buches, neben kirchliche Literatur tritt wissenschaftliche und Dichtung, meistens in lat. Sprache. Um die Herstellung von Bibeln und Erbauungsschrifttum bemühten sich besonders die → Brüder vom gemeinsamen Leben. Übersetzungen in der Landessprache ermöglichten eine ausgedehntere Verbreitung. Das Aufkommen von Papier im 14.Jh. gestattet die Buchherstellung zu einem erträglichen Preis. Sind damit schon Ansätze eines B.s gegeben, so nimmt seit der Erfindung der Buchdruckerkunst (1450 durch J. → Gutenberg) der Verlag von Bibeln (das erste gedruckte Buch ist eine lat. Bibel 1454-56), von Kirchenväterausgaben und erbaulichem Schrifttum (Thomas a Kempis erlebt 99, Erasmus' Lob der Narrheit 27 Auflagen) stark zu (Wiegendrucke, Inkunabeln), auch solchem bescheidenen Umfangs für den kleinen Mann. Bei einem Durchschnitt von 500 Exemplaren steigt die Auflagenhöhe zT bis auf 1000 Stück. Die Verbreitung geschieht durch die Drukker und ihre Buchführer und durch Kolporteure. Um 1500 sind erste Sortimente in Leipzig und Augsburg nachzuweisen. Frankfurt bildet sich als Messestadt aus. Jedoch sind die Preise für größere Bücher noch so hoch, daß manche Professoren und Studenten sich ihre Bücher weiterhin selbst abschreiben. - Kirche und Staat nehmen aber mit Besorgnis wahr, daß der B. gefährlich erscheinende Schriften nun im großen Umfang vertreiben kann, und schon 1479 wird die erste Zensurbestimmung erlassen; doch erst 1559 erscheint der erste → Index librorum prohibitorum. In Böhmen verbot das St. Jakobsmandat von 1505 den Böhmischen Brüdern schriftliche und mündliche Verbreitung ihrer »Irrtümer« und ordnete Verbrennung ihrer Bücher an. Das ist darum besonders bemerkenswert, weil die Brüder vorher - aber auch nachher - eine beachtliche kircheneigene Literatur, vor

allem Gesangbücher, Erbauungsschriften, Bibelausgaben, und zwar in der Volkssprache, geschaffen haben. Mancherlei harte Strafen werden in Böhmen, aber auch sonst im Reich, gegen den B. mit unerlaubtem Schrifttum (später vor allem täuferischem) verhängt. Andererseits reizt der Profit besonders zum Druck verbotener Bücher.

F.KAPP-J.GOLDFRIEDRICH, Gesch. des dt. B.s I-II, 1908 - F.G.KENYON, Books and readers in ancient Greece and Rome, (1931) 1951 - G.LEYH-F.MILKAU, Hdb. der Bibliothekswissenschaft, (1931) 1952 - RAC II, 664ff - RDL III, 442ff. *W.Matthias*

II. Evangelischer Buchhandel in Deutschland

1-3. Geschichte - 4. Gegenwart - 5. Begriff

1. Der B. hat seine entscheidende, bis heute wirksame Gestaltgewinnung der *Reformation* zu verdanken. Denn sie ist in ihren Anfängen elementare Volksbewegung, die geistig »auf der unlöslichen Bindung schriftlicher Dokumente mit einer inneren Bezeugung der in ihnen enthaltenen Kraft, selig zu machen,« ruht (Dilthey II, 221) und die damit zugleich den Glauben aus dem Bereich der sakramentalen Anstaltskirche löst.

Die Bedeutung der Reformation für die nunmehr dem breiten Volk gewidmete Literatur zeigen die neuen Absatzzahlen. »An den christlichen Adel...« erscheint am 18.8.1520 in einer Auflage von 4000 Stück, die nach 5 Tagen vergriffen ist (Neuauflage 23.8.1520). Die deutsche Ausgabe der Thesen erlebt bis 1520 insgesamt 22 Auflagen. Der blühende unberechtigte Nachdruck vervielfacht diese ohnehin große Literatur. Schon zu Lebzeiten Luthers ist das NT in mehr als 100 000 Stück verbreitet worden (→ Bibelübersetzungen: IV, 2). Tausende von Kolporteuren und Prädikanten ziehen durch das Land und bieten die reformatorischen Schriften feil. Die Folge ist ein gewaltiger Rückgang der bisherigen gelehrten und kirchlichen Literatur. Froben, der bekannte Basler Verleger, verkauft von seinem Standardwerk, Augustin, De civitate Dei, auf der Frankfurter Messe 1524 nicht ein Stück. Bitter beklagen sich die Drucker der unter streng kath. Kontrolle stehenden Orte (etwa Leipzig) über Absatzschwierigkeiten. Demgegenüber arbeiten die Pressen mit reformatorischer Literatur Tag und Nacht, um den Bedarf zu befriedigen; man kann geradezu von Großauflagen reden. Die Gliederung des Buchgewerbes gestaltet sich entsprechend in der nun notwendigen Trennung von Drucker (Techniker), Verleger (Kapital, Unternehmer) und Sortimenter (Handel, Verkauf). Die Reformation ist auch insofern die Wende des Buchgewerbes, als nun der nach dem Vorbild des mittelalterlichen Kodex gedruckte Foliant abgelöst wird durch ein handliches Quart- oder Oktavformat und durch den Ersatz der strengen Antiqua durch die leicht lesbare Schwabacher Schrift. Die schwer um ihr Dasein ringenden Drucker gehen so weit wie möglich zum Drucken reformatorischen Schrifttums über, teilweise ohne die alte Literatur ganz aufzugeben. Sie drucken nicht nur Bücher, sondern auch → Flugschriften, Einblattdrucke, Aufrufe usw. Schon 1518 verlegt Froben alle bis dahin erschienenen Schriften Luthers in einem Band, von dem er 1519 vermelden kann, er habe 600 nach Frankreich und Spanien verkauft. Später hindert Erasmus ihn am weiteren Verlag reformatorischer Schriften. Luther selbst hat den B. gemäß seiner Lehre vom weltlichen Beruf betrachtet und den Drucker je nach den Leistungen gewertet. (Zu den Wittenberger Druckern → Bibelübersetzungen: IV, 2, → Bibelillustration: II, 1a. b). - Gewiß hat mancher Buchhändler unter gegenreformatorischen Maßnahmen zu leiden gehabt, an mehr als einem Ort sahen die Buchführer ihr Gut in Flammen aufgehen (vgl. WAB III, 374). Die kaiserliche Zensurgesetzgebung (Worms 1521) führte schon bald eine Trennung zwischen B. mit ev. und kath. Schrifttum gemäß den Territorien herbei. Aber obgleich 80% des damaligen Schrifttums religiös war, kann man vom Ev. B. im heutigen Sinn nicht sprechen: man druckte und vertrieb gemäß dem territorialen Konfessionsstand und dem religiösen Bedürfnis der Kunden. - Frankfurt verliert, da es sich der Errichtung der Kaiserlichen Bücherkommission beugt, langsam seine Bedeutung als Messestadt, während Leipzig, wo nach der Reformation ein wesentlich freierer Geist herrscht, langsam Boden gewinnt. Jedoch ist es Verlegern aus Basel und Zürich wegen des reformierten Schrifttums verschlossen. Im 17.Jh. leidet das Buchgewerbe stark unter dem 30jährigen Krieg. Zentren des B.s werden ausländische Firmen. Es erscheint aber auch damals eine Fülle ev. Literatur; »Bestseller« sind u.a. Joh.Arnds Bücher vom wahren Christentum und Joh.Gerhards Meditationes sacrae. 1659 wird der Verlag Cotta in Tübingen gegründet, der in seinen Anfängen vor allem Bibeln und ev. Schrifttum verlegt.

2. Im 18.Jh. sinkt der Anteil des religiösen Schrifttums auf 20% des allgemeinen (jedoch viele zT schöne Bibelneudrucke, eine Fülle von Andachts- und Predigtbüchern, Liedersammlungen, Gesangbüchern und theologisch-wissenschaftlicher Literatur). J.Gebauer-Halle druckte 1740ff die Lutherausgabe von Walch in 24 Bänden, das Porstsche Gesangbuch erschien bei J.D.Scholz-Berlin, die Lohwasserschen Psalmen bei Stemmann-Leipzig, Tersteegens Geistliches Blumengärtlein bei Böttinger-Duisburg und Arnolds Ketzerhistorie bei Th. Fritsch-Frankfurt/M. Zwei *neue* Formen des Buchgewerbes zeigen ein verändertes Verhältnis zum ev. Schrifttum.

a) Zur Verwirklichung seines volksmissionarischen Anliegens entwickelt sich im *Pietismus* ein eigenes Buchgewerbe, dem es im wesentlichen um Verlag und Verbreitung religiös-erbaulichen Schrifttums geht. Hier ist besonders die Buchhandlung des Waisenhauses der Franckeschen Stiftungen in Halle zu nennen (seit 1697), die rasch literarischer Mittelpunkt des Pietismus wird. Neben Franckes Predigten ist eines der ersten Verlagswerke Erasmus' Enchiridion. Der Katalog von 1738 zeigt 600 Titel, davon 164 von Francke. Hier verlegt auch G.Arnold seine ersten Werke, es erscheint das Freilinghausensche Gesangbuch, die Auflage von 1741 mit 1581 Nummern. Eigene Druckerei und Papiermühle machen das Unternehmen wirtschaftlich sehr stabil. Nach Vereinigung mit der gleichfalls in Halle gegründeten Cansteinschen Bibelgesellschaft (1710) erlangt der Verlag hohes Ansehen. Es macht Eindruck, daß, »um Gottes Wort den Armen zu einem geringen Preis in die Hand zu bringen«, die Bibel für 9 und seit 1715 sogar für 6 Groschen angeboten wird. Bis 1800 werden 1 700 000 Bibeln und 900 000 NT herausgebracht. Der Vertrieb geschieht vielfach durch die pietistischen Kreise selbst. Bemerkenswert ist, daß schon um 1700 dort Ansätze zu einem festen Ladenpreis bestehen, der erst Ende des 19.Jh.s durch den Börsenverein für den B. verbindlich wird. Die Literatur der Brüdergemeine, anfangs bald da, bald dort erschienen, konzentriert sich später in Barby, dem damaligen Sitz des Theologischen Seminars. Der Vertrieb geschieht vielfach durch die Gemeinden selbst; im 19.Jh. zeichnet die Buchhandlung der ev. → Brüder-Unität in Gnadau als Verlag. Das bedeutsamste Werk ist das Losungsbüchlein, erstmals 1731 als Buch erschienen (→ Losungen).

b) Zusammen mit dem Pietismus bringt die *Aufklärung* im 18.Jh. ein erhöhtes wissenschaftliches Interesse und wichtige Universitätsneugründungen. So bildet sich ein spezialisiertes wissenschaftliches Verlags- und Sortimentswesen heraus (Universitätsverlage und -sortimente): 1735 wird der Verlag Vandenhoeck und Ruprecht durch den Holländer A. van den Hoeck in Göttingen gegründet, 1739 entsteht Gloeckner und Niemann in Halle, 1703 die C.H.Beck'sche Verlagsbuchhandlung in Nördlingen, später in München, 1769 eröffnet J.Ch.Betelius in Stuttgart eine Buchhandlung (seit 1792 J.F. Steinkopf), 1791 wird die J.C.Hinrichsche Buchhandlung in Leipzig, 1600 die Osiandersche in Tübingen, 1801 J.C.B.Mohr, damals in Frankfurt, 1832 A.Töpelmann in Gießen gegründet. Seit dem 18.Jh. kann von spezialisiertem ev.-wissenschaftlichem B. geredet werden.

Ev. B. im eigentlichen Sinn gibt es auch in diesem Zeitraum nicht, weil einerseits die Schriftenbesorgung und -verbreitung von ev. Gruppen und Gemeinschaften getragen, andererseits die ev. Literatur um der übergeordneten Idee der Wissenschaft willen betreut wird.

3. Kennzeichnend für das *ev. Buchwesen im 19.Jh.* sind vier wichtige Tatsachen: a) Die Bibel- und Schrifttumsverbreitung durch *Anstalts- und Vereinsbuchhandlungen.* 1780 war von J.U.Urlsperger die → Christentumsgesellschaft gegründet worden; ihr bedeutendster Sekretär, Fr.Steinkopf, ging 1804 nach England, wo er als Angestellter der Britischen und Ausländischen Bibelgesellschaft sich für die Verbreitung ev. Schrifttums betätigte. Er regt 1806 die Gründung der → Basler Missionsgesellschaft und 1811 die der Württembergischen Bibelanstalt in Stuttgart an, zwei Unternehmungen mit volksmissionarischer Zielsetzung. Einflußreich wirkt auch die 1799 ins Leben gerufene Londoner Religious Tract Society, nach deren Vorbild in Zürich, Frankfurt, Lübeck und Altona Bibeldepots, 1814 die Wuppertaler und 1817 die Straßburger Traktatgesellschaft und die Preußische und Sächsische Hauptbibelgesellschaft entstehen. Die in der ersten Hälfte des Jh.s gegründeten Gesellschaften für Äußere Mission gliedern ihrem Unternehmen meist Verlagsanstalten für die Heimat und für die Missionsgebiete an. Aber noch sind es nicht Privatbuchhändler, die sich in den volksmissionarischen Dienst stellen (Ausnahme etwa seit 1796 Fr.Perthes-Hamburg). Meist sind es kaufmännische Leiter, denen die Geschäftsführung der Vereins- und Körperschaftsbuchhandlungen zufällt. Der Abnehmerkreis ist duch die Mitglieder einigermaßen bestimmt. Am fruchtbarsten ist die literarische Arbeit der Basler Missionsgesellschaft, die bis 1900 etwa 5-6 Mill. missionarische Werbeschriften und Bücher verteilt. - b) In diese volksmissionarische Bewegung mündet die *Erweckungsbewegung* ein, die sich nicht nur der Wortverkündigung, sondern auch des erbaulichen Schrifttums bedient. Der 1835 gegründete Verlag C. Bertelsmann nimmt im Zusammenhang mit der Ravensberger Erweckung eine Fülle von Kleinschriften auf (namhaftester Betreuer J.Zauleck), jedoch verlegt er daneben wissenschaftliche Literatur. - c) Die aufkommende Industrialisierung und die Verbreitung von Schmutz- und Schundliteratur - gefördert durch die Aufhebung des Pressegesetzes 1848 - läßt Wichern 1844 die *»Agentur des rauhen Hauses«* gründen und ausbauen, die mit ihrem Schrifttum vorbildlich für die folgende Ausgestaltung der ev. Literatur im Rahmen der Inneren Mission wird. So kommt es in der Folgezeit neben der Traktat- und Bibelverbreitung zu erbaulicher Behandlung der großen Zeitfragen und zur Produktion einer gesunden christlichen Unterhaltungsliteratur, zu ev. Volkskalendern, Sonntagsblättern usw. Der Abreißkalender des 1845 gegründeten Neukirchner Erziehungsvereins erreicht die höchsten Auflagen. Die volksmissionarische Arbeit der Inneren Mission bedient sich wirkungsvoll der Ev. Gesellschaften (Straßburg 1834, Stuttgart 1830, Elberfeld 1848), denen in der Regel Buchhandlungen und Verlage angegliedert werden. 1856 wird die Missionsbuchhandlung in Hermannsburg, 1863 die Buchhandlung des Hessen-Nassauer Kolportage-Vereins in Herborn gegründet. Sein Initiator, K.Ninck, gibt auch das christliche Wochenblatt »Der Nachbar« und das Jugendblatt »Kinderfreund« heraus. Die markanteste Persönlichkeit der Volksmission ist A. → Stöcker, der 1883 die Buchhandlung der Stadtmission (Berlin) ins Leben ruft und die Schriftenmission mit allen modernen drucktechnischen Mitteln fördert. - d) Es sei endlich auf die Verbreitung *freikirchlichen Schrifttums* verwiesen. 1828 entsteht die Buchhandlung Oncken in Hamburg, die später als Verlagshaus der → Baptisten nach Kassel verlegt wurde; 1853 gründet K.Brockhaus zunächst als Verlag der → Darbysten sein Unternehmen in Elberfeld.

4. Vom Ev. B. im eigentlichen Sinn kann man erst sprechen, nachdem sich Ende des 19.Jh.s der Ev. B. zwei Berufsorganisationen geschaffen hat, die sich als Vereinigung von freien Unternehmern und von Vereinsbuchhandlungen die Pflege ev. Schrifttums zur Aufgabe gemacht haben. Die Gründe dafür sind mannigfaltig: Schwinden des volkskirchlichen Bewußtseins beim allgemeinen B. und mangelhafte Betreuung des ev. Schrifttums, erheblicher Rückgang des ev. Schrifttums und daher die Notwendigkeit von Spezialbuchhandlungen, Versuche, sich konzentrierter für das ev. Buch einzusetzen. Der Anstoß geht vom Basler Verleger P.Koben aus, der vor allem in Berlin eine Entwicklung des Ev. B.s fördern will. Unter tätiger Mitarbeit des Verlages C.Bertelsmann wird in Berlin ein Vereinssortiment gegründet und 1886 der Verein von Verlegern christlicher Literatur auf der Cantate-Versammlung in Leipzig beschlossen (erster Vorsitzender Fr.Steinkopf). Die bedeutendste Leistung ist die Schaffung des Gemeinschaftskatalogs »Christlicher Bücherschatz«, dessen Herausgeber im Jahre 1900 eine lebhafte Auseinandersetzung mit der → Christlichen Welt wegen seiner Stellung zur liberalen Theologie führten. Laut seinen Satzungen wollte der Verein durch Zusammenschluß seiner Mitglieder und durch die Verbreitung positiv-christlicher Verlagswerke die biblische Weltanschauung in unserem Volk fördern. 1893 schließen sich auch die Sortimenter zum Verband Ev. Buchhändler zusammen mit dem Ziel, weitere Käuferschichten für das ev. Buch zu gewinnen und dem wilden Kolportageunwesen entgegenzutreten. 1906 wird die Vereinigung Christlicher Buchhändler ins Leben gerufen, die sich 1925 mit der Verlegervereinigung zusammenschließt. Man verabredet eine Aufgabenteilung mit den Ev. Preßverbänden, die sich auf Herausgabe von Informationsblättern und Materialsammlungen beschränken wollen. 1937 wird die Vereinigung Ev. Buchhändler aufgelöst, 1947 neugegründet. In den neuen Satzungen heißt es: »Der Verein... will dazu beitragen, evangelischen Glauben und evangelisches Leben zu wecken und zu vertiefen.« Gute Organisation, ein umfassender Werbe- und Informationsdienst (zB das Neueste, Das Ev. Schrifttum, Wieder wirds Weihnachten) und eine intensive Nachwuchsförderung, zT im Zusammenhang mit den Ev. → Akademien, kennzeichnen die gegenwärtige Arbeit der Vereinigung Ev. Buchhändler. Der Sitz ist in Stuttgart. 1957 sind 56 Verleger, 186 Sortimenter und 84 Mitglieder, die Verleger und Sortimenter zugleich sind, zusammengeschlossen.

5. Historisch und sachlich müssen also beim Ev. B. drei Grundphänomene vermerkt werden, die völlig verschiedenen geistigen und wissenschaftlichen Wurzeln entstammen: a) Das ev. Schrifttum ist ein wirtschaftliches Objekt, das einerseits geschäftlicher Betreuung bedarf, das andererseits Gewinn und Konkurrenzüberlegenheit verheißt. So ist der Ev. B. ein Spezialfall des

allgemeinen B.s und ein Wirtschaftsunternehmen, das sich mit Verlag und Vertrieb ev. Schrifttums beschäftigt und dazu wirtschaftliche und geistige Beziehungen zu einem interessierten Käuferkreis und zu entsprechenden Autoren unterhält. – b) Das ev. Schrifttum ist auch ein geistiger und geistlicher Faktor, dessen Besorgung und Verbreitung das missionarische Anliegen eines christlich gesinnten Gewerbes ist. So ist Verlag und Vertrieb eine christliche Verkündigungsaufgabe und wird in der Regel von starken inneren Kräften getragen. – c) Die das ev. Schrifttum betreuenden Unternehmer bedürfen je nach geistiger und wirtschaftlicher Lage des Zusammenschlusses in Berufsgenossenschaften, um wirtschaftliche Stabilität und sachentsprechende Breitenwirkung zu sichern. Die Eigenart der deutschen Konfessionsgeschichte hat diesen Gesichtspunkt in Deutschland in den letzten Jahrzehnten besonders hervortreten lassen.

G. Fick, Der ev. B., 1921 – W. Langen, Das Buch im Wandel der Zeiten, 1941 – K. Möbius, Gesch. des ev. B.s (Masch.) – H. Volz, 100 Jahre Wittenberger Bibeldruck 1522–1626, 1954 – EKL I, 602ff. – Vgl. auch die Lit. zu → Buchhandel: I. *W. Matthias*

III. Katholischer Buchhandel in Deutschland

1–2. Geschichte – 3. Gegenwart – 4. Begriff

1. Die Reformation zieht den kath. B. im Sinne des konfessionellen Gegensatzes nach. Die Zensurbestimmungen und der im Tridentinum sich neu formierende Katholizismus lassen freilich das kath. Buchgewerbe zunächst noch nicht zur Entfaltung kommen. Die polemischen Streitschriften gegen die Reformation geben keine genügende geistige Basis. Die Gegenreformation besonders des → Jesuitenordens erkennt die Bedeutung der Individualseelsorge und -frömmigkeit und nimmt sich in Zusammenhang damit der Verbreitung des kath. Buches an, indem sie eine Anzahl eigener Buchhandlungen in Ingolstadt, Dillingen, Innsbruck, Wien unterhält. 1614 gründet der Jesuit Welsen in München den Verein vom goldenen Almosen, der Beiträge zum Ankauf und zur Verteilung von kirchlicher Literatur sammelte und erst 1803 säkularisiert und dem Schulbuchverlag München einverleibt wird. Daneben werden in Bayern die Pfarrämter, Klöster und Rentmeister angewiesen, Schriften mit brennenden Zeitfragen, die zentral von der bayerischen herzoglichen Kanzlei herausgegeben werden, zu verteilen. Im übrigen sind Mainz, Köln und Augsburg Hauptplätze der gegenreformatorischen Literatur. Als Literaturgattung setzt sich vor allem das → Jesuitendrama mit seiner religiös-moralischen Zielsetzung, aufgeführt, aber auch gelesen, durch. – Daneben stehen geistliche Lyrik (→ Angelus Silesius), Katechismen, Postillen, Andachtsbücher. Das Vorherrschen der lat. Sprache verhindert aber eine erfolgreiche Entwicklung des kath. B.s; der Bücherstrom geht von Norden nach Süden. Das deutsche Geistesleben wird bis zur Romantik von ev. Literatur bestimmt.

2. Der selbständige kath. B. wird in der Aufklärung vorbereitet durch das steigende Bildungsbedürfnis breiterer Schichten und durch eine Lockerung der Zensurschranken, in der Romantik durch das Hervortreten des kath. Elements im deutschen Geistesleben. Am Anfang des 19. Jh.s stehen die Gründungen der später führenden Firmen: 1798 Herder, seit 1810 in Freiburg, 1818 Bachem in Köln, 1819 Kirchheim in Mainz, 1821 Schwann in Düsseldorf, 1827 Pustet in Regensburg. Aber noch in den 40er Jahren bezeichnet Görres einen starken kath. B. als unerfüllte Forderung der Zeit (RGG² I, 1302). Indem gerade sich in dieser Zeit das kath. Laienelement als Träger kirchlicher und kath. weltanschaulicher Interessen verstehen lernt, beginnt eine erste Blüte des kath. B.s. Herder entwickelt eine fast alle Wissenschaftszweige umfassende Verlagstätigkeit, zB 1847–56 Kirchenlexikon oder Enzyklopädie der kath. Theologie, 13 Bde; Pustet legt den Grundstein für eine liturgische Produktion von Weltruf. Daneben treten die kath. Büchervereine. 1800 macht Sautier eine Stiftung für eine gemeinnützige Bibliothek in Freiburg, 1830 wird in München der kath. Bücherverein ins Leben gerufen, und 1844 erfolgt die Gründung des Borromäusvereins in Bonn. Der → Kulturkampf, die kath. Aktion (»Teilnahme des Laien am hierarchischen Apostolat«, Pius XI.) und der Deutsche → Katholikentag bringen eine starke Konzentration des kath. Geisteslebens und fördern die organisatorische Sammlung in einem ausgebauten Vereins- und Pressewesen. Kulturpolitische und karitative Organisationen schaffen kleinere Zeitschriftenverlage. Die Görresgesellschaft setzt das Erbe ihres Namenspatrons großzügig und erfolgreich fort; kath. Preßvereine (Bayern 1901 in München, seit 1912 mit dem kath. Bücherverein vereinigt) entfalten eine wirksame Tätigkeit. Die alten Verlage werden zu Zentren kath. Geisteslebens mit Filialen im Ausland und mit individueller Ausprägung.

3. Seit 1904 setzen Bestrebungen zum Zusammenschluß des kath. B.s ein, damit der kath. B. in dem seinem Wirkungsgebiet entlegenen Leipzig, vor allem bei den Ostermessen, seiner Bedeutung und Zahl nach entsprechend vertreten sei. Nachwirkungen des Kulturkampfes und der kath. Vereinsbildung sind erkennbar. 1906 konstituiert sich die Vereinigung der Vertreter des kath. B.s (später Vereinigung des kath. B.s) mit dem Ziel, daß alle »Firmen und Firmeninhaber Mitglieder werden sollen, deren Geschäftseinrichtung der Herstellung und Verbreitung kath. Literatur sich zuwenden«. Seit 1927 gliedert sich der Verband in eine Verleger- und in eine Sortimenterkammer. Von 1926 ab versucht die Vereinigung planmäßig und erfolgreich durch den Katholikentag die Öffentlichkeit und den Episkopat auf das spezielle Anliegen des kath. B.s aufmerksam zu machen und eine berufsethische Aufbauarbeit vor allem an den Jungbuchhändlern durchzuführen. Der »Literarische Ratgeber« ist ein gemeinsames Werbemittel. 1951 erfolgt (nach der Auflösung 1937) die Neugründung in Köln aus den beiden zuvor zusammengeschlossenen Vereinigungen der Verleger und der Sortimenter, und zwar im Beisein des Erzbischofs von Köln, wodurch die durch den kath. B. repräsentierte kirchliche Laienbewegung offizielle Anerkennung findet. 1957 sind 95 Verleger und 265 Buchhändler Mitglieder.

4. Der kath. B. zeigt dieselben Grundphänomene wie der ev. B. (→ Buchhandel: II, 5 a–c). Er versteht sich als den Teil des Gesamt-B.s, der sich bewußt von den objektiven Normen der kath. Weltanschauung leiten läßt (vgl. die Bestimmung über die Bücherzensur durch Leos XIII. Bulle Officiorum ac munerum vom 25.1.1897 und CIC c. 1384–1405). Unterschiede in der Unternehmungsform zwischen gewerblichen Firmen und Gründungen von kath. Vereinen sind unwesentlich. Seine Geschichte hängt aufs engste mit der der Individualfrömmigkeit und der Laienbewegung zusammen.

Ph. Funk, Gründerzeit im Verlagswesen (Hochland 19/II, 1922, 126–128) – J. Waibel, Am Wendepunkt des christl.-nationalen B.s, 1917 – RGG² I, 1300ff – LThK II, 603ff – J. Muth, 50 Jahre Vereinigung des kath. B.s (Börsenblatt f. d. dt. B., 1956, 859–862). – Vgl. auch die Lit. zu → Buchhandel: I. *W. Matthias*

Buchholzer, *Georg* (1503–66), * Dahme, Studium in Wittenberg, 1526 Pfarrer in Hohenbucko, 1527–37 in Schöna (Dahme), 1537 Oberpfarrer in Arnswalde, 1539 Propst an Nikolai-Berlin. B. war mitbeteiligt an der Abfassung der brandenburgischen Kirchenordnung (1539; → Brandenburg: II, 2) und an der Errichtung des

Konsistoriums. Entschiedener Anhänger Luthers; Gegner des → Interims. Sein ständiger Streit mit Joh. → Agricola, der vom Kurfürsten Joachim III. begünstigt wurde, führte i.J. 1565 zu seiner Absetzung.

J.CHR.MÜLLER-G.G.KÜSTER, Altes u. Neues Berlin I, 1737, 295ff (Bibliogr.) - SCHL. I, 76 - NDB II, 702. *W.Delius*

Buchmalerei → Malerei und Plastik: II, → Bibelillustration, → Stundenbuch.

Buchman, *Frank N. D.*, * 1878 in Pennsburg/USA, 1902 luth. Pastor in Philadelphia im Dienst an verwahrlosten Jungen. Bei einer Tagung der → Keswickbewegung wurde es ihm zur persönlichen Gewißheit, daß der Mensch unter dem Kreuze Christi neuwerden könne. Eine Abrüstungskonferenz in Washington 1921 mit ihrem aussichtslosen Kampf gegen Gier und Haß brachte ihn zu dem Entschluß, sein Leben ganz in den Dienst der »Lebensänderung« zu stellen. In Oxford sammelte er ein Team von Mitarbeitern im Horchen auf den Willen Gottes (Stille Zeit), mit dem er von Land zu Land zog. »Die Oxfordgruppe ist eine christliche Revolution. Ihr Ziel ist eine neue soziale Ordnung unter der Diktatur des Geistes Gottes.« 1938 erkannte B., es müsse den zerstörenden Ideologien des Kommunismus und Nationalismus eine überlegene Idee entgegengestellt werden. »Im Grunde ist die Krise moralischer Natur. Die Völker müssen moralisch aufrüsten. Gott allein kann die Natur des Menschen ändern. Ehrlichkeit, Reinheit, Selbstlosigkeit, Liebe sind das Mittel.« Seither hat die → Moralische Aufrüstung die ganze Welt durchzogen. Person und Werk B.s sind eine fruchtbare Herausforderung an die Welt und an das Christentum.

Vf.: Remaking the world, New York 1949, dt.: Für eine neue Welt, (1949) 1956. - P.HOWARD, That man F.B., London 1946 - DERS., The world rebuilt, London 1951, dt.: Welt im Aufbau, 1951 - R.C.MOWAT, The message of F.B., (1951) 1953⁴ (Lit.) - ESL 738ff (Lit.). *H.Rendtorff*

Bucholtz, *Andreas Heinrich* (1607-71), ev. Theol., * zu Schöningen (Braunschweig), studierte in Wittenberg, las in Rostock über Ethik, seit 1639 in Rinteln, 1643-47 o. Prof. der Moralphilosophie und Poesie, daneben auch der Theol., trat 1647 in den Kirchendienst als Coadjutor in Braunschweig, 1663 Wolfenbüttler Sup. Er gab einen in Reimen verdeutschten Psalter und andre geistliche Gedichte heraus und schrieb als christlich-moralisches Gegenstück zu den beliebten leichtfertigen »Amadis«-Romanen abenteuerreiche »Wundergeschichten« von dem »christlichen teutschen Großfürsten Hercules« u.a., die in Bekehrungsgeschichten, Glaubensdisputen, moralischen Erörterungen die Unterhaltung mit der Erbauung verbanden und viel gelesen wurden.

KOCH III, 225ff - GG III, 248 § 192. Nr. 16 - F-T II, 360ff. *W.Lueken*

Buchwald, *Georg Apollo* (1859-1947), * Großenhain/Sa., zuletzt Superintendent in Rochlitz, gehört zu den bedeutenden Lutherforschern und speziell Lutherphilologen aus der Zeit, da Band um Band der Weimarer Lutherausgabe erscheinen konnte. Er hat eine Reihe von Lutherfunden gemacht (Archive bzw. Bibliotheken in Zwickau, Jena, Weimar), zahlreiche Lutherschriften für die WA bearbeitet, reformationsgeschichtliche Quellen publiziert (Wittenberger Ordiniertenbuch und Matrikel des Hochstifts Meißen) und zahlreiche wissenschaftliche und populäre Schriften zu Luther und über reformationsgeschichtliche Themen geschrieben.

Vf. u.a.: Staupitz, Tübinger Predigten, hg. (mit ERNST WOLF) 1927; D.Martin Luthers Leben u. Lehre in Worten aus seinen Werken u. Briefen, 1947. - Über B.: R.JAUERNIG, G.B. in memoriam (ThLZ 78 ,1953, 239ff; Bibliogr.) - NDB II, 710. *F.Lau*

Budapest, *Universität.* In Nagyszombat (Tirnau), gründete → Pázmány, der Führer der Gegenreformation in Ungarn, 1635 eine Hochschule. Sie stand unter der Führung der Jesuiten und hatte anfangs nur eine theologische und eine philosophische, seit 1667 auch eine juristische Fakultät. Maria Theresia erhob sie 1769 zur königlichen Universität und verordnete die Errichtung der medizinischen Fakultät. Nach der Auflösung des Jesuitenordens (1773) übernahm der Staat die Verwaltung der Universität. 1777 wurde sie nach Ofen, von Joseph II. 1784 nach Pest verlegt, mit Ausnahme der theologischen Fakultät, die erst 1786 der Universität wieder angegliedert wurde und 1805 ihre ständige Tätigkeit aufnahm. 1848 wurde sie zur modernen Staatsuniversität erhoben. 1860 gewann sie ihre alten Rechte wieder und behielt sie bis zu ihrer Reorganisierung nach dem zweiten Weltkrieg. Seit 1949 wird die Universität statt nach Peter Pázmány nach dem ung. Physiker Lóránd Eötvös genannt und zählt jetzt fünf Fakultäten; die rechts- und staatswissenschaftliche, sprach- und literaturwissenschaftliche, geschichtswissenschaftliche, mathematisch-physikalisch und chemische, und die biologisch-geologische Fakultät. Die medizinische Fakultät ist eine selbständige Hochschule geworden. Auch die theologische Fakultät hat aufgehört, ein Teil der Universität zu sein. Sie wird seit 1950 als *Röm.-kath. Theologische Zentral-Akademie* weitergeführt und untersteht unmittelbar dem bischöflichen Kollegium. Die Akademie hat 12 Lehrstühle mit ebensoviel Professoren. Die Dauer des Studiums beträgt sechs Jahre. 1955/56 wurden 160 Studenten eingeschrieben.

Die *Reformierte Theologische Akademie* hat sich aus der 1855 gegründeten ev.-prot. Hochschule entwickelt. Anfänglich diente sie beiden prot. Konfessionen, ist aber seit 1865 reformiert. Der ursprüngliche Gedanke war, entsprechend der gottesdienstlichen Gleichberechtigung (1848) auch eine prot. theologische Fakultät der Universität anzugliedern. Trotz vieler Kämpfe konnte aber nur eine Hochschule errichtet werden, die bis heute neben der Universität besteht. Seit ihrer Gründung hatte die Akademie mehr als 2000 Studenten. In ihrer ersten Periode war sie beherrscht durch die liberale Theologie, die um 1880 abgelöst wurde von einer Richtung, die durch die innere Mission bestimmt war. Zwischen den beiden Weltkriegen wurde durch J.Sebestyén der holländische → Neo-Calvinismus eingeführt. Obwohl jetzt ein positiver Biblizismus maßgebend ist, hat durch das Wirken des Systematikers B.Nagy auch die Theologie Karl → Barths Einfluß gewonnen. Bedeutende Gestalten aus der Geschichte der Akademie sind: M.Ballagi, A.Szabó, J.Viktor und L. → Ravasz. Das Studium dauert fünf Jahre. Nach dem ersten Jahr wird das propädeutische, nach dem dritten das Kandidaten-, und nach dem fünften das erste kirchliche Examen abgelegt. Dann folgt ein Jahr praktisch-kirchliche Arbeit, danach das zweite kirchliche Examen. Die Akademie hat jetzt sechs Lehrstühle: AT, NT, Kirchengeschichte, Systematik, Praktische Theologie, Ökumenische Theologie mit ebensoviel Professoren. 1955/56 wurden 70 Studenten eingeschrieben.

TH.PAULER, Gesch. der B.er kgl. ung. Universität, 1880-85 (ung.) - L.PAP-M.BUCSAY, Gesch. der B.er ref. theol. Akademie 1855-1955, 1955 (ung. mit dt. u. engl. Zusammenfassung). *A.Szekeres*

Budde, *Karl* (1850-1935), * in Bensberg bei Köln, Prof. für AT in Bonn, Straßburg und (seit 1900) in Marburg, 1921 emeritiert. Ein hervorragender, auch in Amerika und England hoch angesehener Vertreter der → literarkritischen Schule, daneben ein bedeutender Kenner Ludwig → Richters.

Bibliogr.: BZAW 54, 1930; daraus hervorzuheben neben Kommentaren zu Ri, Sam, Jes 40-66, Ri, Hhld, Klgl, Pred: Das hebr. Klagelied (ZAW 2, 1882, 1-52); Die bibl. Urgesch. (Gen 1-12,5), 1883; Die Religion des Volkes Israel bis zur Verbannung, (1900) 1912³ als: Die Altisraelit. Religion; Die Gesch. der althebr. Litteratur, (1906) 1909². Dazu: Die bibl. Paradiesgesch. (BZAW 60), 1932; Zu Jes 1-5 (ZAW 49, 1931, 16-40. 182-211; 50, 1932, 38-72). Außerdem: Ludwig Richters Volkskunst, o.J. (1909); Adrian Ludwig Richter, Maler u. Radierer. Verz. seines gesamten graphischen Werkes, 1922²; Das alte dt. Weihnachtslied, 1924. - Über B.: O.Eissfeldt, FF 11, 1935, 91f - Th.H.Robinson, ET 46, 1934/35, 298ff - H. J.Cadbury, JBL 55, 1936, 11f - NDB II, 714ff. *E.Kutsch*

Buddeus (Budde), *Johann Franz*, * 25.6.1667 als Pfarrerssohn in Anklam, † 19.11.1729 in Gotha, wurde nach seinem Studium in Wittenberg und Jena 1692 Prof. für Griechisch und Latein am Coburger Gymnasium, 1693 für Moralphilosophie in Halle und, da ihm hier theologische Vorlesungen versagt wurden, als D. theol. 1705 Prof. der Theologie in Jena. B. vertrat eine Reformorthodoxie mit bereits kräftigen Übergängen zu Pietismus und Aufklärung (natürliche Religion) und mit der breiten Wirkung jeder Übergangshaltung sowie mit stark historischer Einstellung. → Aufklärung: III, 3 a.

Vf. u.a.: Elementa philosophiae practicae, 1697; E. ph. theoreticae, 1703; E. ph. instrumentalis, 1703; Institutiones theologiae moralis, 1711 (dt. v. Strubberg, 1719); Hist. eccl. Veteris Testamenti, 1715-18 - Theses theol. de atheismo et superstitione, 1716 (dt. 1717, franz. 1740); Institutiones theol. Dogmaticae, 1723; Isagoge historico-theologica in theologiam universam, 1727, erweitert 1730; alle wiederholt aufgelegt. - Über B.: W.Gass, Gesch. d. prot. Dogmatik III, 1862, 30ff. 149ff - G.Frank, Gesch. d. prot. Theol. II, 1865, 214ff - A.Ritschl, Gesch. d. Pietismus III, 1884, 389ff - E.Luthardt, Gesch. d. christl. Ethik II, 1893, 203ff - RE III, 518ff - A.F.Stolzenburg, Die Theol. d. F.J.B. u. d. Chr.M.Pfaff, 1926 - Barth, PrTh 120ff - Hirsch II, 319ff. 329ff - NDB II, 715. *Ernst Wolf*

Buddha

1. Name und Titel - 2. Der historische B. - 3. Die B.-Legende - 4. Andere B.s - 5. Vergöttlichung und Kult des B. - 6. B.-Auffassung im Mahâyâna

1. Der indische Ehrentitel *Buddha*, dh der »Erwachte«, »der Erleuchtete«, kommt nach buddhistischer Auffassung einem Wesen zu, das auf bestimmten Wegen die höchste Erkenntnis erlangt hat. Dieser Ehrentitel wurde dem Prinzen *Siddhârtha* aus dem Geschlechte der Shâkyas gegeben, der in den Texten auch *Shâkyamuni*, »der Weltflüchtige aus der Sippe der Shâkyas«, oder, nach dem Geschlechtsnamen der Priesterfamilie der Shâkyas, »der Wanderasket (shramana) *Gautama*« genannt wird. Oft heißt er auch *Samyaksambuddha*, »der vollkommen Erleuchtete«, *Tathâgata*, »der so (wie seine Vorgänger) Gekommene« oder *Bhagavat*, »der Erhabene«. Weitere Bezeichnungen für ihn sind *Sugata*, »der in guten Zustand Gelangte« und *Jina* »der Sieger«.

2. Die Überlieferung vom *Leben* des allgemein als geschichtliche Persönlichkeit anerkannten B. Gautama ist ein schwer zu scheidendes Gemisch aus historischen, legendären und dogmatischen Bestandteilen, in Jh.en nach dem Tode des B. entstanden und nur in Kernstücken einigermaßen authentisch. Ein einwandfrei historisches Lebensbild läßt sich daher nicht gewinnen. Die literarisch ältesten Berichte gestatten jedoch, die wesentlichsten Ereignisse im Leben des B. glaubwürdig nachzuzeichnen.

Der B. Gautama wurde um das Jahr 563 vChr in Kapilavastu, einer Stadt an den Abhängen des Himalaja, unweit des heutigen Paderia in Nepal geboren. Er stammte aus dem adelsstolzen Geschlecht der Shâkyas. Sein Vater Shuddhodana führte den Titel »König« (râjan), war aber kein Monarch in unserem Sinne, sondern leitete als primus inter pares die Ratsversammlung der adligen Führungsschicht der Shâkyas. Als Fürstensohn in einem Adelsfreistaat, in dem die Entscheidungen in Gesetzgebung und Verwaltung in öffentlicher Beratung von den Vertretern der führenden Adelsschichten getroffen wurden, müssen Gautama parlamentarische Verwaltungsmethoden sehr vertraut gewesen sein. Die hier gewonnenen Erfahrungen verwertete er später sinnvoll beim Aufbau der Mönchsgemeinden (→ Buddhismus: I, 6). Es heißt, Gautama habe am elterlichen Hofe nicht nur ein sorgloses, sondern gar ein üppiges Leben geführt. Der tiefsinnige junge Prinz mag sich der Nichtigkeit solchen Lebens fortschreitend deutlicher bewußt geworden sein. Nach der Überlieferung gab ihm die Erkenntnis, daß alle Wesen dem Alter, der Krankheit und dem Tode preisgegeben seien, den letzten Anstoß zum Verlassen des Elternhauses. Im Alter von 29 Jahren zog er, Weib und Kind zurücklassend, »aus dem Haus in die Hauslosigkeit«; dh er gab - wie viele junge Leute seiner Zeit - das weltliche Leben auf, um unter der Leitung geistvoller Lehrer oder in stiller Einsamkeit nach höherer Erkenntnis streben zu können. In solcher Absicht schloß sich Gautama zunächst zwei Yogalehrern an, die ihre Schüler auf dem Wege der Versenkung zu höheren Bewußtseinsstufen zu führen suchten. Er erreichte schnell das gewiesene Ziel, doch weder auf diesem, noch auf dem selbstgewählten, in Indien von altersher beliebten Wege strengster Askese erlangte er die erhoffte Befriedigung. Fortan widmete er sich tiefdringender Meditation, bis ihn nach Jahren mühsamen Strebens in Gayâ in Magadha, »am Fuße eines Ashvattha-Baumes« (ficus religiosa), die erlösende Einsicht (→ Buddhismus: I, 5) überkam. Er hatte den zur Erlösung führenden Weg gefunden und wurde aus einem *Bodhisattva*, einem »zur Erleuchtung bestimmten Wesen«, zu einem *Buddha*, einem »Erleuchteten«.

Nach zögernd gefaßtem Entschluß, die gewonnenen Erkenntnisse lehrend zu verkünden, hielt B. seine erste Predigt, die als »Predigt von Benares« berühmt geworden ist. Damit begann seine mehr als 40 Jahre währende Lehrtätigkeit, in deren Verlauf er das nordöstliche Indien duchwanderte und sich als führender geistlicher Lehrer höchste Achtung erwarb. Die bedeutendsten zeitgenössischen Herrscher wandten dem B. ihre Gunst zu und unterstützten die buddhistischen Gemeinden durch reiche Stiftungen. Die mächtigen Könige Prasenajit von Kosala und Bimbisâra von Magadha schlossen sich darüber hinaus dem Meister als Laienanhänger an und ließen sich von ihm in persönlichen Fragen beraten. Als der B. 80jährig starb, hinterließ er nicht nur einen festgefügten Orden von Mönchen und Nonnen, sondern auch eine zahlreiche Gemeinde von Laienanhängern.

3. Aus einer in den ältesten Texten noch durchaus als Mensch greifbaren Gestalt ist im Laufe der Entwicklung der buddhistischen Kirche eine *legendäre Persönlichkeit* geworden. Das Leben dieses legendären B. begann nicht erst mit seiner irdischen Geburt; denn der B. war einst, wie jedes andere Wesen, dem unaufhörlichen Kreislauf des Daseins und damit der ewigen Vergeltung aller Taten unterworfen, die in einer späteren Wiedergeburt eintreten mußte. Diese Vorstellung spiegelt sich auch in der Einleitung der Geburtslegende wider, nach welcher der künftige B. vor seinem Herabstieg auf die Erde als Herr einer Schar von Göttern im Tushita-Himmel lebt. Das B.-Leben der Legende verläuft in vier großen Zyklen von Geschehnissen, in deren Mittelpunkt die Hauptereignisse stehen, welche die Jugend, die Erleuchtung, die Lehr- und Wanderjahre und den Tod des Erhabenen umfassen. Zum Jugendzyklus gehören auch die Ereignisse im Himmel vor der Geburt. Es ist zu beachten, daß die Berichte über die verschiedenen Lebensabschnitte unterschiedlichen Alters sind. Relativ früh sind die Ereignisse, die sich kurz nach der Erleuchtung begaben, sowie die letzten Wanderungen und das Verscheiden des B. zusam-

menhängend beschrieben worden. Der Jugend des B. widmete man erst später Aufmerksamkeit.

Die nachstehende Übersicht skizziert den Inhalt der Legende entsprechend dem Lebensablauf: Der Bodhisattva weilt im Himmel der Seligen. Dort wird er aufgefordert, auf die Erde hinabzusteigen, um den Menschen den Weg zur Erlösung zu weisen. Zustimmend entscheidet der Bodhisattva, in den Leib einer Mutter eintreten zu wollen. Die Wahl fällt auf die Königin Mâyâ (»Illusion«) aus dem Shâkyageschlecht. In Gestalt eines weißen Elefanten dringt der Bodhisattva nach Herabstieg auf die Erde in die schlafende, die Empfängnis träumende Königin ein. Zehn Monate später tritt er als ein mit 32 besonderen Merkmalen ausgezeichnetes Menschenkind zur rechten Seite der Mutter heraus. Empfängnis, Werden und Geburt verlaufen unter allerlei Wundergeschehnissen. Sieben Tage nach der Geburt des Kindes stirbt Königin Mâyâ, und ihre Schwester wird zur Pflege mutter ausersehen. Der Seher Asita erkennt, daß der Bodhisattva geboren ist, und prophezeit König Shuddhodana, dem Gatten der Mâyâ, die künftige Größe des Kindes. Im Kindheits- und Jünglingsalter übertrifft der Prinz in allen Lebenskünsten alle seine Gefährten und Lehrer. Als der Knabe herangewachsen ist, wird der König an Weissagungen vorzeichenkundiger Brahmanen erinnert, nach denen der Prinz entweder die Welt fliehen und ein B. werden oder im Weltleben bleiben und ein weltbeherrschender König werden würde. Um die Weltflucht zu verhindern, sorgt König Shuddhodana für genußreiche Abwechslungen jeder Art. Der Prinz wird mit einem Mädchen vornehmen Geschlechts vermählt und führt ein glanzvolles Leben. Da begegnen dem Bodhisattva auf Betreiben der Götter bei Vergnügungsfahrten nacheinander ein Greis, ein Kranker und ein Leichenzug. Der Prinz, dem durch die Vorsorge seiner Umgebung das Wissen um Alter, Krankheit und Tod bislang gefehlt hat, erkennt plötzlich die Leidhaftigkeit des Daseins. Bei einer vierten Ausfahrt erscheint ihm ein abgeklärter, ruhigen Gemüts wandelnder Bettelmönch, und der Bodhisattva beschließt, gepackt von dem Anblick, »aus dem Haus in die Hauslosigkeit« zu ziehen und nach höherer Erkenntnis zu streben. Alle Bemühungen, ihn zurückzuhalten, sind vergebens. Als der Bodhisattva die rechte Zeit gekommen sieht, verläßt er, weil bewacht, mit Unterstützung der Götter in nächtlicher Stunde Vaterhaus und Familie und begibt sich auf Wanderschaft. Der Weg führt ihn zu berühmten Lehrern, deren Methoden, da unzureichend entwickelt, des Bodhisattvas Erkenntnis nicht fördern. Auch schwerste Askese, die er sechs Jahre lang bis zur physischen Erschöpfung und Abmagerung betreibt, erweisen sich als nutzlos. Da läßt er auch von diesem Versuch ab. Endlich gelangt der Bodhisattva zum Baum der Erleuchtung (Bodhibaum), dessen Schatten zu tiefdringender Meditation einlädt. Mâra, der buddhistische Versucher, eine Verkörperung des weltlichen Prinzips und der Sinnlichkeit, fürchtet für den Besitz seiner Herrschaft, falls der Bodhisattva die Erleuchtung gewänne. Deshalb eilt er mit seinem Dämonenheer zum Bodhibaum und attackiert den Bodhisattva. Dieser aber verharrt unberührt in Meditation, so daß sich Mâra, nachdem auch sinnliche Verführungskünste seiner schöngestaltigen Töchter erfolglos sind, geschlagen bekennt. Der Bodhisattva gibt sich mit verstärkter Energie der Meditation hin und gewinnt endlich die Erleuchtung. Voller Freude eilen die Götter aller Sphären herbei, um dem *Buddha* zu huldigen.

Trotz verzweifelter Versuche Mâras, den B. zum sofortigen Parinirvâna zu überreden, entschließt sich der Erleuchtete nach Aufforderung durch Gott Brahman zur Lehrverkündigung. Im Gazellenhain von Benares predigt der B. vor fünf Schülern zum ersten Male seine Lehre. Danach beginnt die Zeit der Lehr- und Wanderjahre. Bis zu seinem 80. Lebensjahr zieht der B. predigend in Nordindien umher und gewinnt seiner Lehre viele Bekenner, Mönche und Nonnen, Laienanhänger und Laienanhängerinnen. Mehrfach demonstriert er seine Wunderkräfte und erweist sich als Herr über Feuer und Wasser, über Raum und Zeit.

Im Alter von 80 Jahren erkrankt der B. zweimal nacheinander schwer. Mâra erscheint und will ihn zum sofortigen Sterben veranlassen. Doch erst drei Monate später sieht der B. die Zeit gekommen. Zwischen zwei Schâlabäumen in der Nähe von Kushinagara läßt er sich von seinem Lieblingsjünger Ânanda das letzte Lager bereiten. Klaren Bewußtseins trifft er seine letzten Anordnungen. Mit den Worten: »Vergänglich sind alle Daseinsformen, strebet ohne Unterlaß« tritt er in die Versenkung und aus dieser in das restlose → Nirvâna ein. Im Augenblick des leiblichen Todes erbebt die Erde. Die Vornehmen von Kushinagara veranstalten eine sechstägige Leichenfeier und verbrennen am siebenten Tage die sterblichen Überreste des B. Die Gebeine werden unter Fürsten und Vornehme verteilt und in Stûpas (Reliquienhügel) aufbewahrt.

4. Den legendären Zügen gesellten sich solche dogmatisch-spekulativen Charakters bei. Der B. wird als letztes Glied einer Kette von *Vorläufern* angereiht, und es ist folgerichtig, daß man später das Erscheinen eines künftigen B. Maitreya voraussagt. Aus dieser Sicht ist der Beiname Tathâgata (s. 1) als der »so (wie seine Vorgänger) Gekommene« zu verstehen. Es ist wahrscheinlich, daß sich der B. selbst bereits als einen Fortführer des Werkes vergangener B.s bezeichnete. In einem alten Text erzählt der historische B. Gautama seinen Mönchen von 6 B.s vergangener Zeiten, deren Lebensumstände denen in der Legende von B. Gautama geschilderten ähnlich sind. Es ist umstritten, ob das Leben Gautamas den Ausgangspunkt für die Übertragung auf die früheren B.s gegeben oder ob der historische B. selbst, etwa in dem Bemühen, seiner Lehre historischen Hintergrund zu verleihen, der Dogmatisierung vorgearbeitet habe. Die älteste historische Nachricht über einen Kult von Vorläufern des B. ist in einer Säulen-Inschrift König Ashokas aus dem 3. Jh. vChr enthalten. Am Steinzaun des Stûpa von Bhârhat (2. Jh. vChr) sind Reliefs mit Darstellungen der verschiedenen Bäume, unter denen vergangene B.s ihre Erleuchtung (Bodhi) gewonnen haben sollen, bewahrt.

In jüngeren Texten wird eine noch größere Zahl von Vorläufern Shâkyamunis genannt. Eine besondere Klasse von B.s bilden die *Pratyeka-B.s*, »Einzel-Erleuchtete«, die aus eigener Kraft die zur Erlangung des Nirvâna notwendige Erkenntnis gewinnen, diese aber nicht weiterverbreiten. Während die Vorstellungen von der Zahl der B.s im Hînayâna-Buddhismus noch in Grenzen bleiben, nimmt der Mahâyâna-Buddhismus infolge stark veränderter Auffassungen die Existenz zahlloser B.s an.

5. Auf Münzen aus der Kushanzeit finden sich Prägungen von Gottheiten verschiedener Religionsgebiete. Neben griechischen und iranischen kommen auch indische vor. Unter diesen findet sich der B., der somit spätestens im 2. Jh. nChr *als ein Gott verehrt* wurde. Vorstellungen vom B. als einem Wesen höherer Art begegnen auch anderweitig. Ein alter Text berichtet über die Verteilung der Reliquien des toten Meisters. Diese wurden in Grabhügelbauten bewahrt und geehrt; im Lauf der Zeit entstand jedoch ein *Reliquienkult*, der zur Errichtung immer neuer Kultdenkmäler (Stûpa) auch ohne Reliquien an heiligen buddhistischen Stätten führte. Zu einer entsprechenden Entwicklung kommt es auch in der Kunst. In der vorchristlichen Zeit wird der B. auf den Bildwerken

durch bestimmte Symbole, wie Thron, Schirm, Fußspur usw vertreten. Um Christi Geburt stellt man ihn zum ersten Male in Menschengestalt dar (→ Kunst: II D). B.bilder schmücken hinfort die Heiligtümer und dienen den Gläubigen als Weihgaben. Der Religionsstifter ist zu einem Gott in unserem Sinne geworden.

Nach dem Tode des B. entstand unter den Mönchen Uneinigkeit über die Auslegung der Lehre und die Vorschriften des Meisters. Es bildeten sich Schulen heraus, die ihre eigenen festgelegten Meinungen und auch *unterschiedliche Auffassungen vom Wesen des B.* hatten. Während die Verfechter der »Lehre der Ältesten« (Sthaviravâdin = Theravâdin) erklären, der B. sei ein Mensch gewesen, sehen andere Schulen in ihm ein überweltliches Wesen, das nach Meinung der einen sich zeitweilig unter die Menschen begeben, nach der Auffassung anderer nur einen Stellvertreter auf die Erde entsandt habe. Diese Ansichten gipfelten im Mahâyâna-Buddhismus in der Idee vom B. als dem absoluten Prinzip.

6. Nach dem Hînayâna-Buddhismus erstrebt der einzelne Gläubige die Erlösung für sich selbst durch Anspannung seiner eigenen Wesenskräfte. Im Mittelpunkt des *Mahâyâna*-Glaubens steht demgegenüber der Gedanke des Erlösens aller Lebewesen durch die mitleidsvolle Hilfe von Erlösergestalten. Bodhisattvas oder potentielle B.s in paradiesisch vorgestellten Welten, allen voran der Gnadenherr Avalokiteshvara sowie Manjushrî »der von lieblicher Schöne«, und Samantabhadra, »der nach allen Seiten Wohltätige«, werden als Nothelfer angerufen. Durch rechtes Verhalten kann jeder Gläubige danach trachten, selbst ein Bodhisattva zu werden, als der er dann unter zeitweiligem Verzicht auf die B.schaft zum Heile seiner Mitgeschöpfe wirken kann. Infolge dieser Ideen kommt es zur Vorstellung von zahlreichen, nach den Texten gar von Hunderttausenden, ja Milliarden von B.s und Bodhisattvas.

Das spekulative Denken der Mahâyânisten führte zu der *Theorie von den drei Körpern* des B.: In seiner Gestalt als »Gesetzeskörper« (dharmakâya) ist er das undefinierbare Absolute, eine transzendente Wesenheit, die sich gemeinsam mit den hervorragendsten Bodhisattvas in überirdischen Welten als fein materieller »Körper des Genusses« (sambhogakâya) im Zustande höchster Seligkeit befindet. Die irdischen B.s sind nur Ausstrahlungen dieser überweltlichen Wesenheit, mit einem »Erscheinungskörper« (nirmânakâya) ausgestattet und nicht wirklich existent.

Nach einer anderen Theorie des Mahâyâna hat jeder menschliche B. ein transzendentes Gegenbild in meditativen Sphären. Dem B. Gautama entspricht nach dieser Vorstellung der transzendente B. *Amitâbha*, »der unermeßlichen Glanz besitzt«. Jedem dieser B.s steht ein transzendenter Bodhisattva zur Seite. Für Gautama-Amitâhba sind es Padmapâni-Avalokiteshvara. → Amida: I.

H.Oldenberg, B., sein Leben, seine Lehre, seine Gemeinde, (1881) 1923[12] - W.W.Rockhill, The Life of the B. and the Early History of His Order, London o.J. (1884) - E.Windisch, Mâra u. B., 1895 - Ders., B.s Geburt, 1908 - R.Pischel, Leben u. Lehre des B., (1905) 1926[4] - H.Beckh, Buddhismus (SG) I, (1916) 1928[3] - F.J.Thomas, The Life of B., London 1927 - E.Lamotte, La Légende du B. (RHR 134, 1947/48, 37-71) - A.Foucher, La Vie du B., Paris 1949. - Übersetzungen von Texten zum Leben B.s sowie instruktive Textbearbeitungen: J.Dutoit, Das Leben des B., (1906) 1921[2] - K.E.Neumann, Die letzten Tage Gotamo B.s, 1911 - R.O.Franke, Dîghanikâya, 1913, 178ff - F.Weller, Das Leben des B. von Ashaghosha, 1926 - E.Waldschmidt, Die Legende vom Leben des B., 1929 - Ders., Die Überlieferung vom Lebensende des B. (AAG 3. F. 29. 30), 1944/48 - Ders., Das Mâhaparinirvânasûtra (Text in Sanskrit, Tibetisch u. Pâli, mit dt. Übers. der chines. Entsprechung hg.) (AAB Philos.-hist. Kl. 1949, 1, 1950; Kl. f. Spr., Lit. u. Kunst 1950, 2. 3, 1951) - Ders., Vergleichende Analyse des Catuṣpariṣatsûtra (Geschehnisse am Bodhibaum, Predigt u. Wanderungen) (Festschrift W. Schubring, 1951, 84-122) - S. auch Übers. v. Texten zum Leben B.s bei: M.Winternitz, Gesch. der ind. Lit. II, 1920 (Reg.); vermehrte engl. Ausgabe v. S.Ketkar u. H.Kohn, A History of Indian Literature II, Calcutta 1933.

H.Härtel

Buddhismus

I. Religionsgeschichtlich - II. B. und Christentum, geschichtlich - III. Die biblische Botschaft gegenüber dem B. - IV. B. im Westen. - Zum Amida-B. → Amida: I. II, zur Kunst des B. → Kunst: II

I. Religionsgeschichtlich

1. Bedeutung des Begriffes B. - 2. Geschichte und Verbreitung - 3. Überlieferung - 4. Weltbild - 5. Grundlehren - 6. Mönchsgemeinde und Laienschaft - 7. Mahâyâna-B.

1. Der B. ist in engerem Sinn die im 6.Jh. vChr vom → Buddha Gautama verkündete Lehre. Diese entstand in der geistigen Auseinandersetzung mit der → Vedisch-brahmanischen Religion und den zeitgenössischen philosophischen Vorstellungen. Sie setzt die Gedankenwelt der → Upanishaden, des → Yoga und der → Sâmkhya-Philosophie voraus. Der Begriff B. erstreckt sich aber auch auf jene Lehrauffassungen, die nach dem Tode des Buddha in den durch Schismen entstandenen Meinungsschulen vertreten wurden. Die Vielzahl der Lehrmeinungen verteilt sich auf die zwei Hauptrichtungen des sog. Hînayâna, »kleines Fahrzeug«, und des Mahâyâna, »großes Fahrzeug«. Der Hînayâna-B. steht mehr oder weniger der ursprünglichen Lehre nahe; im Mahâyâna-B. (s. 7) werden Auffassungen vertreten, die, je entwickelter, um so weniger Berührungspunkte mit der alten Lehre aufweisen.

2. Bald nach dem Tode des Buddha Gautama soll von zahlreichen Mönchen ein *Konzil* veranstaltet worden sein, in dem die Zusammenfassung der verstreut bewahrten Äußerungen des Buddha über die Lehre und die Ordensdisziplin angestrebt wurde. Überzeugender ist der Bericht von einer zweiten Versammlung, die 100 Jahre später in Vaishâli stattfand. In ihr soll es zu ernsten Meinungsverschiedenheiten über Ordensfragen gekommen sein. Doch dürften schon damals wesentlichere Auffassungsunterschiede bestanden haben; denn wenig später führten Streitigkeiten über Fragen der Lehre - nach der Tradition bildeten 5 Thesen über das Wesen eines Heiligen (Arhat) den Anlaß - zur *Spaltung* in die beiden großen Gruppen der Sthaviravâdins (= Theravâdins), Vertreter der »Lehre der Ältesten«, und Mahâsânghikas, Anhänger der »großen Gemeinde« derer, die in Einzelheiten anderer Auffassung sind. Mag die Situation durch diese Spaltung auch für den Augenblick bereinigt gewesen sein, der Geist der Kritik war wachgerufen und führte allmählich zu weiterer Aufsplitterung. Die Tradition spricht von 18 Schulen, die im Laufe der Jh.e vChr entstanden sein sollen.

In diese Zeit der inneren Auseinandersetzungen fiel die Herrschaft Kaiser *Ashokas* (273-232 vChr), dessen Wirken für die Entwicklung des B. von wesentlicher Bedeutung war. Ashoka, die größte Persönlichkeit der altindischen Geschichte, war nach Jahren religiöser Neutralität ein Anhänger des B. geworden und verbreitete diese Religion in seinem ganzen Herrschaftsbereich. Zahlreiche Inschriften, die er in Felsen und auf Säulen einmeißeln ließ, künden von seinem Bemühen, die Untertanen zu mildtätigen, freigebigen und wahrhaftigen Menschen zu erziehen. Ashoka verkündete eine praktische Ethik, die buddhistische Laienmoral lehrt; er selbst hat sich eingehend mit dem buddhistischen Schrifttum befaßt. Die Meinungsverschiedenheiten innerhalb des buddhistischen Klerus nötigten ihn, für die Einigkeit der buddhistischen Kirche einzutreten. Die ceylonesischen Chroniken sprechen von einer großen Kirchenversammlung, die auf Anregung Ashokas um die Mitte des 3.Jh.s vChr in Pâtaliputra (heute Patna) zusammengetreten sei. Es soll ein Kanon der heiligen Texte zusammengestellt worden sein. Wahrscheinlich ist, daß nur Mönche einer der streitenden Schulrichtungen, Vertreter der orthodoxen »Lehre der Ältesten«, teilnahmen. Doch kommt dieser Versammlung entscheidende Bedeutung für die Ausbildung des B. zur Weltreligion zu, da in ihr eine sofortige Missionstätigkeit beschlossen wurde. Mönche hohen Ansehens zogen nach Afghanistan, Kashmir und Südindien. Ein Sohn Ashokas ging als Missionar nach Ceylon und bekehrte König und Volk zum B. (→ Ceylon: II).

Nach dem Tode Ashokas zerfiel das Reich in selbständig werdende Teile. Im 2.Jh. vChr drangen *baktrische Griechenfürsten* nach Nordwestindien vor und beherrschten es nahezu zweihundert Jahre. Einer dieser Herrscher, Menander (um 155 vChr), nahm großen Anteil am B. und brachte es zu Ruhm in der altindischen Literatur. Das buddhistische Werk Milindapanha (Fragen des Milinda = Menander), das ein Gespräch des Königs mit einem buddhistischen Weisen über schwierige Punkte der Lehre des Buddha überliefert, ist nach ihm benannt.

Den Griechen folgten Völker iranischen Stammes; Saken, Parther und Kushans herrschten in West- und Zentralindien. Der Kushan-König *Kanishka* (Regierungsantritt 128/29 nChr; nach anderen 78 nChr), der bedeutendste Herrscher der Jh.e um Christi Geburt, wird von den Buddhisten als zweiter großer Förderer nach Ashoka angesehen. Durch die erheblichen Lehrunterschiede irritiert, soll Kanishka ein Konzil nach Kashmir einberufen haben, um die richtige Lehrmeinung festlegen zu lassen. Das Konzil befaßte sich vorwiegend mit der Interpretation scholastischer Texte. Die Berichte machen deutlich, daß die aus den Sthaviravâdins hervorgegangene Schule der Sarvâstivâdins (beides Hînayâna-Schulen mit speziellen Auffassungsunterschieden) das Konzil maßgebend beeinflußte. Nach anderer Auffassung soll es sich überhaupt nur um eine Synode dieser Schule gehandelt haben. Beachtlich ist, daß diese Versammlung das Sanskrit zur Kirchensprache der nördlichen Buddhisten erhob.

Um die gleiche Zeit bildete sich eine *neue Richtung* innerhalb des B. heraus, die sich selbst als *Mahâyâna*, »großes Fahrzeug«, bezeichnete und den älteren B. als Hînayâna charakterisierte. Eine wesentliche Ursache für das Entstehen des Mahâyâna ist in der Mühsamkeit des Heilsweges im Hînayâna-B. (s. 5) zu suchen, der nur einzelnen starken Charakteren die Erlösung verhieß, die Masse der Anhänger aber nicht befriedigte. Nach den Lehren des Mahâyâna sollten auch die Schwachen zur Seligkeit des → Nirvâna gelangen können, sofern sie nur den Willen hierzu hatten und durch Buddhaverehrung, mitleidige Liebe und Selbstverleugnung das Ziel der Erleuchtung erstrebten.

Der B. war im 3.Jh. vChr zur dominierenden Religion in Indien geworden. Noch um die Zeitenwende besaß der B. in seinem Entstehungslande so starke Geltung, daß er im Vertrauen auf seine geistige Kraft den Siegeszug in die Länder Zentral-, Süd- und Ostasiens antreten konnte. Doch bereits in der ersten Hälfte des 1.Jt. nChr änderte sich die religiöse Situation in Indien wesentlich. → Krishna-Verehrung und andere Richtungen des aufkommenden → Hinduismus traten immer stärker in den Vordergrund. Auf die Dauer vermochte der Hinduismus die Massen in ihrer Sehnsucht nach einer allumfassenden Gottheit und einem gestalthaft vorgestellten → Erlöser aus dem Kreislauf der Wiedergeburten besser zu befriedigen als der B. Der chinesische Pilger Fa-hsien, der 399-413 nChr Indien bereiste, fand seinem Bericht zufolge den B. noch in blühendem Zustand vor. Spätestens zu Beginn des 7.Jh.s nChr aber war, wie aus den Nachrichten Hsüan-tsangs, eines anderen chinesischen Pilgers, hervorgeht, der *Verfall des B.* in Indien deutlich zu beobachten. In den folgenden Jh.en verschwand die alte Mönchsreligion fast ganz aus dem südlichen und westlichen Indien. Nur in seinem Ursprungsland Magadha und in Bengalen lebte der B. in einer späten, aus dem Mahâyâna entwickelten, aber von hinduistischen Vorstellungen beeinflußten Form, dem Vajrayâna bzw. Mantrayâna (s. 7), bis in das 12.Jh. hinein fort. Der vordringende → Islam beseitigte auch diese letzte Bastion.

Auch in *Zentralasien* wurde der B. von der mohammedanischen Invasionswelle mit Gewalt hinweggespült. Dieses Schicksal überkam ihn hier in einem sehr lebenskräftigen Zustand. Ausgrabungen in Ostturkistan haben erwiesen, daß dort bis zum 9.Jh. nChr Staaten mit blühender buddhistischer Kultur existierten. Die heiligen Schriften des B. waren in zahlreiche Sprachen übersetzt worden, gemäldegeschmückte Höhlentempel in großer Zahl dienten den Mönchen als Kult- und Lehrstätten. Könige und Fürsten waren eifrige Förderer des B., der in den Oasen von Kutscha und Karashar in der Hînayâna-Form, in dem Südbogen von Khotan bis hinauf zum Lobnor als Mahâyâna-B. herrschte. Weiter nach Osten hatten Chinesen, Japaner, Mongolen u.a. die Religion, des Buddha angenommen (→ China: II, → Japan: II → Mongolen: II). Nach Tibet drang der B. erst im 7.Jh. nChr vor (→ Tibet: I).

Im Zuge der allgemeinen indischen Kolonisationstätigkeit im 1.Jt. nChr gelangte die Religion des Buddha gemeinsam mit dem Hinduismus auch nach *Hinterindien* und auf die Inseln des malaiischen Archipels. Im südlichen *Burma* war schon in den ersten Jh.en nChr der Hînayâna-B. heimisch. In Nordburma bestanden zunächst beide Richtungen des B. nebeneinander, bis im 9./10.Jh. nChr von Kolonisten aus Bengalen der Vajrayâna-B. (s. 7) eingeführt wurde. Unter König Anuruddha (1044-77 nChr) wurde dann der Hînayâna-B. in Burma zur Staatsreligion erklärt. In den frühen Reichen des östlichen Hinterindiens herrschte der Hinduismus vor. Im 13.Jh. nChr entstand im nördlichen *Siam* das Reich der Thai-Stämme, die zunächst - wohl von China her beeinflußt - den Mahâyâna-B. annahmen, sich als Nachbarn Burmas aber bald zum Hînayâna-Glauben hinwendeten. Diesen verbreiteten sie dann infolge ihres Machtzuwachses über ganz Hinterindien. In Burma, Siam, Laos und Kambodscha ist der Hînayâna-B. noch heute eine lebendige Kraft.

Auf den großen *Inseln des malaiischen Archipels* hat seit dem 8.Jh. nChr der Mahâyâna-B. große Bedeutung erlangt. In Mitteljava zeugen großartige Baudenkmäler (Borobudur!) von einer Zeit hoher kultureller Blüte. In der ersten Hälfte des 2.Jt.s nChr lebten auf *Sumâtra, Java* und wohl auch Borneo B. und Hinduismus friedlich nebeneinander. Verschiedentlich machten sich synkretistische Tendenzen bemerkbar. Um 1500 mußten beide Religionen dem Islam weichen.

Am reinsten hat sich der B. bis auf den heutigen Tag auf der Insel → *Ceylon* (: II) erhalten.

3. Die Grundlage aller Forschungen über den B. ist der *Kanon* der heiligen Schriften der Buddhisten, der »Dreikorb«, das → Tripitaka. Diesem tritt eine große Zahl nichtkanonischer Werke zur Seite, die zumeist die kanonischen Schriften kommentieren. Ein literarisch hochstehendes Werk eigener Prägung ist das Milindapanha, »Fragen des Milinda« (s. 2).

Die kanonische Literatur ist Hînayânaliteratur. Das *Mahâyâna* besaß *keinen* eigenen *Kanon*, brachte aber eine umfangreiche, in Sanskrit abgefaßte Literatur hervor, deren Werke die neuen Anschauungen darlegen. Wichtige Texte sind die Sûtrawerke Prajnâpâramitâ (»Vollkommenheit der Erkenntnis»), Saddharmapundarîka (»Lotus des guten Gesetzes«), Lankâvatâra(die Darlegung der Lehre in Lanka) und Buddhâvatamsaka (»Buddha-Schmuck«). Für die Kenntnis der einzelnen Lehrstufen und die Entwicklung der Anschauungen im Mahâyâna sind die von den großen buddhistischen Kirchenlehrern verfaßten, mehr systematischen Werke von Bedeutung, wie sie u.a. von den Theoretikern Nâgârjuna (2.Jh. nChr), Asanga und Vasubandhu (4./5.Jh. nChr) überliefert sind.

4. Nach buddhistischer *Weltvorstellung* gibt es einen Makrokosmos aus unzähligen Welten. Jede dieser Welten hat eine ihr zugehörige Sonne, einen eigenen Mond und eigene Himmel und Höllen. Jedes Weltsystem gliedert sich in eine Ober-, Mittel- und Unterwelt. In der Mitte befindet sich die Erde mit dem Weltberg Meru als Mittelpunkt, um den sich vier meerumspülte Erdteile lagern. Die Unterwelt enthält heiße und kalte Höllen. Über der Erde liegt die Himmelswelt, die in einer Reihe von Etagen aufgebaut ist. In Vergeltung guter oder böser Taten werden die (nach bestimmten Daseinszuständen klassifizierten) Wesen in unaufhörlichem Wandel in der verdienten Region wiedergeboren. Jenseits aller Welten befindet sich das Nirvâna, das nicht beschreibbare Ziel der Buddhisten, dessen Erlangung die Erlösung aus dem Kreislauf des Daseins bedeutet. Jede der unzähligen Welten durchläuft in unvorstellbar langen Zeiträumen Perioden der Vernichtung, Nichtexistenz, Neu-Entstehung und Existenz. In der Periode des Weltbestehens folgen einander Zeiträume ansteigend besserer und zunehmend schlechterer Lebensumstände. In den Zeiten des Abstiegs treten die Buddhas auf und lehren die Vergänglichkeit alles Irdischen erkennen. (Vgl. → Apokalyptik: I, → Weltbild: I, → Weltperioden).

5. Der Überlieferung zufolge wandte sich der Buddha kurz vor dem Eintritt in das restlose Nirvâna mit der Aufforderung an die Mönche: »Wenn in Hinsicht auf die Edelsteine *Buddha, Lehre* und *Gemeinde,* oder auf den Gegenstand der vier edlen Wahrheiten, das Leiden, sein Entstehen, sein Vergehen und den Pfad dazu, Zweifel vorhanden sind, werde ich dem Fragenden Antwort geben.« In diesem Satz, mit dem sich der dahinscheidende Meister der religiösen Festigkeit seiner Schüler vergewissert, sind prägnant die wesentlichsten Elemente des buddhistischen Religionssystems zusammengefaßt. Buddha, Lehre (dharma) und Gemeinde (sangha) sind die drei Säulen, auf denen das ganze Glaubensgebäude ruht. Sie genießen als die »drei Edelsteine« höchste Verehrung und sind die Zufluchtstätten für alle Bekenner. Mit den »vier edlen Wahrheiten« vom → *Leiden,* der *Entstehung des Leidens,* der *Aufhebung des Leidens* und dem *Pfade zur Aufhebung des Leidens* stellt der Buddha auch am Ende seines Lebens das Kernstück seiner *Lehre* heraus, das bereits Gegenstand seiner ersten Predigt war (→ Buddha, 2. 3). Dieser Satz vom Leiden ist das formulierte Fazit seiner erlösenden Einsicht. Wie ein Arzt stellt der Buddha zunächst die Diagnose: die Welt ist dem Leid und Elend verhaftet. Als Ursache ermittelt er sodann den Lebensdurst, die Gier und Leidenschaftlichkeit aller Wesen. Diese Ursache erkennt der Buddha als aufhebbar und nennt die Mittel, die zur Aufhebung des Leidens führen.

Mit der Verkündung der vier Wahrheiten weist der Buddha nach, daß es möglich ist, dem Leid des Daseins zu entrinnen. Die erlösende Einsicht kann nicht durch Anhören der Predigt intuitiv gewonnen, sondern nur durch ernsthaftes Streben erworben werden. Der an den Anfang gestellte Lehrsatz zeigt das Ziel und den Weg; er soll zugleich die Empfindung für die Erhabenheit der Erkenntnis des Meisters hervorrufen und das Vertrauen auf die eigenen Kräfte und Möglichkeiten stärken. Wer sich ernsthaft bemühen will, den hält der Buddha zum Beschreiten des im 4. Satz vom Leiden enthaltenen »achtgliedrigen Pfades« an. Dies ist zugleich der »mittlere Pfad«, der sich ebenso von gänzlicher Hingabe an Begierden wie von zweckloser Askese fernhält. Seine einzelnen Stufen heißen: »rechte Ansicht«, »rechtes Entschließen«, »rechtes Reden«, »rechtes Handeln«, »rechtes Leben«, »rechtes Streben«, »rechte Andacht« und »rechtes Sichversenken«. Diese Stufen sind folgerichtig aneinandergereiht. Auf der 1. Stufe des Pfades befindet sich, wer der Verkündigung des Buddha gläubig vertraut und seine Darlegungen zu verstehen sich bemüht. Die 2. Stufe erfordert den Entschluß, sich moralischer Lebensweise zu befleißigen, womit sich der Aufstieg über die 3. bis 6. Stufe anbahnt, die ein moralisches und sittliches Verhalten erfordern, wie es allen, die »aus dem Haus in die Hauslosigkeit« ziehen, um in den Orden aufgenommen und als Mönch ordiniert zu werden, vorgeschrieben ist (s. 6). Wer sich diesen Anforderungen gewachsen zeigt, betritt auf der 7. Stufe die Sphäre der Meditation. In Übungen geistiger Konzentration bereitet er sich in einsamem Ringen mit sich selbst auf die letzte Stufe vor. Die »rechte Andacht« oder »besonnene Betrachtung« erfüllt sich in dem Bemühen, über den Körper, die Empfindungen, den Geist und die religiösen Gegebenheiten Klarheit zu gewinnen. Die hierzu erforderlichen Übungen führen zum Ekel vor dem eigenen Leib, zu fortschreitender Erkenntnis der Vergänglichkeit des Körpers und vermitteln nach eingehenden Erwägungen über die Psyche und die Elemente des religiösen Lebens die verstehende Einsicht in die »vier edlen Wahrheiten«. Auf der 8. und letzten Stufe gelangt der Strebende in einem Zustand vollkommener Versenkung intuitiv zur höchsten Erkenntnis. Losgelöst von den Kräften des Willens, Verstandes, der Vorstellung und Empfindung durchschaut er nicht nur das Walten der treibenden Kräfte, die ihn selbst in den Kreislauf der Wiedergeburten bannten, sondern auch die Zusammenhänge zwischen menschlichem Tun (karman, s.u.) und künftigem Geschick überhaupt. Auf dieser Ebene überkommt ihn die Erleuchtung, die vier Wahrheiten ergreifen gleichsam Besitz von ihm. Er ist aus dem Kreislauf (samsâra) des Daseins in den Erlösungszustand des »Dahinwehens«, des *Nirvâna* gelangt und ein Heiliger (arhat) geworden. Dieser bei Lebzeiten realisierbare Zustand mündet beim leiblichen Tode im restlosen Nirvâna (parinirvâna), im endgültigen Dahinwehen, einem mit menschlichen Begriffen nicht erfaßbaren Zustand ewigen Friedens.

Gläubiges Vertrauen auf die vom Buddha verkündeten »vier edlen Wahrheiten« führte zum Beschreiten des achtgliedrigen Pfades. Auf den letzten beiden Stufen wurden die Wahrheiten zunächst in konzentrierter Geistesarbeit erfaßt und schließlich intuitiv geschaut. Erst nach Absolvierung des ganzen Pfades wird es somit möglich, aus eigenem Wissen die Diagnose des 1. Satzes vom Leiden zu stellen und die Folgerungen des 2. und 3. Satzes zu treffen. Im 1. Satze vom Leiden konstatierte der Buddha: »Geburt ist Leiden, Alter ist Leiden, Krankheit ist Leiden, Tod ist Leiden, mit Unliebem vereint sein ist Leiden, von Liebem getrennt sein ist Leiden, nicht erlangen, was man begehrt, ist Leiden, kurz die fünf Verzweigungen des Daseinshanges sind Leiden.« Dieser Satz drückt zwei Grundgedanken des B. aus: 1. es gibt kein beständiges Sein, sondern nur fortwährendes Entstehen und Vergehen; 2. es gibt *keine* → *Seele* in unserem Sinne, auch kein »Ich« oder »Selbst«. Nach buddhistischer Auffassung bilden die das irdische Wesen eines Menschen ausmachenden 5 Faktoren: Körperlichkeit, Empfindung,

Wahrnehmung, Willenskräfte und Bewußtsein die Grundlage des Daseinshanges. Sie stellen jedoch weder einzeln noch in ihrer Gesamtheit das »Ich« dar, sie sind ohne Bestand, leidbehaftet und der Veränderung unterworfen. Wenn ein einsichtiger Schüler, so sagt der Buddha, davon absteht, in der Körperlichkeit usw das »Ich« zu sehen, werde er der Erlösung teilhaftig und nicht wiedergeboren werden.

Als *Ursache des Leidens* nennt die 2. »edle Wahrheit« den Durst, der von Wiedergeburt zu Wiedergeburt führt, samt Freude und Begierde: den Lüstedurst, den Werdedurst, den Vergänglichkeitsdurst. Wenn aber der Durst = die Begierde die Ursache für das Leiden ist, so muß, wie im 3. Satz gefolgert wird, die Vernichtung des Durstes zur *Aufhebung des Leidens* führen. Nun hat der Buddha aber in einer auf die Verkündigung der Wahrheiten folgenden Darlegung über das »Nicht-Ich«, deren entscheidender Satz oben zitiert wurde, das Abstehen von der fälschlichen Ich-Beharrung als zur Erlösung führend bezeichnet. Damit wäre praktisch das Leiden aufgehoben, ohne die angeführte Ursache zu vernichten, es sei denn, man setzte das Beharren auf der falschen Ich-Vorstellung mit dem Durst-Begriff gleich. Der Satz vom Durst als Ursache des Leidens läßt aber auch die Frage nach der Herkunft dieses Durstes, nach dem Grunde, auf dem er selbst ruht, unbeantwortet. Diese Fragen sind früh gestellt worden. Die Antwort findet sich in einem anderen, sehr komplizierten Lehrsatz des B., dem »Gesetz vom Entstehen in Abhängigkeit« (pratîtyasamutpâda). (Dieses Gesetz ist nach der einen Auffassung die wissenschaftliche Formulierung jener Erkenntnis, die im Satz vom Leiden gewissermaßen die volkstümliche Fassung gefunden habe. Einer anderen Meinung zufolge soll es erst im Laufe der Lehrtätigkeit vom Buddha gedanklich entwickelt worden sein.) In der Formel von der Entstehung in Abhängigkeit wird der Durst auf die Unwissenheit und auf die Nachwirkungen der Taten eines früheren Daseins zurückgeführt und vom Durst die Wiedergeburt und das Leiden für abhängig erklärt. »Das neue Dasein ist immer wieder durch das → *Karman,* die Taten des früheren Daseins, bestimmt. Der Mensch, der wiedergeboren wird, ist der Erbe der Taten eines früheren Wesens. Wenn es auch keine beständige Seele gibt und der Wiedergeborene nicht derselbe ist wie der Verstorbene, so besteht doch ein Zusammenhang zwischen dem neuen und dem alten Wesen. Das neue Wesen ist zwar nicht dasselbe wie das alte, es ist aber gewissermaßen dessen »Fortsetzung«. So ist ja auch der Knabe etwas anderes als der Jüngling und dieser ist verschieden von dem Mann und dem Greis, aber der Greis ist das Ergebnis von Zuständen, die den Mann, und dieser wieder das Ergebnis von Zuständen, die den Jüngling und den Knaben ausmachen. Ähnlich ist das Verhältnis zwischen dem Verstorbenen und dem Wiedergeborenen. Hier wie dort handelt es sich um ein Kontinuum.«

Der »achtgliedrige Pfad« bildet gleichsam einen Lehrsatz der *Ethik* des B. Er verlangt sittliches und moralisches Verhalten und hält zu strenger Selbstzucht an. Für den Laien besteht sittliches Verhalten in der Einhaltung von 5 Sittengeboten, die ihm Abstandnehmen vom Töten von Lebewesen (auch der Tiere), Stehlen, außerehelichen Geschlechtsverkehr, Lügen und vom Genuß berauschender Getränke auferlegen. Diese Gebote sind - unter Veränderung des 3. in: »Abstandnehmen von jeglichem Geschlechtsverkehr« - auch Bestandteil des zehnteiligen, noch strengere Enthaltsamkeit fordernden Gelübdes, das Novizen und Mönchen abverlangt wird. Das geistliche Leben der Ordensmitglieder ist überdies durch zahlreiche Vorschriften geregelt, die im Laufe der Jh.e immer minutiöser formuliert werden. Nicht geändert hat sich die mit allen Anweisungen und Geboten verfolgte Absicht, zum großen Ziel des Nirvâna oder, für die Masse der Gläubigen, zur Führung eines sittlichen Lebenswandels anzuhalten, der zu guten Taten führt, die ein besseres Dasein in einem zukünftigen Leben zur Folge haben.

6. Die buddhistische Glaubensgemeinschaft ist niemals zentral geleitet worden. Von altersher ordnen die einzelnen Mönchsgemeinden (samgha) ihre Angelegenheiten selbständig. Die Mönche einer Gemeinde treten in Vollversammlungen zusammen und fassen auf Antrag eines gewählten Leiters die notwendigen Beschlüsse, über die je nach Wichtigkeit in einfacher, zweifacher oder dreifacher »Lesung« abzustimmen ist. Alle Gemeindehandlungen werden nach festgelegtem Ritus vollzogen, selbst der Wortlaut für Rede und Widerrede ist, soweit möglich, vorgeschrieben. Die hierfür geschaffenen Sprech»formulare« gehören in ihrem Kern zum ältesten buddhistischen Überlieferungsgut. Die schrittweisen, praktische Erfahrungen verwertenden Änderungen, die mit der Zeit an diesen Formeln vorgenommen wurden, zeugen von anhaltendem Ringen um eine feste Ordnung. Ein gutes Beispiel für diese Entwicklung bietet die *Ordinationsweise.* Der Überlieferung nach vollzieht zunächst der Buddha die → Weihe, indem er einen um Aufnahme (pravrajyâ, Pâli: pabbajjâ) und Weihe (upasampadâ) Bittenden durch Zuspruch ordiniert. Später dürfen die durch den Buddha geweihten Mönche selbst ordinieren. Als ordiniert gilt, wer vor einem Mönch dreimal die Zufluchtsformel (→ Bekenntnis: I) spricht. Bald jedoch werden die örtlichen Gemeinden Autorität bei der Erteilung der Ordination. Aufnahme und Weihe bilden künftig gesonderte Akte. Mit der Aufnahme wird der Anwärter Novize; ein Novize, dem Weihe erteilt wird, tritt als Mönch in die Gemeinschaft der Ordinierten ein. Novize kann man mit Vollendung des 15., Mönch mit dem 20. Lebensjahr werden, sofern die Eltern es erlauben. Die *Aufnahme* erfolgt durch einen kompetenten Mönch, der die vorgeschriebenen Gelöbnisse entgegennimmt: 1. die Zufluchtnahme, die zuvor allein die Weihe bewirkte, 2. das Gelöbnis, 10 Gebote der Enthaltsamkeit einhalten zu wollen. Während des *Weiheaktes* steht dem Kandidaten ein von ihm gewählter Mönch als Lehrer zur Seite. Nach Vorbereitungen wird der Novize durch einen »Unterweiser« abseits der Gemeinde nach Umständen befragt, die seine Ordination verhindern könnten. Verläuft die Befragung zur Zufriedenheit, erfolgt sie noch einmal vor der Gemeinde. Der Kandidat gilt als ordiniert, wenn die Versammlung, der mindestens 10 Brüder beiwohnen müssen, in dreifacher Lesung positiv über den vom gewählten Leiter vorgebrachten Ordinationsbeschluß abgestimmt hat.

Unter Ermahnungen und Belehrungen beginnt der Ordinierte sein Leben als Mönch. Ursprünglich mag er ein Leben als Einsiedler und Wandermönch geführt haben. Im allgemeinen haben wir uns die Mönche nahe eines Wohnbezirkes in Hütten oder Mönchshäusern wohnend vorzustellen. Mit der Almosenschale soll der Bruder von Haus zu Haus gehen und sich Speise darreichen lassen. Am Mittag folgt die einzige Mahlzeit des Tages. Die meiste Zeit widmet der Mönch geistlichen Übungen; in Gemeinschaft werden Sprüche und Reden des Buddha rezitiert.

An jedem Voll- und Neumondstag haben die Mönche die *poshatha-Feier* abzuhalten. Im Mittelpunkt steht die Rezitation einer langen Vergehensliste. Dieser Text, der prâtimoksha (Pâli: das pâtimokkha), wird gewöhnlich »Beichtliturgie« und dementsprechend die poshatha-Zeremonie »Beichtfeier« genannt, da man vermutet, daß ursprünglich jeder, der sich eines der rezitierten Vergehen schuldig fühlte, dieses öffentlich zu bekennen hatte. Doch schon älteste Texte lassen erkennen, daß ein mit einem ungesühnten Vergehen Behafteter der Rezitation nicht beiwohnen darf. Erinnert sich jemand während der Feier einer Schuld, so muß er einen benachbarten Bruder informieren und sich zur → »Reinigung« nach der Feier verpflichten. Ist ein Mönch im Zweifel, muß er ebenso verfahren und erklären, daß er gegebenenfalls sühnen wolle. Dieses Bewußtwerden einer Schuld zu fördern, einen ständigen Anstoß zur Gewissensprüfung zu geben, dürfte der wesentliche Sinn der Rezitation der Vergehensliste sein. Die während der Rezitation mehrfach gestellte Frage, ob einer eine Schuld zu bekennen habe, verlangt keine öffentliche Antwort; sie ist in praxi eine rhetorische Frage, die zu der stereotypen Feststellung überleitet, daß die Anwesenden »rein« seien, weil sie schweigen.

In engem Zusammenhang mit der poshatha-Feier steht die *Zeremonie des »Einander-Einladens«* (pravâranâ), die einmal im Jahr, im Anschluß an die Rezitationsfeier am Ende der Regenzeit, stattfindet. Da die Mönche während der Regenzeit für 3 Monate festen Wohnsitz zu beziehen haben und in Gemeinschaft leben, bleiben unerlaubte Taten oder unrechtes Verhalten eines Bruders kaum verborgen. Beim pravâranâ-Akt muß nun jeder Mönch seine Ordensbrüder einladen, ihm Vergehen mitzuteilen, die sie (in bezug auf ihn) gesehen, gehört oder deren sie ihn in Verdacht haben. Da dieses »Einander-Einladen« der Rezitation der Vergehensliste folgt, gewinnt der Befragungsakt den Charakter einer verschärften, sich nicht mit der Aussage eines Bruders über sich selbst begnügenden Gewissenserforschung.

Auch das Leben der nicht sehr zahlreichen *Nonnen* ist fest geregelt. Ihr Ordensverband ist dem der Mönche untergeordnet. Die Ordination weiblicher Personen erfolgt nach zweijähriger Probezeit in der Mönchs- und Nonnengemeinde. Auch poshatha-Feier, »Einander-Einladen« der Nonnen, disziplinarische Maßnahmen und andere wichtige Regelungen unterliegen der Kontrolle oder der Bestätigung durch die Mönchsgemeinde. Mönche und Nonnen leben streng voneinander getrennt.

Ohne die Hilfsbereitschaft und Spendefreudigkeit der sich zum B. bekennenden *Laienschaft* ist eine Gemeinde von Bettelmönchen nicht denkbar. Die Laien (upâsaka) sind nicht durch feste Formen geistlichen Rechts an die Gemeinden gebunden, doch gibt es einige Formeln für religiöse Handlungen der Laien. Durch Rezitation der Zufluchtsformel und Verpflichtung zur Einhaltung der 5 Sittengebote (s. 5) vor einem Ordensbruder ist man als Laie anerkannt. Die Laienschaft sorgt für die Mönche und Nonnen durch Gaben aller Art. Vergeht sich ein Laie gegen die Mönche oder die Gemeinde, so wird beschlossen, vor ihm »die Almosenschale umzudrehen«, dh von ihm keine Gaben anzunehmen.

7. Der Schüler des Hînayâna erstrebt den Zustand eines Heiligen (arhat). Der Heiligkeit zu Lebzeiten folgt beim Tode der Eintritt in das restlose Nirvâna. Im Gegensatz hierzu erstrebt der *Mahâyâna*gläubige die *Bodhisattvakarriere*. Beseelt von dem Wunsche, die allerhöchste Erkenntnis (eines Buddha) zu erlangen *und* dem Wohle aller Wesen zu dienen, bemüht er sich, ständig den Gedanken an die Bodhi (Erleuchtung) wachzuhalten. Er vermag das Ziel nicht in diesem Dasein zu erreichen; doch in unberechenbaren Perioden durchschreitet er zehn Etappen eines langen Weges, auf dem er sechs (oder zehn) Vollkommenheiten (pâramitâ) übt und sich zu eigen macht: 1. Opferbereitschaft, 2. moralisches Verhalten, 3. geistige Aufnahmebereitschaft, 4. Energie, 5. Meditation, 6. Erkenntnis. Hat er sich schon durch Übung der untersten Vollkommenheit zur Opferbereitschaft gegenüber den Mitwesen entschließen können, so ist er im Zustand eines Bodhisattva fähig, aus höchster Erkenntnis heraus zum Heil aller Wesen zu wirken. Aus mitleidsvoller Liebe stellt er den Wunsch hintan, in das Nirvâna einzutreten, oder, wie es ein Text ausdrückt: er richtet sich im Nirvâna ein, als ob er nicht darin wohnte. Die Bodhisattvas, dh potentiellen Buddhas des Mahâyâna sind gnädige Helfer für alle Wesen. Sie unterstützen die Gläubigen in Not und Gefahr und geleiten sie auf dem Wege zur Bodhisattvaschaft. Gleichsam stellvertretend für die zahl- und namenlose Schar der Bodhisattvas sind einige als besonders hervorragend in den Vordergrund gerückt. Auf sie konzentriert sich die Verehrung und der Anruf der Gläubigen (Avalokiteshvara usw, → Buddha, 6).

Im Hînayâna-B. gibt es die Vorstellung von verschiedenen Götterklassen, die in den oberen Regionen eines Weltsystems (s. 4) ihren Platz haben. Diese Götter sind keine unsterblichen, sondern dem Kreislauf des Daseins noch nicht entronnene Wesen, die oft als Helfer und Diener des Buddha auftreten. Das Mahâyâna entwickelt im Gegensatz hierzu eine echte *Mythologie* und einen Kult, durch die es zwar imstande war, auch Götter der Fremdvölker in ein wachsendes Pantheon aufzunehmen, durch die es sich aber andererseits völlig von den Grundvorstellungen des alten B. entfernte. Der Einfluß hinduistischen Gedankengutes ist unverkennbar. Unter den unzähligen mythischen Welterleuchtern ragen vor allem fünf hervor: Amitâbha (der unermeßlichen Glanz besitzt; → Amida: I), Vairocana, dessen Name auf eine Beziehung zum Licht, zur Sonne hinweist, Akshobhya (der Unerschütterliche), Ratnasambhava (der Edelsteingeborene) und Amoghasiddhi (von unfehlbarem Erfolg). Diese fünf erscheinen oft als die »transzendenten Buddhas« (→ Buddha, 6), für welche die Bezeichnung »Dhyâni-Buddhas« üblich geworden ist. Etwa vom 6.Jh. nChr an begegnen im Pantheon des Mahâyâna auch weibliche Gottheiten, wie Târâ u.a., die als Gefährtinnen der Buddhas und Bodhisattvas auftreten.

Die Verehrung der zahllosen Erlösergestalten ruft einen pomphaften *Kult* hervor, der dem Dienste der Bilder und Statuen gewidmet ist. Laien vollziehen Riten, die denen der Hindus entsprechen. Das Gebet spielt eine zunehmende Rolle. Konservativer verläuft das Leben in den Mönchsgemeinden. Die Ordensregeln des Hînayâna behalten allgemein Geltung, doch zeigt sich ein Zug zur Vervollkommnung der Vorschriften und Erweiterung des Formelwesens, das durch neue Gelübde ergänzt wird, die der Hilfsbereitschaft gegenüber jedermann gewidmet sind.

Der historische Buddha hatte die Existenz einer beharrenden Seele, eines Ichs geleugnet und die empirische Persönlichkeit als eine sich ständig ändernde Zusammensetzung aus körperlichen und geistigen Faktoren erklärt. In der *Philosophie des Mahâyâna* wird das Bestehen auch dieser Faktoren verneint. *Alles ist leer,* ist Illusion und Trug. Es gibt weder Sein noch Nichtsein. Nichts ist fest bestimmbar. Es gibt nur Komplexe von Beziehungen und Abhängigkeiten, Alles, was als wirklich aufgefaßt wird, existiert nur für eine niedere Stufe der Erkenntnis. Nur wer die Irrealität aller Dinge, die *Leere* erkennt, gelangt zur Erlösung. Zu dieser letzten Wahrheit gelangt, wer in der Sphäre der »verhüllten Wahrheit« (dh in der vorhandenen falschen Vorstellung lebend) erfolgreich den Weg zur Buddhaschaft beschreitet. Diese negativistische oder relativistische »Lehre vom Leeren« (shûnyavâda) steht im Mittelpunkt der Mahâyâna-Philosophie. Hauptvertreter dieser Richtung ist *Nâgârjuna* (2.Jh. nChr). An Nâgârjuna anknüpfend gründet im 4./5.Jh. nChr *Asanga* die *idealistische* Schule des Mahâyâna. Diese modifiziert den völligen Negativismus des Nâgârjuna, indem sie das Bewußtsein (vijnâna) für allein real erklärt. Die Erscheinungswelt ist das Produkt der geistigen Regungen, die einem angenommenen Gesamtbewußtsein entspringen. Diese Erkenntnis gewinnt nur, wer durch Yogaübungen den Zustand der Versenkung erreicht. Im allgemeinen ist dies nur perfekten Bodhisattvas möglich.

Unter hinduistischen Einflüssen entwickelte sich aus dem Mahâyâna im 7./8.Jh. nChr die selbständige Richtung des *Vajrayâna* (»Diamantfahrzeug«) oder Mantrayâna (Fahrzeug der Zaubersprüche). Diese Richtung ist eine buddhistische Ausprägung des hinduistischen → Tantrismus. Ihre Lehre ist im entwickelten Zustand eine Mischung von Mystik, Magie und Erotik. Mit der Lehre des alten B. hat sie nichts mehr gemein. Das Vajrayâna hat in Bengalen, Nepal, Tibet und Ostasien Verbreitung gefunden.

Texte: Gesamtdarstellung der buddhist. Lit.: M.Winternitz, Gesch. der indischen Lit. II, 1920; vermehrte engl. Übers. v. S.Ketkar u. H.Kohn, A History of Indian Literature II, Calcutta 1933. Darin auch Übers. der Texte verzeichnet - C.Regamey, Buddhist. Philosophie (BEStPh 20/21), 1950 (verzeichnet u.a. Übers. der Texte aller buddhist. Schulen). - Neueste Textausgaben mit Übers.: → Buddha. - Periodisch: Bibliographie Bouddhique, Paris 1928ff.

Gesamtdarstellungen des B.: J.P.Minayeff, Recherches sur le B. (AMG 4), 1894 - H.Kern, Manual of Indian B. (Grundr. d. Indo-Ar. Philol. III, 8), 1896 - Ders., Histoire du B. dans l'Inde, 2 Bde (AMG 10. 11), 1901-03; vordem holl. u. dt., 1882-84 - L.DeLaValléePoussin, B., Études et Matériaux, London 1898 - Ders., Opinions sur l'histoire de la dogmatique, Paris (1909) 1925⁴ - Ders., Le dogme et la philosophie du B., Paris 1930 - G.Tucci, Il Buddhismo, Foligno 1926 - H.v.Glasenapp, Brahma u. Buddha, 1930 - Ders., Der B. in Indien u. im Fernen Osten, 1936 - Ders., Die Religionen Indiens, (1943) 1955² - J.Przyluski, Le Bouddhisme, Paris 1932 - J.Bacot, Le Bouddha (MR 20), 1947 - C.Regamey, in: ChrRel III, 1951, 229 bis 318 - E.Conze, B., Oxford 1953; dt. 1956. - *Pâli-B.:* C.A.F.Rhys-Davids, Buddhism, London 1880 (mehrere Ausg.); dt. 1899 - H.Oldenberg, Buddha, sein Leben, seine Lehre, seine Gemeinde, (1881) 1923¹³ - E.Hardy, Der B. nach älteren Pâliwerken dargestellt, 1890 - R.Pischel, Leben u. Lehre des Buddha, (1905) 1926⁴ - H.Beckh, B. (SG), 2 Bde, (1916) 1928³ - B.Ch.Law, Concepts of B. (Theravâda), Amsterdam-Paris 1937. - *Geschichte:* Târanâtha, Gesch. des B. in Indien. Aus dem Tibet. übers. v. A.Schiefner, St. Petersburg 1869 - K.J.Saunders, Epochs in Buddhist History, Chicago 1924 - N.Dutt, Early History of the Spread of B. and the Buddhist Schools, London 1925 - Bu-Ston, History of B. Aus dem Tibet. übers. v. E.Obermiller, 2 Bde, 1931-32. - Bibliogr. der *Konzile* in: A.Bareau, Les premiers conciles bouddhiques (AMG 60), 1956, zu ergänzen durch: E.Waldschmidt, Zum ersten buddhist. Konzil in Râjagrha (Asiatica, Festschrift F.Weller, 1954, 817-828). - *Berichte* chines. Indienpilger: H.A.Giles, The Travels of Fa-hien, London (1876) 1923² - I-Tsing, A Record of the Buddhist Religion as practised in India and the Malay Archipelago, trl. by J.Takakusu, Oxford 1896 - T.Watters, On Yuan Chwang's Travels in India, 2 Bde, 1904-05. - B. in außerindischen Ländern s. C.Regamey in BEStPh 20/21, 1950, 19-21 u. ChouHsiang-Kuang, A History of Chinese Buddhism, Allahabad 1955. - *Philosophie:* M.Walleser, Die buddhist. Philosophie in ihrer geschichtl. Entwicklung, 4 Bde, 1904-27 - H.Oldenberg, Die Lehre der Upanishaden u. die Anfänge des B., 1915 - S.N.Dasgupta, A History of Indian Philosophy I, Cambridge 1922 - S.Radhakrishnan, Indian Philosophy, 2 Bde, 1923-27 (dt. 1955) - Th.Stcherbatsky, The central conception of B. and the meaning of the word »Dharma«, London 1923 - Ders., The conception of Buddhist Nirvâna, Leningrad 1927 - O.Rosenberg, Die Probleme der buddhist. Philosophie, 1924 - O.Strauss, Indische Philosophie, 1925 - L.DeLaValléePoussin, Nirvâna, Paris 1925 - R.Grousset, Les philosophies indiennes. Les systèmes, 2 Bde, Paris 1931 - J.Przyluski, Bouddhisme et Upaniṣad. Avec la collaboration d'E.Lamotte (BEFEO 32, 1932, I, 141-169) - E.J.Thomas, The History of Buddhist Thought, 1933 - H.v.Glasenapp, Entwicklungsstufen des indischen Denkens, 1940 - Ders., Die Philosophie der Inder, 1949 - E.Frauwallner, Gesch. der indischen Philosophie, I, 1953. - *Schulen* des *Hinayâna*-B.: A.Bareau, Les sectes bouddhiques du Petit Véhicule (École franc. d'Extrême-Orient, Saïgon, Publ. 38, 1955) - Texte, Übersetzungen u. Einzelabhandlungen zum Hînayâna-B. s. C.Regamey, BEStPh 20/21, 1950. - *Mahâyâna:* D.T.Suzuki, Outnes of Mâhayâna B., London (1907) 1948² - W.M.MacGovern, Introduction to Mahâyâna B., London 1922 - R.Kimura, A Historical Study of the Terms Hînayâna and Mahâyâna and the Origin of the Mahâyâna B., Calcutta 1927 - N.Dutt, Aspects of Mahâyâna B. and its relation to Hînayâna, London 1930 - T.Yura, Bewußtseinslehre im B. (Mitt. d. dt. Ges. f. Natur- u. Völkerkunde Asiens 25), Tôkyô 1932 - R.Sâṅkṛtyâyana, Les origines du Mahâyâna (JA 225, 1934, 195-208) - H.v.Glasenapp, Buddhist. Mysterien, 1940 - Et.Lamotte, Sur la formation du Mahâyâna (Asiatica, Festschrift F.Weller, 1954, 377-396). - Für Einzelprobleme s. C.Regamey aaO, passim.

H.Härtel

II. Buddhismus und Christentum, geschichtlich

Der Hinweis des Clemens von Alexandrien (um 220 nChr) im 1. Buch der »Teppiche« (c. 15/71, 6), es gebe »unter den Indern auch Anhänger des Buddha, den sie um seiner übermäßigen Heiligkeit willen der Ehre eines Gottes gewürdigt haben«, ist die bisher älteste Erwähnung des indischen Religionsstifters in der frühchristlichen Literatur. Mit den religiösen Verhältnissen Indiens ist das Abendland schon wesentlich früher vertraut geworden; aber die literarischen Belege dafür sind spärlich (Oxyrhynchos XI, Nr. 1380: von den Indern werde Isis als Mâyâ angebetet; Porphyrius, de abstinentia IV, 17f). Auf eine eingehende Kenntnis des B. im frühen Christentum oder gar seine Beeinflussung durch ihn ist aus ihnen nicht zu schließen.

Dem scheinen eine nicht geringe Anzahl Parallelen in kanonischen und apokryphen Evangelien, Motivähnlichkeiten in der christlichen und buddhistischen Legendenliteratur sowie Anklänge der christlichen Theologie an buddhistische Lehren zu widersprechen. Aus dem *NT* seien folgende Erzählungen unter Beifügung der entsprechenden buddhistischen Textstellen genannt: Der Lobgesang der Engel und die Simeon-Geschichte (Lk 2, 10ff. 25ff; Nâlaka-sutta des Sutannipâta III, 11, 679ff); der 12jährige Jesus im Tempel (Lk 2, 41ff; Lalitavistara 11); die Taufe Jesu (Mt 3, 13ff; Lalitavistara 8); die Versuchung Jesu (Mk 1, 9ff; Padhâna-sutta 1-25, Lalitavistara 17, Samyutta-Nikâya 2, 10, Mahâ-parinibbâna-sutta 30ff); Jesus und die Samariterin (Joh 4, 5ff; Divyâvadâna 611); das Wandeln auf dem Meere (Mt 14, 28ff; Jâtaka 190); das Speisungswunder (Mt 14, 15ff; Mk 6, 35ff; Lk 9, 12ff; Joh 6, 5ff; Mt 15, 32ff; Mk 8, 1ff; Vimalakîrti-nirdesha-sûtra 10, Jâtaka 78); das Scherflein der armen Witwe (Mk 12, 41ff; Lk 21, 1ff; Ashvagosha, Sutrâlamkâra 4, 22); das Gleichnis vom Sämann (Mt 13, 3ff; Samyutta-Nikâya 42, 7); die Seligpreisung der Mutter Jesu (Lk 11, 27ff; Nidnakathâ); das Gleichnis vom verlorenen Sohn (Lk 15, 11ff; Saddharma-pundarîka-sûtra 4). Eine sachliche, dh die Texte aus dem Ganzen der christlichen bzw. buddhistischen Verkündigung verstehende Prüfung dieser und ähnlicher Parallelen ergibt, daß in keinem Fall direkte inhaltliche Abhängigkeit voneinander zu belegen ist. Auch die Möglichkeit, die Verfasser der Evangelien hätten sich aus Indien in Palästina eingewanderter Motive bedient, ist nicht stichhaltig zu beweisen.

Die Frage nach buddhistischer Einwirkung auf die *apokryphen Evangelien* führt über das 1.Jh. und über Palästina hinaus. Das Vergleichsmaterial, das sich bietet, ist nicht groß. Genannt seien folgende Berichte: Die sieben Schritte der sechs Jahre alten Maria (Protev 18; Lalitavistara 7, 1. 74); Jesu wunderbares Wissen in der Schule (ThomEv 7; Lalitavistara 10). Inmitten des Außergewöhnlichen und Phantastischen, das die Erzählungen der Apokryphen enthalten, treten die Parallelen zur buddhistischen Überlieferung so sehr zurück, daß an der Erklärung der Gleichklänge in ihnen aus der Umwelt des Christentums festzuhalten ist, solange nicht eindeutige Beweise für ihre Herkunft aus dem B. oder ihre Beeinflussung durch ihn vorliegen.

Die in diesem Zusammenhang zu nennende Eustachius- (Placidus)- und Christophorus-*Legende* enthalten zwar Züge, die fremden Einfluß wahrscheinlich machen, aber ihre Beziehung zu entsprechenden buddhistischen Zügen ist so schwach, daß kein Anlaß besteht, sie von daher zu erklären.

Zur Frage, ob die von Origenes bekämpfte Seelenwanderungslehre einer Gruppe innerhalb der Kirche unter indischem Einfluß stand, ist hier nur zu bemerken, daß der B. keine → Seelenwanderung (: I), sondern die Wiederverkörperung (→ Buddhismus: I) lehrt. Die Vermutung von H.Lüders, der Beiname des Neuplatonikers → Ammonius, des Lehrers des Origenes, - Sakkas - sei als Shakya zu deuten und weise seinen Träger als Angehörigen der Familie des Buddha, mithin als buddhistischen Mönch aus, ist reine Hypothese. Ohne Zweifel enthält der im MA viel gelesene Roman → »Baarlam und Joasaph« eine christliche Überarbeitung der im Lalitavistara erzählten Bekehrung des Buddha, der hier in der Doppelgestalt des Barlaam und Joasaph (= Bodhisattva) erscheint. U.a. auf Grund handschriftlicher Bezeugung sieht neuerdings F.Dölger die alte Annahme bestätigt, daß seine griechische Fassung ein Werk des → Johannes von Damaskus sei, das auf mündlichen Berichten christlicher Pilger aus Indien beruht. Als Barlaam und Joasaph hat der Buddha unter den Heiligen der kath. Kirche Aufnahme gefunden.

Zur gleichen Zeit etwa, als die Lebensgeschichte des Buddha, christlich geformt, dem Abendland bekannt wurde, geriet das nestorianische Christentum in → China (: IV, 1) unter starken buddhistischen Einfluß. Von dem Mitgestalter der Inschrift des bekannten Nestorianer-Denkmals von Hsian, dem persischen Priester Adam, ist bekannt, daß er als Übersetzer mit Buddhisten zusammenarbeitete. Die aus jener Zeit vorliegenden christlichen Dokumente lassen eine sich in der Folge ihrer Entstehung steigernde Übernahme buddhistischer Ausdrücke, Begriffe und Lehraussagen erkennen. Wohl bricht in ihnen die christliche Verkündigung in ihrer Besonderheit und Entschiedenheit immer wieder durch; im ganzen aber wird sie so verdunkelt, daß hierin einer der Hauptgründe für das schließliche Versagen der Nestorianer-Mission in China zu sehen ist. Andererseits ist die mit mehr Leidenschaft als Beweisgründen vertretene Annahme, das Nestorianertum habe durch Lehre und Kultus auf den ostasiatischen B. festigend, klärend und vertiefend eingewirkt, einer Beurteilung gewichen, die das als christlichen Einfluß Vermutete aus der inneren Entwicklung des B. selbst zu verstehen sucht. Als Ende des 13.Jh.s das kath. Bild der Madonna mit dem Kinde in China Eingang fand, ergaben sich zwischen ihm und dem schon früher dort bekannten Bild der Kuanyin mit dem Kind wechselseitige Beeinflussungen plastischer Gestaltung, die auch in Japan fortgewirkt haben. Später hat es in der kath. (→ Ricci) und ev. (Reichelt) Ostasienmission nicht an Versuchen gefehlt, an den B. anzuknüpfen; sie sind noch immer durch die starke Assimilationskraft des B. bedroht gewesen.

In den letzten Jahrzehnten sind im japanischen B., vor allem in seiner Shin-Sekte, Reformen auf dem Gebiet des Sozial- und Vereinswesens, der Liebestätigkeit und Betreuung des einzelnen wie auch der Propaganda, Erziehung und des Kultus (Einführung der Predigt, des Laiengesangs und der Sonntagsschule) wirksam geworden, die deutlich das Vorbild christlicher Antriebe, Methoden und Ziele erkennen laassen. Zu einer Umwandlung des B. von innen heraus durch die Christusbotschaft ist es auch in Japan nicht gekommen.

Seitdem der B. zu Anfang des 19.Jh.s im Abendland durch Übersetzungen seiner hl. Schriften und Darstellungen seiner Geschichte und Lehre zunächst in seiner älteren, dann auch in seiner Mahâyâna-Form bekannt geworden ist, sind buddhistische Einwirkungen auf vielen Gebieten des abendländischen Geisteslebens festzustellen. Da es sich dabei aber im allgemeinen um Aufnahme buddhistischer Ideen durch Menschen handelt, die zum christlichen Glauben keine lebendige Beziehung mehr haben, ist es auch hier zu keiner inneren Begegnung oder Auseinandersetzung der beiden Religionen gekommen. Eine immer wieder angekündigte, großzügig geplante Werbearbeit des B. im Westen ist bisher nicht zur Ausführung gelangt. Wenn sie sich, anläßlich der 2500Jahrfeier des Todes des Buddha im Mai 1956 mit besonderem Nachdruck aus verschiedenen buddhistischen Ländern in Aussicht gestellt, verwirklichen sollte, ist kaum zu erwarten, daß der B. auch nur den äußeren Einfluß auf das Christentum gewinnen wird, den dieses in gewissen Grenzen auf die Praxis des B. im Osten gewonnen hat. → Buddhismus: IV.

R.Seydel, Das Evangelium Jesu in seinen Verhältnissen zur Buddha-Sage u. Buddha-Legende, 1882 - Ders., Die Buddha-Legende u. das Leben Jesu nach den Evangelien, (1884) 1897² - G.A.van den Bergh von Eysinga, Indische Einflüsse auf ev. Erzählungen, (1904) 1909² - G.Faber, Buddhist. u. nt. Erzählungen, 1913 - R.Garbe, Indien u. das Christentum, 1914 - J.Witte, Die Einwirkungen des B. auf das älteste Christentum (ZMR 29, 1914, 289-301. 353-374) - K.Beth, Gibt es buddhist. Einflüsse in den kanonischen Evangelien? (ThStKr 89, 1916, 169-227) - C.Clemen, Buddhist. Einflüsse im NT (ZNW 17, 1916, 128-138) - Ders., Christl. Einflüsse auf den chinesischen u. japanischen B. (Ostasiat. Zeitschr. 9, 1920/22, 10-87. 185-200) - H.Günther, Buddha in der abendländischen Legende?, 1922 - H.Haas, Bibliographie zur Frage nach den Wechselbeziehungen zwischen B. u. Christentum, 1922 - Ders., Buddha in der abendländischen Legende? (ZMR 38, 1923, 193-207. 225-242) - J.Aufhauser, Buddha u. Jesus in ihren Paralleltexten, 1926 - A.C.Moule, Christians in China before the year 1550, 1930 - G.Rosenkranz, Die älteste Christenheit in China in den Quellenzeugnissen der Nestorianer-Texte der Tang-Dynastie, (1938) 1939² (auch ZMR 52, 1937. 193-226. 241-280) - Ders., Das Gleichnis vom verlorenen Sohn im Lotos-Sûtra u. im LkEv (Theologie als Wagnis des Glaubens. Festschr. für K.Heim, 1954, 176-193) - R.Benz, Indische Einflüsse auf die frühchristl. Theologie (AAM 2, 1951, Nr. 3) - F.Dölger, Der griech. Barlaam-Roman ein Werk des Hl. Johannes von Damaskus (Studia Patristica et Byzantina 1), 1953 - L.Burchard, Die Legende von Barlaam u. Joasaph, o.J. - Gerhardt Mayer, Die Begegnung des Christentums mit den asiatischen Religionen im Werk Hermann Hesses, 1956.

G.Rosenkranz

III. Die biblische Botschaft gegenüber dem Buddhismus

B. und Christentum weisen, ohne daß gegenseitige Beeinflussung vorauszusetzen ist, aus ihrer Struktur und Geschichte als Erlösungsreligionen formale *Ähnlichkeiten* auf. Beide haben einen Stifter, dessen Verehrung ihre Lehrentwicklung vor ähnliche Probleme gestellt hat. Beide gründen sich auf hl. Schriften, deren Auslegung für sie normative Geltung hat. Beide sind vom Geisteserbe ihrer Umwelt geprägt. Beide haben ihre Ursprungsländer verlassen und sich, ihrem Wesen nach überrassisch und übernational, mit den Kulturen der Völker, zu denen sie kamen, verbunden, ihnen in kritischen Augenblicken auch widersetzt. Beide haben ähnliche Lebensordnungen und Organisationsformen hervorgebracht, aber auch Protestbewegungen und Reformen erlebt. Beide sind in große Richtungen und diese wiederum in zahlreiche Sondergebilde zerspalten.

Solchen formalen Ähnlichkeiten stehen grundsätzliche *Verschiedenheiten* gegenüber; im Verständnis der letzten Wirklichkeit, des Buddha bzw. Christus, des → Tripitaka bzw. der → Bibel, des Einzelnen und der Gemeinschaft, der sittlichen Gebote und Verhaltensweisen, der Sünde und Gnade, der Geschichte, des Opfers, der Erlösung.

Zu den Verschiedenheiten treten auf beiden Seiten *Besonderheiten:* im B. die Lehre vom → Karma und die Meditation, im Christentum die Lehre vom Hl. → Geist, von der menschlichen → Persönlichkeit, von → Taufe und → Abendmahl und das → Gebet.

Die Verschiedenheiten und Besonderheiten sind so zentral, daß die Beurteilung des Verhältnisses zwischen B. und Christentum von ihnen ausgehen muß: seine religionswissenschaftliche Beurteilung, die sich auf den Nachweis tiefer, aber doch relativer Unterschiede beschränken wird, seine christlich-theologische Beurteilung, für die die Christusbotschaft der Maßstab gegenüber dem B. wie dem Christentum als einer historisch-empirischen Erscheinung ist. Die Christusbotschaft - d.i. die biblische Botschaft, daß Gott, der Schöpfer der Welt, die gefallene Welt aus Liebe zu ihr in Christus, seinem Sohn, mit sich versöhnt hat und immer neu zu versöhnen bereit ist, daß seine Herrschaft in Christus angebrochen ist und ihre Vollendung im zweiten Kommen Christi der Welt ihr Ende setzt. Diesem Offenbarungsfaktum, in der Einmaligkeit und Einzigartigkeit eines geschichtlichen Faktums durch das Leben und Sterben Jesu von Nazareth ausgewiesen, stehen die Aussagen des B. über eine letzte Wirklichkeit, die Welt und den Menschen gegenüber.

1\. Eine *letzte Wirklichkeit* gibt es für den Buddha, der die Frage, ob er ein Gott sei, radikal verneint hat (Anguttara-Nikâya IV, 36), nicht. Seine Leugnung jeglicher Seinsrealität im positiven und negativen Sinn ist so ausschließlich, daß sich auch gelegentliche Hinweise auf ein »Unerschaffenes« (Udana VIII, 1. 3; Itivuttaka 43) nicht als Beweise für ihr Vorhandensein deuten lassen. Alles ist »leer« (shûnya), so lautet sein Urteil über Sein und Nichtsein, an dem das Hînayâna (→ Buddhismus: I) festhält.

Im Mahâyâna (→ Buddhismus: I) ist es in den Satz umgewandelt: »Die Leerheit ist Alles.« Damit ist das »unfaßbare Leere« zum absoluten, ewigen, vollkommenen Letztwirklichen geworden. Noch mehr: Es gewann Gestalt im Dharmakâya (»Leib der Lehre«), der somit, anders als der Dharmakâya des Hînayâna, das unpersönliche, unbewußte Absolute verkörpert, als der in sich ruhende Ur-(Adi-)Buddha, als »Vater der Welt«, die Vielheit der Elemente (Dharmas) in sich zusammenfaßt, so daß sie seines Wesens sind, oder aus dem sie in dem Wahn, sie seien selbständige Wesen, emaniert sind. Als Samboghakâya erfüllt es die Buddhas und Bodhisattvas mit seinem Erlösungswillen, als Nirmânakâya sichert es ihnen, die immer schon in ungezählten Existenzen ihr Leben geopfert haben und immer Verkörperungen der einen, ewigen Buddha-Wahrheit sind, in ihrer Einheit mit dem Absoluten die Geschichtlichkeit erlösender Inkarnation. Unter den Buddhas, die - Produkte der Spekulation einzelner Sûtras - die Hauptverehrung einzelner Schulen genießen, steht der Buddha Amitâbha (→ Amida: I) an erster Stelle.

Wie Gautama im Mahâyâna-Schrifttum, so ist Jesus im NT ins Überzeitliche erhoben. Aber was sich dort als Überdeckung des von Gautama gelehrten Vakuums darbietet, ist hier Enthüllung einer Berufung, die Jesu Leben und Wirken von Anfang an in sich trägt, wie sich auch die Trikâya-Lehre gegenüber der im Wesen Gottes begründeten Trinität als äußere Konstruktion erweist. Die biblische Botschaft geht also von dem aus, was der B. erstrebt und nicht erreicht: von dem hl. und gnädigen Gott als der letzten Wirklichkeit, die dem Verstande genauso unzugänglich ist wie die buddhistische Nichtwirklichkeit, aber in Christus als Realität da ist. Solche Gewißheit ist dem B. versagt, weil seine Buddhas auch dann, wenn sie so persönlich erscheinen wie Amitâbha (→ Amida: II), ein Vorletztes bleiben, das zu überwinden ist. Die biblische Botschaft sieht in seinen komplizierten, oft abstrusen Spekulationen den verzweifelten, in seiner Selbstmächtigkeit hybriden Versuch des Menschen, aus seiner Verlorenheit zu einem Du zu kommen, das sich seiner Not erbarmt. Sie ruft den Buddhisten aus seinem Bemühen, in der Einung mit dem sich durch das Wort manifestierenden Dharmakâya sein Heil zu erlangen, heraus, weil dieses Wort als Äußerung des Illusionsseins von vornherein keine Gültigkeit hat; sie ruft ihn in das Experiment des Glaubens hinein, auf den Weg des Gehorsams gegen *das* Wort, in dem Gott aus seiner Verborgenheit herausgetreten ist und Fleisch wurde.

2\. Die *Welt* ist nach der Lehre des gesamten B. eine Scheinwelt; die Vorstellung von einem Weltschöpfer und -lenker ist verhängnisvolle Täuschung. Jede Welt ist immer nur eine Station im Ablauf des Werdens und Vergehens von Welten, deren jede, dreifach gestuft, durch die Taten (Karma) der Lebewesen in der vorhergehenden Welt verursacht wird. Dieser gesetzmäßige Prozeß ist ohne Anfang; darin allein liegt für ihn die Möglichkeit seines endgültigen, also nicht mit den sich immer wieder ereignenden Untergängen der zahllosen Weltsysteme identischen Endes. Sie wird Wirklichkeit werden, wenn alle leidvollen Faktoren erloschen sind, die den Samsâra, die Wanderung von Dasein zu Dasein, von Welt zu Welt bewirken, wenn jener Prozeß von allen Lebewesen als Illusion erkannt ist. »Nicht kenne ich ein Ende des Leidens, wenn man nicht der Welt Ende erreicht hat«, sagt Gautama, der vorletzte unter den Buddhas des vorletzten Zeitalters der gegenwärtigen Welt. Weitere Aussagen über das Ende, das → Nirvâna, hat er verweigert. Seine Jünger empfanden es als höchste Seligkeit. Das Mahâyâna hat sich auch damit nicht begnügt; es sieht das Ende darin, daß die Dharmas sich ihrer ursprünglichen Einheit mit dem Ur-Buddha bewußt werden bzw. daß er sie aus ihrer Verstrickung in die Scheinwelt wieder in sich hineinnimmt.

Dem buddhistischen Weltverständnis, das sich in der Spekulation über Erfahrungstatsachen hinweg ins Phantastische verliert, verkündet die biblische Botschaft Gott als Schöpfer und Lenker der Welt. Die Welt ist ihr keine Illusion, sondern mit Leid *und* Freude gefüllte Wirklichkeit, Gabe Gottes und Aufgabe für die Menschen, seine Kinder. Die große Illusion der Menschheit von Anfang an ist ihre Flucht vor dem lebendigen, hl. Gott. Flucht, die Bibel sagt: Sünde, ist die Selbsttäuschung, die meint, den wirklichen Gott durch Phantasiegebilde ersetzen oder ausschalten zu können. Mit seinem Streben über die Lehre des Buddha hinaus zeugt auch der B. von Gottes Wirklichkeit. »Der Tod ist der Sünde Sold«, der Tod, der keine Wiederverkörperung in höllischen, irdischen oder himmlischen Samsâra-Existenzen zuläßt; »aber die Gabe Gottes ist das ewige Leben in Jesus Christus«. Gott hält auch die gefallene Welt in seiner Liebe. Das Ende, das er ihr bestimmt hat, wird ebenso endgültig sein, wie ihr Anfang einmalig war. Es ist das sein Gericht, in dem sich offenbaren wird, daß »alle, die an Christus glauben, nicht verloren werden, sondern das ewige Leben haben«. Die biblische Botschaft gründet diese Verheißung auf die Tatsache der Auferstehung Jesu von den Toten.

3\. In der Mitte des Prozesses, der nach buddhistischer Lehre in der Aufhebung des Samsâra zur Erlösung führt, steht der *Mensch*. »Aber ich verkündige euch«, so vollendet der Buddha den oben zitierten Satz, »daß in diesem beseelten Leib, der nur klaftergroß ist, die Welt wohnt und die Entstehung der Welt und die Aufhebung der Welt und der Weg zur Aufhebung der Welt«. Der Mensch - keine individuelle Persönlichkeit, sondern ein Kompositum aus fünf dauernd sich wandelnden Daseinsfaktoren (Skhanda), dem Samsâra verhaftet und durch sein Karma der Transmigration auf den sechs Wegen der Wiedergeburt unterworfen – vermag sich den vom Buddha erkannten und begangenen Heilspfad zum Nirvâna zu eigen zu machen, ein Arhat zu werden: in der Tilgung seines Nichtwissens (Avidyâ) um das Scheinsein der Welt und seiner selbst durch sein Bekenntnis zu den Vier edlen Wahrheiten und den Zwölf Ursachen und Bedingungen, in seiner Befolgung der Gebote und in der Meditation. Wiederum ist das Mahâyâna hierbei nicht stehen geblieben. Im Zuge seiner Umformung des Nirvâna stattete es seine Buddhas mit Buddhaländern aus, in denen der Wiedergeborene kraft seiner Meditation oder, wie im Reinen Land Amitâbhas (→ Amida: II), durch Anrufung eines Buddha die Buddhaschaft erlangt, aber auch die Freiheit behält, als Bodhisattva zur Rettung der Unerlösten in die Scheinwelt zurückzukehren. Volkstümliche Auffassung sieht hierin die Erlösung. Für die orthodoxe Lehre ist der Aufenthalt in den Buddhaländern die letzte Stufe, die sicher ins Nirvâna, dh zur Auflösung des Schein-Ich im All führt. Immerhin sind Nirvâna und Buddhaschaft hier ebenso eins geworden, wie für den Bodhisattva Nirvâna und Samsâra, und die Karma-Lehre ist durch das Vertrauen auf die Übertragbarkeit guter Werke, den Beistand der Bodhisattvas und die Gnade eines Buddha beträchtlich eingeschränkt, wenn nicht aufgehoben.

Damit der Mensch wieder Mensch werde, ist Gott nach der biblischen Botschaft in Christus Mensch geworden. Daß der buddhistische Mensch ablasse, im Abbau seiner Persönlichkeit nach einem Übermenschlichen zu streben, das ihn über die Götter erhebt, daß er in Leid und Angst und Schuld seines Lebens die Wirklichkeit seines Menschseins und die Aussichtslosigkeit seiner Selbsterlösung, seine Bestimmung »von dem Dienst des vergänglichen Wesens zu der herrlichen Freiheit der Kinder Gottes« erkenne, ruft die biblische Botschaft ihn zu Christus. Daß er sich, wie Gott ihm zugute Mensch ward, in der leidvollen Welt seinem Nächsten in Liebe verbinde, anstatt in einer Scheinwelt, deren Überwindung keine Bindung gestattet, auf den Erweis von Freundlichkeit (Maitrî) beschränkt zu sein, stellt sie ihn unter das Kreuz. Es geht im Gegenüber von B. und biblischer Botschaft, von Erlösung von der Welt und Erlösung mit der Welt niemals um eine »Achsenverlagerung« (R.Otto) o.ä., sondern um eine Wendung um 180 Grad. Nichts in der innerlich zielstrebigen Umformung des Hînayâna zum Mahâyâna kommt dem entgegen – außer der Betroffenheit des Künders der biblischen Botschaft durch das »ängstliche Harren« des Menschen in der scheinbaren Sicherheit des buddhistischen Heilsweges, das mit ihm »auf die Offenbarung der Kinder Gottes wartet.«

W.Lüttge, Christentum u. B., 1916 – M.Schlunk, Die Weltreligionen u. das Christentum, (1923) 1953² – G.Mensching, Die Bedeutung des Leidens im B. u. Christentum, (1924) 1930² – H.W. Schomerus, Buddha u. Christus, 1931 – B.Petzold, Die Triratna (Jubiläumsband der Dt. Gesellschaft für Natur- u. Völkerkunde Ostasiens, Teil II, 1933, 328–388) – F.Weinreich, Die Liebe im B. u. Christentum, 1935 – J.Witte, Die Christusbotschaft u. die Religionen, 1936 – H.Kraemer, Die christl. Botschaft in einer nichtchristl. Welt, 1940 – Ders., Religion and the Christian Faith, 1956 – G.Rosenkranz, Buddha u. Christus im Ringen um die Seele Chinas, 1941 – Ders., Ev. Religionskunde, 1951. *G.Rosenkranz*

IV. Buddhismus im Westen

Schon im Zeitalter des Hellenismus brachten die indisch-griechischen Beziehungen auch die Kenntnis des B. ins Abendland. Im Mittelalter kamen dazu die Schilderungen der großen Asienfahrer, zu Beginn der Neuzeit die Erfahrungen der römischen Missionare, vor allem F. →Xaviers. Aber erst die sprachwissenschaftlichen Errungenschaften des 19.Jh.s ermöglichten das Studium der Originalurkunden des B., die allmählich durch Übersetzungen einem größeren Publikum zugänglich wurden (→ Buddhologie). Während ein Bahnbrecher wie Burnouf sich stets weigerte, einige moralische, soziale und religiöse Konsequenzen aus dem neuen Material zu ziehen, waren andere, auch Wissenschaftler, weniger zurückhaltend. Der Enthusiasmus Schopenhauers für die neuentdeckte Religion bedeutete viel für das buddhistische Interesse der Gebildeten seiner Zeit und verbreitete die Ansicht, der B. sei eine dem Christentum überlegene Religion, dessen Einfluß übrigens schon in den Evangelien hervorträte. R.Wagner wollte 1856 eine Oper unter dem Titel »Der Sieger« aus dem Leben Buddhas gestalten. Es fehlte aber auch nicht an Kritikern des B., wie Köppen (Buddhismus, 1859). Unter den zahlreichen schöngeistigen Büchern über den B. hatte Sir E.Arnolds »Light of Asia« (1879) einen gewaltigen Erfolg und erlebte außer zahlreichen Übersetzungen schon 1930 seine 50. englische und 100. amerikanische Auflage. Die →Theosophie und die →Anthroposophie mit ihren synkretistischen Tendenzen wurden neue Eingangstore des B. (H.-S.Olcotts »Buddhist Catechism«, 1881ff, 1888/89 von F.Zimmermann unter dem Verfassernamen Subhadra Bhikku ins Deutsche übersetzt). Außerdem erschienen mehrere Werke, die sich auf der Grenze zwischen Phantasie, Scharlatanerie und Fälschung befanden und die sich gegenseitig beeinflußten.

Bis zum Ende des 19.Jh.s war der B. hauptsächlich eine Angelegenheit der Philologen, Philosophen und Literaten. Jetzt änderte sich die Lage, so daß wirkliche Bekehrungen stattfanden, zT sogar mit Übersiedelungen in ceylonesische oder burmanische Klöster. Zu derselben Zeit begann eine bewußte buddhistische Mission von Asien her, die auch die westliche, christliche Welt ins Auge faßte. Die 1891 auf Ceylon gegründete »Maha Bodhi Society« wirkte für die Wiederbelebung des B. Im Jahre 1905 erschien auf dem europäischen Kontinent die erste buddhistische Zeitschrift »Der Buddhist«, hg. von Dr. K.Seidenstücker. Bald folgte eine Reihe ähnlicher Publikationen und die Gründung verschiedener buddhistischer Gesellschaften. In *Deutschland* hatten ständig mehrere Wissenschaftler oder geschulte Männer die Führung wie K.E.Neumann mit seiner fünfbändigen Ausgabe der Reden Buddhas, Prof. Dr. W.Geiger mit seiner »Zeitschrift für B.« (1918–1928 und 1931), Sanitätsrat Dr. P.Dahlke mit seinem »B.-Haus« in Berlin-Frohnau und einer Reihe Veröffentlichungen sowie Oberlandesgerichtsrat Dr. G.Grimm, u.a. Gründer der »Loge zu den drei Juwelen« in München. Diese wurde während der Hitlerzeit in »Altbuddhistische Gemeinde« umgetauft, die nach dem 2. Weltkrieg ihre Wirksamkeit in Utting am Ammersee wieder aufgenommen hat und die Zeitschrift »Yana« herausgibt. Ferner sind die »Buddhistischen Monatshefte« in München seit 1949 ein Mitteilungsblatt für die etwa 7000 deutschen Buddhisten, zu deren Hauptzentren auch Hamburg gehört. Der Professorensohn und Palikenner A.Gueth, 1903 unter dem Namen Nyanatiloka als buddhistischer Novize in Rangun aufgenommen, übt von seinem 1911 in Dodanduwa auf Ceylon gegründeten Kloster »The Island Hermitage« eine bedeutende Wirksamkeit aus. Abendländische Buddhisten haben sich gerne dorthin begeben, wenn sie in ein Kloster eintreten wollten.

In der *Schweiz* ist heute die führende buddhistische Zeitschrift die Zürcher »Einsicht«. Mit der Bezeichnung Asoka-Edition erscheint seit 1946 beim Kurt-Willer-Verlag in Konstanz eine Sammlung buddhistischer Werke. K.Schmidt (u.a. Verf. der daselbst herausgegebenen

Arbeiten »Buddhistisches Wörterbuch«, »Buddhistische Heilige«, »Buddhas Lehre«) vertritt die Ansicht, daß Christentum und B. sich nicht ausschließen.

In *Frankreich* gründete die Amerikanerin Miss Constant Lounsbery 1929 »Les Amis du Bouddhisme« mit ihrer Zeitschrift »La Pensée Bouddhique«. Die Bewegung findet unter der Gelehrtenwelt der Sorbonne Anklang und rechnet als ihr namhaftestes Mitglied Mme Alexandra David-Neel, die durch ihre Werke über den tibetischen B. bekannt ist. Seit 1950 gibt es in *Belgien* ein »Centre d'Etudes Bouddhiques« (Ans-Liège) mit etwa 100 Mitgliedern und Unterabteilungen in Brüssel und Antwerpen. Die Zeitschrift »Le Sentier« hat sich indessen aus wirtschaftlichen Gründen nur eines kurzen Lebens erfreut. Auch in *Holland* und in den *skandinavischen Ländern* ist der Einfluß des B. bemerkbar.

In *England* predigte seit 1906 ein ehemaliger Soldat aus Burma, J.R.Pain, zusammen mit einem Freund, R.J.Jackson, den B. im Hyde Park; sie verbreiteten buddhistische Literatur und gründeten »The Buddhist Society of England«. Zur Vorbereitung auf das erste buddhistische Missionsunternehmen von Asien aus von dem in Burma bekehrten Engländer Allen Bennet, alias Ananda Metteya, geleitet (1908), wurde diese Gesellschaft umgebildet und erhielt als Vorsitzenden Prof. Rhys Davids. Wie in Deutschland entstanden eine Mehrzahl einander ablösender oder miteinander wetteifernder Organisationen, die verschiedene, mehr oder weniger langlebige Zeitschriften herausgaben. 1925 wurde in London eine Unterabteilung der »Maha Bodhi Society« gegründet, und eine selbständige »Buddhist Society« entstand durch Abzweigung von der Londoner theosophischen Gesellschaft. Hier ist Chr.Humphreys führend und wirkt seit 1945 mit seinem 12-Punkte-Programm für die allgemeinbuddhistische Sache, während sonst der Hînayâna in Europa und der Mahâyâna in USA dominiert. Englische Organisationen wie die »Union for the Study of the Great Religions«, »The World Alliance for Friendship Through Religion« und »The World Congress of Faiths« (Zeitschrift: »Forum«) richten die Aufmerksamkeit auf die orientalischen Religionen und deren Lebensmacht auch für Abendländer.

In den *USA* ist der B. vor allem unter den japanischen und chinesischen Einwanderern verbreitet, hat aber auch anderwärts Eingang gefunden, vor allem in theosophischen Kreisen. Eine Fellowship Following Buddha wird von D.Goddard geleitet und verbreitet buddhistisches Schrifttum. The Modern Church versucht eine Synthese von B., Judentum, Christentum und Islam.

Nach dem 2. Weltkrieg ist der asiatische B., der jetzt mit 500 Mill. Anhängern rechnet, selbstbewußter geworden und plant eine *Weltmission*. Träger dieses Gedankens sind zB »The World Fellowship of Buddhists« (gegründet 1950 von Dr. G.P.Malalasekera, Prof. in Pali auf Ceylon), die schon drei Weltkonferenzen abgehalten hat, sowie die neuerrichtete buddhistische Universität in Rangun und die dort herausgegebene Zeitschrift »The Light of the Dhamma«. Die Aktivität hat durch das 6. buddhistische Konzil 1954-56 in Rangun stark zugenommen; hier wurde auch die Veröffentlichung einer englischsprachigen Zusammenfassung des Palikanons beschlossen.

Chr.Humphreys, Buddhism, London (1951) 1954 - H.DeLubac, La rencontre du bouddhisme et de l'occident, Paris 1952 - R.P. Manikam, Christianity and the Asian Revolution, Madras (1954) 1955 - W.Leifer, B. in Deutschland (ZMR 39, 1955, 50-53) - C.-M. Edsman, Buddhismen (Världsreligionernas renässans av C.G.Diehl, C.-M.Edsmann, H.Ringgren, Stockholm 1957, 18-44; Lit.).

C.-M.Edsman

Buddhologie. Das Wort B. kann in zweifachem Sinne verstanden werden: 1. nach Analogie von »Christologie« als Darstellung der Lehren, welche die buddhistischen Dogmatiker über die Person Buddhas entwikkelt haben, und 2. nach dem Vorbild von »Indologie« als Bezeichnung für die wissenschaftliche Erforschung des → Buddhismus (= Bs.) von seinen Anfängen bis zur Gegenwart. Hier wird das Wort ausschließlich im zweiten Sinne gebraucht.

Die ersten Europäer, die vom Bs. Kenntnis hatten, waren die Griechen; zT auf ihnen fußend haben sich auch Kirchenväter, wie Clemens Alexandrinus, Origenes, Hieronymos mit ihm beschäftigt. Das Mittelalter beschränkte sich darauf, deren Angaben weiterzugeben. Direkte Nachrichten über den Bs. erhielt der Westen dann durch Marco Polo (1256-1323) und andere Reisende; da der Bs. damals in Vorderindien nicht mehr bestand, stammen deren Angaben aus Ceylon, Hinterindien, Ostasien, Tibet. Mit der Zunahme der Entdekkungsreisen wuchs auch die Kenntnis des Bs. So erwähnt schon La Loubère und auf ihm fußend Kant, daß die Buddhisten an keinen Weltschöpfer und Weltregierer glauben.

Ein eigentlich wissenschaftliches Studium des Bs. begann erst zu Anfang des 19.Jh.s; an diesem waren gleicherweise Sinologen wie Tibetisten (Csoma de Körös, Isaak Jacob Schmidt) beteiligt. Die spätindische Form des Bs., wie sie zu seiner Zeit noch in Nepal blühte, stellte zuerst Brian Houghton Hodgson dar, der 1821 britischer Resident in Kathmandu war. Sein zuerst in den »Transactions of the Royal Asiatic Society« 1829 erschienener »Sketch of Buddhism« hat die spätere Forschung stark beeinflußt. Inzwischen hatte auch H.T. Colebrooke (1829) in seinen »Essays« die Philosophie des Bs. nach brahmanischen Quellen behandelt und hervorgehoben, daß es nach buddhistischer Lehre keine beharrende Seele gibt.

Von grundlegender Bedeutung war dann das Bekanntwerden mit den Palî-Texten Ceylons. Bahnbrechend wirkte auf diesem Gebiete George Turnour (1857). Eine wertvolle Darstellung des ceylonesischen Bs. gab der wesleyanische Missionar R.Spence Hardy, vor allem in seinem Buch »Eastern Monachism« (1853). Das krönende Werk dieser Periode, das alle Phasen der Geschichte des indischen Bs. berücksichtigte, war E.Burnoufs »Introduction à l'histoire du Bouddhisme Indien« (1844). In Deutschland dienten der Orientierung Chr.Lassens »Indische Altertumskunde« (1847-61) und das Werk von C.G.Koeppen »Die Religion des Buddha und ihre Entstehung« (1857). Eine genauere Kenntnis der Unterschiede zwischen dem älteren Bs. (Hînayâna, »kleines Fahrzeug«) und dem späteren (Mahâyâna, »großes Fahrzeug«) war erst der Folgezeit vorbehalten.

Die zweite Hälfte des vorigen Jh.s ist vor allem durch den großen Fortschritt der Pâli-Studien gekennzeichnet. Die 1882 in London begründete »Pâli-Text Society« brachte die wichtigsten Pâli-Texte in kritischen Ausgaben und zum Teil auch in englischen Übersetzungen heraus. Maßgebend an diesen Arbeiten waren das Ehepaar T.W. und Mary C.A.Foley Rhys Davids sowie H.Oldenberg beteiligt, dessen klassisches Werk »Buddha, sein Leben, seine Lehre, seine Gemeinde« zuerst 1881 erschien (1923^{10-12}). Bestimmend für die Vorrangstellung, welche die Pâli-Forschung jetzt innerhalb der B. einnahm, war, daß man in manchen Pâli-Werken die älteste Schicht der buddhistischen Überlieferung sah, die bis in die Zeit Buddhas oder wenigstens der Urgemeinde heraufführen sollte. In Deutschland gewann die Pâli-Literatur viele Freunde durch die Übersetzungen des stark von Schopenhauer bestimmten Wiener Privatgelehrten Karl Eugen Neumann, wenn auch die Fachkreise sein umfangreiches, von großer Begeisterung getragenes Übersetzungswerk wegen der preziösen Sprache und der fragwürdigen Wiedergabe der philosophischen Termini mit starker Zurückhaltung aufnahmen. Zuverlässiger und der einfachen Sprache der Texte mehr gerecht werdend sind die Übersetzungen des in Ceylon lebenden deutschen Buddhistenmönchs Nyanatiloka (Alfons Gueth).

Gegen die Überschätzung der Pâli-Quellen wandte sich der Russe J.P.Minayeff, dessen russisches Werk 1894 in französischer Übersetzung erschien (»Recherches sur le Bouddhisme«). Die Kenntnis des Mahâyâna wurde fortgeführt in den Arbeiten von H.Kern, Max Müller, J.Takakusu (englische Übersetzungen in SBE). Durch E.Senarts Textausgabe und Analyse wurde das Mahâvastu bekannt (1882–97), ein umfangreiches, in hybridem Sanskrit geschriebenes Werk, das eine Mittelstellung zwischen dem Kleinen und dem Großen Fahrzeug einnimmt.

Die gelehrte Arbeit der letzten Jahrzehnte hat den Stoff in ungeahnter Weise bereichert und durch die Handschriftenfunde in Chinesisch-Turkestan ganz neue Perspektiven eröffnet. Durch diese und durch die Untersuchung chinesischer und tibetanischer Übertragungen uns verlorener indischer Texte hat sich ergeben, daß neben der bisher einzig näher bekannten Schule der Theravâdins (Anhänger der Lehre der ältesten Mönche), die heute noch in Ceylon und Hinterindien besteht, eine Anzahl von anderen später verschwundenen Hinâyâna-Schulen existierten, die je ihre abweichende, in Prâkrit oder Sanskrit abgefaßte Sammlung von heiligen Schriften hatten. Die Untersuchungen von Sylvain Lévi, H. Lüders und anderen führten zu dem Ergebnis, daß der Pâli-Kanon nicht mit dem ältesten erreichbaren Urkanon (falls ein solcher existiert hat) identisch sein kann.

Das Verständnis der buddhistischen *Lehre* erhielt eine neue Grundlage durch die Untersuchungen von Th. Stcherbatsky in »The Central Conception of Buddhism« (1923) und seines Schülers Otto Rosenberg »Probleme der buddhistischen Philosophie« (1924). Anhand der »Schatzkammer der Dogmatik« (Abhidharma-kosha) des Hînayâna-Philosophen Vasubandhu (4.Jh. nChr), die heute noch in Ostasien als autoritativ gilt, zeigten sie, daß der zugrunde liegende Kerngedanke des Bs. die Theorie von den »Dharmas« ist. Es sind dies in funktioneller Abhängigkeit voneinander entstehende, miteinander kooperierende Daseinsfaktoren, dh unpersönliche Kräfte, die durch ihr Zusammenwirken das scheinbar beharrende Selbst (phänomenale Ich) und die von diesem erlebte Welt entstehen lassen. L. de La Vallée-Poussin hat durch seine Übersetzung des Abhidharma-kosha (6 Bde, 1923 bis 1931) die Einzelheiten dieses Gedankensystems erschlossen. H.v.Glasenapp hat in ZDMG 92, 1938, 383 bis 420 dargetan, daß die Lehre von den Dharmas in einfacherer Form auch schon in den ältesten Pâli-Texten vorauszusetzen ist, und des weiteren die Dharma-Vorstellung aus der dinglichen Auffassung von allem Wirklichen in den Brâhmana-Texten nachzuweisen versucht.

Durch die Arbeiten La Vallée-Poussins und seines Schülers E.Lamotte ist die Kenntnis der Philosophie des Mahâyâna in hohem Maße erweitert worden. Schließlich hat auch die letzte Phase, die der Bs. in Indien durchlief, das sog. »Diamant-Fahrzeug« (Vajrayâna) durch die Arbeiten von G.Tucci und anderen willkommene Aufhellung erfahren.

Als Ursprungsort seiner wichtigsten autoritativen Texte und Schulen wird Vorderindien stets das Land bleiben, von dem alle der Geschichte des Bs. gewidmeten Studien auszugehen haben. Der heutige Bs. hingegen kann nur mit Hilfe von Spezialwerken studiert werden, welche seinen mannigfachen Erscheinungsformen in Ceylon, Burma, Kamboja, Siam, Laos, Vietnam, China, Korea, Japan, Tibet, der Mongolei und in den Himâlaya-Staaten gewidmet sind (vgl. die bei den einzelnen Ländern angegebene Literatur). In diesem Zusammenhang ist darauf hinzuweisen, daß japanische Gelehrte in einer großen Anzahl von in japanischer Sprache geschriebenen Arbeiten und Lexiken sich eingehend mit den Zusammenhängen zwischen den verschiedenen Ausgestaltungen des indischen und nichtindischen Bs. befaßt haben. Der Ertrag ihrer Forschungen und Sammlungen sollte zusammengefaßt und dem Westen zugänglich gemacht werden in dem von Sylvain Lévi, J.Takakusu und P.Demiéville herausgegebenen »Dictionnaire encyclopédique du Bouddhisme d'après les sources Chinoises et Japonaises HOBOGIRIN«, doch ist dieses großangelegte Unternehmen (Tokyo 1929–31) nicht über zwei Faszikel (A bis Bu) herausgelangt. Ein den Gesamt-Bs. berücksichtigendes englisches Werk ähnlichen Charakters soll die mit der Unterstützung der Regierung von Ceylon vorbereitete »Buddhist Encyclopaedia« werden, das von dem singhalesischen Professor G.P.Malalasekera herausgegeben wird, der 1937 ein großes »Dictionary of Pâli-Proper Names« veröffentlicht hatte.

E.Windisch, Gesch. der Sanskrit-Philologie u. Indischen Altertumskunde (Grundriß der altindischen Philologie u. Altertumskunde I, 1), 1917. – Die einschlägigen Stellen antiker Schriftstellen sind gesammelt bei B.Breloer u. F.Böhmer, Fontes religionum Indicarum, 1939. – Über die Kirchenväter vgl. E.Benz, Indische Einflüsse auf die frühchristliche Theologie (AAMz 1951, 3). – Über LaLoubère, Du royaume de Siam I, Amsterdam 1691, 395 u. Kant vgl. H.v.Glasenapp, Kant u. die Religionen des Ostens, 1954, 60. – Über die Dharma-Theorie: H.v.Glasenapp, Entwicklungsstufen des indischen Denkens (SGK 15, 5), 1940, 65ff. – Forschungsberichte zB in Muséon (1948) u. Saeculum (1952; aktuelle Lage, 1953). – Die neuere Bs.-Lit. in: Bibliographie Bouddhique, publiée sous le patronage de la Société Asiatique, Paris (1930ff), die philosophische Bs.-Lit. bei C.Regamey, Buddhistische Philosophie (BEStPh 20/21), 1950.

H.v.Glasenapp

Budé, *Guillaume* (1468–1540), * und † in Paris, studierte zuerst die Rechte in Orléans, wandte sich aber später besonders den klassischen Sprachen zu. Daneben galt sein Interesse den Naturwissenschaften, der Mathematik und der Philosophie. Er wurde unter Ludwig XII. kgl. Sekretär und reiste zweimal in diplomatischen Missionen nach Rom. Von Franz I. zum Bibliothekar ernannt, wurde er zum Begründer der Bibliothek von Fontainebleau, die später den Grundstock zur Bibliothèque nationale bildete. Ebenfalls geht auf B. die Institution des »Collège des lecteurs royaux« zurück, aus der das »Collège de France« hervorgegangen ist. B. trat als einer der bedeutenden frühen Humanisten Frankreichs zeitlebens für eine freie, von scholastischen Fesseln gelöste Wissenschaft ein, was ihn mit der Sorbonne in Konflikt brachte. Obwohl er von der Notwendigkeit einer Kirchenreform überzeugt war und die Verdorbenheit der Geistlichen scharf kritisierte, vollzog er den Bruch mit der kath. Kirche selber nicht. Neun Jahre nach seinem Tode ging indessen seine Witwe mit vier Söhnen nach Genf, um den Glaubensverfolgungen zu entgehen.

Vf. u.a.: Annotationes in Pandectorum libros, 1508; De Asse (über das antike Münzwesen), 1515; Commentarii linguae Graecae, 1529; De Philologia, 1530. – GA: Basel 1557 (teilweise hg.v. Curione). – Über B.: E.deBudé, Vie de G.B., 1884 – A.Lefranc, Hist. du Coll. de France, 1893 – L.Delaruelle, G.B., 1907 – Ders., Répertoire analytique de la corr. de G.B., 1907 – J.Plattard, G.B., 1923 – DHGE X, 1938, 1040f – J.Bohatec. B. u. Calvin, 1950 – DBF VII, 1956, 611.

H.R.Guggisberg

Budweis, Bistum in Südböhmen (Tschechoslowakei), auf Betreiben Josephs II. durch die Bulle Pius' VI. vom 20.9.1785 als Suffraganat von → Prag errichtet. 8 Archipresbyterate (Böhmisch Budweis, Krummau, Klattau, Neuhaus, Strakonice, Tabor, Teinitz, Winterberg), 432 Pfarreien, 705 Priester (1928). Verwaltet vom Kapitularvikar (1956). In B. selbst gibt es je eine Gemeinde der Ev. Kirche der Böhmischen Brüder, der Freireformierten Kirche (Böhmischbrüderische Unität), der Methodisten und der Adventisten.

J.TRAJER, Historisch-statistische Beschreibung der Diözese B., 1862 - CathEnc III, 34f - Catalogus cleri dioec. Bohemo-Budvicensis, 1928. *A.Molnár*

Bücherverbot, *kirchliches* → Index.

Büchner, *Georg* (1813-37), Sohn eines Arztes, * in Goddelau und in Darmstadt aufgewachsen, selbst für den Beruf des Mediziners bestimmt, hat als Revolutionär eine Schicht zu aktivieren versucht, die sich viel später erst als »Proletariat« formierte. Sein Interesse an ihr war weniger politisch, als sein frühes Handeln vorzugeben scheint. Gewisse Formulierungen in seinem Manifest »Der Hessische Landbote« (1834), das er mit Weidig unter dem Einfluß der franz. Sozialisten und der Revolution verfaßte, lassen erkennen, wie sehr es ihm um die ausgestoßene, verlorene Kreatur zu tun ist. Sein innerster Impuls war Mitleid. Das revolutionäre Wollen und das poetische Werk, das er 1835 als Verfolgter in Darmstadt begann, sind gleichmäßige Darstellungen dieses Motivs als Reaktion auf die Daseinslage des ihm gegenwärtigen Menschen. Dieser beginnt, sich als Existenz zu begreifen. Um seiner sozialen Not und seinem kreatürlichen Schmerz zu antworten, mußte B. den Idealismus und dessen Kunstmittel außer Kraft setzen. »Dantons Tod« enthält schon den präzisen Entwurf seiner realistischen Dramaturgie, die in der jähen Szenenfolge des »Woyzeck« (1836) zur bündigen Formulierung gedeiht. Die Wirklichkeit hat ihren ideellen Halt verloren, ist diffus geworden: Und mächtig erhebt sie sich als Schicksal, ins blinde Verhängnis mündend, über die Figuren. Ihnen sind Entscheidung und Vollzug als Symbole der tragischen Autonomie versagt. Der Mensch hat die Fähigkeit zu transzendieren verloren; die Realität ist wertig nur durch sich selbst. - Die Verlorenheit des Danton und des Woyzeck und ihre Niederlage vor den Mächten, die sie bestehen, sind dramatische Prämisse, keine Folgerung. Im konsequenten Gehorsam gegenüber dem eigenen Daseinsgesetz verlieren sie ihre »futurische Existenz«. Alles an ihnen ist hymnische Gegenwärtigkeit, die von der Sprache, auch von Augenblicken des Verstummens akzentuiert wird. So enthält vor allem der Dialog des »Woyzeck« nur noch Reflexe des wirklichen Spiels, das selbst jenseits der Sprache verläuft. Deren expressiver Ausdruckswert zerstört schon im »Danton« die Verbindlichkeit des Zitats. Die ideologischen Formulierungen der Texte widersprechen sich. Sie sind wie jede Sprachgebärde momentanes Eigentum der Figur, nicht Schnittpunkte gegeneinander geführter Ideen. So kann die Proklamation des Nihilismus neben dem Hymnus auf die Schöpfung stehen: Beides sind Versuche, den Schmerz zu verwinden, den bloßes Dasein bedeutet. Ihn hat B., je länger, je intensiver, als Spur Gottes zu erfahren vermocht. In der Novelle »Lenz« ringt der Held ausdrücklich um die religiöse Sinngebung seines Leids. Sie ist im »Woyzeck« und im »Danton« angerührt. Sie ist von B. auf dem Totenbett in Zürich ausgesprochen worden: »...denn durch den Schmerz gehen wir zu Gott ein.« - Dieser harten Wirklichkeit gegenüber gleicht »Leonce und Lena« einer Erinnerung ans verlorene Paradies. Dies Märchenspiel, seltsames Resultat von deutscher und franz. Romantik, enthält deren Elemente und die dieses Werks noch einmal, nur gleichsam entstofflicht, um die Realität erleichtert, verspielt.

Werke u. Briefe, hg.v. F.BERGEMANN, (1922) 1953[6] - W.KOSCH, Lit.lexikon, (1930) 1949[2], 244f - PETER SCHMID, G.B. Versuch über die tragische Existenz, 1940 - HANS MAYER, G.B. u. seine Zeit, 1946 - L.BÜTTNER, G.B., Revolutionär u. Pessimist, 1948 - B.v.WIESE, Die deutsche Tragödie von Lessing bis Hebbel, (1948) 1952[2], 523ff - K.VIETOR, G.B., 1949 - R.MÜLHER, Dichtung der Krise, 1951, 97ff - H.OPPEL, Die tragische Dichtung G.B.s, 1951 - G.LUKACS, Deutsche Realisten des 19.Jh.s, 1952 - H.KRAPP, Der Dialog bei G.B. (Diss. Frankfurt/M.), 1955. *H.Krapp*

Büchsel, *Friedrich,* * 2.7.1883, seit 1918 Prof. in Rostock, † ebd 5.5.1945. B.s Arbeit am NT (joh. Schriften, Begriffs- und Frömmigkeitsgeschichte, Christologie) stellt vor allem dessen Offenbarungsgehalt heraus; so auch seine Zeichnung des geschichtlichen Jesus als des Messias-Gottessohnes. Theologie des NT schreibt B. als Geschichte des Wortes Gottes, des Wortes der Versöhnung. Religionsgeschichtlich stehen nach B. dem Urchristentum AT und Judentum am nächsten.

Bibliogr.: ThLZ 82, 1957, 311-316.- Biogr.: G.Quell, ThLZ 73, 1948, 176-178. *G.Delling*

Büderich, *Bernhard,* Derike v.B. oder Büren bei Wesel (um 1405-57), Vertrauter → Heinrichs von Ahaus, erster Brüderrektor im Lüchtenhofe und Schöpfer der Hildesheimer Richtung der → Brüder vom gemeinsamen Leben. Ahaus sandte ihn 1437 nach Rom, um schützende Privilegien zu erwirken. B. empfing persönlich das Lob Eugens IV., verschmähte aber einen Bischofshut, blieb seiner Genossenschaft treu und erhielt am 18.4.1439 die »bulla Eugeniana«, welche die Brüderhäuser in Kollegiatstifter mit Pröpsten (→ Biel) umschuf. Sein Schüler und Biograph, Peter → Dieburg, rühmt B. als feurigen Prediger und Scholarenseelsorger, als gewandten, innerlich schlichten Brüderleiter, der »weniger den Vorwurf der allzugroßen Weltförmigkeit als den der überspannten Frömmigkeit (religiositas, Möncherei) fürchtete«.

E.BARNIKOL, Stud. z. Gesch. der Brüder vom gemeinsamen Leben, 1917 - W.BRÜGGEBOES, Die Fraterherren - Brüder des gemeinsamen Lebens - im Lüchtenhof zu Hildesheim (Zeitschr. des Vereins f. Heimatkunde im Bistum Hildesheim 2/3, 1939, 13-17) - NDB II, 725. *E.Barnikol*

Bünderlin, (Wunderl), *Hans* (= Hans Fischer) aus Linz (Oberösterreich), nach Studium in Wien (1515-19) Prediger bei dem luth. Bartholomäus von Starhemberg, nach kurzem Aufenthalt (1526) in Augsburg 1527/28 Prediger bei dem taufgesinnten Leonhard von Liechtenstein in Nikolsburg (Mähren). 1528/29 begegnet er in Straßburg, wo er seine Schriften herausgab, 1530 in Konstanz, 1532 in Preußen, immer wieder auf der Flucht. Sein Ende ist ungewiß. 1531 veröffentlichte er seine letzte Schrift (Clare Verantwortung etlicher Artikel), schrieb Pilgram → Marbeck gegen ihn (Ein clarer fast nützlicher unterricht wider etliche trück und schleichendt geister) und rühmte ihn Sebastian → Franck in einem Briefe an Johannes Campanus (Nicoladoni 123ff). Wie sein Meister Hans → Denk war er Spiritualist und vorübergehend (etwa 1526-28) zugleich → Täufer.

K.HAGEN, Deutschlands literarische u. religiöse Verhältnisse im Reformationszeitalter III, 1844, 295ff - A.NICOLADONI, Joh.B. von Linz, 1893 (hier S. 131-159 Titel u. Inhalt der Schriften B.s) - R.M. JONES, Geistige Reformatoren, 1925, Kap. 3 - Mennonitisches Lexikon I, 298ff - Mennonite Encyclopedia I, 1955, 469f. *E.Crous*

Büraburg, Bistum, 741 von → Bonifatius gegründet, 743 von Papst Zacharias bestätigt, nach dem Tode des einzigen Bischofs, Witta († nach 760), aufgehoben und zur Mainzer Diözese gezogen. - Der Berg war in vorgeschichtlicher und fränkischer Zeit befestigt, trug bis

1346 eine Pfarrkirche (Brigida) und besitzt seit dem 17.Jh. eine Wallfahrtskirche.

W.DERSCH, Hessisches Klosterbuch, 1940² (Qu. u. Lit.) - A. BIGELMAIR, Die Gründung der mitteldt. Bistümer (St. Bonifatius, 1954, 247-287). *F.Uhlhorn*

Bürgerliches Recht

1. Der Ausdruck »B.R.« wird in der deutschen Rechtssprache gleichbedeutend mit »Zivilrecht« verwendet und meint nicht ein nur für den Bürger als Berufsstand oder als soziale Klasse, sondern das für alle Rechtsgenossen in ihren Beziehungen untereinander geltende Recht. Zwar ist es kein bloßer Zufall, daß sich der Ausdruck als Übersetzung des römischen ius civile seit dem Ende des 18.Jh.s verbreitet hat, also gleichzeitig mit der Ablösung der feudalen, ständischen durch die bürgerliche, aufgeklärt-liberale Gesellschaftsordnung. Gegenüber der letzten, sehr bedeutsamen gesetzgeberischen Verkörperung der zu Ende gehenden Epoche im Preußischen Allgemeinen Landrecht von 1794 bedeuten der französische → Code civil von 1804 und das Österreichische Allgemeine Bürgerliche Gesetzbuch von 1811 nicht nur einen rechtstechnischen Fortschritt, sondern auch ein politisches Programm. Aber wie der Ausdruck »ius civile« im Lauf der Geschichte Verschiedenes bedeutet hat, so war auch der politische Nebensinn des »B.R.s« nahezu verflüchtigt, als das Deutsche Reich nach 1871 daran ging, der bisherigen, in der wechselvollen deutschen Geschichte begründeten Rechtszersplitterung durch ein gemeinsames Bürgerliches Gesetzbuch (BGB) ein Ende zu machen. Heute versteht die deutsche Rechtswissenschaft unter »b.R.« im wesentlichen den im BGB und seinen Nebengesetzen geregelten Rechtsstoff, also das Personen- und Familienrecht, das Vermögensrecht (Vertrags- und Deliktsrecht, Fahrnis- und Grundstücksrecht) und das Erbrecht. Es bildet den bei weitem größten und wichtigsten Teil des Privatrechts, wird aber auf verschiedenen Gebieten durch die Sonderrechtsordnungen des Handels-, Arbeits- und Wirtschaftsrechts ergänzt. Als Privatrecht steht es im Gegensatz zu dem vielfältigen öffentlichen Recht (Völkerrecht, Staats- und Verwaltungsrecht, Strafrecht, Gerichtsverfassungs- und -verfahrensrecht), das die staatsbürgerlichen Rechte und Pflichten der einzelnen, das hoheitliche Auftreten der öffentlichen Gewalt und das Verhältnis der Staats- und Gemeindeorgane zueinander regelt. Die Unterscheidung zwischen öffentlichem und privatem Recht ist zwar in den letzten Jahrzehnten in dem Maße, in dem der moderne Wohlfahrtsstaat in alle Bereiche eindringt, stark verwischt worden, ist aber im b.R. als dem alten Kerngebiet des Privatrechts noch immer sinnvoll. Sie bedeutet jedoch nicht, daß das Privatrecht etwa nur privaten Interessen diente und sich ihnen in der Form »dispositiven Rechts« durchweg unterordnete; es ist wesenhaft Ordnung des Gemeinschaftslebens und tritt darum da, wo die Gerechtigkeit oder die Bedürfnisse von Staat und Gesellschaft das fordern, dem einzelnen auch als zwingende, seinem Belieben entzogene Ordnung gegenüber.

2. Das deutsche BGB wurde nach längeren Vorarbeiten 1896 von Reichstag und Bundesrat angenommen und ist am 1.1.1900 in Kraft getreten. Mit ihm hat Deutschland den Weg der Gesamtkodifikation des b.R.s beschritten, den vor ihm und nach ihm die meisten Staaten des europäischen Kontinents gegangen sind, während in den nordischen Ländern und im anglo-amerikanischen Rechtskreis nur Teilgesetze bestehen und im übrigen das Richterrecht als Rechtsquelle vorherrscht. Geschichtlich geht das b.R. Deutschlands teils auf das seit der Rezeption fortentwickelte römische Recht zurück, das als gemeines Recht in weiten Teilen Deutschlands bis zum Ende des 19.Jh.s galt, teils auf Einrichtungen und Gedanken des älteren deutschen Rechtes, das sich in manchen Territorialrechten erhalten und seit der Aufklärungszeit im Gewande des rationalen → Naturrechts wieder stärker durchzusetzen vermocht hatte. Das BGB hat beide Erbmassen aufgenommen und zu einer neuen Einheit verschmolzen. In der Gliederung und rechtsdogmatischen Durchformung des Stoffes ist es eine Frucht der deutschen gemeinrechtlichen Wissenschaft des 19.Jh.s. Ihr verdankt es seine bemerkenswerte rechtstechnische Präzision, aber auch seine Neigung zu abstrakter Begrifflichkeit. Aus ihr stammt auch sein seitdem oft kritisiertes System, das den Stoff in einen Allgemeinen Teil und 4 Hauptgebiete - Recht der Schuldverhältnisse, Sachenrecht, Familienrecht und Erbrecht - aufteilt. Der Ideenwelt des ausgehenden 19.Jh.s bleibt auch seine philosophische, politische und soziale Grundhaltung verhaftet. Individualistisch und liberal konzipiert, stellt es die persönliche Freiheit des einzelnen und seine Privatautonomie über die soziale Gerechtigkeit zum Schutz des wirtschaftlich Schwachen, die Sicherheit und Berechenbarkeit des Rechtes über die Billigkeit des Einzelfalls.

Indessen kann das gegenwärtig (1957) geltende b.R. nicht mehr nach Wortlaut und Geist des BGB beurteilt werden, auch wenn die Änderungen, die das Gesetz selbst seit 1900 erfahren hat, nicht allzu zahlreich sind. Die wichtigsten Reformen betreffen das Ehe- und Familienrecht, dessen Zustand trotzdem noch nicht befriedigt. Aber zum BGB tritt jetzt eine große Zahl von ergänzenden Gesetzen, die den Charakter mancher Teilgebiete des b.R.s, wie etwa das Miet- und Wohnungsrecht oder das Recht der abhängigen Arbeitsverhältnisse völlig umgestaltet haben. Fast noch wichtiger ist die Fortentwicklung aller Rechtsgebiete durch die Rechtsprechung geworden. Gestützt auf das Gebot der Wahrung von Treu und Glauben (§ 242 BGB), hat sie auch mehr und mehr rechtsethischen Gedanken, selbst auf Kosten der Rechtssicherheit zum Durchbruch verholfen. Im ganzen macht im Privatrecht schon seit dem 1. Weltkrieg die ältere liberale einer betont sozialen Haltung Platz; der Grundsatz der Vertragsfreiheit etwa ist durch Gesetzgebung und Rechtsprechung zum Schutz der schwächeren Vertragspartei vielfältig eingeschränkt, und aus dem freien Privateigentum ist - am deutlichsten im städtischen und ländlichen Bodenrecht, aber auch bei den Produktionsmitteln der gewerblichen Wirtschaft - eine durch das Gemeinschaftsinteresse stark gebundene Rechts- und Pflichtenstellung geworden. Angesichts dieser Entwicklung wird sich der Gesetzgeber auch weiterhin auf eine Teilreform einzelner Rechtsinstitute beschränken können.

3. Die ev. Sozialethik, die die Verantwortung von Staat und Gesellschaft für das weltliche Recht bejaht und sich ihm gegenüber auf eine regulative und kritische Funktion beschränkt, ist naturgemäß am stärksten an der Ordnung von → Ehe (: VI) und Familie interessiert. Aber auch vom Vermögensrecht erwartet sie, daß es die Personwürde und Eigenverantwortung des Menschen wahrt, den Schwachen gegen Ausbeutung schützt, den Eigennutz in Schranken hält und den Besitz an irdischen Gütern zugleich in den Dienst am Nächsten stellt. Ob eine Rechtsordnung diesen Forderungen entspricht, und ob der einzelne, wenn er legal handelt, auch als Christ das Rechte tut, ist nicht ein für allemal auszumachen. Die Möglichkeit dazu enthält aber auch unser geltendes Privatrecht.

G.BOEHMER, Einführung in das b.R., 1954 - Lehrbuch des B.R.s v. ENNECCERUS-KIPP-WOLFF, fortgeführt v. NIPPERDEY, LEHMANN, RAISER, COING, MÜLLER-FREIENFELS, 5 Bde 1952ff; Zahlr. Kommentare zum BGB, bes. v.STAUDINGER u.a., 1954ff¹¹. *L.Raiser*

Bürgertum

I. Soziologisch - II. Bürgertum und Kirche

I. Soziologisch

1. Der Begriff - 2. Sozialgeschichtlich - 3. Geistesgeschichtlich - 4. In der industriewirtschaftlichen Arbeitsgesellschaft

1. Der *Begriff Bürger* bezeichnete in der vor-modernen Gesellschaft den Einwohner eines befestigten, meist mit Marktprivilegien ausgestatteten Platzes, sofern er volle Rechte und - bei Einführung der Selbstregierung - auch das politische Mitbestimmungsrecht besaß. Sowohl der πολίτης, der athenische, als auch der civis, der römische Vollbürger, hatten also eine rechtliche und soziale Stellung, die sie vom Abhängigen, insbesondere vom Sklaven, streng unterschied. Im mittelalterlichen Abendland hat sich das B. zugleich mit dem Anwachsen des Bevölkerungsanteils und der wirtschaftlich-sozialen Rolle der Städte als → Stand gegenüber dem Adel, der Priesterschaft und dem Bauerntum gebildet und ein entsprechendes bürgerliches Bewußtsein entfaltet. Die Aktivbürgerschaft war zunächst an städtischen Grundbesitz gebunden, der frei vererblich und veräußerlich und gegenüber der Stadtgemeinde steuerpflichtig war. Seit der industriewirtschaftlichen Strukturwandlung der Daseinsordnung trat das B. als »dritter Stand« in Gegensatz zum »vierten«, dem sogenannten industriellen Proletariat (→ Arbeiter: I, → Klasse). Diesem sozialgeschichtlichen Vorgang entsprechen die Gehaltswandlungen wie die Affektbetonungen des Begriffs. Sein politischer Gehalt, der wirtschaftliche Eigenständigkeit und Fähigkeit zu politischen und richterlichen Ämtern mit umfaßte, hat sich im Sprachgebrauch von seinem sozialen Gehalt weitgehend gelöst. Der soziologische Begriff B. wird seinerseits von sehr verschiedenen Kriterien aus verwendet, wie denen der Selbständigkeit der Arbeit, der hervorgehobenen sozialen Stellung bei unselbständiger Arbeit (→ Beamte), der unternehmungsweisen Wirtschaftsführung, des Kapitalbesitzes (in Verbindung mit »Bourgeoisie«), des auf Besitz und Bildung im Sinne des »Viktorianischen Zeitalters« konzentrierten sozialen Wertbewußtseins. Er ist zur präzisen soziologischen Verwendung unbrauchbar geworden, und auch verbunden mit qualifizierenden Zusätzen wie Groß- und Klein-B. behält er, ähnlich wie der Begriff des → Mittelstandes, einen schillernden Charakter.

2. *Sozialgeschichtlich* gehört das B. eindeutig zum Bestand der städtischen Kultur, und insofern hat es in allen Hochkulturen an der Entwicklung der → Arbeit (: I), vor allem in Gewerbe und Handel, des Denkens und der Künste wie der Verwaltung einen hervorragenden Anteil. In der europäisch-abendländischen → Sozialgeschichte hat aber die → Stadt den Charakter eines weitgehend autonomen Verbandes mit eigener Gerichtsbarkeit, Marktfreiheit, Befestigung und Wehrverfassung angenommen und dadurch eine wesentliche Voraussetzung für die Ausbildung der wirtschaftlichen, politischen und geistigen → Freiheit gebildet. Die »bürgerliche« Kultur des MA und der Neuzeit ist ohne diesen politischen und wirtschaftlichen Willen zur Selbständigkeit gegenüber den anderen Ständen nicht denkbar. Dementsprechend nimmt die Verfassungsentwicklung der Stadt den typischen Weg von einer Geschlechterherrschaft zu der einer »bürgerlichen«, dh aus neu erworbenen wirtschaftlichen Machtstellungen hervorgegangenen Patrizierherrschaft und dann zur Zunft-Demokratie (→ Zunft), oft unterbrochen oder abgelöst von der Tyrannis (zB der Signorie Italiens). Sie wird schließlich beendet durch die Entstehung und Ausdehnung des modernen territorialen → Staates (: I), der den Städten verschiedene Grade von → Selbstverwaltung (: I) beließ oder zurückgab, ihnen aber ihre politischen Hoheitsrechte nahm.

Mit der Unterwerfung der vom absoluten Fürstenstaat geschaffenen Verwaltung unter die Kontrolle gewählter Repräsentativ-Körperschaften und der gleichzeitig sich erweiternden wirtschaftlichen Unternehmungsfreiheit gegenüber dem Eingreifen der politischen Gewalt bildete sich *die bürgerliche Wirtschaftsgesellschaft* heraus, verstanden als eine der richtigen Anwendung wirtschaftlicher Vernunft zu überlassende, vom Staat nur in ihren rechtlichen Grundlagen zu sichernde Eigensphäre innerhalb der Gesamt-Gesellschaft. Der Interessenhorizont der an ihr selbständig teilhabenden Gruppen erstreckt sich von der Gründung, Erhaltung und Kräftigung kleiner, aber selbständiger Unternehmungen des → Handwerks, der industriellen Produktion und des → Handels über die Begründung und Führung von Großunternehmungen im Eigenbesitz bis zur Angleichung an die rentenberechtigte Aristokratie politischen Ursprungs durch den Erwerb von Kapitalrechten und landwirtschaftlichem Grundbesitz und eine entsprechende Anpassung der Lebenshaltung. In der Frühzeit der modernen Wirtschaftsentwicklung bildeten die Besitzer von Leihkapital und - oft genossenschaftlich organisierten - Berggerechtsamen, die Großhändler, die Verleger und die Unternehmer von Manufakturen die obere, die Handwerker und Kleinhändler die untere Schicht des B.s. In der sich technologisch entfaltenden Industrie-Gesellschaft des 19.Jh.s (→ Industrie: I) wurden der produzierende → Unternehmer, der Organisator des marktgerechten Absatzes und der die Kapital-Investition lenkende Bankier zu seinen führenden Kräften und Erfolgs-Vorbildern. In Ländern mit fortdauernder sozialer Geltung der Feudalstruktur war eine auch formale Nobilitierung vielfach möglich, in andern, wie in den Vereinigten Staaten, bildete sich eine oberste Schicht des B.s als Kapital-Aristokratie mit wirtschaftlicher Machtstellung und sozialer Geltung heraus. Der Zugang zur Eigentumsbildung und damit zum sozialen Aufstieg innerhalb der bürgerlichen Gesellschaft wird in den Ländern mit freiheitlicher Verfassung der Marktwirtschaft und mit politischem Rechtsschutz grundsätzlich offen gehalten (→ Eigentum: III). Die Gesellschaftspolitik hochentwickelter marktwirtschaftlicher Industrieländer fördert die Eigentumsbildung auch wirtschaftlich schwächerer Schichten und hat dadurch dort, wo sie erfolgreich war, zur Verbreitung eines »bürgerlichen«, dh an den Grundsätzen der liberalen Eigentumsordnung und den mit ihr verbundenen Freiheiten festhaltenden Bewußtseins beigetragen. Die Wirkung der großbetrieblichen Arbeitsorganisation auf Selbstverständnis und Daseinsverhalten des an ihr mitwirkenden »Funktionärs« wird dagegen verschieden beurteilt (→ Betrieb: III. IV, → Rationalisierung). Das praktische Daseinsverhalten des Menschen der modernen Arbeitsgesellschaft in der Konsumtionssphäre orientiert sich sehr viel stärker als das entsprechende soziale und politische Bewußtsein an den »bürgerlichen« Auffassungen von Besitz, Bildung, und sozialer Geltung.

Für die planwirtschaftlich gelenkte Gesellschaftspolitik totalitärer kommunistischer Staaten sind das B. und die zu ihm gehörende Gesinnung entsprechend dem Marx'schen Gesellschafts- und Geschichtsbild der eigentliche Gegner. Eine von der bürgerlich-freiheitlich organisierten Gesellschaft durchaus verschiedene soziale Ordnung wird angestrebt (→ Kommunismus, → Liberalismus, → Sozialismus).

3. In der *Geistesgeschichte* der europäisch-abendländischen Gesellschaft steht das B. in enger Verbindung mit

der Entfaltung der gesellschaftlich-politischen Freiheitslehre und ihrer Institutionen und mit der modernen Form der Kulturkritik. Die im Bereich des Wirtschaftens bewährte Eigenständigkeit der bürgerlichen Daseinserfahrung hat auf die Selbständigkeit des Denkens auch in anderen Bereichen fördernd gewirkt und für die Aufnahme der Vernunftphilosophie des 18.Jh.s häufig im Gegensatz zur Kirche günstige Voraussetzungen geschaffen. Im bürgerlichen Drama und im sentimentalen Roman des 18.Jh.s kündigte sich die Auflösung der ständischen Gesellschafts-Hierarchie an, deren politische Konsequenzen in der französischen Revolution mit der Abschaffung der ständischen Privilegien und der Selbstauffassung des B.s und seiner Vertreter als *der* Nation gezogen wurden. Im wirtschaftlichen Leben wurde die aus moralphilosophischen Prämissen hervorgegangene liberale Theorie von Adam → Smith, im politischen die auf dem säkularen → Naturrecht beruhenden Forderungen der rechtlichen und politischen Gleichheit und Freiheit zum Zentrum des sich als bürgerlich verstehenden Denkens. Das Bildungsprinzip der deutschen → Klassik kam dieser Lebensauffassung insofern entgegen, als es in der freien und harmonischen Ausbildung der schlechthin menschlichen Kräfte der Person die Aufgabe der Erziehung sah. Die wirtschaftliche Dynamik, die vor allem auf den Gebieten der Naturwissenschaften und der Medizin sich geltend machenden Erfolge der Wissenschaft und die soziale Durchdringung von B. und Beamtentum haben dem bürgerlichen Daseinsverhalten im 19.Jh. allgemeine Geltung verschafft und seine durch die parlamentarische Repräsentation (→ Parlamentarismus) unterstützte Anteilnahme an der Bildung und Wirksamkeit des modernen freiheitlich-rechtsstaatlichen Nationalstaats gefördert.

Die *Kritik* an B. und bürgerlicher Gesellschaft hat sozialrevolutionäre, religiöse und humanistische Ursprünge. Aufbauend auf → Hegel, der im Sinne seines geschichtsdialektischen Staatsbegriffs die bürgerliche Erwerbsgesellschaft in der Rechtsphilosophie als ein erst durch den Staat als Wirklichkeit der sittlichen Idee gerechtfertigtes Teilmoment gedeutet hatte, entwickelte Karl → Marx in Anerkennung der Leistungen des B.s für die Entfaltung der wirtschaftlichen Produktivkräfte seine historische Funktion als Vor-form und dialektischen Gegensatz des Industrieproletariats und den bürgerlich beherrschten Staat als Machtorgan der auf dem Privateigentum an Produktionsmitteln beruhenden bürgerlichen Klassen-Interessen (→ Marxismus). Die Entstehung des Industrieproletariats in den führenden Industrieländern und die lange Jahrzehnte dauernde Unzulänglichkeit der theoretichen und praktischen Behandlung der sozialen Frage begünstigten die Bildung eines antibürgerlichen sozialen und politischen Klassenbewußtseins, das im 20.Jh. im Gefolge der Russischen Revolution zu weltpolitischer Bedeutung als weltrevolutionäre Ideologie und Bewegung gelangt ist. Die Kritik → Kierkegaards geht von einem unbedingten prot.-religiösen Denkansatz aus und ist gegen die im innerweltlichen Dasein sich erschöpfende Säkularität des bürgerlichen Lebens gerichtet. → Nietzsche hat die Schwächung der geistig-seelischen Hingabe des modernen Menschen an das metaphysisch-religiöse Grundproblem seiner Daseinsführung zum Ausgangspunkt der Kritik am B. und an der unter seiner Führung entstandenen Wirtschaftsgesellschaft gemacht. Für diese gesellschaftsphilosophischen Kritiker der bürgerlichen Welt des 19.Jh.s bildete erst das 20.Jh. in Verbindung mit seinen weltpolitischen und wirtschaftlichen Katastrophen den breiteren Raum der Wirksamkeit. Andere Formen der Kritik entstanden aus der Ganzheitslehre der romantischen Gesellschaftstheorie in Anlehnung an noch bestehende vormoderne Formen des bäuerlichen oder handwerklichen Lebens und des übersehbaren, dem einzelnen zugleich Sicherheit und Führung gebenden Nachbarschaftsverbandes. Die *kath. Soziallehre* hält grundsätzlich an der Eigentumsordnung fest, auf der das B. wirtschaftlich beruht, hat aber die soziale Frage, von den Sozialenzykliken des Papstes ausgehend, zu einem Hauptgegenstand der Theorie und der Politik erhoben. Auch die *ev. Soziallehre* hat ihre nicht mit Unrecht als einseitig getadelte Bindung an die sozial und politisch herrschenden Schichten zunehmend zugunsten einer unparteiischen Gesamtanschauung der gesellschaftlichen Strukturen gelöst. In den Vereinigten Staaten bilden die soziale Seite des Evangeliums und praktisch oft soziale Probleme der Gegenwart eine zentrale Angelegenheit der Gemeinden.

4. In der modernen *industriewirtschaftlichen Arbeitsgesellschaft* ist, soweit sie freiheitlich-rechtsstaatlich organisiert ist, die aus der bürgerlichen Daseinsauffassung hervorgegangene marktwirtschaftliche Freiheit statt eines prinzipiellen zu einem nahezu technischen Problem des politischen und wirtschaftlich-sozialen Erfolges geworden. Die Grundprinzipien der bürgerlichen Wirtschaftsauffassung haben sich, durch sozialpolitische Einsichten und Maßnahmen im Sinne einer → Solidarität der Staatsbürger vielfach ergänzt, auch durch schwere Krisen hindurch erhalten. Die bürgerliche Daseinsführung, durch die technische Entwicklung begünstigt, hat sich sowohl nach der Seite des Adels und des Bauerntums wie nach der der Arbeiterschaft und der → Angestellten hin als Maßstab durchgesetzt und zwar als ein für die Mehrzahl der in diesen Gesellschaftskörpern lebenden Menschen verbindliches »Mittelstands-Ideal«. Folglich tritt das B. immer weniger als sozial deutlich profilierter Stand in gesellschaftliche Erscheinung. Das gilt besonders für das Groß-B. Am ehesten ist noch eine Kontinuität und sogar Ausweitung kleinbürgerlicher Auffassungen festzustellen. Mit der zunehmenden Anonymität der modernen Leistungsgesellschaft und der sie begleitenden Angleichung des → Lebensstandards und Differenzierung der Gründe sozialer Geltung begannen das dem B. noch eigene ständische Element und die ihm entsprechenden → Ideologien in Auflösung zu geraten. Abgesehen von der politisch bestimmten Sozialstruktur der kommunistischen Systeme ist in den gesellschaftspolitisch noch vor der Entscheidung stehenden Entwicklungsländern die Frage offen, wie weit sich im Verlauf ihrer Anpassung an die → Technik, die Wirtschaftsweise und das Verwaltungsverfahren der Industriegesellschaft eine abgrenzbare bürgerliche Schicht bilden wird ähnlich der europäisch-amerikanischen, die die Grundlage für die moderne Leistungsgesellschaft gewesen ist.

M.Weber, Die prot. Ethik u. der Geist des Kapitalismus (Ges. Aufs. zur Religionssoz. I, [1920] 1947[4], 17-206) - Ders., Wirtschaft u. Gesellschaft 2. Hbd, 1956[4], 735ff - W.Sombart, Der moderne Kapitalismus, 1903ff - Ders., Der Bourgeois, 1913 - G.F.W.Hegel, Grundlinien der Philosophie des Rechts, III. Teil, 2. Abschnitt - K.Marx, Die Deutsche Ideologie, 1845/46 - Ders., Manifest der kommunistischen Partei - S.Kierkegaard, Kritik der Gegenwart, 1846, dt. 1914 - W.H.Riehl, Die Bürgerl. Gesellschaft, 1851 - B. Groethuysen, Die Entstehung der bürgerl. Welt- u. Lebensanschauung in Frankreich, 1927 - HdS 90ff - F.Borkenau, Der Übergang vom feudalen zum bürgerl. Weltbild, 1934 - R.Michels, Umschichtungen in den herrschenden Klassen nach dem Kriege, 1934 - J.A.Schumpeter, Kapitalismus, Sozialismus u. Demokratie, (1946) 1950[2] - Th.Geiger, Aufgaben u. Stellung der Intelligenz in der Gesellschaft, 1949 - W.Trillhaas, Bauer, Bürger, Proletarier, 1949 - L.Warner, American Life, Dream and Reality, 1953 - H.Freyer, Theorie des gegenwärtigen Zeitalters, 1955 - D.Riesman, Die einsame Masse, 1956.

A.Bergsträsser

II. Bürgertum und Kirche

1. Geschichtliches - 2. B. und Kirchengemeinde - 3. Bürgerliches Christentum

1. Man kann das Verhältnis von B. und Kirche *geschichtlich* bis in die Reformationszeit und weiter zurück verfolgen und in der Hochschätzung der weltlichen Stände eine theologische Rechtfertigung des B.s erblikken. Das Denken des modernen B.s im 19. und 20.Jh. ist damit aber kaum getroffen. Selbst dort, wo das B. sich noch zur Kirche hält, ist das Verhältnis nach Konfessionen und Ländern zudem höchst unterschiedlich, wie etwa ein Vergleich zwischen russisch-orthodoxem, deutschem und angelsächsischem Christentum zeigt.

2. Aber das B. hält sich nur noch in geringem Umfang zur Kirche. Dabei sind drei Schichten zu unterscheiden, a) die Kerngemeinde, in Deutschland häufig stark pietistisch beeinflußt, b) Kreise, die zwar am gottesdienstlichen Leben der Gemeinde nur geringen Anteil nehmen, aber Taufe, Konfirmation, Trauung, kirchliche Beerdigung in Anspruch nehmen, c) Kreise, die auch das nicht mehr tun, was jedoch nicht unbedingt einen Bruch mit derKirche (→ Kirchenaustritt) zur Folge haben muß. Die Gründe dafür sind sehr vielgestaltig: starke anderweitige Inanspruchnahme, Inhalt und Stil der Verkündigung, unzeitgemäße und unverständliche *»religiöse Verpackung« des Evangeliums* usw. Im inneren Verhältnis von B. und Arbeiterschaft zur Kirche besteht heute kaum noch ein Unterschied (→ Arbeiter: II), wohl dagegen in der Beteiligung an den kirchlichen Ämtern. Von einigen hochindustrialisierten Gegenden abgesehen, ist in ihnen die Arbeiterschaft unverhältnismäßig schwach vertreten.

3. Der Begriff *»bürgerliches Christentum«* ist umstritten. Es verbindet sich damit a) die Vorstellung des kleinbürgerlichen Beharrens in traditionellen Formen und Vorstellungen, also mangelnder Weltoffenheit. Diese hat schon im 19.Jh. breite Schichten abgestoßen und ist im Blick auf viele Gemeinden noch heute eine ernste Sorge; in Deutschland handelte es sich zB um die Bindung der Kirche an die Monarchie, um billige Apologetik der bürgerlichen Ordnung und des bürgerlichen Eigentums, Nichternstnehmen liberaler Bedenken, Ablehnung des Sozialismus (zT heute noch), Beschränkung der christlichen Botschaft auf Ehe und Familie. Politik und Wirtschaft wurden ihren eigenen Gesetzen überlassen (→ Eigengesetzlichkeit der Lebensgebiete), mit denen man sich in großer Unbekümmertheit (Kriegsproblem, Nationalismus, Judenfrage) abfand (Doppelmoral). - Unter bürgerlichem Christentum versteht man aber auch b) genau das Gegenteil, nicht Einengung, sondern Aufweichung der christlichen Botschaft, Anpassung an die Welt, »Weltförmigkeit«, zugunsten eines Fortschrittsglaubens, nicht nur im (oft mißverstandenen) angelsächsischen Christentum (→ »social gospel«). Es besteht die Gefahr, daß das Bürgerliche und mit ihm verbundene soziale und nationale Postulate meist in kurzer Zeit das Christliche überlagern und verdrängen (Säkularisation). Beide Formen eines bürgerlichen Christentums sind einseitig. Es bedarf großer Wachsamkeit, den Gefahren des einen und des anderen zu entgehen, im Interesse der Reinheit und Glaubwürdigkeit der christlichen Botschaft in ihrer Bedeutung für die Welt, die größer ist als die Welt des B.s.

J.Hashagen, Der rheinische Protestantismus, 1924 - W.Schwer-F.Müller, Der dt. Katholizismus im Zeitalter des Kapitalismus, 1932 - W.Trillhaas, Bauer, Bürger, Proletarier, 1949 - ESL 401ff (Gemeinde) - Kl.v.Bismarck, Die christl. Gemeinde im Strukturwandel der Gesellschaft (Kirche im Volk 16), 1955 - Ders., Kirche u. Gemeinde in soziologischer Sicht (ZEE 1, 1957, H. 1, 17-30) - H.D. Wendland, Die Kirche in der modernen Gesellschaft, 1956.

F.Karrenberg

Bugenhagen, *Johannes* (1485-1558), * in Wollin in Pommern als Sohn eines kleinstädtischen Ratsherrn, studierte ab 1502 in Greifswald, wo er in seinen humanistischen Studien einen kritischen Blick über die Quellen wie für die Verhältnisse der Gegenwart gewann. Mit 19 Jahren zum Rektor der Stadtschule in Treptow a. Rega berufen, erhielt er 1509 ohne Theologiestudium die Priesterweihe und 1517 vom Herzog den Auftrag, die Geschichte Pommerns zu schreiben (»Pommerania«, gedruckt erst 1728). Als Lektor der Bibel und der Kirchenväter an der Klosterschule Belbuck (seit 1517) begegnete er Luthers Schriften, von denen ihn gerade die ihm anfänglich erschreckend ketzerisch erscheinende Schrift »De captivitate Babylonica« überzeugte. Im Frühjahr 1521 ging er zum theologischen Studium nach Wittenberg und hielt bald biblische Vorlesungen (Psalmen, Paulusbriefe u.a.), die 1533 durch Ernennung zum Dr. theol. und 1535 zum Professor bestätigt wurden. 1523 wurde er Pfarrer der Wittenberger Stadtkirche, der er bis zum Tode trotz mehrfacher Berufung zum Bischofsamt (Schleswig und Kammin), aber auch trotz zahlreicher Anfeindungen unter der Interimspolitik des Kurfürsten → Moritz treu blieb. - B.s Lebenswerk wird oft nur zu sehr im Schatten des Reformators gesehen. Schon drei Jahre vor Luther wurde er durch Heirat mit Walburg Rörer, der Schwester Georg → Rörers, zum Mitbegründer des ev. Pfarrhauses. Mit Luther verband ihn schnell enge Freundschaft. Er half ihm bei der Bibelübersetzung, und seine Vertrauen ausstrahlende Art ließ ihn nicht nur in Krankheits- und Todesanfechtungen zu seinem Privatbeichtiger und Seelsorger werden (1527, 1537 u.a.). B. wurde besonders zum bischöflichen Lehrer im Sinne des lutherischen Verständnisses von Amt und Gemeinde und schuf vorbildlich gewordene Kirchenordnungen (1528 Braunschweig, 1529 Hamburg, 1531 Lübeck, 1534 Pommern, 1537 Dänemark, 1542 Holstein, 1543 Braunschweig-Wolfenbüttel, 1544 Hildesheim). Seine häufigen Reisen führten ihn oft längere Zeit von Wittenberg fort, besonders die dänische, während der er als wahrer ev. Bischof den König Christian II. krönte. Überall suchte er Latein- und Dorfschulen und wenn möglich eine Landesuniversität zu schaffen. Beherrschend war in allem die spezifische kirchliche Ordnung unter dem Amt des »Superattendenten«, der für innere und äußere Grundlagen von Lehre, Amt und Gemeindefürsorge besonders zuständig sein sollte. B.s Predigten haben wesentlich zur Ausbreitung der Reformation beigetragen; er wirkte auch als Übersetzer von Lutherischen Schriften und Luthers Bibel ins Niederdeutsche. B.s Bildnis kennen wir aus Gemälden von Cranach (zB 1537, Lutherhalle, und das Beichtamt ausübend auf dem Flügel des Cranachaltars der Wittenberger Stadtkirche), seinem Epitaph und Holzschnitten.

G.Geisenhof, Bibliotheca Bugenhagiana I. Bibliogr. der Druckschriften des Dr. J.B., 1908 - H.Hering, Dr. Pomeranus, J.B., 1888 - Briefwechsel hg.v. O.Vogt, 1888 (mit Nachträgen in Baltischen Studien 40, 1890, 1ff; NF 2, 1898, 57f; 3, 1899, 127ff; ZKG 16 1896, 124ff; von L.Enders in ThStKr 62, 1889, 787ff) - Predigten hg.v. G.Buchwald, 1885; Katechismuspredigten von 1525 u. 1532, 1909, aus den Jahren 1524-29, 1910; von H.Hering, 6 Predigten B.s, 1885. - RE III, 525ff (Lit.) - RGG² I, 1350 (Lit.) - Schl. I, 1933, Nr. 1948-2048; V, 1939, Nr. 45201-45241 - Ernst Wolf, Peregrinatio, 1954, 257-278 (Lit.). - Zum Bildnis: H.Bethe, Die Bildnisse B.s (Monatsblatt d. Ges. f. pomm. Gesch. 49, 1935, 116-123; 52, 1938, 13-15) - O.Thulin, Cranachaltäre der Reformation, 1955.

O.Thulin

Bulgakow, 1. *Michael Petrovitsch* (Mönchsname Makarij; 1816-82), russischer Kirchenhistoriker und Dogmatiker. Prof. an den geistlichen Akademien von Kiev und St. Petersburg (seit 1842). Seit 1851 Bischof und seit 1879 Metropolit von Moskau, ein »Theologe-Bureaukrat und typisches Produkt der nikolaitischen Epoche« (G.Florovskij).

Vf. (russ.) u.a.: Gesch. der Kiever Akademie, 1843; Gesch. des Raskol, (1855) 1889[3]; Gesch. des Christentums in Rußland, 13 Bde, 1846[1] - 1910[2] (eine unkrit. Sammlung von Fakten u. Dokumenten); Orth. dogmat. Theologie, 5 Bde, (1849), 1895[5] (eine Materialsammlung »gesetzlicher theoretischer Formeln«, N.Glubokovskij; dagegen: Leo Tolstojs Kritik der dogmatischen Theologie, russ., Genf 1891, dt. in Sämtl. W. II, 2. Ser., Bd 1 u. 2, 1904; Übersetzungen: Introduction à la théologie orthodoxe, 1857; Théologie dogmatique orthodoxe, 2 vol., 1859); Hdb. zum Studium der christl.-orth. dogmatischen Theologie, 1875. - Über B.: (russ.) F.Titov, Makarij (B.), 3 Bde, 1875-1915 (bis 1879) - V.Florowskij, Wege der russ. Theologie, Paris 1937.

2. *Sergej Nikolajevitsch* (1871-1944), russischer Nationalökonom und Theologe. Studiert in Moskau Jura (1890-94) und wird Marxist. Ein Aufenthalt in Westeuropa (1898-1900) bringt ihn Karl → Kautsky und Rosa Luxemburg nahe. Er wird Prof. für Nationalökonomie in Kiev (1901-06), wendet sich vom Marxismus ab und unter dem Einfluß Kants und dann → Dostojevskijs und Vladimir → Solovjevs einem christlichen Idealismus zu. Mit Nikolaj A. → Berdjajev gibt er 1904 den »Neuen Weg« (Bd 2) und 1905 die »Lebensfragen« heraus, die in Verbindung mit dem Symbolismus und einem radikalen Liberalismus dem »neuen religiösen Bewußtsein« Ausdruck geben sollen. Er begründet im Einklang mit Pavel → Florenskij auf sophiologischer Grundlage eine orthodoxe Philosophie. 1918 beteiligt er sich am allrussischen Kirchenkonzil zur Erneuerung der orthodoxen Kirche auf der Grundlage einer vom Staate unabhängigen → »Ssobornost« (Gemeinschaftlichkeit), wird Priester und geht ins Exil nach Prag (1923—25) und Paris, wo er als führender Theologe bis 1939 am Orthodoxen theologischen Institut in Paris tätig ist. Seine Lehre von der göttlichen Sophia und der Kenosis Christi wird 1935 vom Metropolit → Sergej von Moskau als »gnostische Häresie« abgelehnt. Grundlegendes Prinzip seiner in zwei Trilogien entfalteten Theologie ist seine → Sophiologie; in ihr baut B. das christliche Dogma zu einer allumfassenden Gnosis und Metaphysik aus.

Vf. (russ.) u.a.: Kapitalismus u. Landwirtschaft, 2 Bde, 1900; Vom Marxismus zum Idealismus, 1903; Philosophie der Wirtschaft, 1912; Das abendlose Licht, 1917 (zT dt.: Östliches Christentum II, 1925); Weltliches u. geistliches Heldentum (in der Sammelschrift »Vechy« [Grenzpfähle]), 1909 (dt. in »Rußlands politische Seele«, 1918 - gegen den Maximalismus der russischen Intelligenz); Die Tragödie der Philosophie, 1927 (dt.); L'Orthodoxie, 1932; Über die Gottmenschheit, 3 Bde, 1933-45 (russ.); Übers.: La sagesse divine et la Théanthropie I, II, 1934/36; The Wisdom of God, 1937; Autobiographische Aufzeichnungen, 1956 (russ.); Philosophie des Namens, 1953 (russ.). - Über B.: L.A.Zander in: IKZ 36, 1946, 17-30 - Gott u. die Welt, 2 Bde, 1948 (russ.) - N.Lossky, History of Russian Philosophy, 1951 - B.Berdiajev, Selbsterkenntnis, 1953 (auch engl.) - V.Zenkovskij, Histoire de la Philosophie russe II, 1954[2]. - Vgl. auch Orient u. Occident, März 1936.

F.Lieb

Bulgaren, Mischvolk im heutigen → Bulgarien (6,5 Mill.) und in den angrenzenden Gebieten (0,3 Mill.) mit südslawischer Sprache. Die romanisierte thrakische Urbevölkerung wurde im 6. und 7.Jh. von einwandernden Slawen überlagert; 678 überschritten, von der unteren Wolga kommend, die finnisch-turktatarischen B. die Donau, bildeten das neue Herrenvolk, gingen aber bis zum 9.Jh. in der Bevölkerung auf. Aus politischen Erwägungen übernahm Chan Bogoris (= Boris I., 852-89) den christlichen Glauben; nach jahrelangem Schwanken zwischen Konstantinopel (Patriarch → Photius) und Rom (Papst → Nikolaus I.) schloß er sich 870 der morgenländischen (orthodoxen) Kirche an. Dies trug wesentlich dazu bei, daß sich das bulg. Volkstum auch während der osmanischen Herrschaft (14.Jh.) erhalten konnte. Nur ein geringer Teil der B. trat zum Islam über und nahm türkische Lebensformen an; einzelne Gruppen solcher »Pomaken« lebten bis etwa 1950 im Rhodope-Gebirge und im östlichen Mazedonien.

G.Buschan, Die B., 1907 - A.Ischirkoff, Bulgarien, Land u. Leute. 2 Bde, 1916/17 - Istorija na Bŭlgarija. T. 1, Sofija 1954.

Hans Koch

Bulgarien. Seit der 1. Hälfte des 2.Jt.s vChr von den indogermanischen Thrakern bewohnt, war B. in zahlreiche kriegerische und von jenseitsgläubiger Religiosität erfüllte Stämme gegliedert. Seit Gründung griech. Kolonien an den ägäischen und pontischen Küsten im 7.Jh. unter griech. Einfluß, seit dem 4.Jh. unter makedonischer Herrschaft, wird nach römischer Durchdringung seit dem 2.Jh. Mösien 6 nChr, Thrakien 46 nChr römische Provinz. Mösien, das Gebiet zwischen Haemus (Balkan-Gebirge) und Donau, wird von den Legionslagern an der Donau aus romanisiert, Thrakien, das Gebiet zwischen Haemus und Ägäis, von Süden her gräzisiert (Haemus als Sprachgrenze). Seit der Mitte des 3.Jh.s hat das Land unter Goteneinfällen zu leiden (267, 269, 280, 364, 378 [Schlacht bei Adrianopel], 395 [Alarich]); 447 erfolgt ein großer Hunneneinfall.

Seit Anfang des 6.Jh.s beginnen slawische Bauernscharen, geführt von einer türkischen Oberschicht (zunächst Kut[r]iguren, dann → Awaren), über die Donau vordringend sich anzusiedeln. Um 600 ist bereits das ganze Binnenland slawisch, nur die festen Plätze Philippopel und Serdika (Sofia) behaupten sich in oströmischer Hand. Saloniki wird vergeblich von den Slawen berannt. 679 gründen die über die Donau vordringenden türkischen Proto-Bulgaren (Urbulgaren) unter Chan Asparuch (Isperich) vom Steppengebiet der Dobrudscha aus einen Staat, unterwerfen das nordbulg. Tafelland und dringen über den Haemus in das Maritza-Gebiet vor (*erstes Bulgarisches Reich* 679-1018; Hauptstadt zunächst: Pliska [heute Aboba, bei Schumen], dann Preslav, schließlich Ochrid).

Das *Christentum* verbreitet sich seit dem 3.Jh. und erlangt zu Ende des 4.Jh.s die Herrschaft. Die griech. Bistümer Thrakiens unterstehen zunächst dem Metropoliten von Herakleia, dann (seit 381) dem Patriarchen von Konstantinopel, die lat. Bistümer Mösiens dem Patriarchat Rom. Durch die slawische Landnahme wird dieses Christentum vernichtet. Im 8.Jh. führen Handelsbeziehungen, christliche Sklaven, slawische und bulg. Söldner im oströmischen Heere zu Ansätzen eines neuen Christentums. Die häufigen Kriege zwischen → Bulgaren und Oströmern machen Missionierung unmöglich. Chan Krum (802-14) erobert Serdika (809) und Mesembria und dringt bis vor Konstantinopel vor (813). Unter seinem Nachfolger Omortag (814-31) beginnt die Oberschicht der türkischen Proto-Bulgaren zur slawischen Sprache der bäuerlichen Unterschicht überzugehen. Diese Verschmelzung zweier verschiedenvölkischer Elemente und die Herausbildung eines neuen Volkes, zu dem die slawische Unterschicht die Sprache, die türkische Oberschicht den Volksnamen »Bulgaren« beiträgt, wird beschleunigt und zum Abschluß gebracht durch den Sieg der Christianisierung. Chan Bo(go)ris I. (852-88) entscheidet sich für das Christentum, wobei politische Gründe mitbestimmend waren (865). Nach seinem Taufpaten, dem oströmischen Kaiser Michael III., nimmt er den christlichen Namen Michael an (bald auch den christlichen Herrschertitel »Zar«). Nach vorübergehender Hinwendung zur lat. Westkirche (Entsendung der Bischöfe Formosus von Porto und Paulus von Populonia durch Papst Nikolaus I., »Responsa Nicolai papae ad Bulgaros«) siegt 870 der byzantinische Einfluß endgültig. Die griech. Missionierung wird verstärkt durch die Schüler des hl. → Methodius, die, 885 aus Großmähren vertrieben, in B. Zuflucht und Wirkungsmöglichkeit finden (Klemens, Gorazd, Naum). Es entsteht eine kirchliche Hierarchie.

Dieses christlich gewordene Bulgarenreich erreicht den Höhepunkt politischer und kirchlicher Bedeutung unter dem Zaren Symeon d.Gr. (893-927), der zwar vergeblich den oströmischen Kaisertitel zu gewinnen sucht, aber die Errichtung eines bulg. Patriarchats erlangt. 972 erliegt Ost-B. dem byzantinischen Angriff und wird byzantinische Provinz. Der verbleibende westbulg. Reststaat mit der Hauptstaat Ochrid behauptet sich noch ein halbes Jh., dann gerät alles bulg. Land unter byzantinische Herrschaft (Fall Ochrids 1018). Der siegreiche byzantinische Kaiser Basileios II. »der Bulgarenschlächter« erkennt zwar die Autokephalie des Erzbistums Ochrid an, aber unter seinen Nachfolgern wird das bulg. in ein griech. Erzbistum umgewandelt.

Im 10.-14.Jh. ist die neumanichäische Sekte der → *Bogomilen* (→ Paulizianer) in B. weitverbreitet. Staat und Kirche bemühen sich vergeblich, diese Bewegung zu unterdrücken, deren Lehren als gemeingefährlich bekämpft werden.

1186 entsteht durch die von Tirnowo ausgehende Aufstandsbewegung der Brüder Peter und Asen das *zweite Bulgarische Reich* (1186-1393). Tirnowo wird staatliche und kirchliche Hauptstadt. Die Behauptung der staatlichen und kirchlichen Unabhängigkeit von Ostrom wird erleichtert durch die lat. Eroberung Konstantinopels (4. Kreuzzug 1204). Der nach 1204 gewaltig ansteigende lat. Einfluß veranlaßt den Zaren Kalojan (Joannicius; 1197-1207) zur Union mit dem Papsttum (1204 von einem Kardinallegaten gekrönt). Diese lose Union mit Rom dauert freilich höchstens bis 1235, als das bulg. autokephale Patriarchat von Tirnowo durch den ökumenischen Patriarchen des byzantinischen Nachfolgestaates von Nicäa anerkannt wird. Das bulg. Patriarchat besteht bis zur Eroberung des Landes durch die türkischen Osmanen. Die zwei bulg. Teilstaaten von Tirnowo und Widin erliegen 1393 und 1396 dem osmanischen Angriff. Das Patriarchat erlischt mit seinem letzten Patriarchen Euthymios von Tirnowo (1375-93), dem bedeutendsten slawischen Schriftsteller des 14.Jh.s.

Die Aufstände des 15.-17.Jh.s gegen die osmanische Herrschaft blieben ohne jeden Erfolg. Damals gehen die Reste der Bogomilen (Paulizianer) zum Katholizismus über. Im 17.Jh. gibt es in B. drei kath. Diözesen: Erzbistum Sofia (in Tschiprowetz), Erzbistum Marcianopolis (in Bacau), Bistum Nikopolis. Das Kirchentum der Bulgaren gerät seit dem 16.Jh. immer mehr unter griech. Einfluß. Im 18.Jh. werden die bulg. Bischofssitze fast ausschließlich mit griech. Prälaten besetzt. 1767 wird auch das Erzbistum Ochrid, das bis dahin noch ein gewisser Rückhalt für das bulg. Kirchentum war, dem Patriarchat Konstantinopel einverleibt. Erst zu Ende des 18.Jh.s beginnen sich die ersten Stimmen des bulg. Selbstbewußtseins gegen die griech. Überfremdung des kirchlichen, kulturellen und wirtschaftlichen Lebens zu regen. Die kirchliche und nationale Gegenbewegung kommt aus den Klöstern, die der Rückhalt des bulg. Volks- und Kirchenbewußtseins geblieben waren. Der bulg. Athos-Mönch Otez Paisi fordert in seiner »Slawisch-bulg. Chronik« (1762) seine bulg. Landsleute dazu auf, sich auf ihre große nationale Vergangenheit zu besinnen, die nicht geringer sei als die der Griechen. Der Bischof Sofroni von Wratza beschreibt seine leidvollen Kämpfe mit der türkischen Willkürherrschaft und mit der griech. Kirchenführung in einer unbeholfenen, aber gerade dadurch aufschlußreichen Selbstbiographie.

Von da ab wird die bulg. Kirchengeschichte zum Kampf zwischen dem herrschenden griech. Element, das die Bischöfe stellt, das Schulwesen beherrscht und von dem teilweise gräzisierten bulg. Bürgertum der Städte, den Βουλγαρόφωνοι Ἕλληνες, unterstützt wird, und dem vordrängenden Bulgarentum, das schließlich die Bischofssitze zurückgewinnt, ein bulg. Schulwesen aufbaut (1835 erste bulg. Schule in Gabrowo) und die Vorrangstellung griech. Sprache und Kultur in den Städten immer mehr zurückdrängt. Ermutigt durch die osmanischen »Reformen« (Tansimat) und unterstützt von den wohlhabenden bulg. Kaufleuten in Rumänien (Bukarest) und Rußland (Odessa) bricht der bulg.-griech. Kirchenkampf nach dem Krimkrieg in voller Leidenschaft aus. Da der ökumenische Patriarch unnachgiebig bleibt, betreibt eine bulg. Partei die Union mit Rom (1861). In Konstantinopel wird damals ein bulg. unierter Erzbischof eingesetzt, der freilich nur wenig Anhang gewinnt. Um den Streit zu beenden, begründet der Sultan durch Ferman am 12.3.1870 ein autonomes bulg. *Exarchat,* das das heutige B. sowie Mazedonien umfaßt. Der unter furchtbaren Grausamkeiten niedergeworfene bulg. Aufstand führt zum russisch-türkischen Krieg (1877/78) und zur Gründung eines selbständigen bulg. Staates (Frieden von San Stefano, Berliner Kongreß 1878). 1908 nimmt der bulg. Fürst Ferdinand (von Sachsen-Coburg-Kohary) den Zarentitel an.

Das seit 1870 währende Schisma mit Byzanz fand 1945 mit der Anerkennung der Autokephalie der bulg.-orth. Kirche sein Ende. Es kam nicht zu einem Kirchenkampf nach Einführung der kommunistischen Herrschaft. Die Kirche fügte sich, als durch das große Kirchengesetz vom 24.2.1949 die Trennung von Staat und Kirche erklärt wurde. Die orth. Kirche in B. blieb »demokratische Volkskirche«. Der am 25.2.1949 gegen Pastoren und Mitglieder der Vereinigten Ev. Kirche angestrengte Spionageprozeß rief den Protest der Westmächte hervor. Auf dem großen Kirchenkonzil vom Mai 1953 wurde die Patriarchenwürde wiederhergestellt und die nach dem Grundsatz des → Ssobornost gestaltete neue Verfassung bekanntgegeben. – Die bulg.-orth. Kirche ist in 11 Diözesen eingeteilt, besitzt etwa 3500 Kirchen und Kapellen mit nur etwa 2300 Pfarrpriestern, wobei auch Mönche zur weltlichen Seelsorge mitherangezogen werden. 75% der Bulgaren gehören zur orth. Kirche, über 600 000 sind türkische und 120 000 bulg. Mohammedaner, etwa 40 000 römische Katholiken, 25 000 armenische Christen, etwa 20 000 Protestanten und ebensoviel Juden.

Gesamtdarstellungen: D.Cuchlev, Gesch. der bulg. Kirche I, Sofia 1910 (bulg.) - V.N.Slatarski u. N.Staneff, Gesch. der Bulgaren 2 Bde, 1917/18 - I.Snegarov, Gesch. des Erzbistums Ochrid, 2 Bde, Sofia 1914/31 (bulg.) - Ders., Kurze Gesch. d. gegenwärtigen orth. Kirchen II, Sofia 1946, 1-91 (Die bulg. Kirche; bulg.) - DHGE X, 1938, 1120ff (Lit.) - B.Spuler, Die Gegenwartslage der Ostkirchen in ihrer völkischen u. staatlichen Umwelt, 1948.

Einzelne Perioden und Probleme: G.I.Kacarov, Beiträge zur Kulturgesch. der Thraker, Sarajevo 1916 - V.Beševliev, Griech. u. lat. Quellen über die Religion der Urbulgaren, Sofia 1930 (bulg.) - St. Runciman, A history of the first Bulgarian Empire, London 1930 - H.Gelzer, Der Patriarchat von Achrida, 1902 - V.N.Zlatarski, Prima Justiniana im Titel des bulg. Erzbischofs von Achrida (ByZ 30, 1929/30, 484-489) - H.Koch, Byzanz, Ochrid u. Kiev 987-1037 (Kyrios 3, 1938, 253-292) - D.Angelov, Der Bogomilismus in B., Sofia 1948 (bulg.) - A.Schmaus, Der Neumanichäismus auf dem Balkan (Saeculum 2, 1951, 271-299) - E.Werner, Neue Lösungsversuche des Bogomilenproblems (WZ Leipzig 4, 1954/55, 369-373) - P.Petrov, Die Union zwischen B. u. der röm. Kirche 1204 u. der 4. Kreuzzug (Istor. pregled 11, Heft 2, 1955, 35-37; bulg.) - A.Hajek, B. unter der Türkenherrschaft, 1925 - Th.H.Papadopoullos, Studies and documents relating to the history of the Greek church and people under Turkish domination, Wetteren 1952 - I.Dujčev, Il cattolicesimo in Bulgaria nel sec. XVII secondo i processi informativi sulla nomina dei vescovi cattolici, Rom 1937 - St.Zankow, Die Verfassung d. bulg.-orth. Kirche, Zürich 1918 - Ders., Die Verwaltung d. bulg.-orth. Kirche, 1920 - Ders., Die bulg.-orth. Kirche seit der Befreiung B.s bis zur Gegenwart, Sofia 1939 (bulg.) - EKL I, 611ff. *G.Stadtmüller*

Bulgaris, *Eugenios* (1716-1806), orthodox-anatolischer Theologe, * auf Korfu, † in Petersburg. B. begann mit seiner Lehrtätigkeit in Janina und Kozani, war 1753 bis 1759 Direktor der 1749 gegr. Athosakademie bei Watopedi. Er verband hellenischen Geist mit westlicher Aufklärung, mußte aber den Intrigen der wissenschaftsfeindlichen Mönche weichen, leitete die Patriarchatsschule in Konstantinopel, studierte 1763 in Leipzig und Berlin und wurde, von Friedrich II. an Katharina II. empfohlen, von dieser zum Erzbischof von Cherson gemacht. Er resignierte 1801 und lebte dann im Alexander-Newski-Kloster. → Athos, 1.

Hg. der Werke des → Theodoret von Kyros, 5 Bde, 1768-75, u. des → Joseph Bryennios, 3 Bde, 1768-84; zahlr. Übersetzungen. Vf. u.a. 'Ορθόδοξος ὁμολογία, 1767; Θεολογικόν (hg. 1872). - Über B.: Ph.Strahl, Das gelehrte Rußland, 1828, 444ff - A.Papadopoulos Vretos, Biographie de l'Archevêque. B., Athen 1861 - RE V, 588ff - DHGE X, 1938, 1195ff - R.Pabel, Athos, 1940, 149f. *(K.Beth) Ernst Wolf*

Bull, *George* (1634-1710), anglikanischer Bischof, führender Vertreter des älteren → Anglokatholizismus (der in England häufig → Caroline Divines genannten Gruppe), * Wells, seit 1658 Pfarrer an verschiedenen Orten, 1704 Bischof von St. Davids. Seine Harmonia Evangelica (1669/70) versuchte die paulinische Rechtfertigungslehre durch den Jakobusbrief zu interpretieren und brachte ihm den Vorwurf des Sozinianismus ein. Als Antwort verfaßte er die Defensio Fidei Nicaenae (1680, gedr. 1685), die ihm europäische Anerkennung, besonders auch von → Bossuet, eintrug, weil er den trinitarischen Gottesglauben als bereits vornicänische Überzeugung gegen → Petavius und → Episcopius erwies. Die kirchengründende Bedeutung des Glaubens an die Gottheit Jesu Christi behandeln das Judicium Ecclesiae Catholicae (1694) und De primitiva et apostolica traditione dogmatis de Jesu Christi Divinitate 1703. Bossuets röm.-kath. Werbung wies er mit dem einflußreichen Traktat »The Corruptions of the Church of Rome« (1705) zurück.

Opera omnia annotata, hg.v. J.E.Grabe, London 1703; Works, 7 vols, Oxford 1827; Works (Library of Anglo Catholic Theology) 5 vols, Oxford 1842-45. - R.Nelson, The Life of Dr. G.B., 1714 - W.H.Teale, Lives of English Divines: Bishop B., 1846 - W.P.Warburton, Bishop B., The primitive Preacher, 1878 - DNB III, Neudr. 1949/50, 236ff. *M.Schmidt*

Bullarien sind Sammlungen von päpstlichen Erlassen, überwiegend → Bullen, seit der 2. Hälfte des 16.Jh.s meist von privater Seite veranstaltet. Authentischen Charakter tragen nur der 1. Bd des Bullariums Benedikts XIV. 1746 (Bde 2-4: 1757ff) und die röm. Ausg. der Acta Pii X (4 vol. 1904/09; bis zum Beginn der Acta Ap. Sedis). Privatsammlungen: L.Cherubini, 3 vol., 1586, bis 1697 fortgesetzt; Magnum Bullarium Romanum, 1724ff., von Ch. Coquelines u.a. fortges. bis Gregor XVI., 1834; A.Tomasetti, Bullarium Taurinense, 24 vol., Turin 1857ff. Es gibt auch Sonder-B. für Orden (Bullarium Cassinense für Benediktiner, Franciscanum, Ordinis Praedicatorum u.a.), für Bistümer und Missionsländer.

RE III, 391f - CathEnc III, 48ff - J.P.Sägmüller, Lehrbuch I, 1925^4, 252f - DDC II, 1121ff. *H.E.Feine*

Bulle (auch → Litterae apostolicae, sub plumbo genannt): feierlichste Form päpstlicher Erlasse, angewandt für Akte von größerer Allgemeinbedeutung, zB für Dogmenverkündung (»Munificentissimus Deus« vom 1.11. 1950 [→ Mariologie]), Kanonisation (»Litterae Decretales«), allgemeine päpstliche Gesetze, Errichtung, Veränderung und Besetzung von Konsistorialbenefizien (Kirchenprovinzen, Bistümern usw), Errichtung von Orden und ähnliche Akte (→ Konstitution). Die B. hat ihren Namen von der Kapsel (bulla), die das in Blei (selten in Silber oder Gold) gegossene, mit Hanf- oder Seidenschnüren an dem starken Pergament befestigte Papstsiegel birgt, das den Papstnamen, rückseits die Köpfe der Apostelfürsten Petrus und Paulus trägt. Heute begnügt man sich meist mit dem Aufdruck des großen Kanzleisiegels in rotem Wachs. Die Ausfertigung erfolgt in der päpstlichen Kanzlei, für einfache Benefizien durch die Datarie. Die B. beginnt mit Namen und Titel des Papstes (ohne Ziffer: »Pius episcopus servus servorum Dei«). Es folgt der Segensgruß an den Adressaten oder, wenn an die Allgemeinheit gerichtet: »Ad perpetuam rei memoriam«. Die Sprache ist durchweg lateinisch, die Ausdrucksweise feierlich. Unterzeichnet wird die B. vom Kard.-Kanzler, vom zuständigen Amtsleiter und von zwei apostolischen Notaren. Nur die besonders feierlichen »Konsistorialbullen«, insbesondere dogmatische B.n und »Litterae Decretales«, werden vom Papst selbst und von den anwesenden Kardinälen unterschrieben. Zitiert wird die B. nach den Anfangsworten (der Arenga, Einleitung), zB »In coena Domini« (Abendmahlsbulle).

RE III, 51ff - CathEnc III, 52ff - ERE I, 891 - DDC II, 1126ff - Eichmann-Mörsdorf I, 45f. *H.E.Feine*

Bullinger, *Heinrich* (1504-75), * zu Bremgarten im schweizerischen Freiamt, als jüngster Sohn des gleichnamigen Dekans. Nach erster Schulung in der Vaterstadt kam der Zwölfjährige zur weiteren Ausbildung zu den → Brüdern vom gemeinsamen Leben in Emmerich am Niederrhein und lag dann in Köln humanistischen Studien ob. Erasmus begeisterte ihn. B. vertiefte sich in die Kirchenväter, die Bibel. Luther und Melanchthon leiteten ihn zum evangelischen Glauben. So gesinnt, wurde er in der Heimat Lehrer an der Klosterschule zu Kappel, predigte und wirkte bis in die Innerschweiz hinein. Mit → Zwingli, der bald sein Freund und Berater wurde, nahm er unter der Zürcher Abordnung an der Disputation von Bern (1528) teil. Als Nachfolger seines Vaters in Bremgarten (1529) wurde B. nach Zwinglis Tod (1531) als Leiter der Zürcher Kirche berufen. Ihm ist es weitgehend zu verdanken, daß sie sich so rasch von der Kappeler Niederlage erholte. Mit ruhiger Festigkeit wehrte er der kath. Reaktion, bekämpfte die Wiedertäufer, behauptete aber auch die Freiheit des Predigtamtes der Obrigkeit gegenüber. Der Kirche gab er eine Prediger- und Synodalordnung. Das Schulwesen wurde erneuert. Wie als Prediger, so zeichnete sich B. vor allem als Seelsorger - besonders auch in Pestzeiten - aus (seine Schrift »Quo pacto cum aegrotantibus ac morientibus agendum sit«). Unzählige Refugienten, u.a. 1555 aus Locarno, Evangelische in Frankreich und England und anderswo, erfuhren seine Fürsorge. Seine Schriften trösteten die unglückliche Jane Gray. B.s Korrespondenz, mit ca 12000 Briefen (nur zum kleineren Teil veröffentlicht) gilt als die umfangreichste aller Reformatoren. Seine Zürcher Chronik (darin die Reformationsgeschichte) und Tagebuch-Aufzeichnungen zeigen ihn als beachtlichen Historiker. Bedeutend ist B. als Theologe, Unionist und Konfessionsmann. In seiner Lehre vom → Abendmahl (: II, 3a) gelangt er, bei allen Versuchen, die zwinglische Deutung festzuhalten, doch zur Betonung einer objektiveren Gegenwart des erhöhten Herrn. Zerschlugen sich auch die Unionsverhandlungen zwischen den Deutschen und Schweizern, wobei jene sich in der Wittenberger Konkordie und diese im 1. Helvetischen Bekenntnis (1536) fanden, so glückte immerhin im Consensus Tigurinus (1549) hinsichtlich der Abendmahlsfrage die Einigung der Zürcher mit der Genfer Kirche. B. hat das Verdienst, den Zwinglianismus der calvinischen Universalkirche angenähert zu haben. Durch sein zuerst als Privatrechenschaft verfaßtes, aber dann von Friedrich III. von der Pfalz veröffentlichtes Bekenntnis, das von der Schweizerkirche als Confessio helvetica secunda od. posterior (1566), von Basel offiziell erst 1642, aber auch von den französischen, schottischen, polnischen und ungarischen Reformierten als solches angenommen und von den meisten andern ref. Kirchen doch hochgeschätzt wurde, ersteht B. vor uns als ein wahrer Vater der ref. Kirchen und gewinnt ökumenisches Gewicht. → Bund: IV.

Vf. u.a.: Zürcher Chronik, hg.v. J.Hottinger u. H.Vögeli, 3 Bde, 1838ff; Diarium, hg.v. E.Egli, 1904; Das 2. Helv. Bekenntnis (dt. hg.v. R.Zimmermann u. W.Hildebrandt, 1936). - Über B.: C.Pestalozzi, H.B. Leben u. ausgewählte Schriften, 1858 (immer noch brauchbar) - RE III, 536ff; XXIII, 286 (Lit.) - G.v.Schulthess-Rechberg, H.B. der Nachfolger Zwinglis, 1904 - E.Dollfuss-Zodel, B.s Einfluß auf das zürchersche Staatswesen von 1531-75, 1931 - A.Bouvier, H.B. d'après sa correspondance avec les réformés et les humanistes de langue française, 1940 - F.Blanke, Der junge B., 1942 - Zwingliana 8, 1945, 141-167; 9, 1949, 1-16; 10, 1954, 1-60. 97-108 u.a. über B.s Briefsammlung - W.Hollweg, H.B.s Hausbuch, 1956 - P.Walser, B.s Lehre von der Prädestination, 1956.

O.E.Strasser

Bultmann, *Rudolf,* ev. Theol., * 20.8.1884 in Wiefelstede (Old.), 1912 PDoz. für NT in Marburg, 1916 ao. Prof. in Breslau, 1920 o. Prof. in Gießen, 1921 in Marburg. B. analysierte den Stoff der synoptischen Evangelien im Blick auf seine → Formen und Gattungen (: II). Im Unterschied zu der heute aufkommenden Rahmenexegese ist B. mehr auf das Originelle in der Tradition bedacht (Jesus; johann. Schriften). Theologisch macht B. die zentralen Motive des paulinischen (und johanneischen) Denkens für die Erforschung des Urchristentums fruchtbar. Die stark an S. → Kierkegaard orientierte Philosophie des frühen M. → Heidegger führte B. zu der Forderung einer existentialen Interpretation der nt. Texte, des weiteren zu dem viel diskutierten Programm der → Entmythologisierung der nt. Verkündigung. B. will so die paulinisch-lutherische Rechtfertigungslehre »für das Gebiet des Erkennens« durchführen. Wie der christliche Glaube zu profanen Werken befreit, so verlangt seine Verkündigung wache Intelligenz, überlegte Liebe. Ein sacrificium intellectus erniedrigt den Glauben zum Werk und hebt die Identität von Grund und Inhalt des Glaubens auf. Nicht ein anderer Text, nicht die Eliminierung mythologischer Vorstellungen des NT ist erforderlich, sondern deren sachgemäße Interpretation. Die existentiale Interpretation befragt die urchristlichen Texte nach dem in ihnen wirksamen Selbstverständnis. Sie macht deutlich, was für ein Geschehen jeweils Glauben fordert und ermöglicht. Der christliche Glaube ist weder ein Weltanschauungen entwerfender Willensakt, noch blinder Gehorsam gegenüber metaphysisch bedingten, angeblich historischen Sätzen, sondern ein Verhalten, das Gottes Tun praktisch gelten läßt und zur Geltung bringt. Gottes Tun hat sich im NT als ein Wort verständlich gemacht, das den vorher an seine eigenen Werke ausgelieferten Menschen von sich selbst befreit, damit er vor Gott zu leben lerne. B. bezeichnet die eschatologische Seinsweise des Christen als »Entweltlichung« (1Kor 7, 29-31): Rechtfertigung ist schon Heiligung und umgekehrt. Ebenso sind Kreuzigung und Auferstehung Jesu als Einheit aufzufassen: wie der Glaubende nur im Wort zur »neuen« Kreatur geworden ist, so ist Jesus ins Wort auferstanden (2Kor 5, 18f). Das eschatologische Wunder der Offenbarung Gottes darf nicht auf verschiedene Zeiten verteilt werden, sondern will streng als das *eine* Ereignis der Begegnung mit Gott verstanden sein (Joh 5, 24f). Weil dieses Ereignis in Jesus Christus kam, wird Jesus Christus im NT als dieses Ereignis verkündigt; aber daß das Ereignis in Jesus Christus kam, kann nur der Glaube sagen und wissen. Die nt. Theologie kreist deshalb um die Frage, wie sich der Glaube an Jesus Christus zum historischen Jesus verhält. Der historische Jesus ist als Grund des Glaubens erkannt, wenn er und weil er zum Inhalt des Glaubens geworden ist. Dann ist Gottes Tat in Jesus als Gottes Wort für uns erfaßt. So ruft Gott den Menschen in die Eigentlichkeit, in das Sein des Hörenden, in die Entscheidung (2Kor 2, 17). Der Glaubende hat in Jesus Gottes Wort als Grund seiner eigenen Existenz gewählt. Ihm wird die Zukunft zur Möglichkeit, die eigene Vergangenheit preiszugeben, weil er jetzt selbst zur Zukunft gehört. - Vgl. → Bibelwissenschaft: II, 6, → Hermeneutik.

Hauptwerke: Die Gesch. der synoptischen Tradition (FRLANT NF 12), (1921) 1957³; Jesus, (1926) 1951²; Das Evangelium des Johannes (MeyerK II [10] 14), (1941) 1956; Das Urchristentum im Rahmen der antiken Religionen, (1949) 1954²; Theologie des NT, (1953) 1954². - Ges. Aufsätze: Glauben u. Verstehen I, (1933) 1954²; II, 1952 - Marburger Predigten, 1956. - Ferner: Festschr. R.B., 1949; Nt. Studien für R.B. (BZNW 21), 1954. - Bibliographie: CN 8, 1944 u. ThR NF 22, 1954, 3-20. - Vgl. zur Diskussion: Kerygma u. Mythos, hg.v. H.W.Bartsch, I, (1948) 1954³; II, 1952; III, 1954; IV, 1955; V, 1955; Beiheft zu I. II, 1954. - Ferner: K.Barth, R.B. (ThSt[B] 34), 1952 - F.Gogarten, Entmythologisierung u. Kirche, 1954¹·² - E.Fuchs, Hermeneutik, 1954 - H.Ott, Gesch. u. Heilsgesch. in der Theologie R.B.s, 1955 - J.Macquarrie, An Existentialist Theology, A Comparison of Heidegger and B., 1955 - G.W.Ittel, Der Einfluß der Philosophie M.Heideggers auf die Theol. R.B.s (KuD 2, 1956, 90-108) - P.Löffler, Selbstbewußtsein u. Selbstverständnis als theol. Prinzipien bei Schleiermacher u. B. (ebd 304-314) - R.Marlé SJ, B. et l'interprétation du NT, Paris, 1956 - J.Körner, Eschatologie u. Gesch., 1957.

E.Fuchs

Bund

I. Religionsgeschichtlich - II. Im AT - III. Im NT - IV. Föderaltheologie, dogmengeschichtlich - V. Alter und Neuer Bund, dogmatisch

I. Religionsgeschichtlich

Die Schließung eines B.es stellt den Versuch dar, einen durch Blutsverwandtschaft (→ Blut) bestimmten Menschenkreis durch Aufnahme neuer Glieder zu vergrößern, um seine Zukunft zu sichern, seine Abwehrkraft (→ Blutrache) wie seine wirtschaftliche Lage zu stärken.

Die verbreitetste Form des B.es ist die → Ehe in ihren mannigfachen Gestaltungen. In der Regel wird - abgesehen von der vielleicht nirgends urtümlichen Raubehe - nicht nur die Frau in den Verband des Mannes (Patriarchat) bzw. der Mann in den Verband der Frau aufgenommen (→ Mutterrecht), sondern es wird eine → Familie nach außen abgeschlossen (Geschwisterehe), eine bereits bestehende Verbindung zwischen verwandten Sippen oder Ständen (Endogamie, Tauschheirat) oder auch zwischen nicht verwandten, aber auf andere Weise (→ Totemismus) verbundenen Gruppen (Exogamie) gestärkt. Der Charakter der Ehe als B. der Sippen kann sich in der Blutracheverpflichtung der beiderseitigen Männer auswirken. Er kann sich aber auch auf die Zahlung eines Brautpreises an die Sippe des Mädchens beschränken (Kauf-, besser Abfindungsehe). Er spiegelt sich im Sprachgebrauch der »klassifikatorischen« Verwandtschaftsordnungen mit seinem »Mangel an Unterscheidungen von linearen und kollateralen Verwandten« (Günther 89).

Religionsgeschichtlich nicht minder bedeutsam ist die *»künstliche Verwandtschaft«* (Kohler; Thurnwald: »künstliche Bruderschaft«), die namentlich bei den Südslawen eine große Rolle spielt. Sie kommt vor allem durch Blutzeremonien, aber auch durch andere Riten (Waffen-,

Kleider-, Namen-, Frauentausch, Bestreichen mit → Speichel u.a.m., auch gemeinsame → Beschneidung und andere Zeremonien der Männerweihe) zustande. Bisweilen bindet die künstliche → Bruderschaft nur die beiden sie Eingehenden, die miteinander »identisch« werden (MacCulloch), bisweilen auch ihre Stammesgenossen. In diesem Falle umschließt sie die Blutrachepflicht und schafft Ehetabus analog den bei leiblichen Geschwistern bestehenden, im Gegensatz zu der nur die Deszendenten tabuierenden Milchbruderschaft. Bei Verheiratung eines »Bruders« erlischt sie, wie analog die Adoption, bei der künstliche Verwandtschaft durch einseitigen Willensakt hergestellt wird, nach langobardischem Recht erlischt, wenn dem Adoptierenden nachträglich ein legitimer Sohn geboren wird. Die künstliche Verwandtschaft kann den legitimen Zielen der Individuen innerhalb ihrer Gesellschaft (aber auch der Homosexualität innerhalb des Männerbundes) und dem Schutz der Gesellschaft nach außen gelten. Sie eignet sich aber auch dazu, als Geheimbündelei revolutionären Zielen zu dienen, ein Verdacht, der sich allzuleicht gegen jeden Geheim-B. richtet (→ Freimaurerei). Das bekannteste antike Beispiel ist die durch Trinken von Menschenblut »geheiligte« Verschwörung des Catilina (Sallust, Coni. Cat. 22). Auch an die Selbstbezeichnung der Glieder der sich aus größeren Religionsgemeinschaften ausklammernden »Sekten« als »Brüder« und »Schwestern« mag erinnert werden.

Die künstliche Verwandtschaft bildet nun auch die Grundlage für den *politischen B.* zwischen Stämmen und Völkern. Der B. zwischen Radamistus und Mithridat kommt durch gegenseitiges Trinken des in den Armen aufgestauten und levi ictu zum Fließen gebrachten Blutes zustande (Tac., Ann. XII 47, vgl. den skytisch-hellenischen Friedensschluß bei der durch Thales vorhergesagten Sonnenfinsternis, Her. I 74). Sie werden durch → Eid und Fluch (→ Segen) unter Anrufung der (beiderseitigen) Götter gesichert und durch Opfermahle geweiht, bei denen auch sympathetischer Zauber eine Rolle spielen kann (Vertrag Aššurniraris VI. mit Mati'ilu, AfO 8, 1932/33, 17ff). Der Zweck des B.es ist nach außen gemeinsame Abwehr oder auch Angriff (Wanderung), nach innen »Friede« zur gemeinsamen Gottesverehrung (Amphiktyonie), gemeinsame Rechtssicherung (Weiderechte, Marktordnung, → Asylrecht und ihre Begrenzung, zB für flüchtige Sklaven). Das Connubium, vor allem unter den herrschenden Familien, kann solchen politischen B. bekräftigen. Zu den hethitischen Staatsverträgen → Bund: II.

J.Kohler, Studien über künstliche Verwandtschaft (Zeitschr. f. vgl. Rechtswissenschaft 5, 1884, 415-440) - L.T.Hobhouse, Morals in Evolution, (1906) 1923⁴ - ERE II, 857ff (P.J.Hamilton-Grierson); IV, 206ff (J.A.MacCulloch) - W.Wundt, Elemente der Völkerpsychologie, 1913 - RLV II, 189ff; IV/1, 116ff (R.Thurnwald) - B.W.Aginsky, Kinship systems and the forms of marriage, 1935 - H.F.K.Günther, Formen u. Urgesch. der Ehe, (1940) 1951³ - H.Tegnæus, Blood-brothers (Statens etnografiska Museum NS 10), Stockholm 1952.

J.Hempel

II. Im AT

Entgegen der von J.Pedersen begründeten Auffassung, der B. (hebr. b^erît) sei »das gegenseitige Verhältnis der Zusammengehörigkeit mit allen Rechten und Pflichten, welche dieses Verhältnis für die Beteiligten mit sich führt«, hat J.Begrich auf Grund vor allem von Jos 9, 6. 11; 1Sam 11, 1; 2Sam 3, 12; 1Kön 20, 34 einen älteren, vielleicht genuin israelitischen Sprachgebrauch ermittelt: »b^erît bezeichnet ein Verhältnis, in welches ein Mächtiger einen minder Mächtigen zu sich setzt und welches näher durch die dem Empfänger gegenüber eingegangene Bedingung und den Akt der Inkraftsetzung gekennzeichnet wird. Irgendeine aktive Bedeutung des Empfängers wird von dem Begriff nicht eingeschlossen.« Er hätte sich darauf berufen können, daß auch in den hethitischen Staatsverträgen der Großkönig der allein zu dem rein passiven Partner Sprechende ist, der zur Einhaltung des Vertrages ermahnt und durch Gottesflüche bewogen werden soll. Selbst das hethitische Exemplar des Vertrages zwischen Hattušil und Ramses II. ist als Worte des letzteren stilisiert. Abweichend aber von dem von Begrich für das ältere Israel Erarbeiteten werden die Verpflichtungen dem Empfänger auferlegt, während sich der Gewährende auf allgemeine Treuversprechen beschränkt. Immerhin ist durch diese Zusage der »Suzeränitätsvertrag« (Mendenhall) dem zweiseitigen Vertrag zwischen Gleichen angenähert, bei dem die Verpflichtungen der Kontrahenten materiell verschieden sein können, aber gleiche bindende Kraft besitzen. Endlich hat Noth auf einen Mari-Brief aufmerksam gemacht, in dem ein Dritter einen B. zwischen zwei Menschengruppen stiftet, ohne daß über die gegenseitigen oder einseitigen Verpflichtungen etwas ausgesagt würde.

Diese vier Formen des B.es finden sich auch in Israel, wobei die etymologische Grundbedeutung von b^erît noch immer unsicher ist (Nielsen). Die blutmäßig nicht einheitlichen Stämme mit ihrer unterschiedlichen Vorgeschichte und dazu das ihnen angeschlossene »Pöbelvolk« (Ex 12, 38; Num 11, 4) müssen durch B.esschlüsse als *das* Mittel, »Brüder« zu werden, untereinander zunächst zu kleineren, dann aber zu der umfassenden großisraelitischen Eidgenossenschaft der Zwölfstämme-Amphiktyonie (Noth) zusammengeschlossen worden sein. In der Überlieferung sind sie überdeckt durch den B., dessen Partner und nicht nur Garant Jahwe, vielleicht in Analogie zu dem B.esbaal bzw. B.esgott von → Sichem (Ri 8, 33; 9, 4. 46) und sumerischen wie sabäischen Parallelen (ThW II, 12) ist. Gen (21, 27;) 31, 44 zeigt den zweiseitigen, Jos 9, 15 den einseitigen B. mit alleiniger Bindung des Mächtigeren (vgl. auch Jes 28, 15; Jer 34, 18), während in dem von Israel erbetenen B. mit Assur mindestens die überwiegende Verpflichtung auf seiten des schwächeren Staates gelegen haben muß (Hos 7, 11; 12, 2). Durch das System der Vorleistungen des an Macht Geringeren (2Sam 3, 13) wird seine Bindung, bei formeller Festhaltung des Überlegenen als des Gewährenden, unterstrichen. Bei dem von Jahwe zwischen Israel und der Natur geschlossenen B. (Jos 2, 20 Wolff) liegt die Bindung auf seiten der letzteren.

Die gemeinsame Wurzel dieser Mannigfaltigkeit liegt in der im AT noch durchscheinenden, vor aller rechtlichen Schematisierung wirklichen Gemeinschaft des »Lebens« und des »Segens«, in der der Schwächere Anteil an der »Macht« des Stärkeren gewinnt oder beide Partner einander gegenseitig Anteil an ihrer »Macht« geben. Daher werden sie »Brüder« (Am 1, 9; vgl. Gen 31, [46.] 54, sachlich auch Gen 34, 15. 22). Zwischen ihnen herrscht »Friede« (šalôm vgl. [Num 25, 21]; Jes 54, 10 sowie Ps 55, 11 gegenüber Hi 5, 23), Sicherheit (bætāḥ Ez 34, 25; Hos 2, 20) und »Treue« (ḥæsæd Dtn 7, 9; 1Sam 20, 5, 'æmæt Jes 51, 8; vgl. 'æmûnā Ps 89, 34). Eine Schädigung des anderen Partners, vor allem seine Versklavung (Am 1, 9) oder ein Anschlag auf sein Leben (Gen 26, 28f; Jos 7, 16; [Ps 55, 21]) ist ausgeschlossen. Der Gemeinschaftscharakter des B.es kommt zum Ausdruck in den beim Abschluß getätigten Zeremonien: Handschlag (Ez 17, 18; vgl. 2Chr 30, 8), Hingabe der Kleider oder anderer Geschenke (Gen 21, 27. 30; 33, 8ff; 1Sam 18, 3f), den Kuß (2Sam 14, 22), vor allem durch das gemeinsame Mahl (Jos 9, 14; vgl. Gen 26, 30; 31, 46. 54 [Ex 24, 11]), wobei das Salz eine Rolle spielt (Num 18, 19; Esr 4, 14; 2Chr 13, 9; vgl. Lev 2, 12). Als

Gemeinschaft umspannt der B. auch die kommenden Generationen (vgl. 1Sam 20, 14 und den Terminus »Ewiger B.«). Er ist so sehr eine Einheit, daß das Versagen gegenüber nur *einer*, vielleicht nicht einmal zentralen Bestimmung (Jos 7, 1) durch ein einzelnes Glied den bei seinem Abschluß angerufenen Gott oder den Fluch in Bewegung setzt (Dtn 27, 26 MT^{Var}, vgl. Gal 3, 10; Jak 2, 10), den vor allem der Mächtigere durch das Hindurchschreiten zwischen gehälfteten Tieren (Gen 15, 17; Jer 34, 18) auf sich nimmt (daher karăt b^e^rît = griech. ὅρκια τέμνειν bzw. nur karăt 1Sam 11, 2; 22, 8, auch außerisraelitisch; im aram. Bereich s. BASOR 76, 1939, 5-11), wobei b^e^rît das zerlegte Tier bedeuten kann (Quell, Vogt). Er wird verstärkt durch Abschluß an heiliger Stätte (2Sam 5, 2; 2Kön 11, 4; [Jer 34, 15]) mit Anrufung Gottes oder der Götter als Zeugen und Richter (Gen 31, 50ff), beim Opfer (Ps 50, 5) und unter Blutzeremonien (Ex 24, 8; Sach 9, 11).

Alle vier Typen begegnen nun auch für das Verhältnis von Jahwe und Israel oder auch von Jahwe und der Welt. Stets ist Jahwe der den B. in einem konkreten Augenblick der Geschichte durch einen von ihm selbst bestimmten Mittler, durch Moses (für die Endzeit durch den Gottesknecht Jes 42, 6; 49, 8), stiftende oder auch ohne Mittler einem einzelnen Menschen (David) oder den Exulanten (Ez 37, 26) Gewährende. Nur dort, wo der bestehende B. erneuert, erweitert oder konkretisiert wird (Jos 24, 25; 2Kön 23, 3 = 2Chr 34, 31; 2Chr 29, 10; Esr 10, 3; Neh 10, 1), erscheint der Vertreter der Stämme bzw. des Staates als der den B. Schließende (Ausnahme Jer 50, 5). Wo es sich aber um den B. mit dem »Falschen« Gott handelt, liegt die Initiative beim Volk (Ex 23, 32; vgl. Jes 28, 15), analog dem B. mit fremden Völkern (Ex 34, 12 u.ö.). Die Einzelheiten hingegen sind variabel. Der von P benutzte Ausdruck »den B. aufrichten« (heqîm) läßt Gott als den allein sich Bindenden heraustreten, vor allem bei dem B. mit allem Lebenden, bei dem es trotz der formellen Gewährung an Noah kein die »Gesellschaft« vertretendes Organ gibt (Gen 9, 8ff; vgl. Jer 33, 20ff). Auch in dem B. mit Abraham und den Vätern (Gen 17, 4; Ex 2, 24 u.ö.), mit Levi (Mal 2, 8; Neh 13, 29) und mit David (Ps 89, 20ff; vgl. 2Sam 7, 8ff; 23, 5; Jes 55, 3) ist trotz der Bedingtheit der Verheißung bei dem letzteren Jahwe der allein Stiftende (Terminus śam [setzen], natăn [geben]), aber in der Wendung »zwischen mir und dir« (Gen 17, 7; doch Num 25, 21 »ich schenke ihm meinen B.«) kündigt sich doch die Zweiseitigkeit an, die in Voranstellung der Bedingung und ihrer Übernahme *vor* dem B.esschluß selbst (Ex 19, 5f) und in der Betonung des doppelseitigen Vater-Sohn- (2Sam 7, 14) und Gott-Volk-Verhältnisses weitergreift. Doch bleibt sachlich die Initiative – ebenso wie bei der gleichfalls als »B.« bezeichneten → Ehe (Mal 2, 14; vgl. Spr 2, 17) – bei dem »Vater«, wie ja auch der parallele Ausdruck der »Erwählung« die Passivität des Volkes kennzeichnet (Dtn 7, 7ff). Je mehr aber der Nachdruck auf die im Gesetz zu erfüllenden Bedingungen, auf die »B.esworte« (zB Ex 34, 28; Dtn 28, 69), das → »Bundesbuch« (Ex 24, 7) oder die »B.estafeln« (Dtn 9, 11) in der »B.eslade« (Jer 3, 16; vgl. Dtn 10, 2; 2Chr 6, 11), auch auf die B.eszeichen der → Beschneidung oder des → Sabbat fällt, desto näher kommt der B. Jahwes mit dem Volk den erwähnten Suzeränitätsverträgen. Ist doch auch seine Verheißung, Israels Gott zu sein wollen, weniger konkretisiert (etwa in der Landzusage Gen 15, 7ff und der Sicherung der Daviddynastie) als die ins einzelne gehenden Verpflichtungen des Volkes. Sie werden zudem durch ihre Verlesung bei den B.esfesten (Alt, Weiser) unterstrichen, wenngleich die im Kult sich vollziehende Theophanie, in den Sinaiperikopen mythisch gesteigert, auch hier den Primat des Gotteshandelns sichert. Vollends tritt in der endzeitlichen Erwartung des »Neuen B.es« die alleinige Veranlassung wie die Bestimmung des Empfängers durch Jahwe und die durch ihn selbst sichergestellte Erfüllung durch den Partner wieder scharf heraus (Jer 31, 31f).

So ist der »B.« die »Formel für die Ideologie der Geschichte« (Weiser), nämlich für den Glauben an die Erwählung Israels zum exklusiven Eigentum Jahwes und zu seiner Alleinverehrung durch sein Volk, das in ihm allein seine Lebenssicherung hat, und zugleich seine kultische Form, wobei die Herleitung eines Großteils der Pss aus dem B.esfest (→ Feste: II) freilich noch nicht gesichert ist (vgl. Kutsch). Eben diese doppelte Tatsache aber führt dazu, daß die Prophetie vor Jer in ihrem Gegensatz wider die kultische Daseinssicherung die Erwähnung des B.es durchweg meidet, während das Dtn ihn durch die Verdoppelung des Sinai-B.es im Moab-B. unterstreicht. Wie jede dem menschlichen Leben entnommene Verbildlichung der Gott-Mensch-Beziehung ist auch der B. in seiner ihm innewohnenden Tendenz zur Zweiseitigkeit und Verrechtlichung inneren Gefahren ausgesetzt. Er kann dazu verführen, die in freier Souveränität aus innergöttlichem Impuls sich vollziehende gnadenhafte Selbstbindung Gottes in einen Rechtsanspruch umzumodeln und in der Betonung der Freiheit des Volkes in der Entscheidung über Annahme oder Ablehnung des angebotenen B.es (vgl. Ex 19, 8; Jos 24, 14ff, auch das Amen der Gemeinde zur Fluchübernahme Dtn 27, 15ff) – einer Linie, die sich in den Bestimmungen über den Bundeseintritt der Qumranleute (vor allem in 1QS) fortsetzt – das Volk zum gleichwertigen Partner zu erheben. – Vgl. Eid: II.

RGG^2 I, 1360ff – ThW II, 106ff (Quell) – BL 267ff – EKL I, 619f. – Ferner die Biblischen Theologien, vor allem W. Eichrodt, I, (1933) 1948^2 – L. Koehler, (1935) 1953^3 – O. Procksch, 1950. – Spezielles: J. Pedersen, Der Eid bei den Semiten, 1914 – J. Hempel, Gott u. Mensch im AT (BWANT III, 2), (1926) 1936^2 – L.G. de Fonseca, Διαθήκη Foedus an Testamentum (Bibl 8, 1927, 31-50. 161 bis 181. 290-319. 418-441; 9, 1928, 26-40. 143-160) – M. Noth, Das System der Zwölf Stämme Israels (BWANT IV, 1), 1930 – A. Weiser, Glaube u. Gesch. im AT (BWANT IV, 4), 1931 – A. Alt, Die Ursprünge des israelit. Rechts, 1934 (= Alt I, 278-332) – J. Begrich, Berit (ZAW 60, 1944, 1-11) – F. Baumgärtel, Zur Liturgie der Sektenrolle vom Toten Meer (ZAW 65, 1953, 263-265) – P.E. Mendenhall, Law and Covenant in Israel and the Ancient Near East, 1955 – E. Vogt, Vox berit concrete adhibita (Bibl 36, 1955, 565f) – E. Nielsen, Shechem, 1955 – A. Weiser, Die Pss (ATD 14), 1955^4, 22ff (Die Pss im B.esfestkult) – E. Kutsch, Das Herbstfest in Israel (Theol. Diss. Mainz), 1955, 139ff (vgl. ThLZ 81, 1956, 494f) – W. Lempp, B. u. B.eserneuerung bei Jeremia (Diss. Tüb.), 1955 – H.W. Wolff, VT 6, 1956, 316-320 – M. Noth, Ges. Stud. zum AT, 1957, 142-154 – G. Widengren, King and Covenant (JSS 2, 1957, 1-32).

J. Hempel

III. Im NT

1. Die Begriffe – 2. Die Aussagen über den Bund im Kelchwort, bei Paulus und im Hebr – 3. Die theologische Bedeutung der Bundesvorstellung

1. Mit dem *Begriff* »B.« wird in deutschen Bibelübersetzungen oft das griech. Wort διαθήκη wiedergegeben. Luther verdeutscht die durch Christus errichtete διαθήκη mit »Testament«. Welche der beiden Übersetzungen ist sachgemäßer? Διαθήκη hat im außerbiblischen Griechisch gewöhnlich die Bedeutung »Testament«. Das NT nimmt diese nur an zwei Stellen (Gal 3, 15 und Hebr 9, 16ff) auf; im übrigen folgt es dem Sprachgebrauch der LXX. Sie hat διαθήκη für das hebr. b^e^rît gesetzt (→ Bund: II), das nie Testament bedeutet, und das griech. Wort dadurch zu einem theologischen Terminus umgeprägt. Als solcher ist die διαθήκη eine gnädige Verfügung Gottes, durch die er den Menschen seine Gemeinschaft schenkt,

also eine Heilsordnung. Als entsprechender deutscher Terminus empfiehlt sich daher »Bund« mehr als »Testament«.

2. Gemäß der Aufnahme des Begriffes aus dem AT redet das NT von den B.esschließungen Gottes mit den Vätern, die verheißend auf die jetzt der Gemeinde widerfahrende Erfüllung hinweisen (Gal 3, 15. 17; Röm 9, 4; Eph 2, 12 und bes. Lk 1, 72; Apg 3, 25; 7, 8; vgl. Apk 11, 19; Hebr 9, 4). Diese Erfüllung verkündigt das eigentliche Wort des NT vom B.: Gott hat durch Christus den »Neuen B.« (Lk 22, 20; 1Kor 11, 25; 2Kor 3, 6; Hebr 9, 15; vgl. 12, 24) aufgerichtet, den er in Jer 31, 31-34 verheißen hat. Abgesehen von den lukanischen Stellen begegnen im NT *drei Aussagenkreise* vom B., nämlich in der Tradition der Abendmahlseinsetzung, bei Paulus und im Hebr.

a) Das *Kelchwort* besagt: Jesu sühnendes Sterben setzt als B.esopfer die Jer 31 verheißene Heilsordnung (1Kor 11, 25; Lk 22, 20) in Kraft, wie einst »das B.esblut« (Ex 24, 8 vgl. Mk 14, 24; Mt 26, 28) am Sinai den Mose-B. Dieses vereinzelte, historisch anfechtbare Wort Jesu über den B. wird getragen von der Tatsache, daß er durch sein gesamtes Erdenwirken, abschließend durch sein Sterben und Auferstehen die neue Heilsordnung im Sinne von Jer 31 gebracht hat. Die »Vergebung der Sünden« (Jer 31, 34), die er durch seine Selbstdarbietung zur Gemeinschaft gewährt, bedeutet die neue endzeitliche Heilsordnung. Auf diese Weise, zunächst also nicht durch eine kosmische Katastrophe, vollzieht sich das Kommen des Eschatons, das Jesus ankündigt. (Über die in andere Richtungen gehenden Vorstellungen vom neuen B. in der Umwelt Jesu vgl. ThW II, 130f und → Qumran, 5.)

b) *Paulus* greift die ihm durch die Abendmahlstradition (1Kor 11, 25) angebotene Vorstellung vom neuen B. auf, um seine These von der Freiheit des Glaubens gegenüber dem Gesetz in Gal 3f gegen einen judaistischen Nomismus und in 2Kor 3 gegen einen judaistischen oder gnostischen Amtsbegriff heilsgeschichtlich zu untermauern: Schon der bildliche Sinn des Begriffes, nämlich »Testament« (Gal 3, 15-17), verbürgt die Unverbrüchlichkeit der »B.e der Verheißung« (Eph 2, 12; vgl. Röm 9, 4). Sie stellen das Wesen des neuen Bundes (2Kor 3, 6) im voraus dar. Er ist durch die Vergebung (Röm 11, 26f = Jes 59, 20f; 27, 9) und durch den Geist, der Gottes Gebot ins Herz schreibt (2Kor 3, 2f; vgl. Röm 2, 29), gekennzeichnet (Jer 31, 33f). Er macht die Heilsordnung vom Sinai, die auf dem Buchstaben des Gesetzes ruht und auf das Fleisch bezogen ist (Gal 4, 21-31; 2Kor 3, 6-18), zum »alten B.«. Unwillkürlich überträgt Paulus diesen Ausdruck auf die sie bezeugende Urkunde (2Kor 3, 14) und führt damit die Bezeichnung ἡ παλαιὰ διαθήκη (Altes Testament) ein.

c) Der *Hebr*, in dem der Begriff »B.« am häufigsten begegnet, läßt seine zentralen Abschnitte (7, 1 - 10, 18) jeweils in der Botschaft gipfeln: Jesus ist als der wahre Hohepriester »Bürge« (7, 22) bzw. »Mittler« des neuen B.es (8, 6; 9, 15; vgl. 12, 24), der in Jer 31, 31-34 (zitiert in 8, 8-12 und 10, 16f) verheißen ist. Jesus ist Mittler des neuen B.es; denn er hat durch sein hohepriesterliches Selbstopfer die Vergebung der Sünden gebracht (10, 14 bis 18). Weil alle Bemühungen nach dem Gesetz des Mose-B.es, d.i. der Opferdienst, die Sünden nicht tilgen konnten, wird der Mose-B. gemäß Jer 31 für unbrauchbar und »veraltet« erklärt (8, 7. 13). Erst Jesu Selbstopfer tilgt »die unter dem ersten B. geschehenen Übertretungen«, das sind die Sünden der alten Welt (9, 15). Jesu Sterben war bildlich geredet der Tod, der das »Testament« (s. 1) in Kraft setzt (9, 16f), heilsgeschichtlich gesehen das B.esblut des neuen B.es (9, 18-22; vgl. 10, 29; 13, 20). Dieses B.esblut preisgeben, bedeutet unheilbaren Fall (10, 29). Wie die Paränese des Briefes negativ in dieser Warnung einen Höhepunkt erreicht, so positiv in der Aufforderung 12, 24: »Laßt uns hinzutreten ... zu dem Mittler des neuen B.es, Jesus!« Wer sich zu ihm bekennt, steht allem Augenschein und aller Anfechtung zum Trotz bereits auf dem Boden der neuen, ewigen Welt Gottes; denn sein Sterben ist »das Blut des ewigen B.es« (13, 20).

3. Die *theologische Bedeutung* der B.esvorstellung besteht in allen drei Aussagenkreisen darin, daß sie Jesu Werk heilsgeschichtlich deutet. Durch Christi Kreuz und Auferstehung ist das Eschaton in Gestalt eines neuen Gottesverhältnisses, in dem die Sünde wirklich überwunden wird, hereingebrochen. Der Mose-B., der das Verhältnis zwischen Gott und Mensch unter die Gesetzesordnung stellt, ist dadurch alter B. geworden. Er ist nicht einfach chronologisch vergangen (wie es nach Lukas, zB Lk 16, 16f, scheint), er besteht weiter, wie die Verheißung und das Gesetz weiter bestehen, aber er ist nach Hebr 8, 13 »veraltet« und (mit der alten Weltzeit) »nahe am Verschwinden«. Die neue Weltzeit aber ist gegenwärtig als die neue Heilsordnung.

Diese Vorstellung ist Wesensmerkmal des *christlichen Selbstverständnisses* bei den Synoptikern, in den Paulinen und im Hebr. Der Frühkatholizismus und die Gnosis geben dieses eschatologische Selbstverständnis preis (Goppelt 245ff). Daher ist es bedeutsam, daß die vom B. schweigenden joh. Schriften in Joh 6, 45 die Mitte der B.-Verheißung (Jer 31, 34) in der Gestalt von Jes 54, 13 zentral aufnehmen. Auch für das JohEv besteht das Heil in dem neuen eschatologischen Gottesverhältnis, das die Existenz unter dem Gesetz aufhebt. Seine Terminologie ist nicht unmittelbar vom AT her entwickelt - daher ist sein Schweigen vom B. nicht zufällig (Bultmann, NT 355f) -, wohl aber ist sie von der Heilsgeschichte her gefüllt. So stellt die B.esvorstellung die Aussagen aller wesentlichen nt. Schriften über das Heil in den Rahmen der Heilsgeschichte und scheidet sie damit trotz aller begrifflichen Analogien von Apokalyptik und Gnosis. Sie hat der Sammlung der Apostolischen Schriften mit Recht den Namen gegeben: Ἡ Καινὴ Διαθήκη.

RGG[3] I, 1362ff - ThW II, 105ff - J.Schniewind im NTD zu Mk 14, 24 - L.Goppelt, Typos, 1939, 134ff. 170ff. 195ff. 245ff - J.Jeremias, Die Abendmahlsworte Jesu, 1949[2], 84. 99 - O.Michel, Der Brief an die Hebräer (MeyerK XIII[9]), 1955, Reg. *L.Goppelt*

IV. Föderaltheologie, dogmengeschichtlich

Die Föderaltheologie (F.), zum Begriff geworden und auf ihren Höhepunkt gelangt durch die Theologie der späteren orthodox-reformierten Lehrausprägung, hat eine Vor- und Nachgeschichte, die um die Theologie des → Coccejus kreist. Sie ist in ihrem Gesamtbereich gekennzeichnet durch die Namen → Zwingli, → Bullinger, → Melanchthon, → Calvin, → Musculus, → Ursinus, → Olevian, → Gomarus, → Polanus, → Cloppenburg, Coccejus, Buurmann, → Heidanus, Brune, → Vitringa, → Lampe, J.H. → Heidegger, → Turrettini, Vithius, → Crusius, → Hasencamp, → Menken, Chr. → Krafft und → Collenbusch; unter diesen sind Zwingli, Bullinger, Melanchthon, Olevian und namentlich Coccejus von programmatischer, jeweils weiterführender Bedeutung. Bekenntnismäßige Verankerung erreichte die F. neben Andeutungen im → Heidelberger Katechismus (Frage 54 und 74) vor allem in der Westminster Confession (Art. 7). Über die ref. Theologie hinaus wirkte sie unmittelbar auf die Theologen → Calixt, → Jaeger, → Spener, Majus, → Buddeus, → Pfaff und → Bengel und mittelbar auch in andere Gebiete der Geisteswissenschaften, besonders der Historie, Pädagogik und Jurisprudenz, ja bis in die Geschichtskonzeption des spekulativen Idealismus und des dialektischen Materialismus hinein.

Zwingli, der reformatorische Entdecker des biblischen B.eszeugnisses, entwendet den Täufern, die sich selbst »B.genossen« nannten, den B.esbegriff, indem er ihn als den Adam-Noah-B. der Menschheit und den Abraham-Christus-B. der Kirche mit biblischer Universalität füllt. *Bullinger* entwirft als erster Föderaltheologe im thematischen Sinne eine ausgeführte B.estheologie, »weil Gott unter diesem Namen das foedus des Geheimnisses der Gemeinschaft mit sich selbst ausgedrückt hat«. Der Adam-Noah-B. wird mit Abraham erneuert und mit der Gnade Christi gefüllt, von Mose in Worte gefaßt und durch Christus vollendet. *Melanchthon* ist für die Entwicklung der F. insofern von weittragender Bedeutung, als er den B. als mutua obligatio zwischen Gott und Täufling charakterisiert und eine Aufteilung in foedus generale mit der Schöpfung und in foedus speciale mit den Erwählten vornimmt, der nach dem Gesetz (ante, sub, post) in 3 Perioden zerfällt - Begriffe, die nun allgemein übernommen worden sind. *Olevian* ist mit Zwingli, dem Entdecker, und Bullinger, dem Systematiker, zusammen als der pädagogische Gestalter und Seelsorger der F. zu werten. - Aus der Geschichte der F. liegen bis Coccejus folgende Themata und Motive vor: das Verhältnis des einen Gottes-B.es zu den einzelnen B.esschlüssen, das Verhältnis von AT und NT, Gesetz und Evangelium, das Verhältnis von Natur- und Gnaden-B. und das Motiv der heilsgeschichtlichen Entwicklung in Etappen und Epochen.

Coccejus nahm zwischen Orthodoxie und Pietismus, zwischen Rationalismus und Idealismus, als Zeitgenosse des → Barock diese Themata und Motive auf, faßte sie in lebendiger Gedankenführung unter fortlaufender Schriftbefragung als persönliches Glaubenszeugnis zusammen und gestaltete sie zum theologischen Programm. Er unterscheidet in Übernahme naturrechtlicher Kategorien (Melanchthon) zwischen Grundlegung und Prozeß der Geschichte ein foedus naturae = operum, der Menschheit ins Herz gegeben, im Baum der Erkenntnis des Guten und Bösen symbolisch dargestellt, von Mose als Gesetz niedergeschrieben. Im Protevangelium ist schon die ganze Geschichtsgrundlegung veranschlagt - auch über das Fassungsvermögen der ersten Offenbarungsempfänger hinaus. Die Menschheit, vornehmlich im Gottesvolk, wird in stufenmäßiger Erziehung zum vollen Verständnis geführt - allerdings nicht von einer Bewußtseinsentwicklung der Menschheit aus gedacht, sondern rein aus der Offenbarung geschlossen: Geschichte stellt den Vollzug des Gnadenhandelns selbst dar. Das foedus supernaturale, am Baum des Lebens sakramental vorgegeben, ist die innere Triebkraft, auf Grund deren die Grundlegung der Geschichte zum Prozeß der Geschichte wird. Dieser verläuft in 5 Etappen der von Coccejus in Übernahme calvinischer Begriffe so genannten abrogatio und antiquitatio. Hier wird der überraschende und eigenartige Versuch unternommen, die Heilsgeschichte nicht im Aufbau, sondern sozusagen im fünffachen Abbau, dh in einer stufenweisen Beseitigung des Werk-B.es zu verfolgen, der zT als innerhimmlischer, zT als irdischer, heilsgeschichtlicher Prozeß verläuft. Die 1. abrogatio wird im heilsgeschichtlichen Prozeß durch den adamitischen Sündenfall ausgelöst. - Die 2. abrogatio repräsentiert einen innertrinitarischen, noch nicht offenbar gewesenen Akt von Entschluß und Stiftung des Gnaden-B.es. - Die 3. abrogatio besteht in der Offenbarung des im Protevangelium angekündigten Gnaden-B.es, nach dem nur ein Übersehen (πάρεσις) der Sünde bis zur Erscheinung Jesu Christi gewaltet hat. Nun ist Gesetz und Dekalog, Beschneidung und Passa als Verheißung auf Christus, den stellvertretenden Erfüller des Gesetzes, in Geltung: πάρεσις = Hingehenlassen wird zur πάρεσις = Vergebung der Sünde. Golgatha ist nicht in erster Linie als Wandlung im Herzen Gottes gesehen, sondern als Offenbarungs-, als Geschichts-, als Existenzvollzug dessen, was im Herzen Gottes schon von jeher Leben hatte. - In der 4. abrogatio geht es um den Tod des Leibes der bösen Welt und die reinigende Heiligung der Liebe bei den Wiedergeborenen und in der 5. abrogatio um die Auferweckung des Leibes zur Vollendung - alles als geschichtlicher Entwicklungsprozeß und als persönlicher Lebensvollzug gesehen. - Die Bedeutung dieser F. besteht darin, daß in ihrem Entwurf drei Theologumena gleichsam unter der Hand neu gestaltet worden sind: 1. In der Betonung der Aufeinanderfolge von Gesetz und Gnaden-B. sind AT und NT in ein dialektisches Verhältnis gerückt, worin der Gnaden-B. den Gesetzes-B. umschließt und der Gesetzes-B. für den Gnaden-B. geöffnet bleibt. Damit ist eine neue Wertung des AT gewonnen, die nicht nur in der Theologie, sondern auch in der Orientalistik ihre Früchte abwarf. 2. Die → Prädestination (: III) ist aus der seit → Beza erfolgten Systemerstarrung befreit und als geschichtlicher Heilsvollzug zurückgewonnen: der Erwählungsratschluß fällt mit dem Heilsratschluß zusammen, Christus ist der Erwählte und der Erwählende zugleich. Die dualistische Prädestinationslehre kann von hier aus einer biblisch-sachlichen Kritik unterzogen werden. 3. Die Erkenntnis des Heilsfaktums ist aus der statischen Sicht der Orthodoxie in die Schau der Geschichtslinie gelenkt - übrigens genauso wie in der parallelen Lehre des Coccejus vom Gottesreich. Das Heil wird im Ineinander von himmlischem und irdischem Prozeß erkannt, das reformatorische extra nos und in nobis wird erneut als Einheit gesehen. Das Heilsfaktum erscheint wieder als Heilsgeschichte, und in der Heilsgeschichte erscheint wieder die Menschheitsgeschichte. Darüber hinaus ist Coccejus durch seine Lehre vom Gottesreich der eminente und eigentlich erste evangelische Eschatologe seit der Reformationszeit geworden.

Neben dieser positiven Wertung fordert die F. zu einer doppelten negativen Kritik heraus: 1. Aus der Gottesgeschichte ist ein einheitliches Drama mit sinnvoll gegliederten Akten geworden. 2. Die Gottesgeschichte, in historische Darstellung eingefangen, ist zu einer theologischen Historie geworden, ohne daß man die Notwendigkeit der kerygmatischen Übersetzung verspürte. Damit wurde für die Folgezeit die Loslösung des Geschichtsprozesses aus dem theologischen Bezug involviert und dies um so mehr, als der zugleich anschwellende Cartesianismus auf solche Loslösung zustrebte.

Quellen: H.ZWINGLI, Commentarius de vera ac falsa religione, 1525 - H.BULLINGER, De testamento seu foedere Dei unico et aeterno, 1534 - PH.MELANCHTHON, Ordinandorum Examen, 1554 - C.OLEVIANUS, De substantia foederis gratuiti, 1584 - C.URSINUS, Summa theologiae, 1612 - J.COCCEJUS, Summa doctrinae de foedere et testamento Dei, 1648.

Lit.: A.SCHWEIZER, Die Glaubenslehre der ev.-ref. Kirche I, 1844, 103ff - M.GÖBEL, Gesch. des christl. Lebens in der rheinisch-westfälischen Kirche II 1852, 160ff - L.DIESTEL, Studien zur F. (JdTh 10, 1865, 209-276) - CH.SEPP, Het Godgeleerd Onderswijs in Nederland, gedurende de 16. en 17. Eeuw, II, 1874, 221ff - H.HEPPE, Gesch. des Pietismus u. der Mystik in der ref. Kirche namentlich der Niederlande, 1879, 205ff - A.RITSCHL, Gesch. des Pietismus in der ref. Kirche, 1880, 130ff - A. VAN'T HOOFT, De Theologie van Heinrich Bullinger in betrekking tot de Nederlandsche Reformatie, 1888, 43ff - RE IV, 186ff - E.v.KORFF, Die Anfänge der F. u. ihre erste Ausgestaltung in Zürich u. Holland, 1908 - W.GOETERS, Die Vorbereitung des Pietismus in der ref. Kirche der Niederlande bis zur Labadistischen Krisis 1670, 1911 - RGG[3] I, 1364ff - G.SCHRENK, Gottesreich u. B. im älteren Protestantismus, vornehmlich bei J.Coccejus, 1933 - BARTH, KD IV/1, 1953, 57ff.

P.Jacob

V. Alter und neuer Bund, dogmatisch

1. Begriffliches – 2. Biblische Begründung – 3. Dogmatische Bestimmung

1. Die Dogmatik ist in der Wahl ihrer Worte gegenüber dem biblischen Sprachgebrauch frei. So ist sie auch nicht verpflichtet, das biblische Wort »Bund« und einen der ihm entsprechenden Begriffe aufzunehmen, wie es die ref. Dogmatik bereits von Zwingli bis K.Barth und E.Brunner mit Vorliebe getan hat. Was gegen den dogmatischen Gebrauch des B.esbegriffs spricht, ist die Tatsache, daß die biblischen Worte b^{e}rît und διαθήκη gar nicht durch das Wort »B.« zu übersetzen sind (→ Bund: II. III). Der B.esbegriff legt das Mißverständnis nahe, es handle sich im christlichen Gottesverhältnis um eine gegenseitige Abmachung gleicher Partner. Er ist ferner nicht geeignet, den sakral-rechtlichen Charakter der biblischen Begriffe auszudrücken. Außerdem spielt der B.esbegriff wenigstens im NT keine zentrale Rolle und kann nur durch eine wesentliche systematische Ausweitung dogmatisch brauchbar gemacht werden. Immerhin hat er in der ref. Tradition dazu gedient, die Wechselseitigkeit des in Christus von Gott gesetzten *Gottesverhältnisses,* die Einheit von göttlichem Zuspruch und Anspruch, von Gabe und Verpflichtung zu umschreiben. Durch den Begriff des B.es kann zum Ausdruck gebracht werden, daß Gesetz und Evangelium nicht bloß Lehrinhalte, sondern Totalbestimmungen des Verhältnisses zwischen Gott und Mensch zu persönlicher gegenseitiger Gemeinschaft sind. Ebenso bietet er im Anschluß an den biblischen Gebrauch die Möglichkeit, der mit Israel im AT begründeten Ordnung des Gottesverhältnisses die in Christus bestehende als eschatologisch-neue gegenüberzustellen.

2. Schon das NT ist sich dieses Unterschiedes, ja Gegensatzes klar bewußt. Heute, da das historisch-kritische Verständnis der Bibel uns jede allegorisierende Angleichung des AT an das NT verbietet, ist der B.esbegriff um so mehr geeignet, dogmatisch *Gegensatz* und *Kontinuität* zwischen der at. und nt. Gottesoffenbarung zu bestimmen. Es kann dadurch deutlich gemacht werden, daß es sich bei dem Verhältnis von AT und NT nicht um das zweier Religionen, auch nicht um das Verhältnis zwischen menschlicher Religion und Offenbarung, sondern um verschiedene Akte Gottes handelt, zu Menschen in Beziehung zu treten und das Verhältnis zwischen Gott und Mensch zu ordnen. Andererseits sind es nicht zwei nur historisch begrenzte göttliche Akte, von denen der zweite den ersten historisch ablöst, wie es die Föderaltheologie (→ Coccejus, → Bund: IV) dachte. Vielmehr ist Jesus Christus selbst allein als der Auferstandene und im Heiligen Geist gegenwärtig Handelnde, in seinem Wirken die Aufhebung, aber auch die Erfüllung der at. Ordnung des Gottesverhältnisses. Dabei ist zu beachten, daß das NT exegetisch das AT nicht mit dem Alten B. gleichsetzt. Das AT unterscheidet nämlich selbst den Noah-B. mit der gesamten Kreatur und den Abrahams-B. als *Verheißung* des Gottesvolkes, die beide bedingungslose und einseitige göttliche *Zusagen* darstellen, von dem Sinai-B. durch Mose bzw. dem Sichem-B. durch Josua mit Israel. In diesen ist die Innehaltung der göttlichen Zusage: »Ich will euer Gott sein« an die Bedingung der *Gesetzeserfüllung* durch Israel gebunden und zugleich die *Gerichtsdrohung* gegenüber dem abtrünnigen Volk enthalten. Nicht daß Israel sich durch sein Tun erst die Liebe Gottes verdienen soll – das wäre jüdisches Mißverständnis des at. Gesetzes-B.es. Vielmehr gibt Gott in unbegründeter erwählender Liebe Israel seine Zusage, aber er macht den Gehorsam Israels zur Bedingung ihrer bleibenden Gültigkeit. Die ganze Geschichte Israels wird von da aus in der prophetischen Sicht zur Geschichte des Scheiterns des Gesetzes-B.es mit Israel: er zerbricht an dem Ungehorsam und der menschlichen Sündhaftigkeit des Volkes. Allerdings stellt dieser Gesetzes-B. nach Paulus nur einen *Zwischen-B.* zwischen der bedingungslosen B.esverheißung an Abraham und ihrer Erfüllung in Christus dar (Gal 3, 15ff). In den Augen des Paulus macht der Sinai-B. Israel zu Knechten und nicht zu aus Gnade lebenden Freien, und die mosaische B.esstiftung ist ihm ein Dienst der Verdammnis, nicht der Rechtfertigung. Nach dem Hebr bringt die at. Kultordnung keine Versöhnung, sondern nur die Erinnerung an die Unversöhntheit des Menschen, allerdings auch den schattenhaften Hinweis auf die kommende Versöhnung durch Christus. Das JohEv stellt das Gesetz durch Mose der Gnade in Christus entgegen.

3. Angesichts dieses biblischen Zeugnisses über den Gegensatz zwischen mosaischem Gesetzes-B. und dem eschatologischen Gnaden- und Versöhnungs-B. in Christus ist es unmöglich, mit → Calvin den mosaischen Gesetzes-B. nur als andere Ökonomie des einen Gnaden-B.es zu verstehen und damit den Neuen B. in Christus zu einer relativ anderen Durchführung dieses einen Gnaden-B.es herabzusetzen. Substanz und Ökonomie des Gnaden-B.es lassen sich in Christus nicht trennen. Auch für Israel ist Jesus Christus und sein Werk allein Substanz und Ökonomie des Gnaden-B.es für Juden und Heiden. Vom biblischen Gegensatz zwischen Gesetzes-B. und Gnaden-B. in Christus, der allein auf vergebender Gnade gegründet ist, geht es noch weniger an, mit → Barth (, 3) AT und NT als die einheitliche Durchführung eines vor Grundlegung der Welt aufgerichteten Gnaden-B.es zu verstehen, in dem das Gesetz die Form des Evangeliums ist. Alter und Neuer B. stehen sich als bedingter und unbedingter B. in unaufhebbarem Gegensatz gegenüber. Dieser Gegensatz ist nur dadurch aufgehoben, daß Christus den Fluch am Kreuz getragen hat, den der Gesetzes-B. über den sündigen Menschen brachte. Die Frage ist jetzt nur, welchen Sinn jener *Zwischen-B.* des Gesetzes hat, da es doch seit dem ersten Kommen Christi keine andere Ordnung des Verhältnisses zwischen Gott und Mensch gibt als die bedingungslose vergebende Gnade in Christus. Diese wird wohl allein im Glauben angeeignet. Aber nicht der Glaube, geschweige denn seine Werke bilden die geforderte Bedingung ihrer Gültigkeit, als vielmehr die in ihr enthaltene Gabe. Der Gesetzes-B. mit Israel ist die paradigmatische Aktualisierung der Verantwortlichkeit des Sünders vor Gott, ohne die auch der Gnaden-B. nicht das auf Vergebung wirklicher und von Gott angerechneter Schuld gegründete Gottesverhältnis wäre. Um der Sünde willen ist der Gesetzes-B. notwendig, um den Sünder unter Gottes Gericht zu stellen. Das im Gesetzes-B. offenbarte und aktualisierte Gottesverhältnis ist bis zum Jüngsten Gericht nach den Werken der bleibende Hintergrund des Gnaden-B.es in Christus. In ihm flieht der Glaube vor dem im Gesetzes-B. richtenden Gott zu Christus und weiß sich zum tätigen Dienst vor Gott aufgerufen. Denn außerhalb des an Christus gebundenen, im Dienst tätigen Glaubens ist der Mensch tatsächlich dem im Gesetzes-B. aufgerichteten Gottesverhältnis und seinem Fluch verfallen. Der *Widerspruch* zwischen Gesetzes-B. und Gnaden-B. ist für den in seiner irdisch-sündigen Existenz lebenden Menschen unaufhebbar. Seine *Aufhebung* im Kreuze Christi wird geglaubt, nicht begriffen. Es bleibt aber für den Glaubenden der Gegensatz zwischen der Verantwortung vor dem nach den Werken richtenden Gott und der Geborgenheit in den Armen des in Christus bedingungslos vergebenden Gottes. Erst die Ewigkeit wird diesen Gegensatz aufheben.

H.HEPPE, Die Dogmatik der ev.-ref. Kirche, (1861) 1935, 224ff - R.BULTMANN, Christus des Gesetzes Ende (BEvTh 1, 1940 3-27 = BULTMANN II, 32-58) - DERS., Weissagung u. Erfüllung (StTh 2, 1949, 21-44 = ZThK 47, 1950, 360-383 = BULTMANN II, 162-186) - BARTH, KD II/2; III/1; IV/1 - E.BRUNNER, Dogmatik II, 1950, 251ff - H.VOGEL, Gott in Christo, 1951, 429. 520 - G.BORNKAMM, Das Ende des Gesetzes (BEvTh 16), 1952 - O.WEBER, Grundlagen der Dogmatik, 1955, 323ff. *W.Wiesner*

Bund deutscher Jugendvereine → Jugendvereinigungen.

Bund deutscher evangelischer Missionare ist ein loser Zusammenschluß von Missionsarbeitern deutscher Missionsgesellschaften, die in Übersee und im Dienst junger Kirchen arbeiten oder gearbeitet haben. Er wurde im Jahre 1921 in Bethel mit dem Ziel gegründet, die Erfahrungen, die auf den verschiedenen Missionsfeldern unter Kulturvölkern und Primitiven gemacht werden, auszutauschen und für das gesamte Missionswerk nutzbar zu machen sowie die Verbundenheit der Missionare über die Gesellschaftsgrenzen hinaus zu pflegen. Die alle zwei Jahre stattfindende Bundestagung und ein Mitteilungsblatt dienen diesem Zweck. Der Bund ist Mitglied des Deutschen Evangelischen Missions-Tages und führt eine Kartei deutscher Missionskräfte. *W.Kempgen*

Bundesbuch. Als B. bezeichnet man die Rechtssammlung Ex 20, 22 - 23, 19 mit dem doppelten Abschluß 23, 20-26. 27-33. Der Name ist aus der angehängten Perikope 24, 3-8 genommen, deren Quellenzugehörigkeit gänzlich ungewiß ist. Weder stilistisch noch nach den behandelten Rechtsmaterien ist das B. primär eine Einheit.

1. Eine Bündelung von »Entscheiden« in hypothetisch-kasuistischer Formulierung liegt 21, 1 - 22, 16 vor (ausgenommen 21, 12-17 und wenige Interpolationen). In klarer und prägnanter Diktion werden an Rechtsmaterien behandelt: die Auflösung von Selbstverknechtungen männlicher Personen und die Rechtsfolgen aus dem Verkauf einer Tochter in die Leibeigenschaft; Tötung und Körperverletzung von Freien und (durch den eigenen Herrn begangen) Sklaven; Verletzung der Leibesfrucht ohne und mit tödlichem Ausgang für die Mutter (eine breite Talionsformel ist angehängt); Fälle von Tötung durch einen stößigen Stier mit und ohne Verschulden des Eigentümers; fahrlässige Tötung von Vieh durch menschliches Verschulden; Tötung von Vieh durch Vieh, auch mit Berücksichtigung, ob konkurrierendes Verschulden des Eigentümers vorliegt oder nicht; Diebstahl von Vieh (interpoliert ist die Tötung eines Einbrechers); Weide- und Feuer- (Rodungs-)schäden am fremden Acker- und Weinbergsertrag; Haftung für ein in Verlust geratenes Depositum an Geld und Geräten bzw. an Vieh (beigefügt ist die Regelung von Eigentumsanfechtungen und Fundunterschlagungen); Haftung aus der Leihe von Vieh; Haftung für Verführung einer Jungfrau. - Weithin handelt es sich somit um Schadensregulierungen, Ausgleichsleistungen (→ Gerichtsverfassung). Auch die Fälle der Hingabe von Personen zur gewaltunterworfenen Dienstleistung sind diesem Gesichtspunkt subsumiert worden. Desgleichen wird als auszugleichender Schadensfall die Verführung einer Jungfrau hier behandelt. Die Bündelung hat ihre sachliche Geschlossenheit, wenn auch die Systematik einige Fälle nicht erfaßte, die logisch hinzugehört hätten. - In 21, 12-17 ist alter Text mit Vorbedacht herausgebrochen und durch anderes Rechtsgut ersetzt worden. Der erste der vier hier eingesetzten Rechtssätze behandelt den Totschlag eines Freien und sieht dafür öffentliche Todesstrafe vor, und eine Interpolation dazu behandelt die Asylfrage. Offenbar sollte die ehedem auf Tötung eines Freien folgende Blutrache verdrängt werden. Bei der Tötung eines Sklaven verblieb es dagegen bei eventueller Blutrache, weil diese Tötung die Rechtsgemeinde als solche nicht tangierte. - Für Herkunft und Alter dieser Bündelung konkret-typischer Rechtsfälle bieten sich gewisse Hinweise an. Vieh (Kamel und Pferd sind nicht genannt!) ist wichtigster Vermögenswert. Auffallend viele Bestimmungen haben es damit zu tun. Beim Verwahrungsvertrag von Vieh ist die Haftung strenger als beim Depositum an anderen Vermögenswerten. Außer Vieh besitzt man Ackerland und Weingärten. Man kennt Geldwirtschaft, wobei gewogenes Silber als Währungseinheit diente (→ Maße usw in Israel). Verwahrungsverträge setzen Reisen voraus. Man versteht sich auf Heilverfahren. An Kultstätten leistet man → Eide (: II) und unterzieht sich dem Ordal (→ Gottesurteil: II). Es gibt auch die Nachbarschaft nomadisierender Volksgenossen, der → Hebräer, die aus Not in befristete Verknechtung eintraten. Zweifellos baut dieses kasuistische Recht auf eine bestehende Rechtskultur auf; es macht kanaanäisch-phönikisches Rechtserbe dem eigenen Rechtsdenken dienstbar. So erklären sich sowohl die starken Berührungen mit altorientalischem Recht wie auch die nicht zu übersehenden Verschiedenheiten davon. So erklärt sich auch, daß man gewöhnlich von der »Gottheit« spricht, aber den Eid doch bei »Jahwe« schwört. Alles weist auf frühe Verhältnisse, etwa das 11.Jh. Heimat und ursprünglicher Geltungsbereich dieses Rechts sind nicht auszumachen.

2. Einer anderen Rechtsbündelung entstammen die Sätze im Partizipialstil. Sie füllen 21, 12-17 die ausgebrochene Lücke. Dabei wurde nicht nur das Tötungsdelikt aufgenommen, sondern auch weitere Delikte des Einsatzstückes: Tätlichkeiten gegen Eltern, Menschendiebstahl für Sklavenhandel und Fluch gegen Eltern. Drei Sätze gleichen Stils sind ferner hinter der kasuistisch formulierten Bündelung angefügt (22, 17-19); sie stellen Zauberei, Viehschande und Götzenopfer unter Todesstrafe. Alle partizipialen Sätze zielen darauf, die innere Geordnetheit der Gentilverbände gegen Frevel aus den eigenen Reihen zu sichern. So enthalten sie altes Recht. Zwar soll im jetzigen Zusammenhang die von der Öffentlichkeit vollzogene → Todesstrafe die Sippenrache unterbinden. Ursprünglich aber galt Todesstrafe nur für den Rechtsbereich, innerhalb dessen es Rache nicht gibt, den Gentilverband.

3. Eine dritte Gruppe bilden Rechtssätze in kategorischer Formulierung. In pluralischer Form und jedesmal mit besonderer Eröffnungsformel finden sie sich 20, 23; 22, 30 und 23, 13: das Verbot von goldenen oder silbernen Gottesbildern, vom Verzehren gerissener Tiere und von der Anrufung fremder Götter. - Bedeutsamer sind die singularischen Sätze. Sie bringen allgemeine Rechtsermahnungen und hängen Kultisch-Rituelles an, und sie tun das zweimal nacheinander: 22, 20-29 und 23, 1-3. 6-9. Die erste Gruppe mahnt, Schutzbürger und Waisen (und Witwen) nicht zu bedrücken und auszubeuten (pluralische Begründungen sind Beifügungen). Dazu gestellt wurden das Verbot, gegen die Gottheit und den Vertreter des Stammes im Sakralbund den Fluch zu sprechen, und die Forderungen der Gottheit auf Weinbergsertrag und Erstgeburten bei Mensch und Tier. Die Formulierung erinnert an das Altargesetz in 20, 24-27, das den Erdaltar für die Darbringung der Opfer vorsieht, in einer Erweiterung Altäre aus unbehauenen Steinen zuläßt, aber Stufenaltäre untersagt (→ Altar: II). Die zweite Gruppe behandelt paränetisch die Rechtspflege und schließt Bestimmungen über Ertragsverzicht im Siebentjahr (→ Erlaßjahr) und Arbeitsverzicht am → Sabbat an. - Gleiche Form hat ferner der kultrechtliche Anhang 23, 14-19, eine (vielleicht nur vorwegge-

holte) Variante von 34, 18ff. Er handelt von den drei landwirtschaftlich bestimmten Wallfahrtsfesten (→ Feste: II), von Abgaben und Opfersitten. Wäre er vollständig, würde er zehn oder zwölf Sätze bringen (→ Dekalog). - Auch diese Gruppe von Rechtsgut dürfte alt sein. Der Altar aus Erde, der Stammesvertreter im Sakralbund (→ Stämme Israels), der Ertragsverzicht ursprünglich nur vom Acker, zusätzlich dann auch von Weinstock und Ölbaum sind Momente, die in vorkönigliche Zeit führen.

4. Im Mischstil der »Wenn du«-Form liegen in 21, 13f (Nachtrag über Asyl), 22, 24-26 (zinsloses Leihen und Befristung der Mantelpfändung) und 23, 4f (Hilfe für das Tier des persönlichen Feindes) Einschübe vor, die auf bereits weiterentwickelte Rechtsverhältnisse hinweisen.

5. In allen seinen Hauptbestandteilen gibt das B. wertvolles Zeugnis vom Leben Israels in der Zeit vor dem Aufkommen des Königtums. Als altes, exemplarisches und im Sakralverband verbindlich gemachtes Recht hat die Begehung der Bundeserneuerung ihm einen sakralen und dann auch literarischen Ort gesichert.

A. Jepsen, Untersuchungen zum B. (BWANT 41), 1927 - J. Morgenstern, The Book of Covenant (HUCA 5, 1927, 1-151; 7, 1930, 19-258; 8-9, 1931-32, 1-150. 741-746) - J.J. Stamm, Zum Altargesetz im B. (ThZ 1, 1945, 304-306) - H. Cazelles, Etudes sur le Code de l'Alliance, 1946. *F. Horst*

Bundesverfassung → Verfassungen.

Bunsen, *Christian Karl Josias Frhr. v.* (1791-1860), * zu Korbach, † zu Bonn, aus bürgerlichem Hause. Schon früh von einem rastlosen Lerneifer erfüllt, ist er durch das Studium der Theologie und Philologie (Marburg, Göttingen) tief von den religiösen und geistigen Bewegungen seiner Zeit erfaßt worden. Bildungsreisen ins Ausland führten ihn 1818 auch nach Rom, wo ihn B.G. → Niebuhr, damals preußischer Gesandter am Vatikan, als Legationssekretär gewann. Historische Studien nahmen ihn stärker als der politische Dienst in Anspruch. Die Entstehung des Archäologischen Instituts (1828) geht auf seine Anregungen zurück. Zugleich wurde er Begründer der deutschen ev. Gemeinde, die durch ihn und R. → Rothe, der von 1824-27 Gesandtschaftsprediger war, eine eigene Liturgie erhielt. Diese liturgischen Interessen verschafften B. auch das Vertrauen Friedrich Wilhelms III., der ihn 1824 zu Niebuhrs Nachfolger berief. Als sich die von ihm mit der Kurie und später mit dem Kölner Erzstuhl geführten Verhandlungen und Abkommen über die Frage der Mischehe zum → Kölner Kirchenstreit (1837) entwickelten, wurde er von seinem Posten »beurlaubt«. Vorübergehend Gesandter in Bern, begann für ihn mit der Thronbesteigung Friedrich Wilhelms IV. (1840), mit dem er seit Jahren eng befreundet war (Briefwechsel, hg. v. Ranke), ein neuer Abschnitt seines Lebens. Auf B.s Empfehlung wurden Schelling und Stahl nach Berlin berufen und Arndt rehabilitiert. Da er durch seine Ehe mit einer Engländerin gute Beziehungen zum englischen Kulturleben, vor allem zu hochkirchlichen Kreisen besaß, konnte er schon 1841 des Königs Herzenswunsch, die Gründung eines anglo-preußischen Bistums in Jerusalem, erfüllen. Er wurde darauf Gesandter in London, war jedoch als Diplomat wenig erfolgreich. In der schleswig-holsteinischen Frage (1848) konnte er den deutschen Standpunkt nicht durchsetzen und mußte das Londoner Protokoll (1852) unterzeichnen. Da er im Krimkrieg für einen Anschluß an die Westmächte eintrat, was der rußlandfreundlichen Politik Preußens widersprach, wurde er 1854 in den Ruhestand versetzt. Der Versuch, ihn völlig vom König zu trennen, der ihn in den Adelsstand erhoben hatte, mißlang. Immer mehr hatte B. jedoch auch kirchenpolitisch und theologisch eine andere Richtung eingeschlagen. Er wandte sich gegen den → Ultramontanismus sowie gegen die konfessionalistischen Gegner der → Union und kehrte sich liberalen Anschauungen zu. Deutlich wurde das in seinem Werk »Gott in der Geschichte oder der Fortschritt des Glaubens an die sittliche Weltordnung« (3 Bde, 1857/58) und schließlich in dem »Vollständigen Bibelwerk für die Gemeinde« (9 Bde, 1858/70), das durch einen revidierten Luthertext und durch historische Einleitungen und Erläuterungen »den richtigen geschichtlichen Sinn der Hl. Schrift« darbieten sollte. - Als Privatgelehrter und fruchtbarer Schriftsteller, der dem Neuen zugewandt blieb, hat B. seine letzten Lebensjahre zugebracht.

Vf. u.a.: Beschreibung d. Stadt Rom, 3 Bde, 1830-43 (Mitarb.); Die Basiliken des christl. Rom, 1843; Allg. ev. Gesangbuch (anonym), 1846; Ignatius v. Antiochia u. s. Zeit, 1847; Hippolytus u. s. Zeit, 2 Bde, 1853f; Ägyptens Stelle in der Weltgesch., 5 Bde, 1844-57; Die Zeichen d. Zeit - Über die Gewissensfreiheit u. das Recht d. Gemeinde (in Briefen an E.M. Arndt), 1855. - Über B.: Francess Bunsen, A Memoir of Baron B., 2 Vol., 1868 (dt. verm. Ausg. v. F. Nippold, 3 Bde, 1868/71) - ADB III, 541ff - RE III, 556ff - Chr. Baehr, B.s Bibelwerk u. s. Bedeutung f. d. Gegenwart beleuchtet, (1861) 1870² - Ders., B., 1892 - M. Müller, Essays III, 1872, 334ff - W. Ulbricht, B. u. die dt. Einheitsbewegung, 1910 - R. Huch, B. (1848, Die Revolution d. 19. Jh.s in Deutschland, 1948, 128ff) - W. Hoecker, Der Gesandte B. als Vermittler zwischen Deutschland u. England, 1951. *K. Kupisch*

Bunyan, *John* (1628-88), * in Elstow, Bedfordshire, Kesselflicker. Nach seiner Heirat, etwa 1648, erwachte sein Interesse an religiösen Fragen. Seit seiner Übersiedlung nach Bedford 1655 predigte er in nonkonformistischen Versammlungen. Die inneren Kämpfe dieser Zeit, die durch starkes Sündenbewußtsein und Angst vor der Verwerfung hervorgerufen wurden, schilderte er rückblickend in seinem Buch »Grace Abounding« (1666). Intensives Studium der Schrift und reformatorisches Schriftverständnis bewahrten sein gefühlsmäßig geprägtes Christentum davor, in Schwärmerei abzugleiten. Gegen die Quäker wandte er sich mit Entschiedenheit. Bei der Restauration für 12 Jahre ins Gefängnis geworfen, wurde er 1672 durch die Indulgenzakte befreit, jedoch 1675 nochmals vorübergehend verhaftet. In der Gefangenschaft verfaßte er seine bekanntesten Schriften. »Pilgrim's Progress« (1678) wurde in mehr als 70 Sprachen übersetzt und gilt nach der Bibel als das verbreitetste Buch der Welt. Die »Pilgerreise« beschreibt in Form der Allegorie die Wanderung des Heiligen, »Christian«, durch alle Anfechtungen zum Himmel. Die allegorische Darstellung ist durch die Lebendigkeit der Personifikationen gekennzeichnet; einziger Zweck des Buches ist es, die biblischen Wahrheiten eindringlich zu machen. »Life and Death of Mr. Badman« (1680) und »The Holy War« (1682) betonen wie alle Bücher B.s die Notwendigkeit der Bekehrung (»conversion«). B. wirkte vor allem durch seine Schriften und wurde durch sie der bekannteste Erbauungsschriftsteller des puritanischen Pietismus.

Gesamtausgabe hg. v. G. Offor, 3 Bde (1853), 1863² - Pilgrim's Progress (1678), hg. v. C. Davies, 1937; dt.: Pilgerreise zur seligen Ewigkeit, 1946. - F.M. Harrison, A Bibliography of the Works of J.B., 1932 - J. Brown, J.B. His Life, Times and Work, (1885) 1928 - G. Thiel, B.s Stellung innerhalb der religiösen Strömungen seiner Zeit, 1931 - A. Lang, Puritanismus und Pietismus, 1941 - H. Talon, J.B. - l'homme et l'oeuvre, 1948 - V. Brittain, In the Steps of J.B., 1950 - A. Sann, B. in Deutschland, 1951 - M. Schmidt, Eigenart u. Bedeutung der Eschatologie im engl. Puritanismus (ThViat 4, 1952, 205-266) - E. Pältz, J.B.: Ein Pilgrim Gottes (Zeugen des gegenwärtigen Gottes 110/111), 1956. *Isolde Jeremias*

Buonaiuti, *Ernesto* (1881-1946), der bedeutendste Vertreter des italienischen Modernismus. 1903 Priester,

Dozent der Philosophie und KG an zwei päpstlichen Universitäten in Rom, wurde 1905 wegen eines Aufsatzes über → Blondels Philosophie de l'Action von der Civiltà Cattolica angegriffen und mußte beide Lehraufträge aufgeben. B. nahm lebhaft Anteil an der modernistischen Bewegung. Seit 1915 Prof. für KG an der Staatsuniversität Rom, wurde er 1921 wegen seines Art. Le esperienze fondamentali di Paolo (in: Religio 1920) exkommuniziert und bald darauf rehabilitiert, 1924 wegen seines Buches Verso la luce (mit Imprimatur) wieder exkommuniziert und 1926 vom hl. Offizium als excommunicatus vitandus erklärt. 1932 wegen Verweigerung des fascistischen Eids seines Lehramts enthoben, las B. als Gastprof. in Lausanne 1935-39; 1944-46 war er, durch Art. 5 des Konkordats von der Wiederaufnahme ins Lehramt ausgeschlossen, politisch tätig. Auf seinen ursprünglich aufklärerisch-optimistischen Modernismus hat seine spätere Forschung über Augustin (1915ff), Paulus (1918ff), die Botschaft Jesu, Joachim von Fiore (1928ff) stark eingewirkt. B. hat die Kirche katholisch und charismatisch (ecclesia spiritualis) unter Betonung des gemeinschaftlichen Lebens (vita associata) und einer spiritualisierenden Eschatologie aufgefaßt. Ihr Merkmal sollte eine radikal evangelisch alle Werte umwertende Ethik sein.

Vf. ferner neben mehreren Werken über die mittelmeerländische Religiosität: Il Programma dei modernisti, 1907; Lettere di un prete modernista, 1908; Saggi sul cristianesimo primitivo, 1923; Lutero e la Riforma in Germania, (1926) 1945²; Il cristianesimo nell'Africa romana, 1928; Gioacchino da Fiore, 1931; La Chiesa romana, 1933; Amore e morte nei tragici greci, 1938; Storia del cristianismo, 3 Bde, 1942f; I maestri della tradizione mediterranea, 1945; Pellegrino di Roma (Autobiographie), 1945. Gab heraus: Rivista storico-critica delle scienze teologiche (1905-10); Ricerche religiose (seit 1925). - Über B.: M.Rava', Bibliografia degli scritti di E.B., 1951 (fast 4000 Titel!) - D.Grasso SJ, Il cristianesimo di E.B., 1953 - V.Vinay, E.B. e l'Italia religiosa del suo tempo, 1956. *V.Vinay*

Burchard *von Würzburg* († 753), Angelsachse, Mitarbeiter des → Bonifatius, wurde 741 Bischof von Würzburg, nahm teil an den Reformsynoden von 742 und 743 sowie an der ohne Hausmeier tagenden Synode von 747, deren Obödienzerklärung er nach Rom überbrachte, und unterzeichnete das Mahnschreiben an König Äthelbald von Mercien 746/47. Mit Fulrad von St. Denis unterbreitete er 750/51 Papst Zacharias die fränkische Königsfrage. Er begann den Dombau, der die 752 in die Marienkirche auf der Burg übergeführten Reliquien des hl. → Kilian aufnahm.

A.J.Nürnberger, Aus der litter. Hinterlassenschaft des hl. Bonifatius u. des hl. B., 1888 - J.Hefner, Das Leben des hl. B. (Archiv d. hist. Vereins f. Unterfranken 45, 1903, 1-61) - P.Schöffel, Zum Todesjahr B.s (ZBKG 12, 1937, 148-152) - B.Bischoff u. J.Hofmann, Libri sancti Kyliani, 1952, 159ff - Wattenbach-Levison 2, 177 Anm. 37 - A.Bigelmair in: St. Bonifatius. Gedenkgabe z. 1200. Todestag, 1954, 274-277 - J.Dienemann, Der Kult des hl. Kilian, 1955, 69ff. *H.Löwe*

Burckhardt, *Jakob* (1818-97), * und † in Basel. Die Vaterstadt hat sein Wesen geprägt, aber B. hat auch umgekehrt durch seine Person und sein Wirken die große humanistische Überlieferung Basels befestigt. Zunächst freilich hat es den jungen Studenten, der während der Schulzeit die klassischen Autoren aus der Erfahrung seiner eigenen Zeit sich vergegenwärtigt hatte, nach unbefriedigenden Theologiesemestern zum Studienwechsel ins Reich getrieben, wo er in Berlin vor anderen Ranke hören wollte, ohne dessen methodische Schulung es B. kaum zu seiner, Ranke so entgegengesetzten Meisterschaft hätte bringen können. Aber auch der Kunsthistoriker fand sich in Berlin durch Franz Kugler in seine Bahn gewiesen. Es folgen depressive Dozenten- und Journalistenjahre in Basel. In das Bedrückende seiner pessimistischen Gedanken über die Zukunft Alteuropas trifft befreiend die (zweite) Italienreise von 1846, die ihm in Bildung und Schönheit eine »Harmonie der Dinge« erschloß und damit den »ganz neuen Maßstab« gegenüber dem sich zu wichtig nehmenden Zeitgeschehen. »Die Zeit Konstantins des Großen« (1853) war die erste Frucht des gefestigten Daseins. B. sieht in ihr eine »Übergangsepoche« und spricht dem Christentum angesichts einer untergehenden Welt die Wahrung der Bildungskontinuität als weltgeschichtliches Verdienst zu. Eine neue Romreise ermöglicht den »Cicerone, Anleitung zum Genuß der Kunstwerke Italiens« (1855), in dem der Kunstpädagoge den Historiker abzulösen scheint. Aber nach einer kurzen Zwischenzeit als Kunsthistoriker in Zürich weist 1858 die Berufung auf die Basler Geschichtsprofessur seinem Schaffen endgültig die Richtung. 1860 erschien die »Kultur der Renaissance in Italien«, ein beispielgebend die »drei großen Potenzen« der Geschichte (Staat, Religion, Kultur) zusammenschauendes Werk, das doch für B. ein Torso blieb, weil ihm auch die Kunst darin einzubeziehen mißlang. Die »Kunst der Renaissance« (1867) konnte die Lücke keineswegs füllen, und B. litt tief unter diesem Versagen. Erst als er sich ganz auf die Vorlesungen zurückzog (deren Hörer auch → Nietzsche war), fand sich die Schaffenslust wieder befreit. Nur die »Erinnerungen aus Rubens« (1898) hat er selbst noch zum Druck bereitet. Die für uns heute wichtigsten Werke, die »Griechische Kulturgeschichte« (Bd 1-4, 1898-1902) und die »Weltgeschichtlichen Betrachtungen« (1905), sind Nachlaßveröffentlichungen. B. hatte zur zeitgenössischen Kirche kein Verhältnis. Gleichwohl galt ihm die Religion im Gegensatz zur Notordnung des Staates als die ewige und gottgesetzte Ordnung. B. verabscheute die Hierarchie und begünstigte die Trennung von Staat und Kirche; auch ein Verhältnis zur Kultur hielt er nur auf Grund freier Zuordnung für möglich, und doch läßt sich ihm - wie es auch seine bedeutenden Briefe bezeugen - die scheue Ehrfurcht vor einer verborgen lenkenden Macht nicht absprechen.

GA, hg.v. E.Dürr u.a., Bd 1-14, 1929-34. Dazu: Briefe, hg.v. F.Kaphahn, 1935 u. v. M.Burckhardt, Bd 1. 2, 1949-52. - Über B.: E.Dürr, J.B., 1930 - W.Rehm, J.B., 1930 (Bibliogr.) - K.Löwith, J.B., der Mensch inmitten der Gesch., 1936 - A.v.Martin, Nietzsche u. B., (1941) 1945³ - Ders., Die Religion J.B.s, (1942) 1947² - E.Grisebach, J.B. als Denker, 1943 - W.Kaegi, J.B., Bd 1-3, 1946-56 (die grundlegende, noch nicht abgeschlossene Biographie) - H. Knittermeyer, J.B., 1949. *H.Knittermeyer*

Burg, *Johann Friedrich* (1689-1766), * als Sohn eines Arztes in Breslau, wurde B. nach dem Studium in Leipzig und der üblichen Bildungsreise 1735 Pastor primarius und Kircheninspektor an St. Elisabeth in Breslau. Theologisch vertrat er eine zur Aufklärung hin offene Orthodoxie. Als aktueller und lebendiger Prediger hat er die schlesischen Kriege auf der Kanzel begleitet, sowohl für Friedrich d.Gr. bei der ersten (1741) und der zweiten (1757) Eroberung Breslaus die Huldigungspredigten gehalten wie vorher auch für die Österreicher. 1742 wurde er Oberkonsistorialrat des Breslauer Bezirks im neueingerichteten schlesischen Oberkonsistorium und machte sich um den Aufbau zahlreicher Gemeinden und Kirchen verdient. Von den von ihm hg. Gesangbüchern hat das aus einem Verlagsunternehmen von J.J.Korn seit der 3.Aufl. 1745 als »Burgsches Gesangbuch« hervorgegangene »Allgemeine und Vollständige Gesangbuch für die Kgl. Preußisch-Schlesischen Lande« (1929 Lieder, zahlreiche Auflagen 1742-1900, → Gesangbuch: I A) ihn besonders bekannt gemacht. → Schlesien.

Sammlung geistl. Reden, 6 Bde, 1750/56; Bibliogr.: S.J.Ehrhardt, Presbyteriologie des ev. Schlesiens I, 1780, 219ff. - Über B.: G.Blümel, J.F.B. (Schles. Lebensbilder II, 1926, 73-77) - Vgl.

auch R.Fuchs, Die Elisabethkirche zu Breslau, 1907 - C.Horn, Die patriot. Predigt zZ Friedrichs d. Gr. (JBrKG 20, 1925, 134-160). *Ernst Wolf*

Burger, *Karl Heinrich August von* (1805-84), * Bayreuth, † Schönau, Studienlehrer in Erlangen, Pfarrer in Fürth und München, Oberkonsistorialrat in München. Als Student in Erlangen empfing er entscheidende Einflüsse durch seinen späteren Schwiegervater Chr. → Krafft. Durch ihn wurde er der in der Schrift gegründete Theologe, wie ihn seine aus Bibelstunden erwachsenen Kommentare und die Artikel in RE² zeigen. Ohne Schroffheit gegen Andersdenkende stand er bewußt auf dem Boden der luth. Kirche und in ihrem Dienst. Er arbeitete u.a. mit an dem 1854 in Bayern eingeführten → Gesangbuch (: I A), förderte die Einführung des Gustav-Adolf-Vereins in Bayern und mühte sich als Examinator und als Leiter des Münchener Predigerseminars um den Pfarrernachwuchs.

Vf.: Allg. Umriß der Erdbeschreibung 1837 (wenigstens 38 Aufl.); zwei Predigtbände 1857-64; Kommentare (vgl. RGG² I, 1377); Kasualreden. - Über B.: AELKZ 1884, 723 ff - RE III, 565 ff.

H.Burger

Burgunder. Der ostgermanische Volksstamm der B. war, soweit erkennbar, zunächst in Südskandinavien und Bornholm, danach in verschiedenen Gegenden Ostdeutschlands und seit ca 300 nChr im Maingebiet ansässig. Bis Ende des 4.Jh.s schoben sie sich allmählich zum Rhein vor, den sie 407 oder bald danach überschritten. In Gallien ließen sie sich zuerst wohl im Mittelrheingebiet nieder, evtl um Worms, wo sie später die Heldendichtung ansetzt. Nach schweren Niederlagen gegen Römer und Hunnen 435/37 (historischer Kern der Heldendichtungen vom Untergang der Nibelungen) siedelten sich Reste 443 an der mittleren Rhone an; sie dehnten sich bald nach allen Seiten aus, so daß in Südgallien ein neues B.reich (Mittelpunkte: Lyon, Genf, Vienne) entstand, das aber rasch der Romanisierung verfiel und 532/34 durch die → Franken vernichtet wurde. Wie und wann die B. Christen wurden, läßt sich nicht mit Sicherheit sagen. Vielleicht wirkte früh, noch im 4.Jh. (?), direkt oder indirekt, die von → Ulfilas ausgehende arianische Germanenmission auf sie ein. Gegen Quellenbelege, die sie zZ ihrer Niederlassung am Rhein als Anhänger der kath. Orthodoxie erscheinen lassen, erheben sich gewichtige Bedenken. Für die Zeit des südgallischen Reiches ist der Arianismus einwandfrei bezeugt. Doch mag die Orthodoxie frühzeitig einige Anhänger gehabt haben. Seit der 2. Hälfte des 5.Jh.s finden wir sie im burgundischen Königshaus. Mit der Thronbesteigung des stark von Bischof → Avitus von Vienne beeinflußten kath. Königs Sigismund 516 beginnt die endgültige Abwendung der B. vom Arianismus, der in ihrem Bereich bald bedeutungslos wird und allmählich verschwindet.

RE III, 568 ff; XXIII, 288 f - H.v.Schubert, Die Anfänge des Christentums bei den B.n (SAH 1911, Nr. 3) - Ludw.Schmidt, Die Ostgermanen, (1934) 1941² - H.-E.Giesecke, Die Ostgermanen u. der Arianismus, 1939 - K.D.Schmidt, Die Bekehrung der Germanen zum Christentum I. 1939 - P.Wackwitz, Gab es ein B.reich in Worms? (Diss. Freie Univ. Berlin), 1956 (Lit.). *P.Wackwitz*

Buridan, *Johannes,* * um 1300 zu Béthune (Artois), 1328 und 1340 Rektor der Pariser Universität, † um 1359. B. war Führer der Pariser Nominalisten, verteidigt jedoch gegen → Ockham und dessen Schule das Kausalprinzip und die auf ihm beruhenden Gottesbeweise. In der Physik erweist er sich als Vorläufer der modernen Mechanik. Grundlage seiner Dynamik ist die Impetustheorie, die die bisherige Annahme von die Gestirne bewegenden Geistern überflüssig macht. In der Lehre vom Willen vertritt er ähnlich wie später → Descartes und → Leibniz einen intellektuellen Determinismus. Der »Esel des B.«, der zwischen zwei gleich großen und gleich guten Heubündeln verhungert, findet sich jedoch ebensowenig in seinen Schriften wie die »Eselsbrücke« (zur Auffindung des Mittelbegriffs im Syllogismus).

Vf. u.a.: Summulae logicae; Kommentare zu den naturwissenschaftl. Schriften des Aristoteles (u.a. zu De caelo et mundo, ed. E.A. Moody, 1942) u. zu dessen Metaphysik, Ethik u. Politik. - Ü II¹¹, 596 ff - E.Gilson, La philosophie au moyen-âge, (1922) 1947³, 674 ff - E.Faral, J.B. Notes sur les manuscrits, les éditions et le contenu de ses oeuvres (AHDL 15, 1946, 1-53) - Ders., J.B., maître ès arts de l'Université de Paris (Histoire littéraire de la France 38, 19[41-]49, 462-605) - Anneliese Maier, Zwei Grundprobleme der scholastischen Naturphilosophie, 1951, 201 ff (B.s Impetustheorie) - Dies., An der Grenze von Scholastik u. Naturwissenschaft. (1943) 1952².

B.Decker

Burk, *Philipp David* (1714-70), Dekan in Kirchheim/Teck, Schüler und Schwiegersohn → Bengels (»quasi isopsychos«), von dem er vorwiegend das Praktisch-pädagogische in lange nachwirkenden homiletischen Anleitungen übernahm. Mit analytischer Methode (Musterdispositionen zu Perikopen) erstrebt er die pietistisch-erweckliche, biblizistisch-erbauliche, erkenntnisfördernde Predigt (»Evangelische Fingerzeige«, 1760 ff) und die Handreichung für das Amt (»Sammlungen zur Pastoraltheologie«, 1771 ff). »Die Rechtfertigung und deren Versicherung im Herzen« (1757) versteht er als jenseitige, dem Zweifel der Vernunft entzogene Tat Gottes. Verdienstlich war besonders seine Neuherausgabe von Bengels »Gnomon« und NT-Text (1759; 1763).

RE XV, 687; XVI, 508 - Württ. Väter I, 1900², 266 ff.

M.Mezger

Burma. Nach Missionsversuchen des Franziskaners Pierre Bomfer (1554-57) und der → Barnabiten (1722 bis 1794) begann eine ständige kath. Missionsarbeit erst i.J. 1857 mit der Société des Missions Etrangères de Paris. Später kamen die Mailänder und Salette-Mission. 1949 existierten 2 Präfekturen und 5 apostolische Vikariate mit insgesamt 130832 Getauften und 15826 Katechumenen. Die Mehrzahl sind Karenen, ungefähr ein Drittel Inder. Als erste prot. Missionare entsandte William → Carey 1806 seinen Sohn Felix und James Chater nach Rangoon. Bleibende Missionsarbeit begann jedoch erst 1813 mit der Ankunft des amerikanischen Baptisten Adoniram Judson; er vollendete 1834 eine burmesische Bibelübersetzung. Schwere Verfolgungen, verursacht vor allem durch die burmesisch-englischen Konflikte, kennzeichnen die Frühperiode; doch als Judson 1850 starb, hatte die Mission Fuß gefaßt. Schneller als unter den buddhistischen Burmesen wurde unter den primitiven Bergstämmen der Karenen Boden gewonnen, deren erste Missionare George Dana Boardman, Elisha L. Abbott und Justice Vinton waren. Die Karenen erhielten ihre Gemeinden von Anfang an selbst und wurden, trotz des Bedenkens der Missionsleitungen, selbst in der Mission tätig. Der erste karenische Christ, Ko Tha Bu, begann sofort nach seiner Taufe 1828 seinen Landsleuten zu predigen.

1865 wurde die B. Baptist Missionary Convention (→ Baptisten: II) ins Leben gerufen. Es folgte die allmähliche Missionierung der anderen in B. ansässigen Stämme: der Chin (1865; ununterbrochen ab 1882), der Shan (1867), der Kachin (um 1876) und der Lahu (1901). Missionen wurden ebenso unter den Talaing, den Eurasiern, den eingewanderten Tulago und Tamulen sowie unter den Chinesen gegründet. Im Zusammenhang mit der Convention wurden darüber hinaus Gesellschaften nach ethnischen und geographischen Erfordernissen gebildet, deren 1811 Gemeinden heute 196041 erwachsen getaufte Glieder und eine Gesamtgliedschaft von über einer halben Million haben. Judson und andere hatten sich in der Frühzeit der besonderen Förderung des Erziehungswesens widersetzt, aber der Erfolg der Internatsschulen bei den Karenen führte zu einem ausgedehnten Erziehungsprogramm. 1956 gab es 620 Schulen aller Art mit 43 819 Schülern. Das früher zur Universität Rangoon gehörende Judson College wurde nach Erklärung der Unabhängigkeit (1947) geschlossen. Die ärztliche Arbeit war bedeutend, doch gibt es heute nur noch drei Krankenhäuser.

Anglikanische Missionen entwickelten sich aus der Arbeit von Pfarrern, die von der britischen Regierung angestellt waren. Die S.P.G. (→ Anglikanische Kirche: II) kam 1859 nach B. und wandte unter der Leitung von J.E.Marks ihr besonderes Augenmerk auf die Erziehung. Sie hatte dabei vor allem bei den Karenen Erfolg. 1924 nahm die Bible Churchmen's Missionary Society ihre Arbeit in Nord-B. auf. In der Diözese Rangoon der Church of India, Pakistan, B. and Ceylon leben ca 46 000 Abendmahlsberechtigte unter 132 000 Christen. Im Vergleich zu den Baptisten und Anglikanern sind die Missionen der übrigen christlichen Kirchen nur klein. Amerikanische Methodisten kamen 1879 im Gefolge von ausgewanderten indischen Gemeindegliedern nach B.; die englischen Wesleyaner (→ Methodisten: II) folgten 1886. Adventisten, Pfingstgruppen und die Lakher Pioneer Mission sind ebenfalls vertreten. Der → Nationale Christenrat von B. dient der Zusammenarbeit zwischen den Kirchen und ihrer Vertretung gegenüber der Regierung. Die japanische Besetzung, der Bürgerkrieg und die buddhistische Vorherrschaft (→ Buddhismus) in der Regierung des nun unabhängigen Landes haben die Arbeit schwierig gemacht; die Kirchen jedoch wachsen weiter.

J.SCHMIDLIN, Kath. Missionsgesch., 1924 - A.MCLEISH, Christian Progress in B., 1929 - F.D.WALKER, Land of the Golden Pagoda, 1938 - H.P.THOMPSON, Into all Lands, 1951 - P.G.CHARLES, Die Kirchen in B. (AMN 33, 1953, 9-12) - RAJAH B.MANIKAM (Hg.), Christianity and the Asian Revolution, 1954 - R.V.TORBET, Venture of Faith, 1956 (alle mit Lit.). - Statistiken: Le Missioni Cattoliche, 1950 - WChH. *R.P.Beaver*

Burman, 1. *Frans* (1628-79), * Leiden, studierte dort, war 1651 Pfarrer der niederl.-ref. Gemeinde in Hanau, 1661 Subregent des Staatenkollegiums in Leiden, 1662 Prof. der Dogmatik, später auch der Kirchengeschichte in Utrecht. Wegen seiner milden Auffassungen wurde er in einen Sabbatstreit verwickelt (1665). Mit → Coccejus befreundet, teilte er dessen föderaltheologische Ansichten (Synopsis Theologiae, 1671, holl. Übers. 1683). Mehr zwinglianisch als calvinistisch gesinnt, selbständig urteilend, wurde er von seinem Kollegen van → Limborch des Cartesianismus beschuldigt, obwohl er kein eigentlicher Cartesianer war.

Vf. u.a.: De moralitate Sabati hebdomadalis, 1665; Verklaring over de H.Schrift van Genesis tot Esther, 1740. - Über B.: J.H. SCHOLTEN, De leer der Herv. Kerk, 1870[4] - CHR.SEPP, Het godgeleerd onderwijs in Ned. II, 1874 - BWGN I, 702ff (Lit.).

2. *Frans*, Sohn von 1 (1671-1719), * Utrecht, studierte in Leiden, Franeker, Groningen und Amsterdam, war Pfarrer in Koudum (1695), Brielle, Enkhuizen, Amsterdam (1705), Prof. in Utrecht (1715). Ausgezeichneter Orientalist. Auf einer Reise nach England als Gesandtschaftsprediger (1702) trat er in Beziehung zu verschiedenen Gelehrten in London, Oxford und Cambridge.

NBWG I, 711ff (Lit. u. Bibliogr.). *W.F.Dankbaar*

Burnet, *Gilbert* (1643-1715), * Edinburgh, studierte ursprünglich Jura in Aberdeen, ging zur Theologie über, reiste nach England, Holland und Frankreich und verschaffte sich lebendige Eindrücke von anderen Konfessionen (Lutheranern, Calvinisten, Arminianern, Wiedertäufern, Unitariern). Besonders dadurch wurde er zu einem Hauptvertreter des Latitudinarismus (→ Broad Church Party). Allen Versuchen, ihn für die katholisierende Richtung zu gewinnen, widerstand er und schlug wiederholt Bistümer aus. Erst nach der Thronbesteigung Wilhelms III. wurde er 1689 Bischof von Salisbury. Seine History of the Reformation of the Church of England (1678) wurde als »Faustschlag ins papistische Gesicht« empfunden und erwarb ihm den Dank des Parlaments. Außer dieser und der History of my own Times (nach seinem Willen erst 1723/24 veröffentlicht) verfaßte er ungezählte kleinere Schriften.

DNB III, 394ff - J.E.S.CLARKE and Miss H.C.FOXCROFT, Life of B., 1907. *M.Schmidt*

Bursa (lederner Geldbeutel) hieß im MA zunächst ein durch Stiftung gesicherter Freiplatz in einem der zahlreichen Kollegien von Paris und Oxford. Gegründet als Ablösung früher Hospize für arme Studenten und Lehrer, entwickelten sich die Kollegien, deren institutioneller Kern eine Mehrzahl solcher Bursen war, zu integrierenden Bestandteilen der Universität. An den deutschen Hochschulen blieben sie Konvikte und hießen Bursen. Jeder Student mußte in einer approbierten B. wohnen. Neben den eigentlichen Inhabern von Einzel-Bursen (bursarii) gab es noch »beneficiarii« (deren Diener), später auch zahlende Gäste. Höhe des Ertrags einer B., ihre Dauer, Voraussetzungen zu ihrem Erwerb waren genau geregelt.

G.KAUFMANN. Die Gesch. der deutschen Universitäten II, 1896, 224ff - H.RASHDALL, The Universities of Europe in the Middle Ages. New ed. F.M.POWICKE-A.B.EMDEN, I/III, Oxford 1936 - A.L.GABRIEL, Student Life in Ave Maria College: Mediaeval Paris, Notre Dame-Indiana, 1955. *H.Wolter*

Bursche, *Julius* (1862-1942), * in Kalisch, † im KZ Sachsenhausen, 1885 Pfarrer in Wiskitki, dann Diakonus, später Pfarrer in Warschau, 1895-1904 Konsistorialrat, 1905-37 General-Sup. und dann gewählter Bischof der sog. Rumpfsynode, seit 1939 in KZ-Haft. Als Verfechter der polnisch-ev. Missionsideologie bemühte sich B., die überwiegend deutsche Augsburgische Kirche in eine polnisch-ev. umzubauen, kam aber nicht zur Missionierung der kath. Polen. Die schweren nationalen Richtungskämpfe in der ev. Kirche erreichten ihre Höhe auf der Lodzer Synode 1917, der Warschauer Konstituierenden Synode 1922/23 und in den Auseinandersetzungen um das neue Kirchengesetz 1936. B. war ein hervorragender polnischer und deutscher Kanzelredner. Ein großes Verdienst erwarb er sich um die Gründung der Ev. Theol. Fakultät in Warschau (1921/22), deren erster Dekan sein 1940 im KZ Mauthausen umgekommener Halbbruder Edmund B. war. B.s großpolnische Masurenaktion vor 1914 und nach 1919 zeigt die nationale Aktivität eines glühenden Patrioten, der dem Deutschtum verständnislos und ablehnend gegenüberstand.

Hg. von »Zwiastun Ewangeliczny« (Ev. Bote), 1898-1914 u. der erl. u. erg. poln. Ausgabe der engl. geschr. Gesch. der Reformation in Polen von VAL.KRASIŃSKI, 3 Bde, 1903-05. - Über B. vgl. die Berichte über das Auslandsdeutschtum, KJ 1920ff, u. in Auslandsdeutschtum u. ev. Kirche, Jb. 1937, 1939, 1940. *E.Kneifel*

Bursfelder Kongregation. In der Benediktinerabtei Bursfelde westl. von Göttingen, die 1093 gestiftet, 1433 durch Abt Joh.Dederoth von München († 1439) reformiert wurde, gründete des letzteren Nachfolger Joh.Hagen (1439-69) die B.K., die zuerst 4, im Laufe der Zeit 111 Abteien umfaßte. Von Pius II. 1459 bestätigt, von → Nikolaus von Kues begünstigt, wurde sie ein Reformzentrum in Deutschland nördlich des Mains. Der Zusammenschluß sämtlicher deutscher Benediktinerklöster, auf dem Regensburger Kongreß 1631 beschlossen, wurde nicht erreicht. Große Verluste erlitt die B.K. in der Reformationszeit. Wissenschaftlicher Hochstand im 17.Jh.; Seminar an der Kölner Universität. Durch die Säkularisation 1802/03 ging die B.K. unter. Bursfelde erhielt 1542 einen prot. Abt, infolge des Restitutionsediktes wieder kath. Äbte von 1654-70. Den Abtstitel führt heute noch der Senior der ev.-theol. Fakultät zu Göttingen.

LThK II, 649f (mit Liste der Kongregationsklöster) - P.Volk, Die Generalkapitels-Rezesse der B.K. I, 1955 (Lit.). *P.Volk*

Bury, *Arthur* (1624-1713), Fellow (Studentenerzieher) und 1666 Rektor des Exeter College in Oxford. Sein anonym veröffentlichter Traktat The Naked Gospel by a true Son of the Church of England (1690, 1691²) gilt als Vorläufer des → Deismus; er suchte das Evangelium auf Buße und Glauben im urchristlichen Sinne zu reduzieren. Pierre → Jurieu griff ihn deshalb als Latitudinarier an (Religion du Latitudinaire, 1696); B. antwortete mit der Schrift Latitudinarius orthodoxus (1697). The Naked Gospel wurde unter der Anklage auf Sozinianismus 1690 in der Universität Oxford verbrannt, B. selbst wegen Widersetzlichkeit gegen den Bischof entlassen.

J.S.Baumgarten, Nachrichten v. einer Hallischen Bibliothek III 1748, 226ff - G.V.Lechler, Gesch. des engl. Deismus, 1841, 145f - DNB III, Neudr. 1949/50, 473f. *M.Schmidt*

Busch, 1. *Johannes* (1399-1480), * in Zwolle, 1420 Profeß im Kloster Windesheim, 1424-28 in der Klostergründung des Wallfahrtsortes Bödingen bei Köln, seit 1437 Subprior im Kloster Wittenburg, westl. von Hildesheim, wo er später den → Brüdern vom gemeinsamen Leben half und das Kloster in Sülte reformierte. Von hier aus wirkte er als Reformator im Sinne des Baseler → Reformkonzils, wurde 1447 Propst des Neuwerkstifts in Halle, visitierte und reformierte seit 1451 mit Vollmacht seines Freundes, → Nikolaus von Kues, in Erfurt, Leipzig und Halberstadt. 1456 besuchte B. das Windesheimer Generalkapitel und schrieb dort die Lebensbilder der ersten 24 Brüder im Windesheimer Stammkloster, sodann die Chronik des Windesheimer Klosters und der Kongregation. Durch seine äußerlichen oft zwangsmäßigen Klosterreformen in Mitteldeutschland suchte B., ein Eiferer, aber keine überragende selbständige Persönlichkeit, die verklosterte devotio moderna durchzuführen, im innern Gegensatz zu Peter → Dieburgs Hildesheimer, dh nichtmönchischen Bewegung der Brüder v.g.L.

Hauptschriften: Liber de viris illustribus de Windesem, 1456ff; Chronicon Windeshemense und Liber de reformatione monasteriorum (Geschichtsquellen der Provinz Sachsen 19, 1886); kleinere Schriften hg.v. J.W.Wüstenhoff, 1890. - Über B.: K.Grube, J.B., 1881 - RE III, 577f; XXIII, 290f - E.Barnikol, Stud. z. Gesch. d. Brüder vom gemeinsamen Leben, 1917 - P.Lehmann, Reste einer Frühfassung von J.B.s Windesheimer Chronik (HJ 54. 1934, 230-239). *E.Barnikol*

2. *Peter* (1682-1744), ev. Theol. orthodoxer Richtung, Pfarrer in Offleben bei Helmstedt und in Hannover, machte sich als Herausgeber des »Niedersächsischen Liederkerns« mit 1500 möglichst originalgetreu gefaßten Liedern um die Gesangbuchentwicklung in Hannover verdient.

Koch V, 562ff - GG III, 312 § 195. 106 - R.Eckart, Die geistl. Dichtung in Hannover, 1903, 54ff - Ritter's Geogr.-statist. Lex. II, 1910⁹, 452. *W.Lueken*

Busche, *Hermann von dem* (Buschius, 1468-1534), * auf Schloß Sassenberg bei Münster, in Warendorf, Münster und Deventer humanistisch gebildet, von Alexander → Hegius und Rudolf → Agricola geprägt. Nach jahrelangem Wanderleben machte er sich als Rektor der »Großen Schule« in Wesel einen Namen mit der Schrift Vallum humanitatis (1518). Der Reformation zugetan, kam er über Worms, die Ebernburg und Basel nach Heidelberg und 1527 an die neue Universität → Marburg, wo ihn das Marburger Religionsgespräch endgültig für die lutherische Abendmahlslehre gewann. Seine Schrift De singulari autoritate veteris et novi testamenti (1529) zeigt einen festen Standpunkt. Zur Disputation mit den Täufern am 7./8.8.1533 nach Münster gerufen, war B. einem Bernt → Rothmann nicht gewachsen. Anfang 1534 † in Dülmen. Von Hamelmann wird er als Reformator Westfalens gepriesen.

ADB III, 637ff - W.Krafft, Briefe u. Dokumente, 1876 - H.J. Lissem, H.v.d.B. (Progr. Köln 1884-1908) - H.Kalkoff, Der Humanist H.v.d.B. u. die lutherfreundl. Kundgebung auf dem Wormser Reichstag (ARG 8, 1910/11, 341-379) - A.Bömer, H.v.d.B.s Anteil an den Epp. obscurorum virorum (Festgabe F.Philippi, 1923, 86-99) - Ders., H.B. (Westf. Lebensbilder I, 1930, 50-67) - H.Weirich, H.v. d.B. (Diss. Heidelberg), 1923 - R.Stupperich, Die Bedeutung der Lateinschule für die Reformation in Westfalen (Jb. d. Ver. f. westf. KG 44, 1951, 83-112). *R.Stupperich*

Buschschulen → Missionsschulwesen.

Busembaum, *Hermann* SJ (1600-68), aus Notteln in Westfalen. Berühmt ist seine »Medulla Theologiae Moralis facili et perspicua methodo resolvens casus conscientiae, ex variis probatisque autoribus concinnata« (darunter besonders Hermann Nünning und Friedrich v. → Spee), Erstausgabe Münster 1650 (→ Moraltheologie). Zu B.s → Probabilismus siehe: Lib. I, Tract. I, Cap. II, Dubium II. In der → Kasuistik zum 5. Gebot (Lib. III, Tract. 4, Dub. IV ad VIII) setzt B. den Fall, ein Vater, Abt, Fürst greife Leib und Leben des Sohnes, des Mönches, des Untertanen an: in diesem Falle kann sich der Angegriffene aktiv bis zur Tötung des Angreifers verteidigen; ad. XI fügt B. hinzu: Die Tötung kann auch ein anderer für ihn vornehmen, »wenn die Caritas das rät«. B. hat also nicht den Fürsten- und Prälatenmord gelehrt, ebensowenig wie den Vatermord, sondern die Abwehr des Angreifers auf Leben und Tod. Aus Lib. IV, Cap. III, Dub. VII, art. 2 liest man den öffentlichen Grundsatz »Der Zweck heiligt die Mittel« heraus; die B.sche Auffassung, eine typisch kasuistische Aufrechnung, deckt sich jedoch nicht mit dem bekannten Schlagwort. - Die Medulla des B. nahm ihren Weg über Lacroix und Alfons de → Liguori, der sie (in 2. Aufl. 1753) kommentierte, zu Antonio Ballerini (→ Moraltheologie).

C.Lacroix, Theologia moralis, 9 Bde, 1704-14 - F.A.Zaccaria, Apologie de la Théologie morale, 1755 - J.Döllinger-F.H.Reusch, Gesch. der Moralstreitigkeiten seit dem 16.Jh., 2 Bde, 1899 - RE III, 581 - Mirbt 581 (Lit.) - LThK II, 654 - EC III, 243. *† L.Fendt*

Bußbücher → Bußwesen: II, 2a.

Buße, *dogmatisch-ethisch*

1. Ev. B. - 2. B. als Gottesgeschehen (Luther) - 3. B. in der theologischen und philosophischen Ethik (Kant) - 4. W.Herrmann - 5. K. Barth - 6. B. als Willenserneuerung - 7. B. und ev. Beichtbewegungen. - Vgl. → Beichte, → Bußwesen

1. Für den *ev. Sinn* der B. ist CA 12 bedeutsam. Danach besteht B. aus zwei »Teilen«, nämlich contritio (Reue, erschrockenes Gewissen) und fides (Glaube). Die bekannte Dreiteilung des röm. Bußsakraments in Reue, Beichte, Genugtuung (contritio cordis, confessio oris, satisfactio operis) wird von innen her aufgelöst. Die → Beichte ist in CA 11 für sich behandelt. Die Werke aber, die der dem Glauben zugesagten Sündenvergebung folgen sollen (deinde), sind zwar nach Mt 3, 8 »Früchte der B.« (»Besserung . . . und daß man von Sünden

lasse«), heißen jedoch nicht mehr »Genugtuung«. Geblieben ist nur der Ausdruck contritio. Doch wird nun der »Glaube« sozusagen als zweite Hälfte unmittelbar hinzugefügt. Reue *und Glaube* bzw. die aus der Anerkennung der Sünde erwachenden »Schrecknisse des Gewissens« und der aus dem Evangelium oder der Absolution empfangene Glaube sind die Träger der »B.«. (Daß die Rede von den zwei »partes« sie nicht gleichsam aufspalten soll, geht zum Überfluß aus dem deutschen Wortlaut hervor, der »partes« vermeidet: Die B. sei recht »eigentlich nichts anderes denn Reue . . . doch daneben glauben an . . .«. »Daneben« natürlich gerade nicht als ein Nebeneinander verstanden!) Das »Darnach« (deinde) der Werke besagt, daß es der bereits ins Leben getretene Glaube sei, der sie wirke. Als »Früchte der B.« gehören sie wohl nahe mit den »guten Früchten« des Rechtfertigungs-Glaubens und den »von Gott gebotenen guten Werken« zusammen (s. schon CA 6). – Nach dem Tridentinum (XIV, c. 8) dagegen dient die »Genugtuung« ausdrücklich »nicht nur zum Schutz des neuen Lebens und Heilmittel gegen die Schwachheit, sondern auch zur Strafe der vergangenen Sünden und zur Zucht«. Luther hätte dazu gesagt: Wie könne man Gebete, Andacht u.ä. als Strafe auferlegen!

2. *Luther* hat das röm. Bußsakrament bekanntlich vielfach kritisiert, insbesondere in den ersten vier der 95 Thesen, laut denen der Bußruf Jesu auf das ganze Leben geht und somit am zeitlichen Akt des Sakraments nicht ausgerichtet ist. Bei seiner Kritik in der 1. Antinomer-Disputation, die besonders die Thesen 1-13; 17-22 aufnimmt, läßt Luther zwar die überlieferte Teilung der Reue in »Schmerz über die Sünde und Vorsatz besseren Lebens« gelten. Aber solcher »Vorsatz« ist nicht ein menschlich hervorrufbarer Akt, sondern ein »impetus« des hl. Geistes: Der Mensch lernt aus der Liebe zu Gott, die aus der tröstenden Hoffnung erwächst, die Sünde hassen. Andernfalls könne der »gute Vorsatz« eigentlich nicht über die Verzweiflung hinausführen. Luthers Kritik wurzelt darin, daß er die B. als *ein Geschehen von Gott her* versteht, als Kampf des Geistes wider das Fleisch. Die Schlagkraft des Gesetzes gehört ihm aber mitten hinein, muß freilich zu gegebener Zeit abgelöst werden. Die vielzitierten »rechten Knoten« (gegenüber der Seelenmarter, keine Sünde beim Aufzählen auszulassen) bestehen für Luther in der Verzweiflung (WA 39/1, 411, 16; 1537). Das röm. Bußsakrament erscheint in diesem Lichte als ein kontrolliertes Bemühen, zu dem auch die nötigen Schritte gehören, um die – für die B. gewiß unentbehrliche – Gnade wirksam zu machen. Gegenüber dem Anstalts- und Sakramentscharakter dieser Bußlehre hält Luther daran fest, daß das *Gesetz* die B. wirkt, gerät darüber aber in gewisse Schwierigkeiten: sind doch die Schrecken bloßer Gesetzes-B. und des Bildes Christi vornehmlich als des Richters zu überwinden; und hat doch der verheißende Zuspruch des Evangeliums wirklich zu rechter Zeit die drohende Verzweiflung abzulösen. Gemildert, wenn auch nicht aufgehoben, wird die Übergangsproblematik dadurch, daß gerade das Gesetz, dem Christus voll genug getan hat (lex impleta), die *Liebe* ist. – Schließlich gehört die B. nach Luther eng mit *Glaube und Taufe* zusammen. Die B. ist nicht sowohl »zweite Planke nach dem Schiffbruch« (WA 6, 529 = BoA 1, 463), als wäre das Schiff der Taufe, dh der göttlichen Gnadenzusage an den Glauben, je gesunken. Sie ist vielmehr Rückgriff des Menschen auf die Taufe »sola fide«. Nicht die einzelnen Bußerlebnisse sind der Fels, auf den gebaut werden darf, sondern das den Glauben tragende Wort.

3. Über die Fragestellung, ob die B. aus dem Gesetz *oder* aus dem Evangelium zu predigen sei, ist aber hinauszugehen. Der Bußruf ist weder bloß ein innerkirchliches Wort oder hat gar in der Gemeindezucht seine eigentliche Funktion, noch gilt er nur den vermeintlich Frommen (Juden, Pharisäer, die das in falscher Richtung sind). Er richtet sich mindestens zugleich immer an den Menschen als solchen (vgl. Röm 7, 24 »ich elender Mensch«; Mt 16, 23, wo selbst Jesus den in Petrus versuchenden Satan abweist: »Du meinst nicht was göttlich, sondern was menschlich ist«). Von der spezifisch menschlichen Aufgabe ist nun aber eben im → Gesetz (: IV) die Rede. Durch dieses sind die Menschen, wie schon in der Standespredigt des Täufers, auf ihr besonderes Dasein und ihre besondere Versuchlichkeit hingewiesen. Zugleich ist das Gesetz sozusagen die Hortung der Schuld (vgl. Röm 2, 5) und gehört so durchaus in die B. hinein. Trotzdem muß B. aus Gesetz *und* Evangelium gepredigt werden. Denn das *Evangelium* ernennt jene Not zur tiefsten und höchsten, weil darin Gott selbst unsere Schuld übernehmen muß. Er ist es auch, der vergibt und uns in seiner Gemeinschaft trägt und führt. Weist hingegen der Mensch das Evangelium ab, so überläßt es ihn dem Gesetz. Wiederum ist das *Gesetz* weder nur Gesetz Moses noch nur »neues Gesetz«, sondern das des ewigen Gottes, so daß auch das »natürliche Gesetz« damit zusammenhängt. Daher können wir auch dieses so wenig wie die Arbeit der *philosophischen Ethik* einfach »profan« nennen, müssen jedoch auf die Würdigung des Bösen und die Beziehung von Religion und Sittlichkeit achten (Wehrung 249f). Dabei wird man zwischen Selbstkritik – persönlicher oder kollektiver – und B. zu unterscheiden haben. → Kant freilich geht noch über Selbstkritik hinaus, indem er in seiner Religionsschrift beim Menschen die *Umkehrung der moralischen Ordnung* als das »radikale Böse« vorfindet, dh den *Hang,* dem unbedingten »Du sollst« des Vernunftgesetzes die Motivierung aus der empirisch-sinnlichen Welt übergeordnet bleiben zu lassen. Der Grad der Verurteilung erhellt aus Ausdrücken wie »fauler Fleck unserer Gattung«, »Nichtswürdigkeit« u.a. Demgemäß steht bei der »Herzensänderung« an erster Stelle nicht die, dann auch nötige, »Reform der Sinnesart«, sondern die »Revolution der Denkungsart«. Daß Kant solche Revolution unbedingter Überordnung des »Du sollst« auf »eine einzige unwandelbare Entschließung« (in der der Mensch den »obersten Grund seines Wesens umkehrt«) und damit auf die »Freiheit« begründet, darf nicht zu schnell theologisch zensuriert werden. Denn die Freiheit ist hier sozusagen das *Geheimnis* bei der Herzensänderung. Ihre »Möglichkeit« ist für unser zeitlich kausales Denken nicht vollziehbar: Sie ist dem Menschen nicht als Habe und Vermögen vorher bewußt, sondern ist selber sein Bestimmtsein eben durch dies Gesetz anstatt durch anderes. Freiheit, damit »Herzensänderung« (Buße), ist bei Kant Einbruch einer anderen Wirklichkeit in unsere zeit-räumliche Welt. Gleichwohl wäre es geboten, statt vom Problem der radikalen Umkehr – dazu noch eingespannt zwischen die Pole: allgemeines Vernunftgesetz und sinnliche Motivation – von der Konkretion des Bußrufs (Jesu, der Propheten) auszugehen. Nicht sowohl Verkehrung der moralischen Ordnung trennt uns von Gott, sondern das, was *zwischen* Gott und den Menschen (uns eingeschlossen!) gegen ihn *geschehen* ist (Jes 59, 2) – mag auch, weil es *seine* Welt ist, Gutes nicht fehlen –, dazu die aufgesammelte *Schuld.* Das Evangelium ist nicht Revolution der Denkart, sondern Gottes wieder aufrichtende, seine Gemeinschaft gewährende Gegenwart in Christus.

4. Die B. ist Gottes Werk, *nicht* des Menschen *Leistung.* Darauf legt zB W. → Herrmann großen Wert. Er sieht mit Berufung auf Luther in der »absichtlichen«, durch »eigenen Entschluß« direkt erarbeiteten Reue das falsche Streben des Menschen, »sich Gott gegenüber selbst zu

rehabilitieren«. B. erwächst vielmehr unter dem Eindruck der Person Jesu. Und wenn wir, anstatt uns selber zu quälen, uns vielmehr auf die positiven Aufgaben des christlichen Lebens »richten«, so erfahren wir dabei, daß wir uns »durch die bloße Spannung (unseres) Willens nicht helfen« können. Herrmanns Verständnis ist übrigens auch im antisakramentalen Sinne deutlich auf die persönliche Erlebbarkeit der B. (quomodo detur spiritus sanctus) des ev. Christen gerichtet.

5. K. → Barth, einige verwandte Züge mit W.Herrmann, auch wohl mit Kant teilend, betont in seiner Fassung der Lehre von der »Umkehr« (KD IV/2) ebenfalls stark, daß nur Gott den Menschen und die »mit Gott im Streit liegende Welt« aus ihrem »Todesschlaf« zu erwekken vermag. Häufig wiederkehrende Stichworte sind: Gott für ihn (den Menschen), er für Gott; Gottes »Halt!« (gegenüber der »Abwärtsbewegung« unseres »sündig trägen Wesens«; also unser Erwecktwerden durch Gott) und Gottes »Vorwärts«! (nämlich die alsbaldige Richtung auf den Bruder, auf die tätige Liebe, auf die Verantwortlichkeit im öffentlichen Leben). Dabei tritt der gegen vermeintlich bloße Innerlichkeit, Privatisierung, Subjektivierung auch der B. gerichtete, dialektisch unruhige, aktivistische Charakter dieser Theologie hervor, dazu die Radikalität der Umkehr. So will Barth auch ausdrücklich nicht gegen den »Radikalismus« bei Calvin (gegen dessen Forderung, »die angeborene Art fahren zu lassen« oder uns »unserer selbst wie eines Kleides zu entledigen«) und → bei Kohlbrügge vorgehen; wohl aber vermerkt er kritisch, daß beide über der mortificatio die vivificatio nicht recht sähen, letztere also nicht »als den Sinn und die Intention der mortificatio« erfaßten. Nach Barth tötet Gott den »alten Menschen, indem er den neuen auf den Plan führt«.

6. Barths Darlegung führt noch auf Grundsätzliches zum Thema. Ev. Theologie ist sich darin einig, daß es sich bei der B. (= Umkehr, Umsinnung, Umwandlung) um eine Umkehr mit *innerer Willigkeit* handeln muß. Umsinnung auf Grund von Furcht, Nötigung, Einschüchterung ergibt leicht unechte Steigerung oder auch ein Gesinnungsgemisch. Liegt nun aber der Ton darauf, daß nur Gott eine völlige Umkehr erwirken kann, wiewohl gewiß der Mensch darin nicht minder tätig sein und »sich bekehren« (Barth) muß, so folgt das nicht nur aus einem Radikalitätscharakter von Umkehr, den es auch sonst, abgesehen von der Religionsgeschichte (etwa bei → Buddha), in Geschichte und Leben (Herrschaftswechsel, Auswanderungen u. ä.) gibt. Angesichts der psychologischen Möglichkeit gegenpoliger Erlebnisweise und Gedankenbildung (von Geisteskrankheit abgesehen) vermögen wohl doch erst Schuld und Sünde das Leben und Handeln des Menschen so sich festfahren oder versteigen zu lassen, daß Umkehr außerhalb der menschlichen Sphäre fällt. Aus der Verstrickung in die Zeit, von der Last der Vergangenheit, nicht eigentlich von der »Trägheit« des Gewordenen (Schleiermacher) kann nur der ewige Herr der Zeit befreien. Denn nur er selber kann seine Gegenwart schenken. Gott ist nicht zuerst und vor allem hl. Geist als Kraft im Menschen und in der Kirche, sondern der Schöpfer alles Wirklichen, der im Fleischgewordenen unser Erlöser ist.

7. Gegenwärtige Bestrebungen in der ev. Kirche, die → Beichte (: II) zu erneuern, lassen vielfach die Tatsache außer acht, daß sie ihrer Herkunft nach organischer Bestandteil des kath. *Bußsakraments* ist, dieses aber in der röm. Kirche nicht nur einen seelenärztlichen, sondern auch einen jurisdiktionellen Akt (CIC c. 870ff) darstellt. Man wird diesen Tatbestand sehr ernst zu nehmen haben, um eine Gefährdung des Gewissens im Sinne unevangelischer Gesetzlichkeit sowohl beim Beichtiger wie beim Beichtkind zu vermeiden. Die Kirche kann kein Gericht über die Seelen ausüben.

Außer den Lehrbüchern der Dogmatik u. Ethik: W.HERRMANN, Der Verkehr des Christen mit Gott, (1886) 1921[7] - DERS., Die B. des ev. Christen (ZThK 1, 1891, 28-81) - DERS., Ethik, (1901) 1921[6] - F.SIEFFERT, Die neuesten theol. Forschungen über B. u. Glaube, 1895 - RE III, 584ff - H.OHL, Die rechte ev. Lehre von der B., 1908 (Auseinandersetzung mit W.Herrmann) - E.EBERHARTER, Sünde u. B. im AT (Bibl. Zeitfragen 11), 1924 - R.HERMANN, Luthers These: Gerecht u. Sünder zugleich, 1930 - DERS., Zur theol. Würdigung der Augustana (LuJ 12, 1930, 162-214) - J.SCHNIEWIND, Ev. Metanoia (Bek. Kirche 1935, H. 25, 18-31) - DERS., Was verstand Jesus unter Umkehr? (H.ASMUSSEN, Rechtgläubigkeit u. Frömmigkeit II, 1939, 70-84) - E.K.DIETRICH, Die Umkehr im AT u. im Judentum, 1936, 226ff - O.MICHEL, Die Umkehr nach der Verkündigung Jesu (EvTh 5, 1938, 403-413) - H.POHLMANN, Die Metanoia als Zentralbegriff der christl. Frömmigkeit, 1938 - J.BEHM, Metanoia (DTh 7, 1940, 70-86) - B. POSCHMANN, Paenitentia secunda (Theophania, 1940, 1-84; kath.) - ThW IV, 972ff (Lit.) - SV.LERFELDT, Den kristnes kamp, Mortificatio carnis, Kopenhagen 1949 - H.W.WOLFF, Das Thema »Umkehr« in der at. Prophetie (ZThK 48, 1951, 129-148) - THIELICKE, ThE I, 79ff - W.JOEST, Gesetz u. Freiheit. Das Problem des Tertius usus legis bei Luther u. die nt. Paränese, 1951 - G.WEHRUNG, Welt u. Reich, 1952 - A.GYLLENKROK, Rechtfertigung u. Heiligung in der frühen ev. Theol. Luthers (UUÅ 1952, 2) - BARTH, KD IV/2, 1955, 626ff - E.SCHOTT, Die zeitliche u. die ewige Gerechtigkeit. Eine kontroverstheol. Untersuchung zum Konkordienbuch, 1955.

R.Hermann

Bußpsalmen, die Pss 6, 32, 38, 51, 102, 130, 143. Die Siebenzahl, durch Cassiodor (Psalmenauslegung, MPL 70, 60. 55. 1014) für das 6.Jh. als feststehend bezeugt, wird von ihm, wie schon von Origenes, gedeutet als ein Hinweis auf die sieben Mittel, durch die ein Sünder Vergebung erlangt: durch die Taufe, den Märtyrertod, durch Almosen, Bereitschaft, den Brüdern zu vergeben, Bekehrung eines Irrenden, Überfluß an Liebe, Buße. Papst Innozenz III., der selbst eine Auslegung der B. geschrieben hat, ordnete an, sie in der Fastenzeit zu beten; Papst Pius V. bestimmte hierfür die Freitage und verhieß Ablaß für 50 Tage. In der röm. Kirche werden die B. außerdem gebetet bei der Weihe eines Abts, bei der Konsekration einer Kirche oder eines Altars und bei der Einweihung eines Friedhofs. Besondere Bedeutung haben Ps 51 (Miserere), der in den Laudes einen festen Platz hat und in der Karwoche (in den Horen des Triduum mortis Christi) feierlich gesungen wird, und Ps 130 (De profundis), der zur priesterlichen praeparatio ad missam gehört und beim Abschluß einer Beerdigung rezitiert wird. (Das Miserere ist seit den Tagen → Josquins und → Palestrinas immer wieder, auch von ev. Komponisten, vertont worden). Auch zur privaten Andacht werden die B. seit dem MA gern benutzt: Es erscheinen Übersetzungen in die Volkssprache (zB von → Groote) und Auslegungen in großer Zahl. Die »Septene« Reuchlins, die den hebräischen Urtext, eine lateinische Übersetzung und grammatikalische Erläuterungen enthielt, benutzte Luther, als er 1517 die verdeutschten B. mit einer für das Volk bestimmten Auslegung herausgab; es war das erste Werk, das Luther selbst veröffentlichte (WA 1, 154ff). Eine zweite Bearbeitung erschien 1525 (WA 18, 467ff). Luther zeigte in seelsorgerlich eindringlicher Weise, worauf es ihm ankam: »Gottes Stärke und Trost wird niemand gegeben, er erbitte es denn von ganzem Grund des Herzens. Niemand bittet aber so, der noch nicht von Grund auf erschrocken und verlassen ist... Das gedemütigte und zerbrochene Herz gibt Gott die Ehre und sich selbst die Sünde. Das Herz gibt Gott nichts, sondern nimmt nur von ihm. Das will Gott auch haben, auf daß er wahrhaftig Gott sei« (WA 18, 481. 506). Das De-profundis dichtete Luther kongenial um zu seinem Gemeindelied »Aus tiefer Not...«. Im liturgischen Gebrauch der ev. Kirche erlangten die B. keine große Bedeutung: Ps 51 war vielerorts Bestandteil der Beichtordnung; in der Agende der VELKD sind als Introitus-Pss für den sonntäglichen Gottesdienst lediglich Ps 102 (Karfreitag), 130 (22. Sonntag nach Trinitatis) und 143 (vorletzter Sonntag) vorgesehen.

RE III, 592; XIII, 87ff - LThK II, 667 - Braun, LH 54.

E. Hertzsch

Bußstufen → Bußwesen: II, 1e.

Buß- und Bettage

1. Geschichtlich - 2. Theologisch - 3. Liturgisch

1. B. oder ähnliches sind in allen Religionen festzustellen. Insbesondere ist an die B. im AT (zB 1Kön 21, 8; Jer 3, 21f und anderwärts) zu erinnern. Für die *christlichen* B. waren Einflüsse aus dem römischen Heidentum entscheidend. Dort finden wir trotz des Fehlens eigentlicher Bußgesinnung besondere Sühnetage (feriae piaculares), die in Kriegs- und anderen Notzeiten vom Staatsoberhaupt angeordnet wurden. Nach dem Eindringen des römischen Rechtes in die deutschen Lande setzten auch hier Kaiser und Landesobrigkeiten B. fest. Die *mittelalterliche* Kirche kannte zwei Arten von B.n: besondere B., die kasuell und ohne Zusammenhang mit dem Kirchenjahr von der Obrigkeit, nicht von der Kirche, angeordnet wurden, und die kirchlicher Ordnung entstammenden (ebenfalls aus dem römischen Heidentum kommenden) → Quatembertage, regelmäßige Fasttage mit Bußcharakter; sie lagen jeweils am Beginn der vier Jahreszeiten. Die *B. der ev. Kirche,* auch einfach Buß-, Bet- oder Fasttage genannt, führen beides fort. Sie stellen also keine Neuschöpfungen dar. Bei vermehrtem Einfluß des römischen Rechtes und steigender fürstlicher Gewalt wurden vor allem die kasuellen B. weitergeführt. Derartige *außerordentliche B.* sind bereits in der Reformatio Hassiae 1526 und im Lüneburger Edikt 1527 für Fälle allgemeiner Not vorgesehen. Der erste ev. Bettag wurde 1532 in Straßburg im Zusammenhang mit einer Anordnung des Kaisers - Gebet gegen die Türken - gefeiert. Auch in Augsburg und Ulm fand im gleichen Jahr ein B. statt. Später gaben der Schmalkaldische Krieg und andere Wirren Anlaß zu solchen B.n. Die *ordentlichen B.* als eine regelmäßig wiederkehrende Einrichtung (vierteljährliche, monatliche, wöchentliche B.) gehen auf → Bucer zurück. Kirchenregimentlich angeordnet waren sie zuerst in der KO von Hessen-Kassel 1539 und in der »Kölner Reformation« 1543, drangen dann aber auch in andere (vorwiegend süddeutsche) KOen ein (wichtig: Württemberger KO 1553). Bereits 1546 fand in Frankfurt/M. mittwochs die »Vermahnung zum Gebet« statt (Predigtgottesdienst mit erweitertem Gemeinen Gebet). Für den B. wählte man oft einen der alten Stationstage (Mittwoch oder Freitag). Aber auch andere Tage sind belegt (zB Sonntag und Dienstag: Straßburg). Die Anzahl der B. ist in den einzelnen Territorien verschieden. Arbeitsruhe (bei den wöchentlichen B.n nur während der Gottesdienste) und (zuweilen) Fasten zeichnen den Tag aus. Auch in den luth. Kirchengebieten Nord- und Mitteldeutschlands begegnet der B. von Anfang an; die These Kliefoths, er sei aus reformiert beeinflußten Ländern in die luth. Territorien eingedrungen, ist abwegig. Im Norden knüpft der B. teilweise an die Quatember an (zB Brandenburg): Ihr Vorbild ist in der Vierzahl der B. deutlich zu erkennen. Andere Ordnungen geben den Stationstagen bußtagartiges Gepräge. So ordnet zB die sächsische KO von 1539 für den Mittwoch oder Freitag die → Litanei an. Preußen 1568 gebraucht hier die Bezeichnung »Gebettag« oder »Bettag«, Lübeck den Ausdruck »Betmesse«. Oldenburg 1573 kennt noch eine monatliche »Bußpredigt«. Außerdem finden wir in diesen Gebieten auch kasuelle B. In den Notzeiten des Dreißigjährigen Krieges treten die für ein ganzes Territorium bestimmten »Landesbußtage« in den Vordergrund. Sie entwickeln vor allem die kasuellen B. weiter. Ihre Zahl wurde stark vermehrt. Da jede Obrigkeit die B. verschieden festsetzte, kam eine große Mannigfaltigkeit der Termine zustande. Noch 1878 gab es in 28 deutschen Ländern 47 verschiedene B. an 24 verschiedenen Tagen. Doch war schon im 18. Jh. die Anzahl der B. verringert und damit eine Entwicklung angebahnt worden, deren Ergebnis ein jährlicher B. war. Ins 19. Jh. fallen die Bestrebungen, einen festen Termin eines solchen B.s für die ev. Kirche Deutschlands zu finden. Die Eisenacher Konferenz schlug 1852 den Mittwoch vor dem letzten Sonntag des Kirchenjahres vor. Während sich die nord- und mitteldeutschen Landeskirchen 1893 dieser Regelung anschlossen, setzte sich in Süddeutschland dieser Termin erst im 20. Jh. durch. Der B. ist in allen deutschen Ländern staatsrechtlich geschützt. Daneben gelten in verschiedenen Landeskirchen noch andere Tage als B.: zB Estomihi (B. vor den Fasten in Mecklenburg), Mittwoch nach Reminiscere (Ev.-Luth. Kirche Sachsens), → Karfreitag (Mecklenburg) und der erste Sonntag nach Johannis (B. vor der Ernte in Mecklenburg).

2. Eine *theologische Beurteilung* des B.s darf nicht übersehen, daß der alte »Landesbußtag« eine enge Verbindung von Staat und Kirche voraussetzte. Um die »Landeswohlfahrt« besorgte weltliche Obrigkeiten ordneten kraft der ihnen von Gott verliehenen Macht solche Staatsfeiertage an, die dann kirchlich zu begehen waren. Dieses Verständnis einer »christlichen Obrigkeit« ist dem religiös neutralen Staat fremd. Er hat die Kirche aus den alten Bindungen entlassen (Abschaffung der → Staatskirche). Mit dem Jahr 1919 wurde so in Deutschland (verfassungsrechtlich) eine Entwicklung angebahnt, die uns einen direkten Anschluß an die alten B. verbietet. Auch unsere heutigen theologischen Erkenntnisse verlangen eine Neubesinnung. Wir haben davon auszugehen, daß der B. ein rein *kirchlicher* Tag geworden ist. Dies bedeutet aber keineswegs einen Verzicht auf seine Öffentlichkeitsbedeutung. Die Kirche hat vielmehr der Welt, die stets in der Gefahr ist, des Gebotes Gottes zu vergessen, die Botschaft auszurichten, daß auch das völkische und staatliche Leben in der Verantwortung vor Gott steht. Gerade der B. hat die Kirche immer wieder an diesen Dienst gegenüber Volk und Staat zu erinnern. Es entspricht dem Willen Gottes, wenn die Sünde auch in aller Öffentlichkeit Sünde genannt und die Botschaft von der »frohen Befreiung aus den gottlosen Bindungen der Welt« unerschrocken verkündet wird. Demnach hat der B. theologisch einen dreifachen Charakter: a) Er ist ein Tag fürbittenden Eintretens der Kirche für die Schuld unseres Volkes vor Gott. b) Am B. soll die Kirche in besonderer Weise ihr Wächteramt den öffentlichen Sünden unserer Zeit gegenüber ausüben. c) Der B. ist ein Tag der Gewissensprüfung für den einzelnen vor Gott; denn auch der einzelne Christ hat für den Willen Gottes in seinem Volk zu wirken. Da die Kirche Jesu Christi stets Kirche in der Welt ist, so gilt die Botschaft des B.s auch für sie. Jede pharisäische Überheblichkeit und klerikale Haltung von Pfarrer und Gemeinde der »Welt« gegenüber muß gerade am B. ausgeschlossen sein.

3. In der mittelalterlichen Kirche kannte man keine besonderen *Formen* für den B. Die reformatorischen Bußtagsordnungen waren verschieden. Wurde in älterer Zeit die Ordnung der Hore oder Betstunde gewählt, so traten später zwei Möglichkeiten liturgischer Gestaltung des B.s in den Vordergrund: a) Der Anschluß an die Formen des sonntäglichen Hauptgottesdienstes, die des öfteren durch Einlagen (zB Litanei) oder Kürzungen dem Tages-

charakter angepaßt wurden. Dieses Verfahren ist jedoch ungeeignet. Die Formen des Sonntagsgottesdienstes sollen dem Sonntag und den Freudenfesten vorbehalten bleiben. b) Die Entwicklung eigenständiger Formen für den B. Sie bringen in ihrer Schlichtheit den Tagescharakter am besten zum Ausdruck. Solche besonderen Bußtagsordnungen bestehen in Hannover, Schaumburg-Lippe, Braunschweig, Sachsen und Kurhessen. Die »Agende für Ev.-Luth. Kirchen und Gemeinden« sieht ebenfalls eine eigene (fakultative) Ordnung für den B. vor (Einfache Form mit Preces, Offener Schuld und Litanei). Auch andere Agenden zeigen dieses Verfahren.

RAC II, 802f - E.Simons, Die Anfänge der ev. Bettagsfeier in Deutschland (MGkK 4, 1899, 206-210) - Ders., Die ev. Bettagsfeier in Deutschland bis zum Dreißigjährigen Krieg (Philothesia, P.Kleinert zum 70.Geb. dargebracht, 1907, 123-147) - RGG² I, 1386ff - P.Graff, Geschichte der Auflösung der alten gottesdienstl. Formen in der ev. Kirche Deutschlands I, 1937², 221ff; II, 1939, 164ff - Rietschel-Graff 177f. 462ff - Agende für Ev.-Luth. Kirchen u. Gemeinden, 1955, Bd I, 265ff - K.Dienst, Gesch. des Luth. Gottesdienstes der Freien Reichsstadt Frankfurt a.M. (Diss. Mainz), 1955, 170ff. 230ff - Leiturgia III, 1956, 1-96 (E.Weismann). *K.Dienst*

Bußwesen

I. Religionsgeschichtlich - II. In der christlichen Kirche. - Dogmatisch-ethisch → Buße. - Zur Ergänzung vgl. → Ablaß, → Beichte, → Buß- und Bettage, → Kirchenzucht, → Schlüsselgewalt, → Sündenvergebung. - B. = Buße

I. Religionsgeschichtlich

Unter B. versteht man die Fülle der verschieden gearteten Reaktionen des Menschen auf den in seinem Leben vorgefundenen Tatbestand der → Sünde. Diese Reaktionen zusammen bilden das »Bußwesen« der Religionen und haben alle das formale Ziel, die Sünde und das durch sie verursachte Übel zu beseitigen. Um aber die typische Verschiedenartigkeit dieser Bußreaktionen zu verstehen, bedarf es einer kurzen Besinnung auf das grundsätzliche Wesen dessen, was in der Religionswelt als Sünde aufgefaßt wird. Sünde ist allenthalben Störung einer wie auch inhaltlich verstandenen, immer aber erstrebten Einheit mit der Gottheit oder dem Göttlichen. Es gibt nur zwei grundsätzlich verschiedene Arten der Störung: aktuelle und konkrete Störungen auf der einen und generelle und existenzielle Störung auf der anderen Seite. Im ersten Falle handelt es sich um Sünden im Sinne bestimmter Akte, um Verstöße also gegen kultische oder ethische Gebote, durch die die Einheit aktuell gestört wird. Im zweiten Falle dagegen faßt der Mensch seine Existenz selbst als auf irgendeine Weise isoliert von der Gottheit auf. Diesen beiden Auffassungen der Sünde entsprechen zwei typische Formen der B. zum Zweck der Aufhebung der Sünde und ihrer Folgen: aktuelle Bußaktionen und existenzielle B.

1. Durch *aktuelle* Bußaktionen wird zweierlei erstrebt: Beseitigung des → Zornes der Gottheit und der durch sie verhängten oder durch die Sünde automatisch bedingten Übel und Aufhebung der Sünde im aktuellen oder substanziellen Sinne. Daß der Zorn der Gottheit auf aktuelle Verfehlungen reagiert, wird bereits in Religionen gesagt, in denen die sittliche Qualität der Götter noch keineswegs feststeht, wie zB in der griechischen Religion, wenn es in der Ilias (XVI, 384ff) von Zeus heißt, daß er ein »zornig Gewitter« über die fehlsamen Menschen sendet. Um diesen Zorn der Gottheit zu bannen, richtet der Fromme der Naturreligion Gebete an die Gottheit. »Dein Herz werde kühl« lautet ein Bußgebet der Ewe, und in assyrischen Bußpsalmen heißt es: »Es beruhige sich dein Herz, es besänftige sich dein Gemüt.« Um den Zorn der Götter zu bannen und zugleich die Vergebung der Sünden zu erwirken, ist im späten Taoismus die Rezitation vorgeschriebener Gebete verordnet. Auch das feierliche *Sündenbekenntnis* hat vielfach den Sinn, Vergebung der Sünde im Sinne der Aufhebung von Zorn und Strafe der Gottheit zu bewirken. Ein charakteristisches Beispiel aktueller Bußaktion durch Bekenntnis der aktuellen Verfehlungen aus dem Bereich der Primitiv-Religion liegt in folgendem Bekenntnis vor: »Ich bin gegangen mit einem Weib - ich habe verzaubert einen Menschen - ich habe abgetrieben Leibesfrucht - ich habe gebrochen ein Gelübde - ich habe nicht teilgenommen am rituellen Opfer - ich habe geschlagen Vater und Mutter - ich habe verachtet das Wort des Alten (Vaters) - ich habe mich geschlagen mit meinem Bruder - ich habe verleumdet mit Lüge - ich habe begehrt zu gehen mit nächsten Verwandten (Inzest) - ich habe gestohlen - ich habe keine andere Sünde. Ich bin arm, schütze mich, Nguluwi!« Dann schleudert man eine Schlinge mit Holzsplittern und Strohhalmen, die man in der Hand hielt, in die Luft mit den Worten: «Alle Sünden sind forgegangen mit dem Wind.« Sündenbekenntnisse als Bußmittel begegnen uns in großer Fülle in verschiedenen Religionen. Im Avesta zB heißt es: »Das Gesetz des Mazda... nimmt von dem, der es bekennt, die Bande dieser Sünde hinweg« (Vendidâd III, 4, 41). In den Pss Salomos wird die Freisprechung des Sünders auf das Bekenntnis hin ausgesprochen (PsSal 9, 6), und im japanischen Buddhismus wird dem Bekenntnis der Sünde reinigende Kraft zugeschrieben, wenn es heißt: »Wo einer seine Sünden bekennt, so wohnt dem die Kraft inne, ihm die drückende Last derselben zu erleichtern oder ihn zu reinigen von seinen Sünden« (Belegstellen aller bisher angeführten Zitate bei Mensching 69f). Bei dem Shinto-Fest der »Großen → Reinigung« in Japan wird alljährlich am letzten Tage des 6. und des 12. Monats das Gebet der großen Reinigung rezitiert zur Entsündigung des ganzen Volkes. Auch in diesem Ritual werden die verschiedenen Sünden in ihrer unterschiedlichen Schwere vorgetragen, um dann durch einen Kultakt objektiv beseitigt zu werden (Lehmann-Haas, Textbuch z. Religionsgesch., 1922, 53). In negativer Beichte wurden im alten Ägypten vom Toten vor Osiris im Totengericht (Totenbuch, Kap. 125) die Sünden genannt, die er nicht begangen zu haben behauptete.

Im Bereiche der Volksreligionen begegnet uns vielfach die *substanzielle* Auffassung der aktuellen Sünden. Ihr entsprechen die Akte zu ihrer Beseitigung. In der Ilias (I, 31) heißt es: »Und sie entsündigten sich und warfen ins Meer ihre Sünden.« Im gleichen Sinne wird im Atharvaveda (IV, 97, 2) an die Gottheit die Bitte gerichtet, die Sünden von den Sündern »abzustreifen«. In diesen Zusammenhang gehören natürlich alle Akte der → Waschungen, die ebenfalls einen substanziellen Sündenbegriff voraussetzen. Eine besondere Bußform im Bereich der aktuellen Sündenauffassung ist die des stellvertretenden Sühnopfers (→ Sühne), das uns nicht nur in der isrealitischen Religion (Lev 16, 21) in dem Ritus des → Sündenbockes, auf den die objektive und dingliche Realität der Sünden gelegt wird, sondern auch in der griechischen Religion begegnet, in der der Häßlichste die unerkannte Sünde aller zu sühnen hatte (Hipponax; RGL VI, 6f).

Als weitere konkrete Akte büßender Aufhebung aktueller Sünden kommen ferner die verdienstlichen »guten → Werke« in Betracht, speziell in der Form asketischen Bemühens (→ Askese: I). Der indische → Yoga wird schon in den → Upanishaden mit der Sündentilgung in Beziehung gebracht, wenn es zB in der Amritabindhu-Upanishad (7) heißt: »Wie durch Schmelzen der Bergerze die Schlacken werden ausgebrannt, so durch des Atems Einhaltung verbrennt der Sinne Sündenschuld.« In den Mönchsorden (→ Mönchtum) werden allenthalben solche Akte der Askese und der sittlichen Läuterung gefordert. Der → Buddhismus (: I, 6) pflegte in den alle 14 oder 15 Tage stattfindenden Mönchsversammlungen eine Art Beichte, bei der die Liste der Vergehungen (pâtimokha) vorgetragen wurde. Diese Beichte aber hatte nicht die Wirkung der Aufhebung der Sünden, was dem Gesetz des → Karma widersprochen hätte, sondern sie war eine bloße asketische Zuchtregel.

2. In allen diesen Bußaktionen lag das Gemeinsame darin, daß es sich bei aller Differenzierung um die aktuelle Beseitigung konkreter einzelner Störungen der Gottesbeziehung oder numinoser Ordnungen handelte. An dieser Form aktueller B. oder mindestens an ihrer Ausschließlichkeit wird nun vom Standpunkt der in den Universalreligionen dominierenden Auffassung der Sünde als existenzieller Unheilssituation aus Kritik geübt. Einerseits ist man hier von der prinzipiellen Unzulänglichkeit aller menschlichen Aktionen der B. überzeugt und andererseits kennt und erwartet man einen wie immer im einzelnen vorgestellten, die Existenz des Menschen selbst verwandelnden Einbruch oder Eingriff des Göttlichen oder der Gottheit. In einem → Vishnu-Text heißt es: »Und wie erlangt man es (das neue Verhältnis zur Gottheit)? Kein Tun, kein menschlich Mittel stellt es her. Es ist die ›Wirkung ohne Grund‹, die Grund nicht hat im Menschenwerk... Allein aus Gnaden Haris (Vishnus) wird sie (die erlösende Einung) dir verliehen, ohne Grund.« Im gleichen Sinne wendet sich der → Amida-Buddhismus gegen jede Eigenleistung des Menschen als Mittel der Aufhebung der Unheilssituation. Der Hînayâna-Buddhismus kennt zwar keine → Gnade einer Gottheit, aber auch hier wird jene äußere Bußaktion von → Buddha kritisiert und der Weg der Erleuchtung (bodhi) als einzig mögliche Form der Erlösung vom Unheil der → Wiedergeburt (samsâra) verkündet (Mensching 83. 77).

3. Der in der Religionsgeschichte häufig auftretende *Konflikt beider Bußformen* erklärt sich daraus, daß einerseits entsprechend der aktuellen Sündenauffassung durch wiederum einzelne konkrete Akte der B. konkrete Einzelstörungen beseitigt werden sollen, daß aber andererseits in der existenziellen Sündenauffassung erkannt wird, daß das eigentliche Unheil nicht in konkreten Einzelmomenten, die einer menschlichen Bußaktion zugänglich sind, liegt, sondern in einem existenziellen Mißverhältnis zum Heiligen (→ Heilig: I). Diese Erkenntnis aber schließt konkretes Tun als Mittel der Aufhebung der Sünde aus. Der Gegensatz der Prinzipien ist besonders auch darin begründet, daß in den Gnadenreligionen der Versuch, durch einzelne Bußakte Sünde zu beseitigen, nicht nur als zwecklos, sondern als frevelhaft und geradezu als Symptom unheilvoller Existenz angesehen wird. Von hier aus versteht man die Spannung zwischen beiden Formen der B., die beide auch in den Religionen mit existenzieller Sündenauffassung auftreten; denn auch in diesen Religionen kennt man konkrete Bußakte, die indessen auf der Basis der existenziellen Bußform erfolgen sollen. Immer dann aber, wenn das legitime Verhältnis dieser beiden Bußformen in einer Universalreligion gestört ist nach der Ansicht derer, die von dem Unheilscharakter menschlicher Existenz in ihrem vorgefundenen Zustand überzeugt sind, erhebt sich der Protest gegen die aktuelle Form der B. – Vgl. → Opfer: I.

ERE V, 635ff – F. Steinleitner, Die B. im Zusammenhange mit der sakralen Rechtspflege in der Antike, 1913 – K. Latte, Schuld u. Sühne in der griech. Religion (ARW 20, 1921, 254-298) – R. Hertz, Péché et expiation chez les Primitifs (RHR 86, 1922, 1-60) – C.F. Jean, Le péché chez les Babyloniens et les Assyriens, 1925 – R. Pettazzoni, La confessione dei peccati, 3 Bde, 1929-36 (franz. Übers. von 1-2, 1931-32) – Ders., Saggi di storia delle religioni e di mitologia, 1946, 84-140 – Ders., Essays on the history of religions, 1954, 55-67 – J. Weisweiler, B., 1930 – G. Mensching, Die Idee der Sünde, 1931 – B. Malinowski, Crime and custom in savage society, 1932 (dt. Übers. o.J.) – A. van Selms, De babylonische termini voor zonde, 1933 – E. Mosbacher, Unters. zum Sündenbegriff der Naturvölker (Baessler Archiv 17, 1934, 1-46) – H.Ch. Puech, Der Begriff der Erlösung im Manichäismus (ErJb 4, 1936, 183-286) – A.E. W. Hooijbergh, Peccatum. Sin and guilt in ancient Rome (Diss. Groningen), 1954 – RAC II, 802ff. *G. Mensching*

II. In der christlichen Kirche

1. Die Buße (= B.) in der Verkündigung Jesu, in der Urchristenheit und der Alten Kirche – 2. Das Bußwesen der mittelalterlichen Kirche – 3. Die Umgestaltung des Bußwesens durch die Kirchen der Reformation – 4. Das Bußwesen im neueren Katholizismus und in der Orthodoxen Kirche

Die Entwicklung des Bußwesens in der christlichen Kirche steht von Anfang an im engsten Zusammenhang mit dem Verständnis der → Gnade (: III. IV), der → Sünde (: IV. V) und der → Heiligung (: III) sowie mit dem Kirchenbegriff (→ Kirche: II. III). Doch haben nicht nur die theologischen Anschauungen die geschichtliche Entfaltung des Bußwesens bedingt; diese ist auch durch die Fülle der der Kirche in der Welt zuwachsenden Probleme beeinflußt worden. Auf keinem anderen Gebiete des kirchlichen Lebens haben sich theologische Lehre und kirchliche Praxis gegenseitig so gefordert und ergänzt wie auf dem des Bußwesens. So sind sowohl die Alte Kirche als auch die mittelalterliche Kirche zu einer Ausprägung des Bußwesens gelangt, die trotz mannigfacher Wandlungen und Änderungen durch die Kirchen der Reformation und Gegenreformation auch noch heute in der Gestaltung des Bußwesens nachwirkt.

1. a) Die für die Entwicklung des Bußwesens entscheidenden Probleme sind in der *Verkündigung Jesu* gesetzt: 1. Es besteht in dem neuen Äon eine unaufhebbare Analogie zwischen der göttlichen Vergebung und der Vergebungsbereitschaft des Jüngers, die dieser dem Bruder gegenüber, ja selbst an den Feinden unaufhörlich zu betätigen hat. Im Prinzip verbietet diese Entsprechung die Annahme einer Unwiederholbarkeit der göttlichen Vergebung, mithin auch eine solche der B. – 2. Der die B. im Sinne der radikalen »Umkehr« (μετάνοια) vollziehende Sünder ist als solcher stets Glied der sich an Jesus anschließenden, unter der Gottesherrschaft stehenden Gemeinde, deren Heiligkeit mit dem Fortbestand der Sünde bei ihren Gliedern schlechthin unvereinbar ist. Gerade das Volk des Neuen Bundes muß wegen seines eschatologischen Charakters die Ausscheidung der sündigen Glieder vollziehen, um den Ernst der B. und den im Kommen Jesu erscheinenden und fortdauernden Vergebungswillen Gottes deutlich zu machen. Deshalb sind die Stellen in den Evangelien, in denen die Gewalt über die Sünde durch das »Binden« und »Lösen«, »Vergeben« und »Festhalten« (Mt 16, 18f; 18, 18; vgl. Joh 20, 23) den Jüngern erteilt wird – ihre Echtheit vorausgesetzt –, der Ausdruck für den von Jesus selbst der eschatologischen Gemeinde zugesprochenen Vollzug einer richterlichen Gewalt über den Sünder. – 3. Wenn die Wahrnehmung dieser Gewalt auf der Vollmacht Jesu beruht, dann ist die Handhabung der Zucht ein Handeln im Namen Jesu und der Gebrauch der »Schlüssel«, die der Gemeinde nach Mt 16, 18f zur Bezeichnung dieses ihres Handelns im »Lösen« und »Binden« der Sünden verliehen sind, ist mit dem Zuspruch der göttlichen Vergebung und der Verhängung einer vor Gott geltenden Strafe identisch. Somit eignet dem Handeln der Gemeinde ein letzter Heilssinn: Es soll dem Sünder die Fortdauer der göttlichen Vergebung in der Vollmacht Jesu zusichern und von ihm die »Umkehr« in ihrem ganzen Ernst fordern,

um ihn zur Teilhabe am geistlichen Leben der Gemeinde zu seinem Heile wieder zu befähigen.

b) In der *Urchristenheit* macht die Bußforderung in dem geschilderten Sinne den Inhalt des apostolischen → Kerygmas aus. Sie beruht auf der Heilsoffenbarung in Christus, ist Geisteswirkung und Heilsgut der Endzeit, besteht in der mit der → Taufe abgeschlossenen »Umkehr«, findet bei Paulus ihren Ausdruck im Sterben des alten und im Auferstehen des neuen Menschen, in der johanneischen Literatur in dem Gezeugtsein des neuen Menschen von Gott her, gehört zu den grundlegenden Artikeln im → Katechismus der Urchristenheit und gilt nicht nur den einzelnen Christen, sondern auch ganzen Gemeinden.

Die eigentlichen Probleme der B. treten bei *Paulus* hervor. Paulus hat die unbedingte Verpflichtung der Gemeinde zur Bewahrung ihrer Reinheit betont: sie hat den Blutschänder im Namen Jesu aus ihrer Mitte auszuschließen (1Kor 5, 1-5). Aber ebenso eindringlich hat er die Wiederaufnahme des Gefallenen unter der Voraussetzung seiner B. vertreten (2Kor 2, 5-11). Diese von Paulus der Gemeinde auferlegten Maßnahmen stellen den Vollzug jener Vollmacht des »Bindens« und »Lösens« dar, die Jesus der eschatologischen Gemeinde zugesprochen hat. Es besteht deshalb für Paulus eine Verbindung zwischen dem strafenden Handeln der Gemeinde und der ewigen göttlichen Strafe: Wie die offenbarenden Werke des Fleisches von der Gottesherrschaft ausschließen, so hat sie auch die Gemeinde zu verurteilen und die Täter unter ihr Gericht zu stellen (Gal 5, 19ff). Da diese Zucht der Rettung des Sünders dient, so hat Paulus nicht nur die Pflicht der B., sondern auch die Möglichkeit einer Wiederaufnahme des Büßenden durch die Gemeinde gefordert, die diese auf Grund ihres pneumatischen Wesens vorzunehmen hat (Gal 6, 1ff).

In der gleichen Richtung sind die Aussagen des → *Hebräerbriefes* über die B. zu verstehen. Es wird der Ernst der »Umkehr«, die durch die Taufe besiegelt wird, betont (6, 4-6); aber damit ist keineswegs die Unwiederholbarkeit der B. statuiert. Wie in strenger Ausschließlichkeit gesagt wird, scheidet nur für die Verleugnung des Herrn die Möglichkeit der Vergebung aus (10, 26ff; vgl. 12, 26f). Sonst aber gesteht der Hebr die B. des Christen ausdrücklich zu: sie ist durch das einmalige Opfer Christi als des Hohenpriesters ermöglicht, der, versucht wie wir, Mitleid mit unseren Schwachheiten hat und uns »mit Zuversicht« zu dem Gnadenthron treten läßt, an dem wir »zu rechtzeitiger Hilfe« Erbarmen finden (4, 14-16).

Die hier begegnende Unterscheidung der Sünden bestimmt die Ausführungen der → *Johannesbriefe* zur Bußfrage. Es gibt Sünden, die zum Tode führen und deshalb unvergebbar sind, und solche, die nicht zum Tode sind, für die deshalb Fürbitte und Vergebung möglich sind (1Joh 5, 16). Auch in den Sendschreiben der → *Johannes-Apokalypse* kommt diese Bereitschaft zur Vergebung der Sünden zum Ausdruck, wenn die ganze Gemeinde wie der einzelne Christ sich in der B. von ihrem sündigen Wesen abkehrt und das Gericht als Läuterung an sich selbst vollzieht (2, 2ff. 15. 21ff; 3, 3. 18f).

c) Dieselbe Abgeschlossenheit der Anschauungen läßt sich auch für die nachapostolische Zeit feststellen. Bei den *Apostolischen Vätern* (→ Altchristliche Literaturgeschichte, 2) steht neben der Verpflichtung zur unverletzlichen Bewahrung des Taufsiegels die Mahnung zur B., die auch die Tilgung von Sünden getaufter Christen meint (Did 15, 3); denn die Teilnahme an der Eucharistie steht nur den »Heiligen« zu (Did 10, 6). Wer nicht sündlos ist, hat nach den Forderungen der → Apostellehre in der gottesdienstlichen Versammlung und vor der eucharistischen Feier B. zu tun, dh seine Sünden zu bekennen und in bestimmten Werken wie Fasten, Beten und Almosen die Echtheit der Bußgesinnung auszuweisen (14, 1; 4, 6. 14. 17). Mit diesem sich für die nachapostolische Zeit ergebenden relativ geschlossenen Bilde steht die Behandlung der Bußfrage im *»Hirten des → Hermas«* nicht im Widerspruch. Es ist heute nicht mehr möglich, dieses Buch als Beweis für die frühchristliche Sitte einer Einmaligkeit der B., die in der Taufe abgelegt und hier zum ersten Mal durchbrochen werde, in Anspruch zu nehmen. Hermas verkündet nicht den Anfang, sondern das Ende der Bußmöglichkeit für die Heiligen: Solange die Bußfrist währt, gibt es die Vergebung auch für die Sünde des Abfalls (mand IV, 3, 1-7), wenn aber die Frist vergangen ist, ist jede zweite B. ausgeschlossen (vis II, 2, 5). Mit dieser Statuierung der Unmöglichkeit einer Wiederholung der B. für rückfällige Christen hat Hermas ein folgenschweres kirchenrechtliches Prinzip aufgestellt: Mit der engen Auffassung der Kirche als sichtbar-manifestierter Gemeinde der Heiligen hat er der gesetzlichen Auffassung der B. die Bahn gebrochen, mit der er gegenüber der sonst in der nachapostolischen Zeit geübten Praxis (vgl. 1Clem 48, 1; 51, 3 u.ö.) allein steht.

d) Die engen Zusammenhänge der Bußfrage mit dem Kirchenbegriff bestimmen die *Entwicklung des abendländischen Bußwesens seit dem 3.Jh.* Dieses geht von der um das Jahr 200 in Rom und Nordafrika verbreiteten Praxis aus: Der mit einem Trauergewand bekleidete Sünder legt vor der Gemeinde das Bekenntnis seiner Sünden, die Exomologese, ab, erfleht die Fürbitte der Gemeinde zur Erlangung der göttlichen Gnade und bittet um Wiederaufnahme. Das Recht der Sündenvergebung liegt also zunächst bei der Gemeinde, wobei die Normen für die zu vergebenden Sünden allerdings nicht feststehen; sicher ist nur, daß die Todsünden wie Götzendienst, Abfall, Mord, Hurerei und Unzucht von der Vergebung ausgeschlossen sind, sonst aber in der Behandlung schwerer Sünden große Mannigfaltigkeit herrscht. Insbesondere beanspruchen die Geistträger, Konfessoren und Märtyrer das Recht der Sündenvergebung, die sie auch auf Todsünder ausdehnen. Gegen diese Milderung der Bußzucht hat sich der → Montanismus erhoben und den Gemeinden das Recht der Sündenvergebung überhaupt abgesprochen: Nur der ausgewiesene Pneumatiker der reinen Gemeinde der Endzeit darf es üben, dem Todsünder bleibt die Wiederaufnahme verwehrt. Schwere Kämpfe haben sich um die Ausdehnung der Vergebung auf die Todsünden angeschlossen. Tertullian hat jedenfalls nach seinem Übergang zum Montanismus jenes in Rom (Calixt?) oder in Karthago (Agrippinus?) erlassene kirchliche »Edikt« leidenschaftlich bekämpft, das auch die Unzucht für vergebbar erklärt und die Vergebungsvollmacht dem Bischof als Nachfolger des Petrus kraft seines apostolischen Amtes zuerkennt. Wie → Tertullian mit dem Gedanken, daß allein »die Kirche des Geistes durch den Geistesmenschen« (De pud. 21) das Recht der Sündenvergebung habe, in Nordafrika der Entwicklung entgegengetreten ist, so hat diese auch in → Hippolyt von Rom einen entschiedenen Gegner gefunden, der dabei ebenfalls von einem pneumatischen Kirchenbegriff ausgeht. Aber der Rigorismus in der Handhabung der B. hat sich nicht durchgesetzt. Die Auswirkungen der decischen → Christenverfolgung (, 2) mit dem massenhaften Abfall haben zu einer weiteren Milderung der Grundsätze in der Behandlung der Todsünde des Abfalls, aber auch zur Steigerung der bischöflichen Autorität geführt. → Cyprian hat sie in den Auseinandersetzungen um die Bußfrage in Karthago im Zusammenhang mit seinem Kirchenbegriff entwickelt und begründet. Die Bischöfe, von Gott eingesetzt und durch seinen Geist geleitet, üben in der Entscheidung über die Abgefallenen das priesterliche und richterliche Amt Christi aus. Gegenüber diesen auch in Rom unter Bischof Cornelius geübten Grundsätzen stellt das Schisma des → Novatian die Reaktion der sich als reine Gemeinde (»Katharer«) verstehenden Sekte dar. So hat sich *im Abendland* eine ziemlich *einheitliche Gestaltung des Bußwesens* im 3.Jh. herausgebildet: Die B. ist ein öffentlicher Akt, der im Gottesdienst vollzogen wird; die Vergebung der Sünden erfolgt durch den Bischof; sie wird unter Handauflegung, begleitet von den Bittgebeten der Gemeinde, erteilt und gilt als die Voraussetzung der göttlichen Vergebung und nach Ableistung der Bußwerke auch der Zulassung zur Eucharistie. Auch die Todsünden sind vergebbar, jedoch nur einmal, so daß sich der Grundsatz nur *einer* B. ergibt, die der *einen* Taufe entspricht.

e) Ein *anderer Typ* des Bußwesens hat sich im 3.Jh. *im Osten* entwickelt. Zwar erscheint auch hier die B. als eine beständige göttliche Einrichtung, doch ist dabei nicht in erster Linie an das kirchliche Amt gedacht, das die Vergebung dem Sünder erteilt, sondern an den Pneumatiker, dessen geistlicher Führung man sich zur Überwindung der Sünde unterwirft. Namentlich → Clemens von Alexandrien hat darin die Aufgabe des wahren Gnostikers und der »Gottesfreunde« gesehen: Sie sollen mit ihrem Gebet den Sünder tragen und ihn in der Kraft des Geistes zur B. als einem Prozeß fortschreitender Heiligung führen. Auch → Origenes hat den Geistesträgern oder »heiligen Menschen« die Heilung der Seele überlassen und erst im Alter dem kirchlichen Amt die Vergebung auch der Todsünden zugestanden, die freilich nur einmal und nach strengen Bußleistungen (zu denen u.a. das Martyrium gehört) geschehen soll. So ist die B. in der Kirche des Ostens nicht so sehr eine kirchlich-disziplinäre als vielmehr eine pneumatisch-pädagogische Handlung, der gegenüber sich die Vergebungsgewalt der Bischöfe nur schwer hat durchsetzen können. Diese haben in den größeren Gemeinden des Ostens die Leitung des Bußwesens eigenen Bußpriestern übertragen – ein Institut, das nach seiner Aufhebung durch Nektarius von Konstantinopel (391) bald in der ganzen Ostkirche untergegangen ist. Ebenso stellen die *Bußstufen* eine Besonderheit der Kirche des Ostens dar, die sich im 3. und 4.Jh. herausgebildet hat. Sie umfassen vier Klassen: die »Weinenden«, die im Vorhof der Kirche die Gläubigen um ihre Fürbitte anflehen; die »Hörenden«, die wie die Katechumenen am Gottesdienst teilnehmen dürfen; die »Knienden« oder »Liegenden«, die nach der Entlassung eine besondere Segnung des Bischofs empfangen; die »Mitstehenden«, die der eucharistischen Feier beiwohnen, sich aber der Opferung und Kommunion zu enthalten haben. Erst wenn diese (dem Abendland fremd gebliebenen) Stationen durchlaufen sind und die mit ihnen verbundene Bewährungsfrist erfüllt ist, ist die Rekonziliation des Sünders, dh die volle Teilnahme am Gottesdienst und der Eucharistie, wieder möglich.

f) Vor weiteren schweren Fragen hinsichtlich der Bußdisziplin haben die Kirchen nach dem Friedensschluß mit dem römischen Staat gestanden, als das Christentum Staatsreligion geworden ist und die Massen in die Kirche dringen. Das Bemühen um *Normierung der Bußpraxis* hat zu einer gesetzlichen Regelung des Bußwesens geführt. So haben die Synoden von Ankara (314), Neocäsarea (314/325), → Nicäa (325), Antiochien (341) und Gangra (Mitte des 4.Jh.s) das Bußverfahren durch ihre canones geregelt, damit die B. zu einem öffentlich-rechtlichen Institut gemacht, sie aber auch in gesetzliche und starre Bestimmungen eingefaßt. Auch die *Bußbriefe* der orientalischen Bischöfe, zB von Gregor Thaumaturgos, Petrus von Alexandrien, Basilius von Cäsarea und Gregor von Nyssa, in denen für die schweren Sünden die verschiedenen Bußwerke festgesetzt werden, im ganzen von einer größeren Milde auch den Kapitalverbrechen gegenüber beherrscht, dienen dem gleichen Zweck; sie haben jedoch die Abwendung des Volkes von der Bußdisziplin nicht aufhalten können. Vollends ist mit der Aufhebung des Instituts der Bußpriester im Osten die Öffentlichkeit der B. mehr und mehr dahingefallen, und unter Führung des Mönchtums, an das im Osten die Leitung des Bußwesens seit dem 4. und 5.Jh. übergegangen ist, hat die B. selbst einen neuen Charakter angenommen. Fast nur noch in Klöstern von den Mönchen als den »Geistesmännern« in der dem pneumatisch-pädagogischen Verständnis der B. entsprechenden Form der Beichte gepflegt, hat sie eine Privatisierung erfahren, die die tiefe Krisis deutlich macht, in die die ursprünglich öffentliche altchristliche B. geraten ist.

g) Ebenso hat auch in der Kirche des Westens ein *Niedergang der Bußdisziplin* eingesetzt, hier aber infolge einer Übersteigerung der Bußforderungen. Im Abendland ist die Bußdisziplin mit ihrem Grundsatz der nur einmaligen Vergebung der Todsünden länger als im Orient in Geltung geblieben; sie wird noch am Ende des 6.Jh.s durch die Synode von Toledo III (589) eingeschärft. Eine gesetzliche Regelung der disziplinären Fragen im Sinne einer Milderung haben die Dekrete der Päpste Siricius, Innozenz I. und Leo I. gegeben; dieser hat mit seinem häufig mißdeuteten Erlaß an die italienischen Bischöfe aus dem Jahre 459 (ep. 168, 2) den Rückgang der öffentlichen B. bewirkt. Diese bleibt zwar als kirchliche Einrichtung bestehen, wird aber nur noch für bes. schwere, auch von den weltlichen Gerichten zu ahndende Vergehen in Anspruch genommen. So verhängt gerade die öffentliche B. die schweren, lebenslänglichen Strafen (Verbot des Militärdienstes, der öffentlichen Ämter, der Handelsgeschäfte, der Ehe). Der in den »Büßerstand« Eingereihte ist wie der Mönch zu einem Leben der völligen Weltentsagung verpflichtet. Die Folge dieser übermäßigen Strenge und Gesetzlichkeit hat im Abendland den Niedergang der B. bewirkt, die seit dem 5.Jh. immer mehr nur noch zur Vorbereitung auf den Tod oder als Kranken-B. geübt worden ist. Angesichts dieser Entwicklung hat sich Augustin nicht nur im Gegensatz zum Novatianismus um die dogmatische Begründung der B. bemüht, sondern auch um eine neue Regelung des Bußverfahrens, das mit der Einführung einer »geheimen Zurechtweisung« bei Aufrechterhaltung der kanonischen, dh öffentlichen Bußleistung (Serm. 82, 7, 10; 8, 11) der Krisis der altkirchlichen B. Rechnung zu tragen sucht. So sind dem Bußwesen der Alten Kirche die wesentlichen Züge verlorengegangen, die seine Ausbildung bestimmt haben: die Öffentlichkeit des Bußaktes, die Ausschließung des Sünders zur Wahrung der Reinheit und Heiligkeit der Gemeinde sowie seine Wiederaufnahme als Zeichen und Mittel seiner Aussöhnung mit Gott.

2. In der *mittelalterlichen Kirche* ist eine Fortbildung des Bußwesens durch die Rezeption der Beichte und die Feststellung des sakramentalen Charakters der B. erfolgt, die für die abendländische Christenheit von der größten Bedeutung geworden ist; denn von der Kritik am mittelalterlichen Bußsakrament ist die Umgestaltung und Erneuerung der abendländischen Kirche in Reformation und Gegenreformation ausgegangen.

a) Das entscheidend Neue liegt zunächst in der *Einführung der Privat-B. oder Beicht-B.*, die die eigentliche Form der B. anstelle der nur im Prinzip beibehaltenen öffentlichen B. wird. Diese besteht zwar zunächst noch mit gewissen Änderungen fort und wird bei den bischöflichen Visitationen oder den Sendgerichten häufig von der weltlichen Gewalt erzwungen. Für die leichteren Sünden sollte die »tägliche B.«, wie sie Augustin gelehrt hat, eintreten und die Vergebung erwerben. Die gleiche Gesinnung der B. setzt die im 9.Jh. üblich gewordene → »Offene Schuld« voraus, die im Anschluß an die Predigt mit einer allgemeinen Beichtformel und nachfolgender Absolution gehalten wird. Diese in der frühmittelalterlichen Kirche nebeneinander hergehenden Formen der B. werden dann durch die aus der irischen und altbritischen Mönchskirche übernommene Beicht-B. ersetzt, in der man alle Sünden, nicht nur die Todsünden, dem Priester bekennt. Zwei für das Bußwesen grundsätzliche Neuerungen haben sich aus der Einführung der Beichte ergeben. Diese wird schon seit dem 9.Jh. zur allgemeinen Pflicht gemacht, der man regelmäßig nachkommen soll. Da mit der Einführung der privaten Beichte auch die in der alten Kirche öffentlich vollzogene → Exkommunikation und Rekonziliation hinfällig geworden ist, hat dann die Vergebung der Sünde seitens der Kirche ihren Ausdruck nur mehr in der → Absolution finden können. Diese kann wiederum nur im Anschluß an das geheime Sündenbekenntnis und nicht erst nach Ableistung der Bußwerke erteilt werden. So ist es nur folgerichtig, wenn die Beichte und die die alte Rekonziliation ersetzende Absolution zu *einer* kirchlichen Handlung verbunden werden, während dem Sünder die Bußwerke zur Erfüllung seines in der Beichte ausgedrückten Bekenntnisses und zu seiner Läuterung verbleiben. Somit wird die B. zu einem zwei Seiten umfassenden Vorgang, der einerseits aus der »confessio« oder Beichte und der Absolution, andererseits in der eigentlichen Erfüllung der Bußleistungen oder Satisfaktion besteht.

Mit der Beichte sind aus der iro-schottischen und altbritischen Kirche auch die *Bußbücher* (Poenitentialien) in die fränkische Kirche übernommen worden (das älteste das irische Poenitentiale des Vinnianus [† 548?]; einflußreiche Bußbücher sind die unter dem Namen von Columban von Luxeuil und Theodor von Canterbury gehenden Werke), die für die einzelnen Vergehen bestimmte Strafen und Taxen festsetzen. Eine bedenkliche Neuerung bedeutet das mit dieser Literatur überkommene System der Redemptionen, das die Ablösung der in der Beichte auferlegten Bußstrafen durch andere gute Werke, auch durch Geld oder Stellvertretung Dritter, gestattet und damit den pädagogischen Wert der Bußwerke völlig zerstört. Seit dem 11.Jh. hat der → Ablaß die Redemptionen verdrängt, mit denen er im Wesen verwandt ist, da auch er zum Nachlaß der kanonischen Buß- und zeitlichen Sündenstrafen auf Grund anderer, bald sogar finanzieller Leistungen dient, wobei freilich Beichte und Absolution stets vorausgegangen sein sollen, die Sündenschuld also getilgt sein muß. Das Schwergewicht der B. verlagert sich deshalb immer mehr auf die Beichte, in der allein das persönliche Moment der B., die Bußgesinnung und Reue über die Sünde, erscheinen. So bestimmt das 4.Laterankonzil (1215), daß jeder Gläubige einmal im Jahr »alle seine Sünden« dem Priester beichten und dieser die Umstände der Sünde und die Motive des Sünders in der Beichte erforschen soll, um Rat und Heilmittel entsprechend abstimmen zu können. Die zahlreichen Beichtsummen und Beichtbücher dieser Zeit leiten im Unterschied zu den alten Bußbüchern nicht mehr zur Festsetzung der satisfaktorischen Werke, sondern zum Abhören der Beichte an oder führen als Beichtspiegel für die Laien diese zur Selbstprüfung.

b) Dieser Entwicklung in der Praxis ist die *theologische Lehre der B.* nur langsam gefolgt. In der Frühscholastik hat → Abaelard das Wesen der B. in der Herzensreue (contritio cordis) gesehen, die aus der von Gott eingegossenen Liebe hervorgeht und die eigentliche Ursache für die göttliche Vergebung der ewigen Sündenstrafen ist. Die Beichte vor dem Priester erscheint dabei als Teil der Satisfaktion, während der Absolution nur deklarative Bedeutung zukommt. Diese auch auf die mittelalterlichen Kanonisten (Decretum Gratiani) einwirkende Bußlehre hat durch Hugo von St. Viktor und → Petrus Lombardus bedeutsame Korrekturen erfahren. Der Lombarde hat scharf zwischen der »inneren« und »äußeren« B. unterschieden, Hugo der B. den bestimmten Platz unter den 7 Sakramenten gegeben und beide Formen zur Rechtfertigung des Sünders zusammenwirken lassen. So ist die B. zum eigentlichen Sakrament der Rechtfertigung geworden. Die satisfaktorischen Werke sollen als Teil des Sakramentes der Tilgung der zeitlichen Sündenstrafen dienen. Aber die schwerwiegende Frage nach der Stellung der Absolution innerhalb des Sakramentes und nach der Bedeutung der Konfession vor dem Priester als dem persönlichen Faktor in der B. hat diese Bußlehre nicht lösen können. Erst in der Hochscholastik ist es → Thomas von Aquino gelungen, aus den vorliegenden Schwierigkeiten mit der Begründung des sakramentalen Charakters der B. herauszuführen. Reue, Beichte und Genugtuung bilden die »Materie«, die Absolution dagegen die »Form« des Sakramentes. Beide Seiten können nicht voneinander getrennt werden, sondern müssen wie Form und Materie in allen Sakramenten zur Rechtfertigung des Sünders zusammenwirken. Zum Empfang des Sakramentes und seiner Wirkungen genügt nach Thomas die Furchtreue (attritio), während die Herzensreue (contritio) nicht so sehr Disposition für den Empfang der Gnade, als vielmehr kraft des Vorauswirkens des Sakramentes in seiner gläubigen Vergegenwärtigung schon Wirkung des Sakramentes selbst ist. Der von Thomas mit der Vereinigung des persönlichen und des kirchlichen Faktors an der B. eingeschlagenen Linie folgen die Thomisten des 15. und 16.Jh.s, vor allem → Cajetan, nur daß sie noch entschiedener als Thomas die contritio zur Voraussetzung für den wirksamen Empfang des Sakramentes machen. Aber damit ist die grundlegende Frage, ob es eine Gnadenmitteilung außerhalb des Sakramentes gibt, die Frage nach der Notwendigkeit des Sakramentes, wenn die Herzensreue die Sünde zerstört und die göttliche Vergebung erwirbt, erst recht brennend geworden. Sie macht den inneren Widerspruch in der scholastischen Bußlehre offenbar. Deshalb ist die von → Duns Scotus und dem → Nominalismus geübte Kritik an der thomistischen Bußlehre verständlich. Die Beichte und die Absolution werden als notwendig für den Sünder erwiesen, weil sie göttliche und kirchliche Ordnung sind. Als Disposition für den wirksamen Sakramentsempfang genügt schon die attritio, die durch die Absolution als angemessenes Verdienst in die contritio verwandelt werden soll. Die mit dieser Begründung der Reue auf die attritio eingeleitete Auflösung des Bußsakramentes ist durch die Bußlehre von → Ockham und → Biel, daß der Mensch aus seinem natürlichen Vermögen diese die Sünde tilgende contritio aufbringen könne, nur noch mehr gefördert worden, wenn auch das eigentliche Wesen des Sakramentes jetzt in die Absolution verlegt ist, um die Objektivität seiner Wirkung zu sichern.

Im ausgehenden MA ist der völlige Verfall des Bußwesens sowohl in der Lehre als auch in der Praxis mit ihren verschiedenen Arten des Ablasses, durch die man zwar nicht die Sündenvergebung, aber doch das Anrecht auf sie erwerben konnte, offenkundig geworden. Das Sakrament soll wirken, was auch die Reue erlangt, die der Mensch aus seinen natürlichen Kräften aufzubringen vermag. Was sollen die satisfaktorischen Werke, wenn die Bußleistungen aber wieder abgelöst und durch andere ersetzt werden können? Welche Funktionen kommen dem Priester zu, wenn Gott es ist, der die Sünde vergibt? So hat sich am Ausgang des MA von diesen Gedanken her bei → Wiclif, Johann von Wesel und Johann Wessel → Gansfort eine heftige Kritik am Bußsakrament erhoben, die das Sakrament überhaupt verwirft und die innerliche Bußgesinnung oder die Lebens-B. der durch den Ablaßhandel (→ Ablaß, 3) völlig veräußerlichten B. als Mittel der Sündenvergebung und Heiligung überordnet und damit eine Begnadigung ohne kirchliche Vermittlung durch das Bußsakrament statuiert.

3. Erst die Kirchen der *Reformation* haben die Schwierigkeiten, die das Bußwesen der mittelalterlichen Kirche als Ausdruck der inneren Unsicherheit hinsichtlich der Rechtfertigung und Heiligung des Sünders ausgehöhlt haben, von einem neuen Verständnis der B. her überwunden und damit eine Erneuerung heraufgeführt, die bestimmte Züge aus der mittelalterlichen und der alten Kirche bewahrt.

a) Die *Umgestaltung des kath. Bußsakramentes durch → Luther* geht von der Neufassung des Bußbegriffs aus. Er hat ihn in schweren, seine Klosterzeit füllenden Auseinandersetzungen gewonnen im Anschluß an die Entdeckung des evangelischen Sinnes der B. (μετανοεῖτε, id est transmentamini, id est mentem et sensum alium induite, WA 1, 530) durch die an Paulus gewonnene Einsicht von der allein im Glauben als Geschenk zuteil werdenden Gottesgerechtigkeit. Luther hat die B. wieder in die engste Beziehung zur Taufe gesetzt. In ihr erfüllt sich im steten Kampf gegen die Sünde die Bedeutung der Taufe in der Mortifikation. Die B. besteht also nicht in sakramentalen Akten, sondern ist die Lebensform des Christen schlechthin und erwächst als »wahre innere Buße« aus dem Glauben und der Liebe zu Gott. Diese neue Anschauung hat das Bußsakrament der mittelalterlichen Kirche aufgelöst; denn sie besagt, daß keine wie immer geartete Reue, erst recht nicht die durch das Gesetz geweckte attritio, die Voraussetzung oder Vorbedingung für die göttliche Vergebung sein kann. Diese kann nur im Glauben an das Werk Christi aufgenommen werden, das in der Absolution dem Sünder zugeeignet wird. Die Absolution ist also nicht sakramentalen Charakters, sondern Deklaration der göttlichen Heilstat, die inhaltlich nichts anderes als die Heilspredigt darbietet, aber sich von dieser durch ihre Beziehung auf den einzelnen Sünder unterscheidet und somit eine besondere Form der Heilsaneignung ist, wie Taufe und Abendmahl auch. Mit dem neuen Bußbegriff ist auch eine neue Einschätzung der satisfaktorischen Werke verbunden. Diese gehören ebenfalls nicht in das Sakrament, sondern sind als gute Werke Früchte des Glaubens, ja dessen »Fleischwerdung« und dienen der Mortifikation der Sünde, die keinesfalls ihre Ablösung oder Nachlassung durch leichtere Werke finden darf. In einem neuen Lichte erscheint nun auch die Bedeutung der Beichte. Eine Aufzählung der Todsünden ist unmöglich, denn jede Sünde ist vor Gott tödlich, weshalb wir mit der 5. Bitte des Vaterunsers Gott beichten und um die Verzeihung unserer Schuld bitten. Wie von diesen Anschauungen aus der Ablaß als nicht in der Schrift begründet verworfen wird, so auch die Lehre von dem → Fegfeuer und vom »Schatz der Kirche«, der Anhäufung der überschüssigen Verdienste Christi und der Heiligen, welche die Kirche ihren Gliedern zum Nachlaß der Strafverpflichtungen zuwenden kann. Somit ist die ganze Verrechtlichung und Veräußerlichung des Bußwesens beseitigt, zu der die Entwicklung in der mittelalterlichen Kirche geführt hat.

b) Keinesfalls sollte jedoch mit diesen neuen Anschauungen die B. nur in einer verinnerlichten Form als »Lebens-B.« bestehen bleiben und auf das kirchliche Gnadenmittel verzichtet werden. So ist Luthers Kritik an dem überkommenen Bußwesen von kath. wie ev. Seite oft mißverstanden worden. Aber die neue Fassung des Bußbegriffes hat Luther vielmehr zur *Neugestaltung des Schlüsselamtes der Kirche und des Beichtinstitutes* geführt. Beides gehört für ihn zu den unaufgebbaren Kennzeichen der Kirche. Die → Schlüsselgewalt ist eine göttliche Stiftung und die Beichte mit der absolutio privata eine besondere Form der Darreichung des Evangeliums neben Taufe und Abendmahl, die im Großen Katechismus als das »dritte Sakrament« bezeichnet wird. Entsprechend der Sakramentsauffassung Luthers hat sie darin ihre sakramentale Gestalt, daß sie die konkrete Applikation der Sündenvergebung in der sichtbaren Hülle des mündlichen Absolutionswortes darstellt, wie das Wasser oder Brot und Wein die sichtbaren Unterpfänder und realpräsenten Vergegenwärtigungen der Sündenvergebung in den beiden anderen Sakramenten sind. Auch das → Augsburger Bekenntnis und die → Apologie zählen, im Unterschied zu den → Schmalkaldischen Artikeln, die B. mit Taufe und Abendmahl zu den Sakramenten; denn erst nach diesen dreien wird über den »Gebrauch der Sakramente« gehandelt. In Beichte und Absolution besteht also die B. Gegenüber der sakramentalen Auffassung im MA bildet die Absolution das »Hauptstück« der B.; denn sie faßt in sich die Gewalt des Bindens und Lösens der Sünde, die der Kirche als ganzer gehört. Sie fordert den Glauben, um wirksam zu werden, wie überhaupt das Evangelium nur im Glauben empfangen werden kann. Auch → Melanchthon hat wie Luther die B. als die persönliche Zueignung und Wiederholung der einmal dem Christen in der Taufe geschenkten Sündenvergebung verstanden, die in Reue (contritio), Glauben und guten Werken besteht. Stärker als Luther hat Melanchthon die vom Gesetz hervorgerufenen Erschütterungen des Gewissens als Ursache der B. angesehen.

c) Die Erneuerung des Beichtinstitutes durch Luther bewahrt in der Privatbeichte und -absolution und in der – freilich nicht im kath. Sinne – als Sakrament aufgefaßten Handlung die beiden wichtigsten Momente aus dem Bußwesen der mittelalterlichen Kirche. Daneben steht die »Offene Schuld« als confessio generalis mit der allgemeinen Absolution. Insbesondere soll die Beichte vor dem Abendmahl gehalten werden. Öffentliche und unbußfertige Sünder sollen von der kirchlichen Gemeinschaft und den Sakramenten ausgeschlossen bleiben, bis sie sichtbare Zeichen ihrer Besserung geben. Die Beziehung der in Beichte und Absolution bestehenden B. auf das Abendmahl (»Das Heilige den Heiligen«), die Erneuerung der Kirchenzucht und die damit im Prinzip erfolgte Wiederherstellung der öffentlichen Kirchen-B. führen auf die altkirchlichen Züge der B. (s. 1a–c).

d) In den luth. Kirchenordnungen des 16. und 17. Jh.s liegt die *praktische Gestaltung des im evangelischen Sinne erneuerten Beichtinstitutes* vor. Schon der Kleine → Katechismus Luthers enthält Beichtanweisungen und kleidet die Einzelbeichte in eine liturgische Form. Den Charakter des seelsorgerlichen Gesprächs hat sie erst unter den Einflüssen des Pietismus gewonnen. Die luth. Orthodoxie hat zu einer Übersteigerung der objektiven Momente der B. geführt und die Absolution trotz ihrer deklarativen Aussage als effektiv im Hinblick auf die Sündenvergebung aufgefaßt. Eine weitere Gefährdung des reformatorischen Beichtwesens stellt die im Pietismus üblich gewordene bedingte Absolution dar, welche die Vergebung in Ansehung der Beichte und nicht mehr des Glaubens des Konfitenten ausspricht: »Wie du beichtest, absolviere ich dich«, so E. Chr. Philippi unter Berufung auf → Spener und A. H. → Francke. Überhaupt hat der Pietismus eine bedeutsame Verschiebung im Verständnis der

B. gebracht. Sie wird als der bewußt geführte Kampf gegen die Sünde und den alten Menschen verstanden, der, besonders bei Francke, mit dem erfahrenen und auch nach seinen äußeren Umständen festgehaltenen Durchbruch der Gnade in der »Bekehrung« gleichgesetzt wird. Die Aufklärung hat die in den luth. Kirchen noch bis in die zweite Hälfte des 18.Jh.s hinein übliche Privatbeichte zugunsten der öffentlichen Beichte und die öffentliche Kirchen-B. gänzlich beseitigt. Erst im 19.Jh. setzen Männer wie Cl. → Harms, → Löhe und → Vilmar sich für die Erneuerung der Privatbeichte und der öffentlichen Kirchenbuße ein, während im allgemeinen die Generalbeichte mit der Vorbereitung auf das Abendmahl verbunden ist. Wenn heute die Wirklichkeit der Kirche gegenüber aller modernen Subjektivierung und Spiritualisierung des Glaubens wieder in der Weite ihres Dienstes und ihrer Ämter gefunden wird, so hat auch eine Neugestaltung der Beichte zu folgen. Aber diese kann nur im Anschluß an die reformatorische Wiederherstellung der kirchlichen Schlüsselgewalt und in Erwägung ihrer geschichtlichen Voraussetzungen geschehen, in der sich unlösbar die Züge der mittelalterlichen und altkirchlichen B. vereinigt haben.

e) Die *Handhabung der B. im reformierten Protestantismus* ist ganz durch → Calvins Auffassungen bestimmt. *Calvin* hat die B. mit der »Wiedergeburt« gleichgesetzt, die in der Ertötung des Fleisches und Lebendigmachung des Geistes besteht, zu denen auch die Tatsächlichkeit des neuen Lebens gehört. Wie Luther hat auch Calvin die B. mit der Reue ihren Anfang nehmen lassen. Zwar soll die Reue durch das Leben in der Gemeinschaft mit Christus entstehen, aber stärker als Luther hat er dafür die Wirkung des Gesetzes geltend gemacht. Ebenso hat Calvin stärker als Luther die »Disziplin« und die kirchliche Schlüsselgewalt betont, die sich gerade in der Bußzucht zu manifestieren hat. Dementsprechend bringen auch die ref. Kirchenordnungen und Katechismen im Zusammenhang mit den Erörterungen über die B. die Notwendigkeit der Kirchenzucht zum Ausdruck. Nach dem in dieser Hinsicht grundlegenden → Heidelberger Katechismus besteht die christliche Bußzucht im Ausschluß aller unfrommen Glieder der Gemeinde auf Grund von Lehre und Wandel. Sie sind damit auch von Gott selbst aus dem Reiche Christi ausgeschlossen. Erst mit den erkennbaren Zeichen ihrer Besserung, also der nach außen hin sichtbar werdenden Heiligung, sind sie wieder in die kirchliche Gemeinschaft aufzunehmen, wodurch sie auch wieder Glieder des Leibes Christi werden.

4. a) Das *Bußwesen im neueren Katholizismus* beruht auf den Bestimmungen des Konzils von Trient über die B., die vorwiegend in Anknüpfung an die thomistische Tradition und im Gegensatz gegen die prot. Bußanschauung und Erneuerung des Beichtinstitutes getroffen sind. So ist die B. dem nach der Taufe gefallenen Christen zum Heile ebenso notwendig wie dem noch nicht Wiedergeborenen die Taufe. Im übrigen wird das Sakrament nach Form und Materie wie bei Thomas bestimmt. Zur Integrität des Sakraments und zur vollkommenen Erlangung der Sündenvergebung gehören nach göttlicher Institution die Akte des Büßenden selbst. Die Wirkung des Sakramentes ist die Rekonziliation mit Gott, die »zuweilen« von Friede, Trost und der Freude des Hl. Geistes begleitet ist. Auf Grund dieser Bestimmungen hat die B. ihre rechtliche Fixierung im Codex Iuris Canonici erhalten, wobei der juridische Gesichtspunkt obwaltet, daß die Kirche in Stellvertretung Gottes die hoheitliche Lossprechung durch den dazu bevollmächtigten Priester vornimmt. Die Lossprechungsformel im Rituale Romanum stellt eine Verbindung der deprekativen und indikativen Form dar: Die Absolution möge Jesus Christus erteilen, auf Grund dessen Autorität der Priester in der indikativen Form losspricht. Der altkirchliche öffentliche Bußritus hat heute noch seine Stelle im Pontificale Romanum, wo er in der öffentlichen Ausstoßung schwerer Sünder aus der Kirchengemeinschaft am Aschermittwoch und deren Wiederzulassung am Gründonnerstag besteht.

b) In der *morgenländischen orthodoxen Kirche* leben heute am stärksten die Eigenheiten des altchristlichen Bußwesens fort. Hier kennt man keine satisfaktorischen Werke und auch nicht die Beichtpraxis im abendländischen Sinne. Der Pönitent tritt frei vor den Priester hin, um seine Sünden zu bekennen. Es gibt keine Beichtfragen, sondern nur einige Fragen allgemeiner Art, die der Büßer mit den Worten: »Ich habe gesündigt« beantwortet. War ursprünglich nur die deprekative Form der Absolution üblich, so gebraucht diese heute nur noch die griechische Kirche, während die übrigen orthodoxen Kirchen die Absolution in einer die deprekative und indikative Form verbindenden Formel haben.

Diese Mannigfaltigkeit in der Gestaltung des Bußwesens in der heutigen Christenheit drückt nicht nur den Reichtum seiner geschichtlichen Entfaltung aus, sondern auch den allen Kirchen gemeinsamen und in der Verkündigung Jesu gegründeten Glauben, daß es für die Seinen kein Bleiben unter der Gottesherrschaft und kein Fortschreiten in der Gnade ohne den Gebrauch jener Institution geben kann, mit der der Herr seine Kirche als die Gemeinde des neuen Äons selbst ausgestattet hat.

Vgl. die Lehrbücher der DG v. HARNACK, LOOFS, R.SEEBERG, W. KÖHLER, dazu das kath. HDG IV/3 (B.POSCHMANN, B. u. letzte Ölung, 1951) u. die KG v. K.MÜLLER I³, 1941, sowie v. BIHLMEYER-TÜCHLE I-III, 1955-56¹⁴ - RE III, 584ff - RGG² I, 1393ff - DThC XII/1, 748ff. 1127ff - RAC II, 805ff - ELERT, ML I, 127ff. 320ff. - P.GRAFF, Geschichte der Auflösung der alten gottesdienstlichen Formen in der ev. Kirche Deutschlands I, (1921) 1937²; II, 1939 - B.POSCHMANN, Die abendländ. Kirchen-B. im Ausgang des christl. Altertums, 1928 - DERS., Die abendländ. Kirchen-B. im frühen MA, 1930 - DERS., Paenitentia secunda. Die kirchl. B. im ältesten Christentum bis Cyprian u. Origenes, 1940 - DERS., Der Ablaß im Lichte der Bußgeschichte, 1948 - P.GALTIER, De Paenitentia tractatus dogmaticus-historicus, Rom (1931) 1950² - DERS., L'Eglise et la rémission des péchés aux premiers siècles, Paris 1932 - DERS., Aux origines du sacrement de la Pénitence (AnGreg 54), 1951 - J.HOH, Die kirchl. B. im 2.Jh., 1932 - J.A.JUNGMANN, Die lat. Bußriten in ihrer geschichtl. Entwicklung, Innsbruck 1932 - E.GÖLLER, Papsttum u. Bußgewalt in spätröm. u. frühmittelalterl. Zeit, 1933 - DERS. in RQ 39, 1931, 79-267; 40, 1932, 219-342 - H.v.CAMPENHAUSEN, Die Schlüsselgewalt der Kirche (EvTh 4, 1937, 143-169) - DERS., Kirchl. Amt u. geistl. Vollmacht in den ersten 3 Jh.en (BHTh 14), 1953 - H.KRAUTWIG, Die Grundlagen der Bußlehre des Duns Scotus, 1938 - A.SCHÖNHERR, Lutherische Privatbeichte, 1938 - J.AUER, Die Entwicklung der Gnadenlehre in der Hochscholastik I, 1942 - J.GAUDENET, Notes sur les formes anciennes de l'excommunication (RevSR, 23 1949, 64-77) - P.ANCIAUX, La théologie du sacrement de pénitence au XIIᵉ siècle, Louvain-Gembloux 1949 - - M.SCHMAUS, Reich Gottes u. Bußsakrament (MThZ 1, 1950, 20-36) - H.KARPP, Die Bußlehre des Klemens von Alexandrien (ZNW 43, 1950/51, 224-242) - K.RAHNER, La doctrine d'Origène sur la Pénitence (RechSR 37, 1950, 47-97. 252-286. 422-456) - DERS., Bußlehre u. Bußpraxis der Didascalia Apostolorum (ZKTh 72, 1950, 257-281) - DERS., Zur Theol. der B. bei Tertullian (Abh. über Theol. u. Kirche. Festschr. f. K.Adam, 1952, 139-167) - DERS., Die Bußlehre des hl. Cyprian von Karthago (ZKTh 74, 1952, 257 bis 276. 381-438) - E.ROTH, Die Privatbeichte u. die Schlüsselgewalt in der Theol. der Reformatoren, 1952 - E.KINDER, Beichte u. Absolution nach den luth. Bekenntnisschriften (ThLZ 77, 1952, 543-550) - W.VÖLKER, Der wahre Gnostiker nach Clemens Alexandrinus (TU 57), 1952 - L.FENDT, Luthers Reformation der Beichte (Mitteil. der Luther-Gesellschaft, 1953, H. 3) - LANDGRAF III/1, 1954, 11ff - E.H.FISCHER, Bußgewalt, Pfarrzwang u. Beichtvaterwahl nach dem Dekret Gratians (ThQ 134, 1954, 39-82) - R.HERMANN, Die Probleme d. Exkommunikation bei Luther u. Thomas Erastus (ZSTh 23, 1954, 103-136) - J.GROTZ, Die Entwicklung des Bußstufenwesens in der vornicänischen Kirche, 1955.

P.Meinhold

Butler, *Joseph* (1692–1752), * Wantage b. Oxford (Berkshire), Nonkonformist, gebildet auf den Dissenterakademien Gloucester und Tewkesbury, griff 1713 in zwei Briefen an Samuel → Clarke dessen unlogische Beweisführung für das Dasein und Wesen Gottes an. Clarke nahm B.s Einwände in die Neuauflagen seines Discourse concerning the Being and Attributes of God (zuerst 1705) auf und machte B. dadurch früh berühmt. B. seinerseits verwarf die herkömmliche nonkonformistische Theologie und trat 1714, Anglikaner geworden, ins Oriel College in Oxford ein. In der Folgezeit förderte ihn besonders der Bischof Talbot von Durham, mit dessen Sohn er befreundet war. 1733 Kaplan des Lordkanzlers Talbot in London, 1736 Geheimsekretär der Königin Caroline, der Gattin Georgs II., 1738 Bischof von Bristol, 1740 gleichzeitig Dean von St. Paul's in London, 1750 Bischof von Durham.

B. ist einer der führenden Kirchenmänner des 18.Jh.s in England; zugleich einer der bedeutendsten theologischen Denker, dessen Predigten die seltene Ehre zuteil wurde, in den Rang philosophischer Klassiker aufzusteigen. In Bristol trat er 1739 als erster Kirchenführer John → Wesley und dem entstehenden Methodismus im Namen der kirchlichen Ordnung, des Amts und des »vernünftigen« Gottesdienstes entgegen. Seine Predigten legen in einer strengen Logik die Grundgegebenheiten des menschlichen Selbstverständnisses und der Lebensanschauung auf dem Boden eines rationalen Supranaturalismus dar. Sein Hauptwerk, The Analogy of Religion, Natural and Revealed, to the Constitution and Course of Nature (1736, mit ungezählten Neuauflagen, dt. von J.J. → Spalding 1756), bietet die gründlichste Widerlegung des Deismus und stellt auf nicht röm.-kath. Boden die bedeutendste und selbständigste theologische Verwendung des Analogiegedankens dar. Die grundsätzliche Anerkenntnis der Vernunft und Natur, die Begründung ihrer notwendigen Ergänzung durch die Offenbarung, der Reichtum der Gedanken und die Strenge der Beweisführung machten das Werk zum theologischen Lehrbuch schlechthin. → Gladstone gab es neu heraus.

Works Collected, 1804; Complete Ed., Oxford 1844; Analogy ed GLADSTONE, 2 vols, 1896. - Über B.: DNB III, 519ff - TH.BARTLETT, Memoirs of the Life, Character and Writings of J.B., 1839 - E.C. MOSSNER, Bishop Butler and the Age of Reason 1936. *M.Schmidt*

Buttlarsche Rotte ist die erste, bedeutendste und durch ihre theologische Begründung selbständigste Verzerrung des → Pietismus zu sexuellem Libertinismus. Zugrunde liegt eine gnostische, von Jakob → Böhme und dem mystischen Spiritualismus, besonders → Gichtel, fortgebildete Anschauung von der Ehe des geistlichen Menschen mit der himmlischen Sophia, außerdem der entschiedene Wille, die geschlechtliche Liebe vom Egoismus des Besitztriebes und der sinnlichen Lust zu lösen. Eva v. Buttlar (1670 bis nach 1717) aus Eschwege, seit 1687 Gattin des Eisenacher Hofmeisters Jean de Vésias, von dem sie sich nach ihrer Bekehrung trennte, gründete 1702 in Allendorf (Hessen) eine philadelphische Gemeinschaft mit schroffer Verwerfung von Kirche, Gottesdienst und Sakrament. Ihre Anhänger sollten durch leiblichen Eingang in sie, den »Teich Bethesda«, die unio personalis mit Jesus Christus vollziehen und die Entsündigung an dem Organ des allgemeinen Sündenfalls erfahren; Abtreibung wurde mit Hhld 5, 4 gerechtfertigt. Sich selbst bezeichnete sie außerdem als himmlische Sophia und heiligen Geist; mit zwei jungen Männern, dem Mediziner Georg Appenfeller und dem Theologen Gottfried Winter, wollte sie die Trinität darstellen.

Gegen die 1703 nach der Glashütte, 1704 nach Saßmannshausen b. Berleburg übergesiedelte Gemeinschaft von etwa 70 Personen wurde 1704/05 eine gerichtliche Untersuchung geführt. Der Vollstreckung des Urteils (wegen Gotteslästerung) entzog sich die Schar durch Flucht, lebte dann (röm.-kath.) in Hallenberg/Westfalen und Lüde b. Pyrmont, wo sich Eva v. Buttlar 1706 mit Appenfeller zur Eröffnung des Zeitalters des Sohnes als Herrscherin der Erde und Mutter aller Kreaturen inthronisieren ließ. Daraufhin wieder verurteilt, zog sie, jetzt mit Appenfeller verheiratet, nach Altona, wo sie ehrbar gelebt haben soll. Die Anhänger zerstreuten sich.

Ausführl. Beschreib. d. neuen Unfugs, welchen d. Pietisten vor weniger Zeit als im Jahre 1705 und 1706 wider alle obrigkeitl. Edicta ferner verübet u. gestiftet haben..., 1707 - CHR.THOMASIUS, Vernünftige Thomasische, aber nicht scheinheilige Gedanken über allerhand gemischte... Händel III, 1725, 208ff - E.F.KELLER, Die B.R. (ZHTh 19, 1845, 591–612) - M.GOEBEL, Gesch. d. christl. Lebens i. d. rhein.-westf. Kirche II, 1852, 778ff - E.BECKER, Eine Hs. zur Gesch. d. B.R., 1905 (Privatdruck, UB Gießen) - E.BENZ, Der vollkommene Mensch nach J. → Böhme, 1937 (für die theol. Grundlage) - F.TANNER, Die Ehe im Pietismus, 1952, 84ff. *M.Schmidt*

Buxtehude, *Dietrich* (1637–1707), * zu Oldesloe (Holstein) als Sohn eines Organisten, † zu Lübeck, wo er seit 1668 als Organist an der Marienkirche wirkte und durch seine 1673 für die Lübecker Kaufmannschaft eingerichteten »Abendmusiken« großen Ruf als Orgelvirtuose erwarb. B. war wohl der bedeutendste Meister der norddeutschen Organistenschule. J.S. → Bach suchte ihn 1705 auf, um »ein und anderes in seiner Kunst zu begreifen«. B.s freie Orgelkompositionen zeigen Phantasiefülle und stets neue Einfälle; die Choralbearbeitungen mit oft kunstvoll verzierter Melodie sind, ohne unmittelbar Bezug auf den Text zu nehmen, voll innigen Ausdrucks. In B.s (vorzugsweise kammermusikalisch angelegtem) Kantatenschaffen verdichtet sich das eigentümlich Weitschwingende seiner Tonsprache zu oft unvergeßlichen lyrisch-subjektiven Stimmungsbildern. Als Gesamtwerk gehört das von Ph. → Spitta u.a. neu entdeckte Schaffen B.s zum wertvollsten Bestand altevangelischer Kirchenmusik.

Werke: Missa brevis; Magnificat; über 100 Kantaten auf Bibeltexte, Kirchenlieder oder freie geistl. Dichtungen; Präludien, Toccaten, Fugen, Chaconnen, Choralbearbeitungen für Orgel; Suiten u. Variationswerke für Klavier; Sonaten für Violine, Gambe u. Generalbaß op. I/II (gedr. 1696). - Ausgaben: Vokalwerke hg.v. W.GURLITT, K.F.RIEBER u. H.TREDE, 1925ff (bisher 7 Bde) - Orgelwerke hg.v. PH.SPITTA, 2 Bde, 1876/77, neu hg.v. M.SEIFFERT, 1903/04, dazu Bd 3, 1939; Orgelwerke hg.v. H.KELLER, 2 Bde, 1938/39 - Neue Orgelwerke hg.v. J.HEDAR, Stockholm 1950. Auswahl in DDT 11 u. 14. - A.PIRRO, D.B., 1913 - W.STAHL, D.B., 1937 - MGG II, 548ff. *S.Hermelink*

Buxtorf, eine aus Kamen in Westfalen stammende Gelehrtenfamilie, die Basel eine ruhmvolle Reihe von Hebraisten geschenkt hat.

1. *Johann* B. (1564–1629), * zu Kamen als Sohn eines Predigers, studierte in Marburg und in Herborn, wo ihn → Piscator für das Hebräische begeisterte, und wurde auf Betreiben von → Grynäus 1591 Professor des Hebräischen in Basel. Er starb hier an der Pest. Seine profunden Kenntnisse der rabbinischen Literatur erwarb er sich durch persönlichen und brieflichen Verkehr mit Juden. Das führte ihn gelegentlich sogar zu einem Zusammenstoß mit den Basler Behörden, die ihm wegen Teilnahme an einer Beschneidung eine Geldbuße auferlegten. Sein Hauptbestreben galt dem Erweis der unbedingten Zuverlässigkeit und Unversehrtheit des hebräischen Bibeltextes mit Einschluß seiner Vokalisation. → Bibelwissenschaft: I, 1 c.

Sein bedeutendstes Werk ist der nach dem Vorgang des → Elias Levita geschriebene Kommentar Tiberias, 1620, »das Produkt einer von keinem Christen und wenigen Juden erreichten Gelehrsamkeit und bewundernswert einfach« (Wellhausen); von ihm ferner Manuale hebraicum et chaldaicum, 1602; Synagoga judaica, 1603; Lexicon hebraicum et chaldaicum, 1607. - Seine Concordantiae Bibliorum hebraicae wurden 1632, sein Lexicon chaldaicum, talmudicum et rabbinicum 1639 von seinem Sohne (s. 2) hg. - Biographien s. u.

2. *Johann*, Sohn von 1 (1599-1664), * zu Basel, 16jährig bereits Magister, 1630 als seines Vaters Nachfolger Professor der hebräischen Sprache, daneben 1647 in einer eigens für ihn gegründeten theologischen Professur (»locorum communium atque controversiarum«), die er 1654 mit der alttestamentlichen vertauschte, führte in jeder Hinsicht das Werk seines Vaters fort. Er ist in der Geschichte der at. Wissenschaft namentlich durch seinen Kampf gegen → Cappellus bekannt, gegen den er auf Grund rabbinischer Traditionen ebenso die Unversehrtheit des at. Bibeltextes und seiner Vokalisation verteidigte, deren Entstehung er auf Mose und die übrigen Verfasser der at. Bücher, spätestens aber auf → Esra glaubte zurückführen zu können. Er kämpfte um einen verlorenen Posten, wenn auch seine Auffassung in die Formula consensus helvetica (1675) Aufnahme fand.

3. Sein Sohn *Johann Jakob* (1645-1704) und dessen Neffe *Johann* (1663-1732) setzten als Inhaber des Lehrstuhls für hebräische Sprache, jener seit 1664, dieser seit 1704, die glorreiche Tradition ihrer Vorgänger, wenn auch ohne besondere Originalität fort.

K.R.Hagenbach, Die theologische Schule Basels u. ihre Lehrer, Basel 1860, 27ff - G.Schnedermann, Die Kontroverse des L.Cappellus mit den B.en über das Alter der hebr. Punktation, 1878 - E. Kautzsch, Johannes B. der Ältere, 1879 - ADB III, 668ff - RE III, 612ff - J.Hermann, Johannes B. aus Kamen, 1948 (Privatdruck) - E.Staehelin, Der Briefwechsel zwischen Johann B. II u. Johannes Coccejus (ThZ 4, 1948, 372-391). † *A.Bertholet (W.Baumgartner)*

Byblos, am Mittelmeer auf einem Felssporn zwischen zwei Buchten gelegene syrisch-phönikische Hafenstadt (→ 3 A 3), wird seit dem Alten Reich (3.Jt.) in ägyptischen Inschriften als kbn bzw. kpnj erwähnt. Der Namensform der → Amarna-Briefe gu-ub-la entspricht hebr. gᵉbal (heute dschebēl). B. wurde erstmals von E. Renan (1860/61) erforscht; die Ausgrabungen zwischen 1921-24 leitete P.Montet, die sich daran anschließenden und noch nicht abgeschlossenen M.Dunand. In der neolithischen Epoche des 5.Jt.s bestand im Westteil der Akropolis eine später verlassene Ansiedlung. Zeuge der chalkolitischen (éneolithischen) Periode sind Werkzeuge und Schmuck aus Metall sowie große Tonkrüge zur Bestattung der Toten. Damals scheinen Beziehungen zu Mesopotamien (Warka V-IV) bestanden zu haben, während solche zu Ägypten erst gegen Ende des 4.Jt.s einsetzen. Diese halten sich durch Jt.e, da B. für Ägypten ein wichtiges Zentrum der Ausfuhr von Zedernholz (für den Schiffsbau) sowie für den Export von Öl und Sklaven bildete. Zwischen dem 4. und 3.Jt. folgen hintereinander mehrere Besiedlungen verschiedener Steinsetzungen und Bautypen (zuletzt Zentralhallen mit Seitenräumen an den Langseiten). Jetzt erscheinen die ersten großen Tempel zu Ehren der Baalat von B. und des Reschef (→ Syrien: II) sowie die ältesten Stadtmauern. Zur Zeit des Alten Reiches werden diese erneuert und weitere Tempel semitischer Ordnung - mit viereckigem Peribolos - errichtet. Während des letzten Viertels des 3.Jt.s verwüstet eine Feuersbrunst die Stadt; von der sie regierenden westsemitischen (amoritischen) Dynastie wird sie bald wieder aufgebaut. Diese Dynastie erbaut auf den Tempelruinen neue Tempel, die zum Teil mit Obelisken und fast alle mit Weihgaben ausgestattet sind. Unter den Opfergaben treten besonders kostbare Waffen (Quertüllenäxte mit doppelt durchbohrtem Blatt, BRL 67f; Dolche mit von Gold ausgelegter Scheide) hervor sowie zahllose Bronzefigurinen und auch kleine Tiere aus Fayence. In dieser Periode der 12./13. Dyn. (ca 2000 bis 1700 vChr) hat man innerhalb der Stadt tiefe Schachtgräber (→ Begräbnis: II) angelegt, in denen die Könige von B. in gewaltigen Steinsarkophagen beigesetzt wurden: Ein Schacht führte (ca 8-10 m) zur Grabkammer, die im Felsen und in der darunter liegenden Tonerde ausgehöhlt war. Zuweilen waren die Kammern auch bis zum Gewölbe gemauert. In mehreren Gräbern wurde ein reicher Grabhausrat gefunden: Schmuckstücke aus Edelmetall, Elfenbein, Metallvasen, Gold- und Bronzewaffen. - Die nachfolgenden Epochen sind weniger bekannt; offensichtlich sind ihre Bauten späteren Steinräubern zum Opfer gefallen. Das Königtum in B. lag im 2.Jt. in den Händen von Westsemiten, die es bis zur Eroberung von B. durch Alexander behalten haben. Die ägyptischen Inschriften geben uns hauptsächlich Auskunft über die engen Beziehungen zwischen B. und Ägypten während der 18. Dyn. (→ Ägypten: I. III) sowie über die zwischen → Mitanni und Ägypten bestehende Rivalität. Der → Amarna-Briefwechsel enthält viele Briefe Ribb-Addis von B. (Knudtzon, EA Nr. 68-138; Auswahl: AOT 373f, ANET 483f). In dem langwährenden Kampf, den die Pharaonen mit den Herrschern von Mitanni zu führen hatten, blieb B. viele Jahre hindurch dem ägyptischen Bündnis treu; Ribb-Addi widerstand allem Druck der Amurru und Mitannis, mußte aber schließlich, von seinen eignen Mitbürgern vertrieben, nach Tyrus und Berytus flüchten.

Die Frühgeschichte der semitischen → Epigraphik (: I) läßt sich an den Pseudohieroglyphen und altphönikischen Inschriften des 2.Jt.s aus B. verfolgen, obwohl die offizielle Anwendung der akkadischen Sprache und Schrift sicherlich die Entwicklung des phönikischen Alphabets verlangsamt hat. Die Inschrift des Achiram-Sarkophages (ANET 504; Donner), der zunächst um 1250, neuerdings Ende des 11.Jh.s datiert wird, setzt bereits eine entwickelte Linearschrift voraus.

Nachdem B. nach der Jt.-Wende politisch unter dem Einfluß von Tyrus gestanden hatte, mußte es sich im 8.Jh. der assyrischen Herrschaft beugen. Seit etwa 525 vChr war B. ein selbständiger Stadtstaat im Bereich der persischen Satrapie Syrien; bedeutsames Zeugnis dieser Periode ist die Jhwmlk-Stele (ANEP Abb. 477; ANET 502; AOT 446). Nach dem Tode Alexanders d.Gr. kam B. zunächst in die Hand der Seleuciden, später - zZ des Pompejus - in die der Römer. Aus der römischen Epoche ist ein einheitliches Stadtbild an den erhaltenen Denkmälern erkennbar: über dem ursprünglichen Reschef-Tempel ein großer Tempel, ferner der renovierte Tempel der Baalat, dazu Säulen, Bäder und ein Theater, das nach 218 nChr erbaut ist. Ausweislich der literarischen Bezeugung gab es in B. auch ein berühmtes Heiligtum des → Adonis.

R.Dussaud, B. et la mention des Giblites dans l'AT (Syria 4, 1923, 300-315; 5, 1924, 388) - P.Montet, B. et l'Egypte, 2 Bde, 1928/29 - M.Dunand, Fouilles de B. I (2 Bde), Paris 1937/39; II (2 Bde), Paris 1954 - Ders., Byblia Grammata, Paris 1945 - Ders., Rapports prélim. sur les fouilles de B. (Bull. du Musée de Beyrouth 9, 1949/50, 53-74 - Ders., Chronologie des plus anciennes installations de B. (RB 57, 1950, 583-603) - A.Alt, Herren u. Herrensitze Palästinas im 2.Jt. vChr (ZDPV 64, 1941, 21-39) - E.Dhorme, Déchiffrement des inscriptions pseudohiéroglyphiques de B. (Syria 25, 1946/48, 5-12) - Cl.Schaeffer, Stratigraphie comparée et chronologie de l'Asie occidentale I, Oxford 1948, 50ff - H.Donner, Zur Formgesch. der Aḥiram-Inschrift (WZ Leipzig 3, 1953/54, 283-287) *J.Deshayes*

Byrd, *William* (1543-1623), Komponist, * zu Lincoln (?), † zu Stondon (Essex), Chorsänger und Komponist der königlichen Kapelle zu London, stand bei seinen Zeitgenossen und, obwohl er Katholik war, beim englischen Hofe in höchstem Ansehen. Sein kirchenmusikalisches Werk gehört der klassischen Vokalpolyphonie an (→ Palestrina), zeigt jedoch unverkennbar englische Ausprägung. Von besonderem Adel ist B.s Musik in den drei erhaltenen Messen. Als Madrigalkomponist und Schöpfer bedeutender Cembalowerke ist B. der erste große Meister der englischen Schule des elisabethanischen Zeitalters.

Werke: 3 Messen, über 200 Motetten, viele anglikanische Kirchenmusik (Services, Prayers, Psalmen, Magnificatvertonungen, Anthems, Te Deum u.a.); etwa 80 Madrigale u. Lieder, hg.v. E.H.FELLOWES in: The English Madrigal School 14-16, 1920; Cembalo- u. Instrumentalmusik - The collected vocal (and instrumental) works of W.B., ed. E.H.FELLOWES, London 1937-50. - E.H.FELLOWES, W.B., London (1936) 1948² - MGG II, 572ff. *S.Hermelink*

Byzantinische Kirchenmusik, die Musik der christlichen Kirche im byzantinischen Reich. Ebenso wie die → altchristliche Musik liegen die Anfänge der B.K. völlig im Dunkel. Die Tradition sieht in → Johannes Damascenus den eigentlichen Vater und Begründer der B.K., dabei sind aber Legende und historische Wahrheit kaum zu scheiden. Vor allem welcher Art die musikalische Tätigkeit des Johannes war, ist nicht bekannt. Handschriften mit Aufzeichnungen der Musik sind seit dem 9./10.Jh. erhalten, einwandfrei lesbar ist aber erst die sog. runde Notation des 12.Jh.s, die auf dem Prinzip der Intervallschrift (→ Notenschrift) beruht. Die meisten Musikhandschriften enthalten Hymnen, so die Sticherarien (→ Stichiron) und Hirmologien (→ Hirmos, → Kanon), demgegenüber treten Handschriften mit den im engeren Sinn liturgischen Gesängen der Messe (zB Prokeimena oder Koinonika) etwas zurück. Bei allen diesen Stücken handelt es sich um einstimmige Gesangsmusik, Musikinstrumente werden in der B.K. (im Gegensatz zur höfischen Musik in Byzanz) nicht verwendet. Im 13./14.Jh. bahnt sich ein neuer Abschnitt in der Epoche der B.K. an, die Periode der Melurgen und Maistores: Bisher trugen die Gesangsweisen den Charakter des Anonymen, meist setzte der Hymnendichter selbst auch die Melodie zu seinen Worten. Nun aber schrieben Berufsmusiker, die »Melurgen«, individuelle, auch auf den Effekt abzielende Melodien. Die Notenschrift wurde durch Zufügung neuer Zeichen erweitert, Musiklehrer (Maistores) lehrten schulmäßig das System der B.K. Die schriftliche Fixierung des Lehrsystems ist in zahlreichen musiktheoretischen Schriften überliefert, in denen Notation und Tonartensystem ausführlich behandelt werden. Die bekannteste Persönlichkeit aus dieser späteren Periode der B.K. ist Johannes Kukuzeles. Die B.K. strahlte, wie die ganze byzantinische Kultur, in starkem Maße auch auf Nachbarländer aus. So drang sie mit der christlichen Mission zu den Bulgaren und Russen vor; Einwirkungen auf den römischen und ambrosianischen Kirchengesang sind wahrscheinlich, in ihrem Ausmaß allerdings noch nicht hinreichend geklärt. Umgekehrt drangen sicher auch Elemente aus anderen Musikkulturen des nahen Orients in die B.K. ein. Das gilt vor allem für die Zeit nach dem Untergang des byzantinischen Reiches. Denn die B.K. bestand im Rahmen der orthodoxen Kirche kontinuierlich weiter bis zum heutigen neugriechischen Kirchengesang. In welchem Grade sich dort noch altes byzantinisches Gut erhalten hat, ist umstritten.

Monumenta Musicae Byzantinae, ed. C.HÖEG, H.J.W.TILLYARD, E.WELLESZ, 1935ff - L.TARDO, L'antica melurgia bizantina, 1938 - TH.GEORGIADES, Bemerkungen zur Erforschung der B.K. (ByZ 39, 1939, 67-88) - E.WELLESZ, Eastern Elements in Western Chant, 1947 - DERS., A History of Byzantine Music and Hymnography, 1949 (Lit.) - R.PALIKAROVA VERDEIL, La musique byzantine chez les Bulgares et les Russes, 1953. *R.Schlötterer*

Byzantinische Kunst

1. Voraussetzungen. Die oströmische Kunst des 4. und 5.Jh.s - 2. Das Jahrhundert Justinians - 3. Das 7.Jh. - 4. Die mittelbyzantinische Kunst - 5. Die spätbyzantinische Kunst

1. a) Die *Anfänge* der konstantinischen Neugründung von Byzanz sind für uns nur literarisch faßbar. Weder von der ersten Bischofskirche der Stadt, der Kirche der göttlichen Irene (Socr. I 16; Notitia Seeck 231: ecclesia antiqua), noch von der Grabkirche des Kaisers, der Apostelkirche (Eus. Vita IV 58), haben sich bisher Reste gefunden. Auch die Veränderungen im Plan der Apostelkirche, der Anbau eines Mausoleums und die Übertragung der Gebeine der Hl. Timotheus (356) und Lukas und Andreas (357) sowie der Neubau der ersten Sophienkirche (Weihe am 15.2.360) sind gleichfalls nur in den Quellen faßbar. Die Stadtplanung hat sich in den Grundzügen in späterer Überbauung erhalten (→ Byzanz: I); aufrecht steht noch die Ehrensäule des Kaisers auf seinem Forum (»Verbrannte Säule«). Ein Porträt des Kaisers Konstantin findet sich im Antikenmuseum, ebenso das Fragment eines Porphyrsarkophages aus den kaiserlichen Mausoleen. Statuen des → Guten Hirten und Daniels als Brunnenschmuck auf dem Forum erwähnt Eusebius Vita III, 49; Hirtenstatuen der Zeit befinden sich in den Museen von Istanbul und Athen.

b) Deutlicher wird das Bild erst in *theodosianischer Zeit*. Nach dem Brande der Sophienkirche im Jahre 404 entsteht ein Neubau, dessen Vorhalle wir kennen (A.M. Schneider, Die Grabung im Westhof der Sophienkirche zu Istanbul, 1941). Die Voraussetzungen ihrer Bauplastik liegen im westlichen und südlichen Kleinasien (F.W. Deichmann, Studien zur Architektur Konstantinopels, 1956, 56ff). Noch im späten 4.Jh. entsteht wahrscheinlich das Martyrion der Hl. Karpos und Papylos (Schneider, Byzanz, 1936, 1ff), etwas später der Zentralbau an der Porticus semirotunda beim Hippodrom (Schneider, AA 1943, 257. Archeol. Museums of Istanbul, 5th Report, 1952, 33ff mit Plan). Die Stadt erreicht damals in der Mauer Theodosius' II. ihren das ganze MA gültigen Umfang (F.Krischen, B.Meyer-Plath u. A.M. Schneider, Die Landmauer von Konstantinopel I. II, 1938/43). 395 wird der Obelisk im Hippodrom aufgestellt, 386 die Ehrensäule Theodosius' I. auf dem Tauros (J.Kollwitz, Oströmische Plastik, 1941, 3ff), 401/02 die des Arcadius auf dem Xerolophos (Kollwitz, aaO 17ff), 450/52 die des Marcian (Kollwitz, aaO 69ff). Die Quellen wissen von zahlreichen Statuen und Reiterbildern (Kollwitz, aaO 8ff). Erhalten sind das Porträt eines jugendlichen Kaisers (Archeol. Museums of Istanbul, 4th Report, 1950, 11) und zwei Beamtenstatuen (Kollwitz, aaO 84f). Letztere hängen aufs engste zusammen mit weiteren Statuenfunden aus → Ephesus und Aphrodisias (Kollwitz, aaO 81ff; über kleinasiatische Werkstatttraditionen vgl. G.Rodenwaldt, Berl. Winckelmannprogramm 76, 1919, 28). Das christliche Relief umfaßt, beginnend mit dem Kindersarkophag aus dem Lykostal (A.Müfit, Ein Prinzensarkophag aus Istanbul, 1934), eine kleine, aber bedeutende Reihe von Denkmälern (Kollwitz, aaO 132ff; dazu Archeol. Museums of Istanbul, 5th Report, Abb. 28. 30); auch die Mehrzahl der Porphyrsarkophage dürfte hierher gehören. Verwandte Stücke fanden sich wieder im westlichen Kleinasien (Relief in Brussa aus Nicäa: Kollwitz, aaO 173ff). Der Zusammenhang mit der älteren Gruppe der Sidamarasarkophage, die ihr Zentrum wohl in der Nähe der prokonnesischen Brüche hat, ist besonders deutlich bei dem Berliner Christusrelief (aus Psamatia). Alle diese Hinweise machen es immer mehr wahrscheinlich, daß die Grundlagen der stadtkonstantinopolitanischen Kunst in

Westkleinasien zu suchen sind. Mit Westkleinasien bildet Konstantiopel in dieser Zeit eine geschlossene Landschaft innerhalb der spätantiken Kunst, die sich in gleicher Weise von Kappadokien, Syrien, Ägypten wie vom Westen absetzt. Unklar bleibt dabei die Stellung Griechenlands. Die wenigen Reste figürlicher Plastik gehören in den Kreis der oströmischen Plastik, in der Architektur bildet es eine eigene Landschaft. Die Bedeutung der oströmischen Werkstätten erhellt aus einigen Fernwirkungen. In Mailand scheinen die wenigen erhaltenen Denkmäler ihren Einfluß zu verraten (Silberreliquiar von S.Nazaro, Stadttorsarkophag von S.Ambrogio); sicher ist dies für die Anfänge der ravennatischen Sarkophage (J.Kollwitz, Die Sarkophage Ravennas, 1956). Selbst in → Rom (: II) sind ihre Einflüsse spürbar (Lat. 174; Christusstatuette im Thermenmuseum; Beamtenstatuen im Konservatorenpalast). Ein vereinzeltes Stück sind die Platten mit der Kindheitsgeschichte in Karthago (Kollwitz, Oström. Plastik, 178 ff).

c) Diese erste Blüte verklingt in der zweiten Hälfte des 5.Jh.s. Bedeutendste architektonische Schöpfung ist die Johanneskirche des Studios (463); sie ist zugleich das erste datierte Vorkommen des feingezahnten Akanthus. Der Grundriß wiederholt den der Chalkopratenkirche (Marcian und Pulcheria). Mit dem Namen der letzteren sind auch die beiden ersten Marienkirchen der Stadt verbunden, die der Hodigitria und der Blachernen. Etwa gleichzeitig mit der Studiosbasilika ist die Ag. Paraskevi in Saloniki. Kapitelle des gleichen Typus finden sich auch sonst in Griechenland (Saloniki, Ag. Georgios und Ag. Demetrios; Nea Archialos A). Offenbar handelt es sich um Stücke eines ausgedehnten Exportes von den prokonnesischen Brüchen, der sich noch die ganze justinianische Zeit hindurch verfolgen läßt. Aber der Import beschränkt sich auf solche Einzelstücke, in der Planung bewahrt Griechenland noch immer weitgehend den Charakter einer eigenen Provinz. Nur ein bestimmter Typ von unechten Querhausbauten (Nikopolis A.B, Epidauros, Dodona) sowie einige Querhäuser mit in das Querhaus hineingeführten Seitenschiffen (Ilissos, Demetrios, Philippi A) zeigen eine so auffallende Übereinstimmung mit Kirchen Kleinasiens (1: Korykos, Bischofskirche u. Querhausbasilika extra muros. 2: Perge A. B), daß schon früher auf verlorene Bauten Konstantinopels als gemeinsame Quelle hingewiesen wurde (Schmitz, JdI 45, 1930, 503; A.M.Schneider, Die Brotvermehrungskirche von et-tabga am Genesarethsee, 1934, 38). Verstreute Einzelbauten des zweiten Typs in Tropäum, → Menasstadt und in et-tagba weisen in die gleiche Richtung. Unmittelbar von Konstantinopel abhängig scheinen Aladja Jaila und Side. Daneben zeigt Kleinasien eine Vielheit von lokalen Formen. - Die Plastik dieser Jahrzehnte verrät ein müdes Absinken. Die Kraft zur Freiplastik ist erschöpft; einige späte Statuen aus → Ephesus und Griechenland zeigen nur das ganze Unvermögen gegenüber der plastischen Aufgabe (Kollwitz, Oström. Plastik, 112f). Auch das Relief ist flach und skizzenhaft. Hierher dürften einige Platten aus Studios und vom Edirnekapı gehören, ferner der Ambo von → Saloniki. Vom Mosaik des 5.Jh.s sind nur karge Reste auf uns gekommen. Bedeutendster ist das Apsismosaik von Hosios David in Saloniki, dazu die ornamentalen Mosaiken in den Bogenlaibungen von Ag. Paraskevi. Problematisch ist der oströmische Anteil an den Mosaiken Ravennas, um so mehr als die ältesten (S.Giovanni Evang.) verloren sind. Das Mausoleum der Galla Placidia zeigt bereits alle Merkmale des lokalen Stils; die Grundlage des Stils scheint dabei eine mehr westliche.

2. a) Mit den letzten Jahren Zenos und der Regierung des Anastasius (491-518) bahnt sich eine neue Epoche an. Die Form der altchristlichen → Basilika erfährt entscheidende Umwandlungen. Das bisher ungegliederte Langhaus wird in Joche oder Planquadrate zerlegt (Kappadokien. Resafa, Ruwêha), eine Vierung wird ausgeschieden (Kappadokien), die innere Einteilung durchdringt auch den Außenbau (Kappadokien), Fassaden- und Turmprobleme entstehen (Syrien, Binbirkilisse). In Konstantinopel selbst sind diese Dinge nicht zu verfolgen. Dort beschäftigt die Architekten ein anderes Problem, das der Wölbung. Im späten 5.Jh. entsteht eine erste Kuppelbasilika in Meriamlik (zur Datierung S. Guyer, Meriamlik und Korykos [MAMA 2, 1930, 72]; E.Weigand, DLZ 54, 1933, 2471; R.Kautzsch, Kapitellstudien, 1936, 119). Die Planung geht mit großer Wahrscheinlichkeit auf einen hauptstädtischen Bau zurück (A.M.Schneider, OrChr 14, 1939, 10 mit Anm. 3), ein Teil der Kapitelle stammt ebendaher (F.W.Deichmann, aaO 89). Unabhängig davon setzt sich in Binbirkilisse die Längstonne durch (Datierung?). - Auch in der Plastik ist seit der Jh.wende eine neue Verfestigung der Form zu spüren (Stele des Porphyrios im Antikenmuseum zu Istanbul: A.A.Vasiliev, DOP 4, 1948, 29ff), die von den Konsulardiptychen des ersten Jahrzehnts sich schnell zu den delikaten Stücken des zweiten Jahrzehnts entwickelt (R.Delbrueck, Die Konsulardiptychen und verwandte Denkmäler, 1929, Taf. 9-28). In diese Zeit gehören auch so feine Stücke wie die Diptychen mit einer Kaiserin in Florenz und Wien (Delbrueck Nr. 51. 52), das Diptychon mit Dichter und Muse in Monza (F.W.Volbach, Elfenbeinarbeiten, 1952 Nr. 68) und die Adam-Paulus-Tafeln in Florenz (Delbrueck Nr. 69); ferner der Silberteller mit weidendem Hirten in Petersburg (L.Matzulewitsch, Byzantinische Antike, 1929, Taf. 31). Der gleichen Zeit möchte ich auch die Mosaiken im Kaiserpalast zuschreiben. Nach 512 entsteht schließlich noch die Wiener Hs. des Dioskurides (P.Buberl, Beschreib. Verzeichnis der illum. Hss. in Österreich, NF IV, 4, 1937).

b) Die *Zeit → Justinians* ist in politischer Hinsicht gekennzeichnet durch die restaurative Politik des Kaisers. Afrika und Italien werden dem Reiche zurückgewonnen, Konstantinopel ist nach dem Erlöschen der westlichen Dynastie die einzige Hauptstadt des Reiches. Amtssprache dieses wiederhergestellten Reiches wird das Griechische. Damit ist auch für die Kunst die neue Situation umschrieben: Konstantinopel ist nicht mehr gleichrangiges Zentrum neben anderen. Seine Geltung im erweiterten Reich ist unbestritten, die neu eroberten Gebiete haben nur mehr den Rang von Provinzen. Nur Syrien und Ägypten bewahren sich eine größere Selbständigkeit, gefördert durch die religiösen Gegensätze. Die Hauptstadt steht in dieser Zeit ganz im Zeichen des Wölbebaus und seiner Probleme. Noch in der Frühzeit des Kaisers entsteht die Kirche des Hl. Sergius und Bacchus, die mit der nicht erhaltenen Kirche des Hl. Petrus und Paulus zu einer Doppelanlage verbunden war (Procop. aed. I, 4; Lit. s.u.). Nicht erhalten sind auch die zentralen Anlagen der Johanneskirche im Hebdomon (Procop. aed. I, 8) und der Erzengelkirche von Anaplus (ebd). Nach dem Nikeaufstand, der ihre Vorgängerinnen zum Opfer fallen, folgen der Neubau der Irene und der Sophienkirche (Weihe am 27.12.537; Kuppeleinsturz am 7.5.558; Neuweihe am 24.12.562; Vollendung der Ausstattung unter Justin II.: A.M.Schneider, Die Hagia Sophia zu Konstantinopel, o.J.; Lit.). Auch die Apostelkirche erfährt einen Neubau (Procop. aed. I, 4). Allein das Mausoleum Konstantins bleibt bestehen; Justinian fügt dem sein eigenes Mausoleum bei. Die Wirkungen dieser Bauten sind überall in den Provinzen zu spüren, vor allem in Großbauten und an neu befestigten Punkten; daneben bleibt eine große Variabilität landschaftlicher Formen. In Ephesus entsteht unter dem Eindruck der Apostelkirche die Johanneskirche, doch bleibt ihre Bauplastik ausgesprochen provinziell (Deichmann, aaO 91). Ebenfalls in Ephesus erfährt etwas später die Marienkirche einen Umbau als Kuppelkirche. Die Fernwirkung hauptstädtischer Kuppelbauten verrät Alahan Monastir (F.W.Deichmann, ByZ 48, 1955, 498). Aber schon Kappadokien ist stärker von Syrien her beeinflußt. Hier bildet der Kuppelbau von Kasr ibn Wardan ein nach Form und Material isoliertes Beispiel oströmischer Architektur. Daneben ist es die Kapitellplastik, die, vor allem in der Form des windbewegten Akanthuskapitells, die Auseinandersetzung mit stadtbyzantinischen Formen spüren läßt. In Makedonien steht ein rein hauptstädtischer Bau in Philippi (P.Lemerle, Philippes et la Macédoine orientale, 1945), während in Stobi die Berührungen sich auf die Kapitelle beschränken (zu beiden Deichmann, aaO 91). Die Verbindung von Kuppel und Langhaus begegnet schließlich noch in Zaričingrad (Vorberichte Starinar 12, 1937, 81-92; 13, 1938, 179-196).

In Italien ist das am stärksten den Einflüssen der östlichen Hauptstadt geöffnete Zentrum seit jeher → Ravenna. Und hier wieder ist es S. Vitale, das am deutlichsten Einfluß, aber auch Umsetzung Konstantinopler Kunst (Sergius und Bacchus) erkennen läßt (F.W.Deichmann, Gründung und Datierung von S. Vitale zu Ravenna [Arte del Primo Millennio, 1950, 111-117]). Daneben folgt S. Apollinare in Classe mehr einheimischen Baugewohnheiten; Abweichungen davon wie Chorpartie und Westfassade verraten eher Beziehungen zu Südwestkleinasien bzw. Syrien als zu Konstantinopel. Die Kapitelle Ravennas sind, wie überhaupt die der Nordadria, weitgehend prokonnesischer Import; daneben finden sich, oft am gleichen Bau, auch Werkstücke einheimischer Steinmetzen. In Rom ist das bedeutendste Denkmal der Zeit, die Kirche der Apostel Philippus und Jakobus, verloren. In S. Giovanni a Porta Latina erhielt sich die stadtbyzantinische Form der eckig ummantelten Apsis (R.Krautheimer, AJA 40, 1936, 485-495). - Im Mosaik fehlen die großen Denkmäler der Hauptstadt; die ornamentalen Reste in der Sophienkirche können sie kaum ersetzen. Ein Triumphalmosaik im Palast beschreibt Prokop. aed. I, 10. Das Fehlen hauptstädtischer Denkmäler erschwert auch die Beurteilung der Denkmäler in den Provinzen. Das gilt besonders für Ravenna. Hier entsteht auf der Grundlage des Stils der Bauten der Theoderichzeit (S. Apollinare nuovo, Erzbischöfliche Kapelle, Baptisterium der Arianer) der Stil von S. Vitale. Im welchem Umfange er hauptstädtische Anregungen verarbeitet, ist noch ungeklärt. Ikonographisch scheinen Beziehungen faßbar im Moseszyklus, der eine gemeinsame Vorlage mit der Handschrift Paris gr. 139 (s. 4b) zu besitzen scheint, und in den Kaiserbildern. Stärker ist der lokal-ravennatische Untergrund in Classe; für die Ikonographie hat A.Grabar auf palästinensische Vorlagen hingewiesen (Martyrium II, 1946, 193ff). Eine provinzielle Abwandlung des ravennatischen Stils begegnet in Parenzo (Euphrasius 535-543: B.Molajoli, La basilica Eufrasiana di Parenzo, 1943). Dagegen gehen die Beziehungen der römischen Mosaiken von SS. Cosma e Damiano (Felix IV. 526-530) und S.Teodoro kaum noch über die Ähnlichkeiten eines Zeitstiles hinaus (G.Matthiae, SS. Cosma e Damiano e S.Teodoro, 1948). Im griechischen Osten begegnet der Stil der justianischen Zeit am reinsten in den Mosaiken der Panagia Kanakaria auf Cypern. Provinziell vergröbert erscheint dagegen das Verklärungsmosaik auf dem Sinai. - Von einem Reiterstandbild Justinians im Hippodrom berichten die Parastaseis (Kollwitz, Oströmische Plastik, 12). Bekannter ist ein zweites auf dem Augusteon; doch bestehen Zweifel an seiner Originalität (ebd 12ff). Bedeutendstes Denkmal der Reliefplastik sind zwei Säulentrommeln in Istanbul (Mendel Nr. 658. 659), ferner Reste steinerner Türen in der Kariye Camii (J.Strzygowski, Jb. Pr. Ks. 14, 1893, 78), das Fragment einer Platte mit Josephsgeschichte (?) in Berlin (Wulff, Katalog Nr. 28), eine Schrankenplatte mit Pfauen ebd (ebd Nr. 34). Mehr als bisher verlagert sich aber der Schwerpunkt der plastischen Produktion auf die Kleinkunst. Die Konsulardiptychen des Jh.beginns setzen sich fort in einer Reihe vorwiegend dekorativer Stücke (Delbrueck Nr. 26-34). Hauptwerk der Zeit ist die Kathedra des Maximimian in Ravenna (C.Cecchelli, La Cattedra di Massimiano, 1936). Mit ihr läßt sich eine Reihe von weiteren Stücken verbinden: die Christus-Mariatafeln in Berlin (Volbach, aaO Nr. 137), die Menaspyxis in London (ebd Nr. 182); beide stehen an der Spitze einer langen Reihe größtenteils provinzieller Wiederholungen. Über die Zentren, vor allem im Osten, herrscht noch weitgehend Unklarheit; im Westen scheinen sich solche in Ravenna und Gallien (F. Volbach, Frühmittelalterliche Elfenbeinarbeiten aus Gallien [Festschr. Röm.-Germ. Zentralmuseum 1952, II, 44-53]) befunden zu haben. Letztere überdauern auch den Untergang der römischen Herrschaft.

3. Das 7.Jh., das mit Mauricius und Heraklius beginnt, gehört zu den ungeklärtesten der byzantinischen Kunstgeschichte. Unter der Regierung des letzteren entsteht als Stiftung des Patricius Priscus der Neubau der Chorakirche. Der Grundriß scheint unter der palaiologischen Erneuerung erhalten und nimmt bereits alle Neuerungen der nachjustinianischen Zeit vorweg: den seitwärts ausgeweiteten Kuppelraum und die gegen die Nebenkammern verschobenen Seitenschiffe. Der gleiche Grundriß kehrt, wohl ebenfalls noch im 7.Jh., in der Sophienkirche in → Saloniki wieder (M.Kalliga, Die Hagia Sophia von Thessalonike, 1935), während die Koimesiskirche von Nicäa schon ins nächste Jh. führt (Th.Schmit, Die Koimesiskirche von Nikaia, 1927). Zur gleichen Gruppe gehört noch die Clemenskirche in Ankara. In Saloniki entsteht nach dem Brand von 629/34 und vor dem Tode des Erzbischofs Johannes (spätestens 649) der Neubau von Ag.Demetrios, in Rom die beiden Emporenkirchen S.Lorenzo (Pelagius 579-90) und S.Agnese (Honorius I. 625-38). - Besonders reich, aber auch besonders schwierig ist der malerische Bestand des Jh.s. Noch in das 6.Jh. gehört eine große at. Hs., die Wiener Genesis (H.Gerstinger, Die Wiener Genesis, 1931; P.Buberl, Das Problem der Wiener Genesis [Jb. kunsthist. Samml. Wien NF 10, 1936, 9ff]). Dagegen dürfte der Cod. Rossanensis (A.Haseloff, Codex purpureus Rossanensis, 1898; A.Muñoz, Il codice purpureo di Rossano e il frammento Sinopense, 1907) mit E.Weigand (Kritische Berichte 3, 1930, 51) erst der Zeit um 630/40 zuzuschreiben sein; noch jünger ist der Sinopensis in Paris. In der Großkunst entsprechen dem Rossanensis, vor allem den Blättern mit der Verurteilung Christi, die Mosaiken an den Chorpfeilern von Ag. Demetrios in Saloniki (nach dem Brande; s.o.). Zerstört sind leider - bis auf eines im Westen der Kirche - die Wunderbilder über den Arkaden der die Seitenschiffe trennenden Stützenreihe. In Rom verraten die Mosaiken von S.Venanzio und das Fragment eines Hl. Sebastian in S.Pietro in Vincoli Beziehungen zum Kreis der byzantinischen Denkmäler, während die von S.Lorenzo und S.Agnese einer lokalen Schule zugehören. Das gilt auch von der Maria Regina in S. Maria Antiqua. Aber bereits die Malschicht darüber zeigt eine ganz andere, antikisierende Form. Mit ihr läßt sich eine ganze Denkmälerschicht verbinden - vor allem

in S.Maria Antiqua, S.Saba und Commodilla, die nach Form, Thematik und Beischriften griechisch ist. Ihre Wurzeln dürften in Konstantinopel zu suchen sein, ohne daß sich bisher bestimmte Nachweise geben ließen. Auf die gleiche antikisierende Schicht geht auch eine Reihe von Silbertellern des frühen 7.Jh.s zurück, die auch thematisch mythologische Stoffe bevorzugen.

4. a) Mit dem zuletzt behandelten Zeitraum bahnt sich zugleich eine tiefgreifende Wende an. Mit dem Vordringen des Islam gehen die Ostprovinzen des Reiches, Syrien und Ägypten, verloren. Schon vorher war durch die langobardische Wanderung der größte Teil der italischen Eroberungen Justinians wieder verlorengegangen. Es bleiben dem Reich nur der Exarchat, Rom und Unteritalien; und auch ihr Besitz ist fraglich genug, um so mehr als die Landnahme der Slawen auf dem Balkan den Westen weitgehend von der Hauptstadt abschneidet. Umgekehrt gewinnt Konstantinopel durch seine Mission neue Gebiete. Im serbo-kroatischen Raum wird die altchristlich-lateinische Mission weit zurückgedrängt, in Bulgarien gelingt es der griechischen Mission, sich gegenüber den lateinischen Missionaren durchzusetzen, das neubekehrte Rußland (→ Kiew) fällt ihm zu. Das Ergebnis ist ein Bereich von einer großen Einheitlichkeit, in dem Konstantinopel anders als in der Antike die absolute Führung zufällt. Die Provinzen des Reiches sind nun nicht mehr autonome Bereiche, sondern in jeder Weise von der Hauptstadt abhängig. Hand in Hand damit geht die geistige Umschichtung, die auch hier zum MA führt. Sie deutet sich in unserem Bereich an in der Krise des Bilderstreits (→ Bilder: III; Bilderverbote 726 und 730, Konzil von Nicäa 787, 2. Bilderverbot 815, Wiederherstellung der Bilder 843. Zuletzt: J.Kollwitz, Zur Frühgeschichte der Bilderverehrung [RQ 48, 1953, 1-20]; E.Kitzinger, The cult of Images in the age before Iconoclasm [DOP 8, 1954, 85-150]). Für die Kunst ist es eine karge Zeit. In Konstantinopel entsteht nach dem Erdbeben von 740 der Neubau der Irene, in Nicäa die Koimesiskirche. Als einziger Schmuck in der Apsis ist das Kreuz geduldet, erhalten in der Irene, unter dem späteren Mosaik erkennbar in der Koimesiskirche und in der Sophienkirche in Saloniki. In beiden wird das Kreuz unmittelbar nach dem Bilderstreit durch Maria mit dem Kind ersetzt, in Nicäa vielleicht schon nach dem Nicänum von 787.

b) Der wohl bedeutendste Bau im *Zeitalter der Makedonen* (867-1081), die Nea Basilius I., ist leider verloren. Dagegen ist ein anderer Großbau der Zeit, die Kirche des Akataleptosklosters (Kalender) im wesentlichen erhalten. Den Fortschritt ins 10.Jh. zeigt die Grabkirche des Romanus Lekapenus (Myreleion/Budrum), ins 11. die Nordkirche des Lipsklosters (Fenari Isa) und Pantepoptes/Eski Imared (Anna Dalassena; zu allen die Lit. bei Schneider, Byzanz) In Griechenland entspricht den letzteren die Kazandjilar in Saloniki (1028), Kaisariani, das Paraklission von Hosios Lukas. Bei allen ruht die mittlere Kuppel auf vier Freistützen, ein Tonnenkreuz fängt den Schub ab. Nebenher geht die monumentalere Form mit der auf den Grenzen des Mittelraumes (ohne Freistützen) aufruhenden Hauptkuppel: Hosios Lukas (Anf. 11.Jh.; Schultz-Barnsley, The monastery of St. Luke of Stiris, 1901) und Nea Moni auf Chios (Konst. Monomachos; A.Orlandos, Monuments byz. de Chios, 1930/1931). Ein dritter dreiapsidaler Typ in Lawra (Baubeginn 963) wird das kanonische Schema des → Athos. Die Zahl der Umgänge ist vermehrt in Kiew (Jaroslaw 1017 bis 1037), den Plan der Apostelkirche nimmt Venedig, S. Marco (Baubeginn 2. Hälfte 11.Jh.) wieder auf. Selten sind Langhauskirchen: Skripu (873/74; M.Sotiriu, 'Εφ. 'Αρχ. 1931, 119), Nicäa, Sophienkirche (A.M.Schneider, Die röm. und byz. Denkmäler von Isnik-Nicäa, 1943, 10ff), Aboba Pliska, Prespa (B.Filow, Geschichte der altbulg. Kunst, 1932, Abb. 4. 6). – Unsere Kenntnis der Mosaikkunst der Zeit hat einen neuen Ausgangspunkt bekommen durch die Freilegungen in der Sophienkirche. Aus der Zeit Basilius' I. stammt noch das Mosaik über der Königstür, aus dem späten 10.Jh. das Mosaik über dem seitlichen Eingang (Th.Whittemore, The Mosaics of Haghia Sophia at Istanbul I. II, 1933/36). Keine Übereinstimmung herrscht bisher über die Mosaiken der Apsis (Th.Whittemore, AJA 46, 1942, 169-171). Dagegen sind die großen Zyklen der Apostelkirche mit dieser zerstört; Beschreibungen finden sich bei Konst.Rhodios und Mesarites (A.Heisenberg, Grabes- und Apostelkirche II, 1908). Voll entwickelt ist der Zyklus der mittelbyzantinischen Zeit in Hosios Lukas (nach 998; E.Diez-O. Demus, Byzantine Mosaics in Greece, 1931). Es folgen Kiew (1017-37), Nicäa, Mosaiken der Vorhalle (unter Konstantin VIII.), Nea Moni auf Chios (unter Konstantin Monomachus) und das Mosaik des letzteren und der Zoe auf der Empore der Sophienkirche (Th.Whittemore, The mosaics III, 1942). – Besonders reich ist für diese Zeit die handschriftliche Überlieferung (K.Weitzmann, Die byz. Buchmalerei des 9. u. 10.Jh.s, 1935, dort Einzelnachweise). Die Reihe setzt nach einigen Fragmenten, die bis in die Zeit des Bildersturmes hinaufreichen, mit der vatikanischen Hs. des Kosmas Indicopleustes ein (Vat. Gr. 699). Ihm folgt die umfangreichste Bilder-Hs. der Zeit, die Homilien → Gregors von Nazianz in Paris (Paris gr. 510). Im Vordergrund steht noch das Interesse am Stofflichen; immer wieder drängt sich die kompilatorische Art des Vorgehens auf. Über die Art der Quellen herrscht noch weitgehend Unklarheit, doch scheinen für die biblischen Stoffe vorwiegend Hss. des 6.Jh.s eine Rolle zu spielen. Die Verwandtschaft der Magieranbetung mit dem Fresko in S.Maria Antiqua ist auch für die Quellen der letzteren von Bedeutung. Daneben ist bei einzelnen Blättern (Ezechiel) und Motiven auch ein beginnendes Studium antiker Malerei, vermittelt wohl ebenfalls durch Hss., zu beobachten. Antike Formprobleme spielen dann vor allem eine Rolle bei der klassizistischen Gruppe der 1. Hälfte des 10.Jh.s. Im Übergang entsteht Vat. Reg. 1, Hauptstück ist Paris gr. 139. In Standmotiven, Drapierung und räumlichem Zusammenhang der Szenen verrät sich bei einem Teil der Blätter intensivstes Antikenstudium, zugleich aber wird in der mangelnden Einheitlichkeit dieser Blätter und auch der einzelnen Gestalten die innere Schwäche dieses Klassizismus sichtbar. Auf eine ältere Vorlage geht wohl auch die Rollenform der vatikanischen Josuarolle zurück. Der Klassizismus dieser Jahrzehnte setzt sich dann fort und reift zugleich im Paris gr. 50 (964) und in der Turiner Propheten-Hs., um dann in den großen Hss. der Zeit Basilius' II. (Marciana 17 und Vatic. Menologium) zu einer neuen, die antiken Anregungen selbständig verarbeitenden Stilform weiterzuschreiten. Neben dieser hauptstädtischen Gruppe läuft eine andere, der Antike weniger nahestehende einher (zB Sinai 204). In ihr darf man vielleicht die Voraussetzungen für die Mosaiken von Hosios Lukas und Kiew sehen. In Kleinasien (Paphlagonien?) ist eine ganz unantik-realistische Gruppe zu lokalisieren, deren Hauptstücke der Pantokratorpsalter (Pant. 61) und der Chludowpsalter (Moskau, Hist. Mus. 129) sind, während eine letzte Gruppe mehr provinziellen Charakters in Kappadokien zu Hause ist (Mar. gr. Z. 538). Im 11.Jh. beginnt diese Hauptzeit der Miniaturen bereits abzuebben; der Schwerpunkt liegt auf den Evangelien-Hss. Bemerkenswert ist eine Gruppe mit kleinfigürlicher Malerei (Paris gr. 74).

c) Am deutlichsten wird der Architekturstil des *Zeit-*

alters der Komnenen (1081-1204) in deren großer Stiftung, dem Pantokratorkloster in Konstantinopel (zuerst Nord-, dann Südkirche). Vor allem fällt nach der Steilheit der Räume des 11.Jh.s eine neue Ausgewogenheit der Maße und die Weite der Räume auf. Ein kleinerer Bau der gleichen Zeit ist Theodor/Kilisse camii. Die seltenere Form mit Kuppeln auch auf den Ecken vertritt Feredjik in Thrakien. Unter zahlreichen kleineren Kirchen Griechenlands ragt hervor Daphni (vor 1100), die den Plan von Hosios Lukas wieder aufnimmt. Es ist eine Denkmälerschicht von großer Breite, die noch einmal alle Provinzen umfaßt. Dazu gehört auch das basilianische Unteritalien (E.Berteaux, L'art dans l'Italie méridionale, 1904; P.Orsi, Le chiese basiliane della Calabria, 1929). Damals entstehen wohl auch die Fünfkuppelbauten von Rossano und Stilo (H.Teodoru, Ephem. Dacorom. 4, 1930, 149); schließlich auch die Bauten des normannischen Sizilien: in Palermo die Martorana (vor 1143), die Palatina (Konsekration 1140), Giovanni degli Eremiti (1143), Cataldo (1160). - Der Mosaikstil der Zeit wird in der Hauptstadt greifbar in dem Mosaik des Johannes und der Irene auf der Empore der Sophia (Th.Whittemore, The Mosaics III, 1942). Bedeutendstes Denkmal der Frühzeit sind die Mosaiken von Daphni (Demus aaO). Mit einer flüssigen, antikisierenden Formensprache und einer hellen Farbigkeit verbinden sie den Versuch einer menschlichen Durchdringung des Geschehens (Kreuzigung). Vorgebildet ist dieser neue Stil in Kastoria (St. Pelekanides, Kastoria, 1953). Er wird im 12.Jh. dann weiterentwickelt in Nerez (1164; Kreuzabnahme und Beweinung) und in Wladimir (1197). Besonders nahe stehen dem Stil von Daphni die Kuppelmosaiken der Palatina in Palermo (1143); auch in den Mosaiken der Apsis von Cefalù wird man Vergleichbares, vor allem in der Farbigkeit, finden. In der Martorana und den zugehörigen Teilen der Palatina, entstanden nach einer Unterbrechung der Arbeiten, ist bereits eine beginnende Verflachung zu beobachten, die über die Mosaiken des Transepts zu den lokalen Arbeiten des Langhauses führt. An Cefalù knüpft die Apsis von Monreale an. Auch hier entfernt sich der Stil mit dem Fortschritt der Arbeiten immer weiter von der byzantinischen Grundlage (O.Demus, The mosaics of Norman Sicily, 1949; R.Salvini, Mosaici medievali in Sicilia, 1949, mit Bespr. J.Kollwitz, ByZ 48, 1955, 413-417). In Venedig erfolgt die entscheidende Ausstattung nach Anfängen in der 1. Hälfte des Jh.s seit der Mitte und im letzten Drittel des 12.Jh.s (die Kuppeln, Ölberg, Passion, Marienleben); auch hier läßt die Fortführung der Arbeiten im 13.Jh. eine fortschreitende Provinzialisierung des Stils erkennen. Die Kuppeln der Vorhalle (2.Jahrzehnt bis Ende 13.Jh.) verarbeiten eine Vorlage in der Art des Ashburnham-Pentateuchs (O.Demus, Die Mosaiken von S.Marco in Venedig, 1935).

5. a) Die Eroberung von Konstantinopel durch die Lateiner (1204) bereitet dieser Blüte ein Ende. Reste der byzantinischen Herrschaft bleiben in Nicäa, Epirus (Arta) und Trapezunt erhalten. In Arta entsteht in diesen Jahrzehnten die Kato Panagia (Michael II. Dukas) und die Panagia Paragoritissa (Nikephoros), in Trapezunt die noch ganz komnenische Sophia, ferner Eugen und Chrysokephalos (Baklanov-Brunov-Alpatoff, Byzantion 4, 1927/28, 363).

b) Das *Zeitalter der Paläologen* (1261-1453) bedeutet eine letzte Spätblüte. Das Reich ist auf kleinsten Raum zusammengedrängt, nur noch über Teile von Kleinasien und Griechenland erstreckt sich die byzantinische Herrschaft. Die Kunst, die hier entsteht, trägt alle Züge einer überfeinerten Spätkultur. In Konstantinopel entsteht eine ganze Reihe neuer Kirchen: das Paraklission der Kirche der Pammakaristos/Fetieh, der Neubau der Chorakirche/Kariye, die Vorhalle der Theodorkirche/Kilisse; dazu der neue Typ der ambulatory-Church: Südkirche des Lipsklosters/Fenari Isa, Hauptkirche der Fetieh und St. Andreas en Krisei/Koca Mustafa Paşa. Und ebenfalls entstehen in → Saloniki, dem nächst Konstantinopel seit der späten Antike wichtigsten Zentrum des Reiches, neue Kirchen: noch im 13.Jh. Katharina und unter Niphon I. (1312) Hag. Apostoloi. Zugleich entstehen Mosaiken von einer raffinierten Eleganz der Farbe und Form: noch vor dem eigentlich Paläologischen die Deesis auf der Empore der Sophienkirche (Th.Whittemore, The mosaics IV, 1952) und dann die beiden Zyklen des beginnenden 14.Jh.s in der Kariye und in der Apostelkirche in Saloniki (St. Pelekanides, Ἡ ψηφιδώτη διακόσμησις τοῦ ναοῦ τῶν Ἁγ. Ἀποστόλων, 1953). Daneben bildet sich auf der Peloponnes ein neues Zentrum: Mistra. Neben den Kreuzkuppelkirchen (Sophia, Peribleptos, Evangelistria) und der Nebenform der Kuppelkirche ohne Stützen (Theodoros) greift man hier noch einmal auf das Schema der Basilika mit oder ohne Emporen zurück (Metropolis, Panagia Brontocheiu, Pantanassa). Daneben aber verlagert sich das Gewicht immer mehr in die neuen Länder des Balkan. 1186 hat → Bulgarien die unter Basilius II. verlorene Selbständigkeit wiedergewonnen (unter den Aseniden). Mittelpunkte sind Tarnowo (Demetrius, 40 Märtyrer, Peter und Paul), Mesembria (Paraskeva, Erzengelkirche, Johannes Aleiturgetos, Pantrokrator) und Ochrida (Kliment, Sophia Vorhalle). Eine blühende Freskomalerei entfaltet sich: Tarnovo 40 Märtyrer (1230), Bojana (1259), Zemen (14.Jh.) (A.Grabar, La peinture religieuse en Bulgarie, 1928; B.Filow, Geschichte der altbulgarischen Kunst, 1932). Seit dem 14.Jh. hat dieses großbulgarische Reich seine Höhe überschritten und verliert seine westlichen Landschaften an das großserbische Reich (seit 1189). In der Architektur entstehen neben der von Süden her vordringenden Kuppelkirche byzantinischer Prägung bzw. dem Typ der kleeblattförmigen Anlagen des Athos ein- und dreischiffige Bauten mit Kuppel und vom Abendland beeinflußter Außengliederung (Rundbogenfriese, Portale). Besonders reich ist das Bild der Freskomalerei. Auf der Basis der komnenischen Malerei Makedoniens entsteht um die Wende zum 13.Jh. in der Raška eine eigene Malerschule, die sich über Mileševa (1235), Peć (1250) zu dem frühpaläologischen Sopoćani (um 1260) entwickelt. Um die Wende zum 14.Jh. malt Astrapas (Malerschule König Milutins) in Ochrid, Prisren, Ziča, Studenica. Es ist der Höhepunkt des paläologischen Stils in Serbien. Die Folgezeit hält diese Höhe nicht. Pictores graeci aus Kotor malen den Riesenzyklus von Dečani, in der Spätzeit des Jh.s die Schule des Metropoliten Johannes. In der Schule von Morava geht die große Zeit serbischer Malerei noch vor der türkischen Eroberung zu Ende (G.Millet, L'art anc. de la Serbie. Les églises, 1919; V.R.Petković, La peinture serbe du moyen-âge, 1930-34; G.Millet-A.Frolow, La peinture du moyen-âge en Yugoslavie, 1954; D.T.Rice-S.Radojčić, Jugoslawien. Mittelalterliche Fresken, 1955).

Handbücher: O.Wulff, Altchristl. u. byz. Kunst, 1914-24 - Ch. Diehl, Manuel d'art byz., (1918) 1925/26² - H.Peirce-R.Tyler, L'art byz., 1933/34. - Architektur: G.Gurlitt, Die Baukunst Konstantinopels, 1912 - A.v.Millingen, Byzantine Churches in Constantinople, 1912 - J.Ebersolt-A.Thiers, Les églises de Constantinople, 1913 - Ch.Diehl-M.LeTourneau-H.Saladin, Les monuments chrét. de Salonique, 1918 - A.M.Schneider, Byzanz. Vorarbeiten zur Topographie u. Archäologie der Stadt (Istanbuler Forschungen 8), 1936. - Malerei: O.Wulff-M.Alpatov, Denkmäler der Ikonenmalerei, 1923 - K.Weitzmann, Die byz. Buchmalerei des 9. u. 10.Jh.s, 1935 - O.Demus, Byzantine Mosaic Decoration, 1947 - V.Lazarev, Gesch. der byz. Malerei, 1948 (russ.). - Plastik: R.Del-

BRUECK, Die Consulardiptychen u. verwandte Denkmäler (Studien zur spätantiken Kunstgeschichte 2), 1929 - K.WEITZMANN-A.GOLDSCHMIDT, Byz. Elfenbeinskulpturen des 10.-13.Jh.s, 1931 - J.KOLLWITZ, Oström. Plastik der theodosianischen Zeit (Studien zur spätantiken Kunstgesch. 12), 1941 - W.F.VOLBACH, Elfenbeinarbeiten der Spätantike u. des frühen MA (Röm. Germ. Zentralmuseum zu Mainz, Katalog 7), 1952. - Ikonographie: G.MILLET, Recherches sur l'Iconographie de l'Evangile (Mél. Ecole franç. d'Athènes et de Rome 109), 1916 - A.GRABAR, L'empereur dans l'art byz., 1936.

J.Kollwitz

Byzantinistik ist die Wissenschaft von der Geschichte und sämtlichen Lebensäußerungen des byzantinischen Reiches und des byzantinischen Reichsvolkes. Sie versteht unter dem byzantinischen Reich das → Imperium Romanum, seit und soweit es unter der Herrschaft von Kaisern steht, die in → Konstantinopel, dem alten → Byzanz, ihren Regierungssitz haben und von da aus teils das ganze Imperium, teils und in steigendem Maße nur die Osthälfte beherrschen. Der Zeitraum, den sie umfaßt, beginnt also etwa 330 und endet 1453. Ihr geographischer Raum liegt innerhalb der Grenzen des jeweiligen Herrschaftsbezirkes, dessen Kernländer zunächst Griechenland, Thrakien, Kleinasien, Syrien und Ägypten sind, wozu in frühbyzantinischer Zeit für Dezennien auch Italien und Teile Spaniens und Afrikas kommen, während in mittelbyzantinischer Zeit Ägypten ganz, Syrien fast ganz wegfallen und Italien nur mit seinen Südprovinzen und nur bis ins 11.Jh. dazugehört, während in den letzten Jahrhunderten zeitweise sogar die Hauptstadt selbst und Griechenland dem Reiche verlorengehen und das Reich im 15.Jh. nur noch aus Konstantinopel, einigen Landstrichen Griechenlands und ein paar Inseln besteht. Die B. überschreitet diesen zeitlichen und geographischen Rahmen dann, wenn es gilt, »Byzance avant Byzance« und »Byzance après Byzance« verständlich zu machen.

Die B. verdankt ihre *Entstehung* teils dem Humanismus, der lange Zeit bei seiner Begeisterung für griechische Texte keinen erheblichen Unterschied zwischen Klassisch, Nachklassisch oder gar Barbarisch machte und dem der Weg zur griechischen Antike ja lange Zeit nur über Byzanz offenstand und von Byzantinern eröffnet worden war; teils der Theologie, die auf kath. Seite schon lange in polemischer Auseinandersetzung mit der byzantinischen Kirche stand und die auf ev. Seite schon bei Luther und Melanchthon - zeitweise wenigstens - in der griechischen Theologie und Kirchenauffassung Bundesgenossen suchte. B. war jedenfalls zunächst Literaturgeschichte und Theologie, wobei erstere sich einer etwas willkürlichen Editionsarbeit widmete und letztere mehr von Reiseberichten als von den Quellen lebte.

Die Philologen beginnen in Deutschland mit der Edition byzantinischer Historiographen. So Hieronymus Wolf († 1580), ein Melanchthon-Schüler, und Wolfs Schüler Wilhelm Xylander und David Höschel. Für die theologische B. wurde der Nachfolger von Lukas Holsten an der Vaticana, der Chiote Leo → Allatius († 1669) bahnbrechend, der in seinen zahlreichen Werken ungeahntes Material erschloß, freilich mit dem doppelten apologetischen Zweck, die Ansprüche der Protestanten auf die Orthodoxie, wie sie vor allem angesichts der calvinistischen Haltung des ökumenischen Patriarchen Kyrillos → Lukaris († 1638) zB durch J.H. → Hottinger (1652) betont wurden, zurückzuweisen und zugleich die »Perpetua consensio« zwischen Rom und Byzanz zu forcieren.

Ihren *ersten Höhepunkt* erreichte die B. im Frankreich des 17. und 18.Jh.s, wobei bemerkenswert ist, daß sich das Interessengebiet über Literaturgeschichte und Theologie auf Lexikographie, Paläographie, Topographie, Chronologie usw erweitert hat. Haupt dieser B. ist Charles Dufresne du Cange († 1688), Herausgeber einer bedeutenden Zahl byzantinischer Historiker und - neben anderem - eines immer noch unentbehrlichen Lexicon mediae et infimae Graecitatis. Um ihn rankt sich ein Kranz hervorragender Gelehrter: D.Petavius (Petau, † 1654), Dogmatiker und Chronologe, J.B.Cotelier († 1686) und F.Combefis († 1679), Patristiker (→ Patristik) und Editoren byzantinischer Theologen, Ph.Labbé († 1667), Herausgeber der Acta Conciliorum und Registrator von Handschriftenbeständen, L.S. le Nain de → Tillemont († 1698), dessen Materialien zur Kirchengeschichte gerade für die frühbyzantinische Zeit heute noch richtungsweisend sind, und schließlich die → Mauriner, von denen B. de → Montfaucon hervorgehoben sei († 1741), der Begründer der griechisch-byzantinischen Paläographie. M.Lequien († 1733) edierte Johannes von Damaskus und verfaßte das große ostkirchliche Bischofsverzeichnis, den Oriens Christianus, A.Banduri († 1743) sein Imperium Orientale, während D. → Mansis († 1769) Konziliensammlung schon den Abstieg dieser großen Periode des B. bedeutet. Besondere Erwähnung verdient auch das belgische Unternehmen, das auf J.Bollandus zurückgeht († 1665) und in dem genialen D. van → Papenbroeck († 1714) seinen tätigsten Förderer fand: die wissenschaftlich konzipierte Edition der Acta Sanctorum, die der B. besonders zugute kam. Gemessen an diesen Leistungen tritt Deutschland ganz in den Hintergrund, wenn auch J.A.Fabricius genannt werden muß, dessen Bibliotheca Graeca (1705-28) heute noch eine wichtige Grundlage der byzantinischen Literaturgeschichte darstellt.

Inzwischen erwuchs der B. im aufklärerischen Rationalismus ein Todfeind; Hauptrepräsentanten sind die Histoire du Bas Empire (1757-86) von Ch.Lebeau und die History of the Decline and Fall of the Roman Empire (1776-88) von E.Gibbon. Eine von vorgefaßten Ideen beherrschte Geschichtsschreibung diktierte die in sich unsinnige Auffassung von einem tausendjährigen Verfall des Ostreiches und warf damit den Schatten des Obskurantentums auf jede Beschäftigung mit diesem Reich, die andere Ziele als doktrinäre verfolgte. Dazu gesellte sich der neue Klassizismus einer formsüchtigen Altertumswissenschaft (→ Klassische Altertumswissenschaft), der die klassische Rektion einer Präposition wichtiger war als die lebendige Sprachgeschichte. Wenn trotzdem die byzantinischen Studien nicht ganz versiegten, so ist es diesmal das Verdienst zweier Deutscher, des an die Bibliothèque Nationale verschlagenen K.B.Hase, der das Pariser Corpus byzantinischer Historiker, das Erbe von Ducange, 1819 zum Abschluß brachte, und des Preußen B.G. → Niebuhr, der 1828 den Grundstein zum Bonner Corpus der byzantinischen Historiker legte, eine Sammlung, die Oberflächlichkeit und Unentbehrlichkeit ebenso vereinigt, wie die nicht sehr viel später begonnenen patristischen Sammlungen J. → Mignes. Der Philhellenismus veranlaßt den Engländer G.Finlay († 1875) zu einer auch Byzanz wieder stärker berücksichtigenden Geschichte Griechenlands, und K.Hopf († 1873) widmete seine Aufmerksamkeit vor allem dem chronistischen und archivalischen Quellenmaterial der mittelalterlichen Geschichte Griechenlands. J.Ph.Fallmerayer († 1861) brachte durch seine ethnologischen Theorien über die Bevölkerung des byzantinischen Reichs zwar die Griechen in Harnisch, förderte aber auch die Ethnographie Griechenlands; G.L.F.Tafel († 1860) ging nun auch wiederum an die Veröffentlichung byzantinischer Quellen und A.Ellissen († 1872) kam, ausgehend vom Neugriechischen, jetzt zu einer positiven Bewertung der mittelgriechischen Volkspoesie. Trotzdem ist es Tatsache, daß die große historische Forscherarbeit, die mit der Jahrhundertmitte in Deutschland einsetzte, an Byzanz fast ganz vorüberging; die Hauptschuld daran trug wahrscheinlich ein unsinniger Klassizismus, begleitet von einer Betrachtung des Römischen Reiches deutscher Nation, die sich der Umwelt dieses Reiches gar nicht bewußt werden wollte.

Aber es sollte nicht lange dauern, und auch die wissenschaftliche B. fand in Karl Krumbacher († 1909) ihren Reformator, der sie zu einer exakten, umfassenden modernen Wissenschaft machte. Seine byzantinische Literaturgeschichte (1891), in 2. Auflage nicht nur durch einen sehr kritischen Abriß der Kaisergeschichte von H.Gelzer, sondern auch durch einen Abriß der theologischen Literaturgeschichte von A.Ehrhard vermehrt, wurde die »Bibel« dieser modernen Wissenschaft. Dazu hat Krumbacher, bald gegen, bald mit dem Griechen Chatzidakis, die moderne mittelgriechische Philologie auch auf Theologie, Hagiographie, rein volksmäßige Texte, Urkunden, Siegel usw übertragen und außerdem in der Byzantinischen Zeitschrift (seit 1892) der Wissenschaft ein Organ von Weltgeltung geschaffen, das bis heute besteht. Um dieselbe Zeit wirkten in Rußland Männer wie V.G.Vasiljevskij († 1899) und N.P.Kondakov († 1925), die der B. das reiche slawische Quellenmaterial erschließen halfen. Frankreich hatte inzwischen ebenfalls den Anschluß an die moderne B. gefunden. G.Schlumberger († 1928) widmete sich der Numismatik und Sigillographie, Ch.Diehl († 1944) der großen Historiographie und dem popularisierenden Essay, H.Monnier der Rechtsgeschichte. In England brach J.B.Bury († 1927) der byzantinischen Verwaltungsgeschichte Bahn; Griechenland besann sich auf seine mittelalterliche Vergangenheit und fand in S.Lampros († 1919) einen ausgezeichneten Quellenkenner und in A.Andreades († 1935) einen nicht weniger bedeutsamen Historiker der byzantinischen Finanzen. Für den Anschluß der B. an die Balkangeschichte sorgten balkanische Forscher, wie der bulgarische Historiker V.Zlatarski († 1935), die jugoslawischen Byzantinisten D.Anastasiević († 1950) und F. Granić († 1948) und der rumänische Gelehrte N.Jorga († 1940).

Ausgangspunkt der *modernen theologischen B.* ist A. Ehrhards († 1940) Abriß in Krumbachers Literaturgeschichte (s.o.). Dazu kamen als neue Impulse die Konfessionskunde, wie sie schon W.Gass († 1889) auf Griechenland ausgedehnt hatte und wie sie F.Kattenbusch zur Vollendung brachte († 1935). Auch der patristische Elan der Jahrhundertwende kam der theologischen B. vielfach zugute, wenn auch A.v.Harnack († 1930) das Verständnis der orthodoxen Welt zwar genial, aber auch entschieden verbaute. Erst die ökumenische Bewegung löste die theologische B. einigermaßen aus den Fesseln der konfessionellen Polemik. Auf kath. Seite führte sie zum byzantinistischen Beitrag der französischen Assumptionisten, mit denen die moderne theologische B. aufs engste verknüpft ist, und zur Gründung des Päpstlichen Orientalischen Instituts in Rom. Auf ev. Seite wurde stärker an Rußland als an Griechenland angeknüpft, ohne daß darüber die B. ganz vergessen worden wäre. Inzwischen ist auch der Beitrag Griechenlands bedeutend gestiegen, und Dumbarton Oaks in den USA bringt für die byzantinische Theologiegeschichte ebenso wichtige Beiträge wie England und Frankreich, Italien, Griechenland und der Balkan.

E.Gerland, Das Studium der byzantinischen Gesch. vom Humanismus bis zur Jetztzeit, Athen 1943 - G.Wunderle, Über die religiöse Bedeutung der ostkirchl. Studien, 1939 - E.Benz, Die Ostkirche im Lichte der prot. Geschichtsschreibung, 1952 - F.Dölger-A.M. Schneider, Byzanz (Forschungsbericht), Bern 1952 - H.-G.Beck, Byzanz. Der Weg zu seinem geschichtl. Verständnis (Saeculum 5, 1954, 87-103) - Ders., Stand u. Aufgaben der theolog. B. (Ostkirchl. Studien 6, 1957, 14-34) - F.Dölger, Aufgaben der byzantinischen Philologie von heute (Das Altertum 1, 1955, 44-58). *H.-G.Beck*

Byzanz

I. Archäologisch - II. Kirchengeschichtlich

I. Archäologisch

Die einstige griechische Handelskolonie - B. soll im 7.Jh. von Byzas von Megara gegründet worden sein und hatte mit Megara gemeinsam den Kult der Mondgöttin Artemis Orthosia (Herodot IV, 87) - war durch ihre unvergleichliche Lage schon in der römischen Kaiserzeit zu einem der ersten Welthandelsplätze geworden. 196 wurde es von Septimius Severus eingenommen, der die geschleiften Mauern erneuerte und Paläste, Bäder und Theater errichtete. 312/13 wurde B. von Maxentius, 324 von → Konstantin d.Gr. erobert, der das Stadtbild dem römischen anglich, das »Neue Rom« gleichermaßen in 7 Hügel und 14 Regionen einteilte und die neuerbaute Stadt am 11.5.330 feierlich einweihte. In der XIII. Region jenseits des Goldenen Hornes gab es bereits im 2.Jh. eine christliche Gemeinde (Niceph. Callisti hist. eccl. 8, 6). Konstantins Apostelkirche, die seine Begräbnisstätte wurde, war als Gegenstück zu den Kirchen der Hl. Petrus und Paulus in Rom gedacht. Sie wurde von Justinian neu erbaut (Beschreibung des Nicolas Mesarites, s. Heisenberg) und 1462 von Mohammed II. abgerissen, um dessen großer Moschee Platz zu machen. Auch die übrigen Kirchen Konstantins sind verschwunden. Als monumentales Zeugnis seiner Zeit stehen die Kaiserpaläste am Meer. Das Palasttor der westlichen Seemauerfront zeigt Konstantins Inschrift, die zur Grundlage für die Datierung der ältesten Periode dieser mehrfach erweiterten Palastbauten wurde (Lietzmanns Brief in Mamboury-Wiegand, 7ff). 368 erbaute Kaiser Valens den noch jetzt erhaltenen Aquädukt. Die Erweiterung der Stadt begann → Theodosius 412 mit dem Bau der zehntorigen doppelten Landmauer (Hauptmauer 4,80 m stark, 11 m hoch, Türme im Abstand von 50-75 m), die einschließlich des Traktes um das Blachernenviertel (XIV. Region) eine Länge von 6671 m hat. Dieses letzte Bollwerk des Imperiums, ein Meisterwerk der Fortifikationskunst, bildete als stärkste Festung des Abendlandes ein Jahrtausend lang den Schutz für B. und damit die Kultur Europas. Zwischen Mauern und Küste lag die Stadt mit einem Flächeninhalt von 12,95 qkm. Von der dreifachen Triumphal-Toranlage, der Goldenen Pforte, in deren Nähe die Landmauer das Meer im Westen erreicht, bis zur östlichen Landspitze bot sich dem Segler auf der Propontis das prächtige Bild mit den Häfen, Palästen und Kathedralen mit einer Uferlänge von 8 km dar. Das Bild wird noch heute beherrscht von der kühnsten Schöpfung der Baukunst, der am 27.12.537 geweihten Hagia Sophia (→ Kirchenbau: II), der Hofkirche → Justinians, die als erhabenster Innenraum der Welt erhalten blieb, obgleich die Stadt durch Erdbeben - bis zum 15.Jh. 28 - und monatelange Brände schwere Schläge erfuhr. Der Glanz dieser ersten völlig christlichen Stadt beruhte ferner auf den sechs Foren, 20 Häfen, Bibliotheken, dem Kapitol, 30 Bädern, riesigen, 900 000 cbm Wasser fassenden Zisternen, Palästen, 10 Ehrensäulen (erhalten u.a. die des Arcadius und der Obelisk Theodosius I. auf dem Hippodrom), Martyrien und Kirchen.

PW III/1, 1116ff; IV, 963ff - A.Heisenberg, Grabeskirche u. Apostelkirche II, 1908 - Th.Whittemore, The Mosaics of Haghia Sophia at Istanbul. Preliminary Reports 1-4, 1933. 1936. 1942. 1952 - E.Mamboury-Th.Wiegand, Die Kaiserpaläste von Kpel, 1934 - A.M.Schneider, Die vorjustinianische Sophienkirche (ByZ 36, 1936, 75-85) - Ders., Die Hagia Sophia, 1939 - Ders., Die Grabung im Westhof der Sophienkirche (Istanb. Forsch. 12), 1941 - Ders.,

Regionen u. Quartiere in Kpel (ebd 17, 1950, 149-158) - Die Landmauer von Kpel I. II (Denkmäler antiker Architektur 6. 8), 1938/43 - R.MAYER, Byzantion, Konstantinoupolis, Istanbul. Eine genetische Stadtgeographie (Akad. Wien, Denkschr. 71, 3), 1943 - The Great Palace of the Byzantine Emperors, 1947 - J.M.C.TOYNBEE, Rome and Constantinople in Late Antique Art 312-265 (JRomS 37, 1947, 135 bis 144) - R.JANIN, Constantinople byzantine. Développement urbain et répertoire topographique (Archives de l'Orient chrétien 4), 1950 - DERS., La géographie ecclésiastique de l'empire byzantin I, 3, 1953 - E.MAMBOURY, Istanbul Touristique, 1951 - EC IV, 758ff - F.DÖLGER-A.M.SCHNEIDER, Byzanz (Wiss. Forschungsberichte 5), 1952, 274ff - D.TALBOT RICE, Les Mosaiques du Grand Palais des Empereurs, (Revue des Arts 1955, 159-166) - F.W.DEICHMANN, Studien zur Architektur Kpels, (D. Beiträge z. Altertumswiss. 4), 1956 (Lit.). - Weiteres → Byzantinische Kunst. *E.A.Voretzsch*

II. Kirchengeschichtlich

Die Gründung Konstantinopels anstelle des alten B. als zweiter Reichshauptstadt durch → Konstantin d.Gr. (330), die damit verbundene Verlagerung des politischen Schwerpunkts und die Ausbildung eines nach der neuen Hauptstadt ausgerichteten gräzisierten römischen Reichsbewußtseins bilden den Ausgangspunkt dessen, was wir gewöhnlich das byzant. Reich nennen, was aber im Bewußtsein der Zeitgenossen und juristisch römisches Reich bleibt und sich als Reich schlechthin versteht. Zur griechisch-römischen Komponente der Reichsidee tritt nun noch die christliche, und diese Dreiheit, getragen von einem starken griechischen Kulturstolz, ist es, was B. ausmacht, während der orientalische Einfluß im äußeren verbleibt. Für das kirchliche Leben dieses Reiches ist die Gründung Konstantinopels als »Zweites Rom« ebenfalls entscheidend. Aus dem Zweiten Rom wurde in der Mystik dieser Stadt bald ein »Neues Rom«, bereit, sich an die Stelle des alten zu setzen. Die Synode von 381 verleiht der Stadt, gerade als »Neuem Rom«, einen Ehrenprimat unmittelbar nach Altrom (can. 3), und → Chalcedon (can. 28) bestätigt die Entwicklung dieses Ehrenprimats zu einem echten Patriarchat gerade unter Hinweis auf den hauptstädtischen Charakter Konstantinopels. Bedeutet die politische Geschichte des byzant. Reiches das Bemühen, das politische Reichsmonopol aufrechtzuerhalten und machtmäßig darzustellen, so ist die byzant. Kirchengeschichte getragen von dem Bestreben, unter Hintansetzung Altroms und der östlichen Patriarchate aus den zitierten Kanones einen kirchlichen Monopolanspruch abzuleiten und durchzusetzen, zumindest in Griechenland, Unteritalien, auf dem Balkan und im Orient. Eine Periodisierung der byzant. Geschichte, die beiden Strömungen gerecht wird, sieht etwa folgendermaßen aus: 1. die frühbyzant. Epoche bis etwa zur 2. Hälfte des 7.Jh.s; 2. die hochbyzant. Zeit bis 1261; 3. die Verfallszeit bis 1453.

1. Die *frühbyzant. Epoche* führt im großen und ganzen auf der Linie der sog. Spätantike weiter. Das Reich hat den alten Umfang; die äußeren Feinde sind dieselben, die Perser auf der einen, die Barbaren auf der anderen Seite. Der kulturelle und wirtschaftliche Schwerpunkt liegt noch lange in Ägypten mit Alexandria und Syrien mit Antiochia. Die Reichseinheit ist selbst im äußersten Osten und fernsten Westen ungebrochen. Das Testament Theodosios' d.Gr. († 395) bedeutet nicht Reichsteilung, sondern Herrschaftsverteilung. Die Eroberung Afrikas, Italiens und Spaniens durch Justinian I. (527-65) ist nicht Eroberung, sondern reconquista und wird auch als solche verstanden. Der grandiose Perserfeldzug des Kaisers Heraklios (610-41) setzt die Tradition der römischen Perserfeldzüge fort. Beamtentum und Verwaltung sind trotz der Reformen → Konstantins d.Gr. und vor allem Justinians im Grunde ebenfalls spätrömisch. Neu ist die Christianisierung des Reiches, die durch → Julian (361 bis 363) nicht aufgehalten werden kann. Das Reich nimmt sich immer mehr der christlichen Belange an, wobei den Kaisern, vorab Konstantin, zunächst mehr als an der Einheit im Dogma an der kultischen Einheit des Christentums lag, deren vereintes Gebet nach römischer Auffassung in einem direkten Verhältnis zur Reichseinheit und zu einem politischen Monotheismus stand. Spätestens unter Justinian hat sich aber auch hierin ein Wandel vollzogen, insofern Fragen der Orthodoxie als solche zum Reichsanliegen werden, ja bis zu einem gewissen Grad de iure die Gleichsetzung von Civitas Romana und Orthodoxie vollzogen wird. In der Gesetzgebung Justinians vollzieht sich auch am nachdrücklichsten die Union von Kirche und Staat, die genau besehen insofern keinen → Cäsaropapismus darstellt, weil die Konzeption der byzant. Orthodoxie im Kaiser einen Geistträger sieht, der als Stellvertreter Christi und »Apostelgleicher« jenes umfassende Pneuma besitzt, das ihn zwar nicht zum Liturgen, aber in gewisser Weise doch zum Herrn der Kirche macht. Die Macht des Kaisers in der Kirche geht auf die Initiative der Kirche zurück. Die byzant. Kirche selbst anerkennt zunächst den römischen Primat, unterwühlt ihn aber zugleich durch die politische Begründung, die sie ihm gibt, und durch die Seltenheit seiner Inanspruchnahme. Das acacianische Schisma (484-519) nimmt Jahrhunderte vorher die spätere Trennung vorweg, und der Titel des Bischofs von Konstantinopel »ökumenischer Patriarch« ist zwar seinem Ursprung nach nicht verfänglich, wurde jedoch bald zum Ausdruck der Monopolansprüche der Kirche von Konstantinopel. Diese richteten sich aber nicht nur gegen Rom, sondern auch gegen die seit → Nicäa (325) und → Konstantinopel (381) sich bildenden übrigen östlichen Patriarchate von Alexandria, Antiochia und Jerusalem. Die Reichssynoden der Zeit spiegeln diesen Kampf wider. 431 (→ Ephesus) bedeutet die Niederlage Antiochias und 451 (→ Chalcedon) diejenige Alexandrias. Die Synodos endemusa hatte die Patriarchen von Konstantinopel schon vorher instand gesetzt, ihren Einfluß über die Grenzen ihres Sprengels hinaus auszudehnen.

Dogmatisch ist diese frühbyzant. Zeit der Ausbildung des trinitarischen und christologischen Dogmas (→ Trinität: III, → Christologie: II) gewidmet. Die Reichssynode von Nicäa weist den Arianismus zurück, aber erst mit der Synode von 381 in Konstantinopel ist die Gefahr gebannt. Ephesus verurteilt den Nestorianismus, und der weltliche Arm hilft dabei, die → Nestorianer aus dem Reich hinaus nach Persien abzudrängen. In Ephesus lagen aber auch schon die Wurzeln für den monophysitischen Konflikt, der in Chalcedon (451) in einer prekären Formel zum Austrag gebracht wurde, die allerdings wenig befriedigen konnte, und schließlich innerhalb der Orthodoxie im 6.Jh. zur neuchalcedonischen Bewegung führte, welche den strengen Chalcedonismus einigermaßen aufweichte, ohne die Monophysiten zu überzeugen, und zwar auch dann nicht, als sich der Neuchalcedonismus durch Verurteilung der Drei Kapitel zur äußersten Konzession bereitfand. Aus dem Neuchalcedonismus entwickelten sich dann im 7.Jh. Monenergismus und Monotheletismus, beide wiederum zunächst im Dienste der Annäherung an die Monophysiten, was indessen auch diesmal nur zu einem neuern Schisma innerhalb der Orthodoxie führte. Die Synode von Konstantinopel im Jahre 680/81 bedeutet das Ende dieser Rekonziliationsversuche und den Abschluß der trinitarisch-christologischen Kämpfe, dogmengeschichtlich also den Abschluß der frühbyzant. Epoche.

Die *Literaturgeschichte* dieser Kämpfe umfaßt alle großen Namen der byzant. Patristik, von → Athanasius d.Gr. über die drei Kappadozier → Basilius, → Gregor von Nazianz und → Gregor von Nyssa, über die »Antiochener« → Theodor von Mopsueste und → Theodoret von Cyrrhus bis auf → Cyrill von Alexandria und seine Interpreten, deren größter Severus von Antiochia war und zu denen auch → Leontius von B., Leontius von Jerusalem, Kaiser → Justinian u.a. gehörten, und schließlich im 7.Jh. zu → Maximus dem Bekenner und → Sophronius von Jerusalem, den Gegenspielern der byzant. Patriarchen → Sergius und Pyrrhus. Diese Epoche bildet zugleich das byzant. Mönchtum aus, sie hat in Johannes → Chrysostomus und Basilius von Kappadozien ihre großen Moralisten, in → Eusebius von Cäsarea, Gelasius von Cäsarea, → Philostorgius, → Sokrates, → Sozomenus und → Evagrius Scholastikus ihre großen Kirchenhistoriker, in → Cyrill von Skythopolis, → Johannes Moschus und Leontius von Neapolis eine blühende → Hagiographie und in → Evagrius Ponticus, → Dionysius dem Ps.-Areopagiten, Maximus dem Bekenner und → Johannes Climacus ihre für alle Folgezeit entscheidend bleibenden Mystiker.

Auch das byzant. *Kirchenrecht,* das kanonische wie das nomokanonische (→ Nomokanon), wird um diese Zeit ausgebildet (→ Johannes Scholasticus) und findet in der Kanonessammlung der Synode in Trullo (692) einen vorläufigen Abschluß, der die byzant. Disziplin zur Norm für den ganzen Osten erhebt und bereits deutliche Spitzen gegen die westliche Disziplin erblicken läßt.

2. Der endgültige Verlust der syrischen und ägyptischen Provinzen durch die Arabereinfälle und die Errichtung des Kalifats, die Neuorganisation der Reichseinteilung (Themenverfassung) und der Reichsverteidigung, die Reorganisation der gesamten Verwaltung, der Verlust des Westens (Afrikas und Italiens durch Araber und Langobarden) gibt dem byzant. Reich in der *hochbyzant. Zeit* etwa seit Mitte des 7.Jh.s ein ganz neues Aussehen. Die Gräzisierung wird von den äußeren Umständen erzwungen, aber bewußt – trotz alles Festhaltens an einer »römischen« Fiktion – als Eigenwert herausgestellt. Die Kaiser der Dynastie des Heraklius (610-711) sowie die syrischen Kaiser (717-802) verzehren sich im Kampf gegen die Araber und retten damit das Abendland. Die makedonische Dynastie (867-1056) geht zum Gegenangriff über und dehnt die Reichsgrenzen wieder bis weit nach dem Osten (Syrien-Palästina, Euphrat, Armenien) aus. Die Seldschuken einerseits und die westlichen Kreuzfahrer andererseits stellen all diese Erfolge wieder in Frage. Der hartnäckige byzant. Monopolanspruch, tief getroffen durch die Krönung Karls d.Gr., aber auch das Unverständnis des Westens für die Mission des Ostreiches zwischen Morgen- und Abendland führt schließlich zur Eroberung Konstantinopels durch die Kreuzfahrer im Jahre 1204. Aber noch hat das Reich genug regenerative Kräfte. Von Nicäa aus, wo zwischen 1204 und 1261 die Kaiser residieren, wird die Restauration planmäßig vorangetrieben, und 1261 ist B. wieder byzantinisch.

Die Orthodoxie dieser Zeit aber zieht sich mehr und mehr in sich selbst zurück. Der Bilderstreit (726-842; → Bilder: III, 2) läßt sich zwar als Fortsetzung der christologischen Streitigkeiten interpretieren, ist jedoch in erster Linie eine Selbstbesinnung auf die Eigenwerte der Orthodoxie und bringt ihr Phainomenon letztgültig zum Ausdruck. Das Mönchtum geht als der eigentliche Sieger aus dem Kampf und wird von jetzt ab die beherrschende Kraft der Kirche, die sich mehr und mehr »nationalisiert«. Der Bruch mit Rom, durch den Streit um das »Filioque« dogmatisch verbrämt, vollzieht sich im Streit des Patriarchen → Photius (858-67 und 878-98) mit Papst → Nikolaus I. (858-67), die beide in einem entscheidenden geschichtlichen Augenblick die Selbstbeherrschung vermissen lassen, beide aber zugleich auch inzwischen unverträglich gewordene kirchenpolitische Konzeptionen vertreten. Der Bruch wird vollendet unter Patriarch → Michael Kerullarios (1054) und bleibt nun Dauerzustand. Die immer wiederholten Unionsversuche kranken in der Wurzel, weil sie zumeist von den Kaisern unter politischen Gesichtspunkten unternommen werden, während die Kirche, vorab die Mönche, sie immer wieder bekämpfen. Dadurch daß die übrigen östlichen Patriarchate unter arabische Herrschaft geraten und zT aktionsunfähig geworden sind, fällt dem byzant. Patriarchen von selbst der unbestrittene Primat im Osten zu, während sich andererseits die Herrschaft des Kaisers über die Kirche nicht grundsätzlich ändert, sondern höchstens im Zeichen der persönlichen Schwäche einzelner Herrscher zurückgedrängt werden kann.

Die Theologie der Zeit findet in → Johannes Damascenus († um 750), dem letzten »Patristiker«, einen ihrer wenigen Systematiker. In der Folgezeit nimmt die Polemik (gegen Islam, Armenier, Jakobiten, dualistische Sekten und vorab die Lateiner) die meisten Kräfte in Anspruch. Die Hagiographie nimmt nach dem Bilderstreit mit dem Mönchs-Bios einen großen Aufschwung, verfällt aber durch die Tätigkeit des »Metaphrasten« → Symeon bald einer unfruchtbaren Rhetorisierung. Das Mönchtum, seit dem 9.Jh. auch wirtschaftlich eine Großmacht, findet in → Theodor von Studion einen Reorganisator im cönobitischen Sinne und erobert seit dem 10.Jh. mehr und mehr den → Athos, den »Heiligen Berg«, der allmählich zum geistlichen Zentrum der Orthodoxie wird. Die Mystik findet einen Höhepunkt in → Symeon dem »Neuen (oder Jüngeren) Theologen« († 1022), der ein Hauptvertreter des mönchischen »Enthusiasmus« ist und zu den Vätern der späteren hesychastischen → Mystik (: V) gehört. Zu erwähnen ist – als Gegengewicht gegen die Zurückwendung der Orthodoxie auf sich selbst – auch die Missionstätigkeit der Kirche in dieser Zeit, die Bulgaren, Mähren (→ Konstantin und Methodius), Rußland, aber auch die kaukasischen Völker erfaßt. Der geistigen Eigenständigkeit der Orthodoxie erwachsen gegen Ende des 11.Jh.s in einem neuen Humanismus (Michael Psellos, Johannes Italus und Eustratius von Nicäa) gewisse Gefahren, die jedoch für diese Epoche noch gebannt werden.

3. Die dritte und letzte Periode der byzant. Geschichte ist gekennzeichnet durch die politische Manövrierunfähigkeit des Reiches, über welche die anfänglichen Erfolge Michaels VIII. (1259-82) nicht hinwegtäuschen können. Das *spätbyzant. Reich* umfaßt einen Bruchteil seines einstigen Bestandes. Griechenland und die Inseln sind zum großen Teil in italienischer und französischer Hand, die Bulgaren und Serben drücken die Nordränder ein, und die Osmanen nehmen Schritt für Schritt Anatolien und schließlich selbst das Hinterland von Konstantinopel in Besitz. Dynastische Kämpfe, die zugleich von schweren sozialen Revolten begleitet sind, füllen lange Jahrzehnte des 14.Jh.s. Schließlich wird das Reich zum Spielball innerhalb der politischen Konstellationen des Westens gegenüber den Osmanen und kann seinen Bestand nur jeweils durch Zufall dieser Konstellationen behaupten. Das 15.Jh. schließlich ist eine Zeit der Agonie, und der 29.5.1453 ist nur das Datum des Falles einer Hauptstadt. Das Reich war längst gefallen. Dieser eineinhalb Jahrhunderte währende Zusammenbruch, dessen Ende die Einsichtigen bald voraussahen, drückt auch dem kirchlichen Leben sein Siegel auf. Der Patriarchat schmilzt zusammen, und die magistralen Äußerungen der Patriarchen dieser Zeit über ihr universales Lehr- und Hirtenamt stehen in einem umgekehrten Verhältnis zu

ihrer tatsächlichen Macht. Die Kaiser, vorab Michael VIII., suchen ihr Heil in der Kirchenunion (Union von Lyon 1274), aber trotz einer ansehnlichen lateinerfreundlichen Partei (→ Johannes Bekkos, Demetrius Kydones, Manual Kalekas, → Bessarion usw), weiß die orthodoxe Partei diese Versuche immer wieder hinfällig zu machen. Einem mächtigen Zustrom lateinischer Theologie vor allem durch Übersetzungen von Scholastikern begegnet die Orthodoxie mit einem fast irrationalen Festhalten an der »Überlieferung der Väter«. In der Orthodoxie selbst aber vollziehen sich tiefgreifende Wandlungen. → Gregor Palamas bildet zugunsten der hesychastischen Mystiker (→ Hesychasten) auf dem → Athos eine Theologie der Negation aus, die zwar an alte patristische Tradition anknüpft, aber weit darüber hinausgehend die alte chalcedonensische Orthodoxie zwar nicht eliminiert, aber praktisch außer Kurs setzt. »Theologie« wird Mystik. Die Humanisten des Reiches (zB → Barlaam von Kalabrien, → Nikephorus Gregoras) opponieren zum Teil gegen diese Thesen, zum Teil verfallen sie einer resignierenden Skepsis oder dem Heidentum (Plethon). Das Klosterleben selbst verzichtet zugunsten des mystischen Individualismus weithin auf die cönobitischen Ideale und huldigt der sog. Idiorrhythmie. Aber neben der hesychastischen Mystik entwickelt diese Zeit auch noch eine besondere Christus-Mystik (Nikolaus Kabasilas), die in Anlehnung an die Liturgie zu verwirklichen ist. Im 15.Jh. schließt zwar die byzant. Kirche unter Kaiser Johannes VIII. auf der Synode von Florenz 1439 nochmals eine feierliche Union mit Rom ab, doch ist die Stimmung der geistlichen Kreise in B. angesichts der kommenden Katastrophe schon von einer derartigen Gereiztheit und Unansprechbarkeit, daß selbst die Vertreter der Union (etwa Gregor Scholarius), in die Heimat zurückgekehrt, diese Union wieder aufgeben und endlich die Türken dem Papst vorziehen.

Allgemein: K.KRUMBACHER, Gesch. der byzant. Lit., 1897 (darin: A.EHRHARD, Theologie) - F.DÖLGER, Regesten der Kaiserurkunden des oström. Reiches, 1924 ff - M.JUGIE, Theologia dogmatica christianorum orientalium, 5 Bde, 1926-31 - DERS., Le schisme byzantin, 1941 - V.GRUMEL, Les regestes des actes du patriarcat byzantin, Paris 1932 ff - F.HEILER, Urkirche u. Ostkirche, 1937 - O.TREITINGER, Die oström. Kaiser- u. Reichsidee, 1938 - G.OSTROGORSKY, Gesch. des byzant. Staates, (1940) 1952² - P.DEMEESTER, De monachico statu iuxta disciplinam byzantinam, 1942 - L.BRÉHIER, Le monde byzantin, 1948-50 - PH.KUKULES, Byzant. Leben u. byzant. Kultur, 5 Bde, 1948-52 (griech.) - G.ZANANIRI, Histoire de l'église byzantine, 1954 - R.JANIN, Les églises orientales et les rites orientaux, 1955.

Zu 1: Eine umfassende Bibliogr. für diese Epoche unter bes. Berücksichtigung der religionsgesch. Seite in: Das Konzil von Chalkedon III, 1954, 825-875 - F.DÖLGER-A.M.SCHNEIDER, B. (Wissensch. Forschungsber., geisteswiss. Reihe, 5), 1952. - ST.SCHIWIETZ, Das morgenländische Mönchtum, 3 Bde, 1904-38 - J.PARGOIRE, L'église byzantine de 527 à 847, Paris 1905 - E.STEIN, Gesch. des spätröm. Reiches I, 1928; II (Histoire du Bas-Empire), 1949 - E.SCHWARTZ, Publizistische Sammlungen zum akakianischen Schisma, 1934 - M. VILLER-K.RAHNER, Aszese u. Mystik in der Väterzeit, 1939 - W. SCHUBART, Justinian u. Theodora, 1943 - J.VOGT, Konstantin d.Gr. u. sein Jh., 1949 - LOOFS⁵ I, 1950 - P.GOUBERT, Byzance avant l'Islam, Paris 1951-55 - G.ARABAZOGLU, Gesch. des ökumenischen Patriarchats I, 1953 (griech.).

Zu 2: PH.MEYER, Die Haupturkunden für die Gesch. der Athosklöster, 1894 - K.HOLL, Enthusiasmus u. Bußgewalt, 1898 - W.NORDEN, Das Papsttum u. B., 1903 - L.OECONOMOS, La vie religieuse aux temps des Comènes et des Anges, 1918 - A.MICHEL, Humbert u. Kerullarios, 1925-30 - E.MARTIN, A history of the iconoclastic controversy, 1930 - R.GROUSSET, L'empire du levant, 1946 - F.DVORNIK, The Photian schism, Cambridge 1948 - S.RUNCIMAN, A history of the crusades, 3 Bde, 1951-54 - F.DÖLGER, B. u. die europäische Staatenwelt, 1953.

Zu 3: O.TAFRALI, Thessalonique au XIVe siècle, 1913 - C.CHAPMAN, Michel Paléologue, 1926 - G.MERCATI, Notizie di Procoro e Demetrio Cidone... ed altri appunti per la storia della teologia... bizantina del secolo XIV, 1931 - D.ZAKYTHINOS, Le despotat grec de Morée, 1932-53 - A.M.AMMANN, Die Gottesschau im palamitischen Hesychasmus, 1938 - W.KRIVOŠEIN, Die asket. u. theol. Lehre des hl. Gregorius Palamas, 1939 - H.-G.BECK, Theodoros Metochites, die Krise des byzant. Weltbildes im 14.Jh., 1952. *H.-G.Beck*

C

Cabrera, *Juan Baptista* (1837-1916), einer der Führer der modernen ev. Bewegung in → Spanien. * in Benisa (Alicante), trat C. 1852 bei den Regularklerikern in Valencia ein, wurde 1862 Priester, lehrte 1858-63 in Valencia und Gandia. Hier führte ihn eifriges Bibelstudium zu ev. Überzeugungen. Nach der Gefangensetzung der ev. Führer Alhama, Matamoros und Carrasco flüchtete er, ein gleiches Schicksal fürchtend, nach Gibraltar, trat hier öffentlich zum ev. Glauben über, kehrte nach der Revolution 1868 nach Spanien zurück, wirkte für die ev. Kirche zuerst in Sevilla, seit 1874 in Madrid, war Leiter der 1880 gebildeten Iglesia Española Reformada, als deren Bischof er 1894 von drei Prälaten der Kirche Irlands geweiht wurde. Er hat bis zu einem Tode unermüdlich der Evangelisation in Spanien gedient.

F.G.J.GRAPE, Spanien u. das Evangelium, 1896. *† H.Priebe*

Cabrol, *Fernand,* OSB, Liturgiewissenschaftler, * 11. 12.1855 in Marseille, † 4.6.1937. 1894 Prior in → Solesmes, seit 1903 Abt in Farnborough (Engl.), trug durch seine Arbeiten zur liturgischen Restaurationsbewegung des 20.Jh.s bei, trat für Fixierung des Osterdatums und Kalenderreform ein.

Bibliogr.: Catholicisme II, 344f (selbst. Werke u. Nachrufe), DHGE XI, 45f u. DBF VII, 773f (Art. u. Ztschr. zT). Daraus: Le livre de la prière antique, 1900 (viele Aufl. u. Übers.; dt.: Die Liturgie der Kirche, 1906). - Hg.: Monumenta ecclesiae liturgica (m. M.FÉROTIN u. H. → LECLERCQ) 4 Bde, 1900-13; DACL (m. H. LECLERCQ), 1903 ff. *H.H.Eßer*

Cadbury, *Henry J.,* * 1.12.1883 Philadelphia USA, 1919-54 o. Prof. für Biblische Literatur an der theologischen Fakultät der Harvard Universität, Cambridge, USA, führend in der Quäkerbewegung; international bekannt vor allem durch seine Untersuchungen zur Apg.

The Beginnings of Christianity. Pt. I Bde IV u. V (mit K.LAKE), 1933; The Book of Acts in history, 1955; ausgewählte Bibliogr.: Annual Bulletin of Harvard Divinity School 1954, 65 f.

Erich Dinkler

Cäcilia, *die Heilige,* legendarische röm. Märtyrerin aus dem Rittergeschlecht der Cäcilier, erleidet zwischen 180 und 230 (zusammen mit ihrem Bräutigam Valerian und dessen Bruder Tiburtius, die sie beide bekehrte) den Tod. Im 9.Jh. wurde ihr Grab in der Calixtus-Katakombe in Rom gefunden; ihre Gebeine wurden in die Kirche übergeführt, die im 5.Jh. über ihrem angeblichen Vaterhaus errichtet ward. Sie gilt seit dem späten MA als Schutzherrin der Musik und wird als Heilige bei den

Unter C etwa Vermißtes bitte unter K und Z suchen

Dichtern, Geigern und Musikern verehrt. Beigegeben sind ihr die Attribute Kessel, Orgel, Schwert und Engel, da man sie nach der Legende vergeblich zu ersticken bzw. mit dem Schwert zu töten suchte, während sie der himmlischen Musik lauschte. Ihre älteste Darstellung enthält ein Mosaik von 570 in S.Apollinare Nuovo zu Ravenna. Tag: 22. 11.

G.B.DEROSSI, Roma sotterranea II, 1867f, 113ff. 244ff - ROHAULT DEFLEURY, Les Saints de la Messe I, 1893, 33ff - BRAUN, TA 159ff - J.P.KIRSCH, Die hl. C. in der röm. Kirche des Altertums (Stud. zur Gesch. u. Kult. d. Altertums IV/2), 1910, I-VI u. 1-77 - KÜNSTLE II, 146ff - DOYÉ I, 154. *H.Paulus*

Cäcilienfeste. Die Märtyrerin → Cäcilia ist erst im späten MA zur Schutzheiligen der Kirchenmusik geworden, wahrscheinlich dank dem Texte einer Festantiphon »Cantantibus organis«, nachdem nämlich die → Orgel aus einem heidnischen Instrument, bei dessen Hochzeitsklängen die Jungfrau sich Gott weihte, zu einem ausgesprochen kirchlichen Instrument geworden war. So wurde 1502 in Löwen ein Musikerverein ihrem Schutze unterstellt, 1570 feierte ein anderer in Evreux (Normandie) ein Fest Le puy de Musique zu ihren Ehren, an dem u.a. auch O. di → Lasso Kompositionen aufführen ließ. Von gelegentlicheren Festen in Frankreich (in St.Eustache, Paris, später in Konzerten der Société des concerts du conservatoire) oder Deutschland (Kassel, 1823: Spohr, 1824: M.Hauptmann) abgesehen sind die C. eine englische Angelegenheit geworden, so ab 1683 der Musical Society von London, für die Englands namhafteste Komponisten Werke verfaßten (Purcell: Cäcilienode 1683, Te Deum and Jubilate 1694; Blow; Händel: Alexanderfest 1736; Pepusch usw). Die von → Palestrina u.a. gegründete Congregatione (seit 1839 Accademia di S. Cecilia mit hervorragender Musikbibliothek) und der deutsche Allgemeine Cäcilienverein haben keine C. zum Ziel, sondern schlechthin die Förderung der (kath.) Kirchenmusik.

Le Puy de musique érigé à Evreux en l'honneur de Mme Ste. Cécile, 1837 - W.GURLITT, Die Musik in Raffaels heiliger Caecilia (JbP 45, 1938, 84-97) - MGG II, 615. 2621 - GROVE's Dictionary of music and musicians II[5], 1954, 135f. *E.Jammers*

Caeremoniale. Mit C. werden in der röm.-kath. Kirche Bücher bezeichnet, die Anweisungen für die rechte Ausführung der Riten, aber auch sonstige Zeremonien enthalten, die im Leben der hohen Geistlichkeit von Bedeutung sind. Neben dem C. episcoporum, das auf frühmittelalterliche → Sakramentare und die Ordines Romani zurückgeht und seit 1600 (Clemens VIII.) mehrfach von Päpsten herausgegeben wurde (letzte editio typica 1920 durch Benedikt XV.), stehen die eigentlich päpstlichen C.-Bücher: das C. Romanum (betr. u.a. Wahl, Investitur, Krönung des Papstes) und das C. capellae pontificiae, die zuerst 1516 veröffentlichte Gottesdienstordnung für die päpstliche Kurie. Seit 1907/1909 gibt es auch ein in den Ephemerides Liturgicae veröffentlichtes C. parochorum. Da Missale, Brevier und Rituale in ihren Rubriken alle nötigen liturgischen Anweisungen enthalten, ist das C. vor allem für die Zeremoniare wichtig, deren an den Bischofskirchen sogar zwei vorgeschrieben sind und deren ordnende Tätigkeit namentlich bei selten vorkommenden Liturgien bedeutsam ist. - Neuerdings fehlt es auch nicht an Schriften über das rechte Verhalten des Liturgen im ev. Gottesdienst (→ Berneuchen, → Gottesdienst: VI).

BRAUN, LH 56. 373f - LThK X, 1039ff (kath.Lit.) - J.B.MÜLLER, Zeremonienbüchlein ..., (1903) 1939[21]. - Ev.: O.J.MEHL, Das liturg. Verhalten, 1927 - C.MAHRENHOLZ, Das liturg. Verhalten, (1949) 1951[2] - F.KÖHNE, Zur Frage der Zeremonien in unserer Kirche (ELKZ 7, 1953, 298f). *H.Urner*

Caerularius → Michael I. Kerullarios.

Caesar, *Gaius Iulius* (100-44 vChr), der geniale römische Feldherr und Politiker, nach weit verbreitetem Urteil der größte Römer, bahnte sich in unermüdlichem Kampf mit den konservativ-republikanischen Kräften des römischen Staates den Weg zur Monarchie über das römische Reich, ohne sie jedoch fest begründen zu können. Seine Ermordung als »Tyrann« läßt ihn deshalb nur als Vorbereiter des römischen Kaisertums erscheinen. Religionsgeschichtliches Interesse verdient (u.a.) seine freundschaftliche Einstellung zu den Juden. C. hat durch die Begünstigung Antipaters, des idumäischen Hausmeisters des jüdischen Hohenpriesters Hyrkanus (II.) - sie war die Belohnung für die militärische Unterstützung C.s in Ägypten (48 vChr) -, die Herrschaft des Herodes, des Sohnes Antipaters vorbereitet. Die Juden, welche in → Palästina (: I) von C. Freiheit von Abgaben und Besatzung erhielten, fühlten sich auch in der Diaspora von ihm gefördert und betrauerten in Rom heftig seinen Tod. Ferner hat C.s Herrscherstellung in der antiken Religionsgeschichte einen besonderen Platz. Ihre notwendig religiöse Verbrämung stellte sich im Osten als Fortführung hellenistischer Traditionen von selbst her (Erklärung zum »sichtbaren Gott und zum gemeinsamen → Heiland des menschlichen Daseins« in Ephesus [→ Herrscherkult]). In Rom mußte sich C. mit zwielichtigen Andeutungen begnügen, deren Interpretation noch immer sehr umstritten ist. Nachdem Ed.Meyer (1919) mit großem Erfolg das hellenistische Gottkönigtum als Basis von C.s Monarchie ausgegeben hatte, gehen die gegenwärtigen Bemühungen berechtigterweise mehr auf eine Verknüpfung C.s mit römischen Vorstellungen. Diese ließen eine unmittelbare Erhebung C.s zum Gott nicht zu, sondern hüllten lediglich seine Person in eine göttliche Sphäre unter Verzicht auf verbindliche Aussagen: deshalb kein Tempel C.s, sondern der Clementia Caesaris (nach dem Typus der römischen abstrakten Gottheiten wie Concordia, Victoria u.a.), Göttlichkeit nicht durch Apotheose, sondern kraft der göttlichen Abstammung der Iulierfamilie (Tempel, von deren Stammutter, der Venus Genetrix, Luperci Iulii neben der bestehenden Sakralgenossenschaft der Luperci Quinctiales), keine Identifizierung, sondern nur eine Annäherung C.s als pater patriae an Romulus und damit bei dessen in der späteren Republik üblich gewordenen Gleichsetzung mit Quirinus an einen Gott (Statue C.s im Tempel des Quirinus). Ein Tempelgiebel über C.s Haus machte dieses nicht zum Tempel, sondern allenfalls tempelähnlich. Bezeichnenderweise richtete sich die Opposition auch nicht gegen C.s religiöse Erhöhung, sondern gegen seine monarchische Stellung. Nicht C. der »Gott«, sondern C. der »König« (rex = tyrannus) wurde das Opfer der Iden des März. Die Erhebung des toten C. als Divus Iulius (42 vChr) zum Gott, der Ursprung der späteren, genuin römischen Kaiserapotheose, steht natürlich auf einem anderen Blatt und hat mit C.s eigenen Absichten nichts mehr zu tun. - Vgl. → Königtum, sakrales.

E.MEYER, C.s Monarchie u. das Prinzipat des Pompeius, (1919) 1922[3] - M.GELZER, C., der Politiker u. Staatsmann, (1921) 1941[3] - L.R.TAYLOR, The Divinity of the Roman Emperor, 1931 - J.CARCOPINO, César (Histoire Romaine II, 2), (1935) 1950[4] - RAC III, 822ff - A.ALFÖLDI, Studien über C.s Monarchie (Bull. de la Soc. Royale des Lettres de Lund 1952/53, 1-86). *A.Heuß*

Cäsarea (Καισάρεια), Beiname zahlreicher Städte des röm. Imperiums zu Ehren des Augustus bzw. (im Osten) des Tiberius. In Palästina liegen:

1. »C. am Meer« oder *C. Palaestinae*, anstelle des früheren Stratonsturm von → Herodes d.Gr. gegründet und

mit einem guten Hafen, dem einzigen zwischen Dora und Joppe, versehen, bald die wichtigste Stadt in Palästina, unter röm. Verwaltung Sitz des Prokurators (vgl. Apg 23, 23ff; 25). Die wenigen noch erhaltenen Baureste sind erst neuerdings archäologisch erforscht worden. - Durch die enge Verbindung mit Jerusalem gab es in C. bald eine christliche Gemeinde (vgl. Apg 8, 40; 10, 23ff; 21, 16). Im Passastreit Ende des 2.Jh.s erscheint C. als Bischofssitz, neben Jerusalem anscheinend der einzige in Palästina und als Metropole von Palaestina Prima jenem übergeordnet, unbeschadet der Ehrenstellung des Bischofs von Jerusalem, der gelegentlich auch zuerst genannt wird. Dieses Verhältnis wird noch 325 im can. 7 von → Nicäa bestätigt, bis schließlich 451 in → Chalcedon Jerusalem zum Patriarchat erhoben wurde, C. aber Metropole blieb. Eine bedeutende Stellung in der christlichen Wissenschaft erhielt C. durch → Origenes und seine Schule. Die von ihm gegründete reiche Bibliothek wurde von → Pamphilus geordnet und von → Eusebius, C.s berühmtestem Bischof, für seine geschichtlichen Werke ausgewertet; sie wurde im 7.Jh. bei der Eroberung C.s durch die Araber vernichtet. 1101 wurde C. unter den Kreuzfahrern lat. Erzbistum, 1265 endgültig zerstört.

PW III, 1899, 1291ff - SCHÜRER II, 134ff - L.HÄFELI, C. am Meer (NTA 10, 5), 1923 - A.v.HARNACK, Mission u. Ausbreitung II, 1924⁴, 639ff - F.SCHEMMEL, Die Schule von C. in Pal. (Philol. Wochenschrift 45, 1925, 1277-1280) - EI¹ II, 1927, 707f - G.BEYER, Das Gebiet der Kreuzfahrerherrschaft C. in Pal. (ZDPV 59, 1936, 1-91) - J.GOSBACH, C. Pal. (Das Heilige Land in Vergangenheit u. Gegenw. 4, 1949, 45-80) - DHGE XII, 1953, 206ff.

2. *C. Philippi*, an der Jordanquelle, in dessen Gebiet nach Mk 8, 27ff; Mt 16, 13ff das »Petrusbekenntnis« stattfand. - Der hellenistische Name des Ortes (und der Landschaft) *Paneas* (daher das heutige Dorf: bāniās) ist von einer dem Pan geweihten Grotte abgeleitet. → Herodes d.Gr. baute hier einen prächtigen Augustus-Tempel; sein Sohn Philippus erweiterte den Ort zur Stadt und nannte sie zu Ehren des Tiberius Καισάρεια (daher C.Ph.). Judenchristliche → Ebioniten waren hier vielleicht die ersten Christen (vgl. Epiph. adv. haer. XXX, 18). Im 4./5.Jh. ist C. als Suffraganbistum zu Tyrus bezeugt. In den Kreuzzügen umkämpft, vorübergehend lat. Bistum, ging es 1165 endgültig verloren.

PW III, 1899, 1290f; XVII, 1937, 49 (Neronias: Beiname unter Agrippa II.); XVIII/3, 1949, 594ff (Panias; Lit.) - SCHÜRER II, 204ff - ALT II, 453ff - DHGE XII, 1953, 209ff. *E.Kutsch*

Cäsarius, 1. *von Arles* (ca 470-542), war seit 489 Mönch des Klosters Lerin, dem monastischen Zentrum des Abendlandes im 5.Jh.; 498 kehrte er nach Arles zurück, wo ihn der Rhetor Pomerius beeinflußte; er wurde schließlich Abt eines Klosters auf einer Rhoneinsel und 502 Nachfolger des Bischofs Äonius von Arles. C. verwaltete das Bistum der damaligen kirchlichen Hauptstadt von Gallien unter schwierigen politischen Verhältnissen, die durch den Wechsel der Herrschaft von Goten und Franken entstanden. 514 ernannte ihn Papst Symmachus zum päpstlichen Vikar. Hauptquelle für den Lebensgang des C. ist die kurz nach 542 von Freunden und Schülern verfaßte Vita. - Unter der Leitung des C. fanden zahlreiche Synoden statt, die die Ausbildung der Disziplin und Rechtsordnung seiner Landeskirche beeinflußten, den Semipelagianismus beseitigten und einem gemäßigten Augustinismus Platz machten (vor allem die 2. Synode von Orange i.J. 529). C. förderte das Mönchtum durch Klostergründungen (512 das erste uns bekannte Nonnenkloster des Westens auf einer Rhoneinsel). Seine Mönchs- und Nonnenregeln sind, wie auch die späteren gallischen Mönchsregeln, stark augustinisch beeinflußt. Seine 238 Predigten, unter Augustins u.a. Namen im MA verbreitet, zeigen C. als Volksprediger in der großen patristischen Tradition. Sie enthalten zT religionsgeschichtlich wertvolle Auseinandersetzungen mit heidnischen Riten. - Zwei Abhandlungen wenden sich gegen den Semipelagianismus, ein Traktat hat den Titel De mysterio s. Trinitatis. Überliefert sind weiterhin mehrere Mahn- und Sendschreiben.

Ausg.: G.MORIN, S. Caes. Op. omnia I. II, 1937/42 - ALTANER 427 (Lit.). *H.Kusch*

2. *von Heisterbach*, * um 1180 wohl in Köln, seit 1199 Zisterzienser in Heisterbach (Siebengebirge), dort Novizenmeister, später Prior, † um 1240. Einer der wirksamsten Erzähler des MA, schrieb er in beredtem Latein 36 Werke, zumeist Predigtsammlungen mit einer Fülle eingestreuter »Exempla«, novellistisch erzählter Predigtmärlein und Wundergeschichten, besonders reizvoll im »Dialogus miraculorum« (1219/23). In dessen Fortsetzung (»Libri VIII miraculorum«, 1225/26) ist die Vita des 1225 ermordeten Erzbischofs Engelbert von Köln eingeschaltet. Ebenso wundergläubig schrieb C. 1236/37 eine Vita der hl. → Elisabeth.

A.HILKA, Die Wundergeschichten des C.v.H., 3 Bde, 1933-37 (noch unvollst.); Dial. mirac. ed. J.STRANGE, 1851, Index 1857; Vita Engelberti auch in AS Nov. 3 u. übers. v. K.LANGOSCH, 1955. - A. KAUFMANN, C.v.H. (1850) 1862² - A.E.SCHÖNBACH, SAW 144, 1902; 159, 1908; 163, 1909 - E.BEITZ, C.v.H. u. die bildende Kunst, 1926 - VerfLex I, 1933, 345ff; V, 1955, 129f (Lit.). *H.Grundmann*

Cäsaropapismus, eine nahe Verbindung von staatlichem und kirchlichem Regiment, in dem dem mit göttlicher Weihe bekleideten Herrscher die oberste Leitung der Kirche auch in innerkirchlichen Fragen zufällt. Der Begriff, schon im 18.Jh. zur Bezeichnung des spätrömischen Kirchensystems aufgekommen (J.H.Boehmer, Jus Eccles. Protestantium I, 1730³ Diss. praeliminaris § 14), wurde in der Folge zur allgemeinen Bezeichnung geistlicher Vorherrschaft des Staates in der Kirche. Sachlich wird man besser von einer aus der Einheit des geistlichen und weltlichen Reiches hervorgehenden geistlichen Schutzherrschaft des Herrschers sprechen. Auf der Grundlage des antiken Herrscherkultes gewann seit Konstantin der Kaiser als βασιλεὺς καὶ ἱερεύς, als rex-sacerdos Einfluß über die Synoden und übte die Entscheidung auch in dogmatischen Streitigkeiten. Während die östliche Kirche in der Einheit des geistlich-weltlichen Reichs unter dem Autokrator verharrte, entwickelte der Westen in Ablehnung dieses Systems die Lehre der Trennung von geistlicher und weltlicher Gewalt. Von Byzanz wirkte der C. auf die russische Entwicklung ein, wo das System autokratischer Herrschaft der Zaren über die Kirche mit der Beseitigung des Patriarchats und Einsetzung des Hl. Synod durch Peter d.Gr. 1721 begründet wurde und bis 1917 andauerte.

L.R.TAYLOR, The Divinity of the Roman Emperor, 1931 - K. VOIGT, Staat u. Kirche von Konstantin d.Gr. bis zum Ende der Karolingerzeit, 1936 - F.HEILER, Urkirche u. Ostkirche, 1937 - W.ENSSLIN, Gottkaisertum u. Kaisertum v. Gottes Gnaden (SAM 1943 H. 6, 83-106) - O.TREITINGER, Die oström. Kaiser- u. Reichsidee, (1937) 1956² - W.ULLMANN, The Growth of Papal Government in the Middle Ages, 1955. *U.Scheuner*

Cajetan, 1. *Jakob* (Gaetano, aus Gaeta, Ordensname Thomas) *de Vio* (1468-1534), wurde 1484 Dominikaner, studierte in Neapel, Bologna und Padua und schrieb einen (unveröffentlichten) Sentenzenkommentar. Auf dem Pfingstkapitel 1494 in Ferrara hielt er eine brillante Disputation mit → Pico della Mirandola; darauf erhielt er den Magistergrad und einen Lehrstuhl in Padua. 1497 nach Pavia berufen, trieb er Thomasstudien und schrieb (gegen Skotisten und Averroisten) »De ente et essentia«. 1500-08 war C. Generalprokurator, dann bis 1518 Generalmagister seines Ordens in Rom, daneben theologischer Lehrer an der Sapienza. Er verbot seinem Orden die Teilnahme an dem 1511 von Maximilian und Ludwig XII. von Frankreich gegen den Willen des Papstes einberufenen Conciliabulum von Pisa. Darüber geriet er in eine Kontroverse mit der Sorbonne. Auf dem 5. Laterankonzil (1512-17) vertrat C. die Gesamtheit der Bettelorden und den Herzog → Georg von Sachsen. 1517 Kardinal, 1518-19 Legat in Deutschland, forderte er auf dem Reichstag in Augsburg den Kreuzzug gegen die Türken. Nach Ende des Reichstags verhörte er → Luther. In Frankfurt trat er 1519 für die Wahl → Karls V. zum Kaiser ein. 1519 Bischof seiner Vaterstadt Gaeta, 1523-24 Legat in Ungarn, Böhmen und Polen, dann von → Clemens VII. nach Rom zurückberufen, arbeitete C. ständig an kirchenpolitischen, exegetischen und dogmatischen Veröffentlichungen. Zur Kirchenreform, zum Konzil und in der Scheidungssache Heinrichs VIII. von England gab er Gutachten. 1527 beim Sacco di Roma gefangen, gegen Lösegeld freigelassen, blieb er bis 1529 in Gaeta; dann lebte er bis zu seinem Tode in Rom.

C. hinterließ ein umfangreiches literarisches Werk, das nur teilweise ediert vorliegt. Er gilt als der Begründer des → Neuthomismus. Sein Kommentar zur Summa wurde 1888ff in der Editio Leonina abgedruckt. In einer Ausgabe von 1570 wurden Sonderlehren auf Befehl →Pius V. ausgemerzt. Als Exeget war C. humanistischen Einflüssen offen (sensus literalis, Literarkritik: Zweifel an der Echtheit von Mk 16, 9ff, von Hebr, Jak, Judas, 2Petr, 2. 3Joh). Er wurde deshalb von der Pariser Fakultät und von Ambrosius Catharinus bekämpft.

A.Cossio, Il cardinale Gaetano e la riforma, Cividale 1902 - DThC II, 1313ff - EC IV, 1506ff (Bibliogr.) - R.Bauer, Gotteserkenntnis u. Gottesbeweis bei Kardinal Kajetan, 1955.

2. (Gaetano) *von Tiene* (1480-1547), * in Vicenza, † in Neapel, 1620 selig-, 1671 heiliggesprochen. Als Jurist von → Julius II. zum apostolischen Protonotar ernannt, empfing er 1516 die Weihen. In Vicenza und Venedig strebte er eine Reform des Klerus im Sinne des Oratorium an. Mit Caraffa (→ Paul III.) und anderen gründete C. in Rom den Klerikerorden der →Theatiner. In den Zweigniederlassungen Neapel (1533) und Venedig (1541) verfolgte er die Anhänger des Juan de → Valdes, Pietro Martir → Vermigli und Bernardino → Ochino.

RE XIX, 582ff - EC V, 1844ff. *H.Liebing*

Caius, *Papst* 283 (282?) bis 296 (295?), Dalmatiner, angeblich Verwandter Diokletians, kaum bekannt. In der Kallistgruft bestattet. Die Nachricht über einen Märtyrertod ist falsch.

RE III, 638 - Caspar I, 84. *K.Treu*

Calamy, 1. *Edmund d. Ä.* (1600-66), * Guernsey aus normannischer Familie, gemäßigter Presbyterianer, bedeutender Prediger, nahm 1659 an der englischen Gesandtschaft zu Karl II. nach Breda teil, um die Dynastie der Stuarts wiederherzustellen, ebenso 1661/62 an der Savoy-Konferenz in London zur Wiederaufrichtung des Anglikanismus, verzichtete jedoch auf das angebotene Bistum Lichfield und Coventry und stellte sich an die Spitze der 1662 aus ihren Ämtern vertriebenen (nonkonformistischen) Pfarrer. Theologisch bestritt er das göttliche Recht der bischöflichen Verfassung (im Smecthymnus 1641) und den apostolischen Ursprung der Liturgie, war aber zur Annahme des Bischofsamts bereit, wenn es zu urchristlicher Einfachheit zurückgebildet würde. 1663 wurde er wegen illegalen Predigens verhaftet.

Vf. hauptsächlich Predigten. - Autobiogr.: Historical Account of my own Life, bearb. von seinem Enkel (s. 3) u. hg. (1829) 1830². - Über C.: DNB (Neudr. 1949/50) III, 679ff.

2. *Edmund d.J.* (1635[?]-85), Sohn von 1, seit 1659 presbyterianischer Pfarrer in Moreton, Essex, 1662 vertrieben, lebte seitdem als Privatmann in London.

DNB (Neudr. 1949/50) III, 682f.

3. *Edmund* (1671-1732), Sohn von 2, Kirchenhistoriker (Biograph), gab 1696 mit Joshua Sylvester → Baxter's Narrative of his Life and Times unter dem Titel Reliquiae Baxterianae heraus und verfaßte 1702 davon ein Abridgment, darin das berühmt gewordene Ch. IX: Particular Account of the Ministers, Lecturers, Follows Ejected by the Act of Uniformity (1713²), dessen Angaben heute durch A.G.Matthews, Calamy Revided, 1934, berichtigt sind.

DNB (Neudr. 1949/50) III, 683ff. *M.Schmidt*

Calderón de la Barca, *Pedro* (1600-81), der bedeutendste spanische Dramatiker der Barockzeit, bürgerlicher Herkunft, besucht das Colegio Imperial der Jesuiten in Madrid und studiert Theologie in Alcalá und Salamanca. Er unterbricht seine Studien, tritt 1620 zuerst als Dichter öffentlich hervor und schreibt 1623 seine erste comedia. Er tritt in den Dienst hoher Adeliger, kämpft als Soldat und läßt sich schließlich 1651 zum Priester weihen. Zunächst Kaplan von Reyes Nuevos in Toledo, wird er 1663 Ehrenhofkaplan Philipps IV., der ihn auch schon als Dichter und Theaterdirektor sehr gefördert hat, und lebt bis zu seinem Tod in Madrid. - Sein dramatisches Werk umfaßt comedias, autos sacramentales und entremeses. Als Verfasser von comedias knüpft er an Lope de Vega an, von dem er einzelne Stücke seiner neuen Ästhetik entsprechend umarbeitet. Während Lope spontan, volkstümlich, lyrisch und mitunter nachlässig in der Form ist, arbeitet C. unpersönlicher, mehr mit dem Verstand, wobei er vielfach traditionelle Motive seiner Konzeption der comedia anpaßt und Metapher und Hyperbel kunstvoll handhabt. Dynamik, dramatische Spannung und die Ausnützung aller Möglichkeiten der Bühnentechnik seiner Zeit charakterisieren seine Stücke. Er ist einzigartig durch »die szenische Phantasie, die Doppelbegabung des Dichters und Regisseurs: Denn auch als Dichter inszeniert er, wie umgekehrt sein ganzes Theater geistig und dichterisch ist« (Kommerell). Unter seinen comedias finden sich solche ausgesprochen religiösen Inhalts. Im Mágico prodigioso (1637) verschreibt sich der heidnische Jüngling Cipriano dem Teufel, um die schöne Justina zu erlangen. Als er erkennen muß, daß der Widersacher ihm an ihrer Stelle nur ein Skelett vorgaukeln kann, bekehrt er sich zum Christentum und stirbt, wie Justina, den Märtyrertod. In der Devoción de la Cruz (1633) wird der zum Räuber und Verbrecher gewordene Eusebio von dem sündhaften Begehren nach seiner Schwester abgebracht, als er das geheimnisvoll von Geburt an auf ihre Brust eingeprägte Kreuzeszeichen erkennt, und beichtet vor seinem Tode noch seine Sünden. Legendäre Motive enthält auch El Purgatorio de San Patricio (1628), biblische Themen behandeln Los cabellos de Absalón und Judas Macabeo, auf eine historische Tatsache gründet der in der deutschen Romantik besonders bekannte Standhafte Prinz (El príncipe constante, 1629). Der Infant Fernando von Portugal weigert sich, seine Befreiung aus der maurischen Gefangenschaft um den Preis der Übergabe der Stadt Ceuta zu erkaufen. Das berühmteste Stück C.s ist Das Leben ein Traum (La vida es sueño, 1635), das, auf verzweigte Quellen zurückführend und bis heute noch nicht wirklich überzeugend interpretiert, jedenfalls das Motiv der Unwirklichkeit alles »Wirklichen« mit hoher künstlerischer Vollendung behandelt. Das auto sacramental hat C. auf den Höhepunkt seiner Entwicklung geführt (Wardropper). Es handelt sich hierbei um durchwegs symbolische Stücke, die am Fronleichnamstag auf beweglichen Bühnen (carros) gespielt wurden und meist einen Bezug auf das Geheimnis der Eucharistie hatten. Die Themen sind philosophisch-theologisch (El gran teatro del mundo, La vida es sueño), at. (La cena del rey Baltasar), nt. (La siembra del Señor), mariologisch oder historisch-mythologisch. Die deutsche Romantik hat sich mit C. eingehend beschäftigt, A.W.Schlegel hat zuerst Dramen von C. übersetzt, Eichendorff später einige Fronleichnamsspiele. Goethe nannte ihn »dasjenige Genie, was zugleich den größten Verstand hatte«; Hofmannsthals Beziehungen zu C. bedürfen im einzelnen noch der Aufklärung.

B.W.Wardropper, Introducción al teatro religioso del siglo de oro, 1953 (Lit.) - M.Kommerell, Beiträge zu einem dt. C. I: Etwas über die Kunst C.s, 1946 - H.Friedrich, Der fremde C., 1955 (Lit.) - E.Schramm, Die Einwirkung der span. Lit. auf die dt. (W.Stammler, Aufriß d. germ. Phil. III, 1957, 261-306; Lit.). *E.Schramm*

Calixt I., *Papst* 217-222, Römer, nach Hippolyts Philosophoumena 9, 11f erst Sklave und Geldwechsler, auf Grund jüdischer Anklagen zeitweilig nach Sardinien verbannt, wird Vertrauter und 1. Diakon des Papstes → Zephyrin. Nach dessen Tode zum Bischof gewählt, wird er von → Hippolyt wegen unklarer christologischer Formeln der Häresie verdächtigt und wirft seinerseits diesem Ditheismus vor, worauf Hippolyt sich zum Gegenbischof wählen läßt. Im monarchianischen Streit versuchte er einen Kompromiß, schloß dann aber den → Sabellius aus der Kirche aus, womit der Monarchianismus (→ Christologie: II, 2c) im Abendland sein Ende fand. In der Bußdisziplin fand sein milderer Standpunkt, der Wiederaufnahme schwerer Sünder in die kirchliche Gemeinschaft erlaubte, scharfe Ablehnung durch Hippolyt und die Rigoristen. Das vielumstrittene, von → Tertullian (De pudicitia c. 1) bekämpfte Indulgenzedikt eines »pontifex maximus« (→ Bußwesen: II, 1d) wird von den meisten Forschern ihm zugeschrieben. C. gilt als Heiliger, doch sind seine Märtyrerakten (7.Jh.) ganz unglaubhaft. Gedenktag: 14.10.

I.Döllinger, Hippolytus u. C., 1853 - RE III, 649ff; XXIII, 292f - DThC II, 1333ff - K.Müller, Der Ursprung des Schismas zw. C. u. Hippolyt (ZNW 23, 1924, 231-234). - Zum Edikt: D.Franses, Das Ediktum C.s in der neueren Forschung (Studia catholica 1, 1924/25, 248ff) - L.v.Sybel, ZKG 45, 1926, 316f - Bardenhewer II, 636ff - B.Altaner, ThRv 38, 1939, 129-138 - W.Köhler, Omnis ecclesia Petri propinqua (ZKG 61, 1942, 124-135) - Altaner 130f - J.Grotz, Die Entwicklung des Bußstufenwesens in der vornicän. Kirche, 1955, 392ff. *M.Rauer*

II., *Papst* 2.2.1119 bis 13.12.1124, Guido Graf von Burgund, war seit 1080 Erzbischof von Vienne und zeichnete sich aus durch scharfe Stellungnahme gegen den Investiturvertrag mit Heinrich V. Als Papst fand er Rückhalt an Ludwig VI. von Frankreich, der mit seiner Nichte vermählt war. Ein Ausgleich mit Kaiser Heinrich V. gelegentlich des Reimser Konzils mißlang. Er fand aber Anerkennung in Rom, und der Gegenpapst → Gregor VIII. wurde mit grausamer Härte beseitigt. In Deutschland brachten die Fürsten in Würzburg 1121 neue Verhandlungen in Gang, die zum Pactum Calixtinum (Wormser Konkordat 23.9.1122) führten: Dem Kaiser wurde die Belehnung der Bischöfe mit dem Zepter (in Italien nach der Konsekration) zugebilligt. Zum Siegesfest wurde das erste Laterankonzil März 1123, wo ein Kreuzzug proklamiert wurde.

Jaffé I, 780ff - W.Gundlach, Der Streit der Bistümer Arles u. Vienne 1890 - U.Robert, Bullaire du pape C., 1891 - Hauck III, 916 - Th.Schieffer, Nochmals die Verhandlungen von Mouzon (1119) (Stengel-Festschr., 1952, 324-341) - EC III, 391f - EKL I, 645f.

(III.), *Gegenpapst* Nov. 1168 bis 29.8.1178. Johannes Abt von Strumi, ohne Zutun Friedrichs I. von schismatischen Kardinälen erhoben, beherrschte er Rom. Nach dem Vertrag von Anagni erhielt er die Verwaltung Benevents.

Jaffé II, 429f. - Vgl. → Alexander III.

III., *Papst* 8.4.1455 bis 6.9.1458, Alonso de Borja aus Jàtiva, gefördert von Alfons von Aragon und → Martin V. (Beseitigung des Schismas von Peñiscola), wurde er Bischof von Valencia, 1444 Kardinal. Von tadellosem Wandel und einfachen Sitten wurde er mit 76 Jahren Papst und lebte ganz für den Kreuzzug, konnte aber die Gleichgültigkeit der europäischen Mächte gegen die Türken, die 1453 Konstantinopel erobert hatten, nicht überwinden. Seine Flotte errang 1457 den Seesieg bei Metelino nach der Rettung Belgrads 1456. In Albanien unterstützte er Skanderbeg. Die Förderung seiner Nepoten Pedro Luys, Luis Juan de Milan und Rodrigo Borja sowie die Schmähungen der Humanisten haben seinem Ruf geschadet.

v.Pastor I, 631ff - J.Altésents, Alfonso de Borja en Lerida, 1924 - J.Haller, Papsttum u. Kirchenreform, 1903, 181 - G.Hofmann, Papst K. III u. die Frage der Kircheneinheit im Osten (StT 123, 1946, 209-237). *F.Bock*

Calixt, *Georg* (1586-1656), eigentlich Kallissen, studierte (seit 1603) in Helmstedt und wurde 1614 dort Professor, nachdem er inzwischen die Niederlande, England und Frankreich bereist hatte. Durch ihn bzw. seine Schule (→ Hornejus) der luth. Ireniker erhielt → Helmstedt seinen freilich bald umstrittenen Ruf. Für das Verständnis von C. ist zu beachten, daß er Melanchthonianer war, daß er insbesondere die humanistische Seite von dessen Denken sich zu eigen gemacht hatte, daß seine Reisen ihn stark in Berührung mit Reformierten brachten, weiter, daß er ein gründlicher Patristiker war, und schließlich, daß die reformatorische Rechtfertigungslehre in ihrem religiösen Sinn ihm wohl niemals vollständig aufgegangen ist. Katholische Neigungen hat er schwerlich gehabt, obwohl man sie ihm oft nachsagte und die theologische Begründung seiner Irenik den Gedanken daran nahelegen konnte. - C.s Bestreben war es, die in Konfessionen zertrennte Christenheit wieder zu vereinigen, und zwar so, daß er, fundamentale und nicht fundamentale Glaubensartikel unterscheidend, den unbedingt heilsnotwendigen Glauben im Apostolikum bzw. in einem consensus quinquesaecularis gegeben sah. Er begriff weder, daß Rom niemals auf eine solche Dezimierung seiner Glaubenssätze eingehen würde, noch, daß an eine Einigung der verschiedenen ev. Bekenntnisse auf dieser Basis überhaupt nicht zu denken war, da deren Gegensätze sich gar nicht auf das altkirchliche Dogma bezogen, sondern auf den Rechtfertigungsglauben.

Der Widerstand gegen C. ist schon sehr früh laut geworden; er bezog sich auf seine Abkehr von der Ubiquitätslehre, seine weitgehende Scheidung von Natur und Offenbarung, auf den von ihm vertretenen Synergismus u.a.m. Der große Schlag gegen C. und die Brandmarkung seiner Haltung als Synkretismus = Religionsmengerei ist durch → Calov auf dem → Thorner Religionsgespräch von 1645 geführt worden. Die sog. → synkretistischen Streitigkeiten ließen C. nie wieder zur Ruhe kommen.

C.s Motive sind anzuerkennen und bereits durch die Jenenser seiner Zeit (gegen den »Consensus repetitus« von 1655) anerkannt worden. Die auf ihn zurückgehende Trennung von Dogmatik und Ethik galt lange Zeit als theologisches Verdienst. Das Subtraktionsverfahren, mit dessen Hilfe C. die Wiedervereinigung der christlichen Konfessionen zu erzielen versuchte, konnte nicht zum Ziele führen.

E.L.TH.HENKE, G.C. u. seine Zeit, 2 Bde, 1853-60 - RE III, 643 ff - RITSCHL IV, 363 ff - H.LEUBE, Die Reformideen in der dt. luth. Kirche zZ der Orthodoxie, 1924 - DERS., Kalvinismus u. Luthertum I, 1928 - S.GÖRANNSON, Schweden u. Deutschland während der synkretist. Streitigkeiten (ARG 42, 1951, 220-242) - H.SCHÜSSLER, G.C., Theologie u. Kirchenpolitik (Diss. Kiel), 1954. *F.Lau*

Calmet, *Augustin* (1672-1757), * in Ménil-la-Horgne (bei Toul), OSB, 1718 Abt von St. Léopold in Nancy, 1727 Abtpräses der Kongregation von Saint-Vanne, 1728 Abt von Senones (Lothringen), dort †. Von der außerordentlichen Belesenheit und dem Sammeleifer des frommen und gelehrten Mannes, aber auch von Mangel an Kritik und eigenem Urteil zeugen zahlreiche Werke: neben geschichtlichen biblisch-theologische, in denen er die Bibel nach ihrem Wortsinn auslegt. → Bibelwissenschaft: I, 1d.

Vf. u.a.: Commentaire littéral sur tous les livres de l'Anc. et du Nouv. Test., Paris (1707-16, 23 Bde) 1724-26^3 (8 Bde), mit 114 »Dissertationen« zu schwierigen Stellen (diese selbständig: Paris 1722, 3 Bde; dazu: Nouv. dissertations..., [1720] 1722^2); Dictionnaire historique, critique, chronologique, géographique et littéralle de la Bible, Paris (1720/21, 2 Bde) 1730^2 (4 Bde); Histoire ecclésiastique et civile de la Lorraine, Nancy (1728, 3 Bde) 1745-57^2 (7 Bde, mit Selbstbiogr. in Bd 4) (alle auch in zahlreichen Übers.en verbreitet). - Bibliogr.: J.GODEFROY, Archives de la France Monastique 29, 1925, 33 ff. - Über C.: Biogr. v. A.FANGÉ (1762) u. A.DIGOT (1860) - DHGE XI, 1949, 450 ff (Lit.) - DBF VII, 913 f (Lit.) *E.Kutsch*

Calov, *Abraham* (1612-86), eigentlich Kalau, * zu Mohrungen/Ostpr., studierte in Königsberg, ging 1634 nach Rostock, kehrte 1637 nach Königsberg zurück, wurde 1639 dort ao. Professor, 1643 Gymnasialdirektor in Danzig und schließlich in Wittenberg 1650 o. Professor und 1652 General-Sup. Er ist einer der Hauptvertreter der luth. Hochorthodoxie. Sein 12bändiges »Systema locorum theologicorum« (1655-77) ist neben Johann → Gerhards Loci wohl die bedeutendste und charakteristischste Dogmatik des orthodoxen Luthertums. Nach sog. analytischer Methode geht C. vom Heilsziel aus, um dann die Mittel zu dessen Erreichung und die Voraussetzungen des Heilsvorganges zu erörtern. Neben der Dogmatik hat C. die Polemik aufs ausgedehnteste gepflegt und gegen Reformierte, Katholiken, → Arminianer, → Sozinianer, gegen → Labadie und Jakob → Böhme, gegen die Jenenser Theologen wie Joh. → Musäus und schon gegen die ersten Anfänge der → Aufklärung gestritten. C.s exegetisches Hauptwerk ist die des → Grotius Anmerkungen wiedergebende, aber auch glossierende und gegen Grotius gerichtete »Biblia illustrata« (1672-76). Zum Hauptgegenstand der Polemik C.s wurde Georg → Calixt und dessen »Synkretismus«. Auf dem → Thorner Religionsgespräch 1645 kämpfte C. erbittert gegen den Helmstedter Theologen. Das von C. propagierte neue luth. Bekenntnis »Consensus repetitus fidei Lutheranae« (1655) hat sich freilich nicht durchgesetzt; und über C.s Gleichsetzung von Glaube und Lehrformel und seine gleichmäßige Anerkennung aller luth. Lehrartikel als fundamental ist die Zeit bald hinweggegangen. - Seine frühen Arbeiten zur Methode und Theorie des Erkennens (Gnostologia, 1633; Noologia, 1650) sind im Vorblick auf → Kant bemerkenswert. C. führte erstmalig den Ausdruck → Ontologie ein.

A.THOLUCK, Der Geist der luth. Theologen im 17.Jh., 1852 - RE III, 648 ff - H.LEUBE, Die Reformideen in der dt. luth. Kirche zZ der Orthodoxie, 1924 - DERS., Kalvinismus u. Luthertum I, 1928 - RITSCHL IV, passim - M.WUNDT, Die dt. Schulmetaphysik des 17.Jh.s, 1939 - W.NAGEL, D. Johann Friedrich Mayer (Greifswalder Univ.-Festschr. 1956, 34-47). *F.Lau*

Calvin, *Johannes* (1509-64)

I. Leben und Schriften - II. Theologie

I. Leben und Schriften

1. C.s Weg a) zum Juristen und Humanisten, b) zum evangelischen Christen, c) zum Reformator - 2. C.s Wirken a) in Genf, b) in Straßburg, c) wieder in Genf, d) im Kampf - 3. C.s Wirkung in die Weite

1. a) C. wurde am 10.7.1509 zu Noyon in der Picardie geboren. Sein Vater, Gérard Cauvin, hatte sich aus bescheidenen Verhältnissen zum apostolischen Notar und Generalprokurator hinaufgearbeitet. Als Sachwalter des bischöflichen Kapitels von Noyon bewahrte er sich doch persönliche Unabhängigkeit. Wegen Opposition wird er dann 1528 gebannt, bei seinem Tod (1531) wird mit Mühe für ihn ein kirchliches Begräbnis erwirkt. Die Mutter dagegen, Jeanne Lefranc, soll schon früh C. zu kirchlichen Frömmigkeitsübungen angehalten haben. Eine ihm in Noyon erworbene Pfründe zeichnete ihm eine geistliche Laufbahn vor. Er erhielt eine sorgfältige Ausbildung mit den Söhnen einer befreundeten Adelsfamilie, der de Hangest-Montmort, mit denen er 1523 in Paris ins Collège La Marche eintrat. Hier wurde Mathurin Cordier, sein späterer Mitarbeiter im Genfer Schulwesen, sein Lehrer. Im Collège Montaigu, das C. später besuchte, verkörperte Beda Natalis den Geist mittelalterlicher Scholastik, in der hier auch, bald nach dem Weggang C.s, Ignatius von → Loyola geschult wurde. Der junge C. zeichnete sich schon in Paris aus durch Lerneifer, sittliche Strenge und Frömmigkeit. Wohl infolge des Zwistes des Vaters mit der Kirche und auf sein Geheiß wandte sich C., trotz des Erwerbs einer zweiten Pfründe, dem juristischen Studium zu, dem er unter den berühmten Lehrern Pierre de l'Etoile in Orléans und Andreas Alciati in Bourges seit 1529 oblag (1532 Lizentiat). Vor allem bedeutsam für die geistige Weiterentwicklung C.s wurde der Umgang und die Freundschaft mit dem aus Rottweil am Neckar stammenden evangelisch gesinnten Humanisten Melchior Volmar, bei dem er in die griechische Sprache eingeführt wurde und von dem er wohl auch religiös tiefere Anregung erfuhr. Der Tod des Vaters erlaubte dann dem Kandidaten der Jurisprudenz nach Paris zu gehen, um dort an der von Franz I. begründeten Lehranstalt, dem späteren Collège de France, 1531/32 sich ganz dem geliebten humanistischen Studium hinzugeben. Eine verheißungsvolle Frucht solcher Arbeit war C.s Kommentar zu Senecas Traktat De Clementia (1532). Die Abhandlung zeigt eingehende Vertrautheit mit der klassischen Literatur, aber auch mit den Kirchenvätern; C. ist beseelt vom Geist hoher Sittlichkeit und Freiheitsliebe gegenüber Tyrannenzwang (Franz I. und sein Vorgehen gegen die Neugläubigen?). Die Schrift ist aber noch ganz das Werk eines juristisch-humanistischen Reformisten.

b) Wie wurde aus ihm der *evangelische Christ?* Die Frage wird verschieden beantwortet. Nach einigen Forschern (E.Doumergue, K.Holl, in RGG^2 P.Barth u.a.) ist die Hinwendung C.s zum evangelischen Glauben schon frühzeitig (1527/28) eingetreten. Man verweist auf den Einfluß von C.s Verwandtem Robert → Olivetan, der ihn schon frühe zum Studium der Bibel angehalten habe, und auf den möglichen evangelischen Einfluß Volmars. Denkbar wäre auch, daß C. durch deutsche Studenten, die zahlreich in Orléans und Bourges studierten, durch die Lektüre → Bucers, → Luthers oder sogar durch einen Besuch in → Straßburg (schon 1528) mit dem evangelischen Glauben bekanntgeworden wäre (Kampschulte I, 230 ff). Aber nach C.s Selbstzeugnis vollzog sich doch seine innere Wandlung nur ganz allmählich, und der Durchbruch vom Kennen zum Bekennen des evangelischen Glaubens, die subita conversio (Vorwort zum Psalmenkommentar), erfolgte erst spät nach langem Zögern: »Durch die Neuheit abgestoßen, lieh ich (jenen Lehren) nur ungern mein Ohr; mit leidenschaftlichem Eifer widerstand ich ihnen; vor allem eins machte meinen Sinn abgeneigt: die Achtung vor der Kirche« (C. an Sadolet). Nicht stichhaltig ist der Einwand, C. sei doch der Hauptverfasser der zu Allerheiligen 1533 von seinem Freund Cop gehaltenen Rektoratsrede gewesen, ein Umstand, der auch C. zur Flucht nötigte. Diese Rede hält durchaus noch die Linie eines reformistischen Humanismus nach Art der »Bibliens« → Faber Stapulensis oder Briçonnet inne. Die subita conversio C.s kann sich darum frühestens im Winter 1533/34 ereignet haben, da C. erst am 4.5.1534 seine Pfründe in Noyon abtrat. Die Chronologie der Ereignisse im Leben C.s in der Zeit von 1533/34 liegt übrigens ziemlich im Dunkel. Sie mögen etwa wie folgt verlaufen sein: C. findet unter dem Decknamen Charles d'Espeville zunächst ein Versteck in Paris selber, auf der Chaillothöhe, dann in Angoulême, bei seinem Freund, dem Domherrn Louis du Tillet, wo C. schon Vorarbeiten zu seiner Institutio gemacht haben soll. Er besucht in Nérac den greisen Faber, weilt in Poitiers, in Orléans. Hier entsteht 1534 C.s theologische Erstlingsschrift, die Psychopannychie (gedruckt erst 1542), in der er sich gegen die Lehre vom Schlaf der Verstorbenen bis zur Auferstehung wendet. Im Verlauf des Jahres 1534 konnte C. dann wieder Quartier in Paris nehmen. Hielt er sich da nun zu den Evangelischen, so doch gewiß sehr vorsichtig. Er soll schon damals mit → Servet zusammengestoßen sein. Im Oktober 1534 wurden ketzerische Plakate sogar im königlichen Schlafgemach angebracht; schwere Verfolgungen gegen die Neuerer waren die Folge. Da verließ C. in Begleitung du Tillets Frankreich und traf nach einem kurzen Aufenthalt in Straßburg anfangs 1535 in der Vaterstadt seines Freundes Cop, in Basel, ein. Damit beginnt C.s Weg zum *Reformator*.

c) In Basel - hier heißt er Martinus Lucanius - ist es zunächst ein stilles Wirken mit der Feder. Zu Olivetans französischer → Bibelübersetzung (:V, 2 i α) verfaßt C. die Vorrede, l'Epître à tous amateurs de Jésus-Christ, wohl schon früher konzipiert, die älteste uns bekannte Veröffentlichung C.s in französischer Sprache. In Basel wird nun auch C.s theologisches Meisterwerk vollendet, die Christianae religionis Institutio (veröffentlicht 1536). Sie ist als ein Katechismus evangelischer Lehre angelegt, in Anlehnung an Luthers Einteilung des Stoffes. Zugleich aber ist sie eine Apologie für die Evangelischen in Frankreich. Diese sind, wie im Widmungsschreiben vom 28.8. 1535 an König Franz I. (öfters auch gesondert gedruckt) dargelegt wird, keine politischen Rebellen nach Art der münsterischen → Täufer, sondern loyale Untertanen. Möglicherweise hat C. damals auch schon eine französische Ausgabe der Institutio verfaßt, die noch vor derjenigen von 1541 im Druck erschienen wäre. Wertvoll wurde für C. der Basler Aufenthalt auch durch die nähere Bekanntschaft mit den dortigen Reformatoren und mit → Farel, → Viret, → Bullinger u.a. Bevor aber die Institutio zur Frankfurter Frühlingsmesse erschien, war Calvin über die Alpen gezogen, wo → Renata von Frankreich, Herzogin von Ferrara, evangelisch Gesinnten (wie dem Psalmenübersetzer Clément →Marot) Zuflucht gewährte. C. hoffte wohl, die Fürstin ganz für den evangelischen Glauben gewinnen und damit die Lage seiner Glaubensgenossen in Frankreich erträglicher gestalten zu können. Auf der Reise verfaßte er die beiden Mahnschreiben: De fugiendis impiorum illicitis sacris zur Meidung des römischen Messedienstes und De christiani hominis officio, eine Aufforderung, Ämter in der Papstkirche niederzulegen. Die feindselige Haltung des Herzogs, Herkules II., nötigte C. aber, sich rasch aus Italien zu entfernen. Ein zeitweiliges Nachlassen der Verfolgung in Frankreich erlaubte ihm, in seiner Vaterstadt noch einiges Geschäftliche zu ordnen. Er wollte sich dann nach Straßburg begeben. Der zwischen dem Kaiser und dem König erneut ausbrechende Krieg zwang den Reisenden zu einem Umweg in südlicherer Richtung. Ende Juli oder Anfang Aug. 1536 traf C. in Genf ein. Er gedachte die Stadt nach kurzer Rast wieder zu verlassen. Es war aber anders beschlossen. Hier sollte er wirken.

2. a) In Genf hatte Wilhelm Farel, vornehmlich mit Hilfe Berns, der Reformation zum Durchbruch verholfen. Er beschwor C., ihm beim kirchlichen Aufbau beizustehen. C., der sich eine stille Gelehrtentätigkeit in Straßburg erträumt hatte, fügte sich der Aufforderung, in der er Gottes Ruf erkannte. Vorerst wenig hervortretend (in den Akten wird er zunächst ohne Namen als ille Gallus bezeichnet) begann C. seine Tätigkeit mit der Auslegung des Römerbriefes. Dann fing er auch an zu predigen. An der Disputation zu Lausanne (Oktober 1536) machte er sich durch nur kurze, aber treffende Voten bemerkbar. Aber 1537 schritt er, zusammen mit Farel, zur Organisation der Genfer Kirche. Der Katechismus (noch 1536 verfaßt), ähnlich dem Sommaire Farels (1525), legte den Glaubensgrund. Die Confession de foi sollte gruppenweisse von allen Bürgern beschworen werden. Die Articles ecclésiastiques erhielten im Juli die Genehmigung des Rates, aber gerade gegen sie setzte dann der Widerstand der freiheitlichen Bürgerschaft ein. War man des bischöflichen Joches ledig, so wollte man sich von den »Fremden« nicht ein neues auflegen lassen. Im September 1537 wurden C. und Farel auf einer Synode zu Bern durch ihren französischen Landsmann Peter Caroli, Pfarrer in Lausanne, auch der Leugnung der Trinität beschuldigt. Sie konnten sich rechtfertigen, ja halfen den Streit zwischen Zwinglianern und Lutherisierenden in Bern schlichten. Diese gewannen dann durch Bucers Einfluß aber doch die Oberhand. Das Bestreben der Berner Regierung ging dahin, nicht nur in der eroberten Waadt, sondern auch im verbündetetn Genf die staatskirchliche Konformität der Kirchenbräuche mit denen in Bern unter Ablehnung einer von der Kirche ausgeübten Disziplinargewalt durchzusetzen. Bern fand bei dem neuen, den Reformatoren ungünstig gesinnten Rat Gehör, während diese die Unabhängigkeit der Kirche verteidigten. Als sie sich vor der Osterkommunion weigerten, Unwürdigen das Abendmahl zu reichen, mußten sie Genf innerhalb von drei Tagen verlassen. Farel fand in Neuchâtel ein neues Wirkungsfeld. C. wandte sich, als die Fürsprache evangelischer Schweizerstände in Genf nichts fruchtete, von Basel aus rheinabwärts.

b) In Straßburg übernahm C. das Predigtamt an der französischen Flüchtlingsgemeinde. Hier konnte er, was ihm in Genf mißglückt war, weitgehend durchsetzen: die Gemeinde nach kirchlichen Grundsätzen zu leiten. Er fand dazu die Unterstützung der Straßburger Kirchenmänner und lernte auch von ihnen, vornehmlich von Bucer. An der Schule Johs. → Sturms hielt C. Vorlesungen über die Korintherbriefe und schaltete sich in die Auseinandersetzung mit den Wiedertäufern erfolgreich ein. In Idelette de Bure, der Witwe eines von ihm bekehrten Täufers, gewann er damals (1540) eine überaus tüchtige Gattin und Gehilfin († 1549). Die ruhigeren Straßburger Verhältnisse erlaubten C. 1539, seine Institutio in 2. erweiterter Auflage erscheinen zu lassen (1541 von ihm selber meisterhaft ins Französische übersetzt). Mit der Veröffentlichung seines Römerbrief-Kommentares legte er den Grundstein seines gewaltigen exegetischen Bibelwerkes. Von besonderer Bedeutung während seines Straßburger Aufenthaltes wurde für C. seine Teilnahme an den Religionsgesprächen zu Hagenau (1540), Worms (1540/41) und Regensburg (1541) (→ Einigungsbestrebungen: II). C. hat in seinen Actes de la journée impériale zum Regensburger Gespräch kritisch Stellung bezogen; aber er lernte hier die deutschen Verhältnisse und führende Männer des deutschen Protestantismus, zB → Melanchthon, persönlich kennen. Sein Libellus de coena Domini (1541) fand auch → Luthers Beifall. In Worms entstand eine der wenigen uns von C. bekannten Dichtungen, sein Epinicion Christo cantatum, der Siegesgesang auf Christus.

c) Während C.s Abwesenheit hatte sich die Lage in Genf zusehends verschlimmert. Jakob → Sadolet, Bischof von Carpentras, richtete eine geschickt abgefaßte Einladung an die Genfer, sie sollten zum alten Glauben zurückkehren. Da in der Stadt immer noch eine Fraktion eben dieses erstrebte, die nunmehrigen Pfarrer aber nicht zu antworten verstanden, der Rat ungeschickt einschritt, ersuchten die Guillermins (so genannt nach Guillaume Farel), die auch noch vorhandenen Parteigänger der Reformatoren, C. um eine Antwort an den Bischof. Diese Responsio ad Sadoletum (1539), von C. in sechs Tagen verfaßt, war eine so klare Absage und zeugte zugleich von solcher Verbundenheit C.s mit Genf, daß er, sogar unter Fürsprache Berns, nach Genf zurückgerufen wurde. Am 13.9.1541 zog er als Triumphator in Genf ein.

α) Sogleich begann er damit, eine neue Kirchenordnung einzuführen. Schon am 20.11. wurden die Ordonnances ecclésiastiques vom Rat angenommen. Neben der Institutio wurde dieses Statut kirchengeschichtlich von größter Bedeutung. Die Ordonnances sind sichtlich von der Straßburger Kirchenordnung (Bucer) mitbestimmt (über ihren Inhalt → Calvin: II, 6). Die Kirchenordnung wurde in den Jahren 1541-45 mit größter Folgerichtigkeit ein- und durchgeführt. Es sind die Jahre, da in herber Strenge gegen die Mißachtung und Übertretung der Satzungen eingeschritten wurde mit Bußen, Haft, Verbannungen, Hinrichtungen, Zeiten vermehrter Hexer- und Hexenprozesse, so besonders im Pestjahr 1545. Dabei kann C. nicht von jeder Mitschuld an den harten Verfahren freigesprochen werden. Es müssen aber auch die besonderen Verhältnisse und Zeitumstände in Betracht gezogen werden. C. wurde vom Rat selber in vielen zivilen Angelegenheiten als Ratgeber beigezogen. Er befaßte sich auch mit materiellen Dingen, wie zB Arbeitsbeschaffung, Einführung neuer Handwerkszweige usw.

β) Vor allem aber beschäftigte ihn die Heranziehung eines in biblischem Glauben und evangelischer Sittlichkeit gegründeten Geschlechtes. Zu diesem Zwecke gab C. den – nun in Fragen und Antworten verfaßten – → Genfer Katechismus heraus (1541 französisch, 1545 auch lateinisch). Die Neuausgabe der Institutio (1543, französisch 1545) verrät stärkere Berücksichtigung praktischer Erfahrungen.

γ) Zur *Ordnung des gottesdienstlichen Lebens* verfaßte C. seine Forme de prières et chants ecclésiastiques avec la manière d'administrer les sacrements et de consacrer le mariage selon la coutume de l'Eglise ancienne (1542). Die Liturgie C.s zeigt besonders starke Abhängigkeit vom Straßburger Brauch. Der Psalmengesang nimmt dabei neben Predigt und Gebet als Hauptstücken einen wichtigen Platz ein. C. ist auch als Psalmenübersetzer zu nennen. Er ist ein Sprachschöpfer ähnlich Luther. Auch sonst dürfte das Verhältnis des humanistisch geschulten, aristokratischen C. zur Kultur und auch zur Kunst heute richtiger beurteilt werden.

d) Aber schon begann das Jahrzehnt schweren Kampfes für C. auf verschiedenen Gebieten. Da waren die kath. Gegner. Im selben Jahre 1543 hat C. nacheinander drei Streitschriften gegen sie verfaßt: gegen die Sorbonne und ihre 28 antiprotestantischen Thesen, gegen Albert → Pighius, Domherrn in Utrecht, mit seiner radikalen Lehre vom freien Willen. Gegen den Reliquienunfug in der römischen Kirche stellte C. sein ironisches Inventaire de tous les corps saints et reliques auf. Hier sei auch gleich noch unter den polemischen Schriften gegen Rom C.s Antidotum gegen die Akten des → Tridentinischen Konzils (1547) erwähnt. Weiter galt es auch den Sektierern zu wehren, die sich bis an den Hof der mystisch gerichteten Königin Margarete von Navarra eingeschlichen hatten. Vor ihnen warnte C. in seiner Schrift Contre la secte phantastique et furieuse des Libertins qui se nomment Spirituels (1545). Aber schon mehrte sich die Gegnerschaft in C.s nächster Umgebung. Der um das Genfer Schulwesen hochverdiente Sebastian → Castellio entfremdete sich C. durch Bibelkritik. Von 1546 an hatte es C. in Genf mit Freigeistern zu tun. Der reiche Spielkartenfabrikant Peter Ameaux mußte öffentliche Buße tun. Jakob Gruet, der Heiligstes geschmäht hatte, wurde enthauptet. Neben solchen »libertins«, mit ihnen oft unter einer Decke, steckten die liberalen, meist vornehmen Familien angehörenden Enfants de Genève gegen die »Fremden«. Anführer der Opposition gegen C. wurde sein früherer Anhänger, der Generalkapitän Ami Perrin. C. wurde persönlich bedroht.

Hinzu kamen die theologischen Gegner: Der Arzt Hieronymus → Bolsec greift 1551 C.s Prädestinationslehre an. Die Vénérable compagnie des pasteurs blieb einig, und der Rat gab daraufhin nach. Der Mediziner-Theologe wurde verbannt. Der Consensus pastorum Genevensis ecclesiae de aeterna Dei praedestinatione (1552) umschreibt deutlich C.s Lehrmeinung. Gewichtiger und gefährlicher wird der Handel um → Servet (1553). Der spanische Arzt war von Genf aus (nicht durch C.) der Inquisition in Vienne als Ketzer denunziert worden. Auf der Flucht nach Italien über Genf wurde er von C. erkannt und auf dessen Veranlassung hin verhaftet. Er wollte den Tod des → Antitrinitariers. C. stand außerdem wegen seiner Forderung auf Ausschluß des Libertiners Philippe Berthelier in hartem Kampf mit den Perrinisten, und mit diesen konspirierte der gefangene Servet. C. erklärte, lieber sterben zu wollen als Berthelier zum Abendmahl zuzulassen. Die feste Haltung des Reformators beeindruckte den Rat, um so mehr als auch alle evangelischen Schweizer Stände (mit Ausnahme Basels) dem Tode Servets vorbehaltlos zustimmten. C. verwandte sich für Hinrichtung mit dem Schwert. Servet wurde aber am 28.10. verbrannt. Bei der Beurteilung C.s im Servethandel darf nicht behauptet werden, seine Zeit habe Toleranz nicht gekannt. Die Haltung u.a. → Bolsecs und des C. doch zugetanen Berners Nikolaus → Zurkinden beweisen das Gegenteil. Was zur Entlastung C.s vorgebracht werden könnte, hat er selber dargelegt in seiner Defensio orthodoxae fidei (1554). Der Ausgang des Prozesses stärkte übrigens C.s Stellung. Die Osterwahlen brachten seinen Anhängern im Rat und damit ihm selber den Sieg.

3. Nun erst konnte seine Arbeit die *Auswirkung in die Weite* finden. Schon 1549 war C. im Consensus Tigurinus, durch den Ausgleich zwischen seiner und → Bullingers Abendmahlslehre, die Annäherung an Zürich gelungen. Gab es auch noch Auseinandersetzungen mit Bern, so zeichnete sich nun mehr und mehr eine geeinigte reformierte Schweizerkirche ab. – Dies führte freilich zu bitterster Entzweiung zwischen C. und den Gnesiolutheranern Deutschlands. C. dachte hoch von Luther. Melanchthon stand ihm nahe. Er hatte 1540 die Augustana variata (→ Augsburger Bekenntnis) unterschrieben. An

Karl V. richtete er 1544 seine Supplex exhortatio. Gegen das Augsburger Interim wandte sich seine Schrift La vraie façon de réformer l'Eglise (1549). So kümmerte sich C. um den Fortgang der Reformation in Deutschland. Nun aber mußte er gegen →Westphal in der Defensio sacrae et orthodoxae doctrinae (1554) und →Hesshus in der Dilucida explicatio (1560) u.a. den Züricher Consensus verteidigen. Er erlebte aber die Freude, die Pfalz unter seinem Schüler → Olevian der reformierten Lehre beitreten zu sehen. - Vor allem galt seine Liebe seinen französischen Glaubensbrüdern. Für sie setzte er sich ein. Unzählige flüchteten nach Genf und fanden da eine Freistatt. C. machte in Frankreich aus den evangelischen Eglises plantées die Eglise dressée: aus bloß begründeten Kirchen die organisierte Kirche. Ihr Glaubensbekenntnis, ihre Disziplin, angenommen auf der 1. Nationalsynode zu Paris 1559, sind von ihm eingegeben. Den Widerstand der → Hugenotten hat er gebilligt (vgl. Inst. IV, 20, 30). - C. hat ferner die englische Reformation beeinflußt. Er korrespondierte mit dem Herzog von Somerset, Erzbischof → Cranmer, dem jungen Eduard VI. und reiste 1556 nach Frankfurt/M., um der dortigen englischen Flüchtlingskolonie in ihren Schwierigkeiten zu helfen. Schottlands Reformator, John →Knox, ist C.s Schüler. - C.s Einfluß reichte nach den Niederlanden, an den deutschen Niederrhein, nach dem Osten bis Polen, Ungarn, nach dem Süden bis Italien und Spanien, durch Briefe und Schriften, besonders die exegetischen, die Institutio, welche 1559 die endgültige lateinische Fassung erfuhr und 1560, wenn auch zT nicht von C. selber, in französischer Übersetzung erschien. An der 1559 begründeten, von → Beza geleiteten Genfer Akademie scharten sich Tausende um C.s Lehrstuhl.

C. hat ein Übermaß von Arbeit seinem schon früh kranken Körper abgerungen. Mit dem Jahr 1564 begann seine Widerstandskraft zu erlahmen. Er starb am 27.5. 1564. Nach seinem Willen sollte sein Grab nicht kenntlich gemacht werden. Es wurde zur unbekannten Ruhestatt eines Soldaten, dem es bei aller Strenge und allem Fehlen doch letztlich immer um Befehl und Ehre seines himmlischen Herrn ging.

Lit. → Calvin: II. *O.E.Strasser*

II. Theologie

1. Allgemeine Gesichtspunkte - 2. Die Erkenntnis Gottes - 3. Die Soteriologie - 4. Rechtfertigung und Heiligung - 5. Die Prädestination - 6. Die Kirche - 7. Die Sakramente - 8. Der Staat

1. C. hat in seiner Institutio die bedeutendste Dogmatik seiner Zeit geschaffen. Aber diese ist zugleich das, was wir »Biblische Theologie« nennen. Dem entspricht es, daß sich C.s Theologie nur unter gleichwertender Heranziehung namentlich seiner exegetischen Arbeiten (Kommentare und Vorlesungen) und der (nur zum Teil edierten) Predigten erfassen läßt. Der Dogmatiker C. ist zugleich stets Exeget und Prediger. Umgekehrt: der Bibeltheologe C. steht bewußt innerhalb der Tradition kirchlichen Denkens und ist dieser gegenüber nicht auf Originalität bedacht. Von den Kirchenvätern hat ihn am stärksten → Augustin beeinflußt. Aus dem Mittelalter kennt er → Petrus Lombardus, → Thomas, auch → Anselm und ohne Frage auch → Duns Scotus (den er, wie es in der via antiqua üblich war, im wesentlichen wohl mit Thomas zusammengesehen hat); außerdem liebt er → Bernhard von Clairvaux. Unter den Zeitgenossen hat ihn in manchem → Erasmus beeinflußt, im Entscheidenden → Luther und in der Prägung seiner Lehre und seines Kirchendenkens noch mehr Martin → Bucer; unverkennbar sind auch die Beziehungen zu → Melanchthon. Gegenüber → Zwingli wahrt er ständig eine erhebliche Distanz, die jedoch Berührungen nicht ausschließt. C. ist als Theologe ein Mann der »zweiten Generation«: Er hat in fast unvergleichlichem Maß die Gabe der Ordnung, er verbindet Gegensätze, die sich verfestigt haben; was ihm eigen ist, das ist vielfach mehr die Akzentsetzung und die systematische Verknüpfung, auf alle Fälle das Gefälle seines Denkens auf die Gestalt der Kirche hin. Ein »Prinzip« seiner Theologie (zB der Gedanke der gloria Dei oder der Alleinwirksamkeit Gottes oder der Prädestination) besteht nicht. Sein theologisches Lebenswerk kann man als Zusammenfassung der Reformation überhaupt ansehen: Seine Geschichtsmächtigkeit beruht auf seiner Geschlossenheit, die wiederum durch die von der Bibel beherrschte Diszipliniertheit seines Denkens bewirkt ist. Wie er die reformatorische Theologie abschließend formt, so steht er eben damit schon auf der Schwelle zur Orthodoxie. Wie er die Überlieferung in das reformatorische Denken hereinnimmt und ihm gemäß umformt, so öffnet sich ihm auf der anderen Seite vermöge der europäischen Weite seines Gesichtsfeldes die werdende moderne Welt, die er durch seine Theologie maßgebend mitgestaltet hat.

2. C.s Theologie hat es mit einer bereits weitgehend paganisierten Welt zu tun. Die *»Erkenntnis« Gottes* ist zur Frage geworden. C. begegnet dieser Frage, nicht ohne Anleihen bei der Antike, besonders bei Cicero und Platon, zunächst auf dem Felde, auf dem sie gestellt ist. Er rechnet mit der Wirksamkeit eines semen religionis. Er verweist auf die Kreatur als Natur wie als Geschichte, wie erst recht auf das menschliche Sein als abgeleitetes Sein (subsistentia). Eine gewisse Gotteserkenntnis ergibt sich daraus: Gott ist auch dem Heiden gegenüber nicht untätig. Aber C. entgeht der Versuchung, aus solchen Überlegungen eine explizite »natürliche Theologie« werden zu lassen. Die wahre cognitio Dei erwächst dem Menschen nicht aus dem semen religionis. Denn der Mensch ist Sünder, und was er an religiösen Vorstellungen mitbringen mag - seinerseits nur Gabe des Schöpfers, der sein Geschöpf nicht fahren läßt -, das reicht nur dazu, ihn unentschuldbar zu machen. Gott ist ihm nicht fern (C. zitiert immer wieder Apg 17, 28). Aber der Mensch ist Gott fern und verwirrt die geringe Einsicht in seine Verkehrung hinein. Rechte, heilbringende Erkenntnis wird ihm einzig dadurch zuteil, daß Gott selbst den Mund auftut. Erst dadurch wird auch der Mensch zur rechten Selbsterkenntnis geführt. Gottes Wort (Sermo Dei) - das ist der Ausgangspunkt und Mittelpunkt aller Rede über Gott (→ Wort Gottes: III. IV). Dieses Wort ist Jesus Christus. Aber es ertönt, als promissio wie als lex, auch im Alten Bunde auf Christus hin. Es erklingt als Selbstbezeugung Gottes im AT und im NT je in verschiedener administratio, aber in gleicher substantia. Gott selbst bezeugt sich in seiner Majestät und Freiheit. Er bezeugt sich im Sohne, durch den Heiligen Geist. Daher kann die Geltung des Schriftworts, soviel C. auch an sonstigen Belegen anführen mag, einzig dann wirklich erkannt werden, wenn das testimonium Spiritus sancti (arcanum) vom Menschen vernommen wird; wie Schrift und Geist unlösbar zusammengehören, so gehören wiederum Geist und Glaube zusammen. Weil C. darauf alles Gewicht legt, so kann er der historischen Bedingtheit der Schrift im Rahmen seiner Erkenntnismöglichkeiten Rechnung tragen, ohne damit die Inspiration zu verkürzen (man hat ihn zum Urheber der historisch-kritischen Arbeit machen wollen, was ebenso verkehrt ist wie der Versuch, ihn zum Urheber der längst vor ihm vorhandenen und für ihn entbehrlichen Verbalinspirationslehre zu machen!). C. ist von der Vorstellung einer gleichsam an sich bestehenden Objektivität des Offenbarungsworts ebenso weit

entfernt wie von der Idee einer erst durch subjektive Befindlichkeiten begründeten Geltung dieses Worts. Sein »Biblizismus« ist nicht »formal«, sondern material, geschichtlich und pneumatologisch bestimmt.

3. C. unterscheidet zwischen der Erkenntnis Gottes als des Schöpfers und der Erkenntnis Gottes als des Erlösers, nicht dem Subjekt dieser Erkenntnis nach (das ist jedesmal der das Wort vernehmende Mensch), nicht dem Gegenstand der Erkenntnis nach (der Schöpfer ist auch der Erlöser - C. ist strenger Verfechter der Trinitätslehre), wohl aber im Blick auf die Verfassung des Menschen, die erkannt wird: Der geschaffene Mensch ist nicht der erlöste. Zwischen beiden steht das dunkle Geheimnis der → Sünde (: V. VI), die C. als peccatum originale ganz in den Bahnen Augustins versteht, aber über Augustin hinaus radikalisiert: sie hat ihren Sitz in der Seele und verwirrt daher den ganzen Menschen und zerstört seine geschöpfliche Natur. Nach C. tritt Gott der menschlichen Verderbnis zunächst im → Gesetz (: V) entgegen. Es ist in jeder seiner drei Wirkungsweisen (C. teilt die Lehre vom triplex usus legis) Gestalt des göttlichen Heilswirkens: C. stellt den usus elenchticus an die Spitze und führt dann über den usus politicus zu dem, was er, im Vorblick auf die eigentliche *Soteriologie,* den usus praecipuus nennt: Das Gesetz wird dem befreiten Menschen zur Anleitung, in dieser Freiheit zu leben. C. kennt keine Auseinanderreißung des im Gesetz und des in Christus am Menschen wirkenden Gottes: Gottes Gnade und Gottes Gesetz gehören zusammen. Aber das Gesetz ist (Heilsgeschichte!) bereits im Blick auf den kommenden mediator gegeben, ohne den das Gesetz nur zur Verzweiflung führen würde. Bezeichnenderweise spricht aber C. in der Institutio 1559 vom Mittler schon vor der Erwähnung des Gesetzes und im Genfer Katechismus vom Glauben vor dem Gesetz; eine dem Heilsgeschehen gegenüber selbständige Funktion des Gesetzes kennt er nicht. Im Mittler aber wiederum ist der alles bestimmende Wille des Vaters am Werk, wie er auch im Gesetz wirkt. Daher übernimmt C. zwar die Satisfaktionstheorie Anselms, betont aber stärker, daß Christus allein kraft des väterlichen Willens ein dem Menschen zugute kommendes Verdienst erwerben konnte. Dies wiederum konnte er nur, indem er in seiner Person Gott und Mensch in einem war und ist: C. sucht die chalcedonensische Mittellinie zu halten, indem er sich sowohl einer Aufspaltung der Person entgegenstellt, als auch einer Vermischung von Gott und Mensch. Die auch von ihm vertretene Lehre von der communicatio idiomatum verbindet er nicht mit einer Hinnahme der spätscholastisch-luth. Ubiquitätslehre, die der Echtheit des menschlichen Wesens Jesu Christi Eintrag tun würde; er hält sich vielmehr an die altkirchlich-hochscholastische Auffassung, wonach Gottes Sohn auf geheimnisvolle Weise ganz der Mensch Jesus Christus gewesen, aber zugleich als → Sohn Gottes (: III) an der Seite des Vaters geblieben ist (sog. extra Calvinisticum; vgl. besonders Inst. II, 13, 4): Er ist ganz bei uns, und doch ist er ganz er selbst. C.s → *Christologie* (: II, 7c) mündet in ein Mysterium, das nur paradox auszusagen ist. Für die Frage der Ubiquität heißt das, unter Berufung auf Petrus Lombardus: Christus ist zwar totus allenthalben, aber nicht totum (Inst. IV, 17, 30). Im übrigen entspricht es dem Gesamtcharakter von C.s Theologie, daß seine Christologie vornehmlich Lehre vom Werk des Mittlers ist; er hat die Lehre vom munus triplex Christi endgültig geformt und die Aussagen des 2. Artikels entschieden soteriologisch gedeutet (den descensus ad inferos bezieht er dabei auf die für uns erlittene Seelenqual des Gekreuzigten, ähnlich wie es der junge Luther getan hatte).

4. Person und Werk des Mittlers kommen dem Menschen durch das Werk des → Geistes (: V) zu, den C. gern als vinculum unserer communio cum Christo bezeichnet. Der vom Geist durch das Wort gewirkte Glaube ist zwar auch Erkenntnis und Bejahung, Vertrauen und Gehorsam; aber entscheidend ist, daß der Glaubende der Gemeinschaft mit Christus teilhaftig wird. Die → *Rechtfertigung* (: II) ist daher zwar Gottes Handeln extra nos (streng forensisch verstanden), aber sie ist zugleich Teilgabe an Christi eigener Gerechtigkeit (jedoch keinerlei Bewirkung einer crassa mixtura zwischen uns und ihm, sondern pneumatisch-personal zugeeignet; C. polemisiert heftig gegen → Osiander). Wie aber in Christus Gerechtigkeit und Heiligkeit eins sind und er uns zur Gerechtigkeit und Heiligung gemacht ist (1Kor 1, 30), so läßt sich die *Heiligung* von der Rechtfertigung nicht lösen (aber auch nicht mit ihr vermengen, als ob etwa die Heiligung für die Rechtfertigung maßgebend wäre). Die Rechtfertigung ist, weil sie auf Christi Gerechtigkeit beruht und im Werk des Geistes Bestand hat, nie ohne Frucht, und die aus dem Glauben kommenden Werke werden um des gerechtfertigten Menschen willen ebenfalls gerechtfertigt und belohnt (C. nähert sich der Lehre vom syllogismus practicus). Das Leben im Glauben ist nach C. gekennzeichnet durch Buße, Selbstverleugnung, Gebet, Betrachtung des zukünftigen Lebens und steht in allem unter der libertas christiana. Die enge Verbindung von Christologie und Pneumatologie ermöglicht es C., zwischen Antinomismus und Gesetzlichkeit die Mitte zu halten.

5. Die → *Prädestinationslehre* (: III) erscheint in der Institutio als Abschluß der Rechtfertigungslehre (in der Fassung von 1536 gehört sie wesentlich zur Lehre von der Kirche, als Ausdruck für das, was 2Tim 2, 19 gesagt ist). Sie hat danach in erster Linie die Funktion, die Gewißheit des Glaubens im Blick auf dessen Geschenkcharakter auszusagen. Gottes Gnade ist frei, und deshalb ist sie gültig und unwiderruflich. Sie geht als freie Wahl der im Wort geschehenden vocatio wie erst recht dem Glauben vorauf und trägt beide. Sie ist Gottes Geheimnis: Er allein hat die Gemeinde in Christus erwählt und er schenkt den Geist, wem er will. Die Gewißheit der → Erwählung findet der Mensch weder in sich selbst, noch in Gott, dem Vater, an und für sich, sondern allein in Christus als dem speculum der Erwählung, als dem Zeugen, als dem, mit dem uns die Erwählung zusammenschließt. Scharf wehrt C. die Vorstellung ab, als sei Gottes Erwählung nur praescientia: Gott ist nie ein Deus otiosus. Aber auch die schließlich zum Pantheismus führende Vorstellung von einer göttlichen Allwirksamkeit, die das geschöpfliche Tun ausschlösse, verneint er: Die Erwählung lähmt nicht, sondern sie setzt den Menschen in Bewegung. Daß Gott, wenn er das Wort allen anbietet, aber nur wenige wirksam beruft, willkürlich handle, bestreitet C.; die spätnominalistische Idee einer potestas absoluta Gottes oder eines Deus exlex ist ihm tief zuwider. Aber Gottes Gerechtigkeit ist höher als die im Gesetz (akkommodierend) geoffenbarte, höher als die der Engel, und vor ihr gilt es stehenzubleiben. Freilich hat C. sich seit 1539 trotz ständiger Warnung vor der Spekulation dennoch auf deren Bahn drängen lassen, indem er zwischen Erwählung und Verwerfung logisch eine Alternative aufrichtete und damit zum Gedanken der gemina praedestinatio kam, der vorweg geschehenen (auch vor dem Sündenfall liegenden, »supralapsarischen«) Bestimmung, die electio oder reprobatio bedeutete. Die aus Eph 1, 4ff gewonnene Erkenntnis der in Christus geschehenen und also im Evangelium kundgewordenen Erwählung wird dadurch wieder verdunkelt. Übrigens unterscheidet C. (anders als etwa Zwingli) zwischen Prädestination und Vorsehung: die letztere bezieht sich nicht auf die Entste-

hung und Bewahrung des Glaubens; C.s Vorsehungslehre richtet sich vornehmlich gegen den Schicksalsglauben seiner Zeit.

6. Wie C.s gesamte Theologie eine christologisch-pneumatologisch bedingte Zueinanderordnung von »Dogmatik« und »Ethik« zeigt, so hat sie ihr Gefälle auf die →*Kirche* (:III) hin, die das Wort sagt, lehrt und anwendet. Sie ist das Mittel, durch das uns Gott in die Gemeinschaft mit Christus ruft und in dieser erhält. C. ist weit davon entfernt, dieses medium zu relativieren: Die Kirche ist zwar nicht Glaubensgegenstand (C. betont, hier in Einklang mit Augustin, Rufin und u.a. auch mit dem Catechismus Romanus, daß es heißen muß: credo ecclesiam, nicht: credo in ecclesiam), aber sie ist die »Mutter« der Gläubigen, und die Scheidung von ihr bringt das Verderben. Nun übernimmt C. zwar die Unterscheidung zwischen der »unsichtbaren« Kirche (coram Deo) und der »sichtbaren«, der auch Heuchler zugehören. Aber er bezieht das credo ecclesiam ausdrücklich auch auf die letztere. Die »unsichtbare« Kirche kann niemand glauben, ohne sich damit gehorsam der sichtbaren einzufügen. Denn in dieser erreicht uns das Wort und das Sakrament, durch ihren Dienst ruft und erhält uns Gott. Dem entspricht es, daß C. die Kirche primär vom ministerium her versteht, dem in der Predigt und der diese zueignenden disciplina die Schlüsselgewalt gegeben ist. Nur durch Wort und Sakrament ist die Kirche Gemeinde, congregatio, societas. Das ministerium (→ Amt: III, 3) ist nach C. mehrfältig, wie die Aufgabe der Kirche selbst: Es umfaßt den Dienst am Wort (pastores, doctores - letztere nennt C. nicht immer), den Dienst der (mit den pastores gemeinsam zu übenden) Zucht (presbyteri) und den Dienst an den Armen (diaconi). Dafür beruft sich C. auf das Vorbild des NT und der ältesten Kirche (von einem ius divinum ist bei ihm noch nicht die Rede; er versteht das Amt als donum). Wie das ministerium zwar mehrfältig, aber doch ein einziges ist, so sind die Träger des Amtes (die Stellung der diaconi ist dabei freilich problematisch) zur Gemeinsamkeit des Dienstes angehalten; sie bilden den senatus ecclesiae. C. hat alle Mühe daran gewendet, namentlich die disciplina gegenüber der obrigkeitlichen Gewalt unabhängig zu machen, und damit der Kirche die Möglichkeit wiedergegeben, auch ohne und gegen den Willen der Staatsgewalt geordnet zu leben (Frankreich, Schottland, Niederlande, Niederrhein). Der »presbyteriale« Gedanke ist bei C. kräftiger ausgebildet als der »synodale«. Die Einheit der Kirche ist für C. nicht nur »Gegenstand« des Glaubens, sondern auf sie richtet sich alle seine Mühe. Er war an den Einigungsversuchen mit röm. Theologen Anfang der 40er Jahre beteiligt. Daß die röm. Kirche als Institution falsa ecclesia sei, ergab sich für ihn daraus, daß ihr die Kennzeichen der Kirche, rechte Predigt und rechte Verwaltung der Sakramente, fehlten (hier berührt sich C. mit Melanchthon; in seiner gesamten Ekklesiologie ist der Einfluß Bucers wirksam). Seit dem Tridentinum ist C. um so stärker um eine Einigung der ev. Kirchen bemüht; theologisch stützt er sich einerseits auf den Gedanken, daß eine umfassende Lehreinheit zwar in der örtlichen Gemeinde, nicht aber im Verhältnis der örtlichen Gemeinden zueinander nötig sei, andererseits auf die Betonung der Wirksamkeit des fundamentum der Kirche, das sich für ihn namentlich im Apostolikum bekundet findet (der Gedanke, bei Bucer vorgebildet, leitet zur Idee der Fundamentalartikel hinüber).

7. C. bringt (nach scholastischer Übung) vor seiner Lehre über Taufe und Abendmahl eine Lehre über die → *Sakramente* (: I. II, 2) im allgemeinen vor: Sie dient ihm zugleich dazu, die Kriterien für die Ablehnung der fünf von der röm. Kirche über die reformatorische Auffassung hinaus behaupteten Sakramente zu gewinnen. C. befindet sich zwischen zwei Fronten: gegenüber der (zwinglischen oder »schwärmerischen«) Unterschätzung der Sakramente betont er deren Notwendigkeit, gegenüber der (röm. und auch luth.) Überschätzung deren Zuordnung zum Wort und bestreitet er jede Selbstwirksamkeit des sakramentalen Geschehens. Beides wirkt sich folgenschwer in der Abendmahlslehre aus (vgl.→Abendmahl: II, 3b; III, 2). C. lehrt die reale Gegenwart Christi im Mahl, versteht diese aber als durch den Geist gewährt: Das Abendmahl ist für ihn in diesem Sinne wirksames Zeichen; es bietet dar, was es abbildlich darstellt - aber es ist nicht selbstwirksam: daher Ablehnung der manducatio impiorum. Eine andere als die im Geist gewährte Realpräsenz Christi würde nach C. mit der Himmelfahrt nicht vereinbar sein und die Parusie (die C. beim Abendmahl wie auch sonst stark betont) vorwegnehmen. Der Gedanke der Spiritualpräsenz ist viel mißverstanden worden, weil man nicht beachtete, daß der Geist nach C. gültig wirkt, aber eben gültig kraft seiner gottheitlichen Freiheit.

8. Die politica administratio gehört für C. zu den media salutis. Sie ist nicht aus der Sünde, sondern aus Gottes gnädiger Anordnung erwachsen. Daher ist eine christliche Anarchie undenkbar, aber ebenso die Eigenmächtigkeit der Obrigkeit. Aufgabe der Obrigkeit ist die custodia utriusque tabulae (C. denkt an die christliche Obrigkeit und versteht offenbar jede Obrigkeit von dieser her!). Mit dieser in ihrer Weise »theokratischen« Bestimmung des Staates ist dagegen nicht aufgehoben, daß er über die externa nicht hinausgreifen kann und darf; das innerliche, geistliche Reich Christi ist von ihm durchaus unterschieden. Das aber hindert nicht, daß Christen an den staatlichen Aufgaben mitarbeiten und den Dienst des Staates in Anspruch nehmen. Der *Staat* (für C.s Auffassung läßt sich dieser modernere Begriff anwenden) hat das Gesetz zur Geltung zu bringen; er ist dabei nicht an das at. Gesetz gebunden (C. übernimmt die scholastische Lehre von der abrogatio legis und baut sie aus), sondern an die regula caritatis, die dem Dekalog zugrunde liegt (C. nähert sich naturrechtlichen Anschauungen). Der Obrigkeit gebührt Gehorsam, auch wenn sie ungerecht ist. Aber ihr ist Widerstand zu leisten, wo sie Ungehorsam gegen Gott fordert (→ Revolution: II). Darüber hinaus steht ein Recht zum Widerstande gegen Tyrannen (→Tyrannenmord) den Ständen, den niederen Obrigkeiten, den ordnungsgemäß dazu Befugten zu - abgesehen davon, daß Gott »öffentliche Rächer« berufen kann und damit in seiner Vorsehung einen außergewöhnlichen Weg zur Beseitigung eines außergewöhnlichen Zustandes beschreitet. Die Staatsform ist für C. ein Adiaphoron, doch findet er eine Mischung aus Aristokratie und Demokratie am besten.

C.s Theologie hat ihre Kraft vor allem in der Verbindung gedanklicher Schärfe und praktisch-ethischer Gestaltbildung entfaltet und weit über die reformierten Kirchen hinaus gewirkt.

Werke: CR 29-87, 1869-1900 - Opera selecta, hg.v. P.Barth, W.Niesel, D.Scheuner, 5 Bde, 1926, Predigten über 2Sam, hg.v. H.Rückert, 1936ff - Institution de la religion chrétienne (1541), hg.v. J.Pannier, 1936 - C.s Institutio (1559), übers. v. O.Weber, 1955² - C.s Lebenswerk in seinen Briefen, 2 Bde, übers. u. hg.v. R.Schwarz, 1909 - Um Gottes Ehre. 4 kleinere Schriften, übers. v. M.Simon, 1924 - C.s Auslegung der hl. Schrift, Neue Reihe, bisher 6 Bde, übers. u. hg.v. O.Weber, 1937ff; für die hier fehlenden Bde vgl. desgl., übers. u. hg.v. E.F.K.Müller, 1901-21 - J.C., Diener am Wort Gottes. Predigten, übers. v. E.Mülhaupt, 1934 - J.C., Abraham-Predigten, übers. v. E.Bizer, 1937. *O.Weber*

Lit.: Zu I: Älteres in RE III, 654ff; XXIII, 293f - RGG² I, 1425ff. Gesamtdarstellungen: E.Doumergue, J.C., 7 Bde, mit Ikonographie, 1899-1927 - A.Lang, J.C., 1909 - H.Hoffmann, J.C., 1929 - A.de

Quervain, C., sein Lehren u. Kämpfen, 1926. - Von kath. Autoren: F.W.Kampschulte, J.C., seine Kirche, sein Staat, 1869. 1899 - P. Imbart de la Tour, Les origines de la Réforme IV: C. et l'Institution 1936. - Einzeluntersuchungen: A.Lefranc, La jeneusse de C., 1888 - J.Pannier, L'enfance et la jeunesse de C., 1909 - J.Neuenhaus, C. als Humanist, 1909 - J.Bohatec, Budé u. C., 1950. - Zur Bekehrung C.s Lit. bei H.Hoffmann, ferner: J.Viénot, Hist. de la Réforme française I, 1926, 178ff. - Zu den verschiedenen Ausgaben der Institutio: P.Barth u.a., Op. selecta III, 1928, VI-L - J.W.Marmelstein, Etude comparative des textes latins et français de l'Institution, 1921. - Ferner: P.Wernle, C. u. Basel 1535-52, 1909 - J.Pannier, C. à Strasbourg, 1925 - C.B.Hundeshagen, Die Conflikte des Zwinglianismus, Luthertums u. Calvinismus in der bernischen Landeskirche 1532-58, 1842 - K.Müller, C. u. die Libertins (ZKG 40, 1922, 83 bis 129). - C. als Sprachschöpfer: G.Lanson, Hist. de la littérature française, 1921, 262ff. - C.s Verhältnis zur Kunst: L.Wencelius, C. et Rembrandt, 1936 - Ders., L'Esthétique de C., 1937 - J.Weerda, Holbein u. C., 1955. *O.E.Strasser*

Zu II: bis 1900 am Schluß von CR 87 u. separat: A.Erichson, Bibliographia Calviniana, 1900. Neueres bei F.Wendel, C., 1950. - Insbesondere: D.B.Hundeshagen, Beiträge zur Kirchenverfassungsgesch. u. Kirchenpolitik I, 1864 - A.F.Savornin-Lohmann, Calvijn en Rome, 1927 - R.H.Tawney, Religion and the rise of capitalism, 1927 - B.B.Warfield, C. and Calvinism, 1931 - R.Freschi, Giovanni Calvino II: Il pensiero del riformatore, 1934 - K.Barth, C. (ThEx 37), 1936 - W.Niesel, Die Theologie C.s, 1938 - E.Stickelberger, C. Eine Darstellung, 1943 - T.H.L.Parker, The oracles of God, 1947 - W.Kolfhaus, Vom christl. Leben nach J.C., 1949 - F.Buesser, C.s Urteil über sich selbst, 1950 - J.Bohatec, Budé u. C., 1950 - A.M. Hunter, The Teaching of C., 1950² - W.Krusche, Der Hl. Geist bei C. (Diss. Heidelberg), 1953 - R.S.Wallace, C.s doctrine of the word and sacrament, 1953 - C.Calvetti, La filosofia di Giovanni Calvino, 1954 - J.McNeill, The History and character of Calvinism, 1954 - H.Berger, C.s Geschichtsauffassung, 1955 - T.F.Torrance, Kingdom and Church, 1956, 90ff - M.Neeser, Le Dieu de C., 1956. *O.Weber*

Cambrai, *Bistum.* Wohl schon im röm. Handelszentrum Cameracum hat das Christentum Wurzel gefaßt. Seit 500 ist das Bistum, und zwar als Suffragan von Reims, nachweisbar. Der hl. Vedastus (500-40) gilt als erster Bischof; vom hl. → Remigius wurde er zum Bischof von Arras geweiht, das mit C. ein Gebiet bildete und 545 als Bistum in C. aufging. Das Bistum reichte damals im Norden bis Antwerpen. Von 925-1556 gehörte »Kammerick« zum deutschen Reich, von 1595 bis 1677 zu den spanischen Niederlanden. 1559 wurde C. Erzbistum mit den Suffraganen Arras (1093 wieder erstanden), → Tournai (Doornik), St. Omer und Namur. In der im 18.Jh. erbauten Kathedrale liegt → Fénelon begraben. Nach der franz. Revolution wurde C. im Konkordat von 1801 aus Teilen der Diözesen Ypern, Tournai, Arras, St. Omer als Bistum wiederhergestellt und Paris unterstellt. 1842 wurde es wieder Erzbistum. 1913 wurde das Bistum Lille abgezweigt. Heute hat C. noch Lille und Arras als Suffragane. Von 919 671 Einwohnern des Diözesangebietes sind 895 500 Katholiken, von insgesamt 500 sind 450 Pfarrkirchen, neben 683 Welt- gibt es 40 Ordenspriester; 11 männliche Ordensniederlassungen zählen 68, 126 weibliche 1657 Mitglieder.

C.J.Destombes, Histoire de l'église de C., 3 Bde, Lille 1890-91 - L.Duchesne, Fastes Episcopaux de l'ancienne Gaule III, Paris 1915, 106ff - E.Bouly, Hist. de C. et du Cambresis, 2 Bde, 1842 - E.Berteaux, Etude hist. sur l'ancienne cathèdrale, les évêques ..., 2 Bde, Cambrai 1908 - DHGE XI, 1949, 547ff (Lit.) - AnnPont 1957, 183. *J.B.Aufhauser*

Cambridge, *Universität.* Die Ursprünge der Universität liegen im Dunkeln. Die ersten Studenten kamen 1209 wohl von Oxford; erwähnt wird die Universität 1231. Die Magister und Studenten waren meistens weltliche Gelehrte; die → Regularkleriker spielten jedoch bis zur Reformation eine wichtige Rolle, und die Bettelmönche hatten auf die Entwicklung der Theologischen Schule Einfluß. 1284 wurde das erste Collegium, Peterhouse, gegründet; gleichwohl waren bis zum 16.Jh. nur wenige Studenten Mitglieder von Colleges. Die bedeutendsten Colleges der folgenden Zeit waren King's (1441), St.John's (1511) und Trinity (1546).

Obgleich C. 1318 als *Studium Generale* anerkannt worden war, erlangte es bis zum 16.Jh. keine internationale Geltung. Förderer der »Neuen Studien« war vor allem der Kanzler John → Fisher, Bischof von Rochester († 1535), der wahrscheinlich → Erasmus nach C. holte (1511-14). Der englische Protestantismus wurde vorwiegend von C. getragen. Die drei Bischöfe, die 1555-56 in Oxford verbrannt wurden (→ Cranmer, → Latimer, → Ridley), waren Fellows von Colleges in C.

Bis zur Thronbesteigung von → Elisabeth I. (1558) litt die Universität sehr unter dem häufigen Wechsel in der politischen und religiösen Haltung des Staates. Dann begann ihre (bis heute anhaltende) fruchtbarste Zeit. Die Regierung hielt die strenge anglikanische Orthodoxie aufrecht. Die Theologie spielte in dieser Zeit eine größere Rolle als im Mittelalter. Die radikalen Protestanten (→ Puritaner) waren in C. stark vertreten, und obgleich ihr Führer, Thomas → Cartwright, seine Professur 1570 verlor, blieben sie sehr einflußreich, besonders in bestimmten Colleges, wie zB Emmanuel (1584). Im 17.Jh. spielten Männer von C. bei der Gründung von Neu-England und des Harvard College eine wichtige Rolle. Um 1600 gehörten alle Lehrer und Studenten einem der 16 Colleges an; bis zum 19.Jh. war die Universität kaum mehr als ein lockerer Bund von Colleges. Viele junge Leute aus guten Familien wurden jetzt aufgenommen, obwohl sie oft keine Prüfungen ablegten, und alle Studenten wurden der Obhut eines »College-Tutors« unterstellt.

Unter den ersten Stuart-Königen war die Universität stark in die Streitigkeiten zwischen König und Parlament verwickelt (→ England: I). Da sie weithin königstreu war, betrachteten die Anhänger des Parlaments sie mit Argwohn. Viele Leiter und Mitglieder der Colleges wurden während des Bürgerkrieges aus ihren Stellungen vertrieben. Trotz des klassisch-humanistischen Einflusses blieben die aristotelischen und scholastischen Ideen vorherrschend, bis sich um 1660 ein neues Interesse an naturwissenschaftlichen und mathematischen Studien entwickelte (Isaak → Newton). Gegen den Dogmatismus der Puritaner näherten sich die → Cambridge Platonists (→ Whichcote, → Cudworth, → More) einer liberalen und rationalistischen Theologie.

Im 18.Jh. sank die Bedeutung der Universität. Es gab bittere Parteikämpfe, Faulheit, Trunkenheit und Unsittlichkeit bei den Studierenden, daneben aber auch harte Arbeit und Gewissenhaftigkeit sowie einige bedeutende Gelehrte, zB den Altertumsforscher Rich. Bentley. Reformversuche in den 70er Jahren hatten keinen Erfolg. Die Disputationen wurden allmählich durch schriftliche Prüfungen in Mathematik (später mathematische Tripos genannt) ersetzt, die als der einzige Weg zu akademischen Ehren galten. In der Theologie herrschten die Latitudinarier (→ Broad Church Party), Erben der C. Platonists. Gegen deren liberale Theologie, die dem Unitarismus nahekam, bedeutete gegen 1800 das Emporkommen der Evangelical School, deren führender Vertreter Charles Simeon († 1836) war, eine kräftige Reaktion.

Nach 1815 setzten allmählich Reformen ein. Universität und Colleges errichteten wichtige neue Gebäude, und Professoren und Fellows der Colleges nahmen ihre Pflichten wieder ernster. Mit Hilfe einer königlichen Untersuchungskommission wurden die Statuten der Universität und Colleges reformiert (1856). Eine neue Blütezeit begann; neue Lehrstühle wurden eingerichtet und das naturwissenschaftliche Studium gefördert. Für

Frauen wurden das Girton und Newnham College gegründet (1869 und 1871). Um die Mitte der Viktorianischen Zeit hatte die Bibelwissenschaft in C. ihre größte Blüte (→ Lightfoot, → Westcott, → Hort), während die Orthodoxie freilich zusammenbrach. 1871 wurden Universität und Colleges ohne Einschränkung den Nichtanglikanern geöffnet.

Die Entwicklung wurde durch den Geldmangel der Universität sehr behindert. Nach den neuen Statuten von 1882, mit denen die Geschichte der modernen Universität C. eigentlich beginnt, mußten die Colleges für den Lehrbetrieb der Universität Geld bezahlen, und wer → Fellow war, wurde stärker zum Unterrichten herangezogen. Das auffallendste Kennzeichen der Neuzeit war das ungeheure Anwachsen von Lehre und Forschung in den Naturwissenschaften. Von Übersee fühlten sich viele Studenten aus allen Fakultäten angezogen, und akademische Grade, die wissenschaftliche Arbeit voraussetzen, wurden geschaffen (1895, 1919). Das Einkommen der Universität nahm nicht im selben Verhältnis wie die Anforderungen zu, so daß die Universität (und indirekt die Colleges) seit dem ersten Weltkrieg in großem Ausmaß von Regierungszuschüssen abhängig wurden. Ein fester Zuschuß wurde 1919-20 bewilligt und in ständig wachsender Höhe beibehalten. 1926 gaben neue Statuten der Universität noch festere Kontrolle über den Lehrbetrieb. Seitdem ist die Zahl der Gebäude, der Personen und der Forschungsmittel sehr schnell gewachsen. Doch beschloß die Universität 1956, ihrerseits diese Entwicklung beträchtlich zu verlangsamen, um die Geschlossenheit der Universität C. und ihren College-Charakter zu wahren. In dieser größeren und umfassenderen Universität spielt die Theologie eine geringere Rolle als in alter Zeit; gleichwohl ist der Einfluß der Religion seit 1945 wieder im Wachsen begriffen.

C.H.Cooper, Annals of C., 5 Bde, 1842-1908 - Documents relating to the University and Colleges of C., 3 Bde, 1852 - C. University Reporter, seit 1870 - J.B.Mullinger, The University of C. ... to ... 1535, 1873 - Ders., The University of C. from ... 1535 to the Accession of Charles I, 1884 - Ders., The University of C. ... from 1626 to the Decline of the Platonist Movement, 1911 - R.Willis-J.W.Clark, Architectural History of the University of C., 4 Bde, 1886 - T.D.Atkinson-J.W.Clark, C. Described and Illustrated, 1897 - D.A.Winstanley, C. in the 18th Century, 1922 - Ders., Unreformed C., 1935 - Ders., Early Victorian C., 1940 - Ders., Later Victorian C., 1947 - J. u. J.A.Venn, Alumni Cantabrigienses, 10 Bde, 1922-54 - Statutes and Ordinances of the University of C., 1955 - Victoria History of the Counties of England: Cambridgeshire, Bd 3 (erscheint 1958).

J.P.Roach

Cambridge Platonists wurde eine Gruppe englischer, philosophisch gerichteter Theologen, größtenteils an der Universität → Cambridge, genannt, deren Führer Benjamin → Whichcote (1609-83), Ralph → Cudworth (1617-88), John Smith (1618-52) und Henry → More (1614-87) waren. Dazu kamen Nathaniel Culverwell, John → Worthington, George Rust und Joseph Glanvill. Zeitgenossen bezeichneten sie zwar als »latitude men« (Weitherzige), aber sie sind von den späteren englischen »Latitudinariern« (→ Broad Church Party) zu unterscheiden. Sie stellen eine Reaktion sowohl gegen die streitsüchtige Scholastik des englischen Calvinismus wie auch gegen die Theorien von → Hobbes dar. Die Grundlagen ihrer Lehre waren 1. die Überzeugung, daß alle Wahrheit eine ist und daß Glaube und Vernunft eine Einheit bilden, und 2. der Appell an die Vernunft als »die wahre Stimme Gottes« (Whichcote). Vernunft bedeutet für sie die gesamte Vernehmensfähigkeit des Menschen und ist das notwendige Widerspiel übernatürlicher Offenbarung: »Gott hat zwei Lichter aufgestellt, uns auf unserm Weg zu erleuchten, das Licht der Vernunft, welches das Licht seiner Schöpfung ist, und das Licht der Schrift, welche die Nach-Offenbarung von ihm ist« (Whichcote).

Für die C.P. sind Recht und Unrecht ewige, absolute Gegebenheiten (dies gegen Hobbes). Sie verwerfen die calvinistische Prädestinationslehre (→ Prädestination: III) wie die von der unwiderstehlichen → Gnade (: IV) deshalb, weil Entscheidungsfreiheit die Grundlage der Moral ist. Sie betonen die Heiligung und Christi Erlösungswerk *in uns* und lehren, daß Heiligkeit des Lebens (»the Divine sagacity«, More) der einzige Weg zur Gotteserkenntnis sei. Sie behaupten, daß die wesentlichen christlichen Wahrheiten nur wenige sind und von der Vernunft klar wahrgenommen werden könnten.

Trotzdem waren die C.P. keine Rationalisten, sondern Mystiker, die Gott durch persönliche Vereinigung mit ihm zu erkennen suchten. Sie glaubten, daß sie durch Wiedererhebung → Platons die Kirche wiederherstellten, ihr den rechten Nährvater wiedergäben, den → Aristoteles und die → Scholastik zu lange verdrängt hätten. Die Schwäche ihrer Position war, daß sie zwischen platonischer und neuplatonischer Lehre nicht unterschieden; und tatsächlich war »Platonismus« für sie ein Denksystem, das rückwärts bis Pythagoras und vorwärts zur mittelalterlichen → Kabbala reichte, deren genauer Kenner More war. Ihre Gelehrsamkeit war groß. Zwar gründeten die C.P. keine Schule, und ihr Einfluß war gering; aber der Adel ihrer Gesinnung, ihre irenische Haltung und ihre scharfe und lebendige Einsicht sind selten übertroffen worden.

Werke: B.Whichcote, Sermons 1698 - Ders., Moral and Religious Aphorisms 1703, neue Ausg. 1930 - T.Smith, Select Discourses 1660; ed. H.G.Williams 1859[4] - R.Cudworth, True Intellectual System of the Universe 1678; mit Anm. v. J.L.Mosheim übers. v. T.Harrison 1845[6] - H.More, Theological Works, (1675) 1708[2] - Ders., Philosophical Writings, (1678) 1712[4].

Lit.: J.Tulloch, Rational Theology and Christian Philosophy in England in the 17th cent. II, 1872 - W.R.Inge, Platonic Tradition in English Religious Thought, 1917 - F.J.Powicke, The C.P., 1926 - G.P.H.Pawson, The C.P., 1930 - J.H.Muirhead, The Platonic Tradition in Anglo-Saxon Philosophy, 1931 - E.Cassirer, Die Platonische Renaissance in England u. die Schule von Cambridge, 1932 - E.M. Austin, Ethics of C.P., 1935 - W.C.dePauly, Candle of the Lord, 1937 - G.R.Cragg, From Puritanism to the Age of Reason, 1950 - R.L.Colie, Light and Enlightenment, 1957. *D.Carter*

Camerarius, *Joachim,* eigentlich Kammermeister (1500-74), * zu Bamberg, klassischer Philologe, studierte in Leipzig, Erfurt und Wittenberg, wurde 1526 Lehrer am Gymnasium zu Nürnberg, 1535 Prof. in Tübingen und 1541 in Leipzig. → Melanchthon hat C. als seinem Lieblingsschüler seine Freundschaft in jeder Weise bekundet. Theologisch ist C. wenig tätig geworden, um so mehr aber kirchenpolitisch (Teilnahme an verschiedenen Religionsgesprächen; Berufung durch Maximilian II. nach Wien zur Ordnung des ev. Kirchenwesens). Seiner Zeit galt er als einer der bedeutendsten Philologen und Editoren. Seine kleinen historischen Leistungen sind nicht von Belang; um so mehr bedeuten jedoch seine Biographien (Melanchthon, Eoban Hesse, Georg der Gottselige von Anhalt). Bei der »Reformation« der Universität → Leipzig dürfe C. das Hauptverdienst zukommen.

H.Helbig, Die Reformation der Univ. Leipzig im 16.Jh., 1953 - H.Wendorf, J.C. (Beitr. z. KG Deutschlands 2, 1957, 34-87; Lit.).

F.Lau

Camero, *John* (1580-1625), * in Schottland, † in Saumur, war Initiator des neuen humanistischen Calvinismus in Saumur. In seinem theologischen Werk liefen die oppositionellen Strömungen innerhalb der calvinistischen Tradition - der Empirismus des P. → Ramus, die Rechtfertigungslehre → Piscators, Pfälzische Föderaltheologie (→ Olevian) und Unionspolitik (→ Pareus) -

zusammen und wurden zum System verbunden. – C. entwarf ein in der ref. Dogmengeschichte singuläres, föderaltheologisches System: Naturbund – Gesetzbund – Gnadenbund markieren in aufsteigender Linie die Entwicklung des Menschengeschlechtes vom animalischen zum himmlischen Leben (→ Bund: IV). 1618 nach Saumur berufen, vertrat er gegen die frühcalvinistischen Monarchomachen den neuen Monarchismus → Bodins, gegen die Autorität der Synoden Forderungen nach Toleranz und Lehrfreiheit, gegen die Dordrechter Canones die Versöhnung mit dem Arminianismus und im Einklang mit Richelieu Reunionsbestrebungen zum Katholizismus. – Die orthodoxe »Formula Consensus Helvetica« verurteilte 1675 seine und seiner Schüler (→ Amyraut, → Cappellus, → Pajon) Lehren im Nachtrag zu Dordrecht. Dennoch wurde seine Theologie die erste wirksame apologetische Akkomodation des Calvinismus an die beginnende Aufklärung in Frankreich.

Cameronis Opera, ed. SPANHEIM, Leiden 1659. – A. SCHWEIZER, Centraldogmen der ref. Kirche II, 1854, 235ff – H.E. WEBER, Reformation, Orthodoxie u. Rationalismus II, 1951, 128ff – J. MOLTMANN, Prädestination u. Heilsgeschichte bei M. Amyraut (ZKG 65, 1954, 270–303).

J. Moltmann

Cameronianer (Cameronians) oder Cargilliten, strenge → Presbyterianer Schottlands. Benannt nach dem 1660 im Kampf gegen Karl II. gefallenen Prediger Richard Cameron, neben dem der extremere Donald Cargill als Anführer auftritt. Obwohl blutig verfolgt, halten sie unter Berufung auf die alten Covenants auch nach der durch Wilhelm III. erfolgten Anerkennung der presbyterianischen Kirche in Schottland an ihrem schroffen Presbyterianismus fest. 1743 als Reformed Presbyterians anerkannt, schließen sie sich 1847 als Unierte Presbyterianische Kirche zusammen und gehen 1876 größtenteils in die 1843 entstandene Free Church of Scotland auf. Teile bestehen noch heute in → Schottland und Nordamerika als Reformed Presbyterians.

RE III, 691ff – EBrit IV, 1929[14], 662 – The Encyclopedia Americana V, 1954, 265.

W. Göbell

Camisarden. Die grausamen Protestantenverfolgungen nach der Aufhebung des Edikts von Nantes 1685 (→ Frankreich: I) begünstigten in Südfrankreich das Aufkommen des sog. »Prophetismus«. 1702 belagerten Protestanten aus den Cevennen das Haus des Abbé François de Langlade in Chaila am Mont Lozère; sie wollten Gefangene befreien, trafen auf Widerstand, steckten das Haus in Brand und brachten den Abbé um. Das war das Signal zum Aufstand. Unter Jean → Cavalier und Pierre Laporte, genannt Roland, schlossen sich die »Camisarden« (von camisade = nächtlicher Überfall) zu einer geheimen militärischen Formation zusammen, die sich durch kühne Handstreiche hervortat, katholische Kirchen und Pfarrhäuser niederbrannte und Priester ermordete. Trotz der Vergeltungsaktionen des Marschalls de Montrevel errang Cavalier beträchtliche Erfolge. Dessen Nachfolger, der berühmte Marschall de Villars, entschloß sich zu Verhandlungen. Man traf sich am 16.5.1704 in Nîmes; in Erwartung der Antwort Ludwigs XIV. versammelten sich etwa 40000 Camisarden. Der König machte aus ihnen ein Eliteregiment, zur Verstärkung der Armee in Spanien, gestand aber weder Gewissensfreiheit noch die Wiedererrichtung der protestantischen Kirchen zu. Cavalier wurde ins Elsaß beordert, trat aber samt seiner kleinen Truppe in die Schweiz über. Roland, der die unnachgiebigen Elemente um sich sammelte, und der »Prophet« Abraham Mazel wurden getötet. Andere Banden unter Führern wie Catinat und Billard setzten den Kampf fort, bis 1711 endgültig Ruhe eintrat. Die nach England oder in die Schweiz Geflohenen wurden dort trotz des empfehlenden Buches von Mison (Le Théâtre sacré des Cévennes, 1707) ziemlich kühl aufgenommen. – Der C.krieg zeigt neben grausigen Gewalttaten auch den Heldenmut und die Glaubensstärke der Aufständischen, mit der sie Foltern und Todesqualen erduldeten. Das einzige positive Ergebnis war, daß die Hugenottenverfolgungen an Intensität nachließen und die Protestanten nicht mehr zur Messe gezwungen wurden. Erst nach dem Tode Ludwigs XIV. konnte sich der Protestantismus, vor allem unter Führung von Antoine → Court, in einer weniger erregten Atmosphäre reorganisieren.

A. COURT, Hist. des troubles des Cévennes ou de la guerre des Camisards, (1760) 1819[2] in 5 Bdn – N. PEYRAT, Hist. des pasteurs du Désert etc, 2 Bde, 1842 – F. PUAUX, Hist. de la Réformation française, 7 Bde, 1859–64 – TH. SCHOTT, Die Kirche der Wüste, 1893 – RE III, 693ff (Lit.) – CH. BOST, Hist. des Protestants de France, (1924) 1946[2] – S. MOURS, Le protestantisme en Vivarais et en Velay des origines à nos jours, 1949 – Encycl. Lichtenberger II, 1877, 563ff.

R. Voeltzel

Campanella, *Tommaso* (1568–1639), * in Stilo (Ostküste Kalabriens), geriet als junger von sozialpolitischen Ideen bewegter Dominikaner 1599 in spanische Gefangenschaft (und zwar als ein auch von der Inquisition Bedrohter), aus der er erst 1626 durch das Eingreifen Urbans VIII. befreit wurde. Die Haft schloß qualvolle Folterungen ein, aber auch freundlichere Zeiten, in denen er an seinen Werken arbeiten und seine von faustischem Sehnen durchglühten Kanzonen dichten konnte. 1634 wich er, aufs neue bedroht, nach Frankreich aus, wo er die Gunst des Hofes und gelehrten Verkehr genoß und 1639 starb. – C. darf nicht nur an seinem Ordensgenossen Giordano → Bruno gemessen werden. Er verdient heute besondere Beachtung als ein Philosoph freien Stils, der gleichwohl der Theologie den Primat zubilligte. Er war gleichermaßen heimisch in der antiken wie in der mittelalterlichen Philosophie und auch mit der magischen Überlieferung vertraut, stand gegen → Kopernikus, aber für → Galilei und war tief ergriffen von dem neuen Weltgefühl der → Renaissance. Mit seinem bewunderten Landsmann Telesio teilte er den erkenntnistheoretischen → Sensualismus, der aber in eine neuplatonisch-christliche Metaphysik (→ Neuplatonismus) überleitet. Nur das sinnliche Erleiden des Begegnenden schenkt verbürgte Erkenntnis. Die ratio bedarf der probatio durch das Zeugnis der Sinne, wenn sie Gewißheit stiften soll. Weil aber diese im Gegensatz zu Galilei auf die Sinnesqualitäten sich stützende Naturbetrachtung in einer Metaphysik gründet, für die Selbst und Welt von einem höheren Gemeinsamen abkünftig sind, darf das sentire als ein scire, als ein mikrokosmisches Analogon des göttlichen Alls gelten. Von hier aus wird auch begreiflich, daß C. (vor → Descartes und wie dieser an → Augustin anknüpfend) in der Tatsache des Zweifels seines Selbst gewiß wird und die ontologische Tragweite des in der Selbstgewißheit sich bezeugenden Zusammenfalls von Subjekt und Objekt gewahrt. Besondere Beachtung verdient heute C.s auf → Nikolaus von Kues zurück- und auf den späten → Schelling vorausweisender Versuch, die Transzendenz des göttlich Einen mit seiner das All durchdringenden Wirksamkeit zu vereinbaren. Die → Antinomie zwischen dem Sein und dem Nichts wird über die neuplatonische Lösung hinausgeführt. Gott ergießt das Sein ins Nichts und ist als solcher der »eminenter« in Allem Wesende, der sich in Nichts verstrickt, sondern das Nichtseiende als Seiendes benutzt. Gottes »primalitates« (potentia, sapientia, amor) »essentiieren« das Geschaffene, das doch vom Nichts her durch Ohnmacht, Lüge und Haß bedroht bleibt. Von Gott her ist die Welt fast unermeßlich, ohne doch als unendlich ausgegeben werden zu können. Auch die Philosophie kann nur analogisch dem nacheifern, was die Theologie als Wahrheit ausweist. - Die von → Platon und Thomas → Morus beeinflußte Utopie des »Sonnenstaats« zeichnet eine von den göttlichen Primalitäten durchherrschte gesellschaftliche Ordnung, während die »Spanische Monarchie« für eine von der Kirche beschirmte Vereinigung aller Völker unter spanischer Führung eintritt.

Opere, hg.v. A.D'ANCONA, T. 1. 2, Turin 1854 (nur die ital. Schr.); Philosophia sensibus demonstrata, Neapel 1590; Realis philosophiae ...partes 4 (mit dem Sonnenstaat), Frankfurt 1623; De monarchia hispanica, 1625; Universalis philosophiae (Metaphysik) partes 3, Paris 1638. - Über C.: B.ITALIENER, Die Gotteslehre des T.C., 1904 - J.KVACALA, T.C., 1909 - L.BLANCHET, C., 1920 - M.ROSSI, T.C. metafisico, 1921 - A.TESTA, T.C., 1941 - R.AMERINO, C., 1947.

H.Knittermeyer

Campanus, *Johannes,* * ca 1500 in Maaseyk im Bistum Lüttich, † nach 1574, wohl humanistisch erzogen, tritt 1526 als Verteidiger Luthers hervor. 1527 geht er zum Studium nach Wittenberg. In Marburg 1529 will er durch eine eigene Abendmahlsauffassung vermitteln, wird aber abgewiesen. 1530 fordert er in Torgau vergeblich eine Disputation, wobei er einen Ditheismus vertritt, im Hl. Geist keine Person, sondern eine Wirkung Gottes und Christi, des Erstgeborenen des Vaters, sieht. Später wirkt er im westlichen Jülich unter dem Schutz adliger Gönner für seine »Restitution«, als deren geweissagten Vollstrecker er sich ansah. 1547 wird er vom Herzog gefangengesetzt, wohl bis zu seinem Tod trotz Bekehrungsversuchen des → Cassander und Lindanus ungebeugt beharrend. Historisch ist sein Name als Antitrinitarier abgestempelt.

Göttlicher u. hl. Schrift... Restitution u. Besserung, 1532. - RGG² I, 1442 - The Mennonite Encycl. I, 1955, 499 f (Lit.).

J.F.G.Goeters

Campbell, *Reginald John* (1867-1956), kongregationalistischer Geistlicher am »City Temple«, London, als Prediger und geistlicher Berater geschätzt. Seine »New Theology« (1907), ein populäres, prot.-liberales Manifest (vertritt extremen Monismus, rationalisiert den Sünden- und Offenbarungsbegriff), erregte stürmische Proteste. Später gab C., erschreckt durch ihre destruktiven Konsequenzen, diese Auffassungen preis. 1915 trat er von seinem Amt zurück und schloß sich der anglikanischen Kirche an, von Bischof → Gore stark beeinflußt. C. war 1930-46 Kanzler der Kathedrale zu Chichester.

Vf. u.a.: A spiritual pilgrimage (Autobiographie), 1916; Christian Faith in modern light, 1931. *D.Carter*

Campe, *Joachim Heinrich* (1746-1818), * Deensen b. Holzminden, deutscher Aufklärungspädagoge (→ Philanthropinisten). Nach Erziehertätigkeit im Hause → Humboldt und Predigtamt in Potsdam war er 1776/1777 Mitarbeiter → Basedows am Philanthropin in Dessau. Als fruchtbarer pädagogischer Schriftsteller lebte er dann in Hamburg, wo er auch ein Erziehungsheim leitete, und von 1786 ab in Braunschweig. Seine Schriften (Einfluß von → Rousseau) kennzeichnet nüchternpraktische Einstellung mit rationalistischer Grundhaltung (Theophron, 1783; Väterlicher Rat an meine Tochter, 1789; das enzyklopädische sog. Revisionswerk, Allg. Revision des gesamten Schul- und Erziehungswesens, 16 Bde 1785/91, hg.v. C., gibt den pädagogischen Ertrag der Aufklärungsbewegung). Bedeutender Pionier der Jugendliteratur ist C. durch seine Jugendschriften (30 Bde, am bekanntesten: Robinson der Jüngere, 1779, Entdeckung von Amerika, 1781). Auch um Reinigung und Förderung der deutschen Sprache ist er bemüht: Wörterbuch zur Erklärung und Verdeutschung, 2 Bde 1801; Wörterbuch der deutschen Sprache, 5 Bde 1807/12.

Ausg.: Theophron bearb. v. K.RICHTER, 1875; J.H.C., bearb. v. C.CASSAU, 2 Bde, 1889. - Über C.: J.LEYSER, J.H.C., 2 Bde, 1896² - O.F.BOLLNOW, Die Aufklärung u. wir. J.H.C. zum 200. Geburtstage (Schola 2, 1947, 101-110). *A.Reble*

Campegio, 1. *Lorenzo* (1474-1539), aus Bologneser Familie, † in Rom, Diplomat der Kurie. Zuerst Rechtslehrer in Bologna, nach dem Tode seiner Gattin 1511 Auditor der Rota in Rom, 1512 Bischof von Feltre, 1517 Kardinal. Auf zahlreichen Missionen verhandelte C. mit wechselndem Erfolg. 1511 erreichte er von Maximilian die Aufgabe des Pisaner Sonderkonzils, 1512 von Maximilian Sforza in Mailand die Rückgabe von Parma und Piacenza an die Kurie. Bei der Errichtung ständiger Nuntiaturen durch → Leo X. 1513 wurde C. zum Kaiser gesandt. Als Legat in England gewann er Heinrich VIII. für die Liga gegen die Türken (1518); dafür erhielt er das Bistum Salisbury. 1524 konnte er auf dem 2. Nürnberger Reichstag als Legat die Pläne für ein Nationalkonzil nicht unterdrücken. Sein größter Erfolg war jedoch darauf in Regensburg das Zustandekommen eines Sonderbundes der Altgläubigen; C. konnte hier Österreich und Bayern einander annähern. Der Preis dafür war eine Reform des (niederen) Klerus. Die aussichtslose Mission in der Ehesache Heinrichs VIII. von England 1528/29 scheiterte. 1530-32 begleitete C. → Karl V. von Bologna nach Augsburg, wo er → Melanchthon zu bestechen suchte, nach den Niederlanden und nach Regensburg. Hier gelang es ihm nicht, einen »Anstand« zu verhindern. → Paul III. berief C. 1536 in die Konzilskommission, 1538 ernannte er ihn zum ersten präsidierenden Legaten für das Konzil in Vicenza. Dafür verfaßte er mehrere Denkschriften.

G.FANTUZZI, Notizie degli scrittori Bolognesi III, Bologna 1783, 47ff - v.PASTOR IV/1. 2; V - DHGE IX, 631ff - EC III, 470f - Concilium Tridentinum IV, 1904, 143f. 151ff; XII, 1930, 5ff - E.CARDINAL, Cardinal L.C., Legate to the Courts of Henry VIII and Charles V, Boston 1935.

2. *Thomas* (1481-1564), * in Pavia, † in Rom. Jüngster Bruder von 1, zusammen mit ihm Gouverneur von Parma und Piacenza, sein Nachfolger als Bischof von Feltre (1520), 1523-25 Nuntius in Venedig, mit Lorenzo 1530 bis 1532 in Deutschland, 1540 Nuntius beim Wormser Religionsgespräch. In Trient war C. 1545 als einer der ersten Prälaten anwesend, er setzte in der 2. Session die gemeinsame Behandlung der Lehr- und Reformfragen durch.

Vf. u.a.: Gutachten u. Abhandlungen zu kirchenrechtlichen Fragen (abgedruckt: Concilium Tridentinum IV, 1904 s. Reg. s. v. Feltrensis, s. v. Sueciae regnum). - G.FANTUZZI, Notizie (s. 1) III, 65ff; IX, 78ff - HN I, 40f - DThC II, 1447f - EC III, 471. *H.Liebing*

Campello, *Enrico di,* * 1831 in Spoleto, † 1903 in Rom, der bedeutendste Vertreter des Alt-Katholizismus in Italien. Seit 1855 Priester, war C. 1868 Domherr bei St. Peter in Rom. Nach dem Vatikanum gründete C. eine geheime »Kath.-italienische Genossenschaft zur Wiederherstellung der dem christlichen Volk und besonders den römischen Bürgern gebührenden Rechte« (auf die Wahl der Bischöfe wie auch des Papstes). 1881 trat C. aus der röm. Kirche aus, gründete 1882 die »Ital.-kath. Kirche« (später: »Kath. Nationalkirche Italiens«) mit einer Kapelle in Rom. Unterstützt von der »Anglo-Continental Society« verbreitete er seine kath. Reform in Umbrien (1886) und an der Riviera (Sanremo 1889). Zum Bischof seiner Kirche (etwa 1000 Seelen, 10 Geistliche) gewählt (aber nicht ordiniert), führte er den Vorsitz ihrer jährlichen Synode und gründete die Zeitschriften Labaro (1882-85; 1890ff. Redaktion: U.Janni, später Waldenserpastor in Sanremo) und La Riforma cattolica (1891ff). C. kehrte (8.12.1902) zur röm.-kath. Kirche zurück; seine Mitarbeiter folgten ihm oder traten verschiedenen prot. Denominationen bei. So löste sich die Ital.-kath. Kirche wieder auf.

E.DI C., Cenni autobiografici, Roma 1881. - Report of the Italian Church Reform Association in aid of Count C.s Mission Work in Umbria, the Riviera and other parts of Italy, London 1890-91 - Costituzioni della Chiesa Cattolica Italiana e sua organizzazione, Sanremo 1891 - A.ROBERTSON, Count C. and Catholic Reform in Italy, London 1891 (dt. 1900) - U.J(ANNI), La Riforma cattolica italiana, Sanremo 1895 - RE IX, 520. - Zur Rückkehr zur röm. Kirche: Boletin de los alumnos del Colegio Pio Latino Americano, Roma 1903. *V.Vinay*

Camphuysen, *Dirck Raphaelszoon* (1586-1626), * Gorinchem, † Dokkum. 1608 Student in Leiden, 1617 Pfarrer in Vleuten, aber bald wegen seiner Neigung zum → Arminianismus verbannt. Er arbeitete seit 1620 in Norden (Ostfriesland) als Drucker, wurde verfolgt und war dann in Harlingen, auf Ameland und schließlich in Dokkum als Flachshändler tätig. Eine Professur in Rakow lehnte er 1625 ab. In seiner Frömmigkeit sehr innig und als Theologe äußerst tolerant, fand er seine geistige Heimat bei den → Rijnsburger Kollegianten und in der Theologie des F. → Sozini, von dessen Werken er einiges übersetzte. Als Dichter war er mit Recht sehr beliebt.

L.A.RADEMAKER, Didericus C., 1898 - G.KALFF, Studien over Nederlandsche dichters der 17e eeuw, 1915 - BWGN II, 11ff.
J.N.Bakhuizen van den Brink

Camus, *Albert,* * 1913 in Mondovi (Algerien), war nach Philosophiestudien als Journalist in Alger tätig. Von dort ging er nach Paris, wo er sich der Widerstandsbewegung anschloß und seit Kriegsende (1945) als Journalist und Schriftsteller lebt. In seinen ersten Arbeiten (L'Envers et l'Endroit, 1937; Noces, 1938; Le Minotaure ou La Halte d'Oran, 1939) läßt er den Menschen plötzlich aus dem Schutz seiner gewohnten Umgebung heraustreten und sich seiner eigenen Zufälligkeit, Überflüssigkeit, Einsamkeit und der Gegenwärtigkeit des Todes bewußt werden. Die Hauptpersonen in Le Malentendu (1938) und Caligula (1939) ziehen daraus die Konsequenz des eigenen hemmungslosen Handelns, das nie so ungerecht sein könne wie das Schicksal, ohne jedoch die Gleichgültigkeit des Steins oder der Götter erreichen zu können: Sie sterben im Bewußtsein ihrer Einsamkeit und ihrer Schuld. Der Roman L'Etranger, durch den man zuerst auf C. aufmerksam wurde, setzt die gleichen Überlegungen voraus; Mersault ist, da das Leben jeden Augenblick durch den Tod in Frage gestellt ist, weder an sich noch an anderen interessiert; er registriert, er handelt, wenn Gewohnheit oder Begierde ihn dazu veranlassen, und begeht so auch einen Mord, ohne ihn zu planen oder Rechenschaft über ihn zu geben. Aber das Leben ist auch höchster, weil einziger Besitz; unmittelbar vor der Hinrichtung lassen ihm »die Sterne auf dem Antlitz« bewußt werden, daß er glücklich ist - eine Spannung, die ihren Ausdruck in der Identifizierung der eigenen Indifferenz mit dem unpersönlichen Kosmos findet. Für diese Empfindung wird im »Mythe de Sisyphe« (ebenfalls 1942) das Bild von dem *durch* seinen sinn- und hoffnungslosen Kampf glücklichen Sisyphus gefunden. - Mit den während und kurz nach dem Krieg geschriebenen Lettres à un ami allemand und Actuelles (1943-44, bzw. 1944-48) kommt etwas Neues in C.s Schriften: der Gedanke an die Mitmenschen, für die man die eigene Revolte gegen die Absurdität mitführt. Im Vergleich zu der Ungerechtigkeit des Schicksals (La Peste, 1947) bleibt dieser Kampf unsinnig (lediglich in dem allegorisierenden L'Etat de Siège (1950) siegt die Auflehnung eines Menschen temporär über das Übel); aber der Honneur gebietet, ihn durchzuhalten. Damit gibt es den Begriff der Mitschuld des Menschen, wofür ja in den früheren Werken, in der isolierten Absurdität, kein Platz war (Diskussion in: Les Justes, 1950; L'Homme Révolté, 1951). Die Einsamkeit jedoch wird weder durch den gemeinsamen Kampf noch durch das gemeinsame schuldhafte Dasein aufgehoben. - In dem (bis jetzt) letzten Werk (La Chute, 1956) wird nicht mehr von einem ungerechten Schicksal gesprochen; das Gefühl der persönlichen Schuld und der Schuld vor einem gnädigen oder zürnenden Gott wird verwandelt in das Gefühl des Nur-noch-lächerlich-werden-Könnens: Aus gekränktem Stolz stammt die Idee des juge-pénitent, durch seine Konfessionen sich das Recht zu erkaufen, alles zu tun und die Menschen zu richten - wie Gott. Darin eine Hinwendung zum Religiösen zu sehen, scheint gewagt - genauso gewagt, wie das Gegenteil: Derjenige, der sich »wie Gott« erhebt, ist ja - ein Narr. - C. erhielt 1957 den Nobelpreis für Literatur.

A.J.AYER, A.C. (Horizon 13, 1946, 155-168) - J.P.SARTRE, Situations I, Paris 1947 - O.F.BOLLNOW, A.C., Die Pest (Die Sammlung 3, 1948, 103-113) - A ROUSSEAUX, Litt. du XXe siècle, Paris 1949 - P.-H.SIMON, L'homme en procès, Neuchatel 1949 - Les Carrefours de C. (Esprit 18, 1950, num. consacré à C.) - P.DEBOISDEFFRE, Métamorphose de la litt. II, Paris 1952 - R.DELUPPÉ, A.C. (Classiques du XXe siècle), Paris 1952 - Les Temps Modernes, Aug. 1952 - A.MAQUET, A.C. ou L'invincible Eté, Paris 1956. *R.Falke*

Candidus, *Pantaleon* (1540-1608), ev. Theol., aus Ips (Östr.), eigentlich Weiß, als Glaubensflüchtling von Herzog Wolfgang aus Amberg nach Zweibrücken mitgenommen, dort Informator der Kinder des Kanzlers Ulrich Sitzinger, studierte in Wittenberg, wurde 1564 Magister und Privatsekretär von H. → Languet, kehrte zurück in die Pfalz, wurde 1565 Präzeptor an der Lateinschule Zweibrücken, Pfarrer zu Hinzweiler, Diakon zu Meisenheim und Zweibrücken, 1571-1608 Gen.-Sup. in Zweibrücken. C. segnete die Ehe des ev. gewordenen Erzbischofs Kurfürst Gebhard von Köln 1583 in Bonn ein und predigte in Bonn und Köln. Anfänglich Lutheraner, aber Gegner der Konkordienformel. Seine Tätigkeit war nach Verdrängung des luth. Hofpredigers Heilbrunner von grundsätzlicher Bedeutung für die Einführung der ref. Lehre im Herzogtum Zweibrücken (1588).

Über seine reiche schriftstellerische Tätigkeit vgl. NDB III. - F. BUTTERS, P.C. 1865 - RE III, 704ff - RGG² I, 1446f. *G.Biundo*

Canisius, *Petrus* (1521-97), erster deutscher Priester des → Jesuitenordens und einer der Hauptvertreter des gegenreformatorischen Katholizismus in Deutschland. * in Nymwegen, studiert er 1535-46 in Köln und tritt 1543 in kirchlichem Enthusiasmus der SJ bei. Nach Teilnahme am Trienter Konzil führt er seit 1549 in Deutschland neben seiner akademischen Tätigkeit (1549-52 als Prof. der Theol., Rektor und Vizekanzler an der Universität → Ingolstadt; 1552-54 als Prof., Dom- und Hofprediger in Wien) sein Wirken gegen die Reformation fort. Die von ihm in Zusammenhang damit gegründeten Jesuitenkollegien (u.a. Ingolstadt, Prag) werden unter seiner Leitung als Provinzial (1556-69) zur ersten deutschen Provinz des Ordens zusammengefaßt. Sein Werk ist vor allem die Unterdrückung des Protestantismus in Bayern und Österreich. Im politischen Handeln hinsichtlich der deutschen Verhältnisse ein entschlossener Vertreter römischer Interessen, nimmt er u.a. 1556/57 am Reichstag zu Regensburg, dann 1557 am Religionsgespräch zu Worms, 1559 und 1576 an den Reichstagen in Augsburg und Regensburg teil. In seinem Kampf um eine gleichzeitige Reform der kath. Kirche Deutschlands entsteht jedoch zwischen ihm und der Ordensleitung in bezug auf die Leistungen des Ordens und eigenen Forderungen ein tiefer Gegensatz, der ihn immer wieder zur Kritik führt. Neben der von ihm geleisteten organisatorischen Arbeit setzt bereits frühzeitig seine literarische Tätigkeit ein. Bedeutungsvoll wird vor allem sein 1555 erschienener Großer Katechismus (1556 in deutschem Auszug), der durch kaiserliches Edikt in ganz Österreich eingeführt wird. † in Freiburg in der Schweiz. 1864 selig-, 1925 heiliggesprochen.

Hauptwerke: Ausgaben von Tauler, Cyrill von Alexandrien, Leo d.Gr., 1543; Summa doctrinae christianae, 1555; Catechismus parvus catholicorum, 1558; De Maria virgine, 1577; Institutiones et exercitamenta Christianae pietatis, 1566; Commentariorum de verbi dei corruptelis liber I, 1571 (gegen die Magdeburger Zenturien; → Flacius). - S.P.C. (Werke) I, 1-2; II, 2 (Societatis Jesu selecti scriptores II. III), Rom-München 1935-55. - Briefe u. Akten: Beati Petri Canisii, Societatis Jesu, Epistolae et Acta. Collegit ... O.BRAUNSBERGER, 8 Bde, 1896-1923. - Über C.: RE III, 708ff - LThK II, 728ff - J.METZLER, Der hl. Kirchenlehrer P.C., 1931 - W.SCHÄFER, P.C., 1931 (Lit.) - J.BRODRICK, Saint P.C., 2 Bde, London 1936 (dt. Wien 1950) - A.ROHRBASSER, Herold der Kirche. P.C., 1954 - G.v.PÖLNITZ, P.C. u. das Bistum Augsburg (Zs. f. bayer. Landesgesch. 18, 1955, 352 bis 394). *W.Göbell*

Cannegieter, *Tjeerd* (1846-1929), freisinniger holländ. Theol., seit 1870 Pfarrer, 1878-1916 kirchlicher Prof. für Dogmatik in Utrecht. Er verficht die Eigenständigkeit der Religion als Offenbarung und Erfahrung des Lebens Gottes in der Seele und im Gemüt. Ein gewisser vitalistischer Monismus, mit agnostischen Tendenzen hinsichtlich des Wesens Gottes, durchzieht seine Gedankengänge. C. zeigt einen nahezu unbeschränkten Optimismus gegenüber der Welt und dem Menschen.

G.J.HEERING, Geloof en Openbaring I, Arnhem 1944², 85ff. *A.A.van Ruler*

Cano (Canus), *Melchior* (1509-60), span. Theol., * zu Tarancón (Cuenca), 1524 Dominikaner (Sankt Stephan zu Salamanca), 1531 Prof. der Philosophie zu Valladolid (dort Ursprung der Feindschaft mit → Carranza), 1541 an der Universität Alcalá de Henares, 1546 Prof. der Theol. in Salamanca als Nachfolger seines Lehrers → Franz von Vitoria, Konzilstheologe zu Trient 1551-52, Bischof der Kanarischen Inseln 1552 (resignierte 1553), seit 1557 Provinzial von Sankt Stephan zu Salamanca. 1550 war C. Mitglied der von Karl V. einberufenen Kommission zur Prüfung der von → Las Casas entfesselten Polemik über die span. Kolonialpolitik in Amerika und wurde auch von Philipp II. häufig als theologischer Berater herangezogen. Als eifriger Ketzerverfolger und Förderer der Inquisition kämpfte er besonders gegen Erasmusfreunde und → Illuminaten und trat auch als grundsätzlicher Gegner der Jesuiten hervor. In seinen De locis theologicis libri XII gab er eine neue Definition der Orthodoxie.

Hauptwerk: De locis theologicis libri XII, Salamanca 1563 u.ö. - Über C.: F.CABALLERO, Vida de M.C., Madrid 1871 - A.LANG, Die loci theologici des M.C., 1925 - E.MARCOTTE, La nature de la Théologie d'après M.C., Ottawa 1949 - C.GUTIÉRREZ, Españoles en Trento, Valladolid 1951. *R.Konetzke*

Canon missae → Messe: II, → Liturgik: III.

Canstein, *Karl Hildebrand Frhr. v.* (1667-1719). * zu Lindenberg i. d. Mark, studiert Jura und gelobt beim Kriegszug in Flandern 1689 bei einer schweren Erkrankung, »sein Leben lang Gott zu dienen«. Er verzichtet auf den Hofdienst und findet seine Lebensaufgabe darin, A.H. → Franckes Pläne für eine Generalreformation der Welt am Berliner Hof zu vertreten. Finanziell ermöglicht er den raschen Ausbau der Franckeschen Stiftungen. 1710 entsteht in Halle auf Grund seines »Ohnmaßgeblichen Vorschlages, wie Gotteswort den Armen zur Erbauung um einen geringen Preis in die Hände zu bringen sei«, die erste deutsche → Bibelgesellschaft (, 2a), die C.sche Bibelanstalt. Seine Bedeutung für den Pietismus ist nicht völlig erforscht, da sein umfangreicher Briefwechsel noch nicht umfassend bearbeitet worden ist.

Vf. ferner u.a.: Harmonie u. Auslegung der 4 Evangelisten, 1718. - Über C. vgl. C.H.CHR.PLATH, Frhr. v.C., 1861 - A.RITSCHL, Gesch. des Pietismus II, 1888, 513ff - RE III, 710ff. *E.Beyreuther*

Canterbury, Metropole der Kirche von → England und ihrer Tochterkirchen (Churches of the Anglican Communion), Sitz ihres Oberhauptes, des Erzbischofs von C., der außerdem eine Residenz in London (Lambeth Palace, Ort der pananglikanischen Konferenzen) hat. Der Ortsname (Burg, dh Königshof von Kent) erinnert an das angelsächsische Teilreich, von dem aus die römische Christianisierung durch → Augustin von C. unter Ethelbert und Bertha von Kent seit 596/97 erfolgte. Die Stadt besaß bei der Ankunft Augustins vor den Toren eine altrömische (später Martinskirche genannte) Kapelle, außerdem eine zweite innerhalb der Stadtmauer (später Christuskirche genannt). → Gregor I. legte in seinem Briefe an Augustin 601 die englische Diözesaneinteilung mit den Erzbistümern C. und (künftig) → York fest, unter denen je 12 Bistümer standen. Die Überordnung C.s über York hat sich bis in die Gegenwart erhalten (1928 rückte Cosmo Gordon Lang, 1942 William → Temple von York nach C. auf). Die Hauptkirche (Christ Church), bei der normannischen Eroberung zerstört, wurde seit 1070 wieder erbaut, 1096-1115 vergrößert, 1170 durch Feuer ausgebrannt, von Guillaume von Sens wieder errichtet, 1184 fertiggestellt. Weitere Veränderungen erfuhr sie 1379-1405 und 1490 bis 1503; seit 1220 barg sie den überaus kostbaren Schrein von Thomas → Becket, zu dem das englische Volk wallfahrtete (vgl. Geoffry Chaucer's Canterbury Tales auf solch einem Pilgerzuge).

Der geistliche Nachwuchs wurde im MA im Peter-und-Pauls-Kloster ausgebildet, das heute theologisches College ist. Unter den Erzbischöfen ragen hervor: Theodor von Tarsus, → Dunstan, → Lanfrank, → Anselm, Thomas Becket, Stephan → Langton, → Thomas von Bradwardina, seit der Reformation: Thomas → Cranmer, John → Whitgift, William → Laud, John → Tillotson, William Wake, A.C.Tait, Randall Davidson, William Temple. Die Stadt, die ihr mittelalterliches Gepräge nahezu unversehrt bewahrt hat, besitzt für den Christen englischer Sprache (über die Anglikaner hinaus) entscheidende Gemütswerte und kirchliches Prestige; gelegentlich wird der Erzbischof von C. als alterius orbis papa bezeichnet.

Lit. → Anglikanische Kirche: I. - H.BATSFORD-CH.FRY, The Cathedrals of England, (1934) 1951², 14ff. *M.Schmidt*

Cantica. Die C. bilden mit den Psalmen den Kern des frühchristlichen Gesanges und sind bereits im 4.-5.Jh. für den lateinischen und griechischen Gottesdienst nachweisbar. Im heutigen Gottesdienst werden aus dem AT in den Laudes anstelle eines 4.Psalmes gesungen: Canticum trium puerorum: Benedictus es, Domine (Benedicite opera omnia), Dan 3; Canticum David: Benedictus es, Domine, 1Chr 29; Canticum Isaiae: Confitebor tibi, Jes 12; Canticum Tobiae: Magnus es, Domine, Tob 13; Canticum Ezechiae: Ego dixi, Jes 38; Canticum Judith: Hymnum cantemus, Jdt 16; Canticum Annae: Exultavit cor, 1Sam 2; Canticum Jeremiae: Audite verbum Domini, Jer 31; Canticum Mosis: Cantemus Domino, Ex 15; Canticum Isaiae: Vere tu es Deus, Jes 45; Canticum Habakuk: Domine, audivi, Hab 3; Canticum Ecclesiastici: Miserere nostri, Sir 31; Canticum Mosis: Audite caeli, Dtn 32. Andere C. des AT sind: Jon 2, 3: Clamavi de tribulatione; Gebet des Manasse: Domine omnipotens. Die C. des NT sind das → Magnificat, Lk 1, 46, das Canticum Zachariae: Benedictus Dominus, Lk 1, 69; Canticum Simeonis: Nunc dimittis, Lk 2, 29. Sie sind die Schlußgesänge der Vesper, Laudes und Komplet. Der Vortrag der C. unterliegt denselben musikalischen Regeln wie die Psalmen. Die C. des NT werden als Schlußstücke etwas feierlicher vorgetragen als die Offiziumspsalmen und schlichter als die Meßpsalmen. In der Art der Solopsalmodie, dh als Traktus, wird das Canticum Mosis, Ex 13, am Karsamstag gesungen.

S.Bäumer, Gesch. des Breviers, 1895 - P.Wagner, Einführung in die gregorianische Melodien I, 1911³, 6; III, 1911³, 102 - MGG II, 770. *E.Jammers*

Zur *Auslegungsgeschichte:*

Quellen: 5.Jh.: Cyrill v. Alex. (MPG 69: Ex 15, Dtn 32, 1Sam 2). - 6.Jh.: Verecundus v. Junca, ed. J.B.Pitra (Spicilegium Solesmense IV, 1, 1858, 1-191; nur at. C.). - 8.Jh.: Beda Venerabilis (MPL 91: Hab 3). - 9.Jh.: Hrabanus Maurus (MPL 112). - 11.Jh.: Bruno v. Würzburg (MPL 142) - Ps. Haymo v. Halberstadt (MPL 116: nur at. C.); vgl.Rep. Bibl. III, 3078. - 12.Jh.: Hugo v. St. Viktor (MPL 175: Lk 1, 46ff; s. auch Ps. Augustin, MPL 40) - Bernhard v. Clairvaux (MPL 183: Jes 38) - Ps. Bernhard v. Clairvaux (MPL 184: Lk 1, 46ff) - Gerhoh v. Reichersberg (MPL 194: nur at. C.) - Richard v. St. Viktor (MPL 196: Hab 3). - 14.Jh.: Augustinus Triumphus v. Ancona, Lyon 1506 (Lk 1, 46ff) - Joh. Wiclif, ed. Th.Arnold, Select English works of J.W. III, 1871, 1-81. - 15.Jh.: Joh. Gerson, ed. duPin IV², 1728, 229-512 (Lk 1, 46ff) - Iacobus Perez de Valentia, Paris 1509. - 16.Jh.: Luther (WA 7: Lk 1, 46ff) - Calvin (CR 35: Jes 38). - 17.Jh.: Balthasar Paez, Lyon 1622 (Ex 15); Antwerpen 1622 (Dtn 32); Lyon 1623 (Jes 38). *W.Werbeck*

Cantio. Die liturgische Zwitterstellung der mittelalterlichen C., zum Gottesdienste zugelassen und doch ohne festen Platz in ihm und in den liturgischen Büchern, ist zu verstehen von der damaligen Stellung des Kirchenvolkes aus. Die C. bekundet eine neue Frömmigkeit (devotio moderna; →Brüder vom gemeinsamen Leben) einen Willen zur schönen Form, eine gewisse Volkstümlichkeit (beschränkt allerdings auf die lateinsprechenden Schichten: Kleriker, humanistische Literati, Salve-Bruderschaften usw). Sie ist strophisch wie der → Hymnus, aber ohne → Doxologie und gestaltreicher; sie ist nicht textgebunden wie die → Antiphon. Der Rhythmus kann taktmäßig sein, die Tonalität dem Dur oder Moll sich nähern. Ihr voran geht der → Tropus, von dem sich die C. durch ihre Selbständigkeit unterscheidet; ihrerseits gehört sie zu den Vorläufern des volkssprachigen → Kirchenliedes.

Analecta hymnica 1. 20. 21. 35, 1895-1904 - A.Schmitz, Ein schlesisches Cantional (AfMf 1, 1936, 385-423) - MGG II, 781. *E.Jammers*

Caodaïsmus (richtiger: Kaodaï-ismus) ist die Selbstbezeichnung einer neuen synkretistischen Religion in Viet-nam, die sich auf angebliche Offenbarungen des Gottes Cao-daï (annamitisch: »großer Palast«) beruft. Der in französischen Diensten stehende Beamte Ngo-van-Chieu veranstaltete 1919 in Phu-coq mit jungen weiblichen Medien spiritistische Sitzungen. Bei einer von diesen meldete sich Cao-daï. Am Weihnachtsabend 1925 gab der Gott mit Tischrücken beschäftigten Sekretären in Saigon den Auftrag, sich von Ngo-van-Chieu belehren zu lassen, und später teilte er mit, daß der reiche Mandarin Le-van-Trung zum Führer der zu gründenden neuen Religion ernannt werden solle. Dies erregte große Verwunderung, weil Le-van-Trung, der damals das 50. Lebensjahr überschritten hatte, dem Opiumgenuß und allen Vergnügungen ergeben war. Unter dem Eindruck seiner ihm auf spiritistischem Wege mitgeteilten Berufung vollzog sich an dem Mandarin ein völliger Gesinnungswandel, was den Eindruck auf die Öffentlichkeit nicht verfehlte. Am 18.-20.11.1926 wurde in Tay-ninh ein großes Gründungsfest veranstaltet, bei welchem Le-van-Trung die Würde eines Papstes erhielt. In Tay-ninh wurde ein großer Tempel gebaut und die neue »Kirche« nach dem Vorbild der katholischen mit einer Hierarchie von männlichen und weiblichen Kardinälen, Erzbischöfen, Bischöfen, Priestern usw versehen. Nach dem Tode des ersten »Papstes« 1934 wurde ein neuer gewählt und durch eine umfassende Wirtschaftsorganisation, eine eigene Verwaltung und eine Privatarmee der auf 2 Mill. gewachsenen Sekte ein politischer Einfluß in den Machtkämpfen gesichert, die Indochina in und nach dem 2. Weltkriege erschütterten.

Der C. will der krönende Oberbau über den 5 Religionen Viet-nams sein und das Beste aus Buddhismus, Konfuzianismus, Taoismus, Christentum und Geisterverehrung in sich vereinigen (→ Synkretismus: I). Die Stellung zum Christentum wird von »Seiner Eminenz Cao-tiep-Dao, Seigneur Zodiacal« dahin präzisiert: »Die Lehre des Moses ist die Knospe, die Lehre Christi die Blüte, die Cao-daïs die Frucht. Die Blüte zerstört nicht die Knospe, die Frucht nicht die Blüte, sondern jedes folgende Stadium der Entwicklung der Pflanze ist eine Vervollkommnung des früheren Zustandes.«

Der C. verkündet die Brüderlichkeit (→Bruderschaft: I) aller Menschen und fordert Barmherzigkeit gegen Menschen und Tiere auf der Basis der Theorie von der → Seelenwanderung (: I). Der Kultus, der von seinen zahlreichen verheirateten Priestern in festlichem Ornat vorgenommen wird, besteht in Gebeten, Weihrauchopfern und der Vornahme zahlreicher Riten in den prunkvollen Heiligtümern, in denen Cao-daï als ein Auge über einer Weltkugel symbolisch dargestellt ist. Eine bedeutsame Rolle spielen dabei auch Geisterbeschwörungen, wie sie in Indochina seit alter Zeit beliebt gewesen sind. In besonderem Ansehen stehen die Geister chinesischer Dichter und Freiheitshelden sowie die der Jungfrau von Orleans und von Victor Hugo (weil dieser Dichter zu seinen Lebzeiten ein bedeutender Spiritist gewesen sein soll). Vgl. → Spiritismus.

G.Gobron, Histoire et Philosophie du Caodaïsme, Bouddhisme rénové, spiritisme vietnamien, religion nouvelle en Eurasie, Paris 1949 - La Constitution religieuse du Caodaïsme... expliquée par Sa Sainteté Ho-Phap, Paris 1953 (mit Illustrationen) - P.Rondot, Un néo-syncrétisme au Vietnam: le Caodaïsme (Rhythmes du Monde 1, 1953, 26-55) - B.B.Fall, The Political Religious Sects of Viet-Nam (Pacific Affairs 28, 1955, 235-253). *H.v.Glasenapp*

Capadose, *Abraham* (1795-1874), aus angesehener portugiesisch-jüdischer Familie, * in Amsterdam. Bis 1826 Arzt in Amsterdam, lebte C. dann ohne Beruf auf dem Lande, im Haag und einige Jahre in der Schweiz. 1822 wurde er getauft. Er ist eine hervorragende Gestalt der holländischen Erweckung, Schüler von → Bilderdijk, Freund von → Da Costa. C. rief die erste Sonntagsschule ins Leben. Mit Da Costa gründete er die Gesellschaft »Freunde Israels« zur Judenbekehrung. Auch an der Arbeit der Inneren Mission, der Evangelisation in Spanien, der Bekämpfung der Sklaverei, der Organisation der freien christlichen Schule, der »Ev. Allianz« beteiligte er sich lebhaft. Bekannt ist sein Kampf gegen die Pockenimpfung. Merkwürdig ist, daß er als bekehrter Jude in so engem geistlichem Austausch mit einfachen Vertretern des ref. Pietismus (in Scherpenzeel) stehen konnte. Im politischen Denken hat er die bedeutende Wendung vollzogen, daß er das Verhältnis zwischen Obrigkeit und Volk nicht nur (wie Bilderdijk) als ein Verhältnis zwischen Vater und Kind auffaßte, sondern auch als ein Verhältnis zwischen Mann und Weib, wodurch er einen gewissen Zugang zur neuzeitlichen Demokratie gewann. Er trat aus der Kirche aus, weil sie keine Lehrzucht ausüben wollte.

D. KALMIJN, A.C. (Diss. Utrecht), 's-Gravenhage 1955.
A.A.vanRuler

Capistrano, *Johann von* → Johannes von Capistrano.

Capito, *Wolfgang* (1478–1541), * in Hagenau als Sohn des Hufschmieds (daher Beiname Fabricius) und Ratsherrn J.Köpfel, studierte in Ingolstadt und Freiburg, erwarb den med. und jur. Doktorgrad und begann scholastische Theologie zu lehren, ehe er 1512 als Stiftsprediger nach Bruchsal, Basel und Mainz ging. In Basel war er mit → Erasmus verbunden, gab den hebr. Psalter heraus und trat in Briefwechsel mit Luther und Zwingli. In Mainz zum Kanzler berufen, sollte er den Streit mit Luther beilegen. Vergeblich suchte er → Albrecht von Mainz für eine mittlere Linie zu gewinnen. 1523 ging er als Propst des Thomasstifts nach Straßburg und wurde durch → Zell und → Bucer endgültig für die Reformation gewonnen. In kirchlichen Fragen übte C. starken Einfluß auf den Rat aus und leistete der Reformation große Dienste. An der Berner Disputation, der → Confessio Tetrapolitana und der Wittenberger Konkordie hatte er starken Anteil. Seit 1530 trat er hinter Bucer zurück. Seine theologische Haltung blieb vermittelnd. Sein Wohlwollen für die Schwärmer gab er auf. 1533 übersetzte er Erasmus De sarcienda ecclesiae concordia und nahm 1540 am Geheimgespräch in Worms teil. Einigung war ihm wie Bucer ein ständiges Anliegen. † in Straßburg.

Vf. u.a.: Responsio de Missa, 1537; Hexemeron Dei, 1539. – Über C.: RE III, 715; XXIII, 294 (Lit.) – W.BAUM, C. u. Butzer, 1860 – W.HEBERLE, C.s Verhältnis zum Anabaptismus (ZHTh 27, 1857, 285 bis 310) – N.PAULUS, Die Straßburger Reformation u. die Gewissensfreiheit (StrThSt 2,2 1895, 28–46) – P.KALKOFF, W.C. im Dienste des Erzb. Albrecht v. Mainz, 1907 – J.ADAM, Ev. KG Straßburgs, 1922 – P.MIEG, C. (Bull. Soc. de l'hist. du Prot. franç. 74, 1925, 177–187) – O.E.STRASSER, C.s Beziehungen zu Bern, 1928 (Bibliogr.) – DERS., La pensée théol. de W.Capiton, 1938. *R.Stupperich*

Cappellus, *Ludwig* (1585–1658), * in Saint Elier bei Sedan, Professor der hebräischen Sprache, später auch der Theologie in Saumur. Seine Bedeutung liegt in seinem erfolgreichen Bemühen um die at. Textkritik (→ Bibelwissenschaft: I, 1 c, → Text: I). In der 1624 anonym erschienenen Schrift Arcanum punctationis revelatum (hg.v. → Erpenius) sowie in seinen Vindiciae arcani punctationis (hg.v. seinem Sohn *Jakob* im Sammelwerk: Ludovici C. Commentarii et Notae criticae in VT, 1689) weist er zwar nicht als erster, doch mit guter Begründung das junge Aufkommen der Vokalzeichen nach. Seine Critica sacra in 6 Büchern (hg.v. seinem Sohn *Johann,* 1650) erweist aus Vergleichung von Paralleltexten und Übersetzungen des AT die Lehre von der Unversehrtheit des at. Textes als unhaltbar. In der Diatriba de veris et antiquis Ebraeorum literis (1645) gegen den jüngeren → Buxtorf begründet er das höhere Alter der samaritanischen Schrift gegenüber der Quadratschrift (→ Bibel: I C).

RE III, 717ff – H.J.KRAUS, Gesch. der histor.-krit. Erforschung des AT, 1956, 43ff. *A.Bertholet (W.Baumgartner)*

Caputiati, auch *Paciferi* genannt, Anhänger einer religiös-sozialen Friedensbewegung Frankreichs, die eine weiße Kapuze mit Marien-Medaillon trugen. 1182/83 von der Auvergne ausgehend, wo sich ein Zimmermann Durandus durch eine Marien-Vision dazu aufgerufen fühlte, bildete sich eine Schwurbrüderschaft zur Selbsthilfe gegen Söldnerkrieg und Adelsfehde. Sie wurde nach drei Jahren von den anfangs beteiligten Bischöfen und Adligen wegen radikaler Freiheits- und Gleichheitsforderungen unterdrückt.

RE III, 722f. *H.Grundmann*

Caraccioli, *Galeazzo* (1517–86), * in Neapel, † in Genf, Neffe Caraffas (→ Paul IV.), wandte sich im humanistischen Kreis des Juan de → Valdes der Reformation zu und mußte 1551 emigrieren. In Genf wurde er Diakon der italienischen Flüchtlingsgemeinde, bald auch Mitglied des Rats und des Konsistoriums. Als »Monsieur le Marquis« erwarb sich C. allgemeine Achtung, er genoß die Freundschaft → Calvins und → Bezas, der ihn »un second Moïse« nannte. Seine Ehe mit Vittoria Caraffa wurde vom Konsistorium gelöst, weil seine Gattin Neapel nicht verlassen wollte. Er heiratete 1560 ein zweites Mal.

RE III, 723ff – O.GROSHEINTZ, L'église italienne à Genève au temps de Calvin, Lausanne 1904 – B.CROCE, Il Marchese di Vico, G.C., Bari 1933 – EC III, 738. *H.Liebing*

Carbonari (Köhler), politische und pseudoreligiöse Geheimgesellschaft. Der Ursprung ist dunkel, wahrscheinlich ist sie Ende 18. oder Anfang 19.Jh. in der Franche-Comté (Frankreich) aus dem antinapoleonischen Geheimbund Charbonnerie entstanden. Die Bewegung griff von den Abruzzen bald nach Süditalien über und wurde von England und dem Haus Bourbon gegen Murat unterstützt. Überraschend schnell verbreiteten sich die C. im ganzen Mittelmeerraum. Ihre Organisation war ähnlich wie die der → Freimaurer. Sie nannten sich »gute Cousins« und entnahmen ihre rituellen Gebräuche der Kohlenbrennerei und der Passion J.C. Ihre Sektionen hießen Vendite (Verkaufsstellen), die Zentralleitung Alta Vendita, ihre Versammlungsorte Baracken; sie schworen auf das Kruzifix und den Dolch. Ihr Programm war Unabhängigkeit der unterjochten Völker und Durchsetzung freiheitlicher Verfassungen. Nach dem Wiener Kongreß setzten sie sich in Frankreich für die Republik gegen die Reaktion ein. Ihre stärkste Machtentfaltung zeigten sie 1820 beim Aufstand in Süditalien, wo sie für Neapel vorübergehend eine liberale Verfassung durchsetzten. Auch in Mittel- und Norditalien verursachten sie von 1814–31 und darüber hinaus, zusammen mit der Freimaurerei und anderen Vereinen, die Erhebungen für die Unabhängigkeit und die Einheit Italiens. Von → Pius VII. (13.9.1821) verurteilt, von allen absolutistischen Regierungen in Italien mit Unterstützung Österreichs verfolgt, flüchteten sich viele nach Frankreich und England. Nach der Julirevolution und dem Scheitern der Revolution 1831 in der Romagna (Italien) verloren die C. ihre Bedeutung, obwohl F. Buonarroti sie neu organisierte (Carboneria riformata, Zentralleitung in Paris). → Mazzini entzog den C. 1831 durch die Gründung der Giovine Italia die besten Kräfte.

G.LETI, Carboneria e massoneria nel Risorgimento, Genova 1925 – ENCICLOPEDIA ITALIANA VIII, 1930, 962f – A.OTTOLINI, La Carboneria dalle origini ai primi tentativi insurrezionali, 1797–1819, Modena 1936 – A.M.GHISALBERTI, Cospirazioni del Risorgimento, Palermo 1938 – EC III, 765ff. *V.Vinay*

Carey, *William* (1761–1834), englischer Baptist (→ Baptisten: II), ursprünglich Flickschuster, unter Beibehaltung seines Handwerks 1785 Prediger, 1793–1834 Missionar zuerst in Kalkutta, später im dänisch beherrschten Serampore (Indien), ist eine bedeutende Gestalt der neueren Missionsgeschichte. 1792 veröffentlichte er »An Enquiry into the Obligations of Christians to Use Means for the Conversion of the Heathens« (der Missionsbefehl gilt allen Christen und bezieht sich auf die ganze

Welt). Im selben Jahr führt seine Predigt »Expect great things from God - attempt great things from God« zur Gründung der späteren Baptist Missionary Society als einer Gesellschaft, die grundsätzlich in jedem Teil der nichtchristlichen Welt Mission treiben will. 1795 wirkte er bei der Gründung der London Missionary Society (→ England: IV) mit, einer Gesellschaft gleichen Zieles, bei der das interdenominationelle Moment richtungweisend war. Auf Grund des durch ihn entschränkten missionarischen Denkens wird er »der Vater der neueren Mission« genannt, das spätere missionsstrategische Denken (→ Mott; → Internationaler Missions-Rat) hat hier seinen Ansatz. C. schlägt eine Weltkonferenz aller in der Missionsarbeit stehender Denominationen vor, die erstmals 1810 und dann alle weitere zehn Jahre stattfinden sollte. Die spätere Entwicklung wird auch darin vorweggenommen, daß C. mit dem Drucker W. Ward und dem autodidaktischen Lehrer J. Marshman (»Serampore Trio«) ein College in Serampore gründete, um Inder zur Verkündigung des Evangeliums auszubilden, die Mission also von Europa unabhängig zu machen. Folgerichtig wurde auch das College von der finanziellen Unterstützung seitens der Baptist Missionary Society freigemacht. C.s Sprachbegabung und sein Sinn für das Notwendige ermöglichten ihm ein erstaunliches Werk der Bibelübersetzung und des Bibeldrucks: 1832 waren die ganze Bibel oder Bibelteile in 44 Sprachen und Dialekte Indiens nicht nur übersetzt, sondern auch an Ort und Stelle gedruckt. Die neueste indische Geschichtsschreibung würdigt ihn als den, der die englische Erziehung in Indien einführte.

RGG[1] I, 1775f - J.C. Marshman, The Life and Times of C., London 1859 - F.D. Walker, W.C., London 1926 - A.H. Oussoren, W.C., Especially His Missionary Principles, Nijkerk 1945 - P. Rouse, W.C.'s »Pleasing Dream« (IRM 38, 1949, 181-192). *J. Margull*

Cargo-Kult → Synkretismus: II.

Carissimi, *Giacomo* (1605-74), italien. Komponist, * Marino (Rom), † Rom, wurde 1625 Domorganist in Tivoli, 1628 Kapellmeister in Assisi und 1630 an der Kirche S. Apollinare in Rom. Er schrieb wertvolle Oratorien über biblische Texte (Historien), die durch seine Schüler Chr. Bernhard, J.K. Kerll und M.A. Charpentier in Deutschland und Frankreich Verbreitung fanden. Bedeutend ist C. auch als Meister der weltlichen → Kantate.

Werke: 15 erhaltene Oratorien; über 100 Kantaten u. Duette; Messen u. Motetten. - Über C.: A. Schering, Gesch. des Oratoriums, 1911 - MGG II, 842ff. *S. Hermelink*

Caritas

1. Das *Wort* C. wird in einem doppelten Sinn verwandt: allgemein als umfassende Bezeichnung christlicher Liebestätigkeit; speziell als abgekürzte Bezeichnung für den Deutschen Caritasverband, die Organisation der kath. kirchlichen Liebestätigkeit auf deutschem Boden. Das Wort ist abzuleiten vom lat. carus = teuer, lieb, nicht von dem griech. χάρις. C. im Sinne der Barmherzigkeitsübung gibt es, solange es eine christliche Gemeinde gibt, und ist nicht beschränkt auf die kath. Liebestätigkeit. Die Festlegung des Namens C. als Abkürzung für den »C.verband für das kath. Deutschland« (seit 9.11.1921: »Deutscher C.verband«) erfolgte erst, als 1897 der C.verband gegründet wurde. Ähnliche Organisationen bestehen auch in anderen Ländern. In den USA besteht seit 1910 die National Conference of Catholic Charities (heute in 79 Diözesen verbreitet). 1924 schlossen sich die verschiedenen Zweige der C. zu einem internationalen C.-Komitee zusammen, das seit 1928 den Namen C. Catholica trägt (Zeitschrift: Caritas Internationalis, 1926ff). 1951 wurde in Rom die Internationale Kath. C.-Konferenz ins Leben gerufen, welche die Funktionen der bisherigen Organisation übernahm. Initiator und erster Präsident des dt. C.verbandes war Dr. Lorenz Werthmann. Sein Nachfolger Prälat Dr. Benedikt Kreutz schreibt 1929: »C. im Sinne von praktischer C.arbeit ist: die freiwillige persönliche Nothilfe, deren Wurzeln und Motive in der Religion, namentlich in der kirchlichen Gemeinschaft begründet sind und die als Funktion des kirchlichen Lebens ausgeübt wird. C. schließt → Wohlfahrtspflege in sich ein, aber sie ist weit mehr als Wohlfahrtspflege ... Ihrem Umfang nach sucht sie nicht nur die persönliche oder gesellschaftliche Wohlfahrt zu fördern, etwa wie der Humanismus oder wie der moderne Wohlfahrtsstaat, sondern darüber hinaus will sie dem ganzen Menschen mit all seinen Bedürfnissen helfen, namentlich ihn seelisch heilen und als Glied der sozialen wie kirchlichen Gesellschaft wiederherstellen, wenn er durch Defekte oder Not irgendwie verletzt und verwundet ist. Die C. schöpft ihre letzten Beweggründe und Kräfte nicht aus der rein natürlichen Menschen- oder Bruderliebe wie die Humanität, sondern darüber hinaus aus den Quellen der Religion, namentlich aus der Idee der innigen Verbundenheit aller Menschen in Gott, dem Vater, und ihrer organischen Zugehörigkeit zum mystischen Leibe Christi. Aus diesem Grunde ist wie im Urchristentum auch jetzt noch die Eucharistie die vorzüglichste Kraftquelle dieser christlichen Tugend ... C. schließt keinen Menschen aus, der in Not geraten ist, wenn sie sich auch in erster Linie an Christen und Glaubensgenossen wendet. Sie wird sich jeder Not annehmen, ob sie auf religiösem, sittlichem und seelischem wie wirtschaftlichem oder gesundheitlichem Gebiet liegen möge. Nicht die Würdigkeit, sondern der Grad der Bedürftigkeit gibt den Ausschlag, wo die Nothilfe zuerst einsetzen soll. Auch die C. arbeitet nach den Gesetzen der Volkswirtschaft und der Sozialhygiene, aber es sind nicht ihre letzten Gesetze; dies sind vielmehr die Gesetze der Seele und des Seelenheils.« Hier wird die innere Verwandtschaft zwischen der kath. *Caritas* und der ev. → *Inneren Mission* deutlich. Sie wurzeln beide in der christlichen Gemeinde. Die Entwicklung ihrer Arbeit im Laufe des 19. Jh.s zeigt viele gemeinsame Züge, vor allem auch darin, daß neben die nie aufgebbare und nie aufgegebene Übung der Barmherzigkeit im einzelnen Fall die Hinwendung zur Mitarbeit an der Lösung der umfassenden sozialen Probleme tritt. Daß der Zusammenschluß zur umfassenden Organisation bei der C. (1897) erst rd 40 Jahre später erfolgte als bei der Inneren Mission (Central-Ausschuß für Innere Mission 1848) deutet nur auf Unterschiede im Aufbau hin. C.arbeit gab es auch 1848 und vorher, wie ja auch der Central-Ausschuß 1848 eine Zusammenfassung schon seit Jahrzehnten bestehender Arbeiten bedeutete.

2. Nach seiner *Satzung* soll der C.verband »den Geist tätiger christlicher Nächstenliebe unter den Katholiken Deutschlands stärken, ausbreiten und vertiefen; die Werke der C. planmäßig fördern; ein geordnetes Zusammenwirken aller auf caritativem Gebiet tätigen Kräfte herbeiführen; alle gesunden Bestrebungen der Wohlfahrtspflege unterstützen; ihm obliegt die Gesamtvertretung der kirchlichen Fürsorgeeinrichtungen bei den Gemeinschaftsaufgaben, die der freien Wohlfahrtspflege Deutschlands im Dienst am Volk gestellt sind; er hat auch die kirchlichen Interessen auf diesem Gebiet bei den öffentlich-rechtlichen Organen sowie den nichtkath. und paritätischen Verbänden wahrzunehmen.«

3. Die *Arbeit der C.* ist wie die der Inneren Mission regional und fachlich gegliedert. Die *regionale Gliederung*

erfolgt in Diözesan-C.verbänden in 28 Bistümern Deutschlands. Diesen Diözesan-C.verbänden gegenüber hat der Deutsche C.verband keine Befehlsgewalt. Sie unterstehen vielmehr der unmittelbaren Leitung des Diözesan-Bischofs. »Damit sind ungesunder Zentralismus und schematische Gleichschaltung vermieden.« In den meisten Pfarreien besteht eine Pfarr-C. Die *fachliche Gliederung* der C. findet ihren Ausdruck in den *Fachreferaten* bei der Zentrale in Freiburg/Br., Werthmannhaus, sowie bei den Diözesan-C.verbänden und in den *Fachverbänden*. Für folgende Arbeitsgebiete bestehen Fachreferate und Fachverbände: a) *Familienhilfe* und *Altensorge,* vor allem durch die Männer-Vinzenz-Vereine und durch die Elisabeth- und Frauen-Vinzenz-Vereine; daneben ist tätig die Familienpflege und die *Hauspflege* vom Dritten Orden des Hl. Franziskus und von anderen Orden. b) Die *C.-Hilfe in der Seelsorge* betreut in der C.-Schwesternschaft die freien kath. Schwestern, widmet sich der Kranken- und Gehörlosenseelsorge (Kath. Taubstummenverband e.V.; Arbeitsgemeinschaft kath. Taubstummenseelsorger) und nimmt sich der deutschen Fremdarbeiter im Ausland an. Seit 1911 arbeitet die Freie Vereinigung für Seelsorgehilfe, die Priester und Laien umfaßt. 1928 wurde in Freiburg das Seminar für Seelsorgehilfe gegründet. c) Die *Dorf-C.* betrachtet die Erhaltung der bäuerlichen Lebenssubstanz bei einheimischen und Flüchtlingsbauern, die Bekämpfung der Landflucht und die Verlebendigung der Dorfseelsorge als ihre Hauptaufgabe. d) *Kinderfürsorge* nimmt sich in vorbeugender und heilender Fürsorge der gesunden und kranken, der gefährdeten und verwahrlosten Kinder im Säuglings-, Klein- und Schulkinderalter an. Mit der Kinderfürsorge ist das Jugendleiterinnenseminar in Freiburg sowie die Arbeitsgemeinschaft kath. Seminare für Kindergärtnerinnen und Jugendleiterinnen verbunden. Das vor allem von den → Kapuzinern geleitete Seraphische Liebeswerk nimmt sich armer, verwaister und gefährdeter Kinder an. e) *Jugendfürsorge* für die schulentlassene Jugend. Auf dem Gebiete der Fürsorge für die gefährdete Jugend steht an hervorragender Stelle der Kath. Fürsorgeverein für Mädchen, Frauen und Kinder; aber auch der Kath. Männer-Fürsorgeverein und die Kath. Erziehungsvereine. Zu ihren Aufgaben gehört außer der Sorge für die berufs- und arbeitslose Jugend die Erholungs- und Heilfürsorge, der Kindersuchdienst und die Adoptionsvermittlung, die rechtliche Sicherung der Jugendhilfe und die Mitarbeit am Bundesjugendplan. f) *Mädchenschutz* durch den Deutschen Nationalverband der kath. Mädchenschutzvereine; vorbeugende Schutzmaßnahmen für die abwandernde und zuwandernde sowie für die stellensuchende und erwerbstätige weibliche Jugend. Zusammenarbeit mit der → Bahnhofsmission u.a. Das Meinwerk-Institut in Paderborn ist die zentrale Ausbildungsstätte des kath. Mädchenschutzverbandes. g) *Krankenfürsorge* in enger Verbindung mit dem Verband kath. Kranken- und Pflegeanstalten sowie mit den der Krankenpflege sich widmenden Mutterhäusern und Ordensschwestern- und Brüder-Genossenschaften. h) *Gebrechlichenfürsorge,* vor allem in Verbindung mit der Josephsgesellschaft für Krüppelfürsorge. i) *Gesundheitsfürsorge:* Schulung von Krankenpflegerinnen und Gesundheitsfürsorgerinnen, Ausbildung von Pflegepersonal, Bearbeitung aller Fragen des Krankenhauswesens, vor allem auch im C.institut Köln-Hohenlind. k) *Fürsorge für Arbeits- und Obdachlose,* vor allem Wandererfürsorge, Nichtseßhaftenfürsorge, Arbeiterkolonien (Deutscher Wandererdienst seit 1931). l) *Fürsorge für Straffällige* und Strafentlassene ist Aufgabe der Kath. Arbeitsgemeinschaft für Straffälligenfürsorge in enger Verbindung mit der Strafanstaltsseelsorge und den Organen der Arbeitsbeschaffung und Arbeitsvermittlung. Neu aufgebaut wird die Soziale Gerichtshilfe. m) *Trinkerfürsorge und Suchtbekämpfung* in steter Zusammenarbeit mit den entsprechenden Maßnahmen der öffentlichen Fürsorge und den anderen Wohlfahrtsverbänden geschieht durch die Hauptstelle der kath. Suchtkrankenfürsorge. Diesem Ziel dient auch die kath. Arbeitsgemeinschaft für Volksgesundung (seit 1948). n) *Fürsorge für Auswanderer* durch den St.-Raphaels-Verein zum Schutz und zur Beratung kath. Auswanderer; Herstellung der Verbindung zu den Organisationen in Übersee. o) *Fürsorge für* die deutschen *Katholiken im Ausland*. p) *Fürsorge für Studierende* und Pflege und Ausbau aller berufsfördernden Maßnahmen. q) *Heimstatthilfe* und Jugendsozialarbeit für die aus der sowjetisch besetzten Zone (SBZ) stammenden Jugendlichen, die das Vertriebenen-Schicksal ihrer Familien teilen oder allein über die Grenze gekommen sind. – Kriegsbedingt sind folgende Arbeitszweige: r) Die *C.-Kriegsgefangenenhilfe*. Sie unterhält eine Pakethilfe, sorgt für geistliche Betreuung und Rechtsschutz, widmet sich aber auch den Heimkehrern und deren Familien. Das Herz-Jesu-Sühnewerk für Erlösung der Gefangenen betet für deren Heimkehr. s) Der *Suchdienst,* auf dessen Heimatortskarteien über 10 Millionen Menschen erfaßt sind, steht im Dienst der Heimatvertriebenen. t) Die *Arbeit für vom → Nationalsozialismus Verfolgte* entstand im Anschluß an die Hilfsarbeit in den Verfolgungsjahren des 3. Reiches und arbeitet mit der → Gesellschaft für christlich-jüdische Zusammenarbeit zusammen. – Bei diesen Fachreferaten und Fachverbänden handelt es sich nicht um eine ein für allemal festgelegte Gliederung der Arbeit. Sie ist vielmehr beweglich gehalten, um sich neu auftretenden Notständen und Aufgaben schnell anzupassen und der akuten Not jederzeit Hilfe entgegenstellen zu können.

Der *C.verband* wurde angesichts dieser weitverzweigten und alle fürsorgerischen Gebiete umfassenden Arbeit (neben anderen Verbänden) als *Reichsspitzenverband* der freien Wohlfahrtspflege Mitte der 20er Jahre anerkannt. Angesichts damaliger Bestrebungen, die auf Sozialisierung und Kommunalisierung der Fürsorge drängten und das dauernde Eigenrecht der freien Wohlfahrtspflege in Frage stellen wollten, schloß sich der C.verband mit den anderen Reichsspitzenverbänden Ende 1924 zur *»Deutschen Liga der freien Wohlfahrtspflege«* zusammen, der damals allerdings der Hauptausschuß für Arbeiterwohlfahrt nicht angehörte. Nachfolgerin der Liga wurde nach dem 2. Weltkrieg die Arbeitsgemeinschaft der Spitzenverbände der freien Wohlfahrtspflege, der auch die Arbeiterwohlfahrt angehört.

4. Vom *Umfang der C.arbeit* geben folgende Zahlenübersichten Rechenschaft (Stichtag 1.1.1957): In den Anstalten der Gesundheitsfürsorge bilden die Hauptgruppe 809 Krankenhäuser, 38 Heilstätten für Kinder und Erwachsene, 102 Heil- und Pflegeanstalten, Schwachsinnigenanstalten, Krüppel-, Taubstummen- und Blindenheime, 103 Erholungsheime für Kinder, 267 für Erwachsene, 76 Entbindungs-, Wöchnerinnen- und Mütterheime und 133 Säuglingsheime, 2 Heilanstalten für Suchtkranke; insgesamt 1530 Anstalten der Gesundheitsfürsorge mit 176 204 Betten für Pfleglinge und 65 567 Pflegekräfte, je zur Hälfte Ordenskräfte und Laienkräfte. In der Erziehungsfürsorge zählt die C. 391 Waisenhäuser und allgemeine Erziehungsheime, 183 Fürsorgeerziehungsheime, 443 Jugendheimstätten-Wohnheime und Lehrlingsheime, 300 Studienheime und Konvikte sowie 201 Internate von Schulen; insgesamt 1518 Heime der Erziehungsfürsorge mit 120 863 Betten. In der Wirtschaftsfürsorge sind die weitaus größte Gruppe die 1461 Altersheime und Siechenheime, dazu 225 Gesellen-

häuser, Mädchenheime, Arbeiterinnenheime, also Heime für Berufstätige, 108 Wohn- und Übernachtungsheime, 8 Heime für Strafentlassene und Arbeiterkolonien; insgesamt 1802 Heime für Wirtschaftsfürsorge mit 68 947 Plätzen. Die genannten drei Gruppen stellen 4850 Heime mit 366 014 Plätzen zur Verfügung für die karitativen Aufgaben. In ihnen sind 40 659 Ordenskräfte und 60 894 Laienkräfte tätig. Nicht erfaßt in dieser Aufstellung sind die Zahlen der Ausbildungsstätten: Krankenpflegeschulen, Säuglings- und Kinderpflegeschulen, Hauspflegeschulen, Kindergärtnerinnen- und Hortnerinnenseminare, Fachschulen für sozial-karitative Frauen- und Männerarbeit, insgesamt 259; dazu kommen 158 Haushaltungsschulen.

In der halboffenen Fürsorge zählt die C. 5545 Kindergärten, Kinderhorte und Kinderkrippen mit ca 400 000 Plätzen; 2234 Nähschulen mit 58 691 Plätzen und 824 Nähstuben mit 18 474 Plätzen.

In der offenen Fürsorge sind statistisch zusammengefaßt ca 5000 ambulante Krankenpflegestationen mit 7500 Ordenskräften, 263 Familienpflegestationen, 551 C.-Sekretariate, 12 193 Pfarr-C.-Stellen, 134 Bahnhofsmissionen, ca 3000 Vinzenz-Vereine, Mädchenschutzvereine u.a.

Geistiger wie verwaltungstechnischer Mittelpunkt der deutschen C.bewegung ist die C.-Zentrale in Freiburg/Br. An ihrer Spitze steht der auf Lebenszeit gewählte Präsident (1957: Prälat Eckert). Ihm steht die Direktionsabteilung und ein ausgedehnter Mitarbeiterstab zur Seite. Die C.-Bibliothek (60 000 Bände) ist eine umfassende Sammlung in- und ausländischer Schriften aus allen Fürsorgegebieten. An der Zentrale erscheinen auch die Fachzeitschriften für die meisten Fachverbände. Der C.-verlag bringt jeweils zu den aktuellen Fragen Fachschriften heraus. – Die leitenden Verbandsorgane des C.verbandes sind der Zentralvorstand, der Zentralrat, der Zentralausschuß und die Mitgliederversammlung.

W. Liese, Gesch. der C., 1922 – Ders., Lorenz Werthmann u. der dt. C.verband, 1929 – LThK II, 757 ff – M.T. Boylan, Social Welfare in the Catholic Church, New York 1941 – W. Schöllgen, Zeitgeist u. C., 1951 – KH 24, 1952–56, 224–279 – F. Klein, Christ u. Kirche in der sozialen Welt, 1957. – Zeitschriften: Caritas; Jugendwohl; Das Dorf; Krankendienst.
O. Ohl (H.-H. Schrey)

Carlyle, *Thomas* (1795–1881), * in Ecclefechan (Schottland), Schriftsteller und bedeutendster Vertreter der idealistischen Strömung gegen Empirismus (→ Aufklärung: I), → Rationalismus und → Utilitarismus im viktorianischen England. Aufgewachsen in puritanischer Atmosphäre, formt C. nach harter, von Armut und inneren Kämpfen erfüllter Jugend sein Weltbild unter dem Einfluß des deutschen → Idealismus, besonders von → Fichte, → Schiller, → Novalis und → Goethe. In dem Bildungsroman Sartor Resartus (1833–34) zeigt C. an der Bekehrungsgeschichte des Professors Teufelsdröckh seine Wendung vom Everlasting No einer egoistisch-individualistischen, auf skeptischem Empirismus basierenden Weltverneinung zum Everlasting Yea als einer Bejahung des Weltinhalts und -geschehens unter Selbstverleugnung und Pflichterfüllung. Die hier entwickelte »Philosophie der Kleider«, nach der alle Erscheinungen der Welt verschiedenartige und wandelbare Objektivierungen der göttlichen Kraft sind, wird dann vor allem auf die Deutung der Geschichte als Offenbarung der Divine Idea angewendet. Im Gegensatz zur rationalistischen Historiographie des 18.Jh.s, zu H.T. Buckles Erklärung der Geschichte aus soziologisch-physikalischen Gesetzen oder Marx' Hervorhebung der ökonomischen Faktoren deutet C. unter der Wirkung → Herders und der deutschen und englischen → Romantik den Geschichtsprozeß als langsame rhythmische Aufwärtsentwicklung der Menschheit, in der sich planvoll die Idee des Göttlichen verwirklicht. Schöpferische Phasen dieses Ablaufes stellt C. nach umfassenden Quellenstudien mit hoher Anschaulichkeit dar (The French Revolution, 3 Bde, 1837; Letters and Speeches of Oliver Cromwell, 2 Bde, 1845; Frederick the Great, 6 Bde, 1858–65). Aber Geschichte ist nicht Massenbewegung, sondern »die Essenz unzähliger Biographien«. Der einzelne, je heller in seiner Seele die göttliche Idee brennt, ist als »Held« zur Führung berufen, sei es als mythischer Gott (Odin), als Prophet (Mohammed), als Dichter (Dante, Shakespeare), Priester (Luther, Knox) oder als König (Cromwell, Napoleon): das entwickeln aus großen Ansätzen die berühmten Vorträge On Heroes, Hero-Worship, and the Heroic in History (gedr. 1841). Diese Auffassung führt vom Auftrag und Gehorsamsanspruch des dem Göttlichen näherstehenden Führers zur Verneinung des demokratischen Prinzips (zuerst deutlich in The Nigger Question, 1848, das ihn → Mills Freundschaft kostet) und zur gefährlich übersteigerten Verehrung dieser »Gesetzgeber der Menschheit«, zumal wenn der Herrschaftsanspruch auch für Völker und Rassen erhoben wird. C. versucht, besonders in Past and Present (1843), Beispiele der Geschichte, in denen das Führerprinzip rein verwirklicht sei, in direkter Gegenüberstellung zur Gegenwart fruchtbar zu machen. – Selbst wesentlich von deutschen Denkern und Dichtern bis in die Sprache hinein bestimmt, wurde C. zum bedeutendsten Mittler deutscher Geisteskultur im England seiner Zeit.

Works, Centenary Ed., ed. H.D. Traill, 30 Bde, 1896–99; Ausgew. Werke, hg.v. O. Wiegand, 9 Bde, o.J.; Reminiscences, ed J.A. Froude, 2 Bde, 1881; Correspondence between Goethe and C., 1887; Letters to J.S. Mill, J. Sterling, and R. Browning, 1923; Letters to His Wife, 1953. – Über C.: D.A. Wilson, The Life of Th.C., 6 Bde, 1923–34 – H. Shine, C.s Fusion of Poetry, History, and Religion by 1843, 1938 – W.F. Schirmer, Der Einfluß der dt. Lit. auf die engl. im 19.Jh., 1947 – J. Symons, Th.C., The Life and Ideas of a Prophet, 1951.
G. Müller-Schwefe

Carnesecchi, *Pietro* (1508–67), * in Florenz, päpstlicher Protonotar unter → Clemens VII. Nach dessen Tod geriet er in Berührung mit reformatorischen Ideen im Kreis um Juan de → Valdes, Giulia → Gonzaga und Bernardino → Ochino. Namentlich in seiner Auffassung von der Rechtfertigung und den Sakramenten wich er von der kath. Lehre ab. Zweimal konnte er sich dem Zugriff der Inquisition entziehen, im Jahre 1566 (unter → Pius V.) wurde er jedoch zum Tode verurteilt und nach längerer Gefangenschaft hingerichtet.

G. Manzoni, Estratto del processo di P.C., Turin 1870 – A. Agostini, P.C., Florenz 1899 – A. Jahier, Riformatori e riformati italiani, Florenz 1925 – Encicl. ital. IX, 98 – LThK II, 764 – G.K. Brown, Italy and the reformation, Oxford 1933 – F. Lemmi, La riforma in Italia, 1939.
H. R. Guggisberg

Caroline Divines wird eine Schule anglikanischer Theologen genannt, die zwischen 1625 und 1700 blühte. Sie sind Vertreter der Entwicklung einer Theologie, deren Wurzeln sich bei → Hooker finden, ferner bei → Andrewes und Jewel.

Veranlaßt durch die Angriffe der Puritaner und römischer Apologeten, den anglikanischen Standpunkt zu präzisieren, fanden die C.D. Hilfe an dem Wiederaufleben des Interesses an den alten Vätern (zB bei → Casaubonus) und benutzten ihr Zeugnis als geeignete Waffe gegen beide Gegner. Sie sahen ihren Standpunkt als die via media. In ihrer Theologie spielten weder die Lehre von der Rechtfertigung noch die von der → Prädestination (: III) die entscheidende Rolle; vor Spekulation über diese wurde gewarnt. Das Prinzip Sola Scriptura

→ Schriftprinzip) wird dagegen energisch vertreten. Wenn somit die Trienter (→ Tridentinisches Konzil) Gleichstellung von Schrift und → Tradition (: VI) ausgeschlossen wird, so schätzen sie doch die gemeinsame Tradition der ungeteilten Kirche hoch, durch die die Schrift ausgelegt wird und an die Lehre und Recht anzuschließen sind. Darum tadeln sie die → Puritaner wegen Verwerfung der Tradition und die römische Kirche wegen ihrer abweichenden Neuerungen. Dennoch schützt sie ihre Hochschätzung der Vernunft vor blinder Annahme der Tradition. So schreibt Sanderson: Wir schulden Respekt »den Schriften der gottesfürchtigen, alten Väter, den Canones und Dekreten der allgemeinen und Provinzial-Konzilien, den Schriften der großen Theologen«, aber »wir können nicht ... unsern Glauben auf sie als auf sichern Boden gründen ... ohne jede weitere Prüfung«.

Die C.D. betonen einstimmig die Kontinuität der englischen Kirche und versichern, daß die nach-reformierte Kirche sich von der vor-reformierten nur unterscheide »wie ein gejäteter von einem ungejäteten Garten« (→ Bramhall). Obwohl eine kleine Minderheit glaubt, daß der Episkopat auf göttlichem Recht beruhe, sieht ihn die Mehrheit als eine apostolische Einrichtung, aber nicht als so notwendig an, daß ohne ihn kein kirchliches Amt bestehen könnte, und erkennt die kontinentalen, protestantischen Kirchen an, obwohl sie entschuldbare Mängel in der Kirchenordnung aufweisen. In der Lehre von den Sakramenten leugneten die C.D. die Transsubstantiation und hielten sich im allgemeinen an eine Lehre der Realpräsenz (→ Abendmahl: III, 1), die der der → Apologie der Augustana entsprach. Die meisten vertreten, daß die Eucharistie ein »Erinnerungs-Opfer« (so Andrewes und Laud) sei, das Golgatha darstelle und seine Gaben empfange, verbunden mit Christi himmlischer Fürbitte (Field und Taylor).

Trotz vieler Ähnlichkeiten mit den Theologen der Oxford-Bewegung des 19.Jh.s (→ Hochkirchliche Bewegung: I) unterscheiden sich die C.D. von diesen durch ihren Erastianismus (→ Erastus), ihre weniger starre Amtslehre, das geringe Interesse an der bischöflichen → Sukzession und die Sympathie für den kontinentalen Protestantismus. Ihre Hauptvertreter waren: John → Bramhall (1594-1663); John → Cosin (1594-1672), Liturgiker; Henry → Hammond (1605-60), Bibelausleger; Thomas → Ken (1637-1711); William → Laud (1573-1645); John → Pearson (1613-86), Patristiker; Herbert Thorndike (1598-1672); Jeremy → Taylor (1613-67), asketischer und Moral-Theologe.

Ges.W. in Library of Anglo-Catholic Theology, 80 Bde, 1841-63. - J.H.Overton, Life in the English Church 1660-1714, 1885 - Cambridge History of Engl. Lit. VII, 1911 Kap. 6 - P.E.Moore-F.L. Cross, Anglicanism, 1935 - G.W.O.Addleshaw, The High Church Tradition, 1941 - H.R.McAdoo, The Structure of Caroline Moral Theology, 1949 - C.J.Stranks, Life and Writings of Jeremy Taylor, 1952. *D.Carter*

Carossa, *Hans* (1878-1956), Prosadichter und Lyriker, * in Tölz (Oberbayern), † in Rittsteig bei Passau, stammt aus kath. Familie und war wie sein Vater und Großvater Arzt. In seinem Frühwerk geht er von der Kulturkrise der Jahrhundertwende aus und orientiert sich in seiner Zeitkritik an Friedrich → Nietzsche, Jakob → Burckhardt, Richard → Dehmel und Stefan → George. Bestimmend für die zwischen 1898 und 1912 sich bildende Geistesform des jungen C. war → Dante. Die religiöse Ausdrucks- und Gedankenwelt dieses »Riesengenius« hat insbesondere die lyrische Dichtung seit der »Stella mystica« (1898) nachhaltig beeinflußt. Die für C.s dichterische Daseinsdeutung zentrale Licht-, Strand- und Ufersymbolik hat ihren geistesgeschichtlichen Ursprung bei Dante. Als Prosadichter versucht C., formal und sprachlich die Tradition Goethes fortzusetzen. Der autobiographische Charakter seiner dichterisch stilisierten Tagebücher (»Doktor Bürgers Ende«, 1913; »Rumänisches Tagebuch«, 1924; »Geheimnisse des reifen Lebens«, 1936; »Aufzeichnungen aus Italien«, 1948), seiner »Jugendgeschichte« (»Eine Kindheit«, 1922; »Verwandlungen einer Jugend«, 1928; »Das Jahr der schönen Täuschungen«, 1941; »Der Tag des jungen Arztes«, 1955) und seiner Lebensgedenkbücher (»Führung und Geleit«, 1933; »Ungleiche Welten«, 1951) ist Ausdruck eines religiös verankerten ethischen Grundwillens, der im Dienste der Selbsterkenntnis und der Selbstbewahrung steht. Seit den »Geheimnissen des reifen Lebens« jedoch vermag C. die Selbstbewahrung, die in der Späterzählung »Ein Tag im Sommer 1947« vollends zur bloßen Attitüde degeneriert, auch künstlerisch nicht mehr überzeugend zu leisten.

Die ihm vom Schicksal zugewiesene Rolle als Dichter erblickt C. darin, »unscheinbares Bindeglied« zu sein zwischen dem alten Wahren und dem Kommenden. Das Kommende ist eine eschatologische Sinngestalt, die sich seinem von christlicher Frömmigkeit tief berührten Geist unter dem Bild der »goldnen Stadt« darstellt; es ist das »Reich der Kraft und der Liebe«, die Herrschaft des »höchsten Geistes«, den sich C.s Frömmigkeit zum »König der Erde« wünscht. Nach der religiösen Existenzkrise der Frühzeit, die das »Bürger«-Tagebuch darstellend zu überwinden versucht, entscheidet sich C. in seiner Daseinsdeutung für die Geborgenheit gegen das hoffnungslose Ausgesetztsein, für die Freude gegen die Traurigkeit, für die stolze Demut gegen die entschränkte subjektivistische Willkür. In den Jahren 1911/12 bildet sich das für C. typisch gewordene dichterische Ethos aus, das es sich strikt versagt, »Anklagen in die erschütterte Welt« hineinzurufen: »Denn wir wagen nur zu singen / Wenn wir gute Botschaft bringen.« An dem häufig gebrauchten Bild des Boten, der »gute« Botschaft bringt, vollzieht C. die Selbstdeutung seines dichterischen Auftrags. In dem Begriff des Boten liegt es, daß er nichts von sich aus vermag, wenn er sich nicht ansprechen läßt, von dem, was »ist«, vom heiligen Sein, vom Licht, das sich in den Sinngestalten und geistigen Ordnungen offenbart, die das natürliche und geschichtliche Dasein tragen. Ein Bereich, dem C. seine Botschaften entnimmt, ist der *Alltag;* nicht der von Unrast und Ungeduld verwirrte, der den Menschen hinausstößt ins »Haltlose, wo der Kern des Lebens zerbröckelt«, sondern der im Frieden mit Gott stehende »Segenstag«, wie er ihm einst in der mythischen Stromlandschaft seiner naturbehüteten Kindheit entgegengetreten war. Unermüdlich weist C. darauf hin, wieviel ein freundlich geordneter argloser Tag dem Leben bedeutet. Als weiterer Bereich tritt die *Natur* hinzu. C.s an Hippokrates und Goethe geschulte Naturbetrachtung ist symbolisch. Sie wahrt streng den Zusammenhang mit der exakten Forschung, mit der Biologie, der Medizin, der Astro- und Atomphysik. Sie versucht, ex manifestis obscura (Hippokrates), aus dem Offenbaren das Verborgene (Goethe) zu erkennen: den »höchsten Sinn«, der jede Erscheinung durchwaltet. Die Naturchiffre gewinnt so existentielle Relevanz. Neben Alltag und Natur treten *Mythos, Sage, Märchen und die geistige Überlieferung des Abendlandes.* In all diesen Bereichen hält das Leben in maßstabloser Zeit unverfälschte Maßstäbe bereit. C. will, daß der Mensch das stille gehorsame Gesetz der Natur, insbesondere der vegetativen, in seine Freiheit aufnehme, daß er das alte Wahre, die Verpflichtung der frommen »dankbaren Toten«, denen unser Dasein seine tiefste Sicherung verdankt, lebendig nachvollziehe und »in sich selbst neu stifte«. Deshalb sieht er eine seiner Hauptaufgaben als Dichter darin, »große Weissagungen der Urzeit« zu beschwören. Die führende Stimme dieser Beschwörung liegt von Anfang an bei den Gedichten und Prosasprüchen C.s, deren geistesgeschichtlicher Beziehungsreichtum sich noch nicht abschätzen läßt. Die Vorsokratiker, insbesondere → Heraklit, → Platon, das Johanneische Licht- und Logoschristentum, → Plotin, Dante und Goethe sind bisher ermittelte Quellen, in die sich der »Mythenforscher und Urkundendeuter« C. immer wieder vertieft hat. Die Darbietung ihrer Urworte, Visionen, Prophetien und Richtersprüche geschieht in einer Art anverwandelnder Montagetechnik. Christliche Bilder, Zeichen und Begriffe, die in seiner Dichtung in großer Zahl vorkommen, verwendet C. »ohne jeden Anspruch auf Dogmenwahrheit«. Das gilt besonders für seinen hypsistarischen Gottesbegriff, der sich dichterisch in dem Bild der Sonne als dem Mysterium des ewigen Lichts niedergeschlagen hat. Die religiöse Sinnberufung des menschlichen Daseins erblickt C. darin, dem Licht, »zu dem wir doch geboren sind«, den Weg in die dunkle Wirklichkeit des geschichtlichen Lebens zu bereiten.

GesW in 2 Bdn, 1949; Ungleiche Welten, 1951; Der Tag des jungen Arztes, 1955. - Über C.: A.LANGEN, H.C., Weltbild u. Stil, 1955 (Lit.).
W.Lehmann

Carpov, *Jakob* (1699-1768), * in Goslar, Supranaturalist, studiert 1721 in Halle, seit 1722 in Jena, hält seit 1725 dort als Magister philosophische Vorlesungen und wird 1737 Gymnasialdirektor in Weimar, seit 1742 nur noch in Mathematik unterrichtend. C. wendet die logisch-mathematische Demonstriermethode Chr. → Wolffs auf die Dogmatik an, um die orthodoxe Lehre durch Ableitung aus den Vernunftsprinzipien zu retten. Zeitlebens ist er in theologische Streitigkeiten verwickelt. Von den Radikaleren rückt er deutlich ab (u.a. von der Wertheimer Bibel [→ Bibelübersetzungen: IV, 3b]). Reiches biographisches Material liegt noch unbenützt im Weimarer Staatsarchiv.

Vf. u.a.: Revelatum Trinitatis mysterium methodo demonstrativa propositum et vindicatum, 1735; Oeconomia salutis Novi Testamenti seu Theologia revelata dogmatica methodo scientifica adornata, 4 Bde, 1737-65. - Vgl. ADB IV, 8f - J.J.MOSER, Lexikon der jetzt lebenden Theologen, 1740, 140ff - Ritschl IV, 1926, 226.
E.Beyreuther

Carpzov, Gelehrtenfamilie, die Kursachsen im 17. und 18.Jh. tüchtige Juristen und Theologen stellt, die unentwegt die luth. Orthodoxie verteidigen. - 1. *Benedikt* (1595-1666), nach ausgedehnter Bildungsreise durch Westeuropa seit 1645 Prof. in Leipzig, ist Begründer einer deutschen Rechtswissenschaft und Schöpfer eines vollständigen Systems des prot. → Kirchenrechts (Jurisprudentia ecclesiastica, 1645), das er erstmalig unter Benutzung ev. Kirchenordnungen und konsistorialer Erlasse nach den landeskirchlichen Bedürfnissen ordnet. → Calixt steht er unversöhnlich gegenüber. - 2. *Johann Benedikt I.* (1607-57), sein Bruder, seit 1665 Pastor und Prof. der Theologie in Leipzig, ist als Verfasser einer Isagoge in libros ecclesiarum luth. symbolicos (1665, 1675) Wegbahner der Sonderdisziplin der Symbolik. Die pedantisch-schulmeisterliche Verkünstelung der orthodoxen Predigt läßt sich mit auf seine Homiletik (Hodegeticum) zurückführen. Mit Calixt bleibt er in einem ehrfurchtsvollen Briefwechsel. - Seine Söhne: 3. *Johann Benedikt II.* (1639-99), seit 1665 Prof. der Theologie in Leipzig, wird durch seinen skrupellosen, unerfreulichen Kampf gegen → Spener und A.H. → Francke bekannt. - 4. *Samuel Benedikt* (1647-1707), seit 1674 Hofprediger in Dresden, dann Speners Nachfolger als Oberhofprediger, zeigt sich in seinem Kampf gegen den sächsischen Pietismus vornehmer und diplomatisch zurückhaltender als sein Bruder. - 5. Samuel Benedikts Sohn *Johann Gottlob* (1679-1767), wissenschaftlich am fruchtbarsten, → Löscher nahestehend, Pastor in Dresden, dann Pastor und Prof. des Hebräischen in Leipzig, seit 1730 Sup. in Lübeck, vertreibt dort die Herrnhuter und unterbindet die ref. Gottesdienste. Seine Bedeutung liegt in der unerbittlichen Verteidigung der Verbalinspiration des AT durch seine Introductio in libros V.T. (1714-21) und seine Critica sacra (1728), in denen er die Schwächen und oft leichtfertigen Behauptungen der damals einsetzenden Bibelkritik eines R. → Simon, → Clericus, → Spinoza, → Whiston, → Toland, → Pfaff u.a. unerbittlich aufdeckt und sie zu größter Behutsamkeit zwingt. - Mit 6. *Johann Benedikt V.*, Enkel von 3, 1748 Prof. der griech. Sprache in Helmstedt, reicht die luth. Orthodoxie bis ins 19.Jh. Literarisch streitet er gegen W.Abr. → Tellers Neologie, andererseits wird ausgerechnet Hch.Ph.K. → Henke sein Schwiegersohn.

RE III, 725ff (Familienstammbaum) - ADB IV, 10ff - H.LEUBE, Die Reformideen in der luth. Kirche zZ der Orthodoxie, 1924, 136ff - R.KÖGEL, B.C.s Auffassung von dem landesherrlichen Episkopat, 1927.
E.Beyreuther

Carranza, *Bartolomé, de Miranda* (1503-76), span. Theol. Seit 1520 Dominikaner, 1530 in Rom, hatte C. dort enge Beziehungen zu Juan de → Valdés, war ab 1540 theologischer Lehrer in Valladolid, nahm 1546/48 und 1551/52 in Karls V. Auftrag am Tridentinum teil und wurde 1557 von Philipp II. zum Erzbischof von Toledo ernannt. Bereits nach seiner Rückkehr vom Tridentinum des Lutheranismus verdächtigt, wurde er wegen seiner Beziehungen zu Valdés und reformatorischer Einflüsse (Rechtfertigungslehre) in seinen »Comentarios sobre el Catechismo Cristiano« der Ketzerei angeklagt. Zuerst 8 Jahre in Spanien, seit 1567 noch 9 Jahre in Rom in Untersuchungshaft. C. repräsentiert eine pietistische Linie in der Theologie der Dominikaner und steht im Gegensatz zur intellektualistischen des Melchior → Cano.

L.LANGWITZ, B.C., 1870 (mit Auszügen aus den Comentarios...) - RE III, 731; XXIII, 295 - DHGE XI, 1124ff (Lit.) - EC III, 532ff (Lit.) - M.BATAILLON, Erasmo y España I. II, 1950.
L.Thomas

Cartwight, *Thomas* (1635-1603), * in Hertfordshire, studierte in Clare Hall in Cambridge und wurde dort 1569 Professor der Theologie, bestritt in heftigen Kämpfen gegen seinen anglikanisch gesinnten Kollegen John → Whitgift das urchristliche Recht der anglikanischen Kirchenverfassung, insbesondere des herkömmlichen Bischofsamts. Vor allem forderte er (kongregationalistisch) die ausschließliche Beziehung des Pfarramtes auf die konkrete Gemeinde. Die revolutionäre Wirkung seiner Vorlesungen über die Apg vertrieb ihn 1571 nach Genf und 1573-85 nach Heidelberg, Basel, Antwerpen und Middelburg. Nach England zurückgekehrt, organisierte er mit Walter → Travers Gemeinden innerhalb der Kirche von → England nach urchristlich-presbyterial-kongregationalistischem Schema (Synode von Cambridge 1588). 1590-92 wieder verhaftet, zog er sich seit 1595 auf die Kanalinsel Guernsey zurück, veröffentlichte 1596 seine Apologie. Nach Jakobs I. Regierungsantritt zum Sprecher der Presbyterianer ausersehen, verhinderte sein Tod sein Auftreten auf der Konferenz von Hampton Court 1604. Er gilt als der Begründer des presbyterianischen Puritanismus, besser wohl als sein klarster und entschiedenster Vertreter.

A.F.SCOTTPEARSON, Th.C. and Elizabethan Puritanism 1535-1603, 1925 (dazu: E.HIRSCH, ThLZ 1925, 561-536) - DERS., Church and State, Political Aspects of 16th Century Puritanism, 1928 (dazu: M.SCHMIDT, ZKG 60, 1941, 222f) - M.M.KNAPPEN, Tudor Puritanism, Chicago 1939, 223ff - DNB (Neudr. 1949/50) III, 1135ff.
M.Schmidt

Casaubonus (Casaubon), *Isaac* (1559–1614), Sohn eines Hugenottenpfarrers in Genf, dann in Crest (Drôme). Früh erlernt er die alten Sprachen, als Schüler → Bezas an der Genfer Akademie macht er sich auch mit orientalischen Sprachen vertraut, wird als berühmter Gräzist nach Montpellier, Lyon, dann durch Heinrich IV. nach Paris berufen. Die Jesuiten hintertreiben seine Anstellung als Professor. Als Bibliothekar des Königs von den eigenen Glaubensgenossen vielfach beargwöhnt, nimmt er am Disput zwischen → Du Plessis-Mornay und → Du Perron in Fontainebleau (1600) teil, begibt sich nach der Ermordung des Königs 1610 nach London, wo er zu hohen Ehren kommt. Sein Einfluß auf → Calixt ist kontrovers.

Vf. Ausg. von Klassikern. - Über C.: M.PATTISON, J.C., (1875) 1892² - France protestante III, 1881, 804ff - I.NAZELLE, I.C., sa vie et son temps, 1892. *O.E.Strasser*

Casel, *Odo* (1886–1948), OSB, bedeutender kath. Liturgiewissenschaftler. Seine (umstrittene) Interpretation der Eucharistie betont die Selbstvergegenwärtigung Christi und seines Heilswerkes. Gewisse formale Entsprechungen begegnen trotz einer heilsgeschichtlich-eschatologischen Ausrichtung bei Peter Brunner (Leiturgia I).

Das christliche Kultmysterium, (1932) 1948². - Hg. des JLW 1921 bis 1941. - TH.FILTHAUT, Die Kontroverse über die Mysterienlehre, 1947 (Lit.) - E.DEKKERS, Dom O.C. (EphLiturg 62, 1948, 371–378; Lit.) - EC III, 973 - Vom christl. Mysterium, hg. v. A.MAYER, 1951 (Lit.) - G.FITTKAU, Der Begriff des Mysteriums bei Joh. Chrysostomus. Eine Auseinandersetzung mit dem Begriff des »Kultmysteriums« in der Lehre O.C.s (Theophaneia 9), 1953 - G.HEINTZE, Die Gegenwart Christi im Gottesdienst (MPTh 43, 1954, 226–279). *H.Urner*

Caselius, *Johannes* (1533–1613), der letzte große Humanist des 16.Jh.s, * in Göttingen, in Wittenberg → Melanchthons, in Leipzig → Camerarius' Schüler, stand 1553 als Schulgeselle in Neu-Brandenburg an der Seite seines Vaters, des Rektors Matthias Bracht von Kassel, 1563 als Professor der Beredsamkeit nach Rostock berufen, dauernd mit den hervorragendsten italienischen Humanisten in lateinischem Briefwechsel, seit 1589 in Helmstedt, Lehrer von europäischem Ruf. In seinen letzten Lebensjahren war er Angriffen der strengen Lutheraner, bes. Daniel → Hoffmanns ausgesetzt.

Eine Biographie von C. sowie eine Sammlung u. Herausgabe seiner Werke (meist Gelegenheitsschriften) fehlen bislang. - Über C.: J.v.DRANSFELDT, Op. epistolicum Js. Caselii, 1687 - JAK.BURKHARD, Epist. de Jo. Casellii erga bonas literas meritis ejusque lucubrationum editione, 1707 - Commercium liter. clarorum virorum e museo Rud. Aug. Noltenii, 1737 - G.H.KLIPPEL, Dt. Lebens- u. Charakterbilder I, 1853, 179f - ADB IV, 40ff - RE III, 735ff - F.KOLDEWEY, Matth. Bracht v. Kassel (Zs. d. Ges. f. nieders. KG 6, 1901, 1–75) - DERS., Paränetische Gedichte des Humanisten J.C. (GPr Braunschweig, Nr. 829), 1905 - TH.WOTSCHKE, C. Beziehungen zu Polen (ARG 26, 1929, 133–152) - LThK II, 781. *† K.Kayser (H.Liebing)*

Cassander, *Georg* (1512–66), gebürtiger Flame, studierte in Löwen, lehrte in Brügge und Gent kath. Theologie und kanon. Recht, beriet von Köln und Duisburg aus Herzog Wilhelm von Cleve und die Kaiser Ferdinand I. und Maximilian II. in Fragen des konfessionellen Ausgleichs (Schriften: De officio pii ... viri in hoc religionis dissidio, 1561, und Consultatio de articulis inter catholicos et protestantes controversis, 1564). Sein Grundgedanke, der Consensus universalis antiquitatis - Apostolisches Symbol und Lehre der Kirchenväter bis zu Gregor I. als Norm - hat auf → Grotius, → Calixt u. a. stark eingewirkt. Zugeständnisse beschränkten sich auf Laienkelch und Priesterehe. Doch sollte die caritas unverletzt bleiben.

C.s Opera, Paris 1616. - RE III, 742 - W.ROTSCHEIDT, G.C., ein rhein. Ireniker (Monatsh. f. rhein. KG 1918, 105–122; dazu F.NIPPOLD, ebd 310–313) - RITSCHL IV, 247 u.ö. - P.BROEDER, G.C.s Vermittlungsversuche zwischen Protestanten u. Katholiken (Phil. Diss. Marburg), 1931 - M.E.NOLTE, Georgius C.en zijn oekumenisch streven, 1951 - F.W.KATZENBACH, Das Ringen um die Einheit der Kirche im Jh. der Reformation, 1957, 203. *R.Stupperich*

Cassianus, 1. *Märtyrer,* erwähnt im Martyrologium Hieron. (3. Dez.) und von → Prudentius (Peristeph. IV 45). Die erhaltene Passio ist nur eine an die echten Akten des → Marcellus († 298) anknüpfende Legende, nach der sich C., als er bei dessen Prozeß in Tingis (Tanger) das Protokoll führte, über das Todesurteil empörte und dafür ebenfalls hingerichtet wurde.

H.DELEHAYE, Les Actes de S.Marcel le Centur. (AnBoll 41, 1923, 257–287) - R.KNOPF, Ausgew. Märtyrerakt., 1929³, 89f - AS Nov. II 2, 1931, 633f (Mart. Hier.) - LIETZMANN III, 44. *F.Paschke*

2. *Johannes* (ca 360–430/35), stammte wahrscheinlich aus der römischen Provinz Scythia minor (Dobrudscha), wanderte mit einem Freund nach Palästina, wo er in einem Kloster zu Bethlehem die Klostereinrichtungen genau studierte, und später weiter nach Ägypten, um dort das Eremitentum kennenzulernen. In Konstantinopel weihte ihn → Chrysostomus zum Diakon. Für den verbannten Chrysostomus (403) setzte sich C. erfolgreich bei Papst → Innozenz I. ein. Ob C. in Rom zum Priester geweiht wurde, ist ungewiß. In Marseille gründete C. (um 415) je ein Kloster für Männer und Frauen. Seine beiden Werke: De institutis coenobiorum (419–426) und die 24 Collationes (nach 420) sind für die Entwicklung der abendländischen Mönchsregeln (→ Mönchtum: II) grundlegend geworden. Nach C. besteht die mönchische Vollkommenheit nicht in der Weltflucht, sondern in den Tugenden des inneren Menschen. In der Coll. 13 wendet er sich gegen die Gnadenlehre → Augustins und lehrt, daß Gnade und Freiheit zum Heile zusammenwirken müssen. C. wurde zum Vater des Semipelagianismus (→ Pelagianismus), besser des Semiaugustinismus, da er sich von → Pelagius scharf geschieden wußte, während er von → Augustin beeinflußt ist und sich vielfach mit ihm eins weiß. Mit → Evagrius Ponticus und Augustin begann er die kasuistische Sündenlehre (Schema der 8 Hauptsünden, → Sünde: V) auszubilden. C. schrieb auf Anregung des späteren Papstes → Leo I. die einzige abendländische Widerlegung des → Nestorius (429/30).

Schriften: MPL 49/50 - CSEL 13. 17 - RE III, 746ff - BARDENHEWER IV, 558ff - ALTANER 401ff - H.-J.MARRON, La patrie de J.C. (OrChrP 13, 1947, 588–596) - B.GAIFFIERDE, Les sources de la vie de s. C. évêque d'Autun (AnBoll 66 1948, 33–52) - O.CHADWICK, J.C., a study in primitive monasticism, Cambridge 1950 - H.O.WEBER, Die Stellung C.s zur Mönchstradition (Diss. Göttingen), 1952 - DSp II, 1953, 214ff - EKL I, 671. *W.Delius*

Cassiodor, Flavius Magnus Aurelius *Senator* (um 490 bis 583), * in Bruttium, wurde Geheimsekretär Theoderichs, 514 Konsul, 533 Prätorianerpräfekt. Auf Anregung des Eutharich schrieb er Chronica, auf Verlangen Theoderichs die (im Auszug des Jordanes erhaltene) Gotengeschichte. 468 Briefe und Erlasse, im Hofdienst verfaßt, vereinigte er zu den Variae. Aus seiner Vertiefung in christliches Schrifttum erstand De anima. Sein Plan der Errichtung einer christlichen Hochschule in Rom 535 scheiterte. So gründete er nach 540 das Kloster Vivarium, selbst nicht Mönch und nicht Verfasser der Regula Magistri, nur geistiger Führer, der von den Mönchen das Abschreiben von Büchern verlangte, eine später von den → Benediktinern übernommene Forderung, durch die C. der Retter antiker Literatur wurde. In Vivarium verfaßte er den Psalmenkommentar, die Institutiones, eine

Einführung in das theologische und profane Studium, und De orthographia. Die vielbenützte Historia ecclesiastica tripartita schrieb unter seiner Anleitung sein Schüler Epiphanius. Nach C.s Tod verheerten die Langobarden Vivarium; der Großteil der Bücher kam in den Lateran.

Chronica: MG 11, 2, 111ff; Hist. Goth.: MG 5, 1, 53ff; De anima: MPL 70, 1279; Psalmenkommentar: MPL 70, 1ff; Institutiones hg. v.R.Mynors, 1937; De orthographia: H.Keil, Gramm. Lat. VII, 1880, 143ff; Hist. eccl. trip.: W.Jacob-R.Hanslik, CSEL 71. - Altaner 438ff - J.van den Besselaar, C. Senator 1950. *R.Hanslik*

Castellio (Castalio, Chatillon), *Sebastian* (1515-63), * St.Martin-du-Fresne (Dép. Ain), † Basel, Humanist. Autodidakt, in Lyon für die Reformation gewonnen, 1540 in Straßburg Pensionär und Freund → Calvins, von diesem 1541 als Leiter des Collège nach Genf mitgenommen, verfaßte C. »Dialogi sacri« als Text für den Lateinunterricht (1542; in Deutschland bis Ende 18.Jh. in Gebrauch). Familienangelegenheiten, Kanonkritik (→ Hohes Lied: II) und Lehrabweichungen (Höllenfahrt Christi) brachten ihn in Konflikt mit dem Rat und führten zur Übersiedlung nach → Basel (1545), wo C. zuerst Korrektor bei J.Oporinus, ab 1553 Professor für Griechisch war. Kontroversen mit Calvin und → Beza über hermeneutische Fragen, über Trinität und Prädestination und über die Toleranz für Ketzer wurden zunehmend schärfer. Gegen die Verbrennung → Servets in Genf 1553 richtete C. unter dem Pseudonym Martinus Bellius die Schrift »De haereticis, an sint persequendi« (1554 lat. u. franz.). Er übersetzte die Bibel in humanistisches Latein (1546-51) und populäres Französisch (1555). Ein Angebot, nach Polen zu emigrieren, lehnte er ab. Die Freundschaft mit dem Täufer David → Joris machte seine Stellung in Basel schwierig; er starb, ehe der Rat gegen ihn vorging.

F.Buisson, S.C., 2 Bde, Paris 1892 (in Bd 2 Bibliogr.) - RE III, 750 - Schl. I, s. v. Calvin, Castellio - D.Cantimori u. E.Feist, Per la Storia degli Eretici Italiani del Secolo XVI in Europa, Rom 1937, 277ff (Erstabdruck von »De arte dubitandi«, hinterlassenes Hauptwerk) - D.Cantimori, Eretici Italiani del Cinquecento, Florenz 1939 (dt. v. W.Kaegi, Basel 1949) - B.Becker, in: Castellioniana, Leiden 1951, 101f - Ders. (Hg.), Autour de M.Servet et de S.C., Haarlem 1953, 142ff - H.Liebing, Die Schriftauslegung S.C.s (Diss. Tübingen), 1953 - H.R.Guggisberg, S.C. im Urteil seiner Nachwelt vom Späthumanismus bis zur Aufklärung, 1956. *H.Liebing*

Castor, *der Heilige,* ein Priester und Einsiedler bei Carden/Mosel, im 4.Jh. Missionar des Mosellandes, gilt als Patron von Koblenz, wohin seine Gebeine am 12.11. 837 übergeführt wurden. Attribut: ein Schiff. Dargestellt in der St. Castorkirche zu Koblenz von J.Zick. Tag: 13.2.

AS Febr. II, 662ff - AnBoll 1, 1882, 119f - H.Detzel, Christl. Ikonographie II, 1896, 234 - Doyé I, 177 - *H.Paulus*

Casula (Kasel) → Amtstracht der Geistlichen.

Cataldus, *der Heilige,* wirkte im 7.Jh. als irischer Glaubensbote in Unteritalien, nach der Legende erster Bischof von Tarent, daher Patron der Tarentiner; in Irland und im MA auch in Frankreich verehrt. Tag: 10.5.

Historisch wertlose Vita: AS Maii II, 569ff - RE III, 753f - Holweck 196. *O.Rühle*

Catenae. Die Katenen (K.) gehören zur Lit. der → Florilegien, nur daß sie sich auf die Bibelerklärung beschränken. Sie enthalten Exzerpte aus den exegetischen Schriften der Kirchenväter, teils in engem Anschluß an die Vorlage, teils in freierer Bearbeitung. Der Name K. begegnet erst spät und scheint zuerst für den Evangelienkommentar des → Thomas von Aquino (Catena aurea) gebraucht worden zu sein. Ihr Vorbild war die gelehrte Arbeit an der antiken Lit. und die ebenfalls scholienartige Anlage mancher Kommentare der Kirchenväter selbst. Es gibt Rahmen- und Breit-K., je nachdem ob sie den Bibeltext umgeben oder im Anschluß an ihn fortlaufend geschrieben werden. Die Autoritäten werden jeweils im Text oder am Rand genannt. - K. sind seit dem 6.Jh. nachweisbar. → Prokop von Gaza ist der erste sichere Verfertiger von K., bei denen aber Anonymität die Regel ist. Sie entstammen einer Zeit, wo die produktive Kraft der griech. Theologie im Erlöschen war und an ihre Stelle das Tradieren des Alten trat. Doch zeigt sich in den K. ein gelehrter Sammelfleiß, dem wir nicht wenig verdanken. Von der exegetischen Lit. der griech. Kirche ist vieles in der Ursprache nur durch die K. erhalten. Sie berücksichtigen mit erfreulicher Unbefangenheit auch »Ketzer«, in großem Umfang zB → Origenes. Die schwierige Bearbeitung der zahlreichen K.-Hss. ist heute noch im Gange. - Die griech. K. haben Übersetzungen und selbständige K. in den östlichen Nationalkirchen gezeitigt. Der Westen hat in Anknüpfung an jene eine eigene Lit. in ihrem Geist geschaffen, deren Blüte im MA liegt.

RE III, 754ff; XXIII, 295f - Dict. de la Bible, Suppl. I, 1928, 1084ff - Altaner 464ff (Lit.) - G.Karo-H.Lietzmann, Catenarum Graecarum Catalogus (NGG 1902 H. 1. 3. 5) - A.Baumstark, Gesch. der syr. Lit., 1922, 190 - K.Staab, Der gegenwärtige Stand der K.forschung (Bibl 5, 1924, 296-353) - Ders., Die Paulus-K., 1926 (mit Tafeln) - Ders., Pauluskommentare aus der griech. Kirche (NTA 15, 1933) - J.Reuss, Mt-, Mk- u. Joh.-K. (NTA 18, 4. 5), 1941 - Ders., Mt-Kommentare aus der griech. Kirche (TU 61), 1957. *W.Eltester*

Cauda → Amtstracht der Geistlichen, → Liturgik: III.

Caux-Bewegung → Moralische Aufrüstung.

Cavalier, *Jean* (1681-1740). Bedeutendster Führer der → Camisarden. Zunächst Hirt, dann Bäckerlehrling, mußte er 1701 um seines Glaubens willen nach Genf fliehen, kehrte aber bald zurück. Nach seiner Teilnahme an der Ermordung des Abbé von Chaila sammelte er eine Schar von Aufständischen um sich: die ersten »Camisarden«. Zugleich »Prophet« und militärischer Führer, entfaltete C. nun eine ebenso grausige wie wirksame Tätigkeit. Seine Angehörigen wurden verfolgt. Durch das Abkommen mit dem Marschall de Villars (1704) erhielt C. das Patent eines königlichen Obersten, sein zehnjähriger Bruder das eines Hauptmanns. Villars suchte so C. zu veranlassen, die Camisarden zur Unterwerfung zu bewegen. Da C. aber widerspenstig blieb, wurde er nach Mâcon verbracht. Dort erhielt er vom König den Befehl, seine Truppe nach Neu-Breisach zu führen; unterwegs floh er mit ihr bei Ornans auf Schweizer Gebiet, begab sich später nach Holland, dann nach England, wo er aus seinen Camisarden und anderen Flüchtlingen ein Regiment zusammenstellte, das vor allem in Spanien zu kämpfen hatte. Mit dem Titel eines Generals und Gouverneurs von Jersey setzte er sich schließlich in England zur Ruhe und diktierte seine »Memoirs of the War of the Cevennes« (London 1726 und 1734; franz. mit kritischen Anmerkungen von F.Puaux, Paris 1918).

Außer der Lit. zu → Camisarden zahlreiche Art. im Bulletin de la Société de l'Histoire du Protestantisme français. - E. et E.Haag, La France Protestante III, (1854) 1881², 925ff - Encyclop. Lichtenberger II, 1877, 754f. *R.Voeltzel*

Cave, *William* (1637-1713), * Pickwell (Leicestershire), Pfarrer in Londoner Vorortgemeinden, die ihm reichlich Zeit für seine patristischen Studien ließen. Er führte die glänzende Tradition der Kirche von England auf diesem Gebiet auf den Gipfel, besonders als Kenner des Frühchristentums. Gottfried → Arnold befand sich stofflich in Abhängigkeit, theologisch im Widerspruch zu ihm, vor allem zu seiner Kanonisierung des konstantinischen Zeitalters und seiner naiven Gleichsetzung der altkirchlichen mit der anglikanischen Kirchenverfassung. Seine schriftstellerische Kunst lag in der Zeichnung eines eindrucksvollen Gesamtbildes auf gründlicher Quellenkenntnis.

Hauptwerke: Primitive Christianity, or the Religion of the ancient Christians in the first Ages of the Gospel, 1672, dt.: Erstes Christentum oder Gottesdienst der alten Christen, 1694; Scriptorum Ecclesiasticorum Historia Literaria a Christo nato usque ad saeculum IV, 2 Bde, (1688/98) 1740² (hg.v. D.WATERLAND); Apostolici, 1677, Ecclesiastici, 1683 (Lebensgesch. u. Chronologie der Väter der ersten 4 Jh.e); Tabulae Ecclesiasticae, 1674; Antiquitates Apostolicae, 1675; A Dissertation concerning the Government of the Ancient Church, 1683 (gegen Primat Roms). - Über C.: RE III, 767f - DNB (Neudr. 1949/50) III, 1250ff - E.SEEBERG, Gottfried Arnold, 1923, 240ff.

M.Schmidt

Cavour, *Camillo Benso Conte di,* * 10.8.1810 in Turin, † 6.6.1861 ebd, gehörte einem piemontesischen Adelsgeschlecht an. Die Mutter, aus einer Genfer Hugenottenfamilie, konvertierte bei seiner Geburt. Obwohl in französischer Kultur aufgewachsen, hatte C. schon als junger Kadett die von Österreich niedergehaltene italienische Einheitsbewegung mit Interesse verfolgt. Dem frühen Ausscheiden aus dem Militärdienst folgten Reisen nach Westeuropa, dann Jahre stiller, aber wachsamer Vorbereitung, die seine politische Bildung zur Reife brachten. Er erkannte, im Gegensatz zu dem nationalen Prophetentum eines → Mazzini, daß das nationale Ziel nicht durch Verschwörungen, sondern nur durch nüchterne Politik auf mittlerer Linie erreicht werden könne. So trat er gemäßigten Liberalen wie Balbo nahe. Nach der Katastrophe des Risorgimento von 1848/49 berief ihn Viktor Emanuel II. zum Minister, 1852 zum Ministerpräsidenten. Mit diplomatischem Geschick verstand er, das undurchsichtige Spiel Napoleons III. für Sardinien auszunutzen und die italienischen Patrioten zusammenzuhalten. Aber Napoleon beließ nach dem Krieg von 1859 Österreich Venetien. Indem jedoch nach C.s vorübergehendem Rücktritt die in ganz Italien losbrechende und von ihm bis hin zu den Freischaren Garibaldis unter Kontrolle gehaltene Nationalbewegung ihr Ziel erreichte, ging die Entwicklung über Napoleon hinweg, der lediglich die Abtretung von Nizza und Savoyen für Frankreich erreichte. Das Ergebnis war das geeinte Königreich Italien (1861), ein parlamentarischer Einheitsstaat, einstweilen noch ohne Venetien und Rom. C. sah es als seine dringendste Aufgabe an, auch mit dem Papst zu einem modus vivendi zu kommen. Es war seine Überzeugung, daß der liberale und soziale Fortschritt sich mit dem Christentum versöhnen müßten; durch → Vinet u.a. war ihm der Gedanke der Freiheit von Staat und Kirche vertraut geworden. C. glaubte, Pius IX. zu einem freiwilligen Verzicht auf seine weltliche Herrschaft bewegen zu können, zumal dieser selber die Preisgabe des Temporale schon erwogen hatte. Aber die Widerstände in der Kurie waren stärker, dazu kam auch die Versteifung Napoleons, schließlich die Unzuverlässigkeit der zwischen Bigotterie und Freigeisterei schwankenden italienischen Öffentlichkeit. Doch blieb C. von der zivilisatorischen Aufgabe des Katholizismus überzeugt. »Libera chiesa in libero stato« waren die letzten Worte des Sterbenden.

Briefe (Lettere) hg.v. L.CHIALA, I-VII, Turin 1883-87 (dt. I-VI, 1884-1913); Carteggi Cavourani a cura della Commissione reale editrice, Bologna 1929-33; Diario del Conte di C. 1933-44, Introduzione e note di L.SALVATORELLI. Traduzione del F.DIM.CESARINI, Mailand-Rom, 1941; Discorsi parlamentari del Conte di C., Bd 1-9, Florenz 1942. - H.v.TREITSCHKE, C., 1869 (= Hist. u. pol. Aufs. II, 1921⁷, 245-402) - F.X.KRAUS, C., 1902 - M.MAZZIOTTI, Il Conte di C.e il suo confessore, Bologna 1915 - R.STERNFELD, C. (Meister d. Politik, Bd 3, 1924, 181-214) - P.MATTER, C. et l'unité italienne, 3 Bde, Paris 1926/27 - M.PALÉOLOGUE, C., ein großer Realist, 1928 - A.FOSSATI, Il pensiero e la politica sociale di Conte C., Turin, 1932 - D.ZANICHELLI, C., Florenz 1936 - W.SCHIFFER, C. u. die röm. Frage (Diss. Bonn), 1938 - A.OMODEO, L'opera politica de Conte di C., 2 Bde, Florenz 1940 - P.M.ARCARI, Il pensiero politico di C., Mailand 1944 - A.C.JEMOLO, Chiesa e stato in It. negli ultimi cent' anni, Turin 1948.

K.Kupisch

Cazalla, *Augustin de* (1510-59), studierte in Valladolid und Alcala, wurde als Kanonikus in Salamanca durch seine Predigten berühmt. 1547 begleitete er → Karl V. als Hofkaplan im Schmalkaldischen Krieg nach Deutschland. Wahrscheinlich hier für die von ihm bekämpfte lutherische Lehre gewonnen, unterstützte C. seit 1552 in Salamanca und Valladolid die evangelischen Gemeinden. Sein Ruf der Rechtgläubigkeit blieb vorerst unversehrt, noch 1558 fand er Zutritt zum Kaiser in St. Just. Im selben Jahre von der Inquisition verhaftet, zeigte er bei der Hinrichtung Reue und wurde deshalb vor der Verbrennung erwürgt. Mit ihm wurden zwei seiner Geschwister und die Leiche seiner Mutter verbrannt.

F.FLIEDNER, Blätter aus Spanien, Nr. 65. 66, 1890 - E.SCHÄFER, Beitr. zur Gesch. des span. Protestantismus u. der Inquisition im 16.Jh. I, 1902, 325 ff; III, 1902, 257 ff - RE III, 768 ff. *H.Liebing*

Cellerier, *Jacob Elisée* (1785-1862), Pfarrerssohn aus Saligny (Genf), später hier Vikar, 1816-54 Prof. für orientalische Sprachen und AT an der Genfer Akademie. 1845 Moderator der Compagnie des Pasteurs. 1842-51 Mitglied und Präsident des Genfer Konsistoriums. Als akademischer Lehrer bemühte er sich, seine Studenten mit der deutschen Theologie bekannt zu machen. Sein Wirken fällt in die Zeit des → Réveil; er selbst nannte sich »homme de transition«, war aber eher ein gemäßigter Liberaler. C. arbeitete mit an der Verordnung vom 3.5.1817 (Einschränkung der Predigt von den zwei Naturen und der Prädestination).

Vf. u.a.: Les éléments de la grammaire hébraïque traduits librement de l'allemand de W.GESENIUS, 1820 (erste hebr. Grammatik in Franz.); Introduction à la lecture des livres saints de l'AT, 1832; L'esprit et la législation mosaïque, 1837; Manuel d'herméneutique, 1852; L'Académie, de Genève, 1955; Ch.Perrot pasteur genevois au XVIème siècle, 1855; Du rôle politique de la Vénérable Compagnie dans l'ancienne république de Genève, 1859; L'enseignement des belles lettres à Genève pendant le XVIIIème siècle, 1860. - Über C.: TH.HEYER, Notice sur le prof. J.E.C., 1863 - L.MAURY, Le réveil religieux dans l'Eglise réformée a Genève et en France, 1892 - CH. BORGEAUD, Histoire de l'Université de Genève III, 1934.

J.Courvoisier

Celliten, *Cellitinnen* → Alexianer.

Celsus schrieb 178 nChr eine eindrucksvolle Kampfschrift gegen das Christentum, deren Titel ἀληθὴς λόγος vieldeutig ist. Heutige Textgrundlage sind Exzerpte des → Origenes in seinem Werk »Contra Celsum«, was besondere Forschungsprobleme bedingt (fragmentarische oder vollständige Erhaltung; Leitgedanke; C. - Philosoph, Theologe oder Polemiker; C. und altchristliche → Apologetik [:II]). C. hat sich eingehend informiert: Er kennt AT und Evangelien, Kult- und Lebensformen sowie die verschiedenen Ausprägungen des Christentums (Judenchristentum, vulgäres und gebildetes Christentum, christliche → Gnosis, → Marcion). Alle Formen leitet er einheitlich aus einer Wurzel ab: Das Christentum ist unter Bruch der Tradition aus dem Judentum hervorgegangen. Die ihm bekannte Streitliteratur zwischen Juden und Christen (→ Aristo von Pella) beweist ihm nur, daß auch am Judentum sich sein Verrat an der ägyptischen Religion gerächt hat. So sind durch Ehrfurchtslosigkeit Religionen des »Aufstandes« entstanden, die in der Geschichte nur auflösend wirken und deren positiver Lehrgehalt vom Plagiat griechischer Weisheit lebt. Indolenter Monotheismus und exklusiver Christuskult brechen mit dem alten Nomos religiöser Toleranz. Daher schwächt das Christentum die Verteidigung der antiken Kultur gegen den Ansturm der Barbaren. Angesichts dieser Bedrohung bietet C. alle geistigen und religiösen Kräfte des Griechentums auf, um es im Bewußtsein um die geschichtliche Verantwortung zu einen. Er übersieht nicht nur die philosophischen Schulgegensätze, sondern hofft, selbst das Christentum einzuordnen. Deshalb überläßt er die Kritik am Inkarnationsdogma in fingierter Rede einem Juden und schränkt die grundsätzliche (philosophische) Auseinandersetzung auf wenige Partien ein, die nun allerdings in beachtenswerter Klarheit den Gegensatz zwischen griechischer Ontologie und christlichem Offenbarungsdenken aufzeigen. Das Werk muß durch eingelegte Dialoge, religionsgeschichtliche Vergleiche, Zitate aus Komödie und Literatur, Geschichtsstoffe dem Zeitgeschmack entsprechend sehr gelehrt gewirkt haben. Es bezeugt zugleich die Renaissance heidnischer Frömmigkeit in Reaktion auf das Christentum.

Ausg.-, Übers.-Lit.: ALTANER 86 - J.QUASTEN II, 56f. - Bisher beste Textrekonstruktion von R.BADER; eine neue bereitet H.O.SCHROEDER vor. - RAC II 954ff - H.CHADWICK, Origen, Contra Celsum, 1953, XVI ff - C.ANDRESEN, Nomos u. Logos. Die Polemik des C. wider das Christentum, 1955 (dazu H.DÖRRIE, Gn 29, 1957, 165 bis 196) - H.O.SCHRÖDER, C. u. Porphyrius als Christengegner (Die Welt als Gesch. 17, 1957, 190-202). *C.Andresen*

Celtis, Celtes, eigentlich *Conrad Pickel* (1459-1508), Humanist, * Wipfeld bei Würzburg, † Wien. Der Bauernsohn erhielt in Heidelberg von → Agricola 1485 die Anregung zum Studium der alten Sprachen und reiste 1486-87 als einer der ersten deutschen Humanisten nach Italien. Mehr Dichter als Gelehrter, im Grunde ein Fahrender, strebte er ohne kirchliche Bindung und in den letzten Dingen zweifelnd nach einer weltlichen allgemeinen Bildung und beschloß, »Deutschland der Barbarei zu entreißen«. In Heidelberg, Krakau, Danzig und Wien gründete er gelehrte Sodalitäten, humanistische Brüderschaften. Kaiser Friedrich III. krönte ihn 1487 in Nürnberg als ersten Deutschen zum Dichter. In Ingolstadt und seit 1498 in Wien lehrte er Poetik und Rhetorik. Maximilian I. ernannte ihn hier zum Präsidenten des ersten deutschen Poetenkollegiums. Von seinen Dichtungen bringen die »Amores« (1502) und die »Oden« (1513 gedruckt) zahlreiche Episoden des eigenen Lebens. Wichtiger ist die geplante Beschreibung Deutschlands, von der freilich nur die »Norimberga« (Neudr. v. A.Werminghoff, 1921) erschienen ist. Die Werke der → Hroswitha wie die Peutinger'sche Weltkarte hat er aufgefunden; zumal in Ingolstadt bemühte er sich um die Reform des Studiums. Die Scholastik sollte durch humanistische Bildung, die »Poesie«, ersetzt werden.

Briefwechsel, h.gv. H.RUPPRICH, 1934 - F.v.BEZOLD, Conrad C., der dt. Erzhumanist (Aus MA u. Renaissance, 1918, 82-152) - L.SPONAGEL, C. u. das dt. Nationalbewußtsein, 1939 - D.NARR, Conrad C. (Württ. Jb. f. Volkskunde 1955, 66-78). *G.Franz*

Centralausschuß für Innere Mission → Innere Mission.

Cerdo, syr. Gnostiker, um 140 in Rom; nach Irenäus und Hippolyt der Lehrer → Marcions. Nach Irenäus soll er bereits den »gerechten« Gott des AT dem »guten« Vater Jesu Christi gegenübergestellt haben. Trotz Harnacks fundiertem Zweifel könnte die Nachricht authentisch sein; denn diese Unterscheidung hat wahrscheinlich eine Vorgeschichte, kaum im Hellenismus (so Schneider), aber im Rabbinat, das die Gottesnamen Jahwe und Elohim auf Güte und Gerechtigkeit Gottes verteilte (vgl. Apokr. Johannis 62, 10f).

A.HARNACK, Marcion (TU 45), (1921) 1924², 31*ff - F.SAGNARD, La gnose valentinienne et le témoignage de s. Irénée (Et. de philos. médiév. 36), 1947, 86ff - E.C.BLACKMAN, Marcion and his influence, 1948, 68ff - H.LJUNGMAN, Guds barmhärtighet och dom, 1950 - C.SCHNEIDER, Geistesgesch. des antiken Christentums I, 1954, 358ff - DHGE XII, 162f. *G.Kretschmar*

Cerinth, Gnostiker, ein Zeitgenosse → Polykarps und wie dieser Kleinasiat, was aber ägyptische Beeinflussung (Hippolyt) nicht auszuschließen braucht, vertrat nach Irenäus (1, 26, 1), dem Hippolyt (7, 33) folgt, die nachstehende Auffassung: Die Welt ist nicht vom obersten Gott geschaffen, sondern von einer Kraft, die sich von diesem getrennt hatte. Jesus ist ein natürlicher Sohn von Joseph und Maria. Auf ihn sendet der höchste Gott bei der Taufe den »oberen Christus« herab, der Jesus befähigt, den unbekannten Gott zu verkünden und Wunder zu tun. Vor der Passion verläßt er ihn wieder und bleibt vom Leiden unberührt, während der Mensch Jesus stirbt und aufersteht. Gegen diese Lehren habe Johannes sein Evangelium geschrieben (Irenäus 3, 11, 1). Wenig später erklärten freilich die sog. → Aloger und der römische Presbyter Gaius das vierte Evangelium (wie die Apokalypse) gerade für ein Werk des C. Damit betreten wir das Gebiet des Unglaubhaften, auf dem sich auch Epiphanius bewegt, wenn er (28, 2ff) C. zum Zeitgenossen der Urapostel macht und ihm einen ausgeprägten Judaismus nachsagt.

AD.HILGENFELD, Die Ketzergeschichte des Urchristentums, 1884, 411ff - RE III, 777 - C.SCHMIDT, Gespräche Jesu mit seinen Jüngern nach der Auferstehung usw (TU 43), 1919, 403ff. *W.Bauer*

César, *August,* * 1863 in Apolda, 1888 Pfarrer in Wiesenthal bei Dermbach/Rhön, 1906 in Dortmund einstimmig zum Geistlichen an Reinoldi gewählt, aber vom Konsistorium wegen mangelnder Rechtgläubigkeit nicht bestätigt (Fall César). Von 1912-28 wirkte er an der Schillerkirche in Jena, seither lebt er im Ruhestand in Jena. C.s Wirksamkeit ist gekennzeichnet durch seine Freundschaft mit Fr. → Naumann und durch seine Arbeit im Sinne des freien Protestantismus. Jahrelang hat er die »Freie Volkskirche« redigiert. Er betätigte sich auf dem Gebiet des landwirtschaftlichen Genossenschaftswesens und der ländlichen Wohlfahrtspflege im Sinne H. → Sohnreys. Über drei Jahrzehnte lang war er in den obersten kirchlichen Vertretungen tätig und hat zur Neuordnung der Thüringer Kirche nach 1918 Entscheidendes beigetragen. *H.Jursch*

Ceylon

I. Politisch-ethnologisch - II. Religionsgeschichte - III. Missions- und Kirchengeschichte. - Vgl. Karte 15 »Vorder- und Hinterindien« bei dem Art. → Indien

I. Politisch-ethnologisch

Die Frühgeschichte C.s verbindet die Insel mit → Indien; etwa im 6.Jh. vChr ließen sich hier Arier und später Drawiden nieder (→ Ceylon: II). Die erste Hauptstadt war Anuradhapura mit prächtigen Tempeln, Palästen und Bewässerungsanlagen. Nach Invasionen aus Indien und inneren Zwistigkeiten wurde die Hauptstadt nach Polonnaruwa verlegt; später waren Dambadeniya, Yapahuwa und Kurunegala und schließlich Campola und Kotte Hauptstädte. Während dieser Zeit stand C. verschiedentlich unter der Abhängigkeit von Süd-Indien und sogar China. Bald zeigte das Land einen starken inneren Verfall (Zerstückelung des Reiches, Schwäche der Herrscher, fremde Einmischung), der den Weg für die westliche Herrschaft ebnete.

Mit der Gründung von Gewürzhandelsstationen an der Westküste begann die portugiesische Herrschaft (1505–1656). Die Holländer (1656–1796) brachten das heute noch gültige römisch-holländische Recht, ein wertvolles Erziehungs- und Sozialwesen und ein Kanalsystem für die Binnenschiffahrt. Während dieser Zeit wurde das gebirgige Zentralgebiet C.s noch von den Kandyan-Königen regiert. – Erst mit der britischen Regierung (1796–1948) kam ganz C. unter westliche Herrschaft. Der letzte König Svi Wichrama Raja Singha wurde 1815 nach Süd-Indien verbannt. Große Gebiete wurden kultiviert und mit britischem Kapital Tee, Gummi und Kokosnüsse angebaut. Die wirtschaftlichen Bedingungen verbesserten sich. Ein von der Regierung gefördertes und von Missionaren hauptsächlich aus Großbritannien und den Vereinigten Staaten geleitetes höheres Schulwesen führte zur allmählichen Beteiligung der Bevölkerung an der Regierung. Mit der sozialen und wirtschaftlichen Entwicklung und den westlichen Freiheitsideen entstand eine nationale Bewegung, die Verfassungsreform und Selbstverwaltung anstrebte. Die Agitation der C. League, später des ceylonesischen Nationalkongresses bewirkte einige Untersuchungsausschüsse aus England (1927–1947). Am 4.2.1948 erwarb C. die Unabhängigkeit als Dominion und 1955 die Mitgliedschaft in der UNO.

C. hatte 1953 eine Gesamtbevölkerung von 8 098 637. Davon waren 5 631 332 Singhalesen, 908 750 Tamilen, 468 146 Neger, 984 327 Inder, 5 749 Pakistani, 43 916 Burghers (holländische und portugiesische Abkömmlinge), 28 736 Malayen, 5 886 Europäer und 11 163 sonstige Bewohner. – C. hat eine Zwei-Kammer-Legislatur und unabhängige Gerichtsbarkeit. Hauptstadt ist Colombo. Die derzeitige (1957) Regierung (MEP) hält sich weltpolitisch unabhängig, arbeitet mit anderen asiatischen Ländern zusammen und strebt im Commonwealth eine eigenständige Entwicklung an.

P.E.Piris, C. and the Hollanders 1658–1786, Colombo 1918 – Ders., C. and Portugal, 1927 – H.W.Codrington, Short history of C., London 1926 – W.I.Jennings-H.W.Tambiah, The Dominion of C., London 1952 – B.Ryan, Caste in Modern C., New Brunswick 1953 – L.Alsdorf, Vorderindien, 1955 (Lit.). *C.Fernando*

II. Religionsgeschichte

Die Insel C. soll am Ende des 6.Jh.s vChr von einem aus Nordindien kommenden arischen Heer unter dem Prinzen Vijaya erobert und in Besitz genommen worden sein. Die Ureinwohner, vermutlich die Vorfahren der heutigen primitiven, Ahnen und Geister verehrenden *Weddas*, wurden unterworfen und in die unzugänglichen Gebiete C.s abgedrängt. Das religionsgeschichtlich wichtigste Ereignis war die im 3.Jh. vChr durch Mahinda (Mahendra), den Sohn oder jüngeren Bruder des indischen Kaisers Ashoka bewirkte Bekehrung des Königs und Volkes von Ceylon zum → *Buddhismus* (: I, 2). Ein Ableger des Baumes der Erleuchtung von Bodhgayâ wurde nach C. gebracht und die neue Religion samt der nordindischen Kultur fest begründet. Zahlreiche Tempel und Stûpas (singh. Dâgabas = Reliquien- und Erinnerungsmonumente), die zum Teil nur noch als Ruinen erhalten sind, zeugen von der hohen Kultur, die der Buddhismus heraufführte. In Mönchsklöstern und Gemeinden wurden die buddhistischen heiligen Schriften (→ Tripitaka) und kirchengeschichtliche Werke, teils singhalesisch, teils in Pâli, eifrig studiert. Bis heute ist der Buddhismus auf C. in der Form des Hînayâna, vorherrschend der Schule der »Ältesten« (→ Buddhismus: I, 2), verhältnismäßig ursprünglich bewahrt geblieben.

C. litt Jahrhunderte unter den häufigen Einfällen der Heere der Tamilreiche Südindiens. So oft diese festen Fuß zu fassen vermochten, durchlief der Buddhismus auf C. Zeiten des Niedergangs. Eine einzigartige Blüteperiode erlebte die Religion des Buddha unter König Parâkramabâhu dem Großen (1153–86 nChr), der neue Tempel und Klöster, Bibliotheken und Spitäler gründete. Zwar beunruhigten Tamileinfälle C. auch noch in Zukunft, doch neue Bedrängnis kam von einer ganz anderen Seite: 1505 gelangten die Portugiesen nach C. und zwangen in religiösem Übereifer zahlreiche Buddhisten zum Übertritt in die röm.-kath. Kirche. Unter holländischer und britischer Besetzung vermochte sich der Buddhismus wieder zu erholen. Der heutige volkstümliche Buddhismus hat nicht nur dem → Hinduismus, sondern auch dem primitiven Geisterglauben niederer Volksschichten Konzessionen gemacht. Heilige Stätten und Wallfahrtsorte für alle Buddhisten sind der erwähnte Ableger des Baumes der Erleuchtung, der zur Zeit Ashokas in Anurâdhapura gepflanzt wurde, sowie der berühmte Tempel in Kandy, in dessen Schrein nach Ansicht der Buddhisten eine Zahnreliquie des Buddha aufbewahrt ist. In jüngster Zeit sind von Colombo ausgehende Bestrebungen zu beobachten, den Buddhismus in modernem Sinne zu reformieren und verstärkt zu propagieren. Heute sind 63% der Bevölkerung C.s Buddhisten, 22% sind Hindus (zumeist Tamilen), 9% Christen und 6% Mohammedaner. → Asien, → Wallfahrt: I.

R.S.Hardy, Eastern Monachism, London 1860 – W.Geiger, Dîpavamsa u. Mahâvamsa u. die geschichtl. Überlieferung in C., 1905 – H.Parker, C., London 1909 – C.G. u. B.Z.Seligmann, The Veddas, Cambridge 1911 – A.Nell, The Annals of the Tooth-Relic, Colombo 1925 – F.M.Trautz, C., 1926 – A.M.Hocart, The Temple of the Tooth in Kandy (Mem. Arch. Survey of C., Vol. IV), London 1931 – P.Wirz, Exorzismus u. Heilkunde auf C., Bern 1941. – Buddh. Texte in Pâli u. Abh. über die Theravâda-Schule s. M.Winternitz, Gesch. der ind. Lit. II, 1920 (engl. Calcutta 1933), u. C.Regamey, Buddhist. Philosophie (BEStPh 20/21), 1950, 21. 31ff. *H.Härtel*

III. Missions- und Kirchengeschichte

Die Mission in C. begann mit dem portugiesischen Einfluß, unter dem zuerst → Jesuiten, → Oratianer und → Franziskaner auf die Insel kamen und teils zwangsweise tauften. Die röm.-kath. Kirche umfaßt heute 540 000 Gläubige in 5 Diözesen: Colombo mit der Suffragandiözese Chilaw und Jaffna (vom Orden Maria Immaculata betreut), sowie Galle und Trincomali (von den Benediktinern betreut). Es wirken mehr als 400 Priester, ein Drittel davon sind Ausländer, und 3000 Mitglieder klösterlicher Orden, deren größter Teil Frauen und Ceylonesen sind.

Mit der Übernahme der Insel seitens der Holländer begann der Einsatz reformierter Kräfte zur Errichtung eines neuen Kirchentums. Die prot. Mission begann sich allerdings erst unter britischem Einfluß zu entfalten (→ England: IV). Heute gibt es in C.: → Baptisten (6000), anglikanische Kirche (54 000), Kirche von → Südindien (C.S.I) (24 000), Methodisten (22 000), holländisch-ref. Kirche (4500), die sich 1952 in zwei Gruppen gespalten hat, sowie noch einige kleinere Gruppen. Die anglikanische Church of India, Pakistan, Burma und Ceylon (→ Anglikanische Kirche: II, 3) hat zwei Diözesen, und zwar Colombo und die 1949 gebildete Missionsdiözese Karunagala. Der ehemalige Jaffna Council of the South India United Church trat bei ihrer Gründung 1947 der Kirche von Südindien als Diözese von Jaffna bei. 1950 gründeten die Methodisten eine Synode, die große Selbständigkeit besitzt. Mehrere dieser Kirchen sind Mitglieder des Ökumenischen Rates der Kirchen. Die Bestrebungen, vier dieser Gruppen organisch zu vereinigen, und zwar die Anglikaner, die Baptisten, die Methodisten und die C.S.I. (Jaffna), sind inzwischen soweit gediehen, daß in absehbarer Zeit mit der endgültigen Entscheidung der Kirchen selbst wie auch mit der Zustimmung der Missionsorganisationen zu dem Entwurf gerechnet wird, der eine Church of Lanka (Ceylon) mit 6 Diözesen vorsieht (→ Einigungsbestrebungen: VII).

In dieser völlig neuen Lage haben sich die Beziehungen zur Regierung freundlich gestaltet, wiewohl kein Zweifel über den betont buddhistischen Charakter der Regierungen der jüngsten Zeit (vgl. → Ceylon: II) bestehen. Dies läßt sich eindeutig aus der Haltung der Sprach- und Schulfragen erkennen. Singhalesisch ist zur Staatssprache erklärt worden, während sich die Kirchen für einen zwei- oder dreisprachigen Staat eingesetzt hatten. Die Schulgeldfreiheit wurde 1951 beschlossen, die Gehälter und einige andere Ausgaben der Missionsschulen werden von der Regierung bezahlt; gleichzeitig wird jedoch verlangt, daß in den Konfessionsschulen eine bestimmte Mindestzahl der Schüler derselben Konfession angehören muß wie die Schulleitung und daß nur die Schüler Religionsunterricht erhalten dürfen, die bereits der betr. Religion angehören.

Das Wiederaufleben des → Buddhismus und des ceylonesischen Nationalismus ist in vielen Gebieten des täglichen Lebens zu spüren. Die Kirchen versuchen mit dieser Entwicklung auf die verschiedenste Weise Schritt zu halten: durch erneutes Bemühen, in Studienzentren und Instituten den Buddhismus zu verstehen; mit Hilfe von Gottesdienst und Seelsorge an der Universität, wo 20% der Studenten nicht-röm.-kath. Christen sind; durch missionarische Vorstöße großen Stils und eine neue Besinnung über die Verkündigung des Evangeliums (→ Evangelism) in der gegenwärtigen Umbruchssituation; im Mitgehen mit der durch Umsiedlungs- und Entwicklungspläne bedingten Bevölkerungsbewegung; durch Schaffung christlicher Literatur in singhalesischer Sprache; durch Förderung des christlichen Familienlebens; durch Weiterentwicklung der christlichen Ashrams.

J.Richter, Indische Missionsgeschichte, (1906) 1924² - Latourette III, 285ff; VI, 215ff (Lit.). † *E.J.Bingle*

Chabiru → Hebräer.

Chagall, *Marc,* * 7.7.1889 in Witebsk, aufgewachsen im Ghetto und in den Vorstellungen des ostjüdischen →Chassidismus, der »Frommen«. Ch. hat als Maler und Graphiker immer wieder den Weg gesucht, auf dem ihm nach der Lehre der Chassidim Gott begegnen kann. - Von 1907 an zunächst in St. Petersburg, studiert Ch. bei L.Bakst und malt 1908 den »Tod«, 1909 »Sabbath«. 1910 ist er in Paris, arbeitet im »Bienenkorb« (La Ruche) neben Léger, Modigliani, Soutine. Apollinaire nennt seine Bilder »surnaturels«, Ch. selber empfindet sie später als surrealistisch. Kubismus und Futurismus beeindrucken Ch., ohne ihn von jüdisch-russischen Themen und dem Expressiven abzuziehen. 1910 malt er »Hochzeit«, 1911 »Heiliger Droschkenkutscher«, »Geburt«, 1912 die große »Kreuzigung« (ehem. Sammlung. B. Koehler, Berlin), »Rabbiner«. 1914 stellt er im »Sturm« (Berlin) aus. 1914-22 lebt Ch. in Rußland, verheiratet sich 1915 mit Bella, die Ch.s Autobiographie (1919) ins Franz. übersetzt (Paris, 1931). 1922 arbeitet er (bei dem Radierer H.Struck) in Berlin und 1923-41 in Paris, 1923-42 malt er den »Engelsturz«. Unter dem Eindruck der politischen Ereignisse 1938 und 1943: »Kreuzigung«, 1940: »Martyrium«. 1941-46 in New York, seit 1947 wieder in Frankreich. 1931 und 1951 führen ihn Reisen in den nahen Orient und zu den hl. Stätten der Bibel. Seit 1949 lebt Ch. in Paris und Vence. 1953 entsteht die Serie der Paris-Bilder, in denen Erinnerungen an die östliche Heimat auftauchen. Der Glaube an das Wunder bestimmt in allen Schaffensperioden den Charakter der Bilder. Daneben schuf Ch. eine große Anzahl von Gouachen (Deckfarben) mit at. Themen. - Graphisches Werk: Mein Leben (1923), 20 Radierungen; Die toten Seelen (1923-27), 96 Radierungen, erschienen erst 1948, Paris; Die Fabeln La Fontaines (1927-30), 100 Radierungen, Paris 1952; Die Bibel (1931-39), 105 Radierungen, Paris 1956.

Über Ch: A.Efross u. J.Tugendhold, Die Kunst M.Ch.s, 1921 - J.J.Sweeney, M.Ch., New York 1946 (Lit.) - H.Maritain, Ch. ou l'orage enchanté, Genf 1948 - L.Venturi, Ch., Genf 1956. *W.Grohmann*

Chaise, *François de la* → La Chaise, François de.

Chakko, *Sarah,* * 1905 in Trichur/Cochin, Indien, † 1954. Glied der Syrisch-Orth. Kirche. Nach Studium der Volkswirtschaft und Geschichte in Madras Prof. am Isabella Thoburn College in Lucknow, Leiterin des Internats, dann von 1945 an Direktorin dieser großen Frauenbildungsanstalt. Studienurlaube führten sie nach Amerika. Die Christliche Studentenbewegung (S.C.M.) schickte sie als Delegierte 1933 nach Java, 1936 nach San Franzisko, 1947 nach China, 6 Jahre lang war sie Vorsitzende des S.C.M. in Indien, Burma und Ceylon (→ Studentenverbände, 2) und präsidierte 1940 die Konferenz in Kandy/Ceylon. Sie arbeitete auch im YWCA, seit 1947 als Vizepräsidentin des Weltbundes der YWCA. 1948 leitete sie bei der Vollversammlung des Ökumenischen Rates der Kirchen (→ Ökumenische Bewegung, 3) in Amsterdam den Ausschuß für »Leben und Arbeit der Frauen in der Kirche«, war 1950/51 in Genf tätig, besuchte Deutschland, Kanada, den Nahen Osten und wurde 1951 nach dem Rücktritt von T.C. → Chao ins Präsidium des Ökumenischen Rates gewählt. *H.Thomä*

Chalcedon. Die Geschichte des vierten ökumenischen Konzils ergibt sich aus dem engen Zusammenspiel verschiedener politischer, kirchenpolitischer und theologischer Faktoren. Sie beginnt mit den Protesten Papst Leos I. gegen die »Räubersynode« von 449, die aber erst nach dem Regierungsantritt Pulcherias und Markians zu einem Erfolg führten, da diese das einseitige Übergewicht Alexandriens fürchteten. Im Oktober 451 trat das Konzil zusammen und erkannte den Lehrbrief Leos an. Flavians Nachfolger Anatolios suchte zur Beruhigung der Monophysiten ein neues Bekenntnis vergeblich zu vermeiden - es wurde dem Konzil von römischen Gesandten und vom Hofe abverlangt. Doch wird durch die Berufung auf Cyrill neben Leo und durch die Betonung der einen Person (Prosopon, Hypostasis) neben den »zwei Naturen« Christi eine schroffe Abweisung monophysitischer Auslegungen vermieden. Die Anerkennung des Bischofs von Neu-Rom, Konstantinopel, an zweiter Stelle mit gleichem Range neben dem von Alt-Rom konnte nur in Abwesenheit der römischen Gesandten beschlossen werden. - Das Konzil von Ch. bewirkte keinen dauernden Frieden: das Mißtrauen zwischen Rom und Konstantinopel führte alsbald zum Schisma des → Acacius, und die Unzufriedenheit mit der staatlichen Orthodoxie endete im Osten mit der Abspaltung monophysitischer Kirchen in Ägypten und Syrien. Doch blieb das Bekenntnis von Ch. in Kraft und wurde auch von den ev. Kirchen als Richtschnur der Rechtgläubigkeit übernommen. → Christologie: II, 4 d.

Ausgabe: E.Schwartz, Acta Conciliorum Oecumenicorum II, 1932-38 - A.Grillmeier-H.Bacht, Das Konzil von Ch. I-III, 1951-54 - R.Sellers, The Council of Ch., 1953. *H.Chadwick*

Chaldäischer Ritus → Gottesdienst: V A.

Chalmers, *Thomas* (1780–1847), schottischer Theol., Pfarrer, Prof. und Kirchenführer, Begründer der schottischen Freikirche (1843), * Anstruther (Fife), studierte Theologie, Mathematik, Astronomie und Chemie in St. Andrews, 1803 Pfarrer in Kilmany, 1815 in Glasgow, 1823 Prof. an der Universität St. Andrews, 1828 in Edinburgh. In jungen Jahren für die Wahrheit des Christentums durch die klassische antideistische Dogmatik, Joseph → Butler's Analogy of Religion (zuerst 1736), gewonnen, wurde er – durch Vertiefung in die Bibel und Mitarbeit in der Bibelverbreitung – immer mehr Supranaturalist. Seine kirchengeschichtliche Bedeutung beruht auf der entschlossenen Bekämpfung des Pauperismus im Gefolge der Industrialisierung. Unter Wiederaufnahme des urchristlichen Diakonats entwickelte er mit glänzender organisatorischer Begabung in Glasgow ein gut funktionierendes System der Armenpflege, das die Selbstverantwortlichkeit des einzelnen, der Familie und der einzelnen Kirchengemeinde zum Eckstein hatte, den Wohlfahrtsstaat damit ablehnte. Die Mittel wurden durch Kirchenkollekten aufgebracht. Außerdem sorgte er für die Gründung von 205 Kirchen. Als die schottische Generalsynode auf seinen Antrag 1834 das altreformierte Vetorecht der Gemeinden gegen einen vom Patron präsentierten Pfarrer durchsetzen wollte und dies bis 1843 nicht bei den staatlichen Behörden erreichte, trennte er sich mit über 200 Pfarrern von der Landeskirche und schuf eine ihr ebenbürtige Freikirche, nahm auch an den Anfängen der Ev. Allianz (→ Allianzbewegungen) starken Anteil. Seine Grundsätze und Arbeitsformen wirkten auf → Carlyle, den Anglikaner Thomas Arnold (Principles of Church Reform 1833), durch ihn auf → Bunsen und den Kreis um Friedrich Wilhelm IV. in Preußen, besonders Otto v. → Gerlach, außerdem auf → Fliedner, → Wichern und das Elberfelder Armenpflegesystem. Gelähmt wurde diese bedeutendste Wiedererweckung altreformierter Sozialpraxis in Schottland selbst einerseits durch das Ausscheiden von Ch. aus dem Pfarramt, andererseits durch die sachliche Konkurrenz der Einrichtungen von Robert → Owen in New Lanark, in Preußen durch die Ablehnung des Diakonats seitens des Königs (Nichtbestätigung der diesbezüglichen Beschlüsse der Generalsynode von 1846).

Original Works, 25 Bde, 1848/49; Posthumous Works, 9 Bde, o.J.; Memoirs of Th.Ch., (4 Bde, 1849–52) 2 Bde, 1854². – Über Ch.: L.Walker, Th.Ch. His Life and its Lessons, 1880 – J.L.Watson, Life of Th.Ch., 1881 – M.O.Oliphant, Th.Ch. Preacher, Philosopher and Statesman, 1893 – RE III, 777ff – K.Holl, Th.Ch. u. die Anfänge der christlich-sozialen Bewegung (ZThK 24, 1913, 219–265 = Holl III, 404–436) – J.W.Harper, The Social Ideal and Dr. Ch.'s Contribution to Christian Economics, 1920. *M.Schmidt*

Chambre ardente (»feurige Kammer«), volkstümlicher Name des 1547–50 bestehenden Sondertribunals am Pariser Parlament, das der Religionspolitik Heinrichs II. von → Frankreich diente. Die Ch.a. verurteilte in der kurzen Zeit ihres Bestehens über 500 Lutheraner, die meisten zum Tode. Als weltliches Gericht wurde sie vom hohen Klerus abgelehnt; der König mußte auf dessen Druck die Zuständigkeit für Ketzerprozesse – sofern die Beschuldigten nicht öffentlich als Ketzer erwiesen waren – der Kirche übertragen. Dieses Privileg nahm der König 1551, durch außenpolitische Erfolge gestärkt, wieder zurück.

J.Viénot, Histoire de la Réforme française des origines à l'Edit de Nantes I, Paris 1926, 212ff. *H.Liebing*

Chamier, *Daniel* (1565–1621), hugenottischer Theologe und bester Polemiker der calvinistischen Orthodoxie in Frankreich, studierte 1583–89 in Genf. Dann übernahm er die Gemeinde seines Vaters in Montélimar. Als Provinzialdelegierter kämpfte er mit Erfolg für die Rechte der hugenottischen Kirche in den Verhandlungen zum Edikt von Nantes 1598. Er erstrebte eine Union aller prot. Kirchen (Synode von Vitré 1617). Unter seinem Präsidium nahm die Nationalsynode zu Gap 1603 die umstrittene Bezeichnung des Papstes als Antichristen in das Glaubensbekenntnis auf. Unter seiner Führung wurde die Akademie von → Montauban, an der er seit 1612 lehrte, neben Sedan zum Zentrum ref. Orthodoxie. C. widerlegte jesuitische Angriffe (Cotton, Gaultier) und spätzwinglianische Heterodoxien (→ Piscator, → Camero). 1621 fiel er bei der Verteidigung Montaubans.

Vf. u.a.: Epistolae jesuiticae, Genf 1599; Panstratiae catholicae, Genf 1626, Frankf. 1627; Corpus theologicum, Genf 1653. – E.Haag, La France prot. III, 1879², 316ff – J.Quick, Memoir of D.Ch., with notices on his descendants, London 1852 – Ch.Read, D.Ch., journal de son voyage à la Cour de Henri IV. et sa biographie, Paris 1858. *J.Moltmann*

Chandieu, *Antoine de la Roche* (1534–91), reformierter Pastor. Für viele französische Prediger im 16.Jh. charakteristischer Lebensweg: humanistische Erziehung, Jurastudium in Toulouse, frühe Beziehungen nach Genf, dort von → Calvin für die ref. Theologie gewonnen. 1557–62 Pastor der ev. Gemeinde in Paris. Durch Verfolgung gehärtet, unbeugsam, unermüdlich reisend, predigend und schreibend, stellte er die durch seine aristokratische Herkunft zahlreichen Verbindungen zum hohen Adel in den Dienst seiner Sache und war mehrfach mit diplomatischen Missionen beauftragt (Schweiz, Deutschland). Bekenntnis und Verfassung auf der 1. Nationalsynode 1559 sind von ihm entscheidend im Sinne Calvins mitbestimmt. Energie der Fragestellung und Schärfe des Urteils zeichnen seine Flugschriften und Traktate aus. Nach der Bartholomäusnacht gelang ihm mit seiner Familie die Flucht nach der Schweiz. 1585 wurde er Feldprediger Heinrichs von Navarra; seit 1588 war er als Prediger wieder in Genf.

Histoire des persécutions et martyrs de l'Eglise de Paris depuis l'an 1557 jusques au temps du Roy Charles IX., Lyon 1563 (anonym erschienen); Antonii Sadeelis Chandaci opera theologica (GA pseudonym), 1592. – Über Ch.: A.Bernus, A.deCh., 1888 – La France protest. III, 1879², 1049 ff – RE III, 784ff – R.Nürnberger, Die Politisierung d. franz. Protestantismus, 1948. *R.Nürnberger*

Channing, *William Ellery* (1780–1842), Unitarier, * zu Newport in Rhode Island, von Samuel → Hopkins beeinflußt, seit 1803 Pfarrer der Brattle Street-Gemeinde zu Boston (Mass.). Wegen seines Arianismus angegriffen, hat er schließlich seine Gesinnungsgenossen unter den liberalen Kongregationalisten 1819 dazu aufgefordert, den damals für gefährlich gehaltenen Namen → Unitarier auf sich zu nehmen. Dieses mutige Bekenntnis leitete eine Periode verschärfter Polemik ein, worin Ch. und Andrews Norton als Vorkämpfer des Unitarismus der Calvinischen Orthodoxie gegenüber aufgetreten sind. Grundlegend für Ch. war eine optimistische Schätzung der menschlichen Natur. Er griff die orthodoxe Versöhnungslehre an (1826), indem er behauptete, sie stelle in das Zentrum des Weltalls Galgen zur Hinrichtung eines Gottes auf. Die meisten der Predigten Ch.s sind aber recht sanft und erbaulich. Seit ungefähr 1830 betonte er besonders die soziale Reform: Gefangenenfürsorge, Freilassung der Sklaven usw. Bis an sein Lebensende ist er biblischer Supranaturalist geblieben. Von den heutigen Unitariern Amerikas wird er als ihr vorzüglichster Vertreter verehrt.

Memoir of W.E.Ch., 3 Bde., Boston 1848; Works, Glasgow 1840/44, Boston 1875 (u.ö.; dt. v. F.A.Schulze u. A.Sydow, 10 Bde, 1850/51). – Über Ch.: W.H.Channing, Life of W.E.Ch., Boston 1880 – RE III, 788 – J.W.Chadwick, Ch., Boston 1903 – F.H.Foster, Genetic history of the New England Theology, Chicago 1907 – E.M.

WILBUR, Our Unitarian heritage, Boston 1925 - V.L.PARRINGTON, The romantic Revolution in America, New York 1927 - EBrit V, 1945, 843ff - E.M.WILBUR, A History of Unitarianism in Transylvania, England and America, Cambridge 1952.
W.W.Rockwell (Ernst Wolf)

Chantal, *Johanna Franziska Frémyot de* (1572–1641), kath. Mystikerin und Ordensstifterin, * in Dijon, † in Moulins. Nach neunjähriger Ehe Witwe, zog sie sich 1602 mit ihren vier Kindern auf Schloß Monthelon zurück. Seit 1604 der Seelenführung des → Franz von Sales gehorsam folgend, ihm in »geistlicher Ehe« verbunden, verwirklichte sie sein Frömmigkeitsideal des mystischen Quietismus (→ Mystik: VI). Beider nur teilweise erhaltener Briefwechsel, besonders aber sein Traité de l'amour de Dieu (Vorrede!) lassen auch ihren Einfluß auf Franz v.S. erkennen. 1610 gründete sie in Annecy auf seine Anregung und nach seiner Weisung den Ordo de visitatione Mariae Virginis (Visitantinnen, → Salesianerinnen), in dem sie ihre Mystik heimisch machte. 1751 selig-, 1767 heiliggesprochen. Tag: 21.8.

Ste. J.F.F.de Ch., sa vie et ses œuvres. Ed. authentique, 8 Bde, Paris 1874–79; Briefe des hl. Franz v.S. an die hl. J.F.v.Ch., übertr. v. E.HEINE, 1927; Briefe der hl. J.F.v.Ch. an den hl. Franz v.S., übertr. v. E.HEINE, 1929. - E.BOUGAUD, La Ste. J.F. de Ch., Paris 1865 u.ö., dt. 2 Bde (1869) 1924[3,4] - RE XX, 696ff - E.K.SANDERS, St. Ch., London 1918 - MICH.MÜLLER, Die Freundschaft des hl. Franz v.S. mit der hl. J.F.v.Ch., (1924) 1925[2] - LThK II, 833 - A.HÄMEL-STIER, J.F.v.Ch., (1937) 1950[2] - J.M.SCOTT, J.F. de Ch., London 1948 - EC VI, 490f (Lit.). - Vgl. die Lit. zu → Franz v.S. *E.Kutsch*

Chantepie de la Saussaye, 1. *Daniël* (1818–74), holländ. Theol., Vater der »Ethischen Richtung« (→ Niederlande: II). Seit 1842 Pfarrer (der wallonischen Gemeinde in Leuwarden, später in Leiden und der holländischen Gemeinde in Rotterdam), seit 1872 Prof. in Groningen, Mitbegründer der Zeitschrift »Ernst en Vrede« (1853–59), die für unsere Kenntnis der Grundlagen der »Ethischen Richtung« von großer Bedeutung ist. Mit einer vom Herzen und vom Geist Gottes erleuchteten Vernunft möchte er, mehr oder weniger spekulativ, dartun, wie das Evangelium der Menschwerdung in Jesus Christus in Einklang steht mit den tiefsten Bedürfnissen des Menschen und mit dem ganzen Sein. Er tritt ein für die Bedeutung der Kirche, dh der Gemeinde als lebendiger, menschlicher Wirklichkeit im Strome der Tradition. Sie hat die Lüge in ihrer Mitte auszutreiben, nicht durch Lehrzucht, sondern dadurch, daß in ihr die Wahrheit des Evangeliums gelebt wird als menschliche Lebenswirklichkeit. Ch. will keinen christlichen, sondern einen prot. Staat, in dem völlige Freiheit herrscht. Die Kirche soll mit den Kräften des Evangeliums das Volksleben (und nur auf diesem Umwege auch den Staat) durchdringen.

A.M.BROUWER, D.Ch.de la S., 1905 - Th.L.HAITJEMA, De richtingen in de Ned. Herv. Kerk, (1934) 1953[2]. *A.A.van Ruler*

2. *Pierre Daniël* (1848–1920), Sohn von 1, holl. ev. Theol. und Religionsforscher, seit 1878 Inhaber eines der vier 1876 neueingerichteten, theologischen Lehrstühle der Religionsgeschichte, erst in Amsterdam, 1899–1916 in Leiden. Spezialforscher auf dem Gebiet der germanischen Religion, ist er der Begründer der → Phänomenologie der Religion und als Herausgeber des »Lehrbuchs der Religionsgeschichte« (2 Bde, 1887–89; 1925[4], hg.v. A.Bertholet und E.Lehmann), bekannt geworden. Später kulturpolitisch tätig, hat er die »ethisch-konfessionelle« Richtung vertreten und für die Versöhnung sowohl der Konfessionen als der Kirche mit dem Staat gearbeitet. Ohne die Absolutheit des Christentums zu bestreiten, ist er für ein positives Verständnis der Fremdreligionen eingetreten.

RGG[2] I, 1484f - K.H.ROESSINGH, P. D. Ch. de la S. (Verzam. Werken II, 1926, 459–471) - Gedenkboek v. d. Univ. v. Amst., 1932 (Aanhangsel) - E.HIRSCHMANN, Phänomenologie der Religion (Diss. Groningen), 1940, 3ff - VAN DER LEEUW 788. *C.-M.Edsman*

Chao, *Tsu-chen,* anglik. Pfarrer, * 14.2.1888 in Hsutsun (Chekiang); 1917 Prof. für Soziologie und Philosophie in Soochow; 1925 Prof. für Philosophie und Religion, seit 1926 Dekan der Fakultät für Religion der Yenching-Universität in Peking. Chao nahm an den Weltmissionskonferenzen in Jerusalem, Tambaram und Whitby (→ Internationaler Missions-Rat) teil. 1948 ins Präsidium des Ökumenischen Rates der Kirchen gewählt, legte er dies Amt 1950 nieder. 1952 gab er unter politischem Druck seine Lehrtätigkeit auf. Er ist der bedeutendste lebende Theologe und Dichter der Kirche in → China (: IV C 1).

Vf. u.a.: Philosophy of the Christian Religion, 1925; Jesus' Philosophy of Live, 1926; Fishing, 1931; Life of Jesus, 1934; Learning Humanity, 1935. - Über Ch.: G.ROSENKRANZ, Fernost - wohin?, 1940 - F.W.PRICE, China, Twilight or Dawn?, 1948. *G.Rosenkranz*

Chaos, griech. χάος = Kluft, Schlund, vgl. χαίνω = gähnen, klaffen. Nach Hesiod (Theogon. 116) war das Ch. *vor* allen Dingen. Es bestand aus Nebel und Finsternis und gebar Erebos und Nacht, Eros und Verlangen. Nach den *orphischen* Kosmogonien sind Aither und Ch. von Chronos (der Zeit) gezeugt worden. Aus dem Ch. bildete sich ein Silberei (→ Ei), aus welchem Phanes (= Eros) hervorging. Diese beiden kosmogonischen Vorstellungen verraten deutlich orientalische Herkunft. Nach den *phönizischen* Überlieferungen war Ch. das Urprinzip. Durch seine Vereinigung mit dem Geist brachte es das Verlangen hervor. Das Verlangen wiederum verband sich mit Ch. und Geist und zeugte Môt (das Wort wird meist mit mô = »Wasser« in Verbindung gebracht). Aus Môt entwickelte sich dann ein Ei, das keimhaft das ganze Universum enthielt. Das Ei zerbrach: die eine Hälfte wurde zum Himmel, die andere zur Erde. Ein älteres Stadium stellt die *babylonische* Kosmogonie dar (→ Babylonien: II). Nach dem Epos Enûma-Eliš waren am Anfang aller Dinge Apsu und Mummu (Wassertiefe und Ch.) und das Ungeheuer Tiamât, welches Marduk erschlug und aus dessen Leib er das Universum formte. Nach *sumerischer* Tradition waren Himmel und Erde am Anfang eins; der Luftgott Enlil trennte sie. - Man kann deshalb im Alten Orient zwei parallele Vorstellungen vom Ur-Ch. unterscheiden: Die erste stellt den Urzustand dar als Urflut und Urdunkelheit, woraus sich dann ein Ei oder ein Meerungeheuer entwickelte, die zweite als eine absolute Ganzheit, in welcher Himmel und Erde miteinander verschmolzen waren. Im ersten Fall vollzieht sich die Schöpfung durch Teilung des Eies oder Zerstückelung des Meerungeheuers, im zweiten durch die Scheidung des Himmels von der Erde. Alle diese mythischen Bilder veranschaulichen den Gedanken der ungeordneten und amorphen Totalität, der Finsternis und der Nichtexistenz. Ähnliche Bilder (Urmeer, Himmel und Erde als Einheit, Weltei, Urwesen usw) sind in Indien, China, Japan, Indonesien, Polynesien und Afrika bezeugt. Wahrscheinlich hat sich eine Reihe dieser kosmogonischen Motive vom Alten Orient aus verbreitet. - Die kosmogonischen Mythen hatten auch kultische Funktionen: In den archaischen Religionen wurde die periodische Erneuerung der Natur als symbolische Wiederholung der Kosmogonie aufgefaßt. Da an Neujahr jedesmal die Welt ihre Neuschöpfung erlebte, mußte auch das Ch. wiederum Wirklichkeit werden; die letzten Tage des ausgehenden Jahres stellten die symbolische Wiederkehr des Ur-Ch. dar. → Schöpfung: I.

H.Gunkel, Schöpfung u. Ch. in Urzeit u. Endzeit, (1895) 1921² - A.Kühn, Berichte über den Weltanfang bei den Indochinesen u. ihren Nachbarvölkern, 1935 - W.Staudacher, Die Trennung von Himmel u. Erde. Ein vorgriech. Schöpfungsmythus bei Hesiod u. den Orphikern, 1942 - F.K.Numazawa, Die Weltanfänge der jap. Mythologie, 1946 - R.Dussaud, Les antécédents orientaux à la théogonie d'Hésiode (AJPh 9, 1949, 227-231) - K.Kerényi, Die orphische Kosmogonie u. der Ursprung der Orphik (ErJb 17, 1949, 53-78) - S.Morenz, Ägypten u. die altorphische Kosmogonie (Festschrift W. Schubart, 1950, 64-111) - RAC II, 1031ff - H.Baumann, Das doppelte Geschlecht, 1955, 164ff. 184ff. 268ff - M.Eliade, Kosmogonische Mythen u. magische Heilungen (Paideuma 6, 1956, 194-204).

M.Eliade

Chappuis, *Paul Gabriel* (1892-1930), studierte in Genf. Pfarrer in Paris (1916-17), l'Auberson (1917-22), Etoy/Waadtland (1922-29) und in Genf (1929-30) an der von seinem Schwiegervater Frank Thomas gegründeten Association chrétienne évangélique.

Vf. u.a.: L'Evolutionnisme et le problème de la connaissance religieuse, 1917; L'agnosticisme religieux, 1918; La destinée de l'homme. De l'influence du stoïcisme sur la pensée chrétienne primitive, 1926.

J.Courvoisier

Chapuis, *Paul* (1851-1904), ref. Theol., Pfarrer in l'Etivaz/Waadt (1874) und Chexbres (1886-1901), einer der Führer des waadtländischen Liberalismus. Ch. gründete das Wochenblatt Evangile et Liberté (1880-94), dem die neue Zeitschrift Le Semeur Vaudois als Organ zur Verteidigung des landeskirchlichen Standpunkts entgegentrat. Später wurde er mehr und mehr zum Gegner des kirchlichen Separatismus. 1901 Prof. für NT an der Universität Lausanne.

Vf. zahlreiche Zeitschriftenartikel sowie mehrere kontroverstheologische Schriften, u.a.: Sind wir noch Christen? (Bh. z. ChrW 26), 1897; Le Surnaturel, 1898.

J.Courvoisier

Character sacramentalis. Die Lehre vom ch.s. - diese Bezeichnung ist sachgemäßer als ch. indelebilis - wurde von der Hochscholastik ausgebildet und in ihren Grundzügen in Trient dogmatisiert.

Seit alters galten drei → Sakramente (: I): Taufe, Konfirmation, Priesterweihe, als unwiederholbar. Es mußte also mit diesen Sakramenten, so argumentierte die Scholastik, etwas Unverlierbares gesetzt sein. Die Sakramentshandlung vergeht; die heiligmachende Gnade verliert der Todsünder, und wer heuchlerisch zum Sakrament kommt, empfängt sie nicht einmal. Was ist nun jenes Dritte, das durch das Sakrament auch dem Heuchler mitgeteilt und auch vom Todsünder niemals verloren wird? Antwort: ein in die Seele geprägter ch., vergleichbar der körperlichen Kennzeichnung der Soldaten oder einem königlichen Siegel, durch das Rechte verliehen werden, oder einer geweihten Kirche, die trotz sakrilegischer Profanierung ihre Heiligkeit nicht völlig verliert; denn die Entweihung einer Kirche gilt als Sakrileg auch dann, wenn die Kirche schon vorher polluiert war. Im Verhältnis zur Gnade entspricht der ch.s. der Aufnahmefähigkeit des Glases für die Sonnenstrahlen, die durch Schmutz nur gehemmt wird, oder dem trockenen Holz, das für die Aufnahme der Wärme disponiert ist. Die Seele wird durch den ch. »befähigt«, die Gnade zu empfangen.

Passen diese Erwägungen ungezwungen nur auf das Taufsakrament, so hat → Thomas erstmalig alle Charaktersakramente unter den Gesichtspunkt der Disposition zum Vollzug liturgischer Handlungen gestellt. Nach ihm befähigt der ch. direkt zu Kulthandlungen, erst indirekt zur Gnade. Auch Tauf- und Firmcharakter sind Teilnahme am Hohenpriestertum Christi und stufenweise voneinander und vom Ordinationscharakter unterschieden.

Das Tridentinum verpflichtet nicht zu glauben, daß der ch.s. auch im jenseitigen Leben bleibt; jedoch ist es allgemeine kath. Lehre, daß er im Jenseits in den Guten zur Verherrlichung, in den Bösen zur Schande fortbesteht.

Die *ev. Kirche* hat die Lehre vom ch.s. nicht übernommen. Die Unwiederholbarkeit der Taufe (Konfirmation und Ordination sind keine Sakramente) gründet sich nicht auf eine sakramental bewirkte Veränderung der Seele, sondern auf die Einmaligkeit und Endgültigkeit des Anfangs, den Gott mit uns in Christus gemacht hat. Darum wird das initiatorische Sakrament nicht wiederholt.

EC III, 754ff (Lit.). *E.Schott*

Charakter → Persönlichkeit, → Charakterologie.

Charakterbildung → Erziehung: I.

Charakterologie (Charakterkunde) ist die Lehre von der Eigenart der menschlichen Individualität (→ Individuation) und vom Aufbau ihres Wesens (Struktur), daneben auch von ihren Grundformen (Typen). Im Unterschied zur allgemeinen → Psychologie richtet sich die Ch. also auf die selbständige → Persönlichkeit, die sie ganzheitlich zu erfassen sucht. Das geschieht methodisch vor allem durch Beobachtung und Deutung des Verhaltens. Neben der ausdruckskundlichen Erhebung sind dafür auch Testuntersuchungen und Leistungsprüfungen aufschlußreich.

1. Im engsten Wortsinn meint Charakter die sittliche Willensbestimmtheit eines Menschen (ethischer Charakterbegriff); in weitester Fassung spricht man vom Charakter einer Landschaft, eines Kunstwerkes u.a. (ästhetischer Charakterbegriff). Zwischen beiden Bedeutungen steht die Auffassung des Charakters als Geprägtheit (griech. χαράσσειν: prägen, einritzen) des persönlichen Wesens überhaupt, und zwar in leiblicher, seelischer und geistiger Beziehung. Dieser Begriffsumfang macht das eigentliche Blickziel der Ch. aus, und er schließt sowohl ererbte Anlagen als auch erworbene Haltungen und Eigenschaften ein. Um die Wesensart eines Menschen im ganzen bestimmen zu können, muß die Ch. aus dem unaufhörlich wechselnden Verhalten und dem ihm zugeordneten Fluß des Erlebens die zugrunde liegenden, mehr oder minder beständigen Bereitschaften (Dispositionen) zu ermitteln suchen. Sie lassen sich nicht unmittelbar feststellen, sondern werden aus den überdauernd wiederkehrenden Reaktionsweisen erschlossen. Gegenüber jenen aktuellen und peripheren Äußerungen des Charakters besitzen sie habituelle und zentrale Wertigkeit.

a) Auf den Nachweis solcher Grundzüge stützt sich die Auffassung des Charakters als Struktur. Im Begriff des persönlichen Gefüges wird sowohl der notwendige Zusammenhalt aller Eigenschaften, ihr Angewiesensein aufeinander, als auch ihr gegliederter Aufbau, ihre Über- und Unterordnung, anerkannt. In der Fülle sprachlicher Bezeichnungen grenzen sich namentlich die Eigenschaften der Begabung von denen der Strebung als diagnostisch bedeutsam ab. Mehr aus umweltlichem Gesichtspunkt können Merkmale des äußeren Verhaltens von solchen der sachlichen Leistung und schließlich des inneren Wesens unterschieden werden, wobei den letztgenannten das Hauptaugenmerk struktureller Erhellung gilt. Die Bezogenheit der Eigenschaften aufeinander bekundet sich schon darin, daß die Sprache sie überwiegend in polaren Entsprechungen erfaßt (zB Geiz-Verschwendung). Charakterzüge stehen sodann teils in verwandtschaftlicher, teils in widerstreitender Beziehung zueinander. Dies läßt sich daraus verstehen, daß die Ausformung des menschlichen Charakters weniger aus instinktgeleiteter Naturanlage erfolgt, als vielmehr wesentlich Aufgabe erzieherischer Selbstverwirklichung ist. In der

Lehre vom Strukturaufbau wird zugleich mitgedacht der Spannungsbezug zwischen dem Geistbewußtsein (Verstand und Wille) und dem Lebensgrund (Empfindung und Antrieb). Ihr Verhältnis bietet sich sinnbildlich als oberer und als unterer Bereich dar, und zwar dergestalt, daß der erste dem zweiten aufruht, dieser jedoch wiederum von jenem durchaus abhängt. Das vermittelnde Bindeglied des Schichtengegensatzes bildet der Gefühlsbereich, als dessen Kern sich die Seinstiefe des Gemüts enthüllt, in der auch das → Gewissen gründet. In solcher personalen Selbsterfahrung kommen zugleich der tätige Charakter und die zuständliche Seele zu wechselseitiger Durchdringung. Andererseits stellt die Gefühlsmitte aber auch den entscheidenden Störungsherd des menschlichen Eigenwesens dar, woraus die charakterlich-seelischen Abartigkeiten einsichtig werden.

b) Im Unterschied zur strukturellen Ch. nimmt die typologische Betrachtung (→ Typenlehre) von vornherein eine Mehrzahl von Grundformen an, die nicht weiter zurückführbar sind. Sie stehen entweder unverbunden nebeneinander wie die volkstümlichen, durch Einzeleigenschaften bestimmten Typen (der Heuchler, der Verleumder u.a.), oder sie verhalten sich wechselseitig ausschließend zueinander (zB zyklothym-schizothym). Die Reichweite der Geltung kann bei den letzteren die Persönlichkeit insgesamt sein oder sich auf Teilbereiche beschränken (Temperament, Wahrnehmung u.a.). Die Aufstellung solcher Gegensatzpaare ist unbegrenzt möglich. Gegen sie läßt sich einwenden, daß sie letztlich Grenztypen sind und die zwischen ihnen liegenden Übergangsformen unbestimmt lassen. In methodischer Hinsicht kommt die typologische Ch. durch ihren engeren Anschluß an die naturwissenschaftliche Denkweise der rationalen Faktorenanalyse und statistischen Erfassung entgegen; die Einmaligkeit der → Person und die intuitive Zuwendung zu ihr treten in den Hintergrund.

2. Beide Richtungen der Ch. haben sich aus philosophischen Voraussetzungen entwickelt. Im Altertum gab die Fortbildung der aristotelischen Erfahrungsforschung den ersten Anstoß zur Herausarbeitung von Charaktertypen (Theophrast). Für die typologische Ch. der Gegenwart, die zumeist einen Grundgegensatz im menschlichen Wesen annimmt, wurde → Schillers Unterscheidung zwischen dem naiven und dem sentimentalischen Dichter wegweisend. Die neuzeitliche Begründung der strukturellen Ch. (Bahnsen) nahm ihren Ausgang von der Willenslehre → Schopenhauers. Eine tiefgreifende Umformung erfuhr sie bei → Klages durch die gleichzeitige Grundlegung der Ausdruckswissenschaft und die Einbeziehung ihrer Befunde, namentlich der Handschriftdeutung. Neuerdings hat sich die Ch. zur umfassenden Lehre vom Aufbau der Persönlichkeit gewandelt, wobei die anfänglich bevorzugte Durchleuchtung der tätigen Weltzuwendung durch gleichgewichtige Beachtung der aufnehmenden Weltverarbeitung ergänzt wird. Ch. und Psychologie ordnen sich damit gemeinsam der Menschenkunde und anthropologischen Besinnung (→ Anthropologie) unter.

Eine besondere Bedeutung haben die Einsichten der Ch. für die Entwicklungspsychologie und → Pädagogik sowie für die Psychotherapie (→ Psychoanalyse).

J.Bahnsen, Beiträge zur Ch., 2 Bde, 1867 - L.Klages, Die Grundlagen der Charakterkunde, (1910) 1951[11] - E.Spranger, Lebensformen, (1914) 1950[8] - C.G.Jung, Psychologische Typen, (1921) 1950[13.-15. Tsd] - E.Kretschmer, Körperbau u. Charakter, (1921) 1955[21.22] - A.Pfänder, Grundprobleme der Ch. (Jb. der Ch. 1, 1924, 289-335) - Ph.Lersch, Aufbau der Person, (1938) 1957[7] - A.Wellek, Die Polarität im Aufbau des Charakters, 1950.

A.Vetter

Charron, *Pierre* (1541-1603), kath. Theologe und Philosoph, * und † in Paris, studierte die Rechte in Orléans und Bourges, wirkte kurze Zeit als Advokat, trat aber dann in den geistlichen Stand und erlangte rasch Berühmtheit als Kanzelredner, besonders in Südfrankreich. Er wurde Prediger der Königin Margarete von Navarra, dann Kanoniker in Bordeaux. Hier kam er in enge freundschaftliche Berührung mit → Montaigne, dessen Gedankenwelt ihn nachhaltig beeinflußte. Seine Schrift »Les trois vérités« (1593), eine Apologie des kath. Glaubens, die sich in ihrem dritten Teil besonders gegen die → Hugenotten richtet, veranlaßte seine Ernennung zum Generalvikar des Bischofs von Cahors. Von 1599 bis kurz vor seinem Tod lebte Ch. als Domherr in Condom. - In seinem Hauptwerk »De la sagesse« (1. Ausg. 1601) lehrt Ch., die wahre Weisheit des Menschen bestehe darin, sich selbst sowie Natur und Grenzen der eigenen Kräfte zu erkennen. In seiner Skepsis gegenüber menschlichem Wissen und äußeren Tugendbegriffen nimmt Ch. Ideen Senecas und Plutarchs auf. Seine Hauptquelle jedoch bilden Montaignes »Essais«, aus welchen er viele Gedanken zT fast wörtlich übernimmt. Das Werk, dessen Inhalt in auffallendem Widerspruch steht zu der Grundhaltung des Buches über die drei Wahrheiten, entfachte den Widerstand der Kirche und trug Ch. namentlich die heftige Polemik des Jesuiten → Garasse ein.

GA Paris 1635. - Über Ch.: RE III, 791f - J.B.Sabrié, P.Ch., Paris 1913 (Lit.) - J.Dagens, Le machiavélisme de P.Ch. (Studies aangeboden aan G.Brom, Utrecht/Nijmegen 1952, 56-64).

H.R.Guggisberg

Chartres, *Bistum.* Im antiken Autricum, (später Carnatum), ist schon vor 350 ein Bistum nachweisbar. Berühmt war im MA seine Dom- und die von → Fulbert 990 gegründete Philosophenschule - neben der Pariser Schule im ganzen Abendland bekannt - zur Pflege der Naturwissenschaften und Naturphilosophie im Sinne Platons und Boethius, mit besonderer Betonung der Grenzen des menschlichen Erkennens der göttlichen Geheimnisse. An ihr wirkten Bernhard von Ch. († 1130), sein Bruder Thierry († 1150), → Alanus ab Insulis († 1202), → Johannes von Salisbury († 1180) u.a. Auch Bischof → Otto von Freising († 1158) stand ihr nahe. Die berühmte Vierge au Pilier (Vierge noire) im Inneren der 1220 vollendeten Kathedrale (→ Kirchenbau: III) - 1855 gekrönt - gilt als älteste Wallfahrtstätte Frankreichs. Ch. ist Suffragen von Paris. - Von 261 035 Einwohnern des Gebietes sind 258 000 Katholiken, von 380 Kirchen 377 Pfarrkirchen; neben 324 Welt- gibt es 27 Ordenspriester, außer 5 männlichen mit 112 noch 12 weibliche Ordensgesellschaften mit 605 Mitgliedern.

J.B.Souchet, Hist. du diocèse et de la ville de Ch., 4 Bde, Ch. 1866 bis 1873 - L.Duchesne, II, 1910[2] 422ff - J.M.Tissier, Grands sanctuaires franç., Paris 1928 - DHGE XII, 1953, 563ff (Lit.) - AnnPont 1957, 197.

J.B.Aufhauser

Chassidismus, eine Strömung im Judentum, deren Anhänger sich Chassidim nannten, entstand in den Südprovinzen Polens, Podolien und Wolhynien, wo die sozial gedrückte, von Kosakeneinfällen heimgesuchte jüdische Bevölkerung für die von Isaak Luria Aschkenasi oder Ari geprägte sog. praktische → Kabbala wie für die Bewegungen des Sabbatianismus (→ Sabbatai Zewi) und des Frankismus des Jakob Frank empfänglich war. Er gewann langsamer Boden in Litauen und Weißrußland, wo das soziale und Bildungsniveau höher war und jene messianische Gärung keinen Nährboden fand. Urheber der ch. Bewegung ist R. Israel ben Elieser von Miedzyboż, genannt der → Baal-Schem-Tob (ca 1700 bis 1760), verkürzt Bescht, der - im Unterschied zu den Baale-Schem (Herren des Namens Gottes) magischer

Observanz – Helfer des Volkes auf einem neuen Heilsweg wird. Legendäre Anekdoten bezeugen weniger Leben und Lehre des Bescht als seine Wirkung auf die Chassidim und auf das ch. Leben. Gleicher Art ist die Überlieferung von Leben und Lehre der unmittelbaren und mittelbaren Schüler des Bescht, so des bedeutendsten, des R. Dow Bär von Messeritsch, »der große Maggid« (Wanderprediger) genannt, des R. Menahem Mendel von Witebsk († 1788), der die ch. Bewegung nach Palästina verpflanzte, des R. Ahron von Karlin im Kreise Pinsk († 1772), des R. Schnëur Salman von Ljosna († 1813), des Begründers des eine Versöhnung mit dem Rabbinismus erstrebenden Chabad-Ch., oder des R. Nachman von Brazlaw († 1810), der den ursprünglichen Ch. wiederherzustellen strebte. Der Bescht ist das Urbild des Zaddik, um den sich als den Meister die Chassidim zusammenschließen. – Die Stellung des Zaddik hängt mit dem *Grundgedanken* des Ch. zusammen, daß es nichts gebe, worin Gott nicht sei. Vom → Pantheismus unterscheidet sich dieser Gedanke dadurch, daß Gott dennoch anredbares Gegenüber bleibt und daß Gott, der überall ist, nicht überall zu Hause, sondern – leidend – im Exil ist. Alles einschließlich aller Werke der Menschen, auch der bösen, enthält göttliche Funken, aber sie sind gebunden. Von jedem Ding der Schöpfung her ist Zugang zu Gott möglich, wenn die kawwana, die leidenschaftliche Intention auf die Schekina, die Welteinwohnung Gottes, die Hüllen durchstößt und die Funken befreit. An die Stelle des Asketismus und Pessimismus des Lurianismus tritt damit Natur- und Lebensbejahung und die Freude, die das Charakteristikum des ch. Lebens ist. Nichts ist mehr eigentlich profan; alles, was Freude schaffen kann, bekommt religiösen Wert, auch die Freuden des Alltags in Essen und Trinken, Alkoholgenuß, Gesang und Tanz, unter Umständen auch die Askese, wenn sie ein Freudegefühl vorbereitet. Alles Handeln an der Welt in der Freude wird eine Art Sakrament, und an die Stelle des vom Rabbinismus gepflegten Intellektuellen tritt das Gefühl, die Intuition. Ihre Vollendung findet die Freude in der hitlahawut, der Ekstase, in der Befreiung vom Körper, immer höheres Aufsteigen bis zur völligen Einung mit Gott erlebt wird. – Der *Zaddik* ist durch eine ununterbrochene kawwana ausgezeichnet, die auch seinen alltäglichsten Verrichtungen und Worten einen tieferen Sinn gibt, und durch häufige und mühelose hitlahawut. Seine Aufgabe und Fähigkeit ist, anderen »den unmittelbaren Umgang mit Gott zu erleichtern, nicht zu ersetzen« (Buber). Aber da er infolge seiner innigen Verbindung mit Gott die Kraft hat, Wunder zu tun, und sein Gebet die Fähigkeit hat, Gott seinem Willen dienstbar zu machen, wird es möglich, daß spätere Zaddikim wieder in die Linie der Baale-Schem einschwenken. Das Helfertum wird zum Mittlertum und zur Mittlerinstitution, in der der Mittler den Chassidim den unmittelbaren Umgang mit Gott nicht erleichtert, sondern ersetzt. Aus dem charismatischen wird dabei ein erbliches Amt, wohl gar eine oft reichlich und geschickt dotierte Pfründe. Martin → Buber hat sich unermüdlich um den religiösen Gehalt des Ch. bemüht und ihn der Gegenwart zu interpretieren unternommen.

M. Buber, Der große Maggid u. seine Nachfolge, 1922 – Ders., Die Legende des Baalschem, 1922 – Ders., Die Erzählungen der Chassidim, 1949 – Ders., Gog u. Magog, 1949 – Ders., Die ch. Botschaft, 1952 – L. Gulkowitsch, Der Ch. religionswiss. untersucht, 1927 (Lit.) – Ders., Die Grundgedanken des Ch. als Quelle seines Schicksals, 1938 – Ders., Das kulturhistorische Bild des Ch., 1938 – S. Dubnow, Gesch. des Ch., 1931 (Lit.) – T. Ysander, Studien zum Beštschen Hasidismus in seiner religionsgeschichtl. Sonderart, 1933 (Lit.) – W. Rabinowitsch, Der Karliner Ch., seine Gesch. u. Lehre, 1935 – UJE V, 237ff (Lit.) – G. G. Scholem, Les Grands Courants de la Mystique Juive, 1950 (Lit.).

W. Holsten

Chateaubriand, *François René de* (1768–1848), franz. Schriftsteller und Politiker. Bei Ausbruch der Revolution war er Offizier, jedoch ohne Neigung zu diesem Beruf; er nahm bald seinen Abschied und bereiste Nordamerika. Auf die Nachricht von der Einkerkerung des franz. Königs kehrte er nach Europa zurück und kämpfte in der Emigrantenarmee für das Königtum. Nach einer Verwundung 1792 ging er nach England, wo er bis 1800, oft unter schwierigen Verhältnissen, lebte. Damals war er Anhänger der Philosophie der Zeit und ein großer Bewunderer → Rousseaus. Erschüttert durch den Tod seiner Mutter, fand er zum christlichen Glauben zurück. Langsam reifte in ihm der Gedanke, eine Apologie des Christentums zu verfassen. Nach seiner Rückkehr nach Frankreich veröffentlichte er zunächst einen kurzen Roman (»Atala«), der guten Erfolg hatte. Dann folgte »Le Génie du Christianisme« (1802). In diesem Werk will er das Christentum auf ästhetischem Gebiet rehabilitieren. In Wirklichkeit bewegt er sich weitgehend auf philosophischem Gebiet, ohne eigene Gedanken zu entwickeln, und seine Apologie erschöpft sich im wesentlichen in einem Loblied auf den Katholizismus. Einige seiner Thesen wie zB die Wertung der Bibel als literarisches Kunstwerk oder die Verteidigung der Gotik und des christlichen MA übten weiterhin Einfluß aus. Bald danach veröffentlichte er einen Teil dieses Werkes unter dem Titel »René«, in dem er eine bestimmte Auffassung von der Leidenschaft zeigen wollte (»le vague des passions«). Auf eine kurze Periode, in der er Napoleon verehrte, folgte eine Zeit, in der er scharfer Gegner des Regimes war. Seine Aktivität ist vor allem literarischer Art; das Hauptwerk dieser Epoche ist »Les Martyrs«, eine Art Prosaepos, das zeigen soll, daß sich die epische Dichtung auch am Christentum inspirieren kann. Es ist Ch.s erstes rein literarisches Werk, in dem sich echter historischer Geist manifestiert. Nach dem Sturz Napoleons beginnt für 16 Jahre Ch.s politische Karriere: Er wird Mitglied der Pairskammer, dann Führer der extremen Rechtsopposition, Botschafter in Berlin, London und Rom; schließlich wird er, als Außenminister, die treibende Kraft für den Spanienfeldzug. Nur die spanisch-maurische Novelle »Les Aventures du dernier des Abencérages« ist aus dieser Schaffensepoche lebendig geblieben. 1830 weigerte er sich, den Bürgerkönig anzuerkennen, gab seine Ämter auf und wurde zum angesehenen Führer der legitimistischen Opposition. Bis 1846 schrieb er an den »Mémoires d'Outre Tombe«, einem Werk, das den heutigen Leser am meisten anspricht. – Die Urteile über Ch. sind sehr verschieden, je nachdem, ob man den Schriftsteller, den Politiker, den Denker oder den Menschen beurteilt. Vor allem ist er ein Meister der franz. Prosa, für die er Harmonie und farbige Bildhaftigkeit fordert. Die Geschicklichkeit des Politikers kann man anzweifeln, doch ist die Uneigennützigkeit seines Handelns über jeden Zweifel erhaben. Als Mensch erscheint er sympathisch, auch wenn er, der Verteidiger des Christentums, erst spät sein eigenes Leben mit diesem in Einklang brachte. Es ist das Verdienst des Denkers Ch., daß er – trotz mancher Schwächen und Ungleichmäßigkeiten – das Christentum gegen die Lächerlichkeit verteidigte, mit der es im 18. Jh. überschüttet war.

H. Bérenger, Ch., héros de l'aventure romantique, 1931 – M.-J. Durry, La vieillesse de Ch., Paris 1933 – L. Martin-Chauffier, Ch. ou l'obsession de la pureté, Paris 1943 – Martial-Piechaud, Ainsi vécut Ch., Paris 1951.

E. Jarno

Châtel, *Ferdinand Toussaint François* (9.1.1795 – 13.2. 1857), kath. Theologe, * in Gannat (Dep. Allier), † in Paris, entwickelte schon vor der Revolution von 1830 sein liberal-gallikanisches Programm in der Zeitschrift

Le Réformateur ou l'Echo de la Religion et du Siècle. 1823-30 Militärpfarrer in Versailles, gründete er 1831 die von der Hierarchie freie Eglise catholique française und ließ sich zum Primas von Gallien weihen (»Tempel« in Paris). In etwa 30 Departements faßte die Bewegung Boden. Die Ohrenbeichte, die lateinische Messe, das obligatorische Fasten, der Zwangszölibat wurden abgeschafft. Ch. selbst blieb unverheiratet. In dogmatischer Beziehung begnügte er sich mit den Ideen des vulgären Rationalismus und der Polemik gegen Rom. Der Zeitstimmung entsprechend feierte er Napoleon I. als den Messias des 19.Jh.s. Die Feste der vier Jahreszeiten entlehnte er der Ersatzreligion der → Theophilantropen. Nachdem er sich mit seinen Mitarbeitern durch seine immer radikalere Entwicklung überworfen hatte, ließ er sich mit politischen Agitatoren ein. 1842 wurden seine Versammlungen polizeilich geschlossen. Nach vorübergehendem Aufenthalt in Belgien, wo er sich an die Spitze der Anhänger der natürlichen Religion stellte, kehrte er 1848 nach Frankreich zurück und erhielt eine Anstellung bei der Post.

Vf. u.a.: Profession de foi de l'Eglise catholique française, 1831; Nouvel Eucologe à l'usage de l'Eglise catholique française, 1833; Le Code de l'humanité ou l'humanité ramenée à la connaissance du vrai Dieu et au véritable socialisme, 1838. - Über Ch.: G.Reuchlin, Das Christentum in Frankreich, 1837, 293ff - R.Holzapfel, Die Kirche des Abbé Ch. (ZHTh 14, 1844, 103-196) - F.Nippold, Hdb. der neuesten KG I, 1883³, 300ff - RE III, 794ff - DThC II, 2339ff.
W.W.Lachenmann (Ernst Wolf)

Chemnitz, *Martin* (1522-86), ev. Theologe, * zu Treuenbrietzen, studierte in Frankfurt und Wittenberg, wo er → Melanchthon, mit dem er entfernt verwandt war, nahetrat, kaum aber Luther. Seine Studien galten in der Hauptsache der Mathematik und Astrologie. Als herzoglicher Bibliothekar in Königsberg wandte er sich theologischen Studien zu, die er, ab 1554 wieder in Wittenberg, dort unter Melanchthons Führung fortsetzen konnte. Zunächst als Koadjutor des Superintendenten Joachim → Mörlin (1554), dann als Superintendent (1567) hat Ch. sein eigentliches Tätigkeitsfeld in → Braunschweig gefunden. Mit der durch den Osiandrischen Streit in Unruhe geratenen Kirche Preußens hat er die Beziehungen aufrechterhalten; auf die innere Entwicklung des Kirchentums in Braunschweig-Wolfenbüttel hat er starken Einfluß genommen (→ Bekenntnisschriften, 2b).

Die *Bedeutung* Ch.s für die theologische Gesamtentwicklung in Deutschland besteht darin, daß er, der Schüler Melanchthons, in der Zeit der Krisis der Philippisten (→ Kryptocalvinisten) sich nicht mit nach dem Reformiertentum, sondern nach Luther hin orientierte, ohne seine theologische Schulung durch Melanchthon zu verleugnen. Dabei wurde Ch. zu einem der bedeutendsten Vertreter einer neuen Generation luth. Theologen, die die Extreme der Gnesiolutheraner und Philippisten mieden und wieder eine echte Einheit zwischen Luther und Melanchthon suchten. Wirksam wurde Ch. so vor allem beim Konkordienwerk. Die Christologie der Konkordienformel (vgl. Ch., De duabus naturis in Christo, 1570), deren Abendmahlslehre (vgl. Ch., Repetito sanae doctrinae de vera praesentia corporis et sanguinis in coena, 1561) und ihr Prädestinationsverständnis sind stark von Ch.s Gedanken her bestimmt. - Ch. hat ferner das Verdienst, daß er auf die jesuitische Propaganda in Deutschland aufmerksam geworden und ihr entgegengetreten ist. Die reife Frucht verschiedener Kontroversen (schon 1560 Auseinandersetzung mit den Jesuiten in Köln) wurde dann das »Examen Concilii Tridentini« (1565-73), eine würdige und kenntnisreiche Darstellung und Kritik der tridentinischen Dekrete, in der vor allem das prot. Schriftprinzip klar herausgearbeitet ist.

Zusammenfassende Darstellung von Ch.s Theologie: Loci theologici quibus Ph.Melanchthonis communes loci perspicue explicantur, 1591 posthum hg.v. P.Leyser - Biograph. Qu. bei Ph.J.Rehtmeyer, Der berühmten Stadt Braunschweig Kirchenhistorie III, 1710 - Biographie in Examen Concilii Tridentini, Neuausg. v. Ed. Preuss, 1861 - H.Hachfeld, M.Ch. nach seinem Leben u. Wirken, 1867 - ADB IV, 116ff - R.Mumm, Die Polemik des M.Ch. gegen das Konzil von Trient, 1905 - Seeberg, DG IV, 2 passim - G.Noth, Grundlinien der Theol. des M.Ch., 1930 - Ders., Peccata contra conscientiam (Gedenkschr. f. W.Elert, 1955, 211-219) *F.Lau*

Cheng *Ching-yi,* kongregat. Pfarrer, * 22.9.1881 in Peking, † 15.11.1940 in Shanghai, nahm an den Weltmissionskonferenzen in Edinburgh, Jerusalem und Tambaram (→ Internationaler Missions-Rat) teil. Gründer und Führer der kirchlichen Einheitsbewegung (→ Einigungsbestrebungen: VII), Vorkämpfer für den Nationalen Christenrat in → China (: IV C, 1), dessen Sekretär er 1922 bis 1933 war. 1933 Generalsekretär der Generalversammlung der Kirche Christi in China, 10 Jahre Präsident der Chinesischen Missionsgesellschaft. Ch.s Einfluß auf die Erneuerung des christlichen Lebens ging weit über China hinaus; bekannt wurde sein Gebet: »Herr, erneuere die Kirche, beginne mit mir!«

N.Bitton, Cheng Ching-yi, A Christian Statesman (IMR 13, 1941, 513-520). *G.Rosenkranz*

Cherubini, *Luigi* (1760-1842), ital. Komponist, * Florenz, † Paris. Nach musikalischer Ausbildung bei Guiseppe Sarti und frühen Erfolgen in Italien und England ließ sich C. 1786 in Paris nieder. Dort war er 1789 bis 1792 Direktor der ital. Oper, 1795-1815 Inspektor und seit 1822 Direktor des Konservatoriums sowie 1816 bis 1830 Oberintendant der königlichen Kapelle. Erst seit 1808 wandte er sich vom dramatischen Schaffen überwiegend geistlichen Werken zu. Er schrieb mindestens 11 Messen, 2 Requiemkompositionen und zahlreiche kleinere liturgische Stücke. C.s Kirchenmusik knüpft an ältere ital. Meister und Haydn an, neben denen sich der Einfluß franz. und Gluckscher Musik bemerkbar macht. Obwohl sie in ihrer akademischen Haltung heute verblaßt erscheint, ragte sie in ihrer Zeit durch sorgfältige Satzbehandlung hervor und wirkte auf die strengere Richtung der geistlichen Komposition des 19.Jh.s entscheidend ein.

L.Schemann, C., 1925 - MGG II, 1170ff *W.Osthoff*

Chesterton, *Gilbert Keith* (1874-1936), engl. vielseitig engagierter Publizist, Lyriker, Satiriker des Zeichenstifts. Als »GKC« (wie GBS/Shaw) schon früh vielbeachtet, von imposanter, malerischer Erscheinung, oft karikiert, trinkfest, humorvoll und zerstreut. Ch. lebte lange Zeit in Beaconsfield, zusammen mit seinem Freund H.Belloc (Shaws Zweigespann der »Chesterbellocs«). - Als Freund der scharfen und geistreichen Debatte opponierte er in souverän-heiterer Unbekümmertheit allen einseitigen Tendenzen der Zeit und fordert jede agnostische Indifferenz durch seine christliche Lebensanschauung heraus; in ihr lösen sich ihm die Widersprüche der Welt und der Geschichte. Weniger durch Wissenschaftlichkeit als durch überraschende Aspekte und durch die Kunst des überzeugenden Vergleichens und des Stilmittels des Paradoxons ist er Lehrer und »crusading author«. - Ch. begann als Liberaler und Antiimperialist, verteidigte die Schönheit des Unscheinbaren, glaubte an den Sinn des Seins, an dem der Realismus des common sense nie zweifelt, entschied sich früh für den kath. Anglikanismus, trat 1922 zur röm.-kath. Kirche über und besaß den Optimismus des fröhlich Glaubenden. - In seinen apologetischen Hauptwerken (Orthodoxy, 1908; The Everlasting Man, 1925) sieht er im Christentum den einzigen

Sinn der Weltgeschichte. Seine soziologische Theorie des »Distributism« (weitestmögliche Streuung von Eigentum, Syndikalismus, ähnlich der kath. Lehre von der berufsständischen Ordnung) findet sich in seinen Zeitschriften (Eye Witness, G.K.s Weekly) und zB in »What's Wrong with the World«, 1910). Neben einer sehr großen Zahl von Essays schrieb Ch. Biographien von Optimisten und fröhlichen Menschen, wie er einer war (Browning, Dickens, Franziskus, Thomas, Chaucer u.a.), Romane, die seine Sozial- und Kulturkritik amüsant verschlüsseln, Balladen, Gedichte und die bekannten Detektivgeschichten um Father Brown.

M.Ward, G.K.Ch., 1944; dt. 1956 (Bibliogr. u. Lit.). *M.Seidler*

Chiemsee

1. Auf der Insel Herrenwörth im Ch. bestand schon in spätrömischer Zeit ein *Bistum* (ecclesia Petena), das im 8.Jh. im Erzbistum → Salzburg aufging. 1213 gründete Erzbischof Eberhard II. das bischofseigene Bistum Ch. (neben → Seckau und → Lavant). Der Salzburger Metropolit erhielt das Ernennungs- und Investiturrecht. Kathedralkirche war die Stiftskirche auf Herrenwörth. Seit 1305 residierten die Bischöfe als Weihbischöfe und Generalvikare in Salzburg (Ch.hof) und führten seit dem 15.Jh. den Reichsfürstentitel. Das Bistum hatte 2 Dekanate (Herrenchiemsee und St.Johann in Tirol), 11 Pfarreien, 15 Vikariate, 11 Kuratien. 1803 wurde es säkularisiert, 1818 das Gebiet mit → Salzburg und → München-Freising vereinigt.

2. *Frauenchiemsee* (Frauenwörth), von Herzog Tassilo III. vor 770 auf der Fraueninsel gestiftetes Benediktinerinnenkloster. 1803 säkularisiert. Unter König Ludwig I. als Priorat OSB 1837 wiedererrichtet. Seit 1901 Abtei. Die Nonnen leiten ein bekanntes Erziehungsinstitut.

3. *Herrenchiemsee* (Herrenwörth), ursprünglich zu Beginn des 8.Jh.s mit iroschottischen Mönchen besiedelt. Seit ca 776 Benediktinerkloster. Schon früh eine bekannte Klosterschule. Von Karl d.Gr. an das Stift Metz geschenkt und 891 an Salzburg restituiert und 907 durch die Ungarn zerstört. Von 1130–1803 Augustiner-Chorherrenstift.

Zu 1: W.Seidenschnur, Die Salzburger Eigenbistümer... (ZSavRG, Kan. Abt. 40, 1919, 177–287) – M.Fürst, Das Bistum Ch. u. seine Bischöfe (Heimatbilder aus d. Chiemgau, 1927, Nr. 48–50) – R.Bauerreiss, Ecclesia Petena (Stud. u. Mitt. OSB 63, 1951, 22–30) – P.M.Burger, Rupertigau, Chiemgau v. 13.–19.Jh., Die 45 Oberhirten d. Bistums Ch., 1955.

Zu 2: S.v.Brockendorf, Die Benediktinerinnenabtei Frauen-Ch. im 17.Jh. (Stud. u. Mitt. OSB 54–55), 1936/37) – G.v.Leitgeb, Münster Frauen-Ch. u. seine Heiligtümer, 1947 – Das Inselkloster Frauenwörth u. seine 1200jähr. Gesch., o.J. – P.J.v.Pückler-Limpurg, Das Münster Frauen-Ch. u. sein karolingischer Bau, 1955.

Zu 3: J.Hemmerle, Die Benediktinerklöster in Bayern, 1951, 34f. *J.Hemmerle*

Chile, ein Anden-Staat, auf dessen 741 767 qkm Fläche (Länge 4300 qkm, Breite durchschnittlich 200 km) rund 5 Mill. Menschen leben, davon annähernd 40% Weiße und 60% Mestizen. Ursprüngliche Bevölkerung waren Araukanerindianer im Norden, Feuerlandindianer im Süden, mit reicher Mythologie, besonders auf dem Feuerland-Archipel (Schöpfungs-Berg- und Wassermythen: Táiyin, der Held, Táruwalem, früherer Sonnenmann, Táita und Bandurria weibliche Gottheiten). Nach der Zerstörung des Inkareiches (→ Peru) durch die Spanier begannen diese unter dem Conquistador Almagro 1535 die Eroberung Ch.s, das dem Inkareich untertan war. Sie wurde erst 1558 mit dem Tode des Araukanerhelden Caupolican abgeschlossen. 1641 wurde Ch. zur eigenen Kapitanie des Vizekönigreichs Peru. 1810–18 erkämpfte sich Ch. gegen das spanische Mutterland die Unabhängigkeit (entscheidende Schlacht bei Maipo, 1818). Heute ist Ch. eine freie Republik (República de Chile). Verfassung von 1925; Zweikammersystem (Kongreß, bestehend aus Senat und Abgeordnetenhaus). Das ganze Land ist in 15 Provinzen und zwei Distrikte (territorios) eingeteilt. Nord-Ch., von wüstenhafter Trockenheit, birgt ungeheuren Reichtum an Salpeter- und Kupferlagern. Dagegen bildet Mittel-Ch. das wirtschaftliche Kernland Ch.s, ist auch am stärksten besiedelt, mit großen Städten, wie Santiago (Hauptstadt, fast 700 000 Einwohner) und Valparaiso. Süd-Ch. bis zum Feuerland-Archipel ist unwirtliches Gebirgs- und Urwaldgebiet. Seit Mitte des vorigen Jh.s hat Ch. viel für die Bildung des Volkes getan und die Privatinitiative dafür gefördert. Dem Grundschulunterricht dienen 3700 staatliche und 500 Privatschulen; hinzu kommen 96 staatliche und 120 Privat-Oberschulen, 2 Universitäten, mehrere Lehrerausbildungsanstalten, Handelsschulen und Ackerbau-, Bergbau- und Handwerkerschulen.

Unter Beibehaltung des Katholizismus als Staatsreligion besteht in Ch. Religionsfreiheit. Schon 1561 wurde Santiago Bistum, 1840 Erzbistum, von dem 10 Bistümer abhängen (Concepción, Chillan, Temuco, Rancagua, Valparaiso, Talca, Valdivia, Linares, La Serena, San Carlos de Ancud, nach Seelenzahl geordnet). Die sofort mit der Eroberung Ch.s einsetzende Missionierung durch → Franziskaner, → Benediktiner, dann auch durch → Jesuiten wird heute noch weiter betrieben unter starker Beteiligung von Ausländern (italienische → Salesianer in Magallanes; bayerische → Kapuziner in Araukania). Deutsche religiöse Orden betreuen ihre kath. Landsleute, die seit 1852 einwanderten. Die kath. Kirche bemüht sich ernstlich um die Erziehung des Volkes und versucht, die um sich greifende kirchliche Indifferenz zu bekämpfen (Pastoralbrief des chilen. Episkopats, November 1939). Es fehlt am Priesternachwuchs an den 7 Priesterseminarien. 545 Pfarreien werden von etwa 720 Priestern betreut, dagegen gibt es 1470 Ordenspriester und 3400 Ordensfrauen. Allein die Diözese Santiago zählt bei 1 900 000 Seelen 250 000 Dissidenten, die Diözese Chillan bei 282 284 Seelen 28 288 Dissidenten. Seit 1942 machten besonders die Jesuiten auf diesen Zustand aufmerksam. – Bemerkenswert ist die Ausbreitung des *Protestantismus,* der über 1600 Predigtstätten im ganzen Lande unterhält. Zum *Concilio Evangélico de Chile* gehören 23 Denominationen. Die Methodistenkirche (seit 1878) dient mehr den Gebildeten, unterhält große, angesehene Schulen, eine landwirtschaftliche Anstalt und verschiedene Ausbildungsstätten für Krankenschwestern, Lehrerinnen usw. Neben den Reformierten, Anglikanern, Lutheranern, Baptisten und Adventisten arbeitet seit 1909 die → Pfingstbewegung, die heute über 100 000 praktizierende Mitglieder zählt, vor allem aus den einfachsten Volkskreisen. 11% der Gesamtbevölkerung Ch.s sind schon von der ev. Bewegung ergriffen. 1863 wurden die ersten deutschen ev. Gemeinden in Osorno und Puerto Montt gegründet. Heute umfaßt die Deutsche Ev. Kirche 25 000 Seelen in 8 Pfarrgemeinden (Santiago, Concepción, Valparaiso, Osorno, Puerto Montt, Seegemeinde Frutillas, Temuco und Valdivia). Deutschsprechende ev. Europäer gehören auch dazu. Diese Kirche, von einem Propst als Präses und einem Synodalrat geleitet, ist selbständig, seit 1955 an den → Lutherischen Weltbund angeschlossen. In Ch. leben über 40 000 Deutsche. Die Religionsstatistik von 1940 zählt 4 500 000 Katholiken, 114 000 Protestanten und 8000 Juden. → Amerika: II, 1. 2a, → Auslandsgemeinden: I, 2 d.

B.Arana, Historia General de Ch., 34 Bde, Santiago 1884–1905 – J.T.Medina, Historia del tribunal del Santo Oficio de la Inquisición en Ch., 2 Bde, Santiago 1890 - F.ENRICH, Historia de la Compañia de Jesús en Ch., 2 Bde, Barcelona 1891 - Die Mission der bayer. Kapuziner unter den Indianern in Ch., 1914 - T.THAYER-OJEDA, Reseña historico-biografica de los eclesiasticos en el descubrimiento y conquista de Ch., Santiago 1921 - DERS., Jesuitas alemanes en Ch. durante la época colonial (Boletin de la Academia Chilena de la Historia 14, 1947, Nr. 37, 89-96) - C.SILVA COTAPOS, Historia eclesiástica de Ch., Santiago 1925 - D.BARROS ARANA, Riquezas de los antiguos jesuitas de Ch., Santiago 1932 - R.LEHMANN-NITZSCHE, Studien zur südamerikan. Mythologie, 1939 - A.HURTADO CRUCHAGA, SJ, Es Ch. un pais católico?, Santiago 1942 - F.ESTEVE BARBA, Descubrimiento y conquista de Ch., Buenos Aires 1946 - G.MONCKEBERG BARROS, Ensayo de una bibliografia de historia eclesiástica de Ch. (Boletin de la Academia Chilena de la Historia 13, 1946, Nr. 35, 95-130) - EC III, 1605ff - I.VERGARA T SJ, Avance de los »Evangélicos« en Ch. (La Nueva Democracia, New York 1957, 64-74) - F.KARLE, Gottes Wort in Luthers Sprache (Mitt. des Instituts für Auslandsbeziehungen 1955, 322f) - Der Protestantismus in Ch. (StZ 160, 1956/57, 60f) - G.H. SCHWABE, »Chilenismus«. Zur ökologischen Problematik (StudGen 7, 1956, 363-384;Lit.) - AnnPont 1957. - Zeitschriften: Revista Católica - Deutsch-Evangelisch in Ch. Gemeindeblatt hg. v.d. Ch.-Synode Valparaiso.

M.Gutiérrez Marín

Chiliasmus

1. Entstehung - 2. Alte Kirche und Mittelalter - 3. Neuere Zeit. - Vgl. → Eschatologie: IV. V

1. Unter Ch. (griech. χίλια ἔτη = 1000 Jahre) versteht man die Meinung, die Weltgeschichte werde durch ein mit den Farben eines goldenen Zeitalters ausgemaltes irdisches Gottesreich tausendjähriger Dauer beschlossen, für das nur die Gerechten auferweckt würden. Es handelt sich um eine in der jüdischen Apokalyptik entstandene, theologisch bedenkliche Lehre von großer kirchengeschichtlicher Bedeutung. Im apokalyptischen Judentum bestanden nebeneinander zwei Enderwartungen: die nationale, die ein messianisches Reich nach siegreichem Glaubenskrieg erhoffte, und die universale, die meist mit einer Rettung der Gerechten durch Weltuntergang und Neuschöpfung hindurch rechnete. Obwohl diese beiden Auffassungen miteinander und mit der Eschatologie nichtjüdischer Religionen in jeder erdenklichen Weise verknüpft wurden, empfand man sie doch als grundsätzlich verschieden. Es gehört zur Methode der späteren Prophetie, in solchem Fall nicht kritisch zu sichten, sondern zu addieren, und so wurde das Zwischenreich der universalen Auffassung vorgeschaltet. Die Dauer wird in der jüdischen Apokalyptik verschieden angegeben (Überblick bei Volz 143f); die 1000 Jahre scheinen durch Kombination der 7 Schöpfungstage mit Ps 90, 4 zustande gekommen zu sein, eine Berechnung, durch die eigentlich die Zeit des Weltendes ermittelt werden sollte. Ein sicheres Entstehungsdatum läßt sich nicht angeben, da die in Frage kommenden Stellen sämtlich nachträglich geändert oder eingefügt zu sein scheinen.

2. Als Erwartung eines 1000jährigen Reiches drang diese Lehre auch in die →Johannesapokalypse (20, 1ff) und damit in die Kirche ein, soweit das Buch rezipiert wurde. Die Bezeugung des Ch. an anderen nt. Stellen ist umstritten (1Kor 15, 23ff) oder unwahrscheinlich (Lk 14, 14). Der Ch. setzte sich besonders dort durch, wo montanistischer Einfluß wirksam wurde, und so begegnen als hervorragende Vertreter des Ch. → Papias, → Irenäus, → Tertullian und deren Schüler, vor allem aber → Hippolyt. Da es sich um die Hoffnung auf ein irdisches Reich begrenzter Dauer handelt, fehlt der Ch. jedesmal, wo geschichtstheologische Interessen fehlen, dh fast ganz in der griechischen Theologie. Die materiellen Freuden, die er verhieß, konnten den griechischen Theologen ohnehin wenig locken. Für die Ausnahmen, → Justin (Dial. 80, 2), → Methodius von Olympus (Symp. 9, 1) und → Apollinaris von Laodicea, lassen sich die besonderen Gründe angeben. - Im Westen hat sich der Ch. länger gehalten. Er blühte noch zu Anfang des 4.Jh.s, als → Viktorin von Pettau den ersten Kommentar zur Apk in diesem Sinne schrieb und → Lactantius unter Zuhilfenahme der Sibylle und heidnischer Prophetien die Lehre sogar apologetisch zu verwerten suchte. Auch in der Folgezeit gibt es noch eine Reihe namhafter chiliastisch denkender Schriftsteller. - Der Rückgang geht nur allmählich vor sich; dafür ist wahrscheinlich nicht der Sieg der Kirche verantwortlich zu machen, sondern die im Zusammenhang mit den trinitarischen Streitigkeiten eindringende griechische Theologie. Bei den Laien hat er noch lange Anhänger gefunden. Die Wende fällt in die Zeit der großen lateinischen Väter und wird durch deren Haltung veranschaulicht. → Ambrosius unterscheidet noch 2 Auferstehungen (Enarr. in ps. 1); zwischen beiden findet die Buße der Sünder - nicht der Ungläubigen - statt; aber über das gleichzeitige Schicksal der Gerechten schweigt er und spart somit den Ch. in seiner Darlegung aus. → Hieronymus gab den Kommentar des Viktorin (s.o.) wieder heraus, legte aber Apk 20, 1ff neu aus und zeigte dabei, daß er den Ch. bereits verwarf, aber noch keinen Ersatz zu bieten hatte. → Augustin dachte ursprünglich chiliastisch. Er lernte aber den Apk-Kommentar des Donatisten → Ticonius kennen, der alle realistischen Erklärungen verwarf und die 1000 Jahre als Zeit zwischen Erscheinung und Wiederkunft Christi verstand. Augustin übernahm diese Deutung, die dadurch bis weit ins Mittelalter hinein herrschend wurde. Auf diese Weise mußte man zur Jahrtausendwende das Weltende erwarten. Als dieser Termin überschritten war, erhielt die chiliastische Auslegung neuen Auftrieb. Am wichtigsten wird dabei die Erklärung des → Joachim von Floris, der unter Rückgriff auf antike Traditionen sein »drittes Reich« (→ Apokalyptik: IV), dessen Beginn er für die nächste Zeit erwartet, mit dem auf messianische Kämpfe folgenden 1000jährigen Sabbat anheben läßt. Die Weltuntergangserwartung bestand daneben weiter und wirkte in erster Linie auf die religiösen Bewegungen, während der eigentliche Ch. mit seiner Hoffnung auf ein Goldenes Zeitalter (bis in die Neuzeit hinein) mehr die sozialrevolutionären Ideen beeinflußt hat.

3. Der Ch. ist seinem Wesen nach mit dem kath. und luth. Kirchenbegriff ganz unvereinbar, und die Reformatoren wiesen ihn rasch und energisch ab (CA 17; Conf. Helv. post. 11). Daher werden im 16.Jh. chiliastische Gedanken fast nur von den Schwärmern vertreten. Die Katastrophe von Münster (vgl. → Münzer) und die Festigung der religiösen Verhältnisse bewirkten zunächst eine gewisse Dämpfung; erst im 17.Jh. kommt es, ausgehend von den böhmischen Brüdern und von ref. Gemeinden, in der Verfolgung zu einer Neubelebung des Ch., die vorerst England und die Niederlande ergreift. Von dort dringt der Ch., zusammen mit dem Pietismus, mit dem er von da an verbunden bleibt, auch in das Luthertum ein. Bereits → Spener hatte Apk 20 wieder als Weissagung auf die Zukunft der irdischen Kirche verstanden, und der Pietismus nach ihm ließ sich durch das Bekenntnis nicht abhalten, phantastische Rechnungen über das Eintreffen des 1000jährigen Reiches anzustellen. Selbst so ernste Männer wie → Bengel und → Oetinger (durch den später R.Rothes Spekulationen beeinflußt wurden) gaben sich solchen Einfällen hin. Auch in dem durch seine optimistische Grundhaltung gekennzeichneten 19.Jh. blieb der Ch. lebendig und spielt weithin die Rolle eines kirchlichen Gegenstücks zu den säkularen Evolutionstheorien. Er profitierte jedesmal von den einander ablösenden Erweckungen und wurde nicht nur bei den pietistischen Gemeinden in Württemberg und Nordwestdeutschland, sondern selbst von sonst lutherisch lehrenden Theologen als unerläßlicher Bestandteil der Rechtgläubigkeit angesehen. - Der Ch. der neueren

Zeit fußt auf dem Welt- und Geschichtsbild der Aufklärung und ist damit etwas ganz anderes als der früherer Jahrhunderte. Als jenes Bild in den letzten Jahrzehnten zerbrach, ist er von selbst geschwunden. Wo er noch festgehalten wird, da ist er zum Gleichnis entleert und damit seines Wesens entkleidet. Lebendig ist er nur dort geblieben, wo er von jeher seine Wurzel hatte: in den Konventikeln bibelforschender Laien und Sekten.

Während der ganzen Kirchengeschichte waren mit dem Ch. Auswanderungsbewegungen (in die Wüste, auf Berge, ins gelobte Land) verknüpft, in denen die Menschen dem herabkommenden Christus oder Jerusalem entgegenzugehen dachten. Die folgenreichste davon war die der → Mormonen in das Salzseegebiet, die ihre Ausbreitung begründete.

Die Lehrbücher der Dogmatik u. Konfessionskunde - P. ALTHAUS, Die letzten Dinge, (1922) 1956[6] - P. VOLZ, Die Eschatologie der jüd. Gemeinde im nt. Zeitalter, 1934 - W. NIGG, Das ewige Reich, (1944) 1954[2] (Lit.) - RAC II, 1073ff - H. BIETENHARD, Das Tausendjährige Reich, 1954.

H. Kraft

Chillingworth, *William* (1602–44), * in Oxford, studierte dort im Trinity College, 1628 Fellow. Ursprünglich Schüler und Vertrauter → Lauds, wurde er in Streitgesprächen mit dem Jesuiten John Fisher zur röm.-kath. Kirche bekehrt (ca 1630) und nach Douai (→ Allen, W.) gezogen, wo er die Gründe seines Übertritts ausführlich darlegen sollte. Die Überprüfung seines Schrittes und sein Briefwechsel mit Laud machten ihn wieder am röm. Katholizismus irre. Er ging 1631 nach Oxford zurück und sagte sich 1634 von Rom los, ohne ausdrücklich wieder Anglikaner zu werden, entwickelte vielmehr den Grundsatz unbedingter Bindung an die Bibel zugleich mit der Freiheit zu unbefangener Prüfung ihrer Aussagen; beides sah er in den 39 Artikeln der Kirche von England nicht gewährleistet. Sein Hauptwerk »The Religion of Protestants a safe Way to Salvation« 1638 legte erstmalig im englischen Sprachgebiet die Verbindung von Schriftgehorsam mit der Freiheit eigener Glaubensüberzeugung unter Einschluß möglichen Irrtums in der Schriftauslegung fest und hatte einen ungewöhnlichen Erfolg; es fand die Bewunderung → Lockes und bestimmte die Theologie von → Burnet und → Tillotson. Darüber hinaus setzte es mit seiner Beweisführung aus der Übereinstimmung von Natur und christlicher Offenbarung die charakteristische »rationale« Linie der anglikanischen Theologie seit MA und Renaissance fort und bereitete das einflußreichste dogmatische Werk Englands, → Butlers Analogy of Religion (1736), vor. Es wurde von den Puritanern feindlich, von den Anglikanern Laud und Karl I. freundlich aufgenommen. Später ließ sich Ch. auf Drängen bereitfinden, die 39 Artikel zu unterschreiben und kirchliche Ämter anzunehmen (1640 Proctor = Bevollmächtigter des Domkapitels von Salisbury). Im Bürgerkrieg trat er auf die Seite Karls I., wurde gefangengenommen und starb am 30.1. 1644 in Chichester. Ch. gehört zu den wesentlichen Denkern in der Geschichte der → Toleranz und zu den großen anglikanischen Polemikern gegen Rom.

The Religion of Protestants 1638 u.ö., 1742[8] mit Biogr. v. TH. BIRCH, beste Ausg.: 3 vols. Oxford 1838 (umfaßt auch die 1687 getrennt veröffentlichten Additional Discourses); 18 kurze Entwürfe zu theol. Kontroversfragen (Mss. Lambeth Cod. Misc. 943 u. Bodleian [Oxf.] Tanner Mss. 233). - Über C.: F. CHEYNELL, Ch. Novissima or the Sicknisse, Heresy, Death and Burial of W.Ch., 1644 - P. DES MAIZEAUX, An Historical and Critical Account of the Life and Writings of W.Ch., 1725 - J. TULLOCH, Rational Philosophy and Christian Theology in the 17th Century I, 1870, 261ff - E.H. PLUMPTRE, W.Ch. (in: A. BARRY, Masters in English Theology, 1877) - J. KÜHN, Toleranz u. Offenbarung, 1923, 399ff - J.D. HYMAN, W.Ch. and the Theory of Toleration, 1931 - DNB (Neudr. 1949/50) IV, 252ff.

M. Schmidt

China

I. Politisch-ethnologisch

Am westlichen Rand der Hwangho-Ebene formte sich im Gegenüber zu südlicher gelegenen Reiskulturen das historische Ch. Die ältesten schriftlichen Quellen sind die sog. Orakelknochentexte (um 1200 vChr). Seit der letzten Jt.wende vChr zeigt sich die chin. Kulturentwicklung autochthon. Ch. beeinflußt seit dem 3.Jh. vChr die umwohnenden Völker, vor allem Korea, Annam, Japan. Selber von Norden (Mongolen, Turkvölker) und von Westen her (Indien, Orient) beeinflußt, baute es seit dem 7./8.Jh. nChr den Großstaat auf, der bis heute mit weit über 500 Mill. Menschen die ostasiatische Welt bestimmt. Aus feudalen Formen entwickelte sich nach und nach die Herrschaft hierarchisch privilegierter Beamter, die sich durch Bildungs- und Amtsmonopol unter einheitlicher Staatslehre (Konfuzianismus) zu einer führenden Schicht zusammenschlossen - Funktionäre der jeweiligen Dynastie, früher »Mandarine« genannt. Der bürokratisch-despotische Charakter der politischen Herrschaft in Ch. erscheint zunächst unter dem Einfluß der ethisch anspruchsvollen Gesellschaftslehre des Konfuzianismus und der Forderung des Nicht-Handelns im → Taoismus gemildert. Doch bildete sich der erstere nach dem 14.Jh. zu einer starren Orthodoxie um, der das geistige Leben fortan unterworfen blieb. Gegenbewegungen blieben politisch unterdrückt. Die Fremdherrschaft der Mandschu (1644–1911) sicherte ihr den beherrschenden Einfluß bis zum Zusammenbruch des alten Ch. In dem Maße, in dem eine das ganze Ch. umgreifende politische Herrschaft neu erstand, wie nach 1928 (Chiang Kai-schek) und seit 1949 (Kommunisten), verbanden sich neue »demokratische« oder »kommunistische« Ansätze mit den alten politischen Ausdrucksformen. Das Wesen des neuen Ch. ist daher nicht nur aus seiner Stellung im Weltkommunismus zu begreifen, sondern vor allem als Ergebnis einer etwa ein Jh. währenden revolutionären Entwicklung. Den Anstoß gaben die europäische Kolonialpolitik (vor allem der Opiumkrieg), die zunehmende Verknappung des Nahrungsraumes und der Kampf mit → Japan. Betont nationale und soziale Motive verbanden sich unter Führung marxistisch denkender Studenten und Offiziere zum chin. Kommunismus. Neben die internationale Ideologie traten stets die eigenen Impulse einer nationalsozialen Revolution. Die Herrschaft der KPCh zielt im Rahmen des Weltkommunismus auf die Schaffung der führenden Großmacht in Asien. - Der besondere Charakter der chin. Kultur ergibt sich aus seiner Zusammensetzung: Durch Akkulturation dehnte sich die chin. Hochkultur vom Hwangho-Becken nach allen Richtungen, vor allem nach Süden aus. Im chin. Volk sind mehrere Gruppen vereint: Neben eigentlichen Chinesen sind es vor allem zentralasiatische, tibetische und Tai-Stämme. Ihre ursprüngliche Verschiedenheit drückt sich noch heute in Körperbau, Gesichtsbildung und Sprache aus. Zahlreiche nicht sinisierte Stämme leben im Südwesten. Tibeter, Turkvölker, Mongolen und Koreaner zählen über 10 Mill. auf chin. Staatsgebiet. Wirtschaftlich wechseln steppen- und bergnomadische Formen im Norden und Westen mit dem Anbau von Weizen, Hirse und Mais in Nord- und Nordost-Ch. sowie Reis und Bohnen in Mittel- und Süd-Ch. ab. Das industrielle Schwergewicht beginnt sich im Norden abzuzeichnen. - Die zunehmende äußere Einheit erhielt schon früh eine weltanschauliche Grundlage. Seit alters herrschte die Vorstellung der Riten (chin. Li), denen politisches Handeln und menschliches Verhalten unterworfen sein sollten. Ursprünglich Regeln des »richtigen« Opferzeremoniells, dehnten die Riten ihren Geltungsbereich auf Staat und Gesellschaft aus. In den oberen Rängen traten sie anstelle des Rechts, der Auslegung im einzelnen weiten Spielraum lassend. Auch die Regeln für das Strafrecht, nominell nur für die breite Masse des Volkes gedacht, wurden vom Beamtentum willkürlich ausgelegt. Ch. kannte nie ein absolutes Recht. Sehr alt ist auch die Vorstellung von der kosmischen Verankerung von Staat und Gesellschaft. Der Herrscher als »Sohn des Himmels« war nicht sakrosankt, sondern bürgte u.U. mit seinem Leben und dem Schicksal seiner Dynastie für den rechten Verlauf der Dinge. Sein und seiner Beamten richtiges, dh den Riten entsprechendes Verhalten garantierte neben der irdischen die kosmische Ordnung, die somit menschlicher Verantwortung unterlag. Die Wirklichkeit irdischen Geschehens, Naturkatastrophen und soziale Verfallserscheinungen, zwangen deshalb zu wiederholten Korrekturen, die sich oft als Revolution, als »Änderung des (himmlischen) Auftrages« (chin. ko-ming) äußerten. Im Besitz der Schrift und vor allem der seit der Han-Dynastie (206 vChr bis 220 nChr) kanonisierten Schriften, die diesen Tatbestand festhielten und allen nachfolgenden Generationen übermittelten, sah sich die chin. Herrschaft als eine Art Weltherrschaft, der andere Völker nicht umhin konnten Tribut zu zollen, und sei es nur der Form halber. Darum blieben stets Einheit nach innen und Universalität nach außen die Hauptforderungen an die chin. Politik. In diesem Sinne reiht sich die kommunistische Herrschaft in Ch. in die Folge der großen Dynastien der Vergangenheit ein. – Dem äußeren Zusammenbruch des chin. Kaiserreiches 1911 folgte der innere. Unbewußt blieb jedoch die alte Großmachtstellung Hintergrund aller Modernisierungsbestrebungen. Wissenschaft und Technik, Demokratie und Marxismus-Leninismus, soziale Ungebundenheit und nationale Unabhängigkeit – alles zielte auf die Wiederherstellung irdischer Geltung, die endlich im kommunistischen Staat verwirklicht schien. Jenseits aller ideologischen und wirtschaftlichen Verschiedenheiten und Gegensätze fühlt sich das Chinesentum in der Welt in diesem Punkt angesprochen. Jede politische Konstellation wird hierauf Rücksicht nehmen müssen. Die heutigen Führer Ch.s, in der Mehrheit von den Hochschulen stammend, haben ihr Leben lang dafür gekämpft. Der Marxismus-Leninismus ist dabei an die Stelle des Konfuzianismus getreten. Er wird, wie einst jener, als überreligiöse Philosophie angesehen. Trotz enger Anlehnung an den Weltkommunismus hält und entwickelt sich eine eigene chin. Ausdrucksform. Zugleich mit dem Einbruch des fremden Denkens sind aus der Tiefe des eigenen Erbes mitgestaltende Faktoren erwachsen. Die alte chin. Sehnsucht nach Erfüllung im Diesseits ist damit in eine neue Phase getreten.

H. Maspero, La Ch. Antique, (1927) 1955² – O. Franke, Gesch. des chin. Reiches, 5 Bde, 1930–52 – K.S. Latourette, The Chinese and their Culture, 2 Bde, (1934) 1946³ – H.G. Creel, The Birth of Ch., 1936 – W. Eberhard, Lokalkulturen im alten Ch., 2 Bde, 1942 – Ders., Conquerors and Rulers. Social Forces in Medieval Ch., 1952 – L.C. Goodrich, A Short History of the Chinese People, 1948 – B. Schwartz, Chinese Communism and the Rise of Mao, 1951 – Ders. u.a., Der Kommunismus in Ch. – eine Dokumentargesch., 1952; dt. 1955 – E. Stuart Kirby (Hg.), Contemporary Ch. I, 1955 – Economic and Social Studies, Documents, Bibliography, Chronology, 1956.

T. Grimm

II. Chinesische Religion

1. Religion im frühen Altertum: a) Der Himmelsherr Schang-ti, Pantheon, Leben im Himmel – b) Erdgott, Naturgötter – c) Ahnenverehrung: Seelenvorstellung, Ahnenopfer – d) Kultdiener: amtliche Priester, Schamanen; Divination – e) Kultzyklen – 2. Religion der Spätperiode des Feudalstaates und im Beamtenstaat: a) Aufkommende Skepsis, die Lehren von Yang und Yin und vom Tao – b) Konfuzianismus – c) Taoismus – d) Buddhismus

1. a) Die chin. Religion ist heute ein Sammelbecken von Glaubensvorstellungen und Kultübungen verschiedener Herkunft. Zur Neujahrsfeier (→ Neujahr), die das beste Kompendium der chin. Religion ist, gehört der Empfang »aller Götter« in der Neujahrsnacht; dafür steht auf einem provisorischen Altar im Hofe ein ganzes Paket von papierenen Götterbildern, dessen Zusammensetzung das Ergebnis einer langen Entwicklung ist. Faßt man die Angaben aller alten Quellen zusammen, ergibt sich schon früh ein von zahlreichen Göttern und Geistern beseeltes Pantheon mit hierarchischer Gliederung. An der Spitze derselben steht der *Himmelsherr Schang-ti*. Mit ti scheint man himmlische Götter bezeichnet zu haben. Schang-ti bedeutete dann deren obersten. Schang-ti untergeordnet wurden im amtlichen Kult der Erdherrscher Hou-t'u und die fürstlichen Ahnen verehrt. Der Erdherrscher ist eine männliche Gottheit, der → Dualismus von einem männlichen → Himmel und einer weiblichen → Erde ist dem Altertum unbekannt. Die Vorstellung von der Erde als einer Göttin ist eine Neuerung der Han-Zeit. Die Auffassung von Schang-ti und Himmel ist sehr plastisch, zwar anthropomorph (→ Antropomorphismus), aber sittlich hoch. Schang-ti ist ein göttlicher Riese in Menschengestalt, der für gewöhnlich im Himmel wohnt, der, wenn er gelegentlich sich auf Erden ergeht, hier seine gewaltigen → Fußspuren zurückläßt. Er hat auch auf Erden seine Residenzen, gibt auf bestimmten Felsen Gelage, wobei er frisches Quellwasser als Getränk anbietet. Sein eigentlicher Palast ist im Zentrum des Himmels, auf dem großen Bären, auf der höchsten der neun himmlischen Stufen, deren Zugang vom Himmelswolf, dem Stern Sirius bewacht wird (→ Weltbild: I B). Hier lebt er mit seiner Familie. Seine Frau spielt keinerlei Rolle. Mehrere seiner Töchter, die auf die Erde herabstiegen, sind hier Göttinnen. Die berühmteste davon ist Si-wang-mu, die »Königin des Westens«. Sie hat Tigerzähne und einen Pantherschweif, wohnt dort, wo die Sonne untergeht, herrscht über die Epidemien. Ihre jüngere Schwester ist auf dem Berge Wu gestorben und zur Wunderpflanze Yao geworden. Zwei andere Töchter sind Göttinnen des Flusses Siang in Hunan. Eine weitere ist die Zauberin Yang.

Die Seligen leben, wie die irdischen Großen in Rangklassen eingeteilt, im Himmel wie an einem irdischen Herrscherhofe. Schang-ti verleiht königlichen Familien ihre Reiche und gibt ihnen fähige Minister. Bei einem besonders feierlichen → Eide schwört man bei seinem Namen, indem man ein → Opfer darbringt und das Haupt zum Himmel erhebt. Schang-ti bestraft ohne Ansehen ihres Ranges die Schuldigen, belohnt die Tugendhaften; sendet Minister, die im Traume Schlechte mahnen, sendet zur Warnung vor einer Katastrophe allerlei Unglück, wie Epidemien, Hungersnöte, Feuersbrunst, Bergstürze, → Kometen. Wenn die Tugend einer Dynastie erschöpft ist, entzieht er ihr das himmlische Mandat (t'ien-ming) und gibt es einem Würdigen.

In seiner Regierung wird Schang-ti unterstützt durch Seelen verstorbener Herrscher und Minister, besonders durch die fünf göttlichen Persönlichkeiten: den grünen Herrn (Osten), den weißen (Westen), den roten (Süden), den schwarzen (Norden) und den gelben (Mitte). Unter dem Einfluß astrologischer Theorien (→ Astrologie) nahm in den letzten Jahrhunderten der Tschou der Kult der fünf Himmelsherren (ti) einen großen Aufschwung, sie wurden auch zu Präsidenten der fünf Elemente.

Der Himmelsgott der älteren Tschou-Periode (1122 bis 600 vChr) ist ein weiser und gütiger Herrscher, der den Menschen in den fünf Pflichten hochstehende Gesetze gab: 1. Vater und Sohn sollen sich gegenseitig lieben, 2. zwischen Fürst und Untertan muß Gerechtigkeit herrschen, 3. Mann und Frau haben je ihre besonderen Pflichten, 4. das Alter ist zu ehren, 5. Freunde müssen sich Treue halten. Den himmlischen Strafen für Übertretungen dieser Gesetze kann niemand entgehen. Diese starken ethisch-religiösen Grundpfeiler der chin. Gesellschaft waren schon in der Sia-Zeit (2201-1766 vChr) bekannt.

b) Eine feudale Hierarchie von *Erdgottheiten* steht dem Himmelsherrn mit seinem Hofe gegenüber. Hou-t'u, der Erdherr, beherrscht das ganze Gebiet des Reiches, ihm untergeordnet sind die Götter der Lehensstaaten, der Gaue und Ortschaften. Eine Siedlung von 25 Familien bildete die kleinste Einheit mit einem eigenen Ortsgott. Jeder Fürst hatte zwei Ortsgötter, einen für sein gesamtes Herrschaftsgebiet und einen für sein Familiengut. Wenn eine Dynastie einging, wurde der private Gott abgesetzt, damit er dem neuen Platz mache. Man tötete ihn, indem man ein Dach über seinem Erdhügel machte. Der neue Herrscher erwies ihm Totenkult.

Als Erdgott galt ursprünglich ein Baum (→ Bäume und Pflanzen), an dessen Nordseite ein unbehauener Stein als Opfertisch diente (→ Altar, → Steine). Hier brachte der Fürst Opfer zur Erlangung einer guten Ernte dar. Bei Belehnungen wurde vom Hügel des Gebietsgottes Erde mitgegeben, die im neuen Lehen bei der Bildung des Hügels des Vasallengottes benützt wurde. Jagden und Kriegszüge wurden vom Erdgotthügel aus unternommen. Auch der Erdgott wurde als Eidesgarant angerufen; der Meineidige lief Gefahr, auf der Stelle tot umzufallen. Der Erdgott liebte blutige Opfer, beim Regenbitten und bei anderen dringenden Anlässen und bei der Rückkehr von einem Kriege wurden ihm auch Menschen geopfert (→ Menschenopfer).

Seit jeher gab es zahlreiche Götter der Flüsse, → Berge und Meere. So verehrte man die Götter der fünf heiligen Berge. Der Gott des Gelben Flusses galt als Herr aller irdischen Gewässer, doch nur die Bewohner seiner Ufer verehrten ihn. An zwei Stellen seines Laufes wurde ihm regelmäßig ein Mädchen als Braut geopfert. Man ließ es auf dem »Brautbett« in einem gebrechlichen Floß wegtreiben, bis es unterging. Gegen Ende des 4.Jh.s vChr wurde diese Sitte abgeschafft. Beim Übersetzen über einen Fluß opferte man dessen Gott einen Jadering.

c) Ein anderes Grundelement der alten Religion ist die *Ahnenverehrung* (→ Totenverehrung: I). Jede vornehme Familie verehrte die Seelen ihrer Ahnen als ihre besonderen Beschützer. Je höher der Rang des Familienoberhauptes war, um so stärker war die Kraft seiner Seele. Das galt auch von Ahnenseelen. Die Chinesen nahmen im Menschen zwei → Seelen an, eine Körperseele (p'o) und eine Geistseele (hun). Die Körperseele bleibt nach dem Tode bei der Leiche und nährt sich von den Totenopfern, die Geistseele steigt zum Himmel auf und beteiligt sich dort an den ständigen Festesfeiern. Auf dem Wege dorthin lauern ihr Ungeheuer auf, unter der Erde der Erdgraf, im Himmel der Himmelswolf; an der Himmelspforte muß sie das Losungswort wissen. Sie bedarf eines Führers, der der jenseitigen Wege kundig ist. Als solche dienten Begräbnisbeter und Schamanen.

Es wurden Frauen, Diener und Gebrauchsgegenstände mitbegraben; ein Fürstenbegräbnis konnte von Hekatomben von Männern und Frauen begleitet sein. Später kamen figürliche Nachbildungen in Gebrauch. In der Jenseitsvorstellung wurde zwischen Körper- und Geistseelen und allgemeinen Totengeistern (kuei) nicht immer klar unterschieden. Wichtiger war zu wissen, wie ein Toter zum Range eines Ahnen kommt und dadurch zu einem Familienschutzgeist wird. Die Vornehmen konnten sich für jede Generation einen Schutzgott schaffen. Dazu bedurfte es einer Reihe von Totenriten. Erst mußte der Geistseele durch Wegweisung geholfen werden. Der Körperseele wegen fügte man in alle Körperöffnungen des Leichnams Jadestücke ein, um die Verwesung aufzuhalten. An das → Grab legte man Nahrung und Kleider und einen Spiegel zum Leuchten. Die nach Verwandtschaftsgraden in ihrer Dauer und Strenge genau geregelte Trauerperiode (→ Trauerbräuche) diente dazu, die Gesellschaft vor Leichenunreinheit zu bewahren. Das Seelentäfelchen von Toten, die nicht als Ahnen ausersehen waren, verblieb nach dem → Begräbnis im Ahnenschrein und erhielt dort seine Opfer. Das Täfelchen eines künftigen Ahnen brachte man in das Zimmer, das der Tote bewohnt hatte. Am Ende der Trauerperiode stellte man es auf den ersten Platz im Ahnenschrein, das des Großvaters wird dann in die nächste rückwärtige Kapelle gebracht. Der neue Ahne erhält jetzt regelmäßige Opfer. Mit jeder neuen Generation nimmt seine Kraft ab. Schließlich genießt er nur mehr gruppenweise Verehrung, bei Königen nach fünf, bei Prinzen nach drei Generationen, bei einfachen Adeligen nach einer Generation. Seine Seele bekommt dann keine persönlichen Opfer mehr und wird ein Totengeist, so wie die Seelen ohne Opfer es sind. Nur die Seelen von besonderer Tugendkraft, Begründer des Clans oder der Familie oder der erste Lehensinhaber, werden nie zu Totengeistern und erhalten für immer Opfer.

d) An *Kultdienern* gab es im Altertum zwei Arten: die Priester des amtlichen Kultes und die Zauberer bzw. Zauberinnen, man kann sie auch Schamanen (→ Schamanismus) nennen. Die amtlichen Kultdiener waren sehr zahlreich und für die verschiedensten Funktionen spezialisiert, zB für die Opfer an den Himmelsherrn, für Jagd-, Kriegs-, Vertrags-, Totenkultgebete. Sie bildeten aber keinen geschlossenen Stand mit eigener Bildung, hatten keine besondere politische oder künstlerische Bedeutung. Sie waren eine Beamtenkategorie für sich. Es gab auch keine dauernden Tempelbauten. Die Götter verehrte man im Freien auf Altären, nur den Ahnen wurden Hallen gebaut. Der Kult bestand aus Opfern, → Gebeten, Tänzen und → Musik, nach Göttern verschieden. Die Zauberer waren wirkliche Besessene (→ Besessenheit), die durch ihre Inkantationen Götter und Totenseelen in sich herabsteigen ließen. Die Herabrufung geschah in der → Ekstase und war eine langwierige Zeremonie, bei der die Reise des Herabkommenden durch → Tanz gemimt und von Musik und Gesang begleitet war. Es gab Medien, Medizinmänner, Regenmacher, Exorzisten (→ Exorzismus). Die Rolle der amtlichen Kultdiener war das fehlerlose Rezitieren der Opfergebete und Verrichten der Riten. Aber nicht sie riefen die Götter und Ahnen herbei, das tat die Tugend der Opferer. Die Zauberer wurden von den Göttern berufen und eingeweiht. Die Priester waren ein von allen angesehenen Familien beanspruchter und geachteter Stand, die Zauberer gerieten immer mehr in Mißkredit.

Die Priester hatten sich oft als Auguren zu betätigen, die die Antwort der Ahnen erhielten und interpretierten, wenn man diese über Ernten, Reisen, Kriegszüge und andere wichtige Entscheidungen durch → Los (→ Orakel) befragte. Die Tchou hatten dafür zwei Verfahren. Am häufigsten geschah die Befragung mittels eines Schildkrötenpanzers. In diesen wurden Löcher gebohrt, Tinte darauf gerieben; dann wurde er über Feuer gehalten. Die so erzielten Sprünge zeigten durch ihre Lage, Form und Richtung die Antwort an. Das andere Verfahren bestand darin, daß man mit 50 Schafgarbenstengeln so herummanipulierte, daß sich durch gerade und ungerade Zahlen Trigramme ergaben, deren Sinn man als Antwort deutete. Ein Trigramm bestand aus drei ungebrochenen oder gebrochenen Linien. Davon gab es acht Kombinationen, die sogenannten Pa-kua. Man bildete auch Hexagramme. Von Kundigen wurden auch Träume (→ Traum) gedeutet, dann das Aussehen der → Sonne, des → Mondes, eines → Regenbogens, von Dünsten, eines Sonnenhofes. Die Astrologen der späteren Tschou-Zeit deuteten auch → Sterne, → Winde und Wolken.

e) Der → *Kultus* des alten China ist der eines Ackerbauvolkes. Das Jahr teilt sich in zwei Abschnitte ein: in einen mit der Arbeit der Natur, der durch Kult nachgeholfen werden mußte; dann in den der großen Ruhe der Natur mit Danksagung für die eingebrachte Ernte und Bitte um die nächste. Durch Kult wollte man den regelmäßigen Gang der Natur sicherstellen; verantwortlich dafür war die herrschende Klasse, deren Lebensführung mit der Natur in einem magischen Zusammenhang stand. Der landwirtschaftliche Zyklus begann mit dem vom Kaiser auf einer runden Plattform südlich der Hauptstadt dem Himmelsherrn dargebrachten Opfer. Dann beackerte der Herrscher als erster ein Feld, in den Provinzen taten es die Lehensherren. Die Feldarbeit galt als heilig. In der Ruhezeit des Jahres waren Hochzeiten verboten, mit dem Beginn der Feldarbeit wurden sie wieder gestattet. Der Winter begann mit einem großen Dankesopfer des Kaisers an den Himmelsherrn. Die Leute kehrten von ihren Feldhütten wieder in ihre Winterhäuser zurück.

2. a) Der Ritualismus wirkte sich mit der Zeit zum Schaden des echten religiösen Gefühles aus. Im Altertum gingen Herrscher und Untertanen mit heiligem Ernst den Gang der Weltordnung mit. Die öffentlichen und persönlichen Akte hielt man in Einklang mit der allgemeinen Tendenz der jeweiligen Zyklenperiode. Wenn die Opfer und → Feste auch weiter gefeiert wurden, machte sich in Literatenkreisen doch eine Skepsis über die Anwesenheit der Geister bei den Opfern breit. Die Wahrsager mit ihrer Lehre vom Yang und Yin, den beiden sich ergänzenden Weltprinzipien, und die Schule der Taoisten zweifelten auch an der Existenz der Götter und Geister. Dem Nachweis ihrer Existenz widmete Mo-tse in der 2. Hälfte des 5.Jh.s vChr einen Abschnitt seines Werkes. Der Gang der Welt wurde von den Neuerern durch das Zusammenwirken von Yang und Yin erklärt, ohne Dazwischenkunft irgendwelcher Götter oder Geister; die zwei Urmächte brachten alles hervor. Gegen diese kosmischen Kräfte nahmen sich die Gottheiten des amtlichen Pantheons kläglich aus. Schang-ti konnte sich durch seine Entpersönlichung noch retten, wobei er mehr und mehr einfach zum Himmel wurde, die erste und allgemeinste Materialisierung des Yang. Der Erdherrscher und mit ihm alle Bodengötter wurden zu Materialisierungen des Yin. Für die übrigen Götter und Geister gab es keinen Platz mehr. Bei Ahnen zweifelte man, ob sie Bewußtsein haben. So formten sich gegen Ende der Tschou-Zeit rationalistische Welterklärungstheorien, die die alte Gläubigkeit in extremen Kreisen gefährdeten, bei gemäßigten Denkern zu ihrer Reinigung und Vergeistigung führten. Aber noch glaubte auf allen Stufen der Hierarchie die Mehrzahl an Götter und Geister. Mit den Riten wurde der Glaube an die höheren Mächte beibehalten, doch suchte man nach einer rationalen Erklärung der Welt. Praktischer Götterglaube und theoretischer Rationalismus gehen zusammen.

Die Chinesen sind also mit sehr bestimmten religiösen Vorstellungen in die Geschichte eingetreten, u.a. mit einer überragenden Himmelsgottheit, die sich sehr angelegentlich um die Menschen kümmert und strenge ethische Forderungen an sie stellt; mit einer Herrenreligion und einer neben dieser einhergehenden Volksreligion. Wie wurde dieses Erbe entwickelt und welches religiöse Gut wurde neu erworben?

b) Die Vorstellung vom Himmelsgotte ist von K'ung-tse (→ Konfuzius) und seiner Schule, vor allem → Mêng-tse (Menzius) vergeistigt und seine Verehrung zu einem ethischen und staatspolitischen System ausgebaut worden; zunächst ohne Erfolg, bis Jahrhunderte später der Han-Kaiser Wu-ti (156-187) diese Lehren zur Staatsreligion erhob. Der Himmel ist für Konfuzius weder der ins Riesenhafte erhobene, aber in seiner Idee dem irdischen Herrscher nachgebildete Herr über Götter und Menschen, noch ein unpersönliches Weltprinzip, sondern ein geistbegabtes, denkendes, planendes, von Fall zu Fall handelndes göttliches Wesen mit hohen sittlichen Forderungen an die Menschen. Gleichzeitig wird bei Konfuzius der Dualismus von Himmel und Erde im Sinne der Lehre vom Yang und Yin sichtbar, insofern als nach ihm der Himmel zusammen mit der Erde die Dinge der Welt hervorbringt und der Weise im Einklang sowohl mit dem Himmel wie mit der Erde handeln muß. Der Himmel belohnt die Guten und bestraft die Bösen, doch blieb für Konfuzius die Weltregierung durch den Himmel und Unglück von Guten und Schlechtigkeit in der Welt ein Problem. Später hat sich Menzius angestrengt, die Freiheit und Verantwortlichkeit des menschlichen Handelns mit dem Wirken des Himmels in Einklang zu bringen. Die Han-Kaiser (206 vChr bis 220 nChr) begünstigten die Lehren des Konfuzius, weil sie ihnen ein Mittel waren, den Lehensadel, der die Wirren der Tschou-Zeit verursacht hatte, auszuschalten und durch ein Beamtensystem zu ersetzen. Die Stellung des Kaisers in den Klassikern als »Himmelssohn«, als Abkömmling, Mandatsträger und Opferpriester des Himmelsgottes war für die Festigung der kaiserlichen Macht von größter Bedeutung (→ Königtum, sakrales). Die Riten wiesen ferner jedem Untertan seine Stellung in der Familie und im Staate zu. Die Macht des Kaisers wurde in der göttlichen Weltordnung verankert, ohne daß sie mit Feudalherren geteilt werden mußte. Staatsrecht wurde zu Religion und Religion zu Staatsrecht.

c) War die konfuzianische Richtung bestrebt, Staat und Regierung zu festigen und das Wohl der Untertanen zu fördern durch ihre Forderung der allseitigen Erfüllung des Willens des Himmels, suchten → Lao-tse mit seiner Tao-Lehre und die Schule des → Taoismus über alle Besorgtheit um Staat und Gesellschaft hinweg zunächst in die letzten Gründe des Seins vorzudringen und in der persönlichen Vereinigung mit Tao, dem Urgrund des Seins, die Probleme des Daseins zu lösen. Die zwei Zentralbegriffe des Taoismus sind Tao und Teh. Unter Teh versteht er das Wirken des Seinsurgrundes, wodurch die Welt erhalten und gestaltet wird.

Ein popularisierter Taoismus, der mit vielen vortaoistischen Elementen aus der Welt der Zauberer durchsetzt ist, hat das Tao in den Dienst der Magie zu stellen versucht. Mit dem vermeintlichen Besitz eines zu derb aufgefaßten Tao trieb man wild wuchernden → Okkultismus und bizarre → Alchemie und allerlei anderen Aberglauben.

d) In der Han-Zeit trat der → Buddhismus auf den Plan und mit ihm ein wichtiges Element der synkretistischen Gesamtreligion. Im Jahre 67 nChr gestattete Kaiser Ming-ti in einem Edikt die neue Lehre. Gegen Ende der Han-Zeit gab es bereits überall große Mönchsgemeinden, prunkvolle Tempel und zahlreiche Gläubige. Die Taoisten paßten sich mit der Zeit im Kloster- und Mönchswesen, im Tempelkult und in der Bilderverehrung dem Buddhismus an. Der Mahayana-Buddhismus sprach das Volk wegen der Schönheit seines Kultes und seiner Kunst und vor allem wegen seiner Lehre vom Jenseits (→ Eschatologie: I) an. Darüber wußten ihm weder die Konfuzianer noch die Taoisten viel zu sagen. Der Buddhismus erschloß auch den kleinen Leuten eine große und schöne Welt, die nun der Sorge für die Verstorbenen reiche Möglichkeiten der Betätigung bot, zugleich der Frage nach eines jeden persönlichem Schicksal nach dem Tode eine tröstliche Antwort gab. Viele buddhistische Heilige und Heilsbringer sind im Laufe der Zeit dem Volke ans Herz gewachsen, so → Amida und Kuan-yin, um nur zwei zu nennen. Amida ist der Buddha des Paradieses im Westen, der Glaube an seine Barmherzigkeit und die Anrufung seines Namens gewährleisten jedem Heilsuchenden die Rettung. Der Amida-Glaube wurde in ganz Ostasien zur am weitesten verbreiteten Form des Buddhismus. Aber auch im Glauben an die Kuan-yin, die lichtumstrahlte Göttin mit dem mitleidigen Herzen, haben unzählige Millionen von Chinesen Trost und Hoffnung gefunden.

Übers. der chin. Klassiker v. J.Legge u. S.Couvreur - E.Chavannes, Le Dieu du Sol dans la Chine antique. Appendix à Le T'ai chan (Bibl. d'études du Musée Guimet 21), Paris 1910 - H.Doré, Recherches sur les Superstitions en Chine, 17 vols, Shanghai 1911-38 - B.Schindler, The Development of Chinese Conceptions of Supreme Beings (Asia Major, Hirth Anniversary Volume, London 1923) - F.E.A.Krause, Ju-Tao-Fo. Die religiösen u. philosoph. Systeme Ostasiens, 1924 - H.Maspéro, La Chine antique, Paris 1927 - Ders., Mélanges posthumes I-III (Publ. du Musée Guimet, Bibl. de diffusion 57-59), Paris 1950 - A.Forke, Gesch. der alten chin. Philosophie, 1927 - Ders., Gesch. der mittelalterl. chin. Philosophie, 1934 - Ders., Gesch. der neueren chin. Philosophie, 1938 - E.T.C.Werner, A Dictionary of Chinese Mythology, Shanghai 1932 - M.Granet, La Pensée chinoise, Paris (1934) 1950² - A.Waley, Three Ways of Thought in Ancient Ch., London 1939 - C.B.Day, Chinese Peasent Cults, Shanghai 1940 (Lit.) - B.Karlgren, Legends and Cults in Ancient Ch. (Bull. Museum of Far Eastern Antiquities 18), Stockholm 1946 - ChrRel III, 319ff (M.Eder) - Wing Tsit Chan, Religious Trends in Modern Ch., New York 1953 - C.Hentze, Tod, Auferstehung, Weltordnung. Das mythische Bild im ältesten Ch. . . ., 2 Bde, Zürich 1955.

M.Eder

III. Chinesische Religion und die christliche Botschaft

1. Die echte Konfrontation von chin. Religion und christlicher Botschaft - 2. Die Deutung der chin. Religion vom Evangelium her - 3. Die Bezugnahme der christlichen Botschaft auf die chin. Religion

1. Echte *Konfrontation* der lebenden chin. Volksreligion mit der christlichen Botschaft geschieht nur im Vollzug der *missionarischen Begegnung* mit dem chin. Menschen. Demgemäß ist auch eine hilfreiche Erkenntnis der chin. Religion nur vom missionarischen Auftrag, dh vom Evangelium her möglich. - Der Versuch, vom religionsphilosophischen Standort aus in neutraler Haltung chin. und christliche Religion zu vergleichen und die Überlegenheit der christlichen Religion zu beweisen, ist fragwürdig und zum Scheitern verurteilt. Chin. Religion ist ein Sammelbegriff, der drei verschiedene Religionssysteme umfaßt; in der Begegnung mit der christlichen Botschaft aber ist sie als Religion des chin. Menschen ein lebendiges Ganzes. Denn in jeder chin. Volksgruppe wie auch im einzelnen Chinesen sind (mit individuellen Unterschieden in der Betonung des einen oder andern Elementes) alle drei Religionen zugleich an der Lebensfunktion des chin. Menschen beteiligt.

Dieser Tatbestand ist bedeutsam im Hinblick auf die Konfrontation der chin. Religion mit der christlichen Botschaft. Er zeigt, daß wenig gewonnen ist, wenn man ein einzelnes Religionssystem, sei es das taoistische, konfuzianische oder das buddhistische, religionsphilosophisch analytisch mit der christlichen Religion vergleicht, dort inneren Widerspruch und fragmentartige Einseitigkeit, hier dagegen Ganzheit und Universalität feststellt. Denn mit dem allem ist der chin. Mensch und seine gelebte Religion noch gar nicht ins Blickfeld getreten, noch weniger ist ihm damit gezeigt, daß sein Standort unhaltbar ist. Je konsequenter der Botschafter Christi die missionarische Begegnung mit dem chin. Menschen sucht, desto deutlicher wird ihm: Chin. Volksreligion ist nicht nur ein System von Vorstellungen, Begriffen, Lebensregeln und Riten, sie ist eine permanente Lebensfunktion des chin. Menschen, widerspruchsvoll wie sein Leben und seine Welt, aber überaus produktiv und anpassungsfähig gegenüber jedem Problem menschlicher Existenz, in jeder Entwicklungsstufe bereit zu neuen Versuchen, seine Existenz und Würde zu behaupten. Diese Erkenntnis weist die christliche Mission zurück auf den Ausgangspunkt aller missionarischen Bewegung: auf die Tatsache, daß Christus auch für diese Menschen gestorben und auferstanden ist, und daß er ihnen durch das Evangelium als ihr Retter begegnen will. Von dieser Grund-Tatsache aus lernt der Botschafter Christi den chin. Menschen mit den Augen seines Retters sehen und alles, was er von seiner Religion erfahren kann, in sympathischer Einfühlung *soteriologisch* verstehen.

2. Der Botschafter Christi sieht die Chinesen als Menschen, für die der Sohn Gottes sterben mußte, also Menschen, die nach Seele und Leib vom Verderben bedroht und doch zugleich Gott wert sind, die Gottes Zorn auf sich geladen haben und die trotzdem gehalten werden durch seine Geduld, weil auch sie zum Erbe des Christus gehören.

a) In dieser Sicht wird deutlich, wie der chin. Heide, bestimmt von chronischer Existenzangst - jedoch in verblendeter Unwissenheit über den, dessen Zorn ihn bedroht und dessen Gnade ihn allein retten kann - in seiner Religion letztlich für kein anderes Anliegen Sinn hat, als dafür, *seine bedrohte Menschenexistenz zu behaupten und zu sichern*. Gegen den erschütternden Eindruck der Hinfälligkeit, des Todes, der zum Zynismus verleiten könnte, wehrt er sich durch Ahnenkult, Mystik des Blutverbandes und nationalen Mythus. Er läßt nicht gelten, daß der Tod das Ende der Existenz sei; er deutet ihn als normale Ordnung im Kreislauf des Lebens, als Durchgang zu höherer Existenz. Gegenüber der Bedrohung durch böse Gewalten und kosmische Mächte, durch eigene Verirrungen, die seine Humanität gefährden, ist er eifrig bemüht, Sicherungen für seine menschenwürdige Existenz zu finden. Es geht in dieser ethischen Religion um Bewahrung des Menschen in seiner ursprünglichen Güte, um ihre Wiederherstellung mit erprobten Mitteln: Lehre, Vorbild, Zucht und Strafe, Kultus der Geister und Mächte, Einordnung in den Lauf des Kosmos, Naturmystik und Selbstprüfung. Von einem heillosen Schaden will man nichts wissen.

b) Als nicht mit Gott versöhnter Mensch kann der Chinese bei allem Wissen um die Bedrohtheit seiner Existenz nicht nach dem Willen und Urteil seines Schöpfers fragen; so fragt er zunächst nur nach dem *Gesetz seiner Existenz*. Tatsächlich hat Gott in seiner Geduld den Chinesen die Normen würdigen Menschentums weithin erkennen lassen: von der Norm der Pietät weiterschreitend zur persönlichen Verantwortung und zur Humanität als Wertschätzung von Mensch zu Mensch und sozialen Verpflichtung, bis zu den Höhenwegen des »Edelmenschen«, wobei sogar die goldene Regel der Mitmenschlichkeit nicht fehlt.

Und doch kann der Chinese sich nicht dabei beruhigen. Er muß diese ewigen Normen wahren Menschentums erst noch unter den Schutz *übermenschlicher Mächte* stellen, die seinem Ringen um die Menschen-Existenz den Sieg garantieren. Er postuliert mit seiner Vernunft solche übermenschlichen Mächte und gestaltet sie in seinem Herzen zu anthropomorphen, himmlischen Regenten. Mit hochheiligen Namen werden die Ahnen, Heroen und Heiligen, das kosmische Gesetz (Tao) als *Garanten des Menschentums* in den Himmel erhoben und ihre Macht bis an die Grenzen des Kosmos gesteigert. – Im Vollzug seiner Selbstbehauptung konnte der Chinese die Gottesfrage nicht ruhen lassen; er hat sie voreilig mit seinen Spekulationen beantwortet. In der Christusbotschaft wird ihm nun die Antwort von Gott gegeben.

c) Die *Berufung zu Christus* bedeutet für den Chinesen einerseits *Preisgabe seiner Götter*, andererseits *Erneuerung seiner Humanität*. Die religiösen Spekulationen und Konstruktionen, mit denen er seine Humanität sichern will, stehen als Bollwerk dem Evangelium entgegen; sie weisen nicht wie die Gottesoffenbarungen an Israel auf Christus hin, sie behaupten vielmehr den Platz, der Christus gehört. Vom Evangelium her wissen wir, daß nicht diese spekulativen Gottesbilder, sondern die Geduld Gottes, seine heimliche Weltregierung, die Chinesen vor dem Sturz in die Unmenschlichkeit bewahrte; darum müssen sie mit der Berufung zu Christus als Abgötter fallen. – Andererseits ist die Humanität des Chinesen das, was bekehrt, erneuert werden darf, indem er durchs Evangelium mit Gott bekannt und versöhnt wird. Ohne Rechtfertigung vor Gott kann seine Humanität nicht wiederhergestellt werden; sie kann anders von der Dämonie jener falschen Garanten nicht freiwerden, das Gift der Selbstbehauptung und der Selbstrechtfertigung läßt sie nicht genesen. Darum ist die Botschaft von der Versöhnung mit Gott das, was der Chinese braucht. Sie fordert von ihm, daß er im Glauben an Christus jene illusionären Garanten und Garantien seiner Existenz als Sünde preisgebe. Hingegen kann es nicht darum gehen, die → goldene Regel und andere ihm bekannte Normen der Mitmenschlichkeit fallen zu lassen, sondern um das Bekenntnis, daß er sie nicht gehalten hat und darum, daß sein Ethos durch die Kraft des Evangeliums am Gebot Gottes neu ausgerichtet wird.

3. Auf Grund dieser Erkenntnis muß die christliche Botschaft der Religion des Chinesen gegenüber eine *differenzierte Haltung* einnehmen. Einerseits muß sie ihr Anliegen, die humane Existenz gemäß dem Grundsatz der Mitmenschlichkeit zu erhalten, durchaus ernst nehmen. Andererseits muß sie jene übermenschlichen Garanten und Garantien, die er im Interesse der humanen Weltordnung erfunden und gestaltet hat, ohne Umschweife als Abgötter erklären (auch wenn sie eine Inkarnation des Prinzips der Mitmenschlichkeit sein wollen wie → Amida-Buddha, → Konfuzius oder die Idealkaiser). Zugleich aber *nimmt* die Christusbotschaft *Bezug* auf das unabweisliche Postulat solcher Garanten als auf die Grundfrage seiner Existenz und deutet sie als die von ihm voreilig und falsch beantwortete Frage nach dem ihm unbekannten Gott. – Es geht also darum, daß in der missionarischen Begegnung aus teilnehmender, evangelischer Einfühlung heraus das primäre, humane Anliegen der chin. Religion (trotz aller Verunstaltungen und Lähmungen durch jene illusionären Garanten) aufrichtig anerkannt und durch das Gebot Gottes bestätigt und vertieft wird. So kann der Chinese sich in dem verstanden wissen, was Gottes Geduld ihm tatsächlich zu erkennen gab: in der Grundbeziehung und Norm der Mitmenschlichkeit. Dagegen wird in derselben Botschaft gerade das, was er als seine höhere, reinere Welt postuliert, heiligspricht und verehrt, als die grundfalsche Antwort auf jene primäre Sorge um die bedrohte Humanität abgelehnt, ja sie wird als Lüge und Flucht vor Gott enthüllt.

Die christliche Botschaft muß in Ch. für religiöse Sinngehalte *Ausdrücke* verwenden, die in eine 3000jährige Religionsgeschichte verflochten sind und darum einen abgöttischen Gebrauch haben. Wenn nun Gott durch das Evangelium die religiöse Sprache des Chinesen als Herr und Retter in Anspruch nimmt, so ist in diesem Ereignis unvermeidlich auch Gericht und Verwerfung inbegriffen. Die positive Darbietung der Botschaft von Christus dem Mittler und Erlöser wird also die religiöse Sprache des Chinesen nur soweit aufnehmen, als sie Ausdruck für die Frage nach jener übermenschlichen Macht und Herrschaft ist, welche die Menschen-Existenz begründen, rechtfertigen und wiederherstellen kann; sie wird aber jene Namen vermeiden, welche vorgeben, eine konkrete Antwort auf jene Frage, eine Erfüllung jenes Postulates in geschichtlicher Gestalt zu sein. Die von den Chinesen verehrten »leuchtenden Shen«, die Buddhas und Boddhisattvas können da nur als Antitypen zu Jesus Christus, als falsche Götter genannt werden. Wo die Christusbotschaft wirklich ausgerichtet wird, da werden jene Gottesnamen unbrauchbar, welche entweder ihren Satzgegenstand – den Gott, der die Welt bis zur Hingabe seines Sohnes liebt – oder ihre Satzaussage – von dem Sohn der für uns dahingegeben wurde – unmöglich machen (Beispiele s. Wyder 92ff).

G. Rosenkranz, Der Nomos Ch.s u. das Evangelium, 1936 – H. Kraemer, Die Christl. Botschaft in einer nichtchristl. Welt, 1940 – H. Wyder, Die Heidenpredigt in Ch., ihr Gegenüber, ihr Ziel, ihr Inhalt u. ihre Ausdrucksweise, 1954 (Lit.). *H. Wyder*

IV. Missions- und Kirchengeschichte

A. Nestorianermission – B. Alte kath. Mission – C. Mission nach 1880. – Vgl. die Karte bei dem Artikel → Japan

A. Nestorianermission

1. Im Jahre 635 traf als Führer einer Schar nestorianischer Wandermönche aus Persien der bald zum Bischof, später zum Metropoliten ernannte, nur seinem chin. Namen nach bekannte Mönch Alopên in der chin. Westhauptstadt Ch'angan (heute Sianfu) ein. Der tolerante, lernbeflissene T'ang-Kaiser T'ai Tsung (627–50) empfing ihn ehrenvoll, ließ ihn die mitgebrachten Schriften übersetzen und baute ihm ein Kloster. Vier Übersetzungen jener Zeit sind uns bekannt: ein Messias-Traktat und drei Monotheismus-Abhandlungen. Ein kaiserliches Edikt (638) begünstigte die Ausbreitung der »Schriftreligion«, die zunächst neben → Manichäismus und Zoroastrismus als »Persische Religion« bezeichnet wurde, später (745) aber im Unterschied von beiden ihre Benennung als »Syrische Leuchtende Religion« durchsetzte. Klöster entstanden im Land, auch in der Osthauptstadt Loyang. Nach dem Tode des Kaisers Kao Tsung (650–83) hetzten die Buddhisten das Volk gegen die Nestorianer auf. 698 kam es zu einer 14jährigen Verfolgung, der auch die Klöster in den Hauptstädten zum Opfer fielen. Erst nach 742, unter dem für die T'ang-Kultur bedeutendsten Kaiser Hsuan Tsung (712–56), begann für die Nestorianer eine neue Blütezeit. Zerstörtes wurde mit kaiserlicher Hilfe wieder aufgebaut, neue Mönche aus Syrien kamen, und im Chorepiskopus Yazbozid erstand den Nestorianern ein einflußreicher Staatsmann, im Bischof Adam ein hervorragender Gelehrter. Die Buddhisten begnügten sich fortan, im Wettstreit mit der Lehre der Nestorianer vom Leben nach dem Tode und mit ihren Seelenmessen entsprechende Lehren und Praktiken einzuführen. Adam, dessen Zusammenarbeit mit dem buddhistischen Mönch Prajña als Übersetzer von Sûtras überliefert ist, übertrug 35 biblische und nestorianische Schriften. Vier dieser Übertragungen entdeckte Prof. Pelliot 1908 in Tunhuang. Adams Hauptwerk ist die inhaltliche (auch stilistische?) Komposition der Inschrift der 781 von

Yazbozid errichteten, 1623 ausgegrabenen und 1625 von Jesuiten untersuchten Steintafel von Sianfu. Ihr Stil bezeugt sie als eine Laudation; der kritischen Analyse bietet sie die wichtigsten Daten der Ausbreitung der Nestorianer in China bis 781. Die Verfolgung der Buddhisten i.J. 845 traf auch die (3000?) Nestorianer, die im Volk als buddhistische Sekte galten. Ihre Verbindung mit den jetzt im Niedergang befindlichen T'ang, ihr Versäumnis, einheimische Priester auszubilden, und ihre Entchristlichung durch Anpassung (→ Anknüpfung) an buddhistische und taoistische Vorstellungen waren die äußeren und inneren Gründe für ihren Untergang.

2. Ihr erneutes, nicht unbedeutendes Aufleben in Ch. unter der Mongolen-Dynastie (1280–1360) bezeugen Notizen → Marco Polos, W. von → Rubruks und in chin. Annalen, ausgegrabene Grabsteine und andere mit dem Nestorianer-Kreuz geschmückte Funde.

K.L.Reichelt, Der chin. Buddhismus, 1926 - A.C.Moule, Christians in Ch. before the Year 1550, London 1930 - P.M.D'Ellia, The Catholic Missions in Ch., Shanghai 1934 - G.Rosenkranz, Der Nomos Ch.s u. d. Evangelium, 1936 - Ders., Die älteste Christenheit in Ch. in den Quellen-Zeugnissen der Nestorianertexte der T'ang-Dynastie, 1939 (auch ZMR 52, 1937, 193-226. 241-280) - P.Y.Saeki, The Nestorian Documents and Relics in Ch., Tokyo 1937 - Latourette II, 1938, 275 ff. 330 ff - J.Foster, The Church of the T'ang Dynasty, London 1949 - O.Franke, Die Spuren der Nestorianer in Ch. (OLZ 42. 1939, 201-209). *G.Rosenkranz*

B. Alte katholische Mission

1. Während das Abendland im 13.Jh. durch Gesandte (u.a. → Rubruk) an den Großkhan die Mongolengefahr (→ Mongolen) abzuwenden suchte, wurde als erster aus Ch. i.J. 1287 der in Kambalek (heute Peking) geborene uigurische Nestorianermönch Rabban Sauma vom Papst empfangen. Sein Schüler und Begleiter Markus war unterwegs in Bagdad als Yahballah III. zum nestorianischen Patriarchen gewählt worden.

In Ch. bereiteten die Nestorianer, begünstigt durch die Mongolenherrscher, der kath. Mission, die mit der Ankunft des Minoriten → Johannes von Monte Corvino in Kambalek i.J. 1294 einsetzte, viel Schwierigkeiten. Monte Corvino wirkte bis zu seinem Tode (1328) in Kambalek, baute dort drei Kirchen und versuchte einen einheimischen Klerus zu schaffen, indem er durch Kauf erworbene Knaben in Latein und Liturgie unterwies. Daß Rom seine Bitten um Mitarbeiter unzulänglich erfüllte, bedrückte ihn. Von 6 Minoritenbischöfen, die 1307 zu ihm aufbrachen, trafen 1313 drei ein. Sie weihten ihn im Auftrag des Papstes zum Erzbischof. Einer von ihnen übernahm das neugegründete Bistum Zaitun, das aber schon nach dem Tode seines Nachfolgers (1326) vakant blieb. Auch das Erzbistum Kambalek hatte nach dem Tode Monte Corvinos keinen langen Bestand mehr. Mit dem Sturz der Mongolen-Dynastie (1368) begann für die kath. Christenheit, die etwa 30 000 Seelen zählte, aber überwiegend aus Nichtchinesen (Alanen, Mongolen) bestand, ein rascher Niedergang.

2. Bis gegen Ende des 16.Jh.s schloß sich Ch. gegen die Außenwelt ab. Alle Bemühungen der → Jesuiten (→ Xavier), → Dominikaner, → Augustiner und → Franziskaner um Einlaß hatten keinen oder nur vorübergehenden Erfolg. Erst als 1583 *Matteo → Ricci* SJ und Michele Ruggieri SJ in Süd-Ch. Fuß faßten, begann eine neue Epoche der kath. Mission. Ricci erreichte 1601 sein Ziel Peking, wo ihm bis zu seinem Tode (1610) seine mathematischen und astronomischen Kenntnisse zu seinen Erfolgen als Missionar verhalfen. Stark wirkte seine, auch literarische, Verkündigung unter den Literati und am kaiserlichen Hof. Das blieb auch unter seinen gelehrten Nachfolgern (u.a. Verbiest, Schall) so, trotz gelegentlicher Verfolgungen (1616; 1622; 1664). Die Zahl der von den Jesuiten Getauften betrug 1610: 2500, 1636: 38 200, 1664: 248 180. 1670 zählte man einschl. der von den Dominikanern und Franziskanern Betreuten (3400 bzw 3500) 273 780 Christen. Das Toleranzedikt des ersten Mandschu-Kaisers Shunchih (1657) und der Erlaß seines Nachfolgers K'anghsi zum Schutze der Kirchen (1692) bezeugten den Einfluß der Jesuiten. Schwer wurde ihre Arbeit durch die Meinungsverschiedenheiten getroffen, die nach Riccis Tod unter ihnen über die Verwendung des chin. Gottesnamens (Schangti; → China: II) und die Anpassung an den Ahnen- und K'ungtse-Kult ausbrachen, sich von 1634/35 an im sog. → *Ritenstreit* zum Kampf vor allem der Franziskaner gegen die Akkommodation (→ Anknüpfung) der Jesuiten verdichteten und auch die einheimische Christenheit spalteten. Benedikt XIV. entschied 1742 gegen die Jesuiten. Sein Eingreifen empfand der Kaiser Ch'ienlung als Verletzung seiner Autorität; seine freundliche Haltung gegen die Missionare änderte sich. Verfolgungen der christlichen Religion, die schon unter seinen Vorgängern begonnen hatten, verschärften sich unter ihm und seinem Nachfolger. Nach dem Verbot des → Jesuitenordens in Europa (1773) erlag die kath. Mission in Ch., in der 472, vielfach bedeutende Jesuiten Großes geleistet hatten. Daß sie bei ihrem Neubeginn (1842) noch über 300 000 Christen vorfand, war verheißungsvoll.

H.Lemke, Die Reisen des Venetianers Marco Polo, 1908 - L.Lemmens, Die Heidenmission des Spät-MA, 1919 - C.Wessels, Early Jesuit Trevellers in Central Asia, Nijmwegen/Utrecht 1926 - Bibl Miss IV: Asiat. Missionslit. 1245-1599, 1928; V: Asiat. Missionslit. 1600-1699, 1929 - Itinera et relationes Fratrum Minorum saeculi XIII et XIV, Quaracchi, 1929 - A.C.Moule, Christians in Ch. before the Year 1550, London 1929 - O.Maas, Die Franziskanermission in Ch. um die Wende des 17.Jh.s (ZM 22, 1932, 1-17) - Ders., Die Franziskanermission in Ch. während des 18.Jh.s (ebd 225-249) - A.Väth, Joh. Adam Schall v. Bell, 1933 - P.M.D'Ellia, The Catholic Missions in Ch., Shanghai 1934 - F.Risch, Wilh. v. Rubruk, Reise zu den Mongolen 1253-55, 1934 - G.Rosenkranz, Der Nomos Ch.s u. das Evangelium, 1936 - Latourette II, 1938, 330 ff; III, 1939, 338 ff - G.Schurhammer-J.Wicki, Epistolae S.Francisco Xaverii aliaque eius scripta, 2 Bde, Rom 1944/45 - R.Hennig, Das Ende des Christentums im spätmittelalterl. Ch. (StZ 143, 1948/49, 312-314) - W.Cronin, The Wise Man from the West (Ricci), London 1955 - The Mongol Mission. Narratives and Letters of the Franciscan Missionaries in Mongolia and Ch. in the 13th and 14th centuries, hg. v. Chr.Dawson, London-New York 1955. Zum → Ritenstreit vgl. DThC II, 2364 ff. *G.Rosenkranz*

C. Mission nach 1800

1. Ev. Mission - 2. Kath. Mission

1. a) Nicht nur Ch.s Abgeschlossenheit, auch der Widerstand kath. Staaten (Frankreich, Spanien, Portugal) und der Brit. Ostindischen Kompanie erschwerten den Anfang der *ev. Mission* in Ch. Robert Morrison, der erste, von der → Londoner Mission ausgesandte Ch.missionar, konnte sein Arbeitsfeld nur über Amerika erreichen. Er traf 1807 in Kanton ein, lernte die Sprache und erwarb dann seinen Lebensunterhalt als Dolmetscher der Ostindischen Kompanie. Zu direkter Missionsarbeit kam er kaum; aber er legte, indem er eine chin. Grammatik und ein Wörterbuch schuf und die Bibel (zusammen mit Milne) übersetzte, den Grund dafür. Bis zu seinem Tode (1834) waren 10 Chinesen getauft, darunter Liang-A-fah, der sich als Evangelist im Dienst der Amerik. Bibelgesellschaft verdient gemacht hat. Milne († 1822) gründete, unterstützt von Morrison, unter Auslandschinesen in → Malaya das Anglo-Chinese College im Rahmen der »Ultra-Ganges-Mission«, die 1847 ihre Arbeit aufgab. Der in Batavia (Djakarta) von der Brit. Bibelgesellschaft unterstützte deutsche → Frei-

missionar K. → Gützlaff verteilte auf Bootsfahrten an der Küste bis nach Tientsin christliche Literatur. Die Wirksamkeit der Missionare des American Board (→ Vereinigte Staaten: V) - des um die Schularbeit (→ Missionsschulwesen) verdienten E.C.Bridgman, des als Sinologe bekannten S.W.Williams, des ersten Missionsarztes P. → Parker - blieb auf Kanton beschränkt. Das chin. Hinterland war der ev. Mission bis 1842 verschlossen. Der Aufbau einer literarischen, Schul- und ärztlichen Arbeit in Kanton und unter Auslandschinesen vermittelte ihr jedoch wertvolle Erfahrungen.

b) Mit dem Vertrag von Nanking 1842, der den Aufenthalt der Ausländer regelte und 5 Vertragshäfen der Mission freigab, trat die ev. Mission in eine neue Epoche ein. Die Gelegenheiten, die er ihr in → Hongkong und den Vertragshäfen bot, nutzte sie unter amerik. Schutz. Die T'aiping-Revolution (→ Taiping-Bewegung), deren Führer Hung wohl durch einen Traktat Liang A-fah-s beeinflußt war und in dem amerik. Baptistenmissionar I.J.Roberts einen Berater hatte, berührte ihre Gebiete kaum. Das Anglo-Chinese College wurde, nach Hongkong verlegt, unter dem berühmten Sinologen J.Legge zu einer Ausbildungsstätte für chin. Pastoren. Aus Amerika und England kamen in wachsender Zahl Missionare verschiedenster Denominationen. Ihre Arbeit dehnte sich über die Vertragshäfen aus, hatte aber wenig Erfolg. Die amerik. Presbyterianer, vertreten durch hervorragende Missionare wie J.L.Nevius, W.A.P. Martin und den Arzt Dr. Kerr, gründeten die erste chin. Kirche (1845). K.Gützlaff, jetzt in Hongkong, beteiligte chin. Gehilfen an seiner Arbeit, erlebte aber, von einer Reise nach Deutschland (1849/50), wo er weite Kreise für die Ch.mission begeistert hatte, heimgekehrt, die Enttäuschung, daß die meisten von ihnen Betrüger, ihre Erfolgsberichte gefälscht waren. Es gab um 1850 ca 100 chin. Protestanten, um 1860 ca 1000. Sie lebten in 6 der 18 Provinzen. Auch diese Epoche blieb für die ev. Mission Lern- und Vorbereitungszeit.

c) Bis 1900 ist die Mission weiterhin Nutznießerin politischen Geschehens. Im Vertrag von Tientsin (1858), zumal in seiner ohne Wissen der Chinesen von franz.-kath. Seite erweiterten Fassung (1860), sicherte sie sich Handlungsfreiheit und den Christen Schutz. Sie »wurde zum Partner des westlichen Imperialismus und konnte sich nicht gut der Verantwortung für die Folgen entziehen« (Latourette), auch die ev. Mission. Im Zug des wirtschaftlichen Aufschwungs, der in England und Amerika zu kommerzieller und kultureller Expansion führte, kam es dort unter Einwirkung von Erweckungsbewegungen zur Gründung christlicher Weltbünde, auch unter der studierenden Jugend, und durch sie zu stürmischer Missionsbegeisterung (→ Studentenbund für Mission), die sich besonders auf Ch. richtete. Der Inangriffnahme einer Schularbeit in Shansi durch die amerik. »Oberlin Band« (1881) folgten ähnliche Unternehmungen der Universitäten Yale, Harvard, Princeton u.a. amerik. Hochschulen. Die Mission gewann eine bald alle Provinzen erfassende Beweglichkeit und einen auf Einzelbekehrung drängenden Ernst. Darin hatte die → *China-Inland-Mission* seit 1866 die Führung. Etwa 5000 ev. Missionare kamen von 1860–1900 nach Ch., über die Hälfte aus England, 5% aus dem übrigen Europa, der Rest aus Amerika. 1893 betrug die Zahl der Kommunikanten 55 093 (1853: 350!). Schul- und → Ärztliche Mission erfuhren eine gewaltige Ausdehnung, aber auch eine Wandlung ihrer Zielsetzung. Sie wurden über ihre eigentliche Bestimmung hinaus, den Gemeinden bzw. Kirchen zu dienen, zu Helfern des ganzen Volkes. Wohl hieß es auf der 1. »Allgem. Konferenz prot. Missionare« in Schanghai 1877, die christliche Erziehung diene der Heranbildung ev. Pastoren und solle das Selbstvertrauen der einheimischen Kirche stärken, aber auch, sie habe die »überlegene Kultur des Westens« und ihre »Wissenschaft und Künste« einzuführen. Ihre revolutionäre Wirkung zeigte sich in der Unterhöhlung der alten klassischen Bildung und der Einführung von Mädchenschulen. Was die Missionare begannen, setzten ihre Schüler vielfach als politische und wirtschaftliche Führer fort, keineswegs immer als Christen. Diese Wandlungen, dazu häufige Eingriffe der Regierung, entfremdeten die Missionsschulen ihrer ursprünglichen Aufgabe. Bedeutende Hochschulen wurden von den Methodisten des Nordens (Nanking 1889, Peking 1890), Presbyterianern (Kanton) und Kongregationalisten (Tungchow) gegründet. Die Ärztliche Mission blieb ihrem Auftrag, die Christusbotschaft zu bezeugen, vorerst noch stärker verbunden. Hervorragende Ärzte wirkten in ihr, bald zusammen mit chin. Ärzten und Ärztinnen, die im Ausland studiert hatten. Im Lande selbst gründete die Mission die ersten Medizinischen Hochschulen in Tientsin (um 1880) und Hongkong (1886). Allgemein gilt von dieser Epoche: »Die Verträge von 1858 und 1860 bereiteten der ausländischen Durchdringung Ch.s mit abendländischer Kultur den Weg... Während dieser Jahrzehnte wurde das Reich in der Stille durchlöchert, und unter dem wachsenden Druck von außen mußte sein Widerstand schließlich zerbröckeln« (Latourette).

d) Der Widerstand kam 1900 im *Boxeraufstand* noch einmal zu elementarem Ausbruch. Die Mission wurde in das Verhängnis hineingezogen. Ihre Mitwirkung bei der grundstürzenden Wandlung des chin. Lebens war nicht zu übersehen; aber die Aufständischen sahen nicht oder wollten nicht sehen, daß sie in den Umbruch aufbauende, richtungsweisende Kräfte hineingab. Auf ev. Seite fielen ihnen rd 175 Missionsangehörige und 2000 chin. Christen zum Opfer. Das Verhalten der westlichen Sieger stärkte das Vertrauen zum Christentum nicht. Neue Verträge bekräftigten die alten Vorrechte der Mission und der chin. Christen. Der Haß gegen das Christentum als Fremdreligion aus dem imperialistischen Westen schwelte weiter. Neben ihm wuchs die Erkenntnis, daß sich Ch. seiner Neuordnung nach dem Vorbild und mit Hilfe des Westens nicht entziehen konnte. Sie steigerte die Möglichkeiten der Mission inmitten politischer und sozialer Wirren, die die Ablösung der Mandschu durch die Republik 1911/12 mit sich brachte. 1914 betrug die Zahl der ev. Missionare 5462, die der Kommunikanten 235 303 (1900: 85 000). Schul- und Ärztliche Mission standen vor kaum zu bewältigenden Aufgaben. Immer mehr höhere Schulen wurden gebaut; die Zahl der Colleges wuchs 1900–06 von 6 auf 14. Die Bemühungen der Ärztlichen Mission um Ausbildung chin. Ärzte wurden durch die Gründung des Rockefeller Medical Board (1914) gefördert. Die Vereine christlicher junger Männer und Mädchen und die Student Volunteer Movement halfen der Mission unter Schülern und Studenten. Außer in der Ch.-Inland-Mission wurden die Missionare durch Verwaltungsarbeit ihrem Predigtauftrag über Gebühr entzogen. Anläßlich der 100jahrfeier der ev. Mission 1907 erörterte die 3. Missionskonferenz in Schanghai die Probleme und Aufgaben aus der neuen Lage. Ihre Erwägungen, aus der missionarischen und kirchlichen Zerspaltung zur Einheit zu kommen, waren verfrüht. Die Einigungsbewegung im Schulwesen durch Zusammenlegung bestehender und Gründung neuer, interdenominationeller Schulen hatte begonnen und ging weiter. Auch das China Continuation Committee, das 1913 gemäß den Beschlüssen der Edinburgh-Konferenz (→ Internationaler Missions-Rat) durch John R.

→ Mott gegründet wurde und im Gegensatz zu den Missionarskonferenzen auch chin. Christen heranzog, drängte auf Einheit. Seine Tätigkeit wurde durch den 1. Weltkrieg gelähmt. Nach Kriegsende stellte die Bewegung »Christus für Ch.« unter der Führung von Dr. David Yui die Hilfe der Kirchen in den Dienst des Wiederaufbaus. Einen Wendepunkt im Verhältnis von Mission und Kirche brachte die Gründung des *Nationalen Christenrats*. Sie erfolgte auf der Christlichen Nationalkonferenz in Schanghai 1922, mit der die Missionarskonferenzen fortgesetzt wurden. Den Vorsitz übernahm Dr. Yui, einer seiner Sekretäre war C.Y. → Cheng. Die Missionare waren darin in der Minderheit. Der Rat, dem sich mit Ausnahme der Südlichen Baptisten (→ Baptisten: II, → Vereinigte Staaten: V) alle größeren Missionen anschlossen - die Ch.-Inland-Mission schied später wieder aus -, verfolgte die selbständige Gestaltung der Kirchen durch chin. Christen unter Mithilfe der Missionare (→ Junge Kirchen). Bedenken dagegen in der sendenden und in der chin. Christenheit schwanden bald dahin. Unüberwindlich allerdings blieb der Gegensatz zwischen Modernisten und → Fundamentalisten, der die chin. Christenheit seit langem belastete. Die Zugehörigkeit des Rates zum → Internationalen Missions-Rat stellte die chin. Christen in ökumenische Weite. Seiner Förderung kirchlichen Zusammenschlusses (→ Einigungsbewegungen: VII) kam in den Kirchen, die sich immer mehr ihrer Selbstverantwortung bewußt wurden, das Verlangen nach einer einheitlichen »Christlichen Bewegung in Ch.« entgegen. Die Zahl der ordinierten chin. Pastoren hatte schon 1920 die der ordinierten Missionare überstiegen. Die Zahl der Kommunikanten betrug 402 539 i.J. 1922, die aller Getauften 536 597. Der seit dem 1. Weltkrieg rapide um sich greifende Nationalismus hat die missionarische »Devolution« und das *Werden einheimischer Kirchen* beschleunigt. Damals entstanden auch von jeder Mission unabhängige, fundamentalistisch pfingstlerische (→ Pfingstbewegung: II) Bewegungen wie die urchristlich-kommunistische Lebensgemeinschaft der »Jesus-Familie« und die kirchlich organisierte »Kleine Herde«, die sich schnell ausbreiteten. Ferner bildeten sich jetzt 12 große Unionskirchen, in denen 86% aller ev. Christen lebten, während sich die übrigen 14% auf viele kleine Denominationen verteilten. Die stärksten von ihnen schlossen sich 1922 zur *»Kirche Christi in China«* zusammen, die ca $1/3$ aller Protestanten und die Mehrzahl der Pastoren in sich vereinte. Durch ihre Mitgliedschaft im ökumenischen Rat der Kirchen, in dessen Präsidium sie später eine Zeitlang durch Dr. T.C. → Chao vertreten war, wurde die ev. Christenheit Ch.s vor nationaler Verengung bewahrt. Der Nationalismus führte die chin. Kirchen in eine Krise, die vor allem in Spannungen zwischen den christlichen und staatlichen Schulen spürbar wurde. Aus seinem Fremdenhaß erwuchs, genährt durch säkularistische und kommunistische Ideen, eine antichristliche Bewegung, die sich 1922 als »Antichristlicher Bund« organisierte und 1924 erreichte, daß die Regierung, deren Präsident Sun Yat-sen, ebenso wie sein Nachfolger Chiang Kai-shek, getauft war, die christliche Unterweisung in den christlichen Schulen untersagte. Damit wuchsen die Aufgaben der christlichen Jugendverbände unter den Besuchern der christlichen Schulen, aus denen auch Führer antikirchlicher, ja antichristlicher Bewegungen hervorgegangen sind. Der durch den Schanghai-Zwischenfall am 30.5.1925 gesteigerte Fremdenhaß traf auch die Missionare und die chin. Christen. Viele Gesellschaften riefen ihre Missionare an die Küste oder in die Heimat zurück. Bürgerkrieg verwüstete das Land. Der Kommunismus bereitete der Mission und den Kirchen schwere Zeiten, in denen beide doch über ihre evangelistische Arbeit (→ Evangelism) hinaus für die Volksgesundheit und in der Fürsorge für Arbeiter und Bauern Großes leisteten. Nach dem Einbruch Japans 1937 sank die Zahl der Missionare besonders in den besetzten Gebieten stark. Durch Umsiedlung in die freien Gebiete kamen viele Christen von der Küste ins Innere Ch.s und wirkten dort für ihren Glauben. Die Zahl der Christen wuchs. Das World Christian Handbook 1949 nennt für die Zeit unmittelbar vor der kommunistischen Machtergreifung: 623 506 Kommunikanten, 1 401 777 Getaufte, 2024 chin. Pfarrer, 899 ordinierte Missionare.

e) Die ev. Christenheit Deutschlands ist der Ch.mission trotz Fehlschlägen mit der Liebe zugetan geblieben, die K.Gützlaff in ihr geweckt hat. Je zwei Männer der → Basler Missionsgesellschaft (Hamberg, Lechler) und der → Rheinischen Missionsgesellschaft (Genähr, Köster) begannen 1847 die Arbeit ihrer Gesellschaften in Kwangtung. Den durch K.Gützlaffs Anregung entstandenen Berliner »Hauptverein für chin. Mission« übernahm 1873 die Rheinische, 1882 die → Berliner Missionsgesellschaft, die damit auch in Kwangtung einsetzte. Aus der Fürsorgearbeit des gleichzeitig mit ihm entstandenen Berliner »Frauenvereins für chin. Mission« an ausgesetzten chin. Mädchen (→ Frauenmission) ging 1890 die → Hildesheimer Blindenmission hervor, die 1897 ihre Arbeit in Hongkong begann. Die → Ostasien-Mission unterstützte seit 1885 die bedeutende literarische Arbeit des aus der Rheinischen Mission ausgeschiedenen Dr. Ernst Faber und begann 1899 ihre Schul- und ärztliche Arbeit in Shantung, besonders in Tsingtao, wo auch die Berliner Mission bis zum Ende des 1. Weltkriegs wirkte. Die → Allianz-Mission-Barmen arbeitete seit 1890 in Chekiang und Kiangsi, die → Liebenzeller Mission seit 1899 in Hunan und Kweichow, beide in enger Verbindung mit der Ch.-Inland-Mission. Die Pilgermission war seit 1896 in Kiangsi, die → Missionshilfe Wiedenest seit 1911 in Kiangsu und Honan tätig. In Kwangtung begann 1921 als vierte die Breklumer Mission (→ Schleswig-Holsteinische ev.-luth. Missionsgesellschaft zu Breklum). Die Hotschuan-Mission fing 1926 ihr Werk in Szechwan an, die Vandsburger Mission 1929 in Yünan, die Vereinigten → Missionsfreunde 1931 in Yünan und Shantung. Nach der letzten deutschen Statistik (1941) vor der kommunistischen Machtergreifung zählten die genannten Missionen 92 Haupt- und 541 Nebenstationen, 300 Missionskräfte, 945 besoldete chin. Mitarbeiter und 44 063 Getaufte. - Neuerdings arbeiten einige der früheren Ch.missionen in Hongkong, auf Formosa (→ Taiwan) und unter den Auslandschinesen → Malayas.

f) Mission und Kirche wurden vom Kommunismus in den Jahren der Ausbreitung und Festigung seiner Macht mit teilweise unmenschlicher Grausamkeit verfolgt. Soweit die ev. Missionare nicht, meist auf Bitten der chin. Christen, das Land verließen, wurden sie unter oft schmählicher Behandlung ausgewiesen. Sie wurden als »Vertreter des westlichen Imperialismus« verurteilt und die chin. Christen als ihre Helfershelfer zur Rechenschaft gezogen. Im Anschluß an die von Kirchenführern nach Besprechungen mit der kommunistischen Regierung 1950 gegründeten »Drei-Selbst-«, heute »Patriotische Drei-Selbst-Bewegung« genannte Reformbewegung (Selbsterhaltung, Selbstverwaltung, Selbstausbreitung) bot sich den Kirchen schließlich eine Existenzmöglichkeit. Die Bewegung, neben der der Nationale Christenrat bedeutungslos weiterexistiert, umfaßt die Mehrzahl der heute schätzungsweise 700 000 ev. Christen. Sie läßt die Kirchen in ihren Besonderheiten bestehen, sucht ihre Mannigfaltigkeit aber als ein Erbe der »imperialistischen« Missionsarbeit zu überwinden. Die Gemeinden, die ihr angeschlossen sind, genießen, wenn sie an erster Stelle ihren »Patriotismus« bekennen, beachtliche Handlungsfreiheit und berichten vielfach von innerer Lebendigkeit und äußerem Wachstum. Wer sich der Bewegung fernhält oder sie gar ablehnt – es sind das vorwiegend fundamentalistische Kreise –, gilt als reaktionär und wird rücksichtslos verfolgt. Die »Jesus-Familie« wurde unter diesem Druck in die Bewegung eingegliedert und kirchlich organisiert, die »Kleine Herde« wurde von »Reaktionären« gesäubert. Neuerdings deuten Anzeichen auf eine Fühlungnahme der Drei-Selbst-Bewegung nicht nur, wie es bisher schon der Fall war, mit den Kirchen der kommunistischen Satellitenstaaten, sondern auch mit Kirchen in westlichen Ländern hin. Der Mission steht sie weiterhin, nicht ohne gelegentliche Dankesäußerungen, in schroffer Ablehnung gegenüber. Das »débâcle« der Ch.mission, vor dem einsichtige Ch.missionare (Roland → Allen) schon frühzeitig gewarnt haben, ist nicht nur über sie, sondern über alle Mission, die nicht der unheilvollen, ob bewußten oder unbewußten Verkoppelung mit politischen Mächten aus dem Wege geht bzw. sich aus ihr löst, zum Gericht geworden.

W. Oehler, Ch. u. die christl. Mission in Gesch. u. Gegenwart, 1925 – Ders., Gesch. der dt. ev. Missionen I, 1949, 342ff; II, 1951, 225ff – J. Richter, Das Werden der christl. Kirche in Ch., 1928 – K. S. Latourette, A History of Christian Mission in Ch., London 1929 – F. Wieter, Das Ringen des Evangeliums um die Seele Ch.s, 1933 – G. Rosenkranz, Der Nomos Ch.s u. das Evangelium, 1936 – Ders., Ch. To-day. Some Reflections against the Background of Yesterday (IRM 44, 1955, 418–429) – Ders., Die innere Entwicklung im heutigen Ch. (Universitas 12, 1957, 7–17) – Latourette VI, 1944, 253ff; VII, 1945, 328ff – Barnabas, Christl. Verkündigung im kommunist. Ch., 1951 – D. M. Paton, Christian Missions and the Judgment of God, London 1953 – W. Seufert, Was nun? Eine Besinnung zum Schicksal der Ch.mission (Dt. Ev. Weltmission, Jb. 1953, 30–39) – Ders., The End of Missionary Work in Ch? (IRM 43, 1954, 274 bis 280) – W. R. Hogg, Mission u. Ökumene, 1954 – K. M. Panikkar, Asien u. die Herrschaft des Westens, 1955. *G. Rosenkranz*

2. Zu Beginn des 19. Jh.s litt das wichtigste Gebiet der *kath. Mission* mit seinen damals rund 200 000 Katholiken besonders unter den Verfolgungen von 1805 und 1811 und unter einem spürbaren Mangel an Missionaren. Die Synode von Szechwan (1803) mit ihren den damaligen Verhältnissen angepaßten Beschlüssen war allerdings ein Lichtblick. Aber erst nach dem Friedensvertrag von Nanking (1842; s. 1b) kamen wieder mehr Missionare; die Jesuiten nahmen ihre Arbeit wieder auf. 1844 und 1856 gewährte der Kaiser unter dem Druck der Franzosen in 3 Edikten den chin. Christen Religionsfreiheit und den Missionaren Rückgabe der enteigneten Kirchen sowie Arbeit in den Vertragshäfen. 1848 traten dann Missionsschwestern in die Arbeit ein. Die fremdenfeindliche → Taiping-Rebellion (1850–65) hemmte die Arbeit wieder; Mißhandlungen und Martyrien von Christen hörten nicht auf. Anders wurde es erst, als der Vertrag von Tientsin (1858) bzw. Peking (1860; s. 1c) freie Missionstätigkeit im ganzen Lande zuließ, das franz. Missionsprotektorat anerkannte, die Entschädigung der Mission für ihre Verluste anordnete und die Rückgabe der den Missionen in den vorhergehenden 150 Jahren verlorengegangenen Güter verfügte. 1862 befreite die Regierung schließlich die Christen von den Strafgesetzen und Pagodensteuern. So konnte die Mission aufblühen und 1880 das Land in 5 Regionen gegliedert werden. 1870 kam es zum Tientsin-Massaker, einem Ausbruch des Fremdenhasses auf Grund der aufgezwungenen Verträge. 1888 übernahm Deutschland mit Zustimmung Roms das Protektorat über die deutschen kath. Missionare, das freilich schon mit dem 1. Weltkrieg endete, und Italien das Protektorat über seine Missionare. Dem Boxer-Aufstand 1900/01 fielen 5 Bischöfe, 31 ausländische Priester und Tausende von Christen zum Opfer. Katholiken gab es damals ca 720 000 (1900) und einheimische Priester 373 (1895). Mit der Abschaffung der alten Prüfungssysteme ergaben sich für das Missions-Schulwesen neue Möglichkeiten. 1909 konnte die Aurora-Universität in Schanghai gegründet werden. 1906 endete das franz. Missionsprotektorat für die nichtfranz. Missionare, und 1911/12 begann mit dem Sturz der Mandschu und der Errichtung der Republik sich das Ende der Mission abzuzeichnen. Immerhin genoß seit 1917 die Mission verfassungsmäßig Freiheit. 1922 wurde die apostolische Delegatur Ch. errichtet mit C. Costantini als Delegaten, der viel für die Organisation und Koordinierung der Ch.mission tat, die Akkommodation betonte, die christliche Kunst förderte und 1924 in Schanghai dem 1. Nationalkonzil präsidierte (Primum Concilium Sinense a. 1924. Acta, decreta et normae etc, Zikawei 1930). 1925 kam es zur Errichtung der Fu-jen (Universität) in Peking. 1926 konsekrierte Pius XI. 6 chin. Bischöfe (→ Bischof: IV) in Rom. 1936 wurde Zanin Delegat, die Steyler übernahmen von den Benediktinern (→ Missionen, deutsche: II) die Fu-jen. Später baute man die Handels- und Industrieschule der Jesuiten in Tientsin zur Universität aus. 1946 wurde Bischof Tien SVD zum Kardinal erhoben und die chin. Hierarchie errichtet (20 Erzbistümer, 79 Bistümer, 38 apostolische Präfekturen, 1 »Mission«). Damit war nach Pius XII. die Kirche in Ch. eingepflanzt. 1948 durfte man noch in Schanghai einen Nationalkongreß für Erziehung halten. Eine eigene Entwicklung nahm die Mission im Kaiserreich Mandschukuo (1934–54). Hingewiesen sei hier nur auf die römischen Bestimmungen über die Ehrungen des Konfuzius. Rom erlaubte (1935), in den christlichen Schulen Konfuziusbilder nach Art der Ahnentafeln aufzustellen und unter bestimmten Bedingungen Verneigungen vor ihnen zu dulden.

Methodisch war die Mission nicht ohne Mängel. Es wurde – neben Heidenpredigt und Katechumenat – zu lange mit materiellen Mitteln (Prozeßverfahren, Hirse-Verfahren, Geschenkmethode Jarlins) gearbeitet und die Mission mit der Politik verquickt. Männer wie V. Lebbe wandten moderne und bessere Methoden an (weitgehendste Akkommodation, Bekämpfung des Europäismus, literarische Propaganda: »Tientsiner Methode«).

Während des Bürgerkrieges, der die Arbeit sehr hinderte, gab es 3 275 000 Katholiken (1948). 1950 begann die Ausweisung der fremden Missionare. 1954 richtete Pius XII. ein Rundschreiben »Ad Sinarum gentem«, das die Nationalkirchenbewegung und die Unterdrückung der Mission verurteilte und das Martyrium der Kirche in Ch. beklagte. Die Verluste der Mission in den letzten Zeiten lassen sich noch nicht überblicken. Von 1944–53 wurden 105 Priester getötet. Aber auf der anderen Seite ist festzustellen, daß die sog. Reischristen, denen man immer Opportunismus vorgeworfen hatte, sich bisher glänzend bewährt haben. Vieles erinnert bei der »Kirche des Schweigens« an die ersten Jahrhunderte. Nur auf Formosa (→ Taiwan) konnte und kann die Mission ungestört weiterarbeiten.

Bibliogr.: BiblMiss VII, 1931 – Bibliografia Missionaria (seit 1934). – Über die Gesch. vgl. außer den Hdb. von Descamps, Hahn, Henrion, Latourette, Montalban, Olichon, Schmidlin: A. Launay, Histoire des Missions de Ch., Paris 1907, 1908 (Kouy Tcheou), 1903 (Kouang-si) – B. Wolferstan, The catholic Church in Ch. from 1860 to 1907, London 1909 – A. Jann, Die kath. Mission in Indien, Ch. u. Japan, 1915 – K. S. Latourette, A History of Christian Missions in Ch., London 1929 (Lit.) – J. Schmidlin, Das gegenwärtige Heidenapostolat im fernen Osten I, 1929, 85ff (Lit.). – Über die neueste Zeit u. Gegenwart: The Ch. Missionary Bulletin (seit 1953 Mission Bulletin). – Über die Methode vgl. L. Kervyn, Méthode de l'Apostolat moderne en Chine, Hongkong 1911 – J. Beckmann, Die kath. Missionsmethode in Ch. in neuester Zeit (1842-1917), 1931. - Statistiken bei B.Arens, Hdb. der kath. Mission, 1925 - Le Missioni cattoliche (zuletzt 1950). - Karten: C.Streit, Atlas Hierarchicus, 1929² - Atlas der kath. Weltmission, 1932 - Atlante delle missioni cattoliche dipendenti dalla S.C. de Propaganda Fide, 1947. *Th.Ohm*

China-Inland-Mission, 1865 von Pfarrer J.Hudson → Taylor zu dem Zwecke gegründet, das Evangelium in das bisher von der Mission noch nicht durchdrungene Innere → Chinas (: IV C, 1c) zu tragen. Der Gründer warb oder bat grundsätzlich nie um Geld, sondern verließ sich allein auf das Gebet. Die Gesellschaft blieb diesem Grundsatz treu und hatte in den 90 Jahren ihres Bestehens nie ein Defizit, obgleich sie durch Zeiten äußerster Belastung ging und einmal über 1300 Missionare unterhalten mußte.

Die M. war in ihrer Theologie stets konservativ und in ihrer Zusammensetzung interkonfessionell. Der Gründer hat nie beabsichtigt, eine neue Denomination zu schaffen, sondern wollte lediglich wirklich unabhängige chin. Kirchen ins Leben rufen (→ Junge Kirchen). In Großbritannien gegründet, fand die M. jedoch in der gesamten englischsprechenden Welt und auch auf dem europäischen Kontinent starken Anklang. Ehe sie sich 1951 aus Ch. zurückziehen mußte, waren Gesellschaften aus Deutschland (→ Allianz-Mission-Barmen), der Schweiz und den skandinavischen Ländern mit ihr verbunden; Niederlassungen bestanden in allen englisch sprechenden Ländern. Die Verwaltung befand sich - und das ist für diese M. charakteristisch - stets im Missionsgebiet, ursprünglich in Schanghai und jetzt in Singapur.

Die M. leistete zuerst Pionierarbeit im Inneren Ch.s und baute dann - zusammen mit anderen, später folgenden M.sgesellschaften - die Kirche auf. Trotz immer wiederkehrender Unruhen führte die Gesellschaft ihre Arbeit in Predigt, ärztlichem Dienst und Unterricht fast ununterbrochen fort. Vorrang hatte stets die Heidenpredigt. Als alle Missionare der Ch.-I.-M. aus Ch. zurückgezogen werden mußten, kam die Gesellschaft in ihre größte Krise. Man begann jedoch neu in → Japan, Formosa (→ Taiwan), auf den → Philippinen, in → Indonesien, → Malaya, → Thailand und → Hongkong. Grundsätze und theologische Richtung sind dabei dieselben geblieben. 1957 befanden sich über 500 Missionare auf den verschiedenen Missionsfeldern der Ch.-I.-M. im Fernen Osten. Überall entstanden neue und unabhängige Kirchen.

J.H.Taylor, The Retrospect, (o.J. [1895]) 1901¹⁷ - H.u.G.Taylor, Hudson Taylor I, (1912) 1918¹⁶; II, 1919 (dt.) - M.Broomhall, The Jubilee Story, 1915 - Ders., Our Seal, 1933. *L.T.Lyall († E.J.Bingle)*

Choisy, *Jacques Eugène* (1866-1949), studierte in Genf, Montauban, Berlin; Baccal. sc. phys. et math., Dr. theol., Ehrendoktor von Edinburgh und Debreczen, Honorarprof. der Akademien Papa und Sarospatak (Ungarn). 1899-1900 Pfarrer in Plainpalais (Genf), 1909-39 Prof. für KG an der Universität Genf. 1904 Moderator der Compagnie des pasteurs, Mitglied des Genfer Konsistoriums. C., ein ruhiger und irenischer, aber außerordentlich tatkräftiger Charakter, ist Schöpfer des ersten Gemeindezentrums in Genf und Initiator der Genfer Kirchenchöre. Von ihm ging auch 1940 die Anregung zur Revision der Liturgie aus. Als Frucht seiner intensiven Beschäftigung mit der Rolle der Frau in Gesellschaft und Kirche rief er die Ecole d'études sociales pour femmes ins Leben und gründete in Verbindung mit der Theol. Fakultät in Genf das Institut des ministères féminins (1918). Zur Belebung der Calvinstudien errichtete er an der Theol. Fakultät ein Calvin-Seminar und gründete 1897 das Historische Reformationsmuseum mit der Calvinbibliothek, einem bedeutenden Archiv für Calvindokumente. Darüber hinaus interessierte C. das gebildete Publikum durch Gründung der »Akademischen Gesellschaft« für das Universitätsleben. Er beteiligte sich aktiv an der Gründung des Schweizerischen Ev. Kirchenbundes, dessen Ratsvorsitz er 1930-41 innehatte. Als Pionier der → ökumenischen Bewegung nahm er an den Weltkonferenzen von Stockholm und Lausanne teil. Zusammen mit A. → Keller organisierte er die »ökumenischen Seminare« an der Universität Genf (1934-39).

Vf. u.a.: Paschase Radbert, 1888; Genève, centre protestant international, 1892; La théocratie à Genève au temps de Calvin, 1897; L'état chrétien calviniste au temps de Théodore de Bèze, 1903; Précis d'histoire générale du Christianisme, 1917; Les ministères féminins dans l'Eglise primitive, 1926. - Bibliogr. bei J.Courvoisier, Les travaux historiques du Prof. J.E.Ch., 1941. - Broschüre In memoriam E.Ch. (Musée hist. de la Réformation), 1958 - J.Courvoisier, La Faculté de Théologie 1914-56 (in: Hist. de l'Université de Genève, 1959). *J.Courvoisier*

Chomjakow, *Alexej* (1804-60), der Theologe der → Slawophilen; seine Ekklesiologie (»Die Kirche ist Eine«) ist »Antwort auf das ökumenische Suchen des christlichen Westens« (Wedernikow). * in Moskau als Sohn eines Gutsbesitzers, durch die Mutter, Tante von I.W. → Kirejewski, kirchlich erzogen, Schüler des deutschen Idealismus, begründete Ch. gegen den »Westler« → Tschaadajew, in Rückwendung zu der asketischen Erfahrungstheologie der griech. Väter (→ Athanasius), unter dem Eindruck des Antirationalismus von → Pascal und des organischen Kirchenbegriffs von J.A. → Möhler das moderne slawische Verständnis der Einen (Orthodoxen) Kirche, die als Gesamtkirche der Leib Christi, heilig und unfehlbar ist und keine Scheidung in lehrende und lernende, sichtbare und unsichtbare Kirche und kein irdisches Haupt zuläßt. Die Kirche als »gottmenschlicher, geistlicher Organismus« ist »die Einheit der Gnade, die in der Vielheit der vernünftigen Kreaturen lebt, welche sich der Gnade unterwerfen«; ihre wichtigste Lebensäußerung die einmütige, himmlisch-irdische »Göttliche Liturgie«. Das »filioque«, »der moralische Brudermord der röm. Welt an der Ostkirche« (nach → Markus Eugenikus 1438), sei die Sünde gegen die Eine Kirche. Aus dem röm.-autoritären Partikular-Despotismus, der Priesterreligion als Einheit ohne Freiheit, entspringe der subjektive Individualismus der reformatorischen Schriftforschung als Freiheit ohne Einheit. Nur die Orthodoxie sei die organische Synthese von Freiheit und Einheit. Ch. stellte die »orth. Katholizität« als → »Ssobornostj« (altslaw. ssobornaja = catholica), d.i. die »Einheit« der Gnade des Geistes »in der Vielheit« der Glieder, den rationalen Prinzipien der Autorität (röm.) oder Majorität (prot.) entgegen. Das Verständnis Rußlands begründete Ch. auf der »Ökumenischen Orthodoxen Kirche.»

Werke I-VIII⁵, Moskau 1907; zT dt. in »Östl. Christentum«, hg.v. H.Ehrenberg, I-II, 1923. - Th.G.Masaryk, Zur russ. Geschichts- u. Religionsphilosophie, 1913 - G.Florowski, Wesen d. russ. Theologie, Paris 1937 (russ.) - V.Zenkovsky, Gesch. d. russ. Philosophie I, Paris 1948 (russ.) - M.Jugie, Theologia Dogmatica Christianorum Orientalium I-V, Paris 1926-35 - A.Wedernikow, Die Idee der Kirche in den Werken Ch.s (ZMP 1954, H. 7, 47-59; russ.). - Weiteres → Slawophile. *Hildegard Schaeder*

Chor. In den Sprachschatz der christlichen Kirche fand das griech. χορός sehr wahrscheinlich durch Ps 149, 3 und 150, 4 als Übersetzung des hebr. maḥol in LXX (in der Vulg. steht hier entsprechend chorus) Eingang. Von daher erklärt es sich, daß χορός in einer ganz bestimmten Hinsicht gleichbedeutend mit ἐκκλησία »Kirche« wurde (so etwa IgnEph 4, 1ff). Bei Clemens Alexandrinus bekam der Begriff dazu einen deutlich eschatologischen Akzent (Strom. 7; MPG 9, 521). Somit bedeutet Ch. im altchristlichen Verständnis die einmütig lobende Kirche im Himmel und auf Erden (vgl. noch Augustin, En. in ps. zu Ps 149, 3). Sicherlich meint auch die Chrysostomus-Liturgie unter χορός, dem dort respondierende Stücke wie Amen, Kyrie eleison usw zugeordnet werden, nicht einen Ch. im heutigen Sinn, sondern die ganze Gemeinde. Erst allmählich wurden besondere gottesdienstliche Sängergruppen aufgestellt, die nunmehr als χορός bzw. chorus galten; dieser Prozeß mag etwa im 6./7.Jh. abgeschlossen sein. Die Bildung von Priester-Ch.en führte zu einer Synonymität von chorus und clerus, mit der eine völlige Verlagerung des gottesdienstlichen Gesangs von der Gemeinde auf den Ch. Hand in Hand ging. Erst jetzt entstand der Bedarf nach einem besonderen *Platz* für den Sänger-Ch. im Kirchenraum, der nun ebenfalls chorus genannt wurde (→ Kirchenbau). Die vom 10.Jh. ab aufkommende Mehrstimmigkeit hatte für das Ch.wesen vorerst keine Bedeutung, da sie mindestens bis in das 14.Jh. solistisch ausgeführt wurde. Jedoch schon längst vorher wurden die klerikalen Ch.e häufig durch Knaben und erwachsene Laien (diese letzteren schlossen sich vor allem in den → Kaland-Bruderschaften zusammen) ergänzt. Durch das ganze MA hindurch blieben die Ch.e mit ganz geringen Ausnahmen die alleinigen Träger des gottesdienstlichen Gesangs. Während im Zeitalter der Reformation unter Zwingli das kirchliche Ch.wesen völlig abgeschafft wurde und es unter Calvin lediglich Schul-Ch.e zur Führung des einstimmigen Gemeindegesangs gab, nahm im Luthertum der gottesdienstliche Ch.gesang eine neue hochbedeutsame Entwicklung. Hauptträger waren jetzt die Schul-Ch.e, wobei zu unterscheiden ist zwischen dem allgemeinen Schul-Ch., der die Aufgaben des chorus choralis, dh die einstimmigen liturgischen Stücke einschließlich der Gemeindelieder übernahm, und dem chorus figuralis für die mehrstimmigen Gesänge (dieser im allgemeinen nur an Lateinschulen). Die hierbei notwendigen Männerstimmen wurden durch Lehrer und auch städtische Bürger gestellt. Der Begriff chorus musicus deckt sich im allgemeinen mit den ebenfalls sich aus Schülern und Erwachsenen zusammensetzenden → Kantoreien; diese wurden vor allem von den letzteren, den sog. Adjuvanten, mit getragen. Wie im MA sind die Ch.e im Luthertum gottesdienstliche Amtsträger mit festgelegten Aufgabengebieten hauptsächlich beim Proprium missae sowie bei Metten und Vespern. Äußerlich trat dies durch die liturgische Tracht der Ch.mäntel sowie durch den zugewiesenen Platz im Ch.raum bzw., wie bei fast allen Neubauten von Kirchen zwischen 1544 und etwa 1750, auf der über Altar und Kanzel befindlichen Ch.- und Orgelempore in Erscheinung. Auch das frühchristliche, eschatologisch bestimmte Ch.verständnis lebte in dieser Zeit (etwa bei M. → Prätorius) noch einmal auf. Andererseits wurde freilich auch das Ch.wesen mit erfaßt von der beginnenden »Auflösung der alten gottesdienstlichen Formen«, und die Aufklärung brachte dann schließlich nicht nur das Ende der gottesdienstlichen Schul-Ch.e, sondern darüber hinaus einen allgemeinen Niedergang des kirchlichen Ch.gesangs. Fast gleichzeitig erwachte allerdings ein neuer Sinn für den → A-cappella-Gesang, nun jedoch in völlig säkularem Verständnis auf aufklärerisch-humanistischem Boden in Verbindung mit Volksbildungsideen. Demzufolge wurde der Ch.begriff nunmehr seines früheren theologischen Gehalts völlig entkleidet und zu einem Wort allgemeinster Bedeutung. Auch das kirchliche Ch.wesen wurde in der Folgezeit von dieser Entwicklung bestimmt, indem es sich jetzt als Vereinsleben ohne eigentlich gottesdienstlichen Auftrag neu bildete. Der Kirchen-Ch. diente vornehmlich der Ausschmückung der Gottesdienste; seinen Platz bekam er zusammen mit der Orgel nun vorwiegend im Rücken der Gemeinde. Jedoch kam es allgemein, besonders vom letzten Drittel des 19.Jh.s ab, nicht zuletzt unter der Auswirkung der Restauration, dem auf kath. Seite der Cäcilianismus entspricht, zu zahllosen Neugründungen von Ch.en, die sich 1883 zum »Ev. Kirchengesangsverein Deutschlands« zusammenschlossen. Die bald nach dem ersten Weltkrieg einsetzende kirchenmusikalische Erneuerungsbewegung schuf die Grundlagen für ein neues Ch.verständnis im ursprünglichen christlichen Sinn. Symptomatisch war die Umbenennung des »Ev. Kirchengesangvereins« in »Verband ev. Kirchen-Ch.e Deutschlands« (1933; später kam noch die Bezeichnung »Kirchen-Ch.werk« auf). Eine neue, überaus verheißungsvolle Blüte des gottesdienstlichen Ch.gesangs hat sich seitdem angebahnt, ohne daß freilich das kirchliche Vereinswesen bisher völlig überwunden werden konnte.

MGG II, 1230ff (Lit.) - W. Blankenburg, Die frühchristl. Bedeutung des Wortes »Ch.« (MuK 23, 1953, 129-134). *W.Blankenburg*

Choral

1. Ch. im *ursprünglichen Sinn* ist Sammelbegriff für die liturgischen Gesänge der lat. Kirche, bes. die Gregorianik (→ Gregorianischer Gesang), der im späteren MA üblich wird zur Bezeichnung des chorisch ausgeführten Gesanges im Gegensatz zum (zunächst) solistischen, figurierten mehrstimmigen Gesang. (Ebenso betont die Bezeichnung *Cantus planus* den Gegensatz zur → Figuralmusik.) Vgl. ferner → Altchristliche Musik, → Ambrosianischer Gesang, → Gallikanischer Gesang. *E.Jammers*

2. Als Ch. bezeichnet man insbesondere das *deutsche ev.* → *Kirchenlied* in seiner Funktion als Teil des Gemeindegottesdienstes, und zwar mit besonderer Hinsicht auf seine musikalische Fassung und die Art seiner Ausführung innerhalb der Liturgie (Ch.satz). Im ausgehenden MA, als man in zunehmendem Maß Wert darauf legte, die gregorianischen Ch.melodien, wenn möglich, mehrstimmig auszuführen, begegnet (zB in dem bekannten Heidelberger Kapellkatalog 1544) Ch. in der Bedeutung eines Sammelwerkes mehrstimmiger Proprienkompositionen für das Kirchenjahr (so H.Isaaks berühmter Choralis Constantinus). Dies erklärt, daß sich dem Begriff Ch. auch in der ev. Kirche von Anfang an die Vorstellung des musikalischen Satzes und der Ausführung durch die oft instrumental unterstützte Sängerkapelle zugesellt hat, während das Kirchenlied als Gemeindegesang von Luther und auch späterhin stets als deutsches Lied, geistlich Lied, Psalm, teutsch Kirchengesang u.ä., nicht aber als Ch. bezeichnet wurde. Im Zusammenhang mit der → Alternatimpraxis konnte seit dem 17.Jh. Ch. geradezu die Bedeutung von → Choralbearbeitung, besonders für Orgel allein, erlangen. So schreibt H.Schütz (Vorrede zur Vertonung der Psalmdichtungen C.Beckers, 1628): »Wann einem Komponisten oder Organisten einen Ch. darüber (über die Psalmmelodien) zu führen belieben möchte, der setze ihm den Diskant … mit langsamen Noten und interponierten Pausen ab.« Auch bei Bach ist Ch. noch musikalischer Gattungsbegriff, der sowohl die einfache Harmonisierung der Liedweise, den »Bach-Ch.«, als auch die übrigen kunstvollen Arten, »einen Ch. durchzuführen« (Orgelbüchlein), in sich schließt. Die Anwendung des Terminus Ch. im Sinne von *Cantus firmus* (melodieführende Hauptstimme im Tonsatz) geht auf die ursprüngliche Bedeutung (s. 1) zurück. Im 19.Jh. ging das Empfinden für die feinere Unterscheidung von Ch. und Kirchenlied weithin verloren; lediglich der Sprachgebrauch

erinnert noch daran: Der Organist begleitet aus dem → Choralbuch, der Küster aber schlägt die Lieder (niemals die Choräle!) an.

MGG II, 1265ff; IV, 1636ff. - Weitere Lit. → Kirchenlied: II. *S.Hermelink*

Choralbearbeitung, eine Komposition, der die Weise eines → Kirchenliedes zugrunde liegt. Im Anschluß an die Reformation schufen deutsche Kantoren (Walter, → Eccard, → Haßler, M. → Prätorius u.a.) als liturgische Gebrauchsmusik eine Fülle zT hochwertiger Ch.en. Neben diesen vokal (mit zusätzlichen Instrumenten) auszuführenden Stücken trat im 17.Jh. die Ch. für Orgel als Choralvorspiel oder zum wechselweisen Musizieren mit Gemeinde oder Chor hervor (→ Scheidt, → Pachelbel, → Buxtehude, Böhm). Im Werk J.S. → Bachs werden die von den Vorgängern ausgebildeten Typen endgültig geprägt und gelangen zu hoher Vollendung: die einfache *Harmonisierung* im vierstimmigen Satz; der *figurierte Choral* mit freien oder imitierenden Stimmen neben der Choralmelodie; die *Choralfuge* in fugierter Durchführung der Einzelteile oder in einer freien Fuge, die in einer Stimme, meist im Baß, die Choralmelodie unverändert erklingen läßt; die mehrsätzige *Choralkantate* über verschiedene oder alle Strophen eines Liedes; als rein instrumentale Gattungen der *Orgelchoral* (Melodie, manchmal reich verziert, in der Oberstimme), die *Choralvariation* und die *Choralphantasie*. Bachs Ch.en gehen in tiefgründiger Weise auf den Bedeutungsgehalt des Liedgutes ein. Sie gehören zum wertvollsten Bestand der ev. Kirchenmusik und wirken unentwegt, nicht zuletzt auch als Anregung und Vorbild für neue gottesdienstliche Gebrauchsmusik.

F.BLUME, Die ev. Kirchenmusik, 1931 - H.J.MOSER, Die Ev. Kirchenmusik in Deutschland, 1953 - MGG II, 1303ff. *S.Hermelink*

Choralbuch, die für den Gebrauch des Organisten bestimmte Sammlung schlichter vierstimmiger Sätze zu den Liedern des → Gesangbuchs, die der Begleitung des gottesdienstlichen Gemeindegesangs dient. Letztere oblag im Reformationszeitalter vornehmlich den Schulchören oder, wo vorhanden, der → Kantorei. Oft wurde der Gemeindegesang auch nur von einem Vorsänger (→ Kantor, Küster, oder auch vom Pfarrer selbst) angeführt. Im Lauf des 17.Jh.s hat sich allmählich Orgelbegleitung als Norm durchgesetzt. Der einfache akkordmäßige Choralsatz der ersten ausdrücklich als Ch. bezeichneten Drucke (zB D.Speers Württ. Ch. von 1692) geht auf die → Kantionalien (zB von Osiander 1586, → Haßler, → Prätorius, → Schein u.a.), wahrscheinlich aber auf noch viel ältere Tradition zurück (Fauxbourdon) und hat sich als eigene Gattung bis heute im wesentlichen unverändert erhalten. Die Aufzeichnungsweise war zunächst generalbaßmäßig (Diskant und bezifferter Baß); seit dem Ende des 18.Jh.s enthalten die Ch.er ausgearbeiteten vierstimmigen Tonsatz. Überleitendes Figurenwerk, das häufig zwischen den Zeilen eingefügt wurde, ist erst nach der Jh.wende endgültig aus den Ch.ern verschwunden. → Kirchenlied: II.

C.F.BECKER, Die Choralsammlungen der verschiedenen christl. Kirchen, 1845 - J.PETZOLD, Die gedruckten vierstimmigen Ch.er für die Orgel der dt. ev. Kirche (1785-1933) (Diss. Halle), 1935. *S.Hermelink*

Choraldialekt. Unter Ch. versteht man gewisse Unterschiede in der Überlieferung der gregorianischen Melodien: eine Reihe von Hss. des deutschen Sprach- oder Einflußbereiches bringen Überhöhungen einzelner Töne, so von e zu f, a zu b, h zu c, so daß die Melodien durch Sprünge stärker belebt und durch das Fehlen einzelner Töne vereinfacht sind. Die Skala wird im wesentlichen reduziert auf C D E F a c. In dieser Eigentümlichkeit glaubte P.Wagner den Ausdruck einer an die Gotik erinnernden germanischen Seelenhaltung zu erkennen (daher: germanischer Ch.). Sie dürfte aber als Einwirkung einer pentatonischen Tonwelt zu verstehen sein, der die Gregorianik bei der Missionierung in Deutschland begegnete. → Gregorianischer Gesang: I.

E.ABRAHAMSEN, Elements romans et allemands dans le chant grégorien et la chanson populaire au Danemark, 1923 - Das Graduale der St.Thomaskirche in Leipzig, hg.v. P.WAGNER, 2 Tle, 1930-34 - E.JAMMERS, Der mittelalterl. Choral, 1954. *E.Jammers*

Chorazin, westjordanisches Dorf 3 km nördlich des Sees Genezareth, in Namen und Stätte als chirbet keraz(i)e fortlebend, steht wie → Bethsaida unter Jesu Weheruf (Mt 11, 21; Lk 10, 13), gilt also auch als ein vom ihm oft besuchter Ort. Eine aus Basaltsteinen erbaute Synagoge des 3.Jh.s nChr, in deren Ruinen auch ein beschrifteter Ehrensessel (→ Synagoge) gefunden wurde, kennzeichnet die Bevölkerung als wesentlich jüdisch. Christliche Pilgerschriften sehen in Ch. später die Heimat des Antichristen. In Eusebs Onomastikon ist Ch. schon »wüst« (ἔρημος).

G.DALMAN in PJ 9, 1913, 53f; 18/19, 1922/23, 167-172 - DERS., Orte u. Wege Jesu, 1924³, 163ff - H.KOHL-C.WATZINGER, Antike Synagogen in Galiläa, 1916, 41ff - E.L.SUKENIK, Ancient Synagogues in Palestine and Greece, 1934, 21ff. *H.W.Hertzberg*

Chorbischof

1. = χωρεπίσκοπος: a) Landbischöfe werden im Osten vom 3. bis 6.Jh. erwähnt und hatten auf den Synoden Sitz und Stimme (in → Nicäa 14 neben 220 Bischöfen). Vermutlich war das Amt von Stadtbischöfen geschaffen, die ihre Landgemeinden nicht mehr allein betreuen konnten. Jedenfalls zeigt sich frühzeitig die Tendenz, Würde und amtliche Befugnisse der Ch.e in Grenzen zu halten. - b) Die abendländischen Ch.e sind als Gehilfen oder Vertreter des Bischofs »eine episodenhafte Erscheinung der karolingischen Epoche«, vielleicht angelsächsischen Ursprungs (v.Schubert). Da die weltliche Gewalt das Amt mißbrauchte, wurde es durch neues Kirchenrecht bald wieder beseitigt, zuerst im Westfrankenreich, dann in Deutschland, viel später erst in Irland.

2. Ch. = chōrepiscopus bezeichnete den Leiter des liturgischen Sängerchores (Präzentor, Kantor); dagegen kann die Bezeichnung chorepiscopi für Archidiakone nur mit den Funktionen zusammenhängen, die diese als Gehilfen der Bischöfe (vgl. 1b) ausübten.

RE XI, 236f - H.ACHELIS, Das Christentum in den ersten drei Jh.en II, 1912, 430 - H.v.SCHUBERT, Gesch. der christl. Kirche im Früh-MA, 1921, 575f - BRAUN, LH 273f - LThK II, 893f - K.MÜLLER, KG I/1³, 1941, 324 *W.Jannasch*

Chorgestühl verdankt seine Entstehung einmal der räumlichen Sitzordnung für die Altardiener bei der Feier der Messe, zum anderen den Bedürfnissen, die sich für die Ausführung des Chorgebets durch die Mönchsgemeinde bzw. durch den Klerus der Kathedral- und Stiftskirchen ergeben. In der Alten Kirche befinden sich die Sitze des Klerus im beiderseitigen Anschluß an die Kathedra des Bischofs, die in der Mitte der Apsisrückwand ihren Ort hatte. Erst mit dem Aufkommen der Retabelaltäre (→ Altar: III A, 5b) mußte die Kathedra, damit von ihr aus der Gottesdienst geleitet werden konnte, vor den Altar auf die Evangelienseite versetzt werden, während die Sedilien für den amtierenden Priester und seine Assistenz auf der Epistelseite angeordnet werden. Ist das → Stundengebet ursprünglich Sache der ganzen Gemeinde, so wird es schon sehr bald zum besonderen Dienst asketischer Gemeinschaften und in ihrem Gefolge auch zum geordneten Dienst der Klerikergemeinschaft am Sitz des Bischofs und in den Stiftskirchen. Das Ch. entsteht also für den zum Chordienst verpflichteten Klerus. Die Anordnung zu beiden Seiten des Altarraums entspricht dabei dem Bedürfnis der Aufteilung der betenden Gemeinschaft in zwei einander respondierende Chöre im Psalmengebet. Während man bei den Lesungen und dem Gesang der Responsorien saß, pflegte man bei der → Psalmodie zu stehen und bei gewissen Gebeten zu knien. Da zumal für ältere Mönche und Kleriker das lange Stehen und Knien höchst beschwerlich war, fand man Erleichterung beim Stehen zunächst durch den Gebrauch eines T-förmigen Brustkrückstocks, beim Knien durch eine Kniebank (forma, formula), für welche schon eine Bittschrift der Mönche von Fulda an Karl d.Gr. eintritt. Seit dem 11.Jh. (Constitutiones Hirsangenses) ist das Ch. erwähnt, seit der Mitte des 12.Jh.s auch in Denkmälern nachweisbar. Es erscheint nunmehr (stallum, stalli genannt) in Form von Bankreihen, in 1-4 Stufen, die sich bis in die Vierung und in das Langhaus erstrekken, aufgestellt, mit abgeteilten Sitzen (Armlehnen). Der Sitz (sedile, scammum) ist zum Aufklappen eingerichtet, an der Unterseite mit einer Konsole versehen, misericordia genannt, weil sie das lange Stehen erleichtert. An Festen breitete man über die formae Teppiche, die Rücklehne schmückte man mit Behängen (dorsalia), auf die Sitze legte man Polster (bancalia). Doch mit dem Wechsel des Orts aus der Apsis vor den Altar verschwinden schon in romanischer Zeit die einfach geformten Steinsitze, das Material wird vornehmlich Holz und die künstlerische Durchbildung der hohen Rückwand und des →Baldachins, der Armlehnen und Wangen beginnt. Während von romanischem Ch. sich nur spärliche Reste erhalten haben, ist der Bestand aus späterer Zeit reich. Besonders kostbar sind die figürlichen Schnitzereien am Ch. des Jörg Syrlin im Ulmer Münster (1469-75) mit 89 Sitzen; die Phantasie des ausgehenden Mittelalters läßt dort Spott und Satire freien Lauf. Die italienische Renaissance verwendet mit Vorliebe Reliefs, Intarsien, Pilaster, Engelsköpfe, Muschelwerk. Im Barock und Rokoko steigert sich die phantasievolle Gestaltung zur perspektivischen Darstellung von Innenräumen und Landschaften. Die umfangreichsten und prunkvollsten Ch.e sind in Spanien zu finden.

Erst die luth. Restauration des 19.Jh.s (Löhe) und in ihrem Gefolge die liturgische Bewegung der Gegenwart versucht nicht ohne Erfolg, auf ev. Seite das Stundengebet für Anstaltsgemeinden und kirchliche Arbeitskreise aller Art zurückzugewinnen. Ebenso wirkt das neue Verständnis für die Bedeutung eines liturgischen Chors zur Gestaltung des Gemeindegottesdienstes sich dahin aus, daß im neuen Kirchenbau hier und da der Versuch gemacht wird, eine dem Ch. entsprechende Gestaltung und Bestuhlung des Kirchenraumes zu schaffen (zB in der ev. Kirche in Wolfsburg von G.Langmaack).

Ch.Riggenbach, Die Ch.e des MA vom 13.-16.Jh. (Mitteil. d. K.K.Central-Kommission 8, 1865, 213-225. 244-265) - H.Otte, Hdb. der kirchl. Kunstarchäologie des dt. MA I, 1883, 283ff - A. Pabst, Kirchenmöbel des MA u. der Neuzeit, 1891/93 - H.Öhmann, Medoltidens Korstolar i Tyskland, Skandinavien och Finland, Helsingfors 1900 - H.Bergner, Hdb. der kirchl. Kunstaltertümer in Deutschland, 1905, 284ff - E.Michael SJ, Gesch. des dt.Volkes, Bd 5, 1911, 277ff - F.Neugass, Mittelalterl. Ch.e in Deutschland (Stud. z. dt. KG 249), Straßburg 1927 - R.Busch, Dt. Ch.e in 6.Jh.en, 1928 - W.Loose, Die Ch.e des MA, 1931 - E.Hortner, Altes Ch. (Der getreue Eckart 14), 1937 - G.Langmaack, Der gottesdienstl. Ort (Leiturgia I, 1953, 427-429) - H.Goltzen, Der tägl. Gottesdienst (ebd III, 1955, 99-294) - RDK III, 514ff (Lit.). *K.B.Ritter*

Chorherr → Kanoniker.

Chrischona. Die Pilgermission St.Ch. bei Basel ist eine Schweizer Missionsgesellschaft mit deutschem Zweig, der Ch.gesellschaft für Evangelisation und Gemeinschaftspflege in Gießen. Die erstere wurde 1840 von Chr.Fr. → Spittler gegründet, der auch die → Basler Missionsgesellschaft (mit K.F.A. → Steinkopf und Chr. Gottl. Blumhardt), die Anstalten in Beuggen und das Diakonissenhaus Riehen ins Leben rief. Er wollte gläubigen jungen Männern, die nicht Theologie studieren wollten oder konnten, auch nicht von vornherein in der Weltmission arbeiten mochten, eine gediegene biblische Ausbildung zum Dienst am Evangelium vermitteln. In den ersten Jahrzehnten wurden viele »Ch.-Brüder« nach Nordamerika zum Dienst an deutschen Einwanderern ausgesandt, dann auch nach Abessinien (→ Äthiopien: V), Palästina (L. → Schneller gründete das → Syrische Waisenhaus) und → Ägypten (: V). Später wurden immer mehr Brüder in den Heimatländern Schweiz, Deutschland usw begehrt. - Ch. stand von Anfang an bewußt im Strom des → Pietismus. Das eigentliche Gepräge gab dem Werk C.H.Rappard als Inspektor 1868 bis 1909. Seine begabte Frau Dora geb. Gobat wurde durch ihre Bücher bekannt. Unter seiner tüchtigen Leitung entwickelte sich das klein begonnene Werk zur wohl größten Ausbildungsstätte dieser Art in Europa. Nach Rappards plötzlichem Tod folgten als Direktor Friedr. Veiel-Rappard bis 1946, seither Hans Staub. Einige Pfarrer und Lehrer versehen den Unterrichtsdienst. - Das *Predigerseminar* vermittelt in 4 Jahren eine gute biblisch-theologische Ausbildung, die - mit Ausnahme für die Gastschüler - kostenlos ist. Meist sind etwa 100 Männer von 20-30 Jahren im Mutterhaus, im ganzen bisher ca 3000. Die großen Auslagen werden durch freiwillige Gaben des Freundeskreises gedeckt. - Die Ausgebildeten werden in verschiedenen Gemeinschaftsverbänden, meist innerkirchlicher Art, eingesetzt, zT auch in werkeigenen »Gemeinschaften der Pilgermission« in Deutschland, der Schweiz, im Elsaß usw oder in Stadtmissionen. Einige stehen im Kirchendienst, einige sind in verschiedenen Missionsgebieten Ostasiens und Afrikas tätig.

Seit 1900 besteht eine *Bibelschule für junge Mädchen* mit einjährigem Kurs, der meist von 20-30 Schülerinnen besucht ist, die dann im Missions- und Gemeindedienst, in der weiblichen Jugendarbeit, als Heimleiterinnen, als Pfarr- und Predigersfrauen tätig sind.

1925 wurde das *Diakonissen-Mutterhaus St. Ch.* gegründet, zu dem jetzt ca 300 Schwestern gehören, die eine einjährige biblische Ausbildung erhalten und dann meist in die Kranken- und Nervenpflege gehen; etliche stehen in der Gemeinschafts-, Stadtmissions-, Blaukreuz- und Jugendarbeit oder arbeiten in Alters- und Kinderheimen.

Organ der Pilgermission: Der Glaubensbote. Schweizer u. dt. Ausg. (monatl.). - F.Veiel, Die Pilgermission St.Chr. 1840-1940, 1940. *H.Staub*

Chrisma ist das heiligste Öl in der röm.-kath. Kirche, aus Olivenöl und Balsam gemischt. Es wird bei Taufe, Firmung, Konsekrationen verwendet. Im Osten bezeichnet Ch. ein zur Taufe gehöriges zweites Mysterion, also einen Akt, der durch Salbung mit dem hl. Myron unter Hinweis auf die Salbung und Versiegelung mit dem Hl. Geist (2Kor 1, 21f) vollzogen wird. In *beiden* Kirchen soll durch die Salbung der Hl. Geist empfangen werden.

Braun, LH s.v. - RGG² I, 1524f - Ph.Hofmeister, Die heiligen Öle in der morgen- u. abendländischen Kirche (Das östliche Christentum NF 6/7), 1948 - RAC I, 1153ff (Balsam) - Rietschel-Graff 549. 623ff - L.Eisenhofer-J.Lechner, Liturgik des röm. Ritus, 1953⁶, 86f. *L.Bruder*

Christaller, *Helene* (1872-1953), * in Darmstadt, Pfarrfrau und Schriftstellerin. Ihre Bücher sind durchweg Bekenntnisse persönlicher Erfahrung, bereichert durch Reisen nach Schweden und Italien. Entstanden aus Geschichten-Erzählen im Kindergottesdienst, wird die Schriftstellerei später Berufspflicht zur Ernährung der Familie mit vier Kindern. Der autobiographische Roman »Gottfried Erdmann und seine Frau« (1907) begründete neben »Magda« (1905) ihren Ruhm. Schilderungen zarter Innigkeit des Familienlebens bieten »Peterchen« (1930), »Als Mutter ein Kind war« (1927) und »Das blaue Haus« (1934). Eine feine Beobachtungsgabe, ein frommer und freier Blick in Herz und Welt fesselt den Leser jeder Bildungsstufe. Ihre Werke künden von reiner, tragender, opfernder Liebe und von Frieden mitten in dieser kampferfüllten Welt. Ihr Glaube lebt aus der Verbindung mit Gott.

Über C.: Das Literarische Echo 12, 1910, 1647-1651 - H.FRICK, H.Ch. (30 Jahre Verlag von Fr.Reinhardt-Basel, 1930, 55-64; Bibliogr. bis 1930) - J.FROHNMEYER, H.Ch. zum 70. Geb. (Garbe. Schweiz. Familienblatt, Basel 1941/42 Beilage 75) - B.GOLDSCHMIT, H.Ch. zum Gedenken (DtPfrBl 53, 1953, 534 f). *H.Jarck*

Christdeutsche Jugend → Jugendvereinigungen.

Christengemeinschaft

1. Geschichte - 2. Lehre und Gottesdienst - 3. Beurteilung

1. In einem von Friedrich → Rittelmeyer (1872-1938) geführten Kreis von Theologen, die von der → Anthroposophie eine wirksame Hilfe für die Erneuerung der Kirche erhofften, gewann nach einem Kursus mit Rudolf → Steiner im Juni 1921 die »Idee einer neuen Reformation« Gestalt. In einem zweiten Kurs in Dornach im Sept. 1921 gab Steiner in 29 Vorträgen eine Unterweisung für den priesterlichen Dienst. Nach einer weiteren Zusammenkunft in Breitbrunn im Sommer 1922 trat die Chr. mit ihrem neuen Sakramentalismus ins Leben: Am 16.9.1922 nahm Rittelmeyer in Dornach die erste Menschenweihehandlung vor. Die Teilnehmer, annähernd 50 Studenten, Pfarrer, Künstler u.a., zogen nun zur Erfüllung ihres Priesterauftrags in die Welt. Rittelmeyer legte sein Pfarramt an der Neuen Kirche in Berlin nieder und wurde »Erzoberlenker« der Chr. Nach seinem Tod wurde Lic. Emil Bock sein Nachfolger. In zahlreichen Städten entstanden Gemeinden. Stuttgart wurde Sitz des Priesterseminars (seit 1933) und des Verlags Urachhaus (Zeitschrift »Die Christengemeinschaft« seit 1924). Die Gesamtzahl der Mitglieder beträgt etwa 20 000. Neben den über 100 Gemeinden in Deutschland (30 in der DDR) bestehen Gemeinden in der Schweiz, in England, Frankreich, Holland, Österreich, Tschechoslowakei, Skandinavien und USA. Sie setzen sich hauptsächlich aus städtischen und intellektuellen Kreisen zusammen. Dem Erzoberlenker stehen zwei Oberlenker zur Seite. Die Chr. ist in Lenkergebiete gegliedert. Deren Leiter bilden die »Lenkerkonferenz«; weitere Leitungsorgane sind die Priestersynode und, als Vertretung der Laien, die »Delegiertenzusammenkunft«.

2. Die Chr. hat kein formuliertes Bekenntnis, wie sie überhaupt den Schwerpunkt nicht auf lehrhafte Aussagen, sondern auf Kult und Sakrament legt. Ihr »Credo«, das von R.Steiner stammt, will nur umrißhaft den geistigen Raum dieses sakramentalen Lebens bezeichnen. Grundlage ist das Welt- und Menschenbild der Anthroposophie. Das Neue der Chr. besteht darin, daß aus dieser anthroposophischen Gedankenwelt nun in Anlehnung an christliche Vorstellungen ein religiöser Kult entwickelt wurde. Im Hintergrund dieses Kults stehen zwei Anschauungskomplexe: a) Die anthroposophische Lehre vom Menschen: Er macht wie der ganze Kosmos eine Entwicklung vom Rein-Geistigen ins Stoffliche durch, um dann wieder, bereichert und als bewußtes Ich, ins Rein-Geistige zurückzukehren. Der notwendige Durchgang durch die Verstofflichung ist mit Gefahren verbunden. Die Versuchermacht des Drachen verlockte ihn, zum selbstbewußten Eigenwesen zu werden, statt wie bisher das göttliche Bewußtsein widerzuspiegeln (»Luzifer-Ereignis«, Sündenfall). Nun erwachte er zwar zur Individualität und besaß die Fähigkeit des Erkennens, verlor aber die Urbilder und die Verbindung mit der Geisteswelt und drohte mit den in seinen astralischen Leib »eingeimpften« Trieben und Begierden in Selbstsucht und materialistischer Haltung unterzugehen. - b) Die anthroposophische Lehre von dem »Herrscher im Sonnenreich«, dem Christus: An der Spitze hoher Geistwesen stehend, half er dem gefährdeten Menschen, indem er in einem langen Prozeß der allmählichen Annäherung an die Erde erst an Orakelstätten sich offenbarte, dann in den ägyptisch-griechischen und den persischen Mysterien höheres Wissen und erlösende Kräfte vermittelte und schließlich sich in Jesus inkarnierte, der aus der Vereinigung des nathanischen und des salomonischen Jesusknaben entstanden war. Diese Inkarnation bedeutete die Mitte und Wende in der Entwicklungsgeschichte des Kosmos und der Menschheit. Die ganze dreijährige Wirksamkeit des Christus war, gipfelnd in Golgatha, ein gelebtes und vollzogenes Mysterium, die geschichtliche Erfüllung der vorchristlichen Mysterien. Mit den Blutstropfen floß die Christuskraft in das Wesen der Erde und erfüllte ihre Aura. Das Blut war »die Arznei der Durchgeistigung alles irdisch-materiellen Daseins« (E.Bock). Die Himmelfahrt war der Eintritt der Christuswesenheit in die Kräftesphäre der Erde, Pfingsten die Einwohnung des Christus-Ich in den Jüngern, während mit Damaskus der Parusieprozeß eingeleitet wurde.

Nach Auffassung der Chr. sind die kath. und die ev. Form des Christentums Ausprägungen von früheren geistigen Entwicklungsstufen. Seit der Wende des 19. zum 20.Jh. hat eine neue Stufe begonnen, in der sich die Bewußtseinsseele des Menschen entwickeln wird. Diese Stufe fordert auch ein ihr gemäßes Welt- und Christusverständnis: das »geisteswissenschaftliche« der Anthroposophie. Die Chr. will »die dritte Kirche« bauen, in der das Christusmysterium meditativ erfaßt und kultisch vollzogen wird. In der Meditation wird der hinter dem Buchstabensinn der Bibel verborgene mystische Wahrheitsgehalt erfaßt. Er deckt sich mit der »höheren Erkenntnis« Steiners und kann deshalb durch sie gedeutet und ergänzt werden. Das Schriftverständnis der Chr. steht also unter anthroposophischem Vorzeichen. Der Kult gründet sich auf die Inkarnation Christi. Damit, daß er in die stoffliche Welt eingegangen ist und seine Heilkräfte in sie verströmt hat, ist er selbst zum Sakrament geworden, mit dem er die Transsubstantiierung der Erdenstofflichkeit in die reine Geistleiblichkeit eingeleitet hat. Wer sich für die sakramentalen Kräfte offen hält, wird »durchchristet«. Die Chr. kennt 7 *Sakramente,* die in ihren symbolkräftigen Farben, Substanzen und Handlungen bis in die kleinste Einzelheit durchgebildet sind: Taufe, Konfirmation, Beichte, Trauung, Menschenweihehandlung, Priesterweihe und Sterbesakrament. Die Menschenweihehandlung realisiert als Überhöhung von Messe bzw. Abendmahl den Christus-Impuls; Brot und Wein werden nicht verwandelt, sondern mit der Christuswesenheit durchdrungen, die sich in der Kommunion dem Menschen mitteilt. In der Taufe werden »die höchsten göttlichen Kräfte der Welt, die durch Christus dem Erdendasein einverleibt worden sind«, an Geist, Seele und Leib des Täuflings herangetragen (E.Kurras). Mit Wasser wird ein Dreieck auf die Stirn, mit Salz ein Viereck auf das Kinn, mit Asche ein Kreuz auf die Brust des Täuflings gezeichnet. Die dabei gebrauchte trinitarische Formel unterscheidet sich von der kirchlichen. Das

Sterbesakrament besteht aus dem hohepriesterlichen Gebet und dreimaliger Salbung der Stirn mit pflanzlichem Öl, um das höhere Wesen des Sterbenden zu nähren.

3. Die Chr. will keine »Sekte« oder neue »Konfession« sein und fordert von ihren Gliedern keinen → Kirchenaustritt. Aber ihr Schrift- und Christusverständnis unterscheidet sich so stark von dem der Reformation, daß die ev. Kirche zu einer Klärung des gegenseitigen Verhältnisses gezwungen war. Eine Kommission der Studiengemeinschaft der Ev. → Akademien erkannte als Ergebnis mehrerer Sitzungen 1948/49 an, daß die Chr. ernste Fragen an die Kirche zu richten hat (zB Moralisierung und gesetzliche Verengung der ev. Frömmigkeit, Verkümmerung des sakramentalen Gottesdienstes, Verlust der kosmischen Bezüge in Schriftverständnis und Verkündigung), erkannte aber die Taufe der Chr. nicht an, da deren Intention bewußt von der der Kirche abweiche. Der Rat der EKD stellte nach einem weiteren Gespräch 1950 mit der Chr. fest, daß in ihr »neben christlichem Gedankengut entscheidend eine neue Offenbarungsquelle sichtbar wird, die aus der synkretistischen Weltanschauung R.Steiners stammt«, und empfahl 1951 den Landeskirchen die Aufhebung der Doppelmitgliedschaft und eine beiderseitige Abgrenzung mit geistlichen und seelsorgerlichen Mitteln. Diese Scheidung ist sachgemäß. Denn die Chr. denkt in Kategorien, die im Grundsatz gnostisch, nicht biblisch sind. An die Stelle des Schöpfungsglaubens setzt sie den Emanationsgedanken. Die Geschichte begreift sie als gesetzmäßigen Ablauf immanenter Entwicklungen, nicht als den dramatischen Dialog zwischen Schöpfer und Schöpfung. Die Urspannung, die sie beherrscht, ist nicht das Ringen zwischen Gottes Anspruch und der Menschen Ungehorsam, sondern der Gegensatz zwischen Geist und Stoff. Die Personalität Gottes verschwimmt ins Unpersönlich-Neutrale. Darum bekommen Begriffe wie Sünde, Gnade, Buße, Gebet einen andern Sinn. Das Christusverständnis ist von der anthroposophischen Mysterienlehre überwuchert. Das Leben und Wirken Christi wird als ein Initiationsprozeß verstanden, wobei das Geschichtlich-Konkrete ins Symbolische aufgelöst wird. Der Kreuzestod erscheint als Vollzug des Ursakraments; dabei werden die entscheidenden Schriftaussagen von menschlicher Schuld, Sühneleiden Christi und Gottes Erlösungstat eliminiert.

Die Schriften von F. → Rittelmeyer s. dort. - E.Bock, Urgesch., (1934) 1951² - Ders., Moses u. sein Zeitalter, (1935) 1952² - Ders., Könige u. Propheten, (1936) 1953² - Ders., Cäsaren u. Apostel, 1949 - Ders., Kindheit u. Jugend Jesu, (1949) 1956⁴ - Ders., Die drei Jahre, (1949) 1956³ - Ders., Paulus, (1954) 1956² - Ders., Apokalypse, (1951) 1952² - Ders., Die neue Reformation, 1953 - Ders., Wiederholtes Erdenleben, (1932) 1952² - E.Kurras in: Christengemeinschaft 1951, 3/4, 83 f.

Kritisch: H.Rusche, E.Emmert u. K.Frör, Kirche u. Anthroposophie, 1950 - W.Stählin, Evangelium u. Chr., 1953 - Hutten 283 ff - K.v.Stieglitz, Die Christosophie R.Steiners, 1955. *K.Hutten*

Christenlehrbruderschaften. Die Not der religiösen Unwissenheit des Volkes um die Mitte des 16.Jh.s führte zur Gründung mehrerer Genossenschaften, die den christlichen Unterricht für Erwachsene und Kinder zum Zweck hatten (zB → Barnabiten, → Oratorianer u.ä.). Das Konzil von Trient machte solche Christenlehren für die Pfarrkirchen an allen Sonntagen zu passender Stunde zur Pflicht. Besonders die »Padri della dottrina cristiana« taten sich seit 1560 in Rom darin hervor, in Kirchen, Schulen, in den Häusern und auf den Straßen das Volk zu lehren. Als ein Teil derselben sich zu gemeinsamem Leben zusammenschloß (→ Doktrinarier), bildeten die übrigen die → Bruderschaft (: III, 1) von der christlichen Lehre. Diese wurde 1607 zur Erzbruderschaft bei St.Peter in Rom erhoben. Sie verbreitete sich zunächst in Italien und Frankreich (besondere Förderer Karl → Borromäus in Mailand, Kardinal → Bellarmin in Rom, Bischof → Franz Sales in Annecy). Die weite Verbreitung der Chr. in Deutschland begann in Köln 1610, in Trier 1645; sie führte in Bayern zur Gründung von → Sonntagsschulen. Als in Deutschland die Schulverhältnisse sich wandelten, wurde die Aufgabe der Chr. dort mehr und mehr von der Pfarrgeistlichkeit übernommen. Pius X. schrieb am 15.4.1905 die Einführung der Chr. in allen Pfarreien vor, damit fromme Laien zur Mithilfe im christlichen Unterricht gewonnen würden. Jedoch überließ es Rom für die deutschen Verhältnisse den Bischöfen (auf eine Eingabe hin) zu entscheiden, wie der Jugend am besten katechetische Unterweisung gegeben werden könnte.

F.Beringer-P.A.Steinen, Die Ablässe II, 1922¹⁵ - Eichmann-Mörsdorf I. *R.Mayer*

Christenlehre. Unter Chr. verstehen wir im folgenden die sonntägliche parochiale Katechisation, vor allem für die Jugend der Gemeinde. Ihre Grundformen wurden im MA entwickelt, besonders im 15.Jh. vielfach angeordnet, aber nur vereinzelt durchgeführt (Lambeth-Synode 1281, Regensburg seit 1377, Bamberg seit 1434, Würzburg seit 1453, Surgants Manuale 1502, Torgau 1511). Aus diesen Ansätzen schuf die Reformation die sonntägliche Kirchenkatechisation als ein integrierendes Stück der Gemeindeunterweisung. Sie ist eine der frühesten und verbreitetsten Einrichtungen der Reformationszeit und hat sich mit bemerkenswerter Beständigkeit bis ins 19.Jh. erhalten. Seit dem Tridentinum kennt auch die kath. Kirche analoge Einrichtungen.

Neben der parochialen Katechismuslehre an Werktagen und dem Einprägen der Hauptstücke vor oder nach der Predigt verlangen die Kirchenordnungen des 16.Jh.s allgemein besondere, dem Katechismus gewidmete Gottesdienste am Sonntag-Vormittag oder häufiger -Nachmittag. Die Hauptstücke wurden Satz für Satz vorgesprochen oder vorgelesen. Der Auslegung diente die Katechismuspredigt nach dem Vorbild des Großen → Katechismus Luthers, der aus solchen Katechismuspredigten hervorgegangen ist, oder der verbreiteten »Nürnberger Kinderpredigten« (1532; der Brandenburg-Nürnberger Kirchenordnung 1533 beigegeben). Darauf folgte das gründliche Abfragen und Aufsagen des Gelernten (Tretelbeten, von dem Tritt, auf den das Kind sich stellen mußte).

Diese sonntägliche Katechismuslehre war für die ganze Gemeinde bestimmt, vor allem aber für die Jugend und das Gesinde. Der regelmäßige Besuch durch das junge Volk wurde bis ins späte 18.Jh. hinein durch kirchliche und weltliche Strafen erzwungen. Die anfangs beherrschende Katechismuspredigt wurde seit der ersten Hälfte des 17.Jh.s mehr und mehr durch ein Katechesieren in Frage und Antwort verdrängt (Nürnberg 1628, Brandenburg 1734). Belebend wirkte auf die teilweise verfallene Chr. die Praxis und das Beispiel → Speners (Frankfurt 1666, Dresden 1686). Im ganzen 18.Jh. stand sie in fester Übung. An die Stelle des Vorsagens und Einprägens traten jetzt methodische Stufen: Zergliedern, Definieren und Anwenden im freien Lehrgespräch. Biblische Beispiele und eindringliche Schlußparänesen traten hinzu.

Erst das 19.Jh. brachte einen erheblichen Strukturwandel der Chr., der sie weithin zum Absterben verurteilte. Die Hauptursachen sind in der soziologischen Entwicklung und im Ausbau des öffentlichen Schulwesens zu suchen. Durch die Einführung des Schulzwanges und die Entwicklung der Volksschule verlor die Chr. zunächst ihre Bedeutung für die Unterweisung der volksschulpflichtigen Jugend, später durch den Ausbau der Fortbildungs- bzw. Berufsschule auch zT für die der schulentlassenen Jahrgänge. Dazu kamen der Wegfall des obrigkeitlichen Zwanges und die zunehmende Schwierigkeit, Kinder, Gesinde und »Kirchenvolk« als die »Unmündigen« der Gemeinde gemeinsam zu unterweisen. Seit der Einführung der Konfirmation ist die Chr. zur kirchlichen Unterweisung der konfirmierten Jahrgänge geworden. Um 1900 reichte die Dauer des Besuches vielfach bis zum 16., 18., 21. oder 24. Lebensjahr, vereinzelt sogar bis zur Verheiratung (Ostfriesland).

Als sonntägliche Katechisation der konfirmierten Jugend, unter (örtlich verschiedener, allgemein stark geschwundener) Teilnahme von Erwachsenen, hat sich die Chr. in einzelnen Landeskirchen bis heute als lebensfähig erwiesen. Sie hat in kleineren, übersichtlichen und traditionsgebundenen Gemeinden noch immer ihren festen Platz. Ihre Bedeutung für die erzieherische und seelsorgerliche Arbeit an den besonders gefährdeten Jahrgängen ist so groß, daß sie ohne zwingende Not nirgends aufgegeben werden sollte. Ihr Gedeihen ist freilich immer mehr von dem persönlichen Einsatz und Geschick des Pfarrers abhängig. Für die Stoffauswahl kommen neben Bibel, Katechismus und Gesangbuch auch Kirchengeschichte, Lebensbilder und vor allem brennende Glaubens- und Lebensfragen in Betracht. Didaktisch ist die Chr. heute stärker als früher an der Methodik des Religionsunterrichts, besonders der Berufsschule, orientiert und hat von ihr zu lernen. Trotzdem muß sie auch in der didaktischen Gestaltung ihr eigenes seelsorgerliches Gepräge behalten. Den gottesdienstlichen Rahmen wird man am besten beibehalten. Die Chr. ist in ihrer organischen Struktur und Gemeindeverbundenheit ein so gewachsenes Gebilde, daß sie durch keine andere Arbeitsform des Katechumenats voll ersetzt werden kann. Auf keinen Fall können Kindergottesdienst oder Jugendgottesdienst als Ersatz für sie angesehen werden. Wo sie abgestorben ist, wird ihr Platz noch am besten ausgefüllt durch eine durchgegliederte, gemeindeverbundene Jugendarbeit, in der die konfirmierten Jahrgänge eine Heimat in der Gemeinde finden. – In der DDR bezeichnet »Chr.« die dem Konfirmandenunterricht vorausgehende Unterweisung der Grundschüler durch Pfarrer oder von der Kirche ausgebildete Katechet(inn)en.

Vgl. → Katechetik, → Katechismus: II. III, → Berufsschule, 4.

H.Beck, Die kirchl. Katechisation, (1905) 1913² – K.Knoke, Recht u. Pflicht der ev. Kirche hinsichtl. der rel. Unterweisung ihrer heranwachsenden Jugend, 1912 – G.Mielke, Die rel. Fortbildung der schulentlassenen Jugend, 1912 – RGG² I, 1529ff (Lit.) – R.Bösinger, Chr., 1952 – Ders., Das Tor zum Glauben, 1956 – F.W.Petri, Die Chr. in Kirche u. Berufsschule, 1953 – E.Schnizler, Mit Freuden ans Werk I-III, 1954-57 – R.Eckstein (Hg.), Wir antworten, I-III, 1955-57 – F.Fischer, Wahrheit u. Weg, 1956. – Zur kath. Chr.: LPäd(F) IV, 1955, 338ff.

K.Frör

Christentum

I. Entstehung – II. Geschichtliche Entwicklung – III. Ausbreitungsgeschichte – IV. Gegenwartslage – V. Wesen des Chr.s

I. Entstehung

1. Grundsätzliche Erwägungen – 2. Jesus von Nazareth – 3. Die Urgemeinde und der Glaube an den Messias – 4. Die hellenistische Gemeinde und Paulus – 5. Das johanneische Chr. und das Chr. der nachapostolischen Zeit – 6. Chronologie des Urchristentums. – Zur Ergänzung vgl. besonders → Jesus Christus, → Urchristentum, → Judenchristentum, → Heidenchristentum, → Paulus

1. Schon die Frage, für welchen Zeitpunkt der Anfang des Chr.s anzunehmen ist, setzt beträchtliche Vorentscheidungen voraus. Denn jedenfalls gilt für diese Fragestellung das Chr. als etwas Neues, das gegen das Judentum und gegen den zeitgenössischen Hellenismus religiöser und philosophischer Prägung deutlich abgegrenzt werden kann. Wer in der Verkündigung und im Handeln Jesu den Menschen in einer neuen, bisher noch nicht begegnenden Weise vor Gott gestellt sieht, wird eben in dieser Predigt und in diesem Tun Jesu den entscheidenden Neuanfang finden. Wer dagegen darauf achtet, zu welcherlei Hoheitsprädikaten gegenüber Jesus und zu welcherlei Aussagen über die neu entstandene Gemeinschaft, über die Kirche, dies an Jesu Wirken aufgebrochene neue Gottesverhältnis des Menschen führt, wird das Chr. mit dem Osterglauben der Urgemeinde beginnen lassen. Was das eigentliche christliche Grundphänomen ist, muß für den, der den ersten oder zweiten Weg beschreitet, ausgemacht sein.

Damit ist schon klar, daß ein Urteil über die Entstehung des Chr.s, weil solch Urteil abhängt von einem Verständnis des christlichen Grundphänomens, nicht von einem objektiven Zuschauer-Standpunkt aus gewonnen werden kann, sondern das anerkennende Hören und Aufnehmen der nt. Grundintention voraussetzt. Nur der für die Anrede des NT Offene kann erwarten, daß es ihm gelingt, sachfremde Maßstäbe nicht zu verwenden, sondern das im NT Gemeinte zu verstehen. (Zu der bewegenden Geschichte dieses Verstehenwollens bis in die 20er Jahre des Jh.s s. RGG² I, 1531f.)

Solch rechtes Verstehen erweist sich aber nun sofort als eine in zwiefacher Hinsicht kritische Funktion. Das christliche Grundphänomen wird deutlich abgrenzbar gegen die jüdische Konzeption und gegen die Spielarten hellenistisch-orientalischer Grundhaltung; gerade auch für die Frage nach der Entstehung schafft das rechte Verstehen also Klarheit. Aber diese kritische Funktion des Verstehens – und das ist das zweite – richtet sich nun auch auf die Texte des NT selber. Denn das neue Grundphänomen ist in ihnen ausgesagt ja nicht mit neuen, sondern mit den gängigen jüdischen und hellenistisch-orientalischen Aussageweisen. Die historisch-kritische Betrachtung der Entstehung des Chr.s ist also unerläßlich; nur will diese Betrachtung gehandhabt sein von einem Fragenden, den die Texte für ihre eigene Intention offenmachen. Dabei stellt das rechte Verstehen das in den Texten Gemeinte nicht durch das Nachsprechen der im NT begegnenden Aussageweisen heraus, freilich auch nicht durch deren einfache Subtraktion, sondern durch deren Interpretation (Bultmann). Dem Einwurf, bei solcher Interpretation kämen sachfremde Gesichtspunkte ins Spiel, wird zu entgegnen sein: Die Wandelbarkeit der nt. Aussageweisen (also etwa der eschatologischen und christologischen Konzeptionen) und die fast bestürzende Weiträumigkeit der Lehrausprägungen der ersten Generation, ja weithin noch des ganzen NT (W.Bauer, E. Schweizer [Urchristenheit]) erzwingt einfach vom Stoff her die Frage nach dem in dieser Vielfalt gemeinten Grundphänomen. Und eben die Beantwortung dieser Frage gibt dann ein Kriterium ab für die größere oder geringere Dichtigkeit und Angemessenheit, mit welcher – auch abgesehen von der Variabilität der Aussageweisen – dies Grundphänomen innerhalb der Anfangszeit zur Sprache kommt. Auch die Frage nach der Entstehung des Chr.s bleibt also innerhalb des hermeneutischen Zirkels: das echte Verstehen, welches aus dem Hören auf den Text entsteht, drängt gerade zur sachgemäßen kritischen Analyse des Textes; das Sichöffnen für das nt. Grundphänomen schärft gerade den kritischen Blick für das Chr. als historische Größe, für seine Entstehung und seine verschiedenwertigen Spielarten innerhalb der Anfangszeit.

2. Die radikal-skeptische Bestreitung der Historizität Jesu von Nazareth (außer den in RGG² s.v. Christentum: I, 2 besprochenen Positionen s. Dujardin, Sadler,

Bayet), in den letzten Jahrzehnten weniger in Deutschland als in Frankreich geübt, geht von der richtigen Beobachtung aus, daß die Bedeutsamkeit Jesu von Nazareth sehr bald (s. 3–5) mit den Mitteln des Mythus und der Legende ausgesagt wurde. Die Verlegung einer mythisch-doketischen Christologie an den Anfang der Entwicklung und das Verständnis der Historizität der Person Jesu als einer auf jenes erste Stadium folgenden Fiktion, welche aus astral-mythologischen und geographisch-mythologischen Schemata (s. RGG² aaO) oder aus Schriftauslegung und Ekstase (Couchoud) erwachsen sei, scheitert an einer Reihe historischer Gegeninstanzen: gerade die formgeschichtliche Arbeit der letzten Jahrzehnte lehrt, mag man für das älteste Stadium das Messiasbewußtsein Jesu ansetzen (Dibelius [Jesus], Kümmel) oder nicht (Bultmann [NT], Bornkamm, Braun), die zunehmende Christologisierung einer zunächst nur zurückhaltend christologisch oder gar nicht christologisch ausgerichteten ältesten synoptischen Schicht deutlich erkennen, während die Theorie von der Historisierung eines anfänglichen Mythus historisch schwerste Rätsel aufgibt. Einige außerchristliche Zeugnisse (freilich nicht [s. J.Irmscher und E.Dinkler] das Diatagma Kaisaros und die jüdischen Ossuarien bei Jerusalem, wohl aber Tac. Ann. XV, 44 und wohl auch einige rabbinische Texte; s. H.Windisch, ThR NF 1, 1929, 266–288) bestätigen zwar nicht Einzelheiten, aber dies, daß Jesus tatsächlich gelebt hat. Dies ist also kein Postulat des Glaubens, der damit ja noch gar nichts gewönne (wie die kirchliche Ablehnung des Doketismus zeigt, welcher zwar die volle Menschheit Jesu, aber nicht sein Gelebthaben bestreitet); es ist vielmehr eine, theologisch freilich noch nichts besagende, historische Tatsache.

Ist Jesus der Initiator des Urchristentums? Für den Messias oder Menschensohn hat er sich kaum gehalten (Bultmann [NT] gegen Windisch [Problem], Dibelius [Jesus], Kümmel), die Kirche hat er weder gegründet noch auch nur vorausgesehen, an die Heiden hat er sich nicht gewandt, auch nicht in Galiläa, und die hellenistische Form der Einsetzungsberichte des Herrenmahls geht kaum auf ihn zurück. Mit dem Täufer – beide standen nebeneinander, die untergeordnete Stellung des Täufers entstammt der späteren Epoche der Konkurrenz beider Gemeinden – verbindet ihn die Predigt von dem nahen Königsein Gottes und von der gehorsamen Vorbereitung darauf. Wie die essenernahe Sekte von → Qumran intensiviert er die Toraforderung, allerdings nicht in einfacher Analogie, und versteht seine Verkündigung als Zeichen des nahen Endes, nicht als realized eschatology (gegen Dodd [Preaching], Glasson). Er lebte also religiös (gegen Grundmann, Leipoldt) im Judentum, allerdings mehr in einem »häretischen« als in einem »pharisäischen«. Jedenfalls war er (gegen Windisch [Urchr.]) nicht ein »Urchrist«.

Und doch ist Jesus im Entscheidenden antijüdisch. Seine Toraverschärfung unterscheidet sich auch von der des häretischen Judentums durch Gleichgültigkeit gegenüber der Forderung nach levitischer Reinheit (Mk 7, 15 par; aber bei Jesus keine ausdrückliche Ablehnung der Opfer, gegen Schoeps), durch Hintansetzung der Sabbatobservanz gegenüber der Hilfe am Mitmenschen, durch Absage an die Esoterik der Sekte und an die Juridik des offiziellen und häretischen Judentums. Vor allem aber steht neben seiner Toraverschärfung die Verkündigung von dem Gott, der unerwartet schenkend den Bösen annimmt und seine nicht berechenbare Souveränität in gütiger Zuwendung betätigt. Der Gedanke des gütigen Gottes ist freilich jüdisch. Aber Jesus verkündet und erweist, im Verkehr mit dem 'ăm ha'aræș, dh mit dem niederen Volk, die schenkende Güte Gottes. Zudem ist der jüdische Gedanke der Güte Gottes so gut wie immer umklammert vom Verdienstrechnen. Jesus aber verkündet und erweist eine Güte, die den Ungehorsamen trifft, welcher keinen Anspruch erheben kann. Er verkündet und erweist sie mit solcher Radikalität, daß jede bloß formale Torakorrektheit nun als solche aufgedeckt ist (Lk 15, 7). So ist der Mensch nun auf Gott in einem Maße angewiesen, neben dem alle jüdische Demutsempfehlung verblaßt. Jedenfalls sind in Jesus zwei in AT und Judentum freilich vorhandene Intentionen, Gottes fordernder und schenkender Wille, so pointiert zur Erfüllung gekommen, daß die Erfüllung, gemessen an dem Bisherigen, als ein Neues dasteht. Der Toraverschärfer eben als Nichtasket, als Freund der Zöllner und Sünder (Mt 11, 19), das ist das synoptische Grundphänomen, dessen Dringlichkeit durch die Folie der jüdischen, speziell der jüdisch-häretischen Naheschatologie, die als solche nichts für Jesus Typisches oder durch ihn Umgebildetes (gegen Windisch [Urchr.]) ist, unterstrichen wird. Insofern Jesus dies Grundphänomen darstellt, ist er für die Entstehung des Chr.s das »begründende Geschehnis« (Kümmel).

3. Da für die älteste Zeit der Kirche nur indirekte Quellen (Bultmann, NT 33) zur Verfügung stehen, kann vieles einzelne nicht genau erkannt werden. Nur die große Linie ist deutlich. Die Geburtsstunde der Kirche ist das Werden des Glaubens an Jesu Auferstehung. Dieser Glaube spricht sich aus in Visionen, die Petrus und andere Anhänger in Galiläa, aber wohl auch in Jerusalem gehabt haben; zu dieser sich innerhalb des NT wahrnehmbar wandelnden Tradition kommen die von Anfang an sekundären (gegen Hirsch, v.Campenhausen [Ablauf]), aber ebenfalls innerhalb des NT noch weiter legendär sich ausgestaltenden Berichte vom leeren Grab als zweite Etappe (gegen Goguel [Naissance]), schließlich die Auseinanderlegung von Auferstehung und Auffahrt als spätere dritte Etappe hinzu. In diesem Glauben bekennen die Anhänger Jesus, der durch den römischen Prokurator als messianischer Prophet am Kreuz hingerichtet wurde, als nicht im Tode geblieben, sondern als zu Gott erhöht, von wo er in Bälde als Messias zu dem den Weltlauf abschließenden Endgericht und Endheil erscheinen wird (daß Auferstehungs- und Parusie-Glaube ursprünglich zwei konkurrierende Formen gewesen sind, ist unwahrscheinlich; gegen Lohmeyer, Lightfoot und Bartsch). Dieser Glaube an den kommenden Messias wird in den gängigen jüdischen Titeln (Messias, Menschensohn, Davidssohn, Gottessohn qua Messias, Gottesknecht) entfaltet und, freilich zuerst wohl nur schrittweise, in das irdische Leben Jesu zurückgeblendet: er war, adoptianisch, in der Taufe Messias geworden, er hat die Anordnungen für die Kirche erlassen, sein Tod, von ihm vorausgesagt, gilt als Sühnopfer (gegen Schoeps); kurz, der Messias war schon da. Sich selber verstehen die Anhänger damit als messianische Gemeinde, als das wahre Israel und Volk Gottes, das auf Jesus wartet und in der kurzen Zwischenzeit von den zwölf Regenten (ein typisch apokalyptischer Topos) – freilich im Sinne nicht einer rechtlich-hierarchischen Bindung, sondern einer Ordnung schaffenden, freiwillig anerkannten Institution (gegen Holl, Windisch [Urchr.], mit v.Campenhausen [Recht], E.Schweizer [Leben des Herrn, Gemeindeordnung], Bultmann [NT]) – geleitet wird, den Geist der Endzeit besitzt (gegen Goguel [Eglise]; die Pfingstlegende spiegelt solch eine Geisterfahrung), seine Anhänger mit dem eschatologischen Initiationsritus der die Sündenschuld vergebenden Taufe in die messianische Gemeinde aufnimmt und in von eschatologischem Jubel erfüllten Mahlen die Tischgemeinschaft mit dem irdischen, demnächst als Messias kommenden Jesus, ohne

Beziehung auf seine Passion (gegen Goguel [Eglise], Kümmel) fortsetzt. Die Teilnahme am Tempelkult (gegen Lohmeyer) stellt den jüdischen Rahmen sicher, in dem das religiöse Leben der Urgemeinde (mit Ausnahme der hellenistischen Gruppe) sich bewegt. Einen ausgeprägt besonderen galiläischen Typus der Urgemeinde mit eigener Christologie, Mahlfeier, freiwilliger Armut, ohne Geisterfahrung, ohne jüdische Forderungen an die Missionierten (Lohmeyer, Lightfoot, C.Schneider; mit antijüdisch-rassischem Interesse Schenke) wird es nicht gegeben haben; auch die Zeichnung der Gegensätze innerhalb der Urgemeinde von Dahl (Endzeitgemeinde gegen innerjüdische Sondergruppen der »Armen«) überschreitet das Maß des uns Erkennbaren. Andererseits heben sich freilich Gruppenbildungen innerhalb der Urgemeinde ab: die rituell besonders strengen Judaisten der Opposition gegen Paulus, die Zwölf und später der Herrenbruder Jakobus, die mit den Judaisten kaum identisch waren (gegen E.Meyer, Holl, Lietzmann, mit Windisch [Urchr.], Goguel [Naissance]), wobei aber Jakobus doch ritualistisch dachte (gegen Kittel); also zunächst eine »apostolische« und dann eine »dynastische« Richtung (Goguel [Naissance]); schließlich die hellenistischen Diaspora-Juden und Proselyten (gegen Schoeps), die rituell weitherziger waren, den Tempeldienst kritisierten und nach ihrer Vertreibung aus Jerusalem den missionierten Heiden nicht mehr die Beschneidung als Bedingung für den Eintritt in die messianische Gemeinde auferlegten. Für die Jerusalemer Christen war die Missionierung von Nichtjuden jedenfalls eine Ausnahme (gegen Grundmann, Schenke, mit Goguel, Kümmel), welche die jüdische Grundstruktur der Urgemeinde nur bestätigte. Auch die essenische Analogie der Qumransekte - Analogie zwar nicht in der Ablehnung des Opferkultus (gegen Schoeps), nicht in geistlicher Messiasauffassung, gemeinsamem Gebet, Mahl und Taufe (gegen Klausner), wohl aber durch das Medium Jesu in modifizierter Weise hinsichtlich der Toraverschärfung und eschatologischen Dringlichkeit, besonders hinsichtlich der die Freiwilligkeit allerdings nicht aufhebenden besitzkritischen Haltung - unterstreicht nur den jüdischen, hier dann den jüdisch-häretischen Grundcharakter der Urgemeinde. Leider verbieten die Quellen uns einen genauen Einblick in das Verhältnis der genannten Gruppen untereinander und in ihre Einflußstärke. Wir wissen - das hängt damit zusammen - auch nicht Bescheid über das Tempo der Entwicklung, welche bereits auf palästinensischem Boden das Bild des kommenden Messias Jesus in das vergangene Leben Jesu zurückblendete. Gleichwohl ist das mit dem Osterglauben und mit der ihm verbundenen Messias-Enderwartung der Urgemeinde eigentlich Gemeinte erkennbar. Wenn Jesus als der nicht im Tode Gebliebene, als der demnächst Kommende bekannt wird, so wird doch gerade für die ersten Empfänger jener Visionen und die ersten Vertreter dieses Glaubens - der Kreuzeskatastrophe entgegen - all das in Kraft gesetzt worden sein, was sie von Jesus gelernt hatten. Das Grundphänomen der radikalen Toraforderung und damit gepaart das Widerfahrnis der radikalen Güte und Vergebung Gottes, dringlich gemacht durch die Predigt vom nahen Ende -, das wird geglaubt und gepredigt in der Predigt von Jesus als dem jüdisch verstandenen, daher baldigst kommenden Messias-Heilsträger. Es ist also kein neuer Gottesgedanke; aber ein - gemessen am Judentum - neues Gottesverhältnis, dessen aktualer, je und je sich ereignender Charakter jüdisch-apokalyptisch im Messiasglauben verschlüsselt, dh als neue endzeitliche Situation verstanden ist. Mit dem Glauben an Jesus muß schon die Urgemeinde nicht ein menschlichen Beziehungen analoges Verhältnis zu der Person Jesu, sondern das Ja zu diesem Grundphänomen gemeint haben. Das wird klar an *den* »Ich bin gekommen«-Worten, die bereits auf palästinensischem Boden entstanden sind und Jesu Gegensatz zum Pharisäismus aussprechen; es wird klar aus der primär durch Jesu Verkündigung, nicht durch die Christologie begründeten Gegnerschaft der Pharisäer, die für Jesus synoptisch bezeugt und für die Urgemeinde auf Grund der synoptischen Debatte-Szenen, deren Entstehung auf palästinensischem Boden ja aktuelle Bedeutung gehabt haben muß, zu vermuten ist (gegen Klausner). Also trifft die Darstellung der Apg nicht zu, die die Sadduzäer zu *den* Gegnern Jesu macht und sie gegen Auferstehung allgemein und gegen Jesu Auferstehung speziell opponieren läßt. Freilich stand, wenn der Messias-Endglaube der Urgemeinde eben das Geschehen dieser Dringlichkeit von Ernst und Vergebung meint, dieser Konzeption noch die Selbstverständlichkeit der Forderung entgegen, daß die zur Gemeinde kommenden Heiden rituell Juden werden müßten; vor allem aber war die in Jesu Verkündigung und Betätigung der radikalen Güte Gottes angelegte Frage undurchdacht geblieben, welche grundsätzlichen Folgerungen sich daraus für die Struktur der Torafrömmigkeit, auch abgesehen von dem rituellen Gesichtspunkt, ergeben.

4. Das vor- und nebenpaulinische hellenistische Chr., für welches wiederum nur indirekte Quellen vorhanden sind (Bultmann, NT 65f), mit dessen Existenz aber heute doch weitgehend gerechnet wird, kann in seiner Bedeutsamkeit für die Ausformung des werdenden Chr.s gar nicht überschätzt werden. Seine verschiedenen Gruppen waren als frühere hellenistische Juden, als frühere hellenistische Proselyten oder als reine Heidenchristen durch eine verschiedene religiöse Nähe zum Judentum bestimmt (Dahl). Der Glaube an Jesus als an den eschatologischen Heilbringer ist das ihnen allen gemeinsame judenchristliche Erbe; die LXX gehörte bei ihnen allen (gegen Leipoldt) als heiliges Buch in das Gemeindeleben. Das Neue besteht darin, daß Heiden nun Christen werden können, ohne gleichzeitig rituell Juden werden zu müssen. Das war freilich noch keine grundsätzlich erkämpfte, sondern eine de-facto-Regelung, die für einen verschiedenen Umfang der Ritus-Ablehnung Spielraum ließ; die nach dem Apostelkonzil gefundene Kompromißformel des sog. Aposteldekrets (Apg 15, 20) macht das deutlich. Die hellenistischen Ausdrucksmedien formen und ergänzen nun das vorgegebene urchristliche Gedankengut. Jesus bleibt der kommende Messias, aber seine Bedeutsamkeit wird jetzt in hellenistisch-orientalischer Titulatur (Kyrios, präexistenzer Gottessohn u.a.) und Vorstellungsweise (Präexistenz, ja Mitwirkung bei der Schöpfung [→ Präexistenz Christi: I]; Ab- und Aufstieg des gnostischen Erlösers; → Jungfrauengeburt; θεῖος-ἀνήρ-Schema) ausgesagt, so daß die Heilsbedeutsamkeit seines Gekommenseins und seine Gegenwart im Kult einen starken Ton erhält und die Berichte über sein Leben gestaltet. Das Heil wird nicht mehr hauptsächlich vom nahen Eschaton erwartet; es gilt jetzt pointiert als gegenwärtiges Leben für den Menschen, der in hellenistisch-gnostischer Weise *dualistisch* als unter die Geistmächte von Tod und Finsternis versklavt und gerettet verstanden ist. So findet sich Nahrungs- und Sexualaskese (→ Askese: IV) ein. Das Paradox des urchristlichen Grundphänomens, die Einheit von radikaler Forderung und schrankenlosem Angenommenwerden, modifiziert sich in einer Mannigfaltigkeit von Typen zu einer naturhaften Auffassung des Heils, das als in besonderen Krafttaten und seelischen Erlebnissen beschlossen gilt. So geraten Taufe und gemeinsames Mahl jetzt als wunderwirkende Begehung, als »Sakrament«, in die Nähe eines magischen, von den → Mysterien inspirierten

Verständnisses. Die → Taufe (: II) verleiht den Geist, die allen Christen gemeinsame und die zu besonderen Krafttaten befähigende göttliche Macht, sie gibt Anteil an Jesu Tod und Auferstehung und vermittelt die Wiedergeburt. Das Herrenmahl, immer noch eine Sättigungsmahlzeit, immer noch eschatologisch ausgerichtet, verbindet sakramental mit dem doxa-Leibe des Erhöhten (→ Abendmahl: II, 1a).

Paulus verarbeitet als Theologe die latenten Probleme des palästinensischen und hellenistischen Chr.s und modifiziert damit aufs stärkste das werdende Chr. Die Frage nach dem Wege zum Heil wird nun im Blick auf die Tora gestellt und die Tora dafür ausgeschieden. Ohne an Jesus anzuknüpfen (gegen Leipoldt), hat Paulus de facto eine in Jesu Verkündigung implizit enthaltene Frage explizit und grundsätzlich beantwortet, wenn der gebotene Verzicht auf das Rühmen (Röm 3, 27) nun zur Absage an die Tora als den Heilsweg und damit zum Glaubensgehorsam gegenüber dem Heilsereignis »Jesus Christus« wird. (Es ist ein völliges Fehlverständnis, wenn Klausner die paulinische Gesetzesfreiheit als einen auf Heidengewinnung bedachten Opportunismus des Apostels deutet.) Die rituell judentumsfreie Mission wird nun durchgekämpft (Apostelkonzil) und grundsätzlich statuiert. Aber auch die paulinische Front gegen den hellenistisch-gnostischen Naturalismus (Lütgert; zuletzt besonders Bultmann [NT], Käsemann) ist überaus bedeutsam. Zwar verwendet Paulus weitgehend gnostische Schemata, nicht nur die in der Christologie von ihm bereits übernommenen, sondern etwa den gnostischen σῶμα-Gedanken für sein Verständnis der Kirche, der Taufe und des Herrenmahls; zwar teilt Paulus sogar magische Anschauungen über die Sakramente (1Kor 11, 29f; 15, 29; gegen Goguel [Eglise], Kümmel). Und doch ist ihm die sakramentale Teilhabe nicht ein physisch-hyperphysischer Besitz, sondern das Ereignis der Ermächtigung zum rechten Gehorsam (Röm 6, 4; Gal 5, 25; kein Indikativ ohne Imperativ). Die Christologie, die dualistisch-gnostische Anthropologie und das gegenwärtige und doch apokalyptisch noch bevorstehende (gegen Goguel [Eglise]) Heil werden ihm zu Aussageformen für das paradoxe Ineinander von Gottes freiem Schenken und seinem dringlichen Fordern; es ist also nicht eine eindeutige realized eschatology, die bei Paulus in besonderer Weise die ethischen Impulse entbindet (gegen Dodd [Gospel]). Die theologische Tiefe der paulinischen Überwindung der Tora ist bald verlorengegangen; ihre praktische Seite, die Aufnahme von Heiden in die Kirche unter nun grundsätzlichem Verzicht auf jüdisch-rituelle Bedingungen, gehört seit Paulus zum Chr.

5. Einen sehr eigenständigen Einschlag bringt die *johanneische* Konzeption in das Bild des werdenden Chr.s. Sie setzt in der Christologie und Anthropologie das hellenistische und paulinische Chr., und zwar als in seinen Fragestellungen bereits unaktuell gewordenes, voraus. Ihre Wurzeln liegen einmal in der nun planmäßigen Verwendung gnostischer Denkformen für Christologie und Soteriologie (mit Bauer, Bultmann [JohEv, NT], gegen Windisch [Urchr.], Ruckstuhl). Mit solchen Aussageweisen wird jetzt aber - anders als bei Paulus; das ist das zweite - die Verkündigung in Form eines Lebens Jesu dargeboten; tatsächliche Rückbezüge zum historischen Jesus dürfte solche gnostische Aussageweise (gegen Gyllenberg) kaum haben. Die Einheit von Juden- und Heidenchristen ist nicht mehr die zu erkämpfende Position. Es geht vielmehr um die Frage nach der rechten Offenbarung. Der johanneische Jesus verkündet sich als die präsente göttliche Heilswirklichkeit, die der Mensch dann annimmt, wenn er das Leben aus dem Vorfindlichen ausschlägt und seine Blindheit (Joh 9, 39) eingesteht. Dem dem Heil entfremdeten Kosmos hat Gott im Jesusgeschehen seine Liebe zugewendet (Joh 3, 16), und dies Heil ist Krisis (Joh 3, 18f); obwohl die jüdische Tora hier bereits außer Sicht ist, regiert also das Grundphänomen der paradoxen Einheit von dringlicher Strenge und unerwarteter Gabe. Auch hier ist das Naturhafte gnostischen Denkens überwunden: das Ja der Entscheidung zu dem als Gericht verstandenen Heil, nicht die göttliche Qualität der Seele bildet das Zentrum dieses Denkens. Aber dies Gericht liegt nun nicht mehr im zeitlich-eschatologischen Voraus. Auch das Interesse an Kirche und Sakramenten (gegen Cullmann) tritt ganz zurück. Andere Züge, wie die wachsende legendäre Verarbeitung des Lebens Jesu, ein aufkommender Moralismus und der Kampf gegen eine doketische Christologie gerade im 1Joh, machen es jedoch unwahrscheinlich, daß man die johanneische Gesamtkonzeption als in den Augen eines monarchischen Episkopats häretisch aus dem Gesamtphänomen des Frühkatholizismus herausnehmen darf (mit Conzelmann gegen Käsemann).

Die Phänomene, die den Übergang zur frühen Kirche des 2.Jh.s charakterisieren, schließen die Entstehung des Chr.s im engeren Sinne ab. Die dem johanneischen Denken eigene Grundstruktur hat keine Fortsetzung, sondern in den Ignatianen höchstens eine modifizierte Analogie gefunden. Die Kirche wird nach dem Fall von Jerusalem (Bauer; phantastisch Brandon) für das Judentum offener. Zwar hält sich vom Anfang der Kirche her ein beträchtliches Maß kontinuierlicher Gegebenheiten auch für die nachapostolische Zeit durch: Christus der Retter für den verlorenen Menschen; das Nebeneinander von Charismen und Amt (v.Campenhausen [Tradition], E.Schweizer [Leben des Herrn, Gemeindeordnung], Bultmann [NT], Kümmel); die gottesdienstlichen Feiern der Wortverkündigung und, zeitlich von ihnen getrennt (gegen Cullmann) oder mit ihnen, nur durch eine Zäsur abgehoben, verbunden (so erkennbar seit Justin) die Eucharistie, schließlich die Tauffeier. Aber jetzt treten Moralismus (Goguels [Naissance] christianisme moralisant in Jak und Did) und theologia naturalis (Apg 17; Dibelius [Aufsätze], Vielhauer), rechtlich verfaßtes und nun auf die Apostel als die Initiatoren zurückgeführtes, nunmehr die Kirche nicht bloß regulierendes, sondern konstituierendes (Bultmann) Amt (Past, 1Clem) und Priestertum in den Vordergrund. Die Eschatologie wird nun in ein noch weiter vorausliegendes Weltende (eine christliche Heilsgeschichte kommt nun zwischenein [Vielhauer]; ebenso ein freilich zaghaft erwachendes Interesse an der Kultur [Dibelius, Aufsätze; v.Soden]) und in den individuellen Tod abgeschoben. Aus alledem ergibt sich: das Grundphänomen von radikaler Strenge und schrankenlosem Angenommenwerden ist einer Betrachtungsweise gewichen, nach welcher der Mensch nicht mehr von Gottes Schenken radikal abhängig ist, sondern eine als neues Gesetz (Barn 2, 6) bezeichnete christliche Verhaltungsweise leistet, um auf Grund dessen und mittels einer jetzt vor allem als sakramental geltenden Hilfe Christi im Gericht nach dem Tode zu bestehen und das Heil zu erlangen; dieses ist nun zukünftig geworden und nicht mehr die Gegenwart unmittelbar bewegende Gabe. Es ist dagegen eine Verzeichnung, jetzt erst eine angeblich alte Engel-Christologie durch die Rückdatierung des himmlischen Herrlichkeits-Christus in das irdische Leben abgelöst werden zu lassen und als Grund dafür die Hinausschiebung des Endes anzugeben (gegen Werner). Doch ist dies der Zeitabschnitt, in dem die Lehre stärkeres Gewicht bekommt (Past) und aus der Mannigfaltigkeit der paulinischen Generation in die Einheit strebt (2Petr 1, 20); zB werden jetzt ältere triadische Formeln zur trinitarischen Taufformel (Mt 28, 19). Die

Entstehung des Chr.s ist mithin dadurch charakterisiert, daß das dem NT eigene Grundphänomen sich bei Jesus in jüdischer, bei Paulus und in der johanneischen Konzeption in hellenistisch-gnostischer Verschlüsselung unüberhörbar zum Worte meldet; daß es aber vom naturhaften Denken des Hellenismus kräftig modifiziert, durch die Enteschatologisierung der Gegenwart entradikalisiert und von einer sich wieder erhebenden, nun »christlichen« Gesetzlichkeit überdeckt wird.

6. Der einzige feste Punkt für die absolute *Chronologie* des Urchr.s ergibt sich aus der → Gallio-Inschrift: Gallios Prokonsulat (Frühjahr 52/53 wahrscheinlicher als 51/52) fällt zeitlich mit einem 1 ½ jährigen Aufenthalt des Paulus in Korinth (also etwa 51-53) zusammen (Apg 18, 11ff). Der Apostelkonvent wird am besten mit Wellhausen und E.Schwartz vor der Verfolgung durch Herodes Agrippa I., der im Frühjahr 44 starb, also um 43 angesetzt, damit Kephas noch in Jerusalem anwesend (Apg 12, 17), der Zebedaide Johannes noch am Leben befindlich (Mk 10, 39) und beide daran teilnehmend gedacht werden können (Gal 2, 9). Dem würde die Reihenfolge Apg 11, 27ff und 12, 1ff entsprechen. Der tatsächliche Eintritt der Hungersnot (Apg 11, 28) in Palästina um 47-49 (Jeremias) und das Nichtausreichen der in Apg 12 bis 18 berichteten Ereignisse zur zeitlichen Auffüllung der Spanne von 43-51 bilden gegen diese Frühansetzung keine entscheidende Gegeninstanz. Die Bekehrung des Paulus läge dann gemäß Gal 1, 18; 2, 1 etwa 15 Jahre (14 + 3 Jahre, je das Ausgangsjahr mitgezählt) vor dem Apostelkonvent, also um 27-29. An dem Passafest eines dieser drei Jahre wäre demzufolge Jesus gekreuzigt, was mit dem Beginn der Prokuratur des Pilatus 26 oder 27 nChr übereinstimmt; über die Dauer der Wirksamkeit Jesu wissen wir nichts Zuverlässiges. Der Synchronismus Lk 3, 1f, der das 15. Jahr des Tiberius (27/28 nChr, syrische Zählung, Cichorius) für den Beginn der Täuferpredigt nennt, braucht, weil auch sonst fraglich, für das Todesjahr Jesu nicht berücksichtigt zu werden; ebenso nicht die Person des gerade amtierenden Hohenpriesters, die nach den Angaben der Evangelien schwankt und für die die aus Josephus entnehmbare Amtsdauer zudem unsicher ist (Hölscher). Für die synoptische Ansetzung des Todestages Jesu (15. Nisan) spricht nicht der Passa-Charakter des letzten Mahles; zugunsten der johanneischen Datierung (14. Nisan) fällt ins Gewicht, daß die Exekution dann nicht am ersten Passa-Festtag erfolgt. Selbst wenn der Wochentag (Freitag) und sein Datum (14. oder 15. Nisan) feststünden, wäre von da aus das Todesjahr nicht astronomisch errechenbar: die Festlegung des Monatsbeginns auf Grund des beobachteten Neulichtes und die Möglichkeit der Interkalation eines zweiten Adar enthalten nicht einkalkulierbare Fehlerquellen für die Termine des jüdischen Kalenders (→ Chronologie: III, 1). Auch das Geburtsjahr Jesu ist nicht festlegbar. Die Angabe des Lebensalters Jesu zu Beginn seines Auftretens auf ungefähr 30 Jahre in Lk 3, 23 wird nicht historisch verwertet werden dürfen. Der Magierstern Mt 2, 1ff meint keine astronomisch errechenbare Konstellation (Boll). Nur daß die Tradition von der noch zu Lebzeiten Herodes d.Gr., also bis 4 vChr, erfolgten Geburt Jesu zutrifft (Mt 2, 1; Lk 1, 5), wird aus der Entstehungsmöglichkeit jener Legende gefolgert werden dürfen. Damit erweist sich auch die Verbindung der Geburt Jesu mit dem Quirinius-Zensus (6 nChr; Lk 2, 1ff) chronologisch als Irrtum.

Auch sonstige Synchronismen helfen für eine präzise Festlegung der urchristlichen Chronologie nicht genügend weiter. Die Vertreibung des Paulus 3 Jahre nach seiner Bekehrung aus Damaskus (Gal 1, 17f; 2Kor 11, 32f) bleibt, was den Ethnarchen des Königs Aretas anlangt, undatierbar, weil eine Alleinherrschaft des Aretas in Damaskus nach dem Tode des Tiberius (37 nChr) durchaus unsicher ist. Das Juden-Edikt des Claudius aus Apg 18, 1f wird zwar durch Sueton bestätigt, aber erst durch Orosius mittels Kombination auf 49 nChr datiert. Auch der Versuch, aus Apg 20, 5f den Wochentag des in Philippi verbrachten 14. Nisan und daraus astronomisch dann das Jahr (= das Verhaftungsjahr des Paulus) zu errechnen, scheitert an der Mehrdeutigkeit der Reiseangaben (Windisch, Michaelis). Für den Ausgang des Paulus wäre die Fixierung des Wechsels der Prokuratur von Felix und Festus (Apg 24, 27) von höchster Wichtigkeit; aber eben der Termin dieses Wechsels, gewöhnlich auf 60 nChr angesetzt, könnte durchaus auch auf die Mitte der 50er Jahre fallen, wenn man die Protektion des Pallas für seinen Bruder Felix nur in der Zeit für möglich hält, in der Pallas bei Nero noch in Gnaden stand. Im letzteren Fall würden die zwei Jahre von Apg 24, 27 sich auf die Amtsdauer des Felix beziehen und für die Prozeßdauer des Paulus nichts besagen. Der 2 ½ jährige Ephesus-Aufenthalt (Apg 20, 31) fiele bei dieser Frühdatierung der Abberufung des Felix dann in die Jahre 52-54. So bleibt das Todesjahr des Paulus jedenfalls ungewiß. Anfang der 60er Jahre wurde der Herrenbruder Jakobus unter Chananja in Jerusalem Märtyrer. Das Ausweichen der Jerusalemer Gemeinde nach Pella in der zweiten Hälfte dieses Jahrzehnts und das Martyrium des Klopas-Sohns Symeon, eines Neffen Jesu, 120jährig um 107 unter Trajan sind nicht unbestritten.

Zu 1-5: G.T.Sadler, The origin and meaning of Christianity, 1916 - W.Lütgert, Gesetz u. Geist, 1919 - K.Holl, Der Kirchenbegriff des Paulus ... (SAB 1921, 920-947 = Holl II, 44-67) - E.Meyer, Ursprung u. Anfänge des Christentums III, 1923 - P.L. Couchoud, Le mystère de Jésus, 1924 - R.Bultmann, Jesus, (1926) 1951 - Ders., Das Evangelium des Johannes (MeyerK II[11-14]), 1941 bis 1956 - Ders., Das Urchr. im Rahmen der antiken Religionen, (1949) 1954[2] - Ders., TheolNT, (1953) 1954[2] - RGG[2] I, 1531ff (Lit.) - E.Dujardin, Le Dieu Jésus, 1927 - A.Bayet, Les morales de l'Evangile, 1927 - H.Lietzmann, Zwei Notizen zu Paulus: 2. Die Reisen des Petrus (SAB 1930, 5-8) - G.Kittel, Die Stellung des Jakobus zu Judentum u. Heidenchristentum (ZNW 30, 1931, 145-157) - W.Bauer, Rechtgläubigkeit u. Ketzerei (BHTh 10), 1934 - C.H. Dodd, The Apostolic Preaching and its Developments, 1936 - Ders., Gospel and Law, 1950 - E.Lohmeyer, Galiläa u. Jerusalem, 1936 - R.K.Lightfoot, Locality and Doctrine in the Gospels, 1938 - K.L. Schmidt, Le problème du christianisme primitif, 1938 - M.Goguel, La foi à la résurrection de Jésus, 1939 - Ders., La naissance du christianisme, 1946 - Ders., L'église primitive, 1947 - E.Hirsch, Die Auferstehungsgeschichten, 1940 - F.Schenke, Das Christentum im 1.Jh. völkisch gesehen, 1940 - H.v.Campenhausen, Recht u. Gehorsam in der ältesten Kirche (ThBl 20, 1941, 279-295) - Ders., Tradition u. Geist, 1951 - Ders., Der Ablauf der Osterereignisse, 1952 - N.A. Dahl, Das Volk Gottes, 1941 - W.Grundmann, Aufnahme u. Deutung der Botschaft Jesu, 1941 - M.Werner, Die Entstehung des christl. Dogmas, (1941) 1954[2] - J.Klausner, From Jesus to Paul, 1943 - O.Cullmann Urchristentum u. Gottesdienst, 1944 - T.F. Glasson, The second Advent, (1945) 1947[2] - E.Schweizer, Das Leben des Herrn in der Gemeinde u. ihren Diensten, 1946 - Ders. Die nt. Gemeindeordnung (EvTh 6, 1946/47, 338-363) - Ders., Die Urchristenheit als ökumenische Gemeinschaft (EvTh 10, 1950/51, 274-288) - M.Dibelius, Jesus, 1947 - Ders., Aufsätze zur Apg, (1951) 1956[3] - Ders., Botschaft u. Gesch. I. II, 1953/56 - H.W.Bartsch, Parusieerwartung u. Osterbotschaft (EvTh 7, 1947/1948, 115-126) - J.Leipoldt, Das Chr. als Weltreligion, 1948 - J.Irmscher, Zum Διάταγμα Καίσαρος (ZNW 42, 1949, 172-184) - J.H.Schoeps. Theol u. Gesch. des Judenchristentums, 1949 - Ph.Vielhauer, Zum »Paulinismus« der Apg (EvTh 10, 1950/51, 1-15) - S.G.F.Brandon, The Fall of Jerusalem and the Christian Church, 1951 - E.Dinkler, Zur Gesch. des Kreuzsymbols (ZThK 48, 1951, 148-172) - E.Käsemann, Ketzer u. Zeuge (ZThK 48, 1951, 292-311) - E.Ruckstuhl, Die literarische Einheit des JohEv, 1951 - H.v.Soden, Urchristentum u. Gesch. I, 1951 - R.Gyllenberg, Die Anfänge der johanneischen Tradition (BZNW 21, 1954, 144-147) - H.Conzelmann, Was von Anfang war (ebd 194-201) - C.Schneider, Geistesgesch. des antiken Chr.s, 1954, 29ff - G.Bornkamm, Jesus von Nazareth, 1956 - H.

Braun, Spätjüdisch-häretischer u. frühchristl. Radikalismus (BHTh 24), 1957. - Weitere Lit. bei H.Windisch, Das Problem der Geschichtlichkeit Jesu (ThR NF 1, 1929, 266-288; 2, 1930, 207-252) - Ders., Urchr. (ThR NF 5, 1933, 186-200. 239-258. 289-301. 319-334) - W.G.Kümmel, Das Urchr. (ThR NF 14, 1942, 82-95. 155-173; 17, 1948, 3-50. 103-142; 18, 1950, 1-53; 22, 1954, 138-170. 191-211).

Zu 6: J.Wellhausen, Noten zur Apg (NGG 1907, 7f) - E. Schwartz, Zur Chronologie des Paulus (NGG 1907, 263-299) - Ders., Noch einmal der Tod der Söhne Zebedäi (ZNW 11, 1910, 89-104) - RGG[1] I, 1808ff; III, 368ff; IV, 1282 - F.Boll, Der Stern der Weisen (ZNW 18, 1917, 40-48) - C.Cichorius, Chronologisches zum Leben Jesu (ZNW 22, 1923, 16-20) - H.Windisch, Der 2Kor (MeyerK VI[9]), 1924, 26ff. 363ff - RGG[2] I, 1535ff - J.Jeremias, Sabbatjahr (ZNW 27, 1928, 98-103) - M.Dibelius-W.Köhler, Der Todestag Jesu (ThBl 13, 1934, 65-71) - G.Hölscher, Die Hohenpriesterliste (SAH 1939/40, 3, 1-33) - W.G.Kümmel, Das Urchr. (ThR NF 14, 1942, 156f; 17, 1948, 28-32. 47-50; 18, 1950, 26f. 52f; Lit.) - W.Michaelis, EinlNT, (1946) 1954[2], 149ff - RAC III, 50f - E.Haenchen, Die Apg (MeyerK III[10]), 1956, 50ff - G.Strecker, Chr. u. Judentum (EvTh 16, 1956, 462-466). *H.Braun*

II. Geschichtliche Entwicklung

1. Zum Begriff - 2. Zum Gegenstand: a) Geschichtlich - b) Grundsätzlich - c) Das Grundproblem - 3. Umriß einer geschichtlichen Entwicklung des Chr.s: a) Hellenisierung - b) Germanisierung - c) Säkularisierung - 4. Beurteilung. - Zur Ergänzung vgl. → Christentum: III (Ausbreitungsgeschichte), → Germanisierung des Christentums, → Kirchengeschichte: I. II, → Kultur: III. IV, → Antike und Christentum sowie die Artikel über die Hauptperioden: → Altchristliche Kirche, → Mittelalter, → Reformation, → Neuzeit, → Christentum: IV (Gegenwartslage)

1. Von geschichtlicher Entwicklung des Chr.s reden heißt ein bestimmtes geschichtliches Phänomen im Ganzen der Mannigfaltigkeit seiner Erscheinungsformen einheitlich begreifen und umschreiben wollen. Die darin enthaltene Fragestellung hängt ihrerseits aufs engste mit einem in der Neuzeit ausgebildeten Geschichtsverständnis zusammen, das seinerseits auf der Auswirkung des Chr.s im Bereich der modernen abendländischen Wissenschaft und ihrer Vorgeschichte ruht. Denn mit dem Chr. tritt ein neuer Sinn für die Geschichte und für die geschichtliche Existenz des Menschen auf den Plan, der im Unterschied zu der an der Vergangenheit orientierten Geschichtsbetrachtung der griechischen Antike bestimmt ist durch die Idee der eschatologischen Vollendung des Weltgeschehens und der die Geschichte im Anschluß an die jüdische → Apokalyptik (: II) als einen Gesamtverlauf ansieht, in dem und durch den Gottes Heilsplan seinem Ziel zustrebt (→ Geschichte: I. II).

Wie immer der auf die geschichtliche Welt angewandte Entwicklungsgedanke (→ Entwicklung: II) gefaßt werden mag – zumeist in Form eines abgestumpften Hegelianismus, bei dem die Idee der Entwicklung nicht mehr durch die Vernunft bestimmt ist, sondern positivistisch eine irrationale Evolution zum Inhalt hat –, entscheidend ist für ihn die Frage nach der Beschaffenheit jener Größe, um deren Entwicklung es sich handelt. Sie wird im allgemeinen als eine aus dem alle Erscheinungen verbindenden Gesamtzusammenhang abstrahierte Idee oder als ein Prinzip aufgesucht, die »in« der Geschichte liegen. Man sucht also dementsprechend auch das »Wesen« oder das »Prinzip« des → Christentums (: V) zu ermitteln, freilich nicht als ein historisches Faktum, das empirisch-induktiv festgestellt werden könnte – alle Versuche dazu mußten scheitern –, sondern als einen auf den Fakten ruhenden, phänomenologisch zu erfassenden Normbegriff. Dieser gehört in den Bereich der → Religionsphänomenologie und bestimmt seinerseits die Betrachtung der Entwicklung des Chr.s als religionsgeschichtliche Aufgabe. Eben dadurch unterscheidet sich die Geschichte des Chr.s grundsätzlich, und nicht bloß hinsichtlich der Abgrenzung des Gegenstandes, von der → Kirchengeschichte. Kirchengeschichte ist also nicht ein »Teil« einer Geschichte des Chr.s, so sehr auch für sie die Grundeinstellung christlichen Glaubensverständnisses maßgeblich bleibt.

2. a) Von »Christentum« (χριστιανισμός) redet zuerst → Ignatius von Antiochien, und zwar indem er es als religiöse Haltung vom »Judentum« unterscheidet, wobei in beiden Fällen zugleich die hinter den religiösen Lebenshaltungen stehenden und für sie maßgebenden Glaubensnormen gemeint sind (Magn 10, 1-3). - Vom »Wesen des Chr.s« im Sinn des unaufgebbaren Kerngehalts spricht in deutlich humanistischer Einstellung Martin → Bucer, der beim Abendmahlsstreit die »ratio Christianismi« ins Spiel bringt. Später gibt → Chateaubriand die Formel »Génie du Christianisme« aus, und der prot. → Historismus der Neuzeit greift dies mit seinem Begriff vom »Wesen des Chr.s« zT auf (→ Harnack, → Troeltsch), während die Hegelianer (Biedermann, Pfleiderer, Lipsius) vom »Prinzip des Chr.s« gesprochen hatten und F.Chr. → Baur im Anschluß an → Hegel im besonderen die christliche → Dogmengeschichte als den geschichtlichen Prozeß der dialektischen Selbstverwirklichung des Geistes in seinen höchsten Beziehungen zu sich selbst, in Religion und Chr., zu begreifen versucht hatte. Der römische Katholizismus vertritt in einer gewissen Entsprechung dazu eine organische Evolutionstheorie im Zusammenhang mit seinem dogmatischen Traditionsprinzip in bezug auf den stets einen und gleichen »Glauben der Kirche«. Einige luth. Theologen (zB → Kliefoth, → Vilmar) verfochten den Gedanken von einer jener kath. Anschauung analogen stufenweise erfolgenden Selbstentfaltung der einen christlichen Offenbarunglehre zu immer größerer dogmatischer Klarheit. Seit der Kirchengeschichtsschreibung der Aufklärungszeit (→ Kirchengeschichte: I) und vor allem seit F.Chr. Baur folgen zahlreiche Kirchenhistoriker, ohne allzusehr über den Gegenstand der Entwicklung selbst zu reflektieren, in ihrer Auffassung der Geschichte der Kirche oder des Chr.s einer Entwicklungslinie, die von Jesus über Paulus, die alte Kirche, den Katholizismus und die Reformationskirchen zum modernen kritischen Protestantismus durchgezogen wird, während für die Missionsgeschichte im allgemeinen die »Entwicklung« des Chr.s einfach mit der Ausweitung seiner Ausbreitungsgeschichte zusammenzufallen pflegt. Auf der anderen Seite haben Luther, Melanchthon, → Flacius, auch einige Humanisten der Reformationszeit bei ihrer Betrachtung der Geschichte der Kirche bereits eine »Abfallstheorie« vertreten, die später unter dem Einfluß kath. und prot. Mystik in G. → Arnolds großer »Unparteiischer Kirchen- und Ketzerhistorie« zu einem geschichtsphilosophischen Grundaspekt auf das Chr. in seiner Geschichte ausgebaut wurde, also zu einer Entwicklungsgeschichte mit negativem Vorzeichen.

Man wird diese Schemata als Versuche verstehen müssen, das geschichtliche Leben als eine zusammenhängende Reihe von Veränderungen nicht nur aufzufassen und darzustellen, sondern auch verstehend zu werten. Unbestreitbar ist die Tatsache mannigfacher Veränderungen auch beim Phänomen Chr. Dagegen ist ihre grundsätzliche wie ihre »geschichtlich« gemeinte Bewertung infolge der großen Verschiedenheit der geltend gemachten Gesichtspunkte und der angewandten Normen im höchsten Maße kontrovers und weithin Ausdruck eines bestimmten dogmatischen oder religionsphilosophischen Standpunkts. So konnte auf der einen Seite die das Urteil bestimmende dogmatische Idee die Entwicklung des Chr.s als ein stetiges Reifen in Richtung auf sein Ideal auffassen, auf der anderen Seite als fortschreitenden Verfallsprozeß aus einer relativ vollkommenen Frühgestalt; oder man konnte beide Betrachtungsweisen kombinieren und einen entwicklungsgeschichtlichen Rhythmus von Deformation und Reformation zum inneren Gesetz der Entwicklung des Chr.s erheben. Man konnte auch den Entwicklungsgedanken dazu benützen, das Chr. historisch zu relativieren, es in übergreifende religionsgeschichtliche Zusammenhänge einzuordnen oder es als verlassene bzw. überwundene Stufe der geistesgeschichtlichen Entwicklung der Menschheit zu behandeln oder zumindest einen fortschreitenden »Abmagerungsprozeß« festzustellen.

b) Der Historiker hat es mit Phänomenen zu tun, deren geschichtliches Verstehen durch die Reichweite analoger verrechenbarer innermenschlicher Erfahrungen bestimmt und begrenzt ist. Das schließt auch die Feststellung von unverrechenbaren Erscheinungen ein, die dann als kausal unableitbare nur in ihrer reinen Faktizität konstatiert werden können. Gerade eine Entwicklungsgeschichte des Chr.s kann daran nicht vorbeigehen, zumal es ihr bisher nicht überzeugend gelungen ist, das Chr. als Phänomen aus der religionsgeschichtlichen Umwelt seiner Entstehungszeit abzuleiten (→ Christentum: I). Soweit auch geschichtliche Bedingtheiten konkreter christlicher Glaubensentscheidungen sich aufdecken lassen, das Wesen dieser Entscheidungen als solches bleibt in seiner »übergeschichtlichen« Verursachung bestehen. Wohl aber ist es dem Historiker der Religion des Chr.s möglich, bestimmte Epochen im Ablauf ihrer Geschichte zu ermitteln, denen bezeichnenderweise das Moment gewisser unableitbarer Faktoren eignet – wie sich zB die Reformation des 16.Jh.s nicht zur Gänze historisch analysieren läßt; er kann ferner eine Anzahl religionsphänomenologischer Grundtypen als in der Geschichte des Chr.s dann und wann führende ermitteln oder verschiedene Kombinationen solcher Typen; er kann im Ganzen des geschichtlichen Phänomens durch Beachtung der Epochen und Typen weiterhin eine Periodisierung der Gesamtentwicklung als die geschichtliche Gliederung ihrer Kontinuität ausmachen; und er kann schließlich die Hauptprobleme der einzelnen Perioden herausheben und so das Gesamtphänomen als eine Bewegung für das Verstehen durchsichtig machen.

Als erstes der drei großen entwicklungsgeschichtlichen *Probleme*, die alle mit dem Verhältnis von christlichem Glauben und geschichtlicher Umwelt gegeben sind, wird man das Problem der *Hellenisierung* für die Geschichte der alten Kirche und zT, in der Aufnahme und Ausbildung des Ergebnisses durch das byzantinische Chr., auch für die spätere Ostkirche nennen können; für das abendländische MA ist das Problem der *Germanisierung* besonders deutlich zu verfolgen und für die europäische Entwicklung des Chr.s seit dem MA sowie für das Chr. der Neuen Welt das Problem der *Säkularisierung*, mit dem sich diejenigen der Konfessionalisierung und der Ausbildung von Denominationen aufs engste verbinden. Alle stehen aber mehr oder minder deutlich innerhalb des entwicklungsgeschichtlichen *Grundproblems*, das mit der Frage gestellt ist, wie eine ihrem Ursprung nach orientalische Religion zur Weltreligion hat werden können.

c) Diese Frage ist dahin formuliert worden: »Wenn das Chr., in seinem Ursprung eine orientalische Religion, zur Religion des Abendlandes, ja darüber hinaus weithin zur Weltreligion wurde, ist der Grund dafür nicht vielleicht der, daß in ihm Grundmöglichkeiten des Verständnisses der menschlichen Existenz aufgedeckt sind, die überall und zu jeder Zeit, und so auch im Abendland, die gleichen sind?« (Bultmann). Die Botschaft des Evangeliums, auf die das Chr. auch in der stärksten religionsgeschichtlichen Umformung zumindest formal stets verweist, erhebt in der Tat den Anspruch, »für alle« ausgerichtet zu werden. Sie ergeht an den Menschen als den einzelnen vor Gott, unabhängig von seiner besonderen soziologischen, kulturellen, sozialen, politischen oder nationalen Prägung und Bindung. In ihrer Mitte steht das Zeugnis von der Versöhnungstat Gottes in Christus, zunächst in engstem Zusammenhang mit einem messianischen Glauben in einer eschatologischen Weltanschauung, die beide auf das AT und das Judentum und damit auf eine orientalische Religionsform zurückweisen.

3. a) Die *Hellenisierung* des Chr.s kann religionsgeschichtlich dahin verstanden werden, daß auch die Botschaft des Evangeliums eingeht in jenen geschichtlichen Prozeß, der in der Zeit der Spätantike eine Fülle orientalischer Religionen entnationalisiert und auf dem Boden des Imperiums als Missionsreligionen zu neuen, dem Kosmopolitismus des römischen Bürgers entsprechend individualisierten Kultformen und Kultgemeinden werden läßt, wie sie sich in der reichen Welt der Mysterienkulte jener Zeit besonders deutlich zeigen (→ Antike und Chr., 3). Das junge Chr. nimmt an dieser Missionsbewegung von Ost nach West teil. Sein messianischer, sein eschatologischer Richter und Heilbringer gewinnt mehr und mehr die Gestalt einer Kultgottheit; der Menschensohn wird stärker als im orientalischen Bereich zum Kyrios, der Messiastitel Christus wird zum Eigennamen. Aber der mit ihm verbundene Anspruch des offenbarten Heilbringers hat es zunächst nicht erlaubt, das Chr. zu einer »synkretistischen Religion« umzubauen. Seine Fremdheit gegenüber den anderen Kulten, alten wie neuen, wird nachdrücklich betont und von heidnischen ebenso wie von jüdischen Beobachtern bald deutlich bemerkt, wenn auch längere Zeit nur in einem relativen Unterschied zum Judentum; denn das junge Chr. übernimmt aus dessen Erbe einige entscheidende Formgrößen, die das neue Gottesvolk, das sich als »tertium genus« versteht, institutionell gestalten (Gemeindeorganisation, Gottesdienst, Kanon Hl. Schriften). So entsteht die frühkath. Kirche, deren erste Spuren schon im NT zutage treten. Diese Formgrößen verfestigen sich durch die Auseinandersetzung der frühkath. Kirchen mit der als Krise der Hellenisierung (wie Judaisierung) zu bewertenden → Gnosis.

In dieser Auseinandersetzung spielen auch jene Formgrößen eine Rolle, die der hellenistischen Welt entnommen sind: die eschatologische Heilsbotschaft wird – ähnlich wie im späten Judentum das Credo Israels – zur »Weisheit«, indem der neuen Religion das Gewand der spätantiken Philosophie umgelegt wird. Den Anfang damit machen die jüdischen Vorbildern folgenden christlichen → Apologeten (→ Apologetik: II) des 2.Jh.s, die das Chr. als die zuverlässige und gesunde Philosophie propagieren gegenüber heidnischen wie jüdischen Systemen, Mythen und Bräuchen. Der entscheidende umgestaltende Faktor ist die Anwendung der Logosspekulation auf Christus (→ Logos) zum Nachweis sowohl der (als geoffenbarten) absoluten Wahrheit und Vernünftigkeit der neuen Religion wie auch dessen, daß das Bekenntnis zu Christus als der Kultgottheit im Einklang mit dem Monotheismus stehe. Zugleich beginnt auch unter dem Titel des »neuen Gesetzes« die bewußte Auffüllung der evangelischen Botschaft mit Elementen vor allem stoischer Naturrechtslehre (→ Goldene Regel; → Naturrecht) und Moralphilosophie. Aber man ist bemüht, die sich zugleich entwickelnde kultische Sakramentalisierung und Mysterisierung und die damit verbundenen asketischen Züge der christlichen Sitte scharf gegen die so verwandt erscheinenden Mysterienkulte (→ Mysterien) abzugrenzen, und man hält vor allem die griechischem Denken anstößige Hoffnung der Fleischesauferstehung ebenso fest wie die gnostischer Entwicklung widerstreitende Bewertung der Welt als der Schöpfung Gottes. Mit allem erfolgt unter Bewahrung bestimmter als rechtmäßiger Eigenbesitz in Anspruch genommener Stücke, vor allem des AT als *der* »Schrift«, auch die fortschreitende Lösung des werdenden Frühkatholizismus vom Judentum und → Judenchristentum. Daß damit auch gewisse religionspolitische Privilegien des Judentums im Imperium preisgegeben werden (religio licita), ist nicht so erheblich, wie man lange Zeit annahm, da die ungesicherte Rechtsstellung der frühen Christenheit dadurch nur relativ verschärft wurde. Ihr Selbstbewußtsein und ihr universaler Anspruch begründet in der Christenheit der staatlichen Gemeinschaft gegenüber das spannungsvolle Verhältnis von betonter Distanz (Apk 13) und betonter Loyalität (Röm 13). Sie ist vor allem von eschatologischen Gedanken (der Staat als göttlich verordnete Aufhaltung des drohenden Weltendes) oder von geschichtsphilosophischen Ideen (providentielle Gleichzeitigkeit des Erscheinens Christi und der pax Augusta) getragen und lebt von der Gewißheit, daß der Kyrios auch der Herr der Welt und ihrer von ihm überwundenen Mächte sei.

Bemerkenswert ist für dieses Entwicklungsstadium ein Doppeltes: 1. die Tendenz auf *Dissimilation* gegenüber der religionsgeschichtlichen Umwelt; 2. das *Nebeneinander* mannigfacher Gestaltungen in Lehre, Kult und Lebensform. Negativ formuliert: zu 1.: den ersten Jh.en ist der werdende Katholizismus nicht eigentlich »synkretistische Religion«, keine religionsgeschichtliche »complexio oppositorum«; synkretistische Bildungen sind im christlichen Bereich nur sekundär; zu 2.: am Anfang des Chr.s steht nicht die eine historisch nachweisbare Einheitlichkeit und Einheit von Lehre und Rede, nicht die eine ungeteilte Kirche als historisches Phänomen. Eine weitere Wendung erfolgt im Zusammenhang mit der gnostischen Krise (→ Gnosis: III), sofern einerseits in ihr das Apostolische und das Katholische der Großkirche gegenüber der nunmehr entdeckten (gnostischen) Häresie stärker betont und gesichert wird, sowohl durch die Ausbildung der Glaubensregel (regula veritatis; → Bekenntnis: III), als auch durch Abgrenzung des → Kanons der Schriften des »Neuen Bundes« sowie durch Verfestigung des hierarchischen Leitungs- und Lehramtes (→ Amt: III, → Kirchenamt) unter fortschreitender Einschränkung freier, pneumatischer Lebensäußerung. Andererseits entwickelt sich eine »kirchliche Gnosis«, die durch spekulative Verarbeitung der christlichen Tradition im Geist des späten Hellenismus eine Versöhnung von Chr. und (geistiger) Kultur im Rahmen einer universalen christlichen Wissenschaft vor allem mit Hilfe der (geschichtslosen) Weltanschauung des Spät- und → Neuplatonismus erfolgreich zu gewinnen sucht (→ Clemens Alex., zurückhaltender → Origenes, die Arbeit der → alexandrinischen und → antiochenischen Schulen). Zugleich erweitert sich mit dem Aufhören der eschatologischen Naherwartung die Etablierung der Christenheit in der Welt durch den Abbau eines enthusiastischen Rigorismus (Ausbau des → Bußwesens, Problematik des Martyriums) wie durch die Ausgestaltung des kirchlichen Heilsapparates (Entstehung eines Sakramentrechts) und durch fortschreitende Trennung von → Klerus und Laien. Der zeitweilige Druck erst lokaler, dann auch zentral gelenkter Verfolgung durch das um seine stabile Einheit ringende → Imperium beschleunigt diesen Prozeß: er aktualisiert die Probleme einer Massenkirche gegenüber dem exklusiven Heiligkeitsideal.

Die durch die Religionspolitik → Konstantins zu Beginn des 4.Jh.s erfolgte Privilegierung des Chr.s und seine Inanspruchnahme als Religion der Reichseinheit läßt zunächst die überraschend große Ausdehnung der Christenheit erkennen. Sie ermöglicht ihr nunmehr die aus der gewonnenen Stärke resultierende Freiheit, sich in großem Umfang Elemente der Volksreligiosität auf dem Wege einer bewußten *Assimilierung* einzuordnen, und stellt das Problem der inneren wie äußeren Einheit der kath. Kirche im Rahmen der neuen, auch theologisch begrüßten (→ Eusebius von Cäsarea) »Symphonie« von Staat und Kirche, deren überraschender Ausdruck die kaiserliche Synodalgewalt ist (Arles 314 für den Westen, Nicäa 325 für den Osten, ähnlich das Theodosianische Edikt 380 bzw. Konstantinopel 381). Das Ringen um die Reichskirche bestimmt die folgenden Jh.e, begleitet von umfassenden und erregenden theologischen Auseinandersetzungen auf der Grundlage einer durch den fortentwickelten Neuplatonismus begründeten neuen Stufe wissenschaftlicher Theologie (trinitarischer und christologischer Streit, Theologie der Kappadokier) und Mystik (→ Antike und Christentum, 1, → Dionysius Areopagita), später erweitert durch die Kraft des (zunächst antiochenischen) Aristotelismus und ausklingend in die Scholastik der Ostkirche (→ Johannes Damascenus). Die Synkretisierung der Kirche aber zeigt sich deutlich in der Ausgestaltung der orientalischen Nationalkirchen gegenüber der immer wieder im Zusammenhang der Reichspolitik versuchten Vereinheitlichung der Kirche. Das Problem der → Häresie gewinnt neue, kirchentrennende Gestalt, sofern es nunmehr an dem Ideal auch der äußeren Einheit der Kirche orientiert ist. Den geistesgeschichtlichen Hintergrund bildet die Auflösung der relativ einheitlichen spätantiken Kulturwelt.

Theologie und Mystik verbinden sich aber auch mit dem zu einer innerkirchlichen und politischen Macht heranwachsenden → Mönchtum (: II), das die asketische Linie in der Entwicklung des Chr.s bis zur Differenzierung in zwei Stände verschieden hoher Vollkommenheit verstärkt und seinerseits nicht wenig zur Paganisierung des Chr.s beiträgt. Schließlich erlebt auch das → Kirchenrecht seine erste Blüte.

Der aus diesen Wandlungen für den byzantinischen Osten hervorgehende → Cäsaropapismus wird bei seinen sowohl heidnisch-religiösen wie auch jetzt betont christianisierten Hintergründen als gottgewollt anerkannt und stellt für sich einen besonderen Komplex gegenseitiger Durchdringung von Antike und Chr. dar. In ihm wird die Kirche zu einem wichtigen und machtvollen Träger des öffentlichen Lebens, der mehr und mehr das Gesamterbe antiker und christlicher Kultur konserviert und weitergibt.

Die byzantinische Kulturblüte erklärt auch, warum die ostslawische kirchliche Kultur gleich zu Anfang ihrer Geschichte einen hohen Stand zeigt; sie ist eine Ausstrahlung des byzantinischen Hofes, der geistigen Grundlagen seiner theokratischen Monarchie in der zweiten Hälfte des 10.Jh.s, die als Ausdruck von Macht und Herrlichkeit allem Anschein nach die normannischen Waräger ohne besondere missionarische Unternehmungen überzeugte und ihnen das Chr. als politisches Bindemittel empfahl. Auf der anderen Seite ließ eine solche Übernahme des Chr.s breiten Raum für eine Amalgamierung mit der Religion des Landes oder Volkes. So ist die russische Frömmigkeit, obwohl sie christlich ist, immer in eigentümlicher Weise Religion der Mutter Erde geblieben. Die Verehrung der Gottesgebärerin und der Mutter Erde sind sich nahe verwandt, und die Theologie beginnt hier nicht beim Menschen, sondern bei Gott und der Natur. Die Kollektivität spielt in ihr eine entscheidende Rolle und bestimmt das Verständnis der Kirche und ihrer Orthodoxie (→ Ssobornostj). Das kosmologische Interesse ist lebendig, und insofern ist die Slawisierung des Chr.s gleichsam eine Abart der Hellenisierung und knüpft eng an diese an.

b) Wird das Chr. im Osten so überwiegend zur Religion des Mysteriums, der sich das Wort Gottes in vergeistigten Bildern offenbart und für die die Umwandlung der Erde das besondere Hoffnungsziel ist, so ist das Chr. des Westens bei aller Wahrung des Sakramentalen doch in stärkerem Maße Religion des Wortes Gottes, das sich in Lehre und Recht, in Predigt und Lebensweisung ausspricht und das Reich Gottes als sich im Verborgenen auf Erden verwirklichend glaubt.

Die abendländische Reichshälfte zeigt so für ihr Chr. eine bezeichnende Sonderlinie. Das stoisch-rechtliche Erbe ist hier – seit → Tertullian - kräftiger wirksam. Dazu kommt später, bei → Augustin, der Neuplatonismus und wiederum etwas später als im Osten der boethianische → Aristotelismus. Auch im Westen ist die Kirche Kulturträger, darin stark vom Osten abhängig, vor allem aber in den früh einsetzenden Wirren der Völkerwanderung die Hüterin der bedrohten Restbestände rechtlicher und sozialer Ordnung, vielfach Stellvertreterin für die dem zerfallenden Staatswesen nicht mehr erfüllbaren Funktionen. Aber die Distanz der Kirche gegenüber dem Staat bleibt kräftig und führt zu Spannungen und Rivalitäten zwischen beiden nebeneinander existierenden Institutionen. Eine religiöse Verklärung des christlichen Herrschers ist in der Kirche des Westens nicht üblich, vielmehr kann die Kirche sich zu Zeiten als legitime Inhaberin des Imperiums ansehen, zunächst auf dem Hintergrund der gotischen Mittelmeer-Reiche mit ihren arianischen Militärkirchen. Der imperiale Anspruch füllt inhaltlich sowohl die Universalität wie die Freiheit der mittelalterlichen Kirche und kann sich dabei auf den faktischen Primat der Kirche im Bereich der Kultur stützen. Die Universalität des Reiches und die Universalität der Papstkirche fordern und bedingen so einander wechselseitig. Den Hintergrund bildet für beide die Idee des Reiches Gottes in der von Augustin entwickelten Sicht als civitas Dei, als der Vollendungsgestalt der Kirche ebenso wie der menschlichen Sozialität.

Das besondere Entwicklungsproblem des Chr.s im abendländischen MA ist neben dem in Reformbewegung (→ Cluny) und Investiturstreit (→ Kaisertum und Papsttum) mit der Parole »libertas ecclesiae« geführten Kampf um die Herrschaft der Kirche und neben wie hinter der spätmittelalterlichen Reaktion sowohl der werdenden westlichen Nationalstaaten wie auch des innerkirchlichen → Episkopalismus und Konziliarismus die *Germanisierung* des Chr.s. Ihr Exponent ist das universale Papsttum einerseits, die Verrechtlichung der Religion andererseits. Die gleichsam symbolische Zusammenfassung stellt das spätmittelalterliche Ablaßwesen (→ Ablaß) dar.

Die Entscheidung des römischen Bischofs für die Franken 754 wie vordem der Merowinger für Rom nennen den geschichtlichen Anfangspunkt einer jahrhundertelangen Missionsarbeit, die auch als solche das abendländische Chr. von dem östlichen unterscheidet und mit dem → Eigenkirchenwesen der germanischen Sippen- und Stammeshäupter und Herrscher wesentliche Motive germanischer Religions- und Rechtsgeschichte aufgreift. Kirche und Welt werden aufs engste miteinander verbunden. Das unterscheidet das abendländische MA von Antike und Neuzeit und gewinnt seine Kraft aus der eigentümlichen Verschmelzung von Antike, Chr. und Germanentum. Die Feudalisierung der Kirche ist die Germanisierung der organisatorischen Formen des Chr.s. Das läßt sich im Gesamtbereich der rechts-, sozial- und wirtschaftsgeschichtlichen Entwicklung ebenso ablesen wie in dem Bereich der Frömmigkeit, in deren Mitte mit fortschreitender Verrechtlichung das Bußsakrament (→ Bußwesen: II) rückt mit seiner Leistungsforderung, seinem Verdienstschema, seinem sakramentalen Gnadenbegriff. Vom Krönungsritus bis zum → Widerstandsrecht und bis zur päpstlichen Entbindung des Untertanen vom Treueid gegen den König im Kampf um die »Freiheit« der Kirche zeigt sich dieser Prozeß. In der kirchlichen Freiheitsforderung selbst wirkt sich eine germanische, die → libertas als Privileg verstehende Umformung des christlichen Freiheitsbegriffes aus. Die Häresien des MA sind zu gutem Teil dementsprechend Proteste gegen die Feudalisierung, die innerhalb der Kirche die Idee des Papsttums im Zusammenhang mit einem germanischen Petrusglauben zumindest rasch gekräftigt, wenn nicht erzeugt hat. Das Spät-MA ist im Grunde nur als Krise dieser ganzen Entwicklung richtig zu begreifen, in der sich der Individualismus und Nationalismus samt den aus der kirchlich-naturrechtlichen Tradition entwickelten Gedanken der Volkssouveränität gegen Feudalisierung und Papalisierung wenden und die auch in der Wissenschaftsgeschichte der Scholastik sich bei allen Schuldifferenzen ausprägende geistlich-weltliche Einheitskultur zu sprengen versuchen, ohne jedoch die tiefsten Wurzeln der Germanisierung anzurühren.

c) Das geschieht erst mit der → *Reformation,* die sich auch insofern von mittelalterlichen Reformbewegungen und Häresien, auch von den in den großen → Bettelorden kirchlich abgefangenen, prinzipiell unterscheidet. Der geschichtliche Ansatz an der Ablaßfrage bedeutet nicht bloß eine Wendung gegen Mißstände, sondern ist mit seiner theologischen Begründung in der Lehre von der Rechtfertigung sola gratia der prinzipielle Protest gegen die germanisierte kath. Verdienstfrömmigkeit. Dasselbe gilt von dem Protest gegen den Opfercharakter der → Messe. Das Papsttum wird theologisch als die Summe der Gesetzlichkeit und der menschlichen Zusätze im kirchlichen Leben verstanden. Zugleich begründet die Rechtfertigungslehre auch ein neues Weltverhältnis: Die Welt wird entklerikalisiert und als der durchaus profane Ort für die Bewährung des Glaubens durch die Ausübung des → »Berufs« (: III, 3) im Gehorsam gegen Gottes Gebot verstanden. Wie dieses Handeln nicht als solches »christlich« ist, so bleibt das Verhältnis zur Welt trotz der Verantwortung für sie durch eine innere Distanz bestimmt. Es entwickelt sich eine Kulturethik innerweltlicher → Askese. Die Einheit der Kirche wird nicht mehr institutionell als in der Einheit des Papsttums repräsentiert begriffen, sondern ausschließlich als eine Wirklichkeit des Glaubens, in deren Einheit sich die Reformation mit der ganzen Christenheit auf Erden und so auch mit der alten Kirche unmittelbar verbunden weiß. Insofern ist die Reformation ihrem Selbstverständnis nach keine Kirchenspaltung, wohl aber Glaubenstrennung und radikale Kritik des überkommenen mittelalterlichen Kirchentums. In diese Kritik strömen auch kirchenkritische Motive aus Renaissance und Humanismus ein, während das Menschenbild dieser geistigen Bewegungen mit seiner Forderung auf sittliche Autonomie den nachtridentinischen Katholizismus zugleich gegenreformatorisch-humanistisch bereichert. Entscheidend ist aber die Verkündigung des Wortes Gottes. Von da aus erhält die Bibel ausschließliche Autorität, während das auf Taufe und Abendmahl reduzierte Sakrament aufs engste mit Wort und Glauben verbunden wird. Das sacerdotale Priestertum wird ebenso wie das Mönchtum ausgeschieden, die hierarchische Struktur der Kirche als Heilsanstalt abgelehnt. Das geistliche Amt steht ganz im Dienst des Wortes Gottes und damit Christi als des alleinigen Hauptes seiner Kirche. Der Träger des geistlichen Amtes unterscheidet sich durch keinerlei Weihecharakter vom Gemeindeglied. Der Grundsatz des allgemeinen → Priestertums aller Gläubigen ist ebenfalls Protest gegen die verrechtlichte Heilsanstalt und ihre jurisdiktionellen Prärogative.

Im Anglikanischen Kirchentum (→ Anglikanische Kirche: I) verbinden sich die spätmittelalterlichen Reaktionserscheinungen gegen die Weltkirche mit reformatorischen und vor allem humanistischen Motiven in Richtung auf die Formung einer romfreien kath. Nationalkirche von stark konservativer Haltung, aber ebenso auch toleranter Einstellung.

Die Zerschlagung der im Prinzip, niemals in vollkommener geschichtlicher Entwicklung vorhandenen geistlich-weltlichen Einheitskultur des MA begründet auch ein *neues Verhältnis von Chr. und Welt*, auf Grund dessen sich das Chr. als Kirche konfessionalisiert - den Anfang macht der Katholizismus mit dem → Tridentinum - oder in eine Fülle von Sonderformen im Gefolge der Reformation und ihrer religiösen Nebenbewegungen (→ Täufer, → Spiritualismus) Gestalt zu gewinnen sucht, zT unter Radikalisierung der dogmen- und kirchenkritischen Linie (→ Denomination) und als Versuche zur Auflösung des staatskirchlichen Prinzips seit Konstantin (»nachkonstantinisches Zeitalter« der Kirche). Das zentrale Problem ist in der Entwicklungsgeschichte des Chr.s seit der Reformation dasjenige der *Säkularisierung*, zT schon im Spät-MA vorbereitet.

Daß hier eine entscheidende Bruchstelle vorliegt, bestätigt die lebhafte Erörterung der von → Troeltsch aufgeworfenen Frage, ob nicht so sehr die Reformation (Altprotestantismus) als vielmehr die Aufklärung und der Neuprotestantismus das Ende des MA und den Anfang der Neuzeit bilde. Fraglos tritt mit dem 17.Jh. ein neuer »Geist« auf den Plan. Er meldet sich zunächst - nach einer Periode orthodox-lehrmäßiger Verfestigung mit stark polemischem Akzent - in verschiedenen Formen eines religiösen Individualismus an, mystisch im → Pietismus, rationalistisch in der → Aufklärung, personalistisch in → Romantik und → Idealismus, positivistisch-liberal und zugleich privatisiert in der bürgerlichen Kultur im entkonfessionalisierten Staat des ausgehenden 19. und beginnenden 20. Jh.s. Das Chr. wird in spezifischer Weise jetzt auch im Protestantismus (sowie besonders deutlich im Barock-Katholizismus) zur »Religion des Menschen«, weithin entdogmatisiert und im Gefolge einer rationalistisch-idealistischen Ethik moralisiert. Die Probleme Vernunft und Offenbarung, später Geschichte und Offenbarung, der Abbau supranaturalistischer Momente in der Weltanschauung, die Auflösung des kirchlich-orthodoxen Dogmas und zT damit der Konfessionsunterschiede (→ Union), die Betonung innerweltlicher, pädagogischer und auch politischer Brauchbarkeit christlicher Traditionen zur Festigung religiös-werthafter Gesinnung und zur Befriedigung religiöser Bedürfnisse innerhalb des kulturellen Fortschritts, kurz eine vorwiegend pragmatische Bejahung eines stark »abgemagerten« Chr.s kennzeichnet diesen Vorgang fortschreitender Verweltlichung und Vermenschlichung. Der Mensch steht in der Mitte seiner, auch seiner christlichen Religion. Soziale und politische Reich-Gottes-Ideologien lösen, zT mit antikirchlichem oder antichristlichem Vorzeichen, als Verweltlichungsgestalten christlicher Eschatologie diese ab, unter westlichem Einfluß auch im Bereich der Ostkirche bis hin zum Bolschewismus. Die Wissenschaft überbietet den Glauben, die freigewählte Geselligkeit religiöser Individuen tritt an die Stelle der Tauf- und Kirchengemeinde. Die Kirche ist zur Verteidigung ihrer Daseinsberechtigung gedrängt und sucht durch apologetische, evangelisatorische und missionarische Aktionen in einer vorgeblich christlichen Welt ihre Stellung zu halten. Ihr Verhältnis zum Staat ist durch die religiöse → Toleranz oder → Parität des neuzeitlichen Staates und durch die mehr oder minder vollständige Trennung beider Sphären bestimmt.

Auf der anderen Seite macht sich aber auch eine Linie nur zT restaurativer Verkirchlichung und kirchlicher Erneuerung geltend, die sowohl im Katholizismus wie im Protestantismus den evangelischen Gehalt des Chr.s neu zu entdecken und gegenüber der Welt der Moderne wirksam zu bezeugen beginnt. Der nachtridentinisch-gegenreformatorische Katholizismus Roms ist weithin ein anderer, ein stärker verkirchlichter als der mittelalterliche. Befreit von der Verpflichtung zu einer mehr oder minder direkten Besorgung der Geschäfte einer »christlichen Welt«, hat er im Universalepiskopat des Papstes (→ Vatikanum, 1870) seine abschließende hierarchische Gestalt gewonnen und damit neue Kraft zu Eroberungen ebenso in der antichristlichen wie in der prot. Welt des abendländischen Kulturkreises und seiner überseeischen Ausweitung. Insbesondere führt der »Kirchensturm« der französischen Revolution und Napoleons auch zu einem neuen und nunmehr planmäßigen Aufbau des äußeren Bestandes der römischen Kirche. Aber der Vorrang des Rechtes (→ Codex iuris canonici) vor dem Dogma ist trotz fortschreitender Lehrdefinitionen (→ Mariologie), mystischer Anreicherungen und einer Fülle neuer Formen spezifisch religiöser Betätigung geblieben.

Der Protestantismus hat vielfach in Rückwendung zu orthodoxen und pietistischen Traditionen und darüber hinaus zum reformatorischen Ansatz nach einer damit wohl zu rasch beiseite geschobenen Periode der Liberalisierung seine einst als Fortschritt betrachtete Weltförmigkeit (→ Freies Christentum) und deren extreme Ausläufer (→ Lichtfreunde u.ä., → Deutsch-christliche Bewegungen) aufgegeben und hat sich aufs neue bewußt verkirchlicht, aber eben damit auch eine neue Wendung zur Welt vollzogen. Dabei rücken das Bekenntnis und mit ihm die dogmatische Lehre ebenso wie die ökumenische Verantwortung gegenüber den konfessionellen Besonderungen und zT in ihnen selbst wie auch gegenüber der »Unordnung der Welt« und ihren sozialen Problemen (→ Ökumenische Bewegung) immer stärker in die Mitte des Selbstverständnisses auch des noch weithin volkskirchlichen Kirchentums. Es handelt sich dabei um den Versuch einer neuen Wahrnehmung des → »Öffentlichkeitsauftrags« des Chr.s. Neue Probleme tauchen auf: sowohl mit der allmählichen Ablösung der bisherigen großen außereuropäischen und -amerikanischen Missionsfelder durch die Bildung der → »Jungen Kirchen« und vor allem mit der allenthalben erstarkenden Aktualität des → Nationalismus (: II) und seiner religiösen Begleiterscheinungen, der Erneuerung alter, des Aufkommens neuer Religionen, zB der neuen Führer- und Staatskulte (→ Nationalsozialismus, → Faschismus, → Shintoismus); ebenso mit der »Verkleinerung der Welt«, die das Leben in der Fiktion geschlossener christlicher Räume als Illusion erweist.

4. Ein Rückblick auf diese Skizze der geschichtlichen Entwicklung des Chr.s dürfte das Vorhandensein einer Gliederung in durch deutliche Epochen eingeleitete Perioden bestätigen. Sie ist durch die jeweils entscheidenden Entwicklungsprobleme (Hellenisierung, Germanisierung, Säkularisierung [unter Einschluß der Konfessionalisierung]) bestimmt, die freilich immer wieder nach rückwärts und vorwärts über die Perioden selbst hinausgreifen. Das Ganze ist eine Abfolge von *Veränderungen*, bei der die Konstanten ebenso wie die neue Wendungen heraufführenden epochalen Entscheidungen

diese Abfolge als *historische* Entwicklung gemeinsam charakterisieren. Ihre Einheit liegt in ihrer *Kontinuität*, nicht in der teleologischen Entfaltung eines keimhaften Wesens in Analogie zum biologischen Entwicklungsgedanken. Sie ist auch nicht durch einen Rhythmus etwa von Diastase und Synthese im Verhältnis zur Welt oder von Formierung, Deformierung und Reformierung im Verhältnis zum »Wesen« gesetzmäßig strukturiert. Abfallstheorie ebenso wie Fortschrittsgedanken reichen nicht zu, das Ganze der Veränderungen zu systematisieren, so sehr sie dann und wann als Hilfsmittel geschichtlicher Erkenntnis brauchbar sein mögen. Die »Sinngebung« der Entwicklung des Chr.s ist daher ein *dogmatisches*, kein historisches Problem und lenkt wiederum zurück zu den eschatologischen Hintergründen der mit dem Chr. selbst heraufgeführten Geschichtsbetrachtung. Darin erweist sich die Unabhängigkeit des *Glaubens* von der Geschichte trotz der auf ihn einwirkenden geschichtlichen Bedingungen, welche die Verwirklichung seiner Entscheidungen teils ermöglichen, teils hemmen, teils fördern. Das Chr. ist zuletzt weder Kultur- und Zivilisationsgut, auch keine Ideologie, noch auch die Lösung der Probleme der Menschheit, in seinem »Wesen« auch nicht eigentlich »Religion«, sondern Krisis aller Religion in Christus.

Lit. (wesentlich auf Problemgeschichtliches eingeschränkt): W. Dilthey, Ges. Schr. I. Einl. in die Geisteswissenschaften I, (1883) 1923; VII. Der Aufbau der geschichtl. Welt in den Geisteswissenschaften, 1927; VIII. Weltanschauungslehre, 1931 - E. Troeltsch, Ges. Schr. II. Zur religiösen Lage, Religionsphilosophie u. Ethik, (1913) 1922²; III. Der Historismus u. seine Probleme, 1922 - K. Heussi, Altertum, Mittelalter u. Neuzeit in der KG, 1921 - Hans v. Soden, Die Gesch. der christl. Kirche bei O. Spengler (ZKG 43, 1924, 1-38) - Ders., Chr. u. Kultur (Urchristentum u. Gesch. I, 1956, 56-89) - M. Dibelius, Evangelium u. Welt, 1929 (2. Aufl. von: Geschichtl. u. übergeschichtl. Religion im Chr., 1925) - K. Holl, Urchristentum u. Religionsgeschichte (Holl II, 1928, 1-32) - H. Gressmann, Die Umwandlung der oriental. Religionen unter dem Einfluß des hellenist. Geistes (Vortr. Bibl. Warburg 1923/24, 1926, 170-195) - G. Kittel, Die Religionsgeschichte u. das Urchristentum, 1932 - G. van der Leeuw, Phänomenologie der Religion, (1933) 1956² - Ders., Die Bilanz des Chr.s, 1943 - K. S. Latourette, A Study of the Expansion of Christianity, 7 Bde, New York 1937-45 (gek. dt. Ausg. von R. M. Honig, 1956) - K. Prümm, Religionsgeschichtl. Hdb. für den Raum der altchristl. Umwelt, (1943) 1955² - W. Neuss, Das Problem des MA, 1944 - N. Berdjaev, The Russian Idea, London 1947 - R. Bultmann, Das Urchristentum im Rahmen der antiken Religionen, 1949 - Ders., Das Chr. als oriental. u. abendländ. Religion (Bultmann II, 187-210) - A. M. Ammann, Untersuchungen zur Gesch. der kirchl. Kultur u. des rel. Lebens bei den Ostslawen I, 1955. *Ernst Wolf*

III. Ausbreitungsgeschichte

1. Die ersten 5.Jh.e - 2. 500-1500 - 3. 1500-1800 - 4. Seit 1800. - Vgl. Karte 14 »Mittelmeergebiet (Ausbreitung des Christentums bis 325 nChr)« bei → Imperium Romanum und die Weltkarten 19 (Konfessionen) und 20 (Religionen) bei → Konfessionsstatistik

1. Von Anfang an wandte sich das Chr. an beide Geschlechter und an alle Rassen und Klassen. Der Ausführung des globalen »Großen Auftrags« kamen zugute die für drei Kontinente günstige Lage Palästinas im Kulturbereich des Mittelmeeres, der für die Aufnahme einer universalen Religion günstige Zeitpunkt, die Pax Romana, die römischen Straßen und Handelswege, die Einheitssprache des Reiches. Die Träger der Ausbreitung waren weithin und bald nach dem Ende des 1.Jh.s ausschließlich nicht-berufsmäßige Missionare. Auch die großen Gemeinden in Antiochien, Alexandrien und Rom haben keinen Berufsmissionar als ihren Gründer zu nennen. Das natürliche Zentrum und »Missionshaus« war die Gemeinde. Die Glieder der »Hausgemeinden« wirkten von Person zu Person. Neben relativ wenigen berufsmäßigen Aposteln, Propheten und Lehrern waren Sklaven, Kaufleute, Deportierte, Soldaten, Reisende und besonders auch Frauen die erfolgreichsten Missionare. Weit wirkten Konfessoren und Märtyrer in ihren Gefängnissen und Verhandlungen, auf dem Wege zur Exekution, ja selbst noch nach ihrem Tode. Größere Bedeutung als den »Heidenpredigten« kam den Gesprächen zu, die durch natürliche Kontakte zustande kamen und deren Wirkung durch den Wandel vieler schlichter Christen verstärkt wurde.

Die Beweggründe zum Übertritt waren auch damals schon so mannigfaltig und oft auch gemischter Natur wie später und heute. Ganz verschieden war auch, was die Hörer und Gesprächspartner an der Botschaft anzog und beeindruckte. Eine umfangreiche apologetische Literatur (→ Apologetik: II) informiert uns, wenn auch nicht vollständig, so doch trefflich über die Art des dargebotenen Chr.s und über die Gründe der Gegner, die es auch an Verfolgungen nicht fehlen ließen. Die gesamte Ausbreitungsgeschichte liefert den Beweis, daß »kein anderer religiöser und politischer Menschheitsglaube einen so langen Bericht über heftige und bittere Feindschaft gegen sein Wachstum hat« wie das Chr. An Gründen dafür, daß sich das Chr. doch durchsetzte, ist vieles angeführt worden: vom Äußerlichen und Organisatorischen über den Rückhalt am Kaiser Konstantin und die Anpassungsfähigkeit bis hin zum Innerlichsten. Am Ausgang des 5.Jh.s war aus der kleinsten jüdischen »Sekte« die Mehrheitsreligion des damaligen Kulturgebiets geworden. Für diese religiöse Revolution gab es keine Parallele. Die Christenheit jener Zeit war hauptsächlich zuhause im Mittelmeergebiet. Ihre Ausstrahlungen aber gingen schon bis nach Irland und England, ins Perserreich, nach Arabien, nach Armenien, an die Westküste des Roten Meeres und selbst nach Indien.

Die Geschichte der Ausbreitung wird durch die Regierungszeit → Konstantins (306-337) in zwei ungleiche Stadien geteilt, die in sich wieder gegliedert und bewegt sind. Das 1. Stadium beginnt mit dem sog. apostolischen Zeitalter (→ Altchristliche Kirche, 1), dh ungefähr mit der 1. Generation nach Jesus. Die Arbeit erfolgte unter Juden und Heiden, die mit dem Judentum in Berührung kamen. Das Wachstum der Mutter- und Ausgangsgemeinde in Jerusalem ist aus der Apg bekannt. Die Verfolgung nach dem Märtyrertod des → Stephanus bewirkte die erste Predigt auch außerhalb Judäas durch die Zerstreuten. Noch vor dem Auftreten des Apostels → Paulus waren Damaskus und das überwiegend hellenistische Antiochien erreicht, das bald zum Missionszentrum wurde. Die Hauptfigur in der nun einsetzenden Heidenmission war Paulus, der aber auch als Heidenmissionar seine Volksgenossen nicht übersah und nach der Apg auf seinen Missionsreisen die Synagogen aufsuchte. Er trug das Evangelium wie nach Kleinasien so auch nach Europa. Er kam nach Rom, vermutlich aber doch nicht nach Spanien. Paulus war der größte Missionar jener (und aller) Zeit, doch nicht der einzige: neben ihm wirkten → Barnabas, → Markus, → Petrus, → Apollos, → Silas, → Timotheus u.a.

Im nachapostolischen Zeitalter (bis 200) hielt sich das → Judenchristentum östlich vom Jordan, südlich von Damaskus, in Arabien und Syrien. Es wurde auch von den Verfolgungen unter Trajan und Hadrian betroffen. Das → Heidenchristentum fand sich im hellenistischen Bereich der Mittelmeerwelt. Die Quellen darüber sind spärlich. Um 180 gab es (meist kleine) Gemeinden in allen Provinzen des Reiches und in Mesopotamien. Neben Rom und Antiochien traten Smyrna, Pergamon und Sardes hervor. Um 180 tauchen bereits gefestigte Gemeinden in Ägypten, Gallien, Afrika und östlich der Reichsgrenze in den Quellen auf.

Zwischen dem Tode Mark Aurels und Konstantins trat ein großes Wachstum ein, trotz der verschärften, aber nur periodischen → Christenverfolgungen. Über die missionarische Arbeitsweise dieser Zeit wissen wir wenig. Zu den zumeist einfachen Leuten und Gliedern des Mittelstandes in den Gemeinden kamen nun mehr als früher auch Vornehme und Gebildete. Das stärkste Ausbreitungsgebiet war Kleinasien, besonders in den von der hellenistischen Bildung erreichten Gebieten. In Bischof Gregors Zeit (240-70) scheint es im Pontus eine Art Massenbewegung zum Chr. gegeben zu haben. Gering war die Christenzahl in Palästina, stärker in Phönizien, auf Zypern, Kreta und anderen Inseln. In Griechenland und auf der Balkanhalbinsel gab es wohl nur wenige Christen. In Ober- und Unterägypten war für die Koptische Kirche (→ Kopten: I) ein guter Grund gelegt. Wahrscheinlich ist dort auch schon die Bibel in verschiedene nicht-griechische Dialekte übersetzt worden. Im nördlichen Afrika westlich von Ägypten, besonders in und um Karthago, war das Chr. sehr stark. Am Ende des 3.Jh.s lagen hier und in Kleinasien die christlichen Schwerpunkte. Aus welcher Richtung das Chr. nach → Nordafrika (: I) gekommen war, ist unbekannt, vielleicht vom Osten her; zuerst scheinen es judenchristliche Gemeinden gewesen zu sein. Nordafrika war das erste und wichtigste Zentrum der lateinisch-christlichen Literatur (→ Tertullian, → Cyprian, → Augustin). Wenig erreicht wurden die Punier und Berber. Auch das Wenige geschah nur im Zuge der Latinisierung (mit lateinischer Predigt!). Starke Gemeinden hatten Sizilien, Italien und Südspanien. Für die Gegenden des heutigen Frankreich, Belgiens, des Rheintales, des südlichen Deutschland und eines Teiles der Schweiz fehlen genaue Nachrichten über den Beginn der Ausbreitung. Vermutlich geschah sie durch syrisch sprechende Kaufleute. Die Gemeinden waren zunächst Stadtgemeinden.

Schon um 200 mag es die ersten Christen in → England (: I) gegeben haben. Das Konzil von Arles 314 war auch von 3 englischen Bischöfen besucht. Um dieselbe Zeit war → Edessa vorwiegend christlich. Meistens aber waren die Gemeinden Minoritäten. Genaue Proportionsangaben sind unmöglich: die Annahmen rangieren von $^1/_{20}$ über $^1/_8$ bis - sicher überschätzt - zu $^1/_2$ der Bevölkerung des Reiches, natürlich mit örtlichen und regionalen Unterschieden. Auch sichere Angaben über die soziale und bildungsmäßige Zusammensetzung der Gemeinden sind nicht möglich. Tatsache ist, daß Menschen aller Stände Christen wurden: auch Gelehrte, relativ wenig Soldaten, mehr Frauen als Männer. Um 325 war das Chr. »kosmopolitisch«. Sein Wachstum im 3.Jh. war erstaunlich gewesen: das Chr. war die ausgedehnteste und stärkste Gemeinschaft im Staat.

Mit Konstantin änderte sich die Szene: das Chr. wurde allmählich zur Staatsreligion und bald zum einzigen offiziellen Kult des Reiches. Heidnische Kulte wurden staatlich bekämpft. Das Christwerden empfahl sich auch aus anderen als echten Motiven. Um 500 nannten sich die meisten Bewohner des Reiches Christen. Große Reichsgebiete waren ganz christianisiert. Von den Städten griff das Chr. auf die Umgebung über. Außerhalb der Reichsgrenzen war das Chr. zu den »nördlichen Barbaren«, nach Persien (→ Iran: V), England, → Irland (: I), → Schottland (: I), ins obere Niltal, nach → Arabien (: I), in das heutige → Äthiopien (: III) und nach Indien gelangt. Ebenso brachte das 5.Jh. die Christianisierung der → Burgunder und der → Franken. Fast immer erfolgte die Ausbreitung im Zusammenhang mit der griechisch-römischen Welt, die bald zerbrechen sollte.

2. Zwischen 500 und 1500 verlor das Chr. so viel Land und so viele Anhänger, wie es neu erwarb. Ja, vielleicht war um 1500 die Zahl der Christen sogar kleiner und die Ausdehnung geringer als um 500. Denn verloren gingen fast die ganze nordafrikanische Küste, Teile am Nil und in Südosteuropa, das meiste von Kleinasien, Syrien und Palästina und nahezu alles in Persien und Innerasien. Der so viel jüngere → Islam breitete sich viel rascher aus als das Chr. Daß der Untergang der nordafrikanischen Kirche weniger am islamischen »Feuer und Schwert« lag, daß die letzten Ursachen des Verfalls vielmehr in der gespaltenen Kirche selbst zu suchen sind, sollte mehr als bisher beachtet werden. Ein Ausgleich lag darin, daß sich das Chr. in den Ländern Osteuropas und vor allem in Nordwesteuropa fest- und durchsetzte: unter den → Alemannen, → Bayern, → Thüringern, → Hessen, → Angeln, → Sachsen, → Friesen und in den skandinavischen Ländern. Dabei kam es zu Massenbekehrungen, die selten ohne einige Nachhilfe durch die Fürsten verliefen. Mehr als bisher spielte jetzt der berufsmäßige Missionar, der meistens Mönch war, eine Rolle, ohne daß freilich der heutige »Heimatbetrieb« nötig geworden wäre. Verhältnismäßig rasch war das Werk der fremden Missionare erfüllt: in → Britannien und → Deutschland (: I) in nur zwei Generationen. Dann waren die neu gegründeten Kirchen selbständig und unabhängig. »Das vorübergehende Wirken des Fremden stand in bemerkenswertem Kontrast zum Verlängern seiner Führerstellung in vielen der nach dem Jahre 1500 von christlichen Missionaren gegründeten Gemeinden« (Latourette). Der größere Arbeitseinsatz lag bei der kath. Kirche. Er erstreckte sich aber nicht auf Afrika, wo nilaufwärts und bis nach Äthiopien hinein ägyptische Monophysiten wirkten. Und es waren → Nestorianer, die den christlichen Glauben nach Indien, Innerasien und selbst im 7.Jh. nach → China (: IV A) brachten. Die im 13.Jh. nach China kommenden kath. Missionare fanden beachtliche (auch künstlerische) Zeugnisse aus der Nestorianermission vor, so das Kreuz auf dem Lotus.

3. Die Ereignisse um 1500 leiteten die größte Ausdehnung ein, die das Chr. bis dahin erlebt hatte. Nie zuvor hatte eine Religion eine Möglichkeit, ihre Einflußnahme auf einen so erheblichen Teil der Menschheit auszudehnen: nach den beiden Amerika, nach → Afrika südlich der Sahara (: IV), nach Asien und in die → Südsee. An der Ausbreitung waren die drei Hauptgruppen der Christenheit beteiligt, am meisten naturgemäß die kath. Kirche. Neubelebte und neue Orden und seefahrende kath. Mächte standen ihr zur Verfügung. 1622 kam es zur Gründung der zentralen Leitungsstelle, der Sacra Congregatio de Propaganda Fide (→ Propaganda-Kongregation).

Und die ev. Kirche? Sie glich noch einem Kinde, während die kath. Kirche des 16.Jh.s einem voll entwikkelten, mit Erfahrungen ausgestatteten und verbindungsreichen Manne zu vergleichen ist, dessen Schritte ausgreifen und dessen Hände - bildlich gesprochen - ein Schwert umfassen und es schwingen können. Aber bedauernden Äußerungen, daß Luther »kein Missionsmann in unserem Sinne« war und daß »die Reformatoren schon jedem Gedanken an moderne Christianisierungsarbeit, dh an besondere missionarische Unternehmungen fern blieben«, geht jede Überzeugungskraft ab. Tatsächlich waren die Väter nicht moderne Betriebstechniker; keineswegs aber waren sie grundsätzlich so »missionslos«, wie man weithin meint. Für Luther war das Bekehrungswerk »nondum factum«: »Oportet semper progredi ad eos quibus non praedicatum, ut plures fiant.« Darum »müssen Prediger zu ihnen gesandt werden«. Auch ein Laie, etwa als Kriegsgefangener, ist »dasselbe schuldig zu tun bei seiner Seelen Verlust und Gottes Ungnaden«. So ernst wird nicht einmal in der heutigen Kirche und Missionsliteratur geredet! Bedauerlich ist das Aufkommen der Meinung, die Mission sei nur den Aposteln aufgetragen und von diesen ausgeführt. Verständlich aber wird das, wenn selbst Philipp → Nicolai auf Grund von Reise- und Missionsberichten meinen konnte, daß es kein Volk und kein Land gäbe, in denen nicht Christen wären. Der Lebendigkeit des Missionsgedankens im alten Luthertum entsprachen die Missionsversuche an den drei Stellen, wo man mit Nichtchristen Tuchfühlung hatte: mit den Juden daheim, den Türken auf dem Balkan und den Lappen in Skandinavien. Im 17.Jh. ließ Herzog → Ernst der Fromme von Gotha und Altenburg einen Missionsversuch in Äthiopien unternehmen. Schon 1583 hatte Herzog Ludwig von Württemberg den Magister Claß »in das Fessanisch Königreich (= Marokko) hinter Hispanien reisen und Arabisch lernen lassen, um missionarisch tätig zu werden«. »Dieses luth. Missionsunternehmen ist von der Missionsgeschichtsschreibung, die selbstverständlich jeden missionsreisenden Engländer gewissenhaft registriert, unterschlagen worden. Denn das Bild des ›missionslosen‹ Luthertums darf unter keinen Umständen getrübt werden« (Elert).

Als sich im 16.Jh. für die Protestanten durch Handel und Eroberungen Berührungen mit heidnischen Völkern ergaben, wurde die Missionspflicht nicht außer acht gelassen (französische Protestanten in Brasilien 1555/56; die erste holländische Expedition nach Ostindien 1595). Man mag die Verbindung bedauern, Tatsache aber ist und es entsprach der Lage und dem Verständnis jener Zeit und zeugt auf seine Weise auch von wahrgenommener Verantwortung, daß es auch den englischen Kolonialunternehmungen nicht an Missionsgeist gefehlt hat (Virginia 1606; Massachusetts 1609). Schon 1649 wurde zur Unterstützung des britischen Missionars John → Eliot die erste Missionsgesellschaft ins Leben gerufen. Im deutschen Protestantismus wurden Justinian von → Weltz und der von der Jesuitenmission angeregte Philosoph → Leibniz zu Fürsprechern der Mission. Leibniz sorgte dafür, daß selbst die 1700 gegr. Berliner Akademie der Wissenschaften (→ Akademie: I, 2b) in ihren Stiftungsbrief einen längeren Passus über die der Sozietät der Wissenschaften auch obliegende »Fortpflanzung des wahren Glaubens und der christlichen Tugend« aufnahm. Von besonderer Missionskraft erwies sich der Hallesche Pietismus, an dessen Indienarbeit sich → Zinzendorfs Missionsliebe und -tat entzündete. Auf englischem Boden wurde bedeutsam die Gründung der Society for Promoting Christian Knowledge (1699), der Society for the Propagation of the Gospel in Foreign Parts (1701) (zu beiden → Anglikanische Kirche: II) und der ersten Gesellschaft »for Propagation of Christian Knowledge« in Schottland (1709). Neben der röm.-kath. und der ev. Kirche beteiligte sich auch die orth. Kirche am Ausbreitungswerk, wenn auch nur in sehr bescheidenem Rahmen.

Bis zum Ende des 18.Jh.s war das Chr. in alle 5 Erdteile gedrungen. In *Europa* hatte es in diesem Zeitabschnitt nur noch im Norden und Osten Heiden gegeben, meistens Lappen. In der Arbeit unter ihnen war der Norweger Thomas von Westen führend. 1755 erhielten die Lappen das NT in ihrer Sprache. Dem Islam wurde auf der Iberischen Halbinsel entscheidend begegnet, und in *Nordafrika* wurde unter seinen Anhängern missioniert. Trotzdem verlor das Chr. zwischen 1500–1800 an den Islam mehr Anhänger, als es aus ihm gewinnen konnte. In derselben Zeit breitete sich das Chr. am weitesten in den beiden *Amerika* aus und erzielte dort die größte Zahl von Übertritten. Hunderte von kath. Missionaren gewannen in den spanischen, französischen und portugiesischen Besitzungen die Mehrheit der dortigen Indianer und Neger. Damals wie heute und überall haben sich die europäischen Christen im Ausland als das stärkste Missionshindernis erwiesen: durch ihren oft üblen Lebenswandel und durch ihren Widerspruch in Wort und Tat gegen das Eintreten der Missionare für die Eingeborenen, gegen die soziale Fürsorge für sie und gegen die Predigt unter ihnen. Die ev. Arbeit in Amerika geschah im Zusammenhang mit den Einwanderungen. Das erste prot. Druckwerk in einer Indianersprache war Luthers Kleiner Katechismus in der Delawarensprache von dem Schweden J.Campanius 1696: die erste Übersetzung des Katechismus in eine »Missionssprache«. 1734 setzte die Herrnhuter Missionsarbeit ein (→ Brüderunität: II, 6). Damals und später waren es Missionskreise, die gegen den Sklavenhandel auftraten und sich der Sklaven durch Schularbeit u.a. annahmen. In Grönland begann der Norweger H. → Egede 1721 die Arbeit. In Afrika hielt sich, was da war. Neues geschah nur in den Küstengebieten, und das wesentlich durch die Katholiken. Die ev. Mission beschränkte sich auf den holländischen Einsatz an der Südspitze (1652) und den Anfang der Engländer an der Goldküste (um 1750; → Ghana).

In → *Indien* (: IV) gab es noch immer die Thomaschristen. Im 13. und 14.Jh. reisten Franziskaner durch Indien. Mit der portugiesischen Besetzung 1498 setzten neben Franziskanern und Dominikanern u.a. vor allem die Jesuiten ein (R.de Nobili, F. → Xavier). Ihr Zentrum war → Goa, wo es seit 1524 ein Seminar für eingeborene Geistliche gab. Das erste Druckwerk auf indischem Boden überhaupt war der in Tamil gedruckte Quilon-Katechismus von 1578. Die kath. wie ev. Druckereien waren in Indien (wie auch sonst in den meisten Missionsgebieten) die ersten, die es gab. Die ev. Kolonialmächte sandten Kapläne aus, was zB auch in der Gründungsurkunde der englischen Ostindien-Gesellschaft 1698 vorgesehen wurde, die sich um die Europäergemeinden und die Sklaven kümmern sollten. Für die Ausbreitung des Glaubens taten sie - auch mangels Sprachkenntnis - fast nichts. Die ev. Mission begann mit den Lutheranern der sog. Dänisch-Halleschen Mission. B. → Ziegenbalg und H. → Plütschau landeten am 9.7.1706 in »Tranquebar auf der Küste Coromandel«. Sie hatten viele tüchtige Nachfolger, so Chr.Fr. → Schwartz und Ph. → Fabricius. Mit William → Carey setzte erst 1793 die englische Mission in Indien ein.

Auf dem seit 1505 portugiesischen → *Ceylon* (: III) wirkten ab 1543 die Franziskaner mit großem Erfolg. Auch in der holländischen Zeit (seit 1658) behielten die Katholiken das Übergewicht. In Hinterindien war die Mission ganz auf sich selbst gestellt, und die Erfolge waren geringer als in den Kolonialländern. Kath. Boten drangen nach Malakka, Kambodja, Cochinchina, Annam, Siam und → Burma vor. Schon vor 1550 wurden viele ostindische Inseln besetzt, so Amboina, Celebes, die Molukken, Timor u.a. Die Holländer brachten dann die Ausbreitung des kath. Glaubens zum Stillstand. Ihre Ostindien-Gesellschaft sah ausdrücklich die Einführung des Protestantismus als Aufgabe vor. 1734 erschien die ganze Bibel in Malaiisch in lateinischer Umschrift und 1759 in arabischer Schrift. Die Höchstzahl der holländischen Missionare betrug 1730 wohl 43, sank aber bis 1798 auf 7 herab. Die ev. Christen der ostindischen Inseln bildeten um 1800 die größte prot. Christengruppe östlich von Indien und Ceylon. Auf den Philippinen konnten spanische Missionare kurz vor 1600 gerade noch die islamische Expansion von Borneo her abwehren. Um 1750 gab es über 900 000 Christen, unter denen auch Japaner und Chinesen waren. Schon vor 1800 gab es Filippino-Bischöfe und 2 kath. Universitäten.

1549 kamen die Katholiken (F.Xavier) nach → *Ja-*

pan (: IV). Bei 28 Missionaren soll es 1582 schon 200 Kirchen und 150 000 japanische Christen gegeben haben. Eine ungeahnte Ausbreitung erfolgte am Beginn des 17.Jh.s, der grausame Verfolgungen vorangingen und nachfolgten. Trotz radikaler Unterdrückung gab es in Japan noch 200 Jahre später Christen. Nach 1550 suchten kath. Missionare von Macao und den Philippinen aus Eingang in → *China* (: IV) zu finden (Matteo → Ricci; Adam von Bell). 1637 gab es 40 000 und um 1700 wohl 300 000 Christen. In und von Peking aus wirkte auch die russ.-orth. Kirche. →Taiwan (Formosa) sah ab 1624 eine kurze, wieder verfallende Arbeit der Holländer. Jesuitische Missionare kamen im 17.Jh. nach →Tibet, 1661 auch nach Lhasa, wurden aber 1745 ausgewiesen. Um →Korea bemühte sich 1619/20 ein chinesischer christlicher Gelehrter. Der erste Koreaner wurde 1784 in Peking getauft und trug seinen Glauben ins Land. Im asiatischen Rußland nahm die orth. Kirche die Arbeit auf, so um 1700 in Sibirien, bald auch unter den Kalmücken an der Wolga, später auf den Aleuten und in Alaska.

Das Jahr 1800 zeigte das Chr. in einer geographischen Ausdehnung und Wirkungsbreite wie nie zuvor und wie es um 1500 niemand als möglich hätte annehmen können.

4. Seine stärkste geographische Ausbreitung erreichte das Chr. im 19.Jh. Die größten Zahlenerfolge entfielen auf Süd- und Nordamerika. Hier stieg die Christenzahl von 10% 1810 auf 58% 1951 einschließlich Negern und Indianern. Das Schwergewicht der Weltmission hat sich zusehends auf die Christen in USA verlagert. 1956 entfielen von 34 692 ev. Missionskräften 23 432 auf USA, gegenüber nur 807 deutschen Kräften. Die Mitarbeiter gehören fast ausschließlich der weißen Rasse an. Die Mitarbeit der Laien und Frauen nahm gewaltig zu; heute gibt es mehr weibliche als männliche Kräfte. Im Unterschied zu vergangenen Jh.en bringt jetzt die Heimatgemeinde erhebliche Mittel auf. An der Ausbreitung im 19.Jh. hatte der Protestantismus größeren Anteil als Rom. Neuen Eingang fand das Chr. in allen Teilen Gesamtamerikas, auf Südsee-Inseln, Niederländisch-Indien, Borneo, Neuguinea, im fernen Osten, in Nordafrika und besonders südlich der Sahara, und zwar oft in Verbindung mit neuen Niederlassungen der Europäer, mit neuen Entdeckungen und neuer Ausweitung des Handels. Einmal ging der Missionar voran, ein anderes Mal folgte er nach. Ein Nebenprodukt der Mission war es, daß sie zur Vermittlerin modernen Wissens und zu einer Kulturmacht wurde (80-100% der Schulen aller Typen waren Missionsschulen) und daß sie den verschiedensten Wissensgebieten zuverlässiges Material vermittelte. Wir heben die religions- und sprachwissenschaftlichen Leistungen heraus: viele Sprachen wurden erschlossen, Schriftsprachen geschaffen und dafür Wörterbücher, Grammatiken und Bibelübersetzungen hergestellt. Träger der Ausbreitung waren auf kath. Seite Orden und Kongregationen (von denen von 1814-1914 mehr gegründet wurden als je in einem Jh. zuvor). und auf ev. Seite die in allen Ländern wegen des Versagens der offiziellen Kirchen in großer und allzugroßer Zahl entstandenen Missionsgesellschaften. Eigentlich »kirchliche Missionen« sind vorwiegend die amerikanischen Missionen, die Herrnhuter und die »Schwedische Kirchenmission«, eine größere Annäherung bahnt sich jetzt (zB in Holland) an. Die orth. Kirche war, und dies immer als Staatskirche, in geringem Umfange tätig in Rußland, Nordamerika, unter Tataren und Mongolen, in Japan und Korea.

Die größte Ausbreitung der ev. wie der kath. Kirche in der *Mitte des 20.Jh.s* kann so relativ kurz behandelt werden, weil mit dem Wort von der globalen Ausbreitung das Wesentliche gesagt ist. Eine auch nur großlinige Darstellung müßte durch alle Kontinente, Länder, Inseln, Rassen und Nationen führen und eine Unzahl von Namen und Daten nennen (vgl. dazu die Länderartikel und die Lit.).

Als die eigentlichen Missionsgebiete galten und gelten Asien und Afrika. Nie zuvor war dort mit so großer Hingabe für einen Glauben geworben worden. Auch an → Märtyrern (: III) hat es nicht gefehlt. Gleichwohl stehen wir noch heute vor einer »unvollendeten Aufgabe«: es gibt noch unbesetzte und nur oberflächlich berührte oder bearbeitete Gebiete wie Afghanistan, Tibet, Russisch-Zentralasien, China, Sinkiang, die Mongolei, ganze Landstriche etwa auf Sumatra und in Afrika. Auch die zahlenmäßigen Erfolge zeigen, daß wir nicht in einer »post-missionarischen Ära« leben, sondern daß wir noch immer am Anfang stehen, da es heute rund 1 ½ Milliarden Nichtchristen gibt, so daß von einem »Siegeslauf« besser nicht geredet wird. Wohl gab es gelegentlich »phänomenale Fortschritte«, die prozentual 2-3mal so hoch waren wie der Prozentsatz der Bevölkerungszunahme. In Indien verdoppelte sich von 1911-1941 die Christenzahl. Im Afrika südlich der Sahara stieg die Zahl der »Missionschristen« von 1,3 Mill. i.J. 1912 auf 3,25 i.J. 1924, auf 7,5 i.J. 1936, auf 14 i.J. 1949 und auf 21 Mill. i.J. 1956, wozu noch 3 Mill. Weiße kommen. Am steilsten ist die Zunahmekurve in Brasilien. Unter allen Denominationen nehmen prozentual am meisten die Pfingstler und die Baptisten zu. Und doch sind die Zahlenangaben sehr ernüchternd: mitsamt den zugewanderten Weißen gab es in Nordafrika und Asien 1914 nur 10 Mill. Christen mehr als 1800. Das Hauptergebnis aller Arbeit sind die heute weithin selbständigen sog. →»Jungen Kirchen«. Diese aber sind »winzige Minoritäten«: in Indien und Burma 3%, in China 1%, in Japan nur 0,5%, unter den Mohammedanern nur 0,05%, in Afrika 20%. Angesichts der ungeheuren Zunahme der Weltbevölkerung gilt der Satz: Die Kirche wird - auch durch Heidentaufen - täglich größer, und doch wird sie täglich kleiner. Denn ihre Zunahmeziffer wird von den Geburtenüberschüssen geschlagen. Die Zahl der Heiden war noch nie so hoch wie heute, und täglich steigt sie an, so daß der prozentuale Anteil der Christen an der Weltbevölkerung Jahr um Jahr geringer wird.

Der modernen ev. Weltmission gereichen zum Vorteil der Zusammenschluß und die Kooperation von Missionen verschiedener Nationen und Kirchen. Die Mission ist die Mutter der →Ökumenischen Bewegung. Die Weltmissionskonferenz 1910 in Edinburgh war das erste ev. ökumenische Konzil. In der International Review of Missions hat man seit 1.1.1912 die erste ökumenische Zeitschrift. Der seit 1921 unter John →Motts Leitung bestehende → Internationale Missions-Rat sorgte u.a. für die Bildung Nationaler Christenräte in allen »Missionsländern«. Die deutschen ev. Missionen haben ihren Zusammenschluß gefunden im Deutschen Ev. Missionstag und Missionsrat.

G.Warneck, Abriß einer Gesch. der prot. Missionen, (1882) 1913[10] - A.v.Harnack, Die Mission u. Ausbreitung des Chr.s in den ersten 3 Jh.en, (1902) 1924[4] - J.Schmidlin, Kath. Missionsgesch., 1925 - M.Schlunk, Die Weltmission der Kirche Christi, (1925) 1951[2] - Elert, ML I, 336ff - K.S.Latourette, A History of the expansion of Christianity, 7 Bde, New York-London 1937-45; gekürzte dt. Ausg.: Gesch. der Ausbreitung des Chr.s, 1956 - Ders., A History of Christianity, London 1954 - C.P.Groves, The Planting of Christianity in Africa, 4 Bde, London 1948-56 - WChH 1952 - W.R.Hogg, Ecumenical Foundations, New York 1952, dt. Ausg.: Mission u. Oekumene, 1954 - J.Glazik, Die russ.-orth. Heidenmission seit Peter d.Gr., 1954 - R.B.Manikam, Christianity and the Asian Revolution, Madras 1954 - R.A.Klostermann, Probleme der Ostkirche, Göteborg, 1955, 162ff - Th.Ohm, Wichtige Daten der Missionsgesch., 1956 - W.T.Thomas-R.B.Manikam, The Church in Southeast Asia, New York 1956.

A.Lehmann

IV. Gegenwartslage

A. Geistesgeschichtlich - B. Konfessionskundlich. - Zur Ergänzung vgl. u.a. → Protestantismus, → Luthertum, → Reformierte Kirche, → Katholizismus, → Orthodoxe Kirche, → Junge Kirchen; die Artikel über die einzelnen Länder, besonders → Deutschland: III. IV; → Statistik, → Konfessionsstatistik

A. Geistesgeschichtlich

1. Chr. und modernes Bewußtsein als Gegensätze - 2. Die Unsicherheit der menschlichen Existenz - 3. Existenz und Wahrheit - 4. Christliches Kulturerbe als Hintergrund der Angriffe auf das Chr. als Verkündigung

1. Zwischen Chr. und modernem Bewußtsein scheint die denkbar größte Spannung zu bestehen: a) Während in früheren Jahrhunderten der Schöpfungsgedanke als selbstverständliches Element in der → Ontologie der westlichen Kultur enthalten war, ist er heute darin nicht mehr beheimatet. Die Jenseitigkeit als solche wird von einem immer mehr um sich greifenden → Atheismus bestritten. - b) Der Gedanke der Allgegenwart Gottes, seines persönlichen und leiblichen Zugegenseins in allen Geschöpfen, den die christliche Verkündigung zur Voraussetzung hat, wenn sie von einem Erfahren des Handelns Gottes in der Geschichte, nämlich in dem konkreten, historischen Menschen Jesus von Nazareth spricht, und der zur Ontologie vergangener Kulturepochen des Westens gehörte, ist uns heute fremd. Vielmehr ist es für die Ontologie der heutigen Zeit charakteristisch, daß ein Denken, das seine Behauptungen über die Wirklichkeit nicht auf Wahrnehmbarkeiten und empirische Daten zurückführen kann, als eine jeden Anhaltspunkt entbehrende freie Spekulation abgelehnt wird. Wie sich zumeist die Haltung, die der jeweils herrschenden Kultur eigen ist, in einer bestimmten Philosophie auskristallisiert, so stehen wir heute realiter in einem Neupositivismus (→ Positivismus), auch dort, wo dieser sich als philosophische Richtung nicht geltend macht. Die Ablehnung des christlichen Gedankens von Gott als dem allgegenwärtigen Schöpfer wird selbst von denen aufrechterhalten, die (wie Künstler und Dichter) sich nicht mit einer positivistischen Ontologie begnügen wollen, und es entsteht ein für unsere Zeit so charakteristisches Phänomen, auf das E.Frank aufmerksam macht: Die empirische Wirklichkeit erhält eine Dimension, die sie nie zuvor hatte. Man versucht gewissermaßen, die christliche Erfahrung, daß es etwas jenseits der empirischen Wirklichkeit gibt, auf die empirische Wirklichkeit selbst zu übertragen und legt in sie eine nahezu mythische Bedeutsamkeit hinein. Frank nennt in diesem Zusammenhang van → Gogh, D.H.Lawrence, → Rilke und James →Joyce. - c) Christlich gesehen ist das ethische Gefordertsein (→ Gesetz: VII) des Menschen radikal und setzt somit nicht nur ein ethisches, sondern zugleich ein bestimmtes ontologisches Verständnis voraus: Als von Gott geschaffen verdankt und schuldet der Mensch Gott alles, was er hat und ist. Von daher ergibt sich die Radikalität der ethischen Forderung an den Menschen. Dies steht jedoch im Gegensatz zu unserer heutigen Ontologie, die als die einzige Wirklichkeit die empirische, wahrnehmbare gelten läßt und eine radikale Forderung nicht anerkennt. Der ethische Absolutismus des Chr.s steht im Widerspruch zu dem heute herrschenden ethischen → Relativismus. Bezeichnend für unsere Kultursituation ist es daher auch, daß in der Debatte um ethische Grundfragen die Verkündigung Jesu überhaupt nicht in Erscheinung tritt.

2. Während die kath. Kirche den Gegensatz zwischen Chr. und modernem Bewußtsein auf autoritäre Weise aus der Welt schaffen kann, da sie dank ihrer voll entfalteten und in einer Tradition verankerten Philosophie ein offenes und zugleich autoritäres Verhältnis zur Kulturwelt (→ Kultur: III. IV) hat, steht diese Lösung der prot. Kirche nicht zu Gebot. Sie hat folgende zwei Möglichkeiten: Sie kann sich mit dem Widerspruch von Chr. und modernem Bewußtsein abfinden, ja sie kann ihn sogar als sinnvoll bejahen. Nur sieht man dann entweder davon ab, daß auch Kirchgänger und Verkündiger von der zeitgenössischen Kultur beherrscht sind, oder aber man läßt es dabei bewenden, daß die →Wahrheit doppelt ist. Man entzieht sich einer notwendigen Auseinandersetzung und baut statt dessen die Kirche zu einer separaten Welt aus. Gibt man sich mit dieser Lösung nicht zufrieden, so muß der Ort, wo sich Chr. und modernes Bewußtsein begegnen, aufgesucht werden. Die nachdrückliche Betonung der Unsicherheit, die ein so ins Auge fallender Zug in der Verkündigung der prot. Kirche und der heutigen Theologie ist, hängt zweifellos mit der starken Spannung zusammen, die zwischen dem Chr. und dem modernen Bewußtsein besteht. Nicht als sei die Unsicherheit erst durch die Bezweiflung der christlichen Wahrheit durch das moderne Bewußtsein hervorgerufen worden; vielmehr ist wohl ein zum Glauben gehörendes Unsicherheitsmoment in den Vordergrund getreten, das sich in Epochen, wo die Ontologie des Chr.s mit der des zeitgenössischen Kulturbewußtseins übereinstimmt, nicht so stark hervordrängt. So heißt es heute: Der → Glaube enthält eine Spannung zu dem ihm innewohnenden Zweifel. Der Glaube schließt nicht den Zweifel aus, sondern nimmt das Risiko der Unsicherheit auf sich. Der Glaube unterscheidet sich von logischer Evidenz, wissenschaftlicher Wahrscheinlichkeit, traditioneller Selbstsicherheit und von jedem autoritären Verhältnis durch den Zweifel (P. → Tillich). Auf dem Grunde des Glaubens steht Zweifel, weil Gott jenseits der Welt und der Menschen ist. Im Kampf des Zweifels gegen Gott erfährt der Mensch, daß er sich Gott nicht entziehen kann. Der wirkliche »Gottesbeweis« ist der Versuch der Angst, Gott zu leugnen (E.Frank). Indem man das Mißverständnis beseitigt, der christliche Glaube bestehe in einem Besitz der Wahrheit, der den Glaubenden in Sicherheit bringt, versucht man eine Verbindung zwischen dem Chr. und dem modernen Bewußtsein herzustellen.

3. Auch auf andere Weise wird dies versucht, gewissermaßen in entgegengesetzter Richtung, indem nämlich aufgezeigt wird, daß sich das moderne Bewußtsein in einer Illusion befindet, wenn es meint, die Frage nach der Wahrheit der Existenz über Bord werfen zu können. Daß die empirische Wirklichkeit in ihrer prinzipiellen Wahrnehmbarkeit für die einzig wahre angesehen wird, bedeutet nämlich in diesem Zusammenhang, daß der Aspekt der biologisch orientierten Psychologie zum allgemein geltenden erhoben wird. Diesem zufolge lernt der Mensch sich selbst in der Natur, nicht in der Geschichte kennen. Seine Handlungen und Haltungen werden von seinen Anlagen, Trieben und Bedürfnissen her verstanden. Gewiß gibt es da auch Forderungen, nämlich die moralischen, rechtlichen und konventionellen, doch besteht deren Funktion lediglich in der Eindämmung und Regulierung des Trieblebens und in der Unterstützung der Sozialisierung der Bedürfnisse. Ist es sinnlos, von der Wahrheit einer Forderung zu sprechen, so ist es auch sinnlos, von der Wahrheit oder Unwahrheit der menschlichen Existenz zu sprechen. Hiergegen wird nun behauptet, man unterliegt einer Täuschung, wenn man die Frage nach der Wahrheit der Existenz als nicht vorliegend betrachtet. Der Mensch fühlt sich in seinem irdischen Leben nicht nur vom Tode bedroht, es droht ihm auch die Verzweiflung, daß er nicht das wahre Leben lebe. In der Frage nach dem wahren Leben und in der

Verzweiflung darüber, daß er es nicht lebt, hebt sich der Mensch über sein vitales Leben hinaus in einer Weise, daß er nicht einmal den Tod für eine Befreiung von der Verzweiflung betrachten kann (Tillich). Der Mensch sucht nicht nur die Befriedigung seiner Bedürfnisse, sondern sein ganzes Leben besteht in einem Kampf um wahre Existenz, sei er Skeptiker oder gläubig, Positivist oder Metaphysiker. Man will nach dem, was man als Wahrheit erkannt hat, auch in seiner Existenz leben (Frank).

Die Frage nach der Wahrheit der Existenz wird auf verschiedene Art behandelt: a) Von → Kierkegaard ausgehend wird der Widerspruch zwischen Glaube und Weltanschauung in einer Richtung durchdacht, die die Frage nach dem Verhältnis zwischen Glaube und Ontologie thematisch nicht im Blick hat (→ Existenstheologie). Die Wahrheit oder Unwahrheit der Existenz wird von der Stellung her entschieden, die der einzelne zur Begrenzung seines Lebens einnimmt. Wahr wäre das Leben des einzelnen, wenn er alle Ansprüche an das Leben aufgäbe und sich der Macht unterwürfe, die ihn von allen Seiten umgrenzt, wissend und glaubend, daß diese Macht Gott ist, der ihm das Leben schenkt und sein Herr ist (R. → Bultmann). - b) Für P. Tillich dagegen kann die Frage nach der Wahrheit der Existenz nicht von der ontologischen Frage getrennt werden. Der Mensch fragt nicht allein deshalb, weil er im Zweifel, in der Schuld und im Tode erfährt, daß er vom wahren Sein getrennt ist, sondern auch weil er selbst am Sein teilhat und darin anderen Personen, Dingen und Ereignissen begegnet. Auch in der Antwort des Chr.s auf die Frage nach der Wahrheit der Existenz ist eine Ontologie enthalten. Die Bibel spricht ontologisch von Gott als der Macht, die in allem ist, was existiert (Mt 10, 29-30). Nachdem die große Synthese zwischen Chr. und modernem Bewußtsein, die → Schleiermacher, → Hegel und das 19.Jh. herzustellen suchten, zusammengebrochen ist, ist es die Aufgabe, eine neue Synthese zu finden. - c) Das sprachliche Problem, das sich durch die Widersprüchlichkeit von Chr. und modernem Bewußtsein einstellt, ist von I.A.Ramsey behandelt worden: Mit den Begriffen der klassischen → Metaphysik läßt sich dieses Problem nicht ohne weiteres lösen. Jene Begriffe nämlich sind in allzu starkem Maße die Duplikate einer Wahrnehmungssprache und führen daher nur zu den Dualismen, die die Theologie eh und je geplagt haben, man denke etwa an den Dualismus → Naturalismus-Supranaturalismus. Die Aufgabe ist statt dessen, einesteils mit Hilfe des Rüstzeugs des logischen Empirismus die religiöse Terminologie in Beziehung zu dem charakteristisch Persönlichen unserer Situation zu setzen und anderenteils zu zeigen, daß die logischen Eigentümlichkeiten und Schwierigkeiten der religiösen Terminologie dem Gebiet entsprechen, auf das sie hinweisen und das sie darstellen (→ Philosophie: II B [Abschnitt: Die Religion im Lichte der antimetaphysischen Philosophie]).

4. Immer wieder erhebt sich die Frage, ob der Relativismus, der unser Kulturbewußtsein kennzeichnet, zwangsläufig zum → Nihilismus führt. Die Meinungen darüber sind geteilt. Der im → Idealismus verwurzelte Denker antwortet bejahend: Ist die Forderung der Ethik nicht absolut und ruht das Recht nicht auf einer absoluten Idee der Gerechtigkeit, so ist der Unterschied zwischen gut und böse der reinen Willkür unterstellt, womit wir uns im Nihilismus befinden.

Kommt man vom Positivismus her, so sieht man die Dinge umgekehrt. Man sieht wohl, daß für den, der nicht ohne Metaphysik leben kann, der Relativismus gefährlich ist, da die einzige Metaphysik, die man sich aus dem Relativismus machen kann, der Nihilismus sein muß. Nur findet der positivistische Denker einen solchen Schritt höchst inkonsequent, da ja der Relativismus als solcher jede Metaphysik und somit auch den Nihilismus ausschließt. Weswegen man auch häufig, besonders in den angelsächsischen und skandinavischen Ländern, auf die Behauptung stößt, eben der Relativismus sei, dank dessen, daß er jede Metaphysik ausschließt, der einzig wirkliche Garant des Humanismus und der Demokratie.

Die Antwort auf die Frage nach dem Verhältnis von Relativismus und Nihilismus hängt indessen von der Beantwortung einer anderen Frage ab, die dahinter auftaucht: Kann der Mensch ohne Metaphysik leben? Ist das nicht nur scheinbar der Fall und zehrt nicht der Relativist an einem kulturellen Erbe, das aus früheren Zeiten stammt und das unter einem Relativismus niemals entstanden wäre?

So meinen E.Frank und F. → Gogarten. Sie argumentieren mit dem Hinweis, wie stark das Chr. in unserem westlichen Kulturerbe enthalten ist: Solange die Auffassung des Menschen von der Welt mythisch (→Mythus) und sie für ihn beseelt und göttlich war, wußte er sich von ihr umschlossen, er fühlte sich ihr einverleibt; das Bewußtsein, der Welt gegenüber frei und souverän, von ihr verschieden und verantwortlich zu sein, das den heutigen Menschen kennzeichnet, konnte sich gar nicht entfalten. Dies wurde erst möglich durch das Verständnis des Chr.s, das die Welt als geschaffen und Gott als jenseits ihrer auffaßt, womit es den Menschen in eine Distanz zur Welt stellt, die sich vom Glauben her ergibt. Der Säkularisierungsprozeß (→ Säkularismus: I) hat daher seinen Ursprung im Chr., wie diesem auch die Komponente unseres Geschichtsverständnisses entspringt, nach welcher der Mensch der Welt dauernd wechselnde Gestalt verleiht. Ebenso stammt die einzige uns vernünftig erscheinende Auffassung von der → Zeit aus dem Chr. Der Grieche verstand die Zeit als Zyklus in der in sich göttlichen Welt, in dem alles wiederkehrte, während das Chr. die Zeit perspektivisch-teleologisch (in einer Geraden statt eines Zirkels) ansah, um dem Menschen Ziel und Zukunft in Gott zu geben. Und weil Gottes Offenbarung in Christus ein einmaliges Ereignis ist, das sich nicht wiederholt, verwandelt sich die → Geschichte (: II) aus einem ewigen Kreislauf zu einem Ereignisverlauf, der Sinn hat und in dem immer wieder Neues geschieht. Mit derselben Selbstverständlichkeit, mit der das moderne Bewußtsein sowohl das eschatologische (→ Eschatologie: VI) Verständnis der menschlichen Existenz im Chr. als auch seinen Offenbarungsglauben verwirft, übernimmt es andererseits dessen Zeit- und Geschichtsverständnis.

Daß das Chr. auf so intensive Weise unsere gesamte Denkweise bestimmt hat, bedeutet erstens, daß das moderne Bewußtsein größtenteils seine Waffen gegen das Chr. aus dem Chr. holen muß. Es heißt bei Frank: Der Atheismus hat seine Wurzeln im jüdisch-christlichen Schöpfungsgedanken. Erst indem die Welt mit dem jüdisch-christlichen Glauben an Gott als einer Macht jenseits der Welt ihre Beseelung und Göttlichkeit verliert, ist der Boden dafür geschaffen, daß eine Nur-Diesseitigkeit Atheismus ist. Weiterhin stammen aus dem Chr. das Selbstbewußtsein, das Souveränitätsgefühl, das Sich-selbst-Erfassen als autonome Persönlichkeit, die gegen das Chr. gebraucht werden. Dadurch entsteht die merkwürdige Situation, daß dies im Grunde genommen nach den eigenen Kriterien des modernen Bewußtseins ein unzulässiger Gebrauch ist. Sobald sich nämlich der Mensch deterministisch auffaßt, sind Freiheit, Souveränität, Verantwortung und autonome Persönlichkeit illusorische Phänomene. Das Eigentümliche liegt also in der Gespaltenheit des modernen Bewußtseins. Man versteht sich selbst als freie, souveräne, verantwortliche und autonome Person und muß doch gleichzeitig ein solches Selbstverständnis für sinnlos erklären, da ja nur wirklich ist, was wahrgenommen werden kann. Mit seiner eigenen Philosophie ist der moderne Mensch heute nicht mehr imstande, sich selbst zu verstehen.

Zum zweiten bedeutet die Beeinflussung unserer Denkweise vom Chr. her, daß es ja nicht die christliche Aufgabe sein kann, letztere zu bekämpfen. Es handelt sich nicht darum, den Säkularisierungsprozeß zurückzuschrauben und eine Verkirchlichung des kulturellen Lebens herbeizuführen. Dann vergißt man nämlich, was besonders Gogarten unterstreicht, daß es der christliche Glaube selbst ist, der der Vernunft die Ordnung des Kulturlebens überlassen hat. »Es ist gewiß kein Zufall, daß im Bereich derjenigen Kultur, die sich unter dem Einfluß des Chr.s entwickelt hat, die wissenschaftliche Erforschung der Natur und die Tendenz auf rein irdisch-weltliche Gestaltung des politischen Lebens sich entfaltet hat.« Der christliche Glaube verlangt die Freiheit des Menschen gegenüber der Welt nicht wieder zurück. Im Gegenteil, er bewahrt sie, so gewiß wie sie zugrunde geht, wenn sie nicht auf Gott gegründet ist. Ohne Glaube setzt der Mensch seine Zuversicht auf die Welt und verwandelt seine Freiheit gegenüber der Welt zu einer Abhängigkeit von der Welt.

BULTMANN I. II - REINH.NIEBUHR, The Nature and Destiny of Man I. II, 1941/43 - E.GRISEBACH, Die Schicksalsfrage des Abendlandes, 1942 - H.THIELICKE, Fragen des Chr.s an die moderne Welt, (1943) 1948[5] - DERS., Der Nihilismus, 1951 - E.FRANK, Philosophical Understanding and Religious Truth, (1945) 1956[6] (dt. 1950) - E.METZKE, Sakrament u. Metaphysik, 1948 - P.TILLICH, The Protestant Era, 1948 (dt. 1950) - DERS., Systematic Theology I, 1951 (dt. 1955, 1956[2]) - DERS., The Courage to Be, 1952, (dt. 1953) - DERS., Biblical Religion and the Search for Ultimate Reality, 1955 (dt. 1956) - F.GOGARTEN, Die Verkündigung Jesu Christi, 1948 - DERS., Der Mensch zwischen Gott u. Welt, (1952) 1956[2] - DERS., Verhängnis u. Hoffnung der Neuzeit, 1953 - W.KAMLAH, Der Mensch in der Profanität, 1949 - K.LÖWITH, Meaning in History, 1949 (dt. 1952, 1953[2]) - G.KRÜGER, Abendländische Humanität, 1953 - H.-H.SCHREY, Weltbild u. Glaube im 20.Jh., 1955 - Der mündige Christ, hg.v. H. GIESEN, H.-H.SCHREY u. H.J.SCHULTZ, 1956 - I.A.RAMSEY, Religious Language: An Empirical Placing of Theological Phrases, 1957.

K.E.Løgstrup

B. Konfessionskundlich

1. Ausbreitung und Statistik - 2. Das Chr. in Europa und Amerika

1. Während man vor allem das 19.Jh. als das klassische Jh. der Ausbreitung des Chr.s bezeichnet hat (Latourette), darf doch nicht übersehen werden, daß das Chr. trotz größerer Missionserfolge etwa in Afrika und im Pazifik außerhalb seiner alten Stammgebiete nur einen verschwindend geringen Bevölkerungsanteil erfaßt hat, so in China 0,12%, in Indien 1,4%, in Indonesien 2,7%. Durch die politischen Wandlungen in Asien ist die Arbeit der Mission entweder ganz zum Stillstand gekommen (so in → China) oder erheblich erschwert (so in → Indien und → Indonesien); ein nennenswerter Einbruch in die islamische Welt ist bisher überhaupt noch nicht gelungen (→ Islam: III). Die Ausbreitung im 19.Jh. war mit dem westlichen Kolonialismus verbunden und mußte mit dessen Verschwinden ebenfalls zurückgehen. Jedenfalls kann sich die christliche Mission heute keiner politischen Stützen mehr bedienen, sondern steht ganz auf sich selbst und muß aus der Kraft ihrer Sache heraus wirken. Das abendländische Chr. tritt in Asien weithin als Träger der Mission zurück hinter den selbständig gewordenen → Jungen Kirchen. Es sieht sich in Asien einer Erneuerung der alten Hochreligionen gegenüber, die sich selbst als Träger der neuen nationalen Bewegungen wie als gleichwertige, ja überlegene Partner des Chr.s verstehen und zum missionarischen Angriff auf den Westen ansetzen (→ Buddhismus: IV, → Hinduismus: III, → Islam: IV). Zu synkretistischen neuen Religionsbildungen, die auch das Chr. miteinbeziehen, ist es mit Ausnahme des in Hinterindien beheimateten → Caodaismus bisher kaum gekommen. Obwohl das Chr. in der Gegenwart eine absolute Zunahme zu verzeichnen hat, konnte es doch mit der Zunahme der Weltbevölkerung im Verhältnis nicht Schritt halten. Dies rührt vor allem daher, daß in den nichtchristlichen Ländern Asiens der Bevölkerungszuwachs erheblich größer ist als in den westlichen Ländern.

	1900	1955
Weltbevölkerung	ca 1,5 Md.	ca 2,6 Md.
davon Christen	ca 0,5 Md.	0,7-0,8 Md.
Anteil je 100	34%	31%

Gliederung der Christenheit (nach WChH 1952):

Römische Katholiken	380-423 Mill.
Protestanten	215 Mill.
Orthodoxe (geschätzt)	144-172 Mill.
Kopten	10 Mill.

Gliederung des Protestantismus:

Lutheraner	68,5 Mill.
Reformierte	41,1 Mill.
Baptisten	40 Mill.
Methodisten	40 Mill.
Anglikaner	25-30 Mill.
Kongregationalisten	5 Mill.

Da die Grundsätze der Statistik in den einzelnen Kirchen verschieden sind (Katholiken und Lutheraner zählen alle Getauften, die Baptisten die Empfänger der Großtaufe, die Anglikaner die Kommunikanten) und aus vielen Ländern keine amtlichen Angaben über die Religionszugehörigkeit zu bekommen sind, ist eine genaue Zahlenangabe unmöglich. Zur Gesamtzahl der Christen in der Gegenwart rechnen außerdem noch die zahlreichen Sekten, die zum Teil eine statistische Erfassung ablehnen, aber weltweiten Einfluß gewonnen haben (zB → Adventisten und Sekten der amerikanischen → Pfingstbewegung).

2. Die Situation in *Europa und Amerika* ist dadurch gekennzeichnet, daß die äußere Rechtsstellung der kirchlichen Institutionen und die innere Bedeutung des Chr.s im geistigen Leben nicht identisch zu sein brauchen. Während in England und in den nordischen Ländern die enge Bindung der Kirche an den Staat bestehen blieb, erlebte das Chr. in Deutschland durch den → Nationalsozialismus eine erhebliche Erschütterung seiner Rechtsstellung, ohne daß dem totalen Staat eine Vernichtung des Chr.s gelungen wäre. Die Kirche sah sich gezwungen, sich entweder äußerlich und innerlich gleichschalten zu lassen oder sich in der Besinnung auf ihre Botschaft als Anwalt des Menschen gegenüber dem Diktat der Unmenschlichkeit in Opposition zur politischen Führung zu begeben. Nicht wenige Kirchenführer und Laien der kath. Kirche, aber auch Teile des deutschen Protestantismus entschieden sich bewußt für die zweite Möglichkeit (→ Bekennende Kirche). Damit endete der jahrhundertealte Zusammenklang von Staat und Kirche in Deutschland, durch den sich der Nationalismus noch im 19.Jh. eine religiöse Bestätigung angeeignet hatte. Gerade die äußere Gefährdung des kirchlichen Bestandes wurde Anlaß zu einer vor allem in der → dialektischen Theologie sich vollziehenden inneren Erneuerung des Protestantismus (→ Barmen), die weit über die deutschen Grenzen hinauswirkte. Nach den Jahren der Zurückdrängung aus dem öffentlichen Leben betonte die Kirche nach 1945 ihre Verantwortung für die sozialen und politischen Fragen und schuf sich in den Ev. → Akademien Einrichtungen zur Erörterung von Lebensfragen mit allen Ständen.

Im *kommunistischen Machtbereich* nahm die Entwicklung insofern eine andere Richtung, als in Rußland die *orthodoxe Kirche* nach anfänglicher schwerer Verfolgung durch die Kommunisten zu einer Anerkennung und im Verlauf des 2. Weltkrieges sogar Unterstützung der neuen Ordnung bereit war, wobei der Bereich der Öffentlichkeit dem (kommunistischen) Staat überlassen, aber jeder Kompromiß zwischen dem Kommunismus und der Lehre der Orthodoxie abgelehnt wurde. In den Satellitenstaaten kam es nach 1945 kaum zu schweren Konflikten zwischen der orthodoxen Kirche und dem Staat, obwohl die Kirche vom Staat getrennt wurde. Die orthodoxe Kirche wurde etwa in → Bulgarien oder → Rumänien als »demokratische Volkskirche« anerkannt. Der neue Führungsanspruch des Moskauer Patriarchats hat allerdings auch zu schweren Spannungen innerhalb der orthodoxen Welt geführt und wird vor allem von der orthodoxen Emigration im Westen als kirchlich getarntes Vordringen des Kommunismus abgelehnt. – Wesentlich härter war die Auseinandersetzung zwischen *Kommunismus und Katholizismus*. Die Unionskirchen in Osteuropa gingen an die Orthodoxie verloren, durch Kündigung der Konkordate hörten die geregelten kirchenrechtlichen Beziehungen zu Rom auf und durch Entzug vieler Privilegien (Kirchengut, Schulen) wie durch die versuchte Spaltung der Priesterschaft wurde die Stellung der römischen Kirche geschwächt. Die trotz alledem unerschütterte Treue der kath. Gläubigen innerhalb seines Machtbereichs bleibt für den Kommunismus eines der schwierigsten Probleme. Da der Katholizismus stärker als Protestantismus und Orthodoxie eine naturrechtlich begründete zivilisatorische Weltgestaltung anstrebt (»christliches → Abendland«), sieht der Kommunismus im Katholizismus seinen stärksten Gegner, wie umgekehrt auch der Katholizismus nicht nur den praktisch-politischen, sondern auch den ideologischen Gegensatz zum dialektischen → Materialismus besonders scharf heraushebt.

Auch der *Protestantismus* hat durch den 2. Weltkrieg schwere Einbußen zu verzeichnen. Durch Deportation und Flucht sind große Teile seiner osteuropäischen Diaspora verlorengegangen. Daß die Kerngebiete der lutherischen Reformation heute im sowjetischen Machtbereich liegen, stellt gerade den deutschen Protestantismus vor besonders schwierige Aufgaben (Problem der Wiedervereinigung und Wiederbewaffnung Deutschlands).

Obwohl der deutsche Protestantismus noch immer als das »arbeitende Gehirn der Kirche« bezeichnet wird, haben sich doch in Skandinavien und in den USA neue Zentren theologischer Arbeit gebildet. Als vorbildhaft und bei einem weiteren Rückgang der staatlichen Unterstützung der Kirchen für den Gesamtprotestantismus zukunftsweisend muß der in Amerika verwirklichte Aufbau der Kirche von der Gemeinde her angesehen werden. Nach dem streng durchgeführten Prinzip der Trennung von Staat und Kirche sind sämtliche kirchlichen Einrichtungen auf die Unterstützung durch die Mitglieder der Kirche angewiesen. Dieser Grundsatz hat zu einer fast völligen Eliminierung des Christlichen aus dem amerikanischen Schulwesen geführt. Trotzdem ist ein starkes Zunehmen der Kirchenzugehörigkeit zu beobachten (seit 1940 um 35%), wobei die Kirchgenossen meist viel bereiter sind zu aktiver Mitarbeit im kirchlichen Leben als im europäischen Volkskirchentum (Verwirklichung der »stewardship« [→ Haushalterschaft]). Die außerordentlich starke Aufsplitterung des amerikanischen Protestantismus hat sich nicht zuletzt auch in der Konkurrenz mit dem immer stärkeren Vordringen der kath. Kirche, die heute Amerika als das Land ihrer Zukunft betrachtet, als nachteilig erwiesen und den Wunsch nach Einigung entstehen lassen, der in vielen Fällen zum Zusammenschluß von Denominationen geführt hat (→ Einigungsbestrebungen: IV. V). Allerdings haben diese Bestrebungen ihre Grenze in dem tiefgehenden theologischen Gegensatz zwischen → Liberalismus und → Fundamentalismus, der trotz erheblicher Wandlungen des alten Liberalismus in Richtung auf eine »Neuorthodoxie« noch immer besteht.

Die Lage des *römischen Katholizismus* ist insofern uneinheitlich, als in seinen romanischen Kernländern einer fast barock anmutenden Volksfrömmigkeit eine stark säkularistisch und laizistisch bestimmte Strömung und in Südamerika neben halbheidnischem Madonnen- und Heiligenkult völlige Gleichgültigkeit vor allem der Gebildeten gegenübersteht, während sich in dem als »Missionsland« bezeichneten Frankreich ein avantgardistisches Elite-Chr. herausgebildet hat (→ renouveau catholique, → Arbeiterpriester usw), das allerdings von Rom mit Mißtrauen betrachtet wird. Es bestehen Spannungen sowohl auf dem Gebiet der Theologie, wo eine neue christozentrische Verkündigungstheologie alten scholastischen Formen gegenübersteht, wie auf dem der Sozialethik, wo die fortschrittlichen Erkenntnisse der kirchlichen Soziallehre bisher kaum in der Lage waren, die alten feudalen Besitzverhältnisse etwa in Spanien oder Italien zu ändern, durch die immer aufs neue die Unzufriedenheit der Massen hervorgerufen und der Kommunismus gestärkt wurde. Obwohl sich Rom in seinem Absolutheitsanspruch vom ökumenischen Gespräch mit den anderen Kirchen offiziell fernhält und dem prot. »Irrtum« keine Gleichberechtigung zubilligen kann, auch je und dann die Rekatholisierung des Abendlandes als die einzige Möglichkeit der Rettung vor dem Kommunismus proklamiert, ist in der Gegenwart eine neue Gesprächssituation mit dem Protestantismus entstanden (→ Una sancta). Bedeutsam erscheint eine weitgehende innere Angleichung zwischen Protestantismus und Katholizismus: im Katholizismus gibt es eine Bibelbewegung (→ Bibelverbreitung) und ein Betonen des → Laienapostolats sowie einen Aufbau der Gemeinde von der »Pfarrfamilie« her, wie andererseits im Protestantismus eine → liturgische Bewegung, ja sogar eine Erneuerung klösterlichen Gemeinschaftslebens (→ Bruderschaften: III, 2), eine Überwindung des traditionellen prot. »Individualismus« durch ein neues Kirchen- und Gemeindeverständnis und ein neues Bewußtsein von der Bedeutung des kirchlichen Amtes. Was diese Gesprächssituation für eine Einigung der Christenheit austrägt, ist freilich im Augenblick nicht abzusehen. Auf jeden Fall haben beide Gruppen der Christenheit viele gemeinsame Probleme, die durch den Wandel der industriellen Arbeitswelt und die Begegnung mit dem nichtchristlichen → Säkularismus gestellt sind. Daß eine neue Integration des Chr.s erfolgen muß, ist die Erkenntnis, die auch hinter den Bemühungen zur kirchlichen Einigung steht (→ Ökumenische Bewegung). Freilich ringen noch verschiedene Prinzipien der Integration miteinander: einerseits ist ein verstärkter → Konfessionalismus zu beobachten, der einen Zusammenschluß in konfessionellen Weltbünden anstrebt, andererseits ein Ökumenismus, der über die Grenzen der einzelnen Konfession hinaus nach der in Christus begründeten Einheit in der Wahrheit sucht. Allerdings wird immer deutlicher, daß das Chr. nur dann zu einer neuen Integration und damit auch zu einem echten Beitrag zur geistigen Situation der Gegenwart kommen kann, wenn es nicht alte Gegensätze verewigt und durch den Rückzug auf historische Gegebenheiten sich gegen neue Begegnung mit der Wahrheit verschließt, sondern offen ist für das Eingeständnis alter Schuld und für das neue Leben aus dem Geist. Das neue globale Bewußtsein einer kommenden Christenheit wird jedenfalls nicht auf dem Boden eines territorial oder konfessionell engen Denominationalismus erwachsen, sondern nur in der Weite einer die ganze Menschheit umfassenden Einstellung.

TH.HÄCKER, Chr. u. Kultur, (1917) 1946² (kath.) - N.BERDJAJEW, Das Schicksal des Menschen in unserer Zeit, 1937 - DERS., The Unity of Christendom in the Strife between East and West (Ecumenical Review 1, 1948, 11-24) - J.MARITAIN, Die Zukunft der Christenheit, 1938 (kath.) - A.KELLER, Christian Europe to-day, London 1942 - DERS., Wiederaufbau der Welt, 1944 - DERS., Zeitwende, 1946 - M.S.BATES, Religious Liberty, New York 1946; dt.: Glaubensfreiheit, 1947 - E.ROSENSTOCK-HUESSY, The Christian Future or the Modern Mind outrun, New York 1946; dt.: Des Christen Zukunft ..., 1955 - T.S.ELIOT, The Idea of a Christian Society, London 1948; dt.: Die Idee einer christlichen Gesellschaft, 1949 - H.BUTTERFIELD, Christianity and History, London 1949; dt.: Chr. u. Gesch., 1952 - DERS., Christianity in European History, London 1954 - J.GEBSER, Ursprung u. Gegenwart, 2 Bde, 1949-53 - R.GUARDINI, Das Wesen des Chr.s, 1949 (kath.) - DERS., Das Ende der Neuzeit, 1950 - W.KÜTEMEYER, Die Krankheit Europas, 1951 - F.HEER, Europäische Geistesgesch., 1953 - C.BROCKMÖLLER, Chr. am Morgen des Atomzeitalters, (1953) 1955⁸ (kath.) - A.TOYNBEE, A Study of History, bes. Bd 7, Oxford 1954 - Chr. u. moderne Geisteshaltung, hg.v. J.STADLMANN u. L. HÄNSEL, 1954 (kath.) - H.-H.SCHREY, Die Generation der Entscheidung, 1955. *H.-H.Schrey*

V. Wesen des Christentums

1. Die Frage nach dem W. d. Chr.s als theologisches Problem: a) J.Sal.Semler - b) Fr.D.E.Schleiermacher - c) Das 19.Jh. - d) Der Zerfall des Problems und seine existential-analytische Reduktion: α) Der kirchen- und dogmengeschichtliche Weg - β) Der religionspsychologische Weg - γ) Der religionsgeschichtliche Weg - δ) Der existential-analytische Weg - 2. Die neue Stellung der Frage nach dem W.d.Chr.s

1. Die Frage nach dem W.d.Chr.s als theologisches Problem entsteht, wenn die Überzeugung von der Einzigartigkeit und Unanfechtbarkeit der christlichen Wahrheit zweifelhaft wird. Dies geschieht erstens, wenn das Chr. sich mit dem Anspruch anderer religiöser oder philosophischer Wahrheiten auseinandersetzen muß. In diesem Sinne ist die Frage schon für die altkirchlichen → Apologeten dringend gewesen. Indem sie das Chr. gegenüber den hellenistischen Systemen als die wahre Philosophie darzustellen versuchten, gingen sie, wie es apologetischem Verfahren immer wieder eignet, an den das Chr. selbst betreffenden Fragen vorüber. Zweitens entsteht die Frage nach dem W.d.Chr.s, wenn die Überzeugung der christlichen Wahrheit sich an ihrer geschichtlich bedingten und wandelbaren, kirchlichen wie theologischen Gestalt kritisch in Frage gestellt sieht. Der Aufklärung des 18.Jh.s ist die Frage von hier aus unabweisbar geworden.

a) Dem 18.Jh. zerfiel die gläubige naive Annahme, das Chr. sei die wahre Religion. Der theologische Erweis dafür, den die Orthodoxie im 17.Jh. geben zu können gemeint hatte, war durch den Impuls des → Pietismus um seine denkerische Sicherheit im scholastisch supranaturalen Schema gebracht. Die »moderne« Vernunft, wie sie die französische und englische Philosophie entdeckt hatte, schien neue Möglichkeiten zu eröffnen, indem sie den Nachweis der vernünftigen Brauchbarkeit und der biblischen Originalität der wesentlichen Überzeugungen des Chr.s führte. *J.S.* → *Semler* vor allem hat diesen Forschungen ihre Richtung auf die Frage nach dem W.d.Chr.s gegeben. Über praktische Erheblichkeit und biblische Originalität hinaus fragte er nach dem Gültigen als dem Allgemeinen im Chr. Der Begriff der »natürlichen« Religion, die im Kontakt mit der Vernunft gesehen wird, spielt dabei schon eine Rolle. Religion scheidet sich für Semler von ihrer theologischen und kirchlichen Gestalt. Die Religion ist Semler das moralische, dh das geistig-religiöse wie sittliche Leben des einzelnen vor Gott gewesen. Diese Religion ist von ihrer theologischen, geistesgeschichtlich bedingten Aussage im Dogma wie von ihrer planmäßigen und verbindlichen Einordnung im Bekenntnis zu unterscheiden. Sie ist vernünftigerweise auch zu unterscheiden von der öffentlichen Religion und Kirche, denn sie ist private Sache des einzelnen. Das W.d.Chr.s liegt in seinem Religion-Haben und ist daran zu ermessen. Religion ist unendlich in ihrem Progreß, wie sie schlechthin allgemein ist. Ihre Allgemeinheit erweist ihre Wesentlichkeit. Sie geschieht in der moralischen Entschiedenheit des einzelnen vor Gott. So kann Semler sagen: »Die christliche Religion hat einen unendlichen Inhalt zu einer unendlichen Anwendung; ich störe hiermit keine äußerliche Lehrordnung, welche selbst nur lokal sein kann.« Das W.d.Chr.s (der Begriff taucht 1780 zuerst bei Semler auf) ist nur in jener Sphäre der Religion, der moralischen Entschiedenheit des einzelnen zu finden und als moralische, dh geistig-sittlich-religiöse Entfaltung zu beschreiben. Es ist die Tat Jesu, den Weg zur bewußten innerlichen Freiheit des Gewissens vor Gott eröffnet zu haben, der im Zuge historischer Entfaltung ein Weg der Vollkommenheit (»Perfektibilität« des Chr.s) werden kann. Die strenge Allgemeinheit dieser christlichen Religion ist der Zielpunkt aller religiösen Entwicklung. Ihr Anfangsstadium steht im NT vor uns, das seine Wahrheit den Zeitvorstellungen des Judentums seiner Zeit noch akkommodierte. Die christliche Religion erhebt sich aus diesen Bindungen zu ihrer unsichtbaren Reinheit in jedem einzelnen als moralische Freiheit aus Gott. Die Religion bedarf der Theologie wie der Kirche zu geschichtlicher Wirkung. Aber ihr Wesen besteht nur an der moralischen Entschiedenheit des einzelnen. Diese Entschiedenheit zerbricht für Semler die geschichtlichen Bedingtheiten des Dogmas (»Lehrart«) nicht, fügt sich ihnen vielmehr »wissend« ein (»Lehre«) und spricht sich in ihnen aus. An dieser Stelle ist der eigentliche Unterschied zu G.E. → Lessing gegeben. Lessing geht über Semler hinaus, indem er vom W.d.Chr.s als Religion aus die Geschichtsgestalt der Theologie und der Kirche grundsätzlich relativiert. Der Erweis der wahren Religion, die das W.d.Chr.s sein kann, geschieht im moralischen Streben zur geistigen und sittlichen Läuterung, das der einzelne übt. Durch theologische Aussagen und kirchliche Festlegungen ist dieser Vorgang weder zu garantieren noch angemessen wiederzugeben. Die positiven Religionen wie auch das Chr. sind Stufen in der »Erziehung des Menschengeschlechtes«, Stufen auf dem geschichtlich gebundenen Wege zur wahren Religion. Das Spezifikum der Erhebung des W.s d.Chr.s in der → Aufklärung liegt in der Fixierung der Frage auf das schlechthin allgemein Religiöse, das dem allgemein Menschlichen entspricht. Seinen Ausdruck findet es im einzelnen und seinem moralischen Fortschritt. Das Problem dieser aufklärerischen Ergebnisse liegt also in dem Miteinander des Allgemeinen und Einzelnen und in der Erörterung ihrer Vermittlungen. Das W.d.Chr.s, das im streng Allgemeinen gesucht wird, löst sich daher von der geschichtlichen Gestalt.

b) *Fr.* → *Schleiermacher* bewegt in den »Reden« (1799) sehr wohl noch die mit der Aufklärung gestellte Frage. Aber er löst sie nicht so, daß er das Wesen von Religion und Chr. im Allgemeinen gegenüber dem geschichtlich Bestimmten der Religionen oder der Kirche sucht, sondern er erhebt es an dem Bestimmten der sog. positiven Religion. Mit diesem Ansatz steht Schleiermacher im Zuge der Entwicklung, die mit J.G. → Herder über Lessing und die Aufklärung hinausführt. Dabei bleibt der einzelne als möglicher Träger und Repräsentant dieses Wesens von Religion oder Chr. durchaus erhalten. Die allgemeine oder natürliche Religion aber wird als ein Phantom erkannt. Nur in der bestimmten Religion gibt es Religion, denn in ihr wird eine »einzelne Anschauung des Universum ... zum Zentralpunkt« gemacht. Anders als in solcher einzelnen Bestimmtheit kann das »Universum« nicht zur »Anschauung« gelangen. Das Chr. hat diesen Vorgang der Religion selbst zu seinem Mittelpunkt gemacht. Es hat »die Religion selbst als Stoff für die Religion verarbeitet«. Das W.d.Chr.s also ist »die Einsicht, daß alles Endliche höherer Vermittlungen bedarf, um mit der Gottheit zusammenzuhängen«. Dies kann Schleiermacher auch so ausdrücken, daß das Chr. »zuerst und wesentlich die Forderung gemacht, daß die Religiosität ein Kontinuum sein soll im Menschen«. Das W.d.Chr.s wird also von Schleiermacher in den »Reden« immer noch von Religion, die eine Sache des einzelnen Menschen ist, aus bestimmt. Aber diese Religion ist nur bestimmte gestaltete Religion. Daher gewinnt er den Blick für die Gewichtigkeit des Geschichtlichen, das mehr ist als bloßer Durchgangspunkt einer Entwicklung und mehr als nur zufällige Zeiterscheinung. Er braucht das W.d.Chr.s nicht mehr jenseits seiner geschichtlichen Gestalt aufzusuchen. Damit ist die Aufklärung und ihr Versuch, das W.d.Chr.s zu bestimmen, verlassen.

In Schleiermachers Glaubenslehre (1821/22) hat sich dieser Ansatz dahin verdichtet, daß das W.d.Chr.s als die »monotheistische Glaubensweise« bestimmt wird, in der alles »bezogen wird auf die durch Jesum von Nazareth vollbrachte Erlösung«. Auch in diesem Entwurfe ist das mit der Aufklärung gegebene Fragen nach dem Allgemeinen und Einzelnen nicht verschwunden. Aber indem Jesus von Nazareth als die dem Chr. spezifische Vermittlung erkannt ist, ist von dem Wege der Spekulation zurückgelenkt auf den Glauben und seine Eigenart am Geschichtlichen. Diese Bestimmung des W.d.Chr.s ruht als »apologetische« Aussage auf den Fundamenten einerseits der »spekulativen Darstellung der Vernunft«, die zur Erhebung der Kirche führt, andererseits der religionsphilosophischen Erörterung der »in der Geschichte hervortretenden bestimmt begrenzten frommen Gemeinschaften«. Der erste Komplex begründet das Wesen der in den Religionen obwaltenden Frömmigkeit. Der zweite Komplex sondert die möglichen religionsgeschichtlichen Bezugsgrößen, wobei das Chr. als Offenbarung eines theologisch gerichteten Monotheismus hervortritt. Zu diesen beiden Grunderhebungen über die Frömmigkeit und ihren Inhalt tritt die »apologetische« Feststellung des W.s d.Chr.s mit ihrem Bezug auf Jesus von Nazareth, den Erlöser. Jesus bestimmt als »Anfänger der christlichen Gemeinschaft« das W.d.Chr.s insofern, als »alle frommen Momente ... durch jene Erlösung geworden ... und jener Erlösung bedürftig gesetzt werden«. Mit dieser Position kann sich Schleiermacher kritisch mit dem Begriff der Aufklärung von vernunftgelenkter religiöser Entwicklung auseinandersetzen. Da ihm Jesus von Nazareth aber nur als urbildhafte Veranlassung der frommen Momente Bedeutung hat, behält das Spekulative sein Gewicht, und das Geschichtliche kommt noch nicht zur Durchsetzung. Damit bleibt die Fixierung des W.s d.Chr.s bei Schleiermacher ein Postulat.

c) Die Behandlung der Frage nach dem W.d.Chr.s hat das *19.Jh.* immer erneut bewegt. Mit Schleiermacher war die Beachtung der positiven Religionen in den Blick gerückt. Im Zuge der Entfaltung des Historismus wird daraus die These, daß alle Erörterung über die Religion »lediglich aus der erfahrungsmäßigen Kunde von der wirklichen Religion entnommen« (J.Kaftan) sein dürfe. Auf dem Boden dieser Grund-Tendenz und im Zusammenhang mit dem immer stärker anschwellenden religionsgeschichtlichen Material und seiner Erörterung gewinnt das Fragen nach dem W.d.Chr.s seinen verwirrenden Doppelcharakter. Die Erörterung des W.s d.Chr.s wird jetzt sowohl ein Religionsvergleich wie eine kritische Selbstprüfung des Chr.s. Im Religionsvergleich sind zwei Positionen möglich und vertreten: J.Kaftan wie R.A. → Lipsius vertreten die Meinung, das W.d.Chr.s sei von den Religionen aus zu erörtern. M.Reischle wie A. → Ritschl aber wollen das Chr. selbst als Ausgangsposition (»regulativer« Gebrauch) nehmen und von ihm aus die Religionen erörtern. Diese Fragestellungen verbinden sich mit der wachsenden Einsicht in den evolutionistisch verstandenen Stufenweg der Religionen. Im allgemeinen folgt man dem Aufbau von der Stammes- oder Natur-Religion über die ethische Volks-Religion zur Erlösungs- oder Welt-Religion. Auf dem Hintergrunde der Erforschung der Religionen stellt man vergleichende Sätze über das Chr. auf, die aber zugleich normativen Charakter tragen. Mit der Frage nach dem Wesen, d.i. nach der vergleichbaren Eigenart des Chr.s verbindet sich die andere nach dem »übergeschichtlichen Prinzip« (R.A.Lipsius) oder nach der dem Glauben einsichtigen Grundstruktur des Chr.s. Bei J.Kaftan spitzt sich die Problemverschlingung zu der Aussage zu: »M.a. W. das Chr. ist (subjektiv) die Vollendung aller Religion, weil es die Offenbarungsreligion und dh (objektiv) die allein wahre Religion ist.« Es ist heute nicht mehr interessant, wie im einzelnen das W.d.Chr.s beschrieben wird. Ob es mehr als zusammenfassende Antwort auf alle in der Religionsgeschichte angelegten Teilaspekte (J.Kaftan) oder mehr als Statuierung des allein sittlichen Verhältnisses auf dem Boden des »Ewigen und Übergeschichtlichen«, wie es in Jesu Sohnes-Verhältnis zu Gott verwirklicht war (R.A.Lipsius), gesehen wird. Die Frage nach dem W.d.Chr.s, die sich der Absolutheitsfrage problemgeschichtlich verbindet, hat sich aber noch einem dritten Fragenkreise zu widmen, der am Ende des Jh.s klar hervorkommt: dem Problem der konfessionellen, dh geschichtlich geprägten Sondergestaltung des Kirchentums. Ansätze dazu, die Kirchentümer analog zur religionsgeschichtlichen Entfaltung zu interpretieren, finden sich (R.A.Lipsius). Das »religiöse Grundverhältnis« des Chr.s tritt also in analogen Vergleich zu den religionsgeschichtlichen wie zu den dogmengeschichtlichen Entfaltungsstufen. Damit ist die Problemlage am Ende des 19.Jh.s skizziert. Die Richtungen der Fragen des 18.Jh.s sind kaum noch zu erkennen. Der historische Apparat in Religions- wie Dogmengeschichte hat die Problemstellung von »Religion« als W.d.Chr.s unmöglich gemacht. Er droht, die ganze Fragestellung zu relativieren. Der einzelne als Träger von Religion ist zum Problem des Subjektiven im christlichen Glauben geworden. Das »Allgemeine« aber wird für das W.d.Chr.s nur noch in spekulativen Überhöhungen der Person Jesu – jedenfalls nur noch an Jesus – erhoben. Das Problem kommt an diesem Punkte sich selbst wieder nahe und stellt sich in steigendem Maße so, wie dieser einzelne, Jesus von Nazareth, als W.d.Chr.s ausgesagt werden könne.

d) Mit der Wende zum 20.Jh. zerfällt das unüberschaubar komplex gewordene Problem in seine verschiedenen Fach-Aspekte, die als dogmengeschichtliche, religionspsychologische und religionsgeschichtliche Lösung vor uns stehen. Dieser Zerfall ist nicht nur in der fortschreitenden Spezialisierung der theologischen Wissenschaft angelegt, sondern hat zumal mit dem grundsätzlichen »Realismus« zu tun, der sich als »Skeptizismus« gegen alle Fragen, die ein »allgemeines, gültiges

Wesen« suchen, verhält. Das W.d.Chr.s, die Frage nach dem »Gültigen« im Wesen, stirbt ab. Sie wird nur im Umschluß des geschichtlich und psychologisch Beschreibbaren gestellt. E. → Troeltsch kennzeichnet daher 1903 den Begriff »Wesen« als »historischen« Begriff, der die historisch wirksam gewordenen Kräfte bezeichnet und nicht ein »Allgemein-Gültiges« jenseits der Geschichtsgestalt suchen läßt. Im Wesen steckt »die der Historie eigentümliche Abstraktion«. In der Erarbeitung der Wesensbestimmung kommt »die Kunst der das Ganze zusammenschauenden Divination« zur Aussage. Diese Divination ist selbst geschichtlich.

α) A.v. → Harnack stellt die Frage nach dem W.d. Chr.s »lediglich im historischen Sinne« und erörtert dabei den *Gang der Dogmengeschichte,* nachdem das Evangelium als Keimzelle und Ursprung dargestellt ist. Dieses Evangelium und die dogmengeschichtliche Entfaltung erläutern sich gegenseitig, denn »das Gemeinsame in allen ... Erscheinungen« der Geschichte wird am Evangelium, die »Grundzüge des Evangeliums« aber an der Geschichte kontrolliert. »Absolute Urteile« verbieten sich bei einem solchen Unternehmen. Die »geschichtliche Wissenschaft« stellt im Verein »mit der Lebenserfahrung, die aus erlebter Geschichte erworben ist«, nur relative Urteile bereit. Zwar kommt Harnack dabei auch zu solchen Urteilen: »daß das Evangelium überhaupt keine positive Religion ist wie die anderen, daß es nichts Statutarisches und Partikularistisches hat, daß es also die Religion selbst ist.« In ihnen spricht sich aber kein wissenschaftliches Postulat über die → Absolutheit des Chr.s aus, sondern der Ansatz des Ganzen, daß wir es überhaupt nur mit der christlichen Religion ernsthaft zu tun haben können: »Die anderen bewegen uns im Tiefsten nicht mehr.« Der Einfluß jener »Lebenserfahrung« macht sich also bemerkbar. Harnack ist skeptisch geworden aus der Erkenntnis, »daß das Leben sich nicht durch Allgemeinbegriffe umspannen läßt«, und obwohl er betont, überzeugt zu sein, daß es zwischen den Religionen »im Tiefsten etwas Gemeinsames gibt«, so hat es bei dem »rein geschichtlichen Thema: Was ist christliche Religion?« zu bleiben, wenn man nach dem W.d.Chr.s fragt. Es ist eine streng historische Aufgabe, »das Wesentliche zu ermitteln«. Das geschieht, indem einerseits das »Evangelium im Evangelium« aufgesucht wird. Auch das ist ein historisches Unternehmen. (Das ist auch in H. → Cremers Gegenschrift über das W.d.Chr.s so.) Andererseits aber ist dies Evangelium als das Gültige »in geschichtlich wechselnden Formen« zu erkennen. Man muß die kirchengeschichtlichen »Metamorphosen« daraufhin ansehen, wie sie alle leben und zugrunde gehen mußten, »damit das ›Chr.‹ bliebe«. So wird die Frage nach dem W.d.Chr.s zum heuristischen Prinzip der kirchen- und dogmengeschichtlichen Forschung.

Ganz analog zu A.v.Harnack hat E. → Hirsch die Aufgabe angefaßt, das W.d.Chr.s darzustellen. Das Wesen ist »nicht irgendein Kern«, sondern es wird nur an den geschichtlichen Erscheinungen erfaßbar, wenn man sie »von innen her versteht«, von dem her, was sie »bildet und bestimmt«. So besteht denn auch diese Darstellung in einem dogmengeschichtlichen Gang, der auf einer Erhebung von »Wort und Geschichte Jesu« ruht. Hirsch nennt diese Methode, das W.d.Chr.s zu erfassen, »geisthaft«, »die in der Vergegenwärtigung des einzelnen das Ganze erfaßt« und die sich von der »begrifflichen, die in einer Definition sich erschöpft,« abhebt. In den Zusammenhang der prinzipiell historisch verfahrenden Wesens-Bestimmung gehört auch der Entwurf von E.Troeltsch. Troeltsch verbindet mit der historischen Wesenserhebung nicht nur die der historischen Fragestellung eigene Abstraktion auf das Wesen als Kritik und Entwicklung im Zirkel von »klassischer Urzeit« und Entfaltung, sondern er rechnet zur Feststellung des Wesens die Überzeugtheit von der Zukunftsmacht des Chr.s. Ohne diese notwendig subjektive Haltung ist die historische Erarbeitung nur antiquarisches Feststellen abgeschlossener Fakten. Indem Troeltsch diesen »eigentlichen Knoten des ganzen Problems« bewußt hervorhebt, gewinnt er methodisch den Anschluß an das geschichtliche Problem, ohne aus der historischen Fragestellung zu fallen.

β) G. → Wobbermin hat der Frage nach dem Wesen sowohl der Religion wie des Chr.s den wichtigsten Teil seiner Lebensarbeit gewidmet. Er steht auf den Ergebnissen der kirchen- und religionsgeschichtlichen Arbeit der 20er Jahre. Er macht den Versuch, deren Ergebnisse weiterzuführen und sie auf die Wesens- und Wahrheitsfrage hin anzusprechen. Das geschieht mit Hilfe des *religionspsychologischen Fragens,* des Fragens aus der eigenen Ergriffenheit heraus. Aber die religionspsychologisch gegebene Basis für verstehendes Arbeiten wird von Wobbermin nicht verabsolutiert, sondern als »religionspsychologischer Zirkel« gehandhabt. Das heißt, daß die Wesensbestimmung zu finden ist mit dem Zirkel »zwischen der eigenen religiösen Erfahrung und dem geschichtlichen Gesamtbestand der christlichen Religion kraft produktiver Einfühlung«. Die produktive Einfühlung ist das eigentliche momentum movens und die zugleich unüberprüfbare Funktion dieser Arbeitsmethode. (Wobbermin meint, mit dieser Richtungnahme Schleiermachers Intention fortzuführen. Das ist zu bezweifeln. Jener Ansatz Schleiermachers im »Gefühl« kann wohl kaum religionspsychologisch in der religiösen Erfahrung wiedergefunden werden. Jenes »Gefühl« ist Schleiermacher vielmehr die Fixierung der Mitte zwischen In-sich-Bleiben und Aus-sich-Heraustreten im »denkenden Sein« oder »seienden Denken«, dh im »Gefühl des unmittelbaren Selbstbewußtseins«.) Das Ergebnis Wobbermins besteht in der Undenkbarkeit einer »über die religiöse Grundposition des christlichen Glaubens prinzipiell hinausliegenden Stufenhöhe des religiösen Bewußtseins«. Die Wesensfrage wird also zur Glaubensaussage, die sich am dogmen- und religionsgeschichtlichen Material vollzieht. Der Wert der Position Wobbermins liegt in dem im ganzen gescheiterten Versuch, die zur Skepsis in der Wesensfrage führende dogmen- und religionsgeschichtliche Arbeit methodisch zu überholen, aber nicht zu verlassen.

γ) Neben die dogmengeschichtlichen und religionspsychologischen Versuche, das W.d.Chr.s zu finden, tritt die *religionsgeschichtliche Bemühung.* Die Religionsgeschichte wirkte zunächst relativierend auf das Wahrheitsbewußtsein christlichen Glaubens. Sie schien mit der Fülle ihres Vergleichsmaterials nur geeignet zu sein, die Besonderheit des Chr.s einzuebnen und die Frage nach seinem Wesen auf die aufklärerische Frage nach der Religion zu reduzieren. Der religionsgeschichtliche Positivismus erlaubte es aber nicht, dem einzelnen ein echtes Allgemeines und Gültiges entgegenzusetzen. Das machte diese Forschung immer wieder zum Ausdruck eines bloßen Skeptizismus. Mit dem Lebenswerk N. → Söderbloms steht die Möglichkeit religionsgeschichtlichen Arbeitens an der Frage des W.s d.Chr.s in eminenter Weise vor uns. Söderblom hat wenige Wochen vor seinem Tode in Gifford-Vorlesungen die Frage nach dem W.d.Chr.s religionsgeschichtlich gestellt. Er beantwortet sie mit der Erhebung der unvergleichbar eigenen Momente des Chr.s. Sie fassen sich auf zwei Beobachtungen zusammen: einmal die Tatsache, daß das Neue am Chr. »nicht eine Botschaft, nicht eine Lehre, sondern eine historische Person, ein wirklicher Mensch, Jesus« war, und zweitens die »barbarische Idee«, eine so »jammervolle Tatsache« wie das Kreuz von Golgatha in der

Mitte des Heilsweges Gottes zu sehen. Söderblom vermag zu erweisen, wieso diese beiden Momente religionsgeschichtlich singulär dastehen. In diesen beiden Momenten ist die Eigenart des Chr.s fixiert, die es erlaubt, sein Wesen als Gültigkeit in Jesus von Nazareth, dem Gekreuzigten, den Religionen zu konfrontieren. Es braucht uns nicht zu befassen, wie Söderblom diese Feststellungen mit der Offenbarung im Genius und mit der Vorstellung einer fortdauernden Offenbarung verbindet. Das Fundament für die religionsgeschichtliche Erörterung des Chr.s war mit diesen Vorlesungen in einem großen Entwurfe gelegt. Die religionsgeschichtliche Forschung trat hiermit aus der relativierenden Skepsis heraus. Sie kann den Weg positiver Erhellung im »Schematismus des Heiligen« betreten. Dabei ist zumal durch H.Frick erkennbar gemacht, daß die kirchentümlichen Eigenarten der christlichen Konfessionen wie die theologischen Auslegungen derselben Phänomene von religionsgeschichtlich vergleichbarer und allgemein menschlich bedingter Struktur sind, daß sie also das W.d.Chr.s nicht bedingen können.

δ) Mit dem Zerfall der Frage nach dem W.d.Chr.s in ihre theologischen Fach-Aspekte war die Methode ihrer Erarbeitung bereits in den Bereich der Phänomenologie hinübergetreten. Zwar war dies noch eine positivistisch gebundene Phänomenologie. Aber wir sehen sie schon am Brennpunkt von Vorhandenheit und Befindlichkeit stehen. Das zeigt sich an der »Zirkel-Struktur« aller dieser Arbeiten, dh an ihrem Versuche, das Gegebene am Erfahrenen und umgekehrt zu erhellen. Über diese Versuche führt die Theologie hinaus, die es im Anschluß an die *existential-analytisch* arbeitende Phänomenologie unternimmt, das Gegebene auch am Chr. in das Existential zu überführen. Es scheint methodisch nur ein kleiner Schritt zu sein, der damit getan wurde. Er bedeutet aber für eine Größe wie das Chr., das auf eine raumzeitlich gegebene Offenbarung »zurück«-geht, Erhebliches.

»Die Behauptung der Wahrheit des Chr.s ist ... immer Sache persönlicher Entscheidung.« Daher muß auch der Historiker »die Entscheidungsfrage als solche klären«, und das kann er auch; denn »seine Aufgabe ist es, die Phänomene der vergangenen Geschichte aus den Möglichkeiten menschlichen Existenzverständnisses zu interpretieren«. Damit erfaßt er diese Phänomene so, daß sie selbst als Entscheidungsfrage sichtbar werden: »Tua res agitur.« Mit diesen Sätzen umschreibt R. → Bultmann Aufgabe und Ziel seiner religionsgeschichtlich verlaufenden Darstellung des Ur-Chr.s.

In analoger Weise arbeitet Fr. → Gogarten an der Frage, was das Chr. sei. Seine Kernthese, daß das Chr. seinem Wesen nach »geschichtlich« sei, meint die Durchklärung der »Entscheidungsfrage als solcher«. Die Geschichtlichkeit ist Verantwortlichkeit »für die Welt und ihre Gestalt«. Zu ihr ist der Christ befreit, und in ihr besteht der Glaube und seine Freiheit. Die Verantwortung, um die es geht, ist »Verantwortung für die Welt als Gottes Schöpfung«. Diese Verantwortung hat Jesus von Nazareth »für die Welt erfüllt«. Damit hat er den Weg der »Mündigkeit« oder der »Sohnschaft« eröffnet und den verschlossenen Weg der Religion, der Knechtschaft bedeutet, beendet. Es geht um Verantwortung und ihre Möglichkeit, wenn es um die Frage geht, was das Chr. sei. Es geht darum, »daß die Existenz des Menschen und das Sein der Welt, in der er existiert, in ihrer Ganzheit als geschichtliche gedacht und bewußt erfahren werden«. Damit ist das alte Schema zerbrochen, das den Glauben auf Übergeschichte baute und Jesu Dasein übergeschichtlich oder supranatural erfaßte. In diesem Schema setzte sich die spezifisch religiöse Unterscheidung von heilig – profan durch. Aber dieses Schema ist zu verlassen. Jesus von Nazareth hat die eine und selbe Verantwortung in streng menschlicher Weise zu tragen gehabt wie wir. Darauf beruht die Möglichkeit unserer »Gemeinschaft« mit ihm. Söhne und Erben sind die Christen wie er. Die Verantwortung vor der Welt als Schöpfung wird mit der Vernunft ausgetragen, denn sie beruht auf Freiheit als Mündigkeit. So ist zu sagen: »Der christliche Glaube hat mit gegenwärtigem Geschehen zu tun«, und nur insofern ist er Glaube »an Vergangenes und Zukünftiges«. Der Christ verwaltet »die Welt als das ihm bestimmte Erbe« einerseits, »indem er die Welt als die Schöpfung Gottes ... bewahrt«, und andererseits »in der Freiheit«, »daß er in bezug auf dies und das, was in der Welt zu tun ist, selbst entscheidet, was da zu geschehen hat.« So geht es um das Ganze als Schöpfung und um das Einzelne als rationale Säkularisation.

Gogarten erhellt mit diesen Thesen zur Geschichtlichkeit des Chr.s das Existenzverständnis des Christen. Er übersetzt damit »die christliche Botschaft in die Sprache des geschichtlichen Denkens«, wie sie der Moderne eignet, und er meint, nur so könne diese Welt, die »sich selbst als geschichtliche versteht«, die Botschaft hören. Die mit dieser Anpassung der christlichen Botschaft an eine Seite gegenwärtigen Selbstverständnisses gegebene »radikale« Aktualisierung des W.s d.Chr.s bedeutet scheinbar das Ende des Problems.

2. Die Frage nach dem W.d.Chr.s setzt im Zusammenbruch der Selbstverständlichkeit des Chr.s als der vera religio, die im 17.Jh. durch die Distinctionen definiert werden konnte, ein. Sie stellt sich im 18.Jh. als Frage nach dem Allgemeinen und Gültigen gegenüber dem Einzelnen und Zufälligen und nach ihren Vermittlungen. Die Geschichte des Problems ist mit der existentialen Interpretation scheinbar an ein Ende gekommen. Die Frage nach dem W.d.Chr.s ist auf die Glaubensentscheidung des Christen, also auf das Einzelne reduziert. Dies wird in zwei Richtungen möglich: Erstens wird die raum-zeitliche Struktur der sog. Heilstatsache mit dem Begriff des »Geschichtlichen« in die punktuale Gegenwärtigkeit von Glaubensentscheidung oder Selbstverständnis des Glaubens überführt. Zweitens wird das Dasein Jesu und das Dasein des Christen auf die eine Ebene der einen und gleichen Verantwortung als Selbstbewußtsein gebracht. Darin wird die Möglichkeit der zeitungebundenen Aktualisierung als Gemeinsamkeit zwischen Jesus und uns erkennbar. Die Frage nach dem W.d.Chr.s aber scheint damit verstellt zu sein.

Die Reduktion des Problems auf seine aktuale Seite hat aber nur eine neue Frageebene hervorgeholt, auf der sich das Problem neu erhebt. Die neuartige Ebene, auf der gefragt wird, ist der Christ in der Entscheidung oder nach seinem Selbstverständnis. Vom Christen aus scheint das alte Problem des W.d.Chr.s zunächst erledigt zu sein. Aber es stellt sich unabweisbar in analoger Weise, und zwar in zwei Richtungen: Einmal wird, nachdem die existential arbeitende Theologie die actualitas des Glaubens verabsolutierte, die Frage nach dem Kontinuum in des Christen Christen-Dasein unabweisbar. Dies ist die Frage der Vergewisserung des Glaubens auf dem Boden seiner kirchentümlich oder konfessionell bedingten Glaubensaneignung. Zweitens drängt sich die Frage nach dem Kontinuum in des Christen In-der-Welt-Sein auf. Dies ist die Frage der Vergewisserung des Glaubens im Umschluß der ihn anfechtenden Welt als Geschichte und Natur. Der erste Fragenbereich betrifft den Christen, der als iustificatus nach der Wahrheit in der Geschichtsgestalt seines Glaubens zu fragen hat. Der zweite Fragenbereich betrifft den Christen, der als peccator, dh auch als homo religiosus in die Nöte der Ständigkeit seines Christ-Seins gestellt ist.

In der dem Christen unumgänglichen Frage nach dem Kontinuum ist das alte Problem des W.s d.Chr.s analog wieder da. Es stellt sich unabweisbar über seine existentiale Reduktion und Umformung hinaus, da der Christ erstens von einer Gottestat herkommt, die raumzeitlich gegeben mehrere unterschiedliche Glaubensverständnisse bedingt, und da der Christ zweitens sein Christ-Sein zu leben hat.

Die Frage nach dem W.d.Chr.s wird heute wie im 17.Jh. als die spezifisch theologische Form der Frage nach Akt und Sein und ihren Vermittlungen erkennbar.

J.B.BASEDOW, Versuch für die Wahrheit des Chr.s als der besten Religion, 1766 - J.S.SEMLER, Versuch einer freien theologischen Lehrart, 1777 - DERS., Über historische, gesellschaftliche u. moralische Religion der Christen, 1786 - FR.D.E.SCHLEIERMACHER, Über die Religion, 1799 - DERS., Der christliche Glaube, 1821/22 - K.ULLMANN, Das W.d.Chr.s, 1845 - J.FR.BRUCH, Das W.d.Chr.s (Allg. Kirchl. Zeitschr. 8, 1867, 226-239. 412-420) - J.KAFTAN, Das Wesen der christlichen Religion, 1881 - M.REISCHLE, Die Frage nach dem Wesen der Religion, 1889 - R.A.LIPSIUS, »Das Chr.« (Dogmatik, 1893³, 24ff) - A.RITSCHL, Rechtfertigung u. Versöhnung III, 1895⁴ - A.v.HARNACK, Das W.d.Chr.s, (1900) 1950¹⁵ (m. Geleitwort v. R.BULTMANN) - H.CREMER, Das W.d.Chr.s, 1901 - W.A.BROWN, The essence of Christianity. A study in history of definition, 1904 - E.TROELTSCH, Was heißt »W.d.Chr.s«? (Ges. Schr. II, [1913] 1922², 386-451) - H.HOFFMANN, Die Frage nach demW.d.Chr.s in der Aufklärungstheologie (Harnack-Ehrung, 1921, 353-356) - G.WOBBERMIN, Wesen u. Wahrheit des Chr.s (Syst. Theol. III), 1926 - H.FRICK, Vergleichende Religionswissenschaft, 1928 - E.HIRSCH, Das W.d. Chr.s, 1939 - N.SÖDERBLOM, Der lebendige Gott im Zeugnis der Religionsgeschichte, 1942 - R.BULTMANN, Das Urchristentum, 1949 - FR.GOGARTEN, Was ist Chr.?, 1956 - C.H.RATSCHOW, Der angefochtene Glaube, 1957.

C.H.Ratschow

Christentumsgesellschaft, *Deutsche,* wurde 1780 von J.A. → Urlsperger gegründet. In Basel bildeten bald Glieder der früheren »Gesellschaft der Freunde« → Annonis das Zentrum. Zahlreiche Partikulargesellschaften entstanden vorwiegend in den alten Einflußgebieten des halleschen → Pietismus in Deutschland und der Schweiz. Doch drang Urlsperger mit seinem ursprünglichen Ziel einer lehrhaft-apologetischen Verteidigung der christlichen Wahrheit gegenüber Deismus und Rationalismus nicht durch und wurde nicht ohne eigene Schuld in der umbenannten »Deutschen Gesellschaft zur Beförderung christlicher Wahrheit und Gottseligkeit« (1786) fast völlig ausgeschaltet. Zwischen Aufklärung und Romantik sammelten sich hier bibelgläubige Kreise, die späteren Keimzellen der → Erweckung. Ein Reichtum an Persönlichkeiten eines »charismatischen Zeitalters«, selbständige Zwischenglieder zwischen Barockpietismus und Erweckung, tauchte hier auf (→ Lavater, → Jung-Stilling, → Oberlin, Prälat Roos und Stiftsprediger K.H.Rieger als Vertreter der Theologie J.A. → Bengels u.a.). Aus den zuerst handschriftlich verbreiteten, dann gedruckten Rundbriefen als Bindeglied zwischen den Partikulargesellschaften entstand 1786 die Monatsschrift »Sammlungen für Liebhaber christlicher Wahrheit und Gottseligkeit«. Die Allgäuer kath. Erweckungsbewegung wie die spätere kath. Bibelbewegung (→ Bibelverbreitung) finden Anschluß an Basel (→ Boos, → Lindl, → Goßner). Der Protestantismus in → Österreich wird tatkräftig unterstützt. Ein neues Rußlandbild entsteht, verquickt mit eschatologischen Erwartungen. Zugleich erfolgt um 1800 eine Hinwendung zu den evangelikalen Kreisen des Westens und zu ihrer Missionsaktivität. Unter dem Einfluß hervorragender Sekretäre wie des jungen → Steinkopf, des späteren genialen Organisators der kontinentalen → Bibelgesellschaften, und auch → Spittlers, des Enthusiasten und nüchternen Planers, entstanden in Deutschland Bibel- und Missionszweiganstalten, die sich später von Basel lösten, in Basel selbst die → Basler Missionsgesellschaft (1815), die Pilgermission St. → Chrischona (1840) u.a., während die Ch. bedeutungslos wird.

Archivalien in der Univ.-Bibl. Basel. - RE III, 820ff; XX, 326ff - P.WERNLE, Der schweiz. Prot. im 18.Jh. I, 1923 - E.SCHICK, Vorboten u. Bahnbrecher, 1943 - E.BEYREUTHER, Neue Forschungen zur Gesch. der D. Ch. (ThLZ 81, 1956, 355-358).

E.Beyreuther

Christenverfolgungen *in den ersten Jahrhunderten*

1. Rechtlich - 2. Historisch. - Vgl. → Imperium Romanum, → Märtyrer: II

1. Die Hinrichtung des → Stephanus wie des Herrenbruders → Jakobus erfolgte wegen Gotteslästerung (Lev 3, 23). Für die Verfolgung der Urgemeinde durch → Herodes Agrippa fehlen Nachrichten über die rechtliche Begründung. Anders war die Rechtslage im Römischen Reich, als durch Ausbreitung des Christentums die Behörden vor die Frage der Behandlung der Anhänger der neuen Religion gestellt wurden. Rom war fremden Kulten gegenüber duldsam; Ausnahmen (Bacchanalien und Isiskult) sind nicht religiös, sondern durch Verdacht von Verbrechen begründet. Voraussetzung der Duldung war, daß die Gläubigen die Staatsgötter anerkannten; nur die Juden waren hiervon befreit. Die Christen erkannten nur einen Gott an. Hier lag Verdacht des Ungehorsams usw nahe. Für das Verhalten gegenüber den Christen aber gab es bis ins 3.Jh. keine allgemeingültige gesetzliche Regelung. Es lag im Ermessen der Magistrate, was sie unternehmen wollten (coercitio = das dem imperium innewohnende Recht, Verbrecher oder Gehorsamsverweigerer nach Belieben zu strafen bzw. zum Gehorsam zu zwingen). Grenzen waren nur durch Strafgesetze gezogen. Regelung durch eine kaiserliche Verordnung, die nicht Gesetzescharakter haben mußte, war möglich (vgl. Reskript Trajans an Plinius). Das Vorgehen im Rahmen der coercitio blieb das 2.Jh. hindurch üblich. Daneben mögen Prozesse wegen maiestas minuta oder sacrilegium vorgekommen sein. Das änderte sich, als 201 Septimius Severus durch Edikt Übertritt zu Judentum und Christentum bei Strafe verbot. Von da ab datiert das zentral befohlene Vorgehen gegen die Christen (das von → Tertullian genannte institutum Neronianum ist sonst von keiner Quelle bezeugt). Mit den kaiserlichen Edikten war eine klare, für das ganze Reich gültige Rechtslage geschaffen; das Verfahren im einzelnen blieb meist dem Belieben der Magistrate überlassen.

2. Am Anfang stehen in Jerusalem der Tod des → Stephanus und des Zebedaiden → Jakobus, Verfolgung durch Saulus usw. Rom nahm zunächst keine Notiz von den Christen. Das erste, auf Rom beschränkte Eingreifen erfolgte 64 durch Nero nach dem Brand Roms, den er den Christen zur Last legte (Tac. Ann. XV, 44). Die Hinrichtung geschah in der für Brandstifter üblichen Form (Verbrennung u.ä.). → Petrus und → Paulus sind wohl Opfer der Verfolgung geworden. 96 sind für Domitian wieder Maßnahmen gegen die Christen in Rom und Kleinasien überliefert; Einzelheiten sind unklar (da der Kampf gegen den Senat parallel ging und von christlichen Quellen damit verquickt wurde, → Domitilla Flavia). Das Anwachsen der Kirche im 2.Jh. führte zu steigendem Haß der heidnischen Bevölkerung, die zum Einschreiten drängte. Zeugnis für die daraus folgende Lage der Christen ist der Briefwechsel des Plinius (um 112 Statthalter Bithyniens) und Trajans: Plinius fragt mangels klarer Rechtsnormen an, wie er bei Anzeigen gegen Christen verfahren solle (→ Pliniusbrief); Trajan verbietet Aufspüren der Christen und Berücksichtigung anonymer Anzeigen, ordnet Todesstrafe für Hartnäkkige, Straffreiheit für Abtrünnige an. Obwohl nicht als Gesetz ediert, wird das Reskript bekannt und im ganzen

Reich wie ein Edikt befolgt. Damit ist das Christsein selbst todeswürdig, Nachweis anderer Verbrechen unnötig. Aber Verfolgung von Staats wegen gibt es nicht, wenn keine Anzeige eingeht. So besteht im 2.Jh. eine stete, oft sich grausam verwirklichende Gefahr für die Gemeinden; → Justin und → Polykarp, die → Scilitaner und viele andere fielen ihr zum Opfer. Das 3.Jh. bringt die Wende: Das Edikt von 201 verursacht in Ägypten Verfolgung, besonders der Katechetenschule Alexandriens; ähnliches geschieht in Nordafrika (→ Perpetua und Felicitas.) Maximinus Thrax hat 235 durch Gesetz Strafverfolgung der Bischöfe angeordnet; nur aus Rom aber hören wir von Verbannung des → Pontianus und des Gegenbischofs → Hippolyt. Die Not der Jahrhundertmitte bringt ernstere Maßnahmen: Decius führt die Gefährdung des Reichs auf Götterzorn wegen Abfalls vom Staatskult zurück und befiehlt 249, alle Reichsangehörigen sollten vor Amtskommissionen opfern und sich das Opfer bescheinigen lassen (über 40 solcher Bescheinigungen sind erhalten). Wer sich weigert, soll gezwungen werden. Tod droht nur den Hartnäckigen. Sehr viele Christen opferten (lapsi), erkauften sich Opferbescheinigungen (libellatici) oder Eintragung in die Kontrolllisten (acta facientes), darunter sogar Bischöfe. Die Frage der Behandlung der lapsi führte zu schweren Streitigkeiten und Schismen (→ Cyprian von Karthago, → Novatian; → Kirchenzucht: I). 250 ließ die Verfolgung nach, 251 hörte sie mit dem Tode des Kaisers auf. Unter seinem Nachfolger Trebonian kam es nur zu lokalen Aktionen gegen Kleriker. Erst Valerian brachte eine neue großangelegte Verfolgung: 257 fordert ein Edikt von allen Klerikern Opfer und verbot bei Todesstrafe Besuch von Gottesdienst und Friedhöfen. 258 gebot ein 2. Edikt Todesstrafe für widerspenstige Kleriker, Angehörige des Adels verloren Rang und Besitz, bei weiterer Weigerung das Leben, adligen Frauen drohte Verbannung, Hof- und Domänenbeamten Enteignung und Zwangsarbeit. Die christliche Führerschicht war in großer Gefahr; sie hat ihr unter schweren Opfern getrotzt: Xystus von Rom, → Cyprian von Karthago und viele andere starben den Zeugentod. Aber die Kirche ging weniger geschwächt aus diesem Kampf hervor als unter Decius. Der Sohn des 260 in Gefangenschaft geratenen Kaisers, Gallienus, verfügte Einstellung des Kampfes und Rückgabe der Kulträume und Friedhöfe und erlaubte Gottesdienste. 40 Jahre war nun Ruhe (das Edikt Aurelians von 275 kam nicht mehr zur Wirkung). Dann kam der letzte, schwerste Sturm. → Diokletian, voller Verehrung alter Sitten und alten Glaubens, ließ 299 und 301 das Heer auf Grund von Disziplinverweigerungen von Christen säubern. Von dem Cäsar Galerius beraten, erließ er 303 ein Edikt, das Zerstörung der Kirchen, Auslieferung und Verbrennung der hl. Schriften, Verbot der Gottesdienste, Verlust der Rechtsfähigkeit für alle, der Ämter und Standesvorrechte für die vornehmen und Versklavung der Christen im kaiserlichen Haushalt befahl. Ein Brand im Palast, als Racheakt der Christen angesehen, hatte die ersten Hinrichtungen zur Folge. Es folgten Opferzwang (selbst in der Kaiserfamilie, da Gattin und Tochter Diokletians als Christinnen galten). Ein 2. Edikt befahl Verhaftung der Kleriker, ein 3. Todesstrafe für Kleriker, die Opfer verweigerten. Ein 4. Edikt ordnete 304 allgemeinen Opferzwang an, bei Androhung von Tod oder Zwangsarbeit. Die Edikte wurden nicht von allen Mitregenten gleichmäßig durchgeführt, am mildesten von Konstantius im Westen; im Osten tobte die Verfolgung jahrelang. Neben vielen Märtyrern gab es auch Abfall; besonders lieferten manche Kleriker hl. Schriften aus (traditores). Die Frage der lapsi wurde wieder akut; sie blieb es auch, als 311 Galerius die Verfolgung abbrach und das Christentum zur erlaubten Religion erhob (→ Antike und Christentum, 4c). Das Erbe dieses Problems waren das donatistische und das melitianische Schisma (→ Donatismus, → Melitius).

RAC II, 1159ff. 1208ff; III, 235ff (Lit.) - B.Doer, Neros Menschenfackeln (Das Altertum 2, 1956, 15-28) - J.Moreau, La persécution du Christianisme dans l'Empire Romain, Paris 1956. *K.Wessel*

Christian Endeavor. Young People's Society of Christian Endeavor, christliche Jugendbewegung, begann 1881 unter Führung eines kongregationalistischen Pfarrers in Portland (Maine) USA. Das Werk trägt erweckliches Gepräge. Seine tätigen Mitglieder verpflichten sich in einem Gelübde, ihr ganzes Leben unter die Herrschaft Christi zu stellen, täglich Gottes Wort zu lesen, zu beten und die Kirche zu unterstützen, sowie am Leben des Bundes fleißig teilzunehmen. C.E. wuchs bedeutend, auch über die Grenzen der USA hinaus. 1884: 151 Bünde mit 6414 Mitgliedern; 1904 fast 65 000 Bünde mit 4 Mill. Mitgliedern; heute ca 3 Mill. Mitglieder. Vorsitzender des Weltverbandes ist (1957) Daniel Poling in Columbus/Ohio. - In Deutschland wurde der erste Jugendbund 1894 in der ref. Gemeinde in Bad Salzuflen gegründet. 1905 konstituierte sich der Deutsche Verband der *Jugendbünde für entschiedenes Christentum;* 1922: 40 430 Mitglieder in 1333 Bünden. Hauptstelle für Deutschland ist in Kassel, Vorsitzender Pfarrer Arno Pagel. Als Abzeichen dient ein ausgestanztes E vom C umschlungen, was für die englische Bezeichnung und den deutschen Namen paßt. - E.C. als freies Jugendwerk auf dem Boden der Kirchen vertritt keine Sonderlehren. Seine vier Grundsätze sind: 1. Offenes Bekenntnis zu Christus. Dazu gehört die Bekehrung als Dank für Gottes vorausgeschehenes Tun, mit anschließender Heiligung. 2. Tätiger Dienst für Christus. Dieser geschieht durch eigene Taten und überlegtes »Zeugnisgeben«. 3. Für Christus und die Kirche. Dies Doppelte wird in freikirchlicher Umgebung stärker vertreten als in Gebieten der Volkskirche. 4. Gemeinschaft mit dem Volke Christi, dh Zusammenwirken mit allen beim Aufbau der Gemeinde Jesu Christi.

C.E. Yearbook, London. - Zeitschriften: The C.E. World, 1897ff. Für E.C. in Deutschland: Jugendhilfe; Auftrag u. Weg; Sonnenstrahlen; Lichtstrahlen (tägl. Bibellese). - RGG[2] II, 133 (Lit.) - A.Pagel, Der Jugendbund für E.C., 1954. *O.Eggenberger*

Christian Science *(Christliche Wissenschaft)*

1. Geschichte, Organisation - 2. Lehre, Praxis - 3. Beurteilung

1. *Historisch* ist C.S., auch »Szientismus« genannt, ein selbständiger Zweig der von dem Heilpraktiker P.P. Quimby (1802-66) ausgegangenen amerikanischen Mental-Science Bewegung (»New Thought«; → Neugeistbewegung). Sie wurde begründet von *Mary Baker → Eddy*, deren Charakter und Lebensgang ihre Geschichte weithin bestimmt haben.

Mary Baker (* 1821) war das sechste Kind eines angesehenen Farmers. Von zarter, sensibler Natur, wurde sie schon als Kind vielfach von nervösen Störungen heimgesucht. Ihr immer gespanntes Leben war von Krankheit und Furcht vor Bedrängnis bestimmt, was in ihr eine verzehrende Sehnsucht nach der »vollkommenen Harmonie« erweckte. Dabei konnte sie im christlichen Glauben, der ihr in Gestalt des puritanischen Calvinismus begegnet war, keinen hinreichenden Trost finden. - Nach langer Krankheit (Rückgratsleiden, Krampfanfälle, Lähmungserscheinungen) fuhr sie im Jahre 1862 als hoffnungslos Leidende zu P.P.Quimby, von dessen wunderbaren Heilungen sie gehört hatte. Diese Begegnung wurde die Wende ihres Schicksals. Binnen 8 Tagen war sie gesund. Ihr bisher um sich selbst kreisendes Leben bekam nun Inhalt und Ziel: Quimbys neuartige »Wissenschaft des geistigen Heilens« zu erlernen und zu praktizieren. – Nach dem Tod des Meisters (1866) kam ihr ein Manuskript (über Hegels Metaphysik) in die Hand, welches sie zum Ausbau ihrer eigenen Lehre anregte und dessen idealistisch-monistische Grundgedanken sie entscheidend bestimmten. Ohne Hinzufügung wesentlich neuer Gedanken ist so aus der Verarbeitung beider Quellen ihre »Christliche Wissenschaft« entstanden, die sie seit 1872 lehrte und praktizierte und 1875 in ihrem berühmten »Lehrbuch« *Wissenschaft und Gesundheit* darlegte, das seither, von ihr vielfach überarbeitet, das Fundament der C.S. bildet. Durch die konzentrierte Arbeit an ihrem Buch, wie auch durch eine Selbstheilung, wurde das überkommene Lehrgut zu ihrem eigenen Besitz und erschien ihr nun völlig neu. Sie sagt sich von Quimby los und behauptet, ihre Christliche Wissenschaft unmittelbar durch göttliche Offenbarung erkannt zu haben. 1876 schließen sich ihre Anhänger zu einer Vereinigung zusammen; 1877 geht sie ihre dritte Ehe mit einem ihrer Schüler, A.G.Eddy, ein († 1882). 1879 gründet sie die »Church of Christ, Scientist«, die seit der Übersiedlung nach Boston (1882) eine rasche Aufwärtsentwicklung nimmt. – Mrs. Eddy selbst war weder eine wirklich gebildete noch eine besonders fromme Frau; doch war sie ganz von ihrer Idee erfüllt, wodurch ihr Leben über das gewöhnliche Maß emporgehoben wurde. Ihre eindrucksvolle, prophetisch wirkende Erscheinung führte dazu, daß ihre Anhänger sie wie eine Heilige verehrten; dagegen riefen ihr Anspruch auf Unfehlbarkeit und die souveräne, recht wechselhafte Leitung ihrer Kirche oft Unruhen hervor. Um einer solchen Empörung zu begegnen, verfügte sie 1889 die Auflösung sämtlicher Vereinigungen und zog sich von der konkreten Leitung zurück. 1892 schritt sie dann zur Neugründung ihrer Kirche, die sie nun 5 »Direktoren« unterstellte; jedoch galt nach wie vor ihr Wort als Gesetz. (Seitdem breitete sich die C.S. über die ganze westlich-zivilisierte Welt aus, besonders in den USA. 1955: 3179 Vereinigungen, 9272 C.S.-Praktiker; davon 130 Vereinigungen und 227 Praktiker in Deutschland und der Schweiz). – Von Schwäche, Krankheit und charakterlichen Fehlern nicht frei, verbarg Mrs. Eddy seit 1888 ihr Privatleben vor ihrer Kirche und der Öffentlichkeit, wodurch sie zu einer fast legendären Gestalt wurde. Dies führte jedoch 1906 zu peinlichen, von der Tagespresse sensationell aufgebauschten »Enthüllungen«. Als Gegenunternehmen wurde ein »autorisiertes« Lebensbild der »Führerin« verfaßt, welches innerhalb der C.S. unumstößliche Geltung hat, obgleich es von dem historischen Bild erheblich abweicht, und welches dazu verhalf, daß die Autorität Mrs. Eddys in ihrer Kirche noch heute unantastbar ist.

Die *Organisation* der C.S. ist seit 1892 streng zentralisiert und durch das von Mrs. Eddy geschaffene »Kirchenhandbuch« für alle Zeiten festgelegt. Obgleich jede Zweigkirche Selbstverwaltung hat, sind doch die entscheidenden Ämter in der »Mutterkirche« in Boston zusammengefaßt. Nur hier werden die Lehrer (CSB = C.S.Bachelor) ausgebildet; nur im Bostoner Verlagshaus erscheint die offizielle Literatur der C.S. Nur Mitglieder eines Lektorenausschusses dürfen (lizenzierte) öffentliche Vorträge halten. Freies Lehren und Disputieren ist untersagt. Maßgeblich sind allein die Schriften Mrs. Eddys, die als »göttlich autorisiert« gelten und nicht kommentiert werden dürfen. Es gibt weder Geistliche noch Prediger. Die *Sonntagsfeiern* bestehen in der Hauptsache aus Lektionen aus Bibel und »Lehrbuch«; ebenso die vielbesuchten Mittwochabend-Versammlungen mit anschließender Abgabe von Heilungszeugnissen. Auf diese Weise soll die »reine Christliche Wissenschaft«, wie sie Mrs. Eddy gelehrt hatte, bewahrt bleiben.

2. Die *Lehre* der C.S. mag dem Außenstehenden zunächst verwirrend und unverständlich erscheinen, da ihm jeder Vergleichspunkt fehlt. Sie stellt in keiner Weise eine Weiterbildung christlichen Lehrgutes dar; auch ist sie keine Fortführung indischer, gnostischer oder mystischer Gedanken – trotz mancher Ähnlichkeiten, die aus indirekten, nicht genauer nachweisbaren Verbindungen stammen mögen. C.S. ist eine eigenständige popularwissenschaftliche »Metaphysik«, entstanden auf dem geistigen Boden des damaligen Neuengland, dessen Hauptströmungen die → Aufklärung, der → Unitarismus und der → Transzendentalismus waren.

Ausgangspunkt und Grundlage bildet Quimbys Scheidung der Welt in *Wirklichkeit* und *Illusion*. Quimby hatte, vom → Mesmerismus veranlaßt, unzählige hypnotische Experimente gemacht, die ihn schließlich zu der Überzeugung führten, daß der wache Mensch ebenso wie der Hypnotisierte illusionäre Vorstellungen hat, die mit der Wirklichkeit nicht übereinstimmen, die ihm selbst aber als wirklich erscheinen. Dies bedeutet, daß ein Teil unserer Welt nicht Realität, sondern Illusion ist – eine These, die größte praktische Bedeutung gewann durch Quimbys Bestimmung der Wirklichkeit als des wesenhaft Harmonischen, Vollkommenen und Ewigen. Dadurch war alles Unvollkommene, besonders das Krankhafte und Leidvolle, als Illusion gekennzeichnet, die auf mentalem Wege überwunden werden muß. Hierauf basierte seine völlig neuartige Heilmethode; und hiermit war das (dualistische) Grundschema der C.S. gegeben, in das Mrs. Eddy nun den (monistischen) Gedanken der All-Einheit Gottes einfügte. Dabei wurde der Grundwiderspruch zwischen Monismus und Dualismus, dh zwischen Sein und Nicht-Sein des Bösen, von ihr nie überwunden.

So lehrt Mrs. Eddy: Die C.S. ist die »göttliche Wissenschaft vom (wahren) Sein«, welche das Gesetz der universalen Harmonie darlegt. »*Gott* ist unendlich (infinite)«, ist »Alles-in-allem« (→ Theopantismus). Er ist Leben, Geist, das Gute; wobei *Leben* der (verborgene) Zentralbegriff der C.S. ist, der zugleich ewige Kraft und Vollkommenheit meint. Dieses göttliche Leben ist die einzige Wirklichkeit. Alles Unvollkommene und Üble (d.i. alles Leben-Beschränkende) gehört der göttlichen Wirklichkeit nicht an; »Gott kennt es nicht«. Es ist »menschlicher *Irrtum*« (dessen Ursprung jedoch völlig unklar bleibt), eine falsche Sichtweise, der Grund alles Leidens. »Das sterbliche Dasein ist ein Traum von Sünde, Krankheit und Tod.« Erkennen wir die Wahrheit, haben wir »das unbedingte Bewußtsein von (Gottes) Harmonie und von nichts anderem«, so hat der Irrtum keinen Raum mehr, er »zergeht in sein natürliches Nichts«, und die Vollkommenheit erscheint als das, was sie immer war: als ewige Wirklichkeit. – Diese »Nichtsheit des Irrtums«, dh die völlige Unrechtmäßigkeit und Ohnmacht des Bösen (Üblen); die alleinige Wirklichkeit des unversehrten Guten (des göttlichen Lebens); und die »ewige Einheit des Menschen mit Gott«, als sein »Ausdruck« (expression), seine »Widerspiegelung« (reflection), sind dabei die drei wichtigsten religiösen Grundgedanken der C.S., die man gleichsam meditativ erleben muß, um ihre unerhörte Wirksamkeit zu spüren. – Von hier aus muß auch Mrs. Eddys Lehre von *Geist* und *Materie* verstanden werden. Unter letzterer versteht sie vor allem das »Gesetz der Materie«, d.i. das Naturgesetz. Dieses lehrt den Tod und die Gesetzmäßigkeit der Krankheit, während das »Gesetz des Geistes« gerade ewiges Leben ist. So geht es Mrs. Eddy um die Freiheit des Menschen vom »materiellen Gesetz«; die Sinne, die es bestätigen, lügen. Es besteht allein das göttliche Gesetz der Harmonie, und das Verständnis dieses Gesetzes heilt und erlöst.

C.S. lehrt die Erlösung durch Erkenntnis. »Wenn man Gott verstehen würde, anstatt nur an Ihn zu glauben, würde dieses Verständnis Gesundheit herbeiführen.« Und doch ist sie keine Erkenntnisreligion im strengen Sinne. Es geht ihr gar nicht um Wahrheitserkenntnis als solche, nicht prinzipiell um Befreiung vom Irrtum; es geht in erster Linie um die *Heilung* von Krankheit und aller Bedrängnis. *Sie* ist das zentrale Erlebnis. C.S. ist Heil-Lehre, und zwar von ihrem Ursprung her (Quimby). Deshalb heißen die amtierenden Personen hier auch »Praktiker«: sie praktizieren die »Wissenschaft des Heilens«. Die Lehre dient der Praxis; hierin zeigt sich der amerikanisch-pragmatische Zug der C.S. (»Primat des Lebens«, V.Weiss).

Die *Heilungen* der C.S. sind unbezweifelbar; sie stehen denen von → Lourdes und Bad Boll (J.Chr. → Blumhardt) nicht nach. Sie sind wie diese Glaubensheilungen (nicht »Gebetsheilungen«), und sie demonstrieren in derselben Weise die Wirksamkeit einer höheren, naturwissenschaftlich nicht mehr erfaßbaren Macht – auch wenn sie durch ihre große Nüchternheit und ihren rationalen Charakter im Kreise der übrigen religiösen → Heilungen eine Sonderstellung einnehmen. Die Szientisten erblikken in der Heilung den Beweis für die Wahrheit ihrer Lehre und für deren praktische Anwendbarkeit. In Wirklichkeit ist die Heilpraxis jedoch direkt von Quimby übernommen und nicht aus der szientistischen Lehre entwickelt worden.

3. *Kritisch* ist festzustellen: C.S. ist nicht *Wissenschaft,* da sie unbegrifflich, unsystematisch und nicht folgerichtig ist. Sie ist vor allem kein Lehrsystem; sie entfaltet kein Weltbild. Sie ist im wesentlichen nur *die fast mystische Vergegenwärtigung der All-Einheit des Göttlich-Guten und die Leugnung des Üblen.* Auch ist C.S. *nicht christlich,* sofern hier alle wesentlichen Punkte christlicher Lehre fehlen: C.S. lehrt keinen personhaften Gott (die den Gottesbegriff bildenden Ideen sind hier »Wirklichkeit« und »Macht«, nicht das personale Du), damit auch kein Gebet (nur Meditation), keine Schöpfung (diese ist der Ursprung des Irrtums des Begrenzten und Materiellen; die wahre Welt ist ewiger Ausdruck Gottes), keinen Sündenfall (der Mensch als »Widerspiegelung« kann sich von Gott nicht trennen; Sünde ist Irrtum; sie wird als Leid gewertet, also ganz in Entsprechung zur Krankheit gesehen), keine Erlösung im christlichen Sinne (*Jesus Christus* ist der »wahre Mensch«, der »Beispielgeber«, der erste Lehrer und Praktiker der Christlichen Wissenschaft, die seitdem wieder vergessen worden war, bis Mrs. Eddy das »ursprüngliche Christentum« des Heilens wieder eingeführt hat; oft wird unterschieden zwischen Jesus, dem Menschen, und Christus, der »Wahrheit« oder der »Idee Gottes«, die Jesus verwirklichte), keine Kirche (C.S. ist somit auch keine christliche → Sekte), und kein Sakrament (zweimal im Jahr wird eine meditative Vereinigung mit Gott [»at-onement«: Versöhnung] als »immaterielles« Sakrament gefeiert). C.S. behauptet zwar auf der *Bibel* zu fußen, sie »geistig« auszulegen. Tatsächlich ging Mrs. Eddy jedoch nie von der biblischen Lehre aus; die Schrift stellte keine ihr gegenüberstehende Autorität dar. (Diese Hochschätzung der Hl. Schrift einerseits [fortwährendes Zitieren] und andererseits die Art, wie der ihr eigene Sinn übergangen, wie allegorisch interpretiert oder die szientistische Lehre willkürlich hineingedeutet wird, gehört zu den eigentümlichsten Erscheinungen der C.S.). – Nur in der allgemeinen Grundhaltung der Szientisten, besonders im Ethos, ist christliches Erbe spürbar.

Als *Negativum* ist in mehrfacher Hinsicht die zeitbedingte Einseitigkeit des Denkens und die sektenhafte Enge zu werten. Erstere zeigt sich in der wesentlich aufklärerischen, eindimensionalen, trotz des »metaphysischen« Kleides eben doch naturwissenschaftlichen Denkweise. (C.S. kennt keine Transzendenz; sie lehrt eine ideale Diesseitigkeit, aus der alles Negative [als Irrtum] verbannt ist.) Das Sektenhafte zeigt sich in der Absolutsetzung einer Teilwahrheit, die eine starke Einengung des Blickfeldes bewirkt; wie auch in der strengen Zweckgebundenheit: alles Interesse ist auf die Erlösung des einzelnen konzentriert. – Demgegenüber verdankt die C.S. ihren Einfluß auch unbezweifelbaren *Wahrheitsmomenten.* Hier wird die innige Verbundenheit von Glaube und Heilung lebendig dargestellt; dies hat eine gewisse Entsprechung in Jesu eigenem Wirken und zeigt ein noch durchaus ungelöstes theologisches Problem. Die Einheit von Glauben und Leben, wie sie in der C.S. in besonderer Art verwirklicht ist, der große sittliche Ernst der Szientisten und ihre durchaus positive, frohe Einstellung sind hoch einzuschätzen. Bedeutsam ist ferner die starke Betonung des Seelischen: mit ganzem Gemüte muß die Wahrheit erfaßt, *erlebt* werden; nur so können wir von ihr geprägt werden. Bloßes Denken und »Glauben« ist zu wenig, sagt Mrd. Eddy. Nicht zuletzt liegen auch im lehrmäßigen Zentrum der C.S.: in der dem Personalismus gegenüberstehenden theomonistischen Sichtweise unbezweifelbare Wahrheitsmomente, mit denen sich die christliche Theologie immer wieder erneut auseinandersetzen muß. (Vgl. hierzu auch → Mystik: VII).

Quellen: H.W.Dresser, Health and the Inner Life, New York 1906; dt.: Gesundheit u. d. innere Leben, 1907 (Quimby-Lehre) – Ders., The Quimby Manuscripts, New York (1921) 1929[4] – W.M. Haushalter, Mrs. Eddy purloins from Hegel (Hegel-Manuskr.), Boston 1936 – Die Werke v.M.Baker → Eddy – E.A.Kimball (CSD), Lectures and Articles on C.S., Chestertown/Ind. 1921; dt.: Reden u. Lehren üb. d. Chr. W., 1925, neu durchges. 1937 – Encycl. Americ. VI, 612ff (C.P.Smith [CSB]). – Zeitschriften: C.S.-Journal (monatl.), 1883ff – C.S.-Sentinel (wöchl.), 1898ff – The Herald of C.S. (monatl.), 1903ff (engl.-dt. u.a. Sprachen) – C.S.-Monitor (intern. Tageszeitung), 1908ff. – Weitere »autorisierte« Lit. im C.S.-Lesezimmer bei jeder Zweigkirche.

Untersuchungen: V.Weiss, Die Heilslehre der C.S., 1927 (bisher einzige krit. Auseinandersetzung mit der Lehre) – Ch.S.Braden, These Also Believe, a study of modern Americ. cults, 1949, 180ff – Hutten 179ff – EKL I, 737ff – H.D.Reimer, C.S., Gesch., Lehre, Praxis, voraussichtlich 1959 (Lit.). – Außerdem die Lit. über M.Baker → Eddy. *H.-D.Reimer*

Christine, *die Heilige,* eine Jungfrau aus vornehmem Geschlechte zu Bolsena/Toskana, wurde unter → Diokletian (?), angeblich nach Vernichtung ihrer Hausgötter und dem Bekenntnis zu Jesus, getötet. Ihr Grab wird seit dem 4.Jh. verehrt. Sie gilt als Patronin der Müller, weil sie der Legende nach mit einem Mühlstein in den See geworfen wurde. Tag: 24.7.

AS Jul. V, 495ff – A.B.deRossi, Sepolcro et cimitero di S.Cristina, Mailand 1890 – Künstle II, 153 – Doyé I, 194. *H.Paulus*

Christine (1626–89), *Königin von Schweden* 1632 (1644)–54, Tochter des Königs → Gustav II. Adolf von Schweden aus der Ehe mit der Prinzessin Marie Eleonore von Brandenburg. Zunächst nach dem Tode ihres Vaters unter einer Regentschaft stehend, verzichtet sie 1654 infolge ihres Entschlusses, zum Katholizismus überzutreten, zugunsten ihres Vetters und früheren Verlobten Karl X. Gustav von Pfalz-Zweibrücken auf den schwedischen Thron. Entspringt auch ihr Konfessionswechsel ohne Zweifel einer sachlichen Abneigung gegen das orthodoxe Luthertum ihrer Heimat, so sind die Ursachen doch wohl mehr in ihrer exzentrischen Natur zu suchen. Vorbereitet wird dieser Schritt durch den französischen Residenten sowie durch → Descartes während seines

Aufenthalts 1649/50 in Stockholm und durch heimlich an ihrem Hof Eingang findende Jesuiten. Der öffentliche Übertritt erfolgt 1655 in Innsbruck. Seitdem in Italien bzw. in Frankreich lebend, nimmt sie 1668 ihren Wohnsitz in Rom. Hier bald im Mittelpunkt der künstlerischen und gelehrten Kreise stehend, erregt sie indessen durch ihre Umgangsformen oft Anstoß beim kath. Klerus. Ihre wertvolle Handschriftensammlung gelangt 1689 nach ihrem Tode durch Kauf an Papst → Alexander VIII. Ihr Leichnam wurde in der Peterskirche in Rom beigesetzt.

W.H.GRAUERT, C. Königin von Schweden u. ihr Hof, 2 Bde, 1837-42 - C.WEIBULL, Drottning Christinas övergång till katolicismen (Scandia 1, 1928, 215-257) - DERS., Drottning Christina, (1931) 1934² - LThK II, 924f - L.v.GENTZKOW, C. Wasa, 1935² - E.CASSIRER, Drottning Christina och Descartes, 1940 - A.NYMAN, En drottnings visdom, 1942 - S.KYÖLLESTRÖM, Drottning Kristina sch. consistorium generale (Scandia 16, 1944, 1-44) - K.PFISTER, Königin C., 1949 - S.I.OLOFSSON, Drottning Christinas tronavsägelse och trosförändring (phil. Diss. Stockholm), 1953. *W.Göbell*

Christkönigsfest → Herrenfeste.

Christkönigsschwestern vom Weißen Kreuz, Societas Christi Regis (S.Chr.R.). Der Verband wurde 1919 auf Anregung der Priester J.W.Impekoven († 1918) und Dr. M.J. →Metzger († 1944) gegründet. Der Leitgedanke ist »Christus muß König sein.« Hauptaufgabe ist, für jede Form zeitgemäßen Apostolats Kräfte auszubilden und einzusetzen, christliches Geistesgut zu schaffen und zu verbreiten. Die Schwestern streben die Anerkennung als weltliches Institut mit halböffentlichen Gelübden an. Das Mutterhaus ist in Meitingen bei Augsburg.

HEIMBUCHER II, 636 - W.W.BAUMEISTER, M.J.Metzger, 1951. *Ph.Hofmeister*

Christliche Welt und Freunde der Christlichen Welt

1. Die CW (= Christliche Welt, FCW = Freunde der CW) ist eine der bedeutendsten Erscheinungen des sog. Freien Protestantismus (→ Freies Christentum). Ihre Geschichte von 1886 bis 1941 ist weitgehend identisch mit der Lebensgeschichte Martin → Rades, ihres Begründers und langjährigen Herausgebers, ist zugleich aber auch ein getreues Spiegelbild der Wandlungen in Theologie und Kirche dieser Zeit.

a) Die CW wurde 1886 von M. → Rade, W.Bornemann, F. → Loofs und P. → Drews als »Ev.-luth. Gemeindeblatt für die gebildeten Glieder der ev. Kirche« gegründet. Der Untertitel wurde im Lauf der Zeit mehrfach geändert, der Haupttitel blieb und ist Ausdruck des Programms: Nicht ein kirchliches Parteiblatt oder eine theologische Schulzeitschrift wollte man gründen, sondern ein Gemeindeblatt, in dem das »Evangelium, wie es Dr. Martin Luther unserm deutschen Volke bekannt- und liebgemacht hat«, einziges Programm war. Mit diesem Evangelium soll die moderne Kultur versöhnt werden, Bildung und Christentum will man hier vereinigen. Dieses Programm gründet in der Theologie A.→Ritschls, von der die vier Freunde, durch Vermittlung A. → Harnacks, stark beeinflußt sind. Das betont geschichtliche Denken unterscheidet die CW von vornherein von dem theologischen und politischen Liberalismus (etwa des → Protestantismus), was natürlich die »kirchliche«, »gläubige« Presse nicht hinderte, die neue Gründung von vornherein als »liberal« und das heißt ungläubig zu beschimpfen.

b) Die erste Phase der Geschichte der CW ist dadurch bestimmt, daß Rade bemüht ist, den im Programm dargelegten Kurs wirklich zu steuern: Gemeindeblatt auf dem Boden des sich selbst durchaus als positiv beurteilenden Luthertums Ritschlscher Prägung sollte die CW sein. So tritt die kath. Frage - wohl in Nachwirkung des → Kulturkampfes - zunächst stark hervor. Nach und nach verschwindet aber diese Polemik, trotz der Bindung an den → Evangelischen Bund, an dessen Anfängen die Herausgeber nicht unbeteiligt waren. Sehr viel stärker machen sich die sozialen Fragen bemerkbar - P. → Göhre war 1888-90 Redaktionshelfer der CW und F. → Naumann, der Schwager Rades, hat auch auf das Blatt eingewirkt -, und die Gründung des Ev.-sozialen Kongresses (1890) (→ Evangelisch-sozial) wurde in der CW sehr begrüßt, wie denn auch später dieser Kongreß immer in dem Blatt einen warmen Fürsprecher hatte. Die Auseinandersetzungen um die Berufung Harnacks nach Berlin, der Apostolikumsstreit (→ Apostolikum: II, 2) und schließlich auch der Sturm um Harnacks »Wesen des Christentums« haben die CW - gegen den Widerstand und die Warnungen der alten Ritschlianer - in die Kirchen- und Tagespolitik geführt. Der Bruch mit Loofs (um 1902) kennzeichnet das Ende der ersten Periode: Aus dem ev.-luth. Gemeindeblatt war eine weithin anerkannte, kirchenpolitisch, theologisch und kulturell aktive Zeitschrift geworden. Rade stand jetzt nicht mehr bei den Ritschlianern, sondern öffnete sich den »Jungen«, dh der → religionsgeschichtlichen Schule, die sich durch J. → Weiß, W. → Bousset und E. → Troeltsch im Kreis der CW bemerkbar machte. - 1890 trat der CW die »Chronik der Christlichen Welt« als ergänzendes Nachrichtenblatt zur Seite, und 1892 erfolgte die Gründung der »Hefte zur Christlichen Welt«. Die Bezieherzahl der CW ist um 1890 auf ca 4000, um 1900 auf ca 5000 gestiegen; eine höhere Zahl ist wohl nie erreicht: Die CW ist letztlich doch nur das Blatt einer Minderheit in der Kirche geblieben, auch wenn sie als geistige Potenz nicht zu übersehen war.

c) Trotz des in der vorangegangenen Zeit deutlich spürbaren Zuges nach »links« hat Rade auch in der folgenden Periode (bis 1918) versucht, die CW auf eigenem Kurs zwischen »Mittelpartei« (→ Evangelische Vereinigung) und → Protestantenverein hindurchzusteuern. In den sozialen Fragen (zB bei den Streiks von 1903 und 1905) nahm die CW einen entschiedenen fortschrittlichen Standpunkt ein, der von dem der offiziellen Kirche erheblich abwich. Das »Irrlehregesetz« fand auch in ihren Spalten einen lebhaften Widerhall, wie auch die »Fälle« → Jatho und Traub (→ Kirchenzucht: II), die man nicht mit Unrecht als »Fälle« der CW empfand. War schon bei dem »Weltkongreß für → freies Christentum und religiösen Fortschritt« (Berlin 1910) die Einheit des Kreises um die CW stark gefährdet, so führten die »Fälle« schließlich zu der mittelparteilichen Sezession: →Schian, Hermann Scholz u.a. trennten sich 1911. In die gleiche Zeit fällt auch die Beteiligung Rades und der CW an der Freundschaftsarbeit der britischen und der deutschen Kirchen. Das hat dann auch im Kriege noch die Haltung der Zeitschrift beeinflußt; Rade hat damals die CW aus dem hemmungslosen Patriotismus der übrigen kirchlichen, vor allem der »gläubigen« Presse herausgehalten.

d) Der Zusammenbruch 1918 und der Neubau von Kirche und Staat stellten auch die CW vor neue Fragen, denen sie sich aber nur zum Teil gewachsen zeigte. Die äußeren Schwierigkeiten in der Inflationszeit konnten durchgestanden werden. Die politische und kirchenpolitische Linie war ebenfalls klar. Aber die theologische Neubesinnung, die mit Karl → Barth - der einst Redaktionshelfer in Marburg war! - und der → dialektischen Theologie einsetzte, fand nicht mehr das Echo, das man bei Rade gegenüber neuen Erscheinungen in Theologie und Kirche gewohnt war. Gewiß haben Barth, → Gogarten und andere in der CW geschrieben. Die berühmte Auseinandersetzung zwischen Barth und Harnack (1923) ist in den Spalten der CW geführt worden. Aber die Trennung von diesen »Jungen« war nicht zu vermeiden, und die CW wurde langsam das, was sie nie hatte werden wollen: ein liberales Blatt. Der Übergang der Schriftleitung auf Hermann Mulert (1879-1950) am 1.1.1932 ist mehr als ein äußerlicher Einschnitt. Der Kurs, den der neue Mann im → Kirchenkampf steuerte, machte deutlich, daß er (und das gilt auch für Rade, der bis zu seinem Tode [9.4.1940] beratend teilnahm) nicht mehr die Kraft zu dem neuen, jetzt geforderten Weg fand. Als die CW 1941 ihr Erscheinen einstellen mußte, traf diese nationalsozialistische Kriegsmaßnahme kein blühendes Leben mehr. Die CW hatte ihre große Zeit längst hinter sich.

2. Im Zusammenhang mit dem Apostolikumsstreit 1892 hatte sich der Kreis um die CW in Eisenach zum ersten Mal zusammengefunden und unter mannigfachen Auseinandersetzungen ein Wort zur Sache gesprochen (Text: RGG² I, 1591f). 1903 organisierte sich dieser Kreis zu einer »Vereinigung der Freunde der Christlichen Welt«. Zahlenmäßig war diese Vereinigung nie sehr bedeutend, aber durch die auf den Tagungen geleistete Arbeit war sie doch ein beachtlicher Faktor in der Kirchengeschichte der Zeit von 1903 bis 1920. Nach dem ersten Weltkrieg überschatteten die politischen Gegensätze die Arbeit der Vereinigung der FCW, die sich 1920 mit dem »Bund für Gegenwartchristentum« zusammenschloß, diese Verbindung aber 1930 wieder löste. Wie die CW war auch die Vereinigung der FCW zur Bedeutungslosigkeit herabgesunken, als sich im Kirchenkampf völlig neue Fronten auftaten.

Die CW und die Vereinigung der FCW existieren nicht mehr. Aber sie dürfen nicht vergessen werden, da in ihnen ein unaufgebbares Anliegen zum Ausdruck kam: Das Ringen um ein legitimes Verhältnis zwischen Christentum und Kultur (im weitesten Sinn des Wortes) gehört zu dem immer neu gestellten Aufgaben für Kirche und Theologie. Rade und die CW haben für ihre Zeit beachtliche Antworten auf sie gefunden.

Chr.Balzer, 20 Jahrgänge CW, Register der Sachen u. Bibelstellen, 1907 - 40 Jahre CW, Festg. für M.Rade, hg.v. H.Mulert, 1927 - A.v.Zahn-Harnack, Adolf v. Harnack, 1936 - Th.Heuss, Friedrich Naumann, 1937 - W.Köhler, Ernst Troeltsch, 1941 - J.Rathje, Die Welt des freien Protestantismus, 1952 (dazu: H.Hermelink in ThLZ 78, 1953, 385-392) - W.Schneemelcher, »CW«. Das Problem des »Freien Protestantismus« (EvTh 15, 1955, 255-281).

W.Schneemelcher

Christlicher Friedensdienst (CFD) (Kreuzritter). Während der Ruhrbesetzung (1923) erfuhr der franz. Kapitän Etienne Bach in Gemeinschaftskreisen des Ruhrgebiets und unter dem Eindruck einer Abendmahlsfeier mit Deutschen, wie das Evangelium verfeindete Menschen miteinander versöhnt. Aus dieser Erfahrung entstand durch Bachs Initiative die Bewegung der Chevaliers du Prince de la paix (Kreuzritter, später: Christlicher Friedensdienst). Zu ihr zählten anfangs nur franz. und deutsche Kriegsteilnehmer; später schlossen sich ihr Christen aus aller Welt an und gaben ihr ökumenische Breite. Im 2. Weltkrieg ging das Schwergewicht der Arbeit auf die Schweizer Gruppe über; der CFD fand in Frau Gertrud Kurz in Bern, der »Mutter der Flüchtlinge«, seine Seele. Ihm geht es nicht um pazifistische Ideologien, sondern um den Menschen, wo immer dieser an der durch die Sünde bewirkten Unordnung der mitmenschlichen Beziehungen zu leiden hat. Politische Krisenherde, Atomkriegsgefahr, Hunger, unterentwickelte Völker, Flüchtlings- und Kriegsversehrtennot, Ost-West-Spannung, Antisemitismus, soziales Unrecht, Rechtlosigkeit und Freiheitsentzug in jeder Form bilden die Elendsfelder, denen Christi Erbarmen gilt und auf denen der CFD seine Aufgabe sieht.

CFD. Mitteilungsblatt Bern, Dittlingerweg 4 - E.Thurneysen, Der Friedensraum (Zwinglikalender 1930, 70-73) - G.Kurz, Die Kreuzritter (Judaica 1, 1945, 222-237) - »Erklärung« der Mitglieder des CFD.

W.Dignath

Christlich-jüdische Zusammenarbeit → Gesellschaft für christlich-jüdische Zusammenarbeit, →Judentum: IV.

Christlich-sozial

1. Zum Begriff - 2. Zur Geschichte: a) in England; b) in Deutschland; c) im sonstigen prot. Europa; d) in der Ökumene

1. »Christlich-sozial« (chr.-soz.) ist sowohl als Parole wie als Begriff keine eindeutige Formulierung. Sie entstammt dem 19.Jh. Eine allgemeine Begriffsbestimmung etwa auf der Linie: »die Kräfte christlichen Glaubens und christlicher Liebe für das soziale Leben der Gegenwart fruchtbar zu machen« bietet keine Klärung. Der Begriff hat zwar durch A. → Stoecker eine im Sinn seines Programms parteimäßig-engere und präzisere Bedeutung gewonnen, wird aber sowohl im Protestantismus wie im Katholizismus auch in seinem sehr weiten Sinn gebraucht, dessen inhaltliche Füllung die verschiedenen und zT sich wandelnden theologischen und sozialethischen Grundauffassungen spiegelt. So ist es zB im Katholizismus in Verbindung mit einem romantischen Organismus-Denken (Adam → Müller und F.X. → Baader, der zuerst von »chr.-soz.« spricht) die Idee einer Belebung der Menschheit als Kulturgemeinschaft, durch die Kirche als Gnadengemeinschaft, wobei die deutschen Führer der chr.-soz. Bewegung, → Kolping und → Ketteler, erst allmählich den Weg von dieser Idee zur Wirklichkeit des großen sozialen Umbruchs (→ Sozialgeschichte) seit dem Beginn der Industrialisierung finden (→ Katholisch-sozial).

Im Protestantismus sind die theologischen Probleme der chr.-soz. Bewegung vielschichtiger und wandlungsreicher infolge des Fehlens einer auch die soziale Struktur der Menschheit theoretisch deutenden Weltanschauung und Gesellschaftslehre. Bedeutet für den Katholizismus der Anbruch des industriellen Zeitalters die Aufforderung, es von jener Weltanschauung her praktisch zu bewältigen, so löst er im Protestantismus die chr.-soz. Problemstellung erst eigentlich aus und verleiht ihr daher von Anbeginn an, zT in Auseinandersetzung mit dem modernen → Sozialismus und der → Sozialdemokratie, sozialreformerische, sogar sozialistische Züge. Sieht man ab von der Idee des → social gospel und den neueren gesamtprot. Bemühungen um den Aufbau einer → Sozialethik (→ Ökumenische Bewegung, 1), so ist die chr.-soz. Bewegung als solche eine zunächst und überwiegend europäische Angelegenheit, zumal in ihr neben und zT vor der Arbeiterfrage das Problem des neuen Mittelstandes auftaucht und in Verbindung mit der sozialen Umschichtung feudaler und bürgerlicher Gesellschaftsverhältnisse durch die technisierte Wirtschaft des kapitalistischen Zeitalters auch politische Interessen des 4. Standes eine Rolle spielen.

2. a) In → *England* entsteht die Bewegung der »Christlichen Sozialisten« unter dem Eindruck der hier beginnenden Industrialisierung in Auseinandersetzung mit Manchestertum und dem Chartismus (1832-50) im Gefolge der französischen Februarrevolution von 1848. Angeregt durch die die Lehre → Saint Simons von der Brüderlichkeit aufgreifenden, auf Überwindung des Individualismus zielenden idealistisch-humanistischen Motive Th. → Carlyles suchen die zur → Broad Church Party gehörenden Geistlichen Fr.Denison → Maurice

und Ch. → Kingsley zusammen mit dem Rechtsanwalt J.M.Ludlov im Sinne eines ethischen *Reichgottesbegriffs* christliche Freiheit (Bibel), Gleichheit (Taufe) und Brüderlichkeit (Abendmahl) zur Überwindung der Spannung zwischen Besitzbürgertum und Arbeiterschaft zu proklamieren und durch den Aufbau von Arbeitergenossenschaften (im Anschluß an R. → Owen) zu verwirklichen (»Gesellschaft zur Förderung von Arbeitervereinigungen«). Ihr »Christlicher Sozialismus« hat die öffentliche Meinung in England wirksam beeinflußt und zusammen mit dem liberalen Bürgertum der viktorianischen Reformära sowohl die Durchsetzung eines radikal-weltanschaulichen Sozialismus verhindert als auch allmählich neben dem Methodismus die anglikanische Kirche selbst für soziale Arbeit gewonnen (1889, »Vereinigung für chr.-soz. Dienst«). Nach dem 1. Weltkrieg hat von hier aus die 1924 in Birmingham abgehaltene »Conference on Christian Politics, Economics and Citizenship« (COPEC) unter der Führung von W. → Temple alle Kirchen Großbritanniens, auch die röm.-kath., zu einem großen chr.-soz. Arbeitsprogramm zusammengeschlossen, das auf der Stockholmer Weltkonferenz für Praktisches Christentum 1925 auch ökumenisch wirksam wurde. Ihr unmittelbarer Ertrag war die Gründung des britischen »Christian Social Council«.

b) Auch für den *deutschen Protestantismus,* in dem bereits → Schleiermacher ähnlich wie Baader so etwas wie eine soziale Verantwortlichkeit des Christentums betont hatte, bringt das Jahr 1848 erste Anfänge chr.-soz. Arbeit. *J.H.* → *Wichern* hat, zT unter dem Eindruck von Th. → Chalmers und seiner Forderung ausschließlich kirchlicher Armenpflege, die → Innere Mission als »eine chr.-soz. Aufgabe« bezeichnet, auf dem Wittenberger Kirchentag 1848 von »christlichem Sozialismus« gesprochen und als Ziel die »christliche Wiedergeburt sozialer Verhältnisse des Volkslebens« angegeben. Obwohl seine programmatische Denkschrift erheblich über die bisherige karitative Arbeit hinausführt, bleibt sein Werk dennoch infolge der Aufgabestellung der »Rettung der bürgerlichen Gesellschaft« noch diesseits sozialreformerischer Absichten, also im Bereich kirchlicher Rettungsarbeit an den Opfern der sozialen Umwelt. – *V.Aimé* → *Huber* hat hingegen bereits den englischen Genossenschaftsgedanken nach Deutschland gebracht; zunächst als Programm, ohne praktische Verwirklichung, aber trotz des Widerstandes in christlich-konservativen Kreisen, nicht ohne Einfluß auf die Entwicklung der chr.-soz. Bewegung und auf den Staatssozialismus. – Die Sozialdemokratie hat in den 70er Jahren den Anstoß zu einer entscheidenden Wendung gegeben; ihr Ausdruck ist die Schrift des märkischen Pfarrers *R.* → *Todt,* mit der er eine von Stoecker öffentlich gestellte Frage zu beantworten suchte: »Der radikale deutsche Sozialismus und die christliche Gesellschaft«, 1877 (1878²). Sie entwickelt aus dem NT unkritisch und vom Sozialismus her ein radikales Programm der Freiheit, Gleichheit und Brüderlichkeit, das, in kirchlichen Kreisen weithin abgelehnt, in teilweisem Widerspruch zu Todts konservativen praktischen Forderungen steht. Der kurzlebige »Zentralverein für Sozialreform auf religiöser und konstitutionell-monarchischer Grundlage« bemühte sich um ein Vertrauensverhältnis zwischen Monarchie und Arbeiterstand zur Vermeidung einer Revolution. Die Zeitschrift »Der Staatssozialist« (mit A. → Wagner, R.Meyer und A.Stoecker) ging 1881 bereits wieder ein, denn inzwischen hatte *A.* → *Stoecker* 1878 seine »Chr.-soz. Arbeiterpartei« gegründet, das Reformprogramm der Kathedersozialisten (A.Wagner) mit chr.-soz. Akzent propagiert: das Christentum wird als ein allgemeines ethisch-soziales *Gesinnungsprinzip* beansprucht. Gegenüber der Sozialdemokratie kam Stoecker aber bereits zu spät. Seine Partei konnte sich nicht durchsetzen und wandelte sich alsbald zu einer kleinbürgerlichen im Schatten der Konservativen Partei mit betonter Wendung gegen den politischen und kirchlichen Liberalismus. So bejahte Stoecker das Sozialistengesetz und bemühte sich um Rückführung der »verirrten« Sozialisten zu Vaterland und Kirche, bis ihn Intrigen am Hof aus dem politischen Leben hinausdrängten (1889).

1890 gründete Stoecker mit L.Weber (→ Arbeiterbewegung, 2) den *Evangelisch-sozialen Kongreß* (→ Evangelisch-sozial), auf dem die chr.-soz. Problematik von namhaften Gelehrten, Theologen, Volkswirtschaftlern, Historikern und Juristen (u.a. M. → Weber, R. → Sohm, A.v. → Harnack), wissenschaftlich diskutiert wurde. In ihm haben der erste Sekretär, P. → Göhre, und Fr. → Naumann der Behandlung der sozialen Frage »von oben« den Versuch einer Lösung »von unten«, aus der Lage und Sicht des Arbeiters, entgegenzustellen versucht. Das zuletzt utopische Ziel war die Ablösung der Sozialdemokratie durch die chr.-soz. Bewegung (Naumann: »Was heißt chr.-soz.?«, 2 Hefte, 1894/96). Die theologische Sicht der Dinge verschob sich vom Konservativen zum Liberalen. Diese Spannung führte 1896 zum Ausscheiden Stoeckers. Der Kongreß ging dann ins liberale Lager über und hat, ohne formal aufgelöst worden zu sein, mit seinem letzten Vorsitzenden, J.Herz (Leipzig), seine Arbeit eingestellt. Stoecker selbst gründete als positives Gegenstück 1897 die *Kirchlich-soziale Konferenz* (→ Kirchlich-sozial), die, 1918 von R. → Seeberg und R. → Mumm als *Kirchlich-sozialer Bund* weitergeführt, die Innere Mission mit der chr.-soz. Bewegung im Bereich grundsätzlicher Problemstellung verband. – Die *»Soziale Botschaft«* des Betheler Kirchentags 1924 zeigt im wesentlichen die Gedanken der bisherigen chr.-soz. Diskussion in programmatischer Anwendung auf die neuen Verhältnisse, vermochte aber auch nicht die sozialistische Entwicklung und damit das Versäumte aufzuholen. Auch die um eine religiöse Begründung des Marxismus und ein positives Verhältnis von Christentum und Sozialismus bemühte → *Religiös-soziale Bewegung* (L. → Ragaz, P. → Tillich, E. → Heimann) kam nicht zu ihrem Ziel, hat aber Wesentliches dazu beigetragen, traditionelle Bindungen der Kirche zu lockern; sie sucht ihre Arbeit seit 1945 wieder aufzunehmen. Andererseits hat die Selbstkritik der Kirche im Kirchenkampf, die mit dem »Darmstädter Wort« des Bruderrats der EKD von 1947 »zum politischen Weg unseres Volkes« auch ein Schuldbekenntnis für das bisherige Versagen der bürgerlichen Kirche ablegte, nicht ohne Zusammenhang mit den sozial-ethischen Bemühungen und praktischen Bestrebungen der Ökumene dazu geführt, neue Wege aufzusuchen und neue Einrichtungen zur Bewältigung der chr.-soz. Aufgabe zu schaffen (Kammer für soziale Ordnung beim Rat der EKD; Ev. → Sozialakademie in Friedewald), um den → Öffentlichkeitsauftrag der Kirche wahrzunehmen (zB Entschließung der Synode der EKD in Espelkamp 1955, Bericht: Die Kirche und die Welt der industriellen Arbeit), und zwar auf der Linie des Ringens um *soziale Gerechtigkeit.*

c) Im europäischen Protestantismus neben England und Deutschland treten gegen Ende des 19.Jh.s auch verschiedene chr.-soz. Bemühungen neben den kirchlich-karitativen auf. So in den → *Niederlanden* auf der einen Seite christliche Arbeitervereine gegenüber den sozialistischen Organisationen, auf der anderen Programme, eingeordnet in umfassende Entwürfe einer christlichen Gesellschaftslehre und religiösen Konzeption des Politischen (A. → Kuyper, J.R.Slotemaker de → Bruine), entworfen auf dem Hintergrund des unterschiedlichen

Verständnisses der kirchlichen Gruppen vom innerweltlichen Dasein des Christen. - Für → *Dänemark* ist chr.-soz., dh am Problem der sozialen Gerechtigkeit interessierte Liebesarbeit der Kirche einerseits, ein relativ positives Verhältnis zwischen Kirche und Sozialdemokratie andererseits charakteristisch. - In → *Norwegen* überwiegt noch die karitative Einstellung zur sozialen Frage, während in → *Schweden* die vor allem durch die Sigtuna-Stiftung gepflegte Beschäftigung mit der chr.-soz. Problematik sich angesichts der staatlichen Sozialordnung im wesentlichen auf die ethische Grundlagendiskussion bezieht. - Auch in → *Finnland* stehen Evangelisation und karitative Arbeit in industriellen Gebieten im Vordergrund. - In der → *Schweiz* werden seit Beginn des 20.Jh.s die Ideen des religiösen Sozialismus kräftig vertreten (L. → Ragaz, Zeitschrift »Neue Wege«, → Reich Gottes: II).

d) In der *ökumenischen Arbeit* (→ Ökumenische Bewegung, 1. 3. 4) hat die chr.-soz. Problematik von den an das COPEC-Programm anknüpfenden ersten Versuchen zur Bewältigung des Themas »Die Kirche in Gottes Weltplan« auf der Stockholmer Weltkirchenkonferenz für Praktisches Christentum (1925), vom Gedanken des Reiches Gottes her, aber zT noch auf der Linie der Gesinnungsprägung durch das Evangelium über die Konferenz in Oxford (1937), die sich bereits stärker den Problemen der Institutionen und der wirtschaftlichen Strukturen zuwandte, hingeführt zu dem auf der Amsterdamer Konferenz 1948 proklamierten und in Evanston 1954 näher bestimmten Ziel der »responsible society« (J.H. → Oldham). Die diesen Fragen zugeordnete Sektion III der beiden letzten Weltkonferenzen (C.L. → Patijn) und die Studienabteilung des Ökumenischen Rates haben eine sehr umfangreiche sozialethische Forschungsarbeit geleistet und verwertet, die insbesondere der Frage nach der Bedeutung der Bibel für den Aufbau einer dem kath. → Naturrecht entsprechenden konkreten ev. Sozialethik gilt.

L.Brentano, Die chr.-soz. Bewegung in England, 1883 - H.v. Schulze-Gaevernitz, Zum soz. Frieden. Eine Darstellung der sozialpol. Entwicklung d. engl. Volkes, 2 Bde, 1890 - A.Franz, Der soz. Katholizismus in Deutschland bis zum Tode Kettelers, 1914 - The Proceedings of the C.O.P.E.C., 1924 - J.F.Laun, Soziales Christentum in England. Gesch. u. Gedankenwelt der Copec-Bewegung, 1926 - F.Naumann, Das soz. Programm der ev. Kirche, 1891 - P. Göhre, Die ev.-soz. Bewegung, 1896 - W.Schneemelcher-W.Liese, Chr.-soz. Bestrebungen (HWSt III, 1926, 174ff) - W.Lütgert, Der christl. Sozialismus im 19.Jh., 1927 - F.Brunstäd, Die soz. Arbeit der Kirche, 1930 - A.R.Ziegler, Die ev.-soz. Bewegung der Schweiz (Diss. Zürich), 1939 - J.Herz, Ev. Ringen um soz. Gemeinschaft, 1940 - E.Benz, Wichern u. der Sozialismus, 1949 - E.Thier, Kirche u. soz. Frage, 1950 - W. Bredendiek, Christl. Sozialreformer des 19.Jh.s, 1953 - K.Kupisch, Vom Pietismus zum Kommunismus, 1953 - W.O.Shanahan, German Protestants face the Social Question I, Notre Dame, Indiana, 1954 - Ev. Sozialreformer (Kirche im Volk 21), 1956 - E.Sutz, Die soz. Botschaft der Kirche, 1945 - H.Lutz, Protestantismus u. Sozialismus heute, 1950 - Friedewalder Beiträge zur soz. Frage, seit 1950 - Ev. Soziallexikon, 1954 - H.D.Wendland, Die Kirche in der modernen Gesellschaft, 1955 - E.Schleth, Der profane Weltchrist, 1957 - P.Tillich, Grundlinien des religiösen Sozialismus, 1923 - E.Heimann, Vernunftglaube u. Religion in der modernen Gesellschaft, 1955 - H.tenDoornkaat, Die ökumenischen Arbeiten zur soz. Frage, 1954 - H.H.Wolf, Grundgedanken theol. Ethik nach den Berichten der Weltkirchenkonferenz von Evanston (Antwort. Barth-Festschr., 1956, 808-827) - H.-H.Schrey, Die Kirche u. die soz. Frage (ThR 21, 1953, 15-62; Lit.-Bericht) - F. Karrenberg, Einführung in die Lit. der Ev. Soziallehre (Hamburger Jb. f. Wirtschafts- u. Gesellschaftspolitik 2, 1957, 117-125). - Weitere Lit. bei den angegebenen Artikeln. *Ernst Wolf*

Christlich-sozialistische Gemeinden in Amerika. Amerika war ein fruchtbares Feld für kommunistische Experimente aller Art. Vor 1860 entstanden nicht weniger als 130 derartige Gemeinschaften und mindestens ein Dutzend hernach. Von diesen fast 150 Kolonien kann man nur etwa 25 als christlich bezeichnen. Die von Kapitalismus, Individualismus und freiem Unternehmertum geprägte Umgebung war für das Überleben solcher Versuche nicht günstig. So sind sie mit geringen Ausnahmen wieder verschwunden.

Die älteste christlich-sozialistische Gemeinschaft in Amerika scheint von einer Gruppe holländischer Mennoniten unter Führung von P.C.Plockhoy in der Nähe des heutigen Lewes, Delaware, 1763 gegründet worden zu sein. Nach der Eroberung der »Neuen Niederlande« durch England verschwand diese Siedlung. Die erste Gemeinschaft von Dauer war die der Labadisten in Bohemia Manor in Maryland (1682-1727). Eine ähnliche Labadistenkolonie siedelte sich unter Johann Kelpius bei Germantown in Pennsylvanien 1694 an. Die Siedlung, »The Contented of the God-loving Spirit«, bekannt unter dem Namen »Das Weib in der Wüste«, verschwand 1748 (Ableger: Irenia, oder die wahre Kirche von Philadelphia oder der brüderlichen Liebe, gegr. 1697, u.a.). Andere kleine, kurzlebige Gruppen der Frühzeit waren die Zionitische Bruderschaft und die »Wiedergeborenen« (Newborns, Baumanites).

Um 1732 gründete J.C.Beissel Ephrata in Lancaste-County, Pennsylvanien, eine mönchisch-asketische Gemeinschaft mit strenger Zucht und Gemeineigentum, die bis 1786 bestand. In ihrer Blütezeit zählte die Siedlung etwa 300 Mitglieder. Zwischen 1736 und 1762 unternahm die Brüdergemeine eine Reihe kommunistischer Siedlungsversuche (The General Economy). Die → Shakers waren die zahlreichsten und langlebigsten der frühen Gruppen.

Das 19.Jh. brachte die überwiegende Zahl der religiösen Gemeinschaften hervor (etwa 13 von 1803-1901). Vier davon gehen auf deutsche Einwanderer zurück, eine auf schwedische. Die übrigen, einschließlich einer Negergemeinschaft, sind amerikanischen Ursprungs.

G.Rapp gründete 1803 mit deutschen Einwanderern die Kolonie Harmony in Westpennsylvanien, die sich 1903 auflöste. Weniger erfolgreich waren die Separatisten von Zoar, die sich unter der Führung von J.Baumeler in Mittelohio ansiedelten. Die ursprünglich geforderte Ehelosigkeit wurde schließlich aufgegeben. 1898 löste sich diese Gemeinschaft auf. 1844 entstand unter Führung von Christian Metz und Barbara Heinemann die → Amana Society mit 7 Siedlungen.

W.Keil und seine Gefolgschaft gründeten in Missouri 1844 und in Oregon 1856 die Siedlungen Bethel und Aurora. Beide Gruppen lösten sich etwa gleichzeitig 1883 wieder auf. Die von dem Schweden Eric Janson in Illinois gegründete Siedlung Bishop's Hill (1846-60) war ein völliger Fehlschlag.

Drei amerikanische Gründungen entstammten dem Liberalismus, wie er in Neu-England herrschte: Hopedale (1841-56), gegründet von dem universalistischen Pfarrer Adin Ballou; Brook Farm (1841-43), gegründet von dem unitarischen Pfarrer George Ripley; Fruitlands (1843), gegründet von dem transzendentalistischen Philosophen Bronson Alcott und dem englischen Mystiker Charles Lane. Adonai-Shomo war eine adventistische Gemeinde in Massachusetts (1861-96). Das erfolgreichste amerikanische Experiment war das der Oneida-→ Perfektionisten. Neuere noch bestehende Gruppen sind The Church Triumphant (Koreshanity), seit 1886 in Estero, Florida; The Church of God and Saints in Christ (»Schwarze Juden«) seit 1896 in Belleville, Virginia; The Christian Catholic Church in Zion, seit 1901 in Zion, Illinois.

Ch.Nordhoff, The Communistic Societies of the US, New York 1875 - W.A.Hinds, American Communities, Oneida 1878 - C.Hugo,

Die relig. kommunist. Gemeinden in Nordamerika, 1895 - M.HILLQUIT, History of Socialism in the US, New York (1903) 1910[5]; dt.: Gesch. d. Sozialismus in den Ver. Staaten, 1906 - V.F.CALVERTON, Where Angels dared to tread, Indianapolis 1941 - A.F.TYLER, Freedom's Ferment, Ann Arbor 1944 - E.T.CLARK, The small sects in America, Nashville (1937) 1949[2] - A.E.BESTOR, Backwoods Utopias, Philadelphia 1950 - M.HOLLOWAY, Heavens on Earth, London 1951.

R.C.Wolf

Christlieb, *Theodor,* *7.3.1833 in Birkenfeld (Württ.), † 15.8.1889 in Bonn. Nach dem Studium in Tübingen und 11jähriger Pfarrertätigkeit (davon 7 Jahre in London) war er seit 1868 Prof. für prakt. Theol. in → Bonn. Sein Hauptinteresse galt der Apologetik und der Heidenmission. Tiefe Eindrücke von der angelsächsischen Erwekkungsbewegung ließen ihn zum Anwalt der evangelistischen Laienpredigt werden. Als Mitbegründer des Deutschen Evangelisationsvereins (1883) und der Predigerschule in Barmen (Johanneum) hat er die Anfänge der modernen → Gemeinschaftsbewegung sehr gefördert.

Vf. u.a.: Joh.Scotus Erigena (phil. Diss.), 1860; Moderne Zweifel am christl. Glauben, (1866) 1870[2]; Die ärztlichen Missionen, 1891. - Mitbegründer der AMZ. - Über Ch.: F.FABRI, In Memoriam, 1889 - RE IV, 1ff.

H.Kupisch

Christoffel Blindenmission im Orient e. V. (früher Christliche Blindenmission im Orient e.V.), Bad Sachsa. In der missionarischen Auseinandersetzung mit dem → Islam (: III) versuchte Pastor *Ernst J. Christoffel* - ein charismatisches Original, † 1955 in Isfahan/Iran -, durch Heime für Blinde, Krüppel, Niemandskinder usw in der Türkei (1908-19: Malatia), in Iran (1925: Täbris, seit 1928: Isfahan) mit einer »Predigt ohne Worte« auch der mohammedanischen Welt Christus zu bezeugen. Als ein barmherziger Samariter diente er den Lichtlosen und Enterbten, bahnte als erster den Weg für das Blindenwesen jener Länder, schuf international anerkannte Blindenalphabete in orientalischen Sprachen, erzog Blinde u.a. als Evangelisten, Lehrer usw.

E.J.CHRISTOFFEL, Zwischen Saat u. Ernte, 1933 - DERS., Von des Heilandes Lieblingen, (o.J.) 1929[2] - DERS., Von des Heilandes Brüdern u. Schwestern. Bilder aus ev. Missionsarbeit im Orient, 1930 - DERS., Es ging ein Säemann aus zu säen, 1953 - H.LÖRNER, Vom Werden einer Mission, (1947) 1953[3] - DERS., Pastor E.J.Christoffel, ein einsamer Rufer zu einer vergessenen Missionsaufgabe (Gedanken zu s. 50jähr. Missionsjubil.) („Bericht" Nr. 5, 1954) - DERS., Die religiöse u. missionarische Lage in Iran (AMN 36, 1956, 27-29).

H.Lörner

Christologie

I. Chr. des Urchristentums - II. Dogmengeschichtlich - III. Dogmatisch. - Zur Ergänzung vgl. → Eingeborener Sohn, → Erlöser: II, → Erlösung: III-V → Jesus Christus, → Logos: II, → Menschensohn: II, → Mittler: II, → Präexistenz Christi: I. II, → Sohn Gottes: II-IV. - Chr. = Christologie

I. Christologie des Urchristentums

1. Einleitung - 2. Die Briefe des Paulus: a) Christuspredigt - b) Die Bedeutung von Kreuz und Auferstehung - c) Das irdische Leben und die Worte Jesu; Bekehrung des Paulus - d) Christusmystik - e) Christologische Titel - 3. Synoptische Evangelien: a) Die Predigt über Jesus Christus - b) Die christologischen Titel: Christus; Menschensohn; Gottesknecht; Sohn Gottes - c) Der historische Jesus - 4. Johannesevangelium: a) Das Zentrum der Predigt - b) Das »Heilswerk« - c) Chr. und Eschatologie - d) Würdenamen: der Sohn; Menschensohn; »der Prophet«; Logos; Gott - e) Hintergrund der Christusverkündigung - 5. Sonstige Schriften: a) Apostelgeschichte - b) Hebräerbrief - c) Johannes-Apokalypse - d) Pastoralbriefe; 1Petrus; 1-3Johannes; Apostolische Väter - 6. Schlußbetrachtungen

1. Zwei Bemerkungen müssen vorangehen: 1. Der *Begriff* Chr. kann auf zweierlei Weise gefaßt werden: er bezieht sich nur auf die Person oder umfaßt Person und »Werk« Christi. Im folgenden haben wir uns für letztere Auffassung entschieden. Person und Werk Christi sind nämlich im ältesten Christentum stets aufs engste miteinander verbunden (vgl. 1Clem 1, 1f und 1Petr 1, 18ff). Eins geht aus dem andern hervor: was Christus ist, kommt durch sein Auftreten zum Ausdruck, und umgekehrt: das Auftreten wird erst in seiner wahren Bedeutung verstanden, wenn wir wissen, wer die handelnde Person ist. - 2. Für die Chr. des NT wird ein gewisses *Begriffsmaterial* benutzt. Wir haben es noch nicht mit der mehr oder weniger philosophisch bestimmten, scharf abgegrenzten Terminologie späterer Zeiten zu tun (→ Christologie: II). Jedoch hat auch die älteste Gemeinde bereits von den damals üblichen Bezeichnungen und Begriffen wie → »Sohn Gottes«, → »Heiland«, »Loskauf« (→ Erlösung: III), → »Sühne« Gebrauch gemacht, um dem Ausdruck zu geben, was sie mit Bezug auf Jesus bekennen wollte. Den oft noch sehr umstrittenen Fragen des Hintergrundes und des Einflusses dieser dem Judentum oder Hellenismus entnommenen Vorstellungen ist im Nachstehenden deshalb fortlaufend Aufmerksamkeit gewidmet. Der Hauptakzent liegt jedoch auf dem Zeugnis über Christus in den verschiedenen Schriften.

2. a) In den *paulinischen Briefen* steht die Heilsverkündigung von Jesus Christus im Mittelpunkt. Dieses geht zB immer wieder aus der Paränese hervor. Wenn der Apostel zu Liebe und Versöhnlichkeit ermahnt, lautet die Motivierung: »Gleichwie Christus uns geliebt und sich für uns hingegeben hat« (Eph 5, 1f; vgl. 2Kor 8, 9). Paulus kennzeichnet seine ganze Arbeit denn auch als »Christus Jesus verkündigen« (2Kor 4, 5). Christus steht also in den Paulusbriefen im Mittelpunkt (vgl. 1Kor 3, 11).

b) Besonderen Nachdruck legt der Apostel auf das Kommen Christi aus einer himmlischen Existenz. Christus kannte ein Leben in der Gestalt Gottes. Er hat jedoch das »Gott-gleich-Sein« nicht als einen krampfhaft festzuhaltenden Besitz betrachtet, sondern »er entäußerte sich selbst und nahm Knechtsgestalt an und ward den Menschen gleich« (Phil 2, 6f; vgl. 2Kor 8, 9). Andere Texte zeugen von seiner Präexistenz, manchmal auch von seinem Mittlertum bei der Schöpfung (1Kor 8, 6; vgl. Joh 1, 3; Hebr 1, 10. - Kol 1, 16f scheint an jüdische Vorstellungen über die Weisheit anzuknüpfen). Dieser Christus ist tief eingegangen in das sündige Leben der Menschen (Röm 8, 3; 2Kor 5, 21).

Ganz im Mittelpunkt stehen *Kreuz und Auferstehung*. Der Apostel wünscht nichts anderes zu predigen als den gekreuzigten Christus (1Kor 1, 23; vgl. 1, 18; Gal 3, 1; 6, 14). Die Verkündigung der Auferstehung bildet damit ein Ganzes: Christus ist derjenige, »welcher um unserer Sünden willen dahingegeben wurde« (Röm 4, 25; vgl. 8, 34; 1Kor 15, 3; Phil 2, 8f). Durch die Auferstehung bestätigt Gott, was am Kreuz geschehen ist. Sie ist ein Zeichen, daß Sünde und Tod im Prinzip besiegt sind, daß sich eine Welt ewigen Lebens eröffnet hat (1Kor 15, 56f; Christus »der Erstgeborene« oder »Erstling der Entschlafenen« Kol 1, 18; 1Kor 15, 20). Paulus kann das Erlösungswerk auffassen als einen Kampf gegen dämonische, kosmische Mächte. Am deutlichsten kommt dies Kol 2, 15 zum Ausdruck: »Nachdem Gott die Mächte und Gewalten völlig entwaffnet hatte, stellte er sie öffentlich zur Schau und triumphierte durch das Kreuz über sie.« Dank dieses Triumphes (vgl. Eph 4, 8; 1Kor 2, 6. 8; Phil 2, 10; Eph 1, 22) kann keine Macht, weder im Himmel noch auf Erden, die Gläubigen scheiden von der Liebe Gottes (Röm 8, 38ff). Das Werk muß jedoch noch zur Vollendung kommen, und einmal wird Christus über alle feindlichen Mächte triumphieren (1Kor 15, 24ff). Des Paulus Predigt von Versöhnung und Erlösung durch Kreuz und Auferstehung steht in enger Beziehung zu diesem kosmischen Kampf (vgl. 1Kor 2, 8).

Über die Heilsbedeutung des Kreuzes redet Paulus in verschiedenen Bildern, die zB dem Kultus entnommen sind (1Kor 5, 7; 11, 25; Eph 5, 2; Röm 3, 25). In diesen und anderen Texten, in denen vom → Blut Christi (: I) die Rede ist, wird der Kreuzestod dargestellt als ein → Opfer (: III), welches Christus für die Menschen gebracht hat. Auch Röm 3, 25 ist die Terminologie »kultisch«: das Wort ἱλαστήριον deutet wahrscheinlich auf die kăpporæt, den »Sühnedeckel« der Bundeslade, hin und bezeichnet somit das Kreuz als den »Ort der Gnade und Versöhnung«. Die an anderen Stellen benützte Begrifflichkeit des Loskaufs (1Kor 6, 20; 7, 23; Gal 3, 13; 4, 5), die an Handlungen aus dem profanen Rechtsleben erinnert (wahrscheinlich nicht an den sakralen Loskauf, wie Deißmann vermutet hat), wird von Paulus nicht ausgearbeitet. Somit kommt nicht zum Ausdruck, wer gekauft hat und von wem gekauft worden ist. Der ganze Nachdruck liegt auf der →Freiheit (: I), die Christus für seine Gemeinde erworben hat und die sie nicht mehr preisgeben darf (1Kor 6-7). Namentlich im Galaterbrief unterstreicht diese Terminologie (sowie übrigens die des Opfers) den stellvertretenden Charakter des → Leidens (: III) und Sterbens. Auch deutet sie wohl an, daß der Kreuzestod einem heiligen Recht Gottes genüge tut: den Fluch, den die Menschen hätten tragen sollen, nahm Christus auf sich (Gal 3, 13). Auch das Bild des Schuldbriefes (Kol 2, 14) führt uns auf das Gebiet des Rechtes: durch das, was am Kreuz geschehen ist, wird ein gegen den Menschen zeugendes Schuldbekenntnis beseitigt. So charakterisiert die Symbolik der Versöhnung (2Kor 5, 18ff; Röm 5, 10f; Eph 2, 16; Kol 1, 20ff), die an das Verhältnis von Menschen untereinander denken läßt, das Handeln Gottes im Sterben Jesu Christi als Gottes Wiederherstellung von durch Feindschaft verdorbenen Verhältnissen. Bei diesen Gedankengängen (vgl. »Freispruch«, »Rechtfertigung«, »erlösen«, »für uns«) zeigt sich, daß Leiden und Kreuz im paulinischen Kerygma eine Zentralstellung einnehmen.

c) Manche Forscher sind der Ansicht, daß das irdische Leben und die Worte Jesu für Paulus keine Bedeutung haben. In dieser extremen Form läßt sich jedoch die These nicht aufrechterhalten. Gewiß stehen Kreuz und Auferstehung im Zentrum; daneben jedoch wird wiederholt auf das irdische Leben Jesu und auf verschiedene Tatsachen angespielt, zB auf seine Geburt und davidische Abstammung (Gal 4, 4; Röm 1, 3), auf seine Herkunft aus dem Volk Israel, seine Beschneidung (Röm 9, 5; 15, 8), auf seine Brüder (1Kor 9, 5; Gal 1, 19). Paulus wird mit diesen kurzen Andeutungen von seinen Lesern offenbar verstanden und kann bei ihnen eine größere Kenntnis der Tatsachen voraussetzen. Dies gilt gewiß auch von anderen Stellen, an denen der Apostel erinnert an die Nacht, in der Jesus ausgeliefert wurde, und an das letzte Abendmahl (1Kor 11, 23f), an das Leiden des Herrn, an Kreuz und Auferstehung (1Kor 1, 23; 2, 2; 15, 3-10; Gal 3, 1; daß man wußte, daß die Kreuzigung um Passa stattgefunden hat, darf aus 1Kor 5, 7 erschlossen werden). An einigen Stellen scheint Paulus auch auf das Beispiel Jesu in seinem Erdenleben hinzuweisen. Durchgängig denkt er bei diesem Beispiel an das Kommen Christi aus dem Himmel in die Niedrigkeit der menschlichen Existenz (Phil 2, 6ff; 2Kor 8, 9) oder an sein Sterben am Kreuz (Eph 5, 2). Die Worte 2Kor 10, 1: »durch die Sanftmut und Milde Christi« scheinen jedoch auf Jesu Haltung den Menschen gegenüber während seines irdischen Lebens anzuspielen. Röm 15, 2f wird an das Tragen von Schmach gedacht, Phil 2, 8 an das Ganze seines gehorsamen Lebens. Wiederholt nennt Paulus auch Worte Jesu, zB die, welche beim Abendmahl gesprochen wurden (1Kor 11, 23ff), ein Gebot bezüglich der Ehe (1Kor 7, 10f), eine Regel betreffs des Lebensunterhaltes der Prediger des Evangeliums (1Kor 9, 14; vgl. Lk 10, 7) und auch Anspielungen auf Worte, die uns aus den synoptischen Evangelien bekannt sind, zB Röm 12, 14 (Mt 5, 44). Für Paulus gipfelt also die Heilspredigt zweifellos in Kreuz und Auferstehung. Das heißt jedoch nicht, daß er nur an ein mythisches Geschehen denke. Im Gegenteil, fortwährend wird Jesu irdisches Leben mit bestimmten Tatsachen vorausgesetzt und als wichtig beurteilt.

Ein nebensächliches Problem ist es, ob Paulus Jesus auch persönlich gekannt hat. Unmöglich ist das nicht. Aus 2Kor 5, 16 oder Gal 3, 1 darf man dies jedoch nicht erschließen; daß es für Paulus von Bedeutung gewesen sei, ist nirgendwo ersichtlich. Entscheidend war für ihn vielmehr der Augenblick seiner »Bekehrung« (1Kor 15, 8; 2Kor 4, 6; Gal 1, 12. 15): er hat das Zeugnis der Gemeinde angenommen, da er in dieser Offenbarung die Sicherheit gewonnen hat, daß Jesus wirklich auferstanden ist.

d) Die sog. *Christusmystik,* wie sie in der Terminologie »in Christus«, »des Herrn sein« (Röm 14, 8), »mit Christus gekreuzigt und auferweckt werden« (Röm 6; 2Kor 4, 7-12; Kol 2, 12; Phil 3, 10), »Christus lebt in mir« (Gal 2, 20), »Christus anziehen« (Röm 13, 14), »Glieder sein des Leibes Christi« (1Kor 12; Röm 12) oder auch »die Kirche ist der Leib Christi« (1Kor 12, 12. 27) zum Ausdruck kommt, kann hier nicht eingehend erörtert werden. Wesentlich ist, daß das Leben der Gläubigen durch das, was in Kreuz und Auferstehung für sie geschehen ist, und durch die innige Verbundenheit mit dem erhöhten Herrn bestimmt ist. Was den Einfluß der Mysterienreligionen (namentlich auf Röm 6) und gnostischen Mythen (zB bei der σῶμα-Vorstellung) betrifft, kann man höchstens von einer gewissen Anknüpfung am üblichen Sprachgebrauch reden.

e) Unter den christologischen Titeln ist *»Herr«* der bedeutendste (vgl. Röm 10, 9; 1Kor 12, 3; 2Kor 4, 5). In seinem Buch »Kyrios Christos« hat Bousset dargelegt, daß die Kyriosverehrung in der ältesten Gemeinde nicht bekannt war und erst im hellenistischen Milieu entstanden sei. Er weist u.a. auf das Fehlen des Titels in den ältesten Schichten der synoptischen Evangelien und besonders auf die geistige Atmosphäre der typisch hellenistischen Gemeinde in Antiochien hin. Dort bestand eine Kyriosverehrung in mancherlei Form. Es wird auch erinnert an eine alexandrinische Inschrift des 1.Jh.s vChr, in der Ptolemäus und Kleopatra als κύριοι θεοὶ μέγιστοι verehrt werden, und an Texte, in denen der Kaiser als κύριος oder als dominus et deus noster bezeichnet wird; und weiter an Inschriften, in denen verschiedene Götter in Ägypten und Syrien diesen Titel erhalten. In diesem geistigen Klima soll, in kultischem Rahmen, die christliche Kyriosverehrung entstanden sein. Unter den ernstlichen Einwendungen, die gegen diese Behauptung vorgebracht werden können, ist die bedeutendste diese, daß, zu urteilen nach dem Ausdruck → Maranatha (wahrscheinlich zu interpretieren als Marana tha, der Imperativ des Gebetes »unser Herr, komm«, vgl. Apk 22, 20 ἔρχου κύριε), schon die palästinische Gemeinde Jesus als den Herrn verehrt hat. Für die genannte Konstruktion liegt hier eine unüberwindliche Schwierigkeit. Der Titel stammt also nicht aus hellenistischem Milieu, und er qualifiziert Jesus bestimmt nicht als einen der vielen κύριοι (vgl. auch 1Kor 8, 5). Vielmehr ist an den κύριος-Namen in der LXX zu denken, die Übersetzung des hebr. Gottesnamens. Mit diesem Titel wird Jesus also auf eine Linie mit Gott selbst gestellt. Dies geht auch aus denjenigen at. Zitaten in den Paulusbriefen hervor, in denen κύριος sich ursprünglich auf Gott bezog, aber jetzt auf

Christus angewandt wird (Röm 10, 13; Phil 2, 9f). Bei mehreren Texten ist es denn auch schwierig festzustellen, ob mit dem Wort κύριος Gott oder Christus gemeint ist. Bei ihren Zusammenkünften sammelt sich die Gemeinde um diesen Herrn; in ihrem → Bekenntnis (: III), ihrer Lobpreisung und Anbetung spricht sie dies aus. Die Christen sind »alle, die den Namen unseres Herrn Jesu Christi anrufen« (1Kor 1, 2; vgl. Apg 9, 14. 21; 22, 16). Das Abendmahl heißt »Herrenmahl« (1Kor 11, 20), und 1Kor 10, 21 wird »der Tisch des Herrn« dem »Tisch des Teufels« gegenübergestellt. Bei der → Taufe (:II) bekennt der Gläubige Jesus als den wahren Herrn im Unterschied zu den vielen anderen κύριοι und sogenannten Göttern (Röm 10, 9; Phil 2, 11; vgl. Apg 16, 31ff). Den Inhalt dieser Bezeichnung können wir weiter noch in folgenden Punkten angeben: 1. Christus hat über alle Mächte triumphiert und ist nun Herr über die Welt (Kol 2, 10. 15; 1Kor 2, 6. 8; Phil 2, 9ff). Diese Herrschaft, die seit der Auferstehung und Erhöhung im Verborgenen ausgeübt wird, wird einst zur völligen Entfaltung kommen. Schließlich wird Christus die βασιλεία wieder dem Vater übertragen (1Kor 15, 24ff). 2. Christus ist der Herr über die Kirche und über die einzelnen Gläubigen. Das christliche Leben soll Dienst und Gehorsam gegen diesen Herrn sein (Eph 6, 7; 1Kor 15, 58). Die Gläubigen gehören ihm im Leben und im Sterben (Röm 14, 7f), und sein Wort ist unbedingt maßgebend (1Kor 7, 10. 25; 9, 14). Von ihm erwarten Gemeinde und einzelner auch Führung (1Thess 3, 11). Der Herr gibt Ermutigung und bewahrt vor dem Bösen (2Thess 3, 3; 2, 26f). Er ist der Gemeinde nahe mit seiner Gnade (1Kor 16, 23; 2Kor 13, 13; Röm 1, 7 usw). 3. Der Herr ist der kommende Richter. Die Gemeinde sehnt sich bei der Feier des Abendmahls nach seiner Ankunft (1Kor 11, 26): »Der Herr Jesus wird offenbart werden vom Himmel mit den Engeln seiner Kraft« (2Thess 1, 7).

Daneben kommen auch andere Titel vor, wie → *»Sohn Gottes«* (zB Röm 1, 4: Christus ist seit der Auferstehung aus den Toten »Sohn Gottes in Kraft« geworden; 1, 9; 5, 10 usw), ein einzelnes Mal auch »der Sohn« (1Kor 15, 28), und *»Christus«*. Dieses letzte Wort scheint meistens nicht mehr als ein Eigenname zu sein. Im Ausdruck »Christus Jesus« klingt der ursprüngliche Sinn des Titels jedoch noch mit.

Drei Punkte verdienen noch Aufmerksamkeit: 1. Der Titel → »Menschensohn« findet sich bei Paulus nirgends, selbst nicht an eschatologischen Stellen wie 1Thess 4, 13ff oder 2Thess 2. Wohl ist von dem einen »Mensch« Jesus Christus, der wie Adam die ganze Menschheit vertritt (Röm 5, 15ff; 1Kor 15, 23) die Rede. Knüpft Paulus hier an »gnostische« Motive an? Wesentlicher Einfluß scheint nicht vorzuliegen. Vielleicht polemisiert der Apostel 1Kor 15, 46f gegen Auffassungen im Stile Philos: der erste Mensch (Gen 1, 27) sei der höhere, der Idealmensch, der zweite (Gen 2, 7) der irdische Mensch Adam, der der Sünde verfiel und der Stammvater der Menschheit wurde. – 2. Auch den Namen »Knecht Gottes« benutzt Paulus nicht. Wohl erinnern einige Texte an diese Figur (zB Röm 4, 25 und 5, 19), aber auch dort ist die Anspielung unbestimmt, und Stellen, an denen wir den Titel erwarten würden, wenn dieser wirklich zentrale Bedeutung für den Apostel gehabt hätte, erwähnen den Namen nicht (zB 1Kor 15, 3; 2Kor 5, 21; Gal 3, 13). – 3. Ganz in Übereinstimmung mit dem κύριος-Titel, mit Texten wie Kol 2, 9 oder 1Kor 8, 6; Kol 1, 15f, wo Christus das Werk der Schöpfung vollzieht, und mit der Tatsache, daß Christus immer wieder Gott gleichgestellt wird, erhält er an einigen Stellen auch wirklich den Namen »Gott« (Röm 9, 5f; auch Tit 2, 13; zu Unrecht zitiert man manchmal auch 2Thess 1, 12 in dieser Beziehung).

3. a) Um die Chr. der *synoptischen* → *Evangelien* zu verstehen, müssen wir beachten, daß wir es nicht mit historischen Biographien zu tun haben, sondern mit predigenden Schriften. Das Ganze eines Evangeliums wird bestimmt durch den Glauben, daß Jesus Christus auferstanden und erhöht ist und daß Gott in ihm auf eine ganz besondere, entscheidende Weise gehandelt hat. Jedes Evangelium gibt Zeugnis über Person und Werk Christi, welches im wesentlichen mit Paulus übereinstimmt. Die Evangelisten wünschen offenbar, daß alles, was vom Reden und Handeln Jesu erzählt wird, gesehen wird im Lichte einiger zentraler Texte wie Mk 1, 11; 8, 29; 9, 7; 14, 62 und 15, 30 sowie der Geburts- und Auferstehungsgeschichten. Die Leser werden somit daran erinnert, daß in der Person, über die man liest, Gottes Sohn erschienen ist, und daß dies alles vom auferstandenen Christus redet, der zu seinen Jüngern hat sagen können: Mir ist gegeben alle Gewalt im Himmel und auf Erden (Mt 28, 18).

Dies alles macht die Leser auf das ganz Besondere der Person Jesu Christi aufmerksam: auf denjenigen, der ein gewöhnlicher Mensch zu sein scheint und doch nicht ein gewöhnlicher Mensch gewesen ist. Aus vielen Texten ist ersichtlich, daß bei dem, was erzählt wird, auch stets an das »Heilswerk« gedacht werden soll, welches im Leiden und Sterben Jesu vollbracht wird. Die Bedeutung dieses Heilswerkes geht hervor aus der Ausführlichkeit, mit der dieses Leiden und Sterben erzählt wird. Daneben wird in zahlreichen Ankündigungen und Anspielungen von Dingen geredet, die noch vollbracht werden müssen, wobei durch ein δεῖ noch betont wird, daß dies alles in Übereinstimmung mit Gottes Ratschluß geschieht (Mk 8, 31ff; 10, 45; 14, 22ff; Mt 1, 2; Lk 9, 30f; 12, 50). Auch gibt es viele Stellen, welche das Auftreten Jesu als einen Kampf gegen den Satan und die bösen Geister charakterisieren (zB Mk 1, 24; Mt 12, 28f; Lk 10, 17ff; 22, 53).

Im Licht des Gesagten muß alles andere betrachtet werden. Viele Aussagen lassen an das Auftreten eines »gewöhnlichen Menschen« denken. Sie reden von seinem Essen und Trinken (Mk 2, 15; 11, 19), seinem Hunger und Schlaf (Mk 11, 12; 4, 38), seiner Angst, seinem Entsetzen (Mk 14, 33f), seiner Verzweiflung (Mk 15, 34). Wird Jesus – so kann man fragen – hier nicht geschildert als ein gewöhnlicher Mensch? Das Obenstehende macht uns jedoch klar, daß wir die betreffenden Angaben nicht den übrigen Texten gegenüber isolieren dürfen und daß die Evangelisten uns nicht über einen Menschen als solchen erzählen wollen, sondern vom Sohne Gottes in seinem menschlichen Leben. Augenscheinlich soll dies mit den bekannten Worten aus Hebr (2, 17; 4, 15; 5, 7f) verglichen werden. Die Evangelien stellen uns den Sohn Gottes dar, der »in allen Hinsichten den Brüdern gleich geworden«, in »allen Dingen wie wir versucht worden ist«. Die Gethsemanegeschichte und die Letzten Worte sprechen von einem übermenschlichen Kampf gegen feindliche Mächte und von einem Tragen des Fluches für andere (vgl. Gal 3, 13). In derselben Weise sind auch die Worte, welche Jesus als Wundertäter vor Augen führen, zu beurteilen. In mehreren Studien wird dieser Jesus als der »charismatische« Mensch aufgefaßt, der mit gleichartigen Gestalten aus der hellenistischen Welt zu vergleichen sei (zB R.Otto). Die Evangelien fassen jedoch die Wunder offenbar nicht auf als das Werk eines »Wundertäters«, sondern als Zeichen des durchbrechenden → Reiches Gottes (:I) und als ein Stürzen der Macht des Satans (Mt 12, 28; 4, 23; Lk 10, 18f; Mk 1, 24). Bei verschiedenen Angaben in den Evangelien könnte man auch an das Auftreten eines Lehrers oder Propheten denken. Aber auch diese dürfen nicht isoliert werden; der Absicht der Evangelisten gemäß zeugen sie von der prophetischen Aufgabe des Messias, der vor den Menschen beinahe ganz verborgen bleibt und von dem man denn auch denken kann, er sei nicht mehr als ein »gewöhnlicher« Mensch, ein Lehrer oder Prophet.

b) Unter den christologischen Titeln der Synoptiker ist zunächst der Name *Christus* zu nennen (Mk 8, 29; 9, 41; 14, 61; an einigen Stellen auch, mit ungefähr gleicher Bedeutung, »König der Juden«, Mt 15, 18. 26; oder »Sohn Davids«, zB Mk 10, 47; Mt 9, 27). Der Titel knüpft an die jüdischen Vorstellungen über den → Messias an. Man kann zunächst denken an die Erwartung eines irdischen nationalen Königs aus Davids Geschlecht, der die Verheißung 2Sam 7, 14 erfüllen wird. Daß diese Erwartung eine bedeutende Rolle gespielt hat, beweisen nicht nur jüdische Texte wie PsSal 17, 4. 21f (vgl. 4Esr 11-14; 7, 26ff und ApkBar 72ff), sondern auch nt. Aussagen wie Mk 11, 10; 15, 2; Joh 6, 15. Daneben und oft eng mit dieser Gestalt verbunden tritt uns jedoch aus anderen Texten ein Messias ganz anderen Charakters entgegen: eine himmlische Gestalt, die eine Heilszeit von Frieden und Gerechtigkeit bringt und die in der Endzeit als Richter erscheinen wird, oder auch ein Messias mit priesterlichen Zügen wie in den Testamenten der XII Patriarchen (TestRub 6, 7ff; TestSim 7, 2), in der Damaskusschrift und in den Qumrantexten (s. 5 b). - Der Inhalt der Bezeichnung ist bei den Synoptikern unbestimmt. Eine Messiaswürde im erstgenannten Sinne weist Jesus ab (Mt 4, 1ff; Mk 8, 31ff; 12, 13ff. 35ff; vgl. Joh 6, 15). Die Evangelien charakterisieren Jesus mit diesem Namen vielmehr als eine endzeitliche Gestalt, die eine ganz besondere Aufgabe im Namen Gottes erfüllt und in dessen Auftreten große Verheißungen (auch die eines Sohnes Davids) in Erfüllung gehen. Dieses Messiastum bleibt meistens verborgen, ist auf eine geheimnisvolle Weise verbunden mit einem freiwillig übernommenen Leiden (Mk 8, 31 par; 9, 31 par) und steht in Beziehung zu der Figur des → *Menschensohns*.

Dieser Titel (ὁ υἱὸς τοῦ ἀνθρώπου, aram. bār našā'), der häufigste Titel bei den Synoptikern, wird nur von Jesus selbst gebraucht. Was den Hintergrund dieses Namens anbetrifft, so ist zunächst an Dan 7 zu denken (Mk 14, 62 spielt expressis verbis auf V. 13 an). Nach 7, 27 handelt es sich hier um ein Kollektivum: »das Volk der Heiligen des Allerhöchsten«. Später hat man offenbar auch in jüdischen Kreisen an eine Individualgestalt gedacht (Justin, Dialog 31f). Von einer derartigen individuellen Gestalt ist auch deutlich die Rede in den Texten des äth. Henochs (37-71): eine Figur der Endzeit (zB 48, 10 mit dem Messias identifiziert), die über Sünder Gericht halten wird und die Gerechten und Auserwählten befreien wird. Manche Texte (bes. 48, 3. 6, vgl. auch 62, 7) setzen seine Präexistenz vor der Schöpfung voraus. Sollen wir weiter noch an den Ausdruck »Menschenkind« aus Ezechiel, an die auch an anderen Stellen messianisch interpretierten Worte Ps 8, 5f und vielleicht an die mythische Gestalt des göttlichen Urmenschen, des »Menschen« schlechthin, denken? Dies ist schwer zu entscheiden. Sicher ist aus den synoptischen Evangelien nichts zu erwähnen, was direkt an diese letzte Figur erinnert. Auch ist es klar, daß dieser Ausdruck verschiedene Gedanken hervorrufen konnte, zunächst aber den Gedanken an eine eschatologische Gestalt wecken mußte. In den synoptischen Evangelien steht dieser Würdename in enger Beziehung zum Titel »Messias«; er wird speziell in dreierlei Zusammenhang verwendet: 1. Zur Andeutung des Richters der Endzeit (Mk 8, 38; 13, 26; 14, 62; Mt 16, 27; Lk 17, 24 usw); 2. mit Bezug auf Jesu Leiden und Sterben (Mk 8, 31 par; 9, 31 par usw) und sein niedriges menschliches Leben (Mt 8, 20; 11, 19); und 3. mit Bezug auf Jesu ganz besondere Vollmacht (Mk 2, 10). Auch dieser synoptische Ausdruck hebt hervor, daß wir es bei Jesus mit einer Gestalt zu tun haben, die einmal über alle Gericht halten wird (Mt 25, 31-46). Weiter deutet der Titel Menschensohn besonders auf die verborgene Messianität Jesu, von dessen ganz besonderer Größe durch seine Wunder und sein Reden mit Vollmacht je und je etwas offenbart wird. Sodann aber weicht er immer wieder zurück, verbietet über die Wunder zu sprechen und redet nirgendwo öffentlich über seine Messianität: ein Messias, der in seinem Auftreten Hoheit und Niedrigkeit vereinigt und der auf eine ganz besondere Weise im Dienen, Leiden und Sterben seine Aufgabe erfüllt (Mk 10, 45). Einige Forscher wollen den Ausdruck bei den Synoptikern, wie in Daniel, in kollektivem Sinne auffassen: der Menschensohn repräsentiere dann den »Rest« Israels (zB T.W. Manson). Die Angaben deuten jedoch nirgendwo in diese Richtung, und bei vielen Texten ist diese Interpretation schlechterdings ausgeschlossen (zB Mk 9, 9; Mt 25, 31 und auch Apg 7, 56).

Dies führt uns zur Bezeichnung *Gottesknecht*. Als Titel wird die Benennung nirgendwo gebraucht. Wohl ist jedoch in verschiedenen Texten ein Zusammenhang zwischen dem Auftreten Jesu und dem des Gottesknechts ersichtlich: Mt 12, 18; Lk 22, 37 (Jes 53, 12); Mk 1, 11 (Jes 42, 1); 10, 45; 14, 24 (das ὑπὲρ πολλῶν erinnert besonders an Jes 53, 5. 10ff); Lk 24, 26f; 4, 17ff; Mk 8, 31; 9, 12 (vgl. Jes 53, 3); Lk 23, 35. Offenbar wird auch in verschiedenen dieser Anspielungen, namentlich Mk 1, 11; 10, 45 und 14, 24, zum Ausdruck gebracht, daß Jesus in einem verachteten und unscheinbaren Leben ein Messias des Dienens und (stellvertretenden) Leidens sein will und gerade darum von Gott »mein Auserwählter« genannt wird. Die Person des Messias (Menschensohns) finden wir hier also auf eine ganz besondere Weise mit dem leidenden Gottesknecht in Verbindung gebracht. Im Vergleich mit den jüdischen Texten bedeutet dies etwas Neues. In verschiedenen jüdischen Texten wird der Messias wohl mit den Aussagen von Deuterojesaja in Zusammenhang gebracht, zB in 4Esr 7, 28; 13, 32; jedoch fehlt der Gedanke vom stellvertretenden Leiden und Sterben, und es besagt viel, daß das Targum zu Jes 53 gerade das Leiden des Gottesknechtes eliminiert. Man hat auch an das Leiden der Propheten oder des »Lehrers der Gerechtigkeit« (in den Qumran-Texten) erinnert. Jedoch fehlt gerade dort das Motiv des freiwilligen Übernehmens und der Stellvertretung.

Für die Hypothese, daß der Gebrauch des Namens Menschensohn als »Dogmatik« der ältesten Gemeinde betrachtet werden muß, besteht keinerlei Notwendigkeit. Aus nichts geht hervor, daß dieser Titel im Leben der ältesten Gemeinde eine bedeutende Rolle gespielt habe (außerhalb der Evangelien nur Apg 7, 56). Auch läßt sich bei dieser Annahme schwer erklären, warum in den Evangelien nur Jesus selbst den Ausdruck gebraucht. Vielmehr ist anzunehmen, daß Jesus in der Tat diesen Namen auf sich selbst angewandt hat. Dies schließt somit ein gewisses Messiasbewußtsein ein. Auch die Tatsache, daß Jesus als Messias verurteilt wurde, macht es wahrscheinlich, daß er wirklich in irgendeiner Weise Anspruch auf den Titel erhoben hat (zur Diskussion und entgegengesetzten Meinung → Christentum: I, 2).

Der Name *Sohn Gottes* wird in der hellenistischen Welt für Wundertäter, Weise und Zauberer gebraucht. Der Ausdruck ist eng mit θεῖος ἀνήρ verwandt und bezeichnet ein göttliches Wesen. In einer Reihe von Texten wird die Benennung auf den göttlichen Herrscher angewandt (der König in Ägypten und Babylon, Alexander der Große, die Kaiser des Römischen Reiches). Durch seine Herrschaft stiftet dieser Ordnung und Frieden. Er ist dadurch ein Wohltäter (εὐεργέτης) und Heiland (σωτήρ) und wird als ein Gott auf Erden verehrt. Im AT wird der Name auf Israel angewandt (Ex 4, 22; Hos 11, 1), in der späteren jüdischen Literatur auch auf eine Einzelperson (Sir 4, 10; vgl. 23, 1. 4; Weish 2, 18; 5, 5). Jahwe nennt den König von Israel (bzw. Juda) seinen »Sohn« (Ps 2, 7; 2Sam 7, 14; vgl. Ps 89, 27f); der Titel weist auf dessen besonderen Auftrag hin. In vorchristlicher Zeit ist der Titel Sohn Gottes jedoch keine übliche Benennung für den Messias gewesen (4Esr 13, 32 wird wohl an den → Knecht Jahwes gedacht). Schon deshalb ist die Annahme, daß der Titel in den synoptischen Evangelien nur ein Wechselbegriff für den Namen Messias sei, nicht wahrscheinlich. Dazu kommt, daß die Evangelien dem Titel an verschiedenen Stellen offenbar einen »tieferen« Sinn beimessen wollen, zB Mt 11, 27 par; 28, 19; Mk 13, 32, wo von dem »Sohn« die Rede ist und wohl an eine einzigartige Beziehung von Jesus zum Vater gedacht wird (vgl. auch die Texte, in welchen Jesus von »mein Vater« spricht). Dies macht es dann aber wahrscheinlich, daß auch andere Texte (Mk 1, 11; 3, 11; 5, 7; 9, 7; Mt 16, 16) nicht nur eine Anspielung auf die Messiaswürde enthalten, sondern sehr bestimmt eine gewisse Wesenseinheit mit dem Vater bezeichnen. Diese setzt auch Präexistenz voraus. Die synoptischen Texte sprechen davon nirgendwo mit deutlichen Worten. Daß sie jedoch auch hier vorausgesetzt wird, ist auf Grund verschiedener Argumente wohl wahrscheinlich: 1. die genannten Texte über den Sohn (namentlich Mt 11, 27); 2. der Titel Menschensohn, der Präexistenz einschließt; 3. verschiedene der sog. ἦλθον-Sprüche, welche auf ein Kommen aus dem Himmel in die Welt anspielen (Lk 12, 49; 19, 10; Mk 1, 24; 2, 17; 10, 45); und 4. einige andere Texte wie Mk 9, 12ff; Lk 9, 41. Es ist denn auch nicht richtig, aus den synoptischen Angaben auf eine gewisse »adoptianische« Auffassung zu schließen. In der Perikope von der Taufe soll zB (am deutlichsten in der westlichen Lesart bei Lk 3, 22) dem Menschen Jesus die Sohnschaft zuerkannt worden sein. In Apg 2, 22ff. 36; 13, 33 findet man dies bestätigt: hier handele es sich um eine Adoption bei der Erhöhung. Gegen diese Auffassung lassen sich aber schwerwiegende Bedenken vorbringen. Zunächst, was oben mit Bezug auf die Benennung »der Sohn« bemerkt wurde. Außerdem wäre man genötigt, Mk 9, 7 eine erneute Adoption anzunehmen; und schließlich wird bei Lukas, gemäß den der Taufperikope vorangehenden Texten (zB 2, 49), vorausgesetzt, daß die ganz besondere Beziehung Sohn-Vater bereits vor Jesu Taufe bestanden hat. Die Anrede bei der Taufe ist denn auch in einem anderen Sinne zu verstehen: Gott erklärt hier, daß kein geringerer als sein Sohn jetzt die messianische Aufgabe übernimmt. Dies schließt gleichzeitig eine psychologisierende Auffassung dieser Perikope aus, als sei hier zu denken an einen für Jesus entscheidenden Moment der Bewußtwerdung seiner Berufung als Messias oder als Gottesknecht oder auch hinsichtlich seines besonderen Sohnesverhältnisses zu Gott; Jesus spricht ja auch, im Gegensatz zu den Propheten, niemals über einen besonderen Augenblick der Berufung.

c) Ein wichtiges Problem ist das des *»historischen Jesus«* (→Jesus Christus). Die Frage ist, ob wir nicht auf irgendeine Weise hinter die durch den Glauben entscheidend beeinflußte Darstellung der synoptischen Evangelien zurückgehen können. Über dieses jetzt wieder in den Vordergrund tretende Problem ist das letzte Wort noch nicht gesprochen. Folgendes wäre zu erwägen: Es hat sich bereits gezeigt, daß die synoptischen Evangelien im wesentlichen ein übereinstimmendes Bild von der Person Jesu und seinem Werk geben. Gewiß, jedes Evangelium weist charakteristische Züge auf, auch hinsichtlich der Chr. So zB hebt Markus sowohl das Messiasgeheimnis als auch die Offenbarung des Sohnes Gottes hervor, so daß man das Evangelium als »das Buch der geheimen Epiphanien« qualifiziert hat (Dibelius). Matthäus kennzeichnet Jesus besonders als den verheißenen Messias und den König Israels, aber hebt gleichzeitig seine prophetische und lehrende Aufgabe hervor, während bei Lukas der Heiland für Arme und Sünder in den Vordergrund tritt (Lk 2, 11. 15; 16, 19-31; 19, 1ff). Für Matthäus und Lukas sind außerdem die Perikopen über die → Jungfrauengeburt (: II) kennzeichnend (im NT ist hiervon sonst nirgendwo die Rede, auch nicht Gal 4, 4). Somit besteht eine bedeutende Verschiedenheit in Ton und Akzent, jedoch kein wirklicher Unterschied. Auch aus den bei den Synoptikern vorauszusetzenden Quellen, wie der sog. Logienquelle (Q) oder einem Protolukas, kann man schwerlich eine eigene Chr. rekonstruieren. Wir wissen über den Umfang dieser Schriften nichts mit Sicherheit; außerdem ist es denkbar, daß zB Q sich hauptsächlich auf paränetischen Stoff beschränken wollte. Die nächste Frage ist dann jedoch: Können wir nicht zu den einzelnen Perikopen der Evangelien zurückgehen und uns daraus ein Bild von Jesus formen? Jedoch sind auch diese Einheiten von Anfang an christologisch bestimmt gewesen. Sie wurden gesammelt und überliefert als Worte und Taten des erhöhten Herrn. Jede Perikope steht stets in Verbindung mit dem einen Thema: Jesus Christus und das Reich Gottes. Und schließlich ist es von Bedeutung, daß wir in den Briefen des Paulus auch nicht eine einzige Andeutung auf ein ganz anderes Auftreten Jesu finden (zB als wäre er nur ein Lehrer oder Prophet). Wir müssen deshalb folgern: Wir besitzen keine Tradition, in der uns noch etwas über einen ganz anderen Jesus überliefert wird. Der überlieferte Stoff wird bereits in seinen frühesten Formen bestimmt durch den Glauben an den auferstandenen Herrn.

4. a) Zwischen der Chr. des → *Johannesevangeliums* und der der Synoptiker besteht kein wesentlicher Unterschied. Dennoch trägt die Chr. des 4. Evangeliums einen eigenen Charakter. Noch deutlicher als bei den Synoptikern tritt hier zu Tage, daß alles, was über Christus und sein Auftreten mitgeteilt wird, aus dem Glauben heraus geschrieben ist. Dadurch steht die Person Christi hier ganz im Mittelpunkt. In langen Reden und Allegorien spricht Jesus bereits auf Erden immer wieder von dem, was der erhöhte Christus den Seinen schenkt. Weiter wird starker Nachdruck gelegt auf die enge Verbundenheit Jesu mit dem Vater. Aus dem Evangelium treten daher besonders zwei Dinge hervor: 1. die ganz besondere Bedeutung dieser Offenbarung in Jesus Christus: wir haben es mit dem zu tun, der das Wort Gottes spricht (3, 34), ja in dem Gott selbst erscheint (14, 9; 1, 18). 2. Durch ihn kommt die Liebe Gottes selbst zu den Menschen (3, 16; 1Joh 4, 9). Man muß es vor allem im Lichte dieser zwei Aspekte sehen, daß Jesus »nicht von sich selbst gekommen ist« (7, 28; 8, 42), sondern »von Gott ausgegangen ist« (8, 42; 13, 3). Er ist von Gott gesandt (3, 34; 5, 23f; 6, 29. 38). Jesus ist »von oben«; er hat den Vater gesehen und legt Zeugnis ab von dem, was er gesehen und gehört hat (3, 31f). Alles, was der Sohn tut, hat die volle Genehmigung des Vaters. Deshalb wird immer wieder gesagt, daß der Vater den Sohn liebt (3, 35; 10, 17; 17, 23f) und ihm alles in seine Hand gegeben hat (3, 35). Diese enge Verbundenheit wird auch während des Erdenlebens des Sohnes nicht unterbrochen (5, 19. 30; 16, 32). Der Sohn tut auch nicht seinen eigenen Willen, sondern den des Vaters (4, 34; 6, 38). In seinem ganzen Auftreten handelt der Vater (14, 10). Christus kann daher bezeugen: »Ich und der Vater sind eins« (10, 30; vgl. 17, 21ff). Der einzigartige Charakter der Offenbarung in Jesus Christus wird auch akzentuiert durch das

Zeugnis von der Präexistenz des Sohnes, manchmal expressis verbis (1, 1f; 8, 58; 17, 5. 24), manchmal in andeutender Terminologie (1, 15. 30; 3, 31f; 13, 3; 16, 28): Er, der bereits in einer Vorexistenz bei Gott war und den der Vater vor der Grundlegung der Welt geliebt hat, ist für ein Werk der Erlösung in diese Welt gekommen. Auch die Formel »Ich bin es« (ἐγώ εἰμι) in 8, 24. 28; 13, 19 zeugt von dieser göttlichen Herkunft. Für den religionsgeschichtlichen Hintergrund dieses Ausdrucks sind analoge Aussagen von Heilandsfiguren aus dem antiken Orient (»Ich bin Gottes Sohn«), aber gleichfalls der Stil verschiedener at. Texte von Bedeutung: die Ich-bin-Worte, mit denen sich Gott an sein Volk wendet (Jes 48, 12; Dtn 32, 39). An welche von diesen Analogien wir auch zu denken haben (wahrscheinlich an beide), fest steht wohl, daß auch diese Formel die ganz besondere Macht Christi (»Ich allein und kein anderer«) bezeichnet. Das Gesagte bedeutet jedoch nicht, daß Jesus als eine Erscheinung ohne irdische Wirklichkeit gelebt und sich für jeden sofort in seinem übermenschlichen, himmlischen Charakter offenbart habe. Im Gegenteil: sowohl das Evangelium wie die Briefe (1, 14; 1Joh 4, 2; 2Joh 7) legen, offenbar im Gegensatz zu gnostisch-doketischen Anschauungen, auf das volle Menschsein Jesu gerade besonderen Nachdruck. Außerdem kennt Jesus Hunger und Durst, Ermüdung und Schmerz (4, 6f; 11, 35; 12, 27), er hat, wie andere Menschen, Brüder (6, 42; 7, 3).

b) Was das *Heilswerk* von Jesus Christus betrifft, so hat man gemeint, im 4. Evangelium eine ganz besondere Auffassung über das erlösende Handeln anzutreffen: Jesu Tod besitze hier eigentlich keine besondere Bedeutung für das Heilswerk (zB W. Bousset, E. Schweizer). Dagegen zeugt der Täufer 1, 29 (vgl. 36): »Siehe das Lamm Gottes, das die Sünde der Welt wegnimmt« (zu Unrecht wird von C.F. Burney u.a. angenommen, daß in ἀμνός eine fehlerhafte Übersetzung von aram. ṭāljaʾ vorliege und daß eigentlich der »Knecht Gottes« gemeint sei). Der Ausspruch deutet offenbar bereits zu Anfang auf das hin, was im Auftreten Jesu das Allerwichtigste sein wird: daß er durch sein Leiden und sein stellvertretendes Opfer die Sünde der Welt sühnen wird. Andere Texte weisen in dieselbe Richtung: 19, 36 (Anspielung auf das Osterlamm); 6, 51ff; 3, 14f; 19, 30; 18, 14 (vgl. 11, 50ff); 17, 19; 10, 11. Außerdem wird in 1Joh diese sühnende Bedeutung gerade unterstrichen: »das Blut Jesu, seines Sohnes, reinigt uns von jeglicher Sünde« (1, 7; vgl. 4, 10; 2, 2. 12; 3, 16; 5, 6).

c) Auch im 4. Evangelium wird das Auftreten Jesu in eschatologischem Lichte gesehen. Es wird als das entscheidende Handeln Gottes und als ein Ereignis endgültiger Art im Kampf gegen den Satan aufgefaßt; was in Jesu Leiden und Sterben geschieht, bedeutet einen Sieg über den Satan: der Herrscher dieser Welt wird gerichtet und hinausgestoßen (1Joh 3, 8; Joh 16, 11. 33; 14, 30; 10, 28b). Für das JohEv ist jedoch die starke Betonung dessen, was bereits jetzt in Christus Wirklichkeit wird, charakteristisch. Durch sein Erscheinen kommt alles schon zur Entscheidung; es bedeutet für die Welt jetzt bereits »Gericht« (3, 18f; 5, 24), für die Seinen »Leben« und »Auferstehung« (5, 24; vgl. 11, 25f). Von einer vollständigen Enteschatologisierung ist jedoch keine Rede. In verschiedenen Texten des JohEv und des 1Joh wird deutlich auf ein zukünftiges Handeln Christi beim jüngsten Gericht angespielt (5, 25ff. 28f; 6, 40. 44. 54; 12, 48; 1Joh 2, 28; 4, 17).

d) Von den christologischen Titeln ist zunächst *»Sohn«* zu nennen. Dieser, sowohl im Evangelium als auch in den Briefen immer wieder gebrauchte Würdename, (nur selten »der Sohn Gottes«, fast immer »der Sohn«) weist auf die ganz besondere Verbundenheit mit Gott hin und betont, was oben bereits angedeutet: den einzigartigen und entscheidenden Charakter der von Gott ausgehenden Offenbarung. Das in einigen Texten hinzugefügte Adjektiv »eingeboren« (μονογενής) unterstreicht dieses noch; es bedeutet soviel wie »einzig« und bringt eine wirkliche Übereinstimmung mit Gott zum Ausdruck. Die Juden leiten aus dem Gebrauch des Titels denn auch ab, daß Jesus sich Gott gleichstellt (5, 18; 10, 33). Der Würdename hat in diesem Evangelium also bestimmt eine übermessianische Bedeutung. Er hat einen »tieferen« Sinn als die Bezeichnung »Sohn Gottes« für die Heilandsfiguren aus der hellenistischen Welt. Er schließt nicht nur Gehorsam gegen den Vater und Einheit im Offenbarungshandeln ein, sondern auch eine Wesenseinheit mit dem Vater. – Von den bei den Synoptikern benutzten Würdenamen kommen auch zwei andere öfters vor: *»Christus«* und »Menschensohn«. Bereits am Anfang des JohEv wird öffentlich von Jesu Messianität gesprochen (1, 41; 4, 25). Ein Messiasgeheimnis wie bei den Synoptikern scheint hier somit nicht vorzuliegen. Das bedeutet jedoch nicht, daß Jesu Messianität für jeden offenbar sei. Im Gegenteil, für die Welt bleibt sie verborgen, und von den Juden wird sie immer aufs neue geleugnet. Johannes gebraucht auch den Ausdruck *»König von Israel«*; dies beweist, daß er an ältere Überlieferung anknüpft, wie übrigens auch bei dem Würdenamen *»Heiliger Gottes«* (6, 69; vgl. Mk 1, 24; Lk 4, 34; Apg 2, 27; 4, 27). Der Ausdruck deutet wohl darauf hin, daß Jesus in einem ganz besonderen Sinne zu Gott gehört und von ihm für einen ganz eigenen Auftrag ausgewählt worden ist. Sehr schwierig ist es, den genauen Sinn des Ausdrucks *»Menschensohn«* im JohEv festzustellen. Es besteht in verschiedener Hinsicht Verwandtschaft mit der Vorstellung bei den Synoptikern: wie dort wird der Menschensohn mit dem Gericht (5, 27), mit der Präexistenz (3, 13; 6, 62) und auch mit Leiden und Kreuz (3, 14; 8, 28; 12, 34; 13, 31) in Verbindung gebracht. Daneben stellt man auch Unterschiede fest: der Ausdruck hat eine allgemeine Bedeutung erlangt; er hebt bestimmt mehr als bei den Synoptikern die Hoheit Christi hervor und bezeichnet Christus besonders als den wahren Mittler zwischen Himmel und Erde (1, 51).

Mit dem für Johannes charakteristischen Titel *»der Prophet«* (1, 21; 6, 14; 7, 40) – bei den Synoptikern kommt diese Bezeichnung (wohl von »ein Prophet« zu unterscheiden, zB Lk 13, 33; Mt 21, 11. 46; Mk 6, 15; Joh 4, 19; 9, 17) nicht vor! – wird offenbar angespielt auf eine eschatologische Gestalt der jüdischen Erwartung; vgl. Joh 1, 21. 25, wo »der Prophet« neben »Elias« und dem »Christus« genannt wird; ebenso den Zusammenhang der Aussage 6, 14. Was den Hintergrund des Würdenamens betrifft, so bleibt hier vieles unsicher. Man kann denken an die Erwartung, daß in der Heilszeit wieder Propheten auftreten werden, oder an allerlei auf Mal 3, 23 fundierte Hoffnungen. Joh 1 wird »der Prophet« jedoch gerade neben Elias genannt; offenbar darf man diese Gestalten nicht gleichstellen. Auch die in dieser Beziehung oft angeführten Texte aus 1Makk (4, 46; 9, 26; 14, 41), wo man die Hoffnung auf einen Propheten hegt, der in einer Notzeit auftreten wird, kommen hier kaum in Betracht. Vielmehr muß man an eine einzelne Angabe aus den Testamenten der XII Patriarchen (TestLev 8, 15) denken sowie an die eschatologische Gestalt der Samaritaner, den Taʾeb, den Wiederhersteller; ob die Angaben aus dem Habakuk-Kommentar über den »Lehrer der Gerechtigkeit« für dieses Problem wirklich Bedeutung haben, ist noch sehr unsicher (→ Qumran, 5). Auf jeden Fall haben wir es wahrscheinlich mit einer für bestimmte Kreise ziemlich konkreten jüdischen Heilserwartung zu tun, die uns nicht näher bekannt ist. Daß man dabei an Dtn 18, 15-18 angeknüpft hat, wo die Rede ist von einem Propheten, »den Gott aus der Mitte eurer Brüder erwecken wird«, scheint auch auf Grund von Angaben in der Apg (3, 22; 7, 37) und einer Wendung in Mk 9, 7 (ἀκούετε αὐτοῦ) möglich. Aus den nt. Stellen wird es jedoch ziemlich klar, daß wir es mit einer eschatologischen Heilsgestalt zu tun haben, und die johanneischen Texte, namentlich Joh 6, 14 und 7, 40, erwecken den Eindruck, daß in Jesus (und nicht in Johannes dem Täufer 1, 21) diese Erwartung des »Propheten« in Erfüllung gegangen ist.

Zwei wichtige Titel: »Logos« (1, 1f. 14; vgl. 1Joh 1, 1) und »Gott« (1, 1f. 18; 10, 33f; 20, 28; 1Joh 5, 20) müssen noch kurz erwähnt werden (→ Logos: II, → Gott: IV). Der Verfasser des Evangeliums will auch mit der Bezeichnung *»Logos«* das ganz Besondere der Person Jesu hervortreten lassen: Kein Geringerer als der ewige Logos, der bei Gott war und selbst Gott war und durch den die Welt erschaffen wurde (1, 3), ist in der Person Jesu zu den Menschen gekommen. Der Ausdruck zeugt von der unbedingten Erhabenheit dieses wahren Logos über andere Logoi und bezeichnet, auch durch die Anspielung auf Gen 1, 1 in den Anfangsworten von Joh 1, das Auftreten Jesu Christi als das entscheidende und wahre Wort Gottes zu den Menschen. – Bei dem Würdetitel *»Gott«* muß in den genannten Texten offenbar nicht an »einen Gott« oder »ein göttliches Wesen« gedacht werden, sondern gemäß Joh 1, 1-3 an Gott im Vollsinn des Wortes.

e) Bei der Gestalt des → *Erlösers* (: II) im JohEv hat man wiederholt an allerlei Analogien erinnert: an den Mystagogen der Mysterien, die Figur des θεῖος ἀνήρ und namentlich an die Gestalt des »erlösten Erlösers« aus den gnostischen Mythen. Daß man in der Tat an letztere Figur denken müsse, findet man durch andere johanneische Charakteristika bestätigt: den Gebrauch von Begriffen wie »kennen« und »Welt«, einen gewissen Dualismus von Licht und Finsternis (1, 5; 8, 12), Leben und Tod (passim), Wahrheit und Lüge (8, 44; 1Joh 2, 21. 27), ein immer wiederkehrendes »Mißverständnis« Jesu Auftreten gegenüber. Von einer tiefgehenden Beeinflussung und einer wirklichen Verwandtschaft ist jedoch keine Rede. Charakteristische Gedankengänge aus dem gnostischen Mythus fehlen, und – was noch wichtiger ist – in letzter Instanz bleibt auch die beschreibende Verkündigung des JohEv innerhalb des Rahmens der jüdisch-christlichen Eschatologie.

5. a) Auch in der predigenden Beschreibung der *Apostelgeschichte* steht die Christuspredigt im Mittelpunkt. In keinem anderen als Jesus Christus ist den Menschen das wahre Heil gegeben worden (4, 12); in ihm ist das Reich Gottes nahegekommen (28, 31). Dabei wird öfters betont, daß alles nach Gottes Willen geschehen ist (2, 23). Aus diesem Grunde hat der gekreuzigte Jesus einen Sitz zur Rechten Gottes erhalten (2, 24; vgl. 7, 55f) und ist er aller Herr geworden (2, 34; 10, 36). Charakteristisch für die Chr. der Apg ist die starke Betonung der Auferstehung Jesu (2, 24; 3, 15; 4, 10 usw; → Auferstehung Christi: I) und, was die Würdetitel betrifft, die Bezeichnung »Heiland«, »Prophet« und »Gottesknecht«. Zwei Probleme sind für die Chr. der Apg von besonderer Bedeutung. Zunächst die Frage, ob aus bestimmten Angaben (namentlich 2, 36; 13, 33) auf das Bestehen einer ursprünglichen Chr. adoptianischen Charakters geschlossen werden darf (s. 3b), und weiter, ob in der Apg dem Leiden und Sterben sühnende Bedeutung zuerkannt wird. Wohl zu Unrecht wird letzteres manchmal geleugnet (namentlich für die Petrusreden, von J.Weiß und E.Schweizer). In einigen Texten, zB 20, 28, wird von diesem sühnenden Wert des Todes Jesu ziemlich deutlich gesprochen. An anderen Stellen wird dieser offenbar vorausgesetzt. So schließt zB 3, 18f eine Beziehung zwischen der »Tilgung der Sünden« und dem Leiden Christi ein; auch hinsichtlich 5, 30f gilt ein gleicher Gedankengang. Andere Texte sprechen von Sündenvergebung durch seinen Namen (10, 43), von der Taufe im Namen Jesu zur Vergebung der Sünden (2, 38), vom Frieden durch Jesus Christus (10, 36), vom Gerettetwerden durch »die Gnade des Herrn Jesus« (15, 11). Auch bei dieser andeutenden Terminologie »in seinem Namen«, »durch die Gnade«, »durch«, wird zweifellos vorausgesetzt, daß Rettung, Friede, Vergebung durch Leiden und Kreuz Christi möglich geworden ist. Daneben kann auf 2, 36 und 3, 18 hingewiesen werden. Die annehmbarste Interpretation ist auch hier die, daß Christus nach Gottes Fügung leiden »mußte«, um dadurch ein Werk der Vergebung und Versöhnung zu ermöglichen. Die Texte geben also keine ausgearbeitete Erlösungstheorie. In den unbestimmten oder allgemeinen Andeutungen der oben genannten Texte wird wohl das vorausgesetzt, was an anderen Stellen im NT ausdrücklich gepredigt wird (→ Apostelgeschichte).

b) In der Chr. des → *Hebräerbriefes* ist vor allem kennzeichnend: 1. Der Verfasser gebraucht eine gewisse alexandrinische Terminologie, um die Person Christi zu beleuchten, namentlich in 1, 3, wo Christus bezeichnet wird als »der Abglanz seiner (dh Gottes) Herrlichkeit und Abdruck seines Wesens«. 2. Er legt starken Nachdruck auf die Inkarnation (10, 5; 2, 14) sowie darauf, daß Jesus tief in das Leben der Menschen hineingegangen ist. Er ist »in allem seinen Brüdern ähnlich geworden« (2, 17) und ist »in allem auf ähnliche Weise (wie wir) versucht worden« (4, 15). Er hat in seinem irdischen Leben Kampf und Angst gekannt (5, 7) und hat die Bitterkeit des Todes geschmeckt (2, 9). Auch er hat, »obwohl er der Sohn war«, Gehorsam lernen (5, 8; vgl. Phil 2, 8; Lk 2, 52) und sich im Glauben und in festem Vertrauen auf Gott halten müssen (12, 2; 2, 13). 3. Das Bemerkenswerteste liegt jedoch in der Charakterisierung Jesu Christi als des wahren Hohenpriesters. Als »Hoherpriester nach der Ordnung Melchisedeks« (vgl. Ps 110, 4ff; Gen 14, 18ff) hat er allein die wahre Befugnis (6, 20; 7, 1ff. 11-28). Was der levitische Dienst nicht vermochte, hat er, der vollkommen gehorsam und sündlos geblieben ist, vollbracht, indem er einmal (ἐφάπαξ) das wahre Sühnopfer brachte (7, 27; 9, 12; 10, 10). Jetzt tritt dieser Hohepriester bei Gott im himmlischen Heiligtum für die Gläubigen ein (7, 25); ein barmherziger Hohepriester, der selbst in Versuchungen gelitten hat und daher denen, die versucht werden, zu Hilfe kommen kann (2, 17f). Dies alles ist aufzufassen als eine typologische Deutung von Texten über den at. Kultus (→ Typologie: II). Daneben hat man auf jüdische und christlich-gnostische Spekulationen über die Gestalt → Melchisedeks hingewiesen, besonders auch auf einen Priester-Messias, von dem mehr oder weniger deutlich die Rede ist in den TestXII (TestRub 6, 7ff; TestSim 7, 2), in der Dam (12, 23; 14, 19; 19, 10f) und in den Qumrantexten (der Messias Aarons und der Messias Israels).

Der Gedanke »Christus der wahre Hohepriester« steht in keinem anderen Buch des NT so sehr im Mittelpunkt. Trotzdem findet man auch an anderen Stellen Anspielungen auf dieses Priestertum Christi (namentlich auf das Eintreten für die Gläubigen bei Gott), zB 1Joh 2, 1 (Christus der Fürsprecher); Apk 1, 13; Joh 17; Röm 8, 34; vgl. 1Clem 36, 1; 61, 3; 64.

Auch im Hebr findet man die üblichen *Würdenamen:* »Christus« (3, 14), »Sohn Gottes« (1, 1 usw) und »Herr« (1, 10; 2, 3 usw). Das, was in diesem letzten Titel und auch in der Teilhabe des Sohnes an der Schöpfung (1, 10) enthalten ist, wird Hebr 1, 8 mit deutlichen Worten bestätigt; Christus wird hier, in einem Zitat aus Ps 45, mit »Gott« angeredet. - Zeitweilig meinte man (zB E.Käsemann), etwas von dem gnostischen Mythos des Erlösers (→ Gnosis: I) entdecken zu können, der durch eigene Erlösung andere befreien kann (vgl. besonders 2, 14f). Wie dem auch sei, das Ganze der Christuspredigt bleibt innerhalb des jüdisch-christlichen Schemas der erfüllten Eschatologie.

c) Die → *Johannes-Apokalypse* spricht vor allem vom Handeln Christi am Ende der Zeiten. Die Gläubigen dürfen in Zeiten von Not und Verfolgung vertrauen, daß er über alle Mächte der Sünde und des Verderbens triumphieren wird. Die Sicherheit dieses Triumphes ist gegründet auf den Sieg, der bereits davongetragen ist (12, 7-12). Durch diesen entscheidenden Triumph hat Christus schon jetzt alle Macht inne (12, 10), und am Ende der Zeiten wird dies vollkommen offenbar werden. Von den Titeln ist speziell der des »Lammes«, ἀρνίον, für die Apk charakteristisch (→ Lamm Gottes). Im Gebrauch dieses Würdenamens kann man zwei Linien unterscheiden: öfters wird vom geschlachteten Lamm gesprochen (5, 12) oder auch vom Blute des Lammes (5, 9; 7, 14; 12, 11). Offenbar wird dann an Leiden und Kreuz gedacht. Anderswo jedoch wird gesprochen vom kämpfenden Lamm »mit sieben Hörnern und sieben Augen« (5, 6), vom Lamm, das zürnt (6, 16) und als Richter erscheinen wird (14, 10). Beide Gedankengänge finden wir vereinigt in 5, 12: gerade das geschlachtete Lamm ist das siegende Lamm. - Von den anderen Würdenamen verdienen noch besondere Aufmerksamkeit der von der Hoheit Christi zeugende Ausdruck »Herr der Herren und König der Könige« (17, 14; 19, 16) und das → »A und O« (22, 13, ein Prädikat, welches 1, 8 und 21, 6 auf Gott selbst angewendet wird), die an Dan 7 anschließende Benennung »als eines Menschen Sohn« (1, 13; 14, 14) und der Würdetitel »das Wort Gottes« (19, 13).

d) Nur eine kurze Bemerkung über die noch verbleibenden Schriften. Für die → *Pastoralbriefe* ist kennzeichnend der Gebrauch des Titels σωτήρ (2Tim 1, 10; Tit 1, 4; 2, 13; 3, 6; vgl. auch Lk 2, 11; Joh 4, 42 [vgl. 3, 16]; Apg 5, 31; 13, 23; 2Petr 1, 1. 11 usw; 1Joh 4, 14). Mit diesem Prädikat knüpft man an einen derzeit üblichen Wortgebrauch an (→ Heiland). Der Titel wird im Mysterienkult gebraucht für → Isis und Osiris, in Altarinschriften, welche → Asklepios als »Gott und Heiland« bezeichnen, und im Kaiserkult, wo σωτὴρ τοῦ κόσμου zB auf Hadrian angewendet wird. In der Person des Herrschers erscheint ein Gott auf Erden (θεὸς ἐπιφανής) und bricht ein neues → saeculum der Ordnung und des Friedens an. An diese Terminologie dürfen wir gewiß denken: Christus wird dann, vielleicht antithetisch gegen den Kaiserkult, qualifiziert als die wirkliche Erscheinung Gottes auf Erden, den wahren Bringer einer neuen Zeit. Es ist jedoch wahrscheinlich, daß die Terminologie besonders auf das rettende Werk Gottes anspielt, der in der LXX dargestellt wird als der Erlöser, σωτήρ, aus fremder Herrschaft (zB Ps 24, 5; Jes 12, 2; Mi 7, 7; 1Makk 4, 30 u. ö.). Wahrscheinlich sind in dem Würdenamen hellenistische und jüdische Motive vereinigt; so qualifiziert der Titel wohl Christus im allgemeinen als den großen Erlöser, dann aber speziell als denjenigen, der die Welt von der Sünde erlöst (vgl. Joh 4, 42).

Was die christologischen Würdenamen und die Umschreibung des Werkes Christi betrifft, so schließt sich *1Petr* (→ Petrusbriefe) in mancher Beziehung der schon üblichen Ausdrucksweise an (zB im Gebrauch des Ausdrucks »Loskauf«: 1, 18f). Besondere Beachtung verdienen Stellen, in denen angeregt wird, Christi Beispiel (ὑπογραμμός) nachzufolgen (2, 21ff; das Motiv auch an anderen Stellen im NT, zB Röm 15, 3; 1Kor 11, 1; Eph 5, 2; 1Thess 1, 6; Joh 13, 15; 1Joh 2, 6), und dann insbesondere die Angaben, die auf seinen Abstieg in die Unterwelt anspielen (1Petr 3, 19f; 4, 6).

In den → *Johannesbriefen* sind besonders hervorzuheben: die Fleischwerdung als ein unentbehrliches Element des Christusglaubens (1Joh 4, 2; 2Joh 7; s. 2a); die Qualifikation des »Werkes« Christi mit der dem Opferkultus entlehnten Terminologie von der Sühne (ἱλασμός); das Prädikat »Fürsprecher« 1Joh 2, 1.

Das Gottsein Christi wird in verschiedenen *späteren Schriften*, zB 1Clem 1, 1, vor allem aber in den Briefen des → Ignatius hervorgehoben (IgnEph, Praef.; 15, 3; 18, 2; 19, 3; Sm 1, 1 usw). Ignatius spricht sogar vom »Blute Gottes« und »dem Leiden meines Gottes« (Eph 1, 1; Röm 6, 3). Daneben betont er den grundlegenden Wert der Auferstehung für den christlichen Glauben (Trall 9, 2), vor allem aber die »fleischliche« Wirklichkeit der Inkarnation und des Sterbens (Eph 7, 2; Trall 9, 1; Sm 1, 1f), die Geburt aus der Jungfrau Maria (Eph 18, 2; Trall 9, 1; Sm 1, 1) und die Davidssohnschaft (Eph 18, 2; Trall 9, 1; Sm 1, 1). - Bei → Hermas findet sich sowohl eine - freilich undeutliche - adoptianische als auch eine pneumatische Chr. (sim 5).

6. Bei der Untersuchung der christologischen Anschauungen des ältesten Christentums begegnet uns bei aller Verschiedenheit in Ausdrucksweise und Begriffsmaterial eine auffallende Einheit: Wir finden überall dasselbe Zeugnis über Gottes entscheidendes Handeln in Jesus Christus. In diesem Punkte besteht kein wesentlicher Unterschied zB zwischen Paulus und dem Hebr oder zwischen den Synoptikern und Johannes. Es besteht ein Unterschied in der Terminologie, die Akzente werden verschieden gesetzt; was bei dem einen nur vorausgesetzt wird, tritt beim anderen explizit zutage. Von tiefgehenden Unterschieden an wesentlichen Punkten kann jedoch keine Rede sein. Dies führt zur Erörterung einer wichtigen Frage: Inwiefern kann man eine *Entwicklung in der Chr.* feststellen? In zahlreichen Untersuchungen ist die Rede von einer »ursprünglichen« oder »primitiven« Chr. (zB bei O.Cullmann). Ist es tatsächlich möglich, deren Inhalt festzustellen und zB den Übergang von einer noch sehr einfachen zu einer späteren, bereits weiter entwickelten Chr. nachzuweisen? Zur Beantwortung dieser Frage sind folgende Punkte von Bedeutung: 1. Das Zeugnis des Paulus. Aus allem, was er über die Person und das Werk Jesu Christi schreibt, erhalten wir den Eindruck, daß er über Dinge handelt, die bekannt sind und keiner näheren Begründung bedürfen. Offenbar konnten seine Leser sowohl in Rom als auch in Philippi die verschiedenen Aussagen sofort verstehen. In dieser Beziehung darf noch insbesondere erinnert werden an 1Kor 15, 3, wo ersichtlich ist, daß Paulus sich, was sein zentrales Kerygma betrifft, der Überlieferung aus der Urgemeinde anschließt. Das, was er hier predigt, gehörte also schon seit vielen Jahren zum Bekenntnis der Urgemeinde. Auch die christologische Perikope Phil 2, 6-11 kann hier erwähnt werden; wenn der Apostel hier tatsächlich - wie viele Forscher annehmen - Abschnitte aus einem alten christologischen Hymnus oder einem Glaubensbekenntnis entnimmt, dann erbringt auch diese Stelle den Beweis, daß die dort genannten zentralen Punkte in sehr alter Zeit zu dem gehörten, wovon die Gläubigen sangen oder in Bekenntnisformeln sprachen. Dabei ist noch bemerkenswert, daß Paulus in seinen Briefen über die verschiedensten Irrtümer und Mißverständnisse schreibt, jedoch nirgendwo polemisiert gegen Menschen, die in der einen oder anderen Weise bei einer »ursprünglichen«, von der des Apo-

stels selbst abweichenden Chr. beharren möchten. – 2. Weiter ist zu bedenken, daß in dem Titel κύριος, der Christus Gott gleichstellt, eigentlich bereits alles enthalten war. Gerade von diesem Titel kann mit großer Wahrscheinlichkeit der Nachweis erbracht werden, daß er bis auf die älteste Zeit zurückgeht. – 3. Auch der Würdename »Sohn« schließt schon sehr vieles ein, zB die Präexistenz. – 4. Verschiedene Angaben deuten darauf hin, daß man schon sehr früh zu Christus gebetet hat (Apg 7, 59; 2Kor 12, 8; 1Kor 1, 2; Apg 9, 14). Auch hierin war sogleich viel enthalten, u.a. die Möglichkeit, daß verschiedene Prädikate von Gott auf Christus übertragen wurden. Dies alles legt es schon nahe, daß in Sachen der Chr. nicht nur das Zentrale zurückreicht bis in die frühesten Zeiten, sondern daß auch viele Begriffe, wie zB Präexistenz, stellvertretendes Leiden und ebenso die meisten Titel, bereits zum allerältesten Bekenntnis der Gemeinde gehört haben. Hierin liegt auch beschlossen, daß man hinsichtlich der Chr. nicht leicht zwischen → Judenchristentum (: I) und → Heidenchristentum oder zwischen Jerusalem und Galiläa unterscheiden kann. Es ist zB ganz unwahrscheinlich, daß der judenchristliche Glaube der Urgemeinde sich auf die Erwartung des kommenden Menschensohnes beschränkt habe. Wir können feststellen, daß manchmal auf bestimmte Aspekte ein besonderer Akzent gelegt wird: zB auf die Inkarnation, mit polemischer Tendenz, im JohEv und bei Ignatius; weiter ergibt sich, daß bestimmte Titel bereits bald ganz verschwinden. Dies gilt zB vom Titel »Menschensohn«, vom Würdenamen Ebed Jahwe (in liturgischem Zusammenhang wird er noch einige Male gebraucht, zB Did 9, 2; 10, 2; 1Clem 59, 2ff) und auch vom Titel »der Prophet«. Dieser spielt noch eine bedeutende Rolle in den Pseudoclementinen: Jesus heißt hier ὁ (ἀληθής) προφήτης. Der Ausdruck wird aber hier und anderswo, zB bei den → Mandäern, bereits in einem mehr gnostischen, nicht-eschatologischen Sinn verstanden (»der Prophet« offenbart sich in einer Reihe verschiedener Gestalten); diese Anwendung der Bezeichnung kann somit kaum als Fortsetzung des nt. Gebrauchs des Titels aufgefaßt werden.

Alles recht betrachtet, geben uns die Texte also keinen hinreichenden Anhalt, um in den christologischen Anschauungen des Urchristentums eine klare Entwicklung konstruieren zu können.

Außer den Lehrbüchern der → Biblischen Theologie (: II), den Kommentaren zu den zitierten Bibelstellen u. den entsprechenden Artikeln in ThW sowie RGG¹ I, 1712ff (J.Weiss; Lit.) u. RGG² I, 1592ff (M.Dibelius; Lit.):

Allgemein: W.Bousset, Kyrios Christos (FRLANT 21), (1913) 1921² - J.Weiss, Das Urchristentum, 1917 - C.F.Burney, The aramaic origin of the fourth gospel, 1922 - W.Foerster, Herr ist Jesus, 1924 - A.E.J.Rawlinson, The NT doctrine of the Christ, (1926) 1949³ - E.Hoskyns-N.Davey, The riddle of the NT, 1931; dt. 1938, Nachdr.: ThB 7, 1957 - R.Otto, Reich Gottes u. Menschensohn, 1934 - T.W.Manson, The teaching of Jesus, 1935 - Ders., The Servant-Messiah, 1953 - C.H.Dodd, The apostolic preaching and its development, (1936) 1950⁶ - V.Taylor, Jesus and his sacrifice, 1937 - Ders., The atonement in NT teaching, 1940 - Ders., The names of Jesus, 1953 - G.Wiencke, Paulus über Jesu Tod (BFChTh II, 42), 1939 - W.Michaelis, Zur Engel-Chr. im Urchristentum, 1942 - E.Lohmeyer, Gottesknecht u. Davidsohn, 1945, Neudr. 1953 - G. Sevenster, De Chr. van het NT, 1946 - W.Manson, Jesus the Messiah, 1946 - O.Cullmann, Christus u. die Zeit, (1946) 1948² - Ders., Die Chr. des NT, 1957 - W.D.Davies, Paul and rabbinic Judaism, 1949 - J.Bieneck, Sohn Gottes als Christusbezeichnung der Synoptiker, 1951 - Th.Preiss, Le Fils de l'Homme, 1951 - J.Dupont, Essais sur la Chr. de St. Jean, 1951 - M.Black, The »Son of Man« in the teaching of Jesus (ET 60, 1948/49, 32-36) - Ders., The Pauline doctrine of the Second Adam (SJTh 7, 1954, 170-179) - Bultmann, NT - E.Schweizer, Erniedrigung u. Erhöhung bei Jesus u. seinen Nachfolgern (AThANT 28), 1955 - E.Lohse, Märtyrer u. Gottesknecht (FRLANT 64), 1955 - E.Sjöberg, Der verborgene Menschensohn in den Evangelien, 1955 - G.Bornkamm, Jesus von Nazareth, 1956 - G.v.Jones, Christology and myth in the NT, 1956 - G.Friedrich, Beobachtungen zur messianischen Hohepriestererwartung in den Synoptikern (ZThK 53, 1956, 265-311) - E.Stauffer, Jesus, Gestalt u. Gesch., 1957.

Zum Problem des historischen Jesus: N.A.Dahl, Der hist. Jesus als geschichtswissenschaftliches u. theologisches Problem (KuD 1, 1955, 104-132) - E.Käsemann, Das Problem des hist. Jesus (ZThK 51, 1954, 125-153) - T.W.Manson, The life of Jesus. Some tendencies in present-day research (The background of the NT and its eschatology. Festschr. C.H.Dodd, 1956, 211-221) - E.Fuchs, Die Frage nach dem hist. Jesus (ZThK 53, 1956, 210-229) - P.Biehl, Zur Frage nach dem hist. Jesus (ThR NF 24, 1956/57, 54-76).

Vgl. ferner die Lit. zu den Artikeln, auf die im Text verwiesen ist.

G.Sevenster

II. Dogmengeschichtlich

1. Begriff und erste Ansatzpunkte der Entwicklung der Chr. - 2. Entstehung und Sieg der Logos-Chr. - 3. Der Kampf um die volle Gottheit Christi - 4. Der Kampf um die volle Menschheit Christi bis Chalcedon 451 - 5. Der Ausgang der altkirchlichen Chr. - 6. Person und Werk Christi im lateinischen Mittelalter - 7. Neue christologische Ansätze und Anknüpfung an scholastische Fragestellungen in Reformation und Orthodoxie - 8. Die Kritik der traditionellen Chr. durch die Aufklärung und Neubildungen im 19.Jh.

1. a) Als Lehre über die Einheit von Gott und Mensch in Christus schloß die Chr. immer Beziehungen zur Gotteslehre (→ Gott: V) wie zur → Anthropologie (: III) in sich und wird in diesem Sinne herkömmlich als Lehre von der Person Christi bestimmt, im Unterschied zur Lehre von seinem Werk oder Amt (der Soteriologie). Doch bleibt hier eine schematische Scheidung historisch wie systematisch unbefriedigend. Die Auseinandersetzungen um die gottmenschliche »Person« Jesu Christi sind in ihrem theologischen Gewicht unverständlich, wenn ihre soteriologische Wurzel, die für die Glaubenden grundlegende Bedeutung des in Christus Geschehenen, nicht erkannt ist. Es bedeutet daher nicht nur eine Ergänzung des für sich etwa soteriologisch neutralen altkirchlichen Dogmas, wenn die mittelalterliche Scholastik eine Lehre vom Werk Christi, die Reformation statt dessen eine Lehre von seinem Amte neben die altkirchlichen Formeln stellte. Vielmehr zeigt sich eine Wandlung des christologischen Denkens selbst darin, daß das soteriologische Interesse in den alten Formeln kein Genüge mehr findet, sondern in Gedanken über Werk oder Amt Christi selbständigen Ausdruck sucht. So sind Chr. im engeren Sinne und Soteriologie stets zusammen zu sehen.

b) Aus den vereinzelten christologischen Formulierungen bei den *Apostolischen Vätern* (→ Altchristliche Literaturgeschichte, 2) läßt sich keine zusammenhängende Lehre von Christus rekonstruieren, noch weniger eine Entwicklung der Chr. im *nachapostolischen Zeitalter* (→ Altchristliche Kirche, 2). Übereinstimmung bestand darin, Christus als den Kyrios ganz auf der Seite Gottes zu sehen, besonders im Blick auf sein Weltrichteramt. In diesem Sinne galt der Grundsatz, von Christus »wie von Gott« (2Clem 1, 1) zu denken, allgemein, auch wo Christus nicht ausdrücklich Gott genannt (1Clem) oder als Sohn Gottes bewußt von Gott unterschieden wurde (Herm, Barn, cf. PsClem 16, 5), um die Einheit Gottes unzweideutig zu wahren. Daß Jesus Christus nicht nur der geschichtliche Mensch ist, sondern zugleich seinem Wesen nach ganz zu Gott gehört, wurde häufig durch das alte, schon Paulus (Röm 1, 3) überkommene Schema der Beschreibung »nach dem Geist« und »nach dem Fleisch« ausgedrückt (bes. bei → Ignatius). Weitverbreitet war offenbar die damit zusammenhängende, mehr oder weniger unbestimmte Vorstellung, daß der göttliche Geist sich in Jesus verkörpert habe. Dieser wurde allgemein als präexistent gedacht, sein Verhältnis zu Gott-Vater unterschiedlich bestimmt: Ignatius hält ihn für ungeworden, 2Clem und Hermas für das erste der

Geschöpfe. Das in Jesus verkörperte Geistwesen wurde, besonders in judenchristlichen Kreisen, auch als Engel vorgestellt. Über Zeitpunkt und Art der Verbindung des Geistwesens mit dem Menschen Jesus lassen die Texte aus dieser Zeit wenig erkennen. Man bestand im Gegensatz zur → Gnosis (: III) meistens darauf, daß das göttliche Pneuma mit einem wirklichen Leibe wirklich eins wurde. Judenchristen, die Jesus erst durch die Taufe mit dem Pneuma verbunden sein ließen und die Jungfrauengeburt ablehnten (→ Ebioniten), werden seit Irenäus als Ketzer verworfen. Von ihnen abgesehen läßt sich keine adoptianische Tradition im nachapostolischen Zeitalter nachweisen (Loofs und Gilg gegen Harnack).

2. a) Der Ausgangspunkt für die weitere Entwicklung der Chr. liegt bei dem Versuch der → *Apologeten* des 2.Jh.s, Jesus Christus als offenbarte Gestalt des göttlichen → Logos - einer der hellenistischen Popularphilosophie wohlbekannten Größe - zu begreifen. Der aus stoischen und platonischen Wurzeln stammende Logosbegriff jener Zeit schillert in allen Farben des spätantiken Synkretismus. Der Logos ist sowohl die den Kosmos zusammenhaltende Weltvernunft als auch die zwischen der transzendenten Gottheit und der Welt vermittelnde, schöpferische Potenz. Schon Philo hatte den Logos u.a. als ein Gott und Welt vermittelndes Prinzip mit dem at. Gottesglauben verbunden. Die Apologeten wollten den Gebildeten ihrer Zeit mit Hilfe des ihnen vorgegebenen Logosbegriffs die Bedeutung Christi begreiflich machen, ohne dadurch die Einheit des transzendenten Gottes gefährden zu müssen. Sie haben dabei an Joh 1, 1 angeknüpft. Durch seinen kosmologischen Charakter unterscheidet sich der Logosbegriff der Apologeten von dem des Ignatius. Bezeichnete dieser den geschichtlichen Christus als Gottes Logos, in welchem er sein Schweigen gebrochen habe (IgnMagn 8, 2), so identifizierten die Apologeten den Logos als kosmisches Prinzip mit dem Präexistenten. Sein Verhältnis zum Vater wird ohne Bezugnahme auf die geschichtliche Offenbarung bestimmt. Der Logos oder Sohn tritt zum Zwecke der Weltschöpfung aus der göttlichen Vernunft heraus, das erste der Geschöpfe. Er ist vom Vater verschieden, als »zweiter Gott« ihm untergeordnet, wenngleich nicht von ihm abgetrennt. Diesen Subordinatianismus sollte die Logos-Chr. nie ganz verleugnen können. - Nach Justin findet sich in allen Menschen ein Same des Logos, besonders bei den großen Denkern. Doch erst in Jesus Christus ist die göttliche Vernunft in ganzer Fülle erschienen. Justin hat so durch den Logosbegriff das gesamte Weltgeschehen auf die Erscheinung Jesu bezogen. Deren Heilsbedeutung mußte er freilich unter seinen Voraussetzungen vornehmlich in Jesu Lehre suchen.

b) Im Kampf gegen die Chr. der → Gnosis (vor allem → Valentins) und → Marcions, die den Erlöser für die Dauer seines irdischen Wirkens mit einem seinem wahren Wesen fremd bleibenden und gleichzeitig der Fleischlichkeit baren Leibe nur bekleidet sein ließ (»Doketismus«), hat → *Irenäus* die apologetische Logos-Chr. mit einer betonten Inkarnationstheologie verbunden. Dabei griff er auf ältere, vor allem durch → Theophilus von Antiochien vermittelte Traditionen zurück. Sein Grundgedanke einer auf den neuen Menschen zielenden Heilsgeschichte (recapitulatio) klingt schon bei Ignatius an (IgnEph 20, 1) und wurde von Irenäus selbst auf Justin zurückgeführt. Im Blick auf die durch die Inkarnation des Logos eingeleitete Vollendung der Heilsgeschichte formulierte Irenäus als erster das für die meisten Formen altkirchlichen Erlösungsverständnisses grundlegende und der Sache nach schon bei Ignatius vorausgesetzte Motiv: Aus grenzenloser Liebe ist Jesus Christus geworden, was wir sind, damit er uns dahin vervollkommne, daß wir werden, was er ist. Um diese »Vergottung« des Menschen vollbringen zu können, muß Christus wahrhaft Gott und wahrhaft Mensch sein. Um der so verstandenen Erlösung willen mußte Irenäus Gott und den Logos möglichst nah zusammenrücken, wenngleich er den Gedanken der Apologeten von einer vorzeitlichen Zeugung des Logos aus Gott festhielt. Die Unterscheidung zwischen Gott und Logos wurde ihm so zu einem Geheimnis, von welchem popular-philosophische Logostheorien und gnostische Emanationsvorstellungen fernzuhalten sind.

Die Einheit von Vater und Sohn (und Geist) ist zuerst von → *Tertullian* als Einheit der Substanz bezeichnet worden, der eine Verschiedenheit der Personen gegenübersteht. Doch faßte er den Hervorgang des Logos und des Geistes aus Gott als zeitliches und quantitatives Geschehen und blieb daher bei subordinatianischen Vorstellungen vom Verhältnis des Logos (und des Geistes) zum Vater stehen. Tertullian hat die Begriffe Substanz und Person wie für die → Trinität (: III) so auch schon für das Verhältnis von Gott und Mensch in Christus verwendet, indem er von einer Person in zwei Substanzen sprach. Er lehnte bereits eine Verwandlung des Logos bei der Inkarnation in den Menschen oder umgekehrt ab, da sonst ein Drittes entstünde, das weder Gott noch Mensch wäre. Er charakterisierte das Verhältnis zwischen der geistigen Substanz Gottes und der körperlichen des Menschen im stoischen Sinne als gegenseitige Durchdringung, die das jedem eigentümliche Wesen nicht beeinträchtigte.

c) Tertullian prägte seine Formeln für die Einheit von Vater und Sohn in Auseinandersetzung mit den Angriffen, die seit 180 von verschiedenen Richtungen gegen die Logos-Chr. geführt wurden. Man bezeichnet diese Richtungen zusammenfassend als *Monarchianismus*, weil sie in der Verehrung Christi als eines zweiten Gottes eine Gefährdung der Einheit Gottes erblickten. Um diese zu wahren, wurde entweder die persönliche Gottheit Christi bestritten und statt dessen von in Jesus wirkenden, unpersönlichen göttlichen Geisteskräften gesprochen (Dynamismus oder Adoptianismus); oder Christus wurde umgekehrt als Erscheinungsform (modus) des einen Gottes verstanden (Modalismus). Der römische → *Adoptianismus* (, 2) sah in Christus einen bei der Taufe mit göttlichem Geist begabten Menschen. Der spätere, antiochenische → Adoptianismus (, 3) des → Paulus von Samosata setzte an die Stelle der naturhaften eine personhaft-ethische Einigung von Gott und Mensch in Christus. Der *Modalismus* wurde von den Kleinasiaten → Noet und → Praxeas begründet und durch letzteren nach Rom gebracht. → Sabellius bildete den Modalismus dahin aus, daß Vater, Sohn und Geist die drei heilsgeschichtlich einander folgenden Erscheinungsweisen des einen göttlichen Wesens in Schöpfung, Erlösungswerk und Kirche seien. Während der Adoptianismus in Rom schon vor 200 verworfen wurde, erfreute sich der von Tertullian in Karthago überwundene Modalismus in Rom trotz der Bekämpfung durch → Hippolyt großer Beliebtheit, bis um 200 der ursprünglich selbst modalistisch gesonnene Bischof Calixt den Sabellius sowie dessen Gegner Hippolyt exkommunizierte. Die Schwäche des Modalismus wird deutlich, sobald man die Frage nach dem Verhältnis der drei Erscheinungsweisen Gottes zu dem in ihrem Wechsel beharrenden göttlichen Wesen stellt. Entweder scheinen dann die verschiedenen Erscheinungsweisen überhaupt nicht zum Wesen Gottes zu gehören, oder ihre Unterschiede werden vernachlässigt. Auf Letzteres zielt die seit Tertullian üblich gewordene Bezeichnung der Modalisten als *»Patripassianer«*. Sie brandmarkte die anstößige Zuspitzung der Ineinssetzung von Vater und Sohn zu dem Satz, daß der Vater gelitten habe. Trotz dieser

Schwächen hat der Modalismus jedoch die Vorkämpfer der Logos-Chr. dazu genötigt, ihrerseits die Einheit von Vater und Sohn schärfer herauszustellen. Das war schon bei Tertullian geschehen. Noch weiter ging → Novatian, indem er betonte, daß der Sohn nicht in der Zeit erzeugt, sondern immer im Vater gewesen sei, da sonst auch der Vater nicht immer Vater gewesen wäre.

d) Der Sieg der Logos-Chr. im Osten wurde durch den wachsenden Einfluß der älteren → alexandrinischen Theologie (, 2) herbeigeführt. Schon → *Clemens* sah im Logos als dem Quell aller vernünftigen Erkenntnis und Sittlichkeit den Erzieher der Menschheit auf ihrem von Gottes Vorsehung geordneten Wege zur Vergeistigung, zur Angleichung an Gott. Deshalb war für Clemens das Heilswirken des Logos bereits in seiner kosmologischen Funktion beschlossen: Die geschichtliche Erscheinung des Logos in Jesus ist nur der Höhepunkt seines kosmischen Wirkens in der ganzen Menschheit. Den Satz des Clemens, daß der Logos anfangslos wie Gott sei, hat dann → *Origenes* weitergebildet zur Formel einer ewigen Zeugung des Logos: Wie in Gott alles ewig ist, so auch die Hervorbringung des Sohnes. Dennoch steht der Logos auch nach Origenes nicht auf gleicher Stufe mit dem Vater: Von der Welt aus gesehen ist er zwar ganz Gott, von Gott aus gesehen aber das erste der Geschöpfe. Das hängt mit der neuplatonischen Emanationsvorstellung zusammen. Aus ihr ergaben sich auch die Schwierigkeiten, mit denen die Inkarnationslehre der Alexandriner zu kämpfen hatte: Wohl ist ein Übergang vom ewigen Gott durch vermittelnde Emanationsstufen zum Körperlichen möglich, aber Gott kann sich nicht unmittelbar einem Körper verbinden. Während jedoch Clemens aus diesem Grunde nur die Verkörperung einer niederen Emanationsstufe in Jesus annahm, wußte Origenes durch Vermittlung der dem Logos ganz hingegebenen, präexistenten Seele Jesu auch seinen Leib mit dem Logos selbst verbunden und prägte in diesem Sinne den Begriff des Gottmenschen: In ihm nimmt die allgemeine Vereinigung der göttlichen mit der menschlichen Natur ihren Anfang; denn durch den Glauben an den geschichtlich faßbaren Menschen Jesus wird der Christ zugleich des mit jenem verbundenen göttlichen Logos teilhaftig und durch alles Körperliche hindurch in die reine Geistigkeit des Logos zur Gottähnlichkeit emporgezogen. Indem Origenes so den Sinn der Menschwerdung des Logos in der Einleitung der Gottwerdung der Menschen sah, kam er dem irenäischen Erlösungsbegriff nahe. Nur bedeutete eben für Origenes die Erlösung eine Vergeistigung, und die fortschreitende Vergottung zehrt den vergänglichen Leib auf.

3. a) Die doppelsinnige Stellung des Logos bei Origenes wurde der Ansatzpunkt für den Zerfall seiner Schule. Der sog. »rechte« Flügel (zB → Gregor Thaumaturgus) folgte der Neigung des Meisters, Vater und Sohn eng zusammenzurücken. Der »linke« Flügel (zB → Dionysius von Alexandrien) machte sich die Vater und Sohn distanzierende Tendenz der Gedanken über die Geschöpflichkeit des Logos zu eigen. Zwischen diesen beiden Möglichkeiten zu wählen, wurde dadurch unausweichlich, daß im Zuge der Verkirchlichung des Origenismus die Ewigkeit der Weltschöpfung allgemein preisgegeben wurde und somit die Mittelstellung des Logos als ewig und doch geschöpflich nicht mehr aufrechtzuerhalten war.

Die »linksorigenistische« Chr. rief zum ersten Male weitergreifende Auseinandersetzungen hervor, als *Dionys von Alexandrien* gegen libysche Modalisten die Distanz des Sohnes vom Vater durch Hervorhebung seiner Geschöpflichkeit und wesenhaften Andersheit geltend machte. Zwar beeilte sich Dionys zu versichern, der Logos sei trotzdem gleicher göttlicher Natur wie der Vater (ὁμοφυής). Dennoch beschwerten sich jene Modalisten in Rom darüber, daß der Alexandriner den Logos nicht als wesenseins mit dem Vater (ὁμοούσιος) bezeichne. Er gab, durch → Dionysius von Rom gedrängt, die Ewigkeit des Logos zu, aber nicht die Wesenseinheit mit dem Vater. Der Begriff ὁμοούσιος klang dem Origenisten monarchianisch, da Einheit des Wesens damals Einheit der Hypostase bedeutete. Daher wurde der Ausdruck auch 268 in Antiochien verworfen. Er schien die Lehre Pauls von Samosata, daß der Logos nur eine Eigenschaft des Vaters sei, zu decken.

b) → *Lucian von Antiochien* (→ Antiochenische Theologie, 2) ging von monarchianischen, ursprünglich wohl Paul von Samosata nahestehenden Anschauungen aus, die durch seinen Aristotelismus mitbedingt waren: Der gewordene Sohn kann der wesenhaft ungewordenen Gottheit des Vaters nicht wesensgleich sein. Mit diesem Ansatz konnte Lucian eine extrem linksorigenistische, den Logos als Geschöpf fassende Logos-Chr. verbinden, indem er die von Jesus durch sittliche Bewährung erlangte Unveränderlichkeit (= Gottähnlichkeit!) durch den Logosbegriff deutete, als präexistente Wesenheit faßte und so mythologisierte. Der alexandrinische Presbyter und Lucianschüler → Arius wurde wegen dieser Lehre 318 von seinem Bischof Alexander exkommuniziert. (Zur weiteren kirchenpolitischen Entwicklung → Arianischer Streit.) Die Verurteilung des Arianismus wurde gegen anfänglichen Widerstand der ebenfalls von Lucian beeinflußten Linksorigenisten auf der Reichssynode von → Nicäa 325 durch die Autorität des Kaisers durchgesetzt. Daß der Sohn wahrer Gott und mit dem Vater wesenseins sei, sowie die Unterscheidung zwischen Schöpfung aus nichts und innergöttlicher Zeugung wurden den arianischen Behauptungen der Geschöpflichkeit und zeitlichen Erzeugung des Sohnes entgegengestellt. Das die Wesenseinheit des Vaters mit dem Sohne scharf hervorhebende ὁμοούσιος wurde auf ausdrücklichen Wunsch des Kaisers trotz seines monarchianischen Klanges in das Bekenntnis aufgenommen.

c) Zum unbeugsamen, in allen kirchenpolitischen Wechselfällen (→ Arianischer Streit, 2-4) unerschütterlichen Vorkämpfer der nicänischen Wesenseinheit von Vater und Sohn wurde → *Athanasius* (→ Alexandrinische Theologie, 3), der 328 Alexander auf dem alexandrinischen Bischofsstuhl folgte. Er hat von Anfang an auf die »Einheit« und »Selbigkeit« der göttlichen »Natur« von Vater und Sohn alles Gewicht gelegt, wenngleich erst seit etwa 350 auf den Terminus ὁμοούσιος als »wesenseins« im Unterschied auch zu Ähnlichkeit und Gattungsgleichheit (Einfluß des → Marcellus von Ancyra?). Zugleich hat er sich immer scharf vom Sabellianismus (s. 2c) abgegrenzt: Vater und Sohn sind unaufhebbar unterschieden. Freilich hat Athanasius nie die Verschiedenheit der Personen (für die er keinen festen Terminus hatte) mit ihrer Wesensgleichheit logisch-systematisch verbunden. Die Verschiedenheit von Vater und Sohn war ihm als Origenisten zunächst selbstverständlich und wurde erst infolge der schärferen Herausbildung ihrer Wesenseinheit zum unbegreiflichen Geheimnis. Ihre Wesenseinheit aber ergab sich für Athanasius nicht aus einem philosophischen Gottesbegriff, sondern aus der Erlösungsgewißheit: Wenn Christus nicht Gott selbst gewesen wäre, könnte er uns nicht vergotten. Die Vergottung dachte Athanasius nämlich nicht als Vergeistigung durch einen über viele Stufen führenden Erziehungsprozeß, sondern im Sinne der schon bei Irenäus wirksamen Traditionen als Durchdringung des Fleisches selbst mit der göttlichen Kraft der Unverweslichkeit. Nicht so sehr die Sünde als die Verfallenheit der Sünder an die Verderbensmächte machte die Menschwerdung nötig, damit die Unsterblichkeit als das Schöpfungsziel des Menschen doch erlangt werde. Weil Athanasius so die Vergottung nicht als Emporhebung zu stufenweiser Vergeistigung, sondern als Einströmen göttlicher Geisteskraft zur ἀφθαρσία auch des Leibes verstand, darum war die Vergottung für ihn nur möglich, wenn der ewige Gott selbst in Christus war.

d) Während der Westen von der durch Tertullian und Novatian ausgebildeten Form der Logos-Chr. her - substantia und persona unterscheidend - keinen Anlaß hatte, sich der Formel von Nicäa zu widersetzen, mußte das ὁμοούσιος für die durch → Eusebius von Nicomedien zusammengeschlossene Mehrzahl der östlichen Theologen zunächst einen monarchianischen Geruch behalten. Nur eine Ähnlichkeit des Sohnes mit dem Vater, wie sie für das origenistisch-neuplatonische Emanationsdenken nahelag, konnte man zugestehen, äußerstenfalls eine vollständige Ähnlichkeit (Antiochien 344: ὅμοιος κατὰ πάντα τῷ πατρί). Im Grunde mußte der Gegensatz unüberbrückbar bleiben, solange der Westen und Athanasius auf der Einheit der οὐσία und ὑπόστασις beharrten und der Osten deren Dreiheit nicht preisgeben wollte. Doch als unter der Alleinherrschaft des Konstantius ein neuer, radikaler Arianismus entstand, der jede Ähnlichkeit des Sohnes mit dem Vater bestritt (*Anhomöer*), brach die Mittelpartei des Ostens auseinander. Von den durch Konstantius gestützten, gemäßigten Arianern, die nach ihrer bewußt dehnbaren Formel ὅμοιος κατὰ τὰς γραφάς *Homöer* heißen, trennten sich jetzt die Rechtsorigenisten, die eine Ähnlichkeit in jeder Hinsicht, auch dem Wesen nach, festhielten. Diese *Homöusianer* schlossen sich durch Vermittlung des → Hilarius von Poitiers auf der Synode zu Alexandrien 362 mit den Homousianern zum Kampf gegen den erneuerten Arianismus zusammen. Die zunächst politische Einheit wurde dadurch eine theologische, daß man lernte, zwischen οὐσία und ὑπόστασις zu differenzieren. Das Bekenntnis zum ὁμοούσιος unter Beibehaltung der Hypostasendreiheit wurde zuerst 363 von → Meletius vollzogen, später von den drei Kappadoziern, → Basilius von Cäsarea, → Gregor von Nazianz, → Gregor von Nyssa theologisch fundiert. Sie betonten gegen die Arianer die Gleichheit der drei Hypostasen und vermieden, insofern ihr trinitarisches Denken hiervon ausging, subordinatianische Vorstellungen. Über den gelegentlich geäußerten Verdacht, ihre These von der Gleichheit der drei Hypostasen weise einen tritheistischen Zug auf, sind sie erhaben. Doch weil ihre Vorstellung von der Entfaltung der Hypostasendreiheit trotz aller Präzisionen dem origenistischen Schema folgte, konnten sie die (von ihnen festgehaltene) strenge Wesenseinheit letztlich nur als Geheimnis respektieren (s. 3c die umgekehrte Feststellung zu Athanasius). Diese jungnicänische Orthodoxie wurde durch die Reichssynode von → Konstantinopel 381 endgültig bestätigt. Sie blieb im Osten fortan bestimmend, während die abendländische Theologie primär an der Einheit Gottes orientiert blieb (→ Augustin: II, 2; → Trinität: III).

4. a) Im Kampf gegen die gnostische Trennung des Göttlichen im Erlöser von seiner irdischen Gestalt war darauf gedrungen worden, daß Gott (bzw. der Logos) in Christus mit dem Fleisch wahrhaft eins werde. Wenn man nun berücksichtigt, daß der in Jesus Christus in ganzer Fülle erschienene Logos doch auch in der Vernunftseele des Menschen als solchen wenigstens sporadisch vorhanden ist, so wird deutlich, wie nahe die Annahme lag, daß der Logos in Jesus die vernünftige Seele absorbiert (dynamisch) oder ersetzt habe (statisch). Die Existenz einer menschlichen Seele brauchte freilich auch bei einer Auffassung der gottmenschlichen Einheit als einem primär statischen Verhältnis von Substanzen im Schema Logos-Sarx nicht unbedingt ausgeschlossen zu sein, wenn nämlich die Seele neuplatonisch als vermittelnde Instanz für die Einigung mit dem transzendent bleibenden Logos gedacht wurde (Origenes). Die Einheit des Logos mit dem Fleisch mußte aber bei einem solchen Spiritualismus doch fraglich werden. Die Arianer dagegen zogen, scheinbar besonders orthodox-antignostisch, den Logos ganz ins Fleisch hinein, um von daher gegen die Wesensidentität des Logos mit dem ungewordenen Gott zu argumentieren. Nach ihrer Auffassung nahm der Logos bei der Inkarnation nur einen unbeseelten Menschenleib an, um sich mit ihm ebenso zu einer einzigen Natur zu verbinden, wie bei gewöhnlichen Menschen die Seele mit dem Leibe verbunden ist (wohl im statischen Sinne der aristotelischen Form-Materie-Einheit). Athanasius widersprach diesem Logos-Sarx-Schema nicht; war ihm doch ebenfalls an der Einheit des Logos mit dem Fleische um der Erlösung willen alles gelegen. Er wies nur die gegen die Gottheit des Logos gerichteten Konsequenzen zurück und sprach seinerseits von Christus als dem fleischtragenden Gott, nicht von einer einzigen gottmenschlichen Natur. Seine Vorstellung der gottmenschlichen Einheit war an einer inkarnatorischen Dynamik des Logos orientiert und nicht durch das aristotelische Form-Materie-Schema geprägt, brauchte daher auch die Existenz einer menschlichen Seele Jesu nicht auszuschließen. → Eustathius von Antiochien hingegen glaubte unter dem Eindruck der arianischen Argumentation, die wesenhafte Gottheit des Logos gegen die Arianer nur dann halten zu können, wenn er die Einheit des Logos mit dem Fleische bestritt; und dazu genügte gegenüber den Arianern der Nachweis des Vorhandenseins einer menschlichen Seele Christi. So gelangte Eustathius von Antiochien dazu, dem Logos-Sarx-Schema ansatzweise ein Logos-Mensch-Schema entgegenzustellen, demzufolge Gottheit und Menschheit in Christus ganz getrennte Naturen und nur durch »Einwohnung« der Gottheit in der Menschheit miteinander verbunden sind (→ Antiochenische Theologie, 1).

b) Der mit Athanasius befreundete → *Apollinaris von Laodicäa* meinte die Einheit des Logos mit dem Menschen an der auch für ihn die Erlösungsgewißheit hing, nur halten zu können, wenn die Menschheit Jesu als ohne den Logos unvollständig vorgestellt wurde; denn zwei Ganzheiten können nicht eins werden (δύο τέλεια ἓν γενέσθαι οὐ δύναται). Dieses Axiom führte ihn dazu, das Logos-Sarx-Schema extrem zuzuspitzen, eine Verbindung des Logos mit dem bloßen Fleisch zu behaupten und die Existenz einer menschlichen Seele Jesu zu bestreiten. Der Logos ist mit dem Fleisch eine individuelle Natur; er ist das Bewegungsprinzip des Fleisches (stoischer ἡγεμονικόν-Gedanke). Apollinaris geriet durch diesen Monophysitismus, obwohl er das Interesse des Athanasius an der Homousie des Logos teilte, in die Nähe der arianischen Inkarnationsvorstellung, indem er den Logos zum immanenten Bewegungsprinzip der Individualität Jesu machte, während bei Athanasius der Ursprung der inkarnatorischen Dynamik des Logos außerhalb der Individualität Jesu blieb.

Die Unionssynode in Alexandrien 362 bestimmte, daß der Logos auch eine menschliche Seele angenommen habe, weil nicht nur das Fleisch, sondern auch die Seele durch ihn das Heil empfängt. Konnte Apollinaris dies noch zugestehen und sich darauf zurückziehen, daß der Logos nur den νοῦς in Jesus ersetzt habe, so stellte Gregor von Nazianz grundsätzlich fest: »Was nicht angenommen, ist auch nicht geheilt.« Er und Gregor von Nyssa sprachen gegen Apollinaris von zwei vollständigen Naturen in Christus (gemeint waren nicht zwei Individuen, sondern zwei begriffliche Wesenheiten). Sie vermochten jedoch die behauptete Durchdringung und Einheit der beiden Naturen nicht recht zu klären.

c) Der Kampf gegen Apollinaris (er wurde schon bis 381 mehrfach verurteilt) spielte eine wichtige Rolle für die Bildung der Chr. der *jüngeren → antiochenischen Theologie* (, 3). → Eusebius von Emesa und ähnlich noch → Diodor von Tarsus bekämpften die von den Arianern aus der Logos-Sarx-Einheit gefolgerte Geschöpflichkeit des Logos, indem sie (am Logos-Sarx-Schema selbst festhaltend) den Zusammenschluß des Logos mit dem Fleische zu einer individuellen Natur bestritten. Man muß das leidensfähige Fleisch und den leidensunfähigen Logos als zwei Wesenheiten auseinanderhalten. In diesem Sinne wendete sich Diodor auch gegen Apollinaris. Erst → Theodor von Mopsuestia legte gegen Apollinaris auf die Existenz einer menschlichen Seele Jesu Gewicht und begründete so die charakteristisch antiochenische Chr. vom Schema Logos-Mensch: Der Logos hat einen vollständigen Menschen angenommen. Gerade die Annahme der Seele ist für unser Heil entscheidend, weil von der Seele auch die Sünde ausgegangen ist. Durch die Kraft seines freien menschlichen Willens (freilich mit Unterstützung durch Gottes Gnade) befreite Jesus als Vorbild aller zur Freiheit Berufenen seine Seele von sündhaften Trieben und machte sie unwandelbar, dadurch dem Logos immer ähnlicher, so daß dessen Einwohnung in der Seele Jesu im Verlauf seiner sittlichen Entwicklung immer vollkommener wurde, bis der Mensch Jesus durch die Auferstehung zu gänzlicher Unwandelbarkeit und Leidensunfähigkeit erhoben und der Weltherrschaft Gottes teilhaftig wurde. Es ist verständlich, daß man in dieser Chr. Anklänge an Paul von Samosata fand, wenngleich Theodor einen orthodoxen Logosbegriff hatte. Es ist auch bezeichnend für das die Chr. Theodors beseelende Erlösungsverständnis, daß der Pelagianer → Julian von Eclanum bei ihm Zuflucht fand. Dem Vorwurf, durch seine Verselbständigung des Menschen Jesus Gott und Mensch in Christus zu trennen, begegnete Theodor durch die nähere Bestimmung ihrer Einheit, die keine Natureinheit, sondern eine kraft göttlichen Wohlgefallens stattfindende Einwohnung sein sollte. Er bildete die Formel »zwei Naturen, eine Person« (πρόσωπον); aber er erblickte die Einheit der Person nicht im Logos, sondern als etwas Drittes über den beiden Naturen.

Die antiochenische Scheidung zwischen Gott und Mensch hatte zur Folge, daß die göttlichen Eigenschaften des Logos nicht ohne weiteres auch vom Menschen Jesus ausgesagt werden konnten. Der antiochenisch gebildete Patriarch → *Nestorius von Konstantinopel* wollte daher Maria nur in dem Sinne als »Gottesmutter« bezeichnet wissen, daß sie den Menschen gebar, der Träger und Tempel der Gottheit war. → Cyrill von Alexandrien trat Nestorius entgegen, mobilisierte nicht nur die Volksfrömmigkeit und das Mönchtum, sondern verstand es auch, die Unterstützung des römischen Bischofs → Cölestin zu gewinnen. So erreichte er durch das Konzil von → Ephesus 431 die Exkommunikation und Absetzung des Nestorius. Seine extrem alexandrinisch formulierten Anathematismen vermochte Cyrill zwar nicht allgemein durchzusetzen und mußte 433 eine antiochenisch geprägte, durch → Theodoret von Kyros aufgesetzte Einigungsformel akzeptieren. Doch Nestorius wurde verbannt. Seine Gesinnungsfreunde wanderten später nach Persien aus (→ Nestorianer).

d) *Cyrills* Chr. war im Kern athanasianisch. Erst durch die Inkarnation des Logos ist Christus ein Individuum. Cyrill präzisierte die athanasianischen Gedanken, indem er betonte, daß göttliche und menschliche Wesenheit (Natur im abstrakten Sinne) in Christus je vollständig sind und unvermischt bleiben. Sie können jedoch nur theoretisch unterschieden werden, da der konkrete Christus eben ein vom Logos getragenes gottmenschliches Individuum ist. Dadurch geschieht der vollen Menschlichkeit kein Abbruch; denn die die Individualität Jesu Christi begründende inkarnatorische Dynamik des Logos ist in bezug auf die Wesensmerkmale der angenommenen Menschennatur übernatürlich. Einen zweideutigen Zug erhielt Cyrills Chr. erst dadurch, daß er die ihm durch Fälscher als athanasianisch vorgestellte, in Wahrheit apollinaristische Formel »eine Natur des fleischgewordenen Logos« mit ihrem konkreten Naturbegriff aufnahm und dementsprechend auch von einer naturhaften Einigung sprach. Unter Berufung auf solche »monophysitische« Wendungen Cyrills behauptete 448 → Eutyches, durch die Inkarnation werde aus den beiden Naturen eine einzige. Das Fleisch des Logos sei daher dem unsern nicht wesensgleich. Eutyches wurde von → Flavian von Konstantinopel exkommuniziert. → Leo I. von Rom gab seine Zustimmung. Cyrills Nachfolger → Dioskur versuchte, auf der »Räubersynode« zu Ephesus 449 unter Übergehung der römischen Legaten Eutyches zu rehabilitieren. Der Machtkampf endete mit Dioskurs Absetzung durch das Konzil von → Chalcedon 451. Eutychianismus und »Nestorianismus« wurden verworfen. Als orthodoxe Mitte bekannte das Konzil die Formel »ein Christus *in* (nicht nur aus) zwei Naturen«. Die beiden Naturen sollten durch eine Person (oder Hypostase) geeint sein. Natur und Hypostase wurden jetzt also auch in der Chr. unterschieden. Über den Sinn der Unterscheidung besaß man jedoch vorerst noch keine Klarheit. Trotz der hypostatischen Einung bleiben beide Naturen unvermischt (ἀσυγχύτως) und ungewandelt (ἀτρέπτως), aber auch ungetrennt (ἀδιαιρέτως) und unzerteilt (ἀχωρίστως).

Die Konzilsentscheidung folgte weitgehend, obwohl möglichst ohne Widerspruch gegen Cyrill, einem schon 449 von Leo nach Ephesus entsandten Lehrbrief, der die *abendländische Formel* von einer Person, die in zwei Naturen je nach deren Eigenart wirkt, darlegte. Sie war seit Tertullian durch Hilarius, Ambrosius und Augustin – abgesehen von der Ersetzung von »substantia« durch »natura« – nicht wesentlich fortgebildet worden, wohl weil sich im Abendland das soteriologische Interesse bereits von den christologischen Formeln löste.

5. a) Die sachliche Unklarheit der Unterscheidung zwischen Hypostase und Natur bildete den Ansatzpunkt der sich an die Formel von Chalcedon anschließenden Auseinandersetzungen. Sie wurde von den Nestorianern abgelehnt, weil die Hypostaseneinheit monophysitisch klang, von den *Monophysiten*, weil ihnen wegen der Leugnung der (individuellen) Natureinheit die Beteuerung der hypostatischen Einheit unglaubwürdig blieb. Dabei dachten letztere in den Bahnen Cyrills, verwarfen Eutyches weithin und hielten an der Unterscheidung göttlicher und menschlicher Merkmale in Christus fest. Noch im 5. Jh. spaltete sich der Monophysitismus über der Frage, ob der Mensch Jesus schon vor der Auferstehung der mit der Natur des gefallenen Menschen verbundenen Schwächen ledig gewesen sei. So lehrte → Julian von Halikarnassus gegen → Severus von Antiochien. Die Monophysiten hielten sich besonders in → Ägypten (: IV, 3), aber auch in → Palästina (: I), → Syrien (: III) und Armenien → (: I, 3). Daran konnten weder die im Interesse der Reichseinheit unternommenen Unterdrückungsversuche noch Kompromißversuche wie die Preisgabe des Chalcedonense zugunsten einer Einigungsformel (Henotikon 482: nur ein Kyrios, nach der Gottheit dem Vater, nach der Menschheit uns ὁμοούσιος; → Acacius von Konstantinopel) etwas ändern.

b) Die theologische Auseinandersetzung mit den Monophysiten krankte daran, daß man noch lange unter »Person« und »Hypostase« mit den Kappadoziern die Individualität im Unterschied vom allgemeinen Wesen verstand. Noch Boethius definierte Person als rationalis naturae individua substantia. Da aber auch die menschliche Natur in Jesus individuell sein sollte, wurde die Abgrenzung gegen die »nestorianische« Trennung von Gott und Mensch in der Chr. schwierig. Erst die seit Beginn des 6.Jh.s sich bildende *neuchalcedonische Chr.* des Ostens, die neben der Naturenzweiheit auch Cyrills »eine Natur« im Sinne eines einzigen Individuums lehrte, führte hier weiter. → Johannes Grammaticus (Philoponus) von Cäsarea erklärte die hypostatische Einheit dahin, daß die menschliche Wesenheit in Christus zu keinem Zeitpunkt getrennt von der göttlichen Hypostase existierte. Denselben Sinn hat die von → Leontius von Byzanz formulierte Enhypostasie der menschlichen Natur in der Person des Logos - eine Formel, die nur dadurch einen monophysitischen Schein behält, daß sie die Hingabe Jesu an Gott in seinem geschichtlichen Lebensvollzug als zeitloses Subsistenzverhältnis zwischen Naturen beschreibt.

Die neuchalcedonische Chr. formulierte gern Sätze, welche die gottmenschliche Einheit scharf hervorheben. Insbesondere der Satz: unus ex trinitate passus est in carne, erregte Anstoß, weil er im Gegensatz zum traditionellen Gottesbegriff Gott ein Erleiden zuschrieb. (Theopaschitischer Streit 519-534). Während der Satz im Osten rasch Anerkennung fand, wurde er, von skythischen Mönchen nach Rom gebracht, dort bis 534 abgelehnt.

Den Sieg errang die neuchalcedonische Chr., nachdem → Justinian 543 Person und Schriften Theodors von Mopsuestia, einige Schriften Theodorets und den Brief des Ibas von Edessa verurteilt hatte. Obwohl das Edikt zunächst, besonders im Abendland, Widerstand hervorrief (→ Dreikapitelstreit 544-553), konnte Justinian durch das 5. ökumenische Konzil zu → Konstantinopel 553 die cyrillische Deutung des Chalcedonense festlegen lassen.

c) Durch das Konzil von 553 erhielt die Chr. ihre für die Ostkirche bis heute gültige Form. Die Bildung monophysitischer Nationalkirchen in Ägypten, Syrien und Armenien aber konnte nicht verhindert werden, obgleich das monophysitische Anliegen weitgehende Berücksichtigung gefunden hatte. Die damit gegebene Gefährdung der Reichseinheit dauerte fort, bis die monophysitischen Gebiete im 7.Jh. an den Islam verlorengingen. Kaiser Heraklius unternahm 633 noch einmal einen Versuch, zur Einigung mit den Monophysiten zu gelangen. Die Grundlage dazu sollte die auf Cyrill und den → Dionysius Areopagita zurückgehende Formel von einem einzigen gottmenschlichen Wirken (ἐνέργεια) in Christus bilden (→ Sergius von Konstantinopel). Der Versuch scheiterte am Widerstand der Dyophysiten, so daß Heraklius sich in seiner Ekthesis 638 darauf beschränken mußte, die Einheit des gottmenschlichen Willens in Christus zu behaupten und den Streit über die Einheit oder Mehrheit der Energien zu verbieten. Doch die Kämpfe gingen weiter und richteten sich auch gegen die Willenseinheit. Die hier aufbrechenden, aus dem Neuchalcedonismus erwachsenen Probleme waren auf dem Boden der Frage nach zeitlosen Subsistenzverhältnissen gar nicht zu lösen. Sie erfordern - wie schon das Problem der Personeinheit - eine Vorordnung der Reflexion auf den geschichtlichen Vollzug des Lebens Jesu vor die Problematik des Substanzbegriffs. Die Akteinheit des Willens Jesu mit dem des Vaters begründet ein gewisses Recht der monenergetischen und monotheletischen Theorien (→ Theodor von Pharan). Doch insofern dem Aristotelismus jener Zeit Wirken und Wille nur als Funktionen einer konkreten Substanz begreiflich waren, hatten → Maximus Confessor und das Abendland recht, aus der chalcedonischen Zweinaturenlehre die Existenz zweier Energien und Willensvermögen in Christus zu folgern. Die gegen das kaiserliche Verbot der monotheletischen Streitigkeiten (Typos 648) in Rom 649 erfolgte Verurteilung des Monenergismus und Monotheletismus setzte sich trotz blutiger Kämpfe schließlich durch (Konzil von Konstantinopel 681).

d) Das System des → *Johannes von Damaskus* brachte den *scholastischen Abschluß auch der christologischen Entwicklung der Alten Kirche*. Er verband den Dyotheletismus mit dem neuchalcedonischen Begriff der Enhypostasie und baute die Lehre von der communicatio idiomatum aus. Er bezog diese im Unterschied zur antiochenischen Chr. des 5.Jh.s und zu Leos Lehrbrief nicht nur auf das Verhältnis der Naturen zur Person, sondern auch auf das der Naturen zueinander (gegenseitige perichoresis).

6. a) Im *Abendland* gab es seit Tertullian eine der antiochenischen verwandte Chr., die die Selbständigkeit des Menschen Jesus Gott gegenüber betonte. So bezeichneten Novatian und später → Augustin Jesus als von Gott durch Gnade zum Sohne angenommenen Menschen (assumptus homo), und beide unterschieden diesen von dem die Sohnschaft von Natur aus besitzenden, ewigen Gottessohn. Diese Gedanken erhielten sich in Spanien auch im 6./7.Jh., während das übrige Abendland allmählich unter den Einfluß der neuchalcedonischen Chr. kam. Die Bezeichnung des angenommenen und mit dem Logos verbundenen (hier der Unterschied zum älteren Adoptianismus) Menschen Jesus als adoptivus homo bildete den Gegenstand des adoptianischen Streites im 8.Jh. Dieser → Adoptianismus (, 4) wurde von Karl d.Gr. durch mehrere Synoden zugunsten einer neuchalcedonischen Chr. verworfen.

b) Die *Scholastik* des 12.Jh.s rückte vom Terminus »Adoption« allgemein ab, hielt aber daran fest, daß Jesus als Mensch nur durch Gnade Gottes Sohn war. Dieser Gedanke wurde besonders von den Porretanern gegen den Adoptianismus abgegrenzt. Man bemühte sich allgemein (abgesehen von den cyrillisch denkenden → Gerhoh und Arno von Reichersberg), eine gewisse Selbständigkeit der Menschheit Jesu als Grundlage des Heilswerkes festzuhalten. Die hypostatische Union wurde dabei von → Abaelard als Zusammensetzung des Logos mit einem angenommenen Menschen (assumptus homo) erklärt, analog zur Leib-Seele-Einheit. Mißlich blieb, daß diese zusammengesetzte Person mit keiner der trinitarischen Personen identisch sein konnte. Abaelard verwandt war die weitverbreitete Auffassung, daß die Personeinheit Christi juristisch und nicht ontologisch zu verstehen sei. Hier erblickten andere jedoch ebenso wie bei Abaelard eine seminestorianische, ontologische Selbständigkeit der Menschheit Jesu. Dem → Petrus Lombardus schrieb man die Habitus-Theorie zu, derzufolge Christus einen Menschen wie ein Gewand getragen hat. Auch hiergegen wurde der Vorwurf des Seminestorianismus erhoben, weil die Einheit Christi nur mangelhaft ausgedrückt schien. Außerdem sollte aus dieser Theorie der sog. Nihilianismus folgen; dh wenn der angenommene Mensch nur ein Habitus ist, so hat der Logos bei der Inkarnation nichts Substantielles angenommen (1163 verurteilt). → Gilbert Porreta erweiterte den von Boethius überkommenen Personbegriff (s. 5b) durch den ebenfalls schon altkirchlichen Gedanken, daß die die Einmaligkeit eines Individuums ausmachende Kombination von Merkmalen in der Person subsistiere und so zur Individualität zusammengeschlossen werde. Von hier aus erklärte Gilbert das Fehlen einer eigenen Personalität bei der menschlichen Natur Christi dadurch, daß deren individuelle Merkmale mit in der Person des Logos subsistierten. Diese Subsistenztheorie ist in modifizierter Form von den meisten Hochscholastikern (auch von → Thomas von Aquino) vertreten worden. → Duns Scotus hingegen folgte dem Argument Richards von St. Victor, daß die Person nicht nur ein individuelles »Was« sei, sondern außerdem durch ein »Woher« konstituiert werde und gerade in diesem (als Anteilgabe oder Abhängigkeit bestimmten) Bezug zu einem Gegenüber ihre Unvertauschbarkeit besitze (daher: ek-sistentia incommunicabilis). Nach Duns Scotus liegt nun im personalen Gegenüber des Menschen als Geschöpf zu Gott die doppelte Möglichkeit, seine personale Selbständigkeit entweder durch sich selbst zu gewinnen oder - im Falle Jesu - durch Gott. Eine Thomas und Duns verbindende Kompromißlösung wurde später von → Suarez vorgetragen. Das Interesse an einer psychologischen Eigenständigkeit der Menschheit Jesu führte in der Duns folgenden Richtung kath. Chr. neuerdings (Déodat de Basly, † 1937) zu dem Extrem einer psychologischen Quasipersönlichkeit des Menschen Jesus.

c) Das Herzstück der scholastischen Chr. bildet die Lehre vom Werke Christi. Bei Augustin finden sich nur Ansätze dazu. Eine seiner Gnadenlehre entsprechende Chr., wie sie von seinem Satze her, daß Christus das Haupt aller Prädestinierten sei, möglich gewesen wäre, hat er nicht ausgeführt. - Der abendländischen Bußtradition und ihrem Verdienstdenken entsprechend hat → Anselm von Canterbury seine berühmte Satisfaktionslehre entwickelt: Zur Wiederherstellung der durch die Sünde verletzten Ehre Gottes bedarf es einer Genugtuung, die ihm ein Mensch über das pflichtmäßig Geschuldete hinaus darzubringen hat. Ein solches Werk kann aber nur der Gottmensch und er nur durch seinen freiwilligen Tod für Gott leisten; denn wegen seiner Sündlosigkeit ist er allein den Tod nicht schuldig, und wegen der Würde seiner gottmenschlichen Person hat eine solche Tat für den Vater unendlichen Wert. Diese Theorie steht im Gegensatz zu den in der Alten Kirche herrschenden Versöhnungsvorstellungen. Nach diesen hat der in Jesus wirkende Gott Tod, Teufel und Sünde besiegt. Bei Anselm dagegen ist die Inkarnation nur noch Voraussetzung für die durch den menschlichen Willen Christi vollbrachte Erlösungstat, insofern diese wegen der Verbundenheit Jesu mit dem Logos unendlichen Wert hat. Anselm baute seine Theorie auf eine extrem dyotheletische Grundlage. Das Verhältnis zwischen der Selbständigkeit des menschlichen Willens Gott gegenüber und der gottmenschlichen Einheit war bei ihm selbst noch unklar und wurde erst später dahin bestimmt, daß der freie menschliche Wille Christi mit dem göttlichen nicht nur durch die Personeinheit, sondern auch durch die Fülle geschaffener Gnaden verbunden ist.

Nach Abaelard hat Christus weniger einen gekränkten Gott mit den Menschen als vielmehr die Menschen mit Gott versöhnt: Indem er die Liebe Gottes zu uns offenbart, erweckt er unsere Gegenliebe, durch die alle Sünde bedeckt und der Wille neu geboren wird. An diesen Gedanken setzte → Bernhard von Clairvaux aus, daß Christus nur als Lehrer und Beispiel erscheine. Sie wurden nur als Ergänzung zu anderen Theorien ein Bestandteil der weiteren Entwicklung. Seit → Hugo von St. Victor setzte sich Anselms Satisfaktionstheorie allgemein durch, freilich mit der Korrektur, daß dieser Weg zur Erlösung für Gott nicht unbedingt notwendig gewesen sei. Duns Scotus brachte die weitere Änderung an, daß das Verdienst Christi nicht aus sich, sondern nur durch Gottes freie Akzeptation unendlichen Wert besitze. Die Voraussetzung der Satisfaktionslehre, daß Christus seiner menschlichen Natur nach Mittler sei, war im 12.Jh. noch umstritten, wurde aber später allgemein anerkannt.

d) Im Anschluß an Augustin bildete Bernhard von Clairvaux eine → Christusmystik aus, die dazu anleitet, in der Niedrigkeit des Menschen Jesus seiner Gottheit inne und so zu Gott geführt zu werden. Stärkerer dogmatischer Einfluß ging von der Christusmystik Hugos von St. Victor aus: Sie gipfelte in dem Gedanken der Verbindung der Gläubigen mit Christus als dem Haupte seines Leibes. Hugo beeinflußte die Franziskanerschule, aber auch Thomas von Aquino. Seine Nachwirkungen sind noch in der reformatorischen Chr., besonders im Calvinismus, spürbar.

7. a) → *Luther* dachte bei der Inkarnation nicht an einen abstrakten Naturbegriff, sondern an die konkrete menschliche Situation. Damit hängt der Verkündigungscharakter, die personale Färbung seiner Chr. zusammen. Daher fiel ferner für ihn die Inkarnation mit der Übernahme unserer Sünde in eins. Der in der (durch den Glauben anerkannten) Einheit Christi mit uns begründete »selige Tausch« gibt uns an Christi Leben Anteil, während Christus unsere Schuld und Strafe auf sich nimmt. Sein stellvertretendes Strafleiden ist also kein verdienstliches Werk seines freien menschlichen Willens, sondern sein in der Inkarnation selbst begründetes Amt. Durch Luthers Begriff des Amtes (vgl. schon die eingehende Erörterung des Priestertums Christi bei Thomas) wurde ein stärker geschichtliches Verständnis der Chr. ermöglicht. Obwohl seine Gedanken über das Amt Christi letztlich tief von der Satisfaktionslehre verschieden sind, hat Luther deren Terminologie in andern Zusammenhängen oft weiter benutzt.

b) Im Streit mit → *Zwingli* über das Abendmahl wurde Luther durch sein der alten alexandrinischen Chr. verwandtes Interesse an der Einung der Menschheit Christi mit Gott zur Ausbildung der an Gedanken → Ockhams anknüpfenden *Ubiquitätslehre* geführt: Die Gegenwart des erhöhten Leibes Christi im Abendmahl ist keineswegs undenkbar, da er an der göttlichen Allgegenwart teilhat. Zwingli wies die hier zugrunde liegende Auffassung der communicatio idiomatum zurück: Der Austausch der Prädikate beider Naturen war für ihn nur eine unexakte Redeweise (Alloiosis). Aber auch die Schule Melanchthons rückte von der Ubiquitätslehre ab.

c) Bei → *Calvin* erhielten reformatorische Ansätze der Chr. eine systematische Gestalt. Er gab der Einheit von Gott und Mensch in Christus einen dynamischen Sinn, indem er sie ganz auf das Mittleramt bezog. Christus ist Mittler nicht nur durch seine Gottheit (gegen Osiander), sondern weil er sowohl an der göttlichen wie an der menschlichen Natur teilhat und so die Gemeinschaft des Menschen mit Gott (durch den Geist) vermittelt. Daß in diesem Begriff des Mittlers eine im Vergleich zu Luther weniger feste, weil nur auf das Heilswerk bezogene Einheit von Gott und Mensch in Christus angelegt ist, kommt darin zum Ausdruck, daß Calvin die communicatio idiomatum auf das Verhältnis der beiden Naturen zu der aus ihnen zusammengesetzten, einigen Person des Mittlers und zu seinem Amt beschränkte. Den Grundsatz Luthers, das Endliche sei Gefäß des Unendlichen (finitum capax infiniti), lehnte Calvin ab und behauptete, daß der Logos trotz der Menschwerdung auch weiter für sich ist und wirkt (Extra Calvinisticum). Das Amt Christi beschrieb er (an Osiander anknüpfend und die ganze Orthodoxie bestimmend) als ein dreifaches - prophetisches, priesterliches und königliches - Amt. In die Lehre vom priesterlichen Amt nahm Calvin (wie auch Melanchthon) die Satisfaktionstheorie auf, brach aber deren eigentliche Intention, indem er die Satisfaktionsleistung nicht vom menschlichen Willen des Mittlers, sondern von seiner gottmenschlichen Person dargebracht sah.

d) Die → *Konkordienformel* verwarf das Extra Calvinisticum (Epit. VIII, 34), machte sich aber Calvins Begriff des gottmenschlichen Mittlers zu eigen und verwarf die Lehre des → Stancarus, Christus sei nur nach seiner menschlichen Natur Mittler gewesen, aber auch die → Osianders, der das Mittlertum Christi in seiner Gottheit begründet sah (SD III). Gegen Osiander betonte sie die Bedeutung des Gehorsams Christi, der nicht nur als leidender, sondern auch als tätiger für uns genug getan habe.

e) Die Dogmatik der → *Orthodoxie* systematisierte die Lehren von Person und Amt Christi. Die communicatio idiomatum blieb im Zusammenhang mit den Gegensätzen in der Abendmahlslehre ein Differenzpunkt zwischen Lutheranern und Reformierten: Einen Eigenschaftstausch im Hinblick auf die Einheit der Person (genus idiomaticum) und des Mittleramtes (genus apotelesmaticum) nahmen auch die Reformierten an, während sie die von den Lutheranern behauptete reale Mitteilung göttlicher Majestätseigenschaften an die menschliche Natur Christi (genus maiestaticum) verwarfen. Die Lutheraner selbst standen vor der Schwierigkeit, die geschichtliche Wirklichkeit Jesu mit ihrem Inkarnationsverständnis zu verbinden. Als Lösung wurde eine Lehre von der Erniedrigung Christi im Unterschied zu seiner Erhöhung (status exinanitionis und exaltationis; ähnlich schon → Fulgentius von Ruspe) entwickelt. Subjekt der Erniedrigung ist nicht etwa der Logos als solcher (wie bei ref. Theologen), sondern der Gottmensch nach seiner menschlichen Natur. Über das nähere Verständnis der Erniedrigung kam es zwischen den Lutheranern zum Streit, ob Christus seine göttlichen Majestätseigenschaften als Mensch nur verhüllt (Krypsis), oder ob er sich ihrer entäußert (Kenosis), oder ob er sie zwar besessen, aber sich ihres Gebrauches entäußert habe. Nach langem Kampf zwischen Tübinger (Krypsis) und Gießener (Kenosis) Theologen setzte sich nach dem 30jährigen Krieg die Kenosislehre im allgemeinen durch (→ Kenosis).

8. a) Schon die radikalen Gruppen der Reformationszeit (→ Spiritualismus, → Täufer, → Antitrinitarier) begannen, die christologischen Dogmen kritisch zu zersetzen. Die Orthodoxie des 17.Jh.s stand in hartem Kampf mit den Angriffen der → Sozinianer. Nachdem der → Pietismus auch innerhalb der Kirche selbst eine Zurückstellung der begrifflichen Formulierung der Dogmen herbeigeführt hatte, löste die Neologie allmählich die christologischen Lehren auf (→ Aufklärung: III, 3b). Heilmann bestritt 1761 die communicatio idiomatum, 1763 die Beziehung der Gottessohnschaft auf den Logos. → Töllner deutete 1768 die christologischen Lehren nach dem Bilde des um seiner Sendung willen leidenden Religionsstifters um und wies die Beteiligung des aktiven Gehorsams bei der Genugtuung zurück. Eberhard, → Steinbart, → Löffler begründeten dann aus der Liebe und Weisheit Gottes (vgl. schon → Dippel!) die Nichtigkeit der Genugtuungslehre überhaupt. Auch die Lehre von der Gottheit Christi verblaßte infolge der Auflösung der Trinitätslehre (→ Trinität: III) immer mehr. Durch die Veröffentlichung der Wolffenbüttler Fragmente spitzte sich die Situation zum Gegensatz zwischen Rationalisten und Supranaturalisten zu. Der Rationalismus sah in Jesus einen sittlich vorbildlichen Menschen und Lehrer, der mit Gott in enger Gemeinschaft lebte. Damit verband sich → Kants Gedanke, daß Jesus als ein empirisches Beispiel der unserer Vernunft innewohnenden Idee eines moralisch gottwohlgefälligen Menschen Gottes Sohn heiße. Auch der Supranaturalist → Storr gab die Satisfaktionslehre preis, hielt aber am stellvertretenden Strafleiden Christi fest.

b) Der Forderung → Herders, die Gottheit Jesu in der Urbildlichkeit seines geschichtlichen Lebens zu suchen, kam die Chr. → *Schleiermachers* nach. Er konstruierte die Chr. aus der Notwendigkeit eines Urhebers für das neue »Gesamtleben« der Menschheit, in dem allein das Gottesbewußtsein die Hemmungen durch das Weltbewußtsein überwinden kann. Dieser Urheber muß von einem schlechthin kräftigen, urbildlichen Gottesbewußtsein, welches ein »Sein Gottes in ihm« zu nennen ist, erfüllt sein, wenn die wachsende Kräftigkeit des Gottesbewußtseins in der von ihm gestifteten Gemeinschaft ganz von ihm ausgehen soll: Und eben darin besteht sein Erlösungswerk. Die aus diesem Ansatzpunkt nicht ableitbaren Elemente der christologischen Tradition überließ Schleiermacher der Kritik, darunter sämtliche Einzelheiten des geschichtlichen Lebens Jesu.

c) Vom Deutschen → Idealismus, namentlich von → Hegel ging eine spekulative Deutung der Chr. aus. Die Idee der Einheit Gottes, des absoluten Geistes, mit dem Menschen ist nach Hegel durch Jesus in die Geschichte eingetreten. Daher ist er in einzigartigem Sinne der Gottmensch. Die Stellvertretung bedeutet, daß Jesus uns den von uns selbst zu gehenden Weg der Aufhebung des Endlichen ins Unendliche erschlossen hat (inklusiv, wie → Marheineke präzisierte), nicht daß er allein statt unser (exklusiv) diesen Weg gegangen ist.

D.F. → Strauß macht gegen Hegel und Schleiermacher geltend, daß eine Idee sich nie in einem einzigen Individuum realisiert, die Idee der gottmenschlichen Einheit also nicht in dem einen Jesus, sondern in der Entwicklung der ganzen Menschheit. Biedermann schied daher zwischen der Idee der Gottmenschheit (Christusprinzip) und dem irdischen Jesus als dem »historischen Erlöser«. Aus derselben geistigen Situation ist es zu verstehen, daß → Kierkegaard zwar die Einheit von Gott und Mensch in Christus festhielt, aber als das absolute Paradox. Aus den Auseinandersetzungen um Strauß ging bei Dorner und → Rothe der Versuch hervor, Christus zwar nicht als Urbild, aber als Zentralindividuum und die Inkarnation statt als einmaligen Akt vielmehr als im sittlichen Fortschreiten Jesu wachsende persönliche Einigung mit Gott zu verstehen. Dabei wurde die These von der Unpersönlichkeit der menschlichen Natur Christi (s. 5b) allgemein abgewiesen.

d) Das *restaurative Luthertum* (Philippi) kehrte zur Chr. der Orthodoxie zurück. Dagegen suchten Sartorius, G.Thomasius, → Frank die alte Kenosislehre so umzuformen, daß sich das historische Bild einer menschlichen Persönlichkeit Jesu mit der luth. Auffassung seiner Gottheit vereinbaren ließ. Im Unterschied zur altluth. Chr. verstanden sie die Inkarnation selbst als Kenose des Logos. Die dadurch entstehende Gefährdung der Ewigkeit der Trinität trat am krassesten bei Geß hervor. Die von → Tholuck verteidigte Satisfaktionslehre wurde von Hofmann wieder preisgegeben zugunsten des Gedankens, daß Gott durch die Inkarnation seinen Gegensatz zur sündigen Menschheit in sein eigenes innergöttliches Gegenüber zum Sohne aufnahm und so überwand.

e) A. → *Ritschl* wollte alle christologischen Aussagen auf die ethische Beurteilung des geschichtlichen Jesus gründen und verwarf fast die gesamte christologische Tradition als metaphysisch infiziert. (Ähnlich ist der Blickpunkt der »Dogmengeschichte« v. → Harnacks.) Ritschl sah in Jesus den Verkünder der sittlichen Herrschaft Gottes und den Stifter des Reiches Gottes, dh einer Gemeinschaft der Menschen in gegenseitiger Liebe. Daß dieser Zweck des Wollens Jesu mit dem des göttlichen Liebeswillens identisch ist, begründet nach Ritschl die religiöse Beurteilung Jesu als Gott. Sein Leiden bewährt lediglich seine Berufstreue.

Ritschls Schüler W. → Hermann mußte die in seiner Auseinandersetzung mit M. → Kähler 1891 noch festgehaltene Historizität des ethischen Jesusbildes später preisgeben. Dadurch geriet das Verhältnis der Chr. zum geschichtlichen Jesus in eine noch heute anhaltende Krise. M.Kählers prinzipielle Scheidung des »geschichtlichen, biblischen Christus« des nt. Kerygma vom »sogenannten historischen Jesus« gewann erheblichen Einfluß auf die Gestaltungen der Chr. in der Gegenwart.

Vgl. weiter → Christologie: III, 1 b (Sp. 1781 f).

Speziallit. bei den Einzelartikeln. - Ältere Lit. in RE IV, 16ff u. RGG² I, 1608ff. - Lehrbücher der DG von HARNACK, SEEBERG, LOOFS (Lit.) u. W.KÖHLER, 1950/51². - M.WERNER, Die Entstehung des christl. Dogmas, (1941) 1954² - LANDGRAF II/1. 2, 1953/54 - RITSCHL III. IV - H.E.WEBER, Reformation, Orthodoxie, Rationalismus, 3 Bde, 1937-51 - H.STEPHAN, Gesch. der ev. Theol. seit dem dt. Idealismus, 1938 - BARTH, PrTh - HIRSCH I-V - M.WERNER, Der prot. Weg des Glaubens, 1955. - Ferner: G.AULÉN, Den kristna försaningstanken, 1930 - Jesus Christus im Zeugnis der Hl. Schrift u. der Kirche (BhEvTh 2), 1936; daraus: A.GILG, Weg u. Bedeutung der altkirchl. Chr. (91-178; Neudr. als ThB 4, 1955) u. E.WOLF, Die Christusverkündigung bei Luther (179-222; Neudr. in Peregrinatio, 1954, 30-80; Lit.) - O.TIILILÄ, Das Strafleiden Christi, Helsinki 1941 - A.GRILLMEIER-H.BACHT (Hg.), Das Konzil von Chalkedon, Gesch. u. Gegenwart, 3 Bde, 1951-54 (Lit.) - E.R.HARDY (Hg.), Christology of the later fathers, London 1954 - J.KOOPMANS, Das altkirchl. Dogma in der Reformationszeit, 1955 - M.HUBER, Jesus Christus als Erlöser in der liberalen Theologie, 1956 (dazu ThLZ 82, 1957, 137f). - Vgl. auch die Lit. zu → Trinität: III. *W.Pannenberg*

III. Dogmatisch

1. Gottes Gegenwart in Jesus Christus (die Person Christi): a) Der Grund des Glaubens - b) Der Gehalt des Glaubens an Christus - 2. Gottes Handeln in Christus (das Werk Christi)

1. Chr. ist die theologische Besinnung des Glaubens an → Jesus Christus auf seinen Grund und Erkenntnisgehalt. So kann von Chr. nur da die Rede sein, wo man den christlichen Glauben unzweideutig als Glauben *an* die Person Jesu versteht. Wo man das Evangelium als eine ewige Wahrheit oder Idee oder als Ausdruck der »ewigen Geschichte« des Menschen versteht, da kann Jesus gewürdigt werden als der erste, der die Idee ausgesprochen und in seiner Person und seinem Leben verkörpert hat. Er kommt dann als historischer Weg zu der Wahrheit oder als Symbol für sie, das psychologisch oder soziologisch (Kultsymbol, E. → Troeltsch) notwendig ist, zu stehen. Aber das Symbol oder der Weg wird doch von der Wahrheit selbst unterschieden, das Christusprinzip von der Person Jesu Christi (Biedermann; F.Buris »Christologie der Existenz«). Hier mag man vom Glauben *wie* Jesus, auch *angesichts* seiner, *durch* ihn sprechen, aber es ist nicht der Glaube *an* ihn, in dem Sinne, daß er selbst, seine Person und Geschichte die erlösende Wahrheit nicht nur bringt, nicht nur bildhaft darstellt, sondern *ist*. Eben dieses meint der christliche Glaube.

a) Indem der Glaube sich so auf die Person und Geschichte Jesu bezieht, unterliegt er offenbar der Problematik, die in dem Verhältnis religiösen Glaubens zu vergangener Geschichte liegt. Das Problem ist zunächst ein grundsätzliches: Wie kann der Glaube, der seinem Wesen nach unbedingte und unmittelbare Gewißheit ist, sich auf Geschichte gründen, die immer nur durch Historie und daher nur relativ und mittelbar zu erkennen ist? Diese grundsätzliche Schwierigkeit wird dann konkret durch die historisch-kritische Erforschung der Geschichte Jesu mit ihrem Hin und Her und ihren Ergebnissen: Ist hier fester Grund für den Glauben? Kennen wir Jesu Person und seine wirkliche Geschichte dazu klar genug? - Man kann diesen Fragen nicht dadurch ausweichen, daß man den »historischen Jesus« auf sich beruhen läßt und auf das urchristliche → »Kerygma« verweist, hinter das man nicht zurückfragen dürfe (so zT Bultmann). Soweit M. → Kählers berühmte These so zu verstehen wäre, müßte man ihr widersprechen; Kähler selbst hat geschichtliche Erwägungen angestellt gegenüber dem Verdachte, das Bild Jesu in den Evangelien könne ein Gebilde der Phantasie sein. Die Verkündigung des NT selber ist durchaus auch *Bericht* und will es sein; sie bietet Zeugen des Geschehens auf (zB 1Kor 15, 3ff) und beruft sich auf treue Überlieferung (1Kor 11, 23; Lk 1, 1ff). Es geht also nicht an, die bestimmte historische Fragestellung durch den modernen existentialistischen Begriff von »geschichtlich« (Gogarten) beiseite zu schieben. Wie werden wir dann aber mit jenem grundsätzlichen und konkreten Problem »Glaube und Geschichtstatsachen« für den Glauben an Jesus Christus fertig? Grundsätzlich ist zunächst zu sagen, daß die allgemeine Behauptung eines Mißverhältnisses zwischen Glaubensgewißheit und relativer historischer Sicherheit dem wahren Wesen geschichtlicher Erkenntnis in ihrer Vielfältigkeit nicht gerecht wird. Es gibt eine unmittelbare Begegnung mit vergangenem Leben, ein vorwissenschaftliches unmittelbares Verhältnis zu ihm, das völlige Gewißheit in sich trägt. Auch der kritische Historiker kommt ohne das nicht aus. Freilich muß solches unmittelbare Wissen in »Begegnung« sich dann auseinandersetzen und bewähren an der strengen induktiven Forschung. Denn die Begegnung gibt Gewißheit der Urteile wohl im Großen, aber nicht im Einzelnen. Hier bleibt also eine Spannung, die ausgehalten werden muß. Das alles gilt auch von unserem Verhältnis zu der biblischen Überlieferung von Jesus. Es ist nicht wahr, daß die Person und Geschichte Jesu dem Christen nur durch die Arbeit der Historie erreichbar sind. Die Historie unterscheidet zwischen primärer und sekundärer Überlieferung, zwischen vermutlich echten Worten Jesu und »Gemeindetheologie« in Gestalt von Jesusworten, zwischen ursprünglichem Niederschlag des Geschehenen und legendärer, etwa apologetischer Ausgestaltung. Sie zeigt uns, daß wir das Bild Jesu und seiner Geschichte nur in einer Reihe von Brechungen haben, nach der Person, der kirchlichen Umwelt, den Interessen, der Theologie der Erzähler. Aber unbeschadet alles dessen hat sich doch durch alle Schichten der Überlieferung und alle Individualität der Zeugen und Erzähler hindurch ein in den *Grundzügen* einheitliches Bild Jesu und seiner Geschichte durchgehalten und abgeprägt, das überall wiederzufinden ist und sich in seiner Konkretheit selber als unerfindbar bezeugt, nicht erst dem Historiker, sondern jedem Menschen. Auch Worte und Berichte von Jesus, die im *historischen* Sinne nicht »echt«, nicht »ursprünglich« sind, können sich dem, der der Geschichte Jesu »begegnet«, als *wesenhaft*-echte erweisen, nämlich als Ausdruck dessen, was Jesus Christus wirklich war und wollte. So ist der wirkliche Jesus Christus dem Glauben nicht unerreichbar. Dieser kann an ihm seinen Grund finden.

Die Besinnung des Glaubens auf seinen *Grund* ist die erste Aufgabe der Chr. Sie kann also nicht das Dogma von Christus als gültig voraussetzen und die Erkenntnis Christi auf Grund des vorgegebenen Trinitätsdogmas zu gewinnen suchen, als Chr. »von oben nach unten«. Sie muß vielmehr hinter das kirchliche Dogma zurückgehen auf den Schriftgrund, der es trägt. Sie kann aber auch nicht einfach die apostolische Lehre von Christus aufnehmen und sich aneignen. Diese hat nicht durch sich selbst Autorität, sondern nur kraft ihrer Gründung in der Wirklichkeit Christi, auf die sie zurückweist. Nur indem wir, auf die → Christologie des NT hörend, durch sie hindurchhören in ihren Grund, der Christus selbst ist, haben wir ein Kriterium, in ihr Sache und Bild, Wesen und zeitbedingte Gestalt zu unterscheiden. So muß die Chr. den Weg »von unten nach oben« gehen.

Es handelt sich um den Grund für den *Glauben.* So kann der Hinweis der Chr. auf den Grund nicht den Charakter eines Beweises haben. Der Glaube an Jesus besagt, daß in Jesus Gott mir begegnet. Gott aber beweist sich nicht, sondern er bezeugt sich. Er bleibt in seiner Offenbarung immer auch verborgen und stellt dem Menschen die Glaubens*frage* zur Entscheidung. Gottes Gegenwart in Christus ist an seiner Person und Geschichte nicht objektiv-zwingend erkennbar. Es besteht die Möglichkeit des »Ärgernisses« an ihm (Mt 11, 6). So verbietet sich der von supranaturalistischer Orthodoxie so lange versuchte Beweis für die Gottheit Christi aus *offenkundigen Tatsachen* seines Lebens. Die historisch unbezweifelbaren Tatsachen wie seine Heilungswunder tragen den Schluß nicht - sie haben rein als solche Analogien auch im Heidentum. Und was man hier sonst anführt, die Sündlosigkeit, die Auferstehung, kann für uns nicht Grund des Glaubens sein, weil es selber erst im Glauben an Christus erkannt und gewiß wird. - Ebensowenig kann der Grund des Glaubens in Tatsachen unserer *Erfahrung* gesucht werden, von denen her man durch einen Rückschluß aus der Wirkung auf den Wirker Jesu göttliche Vollmacht und Macht erkennte (→ Schleiermacher; → Erfahrungstheologie). Weder die Wirkung Christi am eigenen Leben noch die Kirche als seine Wirkung kann den Glauben an ihn tragen. Denn beide sind relativ und partiell; neben der Wirkung steht als schwere Anfechtung Wirkungslosigkeit. Es gibt keinen Beweis für Christus aus der eigenen Bekehrung und ebensowenig aus der Kirchen- und Missionsgeschichte. Umgekehrt: der anderweit begründete Glaube an Christus läßt die schwere Anfechtung, die aller Erfahrung beigegeben ist, überwinden. Der wahre Grund des Glaubens ist der Jesus Christus des biblischen Zeugnisses, das in der Kirche weitergegeben wird.

Den Glauben an Christus schenkt Gottes Hl. Geist. Aber der Geist redet zu uns durch das *Wort* von Christus. Der Glaube ist als Werk des Geistes Wunder. Aber er ist seinem Wesen nach Gehorsam des Menschen gegen die sich ihm bezeugende Präsenz Gottes. Die Chr. hat auf die Züge an dem uns gegebenen biblischen Bilde Jesu hinzuweisen, die jedem Menschen, der nach Gott fragt, die Glaubensfrage stellen und den Mut zum Glauben geben.

Der Mensch Jesus, den wir als Menschenbruder in unserer Reihe sehen, tritt in ein Gegenüber zu uns zunächst, sofern er Zeuge Gottes an uns, also Prophet ist. Sein Zeugnis von Gott ergeht nicht nur in seinem Worte, sondern in allem seinem Handeln und seiner gesamten Haltung. Es trifft uns als die Wahrheit Gottes selbst: Gott wird uns bei Jesus über die Maßen heilig in dem furchtbaren Ernste seines Forderns und Richtens, in der königlichen Freiheit seines Gebens und Vergebens. Aber Jesu Gegenüber zu uns geht über das eines Propheten Gottes hinaus. Die Vollmacht, die er mit seinen Worten und Taten in Anspruch nimmt, überbietet die Beauftragung eines Propheten: »Hier ist mehr denn Jonas« (Mt 12, 41). Er kündigt die große Wende, die Stunde des Gerichtes und des Heiles, nicht nur an, sondern er setzt sich mit ihr in eins. Sie ist in ihm angebrochen. Er ruft so zu Gott, zur Buße und zum Glauben, daß er zu sich, zum Anschluß an ihn ruft. Sein Ja und sein Nein zu den Menschen entscheidet im Gerichte Gottes. Die Vergebung Gottes ist in ihm vollgültig da für die, welche er in seine Gemeinschaft zieht. Im Zusammenhange damit wollen seine Heilungstaten gesehen werden: in ihnen ist die Gottesherrschaft, die neue Welt des Heils schon gegenwärtig (Mt 12, 28). Diese Gewißheit seiner Sendung und Stellung drückt sich auch in den *Würdenamen* aus, die Jesus für sich in Anspruch nimmt: er weiß sich als den erwarteten messianischen Bringer des Heils (gleichviel, welche Gestalt der Erwartung er auf sich bezogen hat). Nach Mk 13, 32 hat er sich auch als »*der* Sohn« gewußt und bezeichnet, also als in einem Verhältnis zu dem »Vater« stehend, das so keinem anderen eigen ist. Der das alles von sich bezeugt, ist zugleich der ganz Demütige, der sich völlig unter Gott stellt, sich ganz auf ihn angewiesen weiß, auf ihn wartet, ihm zu gehorchen und das immer aufs neue zu lernen hat, also noch wieder vor sich hat und darum nicht »gut« genannt sein will wie Gott selbst (Mk 10, 18). Es ist der, der sich zugleich mitten unter die anderen, unter die Sünder stellt und mit ihnen die Taufe des Johannes empfängt, im Abstand des Gegenüber zu ihnen steht und doch keinen Abstand nimmt. Das alles wirft die Glaubensfrage auf, drängt zur Entscheidung für ihn als den Träger der richtenden und rettenden Gegenwart Gottes selbst. Und doch ist mit alledem der Grund des Glaubens an Jesus Christus noch nicht ganz aufgezeigt. Das Bild Jesu und seiner Geschichte kommt zu uns im Rahmen der Verkündigung von seiner *Auferstehung* (→ Auferstehung Christi: II). Das ist entscheidend. Denn die Katastrophe, die seine Hinrichtung bedeutete, stellte und stellt allen Grund des Glaubens in seinem geschichtlichen Leben in Frage. Er hat das Kommen der Herrschaft Gottes mit seinem eigenen Da-Sein gleichgesetzt - was bleibt davon, wenn er stirbt in Ohnmacht, in der Schande des Rebellen gegen Gottes Volk und Gesetz? Über diese Karfreitagsnot des Glaubens an Christus sind die Jünger nur durch die neue österliche Begegnung, die er ihnen schenkte, hinausgeführt worden. Auch für uns kann das geschichtliche Bild Jesu zuletzt nicht anders Grund des Glaubens sein als so, wie es in dem apostolischen Zeugnis zu uns kommt, nämlich eingefaßt in das Zeugnis von seiner Auferstehung. Diese freilich ist kein historisches Datum wie die Züge der Person und Geschichte Jesu, von denen wir sprachen. Daß die Daten, die der Historiker fassen kann, die Berichte von »Erscheinungen« und doch wohl auch das leere Grab (vgl. v.Campenhausen), historische »Zeichen« sind, hinter denen das Mysterium der Auferweckung steht, weiß nur der Glaube. Der Osterglaube aber gründet sich nicht auf ein isoliertes Osterkerygma, sondern auf dieses im Zusammenhange mit dem gesamten Zeugnis von Jesus Christus. Wie dieses nicht ohne Ostern, so ist Ostern nicht ohne dieses Grund des Glaubens.

b) Was aber heißt es nun: glauben an Jesus Christus? »Glauben an...«, streng genommen, ist ein Akt, in dem man sich zu *Gott* verhält, der Begriff des Glaubens also theozentrisch orientiert. An Jesus glauben heißt: zu der von ihm in Anspruch genommenen und betätigten Vollmacht als von Gott ihm gegeben, also Gottes eigener Autorität ja sagen; in seinem Handeln Gottes Handeln mit uns ergreifen; sich bei Jesus, durch sein in der Verkündigung uns erreichendes Wort von Gott selbst gerichtet und angenommen wissen; mit Paulus (2Kor 4, 6) die »Herrlichkeit Gottes auf dem Angesichte Jesu Christi« erkennen. Der Glaube an Jesus kommt also nicht zu dem Glauben an Gott hinzu. Wir glauben an Jesus nicht neben unserem Verhältnis zu Gott, sondern in ihm, von Gottes wegen. Der Glaube an Jesus ist Glaube an Gott selbst an dem »Orte«, wo er uns entscheidend zum Heil begegnet (Joh 12, 44). Es ist der Mensch Jesus, auf den dieser Glaube an Gott sich richtet. Aber er setzt den Menschen doch nicht Gott gleich. Das macht vielmehr die Höhe seiner inneren Spannung aus, daß er in dem, der Mensch ist und bleibt, des Vaters Herz und Wille und Herrlichkeit ergreift.

Diese Gotteshoheit Jesu, die der Glaube erkennt, faßt er von der ersten Christenheit an in *Hoheitstitel*. Für die Judenchristen war es der Christus (= Messias)-Name. Für uns Heidenchristen steht voran der Name »der Herr«, das heißt: er ist der, in dem Gottes rettende Herrschaft für uns da ist. Aber der heidenchristliche Glaube verzichtet auch auf den »Christus«-Titel nicht. In ihm drückt sich der heilsgeschichtliche Zusammenhang mit dem AT aus, mit Gottes Handeln und Wort an Israel, das wir im Glauben als auf Jesus hingezielt erkennen. Daß wir mit den Judenchristen Jesus als Christus bekennen, kann freilich nicht den Sinn der harmonistischen These haben, als sei Jesus einfach die Erfüllung der at. Messiasweissagung und -Erwartung: »Das AT sagt, *was* der Christus ist, das Neue, *wer* er ist« (W.Vischer). Die »Erfüllung« ist vielmehr auch Kritik der »Weissagung«, wie Israel sie verstand. »Christus ist des Messias Ende« (J.Lepsius). Es geht also nicht an, mit W.Vischer zu erklären: »Christentum heißt das Bekenntnis, Jesus sei der Christus in dem Sinne, wie das AT den Messias Israels bestimmt«. Die dogmatische Chr. hat ihre Mitte und ihren Vollgehalt nicht darin, darzulegen, daß Jesus »der Christus« ist - das Wort Christus in »Chr.« ist, wie schon bei Paulus, Eigenname, nicht Amtstitel. - Der Glaube hat die Freiheit auch zu noch anderen Begriffen, in die er Jesu Hoheit fassen kann, wie → »Wort Gottes«, »Bild Gottes«, vor allem, Jesu eigenem Selbstzeugnis folgend, → »Sohn Gottes«: er drückt wie kein anderer die Vollmacht aus, mit der Jesus in des Vaters Namen, an seiner Statt mit den Menschen handelt, damit aber weiter das Sein unter Gott, das Geliebt- und Begabtsein durch ihn.

An dem Titel »Sohn Gottes« läßt sich nun der Schritt ablesen, den die Chr. der Kirche über das bisher als Gehalt des Glaubens an Christus Entfaltete hinaus getan hat. Sie hat sich nicht begnügt, die handelnde Gegenwart Gottes in dem Menschen Jesus zu bekennen, sondern sie hat in der Liebesgemeinschaft des Menschen Jesus mit Gott das Geheimnis einer ewigen Seinsgemeinschaft des »Sohnes« mit dem »Vater« erkannt; in dem Gegenüber des Menschen Jesus zu Gott ein Gegenüber des »Herrn«, der Gegenstand unseres Glaubens ist, zu Gott, also ein innergöttliches Gegenüber. Der Mensch Jesus ist »der Sohn«; aber der Sohn ist zugleich ewiger Sohn (→ Präexistenz Christi: II). Das heißt: Jesus bedeutet Menschwerdung Gottes so, daß in ihm Menschwerdung des Sohnes geschieht. Das führt weiter zur Lehre von der → Trinität und zu der ganzen Problematik der Zwei-»Naturen«-Chr. Ist dieser Schritt der Chr. notwendig - oder bedeutet er vielmehr Entartung der Chr., nämlich ein metaphysisches Überschreiten dessen, was die Chr. allein zu sagen hat?

In der *neueren Theologie* hat man versucht, das Geheimnis Christi unter Preisgabe des überlieferten christologischen Dogmas auszusagen (→ Schleiermacher, A. → Ritschl und ihre Schüler wie zB E. → Hirsch; → Christologie: II, 8 b. e). Diese Chr. weiß nur von dem Menschen Jesus als Sohn, aber nicht auch von dem ewigen Sohn zu handeln. Gottes Einwohnung in ihm wird nach der Analogie seiner Einwohnung durch den Hl. Geist in den Glaubenden gedacht, mit dem Unterschiede, daß Gottes Sein in Christus ursprünglich, ganz, ungebrochen ist, in uns dagegen nur durch ihn, den erstgeborenen Sohn, und in diesem Leben durch die Sünde gebrochen und im Kampfe. Das Sein Gottes in Christus steht nicht im Widerspruch zu seinem Menschsein, sondern begründet dieses erst: die Einwohnung Gottes allein schafft das wahre Menschsein. So kann man - heißt es - Gottheit und Menschheit ohne Widerspruch in eins denken und ist damit über die Nöte der alten Chr. hinausgeführt. Diese Chr. hat einen Anhalt an dem nt. Zeugnis, daß Christus der *neue Mensch*, der »zweite Adam« ist und daß die Glaubenden durch den Sohn auch Söhne, seine Brüder werden. Aber sie übersieht, daß Jesu Verhältnis zu uns mit der Erstmaligkeit seiner Sohnschaft und ihrer Mächtigkeit, uns in sie hineinzuziehen, nicht voll ausgesagt ist. Der erstgeborene Bruder ist und bleibt zugleich der »Herr«, der uns mit Akten göttlicher Hoheit begegnet, welche auf eine Seinshoheit zurückweisen, an der wir auch in Ewigkeit keinen Anteil bekommen. Sein Gegenüber zu uns ist nicht nur funktional, sondern seinshaft. Nur dadurch hat die *Anrufung Jesu* im Gebete, wie die Christenheit sie von Anfang an geübt hat, Sinn und Recht.

Die Absage an das christologische Dogma nimmt eine neue Gestalt an in der heutigen *existentialistischen Theologie* (R. → Bultmann, zT F. → Gogarten). Die Lehre von dem ewigen Sohne Gottes, der Mensch geworden ist, kommt hier als »Mythologie« zu stehen. Sie geht den Glauben an Christus nur insoweit an, als sie existential auszulegen ist, dh als Ausdruck des durch Christus bestimmten neuen Existenzverständnisses des Christen. A. Ritschls »Werturteile« kehren in dieser Chr. innerhalb der Grenzen der Existenzbedeutung wieder. Jedes Seinsurteil über Christus wird abgelehnt, das nicht zugleich eine Aussage über meine eigene Existenz ist; jede andere wäre »objektivierendes griechisches Denken«. Bultmann fragt (II, 252): »Hilft Jesus mir, weil er der Sohn Gottes ist, oder ist er der Sohn, weil er mir hilft?« und entscheidet sich für das Letztere. Die Chr. hat es also nur mit Jesu »Bedeutsamkeit« für den Menschen zu tun, mit der Existenzhilfe, die er bedeutet. Das heißt aber den Erkenntnisgehalt des Glaubens an Christus verkürzen. Gewiß erkenne ich ihn nur, indem ich mich selbst von ihm gerichtet und angenommen weiß, also in der Beziehung auf mein Leben, als Christus quoad me, pro me. Aber *was* ich dann in dem von dem Evangelium mir abgewonnenen Glauben an ihn erkenne, greift über das quoad me weit hinaus. »Mein Herr« (s. Luthers Erklärung des 2. Artikels) ist *der Herr*. Das ist er durch sein Ostern geworden. Die Bedeutung des Ostergeschehens läßt sich nicht noëtisch darauf begrenzen, daß es den Osterglauben der Jünger geweckt hat. Zu Ostern - so bezeugt das NT - hat Gott allem zuvor an Jesus Christus selbst gehandelt, ihm die Doxa verliehen, ihn »erhöht«, zum »Herrn« eingesetzt. Hier ist eine neue Stufe der Geschichte Christi selbst gesetzt. Von ihr kann die Chr. nur in Seinsaussagen sprechen (die Lehre von den *»Ständen« Christi*, der Erniedrigung und Erhöhung), und diese greifen über die Bedeutsamkeit für meine Existenz weit hinaus. Nach der existentialistischen Chr. gibt das Osterkerygma uns nur ein neues *Verständnis* der Welt und ein neues *Verhältnis* zu ihr, nach dem nt. Zeugnis bricht mit der → Auferstehung Christi die *neue Welt* an, die Welt der Doxa, welche auch erlöste Leiblichkeit bedeutet. Jene Chr. kennt nur das regnum gratiae Christi und nicht auch sein regnum potentiae und gloriae. Damit wird sie der nach dem nt. Zeugnis zu Ostern kundgewordenen Doxa Christi nicht gerecht.

Steht es so, dann kann unsere Chr. von dem Ansatz der altkirchlichen nicht Abstand nehmen. Es geht nicht an, ein »geschichtliches« Verständnis Christi gegen das »metaphysische« des alten Dogmas auszuspielen, wie F.Gogarten will. Die Chr. ist durch den Gehalt des Glaubens an Christus verpflichtet und ermächtigt, Seins-Aussagen erstlich über das Verhältnis des ewigen Sohnes zum Vater und zweitens über die Doppelseitigkeit seines Wesens, also über das Verhältnis des ewigen Sohnes zu dem Menschen Jesus zu machen. (Nur diese zweite Aufgabe rechnen wir zur Chr. im engeren Sinne; die erste gehört zur Lehre von der → Trinität). Die Chr. kann also nicht umhin, von den *zwei »Naturen«* Christi zu reden. Der Terminus hat, was immer sonst mit Recht und mit Unrecht wider ihn gesagt werden mag, den guten Sinn, auszudrücken, daß die Einheit Jesu mit Gott mehr ist als Einheit des Willens im ethischen Verstande, nämlich *Einheit des Wesens,* in Jesu Vollmacht erscheinend. Demgemäß hat auch unsere Chr. in ihrer Weise von dem zu handeln, was die alte Chr. unter dem Titel der unio, communio naturarum und der communicatio idiomatum lehrte.

Dabei ist ihr, wie der Chr. aller Zeiten, die *Doppelaufgabe* gestellt, 1. die volle Gegenwart der ganzen Gottheit in dem Menschen Jesus (Kol 2, 9) auszusagen, also die Einheit der Person Jesu Christi in ihren beiden Wesensseiten; 2. zugleich den unaufhebbaren Wesensunterschied von Gottheit und Menschheit zur Geltung zu bringen, in beidem also das Mysterium der Menschwerdung zu wahren.

Was das Erste angeht, so kommt die volle Gegenwart Gottes und damit die Einheit göttlichen und menschlichen Seins in Christus durch die Bewegung fortgehenden göttlichen Gebens und menschlichen Empfangens bei Jesus zustande. Die »Gottmenschheit« ist nicht als statisch zu denken, sondern als ein lebendiges Geschehen, als eine Geschichte (K.Barth) des Gebens von Gott her, des Empfangens des Menschen Jesus in glaubender und betender Hingabe an das Geben Gottes (Wehrung). Jesus ist also die Person, die er ist, nur im ständigen Empfangen, und auch seine Hingabe im Empfangen selbst ist Gottes Gabe. Soweit die alte Lehre von der Unpersönlichkeit der menschlichen Natur Jesu (Anhypostasie oder Enhypostasie) nur dieses ausdrücken will, hat sie recht, aber der Ausdruck ist unzulänglich; denn es ist eben doch ein wahrhaft menschliches, nämlich in Glauben, Beten und Gehorchen sich frei hingebendes Ich, das Gottes Geben empfängt. - Das Geschehen im göttlichen Geben und menschlichen Empfangen besagt für Gott, daß er, ohne aufzuhören Gott zu sein, zugleich in die Maße menschlicher Existenz eingeht, in Sterblichkeit, Versuchlichkeit, Leidensfähigkeit, Leiden. Menschwerdung ist »Entäußerung« (→ Kenosis) Gottes. Gott tritt damit in einen Widerspruch zu seiner Majestät, aber gerade kraft seiner Gottheit (hier gilt zwar nicht: finitum capax infiniti, wohl aber: infinitum capax finiti) und um eben auf dem Wege der Entäußerung in der Erlösung seine ganze göttliche Herrlichkeit geltend zu machen. Die Entäußerung ist das Wunder seiner Liebe, in dem er ganz Gott ist. Christi Kreuz bedeutet die letzte Tiefe der Kenose Gottes und zugleich den höchsten Erweis seiner Gottheit. Die *Erhöhung* Christi durch seine Auferstehung setzt der Entäußerung ihr Ende und hebt den Widerspruch, in den Gott eingetreten ist, in Christus selbst auf. Aber in Gestalt der *Kirche* bleibt er bis zum Ende der Geschichte erhalten. - Für den Menschen Jesus bedeutet das Geschehen der Inkarnation, daß Gott ihm, dem Menschen Jesus, Anteil gibt an seinem göttlichen Wesen, in den Maßen des menschlichen. Aus Gottes Geben fließt die durch alle Versuchungen hindurch sich bewährende *sündlose Reinheit* des Gehorsams Jesu, deren wir im Osterglauben an ihn gewiß werden. Jesus erhält Anteil an Gottes *Macht,* zu heilen, in seinen Heiltaten, an Gottes *Vollmacht,* zu vergeben und zu erneuern. Nicht göttliche »Eigenschaften« sind ihm ein für allemal mitgeteilt, sondern in der Hingabe an den Vater im Glauben empfängt er für sein Heilswerk von dem Vater die Macht und Vollmacht zu den Hoheitsakten, die er als der Mensch Jesus vollzieht.

Als der Mensch - das führt hinüber zu dem zweiten, was die Lehre von der Menschwerdung zu betonen hat: Gott ist so mit seiner ganzen Gottheit in dem Menschen Jesus gegenwärtig, daß die Gottheit sich nicht in Menschheit verwandelt und der Mensch nicht vergottet wird. Gott und Mensch, das bleibt ein ungemindertes Gegenüber von allmächtigem Schöpfer und abhängigem Geschöpf, Objekt und Subjekt des Glaubens und Gebetes, von Gebietendem und Gehorchendem, ewig Seiendem und Werdendem, ewig Gutem und in der Versuchung um Gehorsam Kämpfendem, Herrlichem und Sterblichem, Richter und dem Richter Verantwortlichem usw. Dieses Gegenüber und die Höhe der Spannung, die es setzt, darf bei dem Betonen der vollen Gegenwart Gottes in Christus nicht ermäßigt werden, gerade wegen des Mysteriums der wirklichen Gegenwart Gottes in dem Menschen Jesus nicht. Eine solche Ermäßigung bedeutete das genus maiestaticum der luth. Lehre von der communicatio idiomatum, wenn es behauptete, die Majestätseigenschaften der Gottheit seien der menschlichen Natur Christi zugeeignet. Als Aussage über das irdische Leben Jesu sprengte dieser Satz die Grenzen des Menschlichen und verfehlte damit die echte Menschwerdung. Das haben die kenotischen Versuche im 16. und 17.Jh. in ihrer Weise bescheinigt und die *»Kenotiker«* des 19.Jh.s zu korrigieren versucht. Das genus maiestaticum hätte Recht nur, wenn es paradox im gleichen Atem mit einem genus tapeinoticon ausgesagt würde: Gott hat sich erniedrigt und in die menschliche Ohnmacht und Not hineingegeben, aber eben hier ist verborgen die ganze Gottheit in ihrer Herrlichkeit da. - Von der anderen Seite her wird die Menschwerdung in ihrer Spannungshöhe verletzt durch die Chr. der soeben genannten Kenotiker: laut ihnen ist nicht die ganze Gottheit in den Menschen Jesus eingegangen, sondern nur die halbe - eine theologisch unmögliche Verkürzung des Mysteriums.

Muß also die Chr. beides festhalten, den strengen unaufhebbaren Unterschied von Gott und Mensch und zugleich die volle Gegenwart Gottes in dem Menschen Jesus, so kann von der Menschwerdung nur in der Gestalt des *Paradoxes* geredet werden: *in* der begrenzten geschichtlichen Existenz Jesu ist Gottes Ewigkeit da, in der Schwachheit Gottes Kraft, in dem Gehorchenden der Richter, in dem ernstlich Versuchten die Vollmacht der Vergebung, in der Demut die Majestät. Das heißt aber, daß Gott in Jesus Christus nur verborgen da ist, verborgen durch die gleiche Menschlichkeit, in der er doch ergriffen sein will. Also bedeutet die Menschlichkeit, obgleich Trägerin der Gegenwart Gottes, immer auch ihre Verhüllung. Dadurch ist die Möglichkeit des Ärgernisses an Christus gegeben. Der Glaube muß sie immer neu überwinden. Das gilt nicht nur gegenüber dem geschichtlichen Bilde und Leben Jesu, sondern auch von seinem geschichtlichen Weiterleben im NT und in der Kirche. Wir ergreifen das Sein Gottes in Christus mit dem Akte des *Glaubens,* aber die Einheit von Gottheit und Menschheit in ihm ist jenseits alles Anschauens und Begreifens. Nur Gott selbst durchschaut das Mysterium Christi.

2. a) Gottes Sein in Jesus Christus hat seinen Sinn in Gottes Handeln durch ihn, in seiner Heilstat. Da Jesus diesem Handeln Gottes sich in freiem Gehorsam hingibt, ist es zugleich *sein* Werk. Die ref. und luth. Dogmatik hat seit Calvin Christi Werk vielfach als Lehre von seinen *drei Ämtern* (Prophet, Hoherpriester, König; munus triplex) dargestellt; zB auch Schleiermacher. Das Schema geht auf das AT zurück und findet sich auch in der Umwelt des NT. Für die Dogmatik empfiehlt es sich nicht, da es die Beschreibung des Werkes Christi einerseits in seiner Einheitlichkeit aufspaltet, andererseits willkürlich begrenzt; denn sie erschöpft sich nicht in den drei Begriffen; andere (zB Hirt, Heiland, Knecht Gottes) stehen in der Schrift gleichen Rechtes neben ihnen. Zudem ist der at. Sinn der drei Ämter durch Christus ver-

wandelt worden. Nicht er ist von ihnen her, sondern sie sind von ihm her zu verstehen. Er ist ihre »Erfüllung« so, daß er zugleich ihr Ende ist.

Gottes Handeln in Christus, also Christi Werk besteht darin, daß Gott der sündigen Menschheit den Frieden mit ihm gewährt und damit die Freiheit von den Unheilsmächten anbrechen läßt und ihre Vollendung verheißt: also → *Versöhnung* und dazu → *Erlösung* im Anbruch. Diesem Werke Christi dient schon sein ganzes geschichtliches Leben und Wirken. Aber das nt. Zeugnis sieht es entscheidend erst in seinem Ausgange, in Kreuz und Auferstehung vollzogen, weiß sein irdisches Leben hierauf hinzielen und versteht es von hier aus. Demgemäß hat die Chr. zu fragen, inwiefern Christi in seinem irdischen Leben und durch seine Kirche geübte Vollmacht, in Versöhnung und Erlösung das Reich zu bringen, daran hängt, daß er zum Kreuze geht und der Gekreuzigte ist. Im Lichte des Ostergeschehens und im Anschluß an das AT, vor allem an das Bild des leidenden → Knechtes Jahwes hat die Gemeinde verstanden, daß in der geschichtlichen Unentrinnbarkeit der Katastrophe Jesu eine göttliche Notwendigkeit zum Heile sich vollzog. Die Diakonie Jesu an den Menschen mußte zuletzt die Gestalt des »Sterbens für sie« annehmen. Wieso? Den gültigen einheitlichen Sinn der mannigfaltigen nt. Bilder für den Sinn des Kreuzes kann die Chr. etwa in folgenden Gedanken aussprechen.

Gott stellt die Menschheit so in seinen Frieden, daß er dabei seinen hl. Ernst, also auch seinen Zorn wider die Sünde zur Geltung kommen läßt. Ohne das kann der Friede Gottes von dem erweckten Gewissen nicht geglaubt werden, ja ihm von Gottes wegen, wegen seiner Heiligkeit auch nicht zuteil werden. Die Notwendigkeit des Kreuzes ist nicht nur die anthropozentrische einer glaubhaften Erweisung oder Offenbarung der Liebe Gottes in ihrer Heiligkeit, sondern zugleich die theozentrische der hl. Liebe selbst, der Liebe in ihrer Einheit mit der → Gerechtigkeit Gottes.

Jesus heiligt den Ernst Gottes schon in seinem Leben durch die unerbittliche Strenge seiner Auslegung der Gebote und durch einen ungebrochenen Gehorsam: inmitten einer Menschheit, die gerade auch auf ihren moralischen Höhen selbstherrlich Gott die Ehre unbedingten Vertrauens auf ihn allein weigert, bewährt Jesus durch alle Schwere der an ihn herantretenden Versuchung hindurch immer aufs Neue den Glauben an den Vater. Was so durch sein ganzes Leben geht, bekommt den vollen Ernst erst auf seinem Todesgange: erst angesichts des Todes (2Kor 1, 9) und vollends dieses Todes gewinnt der Glaube seine Totalität als Sich-stellen auf Gott allein und hat das volle Wohlgefallen Gottes (Joh 10, 17). - Gott bringt weiter seinen Zorn wider die Sünde dadurch zur Geltung, daß er Jesus, durch den er Frieden machen will, den Widerstreit zwischen ihm, Gott, und der sündigen Menschheit voll durchleiden läßt. Jesus muß sowohl den Widerspruch der Menschen gegen Gott wie den Gottes gegen die Menschheit an sich erleiden. Als der Zeuge Gottes und an Gottes Statt erfährt Jesus die Gottesflucht und die Empörung der Welt wider Gott - darin leidet Gott selber. Es ist Betätigung des Zornes Gottes, daß er hier, an Jesus, die Sünde ganz sündig werden läßt, sie zur vollen Offenbarung zwingt, gerade auch die Sünde des frommen Menschen. Jesus erleidet sie nicht nur in seinem äußeren Schicksal, sondern auch an seiner Seele, und er weigert sich dessen nicht, sondern trägt es mit tiefem Schmerze um Israel. Aber er muß zugleich den Widerspruch Gottes gegen die sündige Menschheit erleiden, da er ja nicht nur an Gottes Statt den Menschen gegenüber, sondern in der Demut vor Gott und in der Liebe des Bruders mitten unter ihnen und zu ihnen steht - das ist die eigentliche Tiefe seiner Sündlosigkeit. Gott behaftet ihn, den ganz gehorsamen Sohn, bei seiner brüderlichen Solidarität mit den Sündern, in der Gottes eigene Sünderliebe lebt; er setzt den Sohn zum Denkmal seines Zornes gegen die Sünde, indem er ihn den Tod so durchleben läßt, wie wir Sünder ihn erfahren würden, wenn unser Gewissen wach wäre: als das Nein Gottes, das aus seinem Leben ausstößt, als Verlassenheit von Gott, als Anfechtung, sich als ein von Gott Verworfener zu wissen. Das ist die Tiefe der Not seines Sterbens. Der Vater bereitet sie ihm. Aber wir müssen das Paradox hinzufügen: eben damit tritt Gott selber ganz in die Gottesnot der sündigen Menschheit ein. In der größten Ferne zwischen dem Vater und dem Sohne ist Gott doch ganz bei Jesus mit seiner Liebe und ganz eins mit ihm in der Diakonie seines Sterbens für die Menschheit.

Jesus ist den Kreuzestod insofern *für die Menschen* gestorben, als dieses Sterben als Gehorsam und als Leiden (oboedientia activa und passiva) der heilige Weg ist, den Gottes Heilswille für die Menschen gehen mußte. Dieses »für uns« des Kreuzes heißt nicht allein »zu unseren Gunsten«, sondern auch »an unserer Statt«, weil »in unserer Sache«. Der Gekreuzigte ist also unser *Stellvertreter*. Gott hat ihn wie unsereinen behandelt und behandelt uns alle nun wie ihn, der auch am Kreuze der Sohn der Liebe bleibt, sieht uns alle in ihm an, nimmt also seinen Gehorsam und Glauben als den der ganzen Menschheit, unbeschadet ihres Unglaubens und Ungehorsams, und sein Leiden als Sühne für aller Schuld. Insofern ist Christi Stellvertretung *exklusiv:* weil er bis zum Ende gehorcht und den ganzen Widerstreit durchlitten hat, ist für uns das Gesetz abgetan, nach dem nur die Reinen und ganz Bußfertigen vor Gott treten dürfen. Indessen die Stellvertretung hat zugleich insofern *inklusiven* Sinn, als Jesus für uns alle dazu gehorcht und geglaubt hat, daß wir zum Glauben und Gehorsam erneuert werden; und dazu gelitten hat und gestorben ist, daß alle in der Buße »mit ihm sterben« (2Kor 5, 14f), nämlich sich selbst, und mit dem Auferstandenen für Gott leben (Röm 6, 10f). Die Stellvertretung besagt also auch, daß Christus für Gott der Bürge einer neuen Menschheit ist.

b) Das alles gilt aber nur, weil der gekreuzigte Christus zugleich der *Auferstandene* und *Erhöhte* ist. Die Auferstehung ist selber die Erhöhung - so hat die Chr. des NT es ursprünglich angesehen. Die spätere zeitliche Unterscheidung von Ostern und Himmelfahrt als zweier Heilstatsachen ist sekundär. Die Chr. kann nur das eine und selbe Ostergeschehen nach seinen zwei Seiten theologisch unterscheiden: nämlich einerseits die neue Begegnung des Gekreuzigten als des Lebendigen mit den Seinen, von der aus sie den Sinn des Todes Jesu verstehen lernen und in der sie die *Sendung* zur Heilsverkündigung an alle Welt empfangen; andererseits die Erhöhung Jesu Christi in das Leben der Doxa bei Gott. Damit gewinnt das geschichtliche Werk Christi übergeschichtliche Gegenwärtigkeit und Gültigkeit bei Gott. Die → Versöhnung ist nicht ein von der Person Christi lösbares Datum der Vergangenheit, sondern hat ihre Wirklichkeit als gegenwärtig in der Person Jesu selbst, der als Mensch, als unser Bruder, in der gleichen Verbundenheit mit uns, in der er gestorben ist, nun für uns lebt. Das drückt das Bild der intercessio (Röm 8, 34; Hebr 7, 25) aus. So kann der Friede mit Gott in Christus als gegenwärtig von ihm verbürgt und verliehen jedem Geschlechte aller Zeiten verkündigt und im Sakramente zugeeignet werden. - Die Erhöhung besteht zugleich darin, daß der geschichtliche Herr aus der historischen Einmaligkeit und Begrenztheit in die Allgegenwart des Geistes Gottes erhoben ist: »Der Herr ist der Geist« (2Kor 3, 17). Als solcher übt er durch das in der Kirche fortgehende Zeugnis von ihm zu jeder Zeit seine geistige Herrschaft aus: er vermag es, durch das Wort von ihm und seinem Kreuze Menschen zum Glauben und Buße zu überwinden und so den inklusiven Charakter seiner Stellvertretung zu verwirklichen.

c) Mit dieser Auslegung des Werkes Christi wissen wir uns mit der *Substanz* der orthodoxen Lehre des 17.Jh.s eins, müssen aber ihre *Gestalt* in entscheidenden Zügen preisgeben. Zu dem Großen an ihr gehört, daß sie in der Nachfolge → Anselms Christi Werk theozentrisch versteht, als Sühne, als Auseinandersetzung Gottes mit sich selbst; und daß sie im Unterschiede von Anselm Christus ganz in die sündige Menschheit hineinstellt und dem gegenwärtigen Strafzorne Gottes preisgegeben sieht. Ihr Fehler liegt darin, daß sie aus dem Liebeswunder des Durchbruchs Gottes durch die Strafforderung seines Gesetzes einen rational-einsichtigen Ausgleich zwischen seiner Gerechtigkeit und seiner Gnade, zwischen der Gehorsams- und Strafforderung einerseits und Jesu Gehorsams- und Leidensleistung andererseits macht, bis hin zu der unbiblischen These, daß der Sohn Gottes die ewigen Höllenstrafen erlitten haben müsse, um unsere Schuld »abzubüßen«.

Soweit ist auch die Kritik, welche die moderne *schwedische Theologie* (Schule von Lund; →Schweden: II) und andere, wie K. →Heim, an der alten Lehre üben, berechtigt. Aber sie geht noch weiter. Sie fordert unter Berufung auf Luther, der entscheidende Gesichtspunkt in der Lehre vom Werke Christi müsse der des Kampfes Gottes in Christus gegen die Unheilsmächte sein und nicht die Begriffe der Genugtuung, der Stillung des Zornes Gottes. Die Chr. müsse mit Luther zu dem »klassischen« Typus der Lehre von Christi Werk (Kampf und Sieg über die Mächte) zurückkehren und dem »lateinischen« Anselms und der Orthodoxie den Abschied geben. K.Heim sieht in der Beziehung auf den Satan das Entscheidende an Christi Werk: es ist »die große göttliche Gegenaktion gegen die satanische Empörung«. Indessen dafür kann man sich weder auf das NT noch auf Luther berufen; beide werden dabei einseitig gelesen. Auch sachlich ist die These abzulehnen. Die Gewalt der Unheilsmächte über die Menschheit ist ihnen, wie Luther oft gesagt hat, von *Gottes Zorn* wider die Sünde gegeben. Demgemäß hängt die Befreiung von den Unheilsmächten, dem Tode, dem Satan, ganz und gar an der Herstellung des Friedens mit Gott, an dem Durchbruch Gottes durch seinen Zorn. Auf Gott also muß Christi Werk entscheidend bezogen werden, die Begriffe der Schuld und Sühne müssen die maßgebenden für sein Verständnis bleiben. Dabei kommt die kosmische Weite von Gottes Tat in Christus nicht zu kurz; umgekehrt droht bei dem »klassischen«, nämlich griechisch-altkirchlichen Typus die Gefahr, daß der Zorn Gottes über die verschuldete Menschheit seinen theologischen Ernst verliert. Wir müssen bei dem abendländischen Typus der Lehre bleiben. Die Motive des Kampfes Christi mit den Unheilsmächten, die bei Luther gewiß stark hervortreten, haben innerhalb dieser Lehre durchaus Platz. Christi Gehorsam gegen den Vater, Christi Leiden um Gottes willen und unter Gott sind als solche auch Kampf mit der satanischen Macht. Aber die Mitte des Werkes Christi ist die Beziehung auf Gott selbst.

d) Gottes Handeln in Christus ist für die Menschheit nur dann zum Heile gegenwärtig, wenn es ihr verkündigt wird und Glauben findet. Nun hat Gott aber, gemessen an dem Lauf der Geschichte, sein Heilswerk erst spät vollzogen und verkündigen lassen. Ferner erreicht die Verkündigung die Völker nur nach und nach. Viele Geschlechter sind vor Christus ohne das Evangelium dahingegangen und viele nach ihm von dem Evangelium nicht erreicht worden. Die Ortsbestimmtheit der Geschichte Jesu und der Kirche in Zeit und Raum scheint im Widerspruche zu stehen zu dem Universalismus des Evangeliums, laut dessen das Werk Christi für alle geschehen ist und allen zugute kommen soll. Wie steht es um das Heil derer, die geschichtlich vor und außer der Reichweite Christi und des Evangeliums gelebt haben und leben? Diese Frage hat schon früh die Christenheit beschäftigt und zu dem Gedanken einer → *Höllenfahrt* Christi geführt: er hat den Toten im Hades das Evangelium verkündigt und ihnen damit die Möglichkeit des Heiles gegeben (1Petr 3 19ff; 4, 6) (über die weitere Geschichte des Gedankens s. P.Althaus, Die christliche Wahrheit, § 46, 1). Die Chr. kann hier nicht von einem besonderen Akte der Heilsgeschichte reden, aber sie findet in den Stellen des 1Petr die für den Glauben an Christus unentbehrliche Gewißheit ausgedrückt, daß das von Gott in Christus bereitete Heil nicht auf die nachchristliche Menschheit und hier wieder nicht auf die vom Evangelium erreichten Geschlechter beschränkt ist, sondern daß Gott in Christus allen das Heil anbietet – wo und wann und wie, das ist unserem Erkennen und Ahnen entzogen. Es steht dem Glauben fest, daß Jesus Christus für alle gestorben und auferstanden ist und daß vor Gott alle, ob sie Christus schon kennen oder nicht, von dem Werke Christi leben. Gott hat nicht nur die Gemeinde, sondern die Welt mit sich versöhnt (2Kor 5, 19). Das ist der Sinn des Satzes im → Apostolikum *»descendit ad inferos«*.

e) Damit sind wir zu eschatologischen Sätzen geführt. Die Chr. ist immer auch → *Eschatologie* gewesen und muß es sein. Das Evangelium verkündet den Gekommenen zugleich als den Kommenden. Daß er gekommen ist, verheißt sein künftiges Kommen und drängt zu ihm. So hat die Chr. sich erst ganz ausgesprochen als Eschatologie. Umgekehrt gründet die christliche Hoffnung mindestens als *Heils*erwartung entscheidend in der Chr. Der Glaube an Christus wird notwendig zugleich Hoffnung auf ihn. Denn er trägt noch die ungelöste Spannung in sich. Christi göttliche Hoheit und Herrlichkeit, um die der Glaube weiß, ist noch »verborgen in Gott« (Kol 3, 3), der Welt verhüllt, in der Wirklichkeit von Kosmos und Geschichte nicht offenbar – eine ständige Anfechtung für den Glauben. Auf den Geschichtsablauf gesehen dauert der Niedrigkeitsstand Christi noch an. Er ist als der Herr aller, der er vor Gott und für den Glauben ist, noch nicht offenbar. Noch beugen nicht alle die Knie vor ihm (Phil 2, 10f). Daß an der Stellung zu ihm die Entscheidung über Heil und Unheil, Leben und Tod fällt, ist noch verhüllt. Sein Werk hat noch nicht seine volle Wirklichkeit erlangt, auch an seiner Gemeinde nicht. Die von ihm Versöhnten bleiben noch Sünder, das neue Leben ist erst anfangsweise und im Bruchstück wirklich. Die Brüder des Auferstandenen sind noch der irdischen Hinfälligkeit und dem Tode preisgegeben; die »Kraft seiner Auferstehung« (Phil 3, 10) wird vorerst nur am Geiste, noch nicht in der Leiblichkeit erfahren – und wo das, etwa in Heilungen im Namen Christi, doch hie und da geschieht, da ist es nicht ein in diesem Leben sich fortsetzender Anbruch der leibhaften Herrlichkeit, die in Christus verheißen ist, sondern nur ein *Zeichen* für sie – auch die durch Christus Geheilten müssen sterben. Mit Christi Auferstehung geschah noch nicht der Einbruch der Herrlichkeit des Reiches Gottes in diese Welt und Geschichte. Nur als *Verheißung* wurde sie ihr eingestiftet, als ihr österliches Geheimnis. Aber der Glaube weiß um diese Verheißung, die Jesu Christi Werk, die Versöhnung, die Auferstehung bedeutet. Daher wartet er mit Zuversicht auf ihre Erfüllung, auf das »Offenbarwerden« Christi (Kol 3, 4). Heute ist alle Chr. noch christologia crucis. Einmal wird sie christologia gloriae sein. Aber der Christus

Kyrios der Ewigkeit ist kein anderer als der Crucifixus, und er kann jener sein, weil er dieser war und bleibt.

Zum Ganzen u. zu 1: RGG[3] I, 1634ff (G.Wehrung; Lit.) - Die Dogmatiken u. dogmat. Grundrisse, bei K.Barth, KD bes. IV/1. 2 - E.Hirsch, Jesus Christus der Herr, 1926 - E.Brunner, Der Mittler, (1927) 1947[4] - Mysterium Christi. Christologische Studien brit. u. dt. Theol., 1931 - W.Künneth, Theol. der Auferstehung, (1933) 1951[4] - K.Heim, Jesus der Herr, (1935) 1953[4] - Ders., Jesus der Weltvollender, (1937) 1952[3] - R.Bultmann, Die Chr. des NT (Bultmann I, 245 bis 267) - Ders., Das christologische Bekenntnis des Ökum. Rates (Schweiz. Theol. Umschau 21, 1951, 25-36 = EvTh 11, 1951/52, 1-13 = Bultmann II, 246-261) - D.M.Baillie, God was in Christ, 1947 - H.Vogel, Chr. I, 1949 - H.v.Campenhausen, Der Ablauf der Osterereignisse u. das leere Grab (SAH 1952, 4). - Das Schrifttum zur Frage der → Entmythologisierung, bes. F.Gogarten, Entmyth. u. Kirche, (1953) 1954[2] - F.Buri, Theol. der Existenz, 1954, 72ff.

Zu 2: M.Kähler, Zur Lehre von der Versöhnung (Dogm. Zeitfragen II, 1898; Neudr. 1937) - P.Althaus, Das Kreuz Christi (ZSTh 1, 1923, 107-132 = Theol. Aufsätze I, 1929, 1-50) - Ders., Das Kreuz u. der Böse (ZSTh 15, 1938, 165-193) - G.Aulén, Den kristna gudsbilden, 1927; dt.: Das christl. Gottesbild, 1930 - Ders., Den kristna Försoningstanken, 1930 - K.Heim, Die Haupttypen der Versöhnungslehre (ZThK 46, 1938, 304-319) - O.Tiililä, Das Strafleiden Christi (Annal. Acad. Sc. Fennicae B XLVIII, 1) 1941.

P.Althaus

Christophorus, 1. *Papst* 903 (frühestens Juni, spätestens Sept.) bis Jan. 904, Römer, stürzte → Leo V., wurde selbst von → Sergius III. in ein Kloster gesteckt oder umgebracht.

RE IV, 61 - DHGE XII, 1953, 778f. *H.Fuhrmann*

2. *der Heilige,* ursprünglich Reprobus genannt, entstammte angeblich einer vornehmen Familie aus Kanaan. Er war von Wuchs ein Riese, der als Heide nach Samos in Lykien, nach anderen auch nach Sizilien zog, wo er Wunder wirkend die Taufe empfing und von einem Kaiser Dagus (angeblich Decius) nach vielen Torturen hingerichtet wurde. Da die historische Persönlichkeit im Dunkeln bleibt, entwickelt sich seit dem 12.Jh. in Deutschland eine *Namenssage,* in deren Mittelpunkt Chr. als »Christusträger« steht (vgl. Legenda aurea des Jacobus a Voragine). Seit dem 15.Jh. zählte Chr. auch zu den → Nothelfern, da er gegen alle elementaren Gewalten (Blitz, Unwetter, Wasser und Luft) schützen soll. In der bildenden Kunst wird er stets als Riese, der das Christkind durch das Wasser trägt, dargestellt; die teilweise sich findende Wiedergabe des Chr. mit einem Hundekopf beruht auf der falschen Lesart »genere Canineo« statt »genere Cananeo«. Über seine weitere Bedeutung im MA vgl. die Christophorus-Bruderschaften. Namenstag: 23.7.

AS. Jul. VI, 125ff - Sanctuarium Mombritii I, 1910, 364ff - AnBoll 10, 1891, 393ff; - Griech. Berichte: AnBoll I, 1882, 122ff u. H.Usener, Acta s. Marinae et s. Christophori, 1886. - RE IV, 60f; XXIII, 307f - K.Stahl, Die Legende des Hl. Riesen Chr. in der Graphik des 15. u. 16.Jh.s, 1920 - Künstle II, 154ff - Doyé I, 196f - H.F.Rosenfeld, Der hl. Chr., seine Verehrung u. seine Legende, 1937 - RAC I, 1241ff (Lit.) - A.Löhr, Der hl. Chr. u. die Wandlungen im christl. Heiligenkult (Vom christl. Mysterium. Festschr. O.Casel, 1951, 227 bis 259). *H.Paulus*

Christusbild

1. Bestimmung des Themas - 2. Geschichte des Chr.B.es: a) Alte Kirche - b) Frühes und Hohes MA - c) Spät-MA - d) Renaissance und Reformation - e) 16.-19.Jh. - f) 20.Jh. - Vgl. die Artikel → Andachtsbild, → Christologie, → Christusporträt, → Christussymbole, →Symbole: III, →Himmelfahrt Christi: II, →Höllenfahrt Christi: II, → Malerei und Plastik, → Ostern, → Weihnachten. - Bildtafeln 7 und 8 nach Sp. 1792. - Chr. = Christus, Chr.B. = Christusbild

1. Unter Chr.B. verstehen wir Darstellungen, deren beherrschende Mitte Chr. ist, also nicht: wie sah Chr. aus (→ Christusportrait), sondern: wie wurde und wird er bezeugt? Imago Christi und imago hominis gehören dann zusammen. Das Chr.B., zentrales Thema der christlichen Kunst, ist wesentlich auch für theologische Forschung und Unterweisung; Akzentwechsel der Thematik spiegeln Wandlungen der Frömmigkeit und lassen das Chr.B. als wichtige historische Quelle neben Kirchen- und Dogmengeschichte treten.

2. a) Die Anfänge des Chr.B.es in der *Alten Kirche* - Wandmalereien des 3.Jh.s - verweisen auf die Probleme der entstehenden → Altchristlichen Kunst. Die Frühzeit, *vor Konstantin,* betont den Aspekt des → Soter, dem der Mensch als → Orans zugewandt ist. Chr. ist → Guter Hirte, → Orpheus, Steuermann am → Schiff der Kirche, Lehrer des wahren → Logos, Bringer wunderbarer Rettung und Heilung. Dies letzte Thema hat eine Parallele in Gebeten der Zeit, Zeugnis der Beziehung zwischen Kunst und Volksfrömmigkeit, die beide den Schwerpunkt im Ruf nach Erlösung und Rettung vom Tode haben. Dies erklärt auch den häufigen Bildbezug zur →Taufe, die als »eschatologisches Siegel« gerade in der Grabeskunst eine Rolle spielt. Die als frühest bekannten Chr.B.er verweisen auf den Taufzusammenhang (→ Dura-Europos [: III]; Rom, Lucinakatakombe). Der Chr.-Typ der Frühzeit ist jung, bartlos, ohne »Gestalt noch Schöne« (Jes 53, 2, aufgenommen bei → Justin dem Märtyrer und →Tertullian). Anliegen ist nicht das Chr.-B. als solches, sondern das im Bild gegebene persönliche Bekenntnis (Tertullian: »Wie armselig auch immer, er ist *mein* Chr.«). In scharfer Abbreviatur, einer Art soteriologischer Kurzschrift, konzentriert sich die Darstellung auf Christi Heilswirkung, wobei das Chr.B. selbst fehlen und nur im Reflex des Geretteten aufscheinen kann (s. Taf. 7 Abb. 1). Da Chr. das gesamte Heilsgeschehen umschließt, wird sein Bild nicht chronologisch referiert, sondern heilsgeschichtlich interpretiert: neben dem Christkind steht Jesaja, der auf den Stern der Verheißung zeigt (Rom, Priscillakatakombe). Diese deutende Darstellungsweise bedarf des → Symbols (: III). Von den → Christussymbolen, die auch Chr.B.er sind, ist das beliebteste der → Fisch, dessen komplexe Symbolik der in Chr. beschlossenen Polarität Tod-Leben entspricht. - Das *4.Jh.* und Konstantins Sieg über das Heidentum bringt ein neues Stadium: Aufnahme des Chr.B.es in alle Kunstzweige, Entfaltung reicherer Thematik. Dem spätantiken Kaiserkult entlehnte Bildformen manifestieren Christi Triumph, er ist Sieger, von Gottes Hand gekrönt, Kosmokrator auf dem Caelus thronend, auf Löwe und Drache stehend (nach Ps 91), siegreicher Imperator, Herrscher im Paradies; auch dem Christkind bringen, wie dem antiken Herrscher, besiegte Heiden ihre Gaben (Epiphaniasszene, → Weihnachten). Bestimmend ist der doxologische Aspekt, wie er die Liturgie prägt. Er bestimmt auch die erst in spätkonstantinischer Zeit - zunächst ohne Kreuzigung einsetzenden - Passionsszenen. Sog. Passionssarkophage zeigen als Kernstück die crux triumphalis (→ Kreuz: II), ein auch durch den Kosmokrator ersetzbares Bild, Symbol der Einheit Karfreitag-Ostern (Lateran-Sarkophage 171, 173). Der Chr.-Typ wird zum schöngelockten Jüngling, wie ihn die → Apokryphen schildern (s. Taf. 7 Abb. 2). Daneben tritt seit dem 5.Jh. der bärtige Chr. in männlicher Reife, zB in dem für das Repräsentationsanliegen der Zeit bezeichnenden Apsismosaik von S.Pudenziana, Rom. Königlich ausgezeichnet, überragt vom Golgathakreuz, thront Chr. zwischen den Aposteln vor Jerusalems Toren und empfängt die Huldigung der heiden- und judenchristlichen Ecclesia. Das Thema der Paradiesvision wird für die Folgezeit bedeutsam, fester Platz ist die Apsis. - Vom beginnenden 5.Jh. datieren auch die ersten Bilder Christi am → Kreuz (: III). Der bärtige Typus weist nach Syrien. Interessant ist die Differenzierung im Chr.-

Zyklus der Mosaiken von S.Apollinare, Ravenna (6.Jh.), die Chr. in der Passion bärtig, als Wundertäter unbärtig zeigen. Von großer Bedeutung für das MA wird die altchristliche Buchmalerei. Von ihren spärlichen Resten zeugt zB der Codex Rossanensis (Antiochia, vor 526). Hss. wie diese, die, nach Italien verbracht, als Vorlage dienten, übermitteln das altchristliche Chr.B. des Ostens dem Abendland.

b) Hier im Westen bringt das *Mittelalter* dem Chr.B. reiche Entwicklung. Zu ihren Voraussetzungen gehört, theologisch gesehen, die dem Traditionalismus der Ostkirche überlegene Weite abendländischer → Christologie (: II), die die Menschheit Jesu bewahrt (→ Augustin, → Leo d.Gr.), sowie die Auffassung der Westkirche von → Sünde (: V) und → Gnade (: IV), ihre auch das Chr.B. bereichernde Lehre von Buße (→ Bußwesen: II), → Sakrament (: II), → Kirche (: III). Künstlerisch bedeutungsvoll wird die in der Mission gegebene Begegnung mit der jungen nordischen Kunst. Dieser, die abstrakt und ornamental ist, wird nun die Aufgabe zuteil, das Personhafte, Chr. und sein Handeln am Menschen, auszudrücken. Die *irokeltische Kunst* gestaltet das Chr.B. zu körperlosem, flächenfüllendem Ornament (zB Kreuzigung, Dublin, 8.Jh.).

In der *karolingischen* und *ottonischen Periode* geschieht die Verarbeitung des antiken Erbes. Bedeutendes Beispiel: der Utrechtpsalter (ca 830), zugleich mit seinem in die Psalmen gestellten Chr.B. Zeugnis christologischer → Schriftauslegung des AT. Das Chr.B. des frühen MA ist geprägt durch Scheu und Ehrfurcht vor der überweltlichen Größe (wörtlich verbildlicht) des »Königs der Könige«, die den Menschen, ja selbst den Kaiser anbetend in den Staub zwingt (s. Taf. 7 Abb. 3). Christi Wunderwirken, dem der Mensch sich heilsuchend entgegenstreckt, ist Kern einer theologisch fein durchdachten, den Klöstern entstammenden → Bibelillustration. Die ottonische Kunst steigert durch Intensität von Blick und Gebärde das Chr.B. zu höchster Ausdruckskraft (s. Taf. 5 [nach Sp. 1184] Abb. 3). Wichtig sind die aus der Apk und aus Augustins Civitas Dei sich nährenden Darstellungen des thronenden Chr. (Majestas Domini) oder auch des erhöhten → Lammes (→ Evangelistensymbole, → Ezechielbuch [in der Kunst], → Johannes-Apokalypse [in der Kunst]). Einflußreich als Bildvorlage ist die spanische Beatus-Apokalypse (8.Jh.). – Die doxologisch-eschatologische Sicht bestimmt auch das Bild der Kreuzigung. Sie wird durch reiche Symbolik als Ereignis von kosmisch-universaler Heilsbedeutung charakterisiert (Sonne, Mond, → Auferstehung [: II], → Lebensbaum [: II]). Die → Typologie umspinnt zunehmend das Chr.B. mit interpretierenden Figuren. Bedeutend ist der schöpferische Einfluß der Liturgie, der für das gesamte MA gilt (→ Liturgie: VI). Ohne Sakramentalismus und liturgischen Zeitbegriff, der im »hodie« der Messe das gesamte Chr.geschehen aktualisiert, bleibt das Kreuzesbild des MA unverständlich. Dem Christkönigsgedanken der Liturgie (vgl. die Karfreitagshymne »Vexilla regis«) entspricht die dem Gekreuzigten oft verliehene Krone. – Gegen die Jt.wende entstehen die ersten Großplastiken des Kruzifixus (Köln, Gerokreuz, ca 970), unter denen der Werdener (ca 1070) überleitet zur → *Romanik* und ihrer Monumentalität. Als Typus hat sich endgültig der bärtige durchgesetzt, neben dem im früheren MA noch der jugendlich-unbärtige einherging. Bezeichnend ist die Portalplastik der großen romanischen Klosterkirchen (besonders Frankreichs). Sie wendet das doxologische Chr.B. ins Forensische, entsprechend der das Glaubensleben beherrschenden strengen Bußlehre (→ Cluny, → Gorze). Chr. ist der furchterregende Weltenrichter, »iudex iustae ultionis« (Sequenz Dies irae, ins 12.Jh. zurückgehend). Sein Gericht erfaßt unausweichlich an der Kirchenschwelle den Menschen (Beaulieu, Autun, 1. Hälfte 12.Jh.), sein Kreuz scheidet Selige und Verdammte (St.Denis, Mitte 12.Jh.). In St.Denis meldet sich der klärende Einfluß der beginnenden → *Gotik*. Diese entwirft in Fortführung der Romanik am Kirchenportal groß angelegte Heilssysteme, in denen Chr. ein zwar zentrales, im Gesamtplan jedoch zurücktretendes Glied ist. Hier äußert sich die das Chr.B. mitgestaltende Kirchen- und Gnadenlehre der → Scholastik. Ihr entspricht auch das neben, bisweilen über Chr. rückende Bild der Maria-Ecclesia (Straßburg, Westportal; → Marienbild). In der Hochgotik verliert die Chr.-Typik die überweltliche Strenge, erhält Züge edler Menschlichkeit (»Beau Dieu«, Chartres, Amiens) und Merkmale des Leidens, Gegenstück zur Hinwendung der Frömmigkeit zum irdischen, leidenden Jesus (→ Bernhard von Clairvaux; → Franz von Assisi). Der Chr. triumphans ist zum patiens geworden, zum »caput cruentatum« (Naumburg, Lettnerkreuz, Mitte 13.Jh.), den das gleichzeitige Lied des Arnulf von Löwen grüßt.

c) Diese Leidensthematik bestimmt das Chr.B. des *Spätmittelalters* vorab nördlich der Alpen in der Spätgotik. In Christi passio sieht die Frömmigkeit der Zeit, die um persönliche Erlösung ringt, unsere »vollkommene Gerechtigkeit« (→ Seuse, → Mystik: VI). Sie ruft zur → Nachfolge seines »gekreuzigten Lebens« (→ Geiler von Kaysersberg) und sucht als Mittler den »pie Jesu«, den Schmerzensmann, der sich leidend dem Menschen verbindet. Sein Bild, zeitlos-sakramental und der → Hostie verwandt, rückt auf den Altar. Hier – nicht mehr blickfern in der Architektur – ist es dem einzelnen zum Zwiegespräch nahe. Die → Andachtsbilder, die eindringlich Christi Leiden entwerfen, rufen zu conformitas und → unio mystica. Abbild des ekstatischen Einswerdens ist die oft dargestellte Umarmung im Sinne von → Bonaventura: »tecum volo vulnerari, te libenter amplexari in cruce desidero« (s. Taf. 7 Abb. 4). Bildthemen wie Chr. in der Rast, Chr. in der Kelter, Gregorsmesse, Gnadenstuhl (→ Trinität: V), Hl. → Grab (, 2), Schweißtuch der → Veronika, Klage unterm Kreuz verweisen auf passio und compassio als zentrales Anliegen. Es äußert sich in der Frömmigkeit, in Sakramentsmystik, → Passionsspielen, Blut- und Pieta- → Wallfahrten, Schriften wie die das gesamte Chr.B. bereichernden »Meditationes vitae Christi« des Joh. de Caulibus (→ Weihnachten, 2) u.a., sowie in liturgischen Neuerungen (Feste: → Fronleichnam, 1264; Dreifaltigkeit 1334). Die Kunst verrät das Kreisen des Glaubens um das → Blut Christi, vom Meisterwerk der Tafelmalerei, dem Genter Altar (Opferlamm und Blutbrunnen), bis zu den volkstümlichen Pestblättern, die den fürbittenden »pie Jesu« zeigen. Der Chr. patiens, dessen Qual oft ins Maßlose gesteigert wird (Gabelkreuz zu Maria im Kapitol, Köln, 1304), lebt in der ganzen Breite der religiösen → Volkskunst bis heute fort.

d) Grundsätzlich Neues bahnt sich für das Chr.B. an in den geistesgeschichtlichen Bewegungen von *Renaissance* und *Reformation*. Schon bei dem Wegbereiter der *Renaissance in Italien*, → Giotto, hatte sich ein dem MA fehlendes Interesse am Menschen als leib-seelischer Erscheinung angekündigt. Dies führt in der Renaissance immer mehr zu einer bedeutsamen Entwicklung: Ablösung und Autonomie des Menschenbildes, das bis dahin vom Chr.B. her gesehen war und nun dessen zentrale Stellung in der Kunst in Frage stellt. – Für den Chr.-Typ wird entscheidend die der Renaissance in dem neuen Verhältnis zur Natur sich stellende Frage nach dem Wesen der Schönheit und ihre Klärung am antiken Ideal der Harmonie. Das Chr.B. des → Fra Angelico, das innigste Hingabe bekundet, bleibt auch im Schmerz lyrisch und gehalten. Die »Idealisierung der Naturformen«

1. Quellwunder, Gichtbrüchiger, Blutflüssiges Weib, Noah, um 300 - *Rom, Katakombe Petrus und Marcellinus* *(Originalaufnahme)*

2. Blindenheilung. Detail vom sog. Brüdersarkophag, Mitte 4. Jh. - *Rom, Lateranmuseum* *(Bildarchiv Foto Marburg)*

3. Goldener Altarvorsatz aus dem Münster zu Basel, um 1020 - *Paris, Cluny-Museum* *(Bildarchiv Foto Marburg)*

4. St. Bernhard von Clairvaux, umarmt vom Herrn am Kreuz, 2. Hälfte 15. Jh. - *Regensburg, Stadtmuseum* *(Originalaufnahme)*

1

2

1. Raffael, Disputà del Sacramento, 1509–11 – *Rom, Vatikan, Stanza della Segnatura* *(Bildarchiv Foto Marburg)*

2. A. Dürer, Landauer Altar (Allerheiligenbild), 1511 – *Wien, Kunsthistor. Museum* *(Bildarchiv Foto Marburg)*

3. V. van Gogh, Erweckung des Lazarus, 1890 – *Amsterdam, Stedelijk Museum* *(Originalaufnahme)*

4. M. Beckmann, Christus und die Ehebrecherin, 1917 – *New York, Buchholz Gallery* *(Foto Städt. Kunsthalle Mannheim)*

3

4

führt zu einer Angleichung zwischen Chr.- und Menschenbild, indem das eine »natürlicher«, das andere »idealer« gesehen wird. Bezeichnend ist das neue Bildthema der »sacra conversazione«, die Himmels- und Erdenbewohner zwanglos verbindet. Die Auffassung des Chr.B.es erwächst aus der philosophischen, vom → Neuplatonismus beeinflußten Sicht von Gott-Mensch-Welt (→ Renaissance: II, 2). Chr. ist Prototyp des Idealmenschen; in seiner Vollkommenheit wird das Natürliche gekrönt und das Transzendente sichtbar (Leonardo, Abendmahl; Michelangelo, Pietà, St.Peter; Tizian, Zinsgroschen). Für diesen »naturalistischen Idealismus« offenbart sich die Göttlichkeit des Erlösers in der zu klassischer Schönheit gesteigerten Körperlichkeit (Bellini, Chr. blutspendend, London), während sie der Spätgotik, die vom christlichen Heilsgedanken ausgeht, in der Paradoxie der zerbrochenen und doch erhöhten Natur sich offenbart (Meister Francke, Schmerzensmann mit Attributen des Weltenrichters, Hamburg). Der leidlos-schöne Chr. der Disputà del Sacramento des → Raffael (1511; s. Taf. 8 Abb. 1) zeigt Teilhabe der Schöpfung an göttlicher Harmonie, löst aber die dem Chr.B. unentbehrliche Polarität auf und verlegt den Schwerpunkt aufs Dogmatische (Hostie). Zu welcher Tiefe geistigen Ringens anderseits die Auseinandersetzung mit der Antike führen kann, zeigt die Entwicklung des → Michelangelo, dessen Spätwerk über die Renaissance hinausweist. - In *Deutschland* fällt das der Hochrenaissance gleichzeitige, stilistisch der Spätgotik verhaftete Kunstschaffen zusammen mit dem Werden der *Reformation*. Ihr Anliegen spricht aus dem spätgotischen Chr.-Menschenbild des 1. Drittels des 16.Jh.s, das - im Unterschied zur Renaissance - aus religiösem Ringen und aus dem Volke erwächst. Dies bezeugen die volkstümlichen Typen eines A.Krafft, T. → Riemenschneider, V.Stoß, A.Altdorfer u.a. Geht es in der Renaissance um Schöpfung, so geht es hier um Erlösung. Die Isenheimer Kreuzigung des Mathis Nithart → Grünewald (voll. 1516) zeigt im gemarterten Chr. den Inbegriff, aber auch den Trost aller Qual, und gibt ihm nicht nur das verzweifelte Ringen des Einzelnen (Magdalena), sondern auch den Bußruf der Predigt (Johannes der Täufer) und den Gnadenstrom des Sakramentes zur Seite (Opferlamm). Wie stark noch Luther in dieser Bilderwelt wurzelt, lehrt sein Johanneskommentar von 1537. - Unmittelbar in den Aufbruch der Reformation - auch in die Auseinandersetzung des Nordens mit der Renaissance - führt A. → Dürer. Sein Landauer Altar (1511; s. Taf. 8 Abb. 2) ist in manchem Raffaels Disputà vergleichbar, bringt aber ein Chr.B., an dem sich das Wesen des reformatorischen Chr.verständnisses aufzeigen und von dem der Renaissance abgrenzen läßt. Bei Dürer ist der Bildkern ein Leidensbild: der Gekreuzigte, der mittels des geöffneten Mantels Gottes als Offenbarung »vorgestellt (ist) zu einem Gnadenstuhl« im nt. Sinne (Röm 3, 25; Hebr 9). Dürers graphische Folgen zu Apk und Passion (→ Graphik), besonders die Endfassung des Gethsemanethemas (1521), bezeugen unablässiges Mühen um ein nt. Chr.B. Der sich niederwerfende Chr. spricht in seiner Kreuzeshaltung vom überwindenden Erlöser im überwundenen Menschen. Wie persönlich die Chr.beziehung ist, zeigt Dürers spätes Selbstporträt (1522) als Schmerzensmann, ein vom MA her beurteilt revolutionäres Auswechseln von Chr.- und Menschenbild, zugleich ergreifendes Chr.-Zeugnis des von tödlicher Krankheit gezeichneten Künstlers. - Mit der Reformation entsteht für das Chr.B. eine völlig neue Lage, nicht nur durch konfessionell bedingte Verschiedenheit von Aspekten, sondern durch die grundsätzliche Frage um das Bild überhaupt.

e) Im *Protestantismus* verliert das Chr.B. seinen kultisch bedingten Charakter und den Platz im Kirchengebäude; es dient der Interpretation des Wortes und rückt in die sich reich entfaltende → Bibelillustration und in lehrhaft apologetische Schriften. Als große künstlerische Aufgabe tritt es zurück. Das Ziel, den Glauben vom Dinghaften zu befreien, führt zu weitgehender - bei den Reformierten grundsätzlicher - Entbildlichung (→ Puritaner) und löst die Problematik religiöser Kunst aus, die das prot. 16.-19.Jh. kennzeichnet (→ Bilder: IV, 1). Anders *im Katholizismus,* wo kein Bruch mit der Tradition geschieht. Hier erwächst aus der religiösen Neubesinnung auch dem Chr.B. neue Blüte. Den Weg von Renaissance zu religiöser Reform (→ Aretino) und → Restauration zeigt der alternde Michelangelo. Sein titanischer Weltenrichter (nach 1534) verbindet antike Körperfreude und mittelalterliche Eschatologie und sprengt die von der Renaissance geforderte »mesura«. Michelangelos letztes Schaffen, das Abwendung vom → Naturalismus bringt, kreist um zwei Themen: der leidende Chr. und die Kuppel von St.Peter. Sie zeigen Akzente der Folgezeit an: Intensivierung des religiösen Erlebnisses, Verherrlichung des Triumphes Christi in seiner Kirche. Eine *dritte Haltung* trägt die »Höllenfahrt Christi« von P.Brueghel d.Ä. vor: mit realistisch-sarkastischem Auge betrachtet der »Zuschauer im Topf« die alten kirchlichen Bilder. Hier liegt die eigentliche Revolution: Chr. außerhalb der Kirche, Suchen nach religiöser Wahrheit jenseits konfessioneller Bindung, eine humanistische (vgl. → Coornheert), nicht christozentrische Gesinnung, die schließlich zur Aufklärung des 17./18.Jh.s führt. - Auf das Chr.B., das nun im kath. Raum seinen eigentlichen Sitz hat, wirken dessen Frömmigkeit und künstlerische Bedingungen ein, der durch kath. Reform und → Gegenreformation gegebene Einfluß Italiens und Spaniens. Das Licht, Ausdrucksmittel des Irrationalen (Correggio, Hl. Nacht, 1530; Tizian, Dornenkrönung, 1575/76) wird wesentliches Element des Chr.B.es. Die geistigen Erschütterungen des 16.Jh.s spiegeln sich im Chr.B. des → *Manierismus.* Tintorettos Paradiesvision (1590-92): Chr., die Sonne im unendlichen Himmelsraum, in elliptischen Bahnen umkreist vom Heiligenchor, läßt an den Umsturz des alten Weltbildes denken, den → Kopernikus und G. → Bruno heraufführten. Die Thematik nährt sich aus der kath. → Christusmystik, vor allem Spaniens. Höchste Vergeistigung zeigt El → Greco. Leidensekstase, die das Körperliche verzehrt und »zur himmlischen Liebesflamme« führt (Kreuzigung, Gethsemane), inniger Kontakt mit dem gläubigen Betrachter (Chr.kopf, Toledo) beseelt sein Chr.B., dessen Mystik an → Johannes vom Kreuz und → Theresa von Jesus gemahnt. Anders - geschult am Naturalismus des Caravaggio - trägt Velasquez, der Meister des spanischen → *Barock,* Themen der Mystik vor. Er fesselt Geist *und* Sinne in einer dem Prinzip des Ignatius von → Loyola ähnlichen Weise. Die Begegnung mit Chr. an der Martersäule wird als Erlebnisbild vergegenwärtigt, wobei das Licht Chr. und Christ verbindet. Das emotionale und visionäre Element ist bezeichnend für das Chr.B. des Barock. Dem verzückten Heiligen öffnet sich der Himmel zur Vision (→ Zurbaran) und unio passionalis, wie sie → Murillo den Hl. Franziskus erfahren läßt, den der Gekreuzigte umarmt (1674/76). Der Globus, auf dem der Heilige steht, erinnert an die mit den Entdeckungen sich stellende Aufgabe der Weltmission (→ Mission: III C), die auch dem Chr.B. neue Bereiche öffnet. Die »Tretbilder« in Japan, die »Santos« (lebensgroße Holzfiguren) in New Mexiko verbinden Chr.-Themen (besonders Passion) des MA und des Barock aus Spanien mit eingeborener Tradition zu sprechenden Schöpfungen. - Spanische Frömmigkeit, Triumph der Kirche Jesu, spricht aus dem Chr.B. des →Rubens in den Spanischen Niederlanden (Chr. auf Löwe und Drache, New York). Auch im Leiden ruft Chr. den Menschen unter dem Kreuz zu heroischer Haltung (Kreuzabnahme, 1611–14). In diesem Pathos eint sich das Zeitalter des Barock, das hohe Gegensätze umfaßt: neben Rubens Poussin und sein klassisch getragenes Chr.B. (Penitence, n. 1640) und →Rembrandt, dessen schlichte Jesusgestalt dem *Protestantismus* Hollands entwächst. Von überirdischer Sendung spricht nur das Licht, das Chr. umgibt auch da, wo er scheinbar unterliegt (Gethsemane, Drei Kreuze). Es bricht, von Chr. ausstrahlend, als Jenseitskraft in tiefsten menschlichen Jammer (Hundertguldenblatt), umgreift den, der sich Chr. aufschließt (Abendmahl), und bindet die in der Nachfolge Stehenden zur Gemeinschaft zusammen (Grablegung, 1659). - Rembrandt bleibt im Protestantismus vereinzelt. Allgemein übernimmt hier Musik (H. → Schütz, → Bach, → Händel) und Dichtung (→ Milton, → Bunyan, später → Klopstock) die Aufgabe des Chr.B.es, das vom Bereich des Seh- und Spürbaren (Sakrament) in den des Hörbaren (Predigt, Lied) hinüberwandert. Im luth.-pietistischen → Kirchenlied (: I) lebt das Chr.B. des MA in vollem Bilderreichtum fort (Opferlamm, Lebensbrunnen, Christkönig usw). - Mit dem *18.Jh.* tritt der leidenschaftliche Ernst, der das Chr.B. im Zeitalter der Glaubenskämpfe zeichnet, zurück. Das Pathos wandelt sich im deutsch-kath. *Spätbarock* zu beschwingter Anmut (Deckengemälde Wies; Neresheim), gleitet aber bald erlahmend ins Sentimentale (kath.: → Herz-Jesu-Bilder, zB Battoni 2. Hälfte 18.Jh.) oder Philiströs-Nüchterne ab (prot.: Fritsch, Der Heiland, Titelkupfer bei J.J. →Heß, 1772–74). Die konfessionellen Gegensätze verwischen sich; kath. und prot. Bilder zeigen Chr. als Apotheker, der Tugendpulver verabreicht. Parallel zur → Aufklärung geht die Entfremdung zwischen Kunst und Christentum, die dem Chr.B. den geistigen Nährboden entzieht. Der → *Klassizismus* steht dem Chr.B. innerlich fern (J.H.Dannecker, Predigender Christus, voll. 1823). Der Kopenhagener Chr. von → Thorwaldsen (ca 1822) erntet mit Recht Kierkegaards Kritik, weil er das Skandalon des Kreuzes eliminiert. Christologie und Chr.B. des *19.Jh.s* verlaufen getrennt. Aus der künstlerischen Verarmung lassen sich einzelne Chr.-Konzeptionen herausheben. Bedeutend ist die von W. → Blake. Sein Schaffen kreist um die Frage der Erlösung, die als in Chr. aufbrechendes Licht (vgl. J. → Böhme) und kosmisches Ereignis gesehen und in eigenständigen, mystisch-symbolischen Chr.-Visionen entworfen wird. Das Chr.B. verschmilzt mit dem des kosmischen Menschen (»Promise of the Redemption«); dieser ersteht am »Glad Day« (1780) in einer Farbgloriole, die Grünewalds Auferstehungsbild vergleichbar ist. Mit Blake berührt sich gedanklich Ph.O. → Runge in der deutschen → *Romantik.* Auch er sieht das Chr.-Ereignis kosmisch (»Flucht nach Ägypten«, mit Kinderlebensbaum, 1805/06). Er verbindet ihm eng das Werden des neuen Menschen (»Der Morgen«, 1808), das seine Bildform von der nativitas Christi entlehnt. Übertragung von Chr.-Ikonographie aufs säkulare Menschenbild läßt sich auch sonst in dieser Zeit zeigen. Während bei Runge die Chr.gestalt selbst festumrissene persönliche Begegnung bleibt (Sinkender Petrus, 1807), verflüchtigt sich bei C.D. → Friedrich das Chr.B. in mystisch-pantheistischem Naturerlebnis (»Kreuz im Gebirge«, 1808). Gleichzeitig versucht die aus der Romantik kommende, tiefreligiöse Bruderschaft der deutschen → Nazarener Restauration des Chr.B.es im kirchlichen Rahmen. Ihr Chr.B. greift auf die italienische Frührenaissance zurück und erliegt zuletzt in lyrischem Naturalismus dem Mangel an eschatologischer Spannung (s. Taf. 6 [vor Sp. 1185] Abb. 3). Ideale Phantasiewelt umgibt auch das Chr.B. der Schule von Lyon, französische → Nazarener. Auch den englischen → Präraffaeliten, die sich kritisch mit dem Realismus der Jh.-Mitte auseinandersetzen, gelingt keine echte Erneuerung. Ihr Anliegen, »spiritual vision« und »objective observation« zu verbinden, führt zu tragischem Versagen (Holman Hunt: Light of the World, 1854). In Deutschland hat das nazarenische Chr.B. bei beiden Konfessionen stark fortgewirkt, von → Richter bis zu → Thoma und → Steinhausen, oft sentimental (H. Hofmann; → Kitsch) oder hausbacken (Rud.Schäfer). Mit wenig Ausnahmen (Daumier, »Ecce homo«, 1862/65) steht das Chr.B. des 19.Jh.s am Rande der führenden Diskussion in Kunst und Religion. Es erliegt dem Historismus (E.v. → Gebhardt) und Naturalismus, dem sich bei Klinger idealistische Philosophie beimischt (»Chr. im Olymp«, 1897), bei → Uhde religiöser Sozialismus. Dem reinen → *Impressionismus,* der optische Eindrücke niederschreibt, stellt das auf geistiger Erfahrung fußende Chr.B. keine Aufgabe.

f) Gegen *Ende des 19.Jh.s* zeichnet sich in der führenden Kunst eine Entwicklung ab, die dem Chr.B. wieder Boden schafft. Der → *Symbolismus,* dem die Erscheinungswelt Zeichen des Unsichtbaren ist, nimmt das Chr.thema auf (Redon, »Sacré Coeur«). → Denis und → Verkade stehen den Symbolisten nahe. Gauguins »Gelber Christus« (1889) bleibt freilich in der Distanz des Psychologischen, gesehen durchs Medium der Beterinnen, Abbild ihres einfältigen Glaubens. Echte Voraussetzungen findet das Chr.B. im → *Expressionismus,* der im geistigen Erleben die Wirklichkeit sieht. V. v. →Goghs Copie (1890) von Rembrandts »Großer Lazaruserwekkung« läßt in Abwandlung der Vorlage das Chr.B. fort - vgl. altchristliche Kunst! -, ersetzt es durch das Lebenssymbol, die Sonne, und zeigt nur Christi Heilswirkung in Lazarus und den Schwestern (s. Taf. 8 Abb. 3). - Diese Ausrichtung auf den antwortenden Menschen wird Schwerpunkt für das Chr.B. des *20.Jh.s.* Für dieses lassen sich einige bezeichnende Gesichtspunkte herausstellen.

α) Voraussetzung ist das *Menschenbild.* Indem die moderne Kunst, ebenso wie Theologie, Psychologie, Philosophie, die verborgenen Bereiche des Seelischen enthüllt, wird die menschliche Grenzsituation freigelegt und der sich tarnende Mensch (Motiv von Maske und Clown) demaskiert. Die Kunst entlarvt Vermassung und Panik (→ Ensor, Tod verfolgt die Menge, 1896), Angst (→ Beckmann, Nacht, 1918), Flucht vor sich (→ Klee, 1931), Selbstisolierung (Klee, Was gehts mich an?, 1928), perverse Selbstvernichtung (→ Rouault, Debout les Morts, Misere, 1914/27) und Schwermut (Rouault, Clown, Boston). Von diesem Aufweis der Verlorenheit des Menschen her erhebt die Kunst die Frage an die Existenz: Wie stehst du *heute* zu Chr.? Die Antwort verrät in ihrer schonungslosen Offenheit tiefes Beteiligtsein.

β) Ausgangspunkt ist die *Selbstkritik des in der Chr.-Begegnung sich erkennenden Menschen der Gegenwart.* Ensors »Einzug Christi in Brüssel 1889«, ein moderner Palmsonntag, läßt Chr. im Massentaumel einer den Anlaß verkennenden Parteikundgebung verschwinden. Die Chr.-Leugnung des modernen Krieges ist Thema der Kunst aller Länder: in → Schmidt-Rottluffs Frage des zerstörten Chr.antlitzes: »Ist euch nicht Kristus erschienen?« (1918), in Rouaults Lithographien »Guerre«, in → Chagalls zertrümmertem Kruzifix, das die Flucht aus dem brennenden russischen Dorf versperrt (»Obsession«, 1944). Dies Bekenntnis der Schuld an Christi »passio perpetua« ist - wie schon Ensor zeigte - nicht an Krieg gebunden, auch nicht an einen Stil. Das letzte Bild von L. →Corinth trägt 1925 einen schon 1907 (»Qual«) aufgenommenen Gedanken mit den Mitteln eines »visionären Impressionismus« vor: der »Ecce Homo« als Opfer des modernen Rohlings in Uniform und des Berufsmenschen, der den tödlich erschöpften Chr. mit der unbeteiligten Miene eines Facharztes als »Fall« demonstriert. Passion und Kreuz als Gericht auch unserer Zeit ist ein charakteristisches Thema (Spencer, »Road to Golgatha«, London, 1920; A.Rattner, Kreuz über Masken, New York 1952).

γ) Die Bedeutung dieser Selbstanalyse liegt nicht nur im echten Fragen, oft führt sie auch zu *echtem Chr.erleben*. → Rohlfs Chr. trägt als »Guter Hirte« das Lamm durch die Flammen (1918), → Barlachs Thronender Chr. (1931) offenbart sich als Mittler zwischen Gott und Mensch in dem einfachen Gestus der aufwärts und zum Betrachter geöffneten Hände. Im Lichte des Chr.geschehens entwirft sich ein *neues Menschenbild*. Die Ehebrecherin von E. → Nolde (1926) erfährt, konfrontiert mit dem Gesetz (Pharisäer), unerwartet den Schutz der Gnade durch Chr. Das gleiche Thema gestaltet Beckmann (1917), der den »unendlichen qualitativen Unterschied« (Kierkegaard) durch gigantische Größe Christi als des Beschützers des kleinen Menschen ausdrückt (s. Taf. 8 Abb. 4, vgl. dazu auch Taf. 7 Abb. 2. 3). Der Mensch tritt aus der Verzweiflung in Geborgenheit, wo ihn Chr. oder der in der Nachfolge Vergebende annimmt (E.Barlach: Wiedersehen, 1926; s. die Abb. bei → Malerei und Plastik: VI), aus Vereinsamung in Gemeinschaft, deren Mitte Chr. ist (Rouault, Chr. und zwei Jünger), auch da, wo nur im Zeichen (das Buch, das Barlachs »Lesende Mönche« verbindet) auf ihn hingewiesen wird.

δ) In der symbolisch interpretativen *Bildsprache* dieser Darstellungen ist alte christliche Tradition aufgenommen. Chagalls »Kreuzigung in Gelb« (1942) benutzt Typologie und Symbolik, um über der Panik des modernen Krieges das Kreuz als Erfüllung des Gesetzes (Schriftrolle) und Offenbarung von Gericht und Herrlichkeit (tubablasender Engel) zu bezeichnen. Interpretation ist auch → Picassos Kreuzigungsbild (1930). Die Auflösung und Deformierung alles Organischen enthüllt das Kreuz als Werk letzter menschlicher Selbstzerstörung. Zeichen sind die Kreuzwegstationen von → Matisse in der Kapelle von Vence (1949-51), nur dem Gläubigen verständliche »Schlüssel« zu einer anderen Welt, in der Art altchristlicher Fresken. Ähnlich das »Ave Maria«, das im Kreuzgestus des Christkindes alte christliche Geschichtsdeutung aufnimmt, die Anfang und Ende in Chr. verknüpft. Im Unterschied zu der jeder anthropomorphen Verengung sich enthaltenden Darstellungsweise von Matisse ist bei Salvador Dali (Abendmahl, 1955) die Verquickung von ausgeklügelter Symbolik und sensualistischem Naturalismus peinlich. – Wesentlich ist in Vence – ebenso in Assy (→Kirchenbau: V, →Malerei und Plastik: VI) –, daß größte zeitgenössische Künstler wieder ein Chr.B. im Zusammenhang mit dem Kirchengebäude schaffen. – Kirche und Theologie haben die Aufgabe, sich den Fragen und Lösungen der modernen Kunst stärker zu öffnen.

A.B.Jameson-Eastlake, The history of our Lord as exemplified in works of art, London, (1864) 1872^3 – W.Bayliss, Rex Regum, 1901 – G.Lasch, Das Chr.B. in der Malerei des 19.Jh.s (MGkK 9, 1904, 348-354. 375-383) – J.Burns, The Christface in Art, New York 1907 – G.Pfannenmüller, Jesus im Urteil der Jh.e, 1908 – W.Rothes, Chr. in der bildenden Kunst aller Jh.e. Des Heilands Leben, Leiden, Sterben u. Verherrlichung, (1910) 1924^{7-10} – RGG^2, I, 1647ff (Lit.) – J.Leipoldt, Vom Jesusbilde der Gegenwart, (1913) 1925^2 – H.Preuss, Das Bild Christi im Wandel der Zeiten, (1915) 1934^4 – O.Bartning, Die Jesus-Darstellung in der bildenden Kunst, 1928 – C.Horn, Das Chr.B. unserer Zeit, 1929 – LThK II, 939ff (Lit.) – H.Priebe, Das Chr.B. in der Kunst des 19. u. 20.Jh.s, 1932 – F.Mauriac, Le Visage du Christ, Paris 1938 – C.P.Maus, Christ and the Fine Arts, New York 1938 – P.Mornand, Christ's Image, Paris 1939 – H.Luetzeler, Das Bild Christi, 1951 – W.Baehr, Der Retter der Welt, 1951 – RDK II, 609ff (Lit.) – RAC III, 1ff (Lit.) – F.Ostlender-L.Schreyer, Das Antlitz Christi. Chr.B.er aus dem 4.-12.Jh., 1956 – W.Schöne, J.Kollwitz, H.v.Campenhausen, Das Gottesbild im Abendland, 1957.
Erika Dinkler-v.Schubert

Christusmystik. Der Begriff Chr. teilt die Mehrdeutigkeit des Wortes → Mystik. 1. Versteht man unter Mystik allgemein die Überzeugung von der wirkenden Gegenwart der Gottheit im Menschen, durch welche sie ihm Anteil an ihrem Leben gibt, so ist Chr. ein wesentliches Moment des Glaubens an Jesus Christus. Denn dieser enthält die Gewißheit, daß der Geschichtliche als der Erhöhte-Lebendige, als »der Geist« (2Kor 3, 17) durch das Zeugnis von ihm unseres Geistes mächtig ist und uns in sein Leben für Gott hineinzieht. Das bedeutet, daß der Christ sich in Jesu Lebensgestalt, nämlich sein Sterben und Auferstehen hineingenommen weiß als in das Gesetz seines eigenen Lebens. Christi Geschichte ist nicht nur einmal vor und für uns geschehen, vielmehr kraft seiner Erhöhung zum Herrn und Geist hat sie lebendige, gegenwärtige Wirklichkeit nicht allein vor Gott (Röm 8, 34), sondern auch in uns. Der »Christus für uns« wird auch »Christus in uns«. Die Chr. in diesem Sinne hat sich seit dem NT immer wieder auch der Sprache außerchristlicher Mystik bedient. Aber sie ist sachlich von ihr klar geschieden. Ihren christlichen Charakter erweist sie dadurch, daß sie den Glauben an Jesus Christus nicht überhöhen will. Sie gehört zum Gehalt des Glaubens. Daher wahrt sie den im Glauben gesetzten Abstand zu seinem »Herrn«, das Gegenüber zu ihm, die Unterordnung unter ihn in Vertrauen und Gehorsam. So führt sie auch nicht über die geschichtlichen Gnadenmittel, über das immer neue Hören des Wortes hinaus, auch nicht aus der Gemeinde Jesu zu einer Sonderstellung heraus: die Einwohnung Christi geschieht nicht anders als durch den Glauben an den in seinem Worte und Sakramente gegenwärtigen geschichtlichen Herrn. Diesem Glauben können freilich dann besondere Erfahrungen der Nähe und Gegenwart Christi in der Seele geschenkt werden. – 2. Es ist aber zu fragen, ob es sich empfiehlt, dieses alles »Mystik« zu nennen, oder ob man den Begriff nicht für jene Chr. vorbehalten soll, welche der außerchristlichen → Mystik (: II) verwandt und von ihr abhängig ist. Hier sucht man über den Gebrauch der Gnadenmittel hinaus mit besonderen Methoden besondere individuelle visionär-ekstatische Erlebnisse des erhöhten Christus, unmittelbaren Umgang mit ihm, Verschmelzung mit ihm, und sieht das als den Glaubensstand überbietende höchste Stufe des Christseins an (→ Unio mystica); sie wird vielfach in religiöser Erotik (der Einfluß des → Hohenliedes [: II]) genossen. Solche Chr. widerspricht dem Glauben an Christus. Da sie ihren Namen legitim trägt, kann der Begriff auf das Glaubensverhältnis zu Christus, wenn überhaupt, nur mit Vorsicht, dh bei genauer Definition angewandt werden.

Zur »Chr.« bei Paulus vgl. → Christologie: I, 2d.

RGG^2 I, 1660f – E.Schaeder, Das Geistproblem in der Theol., 1924 – P.Althaus, Theol. des Glaubens (ZSTh 2, 1925, 281-298 = Theol. Aufsätze I, 1929, 77-92) – G.Heinzelmann, Glaube u. Mystik, 1927 – A.Löschhorn, Christus in uns. Die Lehre von der Einwohnung Christi, 1954.
P.Althaus

Christusporträt. Die Bezeichnung Chr. soll nicht besagen, daß es jemals ein authentisches Bild des Aussehens Christi gegeben habe, wie es die Volksphantasie vorgab (vgl. hierzu zB Augustin De Trin. VIII, 3). Vielmehr bezeichnet »Chr.« ein Idealbild, das entgegen den an Jes 53, 2 anknüpfenden Vorstellungen von Justin, Tertullian u.a. seit Mitte 5.Jh.s in der Kirche als Kultbild in Übung stand, sicherlich ursprünglich auch mit apologetischen Absichten (zB gegen Celsus: »Wenn Christus *nicht* schön war, kann man ihn nicht für Gott halten«, Origenes, Contra Celsum 1,4,169; 1,6,327).

Daß es der Kirche in den ersten Jh.en (→ Bilder: III; ausgenommen die Karpokratianer [→Karpokrates]) *nicht* um ein reales Abbild Jesu ging, zeigen symbolische Darstellungen wie zB der → Gute Hirte (→ Christusbild). Die angeblich einzigen genauen Beschreibungen über das natürliche Aussehen Christi, die unechten Briefe des → Johannes Damascenus an Kaiser Theophilus und der sog. → Lentulusbrief, sind historisch wertlose Phantasieangaben einer späteren Zeit. Tatsächlich sind alle sog. echten Bildnisse Jesu Konstruktionen, die als wunderbar entstandene Kultbilder (Achiropoiiten) im Osten weit verbreitete Verehrung gewinnen. Sie finden auch als → Gnadenbilder in die westliche Kirche Eingang; seit dem 6.Jh. läßt die Legende hier Bilder a) durch einen bestimmten Künstler (Lukas oder Nikodemus), b) auf wunderbare Weise, als Achiropoiiten, c) durch einen bekannten Auftraggeber zustande kommen. Die bedeutendsten abendländischen »Portraits« sind die beiden Gemälde des Lukas (heute im Oratorium Sancta Sanctorum bzw. in der Vatikanischen Bibliothek) in Rom sowie der Volto Santo in Lucca, ein Kruzifixus in Ärmeltunika, das Urbild der Hl. Kümmernis des MA (angeblich von Nikodemus geschnitzt; um 700 entstanden). Als abendländisches Chr. sind ferner seit dem 14. Jh. Heiliggrabtücher (Sindones) anzuführen, das *berühmteste* aus der Kollegiatkirche zu Livey = Troyes, später nach *Turin* verbracht (→ Turiner Leichentuch), sowie das byzantinische →Veronika-Bild in der Peterskirche zu Rom, das spätbyzantinische Chr. in Genua (angeblich im Auftrage des Königs → Abgar Ukamâ von Edessa mit Zustimmung Jesu gefertigt). Diese Bilder wurden besonders am Karfreitag in der Kirche am Hl. Grab gezeigt. Sie versinnbildlichten die Gegenwart des Herrn und hatten somit auch eine Funktion innerhalb der abendländischen Liturgie.

C.Torr, On portraits of Christ, London 1898 - E.v.Dobschütz, Christusbilder. Untersuchungen zur christl. Legende (TU 18), 1899 - J.Sauer, Die ältesten Christusbilder (Wasmuths Kunsthefte 7), o.J. - G.Stuhlfauth, Die »ältesten Portraits« Christi u. der Apostel, 1918 - L.Heilmaier, Die Gottheit in der älteren christl. Kunst, 1922, 76ff - RGG² I, 1647 - Künstle I, 587ff - G.Ostrogorsky, Stud. zur Gesch. des byzantin. Bilderstreites, 1929 - W.Elliger, Die Stellung der alten Christen zu den Bildern in den ersten 4.Jh.en (Stud. über christl. Denkmäler 20), 1930 - LThK II, 939f - U.Rapp OSB, Das Mysterienbild, 1952, 90ff - A.Grabar, La Peinture Byzantine, Genf 1953 - RDK III, 609ff (Lit.). 732 ff.

H.Paulus

Christussymbole. Am Anfang kirchlicher Kunst erscheint Christus nur in symbolisch verhüllter Gestalt, zuerst als → Guter Hirt, dann auch für kurze Zeit als philosophischer Lehrer. Nichtpersonale Symbole treten daneben: → Fisch, → Lamm, → Phönix, → Kreuz (: II) → Monogramm Christi. Auch in Gestalten des antiken Mythos kann er sich verhüllen, so in Orpheus (Domitilla-Katakombe, Rom; →Orpheus und Christus) oder Sol invictus (Julier-Grabmal unter St.Peter, Rom). Die Vorliebe für das Chr. erklärt sich kaum nur aus der → Arkandisziplin der verfolgten Kirche, sondern auch aus der Scheu, den Gottmenschen in seiner leiblichen Erscheinung darzustellen, welche Möglichkeit der bildenden Kunst noch bis weit ins 4.Jh. bestritten wurde. → Euseb von Cäsarea, obwohl entschiedener Gegner bildlicher Darstellungen Christi, hielt σύμβολα wie das des Guten Hirten für erlaubt. - Diese sind von Anfang an komplex: Christus-Sol invictus tritt nicht nur als Sol salutis an die Stelle des vergötzten Teiles der Schöpfung, vielmehr schwingt hier eine Fülle von Vorstellungen mit: Ostern als Aufgang des Sol salutis, Heilsbringung für die Toten im Hades durch den Sol iustitiae, Himmelfahrt Christi und seine ewige Herrschaft, pfingstliche Geistgabe an die Kirche und Taufe als Erleuchtung des Christen. Ähnliches gilt für alle genannten Symbole, denen im Laufe des 5.Jh.s noch die Hetoimasie, der leere Thron, zur Seite gestellt wird (erstmalig in S.Maria Maggiore, Rom). Dieses Symbol meint den künftigen Weltenrichter nach Ps 9, 8; das Kreuz auf dem Thron erinnert an die Passion als Antritt seiner Herrschaft, der auf dem Thron liegende oder um das Kreuz geschlungene Kaisermantel weist auf den ewigen Herrscher. Die Hetoimasie gehört noch heute zur kanonischen Ausschmückung orthodoxer Kirchen. - Neben dem zu Beginn des 4.Jh.s auftretenden Bild Christi (→ Christusbild) haben nur wenige der alten Symbole die frühchristliche Kunst überlebt. Der Fisch lebt nur in Abendmahlsbildern als eucharistische Speise fort. Die Gestalten des Mythos verschwinden. Nur Lamm, Phönix, Kreuz, Monogramm und Hetoimasie werden an das MA weitergegeben, in dem neue Symbolfreudigkeit einsetzt.

Für die Chr. des MA ist sehr bezeichnend, daß sie zum geringsten Teil aus der Kunst der Alten Kirche übernommen wurden. Einen gewaltigen Auftrieb erlebt die *Tiersymbolik*; sie stützt sich hauptsächlich auf den → Physiologus. Die wichtigsten Chr. sind: 1. Der *Löwe:* als »Löwe von Juda« (Gen 49, 9f) ist er in Apk 5, 5 das Symbol des siegreichen Christus, wobei die Verheißung der Herrschaft entscheidend ist. Bei → Ambrosius ist diese Bedeutung des Königs der Tiere voll ausgebildet. Darüber hinaus kann der Löwe noch manche Einzelzüge symbolisieren: das göttliche Wort = Christus-Logos (röm. Liturgie); die in Christus Person gewordene göttliche Barmherzigkeit, weil laut Physiologus der Löwe den geschlagenen Gegner verschont; die Inkarnation, weil der gejagte Löwe seine Spuren verwischt und so auch Christus seine Göttlichkeit im Schoße Mariä verbarg, um den auf der Lauer liegenden Teufel zu täuschen (→ Hugo von St. Victor, Honorius Augustodunensis); die beiden Naturen in Christus (→ Hilarius, → Augustin, Philippe de Taun, Guillaume de la Normandie); schließlich die Auferstehung, einmal weil der Löwe mit offenen Augen schlafen soll und Christus im Grab nicht tot war (Ostkirche), sodann, weil laut Physiologus die totgeborenen Jungen nach drei Tagen vom Gebrüll des Löwen belebt werden (resurrectio passiva; → Origenes, → Epiphanius, Honorius Augustodunensis). - 2. Der *Adler:* der König der Vögel ist schon bei → Melito von Sardes Emblem Christi. Er kann als Sinnbild der Himmelfahrt gelten (wohl eine Erinnerung an die röm. Kaiserapotheose: Epiphanius, Ambrosius) wie des Jüngsten Gerichtes, weil der Adler laut Honorius Augustodunensis nur die Jungen aufzieht, die ohne Blinzeln der Sonne standhalten, die anderen aber aus dem Nest wirft; der Adler ist Christus, die aus dem Nest Geworfenen sind die reprobati, die Aufgezogenen die iusti, die er im Nest = dem Paradies behält. - 3. Das *Einhorn:* die aus dem hellenistischen Ägypten überlieferte Sage berichtet von dem sehr wilden Fabeltier, daß es in der Brunstzeit zahm und sanft wird. Laut Physiologus entzieht sich das überaus schnelle und starke Tier allen Nachstellungen und ist nur mit List zu fangen. Als Lockvogel wird eine Jungfrau mitgeführt, die ihm den entblößten Busen zeigt, worauf es ruhig wird, den Kopf in den jungfräulichen Schoß legend einschläft. Die Sage wird symbolisch gedeutet: das Einhorn ist der Eingeborne Sohn Gottes, der im Schoße Mariä inkarniert (→ Tertullian, Ambrosius, → Isidor von Sevilla). Der Physiologus bietet noch eine andere Legende: eine von einem Drachen vergiftete Quelle wird vom Einhorn trinkbar gemacht, indem es mit dem Horn ein Kreuz über das Wasser zeichnet und es so reinigt. Hier wird das Horn zum Symbol des Kreuzes: wie das Einhorn die Tiere rettet, indem es das Wasser reinigt, rettet Christus die Menschheit durch sein Kreuz, indem er das Gift des Drachen (Satans) unschädlich macht. - 4. Der *Pelikan:* in den spätantiken Bestiarien steht zu lesen, daß der Pelikan mit einem Schnabelhieb seine Brust öffnet, um die zunächst erdrückten Jungen wieder zu beleben. So wird er Symbol des mit seinem Blut die Menschheit rettenden Christus. Im MA hat Christus nicht selten den Beinamen pius pelicanus oder pelicanus noster (→ Thomas von Aquino, → Dante). - 5. Die *Schlange:* das Tier der antiken Heilgötter Esmun und → Asklepios versinnbildlicht in der kirchlichen Kunst gelegentlich auch Christus, einmal in Erinnerung an das Stabwunder Aarons (Ex 7, 8ff), zum anderen in Anlehnung an die eherne Schlange (Num 21, 6ff) nach Joh 3, 14. Im ersten Falle sind die aus den Stäben der ägyptischen Magier entstehenden Schlangen die Dämonen, die Christus vernichtet, im anderen ist nicht nur das Jesuswort maßgebend, sondern auch Num 21, 8 mit der Verheißung des Lebens für die, die die Schlange anschauen. - Neben diesen häufigeren Tiersymbolen kommen seltener andere vor: Strauß, Wiesel, Hammel, Charadrius, Carosta, Hahn, Delphin, Luchs, Heuschrecke, Stier und Kalb; selbst Hummer, Greif und Wasserschlange fehlen nicht. Die meisten Tiersymbole müssen mit Vorsicht interpretiert werden, da viele von ihnen ambivalente Werte haben. So ist der Löwe auch Sinnbild des Todes, des Satan und des Antichrist; die Schlange, das Tier, das Eva verführt hat, meint meist Satan; der Strauß kann den gottvergessenen Sünder bedeuten usw. Aber auch die positive Deutung ist dehnbar: nicht nur, daß Adler und Stier zugleich → Evangelistensymbole sind, der brüllende Löwe kann auch den Christus erweckenden Gott-Vater meinen, der Pelikan Gott, der mit dem Blut seiner Brust = Christus die Menschen rettet, der Adler kann nach Ps 102, 5 auf die Taufe gedeutet werden als das Bad der Wiedergeburt usw. Auch der Tetramorph kann Symbol Christi werden. Er wird dann als stehende vierköpfige, sechsflügelige Gestalt dargestellt, deren Arme wie beim Crucifixus ausgebreitet sind: fuit homo nascendo, vitulus moriendo, leo resurgendo, aquila ascendendo (Peter von Capua), oder: est dum vivit, bos dum moritur, leo vero quando resurgit, avis quando suprema petit (Hildebert von Lavardin). Das Breviarium Romanum deutet: der Engel meint den Menschensohn, der Stier den Priester und das Opfer, der Löwe den König und der Adler den Gottessohn, der vom Himmel kam und wieder in ihn aufstieg. - Bei ambivalenten Symbolen kann der gemeinte Sinngehalt nur durch den Kontext erhellt werden.

Als wohl ketzerisches Symbol kommt in der Alten Kirche auch der *Frosch* auf Tonlampen vor, durch Inschrift als Sinnbild des Auferstehenden benannt. Noch bei Hieronymus → Bosch tritt dieses Kultbild der Sekte der Froschanbeter wieder auf.

Aus altchristlicher Zeit bezeugen Tonlampen aus Karthago auch das *Herz,* darauf ein Kreuz oder das Christusmonogramm, als Symbol Christi (→ Herz Jesu).

Seit Anfang des 12.Jh.s etwa kommt neben dem Monogramm Christi auch die *Namenskürzung* XPC bzw. xps auf, im späten MA durch das Sigel IHS bzw. IHC (seltener) verdrängt, im Deutschen volkstümlich interpretiert als »Jesus Heiland Seligmacher« (→ Alphabet). Auch diese Namenskürzung wird selbständiges Symbol, das von Flammen, Engeln oder den Evangelistensymbolen u.a.m. umgeben sein kann.

Pflanzliche Sinnbilder Christi sind seltener. Wichtigstes ist nach Joh 15, 1 der Weinstock oder die Weintraube, letztere besonders, wenn sie am Kreuz hängt. Am Weinstock können Vögel und auch andere Tiere naschen. Freilich darf der eucharistische Sinn dieses Symbols nicht unterbewertet werden. Die reine Christusbeziehung ist demgegenüber seltener. Die Palme als Paradiesbaum kann gelegentlich den Auferstandenen symbolisieren. Endlich ist der → Lebensbaum zu nennen, der an die Stelle des Kreuzes treten kann.

Neben diese personale bzw. abstrakte Symbolik tritt im MA die *typologische* (→ Typologie: III), die nach dem Grundsatz, der Alte Bund sei »Schatten zukünftiger Dinge« (Augustin), die Fülle at. Geschehnisse mit christologischem Gehalt füllt. So meint zB das in der Sepulkralkunst häufig dargestellte Opfer Abrahams zweifellos den Opfertod Christi. Eine eingehende Tabelle der at. Prototypen nt. (auch apokrypher und legendarer) Ereignisse bietet Réau.

Seit der Renaissance treten die Chr. in der darstellenden Kunst stärker zurück. Abgesehen von der Wiederaufnahme des Herzens als Sinnbild Christi durch die Jesuiten (→ Herz Jesu) sind wesentliche neue Chr. nicht mehr entstanden, auch nicht auf dem Boden der Reformation. Erst in jüngster Vergangenheit hat R. → Koch eine Erneuerung des Symbols in der ev. Kirchenkunst erstrebt und darin mancherlei Nachfolge gefunden. Ähnliches begegnet auch im Raume der kath. Kirche. Das sinnbildhaft kürzende, zum Kern der biblischen Aussage bzw. des Bekennens durchstoßende Sigel stand am Anfang kirchlicher Kunst. Nach dem Wunsch R.Kochs und anderer auf ev. wie kath. Boden soll das Symbol der Anfang einer sich erneuernden Kirchenkunst werden. Möglich ist das nur bei völligem Verzicht auf legendare, typologische und spekulativ abwegige Spielereien und bei sich bescheidendem Zurückgehen auf die Aussagen der Bibel.

W.MOLSDORF, Christl. Symbolik der mittelalterl. Kunst, 1926² (reichste Beispielsammlung) - L.RÉAU, Iconographie de l'Art Chrétien I, 1955, 59ff (Lit.) - RDK III, 720ff (H.FELDBUSCH; Lit.). - Für die apokalypt. Symbole: F.VAN DER MEER, Maiestas Domini, Théophanies de l'Apocalypse dans l'Art Chrétien, 1938. - Zu Christus-Sol invictus: O.PERLER, Die Mosaiken der Juliergruft im Vatikan, 1953. *K.Wessel*

Chrodegang *von Metz* (* Anfang des 8.Jh.s, † 766), aus einer fränkischen Adelsfamilie des Maas-Gebietes, war Referendar Karl Martells und seit 1.10.742 Bischof von → Metz. Den reformfreundlichen, aber → Bonifatius und den Angelsachsen als Ausländern abgeneigten Kreisen des fränkischen Klerus angehörend, wurde er, nachdem er im Auftrag Pippins den vor den Langobarden Schutz suchenden Papst → Stephan II. an den Hof geleitet hatte, 754 von diesem zum Nachfolger des Bonifatius als austrasischem Metropoliten und zum Erzbischof erhoben. Das Reformwerk führte er weiter in Anlehnung an den König; er wirkte für Angleichung an die römische Liturgie, gründete die Klöster → Gorze und St. Peter an der Mosel und organisierte Gengenbach und Lorsch. Seine Kanonikerregel (→ Augustiner, 1), die viele Züge aus der Mönchsregel → Benedikts von Nursia übernahm, verfügte und ordnete das gemeinsame Leben und Wohnen der Metzer Domgeistlichen im Stift zwecks besserer religiöser Leitung und unter Betonung der bischöflichen Autorität, unterschied sich aber von der Mönchsregel durch Beibehaltung der hierarchischen Gliederung und Verzicht auf die Armutsforderung. Die nur für die Metzer Domgeistlichkeit bestimmte Regel fand dank der Förderung durch die Karolinger bald weitere Verbreitung (→ Domkapitel, → Kollegiatstifte).

Chrodegangi Regula Canonicorum, ed. W.SCHMITZ, 1889 - O.HANNEMANN, Die Kanonikerregeln Ch.s von Metz u. die Aachener Synode von 816 (Diss. Greifswald), 1914 - E.MORHAIN, Origine et histoire de la Regula Canonicorum de St. Ch. (Miscellanea P. Paschini 1, 1948, 173-185) - WATTENBACH-LEVISON 1, 186 A. 62, 218 A. 168 - DHGE XII, 1953, 781ff. *H.Löwe*

Chronikbücher

1. Name - 2. Inhalt - 3. Gestaltung und Ausrichtung - 4. Quellen - 5. Abfassungszeit

1. Die weit verbreitete, von Luther zuerst aufgenommene Bezeichnung »Chronik« stammt von Hieronymus, der im Prol. gal. sagt: »Dabre Aiamim (Umschrift von dibrê hăjjamîm) heißt Worte der Tage, was wir besser als *chronicon* der ganzen heiligen Geschichte bezeichnen können, ein Buch, das bei uns Paralipoménon Buch 1 und 2 überschrieben ist.« Die von Hieronymus zitierte Überschrift und die Zweiteilung stammt von der LXX. Die LXX verzichtet auf eine wörtliche Übersetzung des hebr. Titels der Chr. und sagt dafür παραλιπόμενα = »Ausgelassenes«. Man kann das als Sachbemerkung verstehen (das, was in den Samuelis- und Königsbüchern ausgelassen wurde), ohne daß damit eine Kritik an den Königsbüchern ausgesprochen werden soll. Zu vergleichen wären unter den → Baruchschriften (, 4) die Paralipomena Jeremias. Oder weist Paralipomena auf ein ursprüngliches Fehlen in der Vorlage der LXX hin (Audet), wie ja im ältesten syrischen AT die Chr. gefehlt haben? LXX stellt die Chr. hinter die Königsbücher. Dies zeigt, daß die für die Zielsetzung der Chr. notwendige Verbindung mit Esr und Neh (so noch Josephus) bereits in die vielleicht durch Mt 23, 35 (= 2Chr 24, 20f), sicher durch Baba Bathra 14f bezeugte - unsachgemäße - Reihung: Esr + Neh + Chr. geändert war bzw. in dem Text vorlag, aus dem LXX die Paralipomena dann zu den Königsbüchern stellte. Die für den jüdischen Kanon (→ Bibel: I B) Verantwortlichen werden zunächst die Neues bietenden und für die orthodoxe Gemeinde wichtigen Bücher Esr und Neh kanonisiert und erst später nach einer offenen Zwischenzeit auch die Chr. als kanonisch erklärt haben. Der hebr. Titel »Worte der Tage« (= Annalen) nimmt eine Quellen-Formel von 2Kön auf, läßt aber in Ansehung der Esra-Zeit eine nähere Bestimmung fort. Sachlich trifft er nur zu, wenn man die Genealogien in 1Chr 1-9 als ein etwas lang geratenes »Vorwort« zum Eigentlichen ansieht.

2. Die Chr. lassen sich in vier Abschnitte gliedern: a) Genealogischer Vorbau von Adam bis zum Zwölfstämmevolk (1Chr 1-9); b) der mit dem Ende Sauls kontrastierte Aufstieg *Davids* und sein Regiment (1Chr 10-29) und, ursprünglich ohne besonderen Einschnitt, c) Regierung *Salomos* (2Chr 1-9); d) Geschichte *Judas* vom Abfall des Nordreiches bis zur Exilssituation (2Chr 10-36). Dem folgten dann Exilswende, Tempelbau und Gemeindeordnung durch Esra (→ Esrabücher: I).

3. Daß die Chr., auch wenn man die Divergenzen des Wortgebrauches auf Uninteressiertheit an einer geschlossenen Darstellung zurückführt, *nicht* von einer Hand stammen, ist allgemein anerkannt. Vor allem ist der genealogische Vorbau durch Zusätze etwa auf das Zehnfache des Ursprünglichen angeschwollen. Während man hier »das Gewirr von Textwucherungen« (Noth) auf mehrere Hände zurückführt, erscheint der große Einschub in 1Chr 23, 2 - 27, 34 (die Ordnung des Klerus von Jerusalem durch David) wesentlich geschlossener. Das bei ihm zu beobachtende Prinzip der Satz-Wiederaufnahme (von 23, 1 in 28, 1) als Verklammerung des Nachgetragenen läßt sich auch in 2Chr beobachten und legt die Annahme eines »2.Chronisten« nahe (Galling), der eine kürzere Ur- und Grundfassung (»1.Chronist«) ausweitete, wobei Beobachtungen zu Esr und Neh eine Rolle spielen (mit anderer Begründung und in anderer Weise unterscheiden auch Rothstein und Welch zwei Chronisten). Die neueren Kommentare sehen die Chr. mit Ausnahme von 1Chr 1-9; 23-27 und einigen Auffüllungen von verschiedenen Händen als einheitliches Werk *eines* (des 1.) »Chronisten« an.

Innerhalb von 1Chr 10 bis 2Chr 36 ist die geistige Ausrichtung im ganzen klar zu erkennen. In streng personalem Vergeltungsbezug wird die pragmatische deuteronomistische Geschichtsbetrachtung (→ Geschichtsschreibung: I), die man in den Samuelis- und Königsbüchern antraf, gehandhabt und zusätzlich entfaltet. Ohne seinen Frevel wäre Ussia niemals aussätzig geworden (2Chr 26, 16ff); Manasse hat, sich in der zur Strafe über ihn verhängten Gefangenschaft bekehrend, die von ihm eingeführten Fremdkulte abgeschafft und durfte deshalb so lange regieren (2Chr 33, 10ff); der dem Huldaorakel entgegenstehende jähe Tod Josias ist durch den Ungehorsam gegen Gottes Wort durch des Pharao Mund motiviert (2Chr 35, 22). Dieser Art gibt es viele Beispiele. Auf der gleichen Linie liegt es, wenn der Vita Davids und Salomos alle Schatten genommen werden, die im → deuteronomistischen Geschichtswerk aus alter Überlieferung (2Sam 9-20; 1Kön 1f) oder eigener Akzentsetzung (1Kön 11, 1-13) aufgezeigt werden. David wird sogleich und einmütig von ganz Israel zum König gewählt; gegen ihn gibt es keinerlei Aufstände; von dem Mord an Uria wird nichts gesagt; zur negativ gewerteten Volkszählung (vgl. 2Sam 24 mit 1Chr 21) reizt ihn der Satan (→ Teufel: II; die Erzählung konnte wegen der Verknüpfung mit dem Zion [→ Tempel: II] nicht übergangen werden); Salomo »befestigte sein Königtum« (2Chr 1, 1), aber von vorangegangenen Wirren ist keine Rede, ebensowenig von seinem und seiner Frauen »Götzendienst«. Diese Aussparungen (oder auch Umkehrungen wie in 2Chr 8, 2 gegenüber 1Kön 9, 11ff) erachtete der Chronist deswegen für unabweislich, weil die Legitimität von Jerusalem als Stadt des (einen wahren) Tempels von der Integrität der beiden Inauguratoren nicht zu trennen war. Die mit der Person Davids und seiner Nachkommen verknüpfte Endzeitserwartung (1Chr 17; 2Chr 6, 42) spielt in den Chr.n bei deren theokratischer Ausrichtung eine recht geringe Rolle (Rudolph). Viel wichtiger ist jedenfalls ein einwandfreies Kultpersonal (vgl. 2Chr 13, 9ff) und das rechte Feiern der → Feste (: II), vornehmlich des Passa (2Chr 30; 35, 1-19). Das deuteronomistische Interesse an der rechten kultischen Ordnung, die allein die Jerusalemer Kultgemeinde legitimieren könnte - wobei die → Priesterschrift für die Chr. keine besondere Rolle spielt (v.Rad, anders Wellhausen) -, war durch den Gegensatz zu den → Samaritanern erneut aktuell geworden (s. 5). Etwas Einmaliges ist in den Chr.n die an »freie« Bibelzitate anknüpfende levitische Predigt (nach Galling erst beim 2. Chronisten). Als Ganzes sollen die Chr. den Hörern (bzw. Lesern) in der jüdischen Gemeinde jener Tage zur Lehre und Zucht in der Gerechtigkeit dienen, sie andererseits aber auch mit der freudigen Gewißheit erfüllen, nicht nur das »Gesetz Moses«, sondern auch die rechten Lehrer und Interpreten (2Chr 17, 7ff; Neh 8) zu besitzen.

4. Die *Hauptquelle* für die Chr. ist neben dem gelegentlich herangezogenen Pentateuch die Darstellung in 1Sam 31 - 2Kön 25, 21, und zwar (nach den Namen in Sam in DJD I, 65 zu urteilen) vielleicht in einer ihrer Wiedergabe noch näherstehenden Form als der des massoretischen Textes. Daneben stehen ein relativ geringes Sondergut bestimmter Themenstellung, von dem noch zu sprechen ist, sowie frei gestalteter Erzählungen ganz aus dem chronistischen Geist. In Anlehnung an Quellenzitierungen in Kön verweisen die Chr. ihrerseits in 5 verschiedenen Formulierungen auf »Königs-Annalen«; dabei ist zT von Königen Israels die Rede, obwohl nicht

diese, sondern diejenigen Judas gemeint sind. Es ist üblich geworden, die Formulierungen als Hinweis auf *eine* (Sonder-)Quelle der Chr. zu werten, die nach 2Chr 24, 27 »Midrasch des Buches der Könige« zu benennen sei (im Targum wird midraš mit »Abschrift« übersetzt). Konkret nachweisbar ist dieser Midrasch nicht; wäre »Midrasch« Gesamtteil einer für die Chr. maßgebenden Quelle, müßte man ihn auch häufiger erwarten. Kennzeichnender als die Nachahmung der Zitationen in den Königsbüchern ist für die Chr. der Quellenhinweis auf Prophetenschriften (jeweils mit Einzelnamen mit Ausnahme des anonymen »Sehers« in 2Chr 33, 19). Von den Propheten kamen in 1Sam-2Kön bereits vor: Samuel, Nathan, Gad, Schemaja, Jesaja und Jehu (trotz 1Kön 16, 7 nach Juda versetzt: 2Chr 19, 2). Neu hinzu kommen Je'do = Iddo (von Josephus mit dem Anonymus in 1Kön 13 gleichgesetzt) und der zwei Personen geltende Name Oded. Die durch den Namen jeweils gesonderten Quellen werden als Worte, Prophezeiung, Visionen und (bei Iddo 2Chr 13, 22) als Midrasch bezeichnet. Sie alle als Einheit und zugehörig zum Königsmidrasch anzusehen ist trotz 2Chr 20, 34 ebenso bedenklich wie von 2Chr 33, 18f auf zwei umfangreiche Quellenwerke zu schließen, die man dann als über das deuteronomistische Geschichtswerk hinausgehende Midraschim anzusetzen hätte (Ablehnung bei Noth, Galling, Torrey). Letztlich ist es ein Zirkelschluß, wenn das in den Chr. Überschüssige auf eine um eben diese Stücke erweiterte (auch 2Sam - 2Kön aufnehmende) »prophetische Königsgeschichte« zurückgeführt wird und fast nur noch die Diktion als Leistung des Chronisten erscheint. Ein Besonderes sind die in den Chr.n auftauchenden (Einzel-)Nachrichten über Siedlungen, Wehrverfassung, Festungsbauten, Krongut und Erbfolge im Königshaus, Rechtspflege in Land und Hauptstadt und die Levitenstädte (1Chr 2-4; 6, 39-66; 12, 24-41; 27, 1-15. 25-31; 2Chr 11, 5b-12. 22f; 14, 7; 19, 5-11; 21, 2-4; 25, 5f; 26, 9-15; 27, 3b-5; 32, 28f; 33, 14). Die in ihnen enthaltenen territorialen und politischen Angaben deuten wahrscheinlich auf (dann aufgeteilte) Urkunden der Josia-Zeit hin (Galling, Alt). Wie der (jüngere?) Chronist zur Einsichtnahme dieser Zeugnisse gelangt ist, läßt sich nicht näher aufzeigen. Steht es nach alledem so, daß die Chr. - von den zuletzt genannten Notizen abgesehen - das in 2Sam - 2Kön vorgegebene Bild jeweils mit geistlichen Ansprachen, Kriegswundern (mit phantastischen Heereszahlen), Tempelreinigungen u.a.m. ausmalen, so scheidet das zusätzliche Material doch wohl weithin als Geschichtsquelle aus (solange nicht ein stringenter Gegenbeweis geführt wird). Nur darf man die Ausweitung nicht dem (bzw. den beiden) Chronisten als »Geschichtsfälschung« (Wellhausen) anrechnen; will er doch durch Übernommenes und Eigenes eine (»Heils«-)Geschichte des Gotteshandelns an Ungläubigen und Frommen durchsichtig machen und so die Gemeinde der Zeit nach Esra in ihrer Rechtgläubigkeit legitimieren.

5. Früher hat man für eine *Datierung* der Chr. mit der um etwa 400 vChr endenden Davididenliste in 1Chr 3 und der Hohenpriesterliste in Neh 12, 10f (bis etwa 350 vChr) operiert. Von diesen Listen wird man aber abzusehen haben, da sie erst später hinzukamen. Tragfähige Argumente ergibt Esr (→ Esrabücher: I): Die Chr. sind keinesfalls vor 398 (Mission Esras), vielmehr wegen des mit einer vertauschten Achämenidenliste vorgelegten Abschnittes Esr 4, 6 - 6, 15 eher in die 2. Hälfte des 4.Jh.s (Rudolph) anzusetzen. Auch der in Esr erkennbare Gegensatz gegen die Samaritaner widerrät, über 350 vChr hinaufzugehen. Andererseits wäre die Zeit → Antiochus IV. (Makkabäerkampf) wegen Esr 6, 22 und Neh 11, 21 bis 24 ein zu junges Datum. Von Sir 47, 2ff (Davids Fürsorge für den Tempelgesang) hat man das Jahr 190 vChr als terminus ad quem statuiert (dazu, daß Sir 49, 13 allein Nehemia genannt wird, → Nehemiabuch). → Eupolemus zitiert um 157 vChr 2Chr 2, 2-15 (LXX). Galling setzt die Hauptfassung um 300, die Endform (2. Chronist) um 200 vChr an.

J.Wellhausen, Prolegomena zur Gesch. Israels, (1878) 1905[6], 165ff - W.Rothstein-J.Hänel, 1Chr (KAT 18, 2), 1927 - G.v.Rad, Das Geschichtsbild des chronist. Werkes, 1930 - A.C.Welch, The Work of the Chronicler, 1939 - J.Göttsberger, Die Bücher der Chronik, 1939 - Noth, ÜSt 152ff - P.Audet, A Hebrew-Aramaic List of Books of the OT (JThS NS 1, 1950, 135-154) - Alt II, 289-315 - C.H.Torrey, The Chroniclers History of Israel, 1954 - K.Galling, Die Bücher der Chronik, Esra, Nehemia (ATD 12), 1954 - W.Rudolph, Chr. (HAT I, 21), 1955 (Lit.). - Ferner: Die Einl.en in das AT.

K.Galling

Zur *Auslegungsgeschichte* (→ Schriftauslegung: IV):

Quellen: 5.Jh.: Ps. Cyrill v. Alex. (MPG 77) - Theodoret v. Cyrus (MPG 80). - 6.Jh.: Prokop v. Gaza (MPG 87, 1). - 9.Jh.: Ps. Hieronymus (MPL 23); vgl. RepBibl III Nr. 3414-18 - Hrabanus Maurus (MPL 109). - 15.Jh.: Alphonsus Tostatus, Opera Bd 16 u. 17, Venedig 1728. - 16.Jh.: Erasmus Sarcerius, Basel 1560 - Victorin Strigel, Leipzig 1569 - Ludwig Lavater, Zürich 1573. - 17.Jh.: Sebastian Leonhard, Leipzig 1613 - Nikolaus Serarius, Lyon 1613 - Caspar Sanctius SJ, Lyon 1623 - Jacques Bonfrère SJ, Paris 1643 - Frans Burmann, Amsterdam 1683 - J.B. le Brun u. N. le Tourneux, Paris 1691. - 18.Jh.: Joh.Heinr.Michaelis u. Joh.Jak.Rambach, 1720 - Jak.Joseph Duguet, Paris 1738 - L.Mauschberger SJ, Olmütz 1758.

Lit.: E.L.Curtis-A.A.Madsen, A critical and exegetical Commentary on the book of Chronicles (ICC), 1910, 44ff.

W.Werbeck

Chronologie

I. Wissenschaftsgeschichtlich - II. Außerchristliche Zeitrechnung - III. Israelitisch-jüdische Chronologie - IV. Christliche Zeitrechnung

I. Wissenschaftsgeschichtlich

Wir verzichten hier auf theoretische Ausführungen und lassen auch die astronomische (mathematische) Ch. beiseite; es soll lediglich darüber gesprochen werden, auf welche Weise der Mensch im Laufe seiner Geschichte praktisch die Messung und Ordnung der Zeit, in der sein Leben und seine Geschichte ablaufen, vorgenommen hat, also von der »historischen« (technischen) Ch. oder Kalenderkunde. Sie läßt als Gegenstand der Kulturgeschichtsforschung einerseits erkennen, wie sich die Menschen jeweils mit der »Zeit« als einem Ordnungselement des Geschehens auseinandergesetzt haben, und ist andererseits selbst eine wichtige Hilfswissenschaft der Geschichtsforschung und ein Mittel, die geschichtlichen Sachverhalte in ihrer zeitlichen Ordnung festzulegen und miteinander in Zusammenhang zu bringen. Die wissenschaftliche Beschäftigung mit der historischen Ch. beginnt im letzten Drittel des 16.Jh.s im Zeitalter der Kalenderreform → Gregors XIII. (→ Chronologie: IV, 5a), durch die eine umfangreiche Literatur hervorgerufen wurde. Bahnbrechend wurden damals vor allem die Arbeiten des franz. Humanisten J.J. → Scaliger: De emendatione temporum (zuerst 1583) und Thesaurus temporum (zuerst 1606) und die seines Gegners, des Theologen Denys Petau SJ (→ Petavius): Opus de doctrina temporum (1627), Uranologium (1630) und Rationarium temporum (1633). Die Ergebnisse der Forschungen der Kalenderreformzeit bilden dann auch das chronologische Fundament der Arbeiten der großen Diplomatiker des 17. und 18.Jh.s, die, ohne wesentlich Neues hinzuzubringen, vor allem die Kenntnis der Ch. und der Kalender des MA erweiterten und vertieften. Das 18.Jh. brachte das erste umfassende Nachschlagewerk für alle Gebiete der historischen Ch.: L'Art de vérifier les dates et les faits historiques (1. Aufl. bearb. von den Maurinern d'Antine, Clémencet und Durand, Paris 1750; 4. erweiterte Aufl. hg. von St.Allais, Paris 1818-44 in 44 Bänden). In Deutschland lieferte der Astronom Ludwig Ideler einen wesentlichen Beitrag zu dem Thema in seinem »Handbuch der mathematischen und technischen Ch.« (2 Bde, 1825/26, Neudr. 1883). Dies blieb das grundlegende zusammenfassende Werk in deutscher Sprache, bis es durch das dreibändige »Handbuch der mathematischen und technischen Ch.« des Astronomen F.K.Ginzel (1906–14) ersetzt wurde, das auch heute noch die in Deutschland am meisten benutzte Zusammenfassung des ganzen (astronomischen und historischen) Stoffes bildet. Das Gebiet der astronomischen Ch., soweit sie für den Historiker und Orientalisten von Interesse ist, erhielt in Deutschland eine neue Darstellung von P.V.Neugebauer, Astronomische Ch. (ein Text- und ein Tafelband, 1929), durch das die meisten älteren für denHistoriker bestimmten Hilfsbücher über dieses Gebiet überholt sind. Im übrigen hat sich die Forschung des letzten Jh.s vor allem der Bearbeitung von Spezialfragen und -gebieten der historischen Ch., in Deutschland besonders des mittelalterlichen Kalenders, zugewandt. Für den praktischen Gebrauch des Historikers ist eine ganze Reihe von Lehrbüchern und von Tabellenwerken zur historischen Ch. und zur Datenermittlung erschienen (die wichtigsten s. Lit. zu → Chronologie: IV). *Eugen Meyer*

II. Außerchristliche Zeitrechnung

1. Entwicklung der Zeitrechnung – 2. Elemente der Zeitrechnung

1. Über Bemühungen des Menschen, zu einer brauchbaren Messung und Ordnung des Zeitablaufs zu gelangen, sind wir bereits aus den ältesten Quellen seiner Geschichte unterrichtet. Als Maßstäbe boten sich ebenso wie bei den ersten Versuchen zur Messung von Längen und Flächen (vgl. Fuß, Elle, Morgen, Tagwerk) die natürlichen Gegebenheiten seines Lebens an: der Vegetationsablauf im pflanzlichen und tierischen Leben und vor allem die astronomischen Grundtatsachen, die leicht zu beobachten waren und von denen man feststellen konnte, daß sie in einem gewissen Verhältnis zu den Wachstums- und Witterungsperioden stehen. Der Mensch stellte auch bald fest, daß diese astronomischen Erscheinungen zwar jede für sich in gleichbleibendem Ablauf wiederkehren, daß sie sich aber untereinander nicht ohne weiteres in ein immer gleichbleibendes Verhältnis bringen lassen. Die verschiedenen Versuche, dieser Schwierigkeit Herr zu werden und jene Grundtatsachen in eine feste Beziehung zueinander zu bringen, um möglichst gleichbleibende Maßstäbe für die Messung der Zeit und die Vorausfestlegung künftiger Zeitpunkte zu erlangen, führten in den einzelnen Kulturen zu der Ausbildung verschiedener *Kalender*. Sie alle beruhen auf jenen naturgegebenen Grundlagen, die auch der primitive Mensch, der Jäger, der Hirt und vor allem der Ackerbauer, ohne besondere Hilfsmittel feststellen, messen und voraussagen konnte durch Beobachtung der Gestirne, der Schattenlängen, der durch die Gestirne bedingten Jahreszeiten und der mit diesen zusammenhängenden Naturerscheinungen. Von jenen Grundtatsachen spielen vor allem drei eine wesentliche Rolle: die Drehung der Erde um sich selbst, die Bahn der Erde um die Sonne bzw. die scheinbare Bahn der Sonne um die Erde und der Lauf des Mondes um die Erde. Die erste ist das Maß für den Zeitabschnitt des Tages, die zweite das Maß für das die Jahreszeiten bestimmende (Sonnen-)Jahr und die dritte ist das ursprüngliche Maß für den Zeitabschnitt des Monats. Der Mensch stellte fest, daß die Veränderungen der Mondsichel sich in Perioden von etwa 29½ Tagen erneuern und weiter, daß nach dem Ablauf von etwa 12 solcher 29½tägigen Perioden, also etwas mehr als 350 Tagen, ungefähr auch der Stand der Sonne am Himmel wiederkehrte und die Jahreszeiten sich wiederholten. Damit waren zunächst rohe Grundlagen für eine Zeitrechnung gegeben. Der Mensch stellte aber auch fest, daß jene grobe Gleichsetzung von 12 Mondwechselperioden mit einem Sonnenjahr nicht genau stimmte, daß vielmehr die Wiederkehr des gleichen Sonnenstandes sich in einer Periode von rund 365 Tagen wiederholte, während die 12 Mondmonate in einem Zyklus von rund 354 Tagen abliefen, daß man also ein Sonnenjahr nicht genau auf 12 Mondmonate aufteilen kann. Man war gezwungen, durch Schaltungen eine wenigstens annähernd gleichbleibende Relation zwischen ihnen herzustellen. So kommt es zu einem Nebeneinander von Kalendersystemen, die alle drei in der Kulturentwicklung der Menschheit eine Rolle spielen, sowohl jedes für sich, als auch in Verbindung miteinander: das freie Sonnenjahr, das ohne Rücksicht auf den Mondkalender abläuft, das Sonnenjahr in Verbindung mit dem Mondjahr und schließlich eine reine Mondrechnung ohne Rücksicht auf Sonnenjahr und Jahreszeiten. Man fand aber weiter schon früh, daß für beide Perioden, den Sonnenzyklus und den Mondzyklus, die Rechnung mit vollen Tagen nicht genügt, sondern daß für ihre genaue Feststellung Bruchteile von Tagen in Ansatz gebracht werden müssen. Den dadurch entstehenden und mit der Zeit immer größer werdenden Unstimmigkeiten zwischen astronomischer Zeit und Kalenderzeit suchte man anfangs ebenfalls durch willkürliche Schaltungen abzuhelfen; aber erst der von Julius → Caesar 46 vChr eingeführte und nach ihm benannte *Julianische Kalender* schuf einen brauchbaren Zustand, der im Abendland bis heute wohl Korrekturen (→ Chronologie: IV, 5), aber keine grundsätzlichen Änderungen erfahren hat. Caesar führte als Grundlage des Kalenders ein (wahrscheinlich aus Ägypten übernommenes) Sonnenjahr von 365¼ Tagen ein, dh ein Jahr von 365 Tagen, dem in jedem 4. Jahr ein Schalttag hinzugefügt wurde. Der Beginn des Jahres wurde, entgegen dem altrömischen Jahresanfang zum 1. März, auf den 1. Jan. festgelegt. Bezüglich der Einteilung des Jahres in 12 Monate, der Länge dieser Monate und der Tageszählung innerhalb der Monate ließ Caesar weitgehend die in Rom bestehenden Volksgewohnheiten in Geltung. In dieser Form ging der julianische Kalender in die mittelalterliche Welt ein. Mit den durch die Gregorianische Reform erzielten Verbesserungen bildet er die Grundlage für den heute im Bereich der abendländischen Kultur geltenden Kalender, der sich trotz seiner offenkundigen Mängel, seiner Umständlichkeit und Unzweckmäßigkeit mit der Kraft einer 2000jährigen Gewohnheit weiterhält.

2. a) Die in immer gleichem Rhythmus wiederkehrenden Gestirnbewegungen dienen in allen Kulturen als natürliche Einheit der Zeitmessung, deren größte, das *Jahr*, genau gesagt: das tropische (Sonnen-)Jahr, den Zeitabschnitt umfaßt, in dem die Sonne auf ihrer scheinbaren Bahn zu demselben Äquinoktialpunkt zurückkehrt. Die mittlere Länge dieses Zeitabschnittes beträgt 365,2422 mittlere Sonnentage oder 365 Tage, 5 Stunden und nicht ganz 49 Minuten. Dieses Sonnenjahr, dessen Zusammenhang mit den Lebenserscheinungen in der Natur augenfällig war, ist zuerst bei den *Ägyptern*, die in der ältesten Zeit ein Jahr von 12 Monaten zu je 30 in 3 Dekaden aufgeteilten Tagen verwendet hatten, annähernd richtig berechnet worden. Zur besseren Übereinstimmung mit den jahreszeitlichen Erscheinungen fügten sie am Ende des 12. Monats 5 Schalttage an. Der Jahresanfang (1. Tag des Monats Thot) lag am Beginn der für das Land wichtigsten Naturerscheinung, der Nilüberschwemmung, die im mittleren Ägypten mit dem ersten morgenlichen Aufgang des Sirius (Sothis) zusammenfiel. Die Beobachtung ergab aber, daß ein solches

Jahr von 360 Tagen und 5 Schalttagen, gemessen an der jährlichen Wiederkehr des Siriusaufstiegs, immer noch um etwa ¼ Tag zu kurz war und daß erst nach Ablauf von je 1460 Jahren (Sothisperiode) der Jahresanfang und der Aufgang des Sirius am Morgenhimmel wieder zusammenfielen. Mit dieser Feststellung kamen die Ägypter als erste zu der annähernd genauen Berechnung einer Jahreslänge von 365 ¼ Tagen, ohne allerdings selbst schon daraus praktische Folgerungen für ihren Kalender zu ziehen. Sie blieben vielmehr bei ihrem Kalenderjahr von 12 Monaten zu je 30 Tagen und 5 Schalttagen, das in die drei Jahreszeiten der Überschwemmung, des Wachstums und der Ernte eingeteilt wurde. Verbesserungsversuche, die in der Ptolemäerzeit gemacht wurden, konnten sich im Volke nicht durchsetzen. Erst in dem Kalender Julius Caesars (s. 1) hat sich dann die von den Ägyptern zuerst gefundene Jahreslänge durchgesetzt. Die Zählung der Jahre erfolgte in Ägypten nach Regierungsjahren der Herrscher. - Die Einteilung des Kalenderjahres in 12 Monate läßt darauf schließen, daß trotz der Orientierung an der Sonne auch in der ägyptischen Zeitrechnung der Mond eine Rolle spielte. Die eigentliche Heimat dieser Art der Zeitmessung aber war das Zweistromland, von wo aus sie vielleicht nach Ägypten gekommen ist und von wo aus auch der israelisch-jüdische Kalender (→ Chronologie: III) und damit schließlich auch der christliche Festkalender (→ Chronologie: IV, 4) beeinflußt worden sind. Der Kalender der *Babylonier* ist auf dem Mondumlauf aufgebaut, und zwar auf dem synodischen Monat, dh der Zeitspanne von einem Neumond zum andern. Sie beträgt im Mittel 29 Tage, 12 Stunden und rund 44 Minuten. Versuche, eine Anzahl solcher Monate mit dem Sonnenjahr in Einklang zu bringen, wurden auch bei den Babyloniern gemacht. Zwölf solcher Mondmonate, für die kalendarische Verwendung auf 30 oder 29 Tage abgerundet und nach jeweils einigen Jahren um einen 13. Monat vermehrt, ließen sich mit dem sonnenzeitlich bedingten Ablauf der Jahreszeiten in eine allerdings sehr grobe und immer wieder der Korrektur bedürftige, aber für das praktische Leben ausreichende Übereinstimmung bringen. Die Einschaltung des 13. Monats erfolgte zuerst wohl willkürlich, sobald sich eine Korrektur als notwendig erwies, später, seit dem 6. Jh. vChr, waren zeitweise Schaltregeln in Geltung, zuletzt seit dem Anfang des 4. Jh.s eine Regel, die in 19 Jahren 7 Schaltmonate, also insgesamt 235 Monate, vorsah, der sog. Zyklus des Meton (s.u.), in dessen Verlauf Mondzeit und Sonnenzeit mit ziemlicher Genauigkeit sich decken. Die Zwölfzahl der Monate in diesem »lunisolaren« Kalender, die Aufrundung des Monats auf 30 Tage und die Einteilung des Tages in zweimal 12 Stunden könnte auf Grund der bei den Babyloniern einheimischen Sexagesimalzählung vorgenommen worden sein.

In *Griechenland* geht die Zeitmessung wie in Babylon und wohl unter seinem Einfluß zunächst von der Beobachtung des Mondes aus. Die Monatsreihe zählte abwechselnd 30 und 29 Tage (volle und hohle Monate) und deckte sich also ungefähr mit den Mondphasen, aber nur ganz unvollkommen mit den jahreszeitlichen Erscheinungen. Man nahm daher auch hier schon früh zunächst wohl willkürliche, dann regelmäßige Einschaltungen von Monaten vor; in eine Periode von 8 Jahren zu je 354 Tagen wurden 3 Schaltmonate zu je 30 Tagen eingefügt. Seit der 2. Hälfte des 4. Jh.s (342) kam dann die schon vorher in Babylon gebräuchliche, angeblich von dem Athener Meton 432 gefundene Schaltregel in Geltung, die 19 jahreszeitliche Jahre zu insgesamt 6940 Tagen mit 235 Mondmonaten gleichsetzte, was eine annähernd genaue Relation ergab. Dieser metonische Zyklus wirkt noch bis in die Gegenwart im kirchlichen Festkalender (→ Chronologie: IV, 4) nach. In dem für das tägliche Leben in Griechenland gebrauchten Kalender waren diese Feststellungen nicht von Bedeutung; hier blieb der Mondmonat, der nach Zunahme, Kulmination und Abnahme des Mondes in 3 Abschnitte geteilt wurde, das wesentliche Element der Zeitmessung. - Auch die *Römer* hatten in der Frühzeit ein reines Mondjahr von zunächst angeblich 10, dann 12 Monaten mit 355 Tagen, das am 1. März begann. Die Einteilung des Monats war, wie bei den Griechen, gleichfalls am Monde orientiert: Die Iden gaben den Vollmondstag in der Monatsmitte an, die Kalenden den 16 bzw. 15 Tage später liegenden Tag, an dem der Priester den Neumond ausrief, und die Nonen den 8. Tag vor dem Vollmond. Die einzelnen Tage wurden dann von den Iden, Nonen und Kalenden ab rückwärts gerechnet. Die Namen der Monate sind: Martius, Aprilis, Maius, Junius, Quintilis, Sextilis, September, October, November, December, zu denen später noch der Januarius und der Februarius kommen. Quintilis und Sextilis wurden zu Ehren von Caesar und Augustus in Julius und Augustus umbenannt. Auch dieses Jahr zu 355 Tagen mußte zum Zwecke einer Gleichrichtung mit dem Ablauf der Jahreszeiten schon früh durch Einfügung eines Schaltmonats (Mercedonius) von 22 Tagen nach jedem zweiten und von 23 Tagen nach jedem vierten Jahre verlängert werden. Aber da auch damit keine ausreichende Genauigkeit der Übereinstimmung des Kalenders mit den jahreszeitlichen Erscheinungen zu erreichen war, wurde die Verwirrung mit der Zeit immer größer. Dies war der Anlaß zu der Kalenderreform Julius Caesars (s. 1) auf der Grundlage eines Sonnenjahres von 365 ¼ Tagen mit der noch heute gebräuchlichen Monatseinteilung.

b) Die kleinste der natürlichen Einheiten der Zeitrechnung, der auf der Erdrotation beruhende und im Wechsel von Licht und Dunkel sich wiederholende *Tag*, ist im praktischen Leben als Zeitabschnitt von sehr großer Bedeutung, tritt dagegen in der Entwicklung des Kalenders hinter den anderen zurück. Der »bürgerliche Tag« deckt sich in seiner Länge mit dem mittleren Sonnentag und wird von Mitternacht zu Mitternacht gezählt, wobei das Wort »Tag« in den indogermanischen Sprachen ursprünglich nur den lichten Tag im Gegensatz zur Nacht bezeichnete. Beide zusammengefaßt hatten bei den Griechen die Bezeichnung νυχθήμερον. Bei manchen Völkern, auch bei den Germanen bis ins MA hinein, ist die dunkle Hälfte der kennzeichnende Teil des Tages: Er beginnt mit dem Anbruch der Nacht, und die Tage werden nach Nächten gezählt. Die Einteilung des Tages in gleichlange Stunden (Horae aequales) und ebenso die Unterteilung der Stunden nach der Sexagesimalzählung ist zuerst bei den Babyloniern bezeugt, die seit etwa dem 6. Jh. vChr den Tag in 12 Doppelstunden (zu je 2 modernen Stunden) einteilten, deren Messung mit Hilfe von Wasseruhren erfolgte. Bei den Ägyptern waren Tag und Nacht, in Anlehnung an den babylonischen Brauch, in je 12, dh in 24 Stunden geteilt. Bei den Griechen und Römern war die Teilung des Tages, der vom Abend oder von Mitternacht oder von Sonnenaufgang an gerechnet wurde, in gleichlange Stunden ursprünglich nicht in Anwendung. Jene teilten den Tag und die Nacht in je 12 Stunden, die nach der Jahreszeit verschieden lang waren (Horae inaequales), diese hatten daneben eine Einteilung in je 4 Nacht- und Tagwachen, die in den kanonischen Gebetszeiten bis heute weiterleben.

c) Abseits von den bis jetzt besprochenen drei natürlichen Zeiteinheiten steht die *Woche*, eine nicht auf astronomischer Grundlage beruhende, von allen andern chronologischen Elementen unabhängige, immer gleichbleibende Reihe von Tagen, die mit ihrer Periode sowohl den Wechsel der Monate als auch der Jahre überspringt. Zeitabschnitte dieser Art kommen bei vielen Völkern zur Befriedigung der Ansprüche des bürgerlichen Lebens vor. Die Römer hatten eine wochenähnliche Periode von 8 Tagen, deren letzter (Nundinae) als Markt- und Gerichtstag bestimmt war; anderswo spielte die Dekadeneinteilung des Monats eine ähnliche Rolle. Die 7tägige Woche (ἑβδομάς, Septimana), die heute in der von der abendländischen Kultur beherrschten Welt in Geltung ist, ist wohl sicher semitischen Ursprungs. Die Juden, bei denen sie schon in sehr alter Zeit mit dem 7. Tag als Ruhetag in Gebrauch ist, haben sie vielleicht von den Babyloniern übernommen (doch vgl. → Chronologie: III, 1, → Sabbat) und haben sie ihrerseits an das Christentum weitergegeben, mit dem sie sich über die Welt verbreitete. In Rom selbst hatte die 7tägige Woche schon vor dem Siege des Christentums Eingang gefunden, wahrscheinlich durch die jüdische Diaspora und durch chaldäische Astrologen. Die Bezeichnung der Wochentage mit den Namen der Planeten Saturn, Sonne, Mond, Mars, Merkur, Jupiter und Venus, an deren Stelle später von den Germanen zT Namen ihrer eigenen Götter gesetzt wurden, ist verhältnismäßig jung und hat sich erst mit der Ausbreitung der Sterndeutung im 1. Jh. vChr über die Mittelmeerwelt verbreitet.

d) Von den verschiedenen Versuchen, über das Jahr hinausgehende Zeiträume zu messen, sei es durch fortlaufende Zählung der Jahre von einem bestimmten Ausgangspunkt ab, sei es durch Schaffung von gleichbleibenden Jahresperioden, seien hier nur einige genannt, die für die Mittelmeerwelt von Bedeutung waren. Ausgangspunkt für eine fortlaufende Weiterzählung der Jahre sind durchweg im Gedächtnis sich einprägende besondere Ereignisse, etwa Katastrophen oder auffällige Naturerscheinungen (zB Am 1, 1) oder wichtige Geschehnisse im Leben des Volkes. Besser als eine derart unsichere und bald in Verwirrung geratende Zählung war die nach den Regierungsjahren der Herrscher oder der obersten Beamten (Archonten, Konsuln), die sich bei fast allen Kulturvölkern findet und im Abendlande noch während des ganzen MA als Datierungselement gedient hat, die Rechnung nach Konsulatsjahren auch dann noch, als seit 534 bzw. 541 nChr das Amt der Konsuln gar nicht mehr besetzt wurde (→ Chronologie: IV, 1 a). In Rom war außer dieser Jahreszählung eine fortlaufende in Gebrauch, die ebenfalls bis in das frühe MA, allerdings nur literarisch, weiterlebte, die Zählung von der Gründung der Stadt Rom an, die in den Frühling des Jahres 753 oder 752 vChr gelegt wurde. In Griechenland, wo in der Frühzeit ebenfalls nach Regierungs- und Amtsjahren gezählt wurde, wurde im 3. Jh. vChr die Rechnung nach den alle 4 Jahre abgehaltenen olympischen Wettkämpfen in der Weise eingeführt, daß als Ausgangspunkt der Zählung (1. Olympiade) der Sommerbeginn des Jahres 776 vChr angenommen wurde. Es deckt sich also das Jahr 1 unserer Zeitrechnung mit dem Jahr 4 der 194. und in seiner 2. Hälfte mit dem Jahr 1 der 195. Olympiade. Von anderen fortlaufenden Zählungen war im Altertum noch die seleucidische Ära in Vorderasien, vor allem auch bei den Juden (→ Chronologie: III, 3) und den Arabern, verbreitet, die als Ausgangspunkt den Sieg des Seleucus Nikator über Demetrius Poliorketes und den Beginn der Seleucidenherrschaft in Babylon i.J. 312/11 vChr hat. Diese Ära wurde bei den Juden erst zu Beginn des HochMA durch eine Weltära, beginnend mit der Erschaffung der Welt vom Abend des 6. Okt. 3761 vChr an, ersetzt (→ Chronologie: III, 3). Bei den Arabern wurde die seleucidische Ära durch die Zählung nach Jahren seit der Flucht → Mohammeds nach Medina (Hidschra 15.7. 622 nChr) abgelöst, die dann von den anderen Völkern des Islams übernommen wurde und bis heute bei ihnen in Geltung ist.

Außer den in → Chronologie: I genannten allgemeinen Werken, bes. von GINZEL u. NEUGEBAUER: E. ZINNER, Gesch. der Sternkunde, 1931 (Lit.) - P. COUDERC, Le Calendrier, Paris 1946. *Eugen Meyer*

III. Israelitisch-jüdische Chronologie

1. Das Kalender-System war in Israel und im orthodoxen Judentum - wie auch sonst im Alten Orient außer in Ägypten (→ Chronologie: II, 2) - stets lunisolar: Der Rhythmus des landwirtschaftlichen Lebens, dh die Sonne bestimmte das *Jahr*, der Mond die *Monate*. Letzteres ergibt sich a) aus der hebr. Bezeichnung für »Monat« (jærăḥ von jareaḥ Mond; ḥodæš, eigentlich »Neumond«) und b) daraus, daß der »Neumond« (neben dem Sabbat) als Feiertag galt (schon Am 8, 5; Hos 2, 13; Jes 1, 13f; 1Sam 20; 2Kön 4, 23; vgl. später RH I, 3 - III, 1). Die Differenz zwischen den 354 Tagen der 12 Mondmonate und dem Sonnenjahr von 365,2422 Tagen (vgl. die Dauer der Sintflut bei P: 354 + 11 Tage, Gen 7, 11; 8, 13f) wurde durch Interkalation eines Schaltmonats (meistens im Frühjahr als 2. Adar) auf Grund von Beobachtungen der Ähren- und Baumfruchtreife sowie des Sonnenstandes (vgl. TosSanh II, 2f; bSanh 11a-12a), wohl erst seit dem 7. Jh. nChr nach dem sog. metonischen Zyklus mit 7 Schaltjahren innerhalb 19 Jahren (→ Chronologie: II, 2 a) ausgeglichen. - Der *Jahreswechsel* lag ursprünglich im Herbst: Das Laubhüttenfest, das Erntefest im Herbst (→ Feste: II), wurde »am Ende (!) des Jahres« (Ex 23, 16) bzw. »an der Wende des Jahres« (Ex 34, 22) begangen. Später entsprach der Bezifferung der Monate (s.u.) ein Jahresanfang im Frühling (vgl. Ex 12, 2; 40, 2. 17), jedoch ohne daß dieser im AT durch ein Neujahrsfest hervorgehoben wurde. Daneben blieb der alte Herbstkalender für die Bestimmung des → Erlaßjahres und des → Jobeljahres in Geltung; die Mischna (RH I, 1 c. 2c; oder schon Lev 23, 24f; Num 29, 1?) hat dann den 1. VII. (im Herbst!) als Beginn der Jahre festgelegt. (Der 10. VII. [vgl. Ez 40, 1; Lev 25, 10] war nie Neujahrstag.)

Die kanaanäischen, aus dem landwirtschaftlichen Leben abgeleiteten *Monatsnamen* der ältesten Zeit wurden wohl seit dem Untergang des Nordreichs (722 vChr) durch die einfache Bezifferung der Monate ersetzt; von den vier erhaltenen Namen entsprach der Abib (= Ährenmonat) dem 1. Monat = etwa März/April (vgl. Dtn 16, 1 mit Lev 23, 4), der Ziw (= Blütenmonat) dem 2. (1Kön 6, 1), der Etanim (= Monat der immer fließenden Bäche, dh der trockenste) dem 7. (1Kön 8, 2) und der Bul (= Monat des ersten Regens?) dem 8. Monat (2Kön 6, 38). Daß der 9. Monat in den Winter fiel, bestätigt Jer 36, 9. 22. Nach dem Exil wurden allmählich die babylonischen Monatsnamen (in aramaisierter Form) übernommen: nîsan (= 1. Monat), 'ijjar, siwan, tămmûz, 'elûl, tišrî, mărḥešwan, kislew, ṭebet, šebat, 'adar (älteste Belege: Sach 1, 7; 7, 1). Die Länge der Monate schwankte je nach Sichtbarkeit des Neulichtes zwischen 29 und 30 Tagen; erst später wurde sie auf abwechselnd 30 und 29 Tage (beginnend mit dem Nisan) festgelegt.

Die *Woche* zu 7 Tagen ist vom Mondumlauf unabhängig und so nicht von den babylonisch-assyrischen (»bösen«) Mondphasentagen (1., 7., 14., 19., 21., 28. Monatstag) abgeleitet (→ Sabbat). Der *Tag* (von 24 Stunden) begann am Abend (Lev 23, 32 u.ö., auch in Jub, zB 32, 16 und 27-30). Zur Zählung der »Stunden« kannte man Sonnenuhren (2Kön 20, 11). Die Nacht war in drei Wachen geteilt (Ri 7, 19; Ex 14, 24; 1Sam 11, 11; [die vier Nachtwachen von Mt 14, 25; vgl. Mk 13, 35 entsprechen römischem Brauch]). - Dieser lunisolare

Kalender ist (neben dem ägyptischen solaren) für das 5.Jh. auch bei den Juden in → Elephantine bezeugt.

2. Ein rein *solares* (dem AT wie dem orthodoxen Judentum fremdes [gegen Morgenstern, Jaubert]) Kalendersystem ist in äthHen 72-82 (gegenüber dem lunisolaren) entfaltet, der Ch. des → Jubiläenbuches (unter Abwehr des anderen Systems: Jub 6, 36 u.ö.) zugrunde gelegt und wurde in der Gemeinschaft von → Qumran verwendet (vgl. 1QS I, 13-15; X, 1-8; 1QpHab XI, 2-8; Dam III, 12-15; VI, 17-19; XVI, 2-4). In diesem System ist das im Frühling beginnende Jahr zu 364 Tagen (= genau 52 Wochen) eingeteilt in 4 Vierteljahre zu je 3 Monaten à 30 Tage zuzüglich einem Schalttag am Ende jedes Vierteljahres. Der Vorteil, daß jeder Tag (auch die Feste!) in jedem Jahr auf denselben Wochentag fiel (1.I. = 4. Wochentag), kann nur durch die Interkalation einer ganzen Woche zum Ausgleich mit dem tatsächlichen Sonnenjahr (wohl 5Wochen innerhalb von 28 Jahren) gewahrt worden sein. In diesem (nicht von dem ägyptischen abhängigen) solaren Kalender ist Material der babylonischen Astronomie, ausgedrückt in den Bildern des babylonischen Weltbildes (äthHen 72-82!), zu einem eigenen, künstlichen System geprägt.

3. Für die *absolute Ch.* sind - von den fiktiven Lebensdaten in Gen 5; 11, 10ff; 15, 13 ganz abgesehen (zu Gen 14 vgl. → Amraphel) - die schematischen Angaben über die Amtszeiten der sog. → »Richter« und die »Friedensjahre« ebensowenig zu verwerten wie die Zählung der Jahre »von dem Auszug aus Ägypten« an (1Kön 6, 1; Ex 16, 1; Num 1, 1; Dtn 1, 3). Für die Königszeit ermöglichen die Regierungsdaten (→ Israel: II) - wenn auch nicht immer eindeutig - eine relative Ch., die durch Synchronismen mit gesicherten Daten des Alten Orients verbunden werden kann. Zur nachexilischen Geschichte fehlen - außer den Datierungen nach persischen Königsjahren Hag 1, 1; 2, 10; Sach 1, 1; Esr 4, 24; 6, 15; 7, 7; (3Esr 6, 1;) Neh 2, 1; 5, 14; 13, 6 (von Dan ist abzusehen) - konkrete Zeitangaben (→ Judentum: I). Unter der Herrschaft der → Seleuciden übernahmen die Juden auch deren Ära; in (den Quellen von) 1Makk sind die »politischen« Ereignisse (ebenso die Briefe in 2Makk 11) nach der syrisch-makedonischen Rechnung (Beginn der Ära: Herbst 312 vChr), die »kirchlichen« (ebenso 2Makk 14, 4; 13, 1) nach der babylonisch-jüdischen Rechnung (Beginn: Frühjahr 311) datiert (Schaumberger). Daneben hat sich eine »Simon«-Ära (vgl. 1Makk 13, 42; Jos. ant. 13, 213f) ebensowenig durchgesetzt wie andere derartige Freiheitsären (vgl. BRL 313). - Etwa seit dem 10.Jh. nChr (vereinzelt schon im 9.Jh.) rechnen die Juden nach einer (von Rabbi Hillel II. [4.Jh. nChr]?) aus Bibel, Talmud und anderen Quellen gewonnenen Weltära, nach der die Welt i.J. 3761 vChr geschaffen wurde; am 26.9.1957 beginnt also das Jahr 5718.

Zu 1 u. 2: J.Morgenstern, The Three Calendars of Ancient Israel (HUCA 1, 1924, 13-78) - Ders., Supplementary Studies... (ebd 10, 1935, 1-148) - E.Bickermann, Ch. (EAW III, 5), 1933 - E.Kutsch, Das Herbstfest in Israel (Theol. Diss. Mainz), 1955, Teil A (Lit.). - Zu 1: E.König, Kalenderfragen im althebr. Schrifttum (ZDMG 60, 1906, 605-644) - F.K.Ginzel, Hdb. der mathemat. u. techn. Ch. II, 1911 - Dalman, AuS I/1. 2 - J.Begrich, Die Ch. der Könige von Israel u. Juda (BHTh 3), 1929 - EJud IX, 797ff - N.Snaith, The Jewish New Year Festival, London 1947 - E.Auerbach, VT 2, 1952, 334-342 - S.Gandz, Studies in Hebrew Calendar (JQR 39, 1949, 259-280; 40, 1949/50, 157-172) - Ders., The Calendar of Seder Olam (JQR 43, 1952/53, 177-192. 249-270) - S.H.Horn-L.H.Wood, The fifth-century Jewish Calendar at Elephantine (JNES 13, 1954, 1-20) - E.Franc, Talmudic and Rabbinical Chronology, New York 1956 - J.B.Segal, Intercalation and the Hebrew Calendar (VT 7, 1957, 250-307). - Zu 2: S.Talmon, Bibl 32, 1951, 549-563 - R.P. Barthélemy, RB 59, 1952, 199ff - A.Jaubert, Le calendrier des Jubilés et de la secte de Qumrân. Ses origines bibliques (VT 3, 1953, 250-264) - Dies., VT 7, 1957, 35-61 - J.Morgenstern, VT 5, 1955, 34-76 - J.Obermann, Calendaric Elements in the Dead Sea Scrolls (JBL 75, 1956, 285-297) - J.Milik, VT Suppl. 4, 1957, 17-36. - Zu 3: A.Alt, PJ 30, 1934, 71-79 - Ders., ZDPV 62, 1939, 209-220; 70, 1954, 142-146 - BRL 309ff - K.-D.Schunck, Die Quellen des I. u. II. Makkabäerbuches, 1954 - RAC III, 38ff (Lit.) - J.Schaumberger, Die neue Seleukiden-Liste BM 35 603 u. die makkab. Ch. (Bibl 36, 1955, 423-435). - Vgl. die Lit. zu → Israel: II, → Judentum: I.

E.Kutsch

IV. Christliche Zeitrechnung

1. Bezeichnung der Jahre - 2. Jahresanfang - 3. Woche - 4. Festkalender - 5. Kalenderverbesserung. - Zur Chronologie des Urchristentums → Christentum: I, 6

1. a) Die christliche Zeitrechnung ist gegenüber dem julianischen Kalender, auf dessen Grundlage sie im übrigen aufgebaut ist, dadurch charakterisiert, daß sie für die Zwecke des kirchlichen Lebens, insbesondere für die Festlegung des Osterfestes, des wichtigsten Festes des Kirchenjahres, das julianische Sonnenjahr mit dem das Osterfest bestimmenden Mondkalender in Beziehung bringen mußte und daß sie überhaupt die Zeiteinteilung den Erfordernissen der christlichen Lebensordnung und des kirchlichen Festkalenders anpaßte. Das kommt auch darin zum Ausdruck, daß von jetzt ab die 7tägige Woche größere Bedeutung gewinnt. Die Länge des Jahres, die Schaltung, seine Einteilung in 12 Monate und deren Bezeichnung entsprachen dem julianischen Kalender. Die *Jahresbezeichnung* mit den Namen der Konsuln hielt sich rein formelhaft noch lange. In den frühesten Chroniken des MA kommt gelegentlich auch eine Zählung der Jahre ab urbe condita vor. Die am häufigsten gebrauchte Jahresbezeichnung des christlichen MA ist dagegen die schon im Altertum vorkommende nach Regierungsjahren der geistlichen oder weltlichen Herrscher. Die Angabe der kaiserlichen Regierungsjahre neben den Konsulatsjahren und der Indiktion (s. 1c) wurde i.J. 537 von Justinian für die Beurkundung von Rechtsgeschäften amtlich angeordnet. Der Brauch wurde von allen mittelalterlichen Kanzleien aufgenommen. Die Päpste zählten im Früh-MA nach Regierungsjahren der Kaiser, seit 781 und ständig seit 1047 nach eigenen Pontifikatsjahren. Bei den deutschen Kaisern wird zwischen Anni regni und Anni imperii unterschieden. Der Epochentag, dh der Tag, von dem ab die Jahre gezählt werden, ist verschieden: meist der Tag der Krönung (Weihe), aber auch der Tag der Wahl oder (franz. Könige) der Todestag des Vorgängers.

b) Neben der Zählung nach Regierungsjahren ist die Verwendung fortlaufender Jahreszählungen von einem festen Punkt ab im frühen MA für das Abendland kaum von praktischer Bedeutung. In Byzanz kam im 7.Jh. eine *Weltära* (anni ab origine mundi) auf, die mit dem 1.9.5509 vChr begann. Sie blieb dort und auch im byzantinischen Süditalien während des ganzen MA, in Rußland bis in die Zeit Peters d.Gr. in Gebrauch. Auf der Pyrenäenhalbinsel und im südlichsten Frankreich wurde seit der 2. Hälfte des 5.Jhs. bis zum Ende des 14.Jh.s nach der *spanischen Ära* gerechnet, die mit dem 1. Jan. des Jahres 38 vChr beginnt. In der alten Kirche, in der zur Vorausberechnung der Osterdaten das Bedürfnis nach einer durchlaufenden Zählung der Jahre entstand, wurde zunächst nach einer Ära gezählt, die als Ausgangspunkt den Regierungsantritt des Kaisers Diokletian (29.8.284 nChr) hatte und vor allem in Ägypten gebräuchlich war (Anni Diocletiani, von den Christen später als Ära martyrum, ἀπὸ τῶν μαρτύρων, bezeichnet). Als aber in der Mitte des 6.Jh.s der römische Abt → Dionysius Exiguus († vor 556) seine Ostertafel (s.u.) aufstellte, die später im ganzen Abendlande Geltung erlangte, wollte er in ihr das Andenken des Christenverfolgers nicht verewigen und legte daher seiner Jahresbezeichnung im Gegensatz zu der seines Vorgängers Kyrillos eine Zählung von der Geburt Christi ab zugrunde (anni ab incarnatione domini). Diese berechnete er auf den 25. Dez. des Jahres ab urbe condita 753, so daß also das Jahr 1 nChr mit dem Jahr 754 ab urbe condita und das Jahr 532 nChr mit dem Jahr 248 der Ära Diocletiani zusammenfiel. Diese Zählung, die an ihrem Ursprungsort Rom sich erst recht spät durchsetzte, ist vor allem durch ihre Aufnahme in die Ostertafel des Dionysius und später in die des Beda überallhin vorgedrungen und zur Jahreszählung der abendländischen Christenheit geworden, die alle andern Ären nach und nach verdrängte. Zuerst erscheint sie in den Annalenwerken des frühen MA, die ja mit den Ostertafeln zusammenhängen, dann auch in andern literarischen Aufzeichnungen, dann, seit dem Ausgang des 7.Jh.s (England) vereinzelt, seit dem 9.Jh. regelmäßiger auch in Urkunden. Seit etwa dem Jahr 1000 ist sie, abgesehen von der iberischen Halbinsel, im ganzen Abendlande herrschend.

c) Ein für den mittelalterlichen Kalender besonders charakteristisches Jahreskennzeichen ist schließlich noch die Angabe seiner Stellung innerhalb einer *Indiktion*. Die Indiktionszahl (indictio, Römerzinszahl) gibt an, welche Stelle das betr. Jahr innerhalb eines Zyklus von 15 Jahren einnimmt, der, mit dem Jahre 3 vChr beginnend, sich wie die Woche ständig wiederholt. Die Zyklen selbst werden nicht gezählt, auch nicht anderswie bezeichnet; sondern nur die einzelnen Jahre in ihnen erhalten jeweils die Zahl 1–15. Die Erhöhung um eine Einheit erfolgte jedoch nicht überall am Jahresanfang (25. Dez. oder 1. Jan., Indictio Romana, im Bereich der byzantinischen Kultur am 1. Sept. *vor* unserem Jahresanfang, Indictio Graeca), sondern anderswo, auch in deutschen Kanzleien, am 24. Sept. (Indictio Bedana), ganz vereinzelt auch am 8. Sept. Die Indiktionsbezeichnung, die vielleicht auf Einrichtungen der römischen Steuerverwaltung zurückgeht und am frühesten in Ägypten belegt ist, begegnet als Jahreskennzeichen in den Quellen seit dem Anfang des 4.Jh.s nChr, in der päpstlichen Kanzlei seit dem Ende des 5.Jh.s und ist im Hoch- und Spät-MA mit Ausnahme von Spanien überall verbreitet.

2. Auch der Epochentag des *Jahresanfangs* ist nicht überall der gleiche. Im christlichen MA waren es sechs verschiedene Jahresanfänge: a) Der *1. Januar* (Circumcisionsstil), der Jahresanfang des römischen Volkes und des julianischen Kalenders; er blieb im bürgerlichen Leben während des ganzen MA in Gebrauch, war aber wegen seines heidnischen Ursprungs bei der Kirche, obschon sie ihn durch Einsetzung eines christlichen Festes, der Circumcisio domini, an den kirchlichen Kalender anzulehnen suchte, nicht beliebt. Erst mit der Rezeption des römischen Rechtes und mit der Verbreitung gedruckter Kalender am Ende des MA setzte sich dieser Jahresanfang im offiziellen Gebrauch durch. – b) Der *1. März*, der wegen seiner Nachbarschaft zum Osterfest in der frühchristlichen Kirche in Gebrauch war. Er kommt vor allem in kirchlichen Schriften des 5.Jh.s und im fränkischen Reich bis zum 8.Jh. vor. In Venedig wurde nach diesem Jahresanfang bis zum Jahre 1797 und im christlichen Rußland bis zum Ende des 13.Jh.s datiert. – c) Der *1. September* (Stilus Byzantinus), seit dem 7.Jh. der Jahresanfang des byzantinischen Reiches und unter seinem Einfluß auch in Süditalien, in Rußland und in der Kirche des Balkan eingebürgert. – d) Der *Osteranfang* (Paschalstil, Anni resurrectionis), der unpraktischste von allen, da er wegen des wechselnden Osterdatums verschieden lange Jahre ergibt. Dieser Jahresanfang war vor allem in Frankreich (stilus Gallicanus, Francicus) bis in das Spät-MA hinein in Geltung; auch in Westdeutschland (Kirchenprovinz Köln) kommt er vor. – e) Der *Weihnachtsanfang* (Nativitätsstil), der vor allem in Deutschland, in Skandinavien und bei den Angelsachsen gebräuchlichste Jahresanfang, der die anni incarnationis logischerweise mit dem Tag der Geburt Christi beginnen läßt, der in Rom bereits im 4.Jh. am 25. Dez. gefeiert wurde. In Deutschland rechnet vor allem die kaiserliche Kanzlei bis in das 16.Jh. hinein nach dem Weihnachtsanfang. – f) Der *25. März* (Annuntiationsstil, Marienjahr), der auf der Vorstellung beruht, daß der Zeitpunkt der Menschwerdung Christi nicht auf den Tag seiner Geburt, sondern den seiner Empfängnis, also 9 Monate vorher falle. Dieser Jahresanfang war vor allem in Italien, wo er wohl entstanden ist, üblich und hat sich von dort aus, nicht zuletzt unter dem Einfluß des Marienkultes, verbreitet, in Deutschland besonders in der Trierer Kirchenprovinz (Stilus Trevirensis), seit dem 12.Jh. auch in England, wo er bis 1752 der amtliche Jahresanfang blieb.

3. Die *Woche* war von Anfang an bei den Christen als Grundlage für die zeitliche Ordnung des kirchlichen Lebens in Gebrauch. Im Gegensatz zu den Juden nahmen sie jedoch nicht den siebenten, sondern, in Erinnerung an den Auferstehungstag Christi, den ersten Wochentag als Feiertag (dies dominica) an. Die Bezeichnung der übrigen Wochentage erfolgte entweder wie bei den Juden durch Durchzählung der Tage (Feria secunda, tertia usw) oder aber nach römischem Brauch mit den Planetennamen (→ Chronologie: II, 2c), wobei für einzelne Tage christliche Umbenennungen aufkamen. Für die Stellung der Tage innerhalb des Monats blieb der römische Monatskalender (→ Chronologie: II, 2a) die verbreitetste, allerdings oft fehlerhaft angewandte Tagesbezeichnung bis in das Hoch-MA. Als Schalttag (dies bissextus), den der römische Kalender durch Verdoppelung des 6. Tages vor den Kalenden des März geschaffen hatte (ante diem bis sextum kal. Martias), zählte auch das MA den 24. Febr. und verlegte dann das im Gemeinjahr auf diesen Tag fallende Fest des hl. Mathias auf den 25. Febr. Selten und nur im frühen MA begegnet die heute gebräuchliche fortlaufende Durchzählung der Tage innerhalb des Monats, die, aus dem Orient kommend, in Griechenland und Rom vorkommt, sich aber in der christlichen Welt gegenüber der julianischen Tagesbezeichnung zunächst nicht behaupten kann und erst am Ende des MA allgemein durchsetzt. In Italien begegnet seit dem 8.Jh. die Consuetudo Bononiensis, die den Monat in 2 Hälften teilt und die Tage der ersten Hälfte, des mensis intrans, fortlaufend, die der zweiten, des mensis exiens oder stans, rückwärts zählt. Diese Zählung fand von Oberitalien, ihrem Hauptverbreitungsbebiet, aus auch in Frankreich und Deutschland Eingang. Die neben dem römischen Kalender am häufigsten vorkommende Tagesbezeichnung, vor allem seit dem 12.Jh., ist aber die Angabe der Tage nach den kirchlichen Festen, die auf sie fielen oder in deren Nähe sie lagen, wobei der Tag vor dem Feste als Vigilia, der Tag nach ihm als Crastinus (dies), der 7. Tag danach (oder auch die ganze Woche danach) als Octava bezeichnet wurde. Diese Datierung nach den kirchlichen Feiertagen, deren Reihenfolge man im → *Cisiojanus* (lat. Memorialversen) festhielt, hat allmählich den julianischen Monatskalender verdrängt.

4. In diesem christlichen *Festkalender* spielen nun das Osterfest und die mit ihm zusammenhängenden Feste insofern eine Rolle für sich, als sie an den Mondumlauf gebunden sind. Die Verbindung des Ostertermins mit dem julianischen Jahr erfolgte nach der Metonischen Schaltregel (→ Chronologie: II, 2a), nach der 235 Mondmonate sich, allerdings nicht genau, mit 19 Sonnenjahren decken, einer Periode also, in der bei allen Jahren, die in ihr jeweils an der gleichen Stelle stehen, die Mondphasen immer auf das gleiche Monatsdatum fallen. Die Zahl nun,

die angibt, welche Stelle ein julianisches Jahr innerhalb eines solchen 19jährigen Zyklus (Cyclus decemnovennalis) einnimmt, ist die »goldene Zahl« (numerus aureus). Jedem Jahr des Kalenders kommt also als Numerus aureus eine Zahl von 1-19 zu, wobei als Ausgangspunkt der Zyklen das Jahr 1 vChr angenommen wurde. Für die Berechnung des Osterfestes (und der von ihm abhängigen Feste) war weiter die Tatsache von Bedeutung, daß seit dem Konzil von → Nicäa der Ostertag in der christlichen Kirche auf den *Sonntag* nach dem Vollmond fällt, der auf den Frühlingsanfang folgt, dh frühestens auf den 22. März, spätestens auf den 25. April. Die Sonntage aber fallen in einer Periode von 28 Sonnenjahren (Cyclus solaris) immer wieder auf den gleichen Kalendertag, so daß also, um eine immer wiederkehrende Periode der Ostersonntage zu erhalten, ein Zyklus von 19 × 28 = 532 Jahren erforderlich ist. Dieser Zyklus (Cyclus lunisolaris, paschalis), in dem die Ostersonntage sich in gleicher Folge wiederholen, löste im Abendlande alle früheren Berechnungen ab und wurde die Grundlage für die *Ostertafeln* des MA, vor allem für die des Dionysius Exiguus (s. 1b) und die des Beda, der in seiner Tafel den Ostertermin für die Zeit von 532 bis 1063 berechnete. Diese Ostertafeln, die im ganzen Abendlande Verbreitung fanden, enthielten in Tabellenform zu jedem Inkarnationsjahr die Angabe der Indiktion, des Numerus aureus, des Tages des Ostervollmonds und des Ostersonntags mit seinen Kennzeichen, zu denen auch die *Epakten* und die *Konkurrenten* gehörten. Die (mittelalterlichen) Epakten (adiectiones lunae), die in ihrer Periode mit der des 19jährigen Mondzyklus korrespondieren, geben in Zahlen von 0 bis 28, die am 1. Sept. wechseln, das Mondalter des 22. März (sedes epactarum) als des frühest möglichen Ostertermins an. Die jeweils mit dem 1. März wechselnden Konkurrenten (Epactae solis), deren Periode mit dem Sonnenzyklus korrespondiert, geben den Wochentag des 24. März des betr. Jahres an, wobei der Sonntag mit 1, der Montag mit 2 usw. bezeichnet wird. Mit Hilfe der Epakten ließ sich also der Tag des Frühlingsvollmondes, mit den Konkurrenten der Tag des Ostersonntag ausrechnen.

5. a) Man hatte schon im Altertum erkannt, daß das julianische Jahr von 365¼ Tagen um etwa 11 Minuten zu lang ist und dadurch hinter dem wirklichen Sonnenjahr immer mehr zurückbleibt. Ebenso weist die für den Ostertermin bedeutsame Gleichsetzung von 19 julianischen Jahren mit 235 Mondmonaten einen Fehler von etwa 1½ Stunden auf. Es hat im MA nicht an Versuchen gefehlt, diese Ungenauigkeiten auszugleichen und wieder zu einer Übereinstimmung der astronomischen Erscheinungen mit ihren kalendarischen Fixierungen zu kommen. Die Reformkonzile, namentlich aber das Tridentiner Konzil, haben sich mit dem Problem beschäftigt, das dann durch die *Gregorianische Kalenderreform* (Bulle → Gregors XIII. Inter gravissimas vom 24.2. 1582) gelöst wurde, und zwar so, daß in diesem Jahr vom 4. auf den 15. Okt. gesprungen und zur Erhaltung des so gewonnenen Gleichgewichtes außerdem bestimmt wurde, daß fortan in je 400 Jahren dreimal nicht geschaltet werden sollte (Aequatio solaris). Dadurch wurde der Fehler in der Sonnenrechnung auf Jahrtausende hinaus sehr gering. Die Beseitigung der Fehler in der Mondrechnung, dh die Herbeiführung einer Übereinstimmung der wirklichen und der kalendarischen Mondphasen innerhalb des Metonischen Zyklus wurde durch die Einführung eines neuen Epaktenzyklus (s. 4) vorgenommen. Der so verbesserte Kalender wurde von den Katholiken sogleich angenommen, stieß dagegen bei den Protestanten lange auf Widerstand, so daß nun ein prot. »alter« und ein kath. »neuer« Kalender mit einer Differenz von 10 (seit 1700: 11) Tagen nebeneinander bestanden. Erst im Laufe des 18.Jh.s nahmen nach und nach alle prot. Staaten den neuen Kalender, zunächst in der Form des »verbesserten« Kalenders an. Nur die Gebiete der östlichen Kirche einschließlich Rußlands, das im Jahre 1700 die Rechnung nach Inkarnationsjahren angenommen hatte, hielten bis nach dem Ausgang des 1. Weltkrieges am julianischen Kalender fest.

b) Ein Versuch, den Kalender rationaler zu gestalten, ist in dem *Kalender der französischen Revolution* gemacht worden (in Geltung vom 5.10.1793 bis 31.12.1805), der das Jahr in 12 Monate zu je 3 Dekaden von je 10 Tagen, dazu 5 jours complémentaires und außerdem im Schaltjahr 1 jour de la révolution, aufteilte. Seither sind, besonders seit dem Beginn des 20.Jh.s, zahlreiche Vorschläge zu einer Kalenderreform gemacht worden, um die offenkundigen Unebenheiten unserer Zeit- und Festrechnung zu beseitigen (nach dem neuesten sollte das Jahr in 4 Vierteljahre zu 3 Monaten von je 30 Tagen zuzüglich 1 Tag [= genau 13 Wochen] geteilt werden; der 365. Tag [sowie der Schalttag in jedem 4. Jahr] sollte am Ende des Jahres außerhalb der Wochenzählung eingeschoben werden, so daß in jedem Jahr jedes Datum auf denselben Wochentag fiele); bis jetzt hatten sie alle gegenüber der Macht der Tradition keinen Erfolg.

Außer der Lit. in bzw. zu → Chronologie: I. II: R.SCHRAM, Kalendariographische u. chronologische Tafeln, 1908 - H.GROTEFEND, Zeitrechnung des deutschen MA u. der Neuzeit, 2 Bde, 1891/1898 - DERS., Taschenbuch der Zeitrechnung des dt. MA u. der Neuzeit, (1898) 1941⁸ - DERS., Abriß der Ch. des dt. MA u. der Neuzeit (MEISTERS Grundriß der Geschichtswiss. I, 3), (1906) 1912² - F.RÜHL, Ch. des MA u. der Neuzeit, 1897 - K.A.H.KELLNER, Heortologie oder die geschichtl. Entwicklung des Kirchenjahres u. der Heiligenfeste, (1901) 1911³ - H.LIETZMANN, Zeitrechnung der röm. Kaiserzeit, des MA u. der Neuzeit (SG 1085), (1934) 1956³ (hg.v. K.ALAND) - A.GIRY, Manuel de diplomatique, Paris 1895 (franz. Ch.) - M.MODICA, Diplomatica, Milano 1942 (ital. Ch.). *Eugen Meyer*

Chrysologus, *Petrus* genannt Chr., Erzbischof von Ravenna, † um 450. Die Schilderung seiner Amtszeit im Liber pontificalis ecclesiae Ravennatensis (c. 47) des Abtes Agnellus aus dem 9.Jh. hat teilweise legendären Charakter. Der Beiname Chr. kam erst im 9.Jh. auf, ständig mit dem Namen verbindet ihn erst die Neuzeit. Seit 1729 ist der 4.12 sein Gedächtnistag. - Während seiner Amtszeit erbaute Chr. die ecclesia Petriana in Classe. - Seine Predigten (176; unecht Nr. 53, 107, 135, 139, 149) sind meist für Kirchenfeste bestimmte exegetische Homilien; über das Symbolum handeln Serm. 56-62; die Erklärung des Pater noster Serm. 67-72. Der Stil der Predigten ist meist manieriert, Mittel der antiken Rhetorik sind häufig (Antithese, Klausel, Isikolon). Als Theologe verläßt Chr. nicht den durch das Bekenntnis von Nicäa abgesteckten Rahmen. Neben Ausführungen gegen Arianer, Novatianer, Nestorianer usw interessiert seine in einem erhaltenen Antwortschreiben an Eutyches (ep. 25 unter den Briefen Leos I.) zum Ausdruck kommende positive Stellungnahme zum Primat der röm. Kirche.

Ausg.: MPL 52. - PW XIX, 1361 ff - ALTANER 407 (Lit.).
H.Kusch

Chrysostomus heißt seit dem 6.Jh. *Johannes von Konstantinopel* (354-407): der beliebteste Prediger der Ostkirche ist zugleich einer der Klassiker der griechischen Sprache und Literatur in ihrer Nachblüte (→ Altchristliche Literaturgeschichte, 4a) sowie eine der anziehendsten Persönlichkeiten unter den Kirchenvätern. Er stammte aus vornehmer christlicher Familie in Antiochia und genoß hier eine sorgfältige Erziehung. Von den Vorträgen des → Libanius wandte er sich frühzeitig ab zu theologischen Studien bei → Diodor von Tarsus (→ Antiochenische Theologie, 3). Nach einem mehrjährigen Leben in asketischer Zurückgezogenheit wurde Ch. am 11.1.386 zum Presbyter geweiht. Dieser Tag bedeutete einen Einschnitt in seinem Leben. Die aus den Jugendjahren erhaltenen Schriften zeigen uns Ch. noch ganz unter dem Gedanken mönchischer Weltflucht; auch die berühmteste seiner Abhandlungen, De sacerdotio, preist zwar die Würde des Priestertums, begründet aber zugleich den Entschluß, im mönchischen Stande zu verharren. Mit dem Tag der Priesterweihe beginnt der Strom seiner Predigten zu fließen. In ihnen zeigt sich Ch. als geschulter Exeget und weltoffener Seelsorger, der seiner Gemeinde in ihren Nöten den Trost und die Kraft des Bibelwortes erschließt. Weniger als theologischer Denker denn als Kirchenmann (→ Abendmahl: II, 1a) und Erzieher tritt uns Ch. hier entgegen und nötigt uns durch den Ernst seiner Auffassung vom Christenleben Achtung ab. Seine Predigten sind teils Reden über Einzeltexte und Tagesfragen, über Heilige und Märtyrer, teils Homilien mit laufender Auslegung ganzer biblischer Bücher (Gen, zT Pss, Jes [?], Mt, Joh, Apg, 14 Paulusbriefe). Gerade die Homilien haben den Ruhm des Predigers bis in die heutige Zeit lebendig erhalten, wie denn die modernen Übersetzungen sie fast ausschließlich berücksichtigen. Aber auch die Reden verdienen noch heute Beachtung. Sie haben die Zeitgenossen erschüttert - berühmt sind die 21 Reden De statuis nach einem Aufstand in Antiochia oder die beiden Reden in Konstantinopel über den Sturz des Hofministers Eutropius - und bieten ein farbiges Gemälde von den kulturellen und kirchlichen Zuständen in zwei Hauptstädten der alten Welt. Denn nach 12jähriger Tätigkeit als Priester in Antiochia wurde Ch. am 26.2.398 Bischof von Konstantinopel. In dieser bedeutenden Stellung fielen ihm neue, politische Aufgaben zu. Auf der einen Seite forderte das rivalisierende Verhältnis der großen Bischofssitze, auf der andern die Behauptung der Unabhängigkeit vom Kaiserhof Tatkraft und persönlichen Mut. Ch. hat den seit 381 im Werden begriffenen Sprengel der Konstantinopler Bischöfe durch die kirchliche Unterwerfung von Ephesus und der Asia erweitert und ist auch in Bithynien als Oberhirte aufgetreten (→ Kirchenverfassung: II, → Konstantinopel). Gegenüber den Unsitten am Hofe, besonders gegen die Kaiserin Eudoxia, führte er eine freimütige Sprache. Die ungewollte Einmischung des Ch. in die →origenistischen Streitigkeiten benutzte → Theophilus von Alexandria, um seine Eifersucht mit dem Haß des Hofes zum Sturz des Ch. zu verbinden. 403, endgültig 404 wurde Ch. auf Grund eines Spruchs der sog. Eichensynode bei Chalcedon verbannt, zunächst nach Armenien. Als er von dort durch regen Briefwechsel mit seinen Anhängern verbunden blieb und sogar bei den wichtigsten italienischen Bischöfen Rückhalt fand, wurde er an das ferne Ostufer des Schwarzen Meeres verwiesen. Unterwegs erlag der zarte und durch Askese geschwächte Mann den Strapazen des Transportes (14.9.407).

GA: MPG 47-64; SC 13 (Briefe). 28 (C. Anomoeos de incomprehensibili). - Übers. in BKV² 8 Bde mit Homilien zum NT, 1915 bis 1936 - PW IX/2, 1916, 1811ff - C.Baur, Der hl. Joh.Ch. u. seine Zeit, 2 Bde, 1929/30 - Lietzmann IV, 102ff - E.Schwartz, Palladiana (ZNW 36, 1937, 168-192) - B.H.Vandenberghe, Ch. de grote Redenaar, Culturbeeld van het oude Antiochie, 1939 - Altaner 278ff (Lit.) - J.Dumortier in Mélanges de Science Religieuse 8, 1951, 51 bis 56: Versuch einer Chronologie der Frühzeit - H.v.Campenhausen, Griech. Kirchenväter, 1955, 137ff. - Auf 50 neue Homilien weist A.Wenger in REByz 14, 1957, 5ff hin.

W.Eltester

Chrysostomus-Liturgie → Gottesdienst: V A.

Chthonische Gottheiten (χθόνιος von χθών = Erdtiefe) sind unterirdisch und aus der Tiefe der Erde dunkel wirkende Gottheiten. In der Nähe der »Mutter → Erde« stehend, sind sie jedoch nicht mit ihr identisch. Innerhalb der ionisch-homerischen Adels- und Heldenreligion nehmen sie nur eine Randstellung ein, erscheinen aber innerhalb dieses Kreises als starke ordnende, kaum vermenschlichte Mächte (Zeugen beim Eidschwur). Hesiod rät, außer zu Zeus chthonios zur »reinen« Demeter um gute Ernte zu beten, siedelt die Heroen, die nach ihrem Tode Hüter des Rechts sind, unter der Erde an und verbannt die Widersacher des gerechten Himmelsgottes Zeus, die Titanen, alter Sage folgend, in das Reich der Toten, wo sich also sowohl gute (vgl. Pluton) als böse Mächte befinden. Die Gegensätzlichkeit der olympischen und chth. Götterwelt (vgl. Poseidon) spiegelt sich in dem Werk des Aischylos, bei dem sich, im großen gesehen, die Entwicklung von einer chth. Frömmigkeit zu einer lichten, olympischen, menschlich gestalteten Götterordnung wiederholt und zu einem Ausgleich drängt. Hauptzeugnis: die Orestie mit der Verwandlung der Erinnyen in Eumeniden, Rettung des Muttermörders Orest durch die Zeustochter Athene, Einsetzung des Areopags als des Richterkollegiums über Mörder, die nun nicht mehr in alter Weise rein nach der Tat als solcher verurteilt werden, wie denn wieder das Bild des chth. Zeus konzipiert werden kann, der als allwaltender Träger des Rechts auch über die dunklen Mächte herrscht. Am längsten sind noch die chth. G. Demeter und Persephone lebendig, und zwar in den Eleusinischen → Mysterien, in deren Frömmigkeit die Unsterblichkeitshoffnung sich auf der Vorstellung von der Erdtiefe als der die Toten bergenden und das Leben wieder erweckenden Welt gründet. - Im ganzen bleibt in jedem Fall, wo Chthonisches auftaucht, zu prüfen, wieviel davon nach Abzug des Olympischen übrigbleibt, auch dann, wenn örtliche Gegebenheiten mitspielen: Erdschluchten, Eingänge in die Unterwelt. - Zu einem Grundbegriff ist das Chthonische geworden, als die religionsgeschichtliche Forschung sich im 19.Jh. antiklassizistisch volkskundlicher Gedankenwelt zuwandte und die griechische Hochreligion und ihre Träger zurücktreten ließ. Bei der Neuwertung der griechischen Religion, die das charakteristisch Griechische suchte, hat andererseits die alte Vorstellungswelt im allgemeinen keine Unterbewertung erfahren, auch nicht wenn Gestalten außergriechischer Kulturkreise (Ceres, Ereschkigal, Hel) herangezogen wurden.

O.Kern, Die Religion der Griechen I, 1926, 27ff - W.F.Otto, Die Götter Griechenlands, (1929) 1947³, 21ff - M.Pohlenz, Die griech. Tragödie, (1930) 1954² - WM I, 147ff, bes. 210ff - M.P.Nilsson, Gesch. der griech. Religion, I (1941) 1955² (Reg.) - K.Deichgräber, Eleusinische Frömmigkeit u. homer. Vorstellungswelt im Homerischen Demeterhymnus (AAMz 1950, Nr. 6).

K.Deichgräber

Chubb, *Thomas* (1679-1746), * in der Nähe von Salisbury, war Talghändler, der Privatstudien trieb. → Whiston's »Primitive Christianity revived« veranlaßte ihn, sich in einer Schrift »The Supremacy of the Father asserted« (1715) zum Arianerstreit zu äußern. Wohlhabende Gönner ermöglichten es ihm, sich literarisch zu betätigen. Er veröffentlichte mehr als 50 Schriften; die wichtigsten sind: »Discourses concerning Reason« (1731, die Vernunft genügt als Führerin auf dem Gebiet der Religion), »The true Gospel of Jesus Christ« (1739, beeinflußt durch M. → Tindal; Christi Lehre als Ausdruck des Naturgesetzes), und seine nachgelassenen Schriften (1748). Ursprünglich ein Schüler von Samuel → Clarke, gab Ch. den Arianismus zugunsten eines reinen → Deismus auf, der in England bereits im Niedergang war. Ihm erschienen als die drei grundlegenden, religiösen Wahrheiten: 1. daß der Mensch durch sittliche Bemühung Gott angenehm werden könne; 2. daß Gottes Gnade nur durch

Buße und Wiedergutmachung gewonnen werden könne; und 3. das Kommen des Gerichts und der Vergeltung. Trotz wachsender Skepsis blieb Ch. kommunizierendes Glied der anglikanischen Kirche. Seine geistige Bedeutung gewann ihm das Lob Voltaires; aber seine Schriften zeigen einen Mangel an denkerischer Disziplin.

Posthumous Works, 1748 (mit biogr. Einl.). - Über Ch.: L.STEPHEN, History of English thought in the 18th cent. I, 1881, 163f - DNB IV, 1908, 297f - HIRSCH I, 338ff. *D.Carter*

Chur. Christliche Anfänge in Raetia I liegen im 4.Jh. Asinio ist 451 der erste bekannte Bischof von Ch. Weltliche und geistliche Führung lagen im 7./8.Jh. bei den Victoriden, darunter Bischof Tello, dem Gründer von Disentis. Außer dem Bündner Gebiet (ohne Puschlav) gehörten Arlberg und Vintschgau zum mittelalterlichen Bistum. Seit Anfang des 7.Jh.s der fränkischen Kirche angegliedert, gehörte dieses von 9.Jh. bis 1802 zum Erzbistum → Mainz. Im Investiturstreit spielten die Bischöfe Ulrich und Wido, unter Friedrich I. Adelgot und Egino eine große Rolle. Das Eingreifen Karls IV. führte mittelbar seit 1367 zum Gotteshausbund neben dem Bischof, dessen Herrschaftsrechte durch die Ilanzer Artikel 1524/26 stärkstens beschnitten wurden. - Das heutige Bistum hat einen ganz anderen Bereich als das mittelalterliche. Von 1 106 674 Einwohnern sind (1956) kath. 417 117; neben 604 Weltpriestern sind 400 Ordenspriester tätig; 30 männliche Ordensniederlassungen zählen 581, 261 weibliche 2730 Mitglieder.

TH.V.MOHR, Cod. dipl. Raetiae I-V, Chur 1848/83 - E.MEYER-MARTHALER-F.PERRET, Bündner Urkundenbuch I. II, 1947ff - HBLS II, 1924, 583ff; III, 1926, 643ff - A.BRACKMANN, Germania pontificia II, 2, 1927, 84ff (Lit.) - E.POESCHEL, Kunstdenkmäler d. Kt. Graubünden I-VII, Basel 1937-48 - F.PIETH, Bündnergesch., Chur 1945 (Lit.) - O.CLAVADETSCHER, in: ZSavRG Germ. Abt. 70, 1953, 1-63 u. Kan. Abt. 39, 1953, 46-111 - O.VASELLA, Abt Theodul Schlegel von Ch. u. seine Zeit, 1954 - I.MÜLLER, Die karoling. Luciusvita (Jahresber. Hist. ant. Ges. Graubünden 85, 1956, 1-51) - AnnPont 1957, 209. *H.Büttner*

Church Army, 1882 von dem Pfarrer Wilson Carlile gegründete, in ihren Formen der → Heilsarmee ähnelnde Evangelisationsbewegung der → anglikanischen Kirche (: I, 7). Sie begann ihre Tätigkeit in den Slums von Westminster, arbeitet heute aber auch in den Missionsgebieten des britischen Reiches sowie in Amerika und Kanada. Die Ch.A. unterhält Ausbildungsstätten für Evangelisten und Missionsschwestern, die unter bischöflicher Leitung mit der Ortsgeistlichkeit zusammenarbeiten. Heutiger Stand: 400 Captains und Sisters. Sie bedient sich moderner evangelistischer Arbeitsmethoden, wie Missions- und Film-Lkws, Nachrichten-Teams. Neben der Evangelisation umfaßt ihre Tätigkeit alle Arbeitsgebiete der Inneren Mission, wie Sozialberatung, Gefangenenfürsorge, Kindermissionen, Gottesdienste in Kurorten an der See, Altersheime, Mütter- und Kindererholungswerk, einschließlich eines großen sozialen Wohnungsbauprogramms, das bisher über 1000 Häuser und Wohnungen an arme und kinderreiche Familien vermittelt hat. Auch die Betreuung der in Deutschland stationierten englischen Besatzungstruppen gehört zu ihren Aufgaben.

W.CARLILE, The early days of the C.A. 1883-86, 1891 - TH.KOLDE, Die engl. Kirchenarmee (NKZ 10, 1899, 101-138) - ERE III, 629ff - M.BURN, The Pearl Divers, London 1920 (über W.Carlile u. Ch.A.) - D.H.BARBER, The Ch.A. in World War II, London 1947. *E.H.Robertson*

Church Missionary Society → Anglikanische Kirche: II.

Church of God ist die Bezeichnung für eine Reihe verschiedenartiger Gemeinschaften in USA. 1. *ChsG in North-America (General Eldership):* 1830 von Joh.Weinbrenner, einem deutsch-ref. Prediger in Harrisburg, Pa., als Frucht einer Erweckungsbewegung gegründet mit dem Anspruch, die »wahre Kirche« zu sein, in der die Bekenntnisse durch die Bibel als »einzige Richtschnur des Glaubens und Handelns« ersetzt sind. Taufen durch Untertauchen; Fußwaschung. Die Gemeinden werden von Ältesten, die Kirche von der »Generalältestenschaft« geleitet. Seelenzahl: 30 000 in 350 Gemeinden. - 2. *ChG (New Dunkers):* 1848 gegründet als Abzweigung von den pietistischen »German Baptist Brethren« in Pennsylvanien. Erwachsenentaufe, Krankenölung, Abendmahl mit Fußwaschung. Ablehnung von Waffendienst, Eid, Alkohol, Schmuck. - 3. *ChG (Anderson):* 1880 abgespalten von 1. unter Führung von Daniel S.Warner, perfektionistisch. Als »Reformationsbewegung« will sie die Wiedergeborenen jenseits der Kirchen in der wahren »Gemeinde Gottes« sammeln, die ohne menschliche Zwischenschaltung unmittelbar durch den Heiligen Geist geleitet wird. Erwachsenentaufe; Fußwaschung. College in Anderson (Indiana). Über 2000 Gemeinden mit 113 000 Seelen in USA und Kanada. 12 Missionsgebiete, darunter seit 1902 Deutschland (65 Versammlungsplätze mit 25 Predigern, Bibelschule in Fritzlar; Zeitschrift »Evangeliumsposaune«). - 4. Adventistische Abzweigungen: *ChG, Adventist,* gegr. 1865; *ChsG in Jesus Christ* (Oregon), gegr. 1888; *ChG, Seventh Day,* gegr. 1933. Alle sind durchweg klein und unterscheiden sich von den Siebenten-Tag-→ Adventisten dadurch, daß sie entweder den Sabbat oder E.G. → White oder die Lehre von der Reinigung des himmlischen Heiligtums ablehnen. - 5. Pfingstlerisch sind: *ChG,* 1892 als Holiness Church gegr., 1907 von ihrem Leiter A.J.Tomlinson in ChG umbenannt, in der Folgezeit von vielen Spaltungen heimgesucht. Darunter: a) *ChG (Cleveland),* gegr. 1909; über 4000 Gemeinden und 230 000 Seelen. Ableger und Missionen in 33 Ländern, darunter in Deutschland die »Gemeinde Gottes« mit 58 Gemeinden und 4500 Seelen. b) *The original ChG (Chattanooga),* gegr. 1917; 5000 Seelen. c) *ChG, World Headquarters,* nach A.J.Tomlinsons Tod 1943 aus Nachfolgestreitigkeiten erwachsen und von seinem Sohn Homer A.Tomlinson geleitet (Sitz: Queens Village, New York). - Weitere kleine Pfingstgemeinschaften seien nur mit Namen erwähnt: Mountain Assembly ChG. ChG, Incorporated. Remnant ChG. Non-Digressive ChG. Justified ChG. Glorified ChG. ChG of the Bible. ChG in Christ.

E.T.CLARK, The small sects in America, Nashville, (1937) 1949² - Year Book of American Churches - W.W.SWEET, Der Weg des Glaubens in den USA, o.J. - HUTTEN 339ff. 376f. *K.Hutten*

Church of the Brethren ist eine aus dem deutschen Pietismus hervorgegangene täuferische Denomination in Amerika. Sie geht zurück auf A.H. → Franckes Schüler Alexander Mack (1679-1735), der 1708 in Schwarzenau im Edertal acht Erwachsene taufte und mit diesen »Brüdern« urchristliche Grundsätze in die Praxis umsetzen wollte. Sie traten für Glaubensfreiheit ein, lehnten die Vermischung von Staat und Kirche, die Teilnahme am Krieg und jeden religiösen Zwang ab. Mit der Ausbreitung der Gemeinschaft setzte auch die Verfolgung ein und zwang 1719 zur Auswanderung nach Pennsylvanien. Die Ch. of the B. hielt an deutscher Sprache und Sitte fest und galt daher ihrer Umgebung oft als rückständig. Durch ihr kompromißloses Eintreten für Gewaltlosigkeit ist sie weit über ihre numerische Stärke hinaus (200 000 Seelen in ca 1000 Gemeinden) bekannt und zählt heute neben den → Mennoniten und → Quäkern zu den »historischen Friedenskirchen«. Seit 1894 treibt die Ch. of the B. Mission in Indien, seit 1922 in Afrika und seit 1946 in Südamerika. Das 1940 gebildete Brethren Service Committee unterhält nach dem 2. Weltkrieg in vielen Ländern, darunter auch in Deutschland, ausgedehnte Hilfswerke und Arbeitslager.

Die Organisation der Ch. of the B. ist kongregationalistisch. Eine von Gemeindevertretern beschickte Jahresversammlung hat die letzte Entscheidungsgewalt.

Gruppenbildungen der Ch. of the B.: 1728 gründete der Mitarbeiter Macks, Conrad Beissel, in Ephrata, Pa., eine ordensähnliche sabbatistische Gemeinschaft, die German Seventh Day Baptists, die bis etwa 1800 bestand (→ Christlich-sozialistische Gemeinden in Amerika). – 1881 trennten sich die konservativen Old German Baptist Brethren (Old Order Brethren) und 1882 die fortschrittlichen Progressive Brethren wegen Meinungsverschiedenheiten in Fragen der Kirchenleitung, der religiösen Unterweisung und der Kleidung. – Schweizer Mennoniten, Lutheraner und Baptisten konstituierten 1752 in Lancaster County, Pa., die River Brethren. Sie bestehen aus drei Gruppen: den streng mennonitischen Brethren in Christ, den Yorker Brethren (seit 1843) und den United Zion's Children (seit 1855). – Vgl. → Dunkers.

M.G.Brumbaugh, History of the German Baptist Brethren in Europe and America, Elgin, Ill., (1899) 1907² – H.R.Holsinger, The Tunkers and the Brethren Church, 1901 – J.G.Gillin, The Dunkers, New York 1906 – J.S.Flory, Literary Activity of the German Baptist Brethren in the 18th century, Elgin 1908 – D.L.Miller, Two Centuries of the Ch. of the B., Elgin 1908 – G.B.Royer, 33 Years of Missions, 1913 – O.Winger, History and Doctrine of the Ch. of the B., 1914 – E.Frantz, Basic Beliefs, 1944 – D.W.Kurtz, Studies in Doctrine and Devotion, 1946 – D.W.Bittinger, The Ch. of the B. (V.Ferm, The American Church of the Protestant Heritage, New York 1953, 279-292) – F.E.Mayer, The Religion Bodies of America, St.Louis 1954. – Zeitschrift: Gospel Messenger, 1883ff.

H.-H.Schrey

Chyträus (gräzisiert aus *Kochhafe*), *David* (1531–1600), ev. Theologe, * zu Ingelfingen bei Schwäbisch-Hall. Dank seiner weitgreifenden Bildung und seinem Organisationstalent weithin bedeutsam. Seit 1550 ein mächtiger Pfeiler der Universität Rostock, zugleich kirchlicher Tätigkeit beflissen, wurde er zur Aufstellung von Kirchenordnungen und Agenden 1568 auch von den ev. Ständen Niederösterreichs eingeladen und darnach von denen Steiermarks (→ Österreich). Bis nach Antwerpen und Schweden reicht sein Rat und Ansehen. Unter den dogmatischen Werken hat sich die knappe und geschickte an → Melachthon angelehnte Catechesis fast ein Jh. behauptet. In den Abhandlungen über einzelne Lehren macht sich eine stärker luth. Haltung geltend, wie auch in der Mitarbeit am Konkordienwerk (→ Konkordienformel).

Seine biblischen Kommentare sind von geringerem Belang. Von seinen geschichtlichen Schriften ist vor allem das in ganz Europa geachtete „Chronicon Saxoniae" zu nennen. – Über C.: O.Krabbe, D.Ch., 1870 – RE IV, 112ff; XXIII, 310 – H.Schnell, Ch. über den Abendmahlsstreit (NKZ 11, 1900, 175-180) – H.Krimm, Die Agende der niederösterreich. Stände vom Jahre 1571 (JGPrÖ 55, 1934, 3-64; 56, 1935, 52-87; 57, 1936, 51-70) – NDB III, 254f.

† *G.Loesche (H.Liebing)*

Cicero, *M. Tullius,* * 106 vChr in Arpinum, 63 Konsul, † 43 als Opfer des Bürgerkriegs. C. überragte seine römischen Zeitgenossen in der Weite seiner Bildung, schuf in Rede und Schriften die klassische lateinische Prosa, vermittelte Rom und dem lateinischen Westen wesentliche Lehrstücke griechischer Philosophie. Zum Philosophen im eigentlichen Sinn fehlten ihm Konsequenz und Strenge systematischen Nachdenkens, mehr noch die Neigung zum βίος θεωρητικός. Ihm, dem Römer, galt tätige Förderung der res publica als vornehmste Mannespflicht, seine umfangreichen Werke schrieb er in Zeiten erzwungener politischer Muße. Jedoch durchdrang philosophische Bildung auch seine politische Existenz: Ihr vor allem verdankte er das regnum forense, den Primat unter den Rednern seiner Zeit. Auch seine Nobilitätspolitik war bei C., dem homo novus, nicht wie bei den meisten Optimaten unreflektierte Folge hoher Abstammung, sondern von der Überzeugung beseelt, der Idealstaat Platons sei in der republikanischen Verfassung Roms verwirklicht gewesen. Das philosophische Pathos seiner Politik war eine der Quellen der Autorität, die er zeitlebens besaß; es war auch Ursache seines Scheiterns als Staatsmann: Die Machtpolitik → Cäsars und seiner Nachfolger ging über ihn hinweg. – Wie seine Redekunst ihre Prägnanz und Tiefe philosophischer Schulung verdankt, so beeinflußte die forensisch-politische Praxis seinen philosophischen Standpunkt. Der Blick des geborenen Advokaten für die Schwächen jeder Parteimeinung mußte ihm den – von der Skepsis des Karneades vorbereiten – → Eklektizismus der Akademie unter Philo und Antiochus empfehlen. C. genoß beider Akademiker persönlichen Unterricht, stand aber auch mit den Stoikern Diodotus und → Posidonius in freundschaftlichem Umgang. Seine philosophischen Schriften, meist Dialoge, bieten fast durchweg Auszüge aus hellenistischen Vorlagen, mit Geschick und gesundem Urteil ausgewählt, geordnet und erläutert. Der akademischen Skepsis folgte er in Erkenntnistheorie und Naturlehre; in der Ethik und Religionsphilosophie konnte sie seinem praktischen Sinn nicht genügen. Die Existenz einer Vorsehung und einer sittlichen Weltordnung, aus der die Gesetze der Staaten Würde und Kraft ziehen, hielt er durch consensus omnium als eine lex naturae (Tusc. I, 13, 30) für hinreichend gesichert. Wichtiger ist ihm noch das Argument, daß dem Verlust der pietas eine perturbatio et magna confusio vitae folgen müßte. Im einzelnen wirkt akademische Skepsis auch hier: In der Ethik schwankt er zwischen stoischem Rigorismus und den milderen Forderungen der peripatetisch-akademischen Ethik. Der Volksreligion und der Mantik stand er – selbst Augur – fern, Aberglauben bekämpfte er entschieden. Die formale Eleganz und der inhaltliche Reichtum seiner Schriften, seine humane Gesinnung und unbeirrte Vernünftigkeit sicherten C. eine bedeutende Nachwirkung. Von ihm haben die frühchristlichen Autoren ihre Philosophie, die → Apologetik (: II, 1) benutzt seine Religionskritik, der Schrift De officiis ministrorum des → Ambrosius liegt C.s De officiis zugrunde, die Lektüre des »Hortensius« leitete die Wende im Leben → Augustins (: I, 1) ein. C.s Moralphilosophie wirkte auf die europäische Aufklärung, → Friedrich d.Gr. regte Chr. Garve zur Übersetzung von De officiis an, und die hinfort bequem zugängliche – von Panätius stammende – Lehre vom πρέπον als der Verknüpfung des Schönen und sittlich Guten hat auf die Philosophie der Folgezeit gewirkt. Seine Schriften sind außerdem eine wichtige Quelle für unsere Kenntnis der hellenistischen Philosophie.

C.s opera, ed. Baiter-Kaiser, 1860-69; GA (Bibl. Teubn.), hg.v. A.Klotz u.a., 1914ff (noch unvollst.). – Über C.: Th.Zielinsky, C. im Wandel d. Jh.e, (1897) 1912³ – M.van de Bruwaene, La théologie de C., Louvain 1937 – PW Suppl.Bd VII A 1, 1939, 827-1274 (Lit.) – BPhil I, Nr. 3010-3105 (Lit.). *G.Patzig*

Cid, maurischer Beiname (= Herr) des span. Nationalhelden *Rodrigo* (Ruy) *Díaz,* mit span. Beinamen Campeador (Kämpfer), * ca 1043 Vivar bei Burgos, † 1099 Valencia. Trotz seiner Erfolge gegen die Mauren (→ Spanien) 1081 von Alfons VI. von Kastilien verbannt, ging er an den Hof von Saragossa; 1087 mit Alfons ausgesöhnt, begann er für diesen die Unterwerfung der maurischen Fürstentümer an der Ostküste, die er, wieder verbannt, auf eigene Faust fortsetzte. Wichtigste Eroberung war Valencia, wo der C. nach anfänglicher Toleranz den Islam zurückdrängte. Mit christlichen und maurischen

Truppen siegreich über christliche oder almoravidische Heere, mit christlichen Fürsten (Aragón, Barcelona) bald verbündet, bald im Kampf, ist der C. in den verschlungenen Wechselbeziehungen abendländischer und arabischer Kultur und Politik in Spanien keine Ausnahme, sondern die großartigste Verkörperung des Spaniers der Reconquista. - Er lebte in der Dichtung fort, im Cantar del Mío Cid, um 1140, noch realistisch, in der Crónica rimada del C. aus dem 13.Jh. als romantischer Held, als der er in die Weltliteratur einging (Corneille; Herder 1805) und in den C.-Romanzen seit dem 15.Jh. gefeiert wurde.

Ramon Menéndez Pidal, La España del C., 2 Bde, (1929) 1950[5] (Lit.); dt. Übers. 1936/37 - Ders. (Hg.), Cantar del Mío C., 3 Bde, (1908-11) 1929[2]; dt. Übers. v. J.Adam (Roman. Forschungen 32), 1913. *E.Maschke*

Cidade (Ciudad) → Johannes (João) de Deo.

CIMADE (Comité Inter-Mouvements Auprès Des Evacués). 1939 am Anfang des 2. Weltkrieges als ein Dienst der sozialen und geistlichen Fürsorge der ev. Jugend Frankreichs für die evakuierte Bevölkerung aus Elsaß und Lothringen entstanden, dehnte die C. 1940 ihre Arbeit durch kleine Laiengruppen auf die Internierungslager der Vichy-Regierung für Ausländer und auf die Opfer der rassischen Verfolgung aus. Mit ihren ökumenisch aus Laien und Geistlichen zusammengesetzten Arbeitsgruppen hat sie in dem Willen, dort einzugreifen, wo kirchliche Stellen nicht schnell genug helfen konnten, in Verbindung mit den ev. Kirchen Frankreichs nach 1945 in ausgebombten Städten, Flüchtlingslagern und Gefängnissen sowie in Mainz unter den Studenten der wiedergegründeten Universität (→ Mainz: II), in Ludwigshafen, Bonn und Berlin gewirkt, ein lebendiges Zeichen der freien Verkündigung und der praktischen Realität der Ökumene. *J.Mundler*

Circumcellionen → Donatismus, → Nordafrika: I.

Cisiojanus, nach den Anfangssilben der lat. Fassung benannte Versfolge zum Erlernen der unbeweglichen Festtage des Jahres. Um 1200 zuerst begegnend, sind die C. seit dem 14.Jh. in größerer Zahl anzutreffen, außer in lat. auch in deutscher, franz. und tschech. Sprache. Die lat. Texte enthalten 24 Hexameter, für jeden Monat einen Zweizeiler mit soviel Silben, wie der Monat Tage hat. Die Namen der Festtage, in der Regel verkürzt wiedergegeben (Cisio = Circumcisio; Epi = Epiphania), sind so angeordnet, daß die Stellung der ersten Silbe des Festnamens im Vers der des Festtages im Monat entsprach. Durch Aufnahme weiterer Feste erfuhr die ursprüngliche Gestalt des C. Wandlungen; dabei kam es zur Entstehung örtlich verschiedener Fassungen und zur Verdrängung verbindender Textworte, wodurch der Sinnzusammenhang der Verse verlorenging. Melanchthon verfaßte einen sprachlich gereinigten C. (1543). Der Gebrauch des C. hielt sich über das 16.Jh. hinaus.

EuG XVII, 1828, 295ff - K.Pickel, Das hl. Namenbuch v. Konrad Dangkrotzheim, 1878. *J.Bauermann*

Ciudad (Cidade) → Johannes (João) de Deo.

Clarenbach, *Adolf,* * ca 1500 auf dem Buscherhof bei Lennep, 1517 in Köln Magister, 1520 in Münster und 1522-1525/26 in Wesel bzw. Büderich Konrektor, 1527 Privatlehrer in Osnabrück. Überall muß er unter dem Verdacht religiöser Neuerungen weichen. 1528 wird er in Köln verhaftet und nach mancherlei Verhandlungen am 28.9.1529 in Melaten bei Köln zusammen mit → Fliesteden verbrannt. In manchem täuferischen Kreisen (Freunde Westerburg und → Klopreis) und täuferischem Denken (Eidverweigerung, Bilderfeindschaft) verwandt, hat er doch die staats- und reformationskritische Einstellung des Täufertums nicht. Seine Gestalt ist für die noch ungeklärt wogenden religiös-kirchlichen Verhältnisse am Niederrhein in der ersten Hälfte des 16.Jh.s typisch.

K.Krafft, Die Gesch. der beiden Märtyrer A.C. u. P.Fliesteden, 1886 - RE X, 508ff - H.Klugkist-Hesse, A.C., ein Beitrag zur Gesch. des Evangeliums im Westen Deutschlands (Theol. Arbeiten aus dem wiss. Predigerverein der Rheinprovinz NF 25), 1929 - Ders., A.C., Frühlicht am Rhein, 1929 (populär). - Noch ungedruckt im Nachlaß v. W.Goeters, C.-Urkundenbuch. *E.Mülhaupt*

Clareni fratres → Petrus von Fossombrone.

Clarke, 1. *John* (1609-76), * Bedfordshire, wanderte nach Massachusetts (Nordamerika) aus, gründete 1638 durch Landkauf von den Indianern die Kolonie Rhode Island und ließ sich dort in Newport (später: Providence Plantations genannt) nieder, wo er als Arzt und baptistischer Prediger wirkte. 1651 in Boston wegen illegalen Predigens gefangen, ging er bis 1663 nach England zurück und erhielt nach langwierigen Bemühungen von Karl II. die (bis 1842 gültige) Verfassung für Rhode Island, das erste Gebiet der modernen Gewissensfreiheit.

Vf. Ill News from New England or a Narrative of N. England's Persecutions, 1652 (jetzt in Collections of the Massachusetts Historical Soc. 4th Series II, 1854, 1-115); Four Proposals and Four Conclusions, o.J. - Über C.: H.M.King, A Summer Visit of 3 Rhode Islanders to the Mass. Bay in 1651, 1896 - T.W.Bicknell, The Story of Dr. J.C., 1915 - S.Adlam, Life of C. (Ms. in Newport's Hist. Soc.) – Records of the Colony of Rhode Island I. Providence, 1856 - Barrows, Hist. Sketch of the First Baptist Church, Newport 1876 - RE IV, 127f - DAB IV, 1930, 154ff - DNB (Neudr. 1949/50) IV, 432. *M.Schmidt*

2. *Samuel* (1675-1729), englischer Supranaturalist, * zu Norwich, studierte in Cambridge Mathematik und Naturwissenschaften und setzte sich für das → Newtonsche System ein. Daneben betrieb er theologische Studien und veröffentlichte u.a. 1701/02 eine Paraphrase zu den Evangelien. In der kirchlichen Laufbahn rückte er vom bischöflichen Kaplan in seiner Geburtsstadt über die Pfarrstelle St. Bennet in London zum Hofprediger mit der Pfarrei St. James', Westminster auf. Seine theologische Schriftstellerei galt der Abwehr des → Deismus und Pantheismus und der Begründung eines rationalistischen Supranaturalismus. Die drei Ideen von Gott, Tugend und Unsterblichkeit leitete er ebenso aus der Vernunft ab, wie er ihre tiefere Ausprägung in der Offenbarung begründet sein ließ. Durch seine vielfach angefochtene Schrift The Scripture Doctrine of the Trinity (1712), worin er den Sohn und Hl. Geist dem Vater unterordnete, näherte er sich trotz Ablehnung des Arianismus den → Unitariern.

Philosophical Works, 4 Bde, 1738-42; Sermons, 10 Bde, 1730; Briefwechsel mit Leibniz. - Über C.: R.Zimmermann, C.s Leben u. Lehre, 1870 - RE IV, 129ff - EBrit V, 1945, 767.
† K.Völker (Ernst Wolf)

Claude, *Jean,* * 1619 in La Sauvetat (Südfrankreich), † 1687 im Haag (Holland), war ref. Pfarrer in Nîmes und der bedeutendste orthodoxe Theologe der hugenottischen Kirche im 17.Jh. Unter seiner Leitung lehnte die Provinzialsynode in Nîmes das staatliche Vereinigungsprojekt mit der kath. Kirche ab. Daraufhin ausgewiesen, fand C. 1662 vorübergehend Schutz an der Akademie Montauban und wirkte dann bis zur Aufhebung des Ediktes von Nantes 1685 als Pfarrer in Charenton. Nach seiner Ausweisung zog er sich unter Verzicht auf eine vom Großen Kurfürsten ihm angebotenen Professur in Frankfurt/O. nach den Haag zurück. Als gewandter und gründlicher Polemiker hat C. das calvinistische Bekenntnis gegen die Jansenisten → Nicole und → Arnauld (, 3) verteidigt (Traité de l'Eucharistie, 1668; La défense de la réformation, 1673) und in einem Religionsgespräch mit → Bossuet die Autorität der römischen Kirche bestritten. Von C. stammt die erste große Homiletik der hugenottischen Kirche (Traité de la composition d'un sermon). Seine viel gelesene Schrift: Plaintes des protestants cruellement opprimés dans le royaume de France, zuerst Köln 1686, ist die Hauptquelle für die Leidensgeschichte des franz. Protestantismus im 17.Jh. → Hugenotten.

GA: Les oeuvres posthumes, 5 Bde, Amsterdam 1688/89. - D. LADEVÈZE, Abrégé de la vie de Mr. C., Amsterdam 1687 - A.GOULIN, Essai sur le ministère de C., 1831 - E.HAAG, La France prot. VI, 1879², 449ff - RE IV, 131 f. *J.Moltmann*

Claudel, *Paul* (1868-1955), ist der hervorragendste kath. Dramatiker unter den »literarischen Wegbereitern des modernen Frankreich«, zugleich ein bedeutender Prosadichter, Lyriker, Kritiker und Bibelinterpret. Als Beamtensohn, dessen Familie bäuerliche Wurzeln hat, verbringt er seine Kindheit auf dem Lande, seine Jugend in verschiedenen Provinzstädten und in Paris, wo er im Lycée Louis-le-Grand dem skeptisch-positivistischen Geist der Zeit verfällt. Für seine dichterische wie für seine religiöse Entwicklung ist seine Entdeckung Rimbauds entscheidend, in dem er einen »mystique à l'état sauvage« sieht. Am 25.12.1886 wohnt C. zufällig der Vesper in Notre-Dame bei. »In einem Augenblick war mein Herz berührt und ich glaubte.« Gegen 1890 ist der Vorgang, den man seine »Bekehrung« nennt, endgültig abgeschlossen. 45 Jahre hindurch bekleidet C. wichtige Stellungen im diplomatischen Dienst, u.a. in Deutschland (Konsul in Frankfurt und Hamburg), im Fernen Osten, in Süd- und Nordamerika. 1935 tritt er als Botschafter in Brüssel in den Ruhestand und lebt auf seiner Besitzung in Brangues. C. huldigt weder dem Ästhetentum noch der Bohème. Er verabsolutiert nicht die Schönheit. Er will, daß man »unter der lächerlichen Verkleidung des Literaten« in ihm nur den Menschen sehe, »den Diener Gottes, den glühenden Sänger der Herrlichkeit, der Wirklichkeit und der Liebe Gottes«. C. anerkennt die ganze Schöpfung, in der alles für Gott zeugt. Der Mensch gehört Gott und muß sich ihm zurückgeben. Beginnend mit Tête d'Or (Erstfassung entstanden 1889), führt C.s dramatisches Werk auf einem komplizierten Weg zu zwei Höhepunkten, zu dem »mystère« L'Annonce faite à Marie (1912) und zu der »action espagnole en quatre journées« Le Soulier de Satin (1930). Das mystère verherrlicht den christlichen Opfergedanken. In geheiligter Landschaft, zur Zeit, wo Jeanne d'Arc den König nach Reims führt und die Glocken zur Christmette rufen, erweckt die durch einen Akt des Mitleids aussätzig gewordene Violaine in tiefer Gläubigkeit das tote Kind ihrer Schwester wieder zum Leben. Der Seidenschuh ist ein »überdimensionales«, »barockes« Drama, das zeitlich das Jh. nach der Entdeckung Amerikas umspannt, auf drei Kontinenten im spanischen Kulturbereich spielt, die providentialistische Geschichtsauffassung C.s spiegelt, den Verzicht auf die Leidenschaft verherrlicht (Don Rodrigue und Doña Prouhèze) und den Helden sich im Opfer vollenden läßt. Erhabenes und Alltägliches, Tragödie und Farce mischen sich in diesem Stück. Von der klassischen Tragödie, von Shakespeare, vom spanischen Theater u.a. hat C. Anregungen für seine im Grunde sehr selbständige dramatische Kunst empfangen. Seine Prosadichtung La Connaissance de l'Est (1900) zeugt am frühesten für die tiefe Einwirkung der fernöstlichen Welt auf ihn, in seiner religiösen Lyrik (etwa den Cinq Grandes Odes, ab 1910) schafft er sich in Fortbildung des Symbolismus eine eigenwillige Form, über die er sich zB in Positions et Propositions (1928) ausspricht. Seit etwa 1927 pflegt er eine symbolische Schriftauslegung (zB Les Aventures de Sophie, 1937, Le Livre de Ruth, 1938), die auf Widerspruch gestoßen ist. Ein Teil seines umfangreichen Briefwechsels, so der mit → Gide, Rivière und → Jammes ist veröffentlicht. Die Auseinandersetzung C.s mit Gide (vgl. auch des letzteren Journal) über das Problem des christlichen Glaubens ist die bedeutendste ihrer Art zwischen zwei Dichtern unserer Zeit. Im 1. Weltkrieg ergeht sich C. in Haßausbrüchen gegen Deutschland, wo sein frühes dramatisches Werk vornehmlich durch J.Hegner bekanntgeworden war. Den Seidenschuh hat H.Urs v. → Balthasar vorbildlich übersetzt, 1930 wird das Livre de Christophe Colomb mit der Musik von D.Milhaud in Berlin zuerst aufgeführt.

Théâtre (Plejadenausgabe), 2 Bde, 1947-48 mit Einführung u. biobibliograph. Zeittafel v. J.MADAULE; Oeuvre poétique (Plejadenausgabe), 1957, mit Einführung v. ST.FUMET. - E.R.CURTIUS, Die literarischen Wegbereiter des modernen Frankreich, 1918, jetzt in: Franz. Geist im 20.Jh., 1952 - R.GROSCHE, P.C., 1928 - H.DIECKMANN, Die Kunstanschauung P.C.s, 1931 - J.MADAULE, Le génie de P.C., 1933 - DERS., Le Drame de P.C., 1936 - P.RYWALKSI, C. et la Bible, 1948 - J.VILA SELMA, André Gide y P.C. frente a frente, 1952. *E.Schramm*

Claudianus Mamertus, altchristlicher Schriftsteller, Philosoph und Rhetor, † ca 474 als Presbyter in Vienne, Bruder des dortigen Bischofs M. (→ Bittgänge) und Freund des → Sidonius Apollinaris, dem sein Hauptwerk, die 3 Bücher De statu animae (um 470), gewidmet ist. Gestützt auf Augustin und den Neuplatonismus (Porphyrius), verteidigt C. gegen → Faustus von Reji die Unkörperlichkeit der Seele. Sein Einfluß zeigt sich bei → Cassiodor und später im MA. Erhalten sind ferner 2 Briefe, einer an Sidonius und einer an den Rhetor Sapaudus, in dem C. den Bildungsschwund beklagt und für die klassischen Studien eintritt. Hymnen (die erhaltenen sind unecht), ein Lektionar, Verdienste um Kirchenmusik und Liturgie sind nicht näher kenntlich.

CSEL 11, 1885 - RE IV, 132f - M.SCHANZ, Gesch. d. röm. Lit., IV/2, 1920, 547ff - E.HÅRLEMAN, De C.M. Gallicae Latinitatis scriptore quaestiones, Uppsala 1938 - ALTANER 425 - RAC III, 1955, 169ff (Lit.). *K.Treu*

Claudius *von Turin* († um 827), Spanier, kam um 800 nach Gallien und wurde um 815 Bischof von → Turin. Seine Bibelkommentare zeigen ihn als guten Kenner → Augustins. Seit 823/24 zog er sich durch extreme Bilderfeindlichkeit literarische Angriffe und die Mißbilligung des Kaisers zu. Die These, daß C. den als Werk → Agobards überlieferten Liber de imaginibus verfaßte, bedarf der Überprüfung.

MPL 104 - MG Ep 4, 586-613 - RE IV, 136ff - J.B.HABLITZEL, HJ 38, 1917, 539-548 - P.BELLET, C. de Turin, autor de los comentarios »In genesim et regum« del Pseudo-Euquerio (Estudios biblicos 9, 1950, 209-223) - DERS. in: Colligere fragmenta. Festschr. A.Dold, 1952, 140-143 - DERS., Anal. sacra Tarraconensia 26, 1953, 151-194 - WATTENBACH-LEVISON 2, 198f. 259; 3, 310f. *H.Löwe*

Claudius, *Matthias* (1740-1815). * in Reinfeld bei Lübeck als Sproß einer alten Pfarrerfamilie, studierte C. vorübergehend Theologie, dann Rechts- und Staatswissenschaften. Seine schriftstellerische Laufbahn begann er als Mitarbeiter der »Hamburgischen Adreß-Comptoir-Nachrichten«. Beziehungen zum Klopstock- und Lessing-Kreis. Ende 1770 bis Herbst 1775 war er Schriftleiter des »Wandsbecker Boten«. Hier prägte C. seine volkserzieherische Grundhaltung aus; hier entwickelte er jene treuherzige Natürlichkeit, die doch wieder Ausdruck sokratischer Weisheit und Überlegenheit ist. C.

war verheiratet mit Rebekka Behn, der Tochter eines Wandsbecker Tischlermeisters. Die häusliche Gemeinschaft als Stätte einer alltäglichen Bewährung ersetzte ihm die Zucht öffentlichen Dienstes; als Gatte und Vater, als Erzieher und Lehrer seiner Kinder hat er die kernhafte Gediegenheit gewonnen, die dem dichterischen Worte das Gewicht gelebter Wirklichkeit gibt. Eine Stellung als Oberlandkommissarius in Hessen (1776/77) mußte er bald wieder aufgeben, da er zum Beamten nicht gemacht war. Wieder in dem geliebten Wandsbeck, ging C. fortan durch Sorgen und Nöte mit seiner immer größer werdenden Familie unbeirrt seinen stillen Weg als Schriftsteller. Er erfuhr dabei immer wieder Hilfe durch großmütige Freunde, so vor allem den bekannten Glaubensphilosophen F.H. → Jacobi; später durch den dänischen Kronprinzen, der ihm an der schleswig-holsteinischen Bank zu Altona eine Sinekure als Revisor verschaffte. Von Zeit zu Zeit gab er seine Arbeiten auf Subskription als »Sämtliche Werke des Wandsbecker Boten« heraus: kleine schmale Bändchen, die in krauser, aber wohldurchdachter Folge Verse und Prosa enthalten, Scherz und Ernst, Gedichte und Gespräche, Sprüche und Briefe, Literaturkritik und erbauliche Betrachtung. Wenn C. die Sphären und Gattungen nicht sauber scheidet, sondern spielerisch durcheinandermengt, so will er damit zu verstehen geben, daß es nicht auf das einzelne lyrische oder kritische oder theologische Gebilde ankommt, sondern auf die Erweckung des Menschen. Von hier aus ist es denn auch zu verstehen, daß C. wie kein anderer neben Johann Peter → Hebel den echten Volkston trifft. Urformen des Menschenlebens gibt C. in einer Sprache wieder, deren hohe und bewußte Kunst doch wie verschleiert wirkt, weil sie eines ist mit dem schlichten Muß eines naturnahen Herzens.

Bei entschiedener Verwurzelung im reformatorischen Erbe ist C. offen für die kath. Glaubensform (Kreis der Fürstin → Gallitzin) wie für die außerchristlichen Religionen (»Eine asiatische Vorlesung«). Weder Aufklärer noch im Grunde orthodox, sieht er im Christentum die Kraft, den Menschen zu bessern und zurechtzubringen. Von der Aufklärung trennt ihn die Gewißheit der Offenbarung: das Evangelium gibt Zeugnis von der Selbstoffenbarung Gottes in Jesus Christus - oder es ist nichts. Von der Orthodoxie aber trennt ihn, daß es ihm nicht um das lehrhafte Bekenntnis geht, sondern um die tätige Bekümmerung. So haben alle seine theologischen Bemühungen den Sinn, das Evangelium zu übersetzen in die Wirklichkeit handelnder Gesinnung. Solche das ganze Leben umfassende Frömmigkeit hatte sich auseinanderzusetzen mit der verwirrenden Ideologie der Französischen Revolution: Gegen die äußere Freiheit setzte C. die innere, die Freiheit zum Wollen des Guten; gegen die Gleichheit in der Welt setzte er die Gleichheit vor Gott; gegen die schwärmerische Brüderlichkeit der Menschheitsbeglücker setzte er die nüchterne Brüderlichkeit dessen, der sich an seinem ganz bestimmten Platz im Dasein um den ihm zugewiesenen Nächsten bemüht (»Auch ein Beitrag über die neue Politik«, 1794).

Während die Weimarer → Klassik (→ Goethe, → Schiller, → Humboldt) mit C. nichts anfangen konnte, weil von ihrem Begriff der Bildung her die Einfalt des Glaubensboten nichtig erscheinen mußte, wandte eine neue Generation ihm ihre Liebe und Verehrung zu. Ph.O. → Runge trat ihm freundschaftlich nahe; F. → Schlegel erbat Beiträge für seine Zeitschrift »Das deutsche Museum«; Joh. v. → Müller holte sich »Lehre, Trost und Heiterkeit ... bei dem Weisen von Wandsbeck«. Als der Freiheitskrieg gegen → Napoleon losbrach, war C. durch seine Untertanenpflicht gebunden an Napoleons Verbündeten, König Friedrich VI. von Dänemark. Zu diesem schmerzlichen Zwiespalt kamen die äußeren Wirren: Hamburg und seine Umgebung wurden zum Kriegsgebiet; C. und Rebekka mußten vorübergehend fliehen. Von Lübeck aus ließ er seine »Predigt eines Laienbruders zu Neujahr 1814« hinausgehen: eine Mahnung, den von Gott geschenkten Sieg zu beantworten mit Demut und innerer Umkehr. Der Zurückgekehrte hat die erlittenen Stöße nicht mehr überwunden; nach längerem Kränkeln ist er 1815 in Hamburg im Hause seines Schwiegersohns F.Ch. → Perthes gestorben.

Geistesgeschichtlich wie künstlerisch ist C. ein Außenseiter mit seinem Werk, das vom Glauben getragen und durch weltüberlegenen Humor in die Schwebe eines immer nur vorläufigen Spiels gebracht ist. Indem er seine bürgerlich-deutsche Alltagswirklichkeit poetisch verklärt, hebt er sie hinauf ins Gültige und macht sie durchsichtig für die Grundbezüge menschlichen Daseins schlechthin. Das gelingt ihm in einigen unvergeßlichen Prosastücken wie der »Korrespondenz zwischen Fritz, seinem Vater und seiner Tante nach einer Aufführung der Minna von Barnhelm« oder dem Brief »An meinen Sohn Johannes« oder dem Bericht von seinem Besuch in St. Hiob (einer Irrenanstalt). Und das gelingt ihm andererseits in einer Reihe von ebenso unscheinbaren wie vollkommenen Gedichten: so dem innigen »Wiegenlied, bei Mondschein zu singen«, dem wunderbaren Vierzeiler »Der Tod«, dem holzschnittartigen Gedicht »Der Mensch«, dem makellos-reinen »Motet«, vor allem aber dem bekannten »Abendlied«. → Herder hat es in seine Volksliedersammlung aufgenommen; auch in die Gesangbücher hat es Eingang gefunden.

Asmus omnia sua secum portans oder Sämmtliche Werke des Wandsbecker Bothen, Tl. 1-4, 1775-83; Tl. 5-8, 1790-1812. - Übers. ST.MARTIN, Irrtümer u. Wahrheit, 1782; FÉNELONS Werke religiösen Inhalts, Bd I-III (1800-11). - Werke, hg.v. B.ADLER, 3 Bde, 1924; Briefe, hg.v. H.JESSEN u. E.SCHRÖDER, 2 Bde, 1938/40. - W.HERBST, M.C., (1857) 1878^{4} - W.STAMMLER, M.C., der Wandsbecker Bote. Ein Beitrag zur dt. Lit.- u. Geistesgesch., 1915 - U.ROEDL, M.C. Sein Weg u. seine Welt, (1934) 1949^{2} - J.PFEIFFER, M.C., der Wandsbecker Bote. Eine Einführung in den Sinn seines Schaffens, (1940) 1949^{6} - CH.M.SCHRÖDER, M.C. u. die Religionsgesch., 1941.

J.Pfeiffer

Clemen, *Otto,* ev. Theol. * 30.12.1871 in Grimma, † 9.5.1946 in Zwickau, 1896-1928 Oberlehrer (Konrektor) am Zwickauer Gymnasium, seit 1928 Hon. Prof. für KG in Leipzig, Leiter der Zwickauer Ratsschulbibliothek. C. war Mitarbeiter an den Supplementa Melanchthoniana und (seit 1907) an der WA (seit 1930 Bearbeiter des Briefwechsels in WAB [1-11]); Hg. der »Flugschriften aus den ersten Jahren der Reformation« 4 Bde (1906-10) und der Bonner Lutherausg. 1-4.8. (1912/13. 1930). Seine wissenschaftliche Bedeutung liegt mehr in seiner umfassenden Personenkenntnis (in Hunderten von Miszellen und im Kommentar zu WAB wertvolle Beiträge zur Lebensgeschichte oft wenig bekannter Gestalten des 16.Jh.s und in RGG^{2} fast 150 biogr. Art.) als in seiner editorischen Leistung, für die ihm vielfach die philologisch-kritische Grundlage fehlte. In dieser Hinsicht bedeutet der von ihm hg. Lutherbriefwechsel häufig einen Rückschritt gegenüber seinen Vorgängern E.L.Enders und G.Kawerau.

WADB 8, XIII-XV - ThLZ 78, 1953, 541-560 (Bibliogr.).

H.Volz

Clemens I. = *Clemens Romanus,* der Überlieferung nach dritter (Irenäus) bzw. zweiter (Tertullian) Nachfolger des Petrus (→ Papsttum: I). Alle Nachrichten der Kirchenväter über ihn (Vetter Domitians, Märtyrertod im Schwarzen Meer usw) sind Legenden (→ Pseudo-

Clementinen); einzige sichere Quelle ist der 1. → Clemensbrief. Gedenktag: 23. 11.

ALTANER 75f - E.CASPAR, Die älteste röm. Bischofsliste, 1925 - M.DIBELIUS, Rom u. die Christen im 1.Jh., 1942 - H.v.CAMPENHAUSEN, Kirchliches Amt u. geistliche Vollmacht in den ersten drei Jh.en (BHTh 14), 1953. *K.Aland*

II., *Papst* 24.12.1046 bis 9.10.1047, Suidger, sächsischer Adliger, vorher Kaplan in Hamburg-Bremen, Kanoniker zu Halberstadt, seit 1040 Bischof von Bamberg. Nach Absetzung → Gregors VI. und → Benedikts IX. auf Vorschlag Heinrichs III. gewählt, den er mit seiner Gemahlin am folgenden Tage krönte; leitete die Kirchenreformen ein. In Bamberg beigesetzt.

HAUCK III, 590f - DHGE XII, 1093ff. *H.Fuhrmann*

(III.), *Gegenpapst* 25.6.1080 bis 8.9.1100, Wibert von Ravenna aus adeligem Geschlecht, 1072 von Heinrich IV. zum Erzbischof von Ravenna bestellt, 1078 von Gregor VII. gebannt, 1080 in Brixen zum Gegenpapst erhoben, krönte er am 31.3.1084 Heinrich IV. Er betrieb die Gründung eines Ravennater Kirchenstaats und nahm auch Fühlung mit Byzanz (gemeinsamer Gegensatz zu den Normannen). Persönlich unbescholten und gelehrt, zeigte er auch politischen Blick, war aber → Urban II. nicht gewachsen.

JAFFÉ I, 649ff - Deusdedit Collectio canonum IV, 423 - O.SCHUMANN, Päpstliche Legaten in Deutschland (Diss. Marburg), 1912 - P.KEHR, SAB 1921, 355-368 - W.HOLTZMANN, HV 22, 1925, 167 bis 199 - A.MICHEL, Papstwahl u. Königsrecht, 1936 - K.JORDAN, Die Stellung Wiberts v. Ravenna in d. Publizistik d. Investiturstreites (MIÖG 62, 1954, 155-164) - MG Const. I n. 383.

III., *Papst* 19.12.1187 bis März 1191, Paulus Scolari. Als Römer hat er die Versöhnung der Kurie mit der Kommune Roms, die seine Vorgänger nicht durchführen konnten, gelöst in Zusammenarbeit mit dem Kaiser und dem römischen Konsul Leo de Monumento. Die dazu nötigen Geldmittel hat ihm wohl bereits sein Schatzmeister Cencius Camerarius, der spätere Papst → Honorius III., beschafft. Damit ist der Grund zu der Politik → Innozenz' III. gelegt worden.

JAFFÉ II, 535ff - WATTERICH II, 693ff - C.WENCK, D. römischen Päpste zwischen Alexander III. u. Innozenz III. (Kehr-Festschrift, 1926, 415-474) - E.DUPRÉ, L'idea imperiale di Roma, Rom 1942, 47. 163 - MG Const. I n. 322-324 - DHGE XII, 1953, 1096ff.

IV., *Papst* 5.2.1265 bis 29.11.1268, Guido Fulcodi, Advokat, Rat → Ludwigs IX., 1256 Priester nach dem Tode seiner Frau, 1257 Bischof von Le Puy, 1259 Erzbischof von Narbonne, 1261 Kardinal. Er wirkte bereits als Legat für Karl von Anjou und vollendete dessen Machtstellung in Italien, die Urban IV. vorbereitet hatte. Wenn er auch Karl als König von Sizilien manchmal tadelte, so hat er dessen Härte nicht gemildert und sich durch sein Schweigen mitschuldig gemacht an der Hinrichtung Konradins. C. spielte für Karl dieselbe Rolle wie → Johann XXII. für dessen Nachkommen Robert von Neapel.

Les registres de C. IV. (Bibl. des Ecoles françaises; 1893ff, 6 Fasc., noch nicht abgeschlossen) - U.BÜNGER, Ludwig d. Hl. u. C. IV. (Diss. Halle), 1897 - J.HEIDEMANN, Vorleben u. Legationsregister C.' IV., 1903 - E.JORDAN, Les origines de la domination Angevine en Italie, Paris 1910 - E.HORN, Le rôle politique de C. IV. (Comptes rendus de l'Ac. des sciences, 1925, 273-300) - HALLER III, 310ff - DHGE XII, 1953, 1109ff.

V., *Papst* 5.6.1305 bis 20.4.1314, Bertrand de Got, als Erzbischof von Bordeaux in Perugia gewählt, am 14.11. in Lyon in Gegenwart Philipps IV. gekrönt, nahm er 1309 seinen Sitz in Avignon. Er sicherte durch die Ernennung von Franzosen im Kardinalskollegium die Oberhand dieser Nation über das Papsttum. Er hat wohl schon vor seiner Wahl Philipp IV. Versprechungen gemacht, die er in Poitiers (1307/08) wiederholte. Um einen Prozeß gegen → Bonifatius VIII. zu verhindern, duldete er die politischen Morde an den Templern (Konzil von Vienne 1311/12) und sprach Cölestin V. heilig. Obwohl er die Wahl Heinrichs VII. im geheimen begünstigt hatte, nahm er bei dessen Italienzug Partei gegen ihn; schon Zeitgenossen sprachen von Verrat. Das Bild des Charakterschwachen wird durch seine Finanzpolitik und die Nepotenwirtschaft noch ungünstiger: »un pastor sanza legge«, sagt Dante (Inf. 19, 83). Die Clementinen (Dekretalen) sind erst unter Johann XXII. publiziert.

Regestum Clementis papae V cura Monachorum OSB, Romae 1885ff - G.MOLLAT, Les papes d'Avignon, Paris (1912) 1950⁹ (Lit.) - ST.BALUZIUS, Vitae paparum Avenionensium, ed. MOLLAT, I, 1914, 1ff; III, 1921, 42ff - J.HALLER, Papsttum u. Kirchenreform, 1903, 392ff - HALLER III, 590ff - H.FINKE, Papsttum u. Untergang des Templerordens, 1907 - A.MERCATI, Interrogatorio di Templari a Barcelona (Ges. Aufsätze z. Kulturgesch. Spaniens 6, 1937, 240-251) - MG Const. IV, 1906/11, passim, dazu H.BRESSLAU, Kehr-Festschrift, 1926, 549-560 - E.STENGEL, Avignon u. Rhens, 1930, 1ff - DHGE XII, 1953, 1115ff - EKL I, 799f.

VI., *Papst* 7.5.1342 bis 6.12.1352, Peter Roger, kam als vertrauter Rat Philipps VI. mit der Kurie in Fühlung und wußte sich als Kanzelredner → Johann XXII. zu empfehlen. Als Papst blieb er Politiker, der trotz seines Mönchsgelübdes das Leben eines französischen grandseigneurs führte und den französischen Königen aus kirchlichen Geldern ungeheure Summen für den Krieg mit Eduard III. zukommen ließ. Die Erhebung → Karls IV. ist sein Werk; sie war eine Gegenmaßnahme gegen eine sich abzeichnende kaiserlich-englisch-ungarische Koalition. Die Geldnot Johannas von Sizilien beutete er aus und kaufte ihr im Einverständnis mit Frankreich Avignon ab. Rom gewährte er für 1530 ein Jubeljahr, duldete nach dem Tode Roberts von Neapel die Machtergreifung Cola di → Rienzos, den er 1343, als er an der Kurie war, gefördert hatte, nahm aber im Dez. 1347 Stellung gegen ihn. Seine Bemühungen um einen Kreuzzug hatten keinen Erfolg. Unter C. wird der Höhepunkt des französischen Papsttums überschritten; sichtbare Zeichen des Umschwungs sind der Tod Roberts von Neapel (1343) und die Schlacht von Crescy (Aug. 1345).

Lettres closes, patentes et curiales de C. VI. (Bibl. des Ecoles franç. 1901; wenig erschienen) - M.SOUCHON, Die Papstwahlen, 1888 (Stammtafel der Roger) - J.P.KIRSCH, RQ 16, 1902, 125-151 - E.DÉPREZ, Les préliminaires de la guerre de cent ans, Paris 1902 - J.GAY, C. et les affaires d'Orient, Paris 1904 - G.MOLLAT, Les papes d'Avignon, Paris (1912) 1950⁹ - K.H.SCHÄFER, Die Ausgaben der apostol. Kammer 1335-62, 1914 - ST.BALUZIUS (→ Clemens V.) - L.-H.LABANDE, Le palais des papes, Marseille 1925 - K.FRANK, RQ 38, 1930, 209-279 - L.MOHLER, Die Einnahmen der apostol. Kammer unter C. VI., 1931 - H.S.OFFLER, DA 8, 1951, 475-487 - A.BURNS, The Crecy War, Oxford 1955 - K.BURDACH, Vom MA zur Reformation II/3, 1912; dazu P.PIUR, Cola di Rienzo, 1931 - DHGE XII, 1953, 1129ff.

(VII.), *Gegenpapst* 20.9.1378 bis 16.9.1394, Robert von Genf. Dieser und seine unwürdigen Mitkardinäle haben unter Begünstigung Karls V. von Frankreich das Schisma und dadurch unendlichen Schaden für das gesamte Abendland herbeigeführt. Die französischen Lilien auf C.' Papstbulle sind bezeichnend. Aber auch Frankreich hatte nicht mehr den vollen Nutzen von seinem Avignonesischen Papsttum. C.' Italienpolitik war ebenfalls unglücklich: Ludwig II. von Anjou, von C. gekrönt, konnte sich gegen Ladislav nicht halten. Die hl. → Katharina von Siena mahnte umsonst, vom Schisma abzulassen. In den französisch orientierten Propagandaschriften, wie in der Prophezeiung des Telesphorus, war noch der Geist Pierre Dubois' lebendig: daß die weltlichen Fürsten unter dem Schein der »Reformation« sich der Kirchengüter bemächtigen dürften, um das französische Weltkirchentum aufzurichten.

E.GÖLLER, RepGerm I, 1916 - F.BOCK, QFIAB 31, 1941, 76-85 - K.HANQUET, Documents rel. au Grand Schisme I, Suppliques de C. VII, Rom 1924 - N.VALOIS, La France et le grand schisme I-IV, Paris 1896-1902 - v.PASTOR I, 128ff - J.HALLER, Papsttum u. Kirchenreform, 1903, 205ff - HAUCK V, 671ff - H.FINKE, Span. Forsch. d. Görresges. I, 1928, 174-194 - E.PERROY, L'Angleterre et le grand schisme I, Paris 1933 - M.SEIDLMAYER, Die Anfänge des großen Schismas, 1940 - E.DONCKEL, Studien über die Prophezeiung des fr. Telesforus v. Consenza OFM (AFrH 26, 1933, 29-104. 282 bis 314) - DHGE XII, 1953, 1162ff.

(VIII.), *Gegenpapst* 10.6.1423 bis 26.7.1429 († 28.12. 1447), Gil. Sanchez Munoz, nach dem Tode → Benedikts XIII. in Peniscola gewählt, verzichtete er nach Verhandlungen mit Alfons V. von Aragon.

v.PASTOR I, Register s.v. Munoz. *F.Bock*

VII., *Papst* 18.11.1523 bis 25.9.1534, Giulio de' Medici, * 1478 in Florenz, unehelicher Sohn des ermordeten Giuliano, wurde von seinem Onkel Lorenzo Magnifico mit dessen Sohn Giovanni (→ Leo X.) erzogen. Mit diesem floh er 1494 vor Karl VIII. von → Frankreich aus Florenz. Leo machte ihn 1513 zum Kardinal und Erzbischof von Florenz, gab ihm reiche Pfründen in ganz Europa und betraute ihn mit diplomatischen Aufgaben. C. unterstützte im Konklave mit → Hadrian VI. die kaiserliche Partei, der er dann 1523 seine eigene Wahl verdankte. C. versuchte vergeblich, durch Neutralität zwischen → Karl V. und Franz I. (→ Frankreich) zugleich den Interessen der Medici und des Kirchenstaates zu dienen. Als der Kaiser nach der Schlacht von Pavia zu mächtig wurde, schloß sich C. 1526 der Liga von Cognac an, was 1527 zum Sacco di Roma und zur Gefangennahme führte. C. erkaufte die Wiedereinsetzung der Medici in Florenz mit Gebietsverlusten des Kirchenstaates und mit Hinnahme der kaiserlichen Herrschaft in Süditalien. Nach dem Frieden von Barcelona (1529) krönte er Karl V. 1530 in Bologna. Einen Geheimvertrag mit dem Kaiser (Barcelona 1532) kompensierte C. mit verwandtschaftlicher Bindung an Frankreich (Vermählung der Großnichte Leos X., Catharina, mit dem Dauphin Heinrich, später II.) - Die Konstellation der Großmächte bedingte auch die Haltung zur Reformation. C. benutzte die evangelischen Stände oft als Gegengewicht gegen den Kaiser. Ein deutsches Nationalkonzil lehnte er stets ab, das Universalkonzil versprach er 1524 den Ständen, 1529 und 1530 dem Kaiser, 1531 der Öffentlichkeit und »verschob« es 1532 endgültig. Zur Kirchenreform unternahm C. außer der Anerkennung der → Theatiner und → Kapuziner nichts Nennenswertes. - Trotz Entgegenkommens gegen Heinrich VIII. konnte C. die Abtrennung der Kirche von → England nicht verhindern.

G.EHSES, Die Politik C.' bis zur Schlacht von Pavia (HJ 6, 1885, 557-603; 7, 1886, 553-593) - P.BALAN, C. e l'Italia dei suoi tempi, Modena 1887 - G.PIERACCINI, La stirpe dei Medici di Cafagiuolo, I, Florenz 1924 - E.RODOCANACHI, Les pontificats d'Adrien VI e de C., Paris 1933 - v.PASTOR IV/2, 161ff - EC III, 1821ff.

VIII., *Papst* 30.1.1593 bis 5.3.1605, Ippolito Aldobrandini, * 1536 in Fano, aus florentinischer, von den Medici vertriebener Familie, von → Pius V. protegiert. → Sixtus V. ernannte C. 1585 zum Kardinal und 1588 bis 1589 zum Legaten in Polen, das er mit Österreich aussöhnte. Als Papst kämpfte C. erfolglos gegen den Nepotismus. Er vollzog eine Reihe von Beschlüssen des → Tridentinum, wie Residenzpflicht der Bischöfe, endgültige Ausgabe der Vulgata (1592, die Clementina; → Bibelübersetzungen: II, 2), Neuausgabe des → Index (1596). Unter dem Pontifikat des C. wurde 1600 Giordano → Bruno hingerichtet. Im molinistischen Streit setzte C. die Congregatio de auxiliis gratiae ein, traf aber auf ihre Gutachten keine Entscheidung. Er ernannte Wissenschaftler wie → Baronius und → Bellarmin zu Kardinälen. - Den konvertierten Heinrich IV., der ihn bei der Einziehung Ferraras für den Kirchenstaat unterstützte, absolvierte C. 1595.

v.PASTOR XI - N.MOSCONI, Per la storia della riforma cattolica. I ricordi di un nunzio (Convivium 3, 1931, 347-363) - LThK VI, 29f - EC III, 1827ff.

IX., *Papst* 20.6.1667 bis 9.12.1669, Giulio Rospigliosi, * 1600 in Pistoja, 1644 Nuntius in Spanien, 1657 Staatssekretär und Kardinal. C. wurde als Kandidat Frankreichs gewählt, zu dem er die unter → Alexander VII. gestörten Beziehungen wiederherstellte. Er konnte Ludwig XIV. nicht zum Türkenkreuzzug bewegen, so daß Kreta den Venezianern verlorenging. Dem → Jansenismus kam er entgegen (Pax Clementina, 1668). Er schränkte den Nepotismus ein und ordnete die Finanzen der Kurie.

v.PASTOR XIV/1, 541ff - LThK VI, 30f - EC III 1830f.

X., *Papst* 29.4.1670 bis 22.7.1676, Emilio Altieri, * 1590 in Rom, 1627 Bischof von Camerino, 1644 Nuntius in Neapel, 1669 Kardinal. Als 80jähriger nach fünfmonatigem Konklave gewählt, überließ er fast alle Arbeit seinem Adoptivneffen Palluzi-Altieri, der das gute Verhältnis zu Ludwig XIV. verdarb (Regalienstreit, → Innozenz XI.). C. unterstützte die Wahl Johannes Sobieskis zum polnischen König. Er nahm viele Heilig- und Seligsprechungen vor.

v.PASTOR XIV, 611ff - LThK VI, 31 - EC III, 1831f. *H.Liebing*

XI., *Papst* 23.11.1700 bis 19.3.1721, Giovanni Francesco Albani, * 1649 in Urbino, 1687 Brevensekretär, 1690 Kardinal, erst Sept. 1700 zum Priester geweiht. Regiert im Sinne seines Vorgängers → Innozenz XII. und pflegt Wissenschaften und Künste. Im span. Erbfolgekrieg versucht C. XI. vergeblich, die Neigung zur franz. Seite mit der gebotenen Neutralität auszugleichen, und muß sich, 1709 von kaiserlichen Truppen bedrängt, auf die Seite Habsburgs stellen. In den Friedensschlüssen werden seine Ansprüche und Wünsche übergangen. In sein Pontifikat fallen die Einführung des Festes der Immaculata Conceptio (1708; → Mariologie), die mehrfachen Entscheidungen gegen die missionarischen Akkomodationen der jesuitischen Missionare in Indien und China im → Ritenstreit, der durch seine Erlasse von 1710 (Mirbt 541) und 1715 (Ex illo die) jedoch nicht beendigt wurde, vor allem aber die wichtigen Lehrerklärungen gegen die → Jansenisten (Vineam Domini vom 16.7.1705 [Denz. 1350]; Bulle → Unigenitus vom 8.9.1713 [Mirbt 542]; Verwerfung von 101 Sätzen aus des Oratorianers Pasch. → Quesnel Nouveau Testament avec reflexions morales). Der Widerstand gegen die Bulle führt zur Bewegung der Appellanten (Kard. → Noailles), gegen die sich C. in der Bulle »Pastoralis Officii« vom 8.8.1718 (Bull. Rom. Tom. 21, p. 807-813) wendet, und an den Rand des Schismas. »Unigenitus« bedeutete die Abwendung von der augustinisch-jansenistischen Gnadenlehre und wirkte mit an der Säkularisierung des franz. Geisteslebens.

Opera omnia, 4 Vol., ed. Card. ALBANI, 1729. - Über C.: v.PASTOR XV, 1930[2-7], 1ff (Lit.) - L.NINA, La finanza pontificia sotto C. XI, Milano 1928 - A.ALDOBRANDINI, La guerra di successione di Spagna negli stati dell'Alta Italia dal 1702 al 1705 e la politica di C. XI., Rom 1931 - DThC III, 98ff - LThK VI, 31f - EC III, 1832f.

Unter C etwa Vermißtes bitte unter K und Z suchen

XII., *Papst* 12.7.1730 bis 8.2.1740, Graf Lorenzo Corsini, * 1652 zu Florenz, Jesuitenzögling, 1691 Titularerzbischof, 1706 Kardinal, seit 1732 fast völlig blind. C. XII. kann den Verfall der politischen Macht des Papsttums nicht aufhalten und den Bruch mit Spanien nur mühsam vermeiden (Konkordat 1737). Er erläßt am 28.4.1738 ein Breve gegen die →Freimaurer als »affectata quadam contentos honestatis naturalis specie«. Sein Zugeständnis an die (sächsischen) Protestanten, bei Rückkehr zur röm. Kirche die säkularisierten Kirchengüter zu behalten, bleibt ohne Wirkung. Bleibend sind seine Verdienste um Kunst und Wissenschaft in Rom.

H.HERMELINK, C. XII. u. die Kirchengüter in prot. Landen (ZKG 24, 1903, 609–615) - v.PASTOR XV, 1930$^{1-7}$, 607ff (Lit.) - DThC III, 111ff - LThK VI, 32f - EC III, 1833f.

XIII., *Papst* 6.7.1758 bis 8.2.1769, Carlo della Torre Rezzonico, * 1693 in Venedig, Jesuitenzögling, 1737 Kardinal, 1743 Bischof von Padua. Seine Amtszeit steht im Zeichen vergeblichen Anrennens gegen das Verbot des → Jesuitenordens (in Portugal 1759, Frankreich 1762, Spanien und Neapel 1767, Parma 1768; päpstliche Bestätigung des Ordens in der Bulle Apostolicum pascendi munus vom 7.1.1765) wie des Protestes gegen den Geist der Aufklärung (Indizierung von Helvetius, De l'esprit, → Rousseaus Emile, der Enzyklopädie, aber auch von → Febronius, De statu ecclesiae etc 27.2.1764). Seine Enzyklika vom 25.11.1766 ist eine Art Syllabus des 18.Jh.s. C. XIII. stirbt am Vorabend der Sitzung der Kardinalskongregation, in der über die Auflösung der SJ entschieden werden sollte.

v.PASTOR XVI/1, 1931$^{1-7}$, 443ff (Lit.) - DThC III, 115ff - LThK VI, 33 - EC III, 1834ff.

XIV., *Papst* 28.5.1769 bis 22.9.1774, Lorenzo Ganganelli, * 1705 in Umbrien, Franziskaner-Konventuale, 1759 Kardinal, ursprünglich jesuitenfreundlich, dann Gegner der Politik seines Vorgängers, nach dreimonatigem Konklave gewählt, ohne die bindende Zusage zur Auflösung der SJ gegeben zu haben. C. XIV. versucht den Frieden mit den bourbonischen Staaten herbeizuführen und entschließt sich nach langem Zögern unter deren zunehmendem Druck zur Auflösung des Ordens. Darauf bekommt er die von Frankreich und Neapel besetzten Gebiete des → Kirchenstaates wieder. Die Auflösung wird verfügt in dem Breve vom 21.7.1773 Dominus ac redemptor noster (Mirbt 548). Die alsbald auftauchenden Behauptungen, daß C. XIV., der bald nach der Auflösung des Ordens starb, diese Auflösung widerrufen habe bzw. daß er vergiftet worden sei, sind unerwiesen. Kein Papst nach ihm hat den Namen Clemens angenommen.

v.PASTOR XVI/2, 1932$^{1-7}$, 1ff (438ff krit. Übersicht über die ält. Biographien) - DThC III, 124ff - LThK VI, 34f - EC III, 1836ff.

K.G.Steck

Clemens, *Titus Flavius, von Alexandria,* * vielleicht in Athen als Sohn heidnischer Eltern, † vor 215, studierte an verschiedenen Orten, zuletzt bei →Pantänus in Ägypten. Sein Hauptwerk ist die Trilogie (?): Protreptikos (worin er Mythus und Religion der Heiden angreift und zur Bekehrung aufruft), Paidagogos (ethische Unterweisung) und Stromateis (unvollständige und absichtlich unsystematische Behandlung verschiedener Themen). Wichtig ist auch die Predigt: »Welcher Reiche wird gerettet werden?« Vielleicht aus seinem Nachlaß herausgegeben sind die Excerpta ex Theodoto (der ein Valentinianer im Osten war), die Eclogae Propheticae und Strom. 8.

Als christlicher Lehrer steht C. vor zwei Aufgaben: den rechten Glauben zu verteidigen und dem gebildeten Gläubigen das theologische Verstehen zu ermöglichen. In der Wertschätzung der hellenischen Kultur wagt er sich weit vor. Die griechische Philosophie enthält in der rechten Auswahl relative Wahrheit; christlicher Humanismus ist möglich. Während die Heiden den Glauben als Vorurteil und Denkscheu kritisieren, erweist er ihn teils als eine vorläufige Hypothese, die sich in der Erfahrung bewährt und so Grundlage der Erkenntnis wird, teils als Gehorsam gegenüber der biblischen Offenbarung. Es gibt keinen Beweis für die Axiome des Denkens (daher die Widersprüche der Philosophen); aber Gott hat die Wahrheit offenbart, und so ist es vernünftig, sich einer solchen Autorität zu unterwerfen. Gegen die Valentinianer, die sich selber die Gnosis, den Glauben aber den gewöhnlichen Christen zuschreiben, erweist er, daß der Glaube als Entscheidung im Taufbekenntnis zur Erlösung voll genügt. So sind alle Glaubenden gleich, doch einige der Auserwählten sind mehr auserwählt als andere. Gegen den Determinismus der Valentinianer und gegen ihre Verachtung des AT und des Schöpfers betont er den freien Willen, die Einheit von AT und NT und die Güte der Schöpfung. Ehe, Wein und Reichtum sind Gottes Gaben; nicht auf den Besitz, sondern auf den Gebrauch kommt es an. In ethischen Fragen gibt C. nicht nur praktische Anleitungen, zB über Theaterbesuch, Schönheitsmittel, Familienleben usw, sondern er spricht auch über grundsätzliche Probleme. Er verteidigt das biblische Motiv von Lohn und Strafe, wiewohl er zugibt, daß sie den Vollkommenen nicht betreffen. Um sein Idealbild vom sittlich und geistlich vollkommenen, dem »wahren Gnostiker«, zu gestalten, verbindet er das Beispiel Jesu mit dem des stoischen Weisen, der bedürfnislos und unerschütterlich ist (ἀπάθεια), und mit der platonischen Idee vom Aufstieg der Seele zur Schau Gottes, wodurch sie so weit wie möglich Gott gleich wird. Der fleischgewordene Logos zeigt den Weg dorthin, selbst leidenschaftslos und so mit Gott verbunden, daß er weder zu essen noch zu trinken brauchte - was er gleichwohl tat, um den Doketismus zu unterbinden. Erlösung ist Vergottung.

Bei allem Handeln Gottes an der Menschheit ist Erziehung der oberste Grundsatz. Schwierigkeiten im AT werden als hilfreiche Anpassung erklärt; wie ein Lehrer ist Gott zum Wohle seiner Schüler streng. In der Kirche werden sie mit Geduld erzogen; Sünden nach der Taufe werden dem vergeben, der aufrichtig bereut, und in der künftigen Welt reinigt das Höllenfeuer. Gottes Zorn ist ein Mittel zum Heil. In seiner Lehre von der → Kirche (: III) ist C. nicht konsequent; immer wieder begegnet die Spannung zwischen der alten eschatologischen Auffassung, daß die Rechtfertigung durch die Taufe ein entscheidender Akt ist, und dem schrittweisen Vorgang der Heiligung. Der Christus in nobis ist wichtiger als der Christus pro nobis.

Seine Undeutlichkeit erklärt, warum C. nicht mit → Origenes als Ketzer verdammt wurde. Sein Tag ist der 4. Dez., aber sein Name wurde von Papst Clemens VIII. aus dem römischen Heiligenkalender gestrichen und nicht wieder eingesetzt.

Vgl. → Alexandrinische Theologie, 1. 2, → Antike und Christentum, 1 c.

Werke, hg.v. O.STÄHLIN (GCS), 1905–36. - ALTANER 159 ff (Lit.) - C.BIGG, The Christian Platonists of Alexandria, (1886) 1913^{2} - E.DE FAYE, Clement d'Alexandrie, (1898) 1906^{2} - M.POHLENZ, Klemens v.A. u. sein hellenisches Christentum (NAG 1943, 3) - W.VÖLKER, Der wahre Gnostiker nach C.Alexandrinus (TU 57), 1952 (Lit.) - E.F.OSBORN, The Philosophy of Clement of A. (TSt 3), 1957.

H.Chadwick

Clemensbriefe

1. Der *erste Clemensbrief* ist ein ausführliches Sendschreiben der römischen Gemeinde an die Gemeinde zu

Korinth aus nachapostolischer Zeit. Seit → Cotelier wird 1Clem zu den apostolischen Vätern gerechnet (→ Altchristliche Literaturgeschichte, 2). Der Brief ist in der Originalsprache (griech.) im Codex Alexandrinus (5.Jh.) überliefert, wo er zum NT gerechnet ist, und auch in einem Codex Hierosolymitanus (von 1056), zusammen mit Barn, 2 Clem, Did, hier kaum mit kanonischer Geltung. Eine syr. Übersetzung in einer Hs. zum NT zeigt, daß 1Clem in der syr. Kirche kanonischen Rang besessen hat; 2 kopt. Übersetzungen und eine alte lat. Übersetzung bezeugen weite Verbreitung. 1Clem ist ein wirklicher Brief, mit einer für uns teilweise greifbaren historischen Veranlassung, nicht eine Fiktion (gegen Eggenberger). Das Schreiben ist veranlaßt durch Unruhen einiger Gemeindeglieder in Korinth gegen ihre Gemeindebeamten, bei denen einige laut 1Clem tadellose Presbyter aus ihrer Stellung verdrängt wurden. Lehrdivergenzen sind kaum mit im Spiele gewesen; denn von dogmatischer Polemik ist im Brief keine Spur. Die Ermahnungen zu Eintracht und Frieden sind aber durch so viel erbauliche Betrachtungen erweitert, daß der Verfasser am Schluß sagen kann: »In bezug auf Glaube, Sinnesänderung, echte Liebe, Enthaltung, weise Mäßigung und Ausdauer haben wir jedes Thema behandelt.« Nach einer Einleitung (1-3), wo Einst und Jetzt im Leben der Gemeinde kontrastiert werden, folgen Belehrungen über die Gefahren der Zwietracht und die Notwendigkeit von Buße, Gehorsam, Demut, Friedfertigkeit (4-36), besonders an at. Beispielen demonstriert, aber auch am Vorbilde Christi, und mit verschiedenen mehr dogmatischen Äußerungen unterstützt (Gottes Wohltaten in der Natur 19-20, die Auferstehung 24-26). In einem zweiten Hauptteil (37-61) werden die Korinther direkt zur Eintracht und Unterordnung unter die rechtmäßigen Amtsträger aufgefordert, unter Hinweis u.a. auf die Vorschriften des AT über Priestertum und Opferwesen, die als Typus für den neuen Bund gewertet werden. Die Darlegungen enden mit einem langen Gebet, das offenbar ein Stück aus der Liturgie Roms ist. Die Schlußkapitel (62-65) bringen Resumé, captatio benevolentiae und Empfehlung der Briefüberbringer. Das Schreiben ist im Namen der römischen Gemeinde abgefaßt, ohne Angabe des Verfassers. Die Hss. aber haben als Überschrift (oder subscriptio) »Erster Brief des Clemens an die Korinther«. Dionysius von Korinth (ca 170) erwähnt als erster, daß der Brief »durch Clemens« geschrieben ist. Augenscheinlich begegnet uns dieselbe Tradition bei Hegesippus (ca 180). Irenäus identifiziert diesen Clemens mit dem dritten Bischof Roms nach den Aposteln. Ob er auch mit dem Phil 4, 3 genannten Clemens identisch ist, wie Origenes und Eusebius wollen, und ob er mit dem von Hermas (ca 140) erwähnten gleichnamigen Sekretär der Gemeinde für auswärtige Sachen gleichzusetzen ist, bleibt zweifelhaft. Die große Mehrheit der Forscher rechnen mit dem »Bischof« als Verfasser. Dafür sprechen sowohl die frühe Bezeugung des Briefes (schon bei Ignatius?), seine Benutzung im Polyk und sein autoritativer Ton. Die Martyrien des Petrus und des Paulus und die neronische Verfolgung (5-6) werden als Ereignisse aus der jüngsten Vergangenheit betrachtet, und Kap. 1 begegnen uns Andeutungen über eine gerade überstandene Verfolgung, die fast von allen Forschern mit derjenigen Domitians identifiziert wird. Demnach besteht ein weitgehender Consensus darüber, daß 1Clem von einem Episkopos Roms um 96 geschrieben ist. Demgegenüber sind in der neueren Forschung Merrill und Eggenberger für eine spätere Datierung eingetreten (ca 140 bzw. 118/130). Die große Bedeutung des 1Clem für die KG beruht darin, daß hier zum ersten Mal die Stimme Roms gehört wird, in einem mit großer Sicherheit datierbaren Dokument aus sehr früher Zeit. Der Brief ist eine wichtige Quelle für die Geschichte der ältesten → Christenverfolgungen, für die Entwicklung der → Kirchenverfassung und des → Kirchenrechts, sowie für die Liturgiegeschichte und die Verkündigung der nachapostolischen Zeit.

2. Als *Zweiter Clemensbrief* bezeichnet, findet sich in den oben erwähnten griech. und syr. Hss. ein Schriftchen, das gar kein Brief ist, sondern die älteste bewahrte Homilie (→ Predigt). Mit 1Clem hat er überhaupt nichts zu tun. Interessant ist, daß hier Jesus-Worte nach einem nicht-kanonischen Evangelium zitiert werden. Bemerkenswert sind sowohl die christologische Aussage am Anfang der Predigt (»Über Jesus Christus sollen wir so denken, wie über Gott, wie über den Richter von Lebenden und Toten«) wie die Erwähnung einer zweiten Buße nach der Taufe. Die Schrift stammt wohl aus der Mitte des 2.Jh.s.

Beste Textausgabe: K.Bihlmeyer, Die apostolischen Väter I (SQS II, 1), (1924) 1956² (Lit.) - Übers.en mit Kommentar: J.B. Lightfoot, The Apostolic Fathers I, 1. 2, 1890 - Hennecke, Hdb. 173ff - R.Knopf im HNT ErgBd, 1920, 41ff - Hennecke² 482ff - A.v.Harnack, Einführung in die alte KG (1Clem), 1929. - Ferner: W.Wrede, Untersuchungen zum 1Clem, 1891 - E.T.Merrill, Essays in Early Christian History, 1924, 217ff - Bardenhewer I, 116ff (Lit.) - F.Gerke, Die Stellung des 1Clem innerhalb der Entwicklung der altchristl. Gemeindeverfassung u. des Kirchenrechts, 1931 - Altaner 73ff (Lit.) - Quasten I, 42ff (Lit.) - W.C.van Unnik, Is 1Clem 20 purely Stoic? (VigChr 4, 1950, 181-189) - Ders., 1Clem 34 and the »Sanctus« (ebd 5, 1951, 204-248) - E.Peterson, Das Praescriptum des 1Clem (Festschr. G. van der Leeuw, 1950, 351-357) - Chr.Eggenberger, Die Quellen der politischen Ethik des 1Clem, 1951 - A.Dain, Notes sur le texte grec de 1Clem (RechSR 39, 1951, 353-361) - O.Cullmann, Petrus. Jünger, Apostel, Märtyrer, 1952, 96ff - H.Köster, Synopt. Überlieferung bei den Apost. Vätern (TU 65), 1957. *E.Molland*

Clemensschwestern, Kongregation → Barmherziger Schwestern, 1808 nach dem Vorbild der → Vinzentinerinnen und mit Unterstützung einer der dem Kreise der Fürstin → Gallitzin nahestehenden Caritasgemeinschaft von dem Kapitularvikar der Diözese Münster und späteren Erzbischof von Köln Clemens August Freiherrn → Droste zu Vischering gegründet; benannt nach dem ihnen 1820 in Münster zugewiesenen Clemenshospital. Haupttätigkeit ist die Pflege in Krankenhäusern - in der Diözese Münster allein 68 -, in Heil- und Pflegeanstalten sowie ambulanten Stationen, daneben die Erziehung der Jugend in Waisenhäusern, Kindergärten, Haushaltungsschulen und die Besorgung des Haushalts in Exerzitienhäusern sowie in Kriegszeiten die Verwundetenpflege. Der Kongregation mit dem Mutterhaus in Münster (Marienhospital) gehören heute über 2400 C. an in 128 Niederlassungen, von denen 106 in der Diözese Münster liegen.

V.Huyskens, Die C. zu Münster (Münstersche Heimatbl. 1), 1913 - B.Wilking, Genossenschaft der Barmherzigen Schwestern »C.«, 1927 - Heimbucher II, 465 - LThK VI, 38. *W.Göbell*

Clementinen → Pseudo-Clementinen.

Clementinische Liturgie → Gottesdienst: V A.

Clerici vagantes oder *vagi,* die im MA bekannteste der zahlreichen Bezeichnungen für die fahrenden Geistlichen, die aus angeborenem Wandertrieb, der ursprünglich mönchisch-asketischen, bald verweltlichten Heimatlosigkeit (christlich Peregrinatio) oder durch das aus der Antike fortlebende Mimuswesen unstet umherzogen; oder es trieben sie dazu der Wunsch nach Bildungsstätten fremder Länder, wirtschaftliche Not (durch langes Studium oder ihre wachsende Zahl, die die Kirche allein nicht mehr versorgen konnte, zumal wenn die Pfründen in einer Hand sich häuften), Freude am freien Vagantenleben oder Flucht aus dem Kloster, vor Vorgesetzten, vor Zölibatszwang oder auch begangene Vergehen. Sozial und moralisch tiefer standen die *Goliarden,* deren Name (zuerst von Golias [Goliath], dann gula [Kehle] abzuleiten) als Teufelsbrüder (G. war nach Allegorese des MA der Teufel), dann Brüder Lustig zu deuten ist. Das Vagantentum blühte im Hoch-MA mit den Universitäten besonders in Frankreich auf, entartete um 1250, wurde bekämpft und verfiel, wirkte aber bis ins Neulateinische nach. Daß diese Vaganten Lieder und Dichtungen vortrugen, auch selber dichteten und komponierten und das nicht nur als Entgelt für Bewirtung, entwickelte sich schon an den Bischofsschulen des 10./11.Jh.s (s. etwa die Frühlings-, Liebes- und Schelmenlieder der um 1050 am Niederrhein zusammengestellten Cambridger Liedersammlung). Die wichtigste Sammlung der Vagantenpoesie sind die *Carmina Burana* (Clm. 4660 der Münchner Staatsbibl. aus → Benediktbeuern) von einem sehr reichen Liebhaber, wohl höheren Geistlichen Mitte des 13.Jh.s in Bayern veranlaßt, mit moralisch-satirischen Dichtungen, Liebes-, Trink-, Spiel- u.ä. Liedern. Außer diesen Gruppen gehört die Bitt- und Bettelpoesie zur Vagantendichtung, die als Gattung nicht nach Verfassern, sondern nach ihrer Typologie und ihren Dichtungssituationen abzugrenzen ist. Die Klassiker der Vagantenmanieren und -dichtung sind Hugo von Orléans (der Primas) und der mit Namen unbekannte Archipoeta.

M.BECHTHUM, Beweggründe u. Bedeutung des Vagantentums in der lat. Kirche des MA, 1941 (Lit.) - Carmina Burana, hg.v. A.HILKA u. O.SCHUMANN, 1930ff - Carmina Burana, lat. u. dt. nach L.LAISTNER hg.v. E.BROST, o.J. (1954) - K.LANGOSCH, Hymnen u. Vagantenlieder mit dt. Versen, 1954 (Primas, Archipoeta).

K.Langosch

Clericus (Le Clerc), *Johann* (1657-1736), bedeutender holländischer Theologe, den → Arminianern zugehörig, obwohl er als geborener Genfer und Schüler Franz → Turrettinis zunächst in calvinistischer Tradition herangewachsen war. Während seiner ausgedehnten Auslandreisen in Amsterdam sich an → Limborch anschließend, wurde er 1684 Professor für Hebräisch und Philosophie, nach Limborchs Tod auch noch für Kirchengeschichte am dortigen Remonstrantenseminar. In Verbindung mit der gesamten geistigen Bewegung seiner Zeit, hat C. durch eigene Schriften besonders in die bibelwissenschaftliche und altkirchengeschichtliche Arbeit eingegriffen, aber auch an der dogmatischen Diskussion teilgenommen. Er ist theologisch vor allem antischolastisch eingestellt; daß er über die Orthodoxie hinaus ist, zeigt nicht nur seine deshalb von J.G. → Carpzov und anderen Orthodoxen angegriffene, vom Dogma freie Bibelauslegung (→ Bibelwissenschaft: I, 1d), sondern auch seine Wertung der Vernunft als kritischen Maßstabes auch im Religiösen, freilich ohne daß diese zur Verwerfung der Offenbarungsidee geführt hätte. Ist C. auch in der radikaleren deistischen Bewegung (→ Deismus) vielfach als Autorität benutzt worden, so hat er selbst doch gern seinen Abstand von Freidenkertum und Häresie betont.

C.s Sammelwerke: Bibliothèque universelle et historique, 25 Bde, 1686-93; Bibl. universelle, 26 Bde, 1700-1800; Bibl. choisie, 28 Bde, 1703-18; Bibl. ancienne et moderne, 29 Bde, 1714-30 (mit zahlreichen Kritiken, Abhandlungen, Biographien u.dgl. von ihm selbst u.a.). - Hg. v. Werken des → Cotelier, → Erasmus, → Grotius, → Petavius u.a. - Vf. ferner u.a.: Entretiens, 1684; Traité de l'incrédulité, 1696; Ars critica, 1696 (oft aufgelegt; eine Hermeneutik); Mosis libri quinque, 1693 (Neuausg. v. Chr.M. → Pfaff, 1733, mit Biographie); Veteris Testamenti libri historici, hagiographi, prophetae, 1708; Harmonia evangelica, 1699; Historia ecclesiastica duorum primorum saeculorom, 1716; Opera philosophica, 4 Bde, (1700) 1726⁶. - Über C.: RE IV, 179f - A.VAN DER HOEVEN, De J.C. et Ph. Limborch, 1845 - La France prot. VI, 465ff.

† L.Zscharnack (A.A.van Ruler)

Clericus coniugatus (uxoratus) → Zölibat, 2.

Clifford, *John* (1836-1923), Führer der engl. → Baptisten. Sein Eifer für soziale Gerechtigkeit läßt sich auf seine Herkunft aus einer armen Handwerkerfamilie und den Einfluß des Chartismus zurückführen. 1888 wurde er zum Präsidenten der Baptist Union gewählt, als C.H. → Spurgeon den »Down-grade Streit« überraschend eröffnet hatte. C.s Sympathien waren auf seiten der kritischen Schule, und er vertrat die überlieferte, baptistische theologische Lehrfreiheit. Er war die Verkörperung des »nonkonformistischen Gewissens«, ein anerkannter Führer der Freikirchen auf ihrem Höhepunkt im 19.Jh., ihr Sprecher bei dem Streit um das Erziehungsgesetz von 1902 und einer der Gründer des nationalen freikirchlichen Rats (1892). Seine umfangreiche literarische Produktion besteht wesentlich aus Gelegenheitsschriften.

C.T.BATEMAN, J.C., 1902 - J.MARCHANT, Dr. J.C., 1924 (Bibliogr.) - DNB 1922-30, 1937, 188f.

D.Carter

Cloppenburch, *Johannes* (1592-1652), * Amsterdam, † Franeker, niederländischer Theologe streng calvinischer Richtung. Studierte in Leiden unter → Gomarus und → Polyander und war schon jung ein schroffer Gegner der → Arminianer. C. besuchte verschiedene ausländische Universitäten, Genf 1613-16, und wurde Pfarrer in Aalburg, Heusden - zusammen mit G. → Voetius -, 1621 Amsterdam und 1629 Brielle. Nachher arbeitete er als Professor der Theologie in Harderwijk und seit 1643 in Franeker. Neben seiner unermüdlichen Polemik gegen Mennoniten, Arminianer und Sozinianer, die ihm den scharfen Spott des großen Dichters → Vondel eintrug, muß erwähnt werden, daß C. in bestimmtem Maße als Vorläufer der Föderaltheologie des → Coccejus (→ Bund: IV) gelten kann.

Theologica opera omnia, ed. J.A MARCK, 2 Bde, Amsterdam 1684. - BWGN II, 106ff.

J.N.Bakhuizen van den Brink

Cluny, 1. *C. und Cluniazenser.* C. bei Mâcon in Burgund (→ 6 B 9), vom Herzog Wilhelm von Aquitanien 909/10 als päpstliches Schutzkloster gegr., war unter den Äbten → Odo (927-42), → Majolus (948-94), → Odilo (994-1048), → Hugo (1049-1109; Erbauer der kunstgeschichtlich hochbedeutsamen Klosterkirche [→ Kirchenbau: III]) der angesehenste Ausstrahlungspunkt monastischer Erneuerung. Die Disziplin (Consuetudines des 10.-11.Jh.s) hielt sich an die → Benediktinerregel nach der Observanz → Benedikts von Aniane, ließ aber die Handarbeit zurücktreten; feierliche Liturgie, Fürbittgebet, Totengedächtnis fanden besondere Pflege. In großer Zahl reformierte C. andere Klöster in allen Territorien Frankreichs, auch in Italien (vor allem römische Klöster), im Königreich Burgund, in England und Spanien. Auf Reichsboden, wo sich die eigenständige, von → Gorze ausgegangene Bewegung entfaltete, stand C. zwar in Fühlung mit der lothringischen Reform, gewann jedoch erst im späteren 11.Jh. einige kleinere deutsche Klöster. Anfangs übernahmen die reformierten Konvente durchweg nur die cluniazensische Observanz, blieben aber selbständig; einige von ihnen - so → Fleury, St. Bénigne in Dijon, später noch → Hirsau - wurden ihrerseits Reformzentren. Seit Odilo aber behielten die Äbte von C. mehr und mehr selber die Leitung dieser Institute, so daß sich, nicht ohne Analogie zur feudalen Gesellschaftsstruktur, ein abgestufter Verband mit abhängigen Abteien, Prioraten, Zellen formte, der unter Hugo über tausend Niederlassungen umfaßte und den geschichtlichen Durchbruch zum Ordenssystem bedeutet. Diese Ringbildung über alle Diözesangrenzen hinweg vollzog sich in latenter, nicht selten auch offener

Spannung zum Episkopat; dagegen lehnte sich C. eng ans Papsttum an und erhielt gewichtige Privilegien, darunter 998/99 die volle Exemtion. Im Geiste des frühmittelalterlichen Synergismus beider Gewalten bejahten die Cluniazenser die irdische Führungsrolle des sakral-theokratischen Herrschertums, insbesondere der Kaiser, mit denen ihre Äbte seit Majolus im Kontakt standen. Sie verwehrten laikalen Gewalten jeden Eingriff in den Klosterbereich, wirkten jedoch bewußt für eine Verchristlichung des Feudaladels, die Weckung eines christlichen Ritterethos (→ Gottesfriede). Wenn auch ohne eigene Initiative in Fragen der Simonie und des Zölibats, beteiligten sie sich an der innerkirchlichen päpstlichen Reform, so bei der Gewinnung Spaniens für die römische Liturgie, und wahrten dem Papsttum auch im Investiturstreit die Treue. Ganz in der vorgregorianischen Welt wurzelnd, wurden sie jedoch keine kämpferischen Gregorianer; Hugo suchte anfangs zu vermitteln (Canossa) und hielt noch lange Verbindung zu Heinrich IV. Doch konnte C. auch keinen Beitrag zur Überwindung des Konflikts leisten. Seine große Zeit war vorbei, es wurde von jüngeren Kräften, zunächst den →Zisterziensern, überflügelt, trotz seiner Nachblüte unter → Petrus Venerabilis (1122-57). Mehrfache Reformansätze späterer Zeiten blieben ohne Erfolg; der Klosterverband bestand fort, war aber seit Ende des 13.Jh.s auf Frankreich beschränkt. Die Abtei, in starker Abhängigkeit von der Krone, wurde seit Anfang des 16.Jh.s regelmäßig als Kommende vergeben. C. wurde 1562 schwer von den Hugenotten heimgesucht, 1790 aufgehoben, Kirche und Gebäude dann fast restlos abgetragen.

E.Sackur, Die Cluniazenser bis zur Mitte des 11.Jh.s, 2 Bde, 1892-94 - RE IV, 181 ff - C.Erdmann, Die Entstehung des Kreuzzugsgedankens, 1935, 60ff u.ö. - G.de Valous, Le monachisme clunisien, 3 Bde, 1935 - Ph.Schmitz-L.Räber, Gesch. des Benediktinerordens I-II, 1947/48 - K.Hallinger, Gorze-Kluny, 2 Bde, 1950/51 - DHGE XIII, 1956, 35ff (Lit.). *Th.Schieffer*

2. *Communauté de Cluny* → Bruderschaften: III, 2b, → Orden, evangelische.

Coccejus (Coch), *Johannes* (9.8.1603 bis 5.11.1669), der erste große Vertreter der Föderaltheologie (→ Bund: IV), * in Bremen, dort Professor 1630, seit 1636 Hebraist, später Theologe in Franeker, 1650 in Leiden, dort †. Ein überaus fruchtbarer, aber schwer zugänglicher Schriftsteller, schrieb C. Kommentare zu den meisten biblischen Büchern. Die systematischen Hauptwerke sind: Summa doctrinae de foedere et testamento Dei (1648 u.ö.) und Summa theologiae ex sacris litteris repetita (1662 und 1665). Von der Philologie ausgehend, wollte er nur Bibeltheologe sein und galt darum seinen Gegnern als Neuerer, »Scriptuarius«, während er ihnen Rückfall in den Katholizismus vorwarf. Mit seinen Bemühungen um die Tiefe des Bibelworts (die u.a. 1669 ein hebräisches Lexikon zeitigten), verband sich heilsgeschichtliches Denken, wohl angeregt durch die Frage des Verhältnisses von AT und NT, das vielfach als klassische Form ref. Lehre gilt. Der Gedanke des Bundes ermöglicht Zusammenfassung und Periodisierung der Offenbarung, wobei AT und NT zugleich unterschieden und zusammengefaßt werden: der im Paradies gestiftete Werkbund wird »abrogiert« durch den Sündenfall, das Protevangelium (als dessen Auslegung die ganze Heilslehre vorgetragen wird) durch das NT und schließlich durch die Endgeschichte. Der Entwurf bringt es mit sich, daß Christus auch im AT überall zu finden ist. Dies ist der Ansatzpunkt für die barocke →Typologie (: III) des C. Hier setzte der Widerspruch ein, zunächst in der Frage des Sabbatgebots, dann bei der Unterscheidung der Vergebung im AT und NT. Der Streit hat die Niederländische Kirche rd 30 Jahre beschäftigt, bis die Coccejaner sich mit den Pietisten verbanden. Neuerdings gilt C. auch als Theologe des Reich-Gottes-Gedankens.

Opera omnia, (8 Bde, 1673-75), zuletzt 10 Bde u. 2 ErgBde, Amsterdam 1701-06. - Über C.: RE IV, 186ff - W.Goeters, Die Vorbereitung des Pietismus i. d. ref. Kirche d. Niederlande, 1911 - G.Schrenk, Gottesreich u. Bund im älteren Protestantismus, vornehmlich bei J.C., 1923 - Ritschl III, 1926, 435ff - Hirsch I, 237ff - H.J.Kraus, Gesch. der hist.-krit. Erforschung des AT, 1956, 49ff. *E.Bizer*

Cochläus, *Johannes* (Dobeneck; 1479-1552), * in Wendelstein (daher C., von cochlea, Schnecke), † in Breslau. Humanist und Theologe, studierte in Köln, seit 1510 Rektor von St. Lorenz in Nürnberg, begleitete drei Neffen → Pirckheimers 1515 nach Italien, 1517 in Ferrara D. theol., in Rom, dann in Frankfurt/M. Priester. Seine humanistische Sympathie für Luther wurde bald zur offenen Gegnerschaft, die sich seit 1522 in zahlreichen Streitschriften äußerte. C. war nacheinander Kanoniker in Mainz (1526), Meißen (1528), Breslau (seit der Reformation des Herzogtums →Sachsen 1539). Er nahm an vielen Ereignissen aktiv teil, war 1521 mit → Aleander in Worms, wo er dem Gespräch Richards von Greiffenklau (Erzbischof von Trier) mit Luther beiwohnte, 1524 mit L. → Campegio in Nürnberg und Regensburg, 1526 mit Kardinal Albrecht in Speyer, 1530 als Hofkaplan Georgs von Sachsen in Augsburg, wo er an der → Confutatio zum → Augsburger Bekenntnis mitarbeitete, 1540-41 in Hagenau, Worms und Regensburg, 1546 als Kollokutor beim 2. Regensburger Gespräch.

Von mehr als 200 Schriften wurden die Commentaria de actis et scriptis M.Lutheri (1549; zahlreiche Neuausgaben) am bedeutendsten als erste Lutherbiographie u. Vorbild für die kath. Lutherforschung bis ins 20.Jh. - Über C.: RE IV, 194ff - A.Herte, Die Lutherbiographie des J.C., 1915 - Ders., Die Lutherkommentare des J.C., 1935 - Ders., Das kath. Lutherbild im Bann der Lutherkommentare des C., 3 Bde, 1943 - LThK II, 998f - EC III, 1907f. *H.Liebing*

Cochrane, *Thomas* (1866-1953), *in Greenock, Schottland. Nach dem medizinischen Staatsexamen an der Universität Glasgow ging er 1897 im Auftrag der London Missionary Society (→ Londoner Mission) als Missionsarzt (→ Ärztliche Mission) in die Mongolei. 1904 gründete er das Peking Union Medical College und war 1906-15 dessen erster Chef. Nach England zurückgekehrt, gründete er 1923 die Zeitschrift World Dominion, 1924 den Survey Application Trust und 1930 die Movement for World Evangelism. Der Zweck dieser Organisationen war, die Verkündigung des Evangeliums in aller Welt in dreierlei Hinsicht zu fördern: genaue Lageübersichten, Abzielung der Mission auf die Gründung junger Kirchen und deren Einsatz in der Mission, missionarische Zusammenarbeit.

Vf. u.a.: Missionary Survey (in Zusammenarbeit mit R.→Allen), 1920; The Task of the Christian Church, 1926. - Über C.: F.French, Th.C., 1956. † *E.J.Bingle*

Codde (oder Kodde), Geschwister, *Jan der Alte* und *Arie* in Rijnsburg, *Gisbert* in Warmond und *Jan der Junge* in Oegstgeest (bei Leiden), wurden erzogen im Geiste des →Castellio und →Coornhert. Während der arminianischen Unruhen plante Gisbert geistige Zusammenkünfte, ohne Pfarrer, zum Schriftlesen und Beten. Die Brüder und ihre Freunde stifteten in Rijnsburg in einer eigenen Wohnung ihre Conventikel oder Kollegien (1621), daher → »Rijnsburger Kollegianten«. Ihre Auffassung von der Geduld, der Erwachsenentaufe und der Obrigkeit zeigt Verwandtschaft mit den Taufgesinnten; im übrigen sind sie → Arminianer.

PASCHIER DE FIJNE, Kort verhael van het eerste begin en opkomen der Rijnsburgers, 1672 - J.C.VAN SLEE, De Rijnsburger Collegianten, 1898 - C.B.HYLKEMA, Reformateurs, 2 Bde, 1900-02.

J.N.Bakhuizen van den Brink

Codde, *Petrus* (1648-1710), aus angesehener Amsterdamer Familie, rückte, obschon keine Kampfnatur, 1689 als Erzbischof von Utrecht in den Brennpunkt des Ringens zwischen nationaler Eigenständigkeit und jesuitisch-zentralistischer Beherrschung der holländischen kath. Kirche. Zum Jubeljahr 1700 nach Rom gerufen, wurde C. dort zwei Jahre lang abwechselnd geehrt und des Jansenismus verdächtigt und 1702 amtsenthoben. Trotzdem blieb er auf Bewahrung der kirchlichen Einheit bedacht. Durch seine späte Resignation (1705) wurde die spätere altkatholische Unabhängigkeitsbewegung folgenschwer gehemmt. → Altkatholiken, 1 b.

B.A.VAN KLEEF, Geschiednis van de oud-katholieke Kerk van Nederland, 1953.

W.Küppers

Code civil. Vor der Revolution von 1789 besaß → Frankreich zwei Rechtsquellen: das auf dem Römischen Recht basierende »geschriebene« Recht in Südfrankreich und in Nordfrankreich das »Gewohnheitsrecht« (50 allgemeine und 300 lokale »coutumes«). Eine gewisse Tendenz zur Vereinheitlichung folgte immerhin aus der allgemeinen Geltung des → kanonischen Rechts, aus der Existenz der königlichen Erlasse (bes. der des Kanzlers Daguesseau) und den Arbeiten von Rechtsgelehrten wie Domat (1625-96) und Pothier (1699-1772). Während der Revolutionszeit arbeitete man systematisch auf eine einheitliche Zivilgesetzgebung hin. Als Ergebnis verschiedener Entwürfe (bes. von Cambacérès) und zahlreicher Diskussionsbeiträge (vor allem der Arbeiten des Corps législatif 1803-04) in mehreren Kommissionen wurde endlich am 21.3.1804 der *Code civil des français,* später auch *Code Napoléon* genannt, nicht zuletzt auf Grund der persönlichen Initiative des Ersten Konsuls Bonaparte, verabschiedet. Er gliedert sich, abgesehen von einem einleitenden Titel, in drei Bücher: 1. Von Personen, 2. Von Gütern und den verschiedenen Formen des Eigentums, 3. Von den verschiedenen Arten des Eigentumserwerbs. Das Ganze ist in 2281 Artikel unterteilt.

Der C.c. fand ein günstiges Echo und setzte sich rasch durch. Seine formalen Vorzüge, die Präzision und Anpassungsfähigkeit, aber auch der Ruf der Männer, die ihn ausgearbeitet hatten, und der maßvolle und vernünftige Geist, der ihn bestimmte - all das trug zu seiner hohen Wertschätzung in der Rechtspraxis bei. Seine Anlage verrät deutlich den Geist der Revolution; daher stammen das Selbstbestimmungsrecht der menschlichen Person, die bevorzugte Stellung des Grundbesitzes, Freiheit der Konventionen, wirtschaftlicher Liberalismus, Säkularisation der Familiengesetzgebung.

Mängel und Lücken waren freilich unvermeidlich: die Rechte der Ausländer (Napoleon liebte sie nicht) waren stark beschnitten; die Rechtsstellung der verheirateten Frau blieb sehr unzulänglich. Eigentliches Leitbild war der kleine Grundeigentümer. Man konnte damals weder die Entwicklung von Handel und Industrie, die eine stärkere Betonung des beweglichen Eigentums verlangt hätte, noch die moderne Arbeitsproblematik oder die Entwicklung des abstrakten Begriffes der juristischen Person (Gesellschaften, Vereinigungen usw) voraussehen.

Infolge des fast abergläubischen Respekts, mit dem man den C.c. umgab, blieb im Laufe des 19.Jh.s sein Text fast unverändert. Später, besonders seit 1880, mußte er sich freilich in wachsendem Maße Abänderungen durch Gesetze gefallen lassen, die sich teilweise sogar unabhängig von ihm entwickelten. Die immer stärkere Einschaltung der Staatsgewalt (Familien- und Sozialgesetzgebung, Mietrecht usw) hat inzwischen das Gesicht der französischen Gesetzgebung weitgehend verändert. Seit 1945 ist eine Kommission mit der Revision des Gesetzeswerkes beauftragt.

Der C.c. bleibt, im Verein mit all der gelehrten juristischen Arbeit, die er angeregt hat, nichtsdestoweniger ein Standardwerk, dessen Einfluß weit über die Grenzen Frankreichs hinausgeht. Zahlreiche Staaten haben ihn mit gewissen Abänderungen übernommen. Auch in den meisten deutschen Ländern war er bis zum Inkrafttreten des BGB (1.1.1900; → Bürgerliches Recht) in Gebrauch. Lediglich die Gesetzgebung in den angelsächsischen Ländern und in Rußland blieb vom Einfluß des französischen C.c. unberührt.

E.DALLOZ, C.c. annoté, Paris (1873) 1956[55] - P.A.FENET, Recueil complet des travaux préparatoires du Code civil, 15 Bde, Paris 1827. - C.AUBRY-C.RAU, Cours de droit civil français, (1843) 1935-49[6] (laufend ergänzt von P.ESMEIN) - P.VIOLLET, Histoire du droit civil français, Paris (1884) 1905[3] - Le livre du Centenaire du C.c., Paris 1904 - G.RIPERT-A.BOULANGER, Traité élémentaire de droit civil (M.PLANIOL) I, (1905) 1950[5] - J.RAY, Essai sur la structure logique du C.c. français, Paris 1926 - M.VANKAN, Les efforts de la codification en France, 1929 - Répertoire de droit civil. Encycl. juridique, éd. DALLOZ, I, 1951, 686ff - A.COLIN-H.CAPITANT, Traité de droit civil (wiederbegr. v. L.JULLIOT DE LA MORANDIÈRE) I, 1953. - Revue critique de législation et de jurisprudence, 1853-1940 - Revue trimestrielle de droit civil (seit 1902).

R.Voeltzel

Codex Iuris Canonici, das geltende Gesetzbuch der lateinischen Kirche; seitdem für die unierte Orientalische Kirche (→ Unierte Kirchen des Orients) ein eigener CIC Orientalis vorbereitet wird, vielfach genauer als CIC Latini bezeichnet. Für die ganze Kath. Kirche, also auch für die Orientalische, gelten nur die Bestimmungen des CIC, die diese ausdrücklich mitbetreffen (interrituelles Kirchenrecht), sowie solche, in denen Naturrecht oder göttliches Recht kodifiziert sind. Sachlich umfaßt der CIC in 5 Büchern, die wieder in Titel, meist mit weiterer Unterteilung, gegliedert sind, und in 2414 fortlaufend gezählten Kanones, nach denen zitiert wird: Allgemeine Regeln, Personen-, Sachen-, Prozeß- und Strafrecht, d.i. das gesamte lat. Kirchenrecht mit Ausnahme des liturgischen Einzelrechtes, für das die lat. liturgischen Bücher maßgebend bleiben. Zeitlich gilt der CIC seit Pfingsten (19.5.)1918, aber ohne rückwirkende Kraft, so daß Rechtsfragen, die die Zeit vorher betreffen, nach dem alten Recht (→Kirchenrecht) zu entscheiden sind. Im übrigen hat der CIC das alte gemeine Kirchenrecht sowie das dem neuen Recht widersprechende alte Partikular- und Gewohnheitsrecht außer Kraft gesetzt. Dieser Schnitt zwischen altem und neuem Recht ist jedoch inhaltlich nicht so scharf wie formal, weil das neue Recht zum größten Teil mit dem alten übereinstimmt und insoweit auch nach dem alten ausgelegt werden muß. Außerdem sind die am 19.5.1918 bestehenden Konkordate und wohlerworbenen Rechte oder Privilegien physischer und moralischer Personen aufrechtzuerhalten.

Dem CIC sollte der Charakter der einzigen Quelle des geltenden Rechtes, den er beim Inkrafttreten hatte, dadurch erhalten bleiben, daß neues allgemeines Recht nicht mehr in selbständiger Form publiziert, sondern durch entsprechende Änderung oder Ergänzung der Kanones in den CIC eingefügt werden sollte. In Wirklichkeit ist dieser Weg bisher nur durch zwei Streichungen (in c. 1099 § 2, seit 1.1.1949; in c. 2319 § 1 n. 1, seit 25.12.1953) beschritten worden. Im übrigen ist neben den CIC inzwischen schon wieder beträchtlicher neuer Rechtsstoff getreten (→ Kirchenrecht).

Um die Einheitlichkeit der Auslegung zu sichern, wurde schon 1917 eine Kardinalskommission zur authentischen Auslegung des CIC geschaffen. Ihre Entscheidungen sind für die ganze Kirche verbindlich.

Die wegen der Unübersichtlichkeit des alten Rechtes schon lange als notwendig empfundene Neukodifikation des kanonischen Rechtes wurde durch Papst Pius X. 1904 angeordnet und von einer Kardinalskommission bis 1917 vollendet. Ihr Sekretär, später auch ihr formeller Leiter und der eigentliche Schöpfer des CIC war Kardinal → Gasparri. Von ihm stammen auch die geschichtliche Vorrede zum CIC mit wichtigem Überblick über seine Entstehung, der Quellennachweis zu den einzelnen Kanones und das Sachverzeichnis, die den amtlichen Ausgaben beigegeben sind. Außerdem enthalten diese in einem Anhang (Documenta) 6 (1956) päpstliche Gesetze, die im Text des CIC zitiert sind, darunter als wichtigstes die ausführliche Regelung der Papstwahl.

Ausgabe: AAS IX, 2, 1917; danach die vatikanischen Handausgaben. Nachdr. u. Übers. sind nur mit Erlaubnis des Hl. Stuhls zulässig. - Quellenausgabe: CIC Fontes, 9 Bde, Rom 1926-39, hg.v. P.GASPARRI (1-6) u. I.SERÉDY (7-9); CIC Schemata IV, 1, Rom 1940, hg.v. F.ROBERTI. - Entscheidungssammlung: CIC Interpretationes authenticae, hg.v. I.BRUNO, Bd 1 (1917-35), Rom 1935; Bd 2 (1936 bis 1950), Rom 1950. - Wörterbücher: R.KÖSTLER, WB zum CIC, 1928-30 - A.LAUER, Index verborum CIC, Rom 1941. - U.STUTZ, Der Geist des CIC. 1918 - K.MÖRSDORF, Die Rechtssprache des CIC, 1937 - DDC III, 1942, 909 ff (Lit.) - A.VANHOVE, Prolegomena ad CIC (Commentarium Lovaniense in CIC I, 1), Mecheln u. Rom 1945², Teil V (Lit.). *H.Barion*

Cölestin I., *Papst* 10.9.422 bis 27.7.432, Römer, heilig. C. stärkt die Autorität Roms (Primatidee → Papsttum: I) in Gallien und Illyrien, dringt aber in Afrika ebensowenig durch wie → Zosimus und → Bonifatius I. Von → Cyrill gegen → Nestorius angerufen, verwirft er auf den Synoden zu Rom 430 und (durch seine Legaten) zu → Ephesus 431 die Lehre des Nestorius (→ Christologie: II, 4 c).

Erhalten sind 16 Briefe, ACO I, 1, 7, 125 ff, I, 2, 5 ff. - RE IV, 200 f - CASPAR I, 368 ff - HALLER I, 128 f. 139 ff - SEPPELT I, 150 f. 158 ff - ALTANER 310 - DHGE XII, 1953, 56 ff. *K.Treu*

(II.), zum *Papst* gewählt am 16.12.1124, Theobald Buccapecus, mußte unmittelbar nach der Wahl zugunsten → Honorius' II. verzichten. † spätestens 1126.

JAFFÉ I, 822. 824 - HALLER III, 28 - EC III, 1256 - DHGE XII, 1953, 58 f - SEPPELT III, 1956, 166. *E.Kutsch*

II., *Papst* 26.9.1143 bis 8.3.1144, Guido aus Città di Castello, Schüler → Abaelards, begünstigte 1140 als Legat in Frankreich (mit Hyac. Bobbo) seinen Lehrer und → Arnold von Brescia. Er löste das Bündnis mit Roger II. von Sizilien.

JAFFÉ II, 1 ff - WATTERICH II, 276 - DHGE XII, 1953, 59 ff.

III., *Papst* 30.3.1191 bis 8.1.1198, Hyacinth Bobbo, wurde nach einem untadeligen Leben im höchsten Alter zum Papst gewählt. Durch Wahl seines Papstnamens knüpfte er an Cölestin II. an. C. unterstützte die Politik → Alexanders III. Sein Widerstand gegen Heinrich VI. zeigt, daß er das Papsttum im Sinne des national-römischen Kreises auffaßte, wie es → Clemens III. begonnen und → Innocenz III. zum Höhepunkt geführt hat. Abdankungspläne, die man ihm zugeschrieben, passen in diese Politik schlecht hinein.

JAFFÉ II, 577 ff - WATTERICH II, 708 ff - J.HALLER, MIÖG 35, 1914, 545-669 - K.WENCK in Kehr-Festschrift, 1926, 443-474 - DHGE XII, 1953, 62 ff - P.ZERBI, Papato, impero e respublica Christiana dal 1187 al 1198, Mailand 1955 - V.PFAFF, Die Kardinäle unter Papst C. III. (1191-98) (ZSavRG, Kan. Abt. 41, 1955, 58-94).

IV., *Papst* 25.10.1241 bis 10.11.1241, Gottfried Castiglione aus Mailand. Nach dem Tode Gregors IX. ging der Kampf der Römer unter dem Senator Matheus Rosso Orsini gegen die Anhänger der kaiserlichen Politik, die Johann Colonna führte, weiter. Es kam zu dem ersten Konklave (im Septizonium), das Matheus Orsini so unter Druck setzte, daß einige Kardinäle an ihrer Gesundheit Schaden nahmen. So wählten sie schließlich C., um sich aus ihrer verzweifelten Lage zu befreien. Der kurze Pontifikat C.s blieb ohne Bedeutung.

POTTHAST I, 940 f - K.HAMPE, SAH 1913 - K.WENCK, QFIAB 18, 1926, 101-170 - DHGE XII, 1953, 77 ff.

V., *Papst* 5.7.1294 bis 13.12.1294, Petrus von Morrone, war armer Leute Kind, wurde Benediktiner, dann Eremit in der wilden Maiella. In hohem Alter wurde er nach einem langen Konklave, in dem sich die beiden Parteien der Colonna und Orsini nicht einigen konnten, in Perugia zum Papst gewählt und in Aquila gekrönt. Die Verflechtung von politischen und religiös-mystischen Gründen für die Wahl C.s läßt sich nicht nachprüfen. Karl II. von Neapel war vor der Wahl in Perugia und brachte den Neugewählten ganz unter seinen Einfluß. Neapel wurde der Sitz der Kurie, die Geschäfte führten königliche Beamte, wie Bartholomäus von Capua. Daß dieser Mißbrauch nicht lange dauerte, ist mit das Verdienst → Bonifatius' VIII., der C. im Gefühl seiner Unzulänglichkeit bestärkte und entscheidend zu seiner Abdankung beitrug. C. verbrachte seine letzten Tage in der Bergfeste Fumone bei Anagni; dort † 19.5.1296. Sein Ende wurde von Legenden umwoben, die, ebenso wie seine Heiligsprechung (1313), politisch mißbraucht wurden. Die Cölestiner fanden sich später in ihrem strengen Armutsideal mit den Minoriten zusammen.

POTTHAST II, 1915 ff - F.X.SEPPELT, Mon. Coelestiniana, 1921 - F.BAETHGEN, Beiträge zur Gesch. C.s V., 1934 - DERS., Der Engelpapst, 1943 - DHGE XII, 1953, 79 ff - A.FRUGONI, Celestiniana (Ist. Stor. Ital., Studi Stor., Fasc. 6-7), 1954. *F.Bock*

Coffin, *Henry Sloane* (1877-1954), einer der bedeutendsten amerikanischen Kirchenführer seiner Zeit, * in New York, † in Lakeville, Conn. Nach Studium in Yale, Edinburgh, Marburg und New York war C. 1905 bis 1926 Pfarrer in New York, von 1904 bis zu seinem Tode Prof. für praktische Theologie am Union Theological Seminary in New York, 1926-45 dessen Präsident. C. war Führer des liberalen Flügels der presbyterianischen Kirche Amerikas und 1943-44 deren Moderator.

The creed of Jesus (Predigten), New York 1907; Social aspects of the cross, N.Y. 1911; University sermons, New Haven 1914; Some Christian convictions, New Haven 1915; The ten commandments, N.Y. 1915; In a day of social rebuilding, New Haven 1918; A more Christian industrial order, N.Y. 1920; What is there in religion, N.Y. 1922; The portraits of Christ in the NT, N.Y. 1926; What to preach, N.Y. 1926; The meaning of the cross, N.Y. 1931; What men are asking, Nashville 1933; God's turn, London-N.Y. 1934; Religion yesterday and today, Nashville 1940; God confronts man in history, N.Y. 1947. - Über C.: This ministry: The contribution of H.S.C., hg.v. REINH.NIEBUHR, N.Y. 1945. *H.P.VanDusen*

Cogito ergo sum → Descartes.

Cohen, *Hermann* (1842-1918), * Coswig (Anhalt), † Berlin, mit P. → Natorp Begründer der Marburger Schule des → Neukantianismus, lehrte in Marburg von 1873-1913, seit seiner Emeritierung an der Akademie für die Wissenschaft des Judentums in Berlin. Neben einer umfassenden humanistischen Bildung besaß C. eine ihm vom Vater vermittelte tiefgründige jüdische Bildung. Als in der 2. Hälfte des 19.Jh.s eine weitreichende Wiederbelebung → Kants einsetzte, galt C. bald als ihr unbestrittenes Haupt. Sein Ziel war die Sicherung der Autonomie des Geistigen mit den Mitteln strenger Wissenschaft. Die Ergebnisse seiner Beschäftigung mit → Platon und der Geschichte der Infinitesimalmethode wußte er mit seiner Interpretation Kants zu verbinden, und so gewann er eine methodisch-logische und historisch-systematische Grundlegung seines wissenschaftskritischen Idealismus, wie ihn nach seiner Meinung Kant zwar intendiert, aber nicht konsequent durchgeführt habe. Seine zu einem logischen Differentialverfahren umgestaltete transzendentale Methode ermöglichte ihm ein Prozeßdenken, für welches das Ding an sich zur Idee der unendlichen Aufgabe wird. Seine drei großen Schriften zur Interpretation der kantischen Philosophie, »Kants Theorie der Erfahrung« (1871, 1918^3), »Kants Begründung der Ethik« (1877, 1910^2), »Kants Begründung der Ästhetik« (1889), sind Prolegomena seines eigenen »Systems der Philosophie«, dessen »Logik der reinen Erkenntnis« (1902, 1922^3), »Ethik des reinen Willens« (1904, 1923^4), »Ästhetik des reinen Gefühls« (1912, 1923^2) er veröffentlichte, während seine spekulative Kraft gegenüber der Psychologie als dem vierten Glied, das die Einheit der Bewußtseinsgesetzlichkeiten zum Problem haben sollte, versagte. Kuno Fischer hat die Lehre C.s mit dem Wort »mehr Rasse als Philosophie« zu diskreditieren versucht, doch hat er mit dieser Charakterisierung ihr existentielles Anliegen präzise bezeichnet. Als der »größte Sohn der jüdischen Aufklärungsepoche im Westen« (Klatzkin) hat C. sich für das Recht der jüdischen Assimilation mit der ganzen Wucht eines ebenso tiefen wie dunklen Denkens eingesetzt. Die Ethik der at. Propheten samt ihrem Messianismus und die Gesetzlichkeit talmudischen Geistes sah er in Kants Philosophie mit ihrem Primat der Ethik wissenschaftlich begründet, und er gestaltete sie zu einem ethischen Sozialismus aus. In der Religion vermag er nur einen Naturzustand anzuerkennen, »dessen Kulturreife in die Ethik fällt«, und im Monotheismus sieht er eine Vorbereitung der idealistischen Sittenlehre, deren Idee Gott vertritt. Aber C.s System wurde zum Paradigma für die Unzulänglichkeit der Verabsolutierung der Gesetzlichkeiten der sog. exakten Wissenschaften, deren logisierte Methode gegenüber den entscheidenden Anliegen des existenten Menschen versagte, und die Ausweglosigkeit des Systems vor allem gegenüber dem Problem des Individuellen führte im alternden C. zu einem Umbruch seines Denkens. Dieser kündigt sich an in der Schrift »Der Begriff der Religion im System der Philosophie« (1915) und sprengt den Methodenmonismus vollends in dem postumen Werk »Religion der Vernunft aus den Quellen des Judentums« (1919, 1929^2), das nur noch nominalistisch die Beziehung zum System aufrechterhält: An Hand der Urphänomene des Religiösen erweist sich, daß die so lange gesuchte »Konstitution« des Individuums in der Korrelation Gott-Mensch erfolgt. Die von diesem Endpunkt C.schen Philosophierens ausgehende existentialistische Linie ist bis heute verkannt.

J.Klatzkin, H.C., 1919 (Bibliogr.) - W.Kinkel, H.C., 1924 (Lit.) - S.Ucko, Der Gottesbegriff in der Philos. H.C.s, 1929 - J.Klein, Der Mensch im System des Marburger Idealismus (Festschr. F.Tillmann, 1934, 119-131) - H.Knittermeyer, H.C. (Lebensbilder aus Kurhessen u. Waldeck 5, 1955, 13-32).
J.Klein

Coincidentia oppositorum → Nikolaus von Kues.

Coke, *Thomas* (1747-1814), * Brecon, † in Indien, methodistischer Bischof, tatsächlicher Nachfolger John → Wesleys in der Leitung der methodistischen Bewegung und Heidenmissionar (→ Methodisten: I. II). Ursprünglich anglikanischer Pfarrer (priest), ging er 1772 zum Methodismus über. 1782 wurde er Leiter des irischen Methodismus (erster Präsident der irischen Konferenz), 1784 Leiter (Superintendent mit bischöflichen Rechten) für den beginnenden Methodismus Nordamerikas. 1787 erreichte er von der nordamerikanischen Konferenz die Einführung des Bischofstitels - gegen Wesleys Willen. Durch sein Begrüßungsschreiben an George Washington am 29.5.1789 trug er wesentlich zur Entfremdung zwischen den britischen und nordamerikanischen Methodisten bei. Nach Wesleys Tode wurde er 1791 Sekretär, 1797 und 1801 Präsident der Konferenz, dh des obersten kirchenrechtlichen Organs im britischen Methodismus. Seit 1789 galt er als der Leiter aller methodistischen Heidenmissionsunternehmungen. Wiederholt versuchte er, namentlich auch in Indien, eine Annäherung an die anglikanische Kirche unter vollberechtigter Aufnahme der Methodisten.

Vf. eine offiziöse Biographie John Wesleys, 1792; außerdem: A History of the West Indies, 1808-11. - Über C.: J.W.Etheridge, Life of C., 1860 - F.B.Upham, Th.C., 1910 - B.Gregory, Three Great Methodists (Wesley, Asbury, C.), 1935 - DNB (Neudr. 1949/50) IV, 703 ff.
M.Schmidt

Colani, *Timothée* (1824-88), * in Lemé (Aisne), franz. Theol. Unter dem Einfluß bes. von E. → Reuß mit den Arbeiten der deutschen wissenschaftlichen Kritik bekanntgeworden, begann er sich vom orthodoxen Glauben seiner Jugendzeit zu lösen. 1850 gründete er im Anschluß an einen schon von Reuß gehegten Plan eine Revue de Théologie et de Philosophie chrétienne von Straßburg (drei Folgen, 1850-69), die starken Widerhall fand. Während er darin das franz. Publikum wissenschaftlich zu bilden versuchte, kämpfte er energisch gegen das Dogma von der Verbalinspiration; bei seinem Bemühen, die traditionelle Orthodoxie aufzulockern, war C. heftigen Angriffen ausgesetzt. Als Vikar, später als Pfarrer (1862) an St. Nikolai zu Straßburg hatte er großen Erfolg. Seine formal wie inhaltlich bemerkenswerten zwei ersten Predigtbände (1857-60) wurden in mehrere Sprachen übersetzt. Trotz heftigen Widerstandes der Orthodoxie und eines erbitterten Flugschriftenkrieges erhielt C. 1861 eine Professur für franz. Literatur, dann für Philosophie am Prot. Seminar und 1864 die für Homiletik an der Theol. Fakultät. Der Krieg hinderte C. an der vollen Entfaltung seiner Möglichkeiten. Er zog nach Paris und widmete sich dem Journalismus (Artikelband »Essais de critique«, 1895). Bedeutsam waren seine Interventionen auf der Synode von 1872, der er als Laiendelegierter angehörte. Sein Denken war in fortschreitender Entwicklung, wie sie sich bereits in den posthum erschienenen Discours inédits (1926) abzeichnet, bis zu einem dezidierten Unitarismus vorgestoßen.

Bibliogr.: RE IV, 210ff; dazu: Discours inédits, 1926. - Über C.: E.Rochat, La Revue de Strasbourg, Genf 1904 - Th.Gerold, La faculté de Théologie et le Séminaire protestant de Strasbourg, 1923 - F.Menegoz, C., devancier de Ritschl (RHPhR 4, 1924, 228-244) - J.Marty, T.C., Paris 1947 - R.Will, Les églises protestantes de Strasbourg sous le second Empire (RHPhR 28/29, 1948/49, 206-211).
J.Roth

Coleridge, *Samuel Taylor* (1772-1834), Sohn eines anglikanischen Pfarrers, trotz eines in mancher Hinsicht unglücklichen Lebens hervorragender Dichter, Philosoph und Theologe mit großer Nachwirkung bis heute. C. war mit Southey und → Wordsworth eng befreundet und mit ihnen Führer der englischen → Romantik. Zeitweilig begeistert für die Ideen der französischen Revolution, durch einen Aufenthalt in Deutschland (1798f) stark beeinflußt von → Kant, → Lessing und → Schelling, behielt C. sein Leben lang auch eine Neigung zu → Spinoza. - Sein Denken strebte auf allen Gebieten zum Unermeßlichen. In der Poesie betonte er den Unterschied zwischen Phantasie (fancy) und Einbildungskraft (imagination), in der Philosophie zwischen Phaenomena und dem Übersinnlichen, in der Religion zwischen Buchstabe und Geist. Er lehnte den Mechanismus des 18. und den → Utilitarismus des 19.Jh.s völlig ab. Wo → Bentham fragte: Ist es wahr?, fragte C.: Was bedeutet es? (J.S. → Mill). Mit Kant betonte C. die Wirkung des Subjektes in aller Erfahrung; der Begriff der praktischen Vernunft war ihm aufschlußreich, weil er selbst auf ähnliche Gedanken gekommen war. – C. interessierte sich für die Arbeiten von → Eichhorn und die sonstigen historisch-kritischen Bibelstudien in Deutschland und vermittelte ihre Einführung in England. Sein Standpunkt gegenüber der Bibelkritik und seine theologische Arbeit ermöglichte es vielen Gelehrten, die neuen Entdeckungen der Naturwissenschaften anzunehmen, ohne den Glauben ablehnen zu müssen. Sein gestaltender Einfluß ist in allen Strömungen der anglikanischen Kirche, besonders bei F.D. → Maurice zu finden, auch bei den führenden Denkern der Freikirchen. Trotz früherer Neigung zum → Sozinianismus wurde er eine Säule der Staatskirche.

Biographia Literaria, 1817 (hg.v. J.Shawcross, 2 Bde, 1907); Aids to Reflection, 1825; Confessions of an Enquiring Spirit, 1840 (posthum; neu hg.v. H.St.J.Hart, 1956). – Über C.: DNB XI, 302ff – RE IV, 216ff – ERE III, 710ff – V.W.Kennedy, S.T.C., a selected bibliography, 1935 – Sir E.K.Chambers, S.T.C., a biographical study, 1938 – B.Willey, Nineteenth Century Studies, 1949.

P.Scott

Colet, *John* (1467?–1519), englischer Theologe und Humanist. Nach dem Studium in Oxford unternahm C. 1493–96 eine Reise nach Frankreich und Italien. Der → Neuplatonismus der Akademie in Florenz prägte seine theologische Konzeption grundlegend. Die Bedeutung der Italienreise für die Theologie C.s ist jedoch noch nicht endgültig geklärt. Die Ergebnisse seiner humanistischen Studien trug C. in den Vorlesungen zu den paulinischen Briefen vor, die er von 1496/97 an in Oxford hielt. Von 1504 an bis zu seinem Lebensende war C. Dekan an St. Paul in London. Zur Verwirklichung einer christlichen Erziehung mit humanistischer Prägung gründete er 1509/10 die St. Paul-Schule; in ihrem Ausbau sah er seine Lebensaufgabe. Die Kritik, die C. 1512 an der Kirche übte, brachte ihn vorübergehend in Schwierigkeiten. Innige Freundschaft verband C. mit Thomas → More und → Erasmus von Rotterdam, den er zum biblischen → Humanismus führte. Der Anteil C.s an der geistigen Entwicklung des Erasmus bedarf noch weiterer Untersuchung.

C.s Werke in 7 Bden hg.v. J.H.Lupton, London 1867–76. – K.Bauer, J.C. u. Erasmus von Rotterdam (Festschr. f. H.v.Schubert, 1929, 155–187) – E.W.Hunt, Dean C. and his Theology, London 1956 (Lit.).

G.Krodel

Coligny, *Gaspard de,* seigneur de Châtillon (1519–72), Admiral von Frankreich (1552). Als Führer der → Hugenotten verfolgte er den großen Plan, das Interesse des französischen Protestantismus mit dem des Staates zu verbinden zur Überwindung des französisch-habsburgischen Weltgegensatzes, dh die Liquidation der Kapitulation vor Spanien 1559. C. versuchte deshalb Frankreich in die prot. Front zu bringen (Verbindung mit Wilhelm von Oranien) und im Innern die Reformation mit dem König zum Siege zu führen. Dabei ist der strenge Royalismus für C. genauso bezeichnend wie der Ernst seines ref. Glaubens, wie er sich im Alltag seines Lebens vorbildlich zeigte. Zunächst als Gouverneur der Picardie (seit 1555) Beschützer der ev. Predigt, ergriff C. nach seiner spanischen Gefangenschaft (1557–59) seit 1560 offen für die Hugenotten Partei. Nach 3 Religionskriegen (seit 1562) im Zusammenhang mit dem niederländischen Aufstand erlangte er 1570 (Edikt von St.-Germain-en-Laye) von der Krone für die Protestanten zur grundsätzlichen Gewissensfreiheit die Zulassung zu allen öffentlichen Ämtern, vor allem eine erweiterte Duldung der Kultfreiheit, verbunden mit der Gewährung von 4 sog. Sicherheitsplätzen für 2 Jahre: Zeichen für die beginnende Assimilierung der Protestanten in Frankreich. Die Ermordung des »vielleicht berühmtesten Mannes der damaligen Welt« in der Bartholomäusnacht 1572 ist die Katastrophe der Hugenottenpartei.

J.Delaborde, G.de C., 3 Bde, 1879–82 – E.Marcks, G.v.C. I, 1, 1892 – RE IV, 219ff – J.Viénot, Hist. de la Réf. franç. I, 1926 – K.Kupisch, C., 1951[1,2].

R.Nürnberger

Collatio (Kollation) bedeutet im klassischen Latein Vereinigung, Beisteuer oder Beitrag, auch Zusammenstellung oder Vergleichung und im engeren philosophischen und rhetorischen Sprachgebrauch Verhältnisbestimmung, Analogie, Gleichnis. Im mittelalterlichen, insbesondere kirchlichen Bereich wachsen dem Wort weitere Bedeutungen zu, so nach dem Vorbild der Collationes patrum → Cassians die von erbaulichen Lesungen aus Väterschriften, die sich in Klöstern oder sonstigen Stiftern der Vesper anschlossen, ferner der Sinn einer Übertragung von kirchlichen Ämtern oder der Spendung von Sakramenten. Mit den klösterlichen C.nen hängt die Bedeutung von C. als Mahlzeit zusammen; auch als mittelhochdeutsches Fremdwort ist »collacie« nicht nur der Vortrag über Tisch in einem Kloster, sondern auch das Abendessen oder der Trunk danach. C. ist ferner an allen Universitäten die Rede, die die Graduierten einmal jährlich zu halten haben; aber C.nen sind auch Kurzpredigten oder geistliche Gespräche, zB im Bereich der Mystik (→ Eckehart), ferner wissenschaftliche Abhandlungen, wie des → Erasmus berühmte C. über den freien Willen. Eine besondere Rolle spielten die C.nen bei den → Brüdern vom gemeinsamen Leben und in den entsprechenden Schwesternhäusern. Als ihre besondere Eigentümlichkeit ist der Verzicht auf die Formalien der mittelalterlichen Predigt, die Möglichkeit, ins Gespräch überzugehen, und der außerkirchliche Rahmen hervorzuheben. Die C.nen der Brüder galten teils den Hausinsassen, teils dem an Sonn- und Festtagen zugelassenen Volke (toespraken; vgl. auch die Bezeichnung »Collacienbrüder«). – Von der sehr verbreiteten Bedeutung C. als Mahlzeit (Luther, der zB Zwingli einen »fröhlichen höflichen Collatienmann« genannt hat) rührt die Bezeichnung von Collacienhäusern her, in denen die Priester ihre Mahlzeiten einnehmen konnten (volkstümlich »Koglatzen«).

Vgl. die Lexika, bes. Georges I, Grimm, Lexer, Sleumer; die Lit. zu → Brüder vom gemeinsamen Leben. – Braun, LH 189 – H.Hermelink, Die theol. Fakultät in Tübingen vor der Reformation, 1906, 55 – L.Arbusow, Colores rhetorici, 1948, 63f.

W.Jannasch

Collecta → Liturgik: III.

Collenbusch, *Samuel,* * 1.9.1724 in Barmen-Wichlinghausen, † 1.9.1803, war als Arzt in Duisburg, Barmen und Schwelm das Haupt einer mystisch-biblizistischen Sondergruppe des niederrheinischen → Pietismus, zu deren Kreis → Hasenkamp, → Menken und → Jung-Stilling zu zählen sind. Angeregt durch → Leibniz' Theodizee, das naturphilosophische Organdenken → Ötingers und die Württembergische Apokalyptik → Bengels, Antons und → Frickers, stellte C. der prot. Schulorthodoxie eine neue medizinisch-ethische Heiligungslehre entgegen: Gottes Gerechtigkeit ist proportionierte Liebe, seine Heiligkeit ist herablassende Liebe. Absicht der Sendung Christi ist die »Vervollkommnung« des Menschen im göttlichen Weltplan. Die Erbsünde, die naturhafte Reizbarkeit zum Bösen, wird überwunden unter dem moralischen Eindruck des Bewährungsleidens Christi auf dem Wege der Heiligung, den C. in 7 Stufen entwirft. Ihnen entsprechen 7 Stufen in der Herrlichkeit, zu deren Erforschung C. die Hilfe spiritistischer Visionen nicht scheut (→ Swedenborg). Spiritistisch ist auch die Anthropologie vom Seelenleib, der das Organ für die übernatürlichen Kräfte des hl. Geistes abgibt. – Der Einfluß C.s reicht über seinen Schüler Menken in Bremen bis in die Theologie der → Erlanger Schule.

Vf. Erklärungen bibl. Wahrheiten, 3 Bde, 1807–20; Paragraphen zu ausgewählten Schriftstellen, 1871; Theol. Abhandlungen, 1872; Gold. Äpfel in silbernen Schalen, 1854. – Über C.: A.RITSCHL, Gesch. d. Pietismus I, 1880, 565ff – RE IV, 233ff – H.CREMER, Aus dem Nachlaß eines Gottesgelehrten, 1902 – F.AUGÉ, S.Collenbusch u. sein Freundeskreis, 2 Bde, 1905. *J.Moltmann*

Collins, *Anthony* (1676–1729), englischer Freidenker und Schüler von J. → Locke, dessen epistemologische Theorie er vervollständigte. Sein Vertrauen auf die Vernunft als zulängliche Basis des Glaubens ist ausgesprochen in seinem »Essay concerning the use of reason«, 1707, und sein Haß gegen kirchliche Institutionen in »Priestcraft in Perfection«, anonym 1709. Sein »Discourse of Free-thinking«, 1713, wurde von R. → Bentley mit Hohn widerlegt. In seinem Angriff auf → Whistons Textveränderungen at. Weissagungen, »A Discourse on the grounds and reasons of the Christian Religion«, 1724, behauptet C., die Erfüllung der Weissagung sei eine Fiktion. Seine »Philosophical Inquiry concerning Human Liberty and Necessity«, 1715, ist eine geschickte Verteidigung des → Determinismus. C. war ein typischer englischer Deist, nicht sonderlich gelehrt, aber bemerkenswert wegen seines Eintretens für ungebundene Forschung und den Gebrauch methodischen Zweifels.

L.STEPHEN, Hist. of Engl. thought in 18th cent. I, 1876, 204ff – J.M.CREED-J.S.B.SMITH, Religious thought in 18th cent., 1934, 58ff – DNB IV, 1908, 819f. *D.Carter*

Colloredo, *Hieronymus Graf von* (31.5.1732 bis 20.5. 1812), letzter regierender Fürsterzbischof von → Salzburg, * in Wien als Sohn des Reichsvizekanzlers Joseph Maria C., 1747 Domherr in Salzburg, 1762 Bischof von Gurk, 1772 Erzbischof von Salzburg, ein tatkräftiger Förderer der Aufklärung (»Toleranzhirtenbriefe«), Reformer des Volksschulwesens, Mozarts sparsamer, aber nicht verständnisloser Brotherr. C. schränkte die Zahl der Ordensmitglieder zugunsten intensivierter Seelsorgearbeit ein und löste die frommen → Bruderschaften auf. Im Zusammenhang mit der josephinistischen landesherrlichen Neuorganisation der Kirche (→ Joseph II.) verzichtet er 1786 auf seine Diözesanrechte in → Gurk, → Lavant, → Seckau und Leoben. Mit der febronianistischen Opposition der dt. Metropoliten wandte er sich gegen den Münchner Nuntiaturplan (→ Emser Kongreß) und trat für ein Nationalkonzil ein. Vor den Franzosen floh er 1800 nach Brünn, dann nach Wien, wo er nach der 1803 erfolgten Säkularisation seines geistlichen Fürstentums starb.

J.MACK, Die Reform- u. Aufklärungsbestrebungen unter C., 1912 – H.WIDMANN, Gesch. Salzburgs III, 1914, 460ff – M.HÖHLER, Des kurtrier. Rates H.A.Arnoldi Tagebuch über die zu Ems gehaltene Zusammenkunft der 4 Erzbisch. dt. Herren Deputierten, 1915 – K.WAGNER, Zur Gesch. der Schulverbesserung in Salzburg unter Erzb. H.Graf C. (Mitt. d. Ges. f. Salzb. Landeskunde 55, 1915, 151–222; 56, 1916, 95–182) – v.PASTOR, 16/III, 1933, 370ff. 391ff. *Ernst Wolf*

Colonna, 1. *Egidio* → Ägidius, 2. von Rom.

2. *Vittoria* (1492–1547), ital. Dichterin, berühmt durch ihre Sonette und ihre Freundschaft mit → Michelangelo. Nach dem Tode ihres Gatten, des Marchese von Pescara († 1525), wandte sie sich immer mehr einem Leben religiöser Besinnung und strenger Glaubensübung zu. Erfüllt von der Einsicht, daß die Kirche einer inneren Reform bedürfe, stand sie in freundschaftlicher Verbindung mit gleichgesinnten Männern wie Reginald → Pole, → Contarini, → Morone, Pietro → Bembo, → Sadoleto u.a. Kardinal Pole wurde ihr eigentlicher geistlicher Führer, dem sie sich ganz anvertraute. Aber auch mit Freunden und Anhängern reformatorischer Ideen aus dem Kreis um → Valdes unterhielt sie Beziehungen, so besonders mit Bernardino → Ochino. Die ersten Auswirkungen der Gegenreformation in Rom trugen ihr seit 1541 fortwährende Verdächtigungen von seiten der Kirche ein und hinderten die weitere Entwicklung ihrer Reformideen. Die Gedichte, welche Michelangelo an sie richtete, zeugen nicht nur von naher geistiger Verwandtschaft, sondern auch von einer tiefen Leidenschaft des alternden Künstlers.

Ausgaben: Rime e lettere, hg.v. G.E.SALTINI, 1860 – Carteggio (Briefe) di V.C., hg.v. E.FERRERO u. G.MÜLLER, 1889 – Supplemento al carteggio, hg.v. D.TORDI, 1892. – Dt. Übers.: Ausgewählte Sonette der V.C., übers. v. H.MÜHLESTEIN, (1914) 1951². – Über V.C.: W.Rothes, V.C. als Säule der Gegenreformation (Festschrift Seb. Merkle, 1922, 265–281) – A.JAHIER, Riformatori e riformati italiani, Florenz 1925 – Encicl. ital. X, 856 (Lit.) – LThK II, 1023 (Lit.) – G.K. BROWN, Italy and the Reformation, Oxford 1933 – G.TOFFANIN, Il Cinquecento (Storia letteraria d'Italia VI), Mailand (1929) 1945³ (Lit.). *H.R.Guggisberg*

Columba, 1. *der Ältere,* auch Columcille, irischer Missionar (ca 521–97), gründete das Inselkloster Hy (Iona) und wirkte in der Bekehrung der Pikten Schottlands (→ Irland: I).

2. *der Jüngere,* besser Columbanus (ca 530–615), Ire, Mönch im Kloster Bangor in Irland, zog um 590 mit 12 Genossen (→ Gallus) über England und die Bretagne nach Burgund, wo er die Klöster Annegray, → Luxeuil und Fontaines gründete. Festhalten an der irischen Klosterverfassung und Osterberechnung brachte ihm den Konflikt mit dem fränkischen Episkopat, Freimut und Sittenstrenge mit dem burgundischen Merowinger. 610 vertrieben, wirkte er in Alamannien am Bodensee, seit 612/13 in Oberitalien, wo er 614 das Kloster → Bobbio gründete und in den Kampf gegen den → Arianismus eintrat. Seine strenge Mönchsregel wurde bald aus der → Benediktinerregel ergänzt und schließlich von dieser abgelöst.

RE IV, 241ff – WATTENBACH-LEVISON 1, 131 A. 316 – F.BLANKE, C. u. Gallus, 1940 – J.ROUSSEL, St. C. et l'épopée colombanienne, 2 Bde, 1941/42 – Mélanges Colombaniens, 1950 – M.DUBOIS, St. C., 1950 – S.Colombano e la sua opera in Italia, Bobbio 1953 – G.S.M. WALKER, On the use of Greek words in the writings of St. C. of Luxeuil (Bulletin Du Cange 21, 1950, 117–131). *H.Löwe*

Comba, *Emilio,* Waldensertheologe, * 1839 in San Germano (Waldensertäler/Piemont), † 1904 in Guttannen (Kt. Bern), Schüler von → Merle d'Aubigné in Genf 1859–62. C. hatte im Frühjahr 1863 in Perugia eine Kontroverse mit Kardinal Pecci (→ Leo XIII.) über die Reformation, wurde im Herbst 1863 ordiniert und war anschließend (bis 1867) Evangelist in Guastalla und Brescia. 1867 gründete er die Waldensergemeinde in Venedig und wurde 1872 Prof. für KG an der Waldenserfakultät in Florenz. Als solcher behandelte er kritisch die Anfänge der Waldenser-Bewegung und die ital. Reformation. Er suchte die »wahre Kirche« in ev. Gestalten (»Unsere Protestanten«) und Bewegungen von der Apostelzeit an in allen Jh.en. C. begründete »La Rivista cristiana« (1873–87; 1899ff). Durch ihn hat sich die Waldenser-Bewegung, in der Gegenreformation der ital. Geisteswelt entfremdet, wieder in die ital. Kultur eingelebt.

Bibliogr.: Valdo e i Valdesi avanti la Riforma, 1880 (auch engl.); La Storia della Riforma in Italia, 1881; Histoire des Vaudois d'Italie, nur Bd 1: Avant la Réforme, 1887 (engl. 1889); Enrico Arnaud, pastore e duce dei Valdesi, 1889 (auch franz.); Storia dei Valdesi, 1893; I nostri Protestanti, 2 Bde, 1895/97; Histoire des Vaudois, 2 Bde, 1898/1901. – Über C.: RE XXIII, 318ff – V.VINAY, Facoltà Valdese di Teologia (1855–1955), Torre Pellice 1955, 93ff. *V.Vinay*

Comenius, *Joh. Amos* (1592-1670), * in Nivnice (Mähren), studierte in Herborn und Heidelberg, war dann Pfarrer und Lehrer der → Brüderunität in Prerau und Fulnek. Durch die Gegenreformation aus der Heimat vertrieben, wirkte er von 1627 ab in Lissa, war Senior und seit 1648 Bischof. Dazwischen hielt er sich in England und Schweden auf und wurde durch Oxenstjerna beauftragt, in Elbing lat. Lehrbücher zu verfassen. Der Versuch, auf Veranlassung des Fürsten Rákóczi seine Pläne einer Schola pansophica in Sáros Patak (Siebenbürgen) zu verwirklichen, mußte abgebrochen werden. Nach der Zerstörung Lissas im Schwedisch-polnischen Kriege 1656 verbrachte er seine Altersjahre in Amsterdam.

C. war ein universaler Gelehrter, tiefe Frömmigkeit mit weltgewandtem Weitblick vereinend. Er wurzelte in der Tradition der Brüderkirche, deren Historiker er wurde und die er in die Heimat zurückzuführen hoffte. Aus der Sorge um die Brüderunität gingen auch seine ersten Schriften hervor. Er verfaßte Liederbuch, Katechismus, Trost- und Erbauungsschriften, (zB »Das Labyrinth der Welt«). Er wirkte für Frieden zwischen Kirchen und Völkern, betrieb Unionspläne (Thorner Konzil 1645).

Die von ref. Lehrern (→ Alsted, → Piscator) beeinflußte Theologie des C. ist wesentlich eschatologisch; er will die Wiederkunft Christi vorbereiten. J.V. → Andreä wirkte auf ihn ein und durch ihn → Campanella, ebenso die mystische Literatur seiner Zeit: J. → Böhme, V. → Weigel und besonders Joh. → Arnd. C. veröffentlichte wiederholt Prophezeiungen, so die des Nicolas → Drabik, die sich auf die Heimkehr der Brüderkirche bezogen. In Amsterdam hielt er Verbindung zum Vorpietismus des J.de → Labadie. Hier wurde er ein Anreger prot. Missionsdenkens. Seine Schriften wirkten auf → Spener und → Francke und wurden auch späterhin viel gelesen.

Die Pädagogik des C. ist nicht von seinen theologisch-philosophischen Anschauungen zu trennen. Sie geht von der Ebenbildlichkeit des Menschen mit Gott aus, ihr Ziel ist die Seligkeit; darauf ist der Mensch in allen Altersstufen vorzubereiten. C. kennt die Sündhaftigkeit des Menschen, will sie aber durch zuchtvolle Führung überwinden. Dazu gehören Frömmigkeitsübungen von klein auf (vgl. »Informatorium der Mutterschule«) und ein System von Schulen. Darin wird der Sprachbildung die Aufgabe zugedacht, gleichzeitig mit den Worten ein Verständnis der in der Harmonie der Gotteswelt stehenden Sachen zu vermitteln. So wird der formalistische Humanismus überwunden und Sprachpflege zu Sachverständnis. In Fortführung von Gedanken des → Ratichius wird hier der Muttersprache ihr Recht, dazu den lebenden Fremdsprachen. Seine Lateinbücher, besonders die Janua linguarum (1631) und der Orbis pictus (1658), trugen ihm Weltruhm ein. Seine Methodus linguarum novissima enthält neben einer Sprachmethodik didaktische Grundsätze, die Magna Didactica eine Skizze der Gesamtschulreform, die als der wichtigste Teil eines Planes zur Welterneuerung anzusehen ist. Das 1935 von D. Tschiževskij aufgefundene Nachlaßwerk mit dem Titel De emendatione rerum humanarum consultatio catholica enthält neben einem Weckruf, der Panegersia, u.a. die Pampaedia, eine christliche Pädagogik. Die Panorthosia entwirft den Plan eines Weltfriedensgerichts, eines Gelehrtenkollegiums und eines ökumenischen Konzils. Mit diesen Werken vollendete C. seine »Pansophia«, von der man sich besonders im England Cromwells viel versprach. C. verstand unter der Pansophia eine christliche Weltschau, wie sie der vielfach von ihm angeregte → Leibniz in der Lehre von der prästabilierten Harmonie vollendete. Auch dessen Idee der Akademie und der philosophischen Weltsprache geht auf C. zurück. Nachhaltige Wirkung hinterließ C. auf das Schulwesen Deutschlands. Einzelzüge seiner Didaktik, so das Prinzip der naturgemäßen Methode, der Einheitlichkeit im Schulaufbau, des Vorrangs der Muttersprache, der Anschauung und des Spiels (Schola ludus) wurden pädagogisches Gemeingut. → Alchemie, 4.

GesW in Ursprache, Veškeré spisy, bisher 9 Bde, 1911ff - Opera didactia omnia von 1657, Faksimile-Neudruck der Prager Akad. d. Wiss., 1957. - Außer älteren Übers.en: H.Schönebaum, C., Ausgewählte Schriften zur Reform in Wiss., Religion u. Politik (darin die Panegersia), 1924 - A.Flitner, Große Didaktik, 1954 (Lit.) - D.Tschiževskij-H.Geissler-K.Schaller, Pampaedia (lat.-dt.), 1957 - J.A.C., Um eine vollkommene Reformation. Eine Auslese, dargeboten v. A.Molnár, Prag 1957. *H.Geißler*

Comes → Perikopen.

Comma Johanneum heißt eine sekundäre Erweiterung von 1Joh 5, 7f: »Denn drei sind, die da zeugen *auf Erden:* Der Geist (Prisc.: *das Fleisch*) und das Wasser und das Blut, und die drei sind eins (unum, griech. εἰς τὸ ἕν) - *und drei sind, die da zeugen im Himmel: der Vater, das Wort und der Geist, und die drei sind eins in Christus Jesus* (häufig Umstellung der beiden Hälften und andere Varianten). Das C.J. fehlt in allen griech. Hss. außer drei späten Minuskeln. Ältester zweifelsfreier Zeuge für das C.J. als Bibeltext ist → Priscillian de trin. pg. 6. Doch möchte Thiele (217f) bei → Cyprian de eccl. unit. 6 pg. 215, 5, wie schon Büchsel (82) erwog, nicht nur trinitarische Deutung der drei (Erden-) Zeugen, sondern Bekanntschaft mit dem C.J. finden. Auch → Augustin und später → Facundus scheinen das C.J. gekannt, aber nicht als Bibeltext anerkannt zu haben. Dagegen fehlt jede Spur bei → Hilarius von Poitiers, → Lucifer, → Hieronymus, → Leo I. Das C.J. muß also als eine frühestens im 3.Jh. in Nordafrika oder Spanien aufgekommene dogmatische Ergänzung des Bibeltextes gelten, die sich dann im Westen durchgesetzt hat. Die Complutensis nahm sie aus der Vulgata in den griech. Text, Erasmus - widerstrebend - aus Minuskel 61 in seine 3. Ausg. 1522 auf. In Luthers Übersetzung kam sie erst 1581 durch einen Frankfurter Drucker (WADB 7, 629, 10-14). Das Sacrum Officium, das 1897, von Leo XIII. bestätigt, die Anzweifelung der Authentizität des C.J. verbot, hat 1927 die Diskussion freigegeben (Näheres bei Künstle I, 58ff).

K.Künstle, Das C.J. ..., 1905 - E.Nestle-E.v.Dobschütz, Einführung in das griech. NT, 1923[4], 131 - E.Riggenbach, Das C.J. (BFChTh 31, 4), 1928, 367ff - T.Ayuso, Nuevo estudio sobre el C.J. (Bibl 28, 1947, 83-112. 216-235; 29, 1948, 52-76) - W.Thiele, Unters.en zu den altlat. Texten der 3 Joh.Briefe (Diss. Tüb.), 1956. - Ferner: Die Kommentare zu 1-3Joh v. F.Büchsel, 1933, u. R. Schnackenburg, 1953. *H.Greeven*

Commodian, altchristlicher Dichter, dessen Zeit (3.Jh.?, wahrscheinlich 5.Jh.) und Heimat (Gaza? Gallien? Afrika?) umstritten sind. C. war Heide, wurde vielleicht erst jüdischer Proselyt und dann Christ, jedoch nicht Bischof. Er schrieb 2 Lehrgedichte: »Instructiones«, 80 kurze akrostichische Gedichte in 2 Büchern mit Polemik gegen Juden und Heiden und Mahnungen an die christlichen Stände zu Fragen des täglichen Lebens, »Carmen apologeticum« (1060 Hexameter), ähnlichen Inhalts, mit einer Schilderung der Endzeit. C.s Sprache ist vulgär, seine akzentuierend gebauten Verse ähneln rhythmischer Prosa (→ Altchristliche Dichtung, 2a). Jedoch kannte er zahlreiche antike und christliche Autoren (u.a. Cyprian, Tertullian). Das Decretum Gelasianum verdammt C.s Werke als apokryph, wohl wegen ihrer chiliastischen und sabellianischen Tendenz (→ Christologie: II, 2c).

CSEL 15, 1887 - F.KATWIJK, Lexicon Commodianeum, Amsterdam 1934. - RE IV, 250ff; XXIII, 321f - M.SCHANZ, Gesch. d. röm. Lit. IV/2, 1920, 397f - BARDENHEWER II, 647ff - ALTANER 363f - RAC III, 1955, 248ff (Lit.). *K.Treu*

Common Prayer Book

1. Geschichte - 2. Inhalt

1. Das C. (The Book of Common Prayer and Administration of the Sacraments and other Rites and Ceremonies of the Church, according to the use of the Church of England...) ist das einigende Band der ganzen Kirche von England (→Anglikanische Kirche: I, 6) und als solches »one of the great books of the world« (Vorrede von 1928). Es wäre abwegig, vom Titel des C. und dem vorwiegend auf Liturgisches ausgerichteten Inhalt (s. 2) zu schließen, daß das C. den → Bekenntnisschriften anderer Kirchen nicht an die Seite gestellt werden könnte. Das wird im Gegenteil auch an seiner Entstehungsgeschichte deutlich. Am Anfang steht die revidierte Ausgabe des »Use of Sarum« (Salisbury, 12.Jh.) durch den Erzbischof Thomas → Cranmer von Canterbury 1541. Das von Rom verworfene Brevier des Kardinals Francisco de → Quinones (Quignon) von 1535, die Kölner Kirchenordnung des Erzbischofs → Hermann von Wied (1543) und Nürnberger Formulare von Andreas → Osiander, dessen Nichte 1532 Cranmers Frau geworden war, gehören zu den Quellen des C. Die erste Ausgabe des C. von 1549 wurde 1552 von einer Kommission unter Cranmers Leitung revidiert. Cranmer hat sich dabei von → Melanchthon, → Calvin und → Bucer beraten lassen. → Epiklese, → Exorzismus, → Chrisma, → Fürbitte für die Toten und andere röm.-kath. Bestandteile mußten fallen. Die Meßgewänder sind dagegen 1559 wieder eingeführt worden. Die Ausgabe von 1662 unter Karl II. kam den Presbyterianern nicht wesentlich entgegen. Die neuere Geschichte des C. ist seit 1854 von dem Vorstoß des → Anglokatholizismus bestimmt, der gegen die sog. Evangelicals die Rückkehr zu der ersten Ausgabe von 1549 fordert. Eine Revision, die beiden Seiten Zugeständnisse machte, ist 1904-27 erarbeitet, von der Kirchenversammlung und dem Oberhaus angenommen, aber vom Unterhaus abgelehnt worden. Trotzdem wurde dieser Entwurf (1928) kirchlich zum Gebrauch freigegeben. Die viel umstrittene Reservation der konsekrierten Elemente für die Krankenkommunion ist zwar erlaubt, einer Verehrung der Elemente aber gewehrt worden.

2. Nach Vorreden und Tabellen folgen im C. die Ordnungen für Morgen- und Abendgottesdienste, die zum öffentlichen wie häuslichen Gebrauch bestimmt sind. Der Psalter, der im C. enthalten ist, wird monatlich einmal gesungen, das AT etwa einmal, das NT dreimal im Jahr gelesen. Die Gemeinde sitzt bei den Lesungen, kniet beim Gebet und steht beim Gesang. »Hymns ancient and modern for use in the services of the church« sind dem C. beigegeben. Im C. stehen seit 1563 die 39 Artikel als eine bis heute gültige Lehrgrundlage der anglikanischen Kirche, und ein Katechismus. Die im C. enthaltenen Ordinationsformulare haben kirchenrechtliche Bedeutung.

Die Texte von 1662 u. 1928 engl. u. dt. bei C.FABRICIUS, Die Kirche von England, ihr Gebetbuch, Bekenntnis u. kanonisches Recht (CConf 17. Abt. 1.Bd), 1937 (Lit.). - Dt. Ausg. sind auch bei der Gesellschaft zur Beförderung christlicher Erkenntnis in London erschienen. - RE I, 532ff - F.E.BRIGHTMAN, The English Rite, 2 Bde, 1915 - K.BÖHME, Die Krisis der engl. Staatskirche, 1929 - The First and Second Books of Edward VI. (Everyman's Library Nr. 448), 1949 - RGG[3] I, 1713f - J.H.SRAWLEY, The Liturgical Movement, 1954 - EKL I, 553f (Lit.). *H.Urner*

Communicatio idiomatum → Christologie: II, 5d. 7b. c. e. 8a; III, 1b.

Communicatio in sacris, im kath. Kirchenrecht die Kultgemeinschaft. Sie muß allen Christen gewährt werden, die den Papst als Oberhaupt anerkennen (c. 1325 § 2 CIC). Sie ist *verboten* in folgenden Fällen:

a) gegenüber akath. Kulthandlungen (c. 1258 CIC). Der Katholik darf nicht aktiv an ihnen teilnehmen; tut er es doch, so verfällt er (c. 2316 CIC) dem Häresieverdacht mit seinen strafrechtlichen Folgen (→ Häresie). Es kommt dabei nicht darauf an, ob die Kulthandlung konfessionell oder simultan gestaltet ist; aktive Teilnahme ist nur bei kath. Kulthandlungen erlaubt. Die bloß äußere, passive Anwesenheit ist bei nichtkath. Beerdigungen, Trauungen und ähnlichen Akten gestattet, wenn die Rücksicht auf die eigene bürgerliche Dienststellung oder eine gesellschaftliche Verpflichtung sie dringend erheischen, vorausgesetzt, daß daraus weder eine Abwendung vom kath. Glauben noch ein Ärgernis zu befürchten ist.

b) gegenüber Exkommunizierten (cc. 2259. 2260 § 1 CIC) und persönlich Interdizierten (c. 2275 CIC). Diese dürfen an keinem Gottesdienst, außer der Predigt, teilnehmen und dürfen auch nicht zu den → Sakramenten und, bei gerichtlicher Verurteilung, → Sakramentalien, dh zu der früher so genannten c.i.s. passiva, zugelassen werden. Von der Vornahme von Kulthandlungen oder der aktiven Mitwirkung an ihnen muß jeder zurückgewiesen werden, dessen Exkommunizierung oder Interdizierung irgendwie öffentlich bekannt ist. Der Excommunicatus vitandus muß auch von der bloßen Teilnahme an ihnen zurückgewiesen werden, und Kleriker, die freiwillig mit ihm c.i.s. halten, ziehen sich dadurch die Exkommunikation zu (c. 2338 § 2 CIC).

Geschichtlich gehen diese Grundsätze bis in die Anfänge der Kirche zurück; der erste bildete sich in den äußeren Verfolgungen aus, der zweite mit dem Aufkommen der innerkirchlichen Spaltungen. Sie werden auch auf die nichtkath. Christen angewandt; theologische Grundlage hierfür ist die Gleichsetzung der sichtbaren kath. Kirche mit der Kirche Christi. Wo sichtbare und unsichtbare Kirche geschieden werden, ist daher das Verbot der c.i.s. in einem mit dem kath. Kirchenrecht übereinstimmenden Sinn nicht möglich. Über die örtliche c.i.s. → Simultaneum.

EICHMANN-MÖRSDORF II, 350f; III, 385f. 394f. 420. 436. - Geschichte: H.NOTTARP, Zur C.i.s. cum haereticis (SGK IX, 4), 1933 - H.HOBERG, Die Gemeinschaft der Bekenntnisse in kirchl. Dingen, 1939 - DDC III, 1942, 1091ff (Lit.) - J.GAMBERONI, Der Verkehr der Katholiken mit den Häretikern, Brixen 1950. *H.Barion*

Communio. Bereits im 4.Jh. ist der Gesang ad Communionem mit dem Hypopsalma (Kehrvers des Volkes) »Aller Augen warten auf dich« (Ps 145) nachweisbar. Vor allem aber hat Ps 34 mit den Versen: Gustate et videte, quoniam suavis est Dominus, und: Accedite ad eum als Kommunionpsalm gedient. Im 5.Jh. der Schola übertragen, wird die → Antiphon (das ursprüngliche Hypopsalma) reicher ausgestaltet. Doch kennt die römische Karsamstagsliturgie den antiphonalen Kommuniongesang noch nicht. Im Irischen (Antiphonar von Bangor) und auch in St. Gallen gab es Hymnen zum Kommuniongang. Im 10.Jh. setzte ein Verfall der Form ein. Mit dem Rückgang des Kommunionempfanges schwand auch das Bedürfnis nach dem Kommunionpsalm; vom 12.Jh. ab etwa wurde nur noch die Antiphon gesungen. Musikalisch ist die C. die kürzeste Meßantiphon; sie ist entsprechend der liturgischen Situation stiller gehalten als der → Introitus, einfacher als das → Offertorium. Der künstlerische Wert ist nicht geringer. Als Texte der C. finden sich sehr oft Worte aus dem Evangelium des Festes.

P.WAGNER, Einführung in die gregorian. Melodien I, 1911[3], 116; III, 1911[3], 325 - MGG II, 1588. *E.Jammers*

Unter C etwa Vermißtes bitte unter K und Z suchen

Community Church, auch Union oder Federated Church genannt, ist ein neuer Typus überdenominationeller Gemeindebildung in den USA. Vor allem in ländlichen oder auch großstädtischen Verhältnissen sucht die C.Ch.-Bewegung Menschen seelsorgerlich zu dienen, die keinen kirchlichen Anschluß haben oder wo es nicht lohnt, daß mehrere → Denominationen eigene Gemeinden bilden. Es gibt drei organisatorische Formen: 1. eine denominationell bestimmte Gemeinde nimmt andere Christen auf, die aber weiterhin zu ihrer bisherigen Kirche gehören können; 2. zwei oder mehr Gemeinden behalten ihre Sonderorganisation zwar bei, haben aber einen gemeinsamen Pfarrer und gemeinsamen Gottesdienst; 3. eine selbständige Gemeinde wird gegründet, in der Raum ist für Christen aller Art und sich alle tolerieren. Zum Dienst an solchen Gemeindekirchen wurde 1937 die International Ministerial Federation gegründet. 1940 schlossen sich die amerikanischen Gemeindekirchen zum National Council of Community Churches zusammen. Die Bewegung ist im Wachsen und umfaßte 1947 schon 3600 Kirchen. Viele amerikanische Kirchen stehen der theologisch bisher noch ungeklärten Bewegung abwartend und oft sogar mißtrauisch gegenüber, da sie in der kritischen Einstellung der C.-Ch.-Bewegung gegenüber dem alten System der Denominationen einen Angriff auf sich selbst sehen und die Gefahr des theologischen → Eklektizismus vermuten.

D.R.Piper, C.Ch.es, Chicago 1928 - J.R.Hargreavfs u.a., Community religion and the denominational heritage, New York 1930 - R.A.Burkhart, C.Ch. (Christendom 11, 1946, 188-198) - R.Rouse-S.Neill, A history of the ecumenical movement 1517-1948, London 1954, 634 - F.E.Mayer, The religious bodies of America, St. Louis 1954, 368. *H.-H.Schrey*

Compostela, *Santiago de,* Hauptstadt und Metropolitankirche des ehemaligen Königreichs Galizien (in Spanien), entstand an der Stelle, wo nach der Legende (Anfang des 9.Jh.s) die Gebeine des Apostels Jakobus des Älteren aufgefunden wurden, vermutlich Reliquien, die nach dem Arabereinfall flüchtende Mönche aus Mérida mitgebracht hatten. Der Name C., häufig aus Campus Stellae abgeleitet, geht wahrscheinlich auf Compositum zurück. Das Apostelgrab, dessen Kirche zur heutigen romanischen Kathedrale umgebaut worden ist, war ein berühmter, mit zahlreichen Ablässen ausgezeichneter Wallfahrtsort, auch für viele Ausländer. Der Heilige Jakob wurde zum spanischen Schutzheiligen in den Maurenkriegen. Das um 900 von Iría nach C. verlegte Bistum erhob Ansprüche auf einen spanischen Kirchenprimat. 1120 Erzbistum. Die 1170 gegründete Ordensgemeinschaft der Brüder von Cáceres verpflichteten sich auch zum Schutz der Pilger und nahm den Namen »Santiago-Orden« an. Seit dem 16.Jh. gingen die Jakobsfahrten nach C. stark zurück. 1525 gründete der Erzbischof Fonseca die Universität von C.

España Sagrada, Bd 19 u. 20, 1765 - A.López Ferreiro, Historia de la Santa Metropolitana Iglesia Apostólica de Santiago de C., 11 Bde, Santiago 1898-1909 - Z.García Villada, Historia eclesiástica de España III, Madrid 1936 - S.Cabeza de León, Historia de la Universidad de Santiago de C., 3 Bde, Madrid 1946-47 - L.Vázquez de Parga u.a., Las peregrinaciones a Santiago de C., 3 Bde, Madrid 1948-49 - F.J.Pérez de Urbel, Origenes del culto de Santiago in España (Hispania Sacra 5, 1952, 1-31) - H.J.Hüffer, Sant'Jago. Entwicklung u. Bedeutung des Jakobuskultes in Spanien u. dem Röm.-Dt. Reich, 1957. *R.Konetzke*

Comprehensive Approach ist ein Terminus in der Missionsmethodik, der seit der Konferenz von Jerusalem (→ Internationaler Missions-Rat) vor allem in der angelsächsischen Missionswissenschaft gebraucht wird. Zugrunde liegt die Überzeugung, daß der Mensch erst von der Botschaft erreicht wird, wenn er 1. in seiner Ganzheit und 2. in seinen sozialen Beziehungen (comprehensive) angesprochen wird. Daneben gewinnt C.A. für den Aufbau → junger Kirchen Bedeutung (J.Merle → Davis). Die Methode wurde besonders in Projekten für den Neuaufbau der Gesellschaft auf dem Lande versucht (→ Rural Missions), obwohl sie für industrielle und städtische Verhältnisse gleich wichtig ist.

Die kontinental-europäischen Missionen interessieren sich erst nach dem 2. Weltkrieg für C.A. Besonders in den → Niederlanden (: III) wurde die Methode lebhaft diskutiert. Gegen die Befürchtung, daß dabei die Bedeutung der Wortverkündigung verkannt und die Mission in ein Weltverbesserungsstreben (→ Social Gospel) verwandelt werden würde, hat man in der theologischen Begründung (M.Warren, J.C.Hoekendijk u.a.) die biblischen Aussagen vom gottgewollten »Heil«, von der Herrschaft Christi, der Versöhnung als der Wiedervereinigung aller Dinge unter einem Haupte (Eph 1, 10), dem Dienst der Gemeinde an der Welt und die biblische Anthropologie hervorgehoben.

C.A. ist kein Zusatz zu anderen Methoden, sondern eine neue Sicht der ganzen Missionsarbeit (→ Missionswissenschaft: I), unter der jede Tätigkeit (zB die → ärztliche Mission) ihren Platz bekommt im allumfassenden Zeugnis der Gemeinde und bei der kein Bereich des persönlichen und sozialen Lebens als »weltlich« ausgeschlossen wird. Der Hilfsdienst der Soziologie wird dabei dankbar benutzt.

Report of the Jerusalem Meeting, Vol. 6: Missions and Rural Problems, 1928 -The Christian Mission among Rural People. Handbook, 1945 (Lit.) - J.Merle Davis, New Buildings on Old Foundations, 1947 - J.C.Hoekendijk, Kerk en volk in de Duitse zendingswetenschap, 1948, 212ff - Ders., Junge Kirche als dienende Kirche (EMZ 6, 1949, H. 4, 1-6) - A.G.Honig, Bijdrage tot het onderzoek naar de fundering van de zendingsmethode der c.a. in het NT, 1951 - E.Jansen Schoonhoven, Wort u. Tat im Zeugendienst. »C.a.« als Missionsmethode (EMZ 10, 1953, 138-147) - M.Warren, The Christian Imperative, 1955. *E.Jansen-Schoonhoven*

Comte, *Auguste* (1798-1857), französ. Philosoph. Von den Nachwirkungen der Revolution, Studien an der École polytechnique und längerer Zusammenarbeit mit dem Sozialreformer → Saint Simon beeinflußt, entwickelte C. ein umfassendes System, dessen Grundzug ein am Aufstieg der positiven Wissenschaften orientierter Fortschrittsglaube, dessen leitende Absicht die Neuordnung der Gesellschaft durch eine wissenschaftliche → Soziologie war. Seinen Ruhm als »Begründer« des → Positivismus und der Soziologie (deren Namen er 1839 prägte) hat man durch Hinweis auf Vorgänger, besonders Condorcet und → Turgot, angefochten; fest steht, daß erst C.s eingängige Systematik und missionarischer Eifer der positivistisch-soziologischen Weltauffassung zu breiter Wirkung verhalfen. C.s Grundgedanken enthält schon die Schrift von 1822 mit dem bezeichnenden Titel »Plan des travaux scientifiques nécessaires pour réorganiser la societé«, die Ausführung des Systems brachten die 6 Bde des »Cours de philosophie positive« (1830-42, dt. Auszug: »Soziologie«, 3 Bde, 1923²). Echtes Wissen ist durch Erfahrung gewonnene Einsicht in die unwandelbare Gesetzlichkeit der Wirklichkeit; daß diese besteht, bezweifelt C. nicht. Das *Ziel* positiver Wissenschaft ist nicht die Feststellung von Fakten, sondern ihre Voraussage (»le véritable esprit positif consiste surtout à voir pour prévoir«), ihr *Zweck* nicht »die Befriedigung steriler Neugier, sondern die Verbesserung der Lebensbedingungen«. Sechs Grundwissenschaften (Mathematik, Astronomie, Physik, Chemie, Biologie und Soziologie) bilden eine vom Einfachen zum Komplizierten aufsteigende Hierarchie; jede benutzt die Resultate und Methoden aller vorhergehenden, führt aber auch neue methodische Hilfsmittel ein. In derselben Reihenfolge vollzieht sich auch in der Geschichte der »Übergang zur Positivität« dieser Wissenschaften; mit der Begründung einer wissenschaftlichen Soziologie im 19.Jh. ist die Entwicklung abgeschlossen. In den Wissenschaften, aber auch in der Geschichte der Völker, vollzieht sich der »Übergang zur Positivität« nach dem *»Dreistadiengesetz«:* jeder Wissenszweig geht durch eine theologisch-fiktive und eine metaphysisch-abstrakte Phase, bevor er das Endstadium positiver Wissenschaft erreicht. Die erste Phase beantwortet die Frage nach der Ursache der Erscheinungen durch Erdichtung wirkender Personen, die zweite ersetzt diese durch abstrakte Wesenheiten (Formen, Substanzen), die positive Phase schließlich verzichtet auf Ursachen *hinter* den Phänomenen und beschreibt bloße gesetzmäßige Beziehungen *zwischen* ihnen. In der politischen Geschichte entsprechen diesen Stadien die theologisch-militärische, die metaphysisch-juristische und die wissenschaftlich-industrielle Gesellschaft, deren je wesentliche Aktivitäten Eroberung, Sicherung des eroberten Bestandes, schließlich rationelle Produktion sind. Die Willkür dieser historischen Konstruktion, nach der zB wissenschaftlich-industrielle Gesellschaften keine Eroberungskriege führen könnten, ist offensichtlich, ebenso die Einseitigkeit einer Sichtweise, der Religion nur als primitiver Versuch der Naturerklärung gilt.

Die positivistische Gesellschaftsordnung der Zukunft entwarf C. im »Système de politique positive« (4 Bde, 1851-54). Er fühlte sich, besonders seit seiner Begegnung mit Madame de Vaux, als Stifter einer neuen Kirche der »religion de l'humanité«, deren Prinzip die Liebe zum »grand être«, der Menschheit, sein sollte und deren hierarchische Ordnung er, in Anlehnung an die äußere Form der kath. Kirche, mit teilweise barockem Detail entwickelte. Der (trotz des Widerstandes der Behörden) gewaltige Erfolg dieser Philosophie in Frankreich, auch in England und Südamerika, zeigt ebenso wie vielfache Übereinstimmung mit Gedanken von → Hegel, → Feuerbach, → Marx und → Mill, daß C. vieles aussprach, was damals in der Luft lag. Eben deswegen hat seine Philosophie heute größtes historisches, aber eben auch fast nur noch historisches Interesse.

Außer den im Text genannten Schriften wichtig: Rede über den Geist des Positivismus, franz.-dt. (mit Einführung) hg.v. I.Fetscher (Phil. Bibl. 244), 1956 (Lit.). - Über C.: W.Ostwald, A.C., der Mann u. das Werk, 1914 - R.de Boyer de Sainte Suzanne, Essai sur la pensée religieuse d'A.C., Paris 1923 - H.Gouhier, La jeunesse de A.C. et la formation de positivisme, 3 Bde, Paris 1933-41 - F.A.Hayek, The counterrevolution of science, Glencoe (Ill.) 1952, 103ff - K.Löwith, Weltgeschichte u. Heilsgeschehen, 1953, 68ff.

G.Patzig

Concentus, der melodisch bewegte lateinische Choralgesang (in der Gregorianik also → Responsorium und → Antiphon, → Introitus, → Graduale usw) im Gegensatz zum Accentus, dem im wesentlichen auf einem Ton rezitierenden Vortrag der Lesungen und Orationen. Die melodische Bewegung besteht dabei weniger im Gesamtverlauf der Melodie, als weit mehr im Melisma, dh dem tonreichen, weitausschwingenden Vortrag einzelner Silben oder Schlußwendungen. Beim Accentus unterscheidet man den eigentlichen Rezitationston (tonus currens, tuba) und die Schlußwendungen (puncti). Als Tuba dienen in der Gregorianik a (älterer Ton) mit einem Ganzton und f oder c (wohl der eigentliche gregorianische Rezitationston) mit einem Halbton unter sich. Im mittelalterlichen Deutschland, vor allem in der Erzdiözese Mainz, wurde der Accentus Moguntinus verwandt, eine Kombination beider Tubae: ein höherer Ton für die betonten Silben, ein zweiter, eine kleine Terz tiefer, für die unbetonten Silben des Textes. C. und Accentus stellen also Gegenpole innerhalb eines einheitlichen Stiles und im Dienste am Text dar, während die Hymne, aus der Antike stammend, eine selbständige eigengesetzliche Melodie besitzt.

P.Wagner, Einführung in die gregorian. Melodien III, 1911³, 4 - G.P.Köllner, Der Accentus Moguntinus (Diss. Mainz), 1950.

E.Jammers

Concursus divinus → Schöpfung: IV.

Confessio → Altar: III A, 3b.

Confessio Augustana → Augsburger Bekenntnis.

Confessio Tetrapolitana. Als Karl V. am 20.6.1530 den Reichstag in Augsburg eröffnete, wurde verlangt, »daß ein jeder sein Gutdünken, Opinion und Meinung in Schrift lateinisch und deutsch stellen soll«. Die Straßburger Gesandten Jakob → Sturm und M.Pfarrer hatten bis dahin vergeblich um Entsendung von Theologen gebeten. Nun teilten sie dem Rat mit, daß die ev. Fürsten durch ihre Gelehrten ein Bekenntnis aufgestellt hätten, daß aber Straßburg wegen seiner Haltung in der Abendmahlsfrage zur Unterschrift nicht zugelassen werden würde. Der Rat entsandte → Bucer und → Capito mit dem Auftrag, bei den ev. Ständen ein gemeinsames Bekenntnis zu erreichen; anderenfalls sollten sie ein eigenes ausarbeiten. Inzwischen war das → Augsburger Bekenntnis verlesen, die Straßburger erhielten vom Landgrafen eine Abschrift. In großer Eile arbeiteten sie an ihrem Bekenntnis, das am 1.7. Vertretern der Städte vorgelegt werden konnte. Nur Konstanz, Lindau und Memmingen waren zur Unterschrift bereit, aber auch nur unter der Bedingung, daß der 11 S. lange Abendmahlsartikel geändert würde. Sein Kernsatz lautete: »daß Christus der Herr im Abendmahl wahrlich zugegen ist und seinen wahren Leib wahrlich zu essen und sein Blut wahrlich zu trinken gibt, aber vornehmlich dem Geist durch den Glauben«. Am 7.7. lag die endgültige Fassung vor. Vom Kaiser nicht empfangen, übergeben die Gesandten das Bekenntnis am 9.7. dem Vizekanzler. Die CT ist in bewußter Anlehnung an die CA verfaßt. Inhaltlich weiß sie sich mit ihr eins. Dennoch hat sie ein besonderes Anliegen und unterscheidet sich in bestimmter Weise von der CA. Ihre 23 Artikel behandeln: Schrift, Rechtfertigung und Glaube, gute Werke, Beten und Fasten, Heiligenverehrung, Mönchtum, Kirche, Taufe und Abendmahl, Messe und Kirchenbräuche, zuletzt die weltliche Obrigkeit. Abschließend wird um ein freies Konzil gebeten und erklärt, die unterzeichneten Städte würden sich nur durch Schriftgründe widerlegen lassen. Die CT ist einheitlicher als die CA und schärfer in der Kritik kirchlicher Mißbräuche und sollte »weder Lutherisch noch Zwinglisch« sein. Ausschlaggebend ist der Abendmahlsartikel: Christus gebe seinen Gläubigen »seinen wahren Leib und wahres Blut wahrlich zu essen und trinken zu Speise ihrer Seele und ewigem Leben«. Erst am 25.10. wurde in Gegenwart des Kaisers die Konfutation des Bekenntnisses verlesen. Die Städte sollten ihre Prediger entlassen und »zu ihrer Altvordern Glauben zurückkehren«. Über ihre Sakramentslehre hätten sie nicht richtig berichtet. Durch J.Sturm legten die Städte sogleich gegen die Konfutation Protest ein. Im Druck erschien der Wortlaut zugleich mit einer von Bucer verfaßten Apologie im Aug. 1531. Im Sept. folgte der lat. Text. In Straßburg blieb die CT bis zum Interim geltendes Bekenntnis und bereitete die Annäherung an das Luthertum vor.

Die verschiedenen Rezensionen der CT liegen im Straßburger St.Arch.: AA 416. - Texte: BSRK 55ff - A.Paetzold, Die Konfutation des Vierstädtebek., 1900. - RE XIX, 559ff (Lit.) - J.ADAM, Ev. KG der Stadt Straßburg, 1922, 169ff - H.EELLS, M.Bucer, 1931, 99ff - W.KÖHLER, Zwingli u. Luther II, 1953, 193ff. *R.Stupperich*

Confiteor ist im röm. Ritus das liturgische → Sündenbekenntnis (: II), das der Priester im Rahmen des Stufengebetes und gleichlautend seine ministri ablegen und das mit einer als Fürbitte gestalteten → Absolution verbunden ist; ein gleiches C. erfolgt nach der priesterlichen Kommunion, wenn Gläubige kommunizieren. Es findet sich ferner an mehreren Stellen der Horen, sowie bei der letzten → Ölung und der Generalabsolution. Schon im 16.Jh. steht in ev. Liturgien bisweilen ein C. mit Absolution nach dem Introitus. Dieser Übung entspricht die Bedeutung von Kyrie und Gloria in vielen ev. Liturgien des 19.Jh.s; ein begrüßenswerter Fortschritt in der heutigen ev. Liturgiegestaltung ist die Stellung eines C. vor dem Instroitus. - Musikalisch gehört das C. der röm. → Messe zu den aus dem Sprachakzent abgeleiteten Gesängen. - Das C. in Bachs → h-moll-Messe ist in Wirklichkeit der letzte Satz des Credo (Confiteor unum baptisma). → Offene Schuld.

RE XI, 543. 591 - BRAUN, LH 70f. - Agende f. ev. luth. Kirchen u. Gemeinden I, 1955, 50f. *W.Jannasch*

Confutatio, kath. Gegenschrift gegen das → Augsburger Bekenntnis. Nach der Überreichung der Augustana beauftragte Karl V. den Legaten L. → Campegio, eine Widerlegung ausarbeiten zu lassen. Von den heftigsten Gegnern der Reformation (→ Eck federführend, → Cochläus, Fabri u.a.) auf Grund eines seit langem gesammelten polemischen Materials verfaßt, fiel die erste Form der C. so weitschweifig und scharf aus, daß der Kaiser sie ärgerlich ablehnte. Eine stark gekürzte und gemilderte Neufassung wurde am 3.8.1530 vor den Reichsständen deutsch verlesen, den Protestanten aber nicht ausgehändigt. Diese beantworteten sie auf Grund von Notizen in ihrer → Apologie. Obwohl nach dem Druck des Augsburger Bekenntnisses zunächst auch der der C. vorbereitet wurde, erschien er nach der Veröffentlichung der Apologie (1531) überholt und wegen der durch die Türkenfrage gebotenen Rücksicht auf die Protestanten und der Konzilspläne des Kaisers inopportun. Der lat. Text wurde erstmals 1573, der deutsche 1808 gedruckt. Die endgültige C., die im Namen des Kaisers spricht (die verbreitete Bezeichnung C. pontificia ist daher falsch), stimmt in vielen Lehrfragen dem Augsburger Bekenntnis zu, verlangt aber bei den Abweichungen (Erbsünde, Verdienst und gute Werke, Kirche, Buße, »Menschensatzungen«, Heiligenverehrung u.a.) und bei sämtlichen »Mißbräuchen« (2. Teil) die Rückkehr zur römischen Lehre. Die Kontroverse: Augustana - C. (vor allem in ihrer ausführlicheren Erstgestalt) - Apologie bildet die wichtigste interkonfessionelle Diskussion der Reformationszeit.

Erste Fassung bei JOH.FICKER, Die Konfutation des Augsb. Bekenntnisses, 1891. - Offizieller Text: CR 27 (lat. u. dt.) u. bei TH. KOLDE, Die Augsb. Konfession, (1896) 1911², 145ff (lat.). - J.V. WALTER, Der Reichstag zu Augsburg (LJ 12, 1930, 1-90) - R.HERMANN, Zur theol. Würdigung der Augustana (ebd 162-214) - BSLK XXII. 34. *H.Bornkamm*

Congar, *Yves,* * 1904 in Sedan, seit 1931 Prof. der Theol. in Saulchoir, Begründer der Collection »Unam Sanctam«. C. stellt biblisch und historisch gründlich die Kirche dar als Verwirklichung des Neuen Bundes, Volk Gottes, Leib und gott-menschliche Erscheinung Christi in Raum und Zeit. Er umschreibt die Prinzipien eines kath. Ökumenismus und einer stetigen Reform, erweitert und betont die Rolle des Laien.

Chrétiens désunis, Paris 1937; Esquisses du mystère de l'Eglise, (1941) 1953²; Sacerdoce et laicat dans l'Eglise, 1947; Vraie et fausse réforme dans l'Eglise, 1950; Jalons pour une Théologie du laicat, 1953. Umfassende Ekklesiologie in Vorbereitung. *R.Gögler*

Conrad, *Paul* (1865-1927), Pfarrer an verschiedenen Berliner Kirchen, seit 1912 Mitglied, seit 1925 geistlicher Vizepräsident des Ev. Oberkirchenrats, zugleich Oberdomprediger und Ephorus des Domkandidatenstiftes. Seine zahlreichen veröffentlichten Predigten und Betrachtungen zeichnen sich durch knappe Formulierungen und durch das Bemühen aus, den biblischen Text durch eine seelsorgerliche, vor allem den Willen in Anspruch nehmende Zuspitzung auszulegen. Obwohl sie sich ausschließlich an den Menschen der Großstadt wenden, wirken sie eher konservativ als modern.

Vf. Predigtsammlungen u. Andachtsbücher; Das Domkandidatenstift. Festschr., 1905; Die Reformation u. das deutsche Volk. Festschr. 1918. - Über C.: A.UCKELEY in PBl 70, 1927, 214-230 - E.SCHLEGEL (Hg.), Viel Dank an P.C.s Grab, 1928. *A.Niebergall*

Conradi, *Ludwig Richard* (1856-1939), war bedeutender Führer der → Adventisten (: I, 3) in Deutschland. Nach ihren kleinen Anfängen (1876) verhalf ihnen C. ab 1889 mit großem Eifer zu planmäßiger Ausbreitung. Er gehört zu den Pionieren der Adventmission in Rußland, wo er wegen seines Wirkens auch Gefängnis erduldete. Trotz seines Übertritts zu den Siebenten-Tags- → Baptisten 1932 bleibt seine Bedeutung für die Adventisten. - In seinen Schriften legte er hauptsächlich die adventistischen Anschauungen dar. Eine gewisse gesetzliche Haltung an ihm wird von der heutigen Adventmission bedauert.

Vf. u.a.: Das Geheimnis enthüllt oder: Die sieben Siegel gebrochen, 1912; Der Seher von Patmos, 1913; Weissagung u. Weltgeschichte oder: Staatsmann u. Prophet (Auslegung von Daniel), 1919. *O.Eggenberger*

Conring, *Hermann* (1606-81), Sohn eines luth. Pastors, * zu Norden (Ostfriesland), † in Helmstedt. Durch Kränklichkeit frühreif, vielseitig begabt, studierte C. in Helmstedt und Leiden, wo er den Arminianismus schätzen lernte. Entschiedener luth. Aristotelist, wurde er 1632 Prof. der Naturphilosophie (Physik) in Helmstedt, 1636 der Medizin (Verteidigung der Harveyschen Kreislauflehre) und war Leibarzt mehrerer Fürsten. 1650 zum Prof. der (aristotelischen) Politik ernannt, wirkte C. auch als politischer Gutachter für die Könige von Frankreich, Schweden und Dänemark. - Begründer der empirischen Staatenkunde, geschätzt als Verfassungshistoriker, berühmt als Wiederentdecker der deutschen Rechtsüberlieferung, hat C. auch als Theologe Bedeutung, weil er (gegen → Calov) die unionistische »Helmstedter Theologie« (→ Calixt) und einen frühen kirchenrechtlichen Territorialismus vertrat. - Der große Polyhistor war zugleich ein bereitwilliger Diener der Staatsräson.

De Origine Iuris Germanici, 1635 (viele Auflagen); De Germanorum Imperio Romano, 1650; Examen Rerum Publicarum Notiorum totius orbis, 1660. - Über C.: ERIK WOLF, Große Rechtsdenker der dt. Geistesgesch., 1951³, 217-251 (Lit.). *Erik Wolf*

Consalvi, *Ercole* (1757-1824), päpstlicher Diplomat, entstammt der pisanischen Familie der Brunecci, die seit 1650 im Kirchenstaat ansässig war und mit dem Erbe der adligen C. in Rom auch deren Namen angenommen hatte. Schon früh für die Beamtenlaufbahn am Hl. Stuhl bestimmt, war C. seit 1783 an der Kurie tätig, seit 1792 als Auditor an der Rota. Nach der Einnahme Roms durch die Franzosen (1798) und der Verbannung des Papstes wurde C. ausgewiesen. In dem österreichischen Venedig trat er 1800 entscheidend für die Wahl → Pius' VII. ein, dessen Staatssekretär C. wurde. In den schwierigen Konkordats-Verhandlungen mit → Napoleon bewies er Festigkeit und diplomatisches Geschick. Als Napoleon nach seiner Kaiserkrönung die Unterwerfung des Kirchenstaates forderte, erblickte er in C. den größten Widerstand und drang auf dessen Entlassung, die C. schließlich selbst vom Papst erbat und auch erhielt (1806). Eine Pension, die Napoleon den nach der Entthronung Pius' VII. nach Paris beorderten Kardinälen anbot, lehnte C. ab. Als er der Heirat des Kaisers mit Marie-Louise seine Zustimmung versagte, wurde er 1810 nach Reims verbannt, 1814 nach Béziers, weil auch er Pius VII. zum Widerruf des erpreßten Konkordats ermutigt hatte. Nach Napoleons Sturz und der Rückkehr des Papstes nach Rom stieg C. zu seiner eigentlichen staatsmännischen Leistung auf. Nach vorbereitenden Verhandlungen in Paris und London mit den Siegermächten vertrat er auf dem → Wiener Kongreß die Ansprüche der restaurierten Kurie. »Ein Mann von Feinheit und Welt, mehr geschmeidig und vielseitig als kraftvoll und von schöpferischem Genius« (Ranke), zählte er neben → Metternich und → Talleyrand zu den angesehensten Diplomaten. Das letzte Ziel, die Wiederherstellung der geistlichen Fürstentümer und den Abschluß eines Reichskonkordats, erreichte er freilich nicht, doch gelang es ihm, mit verschiedenen Ländern zu Einzelkonkordaten zu kommen; mit Preußen gelang die Neuordnung der kath. Kirche durch eine Zirkumskriptionsbulle. Durch diese Abkommen war erreicht, daß die der Kirche gefährlichen Tendenzen des → Gallikanismus, → Jansenismus und → Febronianismus beseitigt wurden.

Mémoires du Cardinal C., 2 vol., Paris 1864 - Corrispondenza inedita dei Cardinali C. e Pacca del tempo del Congresso di Vienna, Torino 1903 - Briefe C.s aus den Jahren 1795-96 u. 1798, mitgeteilt v. P. Wittichen, Rom 1904. - Über C.: C. Daudet, Diplomates et hommes d'état contemporains: Le Cardinal C., Paris 1866 - L.v. Ranke, Cardinal C. u. seine Staatsverw. unter dem Pontifikat Pius' VII. (Werke: Bd 40/41) - Ders., Die Päpste, Neuausg. 1953 - G. Cassi, Il Cardinale C. ed i primi anni della restaurazione pontifica, Roma 1931 - M. Lührs, Napoleons Stellung zu Religion u. Kirche, 1939 - M. Petrocchi, La restaurazione. Il Cardinale C. e la riforma del 1816, Firenze 1941 - R. Wichterich, Sein Schicksal war Napoleon. Leben u. Zeit des Kardinalstaatssekretärs C., 1951.

K. Kupisch

Consilia evangelica → Evangelische Räte.

Constant *de Rebecque, Benjamin* (1767-1830), Schriftsteller und Politiker. Entstammte einer adligen Hugenottenfamilie Lausannes, verbrachte seine Jugend in verschiedenen Ländern Europas. Mit seiner Geliebten, Mme de → Stael, ging er 1795 nach Frankreich, wurde 1796 Franzose. Er stellte sich hinter das Direktorium, veröffentlichte 1796 »De la force du gouvernement de la France et de la nécessité de s'y rallier«. Bonaparte machte ihn 1799 zum Mitglied des Tribunats. C. nahm diese Rolle ernst, spielte den Opponenten, wurde 1802 ausgebootet. Bis 1812 lebte er zurückgezogen als entschlossener Opponent. Trotz eines leidenschaftlichen Artikels im »Journal des Débats« vom 19.3.1815 gegen den von Elba zurückkehrenden Napoleon wurde er einige Tage später politischer Berater des Kaisers und verfaßte die liberalistische Zusatzakte zur Verfassung. Dies hinderte ihn nicht, später dem Bürgerkönig zuzujubeln, der ihn zum Ministerpräsidenten macht. - C. war ein wankelmütiger Charakter, ein Komödiant, der um jeden Preis Karriere machen wollte. Dessen war er sich auch bewußt; sein »Cahier rouge« zeigt bemerkenswerte Selbstkritik. Politisch spielte er den Liberalen. Sein »Cours de politique constitutionnelle« (1818-20) ist interessant als Versuch, den Liberalismus in ein System zu fassen. Religiös gesehen war er Deist; die diesbezüglichen Arbeiten blieben ohne Echo: »De la religion considérée dans sa source, ses formes et ses développements« (1824-31); »Du polythéisme romain considéré dans ses rapports avec la philosophie grecque et la religion chrétienne (1832). - Der moderne Leser kennt von ihm nur noch sein Meisterwerk, einen meist autobiographischen, psychologischen Roman, »Adolphe«.

P. Léon, B.C., Paris 1930 - Dumont Wilden, La vie de B.C., 1930 - A. de Kerchove, B.C. ou le libertin sentimental, 1950.

E. Jarno

Constitution civile du clergé, Bezeichnung für eine Reihe von Vorlagen, über welche die aus der Revolution von 1789 hervorgegangene französische Constituante am 12.7.1790 abstimmte. Schon vorher im August 1789 hatte der Klerus als »Stand« der Nation zu bestehen aufgehört; weitere Dekrete hatten die → Annaten, einen Großteil der → Benefizien und die für Rom reservierten → Dispense abgeschafft; durch Gesetz vom 2.11.1789 waren die Güter des Klerus in die Hand der Nation übergegangen, und das Gesetz vom 13.2.1790 bedeutete praktisch die Aufhebung des Regularklerus. Die C. setzte das Werk im Blick auf den Weltklerus fort. Folgende Hauptpunkte waren vorgesehen: 1. Verringerung der Zahl der Bistümer auf 83 (eines je Verwaltungsdistrikt); 2. Einteilung der Diözesen in 10 Erzbistümer mit je einem »Metropoliten« an der Spitze; 3. Beseitigung jeglicher Abhängigkeit gegenüber landesfremden Prälaten; 4. Einsetzung der Bischöfe durch den zuständigen Metropoliten; der Papst soll lediglich »informiert« werden; 5. Schaffung von »Provinzialsynoden«; 6. Wahl der Geistlichen, die künftig nur als Amtsträger betrachtet werden sollen; 7. Besoldung der Geistlichen durch den Staat nach einem übrigens sehr günstigen Satz; 8. Verbot jeglichen Immobilienbesitzes für Kleriker. - Als Dokument des von der Constituante bestellten und aus Vertretern der verschiedensten Kreise zusammengesetzten »Comité ecclésiastique« (→ Jansenisten, Anhänger → Voltaires, Rechtsgelehrte) trug die C. den Stempel der mannigfachen Tendenzen ihrer Urheber. Ihre religiösen Grundanliegen (Bemühung um Rückkehr zur Urkirche) ließen sich nicht verwirklichen, da es an geistig bedeutenden Theologen und an einem Stamm von treuen Gläubigen fehlte. Im Gegensatz zur mittelalterlichen These: »Der Staat ist in der Kirche« ließ sich die C. von dem Prinzip leiten: »Die Kirche ist im Staat«. Ihre allgemeine Tendenz war insofern unverkennbar »gallikanisch« (→ Gallikanismus). - Trotz seiner offensichtlich ablehnenden Haltung äußerte sich Papst → Pius VI. zunächst nicht offiziell, obwohl einige französische Bischöfe mit ihm deswegen verhandelten. Die Sachlage änderte sich mit einem Schlage, als die Constituante die Forderung erhob (Dekret vom 27.11.1790), daß alle Kleriker den »Bürgereid« zu leisten hätten, der vor allem die Annahme der C. einschloß. Nur sieben Bischöfe und genau die Hälfte der Priester fand sich bereit, den Eid zu leisten, wobei dieses Verhältnis distriktweise noch erheblich variierte. So endete die Arbeit der Constituante in Sachen der Religion mit einem Schisma: es gab einen »konstitutionellen« und einen renitenten Klerus, letzterer besonders stark vertreten im Elsaß, im Norden und Westen. Das Schisma verhärtete sich noch auf Grund der offiziellen Verurteilung der C. durch den Papst (11.3. und 13.4.1791). - Das durch die C. errichtete Kirchenregiment dauerte theoretisch bis zum Abschluß des Konkordats zwischen Pius VII. und Napoleon (1801); praktisch setzte jedoch schon die Abschaffung des Klerusbudgets (1794) die C. außer Kraft, indem sie für Kirche und Staat ein getrenntes Regime aufrichtete.

G. Walter, Répertoire général de l'Histoire de la Révolution française I, Paris 1941 (Lit.) - A. Latreille, L'Eglise catholique et la Révolution française, 2 Bde, Paris 1946-50 (Lit.). - Vgl. ferner:

L.Sciout, L'Eglise et la Const. civ. du Clergé, 4 Bde, 1873-81 - A.Gazier, Etudes sur l'histoire religieuse de la Révolution, 1887 - A.Mathiez, Contributions à l'histoire religieuse de la Révolution, 1906 - Ders., La Révolution et l'Eglise, 1910 - P.de la Gorce, Histoire religieuse de la Révolution, 5 Bde, (1909) 1925[10] - E.Préclin Les Jansénistes du XVIIIème siècle et la C., 1929 - H.Leclerq, L'Eglise constitutionnelle, 1934 - K.D.Erdmann, Volkssouveränität u. Kirche, 1949 - J.Leflon, La crise révolutionnaire (Histoire de l'Eglise Bd 20, hg.v. A.Fliche u. V.Martin), Paris 1949 - G.Lefebvre, La Révolution française (Peuples et Civilisations Bd 13, hg.v. L.Halphen u. Ph.Sagnac), Paris 1951. *R.Voeltzel*

Contarini, *Caspar* (1483-1542). Venezianischem Adel entstammend, erhielt C. seine Ausbildung an der Univ. Padua. Obwohl theologisch stark interessiert, entschied er sich für die diplomatische Laufbahn. Als venezianischer Orator war C. 1521 in Worms, vermied es aber, Luther zu sehen. Trotzdem befaßte er sich mit seiner Lehre. Den Kaiser begleitete er ständig und half bei seiner Aussöhnung mit Clemens VII. mit. Noch als Laien erhob ihn Paul III. 1535 zum Kardinal. Mit → Pole, → Sadoleto und anderen Reformfreunden entwarf er das Consilium de emendanda ecclesia. Vorher hatte sich C. mit der CA auseinandergesetzt. Sein Ausgangspunkt blieb thomistisch-augustinisch. Augustins Prädestinationslehre suchte er abzumildern. Von → Groppers Enchiridion war er sehr beeindruckt. C. schien theologisch gut gerüstet zu sein, auf dem Reichstag von Regensburg 1541 als päpstlicher Legat eine Einigung mit den Evangelischen zu erreichen. Mit seiner Billigung vertrat Gropper beim Religionsgespräch eine bis dahin ungewöhnliche Fassung der Rechtfertigungslehre. In ihrem Mittelpunkt stand die Auffassung von der doppelten Gerechtigkeit. C. verteidigte diese Ansicht in seiner Epistula de iustificatione. Hinter scholastischen Ausdrücken stand eine augustinisch gedachte Lehre. C., der schon früher den Verdienstgedanken abgelehnt hatte und dem Glauben zentrale Bedeutung beimaß, hielt die neue Formel für kath. Der Regensburger Vergleich wurde vom Papst wie von Luther verworfen. C. beugte sich und empfahl Karl V., bis zum Konzil zu warten. In Italien stark angefeindet, ist C. in Bologna gestorben, ehe sich das Gewitter über seinen Freunden entlud.

RE IV, 278ff (Lit.) - F.Dittrich, Regesten u. Briefe d. Card. C., 1881 - Ders., G.C., 1885 - Weitere Briefe: ZKG 3 u. 5; HJ 1 u. 4 - F.Hünermann, Die Rechtfertigungslehre C.s (ThQ 102, 1921, 1-22) Ders., G.C. Gegenref. Schriften (CCath 7), 1923 - H.Rückert, Die theol. Entwicklung G.C.s, 1926 - H.Jedin, Ein Streit um den Augustinismus vor dem Tridentinum (RQ 35, 1927, 351-368) - Ders., Kard. C. als Kontroverstheologe, 1949 - Ders., 30 Briefe C.s (Arch. per la storia della pietà 2), 1951 - Ders., Ein »Turmerlebnis« des jungen C. (HJ 70, 1951, 115-130) - W.Schenk, R.Pole cardinal of England, Oxford 1950. *R.Stupperich*

Conybeare, *Frederick Cornwallis* (1856-1924), Orientalist, Fellow von University College, Oxford, 1880. Von 1887 an widmete er sich speziell dem Studium des Armenischen und beschäftigte sich schließlich im wesentlichen mit Kirchengeschichte und Textkritik der LXX und des NT. C. machte auf beiden Gebieten bedeutende textliche Entdeckungen. 1909 ließ er sein bissiges Buch »Myth, Magic and Morals« durch die Rationalist Press Association veröffentlichen. Die daraus entstehende unvermeidliche Kontroverse erbitterte C. wegen der in seiner History of NT Criticism (1901) geschilderten philiströsen Bigotterie.

A.C.Clark-J.Rendel Harris, F.C.C. (Proceedings of the British Academy 11. 12, 1923/25) - Rev. des ét. Arméniennes VI, 2, 1926 (Bibliogr.) - DNB 1922-30, 1937, 210ff. *D.Carter*

Coolhaes, *Caspar Janszoon* (1534-1615), niederländ. Theologe, * Köln, wurde als Karthäuser-Mönch in Koblenz evangelisch (1560), war Prediger in Winningen, Beilstein, Siegen, Deventer, Essen, Monsheim, 1568 Mitglied des Konvents von Wesel, 1573 Pfarrer in Gorinchem, 1574 Mitglied der Nationalsynode in Dordrecht. In Leiden, wo er sofort nach der Befreiung der Stadt von der spanischen Belagerung Pfarrer wurde (1574), hielt er 1575 die Eröffnungsrede der Akademie: De sacrosanctae Theologiae laudibus und half einige Monate in Vorlesungen aus. Er verteidigte das Recht des Magistrats, kirchliche Amtsträger zu ernennen, geriet deswegen in Konflikt mit seinem Kirchenrat und wurde 1582 von der Provinzialsynode in Haarlem exkommuniziert. Obwohl die Nationalsynode von Haag ihn 1586 rehabilitierte, kehrte C. nicht zum Predigtamt zurück, sondern lebte als Destillateur in Amsterdam, schrieb jedoch noch viele Flugschriften. Er leugnete die Prädestination, glaubte an die Seligkeit ungetaufter Kinder, betonte praktische Frömmigkeit und kämpfte für Toleranz. C. kann als ein Vorläufer der → Arminianer angesehen werden.

H.C.Rogge, C.J.C., 1856-58 - C.P.Burger, in: E.W.Moes, De Amsterdamse boekdrukkers en uitgevers, IV, 1915, 1-140 - BWGN V, 172ff (Lit.). *W.F.Dankbaar*

Coornhert, *Dirck Volkertszoon* (1522-90), * Amsterdam, niederländ. Schriftsteller, Morallehrer, Radierer, Buchdrucker, Musiker, Politiker. Sohn wohlhabender Eltern, reiste er schon als 17jähriger nach Spanien und Portugal, heiratete früh, arbeitete in Haarlem mit dem Maler Maarten von Heemskerk zusammen, wurde dort Notar und 1562 einer der Stadtsekretäre. Er vertrat seine Stadt in den Staaten Hollands, war 1567 in die Kriegsunruhen verwickelt und gefangen, floh ins Land von Cleve. Er wurde Agent des Prinzen von Oranien und kurze Zeit Sekretär der Staaten, mußte aber von neuem fliehen. Erst nach der Pazifikation von Gent (1576) konnte er nach Haarlem zurückkehren, wo er wieder Notar wurde. Er führte öffentliche theologische Disputationen in Delft und Leiden (1578) über die Merkmale der wahren Kirche, in Haarlem (1579) über die Erbsünde und im Haag (1583) über die Perfektibilität der Wiedergeborenen. Auch verteidigte er die Autorität des Magistrats in Angelegenheiten der Kirche in Leiden (1579, 1582). Nach erneuter Flucht (1585) verfaßte er in Emden seine berühmte Zedekunst, dat is Wellevenskunste (1582; Neuaufl. 1942), die erste große Ethik in einer modernen Sprache. In Gouda fand er Ruhe und starb dort. Seine individuelle Überzeugung und weitgehende Toleranz (Verschoninghe der Roomsche afgoderije, 1560) wurde von Calvin (CR IX, 581ff) bestritten. Seine Ethik zeigt starke stoische, spiritualistische und mystische Züge, während die biblisch-religiösen Elemente ins Moralische umgedeutet sind. Die wahre Kirche ist ihm die unsichtbare Gemeinde aller Wiedergeborenen, erhoben über die dogmatischen Glaubensuneinigkeiten. C. war in allen Religionen auf der Suche nach den Hauptsachen, die von den theologischen Präzisionen nicht verwirrt werden konnten. Der christliche Glaube sei einfältig und dem ehrlich strebenden Menschen leicht verständlich.

GesW, 3 Bde, 1630-32 - B.Becker, Bronnen tot de kennis van het leven en de werken van D.V.C., 1928 - H.Bonger, D.V.C., 1941 - A.Zyderveld, C.s ABC (Tijdschrift v. Ned. Taal en Letterkunde 63, 1944, 161-181). *J.N.Bakhuizen van den Brink*

COPEC → Christlich-sozial, 2 a.

Coppée, *François* (1842-1908), kath. franz. Dichter, zunächst als Anhänger des Parnaß bekannt. Seine berühmteste Gedichtsammlung »Les Humbles« (1872) singt das Lied des Lebens der armen Leute, das sich im Verborgenen abspielt. Schon früh schrieb er erfolgreiche Theaterstücke: »Le Passant« (1868), »Severo Torelli«

(1883), »Pour la Couronne« (1896). Als anerkannter Journalist ließ er sich gegen Ende seines Lebens in die nationalistische Propaganda einspannen. 1899 wurde er Präsident der »Ligue de la Patrie française«; aber da er wenig an das politische Klima gewöhnt war, zog er sich bald zurück (1902). Das, was manchmal seine Bekehrung genannt wurde, so wie sie sich in der Sammlung »La bonne souffrance« (1897) darstellt, ist nichts anderes als die Rückkehr zu einem praktizierenden kath. Christentum, von dem er sich ohne tiefere Gründe entfernt hatte.

L.LEMEUR, La vie el l'oeuvre de F.C., Paris 1932. *E.Jarno*

Coquerel, 1. *Athanase-Laurent-Charles* (1795-1868). Früh verwaist, genoß C. bei seinen Tanten schottischer Herkunft eine Erziehung im Geiste liberaler hugenottischer Tradition. 1811 Studienbeginn in Montauban. Zur Übernahme einer Hilfspredigerstelle nach Amsterdam entsandt, wurde er an der dortigen franz. Kirche von 1818-30 festgehalten, ehe er Pfarrer in der Pariser Reformierten Kirche wurde, wo er mit seiner Aktivität Leben in die Gemeinde des Oratoire beim Louvre und von Sainte-Marie brachte. C. schuf den neuen Gottesdienstort Batignolles und bekleidete die Stelle eines Institutsgeistlichen am Lycée Henri IV. 1847 wurde er in die Verfassunggebende Nationalversammlung gewählt, 1849 (bis zum Staatsstreich vom 2.12.1851) als »gemäßigter Republikaner« in die Législative. - Seine letzten Lebensjahre waren überschattet von äußeren Schwierigkeiten, die ihm aus seiner »liberalen« Position erwuchsen: 1844 Kanzelverbot für Batignolles; 1864 Amtsenthebung seines ältesten Sohnes (s. 2). - C. war ein glänzender Redner. Zur selben Zeit, als A. → Monod die strenge Orthodoxie verkörperte, wurde er der erste große Führer des »liberalen« Protestantismus. »Wir gelangen zu Gott kraft eines natürlichen Aufschwungs, den die Gnade unterstützt, wenn wir Jesus zum Führer haben.« - Er hinterließ zahlreiche Predigtsammlungen sowie verschiedene Werke über Zeitprobleme, Biblische Geschichte, Katholizismus, Predigt und Kirchenzucht.

A.VINCENT, Hist. de la prédication prot. de langue française au XIXème siècle (1800-66), 1871, 64ff - E. et E.HAAG, La France Protestante IV, (1846ff) 1877ff², 621ff - Encycl. Lichtenberger III, 1877, 413 ff.

2. *Athanase-Josué* (1820-75). * zu Amsterdam als Sohn von 1. Seit 1830 in Paris, hielt er sich jedoch oft in Holland auf. Redner- und Schriftstellergabe sowie die liberale Theologie hat er von seinem Vater geerbt. Er studierte 1839-43 in Genf und Straßburg, wurde dann Hilfsprediger in Nîmes und kam 1848 als Nachfolger seines Vaters an das Lycée Henri IV. in Paris. Zugleich Hilfspfarrer an der Eglise de l'Oratoire, jedoch immer nur für eine begrenzte Periode, die das Presbyterium 1863 wegen seiner liberalen Tendenzen nicht mehr verlängerte. Die Amtsentsetzung erregte gewaltiges Aufsehen, auch in der politischen Presse, die sich des Falles unter dem Aspekt der Gewissensfreiheit annahm. C. wirkte darauf als freier Prediger (Salle Saint-André), jedoch ohne eine eigene Gemeinde zu gründen, und unternahm zahlreiche Reisen. Bei seiner oratorischen Begabung hatte er mehr Erfolg auf dem Gebiet der spontanen Homilie als auf dem der klassischen Predigt; er war vor allem ein ausgezeichneter Vortragsredner und machte sich als Publizist einen Namen. Von ihm stammen außerdem einige hervorragende Monographien über die Geschichte der Protestanten in Frankreich.

Vf. u.a.: Sermons, 1855 u. 1858; Libres paroles d'un assiégé, 1871; Libres études, 1868 ff. - Über C.: E.STOEHLIN, Athanase C. fils. Étude biographique, 2 Bde, 1886 - E. et E.HAAG, La France Protestante IV, (1846 ff) 1877 ff², 640ff - Encycl. Lichtenberger III, 1877, 416f. *R.Voeltzel*

Corbie, Benediktinerkloster an der Somme, gegründet um 660 von Königin Balthilde, 1790 aufgehoben, blühte im 9.Jh. unter den Äbten Adalhard, → Wala, → Paschasius Radbertus. Mönch in C. waren → Ansgar und → Ratramnus. Von C. aus wurde 822 → Korvey gegründet. Seine Schule war bedeutend.

WATTENBACH-LEVISON 1, 128 A. 309 - E.LESNE, Histoire de la propriété ecclésiastique en France IV, 1938, 216ff. 615ff; V, 1940, 319f - L.W.JONES, Speculum 22, 1947, 191-204. 375-394 - L.DUBAR, Recherches sur les offices du monastère de C., 1951. *H.Löwe*

Corbinian († 725), Missionar, aus Melun, fränkisch-keltischer Abstammung, kam 716/17 nach Bayern, erhielt in Rom die Bischofsweihe und wirkte - zeitweise vertrieben, da er die Ehe des Herzogs Grimoald anfocht - als Klosterbischof in Freising.

WATTENBACH-LEVISON 1, 144 A. 359; 2, 198 A. 93 - R.BAUERREISS, KG Bayerns I, 1949, 41ff - H.LÖWE, Zeitschr. f. bayer. Landesgesch. 16, 1951, 409-420 - I.ZIBERMAYR, Noricum, Baiern u. Österreich, (1944) 1956², 150ff. *H.Löwe*

Cordatus, *Conrad* (1476-1546), * in Weißenkirchen (Nd.Öst.), studierte in Wien und Ferrara, kam 1510 nach Ofen, wo er wegen reformerischer Predigt abgesetzt und eingekerkert wurde. Auch weitere Versuche, in Ungarn das Evangelium zu verkündigen, führten ihn in den Kerker. In den Zwischenzeiten hielt er sich in Wittenberg, 1527 kurze Zeit als Lehrer der Akademie in Liegnitz auf. 1529 Prediger in Zwickau, 1532 Pfarrer in Niemegk, 1537 in Eisleben, 1540 Sup. in Stendal. C. ist als Sammler von Tischreden Luthers und wegen seines Streites über die Rechtfertigung mit → Melanchthon und → Cruciger bekannt. Melanchthon gab 1554 »Cordatus Deutsche Postille« mit einer wertvollen Vorrede heraus.

H.WRAMPELMEYER, Tagebuch über M.Luther, geführt v. C. 1537, 1885; dazu E.KROKER in WATR 2, XXIff; WAB 4, 139 Anm. 1 (Lit.). *R.Jauernig*

Cordier, *Leopold* (1887-1939), * in Landau, † in Gießen. Nach Kirchendienst in Baden, Frankfurt/M. und Elberfeld seit 1926 Professor für Praktische Theologie in Gießen, wo er ein »Institut für ev. Jugendkunde und ev. Erziehungswissenschaft« errichtete. Auch seine eigene wissenschaftliche Arbeit galt vornehmlich diesem Gebiet (Ev. Jugendkunde I, 1925; II, [1924] 1927²; III, 1929). Als Mitbegründer (1921) und Leiter des »Christdeutschen Bundes« gab er seitdem die »Christdeutschen Stimmen« heraus. Als Synodaler seiner Kirche wirkte er entscheidend am Gesetz zur Pflege und Erhaltung der kirchlichen Ordnung mit (1931). Im → Kirchenkampf stand er auf seiten der Bekennenden Kirche, für deren Arbeit er in großzügiger Weise die christdeutsche Jugendburg Hohensolms öffnete.

Vf. u.a.: Die religionsphilosophischen Hauptprobleme bei Pestalozzi, 1910; Religiöse Jugenderziehung bei Pestalozzi, (1914) 1927²; Hugenottenlieder, 1925; Not u. Verheißung (Ges. Aufs. u. Reden), 1927; Die Frage nach dem Menschen in der Gesch. der ev. Erziehungswiss. (Imago Dei. Festschrift f. G.Krüger, 1932, 147-165); Ev. Pädagogik, 2 Bde, 1932/38. *H.Steitz*

Corinth, *Lovis* (1858-1925), * in Tapiau (Ostpr.), Maler und Graphiker, Vertreter des deutschen → Impressionismus (: I) und → Naturalismus (: III). Nach Besuch der Königsberger Akademie seit 1880 in München; 1900 nach Berlin; tonangebendes Sezessionsmitglied. - Heute sieht man C.s künstlerische Höchstleistungen in seinen Stilleben, Landschaften und Bildnissen; damals erregten, neben mythologischen Aktkompositionen, vor allem die Versuche in religiöser Kunst Aufsehen; meist Passionsszenen von rücksichtslos naturalistischer (allzu modellgebundener) Gegenwärtigkeit. - Kreuzigung (1898), Tölz; Kreuzabnahme (1907), Leipzig; Altartriptychon in Tapiau (1900 bis 1911) mit dem berühmten Apostel Paulus (Wiederholung in Mannheim, Kunsthalle). »Ecce Homo« (1925): Beispiel von C.s genial-aufgelockertem Spätstil.

Ges. Schriften, 1920; Selbstbiographie, 1926. – W.Conradt, L.C. als religiöser Maler (Diss. Königsberg), 1921 - P.Stein, L.C., 1925 - A.Kuhn, L.C., 1925 - G.Stuhlfauth, Die religiöse Kunst im Werk L.C.s, 1928 - G.v.d.Osten, L.C., 1955. *G.F.Hartlaub*

Corneille, *Pierre* (1606-84), * in Rouen. C., der Begründer des klassischen franz. Dramas, bewies durch Schrifttum und Lebenshaltung seine Treue gegenüber dem kath. Glauben und der kath. Kirche, die ihn ihrerseits stets anerkannte. Wie viele andere große franz. Dichter wurde auch er von den Jesuiten erzogen. Ihnen hat er noch im Alter seine Ergebenheit bezeugt, ihnen einige seiner Werke gewidmet, ferner lateinische Poesien ihm befreundeter Patres ins Französische übersetzt und mit verschiedenen jesuitischen Vereinigungen in sehr nahem Verhältnis gestanden. Inmitten seiner Arbeit bot die Enttäuschung über den Mißerfolg seines »Pertharite« (1652) besonderen Anlaß, in längerer Ruhezeit die schwärmerische Imitatio Christi des → Thomas von Kempen weiterhin in franz. Verse zu übertragen. Dieses mühevolle, aber von tiefer Gläubigkeit erfüllte Unternehmen war von Erfolg begleitet (34 Auflagen zu seiner Lebenszeit), während spätere religiöse Dichtungen (zB die Louanges de la Ste. Vierge) ohne Nachhall blieben. In der Bearbeitung der Imitatio finden sich wertvolle Partien, die von der echten, demutsvollen und Gott ergebenen Frömmigkeit des Dichters beredtes Zeugnis ablegen. Sie erscheint, in ihrer fast kindlichen Schlichtheit, um so eindrucksvoller, als sie einen bemerkenswerten Gegensatz bildet zu der glanzvollen Ruhmsucht, dem stolzen Selbstbewußtsein, dem in seinem eigentlichen poetischen und kritischen Werk zu huldigen er nicht müde wird.

In diesem Jahrzehnte umspannenden vielfarbigen dramatischen Werk spielt, entsprechend seiner Auffassung von Dramatik, das christlich-religiöse Element nur eine bescheidene Rolle. In seinen Tragödien dominiert das Interesse vor allem für Roms Größe und Politik im weitesten Sinne des Wortes (Orient eingeschlossen), für außergewöhnliche Menschen, die, von einer unerhörten Willenskraft beseelt, imstande sind, in den vielfachen drängenden Konflikten zwischen Pflicht und Neigung sich mit Hilfe einer klaren, ordnenden Vernunft zur Erfüllung einer höheren Aufgabe durchzuringen. Lebende Vorbilder solcher Gesinnung fand C. in seiner eigenen Zeit. Es ist eine in dieser Epoche gewaltig um sich greifende Mischung von christlichem Ethos und aktivistischem Stoizismus, die er von seinen vier Meisterwerken an (Cid, Horace, Cinna, Polyeucte) verherrlicht. Deren Stufenfolge - persönliche Ehre-Vaterland-Staatsgedanke - wird am Ende gekrönt durch den Sinngehalt seines »Polyeucte«, der als höchstes Gut den christlichen Opfergedanken im Märtyrertum preist. Ein späteres »christliches« Drama, »Théodore«, ist an der Klippe der die Handlung hemmenden Passivität des Helden gescheitert. Die besondere Art der dramatischen Gestaltung im vielgepriesenen »Polyeucte«: Akt der göttlichen Gnade und stärkste Willenskraft sind wirksam - nimmt C.s Distanzierung zum → Jansenismus voraus, von der mehrfache Stellen in seinen späteren Werken Zeugnis ablegen. Gegen dessen scharfe Angriffe, vorgetragen durch → Nicoles »Traité de la comédie« (ab 1667), daß seine Dramen nur »vives représentations d'orgueil, d'ambition, de jalousie, de vengeance, et principalement de cette vertu romaine qui n'est autre chose qu'un furieux amour de soi-même« wären, wußte sich der »généreux« C. kraftvoll zu verteidigen, und das hohe Ethos seiner Stücke wurde weithin anerkannt und auch nachgeahmt.

V.Klemperer, P.C., 1933 - R.Brasillach, C., Paris 1938 - G. Couton, La Vieillesse de C., Paris 1949. *F.Neubert*

Cornelius, 1. *Papst* 251-253, Römer. Nach dem Märtyrertod → Fabians und einjähriger Sedisvakanz zum Papste gewählt, wurde er von → Novatian als Libellaticus bekämpft, was zu dessen Gegenwahl führte. C. konnte sich auf der Synode 251 rechtfertigen; seine Praxis, die in der Verfolgung Abgefallenen (lapsi; → Bußwesen: II, 1 d) nach gehöriger Buße wieder in die Kirche aufzunehmen, wurde gebilligt, Novatian mit seinen Anhängern exkommuniziert. C. fand in seinem Kampfe Hilfe besonders bei → Cyprian, der auch zwei seiner Briefe uns aufbewahrt hat. C. starb in der Verbannung als Märtyrer (Grab in der Lucinagruft des Coemeterium Callisti). Er wird als Heiliger verehrt (Gedenktag 16. 9.).

MPL 3, 699ff - RE IV, 287ff - Bardenhewer II, 639f - Caspar I, 66ff - F.X.Seppelt, Der Aufstieg des Papsttums, 1931, 49ff - LThK VI, 210. *M.Rauer*

2. *a Lapide* (C.Cornelissen van Steen; 1567-1637), * in Bocholt, † in Rom, Exeget. 1592 Jesuit, 1596 Professor der Exegese in Löwen, seit 1616 am Collegium Romanum. C. kommentierte (außer Hiob und Psalmen) die ganze Bibel. Sein Werk ist eine hervorragende Quelle für die kath. Auslegungstradition.

GA: 21 Bde, Malta 1843-51; Paris 1866. - Über C.: Backer-Sommervogel IV, 1511ff - HN III, 787ff - RE IV, 289ff - R.Galdos, De scripturisticis meritis P.C. (VD 17, 1937, 39-44. 88-96. 146-152) - EC IV, 569. *H.Liebing*

Cornelius, *Peter von* (1783-1867), aus Düsseldorf; bedeutendster Maler des »romantischen → Klassizismus«. Seit 1811 im Kreise der römischen → »Nazarener«, seit 1819 an der Münchner Akademie, ab 1841 in Berlin. Hauptwerke: Illustrationen zu Goethes »Faust« und den Nibelungen, Fresken der Casa Bartholdy in Rom, der Glyptothek und der Ludwigskirche in München, Entwürfe zu Wandmalereien für einen Camposanto am Berliner Dom. - Aus dem Vorbild der altdeutschen Schule (→ Dürer), der italienischen Kunst des 16.Jh.s (→ Raffael, Giulio Romano) und zuletzt der Antike (Phidias) entwickelte C. einen Linienstil von großer Formkraft; dennoch ist sein Versuch zur Erneuerung der Monumentalmalerei gescheitert. Gedankenschwerer Idealismus und Mangel an Farbensinn isolierten den Hochberühmten noch zu Lebzeiten.

H.Riegel, C., der Meister der dt. Malerei, 1870² - E.Förster, P.v.C., 1874 - A.Kuhn, P.C. u. die geist. Strömungen seiner Zeit, 1921 - H.von Einem, P.C. (Wallraf-Richartz-Jb. 16, 1954, 104-160). *K.Lankheit*

Coronati IV, »4 Gekrönte«, *Märtyrer* (Claudius, Nicostratus, Sempronianus, Castorius), wurden von → Diokletian in den Steinbrüchen Pannoniens zum Tod verurteilt, weil sie sich weigerten, eine Äskulapstatue herzustellen. Ihre Akten bestehen aus der alten pannonischen Passio mit echten Zügen und aus der später angehängten, daraus abgeleiteten römischen Legende von 4 in Rom hingerichteten und unter denselben Namen verehrten Soldaten, die gegen Diokletians Befehl dem Äskulap nicht opferten. Schon im 6.Jh. wird die römische Titelkirche der C. IV genannt, deren Fest (8.11.) bereits der Chronograph vom Jahre 354 vermerkt; ihre Translatio nach Rom ist zwar nicht bezeugt, aber anzunehmen.

AS Nov. III, 1910, 748ff (Lit.); II/2, 1931, 590f (Martyrol. Hieron.) - H.DELEHAYE, Etude sur le Légendier Rom., 1936, 64ff - WATTENBACH-LEVISON 1, 1952, 42f (Lit.). *F.Paschke*

Corpus Christi mysticum bezeichnet das Wesen der Kirche, indem ihr Verhältnis zu Christus ausgesagt und so ihre besondere Wirklichkeit in der Welt betont wird. Der Begriff ist unter dem Einfluß areopagitischer Mystik (→ Dionysius Areopagita) im frühen MA aufgekommen. → Augustins Vorstellung vom Leib Christi und die metabolische Lehre von der übernatürlichen Gegenwart des Leibes im Abendmahl sind die Wurzel. So bezeichnet → Thomas von Aquino die res eucharistiae als corpus mysticum, sie schafft die Kirche als c.Chr.m. Hierin gründet ihre Autorität über die ganze Welt, wie sie 1302 auch Bonifatius VIII. in der Bulle »Unam sanctam« (Denz. 468) als die des c.Chr.m. geltend machte. In der neueren kath. Theologie kommt der Ausdruck als Hinweis auf die »Wirklichkeit« Kirche wieder in Gebrauch (R. → Guardini, K. → Adam), obwohl der seit dem Vaticanum erhobene Einspruch nicht verstummt. Durch die Enzykliken »Mystici corporis Christi« (1943), »Mediator Dei« (1947) und »Humani generis« (1949) ist die Anschauung vom c.Chr.m. stark in den Vordergrund gerückt. - In der reformatorischen Theologie tritt der Begriff trotz gelegentlicher Verwendung zurück. Luther spricht oft vom Leib Christi, doch vermochte c.Ch.m. nicht das personale Verhältnis von Christus und Kirche zum Ausdruck zu bringen. In der Orthodoxie diente die »Metapher« zur Bezeichnung der Unsichtbarkeit der Kirche (J.Gerhard: loci V, 314 ed. Preuß).

Lit. →Kirche: III. IV. - S.TROMP, Corpus Christi quod est ecclesia, Rom 1946² (Lit.) - E.MASURE, Le Sacrifice du Corps Mystique, Paris 1950 - E.MERSCH, La Théologie du Corps Mystique, Paris 1950 - E.L.MASCALL, Corpus Christi, London 1953. *G.Koch*

Corpus Christianum

1. Diese von K.Rieker stammende, mißverstandene Übersetzung des von Martin Luther gebrauchten Ausdrucks »christlicher Körper« beschreibt die mittelalterliche Gesellschaftsverfassung. Sie baut auf dem Unterschied der Getauften (fideles) von den Nichtgetauften (infideles) auf. Die Christenheit (congregatio fidelium) ist ein corpus mysticum, das unter dem unsichtbaren Haupte Christus von zwei ihm dienenden obersten irdischen Häuptern, von dem Papst und von dem Kaiser, regiert wird. Als solches bildet es eine Rechtseinheit von zugleich geistlichem und weltlichem Gepräge (ecclesia universalis + politia oder respublica christiana) auf der Grundlage des → kanonischen und zivilen Rechts, dh des ius utrumque.

Umstritten war das Verhältnis von Papst und Kaiser. Nach dem göttlichen Aufbaugesetz des Weltalls (→ Dionysius Areopagita) mußten beide auf eine Einheit zurückgeführt werden. Eine erste Theorie sah die Einheit in dem Papst gegeben, eine zweite behauptete die Gleichordnung der beiden obersten Gewalten unter dem einen Haupte Christi.

Im späteren MA hat die Idee des C.Chr. durch die starke Einbuße der geistlichen Autorität des → Papsttums und durch das Aufkommen des Nationalstaatsgedankens ihren realpolitischen Rückhalt verloren.

2. *Luther* hat die mittelalterliche Terminologie übernommen, ihr aber einen neuen Sinn verliehen. An die Stelle der Taufe als des rechtlichen Hauptmerkmals für die Gliederung der Menschheit tritt bei ihm der Glaube. Die congregatio fidelium wird der communio sanctorum gleichgesetzt. Von da aus gelangt Luther zu seiner *Lehre von den beiden Reichen:* Die Menschheit zerfällt in zwei »Völker« oder Reiche, in das regnum Christi und in das regnum mundi. Jenes umfaßt das → corpus Christi mysticum, dem also nur die Gläubigen angehören. Sein Widerspiel ist das corpus diaboli mysticum, dh der Haufe der »Unchristen«. Beide Reiche stehen in erbittertem Kampf miteinander bis zum Jüngsten Gericht. Es gibt daher zwischen ihnen keine Rechtsgemeinschaft. Selbst durch die Taufe wird eine solche nicht hergestellt. Die aus Gläubigen und Ungläubigen bestehende Taufgemeinschaft trägt zwar um der in ihr vorhandenen Gläubigen willen den Gesamtnamen Christenheit, ist aber kein geistliches corpus mysticum und kann deshalb nicht der Ansatz für eine Sozialtheologie der respublica christiana sein.

Ausgebaut wird diese Reichslehre durch die *Regimentenlehre:* Gott hat für die Regierung der Menschheit zwei Gemeinwesen von ganz verschiedenen Aufgaben und von ebenso verschiedener Struktur gestiftet. In der ecclesia in mundo sammelt und erhält der heilige Geist mittels rechter Wort- und Sakramentsverwaltung durch das Predigtamt die Getauften im rechten einigen Glauben. In der politia schützt Gott durch die Obrigkeit den äußeren Rechtsfrieden vor der Vernichtung durch das corpus diaboli mysticum. Beide Gemeinwesen und die in ihnen waltenden Ämter sind auf dasselbe Ziel hingerichtet, nämlich auf die Befreiung des Menschen aus der Gewalt des Satans. Darum ist es Pflicht der Christen, in beiden Ämtern an dem Vollzug des göttlichen Regiments gegen den Widerstand des Satans und seiner Knechte mitzuwirken. So wird »das Volk weltlichen Standes« der (geistlichen) Christenheit, dh das corpus Christi mysticum im weltlichen Beruf, zu dem wahren Bürgen für den Frieden in und unter den Völkern.

Die umstrittene Frage, ob Luther der mittelalterlichen Idee des C.Chr. gehuldigt habe, ist zu verneinen. Anstelle der mittelalterlichen geistlich-weltlichen Rechtseinheit der respublica christiana tritt bei ihm das spannungsreiche Verhältnis von → Kirche und Staat. Aber er hat den universalen geistlichen Kerngedanken des C.Chr. nicht abgewiesen, sondern verinnerlicht und von da aus zur Welt zurückgewendet, um ihn für den Dienst des Christen im weltlichen Gemeinleben fruchtbar zu machen.

3. Die *luth. Orthodoxie* hat Luthers → Zwei-Reiche-Lehre umgebildet und ist zur Annahme einer Rechtsgemeinschaft zwischen der Kirche in der Welt und dem Staate zurückgekehrt. Nunmehr erstand das religiös-politische Ideal der respublica christiana wieder und zwar in der Gestalt, daß die ev. Christenheit, dh Taufgemeinschaft, eines Landes von dem theologischen Lehrstand im geistlichen Kirchenregiment des Wortes und von der christlichen Obrigkeit mit den Mitteln des weltlichen Regiments - wenn auch bei anderer Machtfülle im Staat als in der Kirche - betreut wurde. Die Idee des C.Chr. ist hier zwar in ihrem rechtlichen Ansatz erneuert, hat aber ihren organisatorischen Universalismus sowohl für die Kirche wie für den Staat eingebüßt. Als einheitliches Band der Christenheit bleibt nur die Glaubensgemeinschaft des corpus Christi mysticum übrig. In dieser Ausprägung der Dyarchie des theologischen Lehrstandes und der christlichen Obrigkeit eines Landes hat der prot. Staatsgedanke die gegenseitige Zuordnung der Kirche in der Welt und des Staates jahrhundertelang bewahrt und ist noch heute in den skandinavischen Staaten lebendig, während er in Deutschland durch den Sturz der Monarchie ein Ende fand.

4. Der *röm.-kath.* Konfessionsstaat der Neuzeit hat zwar die organisatorische Universalität des C.Chr. nach der kirchenrechtlichen Seite festgehalten, aber nach der politischen aufgegeben, da er keinen Weltkaiser anerkannte.

5. Das gesamtchristliche Gemeinschaftsbewußtsein ist zu keiner einheitlichen Organisation mehr gelangt und

wird wohl auch nicht mehr dazu kommen. Aber es ist als Antrieb zu gemeinsamer politischer Haltung und zu einer Annäherung der christlichen Konfessionen wirksam geblieben.

H.Liermann, Stud. zur Gesch. des C.Chr. in der Neuzeit (ZSavRG Kan. Abt. 27, 1938, 486-529; Lit.) - J.Heckel, Lex Charitatis (AAM 36), 1953 - Ders., Im Irrgarten der Zwei-Reiche-Lehre (ThEx NF 55), 1957 - M.Heckel, Staat u. Kirche nach den Lehren der ev. Juristen Deutschlands in der ersten Hälfte des 17.Jh.s (ZSavRG Kan. Abt. 42, 1956, 117-247; 43, 1957, 202-308). *J.Heckel*

Corpus Evangelicorum. Das Verfassungsleben des alten deutschen Reiches brachte auf dem Höhepunkt des konfessionellen Föderalismus zwei für dessen Geist typische Reichsorgane hervor, das C.Ev. und das Corpus Catholicorum als politische Vertretung der beiden Religionsparteien (RP) auf dem Reichstag. Verfassungsgeschichtliche Bedeutung hat nur das erste erlangt, da die Interessen der kath. RP durch den Kaiser und die Mehrheit des Kurfürsten- und Fürstenrates gesichert waren.

Die Rechtsgrundlage des C.Ev. bildete das Instrumentum Pacis Osnabrugense (IPA) Art. V § 52, eine der wichtigsten Stellen des Westfälischen Friedens (Pütter). Danach hatte jede RP das Recht zur → itio in partes und damit ein absolutes Veto gegen die Beratung und Beschlußfassung des Reichstags nicht nur in Religionsangelegenheiten, sondern in allen Geschäften, die den solidarischen Widerspruch der Stände desselben Bekenntnisses hervorriefen. Am 22.7.1653 konnte sich in Regensburg das C.Ev. als gemeinsames diplomatisches Organ aller ev. Stände unter dem Direktorium Kursachsens formieren. Dieses behielt die Leitung auch nach dem Übertritt der Dynastie zur röm.-kath. Konfession (1697, 1712 bzw. 1717).

Die wichtigste Aufgabe des C.Ev. war eine ständische Religionsaufsicht. Hierfür beanspruchte es das Recht zu Kollektiveingaben und Interzessionsschreiben an den Kaiser, an die Reichsstände und die obersten Reichsgerichte, zur Entsendung kirchenpolitischer Beobachter, zum diplomatischen Schriftwechsel mit ev. auswärtigen Mächten. Trotz allen Eifers erzielte das C.Ev. im ganzen nur geringe Erfolge gegen die Religionsbedrückung der Evangelischen (Kurpfalz, Österreich, Salzburg usw), leistete aber einen bedeutsamen Beitrag zur Erziehung der öffentlichen Meinung für die → Toleranz. Bemerkenswert ist die Abkehr von der eigenen Konfessionspolitik in der Frage der Kalenderreform 1699. Auch auf seine Mitglieder wirkte das C.Ev. ausgleichend bei konfessionellen Spannungen ein. Wichtig war ferner die diplomatische Bundeshilfe für einzelne ev. Stände, um das politische Gewicht der prot. RP zu erhalten (Verhinderung der Acht für Friedrich d.Gr. 1758). Endlich entwickelte es auf staatskirchenrechtlichem Gebiet eine Reihe von Grundsätzen, die später allgemein zum Fundament des heutigen Rechtsstaates geworden sind, zB das Prinzip der Gesetzmäßigkeit der Verwaltung oder die Anerkennung subjektiver öffentlicher Rechte. Die lebhafteste Tätigkeit entfaltete das C.Ev. zwischen 1697 und 1761. Seine Bedeutung sank in dem Maße, in dem sich das Gewicht politischer Entscheidungen aus dem Reichstag in unmittelbare diplomatische Verhandlungen der Reichsstände verlagerte.

Im ganzen muß das Urteil über das C.Ev. günstig ausfallen. Von der gefährlichen Waffe der itio in partes hat es nur vorsichtig Gebrauch gemacht. Schwere Konflikte, die zu einer Lähmung des Reichstages, besonders 1780 bis 1785, führten, traten bloß bei starken Erschütterungen des Verfassungslebens des Reiches ein (→ Rijswicker Klausel mit anschließender Religionsverfolgung in der Kurpfalz 1697-1719, Angriff auf die überkommene konfessionelle Praxis hinsichtlich der gräflichen Kuriatstimmen 1774ff). Im übrigen wirkte sich die itio in partes mehr durch ihr Vorhandensein als durch ihre Anwendung aus und wurde zu einem Faktor des Ausgleichs zwischen dem Stimmenverhältnis im Reichstag und zwischen der tatsächlichen Machtverteilung unter den RPen.

Mit dem Untergang des alten deutschen Reiches fand auch das C.Ev. sein Ende. Bemühungen um dessen Wiederaufleben im Deutschen Bund hatten keinen Erfolg. Der Zusammenschluß der Protestanten Deutschlands vollzog sich allmählich auf dem Wege innerkirchlicher, nicht politischer Organisationen.

E.Chr.W.v.Schauroth, Vollständige Sammlung aller Conclusorum... des C.Ev., 3 Bde, 1751f; Forts. v. N.A.Herrich 1786 - RE IV, 298ff (Lit.) - H.E.Feine, Zur Verfassungsentwicklung des Hl. Röm. Reiches seit dem Westfäl. Frieden (ZSavRG Germ. Abt. 52, 1932, 65-133; Lit.). *J.Heckel*

Corpus Iuris Canonici, eine Zusammenstellung hoch- und spätmittelalterlicher Kirchenrechtssammlungen. Seine Teile sind:

1. das Decretum → Gratians.

2. der Liber Extra. Er enthält eine von Raimund von Peñaforte im Auftrag Gregors IX. bearbeitete und von diesem 1234 publizierte Sammlung wichtiger Dekretalen, darunter solche, die Gratian nicht in sein Dekret aufgenommen hatte, vor allem aber Dekretalen aus der Zeit von Gratian bis auf Gregor IX. Von diesen außerhalb des Dekrets verbreiteten »Extravaganten« rührt der übliche Name des Buches her (Liber decretalium extra Decretum vagantium); die Bezeichnung wurde dann auch auf Dekretalen angewandt, die in späteren Sammlungen fehlten.

3. der Liber Sextus Decretalium, eine von Bonifatius VIII. veranlaßte und 1298 publizierte Sammlung und Bearbeitung von Dekretalen seit 1234. Sein Name spielt darauf an, daß er, obwohl selbst auch in 5 Bücher eingeteilt, als »sechstes« Buch zu den 5 Büchern des Liber Extra hinzutreten sollte, um die in der Sechszahl liegende Vollkommenheit im kirchlichen Recht zu verwirklichen.

4. die Clementinae (sc. Constitutiones), eine Sammlung von Dekretalen Clemens' V., 1314 fertiggestellt, aber erst von Johann XXII. 1317 publiziert.

5. die Extravagantes Johanns XXII., eine 1325 zusammengestellte Sammlung.

6. die Extravagantes communes, Dekretalen aus der Zeit von Martin IV. (1281-85) bis zu Sixtus IV. (1471 bis 1484). Die Sammlungen 5 und 6 erhielten ihre jetzige Gestalt durch den franz. Kanonisten Jean Chappuis, der sie seinen Ausgaben des Corp. I.C. (Paris 1500 und 1503) beigab.

Von diesen Sammlungen hatten 2, 3, 4 amtlichen Charakter, besaßen also als Sammlungen Rechtskraft; 2 und 3 hatten außerdem ausschließende Geltung, so daß die seit dem Dekret bis auf Bonifatius VIII. erlassenen, aber hier nicht aufgenommenen Dekretalen kraftlos wurden. 1, 5, 6 waren Privatarbeiten, bei denen die Rechtskraft jeder einzelnen Bestimmung für sich festgestellt werden mußte.

Die authentischen Sammlungen wurden allmählich, in Analogie zum Corp. I. Civilis, als Corp.I.C. bezeichnet; offiziell wurde der Ausdruck zuerst von Gregor XV. gebraucht (1580) und auf die Gesamtheit der oben aufgezählten Sammlungen angewandt. Der Ausdruck Corp. I.C. clausum in dem Sinne, daß 5 und 6 nicht zum Corp. I.C. gehörten und daß dieses nicht mehr hätte erweitert werden dürfen, ist ein Mißverständnis einer Bestimmung des Konzils von Basel von 1437. Tatsächlich aber blieb das Corp.I.C. mit 5 und 6 abgeschlossen; spätere

Dekretalensammlungen, darunter der Liber Septimus des französischen Kanonisten Pierre Matthieu (Frankfurt 1590) und der Liber Septimus Clemens' VIII. (Rom 1598) sind nicht mehr in das Corp.I.C. aufgenommen worden, wenn auch viele Ausgaben private Anhänge aufweisen.

Das Corp.I.C. war bis zum Inkrafttreten des → Codex Iuris Canonici (1918) - Abkürzung C.I.C. - trotz seiner großen formalen und inhaltlichen Mängel eine Hauptquelle des kath. Kirchenrechts. Für das ev. Kirchenrecht hat es seinen Charakter einer subsidiären Rechtsquelle zwar behalten, ist aber praktisch auch für dieses fast bedeutungslos geworden.

Amtliche, glossierte Ausg., 5 Bde, Rom 1582; auf ihr beruhen alle späteren. Bisher beste krit. Ausg. v. E.Friedberg, 2 Bde, 1879-81 (Neudr. Graz 1955). - DDC IV, 1949, 610ff (Lit.) - Feine I, 245ff (Lit.) - Plöchl II, 411ff (Lit.). *H.Barion*

Corrodi, *Heinrich* (1752-93), * als Sohn eines Pietistenpfarrers in Zürich, seit 1786 Prof. des Naturrechts und der Sittenlehre am Zürcher Carolinum, Führer der Zürcher Bibelkritik. C. war ein Lieblingsschüler → Semlers und hat in seiner Heimat die Hallesche Aufklärungstheologie wirksam vertreten. Seine »Kritische Geschichte des Chiliasmus« (2 Bde, 1781; 1794² in 4 Bden) läßt die wohl durch den Mystizismus des Vaterhauses bedingte Ablehnung allen Schwärmertums erkennen und zeigt die radikal aufklärerische Auffassung der Dogmengeschichte als einer Geschichte der Irrtümer. Als spekulativer Philosoph verteidigte C. die Positionen der Metaphysik von → Leibniz gegen den heraufziehenden Kritizismus.

Vf. u.a.: Verteidigung der Glückseligkeitslehre von Steinbart gegen Lavater, 1780; Beiträge zum vernünftigen Denken in der Religion, 18 Hefte, 1781-94. - Über C.: Biogr. in der 2. Aufl. des »Chiliasmus« - R.Maurer, Zum Andenken an H.C., Neue Beiträge zur Förderung des vernünft. Denkens I, 1801 - RE IV, 300f - ADB IV, 502ff - P.Wernle, Der schweiz. Protestantismus im 18.Jh. II, 1924, 194ff u.ö. *Ernst Wolf*

Corvinus, *Antonius* (1501-53), * Warburg, 1519 Novize in Kloster Loccum, 1523 aus Kloster Riddagshausen als Anhänger Luthers vertrieben, wurde 1528 Pfarrer an St. Stephan in Goslar, 1529 Pfarrer in Witzenhausen. Er gehörte zu den theologischen Räten → Philipps von Hessen (u.a. in Schmalkalden 1537, in Regensburg 1541; Gespräche mit den gefangenen Wiedertäufern in Münster 1536) und wirkte mit bei der Einführung der Reformation in Northeim 1539, Lippe 1541f, Hildesheim 1542, Braunschweig-Wolfenbüttel 1542. Seit 1542 leitete C. im Dienste der Herzogin → Elisabeth als Superintendent den reformatorischen Aufbau des Kirchenwesens in Calenberg-Göttingen (Kirchenordnung mit Konfirmationsordnung, Visitation, Synoden). Die ihn wegen seines mannhaften Widerstandes gegen das → Interim 1549 treffende dreijährige Haft auf dem Calenberge überlebte er nur wenige Monate. Die stärkste Nachwirkung übte er durch seine von 1535 an erschienene, von Luther bevorwortete, auch in fremde Sprachen übersetzte »Kurtze und einfeltige Auslegung der Episteln und Evangelien«.

P.Tschackert, A.C. Leben u. Schriften, 1900 - Ders., Briefwechsel des A.C., 1900 - G.Geisenhof, Corviniana II (Zs. f. nieders. KG, 5, 1900, 1-222) - A.Brenneke, Gesch. des hannoverschen Klosterfonds I, 1929 - W.Radtke, A.C. Confutatio Augustani libri quem Interim vocant 1548, 1936 - G.Heintze, Die Bedeutung des A.C. für die Erneuerung der Predigt des Evangeliums (Jb. f. nieders. KG. 54, 1956, 1-17). *Ph.Meyer*

Cosin, *John* (1594-1672), * Norwich, Student, später Fellow des Caius College in Cambridge, Sekretär und Chaplain für die Bischöfe Overall (Lichfield und Coventry) und Neile (Durham), Pfarrer in Brancepeth 1626, Master von Peterhouse in Cambridge 1634, Vizekanzler der Universität dort 1639, Dean von Peterborough 1640, als Royalist 1641 seiner Pfründen beraubt, 1644 ausgewiesen, bis 1660 in Paris bei der Königin Henrietta Maria, 1660 Bischof von Durham, führendes Mitglied der Savoy-Konferenz 1661/62 zur Wiederherstellung des Anglikanismus. Er gehört zur Gruppe der → Caroline Divines und ist einer der wesentlichen Wortführer für das kath. (universale und altkirchliche) Selbstverständnis der Kirche von England in scharfer Ablehnung des Calvinismus wie des römischen Katholizismus.

Works (5 vols) in Library of Anglo-Catholic Theology Bd 34-38, Oxf. 1843-55 - DNB (Neudr. 1949/50) IV, 1189ff. *M.Schmidt*

Costa, da → Da Costa.

Cotelier, *Jean-Baptiste* (1627-86), * in Nîmes, † in Paris, Patristiker, katalogisierte unter Colbert seit 1667 (mit → Du Cange) die griech. Handschriften der kgl. Bibliothek, 1676 Lehrer des Griechischen am Collège Royal, Hg. der Apostolischen Väter (2 Bde, Paris 1672, Neuausg. von → Clericus 1698 und 1724).

Vf. ferner: Ecclesiae Graecae Monumenta, 3 Bde, Paris 1677-86. - Über C.: HN IV, 477ff - DThC III, 1922ff - LThK III, 60f. *H.Liebing*

Cottolengo, *Giuseppe Benedetto* (3.5.1786 bis 30.4. 1842), * in Brà (Piemont), † in Chieri, gründete als Kanonikus an der Corpus-Christi-Kollegiatkirche in Turin 1828 die »Piccola Casa della divina Provvidenza« als Asyl für Kranken- und Armenpflege und die Erziehung verlassener Kinder (heute rund 7000 Kranke!) und rief nach und nach 14 religiös-karitative Vereinigungen ins Leben, darunter die in ganz Italien verbreiteten Vinzenzschwestern (»Frauen der christlichen Liebe«, »Cottolenghine«), die Schwestern vom Carmel, die Schwestern von der Hl. Thais, Priester von der Hl. Dreifaltigkeit, die Vinzenzbrüder u.a.m. → Benedikt XV. hat diesen großen Caritasapostel des 19.Jh.s am 8.4.1917 seliggesprochen.

Über C.: P.P.Gastaldi, J.B.C., 3 Bde, (1895) 1910² (dt. 1898) - G.Antonelli-Costazzini, J.B.C., 1917 - AAS 9, 1917, 214-223. *Ernst Wolf*

Court, *Antoine* (1695-1760). Im Vivarais beheimatet, lernte C. schon als Kind die Nöte kennen, mit denen die Protestanten in Frankreich nach Aufhebung des Edikts von Nantes (1685) zu kämpfen hatten (→ Frankreich: I, → Camisarden). Schon mit 17 Jahren war C. entschlossen, Abhilfe zu schaffen. Er hielt, wann immer es anging, Versammlungen ab, um dem christlichen Gottesdienst unter Ausschaltung alles Fanatismus seine wahre Bedeutung wiederzugeben. Zur Wiederaufrichtung der Kirchenzucht versammelte er (21.8.1715) in einem Steinbruch unweit Nîmes heimlich eine Synode der Cevennengemeinden und des unteren Languedoc, die Maßnahmen zur Neuordnung des Gemeindelebens beschloß und die Lehre vom Schriftprinzip bestätigte. 1718 erst wurde C. ordiniert. Dies verschärfte noch die Verfolgungen, denen er ausgesetzt war. 1729 ging er in die Schweiz, wo er ein Seminar zur Ausbildung junger Pfarrer gründete, die der verfolgte französische Protestantismus so dringend brauchte. Trotz seiner Ächtung begab sich C. noch mehrmals nach Frankreich, um seine Glaubensgenossen zu stärken. Er starb in Lausanne.

Vf.: Histoire des troubles des Cevennes ou de la guerre des Camisards, 3 Bde, Villefranche 1760. - C. hinterließ zahlreiche Manuskripte u. einen umfangreichen Briefwechsel (116 Bde in Genf; zT in Abschrift in der Bibl. de la Société de l'Histoire du Protestantisme français in Paris). - Über C.: Ch.Coquerel, Hist. des Eglises du Désert, 2 Bde, 1841 - E.Hugues, A.C., Histoire de la restauration du protestantisme en France au XVIIIème siècle, 1872 - Th.Schott, Die Kirche der Wüste, 1893 - Artikel u. Dokumente im Bull. de la

Soc. de l'Hist. du Protestantisme français - E. et E.HAAG, La France protestante IV², (1846ff) 1877ff, 809ff - Encyclop. Lichtenberger III, 1877, 453ff - RE IV, 306ff. *R.Voeltzel*

Coverdale, *Miles* (1488-1568), * in Yorkshire (oder Richmondshire?), studierte in Cambridge, wurde Augustinermönch in Cambridge, kam unter den Einfluß des Robert Barnes und damit Luthers. Er führte William Tyndales → Bibelübersetzung (: V, 2b) zu Ende und legte bereits 1535 die erste vollständige englische Bibel vor; 1539 (?) brachte er das erste englische Gesangbuch (Goostly Psalmes and Spirituall Songes) mit 41 Liedern aus der deutschen Reformation (darunter 17 von Luther) heraus. Er übersetzte 1541 H.Bullingers »Christlichen Ehestand« und begründete damit die Gattung der Hauszuchtbücher in England (conduct books). 1540-48 hielt er sich meist in Deutschland auf, ebenso 1553-59. 1544 bis 1548 und 1555-59 war er ev. Pfarrer in Bergzabern in Pfalz-Zweibrücken. Er gehört zu den stärksten Vermittlern luth. Gedankenguts nach England. 1551-53 war er Bischof von Exeter.

Works. Collected Ed. by the Parker Society, 2 vols, 1844-46; Memorials of M.C., 1838. - Über C.: F.FRY, The Bible by C., 1867 - W.DALLMANN, M.C., St. Louis, Mo. USA, (1922) 1925³ - H.GRUPPY, M.C. and the English Bible, 1935 - DNB (Neudr. 1949/50) IV, 2189ff. - Zur Ehetheorie: A.WEBER, H.Bullingers »Christlicher Ehestand«, seine zeitgenössischen Quellen u. die Anfänge des Familienbuches in England, 1929 - L.L.SCHÜCKING, Die Familie im Puritanismus, 1929, 28ff. *M.Schmidt*

Cowper, *William* (1731-1800), engl. Dichter der Vorromantik. Seine Gedichte zeigen einen neuen, subjektiven und lyrischen Ausdruck. Die Frage nach Wert und Sinn der Kultur beantwortet C. mit der an → Rousseau erinnernden Kontrastierung: »God made the country, and man made the town« (The Task, 1784). Schwermut und hohe Empfindsamkeit führten zur Umnachtung. C.s klares Bekenntnis zum Methodismus leuchtet vor allem aus den 67 geistlichen Liedern hervor, die er zu John Newtons Olney Hymns (1779) beitrug. Sie sind in ihrem Ausdruck echter, unreflektierter Frömmigkeit John → Wesley mindestens ebenbürtig.

Poetical Works, ed. H.S.MILFORD, (1905) 1935⁴ - J.JULIAN, A Dictionary of Hymnology, (1892) 1907² - LORD D.CECIL, The Stricken Deer, or: The Life of W.C., 1929; dt. 1947. *G.Müller-Schwefe*

Cramer, 1. *Johann Andreas* (1723-88), * in Jöhstadt bei Annaberg, 1748 Pastor in Cröllnitz (Sachsen), 1750 Hofprediger in Quedlinburg, 1754 deutscher Hofprediger in Kopenhagen, seit 1765 auch Prof. der Theol., Sup. in Lübeck, seit 1774 Prof. der Theol. in Kiel. Seine literarischen Neigungen führten ihn früh zur Freundschaft mit → Gellert, → Klopstock u.a. (»Bremer Beiträge«, 1774ff). Auch in Kopenhagen war er als Kanzelredner, als Dichter und als Kritiker der neueren schöngeistigen Literatur (u.a. in seiner Zeitschrift »Nordischer Aufseher«, 3 Bde 1758-70) angesehen. C.s Hauptwerk ist sein »Allgemeines Gesangbuch« für Schleswig-Holstein (1780; → Gesangbuch: I A), einflußreich durch die starke Berücksichtigung neuerer Lieder (darunter 255 von C. selbst; zT von C.Ph.E. → Bach vertont) und die Umdichtung der älteren Lieder; das Gesangbuch war bis ins 19.Jh. in Gebrauch. Auch durch seine Katechismusauslegung und als Förderer des ersten Kieler Schullehrer-Seminars (1781) hat C. in Schleswig-Holstein nachgewirkt.

Vf. u.a.: Übersetzungen v. → Chrysostomus, 10 Bde, 1748-51, u. v. → Bossuets Allg. Weltgeschichte (mit eigenen histor.-krit. Abhandlungen), 1748-86; Predigten, 22 Bde, 1755-71; Poetische Übers. der Pss, 1755-64. - Über C.: KOCH VI, 334ff - H.N.A.JENSEN, Schlesw.-holst. KG (hg.v. A.L.J.MICHELSEN) IV, 1879, 301ff. 321ff - RE IV, 314ff - E.BREDEREK, Gesch. der schlesw.-holst. Gesangbücher II, 1922, 1ff. *† H.Adolphsen (Ernst Wolf)*

2. *Samuel* (3.6.1842 bis 30.1.1913), holländischer Mennonit, * in Middelburg, Schüler → Oosterzees in Utrecht, 1866-90 Prediger in Zijldijk, Emden, Enschede, Zwolle, 1890 als Nachfolger von de Hoop-Scheffer Lehrer am Mennonitischen Seminar und zugleich Professor an der Universität in → Amsterdam. Schriftstellerisch sehr fruchtbar, hat C. viel für die Erforschung der holländischen Täufergeschichte getan. Durch seine starke Persönlichkeit gewann er auch über Amsterdam hinaus großen Einfluß.

Sein Hauptwerk, in Verbindung mit F.PIJPER hg.: Bibliotheca Reformatoria Neerlandica, seit 1903; darin: Het offer des Heeren, de erste doopsgezinde martelaars-brieven en offerliederen, 1904; Nederlandsche anabaptistica, 1909. - Außerdem: Conservatief modernisme, godgeleerdheid en volksleven, 1883; Beschrijvende en toegepaste godgeleerdheid, 1890; De godsvrucht voorwerp van historisch onderzoek, 1900. - Über C.: Mennonitisches Lexikon I, 1913, 377ff. *† A.Hoefs (Ernst Wolf)*

Cranach, *Lukas d.Ä.*, Maler, * 1472 in Kronach, † 1553 in Weimar. Nach unbekannter Jugendzeit begegnet C. als hochgeachteter Meister in Wien, wo er in Universitätskreisen porträtiert (Reuss, Cuspinian). In inhaltlicher Konzentration und seelischer wie landschaftlicher Gestaltung (Donauschule) der sog. Münchener Kreuzigung erreicht er einen Höhepunkt seiner Kunst. - Von → Friedrich dem Weisen als Hofmaler berufen, wird → Wittenberg für C. wie für → Luther zu »seiner« Stadt. Er entwickelt die mit dem Buchdruck entstandene neue Holzschnitt-Kunst (→ Graphik) zu großer Höhe in biblischen Blättern (Georg, Christophorus) und Buchwerken, beginnt die große Reihe der Altäre und weitet sein Atelier zur großen Werkstatt. Eng befreundet mit Luther, erlebt er mit der → Reformation, für die er sich von Anfang an einsetzt, auch einen Wandel seiner Kunst im Sinne des reformatorischen Verständnisses von Bibel und Kirche. Vom Kampfbild der satirischen Holzschnitte über die Illustrationen der Lutherbibeldrucke, über einzelne bevorzugte Christusszenen (Kinderfreund, Ehebrecherin, ersterer wohl Ausdruck der lutherischen Opposition gegen die Wiedertäufer) und Varianten zum Thema »Gesetz-Evangelium«, »der Mensch in der Entscheidung vor Gott« bis hin zu den monumentalen Altären von Wittenberg, Schneeberg, Weimar begleitet und stärkt C. Luthers Reformation mit seiner Kunst. Daneben verdanken wir ihm Porträts fast aller bedeutenden Männer der Reformation, voran von Luther selbst (→ Lutherbilder). - *L.Cranach d.J.* hat in der zweiten Hälfte des 16.Jh.s das Werk des Vaters in ungebrochener Tradition des malerischen Stils wie des Inhalts fortgeführt.

C.GLASER, C., 1923 - M.FRIEDLÄNDER-J.ROSENBERG, Die Gemälde von L.C., 1932 - H.POSSE, C.d.Ä., 1942 - C.d.Ä., Veröffentl. d. Dt. Akademie der Künste, Berlin 1953 - O.THULIN, Um C.s Künstlertum u. Persönlichkeit (»Luther«. Mitteil. der Lutherges. 1955, H. 2) - DERS., C.altäre der Reformation, 1955 - CHR.OZ.KIBISH, L.C.s Christ blessing the children, a Problem of Lutheran Iconography (ArtB 37, 1955, 196-203). *O.Thulin*

Cranmer, *Thomas* (1489-1556), * Aslacton (Nottinghamshire), studierte in Cambridge bei Erasmus, 1515 M.A. und Fellow am Jesus College, 1523 Prof. Zum stillen Gelehrten prädestiniert, öffnete er sich dem (humanistisch verstandenen) reformatorischen Christentum Luthers. Fast wider Willen wurde er in den Vordergrund des kirchenpolitisch-reformatorischen Geschehens gebracht. Zum Lohn für seine Ratschläge im Ehehandel Heinrichs VIII. ernannte ihn dieser 1533 zum Erzbischof von Canterbury. Seine kirchliche Amtsgewalt benutzte er weithin zur Durchführung der königlichen Wünsche, andererseits zum Versuch, den König für eine humanistisch-evangelische Reformation zu gewinnen. Mit beidem schuf er sich in der Kirche selbst eine starke Opposition. 1532-33 in Nürnberg (Einfluß → Osianders), nahm C. eine Nichte Osianders heimlich zur Frau. Erst unter Eduard VI. (1547-53) und Somerest vermochte er seine kirchlichen Ziele durchzusetzen. Sein Ideal war - humanistisch -, das schlichte Urchristentum in Predigt, Liturgie und Kirchenordnung wiederherzustellen. Dem dienten das → Common Prayer Book, für dessen erste Fassung 1549 Cr. verantwortlich ist, und das Book of Homilies (12 Musterpredigten von C. u.a.) sowie die Berufung und Begünstigung festländischer ev. Theologen wie → Bucer, Petrus Martyr → Vermigli, Francisco Dryander, → Laski. Unter Marias Herrschaft (1553) rang er sich nach mehrmaligem Widerruf zuletzt zu einem klaren evangelischen Bekenntnis durch und erlitt am 22.3.1556 den Märtyrertod durchs Feuer.

Werke: Remains of Th.C., ed. H.JENKYNS, 4 vols., Oxf. 1833; C.'s Liturgical Projects, ed. J.W.LEGG, London 1915. - Über C.: J.STRYPE, Memorials... of Th.C., (1694) 1853² - H.J.TODD, The Life of Archbishop C., 1831 - A.D.INNES, C. and the Reformation in England, 1900 - A.F.POLLARD, Th.C. and the English Reformation, (1904) 1926² - J.SILVESTER, C. and the Prayer Book, 1915 - CH.H.E. SMYTH, C. and the Reformation under Edward VI., 1926 - C.JENKINS, Life and Times of C., 1936 - DNB (Neudr. 1949/50) V, 19ff - E.C.RATHCLIFF, The Liturgical Work of Archbishop C. (JEH 7, 1956, 189-203).

M.Schmidt

Crasselius, *Bartholomäus* (1667-1724), ev. Theologe, * in Wernsdorf (Sachsen), Schüler A.H. → Franckes. Als sein Bruder Mag. Joh.C. wegen überstrenger Kirchenzucht gemaßregelt wird, muß auch der gleichgesinnte B.C. Sachsen-Altenburg verlassen, wird 1701 Pfarrer in Nidda (Wetterau), 1708 luth. Pfarrer in Düsseldorf. Hier hat C. als apokalyptisch erregter Pietist mit seinem Kurfürsten Joh.Wilhelm von der Pfalz manchen Streit durchzufechten, vermag sich aber zu halten. Einige seiner Lieder haben in den Gesangbüchern Eingang gefunden, zB »Dir, dir, Jehova, will ich singen« (bereits 1695 im sog. Hasselschen Gesangbuch) und »Heiligster Jesu, Heiligungsquelle«, eine Bearbeitung eines niederländischen Liedes des Utrechter ref. Pfarrers Jodocus von → Lodenstein (1700 in Gottfried → Arnolds »Geheimnis der göttlichen Sophia« gedruckt).

M.GÖBEL, Gesch. des christl. Lebens in der rhein.-westf. ev. Kirche II, 1852, 642ff. 850ff - KOCH IV, 418ff - MGkK 4, 1899, 49f; 15, 1910, 23.

E.Beyreuther

Crato *von Crafftheim* (so hieß *Johannes Krafft,* nachdem Maximilian II. ihn geadelt hatte; 1519-85), * in Breslau, studierte seit 1534 in Wittenberg; hier war er sechs Jahre lang Tischgenosse Luthers und zeichnete die Tischreden sorgfältig auf. Johann → Aurifaber benutzte diese Aufzeichnungen für seine Ausgabe der Tischreden Luthers von 1566, in der C. nicht erwähnt wird, weil ihm das in seiner damaligen Stellung am kaiserlichen Hofe hätte gefährlich werden können. C. trat auch zu Melanchthon in Beziehung, wandte sich dann der Medizin zu, studierte in Leipzig, wo er mit Joachim → Camerarius Freundschaft schloß, und in Padua, wurde 1550 Stadtphysikus in seiner Vaterstadt und 1560 kaiserlicher Leibarzt. In dieser Stellung diente er Ferdinand II., Maximilian II. und Rudolf II. Er machte die Anstrengungen der Jesuiten, Maximilian zum Protestantengegner zu machen, zunichte. Andererseits bekämpfte er als Anhänger der milden melanchthonisch-calvinistischen Richtung die Flacianer. Er befürwortete die calvinistische Abendmahlslehre, stand aber - anders als Melanchthon - auch positiv zur ref. Prädestinationslehre.

J.F.A.GILLET, C.v.C. u. seine Freunde, 2 Tle, 1860 - P.FLEMMING, Beiträge zum Briefwechsel Melanchthons, 1904.

F.W.Kantzenbach

Credo. Ursprünglich als Taufbekenntnis im Gebrauch, wurde es im 6.Jh. in der Form des → Nicäno-Konstantinopolitanum in den griechischen und spanischen Meßgottesdienst aufgenommen und als Gemeindebekenntnis in der Pluralform (lat.: credimus) (höchstwahrscheinlich mit der Singstimme) rezitiert, aber niemals mit Melodie gesungen. Später begegnet es auch so im Frankenreich. Karl d.Gr. ließ die Singularfassung benutzen, die → Paulinus von Aquileja zugeschrieben wird. In die römische Liturgie wurde es offiziell auf Betreiben des Kaisers Heinrich II. 1014 übernommen und wird in ihr auch heute nur an Sonntagen und einzelnen Festen gesungen. Es bildet jetzt den 3. Gesang des Ordinarium Missae. Besonderem Verlangen der Karolinger nach Feierlichkeit verdanken wir gelegentlichen griechischen Vortrag neben dem lateinischen, sowie wohl auch die ersten ausgeprägten Melodien; von ihnen - die erhaltene griechische wird oft in den Vordergrund geschoben - sind die meisten anderen Melodien abzuleiten. Die ältesten erhaltenen Melodien sind das I, II, V, VI (Zählung nach dem Graduale Vaticanum). Im 15.Jh. wurde das C. häufiger vertont; dieser Zeit entstammen C. III und IV. Die älteren Weisen, insbesondere das C. I, sind noch fast rezitativisch-psalmodisch und bedienen sich nur weniger Formeln für die Melodiewendungen bei den einzelnen Interpunktionen. Deutsche Übertragungen s. HDEKM, Altargesang I Nr. 62ff. Als deutsches C.-Lied dichtete Luther sein »Wir glauben all« unter Benutzung einer älteren Melodie (nachweisbar bereits in einer Handschrift des 15.Jh.s) und fügt das 1524 in Walters Geistl. Gesangbüchlein zuerst erschienene Lied 1526 seiner Deutschen Messe ein.

O.MARXER, Zur spätmittelalt. Choralgesch., St. Gallen 1908 - M.SIGL, Zur Gesch. des Ordinarium Missae in der dt. Choralüberlieferung, 1911 - P.WAGNER, Einführung in die gregorianischen Melodien I, 1911³, 116; III, 1911², 458 - J.A.JUNGMANN, Missarum sollemnia I, 1949², 569 - M.HUGLO, Origine de la mélodie du C. authentique de la vaticane (Revue greg. 30, 1951, 68-78) - MGG II, 1769 - E.HERTZSCH, Die Wirklichkeit der Kirche, I: Die Liturgie, 1956, 102ff.

E.Jammers

Crell, 1. *Nikolaus* (1550-1601), * zu Leipzig, ist bekannt geworden als Opfer eines (auch nach der juristischen Seite hin mehrfach erörterten) Sensationsprozesses, der dem Rufe des nachreformatorischen Luthertums höchst abträglich geworden ist. Schon unter August (1580) in die Regierung berufen, ist C. unter Christian I. Kanzler geworden. Als solcher versuchte er den religionspolitischen Kurs des Kurfürstentums Sachsen auf den Zustand vor 1574 (→ Kryptocalvinisten) zurückzulenken, insbesondere durch Abschaffung der Verpflichtung auf die Konkordienformel und Verbot des Exorzismus bei der Taufe. Daß ihm nach dem Tode Christians I. (1591) der Prozeß gemacht wurde, der erst 1601 mit C.s Hinrichtung endete, ist freilich auch bedingt durch die profranzösische und antihabsburgische Politik, die C. zusammen mit der Pfalz u.a. betrieben hatte, und dadurch, daß C., persönlich hochfahrend und zu autokratischem Regieren geneigt, in schwere Gegensätze zu den Ständen und zu dem Hofbeamtentum geraten war. Mit C.s Hinrichtung war das Luthertum für Sachsen gesichert.

E.L.TH.HENKE, K.Peucer u. N.K., 1865 - R.CALINICH, Zwei sächsische Kanzler, 1868 - F.BRANDES, Der Kanzler K., 1873 - RE XI, 85ff.

2. *Paul* (1531-79), * zu Eisleben, Student und Dozent (nt. Vorlesungen) in Wittenberg, Konsistorialrat in Meißen, 1574 Prof. in Wittenberg, 1577 nach Meißen zurückversetzt, hat verschiedene exegetische, dogmatische und polemische Schriften verfaßt und eine neue Ausgabe der Vulgata veranstaltet (1574). Nach Wittenberg ist C.

1574 wohl deshalb geschickt worden, weil er geeignet schien, ohne Schroffheit die Fakultät nach ihrem Abfall zum Calvinismus (→Kryptocalvinisten) wieder auf einen luth. Kurs zu bringen. Die Rückberufung nach Meißen erfolgte, weil C. eine unklare Mittelstellung zwischen Gnesiolutheranern und Philippisten einnahm, was auch bei Religionsverhandlungen in Torgau 1576 (Torgisches Buch; → Konkordienformel) deutlich wurde.

RITSCHL II, 1912, 325ff; IV, 1927, 1ff - K.ALAND, Die theol. Fak. Wittenberg ... während des 16.Jh.s (450 Jahre Martin-Luther-Univ. Halle-Wittenberg, 1952, I, 155-237). *F.Lau*

3. *Samuel* (1660-1747), → Unitarier, * vielleicht in Rakow, wo sein Vater Christoph als sozinianischer Prediger wirkte; besuchte das Gymnasium der → Arminianer in Amsterdam; seit 1680 als unitarischer Prediger und Schriftsteller in Deutschland (Berlin, Königswalde bei Frankfurt a.O.), England und Holland tätig. →Bayle, → Newton, → Shaftesbury förderten ihn, während → Mosheim, → Pfaff und → Buddeus gegen ihn schrieben. Von seinen zahlreichen Schriften fanden der »Kurze Unterricht in der christlichen Religion nach der Lehre der Unitariorum« (1717) als der deutsche sozinianische Katechismus sowie die Untersuchung über den Prolog des JohEv (lat. 1726), worin er nachzuweisen sucht, daß der ursprüngliche Wortlaut »Dei erat verbum« von Clemens Alexandrinus in »Deus erat verbum« umgestaltet worden sei, besondere Aufmerksamkeit. † in Amsterdam.

Über C.: G.W.GOETTER, Das jetzt lebende gelehrte Europa III, 1737, 277ff - F.S.BOCK, Historia Antitrinitariorum I, 1774, 161-203 - E.M.WILBUR, A History of Unitarianism in Transylvania, England and America, Cambridge 1952, 225. *† K.Völker (Ernst Wolf)*

Cremer, *Hermann* (1834-1903), * in Unna (nicht Soest) in Westf., studierte in Halle (Tholuck) und Tübingen (Beck), war erst Pietist, dann freier entschiedener Biblizist und Lutheraner, 1859 Pfarrer in Ostönnen, 1870 Prof. für syst. Theol. in Greifswald. Er war ein gesteigerter westfälischer Charakter von starkem Willen. Man schildert ihn als geschlossen und weltoffen, glaubensfroh und todernst, persönlich bescheiden und sachlich unerbittlich, nachgebend gewinnend und verhalten abstoßend. Seine Wirksamkeit ging nach den verschiedensten Seiten: seit seinem Rektorat 1883 in die Universität, zugleich lange Zeit von starkem Einfluß im Ministerium; der Briefwechsel Althoff-Cremer widerlegt völlig den Anwurf einer Metternichfigur; C. empfahl früh → Wellhausen als genial. Der liberale Kulturprotestantismus bekämpfte ihn unerbittlich. Kirchenpolitisch galt er trotz eigener Meinungen als »Turm in der Schlacht«; seit 1890 beeinflußte er auch die Situation in Westfalen (Bodelschwingh). Die Verbindung zu → Stoekker gelang nicht ganz. Sein sehr starker Einfluß auf die Studenten ging bis in das Persönliche und verwirklichte sich vornehmlich in seinem homiletischen Seminar. - Über C.s Theologie ist das Urteil merkwürdig unsicher. Seine sprach- und begriffsgeschichtliche Arbeit am NT, mit dem Ziel, den »neuen Gehalt« der Worte im nt. Griechisch auszuarbeiten, wurde angegriffen (Deißmann), ist aber grundsätzlich wieder anerkannt (ThW I, Vorrede). Für C. war sein Wörterbuch gedacht als »Skiagraphia zu einer nt. Dogmatik und Moral«; seine »Paulinische Rechtfertigungslehre« war dafür ein Musterbeispiel, aber nicht mehr. C. selbst war im Letzten Systematiker. Er wollte stets mit nt. Gedanken selber denken und war dabei immer in der Wandlung. Sein Wissenschaftsbegriff war von → Beck her der des spätidealistischen ethischen Theismus um 1850 mit seinem außerordentlichen ethischen Wissenschaftspathos der Wahrheit und seinem Menschenbild des Gewissens und der Freiheit. Er verschärfte im Zusammenhang damit die Lehre von der Sünde, verließ Becks pietistische Rechtfertigungslehre und machte eine forensisch-paulinische Rechtfertigungslehre zu seinem theologischen Zentrum. Im Mittelpunkt steht das »rettende Gericht« durch Christus (vgl. RGG^2 I, 1742). Aus dieser mittleren Phase entwickelte der späte C. im Kampf um »das Wesen des Christentums« eine weitgehend neue radikale antithetische Paradoxtheologie, deren volle Ausarbeitung ihm versagt blieb. Alle Dogmen sind, je zentraler, desto schärfer von der Paradoxie des Evangeliums her durchzogen und allein verstehbar; Christus ist das Paradox, der Sühnegedanke tritt ganz zurück. Die ganze Dogmatik strebt »Christologie« zu werden. In Gott ist gleichsam das letzte Urparadox die ganz unbegreifliche göttliche Liebe (der barmherzigen Vergebung der Sünden in der Geschichtstatsache Christus und seinem Kreuz), von der alle Einzelparadoxien zur Einheit unterwölbt, überspannt und zusammengehalten sind. Das ist das schlechthinnige Wunder der Heilsökonomie Gottes in der sündigen Menschheit. - C. stand bei den Geisteswissenschaftlern seiner Zeit weithin in hoher Achtung. Die vordringenden positivistischen und skeptischen Tendenzen in Naturwissenschaften und Kulturprotestantismus stießen sich natürlich an dem Mann, dessen ganze Lebensarbeit dem Kampf gegen die Aufklärung galt und dem es um das »volle Evangelium« ging. C. hat mehrfach dringendste Rufe nach Berlin und Leipzig erhalten; Berlin wünschte schon 1875 einstimmig seine Berufung. Harnack ist 1892 für C.s Berufung »sowohl in wie außerhalb der Fakultät mit größter Wärme ... u.z. an erster Stelle, noch vor Kähler, eingetreten« (Althoff an C. am 14.12.1892). C. war wohl Greifswalds bedeutendster Theologe im 19.Jh.

Die *Greifswalder Schule,* die sich in zwei Stadien, erst der Kollegen, dann der Schüler, um ihn bildete, behielt unter diesen Umständen immer etwas Fließendes. Zum ersten Stadium gehörten Zöckler, Viktor Schulze, S. Oettli und vor allem der getreue Freund A. → Schlatter (1888-93 in Greifswald). Als wichtigste Schüler sind zu nennen: E.Schaeder, der treueste, bildete sich von C. her und ihm gegenüber zum Theologen der Theozentrischen Theologie und des Worts (→ Dialektische Theologie); Bornhäuser setzte die Arbeit am NT und am Dogma an einzelnen Hauptpunkten fort; E.Cremer wahrte und weitete das Erbe des Vaters; Lütgert bot Untersuchungen zum NT und zum Idealismus, den er zugunsten von Baader, Hamann, dem späten Schelling ablehnte.

C. vf. u.a.: Bibl.-theol. WB der nt. Grācität, (1867) 1902^9 (dann hg.v. J.KÖGEL, jetzt ThW); Die paulin. Rechtfertigungslehre im Zusammenhang ihrer geschichtl. Voraussetzungen, (1899) 1900^2; Christus ist mein Leben. Akadem. Predigten, 1906 (posthum). - Neu aufgefunden ausführliche Diktate aller systemat. Vorlesungen 1894 bis 1896 in zwei Nachschriften (in Privathand). - Hg. der BFChTh (mit A.SCHLATTER). - Über C.: A.H.C. Gedenkblätter, 1904 - E.CREMER, H.C., ein Lebensbild, 1912 (Lit.) - RE XXIII, 329ff - RGG^2 I, 1742f (Lit.) - W.KOEPP, A.H.C. als Wissenschaftler (Festschr. der Univ. Greifswald II, 1956, 56-60) - DERS., Die antithetische Paradoxtheologie des späten A.H.C. (ZSTh 24, 1957, 291-341). *W.Koepp*

Crispin und Crispinian, zwei Brüder aus vornehmem Geschlecht, unter → Diokletian in Soissons enthauptet. Sie gelten als Patrone der Schuster, Sattler und Gerber. Die ihnen angedichtete Legende, sie hätten den Armen Schuhe gemacht und dazu das Leder gestohlen, beruht auf einem Mißverständnis des Spruchs: C. machte den Armen Schuh und stalt (= stellte) das Leder auch dazu. Attribute: Lederhaut und Schustergeräte. Tag: 25.10.

AS Oct. XI, 495ff - POTTHAST II, 1256 - KÜNSTLE II, 171ff - DOYÉ I, 232. *H.Paulus*

Unter C etwa Vermißtes bitte unter K und Z suchen

Croce, *Benedetto* (1866–1952), Philosoph, Historiker, Literaturwissenschaftler. * in Pescasseroli (Abruzzen), zu Hause in Neapel. Wesentlich Autodidakt, von Labriola auf → Herbart und → Marx geführt, kam er über De Sanctis und → Vico zur Auseinandersetzung mit → Hegel, die ihn bis zu seinem Tode beschäftigte. Als Privatgelehrter verfaßte er an 70 Bände, gab 1903–44 »La Critica« heraus. Wiederholt trat er politisch hervor und bewies mannhaft die Einheit von Lehre und Leben, besonders unter dem → Faschismus.

C.s Philosophie entwickelt sich aus seinen literarischen und historischen Studien im Kampfe gegen den herrschenden Positivismus nebst Sensismus, Intellektualismus, Soziologismus, Materialismus, aber auch gegen den abstrakten Idealismus, als idealistisch-historisches Denken. Dessen Durchbruch gelingt ihm zuerst in der Estetica (1902 bzw. 1900, 1950^{9}) mit der Verteidigung der Autonomie der Kunst als einer der vier Grundformen des Geistes. Es folgt in der Logica (1909, 1947^{7}) die Entwicklung der historisch-konkreten anstelle der mathematisch-abstrakten, cartesianischen Logik; darauf in der Pratica, Economia ed Etica (1909, 1950^{6}) die Rechtfertigung des utilitarischen Moments, endlich in der Teoria e Storia della Storiografia (1917, 1948^{6}) die Überwindung des bei Hegel verbliebenen Dualismus von Geist und Wirklichkeit, ratio und historia. Diese konsequente Immanenzlehre vollendet sich in der Identität von Philosophie und Geschichte, im Absoluten → Historismus. Danach ist Philosophie zwar systematisch, aber kein System, sondern im engeren Sinne nur Methodologie der Geschichte, im weiteren Sinne Geschichte, also konkretes, dh historisches Urteil, welches die individuellen, zeitlichen, schöpferischen Taten des Geistes auf die ewigen, universalen Begriffe zurückführt. Deren gibt es vier: das Schöne, Wahre, Nützliche und Sittliche; keines vom anderen ableitbar oder ersetzbar, gleichen Ranges, stehen sie zueinander, kreisend, in dialektischem Verhältnis (distinzione).

Die Religion wird nicht als eigene Kategorie neben oder über den vier genannten anerkannt, sie durchströmt sie alle. Die historischen Religionen gelten als unvollkommene Vorform der Erkenntnis, unvollkommen insofern sie diese mit Phantasie, Dichtung vermischen (→ Mythus: I) oder sie unkritisch (Offenbarungsglaube) oder abstrakt und unhistorisch (→ Theologie, → Dogma) fassen. Zusammen mit aller Transzendenz werden deren »ewige Fragen« als inexistente Probleme abgewiesen (Unsterblichkeit der Seele, Sinn des Lebens, Ziel der Geschichte). Das Universale und Ewige ist nur im Besonderen und Zeitlichen, dh in der Geschichte wirklich – und umgekehrt. Daher ist wahre Religion Philosophie (= Geschichte), Philosophie Religion. Der Wert dieser antimythologischen Religion für das praktische Leben als Erhebung des Ich über eudämonistische Wünsche (die C. in den historischen Religionen sieht), als Aufruf zur tätigen Mitarbeit an der dauernden Schöpfung, als Gewißheit der Unsterblichkeit unserer Werke, die unser wahres Selbst ausmachen, wird von C. betont. Er bezeichnet sich als Christen.

Dt. Übers.: Ges. philos. Schriften, 7 Bde, 1927–30; ferner: Lebendiges u. Totes in Hegels Philosophie, 1909; Fragmente zur Ethik, 1923; Die Gesch. als Gedanke u. als Tat, 1944; Dantes Dichtung, 1921; Ariost, Shakespeare, Corneille, 1922; Poesie u. Nichtpoesie, 1925; Goethe, 1949; Gesch. Italiens 1871–1915, 1928; Gesch. Europas im 19.Jh., 1947^{2}; Randbemerkungen eines Philosophen zum Weltkrieg, 1922; Briefwechsel B.C.-K.Vossler, 1955. – Zu C.s Werdegang: Philosophie der Gegenwart in Selbstdarstellungen 4, 1923, 1–46. – Bibliogr. v. S.Borsari in Vorbereitung. *O.Vossler*

Crocius, 1. *Johann* (1590–1659), * in Laasphe, seit 1605 Student in Herborn und Marburg, 1608–12 Stipendiaten-Major, 1613 Dr. theol. Nach einer kurzen Tätigkeit am Collegium Mauritianum in Kassel geht er von 1615–17 in brandenburgische Dienste. Als überzeugter Vertreter ref. Prinzipien wird er 1617 Prof. der Theologie und Konsistorialrat in Marburg, muß aber 1624 nach Kassel fliehen. 1631 nimmt er an dem Leipziger Unionsgespräch teil und wird 1633 Rektor der neu gegründeten Universität → Kassel. Seine Schriften sind versöhnlich gehalten und heben die gemeinsamen Punkte beider reformatorischer Bekenntnisse heraus. Bei Wiedereröffnung der Universität → Marburg wird C. 1653 als erster Rektor eingesetzt. Die hessische Kirchenordnung von 1657 geht großenteils auf ihn zurück.

F.W.Strieder, Hess. Gelehrtengesch. II, 1782, 397ff (Bibliogr.) – ADB IV, 600f – RE IV, 331ff – F.Gundlach, Catalogus professorum Academiae Marburgensis, 1927 (Lit.) – H.Hermelink-S.A.Kaehler, Die Universität Marburg 1527–1927, 1927, 263ff – H.Leube, Kalvinismus u. Luthertum im Zeitalter der Orthodoxie, 1928, passim – NDB III, 417 (Lit.).

2. *Ludwig* (1586–1655), Bruder von 1, * in Laasphe, 1604 in Marburg Magister, dann in Basel Dr. theol. Von dort aus ging er als Pastor und Professor, später Rektor des Gymnasium Illustre nach Bremen. C. ist mit seinem »Syntagma sacrae theologiae« (1636) ein maßgeblicher Vertreter der deutschen ref. Theologie, die sich durch ihren melanchthonischen Ursprung von der calvinistischen wie von der luth. Orthodoxie unterscheidet. Wie sein Bruder in seinen Streitschriften gemäßigt, genoß er, obwohl weniger bedeutend, großes Ansehen.

ADB IV, 601 (Bibliogr.) – Ritschl III, 1926, 395ff – RGG^{2} I, 1745 – NDB III, 418 (Lit.). *A.Behr*

Cromwell, 1. *Oliver* (1599–1658), der bedeutendste politische Führer des Puritanismus (→ Puritaner). Dem niederen Landadel angehörend, lebte C. nach juristischen Studien zunächst nur der Verwaltung des ererbten Grundbesitzes. Der Ernst seiner religiösen Überzeugung ist durch seine Selbstzeugnisse unbestreitbar, ohne daß sie dogmatisch zu fixieren sind. In die politischen und religiösen Kämpfe ist C. erst langsam hineingezogen worden; sehr bezeichnend für ihn ist, daß es nicht die verfassungsrechtlichen, sondern die kirchlich-religiösen Fragen waren, die ihn in die Opposition gegen den königlichen Absolutismus führten. Zuerst 1628/29 Mitglied des Parlamentes, begann er erst in den 1642 zum Bürgerkrieg drängenden Kämpfen zwischen dem »Langen Parlament« (seit 1640) und Karl I. hervorzutreten. Bekannt geworden ist C. als militärischer Organisator und Führer des Parlamentsheeres, dessen Kern, die »Ironsides«, ihren Ruhm bei Marston Moor (1644) und bei Naseby (1645) begründeten. Zugleich wurde C. aber auch der Führer der politisch-kirchlichen Partei der »Independenten« im Heer. Die Spannungen zwischen ihnen und den Presbyterianern im Parlament gehören entscheidend mit in die Geschichte der »Großen Rebellion«. Nach dem Bürgerkrieg (1646) wurden sie in ihrer Bedrohlichkeit für die Regierung des Staates akut. In diesen Auseinandersetzungen gewann die Armee eine selbständige politische Machtstellung neben dem Parlament. Dieses wird immer abhängiger von jener. Ohne genauere Vorstellungen von dem einzuschlagenden Wege zu haben, war C. jedoch gegen radikale Maßnahmen. Die Bischofskirche sollte ohne politischen Einfluß erhalten bleiben, wenn andere religiöse Gemeinschaften neben ihr anerkannt würden. Die Verbindung des Königs mit den Schotten machte jedoch die Ausgleichsversuche zunichte und führte wieder zum Bürgerkrieg. C.s Sieg (Preston 1648) bereitete die endgültige Katastrophe Karls I. vor. Der »Rat der Offiziere« beschloß, ihm wegen Hochverrats den Prozeß zu machen.

Das nach dem Sieg des Parlamentsheeres von den Presbyterianern »gesäuberte« »Rumpfparlament« stand hinter der Verurteilung des Königs (Januar 1649). C. zögerte lange, ehe er zu der Einsicht kam, daß »die Vorsehung und die Notwendigkeit der Dinge selbst es sind, die uns dazu geführt haben«. Gott habe den Eifer der Independenten angenommen wie einst den des Pinehas. Er sieht sich sofort zu der Liquidation des irischen Aufstandes gezwungen und gegen die Schotten (und Karl II.) zu Felde zu ziehen. Seine Siege (bei Dunbar 1650 und bei Worcester 1651) sichern die englische Herrschaft über Schottland und den Bestand Großbritanniens. Danach wurde die innere Problematik der »Rebellion« erst vollends sichtbar – und mit ihr die politische Aufgabe C.s. In seinen Auseinandersetzungen mit dem »Langen Parlament«, in dem Versuch mit dem »Parlament der Heiligen« (1653), in der Erhebung C.s zum Oberhaupt des Commonwealth als Lord-Protector (Dez. 1653), in dem Bemühen, mit dem nach einer neuen Verfassung konstituierten neuen Parlament zusammenzuarbeiten, und schließlich in der Militärdiktatur des den Königstitel zögernd ablehnenden siegreichen Feldherren des Bürgerkrieges – in diesen immer neuen Ansätzen, zu einer neuen Dauerordnung in der Art einer puritanischen Theokratie zu kommen, treten die nicht überwundenen Gegensätze in dem neuen Regime zutage. Das politische Hauptproblem lag für C. in der Aufgabe, der neuen Herrschaft eine tragfähige parlamentarische Grundlage zu schaffen. Zu dieser Politik gehörte andererseits sein Bemühen, sich von dem Einfluß der Armee unabhängig zu machen. Weil ihm das mit den Parlamenten, mit denen er sich nach dem Sieg zu arrangieren versuchte, nicht gelang, blieb ihm nur der Weg zur Militärdiktatur. Nach seinem Tode wurde sehr schnell offenbar, auf welch schmaler Basis seine Herrschaft beruht hatte. Die soziale Struktur der englischen Gesellschaft ist durch sie nicht durchgreifend verändert worden. C.s Politik ist jedoch nicht zu verstehen ohne Beachtung seines religiösen Sendungsbewußtseins im Sinne der Tradition von der vocatio legitima Dei für das politische Handeln. Seine Laufbahn zeigt aber auch, wie sich sein »Sinn für geschichtliche Realität« gestärkt hat, ohne seine religiöse Überzeugung trotz aller enttäuschenden Erfahrungen und rücksichtslosen Härte in Frage zu stellen. Sein Wissen um die prot. Ökumene hat die Weite seines politischen Horizontes bedingt. Aus den Handelsrivalitäten (mit Holländern und Dänen) erhebt er sich im Kampf gegen Spanien (seit 1655) zum Plan der Einigung des prot. Europa unter der Führung der Engländer als des auserwählten Volkes.

The Writings and Speeches of O.C. ed. W.C.Abbot, 4 Bde, 1937 bis 1947 - W.C.Abbot, A Bibliography of O.C., 1929 - O.C.s Briefe u. Reden übers. v. M.Stähelin, 1911. - Über C.: RE IV, 333 ff - W.Michael, O.C., 2 Bde, 1907 - H.Kittel, O.C., seine Religion u. seine Sendung, 1928 - M.Freund, O.C., 1933 - H.Oncken, O.C., 1935 - A.O.Meyer, O.C. (Deutsche u. Engländer, 1937, 225 bis 262) - H.R.Williamson, Charles and C., 1946; dt. 1948 - P.Gilg, C.s Staatsauffassung u. ihre Beziehung zur Lehre Calvins (Schweizer Beitr. z. allg. Gesch. 6, 1948, 50-90) - H.Schmidt, C. u. das AT (Diss. phil. Bonn), 1954 - R.S.Paul, The Lord Protector, Religion and Politics in the life of O.C., 1955.
R.Nürnberger

2. *Thomas* (1485?-1540), englischer Staatsmann. Kardinal → Wolsey schaffte ihm Eingang in die höfisch-staatsmännische Laufbahn, die ihn schließlich als Nachfolger von Th. → Morus an die leitende Stelle der englischen Politik führte. – C.s Bedeutung liegt in seinem entschlossenen Eintreten für die absolute Macht des Königs über die Kirche (→ England: I). Die Motive waren machiavellistisch und haben im Innersten nichts mit den Tendenzen der Reformation zu tun. C. starb, selbst ein Opfer der absolutistischen Willkür Heinrichs VIII., auf dem Schafott.

R.B.Merriman, Life and Letters of Th.C., 2 Bde, 1902 - Th.Maynard, The Crown and the Cross: a Biography of Th.C., New York 1950.
H.Kittel

Crotus, *Rubeanus* (ca 1480-1539), eigentlich Johann Jäger, Humanist und Theologe aus Thüringen. C. wurde wahrscheinlich bei den Benediktinern in Fulda erzogen. Um 1498 studierte er in → Erfurt und befreundete sich eng mit den dortigen Humanisten. Er verteidigte → Reuchlin und war der Hauptmitarbeiter der → Epistolae obscurorum virorum. Vom Auftreten Luthers war er begeistert. Nach einer Italienreise wurde C. im Oktober 1520 zum Rektor der Universität Erfurt gewählt. Sein Verhältnis zur Reformation wurde durch Luthers klare anti-römische Haltung und die Wittenberger Unruhen geändert. Von 1521 an zog sich C. von Luther zurück. 1524 ging er an den Hof → Albrechts von Brandenburg, den er 1529 wieder verließ, um im Dienste → Albrechts von Mainz bis zu seinem Lebensende als Kanonikus in Halle zu wirken. Die Geisteswelt des Humanismus verbaute C. den Zugang zum Anliegen Luthers. Dies allein, und nicht die Begleiterscheinungen der Reformation, war der tiefste Grund dafür, daß C., wie so mancher andere Humanist, im altgläubigen Lager blieb.

Epistolae obscurorum virorum, hg.v. A.Böhmer, 1924. - W. Brecht, Die Verfasser der Epistolae obscurorum virorum, 1904, 244 f - P.Kalkoff, Humanismus u. Reformation in Erfurt (1500-30), 1926, 61 f - Ders., Die C.legende u. die dt. Triaden (ARG 23, 1926, 113-149).
G.Krodel

Crowther, *Samuel Adjai* (ca 1810-91), afrikanischer Bischof, * in Oshogun, → Nigeria, † in Lagos. Mit 11 Jahren von Sklavenjägern geraubt, dann befreit und nach Sierra Leone gebracht, besuchte er dort Missionsschulen und wurde 1825 getauft. 1827 trat er in das Fourah Bay College ein und wurde Lehrer. 1841 nahm er an der 1. Nigerexpedition teil. Nach Besuch des theologischen College Islington (England) wurde er 1842 als erster afrikanischer Pfarrer der Church Missionary Society (→ Anglikanische Kirche: II) ordiniert. Auch an den Nigerexpeditionen von 1854 und 1857 war er beteiligt. C. war überzeugt, daß durch Afrikaner selbst die Ernte Gottes am Niger eingebracht werden müsse. Er wurde zum Leiter einer Missionsgruppe der CMS am Niger bestimmt, 1864 zum Bischof konsekriert; zuvor wurde ihm der theologische Ehrendoktor durch die Universität Oxford verliehen. Bischof C. gab sich der ihm deutlichen Aufgabe, »am Niger eine afrikanische Kirche auf fester evangelischer Grundlage aufzubauen«, mit Eifer hin. Trotz häufiger Reisen arbeitete er noch an der Bibelübersetzung in die Yorubasprache, ebenso an Übersetzungen in Ibo und Nupe. C.s Charakter war untadelig, aber seine letzten Lebensjahre waren verdunkelt durch Erfahrungen von Unzulänglichkeit und Untreue unter seinen afrikanischen Mitarbeitern und von sittlichen Notständen in den Gemeinden. C. selbst soll ein »Heiliger«, sein Verhalten Mitarbeitern gegenüber aber zu nachsichtig gewesen sein. Die sendende Gesellschaft hatte wohl die ganze Last der Verantwortung zu früh auf die Schultern eines Afrikaners gelegt.

P.Richter, S.C. (AMZ 30, 1903, Beiblatt 17-33; Lit.) - J.Richter, Gesch. der ev. Mission in Afrika, 1922 - G.A.Gollock, Sons of Africa, 1928 - C.P.Groves, The Planting of Christianity in Africa, 1948-55.
W.Ringwald

Cruciger, 1. *Caspar* (1504-48), * in Leipzig, studierte dort und seit 1521 in Wittenberg, wurde 1525 Stadtschul-Rektor und Prediger in Magdeburg, 1528 Prediger an der Schloßkirche und Prof. in Wittenberg. Er ist beteiligt an der Bibelrevision (→ Bibelübersetzungen: IV, 2), besonders des Psalters (1531), gab Luthers Sommerpostille und verschiedene von ihm nachgeschriebene Predigten und gemeinsam mit → Rörer die ersten Bände der Wittenberger Lutherausgabe heraus. Bei der Durchführung der Reformation in Leipzig ist er führend tätig. Mit Melanchthon nimmt er 1540–41 an den drei Religionsgesprächen teil. Seine aus Vorlesungen erwachsenen Kommentare zu biblischen Büchern erschienen meist erst nach seinem Tode.

P. MITZSCHKE, Beitr. z. Gesch. d. Kurzschrift (Zeitschr. f. Stenographie u. Orthographie 1876, 14-19) - ADB IV, 621 f - RE IV, 343 f - H. PETRICH, C. C., 1904. - Gedächtnisrede Melanchthons: CR 11, 833 ff.

2. *Caspar* (1525–97), Sohn von 1, * in Wittenberg, Prof., wurde als führender Philippist 1574 mit anderen »Kryptocalvinisten« eingekerkert, mußte das Land verlassen und starb als Pfarrer und Konsistorialpräsident in Kassel.

ADB IV, 622 f - RE IV, 344. *R. Jauernig*

3. *Elisabeth*, erste Frau von 1, geb. v. Meseritz, † 1535. Ihr nach Form und Gedanken trotz aller wurzelhaften Nähe auch unter den reformatorischen Gesängen ganz einzigartiges Jesuslied »Herr Christ der einig Gotts Sohn« (EKG 46) steht schon in den Erfurter Enchiridien von 1524.

ADB XVII, 148 f - J. GEFFKEN, Kirchendienstordnung u. Gesangbuch der Stadt Riga, 1862 - SCHL. 3491-3502 - WA 35, 220. *W. Jannasch*

Crüger, *Johannes* (1598–1662), * in Groß-Breesen bei Guben (Niederlausitz), † in Berlin. 1620 begann er in Wittenberg Theologie zu studieren, wurde aber bereits 1622 als Kantor an die Berliner Nikolaikirche berufen, wo er bis 1662 blieb. Die letzten fünf Jahre wirkte er dort gemeinsam mit P. → Gerhardt. C. ist fast in gleicher Weise als Musiktheoretiker, Komponist und Melodienschöpfer produktiv gewesen. Seine nachhaltigste Wirkung erzielte er mit seinen Weisen; er gilt als »der bedeutendste Melodienschöpfer der ev. Kirche nach Luther« (Chr. Mahrenholz). Von 1640 ab erschien sein »Neues vollkömmliches Gesangbuch« (von 1647^2 an »Praxis pietatis melica«). Es wurde mit seinen allein 44 Berliner Aufl. (die letzte erschien 1736) das am häufigsten aufgelegte und allerdings auch allmählich völlig veränderte Gesangbuch der luth. Kirche. 1657/58 bearbeitete C. auch für die ref. Hofgemeinde des Großen Kurfürsten Friedrich Wilhelm von Brandenburg eine »Psalmodia sacra«. C. notierte in seinen Gesangbüchern als erster Melodie und Generalbaß, während in der Epoche vor ihm die Weisen stets im Rahmen schlichter vierstimmiger, sog. Kantionalsätze erschienen. Inhaltlich vereinte er in seinen Ausgaben den Stamm der luth. Detempore-Lieder des 16. Jh.s mit neuen »Geist- und Trostliedern«. Dem entsprach die doppelte Zweckbestimmung seiner Sammlungen »zur Beförderung sowohl Kirchen- als Privatgottesdienstes«. In alledem deutet sich an, daß jetzt auch im Luthertum (die ref. Bereiche waren darin längst vorangegangen) die Gesangbücher nicht allein in die Hände von Pfarrer und Kantor, sondern nun auch in die der Gemeindeglieder kommen sollten. Sodann nahm sich C. als erster Melodienschöpfer der Dichtungen von J. → Heermann (bereits 1640) und P. Gerhardt (von 1647 ab) und neben anderen der von J. Franck und J. Rist an. Heute sind zumal P. Gerhardts Lieder ohne C.s Weisen nicht mehr denkbar. Bei seinen Melodien hat C. wie andere bedeutende Meister seiner Epoche zur Verdeutlichung der Sprache eine neue eigentümliche Rhythmik verwendet, wie auch der Melodieverlauf jeweils dem Sinngehalt der Dichtung (u. U. bis zur Tonmalerei führend, vgl. zB die letzte Zeile von »Auf, auf, mein Herz, mit Freuden«) nachgeht. Trotzdem sind C.s Weisen nicht durchweg völlige Neuschöpfungen; unter den Nachwirkungen des Melodieschaffens des 16. Jh.s bearbeitete er nicht selten älteres melodisches Material, wie etwa aus dem Genfer Liedpsalter. Mit 16 Weisen ist er der am meisten vertretene Melodienschöpfer des EKG.

MGG II, 1799 ff (Lit.) - Hdb. zum EKG II, 1 u. 2, 1957. *W. Blankenburg*

Crusius, *Christian August* (1715–75), * in Leuna bei Merseburg, 1744 Prof. der Philosophie, 1750 der Theologie in Leipzig, ist neben → Buddeus der originellste unter den Gegnern der Philosophie Chr. → Wolffs. C. betont die Erfahrung und den Willen und bestreitet Wolffs Satz vom zureichenden Grund und den ontologischen Gottesbeweis, indem er auf die Verwechslung zwischen Ideal- und Realgrund hinweist. Darum hat → Kant ihn in seinen Werken achtungsvoll genannt. Als Theologe sieht er in Anknüpfung an → Coccejus und → Bengel den Zweck der Prophetie (Hypomnemata ad theologiam propheticam, 1764 ff) im Zusammenhang mit der Heilsökonomie als einer göttlichen Reichsgeschichte bis zur realistisch-leiblichen Endvollendung, die ein 2000jähriges Reich Gottes auf Erden einbezieht. In der Ethik vertritt C. die Willenssetzung Gottes in Bibel und Gewissen als oberstes Prinzip. Sein Gegensatz zur aufgeklärten Bibelphilologie seines Kollegen → Ernesti schuf die Gruppen der »Crusianer« und »Ernestianer«.

FZ. DELITZSCH, Die bibl.-proph. Theol., ihre Fortbildung durch C. u. ihre neuste Entwicklung seit der Christologie Hengstenbergs, 1845 - G. FRANK, Gesch. der prot. Theol. III, 1875 - RE IV, 344 f - G. SCHRENK, Gottesreich u. Bund im älteren Prot., 1923, 316 ff - H. HEIMSOETH, Metaphysik u. Kritik bei Chr. A. C., 1926. *E. Beyreuther*

Cudworth, *Ralph* (1617–88), * in Aller (Somersetshire), wirkte seit 1645 zuerst als Professor des Hebräischen, dann der Philosophie bis zu seinem Tode in Cambridge und verkörpert als Haupt der Cambridger Schule (neben Henry → More) die humanistische Tradition des englischen Denkens, die auf John → Colet, → Erasmus und Thomas → More zurückgeht und in der »frommen Philosophie« des italienischen Neuplatonismus (→ Ficino, → Pico) gründet. Gegen den Atheismus der Empiristen und den dogmatischen Fatalismus der Puritaner verficht C. mit ausgebreiteter Gelehrsamkeit die Zusammenstimmung von Vernunft und Glaube, von Platonismus und Christentum. Gegen F. → Bacons Ausrichtung des Wissens auf die Macht verteidigt C. die kontemplative Grundhaltung, für die auch der Glaube nicht handelnd sich rechtfertigen, sondern in der Liebe sich erfüllen möchte. Diese Haltung wird gestützt durch eine Systematik des Apriori, das im theoretischen Bereich die Gewißheit, auch des Sinnlichen, nur verbürgen kann und im ethischen Bereich die in der göttlichen Vernunft begründete sittliche Ordnung stiftet. Mit → Plotin wirkt alles von oben nach unten, von dem Ganzen zu den Teilen. Die Weltseele bestimmt durch »plastische Naturen« alles Besondere, und auch der Staat kann nur als Organismus bestehen (gegen → Hobbes). → Cambridge Platonists.

The true intellectual System of the universe, 1678 (lat. hg. v. J. L. MOSHEIM, 1733); A Treatise concerning eternal and immutable morality, 1731. - Über C.: E. CASSIRER, Die Platonische Renaissance in England u. die Schule von Cambridge, 1932. *H. Knittermeyer*

Cuius regio, eius religio. Dieses politische Sprichwort schreibt dem Landesherrn das Recht zu, den Bekenntnisstand seines Gebietes zu bestimmen. Zuerst haben die röm.-kath. Stände 1555 in den Verhandlungen über den → Augsburger Religionsfrieden das Prinzip vertreten: »Ubi unus dominus, ibi una religio« und es gegen das Verlangen der Protestanten nach »Freistellung der Religion« durchgesetzt. Den Protestanten wurde der Grundsatz willkommen, als sich die im Konzil von Trient befestigte röm.-kath. Religionspartei im Reich zum Gegenstoß gegen das prot. Kirchenwesen anschickte. Die einprägsame Formel stammt von dem Greifswalder Kanonisten Joachim Stephani. Der Westfälische Friede hat das Prinzip bestätigt, aber stark eingeschränkt (→ Deutschland: I, 2 a. b).

J.HECKEL, Cura religionis, Ius in sacra, Ius circa sacra (KRA 117/118, 1938, 224-298) - M.HECKEL, Staat u. Kirche nach den Lehren der ev. Juristen Deutschlands in der ersten Hälfte des 17.Jh.s (ZSavRG Kan. Abt. 42, 1956, 117-247; 43, 1957, 202-308). *J.Heckel*

Culmann, *Philipp Theodor* (1824-63), * in Bergzabern, Pfarrer in Kaiserslautern, Freckenfeld und Speyer. Als Schüler des Erlanger Philosophen E.A.v.Schaden verfaßte er eine von theosophischen Gedanken J. → Böhmes, → Saint-Martins, → Baaders und des späten → Schelling beeinflußte, biblisch-fundierte »Christliche Ethik«, die in eindrucksvoller Geschlossenheit und Glaubenstiefe vom Begriff der trinitarisch begründeten Gottebenbildlichkeit (→ Anthropologie: III, 1 d) aus, unter Abgrenzung gegenüber → Schleiermacher und v. → Hofmann, Stufen der ethischen Gestaltung entwickelt.

Die christliche Ethik I, 1864; II Entwurf, 1866 (im Anhang u.a.: Die Prinzipien der Philosophie F.v.Baaders u. E.A.v.Schadens); Neudr. 1926[4] (mit Biographie), 1929[6]. - Über C.: CHR.E.LUTHARDT, Gesch. d. christl. Ethik II, 1893, 573f. *E.H.Pältz*

Cumont, *Franz* (1868-1947), belgischer Altertumsforscher, bis 1913 in seinem Vaterland als Universitätslehrer und Museumskonservator, nachher als Privatgelehrter in Rom und Paris tätig. Als Schüler H.Useners hat C. in glücklicher Weise literarische und archäologische Quellen scharfsinnig zusammengestellt und Wesentliches zur Kenntnis der orientalischen Religionen im Mittelmeergebiet und der spätantiken Jenseitsvorstellungen geliefert. → Mithras.

AJPh 4, 1-2, 1936 (Bibliogr.). - Dazu: L'Egypte des Astrologues, Bruxelles 1937; Les mages hellénisés 1-2, Paris 1938 (zusammen mit J.BIDEZ); Recherches sur le symbolisme funéraire des romains, Paris 1942; Lux perpetua, Paris 1949. - Über C.: W.LAMEERE, in Alumni 17, 1947/48, 99-158. *C.-M.Edsman*

Cura religionis bezeichnet das geistliche Regiment der weltlichen Obrigkeit. Hinsichtlich seiner Grundlage und Ausdehnung standen die Reformatoren in scharfem Gegensatz zu der spätmittelalterlichen Lehre, die dem Fürsten in Gestalt der advocatio ecclesiae eine Anzahl von Befugnissen in der Kirche, vor allem ein Noteingriffsrecht in das kirchliche Verfassungsleben zuerkannte. Sie wiesen vielmehr dem Regenten nur eine Pflicht zum Eintreten für die reine Lehre als custodia utriusque tabulae zu. Das schloß keine Befugnis zur Entscheidung von Lehrfragen in sich, wie sie die anglikanische Auffassung dem Fürsten zubilligte. Als Glied der Kirche, als membrum praecipuum ecclesiae kann zudem die christliche Obrigkeit in geistlicher Vollmacht gegen Mißbräuche einschreiten und Visitationen vornehmen. Sie stellt damit ihr Amt in den Dienst christlicher Bruderliebe. Im weltlichen Amt an sich liegt nicht, wie das MA aus der Einheit des christlichen Körpers ableitete, eine Vollmacht zum Eingriff in das Kirchenwesen. Die wahre Kirche als Gemeinschaft der Gläubigen steht nicht zur Verfügung des weltlichen Regiments; der Fürst hat nur in seinem Beruf und Amt innerhalb des regnum Christi besondere Pflichten, die er indes nicht in weltlicher Weise, sondern als Glied der societas fidei zu üben hat. Die ältere Auffassung, die dem Regenten kraft seiner weltlichen Stellung und als Teil von ihr Macht über das Kirchenwesen gab, erhielt sich indes im 16.Jh. Sie hat mitgewirkt, als in der Folge in Gestalt der äußeren Kirchengewalt und später des → ius circa sacra die Lehre von der landesherrlichen Kirchengewalt begründet wurde.

J.HECKEL, C. r., Ius in sacra, Ius circa sacra (KRA 117/118), 1938 - DERS., Initia Iuris Ecclesiastici Protestantium (SAM 1949, 5) - DERS., Lex Charitatis (SAM 1953, 36) - H.F.WODEHOUSE, The Doctrine of the Church (in: Anglican Theology 1547-1603, London 1954). *U.Scheuner*

Curäus, *Joachim,* eigentlich Scheer (1532-73), * zu Freystadt in Schlesien, erzogen in Goldberg (→ Trotzendorf), studierte zunächst in Wittenberg, schloß sich dort eng an → Melanchthon und → Peucer an und wurde dann Lehrer in Freystadt. Bald begann er aber mit medizinischen Studien, ging nach Italien und wurde (1557) in Bologna Dr. der Medizin. In Glogau ist er längere Zeit als Stadtarzt tätig gewesen. C. gehörte mit in den Kreis der Schüler Melanchthons, die insbesondere in der Abendmahlsfrage ganz stark nach dem Reformiertentum hin tendierten. Durch den Druck seiner bereits von 1562 stammenden Schrift »Exegesis perspicua et ferme integra de Sacra Coena« 1574 in Leipzig ist das harte Vorgehen Augusts von Sachsen gegen die sog. → Kryptocalvinisten ausgelöst worden. - C. ist auch der Vf. der ersten eigentlichen Geschichte Schlesiens.

RGG[2] I, 1751 (Lit.). - Vgl. Lit. zu → Kryptocalvinisten. *F.Lau*

Curcelläus, *Stephanus* (Etienne de Courcelles; 1586 bis 1659), * Genf, † Amsterdam, Theologe der arminianischen Richtung, Schüler → Bezas, dessen Prädestinationslehre er ablehnte. Seit 1609 besuchte C. die Universitäten Zürich, Basel und Heidelberg. 1614 Pfarrer in Fontainebleau, später Amiens und Vitry. Als 1622 auf der Synode zu Alais, zum Beweis der rechten Lehre, die Unterschreibung der Dordrechter Beschlüsse gefordert wurde, fügte sich C. zuerst, lehnte aber später ab. Er zog nach Amsterdam, arbeitete in der berühmten Druckerei von Joan Blaauw und war seit dem Tode des führenden Arminianers → Episcopius (1643) Professor der Theologie am Seminarium in Amsterdam. U.a. gab er einen kritischen Text des NT heraus. Zu Unrecht ist er des Sozinianismus verdächtigt worden.

Opera theologica, ed. PH.VANLIMBORCH, Amsterdam 1675; niederl. Übers., 2 Bde, Leyden 1678. - La France protestante IV[2], 791ff - BWGN II, 337ff. *J.N.Bakhuizen van den Brink*

Curione, *Celio Secondo* (1503-69), * wahrscheinlich in Ciriè (Piemont). In Turin und Mailand humanistisch gebildet, wurde C. schon in den 1520er Jahren Anhänger der Reformation, mußte um 1538 deshalb seine Professur in Pavia aufgeben und floh 1542 in die Schweiz. Bis 1546 lehrte er am Gymnasium in Lausanne, dann bis zum Lebensende als Professor der Rhetorik in → Basel, wo er sich besonders mit → Castellio befreundete. - C. fußt im wesentlichen auf Zwingli und wollte mit Bullinger in gutem Einvernehmen stehen, sich aber nicht vom inspirierten Suchen nach »verborgenen Wahrheiten« abhalten lassen. Die teilweise häretischen Ergebnisse (Lehre vom »medius adventus« Christi) veröffentlichte er 1554 in den König Sigismund August von Polen gewidmeten Dialogen »De amplitudine beati regni Dei«. Er überstand zwar die ihm dadurch erwachsenen Schwierigkeiten, verzichtete aber fortan auf öffentliche Erörterung theologischer Fragen. Seine weitläufigen persönlichen und brieflichen Beziehungen besonders zu Polen bieten Anhaltspunkte dafür, daß er den angefochtenen Ideen treu blieb.

Unter C etwa Vermißtes bitte unter K und Z suchen

D. Cantimori, Italien. Häretiker der Spätrenaissance, 1949, passim - M. Kutter, C.S.C. Sein Leben u. sein Werk (1503-69), 1955 (Bibliogr., Lit.). *E. Hassinger*

Cuvier, *Charles* (1799-1881), * bei Montbéliard. Erwarb sich hohes Ansehen als Prof. für Geschichte an der Straßburger Universität. Obwohl Theologe, nahm er nie ein Pfarramt an, predigte indessen gern. In seinem Hause hielt er erbauliche Zusammenkünfte ab und sammelte die Kinder zu religiöser Unterweisung. Das wenige, was man von seiner Theologie weiß, bestätigt seinen Ruf als eines orthodoxen, aber toleranten und deshalb allseitig geschätzten Gelehrten.

Vf. viele historische Werke, bes.: Introduction à l'histoire générale, 1830; Cours d'études historiques, 6 Bde, 1859-80; ferner eine Liturgie für die Gemeinden der Grafschaft Mömpelgard, Psalmen u. Kirchenlieder (1841 u. 1846), sowie verschiedene belehrende u. erbauliche religiöse Schriften (bes.: Conseils et Consolations de l'expérience, 1841). - Über C.: E. et E. Haag, La France protestante IV², 987. *R. Voeltzel*

Cypern

1. Religionsgeschichtlich - 2. Kirchengeschichtlich

1. C. hat nach den schwedischen Ausgrabungen eine ältere und eine jüngere Steinzeit gehabt, die Beziehungen zu Syrien und Kleinasien aufweisen. Die Urbevölkerung dürfte demgemäß von dort stammen. Die ältesten Kultstätten aus dem Ausgang der Bronzezeit (um 1200 vChr) zeigen das Bild eines Vegetationskultes. Dieser ist bildlos gewesen, aber man hat sich den Gott in Stiergestalt vorgestellt (Terrakotta-Stiere als Votivgeschenke). Auch nach der mykenischen Einwanderung hat der Kult diesen Charakter beibehalten, der auf C. bis in die archaische Zeit der allgemein vorherrschende zu sein scheint (→ Antike und Orient). Während des Kampfes zwischen den Persern und Griechen wurde C. in das griechisch-jonische Kulturgebiet eingegliedert (Verehrung Athenas und Apollons). Dabei bleibt doch das ursprüngliche Alter des cyprischen Apollonkultes unsicher; neben dem griechischen Kulturelement macht sich das (ältere) phönizische geltend. Der in Idalion zu dieser Zeit neben Athena und Aphrodite verehrte Apollon Amyklos wurde von den Phöniziern mit Rescheph Mikal identifiziert, und der Apollon Alasiotas ist zweifellos auf orientalischen Ursprung zurückzuführen. In Kition, dem Hauptort der Phönizier auf C., verehrte man als Stadtgott Melkart (→ Tyrus). Auch → Adonis wurde auf C. verehrt. Vom 6.Jh. an war Aphrodite die Hauptgöttin C.s; sie hat jedoch als Fruchtbarkeitsgöttin eine viel ältere (mykenisch und orientalisch beeinflußte) Tradition auf der Insel. Im Synkretismus der hellenistisch-römischen Periode hat man sowohl → Isis, → Serapis als vielleicht auch → Mithras verehrt. Vom 4.Jh. (?) an wanderten auch zahlreiche Juden in C. ein.

PW XII, 1924, 59ff (Lit.) - RGG² I, 1753f - E. Gjerstad, The Swedish Cyprus Expedition I-IV/2, Stockholm 1934-48 (Lit. in IV/2; Forts. v. A. Furumark vorbereitet) - M.P. Nilsson, Gesch. der griech. Religion I, (1941) 1955²; II, 1950 - H. Bossert, Altsyrien, 1951, Abb. 1-344 - EC III, 1693ff - RAC III, 481ff (Lit.). *G. Bäärnhielm*

2. Im Anschluß an die paulinische Mission auf C. (Apg 11, 19f; 13, 4-12) sieht die einheimische Überlieferung in → Barnabas, dem von hier stammendem Begleiter des Paulus (Apg 15, 39), den ersten Bischof; auch → Johannes Markus habe hier gewirkt. In der Tat faßte (nach Grabfunden) das Christentum früh Fuß; am Konzil von → Nicäa nahmen 3 Bischöfe von C. teil. Nach dem Tode des → Epiphanius von Salamis (403) versuchte Antiochien mit Billigung Roms (415), C. seiner Jurisdiktion zu unterstellen. Doch stellte das Konzil von → Ephesus 431 die Autokephalie C.s fest, die die Insel trotz gelegentlicher Einmischungsversuche aus Konstantinopel (um 480, dann 1900/09) bis heute wahrt. Die arab. Einfälle zwischen 649 (?) und 963 zwangen die Bewohner, auch den Kalifen Tribut zu zahlen, doch blieb die Orthodoxie unangetastet. Erst die Herrschaft der franz. Dynastie Lusignan (seit 1193) brachte jahrhundertelangen Druck der lateinischen Hierarchie (Erzbistum Nikosia, 3 Bistümer); ihr wurden durch eine päpstliche Bulle 1260 auch die orth. Bischöfe unterstellt. Ihre Zahl wurde damals auf 4 beschränkt (so bis heute), die anfänglich außerhalb ihrer Residenzen (Nikosia, Larnaka, Paphos, Kyrenia) leben mußten. Nach einem gewissen Entgegenkommen im 15.Jh. brachte die venezianische Herrschaft seit 1489 erneut scharfen Druck in Richtung auf eine Union. Erst die (deshalb begrüßte) türkische Eroberung 1571 befreite die Orthodoxen von dieser Einmischung und ließ die lat. Hierarchie verschwinden. Die Orthodoxen blieben nun religiös unangefochten, kamen aber gegenüber den Türken, deren Einwanderung von den Sultanen gefördert wurde, in eine sozial gedrückte Lage. Sympathien für den griech. Aufstand 1821 riefen ein blutiges Strafgericht hervor. Die engl. Besetzung 1878 brachte Berührung mit prot. Kreisen, konnte aber den zunehmenden griech. Patriotismus der Orthodoxen nicht hemmen, so daß die Engländer zweimal (1931/33 mit einer bis 1947 währenden Vakanz und 1956/57) den Erzbischof von Nikosia (seit 1950: Makarios III.) verbannten. Doch wird die Kirche mit dem ethnarchischen Rate von den Griechen nur um so mehr als allein berechtigter Sprecher ihrer Belange angesehen. - Von den (1952) 495 000 Einwohnern sind 80 v.H. orth. Griechen, 18 v.H. sunnitische Türken, daneben Lateiner, Juden, Assyrer (→ Assyrische Kirche), Maroniten (im Mittelalter zahlreich, 1357 bis etwa 1690 mit Bistum).

E. Oberhummer, Die Insel C., 1870 - J. Hackett, A hist. of the orth. church of Cyprus (bis 1878), London 1901 - DThC II, 2424ff (Lit.) - EI¹, 919ff - G. Hill, A hist. of Cyprus, 4 Bde, Cambridge 1940-53 - W. Hubatsch, Der dt. Orden u. die Reichslehenschaft über C. (NAG 1955, 8) - I. Konur, Kıbrıs Türkleri (Die Türken auf C.), 1938. - Laufende Berichterstattung: B. Spuler, in IKZ, seit 1939. *B. Spuler*

Cyprian, 1. *von Antiochien,* historisch nicht faßbare Gestalt der Volksdichtung (Conversio und Confessio vor 379, Martyrium zwischen 379 und ca 440 entstanden), mehrmals mit → Cyprian von Karthago verwechselt. Der Magier C. bekehrt sich nach Versagen seines Liebeszaubers gegenüber der heiligen Jungfrau Justina, wird Bischof von Antiochia und erleidet mit Justina den Märtyrertod. Im Anschluß an die Legende (eine Quelle der Faustsage) entstanden die sog. C.usgebete. Festtag (C. und Justina): 26.9.

AS Sept. VII, 1867, 180ff - Th. Zahn, C.v.A. u. die dt. Faustsage, 1882 - Th. Schermann, OrChr 3, 1903, 303ff (Gebete) - L. Radermacher, Griech. Qu. z. Faustsage (SAW 206, 4), 1927, 3ff. 73ff. 223ff - F. Bilabel-A. Grohmann, Stud. zu K. dem Magier (Veröffentl. aus d. bad. Papyrussammlungen 5, 1934, 32-325. 448-451) - R. Reitzenstein, C. der Magier (NGG 1917, 38-79) - RAC III, 467ff (Lit.). *K. Schäferdiek*

2. *Thascius Cäcilius,* * 200/210, angesehener Rhetor, getauft um 246, seit 248/49 *Bischof von → Karthago,* † als Märtyrer am 14.9.258. Seine Bedeutung liegt nicht eigentlich in theologischen Gedanken, sondern in Anordnungen und Entscheidungen, die er in Seelsorge und Verwaltung zu treffen hatte. Sie machten ihn zum maßgebenden Schriftsteller und Lehrer der abendländischen Kirche vor → Augustin; dabei war er theologisch und literarisch vor allem von → Tertullian beeinflußt. Mancherlei Kämpfe erfüllten seine kurze Amtszeit. Opposition gegen seine Wahl nötigte ihn, die Autorität des Bischofsamtes zu verteidigen. Als er während der decischen Verfolgung von einem Versteck aus die Gemeinde weiter

leitete und auch nach außen vertrat, mußte er sein Verhalten gegen Vorwürfe des römischen Klerus rechtfertigen. Noch während der Verfolgung verfocht er die bischöfliche Disziplinargewalt gegen den Anspruch einiger Bekenner, sie könnten durch ihre Fürsprache den Abgefallenen die sofortige Wiederaufnahme in die Kirche verschaffen. Im Frühjahr 251 konnte er nach Beendigung der Verfolgung auf einer karthagischen Synode die führenden Gegner ausschließen und die Behandlung der Lapsi in seinem Sinne regeln: Ein kirchliches Bußverfahren blieb die Voraussetzung für spätere Wiederaufnahme; aber dafür wurden jetzt in aller Form Glaubensleugner zur Buße zugelassen und nach ausreichender Bußleistung wieder aufgenommen, während diese Möglichkeit bisher umstritten war und gerade von → Novatian verworfen wurde. Der Kampf um die Ordnung im → Bußwesen (: II, 1 d) und um die Behebung des Schismas in Rom und Karthago veranlaßte die Schriften De lapsis und De ecclesiae unitate sowie mehr als die Hälfte der erhaltenen 59 Briefe; heidnischen Angriffen begegnete er u.a. mit der Schrift Ad Demetrianum. Andere Abhandlungen dienten der Erbauung der Gemeinde, zB während einer Pest (De mortalitate; De opere et eleemosynis). Die Kirche, außerhalb deren es keine wirksame Sakramentsspendung und kein Heil gibt, ist für C. die eine, in Klerus und Laien gegliederte sichtbare kath. Kirche. Ihre Einheit ruht auf dem einen Bischofsamt, an dem alle Bischöfe in gleicher Weise teilhaben (→ Altchristliche Kirche, 5; →Amt: III, 2 [Sp. 340]). Im →Ketzertaufstreit verteidigte C. seine Auffassung von Sakrament und Kirche gegen den Nachfolger Petri in Rom. Dessen Ehrenvorrang bestritt er nicht, wohl aber den Rechtsprimat. Die Person des Petrus ist für C. Zeichen, nicht Träger der kirchlichen Einheit. Die pneumatischen Züge im Amts- und Kirchenbegriff C.s sind von den rechtlichen nicht völlig verdrängt. In der Eucharistie, der Wiederholung des Kreuzesopfers, deutet C. als erster Leib und Blut Christi als Opfergaben (→ Abendmahl: II, 1 c). – Man las seine Schriften bis ins Mittelalter hinein gern und überlieferte unter seinem Namen auch zahlreiche unechte Werke.

CSEL III, 1-3 - Übers.: BKV² 34 u. 60. - A.D'ALÈS, La théologie de St.C., 1922 - H.KOCH, Cyprianische Untersuchungen (AKG 4), 1926 - DERS., Cathedra Petri (BZNW 11), 1930 - RGG² I, 1755 (Lit.) - ALTANER 142ff (Lit.) - QUASTEN II, 340ff (Lit.) - H.v.CAMPENHAUSEN, Kirchliches Amt u. geistliche Vollmacht in den ersten 3Jh.en (BHTh 14), 1953 - M.BÉVENOT, Primatus Petro datur (JThS NS 5, 1954, 19-35) - DERS., In solidum and St.C.: a correction (ebd 6, 1955, 244-248) - A.STENZEL, C. u. die »Taufe im Namen Jesu« (Schol. 30, 1955, 372-387) - A.QUACQUARELLI, La retorica antica al bivio (L'Ad Nigrinum e l'Ad Donatum), 1956 - RAC III, 463ff - G.KLEIN, Die hermeneutische Struktur des Kirchengedankens bei C. (ZKG 58, 1957, 48-68).
H.Karpp

3. *Dichter* aus der 1. Hälfte des 5.Jh.s, Verfasser einer metrischen Bearbeitung des AT, die lange irrtümlich dem → Juvencus zugeschrieben wurde; sie war wohl auch als Gegenstück zu dessen Evangelienharmonie gedacht. Erhalten sind Pentateuch, Jos, Ri, doch waren alle geschichtlichen Bücher des AT behandelt. Das Original ist ziemlich getreu in eintöniger, vor allem von Vergil beeinflußter Sprache versifiziert bei Kenntnis vieler anderer Dichter und Prosaiker. Gallische Herkunft des Autors läßt sich vermuten. Der biblische Cento Caena Cypriani wird ihm kaum mit Recht zugeschrieben. → Altchristliche Dichtung, 2b.

CSEL 23. - A.LAPÔTRE, RechSR 3, 1912, 497-596 (Caena) - W. HASS, Stud. z. Heptateuchdichter C., 1912 - B.BLUMENKRANZ, REJ 9, 1948, 3-67 - D.KUIJPER, VigChr 6, 1952, 44-46 - RAC III, 477ff.
R.Hanslik

Cyprian, *Ernst Salomon* (1673-1745), * Ostheim (Franken), 1699 a.o. Prof. d. Philosophie in Helmstedt, 1700 Gymnasialdirektor in Coburg, 1713 Rat und 1735 Vizepräsident des Oberkonsistoriums in Gotha, mit Val. E. → Löscher und Erdm. → Neumeister der Hauptvertreter der späten lutherischen Orthodoxie im Kampfe gegen Pietismus und Unionismus (→ Pfaff). Ein überaus sorgfältiger Kirchenhistoriker, sammelte C. besonders Dokumente und Nachrichten über den mystischen Spiritualismus und Pietismus (→ Breckling und seinen Kreis, dessen Handschriften er zT nach Gotha zog). Seine kirchengeschichtlichen Handbücher enthalten wichtige, sonst verlorene Quellen für dieses Gebiet. Er erhob den schärfsten Widerspruch gegen → Arnolds Kirchen- und Ketzerhistorie.

C. gab die reformationsgeschichtlichen Werke von Fr. → Myconius u. Gg. → Spalatin heraus, sowie Urkunden in W.E.Tentzels »Historischem Bericht von Anfang u. Fortgang der Reformation Luthers« (1717), setzte das Compendium historiae ecclesiasticae Gothanum fort, vf.: Historie der Augsburger Confession, 1731; Notwendige Verteidigung der ev. Kirche wider die Arnoldsche Ketzerhistorie, 1746; Schriften gegen den Unionsplan Pfaffs, 1722/23; Ursprung u. Wachstum des Papsttums, 1719. - Schriftenverzeichnis bei J.J.MOSER, Beitrag zu einem Lexicon der jetzt lebenden luth. u. ref. Theologen in u. um Deutschland, 1740, 792ff - RE IV, 365ff - H.LEUBE, Die Reformideen in der deutschen luth. Kirche zZ der Orthodoxie, 1924, 9f - TH.WOTSCHKE, C.s Berufung nach Kiel (Zs. der Ges. f. schleswig-holst. Gesch. 55, 1926, 402-413) - DERS., Neumeisters Briefe an E.S.C. (Zs. des Ver. f. hamburgische Gesch. 26, 1925, 107-146) - NDB.
M.Schmidt

Cyriakus, röm. Märtyrer der diokletianischen (?) Verfolgung. Der Chronograph von 354 (KlT 2, 3: 8. Aug.) nennt ihn zusammen mit mehreren, die an der Via Ostiensis beigesetzt waren. → Honorius I. errichtete ihm dort eine Kirche. In der Nähe der Diokletiansthermen trug eine Titelkirche den Namen eines unbekannten C., der nach der Legende - von ihr mit dem Märtyrer gleichgesetzt - den zum Bau der Thermen verurteilten Christen beigestanden hat und von → Marcellus I. zum Diakon bestellt wurde. An der Via Salaria enthauptet, wurde er von diesem Papst endgültig an der Via Ostiensis beigesetzt.

H.DELEHAYE, Etude sur le Légendier rom., 1936, 28f. 159 - Catholicisme III, 405ff.
F.Paschke

Cyrill, 1. *von Alexandrien* († 444). Nach seiner Wahl zum Patriarchen von Alexandrien 412 nChr widmete C. seine ersten Amtsjahre den kirchlichen Angelegenheiten in Ägypten (abgesehen von seinem Eingreifen in den Streit um Johannes → Chrysostomus) und der Abfassung mehrerer theologischer Streitschriften und Bibelauslegungen. Seit 428 nChr beherrschte er die Kirchenpolitik des Ostens, als er die Vorhut der Orthodoxie gegen → Nestorius führte, für dessen Verurteilung auf dem Konzil von → Ephesus (431 nChr) er vor allem verantwortlich war. Obwohl er die Einheit Christi kühn und wirksam verteidigte, führte seine ausschließliche Vorliebe für den λόγος-σάρξ- Gedanken (der der → alexandrinischen Theologie so teuer war) und für die Formel μία φύσις (verdächtig wegen ihres apollinarischen Ursprungs) zu schwerwiegenden Mißverständnissen, denen er sich aber zu entwinden verstand, wie aus seinem Brief an Succensus und aus der Unionsurkunde von 433 nChr hervorgeht. In seiner → Schriftauslegung (: IV) gibt C. traditionsgemäß der spiritualisierenden Exegese den Vorrang, aber er beachtet die ἱστορία mehr als andere Vertreter der alexandrinischen Schule. Sein Einfluß ist nach seinem Tode stark gewachsen: nach seinem posthumen Sieg in Ephesus (449), → Chalcedon (451) und → Konstantinopel (553) wurde er in den griechischsprechenden Kirchen immer mehr als der Theologe par excellence in christologischen Fragen betrachtet (→ Christologie: II, 4 c. d).

H.DUMANOIR, Dogme et spiritualité chez saint C. d'A. 1944 - J.LIÉBAERT, La doctrine christologique de saint C.d'A. avant la querelle nestorienne, 1951 - A.KERRIGAN, St.C. of A. Interpreter of the OT, 1952 - A.GRILLMEIER-H.BACHT, Das Konzil von Chalkedon I, 1951, 164ff. 345ff. 425ff - RAC III, 499ff - W.BURGHARDT, The Image of God in Man according to C. of A., 1957. *A.Kerrigan*

2. *von Jerusalem* († 386), seit 351 Bischof. Sein Bischofsamt wurde infolge der Eifersucht der Metropolis → Cäsarea auf die wachsende Macht Jerusalems dreimal durch Verbannung unterbrochen (357-359, 360-362, 376 bis 378). Im → arianischen Streit hielt es C. zunächst mit der homöusianischen Partei, dann mit → Meletius von Antiochien und nahm am Konzil von → Konstantinopel 381 teil. C. sah in seiner Kirche die Mutter der ganzen Christenheit; sorgfältig gestaltete er ihre Bräuche und schuf den Zyklus der → Karwoche, der sich durch Pilger im ganzen Reich verbreitete. → Hieronymus griff (zu Unrecht) C. als Arianer an in der Sorge, C.s Anspruch für Jerusalem könnte die einzigartige Stellung Roms gefährden. Die Katechesen, die C. 350 als Presbyter hielt, sind für die Dogmen- und Liturgiegeschichte wichtig und zeigen C. als einen weisen und behutsamen Seelsorger. Einige Hss. schreiben die letzten fünf Predigten (catecheses mystagogicae) C.s Nachfolger → Johannes zu; in ihrer gegenwärtigen Gestalt könnten sie die Revision seiner Arbeit durch diesen darstellen. Vgl. →Abendmahl: II, 1a (Sp. 23).

ALTANER 268 ff (Lit.) - J.LEBON, La position de S.C. dans les Luttes provoquées par l'arianisme (RHE 20, 1924, 191-210, 357-86) - W. TELFER, C. of J. and Nemesius of Emesa, 1955. *H.Chadwick*

3. *der Karmeliter*. Den »C., Eremit vom Berge Karmel«, angeblich Verfasser des Oraculum angelicum, eines Erzeugnisses der spiritualistisch-joachimitischen Kreise des ausgehenden 13.Jh.s ohne jegliche Beziehung zum Karmelorden, haben die Ordenshistoriker für einen General angesehen. Daher die größte Verwirrung über seine Personalien. Er war dem Joh.Trissa um 1362 und dem Joh.Grossi um 1390 in ihren Generalslisten noch unbekannt (Zimmermann 231. 236); von Phil.Riboti wird er 1370 »Prophet und Eremit vom B.K.« und »selig«, aber ebenfalls nicht General genannt. Er dürfte unter Heinrich VI. (1190-97) im Mannesalter gewesen sein (Speculum I, Nr. 15. 416). Um 1410 macht Grossi in seinem Viridarium ihn zum 2., später 3. General des Ordens, gewählt 1131, mit Amtsfrist von 22 (27) Jahren; nach seinem Generalat soll er von → Hadrian IV. (1154-59) zum Patriarchen von Jerusalem erhoben worden sein (dies in den späteren Hss. gestrichen) (aaO I, Nr. 562). Auch die liturgischen Dekrete zeigen große Unsicherheit. Das Generalkapitel der röm. Obedienz schreibt 1399 ein Fest vor zu Ehren des »hl. C., Doktors vom B.K. und Bekenners«, am 9.3., verwechselt ihn aber mit → Cyrill von Alexandrien († 444), dem es das Oraculum zueignet, wie schon Arnald von Villanova († 1311). Dieser Irrtum wird beseitigt vom Kapitel beider Obedienzen 1411, wo es heißt »der sel. C., Eremit und Bekenner vom B.K.«, zu feiern 6.3. Im Jahre 1462 wird daraus »der hl. C. von Konstantinopel, Bekenner und Doktor«; so blieb es bis heute.

DAN. A V.MARIA OCarm, Speculum carmelitanum, Antverpiae 1680 - BENED.ZIMMERMAN OCD, Monumenta historica carmelitana, Lirinae 1907 - Die liturg. Dekrete nach P.KALLENBERG OCarm, De fontibus et sanctorali liturgiae Carmelitarum (Diss. Rom), 1956 (Masch.). *R.Hendriks*

4. *von Skythopolis* (→ Bethsean) (ca 524 - nach 556), sechsjährig von dem greisen → Sabas zum »Sohn der Väter der Wüste« erklärt, tritt im Jahre 543 in das Euthymioskloster bei Jerusalem ein. 554 erhält er in der Neuen Laura, die eine Zeitlang Sitz der Origenisten gewesen war, und bald darauf in der Großen Laura eine eigene Zelle und beginnt nun sein schriftstellerisches Werk. Er trägt »gleichsam aus dem Abgrund der Zeit und des Vergessens« alles zusammen, was sich an Nachrichten über die großen Mönche der Wüste Juda noch erreichen läßt, indem er ihre ältesten Schüler ausfragt. Sorgfältige Angaben machen diese Biographien zu einer Quelle ersten Ranges für das palästinische Mönchtum im 6.Jh. Die Hauptwerke: Biographien der Begründer seines Klosters - des Euthymios († ca 475) - und seiner Anachoretenkolonie - des Sabas; dazu das Leben seines Lehrmeisters Johannes Hesychastes und vier kürzere Mönchsviten. Die lebensvolle Schilderung gibt zugleich ein anschauliches Bild der Auseinandersetzungen des justinianischen Zeitalters. In mönchischer Distanz zu den dogmatischen Kämpfen legt C. eine Unionsgesinnung an den Tag, die der kaiserlichen Religionspolitik entgegenkommt. Auf inneren Ausgleich zwischen Chalcedonensern und Monophysiten bedacht, mit Abweisung der Origenisten und Nestorianer, ist er zugleich ein Zeuge für die Harmonie der beiden Mönchsideale: das Kloster wird zur Vorschule der in Lauren zusammengefaßten Anachoreten.

Die älteren Ausg. sind überholt durch die abschließende von E. SCHWARTZ, TU 49, 2, 1939, der darin auch die beste Darstellung des Autors u. seiner Zeit gegeben hat (vgl. ThLZ 65, 1940, 311-313). *H.Dörries*

5. *Slawenapostel* → Konstantin und Methodius.

Cyrus und Johannes. Diese Namen gab → Cyrill von Alexandrien († 444) den »Reliquien«, die er von Alexandrien nach Menuthis (Abukir = Abu Kiros) bei Kanopus überführte. Sie sollten dort einen Gnadenort der Isis verchristlichen und erreichten das Ziel. Der Name Cyrus wurde gewählt, weil dort Isis als Kyra (Kyria) bezeichnet wurde. Ein lehrreicher Fall von religiöser Erbfolge: der heidnische Gnadenorts-Betrieb (Inkubationen) setzte sich durch Jahrhunderte unverändert fort.

R.HERZOG, Der Kampf um den Kult von Menuthis (AuC ErgBd I, 1939, 117-124) - B.KÖTTING, Peregrinatio religiosa, 1950, 201 - J.LEIPOLDT, Von Epidauros bis Lourdes, 1957, 40. *J.Leipoldt*

Czech, *Milosch* (*Amandus*; 1855-1922), * in Littau/Mähren, 1878 Priesterweihe, schloß sich 1880 der altkath. Kirche in Warnsdorf an, wurde 1881 Pfarrer in Wien, dem zweiten Zentrum der unruhigen, vom Staate erheblich behinderten Bewegung; 1886 Bistumsverweser mit Sitz in Wien, seit 1896 in Warnsdorf, der stärksten Gemeinde. Dort entstand nach 1918 ein selbständiges Bistum unter C. als Bistumsverweser; seine Erhebung zum Bischof verhinderte die Wiener Regierung.

H.DEMMEL, Gesch. des Altkatholizismus in Österreich, 1914. *W.Küppers*

Czeglédy, *Sándor*, ref. Theol., * 28.3.1883 in Nádasladány (Ungarn), † 22.12.1944 in C(z)egléd, wurde 1909 Pfarrer in Nagysalló, 1914 Prof. der Theologie (AT) in Pápa, 1920 wieder Pfarrer in Györ (Raab) und seit 1928 in Cegléd. Sein Lebenswerk war eine neue Bibelübersetzung. Nach zwei Ausgaben des NT (1924, 1930) gab er zusammen mit S.Raffay 1938 die ganze Hl. Schrift in ung. Übersetzung heraus. Die Kommission der ref. und luth. Kirchen für die neue ung. Bibelausgabe (Probeausg. NT 1949) hat die revidierte Übersetzung aus Cz.s Nachlaß zur Grundlage genommen. → Bibelübersetzungen: V, 2 m.

Vf. u. übers. mehrere Schriften, redigierte (mit I.HAMAR u. K. KÁLLAY) das Biblische Lexikon, 2 Bde (1929-31, ung.). *A.Szekeres*

Czenstochau (Częstochowa), der berühmteste polnische Wallfahrtsort, dessen Mittelpunkt die »Schwarze Madonna« im Kloster der Pauliner-Eremiten bildet. Sie wurde 1382 vom Herzog Ladislaus von Oppeln den Paulinern anvertraut und schon im späten MA als → Gnadenbild verehrt. Ihre Renovation 1925/26 ergab, daß es sich nicht um eine byzantinische Ikone, sondern um die Arbeit eines unbekannten italienischen Malers des 14.Jh.s handelt. Die erfolgreiche Abwehr der Schweden 1655 und 1702 machte das Kloster zum polnischen Nationalheiligtum. Jährlich über eine Million Pilger.

A.Łaziński, Die »Jasna Góra« u. ihre Erinnerungen, Cz. 1930 (poln.) - P.K.Raczyński, Das wundertätige Bild der Mutter Gottes auf der »Jasna Góra« in Cz., Cz. 1948 (poln.). *B.Stasiewski*

Czepko, *Daniel von Reigersfeld* (1605-60), stammt aus altem mährischem Pfarrersgeschlecht. * in Koischwitz, † in Wohlau, Schlesien; Jurist, Historiograph, Mystiker und Dichter. Er besuchte bis 1618 die Lateinschule in Schweidnitz, wo auch die ersten lat. und deutschen Gelegenheitsgedichte entstehen (erster Druck 1622). In Straßburg wechselt er 1624 von der medizinischen in die juristische Fakultät über. Bis 1626 bleibt er am Reichskammergericht in Speyer und kehrt dann nach Schweidnitz zurück, wo er einen umfangreichen Briefwechsel mit den Männern entfaltet, die entscheidende Einflüsse auf sein Leben ausüben: Bernegger, Opitz, Christoph Köler u.a. (→ Barock: II). Berneggers Vorbild aus der Straßburger Studienzeit veranlaßt ihn zu einer Flucht nach Brieg, um den Wechsel seines ev. Bekenntnisses unter dem Druck der Rekatholisierungsbestrebungen zu vermeiden. Opitz bestimmt die Form seiner weltlichen Dichtungen. Köler lenkt ihn zum Studium der Mystiker und bereitet ihn auf den Eintritt in den Kreis Abrahams von → Frankenberg vor, dessen Führung Cz. später übernimmt. Nach den heutigen Forschungen darf man Cz. nicht als »Mystiker« unter den Barockdichtern bezeichnen. Die Wandlungen in seinem religiösen Bewußtsein vollziehen sich stufenweise, wenn auch die Periode der mystischen Dichtung einen großen Abschnitt darin ausmacht. Niemals hat Cz. die »ev. Lehre von der gnädigen Vergebung der Sünden« abgeschwächt. Seine Dichtung trägt die Prägung des Barockzeitalters. Die Antithetik der Welt- und Gottbegegnung erhält sich unverwischt nebeneinander. Rationale Spekulation steht neben affektiver Gläubigkeit, inbrünstige Gottannäherung neben höfischer Weltfreudigkeit, gleich stark verbunden durch eine betonte christliche Ethik. Die Hauptwerke *geistlichen* Inhalts sind: »Gegenlage der Eitelkeit« (1632), »Das inwendige Himmelreich« (1632), »Consolatio ad Baronissam Cziganeam« (1633), alle drei Vorstufen zu den »Sexcenta Monodisticha Sapientium« (1640-47), die nach Inhalt und Form sehr starken Einfluß auf des → Angelus Silesius »Cherubinischen Wandersmann« ausübten. Daneben besteht die weltliche Dichtung, in Formwillen und Bildgebrauch Opitz nacheifernd: »Coridon und Phyllis« (1648), »Pierie« (1636), »Satyrische Gedichte« (1642-48).

GA hg.v. W.Milch, 2 Bde, 1930-32. - W.Milch, D.v.Cz., 1934 (Bibliogr.) - F.W.Wentzlaff-Eggebert, D.v.Cz. (ZKG 51, 1932, 480-511) - Ders., Dt. Mystik zwischen MA u. Neuzeit, (1944) 1947². *F.W.Wentzlaff-Eggebert*

Czerski, *Johann* (1813-93), * Warlubien/Westpr., † Schneidemühl. Zunächst kath. Theologe und Kaplan in Posen, wurde C. als Vikar in Schneidemühl, durch Beschäftigung mit der Bibel an der kath. Kirche irre und 1844 wegen Konkubinats exkommuniziert. Er gründete, später ev. getraut, am 19.10.1844 die »Christlich-apostolisch-kath. Gemeinde«. Sie bestand zumeist aus Katholiken, die mit der kath. Mischehenregelung unzufrieden waren, und floß bald mit den von → Ronge gegründeten deutschkath. Gruppen zusammen, gegen deren von Ronge bestimmten Geist C.s Proteste nichts auszurichten vermochten. C. erstrebte einen von Papsttum und Jesuitismus freien und geläuterten, sittlichen Katholizismus (→ Deutschkatholizismus).

Vf.: Offenes Glaubensbekenntnis d. Christl.-apostol.-kath. Gemeinde, 1844; Rechtfertigung meines Abfalles von der röm. Hofkirche, 1845. - Über C.: RE IV, 583 ff - LThK III, 118 - EC IV, 1102 f. *G.Maron*

Unter C etwa Vermißtes bitte unter K und Z suchen

UTB
FÜR WISSEN
SCHAFT

Eine Arbeitsgemeinschaft der Verlage

Wilhelm Fink Verlag München
Gustav Fischer Verlag Stuttgart
Francke Verlag Tübingen
Harper & Row New York
Paul Haupt Verlag Bern und Stuttgart
Dr. Alfred Hüthig Verlag Heidelberg
Leske Verlag + Budrich GmbH Opladen
J. C. B. Mohr (Paul Siebeck) Tübingen
R. v. Decker & C. F. Müller Verlagsgesellschaft m. b. H. Heidelberg
Quelle & Meyer Heidelberg · Wiesbaden
Ernst Reinhardt Verlag München und Basel
K. G. Saur München · New York · London · Paris
F. K. Schattauer Verlag Stuttgart · New York
Ferdinand Schöningh Verlag Paderborn · München · Wien · Zürich
Eugen Ulmer Verlag Stuttgart
Vandenhoeck & Ruprecht in Göttingen und Zürich

Die Religion in Geschichte und Gegenwart

Handwörterbuch für Theologie und Religionswissenschaft

Dritte, völlig neu bearbeitete Auflage

in Gemeinschaft mit Hans Frhr. v. Campenhausen, Erich Dinkler, Gerhard Gloege und Knut E. Løgstrup herausgegeben von Kurt Galling

Ungekürzte Studienausgabe

Zweiter Band: D–G

Mit 6 Tafeln und 7 Karten

J. C. B. Mohr (Paul Siebeck) Tübingen

Redaktion des zweiten Bandes: Dr. des. Wilfrid Werbeck

CIP-Kurztitelaufnahme der Deutschen Bibliothek

Die Religion in Geschichte und Gegenwart:
Handwörterbuch für Theologie u. Religionswiss. / in Gemeinschaft mit Hans Frhr. v. Campenhausen . . .
hrsg. von Kurt Galling. – 3., völlig neu bearb. Aufl., ungekürzte Studienausg. – Tübingen: Mohr
(UTB für Wissenschaft: Große Reihe)
ISBN 3-16-145098-1

NE: Galling, Kurt [Hrsg.]

Bd. 2. D–G. – 1986.

Ungekürzte Studienausgabe 1986

Satz: H. Laupp jr, Tübingen. Druck und Bindung: C. H. Beck'sche Buchdruckerei, Nördlingen.

Printed in Germany.

INHALTSVERZEICHNIS

VERZEICHNIS DER FÄCHER UND FACHBERATER

Religionswissenschaft	Dr. Dr. *C.-M. Edsman*, Uppsala-Schweden
Altes Testament	Prof. D. Dr. *K. Galling*, Göttingen
Neues Testament	Prof. D. *Erich Dinkler*, Bonn
Biblische Archäologie	Prof. D. Dr. *K. Galling*, Göttingen
Kirchengeschichte:	Prof. D. Dr. *H. Frhr. v. Campenhausen*, Heidelberg
Alte Kirche	Prof. D. *K. Aland*, Münster
Mittelalter	Prof. Dr. *L. Petry*, Mainz
Reformationszeit	Prof. D. *W. Maurer*, Erlangen
Neuzeit	Prof. D. *E. Wolf*, Göttingen
Konfessionskunde, Kirchenkunde, Ökumene und religiöse Lage der Gegenwart	Prof. D. *H.-H. Schrey*, Berlin
Dogmatik	Prof. D. *G. Gloege*, Jena
Religionsphilosophie	Prof. Dr. *K. E. Løgstrup*, Aarhus-Dänemark
Philosophie	Prof. Dr. *J. Klein*, Göttingen
Ethik	Prof. Dr. *K. E. Løgstrup*, Aarhus-Dänemark
Sozialwissenschaft	Dr. *F. Fürstenberg*, Tübingen
Praktische Theologie	Prof. D. *W. Jannasch*, Mainz
Missionswissenschaft	Prof. D. Dr. *W. Freytag*, Hamburg
Kirchenrecht	Prof. Dr. *K. Hesse*, Freiburg
Kirchenmusik	Prof. Dr. *Thr. Georgiades*, München
Pädagogik	Prof. Dr. *H. Scheuerl*, Hamburg
Christliche Archäologie	Prof. D. *Erich Dinkler*, Bonn
Christliche Kunst	Dr. *Erika Dinkler-v. Schubert*, Bonn
Literaturgeschichte	Prof. Dr. *P. Requadt*, Mainz

VERZEICHNIS DER MITARBEITER AM II. BAND

Professor Dr. *W.Abendroth,* Marburg
Professor Dr. *A.Adam,* Bethel
Professor Dr. *S. E.Ahlstrom,* New Haven-USA
Professor D. *K.Aland,* Münster
Professor Dr. *R. v. Albertini,* Heidelberg
Dr. *H. D.Altendorf,* Tübingen
Professor D. Dr.*P. Althaus,* Erlangen
Pastor *E.Amdahl,* Stavanger-Norwegen
Professor Dr. *C.Andresen,* Marburg
Professor Dr. *W. Anz,* Bethel
Dr. *F.Anzelewsky,* Berlin
Reverend *G.Appleton,* London-England
Dr. *J.Aßfalg,* Aschau
Professor Dr. *J.B.Aufhauser,* München
Privatdozent Dr. *R.Bach,* Duisdorf/Bonn
Professor Dr. *J.M.Back,* Erlangen
Professor D. Dr. *W.Baetke,* Leipzig
Professor Dr. *J.N.Bakhuizen van den Brink,* Leiden-Niederlande
Pfarrer Dr. *F.Bammel,* Bonn
Professor *D. H.Bardtke,* Leipzig
Professor *H.Barion,* Bonn
Professor D. Dr. *E.Barnikol,* Halle
Kirchenrat Dr. *F.Bartsch,* Berlin
Professor Dr. *Cl.Bauer,* Freiburg
Professor D. Dr. *W. Bauer,* Göttingen
Professor Dr. *J.Bauermann,* Münster
Professor D. *O.Bauernfeind,* Tübingen
Dr. *G.Baumert,* Bonn
Professor D. *F.Baumgärtel,* Erlangen
Professor D. Dr. *W. Baumgartner,* Basel-Schweiz
Professor Dr. *R.P.Beaver,* Chicago-USA
Professor Dr. *G.Bebermeyer,* Tübingen
Professor Dr. *H.-G.Beck,* München
Dr. *M.-D.Beck,* Hamburg
Rechtsanwalt Dr. *H.Becker,* Kreßbronn
Präses Professor D. Dr. *J.Beckmann,* Düsseldorf
Professor Dr. *L.Behling,* Erlangen
Dozent Dr. *H.Beintker,* Greifswald
Professor Dr. *A.Benoît,* Straßburg-Frankreich
† Professor D. *A.Bertholet*
Oberstudienrat Dr. *W.Betzendörfer,* Riedlingen
Dozent Dr. *E.Beyreuther,* Leipzig
Dr. *L.Bieler,* Dublin-Irland
Staatssekretär a. D. *P.Binder,* Stuttgart
Dozent Dr. *N.Birnbaum,* London-England
Professor Dr. *G.Biundo,* Mainz
Direktor Dr. *W.Blankenburg,* Schlüchtern
Professor Dr. *F.Bock,* Darrigsdorf
Professor Dr. Dr. *A.Böhlig,* Halle
Dr. *H.Bokelmann,* Erlangen
Professor Dr. *O.F.Bollnow,* Tübingen
Professor D. *G.Bornkamm,* Heidelberg
Professor D. Dr. *H.Bornkamm,* Heidelberg
Dozent Dr. *A.Borst,* Münster
J.Bosc, Paris-Frankreich
Privatdozent Dr. *K.D.Bracher,* Berlin
Lic. *H.Brandenburg,* Korntal
Professor D. *H.Braun,* Mainz
U.Brennecke, Berlin
L.Bruder, Frankfurt/M.
Professor D. Dr. *A.Brück,* Mainz
Professor Dr. *O.Brunner,* Hamburg
Pasteur *J.R.Brutsch,* Douala-Kamerun-Afrika
Professor Dr. *R.Buchner,* Würzburg
Professor Dr. *A.Buck,* Marburg
Missionarin *G.Buege,* Berlin
Professor Dr. *H.Büttner,* Bad Nauheim
Professor Dr. *P.Burgelin,* Paris-Frankreich
Professor D. Dr. *H.Frhr.v.Campenhausen,* Heidelberg
Reverendissime Abbé *B.Capelle* OSB, Löwen-Belgien
Reverend *D.Carter,* Hull-England
Professor Dr. *R.P.Casey,* Cambridge-England
Professor *H.Chadwick* DD, Cambridge-England
Dozent Dr. *M.Chibnall,* Cambridge-England
† Professor D. Dr. *C.Clemen*
Dr. *C.Colpe,* Göttingen
Professor Dr. *H.Conzelmann,* Zürich-Schweiz

Professor Dr. *J. Courvoisier*, Genf-Schweiz
Professor Dr. *F.M.Cross jr.*, Chicago-USA
Bibliotheksrat Dr. *E. Crous*, Göttingen
Professor D. *O. Cullmann*, Basel-Schweiz
Professor Dr. *N.A.Dahl*, Oslo-Norwegen
Professor Dr. *W.F.Dankbaar*, Groningen-Niederl.
Professor Dr. *C.David*, Paris-Frankreich
Professor Dr. *B. Decker*, Mainz
Professor Dr. *K.Deichgräber*, Göttingen
Dr. *H.-U.Delius*, Wittenberg
Professor D. Dr. *W. Delius*, Berlin
J.F.V.Deneke, Köln
Dr. *K. Dienst*, Wiesbaden
Professor Dr. *A.Dietrich*, Istanbul-Türkei
† Professor Dr. *A.Dietrich*
Pfarrer Dr. Dr. *E.L.Dietrich*, Wiesbaden
Regierungsdirektor Dr. *J.Dietz*, Stuttgart
Pfarrer *W. Dignath*, Frankfurt/M.
Professor D. *Erich Dinkler*, Bonn
Professor D. Dr. *M.Doerne*, Göttingen
Professor Dr. *F.Dörr*, Eichstätt
Professor Dr. *H.Dörrie*, Saarbrücken
Professor D. *H.Dörries*, Göttingen
Staatsanwalt a.D. Dr. *H.Dombois*, Münster
Professor Dr. *W.Dürig*, Freiburg
Professor D. *G.Ebeling*, Zürich-Schweiz
Dr. Dr. *C.-M. Edsman*, Uppsala-Schweden
† Professor D. Dr. *A.Eekhof*
Pfarrer Dr. *O. Eggenberger*, Richterswil-Schweiz
Professor Dr. Dr. *A. Ehrhardt*, Heywood-England
Professor Dr. *W.Eilers*, Würzburg
Professor D. Dr. Dr. *O. Eißfeldt*, Halle
† Professor Dr. *I.Elbogen*
Professor Dr. *M. Eliade*, Chicago-USA
Professor D. *K.Elliger*, Tübingen
Professor D. *W. Eltester*, Tübingen
Dr. *M.Elze*, Tübingen
Professor Dr. Dr. *W.Engel*, Würzburg
Professor Dr. *A. Erler*, Frankfurt/M.
Pfarrer Lic. Dr. *K.F.Euler*, Gießen
Professor Dr. *E.Ewig*, Mainz
Dr. *R. Falke*, Göttingen
Professor D. *E. Fascher*, Berlin
Pastor Dr. *H.Fast*, Emden
Ephorus D. *H.Fausel*, Maulbronn
Privatdozent Dr. *K.Fehr*, Frauenfeld-Schweiz
Dr. *H.Fels*, Bonn
Dr. *I.Fetscher*, Tübingen
Professor D. *J. Fichtner*, Bethel
† Professor D. Dr. *G.Ficker*
† Professor D. Dr. *J.Ficker*
Rektor Dr. *F. Flaskamp*, Wiedenbrück
Vizepräsident i. R. D. *P. Fleisch*, Loccum
Professor Dr. *W. Flemming*, Mainz
Professor Dr. *A. Flitner*, Tübingen
Professor Dr. *W. Flitner*, Hamburg
Oberstudienrat Dr. *J. Flügge*, Hamburg
Professor D. *W.Foerster*, Münster
Professor D. Dr. *G.Fohrer*, Wien-Österreich
S.Fornaçon, Berlin
Oberlandesgerichtsrat Dr. Dr. *L.Frede*, Stuttgart
Dr. *G.Frenzel*, Nürnberg
Pastor *E.Freytag*, Uetersen
Professor D. Dr. *W. Freytag*, Hamburg
Pastor D. *R. Frick*, Düsseldorf
Professor D. *G. Friedrich*, Erlangen
Professor D. *K. Frör*, Erlangen
Professor D. *E. Fuchs*, Berlin
Dr. *F. Fürstenberg*, Tübingen
Dr. *H. Fuhrmann*, Kiel
Professor Dr. *H.-G. Gadamer*, Heidelberg
Dr. *J. Gaedke*, Bad Godesberg
Professor D. Dr. *K. Galling*, Göttingen
Professor Dr. *J. R. Geiselmann*, Tübingen
Professor Dr. *G.Geißler*, Hamburg
Professor Dr. *M. Gelzer*, Frankfurt/M.
Dr. *D. Georgi*, Heidelberg
Professor Dr. *Thr. Georgiades*, München
Professor Dr. *G. Gerleman*, Lund-Schweden
Dozent Dr. *H.Gese*, Tübingen
Privatdozent Dr. *L.Giesz*, Heidelberg
Professor Dr. *H.v. Glasenapp*, Tübingen
Professor D. *G. Gloege*, Jena
Professor Dr. *H.Gmelin*, Kiel
Professor Dr. *W. Göbell*, Kiel
Pfarrer Dr. *R. Gögler*, Wendelsheim
Professor Dr. *S.Göransson*, Uppsala-Schweden
Dr. *J.F.G. Goeters*, Bonn
Bibliotheksdirektor Dr. *F.Götting*, Wiesbaden
Professor Dr. *K.Goldammer*, Marburg
Professor D. *H. Gollwitzer*, Berlin
Dr. *E.Gose*, Trier
Professor D. *H. Graß*, Marburg
Professor D. *H. Greeven*, Kiel

Professor Dr. *M. Greiner*, Gießen
Professor Dr. *H. Grundmann*, Münster
Professor Dr. *H.R.G. Günther*, Erlangen
Dr. *H.R. Guggisberg*, Biel-Schweiz
Professor Dr. *M. Gutiérrez Marín*, Barcelona-Spanien
Professor Dr. *R. Gyllenberg*, Åbo-Finnland
Professor D. *E. Haenchen*, Münster
Professor D. Dr. *O. Haendler*, Berlin
Pfarrer *K. Halaski*, Gruiten
Bibliotheksrat Dr. *Chr. Hallier*, Frankfurt/M.
Professor Dr. *K. Hallinger* OSB, Rom-Italien
Direktor Dr. *P. Halm*, München
Pfarrer Dr. *G. Hammann*, Bottendorf/Eder
Pastor *J. Chr. Hampe*, Hamburg
Dipl. Phil. *G. C. Hansen*, Berlin
Professor D. *R. Hanslik*, Wien-Österreich
Professor D. *G. Harbsmeier*, Lüneburg
Pastor Dr. *H. H. Harms*, Genf-Schweiz
Professor Dr. *G. F. Hartlaub*, Heidelberg
Direktor Dr. *H. Ch. v. Hase*, Stuttgart
Professor Dr. *E. Hassinger*, Freiburg
Dr. *L. Hatzfeld*, Marburg
Professor Dr. *G. Hausmann*, Ankara-Türkei
Professor D. *F. Hauss*, Heidelberg
Professor Dr. *G. Heberer*, Göttingen
Professor D. Dr. *F. Heiler*, Marburg
Professor Dr. *H. Heimpel*, Göttingen
Professor Dr. *N. J. Hein*, Hamden-USA
Dr. *M. Heinemann*, Kassel
Pater Dr. *L. Helbling* OSB, Einsiedeln-Schweiz
Dr. *J. Hemmerle*, München
Universitätsmusikdirektor Dr. *S. Hermelink*, Heidelberg
Professor D. *H. W. Hertzberg*, Kiel
Professor D. *E. Hertzsch*, Jena
Professor Dr. *C. Heselhaus*, Münster
Professor Dr. *K. Hesse*, Freiburg
Dozent Dr. *J. Heubach*, Krusendorf
Professor D. Dr. *K. Heussi*, Jena
Superintendent D. *H. Heyden*, Richtenberg
Pater Dr. *St. Hilpisch* OSB, Fulda
Professor Dr. *O. Höfler*, Wien-Österreich
Dozent Dr. *G. Hök*, Uppsala-Schweden
Dr. *H. Hörmann*, Göttingen
Professor Dr. *I. Höß*, Erlangen
Professor Dr. *E. Hoffmann*, Kassel
Professor Dr. *Ph. Hofmeister* OSB, Neresheim
Oberkonsistorialrat a. D. Lic. Dr. *H. Hohlwein*, Solingen
Professor D. *W. Holsten*, Mainz
Professor Dr. *E. Holtved*, Kopenhagen-Dänemark
Professor D. *G. Holtz*, Rostock
Professor Dr. *P. Honigsheim*, East Lansing-USA
Dr. Dr. *C. Horn*, Berlin
Professor D. Dr. *F. Horst*, Mainz
Professor Dr. *W. Hubatsch*, Bad Godesberg
Professor Dr. *Å. Hultkrantz*, Stockholm-Schweden
Privatdozent Dr. *C.-H. Hunzinger*, Göttingen
Kirchenrat D. Dr. *K. Hutten*, Stuttgart
Professor D. Dr. *W. Jaeger*, Cambridge-USA
Professor Dr. *E. Jammers*, Heidelberg
Professor D. *W. Jannasch*, Mainz
Professor Lic. *K. Janssen*, Münster
Pfarrer *H. Jarck*, Rosdorf
Professor Dr. *E. Jarno*, Mainz
Pastor *G. Jasper*, Bethel
Kirchenrat D. Dr. *R. Jauernig*, Weimar
Professor D. Dr. *A. Jepsen*, Greifswald
Professor D. Dr. *J. Jeremias*, Göttingen
Dr. *K. Ihlenfeld*, Berlin
Professor D. Dr. *W. Joest*, Erlangen
Dozent Dr. *R. Johannesson*, Euskede-Schweden
Professor Dr. *P. Johansen*, Hamburg
Professor Dr. *K. Jordan*, Kiel
Professor Dr. *R. Jouvenal*, Turin-Italien
Professor Dr. *E. Iserloh*, Trier
Professor D. *H. J. Iwand*, Bonn
Professor D. *E. Kähler*, Greifswald
Professor D. *E. Käsemann*, Göttingen
Oberregierungsrat Dr. *W. Kalisch*, Hannover
Professor Dr. *F. W. Kantzenbach*, Neuendettelsau
Privatdozent Dr. *J. Karayannopulos*, Athen-Griechenland
Professor Lic. Dr. *H. Karpp*, Bad Godesberg
D. Dr. *F. Karrenberg*, Velbert
Dr. *O. Karrer*, Luzern-Schweiz
P. Katz (The Rev. Dr. *W. P. M. Walters*, Cambridge-England)
Professor Dr. *M. Keilhacker*, München
Professor Dr. *C. A. Keller*, Lausanne-Schweiz
Professor Dr. *E. Keyser*, Marburg
Professor Dr. *P. Kirn*, Frankfurt/M.

Privatdozent Dr. *B. Klaus*, Erlangen
Professor Dr. *J. Klein*, Göttingen
Dr. *E. Kleinstück*, Frankfurt/M.
† Professor Dr. *H. Knittermeyer*
Professor Dr. *M. C. Knowles*, Cambridge-England
Professor Dr. *Hal Koch*, Kopenhagen-Dänemark
† Professor Dr. *Hugo Koch*
Privatdozent Dr. *K. Koch*, Hamburg
Professor D. *A. Köberle*, Tübingen
† Professor D. Dr. *W. Koehler*
Professor Dr. *K. Köster*, Frankfurt/M.
Dr. *H. Kötter*, Bonn
Professor Dr. *R. Konetzke*, Köln
Professor Dr. *C. H. Kraeling*, Chicago-USA
Professor Dr. *E. G. Kraeling*, New Canaan-USA
Professor Dr. *H. Kraft*, Kiel
Professor D. *H.-J. Kraus*, Hamburg
Professor Dr. *G. Kretschmar*, Hamburg
Dr. *G. G. Krodel*, Chicago-USA
Bibliothekar *E. Krüger*, Paris-Frankreich
Oberkirchenrat Dr. *H. Krüger*, Frankfurt/M.
Missionsinspektor *M. Küchler*, Leipzig
Professor Dr. *Herbert Kühn*, Mainz
Professor D. *W. G. Kümmel*, Marburg
Professor Dr. *W. Küppers*, Bonn
Pfarrer D. Dr. *C. Kuhl*, Kassel
Professor D. Dr. *K. G. Kuhn*, Heidelberg
Pfarrer *H.-L. Kulp*, Dortmund
Professor Dr. *K. Kupisch*, Berlin
† Professor Dr. *H. Kusch*
Professor Dr. *A. Kuschke*, Mainz
Dr. *E. Kutsch*, Mainz
Professor D. *H. Laag*, Caldern
† Dekan *E. Lachenmann*
Dr. *G. Lanczkowski*, Wabern
Pfarrer *G. Lang*, Korntal
Professor Dr. *H. Langerbeck*, Bad Homburg
Professor Dr. *K. Lankheit*, Heidelberg
Professor D. *F. Lau*, Leipzig
Professor Dr. *A. Lauha*, Helsinki-Finnland
† Professor Dr. *G. van der Leeuw*
Professor D. *A. Lehmann*, Halle
Professor D. Dr. *J. Leipoldt*, Leipzig
Professor D. Dr. *F. M. Th. de Liagre Böhl*, Leiden-Niederlande
Dozent Dr. *H. Liebing*, Tübingen
Professor D. Dr. *H. Liermann*, Erlangen
Professor Dr. *S. van der Linde*, Utrecht-Niederlande
Dompropst Professor Dr. *V. Lindström*, Karlstad-Schweden
Professor Dr. *G. W. Locher*, Bern-Schweiz
Professor Dr. *L. Loeffler*, Hannover
Professor Dr. *K. E. Løgstrup*, Aarhus-Dänemark
Dr. *W. Frhr. v. Löhneysen*, Berlin
Professor Dr. *H. Löwe*, Erlangen
Professor Dr. *E. Lohse*, Kiel
Missionsdirektor D. *H. Lokies*, Berlin
Dr. *O. Loorits*, Uppsala-Schweden
Privatdozent Lic. *R. Lorenz*, Naumburg
Pfarrvikarin Dr. *R. Ludwig*, Eßlingen
Professor Dr. *H. Lüdeke*, Riehen-Schweiz
Pfarrer D. *W. Lueken*, Frankfurt/M.
Dozent Dr. *F. Maass*, Berlin
† Professor Dr. *F. Mahling*
Oberlandeskirchenrat Professor D. Dr. *Chr. Mahrenholz*, Hannover
Professor Dr. *O. Mann*, Heidelberg
Reverend *M. Manrodt*, Baltimore-USA
Professor Dr. *R. Manselli*, Rom-Italien
Pastor *J. Margull*, Hamburg
Dr. *G. Maron*, Bensheim
Professor Dr. *H. I. Marrou*, Chatenay-Malabry-Frankreich
Stiftsinspektor Dr. *W.-D. Marsch*, Göttingen
Professor Dr. *E. Maschke*, Heidelberg
Dr. Dr. *W. Matthias*, Mainz
Professor Dr. *Chr. Maurer*, Bethel
Dr. *H. Maurer*, Stuttgart
Professor D. *W. Maurer*, Erlangen
Dr. *H. Maus*, Mainz
Dozent Dr. *G. Mecenseffy*, Wien-Österreich
Professor D. *R. Mehl*, Straßburg-Frankreich
Pater Dr. *L. Meier* OFM, Orikuela-Spanien
Stadtarchivdirektor Dr. Dr. *H. Meinert*, Frankfurt/M.
Professor Dr. Dr. *G. Mensching*, Bonn
Professor D. *G. Merz*, Neuendettelsau
Professor Dr. *B. M. Metzger*, Princeton-USA
Oberkirchenrat D. *Ph. Meyer*, Göttingen
Professor D. *R. Meyer*, Jena
Professor Dr. *E. Meynen*, Remagen
Professor D. *W. Michaelis*, Bern-Schweiz
Staatsarchivdirektor Dr. *M. Miller*, Stuttgart

Professor Dr. *R.Minder*, Paris-Frankreich
Professor Dr. *K.H.Miskotte*, Leiden-Niederlande
Professor Dr. *G.Moldaenke*, Eberbach
Professor Dr. *E.Molland*, Oslo-Norwegen
Professor Dr. *J.Moltmann*, Wuppertal-Barmen
Professor Dr. *S.Morenz*, Leipzig
Professor Dr. *S.Mowinckel*, Oslo-Norwegen
Professor Dr. *W.E.Mühlmann*, Wiesbaden
Professor Dr. *E.Mülhaupt*, Wuppertal-Elberfeld
Pfarrer extr. Dr. *Gerh.Müller*, Rom-Italien
Universitätskurator Dr. *K.Müller*, Göttingen
Professor Dr. Dr. *L.Müller*, Kiel
Professor Dr. *M.Müller*, Freiburg
Professor Dr. *G.Müller-Schwefe*, Tübingen
Dr. *O.G.Myklebust*, Oslo-Norwegen
Professor D. *W.Nagel*, Greifswald
Professor Dr. *B.Nagy*, Budapest-Ungarn
Bischof D. *S.C.Neill*, Genf-Schweiz
Professor Dr. *F.W.Neumann*, Mainz
Dr. *G.J.Neumann*, Bielefeld
Professor Dr. *A.Niebergall*, Marburg
Professor Dr. *H.R.Niebuhr*, New Haven-USA
Oberkirchenrat Dr. Dr. *G.Niemeier*, Hannover
Pastor *W.Niemöller*, Bielefeld
Dr. *K.Nitzschke*, Bensheim
Professor D. *M.Noth*, Bonn
Professor Dr. *H.Nottarp*, Würzburg
Professor Dr. *R.Nürnberger*, Göttingen
Dozent Dr. *H.Nyman*, Åbo-Finnland
Professor *R.Obermüller*, Buenos Aires-Argentinien
Professor Dr. *R.Oertel*, München
Professor Dr. *Th.Ohm* OSB, Münster
Dozent Dr. *K.Onasch*, Halle
Professor Dr. *H.Osthoff*, Frankfurt/M.
Dr. *W.Osthoff*, München
Privatdozent Dr. *H.Ott*, Arisdorf-Schweiz
Professor Dr. *H.van Oyen*, Basel-Schweiz
Dr. *E.H.Pältz*, Jena
Professor Dr. *M.Pallottino*, Rom-Italien
Professor Dr. *W.Pannenberg*, Wuppertal-Elberfeld
Dipl. Phil. *F.Paschke*, Berlin
Privatdozent Dr. *G.Patzig*, Göttingen
Dr. *W.Patzschke*, Göttingen
Dr. Dr. *H.Paulus*, Erlangen
Pastor *M.Peltola*, Helsinki-Finnland
Professor Dr. *E.Peschke*, Rostock
Ministerialrätin a.D. *K.Petersen*, Hannover
Professor Dr. *G.Pfeiffer*, Nürnberg
Privatdozent Dr. *R.Pfister*, Zürich-Schweiz
Professor Lic. Dr. *W.Philipp*, Marburg
Dr. *P.Philippi*, Heidelberg
Professor Dr. *O.Plöger*, Bad Godesberg
Pfarrer Dr. *H.Poelchau*, Berlin
Oberstudienrat *H.Pöttgen*, Siegburg
Professor Dr. *A.Predöhl*, Münster
† Pfarrer Dr. *F.Preger*
Professor Dr. *R.Prenter*, Aarhus-Dänemark
Dr. *G.Ränk*, Stockholm-Schweden
Landeskirchenrat Dr. *W.Rahe*, Bielefeld
Professor Dr. *L.Raiser*, Tübingen
Professor Dr. *A.Rammelmeyer*, Marburg
Canon Professor Dr. *I.T.Ramsey*, Oxford-England
Professor Dr. *E.L.Rapp*, Mainz
Professor D. Dr. *C.H.Ratschow*, Münster
Professor Dr. *G.v.Rauch*, Marburg
Professor Dr. *M.Rauer*, Berlin
Pater *A.Rayez* SJ, Les Fontaines-Frankreich
Professor Dr. *A.Reble*, Bielefeld
Professor Dr. *B.Rehfeldt*, Köln
Direktor Dr. *W.Reichel*, Königsfeld
Professor Dr. *B.Reicke*, Basel-Schweiz
Professor Dr. *S.Reicke*, Heidelberg
H.-D.Reimer, Erlangen
Missionsdirektor Pastor *C.Rendtorff*, Hellerup-Dänemark
Professor D. *H.Rendtorff*, Kiel
Professor Dr. *P.Requadt*, Mainz
Professor Dr. Dr. *L.Richter*, Berlin
Professor Dr. *H.Riesenfeld*, Uppsala-Schweden
Pfarrer *Chr.Rietschel*, Radebeul
Dozent Dr. *H.Ringgren*, Uppsala-Schweden
Privatdozent Dr. *L.Röhrich*, Mainz
Pfarrer *M.Rohkrämer*, Wallach
Professor D. Dr. *G.Rosenkranz*, Tübingen
Professor D. Dr. *L.Rost*, Erlangen
Pasteur *J.Roth*, Sainte-Marie-aux-Mines-Frankreich
Pfarrer *W.Rott*, Koblenz
A.Rudolph, Frankfurt/M.
Dr. *W.Rüegg*, Zürich-Schweiz
Dr. *O.Rühle*, Stuttgart

Professor Dr. *A.A. van Ruler*, Utrecht-Niederlande
Professor Dr. *A. Ruppel*, Mainz
Professor Dr. *R. Samuel*, Brighton-Australien
Dr. *Hildegard Schaeder*, Frankfurt/M.
Professor Dr. *E. Schäfer*, Göttingen
Dozent Dr. *P. Scheibert*, Bad Godesberg
† Professor Dr. *F. Scheidweiler*
Kultusminister a.D. Dr. *G. Schenkel*, Eßlingen
Professor Dr. *H. Scheuerl*, Hamburg
Professor Dr. *U. Scheuner*, Bad Godesberg
Professor Dr. Dr. *A. Schimmel*, Ankara-Türkei
Direktor Professor D. Dr. *E. Schlink*, Heidelberg
Pastor Dr. *H. Schlyter*, Malmö-Schweden
Professor Dr. *J. Schmid*, München
Professor D. *K.D. Schmidt*, Hamburg
Professor Dr. *M. Schmidt*, Berlin
Professor Dr. *M.A. Schmidt*, San Anselmo-USA
Direktor *P. Schmidt*, Bad Homburg
Professor Dr. *W.A. Schmidt*, Åbo-Finnland
Pfarrer Dr. *F. Schmidt-Clausing*, Berlin
Professor Dr. *A. Schmitz*, Mainz
Dr. *G. Schmücker*, Tübingen
Professor D. *W. Schneemelcher*, Bonn
Professor D. Dr. *J. Schneider*, Berlin
Professor Dr. *H.J. Schoeps*, Erlangen
Professor D. *E. Schott*, Halle
Archivdirektor Dr. *O. Schottenloher*, München
Professor D. *H.-H. Schrey*, Berlin
Pastor Dr. *C.M. Schröder*, Bremen
Professor Dr. *W.J. Schröder*, Frankfurt/M.
Professor D. Dr. *R. Schütz*, Ludwigsburg
Professor D. Dr. *F.K. Schumann*, Münster
Pfarrer Dr. *K. Schuster*, Darmstadt
Oberkirchenrätin Dr. *E. Schwarzhaupt*, Frankfurt/M.
Professor Dr. *J.M. Schweigl* SJ, Rom-Italien
Professor Dr. *E. Schweizer*, Zürich-Schweiz
Dr. *H. Schwitzke*, Hamburg
Dr. *M. Schwonke*, Göttingen
Reverend D. *P. Scott*, Manchester-England
Dr. *M. Seidler*, Bonn
Professor Dr. *M. Seidlmayer*, Würzburg
Professor Dr. *A. van Selms*, Pretoria-Afrika
Kirchenrat D. *Matthias Simon*, Nürnberg
D. *P. Simon*, Bonn
Dozent Dr. *J. Sløk*, Aarhus-Dänemark
Dr. *B. Smalley*, Oxford-England
Professor Dr. *R. Smend*, Göttingen
Professor Dr. *W. Frhr. v. Soden*, Wien-Österreich
Professor D. *E. Sommerlath*, Leipzig
Pastor Dr. *G. Sprengler*, Göttingen
Professor Dr. *B. Spuler*, Hamburg
Professor Dr. *K. Staab*, Würzburg
Dr. *W. Stache*, Nikolausberg
Pfarrer *J. Staedtke*, Freren
Professor D. Dr. *G. Stählin*, Mainz
D. Dr. *B. Stasiewski*, Berlin
Professor D. *K.G. Steck*, Frankfurt/M.
Professor Dr. *F. Stegmüller*, Freiburg
Professor Dr. *E. Steinbach*, Tübingen
Bischof D. *H.G. Steinberg*, Zeist-Niederlande
Pfarrer Dr. Dr. *H. Steitz*, Mainz
† Pfarrer *H. Stocks*
Dr. *H. Stoob*, Hamburg
Professor Dr. O. *E. Straßer*, Bern-Schweiz
Professor D. Dr. *R. Stupperich*, Münster
Direktor D. *W. Sucker*, Darmstadt
Professor Dr. *A. Szekeres*, Brüssel-Belgien
Pasteur *E. Terrisse*, Saint-Blaise-Schweiz
Dr. *M. Tetz*, Göttingen
Professor Dr. *L. Thomas*, Lissabon-Portugal
Vizepräsident Dr. *G. Thümmel*, Bielefeld
Professor D. Dr. *O. Thulin*, Wittenberg
Dr. *K. Treu*, Berlin
Dr. *U. Treu*, Berlin
Professor D. *W. Trillhaas*, Göttingen
Professor Dr. *F. Uhlhorn*, Marburg
Professor Dr. *W. Uhsadel*, Tübingen
Professor Dr. *W.C. van Unnik*, Bilthoven-Niederlande
M. Unruh, Wiesbaden
Professor Dr. *H. Urner*, Halle
Bibliotheksdirektor Dr. *K. Vancsa*, Linz-Österreich
Privatdozent Dr. *H.W. Vasterling*, Göttingen
Missionsinspektor Dr. *G.F. Vicedom*, Neuendettelsau
Dr. *K. Vielhaber*, Neuß
Professor Dr. *P. Vielhauer*, Bonn
Pastor *E. Viering*, Hamburg
Professor D. Dr. *W. Völker*, Mainz
Professor Lic. Dr. *R. Voeltzel*, Straßburg-Frankreich

Dr. *H. Volz*, Göttingen
Professor Dr. *J. de Vries*, Utrecht-Niederlande
Professor Dr. *Th. C. Vriezen*, Den Dolder-Niederlande
Pfarrer Dr. *H. Wagner*, Leipzig
Professor Dr. *F. R. Walton*, Tallahassee-USA
Professor Dr. *C. Wampach*, Luxemburg
Dr. *G. Wasse*, Hannover
Vizepräsident Dr. *R. Weeber*, Stuttgart
Professor Dr. *J. Weerda*, Erlangen
Dr. *M. Weise*, Jena
Professor Dr. *C. F. Frhr. v. Weizsäcker*, Hamburg
† Professor Dr. *A. Wendel*
Professor D. *H.-D. Wendland*, Münster
Oberkirchenrat Professor Dr. *G. Wendt*, Karlsruhe
Professor Dr. *S. Wendt*, Wilhelmshaven
Professor Dr. *E. Weniger*, Göttingen
Dr. des. *W. Werbeck*, Tübingen
Dr. *H. M. Werhahn*, Heidelberg
Professor Lic. Dr. *K. Wessel*, Berlin
Professor Dr. *C. Westermann*, Heidelberg
Professor Dr. *G. Weydt*, Bonn
Dr. *U. Wickert*, Tübingen
Dr. *W. Wieland*, Hamburg
Dr. *E. Wiemann*, Erfurt
Dr. *L. Wiesinger*, Berlin
† Professor Dr. *K. Wilde*
† Professor D. Dr. *H. Windisch*
Pfarrer Dr. *J. W. Winterhager*, Berlin
Professor Dr. *R. Wittram*, Göttingen
Dozent Dr. *F. Wodtke*, Kiel
Professor D. Dr. *Erik Wolf*, Freiburg
Professor D. *Ernst Wolf*, Göttingen
Dr. *F. Wolf*, Adelberg
Professor Dr. *R. C. Wolf*, Oberlin-USA
Dozent Dr. *O. Wolff*, Talheim
Professor Dr. *G. E. Wright*, Chicago-USA
Professor D. *G. Wünsch*, Marburg
Professor D. Dr. *E. Würthwein*, Marburg
Pfarrer *E. Wunderlich*, Seelbach
Professor Dr. *M. Wundt*, Tübingen
Professor Dr. *St. Zankow*, Sofia-Bulgarien
Professor Dr. *W. Zeller*, Michelbach
Landesverwaltungsrat Dr. *M. Zender*, Bonn
Oberkirchenrat Dr. *P. Zieger*, Hannover
Professor Dr. *A. W. Ziegler*, München
Professor Dr. *K. Ziegler*, Göttingen
Professor Dr. *W. Zimmerli*, Göttingen
Dr. Dr. *H. Zimmermann*, Wien-Österreich
Professor Dr. *F. Zoepfl*, Dillingen
† Professor D. *L. Zscharnack*
Pater Dr. Dr. *A. Zumkeller* OESA, München

Als Übersetzer:

Professor D. *Erich Dinkler*, Bonn
Professor Dr. Dr. *A. Ehrhardt*, Heywood-England
E.-M. Fabian, Tübingen
K. Fröhlich, Basel-Schweiz
H. Hein, Tübingen
Dr. *E. Kümmerer*, Tübingen
Dr. *P. M. Schon*, Mainz
Professor D. *H.-H. Schrey*, Berlin
Dr. *H. Schulte*, Heidelberg

Als Zeichner:

Dr. *A. Gerlich*, Mainz

VERZEICHNIS DER ABKÜRZUNGEN

I. BIBLISCHE BÜCHER UND AUSSERKANONISCHE SCHRIFTEN

A. Altes Testament

Gen	Genesis	Mi	Micha
Ex	Exodus	Nah	Nahum
Lev	Leviticus	Hab	Habakuk
Num	Numeri	Zeph	Zephanja
Dtn	Deuteronomium	Hag	Haggai
Jos	Josua	Sach	Sacharja
Ri	Richter	Mal	Maleachi
1Sam	1. Samuelbuch	Ps(s)	Psalm(en)
2Sam	2. Samuelbuch	Spr	Sprüche
1Kön	1. Königsbuch	Hi	Hiob
2Kön	2. Königsbuch	Hhld	Hoheslied
Jes	Jesaja	Ruth	
Dtjes	Deuterojesaja	Klgl	Klagelieder
Jer	Jeremia	Pred	Prediger
Ez	Ezechiel	Est	Esther
Hos	Hosea	Dan	Daniel
Jo	Joel	Esr	Esra
Am	Amos	Neh	Nehemia
Ob	Obadja	1Chr	1. Buch der Chronik
Jon	Jona	2Chr	2. Buch der Chronik

B. Außerkanonische Schriften neben dem Alten Testament

ApkBar(gr)	griech. Baruch-Apokalypse
ApkBar(syr)	syrische Baruch-Apokalypse
Arist	Aristeasbrief
AssMos	Assumptio Mosis
Bar	Baruch
Dam	Damaskusschrift (Zadokitisches Fragment)
EpJer	Epistula Jeremiae
3Esr	3. Esra
4Esr	4. Esra
äthHen	äthiop. Henochbuch
grHen	griech. Henochbuch
hebrHen	hebr. Henochbuch
slHen	slaw. Henochbuch
Jdt	Judith
Jub	Jubiläenbuch
LebAd	Leben Adams und Evas
1Makk	1. Makkabäerbuch
2Makk	2. Makkabäerbuch
3Makk	3. Makkabäerbuch
4Makk	4. Makkabäerbuch
MartJes	Martyrium des Jesaja
OrMan	Oratio Manassis
PsSal	Psalmen Salomos
Sib	Sibyllinen
Sir	Jesus Sirach
TestAbr	Testament Abrahams
Test XII	Testamente der 12 Patriarchen
TestRub	(Sim, Lev, Jud, Iss, Seb, Dan, Naph, Gad, Ass, Jos, Benj)
Tob	Tobit
Weish	Weisheit Salomos
ZusDan	Zusätze zu Daniel
ZusEst	Zusätze zu Esther

Die Funde aus dem Raum westlich des Toten Meeres werden nach dem Vorschlag von R. de Vaux in RB 60, 1953, 88 zitiert:

1QH	hôdajôt = Dankpsalmen aus der ersten Höhle von Qumran (Sukenik, DSS Tafel 35–58)
1QIs^a	erste Jesaja-Handschrift aus der ersten Höhle von Qumran (Burrows, QMss I. Tafel 1–54)
1QIs^b	zweite Jesaja-Handschrift aus der ersten Höhle von Qumran (Sukenik, DSS Tafel 1–15)
1QM	milḥamät b^{e}nê 'ôr bib^{e}nê ḥošæk = »Kampf der Söhne des Lichts gegen die Söhne der Finsternis« (= »Kriegsrolle«, »War«, »Guerre« o.ä.); Handschrift aus der ersten Höhle von Qumran (Sukenik, DSS Tafel 16–34. 47)
1QpHab	pæšær ḥ^{a}baqûq = Habakuk-Kommentar; Handschrift aus der ersten Höhle von Qumran (Burrows, QMss I. Tafel 55–61)
1QS	særæk hăjjăḥăd = »Sektenregel«, »Manual of Discipline« o. ä.; Handschrift aus der ersten Höhle von Qumran (Burrows, QMss II. fasc. 2)

C. Neues Testament

Mt	Matthäus
Mk	Markus
Lk	Lukas
Joh	Johannes
MtEv, MkEv, LkEv, JohEv	im Text ohne Stellenangaben
Apg	Apostelgeschichte
Röm	Römerbrief
1Kor	1. Korintherbrief
2Kor	2. Korintherbrief
Gal	Galaterbrief
Eph	Epheserbrief
Phil	Philipperbrief
Kol	Kolosserbrief
1Thess	1. Thessalonicherbrief
2Thess	2. Thessalonicherbrief
1Tim	1. Timotheusbrief
2Tim	2. Timotheusbrief
Tit	Titusbrief
Past	Pastoralbriefe
Phlm	Philemonbrief
Hebr	Hebräerbrief
Jak	Jakobusbrief
1Petr	1. Petrusbrief
2Petr	2. Petrusbrief
1Joh	1. Johannesbrief
2Joh	2. Johannesbrief
3Joh	3. Johannesbrief
Jud	Judasbrief
Apk	Johannes-Apokalypse

D. Außerkanonische Schriften neben dem Neuen Testament und Apostolische Väter

ActAndr	Andreasakten
ActJoh	Johannesakten
ActPaul	Paulusakten
ActPetr	Petrusakten
ActThom	Thomasakten
ÄgEv	Ägypterevangelium
ApkAbr	Abraham-Apokalypse
ApkEl	Elias-Apokalypse
ApkMos	Moses-Apokalypse
ApkPetr	Petrus-Apokalypse
AscJes	Ascensio Jesaiae
Barn	Barnabasbrief
1Clem	1. Clemensbrief
2Clem	2. Clemensbrief
Did	Didache (Lehre der 12 Apostel)
EbEv	Ebionitenevangelium
HebrEv	Hebräerevangelium
Herm mand	Hermas, mandata
Herm sim	Hermas, similitudines
Herm vis	Hermas, visiones
IgnEph	Brief des Ignatius an die Epheser
IgnMagn	Brief des Ignatius an die Magnesier
IgnTrall	Brief des Ignatius an die Trallianer
IgnRöm	Brief des Ignatius an die Römer
IgnPhld	Brief des Ignatius an die Philadelphier
IgnSm	Brief des Ignatius an die Smyrnäer
IgnPol	Brief des Ignatius an Polykarp
Laod	Laodicenerbrief
MartPol	Martyrium des Polykarp
OdSal	Oden Salomos
PetrEv	Petrusevangelium
Polyk	Brief des Polykarp
Protev	Protevangelium des Jakobus

II. SAMMELWERKE, ZEITSCHRIFTEN, MONOGRAPHIENREIHEN u. a.

AA	Archäologischer Anzeiger. Beiblatt zum Jahrbuch des Archäologischen Instituts
AAA	Annual of Archaeology and Anthropology
AAB	Abhandlungen der Deutschen (bis 1944: Preußischen) Akademie der Wissenschaften zu Berlin
AAG	Abhandlungen der Akademie der Wissenschaften in Göttingen (bis Folge III, 26, 1940: AGG)
AAH	Abhandlungen der Heidelberger Akademie der Wissenschaften. Heidelberg
AAL	Abhandlungen der Sächsischen Akademie der Wissenschaften in Leipzig (bis 30, 1920: AGL)
AAM	Abhandlungen der Bayerischen Akademie der Wissenschaften. München
AAMz	Abhandlungen (der geistes- und sozialwissenschaftlichen Klasse) der Akademie der Wissenschaften und der Literatur. Mainz
AAS	Acta Apostolicae Sedis
AASOR	The Annual of the American Schools of Oriental Research
AC	Apologia Confessionis
AcMus	Acta Musicologica
ACO	Acta Conciliorum Oecumenicorum, ed. E.Schwartz
AcOr(B)	Acta Orientalia (Budapest)
AcOr(H)	Acta Orientalia (Hawniae)
AcOr(L)	Acta Orientalia (Leiden)
ADB	Allgemeine Deutsche Biographie
ÄF	Ägyptologische Forschungen
AELKZ	Allgemeine evangelisch-lutherische Kirchenzeitung
AevKR	Archiv für evangelisches Kirchenrecht
AfMf	Archiv für Musikforschung
AfMw	Archiv für Musikwissenschaft
AfO	Archiv für Orientforschung
AFP	Archivum Fratrum Praedicatorum
AFrH	Archivum Franciscanum Historicum
AGG	Abhandlungen der Gesellschaft der Wissenschaften zu Göttingen (ab Folge III, 27, 1942: AAG)
AGL	Abhandlungen der Sächsischen Gesellschaft der Wissenschaften. Leipzig (ab 31, 1921: AAL)
AGPh	Archiv für (1889–1894 und 1931. 1932: Geschichte der) Philosophie, Berlin 1889–1932 (vgl. APh)
AHDL	Archives d'Histoire Doctrinale et Littéraire du Moyen-Âge
AJA	American Journal of Archaeology
AJC	American Jewish Committee. Annual Report

AIPh Annuaire de l'Institut de Philologie et d'Histoire Orientales et Slaves
AJS American Journal of Sociology
AJSL American Journal of Semitic Languages and Literatures
AkathKR Archiv für katholisches Kirchenrecht
AKG Arbeiten zur Kirchengeschichte
AKultG Archiv für Kulturgeschichte
AKM Abhandlungen für die Kunde des Morgenlandes
Algermissen K. Algermissen, Konfessionskunde, 6. Aufl. 1950; Algermissen[7]: 7. Aufl. 1957
ALKGMA Archiv für Literatur- und Kirchengeschichte des Mittelalters
Alt I. II A. Alt, Kleine Schriften zur Geschichte des Volkes Israel, Bd 1. 2 1953
Altaner B. Altaner, Patrologie. Leben, Schriften und Lehre der Kirchenväter, 5. Aufl. 1958
ALW Archiv für Liturgiewissenschaft
AmA American Anthropologist
AMG Annales du Musée Guimet
AMN Allgemeine Missionsnachrichten
AMZ Allgemeine Missionszeitschrift
AnBibl Analecta Biblica
AnBoll Analecta Bollandiana
AnCO Analecta Christiana Orientalia
ANEP The Ancient Near East in Pictures relating to the Old Testament, ed. J. B. Pritchard, 1954
ANET Ancient Near Eastern Texts relating to the Old Testament, ed. J. B. Pritchard, 1950 (ANET[2]: 2. ed. corrected and enlarged 1955)
Angelos Angelos. Archiv für neutestamentliche Zeitgeschichte und Kulturkunde
AnGreg Analecta Gregoriana
AnLov Analecta Lovaniensia Biblica et Orientalia
AnnPont Annuario Pontificio
AnOr Analecta Orientalia
AnPraem Analecta Praemonstratensia
Anthropos Anthropos. Internationale Zeitschrift für Völker- und Sprachenkunde
ANVAO Avhandlinger utgitt av Det Norske Videnskaps-Akademi i Oslo
AnzAW Anzeiger der (ab 48, 1947: Österreichischen) Akademie der Wissenschaften. Wien
AO Der Alte Orient
AOB Altorientalische Bilder, hg. v. H. Greßmann, 2. Aufl. 1927
AÖR Archiv des öffentlichen Rechts
AOS American Oriental Series
AOT Altorientalische Texte, hg. v. H. Greßmann, 2. Aufl. 1926
APh Archiv für Philosophie, Stuttgart 1947ff (vgl. AGPh)
ARG Archiv für Reformationsgeschichte
ArOr Archiv Orientální
ARPs Archiv für Religionspsychologie
ARSP Archiv für Rechts- und Sozialphilosophie
ArtB The Art Bulletin
ARW Archiv für Religionswissenschaft
AS Acta Sanctorum
ASAE Annales du Service des Antiquités de l'Egypte
ASm Schmalkaldische Artikel
ASNU Acta Seminarii Neotestamentici Upsaliensis (1, 1936 - 8, 1937 unter dem Titel: Arbeiten und Mitteilungen aus dem Neutestamentlichen Seminar zu Uppsala)
ASR American Sociological Review
ASS Acta Sanctae Sedis
ATA Alttestamentliche Abhandlungen
ATAO A. Jeremias, Das Alte Testament im Lichte des Alten Orients, 4. Aufl. 1930
ATD Das Alte Testament Deutsch, hg. v. V. Herntrich und A. Weiser
ATG Archivo Teológico Granadino
AThANT Abhandlungen zur Theologie des Alten und Neuen Testaments
AThR Anglican Theological Review
AuC Antike und Christentum
AUF Archiv für Urkundenforschung
AVK Archiv für Völkerkunde
AVR Archiv für Völkerrecht
AVSL Archiv des Vereins für Siebenbürgische Landeskunde
BA The Biblical Archaeologist
Backer-Sommervogel A. de Backer - C. Sommervogel, Bibliothèque de la Compagnie de Jésu, nouv. éd. 1890ff
BAE Bureau of American Ethnology
BAKultG Beihefte zum Archiv für Kulturgeschichte
BAL Berichte über die Verhandlungen der Sächsischen Akademie der Wissenschaften zu Leipzig (bis 71, 1, 1919: BGL)
BAO Beihefte zum Alten Orient
Bardenhewer O. Bardenhewer, Geschichte der altkirchlichen Literatur, 2. Aufl. 1913-1932
Barrois I. II A. G. Barrois, Manuel d'Archéologie Biblique, t. I. II 1939. 1953
Barth, KD K. Barth, Die Kirchliche Dogmatik, 1932ff
Barth, PrTh K. Barth, Die protestantische Theologie im 19. Jh. Ihre Vorgeschichte und Geschichte, 2. Aufl. 1952
BASOR The Bulletin of the American Schools of Oriental Research
Bauer, WB W. Bauer, Griechisch-Deutsches Wörterbuch zu den Schriften des Neuen Testaments und der übrigen urchristlichen Literatur, 4. Aufl. 1952; Bauer, WB[5]: 5. Aufl. 1957f
BBB Bonner Biblische Beiträge
BBKG Beiträge zur bayerischen Kirchengeschichte
BBLAK Beiträge zur biblischen Landes- und Altertumskunde (= ZDPV 68, 1949/51)
BC Biblischer Commentar über das AT, hg. v. C. F. Keil u. F. Delitzsch
BEFEO Bulletin de l'Ecole Française de l'Extrême Orient
BEStPh Bibliographische Einführungen in das Studium der Philosophie, hg. v. I. M. Bochenski, 1948ff
BEvTh Beiträge zur Evangelischen Theologie
BFChTh Beiträge zur Förderung christlicher Theologie
BGB Bürgerliches Gesetzbuch
BGDSL Beiträge zur Geschichte der deutschen Sprache und Literatur
BGE Beiträge zur Geschichte der bibl. Exegese
BGH Beiträge zur Geschichte der biblischen Hermeneutik
BGL Berichte über die Verhandlungen der Sächsischen Gesellschaft der Wissenschaften zu Leipzig (ab 71, 2, 1919: BAL)
BGPhMA Beiträge zur Geschichte der Philosophie (ab 27, 1928/30: und Theologie) des Mittelalters
BGU Ägyptische Urkunden in griechischer Sprache aus den Museen zu Berlin

BhEvTh Beihefte zur Evangelischen Theologie
BHG Bibliotheca Hagiographica Graeca
BHK Biblia Hebraica, ed. R. Kittel, 7. Aufl. 1951
BHL Bibliotheca Hagiographica Latina
BHO Bibliotheca Hagiographica Orientalis
BHTh Beiträge zur historischen Theologie
Bibl Biblica
BiblThom Bibliothèque Thomiste
BiblMiss R. Streit - J. Dillinger, Bibliotheca Missionum
BIES The Bulletin of the Israel Exploration Society
BIFAO Bulletin de l'Institut Français d'Archéologie Orientale
Bill. I-V (H. L. Strack-) P. Billerbeck, Kommentar zum Neuen Testament aus Talmud und Midrasch, Bd 1-4 1922-1928, Bd 5 1955
BiOr Bibliotheca Orientalis
BJPES Bulletin of the Jewish Palestine Exploration Society
BJRL The Bulletin of the John Rylands Library
BK Biblischer Kommentar. Altes Testament, hg. v. M. Noth, 1955ff
BKV 1.2 Bibliothek der Kirchenväter (»Kemptener Ausgabe«); BKV1: 1869-1888, BKV2: 1911ff
BL Bibel-Lexikon, hg. v. H. Haag, 1951 bis 1956
Bl-Debr F. Blaß-A. Debrunner, Grammatik des neutestamentlichen Griechisch, 9. Aufl. 1954
BoA Luthers Werke in Auswahl, hg. v. O. Clemen (»Bonner Ausgabe«), Bd 1-8 1912 bis 1933 (Bd 1-4. 7. 8 Neudr. 1950); BoA2 = 2. Aufl.: Bd 5. 6 1955
BOT De Boeken van het Oude Testament, hg. v. A. van den Born
Bousset, Rel. W. Bousset, Die Religion des Judentums, 3. Aufl. hg. v. H. Greßmann, 1926
BPhil Bibliographia Philosophica 1934-1945, ed. G. A. de Brie, Bd 1. 2 1950. 1954
Braun, Altar J. Braun, Der christliche Altar in seiner geschichtlichen Entwicklung, 2 Bde 1924
Braun, LH J. Braun, Liturgisches Handlexikon, 2. Aufl. 1924
Braun, TA J. Braun, Tracht und Attribute der Heiligen in der deutschen Kunst, 1943
BRL K. Galling, Biblisches Reallexikon (HAT I, 1, 1937)
BRThAM Bulletin des Recherches de Théologie Ancienne et Médiévale
BS Bibliotheca Sacra
BSHPF Bulletin de la Société de l'Histoire du Protestantisme Français
BSKG Beiträge zur sächsischen Kirchengeschichte
BSLK Die Bekenntnisschriften der lutherischen Kirche, hg. v. Deutschen Evangelischen Kirchenausschuß, 3. Aufl. 1956
BSO(A)S Bulletin of the School of Oriental (Vol. 10ff: and African) Studies
BSRK Die Bekenntnisschriften der reformierten Kirche, hg. v. E. F. K. Müller, 1903
BSt Biblische Studien
BThH Biblisch-Theologisches Handwörterbuch zur Lutherbibel und zu neueren Übersetzungen, hg. v. E. Osterloh u. H. Engelland, 1954
BThKG Beiträge zur thüringischen Kirchengeschichte
Bultmann I. II R. Bultmann, Glauben und Verstehen. Gesammelte Aufsätze, Bd 1, 2. unv. Aufl. 1954, Bd 2 1952
Bultmann, NT R. Bultmann, Theologie des Neuen Testaments, 2. Aufl. 1954
Burrows, DSS M. Burrows, The Dead Sea Scrolls (with translations by the author), 1955
Burrows, QMss M. Burrows, The Dead Sea Scrolls of St. Mark's Monastery: Vol. I. The Isaiah Manuscript and the Habakuk Commentary, 1950; Vol. II. Fascicle 2. Plates and transcription of the Manual of Discipline, 1951
BWA(N)T Beiträge zur Wissenschaft vom Alten (und Neuen) Testament
BWGN Biographisch Woordenboek van Protestantsche Godgeleerden in Nederland, 1919ff
ByZ Byzantinische Zeitschrift
BZ Biblische Zeitschrift
BZAW Beihefte zur Zeitschrift für die alttestamentliche Wissenschaft
BZNW Beihefte zur Zeitschrift für die neutestamentliche Wissenschaft
BZRGG Beihefte der Zeitschrift für Religions- und Geistesgeschichte
CA Confessio Augustana
CahArch Cahiers Archéologiques. Fin de l'Antiquité et Moyen Âge
Caspar I. II E. Caspar, Geschichte des Papsttums von den Anfängen bis zur Höhe der Weltherrschaft, Bd 1. 2 1930. 1933
CathEnc The Catholic Encyclopedia, 1907-1922
Catholicisme Catholicisme hier, aujourd'hui, demain. Encyclopédie dirigée par G. Jacquanet, 1948ff
CBL Calwer Bibellexikon, 4. Aufl. 1924
CBQ The Catholic Biblical Quarterly
CCath Corpus Catholicorum
CCHMA Corpus Codicum Hebraicorum Medii Aevi
CChr Corpus Christianorum
CConf Corpus Confessionum. Die Bekenntnisse der Christenheit
CcW Chronik der christlichen Welt
Chant P. D. Chantepie de la Saussaye, Lehrbuch der Religionsgeschichte, 4. Aufl. hg. v. A. Bertholet u. E. Lehmann, 1925
Charles, AP The Apocrypha and Pseudepigrapha of the Old Testament in English, ed. R. H. Charles, 1913
Chevalier U. Chevalier, Répertoire des sources historiques du Moyen Âge (BB: Bio-Bibliographie, 2. Aufl. 1905-1907; TB: Topo-Bibliographie, 1894-1903)
ChH Church History
ChQR The Church Quarterly Review
Chr. d'Ég. Chronique d'Égypte
ChrRel Christus und die Religionen der Erde, 3 Bde, hg. v. F. König, 1951; ChrRel2: 2. Aufl. 1956
ChuW Christentum und Wissenschaft
ChW Christliche Welt
CIC Codex Iuris Canonici (c. [cc.] = canon[es])
CIG Corpus Inscriptionum Graecarum
CIJ J. B. Frey, Corpus Inscriptionum Judaicarum, Bd 1. 2 1936. 1948
CIL Corpus Inscriptionum Latinarum
CIS Corpus Inscriptionum Semiticarum
CKL Calwer Kirchenlexikon, 1937. 1941
CN Coniectanea Neotestamentica

COT Commentaar op het Oude Testament, hg. v. G. Ch. Aalders
CorpIC Corpus Iuris Canonici
CPL Clavis Patrum Latinorum, ed. E. Dekkers, Steenbrugge 1951 (= SE 3)
CR Corpus Reformatorum
CSCO Corpus scriptorum Christianorum orientalium
CSEL Corpus scriptorum ecclesiasticorum Latinorum
CSS Cursus Scripturae Sacrae
DA Deutsches Archiv für Geschichte des Mittelalters (1937-1943; seit 1950: für Erforschung des Mittelalters)
DAB Dictionary of American Biography
DACL F. Cabrol-H. Leclercq, Dictionnaire d'Archéologie Chrétienne et de Liturgie, 1907ff
DAFC Dictionnaire Apologétique de la Foi Catholique, 1914-1931
Dalman, AuS G. Dalman, Arbeit und Sitte in Palästina, 1928-1942
DB A Dictionary of the Bible, ed. J. Hastings with assistance of J. A. Selbie, 1898-1904 (= 8.-13. Aufl. 1942-1951)
DBF Dictionnaire de Biographie Française, 1933ff
DCB Dictionary of Christian Biography, Literature, Sects and Doctrines, 1877-1887
DDC Dictionnaire de Droit Canonique, 1935ff
DdS Dictionnaire de Sociologie, 1933ff
DDT Denkmäler deutscher Tonkunst
DE Deutsch-Evangelisch
DEBl Deutsch-evangelische Blätter
DEG Deutsches Evangelisches Gesangbuch
Deißmann, LvO A. Deißmann, Licht vom Osten, 4. Aufl. 1923
Denz. H. Denzinger, Enchiridion symbolorum et definitionum, 29. Aufl. 1954
DHC P. Bayle, Dictionnaire Historique et Critique, 6. Aufl. Bd 1-4 1741
DHGE Dictionnaire d'Histoire et de Géographie Ecclésiastiques, 1912ff
DJD Discoveries in the Judaean Desert, Oxford 1955ff
DJZ Deutsche Juristenzeitung
DLZ Deutsche Literaturzeitung
DMM Dictionary of Modern Music and Musicians, 1924
DNB The Dictionary of National Biography, 1885ff
DOP Dumbarton Oaks Papers
Doyé F. v. Sales Doyé, Heilige und Selige der römisch-katholischen Kirche, deren Erkennungszeichen, Patronate und lebensgeschichtliche Bemerkungen, 2 Bde 1930
DSp Dictionnaire de Spiritualité, Ascétique et Mystique, 1937ff
DTB Denkmäler der Tonkunst in Bayern (= 2. Folge der Denkmäler deutscher Tonkunst)
DTh Deutsche Theologie. Monatsschrift für die deutsche evangelische Kirche
DThC Dictionnaire de Théologie Catholique, 1903ff
DTÖ Denkmäler der Tonkunst in Österreich
DtPfrBl Deutsches Pfarrerblatt
DTT Dansk Teologisk Tidsskrift
Duchesne, LP Liber Pontificalis, ed. L. Duchesne, Bd 1.2 Paris 1886/92; anastatischer Neudr. ebd 1955; Bd 3 ed. C. Vogel, ebd 1957
DVfLG Deutsche Vierteljahrsschrift für Literaturwissenschaft und Geistesgeschichte
DZKR Deutsche Zeitschrift für Kirchenrecht
DZPh Deutsche Zeitschrift für Philosophie
EAW Einleitung in die Altertumswissenschaft, 3. Aufl. 1927ff
EB Encyclopaedia Biblica, ed. T. K. Cheyne and J. Black, 1899-1903
EBrit Encyclopaedia Britannica*)
EC Enciclopedia Cattolica, Bd 1-12 1949 bis 1954
EF Enciclopedia Filosofica, Bd 1-4 1957
EHP Encyklopädisches Handbuch der Pädagogik, hg. v. W. Rein, 1895-1910
EI[1] Enzyklopädie des Islam, Leiden. Leipzig 1913-1938
EI[2] Encyclopédie de l'Islam, nouv. éd., Leiden. Paris 1954ff
Eichmann-Mörsdorf E. Eichmann - K. Mörsdorf, Lehrbuch des Kirchenrechts auf Grund des CIC, Bd 1-3 7. Aufl. 1953-1954
Eisler R. Eisler, Wörterbuch der philosophischen Begriffe, 4. Aufl. 1927-1930
EitnerQ R. Eitner, Biographisch-bibliographisches Quellenlexikon der Musiker und Musikgelehrten der christlichen Zeitrechnung bis zur Mitte des 19. Jh.s, 1900-1904
EJud Encyclopaedia Judaica. Das Judentum in Geschichte und Gegenwart, Bd 1-10 1928-1934 (nicht vollständig)
EKG Evangelisches Kirchengesangbuch
EKL Evangelisches Kirchenlexikon. Kirchlich-theologisches Handwörterbuch, hg. v. H. Brunotte und O. Weber, 1955ff
Elert, ML W. Elert, Morphologie des Luthertums, verb. Nachdr. 1952f
Éliade M. Éliade, Die Religionen und das Heilige. Elemente der Religionsgeschichte, 1954 (Übers. von: Traité d'Histoire des Religions, 1949)
ELKZ Evangelisch-lutherische Kirchenzeitung
EMM Evangelisches Missionsmagazin
EMZ Evangelische Missionszeitschrift
EphLiturg Ephemerides Liturgicae
EphLov Ephemerides Lovanienses
EPhM Etudes de Philosophie Médiévale
Epit. Epitome
ER Ecumenical Review
Eranos Eranos. Acta philologica suecana
ERE Encyclopedia of Religion and Ethics, ed. J. Hastings, 1908-1926 (Nachdr. 1951)
ErJb Eranos-Jahrbuch
Erman-Horn Bibliographie der deutschen Universitäten, bearb. v. W. Erman u. E. Horn, Bd 1.2 1904, Register u. Nachträge 1905
Escobar Ordini e Congregazioni religiose, hg. v. M. Escobar, Bd 1. 2 1951. 1953
ESL Evangelisches Soziallexikon, hg. v. F. Karrenberg, 1954
ESS Encyclopedia of the Social Sciences, Bd 1-15 1930-1935
ET The Expository Times
EThL Ephemerides Theologicae Lovanienses
EThR Etudes Théologiques et Religieuses
EuG J. S. Ersch u. J. G. Gruber, Allgemeine Enzyklopädie der Wissenschaften und Künste, 1818-1889

EUI	Enciclopedia Universal Ilustrada Europeo-Americana, 1908-1933
EvFr	Evangelische Freiheit
EvTh	Evangelische Theologie
Exp	The Expositor
FA	Finanzarchiv
FBPG	Forschungen zur brandenburg-preußischen Geschichte
FC	Formula Concordiae
FChLDG	Forschungen zur christlichen Literatur- und Dogmengeschichte
Feine	H. E. Feine, Kirchliche Rechtsgeschichte, Bd 1, 3. Aufl. 1955
FF	Forschungen und Fortschritte
FFC	Folklore Fellows Communications
FGH	Fragmente der griechischen Historiker, hg. v. F. Jacoby, 1923 ff
FGLP	Forschungen zur Geschichte und Lehre des Protestantismus
FGNK	Forschungen zur Geschichte des neutestamentlichen Kanons
FHG	Fragmenta historicorum Graecorum, 1841-1870
FHR	Fontes historiae religionum, ed. C. Clemen
FKDG	Forschungen zur Kirchen- und Dogmengeschichte
FKGG	Forschungen zur Kirchen- und Geistesgeschichte
Frazer	J. G. Frazer, The Golden Bough, Vols 1 to 12, 3. ed. 1911-1927
Friedberg	E. Friedberg, Lehrbuch des katholischen und evangelischen Kirchenrechts, 6. Aufl. 1909
FRLANT	Forschungen zur Religion und Literatur des Alten und Neuen Testaments
FS	Franziskanische Studien
FSThR	Forschungen zur systematischen Theologie und Religionsphilosophie
F-T	A. Fischer - W. Tümpel, Das deutsche evangelische Kirchenlied des 17. Jh.s, Bd 1-6 1902-1916
GAL	C. Brockelmann, Geschichte der arabischen Literatur, 2. Aufl. 1943 f
GALS	Supplement zu GAL (1. Aufl.), 1937-1942
GB	W. Gesenius - F. Buhl, Hebräisches und Aramäisches Handwörterbuch, 17. Aufl. 1921 (unv. Nachdr. 1949)
GCAL	G. Graf, Geschichte der christlichen arabischen Literatur, Bd 1-5 1944-1953 (= StT 118. 133. 146f. 172)
GCS	Die griechischen christlichen Schriftsteller der ersten Jahrhunderte
GdG	Grundriß der Geschichtswissenschaft*)
GdS	Grundriß der Sozialökonomik
Gebhardt-Grundmann	B. Gebhardt, Handbuch der deutschen Geschichte, 8. Aufl. hg. v. H. Grundmann, 1954 ff
GG	Grundgesetz für die Bundesrepublik Deutschland vom 23. 5. 1949
GG	Grundriß zur Geschichte der deutschen Dichtung. Aus den Quellen von K. Goedeke*)
GGA	Göttingische Gelehrte Anzeigen
GM	Godsdiensten der Mensheid
Gn	Gnomon. Kritische Zeitschrift für die gesamte klassische Altertumswissenschaft
GPr	Gymnasialprogramm
Grabmann	M. Grabmann, Geschichte der scholastischen Methode, Bd 1. 2 1909. 1911 (unv. Nachdr. 1956)
GrKat	Großer Katechismus
GThT	Gereformeerd Theologisch Tijdschrift
Haller	J. Haller, Das Papsttum. In 5 Bden verb. u. erg. Aufl. 1950-1953
HAOG	A. Jeremias, Handbuch der altorientalischen Geisteskultur, 2. Aufl. 1929
Harnack, DG	A. v. Harnack, Lehrbuch der Dogmengeschichte, 4. Aufl. 1909 f (= 5. Aufl. 1931 f)
HAT	Handbuch zum Alten Testament, hg. v. O. Eißfeldt
Hauck	A. Hauck, Kirchengeschichte Deutschlands, Bd 1-4 3./4. Aufl., Bd 5, 1. 2 1./2. Aufl. 1904-1920 (= Bd 1 7. Aufl., Bd 2-4 6. Aufl., Bd 5, 1.2 5. Aufl. 1952)
HAW	Handbuch der Altertumswissenschaft, begr. v. I. v. Müller, neu hg. v. W. Otto, 1929 ff
HB	E. Hübner, Bibliographie der klassischen Altertumswissenschaft, 2. Aufl. 1889
HBK	Herders Bibelkommentar, hg. v. E. Kalt u. W. Lauck
HBLS	Historisch-biographisches Lexicon der Schweiz, Bd 1-7 und Suppl., 1921-1934
HC	Hand-Commentar zum Neuen Testament
HDEKM	Handbuch der deutschen evangelischen Kirchenmusik, 1935 ff
HDG	Handbuch der Dogmengeschichte, hg. v. M. Schmaus, J. Geiselmann und H. Rahner, 1951 ff
HdR	Handwörterbuch der Rechtswissenschaft, hg. v. F. Stier-Somlo u. A. Elster, 1925 bis 1931
Hefele	C. J. Hefele, Conciliengeschichte, Bd 1-7, fortgesetzt v. J. Hergenröther, Bd 8. 9 1855-1874. 1887. 1890; Hefele^2: 2. Aufl. Bd 1-4 1873-1879; Bd 5. 6 besorgt v. A. Knöpfler, 1886. 1890
Heimbucher	M. Heimbucher, Die Orden und Kongregationen der katholischen Kirche, 3. Aufl. 1933 f
Helyot	P. Helyot, Dictionnaire des Ordres Religieux, publ. par J. P. Migne, 1847-1859
Hennecke^2	Neutestamentliche Apokryphen in deutscher Übersetzung, hg. v. E. Hennecke, 2. Aufl. 1924; Hennecke^3: 3. Aufl., hg. v. W. Schneemelcher, 1958 f
Hennecke, Hdb.	Handbuch zu den neutestamentlichen Apokryphen, hg. v. E. Hennecke, 1904
HerKorr	Herder-Korrespondenz
Hermelink I-III	H. Hermelink, Das Christentum in der Menschheitsgeschichte von der französischen Revolution bis zur Gegenwart, Bd 1-3 1951-1952
Hermes	Hermes. Zeitschrift für klassische Philologie
HGR	Histoire Générale des Religions, Bd 1-5 1948-1952
HJ	Historisches Jahrbuch der Görres-Gesellschaft
HibJ	The Hibbert Journal. A quarterly review of religion, theology and philosophy
HIM	Handbuch der Inneren Mission, 1925 ff
Hirsch I-V	E. Hirsch, Geschichte der neuern evangelischen Theologie im Zusammenhang mit den allgemeinen Bewegungen des europäischen Denkens, Bd 1-5 1949 bis 1954
HIsl	Handwörterbuch des Islam, hg. v. A. J. Wensinck u. J. H. Kramers, 1941
HK	Handkommentar zum Alten Testament, hg. v. W. Nowack

HKG	Handbuch der Kirchengeschichte, hg. v. G. Krüger, 2. Aufl. 1923-1931
HKultG	Handbuch der Kulturgeschichte
HLW	Handbuch der Literaturwissenschaft, hg. v. O. Walzel, 1923 ff
HM	Hallische Monographien
HN	H. Hurter, Nomenclator literarius theologiae catholicae, ed. 3. 1903-1913
HNT	Handbuch zum Neuen Testament, begr. v. H. Lietzmann, hg. v. G. Bornkamm
HO	Handbuch der Orientalistik, hg. v. B. Spuler, 1948 ff
Holl I-III	K. Holl, Gesammelte Aufsätze zur Kirchengeschichte, Bd 1 6. Aufl. 1932 (= 7. Aufl. 1948), Bd 2. 3 1928
Holweck	F. G. Holweck, A Biographical Dictionary of the Saints, 1924
HPäd	Handbuch der Pädagogik, hg. v. H. Nohl u. L. Pallat, 1928-1933
HPBl	Historisch-politische Blätter für das katholische Deutschland
HPh	Handbuch der Philosophie, hg. v. A. Baeumler u. M. Schröter, 1927 ff
HRW(L)	Handbuch der Religionswissenschaft, hg. v. J. Leipoldt, 1922
HRW(M)	Handbuch der Religionswissenschaft, hg. v. G. Mensching, 1948 ff
HS	Horae Soederblomianae
HSAT	Die Heilige Schrift des Alten Testaments, ... übers. v. E. Kautzsch, 4. Aufl. hg. v. A. Bertholet, 1922 f
HSchAT	Die Heilige Schrift des Alten Testaments, hg. v. F. Feldmann u. H. Herkenne
HThK	Herders Theologischer Kommentar, hg. v. A. Wikenhauser
HThR	The Harvard Theological Review
HUCA	Hebrew Union College Annual
Hutten	K. Hutten, Seher-Grübler-Enthusiasten. Sekten und religiöse Sondergemeinschaften der Gegenwart, 4. Aufl. 1954
HV	Historische Vierteljahrsschrift
HWBW	Handwörterbuch der Betriebswirtschaft*)
HWDA	Handwörterbuch des deutschen Aberglaubens, hg. v. H. Bächtold-Stäubli, 1927-1942
HWS	Handwörterbuch der Soziologie, hg. v. A. Vierkandt, 1931
HWSt	Handwörterbuch der Staatswissenschaften, hg. v. L. Elster, 4. Aufl. 1923-1929 (vgl. HWSW)
HWSW	Handwörterbuch der Sozialwissenschaften, hg. v. E. v. Beckerath u. a., 1952 ff (Neuaufl. des HWSt)
HZ	Historische Zeitschrift
JA	Journal Asiatique
JAA	Jaarboek der koninklijke nederlands(ch)e Akademie van Wetenschappen. Amsterdam
Jaffé	Ph. Jaffé, Regesta pontificum Romanorum ab condita ecclesia ad annum 1198, Bd 1.2 2. Aufl. 1885-1888
JAOS	The Journal of the American Oriental Society
JB	Theologischer Jahresbericht
JBL	Journal of Biblical Literature and Exegesis
JbNSt	Jahrbücher für Nationalökonomie und Statistik
JbP	Jahrbuch der Musikbibliothek Peters
JBR	The Journal of Bible and Religion

JBrKG	Jahrbuch für brandenburgische Kirchengeschichte
ICC	The International Critical Commentary of the Holy Scriptures of the Old and New Testament
JCS	Journal of Cuneiform Studies
JdI	Jahrbuch des Deutschen Archäologischen Instituts
JDTh	Jahrbücher für deutsche Theologie
JEA	The Journal of Egyptian Archaeology
JEH	The Journal of Ecclesiastical History
IEJ	Israel Exploration Journal
JEOL	Jaarbericht ... Ex Oriente Lux
JerB	Bible de Jérusalem
JewEnc	The Jewish Encyclopedia, 1901-1906
JGNKG	Jahrbuch der Gesellschaft für niedersächsische Kirchengeschichte (bis 45, 1940: ZGNKG)
JGPrÖ	Jahrbuch der Gesellschaft für die Geschichte des Protestantismus in Österreich
JHS	The Journal of Hellenic Studies
JJS	The Journal of Jewish Studies
JK	Junge Kirche
IKZ	Internationale Kirchliche Zeitschrift
ILCV	Inscriptiones Latinae Christianae Veteres, ed. Diehl, Bd 1-3 1925-1931
JLH	Jahrbuch für Liturgik und Hymnologie
JLW	Jahrbuch für Liturgiewissenschaft
JNES	Journal of Near Eastern Studies
Inst.	J. Calvin, Christianae Religionis Institutio
IntB	The Interpreter's Bible, ed. N. B. Harmon
Jöcher	Allgemeines Gelehrten-Lexicon, hg. v. Chr. G. Jöcher, Bd 1-4 1750 f; Forts. u. Ergänzung v. J. Chr. v. Adelung, fortges. v. W. Rotermund Bd 1-6 1784 bis 1819; Bd 7, hg. v. O. Günther, 1897
JPOS	Journal of the Palestine Oriental Society
JpTh	Jahrbücher für protestantische Theologie
JQR	The Jewish Quarterly Review
JR	Journal of Religion
JRAS	Journal of the Royal Asiatic Society of Great Britain
IRM	The International Review of Missions
JRomS	Journal of Roman Studies
JSOR	Journal of the Society of Oriental Research
JSS	Journal of Semitic Studies
JThS	The Journal of Theological Studies
Judaica	Judaica. Beiträge zum Verständnis des jüdischen Schicksals in Vergangenheit und Gegenwart
JüdLex	Jüdisches Lexikon, 1927-1930
IZBG	Internationale Zeitschriftenschau für Bibelwissenschaft und Grenzgebiete
KÅ	Kyrkohistorisk Årsskrift
KantSt	Kant-Studien. Philosophische Zeitschrift
KAT	Kommentar zum Alten Testament, hg. v. E. Sellin
KAT^3	E. Schrader, Die Keilinschriften und das Alte Testament, 3. Aufl. 1903
Kautzsch, AP	Die Apokryphen und Pseudepigraphen des Alten Testaments, (in deutscher Übersetzung) hg. v. E. Kautzsch, 1900 (= 1921)
KB	Keilinschriftliche Bibliothek
KBL	L. Koehler-W. Baumgartner, Lexicon in Veteris Testamenti libros, 1953
KeH	Kurzgefaßtes exegetisches Handbuch zum Alten Testament
KfS	Kölner Zeitschrift für Soziologie und Sozialpsychologie

KH Kirchliches Handbuch für das katholische Deutschland
KHC Kurzer Hand-Commentar zum Alten Testament, hg. v. K. Marti
KJ Kirchliches Jahrbuch für die evangelische Kirche in Deutschland
Kittel, GVI R. Kittel, Geschichte des Volkes Israel, Bd 1 5./6. Aufl. 1923, Bd 2 6. Aufl. 1925, Bd 3, 1.2 2. Aufl. 1927. 1929
KL Wetzer u. Welte's Kirchenlexikon, 2. Aufl. 1882–1899
KLNM Kulturhistorisk Lexikon för Nordisk Medeltid, 1956ff
KlT Kleine Texte für theologische und philologische Vorlesungen und Übungen, begr. v. H. Lietzmann, hg. v. K. Aland
KmJb Kirchenmusikalisches Jahrbuch
KNT Kommentar zum Neuen Testament, hg. v. Th. Zahn
KO Kirchenordnung
Koch E. E. Koch, Geschichte des Kirchenliedes, 3. Aufl. 1866–1887
KRA Kirchenrechtliche Abhandlungen
KuD Kerygma und Dogma
Kümmerle Encyclopädie der evangelischen Kirchenmusik, bearb. u. hg. v. S. Kümmerle, Bd 1–4 1888–1895
Künstle I. II K. Künstle, Ikonographie der christlichen Kunst, Bd 1. 2 1926. 1928
KVR Kleine Vandenhoeck-Reihe
Landgraf A. M. Landgraf, Dogmengeschichte der Frühscholastik, 1952ff
Latourette I–VII K. S. Latourette, A History of the Expansion of Christianity, Bd 1–7 1937–1945
Latourette, Gesch. K. S. Latourette, Geschichte der Ausbreitung des Christentums, 1956 (gekürzte dt. Ausg. von Latourette I–VII)
LChW The Lutheran Churches of the World, ed. A. R. Wentz, 1952
LD Das Erbe deutscher Musik, hg. im Auftrag des Staatlichen Instituts für Musikforschung, 1935ff. Reihe II: Landschaftsdenkmale (vgl. RD)
van der Leeuw G. van der Leeuw, Phänomenologie der Religion, 2. Aufl. 1956
Leiturgia Leiturgia. Handbuch des evangelischen Gottesdienstes, 1954ff
LJ Liturgisches Jahrbuch
Liermann H. Liermann, Deutsches evangelisches Kirchenrecht, 1933
Lietzmann I–IV H. Lietzmann, Geschichte der alten Kirche, Bd 1 2. Aufl. 1937 (= 3. Aufl. 1953), Bd 2–4 1936–1944 (= 2. Aufl. 1953)
LML Luther. Mitteilungen der Luthergesellschaft
Loofs$^{4.5}$ F. Loofs, Leitfaden zum Studium der Dogmengeschichte, 4. Aufl. 1906; 5. Aufl. hg. v. K. Aland, 1950ff
LPäd(B) Lexikon der Pädagogik, Bern 1950–1952
LPäd(F) Lexikon der Pädagogik, Freiburg 1952 ff
LR Lutherische Rundschau
LThK Lexikon für Theologie und Kirche, hg. v. M. Buchberger, Bd 1–10 1930–1938; LThK^2: 2. Aufl. 1957ff
LUÅ Lunds Universitets Årsskrift
Lübker F. Lübker, Reallexikon des klassischen Altertums, 8. Aufl. 1914
LuJ Luther-Jahrbuch
LuM Liturgie und Mönchtum
Luthertum Luthertum (= NF der Neuen kirchlichen Zeitschrift; 45–53, 1934–1942)
Luthertum Luthertum. Eine Schriftenreihe, 1951ff
LZ Literarisches Zentralblatt
MAA Medede(e)lingen der koninklijke nederlands(ch)e Akademie van Wetenschappen. Amsterdam
MAB Mémoires de l'Académie Royale de Langue et de Littérature Française de Belgique. Bruxelles
MAMA Monumenta Asiae Minoris Antiqua
Manitius M. Manitius, Geschichte der lateinischen Literatur des Mittelalters, 1911–1931
Mansi J. D. Mansi, Sacrorum conciliorum nova et amplissima collectio, Bd 1–31 1759 bis 1798, Neudr. u. Forts. 1900ff
MAOG Mitteilungen der Altorientalischen Gesellschaft
MAR The Mythology of All Races, ed. L. H. Gray, Bd 1–12 1916–1931
MDAI Mitteilungen des Deutschen Archäologischen Instituts
MdKI Materialdienst des Konfessionskundlichen Instituts
MDOG Mitteilungen der Deutschen Orientgesellschaft
MeyerG E. Meyer, Geschichte des Altertums*)
MeyerK Kritisch-exegetischer Kommentar über das Neue Testament, begr. v. H. A. W. Meyer
MfM Monatshefte für Musikgeschichte
MG Monumenta Germaniae historica
MG AA MG Auctores antiquissimi
MG DD MG Diplomata
MG Epp MG Epistulae
MG SS MG Scriptores
MG PL MG Poetae Latinae
MGG Die Musik in Geschichte und Gegenwart, 1949ff
MGkK Monatsschrift für Gottesdienst und kirchliche Kunst
MGWJ Monatsschrift für Geschichte und Wissenschaft des Judentums
MIÖG Mitteilungen des Instituts für österreichische Geschichtsforschung
MIOr Mitteilungen des Instituts für Orientforschung
Mirbt C. Mirbt, Quellen zur Geschichte des Papsttums und des römischen Katholizismus, 4. Aufl. 1924 (= 5. Aufl. 1934)
MkPr Monatsschrift für kirchliche Praxis
MNDPV Mitteilungen und Nachrichten des Deutschen Palästinavereins
MO Le Monde Oriental
Moffatt, NTC The Moffatt New Testament Commentary
Moser H. J. Moser, Musiklexikon, 1951^3
Mowinckel I–IV S. Mowinckel, Psalmenstudien I–IV, 1921 bis 1924
MPG J. P. Migne, Patrologiae cursus completus, series Graeca
MPL J. P. Migne, Patrologiae cursus completus, series Latina
MPTh Monatsschrift für Pastoraltheologie
MR Mythes et Religion
MS Mediaeval Studies
MSR Mélanges de Science Religieuse
MThS Münchener Theologische Studien
MThZ Münchener Theologische Zeitschrift
MuK Musik und Kirche

Mulert-Schott	H. Mulert - E. Schott, Konfessionskunde. Die christlichen Kirchen und Sekten heute, 3. Aufl. 1956
Muséon	Le Muséon. Revue d'Études Orientales
MV(Ä)G	Mitteilungen der Vorderasiatisch(-Ägyptisch)en Gesellschaft
NA	Neues Archiv der Gesellschaft für ältere deutsche Geschichtskunde
NAG	Nachrichten von der (ab 1945: der) Akademie der Wissenschaften in Göttingen (bis 1940: NGG)
NAKG	Nederlandsch Archief voor Kerkgeschiedenis
NAMZ	Neue Allgemeine Missionszeitschrift
NBD	Nuntiaturberichte aus Deutschland, ed. W. Friedensburg
NC	La Nouvelle Clio
NDB	Neue Deutsche Biographie, 1953ff
NedThT	Nederlands Theologisch Tijdschrift
Nelle	W. Nelle, Geschichte des deutschen evangelischen Kirchenliedes, 1909
NGG	Nachrichten von der Gesellschaft der Wissenschaften zu Göttingen (ab 1941: NAG)
Niesel, BS	Bekenntnisschriften und Kirchenordnungen der nach Gottes Wort reformierten Kirche, hg. v. W. Niesel, 1938 (= 3. Aufl. o. J.)
Niesel, Symb	W. Niesel, Das Evangelium und die Kirchen. Ein Lehrbuch der Symbolik, 1953
NKZ	Neue kirchliche Zeitschrift
NNBW	Nieuw Nederlandsch Biographisch Woordenboek, uitg. door P. C. Molhuysen e. a., 10 Bde 1911-1933
Noth, GI	M. Noth, Geschichte Israels, 3. Aufl. 1956 (= 2. Aufl. 1954)
Noth, Pers	M. Noth, Die israelitischen Personennamen im Rahmen der gemein-semitischen Namengebung (BWANT III, 10), 1929
Noth, ÜPent	M. Noth, Überlieferungsgeschichte des Pentateuch, 1948
Noth, ÜSt	M. Noth, Überlieferungsgeschichtliche Studien I. Die sammelnden und bearbeitenden Geschichtswerke im Alten Testament (SGK 18, 2), 1943
Noth, WAT	M. Noth, Die Welt des Alten Testamentes, 2. Aufl. 1953; Noth, WAT^3: 3. Aufl. 1957
NovTest	Novum Testamentum. An international quarterly for New Testament and related studies
NRTh	Nouvelle Revue Théologique
NSNU	Nuntius Sodalicii Neotestamentici Upsaliensis
NSR	Neue Schweizer Rundschau
NTA	Neutestamentliche Abhandlungen
NTD	Das Neue Testament Deutsch (Neues Göttinger Bibelwerk), hg. v. P. Althaus u. J. Behm
NThS	Nieuwe Theologische Studiën
NThT	Nieuw Theologisch Tijdschrift
NTS	New Testament Studies
NTT	Norsk Teologisk Tidsskrift
NTU	Nordisk Teologisk Uppslagsbok, 1948 bis 1956
Numen	Numen. International Review for the History of Religions
NZM	Neue Zeitschrift für Missionswissenschaft
ODCC	Oxford Dictionary of the Christian Church, ed. F. L. Cross, 1957
ÖP	Ökumenische Profile
OLZ	Orientalistische Literaturzeitung
Or	Orientalia. Commentarii periodici Pontificii Instituti Biblici
OrChr	Oriens Christianus
OrChrP	Orientalia Christiana periodica
OTS	Oudtestamentische Studiën
PädLex	Pädagogisches Lexikon, hg. v. H. Schwartz, 1928-1931
PäM	Publikationen älterer Musik
Paideuma	Paideuma. Mitteilungen zur Kulturkunde
PalMus	Paléographie Musicale
v. Pastor	L. v. Pastor, Geschichte der Päpste*)
PBl	Pastoralblätter
PEFQSt	Palestine Exploration Fund Quarterly Statement
PEQ	Palestine Exploration Quarterly
PGfM	Publikation älterer praktischer und theoretischer Musikwerke, hg. v. der Gesellschaft für Musikforschung, Bd 1-29 1873-1905
PhG	Philosophie und Geschichte. Eine Sammlung von Vorträgen und Schriften aus dem Gebiet der Philosophie und Geschichte
PhJ	Philosophisches Jahrbuch
Philologus	Philologus. Zeitschrift für das klassische Altertum
PhLA	Philosophischer Literaturanzeiger
PhR	Philosophische Rundschau
PJ	Palästinajahrbuch
Plöchl	W. Plöchl, Geschichte des Kirchenrechts, Bd 1. 2 1953. 1955
PO	Patrologia Orientalis
Potthast	A. Potthast, Bibliotheca historica medii aevi, 2. Aufl. 1896
PrBl	Protestantenblatt
PrJ	Preußische Jahrbücher
PrM	Protestantische Monatshefte
Proph.	Prophezei. Schweizerisches Bibelwerk für die Gemeinde
Prümm	K. Prümm, Religionsgeschichtliches Handbuch für den Raum der altchristlichen Welt, 1943 (Neudr. 1954)
PS	Patrologia Syriaca
PsR	Psychologische Rundschau
PW	A. Pauly-G. Wissowa, Real-Encyclopädie der klassischen Altertumswissenschaft, NB 1894ff
QDAJ	The Quarterly of the Department of Antiquities in Jordanie
QDAP	The Quarterly of the Department of Antiquities in Palestine
QFIAB	Quellen und Forschungen aus italienischen Archiven und Bibliotheken
QFRG	Quellen und Forschungen zur Reformationsgeschichte
QKK	Quellen zur Konfessionskunde
QRG	Quellen zur Religionsgeschichte
Quasten	J. Quasten, Patrology, Vol. 1. 2 1950. 1953
RA	Revue d'Assyriologie et d'Archéologie Orientale
RAC	Reallexikon für Antike und Christentum, hg. v. Th. Klauser, 1941ff
RÄRG	H. Bonnet, Reallexikon der ägyptischen Religionsgeschichte, 1953
RB	Revue Biblique
RD	Das Erbe deutscher Musik, hg. im Auftrag des Staatlichen Instituts für Musikforschung, 1935ff. Reihe I: Reichsdenkmale (vgl. LD)

RBén	Revue Bénédictine
RDK	Reallexikon zur deutschen Kunstgeschichte, begonnen v. O. Schmitt, hg. v. E. Gall u. L. H. Heydenreich, 1937ff
RDL	Reallexikon der deutschen Literaturgeschichte, hg. v. P. Merker u. W. Stammler, 1925-1931 (RDL^2: 2. Aufl. neu bearb. u. hg. v. W. Kohlschmidt u. W. Mohr, 1955ff)
RE	Realencyklopädie für protestantische Theologie und Kirche, 3. Aufl. 1896 bis 1913
REByz	Revue des Études Byzantines
RechSR	Recherches de Science Religieuse
REI	Revue des Études Islamiques
REJ	Revue des Études Juives
RepBibl	F. Stegmüller, Repertorium Biblicum Medii Aevi, Bd 1-5 1950-1955
RepGerm	Repertorium Germanicum, 1916-1943
RES	Revue des Études Sémitiques
RevArch	Revue Archéologique
RevHist	Revue Historique
RevSR	Revue des Sciences Religieuses
RG	Religion und Geisteskultur
RGA	Reallexikon der germanischen Altertumskunde, hg. v. J. Hoops, 1911-1919
RGG$^{1.2}$	Die Religion in Geschichte und Gegenwart, 1. Aufl. 1909-1913, 2. Aufl. 1927 bis 1932
RGL	Religionsgeschichtliches Lesebuch, hg. v. A. Bertholet, 2. Aufl. 1926ff
RGST	Reformationsgeschichtliche Studien und Texte
RHE	Revue d'Histoire Ecclésiastique
RheinMus	Rheinisches Museum für Philologie
RHPhR	Revue d'Histoire et de Philosophie Religieuses
RHR	Revue de l'Histoire des Religions
RIA	O. Schrader, Reallexikon der indogermanischen Altertumskunde, 2. Aufl. hg. v. A. Nehring, 1917–1923
Richter-Dove-Kahl	E. L. Richter - R. W. Dove - W. Kahl, Lehrbuch des katholischen und evangelischen Kirchenrechts, 8. Aufl. 1886
Rießler	P. Rießler, Altjüdisches Schrifttum außerhalb der Bibel, 1928
Rietschel-Graff	G. Rietschel, Lehrbuch der Liturgik, 2. Aufl. hg. v. O. Graff, 1951f
RIPh	Revue Internationale de Philosophie
RITh	Revue Internationale de Théologie
RitRom	Rituale Romanum
Ritschl I-IV	O. Ritschl, Dogmengeschichte des Protestantismus, Bd 1-4 1908-1924
RivAC	Rivista di Archeologia Cristiana
RKZ	Reformierte Kirchenzeitung
RLA	Reallexikon der Assyriologie, hg. v. E. Ebeling u. B. Meißner, 1932ff
RLV	Reallexikon der Vorgeschichte, hg. v. M. Ebert, 1924-1932
RM	Römische Mitteilungen des Deutschen Archäologischen Instituts
RMAL	Revue de Moyen-Âge Latin
RoB	Religion och Bibel, Nathan Söderblom-sällskapets årsbok
ROC	Revue de l'Orient Chrétien
Roscher	Ausführliches Lexikon der griechischen und römischen Mythologie, hg. v. H. W. Roscher, 1884-1937
RQ	Römische Quartalschrift für christliche Altertumskunde und für Kirchengeschichte
RR	Review of Religion
RSF	Rivista di Storia della Filosofia
RSPhTh	Revue des Sciences Philosophiques et Théologiques
RThAM	Recherches de Théologie Ancienne et Médiévale
RThom	Revue Thomiste
RThPh	Revue de Théologie et de Philosophie
RV	Religionsgeschichtliche Volksbücher
RVV	Religionsgeschichtliche Versuche und Vorarbeiten
SAB	Sitzungsberichte der Deutschen (bis 1944: Preußischen) Akademie der Wissenschaften zu Berlin
Saeculum	Saeculum. Jahrbuch für Universalgeschichte
SAH	Sitzungsberichte der Heidelberger Akademie der Wissenschaften. Heidelberg
SAM	Sitzungsberichte der Bayerischen Akademie der Wissenschaften. München
SAT	Die Schriften des Alten Testaments in Auswahl übers. u. erkl. v. H. Gunkel u. a., 2. Aufl. 1920-1925
SAW	Sitzungsberichte der (ab 225, 1, 1947: Österreichischen) Akademie der Wissenschaften in Wien
SBB	Soncino Books of the Bible, ed. A. Cohen
SBE	The Sacred Books of the East, ed. F. M. Müller, 1879-1910
SBOT	The Sacred Books of the Old Testament, ed. P. Haupt
SBU	Svensk Biblisk Uppslagsverk, hg. v. I. Engnell u. A. Fridrichsen, 1948-1952
SC	Sources Chrétiennes. Collection dirigée par H. Lubac et J. Daniélou, 1943ff
Schl.	Bibliographie zur deutschen Geschichte im Zeitalter der Glaubensspaltung 1517-1585, hg. v. K. Schottenloher, 1933-1940 (= 2., unv. Aufl. 1956ff)
SchmJb	Schmollers Jahrbuch für Gesetzgebung, Verwaltung und Volkswirtschaft
Schol.	Scholastik. Vierteljahresschrift für Theologie und Philosophie
Schürer	E. Schürer, Geschichte des jüdischen Volkes im Zeitalter Jesu Christi, Bd 1 3./4. Aufl. 1901, Bd 2.3 4. Aufl. 1907. 1909
SD	Solida Declaratio
SDF	Funk & Wagnalls Standard Dictionary of Folklore, Mythology and Legend, 2Bde 1949f
SDGSTh	Studien zur Dogmengeschichte und systematischen Theologie
SE	Sacris Erudiri. Jaarboek voor Godsdienstwetenschapen
SEÅ	Svensk Exegetisk Årsbok
Seeberg, DG	R. Seeberg, Lehrbuch der Dogmengeschichte, Bd 1.2 3. Aufl. 1922f, Bd 3. 4,1 4. Aufl. 1930. 1933, Bd 4,2 2. Aufl. 1920 (Bd 1-4 Neudr. 1953)
Sehling	E. Sehling, Die evangelischen Kirchenordnungen der Reformationszeit, Bd 1 bis 5 1902-1913, Bd 6,1ff 1955ff
Semitica	Semitica. Cahiers publiées par l'Institut d'Études Sémitiques de l'Université de Paris
Seppelt	F. X. Seppelt, Geschichte der Päpste von den Anfängen bis zur Mitte des 20. Jh.s*)
SFThL	Schriften der Finnischen Theologischen Literaturgesellschaft

SG	Sammlung Göschen
SGK	Schriften der Königsberger Gelehrten Gesellschaft. Königsberg
SgV	Sammlung gemeinverständlicher Vorträge und Schriften aus dem Gebiet der Theologie und Religionsgeschichte
SHVL	Skrifter utgivna av Kungl. Humanistiska Vetenskapssamfundet i Lund
SIMG	Sammelbände der Internationalen Musikgesellschaft
SJTh	The Scottish Journal of Theology
SKZ	Schweizerische Kirchenzeitung
SMSR	Studi e Materiali di Storia delle Religioni
SNT	Die Schriften des Neuen Testaments übers. u. erkl. v. J. Weiß u. a., 3. Aufl. 1917
SNVAO	Skrifter utgitt av Det Norske Videnskaps-Akademi i Oslo
SO	Symbolae Osloenses
SQS	Sammlung ausgewählter kirchen- und dogmengeschichtlicher Quellenschriften
ST	Sammlung Töpelmann (Die Theologie im Abriß)
Stählin	O. Stählin, Die altchristliche griechische Literatur (= Geschichte der griechischen Literatur, hg. v. W. v. Christ, Bd II, 2 6. Aufl. 1924)
StC	Studia Catholica
StD	Studies and Documents
StGB	Strafgesetzbuch
SThKAB	Schriften des Theologischen Konvents Augsburgischen Bekenntnisses
SThZ	Schweizerische Theologische Zeitschrift
StL	Staatslexikon, hg. v. H. Sacher, 5. Aufl. 1926–1932; StL⁶: 6. Aufl. 1957ff
StML	Stimmen aus Maria-Laach
StMw	Studien zur Musikwissenschaft. Beihefte der Denkmäler der Tonkunst in Österreich
StOr	Studia Orientalia
StPO	Strafprozeßordnung
Strack, Einl.	H. L. Strack, Einleitung in Talmud und Midraš, 5. Aufl. 1921
Strieder	F. W. Strieder, Grundlage zu einer hessischen Gelehrten- und Schriftstellergeschichte, Bd 1–21 1781–1861
StrThS	Straßburger Theologische Studien
StT	Studi e Testi
StTh	Studia Theologica
Stutz	U. Stutz, Kirchenrecht (Enzyklopädie der Rechtswissenschaft Bd 5), 1914
StZ	Stimmen der Zeit
Sukenik, DSS	E. L. Sukenik, The Dead Sea Scrolls of the Hebrew University, Jerusalem 1955 (engl. Ausg. von ʿÔṣăr hămmᵉgîllôt hăggᵉnûzôt šæbbîdê ha'ûnîbersîṭā ha-ʿibrît [Der Schatz der verborgenen Handschriften im Besitz der hebräischen Universität], 1954)
SVRG	Schriften des Vereins für Reformationsgeschichte
SVSL	Skrifter utgivna av Vetenskaps-Societeten i Lund
SvTK	Svensk Teologisk Kvartalskrift
SyBU	Symbolae Biblicae Upsalienses
Syria	Syria. Revue d'art orientale et d'archéologie
TCERK	Twentieth Century Encyclopedia of Religious Knowledge, 2 Bde 1955
TeU	Tekst en Uitleg
TGI	K. Galling, Textbuch zur Geschichte Israels, 1950
ThA	Theologische Arbeiten
ThAthen	ΘΕΟΛΟΓΙΑ (Theologia), Athen
ThB	Theologische Bücherei
ThBl	Theologische Blätter
Theophaneia	Theophaneia. Beiträge zur Religions- und Kirchengeschichte des Altertums
ThEx	Theologische Existenz heute
ThF	Theologische Forschung. Wissenschaftliche Beiträge zur kirchlich-evangelischen Lehre
ThFenn	Theologia Fennica
ThGl	Theologie und Glaube
ThHK	Theologischer Handkommentar zum Neuen Testament
Thielicke, ThE	H. Thielicke, Theologische Ethik, Bd 1 2. Aufl. 1958, Bd 2, 1 1955
ThLBl	Theologisches Literaturblatt
ThLZ	Theologische Literaturzeitung
ThQ	Theologische Quartalschrift
ThR	Theologische Rundschau
ThRv	Theologische Revue
ThSt	Theological Studies
ThSt(B)	Theologische Studien, hg. v. K. Barth
ThStKr	Theologische Studien und Kritiken
ThT	Theologisch Tijdschrift
ThToday	Theology Today
ThViat	Theologia Viatorum. Jahrbuch der Kirchlichen Hochschule Berlin
ThW	Theologisches Wörterbuch zum Neuen Testament, begr. v. G. Kittel, hg. v. G. Friedrich, 1933ff
ThZ	Theologische Zeitschrift
TPh	Tijdschrift voor Philosophie
Trausch-Schuller	J. Trausch–F. Schuller, Schriftsteller-Lexikon der Siebenbürger Deutschen, Bd 1–4 1868–1902
TSt	Texts and Studies
TT	Teologisk Tidsskrift
TThS	Trierer Theologische Studien
TThZ	Trierer Theologische Zeitschrift
TU	Texte und Untersuchungen zur Geschichte der altchristlichen Literatur
UdG	W. Schmidt, Der Ursprung der Gottesidee, Bd 1–12 1912–1955; Bd 1 2. Aufl. 1926
Ü	F. Überweg, Grundriß der Geschichte der Philosophie, 12. Aufl. 1923–1951
UJE	The Universal Jewish Encyclopedia, ed. L. Landman, 1948
UNT	Untersuchungen zum Neuen Testament
UUÅ	Uppsala Universitets Årsskrift
VAA	Verhandelingen der koninklijke (ab NR40, 1938: nederlands[ch]e) Akademie van Wetenschappen. Amsterdam
VAB	Vorderasiatische Bibliothek
VD	Verbum Domini
VEGL	Veröffentlichungen der Evangelischen Gesellschaft für Liturgieforschung
VerfLex	Die deutsche Literatur des Mittelalters. Verfasserlexikon. Begr. v. W. Stammler, hg. v. K. Langosch
VF	Verkündigung und Forschung
VfM	Vierteljahresschrift für Musikwissenschaft
VigChr	Vigiliae Christianae
VSB	Vies des Saints et des Bienheureux selon d'ordre du Calendrier avec l'historique des Fêtes, Bd 1–11 1935–1954 (Bd 12 folgt)
VT	Vetus Testamentum
WA	M. Luther, Werke. Kritische Gesamtausgabe (»Weimarer Ausgabe«), 1883ff

WAB	M. Luther, Werke. Kritische Gesamtausgabe. Briefwechsel, 1930ff
Wach, Relsoz.	J. Wach, Religionssoziologie (nach der 4. [engl.] Aufl. übers.), 1951
Wach, Types	J. Wach, Types of religious experience, Christian and non-Christian, 1951
WADB	M. Luther, Werke. Kritische Gesamtausgabe. Die Deutsche Bibel, 1906ff
WATR	M. Luther, Werke. Kritische Gesamtausgabe. Tischreden, 1912ff
Wattenbach	W. Wattenbach, Deutschlands Geschichtsquellen im Mittelalter bis zur Mitte des 13. Jh.s, Bd I 7. Aufl. 1904, Bd II 6. Aufl. 1894
Wattenbach-Holtzmann	W. Wattenbach, Deutschlands Geschichtsquellen im Mittelalter. Deutsche Kaiserzeit, hg. v. R. Holtzmann, Bd I, 1–4 2. Aufl. 1938–1943 (3., unv. Aufl. 1948)
Wattenbach-Levison	W. Wattenbach, Deutschlands Geschichtsquellen im Mittelalter. Vorzeit und Karolinger, bearb. v. W. Levison. H. 1 Die Vorzeit von den Anfängen bis zur Herrschaft der Karolinger, 1952; H. 2 Die Karolinger vom Anfang des 8. Jh.s bis zum Tode Karls d. Gr., bearb. v. W. Levison u. H. Löwe, 1953; H. 3 Die Karolinger nach dem Tode Karls d. Gr., bearb. v. H. Löwe, 1957; Beiheft: R. Buchner, Die Rechtsquellen, 1953
Watterich	J. M. Watterich, Pontificum Romanorum qui fuerunt inde ab exeunte saec. IX usque ad finem saec. XIII vitae, Bd 1.2 1862
WBKL	Wiener Beiträge zur Kulturgeschichte und Linguistik
WC	Westminster Commentaries
WChH	World Christian Handbook, ed. E. J. Bingle and K. G. Grubb, 1952
WES	The Wisdom of the East Series
WI	Welt des Islams
Will	G. A. Will, Nürnbergisches Gelehrten-Lexikon, fortges. v. Chr. C. Nopitsch, Bd 1–4 1802–1808
v. Winterfeld	K. v. Winterfeld. Der evangelische Kirchengesang und sein Verhältnis zur Kunst des Tonsatzes, 1843–1847
WM	U. v. Wilamowitz-Moellendorf, Der Glaube der Hellenen, 1931f (2., unv. Aufl. 1955)
WO	Die Welt des Orients
Wolf, QK	G. Wolf, Quellenkunde der deutschen Reformationsgeschichte, Bd 1–3 1915 bis 1923
WRV	Weimarer Reichsverfassung
WuD	Wort und Dienst. Jahrbuch der Theologischen Schule Bethel
WUNT	Wissenschaftliche Untersuchungen zum Neuen Testament
WVDOG	Wissenschaftliche Veröffentlichungen der Deutschen Orientgesellschaft
WZ	Wissenschaftliche Zeitschrift (folgt jeweils der Name der Stadt einer mitteldeutschen Universität)
WZKM	Wiener Zeitschrift für die Kunde des Morgenlandes
YJS	Yale Judaica Series
ZA	Zeitschrift für Assyriologie und verwandte Gebiete
ZÄS	Zeitschrift für Ägyptische Sprache und Altertumskunde

ZAGV	Zeitschrift des Aachener Geschichtsvereins
Zahn	J. Zahn, Die Melodien der deutschen evangelischen Kirchenlieder, Bd 1–6 1889–1893
ZAW	Zeitschrift für die alttestamentliche Wissenschaft
ZBG	Zeitschrift für Brüdergeschichte
ZBKG	Zeitschrift für bayerische Kirchengeschichte
ZDMG	Zeitschrift der deutschen Morgenländischen Gesellschaft
ZDPV	Zeitschrift des Deutschen Palästinavereins
ZdZ	Zeichen der Zeit
ZE	Zeitschrift für Ethnologie
ZEE	Zeitschrift für evangelische Ethik
ZevKM	Zeitschrift für evangelische Kirchenmusik
ZevKR	Zeitschrift für evangelisches Kirchenrecht
ZfM	Zeitschrift für Musik
ZfMw	Zeitschrift für Musikwissenschaft
ZgesStW	Zeitschrift für die gesamte Staatswissenschaft
ZGNKG	Zeitschrift der Gesellschaft für niedersächsische Kirchengeschichte (seit 46, 1941: JGNKG)
ZHTh	Zeitschrift für historische Theologie
ZIMG	Zeitschrift der Internationalen Musikgesellschaft
ZKG	Zeitschrift für Kirchengeschichte
ZKGPrSa	Zeitschrift des Vereins für Kirchengeschichte der Provinz Sachsen (ab 25, 1929: und des Freistaates Anhalt)
ZKTh	Zeitschrift für katholische Theologie
ZLThK	Zeitschrift für lutherische Theologie und Kirche
ZM	Zeitschrift für Missionswissenschaft (ab 34, 1950:) und Religionswissenschaft (28 bis 32, 1938–1941 und 1947/48 unter dem Titel: Missionswissenschaft und Religionswissenschaft)
ZMP	Zeitschrift des Moskauer Patriarchats
ZMR	Zeitschrift für Missionskunde und Religionswissenschaft
ZNW	Zeitschrift für die neutestamentliche Wissenschaft und die Kunde der älteren Kirche
ZP	Zeitschrift für Pädagogik
ZPhF	Zeitschrift für philosophische Forschung
ZprTh	Zeitschrift für praktische Theologie
ZRGG	Zeitschrift für Religions- und Geistesgeschichte
ZS	Zeitschrift für Semitistik
ZSavRG	Zeitschrift der Savigny-Stiftung für Rechtsgeschichte
ZSKG	Zeitschrift für Schweizer Kirchengeschichte
ZSlPh	Zeitschrift für slavische Philologie
ZSTh	Zeitschrift für systematische Theologie
ZThK	Zeitschrift für Theologie und Kirche
ZvSp	Zeitschrift für vergleichende Sprachforschung
ZVK	Zeitschrift für Volkskunde
ZVThG	Zeitschrift des Vereins für thüringische Geschichte und Altertumskunde
ZW	Zeitwende
ZWL	Zeitschrift für kirchliche Wissenschaft und kirchliches Leben
ZWTh	Zeitschrift für wissenschaftliche Theologie
ZZ	Zwischen den Zeiten

Bemerkungen zu Gruppe II siehe Seite XXVII.

III. ALLGEMEINE ABKÜRZUNGEN

aaO	am angegebenen Ort
Abb.	Abbildung
Abdr.	Abdruck
abgedr.	abgedruckt
Abh.	Abhandlung (en)
Abk.	Abkürzung
Abs.	Absatz
Abt.	Abteilung
ägypt.	ägyptisch
äthiop.	äthiopisch
allg.	allgemein
Ang.	Angabe
Anm.	Anmerkung
Art.	Artikel
arab.	arabisch
aram.	aramäisch
armen.	armenisch
AT	Altes Testament (Ancient Testament)
at.	alttestamentlich
Aufl.	Auflage
Ausg.	Ausgabe
Ausw.	Auswahl
Bd, Bde	Band, Bände
bearb.	bearbeitet
begr.	begründet
Beitr.	Beitrag (Beiträge)
bes.	besonders
betr.	betreffend
Bh.	Beiheft
Bibliogr.	Bibliographie
BRD	Bundesrepublik Deutschland
Bull.	Bulletin
bzw.	beziehungsweise
c.	Kapitel
ca	circa
cf.	confer
d.Ä.	der Ältere
DDR	Deutsche Demokratische Republik
DEK	Deutsche Evangelische Kirche
ders.	derselbe
DG	Dogmengeschichte
DGB	Deutscher Gewerkschaftsbund
dgl.	dergleichen
d.Gr.	der Große
dh	das heißt
d.i.	das ist
d.J.	der Jüngere
Dict.	Dictionary, Dictionnaire
dies.	dieselbe (n)
Diss.	Dissertation
Doz.	Dozent
dt.	deutsch
ebd	ebenda
ed.	edito, edidit, ediert von, edited by
ehem.	ehemalig usw
Einl.	Einleitung
EinlAT	Einleitung in das AT
EinlNT	Einleitung in das NT
EKD	Evangelische Kirche in Deutschland
EKU	Evangelische Kirche der Union
erg.	ergänzt
ErgBd	Ergänzungsband
ErgH.	Ergänzungsheft
erkl.	erklärt
etc	etcetera
ev.	evangelisch
evtl	eventuell
Expl.	Exemplar
f	folgende (s) Seite, Jahr
ff	folgende Seiten, Jahre
Festg.	Festgabe
Festschr.	Festschrift
Forts.	Fortsetzung
GA	Gesamtausgabe
*	geboren
gedr.	gedruckt
gef.	gefallen
gegr.	gegründet
GesW	gesammelte Werke
Gesch.	Geschichte
†	gestorben
griech.	griechisch
H.	Heft
Hbd	Halbband
Hdb.	Handbuch
hebr.	hebräisch
hl.	heilig
hg.v.	herausgegeben von
Hg.	Herausgeber
Hs., Hss.	Handschrift (en)
HWB	Handwörterbuch
i.J.	im Jahr
Jb.	Jahrbuch
Jh.	Jahrhundert
Jt.	Jahrtausend
jüd.	jüdisch
kath.	katholisch
KG	Kirchengeschichte
kopt.	koptisch
lat.	lateinisch
Lfg.	Lieferung
Lit.	Literatur
luth.	lutherisch
LXX	Septuaginta
MA	Mittelalter
Masch.	Maschinenschrift
m.a.W.	mit anderen Worten
Mikr.	Mikrokopie
Mitt.	Mitteilung (en)
Ms., Mss.	Manuskript (e)
Mon. Ser.	Monograph Series
MT	Masoretischer Text
Nachdr.	Nachdruck
NB (in Literaturangaben)	Neue Bearbeitung
nChr	nach Christus
Neudr.	Neudruck
NF	Neue Folge
nouv. éd.	nouvelle édition
NR	Neue Reihe
NS	New Series (Nuova Serie)
NT	Neues Testament (New Testament, Nouveau Testament)
nt.	neutestamentlich
o.J.	ohne Jahr (esangabe)
o.O.	ohne Ort (sangabe)
orth.	orthodox
OT	Old Testament (Oude Testament)
par	und Parallelstellen
PDoz.	Privatdozent
Prof.	Professor
prot.	protestantisch
publ.	publié
Qu.	Quellen

rd	rund
rabb.	rabbinisch
ref.	reformiert
RAG	Reichsarbeitsgericht
Reg.	Register
RegBd	Registerband
röm.	römisch
s.	siehe
S.	Seite
sc.	scilicet
sel.	selig
slaw.	slawisch
s.o.	siehe oben
s.u.	siehe unten
sog.	sogenannt
Sp.	Spalte
Sup.	Superintendent
ss	sequentes
Suppl.	Supplement
s.v.	sub voce
syr.	syrisch
sZ	seiner Zeit
t.	tome
Theol.	Theologe, Theologie
TheolAT	Theologie des AT
TheolNT	Theologie des NT
transl.	translated
u.a.	und andere, unter anderem
u.ä.	und ähnliche(s)
u.a.m.	und andere(s) mehr
u.dgl.	und dergleichen
übers.	übersetzt
Übers.	Übersetzung
Unters.(en)	Untersuchung(en)
unv.	unverändert
u.ö.	und öfters
usw	und so weiter
u.U.	unter Umständen
v.	von
V.	Vers
vChr	vor Christus
VELKD	Vereinigte Evangelisch-Lutherische Kirche Deutschlands
verb.	verbessert
Verz.	Verzeichnis
vgl.	vergleiche
Vol.	Volume
Vulg.	Vulgata
WB	Wörterbuch
Z.	Zeile
zB	zum Beispiel
Zs., Zeitschr.	Zeitschrift
zSt	zur Stelle
zT	zum Teil
zZ	zur Zeit

ES WURDEN AUSGEGEBEN:

22./23. Lieferung am 7. Februar 1958
24./25. Lieferung am 28. Februar 1958
26./27. Lieferung am 11. April 1958
28./29. Lieferung am 13. Mai 1958
30./31. Lieferung am 4. Juni 1958
32./33. Lieferung am 22. Juli 1958
34./35. Lieferung am 22. August 1958
36./38. Lieferung am 30. September 1958
39./40. Lieferung am 30. Oktober 1958
41./42. Lieferung am 28. November 1958

II. Band am 10. Dezember 1958

Bemerkungen:

1. Die einzelnen Bände der mit *) bezeichneten Werke sind jeweils nach der neuesten Auflage zitiert, wobei diese, sofern es nicht die erste ist, durch eine kleine, hochgestellte Zahl hinter der Bandnummer angegeben ist.

2. Von den Veröffentlichungen der Akademien usw ist, wenn nichts anderes angegeben ist, jeweils die philosophisch-historische oder eine entsprechende Klasse zitiert.

VERZEICHNIS DER BILDTAFELN ZUM ZWEITEN BAND

VERZEICHNIS DER KARTEN ZUM ZWEITEN BAND

BENUTZUNGSHINWEISE

Alphabetische Ordnung der Stichwörter:

Die Stichwörter sind in alphabetischer Reihenfolge geordnet. Dabei ist

j = i; ä = ae; ö = oe; ü = ue; ß = ss.

Mittelalterliche Personennamen, die außer dem Vornamen nur eine Herkunftsbezeichnung oder einen Beinamen enthalten, stehen unter dem jeweiligen Vornamen: zB »Petrus von Ailli« unter »Petrus«. Eine Ausnahme bilden die Personennamen mit Familiennamen: zB »Bartholomäus Arnoldi von Usingen« unter »Arnoldi«. Bei Ausnahmen und in Zweifelsfällen, insbesondere dort, wo von der alphabetischen Einordnung der vorigen Auflage der RGG abgewichen wurde, erleichtert ein Verweisstichwort das Auffinden des Artikels: »Capistrano, Johann von → Johannes von Capistrano«.

Der Artikel von Familiennamen germanischer Sprachen wird nicht berücksichtigt, bei Namen aus romanischen Sprachen dagegen zum Familiennamen gezogen: »Antoine de la Faye« unter »La Faye, Antoine de«.

Die Abkürzung »St.« wird wie das ausgeschriebene Wort eingeordnet:

St. Andrews unter Saint Andrews
St. Gallen unter Sankt Gallen.

Durch Bindestrich verbundene Wörter zählen als *ein* Wort:

Evangelisch-Johannische Kirche nach Evangelischer Bund.

Lateinische Präpositionen und das nachfolgende Substantiv werden als *ein* Wort gewertet:

a priori nach Apringius
de tempore nach Deszendenztheorie
in partibus infidelium nach Innungen.

Verweise:

Verweise auf einen anderen Artikel (Verweiszeichen: →) weisen darauf hin, daß dort der betr. Stoff behandelt ist oder daß sich dort ergänzendes Material findet.

Sofern Verwechslungen ausgeschlossen sind, wird bei Verweisen das Stichwort, auf das hingewiesen werden soll, gekürzt; zB: → Apriorismus (statt: → Apriorismus und Empirismus).

Wichtigen geographischen Namen wird ein Hinweis auf eine Karte beigefügt, auf der sich der Name findet: »... Memphis (→ 1 C 2)« verweist auf das Planquadrat C 2 der Karte 1: Ägypten (s. u.: Karten).

Abkürzungen:

Innerhalb eines Artikels wird das jeweilige Stichwort abgekürzt, häufig auch das dazugehörige Adjektiv. Notfalls ist die jeweilige Abkürzung am Anfang des Artikels erklärt. – Im übrigen sind die verwendeten Abkürzungen in dem »Abkürzungsverzeichnis« aufgelöst (s. S. XIV ff).

Abkürzungen aus dem kirchlichen Sprachgebrauch, von Namen katholischer Orden und von Würdetiteln sind (in Auswahl) in dem Artikel »Abbreviaturen« zusammengestellt.

Transkriptionen:

1. Biblische Namen werden in der im Deutschen üblichen Form gebraucht.
2. Wichtige griechische Termini sind nicht transkribiert, sondern in griechischen Buchstaben gedruckt und, wenn notwendig, mit Übersetzung versehen.
3. Hebräische Wörter sind – sofern sie ausnahmsweise der Übersetzung beigefügt werden – nach folgendem System transkribiert:
   Konsonanten: ʼ, b, g, d, h (mit Măppîq: ẖ), w, z, ḥ, ṭ, j, k, l, m, n, s, ʻ, p, ṣ, q, r, ś, š, t (Dageš lene wird nicht berücksichtigt).
   Vokale: ◌ָ = a (als Qamæṣ ḥaṭûf: å), ◌ַ = ă, ◌ֶ = æ, ◌ֵ = e, ◌ִ = i, ◌ֹ = o, ◌ֻ = u; ◌ָיו = âw;
   mit mater lectionis: ◌ֶי = æ̂, ◌ֵי = ê, ◌ִי = î, וֹ = ô, וּ = û, ◌ָה = ā, ◌ֶה = ǣ, ◌ֵה = ē, ◌ֹה = ō;
   als Ḥatef-Laute: ◌ֳ = ^{å}, ◌ֲ = ^{a}, ◌ֱ = ^{æ}; ◌ְ (Šewa mobile) = ^{e}; ◌ַ (Pătăḥ furtivum) = ^{a}.
4. Für die gelegentlichen Transkriptionen aus dem Arabischen, Persischen usw gilt das in der Zeitschrift der Deutschen Morgenländischen Gesellschaft verwendete System.

5. Für Transkriptionen aus dem Russischen und aus anderen slawischen Sprachen ist das »Schema zur Transkription fremder Schriftarten« in den »Instruktionen für die alphabetischen Kataloge der preußischen Bibliotheken«, 2. Ausgabe in der Fassung vom 10. August 1908, Berlin 1909 (unveränderter Nachdruck unter dem Titel: »Regeln für die alphabetische Katalogisierung in wissenschaftlichen Bibliotheken«, Leipzig 1952) S. 142f maßgebend. Haben sich Namen in einer nicht der wissenschaftlichen Transkription entsprechenden Form im Deutschen eingebürgert, so werden sie auch in dieser Schreibweise in die RGG aufgenommen. Jedoch wird der ersten Nennung solch eines Namens innerhalb eines Artikels die korrekte Transkription in Klammern beigefügt.
6. Transkriptionen aus dem Sanskrit richten sich nach dem in der Zeitschrift der Deutschen Morgenländischen Gesellschaft üblichen Schema, jedoch mit folgenden Einschränkungen:
   statt ṣ und ś wird sh geschrieben;
   die diakritischen Zeichen ṅ, ñ, ṇ, ḥ, dḥ, ṭ fallen weg; dagegen sind die Längezeichen über â, î, û beibehalten.
7. Zitate von Martin Luther u.a. werden dem heutigen Sprachgebrauch angepaßt.

Literaturangaben:

Quellen sowie in biographischen Artikeln die Werke der behandelten Personen stehen am Anfang der Literaturangabe. Im übrigen ist die Literatur *zeitlich* geordnet, dabei notfalls parallel zu dem Artikel oder - in Ausnahmefällen - sachlich gegliedert.

Alle Artikel über biblische Bücher und Büchergruppen (Pentateuch; Evangelien, synoptische usw) enthalten darüber hinaus *Literatur zur Auslegungsgeschichte,* und zwar 1. Quellen, gegliedert nach Jahrhunderten, und 2. auslegungsgeschichtliche Untersuchungen. Auslegungsgeschichtliche Literatur, die sich auf das *ganze* AT und NT bzw. auf die ganze Bibel bezieht, wird in dem Artikel »Schriftauslegung« aufgeführt.

Verfasser:

Die Artikel sind mit den Namen der Verfasser gezeichnet. Ist ein Artikel der zweiten Auflage der RGG überarbeitet worden, so steht der Name des Bearbeiters an zweiter Stelle. Der Name dessen, der an dem neuen Artikel den geringeren Anteil trägt, ist in Klammern gesetzt. Dasselbe gilt bei neuverfaßten Artikeln, für die zwei Verfasser verantwortlich zeichnen.

Karten:

Die vorgesehenen 26 Karten werden den in der folgenden Übersicht in *Kursivdruck* aufgeführten Artikeln beigefügt

1. Ägypten (Altertum) - *Ägypten*
2. Afrika (Gegenwart; Mission) – *Afrika südlich der Sahara*
3. Babylonien-Assyrien (Altertum); Nebenkarte: Babylon – *Assyrien*
4. Australien einschl. Indonesien (Gegenwart; Mission) – *Australien*
5. Dänemark, Norwegen, Schweden (im 6.–17. Jh.) – *Dänemark*
6. Deutschland (bis 1250) – *Deutschland*
7. Deutschland zur Zeit der Reformation (bis 1550) – *Deutschland*
8. Deutschland im 19. Jh. – *Deutschland*
9. Deutschland (Evangelische Landeskirchen und katholische Bistümer in der Gegenwart) – *Deutschland*
10. England (im 6.–17. Jh.) – *England*
11. Westeuropa (bis 900) – *Frankreich*
12. Ausbreitung der Hugenotten – *Hugenotten*
13. China, Japan, Korea (Gegenwart; Mission) – *Japan*
14. Westmittelmeergebiet und Ostmittelmeergebiet (Ausbreitung des Christentums bis 325 nChr) – *Imperium Romanum*
15. Vorder- und Hinterindien (Gegenwart; Mission und junge Kirchen) – *Indien*
16. Der Islam (im 8. Jh.) – *Islam*
17. Italien einschl. Sizilien (im 6.–16. Jh.); Nebenkarte: Rom – *Italien*
18. Kleinasien (Altertum) – *Kleinasien*
19. Weltkarte (Konfessionen) – *Konfessionsstatistik*
20. Weltkarte (Religionen) – *Konfessionsstatistik*
21. Die Kreuzzüge – *Kreuzzüge*
22. Süd- und Mittelamerika einschl. Mexiko (Gegenwart; Konfessionen) – *Mittelamerika*
23. Palästina-Syrien (römisch-byzantinische Zeit) – *Palästina*
24. Rußland und Balkan (im 19. Jh.) – *Rußland*
25. Nordamerika (im 18. Jh.) – *Vereinigte Staaten*
26. Vereinigte Staaten von Nordamerika (Gegenwart; Konfessionen) – *Vereinigte Staaten*

Auf diese Karten wird ebenso wie auf Artikel verwiesen (s. o.: Verweise).

Bildtafeln:

Über die Einordnung der Bildtafeln in den einzelnen Bänden unterrichtet die Übersicht am Anfang jedes Bandes.

D

Dach, *Simon* (1605–59), * in Memel, † in Königsberg. 1639 Univ.-Prof. der Poesie in Königsberg/Pr., Kirchenliederdichter, als Univ.-Lehrer von starker Anziehungskraft. Um ihn sammelte sich ein Dichterkreis, dem auch der Musiker Heinrich → Albert angehörte, zu dessen »Arien« D. manche Liedtexte schuf. Krieg und Seuchen, dazu die eigene Schwindsucht gaben seinen Liedern die Wendung auf Tod und Ewigkeit (vgl. EKG 322 »O wie selig seid ihr doch, ihr Frommen«). Sein Freundschaftslied »Der Mensch hat nichts so eigen« lebt noch heute fort. Das bekannteste D. zugeschriebene Lied ist das ursprünglich plattdeutsche »Anke von Tharau«, ein Hochzeitslied für eine ostpreußische Pfarrerstochter.

A.THOLUCK, Lebenszeugen der luth. Kirche vor u. während des 30jähr. Krieges, 1859 – K.GOEDEKE-J.TITTMANN, Dt. Dichter des 17.Jh.s: S.D., 1876 – ADB IV, 685ff – KOCH III, 182ff – GG III § 184, S. 123 Nr. 6. *W.Lueken*

Da Costa, 1. *Isaac* (1798–1860), aus angesehener portug.-jüdischer Familie, studierte die Rechte in Leiden. Mit Rücksicht auf seine dichterische Begabung wurde er der Führung → Bilderdijks übergeben. Schon vor seiner Bekehrung zum Christentum (1822) wurde er als einer der größten Dichter gefeiert. Dieser Ruhm wurde ihm auch nicht genommen, als er seit 1823 (Bezwaren tegen de geest der eeuw) den Kampf gegen den Liberalismus, den er als gottentehrenden Unglauben ansah, auf allen Gebieten führte. Er widmete sich in Amsterdam der Literatur und der Theologie, war ein Mittelpunkt der »Erwekkungsbewegung«, hielt in kleinen Kreisen seine berühmten und sehr einflußreichen Vorlesungen über biblische und theologische Themen, las auch über Geschichte und Sprachwissenschaft. Mit seinem prophetischen, biblischen Realismus ist er ein wichtiger Faktor in der kirchlichen, theologischen und kulturellen Wiederbelebung der Orthodoxie. Er griff die Groninger und die Moderne Theologie scharf an und trat für die historische Zuverlässigkeit der Bibel ein. Die prophetische Glut seines dichterischen Herzens bewahrte ihn dabei vor den Einseitigkeiten einer nur verstandesmäßigen orthodoxen Apologetik.

Seine poetischen Werke gab J.P.HASEBROEK 1860–61 heraus; seine Briefe (3 Bde) GROEN VAN PRINSTERER, 1872–76; seine Bijbellezingen (9 Bde) wurden aufgezeichnet u. veröffentlicht v. J.F.SCHIMSHEIMER (1876–80); seine Opstellen van godgeleerden en geschiedkundigen inhoud wurden veröffentlicht v. H.J.KOENEN (4 Bde). – Über Da C.: A.PIERSON, Oudere tijdgenooten, Amsterdam (1888) 1904² – M.E. KLUIT, Het Reveil in Nederland, Amsterdam 1936 – J.MEYER, I.da C.s weg naar het christendom, Amsterdam 1946. *A.A. van Ruler*

2. *Uriël* (urspr. Gabriel; 1585–1640), * Oporto, freidenkender portug. Jude aus einer marranischen Familie. Wurde Thesaurier einer Kapitelkirche, floh aber nach dem Tode des Vaters mit Mutter und Geschwistern nach Amsterdam, dann sofort nach Hamburg. Ende 1622 war er Kaufmann in Amsterdam. Er wurde wegen seiner Schrift Propostas contra a Tradicaõ von den portug. Juden das erste Mal 1618 gebannt. Da C. bestritt die Lehre der Unsterblichkeit der Seele im Examen dos Tradiçoens Phariseas conferidas con a Ley escrita (verloren; gegen Samuel da Silva). Da C. wohnte ca 1627–31 in Utrecht, dann wieder in Amsterdam, wo der vielgeplagte, unbeständige und unglückliche Mann, von einigen als Vorläufer → Spinozas betrachtet, sich schließlich das Leben nahm. Das nachgelassene Exemplar vitae humanae ist christlich und antijüdisch überarbeitet.

J.PERLES, Eine neuerschlossene Quelle über U.Acosta, 1877 – C.M DEVASCONCELLOS, U.daC., 1921 – C.GEBHARDT, Die Schriften des U.daC., 1922 – J.KASTEIN, U.daC., die Trägödie der Gesinnung, 1932 – A.M.VAZDIAS, U.daC., 1936. *J.N.Bakhuizen van den Brink*

Dadan, Bischof im fränkischen Ostreich (Austrasien), Teilnehmer am Concilium Germanicum (742) und an der Synodus Liftinensis (743, Estinnes im Hennegau), † wohl vor 747, da er nicht mehr an der 2. gesamtfränkischen Synode teilnahm; kaum zweifelhaft der im Herbst 741 durch → Bonifatius beim Majordom Karlmann empfohlene Nachfolger → Willibrords in → Utrecht.

F.FLASKAMP, Wilbrord-Clemens u. Wynfrith-Bonifatius (Festschrift »St.Bonifatius«, 1954, 157–172). *F.Flaskamp*

Dächsel, *August* (1818–1901), ev. Theologe. * zu Naumburg a.S., Pfarrer in Hirschfeld, Neusalz a.O. und zuletzt in Steinkirche, verfaßte u.a. ein siebenbändiges Bibelwerk (1865–80), das in vielen Pfarrhäusern benutzt wurde. *W.Jannasch*

Dämonen

1. Biblische Voraussetzungen – 2. Kath. und altprot. Dogmatik – 3. Neuere prot. Dogmatik – 4. Gegenwärtige ev. Dogmatik – 5. Begrenzung und Begründung einer Lehre von den D.

1. Mit D. bezeichnet die *Religionsphänomenologie* übermenschliche Mächte, deren unberechenbare, fördernde oder meist schädigende, Einwirkungen der Mensch durch → Magie oder → Beschwörung zu bewältigen bzw. abzuwehren versucht. Der *griechische* Volksglaube versteht unter D. (δαίμονες) Götter und Untergötter; die Philosophie, animistische Vorstellungen überwindend, persönliche Zwischenwesen. – Im *AT* werden die D. durch den Jahwe-Glauben zu Göttern der Heiden abgewertet. Obwohl Jahwe nicht nur Heil, sondern auch Verderben wirkt (Am 3, 6) und Beziehungen zu den D. verbietet, repräsentieren sie weiterhin die bedrohende Unheimlichkeit der Welt. – Das rabbinische *Judentum* hat im Zuge der Verjenseitigung Gottes die D. als Schädiger an Leib und Seele gefürchtet. Die jüdische Apokalyptik sah, unter dem Einfluß des vorwiegend iranischen → Dualismus, in ihnen ein unter monarchischer Spitze (→ Belial, Beezebul usw) stehendes widergöttliches Reich böser

Geister, die die Menschen zum Überschreiten der Grenzen des Wissens und Könnens verführen (Zauberei, Götzendienst, Krieg usw). - Das *NT* setzt die Wirklichkeit der D. als Urheber von Krankheit und → Besessenheit voraus. Ohne jedoch über sie zu reflektieren, radikalisiert es sie zu endzeitlichen Widersachern Gottes, die Jesus im Umbruch der Äonen (→ Reich Gottes: I) durch sein bloßes Wort entmächtigt (Mt 12, 28). Apk 12 läßt sie als »Satansengel« durch den Sieg des Christus vom Himmel auf die Erde gefällt werden und hier ihr bereits dem Gericht verfallenes Unwesen treiben (→ Geister: I. II; → Teufel; → Antichrist).

2. Die *kath. Dogmatik* versteht unter D. von Gott abgefallene Engel und begründet, von 2Petr 2, 4; Jud 6; Joh 8, 44 aus, den »Glaubenssatz«: »Nicht alle Engel wurden der übernatürlichen Vollendung teilhaftig, für die sie bestimmt waren: einige sündigten und wurden der ewigen Verdammnis überantwortet« (Schmaus 241). Wie spätjüdische Pseudepigraphen (äthHen 6; Jub 10), hatten bereits die griechischen Väter die Erzählung vom Fall der »Göttersöhne« Gen 6, 1-4 auf die D. gedeutet und in das Heilsdrama einbezogen. Nach → Augustin (: II) begründet ihr vorzeitlicher Fall die civitas terrena und veranlaßt Gott, den Ausfall innerhalb der himmlischen Bürgerschaft durch die Zahl der Erwählten auszugleichen. Die Genealogie der D. enthüllt, formal in der Willensfreiheit, inhaltlich in der Selbstüberhebung, ihr Wesen. Das 4. Laterankonzil bestimmte 1215: »Der Teufel und die anderen D. sind zwar von Gott ihrer Natur nach gut geschaffen, aber durch sich selbst böse geworden« (Denz. 428). - Die *altprot. Orthodoxie* übernimmt die gleichen Bestimmungen: »Die bösen Engel haben in der ihnen anerschaffenen Weisheit und Gerechtigkeit nicht beharrt, sondern sind durch freiwilligen Abfall von Gott und der Regel des Rechten zu ständigen Feinden Gottes und der Menschen geworden, wofür sie mit ewigen Qualen gefoltert werden. Sie stehen unter dem Oberbefehl des Teufels, der sie durch Überredung und böses Beispiel zur Gemeinschaft derselben Sünde verführte« (Hollaz). Immerhin dienen diese Sätze weniger metaphysischer Belehrung als existenziellem Anruf (usus paraeneticus): »die Sünde zu fliehen, Buße zu tun und nach Tugend zu trachten«.

3. Obwohl die Skepsis das Dasein von D. schon früher bestritt (vgl. Calvins Antikritik), verwies erst die *frühe Aufklärung*, im Protest gegen Auswüchse des D.glaubens (→ Hexenprozesse), die D. in das Gebiet des Aberglaubens (B. → Bekker; Chr. → Thomasius). Rationalisten des 18.Jh.s deuteten Jesu Äußerungen über D. als Angleichungen an jüdische Zeitvorstellungen (→ Akkommodation). → *Schleiermacher* verneinte mit seiner Kritik der Teufelsvorstellung zugleich die Bedeutsamkeit der Aussagen über die D. als kosmologischer Sätze (§§ 44f) und gab sie nur für den liturgisch-hymnologischen Gebrauch frei. → *Ritschl* suchte durch den Ausdruck »Reich der Sünde« die im NT bezeichnete, aus der »Verflechtung mit der allgemeinen Lage der Welt« zustande kommende »fast unwiderstehliche Macht der Versuchung« geltend zu machen (Unterricht³ § 30; Rechtfertigung und Versöhnung III⁴, 317ff). Während → *Kaftan* und *Häring* jede dogmatische Aussage über die D. ablehnen, hält sie → *Schlatter* vom NT her für das Verständnis der Unergründlichkeit des Lebens und → *Kähler* zumindest für das der Heilsgeschichte für unentbehrlich. Nach *Nitzsch-Stephan* liegt der »Kern« der Vorstellung vom »Reich der D.« darin, daß es eine selbständige, einheitliche, übermenschliche Macht des Bösen bedeutet.

4. Die Behandlung der D. in der *gegenwärtigen ev. Dogmatik* erklärt sich nicht nur aus der Wendung zur reformatorischen Theologie, sondern auch aus dem Umbruch der Erfahrung unmittelbarer Weltwirklichkeit. Konnte Goethe »das Dämonische« noch als unpersönliche, in sich zwiewertige Wirkkraft beschreiben (Dichtung und Wahrheit IV, 20) und hielt die Romantik das Wissen um die Nachtseite des Daseins wach, so wandelten die weltgeschichtlichen Erschütterungen das symbolistische zum realistischen Weltverständnis. Abgesehen von Dichtern (→ Dostojewskij, → Strindberg, Th. → Mann, → Bernanos) stießen Historiker (Fr. Meinecke, G.Ritter), Nationalökonomen (W. → Sombart), Kultursoziologen (H.Freyer, Müller-Armack), Psychologen (C.G. → Jung) und Philosophen (→ Tillich, Reisner) auf Erscheinungen, die mittels exakter Methoden nicht mehr deutbar waren. Insbesondere begannen Mediziner und Sozialpsychologen infolge der beiden Weltkriege und des totalitären Staates die Besessenheit als Phänomen des Einzel- (→ Blumhardt [Lit.]) und Gesamtdaseins zu untersuchen. Die ev. Dogmatik (bes. *K.* → *Heim*) nahm die hier sich erhebende Problematik zT unter Rückgriff auf das altkirchliche und luth. Kampf-Motiv in die Lehre von der → Versöhnung auf. *H.Vogel* behandelt im Rahmen der Lehre von der Erhaltung die D. als »im Aufruhr gegen Gott« begriffene, von Christus »überwundene pervertierte Engelmächte«, »die um das Geheimnis seiner Herrschaft in ohnmächtigem Haß wissen und die über den von ihnen besessenen Menschen des Abfalls im individuellen und kollektiven Bereich eine zerstörerische Gewaltherrschaft ausüben« (585). Dagegen warnt *K.* → *Barth* vor allzu eindringlicher »vermeintlich realistischer ›Dämonologie‹«. Die D. verdienten als Gott widerstehende »Gestalten und Mächte des Chaos« nur einen »kurzen, scharfen« Blick. Sie »sind auf keinen Fall so etwas wie die armen bzw. bösen, übelbeleumdeten und lästigen Vettern der Engel« (609). »Ihre Herkunft und Art ist das Nichtige«, »das unter der linken Hand Gottes wesende und so seinem Willen und seiner Weltregierung unterworfene Element des Widerspruchs und Widerstands gegen ihn, die Bedrohung seiner Schöpfung« (613). Die D. »sind das Nichtige in seiner Dynamik«: zwar real, aber in der Lüge existierend, spielen sie »das Affentheater des Nichtigen«. Durch Jesu Christi Triumph überwunden, haben sie »nichts zu melden« (614ff).

5. Die ev. Dogmatik hat der *Gefahr* zu widerstehen, dem Sog einer unklaren pessimistischen Grundstimmung zu erliegen und die »Kategorie« des Dämonischen unkritisch mit den Aussagen des NT zu verwechseln. Eine unmethodische Anwendung des Begriffes »D.« auf Erscheinungen des Kulturverfalls könnte ihn eher entleeren und ungewollt das Verdikt Bultmanns bestätigen, der D.-glaube sei »erledigt«. Eine *Lehre* von den D. läßt sich aus dem NT nicht durch Bibelzitate erheben. Einzelaussagen über D. haben nie thematischen Rang, sondern sind als Konturen der Lehre vom → Bösen mit dieser streng auf die Zentralaussage von der in Jesus Christus geschehenen → Erlösung hin auszulegen. Innerhalb dieser Begrenzung, die sowohl gegen mythologische Spekulation (→ Gnosis) wie okkultistische Materialisation (→ Spiritismus) sichert, sind folgende Feststellungen sinnvoll: Im Begriff »Reich der D.« spricht sich die Erkenntnis aus, daß aus der Welt als Gottes guter Schöpfung ein in sich selbst unbegründeter Widerstand gegen Gottes Wirken aufbricht, der rein anthropologisch oder soziologisch nicht erklärbar ist. Das Phänomen des Dämonischen wird solange verharmlost, als man unter D. »in« der Welt vorfindliche Geister versteht. Die D. sind vielmehr das sich mißverstehende und mißbrauchende Dasein selbst: im Charakter radikaler Widerspenstigkeit. In ihnen lauert das zwiespältige und zwiedeutige Leben sich selber auf: seine Anonymität hinter unzähligen Na-

men verbergend, ist es der Verleiblichung in Menschen (zB Judas; → Daub) unfähig. Die D. stellen die Fülle geistiger Wesenheiten dar, zu denen sich das Dasein in jeweils wechselnden Lagen und Umständen formiert, um dem Menschen ängstigend oder lockend zu begegnen. In den D. entfaltet *die »Welt«* ihr Unwesen in dreifacher Weise: a) im Modus der *Verwerfung Gottes:* sofern sie ihm das Recht bestreitet, über der Menschheit seine Gerechtigkeit zu verwirklichen. In der Verfälschung der Wahrheit in Lüge wird Gottes Gottheit verneint und die »Dämonie des grundsätzlichen Mißtrauens« (M.Buber) entbunden; – b) im Modus der *Versuchung des Menschen:* sofern sie ihn in der Verschlossenheit des Nein festzuhalten oder ihn der Offenheit des Bekennens und der Zugehörigkeit zur Gemeinde zu entreißen droht. In der Verkehrung des Guten ins Böse wird die Menschlichkeit des Menschen verraten; – c) im Modus der *Verkehrung der Welt:* sofern sie, von ihrer eigenen Tiefe besessen, sich selbst ständig beunruhigend, ihre bergende Ordnung durch Zwang zu sichern versucht und gerade so der »Selbstverderbnis« (O.Piper) verfällt. Im Mißbrauch der Macht zur Gewalt wird die Weltlichkeit der Welt zerstört. – In allen drei Hinsichten ist jeweils am stärksten die Kirche gefährdet.

J.CALVIN, Inst. (1559), I, c. 14, 13-19 - S.KIERKEGAARD, Begrebet Angest (1844), Saml. Værker IV, 379ff, dt. Jena, V, 1923^{2}, 109ff - RE IV, 408ff - P.TILLICH, Das Dämonische, 1926 - TH.LESSING, D., 1929 - H.SCHLIER, Mächte u. Gewalten (ThBl 9, 1930, 289-297) - RGG^{2} II, 959ff (Lit.) - ThW II, 1ff (Lit.) - K.HEIM, Der ev. Glaube u. das Denken der Gegenwart II, (1935) 1937^{3}, III. Kap.; III, (1937) 1953^{2}, II. Kap. - P.ALTHAUS, Das Kreuz u. das Böse (ZSTh 15, 1938, 165-193 [zu K.HEIM]) - DERS., Die christl. Wahrheit, (1948) 1952^{2}, § 38 - M.SCHMAUS, Kath. Dogmatik II/1, (1938) 1954^{5}, §§ 123f - F.A.SCHMID NOERR, D., Götter u. Gewissen, 1938 - G.RITTER, Die Dämonie der Macht, (1940) 1948^{6} - H.THIELICKE, Über die Wirklichkeit des Dämonischen (Fragen des Christentums an die mod. Welt, [1943] 1947^{5}, 170-217) - J.KONRAD, Schicksal u. Gott, 1947, 236ff - C.-H.RATSCHOW, Magie u. Religion, 1947 - E.REISNER, Der Dämon u. sein Bild, 1947 - R.BULTMANN-J.SCHNIEWIND in Kerygma u. Mythos I, (1948) 1954^{2}, 15ff. 113ff. 135f - B.NOACK, Satanas u. Soteria, Kopenhagen 1948 - G.GLOEGE, Kritik einer mod. Dämonologie (ThLZ 75, 1950, 137-146 [zu E.REISNER]) - E.BRUNNER, Dogmatik II, 1950, 5. Kap. - BARTH, KD III/3, 608ff; IV/2, 252ff - H.VOGEL, Gott in Christo, 1951, 585ff - VAN DER LEEUW §§ 15. 31. 99, 1 - EKL I, 833f.

G.Gloege

Dänemark

I. Kirchengeschichte - II. Theologie - III. Mission. - Vgl. Karte 5 »Dänemark, Norwegen, Schweden (6.-17.Jh.)« auf Sp. 9f

I. Kirchengeschichte

1. Mittelalter - 2. Reformation - 3. Neuere Zeit - 4. Neueste Zeit - 5. Deutsche Gemeinden in D. - 6. Heutige kirchliche Verhältnisse

1. Das Thema des Früh-MA ist das Zusammentreffen mit der mediterranen Kulturwelt und die Aufnahme in sie. Dies machte auch eine Übernahme der Religion unumgänglich, die in gewissem Verstand der Kern dieser Kultur war. Und als die letzten mußten natürlich die Einwohner des fernen »Thule« an die Reihe kommen. Schon in vorhistorischer Zeit wurden jedoch die ersten Verbindungen im Handel geknüpft. Bald fanden kühne Kaufleute den Weg hier herauf, und Wikinger kamen heim von ihren Zügen nach Süd und West. Entscheidend für D. wurde, daß das Frankenreich, dessen Grenzen zur Zeit Karls d.Gr. bis an die Elbe gingen, mit seinen nördlichsten Vorposten die Dänen zu bedrohen begann. Hierdurch entstand ein Spannungsverhältnis, über dessen Ausgang kein Zweifel sein konnte: Sieg der südlichen Kultur und Religion – jedoch nach einem Kampf, der sich über mindestens 2 Jahrhunderte erstreckte.

Der Grund zur nordischen Kirche wurde durch die von → Ebo geleitete und von → Ansgar fortgesetzte Mission gelegt. Ansgars Erfolge in D. waren zwar nicht groß. Es wurden je eine Kirche in Schleswig und Ripen gebaut, und einzelne Personen sind wohl auch übergetreten, aber von einer Volksbekehrung war vorläufig noch keine Rede. Das entscheidende Ereignis trat erst unter König Harald Blauzahn (Blaatand) (ca 960) ein, der sich von der Eisenprobe des Priesters Poppo überzeugen und daraufhin taufen ließ, wonach er »gjorde Danerne Kristne« (die Dänen zu Christen machte), wie es auf dem Runenstein in Jelling geschrieben steht. In den folgenden 100 Jahren breiteten die Kirchen sich über das ganze Land, und ca 1060 wurde die Organisation der dän. Kirche – unter König Sven Estridssøns Leitung – mit 9 Bistümern ausgebaut. Ca 1100 rissen die nordischen Kirchen sich los und bekamen ihr eigenes Erzbistum in → Lund, aus welchem Nidaros-Drontheim (1152) und Upsala (1164) ausschieden. Bis zum Jahre 1100 glich das Gepräge der Kirche wesentlich dem der frühmittelalterlichen Landeskirchen. Der König spielte eine hervorragende Rolle. Im 12.Jh. drangen viele der hochmittelalterlichen Reformideen durch. Die wichtigste Person war → Eskil, Erzbischof von Lund (1137-77), eine der größten Gestalten der dän. Geschichte. Der Zehnte, kirchliche Immunität und Jurisdiktion wurden eingeführt, zahlreiche Klöster gegründet (besonders von den neuen Reformorden, den → Zisterziensern und → Prämonstratensern). Die Bischofssitze erhielten organisierte → Domkapitel, deren Wahlrecht in gewissem Grade respektiert wurde. Diese ganze Entwicklung verlief nicht ohne dramatische Konflikte zwischen dem König und Eskil. Das Resultat war jedoch eine fruchtbare Zusammenarbeit, die voll erst in der politischen Blütezeit des Landes (1170-1241) unter den bedeutenden Nachfolgern Eskils, → Absalon (1177-1201) und Anders Sunesøn (1201-22), zur Entfaltung kam.

Mit dem Tod König Valdemar Sejr's (1241) war die Blütezeit sowohl für die Kirche als auch für das Reich vorbei. Untaugliche Könige führten das Land in eine schicksalsschwere norddeutsche Politik und in ständige Kämpfe mit den gregorianisch gesonnenen und machtsüchtigen Prälaten der Kirche. Das Resultat war die Auflösung des Reiches in den Jahren 1332-40, wonach Valdemar Atterdag (1340-75) und Königin Margrete (1375 bis 1412) es aufs neue errichteten. Das kirchliche Leben im Spät-MA zeigt die von der europäischen Geschichte sonst wohlbekannten Züge: moralischer Verfall, besonders innerhalb der höheren Geistlichkeit, eine gewisse Mechanisierung der Frömmigkeit, eine pessimistische Lebensbetrachtung (das Totentanzmotiv), aber auch die typischen Reformbewegungen mit ihrem Zentrum in den Klosterkongregationen.

2. Die Geschichte der *Reformation* ist in D. – wie andernorts – auf eine sehr verzwickte Weise von sozialpolitischen Verhältnissen abhängig: dem Gegensatz zwischen dem Adel und der Hochgeistlichkeit auf der einen Seite und den Bauern und Bürgern auf der anderen Seite. Aber entscheidend war nicht zuletzt der Eingriff des Landesfürsten (Christian III.). Hierüber darf aber nicht vergessen werden, daß die Reformation gleichzeitig eine lebendige und volkstümliche Bewegung war, die ihre Wurzeln in breiten Kreisen hatte. Vorbereitend wirkte ein typischer Bibelhumanist, der Karmelitermönch Poul → Helgesen, ein strenger Bekämpfer des kirchlichen Verfalls. Zum großen Teil waren es seine Schüler, die – von Luther ergriffen – die Reformation durchführten; er selbst lehnte aber einen Bruch mit der Kirche ab: »Mißbrauch schließt den Gebrauch nicht aus.« Die Anfänge der Reformation begegnen im nördlichen Schleswig schon in den 20er Jahren des 16.Jh.s, und bald treffen wir rings herum im Lande ev.-luth. Prediger, von denen Hans → Tausen der bedeutendste war.

Der König, Frederik I. (1523-33), hatte sich zur Aufrechterhaltung der kath. Kirche verpflichtet, unternahm jedoch nichts gegen die neue Bewegung, sondern nahm im Gegenteil einige der Prediger unter seinen Schutz. Ihren lehrmäßigen Ausdruck fand die Reformation in den 43 Artikeln, die die Prediger 1530 vorlegten (diese Artikel waren weniger von Wittenberg als von der süddeutschen bibelhumanistischen Reformation beeinflußt) und in der von Luther und Bugenhagen anerkannten Kirchenordnung von 1537. Der entscheidende Wechsel vollzog sich 1536. Nach dreijährigem Krieg war Christian III. Herr des Landes. Er schloß sich ganz der Reformation an. Die Bischöfe wurden gefangengenommen, und die Kirche verlor ihre Stellung als weltlicher Machtfaktor. Das Bischofsgut und viel anderes geistliches Gut wurde von der Krone eingezogen. Im Reichstagsrezess wird eine neue Auffassung von der Volksgemeinschaft vertreten. Das Volk wird nicht mehr nach mittelalterlicher Auffassung vom König und der Kirche gemeinsam geleitet. Es gibt nur eine Obrigkeit, die weltliche, und die bestimmt auch über die Kirche. Aber die Obrigkeit ist andererseits eine christliche Obrigkeit, da der König in allererster Linie den allmächtigen Gott lieben und verehren und sein Wort beschützen und aufrechterhalten soll. An die Spitze der Kirche werden 9 Superintendenten gesetzt, die gemäß der Kirchenordnung von der Geistlichkeit der Städte gewählt werden sollten; aber bald war es doch der König, der den entscheidenden Einfluß gewann. Eine Lehrnorm für die Priester wird erst im orthodoxen Zeitabschnitt festgesetzt (die drei altkirchlichen Symbole, das → Augsburger Bekenntnis und Luthers kleiner → Katechismus). In der zweiten Hälfte des Jahrhunderts machte sich der Philippismus im dän. Kirchenleben bei dem angesehenen Theologen Niels → Hemmingsen stark bemerkbar. Hemmingsen wurde jedoch als Kryptocalvinist angeklagt und mußte seine Professur niederlegen. In der folgenden Zeit siegte die strenge Orthodoxie, vertreten von H.P. → Resen († 1638) und dessen Nachfolger J. → Brochmand († 1652). Den bedeutendsten Beitrag der orthodoxen Periode bildeten die Kirchenlieder des Bischofs Thomas → Kingo.

3. 1660 wurde durch einen Staatsstreich der unbeschränkte und erbliche Absolutismus eingeführt; aber das Königs-Gesetz (Kongeloven) (1665) bestimmt, daß die vornehmste Staatspflicht des Königs nicht nur darin besteht, selbst Gott in Übereinstimmung mit dem Wort der Bibel und dem Augsburger Glaubensbekenntnis zu dienen und zu pflegen, sondern auch die Einwohner zur Aufrechterhaltung des reinen und unverfälschten Glaubens, wie er im Bekenntnis dargestellt ist, anzuhalten und ihn gegen Ketzer, Schwärmer und Gotteslästerer »mit Macht aufrechtzuerhalten und zu beschützen«. Bei allem Absolutismus ist der König also nicht Herr über den Glauben und das Bekenntnis des Reiches. 1683 wurde die kirchliche Gesetzgebung im Dänischen Gesetz (II. Buch) Christians V. gesammelt, und 1685 bekam das Reich ein neues Ritualbuch. Durch diese Neuordnung wurde noch stärker unterstrichen, daß die Kirche im Grunde genommen keine juristische oder institutionelle Selbständigkeit hatte; sie kann eher als die Form bezeichnet werden, unter welcher der allein herrschende König seine Untertanen auf religiösem Gebiet beherrschte.

Gleich nach 1700 brach der Pietismus im dän. Königreich durch, anfangs als eine kirchenkritische Konventikelbewegung, später - dank der Gunst des Königs - als ein konservativer Staatspietismus. Jetzt kommt der Gedanke der »Äußeren Mission« auf (→ Dänemark: III). Der Pietismus weckte außerdem ein wachsendes Interesse für die Heranbildung der Jugend. Ein Waisenhaus und neue Dorfschulen wurden gegründet, 1736 wird die Konfirmation eingeführt, und 1739 folgt ein neues Schulgesetz. Von der Mitte des Jahrhunderts an weicht der Pietismus einem wolffischen Supranaturalismus, dessen leitende Repräsentanten der Theologe Hoegh-Guldberg (1731-1808) und der Bischof N.E.Balle (1744-1816) sind, und einer mehr liberalen Neologie (C. → Bastholm), der ein eigentlicher Rationalismus parallel geht, nach der Jahrhundertwende oft unter kantischem Einfluß.

Zu nebenstehender Karte 5:

Verzeichnis der Ortsnamen

(mit Angabe der Abkürzung und des Planquadrats)

Aa.	Aalborg	B 8	N.	Narvik	D 2
A.	Aarhus	B 9	N.	Nystad	E 6
Å.	Åbo	E 7	O.	Odense	B 9
B.	Bergen	A 6	O.	Oslo	B 7
B.	Bremen	A 10	Ra.	Randers	B 9
G.	Göteborg	B 8	Ri.	Ripen	A 9
Ha.	Halmstad	C 9	Ro.	Roskilde	B 9
H.	Hamburg	A 10	S.	Schleswig	A 10
H.	Hammerfest	E 1	St.	Stavanger	A 7
H.	Hälsingborg	C 9	St.	Stockholm	D 7
H.	Helsingfors	F 7	T.	Tavastehus	F 6
K.	Kalmar	D 9	T.	Trondheim	B 5
K.	Karlstad	C 7	U.	Uleåborg	F 4
Ko.	Kopenhagen	B 9	U.	Uppsala	D 7
L.	Lund	C 9	W.	Wiborg	G 6
N.	Namsos	C 4	Y.	Ystad	C 9

4. Während die dän. Kirche in ihrer geschichtlichen Entwicklung sowohl im MA als besonders nach der Reformation ziemlich genau der Entwicklung in Deutschland folgte und von dort stark beeinflußt wurde, ändert sich dieses Verhältnis im 19.Jh. vollständig. Die Überwindung des Rationalismus und die evangelische Erneuerung des Kirchenlebens geht in ganz anderer Weise als in Deutschland vor sich. Die wesentlichste Inspiration kommt jetzt von einheimischen und originellen Persönlichkeiten und geistigen Strömungen. Zwar kann die zentrale Gestalt der ersten Hälfte des Jahrhunderts, J.P. → Mynster, an die deutsche → Vermittlungstheologie erinnern, aber als kirchliche Erscheinung ist er doch etwas ganz Eigenartiges, und das gilt in noch weit höherem Maße von den zwei entscheidenden Persönlichkeiten → Grundtvig und → Kierkegaard. Beim Jahrhundertwechsel war das kirchliche Leben hauptsächlich von einem milden Rationalismus und Supranaturalismus geprägt. Die Erneuerung begann mit starken Konventikelbewegungen pietistischer Art, zuerst der »starken Jütländer« in Jütland, einer eigenartigen, lokal begrenzten Erweckung, die sich insbesondere gegen ein neues rationalistisch gefärbtes Gesangbuch und Lehrbuch für den Religionsunterricht wandte. In den 20er Jahren folgte eine mehr expansive Erweckung; sie begann auf Nordost-Fünen und breitete sich im Laufe kurzer Zeit über große Teile des Landes aus. Diese Erweckungen waren die ersten Auswirkungen davon, daß das Volk in scharfer Opposition zum Priesterstand zur selbständigen Aktivität erwachte.

Innerhalb derselben Periode war J.P.Mynster zu einem positiven luth. Verständnis des Christentums gekommen. Als Prediger in Kopenhagen übte er einen starken Einfluß auf die gebildete Welt, und als Seelands Bischof (1834-54) prägte er das ganze offizielle Kirchenleben. Von noch größerer Bedeutung war es jedoch, daß

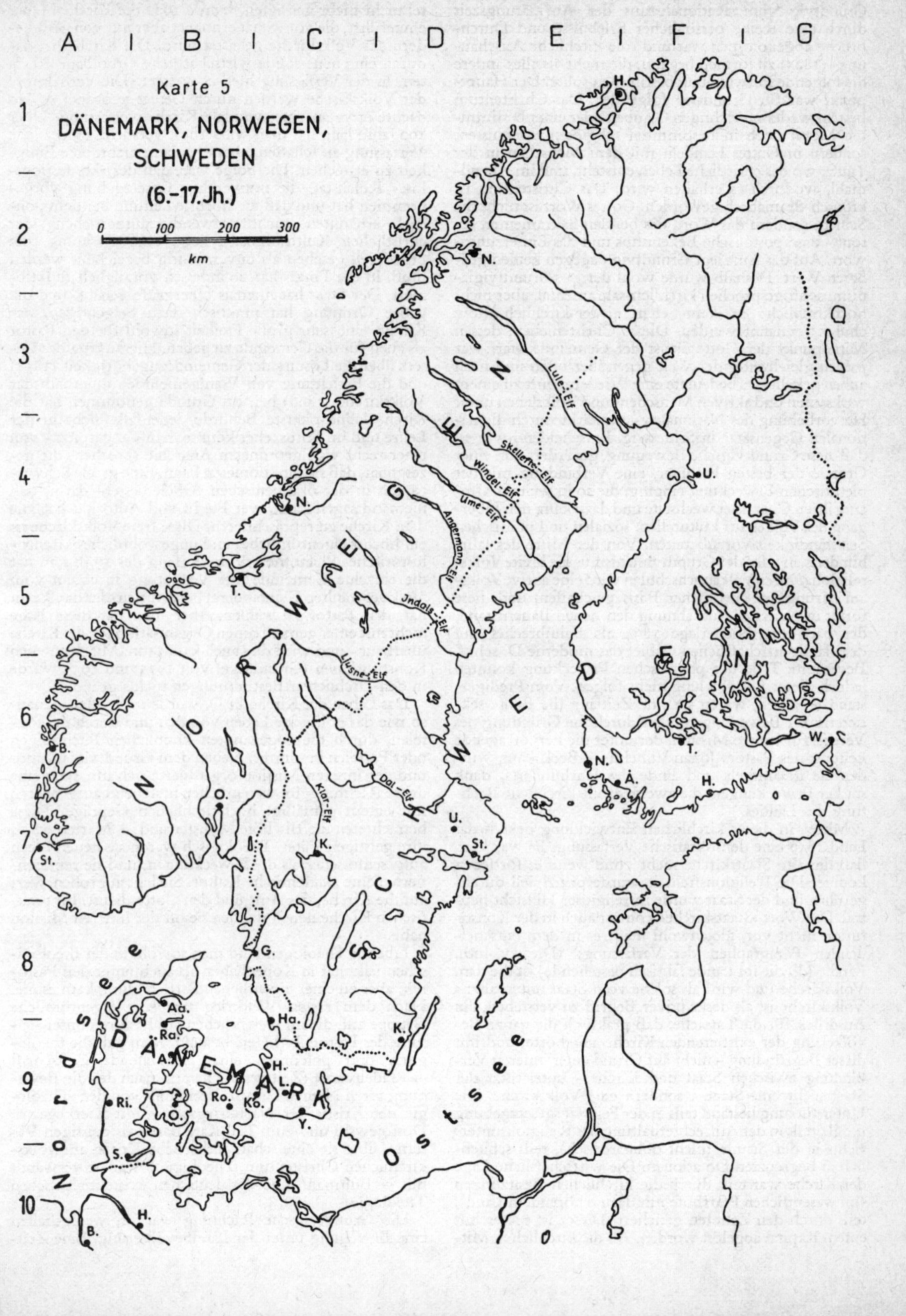
A B C D E F G
1 2 3 4 5 6 7 8 9 10
Karte 5
DÄNEMARK, NORWEGEN, SCHWEDEN
(6.-17.Jh.)
0 100 200 300
km
NORWEGEN
SCHWEDEN
FINNLAND
DÄNEMARK
Nordsee
Ostsee
Lule-Elf
Skellefte-Elf
Windel-Elf
Ume-Elf
Angermann-Elf
Jndals-Elf
Ljusne-Elf
Klar-Elf
Dal-Elf
H.
N.
U.
T.
W.
Å.
St.
K.
G.
Ha.
L.
Kö.
Y.
Ro.
Ö.
Aa.
Ra.
Ri.
S.
B.
O.

Grundtvig vom Rationalismus der Aufklärungszeit durch eine Reihe persönlicher Erlebnisse und Durchbrüche abgekommen war und »die kirchliche Anschauung« (1825) zu formen begann, die mehr als alles andere die folgende Entwicklung bestimmen sollte. Der Hauptpunkt war für Grundtvig folgender: Das Christentum besteht weder im richtigen Glauben oder einer bestimmten Moral noch in bestimmten religiösen Erlebnissen, sondern in Gottes Handeln mit dem Menschen in der Taufe, wo das christliche Leben entsteht, und im Abendmahl, wodurch es erhalten wird. Das Christentum ist kultisch-dramatisch geworden. Gottes Wort ist nicht die Schrift, sondern das Wort, das bei den Sakramenten ertönt - das apostolische Bekenntnis und das Einsetzungswort. Auf das Amt legt Grundtvig dagegen keinen größeren Wert. Deshalb wurde wohl der → »Grundtvigianismus« ausgesprochen kirchlich-sakramental, aber nicht hochkirchlich; er kann eher nieder-kirchlich (low church) genannt werden. Dieses Christenleben, dessen Mittelpunkt der Gottesdienst der Gemeinde war, war jedoch gleichzeitig der Welt gegenüber offen und nach außen gekehrt; es bedeutete eine Wiedergeburt zu einem wirksamen und aktiven Menschen- und Volksleben unter Hervorhebung des Nationalen - verstärkt durch die nationalen Gegensätze in Schleswig. Entscheidend war es, daß diese Grundtvigsche Bewegung, gefördert von einer Gruppe der besten Prediger, eine Verbindung mit der pietistischen Erweckung einging, die so in weitem Umfang ihren Charakter wechselte und dazu kam, den Übergang des Volkes zur kulturellen, sozialen und politischen Selbständigkeit vorzubereiten. Von der Mitte des Jahrhunderts an wird der Grundtvigianismus die breite Volksreligion. Durch Volkshochschulen wird eine aktive Volksaufklärung auf christlicher Basis geschaffen, und diese formt in weitester Ausdehnung den neuen Bauernstand, der nach der Niederlage 1864 als Bahnbrecher auf dem landwirtschaftlichen Gebiet das moderne D. schuf. Bestimmte Teile der pietistischen Erweckung konnten jedoch dieser Entwicklung nicht folgen. Vom Predigerstand verlassen, waren sie eine Zeitlang die Beute sektiererischer Bewegungen; aber durch die Gründung des Vereins für Innere Mission, der unter die hervorragende Leitung des Pastors Johan Vilhelm → Beck kam, wurden sie gesammelt und Ende des Jahrhunderts, dank starker Erweckungen, die zweite große kirchliche Richtung des Landes.

Mitten in dieser kirchlichen Entwicklung bekam das Land 1849 eine demokratische Verfassung. Es war klar, daß die alte Staatskirche nicht ohne weiteres fortleben konnte. Die Religionsfreiheit wurde prinzipiell durchgeführt, und der Staat wurde in religiöser Hinsicht neutral. Das Wort »Staatskirche« kommt auch in der Konstitution nicht vor, gleichwohl heißt es in dem entscheidenden Paragraphen der Verfassung: »Die ev.-luth. Kirche (dh die im Lande faktisch bestehende) ist die dän. Volkskirche und wird als solche vom Staat unterstützt.« Volkskirche ist als deskriptiver Begriff zu verstehen, ein Ausdruck für die Tatsache, daß praktisch die ganze Bevölkerung der existierenden Kirche angehörte, und mit dieser Begründung - nicht auf Grund einer inneren Verbindung zwischen Staat und Kirche - unterstützt der Staat nicht eine Staats-, sondern eine Volkskirche. Die Unterstützung bestand teils in der Feiertagsgesetzgebung u.dgl., teils in der Aufrechterhaltung des Religionsunterrichts in der Schule (nicht obligatorisch), teils schließlich in begrenzten Dotationen. Die wirtschaftliche Lage der Kirche war teils durch die kirchlichen Besitzungen (im wesentlichen Pfarrhöfe mit dazugehörendem Land), teils durch den Zehnten gesichert. Dieser ist später mit einem Kapital abgelöst worden. Als die kirchlichen Mittel nicht mehr genügten, wurde 1922 die Kirchensteuer eingeführt, die vom Staat erhoben, aber nur von Mitgliedern der Volkskirche geleistet wird. Die Kirche hat dadurch eine neue solide wirtschaftliche Grundlage erhalten. In der Verfassung hieß es weiter: »Die Verhältnisse der Volkskirche werden durch Gesetz geordnet.« Man dachte etwa an eine synodale Kirchenverfassung. Über 100 Jahre lang hat man wiederholt versucht, eine solche Verfassung zu schaffen, aber es gelang nicht, eine Einigkeit zu erreichen. Die Folge war, daß der »konfessionslose« Reichstag die notwendige Gesetzgebung vorgenommen hat und daß die höchste Leitung bei dem politisch ernannten, nicht notwendig lutherischen oder christlichen Kultusminister liegt, eine Ordnung, die prinzipiell gesehen als unvernünftig bezeichnet werden muß. In der Praxis hat sie indessen vorzüglich funktioniert. Der Staat hat niemals Übergriffe verübt, und die ganze Ordnung hat praktisch dazu beigetragen, der Kirche eine sehr große Freiheit sowohl für den Pastor als auch für die Gemeinde zu geben. Hierzu trug das Gesetz über die Lösung der Gemeindezugehörigkeit (1855) und die Errichtung von Wahlgemeinden innerhalb der Volkskirche (1866) bei. Im Grunde genommen hat die Kirche keine oberste Behörde, jedenfalls nicht in der Lehre und im Ritus, eher könnte man - zugespitzt - von einer recht wohlgeordneten Anarchie sprechen, die gezeigt hat, daß sie funktionieren kann. Eine große Schwierigkeit in der ökumenischen Arbeit besteht darin, daß niemand sagen kann, wer Recht und Autorität hat, die dän. Kirche zu repräsentieren. Diese freie Volkskirche ist ein höchst eigentümliches und ungewöhnliches kirchenhistorisches Phänomen. Vom Anfang des 19.Jh.s an hat die einzelne Gemeinde ihre Vertretung in einem vom Volke erwählten Gemeinderat bekommen, der das Recht hat, den Pastor zu wählen. Aber man hat diese Räte nicht mit einer gemeinsamen Organisation für die Kirche überbaut - und wird dies auch kaum tun. Mit den neuen Konstitutionen (Grundlove) von 1915 und 1953 wurde in den kirchlichen Bestimmungen nichts geändert.

Das Leben der Kirche in D. wurde nach 1849, genauso wie das politische Leben von den und durch die Parteien, durch die sogenannten kirchlichen Richtungen oder Parteien bestimmt. Neben dem Grundtvigianismus und der Inneren Mission organisierte sich um 1900 eine dritte Richtung, im wesentlichen bestehend aus Pastoren mit einem gemäßigt hochkirchlichen Gepräge. Diese betrachteten die Bischöfe Mynster und → Martensen als ihre geistigen Väter. Theologisch waren sie neuen Ideen aufgeschlossener als die Erweckungen, und sie repräsentierten eine akademische Kultur. Sie legten großen Wert auf die Kirche, das Amt und den Gottesdienst. Im praktischen Kirchenleben standen sie oft der Inneren Mission nahe.

Liberale Theologen fand man sowohl in der theologischen Fakultät in Kopenhagen als auch unter den Pastoren, aber zu einer eigentlichen Parteibildung kam es nie. Nach dem ersten Weltkrieg trat eine eigentümliche Gruppe auf, die im wesentlichen aus Pastoren unter Leitung des Pastors N.I.Heje bestand. Man gab die theologisch und polemisch einzig dastehende Zeitschrift → »Tidehverv« (Zeitwende) heraus, nach der die Bewegung ihren Namen bekam. Beeinflußt von der »Theologie der Krisis« der Nachkriegszeit - mit Kierkegaard, Dostojewski und zum Teil Karl Barth als geistigen Vätern - übte sie eine scharf lutherische Kritik am volkskirchlichen Christentum. Theologisch war sie verwandt mit → Bultmann und der deutschen existentialistischen Theologie.

Die Grundtvigsche Richtung war im wesentlichen eine Bewegung unter der Landbevölkerung. Eine Zeitlang sah es danach aus, als ob sie eine allgemeine breite Kultur- und Volksaufklärungsbewegung werden würde, nicht ohne Parallelen zum Rationalismus, den sie seinerzeit abgelöst hatte; aber in der letzten Generation hat sie sich im steigenden Maße auf ihr zentrales Erbe besonnen: die eigentliche kirchliche Anschauung. Die Innere Mission, die als eine reine Erweckungsbewegung begann, entwickelte sich nach und nach - besonders in Kopenhagen - zT unter Einfluß von → Wichern und der deutschen »→ Inneren Mission« zum Träger umfassender kirchlicher Arbeit. Zwei Diakonissenstiftungen wurden gegründet (1863 und 1900), eine weit verzweigte kirchliche Hilfsarbeit für Kranke und sozial schlecht Gestellte entstand. In Kopenhagen wurden die Gemeindehelfer organisiert. Im K.F.U.M. und K.F.U.K. (Christlichen Verein junger Männer und Christlichen Verein junger Mädchen) bekam die Innere Mission eine lebenskräftige Jugendbewegung, aus welcher die christliche Gymnasiasten- und Studentenbewegung hervorging. Auch die Äußere Mission, insbesondere die größte Missionsgesellschaft »Dansk Missionsselskab« (→Dänemark: III) wurde im wesentlichen durch die Innere Mission gefördert. 1896 entstand in naher Verbindung zu Kopenhagens Innerer Mission, jedoch mit dem Wunsch, gemeinkirchlich zu sein, der Kopenhagener Kirchenfonds, der auf freiwilliger Basis und ohne Staatsunterstützung das Problem des großstädtischen Kirchenbaus löste. Das Programm war, eine Kirche mit 2 Pastoren für je 10 000 Einwohner zu errichten, und durch die Schaffung von 50-60 Kirchen hat man bisher im großen und ganzen gesehen dieses Programm verwirklicht.

Die Arbeiterbewegung stand in D. wie in den meisten Ländern in der Regel der Kirche ziemlich fern; die Leiter waren oft kirchenfeindlich eingestellt. Aber das erwachende soziale Verstehen der Kirche und insbesondere der Bau der vielen kleinen Kirchen, welche die Zentren für eine vielgestaltige Gemeindearbeit wurden (Sonntagsschule, Blaues Kreuz, Versammlungen für die Alten, Jugendvereine usw) haben dazu beigetragen, die Kirche zu einem Teil des Lebens der Stadtbevölkerung zu machen. Bei den Wahlen der Gemeinderäte haben die Sozialdemokraten, besonders in den Städten, sich in recht hoher Anzahl geltend gemacht, nicht zum Schaden für das kirchliche Leben. Der Kirchenbesuch ist nicht stark, weder in den Städten noch auf dem Lande. Der Außenstehende bekommt oft den Eindruck eines stark entchristlichten Landes; aber es ist eine große Frage, ob dieser Eindruck richtig ist. Die Erweckungen haben im hohen Maße dazu beigetragen, die alte Volksreligiosität zu ersticken und das Volk aus den Kirchen zu jagen, aber sie scheint immer noch eine Realität zu sein. So gut wie alle Dänen wünschen, daß ihre Kinder getauft werden, und Beerdigungen ohne die Kirche gehören zu den Seltenheiten. Dies ist sicher mehr als nur eine äußere Form. Man wird diese Volksreligion auf die eine oder andere Weise ernst zu nehmen haben.

5. Zur dän. ev.-luth. Volkskirche gehört die Deutsche ev.-luth. St.Petri-Gemeinde in Kopenhagen, welcher, nachdem bereits 1575 von Friedrich II. ein deutscher Prediger bestellt war, 1585 die St. Petri-Kirche überlassen wurde. Sie wurde von den dän. Königen (bes. Christian IV. 1641 und Christian V. 1678) mit Privilegien ausgestattet und hatte eine glänzende Blütezeit unter Christian VI. und Friedrich V. Trotz gewisser Krisen nach 1807 und 1848 hat sie beide Weltkriege mit allen ihren Institutionen überstanden. Der Hauptpastor ist seit 1945 gleichzeitig Leiter der St. Petri-Schule (Unterschule, Mittelschule, Realschule mit dän. Examensberechtigungen), deren Ursprünge ebenfalls auf das Jahr 1575 zurückgehen. 1951 erhielt die Gemeinde durch Resolution des gegenwärtigen Königs Friedrich IX. eine neue, den Zeitverhältnissen angepaßte Verfassung.

Zu den staatlich anerkannten Religionsgesellschaften gehört die deutsch-ev.-ref. Gemeinde in Kopenhagen, welche ihre Entstehung der Königin Charlotte Amalie verdankt, der Gemahlin Christians V. Ihre 1689 eingeweihte Kirche dient zugleich der französisch-ref. Gemeinde. Die Gemeinde ist im Laufe der Zeit sehr zurückgegangen. Ein deutsch-ref. Gemeindeverein bemüht sich um ihre Festigung.

In den nordschleswigschen Städten Tondern, Apenrade, Hadersleben und Sonderburg bestehen deutsche Gemeinden innerhalb der dän. Volkskirche. Zur deutsch-ev.-kirchlichen Versorgung der im Landesgebiet Nordschleswigs zerstreut wohnenden Deutschen wurde 1923 eine deutsche Freigemeinde für Nordschleswig gegründet, welche auf Grund des von der schleswig-holsteinischen Landessynode 1924 beschlossenen »Kirchengesetzes über den Anschluß deutscher ev. Kirchengemeinden außerhalb Schleswig-Holsteins an die ev.-luth. Landeskirche Schleswig-Holsteins« dieser unter dem Namen »Nordschleswigsche Gemeinde der Ev.-luth. Landeskirche Schleswig-Holsteins« angeschlossen ist. Drei Reiseprediger haben ihren Sitz in Hadersleben, Lügumkloster und Tingleff. Die Verhältnisse der Freigemeinde zur dän. Volkskirche sind durch Regulative geregelt, die vor allem Bestimmungen über die Benutzung der volkskirchlichen gottesdienstlichen Gebäude enthalten. Die Gottesdienste finden zT in den deutschen Schulen statt. Die Versorgung mit Geistlichen erfolgt durch die Schleswig-holsteinische Landeskirche.

In Südschleswig lebt eine dän. Minorität, die kirchlich ungefähr so gestellt ist wie die Deutsche Freigemeinde in Nordschleswig.

6. Bekenntnismäßig ist die dän. Kirche den 3 altkirchlichen Symbolen, dem → Augsburger Bekenntnis und Luthers Kleinem → Katechismus verpflichtet. Eine Religionsstatistik aus der Zeit nach 1921 liegt nicht vor. Damals gehörten gut 97% der Bevölkerung der Volkskirche an. Nur 13 000 waren konfessionslos, während von den übrigen Kirchengemeinschaften die röm.-kath. Kirche mit 22 000 Mitgliedern die größte war. Die Sekten sind im wesentlichen ohne Bedeutung. Es besteht keine Veranlassung anzunehmen, daß diese Zahlen sich heute wesentlich geändert haben. Die Kirche ist in 9 Stifte gegliedert, aufgeteilt in 96 Propsteien mit 2271 Kirchen und 1798 fungierenden Pastoren. Die Anzahl der Heidenmissionare beträgt etwas über 150, die Jahreseinkünfte der Missionsgesellschaften ca 4 Mill. Kronen. Die Pastoren werden an den theologischen Fakultäten in → Kopenhagen und → Aarhus ausgebildet. Zu der dän. Volkskirche gehören sowohl die deutsche Gemeinde in Kopenhagen als auch die Gemeinden der deutschen Minderheiten in Nordschleswig.

L. HELVEG, Den danske Kirkes Historie til Reformationen, 2 Bde, 1862-70, u. ... efter Reformationen, 2 Bde, 1857-83 - J.O. ANDERSEN, Survey of the history of the church of Denmark, 1930 - F. SIEGMUND-SCHULTZE, Die Kirche in D. (Ekklesia 2), 1937 - HAL KOCH, Danmarks Kirke gennem Tiderne, (1939) 1949[4] - DERS. u. B. KORNERUP, Den Danske Kirkes Historie, 8 Bde, 1950ff (bisher Bd 1. 5. 6) - P.G. LINDHARDT, Den nordiske Kirkes Historie, 1945 - Kirkeleksikon f. Norden v. FR. NIELSEN u.a., 1900ff - C.T. ENGELSTOFT, Liturgiens Historie i Danmark, 1840 - E.S. LARSEN, Den danske Kirkeret I-III, 1901-12 - P. SEVERINSEN, Folkekirkens Ejendomshistorie, 1920 - H.J.H. GLAEDEMARK, Kirkeforfatningsspørgsmålet i Danmark, 1948.

Hal Koch

II. Theologie

Für die jüngere theologische Forschungsarbeit in D. ist die Tatsache eigentümlich, daß systematische Intentionen und Problemstellungen den Vorrang besitzen.

Auch die historischen Disziplinen sind diesem Zug gefolgt; vielfach wurden hier erzielte Forschungsergebnisse systematisch ausgewertet.

In dieser Lage stellt die wachsende Bedeutung der beiden wichtigsten Persönlichkeiten der dän. Kirchengeschichte, → Kierkegaard und → Grundtvig, die auffallendste Eigenart der dän. Theologie dar. Es ist bezeichnend, daß diese Kierkegaard- bzw. Grundtvig-Renaissance zwei Strömungen darstellt, die sich nur selten berühren. Im wesentlichen sind diese Strömungen durch Kreise vertreten, die voneinander unabhängig sind und in der Regel nicht nur gegenseitiges Verständnis vermissen lassen, sondern auch kein besonderes Verlangen spüren, eine wirklich grundlegende Untersuchung über das Verhältnis zwischen der jeweiligen Christentums- und Lebensauffassung dieser beiden Persönlichkeiten vorzunehmen.

Das wachsende Interesse für *Kierkegaard* ist eine natürliche Folge des Einflusses, das sein Werk nach seinem Tode auf das dän. Geistesleben ausgeübt hat. Darüber hinaus hat das Interesse für Kierkegaard in den letzten 20 Jahren kräftige Impulse zunächst von der deutschen, später auch von der französischen Existentialphilosophie empfangen - und eben diese Impulse haben der derzeitigen Kierkegaardforschung Schärfe und Spannung verliehen, die sich nach außen hin in der Gründung der Kierkegaard-Gesellschaft manifestiert hat. Dieser ist die Veröffentlichung neuen Kierkegaard-Materials, neuer kommentierter Ausgaben und einer großen Anzahl von Abhandlungen zu verdanken (N.H.Søe, N.Thulstrup, G.Malantschuk u.a.). Besonders charakteristisch für theologische Kreise ist indessen das systematische Erarbeiten einer klaren und umfassenden Einsicht in Kierkegaards Gedankenwelt. Im Zuge dieser Arbeit ist Kierkegaard zum Brennpunkt eines scharfen Gegensatzes im Lager der Theologen geworden. Auf der einen Seite (Knud Hansen, K.E.Løgstrup) versucht man durch kritisches Abrücken eine humaner orientierte, teilweise von Grundtvig beeinflußte Lebens- und Christentums-Anschauung sich abzeichnen zu lassen, während man von anderen Seiten (Olesen Larsen, Sløk) das Ziel verfolgt, auf Grund einer anderen, positiveren Wertung von Kierkegaards Gedankengut eine Theologie aufzubauen.

Das *Grundtvig*-Studium hat etwas andere Formen angenommen. Das ist teilweise darauf zurückzuführen, daß um Grundtvig selbst eine für D. eigentümliche kirchliche Bewegung entstand, der → Grundtvigianismus, die auf seiner speziellen Theorie aufbaut: das Wort Gottes sei lebenschaffend und die Gemeinde sei die Gemeinschaft, in der dieses Wort wirke. Das Grundtvig-Studium ist demnach im dän. kirchlichen Leben fest verankert und hat sich recht harmonisch entwickeln können. Indessen zieht das Interesse für Grundtvig in den letzten Jahrzehnten auch außerhalb der eigentlich Grundtvigschen Gruppen immer weitere Kreise (Hal Koch, P.G. Lindhardt, H.Høirup u.a.). Dieses Interesse hat dazu beigetragen, daß mehrere bedeutende Theologen zu einer mehr biblisch orientierten Auffassung besonders der Begriffe Kirche und Sakrament gelangt sind. Dadurch spielt Grundtvig eine Rolle für hochkirchlich orientierte Kreise. Grundtvigs Gedanken haben zudem aktuelle Bedeutung auch auf anderen, recht unterschiedlichen Motiv-Gebieten gewonnen, wie zB der Geschichtsphilosophie, einer positiven Wertung des Poetischen und Mythischen, oder einer Auffassung der volksgebundenen Eigenart und Gemeinschaft als einer fundamentalen Lebensbedingung des Menschen wie der Schule als Kernzelle der Erziehung zum völkischen Bewußtsein.

Am eigentümlichsten ist jedoch der Einfluß Grundtvigscher Anschauungen auf das *Luther*-Interesse, das unter Einfluß der deutschen und schwedischen Luther-Forschung in Dänemark wachgerufen wurde. In einigen bedeutenden Arbeiten (R.Prenter, H.Østergaard Nielsen) über Luthers Geistbegriff sowie über die Hl. Schrift und das lebendige Wort in der Sicht Luthers ist der Grundtvigsche Unterbau unverkennbar und hat auf den genannten Gebieten zu Gesichtspunkten geführt, deren Prüfung und Weiterentwicklung sicher eine besondere Aufgabe für die dän. Theologie darstellen wird. Ein weiterer Beweis für den Einfluß Grundtvigs auf die dän. Theologie ist die geschichtliche Forschung über führende Grundtvigianer. Aus den letzten Jahren liegen eine Reihe Schriften vor (P.G.Lindhardt, Pontoppidan Thyssen), die aus dieser Forschungsarbeit hervorgegangen sind. Nicht zuletzt auf diesem Gebiet erweist sich die aktuelle Relevanz der geschichtlichen Forschung. Sie hat besonders zu der Erkenntnis beigetragen, daß dem »volkskirchlichen« Rahmen hinsichtlich der freien Entfaltung eines vielgestaltigen kirchlichen Lebens eine positive Bedeutung zukommt.

Gleichlaufend und gelegentlich verflochten mit den genannten Strömungen hat die theologische Forschung bei dem Versuch, eine abgeklärte Auffassung vom Christentum zu erschließen, auch die vorherrschenden *philosophischen* Strömungen berücksichtigt und sich mit ihnen kritisch auseinandergesetzt. Dabei richtete man den Blick nicht nur auf eine spezielle Modephilosophie, sondern man bezog den jeweilig vorliegenden philosophischen Ausgangspositionen gegenüber verschiedene Stellungen. Ein theologischer Versuch (Søren Holm) baut so zB auf kantischem Kritizismus auf, um dann durch eine Weiterentwicklung des aprioristischen Gedankensystems der einst bestimmenden liberalen Theologie neue Impulse zu geben. Interessanter ist indessen die Tendenz einiger Theologen, von einer positivistischen Philosophie auszugehen und - bei vorbehaltloser Anerkennung der wissenschaftlichen Resultate auf den Gebieten der Psychologie, Soziologie usw - einer anti-idealistischen Christentumsauffassung den Weg zu bahnen. Der Inhalt dieser Christentumsauffassung ist bei einigen Forschern (N.H. Søe, teilweise K.E.Skydsgaard) aus einer wenn auch nicht unkritischen, so doch recht positiv eingestellten Beschäftigung mit der Theologie K. → Barths hervorgegangen. Das größte Aufsehen haben jedoch die Arbeiten erregt, die sich mit existential-philosophischen Gesichtspunkten auseinanderzusetzen oder auf ihnen weiterzubauen suchten. Sowohl die eigentliche Existentialphilosophie (besonders → Heidegger und → Jaspers) als auch die von ihr beeinflußte Theologie (→ Bultmann, → Gogarten, → Tillich) sind aus der dän. Theologie nicht wegzudenken. Die von Bultmanns Entmythologisierungsprogramm in Deutschland hervorgerufene Auseinandersetzung (→ Entmythologisierung) hat eine dän. Parallele (G.Brøndsted, Thestrup Pedersen u.a.). Diese dän. Diskussion hat zZ noch keineswegs zu einer Abklärung geführt, dagegen hat sie erwiesen, wie schwer es sein wird, die theologische Forschungsarbeit weiterzuführen, bevor man zu den hier aufgeworfenen Problemen eindeutig Stellung genommen hat. Schließlich liegt ein interessanter Versuch vor (K.E.Løgstrup), auf dem Wege einer äußerst kritischen Auseinandersetzung mit den genannten philosophischen Auffassungen zu einer Erkenntnis der Bedingungen des menschlichen Lebens und der aus ihr erwachsenden fundamentalen ethischen Forderung durchzudringen, einer Forderung, die uns aus der in der täglichen Sprache zum Ausdruck kommenden Einsicht entgegenklingt. Hieraus sollten sich wesentliche Bestimmungen christlicher Existenz erfassen lassen. Viele der hier erwähnten Abhandlungen haben in ihrer Problemstellung unter dem gleichzeitigen Eindruck Kierkegaardscher Anschauungen eine besondere Zielsetzung bekommen.

Schließlich sei erwähnt, daß in den letzten Jahren auf dem Gebiet der *Exegese* eine Forschungsarbeit geleistet wurde (J.Munck, Bent Noack, Eduard Nielsen), deren Reichweite derzeit schwer zu ermessen ist. Am meisten überraschte bisher ein Versuch (J.Munck), das Verhältnis des Paulus zur Urgemeinde in einem ganz neuen Licht zu sehen. Nach Ansicht von Munck soll zwischen Paulus und der ursprünglichen Gemeinde eine wesentlich größere Übereinstimmung geherrscht haben, als man bisher annahm.

Die vielseitigen Gegensätze, die in den genannten Strömungen und Abhandlungen zum Ausdruck kommen, schufen gelegentlich eine Tendenz zu scharfen Stellungnahmen und erbitterten Auseinandersetzungen. Bis zu einem gewissen Grade ist der Unruheherd in einer eigentümlich dän. kirchlichen Richtung zu suchen, die in den 20er Jahren unter dem Namen → »Tidehverv« (Zeitenwende) entstand. Diese Bewegung hat keine wesentliche Berührung mit der breiten Masse gehabt; dagegen standen und stehen in ihren Reihen viele außerordentlich begabte Theologen, die es sich angelegen sein ließen, ihre Anschauungen mit polemischer Kraft darzulegen. Ihren Einfluß spürt man weit außerhalb ihrer eigenen Kreise; das dän. theologische Gespräch verdankt ihnen seine besondere Note und Radikalisierung.

K.E.Skydsgaard, Metafysik og Tro, 1937 - F.F.Hvidberg, Graad og Latter i det Gamle Testamente, 1938 - N.H.Søe, Kristelig Etik, (1942) 1957[4]; dt. 1957[2] - Ders., Religionsfilosofi, 1955 - Hal Koch, Grundtvig, 1943 - Ders. u. B.Kornerup, Den Danske Kirkes Historie, 8 Bde, 1950ff (bisher Bd 1. 5. 6) - Ders., Konstantin den Store, 1952 - R.Prenter, Spiritus Creator, 1944; dt.: FGLP 10, 6, 1954 - Ders., Skabelse og genløsning, (1951-53) 1955[2] - E.Hammershaimb, Amos, 1946 - J.Sløk, Forsynstanken, 1947 - Ders., Die Anthropologie Kierkegaards, 1954 - B.Noack, Satanas u. Soteria, 1948 - Ders., Zur johanneischen Tradition, 1954 - H.Høirup, Grundtvigs Syn paa Tro og Erkendelse, 1949 - P.G.Lindhardt, Morten Pontoppidan I. II, 1950-53 - Ders., Vækkelser og kirkelige retninger i Danmark, 1951 - K.E.Løgstrup, Kierkegaards u. Heideggers Existenzanalyse, 1950 - Ders., Den etiske fordring, 1956 - S.Holm, Religionsfilosofien i det 20. Aarhundrede, 2 Bde, 1952 - Ders., Religionsfilosofi, 1955 - N.K.Andersen, Confessio Haufniensis, 1954 - T.Christensen, Logos og incarnation, 1954 - Knud Hansen, Søren Kierkegaard, 1954 - J.Munck, Paulus u. die Heilsgesch., 1954 - Ders., Christus u. Israel. Eine Auslegung von Röm 9-11, 1956 - Ed.Nielsen, Shechem, 1955 - H.Østergaard-Nielsen, Scriptura sacra et viva vox (FGLP 10, 10), 1957 - A.P.Thyssen, Den nygrundtvigske bevægelse, 1958. - Zeitschriften: Kirkehistoriske Samlinger (seit 1849) - DTT (seit 1938) - StTh (seit 1947) - Grundtvig-Studier (seit 1948) - Kierkegaardiana (seit 1955).

J.Sløk

III. Dänische Missionen

1. Die dän. M. begann 1705 als *M. der Staatskirche,* als König Friedrich IV. → Ziegenbalg und → Plütschau nach Tranquebar (→ Indien: IV) sandte, deren Arbeit bis zum Verkauf Tranquebars an England (1847) endgültig an die → Leipziger Mission, die S.P.C.K. (→ Anglikanische Kirche: II) und andere übergegangen war. - 1721 wurde → Egede vom König nach Grönland zur Arbeit unter den heidnischen → Eskimo abgeordnet.

2. Später entstanden meist in Zusammenarbeit mit der Kirche von D. konfessionell freie *M.sgesellschaften.* Bei den statistischen Angaben, die sich alle auf 1956 beziehen, ist die erste Zahl die der tätigen dän. Missionare, die zweite die der Christen. - a) *Det danske Missionsselskab* (1821) unterstützte zunächst andere M.en, wirkte aber dann selbst in den Arcot-Distrikten in Südindien (1863), wo die Arcot Lutheran Church entstand (45/11 000); in der Mandschurei und in → China (: IV C) (1896), wo eine enge Zusammenarbeit mit der Church of Scotland M. im Mukden Medical College gepflegt wurde und die dortigen Gemeinden 1939 aus 11 000 Christen mit 77 Missionaren bestanden; in Ost-Jeypur (Orissa/Indien), nachdem sich 1932 die Ost-Jeypur-M. (ursprünglich ein Teil der → Breklumer Mission) mit der DMS zusammenschloß (14/1062); in Süd-→ Arabien (: II), wo 1904 die Dansk Kirkemission mit der Arbeit begann und sich 1946 mit der DMS zusammenschloß (17/sehr wenige Christen); in → Tanganyika (1948) in Zusammenarbeit mit der Svenska Kyrkans Missionsstyrelse (→ Schweden: III) und der → Bethel-Mission im Bukoba-Distrikt (16/40 000); und in → Taiwan (1952) in Zusammenarbeit mit einer Reihe anderer luth. M.en (7/3500). - b) Die *Brødremenighedens Danske Missionsforening* ist ein Zweig der Herrnhuter M.; sie begann 1843 unter dem Namen Nordschlesvigs Missionsforening. Seit 1922 arbeitet sie hauptsächlich in Unyamwesi/Ostafrika und dem südlichen Hochland von Tanganyika (28/16 000); außerdem in Surinam und Brit. → Guayana (: II). - c) Die *Dansk Santalmission* (1867) begann ihre Arbeit im Gebiet der norwegischen Skrefsrud-M. und der dän. Børresen-M. und arbeitet in Indien unter den Santal, Boroe und Bengalen (21/33 000 in der Eben-Ezer-Church). - d) Die *Porto Novo Mission* (1873) hieß ursprünglich nach ihrem Gründer Løventhals M.; sie arbeitet in Südindien (1 Missionar) und legt das Hauptgewicht auf Volksbekehrung und weniger auf Einzelbekehrung (→ Bekehrung: V). - e) Die *Dansk Pathanmission* (1896), die als → ärztliche Mission begann und später ihr Krankenhaus in Mardan an der afghanischen Grenze verkaufte, arbeitet seit 1955 unter dem dän. Bischof J.Christensen mit einer Reihe amerikanischer Missionare (5/10 000) in Westpakistan. - f) Die *Osterlandsmission* (1898) arbeitet in Syrien (16/161). - g) Die *Danish United Sudanmission* (1913) arbeitet in → Nigeria (44/10 000). - h) *Den Danske Israelsmission* (1885) ist unter dän. Juden und mit 6 Missionaren in Przemysl/Polen, in Algier und Jaffa tätig. - Alle Gesellschaften arbeiten im Dän. Missionsrat (1912) zusammen. Darüber hinaus besteht eine Reihe kleinerer Gesellschaften, die in Zusammenarbeit mit der dän. Staatskirche mit ein, zwei oder drei Missionaren in verschiedenen Ländern tätig sind. Auch andere dän. Konfessionen unterhalten M.en, so die Danske Baptisters Hedningemissionsselskab (1916), die in Urundi und Ruanda (→ Belgisch-Kongo) arbeitet, die Methodistkirkensmission zB in Indien und → Malaya und die M. der → Pfingstbewegung (: II) vor allem in → Kenya, Transvaal, Indien und → Japan.

J.Vahl, Die skand. Heidenmissionstätigkeit, bes. im gegenw. Jh. (AMZ 16, 1889, 220-231) - N.Bundgaard, Det Danske Missionsselskabs Historie, Kopenhagen 1935 - Aus dem dän. Missionsleben (EMM 84, 1940, 114-127) - T.Hof, Overzicht van de Deense Zendingsarbeid in het jaar 1951 (Heerbaan 4, 1951, 323-335) - A.Lehmann, Es begann in Tranquebar, 1955 - Jahresberichte der Gesellschaften.

C.Rendtorff

Dänisch-Hallische Mission → Indien: IV.

Dagon (so im AT und griech.; in neuassyrischen Namen einmal Daguna), ursprünglich Dagān, als Hauptgott der Semiten im Gebiet des mittleren Euphrat seit 2500 vChr bezeugt, Hauptkultort wohl Terqa bei → Mari, wo ihm um 1750 auch Kultpropheten dienten. Die Bedeutung des Namens ist noch unklar, ein Zusammenhang mit hebr. dag »Fisch« ausgeschlossen, mit hebr. und ugaritisch dāgān »Korn« möglich (auf einem phönikischen Siegel ist die Ähre sein Symbol). Seit der Dynastie von Akkade wurde er auch in Babylonien verehrt; der Viehhof der 3. Dynastie von Ur bei Nuppur hieß nach ihm Puzriš-D. (heute Drehem). Ein Tempel und Gebete an ihn sind aber nicht bezeugt. Er wurde mit Ellil gleichgesetzt, von Königen neben diesem und Anu öfter genannt, ebensooft in den Maribriefen. In theophoren Namen ist D. nur in Mari häufig, sonst (auch in Kappadokien um 1800) seltener. In Assyrien wurde er in Assur wie Ellil verehrt, war aber trotz hohen Ranges eine Nebengottheit. Im Westen wurde er mit dem Wettergott gleichgesetzt, gilt in den Mythen von → Ugarit aber als Vater des → Baʿal, ähnlich bei Philo von Byblos als Bruder des El/Kronos. In Palästina gab es ein Bēt-Dāgōn in Asser (Jos 19, 27) und in Juda (Jos 15, 41); dieses ist um 1200 als bjt dqn in ägyptischer Ortsliste genannt (bei Sanherib Bīt-Daganna). D. war in Palästina Hauptgott der Philister mit Tempeln u.a. in Gaza (Ri 16, 23) und Asdod (1Sam 5, 1ff). 147 vChr zerstört Jonathan den D.-Tempel in Asdod (1Makk 10, 84). Noch Hieronymus wußte von D.

H.SCHMÖKEL, Der Gott Dagan (Diss.), 1928 - E.DHORME, RHR 138, 1950, 129-144. *W.v.Soden*

Dahle, *Lars Nilsen* (1843-1925), norweg. Missionar, Administrator und Gelehrter, wirkte von 1870-87 unter der Norwegian Missionary Society (→ Norwegen: III) seit 1877 als Superintendent in → Madagaskar, von 1889 bis 1920 als Generalsekretär seiner Gesellschaft in Norwegen. Als fähiger Sprachwissenschaftler und Theologe spielte er bei der Revision der madagassischen Bibel und der Schaffung einer madagassischen theologischen Literatur eine bedeutende Rolle.

Unter seinen Büchern über missionarische u. theol. Themen (zT ins Deutsche u. Englische übers.) sind seine Studien über Sprache und Volkstum in Madagaskar bes. wertvoll. - Über D.: L.DAHLE, Tilbakeblik (Autobiographie), 3 Bde, Stavanger 1922-23 - Fra Norges indsats i verdensmissionen. Festskrift ved L.D.s 50 aars jubilaeum, Stavanger 1931 - O.CHR.DAHL, Bibelen på Madagaskar (Norske misjonaerer som bibeloversettere, ed. H.CHR.MAMEN, Oslo 1950, 128 bis 173) - O.KOLSRUD, Minnetale over L.D. (Norvegia Sacra 6, 1926, 119-129). *O.G.Myklebust*

Dahlem

1. Die Gemeinde D. - 2. Die 2. Bekenntnissynode der EKD

1. »›Kirchenkampf‹ hieß und heißt exemplarisch: Pfarrer Niemöller in der Gemeinde Dahlem« (K.Barth). Die Kirchenwahlen 1933 brachten hier den Deutschen Christen (DC) eine Niederlage; hier wurde der → Pfarrernotbund gegründet (21.9.1933); hier fand die 2. Bekenntnissynode der Ev. Kirche der altpreußischen Union statt (4./5.3.1935), die die Botschaft gegen die »neue Religion« beschloß; hier fanden entscheidendste Verhandlungen zwischen 1933 und 1945 statt; hier lebte eine Gemeinde, die den Kampf trug und für ihn opferte. Der schon früh aufgekommene Name »Dahlemiten« bezeichnete diejenigen Glieder der → Bekennenden Kirche (BK), die versuchten, radikal und kompromißlos den Kampf zu führen.

2. Entscheidend wurde dafür die 2. Bekenntnissynode der DEK, die am 19. u. 20.10.1934 in D. tagte. Sie zählte 143 Mitglieder (97 Theologen und 46 Nichttheologen) aus dem Bereich aller Landeskirchen (mit Ausnahme von Hannover-reformiert). Präses der Synode war D. → Koch, berufenes Mitglied D.v. → Bodelschwingh, Vertreter des Ökumenischen Rates für praktisches Christentum D.A. → Koechlin. Die Vorbesprechung der Synodalen fand am 18.10. im Landwehrkasino in Berlin statt. Die gemeinsame Abendmahlsfeier, die Bodelschwingh halten sollte, kam nicht zustande.

Der Zeitraum zwischen → Barmen und D. war im wesentlichen durch die Eingliederung der Landeskirchen in die DEK bestimmt, die von dem → Reichsbischof und seinem Rechtswalter durchgeführt wurde. Sie war von zahlreichen Zwangsmaßnahmen begleitet (der Synode lag eine Statistik mit 1043 Fällen von Maßregelungen von Pfarrern und Kirchenbeamten vor). Im Zusammenhang damit wurde die für den 30. u. 31.10 vorgesehene Synode auf dringende Bitten aus den süddeutschen Landeskirchen vorverlegt (Entlastungsoffensive).

Die Hauptreferate hielten Fausel, Koch, Asmussen, Fr.Müller und Fiedler. Es ging um die Frage, wer berufen und berechtigt sei, die DEK zu leiten und zu vertreten. Die einmütig angenommene »Botschaft der Bekenntnissynode« stellte nicht nur fest, daß die Verfassung der DEK zerschlagen sei, sie teilte auch mit, daß die Synode »auf Grund des kirchlichen Notrechts« neue Organe der Leitung geschaffen habe, den → Bruderrat der DEK und den aus seiner Mitte gewählten Rat der DEK.

Schon die vorhergehenden Freien und Bekenntnissynoden hatten seit der ersten altpreußischen Bekenntnissynode (29.5.1934, Barmen) nur unter Voraussetzung eines kirchlichen → Notrechts handeln können. Die folgenden Jahre stellten die BK dann unablässig vor die Frage, ob und wieweit sie willens sei, dieses Notrecht entschlossen wahrzunehmen. Die Schwierigkeiten wurden dabei immer größer. Am meisten umkämpft war der Satz der D.er »Botschaft«, nach dem man sich von der Zusammenarbeit mit denen zurückziehen sollte, die dem DC-Kirchenregiment »weiterhin gehorsam sein wollten«. Später behauptete man, daß die Bekenntnissynode sich »übernommen« hätte. Wie die Handhabung des Notrechts gemeint war, erläutert die »Verordnung zur Ausführung der Beschlüsse der Bekenntnissynode der DEK, erlassen vom Bruderrat am 29.10.1934«. Dem Staat gegenüber hieß es: »Wir übergeben diese unsere Erklärung der Reichsregierung, bitten sie, von der damit vollzogenen Entscheidung Kenntnis zu nehmen, und fordern von ihr die Anerkennung, daß in Sachen der Kirche, ihrer Lehre und Ordnung die Kirche unbeschadet des staatlichen Aufsichtsrechtes allein zu urteilen und zu entscheiden berufen ist.«

Synodalakten im Bielefelder Archiv der BK. - Druckheft: Bekenntnissynode der DEK, Dahlem 1934, 1935. - W.NIEMÖLLER, Die 2. Bekenntnissynode der DEK zu D. Text, Dokumente, Berichte, 1958. *W.Niemöller*

Dajak-Kirche → Indonesien: IV.

Daillé (Dallaeus), *Jean* (1594-1670), ref. Theol., studierte in Saumur und war dort Erzieher der Enkel von → Du Plessis-Mornay. Nach längeren Reisen (Italien, Schweiz, Deutschland, Holland) wurde er 1623 dessen Schloßprediger, 1625 Pfarrer in Saumur, dann in der Pariser Hugenottengemeinde zu Charenton, wo er mehr als 40 Jahre lang wirkte. Seine Predigten erlangten Berühmtheit und wurden mehrfach gedruckt. Als Kontroverstheologe vertrat D. die Vermittlungspartei. Die letzte ref. Nationalsynode Frankreichs (Loudun 1659) wählte ihn zu ihrem Präsidenten. D. genoß außerdem einen bedeutenden Ruf als Gelehrter, besonders wegen seiner Schriften zur frühen KG.

Vf. u.a.: Traité de l'emploi des Saints Pères, 1632; De la créance des Pères sur le fait des images, 1641. - Über D.: La France prot. V, 1886², 23ff (Bibliogr.) - RE IV, 427f - J.PANNIER, L'Eglise réformée de Paris sous Louis XIII, 1931/32 - J.VIÉNOT, Hist. de la Réforme française de l'Edit de Nantes à sa Révocation, 1934 - DThC IV/1, 3ff. *H.R.Guggisberg*

Dalberg, *Karl Theodor Anton Maria* (1744-1817), kath. Kirchenfürst, gehörte nach Herkunft und Bildung der Welt des Ancien régime und der Aufklärung an. Der Sprößling einer kurmainzischen Adels- und Beamtenfamilie nahm nach Beendigung des juristischen Studiums einen raschen Aufstieg, als er den Entschluß faßte, sich dem geistlichen Stande zu widmen. Schon früh Inhaber von Kanonikaten in Mainz und Worms, wurde er 1772 mainzischer Statthalter in Erfurt, gewann von hier aus gute Beziehungen zu Carl August von Weimar (und damit auch zum dortigen Dichterkreis). Dieser wirkte darauf hin, daß Preußen im Interesse des Fürstenbundes 1787 seine Wahl zum Koadjutor von Mainz, bald auch von Worms und Konstanz, erfolgreich förderte. Mit der Bestätigung des Papstes erlangte er jetzt auch Priester- und Bischofsweihe (als Erzbischof von Tarsus i. p.). Seit 1800 Fürstbischof von Konstanz, wo er den gewandten Ignaz Heinrich v. → Wessenberg zum Generalvikar ernannte, erhielt er 1802 den Erzstuhl von Mainz. Damals waren die linksrheinischen Gebiete schon französisch, aber der in Napoleons Gunst stehende Reichserzkanzler erreichte, daß sein Kurfürstentum nicht säkularisiert wurde; nach § 25 des Reichsdeputations-Hauptschlusses wurde vielmehr der Mainzer Stuhl auf die Domkirche von Regensburg übertragen; damit sollte die Würde eines Kurfürsten, Reichskanzlers, Metropoliten-Erzbischofs und Primas von Deutschland für immer verbunden sein. Als weltliche Ausstattung erhielt D. die Fürstentümer Aschaffenburg, Regensburg und die Reichsstadt Wetzlar, verlor allerdings die weltliche Herrschaft in Konstanz. Die Auflösung des Reiches führte D. als Fürstprimas an die Spitze des von Napoleon gegründeten Rheinbundes (1806); sein Amtssitz wurde das ehemals reichsfreie Frankfurt. Für das 1810 an Bayern abgetretene Regensburg entschädigte Napoleon D. mit Hanau und Fulda und verlieh ihm den Titel eines Großherzogs von Frankfurt. Ein Konkordat für den Rheinbund erreichte D., hauptsächlich wegen der Differenzen Napoleons mit Rom, allerdings nicht. Als Regent nahm sich D. das französische Muster zum Vorbild, vor allem war die schwierige Regelung der Finanzverhältnisse seine Hauptsorge. Dabei wurde ihm die großzügige Behandlung der Judenemanzipation förderlich, die ihm, wie auch manchen anderen Fürsten, die Hilfe des aufstrebenden Hauses Rothschild eintrug. Mit dem Sturz Napoleons war seine politische Rolle freilich zu Ende. Er zog sich auf seine Diözesen Konstanz und Regensburg zurück, nachdem Frankfurt seine Reichsunmittelbarkeit zurückerhalten hatte. Vergeblich versuchte Wessenberg auf dem Wiener Kongreß in seinem Namen, ähnlich wie der päpstliche Nuntius → Consalvi, eine völlige Restauration der Kirche zu erreichen; erst recht scheiterte der Plan einer unter einem Primas mit Rom verbundenen Nationalkirche. - Die Zeit, in deren Klima ein D. aufsteigen konnte, war endgültig vorbei.

ADB IV, 1876, 703ff - K.v.Beaulieu-Marconnay, K.v.D. u. s. Zeit, 2 Bde, 1879 - P.Darmstädter, Das Großherzogtum Frankfurt, 1901 - W.Bestgen, D.s u. Napoleons Kirchenpolitik, 1917 - Th.J. Schweig, D.s Hochschulstadt Aschaffenburg, 3 Bde, 1951/54 - W. Andreas, Carl August von Weimar, 1953, passim. *K.Kupisch*

Dalman, *Gustaf,* Alttestamentler und Palästinaforscher, * 1855 in Niesky, † 1941 in Herrnhut, lehrte 1891 bis 1901 in Leipzig, war (der erste) Direktor des Deutschen Ev. Instituts für Altertumswissenschaft des Hl. Landes (1902-16) in Jerusalem, dann Prof. in Greifswald. Neben den philologischen Arbeiten zum Aramäischen und zum palästinischen Arabisch ist mit Vorrang sein aus den Reisen in Palästina erwachsenes umfassendes Werk über »Arbeit und Sitte in Palästina« zu nennen, in dem er das (vor 1914 noch relativ urtümliche) bodenständige Brauchtum bis ins Detail - zugleich als Beitrag zur biblischen → Archäologie (: I) - dargestellt hat.

Vf. neben Aufsätzen in PJ u.a.: Grammatik des jüd.-pal. Aramäisch, (1894) 1905²; Aram. Dialektproben, (1896) 1927²; Aram.-neuhebr. HWB, (1901) 1938³; Paläst. Diwan, 1901; Orte u. Wege Jesu, (1919) 1924³; Jesus-Jeschua, 1922; Arbeit u. Sitte in Palästina I-VII, 1928-42 (Bd VIII aus Nachlaßnotizen in Vorbereitung); Jerusalem u. sein Gelände, 1930. - Über D.: Die Religionswissenschaft der Gegenwart in Selbstdarstellungen 4, 1928 - A.Alt, PJ 37, 1941, 5-18 - H.W.Hertzberg, WZ Greifswald 4, 1954/55, 367-372 - K.H. Rengstorf-W.Müller, Das Schrifttum G.D.s (WZ Greifswald 4, 1954/55, 209-232) - K.H.Rengstorf, G.D.s Bedeutung für die Wissenschaft vom Judentum (ebd 373-377). *K.Galling*

Dalwigk *zu Lichtenfels, Reinhard Karl Friedrich Frhr.* (*v.* 1802-80), ev., scharf antidemokratischer, konservativer hessischer Staatsmann. 1845 Kreisrat in Mainz und Provinzialkommissar, 1850 Bevollmächtigter der großherzoglichen Regierung bei der Vollversammlung des Bundestages in Frankfurt, Minister des Inneren und Äußeren und des großherzoglichen Hauses in Darmstadt. Für zwei Jahrzehnte, bis zu seinem von Bismarck 1871 herbeigeführten Sturz, bestimmte D. die hessische Politik. Nicht ohne Selbstgefälligkeit steuerte er einen reaktionären, großdeutschen Kurs, nach 1866 gegen Preußen (profranzösisch). Kennzeichnend für das Ministerium D. war das seltsame Bündnis zwischen dem hessischen Staat und der kath. Kirche, an dem der politische Katholizismus einen starken Rückhalt fand. Grundlage war 1854 der Abschluß einer geheimen »vorläufigen Übereinkunft«, die dem Bischof ziemlich unbeschränkte Autonomie in allen kirchlichen Angelegenheiten zusicherte und 1856 erweitert wurde (erst 1860 der Öffentlichkeit bekannt). Bedeutsam wurde diese prokath. Haltung D.s insofern, als der Katholizismus durch den energischen Mainzer Bischof v. → Ketteler vertreten war, dessen zielbewußte Taktik D. auch dann unterlegen gewesen wäre, wenn er ihr ernsthaft hätte Widerstand leisten wollen. So aber wurde er gelegentlich geradezu zum Vorkämpfer der Anliegen seines »Landesbischofs«. Er ließ es zB geschehen, daß Ketteler 1851 durch eigenmächtige Eröffnung einer bischöflichen Lehranstalt in Mainz die von der Landesregierung gegründete staatliche kath.-theol. Fakultät Gießen »austrocknete« und zum Erliegen brachte.

Die Tagebücher d. Frhr. R.v.D. zu L. aus den Jahren 1860-71 hg.v. W.Schüssler (Dt. Geschichtsquellen d. 19.Jh.s 2), 1920. - Über D.: ADB 47, 612ff - F.Vigener, Ketteler, 1924. *G.Maron*

Damascenus *Studites,* griech. Theol. des 16.Jh.s, Bischof von Lite und Rhendine, Metropolit von Naupaktos und Arta. Als Lehrer des Patriarchen Jeremias II. hat er wahrscheinlich auf den Schriftwechsel mit den Wittenbergern Einfluß gehabt. D. ist Verfasser eines »Thesauros«, einer Art homiletischen Lesebuches für den dörflichen Gottesdienst, und einer Kirchengeschichte von Konstantin d.Gr. bis auf seine Zeit. Daneben sind noch kleinere homiletische Schriften bekannt. Unter dem reformfreudigen Regiment seines Schülers Jeremias II. galten seine homiletischen und exegetischen Arbeiten in der griech. Kirche als Vorbild.

Ph.Meyer, Die theol. Litt. der griech. Kirche im 16.Jh., 1899 (Lit.) - DThC III, 129 (Lit.). *K.Onasch*

Damaskus

1. D., heute (dimaschk) esch-scham, 3 km östlich vom Austritt des Barada (vgl. 2Kön 5, 12) aus dem Antilibanon in einer fruchtbaren Oase gelegen und seit 1946 die Hauptstadt des Staates Syrien (mit ca 350 000 Einwohnern; ⅔ davon Mohammedaner), der Sage nach eine der ältesten Städte der Welt, dürfte, nach dem undurchsichtigen (Haddad), aber wohl sicher unsemitischen Namen (Borrée) zu urteilen, im 4.Jt. vChr entstanden sein. Die durch Naturreichtum seit je wohlhabende Siedlung spielt vornehmlich als Karawanenstadt und Markt der Nomaden eine bedeutende Rolle. Erstmals wird sie um 1470 vChr in der Städteliste Thutmosis' III. erwähnt; einige der Briefe von → Amarna bekunden, daß D. - in die innersyrischen Streitigkeiten hineingezogen - Ägypten die Treue hielt. Im 12.Jh. (?) kam D. in die Hände einer der

ins Kulturland vorstoßenden Gruppen von → Aramäern und bildete das Zentrum eines selbständigen Aramäerstaates. David gliederte D. seinem Großreich an (Statthalter; 2Sam 8, 3 ff); es löste sich aber davon in der Frühzeit Salomos. Mit Rezon von D. (1Kön 11, 23 ff) beginnt die Reihe der einheimischen Dynasten, die die Hegemonie über eine Reihe kleinerer Staatsgebilde ausübten. Während des 9.Jh.s war Israel durch das Reich von D. einem starken Druck ausgesetzt und fand sich zeitweilig zur Heeresfolge bereit (853 vChr). Das von den Assyrerkönigen Salmanassar und Adadnirari III. bedrängte und geschwächte Reich von D. erlebte wohl um 760 (2Kön 14, 25) den Gegenstoß Israels, fand sich 734/33 mit Israel gegen Tiglatpilesar III. zusammen, wurde schließlich nach der Eroberung der Stadt (732) eine assyrische Provinz (→ Assyrien, 3). Ob D., wie man vermutet hat, in persischer Zeit Sitz des Satrapen von Transeuphratene war, ist fraglich (vielleicht eher → Tripolis). Nach Strabo XVII, 756 erlebte D. damals eine Blütezeit, wie später erneut zur Römerzeit (63 vChr Residenz des Pompejus). Nach 2Kor 11, 32 regierte zur Zeit des Paulus in D. ein Statthalter des Nabatäerkönigs Aretas' IV. Es ist durchaus wahrscheinlich, daß die Römer den → Nabatäern D. freiwillig überließen, damit diese die Grenzwacht nach Osten zu übernahmen. Nach Josephus gab es um 70 nChr in D. eine ca 10 000 Glieder umfassende jüdische Diasporagemeinde. Die auf sehr frühe Gründung (Apg 9, 11) zurückblickende christliche Gemeinde erlangte bald wachsende Bedeutung. Die Liste des Konzils von Nicäa (325 nChr) kennt D. als Bischofssitz. → Theodosius d.Gr. und sein Nachfolger errichteten vor 400 im Jupitertempelbezirk eine Johanneskirche (s. 2), die gut zwei Jh.e später - um 635 - zur Hälfte, seit 700 nChr ganz in eine großartige Moschee verwandelt wurde, nachdem sich die Omajjaden des Gebietes von D. und der Stadt selbst bemächtigt hatten. Als Sitz des Kalifats erlebte D. für ein Jh. eine Hochblüte. Für das friedliche Nebeneinander von Mohammedanern und Christen ist bezeichnend, daß → Johannes von Damaskus, der letzte große Dogmatiker der orthodoxen Kirche (ca 700-753), zeitweilig auch als Schatzmeister des Kalifen fungierte. Nach wechselvoller Geschichte kam D. 1516 in die Hände der osmanischen Türken, deren Herrschaft 1918 endete.

2. Zeugnisse der aramäischen *Kunst* des 10.-8.Jh.s vChr sind aus dem engeren Bereich von D. nicht erhalten (die Melkart-Stele [ANEP Abb. 499] des Königs Benhadad von Aram ist schwerlich in D. gearbeitet worden). Das in Nordsyrien Karkemisch gegenüberliegende Ḥadātu (arslan tasch) hat Elfenbeinarbeiten erhalten, die zT für Hasael von D. (um 800 vChr) bestimmt waren (vgl. AOT 344f). Die enge Berührung zwischen diesen und den in Samaria gefundenen Elfenbeinen (→ Kunstgewerbe: I) läßt darauf schließen, daß, wie nach 1Kön 20, 34 in D. und Samaria ausgetauschte Bazare bestanden, so auch Kunstfertigkeiten übernommen wurden. Originale Denkmäler aus D. stammen erst aus der römischen Epoche. Sie gestatten das nach hippodamischem System angelegte Stadtbild im großen zu rekonstruieren. Noch heute ist im sūk eṭ-ṭawīl die »gerade Straße« (Apg 9, 11) in Ost-Westrichtung erkennbar, die in einem teilweise erhaltenen Ost-Tor endet. Eines der an der Straße gelegenen Theater stammt von Herodes. Unter der Zitadelle lag das römische Kastell, im Zentrum der Tempelbezirk des Jupiter, einem Baal-Gott (auf Münzen um 95 vChr neben → Atargatis dargestellt); der Bezirk erhielt seine noch heute erkennbare Gestalt im 3.Jh. nChr. Hier erstand die Basilika St. Johannes des Täufers, die heutige Hauptmoschee (s. 1). In den Arkaden sind von Griechen gefertigte Landschaftsmosaiken erhalten.

RGG² I, 1774f - W.Borée, Die alten Ortsnamen Palästinas, 1930, 115f - RLA II, 104 - J.Sauvaget, Les monuments historiques de D. (Beirut), 1932 - Ders., Esquisse d'une histoire de la ville de Damas (REI 8, 1934, 421-480) - G.Haddad, D. in the Writings of Classical and Arab Authors (Les Ann. arch. de Syrie 1, 1951, 157-164) - S.Munajjed, Bibliographie damasquaine (Oriens 5, 1952, 168-173).

K.Galling

Damaskusschrift. Reste der D. wurden 1896 von dem damaligen Lektor für talmudisches Hebräisch an der Universität Cambridge Salomon Schechter in der seit 1864 der Untersuchung zugänglichen Geniza der Esra-Synagoge von Altkairo (Fustāt) entdeckt und 1910 als »Fragments of a Zadokite Work« ediert. Die jetzt im Besitz der University Library in Cambridge befindlichen Hss.reste bestehen aus 8 doppelseitig beschriebenen, an den Rändern teilweise stark beschädigten Pergamentblättern von ca 21,6 zu 18,1 cm (Text A). Die ersten 4 Blätter (A 1) zählen je 21 Zeilen in einer klaren Quadratschrift des 10.Jh.s mit gelegentlicher babylonischer oder tiberiensischer Punktation. Die zweiten 4 Blätter (A 2) sind von anderer Hand in flüchtigerer, teilweise punktierter Schrift mit - soweit erhalten - 23 Zeilen auf der Seite beschrieben. Die beiden letzten Blätter sind stark verstümmelt. Hinzu kommt ein doppelseitig beschriebenes Blatt von ca 34,3 zu 20,3 cm, das in einer der kursiven sich nähernden Quadratschrift des 12.Jh.s auf der Vorderseite 35, auf der Rückseite 34 Zeilen enthält (Text B). Es setzt mit Text A, S. 7, Zeile 5 ein, geht anfangs parallel, bringt jedoch statt des Jesaja-Zitats ein solches aus Sacharja und geht von da aus eigene Wege.

Die systematische Untersuchung der Höhlen von → Qumran hat rund ein halbes Dutzend Fragmente mehrerer Hss. der D. hinzugefügt. Sie sind noch nicht veröffentlicht, sollen aber Schechters Handschrift A nahestehen. Die von Büchler, Bousset, Marmorstein (vgl. Rost) und Zeitlin vorgeschlagene Datierung in das 8.Jh. nChr beachtet richtig die engen Beziehungen zum beginnenden Karäertum (→ Karäer), läßt sich aber heute nur halten, wenn man die archäologischen Tatbestände von Qumran ignoriert. Beachtet man sie, wird man als terminus ante quem für die Abfassung das Jahr 68 nChr ansetzen und mit der Mehrzahl der Forscher an das 2. oder eher das 1.Jh. vChr denken müssen.

Der *Inhalt* der Hs. A 1 besteht in einer wahrscheinlich am Anfang und sicher am Schluß unvollständigen Mahnrede an »alle, die die Gerechtigkeit (ṣædæq) kennen«. In ihr finden sich Andeutungen über die Geschichte der Gruppe, die sich selbst »Leute, die in den neuen Bund im Lande Damaskus eingetreten sind« nennt, neben Rückblicken auf die Geschichte Israels unter Hervorhebung des Irrens des Volkes oder einzelner hervorragender Glieder, zB der Söhne Noahs, der Wüstengeneration, David. Als Grund des Irrens wird Unkenntnis der Tora angegeben, besonders ihrer eherechtlichen Bestimmungen und ihres richtig interpretierten Festkalenders (→ Chronologie: III, 2). Im Gegensatz dazu hat eine Gruppe der priesterlichen Ṣadoqsöhne Gott die Treue gehalten und hält sie noch, trotz des neuen Abfalls der Gegenwart, der durch den »Mann des Lästerns« herbeigeführt wird.

A 2 bringt eine Art Mischna mit Vorschriften über den → Sabbat, den Eid, die kultische Reinheit und die vita communis der auf Eigenbesitz des einzelnen weithin verzichtenden Gruppe.

Der Text B zeigt in seinen Abweichungen von A die engsten Beziehungen zur Ordensregel (1QS; → Sektenregel) von Qumran, so daß man vermuten könnte, hier sei eine Verschmelzung einer älteren Gruppe, die ihren Leiter, den Lehrer der Einheit, verloren hat, mit einer jüngeren, die den Lehrer der Gerechtigkeit als ihren Führer verehrt, angebahnt. Andere Forscher halten den Lehrer der Gerechtigkeit für identisch mit dem Lehrer der Einung. Dagegen spricht nach L.Rost die große Verschiedenheit der Terminologie und der Theologie in D. und 1QS. Die D. kennt das → Jubiläenbuch, → Henoch und das TestLev (→ Testamente der 12 Patriarchen), die von 1QS kaum benutzt sind. Nur im Text B der D. begegnet der »Messias aus Aaron und Israel« (19, 10; 20, 1) als Inbegriff künftigen Heils wie in 1QS. Die Gruppe, die hinter der D. steht, kennt die Ehe, fordert das Zusammenleben in Lagern, dh doch wohl in bestimmten Quartieren, den Verzicht auf den »verdammungswürdigen Geldbesitz«, die Unterstellung unter einen Leiter, die strenge Rangordnung von Priestern, Leviten und Laien, die sorgfältige Beachtung der Reinheitsvorschriften, gewisse Auslegungen der Ehe- und Festgesetzgebung und sieht für eine Gemeinschaft von 10 Männern einen gesetzeskundigen Interpreten vor.

Die Einordnung der Gruppe in das antike Judentum ist sicher. Damit fällt Zeitlins Versuch, die Schrift in die Karäerzeit zu setzen, ebenso, wie die Meinung, es handele sich um eine judenchristliche Schrift. Schwerlich läßt sich die (vor Entdeckung der Hss. vom Toten Meer viel vertretene) Annahme pharisäischer Herkunft halten. Eher hat Schechter recht, der an eine sadduzäische Abspaltung denkt. Aus ihr dürfte sich die essenische Bewegung entwickelt haben.

→ Essener, → Qumran, 4.

Außer der Lit. zu → Qumran: Textausgaben: S.Schechter, Documents of Jewish Sectaries, Vol. 1: Fragments of a Zadokite Work, Cambridge 1910 (mit Übers.) - L.Rost, Die D. (KlT 167), 1933 (Lit.) - S.Zeitlin, The Zadokite Fragments, 1952 (Photomech. Wiedergabe der Mss.) - Ch.Rabin, The Zadokite Documents, Oxford 1954 (mit Übers.). - Übersetzungen: Charles, AP II, 785ff - Riessler 920ff - M.Burrows, The Dead Sea Scrolls, New York 1955, 349ff (dt. Ausg. 1957, 288ff). - Über die D.: P.E.Kahle, The Cairo Geniza, London, 1947 - H.H.Rowley, The Zadokite Fragments and the Dead Sea Scrolls, Oxford 1952.

L.Rost

Damasus I., *Papst* 366-84, Spanier, * wohl in Rom, setzte sich erst nach schweren Kämpfen gegen den Gegenpapst → Ursinus durch, unterstützt besonders durch ein Reskript des Kaisers Gratian (378), das der Kirche das Recht auf freie Papstwahl (→ Papsttum: I) zuerkannte. D. verurteilte Arianismus und Apollinarismus (→ Arianischer Streit, 4; → Christologie: II, 4b) und spielte bei dem dogmatischen Ausgleich mit dem Morgenlande eine Rolle. Ein Edikt des → Theodosius erklärte ihn als Bekenner des wahren, für alle Untertanen gültigen Glaubens. Erwünschtermaßen sprach das Konzil zu → Konstantinopel 381 dem Bischof von Rom den Vorrang zu vor dem von Konstantinopel. D.' größtes Verdienst war die Sorge um die Revision der lat. Bibeltexte (→ Bibelübersetzungen: II, 2), die er dem → Hieronymus übertrug und ständig förderte; selbst verfaßte er metrische Inschriften für die Märtyrergräber in den röm. Coemeterien. Einige Briefe und Sendschreiben sind erhalten. D. gilt als Heiliger (Gedenktag 11.12.).

MPL 13, 347ff - M.Rade, D., Bischof von Rom, 1882 - RE IV, 429ff - J.Wittig, Papst D. I., 1902 - Ders., Die Friedenspolitik des Papstes D. I., 1912 - Bardenhewer III, 563ff. 588ff - LThK III, 133f - Caspar I, 196ff - A.Ferrua, Epigrammata, 1942 - Altaner 308.

M.Rauer

II., *Papst* 17.7. bis 9.8.1048, aus bayerischem Adelsgeschlecht, vorher Bischof Poppo von Brixen. Heinrich III. nominierte ihn Weihnachten 1047 in Pöhlde als Nachfolger → Clemens' II.; von Markgraf Bonifatius von Tuskien nach Rom geführt, starb er kurz nach der Weihe.

Haller II, 286. 577.

H.Fuhrmann

Dan → Stämme Israels.

Daneau, *Lambert* (1530-95), * in Beaugency-sur-Loire, † in Castres, war Jurist (Orléans, Paris), wurde nach dem Märtyrertode seines Lehrers Anne du Bourg 1559 Protestant und wechselte 1560 in Genf unter Calvins Einfluß zur Theologie. 1561-72 war D. Pfarrer in Gien, 1574-81 Prof. der Theol. in Genf, danach in Leiden, Gent, Orthez und Castres. D. war einer der schärfsten und intolerantesten Kontroverstheologen der Genfer calvinistischen Orthodoxie und ein rigoroser Vorkämpfer puritanischer Lebensführung.

Vf.: Ethices Christianae libri tres, Genf 1577. - Über D.: P.de Félice, L.D., Paris 1882 - W.duRieu, L.D. à Leyde, Leiden 1881 - Ch.Borgeaud, Hist. de l'Université de Genève I, 1900.

J.Moltmann

Daniel, »El (Gott) ist Richter« oder »El richtet«, ist ein auch in babylonischen (?), nabatäischen und palmyrenischen Inschriften belegter Personenname (s. KBL²). Im AT tragen ihn a) ein Sohn Davids 1Chr 3, 1, b) ein Priester Esr 8, 2; Neh 10, 7, c) der Held des → Danielbuches und d) der Ez 14, 14. 20; 28, 3 erwähnte vorzeitliche Weise, der letztlich mit dem ugaritischen Dn'l (ThR 13, 1941, 167f) identisch sein mag. Die Möglichkeit, daß es um 540 in Babylon einen jüdischen Seher des Namens gab, ist nicht auszuschließen, doch würde das noch keineswegs die »Echtheit« des Buches und die Geschichtlichkeit des darin von ihm Erzählten erweisen.

M.Noth, Noah, D. u. Hiob in Ez 14 (VT 1, 1951, 251-260).

W.Baumgartner

Danielbuch

1. Gliederung und Inhalt - 2. Unhaltbarkeit der Tradition - 3. Die Entstehungszeit - 4. Die Komposition - 5. Die Erzählungen - 6. Die Gesichte - 7. Die Apokalyptik - 8. Die Wirkung. - D. = Daniel

1. Das D.buch zerfällt inhaltlich in zwei Teile: I (Kap. 1-6) enthält sechs *Erzählungen* von → Daniel und seinen Freunden, II (Kap. 7-12) vier *Gesichte* D.s. In I ist von D. in dritter Person die Rede, in II redet er selber. Das Mittelstück 2, 4b - 7, 28 ist aramäisch geschrieben (→ Aramäisches in der Bibel: I, 3).

a) Die *Erzählungen*. Einleitungsweise berichtet Kap. 1, wie D. und seine 3 Gefährten, an → Nebukadnezars Hof als Pagen ausgebildet, den jüdischen Speisegesetzen treu bleiben und doch alle anderen an Weisheit übertreffen. - Kap. 2: D. allein weiß dem König seinen schreckhaften *Traum* zu sagen und zu deuten: die Statue aus viererlei Metall, die ein Stein zu Fall bringt, bedeutet 4 Reiche, die, an Macht immer geringer, aufeinander folgen, bis die Herrschaft auf ein himmlisches Reich übergeht. Der König erhebt D. und die Freunde zu hohen Ämtern. - Die 3 Freunde verweigern einem vom König aufgestellten Bilde die Huldigung und werden in einen *brennenden Ofen* geworfen. Ein Engel gesellt sich zu ihnen; das Feuer läßt sie unversehrt. Wieder muß der König die Macht des Judengottes anerkennen (3, 1-30). - Nebukadnezar träumt von einem *stolzen Baum*, der bis auf den Stumpf abgehauen wird. Wieder kann D. allein den Traum deuten, und so erfüllt er sich am König: von Wahnsinn befallen lebt er 7 Jahre wie das Vieh, bis er in sich geht und sein Verstand zurückkehrt (3, 31 - 4, 31). - König Belsazar treibt bei einem Gelage mit den heiligen Geräten aus dem Tempel zu Jerusalem seinen Spott. Da malt eine Hand eine *geheimnisvolle Inschrift* an die Wand, die keiner lesen kann (→ Mene Tekel). Die Königinmutter erinnert an D. Er liest sie und deutet sie auf den nahen Untergang des babylonischen Reiches. In jener Nacht wird die Stadt von den Persern erobert und Belsazar getötet (5, 1 - 6, 1). - Neidische Höflinge veranlassen, daß der König eine Bestimmung erläßt, gegen die D. sich vergehen muß. Er wird in die *Löwengrube* geworfen, aber die Löwen tun ihm kein Leid. Der König läßt ihn heraus und gibt seine Verleumder den Tieren preis (6, 2–29).

b) Die *Gesichte.* Aus dem Meer steigen nacheinander 4 gewaltige Tiere, am furchtbarsten das letzte mit seinen 10 Hörnern. Drei fallen einem kleinen 11. Horn zum Opfer, das vermessene Reden führt. Ein Hochbetagter hält Gericht. Das 4. Tier wird getötet, den andern die Herrschaft genommen und einem Menschenähnlichen (»wie eines → *Menschen Sohn*« wörtlich und bei Luther) zu ewigem Besitz gegeben. Ein Engel deutet D. die Tiere auf 4 Reiche, die Hörner auf Könige. 3½ Zeiten wird das Schreckensregiment jenes letzten Königs dauern, bis die Herrschaft an das Volk der Heiligen des Höchsten übergeht (Kap. 7). – Am Fluß bei Susa sieht D. einen *zweigehörnten Widder* nach Westen, Süden und Norden stoßen. Ein von Westen kommender *Ziegenbock* mit einem großen Horn wirft ihn zu Boden und gewinnt große Macht. Anstelle des einen Horns treten 4 andere. Aus einem von diesen geht ein kleines hervor, dessen Wüten 2300 Abend-Morgen dauern soll. Der Engel Gabriel deutet die beiden Tiere auf das Perser- und Griechenreich, die Hörner auf Könige (Kap. 8). – D. grämt sich wegen der Weissagung der »Schrift« (Jer 25, 11f; 29, 10), die die Verödung Jerusalems auf *70 Jahre* begrenzt, da diese längst vorbei sind. Gabriel vermittelt ihm die Offenbarung, die 70 Jahre seien *70 Jahrwochen,* zerfallend in 7+62+1 »Wochen«. Die letzte Woche wird eine Zeit größter Not sein: das Heiligtum entweiht und der Kult für eine halbe Woche eingestellt (Kap. 9). – Ein Engel enthüllt D. den *künftigen Geschichtsverlauf:* von den letzten Perserkönigen, dem großen Griechenkönig, dem Zerfall seines Reiches, dem Kampf zwischen dem »König des Nordens« und dem »König des Südens« bis zum letzten Nordkönig, der nach furchtbarem Frevel am Heiligtum und am Gottesvolk im Hl. Lande ein Ende mit Schrecken nehmen wird. Es wird eine Bedrängnis sein wie nie zuvor; aber viele werden auferstehen. Wieder ist der Termin 3½ Zeiten, die in 12, 11f genauer auf 1290 und 1335 Tage bestimmt werden (Kap. 10–12).

2. Jüdische wie christliche Tradition läßt das Buch, das keine ausdrückliche Angabe über den Verfasser macht, von D., dem Seher am babylonischen Hof, verfaßt sein. Schwerwiegende Gründe erweisen diese *Tradition* als *falsch:* a) Gerade für die Zeit, wo D. gelebt hätte, birgt es grobe Verstöße gegen bessere Überlieferung: eine Einnahme Jerusalems im 3. Jahr Jojakims 1, 1f = 606/05; Belsazar als Sohn und Nachfolger Nebukadnezars 5, 1f; 7, 1 (der geschichtliche B. war Sohn Naboneds, des letzten Babylonierkönigs, und selbst nie König); »Darius der Meder« als Nachfolger Belsazars 6, 1, Sohn des Xerxes 9, 1 und Vorgänger des Kyros 6, 29. – b) »Chaldäer« im späteren Sinn als »Weise« 2, 2. 4 war unmöglich, solange das Reich der Chaldäer bestand. – c) Späte sprachliche Merkmale des Hebräischen wie des Aramäischen. – d) Theologisch die ausgebildete Engellehre, der Auferstehungsglaube, die Vermeidung des Jahwenamens. – e) Die Stellung nicht unter den Propheten, sondern unter den »Schriften«, dem jüngsten Teil des hebr. Kanon (→ Bibel: I B); in der Gemeinschaft von → Qumran ist das D.buch zwar bekannt, galt aber wohl noch nicht als kanonisch (s. 3). – f) Die späte literarische Bezeugung: noch nicht im »Lob der Väter« bei → Jesus Sirach 44ff (um 180 vChr); zuerst in → Sibyllinen 3, 388ff (um 140) und 1Makk 2, 59f (um 110).

3. Wird damit eine Enstehung im 6. Jh. unmöglich, so weist das Buch selber in das 2. Jh. Die 4 Reiche von Kap. 2 sind nicht mit der kirchlichen Tradition auf das babylonische, medisch-persische, griechische und römische zu deuten, sondern auf das babylonische, medische, persische und griechische; denn nur auf Alexanders Reich paßt der rasche Zerfall nach anfänglicher Stärke. Dieses ist auch mit dem 4. Tier in Kap. 7 und dem Ziegenbock in Kap. 8 gemeint. Und sobald man in Kap. 11 für den »Nordkönig« den betreffenden Seleuciden, für den »Südkönig« den betreffenden Ptolemäer einsetzt, wird aus der angeblichen Weissagung eine Geschichtsdarstellung der beiden Diadochenreiche bis hinab auf → Antiochus IV. Epiphanes, dessen Regierung (11, 21–39) mit den beiden ägyptischen Feldzügen, der Verfolgung der jüdischen Religion und der Einführung griechischer Kulte geschildert wird, ganz wie es 1.2Makk und die Profanhistoriker tun; ebenso ist Antiochus mit dem kleinen Horn gemeint. Hier überall geht es also nicht um erst künftige, sondern um geschehene Ereignisse. Nur was vom Ende dieses letzten Königs gesagt ist (11, 40–45, vgl. 8, 25b), stimmt nicht mehr mit dem bekannten Geschichtsverlauf überein. Von einem 3. Feldzug gegen Ägypten weiß die Geschichte nichts, und seinen Tod fand er nicht im Kampf um Jerusalem, sondern im fernen Osten. Mit 11, 40 geht die fingierte Weissagung somit in wirkliche über. Die Abfassung des Buches fällt danach zwischen die Entweihung des Tempels am 25. Kislew (= Dez.) 167, wo dort ein »Greuel der Verwüstung«, dh ein heidnischer Altar aufgestellt wurde (11, 31), und des Antiochus Tod 164. Auch die Wiederweihe des Tempels am 25. Kislew 164 in 8, 13f, vgl. 1Makk 4, 52ff; 2Makk 10, 5, die nach einigen auch schon erlebt wäre, steht wohl noch aus, da nach 9, 27 die Wiederaufnahme des Kultes mit dem Ende der Not und dem Sturz des Tyrannen zusammenfällt (vgl. 7, 25; 12, 7). Die für die große Wende angegebenen Fristen führen, vom Datum der Entweihung an gerechnet, in den März (8, 14: 1150 Tage), Juni (7, 25; 9, 27; 12, 7: 3½ Jahre = 1260 Tage), Juli (12, 11: 1290 Tage) und September (12, 12: 1335 Tage) des Jahres 163. Ob dabei von verschiedenen Zeitpunkten an gezählt oder sonst verschieden berechnet ist oder ein anfänglich ins Auge gefaßter Termin bei Ausbleiben der Erfüllung immer wieder hinausgeschoben wurde, ist schwer zu entscheiden. Mindestens für 12, 11f möchte man letzteres annehmen. – Diese zuerst vom Neuplatoniker → Porphyrius vertretene Erkenntnis, daß das D.buch aus dem 2. Jh. vChr stammt, hat sich im Lauf des 19. Jh.s mehr und mehr durchgesetzt. Die Auffindung von Fragmenten und Varianten (RB 63, 1956, 407ff) desselben in den Höhlen von → Qumran (RB 63, 1956, 55. 58) verbietet solch späten Ansatz nicht, zumal die D.-Fragmente von Qumran zeigen, daß das D. im 1. Jh. vChr. noch nicht kanonisiert war (→ Bibelhandschriften: I, 2). Daß im einzelnen Schwierigkeiten bleiben, liegt an seinem Charakter und daran, daß Geschichte, Chronologie und Kalender (lunisolar mit willkürlicher Schaltung; vgl. → Chronologie: III, 1. 3) jener Zeit uns nur mangelhaft bekannt sind.

4. Hinsichtlich der *Komposition* des Buches besteht noch keine Einigung. Zunächst schien es mit der durchgängigen Beziehung auf Antiochus und seine Zeit über die sprachlichen und gattungsmäßigen Unterschiede hinweg völlig einheitlich und in einem Zuge entstanden. Aber es bestehen doch allerhand Brüche – die 4. Erzählung setzt genauso ein wie die 1., die 3. und 6. sind sachliche Varianten, die 3. weiß von D. nichts usw – und überhaupt ist die Situation nicht die der Makkabäerzeit: nicht das jüdische Volk, sondern einzelne Juden in heidnischer Umwelt; und der heidnische Staat ist nicht grundsätzlich feindlich, nur des Königs Größenwahn oder höfische Neider lösen Konflikte aus. Das ist nicht die Lage unter Antiochus, wo das Judentum um seine religiöse Existenz kämpfte, sondern die der Perserzeit. So sind die Erzählungen älter, einzeln entstanden, durch das

eigens dazu geschaffene und ursprünglich aramäische Kap. 1 als Einleitung zu einem Erzählungskranz zusammengefaßt und schließlich mit den in der Makkabäerzeit entstandenen Visionen, von denen nur Kap. 7 älter sein dürfte, zu einem Ganzen verbunden und fortan ebenso von Antiochus verstanden. Indes findet auch die einheitliche Abfassung immer noch Verteidiger (Rowley).

5. Die *Erzählungen* haben mit ihren Wundern und sonstigen Unwahrscheinlichkeiten ausgesprochenen *Legendencharakter*. Die Kap. 3 und 6 mit den bekannten Motiven der Märtyrerlegenden (Rettung vor dem Feuertod oder vor wilden Tieren, Bestrafung oder Bekehrung des Verfolgers) zeichnen das Ideal des jüdischen Frommen, der seiner Religion auch in solcher Umgebung und bis zum Martyrium treu bleibt. Dem Milieu nach sind es *Hofgeschichten*, wie wir sie aus dem → Estherbuch, aus Achikar (→ Elephantine-Urkunden), Herodot, Ktesias und 1001 Nacht mit der stereotypischen Sultansfigur kennen. Oft ist noch eine ältere Vorlage zu erkennen. In Kap. 2 steigt D. gleich Joseph als erfolgreicher Traumdeuter zu den höchsten Ehren auf. Hinter dem König von Kap. 4 hat man Naboned vermutet: in den Fragmenten einer zT abweichenden D.-Überlieferung aus Qumran (RB 63, 1956, 409f. 415) spielt die Geschichte nun tatsächlich unter Naboned in Tema; aber die bei Abydenus erhaltene babylonische Schwestersage hat Nebukadnezar, und nur auf diesen paßt 4, 26f. In Kap. 5 scheint volkstümliche Überlieferung vom Fall Babylons benützt zu sein; die Eroberung während eines Festes kennen auch Herodot und Xenophon. Solch fremde Stoffe wurden aufgenommen und damit, daß man D. als Helden einführte, judaisiert.

6. In den *Gesichten* ist zT mythisches Überlieferungsgut verarbeitet. Das Traumgesicht in Kap. 2 verwendet die aus Hesiods »Werken und Tagen« und dem persischen Avesta bekannte Vorstellung von den 4 → Weltreichen. – In Kap. 8 sind der Widder und der Ziegenbock als Symbole für Persien und Griechenland durch die astrologische Geographie des Altertums gegeben, nach der jedes Land einem Tierkreisbild unterstand: Persien dem Widder, Syrien (das Seleucidenreich als Vertreter des ganzen Griechenreiches) dem Steinbock. – Bei dem schwierigen Kap. 7 fragt es sich, ob die Tiervision (V. 2-7) ursprünglich selbständig war und einen nichterhaltenen Mythus vertritt – die 10 + 1 Hörner sind sicher zeitgeschichtlich zu verstehen –; doch fällt der Bär aus der Reihe altorientalischer Fabelwesen heraus. Im anderen Fall kann der babylonische Chaosmythus zugrunde liegen, wobei das eine Tier den 4 Reichen zuliebe in 4 Tiere aufgespalten wäre. Hinter dem »Hochbetagten« muß, da Jahwe sonst nie so gezeichnet ist, eine fremdländische Gottheit stekken. Ungeklärt ist auch die Herkunft des »Menschen« (→ Menschensohn), der in V. 27 dann auf »das Volk der Heiligen des Höchsten«, dh das Israel der Zukunft umgedeutet wird (ursprünglich sind die »Heiligen des Höchsten« wohl himmlische Mächte); der hier inthronisierte Gott dürfte ursprünglich auch der Besieger der feindlichen Mächte gewesen sein. – Ganz fehlt solcher Hintergrund den beiden letzten Gesichten. Bei Kap. 9 geht es um die rechte Deutung einer scheinbar unerfüllten Weissagung. Bei Kap. 10-12 ist das in 10, 1 erwähnte Gesicht nicht näher beschrieben; 11, 2ff entsprechen der sonstigen Deutung, geben aber ohne deren besondere Form selber eine weit ausholende Geschichtsweissagung.

7. Wenn schon der Entstehungsprozeß des Buches verwickelter ist, als man oft angenommen, ist es in seiner Endgestalt doch von starker Einheitlichkeit. Als Erbe der Propheten faßt es namentlich in Kap. 2 und 7 die ganze Weltgeschichte kraftvoll zusammen und stellt sie dem Gottesreich gegenüber. Zugleich ist es der erste ausgesprochene Vertreter der → Apokalyptik im AT. Sein Inhalt geht auf die Endzeit (2, 8; 8, 17; 10, 14; 11, 35; 12, 4. 9. 13), der das ganze Interesse gilt. Jetzt schon ist alles aufgezeichnet im »Buch der Wahrheit« (10, 21), und Gott, der Herr der Zeiten und Geheimnisse (2, 20ff), kann dies als Offenbarung mitteilen, wem er will. Eine solche Offenbarungsschrift ist eben das D.buch. Im Gegensatz zur Apk (1, 1; 22, 6) scheint hier das Ende noch in weiter Ferne zu liegen (8, 26). Aber dieser Schein ist nur dadurch hervorgerufen, daß D., der Seher am babylonischen Hofe, zum Empfänger der Offenbarung gemacht ist. Diese Fiktion hat ihren Grund in der Überzeugung des Judentums, daß die Zeit der Prophetie vorüber sei. Darum birgt sich der Verfasser hier unter dem Namen des D., wie anderwärts unter dem des Henoch, Mose, Jesaja, Baruch, Esra. Damit wurde zugleich erreicht, daß die Leser, wenn sie jenen ersten Teil der Weissagung, von D. bis zur wirklichen Abfassungszeit, durch die Geschichte erfüllt sahen, auch dem noch ausstehenden Teil um so eher Glauben schenkten (vgl. 1Sam 10, 1-7. 9; Lk 2, 10-20; die Verbindung von »vaticinium ex eventu« und wirklicher Weissagung auch in späteren Apokalypsen, vgl. ThR 11, 1939, 139). Und auf die Frage, warum dies wunderbare Buch nicht längst bekannt sei, gab es selber die Antwort, daß es nach göttlichem Ratschluß so lange versiegelt bleiben mußte (8, 1; 12, 4. 9). – Eine große Rolle spielen die *Engel* als Vermittler und Deuter der Offenbarung (7, 16ff; 8, 16ff; 9, 2ff; 10, 12) und als Schutzpatrone der Völker (10, 13. 20f; 12, 7); hier zuerst im AT tragen Engel Namen: → Michael 10, 13. 21; 12, 1, → Gabriel 8, 16ff; 9, 21; 10 (→ Geister: II). Ein besonderer, geheimnisvoll andeutender *Stil* (»wie ein Löwe« usw 7, 4ff, »wie ein Mensch« 7, 13) führt zu einer Art Geheimsprache: »Zeiten« für Jahre (7, 25; 12, 7), »Abend-Morgen« für Tage (8, 11); Jahre sind (Jahr-)Wochen (9, 24ff), denn Tage zählen als Jahre. Das Weltall durchziehen geheimnisvolle Ordnungen; Zahlen herrschen, besonders die 4, die 7 und deren Hälfte, die 3½. Visionäre Erlebnisse und Zustände mit ihren Schrecken (8, 17f; 10, 7ff) und Nachwirkungen (8, 27) scheint der Apokalyptiker aus Erfahrung zu kennen. Aber die Gesichte sind, mit denen der Propheten verglichen, oft mehr gedacht und ausgeklügelt als wirklich geschaut (7, 8; 8, 10f). Und konnte manches, was damals zum apokalyptischen Stil gehörte, auch »erlebt«, dh in die Verzückung hineingenommen werden, so bleibt doch der Verdacht, daß diese Gesichte rein literarische Bildungen seien. All diese Eigentümlichkeiten teilt das Buch D. mit der übrigen apokalyptischen Literatur, die allerdings oft noch viel phantastischer ist und weniger religiös wertvolle Gedanken enthält.

8. Die *Wirkung* des Buches war gewaltig. Bei seinem Erscheinen hat es den ermattenden Frommen der Makkabäerzeit den Mut gestärkt und neue Hoffnung eingeflößt und hat damit dem Judentum über jene Krise hinweggeholfen. Dann hat es das apokalyptische Schrifttum des Judentums und Christentums (→ Apokalyptik: II. III) stark beeinflußt, besonders auch die → Johannes-Apokalypse. Mit dieser zusammen trat es für alle chiliastischen Strömungen bis zu den → Adventisten und → Zeugen Jehovas der Gegenwart geradezu in den Mittelpunkt der Bibel. Das Schema von den 4 Weltreichen aber wurde von der Geschichtswissenschaft aufgenommen und herrschte hier bis in die Neuzeit hinein (→ Kirchengeschichte: I).

W. Baumgartner, Ein Vierteljahrhundert D.-forschung (ThR 11, 1939, 59-83. 125-144. 201-228; Lit.). – Komm.: A. Bentzen (HAT 19, [1937] 1952^{2}); A. Lods (Bible du Centenaire X, 1941) – F. Nötscher (Echter-Bibel, 1948) – H. L. Ginsberg, Studies in D., New York 1948 – Ders., The Composition of the Book of D. (VT 4,

1954, 246-275) - H.H.ROWLEY, The Unity of the Book of D. (HUCA 23/I, 1950/51, 233-273) - J.STEINMANN, D., Paris 1950 - M.NOTH, Das Geschichtsverständnis d. at. Apokalyptik, 1954 (= Ges. Stud. z. AT, 1957, 248-273) - DERS., Die Heiligen des Höchsten (ebd 274-290). - Zu 5: D.N.FREEDMAN, The Prayer of Nabonidus (BASOR 145, 1957, 31 f). *W.Baumgartner*

Zur *Auslegungsgeschichte* (s. auch → Schriftauslegung: IV):

Quellen: Katenenfragmente verschiedener altkirchl. Exegeten bei A.MAI, Script. vet. nova collectio, Rom 1825, Bd 1b, 161-221. - 3.Jh.: Hippolyt (MPG 10; ed. BONWETSCH, GCS I, 1897; ed. BARDY-LEFÈVRE, SC 14, 1947). - 4.Jh.: Euseb v. Cäsarea (MPG 24) - Chrysostomus (MPG 56) - Ephräm der Syrer (Opera omnia syriaca Bd II, Rom 1740) - Zeno v. Verona (MPL 11). - 5.Jh.: Polychronius v. Apamea (ed. A.MAI, aaO 105-160) - Theodoret v.Cyrus (MPG 81) - Ammonius v. Alex. (MPG 85) - Hieronymus (MPL 25). - 12.Jh.: Ps. Joachim v. Fiore, De ultimis tribulationibus super Danielem, Venedig 1519 (vgl. RepBibl III Nr. 4043) - Rupert v. Deutz (MPL 167). - 13.Jh.: Albertus Magnus (Opera omnia Bd VIII, ed. JAMMY, Lyon 1651). - 15.Jh.: Joh. Michaelis OFM (in den Opera des Thomas v. Aquin Bd XXXI, Paris 1871 ff; vgl. RepBibl III Nr. 4801). - 16.Jh.: Melanchthon (CR 13) - Calvin (CR 40-42) - Joh.Ökolampad, Basel 1530 - Joh.Draconites, 1544 - Heinr.Bullinger, Zürich 1565 - Victorin Strigel, Leipzig 1565 - Joh.Wigand, Jena 1571 - Jak. Veld OESA, Antwerpen 1576 - Hector Pintus OSHier, Coimbra 1582 - Benedikt Pereira SJ, Rom 1587 - Marcellinus Evangelista OFM, Venedig 1588 - Franz Junius, Heidelberg 1593 - Hugo Broughton, Basel 1599. - 17.Jh.: Amandus Polanus v. Polansdorf, Basel 1606 - Polykarp Leyser, Frankfurt 1609 - Joh.Maldonatus SJ, Lyon 1609 - Caspar Sanctius SJ, Lyon 1619 - Ludwig v. Alcasar SJ, In eas V.T. partes, quas respicit Apocalypsis, lib. IV (Dan 7-12), Lyon 1631 - Didacus de Celada SJ, In Susannam Danielicam, Lyon 1656 - Franciscus Pean de la Coullardière, Paris 1680 - Martin Geier, Leipzig 1684 - Balthasar Bekker, Amsterdam 1688 - Joh.Musäus, Quedlinburg 1719. - 18.Jh.: Isaac Newton, Observations upon the Prophecies of Daniel ..., London 1733.

Literatur: DThC IV, 63 ff - J.A.MONTGOMERY, ICC, 1927, 105 ff. 185 ff. 390 ff. 468 ff (Lit.). - Speziell zu Dan 9, 24-27: F.FRAIDL, Die Exegese der 70 Wochen Daniels in der alten u. mittleren Zeit, Graz 1883 - DThC IV, 75 ff (Lit.) - Dict. de la Bible II, 1277 ff. - Ferner: N.BONWETSCH, Studien zu den Kommentaren Hippolyts zum Buche Daniel u. Hohenliede (TU 16), 1897 - O.ALBRECHT, Luthers Arbeiten an der Übers. u. Auslegung des Propheten Daniel 1530 u. 1541 (ARG 23, 1926, 1-50) - L.E.FROOM, The Prophetic Faith of our Fathers. The historical development of prophetic interpretation I-IV, Washington 1946-54 - W.KÄSER, Die Monarchie im Spiegel von Calvins Daniel-Kommentar (EvTh 11, 1951/52, 112-137) - H.VOLZ, Beiträge zu Melanchthons u. Calvins Auslegungen des Propheten Daniel (ZKG 67, 1955/56, 93-118). *W.Werbeck*

Daniélou, *Jean* SJ, * 1905 in Neuilly, Agrégé der Sorbonne, seit 1943 Prof. für Vätertheologie am Institut Cath. Paris; einer der Erneuerer der franz. Theologie aus Schrift, Liturgie und Vätern. Den theologischen Sinn der Geschichte findet D. mit Hilfe der typologischen Exegese des AT und NT in einer fortschreitend verwirklichten Heilsordnung (→ Typologie: III).

Platonisme et théologie mystique (Grégoire de Nysse), Paris (1944) 1954²; Le Mystère du Salut des Nations, 1946; Le Mystère de l'Avent, 1948 (dt. 1951); Origène, 1948; Dialogues avec les marxistes, les existentialistes ..., 1948; Sacramentum Futuri (origines de la typologie biblique), 1950; Bible et Liturgie, 1951; Essai sur le Mystère de l'Histoire, 1953 (dt. 1955); Les saints »païens« de l'AT, Paris 1956. - K. BARTH, J.DANIÉLOU, R.NIEBUHR, Amsterdamer Fragen u. Antworten (ThEx NF 15), 1949. *R.Gögler*

Danilevskij, *Nikolaj Jakovlevic* (28.11.1822 bis 7.11. 1885). * im Gouv. Orel, † in Tiflis, russ. Naturwissenschaftler und philosophisch-politischer Publizist. In seinem Werk »Rußland und Europa« bekämpfte er die Auffassung der Geschichte als eines einheitlichen und kontinuierlichen Prozesses und stellte Rußland und Europa als zwei völlig selbständige »kulturhistorische Typen« neben- und gegeneinander. Er hat mit dieser die Sicht Spenglers vorwegnehmenden Kulturtypenlehre den Gegensatz des jüngeren Slawophilentums (→ Slawophilen) gegen Europa geschichtsphilosophisch unterbaut.

Rußland u. Europa, (1871) 1895⁵; dt. 1920. - Über D.: K.PFALZGRAF, Die Politisierung u. Radikalisierung des Problems Rußland u. Europa bei N.J.D. (Forsch. zur Osteurop. Gesch. 1, 1954, 55-204; Lit.). *Ludolf Müller*

Dann, *Christian Adam* (1758-1837), * in Tübingen, eine der kraftvollsten Predigergestalten → Württembergs in der Zeit zwischen dem älteren → Pietismus und der → Erweckungsbewegung, beeinflußt von der älteren Tübinger Schule → Storrs. D. wirkte von 1794 bis zu seiner Verweisung 1812 in Stuttgart, darauf in Öschingen und Mössingen, bis er 1824 zurückberufen wurde. Als Leiter der Herrnhuter Predigerkonferenz bedacht auf ökumenische Gesinnung und Gemeinschaft der Erweckten; Briefwechsel mit J.J. → Heß, → Lavater, → Sailer, Schöner, → Menken und Herrnhut. Hymnologisch trat D. hervor als Kritiker der Liturgie von 1809 und als Mitarbeiter am Gesangbuch von 1842 (von D. u.a.: »Gekreuzigter, zu deinen Füßen«). D. ist der geistliche Vater der innerkirchlich-pietistischen Kreise; führend in der Jugendseelsorge.

Anleitung z. Nachdenken ü. Konfirmation ..., (1801) 1822²; Beicht- u. Kommunionbuch, (1816) 1838⁴; Briefe im Archiv Herrnhut (R. 18 A. Nr. 27b). - ADB IV, 740 f - RE IV, 457 ff (Lit.) - Württ. Väter I, 1900², 255 ff - K.MÜLLER, Die relig. Erweckung in Württemberg, 1925 (= Aus d. akad. Arbeit, 1930, 290-320) - H. SCHIEL, Geeint in Christo. Sailer u. Chr.A.D., 1928 - H.HERMELINK, Gesch. d. ev. Kirche in Württemberg, 1949. *E.H.Pältz*

Dannhauer, *Johann Konrad* (1603-66), elsässischer Theologe der luth. Orthodoxie, Lehrer Speners, * Köndringen (Breisgau), † Straßburg, wo er 1628 Inspektor des Predigerseminars, 1633 Prof. der Theologie, Pfarrer am Münster und Dekan des Thomasstifts wurde. Obschon in der polemischen Tradition der Orthodoxie verwurzelt, leitete er doch zum Pietismus über, durch Reformvorschläge und dadurch, daß er die Gewissenstheologie des → Amesius aufnahm. In der Hodosophia Christiana sive Theologia positiva (1649, 1713⁴) führte er das klassische christliche Thema vom homo viator so umfassend durch wie niemand sonst; die zentrale Stellung dieser Thematik wird durch die polemischen Hodomoria spiritus papaei (1653) und Hodomoria spiritus calviniani (1654) bestätigt. Seine 10bändige Predigtsammlung »Katechismusmilch« (1657-72) stellt die ausführlichste homiletische Behandlung des (lutherischen) Katechismus dar. Der Liber conscientiae apertus seu theologia conscientiaria (2 Bde, 1662/67) enthält die (kasuistische) Ethik. Spener wurde durch ihn auf Luther hingewiesen.

W.HORNING, Der Straßburger Univ.Prof., Münsterprediger u. Präsident des Kirchenkonvents Dr. J.C.D., 1883 - DERS., Kirchenhistorische Nachlese, 1891 - P.GRÜNBERG, Ph.J.Spener I, 1893, 109 f. 139 ff u.ö. - H.LEUBE, Die Reformideen der dt. luth. Kirche im Zeitalter der Orthodoxie, 1924, 106 ff. 158 ff u.ö. - K.ALAND, Spener-Studien (AKG 28 = JBrKG 36/37), 1943, 58 ff. *M.Schmidt*

Dante Alighieri, * im Mai 1265 in Florenz aus einer adligen, aber verarmten Familie, die der Partei der Guelfen angehörte. Er hat die gute und umfassende Erziehung eines damaligen Florentiner Patriziersohnes erhalten: Reiten und Tanzen, Musik und Zeichnen, Dichtung, Latein, Französisch und Provenzalisch. 1289 hat er an der Schlacht der Florentiner gegen die Aretiner bei Campaldino und an der Einnahme der Pisanischen Festung Caprona teilgenommen. Seit 1295 ist er mehrfach im öffentlichen Leben der Stadt hervorgetreten, als Mitglied des Rates der Hundert, als Gesandter in San Gemignano, als Inhaber des Priorats und schließlich als einer der drei florentinischen Gesandten bei Papst → Bonifatius VIII.

im April 1301. Da er sich heftig gegen die Unterstützung dieses Papstes und seines Günstlings Karl von Valois durch Florenz ausgesprochen hatte, wurde er bei der Machtübernahme des letzteren im Januar 1302 aus seiner Vaterstadt verbannt und unter dem Vorwand des Beamtenbetruges erst zu einer hohen Geldstrafe und später zum Tode verurteilt. Das Erlebnis am Hofe Bonifatius' VIII. und das Schicksal der Verbannung wurden entscheidend für sein ganzes Leben und für seine Haltung gegenüber Kirche und Staat. Er ist nie wieder nach Florenz zurückgekehrt; vielmehr hat er sich bald auch von seinen Mitverbannten gelöst und hat das unstete Leben eines Hofmanns im Gefolge wechselnder Fürsten und Gönner geführt. Wir können seine Wege nur teilweise verfolgen, bei den Scaliger von Verona, bei den Malatesta in der Lunigiana und schließlich bei Guido da Polenta in Ravenna, wo er die Zuflucht seiner letzten Jahre fand, seine Familie wieder bei sich versammelte, seine große Dichtung der Göttlichen Komödie (G.K.) abgeschlossen hat und 1321 gestorben ist.

In dem Florenz von 1300, in dem sich alle Kulturströmungen der Zeit trafen, Rittersitten, Franziskanertum, Minnesang, frühkapitalistischer Luxus, Kirchenbau und neue religiöse Malerei, und wo wie nirgends sonst die Spannung zwischen Erde und Himmel empfunden wurde, ist der junge D. zum Dichter erwachsen. Er hat als Schüler der provenzalischen Minnedichtung über die sizilianische und bolognesische Schule weiterführend eine neue Lyrik geschaffen, die er den »süßen neuen Stil« nannte und die, wie er selber sagt, unmittelbar unter dem Diktat des Herzens geschrieben ist. Sein Liederbuch ist reich an vielartigen Tönen. Neben Sonetten von mystischer Innigkeit stehen andere von herzhafter Festfreude und wieder andere voll harter Leidenschaft; später zeichnet sich eine Dichtung der rectitudo ab, eine moralphilosophische Deutung der Thematik seiner Kanzonen. Das Entscheidende aber ist die ihm eigene mystische Vertiefung der Minnelyrik, die der Gestalt seiner frühverstorbenen Jugendgeliebten Beatrice Portinari gegolten hat. D. hat nach ihrem Tode, dem provenzalischen Brauch prosaischer Erläuterungen folgend, die ihr gewidmeten Gedichte zusammengefaßt und mit einem Prosatext verbunden, der unter dem Titel *Vita Nuova* (V.N.) zum fein stilisierten Roman seiner Liebe geworden ist. In der V.N. erscheint Beatrice, die in ein geheimnisvolles System von Träumen und Zahlensymbolen eingehüllt ist, bereits als eine Art zum Himmel erhobene Heilige, zu deren Ehren D. später ein größeres Werk zu schaffen verspricht.

Wir kennen die einzelnen Etappen der dichterischen und philosophischen Entwicklung Dantes nach dem Tode Beatrices nicht; wir wissen nur, daß er sich mit der Lektüre des Trostes der Philosophie von Boëthius und moralphilosophischen Schriften von Cicero getröstet und sich wohl auch schon theologischen Autoren und philosophischen Studien zugewandt hat. So ist in den ersten Jahren seiner Verbannung sein großes populärphilosophisches Werk, *Das Gastmahl,* entstanden. In Gestalt eines Kommentars zu seinen allegorischen Kanzonen sollte dieses Werk in der Volksprache eine Art gemeinverständlicher Enzyklopädie des Wissens seiner Zeit darstellen, eine neue und reichere Fassung dessen, was sein Lehrer Brunetto Latini in der französischen Schrift seines Trésor gegeben hatte. D. hat das Gastmahl nicht vollendet; nur vier von den fünfzehn geplanten Traktaten sind fertig geworden und enthalten so eine etwas willkürliche Auswahl von Wissensbereichen, die aber grundlegend sind für die spätere lehrhafte Ausgestaltung seines Hauptwerkes und ihre Deutung: so die Lehre von den Himmeln und den Engelsordnungen, die Lehre von der Liebe und die Lehre vom Adel. Dabei erscheinen schon die Autoren, die später in der G.K. mitwirken, insbesondere Aristoteles und Thomas von Aquino. Daneben hat D. noch zwei lateinische Schriften verfaßt, die eine ebenfalls unvollendet: das Buch von der Volkssprache, *De vulgari eloquentia,* eine erstmalige Darstellung einer neueren Sprache und Literatur, nämlich das Ideal der italienischen Schriftsprache; und das Buch *De Monarchia,* das D.s Ideal der Weltmonarchie in der Form des römischen Imperiums in seinem Verhältnis zur Kirche darstellt als die Voraussetzung des Weltfriedens. Dazu kommen einige aufschlußreiche lateinische *Briefe* und zwei *Eklogen.* In der wachsenden Vereinsamung des Verbannten reifte in D. der Plan eines großen Lehrgedichtes, das zugleich ein Gericht über sein Zeitalter, eine Summa seines Wissens und eine Darstellung seiner eigenen Seelenläuterung sein sollte. So entstand die *Göttliche Komödie* als eine in der Weltliteratur erstmalige und einmalige Verbindung von epischem, dramatischem und didaktischem Charakter. Schon bei der Abfassung der V.N. schwebte D. der Plan vor, die verewigte Jugendgeliebte Beatrice in einer nie dagewesenen Dichtung zu verherrlichen. Dahin zielten auch seine theologischen Studien. Die Beschäftigung mit → Vergil lenkte seinen Geist in die Richtung einer epischen Dichtung. Dabei trat unter dem Eindruck des politischen Geschehens und seiner Verbannung immer mehr der Geschichtsstoff seiner Zeit in den Vordergrund seiner Phantasie. So entstand in den ersten Jahren seiner Wanderschaft in ihm der Plan eines großen Epos, das zugleich theologisch-kosmisches Lehrgedicht, Verherrlichung Beatrices und politisches Zeitgedicht werden sollte. Diesem Lehrgedicht gab D. die Gestalt einer Jenseitsvision. Dabei ist es seine ureigenste Idee, daß er all sein Wissen nicht wie andere Enzyklopädien oder Visionen des MA in lehrhaft beschreibender Form darstellte, sondern daß er seine Person, wenn auch in der Gestalt eines bescheidenen, selbst der Läuterung bedürftigen Wanderers, in den Mittelpunkt des Werkes stellte und damit dem Bilde des Jenseitsreiches die Form einer Wanderung und der Darstellung der Seelen die Form der Begegnung gab, dh die ganze Darstellung der drei Reiche Hölle, Läuterungsberg und Himmel dramatisierte und dem Leser als persönliches Erlebnis vor Augen führte. So konnte er aus dem Gespräch mit den Seelen bzw. mit seinen Begleitern Vergil und Beatrice das Reich der Seelen und die Räume des Jenseits anschaulich erstehen lassen. Zugleich gab ihm die künstlerische Erfindung der Seelenbegegnungen die Möglichkeit, die Seelen in einer einmaligen symbolischen Situation und Haltung zu verewigen, jeden Menschen in der ihm gemäßen Form der Strafe, Buße oder Seligkeit darzustellen und damit das jeweils Wesentliche seines Charakters und seines Schicksals herauszugreifen und für alle Ewigkeit festzuhalten. In dieser theologisch begründeten Prägung der Individualitäten, indem nämlich D. sozusagen im Namen Gottes selber richtete, lag eine ungeheure Möglichkeit psychologischer und künstlerischer Konzentration, die weit über die des Epos und des Dramas hinausführte, ein Zwang, die Lebensschicksale der Menschen sichtbar in einen Augenblick zusammenzudrängen. Und diese in der Geschichte des menschlichen Geistes einmalige Aufgabestellung traf zusammen mit der Begabung des Augenmenschen D., der jede innere Seelenregung als sichtbare Gebärde auszuprägen wußte, sowie mit der Begabung des Sprachkünstlers D., der für Rede und Gegenrede, Bild und Stimmung das jeweils kürzeste und treffendste Wort zu finden verstand. So hat er durch seine Dichtkunst erreicht, daß sein inzwischen vielfach durch die Wissenschaft der Neuzeit aufgelöstes Weltgebäude uns mit der großartigen sinnbildlichen Geschlossenheit und Einprägsamkeit seiner Bilder ergreift und die Schicksale fremder, vergangener Menschen uns durch die Symbolkraft ihrer Charaktere noch immer aufs tiefste bewegen.

Der *Aufbau der G.K.* ist im großen wie im kleinen beherrscht durch eine uns Heutige fremd anmutende → Zahlensymbolik, die aber, wie die Dome des MA, nur den äußeren Ausdruck einer tieferen inneren Harmonie und Gesetzmäßigkeit darstellt. Immer wieder begegnen wir den symbolischen Zahlen 3, 7, 9, 10 in der Gliederung des Werkes, insbesondere der Drei als dem Sinnbild der Dreieinigkeit und der Zehn als dem Sinnbild der Vollkommenheit. Drei ist auch die Zahl der Jenseitsreiche und damit der Grundeinteilung des Gedichtes. Und jedes der drei Jenseitsreiche ist wieder untergeteilt in 9 bzw. 10 Stufen, die Hölle in Vorhölle und 9 Gräben, der Läuterungsberg in 9 Stufen und das Irdische Paradies, der Himmel in 9 Sphären und das Empyreum. Und diese Zahlengliederung setzt sich in den Einzelheiten fort: 3 sind die Arten der Gewalttätigen: gegen den Nächsten, gegen sich selber und gegen Gott; 3 sind die Arten der Seligen: Weltliche, Tätige und Beschauliche usw. Dem entspricht der äußere Bau des Werkes. 33 Gesänge umfaßt jeder der drei Teile, und nimmt man dazu 1 Einleitungsgesang, so kommt man mit dem Ganzen auf 3 mal 33 und 1 gleich 10 mal 10 gleich 100 Gesänge. Dabei hat D. zum ersten Mal für sein Epos eine Versform verwendet, die wie keine andere dazu angetan ist, die strenge formale Verkettung der verschiedenartigsten Bilder, Gespräche und Belehrungen zu gewährleisten, den inneren Dreiklang des Werkes und sein stetes Fortschreiten dem Leser einzuprägen und zugleich die Zusammenfassung kleinerer oder größerer Versgruppen (2 mal 3, 3 mal 3, 5 mal 3) innerhalb des gleichbleibenden epischen Flußes zu gestalten: die Terzine, jenen Dreizeiler, dessen erste und dritte Zeile miteinander reimen, während die zweite Zeile ihren Reim wie einen Arm ausstreckt, um wiederum die neuanklingende zweite Zeile der nächsten Terzine reimend zu umklammern (a-b-a, b-c-b, c-d-c usw) und diese wiederum die dritte Terzine usw bis zum Abbrechen durch eine letzte Wiederholung des Mittelreims.

Das physische und moralische System des Jenseits hat D. mit künstlerischer Freiheit und Anschauungskraft nach den Vorstellungen seiner Zeit aufgebaut, indem er das ptolemäische Weltbild und seine Ausgestaltung durch → Dionysius Areopagita sowie die ethischen Gedanken des → Aristoteles zugrunde legte. Die *Hölle* ist ein Trichter in der nördlichen Halbkugel, der in 9 konzentrischen Gräben die Sünder, abgestuft nach der Schwere ihrer Laster, in alle Ewigkeit umfaßt. Der Läuterungsberg ist ein auf der entgegengesetzten Seite der Erde aus dem Meere getretener Berg, an dem die sündigen, aber bußfertigen Seelen in 9 Stufen zum Gipfel des irdischen Paradieses emporsteigen. Und um diese Erde legt sich der Himmel in 9 konzentrischen Sphären, die die Namen der Gestirne tragen und von dem obersten Himmel als einem Feuermeer umschlossen werden, in dem sie sich durch die Kraft Gottes kreisend bewegen. Dabei besteht die große Kunst D.s darin, daß er durch seine eigene Bewegung, durch die Beschwerden und Freuden seiner Wanderung und durch stete Hinweise auf Natur und Zusammenhang der Orte und ihrer geistigen Bedeutung den Leser ständig in der Illusion und Anschauung des zusammenhängenden und sinnvollen Gebäudes der drei Jenseitsreiche zu erhalten versteht.

Für die Darstellung der Hölle hatte D. eine Fülle von Vorbildern im Schrifttum und in der bildenden Kunst des MA; auch das Theater bot ihm eine lebendige Anschauung der volkstümlichen Höllenvorstellungen. In der bildenden Kunst können die großen Mosaiken des Baptisteriums von Florenz und des Domes von Torcello auf ihn gewirkt haben. Die Literatur bietet über die etwas gestaltlosen Jenseitsvorstellungen der Bibel im Buche Hiob und den apokryphen Schriften hinaus viele phantastische Jenseitsvisionen, die Vision des Hl. Paulus insbesondere, die D. nachweislich gekannt hat mit ihren eindrucksvollen Höllenstrafen; die in den Dialogen Gregors d.Gr. berichteten Visionen und dann vor allem die irischen Jenseitslegenden. Auch Italien hat eine ganze Reihe solcher Jenseitsvisionen aus dem 12. und 13.Jh., die aber D. nicht nachweislich kannte. Gerade diese mehr oder weniger rohen, gedanklich nicht durchgeformten Phantasiegebilde lassen die künstlerische Tat D.s in besonderem Lichte erscheinen, die großartige Architektonik, mit der er die Gesamtvision des Jenseits als ein großes Bauwerk im Namen des Schöpfers durchdacht und aufgebaut hat. So ist Ort und Form der Hölle unter der Erde als Trichter mit seinem Tiefpunkt in der Erdmitte bestimmt durch das Gesetz der Schwere, die die Sünde bedeutet, und Luzifer als Gegenpol Gottes sitzt gefesselt machtlos als Wurm in dieser Erdmitte. Das Gesetz der Höllenstufen ist von D. als ehernes göttliches Gesetz geometrisch und logisch durchgebildet und begründet nach der Ethik des Aristoteles, in einer großen Dreiteilung der Sünder der incontinentia, der malitia und der feritas, die im einzelnen wieder untergeteilt sind in die ersten Gruppen der Wollüstigen und Schlemmer, der Geizigen und Verschwender, der Zornigen und Mürrischen, die als ungefährlich die äußere Hölle bevölkern, dann die in die innere Höllenstadt eingeschlossenen, nach scholastischen Distinktionen unterschiedenen Gruppen der Gewalttätigen und Betrüger, und zu unterst im Eisbereich der Hölle die Verräter; dazu kommen als von D. hinzugefügte Sondergruppen die ihm besonders verhaßten Lauen, die von der Hölle ausgeschlossen sind, die edlen Heiden in der Vorhölle und die Ketzer am Rande der inneren Hölle. Auch das Strafsystem ist von D. besonders tiefsinnig durchdacht nach dem Prinzip des contrappasso, der angemessenen Strafe, die wirklich oder symbolisch Gleiches mit Gleichem vergilt und in ihrer psychologischen Feinheit die üblichen Teufelsplagen weit übertrifft: so sind zB die Selbstmörder in verletzliche Sträucher gebannt, die Fälscher von ekelhaften Krankheiten geplagt, die Diebe ewigen Verwandlungen unterworfen, die Verräter in Eis eingefroren. Dazu kommt als geistige Plage die Blindheit gegenüber Gott und die Qual der Erinnerung sowie die Angst um die Zukunft. Diese ganze Welt der Sünde und ihrer Stufen ist lebendig dramatisch bewegt durch das Miterleben des Wanderers D., der die Spannungen zwischen menschlichem Gefühl und göttlichem Urteil vom Mitleid bis zum tiefsten Abscheu durchläuft und den Leser seinerseits sein persönliches Temperament und seine eigenen Wandernöte miterleben läßt.

Für die dichterische Darstellung des *Läuterungsberges* fand D. nur schwache Anhaltspunkte vor in der kirchlichen Lehre und dem liturgischen Brauch der Fürbitte für die Toten und der Möglichkeit eines Aufstiegs oder in dem kath.-theol. Hinweis 1Kor 3, 13 von der Erprobung der Seelen im Feuer; dazu kamen die Volksvorstellungen von Abwandlungen der Höllenstrafen in einem Zwischenreich zwischen Verdammnis und Seligkeit, die man unter dem Begriff des → Fegefeuers zusammenfaßt. D. hat daraus seinen Läuterungsberg ganz neu und frei geschaffen, indem er die Idee des antiken Tugendberges mit den mittelalterlichen Vorstellungen des von einem Feuergürtel umschlossenen Irdischen Paradieses verschmolz und diesen Berg in einer Symmetrie zu seinem Höllentrichter als Insel im Ozean auf die südliche Erdhälfte verlegte. Die Geographie dieses Berges der Läuterung entspricht ganz dem Aufbau der Hölle in einer

Umkehrung, mit Vorraum, Stufen und Plateau. Doch hat dieser Berg eine eigentümliche geistige Transparenz; er ist durchdrungen von ethischen und religiösen Bedeutungen. Die büßenden Seelen tilgen jeder auf seiner Stufe die Reste ihrer irdischen Unreinheit, jedoch nicht unter Strafen, sondern unter frei gewählten Bußen, da sie ja schon erlöst sind und deshalb ihr Wille frei ist und im Einklang mit Gottes Willen steht. Die Reihenfolge der Bußen, im Gegensatz zur Hölle von schweren zu leichten Sünden fortschreitend, ist bestimmt durch das System der sieben Todsünden, die ihrerseits nach der Idee der Liebe logisch gruppiert sind; die Bußen selbst aber, auch hier dem Prinzip des contrappasso, dh der angemessenen Vergeltung folgend, verwirklichen das von →Hugo von St. Victor gelehrte Prinzip der Heilung der Seele und zwar nach einem ganz bestimmten, von D. erdachten religiösen Ritus, der aus Buße, Meditation über entsprechende Exempla und Seligpreisung durch einen Engel auf jeder Stufe besteht. Dieses ganze System von ethisch-religiösen Handlungen vollzieht sich in einer Landschaft, die D. mit Malerauge geschildert hat: mit der öden Küstenlandschaft und den kahlen, zur Meditation einladenden Terrassen kontrastiert die Farbenfülle des Fürstentales und des Irdischen Paradieses, und über das Ganze breiten sich die wechselnden Farb- und Lichtstimmungen der Tageszeiten von der Morgendämmerung über die Mittagsonne zu den Abendröten. Auch der Lehrgehalt, der im Purgatorio zunimmt, Naturlehren, Lehre von der Liebe, von der Willensfreiheit und von der Zeugung des Menschen, paßt sich der Handlung an. Vor allem aber gewinnt hier der menschliche Gehalt seine volle Schönheit: neben den Klagen über die Entartung von Fürsten, Adel und Kirche erhebt sich in ihrem ganzen Zauber die Erinnerung der Jugendwelt D.s, die Welt der Freunde und Künstler, Dichter, Maler, Musiker und Edelleute in dem Traum einer überzeitlichen Geistergemeinschaft. D. selber ist hier am tiefsten beteiligt, eingeordnet in das gemeinsame Erlebnis des läuternden Aufstiegs.

Zu dem geographischen Mythus des Purgatorio fügt D. im *Paradiso* den kosmologischen Mythus, die Schilderung des Raumes und des Zustandes der Seligen im Weltall, wie es die mittelalterliche Kosmologie nach dem ptolemäischen System sich vorstellte, mit den sieben Planetenhimmeln, Fixstern- und Kristallhimmel als konzentrisch um die Erde kreisenden Sphären. Hier im Paradiso kommt dazu die theologische Sinngebung und die dichterische Gestaltgebung. D. erlebt den Kosmos wie Hölle und Läuterungsberg als Wanderer, in einer pfeilschnellen Aufwärtsbewegung durch Rückblicke veranschaulicht. Der theologische Sinn dieses Fluges ist der mystische Aufstieg der Seele, den D. in den verschiedenen Stufen des Kosmos symbolisiert hat. Dazu hat er die platonische Sternenlehre christianisiert: die Seligen haben zwar ihre Heimat im Empyreum, aber sie erscheinen vorübergehend auf den ihnen gemäßen Sternen, denn die Sterne sind Mittler göttlicher Kräfte und stehen in einer geheimnisvollen Beziehung zu den verschiedenen Anlagen der Menschen. So konnte D. eine Harmonie herstellen zwischen der Natur der Gestirne und dem System der christlichen Tugenden und des aktiven und kontemplativen Lebens mit ihren verschiedenen Stufen der Vollkommenheit. Und umgekehrt betrachtet stellen die Sternensphären wie der ganze Kosmos im Sinne des Neuplatonismus eine Ausstrahlung des göttlichen Geistes dar. Aber nicht nur der Kosmos bleibt in dem dichterischen Weltbilde D.s durchaus gestalthaft; auch die Seelen bleiben menschliche Individuen in dramatischen Begegnungen. In einer glücklichen Mischung von Minnelehre und Mystik ist Beatrice Geliebte und Sinnbild der Gottesweisheit zugleich; und wie sie strahlen alle Seligen aus ihren Angesichtern das Licht, das Gnade und Seligkeit bedeutet und das durch das Licht der Sphären von Stufe zu Stufe gesteigert wird in einem ganzen System der Lichtsymbolik, mit allen bildhaften Möglichkeiten der Nuancen von Feuer, Edelsteinen und Metallen. Auch die Lehren, die im Paradiso noch mehr als im Purgatorio sich ausbreiten, sind sinnvoll dichterisch eingeordnet, so die Willensfreiheit im Mondhimmel, die Erbsünde im Venushimmel, die Auferstehungslehre im Marshimmel usw. Und Symbol der Gemeinsamkeit der Seligen sind zahlreiche Kollektivbilder, Reigen, Chöre und Figuren bis zu dem mystischen Symbol der Himmelsrose, in der alle Seligen nach dem Gesetz der Gnade vereinigt sind. So bleibt auch das Paradiso über alle Lehrhaftigkeit hinaus ein Reich lebendiger Seelen, das D. als Mensch unmittelbar erleben darf bis hinauf zur letzten mystischen Verzükkung in der Gottesschau.

Die vollständigste u. zuverlässigste Textausgabe aller Werke D.s ist der Testo critico der Società Dantesca Italiana, 1921. Die Ausg. v. M.BARBI, Firenze 1934ff, ist noch unvollständig. - Bibliogr.: N.D. EVOLA, Bibliografia Dantesca, 1932; A.VALLONE, Gli studi danteschi dal 1940 al 1949, 1950; TH.OSTERMANN, D. in Deutschland, 1929; dazu die D.-Zeitschriften: Giornale Dantesco, 1894ff; Bulletino della Società Dantesca Italiana, 1890ff; Studi Danteschi, 1920ff u. das Deutsche D.-Jahrbuch, 1867ff. - Noch immer grundlegend: N.ZINGARELLI, D., 1931; K.VOSSLER, Die G.K., (1910) 1925². - Einen ästhetischen Standpunkt vertritt B.CROCE, La poesia di D., 1921, u. seine Schule. Die Arbeiten v. M.BARBI haben philologisch-historische, die von G.BUSNELLI u. B.NARDI philosophische Bedeutung. Für die formale Interpretation bes. wichtig: E.R.CURTIUS, Europäische Lit. u. lat. MA, 1948. Eine wort- u. satzgetreue dt. Übers. der G.K. gibt H.GMELIN, 3 Bde, 1949, mit ital. Text, ohne diesen in der Reclam-Ausgabe; eine freiere, gereimte Übertragung A.VEZIN, 1956. Zu allen Einzelheiten der Bibliogr. u. der Problemstellungen vgl. den Kommentar zur G.K. v. H.GMELIN, 3 Bde, 1954-57. *H.Gmelin*

Danzig

I. Staat - II. Bistum

I. Staat

D.s kirchliche Bedeutung tritt schon bei seiner ersten Erwähnung hervor. → Adalbert von Prag hat 997 auf seiner Missionsreise D. besucht und dort zahlreiche Einwohner getauft. Obwohl die Herzöge von D. ihre politische Selbständigkeit gegenüber → Polen wahrten, wurde → Pommerellen 1123 dem Bistum Włocławek unterstellt. Ein eigenes Archidiakonat war, ebenso wie später das bischöfliche Offizialat, längere Zeit mit dem Pfarramt der ältesten Kirche D.s, St. Katharinen, verbunden. In der Nähe D.s entstand 1178 das Zisterzienser-Kloster Oliva mit deutschen Mönchen aus Kolbatz bei Stettin.

1308 übernahm der Deutsche Ritterorden die Herrschaft über D. und sicherte Stadt und Land eine hundertjährige Friedenszeit. Im Bunde der deutschen Hanse erlebte D. im 14.Jh. einen starken wirtschaftlichen und kulturellen Aufschwung. Die Marienkirche wurde nach 1343 als Basilika, seit 1483 als Hallenkirche ausgebaut, 1502 vollendet und mit reichen Kunstschätzen ausgestattet.

Das Patronatsrecht über die Marienkirche besaß im 14.Jh. der Hochmeister des Deutschen Ordens und nach 1454 der König von Polen, mit dem D. durch Personalunion verbunden war; seit 1793 nahm es der König von Preußen wahr. Der Rat, der gerade zur Zeit der Verbindung D.s mit dem König von Polen erhöhte gerichtliche, politische und wirtschaftliche Selbständigkeit besaß, hat sich öfters bemüht, das Recht des Oberherren einzuschränken, und auch stets starken Einfluß auf die Wahl des Pfarrers ausgeübt.

Luthers Lehre wurde schon früh in D. bekannt, seine Schrift über die 10 Gebote 1520 dort gedruckt; seit 1522 hielt Jacob Hegge unter großem Zulauf reformatorische

Predigten. Der Rat, der zunächst den demokratischen und den reformatorischen Strömungen widerstrebte, fand sich auf Drängen der Bürgerschaft zur Duldung der neuen Lehre bereit. Dr. Alexander Svenichen, der in Wittenberg studiert hatte und Vorsteher der preußischen Franziskanerklöster geworden war, predigte im Geiste Luthers in der Marienkirche. Das Eingreifen des polnischen Königs und des Bischofs von Włocławek verstärkte den Widerstand der Bürgerschaft, die gleichzeitig eine Erweiterung ihrer politischen Rechte verlangte. Nachdem Michael Meurer zunächst die Umbildung der Kirchenverfassung begonnen hatte, griff König Sigismund 1526 militärisch ein. Da jedoch der Rat zusammen mit dem Offizial mit der Leitung der kirchlichen Angelegenheiten betraut wurde und in seinen Reihen die Anhänger Luthers zunahmen, kam es in den folgenden Jahrzehnten zu einer stillschweigenden Einführung der Reformation, um die sich besonders seit 1529 Pankratius Klemme als Pfarrer der Marienkirche verdient machte. Da der polnische König aus politischen Gründen D. nachgeben mußte, erklärte er sich 1557 mit der Austeilung des Abendmahles in beiderlei Gestalt einverstanden. Alle Pfarrkirchen wurden den prot. Gemeinden überlassen; nur die Klosterkirchen der Dominikaner, der Karmeliter und der Birgittiner verblieben dem kath. Bekenntnis, dem ungefähr ⅓ der Bürgerschaft angehörte. Das Franziskanerkloster wurde 1558 zu einem Akademischen Gymnasium umgewandelt, einer der wichtigsten Pflanzstätten lutherischer Theologie und humanistischer Wissenschaft im deutschen Nordosten. Die kirchliche Verwaltung übte das Geistliche Ministerium aus, dem alle lutherischen Prediger der Stadt angehörten. Konfessionelle Schwierigkeiten entstanden, als infolge der Gegenreformation in den Niederlanden Calvinisten und Mennoniten in Danzig Zuflucht suchten; während den ersten Lehre und Gottesdienst zugestanden werden mußte, blieben die anderen auf das D.er Landgebiet beschränkt, in dem sie sich durch Eindeichung und Besiedlung auszeichneten. Größere Gefahr entstand dem Luthertum durch die Jesuiten, die seit 1585 in D. auftauchten und sich in dem Vorort Altschottland 1614 niederließen; dadurch hatten die in der Stadt verbliebenen kath. Kreise Rückhalt und Förderung. Das Luthertum behielt jedoch das Übergewicht.

Nach der Eingliederung D.s in Preußen 1793 wurde 1799 das Kirchen- und Schulkollegium begründet. Nach dem Zwischenspiel einer scheinbar »Freien Stadt« (durch Napoleon 1807) wurde seit 1814 die preußische Verwaltungsordnung auch für das Kirchenwesen maßgebend. Für den Regierungsbezirk D. wurde 1816 in Danzig ein Konsistorium für ev. geistliche Angelegenheiten eröffnet; da die Provinzen West- und Ostpreußen schon 1824 vereinigt wurden, ist auch für beide ein gemeinsames Konsistorium in Königsberg begründet worden. Erst nach der Neubildung der Provinz Westpreußen (1878) wurde 1886 wieder ein Konsistorium in D. begründet. Nach der Abtrennung D.s vom Deutschen Reich 1920 verblieb zwar die ev. Kirche der »Freien Stadt« im Verbande der Altpreußischen Union; auch wurde deren Verfassung 1924 in D. eingeführt; doch wurde ein besonderer Landeskirchenrat mit Landessynode geschaffen. Es gab 5 Kirchenkreise; der 1. Pfarrer an der Marienkirche war, wie auch schon zu preußischer Zeit, Gen.Sup. und wurde seit 1933 als Bischof bezeichnet. Die kath. Gemeinde D. gehörte seit 1821 zum Bistum → Kulm; für das Gebiet der Freien Stadt wurde 1922 zunächst eine apostolische Administratur gebildet und diese 1925 in ein Bistum mit dem Sitz in Oliva umgewandelt. Im Gebiet der Freien Stadt D. waren 1921 33% Katholiken, in der Stadt selbst 39%, von denen 92% sich zur deutschen Muttersprache bekannten. Die Eingliederung D.s in das Deutsche Reich am 1.9.1939 änderte an der kirchlichen Verfassung nichts; der Bereich des D.er Konsistoriums wurde 1941 auf den neuen Reichsgau D.-Westpreußen ausgedehnt.

Mit der Vertreibung und Flucht der deutschen Bevölkerung aus D. seit Anfang 1945 brachen alle bisherigen Einrichtungen der ev. Kirche zusammen. Für die geringe Zahl der Evangelischen ist seitdem ein Pfarrer der ev.-polnischen Kirche in Zoppot vorhanden. Die Überlieferung der früheren ev. Gemeinden in D. werden von dem Hilfskomitee für Evangelische aus D.-Westpreußen in Lübeck gepflegt.

E. Schnaase, Gesch. der ev. Kirche D.s, 1863 - G. Lengnich, Der Stadt D. Verfassung u. Rechte (1769), 1900 - P. Simson, Gesch. der Stadt D., 3 Bde, 1913-18 - E. Keyser, D.s Gesch., (1921) 1928² - Ders., Die Stadt D., 1925 - F. Steffen, Die Diöcese D., 1926 - D.-Westpreußischer Kirchenbrief, 1948ff. *E. Keyser*

II. Bistum

Nachdem D. durch den Frieden von Versailles 1919 vom Deutschen Reiche getrennt und am 15.11.1920 zur »freien Stadt« proklamiert worden war, entzog der Vatikan 1922 das Gebiet des neuen Freistaates der (seit 1821 bestehenden) Jurisdiktion der Nachbarbistümer Kulm und Ermland, um zunächst eine Apostolische Administratur, am 30.12.1925 das exemte Bistum D. mit dem Sitz in Oliva zu bilden. Erster Bischof war Edward Graf O'Rourke, seit 1938 Carl Maria Splett (während der deutschen Besetzung Polens zugleich Administrator von Kulm, 1946 von den Polen nach einem Schauprozeß zu Zwangsarbeit verurteilt, 1956 vertrieben). Koadjutor »sedi datus« ist seit 1956 E. Nowicki (Titularbischof von Tugga). – Das Bistum umfaßte 1957 bei 299950 Katholiken (von insgesamt 306000 Einwohnern) auf 1926 qkm: 95 Kirchen, 58 Pfarreien, 85 Priester, 35 Ordensgeistliche, 14 männliche und 22 weibliche Ordenshäuser mit 28 bzw. 141 Mitgliedern.

LThK III, 154f - EC IV, 1218f - HerKorr 11, 1956/57, 123. 168. 219 - AnnPont 1957, 224. *G. Maron*

Darby, *John Nelson* (1800–82), * in London als Sohn einer irischen Aristokratenfamilie, legte 19jährig das juristische Examen ab, studierte dann Theologie und war kurze Zeit anglikanischer Pfarrer. Der damalige Zustand der Kirche befriedigte ihn aber nicht, und er suchte Verbindung mit freien Versammlungen erwecklichen Charakters. So kam er in Berührung mit der die Staatskirche ablehnenden Versammlung von Mr. Groves, einem Zahnarzt, und trat 1828 aus der Staatskirche aus. Ebenso beeindruckten ihn eschatologische Gedanken → Irvings. Im besonderen schloß er sich den Plymouth-Brethren (→ Darbysten) an, deren Führer er wurde. D. war viel auf Reisen, seit 1840 auch in der Schweiz, seit 1854 in Deutschland.

The collected writings of J.N.D., hg.v. W. Kelly, 34 Bde, London 1867-1900 - Letters of J.N.D., 3 Bde, London 1886-89. - Vgl. British Museum General Catalogue, 48, 304-309. - Über D.: W.G. Turner, J.N.D., o.J. (1926) (dt. 1928) - G. Ischebeck, J.N.D., seine Zeit u. sein Werk, 1929. *O. Eggenberger*

Darbysten, auch *»Plymouthbrüder«,* »Versammlung der Brüder« oder einfach »Brüder«, »Christliche Versammlung« genannt. Den an einzelnen Orten Englands schon in den zwanziger Jahren des 19. Jh.s entstandenen Versammlungen mit Wortbetrachtungen und Gebet (Plymouth ab 1826) gab J.N. → Darby das Gepräge. Nach seiner Distanzierung von der Kirche stand er bald in führender Stellung, und seine Anschauungen setzten sich in den Versammlungen durch. Darbys Kirchenbegriff bestimmte weitgehend auch die Geschichte der »Brüder«. Die damalige anglikanische Staatskirche wird scharf abgelehnt, besonders weil sie organisiert ist, ein theologisches Lehramt besitzt, zwischen Geistlichen und Laien unterscheidet und durch Aufnahme Unbekehrter zur Massen- und Weltkirche geworden ist. Dieser Abfall der Kirche von Gott ist nicht einfach durch neue, auch nicht freikirchliche Organisation zu beseitigen. Doch als unsichtbare Kirche besteht die Gemeinde des Herrn weiter. Ihre Glieder kommen am einzelnen Ort ohne besondere Organisation, einfach als »Versammlung der Brüder« zusammen. Sie wollen sich nicht mit der Welt vermischen und warten auf die Wiederkunft Jesu Christi. Sichtbar wird die unsichtbare Kirche nicht etwa in der »Versammlung«, sondern allein beim Abendmahl, das nach Apg 20, 7 jeden Sonntag gefeiert wird. Wer teilnehmen möchte, muß in den Augen der Brüder rein sein in Glauben, Wandel und Lehre, andernfalls wird er nicht zum »Brotbrechen« zugelassen.

Dieser Kirchenbegriff, der freie organisationslose Geistleitung mit strenger Absonderung verbindet, führte bald zu verschiedenen Spaltungen. E.T.Clark spricht von Plymouth Brethren I, II bis X. Entsprechend ihrer Einstellung anderen gegenüber zählt man die einzelnen Kreise zu den »open brethren« oder den »exclusive brethren«. Zum ersten Mal trat diese Spaltung in Bristol ein, wobei Darby zu den »Exklusiven« gehörte. In Deutschland wirkte besonders Carl → Brockhaus im Sinne der Brüderbewegung, mit ersten Anfängen vor 1850 im »Evangelischen Brüderverein«; 1852 trat Brockhaus mit einigen Anhängern aus. 1854 besuchte ihn Darby, dessen Gedanken dann der deutschen »Brüderbewegung« das Gepräge gaben. Die Spaltungen waren in Deutschland weniger zahlreich. 1937 und während des Krieges wurde die »Christliche Versammlung« verboten. Verborgen wirkte sie weiter und besteht heute wieder. Ein Teil der Mitglieder schloß sich indessen dem Bund ev.-freikirchlicher Gemeinden in Deutschland (→ Baptisten: I, 2c) an, woraus sich nach dem Krieg der »Freie Brüderkreis« abzweigte. Die D. sind verbreitet u.a. in Frankreich, in der französisch sprechenden Schweiz, Australien, Afrika. Zu den D. gehörte in Deutschland Generalleutnant v. → Viebahn, in England der Waisenvater Georg → Müller. – Neben dem besonders geprägten Kirchenbegriff sind folgende Lehrpunkte zu erwähnen: Wörtliche Inspiration der Heiligen Schrift. Die D. besitzen in der *Elberfelder Bibel* (→ Bibelübersetzung: IV, 3b) (NT 1855 u.ö.; AT 1870 u.ö.; übersetzt besonders von Darby, Brockhaus und Poseck) eine eigene wortgetreue Übersetzung. Abendmahl und Taufe sind Erinnerungszeichen. Es werden je nach Gegend Kinder oder Erwachsene getauft. Die D. sind stark endzeitlich orientiert; sie verstehen sich als die Brautgemeinde, die Jesus Christus heimführen wird. – Ihre Gesamtzahl auf der Erde beträgt etwa 450–480 000, in Deutschland 30–35 000.

N.L.NOEL, The history of the Brethren, Denver 1936 - E.T.CLARK, The small Sects in America, (1937) 1949² (Lit.) - E.v.HOFF, L'Eglise et les Sectes, (1941) 1952² - U.KUNZ, Viele Glieder - ein Leib, 1953 (Lit.) - G.ANDRÉ, Versammelt in seinem Namen, 1955.

O.Eggenberger

Darwin, *Charles Robert,* englischer Naturforscher. * 12.2.1809 in Shrewsbury, † 19.4.1882 in Down. Begründer der wissenschaftlichen Abstammungslehre oder → Deszendenztheorie. Nach anfänglichem Medizinstudium wandte sich D. der Theologie zu, ohne seine stark ausgeprägten naturwissenschaftlichen Neigungen aufzugeben. Entscheidend wirkten auf ihn der Botaniker Henslow und der Geologe Segdwick und später Lyell. Henslow vermittelte die Teilnahme D.s als Naturforscher an der Weltreise des Vermessungsschiffes »Beagle« (1831–36), auf der D. zum vollendeten Naturforscher heranreifte. Damals gelangte D. durch den Vergleich der fossilen mit den rezenten Tieren (besonders Gürtel- und Faultiere Südamerikas) und durch tiergeographische Beobachtungen, besonders auf den Galapagos Inseln, zu der Überzeugung, daß die Arten der Tiere und Pflanzen nicht im Sinne Linnés konstant, sondern das Ergebnis eines historischen Wandlungsgeschehens seien. Nach seiner Rückkehr sammelte er zu der Frage der Evolution der Organismen alle ihm erreichbaren Tatsachen. Er war seit 1837 als Privatgelehrter in Down bei London ansässig. Eine Veröffentlichung seiner Auffassung von der Inkonstanz der Arten erschien ihm erst nach Auffindung einer plausiblen kausalen Erklärung für die Tatsache der Evolution erfolgversprechend. Nach der Lektüre von H.Th.Malthus konzipierte er das Selektionsprinzip (Lehre von der natürlichen Zuchtwahl), das Kernstück des → Darwinismus. 1859 erschien das Grundwerk des Darwinismus: Über die Entstehung der Arten durch natürliche Zuchtwahl (dt. 1863). D. besaß in hervorragendem Maße die Begabung, große Tatsachenmengen zu sammeln und sie synthetisch zu verknüpfen. Sein Arbeitsgebiet war sehr weit gespannt: Geologie, Paläontologie, Zoologie, Botanik, Vererbungs- und Variationslehre. D. gehört zu den größten Naturforschern der Menschheit. Von ihm ging eine vollständige Neuordnung der gesamten → Biologie aus. D. bezeichnete sich als Agnostiker. Atheist war er nicht.

F.DARWIN, Life and letters of Ch.D., 1887 (dt. v. V.CARUS, I-III, 1899²; Lit.) - M.BATES-P.S.HUMPHREY, The D. Reader, New York 1956 (dt. v. G.HEBERER, 1959) - A.CRESSON, D. La vie, son oeuvre avec un exposé de sa philosophie, Paris 1956 - H.TH.MALTHUS, An essay of the principles of human population, London 1798.

G.Heberer

Darwinismus. Unter D. versteht man a) die gesamte Allgemeine Abstammungslehre (→ Abstammung des Menschen) oder → *Deszendenztheorie,* b) die *Selektionstheorie* oder Ausleselehre als die kausale Erklärung der Tatsache der Evolution der Organismen. Es ist historisch richtiger, nur b) als D. zu bezeichnen, weil a) zwar durch b) zu allgemeiner Anerkennung gelangte, aber bereits vorher (Lamarck, Buffon) vertreten worden ist. Dagegen stellt b) die eigentliche originale Leistung → Darwins dar.

Durch tiergeographische und paläontologische Beobachtungen während seiner Weltreise mit dem Vermessungsschiff »Beagle« (1831–36) gelangte Darwin zu der Auffassung, daß die Organismen im Laufe der Erdgeschichte eine Evolution (→ Entwicklung: I) von einfachen Anfängen bis zur heutigen Komplikation durchlaufen haben. Nach seiner Rückkehr zögerte er mit der Veröffentlichung seiner Meinung, da er ihre Anerkenkung erst für möglich hielt, wenn für die Tatsache der Evolution eine plausible kausale Erklärung gefunden sei. Die Lektüre von → Malthus' Werk »Essay on the principles of population«, in dem dieser zeigte, daß die Vermehrung der Menschheit schneller fortschreitet als die Erzeugung der zu ihrer Erhaltung notwendigen Nahrungsmittel (→ Bevölkerungspolitik), führte ihn zur Aufstellung des Selektionsprinzipes. 1842 erfolgten die ersten Niederschriften und 1858 in einer denkwürdigen Sitzung der Londoner Linnéschen Gesellschaft die erste Bekanntgabe durch Verlesung eines Auszuges aus den bisherigen Notizen, zugleich mit einem Aufsatz von A.R.Wallace, der unabhängig von Darwin gleichfalls das Selektionsprinzip erfaßt hatte.

Zwei Voraussetzungen bilden die Grundlagen des klassischen D.: der Nachkommenüberschuß und die durchschnittliche Konstanz der Populationsgrößen. Ersterer

Ausgangspunkt ergibt sich aus der Tatsache, daß die Vermehrung der Lebewesen nicht additiv, sondern multiplikativ erfolgt. Das führt dazu, daß zB leere Lebensräume in Kürze mit Organismen angefüllt werden. Die Überproduktion ist eine empirische Tatsache. Trotzdem aber bleiben, sieht man von Schwankungen ab, die Individuenzahlen bzw. Populationsgrößen konstant. Im Durchschnitt bleiben also von einem Elternpaar nur zwei Nachkommen am Leben. Die Konstanz der Populationsgrößen ist ebenfalls eine empirische Tatsache. Beide Tatsachen zwingen zu dem Schluß, daß zwischen den Individuen einer Population der gleichen Art oder zwischen Populationen verschiedener Art eine Konkurrenz besteht um Nahrung, Raum und Geschlechtspartner: »Struggle for Life« (Kampf ums Dasein). Zur Erkennung des Selektionsprinzips führte eine *dritte Voraussetzung:* die Variabilität der Organismen. Darwin rechnete für seine Theorie nur mit erblichen Varianten, vorwiegend geringen Ausmaßes. Damals war es schwer, erbliche und nichterbliche Varianten zu unterscheiden. Der oft gehörte Einwand, die Selektion schaffe nichts Neues und Darwins Theorie erkläre somit die Evolution nicht, ist deshalb gegenstandslos, weil die Theorie gar nicht die Entstehung der erblichen Varianten (= Mutationen) erklären, sondern die Entstehung der Artunterschiede und der Anpassungen verstehen will und das Vorhandensein von erblichen Varianten voraussetzt. Die erbliche Variabilität liefert das Evolutionsmaterial (die Mutationen). Die Mutanten aber zeigen Eignungsunterschiede. Dies führt zu unterschiedlichen Vermehrungsquoten, indem die bevorteilten Mutanten sich relativ stärker vermehren und weniger häufig vernichtet werden als die nichtbevorteilten (»Survival of the fittest«, Überleben des Passendsten). Natürlich gilt das nur statistisch. Dieser Züchtungsprozeß führt über Generationen hinweg (natürliche Zuchtwahl, Züchtungsauslese) zur summativen Erzeugung von Zweckmäßigkeiten (Anpassungen) ohne die Tätigkeit zielstrebiger, »zwecktätiger« Faktoren. Letztere stellt bei der künstlichen Zuchtwahl der züchtende Mensch dar. – Die Selektion zur Erklärung der Formenmannigfaltigkeit und der Anpassungserscheinungen ist die Konsequenz aus der 1. und 2. und der 3. Prämisse. Einwände dagegen, daß mit diesem Ursachengefüge die Entstehung zweckmäßiger Strukturen ohne die Einwirkung zwecktätiger Faktoren erklärt werden könne, sind früher wiederholt gemacht worden, ohne das Prinzip im Kern zu treffen. – Die Einzelelemente der Theorie lagen zu Darwins Zeiten vor. Er hat sie mit einem ausgedehnten Material unterbaut und in einer genialen Synthese zu einer umfassenden Theorie vereinigt. Darwin hat auch die von Geoffroy St.Hilaire und Lamarck stammenden Prinzipien des Erblichwerdens individuell durch Umwelteinflüsse und Gebrauch und Nichtgebrauch von Organen vom Soma »erworbener Eigenschaften« herangezogen, um Schwierigkeiten der Theorie zu überwinden, die ihm durch die damals angenommene »blending inheritance«, dh die bei jeder sexuellen Vermischung auftretende »Verdünnung« des Erbgutes, zu bestehen schienen. Seit Mendel wissen wir, daß die Erbfaktoren (= Gene) unbeeinflußt durch die Generationen weitergegeben werden und sich nur mutativ wandeln können. Der Lamarckismus kann heute als widerlegt gelten (→ Vererbungslehre).

Die Selektionstheorie ist eine kausale (methodisch mechanistische) Theorie. Früher wurde sie vielfach als materialistisch mißverstanden. Sie enthält allerdings keinerlei teleologische Faktoren. Alle besonders von teleologischer Seite gegen die Selektionstheorie erhobenen Einwände sind widerlegt worden (Zimmermann, 1938; Zimmermann bei Heberer, 1953-58; Heberer-Schwanitz, 1958). In seiner gegenwärtigen Gestalt bildet der klassische D. als moderne Selektionstheorie (Dobzhansky, Heberer, Huxley, Rensch, Simpson) das Fundament der Phylogenetik. Sie ist der kausale Zweig der Evolutionsforschung.

In seiner Entwicklung seit dem Erscheinen von Darwins Grundwerk »Über die Entstehung der Arten durch natürliche Zuchtwahl« wurde der D. besonders in England (T.H.Huxley), Deutschland (→ Haeckel, Weismann) und Rußland (Timirjasew) weitergeführt. Mit dem Ende des 19.Jh.s büßte er als vielfach zu spekulativ empfunden an Bedeutung ein. Seit dem Einschalten der Genetik in seine Probleme und seit dem mächtigen Aufblühen der modernen Paläontologie im Laufe der ersten Hälfte des 20.Jh.s datiert die »Renaissance des Transformismus«. – Die Kämpfe zwischen dem D. und der Theologie und Philosophie, zwischen dem »Neo-D.« der Haeckelzeit und den Geisteswissenschaften, sind heute weitgehend überwunden, da die Selektionstheorie als naturwissenschaftliche Theorie die metaphysischen Bereiche respektiert. Im Laufe der Zeit ist auf beiden Seiten sowohl eine Klärung der Begriffe als auch ein Erkennen der Abgrenzung erfolgt. – Es ist heute nicht mehr angebracht, von D. und Neo-D. zu sprechen. Es sind dies Bezeichnungen für historische Phasen in der Herausbildung des gegenwärtigen Zustandes einer Theorie der Evolution. Es ist ebenso unangebracht, etwa die → Abstammung des Menschen von urtümlichen tertiären Menschenaffentypen (so formulierte schon Darwin das Problem) noch als darwinistisch zu bezeichnen.

Für die → Deszendenztheorie oder in moderner Ausdrucksweise: die »Synthetische Theorie der Evolution« (Simpson) bildet der klassische D. allerdings das unveräußerliche historische Fundament. Es besteht durchaus Anlaß zu der Auffassung, daß die zukünftige Entwicklung der Evolutionsforschung in ihren verschiedenen Zweigen stets auf diesem Fundament ruhen muß.

W.Zimmermann, Vererbung »erworbener Eigenschaften« u. Auslese, 1938 – J.Huxley, Evolution. The modern synthesis, London 1948 – G.Heberer, Was heißt heute D.?, 1950 – Ders. (Hg.), Die Evolution der Organismen, 1954-58² – Ders.-F.Schwanitz, Darwin. Zur 100. Wiederkehr des Erscheinens der »Entstehung der Arten«, 1958 – Th.Dobzhansky, Genetics and the origin of species, New York 1951 – G.G.Simpson, The major features of evolution, New York 1953 – B.Rensch, Neuere Probleme der Abstammungslehre, 1954.

G.Heberer

Dasein

1. In der Metaphysik – 2. In der Existenzphilosophie

1. Im Sinne der Tradition der mittelalterlichen und neuzeitlichen → Metaphysik meint D. (lat. »existentia«) entweder a) ein *reales* → *Prinzip* (so im Anschluß an → Thomas von Aquino die gesamten Thomistenschulen), das bewirkt, daß jenes Seiende, das dieses Prinzip innerlich, konstitutiv in sich trägt, aus der bloßen Möglichkeit oder der Vergegenwärtigung durch Vorstellung, Erinnerung, Erwartung, Begriff übergegangen ist in den Modus der → Wirklichkeit als der selbständigen Gegenwart, die von all unserem vergegenwärtigenden Vorstellen und Denken unabhängig ist und ihr vorausliegt; eine Gegenwart also, die nicht von unseren Akten getragen ist, sondern in der das Seiende durch seinen eigenen »actus entitativus« dasteht; b) oder aber es wird (im Anschluß an → Suarez und seine »Disputationes metaphysicae« und an die einflußreichen suarezianischen Schulen kath. wie prot. neuzeitlicher Scholastik bis zu Kant hin) unter D. jenes *abstrakte Moment* des Wirklichseins eines Wirklichen verstanden, das die von allen subjektiven Akten unabhängige Gegenwärtigkeit eines Seienden von ihm selbst her bedeutet. Im ersten Falle (D. als konstitutives Realprinzip des Seienden) steht das

Sosein als reales Wesensprinzip (essentia, die in sich wieder die Komponenten von forma und materia geeint hat) dem D. gegenüber; beide sind je ein »ens quo«, je ein real gründender wahrhafter Grund, dessen Seinsart es ist, nur Prinzip für ein anderes, selbständig Seiendes, nur principium für ein principiatum zu ein, das allein im vollen Sinne des Wortes dann das Prädikat »ist« verdient. Im zweiten Falle (D. als abstraktes Moment) ist das Sosein und das → Wesen nur begrifflich vom D. getrennt, und beide sind aus der unteilbaren Einheit des Seienden durch das Denken herausgelöst und abstrahiert. Die erste Auffassung kann man eine realistische, die zweite eine konzeptualistische D.sauffassung nennen.

Für den → Thomismus gehen beide Prinzipien (D. und Wesen) dem von ihnen gegründeten Seienden innerlich voraus, zugleich aber können sie selbst nur sein, indem sie zusammen wirken und in diesem Zusammenwirken das wirklich Seiende bewirken. Sie sind nur in diesem Bewirkten und nie ohne es und außerhalb seiner, sie heißen daher »innere Prinzipien«. Die nicht nur begriffliche Unterscheidung von D. und Sosein als gleichsam abstrakten Momenten, sondern ihre »distinctio realis«, ihre Realdistinktion als wirkliche Gründe gegenüber dem von ihnen gegründeten Seienden und ihre Realdistinktion untereinander, dh die Nicht-Zurückführbarkeit des D.sgrundes auf den Wesensgrund und umgekehrt, wird als das eigentliche »Wesen des Thomismus« (im Anschluß an das gleichnamige Buch von A. Manser und an die Dominikanerschule von Fribourg im Üchtland) heute meist in Anspruch genommen. Für Thomas selbst ist der Unterschied zwischen Schöpfer und Geschöpf primär darin begründet, daß der Schöpfer (als der Absolute und Notwendige) die Realidentität von D. und Sosein ist, während das Geschöpf (als das Kontingente, das Zufällige und Abhängige) die Realdistinktion von D. und Sosein aufweist; die Formulierungen des Thomas selbst bevorzugen allerdings die Terminologie einer Realidentität und Realdistinktion von D. als esse und ens quo einerseits und Daseiendem als eigentlichem ens quod andererseits.

Ebenso beruht die ganze thomistische Phänomenologie und Metaphysik der Erkenntnis darauf, daß dieselbe akzidentelle oder substanziale Form (Soseinsprinzip) entweder unmittelbar im intentionalen D.sakt des Denkens gegenwärtig ist oder aber dem durch die Materie vermittelten naturalen D.sakt ihre Gegenwart verdankt. Nur wenn die Form (als die wesentliche Soseinskomponente) vom Akt real unterschieden ist, kann sie als dieselbe in beiden Akten gegenwärtig gesetzt sein und sich so die Identität derselben Form als wahr erkannter und als wirklich bestehender bewähren. Für diesen so aufgefaßten und vom Wesen real unterschiedenen »D.sakt« werden die Namen esse, actus essendi, entitas, existentia, die in ihrer Bedeutung nur gering differieren, gebraucht.

Im berühmten, auf → Anselm von Canterbury und sein Proslogion zurückgehenden »ontologischen → Gottesbeweis« wird das D., die Existenz, als »realitas« aufgefaßt, dh als positives, inhaltliches Prädikat, als »determinatio positiva«. Hiermit erscheint sie auf die Ebene des Soseins hin transponiert und mit diesem nivelliert. Dies ist der Grund, warum Thomas von Aquino diesen Gottesbeweis ablehnt. Aus der Bestimmung Gottes als der »omnitudo realitatum« ergibt sich dann die notwendige Zugehörigkeit der Existenz zu dem im analogen Begriffe gefaßten Wesen Gottes. Seit der Wiederaufnahme des ontologischen Argumentes durch → Descartes hat dieses bis auf → Kant hin die metaphysische Gotteslehre bestimmt. Kant hat dann aufgewiesen, wie diese Art der ontologischen Argumentation in allen (also auch den sog. »kosmologischen«) → Gottesbeweisen mitenthalten sei und sie durch jene Klärung ad absurdum zu führen gesucht, die zeigt, daß Sein qua D. keine »realitas« sei, also kein positives Prädikat, keine inhaltliche Vollkommenheit bedeute, sondern nur die Gesetztheit eines gedachten Inhalts als außerhalb meines Denkens vorkommend besage. Insofern rechnet Kant das D. unter die Kategorien der »Modalität«, die nur eine bestimmte Art der Beziehung zum Subjekte, aber keinen eigentlichen objektiven, dh gegenständlichen Charakter am Gedachten und Erkannten selbst bedeuten.

2. Eine ganz andere Bedeutung hat der Terminus »D.« in der Philosophie Martin → Heideggers. Hier besagt »D.« zunächst (dh in »Sein und Zeit«) im Gegensatz zur Wirklichkeit überhaupt und in einem allgemeinen Sinne nur die Seinsweise jenes Seienden, das charakterisiert ist durch die »Erschlossenheit«: dh das sich selbst und dem in eins damit alles andere gegenwärtig, dh »da« ist, das also nicht nur *in* einer Gegenwart ist, sondern durch seine Erschlossenheit erst Gegenwart und damit das »Da«, das »Hier« und das »Dort«, dh Zeit und Raum konstituiert und freigibt. Dieses Seiende, der Mensch, ist nicht einfach da, sondern er hat zu sein, das Sein und dessen Da ist ihm aufgegeben. Also muß ihm dieses Sein, das er zu sein hat, vorgegeben, damit gegeben, gegenwärtig, offenbar und erschlossen sein. Er hat *sein* Sein zu übernehmen, also muß ihm auch *das* Sein, dh der weiteste Horizont überhaupt erschlossen, dh von ihm immer schon verstanden sein. »D.« kommt also dem Seienden zu, dem sein Sein selbst aufgegeben ist, und das infolgedessen immer neu sich und alles andere in einem »Da« zusammenhält. Zu dieser Bereitung des »Da« gehört ebenso das → Verstehen, das das Seiende auf das schon verstandene Sein hin zu begreifen versucht, wie auch die Befindlichkeit, innerhalb derer sich das Seiende, das wir selbst sind, inmitten alles anderen Seienden schon vorgefunden hat.

Von dieser Grundbedeutung des »Da« aus, die das durch das apriorische Seinsverständnis grundgelegte ontologische Verstehen mit der Befindlichkeit als der Erschlossenheit des (ontischen) Seienden, inmitten dessen wir uns in unserer Faktizität befinden, vereint, wird dann eine neue Bedeutung von D. anvisiert. Im Menschen, der als D. begriffen wird, ist nicht mehr »Existenz« und »Essenz« zu unterscheiden, ist nicht mehr D. und Wesen zu trennen, sondern der Mensch ist als einziges Seiendes sein Da, sein Sein, die er zu vollziehen hat, er ist als »D.« ontisch und ontologisch zugleich, das einzige Seiende, das nicht Sein *hat*, sondern sein Sein *ist*, das im Akt der Seinsergreifung sich sein Wesen selbst gibt. J.P. → Sartre hat dann diese die thomistische Korrelation von Existenz und Essenz überwinden wollende D.skonzeption Heideggers wiederum in den scholastischen Rahmen zurückgebogen und sie so umgedeutet, als ob beim Menschen von einem Vorrang des Existenzprinzipes über das Essenzprinzip geredet werden könnte, daß hier die Essenz durch die Existenz aus dem Nichts heraus erfunden und erschaffen würde. Gegenüber dieser Auffassung Sartres vom Menschen als dem Schöpfer seiner selbst betonen aber gerade die späteren Schriften Heideggers (*nach* »Sein und Zeit«) ausdrücklich die Dienststellung des Menschen gegenüber dem Sein, das sich ihm zuschickt. »Existenz« wird nun als Ek-sistenz, als Ausstand und Offenheit zum Sein hin terminologisch gefaßt, in welcher Offenheit sich der Mensch zur Stätte der Ankunft des Seins, zum »Da des Seins«, bereitet, das in ihm seine »Parousie«, seinen »Advent« haben will. Während im nichtmenschlichen Seienden das Sein gleichsam untergeht, ist es im D. als solches und als es selbst gegenwärtig und lichtet in dieser Gegenwart seines Scheinens und Erscheinens, seines geschichtlich-»geschicklichen« Ankommens beim Menschen zugleich alles Seiende. Von hier aus führt dann diese Auffassung vom »D.« zur Heideggerschen Lehre vom »Seinsgeschick« und zur »Seinsgeschichte«.

Zu 1: Thomas v. Aquino, De ente et essentia, hg.v. M.D.ROLAND-GOSSELIN (BiblThom 8), 1926 (mit Abh. zur »distinctio realis inter essentiam et esse«) - A.MANSER, Das Wesen des Thomismus, (1932) 1949[3] - E.GILSON, L'esprit de la philosophie médiévale, Paris (1932) 1948[2] (dt. 1950) - DERS., L'être et l'essence, Paris 1948 - K.RAHNER, Geist in Welt, (1939) 1957[2] - G.SIEWERTH, Der Thomismus als Identitätssystem, 1939 - MAX MÜLLER, Sein u. Geist, 1940.

Zu 2: M.HEIDEGGER, Sein u. Zeit, 1927 - DERS., Platons Lehre von der Wahrheit mit einem Brief über den Humanismus, 1947 - O.F.BOLLNOW, Existenzphilosophie, (1942) 1957[4] - MAX MÜLLER, Existenzphilosophie im geistigen Leben der Gegenwart, 1949 - W. SCHULZ, Über den philosophiegeschichtlichen Ort M.Heideggers (PhR 1, 1953, 65-93. 211-232). *Max Müller*

Dasius, Märtyrer in der diokletianischen Verfolgung, soll am 20.11.303 in Durostorum an der unteren Donau hingerichtet worden sein. Als Saturnalienkönig seiner Legion soll D. es abgelehnt haben, sich als Leiter dieses ausgelassenen Festes der Sitte gemäß dem Gott zu opfern, sondern bekannte sich als Christ. Die Reliquien sollen sich in der Kathedrale von Ancona befinden; über Zeit und Anlaß der Transferierung ist nichts bekannt.

Die Akten hg.v. F.CUMONT, AnBoll 16, 1897, 11ff - R.KNOPF, SQS NF 3, 1929[3], 91ff. - Vgl.: DACL IV/1, 273ff (Lit.). *H.Kraft*

Dathenus, *Petrus* (1531/32-88), * Kassel in Flandern, calvinistischer Theologe, trat als Karmelitermönch in Ypern zum ref. Glauben über, predigte in Flandern, floh 1550 nach England. Als Pfarrer der niederländ. Flüchtlingsgemeinde in Frankfurt a.M. (1555) bekämpfte er die Lutheraner. In Frankenthal (1562) gab er eine gereimte Psalmenbearbeitung heraus und nahm Anteil an der Bearbeitung der niederländ. Liturgie (1566), dabei die pfälzische und die Londoner von A Lasco-Micron benutzend. Seine Psalmen wurden bis 1773 in den niederländ. Kirchen gesungen, seine liturgischen Formulare werden noch immer gebraucht. Nach 1566 war er in dem Freiheitskampf der Niederlande rastlos tätig, war Feldprediger unter Johann Casimir bei den Hugenotten in Frankreich, Präses des Weseler Konvents (1568), Hofprediger Friedrichs III. von der Pfalz in Heidelberg, Präses der Dordrechter Synode von 1578. Im Dienste Wilhelms von Oranien machte er viele Reisen, geriet aber mit ihm in Konflikt wegen dessen Kompromißpolitik. Aus einer Haft entlassen, verließ er 1585 sein Vaterland und war in seinen letzten Lebensjahren als Arzt in Husum, Staden und Elbing tätig. Gegen den Verdacht des Jorismus konnte er sich vor Abgesandten der Haager Synode 1586 verteidigen. Sein unmäßiges Vorgehen (zB in Gent) hat seine großen Verdienste um die Kirche oft beeinträchtigt.

H.Q.JANSSEN, P.D., 1872 - BWGN II, 383ff (Lit.) - TH.RUYS, P.D., 1919. *W.F.Dankbaar*

Daub, *Karl* (1765-1836), * in Kassel, 1795 Prof. in Heidelberg. Ursprünglich (bis 1801) Kantianer, kritisierte er zunehmend die »Autolatrie des Verstandes«. 1803-13 Mittelpunkt der theologischen Fakultät und der romantischen Schule. In Anlehnung an → Schelling wollte D., die Offenbarung voraussetzend, alle Wissenschaften unter dem Prinzip der universalen Wissensidee zusammenfassen. Erkenntnisse der Theologie sind nicht solche der Reflexion, sondern der in »geistiger Palingenesie« vollzogenen Spekulation. Die Bibel als zeitliches Wort ist nur »Mittel« der Offenbarung; zu ihrer Erfassung bedarf es der spekulativen Geistestätigkeit. Im »Judas Ischarioth« (Einfluß auf → Baader und Th. → Lehmus) versteht D. das Böse existentiell-metaphysisch. Seit 1818 beginnt die Hegelsche Periode. An die Stelle der intellektuellen Anschauung tritt Selbstevidenz des Begriffs (zuerst 1833). Die Dogmatik ist Wissenschaft von der Dreieinigkeit. D.s Dialektik trägt spekulativ-theozentrischen Charakter: der dogmatische Beweis des sich offenbarenden, dh des existierenden Gottes führt sich selbst. Durch die Negation, den »absoluten Zweifel«, wird der Glaube aus sich als Erkennen und Begreifen wiederhergestellt und gestärkt. - D. wurde von K.Rosenkranz (1837) und R. → Rothe (1817) als der größte zeitgenössische Theologe bezeichnet; mit dem Aufkommen der empirischen Richtungen war seit 1850 sein Einfluß erloschen. Eine letzte Umorientierung D.s unter dem Eindruck der Spekulationskrisis am Problem Glaube und Geschichte (→ Strauß) wurde für → Kierkegaard bedeutsam.

Hauptwerke: Lehrbuch d. Katechetik, 1801; Theologumena, 1806; Einl. in das Studium der christl. Dogmatik, 1810; Judas Ischarioth I, 1816; II, 1818; Die dogmat. Theol. jetziger Zeit, 1833; D.s philosophische u. theol. Vorlesungen, hg.v. PH.TH.MARHEINEKE u. W.DITTENBERGER, 8 Bde, 1838-44. - Über D.: ADB IV, 768 - RE IV, 496ff (Lit.) - W.MAURER, Aufklärung, Idealismus u. Restauration I, 1930, 39ff - E.HIRSCH, Kierkegaard-Studien III/1, 1931, 93ff - E.PFEIFFER, Zur Erinnerung an K.D. (ZThK NF 17, 1936, 273-279) - DERS., K.D. u. die Krisis der spekulat. Theol. (Diss. Leipzig), 1943 (Lit.) - H.STEPHAN, Gesch. d. ev. Theol., 1938, 68ff - HIRSCH V, 372ff u.ö. *E.H.Pältz*

Daut, *Joh. Maximilian* († nach 1736), Schustergeselle aus Frankfurt a. M., verkündete 1710 in seiner (auch französisch erschienenen) »Hellen Donner-Posaune« das nahe Gericht, nach dem die wenigen Geretteten die Hochzeit des Lammes feiern würden. Er ist offenbar von → Böhme beeinflußt. Aus Frankfurt vertrieben, begab er sich 1711 zu Böhmes Anhänger Ueberfeldt nach Leyden, später ins Wittgensteinsche. Er hat namentlich in Württemberg (mit J. → Tennhardt u.a. Separatisten) und England Anhang gefunden. Mitte der 30er Jahre widerrief er seine »Donner-Posaune«.

RE IV, 502 - ZHTh 1869, 198f - Blätter für Württ. KG 16, 1912, 190; 51, 1951, 122. 132. - H.HERMELINK, Gesch. der ev. Kirche in Württemberg, 1949, 186. 190. 199. *H.Bornkamm*

David, *König* von Juda und Israel, der bedeutendste Herrscher in der Geschichte → Israels, führte Israel während seiner 40jähr. Regierungszeit, die in die 1. Hälfte des 10.Jh.s vChr fällt (→ Israel: II), auf die Höhe politischer Machtentfaltung. Er ist zugleich der einzige Herrscher, dem die Bildung eines Großreiches auf dem Boden Palästinas gelang. Seine Bedeutung spiegelt sich schon darin, daß es in seiner Zeit in Israel zu wirklicher → Geschichtsschreibung kam und seine Person und sein Werk sogleich zum Gegenstand zweier hervorragender Darstellungen wurden, die uns im Rahmen des → Deuteronomistischen Geschichtswerkes erhalten geblieben sind. Die eine hat D.s Aufstieg zum Gegenstand (1Sam 16, 14 - 2Sam 5, 25; 8?; → Samuelisbücher), die andere ist beherrscht von der Frage der Thronnachfolge D.s (1Sam 4-6; 2Sam 6. 7. 9-20; 1Kön 1-2). Dazu kommen noch verschiedene, teils in, teils neben diesen Werken überlieferte Materialien von hohem geschichtlichem Wert, wie Listen, Anekdoten, zeitgenössische Dichtungen, so daß uns für D. *Quellen* zu Gebote stehen wie für keinen anderen israelitischen oder judäischen König.

D.s *Heimat* war → Bethlehem (8 km südl. Jerusalem), der Hauptort des Stammes → Juda. Möglicherweise hatte D. ursprünglich einen anderen *Namen;* in den Texten von → Mari findet sich ein Wort dawidum, »Truppenführer« o.ä., so daß die Vermutung naheliegt, D. habe diesen Namen erst während seiner militärischen Laufbahn angenommen. - D.s *Aufstieg* begann mit seinem Eintritt in die Gefolgschaft → Sauls. Im Rahmen des von Saul geschaffenen Berufskriegertums arbeitete er sich schnell vom Waffenträger des Königs (1Sam 16, 21) zu einem erfolgreichen Truppenführer empor. Seine Erfolge und seine allgemeine Beliebtheit (1Sam 18, 7) trugen ihm jedoch bald das Mißtrauen und die Feindschaft Sauls ein (1Sam 19). Nach dem Bruch mit Saul setzte D. das Kriegshandwerk auf eigene Faust fort. Er sammelte allerlei wirtschaftlich gescheiterte und darum zu Abenteuern bereite Elemente um sich, mit denen er im südlichsten Teil des judäischen Gebirges ein Freibeuterleben führte, abseits jeder staatlichen Ordnung (1Sam 22, 2; 25). Dabei knüpfte er Beziehungen zu den Südstämmen an, die ihm bald von Nutzen sein sollten (1Sam 25, 42: Heirat mit Abigail aus Maon; 1Sam 25, 43: Heirat mit Ahinoam aus Jesreel; 1Sam 23, 1-5: militärische Hilfe für Kegila). - Offenbar um sich den fortgesetzten Nachstellungen Sauls zu entziehen, bot D. dann jedoch seine Dienste dem Philisterführer Achis von Gath an, der ihn mit dem Ort Ziklag belehnte (1Sam 27, 1ff). Als Vasall der Philister hatte D. nunmehr die Aufgabe, mit seinen Leuten das südliche Grenzgebiet gegen Übergriffe der → Amalekiter und anderer Stämme zu sichern. Er wußte jedoch hinter dem Rücken seines Lehensherrn die Beziehungen zu den judäischen Südstämmen weiter zu pflegen (1Sam 27, 8-12; 30, 26 bis 31).

Nach der Katastrophe Sauls und seines Königtums (1Sam 29; 31) trugen die Beziehungen, die D. zu den Südstämmen angeknüpft hatte, ihre Früchte. Er siedelte mit seinen Söldnern nach → Hebron über und wurde dort von den »Männern von Juda« zum *König über das »Haus Juda«* gemacht (2Sam 2, 1-4). Die Ursachen für diese Konstituierung eines eigenen Staates Juda läßt die kurze Notiz nicht recht erkennen. Ihre unmittelbare Veranlassung mag das Scheitern Sauls und das Bestreben der Südstämme gewesen sein, sich an ein militärisches und politisches Potential anzulehnen, das mehr Zukunft hatte als der Staat Sauls. Ihre Voraussetzung war die alte Sonderstellung der Sechser-Amphiktyonie der Südstämme (→ Juda, → Stämme Israels). Aber die treibende Kraft war im Grunde gewiß D. selbst. Die durch seine Erhebung zum König von Juda zustande gekommene Vergrößerung seiner militärischen und politischen Macht ließ ihn sogleich weitere Ziele ins Auge fassen. In Israel hatte Abner, Sauls Heerbannführer, Isbaal, einen Sohn Sauls, zum König gemacht (2Sam 2, 8f), der aber, da eine dynastische Bindung nicht im Wesen des Königtums Sauls gelegen hatte, im Volke nicht recht Fuß fassen konnte. So ergriff D. jede sich ihm bietende Gelegenheit, sich bei den israelitischen Stämmen, bei denen er seit seinem Dienst in Sauls Söldnertruppe noch immer großes Ansehen genoß, in gute Erinnerung zu bringen (ein Beispiel 2Sam 2, 4-7) und wartete im übrigen die Entwicklung der Dinge ruhig ab. Abner ging bald zu D. über, wurde aber ermordet, ehe er sein Vorhaben, das Reich Israel D. zuzuführen, verwirklichen konnte (2Sam 3, 12ff). Nach der Ermordung Isbaals (Regierungsdauer 2Sam 2, 10: 2 Jahre) machten die israelitischen Stämme D. zum *König von Israel* (2Sam 5, 1-3). Dadurch entstand nicht etwa ein einheitlicher israelitisch-judäischer Staat; Israel und Juda blieben vielmehr getrennte Reiche, verbunden allein durch die Person ihres Königs, also durch Personalunion (vgl. die Formulierung 2Sam 5, 5). Ihren sinnenfälligsten Ausdruck findet die Tatsache, daß D. zwei getrennte Königswürden auf sich vereinigte, in der Wahl seiner neuen Residenz. Wie D. selbst zwischen und über den Reichen stand, so wollte er sie auch von neutralem Boden aus regieren. Seine Wahl fiel auf den kanaanäischen Stadtstaat → *Jerusalem,* der genau auf der Grenze zwischen Israel und Juda lag. Er erstürmte die Stadt allein mit seinen Söldnern, so daß sie keinem der beiden Reiche zufiel, sondern als »Stadt Davids« in seinen persönlichen Besitz überging (2Sam 5, 6ff). Durch die Überführung der → Lade Jahwes machte er Jerusalem zugleich zum kultischen Mittelpunkt der Stämme Israels (2Sam 6).

Wie der Weg D.s abseits der national-israelitischen Linie begonnen hatte, so erreichte er auch sein Ziel erst weit jenseits der Vereinigung der Reiche Israel und Juda in seiner Hand. Diese war für ihn nur die machtpolitische Ausgangsposition für die Errichtung eines *Großreiches,* das ganz Palästina und weite Teile Syriens umfaßte. - Mit dem Reiche Israel hatte D. auch dessen Frontstellung gegen die Philister übernommen. Es gelang ihm, ihre Vorherrschaft in Palästina zu brechen und sie zu seinen Vasallen zu machen (2Sam 5, 17ff; 8, 1). Damit fielen ihm zugleich die bisher von den Philistern beherrschten kanaanäischen Landesteile zu, die er als gleichberechtigte Gaue den Reichen Israel und Juda eingliederte (2Sam 24, 7; 1Kön 4, 9ff). Ein weiterer Schritt war die Unterwerfung der ostjordanischen Randstaaten der → Moabiter (2Sam 8, 2), → Edomiter (2Sam 8, 14) und → Ammoniter (2Sam 10) zu unterschiedlichen Graden der Abhängigkeit. Endlich unterwarf D. auch noch die Staaten der → Aramäer im syrischen Binnenland und dehnte damit seine Herrschaft bis an den Euphrat aus (2Sam 8, 3ff; 10, 6ff).

Die Bildung dieses Großreiches war in allem Wesentlichen D.s persönliches Werk. Wie es allein von ihm geschaffen war, so war es auch in seinem Aufbau ganz auf seine Person zugeschnitten: Da die einzelnen Teile nicht zu einer höheren Einheit verschmolzen wurden, hing der Bestand des Reiches von den persönlichen Fähigkeiten des Königs und der Stärke seiner Hausmacht ab. D. selbst konnte die Aufstände Judas und Israels unter Absalom und Seba mit Hilfe seiner Söldner noch niederschlagen (2Sam 15-19; 20), aber für die Zukunft kam alles darauf an, daß D. einen ebenbürtigen *Nachfolger* fand. Daß dieser einer seiner Söhne sein würde, war nach der Zusage Jahwes, der Dynastie D.s ewigen Bestand zu geben (2Sam 7, 11b. 16; vgl. 23, 5; 1Kön 2, 24), sicher. Doch in der Frage, welcher der Söhne D.s die Thronnachfolge antreten würde, kam es zu ernsten Schwierigkeiten, bis D. endlich → Salomo zu seinem Nachfolger bestimmte. Schon unter dessen Regierung begann D.s Reich auseinanderzubröckeln und zerfiel nach Salomos Tod sofort in seine Teile (→ Israel: I). Das Reich D.s lebte nur noch in der am davidischen Hofe gepflegten Tradition als Ur- und Leitbild fort (Ps 2, 8; 72, 8), und an D.s Person knüpfte sich später die Erwartung eines künftigen → Messias.

Vgl. die »Geschichten → Israels« u. die Kommentare zu den → Samuelisbüchern. - A.ALT, Jerusalems Aufstieg (ZDMG NF 4, 1925, 1-19) - DERS., Die Staatenbildung der Israeliten in Palästina, 1930 (= ALT II, 1-65) - DERS., Zu 2Sam 8, 1 (ZAW 54, 1936, 149 bis 152) - DERS., Das Großreich D.s (ThLZ 76, 1951, 213-220 = ALT II, 66-75) - DERS., Das Königtum in den Reichen Israel u. Juda (VT 1, 1951, 2-22 = ALT II, 116-134) - L.ROST, Die Überlieferung von der Thronnachfolge D.s (BWANT III, 6), 1926 - K.ELLIGER, Die dreißig Helden D.s (PJ 31, 1935, 29-75) - G.V.RAD, Der Anfang der Geschichtsschreibung im AT (AKultG 32, 1944, 1-42) - O.EISSFELDT, Ein gescheiterter Versuch der Wiedervereinigung Israels (2Sam 2, 12 - 3, 1) (NC 3, 1951, 110-127) - A.S.KAPELRUD, König D. u. die Söhne des Saul (ZAW 67, 1955, 198-205) - L.M.V.PÁKOZDY, 'Elhânân - der frühere Name D.s? (ZAW 68, 1956, 257-259). *R.Bach*

David, 1. *von Augsburg* (* ca 1200, † 1272 in A.), OFM, Novizenmeister in Regensburg und A., daneben Volksprediger (→ Berthold von Regensburg). Seine Novizentraktate waren bis ins 15.Jh. einflußreich (→Mystik: VI), seine deutschen Predigten (verloren) und Traktate neben dem Wirken Bertholds wichtig für die Entwicklung der deutschen geistlichen Prosa vor → Eckehart. Ein überlegener Seelenführer, visionäre und ekstatische Sondererscheinungen ziemlich nüchtern beurteilend, sah er in der (besonders von → Wilhelm von St. Thierry übernommenen) mystischen Methodik die Vollendung der asketischen.

De exterioris et interioris hominis compositione (ed. a PP. Collegii S.Bonaventurae, Quaracchi 1899); Ausg.n anderer lat. Schriften s. DSp III, 43; Die sieben Vorregeln der Tugend (u.a., in ihrer Echtheit umstrittene dt. Traktate, hg.v. F.Pfeiffer, Dt. Mystiker des 14.Jh.s I, 1845, Neudr. 1907, 309ff). - RE IV, 503f; XXIII, 339 - D.Stöckerl, Bruder D.v.A., 1914 - DThC IV, 153ff - LThK III, 166 - VerfLex I, 404f; V, 147 - J.Heerinckx, Theologia Mystica in scriptis fratris D. ab Augusta (Antonianum 8, 1933, 49-83. 161-192) - Catholicisme III, 489 - DSp III, 42ff - K.Ruh, D.v.A. u. die Entstehung eines franziskanischen Schrifttums in dt. Sprache (Augusta 955 bis 1955, 1955, 71-82).

2. *von Dinant* († nach 1210), aristotelischer (vielleicht auch durch vorsokratische und neuplatonische Lehren beeinflußter) Philosoph, über dessen Leben nichts Sicheres bekannt ist. Dieselbe Pariser Synode, die sich mit der Lehre → Amalrichs von Bena beschäftigte, verurteilte auch D.s Schriften zur Verbrennung. Zitate bei → Albert d.Gr. und neuerdings entdeckte Fragmente zeigen, daß D. alles Seiende auf drei unteilbare Prinzipien zurückführt: erste Materie, Geist, Gott, die aber schließlich in eines zusammenfallen. Dieser durch logische Reduktion gewonnene materialistische Pantheismus (nicht im modernen Sinne) hat wenig mit den Lehren der Amalrikaner zu tun.

A.Birkenmajer, Découverte de fragments manuscrits de D. de D. (Revue Néoscol. de Philos. 35, 1933, 220-229). - RE IV, 505f - DThC IV, 157ff; XVI, 908 - G.Théry, D. de D. (BiblThom 6), Paris 1925 - Ü II, 251f. 707 (Lit.) - R.Arnou, Quelques idées néoplatoniciennes de D. de D. (Philosophia Perennis, Festg. J.Geyser I, 1930, 113-127). *M.A.Schmidt*

David, 1. *Christian* (1691-1751), eigentlich *Dawid,* * in Senftleben (Mähren), † in Herrnhut, ist wohl der originellste und eigenwilligste unter den ersten Mitarbeitern → Zinzendorfs. Früh beginnt er ein Wanderleben als Zimmermann. Erst Katholik, dann in der Versuchung, zum Judentum überzutreten, erlebt er 1717 in Görlitz seine pietistische Erweckung. Unruhevoll seine alte Heimat als Erweckungsprediger durchziehend, ermutigt er mehrfach Nachkömmlinge der alten → Brüderunität zur Abwanderung. 1722 tritt er in Dresden mit Zinzendorf in Verbindung und bewirkt im selben Jahr die erste Siedlung auf dem Hutberg bei Berthelsdorf. Nicht immer mit Zustimmung der Brüdergemeine, durchstreift er unermüdlich als »Streiter« Mähren, Deutschland, später Livland, die Schweiz, Holland, Grönland und Nordamerika.

Eine ausreichende Monographie über seine Theol. u.Frömmigkeit auf Grund des überreichen Materials fehlt noch. - Nachrichten aus der Brüdergemeine, 1872, 668ff - H.M.Fenger, Bidrag til Hs. Egedes of den grønlandske Missions-Histoire 1721-60, Kjøbenhavn 1879 (Briefwechsel D.-Egede) - G.Reichel, Die Anfänge Herrnhuts, 1922 - Th.Bechler, Chr.D., 1922. *E.Beyreuther*

2. *Johann Nepomuk,* Komponist kath. Herkunft, * 30.11.1895 Eferding (Oberösterreich). D. wirkte als Organist und Chorleiter in Wels und ab 1934 vor allem als Kompositionslehrer, später auch Direktor, am Leipziger Konservatorium. Er leitete seit 1945 das Salzburger Mozarteum und wurde 1948 an die Stuttgarter Musikhochschule berufen. - Als repräsentativer Vertreter zeitgenössischer Kirchenmusik verbindet D. einen an alter Polyphonie orientierten Konstruktivismus mit moderner Klanggestaltung.

Außer zahlreichen Motetten u. Orgelwerken: Deutsche Messe, 1952; Requiem, 1957. - Über D.: H.Rutz, J.N.D. (Musica 5, 1951, 92-96). *W.Osthoff*

David(is), *Franz* (1510-79), * im gemischtsprachigen Klausenburg (→ Siebenbürgen), siebenbürgisch-sächsischen Stammes, studierte in Wittenberg (ca 1545-50), war 1551 Rektor in Bistritz, 1554 erster ev. Pfarrer in Petersdorf, 1555 Rektor in Klausenburg, wurde 1557 Sup. der ungar.-ev. (= luth.) Kirche Siebenbürgens, 1559 aber calvin. Streiter und (1564) Sup., 1566 schon öffentlich Antitrinitarier, 1568 Bischof der → Unitarier. Seit etwa 1571 lehrte er die Nichtanbetung Christi, entzweite sich darüber mit → Biandrata und → Sozini und wurde 1579 in Deva eingekerkert, wo er bald starb. Seine extremen Lehren bildeten die → Sabbatharier weiter.

Werke (ung.): Bd I, Klausenburg 1910. - RE IV, 517ff (Lit.) - F.Teutsch, Gesch. der ev. Kirche in Siebenbürgen I, Hermannstadt 1921, 274ff - A.Schullerus, Die Augustana in Siebenbürgen (Arch. des Vereins für sieb. Landeskunde NF 41, Hermannstadt 1923, 161 bis 296, bes. 221ff). *P.Philippi*

Davis, *John Merle,* * 1.11.1875 als Sohn amerikanischer kongregationalistischer Eltern in Kyoto, Japan, studierte in Oberlin, Hartford und zeitweilig auch an deutschen Universitäten. Von 1906-22 war er Generalsekretär des YMCA in Tokio und dann bis 1930 Generalsekretär des Institute of Pacific Relations mit Verantwortung für das Problem der Religion als kulturellem Faktor. Als Direktor der Abteilung für Soziale und Ökonomische Forschung und Beratung des → Internationalen Missions-Rates (1930-50) machte er die Sozialwissenschaften in weit stärkerem Maße als vordem für die Mission nutzbar und wandte vor allem die Anthropologie, die Soziologie und die Nationalökonomie zur Lösung des Problems der Bodenständigkeit der christlichen Botschaft und der Selbsterhaltung der → jungen Kirchen an (→ Comprehensive Approach).

Vf. zahlreiche Bücher u. Artikel zu diesem Thema; Zusammenfassung: New Buildings on Old Foundations, New York-London 1945. *P.Beaver*

Dawson, *Christopher Henry,* * 1889 in Hay Castle, England, studierte Wirtschaft, Geschichte und Soziologie am Trinity College Oxford, konvertierte 1913 zur kath. Kirche, in der er die Repräsentantin einer unwandelbaren geistigen Ordnung sieht; Dozent für Kulturgeschichte und Religionsphilosophie. D.s Interesse gilt der Beziehung von Religion und Kultur. Seine Hauptthesen sind: Religion beeinflußt jeden Bereich menschlicher Tätigkeit; nur Rückkehr zur geistigen Tradition des Christentums kann die moderne Kultur retten, die durch den Verlust dieser ihrer Wurzeln am Sterben ist; individuelle Reform ist notwendig für eine gesellschaftliche Ordnung.

The Age of the Gods, London 1928; Progress and Religion, 1929 (dt. 1935); The Making of Europe, 1932 (dt. 1935); Religion and the Modern State, 1935; The Judgement of the Nations, 1943 (dt. 1945); Religion and Culture, 1948 (dt. 1951); Religion and the Rise of Western Culture, 1950 (dt. 1953); The Revolt of Asia, 1957; The Dynamics of World History, 1957 (Synthese von D.s Geschichtstheorie). *R.Gögler*

Dead Sea Scrolls → Qumran.

Debora und Deboralied

1. D. (= Biene), einzige »Richterin« des AT, wird nur Ri 4f genannt, fehlt auch in der Richteraufzählung Hebr 11, 32. Die Traditionen von der Klageeiche unterhalb Bethel beim Grab einer D., der Amme Rebekkas Gen 35, 8, und von der D.-Palme zwischen Rama und

Bethel, unter der die »Prophetin« D. Sitzung hielt, gehören wohl zusammen. Der Stoff ist in zwei Überlieferungen erhalten. a) Das D.lied, der D. als Dichterin zugeschrieben, sieht sie als Inspiratorin des Barak zum Kampf gegen den Kanaaniterkönig Sisera, der durch nord- und mittelpalästinische Stämme (das Fehlen von Ruben und Gad im Osten wie von Asser und Dan wird kritisch vermerkt) und durch Naturgewalten am Kison besiegt und dann von der Jael beim Milchtrinken durch Pflock und Hammer erschlagen wird; die siegesgewisse Erwartung der Frauen am Fürstenhof wird hohnvoll ausgemalt. Diese Tradition liegt auch dem Bericht Ri 4 zugrunde mit einigen Abweichungen: es fehlen die Verfluchung der Stadt Meroz und die Szene mit den Frauen; der Tabor wird ausdrücklich als Ausgangspunkt erwähnt; Mitwirkung der Naturgewalten ist undeutlicher; Sisera wird im Zelt liegend getötet. b) Damit verwoben ist, nur in Ri 4, eine Überlieferung, die D. als Inhaberin des Richteramtes schildert. Als solche veranlaßt sie den Barak, von Kadesch aus (der bis heute erhaltene Name kennzeichnet den heiligen Ort) im Stamme Naphthali, zusammen mit Sebulon, gegen Chazor, die Stadt des Königs Jabin, vorzugehen, dessen Demütigung ihm anscheinend dadurch gelingt, daß der Keniter Cheber aus dem Bund mit Jabin herausgelöst wird. Grundbestandteile dieser Tradition sind in Jos 11 auf Josuas Sieg im Norden übertragen worden, so daß von daher mittelbar auf die Bedeutsamkeit der Sache zu schließen ist. Die Ineinandersetzung der Überlieferungen in Ri 4 wurde erleichtert durch die Beteiligung der Keniter Cheber und der Jael. Sisera - illyrischer Name? Beziehung zu den Seevölkern (Noth, GI)? - ist im jetzigen Text Jabins Feldhauptmann, wenn er auch, als Besitzer von 900 Kampfwagen, als der eigentliche Gegner erscheint. Offenbar sind die Stoffe bei den Heiligtümern → Tabor und Kadesch tradiert worden. Beide Überlieferungen sind mit D. verknüpft, deren Name auf einer Richterliste (»Kleine Richter«, s. Lit.) gestanden haben wird und die, obwohl aus Issakar stammend, ihren Amtssitz wie eine Reihe anderer Richter in Mittelpalästina gehabt hat. Ihre Autorität hat bis in den Norden gereicht, so daß der Ehrenname »Mutter in Israel« (5, 7) vollberechtigt ist.

2. Das D.lied gehört zu den ältesten poetischen Stükken des AT und stand wohl trotz neuerer Einsprüche (Gerleman, Ackroyd) den Ereignissen zeitlich nahe. Hymnisch eingeleitet und als Spottlied auslaufend, geht es in freien Rhythmen daher und vereinigt die Merkmale des Dankliedes und des Siegesliedes (Grether). Die Form wird durch den Inhalt bestimmt; strophische Aufgliederung ist ebenso zu widerraten wie Heilung des Textes aus metrischen Gründen. Der Verfasser zeigt sich als »impressionistic poet«, der mehr in »snapshots« als in logischer Darbietung arbeitet (Gerleman). So erhalten wir ein lebendiges Bild der Zeit zwischen Landnahme und Staatenbildung, wozu auch das Wissen um die Zusammengehörigkeit der Stämme gehört (übrigens unter Ausschluß von Juda). Entscheidend ist die theologische Konzeption: Alles ist letztlich ermöglicht durch Jahwes Eingreifen, dem daher Preis am Anfang und Bekenntnis am Ende gebührt und dem nicht zu Hilfe zu kommen eine der Verfluchung werte Sünde ist, für den sich einzusetzen aber ein gesegnetes Gedenken sichert (5, 23f).

RGG[2] I, 1800 (Lit.) - O. Grether, Das D.lied, 1941 - G. Gerleman, The song of D. in the light of stylistics (VT 1, 1951, 168-180) - P.R. Ackroyd, The Composition of the song of D. (VT 3, 1953, 160-162) - H.W. Hertzberg, ATD 9, 1953, 169ff - Ders., Die kleinen Richter (ThLZ 79, 1954, 285-290). *H.W.Hertzberg*

Debrecen, *Universität.* Ungefähr 1538 bekam die städtische Schule in D. eine prot. Prägung und wurde durch den Magistrat 1550 der ref. Kirche zur Verfügung gestellt. Der erste Lehrstuhl wurde 1571, der zweite 1636 durch Fürst Georg Rákóczi I. errichtet, der dritte 1660, als die Varader Professur wegen der Türken verlegt und in den Lehrkörper von D. aufgenommen wurde. Die Akademie, die sich nach dem Vorbild der Universität → Tübingen aufbaute, wurde von diesem Zeitpunkt ab *Kollegium* genannt. Die Stadt D. errichtete 1704 den vierten Lehrstuhl. 1739 wurde der berühmte Chor Kántus gegründet. Das Kollegium umfaßte alle damaligen Schultypen, beginnend mit dem Elementarunterricht, und war 1650-1830 die größte und bedeutendste Bildungsstätte → Ungarns. Die röm.-kath. Kirche und die Habsburger begleiteten seine Entwicklung mit Mißtrauen. Maria Theresia verbot den Studenten das Sammeln von Gaben (supplicatio) für das Kollegium und 1752 auch der Stadt, das Kollegium zu unterstützen. Aber die Hilfe der schweizerischen, holländischen und englischen Protestanten rettete die alte Schule vor dem Untergang. 1798 wurde ein fünfter und 1800 ein sechster Lehrstuhl errichtet. Verteilung: 2 für Theologie (Dogmatik, NT), 3 für Philosophie und 1 für Jura. Die Zahl der Lehrstühle wuchs bald auf 12, und in der Akademie begann unter einheitlicher Führung die Entwicklung der drei Fakultäten. 1853 wurde eine juristische Akademie gegründet und 1897 ein Lehrstuhl für Geschichtswissenschaften errichtet. Gegen Ende des 19.Jh.s beschleunigte der gemeinsame Wille der ung. Reformierten den Ausbau des Kollegiums zu einer ref. oder wenigstens zu einer prot. Universität. Dazu wurde 1907 zunächst eine philosophische Akademie gegründet. Der Gedanke einer prot. kirchlichen Universität konnte nicht verwirklicht werden. Statt dessen errichtete der ung. Staat 1912 eine Universität in D., übernahm die drei Fakultäten des Kollegiums als ref.-theologische, rechts- und staatswissenschaftliche und philosophisch-sprach- und geschichtswissenschaftliche Fakultät. 1914 begann der Unterrichtsbetrieb. 1921 wurde als vierte die medizinische Fakultät eingerichtet. Auch nach der Überlassung seiner drei Fakultäten an die Universität beschränkte sich das Kollegium nicht auf den Elementarunterricht, sondern erhielt eine ref. Pfarrer- und Lehrerbildungsanstalt im Zusammenwirken mit den staatlichen Fakultäten. Seine Bibliothek zählt 400 000 Bände. Zwischen 1921 und 1944 trug die Universität den Namen des 1918 ermordeten ung. Ministerpräsidenten Stefan Tisza. Im Jahre ihrer Neuorganisierung 1950 wurde die rechts- und staatswissenschaftliche Fakultät aufgehoben, und die theologische Fakultät kehrte als Akademie zum alten Kollegium zurück. An der Universität wurde die naturwissenschaftliche Fakultät eingerichtet.

Die *Reformierte Theologische Akademie* hatte 1956/57 sieben Lehrstühle: AT, NT, Religionsgeschichte, KG, Dogmatik, Ethik, Ökumenik, mit ebensoviel Professoren und rund 100 Studenten. Die beiden ref.-theol. Akademien Ungarns, → Budapest und D., haben ein gemeinsames Direktorium. Die Staatssubsidien für die Akademie decken ihre Personal- und Sachausgaben in demselben Maße wie in der Zeit, als sie noch eine Fakultät der Universität war.

E. Doumergue, La Hongrie Calviniste, Toulouse 1912 - B. Vasady, The 400. Anniversary of D. College, Budapest 1938. *A.Szekeres*

Dechamps, *Victor-Auguste-Isidore* CSSR (1810-83) Kardinal. * Melle b. Gent, † Mecheln, 1834 Priester 1835 Redemptorist in St. Trond, bekleidete hohe Ämter in diesem Orden, wurde 1865 Bischof von Namur, 1867 Erzbischof von Mecheln, 1875 Kardinal. Gegner des Liberalismus und der Freimaurerei, vertrat er auf dem → Vatikanischen Konzil die päpstliche Unfehlbarkeit. D. griff durch »Trostschreiben« an gemaßregelte Bischöfe und durch einen Brief an Kaiser Wilhelm I. (Okt. 1873) in den → Kulturkampf ein. Seine zahlreichen, meist apologetischen Schriften sind zT ins Deutsche übersetzt.

Oeuvres Complètes, 18 Bde, Mecheln 1874-84. - Über D.: DThC IV, 178ff - LThK III, 172f (Lit.) - DE MEULEMEESTER, Bibliogr. du card. D., Löwen 1933 - M.BECQUÉ, L'apologélique du card. D., Paris 1949 - EC IV, 1268f (Lit.). *G.Maron*

Decius, *Nikolaus* (um 1485 bis nach 1546), nach seinem Geburtsort Hof auch »vom Hofe« genannt, studierte seit 1501 in Leipzig, wurde Mönch, ging um 1515 nach Braunschweig, versah als Propst die Seelsorge am Benediktinerinnen-Nonnenkloster Steterburg, war Lehrer in Braunschweig, verfaßte in der von ihm erlernten niederdeutschen Sprache ein Erbauungsbuch »Summula« und liturgische niederdeutsche Kirchenlieder (zum Gloria EKG 131, zum Agnus Dei EKG 55), die ältesten Gemeindegesänge der deutschen Reformation. 1523/24 ging D. noch einmal zum Studium nach Wittenberg und wurde von Luther dem Herzog Bogislaw von Pommern als Prediger für Stettin empfohlen, wo er neben Paulus von Roda die Reformation einführen half, wo er aber nur bis 1527 nachzuweisen ist. Einige Jahre später taucht er in Ostpreußen auf, wo er sich in Mühlhausen bei Elbing niederländischer ref. Glaubensflüchtlinge annahm. Ein tüchtiger Musiker, nahm er ein Kantoramt in Bartenstein b. Königsberg an, wurde 1540 von Herzog → Albrecht als Hofprediger und Unterkantor (neben Hans Kugelmann) berufen. 1543 ist er wieder in Mühlhausen; 1546 verliert sich seine Spur.

H.FRANK, Paulus von Roda, 1868 - RE IV, 528f; XXIII, 340 - MGkK 13, 1908, 28; 14 1909, 155f; 35, 1930, 174 - H.HOFMANN, Nic. Tech (MGkK 24, 1919, 201f. 242f) - M.FEDERMANN, Musikpflege zZ Herzog Albrechts, 1932 - K.AMELN-C.GERHARD, Die dt. Glorialieder (MGkK 43, 1938, 225f) - K.AMELN, Das Sanctus- u. Agnus Deilied von N.D. (MGkK 45, 1940, 9f) - MGG III, 81ff - Hdb. z. EKG II/1, 1957, 52f. *W.Lueken*

Defectus, der im Gegensatz zu der Irregularität ex delicto unverschuldete Mangel an Eigenschaften, die als Voraussetzung der Priesterweihe gefordert werden (c. 984). Zu diesen Mängeln zählen: uneheliche Abstammung, körperliche Gebrechen, die die Ausübung des Amtes verhindern, rechtlicher Ehrverlust u.a. Ein solcher D. kann jedoch im Gegensatz zu solchen Mängeln, die die Priesterweihe überhaupt verhindern, wie etwa das Fehlen der Taufe, entweder geheilt werden (so zB der Mangel unehelicher Geburt durch Eintritt in einen Orden) oder durch Rechtsakt der Kirchenoberen aufgehoben werden. - Die ev. Kirche kennt weder ein gleichmäßig ausgebildetes noch juristisch gleich scharf gefaßtes Prinzip. Sie sieht bei der Auswahl der Geistlichen weniger auf den einzelnen Mangel als - nach freiem Ermessen - auf die Gesamtpersönlichkeit und ihre Eignung für das Pfarramt.

FRIEDBERG 165f. 392ff - C.HOLBOECK, Hdb. d. Kirchenrechts, 1951, 592ff - EICHMANN-MÖRSDORF II, 113ff. *A.Erler*

Deferegger und Dürrnberger Exulanten nennt man jene Salzburger Protestanten, die - vor der Ausweisung durch Erzbischof Firmian im 18.Jh. - schon zu Ende des 17.Jh.s durch Max Gandolph Graf Kuenburg aus dem Salzburger Herrschaftsgebiet vertrieben wurden. Zu diesem gehörte auch das äußere Defereggental im heutigen Osttirol. Schon im 16.Jh. mag die luth. Lehre in das hochgelegene Gebirgstal eingedrungen sein, wo sie sich bis zum 17.Jh. unbemerkt erhielt. Die 1666 angeordnete Visitation verdächtiger Häuser förderte so gut wie nichts zutage, aber 1681 wurde Martin Veldner von Wolfg. Adam Lasser, dem Pfleger von Windisch-Matrei, vorgeladen und 1683 des Landes verwiesen. Zur Bekehrung der »irrenden Schäflein« sandte der Erzbischof zwei Kapuziner, aus deren Berichten hervorging, daß etwa die Hälfte der 1369 Einwohner des Tales luth. war. Im Sommer 1684 beschloß die Regierung für die Andersgläubigen als Sektierer und Aufrührer die Massenausweisung, die im Dez. 1684 erfolgte. Dem Vorgehen der Salzburger Behörden schloß sich die österreichische Regierung für Tirol und die Vorlande in Innsbruck an (sie gebot über das innere Defereggental). Die Zurückhaltung der Kinder und ihre Folgen - Rückkehr mancher Ausgewiesener zur Ordnung der Vermögensverhältnisse und Entführung der Kinder, Galeerenstrafe für ertappte Väter - riefen das → Corpus Evangelicorum auf den Plan, allen voran Friedrich Wilhelm von Brandenburg, der den Erzbischof des Bruches des Westfälischen Friedens bezichtigte. Nach fünfjähriger Bemühung wurde der kaiserliche Befehl vom 6.9.1690 erwirkt, der den Evangelischen freien Abzug unter Mitnahme der Kinder und Verfügung über ihr Vermögen gestattete. Nach der amtlichen Aufstellung betrug die Zahl der Ausgewiesenen 621 Erwachsene und 289 Kinder (Dissertori). Die Zahl erhöht sich auf mehr als 1000, wenn man die Knappen vom Dürrnberge bei Hallein dazurechnet, die 1685/86 ohne ihre Kinder und Habe abziehen mußten (unter diesen war Josef → Schaitberger). Die damals Vertriebenen wandten sich nach Franken und Schwaben.

G.WAHRLIEBEN, Die .. zerstreuete ev. Teffereckerthal-Kirche, Gotha 1688 - J.CH.HILLINGER, Beytrag zur Kirchen-Historie des Ertzbischofthums Salzburg, Jena 1732 - P.PASSLER, Die luth. Bewegung im Defereggertale (Jb. d. Gesellschaft f. d. Gesch. d. Prot. in Österreich 49, 1928, 1-107) - A.DISSERTORI, Auswanderung der Def. Protestanten (phil. Diss. Innsbruck), 1954 (Masch.; mit Auswertung der Akten des Brixener Konsistorialarchivs). *G.Mecenseffy*

Deharbe, *Joseph* SJ, (1800-71). * Straßburg, † Maria-Laach, Verfasser verbreiteter katechetischer Werke. Trat mit 17 Jahren in den Jesuitenorden ein, war zunächst Prof. an den Ordenskollegien in Brig und Freiburg/Schw., 1841-44 Missionsprediger in Köthen/Anhalt, 1845-47 Prof. für Pastoraltheologie in Luzern. Nach der Ausweisung der Jesuiten aus der Schweiz verfaßte er 1847 im Auftrag des Münchener Erzbischofs Reisach einen Katechismus, der in zahlreichen Bearbeitungen und Übersetzungen D. für annähernd ein Jh. zum beherrschenden Geist fast der gesamten kath. Katechetik machte. Im Aufbau sich an den → Römischen Katechismus anlehnend, vertreten die Katechismen D.s zT noch vor dem → Vatikanum energisch den Gedanken der päpstlichen → Infallibilität.

Vf. neben seinen Katechismen: Grundlegende u. leichtfaßliche Erklärung des kath. Katechismus, 4 Bde, (1857-61) 1904⁶. - Über D.: J.FRIEDRICH, Gesch. d. Vatikan. Konzils I, 1877, 505ff - F.X. THALHOFER, Entwicklung d. kath. Kat. in Deutschland v. Canisius bis D., 1898 - J.LINDE, Der mittlere D.sche Kat., als Versuch z. Lösung d. Kat.frage neu bearb. mit einer hist.-krit. Abh., 1900 - DThC IV, 231f - LThK III, 181 - W.BUSCH, Der Weg des dt. kath. Kat. von D. bis zum Einheitskat., 1936 - EC IV, 1332f. *G.Maron*

Dehmel, *Richard* (1863-1920), * in Hermsdorf, † in Blankenese. Aufgewachsen als Försterssohn, studiert er Naturwissenschaft und Volkswirtschaft in Berlin, arbeitet vorübergehend im Versicherungswesen, bis seine eigenwillige Natur sich im Schriftstellerberuf entfalten kann (Gründung der Zeitschrift »Pan«). D. bringt eine religiös gefärbte Lebensdichtung hervor, die ihn vom → Naturalismus wie von der diszipliniert aristokratischen Persönlichkeit → Georges entfernt hält, ihm aber die Freundschaft des Mythikers → Mombert und des Vitalisten Liliencron einträgt. Nach einer Phase des Darwinismus klärt sich sein durch → Nietzsche bestätigtes dionysisches Lebensgefühl. Seine Lyrikbände (»Erlösungen«, 1891; »Aber die Liebe«, 1893; »Weib und Welt«, 1896) sowie sein lyrischer Roman »Zwei Menschen« (1903) bezeichnen die Stadien dieser von D. durchaus religiös verstandenen Entwicklung. Schon in der Einführung liturgischer Formen (»Bergpsalm«, »Eine Lebensmesse«) in die Lyrik, deren Bilderwelt übrigens typisch für den Jugendstil ist, bezeugt sich diese religiöse Feier des Lebens. Während vor allem der jüngere D. sich dieser Kräfte mächtig fühlt (»Bekenntnis«: »Ich will ergründen alle Lust, / so tief ich dürsten kann«; »Mein Trinklied«) und deshalb sein Ich stark überhöht, begreift er bald, daß der Dichter »als Gott« doch zugleich Gottes Werk ist, sein starkes Selbstgefühl darum den Gegenpol der Demut fordert. Der Versuch des Ausgleichs mag bei D. auch durch seine Christusauffassung mitbestimmt sein, nach der Christus willentlich mit dem Tode büßt, weil er mit seinen übermenschlichen Forderungen die Menschennatur überspannt hat (»Gethsemane«). Wenn ihn solche Hingabe Christi berührt, so bekommt dadurch sein religiöser Vitalismus nichts Asketisches. Dieser erfüllt sich vielmehr in der lebensbegeisterten Hingabe an ein Du und an die Weltkräfte (Formel »Wir Welt«). Aus solcher Gesinnung fließt seine Liebeslyrik und auch seine soziale Dichtung.

Werke: GesW, 10 Bde, 1906-09. - Briefe: Ausgew. Briefe 1883 bis 1920, 1922/23. - Über D.: Monographien v. J.Bab, 1926; H.Slochower, 1928 - W.Lorenz, Die religiöse Lebensform R.D.s (Phil. Diss. Kiel), 1930. - Zur Lebensdichtung: E.Darge, Lebensbejahung in der dt. Dichtung um 1900, 1934. *P.Requadt*

Dehn, *Günther Karl,* * 18.4.1882 in Schwerin (Meckl.), ev. Theologe, bis 1930 Pfarrer in Berlin, 1931 bis 1933 Prof. für prakt. Theol. in Halle, 1933 dienstentlassen, 1935-42 Dozent an der Kirchlichen Hochschule der → Bekennenden Kirche in Berlin, lange in Haft wegen verbotener Lehr- und Prüfungstätigkeit, seit 1946 Prof. für prakt. Theol. in Bonn, 1953 emeritiert. Dehn war als Pfarrer im Berliner Norden und bewegt durch die Gedanken von Chr. → Blumhardt, → Kutter und → Ragaz zur sozialen Problematik gekommen, hatte 1919/20 den »Bund religiöser Sozialisten Deutschlands« gegründet, sich aber später unter dem Einfluß der Theologie K. → Barths vom religiösen → Sozialismus abgewandt. Wegen ihm fälschlich unterstellter Äußerungen in einem Vortrag über die Kriegsfrage wurde er seit 1928 heftig von der politischen Rechten angegriffen, was bei seiner Berufung nach Halle zu Radauszenen und 1933 zu seiner Entlassung führte (»Fall Dehn«). Seine Arbeit gilt einer kirchlichen Verkündigung, die in ihrer biblischen Bindung sich die Freiheit gegenüber soziologischen und ideologischen Bindungen wahrt; dem dienen seine exegetischen, homiletischen und katechetischen Veröffentlichungen.

Vf. u.a.: Proletarier-Jugend, 1912; Das Problem der Arbeiterjugend, 1920; Religiöse Gedankenwelt der Proletarierjugend, (1923) 1924³; Proletarische Jugend, (1930) 1933³; Ich bin der Herr, dein Gott (Christl. Reden), 1924; Der Gottessohn (MkEv), (1930) 1950⁶; Kirche u. Völkerversöhnung, 1931; Gesetz oder Evangelium (Galaterbrief), (1936) 1938²; Man and Revelation, London 1936; Predigtmeditationen; Unsere Predigt heute, 1946; Die 10 Gebote u. Der christl. Glaube, für Kinder erklärt, (1939) 1941⁴; Die Amtshandlungen der Kirche, 1950; Urchristl. Gemeindeleben (Apk 2f), 1953; Vom christlichen Leben (Röm 12ff), 1954; Die Welt vor 1914, 1956. - Zum Fall Dehn: H.Traub, Theol. u. Demologie im Falle Dehn (ZZ 1932, 355-375) - E.Bizer in Festschr. f. G.D., 1957, 239 bis 261. *H.Gollwitzer*

Deismus

I. Religionsgeschichtlich - II. Begrifflich - III. Englischer D.

I. Religionsgeschichtlich

Der für die Gottesauffassung der Aufklärung des 17. und 18. Jh.s geprägte Begriff D. besagt, daß die Gottheit hier in eine Ferne gerückt wird, aus der sie keine aktuellen Beziehungen zu Welt und Menschen mehr hat, ohne in ihrer Existenz geleugnet zu werden. Dieser D. war eine Flucht vor der Gottheit. Wendet man diesen Begriff innerhalb der Religionsgeschichte an, dann kann man das nur in dem Sinne tun, daß damit eine bisweilen angenommene aktuelle und gegenwärtige Beziehungslosigkeit bestimmter Gottheiten zu Weltlauf und Menschenschicksal gekennzeichnet wird. Die Hochgötter (→ Hochgottglaube) mancher → Naturvölker zB genießen keine kultische Verehrung, ihre Beziehung zur Welt bestand in der Vergangenheit darin, daß sie die Ordnungen der Welt verursachten; sie sind → »Urheber«, halten sich nun aber von der Welt fern. Dennoch weiß der Mensch der Naturreligion um diese »Macht im Hintergrund« (van der Leeuw), auch wenn man sie nicht kultisch verehrt. Auch im Universismus → Chinas (: I) begegnet uns ein partieller D. in der Gestalt des Himmelsgotts Shangti, der dem gemeinen Manne fern und unnahbar und daher auch nicht verehrbar ist. Der Kaiser aber brachte ihm Opfer dar. Auch hier besteht also keine völlige Beziehungslosigkeit. Man könnte weiterhin von einem D. des Hînayâna- → Buddhismus (: I) sprechen; denn die Götter des Hînayâna werden weder verehrt noch greifen sie in den Weltlauf ein. Aber diese Götter sind auch nur reinkarnierte und erlösungsbedürftige Wesen, die man nicht mit eigentlichen Gottheiten anderer Religionen in Parallele setzen darf. Anders aber steht es, wenn in einer sterbenden Religion aus rationalistischer Skepsis ein D. als Verfallssymptom sich einstellt, wie es zB im späten Griechentum geschah, als man zur Huldigung für Demetrios Poliorketes sang: »Entweder sind sie (die alten Götter) weit entfernt oder sie haben keine Ohren oder sie existieren nicht, denn sie kümmern sich nicht im geringsten um uns« (Chant. II, 402). Bei den Epikuräern hinderte die ἀταραξία die Götter am Eingreifen in den Weltlauf. Und Cicero gab einer ähnlichen Grundanschauung folgenden Ausdruck: »magna di curant, parva neglegunt« (de natura deorum II, 167). Aber in diesen Beispielen handelt es sich nicht mehr um lebendige Religion, sondern um eine rationalistische Anschauung von den Göttern, zu denen man keine Beziehung mehr hat. - Vgl. → Gott: I.

N.Söderblom, Das Werden des Gottesglaubens, (1914) 1926 - R.Pettazzoni, Allwissende höchste Wesen bei primitivsten Völkern (ARW 29, 1931, 108-129. 209-243) - Ders., The Allknowing God, London 1956 - van der Leeuw 180ff. *G.Mensching*

II. Begrifflich

Der D., dessen Blüte ins 18.Jh. fällt, ergab sich aus dem Bestreben, das religiöse Denken den Gesetzen der Vernunft zu unterwerfen; seine einzelnen Abwandlungen (wir unterscheiden deren drei) entspringen verschiedenen Vernunftaspekten.

1. *Der aprioristische D.* Wenn die Vernunft, wie man annahm, das spezifische Charakteristikum aller Menschen ist, so muß eine vernunftgemäße Religion allgemein und frei von allen Besonderheiten sein. Weiter nahm man an, daß alles Vernünftige auch klar und einsichtig sei; deshalb wandten sich die Deisten gegen jede Möglichkeit des Irrationalen, der Magie und des Aberglaubens und waren höchst kritisch eingestellt gegen Priestermacht und -politik, wie gegen alles grob Anthropomorphe. Im Gebet zB erblickten sie eine unangemessene Vertrautheit mit Gott. So betonte der frühe aprioristische D. die Transzendenz Gottes, seine Unveränderlichkeit und Einzigkeit sowie seine Erhabenheit über alles singuläre Geschehen.

2. *Der empirische D.: positive Richtung.* Doch auch in diesem aprioristischen D. schlummerten empirische

Möglichkeiten, die immer stärker betont wurden. Mochten die Naturgesetze auch a priori bestehen, so zeugten sie doch von der Verläßlichkeit Gottes, seiner Macht, Weisheit und Güte. Weiterhin war das Moralische vernunftgemäß. So wurde Gott als ein geistiges Wesen begriffen, das kraft seiner Vorsehung das Weltall lenkt und den unsterblichen Seelen ihre sittliche Belohnung diesseits oder jenseits zukommen läßt. Christliche Lehren wurden soweit anerkannt, als sie moralische Einsichten verkörperten.

3. *Der empirische D.: negative Richtung.* Dieser empirische D. vermochte zu entstehen, wo der bloße Verstandesmensch so durch und durch Empiriker war, daß es für ihn nichts gab als die Wahrnehmungsbilder, die ihm äußere und innere Erfahrung boten. Die dementsprechende Auffassung des Vernünftigen brachte für den christlichen Glauben viele Schwierigkeiten mit sich: a) Sie bestritt dem Geheimnis jede Bedeutung, da es von den gemachten Voraussetzungen aus allenfalls Unklarheit der Geister zu verschleiern vermochte. Vernünftiger Glaube erstreckt sich nur auf »Ideen« (→ Idee), und Ideen sind klar und einsichtig. – b) Der starke Nachdruck, der damals auf Wunder und die Erfüllung prophetischer Weissagungen als empirischer Beweise für den christlichen Glauben gelegt wurde, förderte eine wachsende historische Skepsis gegen beide. Wie konnte schließlich das Weltall der Ordnung und zugleich dem Wunder Raum lassen? – c) Selbst wer weiterhin sich noch für die *Vernünftigkeit* der Offenbarung einsetzte und die Harmonie von Natur und Gnade vertrat, die einen gemeinsamen Ursprung in dem *einen* Gott haben mußten, sah sich der wachsenden Schwierigkeit gegenüber, eine Begründung für ihre *Verschiedenheit* zu geben, es sei denn, er wüßte sie als eindrucksvolle, knappe Hinführung zu philosophischen Konklusionen und als bisher nicht beachtete Bestätigung wohlvertrauter Pflichten verständlich zu machen. So wurde die Auferstehung zB als ein sichtbarer Beweis für die Unsterblichkeit angesehen. So verlor mit der Einschränkung des »Vernünftigen« auf »sinnfällige Ideen« zuerst das Christentum, dann die Religion ihre Bedeutung, und am Ende steht ein destruktiver D., für den Religion und Moral nicht mehr sind als besondere Formen öffentlichen Verhaltens, die im besten Fall lediglich einen soziologischen Wert haben mögen.

Doch je empirischer der D. wurde, desto mehr zeigten sich andere Wege, auf denen er unvermeidlich zum → Atheismus führte. Seit man mehr und mehr das Argument einer immanenten Gesetzmäßigkeit betonte, verblaßte die Gottesidee zu einem transzendenten Architekten, der, selbst fern von der von ihm geschaffenen Welt, höchstens gelegentlich (wenn überhaupt) in diese eingreift. Damit hatte der D. eine Form erreicht, in der sein Gottesbegriff von den Wissenschaftlern für überflüssig gehalten wurde, und so vermochte er – ohne Gott – unschwer in die materialistische Physik und Biologie des 19. Jh.s überzugehen.

RE IV, 532ff (E. Troeltsch, abgedr. in: Ges. Werke IV, 1925, 429ff. 845ff) – W. Dilthey, Ges. Schriften II, 1914, 90ff. 246ff.

I. T. Ramsey

III. Englischer Deismus

1. Name – 2. Frühformen – 3. Der eigentliche D. – 4. Die Reaktion der Kirche von England auf den D. – 5. Die Wirkung des englischen D. auf Frankreich – 6. Die Wirkung des englischen D. auf Deutschland

1. Wie meist in der Kirchengeschichte ist die *Benennung* auch hier keine Selbstbezeichnung der Vertreter und Anwälte, aber offenbar auch nicht einfach eine polemische Schöpfung der Gegner, zumal sie im positiven Sinne schon bei Calvin bezeugt ist. Die englischen Ursprünge scheinen im Zusammenhang mit Edward → Stillingfleets Apologetik (Origines sacrae, 1662; Letter to a Deist ... on the truth and authority of the Scriptures, 1667) und mit John → Toland zu stehen. Jedenfalls ist der Name seit etwa 1730/40 fest und bezeichnet die Reduktion der christlichen Glaubensaussagen auf eine universale »natürliche«, aller geschichtlichen Elemente, vor allem der Heilsbedeutung Jesu entschränkte Religion (→ Natürliche Religion).

2. Ansätze zu einer solchen, dem allgemeinen vernünftigen Denken ohne Schwierigkeiten einleuchtenden Religion finden sich auf humanistischem Boden, vor allem durch die neue Aktualisierung des stoischen Naturrechts, am stärksten bei → Coornhert. Jedoch als der eigentliche Begründer muß Edward Lord → Herbert of Cherbury (1581–1648) gelten, ein weitgereister, praktischer Weltmann, der angesichts des konfessionellen und fremdreligiösen Glaubensstreites die Frage stellte: Was ist Wahrheit? und sie in seinen Schriften De veritate (1624), De religione gentilium errorumque apud eos causis (1645) zu beantworten suchte. Er bestimmte erstmalig die Religion ausschließlich anthropologisch und suchte sie als *notwendige* Funktion des menschlichen Denkens zu erweisen; seine Absicht richtete sich auf die Abwehr des Atheismus auf dem Boden nihilistischer Skepsis (Spätrenaissance; vgl. De tribus impostoribus, 1598). Die Grundwahrheiten der Religion sind nach Herbert allen Menschen angeboren, so daß auch die Atheisten sie nicht zu leugnen vermögen, sie leugneten denn die menschliche Vernunft überhaupt. Inhaltlich lassen sie sich in 5 Sätzen umschreiben: 1. Gott ist wirklich. – 2. Der Mensch hat die Pflicht, ihm zu dienen. – 3. Solcher Dienst geschieht durch Tugend und Frömmigkeit. – 4. Sünden sind zu bereuen und wiedergutzumachen. – 5. Den Menschen erwartet eine göttliche Vergeltung teils im Diesseits, teils im Jenseits.

Die Geschichte der nichtchristlichen wie der christlichen Religion rückt unter diesem Gesichtspunkt zusammen als die Geschichte der Depravation der reinen Religion, der Begriff des »Heidentums« ist aufgelöst. Die altkirchlich-joachitische Verfallsidee als Schlüssel zur Kirchengeschichte, die diese als fortschreitende Entfernung von der urchristlichen Vollkommenheit sieht, erscheint hier auf die gesamte Religionsgeschichte übertragen. Daneben gab Herbert auch Allegorisierung und poetische Verklärung der Natur als Quelle religiöser Schöpfungen und Erweiterungen zu.

Herberts Aufstellungen gingen zunächst in den Wirren der Cromwellschen Revolution unter. John → Locke (1632–1704), der »Empirist größten Stils« (Windelband), bestritt in seiner Reasonableness of Christianity (1695) die Auffassung Herberts (und des → Descartes) von den angeborenen Ideen und verfocht die Anschauung, die Seele sei tabula rasa. Der Gottesbegriff sei darum nicht ursprünglich da, sondern werde via causalitatis aus dem Vorhandensein der Welt und dem Dasein des Menschen erschlossen. Das Christentum wird auf die Ethik, dh ein neues reines Sittengesetz mit Motiven zu seiner Erfüllung in der Hoffnung auf himmlische Seligkeit, reduziert. Der Offenbarung wird die Funktion einer Verbesserung der Sehschärfe, die das Auge der Vernunft besitzt, zugestanden. Lockes relativ konservative Religionsphilosophie muß auf dem Hintergrunde des radikalen religiösen Indifferentismus von Thomas → Hobbes (1588–1679) gewürdigt werden, nach dem die Zulässigkeit der religiösen »Privatmeinungen« der Zuständigkeit des Staates untersteht. Auf diesem Boden war der Religion jeder sachlicher Erkenntniswert bestritten, jede Pflege, wenn auch nur als subjektive Liebhaberei, verboten und der positivistisch verstandene Staat in totalitärer Weise zum Herrn über das Denken erhoben.

Unterstützt wurde der frühe D. in seiner Wirkung durch den in Dissenterkreisen einflußreichen Sozinianismus bzw. Unitarismus (→ Biddle), obwohl dieser seiner Absicht nach anders gerichtet war und nur den christlichen und jüdischen Glauben als Religionen ernstnahm. Das Verbindungsglied zum D. stellte die Kritik der überlieferten Dogmen nach Maßgabe der Vernunft dar.

Außer diesen klar erkennbaren Gedankenbildungen trugen allgemeine Strömungen und Stimmungen zur Formung und Formulierung der deistischen Gesamtansicht von Gott, Mensch und Welt bei. Dazu gehören die Wiedereinbürgerung der Stoa durch die niederländischen Philologen (Lipsius), die anticalvinistische Theologie der niederländischen, in England stark beachteten → Arminianer, die Bibelkritik → Spinozas und des Oratorianers Richard → Simon, überhaupt die kritische Linie im römischen Katholizismus Frankreichs (→ Charron, der Schüler Montaignes), die Naturrechtslehre von → Bodin und → Grotius, nicht zuletzt der Überdruß am Glaubenshader, besonders in der Großen Revolution. Daraus hatte sich schon im Zeitalter der Restauration (seit 1660) ein Latitudinarismus (→ Broad Church Party) ergeben, für den der Erzbischof von Canterbury, John → Tillotson, als Exponent galt. In jener Zeit erschienen Sir Thomas → Brownes Religio medici (1643) und → Burys Naked Gospel (1690, 1691²) mit ihrer Dogmenkritik und ihrer Beschränkung auf den Glauben an Jesus, den Messias, als Vorläufer des D. Dazu trat der wachsende Einfluß der Mathematik und der exakten Naturwissenschaft als im wesentlichen neues Prinzip (Maßstab und Mittel) zuverlässiger Erkenntnis. Da zumal → Newton seine Entdeckungen mit einem unbedingten Gottesglauben verband, sahen sich die Deisten gerechtfertigt, wenn sie Gottes Bekundungen in den Naturgesetzen, die unabhängig von Zeit und Raum galten, als *die* überzeugende, der historischen Bibel überlegene Quelle religiöser Wahrheit benutzten. Schließlich wirkte die im beginnenden Kolonialzeitalter wachsende Kenntnis fremder Religionen ein (zB Alexander Ross [Rossaeus], Πανσέβεια or a view of all the religions in the world, London [1653] 1675²).

Über alle diese besonderen neuzeitlichen Anstöße hinaus ist aber die für englische Theologie immer zentrale rationale Linie vorauszusetzen, die hier stärker und mit größerer Selbstverständlichkeit seit dem MA erhalten geblieben ist als anderwärts in Europa. Das volle Einströmen der Renaissance in die Theologie, das nicht (wie in Deutschland) durch eine starke biblisch-reformatorische oder (wie in Frankreich, Italien und Spanien) durch eine starke scholastisch-gegenreformatorische Bewegung gehemmt und zurückgedrängt wurde, aktualisierte die positive Bewertung der Vernunft. Im D. erfolgte die Emanzipation dieses rationalen Untergrunds von der Autorität der Offenbarung.

3. Als erster Wortführer des journalistisch-literatenhaften D. wird Charles → Blount betrachtet. Seine Übersetzung von Philostrats »Leben des Apollonius von Tyana« (The two first books of Philostratus, 1680) stellte in ihren religionsvergleichenden Anmerkungen Jesus in genaue Analogie zu diesem spätantiken Wundertäter und Betrüger, so daß sie 1698 als antichristliche Schmähschrift verboten wurde. Unter einem leicht ironischen Ton verbarg Blount seine wirkliche Ansicht, die aber als Verdächtigung der biblischen Wunder aufgefaßt wurde. Von da an erschien die Wunderkritik bzw. die Bestreitung der übernatürlichen Welt als das hervorstechende Kennzeichen des D. Tiefer und umfassender ging John → Toland (1670–1722) zu Werke. Ire, jedoch früh vom röm. Katholizismus zur Nonconformity übergegangen und in Holland mit der humanistischen Dogmenkritik in Berührung gekommen, verfaßte er das *eine* Hauptwerk des D.: Christianity not mysterious, 1696. Er radikalisierte einerseits Locke, indem er nicht nur das Widervernünftige, sondern auch schon das Übervernünftige aus der Religion beseitigte und die Geheimnisse im Christentum als nachträgliche religionsgeschichtliche Elemente der Umwelt erklärte, die auf den Geltungstrieb und Herrschaftswillen der Priester zurückgingen. Damit bahnte er sich den Weg zu einer einschneidenden Bibelkritik unter religionsgeschichtlichem Aspekt, der seine späteren Schriften dienten (Amyntor, 1699: Bibelkritik und Kanonsgeschichte; Nazarenus or Jewish, Gentile or Mahometan Christianity, 1718: Parteigeschichte des Urchristentums). Locke, den er auf seiner Seite glaubte, weil er nur seine Konsequenzen ziehe, widersprach ihm heftig; Toland, darüber verärgert, ergab sich dem Spinozismus (Letters to Serena, 1704; Pantheisticon, 1720). Seine natürliche Religion war im Kern Ethik und verwandte mit Vorliebe den Begriff des Gottesreiches.

In John Anthony → Collins (1675–1729) erreichte der D. seine Selbstbezeichnung als »Freidenkertum« (»freethinking«; Discourse of freethinking occasioned by the rise and growth of a sect called freethinkers, 1713). Während Toland Denkfreiheit allein für die Gebildeten und sozial gehobenen Kreise forderte, gehört sie nach Collins allen. Im übrigen fügte er zu Tolands Anschauungen von der natürlichen Religion nichts Neues hinzu, machte nur die Herrschsucht der Priester noch entschiedener für ihren Verlust verantwortlich. Mit seinem Discourse on the grounds and reasons of the Christian religion (1724) unterstützte er William → Whistons (s.u.) Nachweis der Unvereinbarkeit von at. Weissagungen und ihrer nt. Erfüllung, bezeichnete das Christentum als allegorisiertes Judentum (mystical Judaism), aber als solches zugleich als die vollkommene Vernunftreligion. Die Erkenntnis einer durchgängigen Verwertung der Allegorese innerhalb des NT, für die die rabbinische Theologie methodisch bestimmend gewesen sei, öffnete den Weg zu einer eindringenden Bibelkritik und trug Collins heftige Feindschaft ein.

Die weitere Entwicklung des D. wurde von der Aufnahme seiner Thesen bestimmt. Widerspruch erhoben zuerst Charles Leslie (A short and easy way with the Deists, 1697), James Prideaux (Letter to the Deists im Anhang eines Life of Mahomet, 1697), Edward → Stillingfleet und Richard → Bentley (The Folly of Atheism, 1692; Remarks on a late discourse on freethinking, 1713 [gegen Collins]). Leslie und Bentley suchten die biblischen Wunder und Weissagungen weitgehend rational zu beweisen, Prideaux den D. durch Betonung seines Ergebnisses, der Ineinssetzung von Christentum, Islam und sonstigem Heidentum zu erschüttern. Samuel → Clarke teilte mit den Deisten die Forderung, die Glaubenswahrheit vor der Vernunft zu legitimieren, baute aber die Offenbarung auf der rationalen Grundlage auf (rationaler Supranaturalismus, von ihm begründet). Auf solcher prinzipiellen Zustimmung in kirchlichen Kreisen fußte Matthew → Tindal (1657–1733) mit seinem Alterswerk Christianity as old as the creation or the Gospel a republication of the religion of nature (1730), das die Bibel der Deisten genannt worden ist. Hier kommen zu den bisherigen Argumenten als neue das missionarische und das historische hinzu. Das erste fordert die universale Verbreitung und wird durch die in den Gesichtskreis des Abendlandes getretenen 300 Mill. nichtchristlicher Chinesen illustriert. Das zweite läßt es mit der Güte Gottes unvereinbar erscheinen, daß den Juden und Christen relativ spät die Wahrheit mitgeteilt wurde. Für das Vorhandensein der wahren Religion seit dem Bestehen der Menschheit spricht zudem die hohe Ethik der »Heiden«. Auch hier wird das Christentum auf Ethik beschränkt, die Person Jesu und ihre Heilsbedeutung verschwinden ebenso wie Sündenfall und Erbsünde.

Als Hauptergebnis der deistischen Kritik an Judentum und Christentum wurde neben der Rationalisierung, der Einebnung in die allgemeine Religionsgeschichte vor allem das Mißtrauen gegen die biblischen Berichte empfunden. Ihm suchte Thomas → Sherlock mit seinem Trial of the witnesses (1729) zu begegnen, in dem er als Untersuchungsrichter die Evangelisten über ihr Zeugnis von der Auferstehung Jesu unter der Anklage auf Fälschung verhörte. Er begründete damit eine ganze Schule von derartigen Beweisschriften (Evidences, am bedeutendsten William → Paleys View of the evidences of Christianity, 1794). Gleichzeitig mit ihm verfaßte Nathaniel → Lardner eine 17bändige Apologie der nt. Berichte (The credibility of the Gospel history, 1727-57; dt. 12 Bde, 1749).

Damit ist die wesentliche Leistung des D. bereits umschrieben. Die meisten späteren Vertreter wiederholten und radikalisierten das Erreichte bzw. Bestrittene, so vor allem Thomas → Chubb (1690-1747; The true Gospel of Jesus Christ, 1738), Conyers → Middleton (1688-1750; Letter from Rome, 1729: der röm. Katholizismus als Umformung des antiken Heidentums; Answer to Waterland, 1730; Inquiry into the miraculous powers which are supposed to have existed in the Christian Church through several successive ages, 1748: universale Verbreitung des Wunderglaubens) und Peter Annet (1693-1768; The resurrection of Jesus considered, 1744: gegen Sherlocks Trial of the witnesses; History and character of St. Paul, 1747: Paulus ein Betrüger; Life of David, history of the man after God's heart, 1761: David ein Lump). Annet wurde der Hauptanreger für → Voltaire. Thomas → Morgan (1680-1743; The moral Philosopher, in a dialogue between Philalethes, a Christian Deist, and Theophanes, a Christian Jew, 1737-40) führte die natürlich-theologische Kritik nach der Seite des Judentums fort, hob den Unterschied zwischen dem mosaischen und natürlichen Gesetz scharf hervor und sah dieses allein in der Verkündigung Jesu erreicht, die allerdings die von K'ungtse, Zoroaster, Sokrates und Platon bereits erkannte Wahrheit in geläuterter, endgültiger Fassung biete. Im Urchristentum stellen die petrinischen Judenchristen das rückschrittliche, die paulinischen Vernunftchristen das fortschrittliche Element dar. Da sich beide in der kath. Kirche verbinden, haftet dem Christentum bis zur Gegenwart ein judaistischer Zug an. In dieser Schrift wurden erstmalig in der Neuzeit Judentum und Christentum, AT und NT scharf voneinander geschieden und Tendenzen sichtbar, die bei Schleiermacher und Harnack wiederauflebten.

Als Bundesgenossen der Deisten wirkten die von anderen Voraussetzungen teilweise zu ähnlichen Ergebnissen vorstoßenden Theologen William → Whiston (1667 bis 1752; Primitive Christianity revived, 1711/12) und Thomas → Woolston (1670-1733; Discourses of the miracles of our Saviour, 1727-30). Whiston suchte als Mathematiker und Astronom die biblischen Berichte mit Hilfe der neuen Naturwissenschaft durch andere Interpretation zu stützen, bestritt aber die Trinität und erklärte das vorliegende AT zur jüdischen Fälschung, da die Diskrepanz zum NT zu groß sei. Woolston deutete durch Allegorese, die er prinzipiell als allein berechtigte Auslegungsmethode durchsetzen wollte, die biblischen Geschichten im Sinne der natürlichen Religion.

4. Schon früh wurde den anglikanischen Theologen klar, daß hier ein umfassender Angriff auf die Grundlagen des Glaubens vorlag. Ihn suchte bereits der Naturforscher und Apologet → Boyle abzufangen; → Bentleys Lectures on the folly of atheism (1692) waren die ersten von ihm gestifteten jährlich zweimal zu haltenden Boyle's Lectures, die die christliche Wahrheit im modernen naturwissenschaftlichen Zeitalter bezeugen sollten. → Clarke hingegen versuchte dies durch nahezu völlige Anpassung an den deistischen Ausgangspunkt und wurde so der Vater des rationalen Supranaturalismus. Die bedeutendste, auf lange hinaus für England bestimmende Auseinandersetzung vollzog Joseph → Butler mit The analogy of religion, natural and revealed, to the constitution and course of nature (1736). Ihre Kraft lag darin, daß sie die rationale Tradition des englischen Denkens voll einsetzte und die Deisten mit ihren eigenen Waffen zu schlagen vermochte. Butler wußte eine Überfülle von Gedanken in eine strenge, dabei anspruchslose Form zu bannen; die unerbittliche Logik seiner Beweisführung ließ an keiner Stelle eine Lücke und nahm jeden Einwand vorweg. Grundprinzip war der Analogiegedanke. Die ungelösten Rätsel der Natur weisen nach Butler mit zwingender Notwendigkeit auf ein Reich der Wunder und der Offenbarung hin. So sind also nicht die Aussagen des christlichen Glaubens durch die der natürlichen Religion zu begrenzen, sondern umgekehrt läßt die Begrenztheit der natürlichen Religion die Wahrheit der offenbarten sichtbar werden. Es waltet das gleiche Verhältnis, das klassisch Thomas von Aquino zwischen Vernunft und Offenbarung aufgestellt hatte, das Verhältnis der Stufenfolge, in der die eine auf die andere angewiesen ist, jedoch die Offenbarung als das formgebende Prinzip den sachlichen Vorrang erhält. So kehrte er in einer strengen, wohltuend zurückhaltenden Gedankenführung, die nicht auf exakte Beweise und apodiktische Feststellungen ausging, wie sie das mathematisch-naturwissenschaftliche Zeitalter forderte, sondern sich mit der Wahrscheinlichkeit, der Frage, der Andeutung begnügte, das Verhältnis von offenbarter und natürlicher Religion um. Damit wußte er dieser, dem Liebling der Gegenwart, einen notwendigen Platz zu geben und leitete zur geläuterten Bejahung der christlich-kirchlichen (Offenbarungs-)Tradition an. Er traf genau die Erfordernisse der Zeit und den Kern des englischen Wesens mit seiner tiefliegenden Verbindung von Konservatismus und Modernität; es ließ sich mit Sicherheit voraussagen, daß dieses Buch die klassische englische Dogmatik (nicht nur Apologetik) für die gesamte Neuzeit werden würde. Seine Schwäche lag in der (durch die deistische Fragestellung erzwungenen, aber allzu bereitwillig zugestandenen) ausschließlich intellektualistischen Betrachtungsweise. Noch stärker wurde der Analogiegedanke durch den einflußreichen Erbauungsschriftsteller W. Law (1686–1761) angespannt. Er gab fast gleichzeitig eine mystische Gesamtdeutung des Christentums, in der er das Reich der Natur und das Reich der Offenbarung (Gnade) beinahe pantheistisch als Einheit faßte, jeden Widerspruch zwischen ihnen, aber auch jeden Eigenwert des einen oder des anderen ausschloß und in beiden als Urprinzip den Liebeswillen Gottes mit der Berufung zur Teilnahme an seiner eigenen Natur (2Petr 1, 4) wirksam sein ließ (An appeal to all that doubt or disbelieve the truths of the Gospel whether they be Deists, Arians, Socinians or Nominal Christians, 1740). William → Warburton (The divine legation of Moses, demonstrated on the principles of a religious Deist, 6 Bde, 1737-41; unvollst. 1846[10]) suchte ähnlich wie Butler, doch mit geringerem Tiefgang und unter Zuhilfenahme der Ironie die Deisten unter partiel-

ler Anerkenntnis ihrer rationalen Grundlegung für die Religion zu bekämpfen, insbesondere gegen ihre (zB Morgans und Bolingbrokes) Kritik am AT das mosaische Gesetz als die unter den gegebenen historischen Umständen beste Zusammenfassung des natürlichen Gesetzes zu erweisen. Für ihn waren Vernunft und Offenbarung gleichberechtigte Größen; den Primat der zweiten vermochte er nicht wie Butler zu begründen, vielmehr setzt in seiner Auffassung die Vernunft der Offenbarung und dem Wunder die Grenze. Warburton, einem der Hauptpolemiker gegen die Methodisten und ihr »Schwärmertum« (enthusiasm, fanaticism), lag alles an einer rationalen Basis für den christlichen Glauben; er repräsentiert das anglikanische Normalempfinden des 18.Jh.s in der doppelten Frontstellung gegen den Naturalismus der radikalen Deisten und die gläubige Empfindsamkeit der Methodisten. Henry → Dodwell d.J. (Christianity not founded on argument and the true principle of Gospel-evidence, 1742) machte im Gegensatz zu den Boyle's Lectures, zu Butler und Warburton gerade den Geheimnischarakter als das Kennzeichen des Christentums geltend und kritisierte die Vernunftreligion ähnlich wie später Lessing.

Außer diesen prinzipiellen umfänglichen Stellungnahmen rief der D. eine Flut von Streitschriften hervor, zB John Norris, An account of reason and faith, in relation to the mysteries of Christianity, (1697) 1790[14] (gegen Toland, Christianity not mysterious), ein Lieblingsbüchlein des 18.Jh.s, John Constable, Deism and Christianity fairly considered, 1739, und die Kette von Streitschriften zu dem Peter Annet zugeschriebenen Heft: Deism fairly stated and fully vindicated, 1746.

Die bedeutendste Glaubensbewegung des 18.Jh.s in England, der Methodismus, verhielt sich als Erneuerung des urchristlichen Heilsringens ablehnend gegen den D., bei dem sie die zentralen biblischen Aussagen vermißte. Jedoch legte J. → Wesley, durch die große Kontroverse um Vernunft und Offenbarung veranlaßt, Gewicht auf den rationalen Bestandteil des biblischen Christentums; er war kein Anwalt seiner Widervernünftigkeit.

Die *Bedeutung des D. für das englische Christentum* lag darin, daß er entwicklungsgeschichtlich das Zeitalter der Vernunft (vgl. Thomas Paine, The age of reason, 1793) heraufführte, durchsetzte und damit die anglikanische Theologie zur Klärung des Verhältnisses von Vernunft und Offenbarung sowie ihrer eigenen rationalen und naturphilosophischen Grundlagen zwang. So zog er die Konsequenzen aus dem heraufziehenden naturwissenschaftlichen Weltbild und der historischen, insbesondere religionsgeschichtlichen Einbettung des Urchristentums wie des at. Judentums und machte damit zuerst die Erschütterung des traditionellen Christentums durch die Moderne sichtbar. Mit dieser Bestimmung ist zugleich seine universale Bedeutung ausgesprochen, die es - infolge der eigentümlichen Reaktion im eigenen Lande - mit sich gebracht hat, daß er seine stärkste Wirkung außerhalb der Heimat entfaltete, vor allem in Frankreich und Deutschland.

In England selbst wurde er weithin ein Bestandteil der allgemeinen Bildung in aufgeklärten Kreisen, wovon der Ästhet Shaftesbury und die stark durch Voltaire beeinflußten Historiker Bolingbroke und Gibbon Zeugnis ablegen. Auf der anderen Seite zersetzte → Hume die Selbstgewißheit der deistischen Religionsphilosophie durch eine unerbittliche Kritik, die die Geschichte des Denkens weithin zu einer Geschichte des Irrtums machte. Die Wunderbestreitung und die religionsgeschichtlichen Analysen der Bibel steigerte er zu einer skeptischen »natürlichen Religionsgeschichte«, die für den Glauben an übernatürliche Wirklichkeiten keine Gewähr bot. Das kirchliche Christentum vermochte der D., durch Butlers und Warburtons Apologetik bei den Gebildeten, durch die Wirkung des Methodismus bei den schlichten Menschen geschwächt, nicht zu erschüttern. Hinsichtlich Warburtons ist dies namentlich dessen tiefdringender Apologie des anglikanischen Systems zuzuschreiben (The alliance of Church and State or the necessity and equity of an established religion and a test-law, demonstrated from the essence and end of civil society, [1736] 1765[5], 1846[10] [!]), die in ihrem grundsätzlichen Teil gegen Rousseaus Contrat Social gerichtet war und dadurch das Bestehende auf moderne Weise rechtfertigte.

5. In der ersten Hälfte des 18.Jh.s waren die *Franzosen* die nahezu sklavischen Bewunderer Großbritanniens und seiner fortschrittlichen Strömungen; Voltaire weilte 1726-29, Montesquieu 1729-31 dort. Der englische D. wurde zum wichtigsten Bildungselement für die Religionskritik der französischen Aufklärung und durch sie der modernen Religionskritik bis hin zum philosophischen Atheismus überhaupt. Vorgearbeitet hatte hier der Skeptizismus Bayles (→ Atheismus: II, 3), der an den Deisten die Halbheit tadelte, die Realität Gottes als Datum der Vernunft auszugeben. Bei den einzelnen Vertretern nimmt er eine verschiedene Gestalt an, gemeinsam ist nur der (betont antijesuitische) Antiklerikalismus, der seitdem untrennbar mit der neuzeitlichen Religionskritik, nicht nur ihrer vulgären Form, dem Freidenkertum, verbunden blieb.

→ *Voltaire* benutzte den D. zum Aufbau einer großangelegten Geschichtsphilosophie, in der die Geschichte der Religion einen wesentlichen Platz einnimmt (Essai sur les mœurs et l'esprit des nations, 1754-58; Dictionnaire philosophique, 1764). Hier macht er - wohl als erster - mit der völligen Immanenz des geschichtlichen Ablaufs ernst; Gott, der deistisch nicht geleugnet, sondern vorausgesetzt wird, wirkt nur durch die natürlichen Gesetze. Infolgedessen war ihm die deistische Urreligion, deren Sätze Herbert von Cherbury formuliert hatte, nur Ausgangspunkt, nicht Abschluß und letzte Norm der Religionsgeschichte. Wenn er Klima, Regierungsform und Religion (le climat, le gouvernement, la religion) zu den geschichtsbestimmenden Faktoren erhob, so wies er damit auf den Positivismus von → Saint-Simon, → Comte und Taine voraus. Der ironisch-gehässige Ton, der die biblischen Geschichten trivialisierte und bewußt herabsetzte, hat vielfach den Ernst und die auch vorhandene positive Absicht seiner philosophischen Religionsgeschichte verdunkelt. Am besten schneidet bezeichnenderweise China mit seinem ethischen Konfuzianismus ab; hier ist nach Voltaire die ursprüngliche natürliche Religion am reinsten bewahrt. In der Beurteilung des Christentums wird Jesus als Schwärmer wie George Fox aufgefaßt, die Frühkirche für den Untergang des römischen Reiches und der antiken Kultur verantwortlich gemacht (von Gibbon und Friedrich II. von Preußen übernommen) sowie als Urheber der mittelalterlichen Barbarei bezeichnet. Seine besondere Abneigung gilt dem Dogma, dem nur durch das Ethos begegnet werden kann (»Le dogme apporte le fanatisme et la guerre, la morale inspire partout la concorde«: Essai sur les mœurs, 1754-58, ch. 197). Auch in dieser Verhältnisbestimmung nimmt er eine wesentliche Tendenz des 19.Jh.s, vor allem → Rothe und den Kulturprotestantismus, vorweg.

Denis → *Diderot* (1713-84) machte den D. als Normalreligion, als religiöse Darstellung der lex naturae, zur Grundlage für die dem Christentum gewidmeten Artikel seiner (mit d' → Alembert hg.) Encyclopédie (1751-72). Das Christentum ist hier auf die deistischen Sätze reduziert. In den religionsgeschichtlichen Artikeln (Religion,

Religion naturelle, des Arabes, des Grecs, des Romains, Manichéisme usw) führt die Skepsis das Wort – so wie er selbst zwischen einem Bayleschen Skeptizismus und einem Voltaireschen D. nicht zur Ruhe kam.

Paul Thiry-v.Holbach (1723-98), ein französierter Pfälzer, der als Student in Leiden Vertreter der deistisch denkenden Jugend Englands kennengelernt hatte, übersetzte alle erreichbaren englischen religionskritischen Schriften und eignete sich eine ausgedehnte naturwissenschaftliche Bildung an, die ihn zum dynamistischen Materialisten machte. Über Voltaire hinausgehend, der im deistischen Sinne Gott als Weltbaumeister oder aristotelisch als ersten Beweger des Weltalls festhielt, außerdem stärker sozialkritisch interessiert als dieser und um die Aufdeckung der letzten Wurzeln des feudal-absolutistischen französischen Staates bemüht, schritt er zur schärfsten Ablehnung der Religion fort (Théologie portative, vf. 1760, gedr. 1768; Le Christianisme dévoilé, [1761; fälschlich »Londres 1756« eingedruckt] 1766²; La Contagion sacrée, 1768; Lettres à Eugénie, 1768; L'esprit de Judaïsme, 1769; Histoire critique de Jesus-Christ, 1770; Examen critique de la vie et des ouvrages de Saint-Paul, 1770; Tableau des Saints, 1770). Aus Sicherheitsgründen ließ er alle Schriften pseudonym in Amsterdam mit falschen Druckorten und gelegentlich falschen Jahreszahlen erscheinen. Mit dem Titel »Le Christianisme dévoilé« schloß er sich an → Eisenmengers »Entdecktes Judentum« (1700) an und inspirierte Bruno → Bauer. Bei ihm findet sich fast bis in die Formulierung hinein der Satz des jungen → Marx von der Religion als dem Opium des Volkes: »La religion est l'art d'enivrer les hommes de l'enthousiasme, pour les empêcher de s'occuper des maux, dont ceux qui les gouvernent, les accablent ici bas. A l'aide des puissances invisibles, dont on les menace, on les force de souffrir en silence les misères dont ils sont affligés par les puissances visibles; on leur fait espérer, qui s'ils consentent à être malheureux en ce monde, ils seront plus heureux dans un autre« (Le Christianisme dévoilé, 1761, 226). Ihm diente der D. lediglich als christentums- und religionskritisches Arsenal, er übernahm nicht seine Motive, sondern nur seine Ergebnisse.

Auf Thiry-Holbach bauten Saint-Simon und vor allem dessen Schüler Auguste → Comte und die → »Ideologen« die positivistische Religionskritik auf, die für das politisch und kulturpolitisch einflußreiche französische Freidenkertum des 19. und 20.Jh.s (libre-penseurs) kanonische Gültigkeit erlangte und weiter nach Deutschland und Rußland wirkte.

Ganz entgegengesetzt verwandte → Rousseau den D. Auch bei ihm fand eine Reduktion der christlichen Aussagen auf die der natürlichen Religion statt, ebenso wie eine Prüfung aller geschichtlichen religiösen Bildungen an dieser Norm. Aber er befreite als einziger diese »Grundwahrheiten« von ihrem intellektualistischen Charakter und wies sie dem Herzen als sentiments intérieurs zu. So gelangte er zu einem neuen Verhältnis zur Religion; er stattete sie nicht nur mit der Würde des sachlich und historisch Ursprünglichen, sondern mit der des seelisch und menschlich Ursprünglichen aus (wie nach ihm Schleiermacher und Novalis). Damit wurde er trotz seiner deistischen Grundüberzeugung ein Wegbereiter der → Romantik und erreichte eine weit positivere Beurteilung auch der geschichtlichen Religionen, in denen die Sätze der natürlichen (les éléments de toute religion) wiederkehren.

6. *Auf deutschem Boden* wurden Hamburg, seit langem durch Handelsbeziehungen mit Großbritannien verbunden, dann Hannover und die Universität → Göttingen (seit 1734) durch die dynastische Personalunion des Herrscherhauses die bevorzugten Kontaktstellen mit englischem Geistesleben. Vor allem die naturphilosophische bzw. naturtheologische (physikotheologische) Konsequenz der naturwissenschaftlichen Entdeckungen, wie sie die Deisten, wenn auch nicht allein, zogen, wurde stark beachtet. Johann Albert Fabricius (1688-1736) scharte einen physikotheologischen, um die theologische Auswertung von Astronomie, Biologie, Chemie und Physik bemühten Kreis um sich. Zu ihm gehörte sein Schwiegersohn Hermann Samuel → Reimarus (1694-1768), mit dem die deistische Religionsansicht einschließlich ihrer Bibelkritik ins deutsche Geistesleben einzog, um nicht wieder zu verschwinden. Seine in 20-jähriger Arbeit entstandene, geheimgehaltene »Apologie für die vernünftigen Verehrer Gottes« (ca 1765 handschriftlich vollendet) ist der eigentliche Niederschlag des D. in Deutschland. → Lessing veröffentlichte daraus anonym die »Wolfenbüttler Fragmente«. Dogmatisch vertrat Reimarus einen »Naturalismus«, dh einen lebensphilosophisch orientierten allgemeinen Gottesglauben (Vornehmste Wahrheiten der natürlichen Religion, [1754] 1782⁵), soweit nicht die nur zum Teil gedruckte »Apologie« radikalere Ansichten erkennen läßt. Die deistische Bibel- und Christentumskritik hatte im Unterschied zu Frankreich in Deutschland weniger dogmatische und weltanschauliche als methodische Wirkungen, vor allem auf die Bibelkritik und Kanonsgeschichte → Semlers. Die dogmatischen und religionsphilosophischen Bemühungen um ein »Wesen der Religion« und ein »Wesen des Christentums«, die prinzipiell in eine ähnliche Richtung gingen, schlossen sich zuerst an Christian → Wolff, im 19. und 20.Jh. vor allem an → Kant an (bes. seit Schleiermacher), so daß das unmittelbare Vorbild des D. entbehrlich wurde. Trotzdem wurde die Verwandtschaft mit ihm vor allem von Pfleiderer und → Troeltsch, zT auch von → Harnack und → Zscharnack lebhaft empfunden.

Die deistischen Grundsätze fanden schon früh in Deutschland heftige Bekämpfung, vor allem durch Christian → Kortholt, De tribus impostoribus magnis: Cherbury, Hobbesio, Spinoza, (1680) 1701²; Adam Tribbechow, Historia naturalismi, ed. Joh.Tribbechow, 1700; Christian Gottlob Grundig, Geschichte der heutigen Deisten und Freydencker, 1748, mit Forts. 1749; Heinrich Christian Lemker, Vorbericht der Nachricht von Thomas Woolston, 1740; Anton Trinius, Freydenkkerlexicon, 1759. Im ganzen ist der D. ein instruktives Beispiel für die innere Erschöpfung einer Bewegung, nachdem sie ihre fruchtbaren Anliegen durchgesetzt hat.

Eine zureichende gesonderte Darstellung, die alle Vertreter, Wandlungen u. Wirkungen umfaßt, fehlt. Der D. wird in zusammenfassenden Werken mitbehandelt, vor allem bei H.Hunt, Religious Thought in England, 1870-72 – J.R.Tulloch, Rational Theology and Christian Philosophy, 1876 – L.Stephen, History of English Thought in the 18th Century I, (1876) 1902³ B.Willey, The 18th Century Background, 1940 – G.R.Cragg, From Puritanism to the Age of Reason. 1950 – H.J.McLachlan, Socinianism in 17th Century England, 1951. – Kleine Quellensammlung (Auszüge): J.M. Creed and J.S.Boys Smith, Religious Thought in the 18th Century, 1934. – Unter der deutschsprachigen Lit. bildet noch immer den Ausgangspunkt: G.V.Lechler, Gesch. des engl. D., 1841. Vgl. sonst vor allem E.Troeltsch in RE V, 532ff (= Ges. Schr. IV, 1925, 429-487 mit Nachträgen 845-849) – L.Zscharnack in RGG¹ I, 1997ff; RGG² I, 1805ff – Hirsch I, 244ff. – An allg. dt. Werken außer den Geschichten der Philosophie von K.Fischer u. W.Windelband vor allem: O.Pfleiderer, Gesch. der Religionsphilosophie von Spinoza bis auf die Gegenwart, (1884) 1893³ – W.Dilthey, Ges. Schr. II, 1914 (Neudr. 1956). – Wichtige Einzelstudie zu 2: H.Scholz, Die Religionsphilosophie des Herbert von Cherbury, 1914. – Zu 5: E. Lanfrey, L'église et les philosophes au 18me siècle, 1857 – N.L.Torrey, Voltaire and the English Deists, 1930 – R.Brummer, Studien zur franz. Aufklärungslit. im Anschluß an S.-A.Naigeon, 1932. – Zu 6: W.Philipp, Das Werden der Aufklärung in theologiegeschichtl. Sicht, 1957, bes. 33ff. - Der Rückgang der neueren Arbeiten über den D. spiegelt den Rückgang des Interesses an ihm, der vor allem auf die Entdeckung der Geschichts- u. Geschichtlichkeitsproblematik zurückzuführen ist. *M.Schmidt*

Deißmann, *Adolf,* Neutestamentler, * 7.11.1866 in Langenscheid (Nassau), † 5.4.1937 in Wünsdorf bei Berlin, lehrte in Marburg, Heidelberg 1895-1908 und Berlin 1908-34. D. erwarb sich besondere Verdienste um die Philologie der griech. Bibel (→ Bibel: II C, → Bibelwissenschaft: II, 5) und war neben seinem Lehramt auch kirchen- und kulturpolitisch tätig, vor allem in der → ökumenischen Bewegung führend.

Vf. u.a.: Die nt. Formel »in Christo Jesu«, 1892; Bibelstudien, 1895; Neue Bibelstudien, 1897; Das 4. Makkabäerbuch, 1900; Die Hellenisierung des semitischen Monotheismus, 1903; Licht vom Osten, (1908) 1923[4]; Paulus, (1911) 1925[2]; Ev. Wochenbrief, 1914-21 (Protestant Weekly Letter, 1914-17); De Profundis, 1925; Die Stockholmer Bewegung, 1927; Die Schicksale des NT (Rektoratsrede), 1930; Forschungen u. Funde im Serai, 1933; Handschriften aus Anatolien u. Izmit, 1936; Una Sancta, 1937. - Hg.: Die Stockholmer Weltkirchenkonferenz. Amtl. Dt. Bericht, 1926; Mysterium Christi (mit Bischof C.G.K.Bell), 1930. - Selbstbiographie in: Die Religionswissenschaft in Selbstdarstellungen I, 1925, 43-78 (Lit.). - H. Lietzmann, A.D. zum Gedächtnis, 1937. *W.Michaelis*

Dekalog

1. Ein D. ist eine aus mnemotechnischen Gründen erfolgte Rechtsbündelung von zehn Sätzen aus dem von Haus aus knapp und einprägsam formulierten »apodiktischen« Recht. Solche Sätze sind entweder anredende oder aussagende Gebote, die den Rechtswillen Gottes hinter sich haben, oder sie nennen, im Partizipialstil gehalten, todes- oder fluchwürdige Handlungen.

2. Die Bezeichnung »Zehnwort« (D.) findet sich Ex 34, 28; Dtn 4, 13; 10, 4 und meint die »Bundesworte«, die → Moses auf Gottes Geheiß auf zwei Steintafeln schreiben soll. Nach Ex 34, 27f müssen die »Bundesworte« in der voraufgehenden Gottesrede enthalten sein. Dort aber finden sich Sätze des Kultrechts, an Zahl 13, mit Erweiterungen und deuteronomischen Überarbeitungen. Man kann sie auf 10 reduzieren, wenn man die Einzelnennung der drei Jahresfeste zur Erweiterung rechnet. Voran stehen die dem Jahweglauben vordringlichen Verbote der Fremdkulte und der Kultbilder. Es folgen Bestimmungen über Erstgeburten, Gaben, Sabbat, Wallfahrten, Opferblut, Passa, Erstfrüchte und einen verbotenen (für Ugarit bezeugten) Ritus. Das alles sind Privilegforderungen Jahwes, die das kultische Handeln allein auf ihn gerichtet halten wollen. Ein Fragment solchen Privilegrechts ist dem → Bundesbuch angefügt (Ex 23, 14-19), wie auch die Ausführungen von Dtn 12-18 solchem Recht entlang gehen.

3. Andere Zehnworte zielen auf die sakrale wie soziale Intaktheit der jahwistischen Bundesgemeinde ab. So der in seinem Kern dekalogische Fluchkatalog Dtn 27, 15ff, der im öffentlichen, feierlichen Fluchsprechen der Gemeinde, wie etwa an den Fluchtagen hier und dort in Griechenland, zehn »heimlich« begangene und latent gefährdende Frevel unter den Fluch rufen läßt. Die Gemeinde hat den Fluch akklamierend zu übernehmen und sich von den Freveln loszusagen. Es geht um Elternfluch und Grenzverrückung, Schädigung von Körperbehinderten (Blinden) und Rechtsverminderten, um viererlei Sexualsünden und Beseitigung von Menschenleben aus eigener oder fremder Initiative. Für den jetzigen Zusammenhang wurde dieser Fluchkatalog am Anfang und Ende aus fremdem Bereich aufgefüllt und auf eine Zwölfzahl gebracht. Nur in fragmentarischen Bildungen liegen partizipiale Reihen mit Strafsanktion vor. Doch Sätze dieser Art mit sekundärer Stilweiterbildung finden sich in Zehnzahl in einem Katalog sexueller Verbote Lev 20, 11-21. In ursprünglicher Zehnzahl behandeln diese Rechtsmaterie auch die in Gebotsform gehaltenen und mit einer deklaratorischen Formel abgeschlossenen Sätze von Lev 18, 7-18. Ein dekalogisches Formular mit abschließender deklaratorischer Formel benutzt, nicht ohne Erweiterungen, Ez 18 zur theologischen Erörterung. Seine aus der Kultpraxis übernommene Zulassungserklärung ist verwandt mit den »Torliturgien« (Ps 15 mit Zehnzahl!; kürzer: Ps 24, 3-6; Jes 33, 15f).

4. Neben den Kultprivilegien Jahwes und den Forderungen zur Intakthaltung der Bundesgemeinde steht als Voraussetzung für beides das den Sakralbund begründende und auf ihn hin im sakralen Rechtsvortrag (Dtn 31, 10f; Ps 50 u. 81) zu verkündende Gottesrecht. Solches Bundesrecht aber hat dekalogische Formung erstrebt und sie im klassischen D. (Ex 20, 2-17; Dtn 5, 6-21) erhalten. Er wird eingeleitet durch die göttliche Selbstvorstellungsformel »Ich bin Jahwe«, hier verbreitert durch Zufügung von »dein Gott« und der die grundlegende Heilstat nennenden Credo-Aussage. Dieser der kultischen Verkündigung entstammenden Einleitung folgen zunächst das Verbot der Verehrung fremder Götter (gegen Ex 34, 14 vermehrt durch »mir ins Gesicht«) und das mit breiter Kommentierung ausgestattete Verbot der Kultbilder. Anschließend wird zur Begründung die Selbstvorstellungsformel wieder aufgenommen und auf den eifernden Straf-, aber auch Liebeswillen Gottes ausgeweitet. Dadurch sind die beiden ersten Gebote als etwas grundlegend Einheitliches und Besonderes an Gottesforderung von allem, was folgt, abgegrenzt worden. Das gab dann Anlaß, die Gebote verschieden zu zählen. (Im Judentum ist die Einleitung erstes, das Verbot des Fremdkultes und der Bilder zweites Gebot. Röm.-kath. und ev.-luth. Kirche zählen den Gesamtkomplex als erstes Gebot und teilen das zehnte in zwei auf. Zweites Gebot ist das Verbot der Bilder in der griech.-orth. und in der ev.-ref. Kirche.) Liturgische Elemente haben auch die drei anschließenden Gebote, das Verbot des Mißbrauchs des göttlichen Namens und das Sabbat- und Elterngebot, ausgeweitet. Teils handelt es sich um eine aus liturgischer Segen- und Fluchverkündung erwachsene Drohung (3. Gebot) und Verheißung (5. Gebot), teils um geprägte Aussagen des Heilsglaubens (4. Gebot). Dabei weicht in den beiden Fassungen (Ex 20 und Dtn 5) der Wortlaut in eigentümlicher Weise voneinander ab. Am auffälligsten ist die verschiedene Begründung des Sabbatgebots: nach Ex 20 hat die Sabbatruhe den Schöpfungssabbat Gottes (Gen 2, 1-3) nachzubilden, nach Dtn 5 soll, bei zugleich sozialkaritativer Akzentuierung, die Arbeitsruhe der Verknechteten die Israel bereitende Exodustat Jahwes in Erinnerung halten. Auch sonst hat Dtn 5 gewisse charakteristische Beifügungen im 4. und 5. Gebot; im 10. wird die Frau vor Haus, Gesinde und Tiere gestellt. »Unierten« Text hat aus liturgisch-katechetischen Gründen später Papyrus Nash (wohl vor 70 nChr; → Bibelhandschriften: I, 2). Zweifellos ist also älterer, knapperer Text mit der Zeit ins Wachsen geraten und wechselnd interpretiert worden. So kam es zu dem formalen Mißverhältnis zwischen langen, mittellangen und den vier betont kurzen Verboten der Tötung, des Ehebruchs, des Diebstahls und der falschen Zeugenaussage. Doch bleibt zu fragen, ob nicht in den betont kurzen Geboten etwa Text verkürzt wurde, um über konkrete Bezugnahmen hinweg zu prinzipiellen Aussagen zu gelangen, etwa (so Alt) daß statt von ursprünglichem Menschendiebstahl (Ex 21, 16) vom Diebstahl als solchem gehandelt wird. Ähnlich könnten Sabbat- und Elterngebot mit ihrer positiven Umformung der sonst herrschenden Verbotsformen Abänderungen von

älterem konkreteren und weniger prinzipiell gehaltenen Text sein, wie dem Verbot des Elternfluchs (Ex 21, 17 u.a.) und der Sabbatarbeit (Ex 34, 21).

5. Dieser D. ist nicht ein Kompendium prophetischer Predigt und deuteronomischer Theologie (Wellhausen u.a.). Er ist auch nicht in Anlehnung an ältere, am Kult orientierte Vorbilder zur Erbauung der exilischen, nun vom Kult gelösten Gemeinde geschrieben (Mowinckel). Geht er in seiner Urform auf Moses zurück als das lapidare Dokument der Urgemeinde in der Wüste (Kittel, Procksch), als das »Kunstwerk eines Meisters«, »eines schöpferischen Heros« (Volz)? Oder ist er, da wir über die mosaischen Anfänge einzelnes nicht auszumachen vermögen, immerhin mit dem Entstehen des israelitischen Sakralbundes entstanden (Kessler)? Jedenfalls ist er aus altem amphiktyonischem Recht herausgewachsen (Alt) und krönt es. Nicht am Privilegrecht Jahwes ist dieser D. orientiert, sondern an der von der Gottheit durchwalteten Sicherung des Ordnungsgefüges und des Heilszustandes der mit ihr verbundenen Gemeinschaft. Das gilt gewiß von der Elternehrung bis hin zu den Machenschaften, den andern aus seinem »Haus« herauszubringen. Gefahr für soziale Intaktheit ist aber auch der Zauber, der den göttlichen Namen mißbraucht, und offenbar auch die Nichtachtung der Sabbatruhe. Dem allen sind voraufgestellt die beiden Grundforderungen israelitischen Bekennens, die Exklusivität und bildlose Verehrung Jahwes (mit älteren Formulierungen als etwa in dem »Ableger« [Alt] von D.bestimmungen Lev 19, 3f). So steht nun beides engstens beisammen: die Grundforderungen israelitischen Bekennens und die Grundnormen israelitischen Ordnungsrechts. Forderungen, wie sie etwa Lev 19, 13ff angesichts der späteren wirtschaftlichen und sozialen Lage laut werden, fehlen noch ganz. Nur setzen Haus, Rind und Esel Landnahme und Seßhaftigkeit voraus; doch kann auch hier älteres Recht verdrängt und ersetzt sein. Der D. prägt jedenfalls das at. Zeugnis von der aus dem Heilswillen Gottes hervorgehenden Forderung der Ehrung Gottes und der Achtung des Menschen in einem unverlierbaren Summarium aus.

Komm. zu Ex u. Dtn - RGG^2 I, 1817ff - J.MEINHOLD, Der D., 1927 - S.MOWINCKEL, Le Décalogue (Etudes d'hist. et de phil. rel. ... 16), 1927 - DERS., Zur Gesch. der D.e (ZAW 55, 1937, 218-235) - L.KÖHLER, Der D. (ThR 1, 1929, 161-184) - A.ALT, Die Ursprünge des israel. Rechts (SAL 86, 1, 1934 = ALT I, 278-332) - M.NOTH, Die Gesetze im Pentateuch (SGK 17, 2, 1940 = Ges. Stud. z. AT, 1957, 9-141) - H.H.ROWLEY, Moses and the Decalogue (BJRL 34, 1, 1951, 81-118) - W.KESSLER, Die literar., hist. u. theol. Problematik des D.s (VT 7, 1957, 1-16). - Einzelnes: J.HERRMANN, Das zehnte Gebot (Festschr. E. Sellin, 1927, 69-82) - J.J.STAMM, Sprachl. Erwägungen zum Gebot »Du sollst nicht töten« (ThZ 1, 1945, 81-90) - A.ALT, Das Verbot des Diebstahls im AT (1949) (ALT I, 333-340) - W.ZIMMERLI, Das zweite Gebot (Festschr. A.Bertholet, 1950, 550 bis 563) - DERS., Ich bin Jahwe (Festschr. A.Alt [BHTh 16], 1953, 179 bis 209) - H.J.STOEBE, Das achte Gebot (WuD 1952, 108-126) - E.JENNI, Die theol. Begründung des Sabbatgebotes (ThSt[B] 46), 1956.

F.Horst

Dekan, Dechant (lat. decanus, engl. dean, franz. doyen, span. decano), ursprünglich unterer Dienstgrad im spätrömischen Heer (Befehlshaber über 10 Soldaten), dann Titel für kirchliche Würden. 1. In der kath. Kirche durch die Reform → Benedikts von Aniane als Bezeichnung für Aufseher über 10 Mönche eingeführt; von hier aus in die Verfassung der → Domkapitel und → Kollegiatstifte übernommen, an denen infolge Übertragung der inneren Angelegenheiten (u.a. Jurisdiktion über die Kanoniker) das Amt des D.s fast überall zur wichtigsten Dignität wird, während der → Propst oft nur Ehrenvorrang unter den → Prälaten behält. - Titel für den seit dem 9.Jh. in vielen Diözesen zur Aufsicht über eine Anzahl von (Land-)Pfarreien bestellten, heute durch den Bischof berufenen, im MA auch Archipresbyter genannten Geistlichen (decanus ruralis). - 2. In der ev. Kirche eine dem → Superintendenten bzw. → Propst anderer Landeskirchen gleichkommende Bezeichnung. - 3. An Universitäten ist D. Titel des meist auf ein Jahr (in der DDR auf zwei Jahre) gewählten, die Amtsgeschäfte einer Fakultät führenden Professors (Anrede: Spektabilität).

LThK III, 188f - Encicl. Ital. XII, 453f - H.LIERMANN, Dt. ev. Kirchenrecht, 1933, 261ff - FEINE 178ff. 342. 378 - RAC III, 603ff.

W.Göbell

Dekapolis. Im Zuge der Neuordnung der Verhältnisse in Syrien und Palästina durch Pompeius ab 64 vChr wurde eine größere Zahl von hellenistischen Städten, in denen das Judentum nur als Minorität vertreten war, der jüdischen (oder auch nabatäischen usw) Herrschaft entzogen und als freie Städte unmittelbar der Provinz Syria unterstellt. Vielfach galt dies als Ausgangspunkt einer neuen Zeitrechnung (sog. pompeianische Ära, örtlich verschieden zwischen 64 und 61 vChr beginnend). Eine Gruppe solcher Städte schloß sich, vermutlich in dieser Zeit, zusammen zu dem Bund der »Zehn Städte« = D., ausdrücklich erwähnt zuerst im 1.Jh. nChr: Mk 5, 20; 7, 31; Mt 4, 25; Plinius hist. nat. V, 74; Josephus bell. III, 446; vita 341f. 410. Jede dieser Städte hatte ihre freie Selbstverwaltung; zwei Inschriften aus → Gerasa von 66/7 nChr (bei Kraeling Nr. 45. 46) nennen zB neben Volksversammlung (δῆμος) und Rat (βουλή) drei Archonten, deren erster den Titel πρόεδρος führt. Dagegen hören wir nichts von irgendwelchen Bundesorganen der D. - Zusammensetzung und Zahl der Mitglieder der D. scheinen nicht konstant gewesen zu sein. Plinius nennt: → Damaskus; Philadelphia (heute ʿammān, im AT Rabbat ʿAmmôn); Raphana (wohl ʾer-rāfe); Skythopolis (heute bēsān, im AT → Bethsean); Gadara (ʾumkēs, neuerdings meist ʾumqēs); Hippus (qalʿat ʾel-ḥuṣn); Dium (wohl tell ʾel-ʾaš ʿari); → Pella (ṭabaqāt faḥil); Galasa dh → Gerasa (ǧeraš); Canatha (qanawāt). Mit Sicherheit ist nach einer Inschrift von 133/4 nChr (CIG 4501) Abila (tell ʾābil) hinzuzunehmen; dagegen ist die Liste des Ptolemäus (geogr. V, 14, 18 Didot) nur begrenzt verwertbar. Außer Skythopolis liegen alle diese Städte im Ostjordanland. Ihre - zT umfangreichen - Territorien haben südlich des Sees Genezareth mit Sicherheit einen geschlossenen Riegel zwischen Galiläa und Peräa gebildet (Josephus vita 42), wahrscheinlich aber bis hinunter nach Philadelphia eine zusammenhängende Einheit dargestellt; nur Damaskus, vielleicht später hinzugetreten, lag wohl abseits. - Einige Städte sind vorübergehend noch einmal jüdischer Oberhoheit unterstellt worden. Das hat den Bund der D. jedoch nicht gesprengt, wie auch nicht die Zuweisung mehrerer Städte (vor allem Philadelphia und Gerasa) zur neuen Provinz Arabia 106 nChr. Das Ende der D. läßt sich nicht bestimmen; der Name haftet noch zZ des Eusebius (onom. 80, 16f Klostermann) am Gebiet »um Hippus, Pella und Gadara«. - Vgl. die Karte bei → Palästina.

SCHÜRER II, 37ff. 148ff - H.GUTHE, Die griech.-röm. Städte des Ostjordanlandes (Das Land der Bibel II, 5), 1918 - A.H.M.JONES, The Cities of the Eastern Roman Provinces, Oxford 1937 - F.M.ABEL, Géographie de la Palestine II, Paris 1938, 145f. 233ff (Lit.) - C.H. KRAELING, Gerasa, City of the Decapolis, New Haven 1938 - ALT II, 384ff. 436ff.

C.-H.Hunzinger

Dekretalen (Litterae decretales), 1. nach geltendem kath. Kirchenrecht: die Heiligsprechungsbullen. Sie sind der Form nach Konsistorialbullen, mit Rota und Unterschriften des Papstes und der bei der Feier anwesenden Kardinäle. Der Papst führt in der Unterschrift den Titel »Catholicae Ecclesiae Episcopus«, der seine Rechtsstellung als einziger Bischof der Gesamtkirche bezeichnet.

In der gleichen Form werden die dogmatischen Definitionen promulgiert, die jedoch Apostolische → Konstitutionen genannt werden. – 2. In der kirchlichen Rechtsgeschichte des Altertums und MA: die Erlasse, in denen der Papst konkrete Rechtsfälle entscheidet, jedoch so, daß die Entscheidung allgemein, nicht nur für den konkreten Fall gilt. Die D.-Gesetzgebung begann mit einem Brief Siricius' I. von 385 an den Bischof von Tarragona, in dem die Gleichstellung der päpstlichen Entscheidungen mit den Synodalkanones schon ausgesprochen ist. Sie stieg rasch zu solcher Bedeutung und Ausdehnung an, daß schon in der 1. Hälfte des 5.Jh.s Sammlungen von D. nachweisbar sind. Rechtsgeschichtlich besonders bedeutsam wurden die D.-Sammlungen des → Dionysius Exiguus und → Pseudo-Isidors. Nach dem Dekret → Gratians entstanden, durch die damalige starke Gesetzgebungstätigkeit der Päpste veranlaßt, zahlreiche neue Sammlungen, darunter die in das → Corpus Iuris Canonici aufgenommenen.

J.F.v.Schulte, Die Gesch. der Quellen u. Lit. des Canonischen Rechts von Gratian bis auf die Gegenwart I. II, 1875-77 – H.Getzeny, Stil u. Form der ältesten Papstbriefe bis auf Leo d.Gr. (phil. Diss. Tübingen), 1922 – St.Kuttner, Repertorium der Kanonistik (1140-1234), Bd 1 (StT 71), 1937 – H.Wurm, Studien u. Texte zur D.sammlung des Dionysius Exiguus (Kanonist. Stud. u. Texte, hg.v. A.M.Koeniger, 16), 1939 – DDC IV, 1949, 1064f – W.M.Plöchl, Gesch. des Kirchenrechts I. II, 1953/55 – Feine (Lit.). *H.Barion*

Dekretalisten, die Kanonisten des 13. und 14., auch noch des 15.Jh.s, die sich, hauptsächlich in → Glossen und → Summen, mit den nach dem Dekret → Gratians erschienenen Dekretalensammlungen (→ Dekretalen) befaßten. Bedeutende D. waren: Tancredus von Bologna († 1234/36), Papst → Innozenz IV., Bernhard von Botone († 1263), Johannes Andreae († 1348).

Lit. → Dekretalen. *H.Barion*

Dekretisten, die Kanonisten des 12. und beginnenden 13.Jh.s, die in → Summen und → Glossen das Dekret → Gratians wissenschaftlich bearbeiteten. Hervorragende D. waren: → Alexander III., Rufinus († 1190), Stephan von Tournai († 1203), Huguccio († 1210), Johannes Teutonicus († 1245).

Lit. → Gratian. *H.Barion*

Delegation, das Recht der Übertragung kirchlicher Amtsgewalt durch den Berechtigten auf eine andere Person (cc. 197-199 CIC). Sie ist grundsätzlich zulässig, darf jedoch niemals für dauernd vorgenommen werden, weil dadurch indirekt ein neues Amt ohne Genehmigung der Oberen geschaffen würde. Auch kann die Amtsgewalt für den sog. »inneren Bereich« nicht delegiert werden, zB kann sie der Pfarrer für seine Pfarre nicht übertragen. Weitere Übertragung eines durch D. erworbenen Amtes ist möglich (Sub-D.), eine nochmalige Übertragung aber nur unter ausdrücklicher Zustimmung des Erstberechtigten (Hauptdelegant). Die D. erlischt durch Ausführung des Auftrages, durch Zeitablauf und Widerruf. Seelsorgerische Maßnahmen, die vom Delegierten nach Ablauf der D. noch ausgeübt wurden, bleiben jedoch gültig.

C.Holboeck, Hdb. d. Kirchenrechts, 1951, 273 – Eichmann-Mörsdorf I, 321ff. *A.Erler*

Delehaye, *Hippolyte* SJ (1859-1941), * Antwerpen, † Brüssel, trat 1876 in den Jesuitenorden, 1887 in die »Gesellschaft der → Bollandisten« ein, wo er seitdem immer mehr zum führenden Kopf wurde. 1912 wurde er ihr Präsident. Seine Verdienste liegen auf dem Gebiet der kath. Hagiographie und ihrer Methoden, die er mit umfassender Gelehrsamkeit betrieb.

Vf. u.a.: Les légendes hagiographiques, Brüssel (1905) 1927³ (dt. 1907); Les origines du culte des martyrs, 1912; Les passions des martyrs et les genres littéraires, 1921; Sanctus. Essai sur le culte des saints dans l'antiquité, 1927; Martyrologium Romanum ... (Propylaeum ad Acta SS. Decembris), 1940. – Über D.: P.Peeters, Le r. père H.D. (AnBoll 60, 1942, I-LII; Bibliogr.) – EC IV, 1349ff (Lit.). *G.Maron*

Delfin, *Peter,* * 1444 Venedig, † 16.1.1525 Venedig. Als Sproß einer verarmten Patrizierfamilie humanistisch gebildet, wurde er 1462 Kamaldulenser, 1478/79 Abt von St. Michael auf Murano und 1480 General des Ordens. Um dessen Reform bemüht, bekämpfte er vor allem das Kommendenwesen. Als Venezianer und Freund der Medici trat er im »Dialogus in Hieronymum Ferrariensem« (1498) gegen → Savonarola auf. Selbst dem Einsiedlertum im Geist des hl. Romuald fremd, geriet er in Konflikt mit den 1510 bzw. 1512 in Camaldoli eingetretenen Venezianern Paolo Giustiniani und Vincenzo Quirini aus dem Kreise G. → Contarinis. Diese erreichten, daß D. am 13.6.1514 der Generalsgewalt über Camaldoli und die Kongregation St. Michael entkleidet wurde. D.s Werk scheiterte wie manch anderer Ansatz zur Reform am Vorabend der Reformation an mangelnder religiöser Tiefe und Kraft.

Petri Delphini ... epistolarum volumen, Venedig 1524. – J.Schnitzer, P.D., 1926 (S. 366-399 ed.v. »Dialogus«) – H.Jedin, Contarini u. Camaldoli (Archivio Italiano per la Storia della Pietà 2, 1953, 3-67) – EC IV, 1355. *E.Iserloh*

Delikte, Übertretungen der Gesetze. Zu ihrem Begriff gehören folgende Elemente: 1. Das Gesetz: Es kommt für die kath. Kirche regelmäßig Kirchenrecht, ausnahmsweise Naturrecht und positives göttliches Recht in Betracht. 2. Die Schuld: Der Täter muß das Gesetz – sei es öffentlich, offenkundig oder geheim – in einer Weise verletzt haben, die ihm sittlich anrechenbar ist. Das kanonische Recht mißt die Schwere einer Straftat nach dem Wert des angegriffenen Rechtsgutes und der Höhe der Schuld, wobei es sowohl zwischen Vorsatz (dolus) und Fahrlässigkeit (culpa) unterscheidet (c. 2199) wie auch Schuldausschließungsgründe (zB Jugendlichkeit des Täters) und Rechtfertigungsgründe (zB Notwehr) kennt. Daneben werden Schuldminderungsgründe (zB Geistesschwäche), aber auch Schuldmehrungsgründe (zB Mißbrauch der Amtsgewalt) gewertet. 3. Die Strafbarkeit: Dem Gesetz muß eine – wenn auch hinsichtlich der Art und Höhe unbestimmte – Strafklausel angefügt sein. – Eine Einteilung der strafbaren Handlungen in Übertretungen, Vergehen und Verbrechen kennt das kanonische Recht nicht. Die einzelnen D. sind in den cc. 2314-2414 aufgezählt (→ Strafrecht, kirchliches). – Das Strafrecht der ev. Kirche hat nie eine bedeutende Rolle gespielt und ist heute durchweg veraltet.

Eichmann-Mörsdorf III, 299ff – C.Holboeck, Hdb. d. Kirchenrechts, 1951, 1041ff – A.Erler, Kirchenrecht, 1957², 124. *A.Erler*

Delitzsch, *Franz* (1813-90), * und † in Leipzig, luth. Theol., Prof. in Leipzig (1844), Rostock (1846), Erlangen (1850) und wieder Leipzig (seit 1867). Umfassend gelehrt, Kenner des rabbinischen Schrifttums, ein bedeutender Exeget, der biblisch-theologische Auslegung mit philologischer Akribie verband. Vertreter der heilsgeschichtlich orientierten Theologie, lehnte er die historisch-kritische Forschung ab, erkannte aber doch später einige ihrer Ergebnisse an. Zur Förderung der von ihm seit seiner Magisterzeit (1835-42) unermüdlich betriebenen Mission unter den Juden gründete er 1886 das → »Institutum Judaicum« (später »Delitzschianum«) in Leipzig und übersetzte das NT ins Hebräische (1878, 1928¹³). – Aus seiner Schule kam Gustav → Dalman. –

Zu dem Assyriologen *Friedrich* D. (1850-1922), Sohn von Franz D., → Assyriologie, 3, → Babylonien: III, 1, → Panbabylonismus.

Vf. sZ viel gelesene Komm. über: Hab, 1843; Hhld, 1851; Gen, (1852) 1887^{5}; Pss, 1859f; Hebr, 1857, sowie in dem von ihm u. C.F. KEIL (1807-88) hg. »Bibl. Comm. über das AT«: Hi, (1864) 1876^{2}; Jes, (1866) 1889^{4}; Pss, (1867^{2}) 1894^{5}; Spr, 1873; Hhld u. Pred, 1875. - Außerdem: Zur Gesch. der jüd. Poesie ... bis auf die neueste Zeit, 1836; Das Sakrament des wahren Leibes u. Blutes Christi, (1844) 1886^{7}; Vier Bücher von der Kirche, 1847; System der bibl. Psychologie, (1855) 1861^{2}; Jesus u. Hillel, (1866) 1879^{3}; Der tiefe Graben zwischen alter u. moderner Theol., (1888) 1890^{2}; Messianische Weissagungen in geschichtl. Folge, (1890) 1899^{2}. - FRZ.D. u. J.CHR.K.V. HOFMANN, Theol. Briefe, hg. v. W.VOLCK, (1891) 1893^{2}. - Über D.: RE IV, 565ff - EJud V, 911f - H.-J.KRAUS, Gesch. der hist.-krit. Erforschung des AT, 1956, 210ff. *E.Kutsch*

Dell, *William* (?-1664), 1645-46 Feldprediger im Revolutionsheer → Cromwells, 1649 Master des Caius College in Cambridge und Pfarrer in Yelden (Bedfordshire), 1660 vom Caius College, 1662 vom Pfarramt entlassen. Radikaler Königsgegner und Spiritualist, Schüler → Schwenckfelds, dessen Verehrung für Luther er mit der scharfen Kritik am kirchlichen Werk der offiziellen Reformation übernahm, benutzte er sein Universitätsamt, um die akademischen Traditionen zu vernichten. Er verwarf das kirchliche Amt und die Theologie, trat für die Laienpredigt ein und begünstigte deshalb → Bunyan, ließ Sakrament, Liturgie und Bibel fallen und stand den → Quäkern nahe. Jedes irdische Königtum hielt er für Verrat am Königtum Jesu Christi. In seinen beiden radikalen Predigten »Right Reformation; or the Reformation of the Church of the NT represented in Gospel Light«, 1647 (über Hebr 9, 10), und »The Building and Glory of the truly Spiritual and Christian Church«, 1647, brachte er den Gegensatz gegen jede konkrete Kirche zugunsten einer geistgeborenen auf die schärfste Formulierung.

Select Works of W.D., London (1773) 1817^{2}; Extracts in: John Wesley's Christian Library II, 1827. - E.CALAMY, Nonconformist's Memorial, abridged and corrected by S.PALMER, I, 1775, 201 - DNB (Neudr. 1949) V, 773ff - TH.SIPPELL, W.D.s Programm einer »luth.« Gemeinschaftsbewegung, 1911 - DERS., Werdendes Quäkertum (mit Predigtauszügen in dt. Übers.), 1937, 62ff. *M.Schmidt*

Demantius, *Christoph* (15.12.1567 bis 20.4.1643), * Reichenberg (Böhmen), † Freiberg (Sa.), Kantor in Zittau und seit 1604 in Freiberg, einer der bedeutenden Komponisten der Generation unmittelbar vor H. → Schütz. Seine bevorzugt vielstimmig gesetzten Werke, von denen die sechsstimmige Johannespassion (1631, Neudr. 1934) bekannt geworden ist, kennzeichnet Klangfrische und Ursprünglichkeit des Ausdrucks.

Weitere Werke: Corona harmonica (Evangelienmotetten), 1610; Threnodiae (Choralsätze), 1619; dt. Lieder, 1595, Neudr. 1939; Tänze, Kanzonetten; Lehrwerke: Forma musices, 1592; Isagoge artis musicae, (1602) 1671^{10}. – Über D.: R.KADE, C.D. (VfM 6, 1890, 469-522) - MGG III, 152ff. *S.Hermelink*

Demetrius, 1. *jüdisch-hellenistischer Schriftsteller,* verfaßte in Ägypten kurz vor 200 vChr ein Buch, das nach Clemens Alexandrinus (Strom. I, 21, 141) den Titel περὶ τῶν ἐν τῇ Ἰουδαίᾳ βασιλέων trug. Von diesem Werk, das eine Geschichte Israels von der Weltschöpfung an enthalten hat, sind nur einige Fragmente bei Kirchenvätern überliefert worden. Diese Stücke, mit Episoden aus dem Leben der Erzväter und des Moses sowie aus dem Wüstenzug Israels, lassen erkennen, daß D. im Anschluß an das AT eine nüchtern aufzählende Darstellung bot, die für hellenistische Leser bestimmt war und ihnen eine zuverlässige Schilderung der Geschichte des Gottesvolkes geben sollte.

SCHÜRER III, 472ff - PW IV, 2183f - JewEnc III, 512f - W. SCHMID-O.STÄHLIN, Gesch. der griech. Lit. II/1, 1920^{6}, 588f - A.SCHLATTER, Gesch. Israels, 1926^{3}, 72ff - RIESSLER 241ff - EJud V, 930 - P.DALBERT, Die Theol. der jüd.-hellenist. Missionslit. (ThF 4), 1954, 27ff. *E.Lohse*

2. *von Alexandrien,* Bischof 189-231/32, baute die hierarchische Organisation → Ägyptens (: IV, 1) durch Einsetzung dreier Bischöfe energisch aus. Er förderte die Alexandrinische Katechetenschule, berief → Clemens als Nachfolger des → Pantänus zu ihrer Leitung und nach dessen Flucht um 203 den jungen → Origenes. Als dieser, noch Laie, in Cäsarea und Jerusalem predigte, maßregelte er ihn, und als er sich von seinen Freunden, den dortigen Bischöfen, zum Priester weihen ließ, setzte er ihn auf einer Synode 231 ab und erklärte auf einer zweiten die Weihe für ungültig; Origenes verließ Alexandrien. Von literarischer Tätigkeit ist außer Briefen nichts bekannt; nach koptischer Überlieferung stand er auch mit Jerusalem in Briefwechsel über den Ostertermin.

Euseb h.e. VI, 8, 3ff; 19, 17ff. - LThK III, 201 - BARDENHEWER II, 194f - W.BAUER, Rechtgläubigkeit u. Ketzerei im ältesten Christentum (BHTh 10), 1934, 57ff. *M.Rauer*

3. *der Heilige,* vor allem in Thessalonich und von den Soldaten als Schutzpatron verehrt, ist aus der umfangreichen Legende als wundertätiger Heiliger bekannt (Fest: 8. oder 26.10). Danach war er Prokonsul Achajas und wurde unter Maximian wegen seines mannhaften Eintretens für die Christen mit der Lanze durchbohrt. Sein Leib ist in Sirmium bestattet, die eigentliche Stätte seiner Verehrung aber seit dem 4.Jh. Thessalonich, wo sein Heiligtum im MA zu einem bevorzugten Wallfahrtsziele wurde. Sein »Grab« ist Ort zahlloser Heilungen und Quelle eines wunderkräftigen Öls (seit dem 8.Jh.). Die 1917 durch Brand zerstörte Kirche (seit der Türkenzeit Moschee) gehörte zu den berühmtesten Denkmälern byzantinischer Kunst.

Texte: BHG 71ff. - B.KÖTTING, Peregrinatio religiosa, 1950, 222ff (Lit.). *H.Kraft*

Demiurg → Schöpfung.

Demokratie → Staatsformen.

Demut

I. Religionsgeschichtlich - II. Biblisch - III. Kirchengeschichtlich - IV. Systematisch

I. Religionsgeschichtlich

Der Begriff der D. bezeichnet eine bestimmte Haltung des Menschen der Gottheit (→ Gott: I) gegenüber. D. ist immer auf eine numinose Person bezogen. Dem neutralen Göttlichen gegenüber ist keine D. möglich (vgl. aber auch → Demut: II, 1). In der impersonalen → Mystik zB der → Upanishaden begegnet uns daher keine D. In bestimmten Volksreligionen sowie in den universalen prophetischen Religionen (→ Religion: II) tritt D. angesichts der hier besonders stark erlebten Hoheit und Transzendenz der Gottheit auf. Schon in manchen Naturreligionen bekundet der Fromme D., indem er seine völlige Abhängigkeit von der Gottheit im Gebet ausspricht. Ein Gebet der Galla lautet: »Wie wir einen Wurm auf der Erde töten können, so kannst du, wenn du willst, uns auf der Erde durch einen Tritt vernichten« (F.Heiler, Das Gebet, 1923^{5}, 90). Zu den Volks- und prophetischen Religionen, in denen D. deshalb besonders betont hervortritt, weil die Gottheit als erhabene Majestät erlebt wird, gehören die babylonisch-assyrische, ägyptische und iranische Religion. In einem Gebet an Schamasch heißt es: »Du hörst, Schamasch, Flehen, Gebet und Huldigung, Demütigung, Niederknien, Bittgeflüster, Anbetung: mit lauter Stimme ruft dich der Armselige« (A.Ungnad, Die Religion der Babylonier und Assyrer, 1921, 188). In der iranischen Religion erscheint unter den → Amesha Spenta »Armaiti«, heilige D. oder Frommsinn. Der Begriff der D. geht vielfach in den der Ergebung über, wie im → Islam (vgl. Koran Sure II, 239: »Steht demütig vor Allah!«). Während in prophetischen Religionen D. als Anerkennung göttlicher Macht und als Verzicht auf eigene Kraft auftritt, erscheint in der personalen Mystik D. mehr als eine der Formen der »annihilatio«, des »Entwerdens« der menschlichen Ichhaftigkeit. So heißt es bei → Laotse (Tao-te-king 7): »Darum stellt der Heilige sein Selbst hintan, und siehe, es tritt hervor. Er gibt auf sein Selbst, und siehe, es wird bewahrt«; und Kap. 67 nennt neben Liebe und Genügsamkeit die D., die »uns zum Herrscher der Welt macht«.

ERE VI, 870 - H.Haas, Amida Buddha unsere Zuflucht, 1910, 61 f - Dschuang Dsi, übers. v. R.Wilhelm, 1912, 212 - G.Roeder, Urkunden zur Religion des alten Ägypten, 1915, 52. 57 - Chant II, 166. 222. 243. 257 - H.Lommel, Die Religion Zarathustras, 1930, 64 - RAC III, 735 ff - van der Leeuw, Reg. *G.Mensching*

II. Biblisch

1. D. (ʿanawā = das »Sichbeugen«) ist für Israels → *Weisheit* - ähnlich wie in der altorientalischen Umwelt (vgl. in Ägypten das »rechte Schweigen«) - Unterordnung unter die Weltordnung, die für israelitisches Verständnis von Jahwe gesetzt ist, und damit unter Jahwe. So können die Folgen von D. und von ihrem Gegenteil, dem Hochmut (hierzu vgl. Sir 10, 12), entsprechend dieser Ordnung als in beiden angelegt (Reichtum, Ehre, Leben: Spr 22, 4; Ehre: 15, 33; 18, 12; 29, 23; vgl. 3, 7f; bzw. Schande: 11, 2; Fall: 16, 18; 18, 12; Sir 1, 30; vgl. Spr 16, 5; 17, 19; Sir 18, 21. - Vgl. K. Koch, ZThK 52, 1955, 9 u.ö.: »schicksalwirkende Tat«), aber auch als von Jahwe gewirkt angesehen werden (Gnade: Spr 3, 34; Sir 3, 18; Hilfe für den, »der die Augen niederschlägt«: Hi 22, 29; bzw. Spott: Spr 3, 34; Untergang: 15, 25; vgl. Sir 5, 3; 10, 14; 16, 8; 32, 22; Hi 22, 29; 40, 11f). Im Verhältnis des Menschen zu Jahwe steht die D. neben der Gottesfurcht (Spr 15, 33; 22, 4; vgl. 3, 7); letztere hat Jahwe, seine Macht, aber auch seine Gnade und Hilfe (→ Ambivalenz) im Auge, die D. den Menschen, seine Ohnmacht, aber auch sein Vertrauen (vgl. Gen 32, 9-12). Man weiß aber auch um eine falsche, zur Täuschung gezeigte D. (Sir 12, 11; 19, 26; 29, 5; vgl. 1QS IX, 22; Kol 2, 18. 23; 2Kor 10, 1). - Den Hochmut als die Auflehnung des Menschen gegen Jahwe rügen und bedrohen besonders die → *Propheten* (Am 6, 8; Jes 2, 11ff; 5, 15; 10, 5ff; 13; Jer 13, 16f; Zeph 3, 11f; Ez 28, 1ff u.a.); statt dessen fordern sie demütigen Wandel vor Jahwe (Mi 6, 6-8), zur Rettung vor seinem Zorn (Zeph 2, 3). - Betont wird die D. bei Mose (Num 12, 3; Sir 45, 4), aber auch - trotz seiner hoheitlichen Stellung - bei dem Heilskönig (Sach 9, 9). - In den → *Psalmen* kommt der Demütige selbst zu Wort, besonders im Klagelied (Ps 25, 9; 51, 19) und im Vertrauenspsalm (131, 1f). Wie der Arme, »Gebeugte« (→ Armut: I, 1) erhofft er von Jahwe Hilfe (37, 11; 69, 33; 149, 4). - Nach Auffassung der Gemeinschaft von → Qumran trägt die D. gegen Gott mit dem daraus folgenden Gehorsam zum »Bedecken« der Sünde bei (1QS III, 8f). Das *Judentum* kennt auch D. gegen Menschen; sie wird im orthodoxen Judentum im allgemeinen auf die Juden (zB Abot IV, 10), in der Qumran-Sekte auf deren Glieder (1QS II, 24; IV, 3-5; V, 25; VIII, 2; vgl. auch V, 3; X, 26; XI, 1) beschränkt, in beiden Fällen also auf die Angehörigen des (unterschiedlich begrenzten) → Bundes; hinter dem, der D. erfährt, steht also die Autorität Jahwes, des Herrn dieses Bundes.

2. Das *Christentum* hat den at.-jüdischen Begriff der D. übernommen. Jesus sieht in ihr als der Grundhaltung gegenüber Gott die Voraussetzung für die Anteilhabe an der hereinbrechenden Gottesherrschaft (Mt 18, 3ff; vgl. Lk 18, 17. 9ff). Zur D. (ταπεινοφροσύνη) gegenüber dem Mitchristen ermahnt Paulus unter Hinweis auf das Vorbild Christi (Phil 2, 2ff; vgl. Mt 11, 28ff); für ihn ist D. eine spezielle Erscheinungsform der → Liebe (: III). Aus jüdischer Tradition (vgl. 1QS; s. 1) ist diese D. in die Tugendkataloge von Kol 3, 12; Eph 4, 2; vgl. 1Petr 3, 8 aufgenommen; vgl. auch das Zitat aus Spr 3, 34 LXX in 1Petr 5, 5.

Außer den Kommentaren: K.Thieme, Die christl. D. I. Wortgesch. u. die D. bei Jesus, 1906 - Ders., Die ταπεινοφροσύνη Phil 2 u. Röm 12 (ZNW 8, 1907, 9-33) - L.Dürr, Das Erziehungswesen im AT u. im antiken Orient (MVÄG 36, 2), 1932 - J.Hempel, Das Ethos des AT (BZAW 67), 1938, 266 Anm. 4 - E.Elwert, Die Grundhaltung des Frommen gegen Gott nach den Zeugnissen des AT, 1952 (Mikr.) - E.Percy, Die Botschaft Jesu (LUÅ NF 1. Avd. 49, 5), 1953 - Bultmann, NT 341 - RAC III, 743 ff (Lit.) - H.Brunner, Altägypt. Erziehung, 1957 - H.Braun, Spätjüd.-häret. u. frühchristl. Radikalismus, 2 Bde (BHTh 24/I. II), 1957 - H.Gese, Lehre u. Wirklichkeit in der alten Weisheit, 1958. *E.Kutsch*

III. Kirchengeschichtlich

1. Stellung im christlichen Denken - 2. Begründung - 3. Wesen - 4. Christliche D. und die Philosophie - 5. D. und Großmut

1. Die D. erscheint in der KG als eine für den Christen charakteristische Tugend; sie ist »σημεῖον τοῦ χριστιανισμοῦ« (Ps. Macarius, Hom. 15, 27; vgl. Hesych., De temper. et virt. 1, 82). »Si interrogares et quotiens interrogares de praeceptis christianae religionis, nihil me aliud respondere nisi humilitatem« (August., Ep. 118, 3, 22). D. ist die Grundlage aller Tugenden (Chrysost., Hom. in Act. Apost. 30, 3; Hom. in Ep. ad Rom. 1, 3; Hom. in Ep. ad Phil. 7, 5; August., Serm. 69, 1, 2). Sie ist zugleich auch ihrer aller Krönung (Chrysost., Hom. in illud: Paulus vocatus 4, 6; Hieron., Ep. 148, 20). Sie macht vor Gott angenehm (Greg., Mor. 18, 38, 59; 1Clem 30, 8). Sie ist nach Calvin die »Haupttugend für die Gläubigen« (CR 34, 234), und Luther sagt: »Rechte D. weiß nimmer, daß sie demütig ist« (WA 7, 562). Die gesamte mystische Literatur und alle christliche Predigt wiederholen immer aufs neue den Aufruf zur D. (Did 3, 9; 1Clem 13, 1; IgnEph 10, 2; Barn 19, 3. 6; Herm mand 4, 2, 2; sim 7, 6; Bonav., De perfect. vit. 2; Regul. S. Bened. 7; Thom. a Kempis, Lib. intern. consol. 3, 4; Luther, Magnificat 1521 usw).

2. Häufig werden die at. Patriarchen, Maria und die Apostel als Vorbilder der D. hingestellt (1Clem 17, 2; 31, 4; 53, 2; 55, 6; Ambros., Expos. Ev. sec. Luc. 2, 22; August., Ep. ad Gal. Expos. 15). Das fundamentale Vorbild und Beispiel der D. bietet jedoch Christus selber. Augustin hat hier die entscheidende Formel gefunden: »Doctor humilitatis Christus« (De S. Virgin. 31). Aber schon vor ihm erscheint die D. aufs engste mit Christus verbunden (1Clem 16; Orig., Hom. in Lev. 10, 2; Hieron., Ep. 66, 13), und dieses Thema behält auch weiterhin in der Theologie eine wesentliche Bedeutung.

3. Für eine Anzahl griech. Väter meint D. etwas anderes als Sündenerkenntnis. »D. heißt, daß jemand im Bewußtsein vieler guter Taten, die er vollbracht hat, doch dadurch keine hohe Meinung von sich selbst bekommt« (Chrysost., Hom. de Incompr. 5, 745). Ganz allgemein jedoch ist die D. mit Erkenntnis und Bekenntnis der eigenen Sünde verbunden (Herm sim 7, 4; Greg., Moral. 19, 6, 12; 23, 17, 31). Bei Augustin erhält dieser Gedanke stärkeres Profil: »Tu homo cognosce quia homo

es. Tota humilitas tua ut cognoscas te« (Tract. in Joh. 25, 16). Sich erkennen heißt seine Sündhaftigkeit erkennen, seine Nichtigkeit, aber zugleich auch das Erbarmen Gottes in Christus, dh »erkennen, was man Gott schuldig ist: nicht oder nicht mehr Sünder zu sein« (Gauthier 427). Für Augustin besteht demnach D. in der Erkenntnis des göttlichen Gnadenhandelns, anders ausgedrückt: im Bekenntnis der Erhabenheit Gottes angesichts der Erbärmlichkeit des Menschen: »Hi omnes cum convertuntur ad te, facile mitescunt et humiliantur coram te, memores iniquissimae vitae suae et indulgentissimae misericordiae tuae« (De S. Virgin. 36). Man findet das Echo dieses augustinischen Motivs etwa bei Bernhard: »Vigilanter discerne qualis ex te et qualis sis dono Dei... Ex te mala, bona a Domino« (De Consid. 2, 11), und ebenso bei Calvin: »Unsere D. ist seine Hoheit, und für das Bekenntnis unserer D. ist allezeit sein Erbarmen als Heilmittel bereit« (Inst. II, 2, 11).

4. Clemens von Alexandrien war der Meinung, daß schon Platon die D. gekannt habe (Strom. 2, 22, 132; vgl. Plat. Leg. 4, 7, 715f). D. ist für ihn keine spezifisch christliche Tugend, sondern ein der Philosophie und dem Christentum gemeinsames Gut. Wenn freilich die Philosophen die D. kannten, so deshalb, weil Platon diese Lehre einem παλαιὸς λόγος entnahm, und dieser ist nach Clemens nichts anderes als die Hl. Schrift (Protr. 6, 69). Origenes nimmt diesen Gedanken auf (C.Cels. 6, 15); er fügt hinzu, daß die D. den Philosophen unter dem Namen der ἀτυφία und der μετριότης bekannt gewesen sei (GCS Orig. 9, 58f). Augustin lehnte diese Auffassung ab und sah in der D. eine spezifisch christliche, den Philosophen unbekannte Tugend (De Civ. Dei 10, 29, 1); »via humilitatis a Christo venit« (Enarr. in Ps 31, 2. 18). Mit Thomas kommt man jedoch wieder auf einen D.sbegriff zurück, der die D. auch als Tugend der Philosophen betrachtet, da sie genau dem aristotelischen Begriff des »Maßes« entspreche: »Unde et Philosophus eum qui tendit in parva secundum suum modum dicit non esse magnanimum, sed ›temperatum‹; quem nos humilem dicere possumus« (Summa II/2 q. 161 a. 4). Von neuem erfolgte eine heftige Reaktion, und zwar auf dem Boden der franziskanischen Theologie, die unter dem Einfluß Bonaventuras die Ursprünglichkeit der D. als wesenhaft christlicher Tugend aufs neue herausstellte: »Hic autem actus humilitatis fundatur in fide Jesu Christi« (Qu. de humil. ad I).

5. Im Laufe der Geschichte mußte es zu einer Konfrontation des D.sideals mit dem Ideal der Hoheit und der Großmut kommen. So erklärt Chrysostomus: »Keine D., der nicht die Großmut gleichzuachten wäre« (Hom. in Joh 71, 2). Aber diese Aussöhnung geschieht zum Schaden des Begriffs der Großmut, der nun, statt wie bei den Philosophen Erhöhung des Menschen über alle Welt zu bedeuten, zum Ausdruck einer Weltverachtung aus Liebe zum Weltschöpfer wird. Die Renaissance des Aristotelismus im 13.Jh. und ihre Wiederentdeckung der klassischen magnanimitas mußte Thomas zur Revision des Problems zwingen. Er versucht eine Synthese zwischen aristotelischer magnanimitas, die er für den Bereich der Natur gelten lassen will, und christlicher D., die im Bereich der Übernatur gelte: »Et sic patet quod magnanimitas et humilitas non sunt contraria« (Summa II/2 q. 129 a. 3 ad 4).

DThC VII, 321ff - A.v.Harnack, Sanftmut, Huld u. D. in der alten Kirche (Festg. f. J.Kaftan, 1920, 113-129) - Rouët de Journel, Enchir. asceticum, (1930) 1947[4] - R.A.Gauthier, Magnanimité, l'idéal de la grandeur dans la Philosophie païenne et dans la Théologie chrétienne, Paris 1951 - K.J.Liang, Het begrip Deemoed in IClemens (Diss. Utrecht), 1951 - RAC III, 752ff - W.C.van Unnik, Zur Bedeutung von ταπεινοῦν τὴν ψυχήν bei den Apostolischen Vätern (ZNW 44, 1952/53, 250-255).

A.Benoît

IV. Systematisch

Das Wort D. ist entstanden aus Die + muot = Gesinnung eines Dienenden. Der D.sgedanke hängt seinem ursprünglichen Sinn nach mit den sozialen Gegebenheiten zusammen und gehört hinein in die große geschichtliche Dialektik des Verhältnisses von Herr und Sklave. Der gedemütigte Mensch ist in erster Linie der Unterworfene, der vor seinem Besieger die Knie beugt und sich zu Boden wirft. »Humilitas dicitur ab humo.« Ersetzt eine Rechtsordnung die alte Gewaltordnung, so ist es die soziale Hierarchie, die der D. als Beziehungspunkt dient. D. ist dann die Haltung des Untergebenen gegenüber seinem Vorgesetzten. Daher das Zwielicht, das für uns über dem D.sgedanken liegt: Man muß stets darauf gefaßt sein, daß sich hinter einer demütigen Haltung Unaufrichtigkeit, ja → Heuchelei verbirgt; der demütige Mensch - sofern ihm die Haltung der D. nicht zur zweiten Natur geworden ist (das ist es, was → Nietzsche so in Harnisch brachte!) - wartet ja nur den günstigen Augenblick ab, um sein Haupt aufs neue zu erheben, um den Sieger zum Sklaven zu machen und die soziale Hierarchie umzukehren. D., die keine Heuchelei ist, kann Mangel an Entschlossenheit oder an Selbstvertrauen bedeuten, der im Grenzfall in pathologischen Schuldkomplexen wurzelt. Man begreift, daß der Moralist aller D. mit einem gesunden Mißtrauen begegnet und daß der gesamte Strom des abendländischen Humanismus und der Demokratie sie als »feige« verpönte und in ihr ein infantiles Stadium der Menschheitsentwicklung gesehen hat: demütig sein heißt ja, das Bedürfnis nach Bevormundung noch nicht überwunden zu haben. Wie eine patriarchale Gesellschaftsordnung die D. als Voraussetzung ihrer Existenz erfordert, so verlangt eine gleichberechtigte Gesellschaft ihre Ausschaltung.

Das christliche Denken bestreitet keineswegs diese unheilvolle sittliche Zweideutigkeit der D. Es ist bereit, Nietzsche recht zu geben, insofern D. aus einem natürlichen Gefühl und einem von uns selbst über uns gefällten Urteil erwächst. Gewiß hat der Mensch zahlreiche natürliche Gründe, sich nicht zu überheben, und die kath. Theologie gefällt sich darin, ihm diese Gründe wieder und wieder vor Augen zu stellen. Das heidnische Altertum hat es dem Menschen nicht ohne guten Grund zur Pflicht gemacht, stets ehrbar und bescheiden zu bleiben, damit er nicht durch Übermut den Neid der Götter errege. Eine maßvolle und mit Zurückhaltung geübte D. ist zweifellos eine Form der Weisheit, die es zu pflegen gilt. Aber diese D., die im Maßhalten besteht, ist ein wesentlich relativer Begriff; sie ist in erster Linie das Kennzeichen von Epochen, denen eine gewisse Stabilität eignet oder die sich am Vorabend einer schweren Krise auf sich selbst zurückziehen. Dagegen läßt der wissenschaftliche und technische Fortschritt eine Menschheit, die sich in der Expansion befindet, mindestens ebensosehr an ihre eigene Größe glauben wie an ihre D. Der Mensch hat letztlich keinen entscheidenden Grund, demütig zu sein. Wohl hat Descartes versucht, der »humilité« ein vernunftgemäßes ethisches Fundament zu geben, indem er sie mit der »générosité« verband. Wie diese uns urteilen läßt, daß die anderen nicht weniger gute Eigenschaften und Verdienste haben als wir, so müßte sie uns auch den Gedanken nahelegen, daß unsere Fehler nicht geringer sind als die unserer Mitmenschen. Die »humilité« setzte also die Anerkennung einer gewissen Gleichheit unter den Menschen im Guten wie im Bösen voraus. Freilich verblaßt dann bald der Gedanke, daß ich mich meinen Mitmenschen gegenüber als geringer betrachten sollte; ich werde mich einfach darauf beschränken, nicht mehr sein zu wollen als sie. Diese Reduktion der D. führt zur Verflüchtigung des Hierarchiegedankens, den Thomas von Aquino im Verein mit der gesamten Tradition zur Grundlage der D. gemacht hatte. »Humilitas est virtus qua quis considerans suum defectum, tenet se in infimis secundum suum modum« (II/2 q. 161 a. 1 ad 2). Worauf soll sich der Respekt vor dieser Hierarchie gründen? Etwa auf eine Gesellschaftsordnung? Wir wissen, daß sie stets in Bewegung ist und daß es zu den Forderungen der Gerechtigkeit gehört, den Unterschied von Groß und Klein nicht absolut zu nehmen; Gottes Politik besteht ja gerade darin, die Großen zu demütigen und die Gedemütigten zu erheben. Thomas denkt sicherlich an die Hierarchie des Geschaffenen innerhalb der Schöpfung. Aber gerade dann wird es erst recht zweifelhaft, ob man den Menschen zur D. rufen kann. Er ist zwar nur Geschöpf, und seine Ursünde besteht darin, daß er diese seine Geschöpflichkeit vergessen und sich Gott gleichstellen wollte. Aber es bleibt dabei, daß der Mensch innerhalb der Schöpfungsordnung als oberstes Geschöpf eine Herrscherfunktion erfüllt, die einen Aspekt seiner Gottebenbildlichkeit darstellt. Die Schrift selbst bezeugt die Hoheit des Menschen als Geschöpf (Ps 8, 5-9), und wenn Gott den Menschen daran erinnert, daß er vor ihm nichts ist, so nimmt er ihm damit nichts von seiner geschöpflichen Würde. Die D. des Menschen Gott gegenüber (von der auch die Heiden schon etwas geahnt haben) impliziert nicht die D. des Menschen innerhalb der Schöpfung. Kurz, die D. scheint uns einer ausreichenden natürlichen Begründung schlechterdings zu entbehren, und die von der kath. Theologie gegebene Definition: D. sei jenes ethische Urteilsvermögen, welches dem Verstande die Unangemessenheit des zu hoch gesteckten Zieles, das man blind verfolgt, zum Bewußtsein bringt (DThC VII, 321), unterstreicht nur noch die Fragwürdigkeit einer D., die sich auf die sehr relative Norm des »Angemessenen« gründet.

Und doch: »tota christiana religio humilitas est«. Dieser Satz könnte sich freilich der scharfen Kritik Nietzsches nicht entziehen, würde er nicht immer wieder in seinen christologischen Zusammenhang hineingestellt, und hätten wir nicht in Christus das Geheimnis der D. Gottes selber ergriffen. Gottes D. ist seine Menschlichkeit in Jesus Christus. Die paulinische → Kenosis-Lehre (Phil 2, 5-11) präzisiert das Wesen dieser D.: Obgleich Christus die Gottheit besaß, hat er die Gottgleichheit, die sein war, nicht für einen Raub, für einen zu verteidigenden Besitz gehalten, sondern hat ein Menschsein gleich dem unsern angezogen, ein Menschsein, das sogar den Tod mit einschließt. Die D. Gottes in Jesus Christus besteht darin, daß er sich in der Niedrigkeit der Menschheit inkarniert, ohne diese zu zerstören. Aber diese Tat Gottes läßt sich nur im Blick auf ihr Ziel verstehen: Es handelt sich für Gott darum, sein Geschöpf aufzusuchen, ihm in Jesus Christus der Nächste zu werden. Hier liegt der Prüfstein aller wahren D., der Punkt, an welchem sie sich radikal scheidet von aller Herablassung, zu der sich der Hochmut bequemen kann.

Für den Menschen besteht die D. nicht darin, die Tat Gottes nachzuahmen. Denn eben in der Erniedrigung Christi erkennt er, daß er von sich aus gar nicht mehr den Anspruch erheben kann, aller Größe zu entsagen; sie ist ihm längst genommen. D. besteht, wie Karl Barth stark betont, für ihn nunmehr darin, daß er die Gabe, die ihm in der Demütigung Christi zuteil geworden ist, willig als Geschenk im Glauben annimmt, daß er den Ernst fahren läßt, mit dem er auf sich selbst schaut, und dankbar das herrliche Geschenk empfängt, das Gott ihm bereitet hat und immer wieder bereitet. Deshalb verbindet sich die D. des Menschen mit seiner Freiheit, denn als einer, der demütig geworden ist, ist er frei von der Sorge um sich selbst und seine Taten. Allerdings gibt es ein Bleiben in der D. und der Freiheit für ihn nur, insofern er es annimmt, die ihm angebotene Gabe ohne falsche Reserve zu empfangen. Es kann von ihm aus auch eine falsche D. geben, daß er nämlich vor der Größe der Aufgaben, mit denen Gott ihn aus reiner Gnade betraut, resigniert. Die wahre D. ist stets die des wagenden Glaubens. Wo der Mensch in der D. des Glaubens verharrt, aber *nur* da, kann er seinem Nächsten gegenüber ein Nachahmer Gottes werden. Wenn er den Sinn des Menschen »in Christus« besitzt (Phil 2, 5), dann wird er frei, seine Mitmenschen ohne verdächtige D. höher zu achten als sich selbst (Phil 2, 3). Auf dem Boden solcher echten D. kann dann auch wahre »générosité« wachsen - nicht umgekehrt.

THOMAS VON AQUINO, Summa Theol. II/2 q. 161 - R.DESCARTES, Traité des Passions, CLIV f - J.GRIMM, Dt. Wb. II, 1860, 920ff - R.ROTHE, Theol. Ethik, 1870, 651ff - A.RITSCHL, Rechtfertigung u. Versöhnung III, 1888, 579ff - F.NIETZSCHE, Der Wille zur Macht, 1912 - DThC VII, 1927, 321ff - BARTH, KD III/4, 764ff - R.A. GAUTHIER, Magnanimité, Paris 1951, 375ff. *R.Mehl*

Denck, *Hans* (ca 1500-25), * Heybach/Obb., † Basel, ist eine der interessantesten Gestalten unter den frühen → Täufern. Seit 1517 studiert er in Ingolstadt und erwirbt eine gute humanistische Bildung. Als Lehrer im Regensburgischen wird er mit der Reformation bekannt, als Korrektor in Basel verehrt er → Erasmus und → Oekolampad als seine Lehrer. 1523 durch Oekolampads Empfehlung Lehrer an der Sebaldusschule in Nürnberg, wendet er sich dem Spiritualismus zu und wird im Zusammenhang mit dem Prozeß gegen die 3 gottlosen Maler 1525 der Stadt verwiesen. In Augsburg 1526 nimmt er von → Hubmaier die Taufe an und wirkt seitdem in Augsburg, Straßburg, Worms, Basel und Augsburg (Märtyrersynode) für das Täufertum. Zermürbt durch Verfolgungen stirbt er in Basel als religiöser Individualist. - Seine Theologie wurzelt in der Mystik, von der → Deutschen Theologie, → Staupitz, → Müntzer und → Karlstadt angeregt. In seinen Schriften bestreitet er die Prädestinations- und Rechtfertigungslehre sowie als Spiritualist die Autorität der Schrift und die Heilswirksamkeit der Sakramente. Das innere Wort als Kraft Gottes unter Zurücksetzung von Schrift, Predigt, Sakramenten und Zeremonien, Glaube als Gehorsam, fromme Absonderung, Taufe als Bekenntniszeichen und Abendmahl als Gedächtnis des Todes Christi sind die Hauptpunkte seiner Lehre. Seine Einflüsse auf das süddeutsche Täufertum sind nicht unerheblich.

H.D. Schriften, Bd 1-3, 1955ff (Bibliogr. v. G.BARING in Bd 1, Biogr. v. W.FELLMANN in Bd 2; Lit.). *J.F.G.Goeters*

Denifle, *Heinrich Suso* (Taufname: Josef Anton, 16.1. 1844 bis 10.6.1905), kath. Theologe, * Imst (Tirol), † München, trat 1861 in Graz in den Dominikanerorden ein, wurde 1866 Priester, 1870-80 Ordenslektor für Philosophie in Graz, 1883 Unterarchivar im Vatikanischen Archiv. D. hat, weithin Autodidakt, der Erforschung der Geistesgeschichte des MA neue Wege gebahnt, bemüht, die herkömmliche Trennung von Scholastik und Mystik als Irrtum zu erweisen. Er wandte sich zunächst der Mystik des Predigerordens zu und suchte deren Überlieferung zu klären (Das geistliche Leben. Blumenlese aus den deutschen Mystikern usw, 1873, viele Aufl. und Übers., 1936 neubearb. von A.Auer; Der Gottesfreund im Oberland und Nikolaus von Basel, 1875; Das Buch von geistlicher Armut, 1877, von D. als nicht Tauler zugehörig erkannt; Die Dichtung des Gottesfreundes vom Oberland, 1880; Die Schriften des sel. Heinrich Seuse I. Deutsche Schriften, 1880). Dabei fehlte es nicht an heftiger Kontroverse mit W.Preger. Gegenüber der idealistischen Beschlagnahme des Meister Eckehart wies D. auf Grund entdeckter lateinischer Schriften dessen scholastische Haltung nach. Dann wandte er sich mit großer Energie der Geschichte der Universität des MA zu (Die Universitäten des MA bis 1400 I, 1885; Chartularium universitatis Parisiensis, 4 Bde, 1889–97, zus. mit E.Chatelain; Auctuarium Chartularii, 2 Bde, 1894/97) neben seinen Aufgaben als Archivar (Die päpstlichen Registerbände des 13.Jh.s, 1886; Specimina palaeographica, 1888). Die Arbeit am Chartularium führte D. zum Studium der Geschichte des kirchlichen Verfalls im 14. und 15.Jh. (La désolation des églises, monastères, hôpitaux en France vers le milieu du XVe siècle I. II, 1894/97 – eine großartige Darstellung des 100jährigen Krieges). Von da kam D. über den Verfall der Kirche im 16.Jh. zu Luther. Er hat dabei das Problem des Verhältnisses Luthers zur Scholastik und des jungen Luther (einschl. der Römer-Vorlesung) scharf erfaßt und bei aller oft einseitigen Polemik gegen die prot. Forschung und moralischen Verurteilung Luthers ganz entscheidend gefördert (Luther und Luthertum in der ersten Entwicklung usw I, 1904, fortgeführt von A.M.Weiß: I, 2, 1906; II, 1907; Die abendländischen Schriftausleger bis Luther über Iustitia Dei usw, 1905). Dazu kommt eine Fülle von Aufsätzen, vor allem in dem von D. mit F. → Ehrle hg. Archiv für Literatur und KG des MA (1885–1900). – D. war ein leidenschaftlicher Forscher von unwahrscheinlicher Arbeitskraft und sicherem Spürsinn, im Urteil oft sehr scharf, aber persönlich völlig anspruchslos, von staunenswerter Kenntnis mittelalterlicher Hss.-Bestände, deren erdrückende Fülle ihn nicht zum Abschluß seines Hauptwerks über die Universitäten gelangen ließ. D. war Mitglied der Akademien von Göttingen, Berlin und Heidelberg, Ehrendoktor von Innsbruck, München und Cambridge, Ritter der Ehrenlegion.

Über D.: H.Grauert, H.D., (1905) 1906² - M.Grabmann, H.D., (1905) 1907² - J.P.Kirsch in RHE 6, 1905, 665-676 (Bibliogr.) - A.Troger, Die Vorfahren D.s, 1908 - G.Fischer, Gesch. der Entdeckung der dt. Meister Eckhart, Tauler u. Seuse, 1931. - Zum Lutherwerk: Holl III, 171-188 - W.Koehler, JB 24, 1905, 510f - G.Wolf, Quellenkunde d. dt. Ref.Gesch. II/1, 1916, 230ff - A. Herte, Das kath. Lutherbild II, 1943, 328ff - M.Grabmann, H.D. u. Kard. F.Ehrle (PhJ 56, 1946, 9-26) - A.Walz, Analecta Denifleana, Rom 1955 - M.Schmaus, Zum Gedächtnis H.D.s (MThZ 6, 1955, 275-285) - NDB III, 595ff.

Ernst Wolf

Denis, *Maurice* (1870–1943), franz. Maler, * in Grandville (Manche), † in St.Germain en Laye, kam von den späten Impressionisten her mit ihrer pointillistischen Technik und schattenlosen prismatischen Hellfarbigkeit, geriet aber bald in den Kreis derjenigen, die unter Einfluß Gauguins zu einer dekorativen Verfestigung, zugleich zur Wiederaufnahme illustrativ-gedanklicher Gehalte hinstrebten. Unter den »Symbolisten« (→ Symbolismus: II) hat sich D. am stärksten um eine neukath. Erneuerung bemüht, wobei er seinen Kompositionen durch die hohe diesseitig-lyrische Farbskala zugleich auch einen »modernen« Reiz zu vermitteln verstand. Gründung des »Atelier d'art sacré« 1919. – Religiöses Hauptwerk sind die Wandbilder in der Kirche zu Le Vésinet (um 1900); dazu viele Tafelbilder, wie die »Verkündigung« (1894) und das »Ostermysterium« (1889). – D. war auch literarisch tätig. Seine weitblickenden Essays erschienen teilweise auch in deutscher Sprache (Zeitschrift »Kunst und Künstler«).

S.Barazetti, M.D., Paris 1945 (Lit.). – P.Jamot, M.D., Paris 1945 - Allg. Lexikon d. bild. Künstler des 20.Jh.s, hg. v. H.Vollmer, I, 1953, 544f (Lit.).

G.F.Hartlaub

Denken

1. Der Begriff des D.s hat für uns eine platonische, um nicht zu sagen eleatische Prägung. Vgl. die Aufforderung, die Parmenides aus dem Munde der Göttin der Wahrheit empfing: »Schaue jedoch mit dem Geist, wie durch den Geist das Abwesende anwesend ist mit Sicherheit« (Diels Frg. 4). Diese Leistung des menschlichen Geistes, Nichtgegenwärtiges gegenwärtig zu machen, liegt allen besonderen Leistungen zugrunde, die wir »denken« nennen, insbesondere dem Schließen und dem begrifflichen Urteilen.

D. ist daher »reines D.«, dh es ist durch die Ablösung von der sinnlichen Gegebenheit in der Wahrnehmung bestimmt. Insofern nimmt der pythagoreisch-platonische Gedanke der Reinigung (κάθαρσις) der Seele von dem Sinnlichen die eleatische Forderung des D.s auf und gibt ihr ein »psychologisches« Fundament, aber auch eine metaphysische Konsequenz. Denn nur das im »reinen D.« (νοεῖν) Gewahrte ist wahrhaftes Sein (εἶδος, ἰδέα). Auch die paradigmatische Bedeutung der Mathematik für alle wahre Erkenntnis beruht auf ihrer »Reinheit« von aller sinnlichen Gegebenheit und der immanenten Schlüssigkeit ihrer Deduktionen. Die erste systematische Behandlung der → »Logik«, das Organon des Aristoteles, ist am Vorbild der mathematischen Beweise orientiert. Die platonisch-neuplatonische Unterscheidung eines noetischen (intelligiblen) Kosmos von der sinnlichen Erscheinungswelt folgt also unmittelbar aus dem Wesen des D.s bzw. des Sprechens. Der Zusammenhang zwischen D. und Sprechen ist dabei so eng, daß Platon das D. geradezu als ein inneres Gespräch der Seele mit sich selbst bezeichnet und seine Ideenlehre in der Abkehr von der Naturspekulation seiner Vorgänger aus der »Flucht« in die Reden (λόγοι; Phaid. 99e) gewinnt.

Die griech. Äquivalente für den Begriff des D.s sind also νοεῖν und λέγειν, denen νοῦς und λόγος entsprechen, die lat. intelligere (= intus legere), ratiocinari und cogitare, denen intellectus, ratio, mens usw (im Deutschen: Geist, Verstand, Vernunft) zugeordnet sind. Insbesondere wird durch → Augustin die hellenistische Lehre vom »inneren Wort« in den Dienst seiner trinitarischen Spekulation gestellt und damit der neuzeitlichen Philosophie vorgearbeitet, die sich am Beisichsein des Selbstbewußtseins orientiert. Im übrigen ist das Verhältnis von → Glauben und D. (»fides quaerens intellectum«) das bekannte Generalthema der christlichen Philosophie des MA.

2. Eine wichtige Mittlerfigur zwischen MA und Neuzeit stellt → Nikolaus von Kues vor, dessen Lehre von der mens und ihrer Selbstentfaltung im »Messen« (mens – mensurare) dem Methodenbegriff der Neuzeit präludiert. Was für die moderne Wissenschaft »D.« heißt, ist insbesondere durch → Descartes beschrieben worden. In seinen »regulae ad directionem ingenii« hat er das Wesen des methodischen D.s als den Weg der Gewißheit programmatisch entworfen, dessen Einhaltung allen Vorurteilen und Zweifeln überlegen mache. Gewiß ist nicht alles D. ein rein begriffliches, urteilendes oder schließendes Verhalten, aber es entspricht der Überzeugung des → »Rationalismus«, daß alles andere (sinnliche) → Erkennen nur eine cognitio confusa ist und durch die Analyse seines begrifflichen Gehalts (analysis notionum) zu rationaler Perfektion erhoben werden kann (Leibniz). Auch der englische Empirismus, der die Bildung der Begriffe aus der »sensation« ableiten will, kann auf die Eigenständigkeit der »reflection«, der Wendung des D.s auf sich selbst, nicht verzichten (Locke, Essay IV, 17).

Der Begriff des D.s ist also durch die Spontaneität und Produktivität des menschlichen Geistes charakterisiert: das ist der, insbesondere seit → Kant ins allgemeine Bewußtsein übergegangene Sinn von D. im Gegensatz zu → »Anschauung«. Das D. ist »diskursiv« – es hat die Wahrheit nicht mit einem Blicke vor sich. Kant hat in seiner »transzendentalen Deduktion« die Lebensfrage der Metaphysik, die Möglichkeit einer Erkenntnis durch »reines D.«, mit dem Erfahrungsanspruch der modernen Wissenschaft vermittelt und die Geltung der Einheitsbegriffe des Verstandes aus der Einheit des Selbstbewußtseins abgeleitet.

Daß in der Tat die Einheit des Selbstbewußtseins für das Wesen des D.s konstitutiv ist, hat auch der → Neukantianismus betont und eine ganze Disziplin, die »Denkpsychologie«, auf diesen Zusammenhang gegründet (Hönigswald).

3. Im übrigen haben aber schon die unmittelbaren Nachfolger Kants (von Fichte bis Hegel) die metaphysische Autonomie des »reinen D.s« wiederhergestellt. Die Dialektik des »spekulativen« D.s verstehen sie als die Selbstentfaltung der Vernunft, die das Ganze der Wirklichkeit durchsichtig macht. Nur diese Erfahrung der Dialektik der Gedanken heißt ihnen »D.« – alles andere ist bloßes »Vorstellen«. → Hegel sieht daher in der Logik »die Darstellung Gottes, wie er in seinem ewigen Wesen vor der Erschaffung der Natur und eines endlichen Geistes ist« (Hegel, Logik, Einleitung). Der deutsche → Idealismus stellt insofern den äußersten Triumph des griech. Gedankens des »reinen D.s« dar. Seither hat eine mannigfaltige Kritik die Ansprüche dieses D.s zerstört: die Junghegelianer (→ Feuerbach, → Marx), → Kierkegaard, → Nietzsche, → Dilthey und der → Historismus, aber auch die Erforschung des »emotionalen D.s« (Heinrich Maier), des »D.s der Primitiven« (Levy-Brühl), das »mythische D.« (Cassirer), die Verdrängungs- und Sublimierungstheorie der Psychoanalyse (→ Freud) und alle mit dem Begriff der »Weltanschauung« verknüpfte Unterscheidung von Denkweisen oder »Denkformen« (H.Leisegang) u.a.m. Systematisch gesehen ist die radikalste Position in dieser Kritik des »D.s« diejenige Nietzsches, der das D. ganz der »großen Vernunft« des Leibes unterstellt (»auf dem Rücken eines Tigers in Träumen hängend«).

Wenn → Heidegger in einer 1954 publizierten Vorlesung die Frage »Was heißt Denken?« aufs neue gestellt hat und das D. an das Sein als »Andenken« dem Herrschaftsdenken der Metaphysik entgegenstellt, trägt er offenbar dem Scheitern der hegelischen spekulativen Versöhnung von Vernunft und Wirklichkeit ebenso Rechnung wie dem wesentlichen Anliegen Hegels, der das D. der Philosophie wie die Andacht der Religion zu umfassen sucht.

A.Riehl, Der philosophische Kritizismus, (1876-87) 1924³ – R. Hönigswald, Die Grundlagen der Denkpsychologie, (1921) 1925² – E.Cassirer, Philosophie der symbolischen Formen, 1923 – E. Husserl, Formale u. transzendentale Logik (Jb. f. Phil. u. phän. Forschung 10, 1929, 1-298) – K.Riezler, Parmenides, 1934 – J.Ritter, Mundus intelligibilis, 1937 – K.Jaspers, Von der Wahrheit, 1947 – H.-G.Gadamer, Zur Vorgeschichte der Metaphysik (Anteile, M.Heidegger z. 60. Geb., 1950, 51-79) – M.Heidegger, Was heißt D.?, 1954 – W.Schulz, Die Vollendung des dt. Idealismus in der Spätphilosophie Schellings, 1955 – K.-H.Volkmann-Schluck, Nicolaus Cusanus, 1957. – Vgl. auch Lit. zu → Erkennen, → Erkenntnistheorie, → Logik. *H.-G.Gadamer*

Denomination (lat. Bezeichnung, Benennung) hat im religiösen Sprachgebrauch verschiedene Bedeutungen. Auf dem europäischen Kontinent und in England ist D. fast gleichbedeutend mit → Sekte und bezieht sich auf solche, die sich von der Staatskirche getrennt haben. Es hat oft einen tadelnden oder verächtlichen Sinn. In Amerika hat die Trennung von Staat und Kirche im allgemeinen zu einer Unterscheidung von D. und Sekte geführt. D. bedeutet ungefähr dasselbe wie »Kirche« im europäischen Sprachgebrauch. Gewöhnlich nennt man Kirchen mit langer historischer Tradition D.en; es sind Gruppen, welche die wesentliche Übereinstimmung mit anderen anerkennen, während in nichtwesentlichen Punkten Unterschiede bestehen. Der Begriff Sekte dagegen bezeichnet hier im allgemeinen Gruppen ohne Geschichte, die nicht zur Zusammenarbeit bereit und individualistisch eingestellt sind; sie bestehen bewußt oder unbewußt auf einer häufig dogmatisch begründeten Trennung, wobei das Festhalten an einem Glaubenssatz oder einer Reihe von Glaubenssätzen zum Ausschluß aller derer führt, die hier nicht mitgehen. Solche Punkte sind zB der Glaube an die nahe Wiederkunft Christi, die Verbalinspiration der Schrift, die Heiligung und Sündlosigkeit des Christen, die 5 Fundamentalartikel (→ Fundamentalismus).

H.R.Niebuhr, The social sources of Denominationalism, New York 1929 – E.T.Clark, The small sects in America, Nashville (1937) 1950² – J.M.deJong, The D. as the American Churchform (Nieuwe ThT 27, 1938, 347-388) – J.L.Neve, Churches and sects of Christendom, Burlington 1940 – O.Tomkins, Regionale u. konfessionelle Bindungen in d. Allgem. Kirche (Amsterdamer ökumen. Gespräch I, 1948, 148-161) – EBrit VII, 1952, 217 – S.E.Mead, Denominationalism: The Shape of Protestantism in America (ChH 23, 1954, 291-320) – W.S.Hudson, Denominationalism as a basis for ecumenicity. A 17th Century conception (ebd 24, 1955, 32-50). *R.C.Wolf*

Dereser (*Thaddäus* a Sancto Adamo, Ordensname), *Anton* (3.2.1757 bis 16.6.1827), kath. Theologe, * Fahr (Ufr.), † Breslau, 1776-1802 unbeschuhter Karmelit, dann Weltpriester, war nach seinem Studium in Würzburg (bei → Berg und → Oberthür) und anderwärts 1781-83 Ordenslektor in Heidelberg, dann Prof. für NT in Bonn, 1791 in Straßburg. 1794 wurde er als Pfarrer von Scherweiler wegen Ablehnung der → Constitution civile du clergé verhaftet und verurteilt, aber nach dem Sturz der Jakobiner befreit. 1799 ging er als Prof. für Orientalia nach Heidelberg und später nach Freiburg, wurde 1810 Stadtpfarrer in Karlsruhe, machte sich mißliebig und sollte 1811 nach Konstanz versetzt werden. Er ging aber in die Schweiz und wurde 1811-14 Regens des Priesterseminars in Luzern. Dort als verdächtig entlassen, wurde er schließlich 1815-27 Prof. für Dogmatik in → Breslau (: II, 3) und Domkapitular. D. ist ein einflußreicher und gelehrter Vertreter der kath. Aufklärung (sein »Deutsches Brevier« 1790 wurde oft aufgelegt). Als Exeget durch J.G. → Eichhorn, J.D. → Michaelis und → Semler beeinflußt, wirkte er vor allem durch seine erläuterte Übersetzung des AT nach dem Urtext und durch eine große Zahl philologischer und hermeneutischer Untersuchungen. Seine kirchliche Einstellung ist durch die Neigung zum → Febronianismus und die Unterstützung der rom- und zölibatsgegnerischen Bestrebungen im schlesischen Klerus im Sinn A. → Theiners gekennzeichnet.

Vf. u.a.: Commentatio biblica in effatum Christi: Tu es Petrus, 1790 (indiziert); Erbauungsbuch für alle Christen auf alle Tage des Kirchenjahrs (Deutsches Brevier), (1790) 1820⁸. – Über D.: HN V, 929ff (Bibliogr.) – RE IV, 581 – F.X.Münch, Der äußere Lebensgang des Aufklärungstheologen Th.A.D. (kath.-theol. Diss. Bonn), 1929 – CathEnc IV, 739 – LThK II, 217 – EC IV, 1450 – E.Hegel, D.s Berufung nach Preußen usw (Arch. f. schles. KG 10, 1952, 200-225) – Ders., Th.A.D.s Studium u. Lehrtätigkeit an der Universität Heidelberg (Arch. f. mittelrhein. KG 4, 1952, 229-253) – Ders., D. u. Wessenberg (Freiburger Diözesanarch. 73, 1953, 88-116) – NDB II, 605. *Ernst Wolf*

Dermung bezeichnet bei Luther (sonst nicht belegt) die Wandlung oder Konsekration im Abendmahl, abgeleitet von terminare, das im MA die Nebenbedeutung von zueignen, widmen, weihen erlangte; häufiger ist das mittelhochdeutsche Verbum »termen« (bei Luther dyrmen, dermen, darmen). Bekannt ist D. aus Luthers Deutscher Messe von 1526 (WA 19, 97, vgl. auch 18, 27 und 38, 234, 1525 bzw. 1538), doch ist keine theologische Aussage mit dem Begriff verbunden.

J. KÖSTLIN-G. KAWERAU, Martin Luther II, 1903, 629 (zu 20[1]) - RIETSCHEL-GRAFF 352. *W. Jannasch*

Dernbacher Schwestern, Arme Dienstmägde Jesu Christi, 1851 von Katharina Kasper (1820-98) in ihrem Heimatort Dernbach/Unterwesterwald im Bistum → Limburg gegründet und 1890 zu einer Genossenschaft erhoben. Ihre Ordensregel folgt der des → Vincentius a Paulo. Arbeitsgebiete sind Krankenpflege in Krankenhäusern und Familien, Alterspflege, Unterricht und Erziehung der Jugend. Einteilung seit 1936 in 6 Provinzen (Dernbach mit Generalmutterhaus, linksrhein. und rhein.-westfäl. Provinzen, Holland, Amerika und Böhmen). 1947 wurde infolge Ausweisung der Schwestern die böhmische Provinz aufgehoben, 1954 das ursprünglich zur Dernbacher Provinz gehörende englische Vikariat selbst Provinz. Die Genossenschaft zählt (1957) in Deutschland 2648 Profeßschwestern und 53 Novizinnen in 246 Niederlassungen; in den USA, wo die Genossenschaft 1868 durch J.H. Luers, Bischof von Fort Wayne/Indiana, eingeführt wurde, 632 Profeßschwestern und 19 Novizinnen in 39 Niederlassungen; in der holländischen Provinz 123 Profeßschwestern in 9 Niederlassungen und in England 54 in 3 Niederlassungen. Jede der ausländischen Provinzen hat ihr eigenes Noviziat, die drei deutschen Provinzen nur eins in Dernbach.

HEIMBUCHER II, 489f - Mutter Maria Kasper. Ein Leben dienender Liebe, 1951 - 100 Jahre im Dienste der Caritas 1851-1951. Ein Blick in die Arbeitsgebiete der Genossenschaft der Armen Dienstmägde Jesu Christi, 1951 - Enc. Amer. XX, 1952, 761f. *W. Göbell*

Descartes, *René* (1596-1650), * in La Haye (Touraine), Jesuitenschüler in La Flèche, lebt seit 1628 zurückgezogen in Holland, † in Stockholm am Hof der Königin Christine. Wenn ein einzelner Denker als Eröffner der neuzeitlichen Philosophie gelten kann, dann D. - Als genialer Mathematiker (Analytische Geometrie und geometrische Optik, veröffentlicht 1637 als Anhang und »Probestücke« zum Discours de la méthode) fragt er zugleich nach dem Wesen mathematischer Erkenntnis. Er findet es in einer Erkenntnis von ordo et mensura, zu der sich die einzelnen Gebiete der Arithmetik, Geometrie, Mechanik, Musiktheorie (das quadrivium) nur wie verschiedene Gewänder desselben Leibes verhalten (die Jugendschrift Regulae ad directionem ingenii). So studiert seine analytische Geometrie eben jene Ordnungs- und Maßverhältnisse, die der Algebra und der Geometrie gemeinsam sind. Diese Auffassung kommt dem modernen abstrakten Strukturbegriff der Mathematik sehr nahe. - An der mathematischen Wahrheit bildet D. seinen Begriff von → Wahrheit überhaupt. Wahre Erkenntnis ist ein unbezweifelbarer intuitus, so wie die Einsicht, daß zwei mal zwei vier ist. Was man alltäglich meint, auch Wahrscheinlichkeitsargumente, wie sie die Aristoteliker zulassen, all dies ist überhaupt keine Erkenntnis. Die Meditationes de prima philosophia (1640) suchen von diesem Wahrheitsbegriff aus die Metaphysik auf neue, unerschütterliche Grundlagen zu stellen. »Einmal im Leben muß ich es unternehmen, an allem zu zweifeln, was ich geglaubt habe.« Alle Sinneserfahrung könnte trügerisch sein. Selbst die mathematische Erkenntnis, an der zu zweifeln mir im Vollzug nicht gelingt, könnte ein Trug sein, den mir ein sehr mächtiger böser Geist vorspiegelt. Aber daß ich zweifle, daran kann ich nicht zweifeln (→ Aufklärung: I, 3b). Zweifeln ist ein Akt des Denkens, und denkend bin ich: Cogito (ergo) sum. Das nur gelegentlich auftretende »ergo« bedeutet keine logische Schlußfolgerung, sondern daß mein Sein mir in demselben Akt gewiß ist, in dem mir mein Denken gewiß ist. Ich bin eine denkende Substanz, res cogitans. - Die Wahrheit meiner anderweitigen Erkenntnisse ist erst gesichert, wenn ich die Existenz eines allmächtigen und allgütigen Gottes beweisen kann, der mich als mein Schöpfer nicht täuschen wird. Von den überlieferten → Gottesbeweisen kann D. nur denjenigen → Anselms brauchen, nach dem aus dem Begriff eines vollkommensten Wesens seine Existenz folgt. Hinzu fügt er einen neuen, »kausalen«, nach dem die Vorstellung Gottes, die ich in mir vorfinde, keine geringere Ursache als die wirkliche Existenz Gottes haben kann. Diese beiden Beweise setzen nur das menschliche Bewußtsein und den Begriff Gottes voraus und nicht, wie die des → Thomas von Aquino, die Existenz der Welt, die ja D. erst durch den Gottesbeweis zu sichern sucht. - Daß der Mensch trotz der Güte Gottes irren kann, liegt an seinem freien Willen, der auch ungenügend Verstandenem seine Zustimmung geben kann. Was ich aber clare et distincte erkenne, ist wahr. - Wohl das Hauptziel D.' ist die Sicherung und der deduktive Aufbau einer mechanistischen Physik (Principia Philosophiae, 1644). Der Gedanke einer solchen Physik liegt in der Zeit (D. steht zeitlich zwischen → Galilei und → Newton). D. gibt ihm aber eine bis heute fortwirkende gedankliche Konsistenz. Clare et distincte ist Physik nur zu erkennen, soweit sie Mathematik ist. Die einzige Mathematik, die sich auf Körper bezieht, ist die Geometrie. Also muß der Gegenstand der Physik, die Materie, ausschließlich durch geometrische Eigenschaften definiert sein. Sie ist ausgedehnte Substanz, res extensa, und weiter nichts. Ausgedehntheit ist dasselbe wie Materialität. Deshalb gibt es keinen leeren Raum und keine Atome. Bewegung ist nur möglich, wenn andere Materie beiseite geschoben wird. Dieses gegenseitige Schieben muß sich zum Ring schließen: alle Bewegung ist Wirbelbewegung. Der größte uns bekannte Wirbel ist das Sonnensystem (der Cartesische Ätherwirbel, von → Newton widerlegt, von → Kant als Gaswirbel in die Entstehungsgeschichte des Planetensystems zurückverlegt). - Alles Naturgeschehen folgt mechanischer Notwendigkeit. Die Tiere sind Automaten. Im Menschen sind Denken und Ausdehnung verbunden. Die Wechselwirkung beider Substanzen geschieht in der Zirbeldrüse. In der Ausarbeitung seiner Theorie des Menschen ist D. gestorben. - Die Erkenntnis der Natur zielt auf ihre technische und medizinische Beherrschung. - In der Ethik soll sich der erkennende Mensch seiner Umwelt vernünftig anpassen, solange er die deduktive Erkenntnis über den Menschen nicht besitzt. Faktisch trägt D.' Ethik und Religiosität stoische Züge. In Kenntnis des Galilei-Prozesses vermied er diplomatisch den Konflikt mit der Kirche. An der Ehrlichkeit seines Gottesglaubens ist gewiß zu Unrecht gezweifelt worden. Christus und das Problem der Sünde (dessen augustinischem Lösungsversuch seine Theorie des Irrtums nachgebildet ist) scheinen in seinem Denken keine Rolle gespielt zu haben. - Der Dualismus der beiden Substanzen, deren eine durch das Erkennen, deren andere durch die (mathematische) Erkennbarkeit definiert ist, ist die Basis des neuzeitlichen Denkens im Subjekt-Objekt-Schema. Als methodisches Prinzip ist die strenge Trennung beider Bereiche auch heute noch in der Naturwissenschaft herrschend, obwohl sie ontologisch (vgl. Quantenmechanik, → Atom, 4) ins Wanken geraten ist. Umgekehrt knüpft auch der → Idealismus an D.' Rückgang auf das Denken an. Die zumal im → Marxismus verbreitete Einteilung aller Denkweisen in materialistische und idealistische steht im Banne des Cartesianismus, desgleichen die heute häufige (schon von → Pascal mit anderen Worten in direkter Auseinandersetzung mit D. unternommene) Entgegensetzung von Natur und Existenz. Es ist offenbar leichter, D. zu kritisieren als ihn zu überwinden. Nach →Heidegger (Sein und Zeit) verfehlt D. die Frage nach dem Sein, indem er das Sein seiner »Substanzen« durch Prädikate von bestimmtem Seienden hinreichend zu definieren meint.

GA ed. C.ADAM et P.TANNERY, 12 Bde, Paris 1897-1910; Correspondance ed. C.ADAM et G.MILHAUD, 3 Bde, Paris 1936-41. - Über D.: E.GILSON, La doctrine cartésienne de la liberté et la théologie, Paris 1913 - DERS., Etude sur le rôle de la pensée médiévale dans la formation du système cartésien, Paris 1930 - G.KRÜGER, Die Herkunft des philosophischen Selbstbewußtseins (Logos 22, 1933, 225-272) - K.JASPERS, D. u. die Philosophie, (1937) 1948² - H.FRIEDRICH, D. u. der franz. Geist, 1937 - L.BRUNSCHVICG, D., Paris 1937 - E.CASSIRER, D., Lehre, Persönlichkeit, Wirkung, Stockholm 1939 - M.GEROULT, D. selon l'Ordre des Raisons, 2 Bde, Paris 1953 - W.SCHULZ, Der Gott der neuzeitlichen Metaphysik, 1956.

C.F.v.Weizsäcker

Dessauer Bündnis → Gegenreformation.

Deszendenztheorie *(Abstammungslehre, Evolutionstheorie, Transformismus)*

1. Definition - 2. Zur Geschichte der D. - 3. Grundbeweise der D. - 4. »Ergänzende« Beweise - 5. Gliederung und Aufbau der Phylogenetik - 6. Ergebnisse der historischen Phylogenetik - 7. Ergebnisse der experimentellen Phylogenetik - 8. Populationsgenetik - 9. Zusammenfassung

1. Die D. ist eine naturwissenschaftliche Theorie, die den genealogischen Zusammenhang der gesamten Lebewelt vertritt (Abstammungsgeschichte, Phylogenie). Sie ist als historisch orientierte Theorie nicht in der Lage, ihre Aussagen exakt-induktiv zu beweisen, sondern bedient sich methodisch der generalisierenden Induktion. Sie vermag indirekt durch Extrapolation von an der Lebewelt der Gegenwart experimentell erarbeiteten Ergebnissen einen Einblick in das Kausalgefüge der historisch abgelaufenen Phylogenien der Tier- und Pflanzenstämme zu gewinnen und aus den Phylogenesen bestimmte Regelmäßigkeiten der Evolutionsverläufe (Evolutionsregeln) abzuleiten. Es sei aber betont, daß es sich hier nicht, wie früher vielfach behauptet worden ist, um »Gesetze« der stammesgeschichtlichen Entwicklung handelt (vgl. zur Methode Zimmermann bei Heberer; Mayr, Linsley, Usinger; Henning).

2. Evolutionistische Gedanken finden sich bereits im Altertum (Empedokles, Anaximander) und sind auch im MA vielfach in unklarer Form verbreitet. Die Meinung, daß die Arten der Tiere und Pflanzen konstante Größen sind, wird erst im 18.Jh. in starrer Form, bes. mit dem Auftreten von Linné (1707-78), als verbindlicher Lehrsatz vertreten (»Tot sunt species, quot ab initio creavit infinitum ens«). Daneben aber haben universale Geister stets evolutionistischen Ideen gehuldigt (Buffon 1707-88), zT aber in phantastischem Gewande (»Naturphilosophie« von L.Oken). 1809 erschien die berühmte »Philosophie zoologique« von J.B.Lamarck (1744-1829), in der nicht nur in klarer Form die Evolution der Organismen vertreten, sondern auch der Versuch einer kausalen Erklärung der Phylogenie unternommen wurde. Die Autorität G.de Cuviers (1769-1832), des Begründers der vergleichenden Anatomie und Paläontologie, und die allgemeine Abneigung der »Empiriker« gegen die damalige spekulative Naturphilosophie verhinderten die Ausbreitung evolutionistischer Vorstellungen. In dem berühmten Streit zwischen Cuvier und Geoffroy St. Hilaire (Sitzung der Pariser Akademie 1830), der Goethe so stark interessierte (letzter naturwissenschaftlicher Aufsatz Goethes 1830, 1832), unterlag die Evolutionsvorstellung gegenüber der Konstanztheorie. Erst mit dem Erscheinen von → Darwins Werk »Über die Entstehung der Arten« (1859) beginnt die dann allerdings sehr schnell sich abspielende Durchsetzung der Abstammungslehre (→ Abstammung des Menschen). Darwins wichtigster Vorläufer war Chambers mit seinem Werk »Vestiges«. In den auf Darwin folgenden Jahrzehnten wurde mit einem ungeheuren Elan der genetische Neuaufbau der → Biologie gefördert, bes. durch das Wirken von Th.H.Huxley (1825-95) in England, E. →Haeckel (1834-1919) und A.Weismann (1834-1914) in Deutschland. Der teilweise stark spekulative Charakter der D., bes. bezüglich der Kausalfrage, führte um die Jh.-Wende zu einem Desinteressement der Biologie an stammesgeschichtlichen Problemen. Die Gegner der Abstammungslehre (Dennert, Wasmann u.a.) gewannen an Boden. Die Biologie wandte sich in großem Ausmaß ahistorischen experimentellen Problemen zu. Die Begründung der exakten Vererbungswissenschaft i.J. 1900 durch die Wiederentdeckung der Mendelschen Erbgesetze (→ Vererbungslehre) führte jedoch in wenigen Jahrzehnten zur Schaffung einer exakten Grundlage auch der D. im Verein mit den Fortschritten, welche die Erforschung der stammesgeschichtlichen Urkunden (Paläontologie) machte. Ein Jh. nach Darwins Auftreten steht die Evolutionslehre heute in ihren Grundlagen gefestigt und in ihrer kausalanalytischen Richtung weit fortgeschritten vor uns als »Synthetische Theorie der Evolution« (Simpson; zusammenfassende moderne Darstellungen: Heberer, Huxley, Rensch, Simpson, s. Lit.).

3. Den Ausgangspunkt für die *Grundbeweise der D.* bildet das »Grundgesetz der Biologie«, die allgemeine Tokogonie (Elternzeugung), wie es von W.Harvey schon 1651 formuliert worden ist: »Omne vivum ex ove (e vivo)«, dh alle Organismen stammen von Eltern ab. Daraus folgt, daß alle Lebewesen mit dem Beginn des Lebens auf der Erde in ununterbrochener Generationenfolge (Hologenie) verknüpft sind. Es läßt sich empirisch nachweisen, daß die Organismenwelten mit zunehmender zeitlicher Entfernung von der Gegenwart den zZ herrschenden Zuständen immer unähnlicher werden und immer weniger kompliziert gebaut erscheinen. Erst bei einem theoretischen Zurückverfolgen dieses Wandels bis in Zustände hinein, in denen die Grenzen zwischen »noch belebt« und »nicht mehr belebt« verschwinden, wird die allgemeine Tokogonie problematisch, und es taucht hier das Problem der »Urzeugung« in seiner modernen Form auf. Die biochemische Forschung nähert sich zZ auf experimentellem Wege diesem Problem (Calvin 1956). Das Auftreten der in den geologischen Schichten erhaltenen Fossilien besitzt nun eine allgemeine Regelmäßigkeit: die zeitkoordinierten Progressionsreihen (Heberer). Sie zeigen eine zeitlich geordnet fortschreitende Reihung der Gestalten der Lebewesen. So betragen zB (Zimmermann) die durchschnittlichen maximalen Stammhöhen der Pflanzen im Unterdevon noch nicht 1 m, nehmen jedoch sukzessive im Laufe der Erdgeschichte zu, messen im Oberkarbon schon 15 m und erreichen in der Gegenwart Extreme bis nahe 100 m (Sequoia). Die Kurve der Zunahme zeigt ein stetiges Ansteigen. Zur Erklärung dieser empirischen Regel sind 4 Möglichkeiten gegeben: a) der phylogenetische Zusammenhang: Die Pflanzengestalten mit geringer Stammhöhe sind die genealogischen Vorfahren der Pflanzenwelten mit größerer Stammhöhe (transformistische Auffassung). b) Es besteht kein genealogischer Zusammenhang: Eine jede Pflanzenwelt entstand bei ihrem ersten Auftreten ohne Vorfahren de novo (kreatistische Auffassung). c) Dazu gibt es noch die Möglichkeit, die jeweiligen Pflanzenwelten durch Umweltplastizität zu erklären. Es würden demnach bei einer unterstellten experimentellen Rekonstruktion etwa der

oberkarbonischen Umwelt nur Pflanzen unter maximal 15 m Größe erscheinen. Kein Biologe wird dieser Meinung zustimmen können. d) Zuletzt wäre noch eine Irreführung durch den Fossilgehalt der Schichten theoretisch denkmöglich: Es hat zu allen Zeiten Pflanzen jeder Größe gegeben, es sind aber in den älteren Schichten jeweils immer die kleineren Pflanzen erhalten geblieben. Diese Meinung widerspricht, da man es ja mit einer *Regel* der zeitkoordinierten Progressionsreihen zu tun hat, jeder statistischen Wahrscheinlichkeit. Kann man also die Denkmöglichkeiten c) und d) außer Betracht lassen, so verbleiben die transformistische und die kreatistische Auffassung. Da uns zur Entscheidung die exakt-induktive (experimentelle) Möglichkeit fehlt, hat der Wahrscheinlichkeitsgrad zwischen a) und b) zu entscheiden. Da b) dem Grundgesetz der Tokogonie widerspricht, bleibt eindeutig a) übrig, dh die phylogenetische Auffassung (Transformismus) ist damit bewiesen.

Einen ebenso schlüssigen Beweis für die Richtigkeit der D. bietet die *besondere Ordnung*, in die sich die Formenvielfalt der Lebewesen bringen läßt: das natürliche System der Organismen. Es zeigt eine abgestufte ineinandergeschachtelte Gruppierungsmöglichkeit der Tiere bzw. Pflanzen (Rassen lassen sich zu Arten, Arten zu Gattungen, Gattungen zu Familien usw bis zum Tier- und Pflanzenreich allgemein zusammenfassen). Die D. erklärt, *warum* diese und keine andere Ordnung herrscht. Auch hier besteht als Grundprämisse der Harveysche Satz (s.o.), und als zweite Prämisse tritt die Überzeugung hinzu, daß auch in der Vergangenheit Merkmalsgleichheiten (Homologien) auf genealogischer Verwandtschaft beruhen. Die Gruppen des natürlichen Systems sind demnach Verwandtschaftsgruppen im realhistorischen Sinne. Der Beweis für die D. aus der Struktur des natürlichen Systems ist gegenüber dem Beweis durch die zeitkoordinierten Progressionsreihen noch selbständiger, da er auf eine Fossilüberlieferung, die ja die Erkenntnis der Reihenbildung lieferte, verzichten kann. Auch wenn wir über keinerlei Fossilüberlieferung verfügten – was zT ja sogar zutrifft –, würde die Struktur des natürlichen Systems allein den Beweis für die D. darstellen (Tschulok).

4. Zu diesen Grundbeweisen für die Richtigkeit der D. treten nun als *»ergänzende« Beweise* die empirischen Verfahren, die das Material für jene liefern. a) Die *vergleichende Morphologie* (vergleichende Homologienforschung), der Vergleich des Baues rezenter (dh heute lebender) und fossiler Organismen und die Feststellung der homologen Organe (dh Organe gleichen historischen Ursprungs). Sie können durch Funktionswechsel und Anpassung sehr unähnlich sein (Flügel der Vögel und Flosse der Wale, beide gehen auf ein unspezialisiertes Laufbein zurück). Nichthomologe Organe können durch Anpassung an gleiche Funktionen sehr ähnlich werden (Grabbein des Maulwurfes und der Maulwurfsgrille). Man spricht dann von Analogien. Die »idealistische Morphologie« glaubte in den Homologien allein ideelle, nicht realhistorische Beziehungen – die das »geheime Gesetz« Goethes darstellen – sehen zu können und stellte ideale Typen (»Urbilder«) auf (zB der »osteologische Typus« von Goethe). Die idealistische Morphologie hat das Verdienst, sehr viel zur Erkennung echter Homologien und zum Aufbau des natürlichen Systems der Organismen beigetragen zu haben. Ihre ahistorische platonisch-ideelle Einstellung ist, wenn sie heute noch gelegentlich vertreten wird, ein Anachronismus. Weiterhin stellt die vergleichende Morphologie sehr zahlreich sog. rudimentäre Organe fest, dh Organe, die nicht mehr voll ausgebildet sind und keine oder fast keine Funktion mehr haben (Beinrudimente bei Schlangen). Sie sind wichtige Hinweise für die Rekonstruktion der Abstammungsgeschichte. – b) Zu der vergleichenden Morphologie der erwachsenen Formen tritt als weiterer ergänzender Beweis die *Erforschung der werdenden Formen* (Embryologie, Ontogenetik). Schon frühzeitig wurde ein mehr oder weniger deutlicher Parallelismus der paläontologischen und der ontogenetischen (individuellen) Geschichte erkannt (v.Baer, Meckel, Fr.Müller). Die Erscheinung, daß frühere historische Zustände in der Ontogenese wiederholt werden, wurde von → Haeckel, erstmals 1866, etwas übertrieben als »biogenetisches Grundgesetz« bezeichnet. Heute spricht man von der Rekapitulationsregel und versteht darunter das Auftreten von Organanlagen, die in Vorfahrenstufen fertig funktionierende Organe waren (Seitenzehen bei den Embryonen der Pferde, die von mehrzehigen Vorfahren abstammen; Eidechsenschwanz bei Embryonen der Vögel, die von geschwänzten Reptilien herkommen). Die vergleichende Ontogenetik ist für die Phylogenetik als Methode bes. dann wertvoll, wenn uns die Fossilüberlieferung im Stich läßt. Die heute noch gelegentlich laut werdenden Einwände gegen die Bedeutung der Ontogenetik als Methode der Phylogenetik beruhen auf ungenügender Kenntnis der paläontologischen Überlieferung und der Ergebnisse der Entwicklungsphysiologie. – c) Ergänzt und durch selbständige Ergebnisse unterstützt werden die unter a) und b) genannten Beweisgruppen durch die *vergleichende Physiologie* (Bluteiweißforschung), die *Tierpsychologie* und ganz bes. durch die *Tier- und Pflanzengeographie*. Gerade durch tiergeographische Befunde war ja Darwin zu der Überzeugung eines allmählichen Wandels der Lebensformen im Laufe der Erdgeschichte gelangt. Die Tatsachen der Biogeographie wären ohne die D. unverständlich. – d) Zuletzt bedarf noch – obwohl bereits unter a) genannt – die *Paläontologie* als stammesgeschichtliche Urkundenforschung, die das zeitliche Auftreten der Organismen untersucht, als »ergänzender« Beweis der Erwähnung. – Weiteres hierzu s. 5.

5. Es besteht heute wohl nirgends mehr ein Widerspruch gegen die Realität der von der D. vertretenen Abstammungsgeschichte der Organismen. Die D. ist eine bewiesene Theorie. Sie bringt eine gewaltige Menge von Tatsachen in einen sinnvollen Zusammenhang. Nur von ihrem Boden aus kann man spezielle *Phylogenetik* oder Abstammungsforschung treiben. Es ist zu untersuchen: a) der Formalablauf des historischen Geschehens, dh das zeitliche Auftreten der Organismengruppen und ihre historischen Zusammenhänge, also die Feststellung der Wege der Abstammungsgeschichte, »wie sie wirklich gewesen ist« (Ranke). Das ist Aufgabe der Paläontologie, der *historischen* Phylogenetik. Ihr Ergebnis sind die vielfach zu Unrecht perhorreszierten »Stammbäume«. Sie sind der graphische Ausdruck der jeweiligen Kenntnis der Stammesgeschichten (→ Abstammung des Menschen). – b) Weiterhin ist zu untersuchen, warum es überhaupt zu einer Stammesgeschichte kommt und warum zu den speziellen Abläufen. Man kann hier zwar auf den Ergebnissen gewisse kausale Hypothesen aufbauen, ist aber dabei großen Unsicherheiten ausgesetzt. Kausal exakt-induktiv, dh mit dem Experiment, kann nur der in der Gegenwart sich abspielende Evolutionsprozeß analysiert werden. Die aktuelle Phylogenetik arbeitet in dieser Weise. Man bezeichnet sie deshalb auch – im Unterschied zur historischen – als *experimentelle* Phylogenetik. Die letztere darf und muß den Versuch machen, die durch ihre experimentellen Methoden gewonnenen Kausalanalysen auf die in der Vergangenheit von der historischen Phylogenetik aufgezeigten formalen Geschichtsabläufe zu extrapolieren. Inwieweit das möglich ist und ob das heute bereits analysierte Kausalgefüge der

Gegenwartsphylogenie, das sich nur - infraspezifisch - im Artbereich abspielt, zur Erklärung des über den Artbereich hinaus - transspezifisch - erfolgten Gesamtablaufs der Phylogenie der Organismen ausreicht, die Frage also, ob die mikroevolutiven Mechanismen als Erklärung für die Makrophylogenie gelten können, - diese Frage ist zZ das zentrale Problem der Evolutionistik (Heberer). Der Aufbau der Phylogenetik läßt sich demnach wie folgt darstellen:

Phylogenetik

Historische Phylogenetik	Experimentelle Phylogenetik
Formalablauf der Phylogenie	aktuelle Kausalität der Phylogenie
(Makrophylogenie)	(Mikrophylogenie)
transspezifisch	infraspezifisch

Extrapolation

6. Die *historische Phylogenetik* ist in ihren Leistungen abhängig von der Vollständigkeit der Fossilfunde. Das alte Wort Darwins von der Lückenhaftigkeit der paläontologischen Überlieferung besteht heute noch weithin zu Recht, obwohl seit Darwin, zumal in den letzten Jahrzehnten, die Komplettierung des Fundmaterials bedeutende Fortschritte gemacht hat. Dazu ist eine immer größere Sicherheit in der historisch-genealogischen Beurteilung der Funde getreten, die die Rekonstruktion zahlreicher historischer Realabläufe ermöglicht hat. Manch ein Hiatus zwischen getrennten Organismenstämmen ist durch das Auffinden vermittelnder Zwischenformen überbrückt worden (Ichthyostegiden zwischen Quastenflosserfischen und Amphibien; Seymouria zwischen Amphibien und Reptilien; Archaeopteryx zwischen Reptilien und Vögeln; Proconsulinen zwischen frühen Menschenaffen und subhumanen Hominiden; Australopithecinen zwischen subhumanen Hominiden und Euhomininen [→ Abstammung des Menschen]). Allerdings - und das liegt in der Natur des paläontologischen Materials - können diese Zwischenformen nicht als real, sondern nur als Modelle (Typen) für die vorauszusetzenden Übergangsformen genommen werden, da es höchst unwahrscheinlich ist, eine solche echte Zwischenform zu finden, und zwar um so mehr, je größer die Lücke ist, die sie überbrückt. Phylogenetische Abläufe über kleinere geologische Zeitstrecken mit geringem Formwandel sind vielfach belegt. Die vorhandenen Lücken in größeren Abläufen werden nun heute von einigen Paläontologen als real und nicht als durch noch ungeborgene vermittelnde Funde verursacht angesehen. Sie sollen größere sprunghaft erfolgende Formwandlungen (Saltationen) anzeigen (Typostrophenhypothese von Schindewolf). Es läßt sich jedoch zeigen, daß man real nicht mit solchen saltativen Typensprüngen zu rechnen hat. Vielmehr ergibt eine kritische Prüfung, daß derartige Sprünge weder vom paläontologischen Material noch von der aktuellen Genetik her wahrscheinlich sind, sondern eine Funktion des noch unzureichenden Fundbestandes darstellen (Simpson, Heberer). Man kann aus dem Bilde, das die paläontologische Überlieferung schon heute bietet, den verläßlichen Schluß ziehen, daß das phylogenetische Geschehen ein mikroevolutiv-gleitendes ist, wenn es auch mit zT recht verschiedenen Evolutionsgeschwindigkeiten abläuft. Es gibt keine Typensprünge im Sinne des alten Wortes von Geoffroy St. Hilaire: »Der erste Vogel kroch aus einem Reptilienei«. Neue Organismentypen werden vielmehr durch Aufsummung kleiner Evolutionsschritte aufgebaut (additive Typogenese; Heberer). - Überblickt man den Evolutionsablauf insgesamt und im einzelnen, so tritt eindringlich ein Gerichtetsein der Phylogenie hervor (vgl. die progressiven Reihen), das vom weniger Spezialisierten zum Komplizierteren führt. Dieser Eindruck hat zur Aufstellung von Hypothesen geführt, die, vielfach auf vitalistisch-metaphysischen Grundlagen, das Wirken besonders zielstrebiger, auf vorgegebene Entwicklungsziele hinarbeitender Faktoren annehmen (Nomogenesis, Aristogenesis u.a.). Für die Richtungen in der Phylogenie, denen vielfach ein ungenügendes Fossilmaterial zugrunde lag, wurde der mehrfach verwendete Begriff der »Orthogenese« geprägt. Versteht man darunter lediglich deskriptiv die Erscheinung, daß Organe oder Organismen sich in einer - vom Endstadium her gesehen - bestimmten Richtung auf dieses Endstadium hin entwikkelten, so könnte man den Ausdruck akzeptieren. Er ist jedoch mit theoretischen, mehr oder weniger metaphysischen Hypothesen so belastet, daß es besser ist, ihn aus der Diskussion herauszunehmen und statt seiner das indifferente Wort »Trend« zu verwenden. Überdies haben sich viele Fälle, die früher als Paradebeispiele orthogenetischer Phylogeneseabläufe galten, mit der fortschreitenden Materialkomplettierung erledigt (so war die Phylogenie der Pferde früher das beliebteste »Paradepferd« der Orthogenetiker). Übrig blieben einzelne Trends über gewisse Zeitabschnitte hin. Die Evolutionsforschung ist nicht mehr geneigt, die »Orthogenesen« als Ausdruck des Wirkens finaler, innerhalb oder auch außerhalb der Organismen lokalisierter zielstrebiger Faktoren anzunehmen, zumal damit auch methodisch der Rahmen der Naturwissenschaft durchbrochen wird. Das Bild also, welches die historische Phylogenetik bisher erarbeitet hat, zeigt ein allgemein mikroevolutives Gleiten der Formen durch die erdgeschichtlichen Zeiten, wenn auch in verschiedenen Tempi, zeigt aber auch bestimmte Richtungen der Evolutionsabläufe. Aber weder machen noch vorhandene Überlieferungslücken die Annahme von Typensprüngen nötig, noch die Richtungen der Evolutionsabläufe die Annahme besonderer finaler Orthogenesefaktoren.

7. Über die *Ergebnisse der experimentellen Phylogenetik* ist folgendes zu sagen: Die stammesgeschichtliche Ursachenforschung kann zunächst auf Schlüssen aufbauen, die sie aus der Fossilüberlieferung zieht. Es hat sich aber ergeben, daß derartig fundierte Schlüsse sehr in die Irre führen können, wie die Orthogenesehypothese und die auf Lamarck zurückgehende Annahme der Vererbung individuell erworbener Anpassungsmerkmale zeigen. Insbesondere für die letztere Annahme, die auch Darwin nicht umgehen zu können glaubte (→ Darwinismus), hat die Experimentalgenetik keinerlei Beweise erbringen können. Die Phylogenese muß nun aber auf einer primären Veränderung des Erbgutes beruhen. Das Erbgut setzt sich aus Erbeinheiten, den Genen, zusammen, die in den Chromosomen des Zellkerns lokalisiert sind. Ihr chemischer Bau ist schon recht gut bekannt. Es handelt sich um hochkomplexe Nucleoproteid-Makromoleküle (Eiweiß + Desoxyribonukleinsäure). Auch das Zellplasma ist - in noch wenig bekannter Form - an der Vererbung beteiligt. Es gibt keine morphologischen oder physiologischen Eigentümlichkeiten der Organismen, die in ihrer Erscheinungsweise nicht von Genen gesteuert würden. Die Gene haben die Fähigkeit, sich in bestimmten Raten zu ändern, zu mutieren (= Genmutationen). Auch Änderungen in der Verteilung der Gene auf den Genträgern, den Chromosomen, und der Zahl der Chromosomen werden als Mutationen bezeichnet (Chromosomen- bzw. Karyotypusmutationen). Die Träger von Mutationen heißen Mutanten, sind in ihrer Erscheinungsweise - entsprechend den Mutationseffekten - verändert und geben diese Veränderung an die Nachkom-

men weiter. Es können so Merkmalsänderungen verschiedenen Ausmaßes entstehen. Je größer das Ausmaß der Veränderung ist, desto stärker ist im allgemeinen die Störung der inneren Harmonie des Organismus oder seiner Harmonie mit der Umwelt (Anpassung). Die Meinung, daß Großmutationen (Saltationen, Makromutationen, Systemmutationen) für die »Lücken« in der Fossilüberlieferung verantwortlich seien und das übergangslose sprunghafte Auftreten neuer Organismentypen veranlassen, hat sich als unhaltbar erwiesen. So kann die Phylogenetik nur mit Mikromutationen kleinen Wirkbereiches arbeiten. Sie sind sehr selten. Ihre Mutationsrate beträgt durchschnittlich 1:10000. Unter diesen findet sich nur äußerst selten einmal eine, die den Organismus verbessert. Trotzdem haben wir in diesen für die Lebenslage des betreffenden Organismus positiven Mutationen das elementare Evolutionsmaterial vor uns. Theoretische Überlegungen ebenso wie experimentelle Untersuchungen haben ergeben, daß die geringe »spontane« Mutabilität ausreicht, um in der für die Phylogenie zur Verfügung stehenden Zeit (etwa 2 Milliarden Jahre) das Material für die Evolution zu liefern. Der Mutationsprozeß erfolgt grundsätzlich relativ ungerichtet. Das ist ein allgemeines Ergebnis der experimentellen Mutationsforschung. Es ist ihr gelungen, mit physikalischen und chemischen Faktoren die spontane Mutationsrate erheblich zu steigern, dh neue Mutationen zu induzieren. Diese künstlich erzeugten Mutationen stimmen mit den in der Natur entstehenden überein und sind erwartungsgemäß fast immer schädlich, evtl. bis zur Letalität. Die praktische, heute hochaktuelle Konsequenz daraus ist die Forderung der Genetiker, jede Erhöhung der Mutationsrate, wie diese durch die Radioaktivität verursacht wird, zu vermeiden. Die Leidtragenden sind die kommenden Generationen!

8. In jüngerer Zeit hat sich als besonderes Gebiet der aktuellen Evolutionsforschung die sog. *Populationsgenetik* entwickelt. Sie untersucht mit mathematisch-statistischen Methoden die Konzentrationen bestimmter Gene in den Populationen und ihre quantitativen Konzentrationsänderungen. Sie zeigt, daß als Evolutionseinheit nicht das Individuum, sondern die Population in Betracht kommt. Unter einer Population versteht man den kleinsten Zeugungskreis eines Organismus. Es hat sich u.a. ergeben, daß Änderungen im Genbestand einer Population auch ohne Rücksicht auf den Anpassungswert der von den Genen gesteuerten Merkmale erfolgen können, daß Ausschaltungen oder Vermehrungen von Genen (Gendrift) also nach statistischen Gesetzen ohne Auslese (Selektion) vorkommen. Weiterhin hat sich ergeben, daß für die Neubildung oder die Erhaltung gruppencharakteristischer Gengefüge (Genome) eine Vermeidung von Kreuzungsmöglichkeiten durch Isolierung der Populationen – geographisch oder physiologisch – notwendig ist. Die in der Phylogenie deutlich hervortretende Häufung von Anpassungsmerkmalen erklärt sich aus der durchschnittlichen Bevorzugung derjenigen Mutanten, die in der Richtung der Anpassung liegen, die eine bessere Eignung für den Konkurrenzkampf (→ Darwinismus) besitzen. Hier treffen wir auf die moderne Form der Selektionstheorie. Mathematische Modelle für die quantitative Zunahme der Konzentrationen selektionsbevorteilter Gene in den Populationen haben ergeben, daß es möglich ist, mit dem Selektionsprinzip die genetische Wandlung von Populationen und die Häufung von Anpassungserscheinungen (Adaptationen) zu erklären. Die Selektion bevorteilter Mutationen bzw. Mutanten stellt die Ursache für die uns in der paläontologischen Überlieferung allenthalben entgegentretenden Evolutionsrichtungen dar. In derselben Richtung liegende Mutationen werden »orthoselektiv« erfaßt. Die Evolution bekommt durch die Selektion ihre Richtung. Die klassischen Grundlagen der von Darwin begründeten Selektionstheorie (der eigentliche Darwinismus) bilden heute das Gerüst des modernen Selektionismus (Dobzhansky, Ludwig). – Der geschilderte Kausalkomplex der aktuellen infraspezifischen Evolution läßt sich in die folgende Übersicht bringen:

Kausalität der Phylogenie

Umwelt (belebt, unbelebt) ↓ Gendrift, Isolation, Selektion

Organismus (Fortpflanzungszellen) ↓ Mikromutabilität (relativ richtungslos) ↓

Evolutionsfaktoren — Mutationen Evolutionsmaterial

Evolutionsmechanismus

In die geologische Zeit projiziert, bietet die moderne Evolutionstheorie die Möglichkeit, den Ablauf der Gesamtphylogenie als grundsätzlich mikroevolutiv kausiert zu verstehen. Zumal die Hypothese makroevolutiver Prozesse ist – wie es scheint – nicht mehr nötig.

9. Man darf heute sagen, daß das der Abstammungsgeschichte zugrunde liegende Ursachengefüge (Evolutionsmechanismus) durch die experimentelle Analyse des aktuellen Evolutionsgeschehens in seinen Elementen erkannt worden ist. Die zahlreichen romantisierenden und methodisch die Grenze zum Metaphysischen überschreitenden Hypothesen von mehr oder weniger klarer vitalistischer Prägung waren bedingt durch noch ungenügend bekanntes Fossilmaterial und die frühere Unmöglichkeit, den aktuellen Evolutionsprozeß kausal zu analysieren. Sie haben sich bis in die Gegenwart zäh gehalten. Ihnen gegenüber grenzt sich die D. als naturwissenschaftliche Theorie eindeutig ab. – Durch die Erforschung des Ursachengefüges der Stammesgeschichte der Lebewesen *beginnen* wir zZ in ein derart kompliziertes und wunderbar gefügtes Getriebe der Natur hineinzuschauen, daß diese Wirklichkeiten gegenüber dem metaphysischen Verlangen mancher noch vorhandener Gegner der Selektionstheorie weder »öde«, noch »leer« oder »blind« erscheinen, sondern als ein schaffendes Naturgetriebe, dem der reflektierende Geist nur mit dem Gefühl der Ehrfurcht gegenüberzutreten vermag, bei dem er die Erhabenheit der Macht unmittelbar erspürt, die hinter allem Geschehen steht.

G.L.Buffon, Époques de la nature, Paris 1788 – J.B.Lamarck, Philosophie zoologique, Paris 1809 – J.W.v.Goethe, Principes de philosophie zoologique, 1830 – E.Dennert, Vom Sterbelager des Darwinismus, 1905/06 – E.Wasmann, Die moderne Biologie u. die Entwicklungstheorie, 1906 – S.Tschulok, Deszendenzlehre, 1923 – J.Huxley, Evolution. The modern Synthesis, London 1948 – W.Henning, Grundzüge einer Theorie der phylogenetischen Systematik, 1950 – G.G.Simpson, The meaning of evolution, New Haven 1950 – Ders., The major features of evolution, New York 1953 – Th.Dobzhansky, Genetics and the origin of species, New York 1951 – E.Mayr-E.G.Linsley-R.L.Usinger, Methods and principles of systematic Zoology, New York 1953 – O.H.Schindewolf, Grundfragen der Paläontologie, 1953 – W.Zimmermann, Evolution, 1953 – B.Rensch, Neuere Probleme der Abstammungslehre, 1954 – G. Heberer (Hg.), Die Evolution der Organismen, 1954–58^{2} (darin vom Hg.: Theorie der additiven Typogenese) – W.Ludwig, Die Selektionstheorie, 1954–58 – M.Calvin, Die chemische Evolution u. der Ursprung des Lebens (Die Naturwissenschaften 43, 1956, 387–393).

G.Heberer

De tempore (»zur rechten Zeit«). Sobald man begann, im Gottesdienst auf die besonderen Situationen oder Anlässe der Zusammenkunft (Gedächtnis eines Märtyrers, die Erscheinung des Herrn, die Fastenzeit) einzugehen, entstand der de-t.-Charakter einzelner Gebete oder Gesänge. Doch verlief die Entwicklung nicht einheitlich, weder in den Liturgieprovinzen noch in den Text- oder Gesangsarten. Die Zahl der Präfationen zB betrug im Sacramentarium Leoninum über 267, im Gregorianum (7.Jh.) nur mehr 10 (heute in der röm. Liturgie 15); die Gesangstexte aber entfalten sich gleichmäßiger und reichhaltiger in der gregorianischen Messe, in der jeder Messe besondere Texte zugewiesen werden, als etwa der gallikanischen, die die gleichbleibenden Texte bevorzugte. In zunehmendem Maße wird dabei in den de-t.-Gesängen der Festcharakter berücksichtigt; doch besitzen die der ursprünglichen Ostermesse (in der heutigen Karsamstagsmesse enthalten) noch keine ausdrücklichen Auferstehungstexte. Die Entwicklung führte dabei von der Bevorzugung bestimmter Psalmenstellen im MA dazu, beim → Stundengebet den biblischen Text preiszugeben zugunsten von Historien, die in den Gesängen zusammenhängend über den Festanlaß berichten.

Lit. → Liturgische Gesangbücher, → Kirchenjahr. *E. Jammers*

Determinismus

1. Fatalismus - 2. D. als Weltanschauung - 3. Ethischer D. - 4. Wissenschaftliche Analyse des Geltungsbereichs der Kausalität - 5. Die christliche Verkündigung - 6. Prädestination

1. Solange man einen physischen, ethischen und religiösen D. unterschied, betrachtete man meist den *Fatalismus* als eine Abart des D. Der Fatalismus scheint aber eher eine primitive vorwissenschaftliche Weltanschauung zu sein, entstanden aus einer Erfahrung der Ohnmacht des Menschen, sich dem Schicksalsspruch zu entziehen. Dem Fatum entspricht die Resignation; dabei wird unter der Übermacht des Grunderlebnisses ganz übersehen, daß das, was → Schicksal heißt, nicht nur durch kosmische Faktoren, sondern auch durch inneres Geschehen, Selbstbestimmung, Entscheidung realisiert wird. Doch lassen die Zeugnisse der antiken Welt oft nicht erkennen, wie radikal oder wie relativ man sich die Unabwendbarkeit des Fatums gedacht hat. Sogar die weitgetriebene Konsequenz der babylonischen und späthellenistischen → Astrologie ist nicht ohne Durchlöcherung. Der Glaube an die μοῖρα (Hellas), an Ming (China), an das Fatum bei der → Stoa ist jedenfalls nur annähernd typisch für eine Haltung, wie sie einer geschlossenen Weltanschauung eignet. Sicher ist zB bei Vergil mit Fatum (buchstäblich: das Gesagte, der Spruch) ein lichteres Mysterium gemeint, insofern als es nicht blind ist, keine Gewalt braucht und ihm zum mindesten Jupiter, pater omnipotens, nicht unterworfen ist. Das → Karma des Buddhismus, die Kismet des → Islam oder gar die → Prädestination, wie sie im Rahmen der christlichen Lehre erscheint, ohne weiteres als Fatalismus oder religiösen D. zu bezeichnen, ist unberechtigt. So kann zB Luther nicht als Vertreter eines religiösen D. angesehen werden; die Zuspitzungen seiner Gedanken in De servo arbitrio erklären sich aus seinem Wunsch, → Erasmus herauszufordern, wobei er sich teilweise sachfremder Termini bedient und sich von seinem eigentlichen Anliegen entfernt.

2. D. ist eine unausweichliche Voraussetzung der Wissenschaft, weil Kausalität eine Grundkategorie des Verstandes ist. Doch erst der bestimmte Aspekt, den die einzelnen Wissenschaften anlegen, um Kausalität zwischen Phänomenen festzustellen, läßt diese Phänomene hervortreten. Sie sind also gewissermaßen aus dem »Gegebenen« der Weltwirklichkeit herausgehoben, dh *Eliminate*. Mit dieser Einschränkung ist es gestattet, von einem unumgänglichen, stringenten D. zu sprechen. Gewöhnlich wird aber der D. als eine Aussage über die Totalität der Welt und ihre Grundverfassung betrachtet, als ein metaphysischer Grundsatz, der besagt, daß die Kausalität auf allen Gebieten, in allen Dimensionen, in jeder denkbaren Situation alles Seiende ausnahmslos bestimmt. Damit erst wird der D. zur *Weltanschauung*. Er gründet in einem Schluß vom Wissenschaftlichen auf das Metaphysische, überschreitet also den Bereich, in dem sich die Gesetzmäßigkeiten der Eliminate (der Physik, Chemie, → Biologie, → Psychologie) abspielen. Es ist kein Zufall, daß viele große Systematiker keine andere Einheit für die Welt anerkennen (so → Spinoza, H. → Spencer, G. Heymans, W. Wundt). Es gibt kaum eine Vorstellung, welche so axiomatisch und dauerhaft zu den Konstanten der Welt gerechnet wird als gerade die Kausalität, und das erklärt den leichtfertigen, »konsequenten« Gebrauch von D. im Sinne einer allumfassenden Weltanschauung, und es scheint eine ständige Verführung zu sein, sozusagen zwangsläufig die für die Eliminate geltende Kausalität zu verabsolutieren.

3. Die Verteidiger des *ethischen D.* wissen meistens, daß sie etwas Heikles, dem »gesunden Menschenverstand« Widerstrebendes verfechten. Sie meinen, man könne jede Handlung voraussehen, wenn man das Individuum in seinem Wesen bis auf den Grund durchschaute. Daß der Mensch sich frei *fühle*, komme daher, daß er nicht nur einfach, geradlinig, sondern vielfach und mehrdimensional determiniert sei. Im »wahren« D. dagegen werde gelehrt, daß der Mensch zwar gebunden ist, jedoch durch sein eigenes Wesen und seinen Charakter; die selbständige Aktivität wird in keiner Weise bedroht, sie wird im Gegenteil gerade sichergestellt. Und so scheint auch die Verantwortlichkeit nicht untergraben, sondern fest fundiert. In naturalistischer oder vitalistischer Ausformung wird indessen der Blick von der Hauptsache abgelenkt, und die Tatsache, daß der Prozeß sich nicht ohne das Freiheitsbewußtsein des Menschen vollzieht, überdeckt die Frage, was unter → Freiheit zu verstehen sei. Der Mensch wird zum Medium zwischen biologisch-psychologischen Kräften und dem Verhalten, das diese hervorrufen (so bei Vaihinger, → Freud, → Klages). Überhaupt ist jeder → Monismus, auch der idealistische, zu radikaler Objektivierung geneigt oder gezwungen; er läuft letztlich darauf hinaus, die Bewegung, die Veränderung, die Geschichte auszuschalten. Wirkliches Geschehen, wirkliche Tat, wirklich neue Situation findet seine »adäquate Ausdrucksform nur in Kausal-Ungleichungen« (de Sopper). Es stimmt nicht, wie Heymans darlegt, daß »die Kette der empirischen Änderungen nur der Schleier ist, hinter welchem sich eine unveränderliche Wirklichkeit verbirgt«. Tiefere Einsicht in die Notwendigkeit einer Abwehr der totalen Objektivierung (wodurch nicht nur das Geheimnis des Subjekts, sondern auch der Sinn des Erkenntnisstrebens aufgehoben wird) verdanken wir H. → Rickert, K. Joel, Ph. Kohnstamm, A. J. de Sopper. Auch die → Existenzphilosophie namentlich von J. P. → Sartre ist hier zu nennen.

4. Die experimentelle Bestätigung der → Relativitätstheorie hat die Glorie der → Naturwissenschaft nicht beeinträchtigt, obschon die ausschließlich kausale Determination als nicht mehr haltbar erschien. Dagegen ist dem D. als Weltanschauung der Boden entzogen. Die Funktion der Kausalität liegt methodisch in der Ermöglichung einer wissenschaftlichen *Antizipation*. Der Gedanke, daß die Erkenntnis der bestimmenden Konstanten *eines* Augenblicks der Weltkonstellation als prinzipiell genügend und entscheidend sich erweist, um die Zu-

kunft eindeutig festzustellen, ist durch Einsteins Kritik an der Gleichzeitigkeitsrelation beseitigt. Raum und Zeit sind aufgehoben und verwoben in der einen vierdimensionalen Erfahrungsform. Die Verwendung des Begriffs der Kausalität verlangt neue Unterscheidungen. Der bisherige Gebrauch des Begriffs vermischte verschiedene Formen der Kausalität: 1. Ursache als *Aktivitätszentrum*, das eine unumkehrbare Beziehung zwischen Ursache und Wirkung setzt, 2. »Ursache« als *plurikausales Band* zwischen zwei Bezirken oder zwei Aspekten des einen vierdimensionalen Systems (statt einer eindeutigen unumkehrbaren Verbindung zwischen zwei dreidimensionalen Systemen in unterschiedenen Zeitmomenten). Das Entropie-Problem, die Quantentheorie, die Wahrscheinlichkeitsrechnung, die statistische Methodik, die These von der Komplementarität der Begriffe haben die Naturwissenschaft von dem hohen Anspruch einer Erklärung zu dem zurückhaltenderen Vorhaben einer Beschreibung des ihr vorgelegten »Gegebenen« hingeführt. Das war und ist das Bestreben von A. → Einstein, N. Bohr, W.Heisenberg, C.F.v.Weizsäcker, Pascual Jordan u.a.

5. Aus dieser Situation eine Art Kriegsgewinn für die christliche *Botschaft* zu ziehen, wäre unsachgemäß. Von jeher war die Vorstellung des → Wunders als einer »Durchbrechung der Naturgesetze« theologisch unmöglich. Was heute für die exakte Wissenschaft als legitimer Kausalitätsbegriff vorgetragen wird, verhält sich offen oder neutral gegenüber den Voraussetzungen der Verkündigung. Vielleicht wird das Verhältnis von Theologie und Physik auf die Dauer umgekehrt. Es könnte sein, daß, wo das »wirkliche« Naturgesetz für die Physik illegitim wird und nicht mehr hantierbar ist, für den Glauben »Naturgesetze« sich als Mittel im Dienst der Ordnungen Gottes darbieten, wobei die Naturgesetze von vornherein nicht eigenständig, sondern integriert im allumfassenden Reich der Wahrheit und Wirklichkeit Gottes zu verstehen wären, zur lebendigen Bezeugung der »Schöpfung als des äußeren Grundes des Bundes«, des »Bundes als inneren Grundes der Schöpfung« (Barth, KD III/1 passim). → Naturwissenschaft: III.

6. Steht es aber so mit dem D. auf den Gebieten der exakten Forschung, dann erübrigt es sich, mit überholtem Begriffsmaterial einen Beweis dafür anzutreten, daß die → *Prädestination* auf keinen Fall als eine Variation des D. zu denken ist. Ob in früheren Auseinandersetzungen dieser Gedanke klar genug ausgeschlossen war, ist zur Erörterung den Dogmenhistorikern zu überlassen; schon in der genuin-orthodoxen Lehre von der Vorsehung, vor allem in der Akribie, mit der der »concursus« behandelt wurde, waltet die klare Einsicht, daß die Selbstbestimmung des Menschen durch die bestimmende Wirksamkeit Gottes, der, als der in Freiheit Liebende, das Geschenk der Freiheit gewährt, aufrechterhalten werden muß. Kausalität gibt es zwischen Geschaffenem, nicht aber zwischen dem Schöpfer und der Schöpfung. Ob es weiterführt, von »Überkausalität« zu reden (E. → Brunner), sei dahingestellt.

Zu 1: F.Boll, Sternglaube u. Sterndeutung, (1911) 1927³ - I. Goldziher, Vorlesungen ü. d. Islam, (1910) 1925² - Th.Haecker, Vergil, Vater des Abendlandes, 1931 - H.v.Glasenapp, Die Weisheit des Buddha, 1946. - Zu 2: Spinoza, Ethica - J.H.Scholten, De vrije wil, 1856 (determ.) - G.Heymans, Einführung i. d. Metaphysik, (1905) 1921³ - K.Joel, Der freie Wille, eine Entwicklung in Gesprächen, 1908 (gegen D.) - H.Rickert, System d. Philosophie I, 1921, 297ff - Ph.Kohnstamm, Schepper en schepsel I, het Waarheidsprobleem, Haarlem 1926, 165f - L.Shestov, Potestas Clavium, 1926. - Zu 3: E.v.Hartmann, Phänomenologie d. sittl. Bewußtseins, (1879) 1886² - W.Wundt, Ethik, (1886) 1903³ - F.Paulsen, System d. Ethik, (1889) 1920¹⁰ - E.Cassirer, Das Erkenntnisproblem II, 1908, 404ff - G.Heymans, Einführung in die Ethik, (1907) 1914 - A.J.deSopper, Dwaalwegen, de mens in het monisme, den Haag 1949. - Zu 4: M.Planck, Kausalgesetz u. Willensfreiheit, 1923 - A.N.Whitehead, Science and the modern world (Lowell Lect. 1925), (1926) 1950¹¹ - A.S.Eddington, The nature of the physical world (Gifford Lect. 1927), 1928 - J.Jeans, The mysterious universe, Cambridge 1930 u. New York (1931) 1932² - E.J.Dyksterhuis, De mechanisering van het wereldbeeld, Amsterdam 1950 - W.A.Whitehouse, Christian faith and the scientific altitude, Edinburgh-London 1952 - W.Heisenberg, Das Naturbild der heutigen Physik, 1955. - Zu 5: H.Bavinck, Gereformeerde Dogmatiek II, Kampen 1906², 355ff. 656ff - Barth, KD II/1, 632ff; III/1, 158ff; III/3, 107ff. 183ff - A.E.Loen, De vaste Grond, Amsterdam 1946 - G.Howe, Der Mensch u. d. Physik, 1953. - Zu 6: A.E.Loen, De vaste Grond, 1946, 249ff - Ph.Kohnstamm, Vrije wil of D., Haarlem 1947 - E.Brunner, Christl. Dogmatik II, 1950, 193ff - G.Stammler, Was ist eigentlich ein Naturgesetz? (KuD 3, 1957, 1-22). *K.H.Miskotte*

Deusdedit, *Papst* 19.10.615 (konsekr.) bis 8.11.618, Römer (später häufig als Adeodatus I. geführt). Förderte die Weltgeistlichkeit gegen das Mönchtum, wurde schon früh als heilig angesehen (Fest: 8.11.).

Caspar II, 517f - LThK III, 229. *H.Fuhrmann*

Deuteronomistisches Geschichtswerk. In den Büchern Jos bis 2Kön finden sich größere und kleinere Stücke, die in einem Stil geschrieben sind, der stark an die Sprache des → Deuteronomiums erinnert und darum »deuteronomistisch« (dtr.) genannt zu werden pflegt. Diese Stücke bilden ein nicht nur sprachlich, sondern auch inhaltlich geschlossenes Rahmenwerk um die ältere Überlieferung. Man führte sie gewöhnlich auf die Arbeit von dtr. Redaktoren zurück, die die ihnen bereits fertig vorliegenden Geschichtsbücher oder auch ein aus mehreren Quellen zusammengesetztes umfassendes Geschichtswerk in ihrem Sinne bearbeitet hätten.

Demgegenüber vertrat M.Noth 1943 die These, der »Deuteronomist« (Dtr) habe seinerseits aus den überkommenen verschiedenartigen Überlieferungsstoffen ein umfassendes Geschichtswerk überhaupt erst geschaffen. Für diese These sprechen neben der Einheitlichkeit des Stils und der geschichtstheologischen Leitgedanken das dem ganzen Werk zugrunde liegende chronologische Gerüst (vgl. 1Kön 6, 1) und die planvolle Disposition durch zurück- und vorausschauende, die Geschichte deutende Reflexionen, die Dtr an den Wendepunkten des Geschichtsverlaufs einfügt und meist einer führenden Persönlichkeit in den Mund legt (zB Jos 23; 1Sam 12; 1Kön 8, 14ff). - Das Werk beginnt in Dtn 1-3 mit einem Rückblick auf die Mosezeit, nimmt das → Deuteronomium auf und stellt dann die Geschichte der Landnahme-, Richter- und Königszeit dar (Ende in 2Kön 25, 30). Die Arbeit des Dtr besteht im wesentlichen in der Sammlung, Auswahl und Anordnung seiner Quellen sowie in der Deutung dieses Stoffs durch eingeschaltete Reden. Abgesehen von teilweise ziemlich umfangreichen späteren Zusätzen umfaßt das Werk des Dtr also den ganzen Bestand der Bücher Dtn bis 2Kön. - Dtr verfaßte sein Werk während des Exils (in Jerusalem) unter dem Eindruck der Katastrophen, die dem nationalen Eigenleben Israels ein Ende gemacht hatten. Er stellt die Geschichte Israels dar als eine Geschichte fortschreitenden Abfalls von Jahwe. Auf die Mißachtung des »Gesetzes« (darunter versteht Dtr immer das Deuteronomium) antwortete Jahwe mit Warnungen und Strafen und schließlich mit der völligen Vernichtung (2Kön 17, 7ff u.ö.). Dem Nachweis, daß Israel sich diese Vernichtung selbst zuzuschreiben habe, will die ganze Darstellung dienen.

Noths These hat weithin Anerkennung gefunden. Kritisiert wurde sie mehrfach von O.Eißfeldt. Maßgebend für seine Kritik ist neben abweichenden Lösungen literarkritischer Einzelfragen vor allem die Annahme, in den Büchern Jos bis 2Kön lägen Fortsetzungen der

Quellen des → Pentateuchs vor. Diese Annahme stützt sich außer auf literarkritische Einzelbeobachtungen auf die allgemeine Erwägung, es sei schlecht vorstellbar, daß die Pentateuchquellen mit der Darstellung der Landnahme ihr Ende gefunden hätten und nicht vielmehr bis in die Gegenwart der jeweiligen Erzähler herabgeführt worden seien. Gegen diese Erwägung spricht die form- und überlieferungsgeschichtliche Andersartigkeit des geschichtlichen Stoffs der Bücher Jos bis 2Kön gegenüber der auf kultische Wurzeln zurückgehenden Überlieferung des Pentateuchs (vgl. G.v.Rad, Das formgeschichtliche Problem des Hexateuchs, 1938). Schwer zu erklären wäre auch die Tatsache, daß sich eine dtr. »Bearbeitung« nur in den Büchern Jos bis 2Kön, nicht aber im Pentateuch findet. – Unter den verschiedenen Versuchen, das Zustandekommen des Überlieferungskomplexes Jos bis 2Kön zu erklären, verdient Noths These eines einheitlichen Deuteronomistischen Geschichtswerkes darum ernsteste Beachtung.

NOTH, ÜSt – O.EISSFELDT, Die Geschichtswerke im AT (ThLZ 72, 1947, 71-76) – DERS., Geschichtsschreibung im AT, 1948 – DERS., EinlAT, 1956², §§ 18. 37 – G.v.RAD, Deuteronomium-Studien (FRLANT NF 40), 1947, 52ff – E.JANSSEN, Juda in der Exilszeit (ebd 51), 1956. – Vgl. die Lit. bei → Josuabuch, → Richterbuch, → Samuelisbücher, → Königsbücher. *R.Bach*

Deuteronomium

1. D. ist das 5. Buch des → Pentateuch, jüdischerseits nach seinem Anfang »(’ellæ hăd-)d^e^barîm« ([dies sind die] Worte), durch Fehlübersetzung von mišnē hăttôrā (= Abschrift des Gesetzes) in Dtn 17, 18 durch die griechische Bibel Δευτερονόμιον (= Gesetzeswiederholung) genannt. Mit dem D., das den Schluß des pentateuchischen Geschichtswerks verdrängte, setzt nach der These von M.Noth das → deuteronomistische Geschichtswerk (Dtr) ein.

2. D. ist größtenteils als eine lange, mehrfach anhebende Rede formuliert, die → Moses kurz vor seinem Tod nach Abschluß der ostjordanischen Landnahme und vor Israels Übertritt auf westjordanisches Gebiet gehalten habe. Sie beginnt mit einem Rückblick auf die Ereignisse seit dem Aufbruch vom Gottesberg Horeb (1-3). Ein erzählender Schluß (31-34) berichtet die Bestallung des Nachfolgers, die Niederschrift der von Moses vorgetragenen und zu Beginn jeden → Erlaßjahres neu zu sprechenden »Weisung« und deren Aufbewahrung und schließlich Moses Tod (31, 1f. 7f. 9-13. 24-26a; 34, 1-6). Sekundär-deuteronomische und auch priesterschriftliche Notizen und vor allem die Einschaltung von → Moseslied und Mosessegen (c. 32-33) reicherten hier auf. Diese Umrahmung durch Dtr umspannt das dreiteilige Korpus des eigentlichen D.s mit Einleitungsreden, Rechtsbelehrung und Abschlußpartien. Einleitung samt Abschluß sind insofern zweisträngig, als singularisch anredender Text (mit pluralisch gehaltenen Erweiterungen) neben pluralischem (mit singularischen Erweiterungen) vorliegt. Die singularische Schicht (6, 4 – 9, 6; 10, 12 bis 11, 1; 27, 1 – 28, 68) gibt sich als die ältere. Warmes seelsorgerliches Bemühen ruft hier auf, was Israel glaubt, um daraus darzutun, wie es zu leben und was es zu erwarten hat: daß Gott der Eine ist und ganze Liebe ihm gebührt; daß er aus unverdienter gnädiger Zuwendung die Väter erwählte und das zum Sondergut erkaufte Volk machtvoll aus Ägypten führte, um ihm ein Erbland zuzuteilen; wie man darum ihn nicht vergessen darf und ihm Furcht, Liebe und Dienst schuldet, wobei für Gehorsam gegen seine Gebote → Segen, für Nichtachtung Fluch zugesagt wird. Die pluralische Schicht (4, 1 – 6, 3; 9, 7 – 10, 11 [11, 2ff]; 28, 69 – 30, 20) hingegen ruft die Horebereignisse ins Gedenken. Sie leitet daraus nicht nur bestimmte Warnungen ab, sondern will vor allem das D. als die autorisierten mosaischen Addenda zum eigens voraufgestellten → Dekalog dartun und den Bundesschluß in Moab als Ergänzung zum Horebbund ausweisen. Bildete für die singularische Schicht 6, 4 das theologische Zentrum, so für diese 4, 7f.

3. Die in 12-25 vorliegende und durch liturgische Anhänge (26; vgl. auch 27, 11ff. 15ff) vermehrte Rechtsbelehrung stützt sich auf älteres, vordeuteronomisches Rechtsgut. So findet sich geltendes Privilegrecht Jahwes 12, 26f; 14, 3. 21b. 22; 15, 1. 19; 16, 1a. 3a. 4b. 16; 17, 1a (vgl. 18, 3). Anderes altes Rechtsgut, wie 16, 19 gelegentlich eingestreut, begegnet vor allem von 21 ab, hier teils in kasuistischer (21, 15ff; 22, 13ff; 24, 1-5. 7; 25, 1f. 5-10: aus Ehe- und Familienrecht), teils in »Du sollst«- (22, 1-4. 9-11; 23, 19f; 24, 14. 17; 25, 4. 13f) bzw. »Er soll«- (22, 5; 23, 1-4. 18; 24, 6) Formulierung oder in Mischstil (22, 6. 8; 23, 5f; 24, 10-13. 19-21) gehalten. Das überkommene Rechtsmaterial erfuhr aber eine typisch deuteronomische Bearbeitung, die vornehmlich den vorderen Teil (12-20) erfaßte und hier auch breitere Rechtslehrstücke gestaltete. Vordringlichstes Anliegen war die Forderung der Kultzentralisation auf das dem *einen* Gott (6, 4!) zugeordnete *eine* Heiligtum des Sakralverbandes. Die Forderung wird mit allen sich aus ihr ergebenden und zu regelnden Folgen behandelt, der Freigabe der Profanschlachtung (12, 15ff), der Art der Zehntabgabe (14, 22ff) und der Erstgeburten (15, 19ff), der levitischen Opferrechte (18, 1ff), der Neuordnung priesterlicher Rechtshilfe und des Asylwesens (17, 2ff; 16, 18ff; 19, 15ff. 1ff). Weitere Anliegen sind Abwehr »religiösen Hochverrats« (13), Durchsetzung sozial-karitativer Maßnahmen (bes. 15; → Armenpflege: II), Belebung von Ideen des einstigen Bundeskrieges für den im 7.Jh. wieder wichtig gewordenen Heerbann und Stellungnahme zu den Institutionen des Königtums und des prophetischen Amtes. Nachdeuteronomische Bearbeitung zog diese Linien teils weiter aus, teils paßte sie sie kleiner gewordenen Verhältnissen an. Das alles wird unter predigtartiger Auflockerung des herkömmlichen Rechtsstils vorgetragen. Aber von Interesse ist, wie in der Gesamtkomposition die Elemente des altorientalischen (bes. hethitischen) Suzeränitätsvertrages (→ Bund) erscheinen: die Erinnerung an die zu Dankbarkeit und Treue verpflichtenden Wohltaten des Oberherrn; die Vertragsbestimmungen; die Bestimmungen über Deponierung und regelmäßige Verlesung der Vertragsurkunde; die Fluch- und Segensformeln.

4. Ideen und Tendenzen der deuteronomischen Bearbeitung überkommenen Rechtsgutes setzen den Untergang des Nordreichs, aber wohl auch das Erschlaffen assyrischer Imperialmacht in den Randprovinzen voraus. Auf die Nöte und Aufgaben dieser Zeit (seit der Mitte des 7.Jh.s) zielt das Bestreben, die Ideologie des altisraelitischen Sakralbundes neu zu beleben: die Alleinverehrung Jahwes am amphiktyonischen Heiligtum zur Überwindung politischer Trennung und religiöser Überfremdung und anderer Spannungen. Deutlich hat dieses ursprüngliche D. auf die Reformmaßnahmen des Königs → Josia eingewirkt, ohne sie freilich ausgelöst zu haben und ohne in allen Stücken (vgl. Levitenfrage) durchgedrungen zu sein. Mancherlei, so etwa die Wertung Moses als Haupt der → Leviten und Anfänger rechter prophetischer Sukzession, die Stellung zu Aufnahme begehrenden → Fremden, das Rechnen mit dem Separatismus einer ganzen Stadt u.ä., weist auf Herkunft aus dem Norden und zeigt Berührung mit → Hoseas (Wolff) Art. Möglicherweise haben levitisch-prophetische Kreise die erste Arbeit am D. getan und Kreise der → Weisheit in Jerusalem (vgl. Jer 8, 8; Dtn 4, 6) sie hernach fortgeführt.

5. Abgesehen von seiner Bedeutung für die Josiareform hat das D. seine eigentliche Wirkung darin gehabt, daß es die theologische Richtung eines Deuteronomismus begründete mit Schule machenden Lehrbegriffen (etwa dem von der Kultgegenwart Gottes in seinem Namen), mit der Durchgestaltung der Geschichtsüberlieferung (Dtr), der Einwirkung auf die Jeremia-Überlieferung und vor allem der Prägung palästinischer Frömmigkeit nach dem Zusammenbruch von 587.

Außer den Einleitungen (O.Eissfeldt, 1956² [Lit.]; A.Weiser, 1957³; R.Pfeiffer, 1948²; C.Kuhl, Die Entstehung des AT, 1953): Komm. v. C.Steuernagel, (1898) 1923² (HK); A.Bertholet, 1899 (KHC); S.R.Driver, (1902) 1952 (ICC). - W.Baumgartner, Der Kampf um das D. (ThR NF 1, 1929, 7-25; Lit.) - G.v.Rad, Das Gottesvolk im D. (BWANT III, 11), 1929 - Ders., Herkunft u. Absicht des D.s (ThLZ 72, 1947, 151-158) - Ders., D.-Studien (FRLANT 58), (1947) 1948² - F.Horst, Das Privilegrecht Jahves (FRLANT 45), 1930 - A.C.Welch, Deuteronomy. The Framework of the Code, 1932 - H.Breit, Die Predigt des Deuteronomisten, 1933 - A.Causse, L'idéal politique et social du Deutéronome (RHPhR 13, 1933, 289-323) - Ders., ebd 1-19 - M.Noth, Die Gesetze im Pentateuch (SGK 17, 1940 H. 2 = Ges. Stud. z. AT, 1957, 9-141) - Noth, ÜSt - K.Galling, Das Gemeindegesetz in Dtn 23 (Festschr. A.Bertholet, 1950, 176-191) - Ders., Das Königsgesetz im D. (ThLZ 76, 1951, 133-138) - L.Kuyper, The Book of Deuteronomy (Interpretation 6, 1952, 321-340) - C.A.Simpson, A Study of Dtn 12-18 (AThR 34, 1952, 247-251) - A.Alt, Die Heimat des D.s (Alt II, 250-275) - G.E.Wright, The Levites in Deuteronomy (VT 4, 1954, 325-330) - H.W.Wolff, Hoseas geistige Heimat (ThLZ 81, 1956, 83-94). *F.Horst*

Zur *Auslegungsgeschichte* (s. auch → Schriftauslegung: IV; → Pentateuch):

Quellen: 3.Jh.: Hippolyt (ed. Achelis, GCS I, 2, 1897). - 16.Jh.: Luther (WA 14 u. 28) - Calvin (CR 25-29) - Joh.Bugenhagen, Basel 1524. - 17.Jh.: Christoph Pelargus, Magdeburg 1622 - Joh.Lorinus SJ, Lyon 1625 - Joh.Gerhard, Jena 1657. *W.Werbeck*

Deutinger, *Martin,* kath. Philosoph und Theologe, * 14. 3.1815 bei Langenpreising (Obb.), † 9.9.1864 in Pfäfers (Schweiz); 1837 Priester, 1841 Militärseelsorger in München, 1846 Prof. in München, 1847 in Dillingen, 1852 emeritiert und Universitätsprediger in München. D. wollte zu dem großen Thema seiner Zeit, Versöhnung von Glauben und Wissen, Kultur und Offenbarung, Philosophie und Theologie, seinen Beitrag geben. In der Ablehnung der → Scholastik, die er nicht genügend kannte, und in der Gegnerschaft gegen den deutschen → Idealismus, angeregt von → Schelling, → Baader und → Görres, kam er in seinem philosophischen Bemühen zu der Forderung einer »neuen Philosophie«, durch die er den Materialismus und den Pantheismus überwinden zu können glaubte. Seine Methode ist die des Ternars von Denken, Können, Wollen; doch wird er der Vernunfterkenntnis nicht gerecht und rückt in die bedenkliche Nähe eines »gemäßigten Traditionalismus«, weil er als ihre objektive Quelle sowohl die natürliche Schöpfung als auch die positive Offenbarung annimmt. Darin ist es begründet, daß D. der Vernunfterkenntnis die Aufgabe zuteilte, den Glauben zum Wissen zu erheben, indem er mit dem objektiven Erkenntnisprinzip der Offenbarung den freien Willen als das subjektive Prinzip der Erkenntnis verband. Von dieser Grundhaltung aus gestaltete D. sein System, wie es in seinen »Grundlinien einer positiven Philosophie als vorläufiger Versuch einer Zurückführung aller Teile der Philosophie auf christliche Prinzipien« (7 Teile) enthalten ist. In diesem Werk hat D. außer der Rechts- und Staatsphilosophie alle philosophischen Disziplinen dargestellt, unter denen die Ästhetik den ersten Rang einnimmt. Trotzdem aber hat die Ästhetik bis heute eigentlich nur durch M.Ettlinger, Fr.Th.Vischer und E.v. → Hartmann eine entsprechende Würdigung gefunden. Als Theologe hat D. vornehmlich durch seine Werke »Das Reich Gottes nach dem Apostel Johannes«, »Der Geist der christlichen Überlieferung« und durch seine zahlreichen theologischen und religiösen Abhandlungen in seiner Zeitschrift »Siloa« eine weittragende Wirkung ausgeübt.

Hauptwerke: Die Denklehre, 1844; Gesch. der Philosophie, 1852/53; Das Prinzip der neueren Philosophie u. die christliche Wissenschaft, 1857; Der gegenwärtige Zustand der dt. Philosophie, 1866; Das Gebiet der Kunst im Allgemeinen, 1845; Das Gebiet der dichtenden Kunst, 1846; Beispielsammlung aus allen wesentlichen Entwicklungsstufen der Dichtkunst als 2. Abt. der Lehre von dem höchsten Einheitspunkte der Künste, 1846. - Über D.: L.Kastner, M.D.s Leben u. Schriften, 1875 - G.Sattel, M.D.s Gotteslehre, 1905 - Ders., M.D. als Ethiker, 1908 - J.A.Endres, M.D., 1906 - F.Richarz, M.D. als Erkenntnistheoretiker, 1912 - M.Ettlinger, Die Ästhetik M.D.s, 1914 - H.Tuebben, Die Freiheitsproblematik Baaders u. D.s, 1929 - H.Fels, M.D., 1938 - E.Reisch, M.D.s dialektische Geschichtstheologie, 1939 - J.Fellerer, Das Verhältnis von Philosophie u. Theologie nach M.D., 1940. *H.Fels*

Deutsch-christliche Bewegungen sind entstanden als Verlängerungen der völkischen Weltanschauung in den Raum des Christentums mit dem Ziel, eine Synthese zwischen beiden herzustellen. Die Teilung dieser Weltanschauung in eine rassische und eine politische (→ Deutschgläubige Bewegungen) wirkte sich auch dabei aus.

1. Im Raum der *rassischen Weltanschauung* entsprangen verschiedene Gemeinschaften zur »Germanisierung« des Christentums, die vor allem durch H.St.Chamberlain (1855-1927) und Arthur Bonus (1864-1941) literarisch vorbereitet worden war: a) *Bund für Deutsche Kirche.* Angeregt durch 95 Leitsätze zum Reformationsfest 1917 »Deutschchristentum auf rein ev. Grundlage«, wurde er 1921 von Studienrat Dr. J.Kurd Niedlich (1884-1928) aus Hörern der Berliner Arndthochschule gegründet. Unter der Losung »Für arteigene Frömmigkeit - über alle ›Konfessionen‹ hin - in einiger deutscher Kirche!« wollte man »Gott auf deutsche Art suchen, Jesus als den arischen Helden« verkündigen, deutsche Sagen und Märchen religiös auswerten und überhaupt eine »deutsche Bibel« als »Gottes Wort an unser Volk durch seine Propheten« vom Heliand bis zu Bismarck schaffen. Die Kirche sollte sich vor allem für das Völkische einsetzen (Kampf um die Scholle, Hebung der Volkssittlichkeit, Förderung der → Eugenik und Rassenhygiene) und die Elemente deutscher Frömmigkeit betonen. - b) *Geistchristliche Religionsgemeinschaft* (seit 1934: Deutsche Volkskirche), 1927 von dem Schriftsteller Dr. Arthur Dinter (* 1875) gegründet und 1937 von Himmler verboten. Neben den »germanischen« Glaubenselementen vertrat Dinter eine rassenbestimmte Geistlehre: Von Gott geschaffene reine Geister verfehlten ihr Ziel der Vollkommenheit und sanken von Stufe zu Stufe; um ihnen die Möglichkeit zur Umkehr zu geben, schuf Gott die stoffliche Welt, in der sie sich verkörpern und ihre Selbstsucht überwinden sollten. Die Rassen sind Verkörperungen verschiedener Geistesarten; am tiefsten stehen die Juden, am höchsten die Germanen. Christus als der gottähnliche, »arischste« Mensch inkarnierte sich freiwillig, um durch Lehre und Vorbild zu helfen. Aber seine schlichte, »arisch-heldische Heilandslehre« wurde durch Paulus (den »leibhaftigen Antichrist«) jüdisch verfälscht. - c) Weitere Bünde, die ein »artgemäßes« Christentum vertraten, aber keine größere Bedeutung erlangten, waren das *»Kristgermanentum«* von Gustav Müller-Berlin und die von Dr. Reinhold Krause im Herbst 1933 gegr. *»Glaubensbewegung Deutsche Volkskirche«* (später: Deutsche Glaubensfront), die sich zur »Frohbotschaft des heldischen Heilands« und zur »Gottesoffenbarung der in Blut und Boden wurzelnden Volksgemeinschaft« bekannte, den Kruzifixus durch

den Schimmelreiter (Apk 10, 11 ff) als das Bild »des Vollenders des Christentums« ersetzen wollte und einen wütenden Kampf gegen die »bezahlte Priesterschaft aller Konfessionen« führte.

2. Im Raum der *politischen Weltanschauung* des → Nationalsozialismus entstanden: a) Die *Kirchenbewegung Deutsche Christen,* auch »Thüringer DC« genannt, seit 1927 unter der Führung der Pfarrer Siegfried Leffler und Julius Leutheuser. »Das Erlebnis des Nationalsozialismus wurde zum Ausgangspunkt einer neuen Gemeinde um Christus.« Diese sollte durch den Glauben Hitlers, daß er unter einem »Befehl Gottes« zur Rettung des deutschen Volkes stehe, einen neuen Weg zu dem Herrn des Glaubens selbst, zu Christus, finden und dem äußerlich als Staat dargestellten Reich innerlich »die im Geiste Christi verbundene gläubige Gemeinde der Deutschen« hinzufügen. Der Ton lag daher von Anfang an auf der Idee der »Deutschen Christlichen Nationalkirche«, in der die Konfessionen durch eine »Verkündigung aus den großen maßgebenden Erkenntnissen unserer Zeit heraus« überwunden sind. Diese Erkenntnisse zwingen die Kirche zu neuen Bekenntnissen. Sie muß neben der Bibel auch die neuen Taten Gottes in der nat.-soz. Revolution in ihre Verkündigung einbeziehen. Nach kurzer Verbindung mit der Glaubensbewegung DC (s. b) machte sich die Kirchenbewegung DC im Nov. 1933 wieder selbständig. Sie verband sich 1935/36 als Nationalkirchliche DC mit andern Gruppen, die sich 1935 von der Glaubensbewegung DC gelöst hatten (u.a. »Kampf- und Glaubensbewegung DC« des Bischofs Hossenfelder, »Christusbekennende Reichskirchliche Bewegung DC« des Bremer Bischofs Dr. Weidemann, »Volkskirchenbewegung DC« in Württemberg), unter einem gemeinsamen »Führerring« und einer »Deutschen Pfarrerkameradschaft«. In den späteren Jahren bildete sich bei den Thüringer DC ein stark deutschkirchlich beeinflußter Flügel, dessen Wortführer ein betont völkisches Christentum vertraten: Entjudung des Gesangbuchs durch Ausmerzung von Begriffen wie Jehova, Israel, Zion, Zebaoth; Abwertung oder Abschaffung des AT (J.B.Schairer, »Das Gottgespenst des Alten Bundes«, o.J., 31: »Im Untergrund aller at. Frömmigkeit, auch der prophetischen, steht ein aus dem jüdischen Urschleim entstandenes Gottungetüm satanischer Art, das als verheerende Macht aus der Erde zu seiner selbst Verherrlichung ein Leichenfeld schaffen will und nur dem Judenvolk gnädig ist«); Eindeutschung des NT durch geeignete »Übersetzung« und Beseitigung »judenchristlicher Legenden« (so Gg. Schneider in »Der Heiland deutsch«, L.Müller in »Deutsche Gottesworte« und die vom »Institut zur Erforschung und Beseitigung des jüdischen Einflusses auf das kirchliche Leben« herausgegebene »Botschaft Gottes« 1940). Ein vom Reichskirchenausschuß (→Kirchenkampf) angefordertes Gutachten von 6 Theologieprofessoren stellte 1936 fest, daß die Nationalkirchlichen DC Christenglauben und politische Aufgabe in schriftwidriger Weise aufeinander beziehen, darum eine falsche Gleichsetzung von Volk und Kirche, Volks- und Heilsgeschichte vornehmen, den christlichen Glauben als eine politische Gläubigkeit mißverstehen, die erst nachträglich durch Christus garantiert wird, und die Nationalkirche in einer »schwärmerischen« Weise verwirklichen wollen. Der Reichskirchenausschuß folgerte daraus, daß sie »kein Recht auf Kirchenleitung« haben und die → Bruderräte, die sich in den von den Nationalkirchlichen DC beherrschten Kirchen gebildet haben, nicht behindert werden dürfen. – b) Die *Glaubensbewegung DC* entstand 1932 unter Führung des Pfarrers Hossenfelder und erlebte einen raschen Aufstieg. Dabei war sie Nutznießerin der hoch angeschwollenen nat.-soz. Flut. Aber ihr in der Anfangszeit stark ausgeprägter volksmissionarischer Wille erwarb ihr auch in der Kirche und weit in die pietistischen Gemeinschaften hinein ein gewisses Vertrauen. In ihren »Richtlinien« 1932 verpflichtete sie jedes Mitglied, 1933 einen von Gott und der Kirche Abgefallenen wieder für Christus zu gewinnen. Es schien, als könnte sie mit ihrer stürmischen Aktivität nicht nur die Kirche selbst beleben, sondern auch den von der nat.-soz. Bewegung ergriffenen Massen der Entkirchlichten einen Zugang zum christlichen Glauben erschließen; hatten diese doch mit ihrem Ja zum Programm der NSDAP bereits implicite auch ein Bekenntnis zu dem dort vertretenen »positiven Christentum« ausgesprochen. So sah man in der Glaubensbewegung DC eine kraftvolle Einigungsbewegung, die den nationalen Aufbruch religiös vertiefen, den deutschen Protestantismus aus seiner Zersplitterung herausreißen, alte, verkrustete Traditionen überwinden und den Mut zu neuen Wegen und Formen finden würde. In den Richtlinien forderte sie eine »Reichskirche«, die »Ausdruck aller Glaubenskräfte unseres Volkes ist« und aus ihrem Bekenntnis zu einem »bejahenden artgemäßen Christusglauben« an dem nat.-soz. Befreiungskampf teilnimmt. Sie wahrt Rasse, Volkstum und Nation als »gottgeschenkte und anvertraute Lebensordnungen«, betrachtet die Judenmission als »schwere Gefahr für unser Volkstum« und wendet sich gegen Marxismus, Pazifismus und jeglichen Internationalismus. Bei den Kirchenwahlen in der Altpreußischen Union im Nov. 1932 gewann die Glaubensbewegung DC 33% aller Sitze. Im Apr. 1933 proklamierte sie das Recht zur kirchlichen Revolution »einer Kirchenbehörde gegenüber, die die nationale Erhebung nicht vorbehaltlos anerkennt«. In 10 Grundsätzen vom Mai 1933 wurde eine »Reichskirche luth. Prägung« gefordert, welche nur »Christen arischer Rasse« umfaßt und die Hoheit des nat.-soz. Staats »aus Glauben« anerkennt. Als sie bei den Kirchenwahlen am 23.7.1933 mit politischer Hilfe die Mehrheit errungen hatte und ihr »Schirmherr«, Pfarrer Ludwig Müller, von der Nationalsynode am 29.9. zum Reichsbischof berufen worden war, übernahm sie in den meisten Landeskirchen die Macht, entzündete aber durch ihre Maßnahmen und Forderungen (Entrechtung der Opposition, Gleichschaltungen, Einführung des Führerprinzips, Ausscheidung der »Judenchristen« u.a.) den offenen → Kirchenkampf. Als der DC-Gauleiter von Berlin Dr. Krause (s. 1 c) in einer Kundgebung am 13.11.1933 die »Befreiung vom AT mit seiner jüdischen Lohnmoral«, die Entfernung »aller offenbar entstellten und abergläubischen Berichte des NT«, den Verzicht auf die »Sündenbock- und Minderwertigkeitstheologie« des Paulus und die »Rückkehr zu einem heldischen Jesus« unter Zurückstellung des Gekreuzigten forderte, geriet sie in eine schwere Krise, von der sie sich nicht wieder erholte. Aber dank politischer Unterstützung konnte sie weithin ihre kirchenregimentlichen Positionen halten. Im inneren Leben der Kirche verlor sie jeden Einfluß und verfiel wie alle andern deutschchristlichen Bewegungen 1945 der Auflösung. – c) Die *Kath.-nationalkirchliche Bewegung* unter Führung des altkath. Pfarrers H.Hütwohl (gegr. 1934) vertrat in ihren Richtlinien Wahrung des alten kath. Glaubensguts, Unabhängigkeit von Rom, Pflege des Volkstums in der Kirche (deutsche Kultsprache, Aufhebung des Zölibats, Ausscheidung der romanischen Frömmigkeitselemente), Einordnung der Kirche in die Volksgemeinschaft und rückhaltloses Bekenntnis zu Führer und Staat. Ein nennenswerter Erfolg blieb ihr versagt. – Nach 1945 brachen zahlreiche DC mit ihren früheren Überzeugungen und kehrten in die Kirche zurück (so S.Leffler). Andere sammelten sich zu neuen Organisationen, aus denen sich nach verschiede-

nen Änderungen und Verschmelzungen 3 Gemeinschaften mit spärlichen Mitgliederzahlen herauskristallisierten: Die »Gemeinschaft Christlicher Lebensglaube« (Sitz: Stuttgart); die »Volkskirchenbewegung Freie Christen« (Sitz: Hannover); die »Freie Christliche Kirche« (Sitz: Dortmund). Gemeinsam ist ihnen, nach Ausscheidung des nat.-soz. Elements, ein radikaler theologischer Liberalismus, der sie teilweise in die Nachbarschaft des Unitarismus führt. Ihr Ziel ist, Sammelbecken aller freier gerichteten Christen zu werden. Die Gemeinden werden von eigenen Pfarrern oder »Kündern« in »Gottesfeiern«, Amtshandlungen und Jugendunterweisung betreut.

Zu 1a: H.St.Chamberlain, Die Grundlagen des 19.Jh.s, 1899 - Ders., Mensch u. Gott, 1921 - A.Bonus, Von Stöcker zu Naumann. Ein Wort zur Germanisierung des Christentums, 1896 - Ders., Dt. Glaube, 1897 - Ders., Religion als Schöpfung, 1902 - J.K. Niedlich, Jahwe oder Jesus, 1921 - W.Erbt, Jesus, der Heiland aus nordischem Blute u. Mute, 1926 - Ders., Der Anfänger des Glaubens, 1930 - Ders., Artgemäße Religion, 1932 - Fr.Andersen, Der richtige Jesus, 1926 - Ders., Der dt. Heiland, 1932 - Ders., Wie es wohl wirklich war? Gesch. des Meisters von Nazareth, ohne Legenden u. theol. Zusätze, 1938 - D.Klagges, Das Urevangelium Jesu, der dt. Glaube, 1926 - H.Tögel, Dt. Glaube, 1926 - E.Kutschera, Nordischer Jesus, Versuch eines Urberichts, 1929. - Zeitschrift: Die Dt. Kirche, 1922-38.

Zu 1b: A.Dinter, Die Sünde wider das Blut, 1921 - Ders., Die Sünde wider das Volk, 1921 - Ders., 197 Thesen zur Vollendung der Reformation, 1926 - Ders., Die Sünde wider die Liebe, 1928. - Zeitschriften: Das Geistchristentum, 1927-34 - Die Dt. Volkskirche, 1934-37 - Die religiöse Revolution, 1934-37.

Zu 2a. b: *Dt. Christen:* J.Leutheuser, Der Weg zur christl. Nationalkirche, (1932) 1936⁸ - J.B.Schairer, Volk-Blut-Gott, 1933 - W.Grundmann, Gott u. Nation, 1933 - Ders., Die Gotteskindschaft in der Gesch. Jesu, 1938 - Ders., Das Gottgespenst des Alten Bundes, o. J. - S.Leffler, Christus im Dritten Reich der Deutschen, 1935 - E.Hirsch, Das kirchliche Wollen der DC, 1935 - L.Müller, Dt. Gottesworte, 1935 - G.Schneider, Völkische Reformation - Ders., Der Heiland Deutsch - Ders., Deutsches Christentum - Ders., Kirche am Scheideweg - Ders., Neuland Gottes, sämtl. o. J. - M.E. Winkel, Der Sohn, 1935 - Ders., Jesu ursprüngliche Botschaft, 1937 - Ders., Das Evangelium nach Markus, 1938. - Zeitschriften: Die Nationalkirche, 1932-41 - Das Evangelium im Dritten Reich, 1932 bis 1936 - Deutscher Sonntag, 1933-41 - Das Positive Christentum, 1935-41.

Zu 2c: *Kath.-nationalkirchliche Bewegung:* Zeitschrift: Der romfreie Katholik, 1934-41. *K.Hutten*

Deutsche Theologie, Titel einer mystischen Schrift, Ende des 14. oder Anfang des 15.Jh.s verfaßt von »dem Frankfurter«, einem Priester des Deutschen Ordenshauses (→ Ritterorden) in Sachsenhausen (Heinrich von Bergen?), von Luther 1516 und (etwas erweitert) 1518 herausgegeben. Im 19.Jh. wurde eine vollständigere (doch weniger urprüngliche?) Hs. von 1497 aufgefunden. Der Verfasser will den Geist der wahren »Gottesfreunde« (→ Mystik: VI) gegenüber den »ungerechten und falschen« → Brüdern des freien Geistes darstellen. In schlichten Worten faßt er Hauptgedanken der deutschen Mystik zusammen; in seiner Lehre von der Gelassenheit den Einfluß → Eckeharts verratend, vermeidet er jedoch ontologische Spekulationen und dringt mehr von der willensmäßigen Seite auf »Verleugnen seiner selbst«. Für diese Einigung mit Gott in leidendem Gehorsam (die Ausdrücke für die Passivität sind mitunter sehr stark) ist die Verbindung der Menschheit Christi mit Gott vorbildlich. - Luther (im Gegensatz zu → Calvin) wie auch später zB Joh. → Arnd und → Spener schätzten die Wärme und Schlichtheit der Schrift und die Betonung der Menschheit Christi. Die D.Th. bleibt aber in der Lehre von Kirche und Heilsmitteln ganz im kath. Rahmen, der durch die gemäßigten neuplatonischen Traditionen nicht gesprengt wird. So darf man weder reformatorische Theologie noch gar kirchenfeindlichen, »germanischen« Pantheismus in sie hineinlesen.

Wichtigste Ausg.n: Luther 1516 u. 1518: WA 1, 152ff - Luther 1518: G.Siedel, Theologia Deutsch, 1929 (mit Einl.) - Hs. v. 1497: W.Uhl, Der Franckforter (KIT 96), (1912) 1926²; Der Franckfurter. Eine dt. Th., übertr. u. eingel. v. J.Bernhart, (1920) Neudr. 1946. - Bibliogr.: Schl. IV, 171f. - RE XIX, 626ff; XXIV, 561ff - DThC IX, 1259ff - E.Teufel, Die »D.Th.« u. Seb.Franck im Lichte der neueren Forschung I (ThR NF 11, 1939, 304-315) - G.Faggin (→ Eckehart) 341ff - VerfLex IV, 426ff; V, 1086 - C.Vasoli, La »Teologia Tedesca« (Rivista Critica della Filosofia 8, 1953, 63-80) - K.Westendorff, Ist der Verf. der Theologia Deutsch gefunden? (EvTh 16, 1956, 188-192). *M.A.Schmidt*

Deutsches Institut für ärztliche Mission → Ärztliche Mission.

Deutschgläubige Bewegungen

1. Geschichte - 2. Glaubensauffassungen

1. Die Wurzeln des Deutschglaubens (Dgl.) liegen in der auf J.G. → Herder zurückgehenden Entdeckung des Volkstums als einer eigengeprägten geistigen Wesenheit, die ein unveräußerliches Recht auf Selbstverwirklichung hat und auch »Gott auf die ihr eigenste Weise lieben« soll. Den ersten Schritt zur Totalisierung des völkischen Werts tat dann Graf v. Gobineau (1816-82) mit seinem »Essai sur l'inégalité des races humaines«, in dem er die »männlich-arisch bestimmten Rassen mit staatsgestaltenden Kräften den ihnen unterlegenen nichtarisch-weiblich bestimmten« entgegenstellte und den Grund zu einer rassischen Geschichtsdeutung legte (→ Rasse). Im weiteren Ausbau der rassischen Weltanschauung kam eine antisemitische Tendenz hinzu; damit geriet sie in Spannung zum Christentum. Von den Radikaleren wurde es völlig abgelehnt (so von dem Philosophen Eugen Dühring [1833-1921] in seiner Schrift »Der Ersatz der Religion durch Vollkommeneres und die Ausscheidung alles Judentums durch den modernen Völkergeist«), während andere eine Synthese in der Form eines entjudeten, germanisierten Christentums (→ Deutschchristliche Bewegungen) für möglich hielten. Die konsequenten Vertreter der rassischen Weltanschauung unternahmen schon vor der Jahrhundertwende die ersten Versuche, einen »artgemäßen« deutschen Glauben zu entwickeln. Der Journalist Fr.Lange gründete 1894 den »Deutschbund« und forderte in der Schrift »Reines Deutschtum« (1894) eine deutsch-völkisch-religiöse Weltanschauung. Die 1895 von Adolf Reinecke gegr. Zeitschrift »Heimdall« vertrat die Ariosophie des einstigen kath. Priesters Lanz von Liebenfels. 1900 forderte der Schöpfer des Harzer Bergtheaters Ernst Wachler in seinem Mahnruf »Über die Zukunft des deutschen Glaubens« die Beseitigung des Christentums und trat in »Zukunft des deutschen Glaubens« (1902) und »Ringbüchlein einer deutschen Weltanschauung« (1903) für eine nichtchristliche »Deutsche Religion« ein. 1904 veröffentlichte Wilhelm Schwaner eine »Germanenbibel«. 1906 gab der Österreicher Joseph Weber die Schrift »Allvater (Wodan) oder Jehova?« als eine »Deutsche Glaubens- und Sittenlehre« heraus. 1907/08 rief der Maler Ludwig Fahrenkrog in Schwaners Zeitschrift »Der Volkserzieher« zur Sammlung aller deutsch-religiös Gesinnten auf. Daraus entstand als erster derartiger Bund 1908 die »Deutschreligiöse Gemeinde« (später: Germanische Glaubensgemeinschaft) mit den 3 Grundsätzen: »Gott in uns - das Gesetz in uns - die Selbsterlösung«. 1911 rief der Bremer Postdirektor O.S.Reuter den »Deutschen Orden« und als dessen inneren Kreis die »Deutschreligiöse Gemeinschaft« (später: Deutschgläubige Gemeinschaft) ins Leben. Auch sonst entstanden in jenen Jahren allerlei kleine derartige Organisationen: Gesellschaft Wodan von Wachler und A.Kroll; Wandervogel V.B.; Deutscher Schaf-

ferbund; Große Germanenlogen und Nornenlogen u.a. Nach dem 1. Weltkrieg bildeten sich weitere Gemeinschaften. Aus dem völkischen Flügel der → Jugendbewegung erwuchs 1924 der junggermanische Orden »Die Nordungen«. Als Sammlungsbewegung waren ursprünglich die »Nordische Glaubensgemeinschaft« (gegr. 1928) und die »Nordisch-Religiöse Arbeitsgemeinschaft« (gegr. 1931) gedacht, ohne aber ihr Ziel zu erreichen. Der 1925 von E.Ludendorff (1865-1937) als völkische Kampforganisation gegen die »überstaatlichen Mächte« ins Leben gerufene Tannenbergbund verlagerte unter dem Einfluß von Mathilde Ludendorff (* 1877) seinen Schwerpunkt immer mehr auf das religiöse Gebiet und sammelte im »Deutschvolk« die von der »christlichen Suggestion« Befreiten. Nach dem Verbot des Tannenbergbunds 1933 wurde 1937 der »Bund für Deutsche Gotterkenntnis (L)« geschaffen, der weitaus die stärkste derartige Organisation wurde, sich aber von den andern Gemeinschaften »wie Feuer vom Wasser geschieden« wußte. Nach der nat.-soz. Revolution 1933 wuchs der Gründungseifer und damit die Zersplitterung noch weiter an, und die Nordische Zeitung (März 1934) stöhnte, »daß im Reiche überall sog. ›nordisch-religiöse‹ Gruppen entstehen; man ›bündet sich zu Bünden‹, man ›gemeinsamt sich zu Gemeinschaften‹ und benutzt die Gutgläubigkeit ehrlicher Volksgenossen, um verdrängte Geltungskomplexe abzureagieren«. Es ist unnötig, auch nur die Namen dieser unzähligen Neugründungen hier zu nennen; sie blieben bei geringen Mitgliederzahlen völlig einflußlos und verschwanden meist rasch wieder. Eine Wendung schien sich dagegen anzubahnen, als der Tübinger Religionswissenschaftler J.W.Hauer (* 1881) zusammen mit Graf Ernst zu Reventlow (* 1869) 1933 die »Arbeitsgemeinschaft der Deutschen Glaubensbewegung« (seit 1934: Deutsche Glaubensbewegung) gründeten und ihr den Charakter einer umfassenden Plattform für die Vereinigung aller Bünde dieser Art gaben. Es gelang, etwa ein Dutzend Gemeinschaften von den Völkisch-Religiösen bis zu den Freireligiösen in ihr zu vereinigen. Eine schwungvolle Propaganda sollte den Durchbruch zur religiösen Massenbewegung herbeiführen. Aber bald trennten sich die zahlenmäßig stärksten Kreise wieder, und die bis 1935 geschaffenen 300 Ortsgemeinden schrumpften zusammen, als innere Zwistigkeiten ausbrachen, die 1936 zum Ausscheiden von Hauer und Graf Reventlow führten. Weitere Führungskrisen lähmten die Schlagkraft der Organisation vollends, und sie führte fortan nur noch ein Schattendasein. Auch die von Hauer seit 1938 um seine Monatsschrift »Deutscher Glaube« gesammelte lose Gesinnungsgemeinschaft blieb bedeutungslos. Die NSDAP versagte der Deutschen Glaubensbewegung wie allen andern derartigen Bünden, enttäuscht über ihre Erfolglosigkeit, die Förderung und schuf sich in der sog. »Gottgläubigkeit« ein eigenes religiöses Sammelbecken. Durch Erlaß des Reichsinnenministers vom 26.11.1936 wurde der Begriff »Gottgläubige« offiziell eingeführt als Bezeichnung für »alle die Volksgenossen, die sich zwar von den anerkannten Religionsgemeinschaften abgewandt haben, die jedoch nicht glaubenslos sind«. Diese neue »Konfession« verdichtete sich nicht zu einer organisierten Gemeinschaft, bildete aber Ansätze zu einem eigenen Kult, der von den nat.-soz. Gliederungen getragen wurde: Veranstaltungen des Kulturkreises der SA und Morgenfeiern von SA und HJ mit weltanschaulichen Themen; Jahreslauffeste (Winterwende, Frühlingsbeginn, Sommeranfang, Herbst-Erntedank, Totengedenkfeier am 9.11.); Lebenslauffeste (völkische Lebensweihe, Aufnahme in die Volksgemeinschaft, Trauung, Totenfeier). Da und dort wurden auch eigene Feierstätten, Weihe- und Ahnenhallen errichtet. Nach dem Zusammenbruch 1945 lösten sich fast alle diese Vereinigungen auf, soweit sie bis dahin noch bestanden. Die Deutsche Glaubensbewegung wurde vom Interalliierten Gerichtshof in Nürnberg unter die betroffenen Organisationen eingereiht und verboten. Nur die Germanische Glaubensgemeinschaft überdauerte als kleiner, exklusiver Klub mit vorwiegend ästhetisch-kultischer Ausrichtung den Zusammenbruch. In den folgenden Jahren bildeten sich dann zaghaft wieder Fortsetzungsorganisationen früherer dgl. Gemeinschaften: der Kreis um die »Klüter Blätter« in Lochham; die »Gemeinschaft Gottgläubiger« in Kassel; der Riff-Kreis in Wiesbaden; die von Hauer geleitete »Arbeitsgemeinschaft für freie Religionsforschung und Philosophie«; die »Deutschen Unitarier, Religionsgemeinschaft der Gottgläubigen im Dithmarschen«. Die Ludendorffbewegung schuf sich in dem 1946 gegründeten »Bund für Gotterkenntnis (L)« wieder eine Organisation mit der Halbmonatsschrift »Der Quell«, konnte aber nur kümmerliche Trümmer ihres einstigen Bestandes sammeln.

2. Es fehlte nicht an programmatischen Schriften und Bekenntnissen, aber es wuchs aus ihnen keine genügende Übereinstimmung über den Inhalt des Dgl.s und noch weniger eine lebendige Religiosität heraus. Einig waren sich die dgl. Gemeinschaften lediglich in der nationalistischen und antisemitischen Haltung und in der Verwerfung von Christentum und Kirche. Der christliche Glaube wurde als »vorderasiatisch-jüdisches« Produkt, das AT als Sammlung moralisch minderwertiger »Zuhälter- und Viehhändlergeschichten«, der biblische Gott als unberechenbarer, grausamer »Wüstentyrann«, Jesus als unheldisch-passive Gestalt, das Kreuz als Denkmal des Niederbruchs, die christliche Ethik als weichlich und knechtsselig abgelehnt. Der Erlösung durch das Opfer Christi wurde die Selbsterlösung gegenübergestellt. Die Sündenlehre wurde als Selbstbeschmutzung bezeichnet. An die Stelle des »hündischen Winselns um Gnade« sollte die aufrechte Haltung des Tapferen treten, der »immer strebend sich bemüht«. Die dgl. Auseinandersetzung mit den Kirchen wurde mit großer Schärfe, teilweise demagogisch geführt und vielfach mit freidenkerischen Requisiten (»Pfaffenspiegel«) bestritten. Eine große Rolle spielte der sog. Nachweis, daß das Christentum sich in der deutschen Geschichte unheilvoll ausgewirkt habe (gewaltsame Missionierung, Untaten »Karls des Sachsenschlächters«, Zerstörung von Kaisertum und Reich durch die Papstkirche, Ketzer- und Hexenverfolgungen, Dogmenstreitigkeiten und Konfessionskriege u.a.m.).

Hinsichtlich der *positiven Glaubensaussagen* muß man grundsätzlich zwischen zwei Hauptgruppen unterscheiden:

a) Die eigentlichen »Deutsch- oder Nordischgläubigen« suchten *die rassische Weltanschauung religiös zu vertiefen* (→ Rasse: II). »Die deutsche Art ist in ihrem göttlichen Urgrund Auftrag aus dem Ewigen, dem wir gehorsam sind« (aus den Richtsätzen der Deutschen Glaubensbewegung). Ausführlicher formulierte Busso Löwe: »Unser Glaube ist Gott! Unsere Kirche ist die deutsche Heimat! Unsere Gemeinde ist das deutsche Volk! Unsere Bibel ist die deutsche Seele und ihre Werte! Unser Priester ist jeder rassebewußte deutsche Mensch! Unsere Sakramente sind Arbeit, Kampf und Liebe! Unser Bekenntnis heißt Blut und Boden, Freiheit und Ehre! Unser Symbol ist das uralte heidnische Hakenkreuz! Unsere Zukunft heißt Deutschland!« Mit der pantheistischen Auffassung verband man Naturfrömmigkeit und eine verschwommene Seelenmystik mit der Formel »Gott in uns« in Anlehnung an den mißverstandenen Meister → Eckehart. Das Göttliche offenbart sich in der Geschichte des Volks und spricht im artreinen Blut. Ein Gebet gibt es nicht. Aus den ethischen Zentralwerten der Arttreue und der Ehre ergaben sich als Forderungen: Heldenideal, kämpferisches Wesen, Hingabe an das Volk, Selbstzucht, Härte gegen sich selbst, naturgemäßes Leben, Höherzüchtung durch die Ehe, Pflege der Starken und Gesunden und Ausmerzung der Schwächlinge. Die »Deutsche Gotterkenntnis« Ludendorffs deutet das Verhältnis zwischen Gott und Welt bzw. Mensch in starker Anlehnung an Schopenhauer: Gott, der jenseits von Raum, Zeit und Ursächlichkeit steht, hat den Drang, im Menschen zum Bewußtsein seiner selbst zu kommen. Dieser Drang äußert sich in der menschlichen Naturanlage in den »göttlichen Wünschen« zum Guten, Wahren, Schönen und in der Liebe zum Göttlichen und dem Haß des Unguten. Sinn des Lebens ist, das Göttliche bewußt zu erleben und das Dasein im Einklang mit dem Göttlichen zu gestalten.

b) Die Gottgläubigen wollten die nat.-soz. Weltanschauung religiös vertiefen, also eine *politische Religion* schaffen. Die Nation galt als absoluter Wert. Das Volk, nicht der Einzelmensch, ist der Partner Gottes. Das Volk muß sich selbst treu bleiben und seine göttliche Sendung erfüllen. Für den einzelnen gilt der Grundsatz: Volksdienst ist Gottesdienst. Individualistische Isolierung, internationales Denken oder gar volksfeindliche Betätigung sind schwerste Sünden. Die bestehenden Religionsgemeinschaften haben sich der Volkseinheit unterzuordnen, ihre dogmatischen Unterschiede zurückzustellen und ihr Daseinsrecht durch ihren Dienst am Volk zu erweisen. Das Ziel ist eine Volksgemeinschaft, die auch religiös eine Einheit bildet auf der Grundlage der nat.-soz. Weltanschauung.

Daß der Dgl. nach 1945 so rasch verschwunden ist, hatte seine Ursache nicht nur im äußeren Zusammenbruch, sondern mehr noch in der inneren Katastrophe 1933-45. Durch die Handlungen der Diktatur war die Höchstwertigkeit der nordischen Rasse diskreditiert und das deutsche Sendungsbewußtsein erschüttert worden. Dem Dgl. waren damit die Motivkräfte entzogen. Die Anhänger wurden »obdachlos« und wandten sich, soweit sie nicht gemeinschaftslos blieben, in ihrem größeren Teil zur Kirche zurück oder siedelten ins freireligiöse Lager über. Auch die dgl. Fortsetzungsorganisationen gaben der Rassenideologie nicht mehr den früheren Rang. Nur die »Gotterkenntnis (L)« steuerte den alten Kurs weiter. Die mit dem Anspruch absoluter Autorität versehene Lehre von M.Ludendorff duldete keine Korrektur durch die Geschehnisse 1933-45 und mußte dafür in Kauf nehmen, daß sie steril und wirklichkeitsfremd wurde und ihre zeitweilige Anziehungskraft verlor.

Deutschgläubiges Schrifttum: M.LUDENDORFF, Triumph des Unsterblichkeitswillens, 1921 - DIES., Der Seele Ursprung u. Wesen, 3 Bde, 1925-28 - DIES., Erlösung von Jesu Christo, 1930 - DIES., Von neuem Trug zur Rettung des Christentums, 1931 - DIES., Statt Heiligenschein oder Hexenzeichen. Mein Leben, 1932 - DIES., Der Seelen Wirken u. Gestalten, 2 Bde, 1934/35 - DIES., Das Gottlied der Völker, 1935 - DIES., Der Minne Genesung, 1945 - DIES., Vorträge zur Hochschulwoche für Gotterkenntnis (L), 1955. - E. u. M.LUDENDORFF, Das große Entsetzen. Die Bibel nicht Gottes Wort, 1936 - DIES., Abgeblitzt. Antworten auf Theologengestammel, 1937. - O.S.REUTER, Das Rätsel der Edda u. der arische Urglaube, 1923 - H.WIRTH, Der Aufgang der Menschheit, 1928 - DERS., Was heißt deutsch?, 1931 - DERS., Die heilige Urschrift der Menschheit, 1933 - DERS., Die Ura Linda-Chronik, 1933 - A.ROSENBERG, Der Mythus des 20.Jh.s, 1931 - F.SCHULTZE, Das Sittengesetz des nordischen Menschen, 1933 - E.BERGMANN, Deutschland, das Bildungsland der neuen Menschheit, 1933 - DERS., Die dt. Nationalkirche, 1933 - DERS., Die 25 Thesen der Deutschreligion, 1934 - DERS., Die großen Ideen der dt. Religion, 1935 - DERS., Die natürliche Geistlehre, 1937 - J.W.HAUER, Dt. Gottschau, 1934 - E.GRAF ZU REVENTLOW, Wo ist Gott?, 1934 - G.FRENSSEN, Der Glaube der Nordmark, 1936 - E.K. HEIDEMANN, Was der Christ vom Christentum nicht weiß, 1936 - W.SÖRENSEN, Der Glaube der Ahnen, 1937.

Zur Auseinandersetzung: H.ROTH, Tannenbergbund u. ev. Kirche, 1931 - C.A.SCHARBAU, M.Ludendorffs Verleumdung vom Diebstahl der Evangelien u. die Wahrheit, 1932 - Js.HERTEL, Von neuem Trug zur Rettung des alten, oder Louis Jacolliot u. M.Ludendorff, 1932 - K.ALAND, Wer fälscht? Zu den Enthüllungen E. u. M.Ludendorffs, 1932 - W.KÜNNETH-H.SCHREINER, Die Nation vor Gott, 1933 - W.BAETKE, Arteigene germanische Religion u. Christentum, 1933 - K.HUTTEN, Um Blut u. Glauben, 1933 - DERS., Christus oder Deutschglaube?, 1935 - H.SCHREINER, Ehre u. Glaube, 1934 - W. KÜNNETH, Antwort auf den Mythus, 1935 - R.HOMANN, Der Mythus u. das Evangelium, 1935 - H.TREPLIN, Weder Hauer noch die Deutschkirche, 1935 - K.WITTE, Kann ein Deutscher Christ sein?, 1935.

K.Hutten

Deutschkatholizismus, nicht eigentlich »gegründete«, sondern mehr spontan entstandene Protestbewegung gegen den → Ultramontanismus im 2. Drittel des 19.Jh.s. Nationalkirchliche Reminiszenzen und eine immer mehr hervortretende Vernünftelei gingen im D. mit stark politisch gefärbten liberalistischen Ideen einen Bund ein. Die meisten Anhänger waren laue Katholiken.

Die *Anfänge* des D. sind mit dem Namen des suspendierten schlesischen Kaplans Joh. → Ronge verknüpft. Als 1844 die Wallfahrt zum Hl. → Rock in Trier wieder aufgenommen wurde, schrieb Ronge einen offenen Brief an den Bischof → Arnoldi von Trier und ließ mehrere Flugschriften folgen, die mit großem Pathos die Gründung einer deutschen Nationalkirche forderten. Neben der Gemeinde unzufriedener Katholiken, die sich in Schneidemühl um → Czerski gesammelt hatte, bildete sich 1845 in Breslau um Ronge eine deutschkath. Gemeinde, zu der in kurzer Folge in Norddeutschland noch etwa 20 Gemeinden Gleichgesinnter hinzukamen. Von Anfang an war eine gewisse Zwiespältigkeit gegeben: Czerski war »orthodoxer«, bei Ronge brach je länger um so mehr ein ausgesprochener Rationalismus durch, der weithin das Gesicht des D. bestimmen sollte. Zur kirchlichen Zusammenfassung wurde noch 1845 in Leipzig ein »Konzil« abgehalten, an dem etwa 15 Gemeinden teilnahmen. Doch schon hier offenbarte der D. seine »religiöse Impotenz« (Loofs).

Ihrem *geistigen Gehalte* nach zeigte sich die Lehre des D. als ein Spätling der → Aufklärung. Die Bibel wurde der »von der christlichen Idee durchdrungenen und bewegten Vernunft freigegeben«, das Apostolikum nur in modernisierter Verkürzung übernommen (die Gottheit Christi zB wurde gestrichen), das kirchliche Lehramt verworfen, Ohrenbeichte, Zölibat, Ablaß und Heiligenverehrung abgeschafft und nur zwei Sakramente beibehalten. Wird dabei in vielem das evangelische Vorbild sichtbar, so bezeichnet der D. im ganzen doch eine verhängnisvolle und zT radikale Vermenschlichung des Christentums: Ronge spricht offen von der »Selbsterlösung« des Menschen und betont in der Weise rationalistischer Philanthropen die im Menschen liegende Möglichkeit, den Glauben durch die Liebe zu betätigen. Czerskis »positive« Proteste führten zu einer vorübergehenden Trennung.

Durch die hektische Reisetätigkeit von Ronge erlebte der D. für kurze Zeit eine beachtliche *Verbreitung:* er umfaßte 1848 beinahe 100 000 Mitglieder in 259 Gemeinden (die Berliner vom Radikalismus freie Gemeinde hatte in diesem Jahr 2857 Mitglieder). Der D. war am stärksten in Schlesien, begegnet aber in fast allen Teilen Deutschlands, besonders in Sachsen und Hessen, von seiten kath. oder auch konservativ-reaktionärer Regierungen zT verfolgt (so in Hessen durch den von → Dalwigk unterstützten Bischof → Ketteler). Schon nach wenigen Jahren wurde überall, trotz 1848 erfolgter staatlicher Anerkennung, der Verfall sichtbar. Damals traten radikal-demokratische Elemente in den Vordergrund, so daß selbst

Preußen 1851/52 gegen einzelne Gemeinden vorging. Die *weitere Entwicklung* des D. verlief lokal sehr unterschiedlich, jedoch immer stärker in freigeistigen Bahnen. Es kam zur Abspaltung von »Protestkatholiken«, zu zahlreichen Rücktritten zur kath. Kirche oder auch zur Konversion zum Protestantismus. 1859 schlossen sich die meisten Deutschkatholiken mit den → »Lichtfreunden« zum Bund freireligiöser Gemeinden zusammen, 1921 vereinigten sie sich mit dem Freidenkerbund zum ausgesprochen religionsfeindlichen »Volksbund für Geistesfreiheit« (beide hatten bereits seit 1901 in Tschirn einen gemeinsamen Leiter).

J.GÜNTHER, Bibliothek der Bekenntnisschriften der deutschkath. Kirche, 1845 - F.KAMPE, Das Wesen des D., 1850 - DERS., Gesch. der relig. Bewegungen der neueren Zeit, 4 Bde, 1852-60 - KL III, 1603 ff - J.G.FINDEL, Der D. in Sachsen, 1895 - RE IV, 583 ff - F.LOOFS, Symbolik I, 1902, 404 ff - G.TSCHIRN, Zur 60jähr. Gesch. der freirelig. Bewegung, 1904 - P.LIEBERKNECHT, Gesch. des D. in Kurhessen, 1915 - K.ESSELBORN, Der D. in Darmstadt (Schriften z. Hess. Gesch.-, Landes- u. Volkskunde 1), 1923 - A.POSCH, Die deutschkath. Bew. in Steyermark (Jb. d. österr. Leogesellschaft 1928, 72-117) - W. LEESCH, Gesch. des D. in Schlesien, 1938 - L.W. SILBERBORN, Der D. im Herzogtum Nassau (Diss. Mainz), 1953. *G.Maron*

Deutschland

I. Kirchengeschichte - II. Neugliederung der Länder nach 1945 - III. Evangelische Kirche der Gegenwart - IV. Katholische Kirche der Gegenwart - V. Konfessionsstatistik. - Die einzelnen Länder und die ehemaligen preußischen Provinzen haben Sonderartikel. - Zur Mission → Missionen, deutsche: I. Ev. II. Kath., und die Sonderartikel über die einzelnen Missionsgesellschaften. - Karten 6-9 s.Sp. 117 f. 123 ff. 133 f sowie nach Sp. 160

I. Kirchengeschichte

1. Das Mittelalter: a) Die Frühzeit bis zur Errichtung der bischöflichen Landesherrschaft - b) Das Ringen zwischen Kaisertum und Papsttum - c) D. in der Krise der Papstkirche - d) Die deutsche Kirche am Ausgang des Mittelalters - 2. Die Reformation und die Ausbildung der Konfessionen: a) Der Durchbruch der Reformation und der vorläufige Religionsfriede (1555) - b) Das Ringen von Reformation und Gegenreformation und der endgültige Religionsfriede (1648) - 3. Die Kirchen in der verweltlichten Kultur: a) Die Auflösung des konfessionellen Bewußtseins; Pietismus, Aufklärung, Idealismus - b) Die Kirchen in der gesellschaftlichen Umschichtung des 19.Jh.s - c) Das Zeitalter der Weltkriege

1. a) Schon in den wichtigsten *römischen Niederlassungen in Germanien* gab es kleine, aus Römern und Orientalen bestehende christliche Gemeinden, von denen eine Notiz bei → Irenäus (Adv. haer. I, 10, 2) um 180, später Bischofslisten, Patrozinien, Legenden und Funde kirchlicher Gegenstände Zeugnis ablegen. Auch als dieses Christentum nach Konstantin aufs Land hinausdrang, erfaßte es doch nur römische Siedler, noch kaum die germanische Landbevölkerung. Zur ersten Verbindung von *Germanentum und Christentum* kommt es vielmehr bei den Westgoten an der unteren Donau. → Ulfilas Missionsarbeit und der Übertritt eines Gotenteils in das damals von dem Arianer Valens regierte Reich machen den *Arianismus* (→ Arianischer Streit) zum Bekenntnis der ersten christlichen Germanenstämme, das sie bewußt gegenüber der römischen Bevölkerung festhalten und das Theoderich seinem gesamtgermanischen Bund zugrunde legen wollte. Das Vorbild der germanischen Kulte wie der Gegensatz gegen Byzanz und Rom machen die arianischen Kirchen zu geschlossenen Nationalkirchen unter herrscherlicher Führung. Erst *Chlodwig*, der König der in Gallien vordringenden Franken, wählte, als er sich (wohl 498) zur Annahme des christlichen Glaubens entschloß, das *kath. Bekenntnis*. Er verband sich dadurch mit seinen römischen Untertanen und machte sich die unterworfene Bevölkerung in den südgallischen Reichen der Burgunder und Westgoten zu Bundesgenossen. Durch diese weltgeschichtliche Wende wird die Brücke geschlagen zwischen den sich zu ihrer Kulturleistung erhebenden Germanen und der christlichen und heidnischen Antike, deren Erbe die Kirche bewahrte. Zugleich schuf Chlodwig damit die innere Anlage der germanischen Universalmonarchie des Früh-MA, in der die Einheit über Volkstümern und Stämmen durch das geistige Band der Kirche hergestellt wurde. Sie wurde die vornehmste Stütze der politischen Herrschaft, damit aber auch die erste Macht neben ihr und eines Tages ihre tödliche Rivalin. Alle Zukunftslinien der abendländischen Kulturentwicklung wie alle Probleme des Ringens zwischen Staat und Kirche im MA (→ Kaisertum und Papsttum) sind im Übertritt Chlodwigs beschlossen. Er zog den Übertritt der noch vorhandenen arianischen Germanenreiche zum Katholizismus nach sich (Westgoten in Spanien 589, Langobarden in Oberitalien im Laufe des 7. Jh.s).

Obwohl Chlodwig sich der universalen Kirche angeschlossen hatte, schuf er eine wie bei den arianischen Stämmen geschlossene, dem König unterstehende Landeskirche. Sie behielt ihre Struktur auch in den Wirren der Merowingerzeit und wurde durch die karolingische Dynastie mit neuem Leben erfüllt. Weder die Mitwirkung des Papsttums an der Thronbesteigung Pippins noch die von Rom geleitete missionarische und organisatorische Wirksamkeit des → *Bonifatius* in den östlichen Reichsteilen haben am fränkischen Staatskirchentum etwas geändert. Wohl aber hat die durch fränkische, iroschottische (→ Irland: I) und angelsächsische Missionare vorbereitete Arbeit des Bonifatius innerhalb der fränkischen Kirche und auf dem Missionsfelde Außerordentliches für den inneren Anschluß an die päpstliche Kirche bedeutet. Die so vorgezeichnete Verknüpfung von äußerer Souveränität und innerer Bindung an Rom wird von → *Karl d. Gr.* vollendet. Er tritt als Frankenkönig wie später als Kaiser, von dem Glauben an seine Sendung durchdrungen, das Erbe der christlichen Kaiser an, beruft Synoden, behält Führung und Gerichtswesen der Kirche fest in der Hand, strafft sie durch Stärkung der bischöflichen Autorität und durch Einführung der Metropolitanverfassung (→ Kirchenverfassung: IV). Vor allem aber gewinnt sie durch seine Fürsorge für Wissenschaft (Karolingische Renaissance) und Volksbildung und für die Vereinheitlichung von Liturgie, Recht und Mönchtum ein neues Gesicht. Der umfassende Rezeptionsvorgang hat dem Abendland seine geistige Einheit gegeben. Sie blieb erhalten, als die staatliche des fränkischen Universalreichs zerbrach.

Die reiche christliche Dichtung im 9.Jh. (deutsch: → Otfrid von Weißenburg, → Heliand; lat.: → Walafrid Strabo, → Notker Balbulus u.a.), blühende Kloster- und Kathedralschulen, Baukunst (Aachen, Fulda) und Buchmalerei bezeugen die ausstrahlende Kraft des karolingischen Christentums. Es trug seine schönste Frucht in der raschen inneren Umwandlung der nach harten Kriegen missionierten Sachsen, die unter den Ottonen das politische und kulturelle Erbe des karolingischen Reiches übernehmen. In Förderung und straffer Leitung der Kirche Karl d. Gr. nacheifernd, schuf → *Otto I.* (936-73) doch im Verhältnis von Reich und Kirche einen Wandel von weitreichenden Folgen. Im Ringen zwischen königlicher Zentralgewalt und Stammesherzogtümern gewann er an den Bischöfen, die er in reichstem Maße mit Königsgut und Hoheitsrechten belehnte, kräftige politische Stützen, mit denen er seine Italien- und Ostpolitik (→ Magdeburg) durchführen konnte. Das von ihm 962 erneuerte Kaisertum ruhte auf dieser Verbindung von königlicher Kirchenhoheit und landesfürstlicher Gewalt der Bischöfe. Das allmählich immer stärker ausgebaute System, das D. bis zur → Säkularisation von 1803 von allen anderen Ländern unterscheidet, enthielt die Möglichkeit segensreichen Zusammenwirkens und die Gefahr schwerer Konflikte, wenn die Überlegenheit der königlichen Macht schwand und der kanonische Unabhängigkeitsanspruch die Bischöfe in ihrer geistlich-weltlichen Doppelfunktion dem König entzog.

b) Diese durch ein starkes Reichsgefühl zunächst noch neutralisierte Spannung entlud sich, als durch die cluniazensische Reform (→ Cluny) der Kirchengedanke der → Pseudoisidorischen Dekretalen sich des Papsttums bemächtigte und dieses zugleich bei den italienischen Landesgewalten (Normannen, Toskana, lombardische Städte) Unterstützung gegen die deutsche Herrschaft über Italien fand. Das salische Kaiserhaus, das unter Heinrich III. (1039-56) die Reform in der abendländischen Kirche zum Siege führte (→ Leo IX.), erlebte den jähen Ausbruch des Kampfes um die *Investitur* (→ Kaisertum und Papsttum). Wenn → Gregors VII. stolze Vorstellungen von der Souveränität des Papstes über Kirche und Könige der Zeit auch vorauseilen, so wandelt sich mit ihnen und der durch Canossa symbolisierten Schwäche des Königtums das Verhältnis von Kaiser und Kirche doch von Grund auf. Im Wormser → Konkordat wurde 1122 ein Waffenstillstand erzielt, bei dem die Einsetzung in das geistliche und das weltliche Amt unterschieden wurden. Er kam auf die Dauer vornehmlich dem Papsttum und den Territorialfürsten zugute, die steigenden Einfluß auf die Bischofswahlen gewannen. Die unterschiedliche Behandlung D.s einerseits, Italiens und Burgunds andererseits bereitete die innere Lösung dieser Gebiete vom Reich vor. Das Papsttum hatte sich von dem kaiserlichen Einfluß losgerungen, behauptete aber seinen Anspruch auf die Kaiserkrönung. Die *Staufer* haben zwar die Hoheit über die deutsche Kirche praktisch weithin gewahrt, die Herrschaft über die Weltkirche dagegen ebenso wie die Fundamente ihrer Macht in Italien in tödlichem Ringen verloren. Die 200 Jahre erbitterter Kämpfe (ca 1050-1250) haben die deutsche Kirche tief zerrissen. Die Reformklöster (→ Hirsau) verfochten leidenschaftlich die gregorianischen, die Bischöfe zumeist noch die nationalkirchlichen Ideen. Das Ringen schlug sich in einer umfangreichen Streitliteratur nieder, die sich in der Endphase zu einem apokalyptischen Schriftenkrieg zwischen → Friedrich II. (1215-50) und den Päpsten um die Abgrenzung der »beiden Reiche« steigerte. Die Folge dieser Auseinandersetzungen war, daß sich eine christliche Laienkultur von der klerikalen Führung zu lösen begann, die auch in der Dichtung (→ Mittelalterliche Literatur: II) scharfe Kritik an der päpstlichen Kirche übte (→ Walther von der Vogelweide, Freidanks »Bescheidenheit«). Vor allem aber drang die Forderung der → Armut (: II), das Urelement aller kirchlichen Erneuerungsversuche im MA, in den Riß ein und sammelte die von der Kirche abgestoßenen Kräfte in häretischen Gemeinschaften (→ Katharer, → Waldenser, Franziskaner- → Spiritualen u.a.). Über die Gegensätze hinweg vereinigten sich Königtum, Territorialfürsten, Bischöfe und Klöster in der großen Leistung der Ostmission und -siedlung und in der Begeisterung für die → Kreuzzüge.

c) Nach der Niederwerfung der Staufer und der Verdrängung des Reichs aus Italien erwies es sich, daß das Papsttum zu selbständiger politischer Existenz nicht fähig war. Es geriet in die Abhängigkeit von den Anjous, dann von Frankreich, die durch die »Gefangenschaft« der Päpste in Avignon (1309-77) besiegelt wurde. In dem mit Ludwig dem Bayern (1314-47) noch einmal einsetzenden Ringen um die kaiserliche Hoheit über Italien und die Kirche und um die Kaiserkrönung und das Reichsvikariat der Päpste haben beide Teile ihre Kräfte überschätzt. Es endete damit, daß jetzt das Reich durch den Kurverein zu Rhense 1338 und die Goldene Bulle 1356 den päpstlichen Einfluß abschüttelte. Die beiden einst eng verflochtenen zentralen Mächte des Abendlandes standen sich nun isoliert, aus ihrer universalen Bedeutung verdrängt, in die neue Vielzahl nationaler

Zu nebenstehender Karte 6:

Verzeichnis der Ortsnamen

(mit Angabe der Abkürzung und des Planquadrats)

A.	Aachen D 4	M.	Mainz E 5
Ab.	Abbéville A 5	M.	Meißen H 4
A.	Admont I 8	M.	Metz D 6
Al.	Altaich H 7	Mi.	Minden F 3
Am.	Amöneburg E 4	M.	Münster D 3
A.	Aquileja H 10	M.	Muri E 8
A.	Aschaffenburg F 5	N.	Nijmegen D 3
A.	Augsburg G 7	N.	Nürnberg G 6
A.	Autun B 8	Ol.	Olmütz L 6
B.	Bamberg G 5	O.	Oppeln L 5
B.	Basel D 8	O.	Oppenheim E 5
Be.	Besançon C 8	O.	Orleans A 7
Br.	Brandenburg H 3	O.	Osnabrück E 3
B.	Bremen E 2	P.	Paderborn E 4
B.	Breslau L 4	P.	Paris A 6
B.	Brünn L 6	P.	Passau H 7
C.	Cambrai B 5	Pi.	Pilsen H 6
Ch.	Chartreuse C 10	Pö.	Pöchlarn K 7
C.	Cîteaux C 8	P.	Prag I 5
Cl.	Cluny B 9	P.	Prüm D 5
C.	Cremona F 10	R.	Ratzeburg G 2
D.	Danzig M 1	R.	Regensburg H 6
De.	Deventer D 3	R.	Reichenau E 8
D.	Duurstade C 3	R.	Reims B 6
E.	Echternach D 5	S.	Salzburg H 8
E.	Eichstätt G 6	St.B.	St.Blasien E 8
Fo.	Forchheim G 6	St.D.	St.Denis A 6
F.	Frankfurt/M. E 5	St.G.	St.Gallen F 8
F.	Freising G 7	S.	Seligenstadt E 5
Fr.	Fritzlar F 4	S.	Soest E 4
F.	Fulda F 5	S.	Soissons B 6
Ga.	Gandersheim F 3	Sp.	Speyer E 6
G.	Genf C 9	S.	Stablo C 5
G.	Gengenbach E 7	S.	Stettin I 2
Gn.	Gnesen L 3	S.	Straßburg E 7
Go.	Goslar F 3	Té.	Térouanne A 4
Ha.	Halberstadt G 3	T.	Toul C 6
H.	Hamburg F 2	T.	Tournay B 4
Hav.	Havelberg H 3	T.	Tribur E 5
H.	Heidelberg E 6	T.	Trient G 9
He.	Hersfeld F 4	Tr.	Trier D 5
H.	Hildesheim F 3	T.	Turin D 10
Hi.	Hirsau E 6	U.	Ulm F 7
H.	Hohenburg D 7	U.	Utrecht C 3
Ka.	Kammin I 1	V.	Venedig H 10
Ko.	Koblenz E 5	V.	Verden F 2
K.	Köln D 4	V.	Verdun C 6
K.	Kolmar D 7	Ve.	Verona G 10
K.	Konstanz E 8	V.	Villach I 9
L.	Leitomischl K 5	We.	Weißenburg E 6
L.	Lorsch E 6	W.	Wien K 7
Lü.	Lüttich C 4	W.	Worms E 6
L.	Luxeuil D 7	W.	Würzburg F 6
L.	Lyon B 9	X.	Xanten D 4
M.	Magdeburg G 3	Z.	Zabern D 6
M.	Mailand E 10		

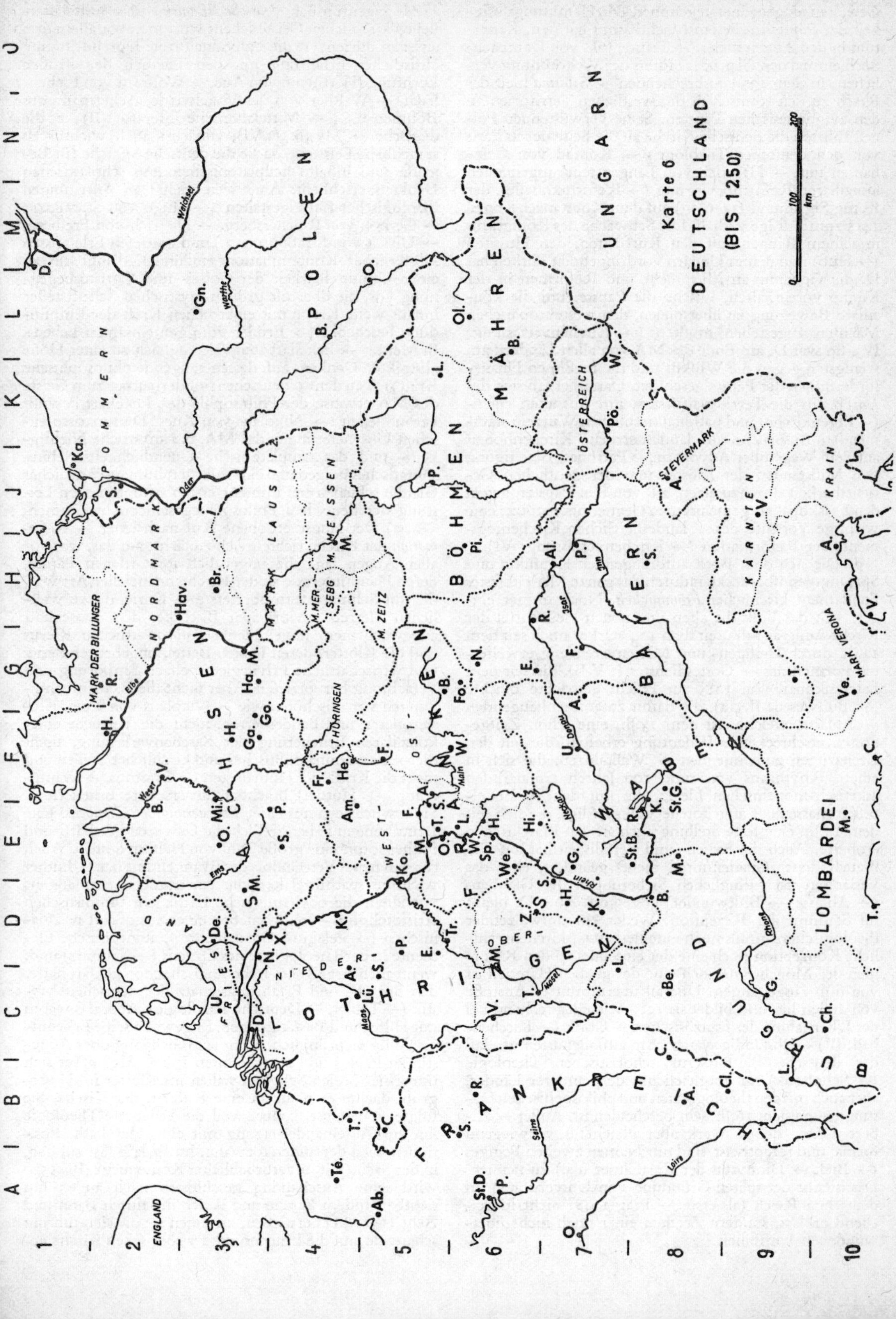
Karte 6
DEUTSCHLAND
(BIS 1250)
100 200 km
UNGARN
POLEN
POMMERN
BÖHMEN
MÄHREN
ÖSTERREICH
STEYERMARK
KÄRNTEN
KRAIN
BAYERN
SCHWABEN
FRANKEN
SACHSEN
NORDMARK
MARK LAUSITZ
MEISSEN
THÜRINGEN
M. ZEITZ
LOTHRINGEN
FRANKREICH
BURGUND
LOMBARDEI
MARK VERONA
MARK DER BILLUNGER
ENGLAND
FRIESLAND
Weichsel
Warthe
Oder
Elbe
Weser
Ems
Maas
Rhein
Main
Donau
Mosel
Seine
Loire
Isar
Inn
Neckar

Gewalten eingeordnet gegenüber. Die Hemmungslosigkeit der Päpste in diesem Machtkampf hat dem Kaisertum in den Augen vieler (→ Dante, Joh. von Dambach) noch einmal den Glanz des Hüters der Weltordnung verliehen. In dem 1378 ausbrechenden → *Schisma* hielt das Reich zu den römischen, die westlichen Territorien zu den avignonesischen Päpsten. Seine verwüstenden Folgen führten die deutsche Kirche an die Seite der in Paris von den deutschen Theologen → Konrad von Gelnhausen und → Heinrich von Langenstein ausgehenden konziliaren Reformbewegung (→ Reformkonzile), der König Sigismund (1410–37) auf dem Konstanzer Konzil 1415 zum Erfolge verhalf. Die Schwäche des Königtums in seinem Ringen mit den Kurfürsten, den Hussiten (→ Huß) und den in Ungarn vordringenden Türken hat D. die Gewinne an Mitsprache und Reformen in der Kirche vorenthalten, welche die Päpste, um die konziliare Bewegung zu überspielen, den westeuropäischen Mächten zugestehen mußten (→ Kirchenverfassung: IV). So war D. am Ende des MA von allen Ländern am wenigsten gegen die Willkür und die maßlosen Finanzforderungen der Päpste geschützt. Daraus ergab sich der Anreiz für die Territorialfürsten, ihre aus alten eigen- (→ Eigenkirche) und nationalkirchlichen Wurzeln stammenden Ansprüche auf landesherrliche Kirchenhoheit auf dem Wege über Advokatie, →Patronat, Beseitigung von Mißständen der Klöster und der geistlichen Gerichtsbarkeit durchzusetzen, zT von den Päpsten gegen den Episkopat als gemeinsamen Gegner unterstützt: eine wichtige Vorstufe des → landesherrlichen Kirchenregiments der Reformation (→ Kirchenverfassung: VI).

d) Die sich dem Blick aufdrängenden Konflikte und Spannungen überdeckten durch das ganze MA ein festes Fundament kirchlicher *Frömmigkeit*. Noch immer eignete sich das Volk die alten und neuen Heilsmittel der Kirche innig an: die seit dem 12., stärker noch seit dem 14.Jh. durch Heiligen- und Marienverehrung erweiterten Formen des → Gottesdienstes (: V B), die seit dem Laterankonzil von 1215 zur Pflicht gemachte Beichte (→ Bußwesen: II, 2a), die damit zusammenhängenden → Ablässe, welche seit dem 13.Jh. eine schon Zeitgenossen erschreckende Bedeutung erhalten, die seit den Kreuzzügen zunehmenden → Wallfahrten, die sich in einem Rhythmus von rund 100 Jahren erneuernden asketisch-mönchischen Ideale, die mit den → Bettelorden massenhaft angebotene Volkspredigt, die sich seit dem 15.Jh. eine feste Stellung auch an den Pfarrkirchen eroberte. Auch die Krisen- und Verfallszeit hat am Gebrauch dieser Gnadenmittel nichts geändert, eher das Verlangen nach dinglichen Sicherungen des Glaubens (→ Ablässe, → Blutwunder) gesteigert. Aber D. bleibt im Stadium der Rezeption. Weder ein umwälzender theologischer Impuls noch eine neue staatskirchenrechtliche Konzeption noch eine der einschneidenden Reformen des Mönchtums noch eine der großen Häresien ist von ihm ausgegangen. Überall übernimmt es Anstöße von außen her und bildet sie oft – wie entsprechend bei der Übernahme der französischen → Gotik (→ Kirchenbau: III) – selbständig weiter. Am auffallendsten ist, daß der deutsche Beitrag zur scholastischen Theologie (→ Scholastik) im Vergleich mit dem anderer Länder, aber auch mit den theologischen und philosophischen Leistungen seit dem 16.Jh. sehr bescheiden ist. Außer → Albert d. Gr., dessen Werk aber gleichfalls vorwiegend formal und rezeptiv ist, sind nur Namen zweiten Ranges (→ Biel, → Dionysius der Karthäuser u.a.) zu nennen. Das ist mit der späten Gründung von Universitäten im deutschen Reich (als erste → Prag 1348) nicht hinreichend erklärt, sondern Zeichen einer noch nicht überwundenen Unfreiheit.

Als eigentümlich *deutsche Elemente* des mittelalterlichen kirchlichen Geisteslebens wird man vor allem drei ansehen dürfen: 1. die individuell freie Durchdringung christlicher Erfahrung mit den Themen der großen Dichtung (Hartmann von Aue, → Wolfram von Eschenbach, → Walther von der Vogelweide, Ackermann aus Böhmen u.a.; → Mittelalterliche Literatur: II); 2. die deutsche → Mystik (: VI), zunächst auch wichtig als sprachliche Leistung, da sie die deutsche Sprache für Begriffe und Inhalte neuplatonischen und scholastischen Denkens erschließt. Aber weit mehr: an Anregungen theologischer Einzelgestalten (→ Hugo von St. Viktor, → Gerhoh von Reichersberg, → Dietrich von Freiberg, → Ulrich von Straßburg u.a.) und an tiefen Erlebnissen klösterlicher Kontemplation entzündet, dringt sie zu einer Unmittelbarkeit der Gottes- und Christusbegegnung vor, die über die großen mystischen Schriftsteller hinaus weite Kreise mit einer neuen Kraft der Empfindung beschenkt (→ Brüder vom gemeinsamen Leben). In Meister → Eckehart steigt sie zugleich zu einer Höhe abstrakten Denkens auf, dessen zeugende philosophische Kraft sich an dem 3. deutschen Sonderbeitrag zum Geiste des MA erweist, der Philosophie des, Eckehart bewußt verbundenen, → Nikolaus von Kues. Die unaristotelischen Überlieferungen des MA, das mystische Nichtigkeits- und das neuplatonische Unendlichkeitserlebnis, sokratisches Fragen und ein einfacher, human-christlicher Glaube schießen bei ihm zur ersten schöpferischen Leistung der deutschen Philosophiegeschichte zusammen.

2. a) Der längst erhobene Ruf nach einer → *Reformation* der Kirche richtete sich zunächst auf das, was vor aller Augen lag: die ungeistlich gewordenen Päpste, deren Hauptinteresse an der Kirche finanzieller Art war, die mit Schmarotzern übersetzte → Kurie, die zu weltlichen Herren gewordenen Bischöfe, den massenhaft angewachsenen, ungebildeten und unsittlichen Klerus und die Klöster, deren Leben, Bettel, ungeheurer Besitz und wirtschaftliche Privilegien vielfach Empörung und Verachtung hervorriefen. Aber nicht die Reformbemühungen von Bischöfen wie → Nikolaus von Kues, Klosteroberen und Landesherren, nicht die Versuche einer konziliaren Erneuerung der Kirchenverfassung, nicht die → Gravamina politischer und kirchlicher Stellen und nicht die Kritik der Humanisten (→ Erasmus, → Wimpfeling, → Hutten) brachten die ersehnte Erneuerung. Sie erwuchs erst aus einer *Erneuerung des Glaubens*. Jene Bemühungen haben freilich die Gewissen geschärft und Luther sofort eine große Zahl von Helfern gestellt. Auch für sein neues Verständnis des Evangeliums hat → Luther wichtige spätmittelalterliche Anregungen empfangen: vor allem die ockhamistische Kritik am thomistischen Aristotelismus – freilich neben einer abstoßend pelagianischen (→ Pelagius) Gnadenlehre –, augustinische Elemente in der Theologie seines Ordens (→ Staupitz) und, wenn auch erst als er sich theologisch schon geklärt hatte, den Sprach- und Erfahrungsschatz der deutschen Mystik (→ Tauler, → Deutsche Theologie). Aber das waren nur Hilfen und Bestätigungen. Er gewann seine Erkenntnis völlig ursprünglich, im freien Rückgang über Augustin zu Paulus und zur gesamten Bibel. Als Luther sich um seiner Seelen Seligkeit willen im Kloster in sie vergrub, dachte er nicht an eine Reform der Kirche. Sie folgte von selbst daraus, weil die erneuerte Theologie ihn zur Auseinandersetzung mit einer der kath. Positionen nach der anderen zwang, im Ablauf fast zufällig, in der Sache mit unverbrüchlicher Konsequenz. Bis 1520 wird seine Anschauung geschlossen nach außen hin sichtbar. Indem Kirche und Reich ihn durch Bann und Acht (1520/21) ausstießen, zwangen sie die sich um ihn scharende, auf die Erneuerung der römischen Kirche ge-

Zu Karte 7 auf Sp. 123-126:

Verzeichnis der Ortsnamen

(mit Angabe der Abkürzung und des Planquadrats)

A.	Amberg G 6
A.	Amiens A 5
A.	Amsterdam C 2
An.	Antwerpen C 4
A.	Aquileja H 10
A.	Augsburg G 7
B.	Baden-Baden E 6
B.	Bamberg G 5
B.	Basel D 8
B.	Beauvais A 5
B.	Berchtesgaden H 8
B.	Berlin H 3
Be.	Bern D 8
B.	Beuthen M 5
B.	Bourges A 8
Br.	Brandenburg H 3
B.	Braunsberg M 1
B.	Braunschweig G 3
Br.	Breda C 3
B.	Bremen E 2
B.	Breslau L 4
Bri.	Brieg L 4
Br.	Brixen G 9
B.	Bromberg L 2
B.	Brügge B 4
B.	Brünn L 6
B.	Budapest M 8
C.	Canterbury A 3
Ch.	Chalons B 6
C.	Compiègne A 5
D.	Darmstadt E 5
D.	Danzig L 1
D.	Deventer D 3
Di.	Dillenburg E 4
D.	Dresden I 4
E.	Eger H 5
Ei.	Eichstätt G 6
E.	Eisenach F 4
Ei.	Eisleben G 4
E.	Ellwangen F 6
E.	Emden E 2
Er.	Erfurt G 4
Fr.	Frankfurt/M. E 5
F.	Frankfurt/O. I 3
F.	Freiburg/Br. E 7
F.	Freiburg/Ü. D 8
Fr.	Fritzlar F 4
F.	Fulda F 5
Ge.	Gelnhausen F 5
G.	Genf C 9
G.	Gießen E 5
G.	Glatz L 5
Gn.	Gnesen L 3
G.	Göttingen F 4
G.	Gran M 7
Gr.	Graudenz M 2
G.	Graz K 8
G.	Greifswald H 1
G.	Groningen D 2
Ha.	Hagenau E 6
Ha.	Halberstadt G 3
H.	Hall F 6
H.	Halle G 4
H.	Hamburg F 2
H.	Hanau E 5
H.	Heidelberg E 6
H.	Heilsberg N 1
He.	Hersfeld F 4
Jä.	Jägerndorf L 5
J.	Jauer K 4
I.	Iglau K 6
I.	Ingolstadt G 7
In.	Innsbruck G 8
K.	Kaiserslautern E 6
Ka.	Kammin I 1
Ka.	Kappel E 8
K.	Kassel F 4
K.	Kempten F 8
K.	Kiel F 1
K.	Kleve D 3
K.	Köln D 4
K.	Köslin K 1
Ko.	Kolberg K 1
K.	Kolmar D 7
K.	Konstanz E 8
K.	Krakau N 5
K.	Kuttenberg K 5
L.	Landshut G 7
L.	Landstuhl E 6
La.	Laon B 5
La.	Lauenburg F 2
Le.	Leiden C 3
L.	Leipzig H 4
L.	Liegnitz K 4
L.	Lille B 4
Li.	Limburg D 4
L.	Limburg/Lahn E 5
Li.	Linz I 7
Lö.	Löwen C 4
L.	Lübeck G 1
Lü.	Lüneburg F 2
Lü.	Lüttich C 4
L.	Luxemburg D 5
L.	Luzern E 8
M.	Magdeburg G 3
M.	Mailand E 10
M.	Mainz E 5
Ma.	Mansfeld G 4
M.	Marburg E 4
M.	Marienburg M 1
M.	Mecheln C 4
M.	Meißen H 4
M.	Melk K 7
M.	Mergentheim F 6
Me.	Merseburg G 4
M.	Metz D 6
Mü.	Mühlhausen D 7
M.	München G 7
M.	Münster/E. D 7
M.	Münster/W. E 3
N.	Namur C 5
N.	Nancy D 6
N.	Naumburg G 4
N.	Neiße L 5
N.	Neuß D 4
N.	Nürnberg G 6
O.	Oldenburg E 2
O.	Oppeln L 5
O.	Orleans A 7
Os.	Osnabrück E 3
P.	Paderborn E 3
P.	Passau H 7
P.	Pavia E 10
P.	Plauen H 5
P.	Posen L 3
P.	Prag I 5
P.	Preßburg L 7
R.	Ratzeburg G 1
R.	Regensburg H 6
R.	Reims B 6
Ro.	Rostock H 1
S.	Saarbrücken D 6
S.	Saaz H 5
S.	Salzburg H 8
S.	Schleswig F 1
S.	Schwerin G 1
Si.	Siegen E 4
S.	Simmern E 5
S.	Soissons B 6
Sp.	Speyer E 6
S.	Stendal G 2
S.	Stettin I 2
St.G.	St.Gallen F 8
S.	Straßburg E 7
S.	Stuttgart F 6
T.	Tabor I 6
T.	Teschen M 5
Th.	Thorn M 2
T.	Torgau H 4
T.	Trient G 9
T.	Trier D 5
T.	Troyes B 7
T.	Turin D 10
U.	Ulm F 7
U.	Utrecht C 3
V.	Valenciennes B 5
V.	Venedig H 10
V.	Verden F 2
V.	Verdun C 6
V.	Vienne B 10
W.	Wartburg F 4
We.	Weißenburg E 6
W.	Wien K 7
W.	Wiesbaden E 5
W.	Wismar G 1
Wi.	Wittenberg H 3
W.	Wolfenbüttel G 3
W.	Worms E 6
W.	Würzburg F 5
Z.	Znaim K 6
Z.	Zürich E 8
Z.	Zütphen D 3
Z.	Zwickau H 5

richtete Bewegung wider seinen Willen, aber unausweichlich zur allmählichen Bildung einer neuen Kirche. Luthers Appellationen an ein Konzil (1517/20), auf dem er seine Sache vor der Gesamtkirche vertreten konnte, waren von vornherein zum Scheitern verurteilt.

Die reformatorische Bewegung bedurfte, um sich zu entfalten, der *politischen Sicherheit*. Sie ist ihr durch mannigfache Fügungen zuteil geworden. Zuerst durch Kurfürst → Friedrich den Weisen, den Gerechtigkeitssinn und Ehrfurcht vor dem Handeln Gottes, dem man nicht in den Arm fallen dürfe, die Hand über Luther halten ließen. Gelegenheit dazu bot ihm das Bemühen der Kurie, mit seiner Hilfe die Kaiserwahl → Karls V. 1519 zu verhindern. Die antispanischen Interessen des Kirchenstaats gaben der lutherischen Bewegung einen Vorsprung von zwei Jahren (1518-20), die der dann zu Ende geführte Prozeß nicht mehr einholen konnte. Luther war inzwischen so volkstümlich geworden, daß auch das gefährliche Edikt des Wormser Reichstags 1521 unanwendbar blieb. Damals beginnt das zähe Gegenspiel des von der kath. Sendung seines Amtes durchdrungenen Kaisers. Freilich waren ihm durch die Kriege mit Frankreich, seit 1526 auch mit Papst → Clemens VII., die mit seinem Siege und seiner Krönung 1529/30 zunächst endeten, die Hände gebunden. Während er fern war, halfen sich die Reichstage (Nürnberg 1523/24) damit, die Religionsfrage, da sie mit Gewalt nicht mehr zu lösen war, auf ein Konzil oder eine deutsche Nationalversammlung zu vertagen. Fürsprache erhielt die Reformation dabei nächst Kursachsen von einer Reihe süd-

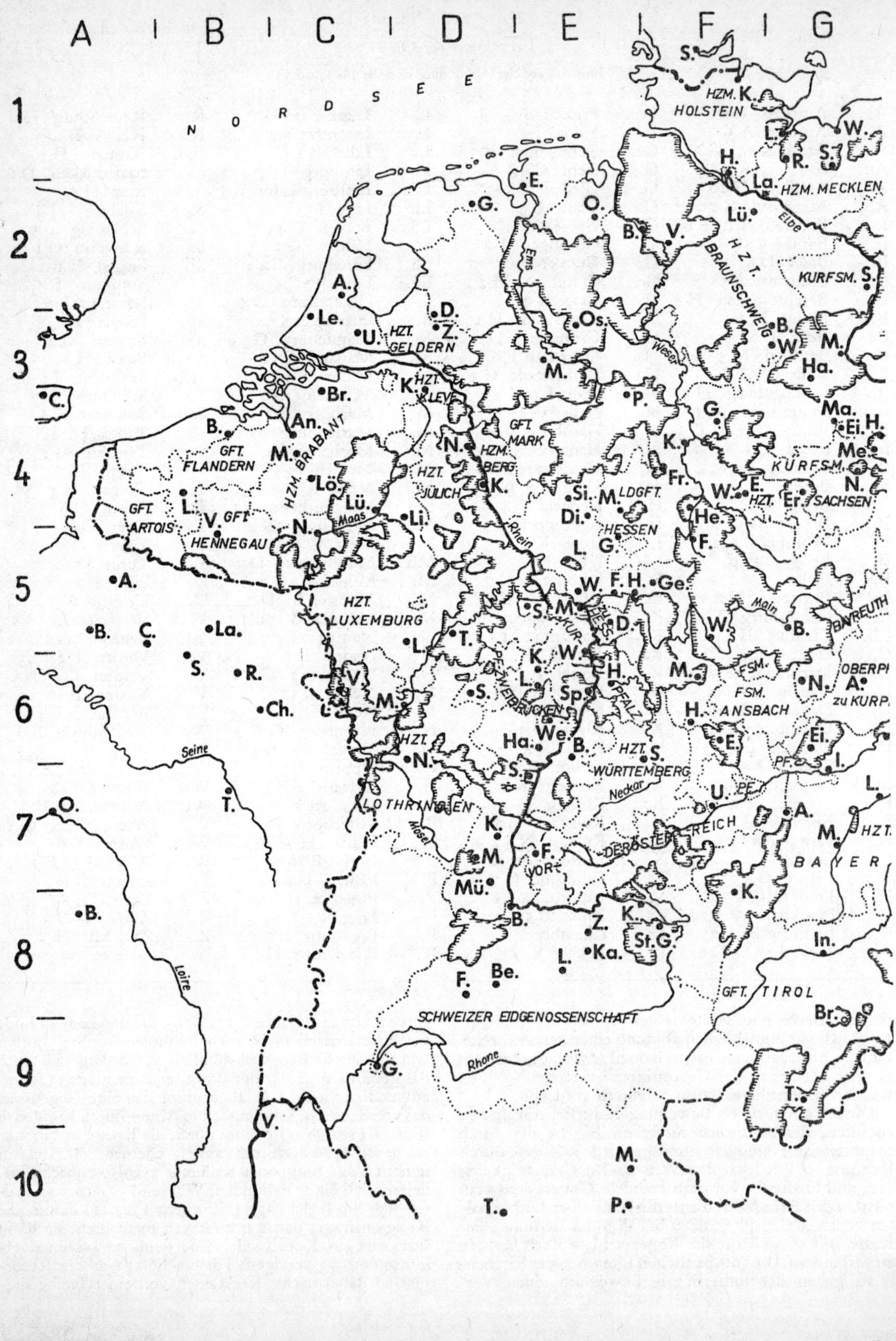
A
B
C
D
E
F
G
1
2
3
4
5
6
7
8
9
10
N O R D S E E
S.
HZM. K.
HOLSTEIN
L.
W.
S.
R.
H.
La.
HZM. MECKLEN
Lü.
Elbe
E.
G.
O.
B.
V.
HZT. BRAUNSCHWEIG
KURFSM. S.
Ems
A.
Le.
D.
Z.
U.
HZT. GELDERN
Os.
B.
W.
M.
Ha.
Weser
M.
C.
Br.
K.
HZT. KLEVE
P.
G.
Ma.
Ei.
H.
B.
An.
HZM. BRABANT
GFT. MARK
K.
Me.
GFT. FLANDERN
M.
N.
HZM. BERG
Fr.
KURFSM.
N.
Lö.
HZT. JÜLICH
K.
Si.
M.
LDGFT.
W.
E.
HZT.
Er.
SACHSEN
L.
GFT. ARTOIS
V.
GFT. HENNEGAU
Lü.
Maas
Li.
N.
Di.
HESSEN
He.
F.
Rhein
G.
L.
A.
HZT. LUXEMBURG
W.
F.
H.
Ge.
Main
BAYREUTH
S.
M.
D.
W.
B.
B.
C.
La.
T.
S.
R.
L.
K.
W.
H.
M.
OBERPF
N.
A.
V.
S.
L.
Sp.
PFALZ
FSM. ANSBACH
zu KURPF.
Ch.
M.
ZWEIBRÜCKEN
H.
Ha.
We.
B.
S.
E.
Ei.
Seine
HZT.
N.
HZT. WÜRTTEMBERG
PF.
I.
T.
S.
L.
LOTHRINGEN
Neckar
U.
A.
O.
K.
REICH
M.
HZT.
Mosel
F.
ÖSTER
BAYER
M.
VOR
Mü.
K.
B.
B.
K.
Z.
St.G.
In.
Ka.
L.
Loire
F.
Be.
GFT. TIROL
Br.
SCHWEIZER EIDGENOSSENSCHAFT
Rhone
G.
T.
V.
M.
T.
P.

Verzeichnis der Ortsnamen s. Sp. 121 f

deutscher Reichsstädte. Ihnen und dem neu auf die politische Bühne tretenden Landgrafen → Philipp von Hessen waren der wiederum aufschiebende Beschluß des Speyrer Reichstags 1526, den die ev. Fürsten als Erlaubnis verstanden, in der Kirchenfrage nach ihrem Gewissen zu handeln, und die mannhafte → Protestation auf dem Speyrer Reichstag 1529 vornehmlich zu danken. Inzwischen hatten kath. Fürsten den folgenreichen Schritt getan, sich zur Ausrottung der Reformation in zwei Bündnissen von Regensburg (1524) und Dessau (1525) zusammenzuschließen. Sie bilden den »Anfang einer planmäßigen Gegenreformation, zugleich einer politischen Parteibildung der kirchlichen Gruppen« (Gerhard Ritter). Gegen diese Bedrohung vereinigten sich lutherische Stände im Gotha-Torgauischen Bund (1526), dem in wechselvollen Verhandlungen neue Zusammenschlüsse auf dem Reichstag zu Speyer (1529) und im Schwabacher Bund 1529 folgten, bis alle Bemühungen nach dem scharfen Augsburger Reichstagsabschied von 1530 in den Schmalkaldischen Bund (1531) mündeten. Seine Existenz nötigte dem von den vorstoßenden Türken bedrängten Kaiser den ersten offiziellen Waffenstillstand in der Religionsfrage, den Nürnberger »Anstand« von 1532 ab.

Bis dahin hatte die deutsche lutherische Kirche ihre *Grundgestalt* gefunden (→ Kirchenverfassung: VI). Luther hatte, als er 1522 den radikalen Reformen → Karlstadts und → Zwillings Einhalt gebot, eine ruhige Entwicklung eingeleitet, bei der er die Hoffnung auf eine Umwandlung der Gesamtkirche nie aus dem Auge verlor. Er ging von dem Naturrecht der einzelnen Gemeinde auf die Predigt des Evangeliums und damit auf freie Pfarrwahl aus, das die Fesseln des häufig entgegenstehenden Rechts der → Inkorporation sprengt. Als eine größere Neuordnung nötig und durch den Beschluß des Speyrer Reichstages von 1526 möglich wurde, bat er den Kurfürsten, sie durch Visitation und erste Notmaßnahmen einzuleiten. Die Bitte entsprang seinem kirchenrechtlichen Urgedanken, dem allgemeinen → Priestertum, dh der gemeinsamen Verantwortung aller Gläubigen für die Verkündigung des Wortes Gottes. Von den Fürsten und ihren Räten, anknüpfend an die schon im MA erstrebte und teilweise erreichte Kirchenhoheit, zT auch von den im humanistischen Staatsgedanken (→Erasmus) erzogenen Theologen wie → Melanchthon wurde sie freilich als Ausfluß der landesherrlichen Fürsorgepflicht verstanden. Feste Organisationsformen erwuchsen daraus noch nicht. Ihre innere Gestalt fand die lutherische Kirche durch eine in Stufen durchgeführte Reform des Gottesdienstes (Deutsche Messe 1526, → Gottesdienst: V B, 2a). Luther gab der vom Opfergedanken gereinigten Messe den Charakter der Verkündigung durch Wort, Lied und Sakrament.

Der Aufbau der neuen Gemeinden erforderte immer wieder die *Abgrenzung* gegenüber Kräften, die, von der Reformation mit emporgetragen, sie über Luther hinaus vollenden wollten. Der Auseinandersetzung mit den Wittenberger Radikalen folgte die mit den Zwickauer »Schwärmern« um Nikolaus Storch und mit dem von ihnen beeinflußten Thomas → Müntzer. Ablehnung der Kindertaufe, Glaube an Offenbarungen und Träume und die Predigt des gewaltsamen Umsturzes traten Luther hier als Einheit entgegen. In seiner scharfen Abrechnung mit den »himmlischen Propheten« (1525), besonders mit Karlstadts Mystik und spiritualistischer Abendmahlslehre zog er schon die Grenzen gegenüber den im Protestantismus immer wieder auftauchenden Versuchen, die innere Gewißheit nicht auf das offenbarte Wort, sondern auf mystische Erfahrungen zu begründen (→ Mystik: VII. VIII). Müntzers eschatologische Gewaltpredigt verschmolz mit dem gärenden sozialen Verlangen nach den im »göttlichen Recht« verbürgten Freiheiten zu einer ev. Rechtfertigung des Bauernaufstandes (1525, → Bauernkrieg), der Luther um der Reinheit des Evangeliums und um der verwirrten Gewissen willen schweren Herzens mit einer durch die Gefahr der Stunde bestimmten Schärfe entgegentrat. Schließlich mußte Luther auch in seiner auf den Angriff des Erasmus antwortenden Schrift De servo arbitrio 1525 den Schnitt gegenüber dem christlichen Rationalismus des humanistischen Denkens vollziehen: die dritte Abgrenzung von höchster geistesgeschichtlicher Bedeutung im selben Jahr. Dagegen wurde der Süd-D. zeitweilig gefährlich spaltende Gegensatz in der Abendmahlslehre (→ Abendmahl: II, 3a) auf dem Marburger Religionsgespräch 1529 zwar deutlich festgestellt, aber künftiger Entwicklung offengehalten und dank der Bemühungen → Bucers in der → Wittenberger Konkordie 1536 für D. zunächst glimpflich überwunden.

Durch diese Abgrenzungen gefestigt, aber in manchem verengt, trat die deutsche Reformation in eine Zeit großer Erfolge ein. Um das → Augsburger Bekenntnis scharten sich Jahr um Jahr neue Territorien. Manchen Gebieten machten zeitweilig die → Täufer schwer zu schaffen, bis das apokalyptische Täuferreich zu Münster (1534/35) auch die daran unbeteiligte Masse des Täufertums mit in seine Katastrophe riß. Es überlebte sie nur in kleinen, verborgenen Gemeinden Süd-D.s und in größerem Umfang in Mähren und den Niederlanden (→ Mennoniten). Die Türkengefahr, neuer Krieg mit Frankreich und Sorgen um seine niederländischen Besitzungen zwangen den Kaiser weiterhin zu vorläufiger Duldung und zu dem von den Erasmianern empfohlenen Versuch, durch Religionsgespräche (Worms, Hagenau 1540/41, Regensburg 1541) eine Verständigung auf mittlerer Linie zu finden. Das von vornherein aussichtslose Bemühen brachte ihm Zeitgewinn, während dessen es ihm gelang, den in seine Doppelehe verstrickten Landgrafen → Philipp und Kurbrandenburg von der Front der Schmalkaldener zu entfernen. Die Sorge vor einem innerdeutschen Religionsausgleich trieb die Kurie endlich zu etwas größerer Aktivität in der Frage eines *Konzils*. Nur dank des langjährigen Drängens Karls V., der Reformation endlich durch Reformen zu begegnen, war 1536 schon ein Konzil nach Mantua ausgeschrieben worden, das die Protestanten aber als unfrei ablehnten (→ Schmalkaldische Artikel) und das der Papst gern, bevor es begonnen hatte, wieder vertagte. Als es schließlich Ende 1545 zusammentrat (→ Tridentinisches Konzil), war es für eine unbefangene Erörterung der Glaubensfragen längst zu spät. Seine Absage an die Reformation bedrohte deren Bestand nicht mehr. Auch die Siege Karls V. am Niederrhein 1543 und im Schmalkaldischen Kriege 1546/47 brachten ihr zwar im Nordwesten, wo sich sogar Köln (→ Hermann von Wied) ihr erschlossen hatte, und in süddeutschen Reichsstädten (besonders → Konstanz) schmerzliche Rückschläge, konnten sie aber nicht mehr vernichten. Die kaiserliche Zwangsreligion des Augsburger → Interim (1548) scheiterte am Widerstand von Pfarrern und Gemeinden. Der Aufstand der vom Kaiser schmählich behandelten Fürsten unter → Moritz von Sachsen führte die Wende herbei. Der durch den Passauer Vertrag (1552) vorbereitete → *Augsburger Religionsfriede* (1555) mußte die Folgerung aus der mit den Bündnissen von Regensburg und Dessau (1524/25) begonnenen politischen Machtbildung in der Religionsfrage ziehen. Er machte der mittelalterlichen Intoleranz ein Ende, gewährte aber nur begrenzte Duldung: Dualismus im Reich und Einheit in den Territorien. Die landesherrliche Religionshoheit (→ Cuius regio, eius religio) wurde vornehmlich von den kath. Reichsständen zum Schutz gegen das Vordringen des Protestantismus in ihren Gebieten gefordert. Daß die geistlichen Territorien von ihr ausgenommen wurden – eine späte, verhängnisvolle Folge der von Otto I. begründeten landesfürstlichen Gewalt der Bischöfe –, schuf zweierlei Recht und bildete einen der Zündstoffe, aus denen nach langer Friedenszeit der Religionskrieg wieder aufflammte.

b) Gestärkt durch die Selbstbesinnung auf dem → Tridentinischen Konzil ging die römische Kirche seit etwa 1570 unter der Führung der mit den Mitteln der Pädagogik und der Politik wirkenden → Jesuiten und der → Nuntien und unter dem Schutz Bayerns zur → *Gegenreformation* über. Sie stellte in D., wo für diese Zeit der Anteil der unaufhaltsam wachsenden Reformation mit $^7/_{10}$ nicht zu hoch geschätzt ist, den kath. Besitzstand nur in einzelnen Territorien (→ Bayern, Baden-Baden) und in den geistlichen Gebieten an der Main- und Rheinlinie und in Westfalen wieder her. Dagegen vernichtete sie in den habsburgischen Erblanden (→ Österreich) den bereits weithin herrschenden Protestantismus, obwohl er noch in einigen Teilen durch die Majestätsbriefe (1609) eine über den Augsburger Frieden hinausgehende Religionsfreiheit errungen hatte. Der Dreißigjährige Krieg (1618–48), der, als Religionskrieg begonnen, schließlich zur Entladung aller europäischen Spannungen auf deutschem Boden führte, brachte neben schweren territorialen Verlusten D.s vor allem die Unterscheidung Österreichs, wo der Protestantismus der Unterdrückung preisgegeben blieb, vom übrigen Reich, wo der *Westfälische Friede* (1648) den Augsburger erneuerte, auf die Reformierten ausdehnte, zugleich aber eine gewaltsame Änderung der Landeskonfession über den Zustand des Normaljahres 1624 hinaus ausschloß. Damit wurde der bisherigen politischen Ausdehnungsmöglichkeit der Konfessionen ein Ende gemacht und eine wachsende innere Duldung und ein friedlicher Wettbewerb eingeleitet. Der geistige Dualismus gegenüber Österreich bereitete den politischen vor, der später für das Reich tödlich wurde.

Das Ergebnis des endgültigen Religionsfriedens von 1648 milderte auch die Gegensätze des durch das Territorialprinzip von 1555 aufgesplitterten Protestantismus. Die streng luth. Gebiete hatten sich nach heftigen Richtungsstreitigkeiten um die → Konkordienformel (1577/1580), der durch den Zuwachs »philippistischer« (→ Melanchthon) Kräfte geförderte Calvinismus unter Führung der Kurpfalz (→ Baden, → Pfalz) um den → Heidelberger Katechismus (1563) gesammelt. Dazwischen gab es Übergänge wie → Hessen-Kassel und → Anhalt, die dem ref. Typus nahestanden. Die heftig, oft zwischen Nachbarterritorien ausgefochtenen Gegensätze gaben dem deutschen Protestantismus eine räumliche und geistige Enge, in der zwar eine reiche, in Leid und Krieg gereifte Dichtung (→ Kirchenlied: I) und Kirchenmusik (→ Schein, H. → Schütz, → Musik: V), eine ernste, das reformatorische Erbe vorsichtig wahrende Schultheologie, aber keine schöpferische geistige Leistung erwuchs (→ Orthodoxie). Im stillen aber bereiteten sich schon seit dem Anfang des 17.Jh.s durch eine zu individuellem Erleben führende → Erbauungsliteratur und die vor allem von → Böhme ausstrahlende → Mystik (: VII) ebenso wie durch die noch tastenden Versuche einer Kirchen- und Bildungsreform (Joh.Val. → Andreä) weitreichende Wandlungen vor.

3. a) Der lange Religionskrieg hat das längst schon vom Zweifel der Humanisten (→ Castellio, → Coornheert, → Bayle) und → Sozinianer untergrabene konfessionelle Unbedingtheitsgefühl in weiten Kreisen erschüttert. Selbst in der Orthodoxie blieben die irenischen Bemühungen → Calixts (→ Synkretistischer Streit) nicht ohne Wirkung. Das Vorbild der → Toleranz lieferte in D. das aufsteigende → Brandenburg- → Preußen, wo die Hohenzollern nach ihrem Übertritt zum ref. Bekenntnis 1613 auf das Recht, die Landeskonfession zu bestimmen, verzichtet hatten. Von nun an verband sich der landesherrliche Absolutismus, der die seit dem Ende des 16.Jh.s bestehende Zentralisierung der → Kirchenverfassung (: VI) vollendete, mit einer wachsenden Tendenz zu einer politisch denkenden Neutralität und Gemeinfürsorge für alle Untertanen. Der Ausgleich zwischen dem Souveränitätsbegriff und der naturrechtlichen Idee der Vereinigungsfreiheit wird in verschiedenen Theorien des → Kirchenrechts (→ Territorialismus, → Kollegialismus) versucht, praktisch von aufgeklärten Herrschern wie → Friedrich d.Gr. geübt und im Allgemeinen Preußischen Landrecht 1794 (→ Preußen) in maßgebende Rechtsform gekleidet.

Einschneidender noch als die allmähliche Verweltlichung des Staates war die des Kulturlebens. Die auf Naturrecht und Naturwissenschaft begründete → *Aufklärung* richtete sich freilich in D. weder gegen das Christentum, dessen Dogmen sie rational interpretierte und dessen Moral sie aufs höchste verehrte, noch gegen die Kirche, von deren erzieherischen Möglichkeiten sie gern Gebrauch machte. Sie eröffnete damit den im Protestantismus schlummernden geistigen Kräften das weite Feld einer Wortkultur, die sich ihrer Herkunft von ihm voll bewußt war, sich aber von der Unbedingtheit seines Offenbarungsglaubens und seines Menschenbildes löste. Eine Verbindung von ev. Christentum und Humanität (→ Lessing, → Herder), bei der die Gewichte nur umgekehrt als im prot. → Humanismus des 16.Jh.s verteilt waren.

Gegenüber dieser in der 2. Hälfte des 17.Jh.s einsetzenden Entfremdung der Kultur von den Grundlagen der christlichen Überlieferung hatte die ev. Kirche zunächst mit der Konzentrationsbewegung des → *Pietismus* geantwortet. Er wandte sich von der scholastisch-orthodoxen, nur noch den Zunftgenossen zugänglichen Theologie zur neuen Aneignung der Offenbarungswahrheit im persönlichen Erleben und zur Bildung erweckter Kreise (→ Spener) innerhalb, bei der Brüdergemeine (→ Brüderunität: II) notgedrungen, bei den Separierten bewußt auch außerhalb der Landeskirchen. Die puritanischen (→ Puritaner) und mystischen (→ Mystik: VII) Elemente im Pietismus drängten zu einer schroffen Abkehr von allem Weltlichen, die aber zugleich starke missionarische Impulse freimachte (A.H. → Francke, → Zinzendorf, → Mission: III C, → Innere Mission). Ihnen dienten auch moderne Mittel der Pädagogik und Sozialgestaltung (→ Erziehungsanstalten, A.H. → Francke, → Brüderunität: II, 5), die dem Pietismus über seinen Heimatboden, vor allem Adelskreise und niederes Bürgertum, hinaus Anerkennung schufen. War er hierin wie überhaupt in der Kritik an der überlebten Orthodoxie der reformfreudigen kirchlichen Aufklärung verwandt, so trennten sich an deren wachsender Rationalisierung, Moralisierung und Bibelkritik doch bald ihre Wege. Seitdem geht ein Riß durch den deutschen Protestantismus, das Ringen zwischen dem Wahrheitsgewissen kritischer Geschichtsforschung und der Sorge um die Bewahrung der ungeschmälerten Heilswahrheit.

In keiner der beiden Strömungen mehr beheimatet, im Denken von der Aufklärung, im Mut zu Gefühlserfahrungen vom Pietismus angeregt, hat die tief religiöse Dichtung des deutschen → *Idealismus* (→ Goethe, → Schiller, → Hölderlin) den Gebildeten eine neue Sprache und neue Denkformen von unvergleichlicher

Ausdruckskraft für ihr inneres Erleben geschenkt. Wie bei den einzelnen Dichtern die Beziehung zum Christentum zwar nie gelöst, aber schwer bestimmbar und individuell verschieden war, so blieb sie in dieser Bildungsreligion des deutschen Bürgertums immer offen, aber schwebend. Auch die denkerischen Bemühungen um die Bewahrung bestimmter Stücke der christlichen Überlieferung im Rahmen einer kritischen oder spekulativen Philosophie (→ Kant, → Fichte, → Hegel) oder um die Neuaneignung der ganzen christlichen Theologie aus ihr (→ Schleiermacher) gab doch nur einem kleinen Kreise sichere Begriffe an die Hand.

Die kath. Kirche wurde von der auf prot. Voraussetzungen beruhenden Geistesbewegung bis auf pädagogische und kirchliche Reformbestrebungen und ein Wiederaufflackern des Episkopalismus (→ Febronius) kaum berührt. Sie schuf aber in der seit dem Ende des 17. Jh.s entstandenen Kunst des süddeutsch-österreichischen → Barock und der ihr entsprechenden, die große prot. Tradition (→ Bach) ablösenden Kirchenmusik (→ Musik: V) Selbstdarstellungen von großer Kraft.

b) Das Ende des alten Reiches 1806 traf wie schon die → Säkularisation von 1803 in erster Linie die *kath. Kirche*. Ihres auf der von Otto I. geschaffenen geistlichen Landesherrschaft beruhenden politischen Einflusses beraubt, wurde sie gezwungen, ihn auf neue Weise innerhalb der Formen des konstitutionellen Staates zu suchen. Ideen der → Romantik und der Reaktion sowie die wieder gestraffte hierarchische Leitung schufen in ihr das erste moderne Massenbewußtsein in D. Es trat zuerst im → Kölner Kirchenstreit 1837, dann in riesigen → Wallfahrten (hl. → Rock zu Trier 1844) und auf den → Katholikentagen (seit 1848) zutage und formte sich schließlich zur politischen Partei (Anfänge im → Frankfurter Parlament 1848; → Zentrum 1859), deren Impulse durch ein Netz von religiösen Vereinen in den kath. Volksteil weitergetragen wurden. Durch den unüberlegten, gegen das Zentrum gerichteten, aber gegen die Kirche geführten → Kulturkampf gestärkt, bildete dieser politische → Katholizismus, der wie einst feudale, so jetzt liberale Ideen in Dienst nahm, seitdem ein stabiles, oft ausschlaggebendes Element in der deutschen Politik. Es bedeutete für die kath. Kirche weit mehr als eine rechtliche Sicherung durch → Konkordate, die sie allein in → Bayern (1817) mit Erfolg versucht hatte. Mit dem Zentrum war aufs engste die vor allem von → Ketteler geförderte Sozialarbeit verbunden, die auch zu einer gegenüber dem Massensozialismus zwar bescheidenen, aber doch nicht zu übersehenden kath. → Arbeiterbewegung führte, welche die Tradition der erfolgreichen Gesellenvereine → Kolpings erweiterte. Der straffen kirchlich-politischen Organisation entsprach das geistige Bild. Der relativen Freiheit der deutschen Theologie in der ersten Jh.hälfte (G. → Hermes, → Möhler, → Hirscher) machte die von den → Jesuiten ausgehende, durch das → Vatikanum 1870 entschiedene neuthomistische Normalisierung (→ Leo XIII.) ein Ende. Der gegen sie gerichtete, nochmalige Durchbruchsversuch kritischen Denkens im Modernismus (→ Reformkatholizismus) scheiterte und hatte eine Verschärfung der lehramtlichen Bindung der kath. Theologie zur Folge (→ Antimodernisteneid 1910).

Die *ev. Kirche* erhielt erst nach langem Bemühen, die Fesseln des landesherrlichen Kirchenregiments abzustreifen, gewisse synodale Organe, die ihr eine selbständigere Auseinandersetzung mit den Zeitfragen ermöglichten (→ Kirchenverfassung: VI, → Preußen 1873). Vorher aber hatte sie bereits eine tiefgreifende, durch den Geist der Aufklärung ebenso wie durch den des wiederauflebenden Pietismus (→ Erweckungsbewegung) vorbereitete Strukturveränderung durch Einführung der → Union (: I) erfahren. In einigen Landeskirchen (→ Baden, → Pfalz, → Nassau, → Rheinland) wurde sie als Lösung unentwirrbarer Verhältnisse lebhaft begrüßt. In → Preußen, wo sie zur Klammer zwischen den östlichen und westlichen Provinzen wurde, erregte die Art ihrer Einführung von oben her und die ihr anhaftende Unklarheit begrenzten, aber heftigen Widerstand (Altlutheraner, → Luthertum: III) und langdauernde Debatten. Zusammen mit den Gegensätzen innerhalb der Theologie, die in allen Lagern eine Fülle bedeutender Köpfe aufwies, führten sie zur Ausbildung von drei sich scharf befehdenden Gruppen: Konfessionelle Lutheraner (das aus der Erweckung hervorgegangene, in den luth. Kirchen führenden Neuluthertum, → Luthertum: II) mit den ihnen nahestehenden »Positiven« aus den Unionskirchen, → Vermittlungstheologie (Hauptträger des Unionsgedankens) und → Liberale Theologie (→ Protestantenverein).

Die doppelte Lähmung der Kirche durch Staatskirchentum und Parteiwesen zwangen die Kräfte, welche den Nöten der Zeit begegnen wollten, zu *freier Initiative*. Eine Kettenreaktion neuer, zumeist heute noch blühender Gründungen auf dem Gebiete der → Mission, → Inneren Mission und → Diakonie (→ Fliedner, → Wichern, → Bodelschwingh), → Bibelgesellschaften, Diasporapflege (→ Diaspora: II, → Gustav-Adolf-Werk, Luth. Gotteskasten [→ Martin-Luther-Bund]), Auseinandersetzung mit der kath. Kirche (→ Evangelischer

Zu nebenstehender Karte 8:

Verzeichnis der Ortsnamen

(mit Angabe der Abkürzung und des Planquadrats)

A.	Aachen B 4	L.	Linz E 5
A.	Antwerpen A 3	L.	Löwen A 4
B.	Baden-Baden C 5	L.	Luxemburg B 4
B.	Bamberg D 4	L.	Lyon A 6
B.	Berlin E 3	M.	Magdeburg D 3
B.	Bern B 6	M.	Mainz C 4
Bes.	Besançon B 6	M.	Metz B 5
B.	Bremen C 2	M.	München C 5
B.	Breslau F 4	M.	Münster/W. C 3
B.	Brünn F 5	N.	Nürnberg D 5
B.	Brüssel A 4	O.	Oldenburg C 2
B.	Budapest G 6	O.	Olmütz F 5
D.	Danzig F 2	P.	Posen F 3
D.	Darmstadt C 4	P.	Prag E 4
D.	Dresden E 4	R.	Regensburg D 5
E.	Erlangen D 5	R.	Reims A 5
F.	Freiburg/Br. C 5	R.	Rostock D 2
F.	Frankfurt/M. C 4	S.	Salzburg E 6
F.	Frankfurt/O. E 3	S.	Schwerin D 2
G.	Genf B 6	Sp.	Speyer C 5
G.	Gießen C 4	St.	Stettin E 2
G.	Graz E 6	St.	Straßburg B 5
G.	Greifswald E 2	S.	Stuttgart C 5
G.	Groningen B 2	T.	Toul B 5
d.H.	den Haag A 3	Tr.	Trier B 4
H.	Hamburg C 2	T.	Tübingen C 5
H.	Hannover C 3	T.	Turin B 7
H.	Heidelberg C 5	U.	Ulm C 5
I.	Innsbruck D 6	U.	Utrecht B 3
K.	Köln B 4	V.	Venedig C 7
Kön.	Königsberg G 1	W.	Warschau G 3
Kr.	Krakau G 4	W.	Wien F 5
L.	Laibach E 7	W.	Würzburg C 4
L.	Leipzig D 4	Z.	Zürich C 6

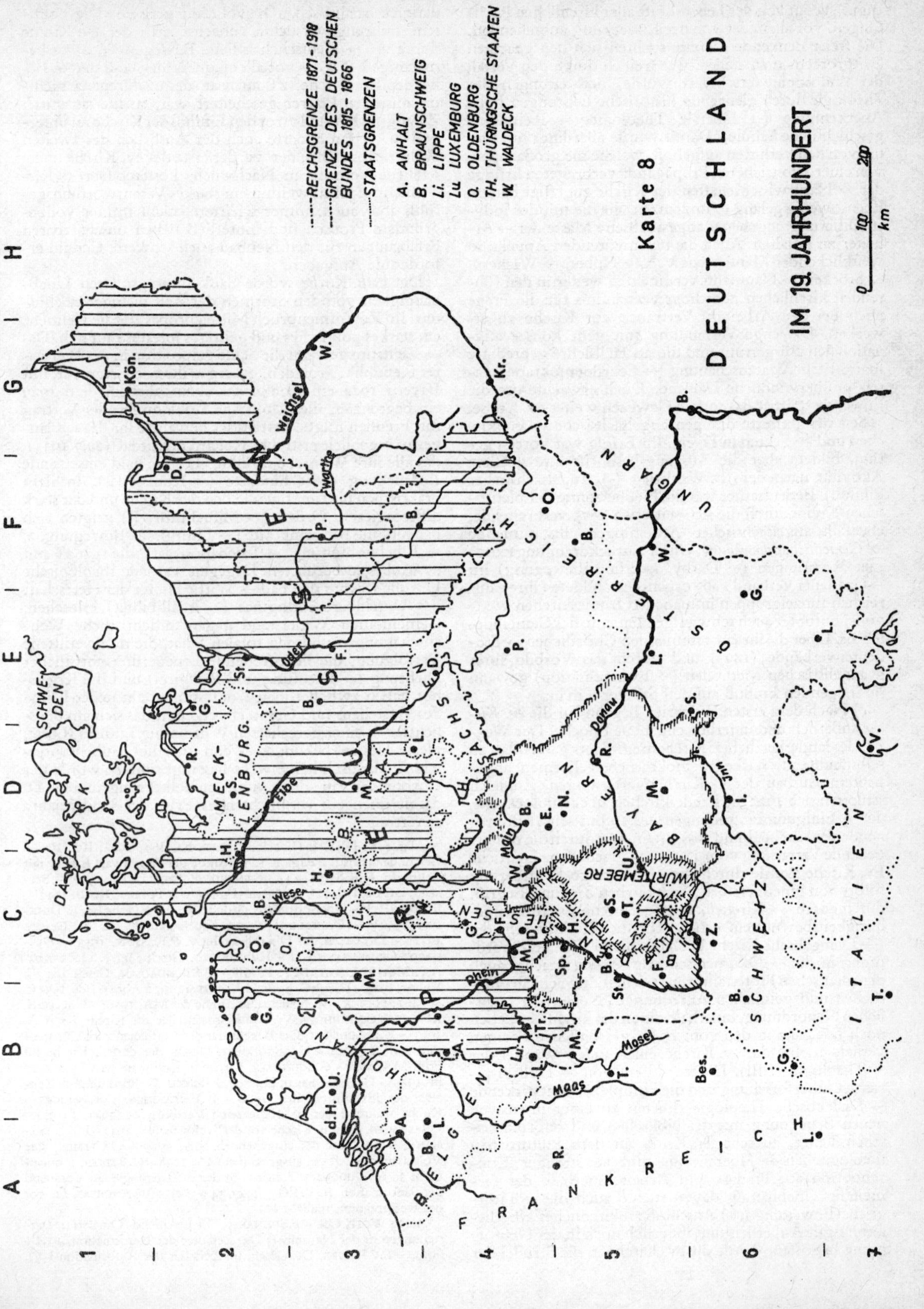
Karte 8
DEUTSCHLAND
IM 19. JAHRHUNDERT
REICHSGRENZE 1871-1918
GRENZE DES DEUTSCHEN BUNDES 1815-1866
STAATSGRENZEN
A. ANHALT
B. BRAUNSCHWEIG
Li. LIPPE
Lu. LUXEMBURG
O. OLDENBURG
TH. THÜRINGISCHE STAATEN
W. WALDECK
0 100 200 km

Bund), zeugt von der Lebenskraft aller kirchlichen Richtungen, vor allem der von der Erweckung ausgehenden. Die freier denkenden Kreise suchten sich den geistigen Zeitproblemen zu stellen, was freilich durch den Verfall der Philosophie erschwert wurde, und errangen der Theologie durch glänzende historische Leistungen hohe Anerkennung (→ Liberale Theologie, → Religionsgeschichtliche Schule). Damit wurde allerdings nur wenig von den Verlusten aufgeholt, welche die großartigen, von einer selbstsicheren Propaganda verbreiteten Erfolge der → Naturwissenschaften der Kirche zugefügt hatten. Ebensowenig gelang es im ganzen, ihr die mit der Industrialisierung ungeheuer angewachsene Masse der → Arbeiter zu erhalten. Auch die beschwörenden Appelle so weitblickender Männer wie V.A. → Huber, → Wichern, → Stöcker, → Naumann vermochten weder in den führenden kirchlichen Schichten Verständnis für die Frage noch bei den Arbeitern Vertrauen zur Kirche zu erwecken. Die enge Verbindung mit dem konservativ-nationalen Bürgertum und die als Heilslehre gepredigte marxistische Weltanschauung (→ Sozialdemokratie) waren unüberwindliche Dämme. Doch erwachte um die Jh.wende spürbar das soziale Gewissen weiter ev. Kreise.

Seit der Jh.mitte drangen angelsächsische → Freikirchen und → Sekten in D. ein. Ihr Erfolg war vorerst gering, bildete aber die Ausgangsbasis für ihre größere Aktivität nach dem 2. Weltkrieg (→ Angelsächsischer Einfluß). Bedeutsamer war die Neubelebung der pietistischen Kreise durch die sich seit etwa 1875 verbreitende, ebenfalls angelsächsischen Anregungen entstammende → *Gemeinschaftsbewegung*. Unter Zurückdrängung extremer Richtungen (→ Darby, → Pfingstbewegung) im → Gnadauer Verband 1897 organisiert, bildeten ihre zahlreichen Einzelgruppen in manchen Landeskirchen wertvolle, mitunter auch schwierige Elemente des Gemeindelebens. Über die ihr entstammenden Christlichen → Studentenverbände (1895) und durch das Vorbild ihrer evangelistischen Methoden (→ Evangelisation) gewann sie steigenden Einfluß auf den Stil der Kirche.

c) Nach dem ersten Weltkrieg begann für die *ev. Kirche* äußerlich und innerlich eine neue Epoche. Der Wegfall des landesherrlichen Kirchenregiments gab Anlaß zu selbständigem, stärker demokratischen Formen angepaßtem Ausbau der → Kirchenverfassungen. Zugleich schlossen sich 1922 die Landeskirchen zu einem lockeren, die → Einigungsbestrebungen des 19.Jh.s seit 1848 krönenden → Kirchenbund zusammen. Die durch die weitergehende Verfassung vom 11.7.1933 geschaffene Deutsche Ev. Kirche wurde durch die gleichzeitige Politisierung sofort von innen zerstört. Doch blieben Ziel und Begriff, durch das im → Kirchenkampf erfahrene Zusammengehörigkeitsbewußtsein erfüllt, für die Zukunft erhalten (→ Evangelische Kirche in Deutschland: I). Die Einordnung in die → Ökumenische Bewegung brachte auch dem deutschen Protestantismus reichen Zuwachs an praktischen und geistlichen Anregungen. Neben der rechtlichen Neuordnung, innerhalb deren das kirchliche Leben noch fast ganz in den vom 19.Jh. geschaffenen Formen verlief, erlebte die ev. Kirche einen tiefen Wandel der → Theologie (: III). Die vor allem von → Holl inspirierte Lutherforschung und die komplexe, weitwirkende → Dialektische Theologie führten zu einer intensiven neuen Begegnung mit der biblischen und reformatorischen Lehre, zu scharfer Kritik an dem kulturnahen theologischen → Liberalismus und zu strenger Konzentration auf Predigt und Arbeit innerhalb der Gemeinde. Unabhängig davon suchte auch die → Liturgische Bewegung (, 1) Anschluß an kirchliches Überlieferungsgut. Äußerlich und innerlich noch in der Neuformung begriffen, wurde die ev. Kirche in die Strudel der nationalsozialistischen Revolution gerissen. Die politische Führung versuchte zunächst, sich der ev. Kirche durch die → Deutschchristliche Bewegung (, 2) zu bemächtigen. Als das vor allem am Widerstand der → Bekennenden Kirche, zT auch an dem zahlreicher nichtorganisierter Pfarrer gescheitert war, suchte sie durch Zwangsrecht und Terror den Einfluß der Kirche zu untergraben. Daran änderte auch der Ausbruch des zweiten Weltkrieges nichts, der wie der erste der ev. Kirche unersetzliche Verluste an Nachwuchs kostete. Der → Kirchenkampf schuf weithin ein starkes Verantwortungsgefühl, aber auch immer schärfere, nicht immer vollbegründete Fronten und hinterließ neben unschätzbaren Erfahrungen für den Neubau auch schwere, Geduld erfordernde Aufgaben.

Die *kath. Kirche* wurde dank ihrer größeren Unabhängigkeit von den Stürmen der Zeit weniger erschüttert. Im Zusammenbruch Mitteleuropas zog sie vielmehr ein starkes politisches und geistiges Interesse auf sich. Das → Zentrum gewann die Schlüsselposition in der Weimarer Republik. Trotzdem gelang es ihr wiederum nur, mit Bayern 1924 ein Konkordat abzuschließen, dem 1929 ein begrenzter, die Schulfrage ausklammernder Vertrag mit Preußen folgte. Erst Hitler gewährte ihr das seit langem vergeblich erstrebte Reichskonkordat (20.7.1933), das alle ihre Wünsche erfüllte, aber die bald einsetzende Bedrückung nicht hinderte (→ Konkordat). In dem praktischen und geistigen Leben der Kirche und der stark differenzierten Orden (→ Mönchtum: II) zeigten sich bedeutsame Reformkräfte (→ Liturgische Bewegung, 2, → Bibelverbreitung, → Laienapostolat), die sich zT mit ev. Anliegen berührten. Dagegen war jede theologische Unruhe (bis auf den Fall → Wittig) unter der Herrschaft des Unfehlbarkeitsdogmas (→ Infallibilität) erloschen. Gemeinsamer Widerstand gegen antichristliche Weltanschauungen und den totalen Staat, die dafür erlittene Verfolgung, die übergreifende Erneuerung christlicher Dichtung (→ Dichtung und Religion) und die Kriegsnot haben zwischen den Konfessionen ein neues Klima des Verstehens und Gesprächs erzeugt, das sich am deutlichsten in einer gerechteren Würdigung Luthers (Lortz, Herte, Hessen) bekundete. Wenn auch die Glaubensunterschiede dadurch keineswegs beseitigt sind, so wurde der Christenheit in dem konfessionell zweigeteilten D. damit doch ein verpflichtendes Erbe der Leidensjahre anvertraut.

Allg. Lit.: HKG II-IV - K.Müller, KG II/1, 1902; II/2, 1919 - Gesch. der christl. Religion (Die Kultur der Gegenwart I, 4, 1; mit Beiträgen v. K.Müller, A.Ehrhard, E.Troeltsch), 1909^{2} - Seeberg, DG III; IV/1; IV/2 - Feine-Bihlmeyer-Tüchle, KG II, 1948^{12}; III, 1956$^{13.14}$ - H.v.Schubert, Grundzüge der KG, hg. v. E. Dinkler, 1950^{11} - Dahlmann-Waitz, Quellenkunde der dt. Gesch., 1931^{9} - Dt. Gesch. im Überblick, hg.v. P.Rassow, 1953 - Gebhardt-Grundmann I. II - Hdb. der dt. Gesch., hg.v. O.Brandt, A.O.Meyer, L.Just, I-IV, 1936ff - G.Steinhausen, Gesch. der dt. Kultur, 1929^{3} - HKultG, hg.v. H.Kindermann, I. Abt., 6 Bde, 1934ff.

Zu 1: Hauck - W.Neuss, Die Kirche des MA, 1950^{2} - Haller II. III - A.Werminghoff, Verfassungsgesch. der dt. Kirche im MA, 1913^{2} - K.D.Schmidt, Die Bekehrung der Germanen zum Christentum I. II, 1939/40 - H.v.Schubert, Gesch. der christl. Kirche im Früh-MA, 1921 - G.Schnürer, Kirche u. Kultur im MA I-III, 1927 bis 1929^{2} - G.Tellenbach, Libertas, Kirche u. Weltordnung im Zeitalter des Investiturstreites, 1926 - R.Kötzschke, Ostsiedlung u. Kirche während der dt. Kaiserzeit (Wartburg 40, 1941, 84-92) - J.Hashagen, Staat u. Kirche vor der Reformation, 1931 - R.Stadelmann, Vom Geist des ausgehenden MA, 1929 - O.Clemen, Die Volksfrömmigkeit des ausgehenden MA, 1938 - G.Ritter, Romantische u. revolutionäre Elemente in der dt. Theologie am Vorabend der Reformation (DVfLG 5, 1927, 342-380) - W.Andreas, D. vor der Reformation, 1948^{5}.

Zu 2: Wolf, QK - F.Schnabel, D.s geschichtl. Quellen u. Darstellungen in der Neuzeit. I: Das Zeitalter der Reformation, 1931 - Schl. - L.v.Ranke, Dt. Gesch. im Zeitalter der Reformation I-VI,

(1839-47), hg.v. P.JOACHIMSEN, 1925/26 - F.v.BEZOLD, Gesch. der dt. Reformation, 1890 - G.RITTER, Die Neugestaltung Europas im 16.Jh., 1950 - P.JOACHIMSEN, Die Reformation als Epoche der dt. Gesch., 1951 - HOLL I. III - ELERT, ML - E.SEHLING, Gesch. der prot. Kirchenverfassung, 1914² - J.LORTZ, Die Reformation in D. I-II, 1949³ - W.NEUSS, Die Kirche der Neuzeit, 1954 - G.SCHNÜRER, Kath. Kirche u. Kultur im Zeitalter des Barock, 1937 - M.RITTER, Dt. Gesch. im Zeitalter der Gegenreformation u. des 30jährigen Krieges I-III, 1889-1908 - L.PETRY, Die Gegenreformation in D., 1952 - G. MECENSEFFY, Gesch. des Protestantismus in Österreich, 1956.

Zu 3: HIRSCH I-V - W.DILTHEY, Ges. Schriften II-IV, 1921/27 - HERMELINK - E.HIRSCH, Die idealistische Philosophie u. das Christentum, 1926 - DERS., Fichtes, Schleiermachers u. Hegels Verhältnis zur Reformation, 1930 - H.BORNKAMM, Luther im Spiegel der dt. Geistesgesch., 1955 - W.LÜTGERT, Die Religion des dt. Idealismus u. ihr Ende I-IV, 1923-30 - W.ELERT, Der Kampf um das Christentum seit Schleiermacher u. Hegel, 1921 - F.KATTENBUSCH, Die dt. ev. Theol. seit Schleiermacher I, 1926⁶; II, 1934 - H.STEPHAN, Gesch. der ev. Theol. seit dem dt. Idealismus, 1938 - BARTH, PrTh - K.LÖWITH, Von Hegel zu Nietzsche, 1953³ - A.ADAM, Nationalkirche u. Volkskirche im dt. Protestantismus, 1938 - F.K.SCHUMANN, Die ev. Kirche u. die geistigen Mächte des 19.Jh.s, 1938 (= Wort u. Gestalt, 1956, 43-69) - R.WITTRAM, Das Nationale als europäisches Problem (darin: Kirche u. Nationalismus im 19.Jh.), 1954 - E.HIRSCH, Staat u. Kirche im 19. u. 20.Jh., 1929 - H.v.TREITSCHKE, Dt. Gesch. im 19.Jh. I-V, 1879-94 - F.SCHNABEL, Dt. Gesch. im 19.Jh. I-IV, 1948-51²⁻⁴ (beide bis zur Jh.mitte) - A.WAHL, Dt. Gesch. 1871-1914, 1952⁶ - E.THIER, Die Kirche u. die soziale Frage, 1950 - M.SCHIAN, Die dt. ev. Kirche im Weltkrieg I-II, 1921/26 - Der Protestantismus der Gegenwart, hg.v. G.SCHENKEL, 1926 - Das religiöse D. der Gegenwart I-II, hg.v. C. SCHWEITZER, 1928/29 - Die Bekenntnisse u. grundsätzlichen Äußerungen zur Kirchenfrage, hg.v. K.D.SCHMIDT, I-III, 1934/36 - H. HERMELINK, Kirche im Kampf, 1950 - W.NIEMÖLLER, Die ev. Kirche im 3. Reich, 1956.

Weitere Lit. → Mittelalter, → Reformation, → Neuzeit, → Papsttum, → Protestantismus, → Katholizismus u.a. *H.Bornkamm*

II. Neugliederung der Länder nach 1945

1. Nach dem totalen Zusammenbruch der Staatshoheit des Deutschen Reiches im Mai 1945 übernahmen die Regierungen Englands, der USA, der UdSSR und Frankreichs am 5.6.1945 förmlich die oberste Regierungsgewalt in D. (einschließlich aller Befugnisse der Regierungen und Verwaltungen der Länder). Diese wurde durch die Oberbefehlshaber der vier Mächte, und zwar von jedem in der jeweiligen Besatzungszone, in den D. als Ganzes betreffenden Angelegenheiten jedoch gemeinsam durch den aus den vier Oberbefehlshabern gleichzeitig gebildeten Kontrollrat ausgeübt. Für den Bereich von Groß-Berlin wurde eine aus den vier Kommandanten bestehende, dem Kontrollrat unterstehende Interalliierte Behörde (Alliierte Kommandantur) als oberstes Regierungsorgan eingerichtet. Im Zuge der Wiederherstellung der örtlichen Selbstverwaltung wurden dann zunächst überall autonome Gemeinde- und Kreisverwaltungen gebildet, die sich lediglich auf Befehle der örtlichen Militärkommandanten stützten. Bald bauten sich auch neue Länderverwaltungen auf. Sie wurden durch die Zonenbefehlshaber in den einzelnen Zonen unterschiedlich gestaltet. Die Grenzen der Länder wurden hierbei durch die Zonengrenzen bestimmt, die zum Teil alte Länder (zB Baden, Hessen, Württemberg) und alte preußische Provinzen (u.a. Hessen-Nassau, Rheinprovinz) durchschnitten. Die Neubildung der Länder aus ehemals preußischen Gebietsteilen war überall schon vor der förmlichen Auflösung Preußens (Kontrollratsgesetz vom 25.2.1947) abgeschlossen. Sie begann in der sowjet. Besatzungszone (Gründung föderaler Länder auf Befehl des Zonenbefehlshabers im Juli 1945, Einsetzung der sächsischen und der brandenburgischen Landesregierung am 4.7.1945, Bildung des Landes Mecklenburg am 9.7.1945, des Landes Sachsen-Anhalt am 3.3.1946) und wurde zuerst in der amerik. Zone abgeschlossen, wo es am 19.9.1945 zur Bildung der drei Länder Bayern, Hessen und Württemberg-Baden kam. In der brit. Zone wurden die Länder erst 1946 gebildet: Nordrhein-Westfalen (18.7.1946), Schleswig-Holstein (23.8.1946) und Niedersachsen (1.11.1946), Freie und Hansestadt Hamburg (15.5.1946). Zuletzt folgte die franz. Zone: Rheinland-Pfalz (30.8.1946) und Württemberg-Hohenzollern (20.5.1947). Veränderungen der einzelnen Landesgrenzen zogen sich noch bis in das Jahr 1947 hinein: Bildung des Landes Bremen am 1.1.1947 und Angliederung Lippes an Nordrhein-Westfalen am 20.1.1947.

2. Am 1.1.1947 wurden durch die beiden Besatzungsmächte die amerik. und die brit. Zone wirtschaftlich zusammengeschlossen. Oberstes parlamentarisches Organ der Doppelzone war seit Juni 1947 der »Wirtschaftsrat für das Vereinigte Wirtschaftsgebiet«; ihm stand ein achtköpfiger Exekutivrat (Verwaltungsrat) als föderativ gegliedertes Regierungsorgan gegenüber. Mit der UdSSR gelang jedoch eine Verständigung über die politische Organisation Gesamt-D.s nicht. So gestanden die drei Westmächte unter Beteiligung der Benelux-Staaten auf der Londoner Sechsmächtekonferenz (Febr.-Juni 1948) dem deutschen Volke die Möglichkeit zu, auf der Basis einer freien demokratischen Regierungsform seine Einheit wiederzuerlangen. Die Sowjetunion sah in diesem Vorgehen der Westmächte einen Bruch des Potsdamer Abkommens; der sowjet. Vertreter verließ am 20.3.1948 den Kontrollrat, der hiermit praktisch außer Funktion trat. Daraufhin setzte eine immer stärker sich auswirkende Zweiteilung D.s ein.

Ein von den Landtagen der 11 westdeutschen Länder gewählter Parlamentarischer Rat arbeitete als Grundlage des staatlichen Zusammenschlusses ein Grundgesetz (GG; → Verfassungen) aus; mit dessen Verkündigung am 23.8.1949 war die »Bundesrepublik Deutschland« (BRD) de jure gebildet. Die Neugliederung der Länder in der BRD ist nach Art. 29 GG unter Berücksichtigung der landsmannschaftlichen Verbundenheit, der geschichtlichen und kulturellen Zusammenhänge, der wirtschaftlichen Zweckmäßigkeit und des sozialen Gefüges durchzuführen und soll Länder schaffen, die nach Größe und Leistungsfähigkeit ihre Aufgaben wirksam erfüllen (vgl. hierzu das Gutachten des von der Bundesregierung eingesetzten Sachverständigenausschusses, das sog. Luther-Gutachten, 1955). Zur Neuordnung der Ländergrenzen von Baden, Württemberg-Baden und Württemberg-Hohenzollern (dh der bis 1945 bestehenden alten Länder → Baden, → Württemberg und des preuß. Reg.-Bez. Sigmaringen) ergab am 24.9.1950 eine »informatorische Volksbefragung« den Wunsch zum Zusammenschluß, wurde aber von Südbaden nicht anerkannt. Eine neue Abstimmung der vier Bezirke (Nordbaden, Nordwürttemberg, Württemberg-Hohenzollern und Südbaden) am 9.12.1951 führte dann im April 1952 zur Vereinigung der drei Länder zu einem neuen Bundesland Baden-Württemberg (Verfassung 19.4.1953).

3. Seit der Lähmung des Kontrollrates infolge des Ausscheidens des sowjet. Vertreters und des hierdurch verursachten Ausfallens des obersten alliierten Regierungsorgans, in ihrer Wirkung noch verstärkt durch die in beiden Teilen D.s getrennten Währungsreformen vom 18. bzw. 22.6.1948, führte die durch die Politik der Besatzungsmächte bedingte Entzweiung D.s in der sowjet. Besatzungszone zu dem politischen Zusammenschluß zur Deutschen Demokratischen Republik (DDR) mit dem Anspruch auf Eigenstaatlichkeit. Gemäß der → Verfassung der DDR ist D. eine unteilbare Demokratische Republik, die sich auf den Ländern aufbaut; jedoch das Gesetz der DDR vom 23.7.1952 über die weitere Demokratisierung des Aufbaues und der Arbeitsweise der

staatlichen Organe in den Ländern der DDR (GBl. S. 613) trug den Ländern auf, eine Umgliederung ihrer Gebiete in Kreise vorzunehmen und jeweils mehrere Kreise zu Bezirken zusammenzufassen. Demgemäß wurden im Juli 1952 die Länder Brandenburg, Mecklenburg, Sachsen, Sachsen-Anhalt und Thüringen in die 14 Bezirke Cottbus, Frankfurt/O., Potsdam, Neubrandenburg, Rostock, Schwerin, Chemnitz, Dresden, Leipzig, Halle, Magdeburg, Erfurt, Gera und Suhl aufgeteilt, wobei es jeweils zu erheblichen Veränderungen der bisherigen Landesgrenzen kam. Die Funktionen der Landesregierungen und Landtage gingen auf die neugebildeten Bezirksräte und Bezirkstage über. Der Staatsaufbau der DDR ist seitdem gegenüber dem föderativen Staatsgefüge der BRD ausgesprochen zentralistisch.

4. a) Auch in Berlin und im Saargebiet kam es zu einer Sonderentwicklung. *Berlin* bildete bis Juli 1948 eine Sonderbesatzungszone unter einer gemeinsamen Viermächteverwaltung der alliierten Kommandantur, obwohl jeder Besatzungsmacht eine besondere Zone zugeteilt war. Die gemeinsame Verwaltung endete jedoch mit dem Ausscheiden des sowjet. Vertreters. Am 30.11.1948 konstituierte sich für den Sowjetsektor ein selbständiger Magistrat; das bedeutete die Spaltung Berlins in Westberlin mit dem amerik., brit. und franz. Sektor einerseits und dem sowjet. Sektor andererseits. Nach seiner am 1.10.1950 in Kraft getretenen Verfassung ist Berlin ein deutsches Land und zugleich eine Stadt. Die Eingliederung des Landes Berlin in die BRD als Bundesland ist durch die Besatzungsmächte zur Zeit suspendiert. Der sowjet. Sektor der Stadt ist kein Bestandteil der DDR, jedoch wird Berlin als Hauptstadt der Republik angesehen (Art. 2 der Verfassung der DDR).

b) Das zunächst in der franz. Besatzungszone gelegene → *Saargebiet* wurde durch den Zonenbefehlshaber am 12.2.1946 aus der franz. Besatzungszone und damit aus dem Zuständigkeitsbereich des »Alliierten Kontrollrats« herausgenommen und ab 1.8.1946 um 142 Gemeinden, ab 8.6.1947 um weitere 13 Gemeinden (unter Rückgabe von 46 Gemeinden an das Land Rheinland-Pfalz) gegenüber dem Gebietsstand des Saarstatuts des Versailler Vertrages (Art. 45-50) erweitert und ab 18.12.1946 in das franz. Zollgebiet einbezogen. Das Saargebiet erklärte sich auf Betreiben Frankreichs für autonom (Verfassung vom 15.12.1947) und schloß sich mit den am 20.5.1953 ergänzten 12 Saarkonventionen vom 3.3.1953 wirtschaftlich völlig an Frankreich an. Seit dem 13.5.1950 war das Saargebiet (»Saarland«) assoziiertes Mitglied des Europarates; ebenso gehörte es seit 1951, vertreten durch Frankreich, der Montanunion an. Die Bundesregierung erhob am 16.1.1950 Widerspruch gegen die Loslösung des Saargebietes aus dem Deutschen Staatsverband; der Bundestag erklärte in einem Beschluß vom 2.7.1953 das Saargebiet weiterhin als einen Bestandteil D.s. Ein von der franz. und der Bundesregierung vereinbartes »europäisches Saarstatut« wurde am 23.10.1955 von der Bevölkerung des Saarlandes in einer Volksabstimmung abgelehnt. In der folgenden Landtagswahl vom 18.12.1955 errangen die für eine Rückkehr in den deutschen Staatsverband eintretenden Heimatbund-Parteien 63,9% der Stimmen. Daraufhin wurde auf Grund von neuen Vereinbarungen zwischen Frankreich und der BRD das Saargebiet unter der Bezeichnung Saarland als 10. Bundesland ab 1.1.1957 in den Verband der BRD aufgenommen; es wird am 1.1.1959 auch in den deutschen Zollbereich zurückkehren.

5. Die Gebiete der ev. Landeskirchen und der kath. Diözesen blieben - auch soweit sie von den Zonengrenzen durchschnitten wurden - von den politisch-administrativen Veränderungen seit 1945 unberührt. Innerhalb des Landes Nordrhein-Westfalen wurde neuerdings ein neues kath. Bistum → Essen aus Teilen des Ruhrgebietes und des Sauerlandes geschaffen. (Vgl. dazu auch Karte 9 nach Sp. 160.)

6. Am 25.1.1955 erklärte die Sowjetregierung die Beendigung des Kriegszustandes mit D.; die übrigen Staaten des Ostblocks schlossen sich in der Folge diesem Vorgehen an. Der stufenweise Abbau des Besatzungsstatuts für die BRD vom 21.9.1949 endete mit dem Abschluß der Pariser Verträge vom 23.10.1954. Sie traten am 5.5.1955 in Kraft. Damit erhielt die BRD ihre Souveränität. Da der 2. Weltkrieg jedoch bisher nicht durch einen förmlichen Friedensvertrag abgeschlossen ist, liegen die künftigen Außengrenzen des deutschen Staatsgebietes noch nicht de jure fest. Nach der Viermächteerklärung vom 5.6.1945 gilt als Staatsgebiet D. in den Grenzen vom 31.12.1937. Gleichwohl sind seit 1945 teils von allen, teils von einzelnen Siegermächten verschiedene »vorläufige« territoriale Veränderungen des deutschen Gebietes vorgenommen worden, die bei der Dauer des friedensvertragslosen Zustandes und angesichts des Umstandes, daß einzelne Siegermächte diesen Regelungen von vornherein endgültige Wirkung beimessen, von einschneidender Bedeutung sind.

a) Nord-Ostpreußen nördlich der Linie Braunsberg-Goldap-Dreiländerpunkt wurde nach den Beschlüssen der Potsdamer Konferenz mit Wirkung vom 1.8.1945 vorläufig der sowjet. Verwaltung unterstellt. Diese Regelung wird von der UdSSR und der Regierung der DDR, nicht jedoch von der BRD als endgültig anerkannt.

b) Süd-Ostpreußen südlich der genannten Linie und die Gebiete östlich der Görlitzer Neiße und der Oder (= Ostpommern, Ost-Brandenburg und fast ganz Schlesien) wurden nach den Beschlüssen der Potsdamer Konferenz mit Wirkung vom 1.8.1945 vorläufig unter poln. Verwaltung gestellt. Diese Regelung wird von der UdSSR, von Polen und den übrigen Ostblockstaaten sowie von der Regierung der DDR, welche mit Polen am 6.6.1950 in Görlitz ein Abkommen über die Oder-Neiße-Grenze geschlossen hat, als endgültige sog. »Friedensgrenze« betrachtet. Die drei westlichen Besatzungsmächte und die BRD bestreiten die Endgültigkeit dieser Grenzregelung. Das Gebiet der Stadt Stettin mit deren westlichem Vorland, das seit dem 1.8.1945 der deutschen Verwaltungshoheit entzogen wurde, wurde auf Grund von Vereinbarungen der UdSSR mit Polen vom 19.9.1947 ebenfalls der vorläufigen poln. Verwaltung unterstellt.

c) An den deutschen Westgrenzen wurden kleinere Gebietsteile durch den Beschluß der westlichen Besatzungsmächte mit Wirkung vom 23.4.1949 unter die vorläufige Auftragsverwaltung der Nachbarstaaten (Niederlande, Belgien, Luxemburg und Frankreich) gestellt. Deutsch-belgische Verhandlungen im Jahre 1956 führten zu einem zweiseitigen Grenzregelungsabkommen, dessen Ratifizierung allerdings noch aussteht. Eine entsprechende deutsch-niederländische Aussprache zu einer endgültigen Grenzregelung ist aufgenommen.

W. Grewe, Ein Besatzungsstatut für Deutschland, 1948 - Fr. Hoffmann, Die staats- u. verfassungsrechtl. Entwicklung in Deutschland seit 1945, 1951 - H. Trossmann, Der zweite dt. Bundestag, 1954 - Die Neugliederung des Bundesgebietes. Gutachten des von der Bundesregierung eingesetzten Sachverständigenausschusses, 1955 - W. Vogel, Westdeutschland 1945-1950 I, 1956. *E. Meynen*

III. Evangelische Kirche der Gegenwart

1. Die Lage der ev. Kirche ist wesentlich bestimmt durch den → *Kirchenkampf* und die *Teilung D.s.* Der Kirchenkampf hatte eine umwälzende Bedeutung; er erschütterte die ev. Kirche aufs tiefste, zerriß ihre Gemeinschaft und zerstörte ihre Ordnung durch den Gegensatz der → Bekennenden Kirche (BK) und der Deutschen Christen (→ Deutsch-christliche Bewegungen), aber auch durch die Eingriffe des Staates. Das Ende des Reiches 1945 bedeutete auch für die ev. Kirche eine Wende. Von hartem Zwang befreit, konnte sie zu einem neuen Anfang schreiten. Der BK fiel dabei ganz wesentlich die Verantwortung für den Neubau der ev. Kirche zu. In der Kirchenkonferenz zu Treysa wurde der Grund gelegt für die neue → Evangelische Kirche in Deutschland (EKD), die die Fortsetzung der BK sein sollte. Von entscheidender Bedeutung war auch das → Stuttgarter Schuldbekenntnis des Rates der EKD vom Okt. 1945, das nicht nur die Verbindung zur Ökumene herstellte, sondern auch für den Bußruf der ev. Kirche an das deutsche Volk richtungweisend wurde. Mit dem Waffenstillstand war es zur Teilung Deutschlands in zunächst vier Besatzungszonen gekommen. Durch Zusammenschluß der drei westlichen zur BRD und Gründung der DDR (1949) entstanden zwei politische Gebilde (→ Deutschland: II), die sich, durch weltpolitische Gegensätze bestimmt, scharf voneinander schieden. Als beinahe einziges Band der Gemeinschaft zwischen ihnen blieb die ev. Kirche bestehen. Sie betrachtete es als ihre besondere Aufgabe, ohne Rücksicht auf den »Eisernen Vorhang« die Einheit der ev. Christenheit im deutschen Volk zu bewahren.

2. Die Neuordnung der ev. Kirche war die Hauptaufgabe der Jahre 1945-48. Die Zerstörung des *Rechtes* der ev. Kirche im Kirchenkampf machte es zum dringenden Erfordernis, die Landeskirchen wieder zu verfassungsmäßig geordneten und handlungsfähigen Körperschaften zu machen. Zugleich mußten die Erfahrungen des Kirchenkampfes zur Geltung gebracht werden. Die Kirchenverfassungen der zwanziger Jahre wichen neuen »Grundordnungen«, die dem Wesen und Auftrag der Kirche stärker entsprachen. Die Neuordnung erstreckte sich auf fast alle Bereiche des kirchlichen Lebens: Dienstrecht der Amtsträger, Ordnung des Lebens der Gemeinde, Neuordnung des Gottesdienstes, Bildung der kirchlichen Körperschaften. Zu den gewichtigsten Vorgängen landeskirchlicher Neuordnungen in diesen Jahren gehört die Bildung der Vereinigten Ev.-Luth. Kirche Deutschlands (VELKD; → Luthertum: III) und die Umgestaltung der Ev. Kirche der altpreußischen Union zur Ev. Kirche der Union (EKU; → Evangelische Kirche in Deutschland). Dadurch, daß diese große Gebiete im Osten verlor, wurde die neu geschaffene VELKD der stärkste Kirchenkörper Deutschlands. Während der Zusammenschluß der luth. Kirchen zur VELKD deren Vereinigung zu *einem* Kirchenkörper bewirkte, verwandelten sich die bisher zentral geleiteten Kirchenprovinzen der altpreuß. Union zu Gliedkirchen eines Kirchenbundes. Das Nebeneinander dieser großen Kirchenkörper bestimmt die Lage der EKD wesentlich, wobei die VELKD den konfessionellen Typ, die EKU den Unionstyp vertritt.

3. Durch die Entstehung einer »wandernden Diaspora« im Gefolge des 2. Weltkrieges hat sich das Verhältnis von Katholiken und Protestanten in den einzelnen deutschen Ländern zT nicht unerheblich verschoben. Es gibt heute keine reinen Konfessionsgebiete mehr, in denen nicht auch Minderheiten der anderen Konfession vertreten wären. In Nordrhein-Westfalen hat sich zB von 1950-55 der Anteil der Evangelischen von 39,9% auf 42,2% erhöht, während der kath. Anteil von 54,8% auf 52,8% gesunken ist. Der 1945 gegründete *Kirchendienst Ost* widmet sich der Betreuung der östlich der Oder-Neiße-Linie in dem größtenteils polnisch verwalteten Gebiet verbliebenen Restgemeinden (Zeitschriften: Kirchliche Ostnachrichten; Kirche und Heimat, 1947-50). Der 1946 gegründete *Ostkirchenausschuß* nimmt die Vertretung der ostkirchlichen Pfarrer und Gemeinden gegenüber den Landeskirchen wahr und ist zugleich das vom Hilfswerk der EKD anerkannte Hilfskomitee für die betreffende Volksgruppe. Die Eingliederung der Ostvertriebenen in die neuen Ortsgemeinden hat in diesen häufig ein lebendigeres Gemeindeleben erstehen lassen, brachte aber auch neue, noch nicht gelöste Probleme mit sich (Verhältnis von alter und neuer Kirchenzugehörigkeit; Fortbestand der alten Landeskirchen und deren Leitungen; Verschiedenheit der gottesdienstlichen Gewohnheiten).

Der äußere *Wiederaufbau* war durch die ungeheure Kriegszerstörung kirchlicher Gebäude und die infolge der Vertreibung von Millionen aus dem deutschen Osten hervorgerufene Neubildung von Gemeinden eine Lebensfrage der Kirche. So sind in den zerstörten Gebieten die Jahre seit 1945 mit außerordentlichen Anstrengungen erfüllt, Kirchen, Gemeindehäuser, Kindergärten, Pfarrhäuser, Jugendheime wiederherzustellen oder neu zu bauen. Eine Bautätigkeit ohne Beispiel hat in den westdeutschen Kirchen eingesetzt, während die östlichen Kirchen bis heute noch unter der Not mangelnder Wiederaufbaumöglichkeiten leiden. Außer dem Wiederaufbau zerstörter Gebäude werden vielenorts Neubauten errichtet, um den Vertriebenen die Möglichkeit ev. Gemeindelebens zu schaffen. Das Bauen gehört geradezu zum Kennzeichen des gemeindlichen Lebens der Gegenwart. Die vom Bruderrat der BK getragene *Baugemeindebewegung* sucht den Heimatvertriebenen nicht nur äußere Heimat, sondern auch innere Verwurzelung in einer christlichen Lebensgemeinschaft zu vermitteln. 1948 wurde in Frankfurt/M. die erste Siedlung Heilsberg eingeweiht. Ihr folgten vor allem die Baugemeinde Espelkamp und die »Baugemeinde im Ruhrgebiet« mit Bergarbeitersiedlungen.

4. Schwierig ist es, vom *innerkirchlichen Leben* der ev. Kirche ein Bild zu geben. Eine wesentliche Änderung gegenüber der Zeit vor dem Kirchenkampf ist nicht eingetreten. Die → Kirchlichkeit der ev. Christenheit ist durchweg schwach. Die Amtshandlungen werden im allgemeinen begehrt, aber Gottesdienstbesuch und vor allem Abendmahlsbeteiligung ist auf einen relativ kleinen Kreis beschränkt. Kirchenfeindschaft ist im Westen fast gar nicht bemerkbar, Austritte sind selten, die Kirchensteuern werden bezahlt; aber im ganzen ist die Gleichgültigkeit gegenüber der Kirche groß. Die Verkündigung der Kirche ist durchweg um Auslegung der hl. Schrift bemüht. Es herrscht im Verfolg des Kirchenkampfes eine gewisse Bekenntnistreue, vom Liberalismus, aber auch vom Pietismus der früheren Jahrzehnte ist wenig mehr zu spüren. Die Gottesdienste sind stärker als früher von der liturgischen Bewegung bestimmt (→ Berneuchen, → Alpirsbach), die Neuordnung des → Gottesdienstes (: VI) im Rückgriff auf die reformatorische Ordnung ist in vielen Landeskirchen auf dem Wege, die Kirchenmusik befindet sich in einer kräftigen Entfaltung. Nach 1950 wurde in den meisten Landeskirchen ein gemeinsames Gesangbuch eingeführt. Zu den verschiedenen kirchlichen Werken und Einrichtungen, die Zeugen des innerkirchlichen Lebens sind, vgl. → Evangelische Kirche in Deutschland: II. - Für die Ausbildung des theologischen Nachwuchses stehen folgende im Rahmen staatlicher Universitäten arbeitende theologische Fakultäten zur Verfügung: in der BRD → Bonn, → Erlangen, → Göttingen, → Hamburg, → Heidelberg, → Kiel, → Mainz, → Marburg, → Münster, → Tü-

bingen; in der DDR → Berlin (Universität), → Greifswald, → Halle, → Jena, → Leipzig, → Rostock. Durch den 2. Weltkrieg gingen → Königsberg, → Breslau und → Gießen verloren, 1952 wurde die theologische Fakultät in Hamburg gegründet und 1954 eröffnet; gleichzeitig wurde die bisher bestehende kirchliche Hochschule in Hamburg aufgelöst. Außerdem bestehen noch folgende Kirchliche → Hochschulen: Berlin-Zehlendorf, Bethel, Neuendettelsau, Wuppertal.

Gesamtzahl der Theologiestudenten

	S.S.1930	1946/47	1949/50	1954/55
Im Gebiet der Bundesrepublik	2733	1728	3037	2057
Kirchliche Hochschulen	271	492	1008	568
Im Gebiet der DDR	1922	293	598	931[1])

[1]) Zahlen für 1953/54.

5. Das Leben der ev. Kirche der Gegenwart ist durch eine Reihe von *innerkirchlichen Auseinandersetzungen* gekennzeichnet, von denen einige mehr den Kreis der Theologen, andere aber auch die Gemeinden beschäftigen. → Bultmanns Programm der → Entmythologisierung des NT (1941) bewegt die theol. Diskussion seit Jahren aufs stärkste. Die Frage der → »Hermeneutik«, dh der Auslegung der hl. Schrift, ein Problem von grundlegender Bedeutung, ist neu aufgeworfen. Daneben trat im Zusammenhang der Gründung der EKD die konfessionelle Frage auf den Plan, dh die Frage nach der Bedeutung der Bekenntnisse für die Kirche, insbesondere nach dem Verhältnis des luth. und ref. Bekenntnisses im Blick auf die Einheit der Kirche. Strittig ist das Recht der → Abendmahlsgemeinschaft luth. und ref. Kirchen, das Recht der EKD sowie der Unionskirchen, als Kirche im Sinne des NT angesehen zu werden. Die konfessionellen Differenzen bestimmen und hemmen das Zusammenleben der ev. Kirchen in D. nicht unerheblich. Viel heftiger jedoch sind die Auseinandersetzungen über die politische Verantwortung des Christen, vor allem in der seit 1950 gestellten Frage der Wiederbewaffnung D.s. Mit dieser Frage trat das Kriegsproblem, der Waffendienst des Christen, der gerechte Krieg im Zeitalter der → Atomwaffen, die → Wehrpflicht (: I), die → Kriegsdienstverweigerung aus Gewissensgründen neu in das Blickfeld des deutschen Protestantismus. Die Auseinandersetzung hierüber wird mit großer Leidenschaft geführt. Tiefe Gegensätze haben sich bisher als nicht überwindbar erwiesen. Dennoch ist durch sie die Gemeinschaft der ev. Kirche nicht zunichte gemacht worden, wenn sie auch unter eine schwere Belastungsprobe gestellt ist.

6. Im *Verhältnis* der ev. Kirche *zur Öffentlichkeit* ist ein bemerkenswerter Wandel eingetreten. In der Not der Nachkriegszeit sah sich die ev. Kirche herausgefordert, zu den großen Aufgaben der politischen und sozialen Neuordnung Stellung zu nehmen. Sie wendet sich an die Besatzungsmächte, die Parlamente und Regierungen in Ost- und West-D., und zwar nicht in eigener Sache, sondern um des Menschen willen: Hunger und Elend, → Flüchtlingsproblem und → Kriegsgefangenenproblem, → Lastenausgleich und Wiedergutmachung, → Mitbestimmungsrecht und Rentenreform, Ehegesetz und Familienfürsorge, Friedensarbeit und Arbeitszeitregelung - es gibt kein Problem des öffentlichen Lebens, zu dem nicht von seiten der Kirche gesprochen wird. So wird politische Verantwortung nach Kräften wahrgenommen, und zwar aufs Ganze gesehen in großer Einmütigkeit. Das Hilfswerk der EKD und die Innere Mission wurden durch Beschluß der Synode der EKD 1956 vereinigt. Zur Durchdringung aller Lebensgebiete wurden nach 1945 in allen Landeskirchen *Evangelische → Akademien* gegründet. Der Begegnung mit der Arbeiterschaft dient die 1949 gegründete *Ev. → Sozialakademie Friedewald*. Von größter Öffentlichkeitsbedeutung ist der *Ev. → Kirchentag*, der weit über die Grenzen D.s hinauswirkt. Der wissenschaftlichen Durchdringung der kirchlichen Öffentlichkeitsaufgaben dienen auch die neugegründeten *Institute für christliche Soziallehre* in Münster und Tübingen. - Im Raum der *Dichtung* wirken heute nicht wenige Kräfte bewußt aus ihrem ev. Glauben heraus (A. → Goes, M.Hausmann, B.v. → Heiseler, J. → Klepper †, R.A. → Schröder, Ina → Seidel). - Das *Gemeinschaftswerk der Ev. Presse e.V.* ist ein Zusammenschluß ev. Zeitschriften. Der *Ev. Pressedienst* (epd) versorgt nicht nur die kirchliche, sondern auch die allgemeine Tagespresse mit kirchlichen Nachrichten (→ Presse: III). Die EKD ist in der freiwilligen Selbstkontrolle der Filmwirtschaft mit einem Filmbeauftragten vertreten. 1955 wurde als Koordinierungsstelle sämtlicher Sparten ev. Filmarbeit das *Filmwerk der EKD* gegründet. Daneben unterhalten die Landeskirchen eigene Filmstellen, die zT mit motorisierten Vorführgeräten ausgerüstet sind. Publikationen: Ev. Filmbeobachter; Handbuch für ev. Filmarbeit; Unsere Filmkritik; Kirche und Film; Film und Bild (→ Film). - In der publizistischen Kammer der EKD besteht ein *Fachausschuß Rundfunk,* daneben haben die Landeskirchen den einzelnen Rundfunkanstalten zugeordnete Rundfunkreferenten, die für die kirchlichen Sendungen verantwortlich sind (→ Rundfunk). Durch die *Ev. Fernsehkommission* nimmt die EKD grundsätzlich Stellung zu diesem neuesten Zweig der drahtlosen Fernübertragung (→ Fernsehen). In Tutzing besteht eine Ev. Akademie für Rundfunk und Fernsehen. - Ein besonders wichtiger Zweig der kirchlichen Öffentlichkeitsverantwortung ist die *Schule*. Die ev. Unterweisung ist in allen Schularten heute Sache der Kirche. Auch wenn diese Unterweisung durch staatliche Lehrkräfte geschieht, setzt dies die kirchliche Bevollmächtigung voraus (→ Schule und Kirche).

7. Von großer Bedeutung für die gegenwärtige Lage der ev. Kirche ist die Änderung ihres *Verhältnisses zu anderen christlichen Kirchen*. Veranlaßt durch die ökumenische Hilfe in den Jahren der Not, hat sie angefangen, sich erneut und stärker der → ökumenischen Bewegung zu öffnen, und sie beteiligt sich in steigendem Maße an der Lösung ökumenischer Aufgaben. Sie hat nach allen Seiten Verbindung aufgenommen mit den christlichen Kirchen, die ihr benachbart sind; so sind Konvente und → Bruderräte und Konferenzen mit skandinavischen, britischen, ost- und westeuropäischen Kirchen entstanden, Verbindungen mit der orth. Kirche aufgenommen, aber auch in der »Arbeitsgemeinschaft christlicher Kirchen« ein deutscher Zusammenschluß der zur Ökumene gehörenden Kirchen vollzogen worden. Dieser Strom ökumenischer Beziehungen ist für die ev. Kirche etwas Neues in ihrer Geschichte. In Berlin (Kirchl. Hochschule), Bonn, Heidelberg, Marburg und Tübingen bestehen im Rahmen der ev.-theol. Fakultäten ökumenische Institute oder Seminare. Nur zur röm. Kirche hat sich keine wesentliche Änderung gegenüber der Vergangenheit ergeben, wenn auch in der Praxis eine menschliche Annäherung und weitgehende Zusammenarbeit in öffentlichen Angelegenheiten geschieht. Es ist jedoch nicht zu verkennen, daß die Steigerung des Marienkultes (→ Mariologie, → Marienverehrung: I) und das gegenreformatorisch wirkende Vorgehen des Katholizismus in → Deutschland (: IV) eine stärkere Distanz hervorgerufen hat. Der wissenschaftlichen Auseinandersetzung dient das vom Ev. Bund getragene *Konfessionskundliche Institut* in Bensheim.

8. Die besondere Schwierigkeit der ev. Kirche in der DDR ist durch den Zwiespalt bestimmt, daß ihr der Staat einerseits als gottgesetzte Ordnungsmacht begegnet, andrerseits als Träger der marxistisch-leninistischen Weltanschauung die Gewissen zu binden versucht. Er sucht den Einfluß der Kirche auf das Leben des Volkes auszuschalten und drängt daher die kirchliche Arbeit zurück. Er zwingt die Kinder in die marxistische Weltanschauungsschule und engt die → kirchliche Unterweisung (→ Christenlehre) nach Kräften ein. Er sucht die Jugend der Kirche zu entfremden, zB durch die staatlich geförderte → Jugendweihe, und behindert die kirchliche Jugendarbeit (Junge Gemeinde) aufs schwerste. Im ganzen Bereich des öffentlichen Lebens kämpft die Kirche um Raum für christliche Existenz. Sie wehrt sich gegen die Zumutung, die sozialistische Gesellschaftsordnung als die allein gültige anzuerkennen, der Weltfriedensbewegung beizutreten und dadurch Kooperation vorzutäuschen (wie sie sich auch in der BRD gegen die Gleichsetzung der Kirche mit einem bestimmten Programm wendet). Sie muß es hinnehmen, daß ihre wirtschaftliche Basis zunehmend unterhöhlt wird. Die bisherigen Staatszuschüsse werden immer geringer, die Kirchensteuer wird in einen freiwilligen Beitrag verwandelt, und jeder kirchlichen Hilfsaktion werden die größten Schwierigkeiten bereitet. Zwar bestehen die sechs theol. → Fakultäten noch; aber der theol. Nachwuchs wird auf mannigfache Weise gedrosselt. Dem Pfarrermangel muß zusätzlich durch Prediger oder freiwillige Helfer begegnet werden. Es fehlt an Katecheten, aber selbst die vorhandenen können nur schlecht besoldet werden. Not und Bedrängnis, Mangel und Armut, Kampf und Anfechtung – das kennzeichnet die Lage der ev. Kirche in der DDR. Ihre Existenz ist für den deutschen Protestantismus von entscheidender Bedeutung.

9. Über die Zugehörigkeit der Kirchengemeinden und Geistlichen zu den verschiedenen Gruppen der EKD gibt folgende Statistik Aufschluß (Stand vom 1.1.1956):

	EKU	Übrige unierte Landeskirchen	VELKD	Übrige lutherische Landeskirchen	Reformierte Landeskirchen
Kirchengemeinden	2829	2631	6256	1353	187
Geistliche	5160	2912	6322	1730	204

Zum einzelnen vgl. die Länderartikel.

Berichte über die Synoden der EKD, 1948ff, der VELKD, 1948 ff, der EKU, 1951 ff – Die Amtsblätter der EKD, 1948 ff – KJ 72ff, 1949ff – Berichte über die Dt. Ev. Kirchentage, 1950ff – G. Heidtmann, Kirche im Kampf der Zeit, 1954 – J. Hamel, Christ in der DDR, 1957².

J. Beckmann – H.-H. Schrey

IV. Katholische Kirche der Gegenwart

1. Wiederaufbau – 2. Das religiöse Leben – 3. Im geistigen Leben – 4. Im öffentlichen Leben

1. Der *Wiederaufbau* der röm.-kath. Kirche in D. nach dem Zusammenbruch des Jahres 1945 stand unter einem guten Stern. Die Kämpfe der vergangenen Jahre empfahlen sie als einen konsequenten Gegner des Nationalsozialismus, und so wandten sich ihr viele Hoffnungen und Sympathien zu, zumal auch ihre oberste Spitze, Papst → Pius XII., ein internationales Ansehen gewonnen hatte wie nie zuvor und dem deutschen Volk freundlich gesinnt blieb.

Zustatten kam der röm.-kath. Kirche, daß ihre kirchliche Organisation in Rest-D. und vor allem auch die kirchliche Verwaltung intakt geblieben war, so die westlichen Kirchenprovinzen mit ihren Suffraganbistümern (vgl. Karte 9 nach Sp. 160): → München (mit → Augsburg, → Passau und → Regensburg), → Bamberg (mit → Eichstätt, → Speyer und → Würzburg), → Freiburg (mit → Mainz und → Rottenburg), → Köln (mit → Aachen, → Limburg, → Münster und → Trier; 1958 kam dazu das Bistum → Essen, das sog. Ruhrbistum, das aus Teilen der benachbarten Erzbistümer Köln und Paderborn sowie des Bistums Münster gebildet wurde), → Paderborn (mit → Fulda und → Hildesheim), ebenso in der sowjetisch besetzten Zone das exemte Bistum → Meißen; anders die ostdeutsche Kirchenprovinz (Breslau): Das Gebiet des Erzbistums → Breslau kam zum größten Teil unter polnische Verwaltung, restlos das des Bistums → Ermland und der Freien Prälatur → Schneidemühl; auch Berlin (→ Brandenburg: II, 6) verlor wesentliche Gebiete. Das Breslauer Domkapitel übersiedelte in den Restteil der Erzdiözese um Görlitz-Cottbus und steht dort seit dem Tode des letzten Erzbischofs, Kardinal → Bertram (1945), unter einem Kapitelsvikar. Für die Gebiete jenseits von Oder und Neiße wurde der Primas von Polen zum Apostolischen Administrator eingesetzt, der für die verwaisten Bischofssitze seinerseits wiederum Administratoren einsetzte.

Zwei Aufgaben waren zunächst vordringlich: der *Wiederaufbau der zerstörten kirchlichen Gebäude* und die Eingliederung der Vertriebenen. Die erste Aufgabe geht ihrer Vollendung entgegen, wobei gelegentlich recht moderne Formen verwandt wurden, mitunter freilich nicht gerade unter Zustimmung des Kirchenvolkes (vgl. → Kirchenbau: V).

Die *Eingliederung der Vertriebenen* (→ Flüchtlingsproblem) stellte die röm.-kath. Kirche vor einzigartige neue Probleme. Der aus Ermland vertriebene Bischof Maximilian Kaller (1880–1947) wurde zum Flüchtlingsbischof ernannt; sein Nachfolger wurde Bischof Dirichs von Limburg, nach dessen Tod Kardinal Frings. In der Diözese Limburg entwickelte sich in Königstein (Taunus) ein kath. Zentrum für die Vertriebenenarbeit. – Die einzelnen Katholiken wurden kirchenrechtlich sofort Glieder der Gemeinden ihres neuen Wohnortes; hier war nur gegebenenfalls für einen Ausgleich der Seelsorgekräfte zu sorgen, besonders in den neu entstandenen Diasporagemeinden. Darüber hinaus aber nahm sich die kath. Kirche mit besonderer Sorgfalt der Bildung von Vertriebenenverbänden an (u.a. die sudetendeutsche Ackermanngemeinde und die schlesische Eichendorffgilde). Auch wurde der Kult ostdeutscher Heiliger nach West-D. verpflanzt. Der Bonifatiusverein erbaute in den neuen Diasporagebieten zahlreiche neue Kirchen. Ebenso wurde eine intensive Siedlungsarbeit geleistet. Von jedem Katholikentag wurde ein Katholikentagsdorf gestiftet. Die ostdeutschen Priester (es waren 2365), deren Inkardination (= Eingliederung in eine Diözese) sich mit der Vertreibung nicht ohne weiteres löste, wurden im allgemeinen nicht in den Diözesanklerus der westdeutschen Diözesen aufgenommen; der Vatikan selbst wies sie an, auf ihre Benefizien in der Heimat nicht zu verzichten. So wurden Übergangslösungen gefunden, die wohl die Priester wirtschaftlich einigermaßen sicherstellten, sie aber doch unter der Jurisdiktion ihrer früheren Oberhirten beließen.

2. a) Der Priesternachwuchs ist im Verhältnis im wesentlichen gleich geblieben, wenn auch hier über Mangel geklagt wird. Auf je 100 000 Gemeindeglieder kommen heute in D. im Durchschnitt 102 Priester. Auf dem Gebiete des *Ordenswesens* hat sich ganz in der Stille ein stetiger Fortschritt gezeigt, auch wenn man nicht, wie in den 20er Jahren, von einem »monastischen Frühling« spricht. Die folgende Tabelle gibt den Stand der Entwicklung wieder:

Jahr	Männliche Orden					Weibliche Orden		
	Niederlassungen	Priester	Kleriker u. Scholastiker	Laienbrüder	Novizen	Niederlassungen	Schwestern	Novizen
1938	687	4763	3178	7657	998	7785	97 438	3687
1950	619	5193	1476	4504	718	8109	88 937	3996
1951	658	5376	1287	4692	821	8185	90 647	3911
1952	677	5505	1271	4756	905	8223	91 681	3842
1953	674	5566	1271	4778	945	8248	91 677	3460

Während die Ordenstheologen zunehmen, wird über eine Abnahme der Laienkräfte geklagt. Besonders der Schwesternmangel wird immer wieder mit Sorge betrachtet.

b) Besonderes Augenmerk widmete die kath. Kirche dem Ausbau der *kirchlichen* → *Presse* (: IV). Schon vor, erst recht aber nach der Währungsreform entstanden in der BRD wieder die alten Bistumsblätter, dazu eine große Zahl von Wochenzeitungen und Monatszeitschriften bis hin zu einer Illustrierten, so daß das »Kirchliche Handbuch« (Bd 24) 244 verschiedene Titel mit einer Gesamtauflage von 8 920 225 anführen kann. - In der DDR hatte die kath. Kirche zunächst mit großen Schwierigkeiten zu kämpfen, konnte aber schließlich ein Kirchenblatt erreichen, das dank paritätischer Papierzuteilung in befriedigender Auflage erscheinen kann. Eine große Zahl von Kultur-, wissenschaftlichen und Ordenszeitschriften dienen darüber hinaus dem kath. Gedanken und sichern der kath. Kirche Einfluß auf allen Gebieten.

c) Die früheren *Standes- und Seelsorgeorganisationen* entstanden sämtlich wieder, so daß hier das Netz der Betreuung wieder ganz eng gezogen ist. Von den Standesverbänden erlangten besondere Bedeutung die Katholische → Arbeiterbewegung (KAB) mit ihren Jugendorganisationen (CAJ) und das Kath. Landvolk mit der Landjugend. Der neugegründete Familienbund deutscher Katholiken ist in schnellem Wachstum begriffen und unterstützt die Forderungen der kath. Kirche auf dem Gebiete des Ehe- und Familienrechtes.

d) Die → *Katholikentage* - ursprünglich Arbeits- und Rüsttagungen kath. Laien - werden immer mehr zu kath. Kirchentagen. Der letzte Katholikentag alter Form war der von Bochum 1949. Die dort gefaßte Entschließung zum Mitbestimmungsrecht veranlaßte sogar den Papst zu einer berichtigenden Äußerung. Seitdem sind die Katholikentage stärker unter Aufsicht genommen worden. Das Zentralkomitee der Katholikentage wurde 1952 dem neugeschaffenen Zentralkomitee der deutschen Katholiken als besondere Abteilung eingegliedert und damit zu einem Teil der der Hierarchie unterstehenden → Katholischen Aktion. Der Kölner Katholikentag 1956 war schon nur mehr eine Heerschau der Kirche unter Oberaufsicht des Kölner Erzbischofs, der sich als dafür verantwortlich bezeichnete, daß auf dem Katholikentage nichts gegen Lehre und Anschauungen der Kirche gesagt werde.

e) Etwa zwei Drittel der Getauften sind praktizierende Katholiken, dh erfüllen ihre österliche Mindestpflicht. Größter Nachdruck wird auf die Laienexerzitien gelegt, aus denen sich die kath. Kirche den Nachwuchs für die Leitung ihrer Laienorganisationen sichert. Jede Diözese hat ein oder mehrere Exerzitienhäuser.

f) Im Mittelpunkt des religiösen Lebens steht entsprechend der Entwicklung der Gesamtkirche weithin die → Marienverehrung (: I). Wenn auf diesem Gebiete der deutsche Katholizismus früher vielleicht etwas verhaltener war - möglicherweise infolge des Korrektivs der Nachbarschaft der ev. Kirche -, so schwindet diese Zurückhaltung mehr und mehr, besonders seitdem 1955 Dr. Pinsk (Berlin) wegen seines mariologischen »Minimalismus« offiziell vom Vatikan getadelt worden war. Die Sitte der Pilgermadonnen von Fatima faßte auch in D. Fuß und fand großen Anklang. Die von Rom seit 1942 propagierten Marienweihen wurden nun auch ausdrücklich in D. vorgenommen (Weihe D.s an Maria auf dem Fuldaer Katholikentag 1954).

g) Der *theologischen Arbeit* und der Ausbildung des Priesternachwuchses dienen neben den diözesanen Priesterseminaren 8 theologische Fakultäten an deutschen Universitäten: → Bonn, → Freiburg, → Mainz, → München, → Münster, → Tübingen, → Würzburg und → Trier (dieses nicht als Glied einer Universität, sondern als selbständige Fakultät) und 9 Philosophisch-theologische Hochschulen: Dillingen (für Augsburg), Bamberg, Eichstätt, Fulda, Frankfurt a.M. (Hochschule St. Georgen der Jesuiten, für Limburg), Freising (für München), Paderborn, Passau und Regensburg (→ Hochschulen, konfessionelle: II); außerdem bestehen noch 33 Ordenshochschulen. In der DDR bestehen zwei Seminare: Neuzelle und Erfurt. Im Mittelpunkt der theologischen Arbeit stehen die Themen, die durch die päpstlichen Verlautbarungen gegeben sind: → Mariologie, Ekklesiologie und → Lehramt. In der Kirchen- und Reformationsgeschichte haben sich die Anschauungen von Joseph Lortz weithin durchgesetzt. An größeren theologischen Leistungen ist vor allem die mehrbändige »Kath. Dogmatik« von Michael Schmaus zu nennen. Mit der Bibelbewegung (→ Bibelverbreitung) hat die sog. Verkündigungstheologie großen Einfluß auf den 1956 eingeführten neuen Einheitskatechismus ausgeübt, der viel stärker biblisch fundiert ist als seine Vorgänger.

h) Die → *Liturgische Bewegung* ist zum Liturgischen Apostolat geworden (Enzyklika »Mediator Dei« von 1947). Liturgische Kongresse (seit 1950) arbeiten nunmehr im Sinne dieser Enzyklika; das »Liturgische Jahrbuch« des Liturgischen Instituts in Trier gibt die theologische Ausrichtung. Ein Deutsches Ritual wurde von Rom approbiert. Die auf deutsches Betreiben erfolgte Neuordnung der Liturgie der Karwoche hat ihre Bewährungsprobe noch zu bestehen.

i) Mit besonderem Nachdruck wird - vor allem seit dem Erscheinen der Instructio »Ecclesia catholica« vom 20.12.1949 - alles gefördert, was dem *Gespräch zwischen den Konfessionen* dient, dessen letztes Ziel die Wiedervereinigung der getrennten Brüder mit der »Mutterkirche« ist. Bei dem Referenten der Fuldaer Bischofskonferenz für diese Arbeit, dem Paderborner Erzbischof Dr. Jäger, besteht ein Gesprächskreis führender Theologen beider Konfessionen, der als solcher allerdings nicht an die Öffentlichkeit tritt. Derselben Aufgabe dient das 1957 errichtete Johann-Adam-Möhler-Institut für Konfessions- und Diasporakunde in Paderborn. In größere Öffentlichkeit stößt die → Una-sancta-Bewegung vor, seitdem ihre Leitung dem Benediktiner Dr. Thomas Sartory übertragen worden ist. Die dort entwickelte Gesprächstechnik ermöglicht es, trotz der Einschränkungen des kanonischen Rechtes jeden Katholiken an den Tagungen teilnehmen zu lassen, da in ihnen die römische Kirche niemals ernstlich in Frage gestellt wird.

Diesen Bemühungen gesellt sich eine starke *Konvertitenpropaganda* zu. In verschiedenen größeren Städten wurden besondere Stätten zur Beratung von »Suchenden«, dh Konversionswilligen, errichtet. Die auf dem Mainzer Katholikentag 1948 von Ivo Zeiger SJ ausgegebene Parole »D. - Missionsland« galt zwar ursprünglich der Überwindung des Neuheidentums und des Säkularismus in den eigenen Reihen, verband sich aber doch sehr bald mit einer Tendenz zur Missionierung der prot. Gebiete Nord-D.s. Ein großer, in Holland ausgearbeiteter Plan, der allerdings in D. auch Widerspruch fand, sieht die Errichtung von 14 Stützpunkten (»Festungen Gottes«) in Niedersachsen und Schleswig-Holstein vor, die zunächst der Konsolidierung der dortigen Diaspora dienen sollen, aber in ihrer letzten Absicht weit darüber hinausgehen.

3. Die alten Wünsche des deutschen Katholizismus nach einer *kath. Universität* sind augenblicklich etwas in den Hintergrund getreten; Paderborn, gelegentlich auch Fulda und vor allem Salzburg wurden dafür genannt. Der Salzburger Universitätsverein veranstaltet dort alljährlich in den Salzburger Hochschulwochen einen bedeutsamen akademischen Betrieb, der als Vorstufe einer kath. Universität im deutschen Sprachraum gedacht ist.

In der *Literatur* geht die Arbeit des »Hochland« weiter; eine Reihe kath. Dichter hat einen guten Namen, zB Gertrud von → Le Fort, Reinhold → Schneider, Stefan → Andres, Edzard → Schaper, Werner → Bergengruen (die zumeist Konvertiten sind).

Auf dem Gebiete des *Films* sorgen in jeder Diözese Diözesanfilmstellen für die Verbreitung religiöser Filme; die Kath. Filmliga dient der Erziehung des kath. Filmpublikums zum guten Film (»Der Film-Dienst«) und übt auch auf den allgemeinen Filmmarkt einen nicht unbedeutenden Einfluß aus.

4. a) Im *öffentlichen Leben* trat der Katholizismus 1945 mit einem starken Sendungsbewußtsein auf. Die gemeinsame Gegnerschaft gegen den Nationalsozialismus und das gemeinsam getragene Leid führte auch auf politischem Gebiet zu einer friedlichen Begegnung der Konfessionen wie nie zuvor. Manche Dinge konnten ohne besonderen Kampf durchgesetzt werden, die zu anderen Zeiten zu schwersten Auseinandersetzungen geführt hätten. So ist zB in den meisten Ländern der → Fronleichnamstag gesetzlicher Feiertag geworden (nur in Niedersachsen und Hamburg ist der Fronleichnamstag überhaupt noch nicht anerkannt, in Bayern und Schleswig-Holstein nur für Gemeinden mit überwiegend kath. Bevölkerung). Die Fronleichnamsprozession wird weithin als gutes Recht der kath. Kirche in Anspruch genommen.

Entsprechend der Tendenz der kath. Lehre zur Verchristlichung der Welt (»Omnia instaurare in Christo« - der Wappenspruch Pius' X., steht über dem Leben des Katholizismus im 20.Jh.) traten zahlreiche Bemühungen kath. Theologen und Soziologen zur Neuordnung des Staatslebens hervor. In dem Dominikanerkloster Walberberg arbeitet ein Kreis an Plänen zur Neugestaltung des politischen Lebens unter Führung von Eberhard Welty (Zeitschrift »Die neue Ordnung«). Soziologen bemühen sich um die Durchdringung und Verbreitung kath. Soziallehren, zB Oswald von Nell-Breuning SJ, Frankfurt, und Gustav Gundlach SJ, der zwar in Rom wirkt, aber bei entscheidenden Gelegenheiten, zB bei der Frage des Mitbestimmungsrechtes, in D. sein autoritatives Wort in die Waagschale wirft. Von anderer Seite wird eine sehr stark kath. gefärbte → »Abendland«-Idee verfochten (Abendländische Akademie, Zeitschrift »Neues Abendland«). Auch der föderalistische Gedanke wird, aufbauend auf der kath.-naturrechtlich begründeten Lehre von der Stufung der Gesellschaftsgebilde und dem damit verbundenen Prinzip der Subsidiarität, von kath. Seite besonders gefördert (vgl. u.a. das Lehrschreiben der deutschen Bischöfe »Aufgaben und Grenzen der Staatsgewalt« vom Nov. 1953). Die Fuldaer Bischofskonferenz richtete 1949 an den Parlamentarischen Rat ein kritisches Schreiben zum Bonner Grundgesetz.

Auf Grund der sorgfältigen Schulung in den kath. Standesorganisationen stehen der kath. Kirche auch stets zahlreiche Laien zur Verfügung, die ihre Gedanken in der praktischen Politik vertreten. Alle diese, zT sehr stark divergierenden Strömungen flossen in die CDU/CSU ein, in der ein großer Teil der aktiven kath. Kräfte seine politische Heimat gefunden hat. Diese Partei kann sich dank ihres starken ev. Flügels allerdings dagegen verwahren, als konfessionelle Partei abgestempelt zu werden, auch wenn sie von manchen kath. kirchlichen Stellen, zT sogar von Bischöfen, als die Partei der Katholiken bezeichnet wird und sich deutlichster Unterstützung seitens der kath. Kirche erfreut.

b) Besondere Schwerpunkte der innenpolitischen Arbeit sind Eherecht und Schulfrage.

Auf dem Gebiete des *Eherechtes* (→ Ehe: VI, 1) erhebt die kath. Kirche unter Berufung auf den Verfassungsgrundsatz der Glaubensfreiheit die Forderung nach der fakultativen Zivilehe, dh der bürgerlich-rechtlichen Anerkennung der kirchlichen Eheschließung. Auch bei sonstigen Beratungen über die Eherechtsreform waren kath. Stellen - zT in enger Zusammenarbeit mit der ev. Eherechtskommission - lebhaft tätig. Vor allem wird auf dem Gebiete der religiösen Kindererziehung eine gesetzliche Regelung angestrebt, die der kath. Kirche größere Sicherheiten geben soll.

In der *Schulfrage* (→ Schule und Kirche: I) verficht die röm. Kirche unter Berufung auf das → Elternrecht die kath. Bekenntnisschule, wie sie in der Erziehungsenzyklika »Divini illius magistri« vom 31.12.1929 vorgezeichnet ist. Dabei stützte sie sich auf das Reichskonkordat vom 20.7.1933, auf Grund dessen der päpstliche Nuntius zweimal gegen deutsche Gesetze Einspruch erhob (Baden-Württemberg und Niedersachsen). In dem auf den zweiten Einspruch folgenden Konkordatsstreit vor dem Bundesverfassungsgericht wurde der Bundesregierung die Möglichkeit abgesprochen, die Erfüllung der Konkordatsbestimmungen von den Ländern zu verlangen, auch wenn das Reichskonkordat als Ganzes für gültig erklärt wurde. Dadurch wurde die stärkste Waffe der kath. Kirche abgestumpft. Kath. Staatsrechtslehrer versuchen allerdings das Urteil so zu interpretieren, als seien die Länder doch unmittelbar völkerrechtlich zur Erfüllung der Schulbestimmungen des Reichskonkordats verpflichtet.

c) Auf *sozialpolitischem Gebiet* steht die kath. Kirche in starker Opposition zum Deutschen Gewerkschaftsbund (DGB), die dann schließlich zu der - allerdings nicht gerade erfolgreichen - Gründung der Christlichen Gewerkschaften (CGD) führte (Okt. 1955).

Die kath. Kirche möchte bei der Vertretung all dieser Forderungen den Eindruck erwecken, als ob auch alle ihre Gläubigen ihr unbedingt folgten. Das ist aber keineswegs der Fall. Gerade die Gewerkschaftsfrage, auch das Echo auf die Weihnachtsbotschaft des Papstes 1956 mit ihren Bemerkungen über die Kriegsdienstverweigerung und vieles andere haben es deutlich gemacht, daß sich die »Leitlinie« der kath. Kirche einer ziemlich starken Opposition aus ihren eigenen Reihen gegenübersieht, die es der Kirche mit guten Gründen bestreitet, daß sie ihre Weisungsbefugnis so weit ausdehnt. An dieser Stelle zeigt sich wohl das schwierigste Problem, das die kath. Kirche heute allgemein zu lösen hat: der Widerstreit zwischen der unausweichlichen »Mündigkeit« der Laien und dem Anspruch der Kirche auf deren Leitung auch in weltlichen Dingen. Die Indizierung des Buches von Josef Thomé »Der mündige Christ« hat gezeigt, wie tief dieses Problem geht.

KH 23 (1944-51), 1951; 24 (1952-56), 1956 - HerKorr, 1947ff - Materialdienst des Konfessionskundlichen Instituts des Ev. Bundes, 1950ff - W. SUCKER, Der dt. Katholizismus 1945-50 (KJ 78, 1951, 290-334; 79, 1952, 236-376) - J.C. RUTA u. J. STRAUBINGER, D. kath. Kirche in D. u. ihre Probleme, (1954) 1956². *K. Nitzschke*

V. Konfessionsstatistik

Die amtliche → Konfessionsstatistik ist in D. verhältnismäßig weit ausgebaut. Seit der Gründung des Deutschen Reiches wird regelmäßig anläßlich der Volkszählungen die konfessionelle Gliederung der Bevölkerung ermittelt. Außerdem werden auch Vorgänge der natürlichen Bevölkerungsbewegung (amtliche Statistik der Geburten, Eheschließungen und Sterbefälle) konfessionsstatistisch erfaßt und in der BRD auch ausgezählt und veröffentlicht. Leider ist trotz dieser Unterlagen die Fortschreibung der deutschen Bevölkerung nach der Konfession nicht möglich, weil die Wanderungsstatistik nur von einzelnen Ländern nach der Konfessionszugehörigkeit ausgewertet wird; die letzten Veröffentlichungen dieser Länder (Bayern, Nordrhein-Westfalen) geben gerade für die Zeit nach 1950 einen Überblick über die erheblichen Veränderungen im Bestand der einzelnen Konfessionen.

Die Konfession wird außerdem in den Ergebnissen der amtlichen Statistik der Ehelösungen von mehreren Ländern in der BRD bekanntgegeben und gelegentlich auch in der Kriminalstatistik. Die regelmäßig (jährlich oder in mehrjährigen Abständen) in der Schul- und Hochschulstatistik von den meisten Ländern in der BRD durchgeführten Feststellungen lassen erkennen, wie sich Schüler und Lehrer den Konfessionen nach auf die Schularten verteilen und wie der akademische Nachwuchs konfessionell gegliedert ist. In der BRD wurden die Ergebnisse der Berufszählung 1950 vereinzelt auch konfessionell gegliedert; die Kombination der Zählungsmerkmale Religionszugehörigkeit und Beruf bzw. Stellung im Beruf liefert Material für religionssoziologische Untersuchungen.

Vergleiche mit den Ergebnissen früherer Zählungen sind dadurch erschwert, daß die Systematik der Denominationen, das sogenannte Religionsverzeichnis, ständig geändert wurde. Leider stimmen auch die Gruppen für die BRD und die DDR nicht überein. In der *Übersicht 1* auf Sp. 153f sind die Ergebnisse der Volkszählung 1950 nach Ländern bzw. ehemaligen Ländern (in der DDR) und für Berlin zusammengefaßt. Das ist nur möglich bei Verzicht auf stärkere Untergliederung der für die Religionszugehörigkeit gebildeten Gruppen, so daß also unter der Bezeichnung »evangelisch« auch Sekten und Gruppen erscheinen, die nach dem seit 1954 in der BRD angewendeten Denominationsverzeichnis als »christlich orientierte Sondergemeinschaften« gezählt werden; andererseits erscheinen zB die abend- und morgenländischen romfreien Katholiken bei den sonstigen Volks- und Weltreligionen. Da die Zahl der unsystematisch eingegliederten Denominationen klein ist, kann der Fehler hingenommen werden; denn das Gesamtergebnis wird dadurch nicht beeinträchtigt. Die Zusammenfassung konnte nur gegeben werden, nachdem die konfessionelle Gliederung der Wohnbevölkerung Ost-Berlins (vom Verfasser) geschätzt wurde. Die Schätzung lehnt sich an die Ergebnisse für West-Berlin und die Angaben für Groß-Berlin für 1946 an.

In *Übersicht 2* ist die Verteilung der Bevölkerung nach Hauptgruppen der Religionszugehörigkeit auf die Teilgebiete D.s dargestellt; die erheblichen Unterschiede beruhen auf der historischen und politischen Entwicklung.

Die Angaben der Konfessionsstatistik sagen seit dem 1. Weltkrieg in D. nichts über den persönlichen Bekenntnisstand aus, da mit Rücksicht auf die Bestimmungen der Verfassung nur die rechtliche Zugehörigkeit zu einer Kirche, Religionsgemeinschaft, Weltanschauungsgemeinschaft oder dgl. erfragt werden darf.

Für die Zählungen von 1905 u. 1910 vgl. RGG¹ I, 2127, für die Zählung von 1925 vgl. RGG² I, 1898. - Statistik der BRD, Bd 35 H. 2 u. 9, 1952/56 (Religionszugehörigkeit nach den Ergebnissen der Volkszählung vom 13.9.1950) - Statistisches Jb. der DDR 1, 1955 (Religionszugehörigkeit nach den Ergebnissen der Volkszählung vom 31.8.1950). - F. ZOPFY, Soziale Schichtung u. Hauptkonfessionen (Bayern in Zahlen 6, 1952, 294f) - H. POHLE, Soziale Schichtung u. Religionszugehörigkeit in Nordrhein-Westfalen (Statist. Rundschau für das Land Nordrhein-Westfalen 5, 1953, 183f) - A. GRAMBERG, Die Religionsgliederung der Bevölkerung Nordrhein-Westfalens unter dem Einfluß der Wanderung (ebd 6, 1954, 221f) - W. MAIER, Wanderung u. Konfession in Bayern 1954 (Bayern in Zahlen 9, 1955, 275-277) - EKL I, 906ff - A. BURGER, Wanderung u. Konfession (Ev. Welt 11, 1957, 118-120). - Weitere Lit. → Statistik, → Konfessionsstatistik, kirchliche. *P. Zieger*

Deutschland, *das Junge.* Das J.D. ist eine literarische Bewegung der liberalrevolutionären Jugend nach der Pariser Julirevolution von 1830 gegen die herrschenden Mächte der Reaktion und Restauration in Staat und Kirche und gegen die politischen und sozialen Verhältnisse in Deutschland. »Bewegung«, »Fortschritt«, Auseinandersetzung mit dem Zeitgeist, Wirklichkeitsnähe sind ihre allgemeinen Forderungen an die Literatur. Ludolf Wienbarg (1802-72) gab in der Vorrede zu seinen »Ästhetischen Feldzügen« (1834) der Bewegung den Namen: »Dir, junges Deutschland, widme ich diese Reden, nicht dem alten.« Mit dem J.D. meinte er die studentische Jugend, die sich nach den Karlsbader Beschlüssen (1820) und dem Hambacher Fest (1832) um ihre politischen Zukunftshoffnungen betrogen sah. Doch bleibt das J.D. eine literarische Bewegung im Gegensatz zu ausländischen politischen Verschwörergruppen wie zB dem 1831 von Mazzini in Marseille gegründeten revolutionären Geheimbund »La giovine Italia«; das J.D. findet sich nicht einmal zu einer literarischen Aktionsgemeinschaft zusammen. Durch die Unklarheit ihrer Konzeptionen und jugendliche Verschwommenheit unterscheiden sich die Jungdeutschen auch von den Junghegelianern. Hingegen werden sie aufs stärkste beeinflußt von der zeitgenössischen sozialrevolutionären franz. Literatur, bes. von → Saint Simon und George Sand, zum andern von den großen, die Zeitstimmung beherrschenden melancholischen Poeten des Weltschmerzes und der Zerrissenheit wie Byron, Shelley und auch Puschkin. Darin werden sie bestärkt durch ihre unmittelbaren deutschen Vorbilder Heinrich → Heine und Ludwig Börne (1786 bis 1837). Bes. Heines »Reisebilder« (1826ff) und Börnes »Briefe aus Paris« (1832) werden die literarischen Muster. Heines feuilletonistischer Stil, seine Ironie, sein Zynismus und seine scheinbare Saloppheit, Börnes beißende Polemik, die im Kampf mit der Zensur politische Agitation hinter literarischer Kritik zu tarnen versteht, werden von ihnen kopiert.

Die Hauptvertreter des J.D. sind Karl Gutzkow (1811 bis 1878), Heinrich Laube (1806-84), Theodor Mundt (1808-61), F.G. Kühne (1806-88), E.A. Willkomm (1810 bis 1886) und als Theoretiker der Bewegung Ludolf

Übersicht 1: Die Wohnbevölkerung nach der Religionszugehörigkeit in den Ländern der BRD, in den ehemaligen Ländern der DDR und in Berlin nach den Volkszählungsergebnissen von 1950 [1])

Gebiet	Wohnbevölkerung insgesamt	davon in vH: evangelisch[2])	römisch-katholisch	sonstige Religionsgemeinschaften[3])	ohne Zugehörigkeit zu einer Religionsgemeinschaft u. ohne Angabe
	1	2	3	4	5
Schleswig-Holstein	2 594 648	88,0	6,0	0,1	6,0
Hamburg	1 605 606	78,8	6,5	0,2	14,4
Niedersachsen	6 797 379	77,2	18,8	0,2	3,9
Bremen	558 619	84,9	8,9	0,1	6,1
Nordrhein-Westfalen	13 196 176	41,0	54,8	0,1	4,1
Hessen	4 323 801	64,1	32,2	0,2	3,5
Rheinland-Pfalz	3 004 752	40,8	57,7	0,1	1,5
Baden-Württemberg	6 430 225	50,5	47,1	0,2	2,1
Bayern	9 184 466	26,5	71,9	0,4	1,3
Bundesrepublik Deutschland	47 695 672	51,7	45,2	0,2	3,5
Brandenburg	2 579 675	85,6	8,7	0,1	5,7
Mecklenburg	2 027 124	85,8	11,1	0,1	3,0
Sachsen-Anhalt	4 071 856	80,4	13,5	0,1	6,0
Thüringen	2 837 641	77,6	15,1	0,1	7,3
Sachsen	5 682 802	82,2	8,3	0,1	9,5
Deutsche Demokratische Republik	17 199 098	81,9	11,0	0,1	7,0
West-Berlin	2 146 952	73,2	11,2	0,4	15,2
Ost-Berlin[4]) (Demokratischer Sektor)	1 189 074	ca 72,0	ca 11,0	ca 0,0	ca 17,0
Zusammen:	68 230 796	59,9	35,0	0,2	5,0

[1]) In der BRD und in West-Berlin am 13.9.1950; Ergebnisse s. Statistik der BRD Bd 35 H. 2 u. 9; - in der DDR und in Ost-Berlin am 31.8.1950; Ergebnisse s. Statistisches Jahrbuch der DDR 1, 1955, für Ost-Berlin ohne Gliederung nach der Religionszugehörigkeit.
[2]) Glieder der ev. Landes- und Freikirchen sowie Angehörige christlich orientierter Sondergemeinschaften.
[3]) Angehörige abend- und morgenländischer romfreier kath. Kirchen, der jüdischen Religionsgemeinschaft und anderer Volks- und Weltreligionen.
[4]) Die Verhältniszahlen sind geschätzt.

Übersicht 2: Die deutsche Wohnbevölkerung nach der Religionszugehörigkeit nach den Volkszählungsergebnissen von 1950 [1])

Religionszugehörigkeit	Wohnbevölkerung: Insgesamt[2]) Anzahl in 1000	Insgesamt in vH	davon in der BRD Anzahl in 1000	der BRD in vH v. Sp. 1	der DDR Anzahl in 1000	der DDR in vH v. Sp. 1	West-Berlin Anzahl in 1000	West-Berlin in vH v. Sp. 1	Ost-Berlin[3]) (Dem. Sektor) Anzahl in 1000	Ost-Berlin in vH v. Sp. 1
	1	2	3	4	5	6	7	8	9	10
Evangelisch[4])	40 878	60	24 359	60	14 091	34	1 572	4	856	2
Römisch-katholisch	23 848	35	21 576	90	1 900	8	241	1	131	1
Sonstige Religionsgemeinschaften[5])	111	0	93	83	11	10	8	7	.	.
Ohne Zugehörigkeit zu einer Religionsgemeinschaft und ohne Angabe	3 394	5	1 668	49	1 197	35	327	10	202	6
Zusammen:	68 231	100	47 696	70	17 199	25	2 147	3	1 189	2

[1]) In der BRD und in West-Berlin am 13.9.1950; Ergebnisse s. Statistik der BRD Bd 35 H. 2 u. 9; - in der DDR und in Ost-Berlin am 31.8.1950; Ergebnisse s. Statistisches Jahrbuch der DDR 1, 1955, für Ost-Berlin ohne Gliederung nach der Religionszugehörigkeit.
[2]) Differenzen in den Summen durch Auf- und Abrunden der Zahlen.
[3]) Die Zahlen sind geschätzt, da nur die Zahl der Wohnbevölkerung veröffentlicht ist.
[4]) Glieder der ev. Landes- und Freikirchen sowie Angehörige christlich orientierter Sondergemeinschaften.
[5]) Angehörige abend- und morgenländischer romfreier kath. Kirchen, der jüdischen Religionsgemeinschaft und anderer Volks- und Weltreligionen; für Ost-Berlin können Angaben nicht gemacht werden.

Wienbarg (s.o.). In bewußter Abkehr von aller Romantik bekennen sie sich zur »Tendenzliteratur«. Der Dichter soll in den Tageskampf eingreifen und sich nicht in ein Traumreich der Poesie zurückziehen; deshalb wehren sie sich, wenigstens in der Anfangsphase jugendlicher Gärung, gegen die Abgeklärtheit des späten → Goethe; sie sind auf der Suche nach der Wirklichkeit und einem künstlerischen Realismus; sie mißtrauen dem Gefühl und der Phantasie, retten sich in die Reflexion und enden vielfach in Schlagworten. Sie verschmähen den Vers und wählen die Prosa: Skizze, Essay, Brief, Reiseschilderung, Novelle, Roman. Sie wachsen auf in dem literarischen Kleinkrieg zwischen Presse und Zensur (zahlreiche jungdeutsche Zeitschriften). Doch darf ihr selbstsicheres sozialrevolutionäres Gehabe nicht darüber hinwegtäuschen, daß die Zeit- und Gesellschaftskritik des J.D. in den Anfängen zwischen 1830 und 1835 nicht primär aus politischen Motiven, sondern aus subjektiven, religiös-erotischen Konflikten hervorgeht und gleichsam als literarische Pubertätskrise zu verstehen ist. Davon zeugen schon die Buchtitel (zB A.v.Ungern-Sternberg, Die Zerrissenen, 1832; K.Gutzkow, Maha Guru, Geschichte eines Gottes, 1833, Wally, die Zweiflerin, 1833; Th.Mundt, Moderne Lebenswirren, 1834, Madonna, Unterhaltungen mit einer Heiligen, 1835; F.G.Kühne, Eine Quarantäne im Irrenhause, 1835, Klosternovellen, 1838). Auch in H.Laubes Romantrilogie »Das junge Europa, Bd I: Die Poeten« steht die Thematik der »Emanzipation des Fleisches«, Verherrlichung des Sinnengenusses und der freien Liebe im Vordergrund, doch werden die Jungdeutschen in der Erörterung solcher Fragen stärker durch literarische Vorbilder (Heinse, »Ardinghello«; → Schlegel, »Lucinde«) als durch eigene Erlebnisse bestimmt. Die Kritik der Jungdeutschen an Kirche und Christentum trifft nicht das Grundsätzliche, sondern richtet sich gegen »Auswüchse«, sie hat eine rhetorische Form und hedonistische Tendenz; sie erstrebt, was der echte Revolutionär Georg Büchner ironisch eine »kommode Religion« genannt hat.

Intellektuelle Frühreife, Mangel an wirklicher Lebenserfahrung und journalistische Betriebsamkeit bringen sie bald in öffentlichen Konflikt mit den preußischen und Metternichschen Zensurbehörden (Verbote von Laubes »Reisebildern« und Mundts »Madonna«). Den entscheidenden Angriff aber eröffnet Wolfgang Menzel im Literaturblatt vom Sept. 1835 gegen den Roman »Wally, die Zweiflerin« von Gutzkow, seinem früheren Schützling und jetzigen Konkurrenten. Er führt zu einem generellen Verbot aller gegenwärtigen und künftigen Schriften Gutzkows, Laubes, Mundts und Wienbargs in Preußen, dem sich auf Betreiben Metternichs der Deutsche Bundestag (10.12.1835) unter Einbeziehung der Schriften Heines, wenn auch nicht als ausdrückliches Verbot anschließt. Der Vorwurf gründet sich nicht auf revolutionäre Gesinnung, sondern auf den angeblich unsittlichen und gotteslästerlichen Charakter dieser Schriften.

Erst durch dieses Verbot erhält das J.D. besonderes politisches Gewicht. Gutzkow trägt die Hauptlast der Verfolgung; die anderen beeilen sich mehr oder weniger, ihre politische Harmlosigkeit und staatsbürgerliche Loyalität zu betonen. Die kritisch-polemische Wirkung des J.D. ist damit im wesentlichen zwischen 1830 und 1840 erschöpft; sie wird durch die schlagkräftigere politische Lyrik der vierziger Jahre (Hoffmann v.Fallersleben, Dingelstedt, Herwegh, Freiligrath) abgelöst, während die Jungdeutschen selber, vor allem Gutzkow und Laube, zum Drama bzw. von der journalistischen zur dramaturgischen Tätigkeit überwechseln. Gutzkow schreibt eine Reihe von Theaterstücken im Stile Ifflands und wird bes. bühnenwirksam in der Verwertung geschichtlicher Motive (Zopf und Schwert, 1843, Das Urbild des Tartüffe, 1845, Uriel Acosta, 1846, Der Königsleutnant, 1849); Laube wird 1850 Direktor des Wiener Burgtheaters und widmet seine ganze Kraft der Hebung der Bühnenkultur; von seinen eigenen Dramen sind »Die Karlsschüler« (1847) am bekanntesten geworden. Nach 1850 beruhigt sich die Unrast des J.D. in episch breiten Romankompositionen (Gutzkow, Die Ritter vom Geist, 9 Bde, 1850/51, Der Zauberer von Rom, 9 Bde, 1858/61), in denen Gutzkow in der »Technik des Nebeneinander« ein umfassendes Zeitbild des prot. und des kath. Deutschland zu geben versucht; Laube mündet mit dem Romanzyklus aus dem dreißigjähr. Krieg »Der deutsche Krieg« (1863/66) in die Tradition des historischen Romans ein.

Das J.D. ist, ohne zu ausgereiften eigenen dichterischen Leistungen zu kommen, ein heilsames und notwendiges Element gerade auch religiöser Unruhe in der literarischen Entwicklung zwischen → Romantik und → Realismus, das die Welt biedermeierlicher Stille und Beschaulichkeit (→ Biedermeier) vor der Stagnation bewahrte.

Bibliogr.: J.KÖRNER, Bibliograph. Hdb. d. dt. Schrifttums, Bern 1949³ - RDL II, 40ff. - J.PROELSS, Das J.D., 1892 - G.BRANDES, Die Lit. d. 19.Jh.s in ihren Hauptströmungen, Bd 6: Das J.D., (1894) 1924³ - L.GEIGER, Das J.D., 1907 - H.H.HOUBEN, Jungdt. Sturm u. Drang, 1911 - H.v.KLEINMAYR, Welt- u. Kunstanschauung des J.D., 1931 - M.GREINER, Zwischen Biedermeier u. Bourgeoisie, 1954.

M.Greiner

Deutschmann, *Johann* (1625-1706), 1657 Prof. der Theologie in Wittenberg, Schwiegersohn von → Calov, gehört zu den Theologen der luth. → Orthodoxie, die sich allen neuen Regungen gegenüber völlig verschlossen und sich zu einem starren Inspirationsglauben (→ Inspiration: II) und einem völlig ungeschichtlichen Bibelverständnis bekannten. Er hat sich nicht durch den Wert seiner Bücher, sondern durch seinen Kampf gegen F.U. Calixt (Triumph des Consensus repetitus fidei lutheranae über ein Ungeheuer, dramatisch dargestellt), gegen Ph. J. → Spener (Nachweis von 263 Ketzereien!) und durch seine »Theologia Adami seu paradisiaca« (der Glaube Adams entspricht genau dem der luth. Bekenntnisschriften) bekannt gemacht.

J.G.WALCH, Religionsstreitigkeiten innerh. d. luth. Kirche I, 1730, 341ff. 749ff; II, 891. 898 - ADB V, 93 - RE IV, 589. *F.Lau*

Deutschordenspriester und -schwestern. Nachdem die Rechtsstellung des seit 1809 auf seinen österreichischen Besitz beschränkten Deutschen → Ritterordens festgelegt war, leitete der Hochmeister Erzherzog Maximilian von Österreich-Este (1782-1865, Hochmeister seit 1835) 1839 eine Reform ein, in deren Zusammenhang Konvente für die Ordenspriester errichtet und das mittelalterliche Institut der Deutschordensschwestern erneuert wurden. 1840 wurde das erste Mutterhaus für Schwestern in Lana (b. Bozen), 1841 ein zweites in Troppau gegründet, beide mit der 1854 durch Pius IX. gebilligten Regel der → Barmherzigen Schwestern des hl. → Vincentius a Paulo. An beiden Orten wurden 1854 bzw. 1855 Priesterkonvente eröffnet, deren (neue) »Regeln der Konventspriester des Deutschen Ordens« 1871 päpstlich bestätigt. Weitere Konvente entstanden 1917 in Laibach (Kärnten) und Friedau (Ormož, Jugoslawien). An Stelle der nach dem 2. Weltkrieg in der Tschechoslowakei und in Jugoslawien aufgehobenen Niederlassungen besteht seit 1951 ein Priesterkonvent in Darmstadt sowie seit 1953 ein Mutterhaus in Passau.

HEIMBUCHER I, 619 - M.TUMLER, Der Deutsche Orden, Montreal-Wien 1955, 379ff. 385ff. 572ff. *W.Göbell*

Dévai, auch Devay (nach seinem Geburtsort Deva in Siebenbürgen; † 1545), wird »der ungarische Luther«

Matthias Biró genannt. * um 1500, studierte er seit 1523 in Krakau und wird, vielleicht schon reformatorisch gesinnt, in → Ungarn 1526 Franziskaner. 1529 zieht er nach Wittenberg, kommt in Luthers Tischkreis und beginnt 1531 in Ofen und Kaschau zu wirken. Nach zweimaliger Kerkerhaft (sein Verhör durch Joh. → Faber veröffentlicht er 1537) findet er Schutz und Betätigung bei den Hochadeligen Nádasdy (Westungarn) und Perényi (Oberungarn). 1536-37 besucht er Nürnberg und Wittenberg (Melanchthon); hier und in Basel sucht er auch 1541 vor den Türken Zuflucht. Heimgekehrt entfaltet er im Nordosten Ungarns seine nachhaltigste Wirksamkeit. Seine angebliche Wendung zum Calvinismus ist nicht eindeutig erwiesen. † wahrscheinlich als Senior von Debrecen. - D. machte die Bruderschaft der Pfarrer zum Hebel der Reformation.

Vf. lat. u. ung. Schriften. - Werke (Neuaufl.) u. Lit.: Ung. Lit.-lexikon, Budapest 1926, 208f (ung.). - EuG I/24, 1833, 303ff - W. Fraknói, Melanchthons Beziehungen zu Ungarn, Budapest 1874 - RE IV, 595ff - WAB 10, 3984; WATR 6, 6516 - M.Ödön, Die Entstehung der ung. prot. Kirchenverfassung im Reformations-Jh., Pápa 1942 (ung.).
P.Philippi

Deventer, »Illustre« Schule oder *Athenäum* (1630 bis 1878), eines der niederländischen, früher zahlreichen Athenäen, das sich noch bis tief ins 19.Jh. hinein gehalten hat, freilich mit eingeschränktem Unterrichtsbetrieb, so daß die Studierenden nach seinem Besuch noch 1-2 Jahre eine Universität besuchen mußten, um die Berechtigung zur Anstellung zu erlangen. Die Schule von D. wurde, nachdem Schickardus zum Prof. der Rechte, Scanderus zum Prof. der Philosophie und Heinrich Gutberleth zum Prof. der Logik und Ethik ernannt worden waren, am 16.2.1630 eröffnet. Dann erhielt Nikolaus Vedelius die Stelle eines Prof. der Theologie. Von 1642-58, als Joh.Fr. Gronovius die Zierde der Universität war, wurden 450 Studenten immatrikuliert, darunter 58 Deutsche, 27 Ungarn und 4 Schweizer. 1830 war die Anzahl der Studenten schon auf 2200 gestiegen, 1872 waren es 2587. Als Prof.en der Theologie sind zu nennen: Nikolaus Vedelius, Heinrich van → Diest, Antonius Perizonius, Reinier Vogelsangh, Samuel van → Diest, Antonius Bynaeus, Nikolaus Gurtler, Chr.G.Offerhaus, A.F.Rückersfelder, J.H.Pareau, C.Fr.van Eck und Jakobus Verburg. Vedelius und Vogelsangh waren Voetianer (→ Voetius), Heinr. van Diest und Perizonius Coccejaner (→ Coccejus), Rückersfelders Unterricht war rationalistisch gefärbt. Die Schule sank während der Jahre, da Holland Frankreich einverleibt wurde, zu einer »Ecole secondaire« herab; 1816 und 1854 wurde sie reorganisiert, aber am 24.10.1878 aufgehoben.

J.C. van Slee, De Illustre School te D. 1630-1878 (mit Album Studiosorum), 1916.
† A.Eekhof

Devolutionsrecht ist eine Figur innerhalb des Ämterrechts, wonach das Recht, ein Amt zu verleihen, bei Nichtausübung auf eine andere Stelle übergeht. Das kanonische Recht unterscheidet echte und unechte D.e, je nachdem, ob das Verleihungsrecht an den nächsten höheren Obern übergeht oder nicht. Gründe für das D. sind schuldhafte Fristversäumnis des Erstberechtigten, unkanonische Besetzungsart und Behinderung des Erstberechtigten an der Ausübung seines Rechts durch Kirchenstrafen.

G.J.Ebers, Das D. (KRA 37/38), 1906 - Eichmann-Mörsdorf I, 285f.
A.Erler

Devotio moderna → Brüder vom gemeinsamen Leben.

Devotionalien sind Andachtsgegenstände der persönlichen Frömmigkeit, die durch priesterliche Benediktion zum Sakramentale werden können. Sie gehören zur religiösen Kleinkunst, die aus der deutschen → Mystik (Hochgotik) erwachsen ist. Durch die industriemäßige Massenfertigung hatten sie an künstlerischem Wert verloren und waren auch in kath. Kreisen häufig der Kritik ausgesetzt. Heute werden auch hier Wege zu neuer Volkskunst versucht. D. werden von der religiösen Heimkunst (zB in Oberammergau), an Wallfahrtsorten und in D.-Handlungen (»Better-Cramer«: Better von Paternoster = Rosenkranz, dann überhaupt D.-Händler) angeboten. Sie sind Gegenstände, die a) der Erinnerung an sakramentale Handlungen dienen (Beicht-, Kommunion-, Primizbildchen), b) die Vorstellung kath. Glaubensinhalte anregen und fördern (Kruzifixe, Christus-, Marien-, Heiligenbilder, -statuen, -plastiken, -medaillen), c) Votivgaben (de voto) des kath. Christen darstellen (Votivkerzen, Wachsstöcke). D. sind zuerst Gegenstände der → Volksfrömmigkeit, nicht des liturgischen Lebens. Demnach sind ihnen nicht zuzurechnen die Kruzifixe, Statuen und Bilder in der Kirche. Eine Mittelstellung nehmen die Gebet- und Gesangbücher sowie der → Rosenkranz ein, die für den gottesdienstlichen Gebrauch erforderlich, zugleich aber Gegenstände der persönlichen Frömmigkeit sind. Alle D. sind zunächst Sachen (res), noch keine → Sakramentalien. Erst durch die Weihe oder Segnung werden sie zum Sakramentale: devotionale per benedictionem fit sacramentale. Die kath. Kirche benediziert »omnia«, weil alle Dinge Gottes Geschöpf sind und als Sakramentale bewußt zum Schöpfer in Beziehung gesetzt werden. Nach kath. Anschauung hat die Benediktion ihre biblische Begründung in 1Tim 4, 4f. Thomas von Aquino deutet den auf Gregor d.Gr. (MPL 77, 1027f) zurückgehenden Erfahrungssatz »Pictura est laicorum scriptura« dreifach aus: Beförderung der Andacht; Erinnerung an die Beispiele der Heiligen; Belehrung der Unwissenden (3 Sent., dist. 9, qu. 1, art. 3). Sobald D. durch Benediktion zu Sakramentalien geworden sind, unterliegen sie den Bestimmungen des CIC (cc. 1144-1153). Benedizierte und mit → Ablaß versehene D. verlieren beim Verkauf den Ablaß (c. 924 § 2), beim unehrenhaften Gebrauch oder bei öffentlicher Feilbietung zB in Altwarengeschäften auch die Benediktion (c. 1305 § 1 n. 2). Alles Gedruckte einschließlich Heiligenbildchen und Gebetszettel erfordert das Imprimatur (cc. 1384 § 2; 1385 § 1 n. 3; 1399 n. 12). Die D. sind weder heilsnotwendig noch geboten, sondern heilsam. Die kath. Kirche lehnt jeden Mißbrauch im Sinne eines → Amuletts oder Talismans grundsätzlich ab. - Vgl. (bes. zum Kunstgeschichtlichen) → Andachtsbild.

St.Beissel SJ, Religiöse Bilder für das kath. Volk (StML 33, 1887, 456-472; 58, 1900, 281-294) - A.Franz, Die kirchlichen Benediktionen, 1909 - R.Guardini, Vom Geist der Liturgie, (1918) 1949[17] - Ders., Von heiligen Zeichen, 1928 - A.Spamer, Das kleine Andachtsbild vom 14. bis 20.Jh., 1930 - N.Jansen, Die Kirche segnet die Menschen, 1935 - N.Dudli, Das Segensbuch der hl. Kirche, 1936.
F.Schmidt-Clausing

De Wette, *Wilhelm Martin Leberecht* (12.1.1780 bis 16.6.1849), * in Ulla bei Weimar, aus niederländischem, seit dem 17.Jh. bei Weimar nachweisbarem Pfarrergeschlecht, † in Basel. Nach seiner Weimarer Gymnasialzeit unter → Herder studierte D.W. in Jena bei J.J. → Griesbach, J.Ph. → Gabler und H.E.G. → Paulus, wurde 1805 hier PDoz., 1807 Prof. für Exegese in Heidelberg, wo er sich der Philosophie von J.Fr. → Fries anschloß, und bildete 1810 mit A. → Neander und → Schleiermacher die neugegründete Theol. Fakultät in Berlin. Seine reiche Tätigkeit, in starker Spannung zu

Pietismus und Orthodoxie, fand ein jähes Ende, als D.W. auf Drängen der Pietisten (v. → Kottwitz) von Friedrich Wilhelm III. wegen seines Trostbriefes an die Mutter des Kotzebue-Mörders K.L.Sand 1819 durch → Altenstein entlassen wurde; der Grund war seine theologisch und politisch liberale Haltung. Er zog sich nach Weimar zurück (Herausgabe der Briefe Luthers, 5 Bde, 1825-28; Bildungsroman: Theodor oder des Zweiflers Weihe, [1822] 1828²) und folgte 1822 einem Ruf nach → Basel, wo er auftragsgemäß über Ethik und Prakt. Theologie, aber auch über AT, NT und Dogmatik las, nicht ohne Gegnerschaft des älteren Rationalismus, den er durch seine wachsende orthodoxe Einstellung enttäuschte. An der Regeneration der Universität, deren Rektorat er fünfmal bekleidete, nahm er, selbst Basler Bürger, entscheidend Anteil. - D.W. war ein ungemein fruchtbarer theol. Schriftsteller, von Herder angeregt neben F.Chr. → Baur der historische Theologe seiner Zeit, der ihr im AT und NT wegweisend in Richtung auf Gattungsforschung und Formgeschichte (→ Formen) vorauseilte. Seine bewußt kirchlich orientierte Theologie versteht ihre Aufgabe als kritische Anthropologie. Im Anschluß an Fries (»religiöse Ahndung«) faßt sie als ihren Gegenstand die aus der Ahnung des ewigen Seins, dem gefühlsbestimmten Vernunftglauben an Seele, Freiheit und Gott, dem wertbestimmten sittlichen Glauben und der ästhetischen Erfassung der Einheit, Schönheit und Zweckmäßigkeit des Seins entwickelte, in Form von Dogmen, Symbolen und Mythen sich aussprechende religiöse Weltansicht. Der Akt des Gefühls, das religiöse Apriori, ist das Grunddatum dieser Theologie, die so philosophischen und historischen Rationalismus mit Offenbarungsgläubigkeit zu harmonisieren sucht.

Vf. u.a.: Übers. des AT, 1809, u. des NT, (1814) 1858⁴; Kommentare zu Schriften des AT u. NT; Lehrb. der hebr.-jüd. Archäologie, (1814) 1864⁴; Lehrb. der histor.-krit. Einl. in die kanon. u. apokryphen Bücher des AT, (1817) 1869⁸; Einl. ins NT, (1826) 1860⁶; Lehrb. der christl. Dogmatik, 2 Tle, (1813/16) 1831/40³; Über Religion u. Theologie, (1815) 1821²; Über die Religion, 1817; Christl. Sittenlehre, 3 Bde, 1819-23; Heinrich Melchthal oder Bildung u. Gemeingeist (Roman), 2 Bde, 1829. - Über D.W.: RE XXI, 189ff - R.OTTO, Kantisch-Friessche Religionsphilosophie u. ihre Anwendung auf die Theologie, (1909) 1921², 129ff - BARTH, PrTh 433ff - E.STAEHELIN, Dewettiana. Forschungen u. Texte zu W.M.L.D.W.s Leben u. Werk, 1956 - NDB III, 628. *Ernst Wolf*

Diadochus, Bischof von Photike (Epirus) um 450, verfaßte eine Himmelfahrtshomilie, den Dialog »Vision« und die wichtigen »100 gnostischen Kapitel«. Auf → Evagrius Pontikus fußend, klärt er in ständiger Fühlungnahme mit der extremen Erlebnismystik der → Messalianer die Streitfragen um Taufe und Erbsünde, unbewußte Gnade und fühlbare Gnadenwirkungen, beschreibt die Stufen und Formen der Gnadenerfahrung, gibt Unterscheidungsregeln für das Wirken der Natur und Gnade, des guten und bösen Geistes. Hochziele sind ihm die Gottesliebe und ihr Verkosten in rein geistiger Erfahrung, Hilfen dazu der innere Kampf und das Jesusgebet. Als Meister der διάκρισις und der kunstvollen Schilderung des Seelenlebens wurde D. zum geschätzten Theoretiker östlicher Herzensmystik.

MPG 65, 1141ff; »Kapitel« ed. J.E.WEIS-LIEBERSDORF, 1912. - Kritische GA: E.DES PLACES, D.de Ph., Oeuvres spirituelles, Paris 1955 (SC 5bis, m. Einl., franz. Übers. u. Lit.). - F.DÖRR, D.v.Ph. u. die Messalianer, 1937 - DSp III, 817ff (Lit.). *F.Dörr*

Diakon *(Diakonus, Diakonisse)*

1. D. usw als altchristliche Gemeindeämter und in der orth. Kirche - 2. Der Diakonat in der kath. Kirche - 3. Diakonus, D., Diakonisse in den ev. Kirchen. - Vgl. → Diakonie

1. Die griech. Wortgruppe, mit der der synoptische Jesus den Sinn seines Kommens wie die Aufgabe des Jüngers bezeichnet und die im Selbstverständnis des Paulus wie in seiner Paränese eine große Rolle spielt, hat sich in abendländischen Lehnwörtern bis heute zur Bezeichnung von Kirchenämtern (→ Amt: II, 3. 4) erhalten. Schon im NT liegt ein freilich schwer faßbarer Übergang von der charismatischen zur institutionellen Bewertung der Wortgruppe vor. Daß Apg 6, 1ff die Schaffung der Institution, ja die erste sakramentale Ordination von D.en berichtet werde, bestreitet die ev. Theologie fast allgemein. Ob bei der διάκονος Phöbe von Röm 16, 1 an einen sachlich schon fest geordneten Dienst gedacht ist, ist seit jeher (vgl. Vulg.) umstritten, dagegen nimmt man es bei den ἐπίσκοποι καὶ διάκονοι von Phil 1, 1 allgemein an (→ Armenpflege: IV). Ob die vielleicht »verhältnismäßig untergeordnete« Tätigkeit (→ Bischof: I, 2) der D.e etwa veranlaßt hat, daß Paulus öfter von ihnen im Zusammenhang mit Evangelium und Gemeinde geradezu betont ehrfürchtig spricht, ist zu erwägen, da er ja in allen »Ämtern« charismatische Dienste sieht. Die Zuordnung der D.e zu den Bischöfen blieb auf Jh.e für sie maßgeblich. 1Tim 3 nennt erstmalig die von einem Diakonus erwarteten Eigenschaften, aber nicht die Aufgaben des Amts. Zweifellos war es dem des Bischofs analog, auch später, als die → Presbyter ihren festen Platz zwischen Bischöfen und D.en hatten und der Episkopat monarchisch war: Der Diakonus hilft dem Bischof in Kultus, Armenpflege und Verwaltung und ist somit einflußreich, obwohl er nie zu vollen Priesterfunktionen zugelassen und ausdrücklich den Presbytern unterstellt wurde. Selten ist er in den Ost-Liturgien Beter, häufig Gebets-Rufer und Ordner; durch viele genau fixierte Aufgaben ist er kultisch unentbehrlich. So blieb es im Osten bis heute; daß dort auch die kleinste Gemeinde neben dem Priester einen D. haben *muß,* hat die D.en-Vorbildung heruntergedrückt (oft nur Volksschule), und die D.en-Weihe wird bisweilen an eben Schulentlassene erteilt (zum Verhältnis Priester - D. vgl. E.Schaper, Die sterbende Kirche, 1935).

Wie sich der Dienst der D.e in der alten Kirche je nach Land und Zeitalter mannigfach gliederte (steigend bis zum Taufunterricht, zur Salbung bei der Taufe, u.U. zur Austeilung des Abendmahles, ja zur Predigt), so finden wir eine ähnliche Buntheit beim weiblichen Diakonat, der, je mehr aus den Gemeindewitwen der alten Zeit (1Tim 5) hilfsbedürftige Gemeindearme geworden waren, von jungfräulichen διάκονοι (später διακόνισσαι) wahrgenommen wurde, die eine der D.en-Weihe ähnliche Ordination empfingen. Der Rivalität zwischen Priester und D. entspricht der Gegensatz zwischen männlichem Klerus und klerusähnlichem Diakonissenstand. Dieser, im Westen nie recht zur Blüte gekommen, im Osten etwa seit dem 8.Jh. verkümmert, setzt sich in beiden Reichsteilen öfter im Namen, erst recht hinsichtlich der Weihe und der Dienste, bei den Klosteroberinnen fort; die Sekten behielten nicht selten das eigentliche Diakonissenamt (→ Frau: III).

2. Die früh für kanonisch gehaltene Siebenzahl der D.e war dem Westen wichtiger als dem Osten, so daß zB den röm. D.en (Nebenform neben diaconus: diacon, Phil 1, 1 Vulg.) sieben Sub-D.e für die umfassende Armenpflege in den vierzehn Regionen Roms beigegeben werden mußten. An Bischofskirchen hieß der erste D. Archidiaconus (über seine wichtige kirchenleitende Stellung im MA → Kirchenverfassung: II); aus den röm. Regional-D.en wurden die Kardinal-D.e (heute 14, meist mit Priester- oder Bischofsweihe). Der Diakonat als solcher hat seine selbständige Bedeutung in der röm.-kath. Kirche heute verloren, da er als zweitunter-

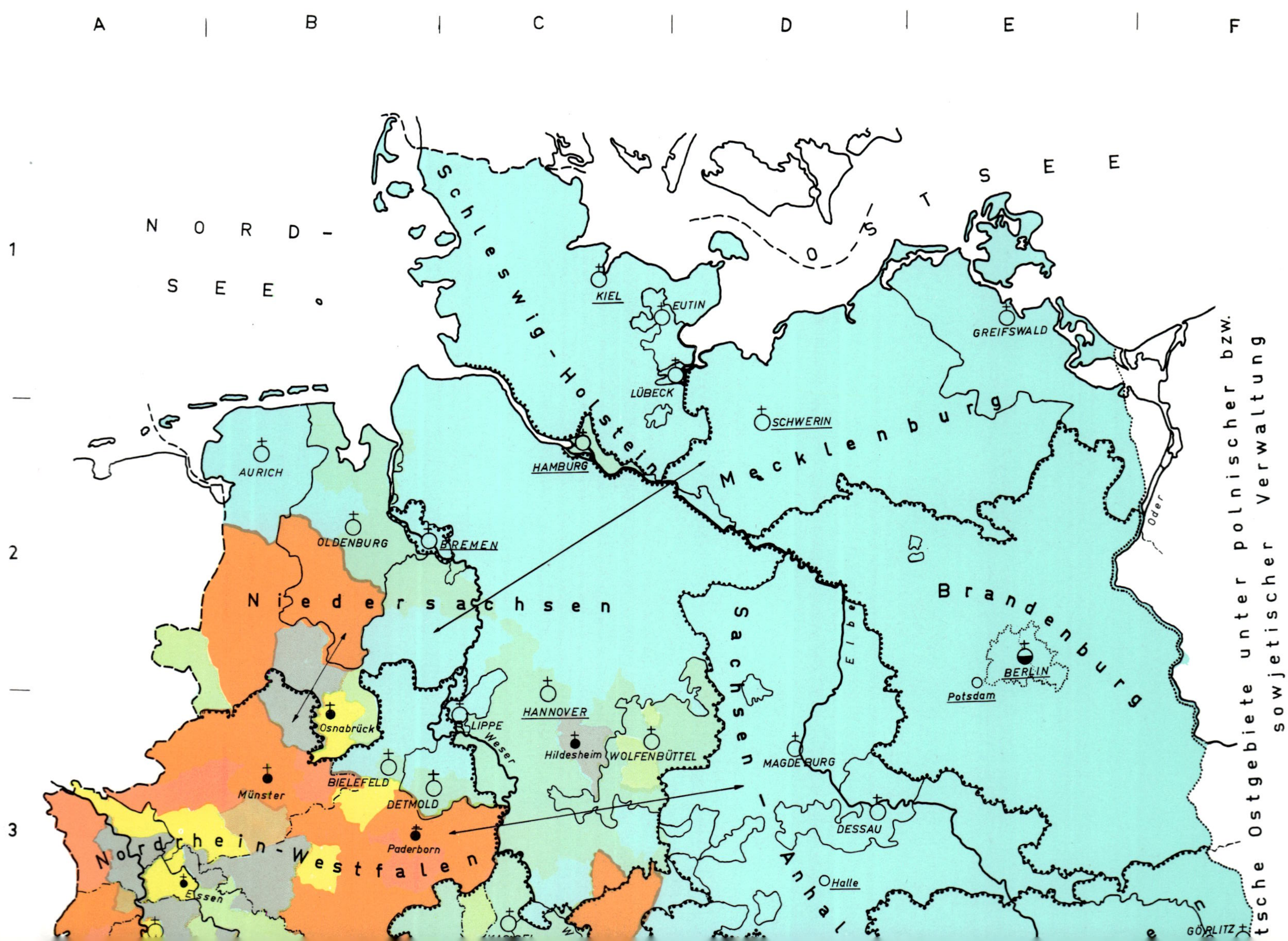
A
B
C
D
E
F
1
2
3
NORD-SEE
OSTSEE
Schleswig-Holstein
Mecklenburg
Brandenburg
Niedersachsen
Sachsen-Anhalt
Nordrhein-Westfalen
KIEL
EUTIN
LÜBECK
HAMBURG
SCHWERIN
GREIFSWALD
AURICH
OLDENBURG
BREMEN
HANNOVER
Hildesheim
WOLFENBÜTTEL
LIPPE
Weser
Osnabrück
BIELEFELD
DETMOLD
Münster
Paderborn
Essen
MAGDEBURG
DESSAU
Halle
BERLIN
Potsdam
Elbe
Oder
GÖRLITZ
...tsche Ostgebiete unter polnischer bzw. sowjetischer Verwaltung

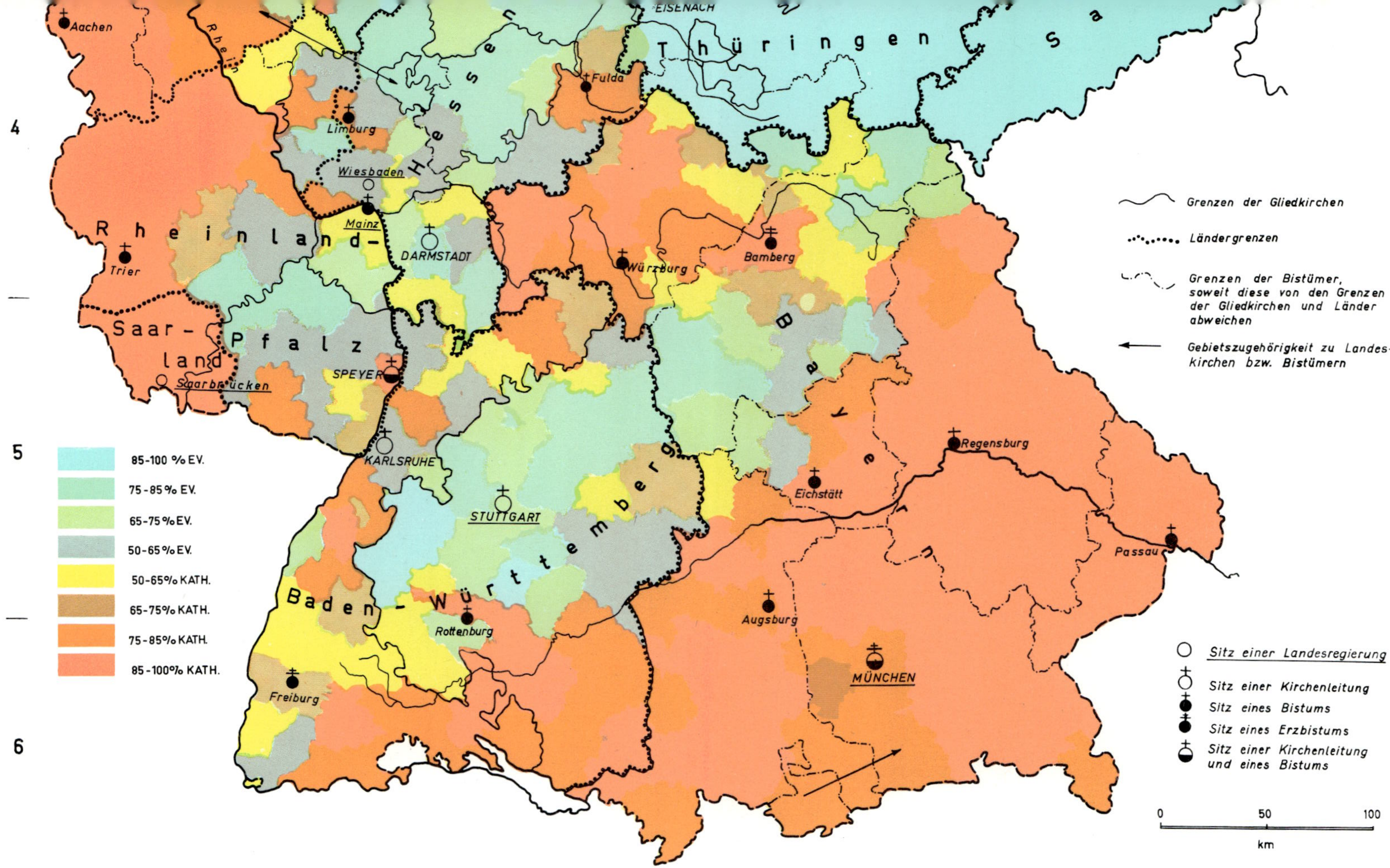

Karte 9 DEUTSCHLAND

EVANGELISCHE LANDESKIRCHEN UND KATHOLISCHE BISTÜMER IN DER GEGENWART

ster der höheren Weihegrade nur Durchgang zum Presbyterat ist (beschränkte, zT an besondere Erlaubnis gebundene Befugnisse: Altardienst, Predigt, Spendung von Taufe und Eucharistie). Der karitative Dienst ging auf andere Stellen über (→ Mönchtum: II, → Caritas, → Diakonie, 4).

3. In den *reformatorischen Kirchen* hat der Diakonat teils im überlieferten Sinne fortbestanden, teils wurde er tatsächlich im Sinn der ältesten Kirche erneuert, zumal in seiner modernen Gestalt. a) In der anglikanischen Kirche blieb der Diakonat kanonischer Weihegrad. - In luth. Kirchen war bis ins 20.Jh. oft in Gemeinden mit mehreren Geistlichen die Bezeichnung Diakonus für den zweiten Geistlichen usw üblich; bei einer Mehrzahl von D.en kommen auch Titel wie Subdiakonus und vor allem Archidiakonus auf. Zinzendorf übernahm aus der alten → Brüderunität (: I) den Diakonat als untersten Weihegrad; er erhielt sich in der Brüdergemeine bis heute, während Diakonus u.ä. als luth. Amtsbezeichnungen mit der Gleichstellung der Geistlichen einer Gemeinde verschwanden. - b) Den Diakonat der ältesten Kirche erneuerten die Reformatoren in verschiedener Weise. Luther dachte dabei vor allem an die Verwaltung des Kirchengutes, bes. für die Armen. → Bugenhagen unterschied Schatzkasten-D.e von Armen-D.en; in letzterem Sinne hat sich der Diakonat mancherorts bis ins 20.Jh. erhalten, wenn auch schließlich unter verändertem Namen. Bei → Calvin ist dem Diakonat als einem der vier biblisch gebotenen Ämter sowohl die Almosen-Verwaltung wie die Armen- und Krankenpflege anvertraut. Ähnliches findet sich bei Joh. von → Laski und in ref. Kirchenordnungen und Bekenntnisschriften, wurde auch weithin durchgeführt. Der weibliche Diakonat wurde im Luthertum doch nicht ganz übersehen (christlicher Liebes- und Erziehungsdienst von Insassinnen ev. Klöster; gemeindliche Aufgaben der Hebammen). Calvins Gedanken über den kirchlichen Dienst der Frau wurden im Diakonissenamt holländischer und niederrheinischer Gemeinden, vereinzelt bis ins 17.Jh., verwirklicht. - c) In der ersten Hälfte des 19.Jh.s lebte das D.en- und Diakonissenamt unter Theodor → Fliedner und Joh.Hinr. → Wichern neu auf. Beide Ämter sind aus dem Leben der modernen ev. Gemeinde wie den Anstalten der → Inneren Mission nicht mehr wegzudenken (→ Diakonie). Die Anstöße zu diesem Neuanfang kamen u.a. auch von kath. Seite her; war doch die röm.-kath. Kirche namentlich in Frankreich auf diesem Gebiet der ev. weit vorausgeeilt (zB → Vincentius a Paulo), wenn sie auch die Begriffe D. und Diakonisse für den karitativen Dienst nicht gebrauchte.

Die erneuerten Ämter des D.s und der Diakonisse haben in der ev. Kirche nunmehr eine mehr denn hundertjährige Geschichte hinter sich. So erstaunt es nicht, daß sie in der Gegenwart mit mancherlei Problemen belastet sind, die in der kirchlichen Praxis gelöst werden müssen. Bei den gemeindlichen D.en liegen gewisse Schwierigkeiten in ihrer Mittelstellung zwischen Kirchendienern und Küstern auf der einen, Pfarrern auf der anderen Seite. Je umfassender die Vorbildung der D.e geworden ist und je mehr sie in einzelnen Gemeinden Aufgaben zu übernehmen haben, die ebensogut dem Pfarrer zukommen (zB Jugendarbeit, Bibelstunde), je häufiger es wird, daß angesichts des modernen Pfarrermangels bewährte D.e innerhalb eines stellenweise schon gesetzlich geregelten pfarramtlichen Hilfsdienstes selber Pfarrer werden können, desto mehr Takt, Liebe und Weisheit wird erfordert, damit ihr Dienst in der Gemeinde ohne Reibung »nach unten« wie »nach oben« vonstatten geht. - Noch größer sind die Probleme bei den Diakonissen. Als das Amt sZ erneuert wurde, bedeutete es, was Tracht, Lebenserfüllung und Versorgung für seine Trägerinnen betraf, einen Aufstieg, der gegenüber der Schwere des geforderten und freudig geleisteten Dienstes ein wirklicher Ausgleich war. Heute aber ist das nicht mehr im gleichen Maße der Fall. Es gibt eine große Zahl »weltlicher« Frauenberufe pflegerischer Art, die eine der der Diakonissen gleichwertige Vorbildung erfordern, die aber die Möglichkeit einer viel selbständigeren Lebensgestaltung einschließen, als sie den Schwestern der Mutterhausdiakonie vergönnt ist. Auch gibt es betont ev. Schwesternschaften, die einen Mittelweg zwischen dem christlichen Dienstauftrag und veralteten Formen der Diakonissenüberlieferung meinen gefunden zu haben. Statt über Mangel an Nachwuchs oder fehlende Dienstwilligkeit der heutigen jungen Frau zu klagen, sollte man also lieber fragen, ob nicht auch in der Mutterhausdiakonie eine modernere Gestalt des Diakonissenamtes sich herausbilden könnte. Das gilt hinsichtlich der Art der Tracht, des ständigen Trachtzwangs, größerer Verfügungsmöglichkeit der Diakonissen über eigenes Geld, endlich des Ausgleichs zwischen der Bindung der Diakonisse an das Mutterhaus und ihrer gemeindlichen Gebundenheit. Die Frage, wieweit der Dienst der Diakonisse in »höherem Sinne« Dienst sei als der anderer bewußt ev. Frauen in pflegerischen Berufen oder auch aller sonstige Dienst in der Kirche (zB des Pfarrers), ist brennend geworden, auch für die Diakonissen selbst. Hoffnungsvoll stimmt es, daß der ganze Problemkreis in den Mutterhäusern immer stärker gesehen wird. Kirche und Theologie haben aber noch nicht genügend von ihm Kenntnis und zu ihm Stellung genommen.

RE IV, 616ff - LThK I, 615ff; III, 271ff. 276f; VI, 227ff; VII, 763ff - ThW II, 83ff - CKL I, 418ff. 421ff - EKL I, 915ff. 921ff - RAC III, 888ff. 909ff. 917ff (Lit.) - BAUER, WB[5] 365ff - Die KGn, bes. H.ACHELIS, Das Christentum in den ersten drei Jh.en II, 1912 (Reg.) - F.HEILER, Wertung u. Wirksamkeit der Frau in der christl. Kirche (Veritati, Festschr. f. Joh.Hessen 1949, 116-140). - Vgl. die Lit. zu → Amt: II. III, → Bischof: I. *W.Jannasch*

Diakonie

1. Ursprung und Sinn - 2. Urbild - 3. Entfaltung der D. in der alten Kirche - 4. D. im MA und in der Reformationszeit - 5. Der Weg der D. in die Gegenwart. - Vgl. → Diakon

1. Im NT ist D. Hilfe und Fürsorge für Arme, Elende und Bedürftige als »Nachfolge in der Liebe Jesu Christi« (→ Armenpflege: IV). Praktische Aufgaben werden als *persönliche* Dienstleistungen vollzogen. In der Profangräzität heißt διακονεῖν »bei Tisch aufwarten, Speisen und Getränke anreichen«, im weiteren Sinne »Verantwortung für den Lebensunterhalt tragen« (ThW II, 81ff; RAC III, 888ff). Unter der Wirkung des Evangeliums wurden diese gering geachteten Verrichtungen zur liebevollen Hingabe an den Nächsten in *Freiheit* als Nachfolge Christi (Gal 5, 1) und in *Gebundenheit* als Bruderdienst (Gal 5, 13) (→ Armenpflege: II, 3). Mit D. wird im NT die *Versorgung* mit Mahlzeiten und Lebensunterhalt, die *helfende Tat* aus Glaubenskraft, die *Verkündigung* des Evangeliums ebenso wie die *Mitarbeit* in der Gemeinde und die Sammlung von *Kollekten* beschrieben.

2. Das *Urbild* der D. sieht die Gemeinde im Leben und Werk Jesu Christi. Der Gehorsam gegenüber dem Vater (Joh 4, 34), das Erbarmen gegenüber dem Volk (Mt 9, 36) wird in der Lebenshingabe vollendet (Mk 10, 45). D. ist Zeichen der Weltveränderung (Joh 2, 11). Die echte Liebestat ist in verborgener Weise christusbezogen. Erst das Gericht (Mt 25) enthüllt das Christusmonogramm der D.

3. D. als allgemeine Dienstpflicht der Christen realisiert sich in der *alten Kirche* in den Funktionen der → Diakone und Diakonissen.

Die D. bewährt sich in den politischen Katastrophen des 3.Jh.s, als »organisierte D.« greift sie über die Gemeinde hinaus und übernimmt staatliche Aufgaben der Armenpflege. Der Bischof, einzige Autorität in der Zeit der Völkerwanderung, stützt sich bei seinem sozialpolitischen Handeln auf die diakonischen Amtsträger und die ehemaligen staatlichen Versorgungsinstitutionen (Frumentarien). Die D. wurde zur »Trösterin am Sterbebett einer untergehenden Welt, in der zum ersten Male das Elend die Massen ergriffen hatte« (Uhlhorn III, 96).

Nach diesem weitläufigen Weltdienst vollzieht die D. eine Konzentrationsbewegung in der Verbindung zu Askese und Mönchtum und findet in Klöstern und Hospitälern ihre Pflegestätte. Diese werden wie zB das »Weiße Kloster« in Atripe (Ägypten) Zufluchtsorte der Bedrängten und zeichnen sich durch Gastfreundschaft und Armenspeisungen aus. Im Asylwesen wirkt D. als Rechtshilfe. Die Hospitäler, insbesondere des Ostens, wie etwa das berühmte des → Basilius von Cäsarea, wachsen sich zu D.kolonien für Fremde, Arme, Waisen, Kranke und Aussätzige aus. Diese Anstalts-D. bewahrt diakonische Erfahrung und Tatbereitschaft.

Neben dieser institutionellen D. tritt in großen Persönlichkeiten wie Basilius d. Gr. († 379), → Severin dem Heiligen († 482), → Cäsarius von Arles († 542), → Avitus von Vienne († 519) das *Charisma* der Liebe auch nach dem Verfall der Bischofs- und Gemeinde-D. in Erscheinung. Diese charismatische D. entfaltet prophetische Gaben, theologische Bildung, organisatorische Kräfte und verbindet sie mit asketischer Haltung und praktischer Fürsorge.

4. Die D. des *Mittelalters* steht einer überindividuellen Not gegenüber, zu deren Behebung die herkömmlichen Mittel und Formen nicht mehr ausreichten. In den *Klöstern* und *Stiften* bilden sich Organe der D., die *Modellcharakter* haben. Sie halten die allgemeine Dienstverpflichtung der Christenheit wach und entwickeln in Zeiten besonderer Not starke Kräfte. Der Dauerunterstützten waren wie in → Cluny nur wenige (18), in → Hirsau allerdings etwa 200 täglich, bei Hungersnöten konnte aber die Zahl rapid ansteigen (Heisterbach 1197: 1500). Bernhard von Clairvaux soll in Burgund 2000 Menschen vor dem Hungertod bewahrt haben. In den an die Stifte angegliederten Hospitälern verlagert sich der praktische Dienst der Stiftsgeistlichen allmählich auf Laien, die sich zu → Bruderschaften (: II) zusammenschließen. Neben der Aktivierung breiter Schichten durch die Mitwirkung von Laienhelfern in der Armenspeisung und Spitalpflege, der Gründung und Erhaltung von Hospitälern, in der Form eines regulierten Gemeinschaftslebens, steht der gleichzeitige Rückzug geistlicher Kräfte vom praktischen Pflege- in den Chordienst (Kultgenügsamkeit). Der Höhepunkt der Laienbruderschaften mit ihren anstaltlichen und genossenschaftlichen Elementen liegt im 12. und 13.Jh. Eine besondere Form der *Hospital-D.* wird von den mit den Kreuzzügen zusammenhängenden Spitalorden gepflegt (u.a. Johanniter 1099, Templer 1119, Deutschordensherren 1191), die großartige organisatorische Leistungen in der Krankenpflege vollbringen. Der Waffendienst verdrängt allerdings bald die ursprüngliche Pflegearbeit. Einen Sonderfall bilden die zur Selbsthilfe zusammengetretenen Bruderschaften der Aussätzigen (Leprosen). Von den Niederlanden verbreitet sich die von sozialen (Frauenüberschuß) und religiösen (Mystik) Motiven getragene Bewegung der → Beginen, die sich der Hauskrankenpflege und Totenbestattung widmen. Im Spät-MA wird das Vermächtnis der D. von dem aufstrebenden Stadtbürgertum übernommen, in seinen Formen gewandelt, aber in seiner christlichen Grundhaltung bewahrt. Aus ihr wächst die obrigkeitliche → Wohlfahrtspflege heraus.

In der *Reformationszeit* wird auch die D. aus der Wurzel des Glaubens erneuert. Unter konsequenter Anwendung der Rechtfertigungslehre erfolgt die Reinigung von Fremdmotiven (Lohngedanke, Werkgerechtigkeit). Luther: »Ein Christenmensch lebt in Christo durch den Glauben, im Nächsten durch die Liebe« (WA 7, 38). Melanchthon: »Amor fidei fructus« (CR 2, 222). Bucer bringt den Zusammenhang zwischen Leib- und Seelsorge stark zur Geltung. Luther sieht eine diakonische *Erziehungsaufgabe* an der Gemeinde zum altkirchlichen Beispiel und an Obrigkeit und Ständen zu einer wirksamen Sozial-D. (»An den christlichen Adel...«). Anregungen kommen in den Kastenordnungen und in den Kirchenordnungen → Bugenhagens zum Ausdruck.

In der *Schweiz* erfolgt unter *Zwinglis* Einfluß eine Ordnung des Armenwesens in Zürich (1525). Der organisatorische Gestaltungswille *Calvins* weist der D. innerhalb der 4 Ämter: Pfarrer, Lehrer, Älteste, Diakone ihren Raum an. Diakone erfüllen die Aufgaben der Almosenverwaltung und des Fürsorgedienstes (Procureurs und Hospitaliers; Inst., Art. 39); D. gehört zu den unentbehrlichen Elementen des Gottesdienstes. Am schönsten entfaltet sich die reformatorische D. in den Flüchtlingsgemeinden. Beachtlich sind die Leistungen Johannes a → Laskis in England, Bremen und Polen, auch als Beitrag einer praktischen Auseinandersetzung mit dem Täufertum.

Der *Pietismus* führt mit A.H. → Francke und → Zinzendorf eine neue Epoche der D. herauf. Während Francke die diakonische Gemeinschaft des Anstaltsorganismus formt, zielt Zinzendorf auf die diakonisch handelnde Gemeinde.

Der diakonische Wille der *röm.-kath. Kirche* wird im 16.Jh. in den Reformorden und in einer Reihe bruderschaftlicher Zusammenschlüsse erneuert. Der große Caritasbischof Karl → Borromäus wirkt als Erzieher zur christlichen Liebesarbeit. Starke Strahlkraft geht von Frankreich durch → Vincentius a Paulo aus, der in der »Bruderschaft der Liebe« und in der Stiftung der »Barmherzigen Schwestern« auch für die ev. Kirche beispielhafte Institutionen schuf, wenn auch der Begriff D. nicht hervortritt.

Die *orth.Kirche* vollzog die D. vorwiegend als persönliche, unmittelbare Wohltätigkeit der »Christusliebenden« und hielt diese religiöse Handlung in enger Verbindung mit der Liturgie.

5. Das 19.Jh. gibt der D. kräftige Impulse, die das Werk der → Inneren Mission treiben. Es ist das Jh. charismatischer Persönlichkeiten und überragender organisatorischer Leistungen. Programmatisch und praktisch führend wirken Johann Daniel → Falk (1768-1826), Johann Hinrich → Wichern (1808-81), Wilhelm → Löhe (1808-72), Theodor → Fliedner (1800-64), Friedrich v. → Bodelschwingh (1831-1910), Adolf → Stoecker (1835 bis 1909). Auch an vorbildlichen Frauengestalten ist diese Zeit reich: Amalie → Sieveking (1794-1859), Elisabeth → Fry (1780-1845) u.a.; sie wirken auf die »Väter der D.« anregend und verpflichtend.

Charismatische Züge treten uns in der Spontaneität der Gründungen, der Genialität der Methoden, der Radikalität des Dienstwillens entgegen. Mannigfaltig sind die Frömmigkeitstypen der D.

Die *organisatorische* Kraft bewährt sich darin, »daß gegenüber der massenhaften Not und Sünde sich diese lebendigen Glieder nicht chaotisch, sondern organisch geordnet zusammenschließen« (Wichern, Denkschrift von 1849, 1933², 15). Die juristischen und gesellschaftlichen Formen der Zeit, wie Vereine, Stiftungen, Genossenschaften, werden unbefangen benutzt. Seit Wichern wird die äußere und innere Freiheit gegenüber einer engen Kirchenamtlichkeit betont (ebd 15). Gleichzeitig mit der organisatorischen Form der Liebesarbeit werden Organe der D. ausgebildet. Sie dienen der Bereitstellung der beruflichen Kräfte, ihrem bleibenden Zusammenschluß, der Erneuerung und Durchdringung ihrer diakonischen Haltung.

J.H.Wichern und Th.Fliedner gründen *Diakonenhäuser*, die Ausbildungsstätten für Berufsarbeiter der Inneren Mission und Heimatorte brüderlicher Gemeinschaft sein sollten. In allen Gebieten Deutschlands finden wir heute 20 Diakonenanstalten von verschiedener Größe, aber mit ähnlichem Ausbildungsgang und vielfältigen Arbeitsgebieten vor.

Die *Deutsche Diakonenschaft* umfaßt 3415 Diakone und 1709 Diakonenschüler (1956), die in der Kranken-, Armen-, Kinder- und Gefangenenpflege, ebenso in der Volksmission, Verwaltungs- und Jugendarbeit wirken. Gegenwärtig ist der Gemeindediakon stark begehrt.

Die *weibliche D.* tritt zunächst als Mutterhaus-D. ins Blickfeld der Kirche und der Welt. 1836 gründet Th. Fliedner, angeregt durch Vorbilder holländischer Mennoniten und durch die dienende Liebe einer Elisabeth Fry an gefangenen Frauen, die Diakonissenanstalt von → Kaiserswerth. »Diakonissen sind Dienerinnen des Herrn Jesus Christus und um seinetwillen Dienerinnen an den Hilfsbedürftigen aller Art und Dienerinnen untereinander« (Grundordnung der Kaiserswerther Generalkonferenz II, 3). Die Diakonisse erhält durch Fliedner in der Tracht der verheirateten Bürgerfrau das Zeichen der Würde ihres Berufs und im Mutterhaus »die Stätte der Sammlung und Erziehung, des Rückhaltes und der Zuflucht« (ebd II, 4). »Diakonissen erkennen ihren Dienst als die von Gott gegebene Lebensaufgabe an« (ebd II, 6). Rasch verbreitet sich die »Diakonissensache«, in der auch der Weg zu modernen Frauenberufen geöffnet wird, über Deutschland und die Welt (Neuendettelsau gegründet durch W.Löhe 1854, Bethanien-Berlin 1847, Bethanien-Breslau, Mutterhaus der Barmherzigkeit-Königsberg, beide 1850, usw). Die Mutterhaus-D. wird seit 1861 in der Kaiserswerther Generalkonferenz zusammengefaßt und bringt in der »Grundordnung« (letzte Fassung 1953) Wesen und Prägung zum Ausdruck. Die dort beschriebene Schwesternschaft »ist eine Glaubensgemeinschaft, Dienstgemeinschaft und Lebensgemeinschaft« (II, 4). Charakteristisch für diese Dienst- und Lebensform sind a) einheitliche Tracht, b) Dienstbereitschaft nach erfolgter Sendung, c) genossenschaftliche Lebensform unter Ablehnung eines persönlichen Lohn- oder Gehaltsempfangs. In Deutschland umfaßte Ende 1956 der Kaiserswerther Verband als Zusammenschluß deutscher Diakonissenmutterhäuser 27 699 Schwestern.

Ähnliche innere und äußere Prägungen wie dieser Verband haben der Deutsche Gemeinschafts-D.verband, Marburg, und der Bund deutscher Gemeinschaftsdiakonissenmutterhäuser, Bad Harzburg, ebenso der Verband ev. freikirchlicher Diakonissenmutterhäuser, Nürnberg.

Der »Zehlendorfer Verband für ev. D.« vereinigt die »D.schwesternschaften«, deren Ordnungen den Grundgedanken entsprechen, nach denen Friedrich → Zimmer 1894 die »Schwesternschaft des Ev. D.vereins«, seit 1898 in Berlin-Zehlendorf, gründete. Die D.schwesternschaften sind Schwesterngenossenschaften, die die persönliche Selbständigkeit, insbesondere in der Art der Berufung in die Arbeit sowie der geldlichen Versorgung und in der freien Gestaltung des Ruhestandes, betonen. Die fachliche und diakonische Ausbildung erfolgt in D.seminaren. Nach längerer Zugehörigkeit zur Schwesternschaft und Bewährung (Mindestalter 32 Jahre) wird die D.schwester in einem öffentlichen Gottesdienst zum kirchlichen Amt der D. eingesegnet. Zum Zehlendorfer Verband für ev. D. gehören 12 Schwesternschaften mit insgesamt 6864 Schwestern und 40 D.seminaren (1.1. 1957).

Einige der nach 1945 entstandenen Dienstgruppen verbinden in einer streng gebundenen Lebensform kontemplative Züge mit einer starken diakonischen Dienstbereitschaft (vgl. Ökumenische Marienschwesternschaft, Darmstadt; Schwesternschaft von Grand Champ, Schweiz). Ebenso bekennen sich Zusammenschlüsse aus dem Berufsgedanken zur diakonischen Grundhaltung, wie das Mutterhaus für kirchliche D., München, die Ev. Schwesternschaft für alleinstehende Frauen, Irenenring, oder die in Verbindung zur Diakonissenanstalt Sarepta-Bethel stehende Ravensberger Schwesternschaft. Keine der älteren oder neueren Schwesterngemeinschaften erhebt einen Monopolanspruch; sie bringen die Vielfalt der Berufungen und Charismata zum Ausdruck. »Es sind mancherlei Ämter (D.n); aber es ist *ein* Herr« (1Kor 12, 5).

Die Vielgestaltigkeit der Formen in der Einheit des Liebesauftrages Jesu Christi findet in dem nach dem 2. Weltkrieg gegründeten Ökumenischen Bund von Diakonissengemeinschaften »Diakonia« einen beachtenswerten Ausdruck.

Die gegenwärtige D. erweist mit Nachdruck ihre *Kirchlichkeit* in ihrer biblischen Gründung, gottesdienstlichen Bindung und in ihrer eschatologischen Ausrichtung. »Sie bezeugt Christi Barmherzigkeit in Erwartung ihres Herrn, der in Herrlichkeit wiederkommen und aller Not ein Ende bereiten wird« (Zusatz in der Neufassung der Kaiserswerther Grundordnung, 1953).

In der Katastrophenzeit nach dem 2. Weltkrieg versuchte das → Hilfswerk der EKD durch Erweckung der D. in den Gemeinden »eine Hinwendung der Christenheit zum helfenden Dienst und die bewußte Aufnahme der D. in ihr Denken und Handeln«. Die D. zu einer Funktion des Wesens einer lebendigen Gemeinde zu machen, ist die theologische und organisatorische Aufgabe der Gegenwart. Unter dem Stichwort »Wichern II« wird die Ergänzung der seit Wichern geübten »rettenden Liebe« (Wichern I) durch die »gestaltende Liebe« und der Ruf zur Selbsthilfe in der »Assoziation der Hilfsbedürftigen« (Wichern) vertreten.

Auch der geistliche Laiendienst der amerikanischen Kirche in der Form der *stewardship* (→ Haushalterschaft) möchte neben seinem missionarischen Auftrag die praktische Nächstenhilfe als »Dankdienst der Christen« ausüben. Der Dienst des Christen mit seiner Zeit, seinen Gaben und Gütern wird hier als Besuchs- und Ordnungsdienst, Informationsdienst als persönliche D., als Ausübung des Glaubens durchgeführt.

Vordringliche Themen unserer Zeit betreffen das Verhältnis von D. und Gemeinde, D. und Jugend, D. und Lebensform.

D. muß mehr noch von ihren Institutionen, ihren »Burgen« wegbereitend und stellvertretend in die Gemeinde hineinwirken. Die Gemeinde trägt ihrerseits in Fürbitte und Opfer die diakonischen Werke. Aktive Dienstgruppen innerhalb der Gemeinde pflegen als »Dienende Gemeinde« in Handreichung und Nachbarschaftshilfe die fürsorgerische Hilfeleistung von Mensch zu Mensch, tragen Einrichtungen wie Gemeindepflegen, Kindergärten, Altersheime mit und leisten besondere Dienste wie Altenspeisungen, Umsiedlerhilfe usw.

D. als unmittelbare Lebenshilfe greift in der → Eheberatung, Mütterhilfe, Erziehungshilfe, Trinkerrettung, Dienst an Gemütskranken, Gefangenen- (→ Gefängniswesen: II) und Strafentlassenenfürsorge, Blindendienst und Erholungsfürsorge, Nachtmission und Rechtshilfe, auch wenn fachliche Kräfte tätig sind, unmittelbar in das Gemeindeleben ein.

Für die Jugend ist die Erziehung zur D. schon im Konfirmandenunterricht in der Begegnung mit Leitbildern, die die diakonische Existenz als Verbindung von Kraft und Güte darstellen, vordringlich. Die überraschende Anziehungskraft neugegründeter diakonischer Lebensgemeinschaften wie in Grand Champ und Taizé (Frankreich) sowie Selbitz (Bayern) mag aus der praktizierten Einheit von Liturgie und D. herrühren.

J.H.Wichern, Die Innere Mission der ev. Kirche. Eine Denkschrift, 1849; Neudr. (1933) 1948[2] - G.Uhlhorn, Die christl. Liebestätigkeit, 3 Bde, 1881-90 - Th.Schäfer, Die weibl. D., 3 Bde, (1879/83) 1911[3] - W.Brandt, Dienst u. Dienen im NT (Nt. Forschungen 2, 5), 1931 - E.Barnikol, Das Diakonenamt als das älteste Leib- u. Seelsorge vereinende Amt der Gemeinde, 1941 - M.Gerhardt, Ein Jh. Innere Mission, 2 Bde, 1948 - H.Krimm, Das diakonische Amt der Kirche, 1953 (Lit.) - J.Leipoldt, Die Frau in der antiken Welt u. im Urchristentum, 1954 - G.Noske, Heutige D., 1956.

H.Wagner

Dialektik weist zurück auf den Dialog und kennzeichnet die Methode des dialogischen Denkens. Indem der Dialog relative Behauptungen in einen resultatlosen Widerstreit verwickelt, erweist er indirekt das Recht zur Setzung des → Absoluten. → Aristoteles nennt Zenon den Erfinder der D., der das eleatische Sein stützt durch die unlösbaren Widersprüche, in denen zB das Viele und die Bewegung sich verfangen. Von Zenon führt der Weg zur Eristik und zu den sophistischen Widerlegungskünsten, aber auch zu Gorgias (dessen D. auch vor dem eleatischen Sein nicht haltmacht) und → Sokrates, dessen Lehrgespräche auf ein wissendes Nichtwissen hinausführen. → Plato entfaltet diese Dialogik zur Wissenschaft des Philosophen, indem er einerseits den Dialog zum Gespräch der Seele mit sich selbst vertieft und andererseits die D. fortbildet zur universellen Methode des Zusammenfügens und Trennens der Begriffe, bis zur Einigung des gesamten Verfahrens in einer höchsten Idee (Idee des Guten; διαλεκτική τέχνη bzw. ἐπιστήμη). Bei Aristoteles löst sich die D. aus den ontologischen (auch physikalischen und ethischen) Bezügen und wird, im Gegensatz zur philosophischen Erkenntnis, selbst in der Syllogistik eine bloß »versuchende« Methode. Erst die → Stoa begründet die durch das MA und die Renaissance hindurch aufrechterhaltene Tradition, nach der die D. es nicht mit den Sachen, sondern mit den Worten, Definitionen, Einteilungen und Schlüssen zu tun hat und als eine der 7 → artes liberales den Bereich der formalen → Logik einnimmt.

Kants Abgrenzung der transzendentalen von der formalen Logik stellt die ontologische Tragweite der D. wieder her. Als Logik des der Vernunft natürlichen »Scheins« (den Ideen von Seele, Welt und Gott eine transzendente Realität zuzusprechen) enthüllt sie die dadurch sich ergebenden Paralogismen und → Antinomien und nötigt zur Bescheidung mit einer analogischen Bedeutung der Ideen, deren »praktische« Realisierung offen bleibt. → Kants aus der Schulphilosophie übernommene (auf die christliche Trinitätsspekulation zurückgehende) Methode des Dreischritts (die sein ganzes Denken durchherrscht) wird nach → Fichte vor allem von → Hegel fortgebildet zur dialektischen Methode (Thesis, Antithesis, Synthesis), für die der Gegensatz, das Negative, zum positiven Moment der ontologisch verstandenen Begriffsentwicklung wird. »D. nennen wir die höhere vernünftige Bewegung, durch welche solche schlechthin getrennt Scheinende ... ineinander übergehen.« → Marx übernahm diese Methode, ließ sie aber statt im Element des Begriffs in den ökonomischen Verhältnissen sich realisieren und begründete so den dialektischen → Materialismus, der seither innerhalb der marxistischen Welt als Voraussetzung wissenschaftlichen Philosophierens gilt. - Solcher »versöhnenden« steht aber die »zerbrechende D.« (→ Jaspers) gegenüber, die über → Kierkegaard, dessen »qualitative D.« vor dem abstrakten Spiel mit dem Höchsten warnt, zur → dialektischen Theologie führt. K. → Barths »Römerbrief« will im theologischen Reden die »innere D. der Sache« bewahrt sehen. R. → Bultmann fordert von der theologischen D. weniger die Krisis und Paradoxie des Wahrheitsbegriffs als die konkrete Ineinssetzung von Sünde und Gnade. - Ganz im antiken Raum verbleibt → Schleiermachers D. als Kunst der Gesprächsführung.

F.Schleiermacher, D., 1942 - J.Cohn, Theorie der D., 1923 - H. Leisegang, Denkformen, (1928) 1951[2] - Ders., Hegel, Marx, Kierkegaard, 1948 - S.Marck, Die D. in der Philosophie der Gegenwart, 1929 - Bultmann I. II - B.Liebrucks, Platos Entwicklung zur D., 1949.

H.Knittermeyer

Dialektische Theologie

1. Begriff und Geschichte der d.Th. - 2. Dialektik der Offenbarung - 3. Dialektik der theologischen Aussagen - 4. Gründe des Zerfalls

1. Als d.Th. pflegt man die nach dem ersten Weltkrieg an die Öffentlichkeit getretene, von K. → Barth, Fr. → Gogarten, R. → Bultmann, E. → Brunner u.a. getragene theologische Richtung zu bezeichnen. Sie betonte die Jenseitigkeit → Gottes (: VI) und die Souveränität seiner → Offenbarung (: VI) wieder gegenüber all dem, was der Mensch in seinem Denken und Erleben, in seiner Kultur, Philosophie und Religion als geistigen Besitz haben kann. Ihr Radikalismus berührte sich mit der die Kriegs- und Nachkriegszeit kennzeichnenden allgemeinen Krise des Kulturbewußtseins, ist aber wesentlich durch die theologische Erkenntnis bedingt, daß der Mensch immer, auch als Glaubender, vor Gott mit leeren Händen steht. Damit knüpfte die d.Th. an die Theologie der Reformatoren an, trat aber in scharfen Gegensatz zur liberalen wie zur positiven Theologie ihrer Zeit (vgl. Gogarten, Gericht oder Skepsis, 1937, 10).

Die erwähnten Züge kennzeichnen die d.Th. zunächst als die erste Gestalt einer *»Theologie des → Wortes Gottes«* (: IV). Sie kam erstmals in Barths »Römerbrief« 1919 zum Ausdruck. Barth war durch W. → Herrmann zur Überzeugung gelangt, daß die Offenbarung als Gegenstand der Theologie sich selbst begründet und jede anderweitige Begründung ausschließt. Von hier aus hatte er die Erlebnistheologie Herrmanns samt ihrer den Inhalt des Offenbarungsbegriffs verengenden Orientierung am »inneren Leben Jesu« überwunden, indem er in Anlehnung an die Reformatoren (und angeregt durch die beiden → Blumhardt, → Kutter, J.T. → Beck, → Kohlbrügge, Franz → Overbeck u.a.) ein neues, nicht bloß historisches, sondern theologisches Verständnis der Schrift als ganzer gewann (→ Bibel: III, 1). Der hermeneutische Schlüssel zur Schrift wurde in der Einheit des von ihr bezeugten, allen menschlichen Möglichkeiten entgegengesetzten (→ Kierkegaard) Wortes Gottes, seines offenbarenden Handelns, gefunden. Der Forderung Barths nach einem theologischen Begriff der Offenbarung als des »Wortes in den Wörtern« der Schrift und als Schlüssel zu ihrer theologischen Auslegung stimmte Bultmann 1922 zu. Zu ähnlichen Auffassungen war auf eigenem Wege Gogarten gelangt, indem er die von → Troeltsch untersuchten Zusammenhänge zwischen Kultur und Christentum in das bei Luther gewonnene kritische Licht der Situation des Sünders vor Gott stellte und den Glauben in der »Entscheidung« des Menschen gegenüber dem nicht ausweisbaren Autoritätsanspruch Jesu begündet sah. So konnten sich Barth, E. → Thurneysen und G. → Merz 1922 mit Gogarten im Zeichen einer »Theologie des Wortes Gottes« zur Gründung der Zeitschrift »Zwischen den Zeiten« (ZZ) vereinigen (der Titel geht auf einen gleichnamigen Aufsatz Gogartens in ChW 34, 1920, 374-378 zurück). Dem um diese Zeitschrift sich sammelnden Kreis schlossen sich u.a. Brunner und Bultmann an.

Doch welchen Inhalt hat das »Wort in den Wörtern« der Schrift? Wie ist Jesus Christus als das Wort Gottes zu verstehen? Diese Frage fand sehr verschiedene Antworten. Der Name d.Th., der dem Kreis um ZZ noch 1922 »von irgend einem Zuschauer angehängt« wurde (Barth, ZZ 11, 1933, 536), kennzeichnet nur die erste Phase der »Theologie des Wortes Gottes«, und zwar insbesondere die Theologie Barths um 1922, von der sich die Positionen der anderen Glieder des Kreises erst allmählich abhoben. Als klassischer Ausdruck der d.Th. kann die 2. Ausg. von Barths »Römerbrief« (1922) mit ihrem an Kierkegaard orientierten Verständnis der Offenbarung als paradoxer Gegensatzeinheit von Ewigkeit und Zeit gelten. »Dialektisch« ist hier sowohl das Verhältnis Gottes in seiner Offenbarung zur Wirklichkeit des Menschen (s. 2) als auch die Struktur der dieses Verhältnis beschreibenden theologischen Aussagen (s. 3). Es hängt mit der diesem Entwurf eignenden Problematik zusammen, daß sowohl Brunner, Gogarten und Bultmann als auch - in entgegengesetzter Richtung - Barth selbst die rein dialektische Anfangsgestalt der Theologie des Wortes hinter sich ließen. Ihre Differenzen führten schließlich auch äußerlich zur Auflösung der Gemeinschaft von ZZ. Barth warf 1933 Brunner, Gogarten und Bultmann vor, den gemeinsamen Boden verlassen zu haben, indem sie einer »Anknüpfung« der Theologie an anthropologische Voraussetzungen das Wort redeten (ZZ 11, 1933, 311). Die Verflechtung der theologischen Differenzen mit kirchlichen Gegensätzen durch Gogartens Zusammengehen mit den »Deutschen Christen« führte noch im selben Jahr zu Barths »Abschied« von ZZ und zum Ende dieser Zeitschrift. Dem Bruch mit Gogarten folgte 1934 der Streit mit Brunner über die »natürliche Theologie« (s. Lit. zu → Anknüpfung).

2. Die Offenbarung Gottes hat *dialektische Struktur*, weil sie das seinem Wesen nach einander Ausschließende vereint: Gott und Mensch, Ewigkeit und Zeit. Die Einheit beseitigt den Gegensatz nicht, sondern vereint das Entgegengesetzte als solches. Darum ist sie als Einheit »unanschaulich« und nur von dem Gegensatz her, den sie vereint, zu beschreiben.

Für den Menschen ist Gott der unbekannte Gott, und zwar ist er nicht nur zufällig oder vorläufig unbekannt, sondern: »Unbekannt ist und bleibt uns Gott« (Römerbrief², 59). Gerade in seiner Offenbarung wird Gott *als* der unbekannte Gott erkannt (88. 395). Der mit der neukantischen Religionsphilosophie (H. → Cohen) sich berührende Begriff des unbekannten Gottes, dessen unbedingte Wirklichkeit dem Menschen nur als »Grenze« seines Daseins und Denkens gegenwärtig ist, war außer Barth auch Bultmann wichtig (I, 18), während Gogarten nur die »radikale Scheidung zwischen Gott und Mensch« betonte (ZZ 1924 H. 7, 15). Hier besteht eine gewisse Verwandtschaft der d.Th. zur Beschreibung Gottes als des »ganz Anderen« in R. → Ottos Buch »Das Heilige« (1919), die aus der gleichen geistigen Situation hervorging. Im Unterschied zu Otto jedoch beschrieb die d.Th. den unbekannten Gott nicht als religionspsychologisches Phänomen, sondern vollzog ein jede Beschreibung und jedes Gotteserlebnis in Frage stellendes theologisches Urteil.

Solche Schärfe gewann die Scheidung zwischen Gott und Mensch nur dadurch, daß sie als *Gericht* über den in seiner Endlichkeit sich verselbständigenden Menschen verstanden wurde. So füllte sich die Idee des unbekannten Gottes der neukantischen Religionsphilosophie mit der verzehrenden Wirklichkeit des lebendigen Gottes der Bibel. In der 2. Ausg. von Barths »Römerbrief« tritt das beherrschend hervor. »Der wahre Gott ist aber der aller Gegenständlichkeit entbehrende Ursprung der *Krisis* aller Gegenständlichkeit, der Richter, das Nichtsein der Welt . . .« (57). Gerade in Jesus wird die Begrenzung und Aufhebung des Menschen durch den unbekannten Gott anschaulich, und unter Umgehung dieser im Kreuz offenbaren »Todeslinie« gibt es keine Gemeinschaft mit Gott. Daß wir »die Gnade Gottes nicht anders als im Gericht« erfahren, war auch für Gogarten ein fundamentaler Zug der gemeinsamen Position (Gericht oder Skepsis 12), trotz seiner früh geäußerten Bedenken gegen die Dialektik des Endlichen und Unendlichen (ZZ 1923 H. 1, 33 ff). Als »Theologie der Krisis« brach die d.Th. am sichtbarsten mit dem von → Ritschl her geläufigen Gottesverständnis, das von → Gericht (: IV) und → Zorn Gottes (: IV) nichts wußte. Andererseits ist hier eine Nähe zu der um die gleiche Zeit blühenden Lutherforschung (K. → Holl) spürbar.

Die Krisis wurde nicht um ihrer selbst willen, etwa im Sinne eines weltanschaulichen Pessimismus, betont. Gerade durch die Verneinung hindurch - aber auch nur so - wird in Christus der Mensch von Gott bejaht (Römerbrief 149). »Gericht ist nicht Vernichtung, sondern Aufrichtung« (53). Das ist nicht so gemeint, als ob das Gericht als solches Gnade wäre. Barths Formulierungen von 1922 legen freilich oft dieses Mißverständnis nahe - etwa wenn es heißt, das Nein sei das Ja (86), das Nichtsein aller Dinge ihr wahres Sein (52), und die göttliche Antwort auf die Existenzfrage des Menschen sei mit der Frage identisch (Ges. Vorträge I, 161). Ähnlich Bultmann: »Dies Gericht kennen, heißt aber auch, es als Gnade kennen; denn es ist Erlösung, daß der Mensch von sich selbst frei wird« (I, 19). Solchen Sätzen entsprechen christologische Formulierungen, die das Kreuz als das Heilsereignis schlechthin herausstellen und der Auferstehung den Charakter eines besonderen Geschehens abzusprechen scheinen. Barth schrieb 1922, daß »die Erweckung Jesu kein Ereignis von historischer Ausdehnung *neben* den andern Ereignissen seines Lebens und Sterbens ist, sondern die unhistorische Beziehung seines *ganzen* historischen Lebens auf seinen Ursprung in Gott« (175). Das kommt der späteren These Bultmanns nahe, die Rede von der Auferstehung Christi sei nur »der Ausdruck der Bedeutsamkeit des Kreuzes« (Kerygma und Mythos I, 47 f). Aber wie Bultmann »Bedeutsamkeit« nicht als willkürliche Deutung versteht, sondern von einer »Tat Gottes« als Grund des Auferstehungsglaubens spricht, so heißt es bei Barth, in Christus werde die Ebene der Weltwirklichkeit von einer andern Ebene göttlicher Wirklichkeit »senkrecht von oben« durchschnitten, und eben in der Erweckung Jesu berühre die neue Welt des Geistes die alte Welt des Fleisches (5 f). Das Gericht ist nicht als solches Gnade, das Kreuz nicht als solches Auferstehung, sondern daß in der Anschaulichkeit des Gerichtes die unanschauliche Gerechtigkeit offenbar wird, das ist die »unmögliche Möglichkeit«, das Wunder der Treue Gottes, die unanschauliche Einheit des einander Ausschließenden.

Was wie eine Verflüchtigung der Auferstehung aussieht, ist das Moment der Unanschaulichkeit, das jener Einheit eignet, sofern sie nicht bloß Verwischung des Gegensatzes ist. Hier zeigt sich allerdings, daß der Gegensatz Gott-Mensch in der d.Th. nur statisch, als Sichausschließen fester Inhalte, nicht auch (wie etwa bei Hegel) dynamisch, als Gegensatz des im dialektischen Prozeß Geeinten, gefaßt wurde. Die schwerwiegende Konsequenz der statischen Entgegensetzung von Gott und Mensch war die Ablehnung des Eingehens Gottes in die Geschichte. Barth wußte sich darin von vornherein spezifisch ref. Tradition verbunden (Ges. Vorträge I, 205). Der Schnittpunkt der göttlichen mit der menschlichen Ebene in Jesus hat auf der letzteren »gar keine Ausdehnung« (vgl. Bultmanns Reduktion des Heilsereignisses auf sein bloßes »Daß«). Im Leben Jesu sind nur die »Einschlagstrichter« der unbekannten Wirklichkeit Gottes, nicht etwa diese selbst erfaßbar. In der Auferstehung »berührt die neue Welt des hl. Geistes die alte Welt des Fleisches. Aber sie berührt sie wie die Tangente einen Kreis, ohne sie zu berühren ...« (Römerbrief 6). Wenn Gott nicht einmal in Jesus wirklich in die Geschichte eingeht, ist die durch den Geist im Glauben stattfindende Wahrnehmung Gottes erst recht nicht als »Erlebnis« psychologisch greifbar. Glaube ist nur »Hohlraum« (62). Entsprechend ist die Kirche »die nicht zu umgehende geschichtliche Fassung, Leitung und Kanalisierung des selbst nie Geschichte werdenden göttlichen Tuns an den Menschen. Immer ist die göttliche, die sinngebende, die erfüllende Form diesen seelisch-geschichtlichen Inhalten gegenüber ein Jenseitiges, ein unverwischbar Anderes« (105). Das im Nein verborgene Ja blitzt nur je und je auf, in jenem kierkegaardschen »Augenblick«, der »gegenüber allem Vorher und Nachher etwas anderes, Eigenes, Fremdes ist« (86). Die barmherzige Zuwendung Gottes ist »Wunder« in dem Sinne, daß »ihre geschichtliche und seelische Seite ... immer ihre Unwahrheit« bleibt (77), ist mißverständlich, wenn auch »Einschlagstrichter«, »Zeugnis«, »Hinweis«.

Diese Nichtausweisbarkeit der Offenbarung war, obschon ihre Dialektik zunächst nur von Barth so weit entwickelt wurde, gemeinsame Überzeugung der d.Th., durch die sie sich gegen die »positive« Theologie abgrenzte (Gogarten, Gericht oder Skepsis 12).

3. Theologische *Aussagen* müssen in ihrer Form der Dialektik der Offenbarung Rechnung tragen. Barth hat 1920 die Eigenart biblischen Denkens und Redens darin erblickt, »daß es aus einer Quelle fließt, die über den religiösen Begriffsgegensätzen zB von Schöpfung und Erlösung, Gnade und Gericht, Natur und Geist, Erde und Himmel, Verheißung und Erfüllung liegt. Wohl setzt es ein, jetzt auf dieser, jetzt auf jener Seite der Gegensätze, aber es führt sich nie pedantisch zu Ende, es beharrt nie bei den Konsequenzen, es verhärtet sich weder in der Thesis, noch in der Antithesis, es versteift sich nirgends zu endgültigen Positionen oder Negationen ... Es ist durch und durch dialektisch« (Ges. Vorträge I, 84). Zwei Jahre später beschrieb Barth Dialektik als Verbindung dogmatischen und kritischen Redens »unter beständigem Hinblick auf ihre gemeinsame Voraussetzung, auf die lebendige, selber freilich nicht zu benennende Wahrheit, die in der Mitte steht und beiden, der Position und Negation, erst Sinn und Bedeutung gibt« (171). Jene entscheidende Mitte ist die Einheit Gottes mit dem Menschen in Jesus Christus (172), von der es im »Römerbrief« hieß, daß »wir Gott nicht anders als in der Zweiheit begreifen können, in der dialektischen Zweiheit, in der eins zwei werden muß, damit zwei wahrhaft eins sei« (342). Um das unanschauliche Wesen dieser Einheit zu wahren, ist der Dialektiker genötigt, jede Aussage durch eine entgegengesetzte zu korrigieren, »Position und Negation gegenseitig aufeinander zu beziehen, Ja am Nein zu verdeutlichen und Nein am Ja, ohne länger als einen Moment in einem starren Ja *oder* Nein zu verharren« (Ges. Vorträge I, 172). Die dialektische Zuordnung der Aussagen soll nicht etwa jene unanschauliche Mitte konstruieren, sondern setzt den Selbsterweis der Wahrheit, Gottes eigenes Reden, voraus (174; ähnlich Christliche Dogmatik, 1927, 456 ff). Durch den Verzicht auf das direkte Aussprechen jener Mitte hat Barth unter Berufung auf das Extra Calvinisticum ein spezifisch ref. Anliegen wahren wollen, »im Protest gegen die himmelstürmende Geradlinigkeit« Lutherscher Realpräsenz, die »aus dem Geheimnis ein Faktum« mache (Ges. Vorträge I, 205; ZZ 1923 H. 4, 51).

Gogarten hat zunächst Barths dialektischen Ansatz bejaht (ZZ 1923 H. 2, 10 ff), obwohl er schon 1922 die »Entscheidung« für eine endliche Erscheinung als »Anfang, Mitte und Ende« in einer Weise forderte, die mit Barths ref. »finitum non capax infiniti« kaum vereinbar war (ZZ 1923 H. 1, 44). Noch 1924 heißt es, daß nicht nur die von unten, von der Situation der Menschen ausgehende Theologie, sondern auch das einfache Wort des Glaubens wegen der in ihm ausgesprochenen Beziehung »von ganz und gar dialektischer Substanz« ist (ZZ 1924 H. 7, 17). Dagegen anerkennt Gogarten 1926 nur noch eine Dialektik theologischer Aussagen, insofern sie der Dialektik menschlichen Daseins verhaftet sind. Das Verhältnis des Menschen zu Gott ist »schlechthin undialektisch« (ZZ 4, 1926, 459). Diese Wendung hängt wohl damit zusammen, daß Gogarten inzwischen (ebd 290 ff und »Ich glaube an den dreieinigen Gott«, 1926) die Theorie F. → Ebners von der → Ich-Du-Beziehung als Lebensgrund des »Wortes« für seine Theologie fruchtbar gemacht hatte. Brunner hatte das schon 1924 in seinem Schleiermacherbuch »Die Mystik und das Wort« getan und damit Barths Mißfallen erregt (ZZ 1924 H. 8, 58 Anm.).

Bultmann hat noch 1926, weil das unsere Existenz neubegründende Geschehen ewig und daher nicht in einem Satz zu beschreiben sei, dialektisches Reden im Sinne Barths für theologisch unumgänglich gehalten (ZZ 4, 1926, 44). Doch hat er mit seiner Ablehnung eines »übergeschichtlichen« Glaubensinhaltes (I, 79 f) implizit auch Barths Deutung des ewigen Offenbarungsgeschehens als »Urgeschichte« (Overbeck) verworfen. So läßt die Rede von Gott eigentlich gar kein διαλέγεσθαι, sondern nur Verkündigung zu. Der Ereignischarakter des theologischen Redens rückt in den Mittelpunkt der Aufmerksamkeit. 1928 erblickte Bultmann das Wesen der d.Th. nur noch in der Einsicht in die Geschichtlichkeit des Menschen (als Sein-können zu immer verschiedenen Möglichkeiten) und in die entsprechende Geschichtlichkeit des Redens von Gott (I, 118). Die Dialektik ist nun wie bei Gogarten auf das menschliche Dasein beschränkt.

4. Die *innere Problematik* der d.Th. wurzelt darin, daß nach Barths statischer Fassung der Dialektik der unbekannte Gott als solcher nirgends in die Geschichte eingeht, sondern das Endliche immer nur »berührt«. Wie ist dann ein – wenn auch durch Offenbarung vermitteltes – menschliches Bewußtsein von dieser »Grenze« alles Menschlichen möglich? Offenbar für Barth nicht so, daß die Wirklichkeit des unbekannten Gottes einem Endlichen verbunden ist und also von dem dieses Endliche (den Menschen Jesus) erfassenden Bewußtsein mittelbar ebenfalls erfaßt wird. Das wäre die von Barth 1923 abgelehnte Luthersche Realpräsenz. Dagegen hielt Barth menschliches Bewußtsein von Gott nur als unanschauliches Wunder, als »actus purus« des Hl. Geistes für möglich. Doch selbst wenn so ein geistgewirktes *Innewerden* der unanschaulichen Wirklichkeit Gottes verständlich wird: die Möglichkeit einer sinnvollen, wenn auch noch so dialektischen *Aussage* darüber bleibt dunkel. Macht man also damit Ernst, daß die menschliche Wirklichkeit Jesu als solche in keinem näheren Verhält-

nis zu Gott steht als andere endliche Dinge, dann wird man am besten mit Bultmann auf direkte Aussagen über Gott verzichten und sich beschränken auf Aussagen über den Menschen, sofern ihm jenes Innewerden widerfahren kann. Auf diesem Wege ist gewiß die Nichtausweisbarkeit der Offenbarung konsequent gewahrt. Fraglich bleibt nur, ob der »actus purus« der göttlichen Offenbarungstat durch die Rede von darauf angelegten Möglichkeiten des Menschen etwa doch bereits gedanklich vorweggenommen ist. Barth mußte hier eine neue anthropologische Umklammerung der Theologie erblicken (→ Anthropologie: III, 4 c). Wollte er ihr ausweichen und weiter von der in Jesus Christus offenbaren »Urgeschichte« Gottes mit dem Menschen reden, so mußte er umgekehrt die These der gleichmäßigen Ferne alles Endlichen von Gott aufgeben. In der Tat hat Barth die Gleichheit alles Geschöpflichen vor Gott immer entschiedener durch ein hierarchisch abgestuftes System von Ähnlichkeitsbeziehungen (→ Analogie), die durch den Akt der Offenbarung beleuchtet werden, ersetzt. So konnte er nicht nur die Einzigkeit der Christusoffenbarung als die der höchsten, alle andern begründenden und beleuchtenden Analogiestufe erklären, sondern auch die Möglichkeit von Aussagen über Gott durch die Ähnlichkeit alles Geschaffenen mit ihm begründen. Das Analogieschema ermöglichte den Ausbau der »Urgeschichte« zu einer christozentrischen Dogmatik ohne Rücksicht auf weitere erkenntnistheoretische und philosophische Voraussetzungen. Freilich: Die ursprünglich auch von Barth geteilte Voraussetzung der d.Th., daß die Offenbarung »Antwort« auf die »Frage« der menschlichen Existenz sei, war hier nicht mehr als kritischer Maßstab der theologischen Aussagen wirksam, so daß Barths Dogmatik den anderen als mythologische Rede erscheinen mußte.

Während Barth und Bultmann den Ausgangspunkt der d.Th. in entgegengesetzter Richtung entwickelten, wurde er von Brunner seit 1924, von Gogarten seit 1926 im Prinzip aufgegeben, indem beide die Problematik der theologischen Aussage beiseite schoben und die personale → Ich-Du-Beziehung sowie das zugehörige Wortverständnis ihrer Deutung des Verhältnisses von Gott und Mensch zugrunde legten (→ Person). Sie zogen sich dadurch ebenso wie Bultmann Barths Vorwurf der Anknüpfung an anthropologische Voraussetzungen zu. Da Brunner die Ich-Du-Beziehung als Modell der Gottesbeziehung benutzte, mußte er die wesentlichen Züge der personalen Struktur des Menschen (seine als »formale imago Dei« verstandene »Worthaftigkeit«) für auch durch die Sünde nicht zerstört halten und als »Anknüpfungspunkt« der christlichen Verkündigung werten. Gogarten sah ebenfalls in der Personalität des Menschen, und zwar in ihren je besonderen geschichtlichen Ausprägungen (bes. auch in Kultur und Staat), das von der Verkündigung anzusprechende und so vorauszusetzende Gegenüber. Beide haben wie Bultmann den ursprünglich auch bei Barth wirksamen Bezug der Theologie zur »Frage« des Menschen gewahrt. Aber ihr personales Schema hat faktisch die kritische Gewalt der Offenbarung gegenüber allem von Gott Verschiedenen eingeengt.

So ist der ursprüngliche Ansatz der d.Th. bei keinem ihrer Repräsentanten erhalten geblieben. Daß die Offenbarung in Jesus Christus Gott als den *unbekannten* Gott offenbart und daß *darin* die Krisis über alles Fleisch beschlossen ist, das vermochte keine der Richtungen, die aus dem Zerfall der d.Th. hervorgingen, so deutlich zu sagen wie Barth 1922.

Außer der Lit. zu den im Text genannten Theologen: P.ALTHAUS, Theol. u. Gesch. (ZSTh 1, 1923/24, 741-786) - M.STRAUCH, Die Theol. K.Barths, 1924 - R.SCHÜTZ, Kritisches z. Theol. d. Krisis (ThStKr 96/97, 1925, 263-288) - W.LÜTTGE, D.Th., 1925 - GUST. KRÜGER, The Theol. of Crisis (HThR 19, 1926, 227-258; Lit.) - R.KÖHLER, Kritik der Theol. d. Krisis, 1926 - P.BURCKHARDT, Was sagt uns die Theol. K.Barths u. seiner Freunde?, 1927 - B.DÖRRIES, Der ferne u. d. nahe Gott, 1927 - H.W.SCHMIDT, Zeit u. Ewigkeit, 1927 - J.W. SCHMIDT-JAPING, Die Christologie der d.Th., 1927 - K.LEESE, Der dt. Idealismus u. d. Christentum, 1927 - Aufsätze v. R.BULTMANN, GERH. KRÜGER, H.KNITTERMEYER u.a. in ZZ, bes. Jg. 1926-27 - RGG² I, 1909 ff (Lit.) - W.WIESNER, Das Offenbarungsproblem in der d.Th., 1930 - TH.SIEGFRIED, Das Wort u. d. Existenz, Auseinandersetzung mit der d.Th., 3 Bde, 1930-33 - A.KELLER, Der Weg der d.Th. durch die kirchl. Welt, 1931 - A.SANNWALD, Der Begriff der Dialektik u. die Anthropologie, 1931 - LThK III, 279 ff (Lit.) - J.C.FRANKEN, Krit. Philosophie u. d.Th., 1932 - E.REISNER, Kennen, Erkennen, Anerkennen. Unters. üb. d. Bedeutung v. Intuition u. Symbol in der d.Th., 1932 - G.FEUERER, Der Kirchenbegriff der d.Th., 1933 - H.RUST, Dialektische u. krit. Theol., 1933 - F.KATTENBUSCH, Die dt. ev. Theol. seit Schleiermacher, 1934⁶ - H.SCHLEMMER, Von K.Barth zu d. Dt. Christen, 1934 - W.ELERT, K.Barths Index d. verbotenen Bücher, 1935 - DERS., Zw. Gnade u. Ungnade, 1948 - H.SCHINDLER, Barth u. Overbeck. Beitr. z. Genesis der d.Th., 1936 - H.EKLUND, Theol. der Entscheidung, 1937 - J.CULLBERG, Das Problem der Ethik in der d.Th., Uppsala 1938 - J.FEHR, Das Offenbarungsproblem in dial. u. thomist. Theol., 1939 - H.U.v.BALTHASAR, Analogie u. Dialektik (Divus Thomas 22, 1944, 171-216) - C.VAN TIL, The New Modernism. An Appraisal of the Theol. of Barth and Brunner, 1946 - B.E.BENKTSON, Den naturliga teologiens problem hos K. Barth (Diss. Lund), 1948 - H.LEISEGANG, Hegel, Marx, Kierkegaard. Zum dial. Materialismus u. z. d.Th., 1948 - E.RIVERSO, La Teologia existenzialistica di K.Barth, Neapel 1955 - G.MERZ, Die Begegnung K.Barths mit der dt. Theol. (KuD 2, 1956, 157-175) - E.THURNEYSEN, Die Anfänge. K.Barths Theol. der Frühzeit (Antwort, K.Barth z. 70. Geb., 1956, 831-864) - W.LOHFF, Glaube u. Freiheit, 1957, 156 ff - G.WINGREN, Die Methodenfrage der Theol., 1957.

W.Pannenberg

Dialog. Der D. als *geistliche musikalische Gattung* wurde im Drama des MA solistisch-liedhaft, in den italienischen Lauden (seit dem 12.Jh.) und Oratoriumsgesängen (16.Jh.) meist chorisch, in homophoner oder motettischer Satzweise, vertont. Aus der weltlichen Monodie um 1600 und aus praktischen Bedürfnissen (Viadana) entstand der solistische lat. D. (liturgische und nichtliturgische Texte) mit Generalbaß und zT mit Soloinstrumenten (Banchieri, → Monteverdi, → Carissimi u.a.). Daneben wurde der motettische D. weitergepflegt. Der zunächst an italienische Vorbilder anknüpfende prot. D. (deutsche Texte) zu zwei oder mehr Stimmen (→ Schein, → Scheidt, M. → Franck u.a.) erlebte seine Vollendung bei H. → Schütz. Gegen Ende des 17.Jh.s ging der D. in Kantate, Passion und Oratorium auf.

TH.KROYER, D. u. Echo in der alten Chormusik (JbP 16, 1909, 13-32) - H.J.MOSER, Die mehrstimmige Vertonung des Evangeliums, 1931 - A.ADRIO, Die Anfänge des geistl. Konzerts, 1935 - O.HUDEMANN, Die prot. D.komposition im 17.Jh. (Diss. Kiel), 1941.

W.Osthoff

Diario Romano, seit 1929 mit dem Zusatz »e Vaticano«, ist ein liturgischer Führer durch die Feierlichkeiten des → Kirchenjahres der Stadt Rom; es bringt die Feste der in Rom gebürtigen Heiligen oder jener, welche dort bes. verehrt werden: röm. Päpste, Ordensstifter usw. Nach 1929 verzeichnet das D.R. auch die kirchlichen Funktionen des Vatikan-Vikariats; die päpstlichen Feiern werden nicht erwähnt. Die letzte Aufl. des D.R. erschien 1943.

J.M.Schweigl

Diaspora

I. Jüdische D. - II. Ev. D. - Zur kath. D. → Auslandsgemeinden: II

I. Jüdische Diaspora

1.-6. Im Altertum - 7. In Mittelalter und Neuzeit

1. Das *Wort* D. findet sich in der LXX vornehmlich als Übersetzung von niddah, versprengt (Dtn 30, 4; Neh 1, 9; Ps 147, 2); viel häufiger ist das Verbum διασπείρειν

(60mal), das 30mal Formen des hebr. pûṣ und 5mal des verwandten napăṣ wiedergibt. 9mal steht es für hebr. zarā und 5mal für nadăḥ. galā und gôlā werden niemals mit D. übersetzt. Im NT deutet D. die jüdischen oder christlichen Gemeinden außerhalb von Palästina an: Joh 7, 35; Jak 1, 1; 1Petr 1, 1. Das Verbum wird von der Zerstreuung der Christen außerhalb der jerusalemischen Urgemeinde gebraucht: Apg 8, 1. 4; 11, 19. Es ist also zu unterscheiden zwischen → Exil und D. Exil meint in der Antike die zwangsweise Deportation geschlossener Gruppen nach einer bestimmten Gegend; D. findet sich dort, wo Juden in größerer oder kleinerer Zahl außerhalb des Hl. Landes wohnen, obgleich ihnen die Staatsgewalt die Abwanderung nicht verbieten würde.

2. Die *Anfänge* der D. gehen vor allem auf israelitisch-jüdische Handelskolonien zurück: in → Damaskus (1Kön 20, 34) und vermutlich auch anderen Ortes in Syrien und Phönikien, bes. in Ägypten und Kleinasien (1Kön 10, 28f), sodann auf jüdische Söldner in fremdländischen Diensten, zB in → Elephantine. D. ist aber auch eine Folge der Deportierung israelitischer und jüdischer Gruppen (Oberschicht) nach Assyrien (2Kön 15, 29), Mesopotamien und Medien (2Kön 17, 6) und Babylonien (2Kön 24, 14-16; 25, 11; Jer 52, 28-30). Es war nur eine Minderheit unter den Exulanten in Babylonien, welche der Erlaubnis der persischen Regierung entsprechend nach Juda zurückkehrte; für die zurückbleibende Mehrheit wurde damals das aufgezwungene Exil zu einer freiwilligen D. Die Flucht einer beträchtlichen Schar Judäer verstärkte die ägyptische D. (Jer 42f). Während der Wirren des 3. und 2.Jh.s siedelten viele Juden aus Palästina nach Ägypten über (vgl. Jes 19, 18-20). → Onias IV. gründete einen jüdischen Tempel in Leontopolis, der bis 73 nChr benutzt wurde. Anderseits hatten auch viele Parteigänger der → Seleuciden eine Zuflucht in Syrien, bes. → Antiochien, gefunden. Verschleppte jüdische Kriegsgefangene, die öfters nach wenigen Jahren die Freiheit erwerben konnten und in den Städten ihrer ehemaligen Herren ansässig blieben, trugen zur Bildung von D.-Gemeinden bei; dies behauptet Philo für Rom. Schließlich führte die jüdische → Mission (: II) den D.-Gemeinden eine Menge Proselyten zu, deren Nachkommen als vollberechtigte Juden galten.

3. Der *Umfang* der D. war schon um 140 vChr so groß, daß Sib 3, 271 sagen kann, jedes Land und Volk habe jüdische Immigranten. Im 1.Jh. gab es nach Strabo keine Stadt ohne einen jüdischen Bevölkerungsteil. Man schätzt die Zahl der Juden im römischen Reich auf 4 Mill., davon 1 Mill. in Ägypten, 1¼ Mill. in Syrien. Sehr stark war die D. auf Cypern, den griechischen Inseln und in Kleinasien, zahlreiche Gruppen fanden sich in der Cyrenaica, auf dem griechischen Festland und in Italien. Von Umfang und Zahl der jüdischen Gemeinden in den folgenden Jh.en zeugen Grabinschriften der jüdischen → Katakomben. Weniger wissen wir über die D. in den Ländern des Ostens. Das → Tobitbuch (3, 7ff) kennt Juden in Medien (vgl. Elam in Jes 11, 11). Berichte späterer Reisender wie Benjamin von Tudela über Unmengen von Juden in den Gegenden östlich vom Iran sind unkontrollierbar. Von der babylonischen D. gibt die talmudische Literatur (→ Talmud) ein anschauliches Bild. Der Übertritt der königlichen Familie von Adiabene (östlich vom Mittellauf des Tigris) zum Judentum zeigt die Kraft der Mission. Auch in Arabien bis zur Küste des Indischen Ozeans wurden Juden schon früh angetroffen.

4. Unter den römischen Behörden hatte die jüdische D. folgende *Rechte:* a) Wo eine jüdische Gemeinschaft einmal anwesend war, konnte sie nur durch kaiserliches Dekret vertrieben werden. b) Errichtung von Bethäusern und Friedhöfen. c) Freie Ausübung religiöser Bräuche (Hadrians Beschneidungsverbot wurde später auf Nichtjuden eingeschränkt). d) Freistellung von der Teilnahme am Kaiserkult. e) Das Recht, von den Mitgliedern Steuer zu erheben. f) Eigene Rechtspflege in den Rechtsfällen, an denen keine Nichtjuden beteiligt waren, doch ohne die Befugnis, Todesurteile zu fällen. g) Freistellung vom Militärdienst.

5. Die D. war nicht sehr straff *organisiert*. Der Schwerpunkt liegt in der örtlichen Einzelgemeinde (→ Gemeindeverfassung des Judentums). Die Verbindung mit Jerusalem wurde durch die Einsammlung der Didrachme, einer Personensteuer von ½ Schekel für den Tempelbedarf in Jerusalem, gewahrt. Diese wurde durch die angesehensten Mitglieder der Gemeinde überbracht. Der Pilgerbesuch am Tempel speziell während der hohen Feste war eine zentripetale Kraft. Nach dem Untergang des Tempels strebte das palästinensische Patriarchat nach Anerkennung seiner Autorität über die D. im ganzen römischen Reich.

6. Der *Einfluß* der D. auf das geistige Leben der Juden war sehr groß. Ihr verdankt das → Synagogen-Institut sein Gewicht; manche → Apokryphen und → Pseudepigraphen sind in der D. entstanden, wie auch die Septuaginta (→ Bibelübersetzungen: I) und der Babylonische → Talmud. Obwohl römische Autoren vielfach mit Geringschätzung über die Juden in ihrer Umgebung schrieben (vgl. PW Suppl. V, 1931, 3ff), kamen viele Heiden, bes. auch Frauen, unter den Bann der großartigen Einfachheit der jüdischen Religion. Das → Christentum (: I) hat sich vielfach von jüdischen D.-Gemeinden aus ausgebreitet.

Schürer III, 1ff - J.Juster, Les Juifs dans l'Empire Romain, 1914 - A.Causse, Les dispersés d'Israël, 1929 - EJud V, 1088ff - CIJ - F.M. Th.de Liagre Böhl, Opera minora, 1953, 101-133 - E.R.Goodenough, Jewish Symbols in the Greco-Roman period I-VI, 1953-56.

A.van Selms

7. Mit der Zerstörung des Tempels im Jahre 70 und mit dem Ende des Bar-Kochba-Aufstandes (135) geht die D. als mehr oder weniger freiwillige Auswanderung (s. 2) zu Ende, und an ihre Stelle tritt die Galut als unfreiwilliges Exil. Mit dem Siege des Christentums im 4.Jh. und den Gesetzen gegen die Juden ist dieser Zustand abgeschlossen. Die jüdische Traditionsliteratur, die vier verschiedene Galut-Perioden kennt - die babylonische, medische, griechische und römische -, rechnet zu dieser letzten die Zeit von der zweiten Tempelzerstörung bis zur Gegenwart. In allen Liturgien findet sich die Formel: »Wegen unserer Sünde sind wir aus unserem Lande verbannt worden«, und die Hoffnung auf eine künftige Rückkehr.

Während die ägyptische D. dem alten griechischen Judenhaß und dem jungen christlichen Fanatismus erlag, gewann Babylonien zunächst die geistige Vorherrschaft in der D., die dann von der Spaniens, Deutschlands und Polens abgelöst wurde. In diesen Ländern wurde vor allem die talmudische → Kasuistik (: II) ausgebaut. Daneben blühte außer der Bibelexegese (→ Schriftauslegung: II) die Mystik in → Kabbala und → Chassidismus, dieser vor allem in Osteuropa, dessen D. seit der Vertreibung aus Spanien 1492 steigende Bedeutung erlangte.

Palästina, das zahlreiche Synagogengebäude aus dem 3.-6.Jh. aufzuweisen hat, verlor für das D.-Judentum seine geistige Vormacht durch die feindseligen Maßnahmen der byzantinischen Kaiser vollständig, blieb aber dennoch das Ziel der Sehnsucht fast aller Gruppen des Judentums. Noch um 700 plante ein persischer Jude, Abu Isa Isfahani, Palästina mit Gewalt zu erobern. Viele → Karäer wanderten ins Hl. Land aus. Auch in der Blütezeit in Spanien, wo die → jüdische Philosophie durch eigene Leistungen das Abendland mit der arabischen und damit der griechischen Philosophie vertraut machte und das Judentum seine höchste Kulturstufe erreichte, wurde die Galut von Dichtern und Denkern als Notzustand gefühlt (→ Jehuda Ben-Samuel). Rabbi → Meir von Rothenburg führte im 13.Jh. geradezu eine Rückwanderungsbewegung nach Palästina durch. Nur im Reformjudentum des 19./20.Jh.s gab es, vor allem in der Anfangszeit, starke Strömungen, die ihr Ziel in der Emanzipation und Assimilation sahen. Als die Auflösung drohte, setzte der → Zionismus ein.

In der Zeit der Aufklärung wurde die deutsche D. unter maßgeblichem Anteil von Moses → Mendelssohn für die abendländische D. führend. Die moderne Wissenschaft des Judentums, die ihre Hauptzentren in Deutschland hatte und auch die des Auslandes stark beeinflußte, verlagerte sich infolge der Verfolgungen und Vernichtungen im Dritten Reich hauptsächlich nach den Vereinigten Staaten und Großbritannien. Durch die Gründung des Staates → Israel 1948 hat nach jüdischer Auffassung die Überwindung der D. als Raumbegriff begonnen, während sie als Zeitbegriff nur durch die Erlösung »in den Tagen des Messias« überwunden werden kann. In der ersten Hälfte des 20.Jh.s lebte nur ein verschwindend kleiner Teil des Judentums (etwa 2-3 Prozent) in Palästina; aber heute hat das Land wieder einen Teil der Bedeutung für das Judentum, die es einst hatte, gewonnen. Gleichwohl wird auch in Zukunft die D. von entscheidender Wichtigkeit für den Bestand des Judentums und sein religiöses und geistiges Leben bleiben.

Vgl. die Geschichten des → Judentums. - J.KAUFMANN, Gola wenekar, 2 Bde, Tel Aviv 1929-32 - J.F.BAER, Galuth, dt. 1936.

E.L.Rapp

II. Evangelische Diaspora

1. Die Christenheit als D. - 2. Geschichte der ev. D. - 3. Dienst an der ev. D. - 4. Probleme des D.dienstes. - Vgl. → Auslandsgemeinden: I, → Christentum: III

1. Den Begriff D. und das Bewußtsein, in der D., also in der Zerstreuung zu leben, hat die Christenheit vom Judentum übernommen (→ Diaspora : I, 1). Der Verfasser von Jak grüßt die 12 Stämme in der D. (Jak 1, 1) und der von 1Petr die erwählten Fremdlinge der D. von Pontus und anderen kleinasiatischen Provinzen (1Petr 1, 1). Zugrunde liegt der Gedanke, daß das Israel κατὰ πνεῦμα ebenso unter die Völker zerstreut ist wie das Israel κατὰ σάρκα. Dabei verbindet sich für die Christen der Gedanke an das Zerstreutsein mit dem des Aufgehens der Saat und des Wachstums und damit mit dem Missionsgedanken (Apg 8, 1. 4; 11, 19). Andererseits wird das Zerstreutsein als Not, wenn nicht gar als Gericht empfunden, und es bricht die Sehnsucht auf, wieder zusammengebracht zu werden (Did 9, 4). Das Bewußtsein, als ganze in der D. zu leben, unter den Versuchungen, die daraus erwachsen, aber auch unter der Verheißung, die auf dem ausgestreuten Samen liegt, ist der Christenheit wohl bis zur sog. konstantinischen Wende (→ Konstantin d. Gr.) erhalten geblieben. Danach ist der Begriff D. aus dem christlichen Bewußtsein ungewöhnlich schnell verschwunden. Erst in jüngster Zeit ist der christlichen Welt durch mannigfache geschichtliche Erfahrungen wieder deutlich geworden, daß die Christenheit als ganze in der »Zerstreuung« - als Minderheit - lebt und die D.-Situation doch die Ursituation der Kirche ist (Niemeier).

2. Die ev. Kirche hat in ihrem Ansatz kaum eine Tendenz zur D.bildung gehabt, sich also nicht als Minderheit unter Christen anderer Glaubensrichtung etablieren wollen, sondern sie hat zunächst landeskirchliche Gestalt angenommen. Aber die geographische Situation der deutschen Territorien (räumliche Verflechtung und Streulage) der Reformationszeit hat rasch diasporaähnliche Zustände entstehen lassen, und durch die Bestimmungen von → Augsburger Religionsfrieden 1555 und Westfälischem Frieden 1648 ist es zur Bildung ev. Minderheiten namentlich in Reichsstädten und geistlichen Gebieten gekommen. Die Stürme der Gegenreformation haben ev. Gruppen etwa in Osteuropa (Ungarn) soweit überstanden, daß ev. Minderheiten als D. übrig blieben. Auswanderer nach Nordamerika (Lutheraner seit 1626), Australien (19.Jh.), Lateinamerika (19., Anfänge schon 16.Jh.), Rußland (schon 16.Jh.) usw haben sich zu D.gemeinden zusammengeschlossen. Im Zuge der Toleranzbewegung (→ Toleranz: II) entstanden ganze D.kirchen (Siebenbürgen bereits im 16.Jh.; Österreich - wieder - seit 1781). In ganz großem Maße bildete sich ev. D. erst im 19.Jh. durch den Reichsdeputationshauptschluß von 1803 und den Wiener Kongreß von 1814-15 (Zusammenlegung ev. und kath. Gebiete zu neuen Ländern), durch die im Zuge der Industrialisierung Deutschlands erfolgende Umsetzung ganzer Bevölkerungsmassen und die verstärkte Auswanderung. Im Zuge der großen Völkerwanderung von 1945 sind zahlreiche D.gemeinden und D.kirchen verschwunden; umgekehrt ist innerhalb Deutschlands die konfessionelle Vermischung akut fortgeschritten, und es gibt kein kath. Gebiet mehr, das nicht eine erhebliche ev. D. in sich birgt (in → Bayern [, 3b] zB statt 1500 nur noch 3 rein kath. Gemeinden). Die Aufstellung von D.-Notprogrammen ist nach 1945 eine der wichtigsten und notwendigsten Aufgaben deutscher ev. Landeskirchen geworden.

3. Die ev. D. ist immer auf die Hilfe des ev. Kirchentums angewiesen gewesen. D. befindet sich in dauernder Gefährdung durch völkische, sprachliche und vielfach dadurch bedingte religiöse Assimilation. Alle kirchliche D. hat, seitdem sie besteht, unübersehbare Verluste erlitten. Für die Erhaltung ihres äußeren Bestandes und für ihre geistliche Förderung sind kirchenamtliche Stellen eingetreten und haben sich freie kirchliche D.werke gebildet. Das → Corpus Evangelicorum, der preußische Ev. Oberkirchenrat, die Eisenacher Konferenz deutscher ev. Kirchenregierungen (D.kollekte von 1852 mit Wiederaufnahme des Begriffes D.), der Deutsche Ev. Kirchenausschuß (1903) und der Deutsche Ev. Kirchenbund (1922) mit seinem Kirchlichen Außenamt (heute Dienststelle der → Evangelischen Kirche in Deutschland) haben namentlich der Auslands-D. wesentliche Hilfe geleistet. Rechtsbeziehungen insbesondere zu den deutschen ev. → Auslandsgemeinden (: I) sind durch das Anschlußgesetz von 1924 und, unter ganz neuen staatsrechtlichen Voraussetzungen, durch das neue Anschlußgesetz von 1954 in großem Umfang hergestellt worden. Weit stärkere Ausmaße hat aber zunächst die Tätigkeit der freien kirchlichen D.verbände angenommen. A.H. → Francke hat (ohne Verbandsgründung) größte Verdienste um die ev. D. etwa in England, Nordamerika und Rußland. In ähnlichem Geiste diente die Deutsche → Christentumsgesellschaft der D. Das große D.werk der ev. Christenheit ist der 1832 gegründete Gustav-Adolf-Verein geworden, heute → Gustav-Adolf-Werk der EKD mit dem Sitz in Leipzig (zZ auch westdeutsche Dienststelle in Kassel), der sehr viele, nicht mehr nachzählbare Kirchen, Pfarrhäuser usw in vielen Ländern und wohl allen Erdteilen hat bauen helfen und die Heranbildung einer Fülle von D.pfarrern ermöglicht hat. Entsprechende Vereine bestehen zB in Schweden, Österreich, Ungarn, Polen, Brasilien. Die luth. Gottes-

kasten-Bewegung ist aus einem Gegensatz gegen den Gustav-Adolf-Verein heraus 1853 entstanden und treibt (heute unter dem Namen → Martin-Luther-Bund) betont Dienst an der luth. D. Andere D.werke haben ganz spezielle Zielsetzungen (Verband zur Förderung des Evangeliums in Spanien; → Fliedner, Fritz). Ein loser Zusammenschluß verschiedener D.verbände war »Deutsch-evangelisch im Ausland« (1919). In jüngster Zeit haben sich auch ökumenische Verbände (Ökumenischer Rat der Kirchen [→ Ökumenische Bewegung, 3]; → Lutherischer Weltbund) in starkem Maße des Dienstes an der D. angenommen.

4. In der D.arbeit, jedenfalls in Deutschland, unterscheidet man *Binnen-D.* und *Auslands-D.* Der Binnen-D. dürften seitens der D.verbände immer die meisten Mittel zugewendet worden sein, obwohl die D.verbände sich ihr nur soweit verpflichtet wissen, als die Kirchen den Gemeinden nicht ausreichend helfen können. Die Auslands-D. ist vielfach sog. *doppelte D.*, dh zugleich kirchliche und völkische D. Dabei besteht die Gefahr, daß das völkische D.bewußtsein das kirchliche überwächst oder auch der kirchliche D.dienst als Volkstumshilfe aufgefaßt wird. D.werke wie der Gustav-Adolf-Verein haben ihre Hilfe, um klarzustellen, daß es zuerst und zuletzt um Dienst am Evangelium geht, betont und planmäßig auch ungarischen, slowakischen usw D.gemeinden zugewendet. Aber daß die Mutterkirche der von ihr abgewanderten D. in besonderem Maße ihre Hilfe zuteil werden läßt, ist kirchlich legitim (vgl. den Dienst der Protestantischen Hilfsvereine der Schweiz an den schweizerischen Auslandsgemeinden). Sogar der Dienst an deutschsprechenden Evangelischen in anderssprechender Umgebung (deutsche Gemeinden in Schweden) ist ein kirchlich rechtmäßiges und notwendiges Tun; man spricht hier aber besser nicht von D. Analoges wäre zu sagen über die heutige sog. »wandernde D.« (Flüchtlingsmassen, die noch keine neuen kirchlichen Wurzeln geschlagen haben), sofern sie in ev. kirchlicher Umwelt besteht.

D. und Mission gehören ursprungsmäßig zusammen. Freilich ist D. unter andersgläubigen Christen nicht einfach dasselbe wie D. unter dem Heidentum. Die D.-gemeinde unter römischen oder ostkirchlichen Katholiken wird diese nicht als Heiden betrachten dürfen. Es gibt bei allem Wissen um den eigenen Konfessionsstand auch eine Pflicht zur christlichen Solidarität und zur ökumenischen Haltung. Heute findet diese zB in der wechselseitigen Benutzung der Kirchengebäude ihren Ausdruck. Auf aggressive Missionstätigkeit muß in der D. weithin auch deshalb verzichtet werden, weil Bereitschaft zum konfessionellen Frieden unabdingbare Voraussetzung dafür ist, daß die Minderheitskirchen überhaupt bestehen können. Ihre innere Leuchtkraft, die zwangsläufig nach außen hin ausstrahlt, muß aber eine D.gemeinde bewahren und bewähren, wenn sie ein inneres Recht auf Bestand haben will. – In dem eben bezeichneten Sinne legen die D.verbände betonten Wert darauf, keine konfessionellen Kampfverbände zu sein, was natürlich nicht völlig vor Konflikten etwa mit der röm.-kath. Kirche hat bewahren können. Anders liegen die Dinge beim → Evangelischen Bund, der auch D.-arbeit getrieben hat (→ Österreich, → Los-von-Rom-Bewegung), aber seinem Wesen nach ein konfessioneller Kampfverband ist.

Umstritten ist – namentlich heute – der Begriff der *ev.* D. und die Zielsetzung eines Dienstes an solcher. Theologen aus den Kreisen insbesondere des Martin-Luther-Bundes erkennen überhaupt nur eine Arbeit an *luth.* D. an, die nun auch unter Reformierten und Unierten bestehen kann und gerade dort bevorzugten Anspruch auf die Hilfe der luth. Kirche hat. Das Gustav-Adolf-Werk, dessen Gründung 1832 eine wichtige Etappe in der Entstehungsgeschichte der EKD bildet, fühlt sich in gleicher Weise luth., ref. und unierten Gemeinden und Kirchen verpflichtet und achtet dabei im Einzelfalle den Bekenntnisstand, verfolgt also weder unionistische noch konfessionalistische Tendenzen. Die Begründung für diese Einstellung und das betonte Festhalten an ihr liegt nicht nur in der Geschichte (Gründungszeit), sondern auch und vielmehr darin, daß ein ganz großer Teil der Auslands-D. ev. D. ist. Lutheraner, Reformierte und Unierte bilden an unzählig vielen Plätzen miteinander Gemeinden und stehen in *einer* Kirchengemeinschaft, die auch dort praktisch nicht in Frage gestellt wird, wo sich die Gemeinden inzwischen unter ein bestimmtes konfessionelles Vorzeichen gestellt haben. Natürlich ist grundlegende theologische Voraussetzung für ev. D.dienst die Überzeugung, daß, mag man auch die Unterschiede etwa zwischen Lutheranern und Reformierten sehr ernst nehmen, die ev. Kirchen einen ganz großen Gemeinbesitz haben, mit dem der Gemeinbesitz, der alle sonstigen Kirchen mit den ev. verbindet, gar nicht verglichen werden kann.

Zu den Versuchungen des Dienstes an der D. gehört, daß das Kirchentum, das D.pflege übt, gegenüber der D., die brüderliche Hilfe sucht, in gönnerhafter Herablassung deutlich spüren läßt, daß der Gebende den Nehmenden beschenkt. Solche Haltung wäre heute bes. gefährlich, da die Lage in den D.kirchen ganz ähnlich ist wie auf den Missionsfeldern bzw. bei den → Jungen Kirchen, die zu D.kirchen werden und herablassende Fürsorge nicht mehr vertragen. Die geistliche Gefahr bloßer D.pflege im alten Sinne ist deshalb bes. groß, weil – unter Anerkennung der anderen Möglichkeit, daß D.kirchen auch einmal verdorrende Äste am Baum der Kirche sind – sehr häufig die D.kirche innerlich stärker als das geschlossene Kirchentum und im geistlichen Sinne *die* Kirche ist, die geben könnte und geben will.

Die ev. D., Zeitschr. des Gustav-Adolf-Werkes, 1919-41. 1953ff – O.DIBELIUS, Staatsgrenzen u. Kirchengrenzen, 1921 – DERS., Die Bedeutung der D., 1952 – B.GEISSLER (Hg.), Ev. D. u. Gustav-Adolf-Verein, Festschr. f. F.Rendtorff, 1930 – O.LERCHE, 100 Jahre Arbeit an der D., 1932 (Lit.) – H.W.BEYER, Die Gesch. des Gustav-Adolf-Vereins, 1932 (Lit.) – E.SCHUBERT, Auslandsdeutschtum u. ev. Kirche, 1932-40 (Jb.) – Jb. des Martin-Luther-Bundes, 1946ff – G.NIEMEIER, D. als Gestalt kirchl. Seins u. kirchl. Sendung (EvTh 7, 1947/48, 226-233) – TH.HECKEL, Kirche jenseits der Grenzen, 1949 – G.STRATENWERTH, Ev. Deutsche im Auslande (KJ 77, 1950, 333-371) – R. KAMMEL, D.hilfe, 1950 – F.LAU, D. u. ökumen. Bewußtsein (Ev. D. 24, 1953, 109-121) – H.KRUSKA, Zum neuen Verständnis der D. (ThViat 5, 1953/54, 299-321) – DERS., 10 Jahre Kirchendienst Ost (KJ 81, 1954, 198-229) – P.W.GENNRICH, Das Gustav-Adolf-Werk der EKD (KJ 82, 1955, 310-356) – K.HENNIG, Die Glaubensgenossen, 1956 – Auf dem Wege zu einer Theologie der D.-Kirche (Theol. Materialien für Kontroverstheologie u. Konfessionskunde 1957, H. 3/4 [kath.]; Lit.). *F.Lau*

Diaz, *Juan* (ca 1510-46), * in Cuenca (Spanien), studierte in Paris Theologie, Griechisch und Hebräisch, fand hier in einem Kreis spanischer und französischer Erasmianer den Zugang zur paulinischen Rechtfertigungslehre, besuchte → Calvin in Genf, → Bucer in Straßburg und begleitete letzteren zum Religionsgespräch nach Regensburg (1546). Sein Bruder Alfonso, Rechtskonsulent der röm. Kurie, ließ ihn in Neuburg (Donau) erschlagen.

CL.DE SENARCLENS, Historia vera de morte sancti uiri Ioannis Diazij Hispani . . . cum praefatione M.Buceri, 1546 (span. Madrid 1865) – ED.BOEHMER, Spanish Reformers I, Straßburg 1874, 157 – M.MENENDEZ Y PELAYO, Historia de los heterodoxos españoles II, Madrid 1880, 207ff – E.MARTINEZ, Recuerdos de antaño los martires españoles de la reforma del siglo XVI, Madrid 1926 – M.BATAILLON, Erasme et l'Espagne, Paris 1937, 551f. *H.Liebing*

Dibelius, 1. *Franz Wilhelm* (1847-1924), ev. Theol., zuletzt Oberhofprediger in Dresden, trat als Kirchenmann, Prediger und Hymnologe hervor, führte 1874 den Kindergottesdienst in Sachsen ein und gründete 1882 die Gesellschaft für sächsische Kirchengeschichte.

Vf. u.a.: Gottfried Arnold, 1873; Dresdner Kinderharfe, 1880; Der Kindergottesdienst, 1881; war längere Zeit Mit-Hg. der BSKG. - F.BLANCKMEISTER, F.D., 1925 - RGG² I, 1925. *K.Dienst*

2. *Martin,* Neutestamentler, * 14.9.1883 als Sohn von 1 in Dresden, lehrte in Berlin (1910) und von 1915 an in Heidelberg, † 11.11.1947. Von der → religionsgeschichtlichen Schule und der Gattungsforschung ausgehend wurde D. zur kritischen Erforschung der mündlichen Tradition des Urchristentums und damit zur Formgeschichte der Evangelien und Apg (→ Formen: II) geführt (→ Bibelwissenschaft: II, 6a). Mit diesen Fragestellungen verband sich das Interesse für Herkunft und Geschichte der ethischen Mahnungen im NT (in seinen Kommentaren) und für das Verhältnis von eschatologischer Spannung und bleibender Gültigkeit der nt. Ethik. D. arbeitete mit an der theologischen Grundlegung der → ökumenischen Bewegung.

Bibliogr.: Bibliographia Dibeliana atque Bultmanniana (CN 8, 1944, 1-22); Nachtrag: ThLZ 74, 1949, 131. Seither: Aufsätze zur Apg, (1951) 1953²; Paulus, hg. u. zu Ende geführt v. W.G.KÜMMEL, (1951) 1956²; Botschaft u. Gesch., Ges. Aufs. I. II, 1953/56. - Hauptwerke: Die Geisterwelt im Glauben des Paulus, 1909; 1. 2Thess, Phil (HNT 11), (1911) 1937³; Die urchristl. Überlieferung von Joh. d.Täufer (FRLANT 15), 1911; Kol, Eph, Phlm (HNT 12), (1912) 1953³ neu bearb. v. H.GREEVEN; 1. 2Tim, Tit (HNT 13), (1913) 1953³ neu bearb. v. H.CONZELMANN; Die Formgesch. des Evangeliums, (1919) 1933²; Der Brief des Jak (MeyerK XV), (1921⁷) 1956⁸ mit ErgH.; Der Hirt des Hermas (HNT ErgBd Teil IV), 1923; Geschichtl. u. übergesch. Religion im Christentum, (1925) 1929²; Gesch. d. urchristl. Lit. I. II, 1926; Jesus, (1939) 1949². - Über D.: W.G.KÜMMEL, M.D. als Theologe (ThLZ 74, 1949, 129-140). *W.G.Kümmel*

3. *Otto,* * 15.5.1880 Berlin, 1906-15 Pfarrer in Crossen, Danzig, Lauenburg, 1915-25 Pfarrer in Berlin, 1925 Gen.-Sup. Durch das → Gustav-Adolf-Werk mit → Söderblom verbunden, hatte D. maßgeblichen Anteil am ökumenischen Einigungswerk (1925 Stockholm, 1927 Lausanne). 1933 wurde er von den Nationalsozialisten aus allen Ämtern entfernt, mit K.Scharf arbeitete er in der Widerstandsleitung der → Bekennenden Kirche zusammen (→ Kirchenkampf). 1939 Mitglied des Rates der altpreußischen Union; 1945 ev. Bischof von Berlin, Mitverfasser der → Stuttgarter Erklärung; seit 1949 Vorsitzender des Rates der EKD; 1954 Präsident des Ökumenischen Rates der Kirchen (Evanston). - Durch entschlossene Abwehr des totalen Staates in nationalsozialistischer wie in kommunistischer Form wurde D. der eigentliche Repräsentant einer Kirche, die sich durch keinerlei säkulare Grenzziehungen in ihrer Sendung und Verantwortung hindern läßt. Im zweigeteilten Deutschland wehrte D. der kulturellen Isolierung Berlins und der politischen Abschnürung Mitteldeutschlands.

Vf. u.a.: Das Vaterunser, 1903; Das kirchl. Leben Schottlands, 1911; Staatsgrenzen u. Kirchengrenzen, 1921; Das Jh. der Kirche, (1927) 1928⁶; Friede auf Erden? (1929) 1930³; Die werdende Kirche, (1938) 1951⁵; Bericht von Jesus, (1939) 1952²; Erbe der Väter, (1941) 1956⁵; Ruf zum Gebet, (1947) 1951²; Grenzen des Staates, (1949) 1952³; Vom ewigen Recht, 1950; Die Bedeutung der Diaspora, 1952. - Über D.: K.SCHARF, ThViat 2, 1950, 3-15 - Festschr.: Verantwortung u. Zuversicht, 1950 - Stunde der Kirche, 1950 - J.W.WINTERHAGER, Bewährung des Geistes (Akad. Blätter, Kiel, 57, 1955, 83-93) - Day is dawning (Kommender Tag), Hamburg 1956, London 1957² - F.JOR, O.D., Oslo 1956. *J.W.Winterhager*

Dichtung und Religion

1. Die autonome D. - 2. D. im Dienst der R. - 3. Säkularisierte D.: a) Religionsentfremdung - b) Ästhetisch religiöse Romantik - 4. Gegenbewegung gegen die Säkularisation. - D. = Dichtung, R. = Religion

1. D. kann in ihrer Eigenständigkeit entwickelt werden, wie im alten Griechenland, zT in Rom, in der nachantiken humanistischen D. Sie kann auch von außerdichterischen Mächten beherrscht werden. Teils wird sie solchen Mächten dienstbar gemacht, teils durch sie umgedeutet. Ihr Bezug auf die R. hängt von diesen Grundbezügen ab. Autonome D. wahrt sich in ihrem eignen Bereich, weiß sich aber zu ihrer ganzen Erfüllung auf die R. verwiesen. Zur Dienstbarkeit der D. gehört auch der Dienst an der R. Hier wird der ästhetische Charakter der D. eingeschränkt, doch bleibt ihr Wesen unangetastet, und sie gewinnt an der religiösen Wirklichkeit einen sachlich und menschlich bedeutenden Gehalt. Umgedeutet wird die D. bes. seit dem 18.Jh. durch die fortschreitende → Aufklärung. Sie wird hier teils rationalisiert und naturalisiert, wird hierdurch mehr und mehr der R. entfremdet. Teils wird sie auch romantisiert: dem poetischen Erfahren, Gestalten, Genießen wird religiöse Bedeutung zugesprochen. Der Säkularisation setzen sich sofort Bewegungen entgegen, die Mensch und D. wieder an die R. binden wollen. Sie sind teils freireligiös, teils religiös konservativ, dh Ausdruck festen religiösen Bekennens.

Das Wesen der D. hat man schon in der Antike geklärt; hiervon zeugt des → Aristoteles Poetik. Der Humanismus hat dieses Wissen neu aufgegriffen, die Kritik im 18.Jh. (bes. → Lessing) neu begründet, → Goethe und → Schiller haben es zum Grund ihrer D. gemacht; sie ordnen der D. als Inhalt die physische, sittliche, überphysische Welt zu, also das Ganze dessen, was an Wirklichkeit erfahrbar und denkbar ist. Solche Welten erfaßt der bildende Künstler mehr gegenständlich, der Dichter mehr in ihrer Seinsbedeutung für den Menschen. Der Mensch selbst ist durch diese dreifache Welt konstituiert, er ist als Person mit dieser seiner Wirklichkeit als Körper, Seele, Geist seinspraktisch verknüpft, empfängt Wirkungen von ihr und übt sie auf sie aus. Er ist von solcher Wirklichkeit umgriffen, erfährt sich als teils durch sie bedingt, als teils sie bedingend. Ferner ist er auf diese Wirklichkeit erlebend bezogen. Alle diese Wirklichkeiten und Bezüge stellt der Dichter dar, die seinspraktischen mehr in der erzählenden und dramatischen, die erlebnishaften mehr in der lyrischen D. Ihrer Form nach ist D. für Goethe und Schiller Veranschaulichung von Wirklichkeit; der Dichter soll diese Welt »zum Anschauen« bringen. Aristoteles nennt dies Mimesis: künstlerische Nachahmung und Gestaltung. Der Dichter stellt hierdurch das innerlich als Phantasiebild sich ihm Vorstellende als eigenständiges Kunstwerk aus sich heraus. Aufgabe dieses Kunstwerks ist einmal, dem es Empfangenden die dichterische Wirklichkeit als lebendige Anschauung zu suggerieren. Der Dichter will nach Lessing »nicht bloß verständlich werden, seine Vorstellungen sollen nicht bloß klar und deutlich sein ...; sondern er will die Ideen, die er in uns erweckt, so lebhaft machen, daß wir in der Geschwindigkeit die wahren sinnlichen Eindrücke ihrer Gegenstände zu empfinden glauben, und in diesem Augenblick der Täuschung uns der Mittel, die er dazu anwendet, seiner Worte bewußt zu werden aufhören.« Fabel, D., Handlungen, die bis zur Täuschung eindringen, sind nach → Herder das Wesen der Poesie; Malerei wolle das Auge täuschen, Poesie aber die Phantasie. Für Goethe ist Christian → Günther ein Dichter im vollen Sinne des Wortes, denn er habe vermocht, in diesem Leben ein zweites Leben durch Poesie hervorzubringen. Auf ihrem Gipfel werde die D. wie die Gegenwart des Lebens selbst. Ferner soll D. durch Anschauung bestimmte Gemütszustände bewirken. Die Tragödie soll zu Furcht und Mitleid erschüttern. Das schöne Ziel der Komödie ist es, »geistreiche Heiterkeit und Freiheit des Gemüts hervorzubringen«. Schließlich soll D. dem Menschen das Wesen von Mensch und Welt auch klären, erhellen. Im Leben ist der Mensch teils bedingend, teils bedingt, teils handelnd, teils leidend. Der Dichter isoliert verdeutlichend diese Seinsweisen. Das epische Gedicht stellt, nach Goethe und Schiller, »persönlich beschränktes Handeln«, die Tragödie »persönlich beschränktes Leiden« vor. Sodann erhellt der Dichter durch Einwirkung auf das Gemüt. Die Tragödie stellt etwas zu Fürchtendes und den Menschen im Leiden dar; hierdurch erschüttert sie zu Furcht und Mitleid, wirkt reinigend auf das Gemüt. Schließlich verweist der Dichter durch klärende Rede auf Grund, Sinn, Ziel des Menschen und der Wirklichkeit hin. Der tragische Dichter, fordert Herder, stelle nicht nur die Schicksalsfabel vor; er sei auch »durch seine Darstellung Ausleger und Anwender dieser Blätter des Schicksals«.

So ist D. nicht eigenständig in ihrer Darstellungswelt: diese teilt sie mit der R., Philosophie, Wissenschaft. Sie besetzt hier nur einen ihr gemäßen Sektor: den Menschen in seiner inneren Selbst- und äußeren Welterfahrung. Ihr ganz eigen ist nur ihre Art der Vermittlung: sie bringt Wirklichkeit zum Anschauen und macht sie dem Gemüt wirksam. Auch in ihrer Weltklärung ist die D. nicht eigenständig. Zwar sprechen die Griechen von Urdichtern, die auch Seher gewesen seien und Ausbilder der religiösen Vorstellungswelt; doch ist dies durch die uns faßbare D. nicht zu belegen. Die homerische D. braucht bloß epische Darstellung schon vorfindlicher Welten zu sein; die griechischen Tragiker entnahmen das Schicksalhafte teils schon ihren Stoffen, teils dem religiösen Wissen ihrer Zeit. Sophokles, sagt Goethe, sei in seinen Tragödien nicht von Ideen ausgegangen, »vielmehr ergriff er eine längst fertige Sage seines Volkes, worin bereits eine gute Idee vorhanden, und dachte nur darauf, diese für das Theater so gut und wirksam als möglich darzustellen«. Auch im »Faust« will Goethe nur Lebensdarsteller, nicht Lebensdeuter sein. Zur Deutung bleibt der Dichter auf vorfindliches religiöses Wissen angewiesen. Schon für den antiken Dichter haben die Götter es dem Menschen vermittelt, Priester hüten es und machen es wirksam. Nur so kennt auch der Dichter die wahre Beschaffenheit des Seins, des Menschen, der Bezüge zwischen Mensch und Sein. Von sich selbst aus wüßte er zwar, daß der Mensch handeln kann und leiden muß, doch kein Woher, Warum, Wohin. Noch mehr ist im christlichen Raum der Dichter von dem religiösen Offenbarungsbestand abhängig.

Doch hat der Dichter mit der R. nur mit Rücksicht auf seine D. zu tun. Er kann menschliches Leben auch in Bereichen zum Anschauen bringen, die sich mit R. nicht berühren. Die R. erfaßt er als Dichter vorwiegend als Erlebnis- und Erfahrungsinhalt des Menschen. Er eröffnet als Lyriker den Menschen in seiner religiösen Erlebniswelt, stellt als Dramatiker den Menschen in seinen menschlichen Vollzügen angesichts des Schicksalhaften dar. Bei der griechischen Tragödie war, nach Herder, »die Frage nicht, warum solche Schicksale treffen, sondern wenn und weil sie treffen, wie sind sie anzusehn, wie zu ertragen?« Man sieht den Ödipus, wie er tragisch scheitert, aber auch den Ödipus, der mit den Göttern versöhnt ist und mit dem die Götter versöhnt sind. Als Darstellender erfaßt der Dichter alle Wirklichkeit zuerst von der Seite ihrer Anschaulichkeit. Auch die übersinnliche Welt soll dichterischer Gegenstand sein; sie muß als Erlebnis da sein oder als Inhalt dichterischer Schau. Die überphysische Welt ist nach Goethe und Schiller »die Welt der Phantasien, Ahnungen, Erscheinungen, Zufälle«.

Das dem Dichter Anschaubare kann mit seiner religiösen Glaubenswelt in eins fallen. Die Griechen glaubten an Götter in Menschengestalt. Für den jüdisch-christlichen Theismus ist Gott zwar auch Person, doch geistiges Wesen, in keine Gestalt zu bannen. Zudem verbietet die R., sich von ihm ein vermenschlichendes Bild zu machen (→ Bilder: II). Doch fehlte auch dem mittelalterlichen Christen die sinnenhafte religiöse Welt nicht: das göttliche Sein war durch Christus vorzustellen, das Antigöttliche erschien als Teufel; dazu traten die Engel, die teuflisch dämonischen Wesen, die Welt der guten und bösen Geister. Es entsteht eine reiche, spezifisch christliche D., vielfältig in Thema und Form. Man stellt das zentrale christliche Heilsgeschehen selbst dar (→ Heliand, 9.Jh.; → Klopstock, Messias) oder bedeutende Momente im Menschheitsgeschehen (→ Milton, Das verlorene Paradies). Man stellt die übersinnliche Welt vor, in ihr den Menschen in seinem Erfahrungs-, Erlösungsgang (→ Dante, Göttliche Komödie). Man zeigt den Menschen im Leben, im religiösen Streben, Irren, seinem Heimfinden zu Gott (→ Wolfram von Eschenbach, Parcival; → Grimmelshausen, Simplizissimus). Am Menschen in seinen religiösen Bezügen findet vielfach das Barockdrama sein Thema (→ Calderon, → Gryphius, der spätere → Racine). Der Mensch zeigt sich hier in religiöser und sittlicher Bewährung, oder in seinem Versuchtwerden, seiner Schwäche, seinem Fall, in seinem Angewiesensein auf Gottes Gnade und Hilfe. Nach schon alter Blüte mehr kirchlicher und volkhafter religiöser Lyrik ersteht vom 17.Jh. ab auch eine reiche religiöse Kunstlyrik (Gryphius, → Rist, Zesen, → Fleming, Simon → Dach, Klopstock).

Doch kann das Poetische und das religiös oder weltanschaulich für wirklich und wahr Angenommene auch auseinandertreten. Aischylos und Sophokles schufen ihre Tragödien als fromme Männer für ein frommes Publikum. Euripides hingegen huldigte wohl einer philosophischen Weltanschauung, erkannte nur ein unpersönlich geistiges Prinzip als Weltgrund an, bediente sich also der Götter nur mit Rücksicht auf poetische Anschaulichkeit und den Glauben seines Publikums. Der christliche Humanist konnte der Antike nur ihre Kunst entnehmen, nicht ihren Glauben; die Götter besaßen für ihn nur noch poetische Vorstellungs-, nicht religiöse Realwirklichkeit. Im 18.Jh. wird die →Aufklärung (: II) auch im christlich religiösen Raum mächtig, erfaßt die Welt als in sich geschlossenen natürlichen Zusammenhang, scheidet Gott aus der Welt aus oder erkennt nur einen allgemeinen geistigen Weltgrund an. Die konkrete übersinnliche christliche Vorstellungswelt ergreift der rationalisiert-christliche und der aufklärerische Dichter nur noch als eine Versinnlichung unsinnlicher Mächte, bedient sich ihrer nur noch als Poet. So greift Schiller in »Maria Stuart« das Anschauliche kath. Glaubensvorstellung oder in der »Jungfrau von Orleans« die Wunderwelt des MA auf. In der »Braut von Messina« vermischt er antike und christliche R.svorstellungen. Doch kann hierbei der Dichter auch eine tiefere Verbindlichkeit wahren. Zwar bedient sich Goethe im »Faust« jüdischer, mittelalterlicher und kath.-christlicher Vorstellungen auch zum Zwecke poetischer Darstellung, doch vertritt er hier auch den jüdisch-christlichen Theismus. Der Seinsgrund ist für ihn der persönliche Gott, diesem steht entgegen, von ihm aber abhängig, das Negierende des Mephisto; der Mensch steht zwischen Gott und dem Satan; durch Selbstbewahrung und noch mehr durch die Gnade Gottes gewinnt der Mensch im Tode den Zugang zu Gott. Das stete Scheitern Fausts in der Welt wird positiv religiös begriffen: so wird Faust vor dem Verfall an die Welt geschützt. Noch verbindlicher und schon didaktisch lehrend spricht Lessing im »Nathan«. Er gibt hier, was Herder schon gesehen, nicht zuerst ein Lehrgedicht über die Vorsehung, noch weniger über eine allgemeine Vernunft-R., sondern die in höchste Helle gebrachte Schicksalsfabel. Der von Gott wie ein Hiob geschlagene und geprüfte Nathan hat durch sein Einstimmen in das ihm Gefügte echte Weisheit gewonnen.

Auch in der Sprache weiß die autonome D. sich eng auf die religiöse Wirklichkeit bezogen, so wie sie sich durch Sprache vermittelt hat. Es ist eine religiöse Sprachphilosophie möglich, die die Sprache als die dem Menschen durch Gott gegebene Gabe begreift und hierin die Fähigkeit der Sprache begründet, seelisch geistiges Abbild des Wirklichen zu sein. Diese gottgegebene Sprache ist ursprünglich schon poetisch; der Dichter muß sie wahren, wenn er mit seinem Werke göttliche und gottgeschaffene Wirklichkeit bannen und nicht dem Rationalen oder Gesellschaftlichen verhaftet bleiben will. Durch J.G. → Hamann entwickelt, von Herder aufgenommen, wird diese Sprachphilosophie wirksam für Goethes und Schillers Sprachbehandlung. Im jüdisch-christlichen Raum greift dieser religiöse Grund der Sprache auch dadurch tief, daß in der Bibel vielfach Gott selbst als der Sprechende angenommen werden muß, die Bibel das Sprechen Gottes selbst offenbart mit religiös erweckender Kraft. Dazu erhebt sich viele religiöse D. wie durch Inspiration zu höchster Sprachkraft. Die Psalmen sind mächtige lyrische Sprachwerke, über den durchschnittlichen lyrischen Ausdruck hinaus weit gesteigert. Bibelübersetzer stehen vor der Aufgabe, nicht nur den Wortsinn zu wahren, sondern auch die Verkörperung religiöser Wirklichkeit in der Sprache (→ Bibelübersetzungen: IV, 2 [Luther]; VII). Damit findet der weltliche Dichter in der religiösen Überlieferung Sprachbestände vor, die ihm immer wieder ermöglichen, die D. über das bloß Natürliche, Rationale, Gesellschaftliche hinauszusteigern. Auch aus griechischer Überlieferung, bes. aus lyrischer und tragischer D., sind solche Bestände vorfindlich, indem hier das Poetische ursprünglich im Kultischen gründet. Diese ganzen Bestände machen Klopstock, Goethe, Schiller zu ihrem Sprachgrund, gewinnen hierdurch gegenüber dem bis dahin herrschenden weltlichen Klassizismus mehr Sprachumfang und Sprachtiefe. Auch für die dichterischen Formen wird dieses Religiöse wirksam. Man zerbricht die festen klassizistischen Fügungen; man übernimmt den freieren Fluß altjüdischer Psalmen und antiker Oden-D.

2. Die der R. dienende D. ist einmal ursprünglich für ihre religiöse Funktion ausgebildet. Zu ihr gehört alle gottesdienstliche D.: die Hymnen des Rigveda, orientalische und at. Psalmenlyrik, das kath. und prot. → Kirchenlied, Festlied usw. Im Psalm und Kirchenlied wird der Mensch in seiner Stellung zu Gott in weitem Umfang zu gemüthaftem Ausdruck gebracht: Sündenbewußtsein, religiöse Not, Bußwille, Glaube, Hoffnung; Lob und Preis Gottes, seiner Weisheit, Allmacht, Bitte um Gottes Gnade und Hilfe. Solche Lyrik ist allgemeineren Inhalts, zugleich den bestimmten gottesdienstlichen Themen und Zwecken angepaßt, in der Form auf Gemeinschaftsgesang berechnet. Zu private Subjektivität, betont höhere Kunstformung (wie zB in den Liedern Klopstocks) werden hier vermieden. Wohl kann eine bewußte Kunst religiöser Schlichtheit geübt werden, wie durch P. → Gerhardt, → Gellert, R.A. → Schröder. Ferner kann auch die als ästhetische Kunst fertig ausgebildete D. für religiöse Zwecke eingesetzt werden. Dies geschieht vielfach im Fortgang von der Renaissance zum Barock. Calderon und Gryphius setzen ihre Kunst-D. auch für die R. ein; Fr.v. → Spee dichtete als gegenreformatorischer Dichter mit kunstvoller, werbender Volkstümlichkeit (Trutz-Nachtigall); → Angelus Silesius bekennt sich als kath. Mystiker (Der Cherubinische Wandersmann). Die Jesuiten stellen das Drama ganz in den Dienst religiöser Wirkung (Jacob Bidermann, Cenodoxus, Belisar; Nikolaus von Avancini, Pietas vitrix). Durch ihre Themen - Verdammnis des Sünders, Heroismus und Aufschwung des Glaubenshelden - und durch Einsatz aller Sinnenwirkungen und Effekte dramatisch-theatralischer Darstellung wollen sie bei ihren Zuschauern teils eine religiöse Furcht, teils einen religiösen Enthusiasmus erwecken, mehr zur Bekehrung aufrufen oder mehr zur Überwindung der irdischen Welt (→ Jesuitendichtung).

3. a) Die Säkularisationsbewegung kommt zuerst im 18.Jh. sichtlich zur geistigen und künstlerischen Macht. Sie tritt hier auf mit dem Anspruch des menschlichen Fortschritts, der Mündigkeit des Menschen; dies bewährt sie vorwiegend durch Kritik an der geschichtlichen R. und an der in R.slehren und Überlieferung begründeten Gesellschafts- und Staatsordnung. Vernunft und das Natürliche werden zu den Kriterien für Art und Bestand göttlicher Wirklichkeit. Im philosophischen Idealismus (Fichte, Hegel) gibt man auch Gott als Person preis, bestimmt den Weltgrund als ein unpersönliches, sich gesetzmäßig manifestierendes Sein; der weltanschauliche Materialismus gibt auch diesen Geist preis zugunsten der Alleinwirklichkeit einer stofflichen Natur. Damit wird die umgreifende Wirklichkeit für den Menschen mehr und mehr entmachtet; das eigentlich Wirkliche ist der Mensch selbst, die Natur ist für ihn Raum und Stoff des selbstgenugsamen Daseins. Wissenschaft dient einmal zur Erkenntnis der Natur, sie dem Menschen verfügbar zu machen, seiner gestaltenden Tätigkeit, der Daseinsausdehnung, der Herrschaft, dem Genuß; ferner hat Wissenschaft als Kritik die geschichtliche R. zu entlarven, teils als Wahngebilde eines Menschen, der, statt das irdische Paradies zu verwirklichen, überirdische Paradiese erträumte, teils als ein Zweck- und Nutzgebilde hieran interessierter Klassen, zunächst der Priester, sodann der mit ihnen herrschenden Fürsten; schließlich hat Wissenschaft als Soziologie die moderne ideale Gesellschaftsform zu finden. Alle diese Tendenzen sammeln sich, unterbaut durch einen materialistisch umgestülpten Hegelianismus, in der Lehre von → Marx und werden als → Marxismus Zentrum eines praktischen sozialistischen und auch politischen Machtstrebens. In der D. führt die → Aufklärung (: II) im 18.Jh. bes. bei mittleren Talenten zu einer veräußerlicht religiösen D., in der das persönlich-moralische Verhältnis des Menschen zu Gott zurücktritt zugunsten einer religiösen Teleologie, die Gott zuerst als den Schöpfer der weise eingerichteten und schönen Welt bewundert und preist (→ Brockes, Irdisches Vergnügen in Gott). Im 19.Jh. wird die Abkehr von der geschichtlichen R. wie zum Zeichen fortschrittlicher Bildung und höherer Geistigkeit. Mit Christentum und Kirche setzt man sich teils von einem liberalen Standort aus auseinander (Gutzkow, Der Zauberer von Rom; Anzengruber, Der Pfarrer von Kirchfeld); teils faßt man sie nur noch als gegenständliche Inhalte von außen beobachteter Menschen-, Gesellschafts- und Kulturwirklichkeit auf. Persönlich vertritt der Dichter oft eine betont nichtchristliche Lebenshaltung: → Heine einen heidnisch, diesseitig sinnenfrohen Hedonismus, G. → Keller eine bis ans Materialistische streifende Naturbejahung. Der junge A.Holz, Wedekind treiben solchen Naturalismus bis zum Extrem. Mehr und mehr wird auch der Marxismus in der D. wirksam (M.Gorki, B. Brecht, J.R.Becher u.a.).

b) Die Säkularisation kann sich umgekehrt auch als eine Philosophie äußern, die die religiöse Bedeutung von

Kunst und D. übersteigert, ästhetisches Schaffen und Genießen zur religiösen Funktion erhebt. Fr. → Schlegel entwirft eine Kultur- und Geschichtsphilosophie, nach der in der D. religiös bedeutsame Seinsprozesse sich vollziehen und zu einem religiös befriedigenden Kulturzustand führen, zur Harmonie zwischen Ich und All. → Hegel baut diese Ansätze systematisch aus, nach ihm manifestiert sich in der Kunst, in der D. das sich entfaltende geistige göttliche Sein selbst und führt einem letzten befriedigenden Endzustand zu. Hegel sieht diesen Endzustand in der vollendeten Philosophie, die Romantiker (→Romantik: II) setzen ihn in die vollendete Kunst und D., ihre D. soll Ausdruck einer erreichten ästhetisch-religiösen Erlösung sein. Ihre D. stellt Bildungsgänge des Menschen auf diese Erlösung hin dar (Tieck in seinen romantischen D.en; Fr.Schlegel, Lucinde; → Novalis, Ofterdingen). Oft erfaßt sich der Dichter auch als religiöses Offenbarungsorgan. Im 19.Jh. bis zur Gegenwart setzt sich dieser Zug in der Annahme fort, der Dichter sei ein bes. bevorzugtes Organ für autonom religiöse Erlebnisse und Erfahrungen. Der Dichter spricht sich gern in säkularisiert religiösen Erlebnissen aus. Subjektives religiöses Erleben mit weltanschaulichem Akzent findet sich in der christlichen D., in der Mystik, in pantheisierender D., doch bleibt hier die Offenbarung als fester Rückhalt gewahrt. Auch Goethes pantheisierende Erfahrungen bleiben begrenzt, beziehen sich nur auf Manifestationen Gottes in der Welt, setzen nicht Gott und Natur in eins. Säkularisierte Mystik tritt erst in der Romantik auf (Novalis, Zach. → Werner), sie bleibt seitdem ein mögliches Motiv dichterischen Erlebens (→ Rilke, Das Stundenbuch). Totaler Pantheismus entwickelt sich erst auf naturwissenschaftlicher Grundlage (E.G.Kolbenheyer, Spinoza, Heroische Leidenschaften, ein Giordano-Bruno-Drama). R. → Dehmel erlebt den Frühling als »Christus«. Auch in christlicher D. findet man Naturalisierungen; Ina → Seidel erlebt Christus als Frühling. Erotisierungen sind oft mit diesem mystischen und pantheistischen Erleben verbunden (Novalis, Hymnen an die Nacht; die Dramen Z.Werners; R.Wagner, Tristan und Isolde). R.Dehmel nennt sich »triebselig«.

Bis um 1900 führt die Säkularisation mehr und mehr zum Gefühl einer Totalkrise des modernen Menschen, seiner Weltanschauung, seiner Zivilisation. Die Hoffnung schwindet, den Menschen in einer totalen als göttlich gesetzten Immanenz zu erlösen (wie die Romantiker, Hegel) oder in einer totalen Zivilisation (wie die Positivisten). Die Philosophie stellt jetzt die Schranken, das Ungenügende, das Negative alles bloßen Weltseins fest (→ Jaspers, → Heidegger, → Sartre). Doch scheint der Weg zur erfüllten Transzendenz versperrt. Der Dichter nimmt hieran teil, fühlt sich mehr und mehr negativ, als Träger, Offenbarer dieses Zeitschicksals, bekundet dies teils mehr durch objektive Beobachtung (Th. → Mann), teils mehr durch subjektives Erlebnis (Rilke, Duineser Elegien; → Kafka).

4. Die Gefahr dieses Seinsverlustes, als grundsätzlich der Säkularisation zugehörig, ist schon früh gesehen, bekämpft worden. Schon Lessing warnt vor der »Mistjauche der Aufklärung«; so hält er die Offenbarung fest als Voraussetzung für echtes Vernünftig- und Moralischwerden des Menschen. Er bekämpft die aufklärerische Theologie, die verflachende Teleologie; er stellt in seiner D. den Menschen als religiös moralisches Wesen dar. Klopstock feiert in Hymnen Gott und die Herrlichkeit seiner Schöpfung. In der Romantik binden sich Schöpfer romantischer Philosophie wieder an die geschichtliche Religion, oft an den konservativeren Katholizismus (Fr.Schlegel), Konversionen aufgeklärter Protestanten werden fast modisch (Fr.Leop.Graf zu Stolberg, Z.Werner u.a.), aufgeklärte, lässige Katholiken werden kirchentreu, kirchenerneuernd (→ Brentano, → Görres). Der Mensch wird wieder in christlich-religiösen Erlebnis- und Wirklichkeitsbezügen gezeigt. Brentano schreibt seine »Romanzen vom Rosenkranz«. Arnim nimmt in »Halle und Jerusalem« den von Gryphius behandelten Cardenio- und Celinde-Stoff auf und erweitert dieses Bild des gefallenen Menschen zur Darstellung des Weges der Reue, Buße, Erlösung. Auch Goethes »Faust« ordnet sich hier ein: Faust, zuletzt im Streben nach Besitz und Macht in äußerster Verdunkelung, wird mehr durch Gottes Gnade als durch eignes Verdienst gerettet. Auch ein bodenständiger Konservativismus bleibt der geschichtlichen Religion treu: → Arndt oder die Brüder → Grimm. Nach 1850 scheint die neue Weltlichkeit siegreich, doch wird diese Welt bis um 1900 wieder problematisch: Technik und Großindustrie stellen vor neue soziale, wirtschaftliche, politische, menschliche Probleme; Erfüllung im bloßen Dasein bleibt aus. Der künstlerische → Naturalismus zeigt schon diese Bedenklichkeit: der Mensch ist unfrei, bloßes Produkt von Vererbung und Milieu, diese Bindungen werden als negativ wirkend erfahren. So weisen hier schon die Dichter über den weltanschaulichen Naturalismus hinaus, zeigen den Menschen wieder in religiösen Bezügen auf. G. →Hauptmann läßt in »Hanneles Himmelfahrt« ein im Elend sterbendes Kind im Traum das künftige überweltliche Paradies schauen; er läßt den Glockengießer Heinrich (Die versunkene Glocke) in seinem religiösen und künstlerischen Pantheismus scheitern; er widmet sein erzählendes Hauptwerk »Der Narr in Christo Emanuel Quint« mit persönlicher Beteiligung einem schlesischen Sektierer. H. → Stehr fundiert seine ganze D. in mystisch-religiösem Erleben. Den Expressionisten wird dieser religiös weltanschauliche Bezug zum vordringlichen dichterischen Thema: der Mensch in seinem religiösen Bedürfnis, der wieder durchzustoßen versucht zu dem göttlichen Grund des Seins. Die Kunst der Gotik, des Barock und ihr Religiöses wird neu ergriffen. Doch steht diese ganze Bewegung noch im Raum der Säkularisation; der Mensch, von sich aus erlebend, sucht Gott zu erreichen (am bedeutendsten → Barlach in seinen Dramen). Doch wächst bis zur Gegenwart auch wieder die Tendenz zu einem Anschluß des Menschen und der D. an die geschichtliche R., zu einer religiös bekennenden D. Frankreich, im 18.Jh. Land der Aufklärung, im 19.Jh. eines Ästhetizismus, einer ihm entstammenden Dekadenz und Pervertierung, entwickelt früh Gegenbewegungen (→ Maistre, 1754-1821; Barbey d'Aurevilly, 1807-89), die sich bis 1900 in der Renouveau catholique finden und bes. durch Paul → Claudel eine Macht in der D. werden. In England sammeln sich diese Bestrebungen in und um T.S. → Eliot. In Deutschland findet sich schon früh der Einsatz für die R. bei A.v. → Droste Hülshoff (Das Geistliche Jahr). Seit der Erschütterung durch den 1. Weltkrieg mehren sich die betonten Rückbindungen. R.A. → Schröder, bis zum 1. Weltkrieg der entschiedenste und vollendetste Erneuerer der hohen idealen D. mit unmittelbarem Rückgriff auf die Antike, bekennt sich seit dem Weltkrieg als prot. religiöser Dichter und wird zum Erneuerer des prot. → Kirchenlieds (: I). Neben ihm stehen Ina → Seidel, Konrad → Weiss, Edzard → Schaper, Albrecht → Goes, Heinrich Böll u.a., im kath. Raum Stefan → Andres. Auch die Konversionen zuvor freigeistiger Autoren zum Katholizismus mehren sich. Reinhard → Sorge, der Dichter des ersten betont expressionistischen Dramas (Der Bettler), konvertiert früh und dichtet seitdem als bekennender Christ. Ihm schließen sich an Werner → Bergengruen, Reinhold → Schneider, Gertr. v. → le Fort,

Elis. → Langgässer u.a. Auch säkularisierte Juden suchen wieder Halt in der geschichtlichen R. Schon Heine kehrte nach seinem körperlichen Zusammenbruch zur R. seiner Väter zurück. → Werfel nähert sich in seinem Spätwerk kath. Christentum (Das Lied der Bernadette). Alfred → Döblin kommt noch spät zur Konversion.

Die Literaturwissenschaft im 19.Jh. gehört selbst überwiegend der Säkularisationsbewegung zu; D. wird mit Rücksicht auf den Gewinn an Aufklärung beurteilt. Daneben besteht konservativ kath. Literaturbetrachtung (Eichendorff, Geschichte der poetischen Literatur Deutschlands, 2 Tle, 1857) und prot. Erfassung (A.Fr. Chr.Vilmar, Geschichte der deutschen Nationalliteratur, 1845). In den letzten Jahrzehnten ist bes. die kath. Literaturwissenschaft um eine Beachtung der religiösen Motive des Dichters bemüht; die D. des Barock, der Gegenreformation, die religiös werdende Romantik werden neu gewürdigt (G.Müller, P.Hankamer).

O.FROMMEL, Neuere dt. Dichter in ihrer religiösen Stellung, 1902 - W.LIEPE, Das R.sproblem im neueren Drama von Lessing bis zur Romantik, 1914 - A.ROUSSEL, La religion dans Homère, 1914 - A.H.KOCHER, Gesch. der religiösen D. in Deutschland, 1919 - E. GRAF, Die Pfarrergestalt in der dt. Erzählungslit. des 19.Jh.s, 1922 - W.KNEVELS, Das Religiöse in der neuesten lyr. D., 1927 - DERS., Das moderne Drama, 1930 - G.MÜLLER, Dt. D. von der Renaissance bis zum Ausgang des Barock, 1927-29 - F.MELZER, Kirche u. Lit.-gesch. der ev. Kulturkritik, 1933 - S.SINGER, Die religiöse Lyrik des MA, 1933 - P.HANKAMER, Dt. Gegenreformation u. dt. Barock, (1935) 1947² - E.AUERBACH, Mimesis, 1946 - W.GRENZMANN, D. u. Glaube, (1950) 1957³ - A.WILDER, Modern Poetry and the Christian Tradition, 1952 - W.KOHLSCHMIDT, Die entzweite Welt, 1953 - W.MUSCHG, Tragische Lit.-Gesch., 1953² - R.BACHEM, D. als verborgene Theol. (phil. Diss. Bonn), 1955 - H.FRIEDMANN u. O.MANN, Christliche Dichter der Gegenwart, 1955 - EKL II, 1408 ff.

O.Mann

Didache → Apostellehre.

Didaskalia = »die katholische Lehre der 12 hl. Apostel und Jünger des Erlösers«, eine altchristliche Schrift nicht dogmatischen, sondern kirchenrechtlichen Inhalts. Formal ist sie jedoch keine Kirchenordnung, vielmehr eine Sammlung von paränetischen Predigten, stark mit Bibeltexten (auch Apokryphen) durchsetzt, über die rechte Lebensführung der Kirche. Sie gewährt einen guten Einblick in die damaligen Fragen (Unterschied zum Judentum wird stark unterstrichen; Kirche stark pneumatisch und hierarchisch geordnet; nicht asketisch). Vollständig nur in syrischer Übersetzung erhalten, bearbeitet in den → Apostolischen Konstitutionen: teilweise lateinisch. Wohl in Syrien im 3.Jh. entstanden.

Ausg. v. A. DE LAGARDE, 1854; lat. Text bei F.X.FUNK, Didascalia et Constitutiones apostolorum I, 1905. - Übers. v. H.ACHELIS-J. FLEMMING, TU 25, 2, 1904; R.H.CONNOLLY, Oxford 1929. - QUASTEN II, 147 ff (Lit.) - H.v.CAMPENHAUSEN, Kirchliches Amt u. geistliche Vollmacht (BHTh 14), 1953, Reg. *W.C.van Unnik*

Diderot, *Denis* (1713-84), franz. Schriftsteller. Nach guter Ausbildung in der Provinz kam D. nach Paris, wo er lange ein Bohemeleben führte. D. widmete sich von 1745 an Verlagsarbeiten, von denen eine ihm viel Ruhm und viel Verdruß einbringen sollte: die Herausgabe der Enzyklopädie von Chambers. D. begnügte sich nicht mit einer Überarbeitung. Es entstand eine neue Enzyklopädie, die lange unter dem Patronat von D. und d'→ Alembert stand und bei der Philosophen wie Montesquieu und → Voltaire mitarbeiteten. D. war jedoch die Seele des Unternehmens, und er vollendete trotz zahlreicher Schwierigkeiten das riesige Werk, das eine Summe der Aufklärungsphilosophie darstellt (1751-72). Als Kunstkritiker verfaßte er über Kunstausstellungen Besprechungen, die als Musterbeispiele gelten können, obwohl er einseitig die moralisierende Malerei von J.B. Greuze bevorzugte (posthum 1795). Als Anhänger der ideologischen Philosophie (→ Ideologen) schrieb er kleinere Abhandlungen (zB »Le rêve de d'Alembert«, posthum 1796), in denen sich seine christentumsfeindliche Einstellung, sein theoretischer Amoralismus und sein Materialismus manifestieren. Schließlich besitzen wir von D. noch romanähnliche Versuche (Le Neveu de Rameau, 1821 [dt. von Goethe, 1805]; Jacques le Fataliste, 1796) sowie seine große Korrespondenz (u.a. Lettres à Sophie Volland), eine Fundgrube für das gesellschaftliche und geistige Leben der 2. Hälfte des 18. Jh.s.

R.KASSNER, D., 1906 - H.DIEKMANN, Stand u. Probleme der D.-Forschung, 1931 - DERS., Inventaire du fonds Vandeul et inédits de D., 1951 - A.BILLY, D., 1932 - H.GILLOT, D.D., l'homme, ses idées philosophiques, esthétiques et littéraires, 1937. *E.Jarno*

Didymus der Blinde (etwa 313-98), der letzte bedeutende Leiter der Katechetenschule in → Alexandria. Obwohl Laie, war er ein hervorragender Theologe. Er übernahm Besonderheiten des → Origenes, wie die Lehre vom Sündenfalle vor der Geburt, und wurde deshalb später verketzert. Zu seinen Lebzeiten war er einflußreich, ohne freilich neue Wege zu weisen; Anhänger des → Athanasius, fand er den Weg zur jungnicänischen Theologie (→ Christologie: II, 3d). Seine zahlreichen Schriften, nur in Bruchstücken erhalten, stammen aus den verschiedenen Zeiten seiner Entwicklung. Es handelt sich teilweise um Schriftauslegung (mit gewagten Allegorien), teilweise um systematische Darlegungen (erhalten: über die Trinität); alle sind in ruhiger Sprache und sachlich geschrieben. Die persönliche Frömmigkeit des D. ist teilweise durch die Volksfrömmigkeit bestimmt (Engelverehrung). Er lebte asketisch und hatte bes. zu asketischen Kreisen Beziehungen.

MPG 39, 269 ff (unvollständig; die Katenen versprechen weitere Ausbeute). - J.LEIPOLDT, D. der Blinde v. Alex., 1905 - G.BARDY, D. l'Aveugle, Paris 1910 - W.DIETSCHE, D.v.Alex. als Vf. der Schrift über die Seraphenvision, 1942 - LOOFS⁵ I, 196 ff. *J.Leipoldt*

Dieburg, *Peter,* * ca 1420, † 1494 im Hildesheimer Haus der → Brüder vom gemeinsamen Leben (→ Büderich), dessen Chronist und Rektor er geworden war (seit 1467 bzw. 1476). Er lieferte wertvolle Beschreibungen seiner Gemeinschaft, ihrer Persönlichkeiten und ihres Geistes: »Wir sind nicht Mönche (religiosi), sondern in der Welt fromm (religiose) zu leben, ist unser Bestreben und Wille.«

Annalen u. Akten der Br. v.g.L. im Lüchtenhofe zu Hildesheim, hg.v. R.DOEBNER (Qu. u. Darstellungen zur Gesch. Niedersachsens 9), 1903. - E.BARNIKOL, Studien zur Gesch. der Br.v.g.L. (ZThK 27 ErgH.), 1917, 108 ff - RGG² I, 1931 (Lit.) - LThK VIII, 160.

M.A.Schmidt

Dieckhoff, *August Wilhelm* (5.2.1823 bis 12.9.1894), * in Göttingen, † in Rostock, habilitierte sich 1850 für syst. Theol. in Göttingen (1854 ao. Prof.) und wirkte seit 1861 als o. Prof. für histor. Theol. in Rostock in enger Gemeinschaft mit → Kliefoth und Philippi. D.s sehr bedeutende Forschungen gelten der Abgrenzung der Reformation gegen das MA und die sog. Vorreformatoren (so erledigt er die vorreformatorische Waldenserlegende: Die Waldenser im MA, 1851) und der reformatorischen Lehrentwicklung (Die ev. Abendmahlslehre im Reformations-Zeitalter I, 1854), bei der er die Bewahrung der Wahrheitsmomente der Tradition betont. Gegen J.Chr.K.v. → Hofmann verteidigt er konfessionell-konservativ die reformatorische Lehre von der Ausschließlichkeit der hl. Schrift gegenüber subjektiver Glaubenserfahrung (Die ev.-luth. Lehre von der hl. Schrift, 1858; Das gepredigte Wort und die hl. Schrift, 1886; Das Wort Gottes, 1888) und sucht auch sonst dieses Lehrstück historisch-dogmatisch zu entfalten (Schrift und Tradition, 1870). Mit »Staat und Kirche« (1872) tritt D. gegen die Trennungsparolen für den »christlichen Staat« ein, entsprechend auch in der Frage der Zivilehe (Die kirchliche Trauung, 1878; Civilehe und kirchliche Trauung, 1880). Seit 1884 stand er in lebhafter Auseinandersetzung mit dem missourischen Luthertum in der Frage der Prädestination (Der missourische Prädestinatianismus und die Concordienformel, 1885) wie der Verbalinspiration (Über die Inspiration und die Irrtumslosigkeit der hl. Schrift, 1891).

Vf. außerdem: Luthers Lehre von der kirchl. Gewalt, historisch dargest., 1865; Justin, Augustin, Bernhard u. Luther. Der Entwicklungsgang christl. Wahrheitserfassung in der Kirche als Beweis für die Lehre der Reformation, 1882; Der Ablaßstreit, dogmengesch. dargest., 1886; Luthers Lehre in ihrer ersten Gestalt, 1887. - Über D.: RE IV, 641ff. *Ernst Wolf*

Dieffenbach, *Georg Christian,* * 4.12.1822 zu Schlitz/Oberhessen, dort † 10.5.1901, 1855 Pfarrer in Schlitz. D. trat kirchenpolitisch hervor als Lutheraner bei den Kämpfen um die hessische Kirchenverfassung von 1874. 1876 gründete er die »Ev. Konferenz - hauptsächlich für die Lutheraner in der Landeskirche« (→ Unionen: I). Er schloß sich nicht der luth. Renitenz an, sondern setzte sich für die Sammlung der nichtrenitenten Lutheraner ein. D. hat sZ als Schriftsteller kirchlicher Erbauungsliteratur Bedeutung gehabt, auch als Dichter. Mit seinen Schriften »Für unsere Kleinen« ist D. einer der ersten Jugendschriftsteller in Hessen.

A. Hinrichsen, Das lit. Deutschland, 1891, 272 - Koch VII, 1872, 314 - E. Winkelmann, Die Kämpfe um Bekenntnis u. Verf. in d. Ev. Landeskirche von Hessen-Darmstadt 1848-78 (Jb. d. hess. kirchengesch. Vereinigung 5, 1954, 91-104). *H. Steitz*

Diehl, *Wilhelm,* * 10.1.1871 zu Groß-Gerau, † 11./12. 9.1944 zu Darmstadt, 1895 Pfarrer in Darmstadt und Hirschhorn a.N., 1913 Prof. am Friedberger Predigerseminar, 1920 Präsident des Landeskirchentags in Hessen, 1923 Prälat der Ev. Landeskirche in Hessen; 1933 aus kirchenpolitischen Gründen in den Ruhestand versetzt. Die Geschichtsforschung über die Landgrafschaft Hessen-Darmstadt ist von D. entscheidend beeinflußt.

Hauptwerk: Hassia sacra, Bd 1-11, 1921-41; Bd 12, 1951. - Über D.: K. Esselborn, W.D.s Leben u. Wirken (Hess. Hausbücherei 8), 1931 - Ders., W.D., Verz. s. Bücher u. sonst. Veröff., 1931 - H. Steitz, Ein halbes Jh. kirchengesch. Forschung in Hessen (Jb. d. kirchengesch. Vereinigung in Hessen u. Nassau 1, 1949, 7-34) - L. Clemm, Nachruf (Hess. Jb. f. Landesgesch. 1, 1950, 246f) - F. Knöpp, W.D., ein Beitr. z. Gesch. d. hess. Gesch.sforschung (Arch. f. hess. Gesch. 24, 1951, 72-81). *H. Steitz*

Dienstrecht, *kirchliches*

1. Als Institutionen in dieser Welt bedürfen auch die Kirchen und kirchlichen Werke der rechtlichen Ordnung. Das gilt auch für die Dienstverhältnisse ihrer Diener. Sie werden durch das k.D. geregelt.

2. Das k.D. ist das Recht einer Dienstgemeinschaft, deren Dienst in allen seinen Funktionen nichts anderes sein soll als Vollzug des *einen* Auftrags der Kirche: die frohe Botschaft von der in Jesus Christus geoffenbarten Gnade Gottes vor aller Welt zu bezeugen. Kirchendienst ist - unmittelbar oder mittelbar - Zeugnis, Verkündigung, Lehre. Der Auftrag der Kirche allein konstituiert und legitimiert allen Dienst in der Kirche und ihren Werken. Das diesen Dienst ordnende Recht gilt, weil und sofern es jener Gemeinschaft dient, deren Herr und Haupt Christus ist. Es ist daran zu messen, ob es die Gemeinde bauen hilft. K.D. ist weder Arbeitsrecht noch öffentliches Dienstrecht. Es ist überhaupt kein »weltliches«, sondern Kirchenrecht.

3. Als Kirchenrecht muß auch das k.D. den *Zeugnis*charakter und die *Einheit* allen kirchlichen Dienstes zu sachgemäßem Ausdruck bringen. Daraus folgt, daß das k.D. in der durch die Verschiedenheit der Ämter gebotenen Abstufung bestimmte Forderungen an alle Bediensteten stellen muß, so zB an die Geistlichen die Verpflichtung zu geistlichem Leben, unanstößigem Lebenswandel, Teilnahme an Pastoralkollegs, Einholung des Ehekonsenses, Unterlassung aktiver politischer Betätigung usw.

4. Das k.D. ist für die kath. Kirche grundlegend im CIC geregelt. Für die ev. Kirchen ist es, soweit es Geistliche und Kirchenbeamte betrifft (→ Beamte: II), in zahlreichen Gesetzen der → Evangelischen Kirche in Deutschland und der Landeskirchen enthalten. Ähnlich wie sich im weltlichen Recht durch Angleichung des Rechts der Angestellten und Arbeiter an das Beamtenrecht ein allgemeines öffentliches D. entwickelt hat, ist in Kirchengesetzen und kirchlichen Ordnungen sowie Einzeldienstverträgen neben das Recht der Geistlichen und Kirchenbeamten und in teilweiser Angleichung an dieses ein Recht der sonstigen Kirchenbediensteten getreten (Vikarinnen, Katecheten, Predigthelfer, Lektoren, Diakone, Gemeindehelfer, Schwestern, Fürsorgerinnen, Kirchenmusiker, Küster usw). Beide Rechtskreise zusammen bilden das k.D.

5. Das Recht, ihr D. selbständig zu regeln, ist den Kirchen in Deutschland durch die Verfassung gewährleistet (Art. 140 GG in Verbindung mit Art. 137 III WRV; Art. 43 II DDRV). Soweit das Wesen des Kirchendienstes dessen besondere rechtliche Gestaltung fordert, ist es ausschließliche Angelegenheit der Kirchen, diese Regelung vorzunehmen. Andererseits ist ihre Rechtsetzungsbefugnis nicht unbeschränkt: sie gilt nur »innerhalb der Schranken des für alle geltenden Gesetzes« des Staates. Das bedeutet, daß die Kirchen bei ihrer Rechtsetzung nicht gegen die für die Nation als politische, Kultur- und Rechtsgemeinschaft unentbehrlichen staatlichen Gesetze (J. Heckel) verstoßen dürfen und diese auch für die Rechtsverhältnisse ihrer Bediensteten verbindlich sind. Welche staatlichen Gesetze dazu gehören, muß unter Anerkennung der Eigenständigkeit der Kirchen und ihrer Mitverantwortung für die öffentliche Ordnung im einzelnen je besonders festgestellt werden.

Liermann 226ff. 334ff (Lit.) - W. Kalisch, Grund- u. Einzelfragen des k.D.s (ZevKR 2, 1952, 24-63; Lit.) - K. Hesse, Der Rechtsschutz durch staatl. Gerichte im kirchl. Bereich, 1956. *W. Kalisch*

Diepenbrock, *Melchior v.,* * 6.1.1798 zu Bocholt, † 20.1.1853 in Johannesberg (Schles.), aus westfälischem Adelsgeschlecht. Nach stürmischer Jugend Schüler und Sekretär → Sailers in Regensburg, wo er Domdechant und Generalvikar wurde; 1845 Fürstbischof in → Breslau, 1849 Leiter der preußischen Militärseelsorge, 1850 Kardinal. D. war eigentümlich staatstreu und doch ein energischer Vertreter der kirchlichen Ansprüche, lehnte aber die Dogmatisierung der Immaculata Conceptio (→ Mariologie) ab.

Vf.: Heinr. Susos Leben u. Schriften, (1829) 1884⁴; Geistl. Blumenstrauß aus span. u. dt. Dichtergärten, (1829) 1862⁴; Ges. Predigten, (1841) 1849³; Hirtenbriefe, 1853. - Über D.: V. Cramer, Bücherkunde z. Gesch. d. kath. Bewegung in Deutschland im 19. Jh., 1914, 123f - F. Vigener, Drei Gestalten aus dem modernen Katholizismus, 1926, 76ff - LThK III, 212f - A. Erb, Gelebtes Christentum, 1938 (Lit.) - Gedenkschrift der Stadt Bocholt, 1953. *K.G. Steck*

Dieringer, *Franz Xaver* (1811-76), * Rangendingen, † Veringendorf (Hohenzollern), kath. Theologe. Schüler von Drey, → Hirscher und J.A. → Möhler, seit 1843 Prof. für Dogmatik und Homiletik in → Bonn, 1848 Mitglied des → Frankfurter Parlaments (rechtes Zentrum), 1853 Domkapitular in Köln. D. war ein hervorragender Kopf im kath. öffentlichen Leben Deutschlands, 1846 Mitbegründer des Borromäusvereins (Präsident bis 1871), anregend und fruchtbar in der kath. Publizistik und aktiv im kirchlichen Leben (Einrichtung kath. Universitätsgottesdienste in Bonn). Er wurde mehrfach ohne Erfolg als Bischofskandidat vorgeschlagen. Als Dogmatiker wandte er sich gegen → Hermes und → Günther, seit 1866 auch gegen → Kleutgen. 1870 nahm er gegen die → Infallibilität Stellung, unterwarf sich jedoch später im Gegensatz zu seinen Bonner Kollegen Hilgers, → Reusch und Langen und legte seine Professur und sein Kanonikat nieder. Wie in seiner Theologie, so hinterließ dieser geistvolle Theologe auch in seinem Leben einen etwas zwiespältigen Eindruck.

Vf. u.a.: System d. göttl. Taten des Christentums, 2 Bde, (1841) 1857²; Lehrb. d. kath. Dogmatik, (1847) 1865⁵; Die Theologie d. Vor- u. Jetztzeit, (1868) 1869². - Über D.: KL III, 1727ff - DThC IV, 755 - LThK III, 313 - W.SPAEL, 100 J. Borromäusverein, 1950 - J.WETZEL, Freiburger Diözesanarchiv 72, 1952, 198-212 - NDB III, 657. *G.Maron*

Diest, 1. *Heinrich van* (1595-1673), * Altona, † Deventer, ref. Theol. Er studierte in Herborn und Heidelberg, wurde 1624 Prediger in Emmerich. Von hier flüchtete er nach Leiden, wo er zu Hause Vorlesungen halten durfte. 1627 o. Prof. der hebräischen Sprache und Theologie an der »Kwartierschool« in Harderwijk, 1629 am Athenaeum in → Deventer. Er war ein geschätzter Prediger (Predigten und Instructio de arte concionatoria) und irenisch gesinnter Coccejaner (→ Coccejus).

BWGN I, 1907, 486ff (Bibliogr.).

2. *Samuel van* (1631-94), * und † Deventer, Sohn von 1, ref. Theol. Er studierte in Deventer, Leiden, Utrecht, wurde Prof. in Duisburg, wo er vermittelnd zwischen Lutheranern und Reformierten arbeitete. Prof. in Harderwijk 1664 und Nachfolger seines Vaters in → Deventer 1681. Er war unabhängiger Coccejaner und bestritt nicht nur den Cartesianismus, sondern auch → Maresius als Gegner des → Coccejus.

BWGN I, 1907, 490ff (Bibliogr.). *J.N.Bakhuizen van den Brink*

Diesterweg, *Friedrich Adolph Wilhelm,* Pädagoge mit großem publizistischem Einfluß auf den Lehrerstand (* 29.10.1790 Siegen, † 7.7.1866 Berlin). Nach vornehmlich mathematisch-naturwissenschaftlichen Studien Lehrer bei dem Pestalozzianer de Laspée in Frankfurt, dann in Elberfeld. 1820 Seminardirektor in Moers, 1832 Leiter des Stadtschulseminars in Berlin. Mit seiner Zeitschrift »Rheinische Blätter für Erziehung und Unterricht« (1827ff) wurde er bald der publizistische Führer der liberalen Lehrerschaft und geriet in heftige Kämpfe mit Behörden und Kollegen, um derentwillen er 1847 beurlaubt, 1850 pensioniert wurde. Als Redaktor und Schriftsteller wirkte er aber unvermindert weiter und wurde 1858 mit einem Berliner Mandat in das preußische Abgeordnetenhaus gewählt. D. hat die Pädagogik → Pestalozzis, Grasers und → Schleiermachers aufklärerisch umgedeutet und vereinfacht und damit eine wirksame, aber problematische Erziehungslehre entwickelt, die philanthropistische mit nationalen Zügen und politisch-religiösem Liberalismus verband. Sein Verdienst liegt darin, daß er unermüdlich die Selbstbildung der Volksschullehrerschaft (Wegweiser zur Bildung für deutsche Lehrer, 1834; Pädagogisches Jahrbuch, 1851ff) und ihr Berufsbewußtsein gefördert hat, letzteres zumal durch seine Zeitschrift und durch seinen Kampf gegen die Stiehlschen Schulvorschriften (Die drei preußischen Regulative, 1855). Sein Name wurde zu einem Symbol der Lehrervereinsbewegung und des Unabhängigkeitswillens der Lehrerschaft gegenüber Konfessionalismus und behördlicher Bevormundung.

Vf. ferner: Die Lebensfrage der Zivilisation, 1836/38; Streitfragen auf dem Gebiete der Pädagogik, 1837/38; Populäre Himmelskunde, 1840; Tagebuch, (1870) 1956²; Ausgew. Schriften hg.v. E.LANGENBERG, 4 Bde, 1877/78; Dass. hg.v. E.v.SALLWÜRK, 3 Bde, 1899/1900; Briefe hg.v. A.REBHUHN, 1907; Sämtl. W. (Krit. Ausg.), 1956ff (bisher 1 Bd). - E.LANGENBERG, A.D., 1867/68 - A.MILKNER, Die polit. Ideen u. die polit. Arbeit D.s (Manns Mag. 542), 1914 - A.FLITNER, Die polit. Erziehung in Deutschland, 1957 (moderne Monogr. fehlt). *A.Flitner*

Dietenberger, *Johann* (ca 1475-1537), * Frankfurt/M., trat schon vor 1500 in den Dominikanerorden ein. Er studierte in Köln, Heidelberg und Mainz (dort 1515 Dr. theol.) und wurde Prior oder Lektor in verschiedenen südwestdeutschen Klöstern. Seit 1532 war er Prof. in Mainz. Auf dem Augsburger Reichstag 1530 gehörte er zu den Konfutatoren, ohne stärker hervorzutreten. Auch seine polemischen, asketischen und katechetischen Schriften haben ihn nur in engem Umkreis bekannt werden lassen. Seine einzige bedeutsame Leistung ist die kath. deutsche → Bibelübersetzung (: IV, 4), die zuerst 1534 erschien und die Wirkung der Lutherbibel im kath. Bereich aufhalten sollte. D. legte seiner Übersetzung die Vulgata zugrunde und bot einen deutschen Bibeltext, der die Schwerfälligkeit der vorlutherischen Übersetzungen vermied. Für das AT zog D. in starkem Maße Luthers Übersetzung heran, für die at. Apokryphen hielt er sich an Leo → Jud, fürs NT an → Emser. Bis ins 18.Jh. ist sein Werk immer wieder nachgedruckt worden.

RE III, 79 - C.MOUFANG, Kath. Katechismen d. 16.Jh.s, 1881 - J.WEDEWER, J.D., 1888 - F.SCHNEIDER, J.D.s Bibeldruck Mainz 1534, 1901 - N.PAULUS, Die dt. Dominikaner im Kampf gegen Luther, 1903, 186f - J.LORTZ, Die Reformation in Deutschland II, (1939) 1948³, 284. *R.Stupperich*

Diether *von Isenburg* († 1482). Mit knapper Mehrheit gegen Adolf von Nassau 1459 zum Erzbischof von Mainz gewählt, schloß er mit Friedrich von der Pfalz, dem Vorkämpfer der Reichsreform, ein Bündnis, das ihn, der wegen der erhöhten Annatenforderung der Kurie mit dem Papst zerfallen war, in den Jahren 1460/61 zum Führer der kurfürstlichen Opposition und Träger weittragender Reformgedanken für Reich und Kirche machte. Von Pius II. 1461 abgesetzt, mußte er 1463 seinen Gegner anerkennen, zu dessen Nachfolger er 1475 wieder gewählt wurde. 1476 gründete er die Universität → Mainz.

K.MENZEL, D.v.I. Erzbischof v. Mainz 1459-1463, 1868 - W.DIEPENBACH-C.STENZ, Die Mainzer Kurfürsten, 1935 - A.KIRNBERGER, D.v.I., 1950 - NDB III, 668 (Lit.). *A.Brück*

Dietrich, 1. *von Freiberg* OP († nach 1310), 1293-96 Provinzial für Deutschland, 1297 Magister der Theologie in Paris. D. gehörte der neuplatonischen Geistesrichtung an. Unter seinen zahlreichen Schriften finden sich auch solche über naturwissenschaftliche Probleme. Sein dynamischer Gottesbegriff und seine Lehre vom Seelengrund (abditum mentis) haben die deutsche Mystik beeinflußt.

E.KREBS, Meister D. (BGPhMA 5, 5-6), 1906 - Ü II¹¹, 551f. 554ff. 778 (Lit.) - LThK III, 318f - VerfLex I, 423ff - F.STEGMÜLLER, Meister D.v.F. über die Zeit u. das Sein (Ed. v. De tempore u. De mensura durationis) (AHDL 13, 1940-42, 153-221). *B.Decker*

2. *von Nieheim* (um 1340-1418), aus Brakel (Westf.), 1395-1401 Bischof von Verden, ohne recht in den Besitz des Bistums zu gelangen, war 1370-78 Notar eines der Auditoren des päpstlichen Gerichtshofes (der »Rota«), von 1378 bis kurz vor seinem Tod Scriptor und Abbrevia-

tor in der päpstlichen Kanzlei, deren Handbuch (Liber cancellarie) er erneuerte. Im »Nemus Unionis« (1408) schildert er durch Wiedergabe eigner und fremder Briefe die Verhandlungen über die Behebung des großen Schismas (→ Reformkonzile); 1409/10 verfaßte er eine durch Materialreichtum und farbige Darstellung ausgezeichnete Geschichte der Kirchenspaltung (»De schismate«); sein »Dialog« vom Sommer 1410 ist eine auf → Ockham und → Marsilius fußende Darlegung der konziliaren Theorie. Vielfältige historische Arbeiten von 1399-1414 dienen dem Nachweis, daß der Kaiser der gegebene Berufer des Konzils sei. Von den zahlreichen Traktaten D.s vor und nach dem Konstanzer Konzil seien hier nur die zur Vorbereitung des Konzils bestimmten »Avisamenta« genannt. D.s Nachwirkung war nicht gering, wenn auch überdeckt von ähnlichen Bestrebungen größerer (→ Nikolaus von Kues) und lauter tönender Geister (→ Humanismus).

H.Heimpel, D.v.N., 1932 (Lit., Bibliogr. der bis 1932 bekannten Schriften) - Ders., Westfäl. Lebensbilder 5, 1937, 176-192 - H.Grundmann, Westfalen 27, 1948, 5-20. - Zu seitherigen Neufunden: A.Lhotsky, Das Viridarium imperatorum et regum Romanorum (SAW 226, 3), 1949 - Ders. u. K.Pivec, MG Staatsschriften des späteren MA 5, 1, 1956 - K.Pivec, MIÖG 58, 1950, 386-440 - S.Krüger, DA 12, 1956, 200-220. - Publikation der hist.-polit. Schriften in den MG (darunter Ergänzung der Chronikfragmente von 1399 aus span. Hss.) steht bevor. *H.Heimpel*

Dietrich, 1. *Christian* (1844-1919), * in Gschwend. Rektor des Töchterinstituts in Stuttgart, Vorstand der württembergischen »Altpietisten« und Führer in der deutschen → Gemeinschaftsbewegung. In ihr vertrat er den nüchternen schwäbischen Pietismus; diesen aktivierte er und erweiterte den Horizont. Als radikale Neuerer neben den altpietistischen Gemeinschaften die Süddeutsche Vereinigung (Liebenzell) gründeten, trat er großzügig gleichwohl für ihre Aufnahme in den → Gnadauer Verband ein.

Kirchliche Fragen der Gegenwart, (1887) 1888²; D. u. Brockes, Die Privaterbauungsgemeinschaften der ev. Kirchen Deutschlands, 1903; Philadelphia, Organ für Gemeinschaftspflege, 1891-1919. - J.Schmid, Von Kraft zu Kraft. Rektor D.s Lebensgang u. Lebenswerk, 1919. *P.Fleisch*

2. *Veit,* * 8.12.1506 und † 25.3.1549 in Nürnberg. Durch seinen Lehrer W.Jacobaeus der Reformation zugeführt, bezog er 1522 gemeinsam mit Lazarus Spenglers gleichnamigem Sohn die Universität Wittenberg, wo er 1527-34 als Luthers Haus- und Tischgenosse lebte. 1529 zum Magister promoviert, begleitete er Luther 1529 nach Marburg, 1530 auf die Koburg und begann dort als sein Amanuensis mit der für die Lutherüberlieferung wichtigen Tätigkeit, deren Ergebnis seine Sammlungen von Tischreden, Briefen, Konzepten und Nachschriften von Vorlesungen und Predigten Luthers bilden. Im Dez. 1535 wurde er Prediger an St. Sebald in Nürnberg. Seine Bedeutung liegt in der Förderung der kirchlichen Praxis für die werdende ev. Kirche. Ihr dienten seine Editionen exegetischer und homiletischer Werke Luthers, bes. der »Hauspostille« (1544), und zahlreiche eigene Werke, wie zB sein »Agendbüchlein« (1543), die »Summaria über die ganze Bibel« (1545), die »Kinderpredigt« (1546), in späteren Aufl. »Kinderpostille« genannt, und die »Summaria christlicher Lehr« (1548). Im Schmalkaldischen Krieg politisch verdächtigt, wurde er 1547 vom Amt suspendiert.

RE IV, 653ff - O.Albrecht u. P.Flemming, Das sog. Manuscriptum Thomasianum (ARG 12, 1915, 205-235. 241-284; 13, 1916, 1-39. 81-123. 161-199. 277-303) - A.Freitag, V.D.s Anteil an der Lutherüberlieferung (Lutherstudien, 1917, 170-202) - P.Meinhold, Die Genesisvorlesung Luthers u. ihre Herausgeber (FKGG 8), 1936 - B.Klaus, V.D.s Bericht über Schul- u. Studienverhältnisse (ZBKG 22, 1953, 21-36). Eine Biogr. wird v. B.Klaus vorbereitet. *B.Klaus*

Diktatur → Staatsformen.

Dilherr, *Johann Michael* (1604-69), * Themar, † Nürnberg. Studierte in Leipzig, Wittenberg, Altdorf und Jena, wurde dort 1631 Prof. der Beredsamkeit, 1634 auch der Geschichte und Dichtkunst und 1640 auch noch der Theologie. 1642 berief ihn Nürnberg als Direktor des soeben erweiterten Melanchthon-Gymnasiums und zum Leiter des gesamten Schulwesens und Stadtbibliothekar. 1646 wurde er auch Hauptprediger von St. Sebald. Er richtete u.a. ein Predigerseminar ein und sorgte nachdrücklich für Sonntagsheiligung. Als guter Kenner der orientalischen Sprachen übernahm er in der Kurfürstenbibel die Bearbeitung des Hiob. Seine zahlreichen Schriften sind überwiegend pädagogischer und erbaulicher Art. Viele seiner Lieder fanden in damaligen Gesangbüchern Aufnahme. Kinderlos machte er größere Schulstipendien in seinem Heimatland und in Nürnberg; seine wertvolle Bibliothek vermachte er seiner Kirche (jetzt im Landeskirchlichen Archiv).

G.A.Will-Chr.K.Nopitsch, Nürnbergisches Gelehrtenlexikon 1755-1808, I, 264ff; V, 220ff (Bibliogr.) - ADB V, 225 - A.Schwarzenberg, Das Leben u. Wirken J.M.D.s, 1892 - H.Leube, Die Reformideen in der dt. luth. Kirche zur Zeit der Orthodoxie, 1934. *Matth. Simon*

Diller, *Michael* († 1570), ev. Theol. aus der Speyerer Diözese, 1523 immatrikuliert in Wittenberg, Augustinermönch und Prior in Speyer, wurde 1538 vom Rat der Stadt zum ev. Prediger bestellt. Bei der Anwesenheit des Kaisers (1541/44/48) mußte er die Stadt verlassen, kehrte aber wieder zurück. Während des Interims fand er in der Schweiz Zuflucht, bis ihn Pfalzgraf Ottheinrich 1553 als Hofprediger nach Neuburg berief. D. wirkte bei der Einrichtung des Kirchenwesens in Pfalz-Neuburg (KO 1554), in der Kurpfalz (KO 1556) und in der Markgrafschaft Baden-Durlach (KO 1556) mit. Theologisch vermittelnd, abhold jeder Polemik, Anhänger der versöhnlichen Richtung, abgestoßen von den Streitigkeiten bei Einführung des Calvinismus (→ Heßhus), doch diesem zugeneigt, konnte er an der Umgestaltung der pfälzischen Kirche in eine ref. Kirche mitarbeiten. Bei den Religionsgesprächen zu Worms, Poissy und Maulbronn vertrat er als Hofprediger, Kirchenrat und Pfarrer an Heiliggeist in Heidelberg die pfälzischen Interessen und Gedanken. Literarisch scheint er nicht tätig gewesen zu sein.

RE IV, 658ff - Menn. Lex. I, 348. *G.Biundo*

Dilthey, *Wilhelm* (19.11.1833 bis 3.10.1911), * in Biebrich, aus alter nassauischer Beamten- und Pastorenfamilie, studierte erst Theologie, dann Philosophie, 1866 Prof. in Basel, 1868 in Kiel, 1871 in Breslau, seit 1882 in Berlin. Er gilt als der eigentliche Begründer einer geschichtlichen Lebensphilosophie und hat von hier aus auf die Ausbildung der → Geisteswissenschaften wie auch auf das philosophische Denken der Gegenwart einen starken Einfluß ausgeübt.

D.s Philosophie ist aus einer ausgedehnten geistesgeschichtlichen Forschung hervorgewachsen. Von den umfassenden »Studien zur Geschichte des deutschen Geistes« sind nur Teile nach seinem Tode veröffentlicht, so die Arbeiten zur deutschen Aufklärung. Von den ausgedehnten, von der germanischen Welt bis in seine Tage reichenden Studien zur Geschichte der Dichtung hat er selber noch die Aufsätze über Lessing, Goethe, Novalis und Hölderlin unter dem Titel »Das Erlebnis und die Dichtung« zusammengefaßt. Umfangreiche Arbeiten gelten der Entwicklung des Menschenbildes seit der Renaissance. Ins engere philosophische Gebiet führt das zugleich für die Entwicklung seiner eignen Gedanken wichtige »Leben Schleiermachers« (1. und einziger Bd 1870) und die »Jugendgeschichte Hegels« (1905).

D. selber hat sein philosophisches Grundproblem gern in Anlehnung an die Kantische Fragestellung als Kritik der historischen Vernunft bezeichnet. Gegenüber den Bestrebungen um die Jh.-Mitte, die in den Naturwissenschaften bewährten Methoden auch auf die Geisteswissenschaften zu übertragen, sucht D. deren methodische Selbständigkeit nachzuweisen. Im Unterschied zum naturwissenschaftlichen Erklären bezeichnet er das Verfahren der Geisteswissenschaften als → Verstehen. Während jene ihren Gegenstand aus hypothetisch erschlossenen letzten Elementen (Atomen) aufzubauen versuchen, finden die Geisteswissenschaften niemals solche einfachen Elementarbestandteile; die kleinsten selbständigen Einheiten, von D. als »Erlebnisse« bezeichnet, sind vielmehr schon gegliederte Strukturen. Dafür ist die geistige Welt dem Menschen von innen her durchsichtig, weil es sich in ihr um Erzeugnisse eines menschlichen Geistes handelt, der dem verstehenden Geist dem Wesen nach gleichartig ist. So ergibt sich der innere Zusammenhang von Erleben, Ausdruck und Verstehen, in dem die Geisteswissenschaften fortschreiten. Das Erleben gestaltet sich im Ausdruck. Dieser aber ist schöpferisch, indem er aus unbewußten Tiefen Neues hervorbringt, das dadurch dann dem darauf zurückgewandten Verstehen zugänglich wird. Das gilt vom einzelnen Menschen wie von den Völkern und Kulturen im ganzen. Daß der Mensch ein geschichtliches Wesen ist, bedeutet: es gibt kein festes Wesen des Menschen, das sich in reiner Selbstbetrachtung erfassen ließe, sondern dieses entfaltet sich erst in der geschichtlichen Entwicklung durch die Jt.e hin.

Diese Gedanken hat D. sein Leben lang in verschiedenen Stufen entwickelt. 1883 erschien der 1. (im wesentlichen historische) Bd seiner »Einleitung in die Geisteswissenschaften«. Als Vorarbeiten für den nie erschienenen 2. Bd veröffentlichte D. eine Reihe von Studien (»Ideen über eine beschreibende und zergliedernde Psychologie«, »Die Einbildungskraft des Dichters«, »Beiträge zur Lösung der Frage vom Ursprung unsres Glaubens an die Realität der Außenwelt« u.a.), heute im 5. und 6. Bd der »Ges. Schriften«. Nach der Jh.-Wende nahm er diese Gedanken noch einmal in vertiefter Form im »Aufbau der geschichtlichen Welt in den Geisteswissenschaften« (7.Bd) auf. Immer stärker wuchs D. dabei über die methodologische Fragestellung in die Grundlegung einer geschichtlichen Lebensphilosophie hinein.

Der *Einfluß* D.s wirkte sich zunächst in der Ausbildung einer geistesgeschichtlichen Betrachtungsweise aus, vor allem auf literaturgeschichtlichem Gebiet (R.Unger u.a.). Erst langsam kamen danach auch seine eigentlich philosophischen Gedanken zur Geltung. Dabei waren es zunächst einzelne, relativ ablösbare Gedanken, die D.s Namen bekannt machten, so seine Lehre von den Typen der Weltanschauung, die von → Nohl aufs ästhetische Gebiet übertragen und von → Spranger in dessen »Lebensformen« weiterentwickelt wurde; so der Verstehensbegriff in der → Psychologie (: I), den Spranger zur besonderen geisteswissenschaftlichen Psychologie im Unterschied zur naturwissenschaftlich verengten Psychologie weiterentwickelte, der aber darüber hinaus allgemein die psychologische Forschung befruchtete und von → Jaspers auch auf die Psychopathologie ausgedehnt wurde. Der Gedanke vom Widerstandserlebnis als Quelle des Glaubens an die Realität der Außenwelt wurde von N. → Hartmann zur Neubegründung eines erkenntnistheoretischen Realismus verwandt. D.s Forschungen zur → Hermeneutik sind auch für die Theologie wichtig geworden. Sehr viel schwerer zu fassen, aber bedeutsamer für die Gesamtentwicklung der neuesten Philosophie ist die Auswirkung seiner systematischen Grundgedanken, die nicht nur in Deutschland, sondern auch in Frankreich und Spanien (Ortega y Gasset) überall zu spüren ist und wohl heute noch (nach zeitweiligem Zurücktreten unter dem Einfluß der → Existenzphilosophie) zunimmt. Es liegt in der Art seines vorsichtig analysierenden und jede Ausmünzung in handlichen Formeln sorglich vermeidenden Denkens, daß diese Einflüsse weniger in einem festen Lehrgut zu suchen sind als in der Fragestellung, die die »ganze Tatsache Mensch« zu ergreifen und den Menschen in seiner Doppelstellung, als Gegenstand *und* als Quelle der Philosophie und der Geisteswissenschaften, herauszuarbeiten sucht. Aber hier sind die Voraussetzungen geschaffen, auf denen die ganze moderne Diskussion über die → »Geschichtlichkeit« des Menschen aufbaut. Von hier aus hat D. (zT über → Troeltsch) auch auf die gegenwärtige Theologie stark gewirkt.

Auf *pädagogischem* Gebiet hat D. selber nur die Abhandlung »Über die Möglichkeit einer allgemeingültigen pädagogischen Wissenschaft« (1888, 6. Bd) veröffentlicht. In ihr zieht er für die wissenschaftliche Pädagogik die Folgerungen aus dem geschichtlichen Bewußtsein. Die Erziehungsziele sind immer historisch bedingt, eine allgemeingültige Behandlung bleibt auf den Teil beschränkt, der in einem formalen Sinn das vollkommene Ineinandergreifen der seelischen Funktionen behandelt. Wesentlich weiter greifen die erst nach seinem Tode veröffentlichten Vorlesungen über die Geschichte der Pädagogik (9. Bd). Hier entwickelt er im großen geschichtlichen Zusammenhang eine vergleichende Analyse der verschiedenen nationalen Erziehungssysteme. Er sieht im Bildungswesen die Spiegelung der gesamten Kultur eines Volkes und erkennt in seiner Entwicklung zugleich bei den verschiedenen Völkern typisch wiederkehrende Stufen. Die starke Auswirkung D.scher Gedanken auf die Pädagogik vor allem der 20er Jahre (durch Frischeisen-Köhler, Nohl, Spranger u.a.) ging allerdings mehr vom Ganzen seiner Philosophie als von seinen eigentlich pädagogischen Arbeiten aus.

Ges. Schriften, 1.-9., 11., 12. Bd, 1923-26. Außerdem: Das Leben Schleiermachers I, (1870) 1922²; Das Erlebnis u. die Dichtung, 1905; Von dt. Dichtung u. Musik, 1933; Grundriß der allgem. Gesch. der Philosophie, 1949; Die große Phantasiedichtung, 1954. - Briefwechsel W.D. u. Graf Paul von Wartenburg, 1923; Der junge D., ein Lebensbild in Briefen u. Tagebüchern, 1933. - Über D.: Grundlegend ist der Vorbericht v. G.Misch in den Ges. Schriften Bd 5, 1924, VII-CXVII - A.Stein, Der Begriff des Verstehens bei D., 1926 - L.Landgrebe, W.D.s Theorie der Geisteswissenschaften, 1928 - D. Bischoff, W.D.s geschichtliche Lebensphilosophie, 1936 - O.F.Bollnow, D., eine Einführung in seine Philosophie, 1936 - BPhil I, 506ff - H.A.Hodges, W.D., an introduction, London 1944 (Lit.).

O.F.Bollnow

Dimissoriale, litterae dimissoriae, bezeichnet nach *kath. Kirchenrecht* die Urkunde (Entlassungsschreiben), durch die der für einen Weihekandidaten zuständige Ordinarius proprius (Bischof) einem anderen Amtsträger die Ausübung der sakramentalen Ordination überträgt. Eine ohne D. vorgenommene Ordination ist bei vorhandener Befähigung des Weihespenders zwar gültig, aber unerlaubt. Einzelheiten s. CIC cc. 955-967. - In der *ev. Kirche* bedeutet D. den Entlassungsschein, den der zuständige Pfarrer einem Kirchenglied nach Abmeldung zur Vornahme einer Amtshandlung durch einen nicht zuständigen Pfarrer ausstellt. D.n werden namentlich in Großstädten großzügig erteilt, neuerdings aber teilweise enger an das Vorliegen bestimmter Voraussetzungen (wichtige Gründe, kirchenordnungsmäßige Zulässigkeit) geknüpft.

LThK III, 326f - EKL I, 936f. *S.Reicke*

Dinder, *Julius* (1830-90), kath. Geistlicher. Nach der Wiederherstellung eines modus vivendi zwischen Staat und kath. Kirche am Ende des → Kulturkampfes mußte der Vatikan bei der Neubesetzung der Erzstühle Köln und Posen die bisherigen Inhaber → Melchers und → Ledóchowski fallen lassen. Als Ledóchowskis Nachfolger wurde D. (Priesterweihe 1856, 1865 Pfarrer in Grieslienen, seit 1868 Propst in Königsberg) 1886 Erzbischof von Gnesen-Posen und polnischer Fürst-Primas; Bismarck hatte darauf bestanden, keinen Polen auf diesem Platz zu sehen. Daß ein - freilich der polnischen Sprache mächtiger - Deutscher diesen wichtigen polnischen Erzstuhl einnahm, mußte mancherlei Schwierigkeiten mit sich bringen. Bes. zeigte sich D. angesichts der Forderung der preußischen Regierung nach völliger Beseitigung des Religionsunterrichts in polnischer Sprache sehr nachgiebig.

RGG[1] II, 76f - G.GOYAU, Bismarck et l'église. Le Culturkampf IV, Paris (1913) 1922[2] (Reg.). *G.Maron*

Ding an sich (D.). Unter den transzendentalen Begriffen der Schulphilosophie trat res zwar immer mehr zurück, aber das unum, verum, bonum wurden doch noch als transzendentale Prädikate der Dinge bezeichnet. Auch → Malebranche hatte von choses-en-ellesmêmes, → Locke von things in themselves (ähnlich → Bayle und Lambert) gesprochen. So war die Auszeichnung des D. (auch »Sache selbst«) durch → Kant in der Tradition begründet. Der Verweis von der »Erscheinung« auf das D. ist aber weder dogmatisch noch gar empiristisch auszulegen, sondern im Sinne einer kritischen Ontologie zu verstehen. Das D. fällt insoweit mit dem »transzendentalen Objekt« zusammen, das als »Korrelat der Einheit der Apperzeption« für die »Einheit des Mannigfaltigen in der sinnlichen Anschauung« genommen sein will (Kritik der reinen Vernunft[1] 250). Als »intelligible Ursache der Erscheinungen« (ebd[2] 522) bleibt es zwar »unbekannt«, ist aber als »wirklicher Gegenstand«, als »Dasein« »unvermeidlich« vorauszusetzen (Prol. §§ 13. 32). So entspricht das D. dem Ich an sich, das den Menschen als zur »intellektuellen Welt« gehörig ausweist, aber keine Kenntnis derselben einschließt (Grundlegung zur Metaphysik der Sitten[1] 107). Beide transzendieren die endliche Erkenntnis, sichern aber ihren ontologischen Rang. Die Freiheit als Bedingung des sittlichen Handelns ist nur möglich, weil das sittliche Subjekt D. oder Noumen und in diesem »Bewußtsein seiner intelligiblen Existenz« nicht den Zeitbedingungen unterworfen ist (Kritik der prakt. Vernunft[1] 175). Es ist unerläßlich, jenseits der erscheinenden materiellen Welt etwas als D. und »Substrat« zu denken, diesem eine »intellektuelle Anschauung« zuzuordnen und so einen »übersinnlichen Realgrund für die Natur ..., zu der wir selbst mitgehören«, zu postulieren (Kritik der Urteilskraft, § 77). - Für den deutschen → Idealismus und für den → Neukantianismus der Marburger Schule wurde das D. zum Stein des Anstoßes, weil hier ein spekulatives Denken sich über die Endlichkeit der menschlichen Erkenntnis hinwegsetzte und die Logik selbst als Ontologie begriff.

E.ADICKES, Kant u. das D., 1924 - H.HEIMSOETH, Studien zur Philosophie Kants, 1956. *H.Knittermeyer*

Diodati, *Giovanni* (1576-1649), stammte aus einer nach Genf geflüchteten ital. Adelsfamilie Luccas und wurde Nachfolger des Humanisten → Casaubonus an der Genfer Akademie. 1608 nahm er als Theologe und ab 1618 als Rektor → Bezas Platz ein. D.s Kirchenpolitik galt der Reformation Italiens. An der von P. → Sarpi geleiteten, aber mißglückten Reformation Venedigs hatte er Anteil. 1618 vertrat er die Genfer Kirche und Orthodoxie auf der → Dordrechter Synode und war an der Formulierung ihrer Artikel maßgeblich beteiligt. Seine heute noch gebrauchte ital. → Bibelübersetzung (: V, 2 i β) (Genf 1607) machte ihn bekannt. 1644 erschien dazu seine franz. Bibelübersetzung mit Glossierungen. D. war ein treuer Hüter der calvinistischen Orthodoxie Bezas und ein gefeierter Prediger in Genf (»der Cato von Genf«).

Vf.: Glossa in Sancta Biblia, Genf 1644. - Über D.: C.SCHOTEL, J.D., 's-Gravenhage 1844 - E.DE BUDÉ, Vie de J.D., Genf 1869 - CH.BORGEAUD, Hist. de l'Université de Genève I, Genf 1900. *J.Moltmann*

Diodor, Bischof *von Tarsus* († 392). Geschult in seiner Heimatstadt Antiochia und Athen, wirkt D. bis zu seiner Verbannung als Lehrer und Klostervorsteher in Antiochia und führt dann ein Wanderleben bis zu seiner Wahl zum Bischof 378. Er ist strenger Asket, kämpft für das nicänische Bekenntnis, begründet die → antiochenische Theologie und eine methodische Schriftexegese, die bei seinem Schüler → Theodor von Mopsuestia nachwirkt. 499 wird er als Urheber des Nestorianismus verurteilt. Die Einigung des Menschen Jesus mit dem göttlichen Logos sucht er als Synthese ähnlich der von Leib und Seele zu erfassen (→ Christologie: II, 4c).

Dogmatische Fragmente: R.ABRAMOWSKI, ZNW 42, 1949, 19-69 (vgl. ebd 30, 1931, 234-262). - Exegetisches: J.DECONINCK, Essai sur la chaîne de l'Octateuque, 1912 - K.STAAB, Pauluskommentare aus der griech. Kirche (NTA 15), 1933 (dazu E.SCHWEIZER, ZNW 40, 1941, 33-75; Lit.). - Allg.: ALTANER 275f (Lit.) - K.BIHLMEYER, KG I, 1952, 402f (Lit.) - L.ABRAMOWSKI, Der Streit um D. u. Theodor zwischen den beiden ephesinischen Konzilien (ZKG 67, 1955/56, 252-287) - R.LECONTE, L'Asceterium de Diodore (Mélanges Bibliques ... en l'honneur de A.Robert, Paris 1957, 531-536). *E.Schweizer*

Diognetbrief, Werbebrief eines unbekannten Autors für das Christentum, der zu den schönsten Zeugnissen der altchristlichen → Apologetik (: II) gehört. Der klaren Gliederung entspricht ein Stil, der einerseits von bester rhetorischer Tradition lebt, andererseits nicht der Originalität (bes. c. 6: die Christen als Seele der Welt) und Eindringlichkeit entbehrt. Der im Epilog sich als »Apostelschüler« bezeichnende Autor ist vor allem bei Paulus in die Schule gegangen. Das Überlieferungsproblem (einzige Hs. von Straßburg 1870 verbrannt), speziell das Problem des Epilogs (c. 11. 12 später zugefügt?) sowie die Frage nach dem Autor und seiner Zeit lösten in der Forschung eine Flut von Hypothesen aus (→ Pantänus; → Alexandrinische Theologie, 2). Der Autor wird wohl anonym bleiben. Bewähren dürfte sich hingegen die neueste These (Marrou), der Brief gehöre nach Alexandria und wende sich an den Archiereus Aegypti Claudius Diognetus (197-202).

Krit. Ausg.: K.BIHLMEYER, Die apostol. Väter I (SQS II, 1, [1924] 1956[2]); H.-I.MARROU, A Diognète (SC 33), 1951 - Dt. Übers.: HENNECKE[2] 619ff. - Lit., wo die Thesen von R.H.CONOLLY (Hippolyt) und P.ANDRIESSEN (Quadratus Autor des einheitlichen Werkes) zu beachten sind, bei QUASTEN I, 248ff; MARROU aaO 43ff. *C.Andresen*

Diokletian, *C. Valerius Aurelius,* röm. Kaiser Nov. 284 bis Apr. 305; † 313. Es gelang D., der sich vom einfachen Soldaten emporgedient hatte, das Kaisertum neu zu festigen: Fortan ist der Kaiser höchster Reichsbeamter, der mit einem Mitregenten (Augustus) und unterstützt durch zwei Caesares regiert. Nach den Wirren der vorangehenden Zeit (»Soldatenkaiser«) suchte D. durch Adoption und Designation die Nachfolge der Caesares (seit 293 Galerius und Constantius Chlorus) zu regeln. Die Amtszeit der Kaiser wurde auf 20 Jahre festgesetzt. D. selbst dankte mit seinem Mitregenten Maximinian am 1.5.305 ab. Straffe Neuordnung der Verwaltung, im

Verein mit Erfolgen an allen Grenzen, bewirkte eine Konsolidierung des Reiches. Das edictum de pretiis (301) suchte dem Wirtschaftsleben neue Grundlage zu geben (Höchstpreise). Unruhstifter, ja Reichsfeinde waren in den Augen D.s die Manichäer (→ Manichäismus), die sich, im Sassanidenreich verfolgt, in großer Zahl in Syrien und Afrika niedergelassen hatten. D. ließ sie seit 295/96 bekämpfen, wobei den Führern Tod oder Zwangsarbeit drohte. Nach ersten zögernden Schritten steigerte D. die → Christenverfolgung (, 2) zu solcher Grausamkeit, daß er zum Prototyp des tyrannischen Christenfeindes wurde. Seine vier Edikte gegen die Christen behielten bis zu den Toleranz-Edikten des → Konstantin Rechtskraft. – Nach seiner Abdankung zog sich D. in seinen Palast nach Salona (= Split = Splato) zurück; er versagte es sich, in die sogleich ausbrechenden Wirren einzugreifen, und starb 313.

E.STEIN, Gesch. des spätröm. Reiches I, 1928, 94ff – M.GELZER, Der Urheber der Christenverfolgung von 303 (Festschr. f. E.Vischer, 1935, 35-44) – W.SESTON, Dioclétien et la tetrarchie, 1946 – W. ENSSLIN, PW 2. R. VII, 1948, 2419ff – D.VAN BERCHEM, L'armée de Dioclétien et la réforme Constantinienne (Inst. Franç. d'Archéologie de Beyrouth 56), 1952 – RAC III, 1036ff. *H.Dörrie*

Dionysius, 1. *Papst* 260 bis 267, Grieche, baute nach der Verfolgung des Valerian die römische Gemeinde wieder auf, durch das Toleranzedikt des Gallienus unterstützt. Auf Beschwerden gegen Bischof →Dionysius von Alexandrien hin ließ er in einer Synode 262 die Lehre des →Sabellius und den Subordinatianismus (→Christologie: II, 3 a) verurteilen (Bruchstücke eines Schreibens an D.v.Alex. bei Athanasius).

RE IV, 702f; XXIII, 349 – LThK III, 229 – ALTANER 140 – BARDENHEWER II, 644f – CASPAR I, 92f – F.X.SEPPELT, Der Aufstieg des Papsttums, 1931. – Über das Lehrschreiben des D.: H.HAGEMANN, Die röm. Kirche u. ihr Einfluß auf Disziplin u. Dogma, 1864, 432ff – CH.L.FELTOE, s. 2. *M.Rauer*

2. *von Alexandrien,* der Große (ca 190/200–264/65). D. hat eine seiner Herkunft angemessene gute philosophische und rhetorische Ausbildung erfahren, war als Christ Schüler des → Origenes, übernahm 231/32 als Nachfolger des Heraklas die sog. Katechetenschule (→ Alexandria) und wurde 247/48 Bischof. Als solcher hat D. in der decischen (Flucht!) und valerianischen → Christenverfolgung, aber auch in Kämpfen um Lehre und Disziplin (→ Novatian, → Ketzertaufstreit) die Kirche sicher geleitet. Dogmengeschichtlich wichtig ist sein Streit mit → Dionysius von Rom, in dem trotz starker Verkirchlichung das origenistische Erbe (gegen die ihn anzeigenden libyschen und alexandrinischen Monarchianer, → Christologie: II, 3 a; Einfluß Tertullians?) lebendig blieb.

Schriften (Fragmente): Περὶ φύσεως (gegen Atomismus der Epikuräer); Περὶ ἐπαγγελιῶν (gegen Chiliasmus; Kritik an der Apk); Briefe. – The letters and other remains of D. of A., ed. CH.L.FELTOE, Cambridge 1904 (zu syr. u. arm. Fragm. vgl. E.SCHWARTZ, Codex Vat. gr. 1431: AAM 32, 6, 1927, 98) – G.ROCH, D. Schrift d. alex. Bischofs D.d.Gr. »Über die Natur« (Phil. Diss. Leipzig), 1882 (dt. Übers.). – F.H.COLSON, JThSt 25, 1924, 364-377 (rhetor. Bildung) – KARL MÜLLER, Kleine Beiträge z. alten KG 10 (ZNW 24, 1925, 278 bis 285) – PH.SH.MILLER, Studies in D. the Great (Phil. Diss. Erlangen), 1933 – H.G.OPITZ, D.v.A. u. d. Libyer (Quantulacumque, Studies presented to K.Lake, 1937, 41-53). – Zu fraglichen u. unechten Schriften s. ALTANER 175 (Lit.). *W.Schneemelcher*

3. *Areopagita.* Unter dem Namen des von Paulus bekehrten D.A. (Apg 17, 34), der nach kirchlicher Tradition erster Bischof von Athen war (Eusebius h.e. III, 4; IV, 23), hat seit dem Religionsgespräch von Konstantinopel von 533 eine Sammlung von Schriften (Cael. Hier., Eccl. Hier., De Div. Nom., Theol. Myst., Epistulae) eines unbekannten Autors, der sich selber stets nur als D. ὁ πρεσβύτερος bezeichnet, eine nahezu apostolische Autorität gewonnen und bis Laurentius → Valla und → Erasmus unangefochten behauptet. Das Corpus wurde im Abend- und Morgenland zu dem vielleicht einflußreichsten Bindeglied zwischen kirchlicher Theologie und Platonismus (→Antike und Christentum, 1 d). Die abendländische → Mystik (: VI) fußt seit der Übersetzung durch → Johannes Scotus Eriugena auf ihm. Das System des D. ist teils (in der Cael. und der Eccl. Hier.) eine theologische Interpretation der kirchlichen Hierarchie auf der Grundlage der origenistischen Theorie vom dreifachen Schriftverständnis (→ Geist und Buchstabe) und der Lehre des → Gregor von Nyssa vom unendlichen Aufstieg mit deutlichem Widerspruch gegen jede unmittelbare unio mystica, teils eine scholastische Ausführung der theologia negativa des Gregor von Nyssa. Dogmatische, insbesondere christologische Erörterungen fehlen auffälligerweise ganz. Denkstil und Manier haben starke Ähnlichkeit mit den Platonikern von →Jamblichos bis → Proklos. Seit H.Koch (Proklus als Quelle des Ps.-D.A. in der Lehre vom Bösen, Philologus 54, 1895, 438-454) und J.Stiglmayr (Der Neuplat. Proclus als Vorlage usw, HJ 16, 1895, 253-273. 721-748) wird daher allgemein direkte Abhängigkeit von Proklos angenommen; dabei werden jedoch wohl Allgemeinplätze überschätzt und Gegensätze übersehen. Ein endgültiges Urteil läßt sich erst bilden, wenn die Vorfrage entschieden ist, von wem und zu welchem Zweck diese Schriften dem Areopagiten zugeschrieben sind und in welchem Umfang sie dabei interpoliert sind. Interpolationen sind zumal in den Briefen handgreiflich.

MPG 3. 4 – Krit. Neuausg. v. G.HEIL erscheint in SC (Cael. Hier. 1957). – R.ROQUES, L'univers Dionysien (Études publ. sur la direction de la Fac. de Théol. S.J. de Lyon-Fouvière 29), 1954 (Lit.) – D.A. Mystische Theol. u. andere Schriften übers., mit Einl. u. Komm. versehen v. W.FRITSCH, 1956 – RAC III, 1075ff. *H.Langerbeck*

4. *Exiguus,* von Geburt Skythe, lebte von etwa 497 bis 545 als Mönch in Rom. Er übersetzte wichtige griechische theologische Schriften und darf daher als Vermittler der griechischen Kultur im Westen gelten. Er gab eine Kanonessammlung von den → Apostolischen Konstitutionen bis zum Konzil von Chalcedon, um die erste → Dekretalen-Sammlung vermehrt, heraus (Collectio dionysiana). Berühmt ist er vor allem seiner chronologischen Arbeiten wegen, worauf seit 525 bis heute unsere christliche Zeitrechnung – mit dem Fehler im Jahre 754 (a.u.c.) statt 749 – beruht (→Chronologie: IV, 1 b).

MPL 67; Cassiodorus I, 23 (MPL 70, 1137f). – M.SCHANZ, Gesch. d. röm. Lit. IV/2, 1920, 589ff – A.STREWE, Die Canonessammlung des D.E. in der ersten Redaktion (AKG 16), 1931 – ALTANER 341f. *J.N.Bakhuizen van den Brink*

5. *der Kartäuser,* auch nach seinem Geburtsort *Ryckel* genannt (* 1402/03, † 1471 in Roermond), ebenso streng in der Askese wie fruchtbar in seiner Arbeitsleistung, in der er den Ertrag der mittelalterlichen → Mystik (die er als »doctor ecstaticus« in häufigen visionären Zuständen erlebte), Exegese und Scholastik (»der letzte Scholastiker«) zusammenfaßte. Von ihm wurde gesagt: »Qui Dionysium legit, nihil non legit.«

Opera omnia, 44 Bde, Montreuil-sur-mer, Tournai, Parkminster 1896-1935. – RE IV, 698ff – DThC IV, 436ff; XVI, 937 – Ü II, 627. 789 – VerfLex I, 436ff; V, 155 – DSp III, 430ff (Lit.). *M.A.Schmidt*

6. *von Korinth,* Bischof zur Zeit des → Soter in Rom, schrieb »katholische« Briefe an die Gemeinden in Lacedämon, Athen, Nikomedia, auf Kreta, in Pontus, Rom und an Privatpersonen (Euseb h.e. IV, 23). Er war Geg-

ner des →Marcion, mild in Sachen der Wiederaufnahme von Gefallenen (lapsi) und der Askese; Pinytus, Bischof von Knossus, hätte ihn gern etwas strenger gesehen. D. preist bes. Rom wegen seines Gefühls der Verantwortlichkeit und seiner allen geltenden Hilfeleistung und sagt, daß man in Korinth nicht nur den Brief Soters, sondern auch den 1Clem immer noch im Gottesdienst verlese.

A.v.Harnack, Die Briefsammlung des Apostels Paulus u. die anderen vorkonstantin. Briefsammlungen, 1931 - W.Bauer, Rechtgläubigkeit u. Ketzerei im ältesten Christentum (BHTh 10), 1934, 128ff. *J.N.Bakhuizen van den Brink*

7. *von Montina* (in Friaul), Augustiner-Eremit, kritischer Denker, 1375 als Magister in Paris bezeugt. Seine Pariser Sentenzenlesung (1371/72) wurde 1511 zu Paris als (Pseudo-)»Dionysius Cisterciensis« gedruckt, stark vermengt mit dem Sentenzenkommentar des Zisterziensers Konrad von Ebrach, der schon D. selbst als Vorlage gedient hatte. - D. ist Vertreter der spätmittelalterlichen Augustinerschule mit ihrem gemäßigten Nominalismus und ihrer Rückkehr zu Augustin. Nominalistisch ist seine Gnaden-, Rechtfertigungs- und Verdienstlehre (Betonung der acceptatio divina). D. übt Kritik am herkömmlichen Gottesbeweis, leugnet das Kausalprinzip und lehnt die aristotelische Gotteslehre ab. Dem Augustinismus → Gregors von Rimini folgt er bei der Beurteilung der »Werke der Heiden« und bei der Forderung eines »auxilium speciale« zu jedem verdienstlichen Werk.

A.Lang, Die Wege der Glaubensbegründung, 1930, 203ff - F.Stegmüller, Repertorium commentariorum in sententias, 1947, Nr. 189 - A.Zumkeller, D. de M., 1948 - D.Gutiérrez, Anal. Augustiniana 21, Rom 1947-50, 302 - D.Trapp, Augustiniana 6, Heverlee-Leuven 1956, 253. 267. *A.Zumkeller*

8. *von Paris,* erster bekannter Bischof von Paris, † als Märtyrer (2. Hälfte des 3. Jh.s). → Gregor von Tours (Hist. Franc. I, 28) setzt seine Mission um 250 an, was zweifelhaft bleibt. Sein Grab in St. Denis im Norden von Paris entwickelte sich seit dem 5.Jh. zum Zentrum seiner besonderen Verehrung (Ausgrabungen von E. Salin; vgl. Comptes-Rendus Acad. Inscr. 1954, 391-400; 1957, Sitzung vom 29. März). Die Legende (AS Oct. IV, 792ff) schreibt ihm Anfang des 9.Jh.s das Wunder der Kephalophorie zu (vgl. Coens): Man stellt ihn oft mit dem abgehauenen Haupt in der Hand dar. Er wird aber vor allem auch mit Pseudo- → Dionysius Areopagita identifiziert, dessen griech. Text 758 und 827 ins Kloster St.Denis gelangt war und von da an übersetzt und im Westen verbreitet wurde.

G.Théry, Etudes dionysiennes I, 1932, 71ff - M.Buchner, HJ 56, 1936, 441-480; 57, 1937, 31-60; 58, 1938, 55-96. 361-403; 59, 1939, 69-117 - E.Griffe, La Gaule chrétienne à l'époque romaine I, 1947, 71ff - H.M.Plantin in: Mél. F.Cavallera, 1948, 215-230 - M.C. Coens, AnBoll 74, 1956, 111-114. *H.I.Marrou*

9. *bar Salibi,* der fruchtbarste jakobitische Schriftsteller des 12.Jh.s, * in Melitene, † 1171 als Metropolit von Amida. Von seinen nur zT erhaltenen Werken sind hervorzuheben: Kommentare zur gesamten Bibel und zu einzelnen Kirchenvätern, Bußkanones, polemische, liturgische und philosophische Schriften. Ein Teil dieser sämtlich syrisch abgefaßten Schriften wurde früh ins Arabische übersetzt.

A.Baumstark, Gesch. der syr. Lit., 1922, 295ff - GCAL II, 263ff. *A.Dietrich*

Dionysos (Name noch ungeklärt) ist in der griech. Religion Gott des Weines, der Fruchtbarkeit und als Gott des Orgiasmus Gegengott zu Apollon, dem Herrn der maßhaltenden Distanz. Er selbst ist von überlegener Ruhe, während er Menschen und bes. Frauen in Verzückung versetzt. Als Mainaden (Thyiaden) mit Thyrsos und nächtlich leuchtenden Fackeln, zischende Schlangen im Haar, die aufreizende Flöte spielend und dröhnende Becken schlagend, werden sie von D. fortgerissen »in nackenwerfendem Taumel«, »stieren Wahnsinnsblicks«. Mit wildrhythmischem Tanzlied, dem »Dithyrambos«, und dem Ruf Eueu (Evoe) folgen sie ihm auf seinem Zug aus der Fremde, aus Phrygien und Thrakien, auch Lydien (→ Antike und Orient). Die Überwindung der »Götterfeinde«, zB des Thrakerkönigs Lykurgos oder des Thebanerkönigs Pentheus, diese und ähnliche Sagen sind Nachklänge seines Einbruchs in den staatlichen und privaten Nomos von Hellas. Seinem Landweg entspricht seine Fahrt über See mit der erbaulichen Erzählung von den Seeräubern, aus deren Gefangenschaft er sich im Wunder der Epiphanie mühelos befreit, oder das Bild, wie er auf dem »Schiffskarren« einzieht. Innerhalb der Adelswelt des → Homer ist D. nicht unbekannt, aber zu einer Randfigur zurückgedrängt. Er herrscht längst in den Massen des Volkes, zB auch im mutterländischen Theben, wo er aus dem Leib der Semele (ursprünglich phrygische Erdgöttin), erst 6 Monate alt, durch seinen Vater Zeus gerettet und durch Hermes den »Ammen« im Götterland Nysa übergeben wird (Hermes des Praxiteles). Gemäßigte Formen annehmend, erhält er einen bedeutenden Platz bes. im Festkalender von Athen, am Blütenfest (Anthesterien), den Dionysien und den Lenäen (nach Lenos, phrygisch für Mainade). In der Gestalt des Stieres oder Bocks (hier Fruchtbarkeitsgott), bes. aber als Gott der verwandelnden Maske ist er Schirmherr der dramatischen Spiele, der Tragödie (»Bocksgesang«) mit ihren Satyrspielen und der Komödie (Komos: Heimkehr bezechter Jugend). Wie sonst delphische Frauen, zieht auch ein staatlich bestellter Kreis attischer Frauen im Winter - dies ist die D.-Jahreszeit - auf die Berge, um als Ammen das Kind in der Getreideschwinge zu wiegen (D. Liknites). Die delphische Priesterschaft hat ihm das winterliche Drittel des Jahres zur Herrschaft eingeräumt und ihn in dem einen Giebelfeld des Tempels dem Apollon in dem anderen entsprechen lassen. Dithyramben singt ihm der Thebaner Pindar. Hellenistisch gekünstelter Überschwang kennzeichnet seinen Indienzug (letzte Darstellung durch Nonnos von Pannopolis in seinem Großepos »Dionysiaka«, 5.Jh. nChr). Sein Verhältnis zu Apollon sucht in theologischer Spekulation → Plutarch zu klären, selbst delphischer Priester (1./2.Jh. nChr, →Orpheus). Letzthin aus dieser begrifflichen Gegenüberstellung entwickelt F. → Nietzsche das Wesen des »Dionysischen« und »Apollinischen«. Ihr ist auch W.F.Ottos dichterisch-visionäres Bild des D. verpflichtet, der, obwohl als urgriechisch aufgefaßt, den unhellenischen Charakter bei diesem nicht abgegeben hat.

E.Rohde, Psyche II[9,10], 1925 - WM I, 60f - W.F.Otto, D., Mythus u. Kultus, (1933) 1939[2] (vgl. Nilsson, Gnomon 11, 1935, 177) - M.P.Nilsson, Gesch. der griech. Rel. I, (1941) 1955[2], 564ff. - Einzelnes: K.Deichgräber, Die Lykurgie des Aischylos (NGG 1939, 1, 8 = 231-309) - H.Jeanmaire, D., Histoire de Bacchus, Paris 1951 - H.Diller, Die Bakchen u. ihre Stellung im Spätwerk des Euripides (AAMz 1955, 5) - L.Deubner, Attische Feste, 1932 (Nachdr. 1956), 93 (Lit.). *K.Deichgräber*

Dioskur, 1. *Gegenpapst* 530, Grieche aus Alexandrien, erwarb sich als röm. Diakon große Verdienste um Beilegung des Acacianischen Schismas (→Acacius v.Konst.), wurde als Führer der antigotischen Partei von der Mehrheit des Klerus zum Papst gewählt gegen den von → Felix IV. als seinen Nachfolger bestimmten →Bonifatius II. Das von diesem nach D.s raschem Tode gegen ihn erlassene Verdammungsurteil wurde von Papst → Agapet I. 535 öffentlich verbrannt.

RE III, 288 - A.v.HARNACK, SAB 1924, 24-42 - LThK III, 341.
M.Rauer

2. *von Alexandrien,* Patriarch von A. seit 444. Christologisch an → Cyrill (, 1) orientiert, stand er gegen →Theodoret, im Machtkampf wider →Flavian (, 2) auf seiten des → Eutyches. Zugleich mit dessen Monophysitismus wußte er, als Vorsitzender der ephesinischen »Räubersynode« (449) → Leos d.Gr. Gesandte brüskierend, das Gewicht → Alexandrias durch faustgewandte Mönche eindrücklich zu machen. Den gewalttätigen Mann stürzte nach Theodosius' II. Tod das Konzil zu → Chalcedon. † im Exil zu Gangra 454.

F.HAASE, Patriarch D.I. (Kircheng. Abh. 5, 1907, 141-233) - DThC IV, 1369ff - A.GRILLMEIER-H.BACHT, Das Konzil v. Chalkedon, 3 Bde, 1951-54, Reg.
U.Wickert

Dioskuren, »Zeusjünglinge«, sind ursprünglich ein himmlisches Brüderpaar, alt in lakonischen Kulten und in der Sage von ihrem helfenden Eingreifen in den Kampf der Spartaner mit ihren messenischen Nachbarn, aber auch zB mit ihrer Verehrung in Athen als Anakes (von Anax »Herr«) am Fest Anakia. Individualisiert wurden sie durch Gleichsetzung mit dem anfänglich selbständigen Kastor »dem Glänzenden«, dem Rossebändiger, und Polydeukes, dem Faustkämpfer. U.a. beweist ihre Zusammengehörigkeit die Sage, daß nach dem Tode des sterblich gedachten Polydeukes der unsterbliche Kastor mit seinem Bruder den Aufenthalt in der Unterwelt durch täglichen Wechsel teilt. In berühmten Sagen, zB vom Argonautenzug, bleiben sie, auch wo etwa Polydeukes seine besondere Arete bewährt, dieses feste Paar. Auf dem Lande erscheinen sie als Schimmelreiter, auf der See geflügelt. Ihr Zeichen ist das St. Elmsfeuer. In Rom haben die »Castores« (einzeln: Castor und Pollux) seit 484 ihren Tempel im Pomerium (Großfiguren auf dem Monte Cavallo, 2.Jh. nChr). Ihrem Typus als Rettergötter entspricht ihre Entwicklung zu einem göttlichen Ärztepaar. Das Christentum gewinnt in den Aposteln Johannes und Philippus, dann bes. in dem Heiligenpaar → Kosmas und Damian, jeweils ein entsprechendes Ärztepaar. - Eine der vielen Parallelen bildet das von dem Germanenstamm der Narhanavali verehrte Brüderpaar (Tacitus Germ. 43).

WM I, 229 - M.P.NILSSON, Gesch. der griech. Rel. I, (1941) 1955², 406ff. - Zu D. in Rom: P.WISSOWA, Religion u. Kultus der Römer, (1902) 1912², 268 - L.DEUBNER, Neue Jb.er 9, 1902, 370 - F.ALTHEIM, Griech. Götter im alten Rom, 1930. - Zu D. unter Kelten u. Germanen: E.KRÜGER, Die gallischen u. die germ. D. (Trierer Zeitschr. 15, 1940, 8-27; 16/17, 1941/42, 1-66) - H.NAUMANN, Neue Beitr. zum altgerm. D.glauben (Bonner Jahrbücher 150, 1950, 91-101).
K.Deichgräber

Diplomatik. Gegenstand der D. ist die Urkunde als formale geschichtliche, nicht als juristische Erscheinung. Als eine der sog. Hilfswissenschaften der → Geschichtswissenschaft erfüllt sie im Rahmen der Quellenkunde die Aufgabe, die urkundlichen Quellen kritisch aufzubereiten. Ihre Begründung im 17.Jh. durch Jean →Mabillon kann als der Beginn einer methodisch-kritischen Geschichtsforschung gelten. Mabillon verdankt die D. auch ihren Namen; er ist hergeleitet von dem griech.-lat. diploma, das ursprünglich bestimmte Arten der römischen Doppeltafelurkunde meinte, in neulat. Zeit aber für die Urkunde allgemein, im engeren Sinne aber für feierliche Ausfertigungen namentlich königlicher Urkunden verwendet wurde. Herkömmlich und durch die Entwicklung bedingt ist die Gliederung der D. in eine allgemeine D. und in Spezial-D.en der Königsurkunden, der Papsturkunden, der nichtköniglichen (unzutreffend: der Privat-) Urkunden. Den Gegebenheiten und der Mannigfaltigkeit des Urkundenwesens wird diese Gliederung nur unzulänglich gerecht.

Beschreibend und vergleichend zugleich betrachtet die D. zuvörderst die Beschaffenheit der Urkunden nach äußeren und inneren Merkmalen (Beschreibstoff, Schrift, Besiegelung bzw. Sprache, Gliederung, Textgestalt) in ihrer zeitlichen und inhaltlichen Bedingtheit und nach der Abhängigkeit von Vorbildern und Vorlagen, um so die Kriterien für die Beurteilung ihrer Echtheit und Glaubwürdigkeit zu gewinnen. Mit Hilfe der durch Th.Sickel (1826-1908) entwickelten Methode des Schrift- und Diktatvergleichs strebt sie weiter dahin, den Verfasser des Textes (des »Diktates«) und den Schreiber der einzelnen Urkunden zu bestimmen, überhaupt die Stufen des Geschäftsganges klarzulegen, den die Urkunde durchlief, vom Antrag (petitio, Supplik) oder vom Rechtsakt an über den Beurkundungsauftrag zum Entwurf, zu seiner Genehmigung, zur Reinschrift und ihrer Vollziehung. Neben die Betrachtung der fertigen Urkunde tritt so die Untersuchung des Beurkundungsvorganges. Das Interesse der D. richtet sich demgemäß auch auf die beteiligten Personen und Einrichtungen (Beurkundungsstellen, »Kanzleien«). Dieser Hinwendung der D. zur Verwaltungsgeschichte kommt entgegen, daß sie sich nicht mehr auf die klassische Urkunde, den Einzelakt, beschränkt, sondern auch die Amts- oder Geschäftsbücher mit ihren Sammeleintragungen urkundlichen wie auch verwaltungsmäßigen Charakters einbezieht. Auf diesem Wege erhellt die D., zumal sie am Rande auch den Briefformen ihr Augenmerk zu widmen hat, die Frühgeschichte des Aktenwesens. Der Kulturgeschichte aber vermittelt die D. im ganzen Einsicht in Umfang und Bedeutung des sich wieder ausbreitenden Schriftgebrauchs seit dem frühen MA.

O.POSSE, Die Lehre v. den Privaturkunden, 1887 - H.BRESSLAU, Hdb. der Urkundenlehre (I, 1889) I. II/1. 2, 1912-31² - A.GIRY, Manuel de diplomatique, (1894) 1925² - R.THOMMEN, Die Lehre v. den Königs- u. Kaiserurkunden (GdG I, 1), 1906; (GdG I, 2), (1906) 1913² - L.SCHMITZ-KALLENBERG, Die Lehre v. den Papsturkunden (GdG I, 1), 1906; (GdG I, 2), (1906) 1913² - H.STEINACKER, Die Lehre v. den nichtkönigl. (Privat-)Urkunden vornehml. des dt. MA (GdG I, 1), 1906 - O.REDLICH, Allgem. Einl. z. Urkundenlehre, 1907 - W.ERBEN, Die Kaiser- u. Königsurkunden des MA in Deutschland, Frankreich u. Italien, 1907 - R.HEUBERGER, Allgem. Urkundenlehre f. Deutschland u. Italien (GdG I, 2a), 1921 - A.DE BOUARD, Manuel de diplomatique franç. et pontif. I. II, 1929/48 - L.SANTIFALLER, Urkundenforschung, 1937 - H.FOERSTER, Urkundenlehre in Abb., 1951 - F.DÖLGER, Byzantin. D., 1956. - Zeitschr.: Archiv f. Urkundenforschung (AUF) 1-18, 1908-44 - Archiv f. D. 1ff, 1955ff. - Zur Gesch. der D. vgl. RGG² I, 1946f. - Lit.-Berichte in: MIÖG 43-44, 1929-30; 46-48, 1932-34; 50, 1936 - AUF 12, 1932; 13, 1935.
J.Bauermann

Dippel, *Johann Konrad* (1673-1734), * Schloß Frankenstein b. Darmstadt, † Schloß Wittgenstein b. Berleburg, Theologe und Chemiker, mit Versuchen zur Goldgewinnung und mit Farbexperimenten beschäftigt. Überintellektualistisch und polemisch-satirisch veranlagt, wurde er der heftigste, häufig unflätige Kämpfer des radikalen → Pietismus gegen die kirchliche → Orthodoxie, den kirchenfreundlichen Pietismus und die moderne deterministische Philosophie. Er führte ein unstetes Leben und versuchte bei seiner Arroganz vergeblich, theologischer Dozent in Gießen, Wittenberg und Straßburg zu werden. 1697 gewann ihn G. → Arnold für den Pietismus, den er bis zur ethischen Selbsterlösung (durch die substanzielle Umwandlung als Folge der Wiedergeburt) steigerte. So wurde er zum entschiedenen Gegner der anselmischen Satisfaktionslehre (→ Christologie: II, 6c). 1704 war er in Berlin beim Grafen Wittgenstein, später in Köstritz am Pietistenhofe der Grafen Reuß, darauf als Arzt in Amsterdam, 1714 im (dänischen) Altona, 1726-29 in Schweden, seitdem als Einsiedler in Berleburg. In D. führt der mystische → Spiritualismus zum unbedingten Individualismus: D. verwarf jeden Zusammenschluß von Christen (→ Einigungsbestrebungen: II, 2). Sein entschlossener Angriff auf → Hobbes, → Leibniz, → Spinoza und Chr. → Wolff sprengte die pietistische Enge, das Kreisen um das eigene Seelenheil, und kündigte die Auseinandersetzung mit der Philosophie und die Verwandlung des christlichen Dogmas in humanistische Ethik an. D. wurde einer der meistgelesenen Autoren des 18.Jh.s. Seine zänkische Art hinderte ihn jedoch am Ausbau seiner positiven Gedanken.

GA: Eröffneter Weg zum Frieden durch die Publication sämtl. Schriften Christiani Democriti, 3 Bde, 1747 (vorher unvollst. Amsterdam 1709). Einzeltitel: Orcodoxia Orthodoxorum, 1697; Papismus Protestantium vapulans, 1698; Der ... verhörte u. verurteilte Beichtvater, 1699; Fatum Fatuum, 1708; Grundriß zu einem Systemate Theologico, o.J. - Über D.: K.Henning, J.C.D.s vistelse i Sverige samt Dippelianismen i Stockholm, 1881 - W.Bender, J.C.D., der Freigeist aus dem Pietismus, 1882 - W.Diehl, Neue Beitr. z. Gesch. D.s (Beitr. z. hess. KG 3, 1908, 135-184) - RE IV, 703ff - NDB III, 1957, 737f - M.Schmidt, Teilnahme an der göttlichen Natur (Festschr. f. P.Althaus, 1958, im Erscheinen). *M.Schmidt*

Dircksz, *Willem* († 1525), zubenannt »die roede cuper« (der rote Küfer), lebte in Utrecht, wurde luth. Ketzereien und seines Antipapismus und Sakramentarismus wegen gefangen und von dem Inquisitor Jakob von Hoochstraten vernommen. »Dirck die cuper« war wahrscheinlich sein Vater; er wird seines sicher nicht weniger starken Sakramentarismus wegen in derselben Zeit verfolgt, kam aber mit einer Pönitenz davon. Willem dagegen wurde Märtyrer; das Datum ist nicht bekannt.

P.Frédéricq, Corpus docum. inquis. IV, 1902, 293. 365ff - Bibl. reform. neerlandica III, 1905, 398ff - L.Knappert, Het ontstaan en de vestiging v.h. Prot. in de Ned., 1924, 154ff.
J.N.Bakhuizen van den Brink

Dirigismus → Planwirtschaft, → Wirtschaftspolitik.

Disciples of Christ, auch Christians, Christian Churches, Churches of Christ, sind eine bedeutende Freikirche in Amerika, in kleinerem Maße auch in andern Ländern. Ihr Gründer war Thomas Campbell, ein presbyterianischer Pfarrer, der 1807 von Irland nach Pennsylvania einwanderte. Er setzte sich für einen Glauben ein, der allein auf die Bibel gründete, ohne weitere Bindung an menschlich formulierte Glaubensbekenntnisse. Er wandte sich gegen die Zersplitterung der Christenheit in viele Kirchen und befürwortete enge Verbindung zwischen den → Denominationen. Darob zurechtgewiesen und getadelt, zog er sich von Gemeinde und Synode zurück. Im Aug. 1809 gründete er die »Christian Association of Washington«. In der für die D. bedeutenden »Declaration and Address« (1809) rief er zur Einigung der Christen auf. Das Werk des Vaters setzte der Sohn Alexander Campbell fort. Daher der Name *Campbellitten:* am 4.5. 1811 wurde die erste Gemeinde in Bush Run (Pennsylvania) gegründet mit 29 Gliedern, 1813 mit den Redstone-Baptisten und 1814 mit der Mahoning Baptist Association vereinigt. 1827 führten Unterschiede in der Frage des Glaubensbekenntnisses, das die D. grundsätzlich ablehnten (→ Bekenntnisschriften, 5), wieder zur Trennung von den → Baptisten. Dagegen schlossen sich die D. 1831 mit den »Christians« zusammen, die von Barton W.Stone geleitet waren (daher der zweite Name). 1840 zählte man 40 000 D. - Die *Glaubensanschauungen* der D. sind gekennzeichnet durch »union and restoration«. Dementsprechend vertreten die D. in den Grundzügen ein ev.-biblisches Christentum, das durch folgende besondere Lehren charakterisiert ist: die D. schenken Glaubensbekenntnissen keine Beachtung, sondern berufen sich allein auf die Bibel. Dadurch sollte die unbiblische Zersplitterung überwunden werden; denn die Kirche ist der *eine* Leib Christi. Die äußere Organisation ist ganz kongregationalistisch mit aller Selbständigkeit der Einzelgemeinde. Die kirchlichen Aufgaben werden von Ältesten und Diakonen sowie Predigern und Hirten ausgeführt, die alle »Laien« sind. Die Gottesdienste sind einfach, wobei Freiheit von allem Formalismus herrschen soll. Große Bedeutung wird dem Mahl des Herrn beigemessen, das allsonntäglich gefeiert wird. In der Tauflehre besteht Übereinstimmung mit den Baptisten. - Die D. zählten in den USA und Kanada im Jahre 1910: 1 120 000 Mitglieder, im Jahre 1946: 1 701 028, heute nahezu 2 Mill. In England waren es 1946: 11 660, in Belgisch Kongo 1947: 67 409. Dazu kommen kleinere Niederlassungen in allen Erdteilen. Die D. sind Mitglied des Ökumenischen Rates der Kirchen und führen eine ganze Reihe zT namhafter Zeitschriften, zB »World Call«. Bedeutendes Gewicht wird der Heidenmission zuerkannt. 1946 wurden 256 Schulen verschiedener Art gezählt, die von den D. entweder kirchlich oder privat geführt wurden. → Einigungsbestrebungen: V.

P.H.Welshimer, Concerning the D., Cincinnati 1935 - W.E.Garrison, An American Religious Movement, St.Louis (1945) 1951² - Ders. u. A.T.de Groot, The D., St. Louis 1948 (beste Darstellung mit ausführl. Lit.) - The New Schaff-Herzog Enc. III, 1950, 443f (Lit.) - H.E.Short, Doctrine and Thought of the D., St. Louis 1951 - R.E.Osborn, D. (V.Ferm, The Am. Church of the Protestant Heritage, New York 1953, 389-412). - Zu Alexander Campbell außerdem: R.F.West, A.C. and natural religion, New Haven 1948. - Zu B.W.Stone: The Biography of B.W.St., written by himself, Cincinnati 1847. *O.Eggenberger*

Disibod lebte wohl im 7.Jh. auf der Berghöhe zwischen Nahe und Glan; ein Kloster an der Grabstätte ging im 9.Jh. ein. Älteste Erwähnung D.s (Fest: 8.7.) ist im Martyrolog Rabans; → Hildegard von Bingen verfaßte um 1170 eine Vita. Disibodenberg, durch Erzb. Willigis als Stift eingerichtet, war 1108-1259 Benediktinerkloster, dann Zisterzienserabtei und wurde 1559 aufgehoben.

AS Julii II, 581ff - MPL 197, 1095ff. - H.Büttner, Stud. u. Mitteil. des Benediktinerordens 52, 1934, 1-46 - Ders., Arch. mittelrhein. KG 3, 1951, 24f. *H.Büttner*

Dispensation ist im kath. Kirchenrecht die Befreiung von einem kirchlichen Gesetz (vom göttlichen Kirchenrecht kann nicht dispensiert werden) in einem Einzelfall. Solche D.en können von dem betreffenden Gesetzgeber und dem ihm übergeordneten Gesetzgeber sowie von solchen erteilt werden, denen diese Gesetzgeber die D.sbefugnis erteilt haben. Die D. setzt einen gerechten und der Bedeutung des Gesetzes angemessenen Grund voraus; ohne einen solchen Grund ist sie ungültig, wenn sie nicht vom Gesetzgeber selbst erteilt wird. Die Pfarrer und sonstigen einfachen Geistlichen haben nur die ihnen ausdrücklich verliehene D.sgewalt. Die allgemeine D.sgewalt der Ordinarien erstreckt sich nur auf ihre eigenen Gesetze; die Ortsordinarien können von Gesetzen eines Partikularkonzils in Einzelfällen dispensieren. Von allgemeinen Kirchengesetzen und von päpstlichen Gesetzen für ein Teilgebiet können andere Ordinarien als der Papst nur dispensieren, wenn sie entweder besonders dazu ermächtigt sind oder wenn in einem Fall, in dem der Hl. Stuhl zu dispensieren pflegt, Gefahr im Verzug und seine Anrufung schwierig ist.

cc. 80-86 CIC. - A.van Hove, De privilegiis. De dispensationibus (Commentarium Lovaniense, Vol. I, T. V), Mecheln-Rom 1939 -

DDC IV, 1284ff - EICHMANN-MÖRSDORF I, 172ff - J.LEDERER, Der Dispensbegriff des kanonischen Rechts. Unter bes. Berücksichtigung der Rechtssprache des CIC (MThS 3, 8), 1957. *H.Barion*

Dissenters (Nonkonformisten) werden diejenigen Gruppen in England genannt, die wegen ihrer Forderung auf Reformation der englischen Kirche nach dem reinen Wort Gottes die Uniformitätsakte (1559 usw) ablehnten. Sie waren hauptsächlich Anhänger → Calvins und erhielten bald den Namen → Puritaner.

Zur Zeit → Cromwells gewannen sie die Führung in der Kirche; seit 1660 aber wurden sie verfolgt und entrechtet. Ungefähr 2000 Geistliche wurden aus ihren Kirchen vertrieben, und fünf grausame Gesetze wurden gegen sie eingebracht. Der Zweck - Zwangseintritt in die Staatskirche - wurde meist nicht erreicht. →Kongregationalisten, → Presbyterianer, → Baptisten, → Quäker usw nahmen zu und bildeten in ihren (verbotenen) Akademien den Nachwuchs aus. Durch die Toleranzakte (1689) wurde ihnen, mit Ausnahme der →Unitarier und röm. Katholiken, freie Gottesdienstausübung gewährt. (Die → Methodisten des 18.Jh.s gelten auch als D.) In den folgenden 2 Jh.en gewannen sie allmählich Gleichberechtigung mit den Anglikanern, 1827 Zugang zu Gemeinde- und Staatsämtern wie dem Parlament, 1868 Aufhebung der Kirchensteuerverpflichtung, 1871 Eintritt in Oxford und Cambridge, alles trotz starker Opposition der Staatskirche. Der letzte große Kampf ging um denominationslosen Religionsunterricht in den Volksschulen und gegen die Staatsunterstützung von Konfessionsschulen. Die Namen → Cromwell, → Milton, → Fox, → Bunyan, Watts, → Wesley, → Whitefield, → Spurgeon, Dale, → Forsyth zeigen den großen Beitrag der D. für das englische Leben.

Heute wird der Name → Freikirche vorgezogen, und das Verhältnis zur anglikanischen Kirche ist wesentlich freundlicher. Die Freikirchen zeigen ein wachsendes Verständnis für die Liturgie. Die Einigung aller ev. Kirchen wird ernsthaft gesucht. Der entscheidende Punkt ist die Frage der bischöflichen Ordination. - Zu den aus England abgewanderten D., wie den Pilgrim Fathers (1620), vgl. →Vereinigte Staaten: I; über die bedeutende Tätigkeit der D. im Bereich der Äußeren Mission vgl. Näheres bei den einzelnen Gruppen, wie zB den → Baptisten, und den Ländern, wie → England (: IV), Vereinigte Staaten (: V).

HENRY W.CLARK, History of English Nonconformity, 2 Bde, 1911-12 - HORTON DAVIES, The English Free Churches, 1952 (Lit.). *P.Scott*

Dissidenten. Der Begriff D. (lat. dissideo = getrennt sein) ist heute schillernd. Er tritt zuerst im Warschauer Frieden (Pax dissidentium, 1573) sprachlich in Erscheinung und bedeutet dort von der kath. Kirche Getrennte. In England sind → dissenters die von der Staatskirche Getrennten. Wenn, wie es zB in Preußen (ALR) der Fall war, mehrere Kirchen öffentlich-rechtliche Befugnisse besitzen, sind D. diejenigen, welche sich von diesen Kirchen getrennt halten. Seitdem auch kleinere Religionsgemeinschaften (Weimarer Verf. 1919) Körperschaften des öffentlichen Rechts werden können, verengt sich der Begriff im modernen Sprachgebrauch auf Personen, die keiner Religions*gemeinschaft* angehören, in diesem Sinne konfessionslos (»glaubenslos«) sind. - Das Dritte Reich nannte, um dem Wort einen positiven Inhalt zu geben, die D. »Gottgläubige«. Auch die Bezeichnung → »Freidenker« ist üblich. D. sind nur dort möglich, wo Religionsfreiheit herrscht.

RGG³ I, 1951ff - LThK III, 348f - EC IV, 1757 - StL I, 1464. *H.Liermann*

Distler, *Hugo,* Komponist, * 24.6.1908 Nürnberg, † 1.11.1942 Berlin. 1931 Organist in Lübeck, seit 1937 Kompositions- und Orgellehrer und Chorleiter in Stuttgart, seit 1940 in Berlin. - D. ist mit seinen Chor- und Orgelwerken, die motettische und konzertante Kunst des 16.-18.Jh.s in herber und empfindungsstarker Tonsprache neu aufleben lassen, einer der bedeutendsten Vertreter der modernen prot. Kirchenmusik.

Außer zahlreichen Motetten, Kantaten u. Orgelwerken: Deutsche Choralmesse op. 3, 1932; Choral-Passion op. 7, 1933; Die Weihnachtsgeschichte op. 10, 1933; Geistl. Konzerte für Singstimme u. Orgel op. 17, 1938. Literarisch: Die Orgel unserer Zeit (Musica 1, 1947, 147-153). - Über D.: W.BIESKE, Die Orgelwerke H.D.s (MuK 22, 1952, 177-183) - H.SCHMOLZI, Das Wort-Ton-Verhältnis in D.s Choralpassion (Musica 7, 1953, 556-561) - MGG III, 582ff (Lit.). *W.Osthoff*

Disziplinarrecht, *kirchliches.* D. im heutigen technischen Sinne ist mit dem Beamtendienstrecht des heutigen Staates entstanden. Es gewährt einerseits dem Staat als Dienstherrn die rechtlichen Mittel, den → Beamten zur Pflichterfüllung anzuhalten, sichert anderseits den Beamten gegen seinen Dienstherrn und ist in beiden Beziehungen ein Stück rechtsstaatlicher Ordnung.

Das D. der *ev. Kirche* ist gleichzeitig mit dem des Staates entstanden und entspricht ihm im ganzen, soweit nicht die besondere Art des geistlichen Amts und die besondere Rechtsstellung geistlicher Amtsträger grundsätzlich oder im einzelnen Abweichungen erfordern.

Das Recht der *röm.-kath. Kirche* kennt ein D. in diesem Sinne nicht. Das Wort disciplina bedeutet im CIC Zucht oder Ordnung oder insbesondere Rechtsordnung, nicht aber eine Dienstzuchtgewalt im engeren Sinne. Dem D. entsprechen die Normen des kanonischen Strafrechts für Kleriker, die Disziplinargewalt ist enthalten in der Leitungsgewalt der kirchlichen Oberen, insbesondere des → Bischofs (: II), das Verfahren ist das des kanonischen Strafprozesses.

1. Das kanonische → *Strafrecht* ist, als Ergebnis eines Ringens von anderthalb Jahrtausenden zwischen kirchlichem und weltlichem Strafrecht, kirchlicher und weltlicher Gerichtsbarkeit, Kirche und geistigen und sozialen Widerständen, als ganzes sehr altertümlich, aber eben darum zugleich elastisch. Der CIC faßt unter den Vergehen gegen die besonderen Standespflichten der Kleriker und Ordensleute (cc. 2376-2389) die Verletzung von Ordnungsvorschriften und Pflichten leichteren Gewichts (Versäumung der Jungpriesterprüfungen, der Pastoralkonferenzen, der Vorschriften über geistliche Tracht und Nebenbeschäftigungen), der liturgischen Ordnungen, der Residenz- und pfarramtlichen Pflichten, bis zum Abfall vom klösterlichen Verbande und zur Eheschließung von Inhabern der höheren Weihen oder durch feierliches Keuschheitsgelübde Gebundenen zusammen. In denselben Zusammenhang gehören auch andere Strafbestimmungen: gegen ordnungswidrig zelebrierende oder die Vorschriften über Meßstipendien verletzende Priester (cc. 2321. 2324), Zölibatsverletzung (cc. 2358. 2359), Verletzung der Ordnung der Papstwahl (c. 2330), Aufwiegelung der Parochianen durch den Pfarrer oder einen Priester (c. 2337), Verstoß gegen verhängte Kirchenstrafen (cc. 2338-2340), Vergehen bei Spendung und Empfang der Sakramente (cc. 2364-2374), bei Verleihung, Übernahme und Niederlegung von Kirchenämtern (cc. 2390-2403), Mißbrauch kirchlicher Amtsgewalt (cc. 2404-2414).

Im Strafensystem ist von den »poenae medicinales«, den »beugenden«, »bessernden«, als Zwangsmittel verwendeten Censurae: → Exkommunikation, → Interdikt und → Suspension (cc. 2216. 2241. 2255), die dritte gegen den Kleriker als Amtsinhaber oder Pfründenutzenden gerichtet, von den »vindicativae«, den »Sühnestrafen« (cc. 2286ff), eine besondere Gruppe von Klerikerstrafen (cc. 2298-2305), vor allem die Strafversetzung, Freiheitsbeschränkungen, die Entziehung einzelner kirchlicher Rechte, die Amtsentsetzung (privatio), die Absetzung (depositio, die vom Erwerbe aller kirchlichen Ämter und Würden ausschließt) und die Ausstoßung aus dem geistlichen Stande (degradatio, die unter Vorbehalt der Standespflichten in den Laienstand versetzt). Daneben sind die übrigen Strafen (Entziehung kirchlicher Rechte, Ehrverlust, Geldstrafe) auch auf Kleriker anwendbar, und ebenso selbstverständlich die Gruppe der Verweise, Aufsicht, Pönitenzen (cc. 2306-2311).

Das Verfahren ist das des kanonischen Strafprozesses, vereinfacht (bischöfliche Entscheidung nach Anhörung zweier Synodalexaminatoren) in den Fällen verletzter Residenzpflicht, des Konkubinats und pfarramtlicher Pflichtverletzungen (cc. 2168-2185), der Suspension durch den Bischof allein bei Untunlichkeit gerichtlicher Verfolgung und zuverlässiger Überzeugung vom Vorliegen strafwürdigen Verhaltens des Klerikers (cc. 2186 bis 2194), und vor allem im Fall außergerichtlicher Straffestsetzung (c. 1933 § 4).

Die scheinbar mangelnde Elastizität des altertümlichen Systems der kanonischen Straftatbestände wird für die Kleriker ausgeglichen durch die umfassende Bindung des kanonischen Gehorsams gegenüber dem Oberen (c. 127), durch dessen Strafrecht auch ohne gesetzliche Strafdrohung wegen jeder Rechtsverletzung (c. 2222 § 1) und durch die Möglichkeit außergerichtlicher Bestrafung (c. 1933 § 4), vor allem aber auch durch die für die gesamte kanonische Strafpraxis geltende schöne Regel des Tridentinums, die c. 2214 § 2 übernimmt, die an 2Tim 4, 2 anschließt: »Cum plus agat benevolentia quam austeritas, plus exhortatio quam comminatio, plus caritas quam potestas; sin autem virga opus erit, tunc cum mansuetudine rigor, cum misericordia iudicium, cum lenitate severitas adhibenda est.« Die Sinneinheit, die das D. des Staates und der ev. Kirche darstellt, besteht auch hier und wird im Sprachgebrauch wenigstens der Praxis anerkannt: der Ankläger bei der Kölner erzbischöflichen Kurie heißt schon in der Offizialatsordnung vom 26.12.1848 »Promotor in Disziplinar- und anderen geistlichen Rechtssachen«.

2. Auch das D. der ev. Kirche ist vom kanonischen Strafrecht ausgegangen. Zunächst freilich beanspruchte die Visitationspraxis des 16.Jh.s zur Sicherung sachgemäßer Verwaltung des Predigtamts ein diskretionäres Entlassungsrecht. Die Folgezeit stellte die gesicherte Rechtslage des Pfarrers nach kanonischem Recht wieder her, so sehr, daß diese Sicherung sich im 18.Jh. als nicht mehr vereinbar mit dem kirchlichen Interesse herausstellte und daß insbesondere in Preußen eine allzu justizstaatliche Einschaltung der ordentlichen Gerichte von 1750 später schrittweise wieder beseitigt werden mußte. Jedenfalls ist der Pfarrer disziplinarrechtlich früher gesichert gewesen als der weltliche Beamte, und auch die Eigenart des D.s, im Unterschied vom kriminellen Strafrecht, ist hier früher erkannt (spätestens von J.H. Böhmer), wohl im Anschluß an das in ihm erhaltene Element reformatorischer Kirchenzucht. Vom Ende des 18.Jh.s an entwickeln sich staatliches und kirchliches D., in fortschreitender sachlicher, instanzieller und verfahrensmäßiger Verselbständigung gegenüber dem kriminellen Strafrecht, aus einem Sonderstrafrecht zu einer geordneten Dienstgewalt mit dem Ziele der Sicherung amtlicher Pflichterfüllung und kirchlicher Ordnung, notfalls durch Ausscheidung unverwendbarer Amtsträger. Sachlich geht es um ein allmähliches Auspendeln zwischen Aufsichtsinteresse und pastoraler Rechtssicherheit - gelegentlich gestört durch die Wirkung der → Karlsbader Beschlüsse und kirchliche Wirren -, technisch um eine nunmehr in der Regel nachfolgende Angleichung des kirchlichen D.s an das staatliche. Das Ergebnis dieser Entwicklung sind die landeskirchlichen Disziplinargesetze des späten 19. und beginnenden 20.Jh.s, sachlich in zunehmender Annäherung aneinander und an das staatliche D., seit dem altpreußischen Irrlehregesetz von 1910 in einer Anzahl von Landeskirchen begrenzt durch die Sonderbehandlung von Lehrzuchtfällen (→ Lehrzuchtverfahren).

Diese im ganzen gemeinsame Entwicklung wurde abgeschlossen durch das Einheitsrecht der Disziplinarordnungen der Deutschen Ev. Kirche vom 8.2.1936 und 13.4.1939 (diese der neuen Lage vorläufig angepaßt durch die Verordnung des Rates der EKD vom 2.5.1946). Ihre Gültigkeit wurde aus dem Kreise der Landeskirchen zunehmend bestritten, eine gemeingültige Neuordnung scheiterte am Widerspruch der VELKD, die die Zuständigkeit der EKD bestritt und Bedenken vom Bekenntnis her geltend machte. So blieb nur der Erlaß eines Disziplinargesetzes der EKD vom 11.3.1955 für die eigenen Amtsstellen der EKD, mit der Anheimgabe des Anschlusses der Gliedkirchen unter Vorbehalt von Änderungen und Rücktritt. Diesen Anschluß hat inzwischen die Mehrzahl der Gliedkirchen außerhalb der VELKD und von deren Gliedkirchen (vorläufig) die von Schleswig-Holstein und Lübeck vollzogen. Die VELKD bereitet gegenwärtig (1957) neben einem gemeinsamen Pfarrergesetz auch ein gemeinsames Disziplinargesetz in umfassenden Vorarbeiten vor. Die Fortschritte des Disziplinargesetzes der EKD liegen in der Bestimmung des Straftatbestandes und in der Verfahrensordnung.

Die disziplinarisch zu verfolgende *Pflichtverletzung* wurde bisher in der Regel übereinstimmend mit dem weltlichen D. in zwei Tatbeständen gefunden: der Verletzung von Amtspflichten und der Pflicht, sich in und außer dem Amt der Achtung, des Ansehens und Vertrauens würdig zu zeigen, das der Beruf erfordert. Das Gesetz von 1955 bezeichnet den Tatbestand kirchlich: »Wenn ein Geistlicher in oder außer dem Dienst schuldhaft Pflichten verletzt, die sich aus seinem mit der Ordination begründeten Amtsverhältnis ergeben, kann gegen ihn wegen Amtspflichtverletzung ein Disziplinarverfahren ... stattfinden« (§ 2; anstelle der Pflichten aus der Ordination treten bei Kirchenbeamten die aus dem Amtsgelöbnis).

Die *Disziplinarstrafen* sind die herkömmlichen: Warnung, Verweis, Geldbuße (diese drei auch durch Disziplinarverfügung der obersten Dienststelle zu verfügen), Gehaltskürzung, Versetzung, Amtsenthebung (mit der Wirkung des Amtsverlustes und des Eintritts in den Wartestand), Entfernung aus dem Dienst (mit Verlust der mit der Ordination erworbenen Rechte, soweit nicht vorbehalten, und des Rechtes auf Amtsbezeichnung, Dienstbezüge und Versorgung), Kürzung und Aberkennung des Ruhegehaltes (§ 5).

Das *Verfahren* ist im Sinne größtmöglicher Garantien für den Beschuldigten geordnet. Die Eröffnung steht im Ermessen der Dienstbehörde, die durch Disziplinarverfügung bestraft oder das förmliche Disziplinarverfahren einleitet. Dessen erstes Stadium, die »Untersuchung« durch einen Untersuchungsführer, bereitet die Entscheidung der Dienstbehörde vor, ob das Verfahren einzustellen oder der Disziplinarkammer eine Anschuldigungsschrift vorzulegen ist. Mit dieser Vorlegung ist das Verfahren vor dem Disziplinargericht anhängig; es wird in strenger prozessualer Ordnung durchgeführt, in Abweichung vom Strafprozeß nicht öffentlich, und führt zum Urteil, gegen das die Berufung an den Disziplinarhof und nach Rechtskraft der Antrag auf Wiederaufnahme des Verfahrens gegeben sind.

Als *Gerichte* entscheiden in erster Instanz Disziplinarkammern bei der EKD und den Gliedkirchen in einer Besetzung von drei Mitgliedern, in zweiter ein in drei (teils regionale, teils konfessionelle) Senate gegliederter Disziplinarhof in einer Besetzung von fünf Mitgliedern.

Auch von der Rechtsprechung in der Kirche gilt, wie von ihrer äußeren Ordnung im übrigen, der Satz der Barmer Erklärung zur Rechtslage (→ Barmen), daß ihre Trennung vom Bekenntnis nicht möglich ist. Das Disziplinargesetz der EKD sucht dieser Forderung gerecht zu werden, indem es das Ordinationsgelübde als die Norm einführt, die die Disziplinargerichtsbarkeit zu wahren hat. Als Ordnung brüderlicher Zucht, ohne gerichtliche Organisation und ohne prozessuale Formen, regelt die Ordnung der Zucht für kirchliche Amtsträger der Ev.-Luth. Landeskirche Sachsens vom 16.12.1945 (und weiter vom 27.11.1956) das D. so, daß das Landeskirchenamt in erster Instanz entscheidet, auf Antrag des Beschuldigten ein Überprüfungsausschuß unter Vorsitz des Landesbischofs. Aus den Vorarbeiten für ein Disziplinargesetz der VELKD ist der Vorschlag hervorgegangen, das D. als pädagogische Disziplin im Zusammenhang der Kirche als einer Liebes- und Zuchtgemeinschaft zu begründen (W.Maurer, Pfarrerrecht und Bekenntnis, 1957, 140ff).

P.Hinschius, System des kath. Kirchenrechts IV. V, 1888/93 - Eichmann-Mörsdorf III - Feine (Lit.). - P.Schoen, Das ev. Kirchenrecht in Preußen II, 1910, 268ff (Lit.). - Für das D. der EKD: Espelkamp 1955, Bericht über die erste Tagung der zweiten Synode der EKD, 6.-11.3.1955 (Verhandlungen, Gutachten usw) - O.Dibelius, Ev. Welt 16.2.1957, S. 88ff. *R.Smend*

Diterich, *Johann Samuel* (1721-97), * Berlin, dort Prediger, Senior und Oberkonsistorialrat (seit 1770). D. gehört zur offenbarungsgläubigen Aufklärung. Seine Liederdichtung ist christologisch orthodox; die frühaufklärerische »Herrlichkeit« spielt eine wesentliche Rolle. Dogmatik und Ethik sollen so eins sein wie Theologie und Anthropologie. »Preis Gottes« ist der Sinn der menschlichen Existenz. D.s oft genannte »Unterweisung« ist ein Katechismus, der die Gotteskindschaft (»Glückseligkeit«) in Begriffen der Zeit interpretieren möchte; D. hat zeitlebens in allen Bildungsschichten nach hermeneutischen Begriffen gesucht. Die Restauration hat ihn von ihrer Verurteilung der Aufklärungsdichtung mitunter ausdrücklich ausgenommen.

Vf.: Cogitationes philosophicae, 1742; Lieder f. d. öff. Gottesdienst, (1765) 1780²; Unterweisung z. Glückseligkeit, (1774) 1781²; Andachten (z. hl. Abendmahl), (1775) 1776²; Gesangbuch f. häusl. Andacht, 1787; Selbstermunterung z. Verehrung Gottes, 1790; ferner Predigten, Aufsätze; Hg. d. Preuß. Gesangbuchs von 1780. - Über D.: Gelehrtes Berlin I, 1787, 103ff - Henkes Archiv V, 1798, 216ff - H.Doering, Die gelehrten Theologen I, 1831 - ADB V, 1877, 258f - Koch VI, 214. 228ff. 240 - W.Philipp, Das Werden der Aufklärung, 1957, 100ff. *W.Philipp*

Dmitrij *von Rostov* (1651-1709). In der Kiever Brüderschule erzogen und Schüler der besten Predigttraditionen der Ukraine (Einfluß und Auseinandersetzung mit den Jesuitenschulen!), wird D. Klostervorsteher in der Ukraine, 1701-02 Metropolit von Sibirien und 1702 bis 1709 Metropolit von Rostov. Wie bei vielen seiner Mitschüler steht die Predigt im Mittelpunkt seiner Seelsorgertätigkeit, vor allem unter dem Raskol. Seine 1689ff gedruckten Lesemenäen (nach Monaten geordnete ausführliche Heiligenviten) finden weite Verbreitung. Nimmt er sich hier die ukrainisch und weißrussisch geschriebenen Viten des polnischen Jesuiten Skarga zum Vorbild, so bei seinen Dramen Simeon Polockij und die Jesuitendramen (→Jesuitendichtung). 1752 als erster nach der Reform Peters I. heiliggesprochen.

A.M.Ammann SJ, Abriß der ostslaw. KG, 1950, Reg. - S.Tyszkiewicz, Moralistes de Russie (OrChrP 16, 1950, 84-89) - I.Smolitsch, Russ. Mönchtum, 1953, Reg. (russ. Lit.) - R.A.Klostermann, Probleme der Ostkirche, 1955, Reg. (russ. Lit.) - DSp III, 982ff. *K.Onasch*

Dober, *Johann Leonhard* (1706-66), * in Münchsroth (Schwaben), † in Herrnhut, der geistig bedeutsamste und durchaus selbständige Laienmitarbeiter → Zinzendorfs, gelernter Töpfer. Seit 1730 endgültig in Herrnhut, ging er 1732 als Pioniermissionar nach St.Thomas (Westindien), wurde 1734 Generalältester der Gemeine und 1736, nach der Verbannung Zinzendorfs, Herrnhuts Vertreter vor der Regierungskommission. D. stand durch ruhelose Reisen mit allen europäischen Gemeinden in Verbindung, war während der Sichtungszeit in Livland und erhielt 1747 die Bischofsweihe. Er war, durch seine Personen- und Geschäftskenntnis auf den Konferenzen unentbehrlich, eine in sich geschlossene bischöfliche Persönlichkeit.

Eine wiss. Monographie fehlt. - Über D.: Lebenslauf in: Nachrichten aus d. Brüdergemeine, 1832, 416ff - Louis Schneider, D., der erste Missionar der Brüdergemeine I, 1906; II, 1932 (verkürzt) - J.Th.Müller, Das Ältestenamt in der erneuerten Brüderkirche (Zs. f. Brüdergesch. 1, 1907, 1-32). *E.Beyreuther*

Doctores Ecclesiae (= Kirchenlehrer), ein kath. Titel, der durch den Papst oder ein Konzil gewissen durch »reine Lehre, heiliges Leben, umfassende Gelehrsamkeit« ausgezeichneten Autoritäten öffentlich zuerkannt ist. Ihre Lehrbücher sind dem kirchlichen Unterricht und der Praxis zugrunde zu legen, allen voran die Lehre des Doctor Angelicus → Thomas von Aquino (CIC c. 1366 § 2). Der Brauch geht wohl zurück auf jüdische Sitte (ein Rabbiner, dessen Aussprüche in die Mischna oder Gemara aufgenommen sind, heißt Doctor mischnicus oder gemaricus) und auf die altchristliche Wertung geistbegabter Lehrer (1Kor 12, 28; Eph 4, 11; Herm vis 3, 5 u.ö.). Als D.E. gelten → Athanasius, → Basilius, → Gregor von Nazianz, → Chrysostomus, → Cyrill von Alexandrien; unter den Lateinern neben Thomas bes. → Ambrosius, → Hieronymus, → Augustin, → Gregor I., ferner → Hilarius von Poitiers, Petrus → Chrysologus, → Leo I., → Isidor von Sevilla, → Petrus Damiani, → Anselm, → Bernhard von Clairvaux, → Bonaventura, → Canisius, → Franz von Sales, Alfons von → Liguori. - Ohne mit kirchlicher Autorität bekleidet zu sein, führen einige weitere Theologen den Namen Doctor mit einem schmückenden Beiwort, das meist von den Ordensangehörigen dieses Lehrers aufgebracht worden ist: zB → Alexander von Hales (doctor irrefragabilis), → Duns Scotus (doctor subtilis), → Ockham, → Jan van Ruysbroek, → Gerson u.a.

LThK V, 1042f - Catholicisme III, 936.

† L.Zscharnack (A.Erler)

Dodd, *Charles Harold,* Neutestamentler, * 7.4.1884 in Wrexham, N.Wales; studierte 1902-10 klass. Philologie und 1908-11 Theologie in Oxford, war 1912-15 und 1918-19 Pfarrer (Kongregationalist), lehrte von 1915 an in Oxford (Nachfolger von J. → Moffatt), 1930-35 in Manchester und 1935-49 in Cambridge (seit 1946 Mitglied der British Academy). Seit 1950 leitet D. die Arbeiten an der neuen englischen Bibelübersetzung. Von der klassischen Philologie herkommend, stellt D. das NT, namentlich das JohEv, in die Welt hellenistischer Religiosität, wie sie in der jüdisch-hellenistischen und der hermetischen Literatur (→Hermetica) greifbar wird. In überaus anregenden Untersuchungen erarbeitete er den Unterschied zwischen Kerygma und Lehre und lehrte er die Gleichnisse Jesu aus der konkreten Situation des Lebens Jesu verstehen. D.s Theologie und sein Geschichtsverständnis kennzeichnet die vielzitierte Formel, die er für die zentrale Botschaft des NT prägte: realized eschatology.

Bibliogr.: The Background of the NT and its Eschatology (D.-Festschrift), 1956, XIII-XVIII. - Vf. u.a.: Ephesians, Colossians and Philemon, 1929; The Epistle to the Romans, 1932; The Bible and the Greeks, 1935; The Parables of the Kingdom, 1935; The Apostolic Preaching and its Developments, 1936; History and the Gospel, 1938; The Johannine Epistles, 1946; Gospel and Law, 1951; According to the Scriptures, 1952; NT Studies, 1952; The Interpretation of the Fourth Gospel, 1953. *J.Jeremias*

Doddridge, *Philip* (1702-51), kongregationalistischer Pfarrer, 1722 in Kibworth (Leicestershire) und seit 1729 in Northampton, wo er das von ihm begründete Dissenterseminar leitete. Da Oxford und Cambridge für → Dissenters geschlossen waren, studierten bei ihm nicht nur Theologen, sondern auch Kandidaten für andere Berufe. - Als bedeutender Prediger und Pastor übte D. einen starken Einfluß aus. Theologisch war er, wie Watts, ein Schüler Calvins; beide kämpften gegen jede theologische Engherzigkeit. Einen Unitarier unter den Studenten im Seminar behielt D. trotz aller Kritik von außen in seinem Haus. D. war selbst überzeugter Dissenter und blieb fest bei seinem Standpunkt, obwohl ihm manche Angebote von der Staatskirche entgegenkamen. - Einige seiner Kirchenlieder finden sich in den meisten Gesangbüchern, zB »O God of Bethel, Hark the glad so«, »Ye servants of the Lord, O happy Day«.

Rise and Progress of Religion in the Soul, 1745 (oft aufgelegt); Works, 10 Bde, 1802-05. - Über D.: C.Stanford, P.D., 1880 - RE IV, 714 - DNB XV, 1888, 179ff - P.D., His contribution to English Religion, hg.v. G.F.Nuttall, 1951. *P.Scott*

Dodwell, 1. *Henry* d.Ä. (1641-1711), engl. Laien-Theologe, Fellow von Trinity College, Dublin, seit 1688 Geschichtsprof. in Oxford. Er verweigerte den Eid auf Wilhelm III., verlor 1691 seine Professur und schloß sich den →»Non-Jurors« an, deren Schisma er literarisch verteidigte. 1710 kehrte er zur anglikanischen Kirche zurück. Seine Schriften (zur Geschichte, Philologie, Patristik, Dogmatik) sind von umfassender Gelehrsamkeit, aber ihr Einfluß litt unter ihrem schwerfälligen Stil und überspannten Theorien. Er polemisierte gegen R. → Baxter. In seinem Epistolatory Discourse, 1706, verfocht er die These, daß die Seele von Natur sterblich sei und die Unsterblichkeit ihr erst durch die Taufe verliehen würde.

Werke, verkürzt hg.v. F.Brokesby, 1715 (Biogr.). - Über D.: L.Stephen, History of English thought in the 18th cent. I, 1876, 283f - DNB V, 1908, 1084f - Cambridge Hist. of Engl. Lit. X, 1913, 356.

2. *Henry* d.J. (um 1700-84), Sohn von 1. Seine scharfsinnige Schrift »Christianity not founded on argument«, 1742, erschien, als der englische → Deismus zu veralten begann, und ist repräsentativ für den Protest gegen die Überbetonung der Vernunft sowohl durch die Deisten wie durch ihre Gegner. Der Gedanke einer vernünftig begründeten Zustimmung zu der offenbarten Wahrheit wird verworfen, und der Zweifel erscheint als die notwendige Voraussetzung des Glaubens, der als die unmittelbare, von der göttlichen Offenbarung erzeugte Überzeugung aufgefaßt wird, die jeweils dem einzelnen gewährt wird. Die Schrift wurde allgemein als ein satirischer Angriff auf das Christentum aufgefaßt.

L.Stephen, Hist. of English thought in the 18th cent. I, 1876, 172f - DNB V, 1908, 1086f. *D.Carter*

Doeblin, *Alfred* (1878-1957). * als Jude in einer Stettiner Familie kam D. 1888 nach Berlin, dessen gigantische Aufwucherung er hingerissen miterlebte. Der preußische Imperativ der Schule weckte Rebellion und schärfte, härtete den Geist. 1911-33 als Kassenarzt in Berlin-O tätig. D.s Werk lebt aus intensivster Spannung zwischen Zeitbesessenheit und Ewigkeitssuche, hymnischer Hingabe an Maschine, Technik, Großstadt und dem noch tieferen Dringen auf die letzten Gründe des Seins. Daher die Weite des abgeschrittenen Kreises und die oft verwirrenden Umschwünge, Neuansätze, deren Ziel aber das gleiche bleibt: Gott. - Nach früh-expressionistischen Erzählbänden aus dem Umkreis des »Sturm« erfolgt der Durchbruch zur großen Form: Die drei Sprünge des Wang-Lun, 1912; Wadzeks Kampf mit der Dampfturbine, 1918; Wallenstein, 1920; Berge, Meere und Giganten, 1924; Berlin-Alexanderplatz, 1929. Überall das gleiche Einkrallen in die Realität und deren visionäre Überhöhung: so entstanden jeweils neue Formen des exotischen, des historischen, des industriellen und des utopischen Romans. Ausgangspunkt ist der Machtrausch der Neuzeit, der das einzelne auslöscht und die Herren selber verschlingt. Immer voller das Gegenthema: die Rettung durch den zunächst passiven, dann bewußt werdenden Widerstand des Individuums. Mittelpunkt des Romans »Berlin-Alexanderplatz« ist nicht die unerhört eindringende Schilderung des »Korallenstocks Großstadt«, sondern die geistige Wiedergeburt des ehemaligen Zuchthäuslers und Transportarbeiters Franz Biberkopf. Für D. selbst ist der Roman die »Berliner Variante« seines eigenartigen, von Musil und Loerke bewunderten indischen Epos »Manas«, 1927.

Vom Orient stößt D. zum Christentum vor, indem er in der franz. Emigration die Problematik des Jesuitenstaates in Paraguay schildert (Der blaue Tiger, 1938). Seine Bekehrung erfolgt Juni 1940 auf der Flucht vor den Hitlertruppen in einer Kathedrale Südfrankreichs (Schicksalsreise, 1948). Vorbereitet war sie schon in der »Reise in Polen«, 1925, deren geheimes Zentrum der »Gekreuzigte« bildet, während der ersehnte Anschluß an die Rabbinerfrömmigkeit der Vorfahren als unmöglich erscheint. Nur aus sozialem Verantwortungsbewußtsein hatte D. später einige Jahre im Rahmen des sog. jüdischen »Territorialismus« gewirkt (Jüd. Erneuerung, 1933; Flucht und Sammlung des Judenvolkes, 1935). In Amerika wurde er 1941 kath. getauft. Die dort vollendete Trilogie »November 1918« (1948-50) ist bittere Abrechnung mit den politischen Parteien und Verklärung eines früheren Frontoffiziers, der im Sinne Taulers durch die dunkle Nacht der Seele den Weg zur mystischen Hingabe findet. Ähnliche Entwicklung im metaphysisch vertieften Heimkehrer-Roman »Hamlet«, 1956: von der Psychoanalyse zur Ontik. Auch in den scharfsinnigen, oft aggressiven, oft hymnischen Essaybänden der gleiche Wandel vom naturwissenschaftlichen und politisch-sozialen Interesse zur theologischen Fragestellung im Sinn eines offenen Katholizismus pascalscher Prägung (Das Ich über der Natur, 1928; Unser Dasein, 1933; Der unsterbliche Mensch, 1946; Unsere Sorge, der Mensch, 1948).

GA geplant v. der Mainzer Akad. d. Wissenschaften u. Lit. - Wesentliche Quellen autobiographisch: A.D. 50 Jahre, hg.v. O. Loerke, 1928 - A.D. 70 Jahre, hg.v. P.Lüth, 1948 - Weitere Angaben bei H.W.Eppelsheimer, Bibliogr. d. dt. Lit.-Wissenschaft, 1957, 449f. - Außerdem: R.Minder in: Dt. Lit. im 20.Jh., hg.v. H.Friedmann u. O.Mann, 1954, 249-269 - Ders., D. en France (Allemagne d'aujourd'hui, Paris 1957, Nr. 3). *R.Minder*

Döderlein, 1. *Christian Albrecht* (1714-89), * in Seyringen (Grafschaft Öttingen), 1753 Prediger in Halle. 1758 als Theologieprof. und Konsistorialrat nach →Rostock berufen, wurde D. von der dortigen Orthodoxie abgelehnt und wirkte 1760-88 an der herzoglichen Universität Bützow. D. reformierte das theologische Studium im Geiste des halleschen Pietismus und betonte die »biblische Theologie« im Kampf gegen den Rationalismus der → Orthodoxie und Neologie.

ADB V, 280 - RE IV, 716 (Bibliogr.) - K.SCHMALTZ, KG Mecklenburgs III, 1952, 170ff.

2. *Johann Christoph* (1746-92), * in Windsheim (Franken), 1772 Theologieprof. und Diakonus in → Altdorf, 1782 in → Jena, las über fast alle theologischen Disziplinen. Bei D., der die einzige Gegenschrift aus den Kreisen der Neologie gegen die Wolfenbüttler Fragmente (→ Lessing) verfaßte, bahnte sich eine durch modern-exegetische (→ Ernesti) und dogmengeschichtliche Erkenntnisse bereicherte Synthese an, die eine Antithese zur Orthodoxie überwinden sollte. Der Dogmatiker dürfe auf Grund der exegetischen Fortschritte nur die wissenschaftlich stichhaltigen Gründe übernehmen. Die Wunder galten D. als Beweis für die göttliche Sendung Jesu (»Entweder ist Jesus auferstanden oder er ist ein Betrüger«); seine Orthodoxie wurde von → Goeze bestritten.

Vf. u.a.: Antifragmente, (1778f) 1780²; Institutio theologi christiani . . ., (1780) 1797⁶; Seit 1780 Hg. d. »Theolog. Bibliothek«. - Über D.: W.GASS, Gesch. d. prot. Dogmatik IV, 1867, 119ff - ADB V, 280f - G.FRANK, Gesch. d. prot. Theol. III, 1875, 113f - RE IV, 716f - K.ANER, D. Theol. d. Lessingzeit, 1929 - HIRSCH IV, 100. 104; V, 47 - K.HEUSSI, Gesch. d. Theol. Fakultät zu Jena, 1954, 193ff.

E.H.Pältz

Dölger, *Franz Joseph* (18.10.1879 bis 17.10.1940), kath. Theologe; * Sulzbach, † Schweinfurt, hat D., 1906 PDoz. in Würzburg, sehr früh sein Forschungsgebiet entdeckt und abgesteckt: Verhalten und religiöses Leben der Christenheit in der spätantiken Umwelt. Während des römischen Studienaufenthalts 1908-13 hat D. ein umfangreiches, von ihm selbst nicht ganz ausgeschöpftes Material gesammelt, das er als Prof. für allg. Religionsgeschichte und christliche Archäologie in Münster (1913) und für KG in Breslau (1926) und Bonn (1929) systematisch aufarbeitete, vor allem in seinen Hauptwerken: ΙΧΘΥΣ (I-IV, 1909-26; V, 1933/34; I², 1927) zum Fischsymbol, und: Antike und Christentum, einer von D. als Hg. allein bestrittenen Zeitschrift mit über 150 Einzeluntersuchungen (1-5, 1929-36; 6, 1950). Mit Mohlberg und Rücker gab D. 1918-27 die Liturgiegeschichtlichen Forschungen heraus und veröffentlichte in ihnen H. 2: Die Sonne der Gerechtigkeit und der Schwarze, 1918, und H. 4/5: Sol salutis. Gebet und Gesang im christlichen Altertum, (1920) 1925².

Vf. außerdem: Das Sakrament der Firmung, 1906; Der Exorzismus im altchristl. Taufritual, 1909; Sphragis. Eine altchristl. Taufbezeichnung, 1911; Die Eucharistie nach Inschr. frühchristl. Zeit, 1922. - Über D.: Pisciculi, F.J.D. dargeboten, 1939 (Bibliogr.) - TH.KLAUSER, F.J.D., 1956 (Bibliogr.). *Ernst Wolf*

Döllinger, *Johann Josef Ignaz von*, * 28.2.1799 in Bamberg, † 10.1.1890 in München; als Historiker, Theologe und zT auch Kirchenpolitiker die markanteste Gestalt des deutschen Katholizismus im 19.Jh. Sprachbegabung, Gedächtniskraft und Fleiß machen D. zum bahnbrechenden Quellenforscher. Frühe Einflüsse der Naturphilosophie und der kath. Romantik der Kreise um → Sailer und → Görres führen ihn zur Theologie als der Wissenschaft der zugleich grundlegenden und krönenden Erkenntnis von Leben und Geschichte des Menschen, wobei die Kirche Hüterin dieser Erkenntnis nach Maßgabe der im alten Dogma gefaßten, übernatürlichen Offenbarung ist. Im Widerspruch dieses Kirchenverständnisses zum Weg der kath. Kirche im 19.Jh. sind Spannweite und Tragik von D.s Lebenswerk begründet. Nach der Priesterweihe 1822 und kurzer seelsorgerlicher Tätigkeit wurde D. 1823 Prof. für KG und Kirchenrecht in Aschaffenburg. Die Berufung an die neue Universität München stellte ihn 1826 in die lebendige Mitte der kath. Restauration, deren innere Zwiespältigkeit noch verhüllt ist, neben Ringseis, → Baader, → Schelling, J. → Görres, Moy und Philipps, denen später Windischmann und auf D.s Betreiben → Möhler und H. → Klee folgen. Das gemeinsame, romantische Ziel kath. Lebenserneuerung bringt D. in Verbindung mit geistesverwandten Kreisen in fast ganz Europa. Es kommt zur Mitarbeit in der »Eos« und den »Historisch-politischen Blättern«. D. wird Abgeordneter der 2. Kammer und später des Paulskirchenparlaments. Er ist führend beteiligt an der Begründung des Bonifatiusvereins, am Aufkommen der kath. → Presse und der »kath. Vereine«. Seine Stimme gilt viel im Rat der Bischöfe. Bes. eng ist die Verbindung zu → Montalembert und dem Ideal des »catholicisme liberal«. Neben daraus sich ergebenden Spannungen mit König Ludwig I. wird D. schon früh kritisch gegen die Neubelebung der päpstlichen Zentralgewalt im Geiste der Neuscholastik und des Jesuitenordens. Demgegenüber sucht D. die Gesamtkirchengeschichte im Rahmen der Weltgeschichte unter Voraussetzung der Wahrheit der kath. Glaubenslehre aus den Quellen aufzubauen. Doch gelingen ihm nur Bruchstücke: bes. 3 Bde über die Reformation, während das Gegenstück über die Gegenreformation ausblieb, Teile der Papstgeschichte, Beiträge zur Geschichte der Konvertiten und Sekten, der Inquisition und der Fabeln und Fälschungen, die das Aufkommen der päpstlichen Zentralgewalt begleitet haben.

Die Idee der »Nationalkirche«, vertreten auf der Bischofsversammlung 1848 in Würzburg, die stillschweigende Nichtanerkennung der Lehrentscheidung von 1854 (→ Mariologie), die kath. Gelehrtenversammlung 1863, die Kritik am → Syllabus 1864 und die kritische Stellung im Kampf um den Kirchenstaat machten D. in Rom suspekt. Der mit dem ganzen Gewicht seines wissenschaftlichen Ansehens geführte Kampf gegen die Unfehlbarkeitserklärung 1870 (→ Infallibilität) drang nicht durch. Der namentlich exkommunizierte Reichsrat und Stiftspropst der Hofkirche, 1872 Rektor der Universität und Präsident der Akademie der Wissenschaften, bleibt bei seinem Nein als unabdingbarer, wissenschaftlich begründeter Gewissensentscheidung. Von der organisatorischen Entwicklung der altkath. Kirche hält D. sich deutlich zurück, rechnet sich jedoch bis zuletzt »aus Überzeugung zur altkath. Gemeinschaft« (→ Altkatholiken, 1b). Sein Blick richtet sich auf die Wiedervereinigung zunächst der kath. Kirchen; aber auch der Reformation bringt er neues Verständnis entgegen und bezeichnet »die Wahrheit und die Zeit« als die mächtigsten Bundesgenossen.

Vf. u.a.: Die Eucharistie in den 3 ersten Jh.en, 1826; Gesch. der christl. Kirche, 2 Bde, 1833/35; Lehrbuch der KG, 2 Bde, 1836/38; Heidentum u. Judentum, 1838; Die Reformation, 3 Bde, 1846/48; Hippolytus u. Callistus oder die röm. Kirche in der ersten Hälfte des 3.Jh.s, 1853; Christentum u. Kirche in der Zeit der Grundlegung, 1860; Kirche u. Kirchen, Papsttum u. Kirchenstaat, 1861; Beiträge zur polit., kirchl. u. Kulturgesch. der 6 letzten Jh.e, 3 Bde, 1862/63/82; Die Papstfabeln des MA, 1863; Der Papst u. das Conzil von Janus, 1869; Röm. Briefe vom Conzil von Quirinus, 1869/70; Über die Wiedervereinigung der christl. Kirchen, 1872; Ungedruckte Urk. u. Tageb. zur Gesch. des Conzils von Trient, 1876; Akademische Vorträge, 3 Bde, 1880/89/91; Robert Bellarmin, Selbstbiographie (mit H.REUSCH), 1887; Gesch. der Moralstreitigkeiten in der röm.-kath. Kirche seit dem 16.Jh. (mit H.REUSCH), 2 Bde, 1889; Beitr. zur Sektengesch. des MA, 2 Bde, 1890; Kleinere Schriften hg.v. H. REUSCH, 1890. - Über D.: H.REUSCH, J.v.D., Lebensskizze, 1890 -, E.MELZER, Hervorragende Momente aus d. Leben u. Wirken D.s seit 1860, 1890 - L.v.KOBELL, J.v.D. Erinnerungen, 1891 - E.MICHAEL

J.v.D., 1894 - J.FRIEDRICH, J.v.D., 3 Bde, 1899/1901 - RE IV, 724ff; XXIII, 350 - ADB 48, 1ff - G.GOYAU, L'Allemagne religieuse et le catholicisme II, 1910, 86ff. 255ff; IV, 1909, 236ff. 307ff - DThC IV, 1512ff - F.VIGENER, Drei Gestalten aus dem modernen Katholizismus, 1926, 100ff - ST.LÖSCH, D. u. Frankreich, 1955 (D.-Bibliogr. S. 499ff) - W.KÜPPERS, J.v.D. (Die großen Deutschen 5, 1957, 301 bis 309). - Nachgelassene Schriften u. Briefe s. D.-Archiv d. Staatsbibliothek München. *W.Küppers*

Dörpfeld, *Friedrich Wilhelm,* ev. Pädagoge. * 8.3.1824 Selscheid, † 27.10.1893 Ronsdorf, beide Kreis Lennep. D. war 4 Jahre Präparandenlehrer in Moers, 1849-79 Hauptlehrer in Wupperfeld-Barmen. Selbst tüchtiger Schulpraktiker und im Glauben verwurzelt, war er in Bibel- und pädagogischen Konferenzen der Lehrer führend und hat sich um die Hebung des Lehrerstandes verdient gemacht, bes. um Zusammenschluß der ev. Lehrer, durch den am Niederrhein eine ev. Lehrer- und Schulgemeindebewegung entstand (Verein ev. Lehrer und Schulfreunde, Deutscher Schulverein, ab 1857 Herausgabe des Ev. Schulblattes). In seinen zahlreichen Schriften hat er soziale und sozialpädagogische Gedanken vertreten, die Pädagogik →Herbarts verbreitet und weitergebildet und die Volksschule auch von den Fragen der Lehrplangestaltung, Schulverfassung und Schulpolitik her zu fördern gesucht. Auch an den allgemeinen Bestimmungen von 1872 arbeitete er mit. - D. geißelt scharf den »Memorierwahn« und die Stoffbesessenheit (»didaktischen Materialismus«) und fordert einen erlebnisbetonten Unterricht, der der Selbsttätigkeit des Kindes Raum gibt. In Vereinfachung der Herbart-Zillerschen Formalstufen nennt er als Grundlage der Methodik 3 Hauptstufen des Lernens: Anschauen, Denken, Anwenden. Basis der Volksschularbeit sollen die sachkundlichen Fächer sein: Natur-, Heimat-, Erdkunde, Geschichte, Religion. Das bedeutet Betonung des Realunterrichts und Konzentration aller Lehrgebiete, wobei im Zentrum des Lehrplans der Religionsunterricht steht. Dessen natürlicher Schwerpunkt ist die biblische Geschichte, nicht Katechismus oder Dogmatik. - Die Schule soll familienhaft gestaltet (Koedukation, keine großen »Schulkasernen«) und auch vornehmlich Angelegenheit der Familien sein. Aus pädagogischen Gründen (Einheit der Erziehung) bekennt sich D. zur Konfessionsschule; aber auch Gemeinschaftsschulen sind nicht abzulehnen, wenn ein entsprechender Kreis von Erziehungsberechtigten sie wünscht. Mit Entschiedenheit verficht er das →Elternrecht als Grundlage der Schulverfassung und will die Schule weder der Kirche (Ablehnung der geistlichen Schulaufsicht) noch dem Staat ausgeliefert sehen. Sie soll von freien Schulgemeinden her, dh von Erziehungsgenossenschaften, in denen neben den Eltern auch die Lehrer, die Kirchengemeinde und die politische Gemeinde vertreten sind, mit weitgehender Selbstverwaltung organisiert werden.

Vf. u.a.: Die freie Schulgemeinde, 1863; Die soziale Frage, 1867; Der didaktische Materialismus, 1879; Ein Beitrag zur Leidensgesch. der Volksschule, 1882; Das Fundamentstück, 1893; Ges. Schriften, 12 Bde, 1894-1901. - Über D.: E.HINDRICHS, F.W.D., sein Leben u. seine Schriften, 1894 - DERS., D., der Vater unserer ev. Schulgemeinden, 1926 - A.CARNAP, F.W.D. Aus seinem Leben u. Wirken, (1897) 1903² - J.TRÜPER, F.W.D.s soziale Erziehung in Theorie u. Praxis, 1901 - W.AUF DER HAAR, D.s Theorie der Schulverfassung (Diss. Jena), 1917 - CHR.HEMMING, D. als Sozialpädagoge, 1923 - F.W.D., der Schulmann u. Volkserzieher, aus A.CARNAPS Nachlaß hg.v. R.v.ROHDEN, 1927 - J.HERRMANN, Die Sozialpädagogik F.W. D.s (Diss. Köln), 1928 - FR.AVEMARIE, F.W.D. in seinen pädagogischen Theorien, 1933. *A.Reble*

Dörries, *Bernhard* (1856-1934), Pastor in Hannover und bedeutender Vertreter des theologischen Liberalismus. In seinen weitverbreiteten Predigten versteht er das Christentum vor allem als Religion des Alltags, der Arbeit und des Berufes.

Vf. u.a.: Erklärung des Kl. Katechismus Luthers, 3 Bde, 1891-1926 (zT mehrere Aufl.); Das Evangelium der Armen, (1896) 1911⁷; Die Botschaft der Freude, 1907; Die Welt Gottes, (1910) 1922³; Jesus, 1922; Der Glaube an die Welt, 1922 u.ö.; Die Religion des Alltags, 1923 u.ö.; Der Wille zum Leben, 1924; Der ferne und der nahe Gott, 1927; Am Scheideweg, 1928 (zu K. → Barths Dogmatik). - Über D.: F.NIEBERGALL, Die moderne Predigt, 1928, 98ff u.ö. - RGG² I, 1961. *A.Niebergall*

Dogma

I. Religionsgeschichtlich - II. Christliches D. - D. = Dogma, D.n = Dogmen

I. Religionsgeschichtlich

Das Wort D. begegnet in der griechischen Philosophie und bedeutet Lehraxiom. Schon diese Herkunft des in den Aussagenbereich der Religion aus der grundsätzlich andersgearteten Sphäre rationalen Erkennens übernommenen Begriffs begründet die naheliegende Möglichkeit der Mißdeutung; denn der Sinn des D.s liegt nicht im Rationalen, sondern im Irrationalen. Gegenüber einer zu weiten Fassung des Begriffs D., die alle rational klingenden Aussagen und Vorschriften der Religion wie → Mythen, → Riten, → Gesetze und Glaubensvorstellungen (→ Glaube) zum Gebiet des D.s rechnet, darf unter D. nur die lehrhafte Formulierung von Glaubensaussagen verstanden werden, die eine durch institutionelle Autorität verliehene Verbindlichkeit hat.

1. Von dieser Begriffsbestimmung aus ergibt sich, daß die *Volksreligionen* in diesem strengen Sinne kein D. kennen, denn in ihnen kennt man zwar allerlei verbindliche Verpflichtungen kultischer und ethischer Art, aber kein D., wie es denn auch keine → Lehre gibt, die auf D. beruht. Religiöse Erlebnisaussagen haben hier noch den Charakter des reinen Mythos, zu dessen Strukturform es gehört, nicht als rationale Erkenntnis angesehen zu werden, die anderslautende Erkenntnis ausschlösse. Deshalb laufen in den Volksreligionen die verschiedensten Mythentraditionen, ohne sich zu beeinträchtigen, nebeneinander her. Der Schritt vom Mythos zum → Logos ist noch nicht vollzogen.

2. Echte D.n treten erst auf in *universalen Religionen* mit wirklicher Lehre, dh in dem Stadium, in dem aus religiöser Ersterfahrung ein Lehrsystem errichtet wird, dessen Grundaxiome D.n sind. In diesem Sinne könnten zB die »vier hl. Wahrheiten« des → Buddhismus D. genannt werden. Im Vishnu- und Shivakult, beide mit entwickelten Lehrsystemen, begegnen uns ebenfalls D.n. Auch der Islam kennt D.n. Die institutionelle Autorität, der D.n ihre Verbindlichkeit verdanken, tritt hier bes. deutlich in dem consensus der Gelehrten (idschmâ) als Wahrheitsquelle zutage, einem Prinzip, das an die von → Vincentius von Lerinum aufgestellten Kriterien der Katholizität erinnert. Nirgends ist das D. im gleichen Maße entwickelt worden wie im Christentum, wo die D.nbildung im Zusammenhang mit der Ausgestaltung der organisierten Kirche steht.

3. Die *Notwendigkeit des D.s* hängt engstens mit der nach fester Organisation verlangenden Bildung großer → Gemeinschaften zusammen, die sich über ihr eigenes Glaubensleben klar werden und sich gleichzeitig gegen andere Religionsgemeinschaften abgrenzen müssen (→ Bekenntnis: I). Die Wahrheit des D.s besteht ursprünglich darin, daß in rationaler Form religiöse Gehalte angedeutet bzw. umschrieben werden sollen. Die adäquate Auffassungsform des D.s ist daher nicht die des intellektuellen Verstehens, sondern die durch das Medium hier uneigentlich verwendeter Begriffe vermittelte Glaubenshaltung.

4. Jede Dogmatisierung einer Religion birgt indessen die *Gefahren* der Konfessionalisierung und der Intellektualisierung der Religion. Da aus den Grund-D.n divergente logische Konsequenzen gezogen werden können, sofern das D. als rationale Erkenntnis verstanden wird, so liegt hier die Wurzel konfessioneller Spaltungen innerhalb einer Religion. Damit ist zugleich die Gefahr der Intellektualisierung gegeben. Eine weitere Gefahr besteht darin, daß durch die Dogmatisierung eine Religion nach der Seite ihrer Vorstellungsbildung in ein festes und unveränderliches Gehäuse gefaßt wird, dem ein Zwangscharakter eignet, durch den eine freie, etwaigem neuen und vertieften Verstehen angemessenere neue Vorstellungsbildung verhindert wird.

5. Aus verschiedenen Quellen erwächst daher in der Religionsgeschichte gelegentlicher *Protest* gegen das traditionelle D. und den D.nzwang. Rationalistische Aufklärung und Skepsis üben stets in erster Linie am D. Kritik. Die freie Forschung geriet deshalb immer in Konflikt mit dem D., weil sowohl sie selbst als auch die religiöse Orthodoxie das D. als rationale Erkenntnis betrachteten. Von religiösen Voraussetzungen aus hat die → Mystik sich vielfach gegen das D. gewendet. Der → Buddha zB sah in der Lehre nur ein Mittel, das man, wie ein Schiff, nur zu dem erstrebten Zwecke verwende, aber nach Erreichung des Zieles nicht weiter mit sich schleppe. Im gleichen Sinne äußert sich Jakob → Böhme über die »Meinungen«, die die Menschen untereinander in Zwiespalt geraten lassen und von Gott fortführen. Religiöser Protest kann sich auch gegen die mythischen Elemente in den D.n richten von veränderter weltanschaulicher und religiöser Erkenntnis aus (vgl. das Problem der → »Entmythologisierung«). Hier handelt es sich dann um den Versuch des Rückgriffes auf das eigentlich Gemeinte im D., das in der traditionellen Form nicht mehr als ausdrucksfähig angesehen wird.

H.W. Schomerus, Der Śaiva-Siddhânta, 1912 - I. Goldziher, Vorlesungen über den Islam, 1925, 71f. 114. 183 - R. Otto, Siddhânta des Râmânuja, 1927 - A.J. Wensinck, The Muslim Creed; its Genesis and Historical Development, 1932 - G. Mensching, Soziologie der Religion, 1947, 208. 223 - Wach, Relsoz. 42 - van der Leeuw, Reg. *G. Mensching*

II. Christliches Dogma

1. Wortbedeutung - 2. Orth. Lehre - 3. Röm.-kath. Lehre - 4. Ev. Lehre - 5. Theologie der Gegenwart - 6. Begriff

1. Das griech. *Wort* D. (δόγμα) bezeichnet entweder einen philosophischen *Grundsatz* (Axiom), der erkennend anzunehmen, oder einen veröffentlichten *Beschluß* (Verordnung, Edikt), der anerkennend zu befolgen ist. Beide Bedeutungen verbinden sich schließlich im hellenistischen Judentum zur Bezeichnung der Forderung des mosaischen *Gesetzes*. Im NT ist in Lk 2, 1; Hebr 11, 23 *(A)*; Apg 17, 7 die Verordnung, in Kol 2, 14; Eph 3, 15 das at. Gesetz gemeint. Im christlichen Sprachgebrauch heißen die universal geltenden Anforderungen des Aposteldekrets (Apg 15, 28) »D.n« (16, 4). - Für die Apostolischen Väter sind D.n nicht »religiöse Wahrheiten«, sondern ethische *Weisungen* (IgnMagn 13, 1; Barn 1, 6; 10, 9; Did 11, 3). D. im Sinne von christlichen Lehren bzw. kirchlicher Gesamtlehre erscheint erst bei Tatian und den Alexandrinern. Vom 4.Jh. an werden D.n als Glaubenssätze vom Kerygma unterschieden (Basilius). Immerhin ist die Form der späteren »D.n« bereits im antiken Judentum vorgebildet, so in den zT nach Geltungsart und -bereich begrenzten D.n: von der Einzigkeit Gottes (Dtn 6, 4), dem Gesetz, der Vergeltung und der Auferstehung. Zunehmende Rationalisierung betont - entsprechend D. als Axiom - den *Wahrheits*gehalt des D.s, der freilich nicht kraft Vernunft, sondern Offenbarung gilt. D.n im weiteren Sinne sind herrschende Glaubenslehren (zB auch der Häretiker), im engeren die von der Kirche proklamierten Grundlehren (→ Christologie: II, → Trinitätslehre: III).

2. Für die *orth. Kirche* hat das D. eine doppelte Quelle: »Der Glaube gründet sich auf die D.n, die zT durch die hl. Schrift, zT durch die mündliche Tradition von den Aposteln her überliefert und von den Synoden und den hl. Vätern ausgelegt worden sind« (Conf. orth. I q. 4, S. 59f). Die Anerkennung der geoffenbarten Glaubenswahrheit des D.s ist für alle Gläubigen heilsnotwendig. Inbegriff des D.s *und* Kompendium der Lehre der hl. Schrift ist das → Nicaeno-Konstantinopolitanum (»das Symbol«, »der Glaube«). Das von den sieben alten ökumenischen → Konzilen (325-787) festgelegte D. gilt als abgeschlossen. Nur neue Fixierungen der Form sind (theoretisch) durch ökumenische Synoden möglich. Das D. hat weniger lehrhafte als lebensordnende Funktion. Es durchwaltet das gesamte Dasein in Kultus und Frömmigkeit. Es legt sich aus in der hl. Kirche, ihren Ikonen, Liedern, Heiligenlegenden. Als Zeugnis vom fleischgewordenen Logos (Athanasius) bewirkt es Vergottung des Menschen, Heiligung der Kreatur, Verklärung des Kosmos. Liturgie ist gebetetes D., umgekehrt Theologie Doxologie (Origenes).

3. Auch für die *röm.-kath. Kirche* entspringt das D. der hl. Schrift (→ Bibel: III, 3) und der → Tradition (: VI. VII). Aber es trägt stärker lehrhaft-gesetzlichen Charakter und erscheint als Ergebnis ständig fortschreitender Entwicklung. D. ist »eine von Gott unmittelbar geoffenbarte Wahrheit, welche vom kirchlichen Lehramt klar und ausdrücklich als verbindliche Offenbarungswahrheit festgestellt und verkündigt ist« (Schmaus 54). Das Vatikanum erklärt vom D.: »Mit göttlichem Recht und kath. Glauben ist all das zu glauben (omnia credenda), was im geschriebenen oder überlieferten Worte Gottes enthalten ist und von der Kirche im feierlichen Entscheid oder durch gewöhnliche allgemeine Lehrverkündigung als von Gott geoffenbart zu glauben vorgestellt wird« (Denz. 1792). Das D. ist göttlichen Ursprungs und »eine Weiterführung der Menschwerdung Gottes, gewissermaßen ihre Verlängerung durch die auf Christus folgenden Jh.e hindurch« (Schmaus 56). Das D. ist Glaubensgesetz. Inhaltlich unwandelbar, sprachlich jedoch zeitbedingt, sind Zentral- und Einzel-D.n nicht nur Information, sondern zugleich Vollzug des Heilsplans, Verleiblichungen der Liebe Gottes. Das schließt die durch das unfehlbare → Lehramt (: I) kontrollierte und zur Definition zu bringende Entwicklung der D.n ein.

4. Die *Reformatoren* protestierten gegen die eigenmächtige Handhabung des D.s durch das Papsttum. Luther sah in ihr das Werk des Antichrist (WA 6, 595ff) und wie Calvin Tyrannei über die Gewissen (Inst. IV, 8f). An die Stelle der genetisch-organologischen Nebenordnung von Offenbarung und Überlieferung trat bei den Reformatoren die Kategorie des personalen Gegenüber von Gotteswort und Menschenzeugnis. Damit wurde dem altkirchlichen D. als Inbegriff ev. Wahrheit seine Würde und als normativer Schriftauslegung seine relative Geltung zurückgegeben. Wie das D. aus dem Bekennen erwuchs, so wurde es nunmehr durch das fixierte Bekenntnis (→ Rechtfertigung: III, → Erwählung: III) jeweils interpretiert (Maurer, Koopmans). »Gottes Wort soll Artikel des Glaubens stellen und sonst niemand, auch kein Engel« (WA 50, 206, 27). - Die *altprot. Orthodoxie* vermochte die Neuentdeckung des D.s als verstehender, zum Worte Gottes zurückrufender Antwort der Kirche nur so festzuhalten, daß sie das D. zum materiellen Lehrgefüge systematisierte und in eine Vielzahl gestufter D.n verschiedenen Ranges (fundamentaler und nicht-funda-

mentaler Artikel) aufteilte (Hirsch, §§ 471ff). Dieser bis in die Neologie des 18.Jh.s nachwirkende Rationalismus bewahrte, trotz der Vergeschichtlichung der Lehre durch die Föderaltheologie (→ Bund: IV) und ihre Subjektivierung durch die pietistische Heilserfahrung, den alten Begriff des D.s. - Erst *Schleiermacher* gab den neuen Einsatz in der Definition: »Die christlichen Glaubenssätze sind Auffassungen der christlich frommen Gemützustände in der Rede dargestellt« (Glaubenslehre, § 15). Als »unmittelbarer Ausdruck des frommen Bewußtseins« (§ 19 Zusatz) wurde das D. mannigfacher Abwandlungen (→ Vermittlungstheologie, → Erlanger Schule) oder Verbindungen mit den objektiven Elementen konfessioneller Theologie fähig. A. → Ritschl ethisierte, die religionsgeschichtliche Schule (→ Troeltsch) relativierte, die Religionspsychologie (→ Wobbermin) erweichte den Begriff D. Das Interesse am Gegenstand der → Dogmatik: an Gottes Offenbarung (Schlatter; Schaeder), am selbständigen Glauben (W.Herrmann; Ihmels) und seinem Weltverständnis (Stephan), an der Rechtfertigung (Kähler; Cremer), am Christuszeugnis in der modernen Welt (R.Seeberg; Heim), ließ keine Neubearbeitung des Begriffs D. aufkommen.

5. Der Zerfall des tragenden Grundbegriffs in der *gegenwärtigen Theologie* beruht darauf, daß er, fortschreitend intellektuell verengt, nicht mehr als kirchliches, sondern meist nur als theologisches Phänomen empfunden wurde, als Material für wissenschaftliche Bearbeitung. In fast allen dogmatischen Entwürfen verdeckt der Bezug auf die Verkündigung die Unsicherheit in der Fassung des Begriffs D. Eigentümlich schwebend bleibt der Begriff bei *Barth*: »Das D. ist die Übereinstimmung der kirchlichen Verkündigung mit der in der Hl. Schrift bezeugten Offenbarung« (KD I/1, 280). Es ist »ein Beziehungsbegriff«: »als die kirchliche Verkündigung, sofern sie mit der Bibel als dem Worte Gottes wirklich übereinstimmt« (283). Unter Verweis auf Lk 2, 1 ist das D. zunächst »die Beziehung zwischen Befehl und Gehorsam, erst dann und so auch die Beziehung zwischen Lehre und Belehrung« (289); »zwischen dem gebietenden Gott und dem seinem Gebot gehorchenden Menschen, die Beziehung, die in dem Ereignis dieses Gebietens und Gehorchens stattfindet« (290). - Zurückhaltender bezeichnet *Elert* das D. als »das Minimum des Sachgehalts, in dem alle öffentliche Verkündigung übereinzustimmen hat. Um ihrer Mannigfaltigkeit Raum zu lassen, bezeichnet es aber zugleich auch das Maximum« (43; 45: »Sollgehalt des Kerygmas«). Knapp und umfassend zugleich definiert *Althaus*: »D. ist der Inbegriff der in Gottes Offenbarung sich erschließenden Glaubens-Erkenntnis der Kirche« (I, 290). - Soweit neue kritische dogmatische Ansätze vorliegen, wird die Definition des Begriffs zT vermieden (Gogarten, Tillich, Wingren, Buri). Aus manchen läßt sich die noch ausstehende Neufassung des Begriffs D. erahnen, je nachdem die Problematik zwischen Historismus und Existentialismus den Ton mehr auf die Hermeneutik (Ebeling), die Verkündigung (Ratschow) oder beides (Diem), die Überlieferung (Ebeling, Gloege), das Selbstverständnis (Buri) oder die Heilsgeschichte (Wingren) legen läßt.

6. Der *Begriff D.* ist nach Ursprung, Wesen, Problematik zu klären. - Das D. ist seinem *Ursprung* nach nicht auf das Kerygma, sondern auf das dem Kerygma antwortende Christusbekenntnis bezogen. Aus dem aktuellen Bekennen geboren, wird das D. innerhalb der kirchlichen Überlieferung vom fixierten → Bekenntnis (: V) ausgelegt. Es läßt sich weder aus dem Kerygma unmittelbar ableiten (Schlier) noch mit dem in ihm bezeugten Heilsratschluß Gottes, von »den D.n« unterschieden, identifizieren (Diem). Das D. hat seine Wurzel in der Doxologie, in der die Anbetung Gottes als eines Er, unter Ablösung des menschlichen Ich, durch das kirchliche Wir geschieht (zum Ganzen vgl. Schlink). - Das D. ist seinem *Wesen* nach die kirchliche Grundgestalt christlicher Lehre. Es ist weder seinshaftes Lehrgesetz (röm.-kath. Anschauung) noch akthafte Lehrentscheidung (Weber) noch Relation der Lehre zur Offenbarung (Barth), sondern die *Grundaussage der Kirche über Gottes universales Handeln an der Welt*. Als solches verpflichtet das D. die gesamte Christenheit im ganzen: in Lehre und Leben. Gegenstand des D.s sind nicht Zuständlichkeiten des Seienden oder Grundbefindlichkeiten des Daseins, also weder Tatbestände der Welt noch Erscheinungen des Menschlichen, sondern Aussagen über Gottes Sein und Tun. Wohl gibt es ein trinitarisches, christologisches, soteriologisches D., aber zB kein D. (im strengen Sinn) von der Erbsünde oder der Willensfreiheit (gegen Jonas). - Zu unterscheiden sind: *Dogmen* als Grundaussagen, dogmatische *Lehraussagen* (im engeren Sinn), die wie die Erwählungs- oder die Rechtfertigungslehre das D. auslegen und genauer umreißen, und schließlich dogmatische *Aussagen* (im weiteren Sinn) als Aussagen der Dogmatik (Schlink). Zwischen »dem« D. und den D.n wie zwischen »absolutem Wesen« und »relativer Erscheinung« »ruhig auch platonisch« zu unterscheiden (Barth, Christl. Dogmatik 123; KD I/1, 283), liegt keine sachliche Nötigung vor. Es genügt die historisch-formale Unterscheidung, die der Sprachgebrauch ergibt. - Das *Problem* des D.s wird in der neueren ev. Theologie verschieden scharf empfunden. Es bildete sich historisch im Zuge zunehmender Vergegenständlichung auf dem Wege von der »charismatischen« zur »wissenschaftlichen Theologie« (Harnack). Systematisch zeichnet es sich ab im Widerstreit zwischen personaler Begegnung und sachhafter Lehre (E.Brunner). Es potenziert sich in *drei Spannungen*: der Spannung zwischen Gottes lebendigem Walten und der ihm antwortenden Aussage des Menschen, derjenigen zwischen dem Ereignis der Antwort (Glaube) und der Besinnung auf das Ereignis (Erkenntnis) und schließlich der zwischen existentieller Besinnung und rationaler Sinnentfaltung. - Die obwaltende Problematik läßt sich durch Entfaltung ihres eigentümlich *geschichtlichen Gefälles* erhellen: Gott bewahrheitet in seinem tötend-lebendigmachenden *Walten* seine Verheißung (Luther: veritas promissionis); der *Glaube* ergreift als getroste Verzweiflung Gottes Wahrheit, indem er ihn anerkennend und erkennend den wahrhaftigen und wahren Gott sein läßt; die *Erkenntnis* des Glaubens enthält demgemäß (CA XX, 23; Heidelb. Kat. 21) die beiden Elemente: nicht nur konkreter Daseinserfahrung (assensus), sondern auch rationaler Seinserkenntnis (notitia historiae). - Gottes Wahrheit will nicht nur existentiell anerkannt, sondern auch »objektiv« *gewußt* und in Sätzen der Lehre ausdrücklich überliefert werden. »Zum Menschsein gehört es: im Bereich der allgemeinen Wahrheiten zu leben« (Bultmann 251). Im D. spiegelt sich die Leibhaftigkeit des Verheißungsgeschehens wider, das sich in Denk- und Aussageformen fassen läßt, um im Reflex seine Unbegreiflichkeit zu verwahren. Die »Person-Wahrheit« des Offenbarers setzt - gerade sub contrario: in der Knechtsgestalt der Sachwahrheit - ihr »Herrengeheimnis« (Vogel) durch.

RE IV, 733ff - A.v.HARNACK, Die Entstehung der christl. Theol. u. des kirchl. D.s, 1927 - K.BARTH, Christl. Dogmatik I, 1927, 121ff. 376ff - DERS., KD I/1, 261ff - H.JONAS, Augustin u. das paul. Freiheitsproblem (FRLANT NF 27), 1930, 65ff (Über die hermeneut. Struktur des D.s) - ThW II, 233ff - E.HIRSCH, Hilfsbuch zum Studium d. Dogmatik, 1937; Neudr. 1951 - M.SCHMAUS, Kath. Dogmatik I, (1937) 1953⁵, §§ 6ff E.BRUNNER, Wahrheit als Begegnung, 1938 - W.ELERT, Der christl. Glaube, (1940) 1956³ - P.ALTHAUS, Die christl. Wahrheit, (I, 1947) 1952³, § 24 - H.SCHLIER, Kerygma u. Sophia. Zur nt. Grundlegung des D.s (EvTh 10, 1950/51, 481-507

= Die Zeit der Kirche, 1956, 206-232) - H.VOGEL, Gott in Christo, 1951, 37ff - R.HERMANN, Glaube, Lehre, D., 1951 - W.MAURER, Die Anfänge von Luthers Theol. (ThLZ 77, 1952, 1-12) - G.WEHRUNG, Mythus u. D., 1952 - J.KARMIRIS, Die Bekenntnisschriften der orth. Kirche, 2 Bde, 1952/53 - G.WINGREN, Teologiens metodfråga, Lund 1954; dt. 1957 - G.GLOEGE, Offenbarung u. Überlieferung (ThF 6), 1954 (= ThLZ 79, 1954, 213-236) - F.FLÜCKIGER, Der Ursprung des christl. D.s, 1955, bes. 180ff - J.KOOPMANS, Das altkirchl. D. in der Reformation (BhEvTh 22), dt. 1955 - H.DIEM, Theol. als kirchl. Wissenschaft II: Dogmatik, 1955 - O.WEBER, Grundlagen der Dogmatik I, 1955, 43ff - EKL I, 947ff - E.WOLF, »Kerygma u. D.?« (Antwort. Festschr. z. 70.Geb. v. K.Barth, 1956, 780-807) - E.BENZ, Geist u. Leben d. Ostkirche, 1957 (Lit.) - U. WILCKENS, Kreuz u. Weisheit (KuD 3, 1957, 77-108 [zu SCHLIER]) - E.SCHLINK, Die Struktur der dogmat. Aussage als oekum. Problem (ebd 251-306) - C.H.RATSCHOW, Der angefochtene Glaube, 1957 - R.BULTMANN, Allg. Wahrheiten u. christl. Verkündigung (ZThK 54, 1957, 244-254) - RAC IV, 1ff. *G.Gloege*

Dogmatik

1. Geschichte der D.: a) Alte Kirche und MA - b) Prot. D. - 2. Kath. D. - 3. Ev. D.: a) Kerygmatische D. - b) Kritische D. - 4. Wesen der D.: a) Begriff - b) Struktur - c) Methode - d) Aufgabe - e) Ort und Gliederung

1. Die D. ist Wissenschaft vom → Dogma (: II) bzw. von den Dogmen. Sie bildet innerhalb der → Systematischen Theologie den Kern der Disziplin. Sachlich ist sie in den Lehrbüchern der → Scholastik und der altprot. Theologie (→ Orthodoxie) vorgebildet. Der *Name* D. löst die allgemeine Bezeichnung → »Theologie« (: I) erst zu Beginn der Spätorthodoxie ab (L.Fr.Reinhart, 1659).

a) Ursprüngliche, sich zT verflechtende *Motive* zu dogmatischer Lehrbildung waren (nach E.Brunner) in der altkirchlichen bzw. reformatorischen Zeit das exegetisch-summarische (zB → Origenes; → Melanchthon), das katechetische (→ Cyrill von Jerusalem; → Calvin), das polemische (→ Irenäus; → Zwingli). – In Auseinandersetzung mit dem spätantiken Geist (→ Apologeten), bes. mit der außer- und innerkirchlichen → Gnosis, klärte sich das theologische Denken, das Dogma vorbereitend, fixierend und (später) auslegend, zum dogmatischen ab. In der *östlichen Kirche* wirkten als *Tendenzen* einmal inhaltlich: das Dogma von der Menschwerdung des Logos (Irenäus; → Athanasius) und der ihn vergegenwärtigenden Kirche, sodann formal: der Zug zum System, in dem das Denken den Glauben nicht nur darstellt, sondern erkennend überhöht (→ Clemens von Alexandrien). Beide Tendenzen verbanden sich erstmalig in der »D.« des Origenes und wandelten sich neuplatonisch-mystisch bei → Dionysius Areopagita und aristotelisch-rational bei → Johannes Damaszenus ab. – In der *abendländischen Kirche* kam es, trotz → Augustin und abgesehen von dem mystischen System des → Johannes Scotus Eriugena, erst im hohen MA zur Ausbildung kirchlicher D.: in den »Sentenzen« des → Petrus Lombardus und den »Summen« der Scholastiker. Bes. → Thomas von Aquino verband methodisch Wissen und Glaube, inhaltlich Natur und Gnade in teleologischer Zuordnung.

b) Die Entdeckung des Evangeliums durch → *Luther*, die auch literarisch Rückwendung zu Auslegung, Verkündigung und Auseinandersetzung bedeutete, zeitigte keine neue D. Jedoch bahnte sich mit seinen Disputationen gegen die Antinomer (1537-40) sowie mit den Zweitfassungen der Loci Melanchthons (1535) und der Institutio Calvins (1539) die Entwicklung zur *Orthodoxie* an: die Reformation wurde dogmatisch (O.Weber 129). Die transsubjektiv, im Zuspruch der »fremden Gerechtigkeit (iustitia extranea)« begründete Heilserfahrung erfuhr durch aristotelische Begriffsmittel eine Rationalisierung, die sich in den großen Lehrwerken, bes. des 17.Jh.s (luth.: J. → Gerhard; ref.: G. → Voetius), monumental objektivierte. Während die luth. D. das Heilsgeschehen und seine Aneignung, die ref. D. die Lehre von den Ratschlüssen Gottes und ihrer Verwirklichung zum Gegenstand erhob (O.Weber 137), wirkte das gemeinsame Grundproblem »Vernunft und Offenbarung« zersetzend (H.E.Weber). Gegenüber dem Rationalismus und Moralismus des 18.Jh.s bedeutete die Bestimmung der D. als *»Glaubenslehre«* (Ausdruck bereits Titel der D. des Supranaturalisten S.J. → Baumgarten, 1759/60 hg.v. J.S.Semler) durch → *Schleiermacher* einen Neubeginn. Die wiedergewonnenen ontologischen Einsichten - die Beziehung der D. »auf die durch Jesum von Nazareth vollbrachte Erlösung« (§ 11), die Kirche (§ 19), »auf ev. Bekenntnisschriften und in Ermanglung deren« das NT (§ 27) - konnten sich jedoch infolge seines Religionsbegriffs und des ihn exponierenden spekulativen Ansatzes (Identitätsphilosophie) gegenüber den im 19.Jh. heraufziehenden Problemen der historisch-kritischen Forschung schwer behaupten. Abgesehen von konservativ wirkenden, konfessionellen bzw. biblizistischen Richtungen drohte sich die D. in Ethik (A. → Ritschl; W. → Herrmann), Religionspsychologie (→ Wobbermin) oder Religionsphilosophie (→ Troeltsch) aufzulösen. *Troeltsch* versuchte, seine Glaubenslehre weder auf der Bibel noch auf dem kirchlichen Bekenntnis, sondern auf dem »Wesen des Christentums« aufzubauen. Nach ihm »ist das Heil an das Christentum nicht gebunden, empfängt in ihm nur seinen (bis jetzt) höchsten Ausdruck« (W.Köhler).

2. Die *röm.-kath. Theologie* versteht unter D. »die wissenschaftliche Durchdringung und Darstellung der durch die Offenbarung Gottes uns mitgeteilten, *von der Kirche verbürgten* und vorgelegten Heilswahrheiten bzw. der durch die Selbstentäußerung Gottes uns zugänglich gemachten, von der Kirche bezeugten Wirklichkeiten« (Schmaus 53). Die »unmittelbare und nächste« Quelle der D. als »Glaubenswissenschaft« ist die Kirche in ihrem lebendigen Lehramt. »Hl. Schrift und mündliche Überlieferung sind demgemäß die entfernte Glaubensregel« (ebd 77f). Der D. geht die Fundamentaltheologie voraus.

3. a) Die *ev. D.* wurde mit *K.* → *Barths* »Theologie des Wortes« konsequent auf die konkrete Verkündigung der Kirche bezogen *(kerygmatische D.)*. »D. ist als theologische Disziplin die wissenschaftliche Selbstprüfung der christlichen Kirche hinsichtlich der ihr eigentümlichen Rede von Gott« (KD I/1, 1. 261). Gegenüber den beiden »Häresien« des »röm. Katholizismus« und des »pietistisch-rationalistischen Modernismus« (33) wird die D. nicht nur als Forschung, sondern auch als »Glaubensakt« bestimmt (16f). Sofern die Rede von Gott zugleich menschliches Wort ist, wird sie »Stoff der D.« (§ 3). Im Rahmen der Unterscheidung der dreifachen Gestalt des (verkündigten, geschriebenen, offenbarten) Wortes Gottes (§ 4) wird dieses als Kriterium der dogmatischen Bemühungen *akt-* und *personhaft* gefaßt. Im *Ereignis* des Wortes, als Rede, Tat und Geheimnis Gottes (§ 5), wird, »wo und wann es Gott gefällt« (CA V), Sein und Werden, Objektivität und Subjektivität, das Deus dixit und das Paulus dixit eines (116). »Das illic et tunc wird hic et nunc« (215). Die Gewalt des Wortes ist die des Sieges Jesu Christi (161), sein Inhalt identisch mit seiner *Person:* »Die Gleichung: Gottes Wort ist Gottes Sohn, macht allen Doktrinarismus«, damit auch D. als »menschliches System« »radikal unmöglich« (142f). Ihre »Wissenschaftlichkeit« hat sie bes. in »Kritik und Korrektur der kirchlichen Verkündigung« zu bewähren (298). – Die Stärke dieser dogmatischen Konzeption zeigt sich in der Ernstnahme des Bezuges des Dogmas auf das Kerygma, ihre Schwäche in der wissenschaftlich ungenügenden Unterscheidung beider (trotz 73ff). Der »Offenbarungsposi-

tivismus« (D. → Bonhoeffer) nötigt zum Ausweichen vor den Problemen der historischen Kritik und zum methodologischen Verzicht, exegetische Erkenntnisse für die D. ausreichend fruchtbar zu machen. – Während *Vogel* (luth.) bei aller Übereinstimmung mit Barth gelegentlich Bedenken gegen gewisse monistische Tendenzen anmeldet und *O.Weber* (ref.) besonnene Einzelkorrekturen vornimmt, greift *Diem* von Barths Position aus Probleme der kritischen → Hermeneutik auf.

b) Die *kritische D.*, in sich mannigfach verschieden, teilt mit der kerygmatischen D. das Axiom, daß D., auf Gottes Offenbarung in Christus bezogen, »Glaubens-Erkenntnis« (Althaus), »gläubiges Denken«, »Funktion der Kirche« (E.Brunner, Tillich) bzw. »des Glaubens« (Buri) sei; »der Christ ist der Anfang der D.« (Ratschow). Ihre Vertreter unterscheiden sich jedoch von ihr dadurch, daß sie – wie bes. der Bultmann nahestehende → *Gogarten* – das durch die Säkularisierung gebrochene Verhältnis des heutigen Menschen zur Verkündigung ernster berücksichtigen. → *Tillich* will Botschaft und Situation »zusammenbringen« und bestimmt, die Bezeichnung »D.« ablehnend, diese als »Darstellung der Lehrtradition für unsere gegenwärtige Lage« (41). Die Divergenz und Konvergenz von Theologie und Philosophie betonend, den ontologischen Fragen nachspürend, bedient er sich der »Methode der Korrelation«, die »die Inhalte des christlichen Glaubens durch existenzielles Fragen und theologisches Antworten in wechselseitiger Abhängigkeit erklärt« (74). *Buri* versteht D. als »Selbstverständnis des christlichen Glaubens« und ist in den Prolegomena (»Vernunft und Offenbarung«) bestrebt, in wissenschaftstheoretischer Untersuchung bes. das »Gegenständlichwerden des Ungegenständlichen« mittels Verstehens der »Symbole der Transzendenz« zu erhellen. Während → *Heim* sein erkenntnistheoretisches Bemühen den Fragen zuwandte, die das naturwissenschaftliche Weltbild der Neuzeit der Theologie aufgab, sucht *E. → Brunner*, religionsphilosophisch einsetzend, der D. durch die zur »Eristik« umgebildete → Apologetik ihre missionarische Kraft wiederzugeben. *Althaus* aber bemüht sich, die D. als »die begrifflich bestimmte kritische Darstellung der christlichen Wahrheit« fassend (I, 291), in Weiterbildung des Erbes von → Kähler und → Schlatter, neben Gogarten am eigenständigsten um die Begegnung zwischen historischer Forschung und dogmatischer Arbeit.

4. a) Über den *Begriff* der D. ist zu sagen: Sie hat weder als Lehrglaube übernatürliche Heilswahrheiten einer »geoffenbarten Lehre« (röm.-kath.) noch als Glaubenslehre Heilserfahrungen des einzelnen oder der Gemeinschaft (prot.) zu beschreiben, sondern als Erkenntnisbemühung *über* Lehre diese von ihrem Geltungsgrund her kritisch darzustellen. Ihr spezifischer »Gegenstand« sind die *Heilserweisungen Gottes*, durch die er seine Gerechtigkeit über alle Welt zur Herrschaft bringt (ähnlich Althaus). Damit ist zugleich das Grundproblem der D. gesetzt: geschichtliches, personhaftes Handeln in gegenständliche Begriffe zu überführen.

b) Die *Struktur* der D. ergibt sich aus ihrem morphologischen Ansatz, dh aus der *Lehre* (διδαχή), in der sich die Antwort des Glaubens auf die Botschaft des Evangeliums (Schlink) »charismatisch« reflektiert (1. Reflexionsstufe). Wohl ist die unerläßliche Grund*bedingung* der D. der christliche Glaube als unmittelbare Betroffenheit. Aber die D. selbst ist gerade deswegen nicht als »Glaubenschaft« (R. → Otto) oder »Glaubensakt« (Barth) zu bestimmen. Der Vollzug der D. geschieht nicht unter der Kategorie des Glaubens, sondern, wie alle Theologie, unter der des »Werkes« (Käsemann), das den Glauben voraussetzt und zur Aussage bringt. D. ist in ihrer Entfaltung eine maßgebende Gestalt der intellektuellen Nachfolge Christi: Besinnung *auf* »charismatische« Lehre (2. Reflexionsstufe). Sie muß sich daher, wie jede wissenschaftliche Bemühung, auf Sachgemäßheit (Werk-Treue) hin befragen lassen.

c) Die *Methode* der D. ist das für alle Disziplinen der Theologie geltende kritische Verfahren, das durch den Gegenstand bestimmt und ihm angemessen ist. Es gibt keine besondere »dogmatische Methode«. Versteht man unter Wissenschaft (allgemein) »die methodische Erhellung eines Gegenstandsgebietes in begründenden Sätzen« (Bultmann), so ist der D. der Charakter der Wissenschaftlichkeit nur vom »Wissenschaftsaberglauben« (Buri 175ff) her zu bestreiten. Der positive Nachweis ist jedoch nicht durch den Anspruch gerechtfertigt, sondern nur durch die Abgeltung desselben mittels kontrollierbarer Kriterien (H.Scholz) zu erbringen. Eine auf Grund eines Prinzips deduktiv verfahrende Spekulation besitzt, auch wenn sie sich theologischer Termini bedient, in der D. kein Lebensrecht. Gefährdungen seitens der »dialektischen« Sprache, die Satz und Wider-Satz, »sich gegeneinander spannend und einander doch fordernd«, notwendig macht, müssen durch »strenge begriffliche Bestimmtheit« überwunden werden (Althaus I, 290f; O. Weber 56ff).

d) Die konkrete *Aufgabe* der D. umfaßt die dreifache Bemühung um Schriftgemäßheit, Bekenntnisgemäßheit, Gegenwartsgemäßheit christlicher Lehre. – Die D. hat die *Texte* des kanonischen AT und NT so zu erfassen, daß aus ihrem Gesamtzeugnis der Zuspruch und Anspruch des geschichtlichen Willens Gottes vernehmbar wird, der die → »Bibel« (: III) zur »Schrift« macht. Dabei hat sie sich, ohne »biblische Theologie« zu werden, für die literarische, historische und religionsgeschichtliche Forschung in ihrer ganzen Weite offenzuhalten (Althaus I, 269f). – Die D. hat die dogmatischen Entscheidungen der Kirche in ihren fixierten *Bekenntnissen* als Fassungen des vielfältigen biblischen Zeugnisses verständlich zu machen und nach ihren geschichtlich bedingten Motiven und Tendenzen zu interpretieren. »Dabei sind zu verarbeiten die anerkannten und umstrittenen, übereinstimmenden und einander widersprechenden, die christlichen, pseudochristlichen und antichristlichen Aussagen, die den Weg der Kirche begleiten« (Schlink 268). – Die D. hat für die jeweilige Gegenwart die auf Grund von Schrift und Bekenntnis gültige christliche Wahrheit in Form *zusammenhängender Lehre darzustellen*. Dabei hat sie sich, ohne den Fragestellungen der Zeit zu verfallen, der je besonderen Art der Angefochtenheit des Glaubens zu stellen, um »der Bedürftigkeit des Christen auf Vergewisserung und kritischen Maßstab« antworten zu können (Ratschow 503).

e) Der »*Ort*« der D. ist der Übergang von der Auslegung zur Verkündigung. *Zwischen* → Hermeneutik und → Homiletik stehend, hat die D. die Verkündigung an der Exegese historischer Texte zu prüfen (Barth), aber ebenso die Texte von der Gegenwartserfahrung christlicher Existenz her kritisch zu interpretieren. Stofflich auf die historischen Fächer angewiesen, übt sie integrierende Funktion: zusammen mit der Ethik (Systematische Theologie) will sie, als »die eigentliche Theologie«, »die Selbständigkeit der Theologie« und »damit zugleich ihre Einheit, den Zusammenhang ihrer Disziplinen« begründen und in sich verkörpern (Althaus I, 20). – Vom Begriff des Dogmas her, der Lehre *und* Leben umgreift, ist die seit G. → Calixt (1634) üblich gewordene Verselbständigung der → *Ethik* gegenüber der D. theologisch nicht haltbar. Von C.I. → Nitzsch, Kähler, Wendt und bes. Barth rückgängig gemacht, läßt sich die Trennung beider (wie weitere Differenzierungen, zB in Religionsphilosophie, Sozialethik usw) allenfalls aus arbeitstechnischen Gründen rechtfertigen. Jedenfalls verhalten sich D. und Ethik »nicht wie credenda bzw. docenda und agenda« (Elert). - Die D. (im engeren Sinne) *gliedert sich* seit dem 19.Jh. in D. I (Prolegomena, Grundlegung) und D. II (spezielle D.). Diese pflegt im Anschluß an Petrus Lombardus († ca 1160) bis heute in allen Richtungen (einschließlich Troeltsch) dem heilsgeschichtlich bedingten, zT aristotelisch überformten Aufriß zu folgen, der die Behandlung von sieben Fragekreisen vorsieht: Gott, Welt, Mensch, Sünde, Christus, Heil (bzw. Kirche), Gottes Zukunft (Eschatologie). Gegenwärtig scheint sich, bei trinitätstheologischem Ansatz, die bereits von Haering und → Rade geübte Dreiteilung nach den Artikeln des Credo durchzusetzen (Barth; Vogel), im Lehrbetrieb also: D. I-III. Im allgemeinen hat sich die Behandlung nach »loci« (τόποι; engl.: topics) bewährt, da sie, zwar systematisch fundiert, die Gefahren des heute überall abgelehnten »Systems« vermeidet. Die Furcht vor der Tendenz des Systems, die Lehre in Glaubens-Gnosis zu verwandeln, ist übrigens in der kerygmatischen D. eher am Platze (Barth) als in der kritischen. Für alle Richtungen der D. jedoch bedeutet Systematik nie Schematik, sondern die Fähigkeit, »in jedem Lehrsatz aus der Einheit des Ganzen heraus zu denken« (Althaus I, 299).

Zu den gegenwärtigen Grundproblemen gehört u.a. die zu wenig beachtete Frage, ob D. auch *Weltanschauung* zu lehren hat (Stephan). Daß D. nicht Weltanschauung *ist*, schließt nicht aus, daß sie diese in sich einzubeziehen habe (gegen Barth), ähnlich etwa, wie sie künftig dringender denn je Theologie der Religionen, der Mission und der Ökumene (A.Lehmann) zu betreiben hat. Darüber hinaus darf der rasche Sieg der kerygmatischen D. nicht vergessen machen, daß entscheidende Anliegen des vielverlästerten »Kulturprotestantismus« (Schleiermacher, Ritschl, Troeltsch) zwar beiseite gedrängt, aber noch keineswegs aufgearbeitet sind.

Zu 1a: Außer den Lehrbüchern der → Dogmengeschichte: M. Grabmann, Gesch. der scholast. Methode, 2 Bde, 1909/11, Nachdr. 1956 - A.M.Landgraf, DG der Frühscholastik I/1-IV/2, 1952/56 - H.Jonas, Gnosis u. spätant. Geist II/1. Von der Mythologie zur myst. Philosophie (FRLANT NF 45), 1954 (bes. zu Origenes).

Zu 1b: Außer den Werken zur Gesch. der prot. D. bzw. zur Theol.-Gesch. des 19.Jh.s von W.Gass, H.Heppe, O.Ritschl, E. Hirsch, H.E.Weber; G.Frank, F.Kattenbusch, H.Stephan, E. Schaeder, W.Elert, W.Koehler, K.Barth: A.Schlatter, Die philos. Arbeit seit Cartesius, 1906 - H.E.Weber, Die philos. Scholastik des dt. Protestantismus im Zeitalter der Orthodoxie, 1907 - Ders., Der Einfluß der prot. Schulphilosophie auf die orth.-luth. D., 1908 - P.Althaus, Die Prinzipien der dt. ref. D. im Zeitalter der aristotel. Scholastik, 1914 - P.Petersen, Gesch. der aristotel. Philosophie im prot. Deutschland, 1921 - M.Wundt, Die dt. Schulmetaphysik des 17.Jh.s, 1939 - Ders., Die dt. Schulphilosophie im Zeitalter der Aufklärung, 1945.

Zu 2: M.J.Scheeben(-L.Atzberger), Hdb. der kath. D., (I/1-IV/2, 1873-1903) 1948ff$^{2\cdot3}$ (bisher 5 Bde) - B.Bartmann, Lehrbuch der D., (1911) 1932^{8} - F.Diekamp, Kath. D. nach den Grundsätzen des hl. Thomas, 3 Bde, (1912-14) 1942-52$^{10\cdot11}$ - M.Schmaus, Kath. D. I-V in 8 Bden, 1937ff (zT in Neuaufl.; Lit.) - L.Ott, Grundriß der kath. D., 1952.

Zu 3: *Quellenwerke* außer BSLK u. BSRK: K.A.v.Hase, Hutterus redivivus, (1828) 1883^{12} - H.Schmid, Die D. der ev.-luth. Kirche, (1843) 1893^{7} - H.Heppe, Die D. der ev.-ref. Kirche, (1861) 1935^{2} (hg.v. E.Bizer) - E.Hirsch, Hilfsbuch zum Studium der D., (1937) Neudr. 1951. - *Lehrbücher der ev. D.*: F.E.D.Schleiermacher, Glaubenslehre, (1821) 1830^{2} - M.Kähler, Die Wiss. der christl. Lehre, (1883) 1905^{3} - H.Bavinck, Gereformeerde Dogmatiek, 4 Bde, (1895-1901) 1928-30^{2} - Th.Haering, Der christl. Glaube, (1906) 1912^{2} - A.Schlatter, Das christl. Dogma, (1911) 1923^{2} - H.H.Wendt, System der christl. Lehre, (1907) 1920^{2} - G.Wobbermin, Syst. Theol. nach religionspsych. Methode, 3 Bde, (1913 bis 1925) 1925/26$^{2\cdot3}$ - H.Stephan, Glaubenslehre, (1921) 1941^{3} - G.Aulén, Den allmänneliga kristna tron, Stockholm (1923) 1957^{5} - M.Rade, Glaubenslehre, 3 Bde, 1924-27 - W.Herrmann, D., hg.v. M.Rade, 1925 - E.Troeltsch, Glaubenslehre, 1925 - C.Stange, D. I, 1927 - K.Barth, Christl. D. I, 1927 - Ders., KD, bisher 10 Bde, 1932ff - K.Heim, Der ev. Glaube u. das Denken der Gegenwart, 6 Bde, (1932-52) 1953-57$^{2-5}$ - W.Elert, Der christl. Glaube, (1940) 1956^{3} - E.Brunner, Die christl. Lehre von Gott. D. I, 1946 - Ders., Die christl. Lehre von Schöpfung und Erlösung. D. II, 1950 - F.Pieper, Christl. D., (3 Bde, St.Louis, Missouri 1917-24) hg. v. J.T.Mueller, 1946^{2} - P.Althaus, Die christl. Wahrheit, (2 Bde, 1947-48) 1952^{3} - H.Vogel, Gott in Christo, (1951) 1954^{2} - P.Tillich, Systematic Theology, 2 Bde, Chicago 1951/57; I dt. (1955) 1956^{2} - R.Prenter, Skabelse og Genløsning, Kopenhagen (1951/53) 1955^{2} - O.Weber, Grundlagen der D. I, 1955 - F.Buri, D. als Selbstverständnis des christl. Glaubens I, 1956. - *Monographien u. Abhandlungen:* RE IV, 732ff - O.Ritschl, System u. syst. Methode, 1906 - L.Ihmels, Zentralfragen der D. in der Gegenwart, (1911) 1921^{5} - E.Troeltsch, Die D. der »religionsgesch. Schule« (Ges. Schr. II, [1913] 1922^{2}, 500-524) - Ders., Über hist. u. dogmat. Methode in der Theol. (ebd 729-753) - H.E.Weber, Hist.-krit. Schriftforschung u. Bibelglaube, (1913) 1914^{2} - E. Schaeder, Theozentrische Theol. II, (1914) 1928^{2} - E.Brunner, Religionsphilosophie ev. Theol. (HPh II), (1927) 1948^{2} - Ders., Theol. u. Ontologie (ZThK NF 12, 1931, 111-122) - Ders., Wahrheit als Begegnung, 1938 - F.K.Schumann, Der Gottesgedanke u. der Zerfall der Moderne, 1929 - H.Scholz, Wie ist eine ev. Theol. als Wiss. möglich? (ZZ 9, 1931, 8-53) - Ders., Was ist unter einer theol. Aussage zu verstehen (Theol. Aufs. f. K.Barth, 1936, 25-37) - F.Gogarten, Die Verkündigung Jesu Christi, 1948 - Ders., Die Kirche in der Welt, 1948 - Ders., Der Mensch zwischen Gott u. Welt, (1952) 1956^{2} - Ders., Verhängnis u. Hoffnung der Neuzeit, 1953 - Ders., Was ist Christentum? (KVR 35), 1956 - Ders., Die Wirklichkeit des Glaubens, 1957 - H.Diem, Theol. als kirchl. Wiss. II: D., 1955 - EKL I, 952ff - E.Schlink, Die Struktur der dogmat. Aussage als oekum. Problem (KuD 3, 1957, 251-306) - C.H.Ratschow, Der angefochtene Glaube, 1957. - *Zeitschr.:* ZThK, seit 1891 - ZSTh, seit 1923 - ZZ, 1923-33 - EvTh, seit 1934 - KuD, seit 1955. - *Ausländ. Lit.* s. bei den einzelnen Länder-Artikeln. *G.Gloege*

Dogmengeschichte

1. Geschichte der DG - 2. Beginn und Ende der DG - 3. Begriff und Aufgabe der DG

1. Darüber, wann und wo die DG mit ihrer Arbeit einzusetzen hat, dh wo die DG beginnt, ist man geteilter Meinung. Der Grund dafür liegt in der verschiedenartigen Bestimmung dessen, was DG ist oder sein sollte. Über den Beginn der DG als wissenschaftlicher Disziplin, dh den Einsatz der *Geschichte der DG*, sollte wenigstens im Grundsätzlichen keine Differenz bestehen. Weder die Alte Kirche noch das MA haben DG im eigentlichen Sinne betrieben, genauso wenig wie das Zeitalter der Reformation und der Orthodoxie. Von → Irenäus und → Tertullian über Stephan Gobarus bis hin zu den Scholastikern herrscht ungebrochen die Auffassung vom ubique ... semper ... ab omnibus (→ Vincentius von Lerinum) geglaubten und gelehrten einheitlichen Dogma, das lediglich von den Häretikern bzw. den jeweiligen Gegnern durchbrochen worden sei. Zwar wird der kath. Kirche der Besitz dieses Dogmas von der Reformation im Grundsatz streitig gemacht, praktisch aber tritt die prot. Kirche nur in die Nachfolge der bis dahin herrschenden Auffassung ein, lediglich unter anderer Setzung der Akzente. Durch die Auseinandersetzung zwischen den Konfessionen wird die historische Arbeit belebt, auf beiden Seiten wird Material zur Geschichte des Dogmas gesammelt, jedoch nur um den Beweis für die Wahrheit der eigenen und die Falschheit der Lehre der anderen liefern zu können. Trotz aller Gelehrsamkeit und auch trotz des nicht selten erzielten objektiven Fortschrittes in der Durchdringung des Materials gilt dieses Vorzeichen auch für die Arbeit des Zeitalters der Orthodoxie (Magdeburger Zenturien [→ Flacius], M. → Chemnitz, J. → Gerhard, J.A. → Quenstedt einschließlich der Werke des Jesuiten Dionysius → Petavius und des Schotten Forbesius a Corse [† 1648], die gelegentlich als Be-

ginn der DG als Disziplin aufgefaßt worden sind). Auch H. → Alting besitzt nicht die Bedeutung, die O.Ritschl ihm zuschreibt. Erst der Pietismus (G. → Arnold) und die beginnende Aufklärung bringen mit ihrer Emanzipierung vom Absolutheitsanspruch der Orthodoxie die Voraussetzungen für die Entstehung der DG, die (wie andere theologische Disziplinen auch) als Kind der Aufklärung gelten muß. Um die Mitte des 18.Jh.s (J.L. → Mosheim, Chr.W.F. → Walch, J.A. → Ernesti, J.S. → Semler, G.J. → Planck) zeigt sie die ersten Ansätze, im Beginn des 19.Jh.s repräsentiert sie sich als fertige, selbständige Disziplin. Mehrere Werke erscheinen fast gleichzeitig: die »Ausführliche Geschichte der Dogmen« usw von S.G.Lange 1796 (nur bis Irenäus reichend), das »Handbuch der christlichen DG« von W.Münscher 1797, das »Handbuch der ältesten christlichen DG« von F. Münter 1801-04 (dän., dt. Übers. 1802-06), das »Lehrbuch der christlichen DG« von J.Chr.W.Augusti 1805, das »Handbuch der DG« von L.Bertholdt 1822 u.a.m. Mit Münscher, dessen (in mehreren Aufl. erscheinendes) Handbuch die erste größere Gesamtdarstellung bot (es reichte bis Gregor d.Gr., 1811 erschien dann noch ein umfassenderes »Lehrbuch der christlichen DG«, ebenfalls in mehreren Aufl.), läßt man für gewöhnlich die Geschichte der DG beginnen, gelegentlich auch mit Augustis Gesamtdarstellung von 1805.

Diese Werke verleugnen nicht den Geist der Zeit, unter dem sie ans Licht getreten sind. Das gilt aber auch von den Werken der folgenden Epochen; die zahlreichen Darstellungen der DG, die bis in die vorige Generation in großer Regelmäßigkeit erschienen, illustrieren beispielhaft die Entwicklung der modernen prot. Theologie. Neben die DG der Aufklärung in ihren verschiedenen Spielarten, zu welchen dann der Einfluß → Schleiermachers hinzukommt, tritt die unter dem Vorzeichen F.Chr. → Baurs (bzw. Hegels) stehende und schließlich die konfessionell-luth. bestimmte DG (hier mit Rücksicht auf die reiche Lit. nicht bes. darzustellen). Mit dem Erscheinen von A. → Harnacks »Lehrbuch der DG« (3 Bde 1886-90, 1931/32⁵, ein Auszug 1889 als »DG«, 1931⁷) beginnt trotz der unverkennbaren Anknüpfung Harnacks an G.Thomasius, F. → Nitzsch und insbesondere A. → Ritschl ein neuer Abschnitt der DG. In rascher Folge erscheinen der »Leitfaden zum Studium der DG« von F. → Loofs (1889; 1906⁴; T. 1 1950/51⁵, T. 2 1953⁵, hg.v. K.Aland) und das »Lehrbuch der DG« von R. → Seeberg (2 Bde 1895-98; 4 Bde 1908-20²; I. II, 1922/23³; III, 1930⁴; IV/1, 1933⁴; IV/2, 1920³; fotomech. Nachdruck 1954). Der Einfluß Harnacks ist bei ihnen nicht zu verkennen, daneben stehen aber deutlich Einflüsse J.G.V. → Engelhardts und J.K.L. → Gieselers, wozu dann bei Seeberg die konfessionelle Komponente kommt. Das Dreigestirn Harnack/Loofs/Seeberg übt bis auf den heutigen Tag die stärkste Wirkung aus. Gleichzeitige Bemühungen anderer um eine Gesamtdarstellung der DG (u.a. A.Dorners »Grundriß der DG«, 1899) kamen nicht recht zur Geltung (O.Ritschls stofflich wichtige »DG des Protestantismus«, 4 Bde, 1908-27, steht unter dem Vorzeichen Harnacks und versteht sich als Fortsetzung seiner Arbeit), ja darüber hinaus schienen neue Bemühungen von vornherein zur Erfolglosigkeit verurteilt. Erst nach einer langen Pause veröffentlichte W.Koehler wieder eine Gesamtdarstellung »DG als Geschichte des christlichen Selbstbewußtseins« (I, 1938; II, 1951 aus dem Nachlaß). M.Werner in seinem Werk »Die Entstehung des christlichen Dogmas« (1941, 1954² [unv.]) setzt zwar mit heftiger Kritik an Harnack ein, vermag aber diesen Ansatz nicht durchzuhalten und bleibt letztlich in Harnacks Bannkreis. G.Aulén hat zwar gemeint, Harnack repräsentiere »das Ende eines ganzen theologischen Zeitalters« (6); vorläufig aber sieht es nur so aus, als ob er das Ende für Gesamtdarstellungen der DG bedeute, zum mindesten in der ev. Theologie. Eine lange Reihe von Monographien zur DG sind erschienen, mancherlei grundsätzliche Besinnungen als Ausgangspunkt für eine neue Gesamtdarstellung der DG sind angestellt worden, aber weder ist im prot. Raum eine neue DG erschienen, welche sich mit denen von Harnack/Loofs/Seeberg vergleichen könnte, noch ist sie bisher auch nur in den Konturen sichtbar. Vielmehr wird unsere heutige Lage durch Neuaufl. der alten Werke charakterisiert.

Andererseits ist *im kath. Bereich* mit dem »Handbuch der DG« (hg.v. M.Schmaus, J.R.Geiselmann, H.Rahner) 1951 eine neue Gesamtdarstellung begonnen worden. Für die »DG der Frühscholastik« hat A.M.Landgraf außerdem ein umfangreiches problemgeschichtliches Werk vorgelegt (4 Teile zu je 2 Bden, 1952-56). Hier war das Feld der DG bisher nur wenig bestellt worden: im 19.Jh. durch die Werke von H.Klee, J.Zobl, J.Bach und vor allem durch J.Schwane, im 20.Jh. durch J. Tixeront. In 5, in einzelnen Faszikeln erscheinenden Bänden wird im Handbuch von einer größeren Zahl von Mitarbeitern in Längsschnitten die Entwicklung verfolgt, welche sich auf den einzelnen Lehrgebieten vom NT an bis auf die Gegenwart vollzogen hat. »Bei dieser Darstellung der Dogmenentwicklung ... will ... das Wort Dogma nicht im strengen Sinne, in welchem es die von der Kirche formulierte Offenbarungslehre bedeutet, sondern in einer weiteren Bedeutung verstanden werden ... Es bezeichnet in diesem weiteren Sinne die gesamte christliche bzw. kath. Lehrverkündigung, mag sie in bestimmten durch Konzilsbeschlüsse oder durch päpstliche Lehrentscheidungen vorgelegten Formulierungen oder in der alltäglichen Glaubensverkündigung erfolgen« (IV/3, IX).

2. Hier wird eine Auffassung von den zeitlichen Grenzen der DG deutlich, die – mutatis mutandis – vor manchem, was in prot. DGn über *Beginn und Ende der DG* gesagt wird, den Vorzug verdient. Harnack zB sieht entsprechend seiner Definition der DG ihren Beginn da, »wo zuerst ein begrifflich formulierter und mit den Mitteln der Wissenschaft ausgeprägter Glaubenssatz in bezug auf Christus zur Zentrallehre erhoben und als solche allgemein in der Kirche durchgesetzt worden ist« (I, 4), dh im Anfang des 4.Jh.s, und ihr Ende für die griech. Kirche beim 2. Nicänum 787, für die röm.-kath. Kirche beim Vaticanum von 1870 (heute würde er sagen müssen: beim Mariendogma von 1950). Für den Protestantismus habe die DG lediglich »die mit Widersprüchen behaftete, ursprüngliche Position der Reformatoren in bezug auf die Kirchenlehre zu ermitteln« (I, 7). Seeberg setzt das Ende der DG wie Harnack an, nur daß er beim Protestantismus die Konkordienformel von 1580 bzw. die Synode von Dordrecht 1619 als Grenze ansieht. Auch ihm scheint Nicäa den Einsatz zu geben, aber da es »auf dem religiösen Verständnis und der allgemeinen Anschauung der altkath. Zeit« ruhe (I, 16), wäre es zweckmäßig, die DG beim nachapostolischen Zeitalter zu beginnen. Loofs steht zwischen Harnack und Seeberg, er beginnt wie Harnack (aus »praktischen Gründen«, meint er, sei auf das apostolische Zeitalter zu verzichten), er endet wie Seeberg, trotz der Prämisse: »Daß die christliche DG, gleichviel wie ihre Aufgabe verstanden wird, von den Anfangszeiten des Christentums bis zur Gegenwart läuft, ist selbstverständlich« (!).

3. Harnack wie Seeberg (und Loofs) werden zu ihrer Festsetzung der zeitlichen Grenzen der DG durch ihre Auffassung vom Wesen der Dogmen geführt (»deren Anerkennung die Vorbedingung der von der Religion in Aussicht gestellten Seligkeit ist«, Harnack I, 3; »diesen

differenten Formen ist das Merkmal gemeinsam, daß die Kirche die allgemeine Anerkennung der betr. Sätze fordert. Sie vergewissert sich dieser Anerkennung seitens ihrer Lehrbeamten und sie setzt sie bei ihren übrigen Gliedern voraus«, Seeberg I, 2; ähnlich Loofs 9). Bei allen dreien sind deutliche Ansätze zur Überwindung dieser von ihrer Sicht auf die alte Kirche her bestimmten Auffassung zu beobachten, die ihre Unrichtigkeit ohne weiteres aus ihren Resultaten erweist, ohne daß diese Ansätze sich aber durchgesetzt hätten. O.Ritschl mit seinem »rationalistisch historischen Dogmenbegriff« (»ganz allgemein die religiösen und theologischen Ansichten der christlichen Theologen aller Zeitalter und Richtungen«, I, 37) wie G.Krüger (DG »ist einfach die Geschichte der christlichen Theologie«, 17) und W.Koehler (»Wir machen die Tore ganz weit auf und fassen die DG als Geschichte des christlichen Bewußtseins, das zur Erkenntnis seiner selber kommt«, I, 3), um nur einige zu nennen, vermochten mit ihren Definitionen aus dieser Enge nicht zu befreien. W.Elerts Bemühen um eine weiterführende Klärung wurde durch den polemischen Eifer gegen die »Unionstheologen« aller Zeiten und Richtungen verdunkelt. Niemand wird heute mehr meinen, daß wir mit dem zunächst plausibel scheinenden Vorschlag Th. Koldes (Dogma und DG, NKZ 19, 1918, 515) aus dem gegenwärtigen Dilemma herauskommen (»daß m.E. der Begriff des Dogmas sich aus dem ergeben muß, was man jeweilig in der Geschichte als Dogma behandelt hat« - so gelangen wir zu einer *Geschichte* der Definitionen, nicht aber zur Definition selbst); nur auf dem Wege über eine neue grundsätzliche Besinnung ist das möglich. Neben anderen haben das W.Schneemelcher und E.Wolf, beide von K.Barth ausgehend, versucht. Die Definition Schneemelchers ist dabei in sich widersprüchlich, einerseits: »Die Dogmengeschichtsschreibung hat zum Gegenstand ihrer Arbeit die *Lehrentscheidungen der Kirche,* in denen diese versucht, das ihr anvertraute Wort Gottes begrifflich zu fixieren und die Zeit, in der diese Fixierungen erfolgen, verständlich zu machen«, andererseits (in Anlehnung an G.Ebeling): »Der Prozeß der DG ist der immer erneute Versuch der Auslegung und des Verständnisses der Hl. Schrift«. Beide Sätze stehen dicht hintereinander (88) - der erste Satz rückt den zweiten jedoch in die Gefahr mißverständlicher Einengung: Was sind diese »Lehrentscheidungen der Kirche«? Man bekommt dabei unwillkürlich die in Seeberg (bzw. Elert) einmündende Grundhaltung in Erinnerung. E.Wolf definiert DG als »Geistesgeschichte am Evangelium im geschichtlichen Rahmen der kirchlichen Verkündigung«, dh: »DG fragt nach dem Vollzug *und* der Angemessenheit der christlichen Rede von Gott in bezug auf das Reden der kirchengeschichtlichen Vergangenheit« (805f), und ist dabei ohne Zweifel näher bei K.Barth, welcher bekanntlich (KD I/1, 283f) zwischen dem Dogma (»das Dogma im ursprünglichen und eigentlichen Sinn als Inbegriff aller Dogmen und aller dogmatischen Sätze ist ein Beziehungsbegriff und von ihm her sind es auch alle Dogmen und dogmatischen Sätze«) und den Dogm*en* als jeweiliger Ausprägung dieses Dogmas unterscheidet, die an ihm zu messen sind. Wenn das Dogma hier »als die kirchliche Verkündigung, sofern sie mit der Bibel als dem Worte Gottes wirklich übereinstimmt«, definiert wird, so ist die dogmengeschichtliche Arbeit zu bestimmen als historische Untersuchung und Darstellung der Entwicklung der am Dogma zu messenden Dogmen. Nur - dieses Dogma ist ein »eschatologischer Begriff«: »eine Theologie, die das Dogma zu wissen und zu haben behaupten würde, wäre die theologia gloriae, die die Dogmatik der Kirche gerade nicht sein wollen darf«. Daß die »Verkündigung der Kirche« nicht auf ihre »Lehrentscheidungen« beschränkt ist, sondern ganz umfassend verstanden werden muß, ist ebenso eindeutig, wie daß eine solche DG im Zeitalter des NT einzusetzen und bis auf die unmittelbare Gegenwart zu führen hat. Deutlich ist allerdings auch, daß die Realisierung eines solchen Programms auf außerordentliche Schwierigkeiten stößt - der Hauptgrund dafür, daß wir gegenwärtig keine moderne Gesamtdarstellung der DG besitzen. Denn mit einer DG, welche nur das alte Material der früheren Gesamtdarstellungen in das neue Koordinatensystem ordnet, ist es wahrlich nicht getan. Vor einem solchen Versuch kann nicht dringend genug gewarnt werden. Begonnen werden muß vielmehr bei einer Neuerarbeitung des Materials unter dem umfassenden Gesichtspunkt, wobei zunächst einmal von allen wertenden Kategorien abzusehen ist. E.Wolf sieht die DG als »selbständige Hilfswissenschaft«, das ist ohne Frage richtig. Aber nicht nur sie, sondern die Mehrzahl der theologischen Disziplinen ist bei einer solchen Auffassung derart einzuordnen, und daran, daß die DG ihre Arbeit unter Zuhilfenahme aller Erkenntniswege und -mittel der Historie zu tun hat, also nach wie vor eine historische Disziplin bleibt, wird dadurch (auch nach E.Wolf) nichts geändert.

Die ältere Lit. s. in den Einleitungen zu den genannten DGn, bes. Loofs[5], sowie RE IV, 752ff (F.Loofs). Außerdem: G.Aulén, Die DG im Lichte der Lutherforschung (Studien d. Lutherakademie 1), 1933 - G.Ebeling, KG als Gesch. der Auslegung der Hl. Schrift (SgV 189), 1947 - Ders., Die Geschichtlichkeit der Kirche u. ihrer Verkündigung als theol. Problem (SgV 207/208), 1954 - W.Elert, Die Kirche u. ihre DG, 1950 - W.Schneemelcher, Das Problem der DG (ZThK 48, 1951, 63-89) - A.Gilg, Von der dg. Forschung in der ersten Hälfte des 20.Jh.s (ThZ 10, 1954, 113-133) - K.G.Steck, Umgang mit der DG der Alten Kirche (EvTh 16, 1956, 492-504) - E.Wolf, »Kerygma u. Dogma«? Prolegomena zum Problem u. zur Problematik der DG (Antwort. Festschr. z. 70. Geb. v. K.Barth, 1956, 780-807).

K.Aland

Doketismus → Christologie: I. II.

Doktrinarier, Società della dottrina cristiana, kath. Weltpriestervereinigung für volkstümlichen Religionsunterricht. Die heute bestehende Kongregation bildete sich aus mehreren Gründungen in Italien und Frankreich. Die erste Stiftung erfolgte in Rom um 1560 durch den Mailänder Marco de Sadis Cusani († 1595) zunächst als Verein von Priestern und Laien, aus dem sich 1587 neben einer Laienbruderschaft eine geistliche Kongregation entwickelte. Wichtig wird ferner die unabhängig davon 1592 in Frankreich ins Leben gerufene Vereinigung der Prêtres séculiers de la doctrine chrétienne, Pères doctrinaires, in welche die ital. D. nach verschiedenen Umwandlungen, u.a. zeitweiser Union mit den →Somaskern und einer solchen mit den →Oratorianern, aufgehen. An der Spitze der 1747 von Benedikt XIV. zu einer Kongregation vereinigten ital. und franz. Gründungen steht jetzt ein Praepositus generalis mit Sitz in Rom.

Constitutiones saecularium presbyteriorum doctrinae christianae, Rom 1857. - RE IV, 765f - LThK III, 371f - Heimbucher II, 571ff - Escobar II, 919ff.

W.Göbell

Dolmen, keltisch: Steintisch. In der Bretagne, wo viele D. erhalten sind, werden damit alle Steingräber bezeichnet. In der wissenschaftlichen Sprache bedeutet das Wort jedoch einen bestimmten Typus der Steingräber, nämlich ausschließlich den Steintisch, das Steingrab, das nur einen flach gelegten Deckstein hat. Dieser Deckstein wird im allgemeinen von 4-6 hochstehenden Tragsteinen getragen. D., Ganggräber, Steinkisten sind drei verschiedene Bestattungsformen der Megalithkultur. Diese Reihenfolge schließt nicht unbedingt eine historische Folge ein. Die Steingräber wurden früher einem Volk zugeschrieben. Die heutige Forschung erblickt in den Steingräbern nicht ein ethnisches, sondern ein religiöses Element, das sich von einem Zentrum aus verbreitet. Dieses Zentrum kann nur das östliche Mittelmeer sein. In Palästina, in Syrien und im Kaukasus finden sich bes. viele Steingräber, in Palästina auch viele ausgesprochene D. (→ Begräbnis: II). Die Verbreitung erstreckt sich von dort aus über ganz Nordafrika und bildet ein neues Zentrum in Spanien. Von Spanien erreicht die Bestattungsweise in Steingräbern mit dem Zinnhandel Frankreich, England, Irland, zuletzt Skandinavien und Norddeutschland. Den großen Steinsetzungen liegt der Gedanke des Fortlebens der Ahnen nach dem Tode zugrunde (→ Totenverehrung: I). Die Grundlage des religiösen Erlebens bildet der → Akkerbau, der Sinn der Fruchtbarkeit und der Bedeutung der Ahnen für die Erhaltung des Lebens. → Ausgrabungen: I.

P.Karge, Rephaim, 1925 - RLV VIII, 77ff - M.Stekelis, Les monuments mégalithiques de Palestine, Paris 1935 - E.Sprockhoff, Die nordische Megalithkultur, 1938 - G. u. V.Leisner, Die Megalithgräber der Iberischen Halbinsel I. II, 1943 - D.Wölfel, Die Religionen des vorindogermanischen Europa (ChrRel I, 163-537) - Eliade § 75 (Lit.) - H.Kirchner, Die Menhire in Mitteleuropa u. der Menhirgedanke, 1955. *H.Kühn*

Dom bezeichnet heute oft in volkstümlicher Redeweise bedeutende alte Kirchen, war aber im strengen Sinne (domus episcopi) die Bischofskirche (Kathedrale), so bes. in Italien und Deutschland (hier bisweilen auch eine nichtbischöfliche Stiftskirche, so zB einst Hamburg). Die anderen Stadtkirchen und ihr Klerus waren ursprünglich (zT bis ins 16.Jh.) dem D. inkorporiert, dieser also Pfarrkirche der ganzen Stadt (zB Frankfurt a.M.; Lübeck bis ins hohe MA).

Braun, LH 80 - CKL I, 440 - A.Werminghoff, Verfassungsgesch. der dt. Kirche im MA, 1913, 150ff - H.v.Schubert, Gesch. der christl. Kirche im Früh-MA, 1921, 575f. *W.Jannasch*

Dominicus Gundissalinus (um 1150), Archidiakon von Segovia, hervorragender Aristotelesübersetzer aus der Schule des Erzbischofs → Raimund von Toledo. D. hat die neue aristotelisch-arabische Literatur in eigenen Schriften auch systematisch verarbeitet, in den Traktaten: De divisione philosophiae, De unitate, De processione mundi, De anima, De immortalitate animae. Den verschiedensten Einflüssen aufgeschlossen, verbindet er aristotelische, neupythagoreische, neuplatonische und arabische Gedanken mit christlichen. In De divis. philos., einer Einleitung in die Philosophie, werden erstmals neben der Logik die neuen Wissenschaften (Metaphysik, Physik, Ethik usw) in den mittelalterlichen Studienplan aufgenommen. Nach De anima ist die Seele von Gott durch Vermittlung der Engel aus spiritueller Materie geschaffen; sie ist unkörperlich und bewegt den Körper. De immortalitate animae beweist die Unsterblichkeit nicht aus der göttlichen Gerechtigkeit, sondern aus inneren Gründen, zB durch den Hinweis auf das Wesen der Seele als einer immateriellen Form und auf die vom Körper unabhängige Tätigkeit der intellektiven Seele und deren Streben nach Glückseligkeit.

Vgl. Ü II, 1956[13] (Lit.). *W.Betzendörfer*

Dominikaner (Predigerorden, Ordo Fratrum Praedicatorum, OP, nach dem Kloster St. Jakob in Paris in Frankreich auch Jakobinerorden genannt). Die Gründung des Ordens durch den hl. → Dominikus von Calaruega steht wie beim → Franziskanerorden im Zusammenhang mit den Spannungen, die seit Mitte des 12.Jh.s in der Kritik der Laien gegenüber der Verweltlichung der Geistlichkeit, in der Forderung apostolischer → Armut (: II) und in häretischen Bewegungen (→ Albigenser, → Waldenser) zum Ausdruck kommen. Die Ursprünge der D. liegen in Südfrankreich, wo Dominikus nach vorheriger Missionsarbeit 1215 in Toulouse zur predigtmäßigen Bekämpfung der Häretiker ein erstes Haus errichtet. 1216 wird seine Gründung von → Honorius III. bestätigt und findet namentlich durch das Verlangen des aufstrebenden Bürgertums nach intensiverer Seelsorge eine weite Verbreitung in den Städten. Die Ordensregel knüpft an die der → Augustiner (, 1) an, übernimmt aber auch Elemente der Franziskanerregel, jedoch ohne die strenge Betonung des Armutsgelübdes, das später 1475 bzw. 1477 durch Sixtus IV. ganz aufgehoben wird. Entsprechend des dem Orden zugewiesenen Auftrages entfällt die stabilitas loci, desgleichen die Forderung nach Handarbeit; denn theologisches Studium und Predigt stehen im Mittelpunkt. Streitigkeiten mit der Pfarrgeistlichkeit werden gleich wie für die Franziskaner 1300 von Bonifatius VIII. durch die Bulle Super cathedram geregelt (u.a. freie Predigt außer zur Zeit des Pfarrgottesdienstes, Begräbnis gegen Erstattung der portio canonica an die Pfarrkirche; → Bettelorden). Alsbald beginnt im Orden die Tätigkeit bedeutender Theologen wie → Alberts des Großen und → Thomas von Aquino und der großen mystischen Prediger des 14.Jh.s → Eckehart, → Tauler, → Seuse und → Savonarola. Großen Einfluß gewinnen die D. 1232 fast ausschließlich durch die Übertragung der → Inquisition unter → Gregor IX. sowie durch das ständig mit einem D. besetzte Amt des päpstlichen theologischen Beraters (magister sacri palatii). Mehr und mehr treten seit dem 13.Jh. an die Stelle der alten Bußbücher (→ Bußwesen: II, 2a) dominikanische Bußhandbücher wie die des → Raimund von Peñaforte und → Johann von Freiburg/Br. Ein weiteres Arbeitsfeld eröffnet im Zeitalter der Entdeckungen die Mission in Übersee. Reformation, das Aufkommen der → Jesuiten, franz. Revolution und Säkularisation führen zum Niedergang. Doch im 19.Jh. gewinnen die D. durch → Lacordaire und den Ordensgeneral Jaudel († 1872) wieder an Bedeutung, auf wissenschaftlichem Gebiet u.a. durch → Denifle. Heute bestehen 33 Provinzen mit ca 8600 Mitgliedern. Höchste Instanz ist das Generalkapitel, das den Ordensgeneral wählt. Die Ordensprovinzen werden jeweils von einem Prior provincialis, die Klöster von einem Prior geleitet. Wichtige wissenschaftliche Forschungsstätten befinden sich in der Gegenwart u.a. in Rom, in Walberberg b. Köln (Albertus-Magnus-Akademie), Etiolles b. Paris und in Freiburg/Schweiz (Theologische Fakultät). Zu den alten Arbeitsgebieten ist in neuester Zeit namentlich die Kath. Sozialkunde hinzugetreten. – Die von Dominikus gestifteten *Dominikanerinnen*, der sog. zweite Orden, treten heute ebenfalls gegenüber ihrer großen Bedeutung im MA zurück. Von dem im 13.Jh. entstandenen dritten Orden (→ Tertiarier) wurde 1923 der männliche Zweig mit dem ersten Orden vereinigt.

Monumenta Ordinis Fratrum Praedicatorum historica, 14 Bde, 1896-1904; Bd 15ff, 1933ff - A.Mortier, Histoire des maîtres Généraux de l'Ordre des Frères Prêcheurs, 7 Bde, 1903ff - RE IV, 768ff - Quellen u. Forschungen zur Gesch. des D.ordens in Deutschland, 1907ff - H.Wilms, Gesch. der dt. Dominikanerinnen, 1920 - V. Beltran de Heredia, Universidades dominicanas de la América española, Madrid 1923 - A.M.Walz, Compendium historiae Ordinis Praedicatorum, Rom (1930) 1948[2] - Archivum Fratrum Praedicatorum, Paris u. Rom 1931ff - LThK III, 382ff - Heimbucher II, 93ff - Archiv der dt. D., hg.v. L.Siemer, 4 Bde, 1937-52 - O.M.Rohling, Der Predigerorden in Deutschland, 1938 - B.Jarrett, The English Dominicans, London 1938 - V.F.O'Daniel, Dominican Province of Saint Joseph, New York 1942 - J.M.Vesely, Il secondo ordine di S. Domenico, Bologna 1943 - A.Cuesta-Mendoza, Los Dominicos en el Puerto Rico colonial 1521-1821, Mexico 1946 - J.Gallén, La province de Dacie de l'Ordre des Frères Prêcheurs, Helsingfors 1946 - G.M.Löhr, Die Kölner D.schule v. 14.-16.Jh., 1948 - Ders., Der

D.orden u. seine Wirksamkeit im mittelrhein. Raum (Archiv f. mittelrhein. KG 4, 1952, 120-156) - ESCOBAR I, 375 ff - EC V, 1743 ff - Dominican Studies, hg.v. V.WHITE, London 1951 ff - EKL I, 961 ff. - Ferner die bei den genannten Werken angeführten Quellen u. Lit.-Hinweise. *W.Göbell*

Dominikus, * ca 1170 zu Calaruega in Altkastilien (seine adlige Abstammung aus dem Geschlecht de Guzman ist legendär), † 1221 zu Bologna, Ordensstifter. An der Domschule zu Palencia theologisch und philosophisch ausgebildet, wurde er ca 1199 an das Domkapitel von Osma berufen, 1201 dort Subprior und kam als Reisebegleiter seines Bischofs Diego in Südfrankreich mit den → Albigensern in Berührung. Um diese zurückzugewinnen, forderte und übte Diego eine neue Methode, die ihr Vorbild von den Häretikern selbst nahm: Als »Apostel des armen Christus« sollten Wanderprediger das Land durchziehen. Nach dem Wegzug Diegos (1207) und dem Beginn des Albigenserkreuzzuges (1208) blieb D. diesem Werk treu und sammelte eine Schar von Mitarbeitern um sich, mit denen er 1215 in Toulouse ein Predigerheim errichten konnte und die er nach päpstlicher Anerkennung (→ Dominikaner) zu Predigern und Seelsorgern in der ganzen, christlichen und heidnischen, Welt bestimmte (1217). Rom und die Universitätsstädte Paris und Bologna wurden die ersten Zentren des »Predigerordens« (Ordo Praedicatorum). D. selbst wirkte seit 1217 in Italien (außer einer Reise durch Frankreich nach Spanien 1218f), predigend, organisierend, von der Kurie gefördert und 1220 mit der Reform der römischen Nonnenklöster betraut. (Hieraus und aus einer auf Diego von Osma zurückgehenden Stiftung im südfranzösischen Prouille erwuchs der weibliche Zweig des Ordens.) Die beiden ersten Generalkapitel in Bologna (1220 und 1221) machten aus dem regulierten Klerikerorden einen → Bettelorden. An die Stelle der Abtsverfassung mit der stabilitas loci trat der Gehorsam gegenüber dem »magister generalis«, unter dem der Orden sich hierarchisch gliedert. Bald darauf starb D.; zuletzt hatte er noch eine schon von Diego von Osma geplante Heidenmission in → Ungarn ins Auge gefaßt. 1234 wurde er von seinem alten Förderer → Gregor IX. heilig gesprochen. Seine Nachfolger, unter denen der Orden rasch aufblühte, waren → Jordan von Sachsen, → Johannes Teutonicus, → Humbert von Romans. - D. verband Selbstlosigkeit sowie Mitgefühl mit Leidenden und Irrenden mit der Kunst der Menschenbehandlung, nüchternem Abwägen des Zweckmäßigen und Erreichbaren und Beharrlichkeit in der schrittweisen Verwirklichung eines großen Entwurfes. In einem seltenen Gleichgewicht von Gefühl, Verstand und Tatkraft war er groß als Seelsorger, Seelengewinner und Organisator. Seine Beziehungen zum → Rosenkranz und der (später den Dominikanern übertragenen) → Inquisition sind legendär.

Vitae u. Dokumente: AS Aug. I - Monumenta Ordinis Praedicatorum historica, bes. XV, Paris 1933, u. XVI, Rom 1935 - W.F. MANNING, The Life of St. Dominic in Old French Verse (Harvard Studies in Romance Languages 20), Cambridge/Mass. 1944 - M.H. VICAIRE, S.Dominique de C., d'après les documents du XIIIe siècle, Paris 1955. - RE IV, 768 ff - C.M.ANTONY, In St.Dominic's Country, London 1912 - B.ALTANER, Der hl. D., Unters.en u. Texte, 1922 - H.C.LAMBERMOND, Der Armutsgedanke des hl. D. u. seines Ordens, Zwolle 1926 - LThK III, 394 f - L'Agricola di Cristo (Jubiläumsschr.), Florenz 1935 - P.MANDONNET (mit M.H.VICAIRE u. R.LADNER), S.Dominique, l'idée, l'homme et l'œuvre, 2 Bde, Paris 1938 - G. KAFTAL, St. Dominic in Early Toscan Painting, Oxford 1948 - VSB VIII, 75 ff - EC IV, 1825 ff - De Katholieke Encyclopaedie² IX, Amsterdam-Antwerpen 1951, 67 f - Catholicisme III, 994 ff - DSp III, 1519 ff. *M.A.Schmidt*

Dominis, *Marcantonio de* (1560-1624), * auf der dalmatinischen Insel Arbe, aus venetianischem Adel, Jesuitenzögling, Lehrer der Mathematik, Rhetorik und Philosophie in Verona, Padua und Brescia, 1600 Bischof in Zengg (Kroatien), 1602 Erzbischof von Spalato. D. entwickelt die Theorie vom Unterschied zwischen römisch-päpstlicher und kath. Kirche, tritt 1617 in London zur anglikanischen Kirche über und wird Dekan von Windsor. Trotz seines Rücktritts zur römischen Kirche 1622 in Rom wird sein Leichnam am 21.12.1624 in Rom verbrannt. - D. stimmte mit G. → Cassander und dessen Schüler G. → Calixt in der hohen Bewertung des apostolischen Glaubensbekenntnisses und der altkirchlichen Tradition überein. Er erstrebte zeitweise die Wiedervereinigung der Konfessionen auf episkopaler Basis. Mit seinem Kirchenbegriff setzte sich der ev. Theologe → Musäus in Jena 1649 auseinander.

Hauptwerk: De Republica Ecclesiastica I-IV, 1617; V. VI, 1620; VII. IX, 1622 (VIII u. X nicht erschienen). D. besorgte die erste Ausg. v. P. → SARPIS Gesch. des Tridentin. Konzils, London 1619. - Über D.: H.NEWLAND, Life and contemporaneous Church history of M.d.D., Oxford 1859 - KL III, 1949 - RE IV, 781 ff - H.BACOTICH, M. De D. Appunti Biografici (Archivio storico per la Dalmazia 4, 1927, 65-77) - v.PASTOR XII, 1927$^{1-7}$, 150 f. 216 f - EC VI, 1295 ff. *F.W.Kantzenbach*

Dominus vobiscum → Liturgik: IV.

Domitian, *T. Flavius,* Sohn des Vespasian, Bruder des Titus, römischer Kaiser von Dez. 81 bis Sept. 96 (ermordet). D. regierte anfangs maßvoll und gewissenhaft. Trotz eines Mißerfolges in Pannonien war seine Verteidigung des Reiches gegen Markomannen und Chatten im ganzen glücklich; in Britannien wurde die Grenze des Reiches bis an den Tay vorgerückt und östlich des Rheins die Wetterau besetzt. In Rom und Griechenland förderte D. prunkvolle Bauten. In seinen letzten Jahren neigte D. zu Mißtrauen und Despotie; es kam wieder zu tyrannischen Majestätsprozessen. Das Christentum als solches hat D. nicht verfolgt; doch duldete er in seiner Umgebung keine Christen. Daher (?) ließ er seinen Oheim Flavius Clemens hinrichten, dessen Gattin Flavia → Domitilla verbannen.

M.GOGUEL, La naissance du christianisme, Paris 1946, 575 ff. *H.Dörrie*

Domitilla, *Flavia,* dem flavischen Kaiserhaus verwandt, wurde von Kaiser → Domitian i.J. 95 wegen Hinneigung zum Judentum und Gottlosigkeit verbannt, ihr Gatte, Konsular T.Flavius Clemens, hingerichtet. D. war vielleicht Christin, wenn sie nicht zu den flavischen Proselyten gehörte, von denen die Haggada zu berichten weiß. Was altkirchliche Quellen (Acta ss. Nerei et Achillei u.a.) über sie bringen, ist Legende (→ Christenverfolgungen, 2). Ob die D.-Katakombe bei Rom auf eine Schenkung der D. zurückgeht, ist fraglich; sie ist kaum vor 200 angelegt.

L.HERTLING-E.KIRSCHBAUM, Die röm. Katakomben u. ihre Märtyrer, 1950, 41 ff - A.M.SCHNEIDER, Die ältesten Denkmäler der Röm. Kirche (Festschr. Akademie Göttingen II, 1951, 182-186). *K.Wessel*

Domkapitel heißt die von den Geistlichen einer Kathedralkirche (bischöflichen Kirche) gebildete Korporation. Ihm entspricht bei den Stiftskirchen das Stiftskapitel. Die Geistlichen solcher Kirchen leben in der sog. vita canonica, dh in klosterähnlicher Gemeinschaft (eingeführt durch → Eusebius von Vercelli und → Augustin, doch bedeutend erst seit der Karolingerzeit, → Chrodegang, → Kanoniker). Von der auf Chrodegang zurückgehenden Übung, bei der täglichen Versammlung ein Kapitel zu lesen, erhielt der Versammlungssaal, dann auch die Gemeinschaft der Versammelten selbst den Namen Kapitel; die einzelnen Mitglieder hießen Kanoniker, Kapitulare, Dom-, Stifts- oder Chorherren. Im 10.

und 11.Jh. geriet die vita canonica (vita communis) in Verfall. Unter → Gregor VII. erstand eine Reformbewegung, doch kam sie fast nur bei den Stiftskapiteln zum Siege; ihren Niederschlag bildet hier die sog. → Augustinerregel (daher Regularkanoniker oder → Augustiner-Chorherren). Seit dem 13.Jh. verfiel die vita canonica aufs neue; heute ist sie nur noch in schwachen Resten vorhanden. Die nicht gemeinsam lebenden Stiftsherren hießen »Säkularkanoniker«. - Im Spät-MA erhielten die D. immer größeren Anteil an der bischöflichen Regierung, seit dem 12.Jh. auch das Recht der Bischofswahl. Manche Kapitel verselbständigten sich völlig gegenüber ihren Bischöfen; dem machte freilich das → Tridentinum ein Ende. In Deutschland bestanden die D. in ihrer alten Form bis zur großen Säkularisation von 1803, mit der die reichsunmittelbaren D. beseitigt, die reichsmittelbaren den Landesfürsten untergeordnet wurden. Heute ist die Stellung der D. rein kirchlich. Das Recht der Bischofswahl haben sie mit Einschränkungen behauptet (CIC c. 329 § 3).

Außer den Handbüchern des → Kirchenrechts vgl. RE X, 35ff. Ferner: H.E.Feine, Besetzung der Reichsbistümer 1648-1803, 1921 - A.Schultze, Rechtslage der ev. Stifter Meißen u. Wurzen, 1922 - J.Heckel, Die ev. Dom- u. Kollegiatstifter Preußens, 1924.

K.Heussi (A.Erler)

Donatismus. Das donatistische Schisma brach aus, als nach dem Tode des Bischofs Mensurius von Karthago (311/12 oder 307?) eine Doppelwahl erfolgte. Zuerst wurde der Archidiakon Cäcilian gewählt und geweiht. Aber man warf ihm vor, er habe wie Mensurius den Eifer für die Märtyrer und das Martyrium gedämpft, seine Wahl sei übereilt und ohne die numidischen Bischöfe erfolgt, und unter den Weihenden sei Felix von Aptungi ein Traditor, dh er habe in der Verfolgung heilige Schriften oder Geräte ausgeliefert. Geführt vom numidischen Primas, wählten daher 70 Bischöfe den Diakon Maiorinus. Cäcilian teilte selber die afrikanische Auffassung, daß die Amtshandlungen eines in Todsünde gefallenen Klerikers unwirksam seien, und war bereit, sich neu weihen zu lassen, falls sich die erste Weihe als ungültig erweise; anderseits ertrugen die Gegner stillschweigend Traditoren in den eignen Reihen. Der Gegensatz betraf also die Person Cäcilians und wurzelte in dem schon bei → Tertullian und → Cyprian erkennbaren Gegensatz eines radikalen Geist- und Märtyrerchristentums (→ Montanismus) zu einer gemäßigten, dem kirchlichen Amt, der Welt und dem Staate mehr zugewandten Haltung. Den Ausschlag gaben aber die starken sozialen, wirtschaftlichen und nationalen Spannungen zwischen der berberischen Landbevölkerung und den römischen oder romanisierten Grundherren und Städtern. Schon 305 hatten die Landarbeiter in Cirta den Bürgern einen Bischof, und zwar einen Traditor, aufgezwungen. Aus solchen tieferen Ursachen endete das Schisma auch nicht, als Maiorinus schon bald starb. Von seinem bedeutenden Nachfolger Donatus (wohl mit Donatus von Casae Nigrae identisch) erhielt die Bewegung ihren Namen, obwohl sie die ecclesia catholica schlechthin darstellen wollte.

Auch → Konstantin gelang es nicht, die kirchliche Einheit → Nordafrikas (: I) herzustellen. Noch im Winter 312/13 ließ er der kath. Kirche das in der Verfolgung eingezogene Eigentum zurückgeben, ihren Klerus mit Geld unterstützen und von bürgerlichen Lasten befreien. Aber die pars Maiorini erhob Einspruch dagegen, daß allein die Cäcilianer als »katholisch« gelten sollten, und verklagte Cäcilian beim Kaiser. Wahrscheinlich erbaten sie von ihm auch Schiedsrichter aus Gallien, weil die dortige Kirche von Verfolgung und traditio verschont geblieben war. Ein vom Kaiser nach Rom einberufenes Schiedsgericht dreier gallischer Bischöfe und des Ortsbischofs Miltiades, der noch 15 italische Bischöfe hinzuzog, stellte am 2.10.313 Cäcilians Unschuld fest und verurteilte Donatus, weil er die Taufe und Bischofsweihe wiederholt habe. Man erörterte also gar nicht die theologische Frage nach der Kirchenzucht gefallener Kleriker und der Gültigkeit ihrer Amtshandlungen, sondern maß das afrikanische Herkommen an dem europäischen. Es war folgerichtig, die donatistischen Bischöfe anzuerkennen, sofern sie vom Schisma abließen. Den mit Verfahrensmängeln begründeten donatistischen Einspruch gegen die römische Entscheidung verwarf die vom Kaiser berufene große Synode zu → Arles (314). Sie übernahm jene Entscheidung und fügte hinzu, nur in den Akten begründete Anklagen auf traditio seien anzunehmen; schuldige Kleriker sollten ihre Würde verlieren. Trotzdem versuchten die Donatisten durch Prozesse, Bittschriften und Aufgebot der Massen Cäcilian zu verdrängen. Sie konnten sich jetzt als die Vertreter des alten afrikanischen Christentums fühlen.

Nachdem Konstantin selbst die donatistischen Anklagen geprüft und verworfen hatte, ging er gewaltsam gegen den D. vor, stellte aber 321 diese erfolglose Politik ein. Die Donatisten waren stark genug, sich auszubreiten, zahlreiche Kirchen zu errichten und die Katholiken stellenweise zu bedrücken. Außerhalb Afrikas entstand nur in Rom eine donatistische Gemeinde. Wirtschaftliche Not, nationaler Haß und religiöser Fanatismus riefen um 340 und später die Überfälle und Raubzüge der Circumcellionen hervor. Sie hatten ihren Namen daher, daß sie sich bei den cellae rusticanae, dh wahrscheinlich: den Märtyrerschreinen und -gräbern in ländlichen Kirchen Numidiens mit angebauten Verpflegungsmagazinen, sammelten. Als Donatus von Kaiser Konstans die Einigung der afrikanischen Kirche zugunsten der donatistischen Mehrheit beantragte, kam es statt dessen zu blutiger Verfolgung des D. Seitdem machten die Katholiken Fortschritte, ohne das Übergewicht zu erlangen. Ende des 4.Jh.s stand der D. in voller Blüte, die auch durch einige Spaltungen nicht ernstlich gefährdet wurde. Aber gerade die Ausbreitung erschwerte die Verwirklichung des ursprünglichen Heiligkeitsideals. Der theologisch bedeutende → Parmenian († 391/92), dessen Schriften wie die übrige donatistische Literatur verloren sind, gab zu, daß nicht in jedem Falle die Gültigkeit des Sakraments von der Heiligkeit des Spenders abhänge; bei verborgener Sünde des Spenders mache der heilige Geist das Sakrament doch wirksam. Damit näherte sich der D. theologisch dem Katholizismus, für den → Optatus von Mileve die Unabhängigkeit der → Sakramente (: I) von der Würdigkeit des Spenders vertrat. Auch der Donatist → Ticonius dachte so; er erklärte auch die donatistische Aussonderung einer reinen Kirche in der Geschichte für unmöglich. Dafür wurde er aus seiner Kirche ausgestoßen. - Leichter war es, die Absage an Welt und Staat durchzuführen und das Martyrium als Merkmal der wahren Kirche festzuhalten. Diesen Grundgedanken konnte auch → Augustins (: I, 3; II, 4; → Altchristliche Kirche, 7) Kritik nicht erschüttern. Er drängte den D. zunächst durch Aussprachen, Predigten und Schriften in die Verteidigung. Seit 399 trat er offen für die Anwendung staatlicher Gewalt gegen den hartnäckigen Widerstand und die Übergriffe ein; das chronisch gewordene Schisma galt ihm als Häresie. Erst 411 erreichten die Katholiken eine längst gewünschte große Disputation vor einem Vertreter des Staates, und dieser gab ihnen recht. Bald danach wandte der Staat die Ketzergesetzgebung auf den D. an; doch wünschte Augustin nicht die ganze Strenge des Gesetzes angewandt zu sehen. Auch jetzt erfolgte aber keine Massenrückkehr;

der D. hielt sich noch in wandalischer und byzantinischer Zeit wenigstens in seinem südnumidischen Kerngebiet, bis die Nomadeneinfälle ihm wie dem Katholizismus Nordafrikas ein Ende machten. Der Fortbestand nach 411 ergab sich aus den sozialen und nationalen Ursachen, die von den Führern des Reiches und der Kirche nicht verstanden wurden. Die theologische Streitfrage dagegen, die erst in dem bereits ausgebrochenen Schisma aufbrach, hatte Augustin ausgeräumt, indem er die donatistische Forderung persönlicher Heiligkeit in seinen kath. Kirchenbegriff aufnahm und sowohl der geschichtlich bedingten Unvollkommenheit der Kirche wie ihrer eschatologischen Reinheit Rechnung trug.

Außer den Darstellungen der Kirchen- und Papstgeschichte: H.v.SODEN, Urkunden zur Entstehungsgesch. des D. (KIT 122), (1913) 1950² (Lit.) - RGG³ I, 1977ff - P.MONCEAUX, Histoire littéraire de l'Afrique chrétienne IV-VII, 1912-23 - E.BUONAIUTI, Il Cristianesimo nell' Africa romana, 1928 - E.ALTENDORF, Einheit u. Heiligkeit der Kirche (AKG 20), 1932 - W.H.C.FREND, The Donatist, Church, 1952 (Lit.) - S.L.GREENSLADE, Schism in the Early Church, 1953 (Lit.) - V.C.DE CLERCQ, Ossius of Cordova, 1954 - H.-J.DIESNER, Studien zur Gesellschaftslehre u. sozialen Haltung Augustins, 1954 - DERS., Spätantike Widerstandsbewegungen: Das Circumcellionentum (Aus der byzant. Arb. d. DDR 1 [Berliner Byzant. Arb. 5], 1957, 106-112) - H.KRAFT, Kaiser Konstantins religiöse Entwicklung (BHTh 20), 1955.
H.Karpp

Donne, *John* (1572-1631), Hauptvertreter der englischen *metaphysischen Dichtung* (G. → Herbert, Crashaw, Traherne, Vaughan), so genannt wegen der Verbindung von Begrifflich-Metaphysischem mit Sinnlichem in kühnen Metaphern, von T.S. → Eliot als »direktes sinnliches Erfassen des Gedanklichen« interpretiert. - Einer Familie mit ungebrochen röm.-kath. Tradition entwachsen, wurde D. nach einem Leben äußerer und innerer Erschütterungen Geistlicher der → Anglikanischen Kirche (1615) und Dekan von St. Paul's in London (1621). Er wirkte als gewaltiger Prediger. - Seine Lyrik ist Ausdruck einer Entwicklung, die Elemente des neuen Weltbildes (→ Galilei, → Kopernikus) aufnahm und aus der mit Zynismus ertragenen Spannung zwischen Fühlen, Denken und Glauben (Songs und Sonnets; Elegies; Satires) in den religiösen Bezirk führt. Die geistliche Lyrik der Holy Sonnets, dogmatisch auf der via media der Anglikaner, zeugt von persönlichem Ringen um die Heilswahrheit der Überwindung von Sünde und Tod. Sie war von großem Einfluß auf die zeitgenössische religiöse Dichtung.

The Poems, ed. H.GRIERSON, 2 Bde, Oxford 1912; The Divine Poems, ed. H.GARDNER, Oxford 1952; The Sermons, ed. G.POTTER, E.SIMPSON, 10 Bde, Berkeley 1953ff. - I.WALTON, Life, (1640) 1658² (= World's Classics 303) - A Bibliography of J.D., ed. G.KEYNES, London (1914) 1957³ - H.C.WHITE, Metaphysical Poets, London 1936.
G.Müller-Schwefe

Donus, *Papst* 2.11.676 (konsekriert) bis 11.4.678, Römer. Von ihm berichtet nur der Lib. Pont.; er soll Kirchen ausgeschmückt und das Kloster der nestorianisch gesinnten syrischen Mönche in Rom aufgelöst haben. Daß er Ravenna Rom unterstellt habe, ist Legende. - Donus II., in manchen Papstkatalogen zwischen Benedikt VI. und VII. gesetzt, geht auf eine irrtümliche Deutung des Titels Dominus papa als Eigenname zurück.

CASPAR II, 587f - PH.JAFFÉ-S.LÖWENFELD, Regesta I, 1885, 479.
H.Fuhrmann

Doppelaxt. Die D. (lydisch: labrys; griech. πέλεκυς; lat.: bipennis) tritt als Attribut verschiedener kleinasiatischer Gottheiten auf, vor allem bei dem Zeus Stratios von Labraynda in Karien, bei einem in Lydien und Phrygien heimischen »Apoll«, bei Sandas in Kilikien und bei Jupiter Dolichenus in Kommagene; zumindest die beiden letzten leiten sich anscheinend von einem churritisch-hethitischen Urbild her. Auf Grund der weitverbreiteten religiösen Vorstellung vom »Donnerkeil« (neugriech. ἀστροπελέκι) wird die D. gewöhnlich als das Donnerwerkzeug eines Himmelsgottes angesehen; aber der kriegerische Charakter der Götter in Karien und Kommagene und der Umstand, daß der Dolichenus den stilisierten Donnerkeil außerdem noch hält, legt die Vermutung nahe, daß die D. eher die Schlachtaxt eines Kriegsgottes ist.

Eine hervorragende Stellung hat die D. in der minoischen Religion. D.e als Weihgaben - die ältesten aus der 2. Periode des Frühminoischen, dh vor 2000 vChr - wurden in großer Zahl in Kulthöhlen (bei Arkalochori zusammen mit anderen Waffen), in den Palästen (u.a. Knossos) und gelegentlich in Gräbern gefunden. Das kretische Labyrinthos kann etymologisch mit labrys und dem Ortsnamen Labraynda zusammenhängen und den »Platz der D.« bedeuten. Häufig begegnet die D. in der minoischen Kunst: bei Kultszenen sehen wir sie in der Hand einer Priesterin oder einer Göttin (niemals einer männlichen Gestalt), zwischen Weihe-Hörner oder auf große Säulen gestellt, während über ihr ein heiliger Vogel sitzt. Über ihre religiöse Bedeutung gehen die Meinungen weit auseinander. Manche sehen in ihr das nichtbildhafte Symbol einer männlichen Gottheit, den axttragenden Göttern der Asia Minor verwandt; jedoch paßt die Wertschätzung der D. schlecht zu der untergeordneten Stellung der männlichen Götter in der minoischen Religion. Andere bringen sie mit einer (oder der) minoischen Göttin in Verbindung oder nehmen sogar an, sie stelle die Einheit des göttlichen Himmelsvaters mit der Mutter Erde dar. Vorsichtiger urteilt Nilsson, wenn er in ihr lieber ein allgemeines religiöses Symbol als das einer bestimmten Gottheit sehen will und ihre Heiligkeit aus ihrem vermutlichen Gebrauch als Opferwerkzeug herleitet. Zwar gibt es zZ keinen klaren Beweis für einen solchen Gebrauch im minoischen Kult, aber im homerischen Ritual wurde die πέλεκυς verwendet (Od. 2, 449) und auch bei solch archaischen Kulthandlungen aus klassischer Zeit wie der Dipolieia in Athen und bei dem Kult des Dionysos ἀνθρωπορραίστης bei Tenedos. Solange wir noch kein weiteres Beweismaterial haben, bleibt diese Theorie die vorsichtigste.

Außer der Lit. zu → Kretisch-mykenische Religion: CHR.BLINKENBERG, The Thunderweapon in Religion and Folklore, Cambridge 1911 - PW XII/1, 1924, 286ff - A.B.COOK, Zeus II, Cambridge 1925, 505ff - M.P.NILSSON, Gesch. d. griech. Religion, 1941, 254ff - A.H. KAN, Jupiter Dolichenus, Leiden 1943.
F.R.Walton

Doppelorden. Bereits vom altchristlichen → Mönchtum (: II) wurden Nonnenklöster oft in der Nähe von Mönchsklöstern erbaut, aus Rücksicht auf die geistliche Versorgung wie auf die Sicherheit in gefährlicher Gegend. Das wurde mehrfach untersagt: durch Kaiser Justinian (Nov. 123 c. 36), durch das Konzil von Agde in der Provence 506 (c. 28) und durch das 2. Konzil von Nicäa (787); das letztere duldete wenigstens die bestehenden D. (c. 20). Mit dem 12.Jh. entstanden dann im Abendland Orden, in denen das System der D. durchgeführt war; so der Orden von → Fontevrault, die → Prämonstratenser, die → Gilbertiner und der dem 14.Jh. angehörende → Birgittenorden, vor allem aber die → Zisterzienser (Salem im Linzgau). Die Zustände in den Konventen waren zT schon Ende des 12.Jh.s bedenklich.

M.BATESON, Origin and Early Hist. of Double Monasteries, London 1889 - O.ZÖCKLER, Askese u. Mönchtum II, 1897, Reg. (Lit.) - U.BERLIÈRE, Les monastères doubles aux 12. et 13. siècles, Brüssel 1923 - HEIMBUCHER I, 121. 327ff. 459. 620ff - ST.HILPISCH, Die Doppelklöster, 1928.
K.Heussi (A.Erler)

Doppelte Wahrheit → Wahrheit: II.

Dordrechter Synode (13.11.1618 bis 29.5.1619). Nachdem die streng calvinistischen Kontraremonstranten zur Schlichtung ihres Streites mit den Remonstranten (→ Arminianer) schon viele Jahre auf eine Nationalsynode gedrungen hatten, die jedoch von → Oldenbarnevelt und den Staaten von Holland immer verhindert wurde, bewilligten schließlich die Generalstaaten, nach politischem Eingreifen des Prinzen Moritz von Oranien, die Tagung. Die Synode zählte 37 Pfarrer und 19 Älteste als Abgeordnete der Provinzialsynoden, 5 Prof. der Universitäten (→ Gomarus, Lubbertus, Polyander, Thysius, Walaeus), 18 politische Kommissare und hatte durch die Anwesenheit von 26 ausländischen Delegierten (aus England, Pfalz, Hessen-Kassel, Nassau, Bremen, Emden, Genf, Basel, Bern, Schaffhausen und Zürich; die aus Brandenburg blieben fern, die aus Frankreich erhielten von Ludwig XIII. keine Ausreiseerlaubnis) einen internationalen ref. Charakter. Präses war Joh. → Bogerman, Scriba war Festus → Hommius. In den ersten Sitzungen wurde u.a. gehandelt von einer neuen Bibelübersetzung (die »Statenvertaling« erschien 1637; → Bibelübersetzungen: V, 2h), Katechismusunterricht und Bücherzensur. Nach endlosen scharfen Verhandlungen wurden die 13 vorgeladenen Remonstranten, unter Führung von → Episcopius, in einer dramatischen Sitzung (14.1.1619) fortgeschickt. In 5 Artikeln stellte die Synode (6.5.1619) wider remonstrantische Irrtümer die orthodoxe Lehre von der → Prädestination (: III) fest: 1. von der göttlichen Erwählung und Verwerfung (nicht ex fide praevisa, sondern nach Gottes ewigem Beschluß); 2. vom Tode Christi und des Menschen Erlösung (nur für die Erwählten); 3. und 4. von des Menschen Verdorbenheit und Bekehrung zu Gott (alle Menschen werden berufen, nur die Erwählten wiedergeboren, die Gnade wirkt unwiderstehlich); 5. von der Beharrung der Heiligen (durch Gottes Gnade). Den Gegensatz zwischen Supra- und Infralapsarismus ließ man unentschieden. Die 5 Artikel gegen die Remonstranten gelten als dritte Bekenntnisschrift neben der Confessio Belgica und dem → Heidelberger Katechismus. Etwa 200 remonstrantische Prediger wurden abgesetzt; die Generalstaaten bestätigten das Urteil. Oldenbarnevelt wurde, des Hochverrats beschuldigt, am 12.5.1619 hingerichtet, → Grotius zu lebenslänglichem Gefängnis verurteilt. In den Nachsitzungen (die Ausländer waren am 9.5. abgereist) handelte die Synode u.a. von der Revision der Kirchenordnung, die jedoch nicht in allen Provinzen eingeführt wurde, und von dem Text der Konfession. Sie war die letzte Nationalsynode in der Republik der Vereinigten Niederlande.

Acta syn. nat. (lat. 1620, niederl. 1621). - B.Glasius, Geschiedenis der Nat. Syn. in 1618 en 1619 gehouden te D., 1860/61 - H.H. Kuyper, De Post-acta of de nahandelingen v. d. nat. syn. v. D., 1899 - BSRK LVIIIff. 143ff - H.Kaajan, De Pro-Acta der D. Syn., 1914 - Ders., De groote Syn. v. D. in 1618-19, 1918 - Seeberg, DG IV/2, 676ff - J.J.v.d.Schuit, De Dordtsche Syn. en het Supralapsarisme, 1937 - J.N.Bakhuizen v.d.Brink, De Ned. Belijdenisgeschr., 1940 - W.J.M.v.Eysinga, De internat. Syn. v.D. (Exuli Huizinga, 1948, 7-40) - J.Reitsma-J.Lindeboom, Gesch. v.d. Hervorming en de Herv. Kerk der Ned., 1949[5], 236ff (Lit.). *W.F.Dankbaar*

Dorf

1. Begriff - 2. Geschichtliches und Struktur

1. Unter D. wird ursprünglich eine Form des Zusammensiedelns mehrerer Hausgemeinschaften verstanden. So sehr in der Sozialforschung Übereinstimmung darüber besteht, daß das D. immer noch als eines der wichtigsten Elemente der Vergesellschaftung anzusehen ist, so sehr weichen die Ansichten über den konkreten Inhalt des Begriffes voneinander ab. Grundsätzlich ist aber heute noch das D. als ein regionales Gebilde anzusehen, in dem die Menschen soziale Beziehungen und eine Anzahl von gemeinsamen Bindungen haben. Es ist also ein Spezialfall der → Gemeinde (: I-III), die »eine mehr oder weniger große lokale gesellschaftliche Einheit darstellt, in der Menschen zusammenwirken, um ihr wirtschaftliches, kulturelles und soziales Leben zu fristen« (R. König). Insofern ist auch das D. eine »globale Gesellschaft«, die eine Reihe von sozialen Funktionskreisen einbezieht, unter Umständen ein sehr weitgehendes Eigenleben aufweist, aber auch funktionell in Gebilden höherer Ordnung integriert sein kann.

Setzt man die Affinität zur ländlichen Lebensform als unterscheidendes Kriterium, so lassen sich die Grundtypen Großstadt, Mittelstadt, Kleinstadt (→ Stadt) und Landgemeinde unterscheiden. Im heutigen Sprachgebrauch wird D. häufig synonym mit Landgemeinde angewandt. Dabei liegt vielfach unbewußt die Vorstellung zugrunde, daß die prägenden Kräfte für das soziale Leben in diesen Gemeinden weitgehend von der landbewirtschaftenden Bevölkerung ausgehen. Nach Tenhumberg ist D. »eine Siedlungs- und Wohngemeinschaft, in der die Menschen auf der Grundlage der landwirtschaftlichen Arbeit noch natur- und bodenverbunden leben, ihr Gemeinschaftsleben noch für alle voll überschaubar vollziehen, ihr geistiges und religiöses Leben noch in dieser Natur- und Menschengebundenheit gestalten können«. Folgt man dieser Definition, so könnte man, wenigstens in entwickelten Industriegesellschaften, nur noch wenige Landgemeinden der Kategorie D. zuordnen. Die sozialökonomische Struktur des heutigen D.s weist als Ergebnis der historischen Entwicklung eine reiche Differenzierung auf, die es verbietet, ohne weiteres den Gegensatz D. - Stadt zu setzen. Vielmehr findet sich von der reinen Agrargemeinde bis zur Großstadt ein Kontinuum der Erscheinungsformen und Sinngehalte.

2. Obwohl die Bewirtschaftung des Landes gerade im germanischen Raum frühzeitig bei den Einzelfamilien lag, erforderte die Wirtschaftstechnik bestimmte Formen der Kooperation (Flurzwang). Die kooperative Bauernschaft bildete daher den Kern des alten D.s. Durch die ständische Ausgliederung erstarkte neben der genossenschaftlichen auch die herrschaftliche Komponente (→ Feudalismus). Die relative sozialökonomische Einheitlichkeit und Überschaubarkeit der Beziehungen hat dazu geführt, daß man häufig die »Grundbegriffe der reinen Soziologie« »Gemeinschaft und Gesellschaft« mit der Sozialform der ländlichen bzw. städtischen Siedlungsgebilde gleichgesetzt hat. Linde hat zwingend nachgewiesen, daß das Leitbild »der unbewußten Gemeinschaft des D.s« in keinem Zeitpunkt der Geschichte eine absolute Realität war.

Es bildete sich sehr bald eine unterbäuerliche Schicht heraus, die, ursprünglich als arbeitswirtschaftliche Beifügung zu den größeren Höfen gedacht, sich durch Aufnahme von außerlandwirtschaftlichen Zusatzbeschäftigungen weitgehend emanzipierte (Landflucht). Sie bildete bei Einsetzen der Industrialisierung (→ Arbeit: I, 3, → Industrie: II) ein Arbeitskräftereservoir der gewerblichen Wirtschaft. Da der Differenzierung der → Berufe in landwirtschaftliche und nichtlandwirtschaftliche keine radikale Differenzierung der Wohnplätze folgte, findet sich heute auf vielen Dörfern eine starke Schicht von landsässigen Industriearbeitern und Pendlern. Diese Industrialisierung »in situ« (Arensberg) ist regional unterschiedlich verlaufen. Daher finden wir vor allem in West- und Mitteleuropa eine Reihe von D.typen mit unterschiedlichen sozialökonomischen Strukturen. Diese verschiedenen Typen müssen bei allen Aussagen über das »D. von heute« berücksichtigt werden. Die Zahl der Einwohner sagt nur beschränkt etwas über den Charakter der Gemeinde aus. Nach der Statistik spricht man bei 2000 Einwohnern von Landgemeinden im engeren und bei 5000 Einwohnern von Landgemeinden im weiteren Sinn. Sozialökonomisch relevantere Aussagen bieten die Versuche zur Typologie der Gemeinden. Die von Linde erarbeitete Karte der Gemeindetypen in Niedersachsen kennzeichnet die Gemeinden in dreifacher Hinsicht: 1. als wirtschaftlichen Standort durch entsprechende Gliederung der in der Gemeinde Beschäftigten (Arbeitsbevölkerung); 2. als Wohnort durch Angaben über die Zahl und die wirtschaftliche Gliederung der Wohnbevölkerung; 3. nach der Art der Bedeutung übergemeindlicher Funktionen.

Auf der ersten Stufe werden sinngemäß die wirtschaftlichen Grundtypen gewonnen, indem der Anteil der in Land- und Forstwirtschaft Beschäftigten an der Arbeitsbevölkerung zugrunde gelegt wird. Bei einem Anteil von 50 v.H. wird von Agrargemeinden, bei einem Anteil von 20-50 v.H. wird von ländlichen Gewerbegemeinden und bei einem Anteil schließlich von unter 20 v.H. von Gewerbegemeinden gesprochen. Zu einer weiteren Variierung der Grundtypen wird das sozialökonomische Kriterium der Arbeitsverfassung herangezogen. Bei den Agrargemeinden wurde nach dem Anteil der landwirtschaftlichen Lohnarbeiter, der mithelfenden Familienangehörigen und schließlich der weiblichen Arbeitskräfte unter den Familienangehörigen unterschieden. Dadurch gelingt es, großbäuerliche Gemeinden, Gemeinden, in denen der Familienbetrieb vorherrscht, und endlich kleinbäuerliche Gemeinden voneinander abzugrenzen. Bei den nichtagrarischen Grundtypen wird eine Trennung nach den Beschäftigten in industriellen und kleingewerblichen bzw. Dienstleistungsbetrieben vorgenommen. Aus dem Anteil der landwirtschaftlichen Bevölkerung an der Wohnbevölkerung wird dann der Wohnortcharakter der Gemeinde bestimmt. Durch die Berücksichtigung der Zahl von Ein- und Auspendlern wird schließlich festgestellt, ob mehr der Charakter der Gemeinden als Wohnplatz oder als Betriebsstandort hervortritt. Mit diesen Verschiebungen der sozialökonomischen Struktur ändert sich auch die »kulturelle Charakteristik«. - → Agrarverfassung: I-V, → Bauer, → Sozialgeschichte.

H. KÖTTER, Struktur u. Funktion von Landgemeinden im Einflußbereich einer dt. Mittelstadt, 1952 - H. TENHUMBERG, Grundzüge im soziologischen Bild des westdt. D.es (Schriftenreihe für ländliche Sozialfragen 7, 1952, 20-50) - C.M. ARENSBERG, Ergebnisse der dt. Gemeindestudie im internationalen Vergleich (G. WURZBACHER, Das D. im Spannungsfeld industrieller Entwicklung, 1954, 291-300) - H. LINDE, Zur sozialökonomischen Struktur u. soziologischen Situation des westdt. D.es (Schriftenreihe f. ländl. Sozialfragen 11, 1954, 5-24) - Dorfuntersuchungen. 162. Sonder-H. d. Ber. üb. Landw., 1955 - R. KÖNIG, Die Gemeinde im Blickfeld der Soziologie (H. PETERS, Hdb. der kommunalen Wiss. u. Praxis I, 1956, 18-50; Lit.) - KfS, Sonder-H. Gemeindestudien, 1956 - G. WEIPPERT, Grundfrage der ländlichen Soziologie (Dt. Siedlungs- u. Wohnungspolitik. Festschr. zum 25jähr. Bestehen d. Instituts f. Wohnungs- u. Siedlungswesen der Univ. Münster, 1957, 187-229). *H. Kötter*

Dorfjugend bezeichnet wie das synonyme Wort Landjugend alle im Dorf lebenden Jugendlichen.

Frühere Darstellungen der D. konnten von einem geschlossenen dörflichen Lebensbereich ausgehen und ihn klar von der städtischen Welt abgrenzen. Dies ist heute nicht mehr möglich. Die alte Dorfgemeinschaft, die in relativer Abgeschlossenheit von der Stadt auf der Grundlage der landwirtschaftlichen Arbeit eine eigenartige dörfliche Kultur mit besonderen Lebensformen entwikkelt hat, befindet sich seit Jahrzehnten in einem tiefgreifenden Umwandlungsprozeß, der alle ländlichen Lebensbereiche erfaßt und verändert. Dabei geraten die Dörfer immer stärker in das Spannungsfeld der industriellen Entwicklung. Innerhalb der einzelnen Landgemeinden wird die berufliche Differenzierung größer, und die nichtbäuerlichen Schichten breiten sich auf Kosten des bäuerlichen Kerns aus. Gleichzeitig erfolgt eine zunehmende Angleichung des → Dorfes an die → Stadt. Auch die D. wurde von diesem Strukturwandel ergriffen. Das Bild, das die ältere Psychologie von ihr zeichnete, stimmt deshalb nicht mehr mit der Wirklichkeit überein. Es gibt keinen einheitlichen Milieutypus »Land- oder Dorfjugend« mehr (vgl. U. Planck). Daß gleichwohl auch heute noch bedeutsame Unterschiede zwischen Stadt- und Landjugend vorhanden sind, ergibt sich daraus, daß die bei der städtischen Jugend so auffallende Entwicklungsverschiebung (Akzeleration, dh Beschleunigung und früherer Beginn der Pubertät, und Retardierung, dh Verzögerung der seelischen Reifung) sich bei der ländlichen Jugend nicht so stark äußert.

Bis zum Ende der Volksschulzeit zeigt die D. unter dem Einfluß des für alle gleichen ländlichen Milieus und der gemeinschaftsbildenden Kraft des Schullebens eine gewisse Einheitlichkeit. Mit dem Eintritt ins Berufsleben beginnt eine starke Differenzierung der D. Das verschiedene Berufsmilieu wirkt sich aus, bes. stark dann, wenn der Beruf, was häufig vorkommt, nicht am Wohnort ausgeübt wird. Die Berufsmöglichkeiten sind heute auch für die Landjugend günstig, da gute Arbeitskräfte gesucht sind. Doch können die Jugendlichen auf dem Lande weniger ihren Berufsneigungen folgen als in der Stadt. Ihre Berufswahl erfolgt oft unter dem Zwang betrieblicher und wirtschaftlicher Gegebenheiten und nach dem Wunsch der Eltern. Erhebungen ergaben zB, daß nur ein Drittel der D. bei der Berufswahl den persönlichen Neigungen folgen konnte. Die Nichterfüllung der Berufswünsche mindert naturgemäß die Berufsfreude.

Die *religiöse Situation* der D. ist von Gegend zu Gegend, oft sogar von Dorf zu Dorf verschieden. Wesentliche Unterschiede bestehen zwischen kath. und ev. Jugendlichen (stärkere → Kirchlichkeit der kath. Jugend, häufigerer Besuch der Gottesdienste, regere Beteiligung bei konfessionellen Gruppen und Vereinen). Hier zeigt sich wohl der Erfolg eines bewußten und planmäßigen Bemühens der kath. Kirche und ihrer Jugendorganisationen um die ländliche Jugend, aber auch die Wirkung einer noch stärker in der Familie verwurzelten religiös-kirchlichen Haltung.

Die frühere Abgeschlossenheit des Dorfes und die Isolierung der ländlichen Menschen besteht heute nicht mehr. Die moderne Technik hebt jede Abgeschlossenheit auf, verbindet das Dorf mit der weiten Welt und verändert auf diese Weise den Gesichtskreis der ländlichen Bevölkerung. Das Kino (→ Film) hat im Dorf eine große Bedeutung erlangt und ist aus dem ländlichen Freizeitleben nicht mehr wegzudenken. Rund zwei Drittel der D. gehen wenigstens einmal im Monat ins Kino, gewinnen dabei Einblick in andersartige Lebensverhältnisse, nehmen durch die Wochenschau am Zeitgeschehen teil und erweitern durch Kulturfilme ihr Wissen über Welt und Leben. Auch → Rundfunk und → Fernsehen bilden eine Verbindung zur Welt. Nach einer Repräsentativerhebung hören 92 von 100 Jugendlichen regelmäßig den Rundfunk, 82 von 100 lesen regelmäßig Zeitungen und Zeitschriften. Die Angehörigen landwirtschaftlicher Berufe zeigen einen höheren Anteil regelmäßiger Leser als die von nichtlandwirtschaftlichen. Durch den großen

Kreis der Zeitungsleser und Rundfunkhörer steht die ländliche Jugend sowohl in allgemeiner als auch in politisch-wirtschaftlicher und fachlich-beruflicher Hinsicht mit dem Tagesgeschehen in Verbindung. Eine früher unbekannte Blickweitung erfährt die Landjugend durch das Reisen. Von 100 Jugendlichen haben 35 im Jahre 1954 eine Reise mit auswärtiger Übernachtung unternommen; 28% dieser Jugendlichen waren schon im Ausland.

Die *sozialen Beziehungen* der D. sind sehr mannigfaltig. Es gibt unter den Jugendlichen des Landes nur wenig ausgesprochene Einzelgänger, weniger als in der Stadt. Die Freizeit wird meist mit Kameraden verbracht. Bei den Mädchen sind die Freizeitinteressen mehr häuslicher als geselliger Art. Die kontaktgebende Kraft der Landfamilie, insbesondere der bäuerlichen, ist noch verhältnismäßig groß. Der Familienkreis ist bei Burschen und Mädchen die häufigste Freizeitgemeinschaft. Innerhalb der Familie bestehen die meisten Vertrauenspartnerschaften zur Mutter. Die Autorität der Eltern hat auch in den Landfamilien stark nachgelassen. Der elterliche Wille wird in den kath. Familien noch mehr geachtet als in den ev. Die ländlichen Jugendlichen haben an ihrem Elternhaus noch einen stärkeren Rückhalt als die städtische Jugend. Verhältnismäßig stark sind die Vereinsbindungen der D. Die primären Interessenrichtungen sind → Sport, Musik, Wirtschaft und → Geselligkeit. Rund ein Fünftel der D. ist in einem Verein, der primär der Pflege der Musik dient. Bes. bedeutsam sind die Zusammenschlüsse in den Landjugendgruppen. 8% der D. insgesamt bzw. 22% des landwirtschaftlichen Nachwuchses gehören zu einer Landjugendgruppe. In Westdeutschland gibt es 3 Landjugendorganisationen, die teilweise auch in den Dörfern nebeneinander bestehen: Den interkonfessionellen Bund deutscher Landjugend als Nachwuchsorganisation des Deutschen Bauernverbandes, die Ev. Landjugend und die kath. Landjugendbewegung im Bund der deutschen kath. Jugend.

Die Arbeit der genannten Landjugendorganisation ist für unsere Dörfer und vor allem für die D. von größtem Wert. Die örtlichen Zusammenschlüsse geben die Möglichkeit, das Bedürfnis der D. nach Gemeinschaft, Kameradschaft und Geselligkeit zu befriedigen. Die überörtlichen Veranstaltungen führen die D. über den Kreis der Heimatgemeinde hinaus und erweitern ihren Blick. Dieser Horizonterweiterung dienen auch die Vorträge, Film- und Lichtbildervorführungen, die Ausflüge, Besichtigungen und Fahrten. Ein bes. wichtiger Teil des D.programmes ist die musische Betätigung vom Basteln, Singen, Musizieren und Tanzen bis zum → Laienspiel und zur Gestaltung von Festen und Feiern. In der Arbeit der Landjugendgruppen äußert sich der Wille, im Dorf den Gemeinschaftssinn und den Nachbarschaftsgeist wieder zu wecken und neue Dorfgemeinschaft mit zeitgemäßen, jedoch dorfechten Gemeinschaftsformen zu gestalten, aber auch der Wille, über das Dorf hinaus Verantwortung zu tragen und mitzuhelfen an der Einfügung des Landes in die Gesamtgesellschaft. So sind die Landjugendgruppen Keimzellen einer hoffnungsvollen Entwicklung und verdienen die Unterstützung all derer, die an der Erneuerung des Dorfes, an der Bildung gesunder ländlicher Familien und lebendiger Gemeinden und an ihrer Einordnung in das Volksganze mithelfen wollen.

P.BODE-H.FUCHS, Psychologie des Landkindes, (1925) 1953[3] - H.HETZER-G.MORGENSTERN, Kind u. Jugendlicher auf dem Lande, 1952 - J.DIETZ, Erziehung im ländl. Lebenskreis (Bildungsfragen der Gegenwart, 1953, 89-118) - G.WURZBACHER, Das Dorf im Spannungsfeld industrieller Entwicklung, 1954 - H.WOLLENWEBER-U. PLANCK, Die Lebenslage der westdt. Landjugend, 2 Bde, 1956 - L.LANG, Zur Psychologie der ländl. Jugend (Kind u. Jugendlicher der Gegenwart, hg.v. L.PROHASKA, 1956, 128-144) - J.MÜLLER, Strukturwandel des Dorfes, 1956 - G.WEIPPERT, Die Sozialstruktur auf dem Lande (ZP 2, 1956, 193-204; 3, 1957, 50-67). *J.Dietz*

Dorfkirchenbewegung

1. Das Wissen um dorfkirchliche Sonderart entstand mit der Erschütterung des alten Dorfes, deren Anfänge → Pestalozzi und Jeremias → Gotthelf realistisch erfaßten. Erst in einem späten Stadium ist es zur D. gekommen. Sie geht auf H. → Sohnrey († 1948) zurück. Der von ihm gegründete »Deutsche Verein für ländliche Wohlfahrts- und Heimatpflege« suchte die Kirche. Sohnrey regte auch die Gründung der Zeitschrift »Dorfkirche« an, deren leitender Kopf H.v.Lüpke wurde († 1934). Seit 1913 fanden Deutsche Dorfkirchentage statt, zunächst im Schatten der Sohnreyschen sozialpolitischen Tagungen, seit 1925 als selbständige Reichstagungen des im gleichen Jahr gegründeten »Deutschen Dorfkirchenverbandes«. Nach Jahren der Krisis in der Hitlerzeit kam es 1945 zur Wiederaufnahme der Arbeit und 1951 auf dem 1. Deutschen Dorfkirchentag nach dem Kriege (Göttingen) zur »Arbeitsgemeinschaft für dorfkirchlichen Dienst innerhalb der EKD«, der alle Gliedkirchen beitraten. 1954 schlossen sich die westlichen und östlichen Arbeitskreise zusammen. Zentrale Arbeitsmittel sind heute: die Zweimonatsschrift »Kirche im Dorf« (H.Chr.Schomerus), der jährliche Gesamtdeutsche Dorfkirchentag, die Arbeitsgruppe »Dorfkirche« des Deutschen ev. Kirchentages, der Arbeitskreis »Landvolk und Kirche« des Landpädagogischen Kongresses, die Schriftenreihen »Kirchengemeinde auf dem Dorf« und »Das junge Dorf«. Die landeskirchlichen Arbeitskreise unterhalten im Westen rege Verbindungen mit den ev. Heimvolkshochschulen und → Akademien, während für den Osten Dorfmissionswochen und Kirchenbildungswochen charakteristisch sind.

2. Immer ging es der D. um die *innere Wiedergeburt des Dorfes*. Doch blieben die großen sichtbaren Erfolge aus, weil Landflucht, Sittenverfall, mechanisch-technisches Denken, Atheismus und Kirchenflucht bis zur Stunde im Vormarsch sind. In der ersten Phase der D. erstrebte man die Wiedergeburt aus den Tiefen des dörflichen Seelentums durch die Kräfte des Evangeliums. »Keinen andern Weg gibt es dazu als Erziehung und Gestaltung aus der Eigenart der Seele des Landvolkes heraus« (G. Mahr). Man stützte sich nicht nur auf kulturprotestantische Ideen, sondern ebenso auf Theorie und Praxis luth. Missionsmänner wie B. → Gutmann und Chr. → Keyßer. Die Hauptarbeit richtete sich auf die Zurüstung der Pfarrer für die Aufgaben der Gegenwart. Wandlungen der Sitte, Psychologie und Soziologie des Landvolkes, Aberglaube, Jugendarbeit, Kirchlichkeit, Predigt, Seelsorge waren bevorzugte Themen der Arbeitstagungen. Die zweite Phase ist durch die Kritik der → dialektischen Theologie gekennzeichnet, unter deren Eindruck zumal jugendliche Pfarrer der Arbeit der D. als einem Tun vom Menschen her Interesse und Gefolgschaft versagten. Der → Kirchenkampf schwächte wegen ungeschiedener Gegensätze in ihrer Mitte erneut die Bewegung, wenn auch eine Spaltung vermieden werden konnte. In der dritten Phase (seit 1945) weiß man endgültig, daß Tradition, Sitte, Seelentiefe menschliche Werte sind, die dem Worte Gottes nicht nebengeordnet sind, sondern unterstehen, und hält auf enge Fühlung mit der verfaßten Kirche. Man hat die unterrichtlichen, homiletischen, apologetischen und seelsorgerlichen Aufgaben fest im Auge, bedenkt die fortgehenden sozialen Umschichtungen, Agrarreformen und Weltanschauungskämpfe und sucht nach neuen Weisen geistlicher Führung, von der Sorge getrieben, die Kirche könnte den Kontakt mit dem

Landvolk verlieren wie einst mit dem Industriearbeiter. In Westdeutschland könnte sich eine fruchtbare Begegnung mit der Agrarwissenschaft anbahnen, denn die Agrarsoziale Gesellschaft und die Landvolkabteilung der Deutschen Landwirtschaftsgesellschaft sind einer Zusammenarbeit mit den christlichen Kirchen geneigt.

3. Verwandte sozialpolitische Umschichtungen auf dem Erdball führten den Ökumenischen Rat der Kirchen zur dorfkirchlichen Frage. 1956 fand in Bossey eine ökumenische Landkirchenkonferenz statt, zu der 65 Agrarfachleute aus 15 Ländern geladen waren. Eine dort in Aussicht genommene, mit Fachleuten aus Asien, Afrika und Südamerika durchgeführte internationale Tagung, die fundierte Verhandlungen auf der ökumenischen Konferenz 1960 vorbereiten sollte, fand im April 1957 in Bad Godesberg statt.

Zeitschriften: Die Dorfkirche, 1907-41 - Dt. Dorfkirchenfreund, 1950-52 - Kirche im Dorf, 1953ff. - M.Schian, Hdb. f. d. kirchl. Amt, 1928, 129 - A.Muench, Theologische Grundgedanken zur kath. Landvolkbewegung, 1948 - Schriftenreihe: »Kirchengemeinde auf dem Dorf«, hg.v. O.Söhngen u. G.Krolzig, 1951ff - G.Krolzig, Dorfgemeinde in der Glaubenskrise, 1951 - J.Müller-Bardorff, Acker, Vieh u. alle Güter als Problem der luth. Theologie, 1951 - E.G.Hoffmann, Der soziologisch-ökonomische Umschichtungsprozeß auf dem Dorf, 1951 - Ders., Die Dorfgemeinschaft im Umbruch der sozialen u. wirtschaftlichen Verhältnisse, 1955 - Ders., Agrarwissenschaftliche Forschung u. kirchl. Dienst (Kirche im Dorf 8, 1957, 5-17) - E.Schott, Der duplex usus legis im Hinblick auf die Situation der heutigen Dorfgemeinde, 1951 - ESL 232ff - F.Rudolph, Strukturwandel eines Dorfes (Friedewalder Beiträge zur soz. Frage 6), 1955 - F.Karrenberg-K.v.Bismarck, Das alte u. das neue Dorf, 1955 - Unser Auftrag im Dorf heute, Erkl. des 6. Gesamtdeutschen Dorfkirchentages 1956 (Kirche im Dorf 7, 1956, 213f) - EKL I, 969ff - European Rural Life Conference 2.-12.4. in Bad Godesberg (Kirche im Dorf 8, 1957, 163-165). *G.Holtz*

Dorfpredigt. Zweimal in der Kirchengeschichte ist es zum ernsthaften Versuch der eigenständigen D. gekommen.

1. Der erste ist Lukas → Osianders fünfteilige Bauernpostille (1597-1600), welche die Rücksichtnahme auf die Hörer lehren wollte. Es besteht auch ein Zusammenhang mit der Berufs- und Standesberücksichtigung in den Gebet- und Gesangbüchern der Zeit (Petrus Michaelis SJ, 1561; Joh. → Zwick schon 1537 in »Nun wolle Gott, daß unser Sang«, EKG 36). Die alte D. ist nicht Gemeinde-, sondern Standespredigt. Die Entwicklung kulminierte und entartete im Rationalismus, dem das Verdienst der religiös-sittlichen Hebung des Dorflebens durch volkserzieherische Predigt zukommt, der aber der Versuchung zum rein Nützlichen (»Natur- und Ackerpredigten«) und Trivialen (J. → Sackmann, † 1718) erlag.

2. Die Verantwortung für das verständliche Wort blieb lebendig. Sie lebt im 19.Jh. am stärksten in Erweckungspredigten norddeutscher Lutheraner (R.Dülon, Flessau i. Altmark; L. → Harms; K.Münckel, Oiste b. Verden; J. → Paulsen). Der Anstoß zur modernen D. kam aus Kreisen, die von der wissenschaftlichen Volkskunde (Riehl) erfaßt waren, die der Kulturkrisis des Dorfes seit der Landflucht auch mit der kirchlichen Arbeit wehren und die unter der Nachwirkung Schleiermacherscher Theologie der Predigt die Aufgabe der Darstellung christlichen Gemeindebewußtseins im engen dörflichen Bereich geben wollten. Führend waren hierbei Dichterpfarrer wie G. → Frenssen, K.Hesselbacher und E. → Gros, zu denen auch A. → Bitzius d.J. gerechnet werden mag. Aus der → Dorfkirchenbewegung entstanden Programmschriften zur D. (A.Uckeley, J.Böhmer). Verfasser von Predigtsammlungen waren G.Hornburg (1899), A.Eckert (zuletzt 1913), J.Fenner und G.Mahr (Hg. von 4 Bden »Predigtbuch der Dorfkirche«, 1915 bis 1936), Fr.Just (1930ff). Im niederdeutschen Raum kam es zu einer Erneuerung der plattdeutschen Predigt. - Die verschiedenen Kräfte theologisch auf einen Nenner zu bringen, gelingt nicht voll. Deutlich ist ein kulturprot. Einschlag, darum die Hochschätzung der Psychologie, das Ringen um seelische Wirksamkeit des Worts, die Forderung, die Predigt aus konkreten Verhältnissen reden zu lassen, indem sie dem Vorstellungs- und Erfahrungskreis des Dorfes fest verbunden wird; hinter allem die Anschauung, die D. sei einerseits Gemeinde-, nicht Standespredigt, andererseits grundsätzlich Gelegenheitspredigt. - Demgegenüber verwirft die Homiletik seit K. Fezer (1925) jede anthropozentrisch fixierte Predigtlehre, mag sie der Volkserziehung, dem vom Glauben umfaßten Heimatbewußtsein, der kirchlichen Soziologie oder der künstlerischen Erfassung idealen Kirchentums dienen. Die D. erlag aber nicht nur dem theologischen Angriff, sondern auch dem gewandelten dörflichen Lebensgefühl. Wollte ein Prediger heute nach Dülons Vorbild konkretisieren, so würde er kirchentreue Bauern, die heute dem lähmenden Druck des Alltags bis zum Überdruß ausgesetzt sind, nur abstoßen. Es bleibt das Ringen um die Verständlichkeit, weil die Predigt des Worts nicht in einer imaginären, sondern bestimmten Gemeindesituation ergeht.

A.Uckeley, Die moderne D., (1908) 1914² - K.Hesselbacher, Aus der Dorfkirche II, Einl., 1909 - F.Köhn, Sünndagsklocken, 1922 - RGG² I, 1986f - M.Schian, Hdb. f. d. kirchl. Amt, 1928, 130 - G. Mahr, Rudolf Dülon (Die Dorfkirche 21, 1928, 55-63) - Ders., Das ewige Licht geht da herein, Lesepredigten, 1936 - F.Just, Sonntagsvergnügen, 1930 - Ders., Das ländliche Jahr, 1932 (u. weitere Bde) - A.Jobst, Ev. Kirche u. Volkstum, 1938, 102. 222ff - G.Holtz, Niederdeutsch als Kirchensprache (WZ Rostock 4 H. 2, 1954/55, 151-165) - Leiturgia II, 336ff (A.Niebergall, Die Gesch. der christl. Predigt). *G.Holtz*

Dorothea, die *Heilige,* wurde unter Diokletian zu Cäsarea in Kappadokien nach vorausgehenden Folterungen und Verbrennungen enthauptet. Bei Aldhelm De virginitate 47 (MG AA XV, 302) begegnet erstmals die weitere Legende von der Verhöhnung durch den Advokaten Theophilus und vom Knaben, der ihr trotz des Winters auf ihr Gebet hin Äpfel und Rosen bringt. Ihre Attribute sind der Korb mit Äpfeln oder der Knabe mit Rosen und Äpfeln (vgl. Altarbild Holbeins d.Ä. in der Galerie zu Augsburg). Sie ist Patronin der Gärtner, u.a. auch der Advokaten und Wöchnerinnen. Heiligentag: 6.2.

AS Febr. I, 771ff - Legenda aurea, Anhang c. CCX - RE IV, 808 - Künstle II, 187ff - Doyé I, 288f - Braun, TA 195ff. *H.Paulus*

Dorotheus, 1. *von Antiochien* (um 300), nach Euseb h.e. VII, 32, 2. 3 ein gelehrter, des Hebräischen kundiger Presbyter, hervorragend als Exeget; des Kaisers Gunst betraute ihn mit der Aufsicht über die Purpurfärberei zu Tyrus. Vielleicht identisch mit ihm ist ein kaiserlicher Hofbeamter D., der unter Diokletian Märtyrer war (Euseb h.e. VIII, 1, 4; 6, 1. 5).

2. Bischof *von Tyrus,* angeblich Verfasser der Schriften über die Propheten, Apostel und Jünger Jesu, die etwa im 6.Jh. auftauchten und auch → Epiphanius und → Hippolyt zugeschrieben werden. D. soll unter Kaiser Julian als Märtyrer gestorben sein. Vielleicht sind einem D. wenigstens die Prophetenlegenden zuzuschreiben.

R.A.Lipsius, Apokryphe Apostelgesch. I, 1883, 193ff; Erg. Heft 1890, 15f - Th.Schermann, Prophetarum vitae fabulosae, indice apostolorum discipulorumque Domini, 1907 - Ders., Propheten- u. Apostellegenden (TU 31, 3), 1907 - LThK III, 426 - Bardenhewer II 285. *M.Rauer*

Dorpat

I. Bistum - II. Universität

I. Bistum

Der Estenbischof Fulco (um 1165-80, → Baltische Länder, 1) fand erst 1211 in Theoderich einen Nachfolger, von Bischof → Albert in Riga geweiht; Residenz sollte Leal (Westestland) werden. Als jedoch die Dänen 1219 in → Reval und zeitweise in Wierland zwei neue Bistümer gründeten, wurde auch von Riga aus das estnische Gebiet aufgeteilt: 1224/35 Bistum D., 1228 → Ösel-Wiek. Erster Bischof in D. wurde Alberts Bruder Hermann, seit 1225 Reichsfürst, der den St. Petri-Pauli-Dom anlegte (im 14./15.Jh. zum größten kirchlichen Bauwerk des baltischen Gebiets gestaltet, 1634 ausgebrannt, heute teils Ruine, teils Universitäts-Bibliothek). Das Domkapitel, zunächst Augustinerstift, dann weltlich, bildete mit der vom Stiftsvogt geführten Ritterschaft den ständischen Rat, während die Stadt D. Anschluß bei Nachbarstädten und der Hanse fand. Vertragsmäßig mit dem Deutschorden verbündet, kam es dennoch mehrfach zu heftigen Konflikten; die Russen konnten 1558 D. einnehmen und den letzten Bischof nach Moskau entführen. Die Reformation 1525 verlief in der Stadt bes. stürmisch; doch blieb die Domfreiheit noch über 3 Jahrzehnte kath.

A.v.Gernet, Verfassungsgesch. des Bistums D., 1896 - R.Otto, Über die D.er Klöster u. ihre Kirchen, 1910 - L.Arbusow sen., Livlands Geistlichkeit, Mitau 1914, 303ff - L.Arbusow jun., Einführung der Reformation, 1921, 380ff - Tartu (Sammelband, estn., mit Plänen, Abb.), Dorpat 1927.

P.Johansen

II. Universität

1. Vorstufen - 2. Gründung - 3. Die Universität im 19.Jh. - 4. Die Theol. Fakultät - 5. Russifizierung - 6. Die Universität seit 1919

1. Die erste *Universität* in D. wurde 1632 zur Zeit der schwedischen Herrschaft in Liv- und Estland von Gustav Adolf als prot. Lehranstalt nach dem Vorbild → Uppsalas gestiftet. Die Lehrer mußten ihre Tätigkeit schon 1656, als die Russen D. eroberten, einstellen, sie arbeiteten jedoch noch bis 1665 in Reval weiter. 1690 wurde die Universität in D. wiedereröffnet und 1699 nach Pernau verlegt, wo sie im Nordischen Kriege beim Übergang des Landes unter russische Herrschaft (1710) erlosch. Unter den Lehrkräften überwogen anfangs Deutsche, später Schweden. In ihrer letzten Phase wurde die Universität von allen neuen geistigen Strömungen berührt. - Trotz der Zusage → Peters d.Gr. und der Bemühungen der livländischen Ritterschaft gelang es während des 18.Jh.s nicht, die Universität in D. zu erneuern.

2. Der Universitätsplan nahm erst Gestalt an, als Zar Paul I. wegen der Gefahr revolutionärer Ansteckung im Auslande eine einheimische Universität für erwünscht hielt. Gedacht als Lehranstalt vornehmlich für den Adel der Provinzen, aber mit Zulassung von Nichtadligen zum Studium, wurde die Universität D. im Mai 1802 - schon unter Alexander I. - als ritterschaftliches Institut eröffnet. Als Alexander einen Monat später D. besuchte, gelang es dem aus Mömpelgard stammenden Physiker G.Fr.Parrot als Sprecher der Professoren, den jugendlichen Zaren für seine Pläne zu gewinnen: Im Dez. 1802 wurde die Universität in eine reicher ausgestattete, dem Ministerium für Volksaufklärung unterstellte staatliche Anstalt mit akademischer Selbstverwaltung umgewandelt. Parrot und seine Gesinnungsgenossen verstanden den Bildungsauftrag der Universität im Einklang mit dem kaiserlichen Gönner zugleich im Sinne einer Beförderung sozialer Reformen. Erster staatlicher Kurator wurde der Sturm-und-Drang-Dichter Fr. M.Klinger, erster Rektor Parrot. Im Unterschied von den russischen Universitäten - von denen nur Moskau (1755) älter war - besaß D. eine theologische Fakultät, die hier nicht anders als ev.-luth. sein konnte, und bis zum Ende des 19.Jh.s die deutsche Lehrsprache. Verglichen mit den Universitäten Deutschlands, mit denen es in ununterbrochenem Berufungsaustausch stand, war D. mit seinen 5 Fakultäten in seiner Blütezeit eine Universität mittlerer Größe.

3. Eine allgemeine geistige Veränderung brachte der Universität das Zeitalter der Restauration, verkörpert im Kurator Graf (später Fürst) K.Lieven (1817-28), der zusammen mit einem gesinnungsverwandten Rektor, dem Rechtshistoriker G.Ewers (Großvater Ad.v. → Harnacks), die konservativen Tendenzen stärkte. Damals wurde der Astronom Fr. Wilhelm Struve (1820) berufen, der mit seinen Schülern die Entwicklung der Astronomie in ganz Rußland bestimmte. Fr.G.v.Bunge (1822-42) wurde im Anschluß an die historische Rechtsschule zum Begründer der baltischen Rechtsgeschichte. Nikolaj I. schuf auf Anregung Parrots das sog. Professoren-Institut in D., das 1827-38 gebürtigen Russen (u.a. dem Chirurgen Pirogov) den Zugang zur westeuropäischen Wissenschaft öffnete. Bahnbrechend wurde D. durch die Forschungsreisen von Lehrern und Schülern der Universität für die Erforschung Sibiriens, Mittelasiens, des Kaukasus (M.v.Engelhardt, K.E.v.Baer, A.Th.v.Middendorff u.v.a.). Das militärisch-bürokratische System Nikolajs I., dessen Organ der Kurator General Craffström (1835-54) war, hinderte die fachwissenschaftliche Entfaltung der Universität nicht, führte aber zu Konflikten, die im Bewußtsein der Universität und der Provinzen stark nachgewirkt haben (Absetzung des Praktischen Theologen Ulmann, des Rektors u.a. Professoren 1842, s. 5, Verhaftung Victor Hehns 1851). Mit dem Regierungsantritt Alexanders II. (1855) begann auch für die Universität D. ein neues Zeitalter, ihre eigentliche Blütezeit (1862-93). Kurator war bis 1869 der Geologe Graf Alexander Keyserling, der danach strebte, D. zu einer »internationalen Universität« zu machen und neuen Strömungen die Wege zu ebnen. Die Theol. Fakultät (s. 4) behielt auch jetzt ihre bedeutende, ja führende Stellung und befand sich weitgehend in Übereinstimmung mit der öffentlichen Meinung der Provinzen, als sie dazu beitrug, daß der von Keyserling nach D. berufene Botaniker M.J.Schleiden, ein Popularisator Darwins, zum Abgang gezwungen wurde (1863). Die namhaftesten Juristen waren der Erforscher des russischen Rechts J.Engelmann, der Strafrechtler v.Rohland, die Staatsrechtler Löning und Bergbohm. 1865 bis 1868 lehrte A.Wagner in D. In der Medizinischen Fakultät erlangten die Physiologie (Fr.Bidder, Al.Schmidt, G.v.Bunge), die Pharmakologie (R.Buchheim, O. Schmiedeberg) und die Pharmazie (G.Dragendorff) überprovinziellen Rang. Von D. gingen die Chirurgen Pirogov (St.Petersburg) und E.v.Bergmann (Berlin) aus. In der Historisch-Philologischen Fakultät kam an akademischer Wirkung niemand dem Historiker C.Schirren gleich (1863-69, s. 5). Der bedeutendste Philosoph war G.Teichmüller (1871-88). Nicht zur Entfaltung gelangte die Germanistik. Die stets von einem Russen bekleidete Professur für russische Sprache und Literatur (seit 1803) war ganz isoliert. Das gleiche gilt für den Lehrstuhl der griech.-orth. Theologie (seit 1850). Das Estnische und Lettische war durch Lektorate vertreten. Am Aufstieg der Physik und der anorganischen Chemie nahm die Universität nur noch am Rande teil, doch haben sowohl der Physiker Arth.v.Oettingen als die aus der Schule von C.Schmidt in D. hervorgegangenen Chemiker W.Ostwald und G.Tammann zuerst in D. gelehrt. Im Bewußtsein der Provinzen war die Landes-

universität, an der die Studenten zu rd 70% aus den Ostseeprovinzen stammten, »das wahre Herz des Landes« (J.Eckardt) geworden.

4. In der *Theologischen Fakultät* mit ihren 4 (seit 1865: 5) Lehrstühlen war die rationalistische Zeit (bis in die 20er Jahre des 19.Jh.s) unfruchtbar. Den geistigen Umbruch leitete die Berufung des Dogmatikers Ernst Sartorius ein (1824-35), der pietistische und neuluth. Anregungen einflußreich verband. Pietistisch gerichtet war der Kirchenhistoriker Fr.Busch (1824-49), während der Praktische Theologe J.Walter (1830-34) von Hegel und Schleiermacher herkam. Ihm folgte im Lehramt der spätere Bischof C.Chr.Ulmann (bis 1842). Bahnbrechend in der Richtung zum konfessionellen Luthertum war der Dogmatiker Fr.Ad.Philippi (1842-51), neben dem als Praktischer Theologe Theodosius → Harnack wirkte (1842-53, 1865-75). Vertreter der strengsten luth. Orthodoxie war u.a. der Kirchenhistoriker und Exeget J.H.Kurtz (1849-70). Die → Erlanger heilsgeschichtliche Schule kam mit dem Dogmatiker Alex.v.Oettingen (1853-80), dem Kirchenhistoriker Moritz v. → Engelhardt (1853-81) und dem Semitisten und Alttestamentler W.Volck (1861-98) zur Herrschaft. Auch die Inhaber der Lehrstühle für exegetische und praktische Theologie (F.Mühlau, F.Hoerschelmann) waren mit den führenden Kollegen eng verbunden, so daß die Fakultät auf dem Boden des luth. Bekenntnisses bewußt einheitlich zusammenwirkte. Den größten Einfluß hatte M.v.Engelhardt, der auch als Persönlichkeit über die Universität hinaus ungewöhnlich starke Wirkungen hinterließ. Schüler von ihm waren u.a. N. → Bonwetsch, sein Nachfolger auf dem D.er Lehrstuhl, R.→Seeberg (Dozent in D. 1884-89), Ad. (v.) → Harnack (1875 vergeblich nach D. berufen). Charakteristisch für die Fakultät war ihre enge Verbindung mit der Landeskirche. Seit 1847 nahmen Fakultätsglieder regelmäßig an den livländischen Synoden teil; seit 1876 fanden alljährlich die gemeinsamen theologischen Januarkonferenzen statt. Seit 1855 bestand eine ev.-luth. Universitätsgemeinde, die 1860 ein eigenes Gotteshaus erhielt. Der Einfluß Schleiermachers blieb in D. gering; Ritschl rief Auseinandersetzungen hervor und zwang zur Abgrenzung; neuere Richtungen wurden zunächst ganz abgewiesen. Die Fakultät war bis über die Jahrhundertwende streng konservativ. Als die Universität russifiziert wurde (s. 5), blieb der Theol. Fakultät als einziger die deutsche Lehrsprache erhalten, doch berief die Regierung 1893 auf den Lehrstuhl der Kirchengeschichte den Slovaken Joh. Kvačala, der das Deutsche nur mangelhaft beherrschte und ohne Lehrerfolg blieb. Mühlaus Nachfolger war Alfred Seeberg (1895-1908), auf Volck folgten Alex.v. Bulmerincq (1898-1927) und O.Seesemann, auf Hoerschelmann 1901 W.Bergmann und 1908 Traugott → Hahn d.J., der als Prof. der praktischen Theologie, Universitätsprediger und Seelsorger bis zu seiner Ermordung 1919 bes. intensiv wirkte. Neue Wege beschritt der »modern-positive« Dogmatiker Karl Girgensohn (1905-18), der mit religionspsychologischen Untersuchungen begann. K.Grass (NT) war einer der wenigen, die sich Problemen der russischen Kirche zuwandten (wie später A. Baron Stromberg, s. 6). Als Ausbildungsstätte von Pastoren für die ev. Gemeinden in ganz Rußland hatte die Fakultät eine weit über die Ostseeprovinzen hinausreichende Bedeutung.

5. Schicksalbestimmend für die Universität war die Zugehörigkeit zu einem Reiche, das im 19.Jh. seine übernationalen Züge abstreifte und sich in einen Nationalstaat verwandelte (→ Baltische Länder). Hinter der Aktion gegen Ulmann (s. 3), der 1842 wegen Entgegennahme einer studentischen Ovation gemaßregelt wurde, stand schon der nationale Gegensatz. Schirren (s. 3) verlor 1869 sein Amt wegen seiner gegen die Russifizierungsbestrebungen gerichteten Streitschrift, der »Livländischen Antwort«. Graf Keyserling trat im Herbst 1869 als Kurator zurück, weil die Regierung auch von ev. Beamten an Staatsfeiertagen den Besuch der griech.-orth. Kirche verlangte. Die Russifizierung des Bildungswesens der Provinzen unter der Regierung Alexanders III. traf 1889 bis 1893 auch die Universität, die (mit Ausnahme der Theol. Fakultät) gezwungen wurde, zur russischen Vorlesungssprache überzugehen. Zahlreiche Glieder des Lehrkörpers, die diesen Schritt verweigerten, nahmen den Abschied. D. wurde 1893 in Jurjev umbenannt, auf dem Universitätsgebäude das russische Kirchenkreuz errichtet. Der Rektor war seit 1892 ein Russe, der Lehrkörper setzte sich mehr und mehr aus Russen zusammen, unter denen neben minderwertigen Elementen auch hervorragende Fachkräfte waren. Die Zahl der aus den Ostseeprovinzen stammenden Studenten sank auf weniger als die Hälfte, die der russischen verzehnfachte sich, bes. infolge der Zulassung von Absolventen der griech.-orth. geistlichen Seminare, die an fast allen russischen Universitäten von der Immatrikulation ausgeschlossen waren. Innerhalb der zur Minderheit gewordenen baltischen Studenten nahm die Zahl der Esten und Letten stark zu.

6. Die nach der Eroberung der Ostseeprovinzen durch deutsche Truppen im 1. Weltkrieg im Sept. 1918 wiedereröffnete deutsche Universität wurde von den Esten boykottiert und mußte nach dem Zusammenbruch des Reiches im Nov. 1918 ihre Tätigkeit einstellen. Sie wurde von der estnischen Universität Tartu abgelöst, die der neugegründete estnische Freistaat am 1.12.1919 eröffnete und der er am 18.6.1925 ein Autonomiestatut gab. Die neue Universität umfaßte statt bisher 5 zunächst 7, seit 1937 8 Fakultäten, wesentlich mehr Lehrstühle, Dozenten- und Assistentenstellen (die Zahl der Professoren stieg von 43 im Dez. 1919 auf 114 im Frühjahr 1940) und mehr Studierende (1926: 4726, 1939: 2689), die nun in großer Überzahl dem estnischen Volk entstammten. Die Vorlesungssprache war grundsätzlich estnisch, doch lasen anfangs viele der von früher übernommenen und von auswärts berufenen Dozenten deutsch bzw. russisch (vereinzelt bis zuletzt). Dank planmäßiger Förderung konnten in steigendem Maße eigene estnische Fachkräfte eingestellt werden. Bei der Verleihung akademischer Grade richtete man sich im allgemeinen nach den Anforderungen der finnischen Universitäten. Mit der Erneuerung der Acta et Commentationes (3 Reihen) schuf die Universität sich ein eigenes wissenschaftliches Publikationsorgan; bis 1939 erschienen 104 Bände. 1932 feierte die Universität, die sich als national-estnische Hochschule verstand, das 300jährige Gedächtnis der Gründung durch Gustav Adolf. – In der Theol. Fakultät vertraten anfangs A.v.Bulmerincq und O.Seesemann das AT, A.Baron Stromberg das NT; zuletzt waren alle Lehrstuhlinhaber Esten, unter ihnen seit 1919 der Kirchenhistoriker O.Sild und der Praktische Theologe (spätere Bischof) J.Kõpp. Zur Fakultät gehörte auch eine Professur für apostolisch-(griech.-) orth. Theologie. 1920 wurde neben der deutschen eine estnische Universitätsgemeinde gegründet. – Nach der Umwandlung Estlands in eine Sowjetrepublik (1940, erneut 1944) wurde die Theol. Fakultät liquidiert, die Universität im Sinne des Marxismus-Leninismus gleichgeschaltet.

E.V.Petuchov, Die Kaiserl. Jurjever ehem. D.er Univ. in den 100 Jahren ihres Bestehens I. II, 1902/06 (russ.) – H.Semel, Die Univ. D. Skizzen, 1918 – L.Villecourt, L'université de Tartu 1919-32 (Acta et Commentationes Univers. Tartuensis C 15), 1932 – R.v.

ENGELHARDT, Die dt. Univ. D. in ihrer geistesgeschichtl. Bedeutung, 1933 - G.v.RAUCH, Die Univ. D. u. das Eindringen der frühen Aufklärung in Livland 1690-1710, 1943 - A.TALLGREN, The University of Tartu - a Centre of National Education (The Baltic Review 1, 1946, Nr. 2-3) - E.BLUMFELDT, The University of Tartu. An Historical Survey (Apophoreta Tartuensia 1949, IX-XVI) - R.WITTRAM, Die Univ. D. im 19.Jh. (Zs. f. Ostforsch. 1, 1952, 195-219) - H. SEESEMANN, Die Theol. Fakultät der Univ. D. 1802-1918 (R.WITTRAM [Hg.], Baltische KG, 1956, 206-219) - J.AUNVER, Die Theol. Fakultät der Univ. Tartu/D. (ebd 261-266). *R.Wittram*

Dositheus (1641-1707), * in Arachobe auf der Peloponnes. Als 16jähriger erhielt D. die Diakonatsweihe, seit 1657 im Dienst des Jerusalemer Patriarchen Paisius (1645-60) in Konstantinopel. Als Vertrauter von dessen Nachfolger Nektarius (1661-68) wurde D. 1666 Metropolit von Cäsarea und damit Exarch des Patriarchen von Jerusalem. 1669 bestieg er den Patriarchatsthron der hl. Stadt, wenngleich er aus Opposition gegen die Übernahme der hl. Stätten durch die Lateiner seit 1688 in Konstantinopel residierte. - D. zeichnete sich durch seine praktische Tätigkeit im Dienste der Orthodoxie aus. Er hält Verbindung mit den wichtigsten Herrschern des damaligen Osteuropas und des nahen Orients. Mit → Peter I. verkehrte er brieflich und verfolgte dessen Reformmaßnahmen mit großem Mißtrauen, weil er in ihnen eine Verletzung der Autonomie der Orthodoxie sah, die er auch auf der Synode von Jerusalem und in der Confessio Dosithei von 1672 zu wahren sucht. Der junge Patriarch nahm den Kampf der Jansenisten zum Anlaß, nochmals ausdrücklich und vor der europäischen Öffentlichkeit die calvinistischen Ketzereien des Cyrill → Lukaris und mit ihm den Protestantismus überhaupt abzulehnen. Ebenso hat er auch die Eigenständigkeit der Orthodoxie gegen den Katholizismus behauptet und in Rußland Einfluß auf die Auseinandersetzung mit den, nicht zuletzt im Anschluß an Petrus → Mogilas entstandenen katholisierenden Tendenzen in der Frage der »Wandlung« genommen. Eben deshalb ist die Bedeutung des D. auch nur auf diese Auseinandersetzungen beschränkt, wie heute ebenfalls von orthodoxer Seite betont wird. - → Bekenntnisbildung, → Bekenntnisschriften, 7.

H.S.ALIVISATOS, CHRYSOSTOMUS, Erzbischof v. Athen, M.ZYZYKINE in: Procès-Verbaux du 1er Congrès de Théologie Orthodoxe à Athènes 1936, Athènes 1936, 76. 202ff. 415f (Lit.) - C.R.A.GEORGI, Die Confessio Dosithei (Jerusalem 1671). Gesch., Inhalt u. Bedeutung, 1940 (Lit.). *K.Onasch*

Dostojewskij, *Feodor Michajlowitsch,* * 30.10.1821 zu Moskau, † 28.1.1881 zu Petersburg, entstammt einem im 16.Jh. in Wolhynien (damals polnisch) begüterten, später wegen des Festhaltens am orthodoxen Glauben und russischen Volkstum deklassierten Adelsgeschlecht. Auf Wunsch des Vaters besuchte D. 1837-43 die Petersburger Militäringenieurschule, nahm aber schon 1844 als Oberleutnant seinen Abschied und widmete sich literarischer Tätigkeit. Die »Armen Leute« brachten 1846 die Anerkennung des einflußreichen Kritikers W.Belinskij, der das Werk als »sozialen« Roman in der Nachfolge → Gogols deutete. D. war mit der russischen und westeuropäischen Dichtung der → Empfindsamkeit und → Romantik aufgewachsen. → Schiller und Balzac waren ihm bes. vertraut. Unter Belinskijs Einfluß begeisterte sich D. für George Sand und die Theorien des in dem Rußland der Leibeigenschaft als Heilslehre empfundenen utopischen Sozialismus. Seit 1847 gehörte D. zur radikalen Gruppe des geheimen sozialistischen Kreises um Petraschewskij. Er wurde deshalb 1849 zum Tode verurteilt, dann von Nikolaus I. zu vier Jahren Zuchthaus und anschließendem Dienst als Gemeiner in Sibirien begnadigt. Erst 1859 gelang die Entlassung aus der Armee und die Rückkehr in die Literatur. Seine Erlebnisse im Zuchthaus vermochte D. erst 1861 in den »Memoiren aus einem toten Hause« zu gestalten. Die Leidensjahre in Sibirien bereiteten bei D. einen Wandel in seiner von den Utopisten übernommenen Auffassung vom Menschen vor. In den gemeinsam mit seinem Bruder Michail herausgegebenen Zeitschriften »Wrèmja«, 1861-63, und »Epòcha«, 1864-65, war D. bestrebt, die in Rußland bestehenden Gegensätze zwischen »Westlern« und →»Slawophilen« durch seine »bodenständige« Richtung auszugleichen. Die Menschen Westeuropas und Rußlands sind dem Wesen nach verschieden: Äußerste Individualisierung und egoistisches Streben nach Macht (des einzelnen wie einzelner Völker) unter Verlust des Christentums schien D. das Kennzeichen des dem Verderben entgegengehenden Westeuropas. Allmenschlichkeit, Allverständnis und Allversöhnung erschien ihm dagegen als Kennzeichen des russischen »Volksgeistes«, der selbst noch in den ihrem Volk entfremdeten, westeuropäisch gebildeten Russen zT lebendig geblieben sei. Zur Rettung Rußlands und Europas ersehnte D. die Wiedervereinigung der europäisierten russischen »Intelligenz« mit dem »Volk« als dem Träger solcher unverfälscht gehüteten christlichen Wahrheit unter Bewahrung westlicher Errungenschaften. Eine Gewähr für die Möglichkeit solcher Vereinigung bot ihm das Vorbild von Pùschkin, dem größten russischen Dichter. Von diesem Standpunkt aus kritisierte D. in den »Winteraufzeichnungen über Sommereindrücke«, einem Bericht über seine Europareise von 1862, das kapitalistische wie das sozialistische Westeuropa. In den »Aufzeichnungen aus dem Untergrund«, einer unmittelbaren Antwort auf den Roman von Tschernyschèwskij »Was tun?«, nahm D. den Kampf mit dem aus dem Westen eindringenden äußersten Materialismus und Utilitarismus auf. In der Reihe der großen Romane - »Schuld und Sühne« (Raskòlnikow) 1866, »Der Idiot« 1868, »Die Dämonen« 1870/71, »Der Jüngling« 1875, »Die Brüder Karamàsow« 1880 - analysierte D. genial den von westeuropäischen modernen Lehren verführten, vom »Boden« losgelösten Russen seiner Zeit und dessen Weg in die Katastrophe - zum Untergang oder auch zu Reue und Umkehr. Der durch das drohende Schuldgefängnis erzwungene Europaaufenthalt von 1867-71 und die Reisen von 1874, 1875, 1876 und 1879 bestärkten D. in seinem Verständnis von Westeuropa. Seine häufig maßlosen politischen und weltanschaulichen Meinungen äußerte D. seit 1873 im »Tagebuch eines Schriftstellers«, durch das er großen Einfluß gewann. Den äußeren Höhepunkt seines Wirkens bedeutete die 1880 bei der Enthüllung des Puschkindenkmals in Moskau gehaltene Rede, in der er den Dichter als den »Allmenschen« im Sinne der seit 1861 vertretenen Anschauungen pries. Sieben Monate danach starb D., der seit seiner Jugend an Epilepsie litt, an den Folgen eines Lungenleidens.

D. ist Dichter, Schöpfer der philosophischen Romantragödie. Ihn beschäftigen ewige Fragen nach Mensch, Gemeinschaft, Freiheit, Glaube, Liebe, Christus, Gott. Aber er hat kein geschlossenes philosophisches oder theologisches System. Aussagen über seine *Weltanschauung* dürfen nur unter Berücksichtigung aller literarhistorischen Ergebnisse und mit größter Vorsicht gemacht werden. Ausgangspunkt seines Denkens ist der *Mensch.* Im Zuchthaus erfährt D. die Haltlosigkeit des aufklärerischen und utopistischen Menschenbildes, weil »die Eigenschaft zum Henker fast in jedem Menschen liegt«. Der Mensch ist nicht nur das Vernunftwesen. Er liebt das Böse; Zerstörungs- und Selbstzerstörungstrieb sind in ihm gleich stark, gegenüber seiner Umwelt sucht er, gleichgültig ob er dabei zu Schaden kommt, Eigenwillen zu bekunden. Dieser würde, von allen verwirklicht, zum Chaos führen. Darum sucht der Mensch, der nach dem Sündenfall das unmittelbare Verständnis für den wahren Sinn des Lebens verloren hat, für sein Zusammenleben eine alle verbindende große Idee zu finden, was ihm aber mit Hilfe der Vernunft nicht gelingt. So kommt es in der Geschichte immer wieder zu gewaltsamen Vereinigungen, zur Sklaverei im Reiche der »Dämonen« oder des »Großinquisitors«. Die Heilmittel des Westens - der Humanismus aller Färbungen und der D. zeitgenössische Sozialismus - versagen. Rettung kann nur von Gott kommen, der faßbar wird nur in seiner Liebe zu den Menschen: in seinem Sohn. Aus der Liebe zu Christus und im Erweis dieser Liebe an den Mitmenschen erwächst die neue Gemeinschaft, die am Ende der Tage die ganze Schöpfung umfassen soll: die Kirche, die mehr ist als jede institutionelle Kirche. Der Einbruch des Reiches Gottes hängt ab von einer *Erkenntnis* - daß nämlich jeder von uns vor dem anderen *schuldig* ist - und von einer *Tat* - »Daß wir einander lauter Christusse werden!» -. Das Christentum D.s enthält - zB in der Christologie und der Ekklesiologie - unorthodoxe Elemente, auf die auch Zeitgenossen verwiesen. D. hat entschieden überkonfessionelle Züge.

Werke: russ. hg.v. TOMASCHEWSKIJ, 13 Bde, Moskau 1926-30; dt. hg.v. A.MOELLER VAN DEN BRUCK, 22 Bde, 1915-25; Sämtliche Romane u. Erzählungen, hg.v. A.LUTHER, 18 Bde, 1927. - Biographie: L.GROSSMAN, Leben u. Werke F.M.D.s, Moskau 1935 (russ.) - K.MOTSCHULSKIJ, Leben u. Schaffen, Paris 1947 (russ.) - K.NÖTZEL, Das Leben D.s, 1925. - Weltanschauung: Orth.: N.BERDJAJEW, Die Weltanschauung D.s, 1925 - L.A.ZANDER, D. Le Problème du Bien, Paris 1946 - F.STEPUN, D. Weltschau u. Weltanschauung, 1950. - Ev.: W.MAHRHOLZ, D. Ein Weg zum Menschen, zum Werk, zum Evangelium, 1922 - P.FISCHER, D. Sein Glauben, Hoffen, Lieben, 1925 - E.THURNEYSEN, D., 1930 - W.SCHÜMER, Tod u. Leben bei D. (Diss. Münster), 1933 - A.RAMMELMEYER, Aufstand gegen den Westen. Zur Weltanschauung u. Frömmigkeit F.M.D.s (Zeitwende 20, 1948, 431-440) - M.DOERNE, Gott u. Mensch in D.s Werk, 1957. - Kath.: R.GUARDINI, Religiöse Gestalten in D.s Werk, 1947 - TH.STEINBÜCHEL, F.M.D. Sein Bild vom Menschen u. vom Christen, 1947 - R.LAUTH, Ich habe die Wahrheit gesehen. Die Philosophie D.s, 1950. *A.Rammelmeyer*

Dotation →Kirchengut, →Kirchenverträge, →Konkordat, → Staatsleistungen.

Doumergue, *Emile* (1844-1937), prot. Theol., * in Nîmes. 1880 Prof. für KG an der Fakultät von Montauban, 1906 Dekan, 1919 Ehrendekan. Sein Hauptwerk ist die umfangreiche Calvinbiographie (Jean Calvin, les hommes et les choses de son temps, 7 Bde, Lausanne 1899-1917 und Neuilly 1926-27): ein unerschöpfliches Nachschlagewerk, jedoch mit stark apologetischem Einschlag. D. förderte damit wesentlich die calvinistische Erweckung in Frankreich. Als Schriftsteller widmete er sich darüber hinaus einer intensiven Polemik zugunsten des franz. Protestantismus.

Vf. u.a.: La piété réformée d'après Calvin, 1901; Les étapes du fidéisme, 1908; La Réformation et la révélation, 1910; Calomnies antiprotestantes, 1912; Le caractère de Calvin, (1921) 1931²; La paix et la vérité, 1922. - D. leitete von 1871-80 das Wochenblatt Le christianisme au XIXe siècle, an dem er auch später bis zu seinem Tode mitarbeitete; schrieb außerdem für die Zeitschrift Foi et Vie. *J.Roth*

Dowie, *John Alexander* (25.5.1847 bis 9.3.1907), Gründer der Christian Catholic Apostolic Church in Zion City, Illinois/USA (Ch.C.A.Ch.), * in Edinburgh (Schottland) als Sohn armer Eltern, war zunächst Kongregationalistenprediger in Australien. Nach 8jährigem Dienst in der kongregationalistischen Kirche kam er zur Überzeugung, daß er die Gabe der Heilung besitze. Er verließ sein Amt, gründete The International Divine Healing Association und baute einen Tempel in Melbourne. 1888 ging D. in die USA, wo er als göttlicher Heiler auftrat, zuerst in Evanston (Illinois), dann 1893 in Chikago. 1896 gründete er seine Ch.C.A.Ch. Bald nannte er sich selbst »Elia III.«, dann »Elia den Wiederhersteller«. Als die Kirchen Chikagos Einspruch erhoben, baute er 1901 am Michigansee »Zion City«. Dort verwirklichte er seine theokratischen Ideen, wobei er sich als »erster Apostel« und »erster Prophet« Jesu Christi bezeichnete. Vielerlei Volk wurde angezogen (1907 schon 7000 Einwohner), und D. übte in Zion City bedeutenden Einfluß aus, während seine Wirkung außerhalb gering blieb. Er bereiste auch andere Länder, Australien, China, Japan und Westeuropa, wo er einigen Anhang fand. Während einer Reise D.s nach Mexiko 1906 erhob sich Kritik an seiner finanziellen Verwaltung in Zion City, außerdem wurden ihm unsittliche Neigungen vorgeworfen. Er wurde abgesetzt, konnte sich aber nach seiner Rückkehr vor Gericht zT rechtfertigen. Er wurde aber nicht mehr voll eingesetzt. Sein Nachfolger in Zion war sein Mitarbeiter Wilbur Glenn Voliva. - Die *Glaubensanschauungen* D.s und der Ch.C.A.Ch. (oder auch nur Christian Catholic Church) sind von extrem fundamentalistischer Prägung (→Fundamentalismus). In der Glaubensheilung sieht man das Wesentliche am christlichen Glauben. Tauchtaufe wird geübt, Abgabe des Zehnten ist obligatorisch. Der Genuß von Schweinefleisch, Alkohol, Tabak sowie die Verwendung von Heilmitteln wird abgelehnt. Das Apostelamt gilt als Zeichen der wahren Kirche Christi. 1896 gründete D. die »Leaves of Healing«, seit 1898 auch »Blätter der Heilung«. Es herrscht bis heute eine sehr gespannte Erwartung auf Christi Wiederkunft. So heißt ein Monatsblatt »Final Warning«. Ein weiteres Merkmal ist die strenge Theokratie mit einem »Generalaufseher«, unter dem andere Aufseher und Älteste stehen. D. übte auch, in Übereinstimmung mit seiner Stellung, einen prunkvollen Kult mit Hohenpriestergewand und Zionsschar. Seine Frau leitete die »Frauenscharen«. - Heute gehört die Ch.C.A.Ch., deren Mitgliederzahl nicht angegeben wird, zu jenen Gruppen Amerikas, die durch gewisse Einzelheiten und durch großen Enthusiasmus in den Versammlungen entweder Lächeln oder Opposition hervorrufen (Clark). 1937 wurde der große Silotempel durch Feuer zerstört, was der Wirksamkeit des Teufels zugeschrieben wurde, weil man im Tempel ein Passionsspiel vorbereitete.

The New SCHAFF-HERZOG Enc. III, 498 (D.; Lit.); 40 (Ch.C.A.Ch. in Zion; Lit.) - RGG² I, 1995f - DAB V, 413f - R.HARLAN, J.A.D., Evansville 1906 - E.T.CLARK, The small sects in America, (1937) 1949². *O.Eggenberger*

Doxologie, (trinitarische) Verherrlichungsformel, meist am Schluß der Gebete (→Liturgik: III). Die Liturgie der alten Kirche kennt die D.maior, das → Gloria in excelsis, als selbständigen Gesang und die D.minor (in der röm. Fassung: Gloria patri et filio et spiritui sancto, sicut erat ...). Sie wird mit Ausnahmen in der Advents- und Fastenzeit in der gregorianischen Liturgie immer als abschließender Vers der Psalmen und nach deren Melodie gesungen. Der D. beim Psalm entspricht die trinitarische Schlußstrophe der → Hymnen. Beide Ergänzungen dürften zunächst im Osten während der Kämpfe zwischen Orthodoxen und Arianern entstanden sein, als das Volk begehrte, beim alternierenden Vortrag der Psalmen und Hymnen durch Zurufe seinen Glauben zu bekennen - im Protest gegen nichttrinitarische Rufe der Arianer. Diese östliche Sitte wurde dann 386 von Ambrosius für den Vortrag der → Antiphonen (dh Psalmen) und Hymnen übernommen (vgl. Augustin Confessiones IX, 6-7). Die Einführung in die röm. Liturgie wird dem Papste →Damasus († 384) zugeschrieben.

DACL IV, 1925ff - J.Handschin, Musikgesch. im Überblick, 1948, 112. *E.Jammers*

Drabík (Drabicius), *Nikolaus* (1588-1671), * in Strážnice (Mähren), Vorsteher mährischer Gemeinden der Brüderunität, dann als Exulant im damaligen Ungarn unter Rakoczy Tuchhändler, im Denken und Wandel Außenseiter seiner Kirche. Von starkem prophetischem Sendungsbewußtsein erfüllt, verkündete er in gegenwartsnaher Deutung at. Weissagungen den Untergang des Hauses Habsburg und des Papsttums, die Heimkehr der Exulanten und die Aufrichtung des Reiches Gottes. Von seinen Ideen beeindruckt, gab J.A. → Comenius 1657 in der Sammlung Lux in tenebris u.a. die Offenbarungen D.s heraus (1665², Lux e tenebris). Nach erlistetem, im Trunk erfolgtem Widerruf wurde D. in Preßburg hingerichtet.

RE V, 2f - J.Müller, Gesch. der Böhm. Brüder III, 1931. *E.Peschke*

Drache. Als ein Fabelwesen, oft in Gestalt von → Schlange oder Meerungeheuer, spielt der D. in → Initiationsriten, in Legenden, Sagas und → Märchen sowie im →Aberglauben eine große Rolle. Als mythisches Wesen hat der D. eine mehrfache Funktion. Der →Mythus vom Kampf zwischen Vogel (Sonnensymbol, → Sonne) und Schlange-D. ist weltweit bezeugt. Gegensatzpaare wie Nacht-Tag, virtuell-aktuell, männlich-weiblich stehen dahinter, aber auch ihr komplementäres Verhältnis kommt darin zum Ausdruck: die kosmische Totalität bzw. die coincidentia oppositorum. Wie die Schlange, so symbolisiert auch der D. die Urwasser, das → Chaos, die Finsternis, und in den philosophischen Spekulationen des Ostens das noch Unerschlossene, das ungebrochene »Eine« vor der Schöpfung. Der Kampf zwischen einem D. und dem Sonnen- oder Lichtgott kann bedeuten: 1. den Übergang von der bloßen Virtualität zur Form, dh die Kosmogonie; 2. den Kampf um die Vorherrschaft in der Welt; 3. den Konflikt zwischen zwei Weltordnungen (ethnische oder historische Konflikte). In allen diesen Fällen geht es mehr oder weniger deutlich um den Gedanken der → »Schöpfung«. Als → Symbol dessen, was vor der »Form« liegt, wird der D. als der eigentliche »Grundherr« betrachtet, als das autochthone Wesen schlechthin, gegen das die Eroberer zu kämpfen haben, ehe sie ein Gebiet einnehmen und organisieren (dh »formen«, »schaffen«) können. Eine Reihe von Mythen, die vom Kampfe eines fernher gekommenen Helden mit dem D.n, dem unumschränkten Gebieter des Landes, erzählen, beschreibt den Zusammenstoß der autochthonen Mächte, der Repräsentanten der alten Ordnung, mit den siegreichen Eindringlingen, die schließlich eine neue Ordnung begründen (einen neuen Staat, eine neue Dynastie, eine neue Gesellschaftsordnung usw). Mögen solche Mythen weithin auch historische Kämpfe widerspiegeln, so haben sie doch im Grunde kosmologische Bedeutung: der Sieg über den autochthonen D.n meint den Sieg über das Chaos, also die Kosmogonie. Durch die Eroberung eines Landes geschieht »Neuschöpfung«, denn es erhält nun eine neue »Form«.

Der vedische Hauptmythus preist den Sieg Indras über den D.n Vrtra, der die → Wasser in Beschlag genommen hatte. Schon das Rigveda (IV, 19, 3) stellt Vrtra als ein Symbol des Gestaltlosen und Unerschlossenen dar. In späteren Spekulationen symbolisiert Vrtra oder die Schlange Ahi Budhnya nicht nur das Unerschlossene, sondern auch den Aspekt des »Nächtlichen«, Unsichtbaren, Verborgenen bei den Göttern.

Ähnliche Mythen in mehr oder weniger abgewandelter Gestalt finden sich im alten Orient und in Hellas. Der iranische Held Thraētaona tötete das dreiköpfige Ungeheuer Azi Dahāka (Yašt 19, 38-44 u. ö.). Nach späteren armenischen Quellen wurde der D. nicht getötet, sondern im Berge Demawend eingeschlossen. Der griechische Typhon (oder Typhaeus), der hundertköpfige D., wird in ähnlicher Weise unter dem Ätna eingeschlossen. In Ägypten erzählt der Hauptmythus, wie Rē mit dem D.n Apophis kämpfte. Nach einer anderen Überlieferung (Inschrift von Denderah) tötete der Gott ihn nicht sofort, sondern stieß ihn in seine Höhle und wälzte einen riesigen Stein über ihn. Der hethitische Mythus preist den Sieg des Luftgottes über den D.n Illuyankas. Der sumerische Mythus berichtet vom Kampf des Gottes Ninurta mit dem Ungeheuer Asag, durch dessen Schuld die unterirdischen Wasser aufgestiegen waren und die Erde bedrohten. Im kanaanäischen Mythus von → Ugarit gelingt es → Baal mit Hilfe von zwei Wunderwaffen, den D.n Yam zu besiegen; er will ihn töten, aber ʿAštart überredet ihn, den Feind nur gefangenzusetzen. Nach dem akkadischen Mythus im Epos Enuma Eliš (→ Babylonien: II, 14) triumphierte Marduk über das Meerungeheuer Tiamat, hieb es entzwei und bildete aus den zwei Stücken seines Leibes die sichtbare Welt.

Die Funktion dieser Mythen in den Kultriten war sehr bedeutend. In Babylonien, in Kanaan, bei den Hethitern und Ägyptern wurde während der Neujahrsfeierlichkeiten der Kampf zwischen Gott und D.n von zwei Schauspielergruppen aufgeführt: Man reaktualisierte im →Kultus das mythische Ereignis, das die gegenwärtige Ordnung begründet hatte, so daß die Welt neu geschaffen, dh wiedererneuert wurde.

In Gen 1 stößt man auf Spuren eines Kampfes Jahwes mit dem Meer bei der Weltschöpfung (→ Babylonien: III, 3). Anspielungen auf den D.nmythus kommen auch sonst im AT vor (→ Leviathan, dort auch Rahab). Der D.nmythus wird auch in die → Eschatologie hineingenommen: Die Endzeit nimmt die Urzeit wieder auf, und der D. wird endgültig vernichtet werden (Dan 7; 4Esr 6, 51).

H.Gunkel, Schöpfung u. Chaos in Urzeit u. Endzeit, (1895) 1921² - E.Siecke, D.nkämpfe, 1907 - S.Mowinckel, Psalmenstudien II, Kristiania 1922, 45ff - B.Schweitzer, Herakles, 1922, 184ff - E. Benveniste-L.Renou, Vrtra et Vrthragna, Paris 1934 - A.K.Coomaraswamy, The Darker Side of the Dawn, Washington 1935 - A.Heidel, The Babylonian Genesis, Chicago 1942 - Th.H.Gaster. Thespis. Ritual Myth and Drama in the Ancient Near East, N.Y, 1950, 140ff. 151ff. 317ff. 325ff - ANET 60ff. 125 - Eliade §§ 27. 71. 98. 101. *M.Eliade*

Drache zu Babel. Als ZusDan bildet der D.z.B. mit dem → Bel zu Babel in der griech. Bibel eine Doppelerzählung, die bei Theodotion am Schluß des Danielbuches steht, in der LXX dagegen dem → Susannabuch folgt. Richtet sich die Polemik im Bel zu Babel gegen die Verehrung einer Götzenstatue, so hier gegen die eines lebenden Tieres. Daniel beweist dem König die völlige Ohnmacht des Drachen, indem er diesen ohne Gewaltanwendung tötet; das ist ein verbreiteter Zug der Drachenkampfsagen (vgl. Bereschith rabba c. 68 und H. Schmidt, Jona, 1907, 26 Anm. 2). Des erregten Volkes wegen in die Löwengrube geworfen (vgl. Dan 6), wird Daniel sechs Tage lang in wunderbarer Weise bewahrt und durch den eigens durch einen Engel herbeigeführten Habakuk gespeist. Dies bewirkt nicht nur die Rettung Daniels und die Bestrafung der Aufrührer, sondern veranlaßt die Bezeugung, daß es außer dem Gott Daniels keinen anderen Gott gäbe. - Entstehungszeit und ursprüngliche Sprache sind ungewiß, da sichere Kriterien fehlen.

Lit. → Bel zu Babel. *M.Weise*

Draconites (*Drach*, Draco), *Johannes* (1494-1566), *Karlstadt / Main, studierte seit 1509 in Erfurt (1514 Magister), gehörte dem Humanistenkreis an, der → Mutian verehrte und dessen Mittelpunkt Eobanus → Hessus bildete, und stand seit 1518 mit → Erasmus im Briefwechsel. Die Wendung der jüngeren Erfurter Humanisten zu Luther brachte D. in Konflikt mit seinen Mitkanonikern am Severi-Stift und führte ihn 1522/23 als luth. Pfarrer nach Miltenberg a.M.; von dort aus promovierte er 1523 in Wittenberg zum D. theol. Vor Erzbischof Albrecht von Mainz mußte er aus Miltenberg fliehen; in drei Sendschreiben hat er die Gemeinde zu stärken versucht. Nach einem Studienaufenthalt in Wittenberg übernahm D. am 9.1.1526 die Pfarre Waltershausen bei Gotha, gab sie aber 1528 wegen wirtschaftlicher und persönlicher Schwierigkeiten unter dem Tadel der Wittenberger auf. Nach einer wissenschaftlichen Muße in Eisenach wurde er 1534 Prof. der Theologie und Pfarrer in Marburg, wo er nach Konflikten mit Landgraf → Philipp und A. → Hyperius sich 1547 den Auseinandersetzungen mit Th. → Thamer durch seinen Weggang entzog. Über Lübeck kam er als Prof. 1551 nach Rostock, geriet aber im Streite mit T. → Heßhus fälschlich in den Ruf eines »Antinomisten«. Seit 1560 Präsident des Bistums → Pomesanien in Marienwerder, lebte er bis zu seinem Tode meist in Wittenberg, der Arbeit an einer fünffachen Polyglotte hingegeben, die - nur in Bruchstücken veröffentlicht - das Lebenswerk dieses luth. Bibeltheologen darstellt.

G.Kawerau, J. D. aus Carlstadt (BBKG 3, 1897, 247-275; 264ff Gedächtnisrede zu Luthers Tod) - O.Albrecht, WA 15, 54ff (dazu Ergänzungen u. Berichtigungen v. F.Herrmann in BBKG 9, 1903, 193-209) - P.Kalkoff, Humanismus u. Reformation in Erfurt, 1926 - F.Gundlach, Catalogus Professorum Academiae Marburgensis, 1927 (Lit.) - G.Franz, Quellen u. Urkunden zur hess. Reformationsgesch. II. III, 1954/55.

W.Maurer

Dräseke, *Johann Heinrich Bernhard* (1774-1849), * in Braunschweig, nach dem Studium in → Helmstedt 1795 zum Diakonus, später Hauptprediger in Mölln berufen, 1804 Pastor in Ratzeburg, 1814 an St. Ansgar in → Bremen. 1832 durch Friedrich Wilhelm III., der D. wegen dessen Stellung zur → Union schätzte, zum Gen.-Sup. der Provinz Sachsen (Magdeburg) ernannt, erstrebte D. anfangs erfolgreich die Überwindung der Gegensätze zwischen Pietisten und Rationalisten. Im Verlaufe des Streites mit dem rationalistischen Pastor → Sintenis nahm D. 1843 seinen Abschied. - D.s frühe Predigten tragen den Stempel der »geistlichen Beredsamkeit« herderscher Prägung. Die ursprünglich grundlegenden Gedanken der sittlichen Menschennatur, der Gottes-, Vaterlands- und Menschenliebe treten auf einer späteren Stufe (seit ca 1815) zurück (Christus an das Geschlecht unserer Zeit, [1819f] 1820[3]; Gemälde aus der Hl. Schrift, 1821ff; Vom Reich Gottes, 3 Bde, 1830). Durch biblische Predigt versucht er unter Verzicht auf spekulative Dialektik die Reflexionsberedsamkeit zu überwinden. D.s Predigten sind populärer als die → Herders oder → Schleiermachers; an geistlichem Gehalt erreicht er, der »Jean Paul auf der Kanzel«, einen → Harms oder → Menken aber nicht. Von diesem unterscheidet sich D. auch durch seine patriotischen Predigten (»Deutschlands Wiedergeburt«, [1814] 1817f[2]). Aufklärung, Sturm und Drang, Idealismus, romantische Mystik und Erweckung vereinen sich in D. zu einer Synthese von Humanitätsgesinnung und Christentum. Seinem ethisch-paränetischen Offenbarungsverständnis fehlt die dogmatische Bestimmtheit.

Über D.: ADB V, 609f - RE V, 18ff - GG[2] VI, 224f (Titel der Predigtsammlungen) - Chr.Tischhauser, Gesch. d. ev. Kirche Deutschlands . . ., 1900, 256f u. Reg. - G.Frank, Gesch. d. prot. Theol. IV, 1905, 429ff - H.Hering, Die Lehre v. d. Predigt, 1905 (Reg.) - G.Puttkammer, J.H.B. D. (Diss. Königsberg), 1921 (Lit.) - W.Lütgert, Die Religion d. dt. Idealismus II, 1923, 221 - Leiturgia II, 322. 325.

E.H.Pältz

Drama, *religionsgeschichtlich*

1. Kult und D. - 2. Anlaß des Kult-D.s - 3. Richtungen des Kult-D.s - 4. Mittel des Kult-D.s - 5. Thema des Kult-D.s

1. Das D. geht auf kultische Spiele zurück. Es ist erwiesen, daß sich das D. in Griechenland, in Indien wie im mittelalterlichen Westeuropa aus der Sphäre der Heiligen Handlung (des sacer ludus der → Mysterien) erhebt. Seine Wurzeln liegen in dem Bereiche von Religion bzw. Magie, in dem diese ihre Gewißheiten und Hoffnungen kultisch handelnd vergegenwärtigen und realisieren. Der → Kultus läßt den → Mythus dramatisch geschehen. Der Kultus bildet den Mythus nicht ab; er stellt auch nicht nur versinnbildend dar, ahmt auch nicht nach, sondern er realisiert. Ohne kultische Handlung gibt es keine Realisierung dessen, was man glaubend weiß: ohne den Adonis-Ritus kein aus dem Tode erstehendes Leben (→ Auferstehung: I. II). Diese → »Begehung« des Kultes ist selbst Heilsereignis. Das Heil aber hilft dem Leben der Welt und des Menschen wider alle Bedrohung auf. Des Lebens Lebendigkeit wird also im Kult zum Ereignis. Der Mensch handelt mit den Mächten im Außerordentlichen der Begehung. Damit hilft er dem Ordentlichen des Alltags: Ohne das rituelle, dramatisch sich ereignende Sterben des Königs geht das Leben des Stammes zugrunde (→ Königtum, sakrales). Die »Begehung« des Kultus hat tief dramatische Züge in sich, denn in den Religionen geht es immer auch um Begegnung: Die Begegnung der Mächte, das certamen veris et hiemis, wie die Begegnung der Gottheit. Begegnung muß sein, damit Leben sei. Sie wird im Kult handelnd vollzogen. Solange dieser Vollzug lebt, lebt die Gottheit und die Welt. Der Kult als Kult-D. gewährleistet Leben. Das Kult-D. als Ritus stiftet den Kontakt zu Mächten und Göttern und zwischen ihnen. Es hilft der Lebensmacht wider die Chaosbedrohung. Es läßt Tammuz auferstehen und Horus siegen. Ohne das Kult-D. ist der Sieg der Sonne nicht wirklich. Ohne den Hieros Gamos kann das junge Jahr nicht wachsen und nicht Frucht bringen. Das Heraufkommen des Kornmädchens muß begangen sein, damit die Saat wachse. Der Kult geschieht als D. Er erwirkt das Leben.

2. Der Kult und damit das Kult-D. tritt ein, wo das Leben der Welt, des Stammes oder des einzelnen gefährdet ist. Immer wieder tritt das Leben an seinen Übergängen in Gefährdung. Solche Übergänge sind periodisch, zB der Gezeitenwechsel. Sie berühren das Leben von Mensch, Tier und Pflanze in → Geburt, Hochzeit (→ Ehe: I) und → Tod (: I). Sie sind jedem Reifevorgang eigen, zB als → Pubertät. In ihnen steht das Leben in Verwandlung. Ein Altes vergeht. Ein Neues soll werden. Der Übergang bedroht. Der Kult muß schützend handeln. Er nimmt die Verbindung wahr, das Kontinuum (!). → Frazer hat allen dramatischen Riten das Motto gegeben: le roi est mort, vive le roi. Das ist zumal darum einleuchtend, weil der König das Lebensganze trägt. Der Übergang von König zu König trägt daher besonderes Gewicht. Aber auch wo das Wild erlegt werden soll, wo die Saat der Erde anvertraut wird (→ Fruchtbarkeit), wo ein junger Mensch durch Heirat seinen Lebenskreis ändert, sind Übergänge vorhanden, die des Lebens Kraft seiner Geschlossenheit entblößen. Das Leben muß begangen werden, damit es sich erneut runde und seine Kraft bewahre. In besonderer Weise ist dies natürlich beim Tode der Fall (→ Begräbnis: I). Der

dramatische Ritus begeht die Ausgemeindung aus dem Kreise der Lebenden wie die Eingemeindung in den Ahnenkreis. Die Trauerperiode mit ihren Begehungen (→ Trauerbräuche: I) stellt diese Übergänge dar (zB indem der Tote eine Zeitlang gespielt wird).

3. Leben ist Begegnung und Austrag von Begegnung zwischen den Mächten wie den Gottheiten. Begegnung geschieht konventionell. Sie ist umstellt von der waltenden Ordnung. Eine Grundordnung ist es, daß Leben nur durch das Sterben hindurch wach bleibt. Das Kult-D. verwirklicht die Begegnung in ihrer Ordnung: sacer ludus (van der Leeuw). In drei Hinsichten kann die Grundform des Kult-D.s beschrieben werden: a) Das Kult-D. kann die Ereignisse des Überganges selbst vollziehen: Der Hieros Gamos ist hierfür das typische Beispiel. Dieser Vollzug kann der Saat wie dem Vieh, den jungen Leuten des Stammes wie dem König zukommen. Das D. kann aber auch eine Göttergeschichte darstellen, die die Vollzüge selbst ideal-typisch stilisiert. Dann steht zwischen D. und Ereignis das dramatische Göttergeschehen als Inbegriff. Das Sterben und Auferstehen des Gottes zB wird dargestellt (Tammuz). Man meint darin die Saat oder den König oder einen der anderen Übergänge. Das Göttergeschehen hat sich zwischen Ereignis und D. gestellt. - b) Das D. kann also die Ereignisse selbst oder ihre göttergeschichtliche Typik darstellen. Aber es kann dieselben auch im → Symbol ideographisch vollziehen. In vielen Kulturen finden wir die Ereignis-Darstellung einerseits und das Symbol andererseits verbunden. Ein bes. klares Beispiel bietet Eleusis, wo sowohl die tatsächliche Aufführung wie die symbolisch-dramatische Begehung nebeneinanderstehen. Wir sehen dies Nebeneinander auch sehr klar im »dramatischen Ramesseumpapyrus« (Sethe). Die Grenzen zwischen beiden sind oft fließend, wie in den Bräuchen des »Tod-Austragens« (Usener). Die Kult-Substitution führt von der Ereignis-Darstellung zum Symbolisch-Dramatischen. - c) Als Form-Unterscheidung ist wichtig, daß das Kult-D. sowohl Kraft gewinnende wie Kraft abstoßende Funktion haben kann. Die Begehung kann in der Ordnung des Rhythmus Lebenskraft konzentrieren und auf die Darsteller sammeln. Sie kann aber auch lösen und als → Ekstase gebundene Kraft frei werden lassen.

4. Die Mittel, die den Kult als D. möglich machen, sind: a) *rhythmische Bewegung* (→ Tanz und → Prozession). Man hat in der Forschung das Kult-D. immer wieder an den Tanz als Pantomime angeschlossen. Das ist auch gewiß richtig. Das Leben wird im Kult rhythmisch, also als Ordnung begangen. Im Bereich des rein darstellenden Tanzes findet schon Begegnung statt zwischen einem Vortänzer und den anderen wie zwischen zwei Tanz-Gruppen. Die Begegnung der großen Lebensgewalten (yin und yang, Frühling und Winter, Leben und Tod) wird tänzerisch verwirklicht. Der Kriegstanz ist schon »eine Art Krieg« (van der Leeuw), der den Sieg wie die Niederlage, die Verwundung und den Kriegstod einschließt. Der Jagd-Tanz ist die Jagd, deren Teile alle vorgetanzt werden. Sonst kann Jagd nicht Ereignis werden (→ Jäger und Jagdriten). Die Bewegung im Rhythmus, die den intendierten Lebensvollzug wiedergibt, gehört zum Kult-D. Kult als Wettkampf und Kult als Prozession gehören zu dem Tanz. - b) Die → *Maske* ermöglicht den Vollzug der Bewegung. Sie gehört zur dramatischen Verwirklichung. An der Maske ist zumal der ganze Realitäts-Charakter des Kult-D.s zu erheben. Die Maske gibt die Identität zum Dargestellten. - c) Zu Bewegung und Maske gehört das → *Wort* in Rede und Gegenrede, um dem Kult-D. seine volle Gestalt zu geben. Das Wort erhebt den Mimus, die Ausdrucksbewegung, zum D. Erst mit dem Wort wird das Wirkend-Gewaltige des Kult-D.s zum Ereignis. Das kann so sein, daß zur Masken-Bewegung der Mythus im epischen Rezitativ tritt (zB in → Ugarit). Es kann auch so sein, daß die Masken sich ansprechen (zB beim ägypt. Schabaqa-Stein). Die drei Momente: Bewegung im Rhythmus, Maske und Wort konstituieren das D.

5. Eine Übersicht über Verbreitung und Vorkommen des Kult-D.s läßt sich nicht geben, da es mit dem Kult selbst gegeben ist. Es findet sich bei Primitiven wie in hochstehenden Religionen (orthodoxe Liturgie) und bestimmt die Volksfrömmigkeit weitgehend (Mysterien). Man hat von einer Schematik des sacer ludus gesprochen (van der Leeuw), und man kann dieselbe auch aufstellen. Es ist die Schematik des Lebens selbst mit → Chaos und → Schöpfung, Leben und Tod, Saat und Ernte, Liebe und Ehe. Die Ordnung des Lebens, die als Kontinuum Garant des Lebens ist, wird an den Übergängen des Lebens kultisch konstituiert. Das geschieht, indem das als Begegnung erfaßte Leben dramatisch wiedergeholt wird.

→ Feste und Feiern: I, → Kultgeschichtliche Methode: I, → Ritus, → Spiel.

H.Reich, Der Mimus, 1903 - H.Usener, Heilige Handlung, 1913 - W.O.E.Oesterley, The sacred dance, Cambridge 1923 - H.Ehelolf, Wettkampf u. scenisches Spiel im hethit. Ritual, 1925 - K.Sethe, Dramatische Texte zu altägypt. Mysterienspielen, 1928 - W.Grönbech, Essay on Ritual Drama, London 1931 - R.Stumpfl, Kultspiele der Germanen, 1936 - I.Gonda, Zur Frage nach dem Ursprung u. Wesen des indischen D.s (AcOr 19, 1943, 329-453) - A.Pfeiffer, Ursprung u. Gestalt des D.s, 1943 - Th.H.Gaster, Thespis. Ritual, Myth and Drama in the Ancient Near East, New York 1950 - A.E. Jensen, Mythos u. Kult bei Naturvölkern, 1951 - RÄRG 187ff - S. Mowinckel, Religion u. Kultus, 1953 - O.Eberle, Cenalora. Leben, Glaube, Tanz u. Theater der Urvölker, 1954 - G.van der Leeuw, Vom Heiligen in der Kunst, 1957.

C.H.Ratschow

Drei Könige, die *heiligen,* werden stets mit den bei Mt 2, 1 ff zitierten »Magiern« bzw. heidnischen Priestern identifiziert, die als Sternanbeter dem »Stern von Bethlehem« folgend (vermutlich aus dem Sabäerlande) nach Palästina kommen, um dem neugeborenen »König der Juden« zu huldigen (→ Astrologie, 2b). Schon Tertullians Bericht (vgl. Adv. Marc. III, 13) läßt erkennen, daß - möglicherweise unter dem Einfluß at. Weissagungen (vgl. Jes 49, 7; 60, 10; Ps 68, 30; 71, 9-11; 72, 10) - aus den nt. »Magiern« die »D.K.« geworden sind.

Allerdings entbehrt auch die Geschichte von den Magiern nicht ganz der legendenhaften Züge, die allen mit der Kindheitsgeschichte Jesu zusammenhängenden Erzählungsstoffen anhaften. Ursprünglich war die *Dreizahl* noch nicht fixiert; erst mit dem 5.Jh. wird sie zu einer feststehenden Tradition, vielleicht gefördert durch Mt 2, 11, worin von den dreierlei Gaben des Goldes, Weihrauchs und der Myrrhe die Rede ist. Im 8.Jh. führt man die Zahlenspekulation weiter; man kennt jetzt auch die Namen der einzelnen Könige und spricht von dem Jüngling Kaspar, dem Manne Balthasar und dem Greis Melchior, ebenso von den drei Weltteilen, aus welchen die drei angeblich gekommen sind (vgl. Beda, Collectanea, MPL 94, 541; 92, 13). Dagegen wird die Vorstellung von dem Afrikaner Kaspar als einem Neger erst im 15.Jh. Allgemeingut (vgl. Stephan Lochners berühmtes Kölner Dombild mit der Darstellung der Hl. D.K., worauf Kaspar noch nicht als Mohr wiedergegeben ist!).

Im Bereich der kath. Kirche genießen die D.K. als die ersten Anbeter des Heilandes aus der Heidenwelt und als die Patrone der Pilger, Hirten und Herbergen allgemeine *Verehrung*. Ihr Festtag - Epiphanias - hat bes. im deutschen Sprachbereich große Volkstümlichkeit erlangt, seitdem die Reliquien der Genannten von Mailand nach Köln übertragen und von dem Kölner Erzbischof Reinald von Dassel, dem sie der Kaiser Friedrich Barbarossa nach der Eroberung Mailands 1162 geschenkt hatte, feierlich am 23.7.1174 in der Peterskirche zu Köln beigesetzt worden waren; im 13.Jh. hat man sie dann in den Kölner Dom verbracht, wo sie bis heute in dem nach ihnen benannten Prachtschrein ruhen. Neuerdings lebt ihre Verehrung auch in Oberitalien wieder auf, seitdem 1903 Kardinalerzbischof Fischer von Köln dem Mailänder Kardinal Ferrari einige Reliquienpartikeln zurückgab, die dann wieder in derselben Kirche, der die Reliquien ursprünglich angehörten (St. Eustorgius), niedergelegt wurden.

Vielfältig ist auch das mit der Feier des Tages in den kath. Gegenden Deutschlands verknüpfte *Brauchtum*. Meist wird mit der Frühmesse das Heiligdreikönigswasser eingeholt, zusammen mit der geweihten Kreide und dem geweihten Salz (für den angeblich die Hexen feienden Salzkuchen); dann werden mit Kreide sämtliche Kopfbalken der Zimmer- und Stalltüren mit den Anfangsbuchstaben der Königsnamen und dem Kreuzeszeichen beschriftet sowie die Jahreszahl in je zwei Ziffern (von links nach rechts) dazugesetzt (also entweder wie in Böhmen, Oberpfalz und Oberfranken: $\begin{matrix}+KMB+\\ 19+57\end{matrix}$ oder wie in Altbayern und Schwaben: 19 K+M+B 57). Dabei besprengt man das ganze Haus mit Weihwasser, spricht Gebete und verbrennt mitunter auch (durch die Dreikönigsräucherer) Weihrauch. Aus all dem spricht ein Abwehrzauber, der wie zB auch das Dreikönigsbrotbacken auf ursprüngliche heidnische Riten zurückweist (vgl. →Aberglaube, 2c). Dagegen darf das neuerdings in vielen Gegenden durch Flüchtlinge wieder aufgekommene Dreikönigssingen (in prot. Landen durch die Sternsänger bekannt) auf christliche Mysterien (vielleicht Weihnachtsspiele) zurückgeführt werden.

Auch in der *darstellenden Kunst* fand die Erzählung seit frühester Zeit (vgl. die wohl älteste Darstellung in der St. Petrus- und Marcellinus-Katakombe in Rom aus dem 3.Jh.) ihren Niederschlag (→ Weihnachten, 2). Außer den schon genannten Werken vgl. noch die Gemälde von Dürer (Uffizien, Florenz) und Rubens (Louvre, Paris).

H.KEHRER, Die hl. D.K. in Lit. u. Kunst, 2 Bde, 1909 - W. BAUERNFEIND, Aus dem Volksleben, 1910, 19ff - RGG^2 I, 2011ff (Lit.) - KÜNSTLE II, 290ff - DOYÉ I, 291f - LThK III, 451ff (Lit.) - H.SCHNITZLER, D. Dreikönigenschrein im Kölner Dom, 1939 - H. FAHSEL, D. hl. D.K. in der Legende u. nach den Visionen d. Anna Katharina Emmerich, 1941 - K.MEISEN, Die Hl. D.K. u. ihr Festtag, 1949. *H.Paulus*

Drei Männer im feurigen Ofen. Mit dem → Asarjagebet bildet der Lobgesang der drei Männer eine Einschaltung im griech. Dan-Text zwischen Dan 3, 23 und 3, 24 (MT). Er ist veranlaßt durch das wunderbare Unversehrtbleiben der Männer inmitten der feurigen Lohe. Formal gliedert sich der Lobgesang in drei Teile: Die Einleitungs- (V. 52-56) und die Schlußbenediktionen Gottes (V. 89-90) geben den Rahmen für die Aufforderungen an die »Werke des Herrn« (vgl. Ps 148), Gott zu preisen. Ihnen folgt jeweils litaneiartig das gleiche Responsorium (vgl. Ps 136). Die Situationsbezogenheit des Lobgesangs wird lediglich durch das einfache Mittel der Einschaltung des V. 88 hergestellt. - Neben »Daniel in der Löwengrube« sind die »Drei Männer im Feuerofen« Auferstehungshinweise der christlichen →Katakomben-Malerei.

Lit. → Asarjagebet. *M.Weise*

Dreier, *Christian* (1610-88), luth. Theologe, * Stettin. Nach juristischen, philosophischen und theologischen Studien in Jena, Wittenberg, Rostock seit 1638 in Königsberg, wo er 1644 a.o. Prof., 1649 erster Hof- und Schloßprediger, 1657 Prof. primarius wurde. Am → Thorner Religionsgespräch (1645) nahm D. als kurfürstlich-brandenburgischer Abgesandter teil. Dabei lernte er → Calixt kennen, dessen theologische Methode und kirchlich praktische Richtung er sich weithin zu eigen machte. In Königsberg wurde er als Anhänger Calixts in den → synkretistischen Streit verwickelt. → Calov schürte die Auseinandersetzungen durch zwei Schriften, in denen er auch D. angriff. Die Gegner warfen D. vor, er habe bei der Begründung der Schriftautorität, der Deutung der hl. Schrift sowie in seiner Lehre vom Urstand und von der Sünde kath. Lehren vertreten. Seine antikath. Disputationen zeigen jedoch, daß diese Anwürfe keineswegs berechtigt waren.

ADB V, 393 (Bibliogr. in Auswahl) - TH.MOLDAENKE, Chr.D. u. der synkretistische Streit im Herzogtum Preußen (Theol. Diss. Königsberg), 1909 - RITSCHL IV, 428ff. *W.Delius*

Dreikapitelstreit. »Kapitel« (κεφάλαιον) heißt eigentlich eine (verdammende) Sentenz, hier übertragen die darin verurteilte Person oder Schrift. Der D. betrifft Person und Werk →Theodors von Mopsuestia, →Theodorets Schriften gegen → Cyrill (, 1) und des → Ibas Brief an Maris. - Im Zuge seiner Religionspolitik erließ → Justinian um 544 ein Edikt gegen die »nestorianisierenden« drei Kapitel. Er hoffte damit die Monophysiten zu gewinnen, nachdem er 542/43 den antiochenisch Gesinnten durch Verdammung des → Origenes entgegengekommen war. In → Chalcedon hatte man Theodoret und Ibas rehabilitiert; so erhob sich der Widerstand der chalcedonisch Gesinnten, vor allem im Westen (→ Bekenntnis: VII, 2). Im literarischen Kampf tat sich Afrika hervor (→ Facundus). Papst → Vigilius, der schwache Repräsentant eines starken Amtsbewußtseins, vermochte, nach Konstantinopel zitiert, dem »Theologenkaiser« nicht standzuhalten. Sein die drei Kapitel verurteilendes Judicatum (11. 4.548) zog er zwar zurück, schwur aber insgeheim, den Kaiser zu unterstützen. Gegen dessen Erlaß v.J. 551 protestierte er, dem Konzil v.J. 553 blieb er fern. Sein Constitutum (Mai 553) verurteilte 60 Sätze Theodors, verteidigte aber dessen Person und die übrigen Kapitel. Als das Konzil im Sinne des Kaisers entschied (→ Christologie: II, 5b), fügte sich der Papst (2. Constitutum: 23.2.554). Seine Nachfolger (→ Pelagius I., II.) hatten Mühe, Roms Verhalten zu interpretieren und den zT schismatischen Westen zurückzugewinnen.

RE V, 21ff - A.GRILLMEIER-H.BACHT, Das Konzil v. Chalkedon, 3 Bde, 1951-54 (Quellen u. Lit.). *U.Wickert*

Dreves, *Guido Maria* (1845-1909), kath. Hymnologe, * in Hamburg als Sohn eines mit Eichendorff befreundeten, kath. gewordenen Notars und Dichters, selbst eine romantische Dichternatur; bei den Jesuiten in Feldkirch erzogen, dann selbst Jesuit, aber nach 36 Jahren 1905 aus dem Orden ausgetreten, fand D. seine Lebensaufgabe im Sammeln lat. Kirchenlieder aus der ganzen Welt, die als Analecta hymnica medii aevi bis jetzt 55 Bände füllen. Von Bd 25 ab war sein Mitarbeiter Clemens Blume SJ, mit dem er auch einen Auszug herausgab: »Ein Jahrtausend lat. Hymnendichtung«.

A.BAUMGARTNER, StML 78, 1910, 531ff - LThK III, 457 - MGG III, 816. *W.Lueken*

Drews, *Paul* (1858-1912), Prof. für Prakt. Theol., lehrte (nach Pfarrdienst in Burkau und Dresden) in Jena, Gießen und Halle (1894-1912). D. kam von der Reformationsgeschichte zur Geschichte des Gottesdienstes, hat dann aber, von den Christlich-Sozialen und seinen eigenen Erfahrungen angeregt, der Prakt. Theol. durch das lebendige Interesse für die Umwelt und die Innenwelt des Gegenwartsmenschen weiterwirkende Impulse gegeben. D. war Mitbegründer der → »Christlichen Welt« und Hg. des Sammelwerkes der Ev. Kirchenkunde, die er zu einem Hauptzweig der Prakt. Theol. machen wollte.

Disputationen D. Martin Luthers in den Jahren 1535-45, 1895-96; Studien zur Gesch. des Gottesdienstes, 5 Bde, 1902-10; Das kirchl. Leben der ev.-luth. Landeskirche des Königreiches Sachsen, 1902. - Über D.: R.GÜNTHER-F.LOOFS, MPTh 9, 1913, 1-5 (Lit.). 43-47 - K.EGER, ThStKr 90, 1917, 1-30 - RGG² I, 2027 (Lit.). *H.Urner*

Dritter Orden → Tertiarier.

Drontheim (Stadtgründung 997, Name im MA: Nidaros) war seit etwa 1070 fester Bischofssitz unter der Obödienz →Hamburg-Bremens, ab 1104 unter → Lund. Als man nach 1100 einen norwegischen Metropolitansitz wünschte, war D. (→ 5 B 5) als Königsresidenz in zentraler Lage und mit dem Grab des Nationalheiligen Olav der gegebene Ort. Ca 1151 wurde ein Norweger in Rom zum Erzbischof über Norwegen geweiht, starb aber auf der Heimreise. Die eigentliche Gründung der Provinz erfolgte erst durch den Legaten Nikolaus Brekespear (später: Hadrian IV.) 1152-53. Er organisierte die Provinz mit 10 Suffraganbischöfen: 4 in Norwegen (Bergen, Oslo, Stavanger, Hamar), 2 in Island (Skálholt, Holar), 1 in Grönland, 1 in den Färinseln, 1 in den Orkneys, 1 in Sudereys und Man. Die beiden letzten Bischofsstühle wurden im Spät-MA von D. gelöst. Die Erzbischöfe Eystein (1161-88) und Eirik (1189-1205) mußten im Kampf mit der Krone ins Exil gehen. In der Unionszeit, ab 1319, war der Erzbischof Hauptvertreter der norwegischen Interessen den Unionskönigen gegenüber. Mit der Reformation wurde D. 1542 luth. Bischofssitz für Nord-Norwegen, 1803 in zwei Bistümer geteilt. Der Dom zu D. (ältester Teil vor 1100) gilt als Nationalheiligtum.

Kirkeleksikon for Norden IV, 1929, 626ff - W.HOLTZMANN, Krone u. Kirche in Norwegen (DA 2, 1938, 341-400) - A.O.JOHNSEN, Studier vedrørende kardinal Nicolaus Brekespears legasjon til Norden, Oslo 1945 - Nidaros Erkebispestol og Bispesete 1153-1953 I, Oslo 1955. *E.Molland*

Droste-Hülshoff, *Anna Elisabeth Freiin von (Annette)*

1. Religiöse Umwelt - 2. Geistliche Dichtung - 3. Religiöse Thematik - 4. Wirkungsgeschichte

Die D. (* 10.1.1797 auf Schloß Hülshoff bei Münster, † 24.5.1848 auf der Meersburg am Bodensee bei ihrem Schwager Laßberg) ist die bedeutendste geistliche und religiöse Dichterin des 19.Jh.s in Deutschland, ein religiöses Genie von ebenso großer altchristlicher Schlichtheit wie von neuzeitlicher Glaubenshaltung, erst im 20.Jh. mehr und mehr in ihrer ganzen Bedeutung erkannt.

1. Von ihrer *religiösen Umwelt* her ist sie nur zT zu verstehen. Durch ihre Mutter Therese, geb. v.Haxthausen, stand sie mit dem Kreis der »Familia Sacra« in Münster (→ Gallitzin) in lockerer Verbindung; dank ihrer Stiefgroßmutter Anna Maria v.Haxthausen, für die sie geistliche Lieder schrieb, kannte sie den Geist im Kreise des konvertierten Grafen F.L.v. → Stolberg; durch ihren Onkel Prof. Cl.D.-H. kam sie in Bonn und Köln mit den Anhängern von G. → Hermes in Berührung; der münsterische Philosophie-Prof. Christoph Bernhard Schlüter, der die erste Ausgabe eines Gedichtbändchens und des »Geistlichen Jahres« betreut hat, machte sie mit den spätromantisch-nazarenischen Bestrebungen bekannt; durch ihre Verbindung mit dem westfälischen Adel nahm sie an der münsterischen Aufregung um den Fideismus teil; ihr literarischer Freund Levin Schücking, mit dem sie eine Zeitlang zusammenarbeitete, machte sie mit den modernen freireligiösen Bestrebungen um D.F. → Strauß und L. → Feuerbach vertraut; ein freilich kurzer Briefwechsel mit dem Fürstbischof M.v. → Diepenbrock vermittelte ihr noch kurz vor ihrem Ende etwas vom poetischen Zauber der spanischen religiösen Dichtungen. Vom persönlichen religiösen Leben der D. wissen wir kaum mehr, als daß sie ihre religiösen Pflichten als Katholikin erfüllte, daß die »Nachfolge Christi« des → Thomas a Kempis ihr bevorzugtes Andachtsbuch war und daß sie vielleicht vom religiösen Stil des Kreises um die Fürstin → Gallitzin (tägliche Gewissenserforschung und Pflege des Gebetes) bestimmt war.

2. Die *geistliche Dichtung* macht zahlenmäßig nicht ganz ein Fünftel ihres Werkes aus; wichtiger aber ist, daß die D. sich während der rd 25 Jahre ihres poetischen Schaffens immer von neuem mit dem geistlichen Thema im Gedicht beschäftigt hat (→ Lyrik). Am Anfang (1818/19) stehen »Geistliche Lieder« für Anna Maria v. Haxthausen: gereimte Andachtsübungen im konventionellen Sinn. Im selben Geiste kam die junge Annette auf den Gedanken, ein »Geistliches Jahr in Liedern auf alle Sonn- und Festtage« zu beginnen (1820; → Dichtung und Religion): zunächst noch als Lieder für die fromme Großmutter gedacht, dann über der Beschäftigung mit den Sonntagsevangelien sich immer mehr zu einem persönlichen Bekenntnis ihrer religiösen Existenz entwikkelnd (»Am 5. Sonntag in der Fasten«, »Am Grünendonnerstage«), bis sie die Arbeit unter dem Eindruck einer menschlichen Krise (Doppelliebe zu H.Straube und A.v.Arnswaldt) mit dem Ostermontag abbrach. Erst 1839 vollendete sie das »Geistliche Jahr« mit den Gedichten vom ersten Sonntag nach Ostern bis zum Silvestertag: keine Lieder mehr, sondern große Meditationen (im Anschluß an die Worte des Evangeliums und an wenige Elemente aus dem AT), ihre geistige Armut vor Gott bedenkend, die geistige Situation ihrer Zeit erleidend, zwischen Vertrauen und Zweifel hin und her schwankend, zwischen Natur und Gnade, zwischen Hoffnung und Verzweiflung; in den besten Stücken (»Am Pfingstmontage«, »Am letzten Tage des Jahres«) von einer geradezu mittelalterlichen Glaubensinbrunst und Sündenangst. Am Ende ihrer geistlichen Dichtung (1845/46) steht das große »Gethsemane«-Bild und die Weltklage von der »ächzenden Kreatur« (über Röm 8, 19). Um ihren dichterischen Rang voll zu erkennen, muß man diese geistlichen Gedichte der D. mit der großen geistlichen Dichtung des → Barock (: II) vergleichen. Die Moralisierung und Sentimentalisierung von → Aufklärung (: II) und → Romantik (: II) wird im Anschluß an das Wort der Bibel überwunden (der Unglaube erscheint als Sünde und die Lebensangst als Mahnung des Himmels), und in der Meditation über das Wort tritt ihre religiöse Tiefe und Unmittelbarkeit unvergeßlich hervor. Manches erinnert an das bohrende Fragen → Kierkegaards.

3. Die *religiöse Thematik* findet sich auch in ihrer weltlichen Dichtung: zunächst im nazarenischen Sinn als das Caritasmotiv der Mönche in der Verserzählung »Das Hospiz auf dem Großen Sankt Bernhard«, dann als idyllisches Moment in »Des alten Pfarrers Woche«, später als Zeitkritik und ethischer Aufruf in den »Zeitbildern«, als Freude an der Natur als Schöpfung in den »Heidebildern« und zuletzt als schwermütig-tiefer Lebensrückblick in der Spätzeit (»Im Grase«, »Mondesaufgang«, »Der Dichter - Dichters Glück«). Erst auf dem Hintergrunde ihrer religiösen Existenz erhalten ihre lyrischen Gedichte jenen Ernst, jene Tiefe und jene verhaltene Lebensinbrunst, die die D.-Gedichte kennzeichnen. Erik Wolf deutet ihr ganzes Dichten als »betendes Wort«. Vielleicht hat die religiöse Thematik ihren stärksten Ausdruck in der »Judenbuche« (1841) gefunden, der Geschichte eines Judenmörders und des Urteils, das er an

sich selbst vollzieht; vor allem aber in der großen Ballade »Der Spiritus familiaris des Roßtäuschers« (1842), einer Grimmschen Sage vom Teufelspakt nachgebildet und zur Begnadigung des Teufelsbündlers umgestaltet. Wie die D. in der »Judenbuche« das Problem von Recht und Unrecht in der Welt durch die Entgegensetzung des »inneren Rechtsgefühls« gegen die äußere Rechtsprechung auf ein jenseitiges Recht hin löst, so überhöht sie im »Roßtäuscher« den Kampf von Magie und Gnade um die Seele des Menschen durch den schier unbegreiflichen Eingriff der Gnade von oben. Erst von der religiösen Thematik her erschließen sich diese Dichtungen ganz; wird das nicht gesehen, stehen sie wie »erratische Blöcke« in unserer Literatur.

4. Die *Geschichte der Wirkung* der D. beginnt mit ihrer Naturlyrik (D.v.Liliencron), mit der »Judenbuche« (Paul Ernst), mit ihrer menschlichen Existenz (E.Staiger) und ist noch kaum bis zur allgemeinen Anerkennung ihrer geistlichen Dichtung vorgedrungen. Die erste Wiederentdeckung der D. als religiöser Dichterin ist Protestanten zu verdanken, während kath. Literaturkritiker sich zurückhaltend, ja kritisch verhielten. Die ästhetische Anerkennung des »Geistlichen Jahres«, lange nur als »Gesangbuchverse« bewertet, setzt sich anscheinend erst in unserer Zeit durch. – Seit 1928 besteht eine D.-Gesellschaft (Sitz: Münster/Westf.).

Erst-Ausg.n: Gedichte, 1838 u. 1844; Das Geistl. Jahr, 1851; Letzte Gaben, 1860. - *Krit. Ausg.n:* Sämtl. Werke, hg.v. K.Schulte Kemminghausen in Verb. mit B.Badt u. K.Pinthus, 4 Bde, 1925-30 - Sämtl. Werke in zeitl. Folge, hg.v. Cl.Heselhaus, 1952 u.ö. - Das geistl. Jahr, hg.v. C.Schröder, 1939 u.ö. - Die Briefe. GA hg.v. K.Schulte Kemminghausen, 2 Bde, 1944. - *Interpretationen:* Cl.Heselhaus, »Am letzten Tage des Jahres«, »Das Spiegelbild«, »Mondesaufgang« (Die dt. Lyrik 2, 1956, 159-181) - Ders., »Der Spiritus familiaris des Roßtäuschers«, 1957 - B.v.Wiese, »Die Judenbuche« (B.v.Wiese, Die dt. Novelle von Goethe bis Kafka, 1956, 154-175). - *Abhandlungen:* K.Budde, Das »Geistliche Jahr« der A.v.D.-H. (PrJ 69, 1892, 340-385) - A.Bankwitz, Die relig. Lyrik der A. v.D.-H., 1899 - A.Weldemann, Die relig. Lyrik des dt. Katholizismus in der ersten Hälfte des 19.Jh.s, unter bes. Berücksichtigung A.s v.D., 1911 - J.Werle, Der Gotteskampf der D. Ein Beitr. zum Verständnis der relig. Seele, 1921 - J.Karp, Die relig. Entwicklung A.s v.D.-H. im Lichte der krit. Forschung, 1927 - E.Hollweg, Von der getrosten Verzweiflung. Welt, Mensch u. Gott in den Dichtungen der A.v.D.-H., 1928 - E.Staiger, A.v.D.-H., 1933 - K.Möllenbrock, Die relig. Lyrik der D. u. die Theol. der Zeit. Versuch einer theolog. Gesamtinterpretation u. theologiegeschichtl. Einordnung des »Geistl. Jahres«, 1935 - J.Müller, Die relig. Grundhaltung im Geistl. Jahr der A.v.D. (Dichtung u. Volkstum 37, 1936, 459-465) - Cl.Heselhaus, A.v.D.-H. Die Entdeckung des Seins in der Dichtung des 19.Jh.s, 1943 - Ders., Das Geistl. Jahr der D. (Jb. der D.-Gesellschaft 2, 1948/50, 88-115) - E.Wolf, Vom Wesen des Rechts in dt. Dichtung, 1946, 223 ff - E.Eilers, Probleme relig. Existenz im »Geistl. Jahr«. Die D. u. Sören Kierkegaard, 1953 - J.Nettesheim, Schlüter u. die D. Dokumente einer Freundschaft, 1956.

C.Heselhaus

Droste-Vischering, *Clemens August,* * 22.1.1773 auf dem Gut der altwestfälischen reichsfreiherrlichen Familie der Erbdrosten Vischering in Vorhelm b. Münster, † 19.10.1845 ebd, geriet schon früh in die Kreise der münsterländischen kath. Erweckungsbewegung, deren Mittelpunkt die Fürstin Amalia → Gallitzin war. Durch sie trat er auch in freundschaftliche Beziehungen zu den Konvertiten F. → Schlegel und Graf L.v. → Stolberg. 1798 zum Priester geweiht, seit 1805 Kapitelsvikar in Münster, ist er mit der Herrschaft Napoleons gut ausgekommen; der preußischen Kirchenpolitik stand er aber nach 1815 kritisch gegenüber. Seine schroffe Ablehnung des Bonner Theologen G. → Hermes führte 1820 zur Niederlegung seines Amtes. 1827 war er jedoch schon wieder Weihbischof. Nach dem Tode des konzilianten Kölner Erzbischofs Graf → Spiegel wurde D. gegen die ursprüngliche Absicht des Domkapitels und zur Verwunderung sogar der Kurie auf Empfehlung des preußischen Kronprinzen und dessen Freundes → Bunsen auf den Erzstuhl erhoben (1837). Obwohl er sich verpflichtet hatte, die mit seinem Vorgänger geschlossene, ihm dem Text nach unbekannte geheime Konvention in der Mischehenfrage zu beachten, vertrat er nach seinem Amtsantritt doch den seiner Überzeugung und den strengen Auffassungen der Kirche entsprechenden Standpunkt. In dem nun ausbrechenden offenen Kampf scheute die Regierung schließlich vor anfechtbaren und in ihrer Wirkung zweischneidigen Maßnahmen nicht zurück. D. wurde verhaftet und auf die Festung Wesel gebracht. Erst der Regierungsantritt Friedrich Wilhelms IV. (1840) brachte den Streit zum Abschluß. D. ist nach seiner Befreiung nicht mehr in sein Amt zurückgekehrt, doch gab der König für ihn eine Ehrenerklärung ab.

Vf. u.a.: Religionsfreiheit der Katholiken, (1817) 1838; Über den Frieden unter der Kirche u. den Staaten, 1843. - Über D.: ADB V, 420ff - RE V, 23ff; XXIII, 354f - Mirbt Nr. 584-586 - H.J.Kappen, Klemens August Erzbischof v. Köln, 1897 - H.Schrörs, Die Kölner Wirren, 1927.

K.Kupisch

Drummond, 1. *Henry* (1786-1860), aus engl. Adelsgeschlecht, war Bankier, zeitweise Mitglied des englischen Parlamentes und Stifter der ersten Professur für Nationalökonomie an der Universität Oxford. Kirchengeschichtliche Bedeutung hat D. als Mitbegründer der → Katholisch-apostolischen Gemeinde, die aus einem Kreis in seinem Herrensitz in Albury hervorging. Gegen Ende 1832 wurde D. »Engel« der Gemeinde von Albury, am 25.9.1833 »Apostel«. Bei der Verteilung des Arbeitsgebietes der 12 Stämme (1836) übernahm D. Schottland und die Schweiz, aushilfsweise ab 1847 auch Frankreich. 1849 gründete er eine Gemeinde in Basel, 1850 eine in Paris.

Vf. u.a.: Abstract principles of Revealed Religion, London 1845; Lectures delivered in the Churches, 1847; Discourses, 1859. - Über D.: DNB XVI, 28f - Dein Reich komme, 1930 (engl.); dt. 1932.

O.Eggenberger

2. *Henry* (1851-97), durch seltene Charakter- und Gemütseigenschaften ein geborener Seelsorger und Evangelist, auch religiöser Schriftsteller. Während seiner Studienzeit in Edinburgh wurde D. in die Moody and Sankey Evangelisation aufgenommen und arbeitete in britischen und irischen Städten mit, später auch in Amerika. Er besaß die große Gabe, Vertrauen zu erwecken, und wurde Ratgeber für viele Menschen aller Altersstufen, bes. für die Jugend. 1878 wurde D. Dozent für Naturwissenschaft an der theol. Fakultät zu Glasgow. Dort entdeckte er seinen eigentlichen Beruf. Er war nun in der Lage, seine Liebe für die Natur mit seiner Liebe für Christus zu verbinden. So führte er seine Studenten auf geologische Ausflüge. Zugleich übernahm er die Leitung der Kirche in einem armen Arbeiterviertel in Glasgow. Diese beiden Interessen gaben ihm die erwünschte Gelegenheit, in dem damals brennenden Konflikt zwischen Naturwissenschaft und Christentum Stellung zu nehmen. D. begrüßte die Arbeit → Darwins und zeigte, wie ein Naturwissenschaftler auch echter und fortschrittlicher Christ sein könnte. Sein weltberühmtes Buch »Natural Law in the spiritual world« (1883, dt.: Das Naturgesetz im Geistesleben) behandelt dieses Thema. Es schien das rechte Wort zur richtigen Stunde zu sein. Im Interesse der Studentenevangelisation wurde er nach vielen Ländern (Deutschland 1886) gerufen, und manche Ansprachen dieser Reisen wurden in vielen Sprachen veröffentlicht, zB: Das Beste in der Welt (Auslegung von 1Kor 13), Pax Vobiscum, Das Programm des Christentums, Das Schönste im Leben, Die Stadt ohne Kirche. D. starb kurz nach Erscheinen seiner zweiten apologeti-

schen Schrift »The Ascent of Man«, in der er den Altruismus als biologische Tatsache nachzuweisen suchte.

G.A.SMITH, H.D., 1898 (dt. 1900; Vorwort von F.BETTEX) - RE XXIII, 355f - DNB Suppl. II, 1901, 157f.

3. *William Hamilton* (1863-1945), englischer unitarischer Geistlicher, studierte in Jena 1883-84, war 1909-18 Hg. der unitarischen Wochenschrift The Inquirer, 1919 bis 1938 Sekretär des Hibbert Trusts, 1920-29 Sekretär des Weltbundes für → Freies Christentum und religiöse Freiheit. Während des ersten Weltkrieges nahm er an Notstandsarbeiten in Frankreich und Belgien teil und wurde zum Chevalier of the Order of Leopold ernannt. Nach dem Kriege arbeitete er im Interesse der Minoritäten bes. in Südost-Europa und setzte seine Arbeit für die Brüderschaft aller Menschen fort. *P.Scott*

Drusen sind eine religiös-ethnische Gruppe im Libanon, in Syrien und den Nachbargebieten (rd 90 000 Seelen). Der Name geht zurück auf Darazī, der 1017 in Überspitzung schiitischer Ideen den fatimidischen Kalifen al-Ḥākim als letzte Inkarnation Gottes erklärte. Der 1021 verschwundene Kalif werde am Ende der Zeiten wiederkehrend seine Anhänger zum Sieg führen. Zur letzten Inkarnation des göttlichen Allverstandes erklärte sich Darazīs erfolgreicher Konkurrent Ḥamza, auf den viele der im D.kanon erhaltenen 111 Schriften zurückgehen. Seine 7 Gebote umfassen u.a. Wahrhaftigkeit (nur innerhalb der Gruppe!), Glauben an die Einheit »Unseres Herrn« zu allen Zeiten, völligen Gehorsam ihm gegenüber. Da keine Konvertiten mehr gewünscht werden, muß die Lehre geheim bleiben; äußerliche Anpassung an die herrschende Religion ist geboten. Evangelium und Koran gelten als inspiriert; doch wahrer Führer ist nur der D.kanon. Man glaubt an eine himmlische Hierarchie: unter dem göttlichen Allverstand stehen Seele, Wort, Rechter und Linker Flügel; es folgen niedrigere Geistwesen. Die materielle Welt ist eine → Emanation aus dem göttlichen Allverstand. Die Seele kann in der → Seelenwanderung bis zum Entwerden aufsteigen oder in einen Tierleib sinken. Die tieferen Mysterien sind nur den ʿāqil genannten Männern und Frauen bekannt, die rund 15% der Bevölkerung ausmachen. Ihre Versammlung findet Donnerstag abends in dem schmucklosen Versammlungshaus statt. Wein und Tabak sind verboten.

Die politische Geschichte der D. ist wechselvoll, durch zahlreiche Aufstände der Feudalherren gekennzeichnet. Nach dem 1. Weltkrieg wurde in Syrien ein französisches Mandat (Hauptstadt Suwēda) unter drusischer Leitung geschaffen. 1925/26 kam es zu schweren Aufständen. In der jetzigen Libanonregierung sind die D.staaten durch einen Minister vertreten; 1948 wurde ein Personenrecht geschaffen, das sich in den meisten Punkten nicht, wie zu erwarten, an das schiitische, sondern an das hanefitische Recht anschließt, an das sich die D. in 400 Jahren türkischer Herrschaft gewöhnt haben.

PH.K.HITTI, The origins of the Druze people and religion, New York 1928 - DERS., History of Syria, New York 1951 - HIsl 117ff - H.WEHR, Zu den Schriften Ḥamzas im D.kanon (ZDMG 96, 1942, 187-207) - J.N.D.ANDERSON, The Personal Law of the Druze Community (WI NF 2, 1952/53, 1-9. 83-94) - EBrit VII, 1953, 681f. *A.Schimmel*

Drusius, *Joannes* (van den Driessche; 1550-1616), ref. Theologe und Orientalist, * Oudenaarde, studierte in Löwen und Cambridge, 1572 Prof. in Oxford, 1577 in Leiden (Hebräisch, Syrisch und Chaldäisch), 1585 in Franeker. Orientalist von europäischem Ruf und von den Staaten von Friesland zum Bibelübersetzer ernannt, schrieb D. viele grammatische Studien und exegetische Werke zum AT. Mit → Arminius und → Uyttenbogaert befreundet, wurde er mangelnder Rechtgläubigkeit wegen u.a. von seinem Franeker Kollegen Sibrandus Lubbertus bekämpft.

Opera theologica, exegetica etc, 10 Bde, 1622-36. - Über D.: W.B.C.BOELES, Frieslands Hoogeschool II, 1889, 46ff - P.C.MOLHUYSEN, Bronnen tot de gesch. v.d. Leidsche Universiteit I, 1913 - BWGN II, 620ff. *W.F.Dankbaar*

Dryander, *Ernst von* (1843-1922), zuletzt Oberhofprediger und geistlicher Vizepräsident des Ev. Oberkirchenrates in Berlin. Dank seiner amtlichen Stellung, seinen engen Beziehungen zu Kaiser Wilhelm II. und der Kaiserin sowie durch seine eindrucksvolle, irenische Persönlichkeit übte er auf die Gestaltung des kirchlichen Lebens der Altpreußischen Union, aber auch durch seine Predigten eine starke Wirkung aus.

Vf. u.a.: Aus meinem Leben, (1922) 1926⁴; Gott u. Mensch. Predigten u. Reden, 1926. - Über D.: F.MAHLING, Dt. Biogr. Jb. 1922, 48-55 - KJ 50, 1923, 474f - J.STEINBECK, MPTh 18, 1922, 269-276 - E.v.D.GOLTZ, ebd 19, 1923, 18-22 - DERS., Christentum u. Leben V, 1926², 96ff - W.KÄHLER, E.v.D., 1923 - L.SCHNELLER, Allerlei Pfarrherrn, 1925, 117ff - RGG² I, 2032 - A.UCKELEY, D.s Stellung in der Gesch. d. dt. ev. Predigt (Privatdruck des Berliner Domkirchenkollegiums), 1943. *A.Niebergall*

Dualismus

I. Religionsgeschichtlich - II. Theologisch

I. Religionsgeschichtlich

1. Kosmischer D. - 2. Eschatologischer D. - 3. Illusionärer D. - 4. Anthropologischer D. - 5. Numinoser D.

Unter D. versteht man die Anschauung, nach der die Wirklichkeit in Polaritäten gespalten ist, deren Pole nicht aufeinander zurückführbar sind. In der Religionsgeschichte begegnen verschiedenartige D.men, deren Verschiedenheit sowohl daher stammt, welche Wirklichkeit hinsichtlich des D. in ihr in Betracht gezogen wird, als auch daher, welche Wesenheiten die Pole des D. bilden.

1. Ein *kosmischer D.* kommt in zwei Formen vor: einerseits als D. gleichwertiger Pole. Das klassische Beispiel dafür ist der Universismus → Chinas (: II). Nach altchinesischer Auffassung wird das gesamte Leben des Kosmos durch das Zusammenwirken zweier einander ergänzender und daher unentbehrlicher Kräfte erweckt und in seinen Wandlungen bestimmt: Yin, das weibliche, passive, empfangende, und Yang, das männliche, aktive, zeugende, schöpferische Prinzip. Diese Dualität, an der auch der Mensch teilhat, bildet die Grundstruktur der kosmischen Wirklichkeit und ihres geordneten Kräftespiels. Von diesem kosmischen D. gleichwertiger Pole läßt sich ein gleichfalls kosmischer D. entweder ethisch oder soteriologisch ungleichwertiger Pole unterscheiden: für die erstgenannte Form liefert der Mazdaismus (→ Iran: III) → Zarathustras ein Beispiel; hier begegnen uns allerdings zwei D.men: der von Geist und Körper, der zur ersten Form einer wertindifferenten Polarität gehört, und der Gegensatz von Gut und Böse, der sich gleichmäßig auf die körperliche und geistige Welt verteilt. Der Kampf der guten und der bösen Welt und ihrer Mächte bildet das Thema der Weltgeschichte. Nicht ethisch, sondern soteriologisch ist der D. zu bewerten, den die indische → Sâmkhya-Philosophie lehrt: die ungeistige, unbewußte, aber aktive Urnatur (prakriti), aus der sich die Fülle feinstofflicher Substrate psychischen Lebens und im Prozeß fortschreitender Vergröberung die materiellen Elemente der Welt entfalten. Dem steht der Geist (purusha) als prinzipiell Anderes gegenüber. Er ist reines Bewußtseinslicht ohne Aktivität. Da nun aber die Purushas sich mit den körperlichen Organen scheinbar verbinden und dadurch die Illusion eines handelnden Geistes

entsteht, bedarf es der Isolierung des Geistes von der Körperlichkeit, die als → Erlösung anzusehen ist.

2. Unter dem Einfluß iranischer und babylonischer Mythologie entstand in der → Apokalyptik (: II, 3) des Judentums der griech.-hellenistischen Zeit ein *eschatologischer D.*: der Weltlauf wird geteilt in diesen Äon (→ Aion) voller Not, Tod und Elend, in dem böse Dämonen herrschen, und in den am Ende bzw. in der Wende der Zeiten kommenden Äon des Heils. »Der Höchste hat nicht *einen* Äon geschaffen, sondern zwei« (4Esr 7, 50). Der kommende Äon wird in der »Himmelfahrt des Mose« in folgender Weise charakterisiert: »Dann wird sein (Gottes) Regiment über all seine Kreatur erscheinen; dann wird der Teufel ein Ende haben und die Traurigkeit mit ihm hinweggenommen werden.«

3. Eine besondere Form eines universalen D. ist die des D. von erkennendem Subjekt und erkanntem Objekt, der den unerlösten Menschen nach der Lehre der → Upanishaden Indiens gefangen hält, ein *illusionärer D.* also, der aufgehoben wird in der erlösenden Erkenntnis. In der Brihadâranyaka Up. (4, 5, 15) heißt es: »Solange nämlich eine Zweiheit zu sein scheint, solange sieht einer den anderen, riecht einer den anderen ... Sobald aber einem alles zum → Âtman geworden ist, womit sollte er wen sehen ...? Durch den er dieses alles erkennt, womit sollte er diesen (Âtman) erkennen?« Auch der D. von Gott und Welt erweist sich nach der Lehre der späten Upanishaden (und des akosmistischen Vedânta) als Illusion: »Die Doppelheit (von Gott und Welt) würde aufhören, wenn sie von jemandem behauptet wird... Wenn (das Brahman) erkannt ist, gibt es keine Zweiheit mehr« (Mândûkya-Kârikâ 1,18).

4. Der auf den Menschen bezogene D. ist der von Leib und Seele. Er begegnet uns bei Platon (Gorgias 493 A), wo unter Verwendung orphischer Gedanken (→ Orpheus und die Orphiker) der Körper als Gefängnis der Seele erscheint. Dieser *anthropologische D.* erhält erst seine eigentliche Form, wenn der Körper entwertet und zum Gegenstand des Abscheus geworden ist (van der Leeuw 342). Bei → Poimandres begegnen wir der gleichen Abwertung des Körpers gegenüber der Seele: »Der Unkenntnis Sünde überflutet die ganze Erde und reißt die in den Körper eingeschlossene Seele mit ins Verderben« (Poimandres 7, p. 54). Im Mythus der → Gnosis (: I) wird die Entstehung des unheilvollen anthropologischen D. in der Weise geschildert, daß die Seelen als Splitter einer himmlischen Lichtgestalt, des → Urmenschen, angesehen werden, die in der Urzeit in die Gewalt dämonischer Mächte geriet. Diese himmlischen Lichtelemente in Menschenkörpern, die vielfach ihre Heimat vergaßen, bedürfen der Erlösung aus der Gefangenschaft im Leibe, um aufzusteigen in die Lichtwelt, aus der sie kamen.

5. Endlich kann man von einem D. innerhalb der Götterwelt und sogar innerhalb der Gottheiten selbst sprechen. Hier wäre zunächst an den D. von → chthonischen Gottheiten und uranischen zu denken, wie er zB in Griechenland im Gegensatz von Zeus und den Titanen sich ausdrückt. In der → germanischen Religion stoßen wir auf den D. der erdhaften Vanen und der himmlischen Asen. Einen Kampf zwischen beiden Gruppen (wie in Griechenland) hat es zwischen Vanen und Asen nicht gegeben, sondern einen Wettstreit, der mit friedlicher Durchdringung endete. Vielfach steigert sich der *D. numinoser Mächte,* wohl oft auch zwischen älteren und jüngeren Göttergenerationen, zu tödlichem Kampfe, so zB im Kampf der jüngeren Götter unter Marduk gegen die Chaosgottheit Tiamat (→ Babylonien: II). Aber auch innerhalb der Gottheit selbst tritt in bestimmten Frühstadien ein ambivalenter D. (→ Ambivalenz) auf. Die großen indischen Götter wie Varuna, Indra, Rudra haben alle jene zwei Seiten. Von Indra zB heißt es Rigveda 1, 4, 1: »Wenn er seine gute Gestalt annimmt, dann rufen wir ihn zur Gnade.« Man könnte auch auf Jahwe als »Schöpfer von Licht und Finsternis, von Heil und Unheil« (Jes 45, 7) hinweisen. Sodann ist an die Aufspaltung der numinosen Gesamtsphäre in feindlich-dämonische und in schützende und rettende Gottheiten zu denken.

ERE V, 100ff - J.J.M.de Groot, Universismus, 1918 - H.Lommel, Die Religion Zarathustras, 1930 - R.Otto, Gottheit u. Gottheiten der Arier, 1932 - H.S.Nyberg, Die Religionen des alten Iran (MV[Ä]G 43), 1938 - H.Schneider, Die Götter der Germanen, 1938 - van der Leeuw 337ff. 681ff - K.A.Eckardt, Wanenkrieg, 1940 - S.Petrement, Le dualisme dans l'histoire de la philosophie et des religions, Paris 1946 - Dies., Le dualisme chez Platon, les gnostiques et les manichéens, Paris 1947 - Satan (Etudes Carmélitaines 27, 2), Paris 1948, 107ff - R.Bultmann, Das Urchristentum im Rahmen der antiken Religionen, (1949) 1954². *G.Mensching*

II. Theologisch

1. Begriff - 2. Im AT und Judentum - 3. Im NT - 4. In der Dogmengeschichte - 5. In der Theologie der Gegenwart

1. D. bezeichnet im allgemeinen das Gegeneinander zweier Prinzipien, Grundbefindlichkeiten oder Tendenzen, die auseinander nicht ableitbar sind. Daneben meint D. auch bereits das Nebeneinander oder die Zuordnung beider, dh Zweiheit (Dualität) bzw. Spannung (Polarität). Streng genommen bedeutet D. jedoch eine *Gesamtanschauung,* die die Widersprüche der dem Menschen naturhaft oder geschichtlich begegnenden Wirklichkeit zu verstehen sucht. Der D. pflegt diese als Ergebnis des Widerstreites zweier das Dasein beherrschender bzw. ihm innewohnender Mächtigkeiten verschiedenen Wertes zu deuten.

2. Die biblische Botschaft von Gottes Willenszuwendungen schließt den D. in strengem Begriff grundsätzlich aus. Bereits im *AT* bedeutet Israels → Erwählung (: I) ebenso wie das Zeugnis von der → Schöpfung (: II) seine Überwindung. Der Glaube an den einen Herrn der Geschichte und den einen Schöpfer der Welt schließt gerade in den mythologischen, zT kosmologischem D. entstammenden Bestandteilen der Berichte den D. aus. Wohl tritt Jahwe dem Volk im Willenswiderstreit gegenüber und schafft und erhält die Welt im Kampf gegen die Chaosmächte. Aber Gottes Gegenüber zu Volk, Mensch, Welt und Göttern ergibt nie einen D. Auch treten Erwählung und Schöpfung nirgends in dualistische Spannung (Jes 45, 7). - Erst in der *jüdischen → Apokalyptik* (: II) entsteht unter Einfluß der iranischen Eschatologie eine dualistische Gesamtanschauung, die das altisraelitische und prophetische Geschichtsdenken zwar abwandelt, es aber zugleich schärfer umreißt und Gottes Rechtsanspruch auf die Welt radikalisiert (Lehre von den zwei Äonen [→ Aion]). Die Texte von → *Qumran* reflektieren den ethisch-eschatologischen D. ins Soziologische durch, indem sie die »Söhne des Lichts« gegen die »Söhne der Finsternis« zum Kampf aufrufen (1QM). Aber sie lassen die beiden »Geister« bzw. »Engel«, die die Kampfscharen anführen, im Unterschied zum iranischen D. unter dem Befehl des einen Gottes wirken (1QS).

3. Das *NT* sieht in der Epiphanie Jesu, unter Benutzung dualistischer Denkformen, die Wende von der alten zur neuen Weltzeit anbrechen. Da Gottes siegende Herrschaft nunmehr alle Daseinsbereiche durchwaltet, wäre jedoch besser nicht von »D.«, sondern von soteriologischer *»Antithetik«* (Stauffer 138) zu sprechen. Unter der neuen Heilserfahrung empfängt die Schematik des älteren D. eine reichere Differenzierung. Paulus arbeitet die Gegensätze: Gesetz - Verheißung (Gal 3, 18), Werke -

Glaube (Röm 3, 21ff), Fleisch - Geist (Röm 8, 4ff; Gal 5, 16) scharf heraus. Doch gründet diese Gegensätzlichkeit nicht in einem metaphysischen D., sondern im Heilshandeln Gottes, der seine Gerechtigkeit *und* seinen Zorn offenbart (Röm 1, 17ff) und in der Welt der Sünde und des Todes Leben und Heil anbrechen läßt (Röm 5f; 2Kor 3, 1ff). Die in Christus gefallene Entscheidung wirkt zwar Scheidung zwischen Geretteten und Verlorenen (1Kor 1, 18; 2Kor 2, 15f), läßt aber den eigentlichen Widerstreit im Leben des Glaubenden selbst entbrennen (Gal 5, 16). Die Paränese (→ Ethik) ruft zur existentiellen Distanz gegenüber der vergehenden Welt (Bultmann: »Entweltlichung«, vgl. 1Kor 7, 29ff), nicht zu Weltflucht (1Kor 5, 10) oder → Askese (: IV), die Konsequenzen des dualistischen Pessimismus sind. Antithesen wie neuer - alter, innerer - äußerer Mensch (Kol 3, 9f; 2Kor 4, 16), pneumatischer - psychischer Leib (1Kor 15, 43), ewiges - irdisches Haus (2Kor 5, 1ff) sind nicht Elemente dualistischer Anthropologie, sondern Momente der den Menschen ergreifenden Gottesgeschichte, die zugleich Geschichte der Menschheit (Röm 5, 15ff; 1Kor 15, 45ff) und Israels ist (Röm 9-11; Gal 4, 21ff). - Stärker dualistisch, weil formal gnostische Anschauungen aufnehmend, scheinen die Antithesen des → Johannesevangeliums zu sein: Licht - Finsternis (1, 5ff), Gesetz - Gnade (1, 17), Geist - Fleisch (3, 6; 6, 63), Leben - Verderben (3, 14ff) bzw. Tod (5, 24), Wahrheit - Lüge (8, 44), Christi Herrschaft bzw. Bruderschaft - Welt (18, 36; 19, 9ff), Freie - Sklaven (8, 34f), Glaubende - »Juden« (passim). Aber durchgängig ist der kosmologische D. der → Gnosis (Geist - Materie) vergeschichtlicht (Bultmann). Auch im JohEv dient, wie bei Paulus, die dualistische Denkstruktur der Aussage der letzten Entscheidung (Gericht) und der Auslegung des antidualistischen Kerygma. - Ähnliches gilt formal vom Zwei-Äonen-Schema der Synoptiker und zT von der Apk, die den Gegensatz zwischen Christusherrschaft und Weltmächten aufs äußerste zuspitzt (zB Apk 13; 17).

4. In der *Dogmengeschichte* ist der D. frühzeitig als häretisch ausgeschieden worden. Das gilt vom soteriologischen D. der Gnosis (der → Mandäer), des → Manichäismus wie vom ethischen D. des Mönchtums und gewisser Sekten des MA (→ Katharer, → Bogomilen), bes. vom bedeutendsten Vertreter eines theologischen D., → Marcion, der in einem radikalen Paulinismus dem Gott der Macht (Schöpfung, Gesetz, AT) den fremden Gott der Barmherzigkeit entgegensetzte. → Augustin trägt in seinen Lehren von der Erbsünde (→ Sünde: V), → Prädestination (: III) und den zwei »Bürgerschaften« (civitates) zwar dualistischer Welterfahrung Rechnung, vertritt aber keinen D. (Harnack). Bei → Thomas von Aquino hat die intentionale Dualität von Natur und Gnade den metaphysischen D. absorbiert. Der politische D. von weltlicher und geistlicher Gewalt, den die Zweischwerterlehre (Lk 22, 38) umschreibt, wurde von → Bonifatius VIII. in der Bulle »Unam sactam« (1302) unter Berufung auf Gen 1, 1 (in principio, nicht: in principiis!) ausdrücklich verworfen. - Das neue Verständnis des Paulus und Augustins durch die Reformatoren ließ dualistische Motive aufleben, stärker bei → Luther (die großen »exclusivae«: *allein* der Glaube usw) als bei → Calvin. Immerhin dienen diese der Interpretation der Freiheit und Lebendigkeit Gottes. So bei Luther die Unterscheidungen von Deus absconditus und Deus revelatus, Gesetz und Evangelium (→ Gesetz: V), den zwei »Reichen« (→ Regiment), bei Calvin die doppelte Prädestination. Jedoch wurde die Grenze zum D. (→ Flacius' Erbsündenlehre) deutlich gewahrt (FC I). In der Neuzeit erscheint sowohl der dogmatische wie der ethische D. in die Randgebiete der Theosophie abgedrängt (J. → Böhme; K. → Daub). In der neueren Philosophie erlebte der dialektisch bzw. spekulativ »aufgehobene« D. (→ Hegel, → Schelling) durch → Schopenhauer (Wille - Vorstellung) bis hin zu L. → Klages (Leben - Geist) eine Renaissance, die manche Abwandlungen bzw. Brechungen erfuhr (→ Lebensphilosophie; → Vitalismus). S. → Kierkegaard wird man trotz starker dualistischer Einschläge, bes. im Ethischen, kaum als Vertreter eines D. bezeichnen dürfen.

5. In der *gegenwärtigen Theologie* versuchen drei große Entwürfe das Problem des D. zu bewältigen. - K. → *Barth* entwickelte, nach anfänglicher Aufnahme dualistischer Motive (Römerbrief, 1922²), im Rahmen einer »Ontologie der Gnade« (O.Weber) eine Lehre vom »Nichtigen« als der »Möglichkeit, die Gott, indem er zur Schöpfung schritt, übergangen, an der er verachtend vorübergegangen ist« (KD III/1, 119). In der Verneinung des Bösen durch Jesus Christus wird seine seinsmäßige Ohnmacht als »fliehender Schatten« erkennbar. - Dagegen sieht K. → *Heim* im Weltbild des Glaubens zwei entgegengesetzte »Gesamtbilder« polar vereinigt: das dualistische des Kampfes zwischen Gott und Satan *und* das der göttlichen Allwirksamkeit, der selbst der Böse als »Gottes Teufel« (Luther) unterworfen ist. - In der *Lundenser* Theologie (→ Schweden: II) wird, im Rückgriff auf Luther und zT die griechischen Väter, historisch (Aulén, Nygren), dogmatisch (Bring) und ethisch (Wingren) das »Kampfmotiv« und damit die nt. Antithetik von Gott und den Mächten in ihrem realistischen Universalismus neu herausgearbeitet. - Wieweit die heilsgeschichtliche Gegensätzlichkeit, wie bei Luther, im personalen Willen Gottes (Zorn - Gnade) selbst gründet, bedarf weiterer Klärung. Jedenfalls ist gegenüber Barth die im Heilsgeschehen kundwerdende Wirklichkeit »Gott gegen Gott« nie im Sinne eines theologischen D. zu verstehen, sondern als Grund echter »Geschichtlichkeit«. Die Umwandlung des D. in Antithetik entbindet die Fähigkeit, widersprechende Totalaspekte eschatologisch zu vereinen (Luther: simul iustus et peccator) und im Verzicht auf systematischen Ausgleich das in der Widersprüchlichkeit verborgene Geheimnis Gottes zu ehren.

Außer den Lehrbüchern d. TheolAT, TheolNT u. d. DG: RE V, 48ff - H.Scholz, Glaube u. Unglaube in d. Weltgesch. Ein Kommentar zu Augustins de civ., 1911 - A.v.Harnack, Marcion. Das Ev. vom fremden Gott, (1921) 1924² - H.Heimsoeth, Die sechs großen Themen d. abendl. Metaphysik, (1922) 1954³ - E.Schott, Fleisch u. Geist bei Luther, 1928 - R.Bring, Dualismen hos Luther, Stockholm 1929 - R.Otto, Sünde u. Urschuld, (1929) 1932² - G.Aulén, Das christl. Gottesbild in Vergangenheit u. Gegenwart, dt. 1930 - R.Hermann, Luthers These »Gerecht und Sünder zugleich«, 1930 - J.Lecler, L'argument des deux glaives (Lk 22, 38) dans les controverses politiques du moyen âge (RevSR 21, 1931, 299-339) - H.Bornkamm, Äußerer u. innerer Mensch b. Luther (Imago Dei. Festschr. f. Gust. Krüger, 1932, 82-109) - H.Jonas, Gnosis u. spätant. Geist I (FRLANT NF 33), (1934) 1953² - K.Heim, Der ev. Glaube u. d. Denken d. Gegenwart II, (1935) 1955⁴; III, (1937) 1952³ - E.Brunner, Der Mensch im Widerspruch, (1937) 1941² - Barth, KD III/3, § 50 - W.Elert, Zwischen Gnade u. Ungnade. Abhandlungen d. Themas Gesetz u. Ev., 1948 - B.Noack, Satanas u. Soteria, Kopenhagen 1948 - W.Joest, Gesetz u. Freiheit. Das Problem des tertius usus legis b. Luther u. d. nt. Parainese, 1951 (Lit.) - E.Peterson, Der Haß wider d. Fleisch. Versuchung u. Fall durch die Gnosis (Wort u. Wahrheit 7, 1952, 5-10) - K.G. Kuhn, Die Sektenschrift u. d. iranische Religion (ZThK 49, 1952, 296-316) - K.Löwith, Weltgesch. u. Heilsgeschehen, (1953) 1956³ - G.Gloege, Politia divina. Die Überwindung des mittelalterl. Sozialdenkens durch Luthers Lehre von der Obrigkeit (WZ Jena 6, 1956/57, 445-460) - H.Braun, Spätjüd.-häret. u. frühchristl. Radikalismus I. II (BHTh 24), 1957 - E.Stauffer, Jerusalem u. Rom im Zeitalter Jesu Christi, 1957.

G.Gloege

Dublin, *Erzbistum* (→ 10 C 5). Durch den hl. → Patrick um 450 christianisiert. Seit 635 erscheinen Chorbischöfe. König Sitric II. (1038) und der hl. Donatus sind die eigentlichen Begründer des unter → Canterbury stehenden Bistums. Von Eugen III. 1152 in Unterordnung unter Armagh zur Metropole erhoben, wurde es 1182 unmittelbar dem hl. Stuhl unterstellt. Seitdem führen die Bischöfe den Titel: Primas von Irland. Johann O'Comyn (1182-1212) war erster anglonormannischer Erzbischof. Der von Heinrich VIII. aufgedrängte, von Cranmer geweihte Gg. Browne leistete den Suprematseid, heiratete, wurde aber von der Königin Maria abgesetzt. Der erzbischöfliche Stuhl blieb jahrelang unbesetzt. Erst unter Th. Troy OP (1786-1823) wurde wieder größere Freiheit gewährt. Unter seinen Nachfolgern erblühte das kath. Leben: Gründung einer kath. Universität in D., eines Zentralpriesterseminars im Maynooth College und anderer Anstalten. Unter 767 533 Einwohnern des Gebietes sind 691 630 Katholiken; das Erzbistum zählt 1956 unter 172 Kirchen und Kapellen 98 Pfarreien, 477 Welt-, 721 Ordenspriester, 1496 Seminaristen, 89 männliche Ordensniederlassungen mit 2188, 157 weibliche mit 3142 Mitgliedern.

CathEnc V, 171ff - LThK III, 473f - EC IV, 1948ff - AnnPont 1957, 230f. *J.B.Aufhauser*

Dubourg, *Anne* (ca 1520-59), franz. Jurist, 1547 Prof. in Orléans, hatte Beziehungen zur dortigen ref. Gemeinde, wurde 1557 Rat im Pariser Parlament; 1559 ist seine Teilnahme am Abendmahl bezeugt. Nach der paix catholique 1559 kam es über den Strafvollzug an Ketzern zu kritischen parlamentarischen Beratungen und zur Forderung eines freien Konzils. Heinrich II. verlangte jedoch die Befolgung seiner reaktionären Politik. U.a. warnte D. vor ihr; er bestritt nicht das Recht der Staatsgewalt zur Bekämpfung der Häresie, die Frage sei aber: quels sont les hérétiques. Daraufhin wurde D. in der Sitzung verhaftet (Juni 1559). Wegen seiner Berufungsaussichten nach Heidelberg wurde der Prozeß beschleunigt, D. am 23.12.1559 hingerichtet.

Mém. de Condé I, 217ff - M.Lelièvre in BSHPF 36. 37, 1887/88 - RE V, 50ff - J.Viénot, Hist. de la Réformation I, 1926 - J.Leclerc, Hist. de la tolérance II, 1955, 27f. *R.Nürnberger*

Du Cange, *Charles Dufresne* (1610-88), * Amiens, † Paris, franz. Historiker, war nach juristischem Studium zunächst seit 1631 Parlamentsadvokat in Paris, später Finanzdirektor in Amiens. Er floh 1668 mit seiner Familie vor der Pest nach Paris, wo er dann, mit → Mabillon befreundet, der Wissenschaft lebte. Du C. schrieb grundlegende Werke auf den Gebieten der Byzantinistik, mittelalterlichen Geschichte, Wortkunde und Begriffsgeschichte. Viele Arbeiten blieben ungedruckt.

Vf. u.a.: Histoire de l'Empire de Constantinople sous les empereurs français, 1657; Historia Byzantina, 1680; (Hg.) Chronicon Paschale, 1688; Glossarium ad scriptores mediae et infimae latinitatis, 3 Bde, 1678 (bis heute unentbehrlich), erweiterte Neuausg.n, u.a. v. L.Favre, 10 Bde, 1883-87 (Neudr. 1944); Glossarium ad scriptores mediae et infimae graecitatis, 2 Bde, 1688. - Über Du C.: RE V, 53f - DACL IV, 1654ff - EC IV, 1955ff (Bibliogr.). *H.Liebing*

Duchesne, *Louis Marie Olivier,* Msgr. (1843-1922). * in Saint-Servan, Schüler de → Rossis in Rom, 1867 zum Priester geweiht, promovierte 1877 mit einer bemerkenswerten Arbeit über den → Liber Pontificalis. 1878 Prof. für KG am Institut catholique in Paris, 1880 Begründer des Bulletin critique, seit 1895 Leiter der École française in Rom, 1900 apostolischer Protonotar, 1902 Mitglied der päpstlichen historisch-liturgischen Kommission, 1910 der Académie française. Sein stark kritischer Geist und die souveräne Anwendung moderner historischer Methoden im Bereich der KG trugen ihm heftige Angriffe seitens der konservativen kath. Kreise ein. Seine scharfe, bissige Art und Weise führte dazu, daß die wachsende Zahl seiner Gegner schließlich 1912 die Indizierung seiner bedeutenden Geschichte der Alten Kirche durchsetzte. D. unterwarf sich. Wenn er somit auch nicht als Modernist im engeren Sinne gelten kann, so steht er doch mit seiner Geschichtsbetrachtung und dem von ihm ausgehenden Einfluß auf seine Studenten am Anfang der modernistischen Krise (→ Reformkatholizismus). Seine Arbeiten erweisen ihn als einen bedeutenden Kenner des christlichen Altertums.

Bibliogr.: DACL VI/2, 2711ff (429 Nr.). - Über D.: Ch.Guignebert, Msgr. D. (RevHist 141, 1922, 308ff) - C.D'Habloville, Grandes figures de l'Eglise contemporaine, Paris 1925, 1ff - DACL VI/2, 2680ff - EC IV, 1960ff (Lit.). *J.Roth*

Dudich (Dudith, Duditius), *Andreas* (1533-89). Von Kardinal → Pole gefördert, vertrat als Bischof von Knin (Tininium) mit dem Csanáder Bischof Kolosváry 1561 bis 1563 den ungarischen Klerus auf dem → Tridentinischen Konzil. Rhetorisch befähigt und vielseitig gebildet, verteidigte er die Reformpläne Ferdinands I. 1563 Bischof von Fünfkirchen (Pécs), kam er 1565 als Gesandter Maximilians II. nach Polen, heiratete hier ein Hoffräulein, wurde Protestant und war, nunmehr privat, als Gelehrter und Agent des Kaisers tätig. Aus Polen verjagt, lebte er seit 1579 in Breslau, seinem umfangreichen Briefwechsel zufolge überkonfessionellen Grundsätzen nahestehend.

RE V, 54f - K.Völker, KG Polens, 1930, 255 - P.Costil, André Dudith, humaniste hongrois, Paris 1935 (Bibliogr.; Lit.) - C.Juhász, A.D. (HJ 55, 1935, 55-74). *E.Peschke*

Duell, Zweikampf mit tödlichen Waffen nach vereinbarten oder herkömmlichen Regeln. Uralte Formen des D.s sind der Zweikampf im Kriege anstelle ganzer Heere (David und Goliath 1Sam 17; vgl. auch Ilias III und IV), Wettkämpfe, Spiele, das Ordal als Beweismittel vor Gericht, wenn andere Beweismittel versagen (→ Gottesurteil). Diese Form des Rechtsbeweises stieß ebenso auf kirchliche Kritik wie das Kampfspiel des Turniers, das Mitte des 16.Jh.s außer Übung kam. In Nachwirkung des Turniers kam während des 30jähr. Krieges das D. im heutigen Sinne auf. Man ahmte die Sitten des franz. Adels und Offizierskorps nach, die Standesehre zu wahren.

Das D. soll keinen Beitrag oder Beweis zu einem Gerichtsverfahren liefern, sondern im Sinne der Selbsthilfe ein Ehrenverfahren dadurch zum Abschluß bringen, daß es die Standesehre des vermeintlich Beleidigten dartut bzw. wiederherstellt. Im Rahmen eines maßgeblichen Ehrbegriffs (Ehrenkodex) billigen sich Beleidiger und Beleidigter gegenseitig Ebenbürtigkeit (Satisfaktionsfähigkeit) zu. Da → Ehre mehr wert ist als das Leben, so soll die verletzte Ehre durch den Einsatz des Lebens, durch Blut wiederhergestellt werden. Der Beleidigte zwingt durch seine Forderung den vermeintlichen Beleidiger, für seine Beleidigung mit seinem Leben einzustehen. Seine Weigerung hätte zur Folge, daß der Beleidiger selbst seine Ehre einbüßt.

Bei der ethischen Beurteilung des D.s dürfen die grundsätzliche Bedeutung der Ehre und des Ehrenschutzes nicht verkannt werden. Aber das D. macht die Ehre eines Menschen vom Ehrenkodex einer bestimmten Gesellschaftsschicht abhängig. Auch hohe Wertschätzung der Ehre und selbst das Einverständnis des anderen rechtfertigt die Tötung eines Menschen nicht. Erfolgt doch die Einwilligung oft unter Zwang und ist jedes D. eine Umgehung des Gerichts. Soll das D. wirklich ein schweres Delikt sühnen, dann ist jede Selbsthilfe verwerflich, und es ist widersinnig, den Entscheid dem Zufall, dem Mut, der Nervenkraft und Geschicklichkeit der Beteiligten zu überlassen. Auch die Beschränkung des D.s auf die Angehörigen einer bestimmten Gesellschaftsschicht (Adel,

Offiziere, Akademiker) zeigt, daß man die Ehre, die man für sich selbst in Anspruch nimmt, anderen Gesellschaftskreisen und vollends den D.gegnern nicht zubilligt.

Diese Gesichtspunkte haben schon seit alters sittliche und religiöse Bedenken gegen das D. wachgerufen, wie sie auch zu erheblichen Strafandrohungen gegen Duellanten geführt haben. Daß dieselbe Staatsordnung, die das D. theoretisch mit Strafen bedroht, es praktisch schützte, ja zeitweise die Verweigerung des D.s mit Ausstoßung aus dem Dienst (so in der alten deutschen Armee, kaiserliche Kabinettsordre vom 2.5.1874 und 1.1.1897) ahndete, stellte eine verhängnisvolle sittliche Zweideutigkeit dar.

Diese kritischen Gesichtspunkte gelten weithin auch für den Zweikampf ohne Tötungsabsicht (studentische Mensur), sofern auch er zur Wiederherstellung verletzter Ehre geübt wird (Contrahage) und mit gesellschaftlicher Exklusivität verbunden ist (Beurteilung der Satisfaktionsfähigkeit).

RE XXI, 759ff (Lit.) - M.Gierens, Ehre, D., Mensur, 1928 - StL V, 1728ff - LThK X, 1109ff (Lit.) - J.Huizinga, Homo ludens, (1938) 1949⁴ - H.Nottarp, Gottesurteile, 1949 - H.Reiner, Die Ehre, 1956.
W.Trillhaas

Dürer, *Albrecht,* * 21.5.1471 in Nürnberg, dort † 6.4. 1528. Der aus Ungarn stammende Vater läßt sich 1455 als Goldschmied in Nürnberg nieder und heiratet 1467 Barbara Holper. D. ist das dritte von 18 Kindern. Ursprünglich in der Lehre des Vaters, kommt er 15jährig zu dem Maler M.Wolgemut in die Ausbildung. 1490 geht D. auf Wanderschaft, ist 1492/93 in Basel, 1493/94 in Straßburg nachweisbar und heiratet im gleichen Jahre Agnes Frey. 1494/95 und 1505-07 ist D. in Venedig. 1513 erhält er die ersten Aufträge von Kaiser Maximilian. 1518 zeichnet er ihn auf dem Reichstag zu Augsburg. 1520/21 reist D. mit seiner Frau in die Niederlande, um von Karl V. die Bestätigung für einen von Maximilian ausgesetzten Jahressold zu erhalten. Wohl seit 1520 leidend, beschäftigt sich D. seit 1526 (nach den Vier Aposteln) ausschließlich mit seinen theoretischen Schriften, über deren Druckvorbereitung er stirbt.

1. D.s Bedeutung liegt vorwiegend auf dem Gebiet der *graphischen* Künste. Schon der Dreizehnjährige zeichnet sich selbst mit Hilfe eines Spiegels (Wien). 1492 entsteht in Basel der Titelholzschnitt für den 2. Bd der Briefe des hl. Hieronymus der Keßlerschen Offizin (Holzstock in Basel). Es schließen sich die Illustrationen zum Ritter vom Turm, für Sebastian Brants Narrenschiff sowie für eine nicht edierte Ausgabe der Komödien des Terenz an. Vereinzelte Drucke in Straßburger und Freiburger Schriften beenden die Wanderzeit. Nach 1494 entstehen die Landschaftsaquarelle aus der Umgebung Nürnbergs (Drahtziehmühle, Berlin). Die reifsten dieser Werke sind auf der Reise nach Venedig oder in der Zeit danach entstanden (Arco, Weidenmühle, Paris). In die gleiche Zeit fallen die ersten Kupferstiche kleinen Formats (Liebesantrag, Sechs Krieger). Die größeren wie Traum des Doktors, Vier Hexen, Hl. Familie mit der Heuschrecke tragen bereits das bekannte Monogramm. Die Einzelholzschnitte Männerbad sowie Hl. Familie mit den Hasen folgen wenig später. 1498 erscheinen die 15 Holzschnitte der Apk (→ Bibelillustration: II, 2; Tafel bei → Evangelistensymbole). Etwa gleichzeitig entsteht ein Teil der großen Holzschnittpassion, die erst 1510/11 vollendet wird. Im gleichen Jahre veröffentlicht D. die Holzschnitte des Marienlebens. Aus D.s Proportionsstudien zur menschlichen Gestalt erwächst 1504 der Stich Adam und Eva. Die Anregungen der 2. venezianischen Reise setzen sich jedoch erst in den Werken der Jahre um 1510 durch und verursachen einen grundsätzlichen Stilwandel, dem die Meisterstiche der Jahre 1513/14 Ritter, Tod und Teufel, Hieronymus im Gehäuse und Melancholie zu verdanken sind. In diese Zeit fallen auch die Versuche, durchgeätzte Eisenplatten (Eisenradierung) neue graphische Mittel zu erschließen: Vera Icon. Als Zeichner erreicht D. bereits um 1506/08 den Höhepunkt in den Studien zum Rosenkranzbild und zum Helleraltar. Im Auftrage Kaiser Maximilians schafft er die Randzeichnungen für ein Gebetbuch (Wien), eine Höchstleistung dekorativer Buchgraphik. 1514 ist das erschütternde Bildnis der Mutter datiert (Berlin). Die zwei Passionsfolgen in kleinem Format in Kupferstich und Holzschnitt werden ebenfalls in den Jahren nach 1510 geschaffen. 1520/21 zeichnet D. die repräsentativen Bildnisse der niederländischen Reise (Berlin, Paris, London). Auch Kupferstich und Holzschnitt werden jetzt für Porträtdarstellungen herangezogen: Melanchthon und Varnbühler.

2. Nach D.s Aussage soll die *Malerei* (dh im Sinne D.s auch die Graphik) zur Darstellung der Passion Christi und zur Bewahrung des menschlichen Bildes im Porträt dienen. In der Malerei sind aus dem Thema der Passion nur die beiden um 1500 entstandenen Bilder der Beweinung Christi (München, Nürnberg) zur Ausführung gekommen. Durch sein ganzes Schaffen zieht sich aber die Beschäftigung mit der Kreuzigung, dem zentralen Ereignis der Passion, die er mit graphischen Mitteln wiederholt gestaltet. Um 1504 bereitet D. eine vielfigurige Kreuzigung in Kompositionszeichnungen und Einzelstudien vor, überläßt die Ausführung aber seinem Schüler Hans Schäuffelein (Wien). Im Auftrag des Kurfürsten Friedrich von Sachsen malt D. um die gleiche Zeit die Anbetung der Könige (Florenz). Das Hauptwerk des reifen D. ist das 1506 von den deutschen Kaufleuten in Venedig bestellte Rosenkranzbild (Prag). Die von venezianischen Vorbildern beeinflußte Komposition zeigt Maria mit dem Kind und dem hl. Dominikus, die an Kaiser, Papst und die Mitglieder der deutschen Kolonie in Venedig Rosenkränze verteilen. Nach der Rückkehr aus Italien schafft D. für den Frankfurter Kaufmann J.Heller ein Altarbild mit der Krönung Mariä, das 1674 in der Münchner Residenz verbrannte (Kopie in Frankfurt). Die zugehörigen Standflügel (Frankfurt, Donaueschingen) sind von → Grünewald gemalt. Für die Kapelle des Zwölfbrüderhauses in Nürnberg führt D. 1511 das Allerheiligenbild aus (→ Christusbild, 2e; s. Taf. 8 Abb. 2). Den Abschluß der Tätigkeit D.s als religiöser Maler bilden die Vier Apostel von 1526 (München), die er dem Rat seiner Vaterstadt schenkt. Die Unterschriften sind den Texten des Petrus, Paulus, Johannes und des Evangelisten Markus entnommen, die auch auf den beiden Tafeln dargestellt sind. Sie enthalten D.s Bekenntnis zur Reformation und eine Mahnung an die weltlichen Regenten seiner Zeit. Neben der religiösen Thematik nimmt in D.s Schaffen das Porträt einen breiten Raum ein. Am Beginn seiner malerischen Tätigkeit steht das Bildnis des Vaters von 1490 (Florenz). Außer den Selbstbildnissen der Jahre 1493 (Paris), 1498 (Madrid), 1500 (München) sind fast aus jedem Jahr Porträts erhalten, von denen das bekannteste das des Hieronymus Holzschuher (Berlin) von 1526 ist.

3. Unter dem Einfluß des J.de Barbari u.a. beschäftigt sich D. seit etwa 1500 mit dem Problem der menschlichen Proportionen; von den gleichartigen Bestrebungen → Leonardo da Vincis dürfte er nur ungenau unterrichtet gewesen sein. Als Vorarbeit veröffentlicht D. 1525 die »Unterweisung der Messung«. Die »Vier Bücher der menschlichen Proportion« erscheinen von dem Rektor der Nürnberger Lateinschule J. → Camerarius ins Lateinische übertragen erst nach D.s Tode (1528 und

1534). Die ästhetischen Exkurse dieses Werkes enthalten D.s künstlerisches Bekenntnis. In dieser beachtlichen sprachschöpferischen Leistung sind mittelalterliche Handwerkstraditionen mit den Erkenntnissen der italienischen Renaissance und humanistischem, platonisch beeinflußtem Gedankengut vereint. Dem Bruder Karls V., Erzherzog Ferdinand, ist die »Befestigungslehre« gewidmet, die auch Pläne für eine Idealstadt enthält. In der »Familienchronik«, dem »Gedenkbuch«, dem »Tagebuch der niederländischen Reise«, den Briefen an W.Pirckheimer und Gelegenheitsversen (L. → Spengler) tritt dagegen D. als Mensch stärker hervor.

M.Thausing, D. Gesch. seines Lebens u. seiner Kunst, 2 Bde, (1875) 1884² - F.Lippmann (Hg.), Zeichnungen von A.D. in Nachbildungen, 7 Bde, 1883-1929 - H.Wölfflin, Die Kunst A.D.s, (1905) 1943⁶ - E.Flechsig, A.D., 2 Bde, 1928-31 - F.Winkler (Hg.), A.D. Des Meisters Gemälde, Kupferstiche u. Holzschnitte, 1928 - Ders., Die Zeichnungen A.D.s, 4 Bde, 1936-39 - Ders., D. u. die Illustrationen zum Narrenschiff, 1951 - Ders., A.D., 1957 - W.Waetzold, D. u. seine Zeit, 1935 - R.Bainton, A.D. and Luther as the Man of Sorrows (ArtB 29, 1947, 269-272) - E.Panofsky, A.D., 2 Bde, Princeton 1949 (Lit.) - K.Lankheit, D.s vier Apostel (ZThK 49, 1952, 238-254; Lit.) - F.Juraschek, Das Rätsel in D.s Gottesschau, 1955 - H.Rupprich (Hg.), A.D. Schriftlicher Nachlaß I, 1956.

F.Anzelewsky

Dufay, *Guillaume,* * um 1400, † Cambrai 1474, führender Komponist seiner Zeit, wirkte in Italien, bes. in Pesaro, Rimini, Rom (päpstliche Kapelle) und Florenz, zeitweilig auch am savoyischen Hof in Genf, seit der Mitte des Jh.s in Cambrai als Inhaber zweier Kanonikate. In seinen 31 Motetten (3-5stimmig) wird die anfänglich noch isorhythmische Technik abgelöst von einem frei entwickelten Satztypus mit und ohne Kernweise, wobei variative Elemente von Bedeutung sind. Seine 9 Messzyklen (3-4stimmig) veranschaulichen den musikgeschichtlich wichtigen Weg vom Fauxbourdon-Satz zu ausgeprägter Linearität der Stimmen und vom isolierten Messensatz zur zyklischen Messe mit einheitlichem Cantus firmus.

Ch.van den Borren, G.D., 1926 - H.Besseler, Bourdon u. Fauxbourdon, 1950. *H.Osthoff*

Duff, *Alexander* (1806-78), erster und bekanntester Missionar der Church of Scotland (→ Schottland: II), kam 1830 nach Indien, gründete das Calcutta College und wurde dort Pionier für die Schularbeit der Regierung sowie der Missionen. Die College-Erziehung in engl. Sprache galt ihm als das verheißungsvollste Missionsmittel. Moderne Wissenschaft und christliche Lehre verbindend, erstrebte er die Durchdringung Indiens mit christlichem Gedankengut. Sein Prinzip wurde mitbestimmend für das missionarische Erziehungswesen überhaupt. Seit 1863 leitete er das heimatliche Missionswesen der Schott. Freikirche. Angesichts der völligen Unbezogenheit des theologischen Studiums auf die Mission betrieb er die Errichtung eines Lehrstuhls für »Evangelistic Theology«; diesen Terminus zog er »Mission« vor. Seit 1867 lehrte er an allen drei Colleges in Edinburgh und auch in Glasgow.

W.Paton, A.D., London 1923 - Latourette VI, 115 (Lit.) - O.G.Myklebust, The Study of Missions in Theol. Education, Oslo 1955, 158f. *A.Lehmann*

Duhm, *Bernhard* (1847-1928), * in Bingum (Ostfriesland), Prof. für AT in Göttingen (1877) und Basel (seit 1888; dort †), Freund und bedeutendster Streitgenosse von → Wellhausen. D.s Forschungen führten zu einem neuen Verständnis der at. → Propheten und ermöglichten eine Entfaltung der Entwicklungsgeschichte der israelitischen Prophetie. Die psychologischen, ethischen und neuromantischen Elemente seiner Interpretationsweise bestimmten vielfach die nachfolgende Prophetenauslegung, seine Kommentare förderten zudem Textkritik und Kenntnis der hebr. Metrik.

Vf. außer Komm. zu Jes (Ausscheidung der Ebed-Jahwe-Lieder [→ Knecht Gottes], Abtrennung der Kap. 56-66 von Dtjes [→ Jesajabuch, 3]), Hi, Pss, Jer, Hab: Theol. der Propheten, 1875; Ziel u. Methode der at. Wissenschaft, 1889; Kosmologie u. Religion, 1892; Das Geheimnis in der Religion (SgV 1), (1896) 1927²; Die Entstehung des AT (SgV 6), (1897) 1909²; Die Gottgeweihten in der at. Religion, 1905; Das kommende Reich Gottes, 1910; Anmerkungen zu den 12 Proph. (ZAW 31, 1911, 1-43. 81-110. 161-204); Israels Propheten, (1916) 1922². - Über D.: Sonntagsblatt der Basler Nachrichten v. 9.10.1927 - H.-J.Kraus, Gesch. der hist.-krit. Erforschung des AT, 1956, 250ff. *E.Kutsch*

Duhr, *Bernhard* SJ (seit 1872), * 1852 Köln, † 1930 München. Apologetischer Schriftsteller und Historiker des Jesuitenordens, namentlich der deutschen Provinz, deren Geschichtsschreiber er (nach der durch Joh.Janssen angeregten Aufarbeitung der Ordensarchive) im Sinne der gewünschten Ordensgeschichte in den einzelnen Provinzen wurde. Sein Hauptwerk ist die »Geschichte der Jesuiten in den Ländern deutscher Zunge« (4 Bde, 1907-28). D. verfaßte daneben zahlreiche Schriften zur Geschichte der Gesellschaft Jesu und Aufsätze in StML, HJ usw.

J.Teschitel, Versuch einer Bibliographie des P.B.D.SJ (Archivum Historicum SJ 13, 1944, 132-164, mit Biographie). *G.Maron*

Duifhuis, *Huibert* (1531-81), * Rotterdam, war dort Pastor der St. Laurenskirche, floh wegen seiner evangelischen Überzeugung nach Köln, war seit 1575 Pastor der St. Jakobskirche in Utrecht. Hier predigte er in erasmianischem Geiste. Deswegen und besonders weil er kein Konsistorium wünschte, wurde er von den Calvinisten (»Konsistorialen«) angegriffen, aber vom Magistrat geschützt. Seine Ansichten waren denjenigen → Castellios verwandt. D. kann als ein Vorläufer der → Arminianer angesehen werden.

J.Wiarda, H.D., de prediker van St.Jacob, 1858 - BWGN II, 634ff. *W.F.Dankbaar*

Dulon, *Rudolph* (1807-70), * in Stendal, 1843 Prediger an der deutsch-ref. Gemeinde in Magdeburg, in der Ablehnung des Symbolzwangs einig mit den → Lichtfreunden. In → Bremen 1848 als »Prophet einer neuen Zeit« begrüßt, verfocht D. - neben Forderungen einer republikanisch-demokratischen Staatsform und bürgerlicher Freiheit - eine messianisch-eschatologische Revolutionsideologie (Revolution als »Bote Gottes, Gesandter des Himmels«). Einflußreicher Volkstribun, von → Mallet bekämpft. 1852 durch den Senat vom Pfarramt suspendiert; ein von → Schenkel erstattetes Gutachten der Heidelberger Fakultät hatte D.s Absetzung zur Folge. D. emigrierte nach den USA und wirkte dort als Pädagoge. † in New York.

Vf. u.a.: Die Geltung der Bekenntnisschriften in der ref. Kirche, 1847; Vom Kampf um Völkerfreiheit, 1849f; Das Gutachten vier Heidelberger Theologen, 1852; Aus Amerika über Schule ..., 1866. - Über D.: J.Fr.Iken, Die Wirksamkeit v. Pastor D. in Bremen 1848-52, 1894 - RE XII, 129 (Art. Mallet) - ADB XLVIII, 160ff (Bibliogr.) - A.Hausrath, R.Rothe ... II, 1906, 221f. - Aktenmaterial in den Landeshauptarchiven Magdeburg u. Potsdam.

E.H.Pältz

Du Moulin (Molinaeus), *Pierre* (1568-1658), hugenottischer Theologe. * als Sohn des Pfarrers Joachim Du M. auf Schloß Buby en Vexin bei Mantes, studierte in Sedan, zog nach London, war Hauslehrer in Cambridge, 1593 o. Prof. der Rhetorik in Leiden, wo u.a. Hugo → Grotius sein Zuhörer war; 1599 Pfarrer in Charenton. Du M. war ein bedeutender Kontroverstheologe und fruchtbarer Schriftsteller auf dem gesamten Gebiet der Dogmatik. Ludwig XIII. hinderte ihn, der → Dordrechter Synode beizuwohnen, aber sein Gutachten wurde dort verlesen. Seit 1621 war er – mit einer kurzen Unterbrechung in England – Prof. der Theologie in Sedan; dort †.

BSHPF VII, 1858, 170ff – E. et E.Haag, La France prot. V, Paris 1886², 800ff (Bibliogr. von 42 gedr. Werken) – G.Cohen, Ecrivains français en Hollande, 1920 – F.Gamillscheg, Der Einfluß D.s auf die Entwicklung des Kollisionsrechts, 1955.

J.N.Bakhuizen van den Brink

Dunin, *Martin v.* (1774–1842), * in Wat b. Rawa (Polen), † in Posen, besuchte das Collegium Germanicum in Rom, wurde 1808 Domherr und Weihbischof, 1829 Kapitularvikar, 1831 Erzbischof von Gnesen-Posen. Vertrat in der Frage der Mischehen gegenüber der preußischen Regierung einen starren Standpunkt und wurde, weil er sich seiner »Verbannung« nach Berlin durch die Flucht entzog, 1839 verhaftet, auf der Festung Kolberg gefangengehalten und erst nach dem Regierungsantritt Friedrich Wilhelms IV. 1840 freigelassen und rehabilitiert. Der Fall des Erzbischofs D. bildete ein Gegenstück zu dem etwas früheren »Ereignis« in Köln (→ Droste-Vischering, → Kölner Kirchenstreit).

K.Hase, Die beiden Erzbischöfe, 1839 – F.Pohl, M.v.D., 1843 – H.Brück, Gesch. d. kath. Kirche in Deutschl. im 19.Jh. II, 1889, 335ff – RE V,61f – M.Laubert, M.v.D., die Wahl zum Erzbischof v. Gnesen u. Posen (Jb. f. Kultur u. Gesch. d. Slawen NF 2, 1927, 35–45). *G.Maron*

Dunkers, Tunkers, Dunkards (von »tunken«, taufen), auch *»German Baptists«,* Bezeichnung einiger täuferischer Gruppen in Nordamerika. Sie stammten ursprünglich aus der Wetterau (Hessen) in der Gegend von Marienborn, wo Alexander Mack im Flusse Eder zu taufen begann (1708). 1719–29 wanderten sie nach Pennsylvanien aus. Ihre Grundhaltung ist die der → Baptisten. Das NT ist strikte Wegweisung für alle Fragen des Lebens. Ihnen eigen sind: die Fußwaschung vor dem Abendmahl, das aus einer reichen Mahlzeit besteht; der Bruderkuß, die Salbung der Kranken mit Öl, Kopfbedeckung der Frauen während des Gottesdienstes, Enthaltung von weltlichen Vergnügungen, Ablehnung des Schwurs, des Waffentragens und der Gerichtsprozesse. Im Laufe der Zeit haben sich verschiedene Gruppen getrennt, so daß die Bezeichnung »D.« heute 5 Richtungen umschließt. → Church of the Brethren.

The New Schaff-Herzog Enc. IV, 24ff – E.T.Clark, The small Sects in America, (1937) 1949². *O.Eggenberger*

Duns Scotus, *Johannes* (um 1270–1308), Doctor subtilis, der scharfsinnigste Denker des MA (→ Scholastik), * in Schottland, wurde Franziskaner und studierte in Oxford. Nach Lehrtätigkeit in Paris kehrte er 1305/06 nach England zurück, wo er seinen großen Sentenzenkommentar zu → Petrus Lombardus, das sog. Opus Oxoniense, abschloß. 1308 wurde er nach Köln berufen. Hier starb er schon am 8. 11. desselben Jahres. Obgleich er wahrscheinlich nicht einmal 40 Jahre alt geworden ist, hat er doch eine Reihe umfassender Werke geschrieben: außer dem Opus Oxoniense die Reportata Parisiensia (den literarischen Niederschlag seiner Pariser Vorlesungen), De primo principio, Quaestiones in metaphysicam. Unecht sind: De perfectione statuum, De rerum principio, Theoremata und Grammatica speculativa.

D. ist, darin Kant vergleichbar, hauptsächlich Kritiker und prüft äußerst scharfsinnig die Gedankengänge seiner Vorgänger. Beherrscht von der in der Oxforder Franziskanerschule üblichen Hochschätzung der Mathematik und empirischen Naturwissenschaft, stellt er an ein strenges Wissen und Beweisen bes. hohe Anforderungen. Im Unterschied zu → Thomas von Aquino folgt er bei aller Vertrautheit mit → Aristoteles in wesentlichen Punkten dem Augustinismus (→ Augustin). Er vertritt den Primat des Willens, lehrt die Willensfreiheit des Menschen und verlegt die Glückseligkeit in den Willen. Andererseits hat er auch manches mit Thomas gemein. Wie dieser vertritt auch D. in der Universalienfrage den realistischen Standpunkt (→ Universalienstreit). Aber nach D. ist nicht (wie bei Thomas) die Materie, sondern die Form (haecceitas) Individuationsprinzip. Wie Thomas lehnt D. die augustinische Lehre von der Notwendigkeit einer göttlichen Erleuchtung zur Erkenntnis natürlicher Wahrheiten ab und lehrt, daß unser natürliches Erkennen von der sinnlichen Wahrnehmung ausgeht. Weil D. sich noch enger als Thomas an den Wissensbegriff der Analytica posterior des Aristoteles anschloß und unter Wissen ein Erkennen aus Evidenz verstand, galt ihm die Theologie nicht als eine Wissenschaft im eigentlichen Sinn. Deshalb verringerte er Thomas gegenüber auch die Zahl der beweisbaren Dogmen. Aber wenn verschiedene Glaubenslehren auch *über*vernünftig sind, sind sie doch nicht *wider*vernünftig. Vielmehr sucht D. zu zeigen, daß es durchaus vernünftig ist, die kirchlichen Dogmen für wahr zu halten.

Auch in seiner *Theologie* vertritt D. den Primat des Willens. Gott ist in formaler Hinsicht: freier Wille, inhaltlich: Liebe. Gottes Wille ist nur durch die logischen Gesetze und die beiden ersten Gebote des Dekalogs gebunden. Die übrigen Gebote sind nur im göttlichen Willen begründet. Was sie fordern, ist gut, weil es Gott so haben will. Wie die sittliche Ordnung, so ist auch die Naturordnung und die Heilsordnung (zB die Annahme von Christi Verdienst als Sühne unserer Schuld) nur im Willen Gottes begründet (→ Gott: V). Die Erbsünde ist bei D. ihrem Wesen nach nicht Konkupiszenz, sondern nur carentia iustitiae originalis debitae. Man kann eigentlich nur von einer Erbschuld, nicht von einer leiblichen Vererbung der Sünde reden (→ Sünde: V). D. verteidigt demgemäß die Möglichkeit einer unbefleckten Empfängnis Marias (→ Mariologie). → Anselm gegenüber lehrt er, daß die Annahme des Verdienstes Christi als Sühne für die menschliche Schuld (→ Versöhnung: V) lediglich im freien Willen Gottes begründet sei. – Unter → Gnade (: IV) versteht D. den übernatürlich gewirkten Habitus der Liebe, der den Menschen verdienstlichen Werken zuneigt. So entsteht die verdienstliche Handlung aus einem Zusammenwirken des Willens mit dem Habitus: dieser bewirkt nach Gottes Ordnung, daß die Handlung von dem göttlichen Willen als → Verdienst (: IV) akzeptiert wird. Die Gnade kommt zu uns durch die Sakramente. In der Abendmahlslehre vertritt D. die transsubstantiatio adductiva, dh er lehrt, daß wo der Leib ins Brot eingeht, das Brot ihm Platz mache, wobei dieses möglicherweise verschwinde (vgl. → Abendmahl: II, 2a. c). Die → Rechtfertigung (: II) geht im Bußsakrament vor sich. Die attritio (Furchtreue; → Bußwesen: II, 2b) begründet ein meritum de congruo; durch diese Halbreue verdient sich der Mensch nach Gottes Willen die Rechtfertigung, bei der die ideelle Veränderung der Sündenvergebung und die reale Veränderung der Gnadeneingießung zu unterscheiden ist.

D. steht an einer Wende der Zeiten. Er hat die Auflösung der Scholastik mit ihrer Verbindung von Glauben und Wissen, Theologie und Philosophie angebahnt und den kirchlichen Positivismus der Folgezeit eingeleitet.

Opera omnia, ed. L.Wadding u.a., 12 Bde, Lyon 1639; Nachdr. v. F.Vivès, 26 Bde, Paris 1891–95 – Krit. GA unter Leitung von C.Balić, Rom 1950ff (bisher 3 Bde). – RE V, 62ff; XXIII, 361 – Ü II¹³, 1956 – R.Seeberg, Die Theol. des D.S., 1900 – Seeberg, DG III – E.Longpré, La philosophie du D.S., Paris 1924 – P.Minges, Ioannis Duns Scoti doctrina philosophica et theologica quoad res praecipuas proposita et exposita, 2 Bde, Quaracchi 1930 – W. Betzendörfer, Glauben u. Wissen bei den großen Denkern des MA, 1931 – EC IV, 1982ff (Lit.) – E.Gilson, Jean Duns Scot. Introduction à ses positions fondamentales, Paris 1952 – W.Pan-

NENBERG, Die Prädestinationslehre des D.S. im Zusammenhang der scholast. Lehrentwicklung, 1954 - O.SCHÄFER, Bibliographia de vita, operibus et doctrina Johannis Duns Scoti, Rom 1955.
W.Betzendörfer

Dunstable, *Johannes,* * um 1400, † London 24.12.1453. Er faßte die bedeutende eigenständige englische Musiküberlieferung des MA zusammen und erneuerte sie. Seine Wirksamkeit auf dem Kontinent prägte die Musik seit Mitte des 15.Jh.s mit. Er schloß erstmals die einzelnen Sätze einer → Messe zu einer musikalischen Einheit zusammen, auch hat er es als erster verstanden, die Sprache natürlich-fließend zu vertonen, und zwar durch einen freien prosamäßigen Rhythmus und eine psalmodierende Melodik mit Neigung zu tonaler Einheitlichkeit auch im Zusammenklang.

Ausg.: DTÖ 7, 27[1], 31, 40; Musica Britanica VIII, 1953. - Über D.: R.FICKER, Die Kolorierungstechnik der Trienter Messen (Stud. z. Mus.wiss. 7, 1920, 5-47) - DERS., Die frühen Messenkompositionen der Trienter Codices (ebd 11, 1924, 3-58) - M.BUKOFZER, Über Leben und Werke von D. (Acta musicol. 8, 1936, 102-119).
Thr.Georgiades

Dunstan (etwa 925-88), aus westsächsischem Adel (Wessex), Zögling, Mönch und (945) Abt von Glastonbury in Somerset. Mit politischen Aufgaben früh betraut, wird er in Händel verwickelt und zur Flucht gezwungen, lernt in Flandern (Blandinium) das streng benediktinische Ordensleben kennen und wird, in die Heimat zurückgekehrt, dessen Anwalt bei den angelsächsischen Klöstern; 957 Bischof von Worcester, 959 dazu von London, Ende 959 Erzbischof von Canterbury.

W.STUBBS, Memorials of Saint D., archbishop of Canterbury, London 1874 - J.A.ROBINSON, The times of Saint D., Oxford 1923 - E.S.DUCKETT, Saint D. of Canterbury, London 1955.
F.Flaskamp

Dupanloup, *Felix-Antoine-Philibert* (1802-78), * St. Felix/Savoyen, † Lacombe b. Grenoble. Kath. Theologe, berühmter französischer Redner, Prediger und Schriftsteller; als Erzieher, Seelsorger und Kirchenpolitiker von starkem Einfluß auf das geistige Leben Frankreichs. 1825 Priester, 1841 Prof. für Rhetorik an der Sorbonne, 1845 Kanonikus und Generalvikar von Paris, 1849 Bischof von Orléans, 1854 Mitglied der Academie Française (nach seinem Eintreten für die Beibehaltung der klassischen Literatur in den Schulen). D. tat sich in jüngeren Jahren bes. im Erziehungswesen hervor (Katechismusstunden in der Madeleine zu Paris; »De l'éducation«, 3 Bde, Paris 1850-62). Schon sehr früh antiultramontan gesinnt, trat er doch während der italienischen Einigungsbewegung für die weltliche Souveränität des Papstes ein und wirkte dabei mit, daß der Papst in dem Jahrzehnt bis 1870 von französischen Truppen beschützt wurde (→ Papsttum : III). Auch der → Syllabus von 1864 fand in D. einen Verteidiger. An der Vorbereitung des Vatikanischen Konzils (→ Vatikanum) beteiligt (Kontroverse mit → Manning über das Wort »unfehlbar«), stimmte D. jedoch gegen die → Infallibilität, vor allem in der Sorge, eine Definition des päpstlichen Universalepiskopats werde ein neues Hindernis gegen die Wiedervereinigung der Christenheit aufrichten (Hirtenbrief vom Juli 1868; Observations, 1869). Die definierte Lehre selbst hat er stets vertreten. Sein Ziel war die Aussöhnung der kath. Kirche mit der modernen Welt. »Das unausgeglichene Nebeneinander freiheitlicher Denkweise und starken kirchlichen Sinnes« war der letzte Grund dafür, »daß seine öffentliche Wirksamkeit einen widerspruchsvollen Eindruck macht« (Mirbt).

F.LAGRANGE, Vie de Mgr. D., 3 Bde, Paris (1883/84)1894[7] - E.FAGUET, Mgr. D., Paris 1914 - DThC IV, 1949 ff - RGG[2] I, 2046 - J.M. PETERS, Die Stellungnahme D.s zu den Fragen der Mädchenerziehung, 1929 - H.DUTOIT, D., Paris 1933 - LThK III, 491 f - EC IV, 1991 ff (Bibliogr.; Lit.).
G.Maron

Duperron, *Jacques Davy* (1556-1618), franz. Kardinal, Sohn eines ref. Predigers im Kanton Bern. Nach theologischen und humanistischen Studien kam D. an den Hof Heinrichs III., als glänzender Redner dort bereits bekannt. 1581 trat er zum Katholizismus über; 1593 wurde er Priester. D. stand Heinrich IV. nahe und hat auf dessen Glaubenswechsel entscheidenden Einfluß gehabt. Er wurde Bischof von Evreux, Erzbischof von Sens, 1604 Kardinal. Auch durch seine diplomatischen Fähigkeiten ist er Heinrich IV. wertvoll gewesen, zB bei der Aufhebung des Bannes über den König. Berühmt war D. auch als Apologet, zB gegenüber → Duplessis-Mornays Abendmahlsschrift in der Disputation in Fontainebleau (1600), die von großer politischer Bedeutung für das Verhältnis Heinrichs IV. zur Kurie war. 1610 Mitglied der Regentschaft, später (Generalstände 1614) vergeblich um die Anerkennung der Reform- und Disziplinardekrete des Trienter Konzils bemüht.

Opera, 3 vols, 1620-22; Ambassades et Négotiations, 1623. - ABBÉ FÉRET, Le card. D., 1877 - RE V, 78f.
R.Nürnberger

Du Pin, *Louis Ellies* (1657-1719), franz. Theologe, 1684 Prof. der Philosophie am Collège Royal, wegen seiner Zuneigung zum → Jansenismus suspendiert. Er suchte eine Union der röm. Kirche mit der Ostkirche (Brief an → Peter d.Gr.) und mit der anglikanischen Kirche (Verhandlungen mit dem Erzbischof von Canterbury, William Wake) zu vermitteln. Seine patristischen und kirchenrechtlichen Werke stehen auf dem → Index.

Vf. u.a.: Nouvelle Bibliothèque des auteurs ecclésiastiques, 61 Bde, 1686-1714 (Autobiogr. am Ende); Traité de la puissance ecclésiastique et temporelle, 1707 (verteidigt den → Gallikanismus); Traité historique des excommunications, 1715. - Über Du P.: HN IV, 839 ff - v.PASTOR 15, 209 f - EC IV, 1995.
H.Liebing

Duplessis-Mornay, *Philippe* (1549-1623), hugenottischer Staatsmann und Publizist. Das politische Ergebnis einer Studienreise durch Italien, Deutschland, die Niederlande und England 1568-72 war eine Denkschrift über die antispanische Politik Frankreichs: Das Interesse Frankreichs und das Gleichgewicht Europas fordern die Niederwerfung der Habsburger. Nach der Bartholomäusnacht lebte D. vorübergehend in England. Entscheidend wurde für ihn die Verbindung mit Heinrich von Navarra als dessen engster Mitarbeiter (seit 1576 bis zu dessen Glaubenswechsel 1594). 1578-82 bei Oranien in den Niederlanden, hatte D. Anteil an der Unabhängigkeitserklärung (1581). 1579 verfaßte er gemeinsam mit H. → Languet »Vindiciae contra tyrannos«, den bedeutendsten monarchomachischen Traktat. Seit 1589 Gouverneur von → Saumur, gründete er die dortige Akademie und war für Heinrich IV. als »guter Franzose« und als »guter Hugenott« für den Ausgleich zwischen Katholiken und Protestanten tätig. Da die konfessionelle Spaltung besteht, fordert D. Toleranz. »De la vérité de la religion chrétienne contre les ... infidèles« (1581) gehört in die Geschichte der Auseinandersetzung zwischen christlichem Glauben und modernem Unglauben und ist eine Apologie gegen die »Deisten«. Die Vernunft erkennt die Prinzipien, die allen Menschen gemeinsam sind (die Existenz Gottes und der Seele), und anerkennt die Offenbarung. Der christliche Glaube erweist sich als die wahre Religion, weil er den Gott bekennt, der die Menschen durch Jesus Christus wissen läßt, wie er sie erretten will. Die Übereinstimmung des Evangeliums mit dem Wissen des menschlichen Herzens zeigt dem Gewissen die unvergleichbare moralische Überlegenheit des Evangeliums. – Seit der Konversion Heinrichs IV. war D. um die Sicherung der → Hugenotten bemüht (Edikt von Nantes 1598). Nach dem für D. unglücklichen Abendmahlsgespräch mit → Duperron (Fontainebleau 1600) brüskierte der König seinem Verhältnis zur Kurie zuliebe seinen alten Mitarbeiter. Seitdem blieb D. dem Hofe fern in Saumur und plante u.a. ein ökumenisches Konzil aller Evangelischen unter der Schirmherrschaft Jakobs I. von England.

Mémoires I-IV, 1624-51; Mém. et Corr., 12 vols, 1824/25. - Über D.: R.PARTY, D.M., 1933 - P.MESNARD, L'essor de la philosophie politique, (1936) 1952², 340ff - H.E.WEBER, Reformation, Orthodoxie, Rationalismus I/2, 1940, 345ff - J.LECLERC, Hist. de la tolérance I, 1955, 90f. 181ff. *R.Nürnberger*

Dura-Europos

I. Religionsgeschichtlich - II. Bedeutung für die jüdische Kunst - III. Bedeutung für die christliche Kunst. – Bildtafeln 9 und 10 nach Sp. 288.

I. Religionsgeschichtlich

Dura oder - nach der mazedonischen Heimat des Begründers der Festung D., Seleukus Nikator (312-280 vChr), so zubenannt - Dura-Europos, das heutige Eṣ-Ṣāliḥīje, in der Breite von → Palmyra am Westufer des Euphrat gelegen (→ 3 C 3), bis 100 vChr in seleuzidischer, 100 vChr bis 165 nChr in parthischer, 165-256 nChr in römischer Hand, dann von den Sassaniden erobert und unbesiedelt gelassen, hat den 1922 begonnenen Ausgrabungen reiche Ergebnisse geschenkt, vor allem solche religionsgeschichtlicher Art. Viele heidnische Tempel (zur jüdischen Synagoge → Dura-Europos: II, zur christlichen Kirche → Dura-Europos: III) sind samt ihrer Ausstattung, darunter Reliefs und Wandgemälde mit Götter-Darstellungen, in gut erhaltenem Zustand zutage gekommen, und reiche Inschriftenfunde ermöglichen eine noch vertiefte Einsicht in die hier gepflegten Kulte. Ihrer orientalischen Umgebung und ihrer bewegten politischen Geschichte entsprechend hat die Stadt auch in kultischer Hinsicht eine wechselvolle Entwicklung erfahren. Die bei dem Ausbau von D. zu einem seleuzidischen Stützpunkt hier eingeführten griechischen Götter verschmolzen mehr und mehr mit den orientalischen Gottheiten der Umgebung, und die Eroberung der Stadt durch die Parther hat das Einströmen semitisch-parthischer Kulte noch erheblich verstärkt. Mit der Besetzung von D. durch die Römer drangen dann freilich römische Kulte, vor allem die von den Soldaten gepflegten ein, darunter außer dem des Kaisers der des → Mithras und der des Jupiter Dolichenus (→ Doppelaxt); aber maßgebend blieben doch auch jetzt die bodenständigen und die aus der aramäisch-arabischen Umgebung übernommenen Gottheiten. Seit dem Ende des 2.Jh.s nChr haben sich hier dann auch Juden und Christen mit ihren Gottesdiensten eingefunden. Außer der Synagoge und der Kirche sind erhalten die Tempel des Zeus Megistos, der beiden Gad, des Bel und des Arṣu, des Zeus Kyrios, der Palmyrenischen Götter, des Aphlad, des Zeus Theos, des → Adonis sowie der Artemis, der → Atargatis und der Azzanathkona. Aber die Zahl der in D. verehrten Gottheiten war nach Ausweis der Inschriften noch viel größer. So werden neben Jupiter Heliopolitanus etwa die Tyche (→ Schicksal: I) und die Nemesis öfter genannt. Dabei stecken hinter den griechische Namen tragenden Gestalten weithin orientalische Gottheiten, die sich zwar die Interpretatio Graeca haben gefallen lassen müssen, aber doch geblieben sind, was sie von Haus aus waren (→ Antike und Orient).

F.CUMONT, Fouilles de D. (1922-1923), Paris 1926 - P.V.C.BAUR, M.I.ROSTOVTZEFF u.a., The Excavations at D. Preliminary Report of I.-IX. Seasons of Work 1928-36, New Haven/Conn. 1929-46 - M.I.ROSTOVTZEFF, D.and itsArt, Oxford 1938 - PW Suppl. VII, 1940, 149ff (C.WATZINGER) - O.EISSFELDT, Tempel u. Kulte syr. Städte in hellenistisch-röm. Zeit (AO 40), 1941 - N.TOLL u.a., The Excavations at D. Final Report IV, Part I-IV; VI; VIII, Part I, New Haven/Conn. 1943-56 - E.HONIGMANN et A.MARICQ, Recherches sur les Res Gestae Divi Saporis, Brüssel 1953. *O.Eißfeldt*

II. Bedeutung für die jüdische Kunst

Die 1932 in D. entdeckte Synagoge ist für Kenntnis und Verständnis der jüdischen Kunst bes. wichtig. Die Synagoge wurde 244/45 erbaut, teilweise über den Resten einer etwa 75 Jahre älteren Haus-Synagoge. Schon nach etwa 10 Jahren wurde sie geräumt und fast zur Hälfte durch die Aufführung eines die Stadtmauer schützenden Dammes zugedeckt und dadurch erhalten. Während der Schmuck der älteren Haus-Synagoge nur Inkrustation und an der Decke Kassettenwerk und Laubendekoration nachbildete, also von der Darstellung von Lebewesen absah, wurde beim Neubau von dem zuständigen Gemeindeausschuß (gemäß erhaltener Inschrift) die Ausschmückung in neue Bahnen gelenkt. Schon bei der Aufführung des Betsaales bemalte man die quadratischen Deckenziegel mit Frucht-, Wild- und Sternbilddarstellung, aber auch mit Personifizierungen der Naturkräfte (Persephone) nebst Weihinschriften (aramäisch und griechisch). Nach Überdachung traten an der monumentalen Tora-Nische unten Inkrustation und Fruchtgirlanden hinzu, oben Darstellung etlicher Symbole des die Versöhnung vermittelnden Kultes (Tempel, Menorah, Ethrog, Lulab) und Isaaks Opferung mit Hinweis auf die Verheißung (s. Taf. 9 Abb. 1). Über der Nische, ohne Rahmung, wurde in etwa 3 m Größe der blühende Lebensbaum dargestellt, unter welchem Tisch und Thron standen, wahrscheinlich ein Hinweis auf das messianische Mahl im Garten Eden.

Etwa i.J. 250 begann die Gemeinde mit der bildlichen Bemalung der Wände des Betsaales (13,72×7,68× ca 7,00 m). Über dem Inkrustations-Sockel mit Tieren und Masken entwickelten sich die Bilder in drei Registern (mit Höhenmaßen von 1,10 m, 1,50 m und 1,30 m). Die Bilder stellen biblische Geschichten dar, die sich in bis zu neun Einzeldarstellungen entfalten, jedes völlig eingerahmt (Längenmaß bis 7,46 m). Teilweise oder ganz erhalten sind 28 Bilder, was etwa 3/4 der Gesamtzahl entspricht. Sie behandeln die Patriarchenzeit, den Auszug aus Ägypten, Wüstenwanderung, Zeit der Entstehung des Königtums (Samuel, Saul, David, Salomo), Wirken des Elia, Zerstörung Jerusalems und Entführung der Priesterschaft (?), aber auch einzelnes aus den prophetischen (Jer [?] und Ez) und späteren Schriften (Neh, Dan, Est). Durch Nebeneinanderstellung verwandter Bilder wurden zwei Bilderzyklen gebildet (1Sam, 1Kön). Im übrigen ist nur an der nach Jerusalem orientierten Wand über der Tora-Nische planmäßige Ordnung der Bildthemen erkennbar. Dort wurde der anfängliche Wandschmuck (Lebensbaum usw) zuerst figürlich bereichert, dann übermalt und mit nach oben verlaufender historisierender Ausführung der Schilohweissagung (Gen 49, 10ff) ersetzt sowie eingerahmt von Bildern, die die Einsetzung, Bekräftigung und Erneuerung des Bundes mit Abraham erhellen. Mit mitteliranischen Aufschriften bemalt sind 3 Bilder, die das Buch Est, 1Kön 17-24 und Ez 37 (s. Taf. 9 Abb. 2 und 3) behandeln.

Stilistisch und ikonographisch reihen sich die Malereien einwandfrei in die spätrömische, orientalische und westliche Elemente vereinigende Kunst D.s ein; sie haben also nur in der Bildthematik ihre Eigenart. Im Vergleich mit den Bildern der christlichen Kapelle → Duras (: III) sind die der Synagoge nicht nur reicher, sondern ausgereifter. Sie nehmen deshalb wahrscheinlich eine ältere Tradition auf. Der Vergleich dieser beiden Gebäude mit den bildlich geschmückten paganen Tempeln

1. Dura-Europos, Synagoge, Tora-Nische. Oberhalb der Muschel: Leuchter mit Lulab und Ethrog, Tempelfront, Isaaks Opferung, um 250 (*Yale University Press, USA*)

2. Dura-Europos, Synagoge, Nordwand, unterer Fries. Totenerweckung Ez 37: (Mittelbild) Neubelebung durch Psyche, um 250 (*Yale University Press, USA*)

3. Dura-Europos, Synagoge, Westwand (sdl. Teil). Oben: Lager in der Wüste, Tempelweihe, Abraham; unten: Elia und das Kind der Witwe, Mardochai und Esther, um 250 (*Yale University Press, USA*)

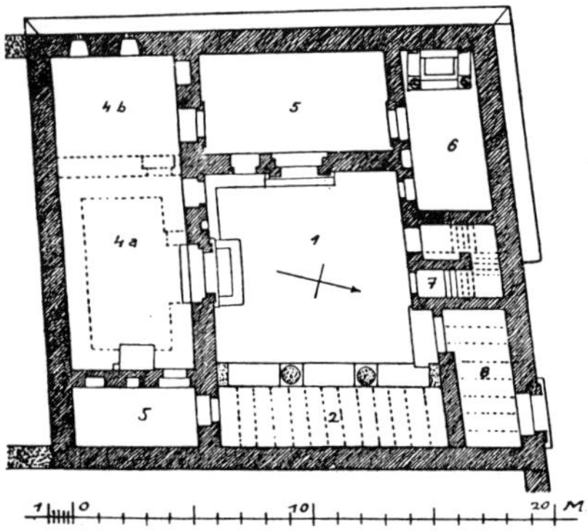

1. Dura-Europos, Frühchristliche Hauskirche mit Kultraum, Grundriß (nach A.v.Gerkan in RQ 42, 1934, 231). 1 = Hof; 2 = Halle; 3 = Sakristei (?); 4 a. b = Kirchenraum; 5 = Saal (d. Kirchenverwaltung ?); 6 = Kultraum; 7 = Vorraum; 8 = Vorhalle

2. Dura-Europos, Christlicher Kultraum, Gesamtansicht, Rekonstruktion – *The Art Gallery, New Haven* *(Yale University Press, USA)*

3. Dura-Europos, Christlicher Kultraum, Fresko, Heilung des Gichtbrüchigen, um 240 – *The Art Gallery, New Haven* *(Yale University Press, USA)*

4. Dura-Europos, Christlicher Kultraum, Fresko, Meereswandel Jesu und Errettung Petri, um 240 – *The Art Gallery, New Haven* *(Yale University Press, USA)*

der Stadt (→ Dura-Europos: I) beleuchtet in dem Gegensatz zwischen heidnischer Darstellung von Kulthandlungen einerseits und jüdischer und christlicher Darstellung von Heilserfahrung anderseits Unterschiede, die in der Einstellung der Religionsgemeinschaften zur Geschichte wurzeln. Ferner wird die Kunst teilweise missionarisches Mittel bzw. Lehrmittel. Von sektiererischer Eigenart der jüdischen Gemeinde D.s wie auch von Einwirkung eines hypothetischen jüdischen Mysterienkultes auf den Lehrinhalt der Bilder kann man nicht sprechen. Sie bewegen sich vielmehr in den Bahnen der synagogalen Tradition. National gefärbte Zukunftshoffnung und Einfluß von Midrasch und Targum lassen sich deutlich erkennen. Existenz und Ursprung des Bilderreichtums der Synagoge muß deshalb aus der Einstellung zum Bilderverbot des Dekalogs erklärt werden.

Angesichts der D.-Synagoge ist anzunehmen, daß sich diese Einstellung je nach Zeit und Landschaft veränderte. Was Josephus über die Ungesetzlichkeit der Darstellung aller Lebewesen berichtet, ist ohne Zweifel für die Frömmigkeit Palästinas damals maßgebend gewesen. Diese Einstellung kam dort wohl während der Religionskriege (makkabäische Münzen!) zur Herrschaft, vielleicht im Gegensatz zu einer freieren Einstellung der Diadochenzeit. Im 2.Jh. nChr unterschied man jedoch in Palästina bereits zwischen heidnischen Bildnissen, die kultischen Zwecken dienten, und solchen rein profaner Art, wobei letztere als nicht anstößig bzw. neutral galten (→ Bilder: II). Bald wurden den Juden Wandbemalung, Mosaiken und Skulptur gemäß rabbinischen Aussprüchen erlaubt (Pal. Talmud, Aboda Zara 48d; Targ. Pseudo-Jonathan zu Lev 26, 1). So erklären sich die Mosaiken der palästinischen Synagogen (Gerasa, Na'aran, Beth Alpha) und die Skulpturen (Kefr Birin und Beth Schearim). Ob es in Palästina jemals Synagogen mit bildlichen Wanddekorationen gegeben hat, ist fraglich. Sie sind wohl eher auf das Vorbild der bildlich bemalten heidnischen Tempel (eine Sonderentwicklung der Lehmbauzone) und der bemalten Privatheiligtümer (Villa dei Mysteri, Pompeji) zurückzuführen.

In der Diaspora ist jüdischerseits nicht durchgängig mit bilderfreundlicherer Einstellung zu rechnen. Zeitliche und örtliche Unterschiede – entsprechend der Entstehungszeit der einzelnen Gemeinden, des Verhältnisses zur Stadtbevölkerung und zum Heimatland – können hier unterschiedliche Anschauungen hervorgerufen haben. Der heute noch erhaltene Bestand gibt wenig Aufschluß darüber. Die jüdischen → Katakomben Roms (Monteverde, Villa Torlonia) entbehren der Darstellung aller Lebewesen, vielleicht aber nur deshalb, weil diese in Grabesnähe als unziemlich galt. Ob in Nordafrika (Haman Lif), Ägypten und Kleinasien (bemalte Synagogen in Erçis, inschriftlich bezeugt) eine freiere Praxis herrschte, ist bislang unbekannt. Über die südmesopotamische Diaspora weiß man heute nur, daß dort die Bilderfrage im babylonischen Talmud nicht erörtert wurde. Vielleicht waren die großen Gemeinden der Kleinstaaten Obermesopotamiens und Syriens (Osrhoene, Adiabene, Emesa, Chalkis) durch die Judenfreundlichkeit der Herrscherfamilien offener für eine Entwicklung zur bildlichen Synagogenmalerei.

Im jüdischen Kunstgebrauch der hellenistisch-römischen Zeit ist mit zwei Traditionen zu rechnen, einer symbolischen und einer erzählenden. Erstere ist längst bekannt und war am weitesten verbreitet. Sie trat in der Makkabäerzeit in Erscheinung, lernte viel später die Verwertung biblischer Einzelbilder zu dogmatischen Zwekken und war auch für die anfängliche Ausmalung der Synagoge D.s maßgebend. Goodenough behandelt ihre gedankliche Einheit. Letztere ist in ihrer Eigenart in den Bilderreihen der Synagoge D.s zur Kenntnis gekommen. Gediegenheit, Einschachtelung, starke Verkürzung und Gebrauch von Rahmentechnik beweisen, daß die Bilder nicht erstmalig in der Grenzfestungsstadt entstanden, sondern von größeren Synagogen anderwärts (Osrhoene?, Adiabene?) übernommen sind. Kontinuierlicher Stil (Wiener Genesis; → Bibelillustration: I, 1) und Bilderzyklen, beginnend mit dem ersten Kapitel biblischer Bücher (Ex, 1Sam), sowie historisierende Einstellung lassen darauf schließen, daß die Bilder letzten Endes aus illustrierten Handschriften stammen. Für solche wäre *vielleicht* in die Zeit vor den Religions- und Befreiungskriegen zurückzugreifen.

M.I. Rostovtzeff, D. and its Art, 1938 - E.R. Bevan, Holy Images, 1940 - J. Leveen, The Hebrew Bible in Art, 1944 - K. Weitzmann, Illustrations in Roll and Codex, 1947 - R. Wischnitzer, The Messianic Theme in the Paintings of the Dura Synagogue, Chicago 1948 - E.R. Goodenough, Jewish Symbols in the Greco-Roman Period I-VI, 1953-56 (für D. ist Bd VII vorgesehen) - C.H. Kraeling, Excavations at D. Final Report VIII, 1: The Synagogue, 1956 - H.L. Hempel, Zum Problem der Anfänge der at. Illustration (ZAW 69, 1957, 103-131) - G. Widengren, Quelques rapports entre Juifs et Iraniens à l'époque des Parthes (VT Suppl. 4, 1957, 197-241; Taf. II-V).
C.H.Kraeling

III. Bedeutung für die christliche Kunst

Während des Winters 1931/32 wurde unmittelbar vor Turm 17 der westlichen Stadtmauer ein vermutlich bereits im 1.Jh. nChr erbautes Privathaus – ebenso wie die Synagoge (→ Dura-Europos: II) durch eine Verstärkung der Stadtmauer verdeckt und so geschützt – ausgegraben. Es lieferte das erste sichere Zeichen für eine christliche Gemeinde in D. Die am Orte bereits vorher entdeckten drei → Sator-Arepo-Quadrate konnten zwar durch die mögliche Auflösung in »Pater Noster« christlich interpretiert werden (Lietzmann), boten aber keine eindeutige Aussage für christlichen Ursprung.

Der Grundriß des Hauses (s. Taf. 10 Abb. 1) zeigt das typische Wohnhaus von D. und bezeugt gleichzeitig, daß in Raum 4a und b durch Abtragung einer Mauerwand nachträglich ein Versammlungsraum geschaffen wurde, dessen Entstehung durch eine Wandkritzelei auf 232/33 datiert werden kann; wir haben hier die bisher einzige erhaltene *Hauskirche* vorkonstantinischer Zeit. An der östlichen Schmalseite des Raumes zeigt sie eine niedrige Plattform, auf der man sich vielleicht den Stuhl des Bischofs denken kann. Obwohl im übrigen nichts eindeutig auf gottesdienstlichen Gebrauch des Raumes schließen läßt, so ist der Verwendungszweck als Hauskirche nicht zu bestreiten. Da die Interpretation eines zeitweise ebenfalls als vorkonstantinische Hauskirche genannten Raumes in Herculaneum, oder des Raumes unter der Basilika zu Emmaus, oder auch des kürzlich unter S.Prisca in Rom ausgegrabenen, sehr zweifelhaft ist, haben wir in D. das älteste zur Zeit bekannte kirchliche Gebäude, das ins 4. Jahrzehnt des 3.Jh.s zu datieren ist. Es ist freilich ratsam, von einem solchen Einzelfund aus keine generellen Schlußfolgerungen auf die Gestaltung der sonstigen, nur literarisch belegbaren vorkonstantinischen Hauskirchen zu ziehen.

Der eigentliche Erweis für den Verwendungszweck des Hauptraumes wird durch den gegenüberliegenden Kultraum (6; s. Taf. 10 Abb. 1) erbracht, der liturgie- und kunstgeschichtlich gleich bedeutsam ist (s. Taf. 10 Abb. 2). An der westlichen Schmalseite erhebt sich über einem rechteckigen Kasten ein von zwei Säulen getragener Baldachin, der in seiner Wölbung goldene Sterne auf blauem Grund zeigt (möglicherweise den Himmel darstellend). Auf der Rückwand des Halbkreises unter dem Baldachin und ebenso auf den Seitenwänden des Gesamtraumes waren Fresken angebracht, die als gleichzeitig mit den ältesten der römischen → Katakomben zu datieren sind, also etwa um 230-40 (→ Altchristliche Kunst). In dem rückwärtigen Halbkreis sieht man eine Darstellung des → Guten Hirten, darunter links Adam und Eva in einer symmetrisch neben den Paradiesbaum gestellten frontalen Weise, die auch im Westen beliebt ist. - Die nördliche Längswand ist durch einen dunkelblauen Querstreifen in eine obere und untere Zone geteilt. Der fragmentarische Bestand der Fresken läßt noch erkennen: oben die Heilung des Gichtbrüchigen in zwei Szenen, vor und nach der Heilung (s. Taf. 10 Abb. 4), Jesu Meereswandel mit dem sinkenden Petrus (s. Taf. 10 Abb. 3); unten eine ikonographisch umstrittene Darstellung: drei Frauen in weißen Gewändern und Schleiern, in der Rechten eine Fackel und in der Linken ein Gefäß tragend, bewegen sich einem Sarkophag zu, der sich weiß von dunkelrotem Hintergrund abhebt (s. Taf. 10 Abb. 2). Rechts und links des Sarkophagdeckels sieht man große goldene Sterne. Die Deutung zielt auf die drei Marien am Grabe (wobei freilich zu bedenken ist, daß in der erst wieder in nachkonstantinischer Zeit nachweisbaren Darstellung das Grab immer als Rundbau gezeigt wird) oder auf die klugen Jungfrauen (Mt 25, 1ff; Lk 12, 35f) oder vielleicht auch auf die Darstellung einer liturgischen Prozession von Neophyten. - Auf der gegenüberliegenden (südlichen) Längsseite des Raumes ist erhalten: das samaritische Weib am Brunnen (ohne die Gestalt Jesu) und eine sehr zerstörte, aber durch Namen-Beischrift gesicherte Darstellung: David und Goliath. - Obgleich diese Bildthemen später alle irgendwann auch im Westen begegnen und dort eine andere, vielleicht sogar spätere Entwicklungsstufe der Ikonographie zeigen, läßt sich daraus noch kein chronologisches Schema entnehmen; der Bestand an erhaltener Kunst des Ostens aus vorkonstantinischer Zeit ist hierfür zu gering. Beachtlich ist freilich in D. die zur *erzählenden Darstellung* neigende Tendenz (bes. deutlich bei der Gichtbrüchigen-Darstellung) - beachtlich zumal im Blick auf die sehr ausgeprägte erzählende Darstellungsweise der Synagogenbilder (→ Dura-Europos: II). Läßt sich auch bisher keine weittragende These zur Entwicklung der frühchristlichen Kunst sichern, so darf doch vermutet werden, daß die D.-Fresken nicht Erstentwürfe sind, sondern wohl auf eine bereits entwickelte → Bibelillustration zurückgreifen. Ob man deshalb auch hier eine eventuell in Alexandrien beheimatete Bibelillustration als Vorlage annehmen darf - die dann auch auf die römische Ikonographie Einfluß genommen haben könnte -, ist fraglich, aber nicht ausgeschlossen. - Zu erwähnen sind noch christliche Graffiti innerhalb des Kultraumes, darunter eine Inschrift an der Türe, die vom Hof zum Kultraum führt: εἷς Θεὸς ἐν ο(ὐ)ρανῷ.

Der Kultraum ist mit großer Wahrscheinlichkeit als → Baptisterium zu interpretieren (Hopkins, v. Gerkan, Kollwitz, Deichmann), wenngleich auch die Deutung auf ein Martyrion (Baur, H. Lietzmann) nicht gänzlich auszuschließen ist. Gegen ein Baptisterium kann allein das von Lietzmann ausgesprochene Argument angeführt werden, daß man sich ein würdiges Besteigen des Beckens schwer vorstellen könne und ferner die am Boden auf drei Seiten umlaufende Stufe nur als Träger für den hineinzulassenden Sarkophag sinnvoll sei. Für ein Baptisterium anderseits spricht in erster Linie die Themenauswahl des Bildschmuckes. - Die Fresken des Kultraumes befinden sich heute im Original in der Art Gallery der Yale-University, New Haven, USA.

Es ist für die → Orient-Rom-Frage in der Kunstgeschichte wichtig, daß mit D. die altchristliche Kunst im Osten nahezu im gleichen Jahr bezeugt ist wie die der ältesten Katakombenfresken in Rom (→ Malerei und Plastik: I).

The Excavations at D., Preliminary Report of the Fifth Season of Work 1931/32, ed. M.I. ROSTOVTZEFF, A.R. BELLINGER, C. HOPKINS and C.B. WELLES, New Haven 1934, 238ff (mit erstem Bericht u. Interpretation des Fundes durch C. HOPKINS u. P.V.C. BAUR; der »Final Report« ist noch nicht ediert) - A.v. GERKAN, RQ 42, 1934, 219-232 - H. LIETZMANN, Gn 13, 1937, 224-237 - M.I. ROSTOVTZEFF, D. and its Art, Oxford 1938 - A. GRABAR, Martyrium II, 1946, Reg. - DERS., La fresque des Saintes femmes ... (CahArch 8, 1956, 10-26) - G. MILLET, Doura et El-Bagawat (ebd 1-9) - W. LESTON, Annales de l'école des Hautes Études de Gand 1, 1957, 161-177 - K. WEITZMANN, AJA 61, 1957, 83-91. *E. Dinkler*

Durandus *de S. Porciano* OP († 1334), »doctor modernus«, 1312 Magister der Theol. in Paris, 1313 Lector s. palatii in Avignon, 1317 Bischof von Limoux, 1318 von Le Puy en Velay, 1326 von Meaux. Sein antithomistischer Sentenzenkommentar (spätestens 1308) brachte ihn in Konflikt mit seinem Orden. Durch das Generalkapitel von Saragossa (1309) verwarnt, arbeitete er ihn teilweise um. Eine vom Metzer Generalkapitel (1313) beauftragte Kommission verwarf 1314 91 Sätze (von 93). D. leistete schriftlich (Excusationes) wie mündlich (im 1. Avignoner Quodlibet) teilweise Widerruf, trug aber in der 3. Redaktion seines Werkes (1317/27; gedr. 1508 u.ö.) mehrfach seine ursprünglichen Ansichten wieder vor. - D. baut sein System auf aristotelischer Grundlage auf. Jedoch hat seine *Philosophie*, bes. seine Erkenntnislehre, einen starken platonisch-augustinischen Einschlag. Gegen eine völlige Einordnung seiner *Theologie* in den Augustinismus spricht aber u.a. seine Lockerung der absoluten Einheit und Einfachheit des göttlichen Wesens, seine entschiedene Ablehnung der psychologischen Trinitätserklärung und (in der 1. Redaktion) seine Leugnung des Schuldcharakters der Erbsünde. - Die Sondermeinungen des D. finden sich zT schon bei seinem vermutlichen Lehrer → Jakob von Metz OP. Sein Verhältnis zu → Duns Scotus bedarf noch der Klärung. Der Nominalismus → Ockhams ist ihm fremd.

Über weitere Schriften des D. vgl. die Monographie von JOS. KOCH (s.u.). Von J. KOCH wurden ediert: Quaestio de natura cognitionis et Disputatio cum anonymo quodam (Opuscula et textus, series scholastica, fasc. 6), (1929) 1935²; Tractatus de habitibus q. 4 (ebd, fasc. 8), 1930. - JOS. KOCH, D. de S.P., 1. Teil (BGPhMA 26, 1), 1927 - Ü II¹¹, 517ff. 768f (Lit.) - LThK III, 496 - P. FOURNIER, D. de S.-P. (Hist. litt. de la France 37, 1938, 1-38) - F. STEGMÜLLER, Rep. Comm. in Sententias Petri Lombardi I, 1947, 84-92. *B. Decker*

Durham, northumbrische Benediktinerabtei (→ 10 E 4), gegründet 1083 durch Berufung von Mönchen aus → Wearmouth-Jarrow an die Domkirche zu D.; bedeutende Pflegestätte der Liturgie, des »Ritus von D.«, einer Verschmelzung benediktinischer Übung und des schon im »Rituale ecclesiae Dunelmensis« aus dem beginnenden 9. Jh. bezeugten heimischen Brauchtums. Aufgehoben 1538 beim Übergang D.s zur Englischen Hochkirche.

J. TH. C. FOWLER, The rites of D., 1903 - J.E. HODGKIN, D., London 1913 - W.J. WESTON, D., Cambridge 1914 - J.E. BYGATE, The cathedral church of D., London 1922 - H.D. HUGHES, History of D. cathedral library, Durham 1925. *F. Flaskamp*

Durie (*Dury*), *John* (1596-1680), * Edinburgh, † Kassel, studierte an der ref. Akademie in Sedan und an der Universität Leiden, empfing dabei wahrscheinlich schon die Anregung, für die Union aller christlichen Kirchen Europas (außer der römischen) zu wirken (→ Einigungsbestrebungen: II). Gefördert von → Gustaf Adolf, dem englischen Gesandten Sir Thomas Roe und dem Erzbischof → Abbot von Canterbury durcheilte er 1630-33 Deutschland und Holland, um ein »ev. Generalkonzil« zustande zu bringen. Gescheitert und verschuldet wurde er 1634 in England als anglikanischer Priester ohne Residenzpflicht ordiniert und veröffentlichte Sententiae de pacis rationibus evangelicis mit einer Declaration of (20) English Divines. Seit 1641 anglikanischer Pfarrer im Haag und in Rotterdam, weilte er 1645-54 wieder in England, seit 1650 als Bibliothekar in St.James' Palace. 1654-57 wurde er auf neuen Reisen von → Cromwell gefördert, wurde aber 1660 von den Stuarts abgewiesen und ging zum Landgrafen nach Kassel. Weitere Unionsreisen in Deutschland (bis 1674) blieben ergebnislos, der Große Kurfürst (→ Brandenburg: II, 3) verwarf 1668 seine Pläne. Grundlage der Union sollten außer den klassischen biblisch-altkirchlichen Stücken (Vaterunser, Dekalog, Apostolikum) → Arnds »Wahres Christentum« und → Baylys »Practice of Piety« sein.

DNB (Neudr. 1949/50) VI, 261ff (Bibliogr.) - K.BRAUER, Die Unionstätigkeit J.D.s unter dem Protektorat Cromwells, 1907 - H.LEUBE, Kalvinismus u. Luthertum im Zeitalter der Orthodoxie I, 1928, 204ff - G.WESTIN, Negotiations about Church Unity 1628-34, 1932 - DERS., J.D. in Sweden, 1934/36 - J.M.BATTON, J.D., Advocate of Christian Reunion, 1944 - G.H.TURNBULL, Hartlib, D. and Comenius, 1947 - M.SCHMIDT in: R.ROUSE-S.C.NEILL, Gesch. der ökum. Bewegung I, 1957, 137ff. *M.Schmidt*

Durkheim, *Émile* (1858-1917), war der bedeutendste französische Soziologe seiner Zeit (→ Soziologie: I). Seit 1902 Prof. in Paris, hat er vor allem → Comtes Werk über »Statique Sociale« fortgesetzt. Seine Methodenlehre schließt psychologische Erklärungen der sozialen Phänomene aus, er arbeitet aber trotzdem sozialpsychologisch. Das Hauptthema seiner Soziologie war die gesellschaftliche Gliederung und das Verhältnis des Individuums dazu. Die → Gesellschaft hat sich aus einer undifferenzierten »mechanischen« zur differenzierten »organischen« → Solidarität entwickelt (was an F.Toennies erinnert). Konfessionelle Unterschiede in der Selbstmordstatistik sollten beweisen, wie sehr das Individuum von Gruppenstruktur und Gruppenmoral abhängig ist. D. hat auch stets eine objektive Begründung der Moral in der Gesellschaft gesucht. Seine soziologischen und philosophischen Interessen vereinigten sich in seinem letzten Werk »Les formes élémentaires de la vie religieuse«. Anhand der Analyse des australischen → Totemismus behauptet er, daß »Gesellschaft« das Urobjekt aller Religionen ist. In der Religion drücken die Menschen symbolisch die Ehrfurcht und das Abhängigkeitsgefühl aus, welche sie ihrer Gesellschaft entgegenbringen. Das Ritual ist dementsprechend ein Mechanismus, durch den Gruppen sich geistig erneuern. - D.s Schüler in Frankreich haben hauptsächlich auf dem Gebiet der → Religionssoziologie gearbeitet.

Vf. u.a.: De la division du travail social, Paris (1893) 1926[5]; Les règles de la méthode sociologique, Paris (1895) 1957[13]; Le suicide, Paris (1897) 1930; Les formes élémentaires de la vie religieuse, Paris (1912) 1937[3]; Aufsätze in L'Année Sociologique 1-13, 1898-1913; posthume Veröffentlichungen bis 1955. - H.ALPERT, É.D., N.Y. 1932 (Lit.) - G.MARICA, É.D., 1932 (Lit.) - C.LEVI-STRAUSS, French Sociology (Twentieth Century Sociology, ed. G.GURVITCH-W.-E. MOORE, N.Y. 1945, 503-537; Lit.). *N.Birnbaum*

Dusen, Piet Van → Van Dusen, Piet.

Dutoit, *Jean-Philippe*, auch D.-Membrini oder Mambrini (1721-93), ref. Mystiker aus dem Waadtland. Durch lange Krankheit zur Aufgabe des 1747 übernommenen Pfarramtes gezwungen, neigte er zu einer mystischen, zT theosophisch bestimmten Frömmigkeit. Nachdem er bereits längere Zeit mit dem Grafen Fleischbein (1700-74), einem glühenden Verehrer der Mme. Guyon, in Verbindung gestanden hatte, trat er dessen Nachfolge an als »Führer der innerlichen Seelen«, dh der Mystiker. Der ursprünglich in Spanien beheimatete → Quietismus, den in Frankreich Mme. → Guyon und → Fénelon vertraten, hatte nach seiner Verurteilung bei Protestanten in Holland, Deutschland und der Schweiz Zuflucht gefunden. D. und seine welschschweizerischen Anhänger sind die letzten Vertreter dieses spezifisch quietistischen Gedankenguts. Gegenüber den atheistischen und deistischen Strömungen der Zeit, aber auch im Gegensatz zur traditionellen Orthodoxie betonte D. in erster Linie die Notwendigkeit eines lebendigen, persönlichen Erfahrungsglaubens, völlige Aufhebung des inneren Selbst, passives Stillgebet, sog. »reine Liebe«. D. kommt so auch zu Spekulationen etwa über die Jungfrau Maria, wie auch über Sündenfall, Inkarnation und den sog. »Astralgeist«.

Hauptwerke: De l'origine, des usages, des abus, des quantités et des mélanges de la raison et de la foi, 2 Bde, 1790; verm. Neuaufl. unter dem Titel: La philosophie divine, appliquée aux lumières naturelle, magique, astrale, 3 Bde, 1793; La philosophie chrétienne, 4 Bde, 1800-19. - Hg. der Werke verschiedener Mystiker, bes. einer GA der Werke der MME. GUYON, 5 Bde, 1767-68; 35 Bde (mit Vorwort, Anmerkungen u. »Anecdotes et réflexions«), 1789-91. - Über D.: J.CHAVANNES, Ph.D., sa vie, son caractère et ses doctrines, 1865 - CH.BURGER, Un défenseur du quiétisme au 18ème siècle dans la Suisse française: essai sur J.-Ph.D. et sa philosophie divine, 1868 - H.HEPPE, Gesch. d. quietistischen Mystik in der kath. Kirche, 1875, 515ff - RE V, 105ff - Encycl. LICHTENBERGER IV, 166ff - J.MARÉCHAL, Etudes sur la psychologie des mystiques, 2 Bde, (1924) 1938[2] (Lit.). *R.Voeltzel*

Duvergier, *Jean* (1581-1643), oft (»Abbé de) Saint-Cyran« genannt, kath. Theologe und Kanonist, Vorkämpfer des → Jansenismus. Er wurde bes. bekannt durch sein Eingreifen in die Konflikte zwischen Jesuiten und Bischöfen. Letztere erklärten, jene dürften nur mit ihrer Erlaubnis in ihren Diözesen Seelsorge leisten, was mit der Gegnerschaft gegen jesuitische Gnaden-, Reue- und Sakramentenlehre zusammenhängt (→ Gnade: IV, → Probabilismus). Die antijesuitischen Schriften, welche D. unter dem Pseudonym Petrus Aurelius verfaßte, beeinflußten, mehrfach neu ediert, manche Gegner jesuitisch-zentralistischer Kirchenauffassung innerhalb des Katholizismus.

GA: Oeuvres chrétiennes et spirituelles, 4 Bde, Lyon 1676. - Einzelausg.: Lettres chrét. et spirit., Paris 1645 - Petri Aurelii Theologi Opera, Paris 1646 (enthält die Streitschriften). - Über D.: CL. LANCELOT, Mémoires touchant la vie de St. Cyran, Köln 1738 - P.SCHNEIDER, St. Cyran u. Augustinus im Kulturkreis von Port-Royal, 1932. - Vgl. die Lit. zu → Jansenismus, → Port-Royal. *P.Honigsheim*

Dwight, *Timothy* (1752-1817), * Northampton, Mass., † New Haven, Conn., typischer nordamerikanischer Theologe aus der Zeit des Unabhängigkeitskrieges, vor allem Organisator, Landwirt, Pädagoge und nationaler Dichter ohne theologischen Tiefgang. Nach kongregationalistischen Pfarrämtern und Stellungen im öffentlichen Leben 1795-1817 Präsident des Yale College und führende Persönlichkeit im Staate Connecticut, Gegner der formalen Demokratie, die er im Lichte der Französischen Revolution sah und als zerstörerisch beurteilte. Die heutige → Yale-Universität verdankt ihm wesentlich ihren Aufbau. In seinem Epos »The Conquest of Canaan« (11 Bücher, 1785) wollte er für Nordamerika eine Aeneis schaffen. Das Gedicht »The Triumph of Infidelity« (1788), Voltaire gewidmet, sollte eine Satire sein, brachte es aber nur zu Schimpfereien.

W.B.SPRAGUE, Life of T.D. (J.SPARKS, The Library of American Biography, 2. series Bd IV, 1845, 225-364) - W.WALKER, A History of the Congregational Churches in the U.S., 1894, 301ff - J.B.REYNOLDS-S.H.FISHER-H.B.WRIGHT, Two Centuries of Christian Activity at Yale, 1901 - F.B.DEXTER, Biographical Sketches of Graduates of Yale College III, 1903, 321ff (Werke u. Bibliogr.) - A.P.STOKES, Memorials of Eminent Yale Men I, 1914 - V.L.PARRINGTON, The Connecticut Wits, 1926 - DAB V, 1930, 573ff. *M.Schmidt*

E

Eadmund (*Edmund*), 1. *der Heilige* (um 840-70), seit 855 König der Ostangeln, nach der Legende frommer und tugendsamer Herrscher. Von heidnischen Dänen gefangen, wurde er nackt an einen Baum gebunden und mit Pfeilen durchbohrt, schließlich enthauptet. Vorbild dieser Legende ist offensichtlich der hl. → Sebastian; gleich ihm ist E. Schutzpatron gegen die Pest, vor allem im mittelalterlichen England verehrt. Tag: 20. 11.

Die von → Abbo von Fleury verfaßte legendäre Vita bei L.SURIUS, AS VI, 465 ff (auch MPL 139, 507 ff), neu hg.v. TH.ARNOLD, Rer. Brit. medii aevi SS 96, London 1910. - Über E.: RE V, 112 - F. HERVEY, History of King E., Oxford 1929 - BRAUN, TA 200 f - KÜNSTLE II, 193.

2. *Rich* (1180-1240), studierte in Paris, 1214 Lehrer der Theologie in Oxford, Kreuzzugsprediger für England, 1234 Erzbischof von Canterbury; eifrig um Hebung des geistigen Lebens in England bemüht. In ständigen Konflikten mit König Heinrich III., zog er sich 1238 bis zu seinem Tode in ein Kloster zurück. 1246 heiliggesprochen; Tag: 16.11. Patron der Diözese Portsmouth und der Pères de Pontigny, einer Ordensgesellschaft, die 1843 von J.B.Muard († 1854) nach der → Benediktinerregel gegründet wurde; 1900 aus Frankreich vertrieben, übt der Orden seitdem Seelsorgetätigkeit in England und USA.

W.WALLACE, Life of S.E., London 1893 (ausführl. Quellenangaben u. Dokumente) - M.R.NEWBOLT, E.R., Archbishop and Saint, London 1928. - Biographie Muards v. J.BOUCHARD, 2 Bde, Amiens 1890; I, 1893².
O.Rühle

Ebed Jesu (ʿAbhdîšô bar Bĕrîkhâ), nestorianischer Theologe und Schriftsteller, * Mitte des 13.Jh.s, † Nov. 1318, um 1284/85 Bischof von Šîghar und Bêth ʿArbajê, spätestens seit 1289 Metropolit von Nisibis, einer der letzten großen Schriftsteller des klassischen Nestorianismus (→ Nestorianer) in syrischer Sprache. Am bekanntesten sind sein »Buch der Perle« und eine konservative Erklärung des nestorianischen Glaubens sowie Poesien, die er selbst kommentierte. Besonders wichtig ist ein Schriftstellerkatalog (ed. J.S.→Assemani, Bibliotheca Orientalis III/1, 235-361).

A.BAUMSTARK, Gesch. der syr. Lit., 1922, 323 ff. *H.-G.Beck*

Ebel, *Johann Wilhelm* (1784-1861), * zu Passenheim (Ostpreußen), fand als Student in der »biblischen Philosophie« Joh.Heinr. Schönherrs die für sein Wirken grundlegende, pneumatologisch aufgefaßte Harmonie von Erkenntnis und Glaube. Seit 1810 Prediger in dem vom Rationalismus bestimmten → Königsberg, durch seine soteriologisch gerichtete Verkündigung von großem Einfluß auf die von den Freiheitskriegen zurückkehrende Generation; Seelsorger der Aristokratie. »Apostolische Predigt« zielt nach E. auf »Wiederherstellung des göttlichen Ebenbildes« und »Erneuerung des Weltganzen«. Nach der äußeren Trennung von Schönherr (1819) hielt E. privatim an der → Theosophie fest, die er als Haupt eines esoterischen Kreises praktisch-seelsorgerlich, zT mystagogisch zu einer Systematik der geistleiblichen Heiligung umbildete. Im →Königsberger Religionsprozeß (1835-41) amtsentsetzt, fand E. bei der schwäbischen pietistischen Separation in Ludwigsburg Zuflucht. J.G.→Hamann vergleichbar, führt E. in seiner »Philosophie der hl. Urkunde des Christentums« (3 Tle, 1854-56), dem Dokument eines spekulativ-biblischen, »wiedergeborenen« Denkens, die Auseinandersetzung mit dem als »mündig« anerkannten Zeitgeist.

Die apost. Predigt ist zeitgemäß, 1835. - Über Schönherr verfaßte E. zusammen mit H.DIESTEL: Verstand u. Vernunft im Bunde mit der Offenbarung Gottes, 1837, sowie: Zeugnis der Wahrheit, 1838. - Über E.: ADB V, 519 ff (Lit.) - RE XVII, 676 ff (Schönherr) - P. KONSCHEL, Der Königsberger Religionsprozeß ..., 1909 (Lit.).
E.H.Pältz

Ebeling, *Johann Georg* (1637-76), ev. Kirchenmusiker. Nach Theologiestudium wurde er 1662 Kantor an der Nicolaikirche in Berlin und seit 1668 in Stettin. In Berlin kam E. als Nachfolger von Joh. → Crüger in enge Verbindung mit Paul → Gerhardt, von dessen Liedern er 1666/67 die erste Gesamtausgabe mit fast ausschließlich eigenen Melodien (112 von 120) besorgte. Drei seiner Weisen gehören heute zum Kernbestand des ev. Melodienschatzes (EKG 197. 297. 346). Auch als Schöpfer mehrstimmiger Sätze ist E. hervorgetreten.

MGG III, 1041 ff (Lit. u. Ausg.). *W.Blankenburg*

Eber, *Paul* (1511-69), ev. Theologe, Sohn eines Schneiders in Kitzingen (Ufr.), durch Sturz vom Pferd verkrüppelt, besuchte das Gymnasium zu Nürnberg und die Universität in Wittenberg. Schüler Luthers und Melanchthons, von beiden hochgeschätzt, des letzteren Freund, wurde er 1541 Prof. für Latein, später Physik, Natur- und Weltgeschichte, sogar Anatomie, 1556 für AT, Prediger an der Schloßkirche, 1557 Mitglied der Theol. Fakultät, 1558 Stadtpfarrer und General-Sup. - Theologisch suchte er in den Streitigkeiten über das →Abendmahl und die →Christologie zu vermitteln und hat unter dem Verdammungseifer der »echten« Lutheraner (→ Flacius) sehr gelitten. - Von E.s Kirchenliedern verzeichnet das EKG: ein Akrostichon auf seine Gattin Helena (37), das Engellied nach der lat. Vorlage Melanchthons (115), ein Lied aus der Zeit der großen Nöte nach Luthers Tod (282) und sein Sterbelied (314).

KOCH³ I, 271 ff - CHR.H.SIXT, Dr. P.E., 1857 - TH.PRESSEL, P.E., 1862 - RE V, 118 ff; XXIII 361. *W.Lueken*

Eberhard *von Béthune* († um 1212), flandrischer Magister, schrieb, an Donat angelehnt, eine weitverbreitete lat. Grammatik in über 40000 Versen (Graecismus). Sein Werk ist wohl auch ein Liber antiheresis von ca 1210, der in prätentiösem Stil und ungenau die Lehren der → Katharer und → Waldenser darstellt und sie mit klassischen und patristischen, vor allem aber biblischen Zitaten zu widerlegen sucht.

Graecismus, hg.v. J.WROBEL, 1887; Liber antiheresis (Maxima Bibliotheca Patrum 24), 1677. - DThC IV, 1995 ff - MANITIUS III, 747 ff.
A.Borst

Eberhard, *Otto,* * 1875 in Ludwigslust, ev. Theologe, Schulrat und Oberstudiendirektor in Hohen-Neuendorf bei Berlin, führte um 1920 die Grundgedanken der Arbeitsschulbewegung in die ev. Religionspädagogik ein (→ Arbeitsschule), nicht nur als didaktische Kunstmittel, sondern als Grundlagen einer »verinnerlichten Tat- und Lebenserziehung« und eines ev. Gesamtkatechumenats.

Vf. u.a.: Arbeitsschule, Religionsunterricht u. Gemeinschaftserziehung, (1920) 1924³; (Hg.) Arbeitsschulmäßiger Religionsunterricht, (1924) 1925⁴, NF: (Hg.) Lebendiger Religionsunterricht, 1925; Das Buch der Eltern, (1931) 1936²; Ev. Religionsunterricht an der Zeitenwende, 1932; Aus Palästinas Sagenschatz, 1957. - Über E.: Schule u. Leben 8, 1957, 234-238 (Lit.). *K.Frör*

Eberlin *von Günzburg, Johann* (1468-1533), aktueller, erfolgreicher Prediger, Sozialreformer und Volksschriftsteller der Reformationszeit. * in Kleinkötz b. Günzburg, Franziskaner in Basel, 1493 in Freiburg, 1519 Prediger zu Tübingen, dann nach Ulm versetzt. Von dort nach Bruch mit Orden und Rom 1521 nach der Schweiz entwichen, verfaßt er, durch Luthers »An den christlichen Adel« beeindruckt, sein glänzendes Erstlingswerk »Die 15 Bundsgenossen« mit kirchlichem wie sozialpolitischem Reformprogramm. Für ein Jahr taucht er (1522) in Wittenberg auf, wo sich der Ton seiner Flugschriften und Traktate unter Luthers und Melanchthons Einfluß mäßigt. Im Sommer 1523 stürzt er sich in Basel und anderen Städten in den Strudel der reformatorischen Bewegung, bis er, nach Verfolgungen der österreichischen Behörden, wiederum in Wittenberg sich literarisch betätigt. Nach Ausbruch des → Bauernkrieges wirkt er in Thüringen beruhigend auf die Massen, im Süden durch seine »Warnung«. Seit 1525 Prediger des Grafen Georg II. von Wertheim, verfaßt er die älteste erhaltene Wertheimer Kirchenordnung (→ Baden, 1 b).

Sämtliche Schriften hg.v. L.Enders = Neudr. dt. Lit.-Denkmale Nr. 139-141. 170-172. 183-188, 1896-1902. - ADB V, 575f - B. Riggenbach, J.E.v.G. u. sein Reformprogramm, 1874 - M.Radlkofer, J.E.v.G. u. sein Vetter Hans Jakob Wehe von Leipheim, 1887 - H.Werner, J.E.v.G., (1889) 1905² - W.Lucke, Die Entstehung der 15 Bundesgenossen des E.v.G. (Diss. Halle), 1902 - A.Leitzmann, Zu E.v.G. (BGdSL 43, 1918, 275-278) - U.Wulkau, Das kirchl. Ideal des J.E.v.G. (Diss. Halle), 1921 (Masch.) - E.Deuerlein, J.E.v.G. (Lebensbilder a. d. Bayer. Schwaben 5, 1956, 70-92). - Bibliogr.: Schl. I Nr. 5144-5167. *G.Bebermeyer*

Ebioniten, seit Irenäus (adv. haer. 1, 26, 2) in den christlichen Häresiologien gebrauchte Bezeichnung für das aus der Jerusalemer Urgemeinde erwachsene → Judenchristentum, das sich nach dem Auszug von 66/67 nChr abseits von der Großkirche im Ostjordanland zur Sekte zurückbildete. Die Ableitung dieses Namens von einem Ketzervater *Ebion* (Tertullian, Epiphanius) beruht auf einer Fiktion; wahrscheinlich geht er auf den Ehrentitel der Jerusalemer Gemeinde zurück (die Armen = πτωχοί, 'æbjônîm; vgl. Röm 15, 26; Gal 2, 10), der seinerseits an die Selbstbezeichnung frommer jüdischer Kreise (außer Ps 25, 9; 68, 11 bes. PsSal 10, 6; 15, 1; 1 QpHab XII, 3. 6. 10) und an die Makarismen Jesu (Mt 5, 3; Lk 6, 20) anknüpfen konnte (→ Armut: I, 2). Der eigentliche Anwendungsbereich der Bezeichnung E. bleibt freilich unklar, da die widerspruchsvollen Nachrichten der Kirchenväter (in erster Linie Epiphanius, Panar. 30) keine genaue Abgrenzung gegen andere Ketzernamen (zB → Nazoräer, → Elkesaiten) erlauben. Auch sonst bleibt die Geschichte der E. in vielem dunkel. Sie haben mit ihrer Theologie die Entwicklung des Christentums nicht mehr beeinflußt, wohl aber auf den → Islam eingewirkt. Zum ebionitischen Schrifttum rechnet man neben Fragmenten des → Ebionitenevangeliums vor allem gewisse Partien der → Pseudoclementinen (→ Petruskerygma), außerdem das Werk des Symmachus (Schoeps). Die Kirchenväter werfen den E. christologische Irrlehre (Ablehnung der Jungfrauengeburt; → Christologie: II, 1 b) und häretischen Legalismus vor. Weitere Kennzeichen sind: Ablehnung des gesamten Opfer- und Priesterwesens, Polemik gegen die Samaritaner, gegen Johannes den Täufer und bes. gegen Paulus, ferner eine tendenziöse Textkritik: die E. benutzten einen von »falschen Perikopen« gereinigten Pentateuch sowie ein umgearbeitetes MtEv (→ Ebionitenevangelium). Sie kennen rituelle Taufbäder (→ Taufe: II), Gemeinschaftsmähler (mit Brot und Salz - vielleicht eine alte Sitte der Urgemeinde) und strenge → Arkandisziplin. Der Prozeß der Rückbildung zur häretischen Sekte hängt damit zusammen, daß sich das transjordanische Judenchristentum allen möglichen gnostisch-synkretistischen und jüdischen Einflüssen öffnete. Man wird die E. sicher mit der verbreiteten gnostischen Taufbewegung in Syrien und Palästina in Zusammenhang bringen müssen; die starke Berührung ihres Gedankenguts mit dem der essenischen Sekte von → Qumran ist offenkundig. Möglicherweise sind Reste der Qumransekte nach der Katastrophe von 70 nChr in den ebionitischen Gruppen des Ostjordanlandes aufgegangen.

H.J.Schoeps, Theol. u. Gesch. des Judenchristentums, 1949 (Lit.) - S.G.F.Brandon, The Fall of Jerusalem and the Christian Church, 1951 - L.Goppelt, Christentum u. Judentum im 1. u. 2.Jh. (BFChTh II, 55), 1954. - Über E. u. Essener: O.Cullmann (Nt. Stud. f. R.Bultmann [BZNW 21], 1954, 35-51) - J.A.Fitzmyer, ThSt 16, 1955, 335-372 (Lit.). *O.Cullmann*

Ebionitenevangelium. Daß die → Ebioniten ein Sonderevangelium benutzt haben, berichtet Epiphanius, Panar. 30, 13 ff. Aus den dort mitgeteilten Einzelheiten ergibt sich nach Ansicht der meisten Forscher, daß dieses identisch ist mit dem bei Hieronymus (Mt-Komm., MPL 26, 16; ebenso Ambrosius, Theophylakt) wohl im Anschluß an Origenes, Hom. in Lc 1, 1, erwähnten »Evangelium der Zwölf (Apostel)«, jedoch nicht verwechselt werden darf mit dem → Hebräerevangelium (nach Epiphanius lief allerdings das E. unter dem Titel κατὰ 'Εβραίους). Aus den zwölf Aposteln, die zu Beginn des E.s gesamthaft als Erzähler der Geschichte Jesu erscheinen, ragt als eigentlicher Gewährsmann *Matthäus* hervor. Dazu stimmt, daß zT in der Väterliteratur das bei den Ebioniten gebrauchte Evangelium als MtEv gilt (Irenäus, adv. haer. 1, 26, 2; 3, 11, 7; Euseb, h. e. 6, 17, weiß von einer polemischen Schrift des Ebioniten Symmachus über das MtEv, Epiphanius von einem »verstümmelten und gefälschten« MtEv der Ebioniten). Ob dem E. die zahlreichen Evangelienzitate des pseudoclementinischen → Petruskerygma zuzuweisen sind (Waitz), bleibt unsicher, auch wenn diese Quelle ebionitisch ist. Die bei Epiphanius erhaltenen Bruchstücke lassen unschwer erkennen, daß das E. wohl synoptisches Gut (Mt?) verwendet, aber dieses im Sinne ebionitischer Anschauungen korrigiert: die Jugendgeschichte Jesu fehlt; erst durch die Taufe wird Jesus zum Gottessohn (Ablehnung der → Jungfrauengeburt); Johannes der Täufer verzehrt keine Heuschrekken, und Jesus lehnt auf die Jüngerfrage Mt 26, 17 den Fleischgenuß beim Passamahl ab (Vegetarismus); in dem Wort Mt 5, 17 bezeichnet Jesus sich als den, der gekommen ist, die Opfer aufzulösen (Verwerfung des Opferdienstes).

Die Fragmente bei Klostermann (KlT 8, 1929³, 12-15) u. Preuschen, Antilegomena, 1901, 9-11. - Dazu Hennecke² (Waitz), ³ (Vielhauer) - Hennecke, Hdb. 42ff (A.Meyer) - H.Waitz, ZNW 36, 1937, 60-81 - Altaner 49. *O.Cullmann*

Ebner, *Christina* (1277-1356) und *Margareta* (1291 bis 1351), visionäre Mystikerinnen im Dominikanerorden, nicht aus derselben Familie, aber gleichgesinnt, beide mit → Heinrich von Nördlingen befreundet. Chr. E. aus Nürnberg ging 12jährig ins nahe Kloster Engeltal, wurde dort 1345 Priorin, schrieb wahrscheinlich das »Büchlein von der Gnaden Überlast« (hg. v. K.Schröder, 1871; übertr. v. W.Oehl, 1924 u.ö.), das die mystischen Erlebnisse Engeltaler Nonnen erzählt. Ihre eigenen Visionen, Zwiesprachen mit Christus als Seelenbräutigam, ließ sie von ihrem Beichtiger Konrad von Füssen und von Mitschwestern aufschreiben (im Auszug hg. v. G.W.K.Lochner, 1872; übertr. v. W.Oehl, 1926). - M. E. aus Donauwörth kam jung ins Kloster Medingen bei Dillingen. Körperlich leidend, asketisch und ekstatisch, wurde sie seit 1332 oft von Heinrich von Nördlingen besucht, der sie zur Aufzeichnung ihrer »Offenbarungen« veranlaßte und viele Briefe mit ihr wechselte, getreue Zeugnisse mystischer Gottesfreundschaft in ihrer Umwelt (hg. v. Ph.Strauch, M.E. und Heinrich von Nördl., 1882; übertr. v. H.Wilms, 1928, v. J.Prestel, Die Offenbarungen der M.E. und der Adelheid Langmann, 1939).

L.ZOEPF, Die Mystikerin M.E., 1914 - W.OEHL, Dt. Mystikerbriefe des MA, 1931 - F.W.WENTZLAFF-EGGEBERT, Dt. Mystik zwischen MA u. Neuzeit, (1944) 1947², 59ff (Lit.) - A.WALZ, Gottesfreunde um M.E. (HJ 72, 1952, 253-265) - F.ZOEPFL, M.E. (Lebensbilder aus d. Bayer. Schwaben 2, 1953, 60-70). *H.Grundmann*

Ebner, *Ferdinand* (1882-1931), Volksschullehrer in Gablitz, Österreich, einer der Urheber der Philosophie des → Ich-Du-Verhältnisses (Martin → Buber). E. ist nicht Systematiker, es geht ihm ausschließlich um die Darlegung des zentralen, ihm entscheidend wichtigen Gedankens, daß der einzelne Mensch nicht ein »Ich« für sich ist, sondern immer nur in einem Verhältnis zu einem »Du« steht, und daß dieses Verhältnis dank der Sprache besteht. Der Mensch ist eine → Persönlichkeit, nicht weil er sich zu sich selbst verhält, sondern weil er zu einem »Du« sprechen und von einem »Du« angeredet werden kann. Dies wiederum hat seinen Grund darin, daß Menschsein bedeutet, sich zu Gott, dem absoluten Du, zu verhalten. Die Voraussetzung der Gedanken der Menschen und die Formulierung des Gedachten im Wort ist das Verhältnis zu einem »Du«; deshalb ist es auch widerspruchsvoll, sich seine Gedanken klären zu wollen, ohne es im Hinblick auf einen anderen zu tun. Das Wort zeugt gegen die Einsamkeit. Es bedingt und schafft ein Verhältnis zwischen Ich und Du. Das wahre geistige Leben von Mensch zu Mensch und von Gott zu Mensch ist unlösbar an das Wort gebunden.

Erst der besondere Akt des »Ich«, sich vor dem »Du« zu verschließen, resultiert in einer Ich-Einsamkeit. Dies ist die Sünde. Damit ist aber nicht gesagt, daß es in der Ich-Einsamkeit kein geistiges Leben gäbe. Es findet sich als Traum vom Geist in der Poesie und Kunst, in der Philosophie und in den mythischen Religionen. Kultur ist immer nur ein Traum vom Geist, den der Mensch in seiner Ich-Einsamkeit deshalb träumt, weil er außerhalb des Lebens in seiner geistigen Realität des Ich-Du-Verhältnisses steht. In der Ich-Einsamkeit leidet der Mensch, vielleicht unbewußt, darunter, daß er sein geistiges Leben nicht im Verhältnis zu einem Du verwirklicht; er will sich von diesem seinem Leiden distanzieren und greift zum Ästhetischen. Darum ist das Schönheitserlebnis aus Sehnsucht entstanden und mündet in Sehnsucht. Die Unruhe der Sehnsucht im Schönheitserlebnis erklärt sich also aus der Ich-Einsamkeit. Auch der Wunsch nach einer Lebensanschauung ist für E. ebenso wie für → Kierkegaard ästhetisch begründet.

Hauptwerk: Das Wort u. die geistigen Realitäten. Pneumatologische Fragmente, 1921. - Aufsätze im »Brenner« u.a.; Die Christusfrage, 1922; Ärgernis der Repräsentation, 1926 (als Kritik u. Anklage gegen die kath. Kirche gewandt, aber kurz vor seinem Tode widerrufen); Die Wirklichkeit Christi, 1926; Wort u. Liebe, hg.v. H.JONE, 1935 (Aphorismensammlung); Das Wort ist der Weg, hg.v. H.JONE, 1949 (Tagebuchblätter); GesW, 5 Bde, 1952ff. - Über E.: TH.STEINBÜCHEL, Der Umbruch des Denkens, 1936 - O.MÜLLER, Der Mensch u. das Wort in der Philosophie F.E.s (Diss. Münster), 1938 - R. BRAUN, F.E. u. sein Vater (Hochland 44, 1951/52, 525-533; über E.s Verhältnis zum Katholizismus) - E.THURNHER, Das Sprachdenken F.E.s (Ammann-Festg. 2, 1954, 20-33) - TH.SCHLEIERMACHER, Ich und Du. Grundzüge der Anthropologie F.E.s (KuD 3, 1957, 208-229). *K.E.Løgstrup*

Ebner-Eschenbach, *Marie Freifrau von,* * 13.9.1830 Schloß Zdislawitz in Mähren, † 12.3.1916 Wien. - Dem Vorurteil ihrer hocharistokratischen Verwandtschaft verschloß sie ihre ersten poetischen Versuche, bis sie sich - nach anfänglichen dramatischen Mißerfolgen - als Vierzigerin mit Prosa an die Öffentlichkeit wagte und allmählich in die erste Reihe der großen deutschen Erzähler schrieb. Mit ihrem starken sozialen Mitgefühl, vor allem für die bäuerliche Unterschicht ihrer mährischen Heimat, ihrer satirisch pointierten Einsicht in die Schwächen der adligen Kreise, im Alter humorvoll gemildert, ihrem ausgeprägt mütterlichen Sinn für seelische Konflikte und menschliche Verschrobenheiten, erweist sie sich als eine Charakter- und Milieuschilderin hohen Ranges (Das Gemeindekind, Die Freiherrn von Gemperlein, Der Fink, Krambambuli). Und indem sie die ländliche Schloß- und städtische Salonatmosphäre des nachmärzlichen Österreich echt und lebenswahr und lebenswarm einzufangen weiß, wird sie geradezu *die* Dichterin des im spätherbstlichen Blühen versinkenden Habsburgerreiches, auch weltanschaulich die echt österreichische Entwicklung vom josephinischen Liberalismus zu einem christlich abgeklärten Humanismus dokumentierend. Von der Bildungsstätte des Hofburgtheaters erzogen, Freundin → Grillparzers, Halms, Laubes, Heyses u.a., hat sie in ihren »Kindheitserinnerungen« und den »Erinnerungen an Grillparzer« bleibendes autobiographisches Gut hinterlassen. Ebenso lebt sie - nicht nur in der Literatur - als eine Meisterin des Aphorismus weiter.

Ges. Schriften, 10 Bde, 1901-11; Werke, 6 Bde, o.J. - Bibliogr.: F.BRÜMMER, Lexikon der dt. Dichter u. Prosaisten II, 1913⁶, 95f - Deutsch-Österr. Lit.gesch. III, 1930, 1036ff - W.KOSCH, Dt. Lit.-Lexikon I, 1949², 400f - J.KÖRNER, Bibliograph. Hdb. des dt. Schrifttums, 1949³, 439 - Österr. Biograph. Lexikon 1850-1950, 1957, 211f. *K.Vancsa*

Ebo *von Reims* († 851), unfreier Herkunft, Bibliothekar Ludwigs des Frommen in Aquitanien, 816 Erzbischof von Reims. Seine Mission in Dänemark (823) bereitete das Werk → Ansgars vor. Den kirchlichen Reformkreisen verbunden, Anreger des Bußbuches Halitgars von Cambrai, war er 833 am Sturz Ludwigs beteiligt. 835 abgesetzt, von Lothar 840 nach Reims zurückgeführt, wurde er 841 wieder vertrieben. 845 erhob ihn Ludwig der Deutsche zum Bischof von Hildesheim. Mit dem Streit um seine Absetzung und die Gültigkeit der von ihm nach seiner Restitution erteilten Weihen hat man die Fälschung der → Pseudoisidorischen Dekretalen in Zusammenhang gebracht.

HAUCK II, 690ff - J.HALLER, Nikolaus I. u. Pseudoisidor, 1936, 155ff - WATTENBACH-LEVISON 3, 1957, 333 Anm. 144. *H.Löwe*

Ebrard, *Johannes Heinrich August* (1818-88), * und † in Erlangen. 1844 auf Grund seiner gegen → Strauß gerichteten »Kritik« nach Zürich berufen, seit 1847 Prof. für ref. Theologie in → Erlangen, vorwiegend Dogmatiker, auch Exeget und praktischer Theologe; 1853 Konsistorialrat in Speyer (→ Bayern, 3b). Da die Einführung der Presbyterialverfassung und der CA variata als Unionsbekenntnis an der Gegnerschaft der Lutheraner scheiterte, die des Gesang- und Choralbuches (überwiegend reformatorische Choräle; Versuch einer Erneuerung des Psalmengesanges) an der Opposition der Liberalen, erbat E. 1861 die Versetzung in den Ruhestand, hielt aber in Erlangen weiter private Vorlesungen und übernahm 1875 das franz.-ref. Pfarramt. E. war Mitbegründer und stellvertretender Moderator des → Reformierten Bundes. - Umfassende Kenntnis der empirischen Wissenschaften verband E. mit spekulativem Denken zu einer apologetisch gerichteten, zwischen Orthodoxie und → Schleiermacher beheimateten Synthese (→ Vermittlungstheologie). Auf die kirchliche Union hin entworfen ist E.s Abendmahls- und Prädestinationslehre (»mit der Anbietung der Gnade wird dem Menschen ein Stück freier Selbstbestimmung wiedergegeben«). Die Rechtfertigung wird von der Wiedergeburt her verstanden, die sowohl (aktiv) μετάνοια als auch (passiv) substantielle ἀναγέννησις des Lebenszentrums, dh (ekklesiologisch-pneumatologisch) Lebenseinheit mit Christus ist.

E.s Schriften s. RE V, 130 ff; W.KOSCH, Dt. Lit.-Lexikon I, 1949², 401. - Vf. u.a.: Wissenschaftl. Kritik d. ev. Gesch., 2 Tle, (1842) 1868³; Liturgik, 1843; Das Dogma v. hl. Abendmahl, 2 Bde, 1845 f; Christl. Dogmatik, 2 Bde, (1851 f) 1862 f²; Hdb. d. christl. KG u. DG, 4 Bde, 1865 f; Apologetik, 2 Bde, (1874 f) 1878 ff²; Lebensführungen, 1888 (2. Hälfte dieser Selbstbiogr. unveröffentl.). - Über E.: KOCH³ VII, 101 ff u.ö. - ADB XLVIII, 248 ff - W.ELERT, Kampf um das Christentum, 1921, 242 ff u.ö. - P.JACOBS, Wille u. Wandlung. Grundlinien d. Theol. E.s (SDGSTh 7), 1955 - Leiturgia III, 75 ff u.ö. *E.H.Pältz*

Eccard, *Johannes* (1553-1611), Komponist, * in Mühlhausen (Thüringen), † in Berlin, war Sängerknabe der Weimarer und seit 1571 Mitglied der Münchener Hofkapelle (Schüler → Lassos), trat 1577 in den Dienst Jakob Fuggers in Augsburg, wurde 1580 preußischer Hofkapellmeister in Königsberg und 1608 in Berlin. Bedeutend sind seine vielstimmigen, klangfrohen Liedsätze zu Choralmelodien, die in ihrer glücklichen Verbindung schlichter Kantionalsetzweise (Note gegen Note, Melodie in der Oberstimme) mit der satztechnischen Grundhaltung der Vokalpolyphonie (Vorhaltwesen) eine Gattung für sich darstellen und unter denen sich einige unübertroffene Meisterwerke finden (zB Vom Himmel hoch, Maria wallt zum Heiligtum, Mein schönste Zier). Auch seine weltlichen Liedsätze sind beachtlich. E. hat im 17.Jh. stark nachgewirkt; später vergessen, wurde er von C.v. → Winterfeld wiederentdeckt, zeitweilig wohl auch (als ev. »Gegenstück → Palestrinas«) überschätzt.

Hauptwerke: Geistl. Lieder auf den Choral, 1597 (Neudr. hg.v. G.W.TESCHNER, o.J., u. W.v.BAUSSNERN, 1928); Preuß. Festlieder für 5-8 Stimmen, 2 Tle (hg.v. J.STOBÄUS, 1642-44, neu hg.v. G.W. TESCHNER, 1858); Neue geistl. u. weltl. Lieder, 1589 (Neudr. hg.v. R.EITNER in PGfM 21). - Über E.: C.v.WINTERFELD, Der Ev. Kirchengesang, 3 Bde, 1843-47 - MGG III, 1068 ff. *S.Hermelink*

Echter, *Julius von Mespelbrunn* (1545-1617), Fürstbischof von Würzburg und Herzog von Franken (seit 1573), aus streng kath., hessisch-fränkischer Adelsfamilie in Mespelbrunn (Spessart), seit 1554 Domizellar des Domkapitels Würzburg, wurde nach Studienjahren in Douai, Paris, Angers und Pavia (1564-68) 1569 Domscholaster in → Würzburg und 1570 zugleich Domdekan; am 1. 12. 1573 zum Fürstbischof erwählt. Seine 44jährige Regierung bildet eine Glanzzeit. Er gründete 1575 das Juliusspital, errichtete 1582 die Universität, stiftete 1589 das Geistliche Seminar. Der Ausbau der Festung Marienberg zum Renaissanceschloß war ebenso sein Werk wie der Um- oder Neubau von Kirchen, Amts- und Rathäusern (»Julius-Stil«). Geistig der Feind eines weichlich-gelehrten Humanismus, wurde er ein strenger Vorkämpfer der → Gegenreformation in ganz Franken und - nach anfänglicher Pflege eines interkonfessionellen Bündnissystems - im engsten Bunde mit dem Hause Wittelsbach ein Schrittmacher der Liga.

G.v.PÖLNITZ, J.E., 1934 (Lit.) - M.H.v.FREEDEN-W.ENGEL, Fürstbischof J.E. als Bauherr, 1951. *W.Engel*

Echternach (Luxemburg), Benediktinerkloster, eine in Anlehnung an Irmina von Trier und den Hausmeier Pippin den Mittleren durchgeführte Stiftung, Missionsstützpunkt → Willibrords. Seit Pippin III. entwickelte sich die Abtei zum Reichs- oder Königskloster. Nach zeitweiligem Niedergang wurde E. 973 wieder Abtei und erfuhr durch die lothringische und cluniazensische Reform mächtige Impulse. Bes. die Klosterschule überstrahlte unter den Saliern selbst die → Reichenau. Mit dem 14.Jh. erscheinen die Äbte als Reichsfürsten, die Abtei gehört zu den Reichsständen. Nach Erweiterung der Gebäude zu Anfang des 18.Jh.s fiel E. der franz. Revolution zum Opfer. Die Ende 1944 gesprengte alte Basilika konnte mit Hilfe des luxemburgischen Volkes wieder aufgebaut werden. - Die berühmte E.er Springprozession, bei der die Pilger früher 3 Schritte vor- und 2 Schritte zurückhüpften, jetzt sich aber springend langsam vorwärts bewegen, führt alljährlich am Pfingstdienstag (von einem Kreuz auf heute deutscher Seite) über die Sauerbrücke durch die Stadt zum Grab des hl. Willibrord in der Basilika. Ursprünglich eine der vielen Tanzprozessionen, hielt sie sich trotz Verbots Ende des 18.Jh.s, weil ihr seit dem Spät-MA aus der Art der Bewegung eine heilende Wirkung bei Konvulsionen und Epilepsie zugeschrieben wurde. Daher wird Willibrord um Heilung von solchen Krankheiten angerufen.

J.P.BRIMMEYR, Stadt u. Abtei E. I. II, Luxemburg 1921/23 (für jüngere Zeiten) - C.WAMPACH, Gesch. der Grundherrschaft E. im Früh-MA I/1. 2, Luxemburg 1929/30 - DERS., Urkunden- u. Quellenbuch zur Gesch. der altluxemburg. Territorien bis zur burgund. Zeit VIII-X (E. III-V), Luxemburg 1951-55 - R.M.STAUD-J.REUTER, Die kirchl. Kunstdenkmäler der Stadt E. (Ons He'mecht 3), 1952. - Ferner die Lit. zu → Willibrord. - Zur Prozession: K.MEISEN, Springprozessionen u. Schutzheilige gegen den Veitstanz u. ähnl. Krankheiten im Rheinland u. seinen Nachbargebieten (Rhein. Jb. f. Volkskunde 2, 1951, 164-178) - C.WAMPACH, St. Willibrord, Luxemburg 1953, 389 ff. *C.Wampach (M.Zender)*

Eck, *Johann* (1486-1543), eigentlich Mayr oder Mai(e)r aus Eck an der Günz in Schwaben, war der theologische Hauptgegner → Luthers und ließ vom Ablaßstreite an bis in die Zeit nach den Religionsgesprächen keine Gelegenheit ungenutzt, um ihm entgegenzutreten und ihn disputatorisch wie literarisch zu bekämpfen. Studiert hat er in Heidelberg (1498), Tübingen (1499), Köln (1501) und Freiburg (1502), und zwar neben der Theologie auch die Rechte. Unter humanistischen Einfluß ist er namentlich durch den Freiburger Juristen Ulrich Zasius gekommen. Von 1510 bis zu seinem Tode hat er als theologischer Lehrer die Universität → Ingolstadt beherrscht. Als er 1518 mit seinen »Obelisci« in den Ablaßstreit eingriff, wurden ihm, der gegen das kanonische Zinsverbot das Recht der Geldausleihe gegen einen festen Zinsfuß (bis 5%) vertreten und Beziehungen zu den Fuggern hatte, rasch unlautere Motive untergeschoben. Bei der Leipziger Disputation (1519) hat E. sich erst mit Karlstadt und dann mit Luther auseinandergesetzt. Die Bannandrohungsbulle »Exsurge Domine« ist von E. inspiriert und mit vertrieben worden (1520; gegen E. → Pirckheimers »Eccius dedolatus«). In Augsburg 1530 hat E. 404 Gegenartikel gegen Luther vorgelegt, und er ist der Hauptverfasser sowohl der → Confutatio (der »Widerlegung« des → Augsburger Bekenntnisses) als auch der Antwort auf die Fidei ratio Zwinglis, mit dem er sich schon vorher auseinandergesetzt hatte. Bei den Religionsgesprächen von Hagenau (1540), Worms (1541) und Regensburg (1541) hat E. sich nur zeitweise und zum Scheine versöhnlich gezeigt, in Wahrheit aber einen Kompromiß verhindern helfen. E.s Stärke war seine Schlagfertigkeit und Dreistigkeit, sein erstaunlich gutes Gedächtnis und seine theologische Belesenheit, auch seine Predigtgabe; aber eine eigenständige theologische Konzeption hat E. Luther nicht entgegenzusetzen vermocht. E.s oberdeutsche → Bibelübersetzung (: IV, 4) von 1537 ist alles andere als eine originale Leistung.

Enchiridion locorum communium, 1525; Predigten, 1530-39; Opera contra Ludderum, 4 Bde, 1530-35 u.v.a.; wichtigste Schriften in CCath 2. 6. 13. 14. 16 (Bibliogr.). - TH.WIEDEMANN, J.E., 1865 - SCHL. I, 5184-5244; V, 46001-46014 - H.G.ASSEL, Das kanon. Zinsverbot bei E. u. Luther (Diss. Erlangen), 1948 (Masch.) - G.PÖLNITZ, Jakob Fugger, 2 Bde, 1949/51 - E.ISERLOHN, Die Eucharistie in der Darstellung des J.E., 1950. *F.Lau*

Eckart. Die unter diesem Titel 1924 von Prof. D. Aug.Hinderer ins Leben gerufene ev. Literaturzeitschrift gewann unter der Schriftleitung von Harald Braun (1924-33) rasch Vertrauen und Ansehen in der literarischen Welt, erfreute sich der Mitarbeit hervorragender Dichter und Schriftsteller und wurde zwischen 1933 und 1943 (Schriftleiter Kurt Ihlenfeld) zum Mittelpunkt eines seiner christlichen Aufgabe bewußten Autorenkreises. Nach dem 2. Weltkrieg (1952) erweiterte sie ihr Gesichtsfeld im Sinne einer christlichen Kulturzeitschrift (nunmehr von Heinz Flügel geleitet, vierteljährlich erscheinend). Sammelwerke wie »Dichterglaube« (1931), »Die Stunde des Christentums« (1937), »Das Buch der Christenheit« (1939) und »Der Pfarrerspiegel« (1940) erwuchsen aus gemeinsamen Bemühungen von Redaktion und Mitarbeiterschaft. Der »E.«, der im ersten Jahrzehnt den Untertitel »Blätter für ev. Geisteskultur« trug, hat immer auf Mitwirkung auch kath. Autoren Wert gelegt. Repräsentative Namen bis 1943 sind u.a.: R.A. → Schröder, J. → Klepper, Wilh.Michel, Aug.Winnig, I. → Seidel, O.v. → Taube, S. → Stehmann, J. → Wittig, R. → Schneider, W. → Bergengruen. *K.Ihlenfeld*

Ecke, *heilige,* die hauptsächlichste Kultstätte in den osteuropäischen Bauernstuben und in den Zeltbauten aller nordeurasischen → Jäger und → Nomaden. Grundsätzlich ist die hl.E. in Osteuropa dasselbe wie der Herrgottswinkel der röm.-kath. Völker; nur weist sie einige altertümliche, vor- oder vulgärchristliche Züge auf und ist etwas anders eingerichtet. Sie heißt »heilig« oder »rein« (Russen), »Gotteswinkel« oder »Heiligenwinkel« (Setukesen, Woten, Izoren, Wepsen u.a.). Auch die Bezeichnung »Hinter-E.« kommt vor, weil sich diese Stelle in der Regel in einem hinteren Winkel der Stube, am Ende des großen Eßtisches befindet. Auf einem dreieckigen Wandbrett oder in einem besonderen Heiligenschrank werden hier bei den Orthodoxen die Heiligenbilder (→ Heiligenverehrung: II), Kirchenkerzen, ein Weihrauchgefäß, Bücher geistlichen Inhalts usw, aber auch Heilpflanzen, Wunderkräuter und dgl. aufbewahrt. Bei den Lutheranern befindet sich in der hl.E. oft nur ein Wandbrett, hauptsächlich für Bücher. Überall sind mit der hl.E. viele abergläubische Gebräuche und Vorstellungen verbunden.

In den Zeltbauten liegt die Kultstätte ebenfalls im Fond, bei nördlichen Jägern und Fischern gerade gegenüber dem Eingang, von wo eine kleine rituelle Tür hinausführt (→ Bärenfest), in den Jurten der Hirtennomaden aber etwas links von der Mittellinie des Raumes. Sie ist den Frauen und Fremden → tabu. Bei den nördlichen Völkern entbehrt die hl.E. oft besonderer Kultgegenstände und wird nur für Jagdgeräte und Fleischvorräte benutzt. Bisweilen werden dort aber auch Götterbilder und die Schamanentrommel aufbewahrt. Bei den Hirtennomaden fehlen niemals in der hl.E. die Götzen der Buddhabilder. Bei allen diesen Völkern ist sie aber ausschließlich ein Kultplatz der Männer und gehört allem Anschein nach ursprünglich der Sippe des Hausherrn zu, wogegen die Kultgegenstände und -handlungen der Frauen mit dem neben der Tür befindlichen Raumabschnitt verbunden sind. Vieles spricht dafür, daß die hl.E. auch in den Bauernstuben letzten Endes auf denselben Ideenkreis zurückgeht.

G.RÄNK, Die hl. Hinter-E. im Hauskult der Völker Nordosteuropas u. Nordostasiens (FFC 137), 1949 - DERS., Die Hausgottheiten der Frauen u. das Geschlechtstabu bei den nordeurasischen Völkern (Ethnos 13, 1948, 153-170) - DERS., Lapp Female Deities (Studia Septentrionalia 6, Oslo 1955, 7-79). *G.Ränk*

Eckehart, gen. *Meister E.* (* ca 1260 wohl in Hochheim bei Gotha, † vor dem 30.4.1328 wohl in Avignon), OP, zwischen 1294 und 1298 Prior in Erfurt und Vikar von Thüringen, 1302 Magister der Theol. in Paris, wo er bis 1303 lehrte, dann Ordensprovinzial von Norddeutschland (Saxonia), 1307 dazu Generalvikar von Böhmen, 1311 zum zweiten Mal nach Paris berufen. In Straßburg (seit 1313) und Köln (seit ca 1323) wirkte E. wahrscheinlich als mit der Seelsorge unter den Nonnen des Ordens betrauter Vikar des Ordensgenerals (worauf ein großer Teil seiner deutschen Predigten zurückgehen dürfte), in Köln dazu als Professor am Generalstudium. Verdächtigungen seiner Ausdrucks- und Lehrweise führten 1326 zum Lehrprozeß. Gegen die Anklagen des Kölner erzbischöflichen Gerichtes verteidigte sich E. durch eine Rechtfertigungsschrift und appellierte an die Kurie. Dort konnte er sich vor einer Kommission rechtfertigen, die ihn zwar objektiver beurteilte, sich jedoch mit einer Bereinigung der Kölner Anklagepunkte begnügte, statt seine Werke selber zu prüfen. 1329 verurteilte eine Bulle → Johannes' XXII. 26 Sätze E.s (s. Denz. Nr. 501ff) und erwähnte, daß er vor seinem Tode widerrufen habe. - Diese Verurteilung hat E.s Nachwirken gestört, aber nicht unterbunden. Bei seinen Schülern → Tauler und → Seuse lebt das Andenken an den »göttlichen Meister« fort. Über 200 Handschriften mit Predigten E.s bezeugen seinen starken Einfluß auf das geistliche Leben des ausgehenden MA (→ Mystik: VI; Marquard von Lindau, Jordan von Quedlinburg, → Jan van Ruysbroek, → Deutsche Theologie, → Nikolaus von Kues). Die deutsche Mystik des 14.Jh.s »hat der deutschen Sprache die Bereiche des Gedanklich-Übersinnlichen erobert. Dabei steht M.E. allen andern voran« (J.Koch). - Nachdem E. in Kreisen der Romantik (→ Baader) wieder entdeckt worden war, hat das erste Jh. der E.-Forschung (Pfeiffer, → Denifle) eine verwirrende Fülle von Deutungen seiner Lehre hervorgebracht, die sich zwischen solchen Extremen wie Thomismus und Existentialismus bewegen. Förderliches kam nur zustande, wo man die thomistischen *und* neuplatonischen Voraussetzungen E.s ernst nahm (letztere durch Pseudo- → Dionysius bestimmt, zT von → Albert d.Gr. und seiner Schule [s. Ü II, 418] vermittelt; auch direkter Einfluß von → Avicenna, → Averroes, → Maimonides), wo man ferner die mystische Lehre der deutschen Schriften nicht von der Metaphysik und (weitgehend aus der Bibelexegese erwachsenen) Theologie der lateinischen trennte. Es besteht kein Anhaltspunkt zur Annahme, E. habe selber mystische Erfahrungen gehabt. Seine spekulative Mystik, in der nur Mißverstand pantheistische Züge findet, verbindet den biblischen Gedanken der Gotteskindschaft mit einer E. eigentümlichen Schöpfungslehre: Versteht E. Gott als das Sein, wertet er die Kreatur als Nichts; schreibt er aber der Kreatur Sein zu, muß Gott in der Sphäre des neuplatonischen Über-Seins (E. sagt gerne: des reinen Intellekts) gesehen werden. Gott ist dem Geschaffenen in unmittelbarster Weise gegenwärtig. Als *das* Sein, als »primus actus formalis« gibt er dem Seienden sein geschöpfliches Sein mit all seinen Vollkommenheiten nie so, daß es Eigenbesitz des Geschöpfes wird (wie bei → Thomas von Aquino), sondern immer nur »ze borge«, als »Einstrahlung«, als etwas, das im Empfänger nie Wurzel schlägt. Den Ursprung, in dem nichts geschieden ist und der doch der Grund aller Unterscheidung ist, sucht E. jenseits der drei göttlichen Personen und doch in ihnen als ihr Wesen. Wenn er die biblischen Lehren von der Menschwerdung und der Gotteskindschaft erklärt, betont er nicht nur Gottes Priorität im Gnadenwerk, sondern sucht darüber hinaus jenen Ort zu bestimmen, an dem der Mensch fähig wird, Gott zu empfangen. Es ist das »Seelenfünklein« (scintilla animae), in dem wir, jenseits der geschöpflichen Merkmale, unser wesentliches Sein »in Gott« finden, »Gottes Sohn in uns gebären«, dh nicht uns in Gott auflösen, sondern einer eingebildeten Eigenständigkeit absagen; in dem wir die Bedürftigkeit, in der unser Sein »nach Gott hungert«, als das wahre, uns von Gott geschenkte Sein erfahren – ethisch: uns von allem äußern Wollen abwenden, zur »Abgeschiedenheit« gelangen, die zugleich die feste, ruhige Grundlage für alles gute Tun ist.

Werke: Von dem von E. geplanten Opus tripartitum (vgl. Werke I, 148ff) sind die Prologe, Auslegungen von Gen (doppelt), Ex, Weish, Joh, Predigten und Vorlesungen zu Sir 24, 23-31 u. eine sicher unvollständige Sammlung von Sermones erhalten. Von den kleineren lat. Schriften sind die Pariser Quästionen (1302f u. 1311 bis 1313) am wichtigsten. Dt. Werke: Predigten u. Traktate (sicher echt: Buch der göttlichen Tröstung u. Predigt vom edlen Menschen; alles andere mehr oder weniger zuverlässige Nachschriften). - GA: M.Eckhart, die dt. u. lat. Werke, hg. im Auftrage der dt. Forschungsgemeinschaft (v. J.Quint, J.Koch, K.Weiss u.a.), 1936ff. - Teilausg.n (s. Faggin aaO 375ff u. VerfLex I, 496f; V, 166. 168): F.Pfeiffer, Dt. Mystiker des 14.Jh.s II, 1857, Neudr. 1924 (zur Benützung s. VerfLex I, 497) - H.Denifle s.u. - Prozeßakten: Rechtfertigungsschrift hg.v. A.Daniels in BGPhMA XXIII, 5, 1923 u. v. G.Théry in AHDL 1, 1926f, 129-268 (mit Quellennachweis); dt. v. O.Karrer u. H.Piesch, 1927 - Gutachten avignonesischer Theologen hg.v. F.Pelster (BGPhMA Suppl. III [Grabmann-Festschr.], 1935, 1099 bis 1124) - Übrige Aktenstücke: M.H.Laurent, Autour du procès de Maître Eckhart. Les documents des Archives Vaticanes (Divus Thomas 39, Piacenza 1936, 331-348). - Von den zahlreichen Teil- u. Auswahlübers.en ist zuverlässig: M.E., Dt. Predigten u. Traktate, hg. u. übers. v. J.Quint, 1955. - Forschungsberichte: G.Théry, Le développement historique des études eckhartiennes (La Vie Spirituelle Suppl. 2, Paris 1948f, 304-337) - K.Heussi u. K.Weiss, E.-Studien (Studien der Luther-Akademie NF 1), 1953. - Lit.: H.Denifle, M.E.s lat. Schriften u. die Grundanschauung seiner Lehre (ALKGMA II, 1886 [Nachdr. 1956], 417-652. 672-687; mit Texten) - RE V, 142ff; XXIII 362 - Ü II, 561 ff. 779f (Lit.) - LThK III, 527 ff - VerfLex I, 495ff; V, 163ff - A.Dempf, M.E., 1934 - K.Oltmanns, M.E., 1935 - H.Bornkamm, E. u. Luther, 1936 - W.Bange, M.E.s Lehre vom göttlichen u. geschöpflichen Sein, 1937 (Lit.) - H.Ebeling, M.E.s Mystik, 1941 - G.Faggin, M. E. e la mistica tedesca preprotestante, Mailand 1946 (Lit.) - EC V, 28ff - Catholicisme III, 1258ff - H.Hof, Scintilla animae, Lund-Bonn 1952 - B.Schmoldt, Die dt. Begriffssprache M.E.s, 1954 - EKL I, 990f.

M.A.Schmidt

Edda. Diesen Namen führen zwei Werke des altisländischen Schrifttums, die Lieder- und die prosaische oder Snorra-E. Ursprünglich gebührte er nur der letzteren, benannt nach ihrem Verfasser Snorri Sturluson (1178-1241), und wurde erst im 17.Jh. auf die damals in einer Pergamenthandschrift aus dem späten 13.Jh. wiederentdeckte Liedersammlung übertragen. Außer den Liedern jener Handschrift zählt man auch einige andernorts überlieferte, aber ihnen stilistisch und inhaltlich verwandte zu den »eddischen« Gedichten. Nach dem Inhalt unterscheidet man Heldenlieder, mythische oder Götterlieder und die gnomische oder Spruchdichtung. In den alten Heldenliedern spielen die Götter keine Rolle, in einigen jüngeren tritt Odin als Sagenfigur auf. Das Spruchgedicht Hávamál (Sprüche des Hohen, d.i. Odins) prägt in geschliffenen Versen praktische Lebensweisheit aus, die völlig areligiös ist. Von den mythischen Liedern sind 3 größere und einige kürzere Odinslieder, 4 Thorslieder, 1 Frey- und 1 Lokilied; teils sind es epische Gedichte, die Fabeln von Taten und Leiden der Götter und anderer mythischer Wesen (Riesen, Zwerge u.a.) erzählen, teils Wissensgedichte, die in Frage- und Antwortspiel allerhand mythologische Kenntnisse - in eine Rahmenerzählung eingefügt - ausbreiten. Alter und Heimat der E.-Lieder stellen vielumstrittene Probleme, die sich noch komplizieren, wenn man mit älteren verlorenen Gedichten oder Vorstufen der erhaltenen rechnet. Doch neigt die Forschung heute zu der Ansicht, daß die meisten Gedichte erst in den letzten Jh.en des nordischen Heidentums - einige noch später - und wahrscheinlich auf Island gedichtet sind. Die mythischen Lieder verraten ihre späte Entstehung durch die ehrfurchtslose, teils gutmütig-humoristische, teils ironische Behandlung der Götter und Göttinnen. Der Kultpoesie stehen alle E.-Gedichte fern. Sie enthalten weder Hymnen noch Anrufungen oder Gebete; die Versuche, in einigen von ihnen den poetischen Niederschlag kultischer Bräuche nachzuweisen, sind mißglückt (→ Kultgeschichtliche Methode: I). Am ehesten mögen noch die Strophen kosmogonischen Inhalts alte religiöse Vorstellungen bewahrt haben. Aber von dem, was den eigentlichen Kern aller Religionen bildet: dem Verhältnis der Götter zu den Menschen, finden wir in den E.-Liedern nichts. Auch das künstlerisch bedeutendste unter ihnen, die wohl erst nach 1000 entstandene Völuspá (»Weissagung der Seherin«), die mit Hilfe christlicher Vorstellungen teils aus alten Mythenmotiven, teils aus der eigenen Phantasie des genialen Dichters eine großartige Weltschau aufbaut, erhebt sich nicht zum Range einer religiösen Dichtung. Auch ihr ist Weltenschicksal gleich Götterschicksal (Ragnarök; → Weltende). So ist die E. alles andere als ein Glaubensbuch; auch mit den indischen → Veden läßt sie sich unter religionsgeschichtlichem Gesichtspunkt nicht vergleichen.

Snorri wollte mit seiner um 1223 vollendeten E. den jungen Skalden das für ihre Kunst notwendige Rüstzeug vermitteln. Diesem Zweck dienen u.a. die Erklärung der in der Skaldendichtung verwendeten poetischen Umschreibungen (Kenningar), von denen viele auf Göttermythen anspielen, und die Wiedergabe dieser Mythen (→ Mythus) selbst. Die eigentliche Götterlehre steckt im ersten Teil, der Gylfaginning (Gylfis Verblendung); hier hat Snorri in der im MA beliebten Form des Gesprächs sein damals wohl einzigartiges mythologisches Wissen niedergelegt. Seine Quellen sind neben einigen der uns erhaltenen auch verlorene E.-Gedichte, daneben Skaldenlieder und wohl auch prosaische Göttersagen. Die Gylfaginning beginnt mit einer → Kosmogonie und endet mit einer → Eschatologie, dazwischen belehrt sie über Namen und Taten der Götter, ohne jedoch auf den → Kult (→ Opfer, → Feste) und das religiöse Leben einzugehen; solche Dinge waren zu Snorris Zeit auch im Norden verpönt. So erlaubt uns auch die Snorra-E. keinen Einblick in die eigentliche Religion der Nordleute. Snorri selbst nahm als Christ an den Mythen einerseits ein nationales, andererseits ein wissenschaftliches, keineswegs ein religiöses Interesse. Er teilte die Auffassung der mittelalterlichen Kirche von den heidnischen Göttern; die interessante Rahmenerzählung beruht auf einem etwas abgewandelten → Euhemerismus: die Asen-Götter waren in Wirklichkeit aus Asien eingewanderte Könige. Den Glauben der menschlichen Asen an den »Göttervater« Odin aber sucht er seinen Zeitgenossen durch eine etwas hintergründige natürliche Theologie plausibel zu machen. Den alten Mythen stand er unbefangen genug gegenüber, um Lücken der Überlieferung mit Kombinationen eigener Schöpfung auszufüllen. Seine zT mit Hilfe von Märchenmotiven ausgestalteten Göttergeschichten sind kleine Kunstwerke, denen ein schelmischer Humor ein sehr persönliches Gepräge gibt. – Für die germanische Mythologie hat die Snorra-E. um so größeren Wert, als uns aus Deutschland und auch aus den ostskandinavischen

Ländern so gut wie keine Mythen erhalten sind. Ob es dort einst der E. ähnliche Mythenlieder gegeben hat, ist fraglich. → Germanische Religion.

Ausgabe der Lieder-E.: G.NECKEL, 1936; beste Verdeutschung: F.GENZMER, Sammlung Thule Bd 1. 2; Übers. der Snorra-E. v. G.NECKEL u. F.NIEDNER, Thule Bd 20. - F.V.D.LEYEN, Das Märchen in den Göttersagen der E., 1899 - Bibliographies of the E.s (Islandica 13. 37), 1920/55 - E.MOGK, Zur Bewertung der Snorra-E. als religionsgeschichtl. u. mythol. Quelle des nordgerm. Heidentums, 1932 - J.DEVRIES, Altgerm. Rel.-Gesch., 2 Bde, (1935/37) 1956/57², § 1f. 25ff - DERS., Altnord. Lit.-Gesch., 2 Bde, 1941/42 - H.SCHNEIDER, Eine Ur-E., 1948 - W.BAETKE, Die Götterlehre der Snorra-E. (BAL 97, 3), 1950. *W.Baetke*

Eddy, *Mary Baker,* Begründerin der → Christian Science, * 16.7.1821 in Bow bei Concord, N. H. (USA), † 3.12.1910 in Newton bei Boston.

Vf. u.a.: Science and Health with Key to the Scriptures, 1875, maßgebl. Ausg. 1910, dt.: Wissenschaft u. Gesundh. mit Schlüssel zur Hl. Schrift, 1912; Unity of Good, (1887) 1891; Rudimental Divine Science, u.: No and Yes, (1887) 1891, dt.: Anfangsgründe der Göttl. Wissenschaft, Nein u. Ja, 1928; Retrospection and Introspection (autobiogr. Skizzen), 1891, dt.: Rückblick u. Einblick, 1934; Miscellaneous Writings 1883-96, 1897, dt.: Vermischte Schriften, 1957; Chr. Science versus Pantheism, 1898. - Über E.: E.F.DAKIN, Mrs. E., the biography of a virginal mind, New York (1929) 1930² (Lit.) - L.P.POWELL, M.B.E., a life-size Portrait, (1930) Boston 1950, dt.: M.B.E., ein lebenswahres Bild, 1933 (nicht objektiv) - ST.ZWEIG, Die Heilung durch den Geist, (1931) 1952² (nicht kritisch) - E.S.BATES-J.V.DITTEMORE, M.B.E., the truth and the tradition, New York 1932 (beste Biogr.) - N.BEASLEY, The Cross and the Crown, Boston 1952 (nicht objektiv) - DAB VI, 7ff. - Weitere Lit. → Christian Science. *H.-D.Reimer*

Edelmann, *Johann Christian* (1698-1767), Theologiestudent, Hauslehrer, freier Schriftsteller aus Weißenfels i. Th., lebte zeitweise als Handwerker. E. war hochbegabter, tiefreligiöser Neuplatoniker, der sich unter Schmerzen von der Kirche losrang und dabei die Stationen mancher Separationen passierte. Plotin und Stoa haben unmittelbar wie mittelbar (Barockphilosophie, → Deismus) eingewirkt. Die biblische Physikotheologie (B.H.→Brockes) hat ihn eine Zeitlang gehalten; die Imitatio Christi hat er bis in die äußere Erscheinung zu verwirklichen versucht. Panentheistisch ist die (auditiv empfangene) Logos-Lehre: »Vernunft« (ḥåkmā) ist »Kraft und Weisheit« des alldurchwaltenden Gottes und im Menschen Jesus »in ganzer Fülle« ins (wesenlose) Fleisch gekommen. Andererseits hat der Mensch sich aus der »Drecklarve des Fleisches« loszuringen; Sakramente hat E. selbst vor Friedrich Wilhelm I. »Anti-Christische Ceremonien« genannt. Sein satirischer Stil war auch in kirchlichen Kreisen üblich. E. war scharfer Gegner des »Prahlers« → Wolff. Den »lichtlosen« *Verstand* (»servus et asinus«) unterscheidet er radikal von der gott-transparenten *Vernunft.* † in Berlin.

Vf. u.a.: Unschuldige Wahrheiten, 1735-43; Moses mit aufgedecktem Angesicht, 1740 (Textkritik u. Entmythisierung); Die Göttlichkeit der Vernunft, 1740 (wichtigste Schrift); Abgenöthigtes ... Glaubensbekenntnis, 1746; Das Evangelium St. Harenbergs, 1747; Selbstbiographie, 1752 (mit Anm. hg.v. K.R.W.KLOSE, 1849). - Bibliogr. bei J.H.PRATJE, Histor. Nachrichten v.J.Chr.E.s ... Leben, (1753) 1755². - Manuskripte in der Hamburger Staatsbibl. - EuG XXXI, 1838, 59ff - BR.BAUER, Der neueröffnete E..., 1847 - DERS., Der Einfluß d. engl. Quäkertums ..., 1878 - K.MÖNCKEBERG, H.S. Reimarus u. J.Chr.E., 1867 - J.GUDEN, E., 1870 - RE V, 154f - E.ALTKIRCH, Maledictus..., 1924 - E.BARNIKOL, ZKG 46, 1927, 1-34. *W.Philipp*

Edessa. Seleucus I. Nikator gründete E. anstelle der Ortschaft Osrhoë im NW von Mesopotamien. Mit dem Untergang des → Seleuciden-Reiches im 2.Jh. vChr folgten sich in der Osrhoëne Gewaltherren verschiedener Nationalität, bis das Gebiet nach der Ermordung Caracallas in E. (217 nChr) endgültig im römischen Reich aufging. Das Christentum wurde in E. nicht durch → Abgar V., auch kaum durch Abgar IX. (179-214 nChr) eingeführt. Nach der »Edessenischen Chronik«, die von einer Bekehrung Abgars IX. nichts berichtet, ist die älteste Geschichte des edessenischen Christentums durch Namen und Lehren des → Marcion, → Bardesanes und Mani (→ Manichäismus) bestimmt. Orthodoxes Christentum mit Kultgebäude, Kirchhof und Bischof spielte erst seit der Zeit des Kaisers Konstantin und des Eusebius in E. eine bestimmende Rolle. Was es vorher an Rechtgläubigkeit gab, führte ein Winkeldasein und mußte sich nach dem Namen seines ersten bedeutsamen Führers »Palûtianer« nennen lassen. Im 4.Jh. blüht auch rechtgläubige Theologie in E. auf und findet in → Ephräm († 373) ihren bedeutendsten Vertreter, der die Schule von E. im Sinne der nicänischen Orthodoxie begründete. Das hinderte ihn nicht, das Diatessaron als Evangelium zu gebrauchen und dem 3. Korintherbrief im NT seiner Kirche Heimatrecht zu gewähren. Wohl aber wurde er zu einem unerbittlichen Bekämpfer der Ketzer. Den Sieg errungen hat freilich erst die gewalttätige Persönlichkeit des Bischofs → Rabbula von E. (411-435). Die von ihm eingeführte Peschitta (→ Bibelübersetzungen: III, 2a) gönnte dem Diatessaron und dem 3. Korintherbrief keinen Platz mehr. Friede wurde auch so nicht geschaffen. Die christologischen Kämpfe führten zunächst zur Auswanderung der Schule von E. nach → Nisibis, dann zur völligen Trennung der edessenischen Kirche von Ostrom. Fortan bildete sie den Mittelpunkt der syrisch-monophysitischen Christenheit, bis der Einbruch der Araber sie verkümmern ließ. Im 1. Kreuzzug wurde E. Hauptstadt des Fürstentums des Grafen Balduin von Flandern (vgl. Karte bei → Kreuzzüge). Seit 1516 ist es türkisch (heute Urfa).

L.HALLIER, Untersuchungen über die ed. Chronik (TU 9, 1), 1892 - R.DUVAL, Histoire politique, religieuse et littéraire d'Édesse jusqu'à la première croisade (JA 8. sér., 18, 1891, 87-133. 201-278. 381-439; 19, 1892, 5-102) - F.C.BURKITT, Urchristentum im Orient (dt. v. E.PREUSCHEN), 1907 - PW V/2, 1933ff - EBrit VIII, 930ff - W.BAUER, Rechtgläubigkeit u. Ketzerei im ältesten Christentum (BHTh 10), 1934, 6ff. *W.Bauer*

Edinburgh, Universität → Schottland: III.

Edinburgh (1910) → Internationaler Missions-Rat.

Edomiter, eines der Nachbarvölker Israels. Ihr Gebiet waren die heutigen Landschaften ed-dschibāl und esch-schera auf der Ostseite des wādi el-ʿaraba südlich des Toten Meeres. Nach Ausweis des archäologischen Befundes haben sie sich im Laufe des 13.Jh.s vChr in diesem bis dahin Jh.e lang nicht fest besiedelt gewesenen Land festgesetzt und eine eigenständige Kultur entwikkelt. Nach Gen 36, 31-39 besaßen sie schon vor Beginn der Staatenbildung in → Israel (: I) ein (nicht dynastisch gebundenes) Königtum. Die Grenzen ihres Landes, bes. die Nordgrenze am wādi el-ḥesa und die Südgrenze am Gebirgsabfall beiderseits des naḳb eschtār, waren durch ein System von Warttürmen geschützt. Im 8.Jh. vChr beginnt der Verfall ihrer Kultur. Schließlich sind sie durch die → Nabatäer aus ihrem Stammland verdrängt worden und auf die Westseite des wādi el-ʿaraba abgewandert (vgl. → Idumäa). Literarisch sind sie vor allem aus dem AT bekannt (daß mit dem udm des ugaritischen Krt-Textes [→ Ugarit, 2] das biblische Edom gemeint sei, ist wenig wahrscheinlich). Mit den israelitischen Südstämmen waren sie teilweise verwandt. Der Sippenverband der Kenisiter war sowohl unter den E.n wie unter den Südisraeliten vertreten (Gen 36, 11. 15. 42; Jos 14, 6. 14; 15, 17). Auch gab es vermutlich kultische Begegnungen zwischen Israel und E.n an diesem oder jenem Heiligtum des Negeb (Dtn 23, 8; vgl. auch Num 34, 3; Jos 15, 1). Von hier aus erklärt sich die Auffassung, daß Israel und E. »Brüder« seien (Dtn 23, 8; Am 1, 11). Im Zusammenhang damit hat die in der ostjordanischen → Jakob-Überlieferung beheimatete Nebeneinanderstellung der »Brüder« Jakob und Esau (Typus des rauhen Jägers neben dem friedlichen Kleinviehhirten, Gen 25, 27) zu der sekundären, allerdings schon sehr alten Gleichsetzung E. = Esau geführt (Gen 25, 30; 36, 1. 8 vgl. 36, 9. 43). Ein feindliches Verhältnis begann mit der israelitischen Staatenbildung. → David unterwarf die E. (2Sam 8, 13 f) und gewann damit den Zugang zum Golf von el-ʿaḳaba und zu den Bodenschätzen im wādi el-ʿaraba. In der Folgezeit haben sich die E. in wechselvollen Kämpfen teilweise oder ganz wieder unabhängig gemacht (1Kön 11, 14 ff; 22, 48; 2Kön 3, 9 ff; 8, 20-22; 14, 7. 22; 16, 6). Die assyrischen Könige des 8./7.Jh.s vChr erwähnen mehrfach den Staat der E. in der Form Udumu. Beim Fall von Jerusalem 587 vChr haben die E. in irgendeiner Weise mitgeholfen; von da datiert die judäische Erbitterung gegen die E. (Ps 137, 7; Jes 34, 5 ff u.a.).

A.Musil, Arabia Petraea II/1, 1907 - M.Haller, BZAW 41, 1925, 109 ff - N.Glueck, AASOR 15, 1935 - RLA II, 274 - Noth, ÜPent 103 ff - K.Galling, Festschr. A.Bertholet, 1950, 179 ff - V.Maag, Jakob-Esau-Edom (ThZ 13, 1957, 418-429). *M.Noth*

Edwards, *Jonathan* (1703-58), * als Sohn eines Farmer-Pfarrers in East Windsor, Conn. In früher Jugend erweckt, studierte E. schon 1716 am Yale-College, entdeckte hier J. → Locke, vielleicht auch → Newton und wurde nach einer zweiten Bekehrung Pfarrer in Northampton. Antiarminianische Predigten führten 1734 zum Aufbruch der Great Awakening (→ Erweckungen: I, 2), die nach jähem Rückschlag durch den Besuch von G. → Whitefield (1740) wieder aufflammte, von E. aber nur zT vor enthusiastischer Ausartung bewahrt werden konnte. Die durch diese gekräftigte Opposition verdrängte E. 1750 aus seiner Gemeinde, als er durch Ablehnung des »Halben Bundes« die Abendmahlszucht wieder verschärfte. E. wandte sich in Stockbridge der Indianermission zu und schrieb in jener Zeit seine wichtigsten Traktate, vor allem »On the Freedom of the Will« (1754) und die unvollendete »History of the Work of Redemption«. 1757 wurde er als Präsident an das New Jersey-College berufen, nahm zögernd an und starb einen Monat nach Amtsantritt an den Folgen einer Pockenimpfung. - E. gilt als der bedeutendste Theologe und Philosoph Nordamerikas (→Vereinigte Staaten: II), der in der Tat so etwas wie die Grundlagen einer amerikanischen Denkungsart und der New England Theology schuf. Das theologische Interesse nimmt die (idealistische) Philosophie bewußt in Dienst und richtet sich vor allem auf die Lösung des Problems von Determinismus und Freiheit im Rahmen eines kräftigen Harmoniedenkens. Der Erweckungsprediger konnte so die prädestinatianische Predigt festhalten. Gott bekehrt den Menschen, indem er ihm einen Willen gibt, der in Freiheit ihn und das Gute liebt. Mit dem Harmoniegedanken verband E. eine eigentümliche heilsgeschichtliche Schau, in deren Mitte die Aufrichtung des Königreichs Christi steht. Der Covenant of Works fällt mit dem Naturgesetz zusammen und dient im Vorsehungswalten Gottes dem Erlösungsbund, der geschichtlich gleich nach dem Fall beginnt und sich in abfolgenden Ereignissen des Covenant of Grace durch AT und NT als Wechsel von Blüte und Verfall der Kirche, von Gnaden- und Gerichtszeiten hindurchzieht. Der Bundesgedanke trägt aber nicht eine Föderalsystematik (wie bei → Coccejus), sondern gestaltet frömmigkeitsgeschichtlich den stufenweisen Aufbau des regnum Christi in einer Abfolge von Erweckungen. E.s Geschichtstheologie ist die Deutung der eignen Erfahrung an dem von ihm ausgegangenen Revival. Er hat sie, abgesehen von der »History of Redemption«, nicht in einem systematischen Werk, sondern in einer Fülle von Traktaten und Predigten entwickelt. Zu seinen Schülern zählen sein gleichnamiger Sohn (1745 bis 1801), → Emmons, S. → Hopkins, → Dwight und → Bellamy.

The Works of President E. with Memoir of his Life, hg.v. S.E. Dwight, 10 Bde, New York 1830; A.B.Grosart, Selections from the Unpublished Writings of J.E., 1865. - Über E.: A.V.C.Allen, J.E., Boston 1889 - RE V, 171 ff - F.H.Foster, A genetic History of the New England Theology, Chicago 1907, 47 ff - J.Ridderbos, De Theologie van J.E., Amsterdam 1907 - A.Keller, Dynamis. Formen u. Kräfte des amerikan. Protestantismus, 1922 - ERE V, 221 ff - Th.C.Hall, The religious Background of American Culture, New York 1930 - O.E.Winslow, J.E., New York 1941 - EBrit VII, 1945, 19 ff - R.B.Perry, Grundlagen der amerikan. Denkungsart, 2 Bde, 1947 - H.R.Niebuhr, Der Gedanke des Gottesreiches im amerikan. Christentum (dt. v. R.M.Honig), New York 1948 - P.Miller, J.E., New York 1949 - Hirsch III, 351 ff - R.H.Gabriel, Die Entwicklung des demokrat. Gedankens in den Ver. Staaten, 1951 - G.Hoffmann, Seinsharmonie u. Heilsgesch. bei J.E. (Theol. Diss. Göttingen), 1956 (Masch.; Lit.). *Ernst Wolf*

Egbert (Ecgberht), 1. *der Heilige* (639-729), Mönch und Bischof aus Northumbrien, in Irland ausgebildet, regte nach Verzicht auf eigene Missionstätigkeit die Missionsreisen → Wictberts und → Willibrords (690) nach Friesland an. Im iroschottischen Kloster Hy (Iona) erreichte er 716 die Annahme des römischen Osterbrauches und der römischen Tonsur.

Hauck I, 432 ff - F.M.Stenton, Anglo-Saxon England, Oxford (1943) 1950², 165 f - W.Levison, England and the continent in the eighth century, (Oxford 1946) London 1950², 52 f. 55 f. 271. 278.

2. *von York* (678-766), aus northumbrischem Königsgeschlecht, 732 Bischof, 735 Erzbischof des damals erneuerten Erzbistums → York. Befreundet mit seinem Lehrer → Beda und → Bonifatius, förderte er Kirchenzucht und Klosterreform, Bibliothek und Schule, aus der → Alkuin und der Friese → Liudger hervorgingen. Die Schule von York, die er an die Lehrtradition Bedas knüpfte, wurde in England führend. Die unter seinem Namen überlieferten Schriften sind mindestens stark überarbeitet; das sog. Pontificale Egberti stammt erst aus dem 10.Jh. (Schramm).

DACL IV/2, 1921, 2211 ff - P.E.Schramm, ZSavRG 54, Kan. Abt. 23, 1934, 152-167. 209-220 - F.M.Stenton (s. 1), 8. 92. 145 f. 160. 175. 187 f - W.Levison (s. 1), 21. 105. 118. 139 f. 153. 243. 281. - Über das E. zugeschriebene Bußbuch vgl. die Lit. bei R.Buchner, Die Rechtsquellen (Bh. zu Wattenbach-Levison), 1953, 68 Anm. 293. *H.Löwe*

Egede, *Hans* (1686-1758), der Apostel → Grönlands, * in Trondenes, Nord-Norwegen, † Stubbeköbing, Dänemark. Am 3. 7. 1721 kam er, von tiefem Mitleid mit den Heiden erfaßt, nach Grönland und gründete dort die Kolonie »Godthaab« (Gute Hoffnung). Rauhes Klima, weite Reisen und Versorgungsprobleme erschwerten seine Arbeit. Die Sprache der → Eskimos mußte er erst erlernen; sie besaß zudem keine Wörter für geistige Begriffe. Auch leisteten die Medizinmänner (Angekok'en) großen Wiederstand. Trotzdem gelang es ihm, das Vertrauen der Eskimos zu gewinnen. Seine Verkündigung war wesentlich Katechismusunterricht, wozu er selbst einen Katechismus verfaßte. - Auf seinen Vorschlag wurde 1737 in Kopenhagen das Grönlandseminar gegründet für die Ausbildung von Theologiestudenten zu Missionaren und von Waisenhausknaben zu Katecheten. 1740 wurde er zum Superintendenten der Mission ernannt, gab aber 1747 diese Stellung auf.

RGG² II, 18f - LATOURETTE III, 237f (Lit.). *E.Amdahl*

Egidy, *Moritz von* (1847-93), * in Mainz, † in Potsdam, bekämpfte als sächsischer Oberstleutnant im Sinn eines mit biologischem Entwicklungsgedanken verbundenen unitaristischen Moralismus Kirche und Dogmenzwang (»Ernste Gedanken«, 1890, anonym, Aufl. 60 000). Wegen Verdachts auf Erneuerung der → Lichtfreunde gemaßregelt und verabschiedet, wirkte er unermüdlich, aber erfolglos für seine Ideen, auch in den kurzlebigen Zeitschriften »Einiges Christentum« (1892ff) und »Versöhnung« (1894ff), und wurde von den Anhängern der »Ethischen Gesellschaften« in Deutschland, Österreich und der Schweiz als Reformator lebhaft begrüßt.

Vf. u.a.: Ernstes Wollen, 1891; Beitr. in: Ethisch-socialwiss. Vortragskurse, 7 Bde, Bern 1896/97. - Über E.: ADB XLVIII, 272f - H. DRIESMANS, M.v.E., 1900. *Ernst Wolf*

Egli, 1. *Emil* (1848-1908), schweiz. ref. Theologe, * in Flaach (Kt. Zürich), 1871 Pfarrer in Dinhard, 1876 in Außersihl, 1885 in Mettmenstetten; lehrte seit 1879 KG und Archäologie in Zürich, regte die Errichtung des Zwingli-Museums an, war Mitbegründer der »Zwingliana« und des schweiz. Landesmuseums in Zürich sowie Begründer der schweiz. Reformationsgeschichtsforschung nach modernen Grundsätzen. E. zeichnete sich durch die Fähigkeit aus, lokale Einzelheiten aufzuklären und in große Zusammenhänge zu stellen. Seine »Aktensammlung zur Geschichte der Zürcher Reformation« 1879 und seine Editionsgrundsätze für die von ihm begonnene kritische Zwingli-Ausgabe im CR (I, 1905; → Zwingli) wurden vorbildlich. Seine Betonung der Bedeutung der politischen und sozialen Verhältnisse für Entstehung und Charakter der schweiz. Reformation behält neben den umfassenderen Studien seines Nachfolgers W. → Köhler ihre Gültigkeit.

Vf. ferner u.a. (Bibliogr. in Zwingliana 2, 1905-12, 261ff): Die Schlacht von Cappel 1531, 1873; Die Züricher Wiedertäufer, 1878; Die St. Galler Täufer, 1887; KG der Schweiz bis auf Karl d.Gr., 1893; Analecta reformatoria, 2 Bde, 1899/1901; Joh.Kesslers Sabbata, hg. 1902; H.Bullingers Diarium, hg. 1904; Schweiz. Reformationsgesch. I, 1910 (hg.v. G.FINSLER). - Über E.: RE XXIII, 362f - W. KÖHLER in CR (Zwingli) VII, 1911, I-IV. *G.W.Locher*

Egli, 2. *Raphael* (1559-1622), ref. Theol., * in Zürich, studierte in Genf und Basel, war 1584-86 Schulvorsteher in Sondrio (Veltlin), dann Diakon zu St. Georgen im Feld und Reorganisator der Schulen in Winterthur. 1588 kam er nach Zürich, wurde 1592 Diakon, 1596 Archidiakon und Chorherr am Großmünster, wo er sich um die Einführung des Kirchengesangs verdient machte. Wegen seiner alchimistischen Liebhabereien verschuldet, mußte er 1605 Zürich verlassen. Er ging nach Marburg, wurde Prof. der Theologie und wirkte bis zu seinem Tode als Schloßprediger.

EuG I/31, 219ff (Verz. der alchimist. u. theol. Schriften). - Über E.: F.GUNDLACH, Catalogus Professorum Academiae Marburgensis, 1927, 14 - E.DEJUNG-W.WUHRMANN, Zürcher Pfarrerbuch, 1953, 252 - H.G.WACKERNAGEL, Matrikel der Univ. Basel II, 1956, 307 (Lit.). *H.R.Guggisberg*

Egoismus

1. Der Begriff - 2. E. in der Geschichte der Ethik - 3. E. im Urteil der christlichen Ethik

1. E. ist das selbstsüchtige Bestreben, im eigenen Interesse tätig zu sein, für sich selbst Vorteile, Nutzen oder Glück zu gewinnen oder das eigene Leben zu steigern. Unausgesprochen liegt zugleich im Sinne des Begriffs, daß im Zuge des selbstsüchtigen Strebens die Interessen anderer Menschen beiseite gesetzt werden. Das Wort taucht erstmals bei den Jansenisten (→Jansenismus) in der Mitte des 17.Jh.s auf und macht dort die literarische Manier verächtlich, sich selbst mit »ich« (ego) im eigenen Schrifttum zu nennen; allgemein gebraucht wird es seit →Diderots Encyclopédie 1755 und dem Dictionnaire der franz. Akademie 1762. E. darf nicht gleichgesetzt werden mit einer allgemeinen sittlichen Reflexion auf sich selbst und auf den eigenen Wert, also mit dem Stolz oder jenem Selbstbewußtsein, das ohne jede Eitelkeit denkbar ist und unverwehrt bleiben muß. Sich etwa gegen Angriffe auf seine → Ehre, bürgerliche Integrität, auf sein Amt, auf Können und Leistung zu berufen (vgl. 2Kor 11), hat mit E. nichts zu tun. Ebenso wird es nicht E. heißen dürfen, wenn man etwa im Zusammenhang beruflicher Überlegungen seinen Vorteil im Sinne einer möglichst ergiebigen und nützlichen Entfaltung der eigenen Kräfte abwägt und geltend macht. Zunächst bezeichnet E. ein unreflektiertes praktisches Verhalten. Wird aber dieses Verhalten ethisch sanktioniert, dh wird dem ursprünglich selbstsüchtigen Trieb ein sittliches Recht zugebilligt, dann wird aus dem unkontrollierten Griff nach dem eigenen Vorteil eine ethische Theorie.

2. Eine solche Erhebung des E. zur ethischen Theorie begegnet in dem Buche von Max → Stirner, Der Einzige und sein Eigentum (1845). Hier liegt der Gedanke zugrunde, daß das unmittelbare Recht des Ich unbestritten sei, ja, daß es keine Werte außer ihm gebe. Stirner nahm für die Geltung seiner Sätze auch anarchische Konsequenzen, jedenfalls den Verzicht auf den Staat in Kauf. Doch sollte ein »Verein der Egoisten« möglich sein, eine Förderung anderer, wenn man sie liebt und braucht. Aber schon lange vor Stirner huldigten die spätantiken Philosophenschulen egoistischen Theorien, indem sie den Zweck des Daseins in der Erlangung der eigenen Glückseligkeit erblickten. Th.→Hobbes leitete Sittlichkeit und Recht daraus ab, daß der Selbsterhaltungstrieb des Menschen mit dem Tatbestand, daß die Menschen doch aufeinander angewiesen seien, in Einklang gebracht werden müsse. Dieses Motiv durchzieht dann die Moralphilosophie der Aufklärung. Das gesamte Sozialleben wird aus dem Selbsterhaltungstrieb, aus dem »wohlverstandenen« Interesse, dem self-interest (A.→Smith) erklärt. Ob dieses Interesse nun im Glück (→ Hedonismus) oder im Nutzen (→ Utilitarismus) gefunden wird, das ist ohne prinzipielle Bedeutung. Interessant aber ist es, daß die ganze Ethik sich nun auf ein Abwägen der Eigeninteressen und der Fremdinteressen konzentriert. So sieht A.→Comte die Aufgabe der Ethik in der Unterordnung des E. unter den → Altruismus, wie denn überhaupt diese beiden Begriffe bis heute in der Vulgärphilosophie als entscheidungforderndes Gegensatzpaar festgehalten werden. Sowohl J.→Bentham wie J.St.→Mill haben jedoch diesen Gegensatz durch die Forderung überwunden, es müsse das Maximum an Glückseligkeit, »das größte Glück der größten Zahl« gefördert werden. In den »Bilanzen« über die Glückseligkeit wird der Gegensatz von E. und Altruismus scheinbar und relativ. - Eine verfeinerte Form des E., nämlich das Streben nach eigenständiger Persönlichkeit und die Betonung des Rechtes hierzu hat ebenfalls eine alte Tradition. Das Eigensein (suum esse) des Menschen soll nicht auf Kosten fremder Menschen angestrebt werden - so → Spinoza. Es liegt nahe, in diesem Zusammenhang auf Goethe zu verweisen. Bei → Nietzsche spielt der Gedanke, daß der starke Mensch seine Stärke gerade in der Rücksicht auf andere Menschen und in der Verantwortung für sie erweist, eine oft übersehene Rolle. - In der ethischen Tradition, die sich auf → Kant gründet,

wurde jede Pragmatik, jede Reflexion auf den Gewinn von Glück und Vorteilen und auf den Nutzen unseres Handelns aus der Ethik ausgeschlossen. Vermochte der E. schon wegen der Beiseitesetzung der Interessen anderer Menschen, was in seinem reinen Begriff immer mitgedacht ist, sich in der Ethik nicht durchzusetzen, so entzog die kantische Philosophie dem E. überhaupt seinen Boden.

3. Die *christliche Beurteilung* des E. kann nicht davon ausgehen, daß der Mensch für sich selbst gar nichts beanspruchen dürfe. Vielmehr wird in der → Goldenen Regel (Mt 7, 12) das, was wir für uns selbst erwarten dürfen, zum Maßstab unserer Pflichten gegen den Nächsten gemacht. Ebenso hat nach Mt 22, 39 die Nächstenliebe an der Selbstliebe ihr Maß. Aber das hat mit E. überhaupt nichts zu tun. Zu einem ernsten Problem wird der E. für die christliche Ethik als »Kollektiv-E.«, also zB in der Form des → Nationalismus (: I). Wir müssen in diesem Zusammenhang unerörtert lassen, daß dieser E. zu den verborgenen Motoren des geschichtlichen Lebens gehört, die sich irgendwo jeder Moralisierung entziehen. Die Ethik hat jedoch alle Triebe, auch die gemeinschaftlichen, unter sittlicher Kontrolle zu halten. Das bedeutet nicht, daß Familien, Stände, Völker ihr Daseinsrecht preiszugeben hätten! Aber das sittliche Problem erwächst im Konflikt mit den Interessen fremder Völker oder Gruppen. Hier hat der Gedanke der Gerechtigkeit die Eigeninteressen nicht zu verneinen, sondern sittlich zu bändigen und politisch zu ordnen. – Schließlich entsteht für den Christen die eigenartige Frage des *Heils-E.* Sie ist unvermeidlich in ganz individueller Form gestellt; denn das Heil ist mein Heil oder es ist nicht (Phil 2, 12!). Es darf auch keine Rücksichten geben, welche die Frage nach dem eigenen Heil und die Rücksicht auf das eigene Heil in den Hintergrund drängen. Aber auch hier ist der Ausdruck E. unberechtigt. Er gewönne erst dann eine Berechtigung, wenn der Gläubige um seines vermeintlichen Heiles willen Pflichten gegen den Nächsten versäumt und hintansetzt. Dies geschah in jenem Verständnis der → Askese, welches die Pflichten der weltlichen → Berufe zugunsten des vermeintlichen Heiles versäumte. In der Berufslehre der Reformation kommt ein Verständnis unseres ewigen Heiles zum Ausdruck, das keine egoistische Mißachtung der Bedürfnisse anderer Menschen einschließt.

DThC IV, 2224ff – ERE V, 231ff – A.SCHLATTER, Die christl. Ethik, (1914) 1929³ – StL I, 1536ff – EISLER I, 298ff – P.ALTHAUS, Grundriß der Ethik, (1931) 1953² – E.BRUNNER, Das Gebot u. die Ordnungen, (1932) 1939⁴ – DERS., Gerechtigkeit, 1943 – F.TILLMANN, Die Verwirklichung der Nachfolge Christi. Die Pflichten gegen sich selbst u. gegen den Nächsten (Hdb. der kath. Sittenlehre IV/2), (1935/36) 1950⁴ – Catholicisme III, 1473f – HIRSCH I. *W.Trillhaas*

Egranus, *Johannes Wildenauer* (Sylvius), * Eger, † 1535 Joachimstal, war 1500 Student in Leipzig, 1507 Magister, Prediger an St. Marien in Zwickau, hatte 1517ff Streit mit den Franziskanern über die St. Annenlegende; literarischer Gegner u.a. von H.Dungersheim von Ochsenfurt mit Zustimmung Luthers; 1520/21 Konflikt mit Th. → Müntzer, 1521–23 Prediger in Joachimstal; nach Wanderjahren (Basel, Kulmbach, Sagan, Merseburg) lebte er von 1533 an wieder in Joachimstal. Anfangs Anhänger Luthers (E.' Name in die Bannandrohungsbulle aufgenommen), kam es über der Lehre von Rechtfertigung, Abendmahl und Willensfreiheit zur Entfremdung, 1523 zum Bruch. Als Verehrer des → Erasmus hält E. an der Kircheneinheit fest.

WA 1, 315 – O.CLEMEN, J.S.E. (Mitt. des Altertumsvereins in Zwickau 6, 1899, 1–39; 7, 1902, 1–32; Bibliogr.) – G.BUCHWALD, Ungedruckte Predigten des J.S.E., 1911 – P.S.ALLEN, Opus Epistolarum Des. Erasmi Roterodami III, 1913, 409. *I.Höß*

Ehe

I. Ehe und Hochzeit, religionsgeschichtlich

1. Die E. wird von den Religionen als eigenständige Stufe menschlichen Daseins begriffen, die mit dem vor- oder außerehelichen Dasein nur ritisch zu verbinden ist. Sie ist eine objektive Ordnung, die übernommen wird. Als Institution nimmt sie überindividuelle und kosmische Funktionen wahr und hat für → Stamm und Sippe über die Erzeugung des Kindes hinaus Bedeutung. Ihr Sinn ruht in ihr selbst. Das Kind folgt ihr wie der Saat das Korn. Das Ausbleiben des Kindes kann zu ihrer Auflösung führen. Weil die E. objektiven Belangen dient, wird sie im allgemeinen nach übergeordneten Gesichtspunkten von Familien- oder Sippenhäuptern geschlossen.

2. Im Beginn der E. steht als Grund ihrer Möglichkeit der Ritus: die H. Sie macht den Übergang des Menschen in den neuen Status möglich. Neben → Geburt, → Pubertät und → Tod stellt die H. einen der wichtigsten Lebensübergänge dar, an dessen Gelingen das Leben der Ahnen wie der Sippe hängt (→ Initiationsriten). Wie alle Übergänge wird auch die H. im Bilde von Sterben und neuer Lebendigkeit dargestellt (Verbergen der Braut, Maskierung, Scheingefechte als Frauenraub, Rutenschlag). Besonderer Aufmerksamkeit bedarf dabei die Braut (Deflorierung durch Mächtige wie Priester, Väter, Lehnsherren; ius primae noctis usw). Die H.sriten lösen aus dem Dasein in Elternhaus oder -sippe (»Trennungsriten« wie Zerschlagen von Gegenständen, Aufhalten des Brautzuges, Zerreißen der Brautkleidung usw; → Aberglaube, 2a). Sie überführen in den neuen Daseins-Bereich (»Aufnahme-Riten« wie Herd-Umgehung, Ringwechsel, Stall-Umgehung usw; → Begehung, 1). Sie stiften ein Drittes, Neues in der ehelichen Gemeinsamkeit (im wesentlichen → Fruchtbarkeits-Riten).

3. Die Gesichtspunkte für H. und E. sind durch die großen, dies E.leben konstituierenden und von ihm abhängigen Lebensstrukturen bedingt:

a) *Die Sippen:* Um ihr Heil geht es in jeder neuen E. Ihre Zukunft steht auf dem Spiel. Daher fehlt selten das Recht zur Wahl des E.partners durch die Sippe. Der Kreis der möglichen Wahl ist im Verhältnis der Sippen (Exogamie und Endogamie) wie auch in der berufsständischen Bindung der Sippe (zB Schmiede) gegeben. Die Sippe ist an der Werbung (Mutter-Bruder) entscheidend, wie an der Bereitstellung der → Gaben (Munt) weithin beteiligt (Investitur der Braut). Sie gibt eines ihrer Glieder her (das »Braut-Weinen«). Sie garantiert den Vollzug der H. durch das Fest (Brautopfer und Reihenfeste).

b) *Die Ahnen:* Ihnen gehört die erste gemeinsame Handlung des E.paares (Kamerun). Die Braut ist erst in der neuen Sippe, wenn sie nach drei Monaten mit ihrem Manne den Ahnen opferte (China). Das Ahnenopfer realisiert das Dasein im neuen Lebenskreis. Auch da, wo der Mann in die Sippe der Frau übergeht (Zuñi), ist das Ahnenopfer Vollzug der H. Der gemeinsam übernommene Ahnenkult (→ Totenverehrung) integriert die neue E. Das gilt jedenfalls für die Hauptfrau; die Nebenfrauen haben daran im allgemeinen keinen Anteil.

c) *Die Ganzheit* des Lebens wird durch die H. konstituiert. Mann und Frau bilden in ihrer Vereinigung die Einheit von Yin und Yang (→ China: II), von Oberwelt und Unterwelt (Dajak), Inbegriff der großen Polarität der Welt. Der Kosmos kann nicht zur Einheit kommen, wenn die E. nicht geschieht. Ein ἱερὸς γάμος kann der Saat oder dem werdenden Jahre aufhelfen. Der Bräutigam oder seine »Brautführer« sind Göttersöhne (Könige), die sieghaft herbeikommen, das gebundene Leben zu lösen (Befreiungsmotiv). Die Braut und ihre Mägde sitzen in verschlossener Burg als gefangene, verschlossene Welt (Jungfrauen-Motiv). Sie prüfen die Göttersöhne (Rätsel-Motiv). Sie bewahren den → Weltenbaum bis zum lösenden → Wort. Dies Schema von Braut-Sprödigkeit und Bräutigams-Tat stellt sowohl das allgemeine Weltdrama (tätige Oberwelt - widerstrebend empfangende Unterwelt, Sonnen-Mond-Welt) wie das spezielle Ereignis (Jungfrau-Frau) dar. In diesem dramatischen Schema ist der Anschein von Raub-E., die es als solche wohl niemals oder nur als Ausnahme gab, angelegt. Die Raub-E. stellt den H.sritus dar. Weil die H. die Polarität der Welt zur Einung bringt, geht die strenge Absonderung von Braut und Bräutigam voraus. Beide begegnen sich nur über den Ritus. Die Gemeinsamkeit wird Gestalt als gemeinsame → Mahlzeit (aus einer Schüssel, von einem Tier) und → Opfer. Um das Paar ist Fülle der heilen Welt (Kreis- und Kugel-Symbol).

d) *Die Ordnung* von Welt und Mensch prägt den Ritus der H. »Die Riten sind immer schöpferisch, aber auch immer regulativ« (van der Leeuw). H. und E. sind Institutionen. Ihre Rechtsgestalt ist der Vertrag zwischen den Sippen. Die erhabene Ordnung des Lebens wie die großen Gesichtspunkte der Sippen-»Politik« heben H. und E. über das Belieben des einzelnen hinaus auf die Ebene der Institution. Die sog. Kauf-E. ist ursprünglich ein ritueller Gaben-Tausch der Sippen. Die verschiedenen Phasen der E.schließung stehen in geordnetem Fest-Zyklus (die Folge der »Biere« in Tibet wie bei den Germanen). Sie gewährleisten die Aufrechterhaltung der Ordnung in seinen Wachstumsstadien.

4. Die *E.formen* sind nicht so variabel, wie man - geleitet vom Evolutionsgedanken - annahm. Es gab zwei Theorien: a) von der anfänglichen Promiskuität über die Gruppen-E. und die Mehr-E. zur Ein-E.; b) von der monogamen Ur-E. über die Mehr-E. zur Promiskuität. Beide Schemata sind falsch. Gerade von der religiösen Komponente aus ist die E. stets nur zwischen einem Manne, als Haupt-Mann, und einer Frau, als Haupt-Frau, möglich. Die Riten der H. werden im allgemeinen nur einmal vollzogen. Auf diese Riten aber kommt es an und nicht auf die Zahl der Frauen oder Männer, mit denen sexuelle Beziehungen bestehen. Die verschiedenen Formen von »Hordenpromiskuität«, zumal in Generationsschichten, sind entweder nur Übergänge im Heranwachsen oder Neben-E.n ohne ehelichen Charakter. Der Gesichtspunkt, die E. nach der Zahl der Männer oder Frauen zu bewerten, mit denen eventuell auch Kinder hervorgebracht werden, ist unangemessen. Polygyne oder polyandrische E.formen gibt es im strengen Sinne als Ordnung sehr selten. Zwar gibt es die verschiedensten Formen von Neben-E., und es gibt auch die ritisch notwendige »Festpromiskuität«. Das ganze Beurteilungsgewicht der E. aber ist auf den gültigen H.sritus gesammelt. Mehrere gleichwertige, den Namen E. verdienende Personenverhältnisse gibt es kaum. Vom H.sritus aus ist die E. fast immer einspitzig die zwischen Haupt-Frau oder Haupt-Mann. Die Neben-Frauen oder Neben-Männer (Geschwister-E. oder → Levirat) erscheinen aus wirtschaftlichen, erbsoziologischen, stammesbiologischen oder Reputationsgründen, spielen aber für die Wertigkeit der E. (Zurechnung und Sorge für die Aufzucht der Kinder) keine Rolle. Eine Ausnahme sind die ritischen »Geschwister-E.n« zB der Papuas als Neben-E.n. Unsere Vorstellung von → Monogamie ist den Religionen fremd, aber ein voller H.sritus wird im allgemeinen nur einmal zwischen einem Mann und einer Frau vollzogen.

→ Familie: I, → Feste und Feiern: I, → Schöpfung: I.

L.W.Morgan, Die Urgesellschaft, 1891 - J.Wellhausen, Die E. bei den Arabern, 1893 - A.van Gennep, Les rites des passages, Paris 1909 - J.G.Frazer, Totemism and Exogamy, London 1910 - E.Samter, Geburt, H. u. Tod, 1911 - H.Bächtold, Die Gebräuche bei Verlobung u. H. I, 1914 - H.Plischke, Die Promiskuitätslehre als völkerkundliches Problem (Japan. Dt. Zs. f. Wiss. u. Technik 2, 1924, 463 bis 476) - E.Westermarck, History of Human Marriage, 3 Bde, London (1891) 1921[5] - RLV III, 12ff (E.); IV/2, 569ff (Gruppen-E.); V, 333ff (H.) - R.Grau, Die Gruppen-E., ein völkerkundliches Problem, 1931 - R.Thurnwald, Menschliche Gesellschaft in ihren ethno-soziologischen Grundlagen I-IV, 1931-35 - HWS 112ff - HWDA II, 564ff (E.); IV, 148ff (H.) - ESS X, 146ff - W.Grönbech, Kultur u. Religion der Germanen II, 1939 - H.Günther, Formen u. Urgesch. der E., (1940) 1951[3] (Lit.) - Wach, Relsoz. - EC VIII, 422ff (Lit.) - W.E.Peukert, E. Weiberzeit. Männerzeit. Saeter-E. Hof-E. Freie E., 1955 - van der Leeuw 272ff - P.Metais, Mariage et équilibre social dans les sociétés primitives (Travaux et Mémoires de l'Institut d'ethnologie 59), Paris 1956. *C.H.Ratschow*

II. Ehe im AT

1. Zweck der E. - 2. E.formen - 3. Formen der E.schließung - 4. E.auflösung - 5. Rechtliche Wirkungen der E. - 6. E. als Bild

1. Im AT ist E. eine betont der → Familie (: II) zugewandte Institution. Ihr Zweck ist, durch Erzeugung von (männlichen) Nachkommen den Fortbestand der Familie zu sichern (Gen 1, 28; Dtn 25, 6; Jer 29, 6; Ps 127, 3ff; vgl. auch Dtn 20, 7; 24, 5). Auch weiß man, von Gen 2, 18 bis zu Spr 31, 10ff, wie rechtes »Gegenüber« an »Hilfe« zu wirtschaftlichem Gedeihen der Familie führen kann. Liebe und Einstehen für einander wie auch Freude an der Geschlechtlichkeit haben in der E. ihren gewiesenen Ort (Gen 29, 30; 1Sam 1, 5; 18, 20; 19, 11ff; 2Sam 3, 15f; Jer 2, 2; Gen 2, 24; 3, 16 u.a.). Zu Mehr-E.n, sofern nicht politische, geschäftliche oder auch persönliche Gründe Anlaß waren, und zu neuen E.n nach Auflösung der alten kam es häufig aus dem Willen, Kinderlosigkeit zu überwinden, zumal Adoption ungebräuchlich war. Gleiches gilt vom → Levirat und von der Substitution der Leibmagd der Frau (Gen 16, 2).

2. Patriarchaler Familienstruktur entspricht als Normalfall von at. E. die »Munt-E.« mit dem Eintritt der Frau in die Hausgemeinschaft ihres Mannes (des bā'āl) und ihrer Unterstellung unter dessen E.gewalt (als be'ulāt bā'āl). Munt-E. ist auch die E. bzw. Neben-E. mit einer durch Hingabe in die Schuldknechtschaft oder durch Kriegsgefangenschaft unfrei Gewordenen (Ex 21, 7ff; Dtn 21, 10ff). Muntfrei oder muntbegrenzt war hingegen die E., bei der ein Mann in die Hausgemeinschaft seines Schwiegervaters »eintritt« (akkadisch »Errēbu-E.«), um, wenn dieser keine Söhne hat, dessen Familie zu erhalten (1Chr 2, 34f; Esr 2, 61; Neh 7, 63). Als Errēbu-E. begann auch die E. von → Moses (Ex 2, 21f, anders 18, 1ff). Abart dieser E.form ist die Vasallen-E.; sie ist Belehnung und erlischt darum auch, wenn das Lehnsverhältnis als solches aufhört. So bei Sinuhe in vorisraelitischer Zeit (TGI 4. 9), so bei David unter Saul (1Sam 18, 20ff; 25, 44; 2Sam 3, 13ff). In gleicher Weise erlischt eine während einer Schuldverknechtung zustande gekommene E. bei Auflösung der Verknechtung; Frau und Kinder verbleiben dem vergabenden Herrn (Ex 21, 4). Auf keinen dieser Fälle paßt der komplexe und juristisch wenig faßbare Begriff des Matriarchats. Ein Beispiel von Besuchs-E. (Beena-E.), wohl der politischen Verbindung mit Geschlechtern außerhalb des Sakralbundes dienend, gibt Ri 8, 31; 9, 1 (unsicher: 15, 1).

3. Die Regelform der at. E. kommt durch ein dem

Kauf von Großgütern ähnlich gestaltetes, aber mit eigener Terminologie ausgestattetes Rechtsgeschäft zustande. Der Brautwerber, Vater oder Bräutigam selber, zahlen an den Muntwalt des Mädchens, den Vater oder, ihn ersetzend, den Bruder, das vereinbarte, meist herkömmlich festliegende (Gen 34, 11f; Ex 22, 15f; Dtn 22, 29; Hos 3, 2) E.geld (mohar). Die Zahlung schafft kein »Verlöbnis« im Sinne eines beiderseitigen E.versprechens, sondern erwirkt das dingliche Recht (ius ad rem), die Braut in die E. zu »nehmen« und damit den unvollkommenen E.erwerb zur eigentlichen E.schließung zu machen. Anstelle von E.geld kann auch Dienstleistung im Haus des Schwiegervaters (Gen 29) oder erfolgreiche kriegerische Leistung (Jos 15, 16; Ri 1, 12; 1Sam 18, 25) treten. E.geld entfällt bei Vorleistung einer Darlehnshingabe (Ex 21, 7ff). Singulär sind die Raub-E.n von Ri 21, 15ff. Geschenke an die Braut und ihre Familie können außer (Gen 34, 12) wie anstelle von E.geld (Gen 24) gegeben werden. Die Braut erhält von dem sie vergabenden Vater bzw. Bruder beim Austritt aus ihrer Familie eine Mitgift als Entlassungsgeschenk (šillûḥîm): Sklavinnen (Gen 24, 59; 29, 24. 29), Land (Jos 15, 18f; Ri 1, 14f; 1Kön 9, 16), Hausrat oder Geld (Elephantine-Papyri). Verweigerung der Mitgift ist »Verkauf« (Gen 31, 15). – Die Heimholung geschieht unter Segnung (Gen 24, 60; Ruth 4, 11f; Tob 7, 15), in festlichem Schmuck (Jes 61, 10; Jer 2, 32), mit Jubel (Jo 2, 16; Ps 19, 6; 45, 16) und in Verbindung mit einem Festmahl (Gen 29, 22; Ri 14, 10ff). Auf Jungfräulichkeit der Braut wird geachtet (Dtn 22, 17f). Vergewaltigung eines Mädchens zieht Zahlung des E.geldes nach sich, später auch bei Vergabungspflicht den Entzug des Scheidungsrechts (Ex 22, 15f bzw. Dtn 22, 28f).

E.gewalt kann anstelle von Preiszahlung auch durch Ausrufung des Erwerbernamens (→ Eigentum: I) begründet werden (Jes 4, 1). Wie in der Umwelt kam mit der Zeit zur Preiszahlung der E.vertrag hinzu und rückte zunehmend in die Rechtsmitte. Aus der beeideten eherechtlichen Garantieerklärung erwachsen (Gen 31, 50), wird er im Zusammenhang mit dem zunehmenden Urkundwesen der ausgehenden Königszeit Bedeutung gewonnen haben. Preiszahlung, Besitzerwerb und E.abmachungen werden verbrieft, und die Errichtung der E.urkunde perfiziert die E.schließung. Erwähnt wird der schriftliche E.vertrag (nachbiblisch: k^{e}tubbā) erstmals Tob 7, 13, doch kennt man ihn schon in Elephantine. Vorauf ging das beeidete E.versprechen (Ez 16, 8; Mal 2, 14), durch das die E. rechtlich zum → Bund wurde (vgl. auch Spr 2, 17).

4. Tod (vielleicht auch Verschollenheit und Kriegsgefangenschaft des Mannes) löst die E. auf. Ebenso Scheidung, die, weil sie Entlassung aus der E.gewalt ist, nur vom Mann ausgesprochen werden kann (Formel: Hos 2, 4). Doch hat in Elephantine auch die Frau Scheidungsrecht. Seit der ausgehenden Königszeit ist die Scheidungsurkunde bezeugt (Dtn 24, 1ff; Jer 3, 8; Jes 50, 1). Zugleich wurde damals untersagt, die nach der Scheidung anderweitig verheiratet Gewesene wieder zu heiraten (Dtn 24, 1ff; Jer 3, 1). Wie die Geschiedene zu ihrer Familie zurückkehrte, so auch im allgemeinen die kinderlos Verwitwete (Gen 38, 11; Lev 22, 13; Ruth 1, 12), sofern nicht → Levirat in Kraft trat. Die Versorgung der verwitweten Mutter oblag den Söhnen, zumal dem Erbsohn. Für minderjährige Kinder hatte die Witwe ein Nutznießungsrecht am Vermögen (2Kön 8, 1ff).

5. Die rechtlichen Wirkungen der E. beginnen, wie die Fälle Dtn 20, 7; 22, 23-27 zeigen, mit dem E.erwerb. Dem Anspruch des Mannes auf den Arbeitsertrag der Frau und auf Nutznießung ihres etwaigen Vermögens entspricht der Anspruch der Frau auf Unterhalt und Beiwohnung (Ex 21, 10) und Rechtsschutz (Jes 4, 1). Die Frau bedarf der Einwilligung des Mannes für Geschäfte (trotz Spr 31) und Gelübde (Num 30, 4ff). Antichretischer Verkauf der E.frau in die Schuldknechtschaft findet nicht statt (Neh 5, 2ff), es sei denn ein solcher mit ihrem E.mann zusammen (Ex 21, 3). Abgesehen von Resten einstigen Sippen- und Familienrechts (Gen 38, 24; Hos 2, 5) ist im AT das »Delikt gegen die eheherrliche Gewalt«, der E.bruch, der Privatrache entzogen und der öffentlichen Ahndung (Steinigung: Dtn 22, 22; Ez 16, 38-40) anheimgegeben (Beschwichtigung: Spr 6, 35). Doch tangiert E.bruch zugleich die Sphäre Gottes (→ Dekalog; Gen 20, 3ff u.a.), wie das auch die Unzuchtssünden tun, die die Geordnetheit einer Großfamilie angreifen (Lev 18, 6ff; 20, 11ff) und kultunfähig machen – Bestimmungen, die mit der Zeit zu Verboten bestimmter Verwandten-E.n wurden. Das Problem der religiösen Misch-E. hat die Zeit des Dtn (7, 3) und Esras (9f) bes. bewegt. So ist E. im AT ein »weltlich Ding«; andererseits weist das E.verständnis von Mal 2, 14 auf Mt 5, 31f; 19, 4-9.

6. Die E. dient als Bild für das Verhältnis von Jahwe zu Israel (Hos 1-3; Jer 2, 1f; 3, 1ff; Ez 16; 23; Jes 50, 1; → Bund: II). Dafür bildet das rechtliche Verständnis der E. als Munt-E. die Grundlage.

A. Eberharter, Das E.- u. Familienrecht der Hebräer (ATA 5, 1), 1914 – J. Neubauer, Beitr. zur Gesch. des bibl.-talmud. E.schließungsrechts (MVG 24), 1920 – EJud VI, 223ff – J. Morgenstern, Beena Marriage (Matriarchat) in Ancient Israel and its Historical Implications (ZAW 47, 1929, 91-110; 49, 1931, 46-58) – H. Grandqvist, Marriage Conditions in a Palestinian Village I-II, 1931/35 – M. Burrows, The Basis of Israelitic Marriage (AOS 15), 1938 – J. Hempel, Das Ethos des AT (BZAW 67), 1938 – L.M. Epstein, Marriage Laws in the Bible and the Talmud, 1942 – E. Neufeld, Ancient Hebrew Marriage Laws, 1944 – Ders., ArOr 18/IV, 1950, 124-130 (zur Errēbu-E.) – P. Koschaker, E.schließung u. Kauf nach alten Rechten, mit bes. Berücksichtigung der älteren Keilschriftrechte (ArOr 18/III, 1950, 210-296) – A. van Selms, Die »Gemengde Huwelik« in die OT (Hervormde Theol. Stud. 9, 1953, 34-47) – Ders., Marriage and Family Life in Ugaritic Literature (Pretoria Or. Ser. 1), 1953 – D.R. Mace, Hebrew Marriage, 1953 – J.J. Rabinowitz, Bibl 36, 1955, 74-77 (zum E.güterrecht). *F. Horst*

III. Im NT und in der Kirchengeschichte

A. Im NT – B. In der Kirchengeschichte

III A. Im NT

1. Jesus – 2. Paulus und der Eph – 3. Andere Schriften des NT

1. *Jesu* Worte über die E., gelegentliche, aber die Grundlagen offenlegende Äußerungen, sind bedingt durch E.recht und E.brauch, wie er sie bei den Juden vorfand. Sie gehen in zwei Hauptrichtungen. Einer E.-scheidungspraxis, in der der Mann praktisch das unbeschränkte Verfügungsrecht über seine E. ausübte – und der Ablehnung der E. durch die → Essener?, vgl. Josephus bell. 120f –, stellt Jesus freilich nicht nur als Rechtsforderung, sondern als Bußruf sein Scheidungsverbot gegenüber (»ausgenommen Unzucht« [nur Mt 5, 32; 19, 9] ist wahrscheinlich späterer Niederschlag judenchristlicher Gemeindepraxis): Die E. ist von Gott gestiftet; wer sie antastet, ist vor Gott dem E.brecher gleichgeachtet, der des andern E. zerstört (Mk 10, 6-12 par; Lk 16, 18 par). Daran wird zugleich sichtbar, daß die Frau eine gegenüber dem Judentum völlig neue Einschätzung erfährt (→ Frau: III A). Andererseits wird im Lichte der anbrechenden Gottesherrschaft die E. (nicht nur das Geschlechtsleben) als Ordnung des alten Äon bezeichnet, die im neuen nicht mehr sein wird (Mk 12, 25 par). Darum kann um des Himmelreichs willen (Mt 19, 12) der Verzicht auf die E. geleistet und, wo

das Entweder-Oder sich ergibt, die Absage an E. und Familie gefordert werden (Mk 10, 29f par).

2. *Paulus* beantwortet 1Kor 7 konkrete Fragen der Gemeinde zur E. Auch bei ihm findet sich das spannungsvolle Nebeneinander von Aussagen über Unlösbarkeit und Diesseitigkeit der E. Die Gestalt dieser Welt vergeht; damit wird auch die E. ein Vorletztes, dem man nur noch uneigentlich zugehören kann (29-31). E.losigkeit ist daher vorzuziehen (1. 8. 26. 32-35). Macht der heidnische E.gatte die Weiterführung der E. von der Absage an Christus abhängig, so ist der Christ vom E.bande frei (12-16). Abgesehen von dieser gewissermaßen durch die Führungen Gottes selbst bewirkten Trennung gilt auch für Paulus die E. als unauflöslich (10; Herrenwort!). Die gegenseitige Bindung der E.leute wird gegenüber asketischen Tendenzen stark unterstrichen (3-5), aber auch über die erotische Leidenschaft hinausgehoben (1Thess 4, 4f [?]). Bes. die »Haustafel« Kol 3, 18 - 4, 1 zeichnet ein Bild von Haus und E. der Christen. Gegen die Umwelt, die Form und Material solcher Haustafeln darbot, ist diese Paränese zugleich charakteristisch abgesetzt. Galt die Unterordnung der Frau allgemein als ehrbar, so gewinnt sie nun einen neuen Sinn als Ausdruck des ἐν κυρίῳ-Seins, eines Jüngergehorsams, der die Führung seines Lebens als Ruf Gottes versteht (Kol 3, 18; vgl. 1Kor 7, 20-24). In engster Entsprechung hierzu wird dem E.mann Sinn und Auftrag seiner Stellung nicht im Herrschen und Leiten (so Josephus; Plutarch, Praecepta Delphica), sondern in der Agape gewiesen. - Im deuteropaulinischen *Eph* wird dieser Gedanke breiter entfaltet (5, 21ff). Die Unterordnung der E.frau unter ihren Mann wird verglichen mit derjenigen der Gemeinde unter Christus, ihr Haupt. Daran soll die Frau erkennen, wie wenig ihr Untergeordnet-Sein ihr Gerettet-Sein beeinträchtigt, und der Mann, wie radikal sein Haupt-Sein die Selbsthingabe fordert. Der Vergleich der Verbindung Gottes und seines Volkes mit einer E. - hier auf Christus übertragen, ebenso 2Kor 11, 2 - ist seit Hosea geläufig (→ Ehe: II, 6) und braucht nicht erst von mythologischen oder mystischen Vorstellungen (ἱερὸς γάμος) vermittelt zu sein. Über die E. wird dabei nicht mehr gesagt, als daß - auch - in ihr für den Christen die Agape Christi die eigentliche Lebenskraft ist. μυστήριον (32) geht nicht auf die E. selbst (so die kath. Auslegung), sondern auf den allegorischen Gehalt von Gen 2, 24, wo der Autor eine Vorausdeutung auf Christus und die Gemeinde findet.

3. Die Haustafel des 1Petr benutzt zwar den eher abwertenden jüdischen Ausdruck vom schwächeren »Gefäß« (3, 7), hält aber zugleich den E.männern vor, daß ihre Frauen Miterben der Gnade des Lebens sind, daß ihre Gebete vergeblich bleiben würden, wenn sie in ihren Frauen nicht diese Würde anerkennten. Die Ein-E. ist von Jesus gegenüber der bei den Juden legitimen Viel-E. nirgends gefordert, jedoch Mk 10, 11 par; Lk 16, 18 praktisch vorausgesetzt und liegt in der innersten Konsequenz seines Wortes Mk 10, 8f. Auf außerjüdischem Boden ist sie überall als das Selbstverständliche vorausgesetzt. Die Unantastbarkeit der bestehenden E. ist der Urchristenheit ebenfalls selbstverständlich (zB Hebr 13, 4). E.losigkeit oder Enthaltsamkeit in der E. als eigentliche → Askese, dh als Weg der Läuterung und Heiligung, ist den ersten Christen ganz fremd. 1Kor 7, 25-38 geht auf Verlöbnisse, nicht auf »geistliche« E.n. 1Tim 4, 3 werden E.gegner als Irrlehrer bezeichnet. Daneben findet sich gerade in den Pastoralbriefen die Verwerfung der Wiederverheiratung von Amtsträgern (1Tim 3, 2. 12; 5, 9; Tit 1, 6); der stehende Ausdruck »*eines* Weibes Mann« wäre als bloße Abwehr der Unzucht (so zuletzt Dibelius-Conzelmann im HNT zSt) doch sehr auffällig und ist in dieser Bedeutung sonst nicht belegbar. Das Virginitätsideal erscheint im NT ganz vereinzelt Apk 14, 4.

Außer den Lehrbüchern der TheolNT: A.Juncker, Die Ethik des Apostels Paulus II, 1919 - K.Preisker, Christentum u. E. in den ersten 3 Jh.en, 1927 - G.Delling, Paulus' Stellung zu Frau u. E., 1931 - ThW I, 646ff - H.v.Campenhausen, Die Askese im Urchristentum (SgV 192), 1949 - ESL 239f. 244ff (G.Dehn). 261f (J.Beckmann) - W.G.Kümmel, Verlobung u. Heirat bei Paulus (Nt. Studien f. R. Bultmann [BZNW 21], 1954, 275-295) - H.Greeven, Zu den Aussagen des NT über die E. (ZEE 1, 1957, H. 3, 109-125).

H.Greeven

III B. In der Kirchengeschichte

1. Alte Kirche - 2. Mittelalter - 3. Reformation und Orthodoxie - 4. Seit dem 18.Jh.

1. In der *alten Kirche* mußte sich der bei Jesus und Paulus begegnende (→ Ehe: III A) doppelte Aspekt von Unauflöslichkeit und Diesseitigkeit der E. in der Auseinandersetzung mit spätantiker Geistigkeit und römischer Rechtstradition (»nuptias non concubitus sed consensus facit«) bewähren. Die Kirche fördert zwar die *Wertschätzung* der E. als dauernder und exklusiver Lebensgemeinschaft: paulinische Gedanken (Eph 5) werden weiter tradiert, wie im AT wird die E. als Institut der Kindererzeugung gebilligt und gefordert; Scheidung - es sei denn wegen Unzucht - und Wiederheirat gelten als E.bruch, für die Bußdisziplin wird bald ein Katalog für E.hindernisse nötig. Neben der Anerkennung des E.-zweckes (propagatio filiorum et remedium infirmitatis) kommt es gelegentlich auch zu einer Würdigung der personalen Gemeinschaft (zB Clemens, strom. III, 3-17). Parallel dazu läuft aber eine weitgehende *Entwertung* der E. Zwar verdammt man sie nicht radikal wie → Marcion und die → Montanisten; aber durchgängig (außer Irenäus, adv. haer. I, 28) schätzt man die E.losigkeit höher ein als das eheliche Leben (Lobpreis der »Josephsehe«). Das Gelübde zum ehelosen Leben gilt seit dem 3.Jh. als E.hindernis. - Gegen Ende dieser Zeit bahnt sich also sowohl eine Sakramentalisierung des E.instituts als auch seine Degradierung an, weil man die Erbsünde in der concupiscentia lokalisierte (→ Sünde: V) und die geistliche, ehelose Perfektion förderte (→ Mönchtum: II). Augustin hat den Traditionsstoff in seiner Lehre vom triplex bonum coniugii zusammengefaßt: dem bonum prolis (Fortpflanzung), dem bonum fidei (eheliche Treue) und dem bonum sacramenti (Unauflösbarkeit).

2. Dem *MA* gelang es, jene mit dem Doppelaspekt aufgegebene Spannung weiter zu mildern: der sakramentale Charakter der E. wird gefestigt, zugleich erfährt aber der Bereich des Erotischen in steigendem Maße Beachtung. - Während die Ostkirche (in Anerkennung des Corpus Justiniani) sich allmählich der weltlichen E.-praxis anglich, hat der Westen die E. vor allem *klerikalisiert* - nun in Auseinandersetzung mit der germanischen »Muntehe« (Sippenvertrag zwischen Freier und Vormund der Braut) und Ansätzen zu einer romantisch-erotischen Kultur im Minnesang (→ Ehe: V, 4). Getreu der römischen Rechtstradition hält die Kirche daran fest, daß Verlöbnis (sponsalia de futuro) und Trauung (sponsalia de praesenti) eng zusammengehören. Im Verständnis der E.gemeinschaft wird von Gregor d.Gr. bis zur endgültigen Fixierung des E.sakraments im Tridentinum (Sess. XXIV) eine konsequente Linie verfolgt. Dem entspricht es, daß die Kirche im Verlauf der cluniazensischen Reform die geistliche Gerichtsbarkeit in E.sachen fordert (Decretum Gratiani, 1140) und zugleich eine Harmonisierung des übernatürlichen Wesens der E. mit ihrer natürlichen Gestalt anstrebt: Thomas von Aquino verbindet die »forma« des Sakraments (»indivisibilis coniunctio animarum«) mit den natürlichen »fines« leib-

licher Gemeinschaft. Mit Aristoteles wird dabei der Trieb als angemessenes Mittel zu diesem Ziel gewürdigt: nicht der Trieb als solcher ist Sünde – Straffolge (corruptio) und Schuldfolge (virtualis libido) der Erbsünde werden unterschieden –, sondern erst sein Mißbrauch, dem gerade in der E. gesteuert wird. – Diese Humanisierung der E. hat sich gegenüber der franziskanisch-augustinischen Tradition durchgesetzt: die Pönitentialsummen des ausgehenden MA sehen allmählich die E. natürlicher, auch die Weltflucht der Gotik hat diese Sicht nicht mehr entscheidend beeinflußt; das Sakrament, das sich die Brautleute im Vollzug der E. spenden, vertieft die Konsensgemeinschaft, die durch Verlöbnis und Trauung hergestellt ist. Es liegt nahe, daß die Kirche diese Herstellung zu begleiten und ihren Vollzug zu überwachen beansprucht.

3. Dieser Klerikalisierung ist in der *Reformation* widersprochen worden. Bleibt Luther in seiner E.auffassung auch weitgehend durch Augustin und das MA bestimmt (→ Ehe: V, 2), so geht er doch grundsätzlich neue Wege, wenn er von der E. als einem »weltlich Ding« spricht: »ordinatio et institutio divina« (WA 42, 100, 25), neben der »ecclesia« die Grundlage für weltliches mitmenschliches Dasein, Ort irdischer Bewährung des Kreuzes und der Liebe – aber all das in und unter dem »weltlichen Regiment«, während das »geistliche Regiment« in der Glaubensbindung der Person zum Ausdruck kommt. Der nt. Doppelaspekt soll in der Doppelheit der Regimente gewahrt bleiben. Demzufolge kommt dem öffentlichen Verlöbnis vor der Obrigkeit ehestiftende Bedeutung zu, die Kirche aber schärft die Verantwortung für den weltlichen Stand und versucht, aller Leichtfertigkeit zu wehren. In einem Ausnahmefall hat Luther die Mehr-E. zugestanden (Beichtrat an → Philipp von Hessen 1539/40); Tod des Gatten, E.bruch, böswilliges Verlassen und Impotenz erkannte er als eheauflösende (Scheidungs-) Gründe an. Sein E.rat ist stets praktisch-seelsorgerlich gewesen, einer kasuistischen Kodifizierung widerstrebt die ev. Entklerikalisierung der E. grundsätzlich. – Die anderen Reformatoren behalten diese Grundlinie bei: Calvin und Zwingli betonen stärker das Herrengebot zur E. und fordern die herbe Strenge des patriarchalischen Instituts. – Auch in der luth. und ref. *Orthodoxie* des 17.Jh.s bleibt diese Wertung der E. als eines weltlichen Standes göttlicher Einsetzung und göttlichen Gebots erhalten. Allerdings verschiebt sich die Perspektive insofern, als man – aus pädagogischen Erwägungen – nicht mehr im Verlöbnis, sondern in der Trauung den ehestiftenden Akt sieht.

4. Während die kath. E.auffassung nach dem Tridentinum wesentlich damit beschäftigt ist, den Symbolgehalt des Sakraments dogmatisch auszuführen und den heutigen Gegebenheiten anzupassen (Enzyklika »Casti Conubii«, 1930), kann die stärker variable ev. E.auffassung nur im Zusammenhang der allgemeinen Geistesgeschichte und der im gesamtkirchlichen Bereich auftauchenden Strömungen verstanden werden. – Der *Pietismus* will das Geheimnis der Geschlechtsgemeinschaft erstmalig nachaugustinisch begreifen und verfällt dabei asketischen und libertinistischen Extremen: die »geistliche E.« mit Christus-Sophia (J. → Böhme, J.G. → Gichtel) bedeutet ebenso wie die allein geistlichen Maßstäben unterworfene, lust-freie »Paradieses-E.« der pietistischen Charismatiker (J.de → Labadie, P. → Yvon, A.M.v. → Schürmann) eine Abwertung der leiblichen E. Zinzendorfs »Prokurator-E.« (→ Ehe: V, 3) soll der E. ihren degradierenden Beigeschmack nehmen; ganz folgerichtig hat die Brüdergemeine Praktiken entwickelt, die der Durchheiligung des E.lebens dienen sollen. Andere Gruppen (→ Buttlarsche Rotte, die Anhänger → Ellers) sind vor libertinistischen Exzessen zur Darstellung der »Heilands-E.« nicht zurückgeschreckt. Diese pietistischen Extreme sind wohl als Antwort auf die nüchterne, ihres sakramentalen Glanzes beraubte E.lehre der Reformation zu verstehen. – Nüchternheit kennzeichnet die E.auffassung der *Aufklärung*. Sie reduziert den E.stand auf seine rationalen Folgerungen: um des sozialen Nutzens willen wird die Ein-E. gefordert (»Population«), aber als Privatvertrag ist sie grundsätzlich kündbar. Die Kirche verzichtet auf ihre konsistoriale E.gerichtsbarkeit und billigt die Häufung der Scheidungsgründe, zB im Allgemeinen Preußischen Landrecht (1794). Kants Definition der E. läßt der Kirche allenfalls Raum zur moralischen Ermahnung, nicht aber zur Verkündigung der E. – *Idealismus, Romantik* und *neuere Theologie* stellten die sittliche, auf gegenseitiger Anerkennung beruhende Persongemeinschaft in den Vordergrund einer ev. E.lehre (Fichte, Hegel) – als »verbreitendes Handeln« ausgerichtet auf die »ev. Hausgemeinschaft« (Hegel, Schleiermacher). Zwar hat die »romantische E.« (→ Ehe: V, 5) auch die moderne, gefühlsbetonte, private, leicht auflösbare E. gefördert, aber sie hat zugleich dem Wissen um die »Zweisamkeit« des Menschen als einziger tragfähiger E.basis Eingang in die ev. Ethik verschafft. Ob diese nun als »Schöpfungsordnung« zur Erhaltung des Menschengeschlechts begründet wird (W.Elert, P.Althaus, E.Brunner) oder als »exemplarische Darstellung der Mitmenschlichkeit« in der Ich-Du-Gemeinschaft, die in Jesu Christi Verhältnis zur Gemeinde ihr analogiefähiges Urbild findet (K. Barth) – das ist heute Gegenstand der Diskussion.

C.F.STÄUDLIN, Gesch. der Vorstellungen u. Lehren von der E., 1826 – J.PETERS, Die E. nach d. Lehre d. hl. Augustin, 1918 – D. LINDNER, Der usus matrimonii, 1929 – G.H.JOYCE, Die christl. E., 1934 – ELERT, ML II, 80ff – J.BOEHMER, Luthers E.buch, 1935 – H. PORTMANN, Wesen u. Unauflöslichkeit der E. in der kirchl. Wiss. u. Gesetzgebung des 11. u. 12.Jh.s, 1938 – J.FUCHS, Die Sozialethik des hl. Thomas v. Aquin, 1949 – W.KOLFHAUS, Vom christl. Leben nach Joh. Calvin, 1949, 408ff – F.TANNER, Die E. im Pietismus, 1952 – H.A.DOMBOIS-F.K.SCHUMANN (Hg.), Weltl. u. kirchl. E.schließung, 1953 – G.REIDICK, Die hierarchische Struktur der E., 1953 – E.BRANDL, Die Sexualethik des hl. Albertus Magnus, 1955 – O.LÄHTEENMÄKI, Sexus u. E. bei Luther, 1955 – G.ZIEGLER, Die E.lehre der Poenitentialsummen von 1200-1350, 1956. *W.-D.Marsch*

IV. Soziologisch

1. E. als gesellschaftliche Institution – 2. E. in der Gegenwart – 3. Das Problem des Bestandes der E.

1. E. ist eine *gesellschaftliche Einrichtung*, ihre Form und Struktur gesellschaftlich bedingt. Daraus ergibt sich, daß Form und Struktur der E. ebenso ständigem Wandel unterworfen sind, wie Form und Struktur der → Gesellschaft selbst. Die seit den Ansätzen von → Bachofen, MacLennan und Morgan unternommenen ethnologischen Feldforschungen zeigen, daß weder davon ausgegangen werden kann, es gebe eine »naturgegebene« Form der E., noch davon, die Entwicklung bewege sich irreversibel von »primitiveren« zu »höheren« Formen. In der Gesellschaft bilden sich die Regeln aus, die die Art des Zusammenlebens von Mann und → Frau (: V, 1) bestimmen, und es sind die durch die jeweiligen ökonomischen und gesellschaftlichen Zustände geprägten Vorstellungen der Mitglieder einer Gesellschaft, die sich in solchen Regeln niederschlagen. Eines der vordringlichsten gesellschaftlichen Anliegen, die zur Ausbildung einer E.ordnung führen, ist die Regulierung der Sexualbeziehungen. Es kann jedoch darin nicht der allein bestimmende Faktor gesehen werden. Stets wird die Institutionalisierung der Geschlechtsbeziehungen verbunden mit der Regelung nichtsexueller Sachverhalte (Legitimität der Nachkommen, Eigentums- und Erbschaftsfragen;

→ Eigentum: IV, → Erbrecht), wobei die Regelung solcher Fragen oft das primäre Anliegen ist, das durch Regulierung der Geschlechtsbeziehungen erst gesichert werden soll.

Die gesellschaftlichen Regeln, die zur Ausbildung bestimmter *E.formen* führen, beziehen sich vornehmlich auf die Fragen, wer mit wem die E. eingehen darf, mit wieviel Personen die eheliche Gemeinschaft geführt werden darf und welche außerehelichen Geschlechtsbeziehungen gestattet sind. a) Für die Frage, wer mit wem die E. eingehen darf, haben neben den *Inzestverboten,* die sich erst voll ausbilden konnten, nachdem durch bestimmte Regulierung der Geschlechtsbeziehungen sich der Kreis der Blutsverwandten bestimmen ließ, vor allem die auf *Exogamie* zielenden Vorschriften Bedeutung erlangt. Während *Endogamie,* die Beschränkung der E. auf Angehörige der eigenen Gruppe, die sozialkulturelle Entfaltung und die Bildung größerer gesellschaftlicher Verbände hemmte, wurde durch die als Exogamie bezeichnete Regel, nach der die E. nur mit Angehörigen anderer Gruppen eingegangen werden darf, die gesellschaftliche und kulturelle Entfaltung außerordentlich gefördert. - b) Die von Vertretern der älteren naturalistisch-evolutionistischen Theorie verfochtene Auffassung, nach der ursprünglich regellose, häufig wechselnde Geschlechtsverbindung *(Promiskuität)* vorherrscht, die dann durch Verbote schrittweise eingeengt worden sei, wird von der modernen → Ethnologie als überwunden bezeichnet (Thurnwald, W. Schmidt, Koppers u.a.). Neben der sog. *Gruppen-E.,* der geschlechtlichen Gemeinschaft mehrerer Männer mit mehreren Frauen, die häufig dort angenommen wurde, wo sexuelle Beziehungen außerhalb der E.gemeinschaft gestattet waren oder wo im Familienverband die E. mit der jüngeren Schwester der verstorbenen Frau oder mit der Witwe des verstorbenen älteren Bruders vorgeschrieben war *(Sororat,* → *Leviratsehe),* handelt es sich bei den bekanntgewordenen Formen der E. im wesentlichen um solche der *Polygamie,* gewöhnlich der *Polygynie,* des ehelichen Zusammenlebens eines Mannes mit mehreren Frauen, und solche der *Monogamie,* der Verbindung eines Mannes mit einer Frau. Die als *Polyandrie* bezeichnete Verbindung einer Frau mit mehreren Männern dürfte sich, entgegen früherer Auffassung, nur in wenigen Fällen zur besonderen Form der E. ausgebildet haben. - c) Hinsichtlich der Frage außerehelicher Geschlechtsbeziehungen finden sich die verschiedensten Regeln. In manchen primitiven Gesellschaften wird die Beschränkung der Geschlechtsbeziehungen auf die eheliche Gemeinschaft im Rahmen besonderer Festlichkeiten aufgehoben. In anderen werden geschlechtliche Beziehungen in Form der *Neben-E.* gestattet oder außerehelicher Verkehr der Frau anläßlich religiöser Handlungen oder zur Bezeugung der Gastfreundschaft vorgeschrieben. Von solchen Besonderheiten abgesehen, erhält stets der Mann größere Freiheit zu außerehelichen Beziehungen. Noch im Code Napoléon (→ Code civil) bedeutet außerehelicher Verkehr des Mannes keine Verletzung seiner ehelichen Pflichten, es sei denn, er nähme eine Konkubine in die gemeinschaftliche Wohnung auf.

2. Wesentliches Merkmal der *gegenwärtigen Entwicklung* im westlichen Kulturkreis ist die seit der Aufklärung fortschreitende Individualisierung der E., mit der zugleich eine zunehmende Individualisierung der E.partner selbst verbunden ist. E. wird immer weniger als Angelegenheit der Gesellschaft, des Staates, des → Standes (, 1) und des größeren Familienkreises angesehen und immer mehr als Angelegenheit der E.gatten selbst. Einschränkende Regeln, nach denen die E. nur mit Angehörigen gleichen Standes, gleicher Konfession oder gleicher Volkszugehörigkeit eingegangen werden darf, werden mit zunehmender Veränderung der Einstellung zur E. abgebaut. Nicht mehr in erster Linie als Angehörige einer Gruppe, sondern in erster Linie als Individuen mit freiem Willen schließen die E.partner die E.

Das Herauslösen der E. aus dem Zusammenhang größerer sozialer Gebilde bringt Veränderungen vor allem im Verhältnis von *E. und* → *Familie* (: III). Im größeren Familienverband früherer Zeit dominierte die Familie über die E.; die Paargemeinschaft der E.gatten war der Gruppengemeinschaft des Familienverbandes untergeordnet, die Funktionen der E. standen im Dienste des Familieninteresses. Mit der Auflösung der älteren Familienordnung, die im Zuge der gesamtgesellschaftlichen Vorgänge der zunehmenden Urbanisierung, Industrialisierung und Kommunikationsverbreiterung (→ Sozialgeschichte) zu beobachten ist, vollzieht sich der Übergang zur Kleinfamilie, von → Durkheim als *Gattenfamilie* bezeichnet, in der sich die Familiengruppe auf das Gattenpaar und seine minderjährigen Kinder beschränkt. Die E. und damit die Paargemeinschaft der E.gatten ist nicht mehr dem größeren Verband eingeordnet, sondern jeweils Ansatz zur Gründung einer neuen Kleinfamilie, die nur in losem, in immer geringerem Maße institutionell festgelegtem Kontakt mit den Verwandten der beiden Gatten steht. Durch die Zentrierung der Familie auf das einzelne Gattenpaar führt dann aber auch eine Erschütterung der E. unmittelbar zur Erschütterung der Familie. Unter diesem Aspekt vor allem läßt sich die gesellschaftliche Besorgnis um die Institution der E. in der Gegenwart verstehen.

Dabei ist der Bestand der E. als Institution keineswegs gefährdet. Die in der Gesellschaft vorherrschende Einstellung zur E. ist grundsätzlich positiv. Die mit der Urbanisierung verbundene Ausweitung der Kommunikation und die Beseitigung ständischer Schranken führen in Verbindung mit einer Abnahme des durchschnittlichen Heiratsalters zu größerer E.häufigkeit. Gefährdet ist dagegen die Beständigkeit der einzelnen E. Im Zusammenhang mit der im gesamtgesellschaftlichen Wandel sich vollziehenden Auflockerung ehemals starrer Vorstellungen und Leitbilder wird der institutionelle Charakter der E.gemeinschaft, mit festgelegter Stellung und wenig variabler Rolle der E.partner, abgebaut zugunsten eines Verhältnisses, das mit einem von Burgess eingeführten Begriff als *Gefährtenschaft* gekennzeichnet werden kann. Im Gegensatz zu der früher selbstverständlichen Über- und Unterordnung im Verhältnis von Mann und Frau in der E. sehen sich die Gatten zunehmend als gleichberechtigte Partner. Wesentliche Voraussetzung zur E.schließung wird die gegenseitige affektive Zuneigung. Daneben gewinnt ein Faktor Bedeutung, der sich als Erwartung der ökonomischen Partnerschaft des E.gatten kennzeichnen läßt. Die wachsende Zahl der erwerbstätigen verheirateten Frauen kann nicht auf vermehrte materielle Not zurückgeführt werden, sondern, neben dem generell stärkeren Streben nach höherem Lebensstandard, auf die zunehmende Erwartung des Mannes zur Partnerschaft der Frau und auf die zunehmende Neigung der Frau, durch ökonomische Unabhängigkeit die eheliche Gleichrangigkeit zu erringen oder zu erhalten.

3. Mit der Tendenz zur Individualisierung der E., zur Gleichrangigkeit der E.gatten und zur Betonung affektiver Zuneigung gewinnt das Problem der *Stabilität der E.* zunehmende Bedeutung. Der immer stärker werdenden Abhängigkeit der familialen Funktionen vom Bestand der Paargemeinschaft der E.gatten steht eine ständig wachsende Instabilität der ehelichen Bindungen gegenüber. Die Gesellschaft befindet sich im Widerstreit

der Interessen. Die christliche Auffassung von der Unlösbarkeit der E. wurde, abgesehen von wenigen Ländern wie Italien und Spanien, mit zunehmender Individualisierung aufgegeben. Aber ebenso wurden Versuche, die Auflösung der E. ganz dem Ermessen der Gatten zu überlassen, wie sie in Frankreich und in Rußland im Anschluß an die großen Revolutionen unternommen wurden, bald rückgängig gemacht. Man ist weithin geneigt, die → Ehescheidung im Interesse einer Erhöhung der Stabilität der Familie zu erschweren. Solcher Tendenz steht jedoch die Erkenntnis entgegen, daß mit einer Erschwerung der Scheidung nur der Bestand der E. in rechtlich-formaler Hinsicht gestützt werden könnte, nicht aber die Stabilität der tatsächlichen ehelichen Gemeinschaft. Es kann kein gesellschaftliches Interesse bestehen, die Möglichkeit der Wiederheirat, dh die Möglichkeit zur Gründung einer stabileren Gemeinschaft zu entziehen, wenn dadurch andererseits die Zahl der zerrütteten E.n doch nicht verringert werden kann. Trotz gegenläufiger Tendenzen wird weiterhin das Recht der freien Entscheidung der E.gatten immer mehr über den Schutz von E. und Familie als Institutionen gestellt.

→ Familie: III, → Frau: V.

J.F.MacLennan, Studies in Ancient History, London 1876 - L.H.Morgan, Ancient Society, Chicago 1877 - E.A.Westermarck, The History of Human Marriage, New York (1891) 1922[5] - E.Durkheim, La famille conjugale (Revue Philosophique 46, 1921, 2-14) - H.F.K.Günther, Formen u. Urgeschichte der E., (1940) 1951[3] - E.W.Burgess-P.Wallin, Engagement and Marriage, Chicago 1953 (Lit.) - W.J.Goode, After Divorce, Glencoe 1956. Weitere Lit. → Familie: III. *G.Baumert*

V. Ethisch

1. Röm.-kath. Kirche - 2. Luther - 3. Pietismus und Zinzendorf - 4. Troubadour-Dichtung - 5. Romantik - 6. Der innere Widerspruch des modernen Liebesverhältnisses

1. Die biologischen Tatsachen, die der E. als seelischem Phänomen wie auch als moralisch und rechtlich schützender Institution zugrunde liegen, sind nach der Auffassung der alten Kirche und der des MA die Fortpflanzung und die Unbezwingbarkeit der sexuellen Begierde. Die E. wird bejaht, denn sie dient einem doppelten Zweck: der Kindererzeugung und der Verhinderung von Unzucht. Daneben begegnen zu verschiedenen Zeiten und in verschiedenem Maß asketische Gedankengänge, aber auch ihnen widersprechende Betrachtungen. Gegen den asketischen Gedankengang: Lust und Begierde entheiligte die sexuelle Vereinigung, weswegen sie nur im Hinblick auf Kindererzeugung stattfinden dürfe, steht die Überzeugung, die im Glauben an Gott als Schöpfer verwurzelt ist: die E. gehört zu Gottes Schöpferwerk; darum ist sie ein Gut (bonum). Die Spannung zwischen diesen beiden Aspekten bewirkt, daß die E. als etwas nur Erlaubtes angesehen wird. Sie wird gewissermaßen mit den Gütern entschuldigt, die sie mit sich bringt: Kinder, häusliches Leben und Verhinderung der Hurerei. Die Bejahung der E. ist durch den asketischen Gedankengang bedroht, wobei jedoch die Auffassung nicht eliminiert wird, daß die E. ein Gut sei. Dann wäre nämlich der Schöpfungsgedanke einem gnostischen Dualismus gewichen, dem die Kirche, außer in den Häresien, niemals Raum gegeben hat.

Die E. ist nach kath. Verständnis aber auch ein Bild der Vereinigung Christi mit der Gemeinde (vgl. Eph 5, 32) und somit das Zeichen eines unsichtbaren Gutes, eines Sakramentes. Die christliche E. ist eine Gemeinschaft des Glaubens, woraus folgt, daß sie gegenseitige Treue verlangt. Doch verändert dies das Rangverhältnis zwischen → Zölibat und E. nicht. Das Leben der Mönche und Priester wird als ein unvergleichlich höheres und wertvolleres Zeichen der Gemeinschaft mit Christus angesehen.

2. *Luther* zieht bei seinen Erwägungen über die E., über Scheidung und Klosterstand stets die Unbezwingbarkeit der sexuellen Begierde in Betracht: So wenig es in der Macht eines Mannes steht, kein Mann zu sein, so wenig steht es auch in seiner Macht, ohne Weib zu sein. Daß ein Mann ein Weib und ein Weib einen Mann haben muß, ist nicht unsere freie Willkür, sondern nötiger denn essen und trinken, schlafen und wachen. Es ist die uns eingepflanzte Natur, und wehren wir uns dagegen, so setzt sie sich doch durch in Hurerei, E.bruch und Selbstbefriedigung. Mit der E. soll man, weil der Geschlechtstrieb nun einmal unumgänglich ist, der Hurerei zuvorkommen. Sie ist eine Zufluchtsstätte. Im E.stand zu leben hat daher den zweifachen Sinn: Kinder zu erzeugen und in → Keuschheit zu leben.

Gleichzeitig bricht → Luther mit der asketischen Tendenz innerhalb der kath. Kirche. Dies geschieht u.a. mit dem Hinweis auf die Unbezwingbarkeit des Geschlechtstriebes. Gerade diese zeugt nämlich davon, daß der Geschlechtstrieb von Gott in den Menschen eingepflanzt ist. Er ist Gottes Schöpferwerk. Darum sind auch die Mönche und Nonnen verpflichtet, sich von ihren Enthaltsamkeitsgelübden zu lösen, wenn der von Gott geschaffene Fortpflanzungswille in ihnen kräftig ist. Dies ist auch Luthers Ausgangspunkt für seine Kritik der innerhalb der kath. Kirche geltenden Rangordnung zwischen E. und Zölibat. Kein Stand soll vor Gott besser sein als der eheliche. In sich selbst ist der Keuschheitsstand viel geringer. Etwas anderes ist es, daß der Mensch im Keuschheitsstand besser dem Wort Gottes dienen und predigen kann; das besagt aber nicht, daß dieser Stand in sich selbst besser ist als der E.stand. Dazu kommt, daß der Mensch nur in Ausnahmefällen auf Grund einer besonderen Gnade Gottes, dh wenn er auf besondere Weise von Gott dazu berufen ist, der E. entsagen soll, um besser für das Evangelium arbeiten zu können. Niemand anderes soll sich dessen unterfangen.

Trotzdem hat Luther mit dem asketischen Gedankengang nicht vollständig gebrochen. Er unterscheidet nämlich nicht zwischen der Unbezwingbarkeit des Geschlechtstriebes und der selbstischen Gestalt, die der Mensch ihm verleiht, sondern identifiziert Unbezwingbarkeit mit Selbstigkeit. Sinnliche Lust wird als solche für sündhaft erklärt. Den so entstehenden Widerspruch zwischen der Sündhaftigkeit des Geschlechtstriebes und seinem von Gott Geschaffensein meint Luther dadurch aufzuheben, daß er zwischen Unbezwingbarkeit als Fortpflanzungstrieb (instinctus procreandi) und als sinnlicher Lust (libido) unterscheidet. Als Fortpflanzungsinstinkt ist die Unbezwingbarkeit ein Zeichen der Geschaffenheit des Geschlechtstriebes, als sinnliche Lust ist sie ein Zeichen der Sündhaftigkeit des Geschlechtstriebes. Nur stellt Luther hierbei nicht in Rechnung, daß der Geschlechtstrieb gerade darin besteht, daß er sich als sinnliche Lust äußert, und infolgedessen trägt seine Unterscheidung nicht zur Klärung des Widerspruches bei.

Da es nicht in Luthers Blickfeld liegt, daß der Mensch selbst der Sexualität ihre Gestalt verleiht, erteilt er diese Aufgabe der E. als Institution. Stellt man diese Auffassung neben seine obengenannte Betrachtung, daß der Geschlechtstrieb als solcher Sünde ist, so versteht man, wie Luther zu der fatalen Charakterisierung der E. als einem »Spital der Siechen« kommt. Damit soll zweierlei ausgedrückt werden, erstens, daß Gott mit der Sündhaftigkeit des Geschlechtstriebes Nachsicht übt, vorausgesetzt, daß der einzelne sich nur an die E. hält, und zweitens, daß die E. die noch tiefere Sünde der Unzucht verhindert. Die Unzulänglichkeit von Luthers Auffassung hängt mit seinem Liebesbegriff zusammen, der gleichsam nicht Fülle und Inhalt genug besaß, um den Hang zum Asketischen aus der traditionellen Auffassung zu vertreiben. Doch ist dies nicht so zu verstehen, daß die E. für ihn schlecht und recht sexuelles Zusammenleben gewesen ist, um Kinder zu erzeugen und Unzucht zu vermeiden; auch herzliche Hingabe und gegenseitige Rücksichtnahme bedeutet sie für ihn.

3. Luthers Ansicht wird im großen und ganzen vom deutschen → *Pietismus* übernommen, doch nicht ohne einige Verlagerungen. Die Unbezwingbarkeit des Geschlechtstriebes, für Luther ein Zeichen dafür, daß sie dem Menschen sowohl von Gott eingepflanzt als auch ein Zeichen der Erbsünde ist, wird nun lediglich als letzteres aufgefaßt. Daraus folgt, daß die dem Christen gestellte Aufgabe darin bestehen muß, die Geschlechtslust zu mäßigen und zu beherrschen. Entfernen läßt sie sich nicht, aber sie muß bezähmt werden. Gelingt dies, so ist Gott nachsichtig mit ihrem Vorhandensein in der E.

Dies hängt wiederum mit einer anderen Verlagerung zusammen. Für Luther werden Sexualität und christlicher Glaube von demselben Lebensverständnis getragen; die psychologische Frage, ob sie sich zu gleicher Zeit im Bewußtsein aktualisieren lassen, stellt sich für ihn gar nicht. Für Luther ist die Geschlechtslust das wirksame Wort Gottes; daraus ergibt sich für ihn aber nicht die religiöse Aufgabe, im Geschlechtsakt eine diesbezügliche Reflexion vorzunehmen. Im Pietismus dagegen wird gerade diese psychologische Überlegung aktuell und veranlaßt → *Zinzendorf* zu seinen bizarren Betrachtungen. Zinzendorf unterscheidet zwischen dem »nötigen Gefühl« (per se) und der Begierde. Den nötigen Gefühlen kann sich kein Mensch entziehen, sie sind weder schädlich noch verwerflich. Nur dürfen sie nicht ins Gemüt eintreten; denn erhalten sie Einlaß im Gemüt und erfahren sie Intensivierung in der Reflexion, so werden sie zu sündiger Lust, Begierde und Wollust. Dem ist nur zu entgehen durch eine sakramentale Verwandlung des Geschlechtslebens: Die geschlechtliche Vereinigung in der E. ist die Konkretisierung von Christi Vereinigung mit der Gemeinde. Der E.gatte ist der »Prokurator Christi«. Die Ausübung der ehelichen Pflicht des Mannes dient der Vorbereitung der Vereinigung mit Christus. Der rechtmäßige E.mann ist Christus. Der Prokurator hat daher in seiner E.gattin in erster Linie die Braut des Erlösers zu sehen. Ebenso hat die E.gattin in ihrem Manne zuerst Christi Stellvertreter zu sehen. Mit der gleichen Einstellung, mit der wir zum Abendmahl gehen, vollziehen wir unser Geschlechtsleben, heißt es bei Zinzendorf. Wie beim Abendmahl, so ist Christus auch bei der Geschlechtsvereinigung gegenwärtig, nur auf andere Weise; wie es niemand in den Sinn kommt, den Altarwein zu mißbrauchen, so wird auch niemand die geschlechtliche Vereinigung zur Befriedigung sinnlicher Lust mißbrauchen. Die sakramentale Verwandlung der E. bedeutet eine religiöse Konzentration, die den Affekt aus der geschlechtlichen Vereinigung verjagt, so daß diese in »Apathie« und »Abstraktion« vollzogen werden kann. Gefühle, die sich ins Gemüt drängen, sind sündig, Gefühle per se dagegen sind mit dem Christusbewußtsein vereinbar, da sie das Gemüt nicht beanspruchen. Die Gedanken können gleichzeitig mit dem Gefühl per se um Christus konzentriert sein.

4. Die kirchliche Auffassung des Verhältnisses zwischen den Geschlechtern war schon im MA nicht die alleinherrschende. Aus der Dichtung, vom 12.Jh. ab, kennen wir eine andere Auffassung. Das Liebesverhältnis füllt sich mit Gefühlen und Affekten. Die Erwartung, die an das Liebesverhältnis geknüpft wird, ist nichts Geringeres als die Erwartung auf Lebenserfüllung. Das Thema der *Troubadour-Dichtung* ist fast immer die Liebe des Troubadours zur Frau eines Grafen, oft seines Wirtes. Platonisch läßt sich diese Liebe nicht deuten. Die Hoffnungen, denen Ausdruck gegeben wird, sind, bes. bei den früheren Troubadouren, durchaus sinnlicher Art. Daß es sich um Empfindungen und Gefühle handeln sollte, in die hinein der Troubadour in der Pein der unbefriedigten und unerfüllten Liebe flüchtete und die an Intensität und Ungewöhnlichkeit der Liebeserfüllung nichts nachgaben, wird von dem französischen Forscher A.Jeanroy bestritten. Ein solch raffinierter Gedankengang liegt dem mittelalterlichen Menschen fern. Andere Forscher haben gemeint, der Troubadour dichte ausschließlich, um seine Geschicklichkeit vorzuführen. In der Kunstfertigkeit der Form erschöpfe sich sein Interesse. Auch diese Erklärung überzeugt nicht. Es ist unwahrscheinlich, daß der Troubadour in seiner Dichtung nicht auch seinem Gefühl Ausdruck verliehen haben soll. – Daß die Frau, der die Liebe gilt, verheiratet ist und daß die Liebe, die das Thema der provenzalischen Lyrik ausmacht, insofern gleichbedeutend mit E.bruch sei, darf aber nicht mit heutigen Begriffen verstanden und mit Untreue, Wechsel der erotischen Partnerschaft, mit Promiskuität in Verbindung gesetzt werden. So ist es hier nicht. Die Liebe, die gepriesen wird, ist alles andere als treulos. Im Gegenteil, ideal gesehen, bindet sie fürs Leben.

Das Widerspiel zwischen der Troubadour-Dichtung und der kirchlichen Auffassung schildert Jeanroy folgendermaßen: Die Troubadour-Dichtung ist in einer vollständig christianisierten Gesellschaft entstanden, in der die reine Moral von einer allmächtigen Priesterschaft gepredigt wurde, die auch ihre Befolgung aufs genaueste überwachte. Hinzu kommt, daß es sich um eine Gesellschaft handelt, in der die familiären Bindungen außerordentlich stark sind und in der die »bürgerlichen Gesetze« der Frau eine höchst demütigende Rolle zuteilten. Die provenzalische Lyrik nun stürzt die sozialen Konventionen um und ignoriert total die Auffassung der Kirche. Sie preist eine Liebe, die jedenfalls ihren Bestrebungen nach auf E.bruch ausgeht. Gleichzeitig legt sie den Mann zu Füßen der Frau und macht ihn zu ihrem Sklaven und Spielzeug.

Der Gegensatz besteht aber nicht darin, daß die Kirche verlangt, die Liebe solle sich innerhalb der Mauern der E. halten, während die Lyrik einer Liebe huldigt, die außerhalb der E. lebt; als seien Kirche und Troubadoure sich darüber einig, was Liebe sei, und nur darin uneinig, wie weit sie außerhalb oder in der E. ihren Ort habe! Vielmehr verhält es sich so, daß weder Kirche noch Dichtung daran denken, E. und das neue Liebesverständnis miteinander in Verbindung zu setzen. Der Kirche liegt es fern, weil sie den Sinn der E., ihre Existenzberechtigung in der Kindererzeugung, in der Unzuchtverhinderung, in ihrer Versinnbildlichung des Verhältnisses Christi zur Gemeinde und in einer religiös und sakramental begründeten Treue findet. Daher war es aber auch für die Dichtung ausgeschlossen, den vorliegenden E.begriff mit einer leidenschaftlichen und gefühlsreichen Liebe zu verbinden. Die kirchliche und allgemeine Auffassung zwingt gewissermaßen das neue Liebesgefühl, sich nach einem anderen Gegenstand als dem E.gatten umzusehen.

Der Liebesbegriff der Dichtung gehört in die adligen Kreise. Bis weit ins 18.Jh. hält sich die Auffassung, daß E. und Liebe nichts miteinander zu tun haben. In einer Gegenüberstellung der Auffassung der → Puritaner und der Kavaliere heißt es bei Levin L.Schücking, daß noch im 18.Jh. die Aristokratie keinen Sinn für Familienleben gehabt habe. Es war in ihren Augen Spießbürgertum. Sie reden von der E. als von einer Verbannung der Liebe und von der Erniedrigung der Geliebten zur Gattin.

5. Der Ideenkreis der Troubadour-Dichtung und des Minneliedes war stark begrenzt. Die Physiognomie des Liebhabers hat nur wenige und stets die gleichen Züge. Dasselbe gilt von der Frau. Nach Jeanroy könnte es an sich eine und dieselbe Frau sein, die von sämtlichen Troubadouren geliebt wird. Das MA ist ohne analytisches Verständnis. Ganz anders verhält es sich mit der → *Romantik*. An die Persönlichkeit und an die Erlebnisfähigkeit werden die allergrößten Forderungen gestellt. Die Liebe ist eine seelische Gemeinschaft. In vollkommener Weise ergänzt werden kann der einzelne Mensch nur durch einen einzigen anderen Menschen. Nur mit einer einzigen, ganz bestimmten Frau kann der einzelne Mann zu einem einzigen Wesen zusammenschmelzen. Man findet aber diese einzige Eine nicht, indem man dies dem Schicksal überläßt in einem Glauben an die »Liebe auf den ersten Blick«. Davor wird sogar gewarnt. Nur indem man seine eigene Individualität entwickelt, ist es möglich. Gleichzeitig damit entwickelt sich nämlich ein ständig vollkommeneres Bild der anderen und einzigen Individualität, die imstande ist, den Partner in vollkommener Weise zu ergänzen. Und wenn sich die beiden Individuen heiraten, besteht ihre Aufgabe darin, die E. zu einem individuellen und durchreflektierten Kunstwerk zu gestalten. Das Individuelle und Originale des einzelnen wirkt nicht entfremdend auf ihr gegenseitiges Verhältnis, sondern wird dank der Liebe erst herausgehoben und entwickelt. Bei Friedrich → Schlegel wird das Durchreflektierte mit dem Ekstatischen kombiniert. Er unterscheidet zwischen der gewollten Liebe, die man selbst hervorruft, und der erlebten, von der man passiv überwältigt wird. Und was die ekstatische Liebe anbelangt, so macht er sie zu einem religiösen Erlebnis. Das Liebeserlebnis ist ein Unendlichkeitserlebnis, in dem sich das Individuum mit dem Göttlichen identifiziert.

6. Während die Auffassung der Liebe als Lebenserfüllung ursprünglich und Jahrhunderte hindurch nur der Oberklasse vorbehalten war, herrscht sie heute in allen Volksschichten. Die heutige Einstellung zu Liebe und E. scheint jedoch einen Widerspruch zu enthalten. Man redet einem freieren und natürlicheren Verhältnis zwischen den Geschlechtern das Wort, womit gemeint ist, es sei in der Ordnung, vor der E. wechselnde erotische Verbindungen einzugehen, ohne an eine spätere E., geschweige denn an Kindererzeugung zu denken. Ferner versteht man möglicherweise darunter, daß E.gatten nicht Treue voneinander verlangen, sondern sich gegenseitig freistellen, gelegentlich sich in einen anderen Menschen zu verlieben und in einem erotischen Verhältnis zu ihm zu stehen. Oft wird der Gegensatz zur patriarchalischen Einstellung hervorgehoben, die als eine männlichbornierte Betrachtung der Frau als Eigentum des Mannes hervortritt und die Virginität der Frau als konventionelle Vorbedingung für eine »E. in Zucht und Ehren« fordert. Es fragt sich aber, ob die Befürwortung eines Lebens in wechselnden erotischen Beziehungen überhaupt in Einklang zu bringen ist mit dem individualistischen und gefühlsstarken Liebesbegriff, der unsere Zeit kennzeichnet und dessen Wurzeln teils in die Romantik, teils bis ins MA reichen. Ein Dasein in wechselnden erotischen Verbindungen muß irgendwann einmal bei dem Betreffenden selbst den Verdacht erregen, daß ihm die Fähigkeit »wirklich zu lieben« nicht beschieden ist. Gewiß können beide Partner darüber einig sein, daß von Liebe im eigentlichen Sinne in ihrem Verhältnis nicht die Rede ist; ihre erotische Verbindung ist unverpflichtend. Aber nichts ist naheliegender, als daß in den wechselnden erotischen Verbindungen ein »monogames Liebesbedürfnis und damit das Risiko enthalten ist, in einer noch so flüchtig gemeinten erotischen Beziehung den schicksalshaft einzigen Liebespartner anzutreffen« (H.Schelsky). Soweit die heutige Auffassung vom Verhältnis zwischen den Geschlechtern sowohl den Gedanken der Liebe als Lebenserfüllung enthält als auch eine Lebensführung in wechselnden erotischen Beziehungen als einzig natürliche und freie Daseinsform befürwortet, ist sie von zwei sich widerstrebenden Tendenzen beherrscht. Die Folge ist, daß sich mannigfaltige Konflikte schmerzlicher Art einstellen. In der Behauptung, daß das Leben in wechselnden erotischen Verbindungen das einzig natürliche und freie sei, will man gleichsam nicht wahrhaben, daß die Unbezwingbarkeit der sexuellen Begierde Anlaß zu Problemen geben kann. Man gibt die Unbezwingbarkeit der Sexualität zu, aber Probleme darf sie nicht verursachen. Nur ist dann die Frage, ob unter der Voraussetzung einer solchen Problemlosigkeit überhaupt eine andere Möglichkeit vorliegt als die rein primitive Auffassung. Nichts ist aber weiter entfernt von einem primitiven Verständnis als eine Liebe, deren Charakter als Lebenserfüllung darauf beruht, daß das Individuelle bis zum äußersten getrieben ist im Gedanken an einen einzigen, vom Schicksal ausersehenen Liebespartner.

RE V, 182ff - M.Weber, E.frau u. Mutter in der Rechtsentwicklung, 1907 - H.Keyserling, Das E.buch, 1925 - L.L.Schücking, Die Familie im Puritanismus, 1929 - B.Russell, Marriage and Morals, (1929) 1951[9]; dt. 1930 - A.Jeanroy, La poésie lyrique des troubadours I. II, 1934 - O.Schwarz, Sexualität u. Persönlichkeit, Wesen u. Formen ihrer Beziehungen, Wien 1934 - D.de Rougemont, L'amour et l'occident, (1939) 1957[2] - Th.Bovet, Die E., ihre Krise u. Neuwerdung, (1946) 1957[2] (Lit.) - E.Michel, E., (1948) 1950[2] - F.Tanner, Die E. im Pietismus, 1952 - P.Althaus, Von Liebe u. E., 1952 - O.A.Piper, Die Geschlechter, 1954 (Lit.) - Die Sexualität des Menschen, hg.v. H.Giese, 1955 - O.Lähteenmäki, Sexus u. E. bei Luther, 1955.

K.E.Løgstrup

VI. Eherecht

1. Allgemein - 2. Im kath. Kirchenrecht - 3. Im ev. Kirchenrecht. - Vgl. → Trauung: II

1. a) E. (germ. = Beständigkeit, Recht) ist außerhalb des Rechts nicht zu denken. Sie ist Institution, rechtlicher Ausdruck einer im Grundriß vorgegebenen Beziehungsform, die geschichtlich nur teilweise variabel ist. Der Eintritt erfolgt durch einen unbedingten Willensakt, dessen Folgen nicht abgedingt werden können. Die E. ist nicht abschließend definierbar, auch nicht vom Zweck her, wie es der Rationalismus (Preuß. Allg. Landrecht, Kant) versucht hat, und begründet einen gemeinsamen personalen Status. E.recht ist in allen Kulturen zunächst Gewohnheitsrecht der Geschlechtsverbände. Nur in Sonder- und Konfliktsfällen greift der Staat ein durch Dispensation und Gesetzgebung.

b) Positive Voraussetzung der *E.schließung* ist Heiratsgemeinschaft (connubium) zwischen Völkern, Sippen, Ständen; sie tritt aber in der Moderne zurück und ist heute völlig beseitigt. Überall bestehen E.verbote mit dem als identisch angesehenen Personenkreis (nicht aus biologischen Gründen, endogame und exogame E.); diese sind aber heute wesentlich eingeschränkt auf Eltern und Geschwister. Bei E.schluß trotz E.hindernisses tritt Nichtigkeit oder Anfechtbarkeit ein. Der E.schluß hat Öffentlichkeitscharakter; ein Dritter muß Rechtsbestand und Publizität gewährleisten (Sippenoberhaupt, Priester, Staat). Die im Hoch-MA verbreitete reine, insbesondere heimliche Konsens-E. ist eine Unterentwicklung des Instituts und erzeugt Rechtsunsicherheit. Die Träger der Gewährleistung stehen in geschichtlicher Folge: Sippe, Kirche, Staat, letztere heute in Konkurrenz. → Verlöbnis ist deutsch-rechtlich erster Akt des E.schlusses, römisch-rechtlich und im BGB Vorvertrag. Im einzelnen → Trauung: II.

c) Die *E.wirkungen* sind: vollkommene Lebensgemeinschaft (Digesten: »omnis vitae, divini et humani iuris communicatio«), Treupflicht, gemeinsamer öffentlicher Status, Name, Domizil, wirtschaftliche und Gütergemeinschaft, → Erbrecht neben den Kindern. Die Domizil- und Wirtschaftseinheit ist heute durch die industrielle Gesellschaft vielfach gefährdet. Die in den ältesten Kulturen, bes. aber bei den germanisch-romanischen Völkern stark ausgeprägte patriarchale Struktur ist im Zuge eines deutlichen Gefälles in fortschreitender Ablösung begriffen. → Gleichberechtigung der Geschlechter ist heute in Deutschland (Art. 3 GG; Art. 7 Verf. DDR) Verfassungsgrundsatz.

d) *Scheidung:* Judentum und römisches Recht haben Verstoßungsscheidung als einseitige Befugnis des Mannes. Die germanischen Volksrechte normieren kasuistisch überwiegend objektive Scheidungsgründe. Die lateinische Kirche (abweichend die Ostkirche) setzte ein naturrechtlich begründetes absolutes Scheidungsverbot durch, das aber durch ausgedehnte Nichtigkeitsgründe (natürliche und geistliche Verwandtschaft) praktisch eingeschränkt war. Von der Reformation an setzt eine langsame Ausdehnung der Scheidungsgründe ein (s. 3), in der Aufklärung bis zur sinnwidrigen Erstreckung auf Konventionalscheidung. BGB und die meisten modernen Rechte haben neben einzelnen absoluten Scheidungsgründen (Ehebruch, Geisteskrankheit usw) generalisierte Verschuldungsscheidung, später ausgedehnt auf objektive Zerrüttung ohne Feststellbarkeit der Schuld.

Lit. s. 3. *H.Dombois*

2. a) Das *kath. E.recht* setzt die dogmatische Lehre von der E. als einem → Sakrament (→ Ehe: III B, 2) voraus und überläßt die eingehende Erörterung der E. als Lebensgemeinschaft der → Moraltheologie; sein Gegenstand ist die E. als Vertrag. Für den E.vertrag sind rechtlich maßgebend: Naturrecht (samt positivem göttlichem Recht), kirchliches Recht, staatliches Recht. Das → Naturrecht gilt für alle E.n, das kirchliche tritt für die E. zwischen und mit Getauften hinzu, das staatliche kann für die E. zwischen Ungetauften in den Grenzen des Naturrechts eigenes E.recht schaffen, für die E. zwischen und mit Getauften hingegen nur die rein bürgerlich-rechtlichen Folgen der E., bes. das eheliche Güterrecht, regeln.

b) Die Natur-E. ist nach kirchlicher Lehre ein *Vertrag,* durch den Mann und Frau sich gegenseitig ein dauerndes und ausschließliches Recht auf einen Geschlechtsverkehr übertragen, der in sich zur Kindererzeugung tauglich ist. Jede wesentliche Änderung dieser zweiseitigen Willenseinigung (Konsens), also jeder Abstrich an dem auf Erzeugung von Nachkommenschaft gerichteten Hauptzweck der E. oder an ihrer Einheit und Unauflöslichkeit verhindert, daß die E. zustande kommt. Dieser Vertrag ist unter Getauften (ob auch bei E.n zwischen Getauften und Ungetauften, wird meist verneint) zugleich ein *Sakrament,* so daß die christliche E. nur gültig ist, wenn sowohl der Vertrag als auch das Sakrament gültig sind.

c) Der *Konsens* ist die Grundlage der E. Er ist nur möglich zwischen Partnern, die beide wenigstens wissen, daß die E. eine dauernde Gemeinschaft zwischen Mann und Frau zur Kindererzeugung ist, und setzt voraus, daß kein Irrtum über die Identität der Person vorliegt. Ein Irrtum über Eigenschaften des Partners hingegen berührt nach geltendem Recht den Konsens nur, wenn er auf einen Irrtum über die Person hinausläuft oder wenn einer der beiden Sklave im Rechtssinn, also persönlich unfrei ist und der andere ihn für frei hielt. Bedingungen machen den Konsens ungültig, wenn sie gegen die Substanz der E. (Lebensgemeinschaft, eheliches Recht, Einheit, Unauflösbarkeit) gerichtet sind; andere Bedingungen machen die E. ungültig, wenn sie Vergangenheit oder Gegenwart betreffen und nicht erfüllt sind, oder schieben sie hinaus, wenn sie die Zukunft betreffen. Auflösende Bedingungen sind nicht möglich. Der Konsens ist ferner ungültig, wenn er nicht frei gegeben, sondern durch äußere Gewalt oder durch eine Furcht herbeigeführt wird, die auf widerrechtlicher Bedrohung durch andere mit einem schweren Übel beruht und als Ausweg nur die E. läßt. Der Konsens muß zwischen den Brautleuten oder ihren Stellvertretern mündlich ausgetauscht werden; die Ferntrauung ist kirchenrechtlich ungültig. Als Inhalt des Konsenses gilt solange der kundgetane Konsens, als nicht erwiesen ist, daß dieser äußere Konsens nur simuliert war. In diesem Fall hängt die Gültigkeit der E. davon ab, daß der innere Konsens ausreichend war.

d) Die E. ist verboten, wenn nicht beide Partner frei von *E.hindernissen* sind. Aufschiebende E.hindernisse, die die E. zwar verbieten, deren Übertretung sie aber nicht ungültig macht, sind: die einfachen → Gelübde der Jungfräulichkeit, der völligen Keuschheit, nicht zu heiraten, die höheren Weihen zu empfangen, in den Klosterstand einzutreten; die Konfessionsverschiedenheit (→ Mischehe). Trennende E.hindernisse, deren Übertretung die E. ungültig macht, sind: das fehlende Alter (für den Mann mindestens 16, für die Frau mindestens 14 Jahre; außerdem wird Geschlechtsreife verlangt); das schon vor der E. bestehende und unheilbare geschlechtliche Unvermögen (beim Mann das Fehlen der Potenz oder der anatomischen Integrität, bei der Frau nur das Fehlen der Begattungsfähigkeit; die Zeugungsfähigkeit ist bei beiden nicht gefordert); ein schon bestehendes E.band; die Religionsverschiedenheit (→ Mischehe); die höheren Weihen (→ Zölibat); die feierlichen → Gelübde; die Entführung (wenn eine Frau von dem betreffenden Mann zum Zweck der E. entführt bzw. solange sie von ihm zurückgehalten wird); das E.hindernis des »Verbrechens« (E.bruch verbunden mit E.versprechen, Ziviltrauung oder Gattenmord; gemeinsamer Gattenmord); Blutsverwandtschaft in der geraden Linie und bis zum dritten Grad der Seitenlinie; Schwägerschaft (nur zwischen dem Mann und den Blutsverwandten der Frau und umgekehrt) in der geraden Linie und bis zum zweiten Grad der Seitenlinie; das E.hindernis der öffentlichen Ehrbarkeit (es entspricht bei ungültigen E.n und öffentlichen Konkubinaten der Schwägerschaft aus gültiger E., reicht aber nur bis zum zweiten Grad der geraden Linie). Wo die → Adoption nach staatlichem Recht ein verbietendes oder trennendes E.hindernis begründet, gilt das auch nach kirchlichem Recht. Außer von den naturrechtlichen E.hindernissen (fehlende geistige oder körperliche Reife, geschlechtliches Unvermögen, E.band, Blutsverwandtschaft in der geraden und im ersten Grad der Seitenlinie) kann von allen E.hindernissen dispensiert werden; praktisch hängt der Dispens von der größeren oder geringeren kirchlichen Bedeutung des Hindernisses und von dem Gewicht der persönlichen Dispensgründe ab. Die Dispensgewalt liegt beim Hl. Stuhl, ist aber in verschiedenem Ausmaß auch den Legaten, Ortsordinarien, Pfarrern und Beichtvätern übertragen.

e) Die E.schließung zwischen Getauften unterliegt seit dem Tridentinum (1563) dem *Formzwang,* dh sie kann grundsätzlich nur von einem trauungsberechtigten Geistlichen (Ortsordinarius oder -pfarrer oder ein von einem von diesen beauftragter Priester) und vor wenigstens zwei Zeugen gültig erfolgen. Nur wenn ein trauungsberechtigter Geistlicher fehlt oder nicht ohne schweren Nachteil angegangen werden oder assistieren kann, ist die E.schließung vor zwei Zeugen gültig, vorausgesetzt, daß diese Sachlage vermutlich einen Monat andauern wird oder daß einer der beiden Partner in Todesgefahr ist. Von diesem Formzwang sind nur solche E.n ausgenommen, bei denen beide Teile außerhalb der kath. Kirche (im Sinne des weltlichen Rechts) getauft sind und nie auch nur vorübergehend durch Übertritt zu ihr gehört haben.

f) Eine ungültig geschlossene E. kann durch Beseitigung des Ungültigkeitsgrundes nachträglich *gültig gemacht* werden, also je nachdem durch Dispens von dem trennenden E.hindernis, verbunden mit Konsenserneuerung, durch Nachholung des Konsenses, durch formrichtige Wiederholung der E.schließung. Wenn der Konsens fortdauert, kann die wegen eines kirchlich-rechtlichen Hindernisses oder wegen Formmangels ungültige E. durch die sog. Sanatio in radice gültig gemacht werden; diese schließt in sich den Dispens von etwaigen E.-hindernissen und von der Konsenserneuerung und erstreckt die kanonischen E.wirkungen, vor allem die (kirchliche) Legitimität der Kinder, bis zum Austausch des jetzigen Konsenses zurück. Die Trennung einer ungültig geschlossenen E. erfolgt in einem besonderen E.prozeß (→ Gerichtsbarkeit: I).

Die *Scheidung* einer gültigen E. dem Bande nach ist nur bei nichtvollzogenen E.n möglich, bei christlichen E.n durch feierliche Profeß (→ Kloster: III) eines E.gatten oder durch päpstlichen Dispens. Die einzige Ausnahme von der Unauflöslichkeit der vollzogenen E. ist die Scheidung einer halbchristlichen E. auf Grund des Privilegium Paulinum; im übrigen ist bei vollzogenen E.n nur eine Trennung von Tisch und Bett möglich.

cc. 1012-1143 CIC - De disciplina sacramenti matrimonii pro Ecclesia Orientali (AAS 41, 1949, 89-119). - Lehr- u. Handbücher des kath. → Kirchenrechts - P.GASPARRI, Tractatus canonicus de matrimonio, 2 Bde, (1891) 1932⁴ - J.LINNEBORN, Grundriß des E.rechts, (1919) 1940⁶ (v. J.WENNER) - F.TRIEBS, Hdb. des kanon. E.rechts Tl 1-4, 1925-32 - A.KNECHT, Hdb. des kath. E.rechts, 1928 - H.MÜSSENER, Das kath. E.recht in der Seelsorgepraxis, (1931) 1950³ - DDC VI, 740ff - H.HANSTEIN, Kanon. E.recht, (1948) 1955⁴.
H.Barion

3. a) Die *ev. Kirche* sieht die E. als Stiftung Gottes an, welche mit Gebot und Verheißung versehen die E.gatten in Verantwortung nimmt. Die E. ist der einzige innerweltliche Bezug, von dem so konkret durch die ganze hl. Schrift gehandelt wird. Gott fügt die Menschen trotz ihrer Willkür zur una caro (Gen 2, 24b) zusammen. Die E. ist abbildfähig für das Verhältnis Christi zur Gemeinde (Eph 5, 32). Die von Luther betonte Weltlichkeit der E. bedeutet nicht Profanität, sondern verneint den Sakramentscharakter.

b) Beide Kirchen verkirchlichen vom 16.Jh. ab (Decr. tametsi von 1563, reformatorische Kirchenordnungen) die *E.schließung* zur obligatorischen kirchlichen E. Eine Gesetzgebung des Staates ist erst in Anfängen vorhanden. In prot., konfessionell gemischten Ländern (Holland 1580, England 1653) finden sich erste Ansätze zur bürgerlichen E.schließung. Erst der Laizismus der französischen Revolution verbreitet im Bereich des → code civil die Zivil-E. Das Staats- und Landeskirchentum beider Konfessionen hält an der obligatorischen kirchlichen E. fest, zT bis heute. Die in Deutschland im → Kulturkampf 1874/75 eingeführte Zivil-E. wurde von den ev. Kirchen nach heftigen Auseinandersetzungen bejaht. Es besteht nach ev. Auffassung kein zwingender theologischer Grund, sich für oder gegen die obligatorische Zivil-E. zu entscheiden. Die Synode der Ev. Kirche in Deutschland 1954 hat wesentlich mit Rücksicht auf die → Mischehen-Praxis der römischen Kirche an der obligatorischen Zivil-E. festgehalten.

c) *E.wirkungen* sind vom kirchlichen E.recht nicht direkt berührt. Die Kirche bekämpft jedoch unter Anerkennung zeitbedingter Wandlungen eine Zerstörung des wesenhaften Gefüges der E., vor allem des Charakters als verantwortlicher Vergemeinschaftung.

d) Die Lage der Reformationszeit erforderte eine Fortführung der bischöflichen E.gerichtsbarkeit durch die landesherrlichen Konsistorien, welche, aus Theologen und Juristen zusammengesetzt, in ihrer Rechtsprechung dogmatische, seelsorgerliche und rechtliche Gesichtspunkte verbanden. Sie bildeten das *Scheidungsrecht* weiter. Ausgehend von wenigen objektiven Gründen (E.-bruch, Verschollenheit) wurden analoge Fälle (Quasidesertio, Mißhandlung) ausdehnend anerkannt, bis mit den Gesetzeskodifikationen der Aufklärungszeit das Scheidungsrecht auf die staatlichen Gerichte überging. Die Fortbildung des ev. E.rechts nimmt seinen Ausgangspunkt sinngemäß von der Frage der Wiedertrauung Geschiedener (→ Ehescheidung).

Zu 1 u. 3: Lehrbücher der Rechtsgeschichte u. des bürgerlichen Rechts - Forschungen u. Gutachten der E.rechtskommission der EKD, hg.v. H.DOMBOIS u. F.K.SCHUMANN: Weltliche u. kirchliche E.schließung (Glaube u. Forschung 6), 1953; Familienrechtsreform (ebd 8), 1955. - Zum reformator. E.- u. zum Scheidungsrecht: A. SPRENGLER, Um eine schriftgemäße Behandlung des Problems der Trauung Geschiedener. Zur Gesch. des Wiedertrauungsrechts (ZevKR 3, 1953/54, 163-176. 268-292) - H.DOMBOIS, Grundprobleme des E.scheidungsrechts (ebd 5, 1956, 32-62).
H.Dombois

Eheberatung. Nach privaten, staatlichen und kirchlichen Ansätzen zwischen 1919 und 1933 sind nach 1945 in Deutschland zahlreiche E.sstellen entstanden, zT auf Vereinsbasis, zT kommunalen Behörden angegliedert, zT in freier Zusammenarbeit von Sachverständigen und verantwortungsbewußten Laien. Sie bestehen, wo immer sich Kräfte zu ihrer Gründung und Erhaltung finden, sind verschieden benannt und werden in der »Deutschen Arbeitsgemeinschaft für Jugend- und E.« (DAJEB; Detmold) zusammengefaßt, die durch Informationen, Rüstkurse und internationalen Kontakt - im Rahmen der »Union Internationale des Organismes Familiaux« (UIOF) zB mit dem »National Marriage Guidance Council« (England) und der »Commission des Conseils Matrimoniaux« (Frankreich) - die Arbeit zu steuern sucht. In Zusammenarbeit mit dieser haben die ev. und kath. Kirchen ihre E. zentralisiert (»Kath. Zentralinstitut für Ehe- und Familienfragen«, Köln, seit 1952; »Hauptstelle der ev. Kirche im Rheinland für Ehe- und Familienfragen«, seit 1951). Die ethische Initiative liegt jedoch bei dem einzelnen Christen, der im Rahmen bestehender Möglichkeiten mitarbeitet.

Die E. läßt sich in drei Bereiche gliedern: a) *Erziehung und Beratung zur Ehe hin:* Durch Vorträge, Gruppen- und Einzelaussprachen und »Eheschulen« sollen Jugendliche und Verlobte über Aufgaben und Gestaltung geschlechtlicher Partnerschaft informiert werden. Im Gespräch mit den Eltern, in Zusammenarbeit mit Jugendleitern, Schulen, Volkshochschulen und Akademien soll neben einer Einführung in das Wesen ehelicher Gemeinschaft juristische, wirtschaftliche und ärztliche Belehrung gegeben werden (zB Wandlungen der Familienstruktur, Inkongruenz von Pubertät und Reife, Partnerwahl). - b) *Beratung in der Ehe:* Die erzieherische Aufgabe muß weitergeführt werden (zB Freizeit, Wirtschaftsführung, → Geburtenregelung); hinzu kommt bes. die Einzelberatung im Ehekonflikt, den die E. trotz seiner jeweils verschiedenen Ursachen grundsätzlich für heilbar hält (Klärung der Situation, Aussprache mit dem Partner, evtl. Einwirkung auf den ehestörenden Teil). Über die sachliche Beratung hinaus gilt es, Freude für die Gabe und Bereitschaft für die Aufgabe der Ehe zu wecken. - c) *Beratung Eheloser:* Wird sie auch bisher selten gesucht, so bildet sie doch eine wichtige Aufgabe der E. Bes. in christlicher Sicht ist dem ehelosen Stand (außer Klerikern, Diakonissen und Witwen) wenig Gerechtigkeit widerfahren: Ehelosigkeit als Charisma! Dieser Bereich verzeichnet bislang nur auf einem Teilgebiet einen breiteren Erfolg: eine »Ev. Ehehilfe« (Berlin seit 1949, Rheinland und Westfalen seit 1954) will Ehesuchenden durch ein Briefaustauschblatt (nach Vorlage einer Referenz) den Kontakt erleichtern.

Im Gegensatz zu einer platonisierenden Abwertung des Leiblichen, zu romantischer Subjektivität und naturalistischer Sexualität will E. das Verständnis für das Menschsein im Gegenüber von Mann und Frau wecken: dieser Mann und diese Frau »enträtseln einander« (E. Michel) in dem frei begründeten, schuldhaft verfehlten, stets neu zu wagenden Dialog ihres leibhaft-geistigen Lebens. Christlicher Glaube weiß die Kraft zu diesem Dialog im Handeln Gottes an seiner Gemeinde begründet (→ Ehe: III. V). So wird heute auch eine ev. und kath. E. am Rande der verfaßten Kirche zu einem Stück »gesellschaftlicher Diakonie«.

E.v.Hattingberg, Ehekrisen u. Entwicklungskrisen, 1949 - P.Plattner, Glücklichere Ehen, 1950 - Richtlinien u. Erfahrungen f. d. christl. E., hg.v. Theol.-Med. Arbeitskreis d. Ev. Ak. Baden, 1952 - G.Groeger, Verantwortliche Elternschaft, 1953 - ESL 240ff - E. Metzke, Anthropologie d. Geschlechter (ThR NF 22, 1954, 211 bis 241; Lit.) - Der Familienberater. Handr. f. d. ev. Jugend- u. Eheberater, hg.v. G.Groeger, seit 1955 - EKL I, 1011ff - J.Fischer-Erling, E. (Ehe u. Familie, hg.v. A. u. R.Scherer-J.Dornteich, 1956, 149-158) - J.Fischer, Ehe u. Elternschaft I. II, 1956/57 - M.Thurian, Ehe u. Ehelosigkeit, o.J. – Weitere Lit. → Ehe: V.

W.-D.Marsch

Ehebruch wird in den Religionen an der → Frau und nur von ihr aus festgestellt. Nicht Minderbewertung der Frau spricht sich darin aus, sondern ihre Würde, den Frieden von Haus und → Familie zu garantieren. Der Mann kann höchstens in eine fremde → Ehe einbrechen, die Frau aber bricht die eigene Ehe. Bestraft werden Mann und Frau gleichermaßen. E. wird unter drei Gesichtspunkten betrachtet: a) Eine öffentlich-rechtliche Seite des E.s ist darin gegeben, daß die Ehe eine Sache der ganzen Sippe bzw. des → Stammes ist, an der die → Fruchtbarkeit der Gruppe hängt, und zwar auch die Fruchtbarkeit der Felder (unio magica). E. bedroht die Sippe bzw. den Stamm mit Unheil. Die in E. verwickelten Personen sind zu beseitigen (Tötung: Semiten; Ausweisung: Germanen). - b) Eine privat-rechtliche Seite hat der E. als Eigentumsdelikt. Dabei ist Eigentum zunächst im tiefen Sinne von wesentlicher Zugehörigkeit verstanden. E. ist also Verletzung der Integrität einer Person und kann wiederum nur mit dem Tode bestraft werden. Später kann E. mit Geld oder Vieh abgegolten werden. - c) Aus dem Verständnis der im Ritus gegründeten, Personenzugehörigkeit bedeutenden Ehe wird der E. verstehbar als mögliches Einfallstor fremdartiger Machteinflüsse. E. wird daher als »Zauberei« angesehen und mit dem Tode bestraft.

Da die E.shandlung im Verborgenen ausgeübt zu werden pflegt, setzt der E. speziell ein Ertappen in flagranti voraus. Das ist nur selten möglich, und daher wird E. zumeist durch ein Ordal (→ Gottesurteil) geklärt oder zum Anlaß kasuistischer Rechtszergliederung (E. auf dem Felde oder in der Einöde wird anders bewertet als E. im Hause), die oft zusammen auch Handhaben gegen unliebsam gewordene Ehepartner bieten.

ERE I, 122ff - RLV III, 28ff - J.Hempel, Das Ethos des AT (BZAW 67), 1938 - R.Thurnwald, Lehrbuch der Völkerkunde, (1937) 1939² - ThW IV, 747ff (Lit.) - W.Kornfeld, L'adultère dans l'orient antique (RB 57, 1950, 92-109) - J.Blinzler, Die Strafe f. E. in Bibel u. Halacha. Zur Auslegung von Joh 8, 5 (NTS 4,1957/58, 32-47).

C.H.Ratschow

Eherne Schlange, ein n^eḥuštan (Erzschlange? das Erzbild schlechthin?) genanntes Kultobjekt, das → Hiskia neben anderem im Tempelbereich vorfand und (obschon es von Moses stammen sollte) beseitigen ließ (2Kön 18, 4). Es dürfte sich um ein jebusitisch-kanaanäisches Kultobjekt handeln, einen Schlangenstab (AOB Abb. 267; Baudissin, Taf. 6) oder einen aufgerichteten und geflügelten Schlangendämon, ein den Saraphen (Jes 30, 6) vergleichbares Mischwesen. Als Symbol oder Attribut eines Gottes oder einer Göttin begegnet die → Schlange in Ägypten (RÄRG), Babylonien (AOB Abb. 267ff), Syrien (BRL 228 Abb. 4; AOB Abb. 271 ff) und auf »Ischtar«-Altären in Assur und → Beth-sean (AOB Abb. 442 f. 672 f) und beim phönikischen → Asklepios (vgl. Baudissin). Fraglich ist die kultische Deutung des Reliefs von tell bet mirsim (AASOR 17, 1938, 42 f; vgl. BRL und ANEP Abb. 452). Greßmann schließt von der (jahwistischen?) Sage Num 21, 4-9 auf ein in der Frühzeit übernommenes midianitisches Kultobjekt; richtiger dürfte es sein, in der Sage einen (von den Südstämmen stammenden?) jungen Eintrag in die Tradition über »Führung in der Wüste« zu sehen, der die e.S. in Jerusalem, wenn auch nicht auf ihrem ganzen Wege, so doch vom »Ursprung« her legitimieren sollte (Noth). Vor dem Tode durch den Biß giftiger Schlangen rettet der Aufblick zu der erhöhten e.S. (Num 21, 9); das wird Joh 3, 14 f typologisch auf Christus gedeutet. Wahrscheinlich gehört der nach 1Kön 1, 9 im Tal bei Jerusalem gelegene »Schlangenstein« (vgl. AOB Abb. 244; → Petra) mit der Verehrung der e.S. zusammen.

W.Baudissin, Adonis u. Esmun, 1911 (Reg.) - H.Gressmann, Mose u. seine Zeit, 1913, 284ff. 453ff - W.F.Albright, The Goddess of Life and Wisdom (AJSL 36, 1920, 258-294) - BRL 458f - H.H. Rowley, Zadok and Nehustan (JBL 58, 1939, 113-141) - Noth, ÜPent 133f.

K.Galling

Ehernes Meer → Tempel: II.

Ehescheidung

1. Die Frage der E. in röm.-kath. Sicht - 2. Die E. in der ev. Kirche - 3. Das geltende E.srecht in Deutschland - 4. Wichtige Einzelfragen. - Vgl. → Ehe: VI

Die Fragen der E. sind seit den beiden Weltkriegen überall, bes. aber in Deutschland, immer dringlicher geworden. Die vielen vorschnell und unüberlegt geschlossenen Kriegsehen, überlange Kriegsgefangenschaft der Ehemänner und die verworrenen Zustände nach den beiden Kriegen ließen die Zahl der E.en ansteigen, wirkten verhängnisvoll auf die Praxis der E. und steigerten die schon vorher spürbare Gefährdung von Ehe und → Familie in außerordentlichem Maße. Die Gegenwirkung von Gesetzgebung und richterlicher Praxis erwies sich, soweit sie beurteilbar war, lange als zu schwach. Erst neuerdings läßt sich eine Wirkung der bes. in der obersten Instanz (Bundesgerichtshof) verschärften scheidungsrichterlichen Praxis beobachten. Die Bedeutung der → kirchlichen Unterweisung, Verkündigung und → Seelsorge gegenüber einer allfälligen Tendenz zur Auflösung der Institution der Ehe darf nicht unterschätzt werden, war aber allgemein an Intensität den Auflösungstendenzen nicht gewachsen.

1. In der *röm.-kath.* theologischen Lehre und dem → kanonischen Recht gilt die Ehe grundsätzlich als nicht scheidbar. Dies folgt nicht etwa aus dem Sakramentscharakter der Ehe, sondern wird naturrechtlich (→ Naturrecht) begründet: Das Eheband (vinculum matrimoniale) ist seiner Natur nach nicht trennbar. Auch die »Naturehe« ist also nicht scheidbar. Der Sakramentscharakter der Ehe, der nur bei der Ehe von Getauften zu-

stande kommt, hat für die Frage der E. nur insofern Bedeutung, als dem Staat grundsätzlich die Ehegesetzgebung und die Ehegerichtsbarkeit wegen des Sakramentscharakters der Ehe bestritten und nur für rein bürgerliche Rechtsfolgen der Ehe eingeräumt wird (CIC cc. 1016. 1961). Der Bestand der sakramentalen Ehe als solcher unterliegt also überhaupt nicht bürgerlich-rechtlichen Entscheidungen. Eine solche Ehe kann durch das Urteil eines weltlichen Gerichts »dem Bande nach« nicht getrennt werden. Der dem kanonischen Recht unterworfene Christ darf den Rechtsweg der bürgerlichen E. nicht betreten, und durch ein weltliches E.surteil wird das Bestehen der Ehe nicht aufgehoben. Das Eingehen einer neuen Ehe kommt demnach überhaupt nicht in Betracht. Die Aufhebung einer sakramentalen Ehe gibt es nach kanonischem Recht nur als Nichtigkeitserklärung und als Auflösung (→ Ehe: VI, 2).

2. In der *ev. Kirche* wurde aus Gründen der Schriftautorität (Mt 5, 31; 19, 9) die absolute Unscheidbarkeit der Ehe aufgegeben und gelehrt, daß es wegen »Ehebruchs« (genauer »Hurerei« oder »Unzucht«) eine legitime Scheidung der Ehe gebe. (Dabei wird es wohl richtig sein, daß diese Hinzufügung bei Mt gegenüber den synoptischen Parallelen sekundär ist. Darüber darf jedoch nicht vergessen werden, daß für dogmatische und ethische Lehrentscheidungen der kanonische Text als solcher maßgebend ist und demnach der Wortlaut bei Mt seine Autorität behält.) Da die Reformation zugleich den Sakramentscharakter der Ehe verneinte, so fiel der Grund für die prinzipielle Bestreitung der Zuständigkeit weltlicher Gerichte für die E. weg, und der Weg zur bürgerlich-rechtlichen Regelung derselben war frei. Allerdings hielten die aus den ehemals bischöflichen Ehegerichten hervorgegangenen Konsistorien ihre Mitzuständigkeit für Ehesachen noch lange fest (causae mixtae). Dabei blieb und bleibt auch für die Gegenwart vorausgesetzt, daß die staatliche Gesetzgebung und Rechtsprechung sich an den institutionellen Charakter der monogamischen und grundsätzlich lebenslänglichen Ehe gebunden weiß. Eine E.sgesetzgebung, welche etwa auf eine unter bestimmten Voraussetzungen mögliche Kündbarkeit der Ehe hinausliefe, müßte auch im ev. Bereich auf unbedingten Widerspruch stoßen.

3. Die gesetzgeberische Einzelregelung und die Rechtsprechung in bezug auf die E. ist in den einzelnen Staaten sehr verschieden. In der *BRD* wurden die §§ 1564 bis 1587 des BGB durch das Ehegesetz vom 5.7.1938 aufgehoben und sind auch jetzt noch durch die §§ 41-77 des auf ihm beruhenden Kontrollratsgesetzes vom 20.2. 1946 ersetzt. In diesen beiden Gesetzen wurde neben der Scheidung wegen Verschuldens eine »Scheidung aus anderen Gründen« eingeführt. Sowohl bei den Verschuldens- wie bei den anderen Gründen wird hier neu der Gesichtspunkt der »Zerrüttung« zur Geltung gebracht (§§ 43 und 44 Kontrollratsgesetz von 1946). Ein Ehegatte kann Scheidung begehren, einerseits wenn der andere Ehegatte »durch eine schwere Eheverfehlung die Ehe so tief zerrüttet hat« (§ 43), anderseits »wenn die Ehe infolge eines Verhaltens des anderen Ehegatten, das nicht als Eheverfehlung betrachtet werden kann, so tief zerrüttet ist« (§ 44), »daß die Wiederherstellung einer dem Wesen der Ehe entsprechenden Lebensgemeinschaft nicht mehr erwartet werden kann«. Es ist damit ein sehr differenziertes Abwägen des Verschuldens- und des Zerrüttungsmomentes möglich.

Der Entwurf des Familiengesetzbuches der *DDR* kennt eine Orientierung der Scheidungsmöglichkeit am Wesen der Ehe nicht mehr. Zwar will der § 29 des Entwurfs offenbar einer allzu weit gehenden Erleichterung der E. entgegenwirken. Aber die Ehe wird nur noch betrachtet unter dem Gesichtspunkt ihres »Sinnes« für die Ehegatten, die Kinder und die Gesellschaft. So bestimmt denn auch § 29 Abs. 2: »Unter diesen Voraussetzungen kann das Gericht durch Urteil die Ehe scheiden: 1. auf übereinstimmende Anträge beider Ehegatten; ... 2. auf den Antrag eines Ehegatten, auch gegen den Widerspruch des anderen, wenn die Folgen der Scheidung für den anderen keine unzumutbare Härte bedeuten und auch das Wohl der minderjährigen Kinder einer Scheidung nicht entgegensteht.« Das bedeutet bei Annahme des Entwurfs, daß das Fortbestehen der Ehe von dem Willen der Ehegatten abhängig gemacht und der Ordnungs- und Institutionscharakter der Ehe beseitigt wird.

4. Die *kirchliche Besinnung* über die E. sieht sich gegenwärtig vor allem vor zwei Fragen gestellt: a) Wie soll die Kirche in ratsamer Weise auf die bevorstehende Änderung des E.srechts anläßlich der Ersetzung des Kontrollratsgesetzes Nr. 16 durch innerdeutsches Recht einzuwirken suchen? Hier wird es sich zunächst darum handeln, daß auch im kommenden Recht die Ehe als vorgegebene Institution erhalten wird. Sodann wird die Frage nach dem richtigen Verhältnis zwischen dem Verschuldensprinzip und den nicht schuldhaften Scheidungsgründen und in beiden Bereichen die Bedeutung des Zerrüttungsmoments Aufmerksamkeit erfordern. So wenig befriedigend in dieser Hinsicht die gegenwärtig geltenden Formulierungen sein mögen, so wird man einer völligen Ausscheidung des Zerrüttungsmoments kaum das Wort reden können. Denn die Möglichkeit, gegebenenfalls auf die Zerrüttetheit einer Ehe abzuheben, hat sich für die Sauberkeit der scheidungsrichterlichen Praxis als förderlich erwiesen in Fällen, wo das reine Verschuldensprinzip zu bedenklichen Verfahrensweisen führen kann. – b) Innerkirchlich ist die Frage der Wiedertrauung Geschiedener immer brennender geworden. In der herkömmlichen Praxis ist sie dem in rechtlicher Hinsicht schuldlosen Teil in der Regel gewährt worden. Dem entspricht es, wenn in manchen Kirchengebieten die Wiedertrauung regelmäßig verweigert wurde, wenn eine sog. Konsensualscheidung vorlag, also beide Teile in rechtlicher Hinsicht für die Scheidung die Verantwortung trugen. Demgegenüber hat sich neuerdings die Frage erhoben, ob nicht Geschiedenen grundsätzlich und allgemein bei Wiederverheiratung die kirchliche Trauung zu versagen sei. Gegenüber der oft wenig grundsätzlichen überlieferten Praxis ist es wichtig, diese Frage sorgsam durchzudenken. Selbständige Prüfung jedes einzelnen Falles unter theologisch-kirchlichen Gesichtspunkten wird auf alle Fälle zu fordern sein. Freilich darf auch nicht vergessen werden, daß es auf ev. Seite weder eine naturrechtlich noch eine theologisch begründete Lehre von der absoluten Unscheidbarkeit der Ehe geben kann (s. 2). Es muß deswegen gewarnt werden vor einer theologisch nicht zu rechtfertigenden Ontologie der Ehe, die notwendig zur Gesetzlichkeit führen muß. Auch wird man die bekenntnismäßige Regelung (im Tractatus de potestate papae) nicht aus dem Auge verlieren dürfen: »So ist dies auch Unrecht, daß, wo zwei geschieden werden, der unschuldige Teil nicht wiederum heiraten soll« (»Iniusta etiam traditio est, quae prohibet coniugium personae innocenti post factum divortium«; BSLK 494f). Wenn es ein »Unrecht« ist, einem schuldlos Geschiedenen eine neue Ehe zu verbieten, dann wird man ihm auch die kirchliche Trauung dieser neuen Ehe nicht grundsätzlich versagen können. Man wird also eine allgemein-gesetzliche Regelung vermeiden und Richtlinien geben müssen, welche den Amtsträger bei der gewissensmäßigen Entscheidung des jeweiligen Einzelfalls leiten können.

Kommentare zum BGB u. dem Ehegesetz - P.H.HANSTEIN OFM, Kanonisches Eherecht, (1948) 1953³ - MARIA HAGEMEYER, Der Entwurf des Familiengesetzbuchs der DDR, (1954) 1955³ - G.GLOEGE, Vom Ethos der E. (Gedenkschr. f. W.Elert, 1955, 335-358). - Eine Veröffentlichung der Arbeiten der Eherechtskommission der EKD zu den Fragen der E. ist in Vorbereitung. - Weiteres → Ehe: VI.

F.K.Schumann

Ehlers, 1. *Hermann* (1.10.1904 bis 29.10.1954), * in Schöneberg, Krs. Teltow, † in Oldenburg. Nach Studien in Berlin und Bonn zunächst im Justizdienst und bei der Berliner Kommunalverwaltung, wurde E. im → Kirchenkampf führender Rechtsberater des Bruderrats der Ev. Kirche der altpreußischen Union und mußte im Zusammenhang damit 1939 aus dem Staatsdienst ausscheiden. Nach dem 2. Weltkrieg wurde er Oberkirchenrat in Oldenburg, Bevollmächtigter des → Hilfswerks, 1949 Bundestagsabgeordneter der CDU, 1950 und nach Wiederwahl 1953 Bundestagspräsident, seit Okt. 1952 auch zweiter Vorsitzender der CDU, 1953 Dr. theol. h.c. von Kiel. E. hat sich seit seiner Mitarbeit als Schüler im »Bund Deutscher Bibelkreise« energisch für christliches Zeugnis im weltlichen Beruf eingesetzt, als »Anwalt der Bekennenden Kirche« auch für Autonomie und Kirchlichkeit des Kirchenrechts gegenüber staatskirchlichem Denken und kirchenrechtlichem Positivismus im Blick auf das praktisch Erreichbare und unter starker Beteiligung in der kirchlichen Verfassungsgeschichte seit 1936. Für ihn war, vielleicht nicht ohne gewisse Selbsttäuschung, die politische Partei der »Christlich-demokratischen Union« (CDU) die legitime Erbin des in der → Bekennenden Kirche neu erfaßten Öffentlichkeitsauftrags der Kirche.

Vf. u.a.: Gedanken zur Zeit, (1955) 1956²; Um dem Vaterland zu dienen. Reden u. Aufs., hg.v. F.SCHRAMM, 1955. - Über E.: H.E., Gedenkblätter, hg.v. F.SCHRAMM, 1955 - Das Bildnis H.E.s (HerKorr 9, 1954, 141f) - Jb. der H.E.-Gesellschaft 1956, die zur Diskussion der »öffentlichen Verantwortung im ev. Raum« 1956 gegr. wurde.

Ernst Wolf

2. *Rudolph* (1834-1908), ev. Theologe, * zu Hamburg, Schüler Rich. → Rothes (Heidelberg). 1859 Pfarrer in Stolberg (Rhl.), 1864 Pfarrer der Deutschen ev.-ref. Gemeinde Frankfurt, Prediger und Seelsorger mit bedeutender Personalgemeinde; seit 1878 Konsistorialrat. - E. gehörte zu den Gründern des Allgemeinen ev.-prot. Missionsvereins (1883, jetzt → Ostasien-Mission) und betätigte sich erfolgreich in paritätischen Wohlfahrtsbestrebungen.

1879-1900 Hg. der ZprTh mit H.Bassermann. Veröffentlichte mehrere Bde Predigten. Außerdem: Konf.-Unt. f. Konfirmierte, 1905; Richard Rothe, 1906; Joh.Chr.Spieß, 1908. - Über E.: R.E. Lebensbild aus seinen Briefen, 1912.

W.Lueken

Ehre

1. E. und Vertrauen - 2. E. und Ruhm - 3. E. und Schöpfungsglaube - 4. Berufs-E. - 5. Geschichtliche Wandlungen

1. Die E. eines Menschen wird verletzt, wenn er zB der Unredlichkeit, der Lügenhaftigkeit oder des Wortbruches bezichtigt wird, während sie nicht unmittelbar getroffen ist, wenn er etwa als unfähig oder untüchtig betrachtet wird. Es gibt also herabsetzende Aussagen, die die E. des Menschen verletzen, und solche, die dies nicht tun; entscheidend dabei ist, ob der Mensch der Unzuverlässigkeit beschuldigt wird oder nicht. Dem Menschen die E. nehmen heißt nämlich, ihm das → *Vertrauen* anderer abschneiden. - Die herabsetzende Aussage, die nicht die E. des Menschen angreift, sondern nur seine Fähigkeiten bezweifelt, beschränkt sich gewissermaßen auf eine partielle Untauglichkeit, von der das übrige Wesen des Betreffenden unberührt bleibt. Wird ein Mensch dagegen etwa des Wortbruchs bezichtigt, mag es sich auch nur um einen einzelnen Fall handeln, so wird sein ganzes Wesen dabei in Mitleidenschaft gezogen, insofern man ihm fortan mißtraut. - Entsprechend schließen zB Eitelkeit, Selbstgefälligkeit oder Unstetigkeit die Vertrauenswürdigkeit nicht aus und tasten insofern auch nicht die Ehrenhaftigkeit eines Menschen an, während Falschheit, Wortbrüchigkeit und Untreue Mißtrauen entstehen lassen, weswegen es ehrenrührig ist, dessen beschuldigt zu werden. Unstetigkeit eines Menschen kann wohl für das Zusammenleben mit ihm erschwerend und enervierend sein, sie schließt aber Vertrauen und Offenheit im gegenseitigen Verhältnis nicht aus, was - im Gegensatz dazu - bei Untreue der Fall wäre. Weil die ehrenrührige Beschuldigung demjenigen, gegen den sie gerichtet ist, das elementare, zum Leben notwendige Vertrauen zu entziehen droht, muß sowohl die eigene E. als auch die des anderen verteidigt werden, und derjenige, der die ehrenrührige Beschuldigung ausgesprochen hat, muß zur Verantwortung gezogen werden.

2. *Ruhm* erwirbt sich der Mensch durch Können und Tatkraft; um diese muß man wissen, ehe man einen anderen rühmen kann. E. dagegen schulden wir auch dem Fremden, über den wir nichts wissen und mit dem wir vielleicht nur flüchtig zu tun haben. Er muß nämlich - unter normalen Umständen - mit einem Vorvertrauen von unserer Seite rechnen können. Damit hängt ein anderer Unterschied zusammen: Ruhm verdient man sich und ist sich infolgedessen des eigenen Ruhmes bewußt. Die E. dagegen ist etwas so Selbstverständliches, daß man ihr normalerweise gar keinen Gedanken opfert. E. ist im voraus da, sie kann nicht erworben werden, nur verlorengehen. E. wird uns erst in der Ehrlosigkeit bewußt.

3. Es stellt sich die Frage, ob Näheres gesagt werden kann über das, was »hinter« dem Können und der Tatkraft und »hinter« den Charakterschwächen und -stärken des Menschen liegt und worauf sich unser Vorvertrauen richtet. Die theologische Antwort ist, daß es nicht zwei Arten von E. gibt, eine, die dem Menschen, und eine, die Gott zukommt, sondern daß es nur die E. Gottes gibt. Darum ist E. nicht von Leistungen abhängig und nicht individuell verschieden wie der Ruhm. Die E., die man dem anderen schuldet, ist identisch mit der E., die jedermann Gott für das menschliche Leben schuldet; es geht so von Gottes Hand aus, daß es menschenwürdig nur in Vertrauen und Offenheit gelebt werden kann.

4. Auch die *Berufs-E.* wurzelt in einem Vorvertrauen. Von der mit einem Amt betrauten Person wird von vornherein erwartet, daß sie so handelt, wie ihr Amt und Beruf es verlangen. Wir vertrauen daher dem Rechtssinn und der Billigkeit des Richters, ohne erst seine Amtsführung untersucht zu haben. Der Staat wacht bes. über die Amts-E. seiner Beamten, da ehrenrührige Aussagen über die Amtsführung einer Amtsperson dieser das Vertrauen der Mitbürger entziehen, ohne welches er sein Amt nicht ausüben kann.

Der Ehrerweis ist eine eigentümliche Mischung von Vertrauen und Respekt. Wird der Respekt an die Person um ihrer individuellen Leistungen willen gerichtet, so kann der Ehrerweis in Servilität und damit zu einer Karikatur ausarten. - Für die Amts-E. gilt insbesondere, daß sie verlorengehen kann, wenn die Amtsperson aus Gründen mangelnden Wissens, Könnens oder Charakters im gegebenen Falle Unglück über die Menschen bringt, für die sie kraft ihres Amtes Verantwortung trägt.

Im übrigen muß unterschieden werden zwischen dem, der Gegenstand der Amtswaltung ist, und dem, für den das Amt verwaltet wird. Gegenstand der Amtswaltung etwa des Richters sind die Rechtsbrecher und die vom Rechtsbruch Betroffenen. Diejenigen, in deren Namen der Richter sein Amt verwaltet, sind dagegen in der Monarchie der König und in der Demokratie das Volk. Führt sich die Amtsperson ehrlos auf, ist nicht die E. derjenigen, die Gegenstand der Amtswaltung sind, verletzt, sondern die E. derjenigen, in deren Namen das Amt verwaltet wird (→ Revolution: II).

5. Die dargelegte Unterscheidung zwischen E. und Ruhm (s. 2) ist nicht zu allen Zeiten üblich gewesen. Im mythischen Zeitalter des Heroismus ist sie unbekannt (W.Kamlah). Dort kommt es auf die ungewöhnliche Tat an, weil sie dem einzelnen kraft ihrer Denkwürdigkeit Unsterblichkeit verleiht. In der griechischen Polis und im antiken Rom setzt die Anerkennung von E. und Ruhm voraus, daß die Leistung um des Staates willen geschieht. Darum ist die Tat Tugend und der Ruhm ihr Lohn, wie denn auch beispielsweise Rom, um dessen ewigen Bestandes willen die Tat geübt wurde, dafür sorgt, daß ihrer ewig gedacht wird. – Im Zerfall der mythischen Welt sondert sich der Drang nach Ruhm von der Hingabe ans Vaterland ab und steigt ins Unmäßige. Darum wird nun auch der Ruhm nicht vor den Nobilitäten, sondern nur vor der Masse erstrebt, und diesen kann man sich ohne Rücksicht darauf erwerben, ob die Tat eine Tugend ist oder nicht; sie muß nur groß und aufsehenerregend sein.

Verschieden für die verschiedenen Zeiten ist es auch, ob der E. oder dem Ruhm größeres Gewicht beigelegt wird. Im MA war das Gemeinsame das Entscheidende; dh die in der ständischen Gesellschaft bestehende Ungleichheit war nicht eine solche zwischen Individuen, sondern zwischen den Ständen (→ Stand). Daher lag im MA der Schwerpunkt auf der E., und zwar eben der Standes-E. Im 14. und 15.Jh. tritt in Italien eine Veränderung ein. Mit der einsetzenden Verschmelzung der Stände tritt das Individuelle in den Vordergrund, und damit zusammenhängend spielt der Ruhm die dominierende Rolle (Burckhardt). Und auch hier artet er dahin aus, daß alle Mittel bis hin zum Verbrechen in Anwendung gebracht werden, um den eigenen Namen in die Geschichte einzuschreiben. – → Selbstbehauptung, → Duell.

Vgl. die Abschnitte über die E. in den zusammenfassenden Darstellungen der →Ethik. – J.Burckhardt, Die Kultur der Renaissance, (1860) 1930 (GA Bd 5), 103ff – U.Knoche, Der römische Ruhmesgedanke (Philologus 89, 1934, 102–124) – W.Kamlah, Christentum u. Geschichtlichkeit, 1951, 281ff – R.Wittram, Über die E. (Eckart 22, Okt.-Dez. 1952, 24–31) – H.Reiner, Die E., 1956.

K.E.Løgstrup

Ehrenberg, *Friedrich* (1776–1852), * in Elberfeld, 1798 ref. Prediger in Plettenberg, 1803 in Iserlohn. In Berlin seit 1807 Hofprediger und 1834 Oberkonsistorialrat, Vertrauter Friedrich Wilhelms III.; begegnete mit → Ribbeck, zT aus Sorge um den Bestand der → Union, der Einführung der Agende (→ Agendenstreit) mit schwerwiegenden Bedenken (u.a. gegen Ordinationsformular, Nicänum, Athanasianum, Verpflichtung auf die FC). In seinen Predigten und geistreichen ethischen Meditationen versuchte E., stilistisch gebildet an den Klassikern, im Geiste der idealistischen Gefühlskultur auf Grund einer theonom begründeten Anthropologie den Vorsehungsglauben der Aufklärung durch eine vertiefte Sündenerkenntnis zu überhöhen; in seinen frühen Schriften überwiegt indes das Ziel der »Menschenforschung, die zur Menschenliebe führt«, einer durch Veredelung der Affekte bewirkten Erziehung zur Humanität.

E.s Schriften s. ADB V, 711 u. GG² VI, 226. – Über E.: E.Foerster, Die Entstehung der preuß. Landeskirche II, 1907 (s. Reg.).

E.H.Pältz

Ehrhard, *Albert* (14.3.1862 bis 23.9.1940), bedeutender kath. Patristiker und Hagiograph, * in Helbitzheim (Elsaß), † in Rom. Nach Studien in Straßburg und – seit 1884 als Priester – in Würzburg und Rom wurde E. 1889 Prof. der KG am Großen Seminar in Straßburg und an den Universitäten Würzburg (1892), Wien (1893), Freiburg/Br. (1902), Straßburg (1903) und Bonn (1920–27). E. war eine der eindrucksvollsten Gestalten der kath. Wissenschaft und trat energisch für einen optimistischen Kulturkatholizismus ein, für den er sich auch gegen die Enzyklika Pascendi (→ Reformkatholizismus) wandte (Der Katholizismus und das 20.Jh., [1901] 1902¹²; Liberaler Katholizismus?, 1902; Kath. Christentum und moderne Kultur?, 1906). Gleich hervorragend als Forscher auf dem Gebiet der altchristlichen Literatur wie als kritischer Darsteller der alten Kirchengeschichte. Seine Hauptwerke blieben unvollendet.

Vf. u.a.: Die altchristl. Lit. u. ihre Erforschung, 2 Bde, 1894/1900; Die griech. Martyrien, 1907; Die Kirche der Märtyrer, 1932; Die kath. Kirche im Wandel der Zeiten u. Völker I/1: Urkirche u. Frühkatholizismus, (1935) 1931³; I/2: Die altchristl. Kirchen im Westen u. im Osten I, 1937; Überlieferung u. Bestand der hagiograph. u. homilet. Lit. der griech. Kirche von den Anfängen bis zum Ende des 16.Jh.s I/1, 1937; I/2, 1938; I/3, 1, 1943 (= TU 50–52). – Über E.: B.Altaner, A.E. (HJ 61, 1941, 459–464) – EC V, 184f. *Ernst Wolf*

Ehrle, *Franz* SJ, Kardinal (17.10.1845 bis 31.3.1934), bedeutender kath. Mediävist, * in Isny (Württ.), † in Rom. E. wurde im Jesuitenpensionat Stella Matutina in Feldkirch erzogen, studierte als Jesuitennovize in Deutschland und England, wurde 1876 Priester und trat 1878 in die Redaktion der »Stimmen aus Maria Laach« (später: »Stimmen der Zeit«) ein. 1880 ging er nach Rom, gab mit H. → Denifle 1885–90 das »Archiv für Literatur und KG des MA« heraus, wurde 1895–1914 Präfekt der Bibliotheca Vaticana, die er reorganisierte, 1922 Kardinal, 1929 Bibliothekar und Archivar der Hl. Römischen Kirche. Ehrendoktor von Oxford, Cambridge, Münster, München, Köln, Tübingen und Löwen.

Vf. u.a.: Bibliotheca theologiae et philosophiae scholasticae selecta, 5 Bde, Paris 1885–94; Historia Bibliothecae Romanorum Pontificum I, Rom 1890; Le piante maggiori di Roma dei secoli XVI. XVII. e XVIII., Rom 1908–32; Der Sentenzenkommentar Peters v. Candia (FS Bh. 9), 1925; Der vatikanische Palast in seiner Entwicklung bis zur Mitte des 15.Jh.s I (mit H.Egger), Città del Vaticano 1935; zahlreiche Einzelarbeiten zur Gesch. u. Kunstgesch. u. Topographie Roms u. des Vatikans, zum Bibliotheks- u. Archivwesen. – Über E.: Festschr.: Miscellanea F.E., 5 Bde, u. Album (= StT 37–41), Rom 1924 – F.Pelster, F. Kard. E. als Bibliothekar der Vaticana (Sanct Wiborada, Bibliophil. Jb. 1, 1933, 134–149) – H.Finke, HJ 54, 1934, 289–293 – K.Brandi, NGG 1933/34, 1–9 – K.Christ, Zentralbl. f. Bibliothekswesen 52, 1935, 1–47 – M.Grabmann, H.Denifle u. Kard. F.E. (PhJ 56, 1946, 9–26) – EC V, 185ff. *Ernst Wolf*

Ehses, *Stefan* (9.12.1855 bis 19.1.1926), * in Zeltingen (Mosel), † in Rom, kath. Kirchenhistoriker, nach Studium in Würzburg und Priesterweihe (1883) Kaplan am deutschen Campo Santo in Rom, in Ehrenbreitstein und Koblenz, dann Pfarrer in Carweiler, seit 1894 Sekretär des Historischen Instituts der → Görresgesellschaft in Rom, Mithg. der RQ (1895–1905), Dr. theol. h.c. von Münster.

Vf. u.a.: Gesch. der Pack'schen Händel, 1881; Philipp v. Hessen u. Otto v.Pack, 1896; Röm. Dokumente zur Ehescheidung Heinrichs VIII., 1893; Hg.v.: Nuntiaturberichte aus Deutschland, 2 Bde, 1895/99; Concilii Tridentini Actorum partes I. II. V. VI (= Concilium Tridentinum, ed. Soc. Goerresiana, tom. IV. V. VII. IX), 1904 bis 1924. – Über E.: H.Bastgen, S.E. zum Andenken (RQ 34, 1926, 83–89) – S.Merkle, ZSavRG Kan.Abt. 16, 1927, 341f. *Ernst Wolf*

Ei. Das Ei ist Hauptsymbol für das Geheimnis der → Schöpfung (: I) und der Entstehung des Lebens. In allen Kosmogonien spielt daher das Bild vom Ei eine große Rolle. Der Mythus vom *Weltenei* (bezeugt in Polynesien, Melanesien, Indonesien, China, Japan, Indien, Iran, Phönizien, Nordeuropa, Griechenland, Ägypten, Afrika, Zentralamerika) erzählt, wie sich am Anfang aus dem Urchaos ein Ei bildete; nach einer anderen Version: wie das Ei von einem Riesenvogel ins Urmeer gelegt wurde. Es zerbrach, und aus den beiden Eihälften entstanden Himmel und Erde. Nach anderen Mythen, aber wohl in Anlehnung an den Mythus vom Weltenei, sind die Götter oder die ersten Menschen aus einem Ei hervorgegangen. Rê schwang sich in Vogelgestalt aus dem großen Ei Gebs und Nuts empor. Prajāpati kam aus einem goldenen Ei. Nach der polynesischen Mythologie blieb der Gott Tangaloa lange Zeit in Vogelgestalt im Innern eines Rieseneis, bis er es schließlich zerbrach, um aus seiner Schale Himmel und Erde zu schaffen. In Ozeanien wird angenommen, daß der erste Mensch aus einem Ei hervorgegangen sei. Die → Kosmogonie dient zugleich der Theogonie und der Anthropogonie als Vorbild.

Die Rolle des Eies im Brauchtum der Völker erklärt sich ebenfalls aus dem religiösen Schöpfungs- und Geburtsgedanken. Als Symbol des unerschöpflichen Urquells kosmischen Lebens sichert das Ei in den Kultbräuchen → Fruchtbarkeit, → Geburt, Erneuerung und → Wiedergeburt. In Persien sind bunte Eier ein speziellen Neujahrsgeschenk. Die farbigen Ostereier gehen wahrscheinlich auf ein Frühlingsfest zurück, an dem man das Wiedererwachen der Natur feierte. In Europa schmückt man den Neujahrsbaum, den Maibaum, den St.Johannis-Baum usw mit Eiern und Eierschalen. Diese Bäume bringen den meist mit Neujahrsmythen und -bräuchen in Verbindung stehenden Gedanken der Erneuerung und der kosmischen Fruchtbarkeit zum Ausdruck. Man legt in Finnland auch Eier in die Ackerfurchen, um die Fruchtbarkeit der Felder zu sichern, oder steckt sie in die ersten Erntegarben. Die Tscheremissen vergraben im gepflügten Acker ein Ei als Opfergabe an die Mutter-Erde. Eier gehören zu den bevorzugten Opfergaben für → chthonische Gottheiten. Ebenfalls finden sie häufig Verwendung in der → Totenverehrung; denn sie symbolisieren die ungebrochene Summe der Lebenskräfte und sichern die Rückkehr ins Leben. Hingegen haben ähnliche Erwägungen die Pythagoräer und Orphiker veranlaßt, ihren Anhängern das Essen von Eiern zu untersagen; das Ei sei ein Keim des Lebens und zugleich Symbol des kosmischen Kreislaufs, des ewigen Wiederbeginns des Lebens im Schoße des Todes. → Chaos.

F.LUKAS, Das Ei als kosmogonische Vorstellung (Zs. d. Vereins f. Volkskunde 4, 1894, 227-243) - A.BECKER, Zur Gesch. des Osterhasen u. seiner Eier (ebd 35/36, 1926, 174-178) - A.B.COOK, Zeus II/2, Cambridge 1925, 1020ff. 1033ff - HWDA II, 595ff - RGG² II, 44ff - ELIADE § 157 (Lit.) - RÄRG 162ff - M.MEISS, Ovum Struthionis (Studies ... for B.D.C.Greene, Princeton 1954, 92-101) - H.BAUMANN, Das doppelte Geschlecht, 1955, 268ff - H.v.SICARD, Das Ei im Märchen der Karanga (Anthropos 51, 1956, 905-948). *M.Eliade*

Eichendorff, *Joseph Frhr. von* (1788-1857), * auf Schloß Lubowitz bei Ratibor, † in Neiße, Dichter der → Romantik (: II). Nach Besuch des Breslauer Gymnasiums studierte E. Jura in Halle (1805, Begegnung mit Henrik → Steffens) und Heidelberg (1807/08), wo er auch → Görres hörte sowie Arnim und → Brentano kennenlernte. Obwohl schon 1811 Referendar in Wien (Verkehr mit Fr. → Schlegel), konnte er erst nach seiner Rückkehr aus den Befreiungskriegen in den Staatsdienst treten. Über Breslau, Danzig, Königsberg kam er (1831) in die Abteilung für kath. Kirchen- und Schulwesen des preußischen Kultusministeriums. Wegen eines Konflikts mit J.A.F. → Eichhorn nahm er 1844 seinen Abschied.

In E. kommt die Romantik zur Ruhe, denn sein Leben erhält Festigkeit durch den Beruf, seine innere Welt schließt sich durch den kath. Glauben. Wandern wird Sinnbild für die Pilgerschaft des Menschen durch die schöne Welt zu einem sie transzendierenden Ziel (»Der Pilger«). Sein Roman »Ahnung und Gegenwart« (1810 begonnen, 1815 gedr.) stellt einen Lebensgang durch die geistig-politische Welt Deutschlands während der napoleonischen Zeit dar. Der Held berührt Kreise des Adels und der Regierenden, nimmt am Tiroler Volksaufstand teil und verläßt schließlich die Welt, weil der Gegenwart der höhere poetische Sinn für jene Transparenz des Daseins abgeht. E.s Zeitkritik trifft neben den gesinnungslosen Modedichtern und dem ästhetischen Bürgertum seine adeligen Standesgenossen, welche die Aufgabe hätten, »alles Große, Edle und Schöne, wie und wo es auch im Volke auftauchen mag, ritterlich zu wahren«. Wie Arnim fordert er von ihnen Treue zur christlich-deutschen »Vorzeit«, die sich noch in Ruinen und dem Rhein, dem »Strom vergangener Zeiten«, bezeugt. Durch seine Christlichkeit wird E. nicht gehindert, die »schöne Welt« zu rühmen, jedoch unterscheidet er ihre selbstgenugsame Schönheit, der seine Helden meist im antikischen Italien verfallen (»Das Marmorbild«), vom deutschen Land mit seinen Wäldern, das über jene »Vorzeit« hinaus in die ewige Heimat weist. Nur der »Taugenichts« wandert, unberührt von Italiens Lockungen, auf das zum himmlischen Jerusalem verklärte Rom zu. – Dichtung soll nach E. »die Rinde der trägen Gleichgültigkeit brechen, die das Herz vom Himmel scheidet«; sie bedarf also nicht spezifisch christlicher Gehalte, wenn sie nur deutlich macht, daß dem Menschen die »schöne Erde« nur »geliehen« ist, und wenn sie im Dasein das Symbolische erschließt. E.s Sinnfülle verdichtet sich in seiner am Volkslied gebildeten → Lyrik, die mystische Bilder mitführt (Symbol der »Lerche« als des »Aufschwungs« zu Gott). Er variiert darin wenige Grundthemen: die »Sehnsucht« aus der Gebundenheit in die Fremde, wobei morgendlicher Aufbruch und Wanderschaft als Gottes Gunst erfahren werden (»Der frohe Wandersmann«); Einkehr am Abend, wenn die Welt verschwindet, in die Innerlichkeit des Gemütes und Erfahrung der Grenze (»Nachts«, »Mondnacht«); Überschreiten der Grenze beim Anbruch des »großen Morgens«, den E. mit Bezug auf → Runges »Tageszeiten« auslegt. – Der alte E. gewinnt weitere Überschau über Geschichte und Leben. Von jeher des Glaubens, daß das Leben nur ein Schauspiel sei, übersetzt er (1846-53) fünf Fronleichnamsspiele von → Calderón, darunter, auf → Hofmannsthal vorausweisend, das »Große Welttheater«. Als Literaturhistoriker (»Geschichte der poetischen Literatur Deutschlands«, 1857, u.a.) den Anschauungen des späten Schlegel verbunden, behauptet er, auch in Abwehr gegen den aufkommenden Sozialismus, den kath. Standpunkt. Der letzte Sinn der Romantik scheint sich ihm in der Rückkehr ihrer prot. Vertreter in die alte Kirche zu erfüllen.

Sämtl. Werke, hg.v. H.v.E., 1864; Sämtl. Werke, hist.-krit. Ausg. hg.v. W.KOSCH, 1908ff (unvollst.), Briefe: Hist.-krit. Ausg. Bd 12; Briefe E.s aus der Zeit d. Befreiungskriege, hg.v. F.SCHULTZ, 1920. - Über E.: J.NADLER, E.s Lyrik, 1908 - H.BRANDENBURG, J.v.E., 1922 - R.WEHRLI, E.s Erlebnis u. Gestaltung der Sinnenwelt, 1938 - W. EMRICH, E. (Germ.-rom. Monatsschr. 27, 1939, 192-207) - H.-E. HASS, E. als Literarhistoriker (Jb. f. Ästh. u. allg. Kunstwiss. 2, 1952 bis 1954, 103-177). *P.Requadt*

Eichhorn, 1. *Albert* (1856-1926), * in Garlstorf bei Lüneburg, † in Braunschweig, nach kurzer Pfarrtätigkeit in Göttingen arbeitend (1884/85), PDoz. für KG in Halle 1886, ao. Prof. 1888-1900, von 1901-13 in Kiel. Obschon seine geschwächte Gesundheit ihn an Publikationen hinderte, wirkte er durch persönliche Gespräche in Göttingen, Halle und Kiel auf viele ihm gleichgesinnte Freunde (u.a. → Wrede, → Gunkel, → Greßmann, → Troeltsch) und gehörte so zu den Mitbegründern der → Religionsgeschichtlichen Schule. In

Front gegen die einseitige Literarkritik ging es E. um die traditionsgeschichtliche Erforschung der Stoffe und Ideen, deren Denkvoraussetzungen gegen alle Sublimierung historisch gewürdigt werden müßten. → Bibelwissenschaft: II, 5.

Vf.: Athanasii de vita ascetica testimonia collecta, 1886; Die Rechtfertigungslehre der Apologie (ThStKr 59, 1887, 415-491); Das Abendmahl im NT, 1898. - Über E.: H.GRESSMANN, A.E. u. Die religionsgeschichtl. Schule, 1914 - G.W.ITTEL, Urchristentum u. Fremdreligionen im Urteil der religionsgeschichtl. Schule (Phil. Diss. Erlangen), 1956 - H.J.KRAUS, Zur Gesch. des Überlieferungsbegriffs in der at. Wissenschaft (EvTh 16, 1956, 371-387). *K.Galling*

2. *Joh. Albrecht Friedrich* (1779-1856), preußischer Staatsmann. Der aus Wertheim gebürtige Beamtensohn war seit 1800 im preußischen Justizdienst, seit 1806 am Kammergericht in Berlin tätig. Er gehörte führend dem Kreise der Reformer und Patrioten an, war eine der Koryphäen des »Tugendbundes« und hat 1813 an der Organisation der Landwehr entscheidend mitgewirkt. Von 1811-19 Syndikus der Universität (→ Berlin, 1), nach den Freiheitskriegen auch Mitglied des Staatsrates, ist er im Ministerium der auswärtigen Angelegenheiten zum Direktor aufgestiegen und hat sich 1831 bes. in den Verhandlungen über den Zollverein verdient gemacht. Durch seine Heirat gehörte er der am Hof gut angeschriebenen Theologenfamilie Sack an. 1840 berief ihn Friedrich Wilhelm IV. zum Nachfolger → Altensteins in das Kultusministerium. Im Zuge der vom König verfolgten Kulturpolitik hatte er eine Reihe von Maßnahmen zu verantworten (Entziehung der venia legendi für Bruno → Bauer, Absetzung Hoffmanns von Fallersleben), die seinem einstigen Ruf als Mann der Freiheit schadeten. Die Berufung → Schellings, der den Hegelianismus vernichten sollte, erwies sich als ein Fiasko. Es war keine Frage: der Mann, der einst an Schills Zuge teilgenommen, den Befreiungskrieg als Offizier im Stabe Blüchers miterlebt und auf dem Gebiete der Handelspolitik seine vielseitigen Kenntnisse bewiesen hatte, besaß als Leiter des Kultusministeriums keine glückliche Hand. Mehr als man es von seiner früheren Gesinnung her hätte erwarten können, folgte er den Wünschen des Königs. Beim Abschluß des → Kölner Kirchenstreites willigte er in die Einführung der → Missio canonica für kath. Theologieprofessoren und Religionslehrer. Von Mißerfolg war auch seine ev. Kirchenpolitik begleitet. Lutheraner und zugleich Anhänger der Union, bewegte er sich doch ganz auf der Linie der vom König und seiner frommen Umgebung gewünschten Richtung. Seine Bemühungen um den synodalen Umbau der Kirche sind völlig gescheitert. Man wird hier einen guten Teil der Schuld auch in der unruhigen und unklaren Haltung des Königs erblicken müssen. Mit dem Ausbruch der Märzunruhen ist E. von seinem Amt zurückgetreten. 1849 gehörte er noch dem Staatenhaus der kurzlebigen, von Preußen inaugurierten Union in Erfurt an.

ADB V, 737ff - RE V, 231ff - H.v.TREITSCHKE, Dt. Gesch. II, 1882, 617ff; V, 1894, 229ff - E.FRIEDBERG, Die Grundlagen der preuß. Kirchenpolitik unter Friedrich Wilhelm IV., 1882 - M.LENZ, Gesch. der Univ. Berlin II/2, 1918, passim. *K.Kupisch*

3. *Johann Gottfried* (1752-1827), ev. Theol., * in Dörrenzimmern (Hohenlohe-Öhringen), 1774 Rektor in Ohrdruf, 1775 Prof. für orientalische Sprachen in Jena, seit 1788 bis zu seinem Tode Prof. der Philosophie in Göttingen. Der vielseitig interessierte Gelehrte hat in zweifacher Hinsicht bleibende Bedeutung: Die kritischen Ergebnisse des 18.Jh.s (→ Astruc, J.D. → Michaelis) verarbeitend, Ansätze J.Chr. → Semlers sowie J.G. → Herders aufnehmend, hat er als erster historisch-kritische Forschung auf die ganze Bibel angewandt; und er hat den Begriff des → Mythus (nach dem Verständnis des klassischen Philologen Chr.G.Heyne [1729-1812]) in die Bibelwissenschaft eingeführt. - Vgl. → Bibelwissenschaft: I, 2a; II, 3, → Pentateuch, → Evangelien, synoptische, 1 b.

Vf. außer Werken zur Orientalistik, zur Lit.- u. Profangesch.: Urgeschichte (Repertorium [s.u.] 4, 1779, 129-256), 1790-93 in 3 Tlen hg.v. E.s Schüler J.PH. →GABLER; EinlAT, (3 Bde, 1780-83) 5 Bde, 1820-24[4]; Commentarius in Apocalypsin Joannis, 2 Bde, 1791; Einl. in die apokryphischen Schriften des AT, 1795; EinlNT, 5 Bde, 1804-27, 1. Bd 1820[2]; Die hebr. Propheten, 3 Bde, 1816-19. - E. gab 1777-86 das Repertorium zur bibl. u. morgenländ. Litt. (18 Tle), 1787-1801 als dessen Forts. die Allgem. Bibliothek der bibl. Litt. (10 Bde) heraus. - Über E.: RE V, 234ff - CHR.HARTLICH-W.SACHS, Der Ursprung des Mythosbegriffs in der mod. Bibelwiss., 1952 - HIRSCH IV. V (Reg.) - H.-J.KRAUS, Gesch. der hist.-krit. Erforschung des AT, 1956, 120ff u.ö. - Außerdem die Einl.en in das AT u. NT. *E.Kutsch*

4. *Karl-Friedrich* (1781-1854), Sohn von 3, Rechtslehrer in Göttingen, Frankfurt/O., Berlin. E. ist neben → Savigny Mitbegründer der historischen Rechtsschule, deren Methode er für die deutsche Rechtsgeschichte und das Kirchenrecht fruchtbar machte (Grundsätze des Kirchenrechts, 1831/33). Auf dieser Grundlage beruhen die weiteren großen Leistungen der deutschen Kirchenrechtswissenschaft (→ Kirchenrecht: II) von A.L.Richter bis Stutz.

J.F.v.SCHULTE, K.F.E., 1884 - RE V, 237f - RGG[2] II, 48. *H.Liermann*

Eichmann, *Eduard* (1870-1946), bedeutender kath. Kirchenrechtslehrer in Prag, Wien und München. E. hat als Rechtshistoriker vor allem auf dem Gebiet der Beziehungen zwischen Sacerdotium und Imperium im MA gearbeitet. Die Dogmatik des → Kirchenrechts verdankt ihm das in vielen Auflagen (zuerst 1923) erschienene führende moderne »Lehrbuch des kath. Kirchenrechts auf Grund des CIC«, nach E.s Tod von K. Mörsdorf fortgesetzt.

AkathKR NF 31, 1944-48, 109-113 - ZSavRG Kan. Abt. 34, 1947, VII-XII - Festschrift, 1940 (Bibliogr.). *H.Liermann*

Eichstätt

1. *Bistum.* Klostergründung des hl. Willibald OSB; Bonifatius schuf 741 oder 745 das Bistum. Anfang des 9.Jh.s folgten den Benediktinern die Domherren; seit dem 12.Jh. spielten diese eine immer stärkere Rolle in der Regierung der Diözese. Die Bischöfe werden Reichsfürsten. Heribert von Rothenburg (1022-42) gründete für die unter Otgar (847-80) aus Heidenheim hierher übertragenen Gebeine der hl.Walburga eine Benediktinerinnenabtei (s. 3). Bischof Gebhard I. (1042-57) wurde Papst (→ Viktor II.); Hildebrand gründete 1276 das Willibaldisstift. Die Willibaldsburg, im 14.Jh. vom Hohenzoller Bertold errichtet, war bis 1730 Residenz der Bischöfe. Von einer Reihe von Synoden (seit 1283) sind die Statuten erhalten. Durch die Reformation gingen weite Gebiete verloren. Martin von Schaumburg (1560-90) schuf ein trident. Priesterseminar. 1802 wurde das Hochstift, eines der reichsten von ganz Deutschland, säkularisiert, das Reichsbistum aufgehoben, 1821 ein Bamberg unterstelltes Landesbistum errichtet. Von neuem Aufschwung zeugen u.a. die Gründung eines Lyzeums als bischöfliche Philos.-Theol. Lehranstalt (1843), wo während des Kulturkampfes viele Theologen aus norddeutschen Diözesen studierten. Das Bistum zählt (1956) 597 Kirchen und Kapellen, darunter 225 Pfarreien, 478 Welt-, 103 Ordenspriester, 70 Alumnen, 190 Seminaristen, 13 männliche mit 232, und 110 weibliche Ordensniederlassungen mit 1287 Mitgliedern.

J.v.SAX, Die Bischöfe u. Reichsfürsten von E. 745-1806, 2 Bde, 1884/85 - RE V, 238f; XXIII, 363 - CathEnc V, 364ff - F.HEIDINGSFELDER, Die Regesten der Bischöfe von E. I-VI, 1915-27 - F.VONWERDEN, E. in der Geistesgesch. (Bayerland 31), 1920 - A. BRACKMANN, Germania pontificia II/1, 1923, 1ff - LThK III, 582ff - F.X.BUCHNER, Das Bistum E. Historisch-statistische Beschreibung..., 2 Bde, 1937/38 - AnnPont 1957, 234. *J.B.Aufhauser*

2. *Schottenkloster* Hl. Kreuz. Als Stifter gilt Dompropst Walbrun, der eine Kirche mit der Nachbildung des hl. Grabes erbauen ließ und hier zur Betreuung der Pilger iro-schottische Mönche aus St. Jakob in Regensburg ansiedelte. Das Kloster verwaiste, da schottischer Nachwuchs fehlte, Ende des 15.Jh.s. Seit 1623 Kapuzinerkloster.

J.HEMMERLE, Die Benediktinerklöster in Bayern, 1951, 41 - F.X. HOEDL, Kapuzinerkirche E., 1955 (Kunstführer Nr. 620).

3. *St. Walburg*, Benediktinerinnenkloster. 1035 anstelle eines alten Kanonissenstifts von Bischof Heribert gegründet. Vom Kloster Nonnberg bei Salzburg besiedelt. Bis Mitte des 14.Jh.s ausschließlich für Adlige, 1456 reformiert. Nach der Säkularisation 1806 Zentralkloster, 1835 als Priorat wiederhergestellt. Seit 1852 baute das Kloster in den USA nicht weniger als 22 Niederlassungen auf, seit 1914 ist es wieder Abtei.

Die Abtei St. Walburg, 1935 - J.LECHNER, Die spätmittelalterl. Handschriftengesch. der Benediktinerabtei St. W., 1937 - Die Wallfahrtskirche d. Hl. Walburga zu E., 1951. *J.Hemmerle*

Eid

I. Religionsgeschichtlich - II. Im AT - III. Im NT und in der christlichen Kirche - IV. Ethisch und rechtlich. - Zur Ergänzung → Meineid

I. Religionsgeschichtlich

Der E. ist eine Aussage, deren Gehalt über die Kraft des → Wortes hinaus durch Handlungen im Sinne von Bindungen gesteigert wird. Ursprünglich ist das Wort, mit der Sache identisch (zB Schöpferwort), schon kraftbegabt. Die Naskapi halten es daher noch heute für ausreichend und kennen den E. nicht (E.Lips, Das Indianerbuch, 1956, 229); doch ist er auch bei den Naturvölkern weit verbreitet (zB über Afrika hin: W.Schilde, Orakel und Gottesurteile in Afrika, 1940, XIIIf und Karte 3).

Handlungen, die die E.esformel begleiten, ihr gleichwertig sind und mit ihr ein Ganzes bilden, sind u.a.: Erheben der Hand oder einzelner Finger; Anfassen von Gegenständen (bevorzugt eigene Körperteile: → Haar, Bart, Haupt [daneben In-den-Arm-Schneiden, In-den-Finger-Beißen: China]; E.ring, Borsten des Ebers [germanisch]; heilige Schriften [auch christlich] usw); Treten auf → Steine; Schwur bei den Göttern (bei beliebigen, bei allen oder bei bevorzugten E.göttern [Varuna in vedischer Zeit; persisch Mithra: »Mithra-trügend« heißt zugleich »eidbrüchig«: Chant⁴ II, 226], wobei die Rolle des Sonnengottes [→ Sonne] unterschiedlich bedeutsam ist; auch bei fremden Göttern: E. Hannibals nach Polybios VII, 9), mitunter bevorzugt beim König bzw. Gottkönig (Zweistromland, Ägypten), oft bei kraftbegabten Dingen (Himmelskörpern, → Elementen im alten Sinne [dabei für Indien Feuerprobe (→ Gottesurteil) bezeugt], Flüssen [Styx], Steinen [Jupiter Lapis], Tieren, Szeptern, Waffen u.a.). Nicht selten ist der E. mit einem → *Opfer* verbunden (Griechenland: Nilsson, Gesch. d. griech. Rel. I, [1941] 1955², 139ff; in China weiße Tiere bevorzugt: Hahn, Pferd). Reinigungszeremonien, darunter Wasserbesprengung, können dem Opfer vorausgehen (durch altbabylon. Rechtsurkunden bezeugt). Bei alledem wird der E. (jedenfalls der assertorische, s.u.) gern an → heiligen Stätten abgelegt (→ Tempel; priesterliche Assistenz; Zweistromland; umgekehrt kann dort bei Liegenschaftssachen das Gottesemblem zur E.esleistung an das Grundstück gebracht werden).

Die E.esformel ist vielerorts (vielleicht ursprünglich) als *Selbstverfluchung* gestaltet. Dem at. Befund (→ Eid: II) gesellen sich u.a. Tatbestände der Naturvölker (Chant⁴ I, 164), Indiens (ebd II, 43), Chinas (E. der drei Schwurbrüder im Pfirsichgarten: Roman San-kuoh-chï Kap. 1) und des Zweistromlandes (exakte Ausdrucksparallele zur at. E.esformel: Šumma lā - 'im lō bzw. 'im) hinzu. Der Fluchcharakter der E.esformel wird durch den Sinn des sog. E.opfers bekräftigt: Im Falle des Meineides soll der Schwörende künftig ebenso getötet werden wie jetzt das Opfertier (Nilsson aaO 139f nach Livius I, 24). Zugleich wird er durch das Anrufen oder Anfassen von kraftgeladenen Wesen oder Gegenständen verschärft. Insofern ist der E. eine Sonderform des Ordals; freilich braucht bei Meineid die Strafe erst die Nachkommen zu treffen (griech.: Chant⁴ II, 355. 362).

Meineid wird daher gefürchtet und verdammt, am schärfsten in der Religion Zarathustras (Chant⁴ II, 244), aber auch in der Orphik (ebd 374). Um ihn zu vermeiden, gibt es noch im heutigen Volksglauben zahlreiche Praktiken, mit denen man den E. ungültig macht: bestimmte Hand- oder Fingerhaltungen, Vermeidung der direkten Berührung hl. Schriften usw (»Mystische Meineidszeremonien«: ARW 12, 1909, 50ff). Trotzdem war in Indien der Meineid zB gegenüber einer Frau oder zugunsten eines Brahmanen entschuldbar (J.Jolly, Recht und Sitte. Grundriß der indoarischen Philologie und Altertumskunde II/8, 1896, 144). Im Judentum kann man den E. im Interesse der Frömmigkeit suspendieren: R.Akiba »schwor es mit seinen Lippen und machte es ungültig in seinem Herzen« (Kalla R. 2); ähnlich im Islam (schon im → Koran beginnend: Pedersen 194ff). Hier treffen wir also Vorläufer der sog. reservatio mentalis (→ Lüge).

Die Gefährlichkeit des E.es hat bisweilen (keineswegs überall) zu seiner *Ablehnung* oder *Verurteilung* geführt. Im Zweistromland ist er in neusumerischer Zeit häufig verweigert worden. In Rom durfte der flamen Dialis nicht schwören (Edikt: Gellius X, 15. 31 [betr. auch Vesta-Priesterin]; Erörterungen darüber bei Plutarch, Quaest. Rom. 44). Ägyptische Weisheit des Neuen Reiches warnt vor Mißbrauch (Amenope 20, 12-14). Später formuliert dort Pap. Insinger 33, 17: »Wer eilt, einen E. zu tun, dessen Tod eilt.« Zusammen mit der eingangs genannten Haltung der Naskapi liegt hier Vergleichsmaterial zu Jesu Warnung vor (→ Eid: III), das zur Erklärung von Mt 5, 34ff (bzw. Jak 5, 12) mit herangezogen werden muß. Möglicherweise hat die Gefährlichkeit des E.es auch die Institution der E.eshelfer veranlaßt (zu diesen: R.Meister, E.eshelfer im griech. Rechte [RheinMus 63, 1908, 559ff]).

Seine trotz alledem weltweite Verbreitung und Lebensdauer verdankt der E. seiner *Funktion im Rechtsleben*. Dabei zeigen sich zwischen assertorischem und promissorischem E. in Verwendungsbereich und Formen erhebliche Unterschiede. Der erstere (Kläger-, Angeklagten-, Zeugen-E. usw) spielt in manchen Rechtskulturen (Ägypten, Zweistromland) als Beweismittel eine enorme Rolle, tritt aber anderwärts zurück (China, wo vorwiegend promissorischer E. vorkommt; in Indien wird weltliches Verfahren mit Indizienbeweisen vom göttlichen mit E.en unterschieden: Jolly aaO 142f). Der letztere (Vertragseide aller Art, darunter für Religionsgemeinschaften [Andania-Inschrift: Dittenberger, Sylloge³ Nr. 736]) ist dagegen etwa gleichmäßig verbreitet; außerdem zeigt er sich (zB im Zweistromland) weniger an Handlungen gebunden und wird zT bei anderen Wesen (Bedeutung des Königs neben den Göttern) geschworen. Im ganzen gesehen ist namentlich die Rolle des assertorischen E.es ein eindrucksvolles Zeugnis für die ursprüngliche Einbettung des Rechts in die Religion (aber auch für den rechtlichen Aspekt der Religion) und deren Fortwirkung bis heute.

Der E. hat auch für die religionsgeschichtlichen Phänomene der → Auferstehung bzw. → Entrückung und der Apotheose Bedeutung: Der *Zeugenbericht* von der Auferstehung des Romulus wird ebenso *beschworen* wie der von der Himmelfahrt bei der Kaiserapotheose (Ennius, Ann. I, 65f u. 110ff; Sueton, Augustus 100, 4; dazu E.Bickermann, ARW 27, 1929, 1ff und J.Leipoldt, ThLZ 73, 1948, 740).

ERE IX, 430ff - Fr.Thudichum, Gesch. d. E.s, 1911 - J.Pedersen, Der E. bei den Semiten, 1914 - HWDA II, 659ff - RGG[2] II, 49ff (Lit.) - RLA 305ff - E.v.Künssberg, Schwurgebärde u. Schwurfingerdeutung (Rechtswahrzeichen 4), 1941 - K.Amira-Cl.v.Schwerin, Rechtsarchäologie, 1943 - RÄRG 164. *S.Morenz*

II. Im AT

1. Im AT ist der häufigste E. der Versprechens-E. Er kann Nichtbehelligung zusichern, aber auch Rache androhen, Gelübde verstärken und die Erfüllung von letztwilligen Verfügungen, von Abreden und Verträgen garantieren. So kann er auch einen → Bund sowohl garantieren wie perfizieren. In der Rechtspflege spielt der E. eine Rolle als »Reinigungs-E.«; bei Schadensfällen aus einem Verwahrungs- oder Hütevertrag (Ex 22, 7. 10) oder bei gleichbewerteten Fällen (Lev 5, 21f) hat der Beklagte sich vom Verdacht auf rechtswidrige Aneignung freizuschwören, andernfalls er zu haften hat. Solchen dezisorischen Charakter hat nicht die Abiuratio Hiobs (c. 31), die, als »negative Beichte« dem sakralrechtlichen Bereich entnommen, die Begegnung mit der zu richterlichem Handeln angerufenen Gottheit vorzubereiten hat. Ob einer Täter ist oder nicht, soll der Ordal-E. ermitteln (→ Gottesurteil: II); so für den Fall der Zelotypie Num 5, 12ff. In der → Gerichts-Verfassung scheint auch der Prozeß-E. nicht unbekannt gewesen zu sein, durch den man beim Prozeßbeginn die Anerkennung des ergehenden Entscheides beschwören ließ. Auch religiöse Pflichten werden eidlich übernommen. Der Gott geleistete E. ist Kennzeichen der Bekenntniszugehörigkeit (Jes 45, 23f). Zufolge davon ist hinfort jeder E. beim eigenen Gott zu schwören, und E. bei anderen Göttern ist Zeichen von Apostasie (Dtn 6, 12f u.a.). In der Kultfeier erneuert der Kult-E. (Bekenntnis-E.) die Verbundenheit mit der »Lebenssphäre« der Gottheit (Jer 4, 1f; negativ: Hos 4, 15).

2. Auch Gott schwört. Den Vätern sichert er Landnahme zu, auch Volkwerdung und Bundestreue (dtn Stellen), David die Dauer seiner Dynastie (Ps 89; 132). Aber er droht auch unter E. Strafe an für Unglauben in der Wüstenzeit und Untreue in der Richterzeit (dtn Stellen). Er beeidet die Strafdrohung gegen Fremdvölker in der Prophetie, aber auch gegen Israel selbst oder Besondere darin. Solcher Gottes-E. begegnet bei Amos (4, 2; 6, 8), aber dann erst wieder am Ende vorexilischer Prophetie, bes. bei Hesekiel.

3. Der E. gehört nahe zusammen mit dem Fluch, dem Lossagungs- und vor allem Verwünschungsfluch. Die E.leistung kann unmittelbar die Fluchmacht als eine eidwidriges Verhalten absichernde Sphäre ins Leben rufen. Fluchsetzung kann aber auch eine zur E.leistung hinzutretende Handlung sein. Auf jeden Fall ist der Fluch das zu übernehmende E.risiko. Das prägen auch die Schwurformeln aus, mögen sie Fluchworte aussprechen oder nur angedeutet sein lassen. Der Fluch kann bei E.verletzung aus innewohnender Eigenmacht wirksam werden. Doch läßt bewußter Jahweglaube die Fluchwirkung eigens von Gott in Kraft gesetzt sein. Darum wird die Gottheit beim E. zum Hören, Wissen, Wachen, als Zeuge wie Schlichter angerufen. In geläufiger Formel beruft man ihr »Leben« beim E., aber auch das des Königs oder des E.nehmers, doch nie das eigene. Nur Gott schwört bei sich selbst und seinem Leben. Mit solcher Invokation sollte ursprünglich wohl das E.wort durch den Kontakt mit der fremden Lebenssphäre in seiner Lebenskraft gestärkt werden. Ein Kontaktgestus ist das Erheben der rechten Hand zum Himmel hin (vgl. BRL 503) und erst recht die Berührung des Zeugungsgliedes des E.-fordernden durch den E.leistenden (Gen 24, 3ff; 47, 9ff). Der E.stärkung kann auch eine begleitende Opferhandlung dienen (Num 5, 18; Gen 15, 7ff). Als lebendig gemachtes Kraftwort hat der einmal gesprochene E. unwiderrufbare Gültigkeit. Weihewort kann nicht entweiht werden. Doch kennt die spätere Zeit auch eine gewisse Auflockerung: Num 30, 4ff.

4. E.bruch und Meineid sind Frevel gegen Gott und rufen sein Einschreiten heraus. So fehlt es nicht an ernster Warnung und Mahnung (Jer 7, 9; Mal 3, 5; Ps 24, 4 u.a.), aber auch nicht an Sühnemöglichkeit für vorschnell und leichtfertig geschworene E.e. E.verfall führt einerseits zur »Polyorkie« (Sir 23, 9-11), andererseits zur Zurückhaltung vor dem E. (Qoh 5, 1ff; 9, 2), zur Ablehnung des E.es (→ Essener) oder zur Verschärfung der Anschauungen über den in der Tora zugelassenen E. (Dam 9, 8ff; 15, 1ff; 16, 6ff). Eine in aller Welt einzigartige E.kritik bringt aber erst das NT (→ Eid: III).

R.Hirzel, Der E., 1902 - J.Pedersen, Der E. bei den Semiten, 1914 - J.Hempel, Die israel. Anschauungen von Segen u. Fluch (ZDMG 79, 1925, 20-110) - EJud VI, 316ff - ThW V, 458ff - RLA II, 305ff - A.Vincent, La religion des Judéo-Araméens d'Eléphantine, 1937, 520ff - J.A.Wilson, The Oath in Ancient Egypt (JNES 7, 1948, 129-157) - E.Bikermann, Couper une alliance (Arch. d'hist. du droit oriental 5, 1950/51, 133-156) - F.Horst, Der E. im AT (EvTh 17, 1957, 366-384). *F.Horst*

III. Im NT und in der christlichen Kirche

1. Was Paulus als Gottes Offenbarung verkündigen und in göttlichem Auftrag ausrichten darf, das kann er nach 2Kor 1, 15ff zur Ehre Gottes mit Amen bestätigen (20) und vor der Gemeinde mit einem allen Zweifel ausschließenden Ja Ja (17) bekräftigen, dafür kann er - der Sache nach das gleiche - Gott zum Zeugen anrufen (18. 23). Der Abschnitt 2Kor 1, 15ff bietet den Schlüssel für das Verständnis der anderen eidlichen Aussagen des Paulus sowie für Mt 26, 63 und für das Amen am Anfang zahlreicher Jesuslogien: es handelt sich dabei stets um eine vor Menschen ausgesprochene Bestätigung göttlicher Weisung. Dem Amen Jesu entspricht in der Redeweise der Jünger nach 2Kor 1, 17 und den »E.esverboten« Mt 5, 37; Jak 5, 12 ein vor Gott und Menschen gültiges, durch Verdoppelung hervorgehobenes Ja bzw. Nein. Wer jedoch »schwört« - das bedeutet hier: wer Gott zum Zeugen für Tatbestände oder Zusagen anruft, die nicht eindeutig durch seine Offenbarung und seinen Willen bestimmt sind -, der tritt nach Mt 5, 33f über die Grenze zurück, die Jesus von den »Alten« scheidet; über Gott als Zeugen kann der Mensch nicht eigenmächtig - also magisch - verfügen. - Versteht man die E.esverbote primär als Wahrhaftigkeitsgebote, deren Befolgung dann den E. überflüssig machen soll (Ja = Ja), so hält es schwer, die Grenze der in ihnen enthaltenen Negation zu bestimmen; nach RGG[1] II, 241 zB wäre die »Zulässigkeit« des E.es als solche nicht bestritten, nach RGG[2] II, 51 dagegen hätte Jesus jeden E., ja jede Beteuerung verworfen.

2. Von einer radikalen Verneinung aller eidlichen Versicherungen (→ Justinus M., → Chrysostomus u.a.) haben die Kirchen meist Abstand genommen, wenn kirch-

lich gesinnte Staatsregierungen den E. als unentbehrlich erachteten. Da dann (neben dem mehrdeutigen Satz Hebr 6, 16) Jer 4, 2 zur wichtigsten biblischen Richtlinie wurde, verlor die Grenze zwischen Jesus und den »Alten« an Bedeutung; einer vollen Einbeziehung des E.es in den Bereich der psychologischen bzw. magischen Zwangsmittel der Staaten wurde insofern gewehrt, als die Kirche eine etwaige relaxatio iuramenti ihrer Glaubensentscheidung vorbehielt (CIC c. 320). Dieser Vorbehalt erwies sich freilich mehrfach als fragwürdig; die Reformatoren sahen in dem Recht der gottgeordneten Obrigkeit, E.e zu verlangen, keine besondere Gefahr. Angesichts der seither völlig veränderten Verhältnisse wurde dann aber zu wiederholten Malen eine Neubesinnung auf die kritischen Maßstäbe des NT angeregt.

H. Strathmann, Ist der gesetzliche E. noch haltbar? (Festg. f. Th. Zahn, 1928, 55-101) - ThW V, 177ff. 462ff - EKL I, 1029ff - O. Bauernfeind, E. u. Frieden. Fragen zur Anwendung u. zum Wesen des E.es (FKGG NF 2), 1956. *O. Bauernfeind*

IV. Ethisch und rechtlich

1. Ethische Beurteilung – 2. Im Recht der kath. und ev. Kirche – 3. Im staatlichen Recht

1. Im E. beteuert der E.geber gegenüber dem E.nehmer seine Wahrhaftigkeit und die Wahrheit seiner Aussage über vergangenes und gegenwärtiges Geschehen (assertorischer E., zB des Zeugen und der Parteien im Prozeß) oder die Einhaltung eines auf künftiges Verhalten bezogenen Versprechens (promissorischer E., zB als Dienst-E. des Staatspräsidenten, der Beamten, Richter oder als Soldaten-E.). Hierbei kommt die religiöse Fundierung des E.es zum Ausdruck in E.esformeln wie: »Sie schwören bei Gott dem Allmächtigen und Allwissenden...« - »...ich schwöre..., so wahr mir Gott helfe« (Zeugen-E. nach § 66c StPO, Dienst-E. des Beamten nach § 58 Bundesbeamtengesetz).

Die *ethische Beurteilung* des E.es wird maßgeblich von dem theologischen Sinngehalt des E.es und der Verwendung des E.es für Zwecke des Staates im Rahmen staatlicher Ordnung bestimmt. Theologisch bestritten ist schon die grundsätzliche Frage, ob der von der Obrigkeit den Christen abverlangte E. mit dem nt. Befund (→ Eid: III) zu vereinbaren ist. Für den politischen staatlichen Bereich der Welt und den Christen als Staatsbürger ist in Übereinstimmung mit den reformatorischen Bekenntnisschriften (CA XVI, GrKat zum 2. Gebot, FC, SD 12 und Heidelb. Kat. Fr. 101) die Zulässigkeit der E.esleistung durch den Christen grundsätzlich zu bejahen. Nur die Art und Weise des E.es, seine inhaltliche Bestimmung und Begrenzung können seine ethische Gültigkeit berühren.

Im Blick auf das persönliche Verhalten des E.gebers und sein Verhältnis zu Gott wird von theologischen Ethikern verschiedentlich in der Anrufung Gottes als Zeugen und Richters hinsichtlich der Wahrhaftigkeit und Treue des E.gebers die Anmaßung einer Verfügungsgewalt über Gott und für den Fall der Lüge und des Treubruches eine Blockierung göttlicher Gnade und Provokation des verdammenden Gerichts durch Verpfändung des ewigen Heils erblickt. Demgegenüber dürfte der positive Sinngehalt der religiösen E.esformel überwiegen, demzufolge sich E.nehmer und E.geber im E.esvollzug zu Gott als dem Allwissenden und Richter der Herzen bekennen und in der Erkenntnis, daß alles rechtmäßige menschliche Handeln auf Gottes Mitwirkung angewiesen ist, Gott als Helfer bei der Erfüllung der eidlich bekräftigten und übernommenen Pflichten anrufen. In diesem Sinn wird der religiöse E. in der theologischen Ethik geradezu als eine Form des Gebets aufgefaßt. Näher wird der Sinngehalt des E.es durch die Funktion der eidlichen Beteuerung und Verpflichtung im Rahmen staatlicher Ordnung bestimmt. Hier lautet das ethische Bedenken, daß im E. die Religion für profane Zwecke mißbraucht werde. Dieser Einwand schlägt schon gegenüber dem nach seinem in der Staatsverfassung zum Ausdruck gebrachten Selbstverständnis religiös neutralen Staat wie der Weimarer Republik (vgl. Art. 137 WRV) nicht durch. Vielmehr muß unter dem Blickpunkt christlicher Ethik für die Beurteilung des E.nehmers und seiner Funktion der Staat als die von Gott gestiftete Ordnungsmacht zur Erhaltung der von Sünde fortgesetzt bedrohten Schöpfung gesehen werden. Insofern dient der E.esvollzug mit der Auffindung der relativen Wahrheit (assertorischer E.) und der bekräftigten Verpflichtung zur treuen Erfüllung der die Ordnung und Sicherheit des Staates tragenden und erhaltenden Dienste (promissorischer E.) dem göttlichen Auftrag des Staates. In der religiösen E.esformel findet die theonome Begründung der staatlichen Autorität und Ordnung und ihr Bezug auf die Erhaltungsordnung Gottes Ausdruck. Dies gilt erst recht für die E.esforderungen der in Westdeutschland nach 1945 neu gebildeten Staatswesen, die weithin ihre Verfassungen ausdrücklich im Bewußtsein ihrer »Verantwortung vor Gott« aufgestellt (vgl. Vorspruch zum Bonner GG und die inhaltlich gleichlautenden Vorsprüche und Grundartikel der meisten neuen Länderverfassungen) und aus dieser Einstellung im übrigen auch im Rahmen eines neu verstandenen Verhältnisses von → Kirche und Staat die verantwortliche Beteiligung der Kirchen an wichtigen Aufgaben des öffentlichen Lebens ausdrücklich anerkannt haben.

Indem sich der E. an die Autorität Gottes wendet und damit auch auf Seiten des E.nehmers die Anerkennung einer höchsten Instanz voraussetzt, durch die seiner eigenen Machtbefugnis bestimmte Grenzen gesetzt sind, macht die religiöse E.esformel zugleich die Grenze des E.es deutlich. Dies wirkt sich vor allem für den promissorischen Dienst-E. aus. Die Bindungs- und Grenzfunktion der religiösen E.esformel sichert dem E.geber die unaufgebbare Möglichkeit zur Ausübung seiner letzten persönlichen Verantwortung gegenüber den Geboten Gottes in einem etwaigen Widerstreit mit staatlichen Anforderungen, ohne ihn dem Odium des E.bruches auszusetzen. Dem theonomen Verständnis des E.es widerspricht insbesondere jede eidliche Verpflichtung zu »unbedingtem Gehorsam« gegenüber einem Menschen oder einer Institution, wie sie in dem Soldaten-E. unter dem nationalsozialistischen Regime ausgesprochen war. Es wäre Blasphemie, wollte man im E. Gottes Beistand für die etwaige Übertretung seiner Gebote erbitten. In dem Widerstreit des religiösen E.es mit der eidlichen Verpflichtung zu unbedingtem Gehorsam war der Gewissenskonflikt für viele Soldaten des 2. Weltkrieges und insbesondere die Widerstandskämpfer des 20.7.1944 angelegt.

2. Eine eigene kirchenrechtliche Regelung des E.es hat nur die *kath. Kirche* ausgebildet (vgl. CIC cc.1316-1321). Der assertorische E. findet als Zeugen-E. und Parteien-E. vor allem im kanonischen Prozeßverfahren Anwendung. Als promissorischer E. ist der Amts-E. kirchlicher Würdenträger und Gerichtspersonen gestaltet. Vom promissorischen E. wird das → Gelübde (: IV) unterschieden, bei dem nicht einem Menschen, sondern unmittelbar Gott selbst ein Versprechen gegeben wird. Die Wirksamkeit jedes E.es hängt nach kanonischem Recht davon ab, daß er in veritate (Wahrhaftigkeit des E.gebers), in iudicio (richtige Erkenntnis vom Wesen des E.es) und in iustitia (Übereinstimmung des Beschworenen mit der Gerechtigkeit) geleistet wird. Mit der letztgenannten Voraus-

setzung hängt beim promissorischen E. eine strenge Akzessorität der E.esleistung gegenüber dem Gegenstand des Versprechens zusammen, derzufolge ein gültiger Versprechens-E. von vornherein nicht zustande kommt, wenn der Versprechensgegenstand ungerecht oder unsittlich ist. Im gleichen Zusammenhang erlischt die eidliche Bindung unmittelbar, zB wenn der Versprechensgegenstand sich wesentlich ändert oder ein sittlich höherwertiges Gut die Erfüllung des Versprechens hindert.

Im modernen Recht der *ev. Kirchen* ist verschiedentlich im Rahmen der Verfahrensordnungen für kirchliche Disziplinar-, Dienst- und Verwaltungsgerichte neben anderen Prozeßeinrichtungen der Zeugen-E. aus der staatlichen Prozeßordnung übernommen worden. Dabei ist es eine offene Frage, inwieweit sich die Abnahme eines E.es im Raum der Kirche selbst mit ihrem Auftrag vereinbaren läßt und inwieweit der Staat die Zuständigkeit kirchlicher Instanzen zur E.abnahme anerkennt und auch dem kirchlichen Gerichtsverfahren den Strafschutz des Meineidtatbestandes (§ 154 StGB) verleiht.

3. Innerhalb der *staatlichen* Rechtsordnung begegnet der E. im Staats- und Verwaltungsrecht vor allem als Verfassungs- und Verwaltungs-E. des Staatsoberhaupts, der Minister, Beamten, Richter und Soldaten. Im Bereich der Privatrechtsordnung und des Prozeß- und Konkursrechts spielt der E. eine besondere Rolle als Zeugen-, Sachverständigen-, Parteien-, Offenbarungs- und Schätzungs-E. Bis zur WRV von 1919 war grundsätzlich der religiöse E. allgemein verbindlich. Ausgenommen waren und sind noch nach geltendem Recht Mitglieder religiöser Sekten (zB Mennoniten), denen andere, ihrem Glauben entsprechende Beteuerungsformeln zu gebrauchen gestattet ist. »Konfessionelle« Ausgestaltungen der E.esformel wurden während des 19.Jh.s teils beseitigt (Juden-E.), teils dem Ermessen des E.gebers anheimgestellt (Katholiken-, Protestanten-E.). In Vollzug der verfassungsrechtlich garantierten Glaubens-, Gewissens- und Religionsfreiheit hat die WRV in dem – vom Bonner GG in Art. 140 übernommenen – Art. 136 IV den religiösen E.zwang aufgehoben. Damit ist jedoch keine Parallelisierung des religiösen und nichtreligiösen E.es vorgenommen worden, vielmehr kommt als Regel der religiöse E. zur Anwendung, solange nicht der E.geber ausdrücklich für sich die nichtreligiöse E.-formel in Anspruch nimmt. Im übrigen trägt die säkularisierte Form des E.es nicht nur dem Atheisten Rechnung, vielmehr kann zB beim Zeugen-E. auch der Christ aus Gewissensgründen den religiösen E. vor Gericht generell oder wegen des unbedeutenden Inhalts der Aussage im Einzelfall ablehnen.

Für die Rechtspraxis des täglichen Lebens kommt dem Zeugen-E. im Zivil- und Strafprozeß die größte Bedeutung zu. Der E. ist – wie es auch im geltenden Recht annähernd zum Ausdruck kommt – auf die für die Entscheidung wichtigen Aussagen und auf Beweislagen zu beschränken, in denen er für die Wahrheitsfindung unerläßlich ist. Von dem E. ist aber auch abzusehen, wenn etwa wegen der persönlichen Beziehungen zwischen dem Zeugen und dem Beschuldigten oder dem Verdacht der strafbaren Beteiligung des Zeugen an der abzuurteilenden Tat zu befürchten ist, daß er trotz des E.es nicht die Wahrheit sagen wird. Auf der anderen Seite kann einer von Theologen und Juristen verschiedentlich geforderten Abschaffung des religiösen E.es zugunsten einer einheitlichen religiös neutralen »feierlichen Beteuerung« schon aus der grundsätzlichen Sicht der theonomen Begründung staatlicher Ordnung nicht zugestimmt werden. Sie würde einer weiteren Säkularisierung des Rechtsbewußtseins und einer Minderung des Verantwortungsgefühls der Rechtsgenossen Vorschub leisten.

Problematisch muß freilich im Hinblick auf den religiösen Sinngehalt des E.es seine prozeßrechtliche Behandlung bleiben, wonach der das Beweisverfahren beherrschende Grundsatz der freien Beweiswürdigung durch das Gericht auch auf die beeidete Aussage Anwendung findet und daher dem Richter nicht verwehrt ist, im Einzelfall auch eine der eidlichen Aussage inhaltlich widersprechende unbeeidete Aussage einer anderen Beweisperson der Entscheidung zugrunde zu legen.

Zur E.esverletzung → Meineid.

RE V, 239ff – E. Friesenhahn, Der politische E., 1926 – HdR II, 164f – RGG² II, 52f – A. de Quervain, Die Heiligung. Ethik I, 1946², 346f – N.H. Søe, Christliche Ethik, dt. 1949, § 44 – F. Tillmann, Hdb. der kath. Sittenlehre IV/1, 1950¹⁴, 252f – W. Elert, Zur Frage des Soldaten-E.es (DtPfrBl 52, 1952, 385–387. 418–420. 453–455) – Eichmann-Mörsdorf II, 373f – W. Künneth, Politik zwischen Dämon u. Gott. Eine christliche Ethik des Politischen, 1954, 365f – O. Bauernfeind, E. u. Frieden (FKGG NF 2), 1956 (Lit.) – EKL I, 1027f – Ph. Hofmeister, Die christl. E.esformen, 1957. – Lehrbücher u. Kommentare des Prozeß- u. Staatsrechts.

G. Wendt

Eiferopfer → Gottesurteil: II.

Eigengesetzlichkeit der Lebensgebiete

1. Was mit der sog. E. d. L. gemeint ist, ist nicht ohne weiteres eindeutig. Es kann gedacht werden an den seit der Aufklärung deutlichen Prozeß der Ablösung aller Lebensgebiete von der christlichen Religion und Theologie, von der biblischen Offenbarung und der kirchlichen Tradition. Für die Wissenschaft und alle ihre Zweige, für die Ethik, für die Staatslehre und die Staatsleitung oder für das Recht sind nicht mehr biblische Normen und Prinzipien maßgebend, sowohl was das Erkennen als auch was das Handeln betrifft, sondern den Sachgebieten selbst immanente Gesetze und Normen. Es gilt heute – wenigstens innerhalb der Wissenschaft und der ev. Theologie, vielleicht noch nicht in den Gemeinden – als selbstverständlich, daß das biblische Weltbild oder geschichtliche Aussagen der Bibel für den Naturwissenschaftler wie Historiker, auch den christlichen, in keiner Weise mehr bindend sind. Sogar die wissenschaftliche Theologie betont und behauptet ihre E. gegenüber dem Dogma der Kirche. Derselbe Theologe, der sich (s.u.) innerhalb der Ethik leidenschaftlich gegen eine Lehre von der E. absetzt, wehrt sich u.U. als Exeget ebenso leidenschaftlich gegen jeden Einfluß vom Dogma oder von der Offenbarung her. – Bei solchem Verständnis der E. liegt kein Nachdruck darauf, daß nun schlechterdings jedes Lebensgebiet sein eigenes Gesetz hat. Es läßt sich das Prinzip bis dahin pauschalieren, daß Vernunft und Erfahrung die Gesetze für die erkenntnismäßige und tathafte Bewältigung der irdischen Wirklichkeiten sein sollen. – Kritisch ist gegenüber der Vorstellung von der E. d. L. in dem Sinne zu fragen, ob wirklich eine neutrale Vernunft von den Lebensgebieten Besitz ergreifen kann, oder ob diese nicht, wenn sie sich gänzlich von der christlichen Offenbarung lösen, zwangsläufig unter eine andere religiöse oder weltanschauliche Botmäßigkeit kommen.

Unter E. d. L. wird auch dies verstanden, daß Politik, Wirtschaft, Kunst usw jeweils ihr eigenes Gesetz haben und sich keinesfalls in gegenseitige Abhängigkeiten begeben dürfen. Wird die Kunst pädagogischen Zwecken dienstbar gemacht oder unter ethische Normen gestellt, ist sie schon keine Kunst mehr (L'art pour l'art). Echte Wissenschaft darf nur auf Wahrheitserkenntnis und Wirklichkeitserforschung abgestellt sein, aber nicht politischen Zielsetzungen untergeordnet werden. Der Wirtschaftler ist lediglich an die wirtschaftlichen Gesetze gewiesen und darf oder kann gar nicht ethische Normen gelten lassen; eine unter politischen Gesichtspunkten gelenkte Wirtschaft wird – wenigstens auf die Dauer – nicht funktionieren. – Die kritische Frage, die hier zu stellen ist, lautet: Stehen nicht alle Lebensgebiete in einem geschlossenen Lebenszusammenhang, und kann in einer gesunden Lebensordnung für die einzelnen Lebensgebiete nicht doch nur eine relative E. gelten?

2. Innerhalb der ev.-theologischen Ethik heute steht die Frage nach der E. d. L. in einem anderen, eingeengten Sinne zur Diskussion. Im wesentlichen wird nur verhandelt über die ethisch relevanten Lebensgebiete, speziell über Staat und Wirtschaft; und die Frage wird so gestellt: Stehen Staat und Wirtschaft in dem Sinn unter eigenen, etwa gar naturhaft-zwangsmäßigen Gesetzen, daß das christliche Liebesgebot oder überhaupt irgendeine ethische Norm hier völlig außer Kraft gesetzt sind? Das hieße: Im politischen Leben gilt die Staatsräson und geht es um den Erwerb und die Steigerung von Macht, in der Wirtschaft um den Erwerb von Gütern und den höchstmöglichen Gewinn. Da der Christ einerseits unter dem Gebot der unbedingten Gottes- und Nächstenliebe steht, andererseits als Staatsbürger politisch handeln und, um sein Leben zu fristen, wirtschaftend tätig sein muß, führt er danach eine Doppelexistenz. Amts- und Personsphäre sind auseinandergerissen, wobei noch zu fragen ist, welcher konkrete Raum für die Personsphäre, in der das Liebesgebot gilt, überhaupt bleibt. Die Lage in der heutigen ev. Ethik ist, da der Gedanke einer Doppelexistenz vor Gott absurd erscheint, so, daß maßgebende Theologen (Barth, Thielicke, Søe u.v.a.) die ganze Vorstellung von der E. d. L. scharf zurückweisen, und zwar auch und vor allem deshalb, weil die Königsherrschaft Christi und der Anspruch des Wortes Gottes auf die ganze Wirklichkeit unseres Lebens durch sie akut gefährdet sind. Da die Lehre von der E. d. L., namentlich wo sie innerhalb der luth. Theologie verhandelt wird, regelmäßig auf Luthers sog. Lehre von den beiden Reichen (→ Regiment, Geistliches und Weltliches) bezogen ist, ist diese Lehre Luthers mit in eine Krise gekommen. Freilich setzt Luther in seiner Lehre von den beiden Reichen die Welt der irdischen Ordnungen nur von dem biblisch offenbarten Gottesgebot (→ Bergpredigt) ab, nicht aber von einem natürlicherweise kundwerdenden Willen Gottes, schließt also eine Christonomie aus, läßt hingegen eine Theonomie (→ Autonomie) gelten.

3. Kein ev. Ethiker wird leugnen können, daß es mindestens eine Art technischer E. d. L. gibt. Von der Bibel her oder vom allgemein formulierten Liebesgebot aus (Mt 7, 12) lassen sich keine konkreten politischen Entscheidungen oder ökonomischen Maßnahmen ableiten. Dazu bedarf es politischer bzw. wirtschaftlicher Sachkenntnis und des Wagnisses, das der Staatsmann oder Wirtschaftsführer als eine Art säkularer Charismatiker auf sich nehmen muß. Die Vorstellung, daß mit Hilfe starrer »Gesetze« die weltlichen Lebensbereiche zu bewältigen wären, wird vor der Wirklichkeit des Lebens schwerlich bestehen können. Der Gedanke einer technischen E. d. L. reicht nicht aus, um mit der Problematik der E. d. L. fertig zu werden. Was der Christ nach außen hin, also in den Lebensgebieten bzw. Ordnungen zu tun hat, ist ihm ganz weitgehend vorgegeben. Es ist einfach so, daß die Bibel nicht Quelle aller Welterkenntnisse und Welterfahrung ist und auch nicht erschöpfend Auskunft darüber gibt, was der Mensch bzw. der Christ zu tun und zu lassen hat. Gott hat wirklich die irdischen Lebensgebiete der Vernunft überlassen. Der Christ steht in einer Welt, in der harte Sachgesetze gelten, die weithin im schroffen Widerspruch zur Liebe Christi stehen. Mithandeln kann er in dieser Welt nur, weil er glauben darf – allerdings auch wirklich nur *glauben* kann –, daß derselbe Gott der Liebe, der sich in Christus offenbart hat, die Sachgesetze der Lebensgebiete gesetzt hat. Ihm wird in solchem Glauben bewußt werden, daß Macht und Erwerb nicht Ziele, sondern Mittel sind, die der Lebenserhaltung und der Wohlfahrt der Menschen und Völker dienen sollen. Da diese Sachgesetze unlösbar mit dem Gesetz der Sünde und des Todes verschlungen sind, wird der Christ um der Liebe Christi willen sich auch je und dann gegen sie stemmen und »gegen den Strom schwimmen« müssen. Die Spannung, die während dieses Äons unauflösbar bleibt, wird er leidend, sich der Vergebung tröstend und auf den Jüngsten Tag hoffend zu tragen haben.

F.Naumann, Briefe über die Religion, 1903 – L.Kühn, Das Problem der ästhetischen Autonomie (Zs. f. Ästhetik u. allg. Kunstwiss. 4, 1909, 16–77) – G.Wünsch, Die Bergpredigt bei Luther, 1921 – Ders., Ev. Wirtschaftsethik, 1927 – Ders., Ev. Ethik des Politischen, 1936 – F.Kreis, Die Autonomie des Ästhetischen in d. neueren Philos., 1922 – F.Brunstäd, E. des Wirtschaftslebens, 1925 – F.X.Landmesser, Die E. der Kultursachgebiete, 1926 – E.Brunner, Das Gebot u. d. Ordnungen, (1932) 1939[4] – Ders., Gerechtigkeit, 1942 – A. Deutelmoser, Luther, Staat u. Glaube, 1937 – K.Barth, Eine Schweizer Stimme, 1945 – Ders., Christengemeinde u. Bürgergemeinde, 1946 – G.Ritter, Die Dämonie der Macht, 1947 – N.H.Søe, Christl. Ethik, 1949, 166ff. 330ff – Thielicke, ThE I, Nr. 10–35. 136 bis 181. 1783–1851 – W.Künneth, Politik zw. Dämon u. Gott, 1954 – S.Wendt, Gibt es eine E. des Wirtschaftslebens?, 1954 – F.Karrenberg, Versuchung u. Verantwortung in d. Wirtschaft, 1954 – ESL 319f. 921ff.

F.Lau

Eigenkirche ist eine Kirche, die einer Herrschaft auf Grund einer eigentumsähnlichen Stellung gehört.

1. Der (umstrittene) *Ursprung* der E. wird von der germanistischen Forschung (U. → Stutz und seiner Schule) von dem germanischen Hauspriestertum und dem Eigentum von Hofbesitzern, bäuerlichen Gemeinschaften und Dorfherren an den Kultstätten abgeleitet. Dafür spricht vor allem, daß im frühen MA zunächst nur kleine Grundbesitzer als Herren von E.n auftreten.

2. Das Recht der E. war *sachenrechtlich* gestaltet. Die Verfügungsbefugnis des Herrn wurzelte im Eigentum des Herrn an dem Boden, mit dem der Steinaltar – Zentrum der Kirche und Träger der Reliquien – fest verbunden war. Alle anderen zur Kirche gehörenden Sachen und Gerechtsame teilten als Zubehör das rechtliche Schicksal des Altars. Dieser mußte zwar vom Bischof geweiht werden, empfing aber seine Ausstattung durch den Herrn der E. Diese Dotierung der E. konnte der Herr seit Karl d.Gr. nicht mehr rückgängig machen. Die E. wurde damit zu einem »dauernd zweckgebundenen germanischen Sondervermögen« (Feine). Die Verfügungsbefugnis des Herrn blieb jedoch bestehen, so daß die E. vererbt, verschenkt, verpfändet und ideell geteilt werden konnte. Auch die verschiedenen Formen der mittelalterlichen Leihe konnten auf die E. übertragen werden. Die E. stellte einen nutzbaren Vermögenswert dar, weil der Herr die oft bedeutenden Einnahmen aus dem Kirchenvermögen, soweit sie nicht dem Unterhalt der Kirche und dem Gottesdienst zugewandt wurden, für sich behalten konnte. Auch die geistliche Leitung der E. lag tatsächlich in den Händen des Eigentümers. Das geistliche Amt an einer E. wurde meist durch einen vom Eigentümer bestellten Priester ausgeübt, der bis zur Zeit Ludwigs des Frommen oft ein unfreier Hintersasse war.

Das E.nwesen war im mittelalterlichen Europa sehr verbreitet und wurde von den verschiedenen Herrschaftsformen umfaßt, so daß man von grundherrlicher und königlicher, aber auch von bischöflicher und klösterlicher

E. sprechen kann; denn auch Geistliche und geistliche Korporationen konnten als solche Inhaber von E.n sein. In der Verfügungsgewalt des deutschen Königs über die Reichsbistümer fand das E.nrecht seinen Höhepunkt. - An dem letztgenannten Punkt setzte die Kritik der Reformkirche und bald darauf der Kampf der Päpste gegen das E.nwesen zunächst an. Mit dem Sieg des Papsttums im Investiturstreit (→ Kaisertum und Papsttum) wurde das königliche E.nrecht an den Bistümern erschüttert. Der Zerfall der E. im Bereich der niederen Herrschaften schließt sich an. Unter dem Einfluß eines späteren romanistischen Kirchenrechts wird das E.nrecht zum → *Patronat*, soweit es sich um Laienherren handelte, zur → *Inkorporation*, soweit die Kirche im Besitz einer geistlichen Gemeinschaft stand. Mit dem Untergang des E.nrechts verschwindet die eigenartigste Rechtsfigur, die germanisches Denken in das Kirchenrecht hineingetragen hatte.

RGG² II, 55 ff - FEINE 147 ff. 184 ff. 223 f. 233 f. 351 ff. 358 ff. 442 (Lit.). - Kritisch gegenüber der Stutz-Schule: R.HÖSLINGER, Die »alt-arische« Wurzel des E.nrechts in ethnologischer Sicht (Österr. Archiv f. Kirchenrecht 3, 1952, 267-273). - Zum Vergleich: K.GALLING, Königl. u. nichtkönigl. Stifter beim Tempel in Jerusalem (ZDPV 68, 1951, 134-142). *A.Erler*

Eigenschaften Gottes (*Eigenschaftslehre*)

1. Die E.L. im altkirchlichen Bereich - 2. Die E.L. im ostkirchlichen Bereich - 3. Die E.L. im kath.-scholastischen Bereich - 4. Die E.L. im prot. Bereich: a) In der Reformation - b) Im 17. und 18.Jh. - c) Im 19. und 20.Jh. - d) Die Dogmatik der Gegenwart - e) Die Grundzüge der dogmatischen Arbeit an der E.L. - E.G. = Eigenschaften Gottes; E.L. = Eigenschaftslehre

1. Die gesamte Spätantike wird durch dualistische Wesensmystik - abstrakte Gottesmonade und attributiver Hypostasenkranz - gekennzeichnet. Unter der Losung: »Wir und die Griechen haben denselben Gott« (Clem. Alex. strom. 6, 5, 39) bekennen sich die Christen zur μονάς der → Pythagoräer (Hippolyt ref. 6, 29) und erwägen mit Platonikern und Stoikern, wie E.G. möglich seien. Das Judentum weiß die Gottestranszendenz über dem Kreis der Hypostasen (Weisheit, Glanz usw). Der hellenistische Pantheos erscheint im Kreis der Attribute von 20 verschmolzenen Göttern, die mystische Gottheit (O.Spann) Platos (ἄποιος, ὑπερούσιος, ἐπέκεινα τῆς οὐσίας, de rep. VI, 509b; ebenso Justin apol. II, 6; dial. 3 f) über der »Gemeinschaft der Ideen«. Erst sie sind attributives »seiendes Sein«, in der »Teilhabe« mit den Menschen kommunizierend; aus ihrer mystischen Schau »nährt sich die Seele« (Parm. 131 a ff; s. 2). Die aus emanierten Lichtringen bestehende, hierarchisch mit → Hypostasen, Göttern, → Dämonen, → Heroen (später → Engeln, Heiligen [→ Heiligenverehrung], → Märtyrern) besetzte »Trombe« des synkretistischen → Neuplatonismus kennen schon die Apologeten: »Wir Christen sind eigentlich auch Polytheisten. Wir glauben nämlich an die Gotteshypostasen Licht, Schönheit, Geist, Kraft, an einen Sohn Gottes, an den Geist, an Engel« (Athenagoras leg. 8-10). μονάς ὁ ἑνάς bekennt → Origenes und setzt das göttliche Ineffabile jenseits des zeitlos kreisenden Geister- und Wertereiches an (de princ. I, 1, 6). Als → Eunomius (seit 360) Gott im einzigen Attribut der ἀγεννησία (Aseität) mystisch ergreifen wollte (alle anderen E.G. sind Synonyme), prägten → Gregor von Nyssa (contra Eunom. 12), → Gregor von Nazianz (orat. 28, 17) und → Basilius d.Gr. (ep. 234) die Theologie der absteigenden, physikotheologisch greifbaren »Energien«. → Johannes Damaszenus schließt die Entwicklung für 6 Jh.e: nur die *Beziehungen* der Gottesnatur sind aussagbar (de orth. fide I, 1). Die weit nachwirkenden »drei Wege« des → Dionysius Areopagita stellen mehr unionsmystische Methodik (E.Brunner) als E.L. dar.

2. Die Lehre von den E.G. (Allmacht, Weisheit, Liebe usw) erscheint im Bereich der *orth. Kirche* als Lehre von den göttlichen »Energien«. Ihre als »Gottheit« bezeichnete Gesamtheit ist von der eigentlichen »Überwesenheit« Gottes zu unterscheiden. Im → Hesychasten-Streit setzte sich die Lehre des Gregor → Palamas durch (Synoden von Konstantinopel 1351/52). Aus dem unerkennbaren »ewigen Quell« emanieren die Energien als mitteilbare Theophanien. Sie verglühen zum »Taborlicht«, das dem Mystiker (dem ὀμφαλοψύχος der Palamas-Gegner) in der Ekstase erscheint. Die Doppelung Gottes ist zwangsläufige Folge aller mystischen Religionsbildung.

3. Die dem kirchlichen Osten monistisch-panentheistisch erscheinende *Seinsmetaphysik* des *Westens* (Gott ist das Sein selbst: simplex omnino et incommutabilis substantia; Denz. 1782) setzte sich in der E.L. vom Osten ab, als sie den mystischen Dualismus des → Gilbert de la Porrée (Deus-divinitas; pater-paternitas; essentia-attributa) verdammte (Reims 1148). Das dogmatische Entfaltungsproblem ist dem der panentheistischen Strukturen (→ Spinoza) verwandt: Die E.G. sind mit der göttlichen Substanz wie unter sich real identisch (Denz. 703); andererseits haben durch die → Analogia entis »die von uns formulierten E.G. reale Gültigkeit« (P.Parente). Setzt man die erste Position absolut, so verblaßt die Gültigkeit der E.G.; legt man auf die zweite Gewicht, so zerfällt die gottheitliche Einfachheit und Einheit. Häresien des ersten Extrems sind der mittelalterliche → Nominalismus (seit → Maimonides), der (schottische) → Agnostizismus (Kant, W.Hamilton, M.L.Mansel) und der röm.-kath. Modernismus (→ Reformkatholizismus). Prototypischer Häresiarch des zweiten Extrems ist Joh. → Duns Scotus, der mit der Annahme verschiedener, jenseits des Denkens in der deitas actualiter vorliegender Seinsformalitäten (distinctio formalis) das »simplex omnino« zerstört. Die anerkannte Begriffsmetaphysik des mittleren Thomismus verwirft den realen, logischen und formalen Unterschied der E.G. zugunsten einer distinctio virtualis minor. Der »Ozean des Seins« spiegelt sich in den Konzepten unseres endlichen Geistes »sub rationibus multis et diversis« (S.Th. I q. 3 a. 4), von denen jede jede impliziert. Auch mit den trinitarischen Relationen (= »Personen«) - dem kreisenden metaphysischen Seinsstrudel der immanenten generatio activa et spiratio activa (Vaterschaft), der generatio passiva et spiratio activa (Sohnschaft), der spiratio passiva duplex (Geistrelation) - sind die E.G. real identisch. Obwohl die → Trinität (: III) »nach außen« (ökonomisch) nur als Einheit wirkt, kann man so per appropriationem einzelne E.G. aus dem Apriori einer einzelnen Seinsrelation ableiten (zB Allmacht aus der Vaterschaft). Der natürliche Verstand ist nicht nur zur (abstraktiven) Erkenntnis, sondern auch zur dialektischen Demonstration der E.G. fähig - schon → Tertullian addierte biblische und stoische E.L. recht gewaltsam (adv. Prax. 7-12). Das theophilosophische Studium der Analogia entis soll den Agnostizismus vernichten. Der formale Rückbezug auf die östlichen Väter erweckt den Eindruck einer de facto nicht vorhandenen Kontinuität der E.L.; die Hyperusie der Griechen wird seinsmetaphysisch überblendet. Der in Herman → Schell 1899 indizierte Versuch, die E.L. in revolutionärer Weise aus einem selbstwirklichen, denk- und willensmächtigen, personalen, göttlichen Geistleben abzuleiten, hat in Deutschland heute wieder Anhänger.

4. Nach *prot.* Perspektive rechtfertigt die Schrift weder Wesensmystik noch Seinsmetaphysik. Der biblische Gottesbegriff (→ Gott: II. IV) muß die alte E.L. ins Fließen bringen, wird aber von den beiden Typen des mystischen Hypostasenkranzes wie der attributiven Wogen im Seinsmeer unter kirchlichem Traditionsdruck und reli-

gionspsychologischem Kategorienzwang fortlaufend bedroht. Schon diese Voraussetzungen führen zu Mischtypen, deren Zahl und Undurchsichtigkeit weiter dadurch gesteigert werden, daß es nur eine geringe (immer gleiche) Zahl von Attributen gibt, unter denen sich aber in nuce die Gesamttheologie des jeweiligen Bearbeiters verdichten muß. Die Interpretation der E.L. setzt notwendig → Trinitäts-Lehre, → Christologie, → Anthropologie, Kosmologie (→ Weltbild) voraus und kann nur auf Grund konkreter Vorverständnisse und -entscheidungen innerhalb der Problemkreise der → Analogia entis, → natürlichen Theologie und → Erkenntnistheorie, des → Agnostizismus und → Anthropomorphismus, von Gesetz und Evangelium (→ Gesetz: V. VI) usw erfolgen. Das im prot. Feld erscheinende »Chaos« (K.Barth) steht eher im Zeichen geistlicher Tragik als des »Humors«. Eine umfassende Darstellung der E.L. wäre mit einer universalen Theologiegeschichte identisch. Es können deshalb nachstehend nur die wichtigsten inhaltlichen Anstöße angedeutet werden. Theologiegeschichtlich bedingt sind auch die vielen, hier nicht darstellbaren Einteilungssysteme der E.G. (vgl. RE VI, 798ff): Allmacht und Allwissenheit müssen bei G.Thomasius zB attributa relativa sive transeuntia sein, weil sich die zweite Gottperson »kenotisch« von ihnen trennte.

a) Bei → *Luther* (ähnlich bei → Melanchthon und Schülern) verblaßt die traditionelle E.L. Der Grund liegt nicht einfach in einer neuen Personal- oder (skotistischen) Willensmetaphysik, sondern in einem aktualisierten biblischen Transzendenzbezug (gegen die Seinsmetaphysik) und einem ebensolchen Christusbezug (gegen die Wesensmystik). Im existentiellen vorkantischen »pro me« (H.J.Iwand) zum dritten werden die E.G. Wirklichkeit: »Illud est vere novisse Deum, nimirum in πράξι *experiri,* quod solus sit sapiens...« (WA 44, 592). Gott ist andringender freier Wille (»heroicus sine regula«, WA 43, 646), er ergreift, verwandelt den Menschen, macht ihm sich so zugänglich, macht sich zum »Deus visibilis, sensibilis, apprehensibilis« (WA 43, 404). Gott offenbart *sich* selbst und sich *selbst*: »Ich will mich klein machen, ut me possit apprehendere« (WATR 2, 224). Das geschieht in Christus, und darum soll man Augen und Ohren vor Himmel und Erde verschließen (WA 40/II, 304). In ihm sind Allmacht, Weisheit usw zugedeckt, aber real wirksam-offen liegt der »Feuerofen ...solcher Liebe, die Himmel und Erde füllet« (WA 36, 425). Vor allem die Gnade kann als Inbegriff der göttlichen Wirkschaften aufgefaßt werden (WA 40/I, 353); sie ist der wirksame Gott selber (WA 40/II, 424). Es gibt nur *einen* Willen, auch den verborgenen tut Gott dem Glaubenden auf. Freilich verwendet Luther metaphysische Rahmenbegriffe, wenn er wissenschaftlich schreiben und Gott im Zusammenhang der Welt denken will. In »De servo arbitrio« ist strittig, ob er eine unbiblische »potestas absoluta« nur voluntaristisch färbt. Sonst aber bedeutet »Allmacht« nicht, daß Gott vieles, was nicht geschieht, wirken könnte, sondern daß er (biblisch) alles wirkt, was überhaupt geschieht (WA 18, 718). - Bei → Zwingli zeigen sich neuplatonische Elemente; → Calvin streift die E.L. nur und bringt biblische Bezüge (Inst. I, 16, 3 zur »lebendigen Allmacht«).

b) Die *altprot.* → *Orthodoxie* ist mit der prot. Schulmetaphysik unlösbar verbunden, die die Werke der spanischen Jesuiten Fonseca, → Suarez, Mendoza, → Vazquez usw mit »fast kanonischer Geltung« zu zitieren pflegt (E.Lewalter, F.Weber, P.Petersen, K.Eschweiler, W.Dilthey, M.Wundt). Entsprechend erscheinen die dogmatischen νοήματα, ἀξιώματα usw Gottes als conceptus, in denen sich die deitas nostro concipiendo modo und sigillatim abspiegelt. Die E.G. werden »formaliter« (nicht skotistisch, sondern virtuell gedacht) voneinander und von der essentia divina unterschieden. Jedoch vollzieht sich bis zum Spätbarock unter scholastischen Formalbegriffen eine deutliche Wendung zum ostkirchlichen Typus der E.L. Gott ist unter dem virulent werdenden kopernikanischen Schock barockmystisch ungreifbar geworden; in präsentischer Betroffenheit erzittert der Mensch unter dem »Toben« der großen Hypostasen: Ewigkeit, Zorn, Allmacht. Dem Heilsziel der → unio mystica in der hochbarocken analytischen Dogmatik entspricht die umfassende Rolle der »drei Wege« des Areopagiten (s. 1). Starken Einfluß auf die Dogmatik (→ Philosemitismus) übt die Hypostasen-Mystik der → Kabbala aus. Der ontologische Deismus entfaltet in Christian → Wolff unermüdlich seine E.L.: »Güte Gottes« heißt, daß »diejenigen Dinge zur Wirklichkeit gebracht werden, die nach ihrer Art die größte Vollkommenheit haben«; »Herrlichkeit« bedeutet »Bezirk« (Summe) des konstruktiven maschinistischen Weltintellekts. Um 1680 bricht, von Britannien kommend, die mächtige physikotheologische Bewegung der europäischen Früh-→ Aufklärung (: III) ein. Sie steht im Zeichen des kabôd-doxa-Komplexes und des theologischen Zirkels: Aus inadäquaten Naturobjekten und Sektionsbefunden, die die »Herrlichkeit« reflektieren (enlightenment, éclairance, Auf-Klärung), leitet sie unaufhörlich hymnisch-doxologisch sämtliche E.G. ab. Die Neologie inauguriert eine eigentümliche (areopagitische) Angelologie: Gott wirkt durch Hypostasen-Hierarchien. Die Spätaufklärung setzt die Ausläufer des barocken Rationalismus (Wolff, s.o.) fort.

c) Der Einfluß → Kants rückt Gott in die Ferne (s. 3), verwehrt den metaphysischen Überstieg und verleiht in weit wirkender Weise dem Sittengesetz den Rang einer obersten attributiven Hypostase (A.Ritschl, Die christl. Lehre von der Rechtfertigung und Versöhnung I, 1888³, 429. 431ff; Kulturprotestantismus; → Liberale Theologie); selbst R. → Otto »schematisiert« im »religiösen Apriori« das neuartig erschlossene Ur-Attribut des »Heiligen« noch am Sittengesetz. Romantische und restaurative Theologie erfüllen die überkommenen seinsmetaphysischen Formalbegriffe mit relativ angemessenem Inhalt. Für → Schleiermacher bezeichnen die E.G. nicht etwas Besonderes in Gott, sondern nur etwas Besonderes in der Art, das schlechthinnige Abhängigkeitsgefühl auf Gott zu beziehen (Glaubenslehre §§ 50-56; ähnlich C.I. → Nitzsch). In einflußreicher Weise diskutiert → Hegel die E.L. (Werke [ed. Lasson] 12, 1f; 14, 55. 74) und systematisiert die theologischen Lösungsversuche (ebd 15, 13ff; Werke [ed. Glockner] 8, 103ff; 19, 483). Die Religion, die ja nur »vorstellt«, muß versagen. Allein die Kategorien des Logos (Sein, Unendlichkeit usw), dialektisch-spekulativ zur lebendigen Einheit verbunden, werden »Begriff«: Selbstbewußtsein des absoluten Geistes, da der Wissende das Gewußte ist. Die attributive Hauptkategorie Gottes ist das »wahrhaft Unendliche«, die koinzidierende Aufhebung des schrekkenden Gegensatzes von Endlichkeit und Unendlichkeit (Werke [ed. Lasson] 12, 148). Diesen Versuch, Denken und Sein zu identifizieren, bekämpfte → Kierkegaard als »Betrug« Hegels, aus dem er zur existentiellen Reformation der E.L. aufruft: »Warum haben die Menschen gewöhnlich eine so phantastische Vorstellung von Gott? Weil sie nicht einsam leben. Der eine macht dem anderen angst und bange vor Gott, dem allzu Großen... Wer in der Welt so gelitten hat, daß er einsam wurde, dem wird es leicht fallen, Gottes unendliche Hoheit zu denken und sich dabei doch wie ein Kind zum Vater zu verhalten. Ein solcher Mensch wird erfinderisch bei der seligen Beschäftigung mit dem Gedanken, wie Gottes Größe im

Verhältnis zur Sorge um das Kleinste zunimmt...« (Tagebücher, ed. Heiberg-Kuhr, 222). Die europäische theologische Präsentik seit den 20er Jahren unseres Jh.s kämpfte gegen Hegel, Pantheismus, Kulturprotestantismus und jede mystische Überschreitung der Kreaturgrenze. Trotzdem entstand eine eigentümliche relative Analogie zur hochbarocken und ostkirchlichen Situation, wenn unter Berufung auf O. → Spengler, → Laotse und Meister → Eckehart (F.Gogarten) Gott in die Ferne einer neuartigen Hyperusie (»Gott ist Gott«) rückte, Christus die exklusive Summe der θειότης wurde und die großen Hypostasen »Zorn«, »Ewigkeit«, »Krisis« (»realized eschatology«) den Menschen inmitten jener Grenzsituationen »stellten«, die die existenzphilosophische und existenzdichtende (→ Rilke) Präsentik auf ihre Weise zu verdeutlichen suchten.

d) Die prot. Dogmatik der *Gegenwart* wurde durch H.Cremer auf den »Dieu des Philosophes« in der E.L. aufmerksam und erschrak über ihre »völlige Ahnungslosigkeit« und das »Maß der Verwüstung und Verheerung« der E.L. (E.Brunner; vgl. die Differentialdiagnose des Katholiken J.Hessen). Hier finden nicht nur P. → Tillichs ontologische »Symbole«, sondern auch Barths »Vollkommenheiten«, die relativ milde Wertung der »viae« des Areopagiten u.a. Kritik. Wo die Verkehrung des Glaubens in die Hybris objektivierenden Wissenwollens von Gott bewußt bekämpft wird, wird mitunter auch der Begriff der »E.G.« radikal preisgegeben (Stephan, P.Althaus) und unter der Akt-Kategorie das erfahrene Handeln Gottes mit uns, in dem er uns selbst berührt, verkündet. Andernorts werden die Traditionsbegriffe ebenso radikal uminterpretiert: In seinen Eigenschaften hat Gott nicht »etwas«, sondern sich selbst erschlossen; seine Offenbarung macht sie zu dem, was sie sind, seine Kondeszendenz ist seine Eigentlichkeit. Er »akkommodiert« sich uns, unsere »nach oben offene« Redeweise ist eine »anhypostatische« (O.Weber). Die Selbsterschließung Gottes in Christus wird ebenso betont, wie die Deduktion der E.G. aus den Gottes-Namen im allgemeinen aufgegeben ist. Nach K.Barths umfangreicher E.L. ist Gott selbst mit seinen »Vollkommenheiten« identisch. In zwei Kreisen werden die E.G. paarweise angeordnet, die innere Identität der Paare und Kreise unter sich und mit der Christusoffenbarung demonstriert, einzelnes aus dem Apriori der immanenten Trinität deduziert (Gott koexistiert innertrinitarisch und deshalb auch in »ökonomischer« Allgegenwart). Obwohl die abschließende Erörterung der Schönheit Gottes nur als Hilfsbegriff der Herrlichkeit eingeführt wird, hat sie als Platonismus Widerspruch gefunden.

e) Auch in Zukunft werden das Kräftefeld des spätantiken, scholastischen und biblischen Gutes wie dogmatische und konfessionelle Vorentscheide die E.L. bestimmen. Wo der Wille zur Differentialdiagnose besteht, wird freilich wohl sichtbar werden, daß Wesensmystik und Seinsmetaphysik strukturanalytisch keinerlei Geschichtsbezug haben, nach der Schrift aber der sich offenbarende Gott sein Volk im Sich-Erschließen durch die Geschichte bringt und selbst in sie eingeht (ein auch durch Akt- und Personalkategorien nicht zu deckendes Faktum). Von »E.G.« im traditionellen Sinne vermag die biblische Wissenschaft heute nicht zu sprechen. Hier entstehen Bedenken angesichts von Versuchen in der neueren prot. Theologie, idealtypisch jede Eigenschaft Gottes in jede aufzulösen. Gewiß ist (anti-skotistisch) Gott Einer, aber gerade darum ist die Einheit der E.G. Gott selber und nicht die Funktion der logistischen oder dialektischen Auflösung seiner »Eigenschaften« ineinander. Die wieder errungene (biblisch-reformatorische) Erkenntnis, daß in den »E.G.« Gott selbst als der Andringende widerfährt, müßte die Homogenisierung (s. 2. 3) dieses zukommenden Er-Selbst ausschließen. Mit Recht wird heute in der E.L. die »Herrlichkeit« (kabôd-doxa-Komplex) als »Summe« der zukommenden Gotteswirklichkeit betont. Die Strahlen dieses kabôd aber fallen nach der Schrift heilsgeschichtlich-geschichtlich parallel ein und schneiden sich erst jenseits der Transzendenzgrenze. Jeder Versuch, sie (schnitt-synthetisch) in radiäres Kerzenlicht zu verwandeln, provoziert gleichsam das Schicksal des Insekts, das im parallelen Sonnenlicht geradeausfliegt, im radiären Kunstlicht aber in die verhängnisvolle (immanente) Spirale gerät. Biblizistische Statistiken werden mit Recht abgelehnt, aber einer exakten Bemühung um die Schließung der »bösen Kluft« zwischen biblischer Theologie und Dogmatik (W.Jannasch) wird sich die E.L. nicht entziehen können. Damit aber könnte aufs neue eine Kategorien sprengende »transpersonale« (G. Gloege) »Doxologie« entstehen, eine Lehre von den Strahlen des theologischen und christologischen (Joh 1, 14) kabôd, die Grundlage eigentlicher Orthodoxie (»rechte Verherrlichung«). An Stelle einer theologia gloriae geistvoller Rest-Metaphysik würde auch die E.L. die »Torheit des Kreuzes« beschreiben, das paradoxe Eintreten des transzendenten Gottes in die kontingente geschichtliche Wirklichkeit, das εὐαγγέλιον τῆς δόξης (1Tim 1, 11).

L.Lessius, De perfectionibus... divinis, Paris 1881 - H.Cremer, Die christl. Lehre von den E.G., (1897) 1917² - J.Stier, Die Gotteslehre... Tertullians, 1899 - K.Unterstein, Die natürl. Gotteserkenntnis nach d. Lehre d. kappadoz. Kirchenväter, 2 Bde, 1903/04 - F.Weber, Die philos. Scholastik, 1907 - G.Michelet, Dieu et l'agnosticisme contemporain, (1909) 1929⁴ - M.Pohlenz, Vom Zorne Gottes, 1909 - J.Bittremieux, De analogica nostra cognitione et praedicatione Dei, Löwen 1913 - W.Dilthey, Weltanschauung u. Analyse des Menschen (Ges. Schr. II), (1914) 1940⁴ - H.Stephan, Glaubenslehre, (1920) 1941³ - P.Petersen, Gesch. der aristotel. Philosophie..., 1921 - R. Garrigou-Lagrange, Le divini perfezioni secondo la dottrina di s. Tommaso, Rom 1923 - F.Gogarten, Kultur u. Religion (ZZ 2, 1924, 40-63) - Ders., Illusionen, 1926 - K.Eschweiler, Die zwei Wege d neueren Theol., 1926 - E.Peterson, Εἷς θεός, 1926 - E.Fascher, Deus invisibilis, 1931 - R.Jolivet, Essai sur les rapports entre la pensée grecque et la pensée chrétienne, Paris 1931 - Ders., Etudes sur le problème de Dieu, Paris 1932 - S.Boulgakow, L'orthodoxie, Paris 1932 - A.J.Festufière, L'idéal religieux des Grecs et l'Evangile, Paris 1932 - H.Koch, Pronoia... Studien über Origenes u. sein Verhältnis zum Platonismus, 1932 - O.Spann, Philosophenspiegel, (1933) 1950² - E.Lewalter, Spanisch-jesuitische u. dt.-luth. Metaphysik, 1935 - J.Hessen, Platonismus u. Prophetismus, (1939) 1955² - J.Ries, Die natürl. Gotteserkenntnis in der Theol. der Krisis (kath. Diss. Bonn), 1939 - M.Wundt, Die dt. Schulmetaphysik, 1939 - K.Stürmer, Gottesgerechtigkeit u. Gottesweisheit bei M. Luther (Diss. Heidelberg), 1940 - Barth, KD II/1, (1942) 1946², 288 ff - E.Brunner, Die christl. Lehre von Gott, (1946) 1953² - P. Parente, De Deo Uno et Trino. Rom 1946 - M.F.Sciacca, Il problema di Dio e della religione, Brescia 1946 - P.Althaus, Die christl. Wahrheit, (II, 1948) 1952³ - T.Rüther, Die sittl. Forderung der Apatheia, 1949 - J.W.E.Sommer, Der hl. Gott u. der Gott der Gnade bei R.Otto, 1950 - W.Jannasch, K.Barth u. die Prakt. Theol. (ThLZ 76, 1951, 1-16) - H.Smith, The operational view of God (JR 31, 1951, 94-113) - H.J.Stoebe, Gottes hingebende Güte und Treue (Diss. Münster), 1951 - H.Merki, Ὁμοίωσις θεῷ, 1952 - J.Karmiris, Die Bekenntnisschriften der orth. Kirche, 2 Bde, Athen 1952/53 (griech.) - H.J.Iwand, Wider den Mißbrauch des pro me (ThLZ 79, 1954, 453-458) - M.-D.Philippe, La simplicité de Dieu (Hommage aux cathol. Suisses, Freiburg/Schw. 1954, 304-315) - A.Roets, God de Heilige (Collationes Gandarenses Ser. 2, 4, 1954, 228-240) - C.Schneider, Geistesgesch. des antiken Christentums, 2 Bde, 1954 (Lit.) - H.Diem, Dogmatik zwischen Ontologie u. Personalismus (EvTh 15, 1955, 408-415) - G.Gloege, Der theol. Personalismus (KuD 1, 1955, 23-41) - O.Weber, Grundlagen der Dogmatik I, 1955 - L.Zander, Die Weisheit Gottes (KuD 2, 1956, 29-53) - W.Philipp, Das Werden der Aufklärung, 1957. *W.Philipp*

Eigenständigkeit der Kirche → Kirche: VI, → Kirche und Staat.

Eigentum

I. Biblisch - II. Theologiegeschichtlich - III. Wirtschaftssoziologisch - IV. Sozialethisch

I. Biblisch

1. Das *AT* unterscheidet, auch terminologisch, E. an Tieren, Fahrnis, Boden und Menschen. E. an Tieren galt in der Weidewirtschaft der Steppe und nach der Landnahme auch in den zum Anbau wenig geeigneten Gebieten Palästinas als ausschlaggebender Vermögenswert (Gen 12, 16; 26, 14; 1Sam 25, 2; Hi 1, 3 u.ä.). Darum kennt das → Bundesbuch für Viehdiebstahl höhere Ausgleichsleistungen als für anderen Diebstahl und beim Verwahrungsvertrag strengere Haftung für Vieh als für andere Vermögenswerte. Noch ausgeprägter ist der Zusammenhang von E. mit Wirtschaftsform und sozialer Ordnung beim Boden-E. Die Streifgebiete, deren Weide- und Wasserstellen im Wechsel als Sommer- und Winterweide genutzt wurden, gehörten den Stämmen. Auch Oasen waren seit jeher stammesartig organisiert. Nach dem AT erfolgte noch die Landnahme durch die Stämme, die ihre Gebiete dann an die Sippen bzw. Großfamilien aufteilten. Doch der Einfluß der agrarischen Wirtschaftsstruktur Kanaans und vollends die Staatenbildung machten Bodenrechte der Stämme nach und nach bedeutungslos. Grundform des Boden-E.s wird das bäuerliche Privat-E., das Patrimonium (nāḥalā). Patriarchalische Familienstruktur und Sippenverbundenheit beschränkten jedoch die freie Veräußerungsmöglichkeit solchen E.s durch ein Vorkaufs- bzw. (bei Verschuldung) Loskaufsrecht der Agnaten (Jer 32, 6ff). Das Patrimonium des bäuerlichen pater familias, zumal wo es für qualifizierten Anbau (Rebland, Fruchtbaumkulturen u.dgl.) besondere Leistungen und Investierungen erforderte, mußte seinem Wesen nach stetiger Besitz sein. Dagegen konnte Weide- und Waldland und nur subsidiär genutztes Ackerland auch Samt-E. bleiben und periodisch an die Anteilberechtigten neu verlost werden. Großbesitzer wurde durch die Bildung von Krongut wie durch Mehrung des »Sondergutes« (sᵉgullā) der König. Auch Private konnten in alte Feudalvermögen hineinwachsen oder als stadtsäßige Geldmacht Grund-E. aufkaufen und durch Pächter bewirtschaften lassen.

Als originäre Erwerbsgründe von E. gelten Erbeutung, Aneignung herrenloser Sachen (Jagd, Fund), Erzielung von Erträgen aus Boden oder Herde, von Produkten aus Sachbearbeitung und Geburt »hausgeborener« Unfreier. Derivativer Erwerb (Kauf, Tausch, Schenkung) erfordert Publizität für die Übertragung von E., in älterer Zeit die Beiziehung von Zeugen, später außerdem die Ausstellung einer (Zeugnis-) Urkunde (Jer 32, 10ff). Inbesitznahme geschieht durch Verbringung der Sache in den Bereich des Erwerbers oder durch Anbringung einer E.smarke oder durch Beschreiten des erworbenen Grundstücks (1Kön 21, 15ff; Gen 12, 17 u.a.) oder durch Ausrufen des Erwerbernamens (2Sam 12, 28 u.ä.) oder durch eine Symbolhandlung mit Schuh (Ps 60, 10; 108, 10; Ruth 4, 7) oder Mantel (1Kön 19, 19 u.ä.). Ipso iure vollzieht sich E.serwerb durch Erbfolge. Dabei besteht Erbzwangsrecht für das nicht aufteilbare Patrimonium gegenüber Vererbungsfreiheit für sonstiges E. E.sfähig waren von Hause aus nur mündige freie Personen. Bestimmte Güterrechte konnte auch die → Frau haben. → Fremde konnten E. an Grund und Boden nicht erwerben, in vorexilischer Zeit auch nicht die Schutzbürger und → Leviten. Den Anspruch auf Herausgabe, Schadenersatz oder Befriedigung von deliktischer E.sverletzung hat seit alters das Rechtsbrauchtum festgelegt.

2. Rechtlich erworbenes und zur Lebenssicherung benötigtes E. steht unter dem Schutz der Gottheit. Sie setzt den gegen den unbekannten E.sfrevler gesprochenen Fluch in Kraft. Sie fordert vor allem, daß Ausnutzung von E.srechten nicht die soziale Karität verletzt und das Ordnungsgefüge der Gemeinschaft gefährdet. Darum wurde in die vorpalästinische Institution der religiösen Brache im → Erlaßjahr angesichts der Schäden der frühkapitalistischen Entwicklung in vordeuteronomischer Zeit die Auflösung von Personalhaftungen aus selbstschuldnerischen Bürgschaften eingebaut (Dtn 15, 1f). Hernach entwickelt Lev 25 für das → »Jobeljahr« nicht nur die Auflösung antichretischer Verknechtungen, sondern auch den Rückfall zwangsverkauften Patrimonialgutes (mit Ausnahme städtischer Grundstücke) an den Veräußerer oder dessen Sippe, wenn er oder ein Agnat ein Rückkaufsrecht ungenutzt lassen mußten. Leitend für solchen Rechtswillen war, daß der Verkauf von Patrimonialgut nur ein Verkauf befristeter Nutzungsrechte sein dürfe; denn die Norm soll sein, daß der Mensch wie mit seiner Sippe so mit seinem Boden-E. verbunden lebt. Aus der Eigenart des Jahweglaubens sind ferner die Ablehnung von Verstümmelungsstrafen für E.sdelikte sowie mancherlei Rechtsbestimmungen zu verstehen, die den Sklaven, wiewohl er das »Geld« seines Herrn ist, und auch die Sklavin vor Willkür schützen. Israelitisches Glaubensdenken hat aber insonderheit, von den Credosätzen der Landverheißung an die Väter und der Führung in das gelobte Land herkommend, seinen geschichtlichen Lebensraum als Patrimonium seines Gottes gewertet (→Ackerbau: II) und damit Ansprüche anderer Gottheiten abgewehrt. Doch kann es von diesem Lande auch als vom eigenen Patrimonium reden, weil es sich von Gott in Sohnesrechte eingesetzt weiß. So bezeichnet es dann auch nicht nur den Boden, sondern sich selbst als Volk als Patrimonium und Sondergut seines Gottes (→ Erwählung: I). Die Ausformung dieser in älterer Zeit nur vereinzelt vorkommenden Gedanken findet sich im Dtn und bei Jer. Das priesterliche Schrifttum bildet diese Erwählungsgedanken weiter, indem es noch betonter das E.srecht Gottes an seinem Grundbesitz und Wohnsitzland herausstellt und die ihm gehörigen Menschen zu Gottes Schutzbürgern erklärt, für die E., zumal an Boden, nur ein auf Zeit verliehenes Nutzungsrecht sein kann. Zu gleicher Zeit verkündet der Schöpfungsglaube (→Schöpfung: II) das Herrschafts- und Verfügungsrecht Gottes über die Welt, die er sich bereitet hat und in der der Mensch Verwalterdienst zu tun hat.

3. Das *NT* setzt das E.sverständnis des AT voraus. Es anerkennt Privat-E. (Mt 20, 15), auch Großbesitz (Mt 24, 45ff), lehnt die Nutzung der Güter, auch des Geldes nicht ab (Lk 19, 11ff. 23) und hebt die Unterschiede zwischen Freien und Verknechteten nicht auf (1Kor 7, 20ff). Die Gütergemeinschaft der Urgemeinde (Apg 2, 44f; 4, 34ff; 5, 3f) will, anders als in → Qumran und nach Philo und Josephus bei den → Essenern, nicht als ein im Protest gegen Privat-E. proklamiertes wirtschaftliches System gelten, sondern durchaus freiwilliges Anteilgeben aus vorbehaltloser Opferbereitschaft sein. Die Botschaft von dem in Christus kommenden → Reich Gottes nimmt zur Frage des E.s allein von der *einen* Sicht her Stellung, daß sie dem Menschen die Gefahren aufdeckt, die im Besitzwillen aufleben wollen: Gier und Geiz, Unredlichkeit und Ausbeutung, Sorge und Selbstherrlichkeit. So kann der Mensch nicht Gott und dem Mammon in gleicher Weise dienen (Mt 6, 24). Reichsein in Gott macht aber frei zum rechten Gebrauch des ungerechten Mammons (Lk 16, 9; Phil 4, 14ff). Darum wird, wer in der Liebe Christi bleibt, E. haben, als hätte er es nicht (vgl. 1Kor 7, 29ff; →Arbeit: III, 4e). Er kann es nur so haben, daß er damit dienend die Liebe bezeugt, aus der allein er zum rechten Leben gelangt.

EJud VI, 333 ff – J. Pedersen, Israel I–II, 1926, 81 ff; III–IV, 1940, 68 ff. 176 ff – M. Lurje, Studien zur Gesch. der wirtschaftl. u. sozialen Verhältnisse im israelit.-jüd. Reiche (BZAW 45), 1927 – M. Noth, Das Krongut der israelit. Könige u. seine Verwaltung (ZDPV 50, 1927, 211–244) – E. Ginzberg, Studies in the Economics of the Bible (JQR 22, 1931/32, 343–408) – K. Galling, Ein Stück judäischen Bodenrechts in Jes 8 (ZDPV 56, 1933, 209–218) – Ders., Die Ausrufung des Namens als Rechtsakt in Israel (ThLZ 81, 1956, 65–70) – K. Bornhäuser, Der Christ und seine Habe nach dem NT (BFChTh 38), 1936 – N. Peters, Die soziale Fürsorge im AT, 1936 – J. Hempel, Das Ethos des AT (BZAW 67), 1938 – ThW III, 757 ff – G. v. Rad, Verheißenes Land u. Jahwes Land (ZDPV 66, 1943, 191–204) – D. Daube, Studies in Biblical Law, 1947 – H. Bückers, Die bibl. Lehre vom E., 1947 – Das E. als Problem ev. Sozialethik (Kirche im Volk 2), 1949, 87–102 (F. Horst). 103–111 (H.-J. Kraus). 112–116 (H. E. Weber) – J. Gray, Feudalism in Ugarit and Early Israel (ZAW 64, 1952, 49–55) – E. Marmorstein, The Origins of Agricultural Feudalism in the Holy Land (PEQ 85, 1953, 111–117) – K. H. Henrey, Land Tenure in the OT (PEQ 86, 1954, 5–15) – R. North, Sociology of the Biblical Jubilee (AnBibl 4), 1954 – A. Alt, Micha 2, 1–5. Γῆς Ἀναδεσμός in Juda (Festschr. S. Mowinckel, 1955, 13–23) – H. Wildberger, Israel u. sein Land (EvTh 16, 1956, 404–422) – H. Braun, Spätjüd.-häret. u. frühchristl. Radikalismus II (BHTh 24/II), 1957, 73 ff. 105.

F. Horst

II. Theologiegeschichtlich

1. Alte Kirche – 2. Mittelalter und röm.-kath. Kirche – 3. Protestantismus

1. a) Die Spätantike war soziologisch gekennzeichnet durch den stets wachsenden Reichtum der städtischen Oberschichten einerseits und die schleichende Verarmung der Völker andererseits. Demgegenüber wahrten die Christen zum Besitz eine kritische Distanz und lehnten das Streben nach Reichtum überhaupt ab. Jesu Warnungen vor dem Reichtum und dessen Relativierung bei Paulus, aber auch die Mahnungen des Jak, nicht zuletzt das von der Apg überlieferte Vorbild der Urgemeinde (Apg 2, 42 ff; 4, 32 ff) wirkten Jh.e nach (→ Armut: I, 2, → Eigentum: I, 3). Wir können die Tradition in der Did (zB 1, 5 f; 4, 5–8; 12, 3–13, 7), in den Rekognitionen der → Pseudoclementinen (zB II, 29; MPG 1, 1262 f), im Barn (19, 8 f), bei Herm (vis 3 und 6) und bei Polyk (4, 1) verfolgen. Schon die *Apologeten* verbinden entsprechende Argumentationen oft mit philosophischen Gedankengängen. Im → Diognetbrief (10, 5) heißt es zB: »Das Glück besteht nicht darin, daß man über seine Nebenmenschen herrscht oder daß man mehr haben will als die schwächeren Nebenmenschen. Es besteht auch nicht darin, daß man reich ist und die Niedrigeren unterdrückt. Auf solche Weise kann niemand Gott nachahmen.« Ähnlich sagt → Minucius Felix (Oct. 36, 3–7): »Wir würden die Reichtümer, wenn wir sie für nützlich hielten, von Gott erbitten . . . Aber wir wollen die Reichtümer lieber verschmähen als sie in der Hand haben.« Besonders zeugniskräftig wirkte die Solidarität der Christen untereinander: »Wenn jemand unter ihnen arm ist oder in Not gerät, während sie selbst keine überflüssigen Mittel haben, so fasten sie zwei oder drei Tage für ihn. So können sie dem Armen geben, was er an Nahrung braucht« (→ Aristides, Apol. 15, 9; vgl. auch die syr. → Didaskalia 15, 80). Die römische Gemeinde unterstützt i.J. 250 dauernd 1500 Hilfsbedürftige (Euseb, h.e. VI, 43). Vornehme Christinnen sind durch Verschenken ihres Vermögens zu Bettlerinnen geworden (→ Makarius Magnes III, 5). Die Christenheit blieb sich bewußt, daß sie mit ihrer Haltung nicht nur zu den sozialen Zuständen, sondern zum Lebensziel ihrer Zeit in Gegensatz trat.

b) Ebenso war auch noch bei den *Kirchenvätern* nicht → Armut (: II, 2) oder → Askese (: V), sondern Besitz und Reichtum das Problem. Geleitet von biblischen Gesichtspunkten kommt man zu folgenden Erkenntnissen: Die Herrschaft Gottes stimmt nicht zum Dominium des Römischen Rechts; der Mammon enthält die Versuchung zum Götzendienst; die Träger der Heilsbotschaft stehen grundsätzlich auf der Seite der Benachteiligten. »Die gottlosen Galiläer ernähren außer ihren eigenen Armen auch noch die unsern« (→ Julian Apostata). Die bestehende E.sordnung wird hingenommen, aber nur als Folge des Sündenfalls (→ Gregor von Nazianz, MPG 35, 889 ff). Der Nachdruck liegt auf einem Protest gegen den Luxus der Reichen und gegen die Verwahrlosung des Proletariats in den Städten, in dem der mitschwingende kommunistische Klang nicht überhört werden kann (→ Kommunismus: II). Mit diesen biblischen Elementen verbinden sich in der Ausführung im *Osten* vorwiegend *platonisierende Begriffe:* Materielle Güter sind vergänglich, trügerisch und nur einem Schatten gleichzuachten (→ Origenes, De orat. 17). → Basilius d.Gr. (MPG 31, 275) postuliert eine positiv-kommunistische Wirtschaftsordnung als Ideal, und → Gregor von Nyssa läßt nur geistlichen Reichtum als wirkliches Gut und den Eigentümer lediglich als Verwalter irdischer Güter gelten. Auch bei → Chrysostomus finden sich scharfe Ausfälle auf die bestehende E.sordnung, etwa in der Predigt über 1 Tim 4, 11 (MPG 62, 563 f) und bes. in derjenigen über Apg 4, 25 (MPG 60, 96 ff). – Im *Westen* tritt neben die platonische die *stoische* Begründung: das → Naturrecht gebietet prinzipielle Gleichheit aller Menschen auch im Besitz. Bei → Lactantius (zB Div. inst. V, 6) halten sich beide Traditionen die Waage, so wie umgekehrt → Clemens von Alexandrien einen stoischen Einschlag aufweist: Von Natur aus ist jedes Privat-E. Unrecht (MPG 9, 638). Der mehr aufs Praktische gerichteten Tendenz des westlichen Denkens entsprechend bezeichnet → Tertullian mit naturrechtlichen Argumenten Gott als den »aspernator divitum« und den »advocatus pauperum« (Adv. Marc. 4, 15). Das christliche Gemeinschaftsleben versucht den Zustand bereits darzustellen, der prinzipiell für alle Menschen verpflichtend wäre: »Nihil de rei communicatione dubitamus. Omnia indiscreta sunt apud nos, praeter uxores.« Denn auch die Nichtchristen sind Brüder, weil »iure naturae matris unius« (Apol. 39). Besonders aller Kirchenbesitz gilt als »das Vermögen der Armen« (Ambrosius ep. 18, 16; MPL 16, 1018). Bei → Augustin verschlingen sich die biblische, platonische und stoisch-naturrechtliche Linie endgültig: »Wir verfügen über unsern Privatbesitz . . . als über das Gut der Armen, deren Recht wir gewissermaßen vertreten« (MPL 33, 809). Mit seiner Verwendung des Naturrechtsbegriffes wird die spätere Unterscheidung notwendig: »Unde quisque possidet, quod possidet? Nonne iure humano? Nam iure divino domini est terra et plenitudo eius . . .« (MPL 35, 1437). In der Sprache der mittelalterlichen Theologie und Jurisprudenz und des → Kanonischen Rechts muß nun ein primäres Naturrecht neben die offenbarten Gebote als göttliches Recht treten; menschliches Recht, ius gentium, ist sekundäres Naturrecht. – Die Entscheidung darüber, ob in jenem von den Kirchenvätern hochgehaltenen Programm die urchristliche → Eschatologie (: IV) weiterlebe oder vielmehr abgelenkt werde, hängt davon ab, ob im E.sverzicht der Ton auf dem persönlichen Heiligungsstreben liegt oder ob eine Gemeinschaftsordnung gesucht wird, die sich »nicht in das Schema dieser Welt will einspannen lassen« (Röm 12, 2). Letzteres dürfte bei Tertullian und Augustin zutreffen.

2. Die altkirchlich-soziale Tradition verbindet sich im *MA* einerseits mit dem germanischen Recht, das weitgehend die Gemeinwirtschaft voraussetzt (Allmende), tritt andererseits zur feudalistischen Gesellschaftsordnung (→ Feudalismus) in Spannung und lebt endlich in der Praxis von Kirchen und Klöstern fort sowie in jenen kirchlichen – chiliastischen und schismatischen – Bewe-

gungen, deren soziale, zT kommunistische Komponente nicht zu verkennen ist (→ Albigenser, → Franziskaner, → Hus; vgl. auch → Armut: II, 6). Die franziskanische Theologie hält daran fest, daß das Privat-E. eine Folge der Sünde sei. Demgegenüber greift → Thomas von Aquino die aristotelische Herleitung des Rechtes auf E. aus der → Anthropologie (: III) auf. Den Grundsatz »communis omnium possessio« (Decretum → Gratians, ed. Friedberg I, 12) hätte die Menschheit nur bei währendem status innocentiae im Frieden durchführen können. Im gegenwärtigen status bildet jedoch das private E. dazu keinen Gegensatz, sondern die vernünftige Anwendung und Ordnung jenes allgemeinen, natürlichen Nutznießungsrechtes an Gottes Schöpfung (S.th. II/2 q. 66). Die proprietas bedeutet also die positive Verwirklichung des primären Naturrechts gemäß dem ius gentium. Der ordo aller Dinge verlangt, daß jedes Ding der Fürsorge eines Eigentümers untersteht. Hinsichtlich des Gebrauchs freilich hat der einzelne die Dinge weitgehend »als gemeinsame« zu halten. Die Almosenpflicht ist freiwillig zu erfüllen und hat ihre Grenze am standesgemäßen Leben; dieses zu gefährden, wäre wiederum ein Verstoß gegen den ordo. Die prinzipiellen Mahnungen der Kirchenväter werden unter die → evangelischen Räte verwiesen. – Die anthropologische, primär individualethische Verknüpfung des Rechts auf Privat-E. mit der Menschennatur bildet seit Thomas den Rahmen, in dem sich die sozialethischen Erwägungen der röm.-kath. → Moraltheologie bewegen, wobei bürgerlich-konservative (Schilling) wie sozialreformerische (Nell-Breuning) Tendenzen möglich sind. Maßgebend bleibt die Enzyklika → Rerum novarum von 1891, welche die thomistische Anthropologie der autonomen Humanitätsidee des → Liberalismus entgegenstellt, sie zugleich aber zu »liberalen« Konsequenzen führt. → Leo XIII. betont in erster Linie gegen den Sozialismus, daß die Enteignung den Arbeiter noch weiter entrechten werde. E. bleibt für die Pflege der Persönlichkeit und der Familie notwendig. → Pius XI. bekämpft in »Quadragesimo anno« (1931) mit seinem Programm des Korporationenstaates den Liberalismus und die freie Marktwirtschaft und proklamiert die »Entproletarisierung des → Proletariats«; der Produktionsertrag soll in hinreichender Menge den Arbeitern zugeführt und die → Vollbeschäftigung garantiert werden. Grundsätzlich würde nach röm.-kath. Auffassung die rechte Ordnung des Privat-E.s eine Erfüllung des göttlichen Liebesgebots bedeuten.

3. Hat sich dem Katholizismus das Privat-E. als ein angeborenes Recht des Menschen eingeprägt, so empfindet der *Protestantismus* das E. wieder als ein nie zur Ruhe kommendes Problem. Die *Reformation* ist nicht an einer Harmonie von Natur und Übernatur orientiert, sondern am Wunder der Gnade, die den Menschen in die Gottesgemeinschaft aufnimmt. → *Luther* sieht die Gefahr der Gesetzlichkeit sowohl im thomistischen Ordo-Denken wie in der freiwilligen Armut des → Mönchtums (: II) und in den sozialreformerischen Bestrebungen der → Täufer oder der Bauern. Der durch Christus gerechtfertigte Gläubige aber ist frei; die Form seiner Gesetzesfreiheit ist die Liebe. Dazu kommt die Intensität der eschatologischen Erwartung, die den Christen bereit macht, eine Sache zu entbehren oder zu haben. »Also ist jetzt dein Gut nicht mehr dein, sondern deines Nächsten« (WA 12, 684). Zu dieser radikalen Opferbereitschaft ruft das Evangelium auf, nicht zur sozialen Neugestaltung. »Denn das Evangelium befaßt sich nicht mit weltlichen Dingen und macht uns für das äußerliche Leben allein auf Leiden, Unrecht, Kreuz und Verachtung zeitlicher Güter und Lebens gefaßt« (WA 18, 321). Daher erklärt sich Luthers Konservativismus bezüglich der spätmittelalterlichen Ständeordnung. Wie Thomas betont er, daß die Abschaffung des Privat-E.s zur Anarchie führen würde. Jedoch will Luthers Lehre vom triplex ordo (→ Regiment) nicht die schöpfungsmäßige Hierarchie, sondern das Gemeinschaftsleben schützen. So liegt der Ton nicht auf der Verfügungsgewalt des Eigentümers, sondern auf seiner volkswirtschaftlichen Funktion. Die Obrigkeit ist daher verpflichtet, dem Wucher, den Monopolen und der Spekulation zu wehren, ehrliche Arbeit zu fördern, die sinngemäße Verwendung des Kirchenguts einzuleiten und für eine gerechte Verteilung der Güter Sorge zu tragen. Es gibt Ämter (zB das des Fürsten), die ohne E. nicht ausgeübt werden können; umgekehrt gibt E. einen besonderen Auftrag, den der nicht leisten kann, der kein E. hat. Der Christ braucht E., um Gott dienen zu können.

In der Zürcher Reformation stellt die soziale Not ein Hauptmotiv dar. So kann die E.sfrage hier kein persönliches Problem bleiben, sondern ihre gesellschaftliche Regelung erscheint als Aufgabe der Christenheit. → *Zwinglis* Predigt hebt an mit dem Protest gegen das Söldnerwesen und die »Pensionen« (der Ratsherren von auswärtigen Fürsten), also gegen formell »rechtmäßige« Erwerbsquellen. Er sieht darin eine verhängnisvolle Form der Kreaturvergötterung; der Glaube an Christus stellt uns in die Entscheidung zwischen »Gottes Wort« und »Geizwort«. Eigentlich sind alle Gaben Gottes frei; »rerum proprietas ex perfidia et philautia originem habet« (Schuler-Schultheß VI/1, 607). Deshalb ist E. nie vor Gott, sondern nur unter den Menschen »Recht«, und die Tatsache, daß es E. gibt, muß stets neu zur Erkenntnis führen, daß wir Sünder sind (CR 2, 511). Da aber die Selbstlosigkeit, die für die Gütergemeinschaft Voraussetzung wäre, verlorengegangen ist und sich nicht künstlich wiederherstellen läßt, muß das E. gegenüber den extremen Forderungen von Bauern und Täufern als Notordnung geschützt bleiben. Verzicht auf jede, auch christliche Verklärung des E.s führt zu der entschiedensten Betonung seines Lehenssinnes und der Verpflichtung des Besitzers: »Du darfst dein zeitliches Gut nicht als dein E. betrachten, du bist nur Verwalter darüber« (ebd 451). Aus solcher Einstellung erklären sich die energischen sozialen Maßnahmen der schweizerischen Reformation (Abschaffung der Reste der Leibeigenschaft, Brechung der Monopole, des Wuchers usw).

Bei → *Calvin* wird das E. nicht mehr als Problem, dafür um so mehr als Aufgabe empfunden. Das 8. (7.) wie das Liebes-Gebot setzen es voraus; E. ist eine göttliche Ordnung mit verpflichtender Kraft; jeder Eigentümer ist ein Organ der göttlichen Weltregierung. Dieser Entscheidung liegt die Beachtung der biblischen Texte zugrunde; doch spielt wohl auch das Denken des am Römischen Recht geschulten Juristen hinein. Alle Energie wird nunmehr dem Aufbau der Gemeinde zugewandt, in der sich die Ehre Christi spiegeln will und Reich und Arm aufeinander angewiesen sind. »Wenn der Reiche hat, wovon er Gutes tun kann, und der Arme dafür dankt, daß er um Gottes Namens willen zu essen hat, werden beide Gott preisen« (CR 27, 342 zu Dtn 16, 11). Auch die in fleißiger Arbeit betätigte Zähmung des Fleisches und die »innerweltliche Askese« stehen in einem ekklesiologischen Zusammenhang. »Ein frommer Mann muß alle seine Möglichkeiten zu den Möglichkeiten seiner Brüder machen und auf seine privaten Interessen nur im Hinblick auf den gemeinsamen Aufbau der Kirche bedacht sein ...« (Inst. III, 7, 5). Wer dem andern eine Bitte abschlägt, ist bereits ein Dieb. Infolge dieser Inanspruchnahme weckt die Anhäufung von Geld nicht mehr den religiösen Verdacht, der im MA und in der ersten Reformationsgeneration noch auf ihm lag. Neben Bauerntum und Handwerk wird nunmehr auch der

Handelsgewinn in seinem Wert für das Gesamtwohl anerkannt und gefördert (Freigabe eines mäßigen Zinses zwecks Kapitalbeschaffung).

Die → Bekenntnisschriften bekämpfen speziell den chiliastischen Kommunismus der → Täufer. Seit den Forschungen von Max → Weber und E. → Troeltsch ist der Anteil des Calvinismus an der Entwicklung des → Kapitalismus anerkannt; umstritten bleibt die Motivierung. Sie liegt nicht in dem Bestreben, sich durch irdischen Wohlstand der → Erwählung (: III) zu vergewissern, sondern im Bewußtsein, daß der Gott, dem die → Arbeit (: III, 6b) dient, alleiniger Eigentümer ihres Ertrags bleibt. So verbietet sich eine luxuriöse Lebensführung, und der Verdienst kann neben der Wohltätigkeit nur zur Neuinvestierung verwandt werden. Beim Wegfall der alten Motive bleibt das Geschäftsprinzip der reinen Rentabilität. Die starke Betonung der persönlichen Verantwortung vor Gott leitet auch im Puritanismus (→ Puritaner) zur privat-kapitalistischen Auffassung über. Vom reformatorischen Lehensgedanken aus führt so mit fortschreitender Säkularisierung eine Linie zum → Liberalismus wie zum sozialen Reformismus und zum → Sozialismus. In der Meinung, daß die Regelung der öffentlichen Verhältnisse Sache der Obrigkeit sei, versäumte die ev. Kirche lange Zeit die Auseinandersetzung mit den veränderten E.s- und Produktionsverhältnissen der Neuzeit. Die nie ausgestorbene christliche Fürsorgetätigkeit gewann im → Pietismus und in der → Erweckungsbewegung freilich neuen Auftrieb und führte zu zahlreichen Anstaltsgründungen. Aber die liberalen Prinzipien der freien Verfügungsgewalt des einzelnen über sein E. und des uneingeschränkten Wettbewerbs wurden nicht angegriffen. Eine umfassende Kritik erfolgte erst von seiten des → *Marxismus* (→ Eigentum: III). Die ev. → *Sozialethik* hat im 19.Jh. durch ihre Vertreter (zB → Wichern, V.A. → Huber, → Stoecker) im Rahmen des bestehenden Staats- und E.ssystems der wachsenden Armut des Proletariats zu wehren gesucht, gelangte dabei zu Siedlungs- und andern Sozialwerken, nicht aber zu einer gründlichen Neuordnung. Erst Fr. → Naumann und sein sozial-liberaler Kreis wagt die These, daß das Christentum und die bestehende Gesellschaftsform nicht identisch seien. Noch radikaler reden die schweizerischen Anhänger des religiösen → Sozialismus (: II; L. → Ragaz), die sich nach dem Vorbild des jüngeren → Blumhardt der → Sozialdemokratie anschließen, in der trotz ihres Atheismus das Reich Gottes stärker am Werk sei als in der Kirche (H. → Kutter, »Sie müssen!«, 1904). Das Eintreten der Kirchen für die politisch und wirtschaftlich Unterdrückten und ihr Widerstand gegen die modernen Diktaturen vor, während und nach dem 2. Weltkrieg hat in vielen Ländern dahin gewirkt, daß das soziale Verständnis des → Bürgertums gestärkt und der Klassenhaß bei den → Arbeitern (: II) entschärft wurde. Auch innerhalb der → ökumenischen Bewegung hat man sich auf den Konferenzen von Amsterdam (1948) und Evanston (1956) mit den hier brennend gewordenen Problemen beschäftigt.

Zu 1: L.BRENTANO, Die wirtschaftl. Lehren des christl. Altertums, 1903 - O.SCHILLING, Reichtum u. E. in der altkirchl. Lit., 1908 - RGG[2] II, 57ff (Lit.) - K.FARNER, Christentum u. E. bis Thomas v. Aquin, 1947. - Zu 2: TH.SOMMERLAD, Das Wirtschaftsprogramm der Kirche des MA, 1903 - M.GRABMANN, Das Naturrecht der Scholastik von Gratian bis Thomas v. Aquin (ARSP 16, 1922, 12-53 = Mittelalterl. Geistesleben I, 1926, 65-103) - J.B.KRAUS, Scholastik, Puritanismus u. Kapitalismus, 1930 - R.LINHARDT, Die Sozialprinzipien des hl.Thomas v. Aquin, 1932 - W.J.MCDONALD, Communism in Eden? (The New Scholasticism 20, 1946, 101 ff) - E.WERNER, Pauperes Christi. Studien zur sozialrelig. Bewegung im Zeitalter des Reformpapsttums, 1956. - Zu 3: F.ENGELS, Der Ursprung der Familie, des Privat-E.s u. des Staates, (1884) 1919[17] - E.TROELTSCH, Die Soziallehren der christl. Kirchen u. Gruppen (Ges. Schriften I), (1912) 1923[3] - M.WEBER, Die prot. Ethik u. der Geist des Kapitalismus (Ges. Aufsätze I), 1921 - HOLL I-III - R.H.TAWNEY, Religion and the Rise of Capitalism, 1922; dt. 1946 - L.BRENTANO, Der wirtschaftl. Mensch in der Gesch., 1923 - TH.LORCH, Die Beurteilung des E.s im dt. Protestantismus, 1930 - O.NELL-BREUNING, Die soziale Enzyklika, 1932[1,2] - J.BOHATEC, Calvin u. das Recht, 1934 - A.F.UTZ, Freiheit u. Bindung des E.s, 1949 - H.PETERS, Wandlung der E.sordnung u. der E.slehre seit dem 19.Jh., 1949 - H.BARGE, Luther u. der Frühkapitalismus, 1951 - R.SCHLATTER, Private Property, London 1951 - G.W. LOCHER, Die ev. Stellung d. Reformatoren z. öffentlichen Leben, 1950 - DERS., Der E.sbegriff als Problem ev. Theol., 1954 (Lit.).

G.W.Locher

III. Wirtschaftssoziologisch

1. Entwicklung der E.sformen - 2. E. an den Produktionsmitteln - 3. Wandel der E.sfunktionen - 4. Soziale Gestaltung der E.sordnung

Die Formen der Aneignung von Gütern, ihre Sanktionierung durch die → Gesellschaft und die Mittel zur Erhaltung der geschaffenen Besitz-, Nutzungs- und Verfügungsrechte gehören zu den wichtigsten Merkmalen jeder Sozialordnung. In gleicher Weise sind die Träger der sich aus dem E. ergebenden wirtschaftlichen und sozialen Funktionen charakteristisch für die jeweilige Sozialstruktur. Je nachdem, ob die nutzbaren Güter natürlichen Personen uneingeschränkt als Privat-E. gehören, als Gemein-E. den einzelnen nur als Nutzungsrecht zur Verfügung stehen, oder ob die E.sbestandteile zwar getrennten Besitz darstellen, aber genossenschaftlich verwaltet werden (→ Genossenschaften), weist das Netzwerk der Wirtschaftsbeziehungen unterschiedliche Formen auf.

1. Über die *Entstehungsweise* des E.s und seine Urformen vermittelt die ethnologische Feldforschung nur Anhaltspunkte. Die lange Zeit vertretene These eines primitiven Ur- → Kommunismus hat differenzierteren Vorstellungen Platz geben müssen. Während Grund und Boden bei den Naturvölkern in der Regel genossenschaftlich genutzt werden, stellen die Gegenstände des persönlichen Gebrauchs sowie auch die Erzeugnisse eigener Arbeit meistens privates Sonder-E. dar, wobei allerdings zu berücksichtigen ist, daß es eine privatrechtliche Sanktionierung im modernen Sinne nicht gibt. Außerdem begründet das E. in diesem Kulturstadium immer auch weitgehende Verpflichtungen gegenüber der größeren Gemeinschaft (Großfamilie). So berichtet Malinowski von den Trobriand-Insulanern, daß dort gebaute Kanus E. ihres Herstellers werden, dieser jedoch bei der Nutzung auf die jeweiligen Stammesbedürfnisse Rücksicht nimmt und seine Nachbarn daran beteiligt. Auf Grund dieser auch andernorts belegten Verhältnisse sind E.sdelikte bei den Naturvölkern sehr selten.

In dem Maße, in dem die wirtschaftliche Entwicklung voranschreitet, nimmt die Zahl der Dauergüter zu, wie auch mit dem Grad der Seßhaftigkeit die Bedeutung von Grund und Boden wächst. Als Primärursachen der Begründung von E. kommen die Okkupation, die hauptsächlich bei Grund-E. und Naturgütern anzutreffen ist, und die → Arbeit in Frage. Hinzu kommen als Sekundärursachen bei Übertragbarkeit der E.srechte die Erbschaft (→ Erbrecht), der Kauf und die Schenkung. Je mehr sich die Gesellschaft differenziert und je stärker friedliche oder kriegerische Überschichtungen stattfinden, desto ausgeprägter wird die Institution des Privat-E.s, dessen Objekt auch Menschen werden können (→ Sklaverei). Für die Wirtschaftsstufe des → Feudalismus ist eine weitgehende Trennung der arbeitenden Bevölkerung vom Grund-E. die Regel (→ Agrarverfassung: IV). Sie wird allerdings durch die oft nur indirekt geltend gemachten Rechte aus dem Ober-E. des Grundherrn und den dadurch ermöglichten Verfügungsspielraum der → Bauern über ihr Unter-E., das häufig wenigstens teilweise gemeinschaftlich bewirtschaftet wird, gemildert. Kennzeichnend ist für die Agrargesellschaften des MA die öffentlich-rechtliche Regelung der E.sverhältnisse, aus denen sich trotz mannigfaltiger Mißstände (Leibeigenschaft) ein Mindestmaß an Verpflichtungen des Grundherrn ergibt.

Die allgemeine unbeschränkte Verfügungsgewalt über das Privat-E. (Art. 17 der Déclaration des droits de l'homme et du citoyen, 1789) ist erst das Ergebnis des in der Neuzeit sich durchsetzenden Grundsatzes der Vertragsfreiheit (→ Liberalismus). Die sozialen Bindungen des Eigentümers werden fast völlig beseitigt, wodurch zwar erst die Ausdehnung und Intensivierung der Wirtschaftsbeziehungen ermöglicht werden, gleichzeitig aber die soziale Gefährdung der abhängigen Bevölkerungsschichten unvertretbare Ausmaße annimmt.

Als Gegenreaktion ist seit der Mitte des 19.Jh.s eine zunehmende Beschränkung der E.srechte festzustellen, um gesamtgesellschaftlichen Bedürfnissen nachzukommen. Bestimmte Bereiche des Privat-E.s sind in vielen Staaten durch → Sozialisierung in neue Formen des Gemein-E.s überführt bzw. der öffentlichen Kontrolle unterstellt worden. Nach einer Periode der vorwiegend privatrechtlichen Behandlung des E.s treten jetzt öffentlich-rechtliche Gesichtspunkte (Art. 14, 2 GG: »E. verpflichtet«) auch in den nichtkommunistischen Ländern stärker in den Vordergrund. Der Rechtsschutz des Privateigentümers wird jedoch in allen Verfassungen mehr oder weniger umfassend garantiert (Art. 14 und 15 GG, aber auch Art. 10 der Verf. der UdSSR).

2. Die Sozialkritik der Neuzeit hat immer wieder die Institution des Privat-E.s zu einem ihrer Hauptansatzpunkte gemacht (Proudhon: »E. ist Diebstahl«). Ihre Vertreter stützten sich hierbei auf naturrechtliche Argumente (→ Gleichberechtigung: I), und dasselbe taten ihre Gegner, die mit naturrechtlichen Vorstellungen von unabdingbaren Rechten und Bedürfnissen des Menschen die bestehenden E.sverhältnisse zu rechtfertigen suchten. Der Hintergrund dieser neuerdings in der Forderung nach einer breiten E.sstreuung (»Volks- → Kapitalismus«) und den noch nicht abgeschlossenen Sozialisierungsdiskussionen wiederauflebenden Gegenpositionen wird nur durch eine Analyse der wirtschaftlichen und sozialen E.sfunktionen deutlich.

Volkswirtschaftliche Bedeutung hat vor allem das *E. an den Produktionsmitteln*. Wo seine unterschiedliche Verteilung rechtlich sanktioniert ist, wird auch die Einkommensverteilung und die Kapitalbildung einer Volkswirtschaft entsprechend institutionalisiert. Wer keine Produktionsmittel und keine Spezialbegabung besitzt, muß eine unselbständige Arbeit annehmen. Die Gruppe der Produktionsmittel-Eigentümer hat also am Arbeitsmarkt ein Einkaufs- →Monopol (Oppenheimer), das nur durch eine entsprechende Organisation der Arbeitnehmer (→ Gewerkschaften) neutralisiert werden kann. Gleichzeitig übt der Eigentümer auch an anderen Märkten seine wirtschaftliche Macht dadurch aus, daß er einen breiteren Spielraum für Marktreaktionen hat als der Nichteigentümer. Die größere oder geringere Elastizität des Disponierens ist also weitgehend Ergebnis der unterschiedlichen E.sverteilung.

Die e.srechtliche Trennung der Arbeitnehmer vom Produktionsapparat hat noch weiter reichende Folgen. Wer unselbständig tätig ist, hat keine Verfügungsgewalt über die Ergebnisse seiner Arbeit. Sie bleibt dem Eigentümer der verwendeten Produktionsmittel vorbehalten. Hier liegt der Ansatzpunkt der marxistischen Kapitalismus-Kritik: »Der Kapitalist erhält Reichtum, der Arbeiter nur einen Gebrauchswert, der in der Konsumtion erlischt« (Marx, Grundrisse 202). »E. erscheint ... als Recht auf fremde Arbeit und als Unmöglichkeit der Arbeiter, sich ihr eigenes Produkt anzueignen« (ebd 362).

Schließlich vermittelt das E. an den Produktionsmitteln seinem Träger ein abgeleitetes Einkommen (→ Kapital), sei es, daß er das E. selbst als → Unternehmer wirtschaftlich nutzt, sei es, daß er es gegen entsprechende Zinszahlung (→ Zins) ausleiht.

Die soziale und politische Bedeutung des E.s liegt darin, daß das E.srecht ein Herrschaftsverhältnis begründet. Die Gewalt über nutzbare Güter ist leicht in gesellschaftliche Macht transferierbar. Besteht eine »E.ssperre« bezüglich der Produktionsmittel, so entstehen dadurch soziale Spannungen zwischen Besitzenden und Nichtbesitzenden. So konstituieren für → Marx die E.sverhältnisse die → Klassen und damit auch den Klassengegensatz, eine Beobachtung, deren weitgehende Richtigkeit sich für die Verhältnisse zur Mitte des 19.Jh.s schwer widerlegen läßt (→ Marxismus, → Proletariat, → Sozialismus). Angesichts der inzwischen eingetretenen Änderungen in den E.sfunktionen müssen die Versuche zur Revision der E.sordnung allerdings anders beurteilt werden als zu Marx' Zeiten.

3. Der augenfälligste *Wandel* in der Bedeutung *der E.sfunktionen* zeigt sich in einer weitgehenden Auflösung der Personalunion zwischen Eigentümer und Unternehmer. Die Tendenz zum Großbetrieb, vor allem der wachsende Kapitalbedarf bei Einführung technischer Neuerungen haben zu einer Aufspaltung der Besitztitel an den Produktionsmitteln geführt (Aktiengesellschaft!). In steigendem Maße wird der Produktionsapparat verselbständigt und versachlicht. An die Stelle des besitzenden Unternehmers tritt der vom Aufsichtsrat bestellte Manager. E.skontrolle, Verfügungsgewalt und Nutzung werden voneinander getrennt und von verschiedenen Personenkreisen gehandhabt. Die E.shierarchie und die Einkommenshierarchie entsprechen einander nicht mehr völlig. Die aus dem E. erwachsenden Besitzeinkommen werden zu einem großen Teil durch den Staat nach sozialen Gesichtspunkten umverteilt (→ Wohlfahrtsstaat). Gleichzeitig wird durch die Wirtschafts- und Sozialgesetzgebung die E.smacht wesentlich verringert. Dies alles führt dazu, daß die gesellschaftlichen Machtpositionen keineswegs mehr mit dem E. an den Produktionsmitteln identisch sind (→ Macht: IV). Andererseits werden durch Überführung in »Volks-E.« und durch andere Formen der Sozialisierung nicht automatisch die wirtschaftlichen und sozialen Spannungen in modernen Industriegesellschaften behoben. Diese Tatsachen und Erfahrungen müssen bei der Diskussion über neue, der Gegenwart angemessene E.sformen berücksichtigt werden.

4. Trotz der mannigfaltigen Maßnahmen (→ Sozialpolitik), die zur Milderung der Gegensätze zwischen besitzenden und nichtbesitzenden Bevölkerungsschichten beigetragen haben, läßt sich der Wunsch nach einer möglichst gleichmäßigen E.sverteilung durch gewichtige Argumente begründen (Steigerung der Krisenfestigkeit, Zunahme des Verantwortungsbewußtseins usw). Um die Sachlage zu beurteilen, muß man zwischen Groß-E. und Klein-E. unterscheiden. Unter das Groß-E. fällt vor allem das E. an den Produktionsmitteln. Die Grenze der vielen Versuche, durch Mit-E., Gratis- und Volksaktien usw eine breite Streuung der Besitztitel zu erreichen, liegt einmal in der Abstraktheit dieses E.s. Bei den meisten Menschen ist es für das Entstehen eines E.sbewußtseins nicht hinreichend, wenn sie erfahren, daß sie mit vielleicht DM 500.- an einer Maschine beteiligt sind, die eine halbe Million gekostet hat. Die andere Grenze liegt darin, daß jeder Eigentümer an Produktionsmitteln das Risiko für deren bestmögliche Nutzung

und die Kosten für deren Instandhaltung und Verbesserung zu tragen hat, wenn eine E.sminderung vermieden werden soll. Die Notwendigkeit dieser Investitionen wird in dem Maße weniger eingesehen, in dem jemand noch eine Fülle von ungestillten und dringenden Konsumwünschen hat. Vieles spricht daher hinsichtlich des Groß-E.s für die Mitbeteiligung in Form einer → Mitbestimmung der betroffenen Bevölkerungskreise. Das konkrete E.sinteresse des Arbeitnehmers im Industriebetrieb bezieht sich vor allem auf seinen Arbeitsplatz und damit auf eine möglichst weitgehende Einkommensgarantie. Hier liegt vielleicht der Anknüpfungspunkt für neuartige E.sformen.

Anders liegen die Verhältnisse beim Klein-E. Hier handelt es sich meistens um überschaubare, konkrete Sachverhalte (zB Einfamilienhaus), die sich auf die Lebenslage des Eigentümers direkt auswirken. Voraussetzung für eine soziale E.sbildung auf diesem Sektor sind aber grundsätzlich die Sparmöglichkeit und der Sparwille breiter Bevölkerungsschichten. In der modernen Gesellschaft wird Sach-E. nur durch Investitionen geschaffen und erhalten, dh durch Konsumverzicht.

K.Marx, Grundrisse der Kritik der polit. Ökonomie, (1859) 1953 - Ders., Das Kapital I, (1867) 1951 - Ad.Samter, Das E. in seiner sozialen Bedeutung, 1879 - O.v.Gierke, Dt. Privatrecht, 3 Bde, 1895 bis 1917 - F.Oppenheimer, Wert u. Kapitalprofit, 1922² - R.Stammler, HWSt III, 332 ff - L.Raiser, Rechtsvergl. Hand-WB II, 1929, 772 ff - F.Tönnies, HWS 106 ff - W.Schmidt, Das E. auf den ältesten Stufen der Menschheit, 2 Bde, 1937/40 - B.Malinowski, Sitte u. Verbrechen bei den Naturvölkern, Wien o.J. - A.Burghardt, E.sethik u. E.srevisionismus, 1955 (kath.) - H.Peter, Über gerechte Verteilung des Einkommens und E.s (ZgesStW 112, 1956, 218-230) - R.Dahrendorf, Soziale Klassen u. Klassenkonflikt in der industriellen Gesellschaft, 1957.

F.Fürstenberg

IV. Sozialethisch

Legt die röm.-kath. → Moraltheologie Gewicht darauf, aus der natürlich-übernatürlichen Beschaffenheit des Menschen sein Recht auf E. abzuleiten, mit dem dann freilich bindende und freiwillige Verpflichtungen verknüpft werden, so geht die ev. → Ethik in der Nachfolge der Reformatoren von der Begegnung des Menschen mit Gott aus, die ihn in die Verantwortung stellt. Selbst E. Christi (Heidelb. Katechismus Antw. 1: »proprius sum«), versteht sich der Christ nur als Verwalter anvertrauten Guts. Er kennt nicht die freie Verfügungsgewalt des Römischen Rechts (vgl. BGB § 903: »Der Eigentümer kann ... mit der Sache nach Belieben verfahren ...«). Diese Verschiedenheit der Ausgangspunkte führt dazu, daß in der kath. Lehre vom E. der individualethische, in der ev. der sozialethische Zusammenhang im Vordergrund steht. Der ev. Begriff des E.s als Lehen schließt denjenigen seiner Funktion für die Gemeinschaft mit ein. Die beiden Glaubenssätze »Nur Gott ist Eigentümer« und »Besitz heißt Pflicht« machen das E. zu einem nie gelösten Problem und einer die Gewissen stets neu weckenden Aufgabe.

Dieses Motiv wird sich in jeder Wirtschafts- und Gesellschaftsstruktur kritisch und schöpferisch auswirken. Daher herrscht in den Lehrbüchern der Ethik weitgehender Consensus. Sowohl von der »Freiheit eines Christenmenschen« vom Besitz wie vom Lehensgedanken aus werden die Linien zu den heutigen Aufgaben des Arbeitgebers, des Arbeitnehmers (→ Sozialpartner) und der Kirche in ihrer Verkündigung entweder mehr im bürgerlich-liberalen Sinne mit den nötigen sozialen Korrekturen gezogen, oder es wird mit »liberalen« Vorbehalten die Verwandtschaft des christlichen Denkens mit dem sozialen Prinzip betont. Die theoretischen Differenzen betreffen eigentlich nur - freilich bezeichnende - Nuancen. So »bejaht« die von der luth. Tradition geprägte Ethik »das Sonder-E. als Voraussetzung zu einem Eigen-Leben, als Bedingung der Freiheit von den andern, als Mittel eignen Dienstes« (Althaus). Der religiöse → Sozialismus bei G.Wünsch oder A.Rich unterscheidet sich davon durch die Intensität des sozialen Bewußtseins, das alle durch das positive Recht garantierten Zustände der dauernden Kritik der sittlichen Normen unterwirft und dem Recht auf E. das allen Menschen eignende Recht auf den Ertrag ihrer Arbeit überordnet. Ziel ist auch hier die recht verstandene → Freiheit, die, wie auch sozialistische Autoren hervorheben, nicht nur von seiten des privaten → Kapitalismus, sondern ebenso durch staatliche Bürokratie oder durch gewerkschaftliche Bevormundung gefährdet wird. Emil → Brunner fordert namens der für seine Theologie zentralen Gottebenbildlichkeit des Menschen »einen individuellen Lebensraum, in dem er sein Eigentümliches gestalten kann«; das E. wird also von der Schöpfung hergeleitet, aber teleologisch, von der Bestimmung des Menschen aus, die den »einzelnen in Gemeinschaft« stellt. Für Karl → Barth beginnen Problem und Aufgabe nicht erst beim E., sondern bereits bei der → Arbeit (: III), die sich in der Moderne immer stärker als → Konkurrenz gebärdet. Alle Arbeit bedarf der Mitarbeit der andern und der Gesamtheit; die »leere Begierde« nach → Macht oder Überfluß macht sie unmenschlich. Sowohl westlicher Privatkapitalismus wie östlicher Staatskapitalismus führen, wo die Beherrscher der Produktionsmittel den andern überlegen sind und die humane, dh »mitmenschliche« Arbeit verunmöglichen, zur Ausbeutung.

Wenn die ev. Ethik sich in vergangenen Epochen nur mit Mühe zu der Erkenntnis durchgerungen hat, daß auch auf dem Gebiet des E.s - wie auf dem des → Rechts überhaupt - Gottes Gebot jede Generation vor neue Aufgaben der Erkenntnis und der Gestaltung stellt und daß deshalb das Streben nach Änderung überkommener E.sverhältnisse noch keine Antastung der Heiligkeit des Rechts oder der Obrigkeit ist, so muß sie heute aus ihrer Geschichte (→ Eigentum: II, 3) daran erinnern, daß auch gemeinwirtschaftliche E.sformen keineswegs vor Unrecht und Ausbeutung gefeit sind, wie das MA und der moderne → Kommunismus (: III) beweisen. Wenn die christliche Gemeinde durch ihren Auftrag stets grundsätzlich auf die Seite der Unterdrückten und Entrechteten gestellt ist, so kann sie ihre Botschaft zur Frage der E.sordnung in der heutigen geteilten Welt nicht schematisch auf eine Formel bringen. Sie muß im Bereich des autonomen → Liberalismus um der recht verstandenen Freiheit willen das Recht der Gemeinschaft und darum die Bindung des Eigentümers betonen; sie muß im Bereich des autonomen Kollektivismus um der recht verstandenen Gemeinschaft willen für die Freiheit des Eigentümers eintreten. So wird sie davor bewahrt bleiben, in den propagandistischen Dienst eines Systems eingespannt zu werden. Denn sie hat primär nicht die Aufgabe, irgendeine alte oder neue Ordnung zu verherrlichen, sondern ihren Herrn als alleinigen Eigentümer zu bezeugen. Sie kann das nur in Berufung auf den, »der um unsertwillen arm wurde, damit wir durch seine Armut reich würden« (2Kor 8, 9).

Doch lehrt diese theologische Ableitung aus Menschwerdung, Brüderlichkeit und Stellvertretung Christi, daß die ev. → Sozialethik sich nicht auf die kritische Mahnung beschränken darf. Gerade in ihrer Gehorsamshaltung empfängt die Gemeinde Freiheit und Mut zu Versuchen praktischer Gestaltung, die die Freiheit und Gerechtigkeit zu verbinden und so dem E. seine Funktion für Gemeinschaft, Familie und den einzelnen wiederzugeben sich bemühen. Dabei wird sie u.a. folgende Kriterien nicht übersehen: 1. Das Gerechtigkeitsprinzip christlichen Zusammenlebens heißt gemäß der Lehre von der → Gemeinschaft der Heiligen nicht Gleichheit, sondern Ausgleich und gegenseitige Ergänzung. Das gilt unmittelbar auch für den wirtschaftlichen Bereich. – 2. Patriarchalische Fürsorge, weithin immer noch als Muster christlichen Zusammenlebens gewertet, vertieft unter den gewandelten Verhältnissen der Geld- und Industriewirtschaft die Abhängigkeiten. Es gehört aber zur Pflicht des Eigentümers, die auf ihn angewiesenen → Arbeiter als Mitarbeiter zu menschlicher und materieller Selbständigkeit zu führen. – 3. Das in diesem Zusammenhang oft angestrebte Mit-E. an der Fabrik kann umgekehrt wieder zu Abhängigkeit führen (→ Mitbestimmung). – 4. Die Krise der heutigen E.sordnung liegt, ev. gesehen, in der Überhandnahme anonymen E.s im Aktien-, Bank- und Börsenwesen. Wenn E. Lehen bedeutet, so ist die genaue Feststellung des jeweils Verantwortlichen und seiner Kompetenz ein unaufgebbares Postulat. Weder eine société anonyme noch ein Verwaltungsbüro ist ein Lehnsträger. Die ev. Ethik wird deshalb nicht unbedingt die Zerschlagung der Konzerne, wohl aber die Aufgliederung der von niemand mehr beherrschten, allen ihr blindes Betriebsgesetz aufzwingenden Unternehmungskonzentrationen zu organischen, übersichtlichen Gebilden verlangen, in denen die menschliche Begegnung möglich und das Wohl des Menschen Maßstab bleibt. Dieses Postulat eines wirtschaftlichen Föderalismus ist ihr wichtiger als die Frage, ob dieser oder jener Betrieb privat- oder staatswirtschaftlich zu führen ist. – 5. Vom Recht auf E., das der Staat zu schirmen hat, ist das Recht auf Arbeit und dasjenige auf stabile Währung nicht zu trennen. – 6. Die soziale Frage in ihrer Gesamtheit ist nicht nur eine solche der E.sordnung oder des → Lohns, sondern der Ehre des Arbeiters. Bereits Calvin zählte zu den wichtigsten vom 8. (7.) Gebot geschützten Gütern die Ehre des andern (Inst. II, 8, 45f). – 7. Eine Heiligkeit des Privat-E.s als solchen kennt die ev. Ethik nicht; wohl aber die Möglichkeit, daß es dient, solidarisch eingesetzt und dadurch geheiligt wird.

Vgl. die Lehrbücher der → Ethik und die Lit. zu → Eigentum: II. Ferner: G.WÜNSCH, Ev. Wirtschaftsethik, 1927 – RGG^2 II, 57ff – P.ALTHAUS, Grundriß der Ethik, (1931) 1953^3, 78f. 108f – F.KARRENBERG, Christentum, Kapitalismus, Sozialismus, 1932 – E.BRUNNER, Das Gebot u. die Ordnungen, (1932) 1939^3 – DERS., Gerechtigkeit. Eine Lehre von den Grundgesetzen der Gesellschaftsordnung, 1943 – R.GROB, Aufbau der Gemeinschaft, 1940 – Das E. als Problem ev. Sozialethik (Kirche im Volk H. 2), 1949 (Sammelwerk m. Beitr. versch. Verfasser) – BARTH, KD III/4, 613ff – F.GRACE, The concept of property in modern Christian thought, Urbana 1953 – G.W. LOCHER, Der E.sbegriff als Problem ev. Theol., 1954 (Lit.) – A. DE QUERVAIN, Ethik II/3: Ruhe u. Arbeit, Lohn u. E., 1956 – A.RICH, Christl. Existenz in der modernen Arbeitswelt, 1957. – Kath.: O.SCHILLING, Grundriß der Moraltheologie, (1929) 1949^2 – DERS., Der kirchl. E.sbegriff, 1930 – DERS., Kath. Wirtschaftsethik, 1933 – F.UTZ-F.GRONER, Aufbau u. Entfaltung des gesellschaftl. Lebens. Soziale Summe Pius' XII., 2 Bde, 1954. – Ökumenisch: H. TEN DOORNKAAT, Die ökumen. Arbeiten zur sozialen Frage (Diss. Zürich), 1953 (Lit.).

G.W.Locher

Eigil, bayrischer Edeling, gegen 760 Oblat bei seinem Landsmann → Sturm in → Fulda, verfaßt als Mönch zwischen 791 und 801 dessen realistisches Lebensbild, vollendet als Abt (818–22) die neue Klosterkirche und baut die Michaelskapelle am Frauenberg; wurde von → Hrabanus im Liede gefeiert und vom Fuldaer Mönch Bruun-Candidus durch prosaische und poetische »Vita« geehrt.

MG SS XV/1, 221ff; MG PL II, 94ff. 186f – Vita Sturmi, ed. CHR.BROWER, Mainz 1616, weniger brauchbar ed. G.H.PERTZ (MG SS II, 365ff); über geplante Neuausg. s. ZKG 44, 1925, 486–488 – Fuldaer Festgaben 1905 u. 1954.

F.Flaskamp

Einfalt samt seinen Ableitungen geht im Althochdeutschen und Gotischen auf simplicitas (simplex) der Vulg. zurück, denen im NT ἁπλότης (ἁπλοῦς) entspricht, ist also eine Wortgruppe biblischen Ursprungs. Dem mittelhochdeutschen »einvaltekeit« fehlt der tadelnde Nebensinn, der heute dem Wort E. anhaftet. Im Luthertext des NT von 1956 ist »einfältig« an der Stelle vom Auge als des Leibes Licht (Mt 6, 22 par) durch »lauter«, in Jak 1, 5, wo es heißt, daß Gott einfältig gibt, durch ein farbloses »gern« ersetzt worden. Eines der starken, bildkräftigen Wörter verschwindet so allmählich aus der Bibelsprache. Doch wird man in der ev. Verkündigung und Lehre nicht auf Wörter wie E. und einfältig verzichten dürfen, denn sie bezeichnen eine *Gesamthaltung*, die sich in der Botschaft Jesu in verschiedener Begrifflichkeit (Mt 5, 3; 11, 25 par; Mk 9, 42 par; 10, 15) ausspricht und die von ihm selbst vorgelebt worden ist. Paulus geht diesen Weg weiter (1Kor 1, 18–31); das Vertrauen auf Christus *allein* ist E. im Glauben und wirkt E. in dienender und gebender Liebe. So ist E. nach dem NT mehr als eine christliche Tugend, »ist der Grundzug des christlichen Charakters« (Baumgarten). Luther, dem edlen Ursprung des Wortes noch nicht fern und seiner Verwurzelung im NT wieder nah, konnte »einfältig« auf Buchtiteln und im kleinen Katechismus ohne Scheu gebrauchen. Natürliche E. sieht er in der Hinwendung der Eltern zu den Kindern wie im Sein und Tun der Kinder selbst. Aus tiefer E. eigener Glaubenserfahrung malt er E. im Sinne des NT in der Auslegung des Magnificat. Nicht so sehr Nachwirkung mittelalterlicher Mystik (dies wohl bei → Tersteegen, zB EKG 128, 7), als vielmehr lutherischer Einfluß wie Folge eines neuen, Heiligung und Seelsorge betonenden Schriftgebrauchs wird darin zu sehen sein, daß von E. in pietistischen und Herrnhuter Liedern oft gesungen wird. Doch nicht einmal das klassische Lied aus der Rubrik »Geistliche Armut und E.« im Brüdergesangbuch, A.G. → Spangenbergs »Heilge E., Gnadenwunder«, ist aus dem DEG in das EKG übernommen worden: ein Kennzeichen für die innere Lage des heutigen deutschen Protestantismus, in dem die christliche E. nicht unbedroht ist. Mit dem Handeln seiner durch die Partnerschaft zum Staat vielfach auf Wege der Taktik und Politik gedrängten Kirchenleitungen, mit der Arbeitszersplitterung der von der Unrast der Welt oft ergriffenen Pfarrer und Gemeindevorstände, mit der unleugbar sich immer wieder in evangeliumsfremde Überspitzungen verlierenden Theologie und ihren Auswirkungen in der kirchlichen Verkündigung will sich das nt. Kriterium der E. oft nur schwer vereinigen lassen. – Rufer zur E. – für die Gemeinden wie für den einzelnen Christen – sind noch immer Männer wie O.Baumgarten in seinem charaktervollen Artikel E. in RGG^1 und die mancherlei dort von ihm zitierten und gekennzeichneten Autoren. Des jüngeren Blumhardt ergreifende Charakteristik des Hansjörg Dittus (s. Lit.) sollte nicht übersehen, W. → Raabe als »weltlicher« Prediger der E. nicht überhört werden. Und solange man noch des M. → Claudius Abendlied (EKG 368) singt, wird es immer wieder bibelferne und bildungsfremde Menschen geben, die überraschend und unmittelbar dazu gerufen werden, sich auf den »Grundzug des christlichen Charakters« zu besinnen.

RE V, 251ff – RGG^1 II, 260ff; RGG^2 II, 67f – CKL I, 487 – CBL 145 – ThW I, 385f – BAUER, WB^5 169f – TH.HAERING, Das christl. Leben. Ethik, 1914^3, 356 – CHR.BLUMHARDT, Predigten u. Andachten II, hg.v. R.LEJEUNE, 1925, 587f.

W.Jannasch

Eingeborener Sohn. Der Ausdruck gehört zu den ältesten Bestandteilen des → Apostolikums: Gott ist der Vater (auch »Vater des Alls«) und der Allmächtige, Christus ist sein E.S. und unser Herr. Der Terminus stammt offenbar aus Joh 1, 14. 18; 3, 16. 18; 1Joh 4, 9, wo die Bedeutung jedoch nicht genau festgestellt werden kann (»einzigerzeugt«, »vom Einzigen erzeugt?«). Die LXX übersetzt hebr. jaḥîd abwechselnd mit einzig (einziggeboren) und geliebt (so zB in Gen 22, 2. 12), was zu der Erklärung »einzig und deshalb überaus geliebt« geführt hat. Im JohEv ist E.S. jedoch kaum nur ein Wertprädikat. In der Umwelt wurde das Wort gebraucht, um Einheit, Einzigkeit und den göttlichen Ursprung des Kosmos hervorzuheben, und etwas davon haftet an ihm auch in der frühchristlichen Theologie (vgl. »Vater des Alls«). Als E.S. ist Christus den vielen → Mittlern anderer Religionen gegenüber der einzige und einmalige Offenbarer, dessen Wort Gottes Wort ist und der auch selbst Gott ist (1Joh 5, 20; → Sohn Gottes: II, → Erlöser: II, → Christologie: I). Daneben haben die Hinweise auf die Trauer über den einziggeborenen, erstgeborenen oder geliebten Sohn (Am 8, 10; Jer 6, 26; Sach 12, 10; aber auch Gen 22, 2. 12) oder über die einzige Tochter (Ri 11, 34ff, vgl. Hhld 6, 8f), obwohl der kultische Hintergrund dieser Aussagen kaum mehr bewußt war, auf die Entwicklung der christologischen Opfertheologie Einfluß geübt (Hebr 11, 17. 19; Barn 7, 30: Isaak-Typologie).

ThW IV, 745ff - R.Bultmann, Das Ev. des Johannes (MeyerK II[10. 18]), (1941) 1953 - Barth, KD I/1, 446f. *R.Gyllenberg*

Einhard (ca 770-840), aus mainfränkischem Adel, im Kloster Fulda erzogen, kam an den Hof → Karls des Großen, dessen Vertrauter er wurde und der ihn zum Aufseher der Bauten und der zur Aachener Pfalz gehörigen kunstgewerblichen Werkstätten machte. Im Hofkreise führte er den Ex 35, 30 entlehnten Namen Beseleel. Seit → Alkuins Übersiedlung nach Tours wurde er der führende Kopf der Hofschule. Sein Einfluß stieg noch unter Ludwig dem Frommen. Doch zog er sich nach vergeblichen Bemühungen, den Kaiser zu Reformen zu bewegen, 830 nach Seligenstadt a.M. zurück. Als Laie, verheiratet mit Imma († 836), repräsentiert E. den Aufschwung der Laienbildung unter Karl. Von seinen Werken ist das wichtigste die wohl in den dreißiger Jahren (nach Ganshof zwischen 817/830) entstandene Vita Karoli Magni; hier gab E., ausgehend von Sueton, eine Persönlichkeitsschilderung von einer Prägnanz, wie sie im MA nur selten erreicht wurde. Das Werk hat das Bild des MA von Karl dem Großen bis in das 12.Jh. bestimmt. Ferner schrieb E. u.a. einen Libellus de adoranda cruce und die lebensvolle Translatio SS. Marcellini et Petri (von Rom nach Seligenstadt).

MG Epp V, 105ff; MG SS XV/1, 238ff; MG PL 2, 125ff; Vita Karoli: MG SSrerGerm (1911). - Wattenbach-Levison 2, 1953, 266ff - F.L.Ganshof, Eginhard, biographe de Charlemagne (Bibl. d'Humanisme et Renaissance 13, Genf 1951, 217-230). *H.Löwe*

Einheitsschule. Das öffentliche → Bildungswesen in Deutschland hat sich aus verschiedenen Ursprüngen entwickelt. Das Zusammenwachsen der heterogenen Schulformen zu einem einheitlichen, in sich sinnvoll gegliederten Bildungssystem ist ein mühevoller, noch keineswegs abgeschlossener historischer Prozeß, der von dem Bestreben um die nationale und die soziale Einheit des Volkes ebenso bestimmt ist wie von dem Willen um die rechte pädagogische Ordnung der Bildungswege.

Der vieldeutige Begriff der E. ist im ausgehenden 19.Jh. entstanden (Deutscher E.verein 1886-91). Damals bezog er sich zunächst auf die Einheit der höheren Schule, die durch den Ausbau der Realschulen und ihren Anspruch auf Gleichberechtigung mit den → Gymnasien bedroht war. Schlee in Altona und Reinhardt in Frankfurt/M. entwickelten Reformanstalten mit einem gemeinsamen Unterbau für die verschiedenen Typen. Dieser Versuch eines mit den Begabungen und Neigungen der Schüler erst allmählich sich gabelnden Systems der höheren Bildung hat großen Anklang gefunden, konnte sich aber nicht allgemein durchsetzen, so daß schließlich neben den 3 Grundformen des Gymnasiums, des Realgymnasiums und der Oberrealschule, die 1900 als gleichberechtigt anerkannt wurden, auch noch die verschiedenen Reformanstalten standen. Diese Breitengliederung ohne ausreichende Querverbindung hatte schon vom 1. Schuljahr an getrennte Schulwege zur Folge.

Die Gestaltung des gesamten öffentlichen Bildungswesens zu einem »organischen« Ganzen, die dann in Art. 146 der Weimarer Verfassung proklamiert und auf der → Reichsschulkonferenz 1920 leidenschaftlich diskutiert wurde, war das Ziel der E.bewegung. Ihre Wurzeln reichen weit zurück. Schon → Comenius hatte ein Schulsystem entworfen, das rein vertikal nach den Altersstufen aufgebaut war und keine Rücksicht auf besondere Standes- oder Berufsinteressen kannte. In der franz. Revolution entwickelte Condorcet den Plan einer einheitlichen Organisation des öffentlichen Unterrichtswesens aus dem Gedanken des gleichen Rechts auf Bildung für alle. Der Unterrichtsgesetzentwurf → Süverns für Preußen 1819 begriff die Schule als »eine einzige große Anstalt für die National-Jugendbildung« mit den 3 Stufen der allgemeinen Elementarschule, der allgemeinen Stadtschule und des Gymnasiums. Von der Mitte des 19.Jh.s an war es vor allem der »Allgemeine Deutsche Lehrerverein«, der den Gedanken der nationalen und der sozialen Einheit in der Schulorganisation wachhielt. Er forderte 1914 in Kiel nach einem Vortrag → Kerschensteiners »die organisch gegliederte nationale E., die einen einheitlichen Lehrerstand zur notwendigen Voraussetzung hat und in der jede Trennung nach sozialen und konfessionellen Rücksichten beseitigt ist«.

Das Reichsgrundschulgesetz von 1920 gab mit der vierjährigen → Grundschule allen Schularten endlich den gemeinsamen Unterbau. Der Gedanke, auch für die höheren Schulen eine gemeinsame Grundstufe nach dem Vorbild der Reformanstalten zu schaffen, wurde in der preußischen Schulreform Richerts 1924/25 aufgegeben zugunsten von 4 grundständigen Typen (Gymnasium, Realgymnasium, Oberrealschule, Deutsche Oberschule), die im deutschen Bildungsgut die verbindende Einheit haben sollten. Der 1938 im nationalsozialistischen Deutschland unternommene Versuch, unter Ausklammerung des Gymnasiums die höhere Schule in Form einer erst in den letzten 3 Klassen gegabelten Oberschule radikal zu vereinheitlichen, blieb Episode. Beim Wiederaufbau des Schulwesens nach 1945 erwies sich die Grundschule als lebenskräftig, doch blieb umstritten, durch wieviel Jahre hindurch sie von allen Kindern besucht werden solle. In der DDR dauert sie 8, in der BRD praktisch heute überall wieder 4 Jahre. Hier bestehen auch die traditionellen Typen der weiterführenden Schulen im wesentlichen fort.

In der gegenwärtigen Diskussion um die → Schulreform ist der Gedanke der nationalen E. und der deutschen Bildungseinheit durch föderalistische und konfessionelle Motive in den Hintergrund gedrängt. Die alte soziale Begründung der E. hat infolge der Nivellierung in der modernen Gesellschaft an Gewicht verloren, zumal Schulgeld- und Lernmittelfreiheit sowie andere Maßnahmen der Begabtenförderung manches Hindernis aus dem Weg geräumt haben. Der allgemeine Andrang zur höheren Schule konzentriert die pädagogische Problematik auf zwei wichtige Punkte: den Übergang von der Grundschule in die weiterführenden Schulen, wobei dem »differenzierenden Mittelbau« als einem Versuch zur allmählichen Verzweigung des Schulsystems und zur Reform der Auslese besondere Bedeutung zukommen dürfte; ferner die Entwicklung eines über Volks- oder Mittelschule, Berufs- und Fachschule gehenden »2. Bildungswegs« und seine Einordnung in das Gesamtsystem der deutschen Bildung.

RGG³ II, 68ff - H.NOHL, Die pädagogische Bewegung in Deutschland u. ihre Theorie (HPäd I), (1933) 1949³ - LPäd (B) I, 322ff - LPäd (F) I, 854ff (sämtlich mit Lit.). *G.Geißler*

Einigungsbestrebungen, *kirchliche*

I. Die kirchliche Einheit von der Urkirche bis zur Reformation - II. E. in Europa vom 16. bis 18.Jh. - III. In den orthodoxen Kirchen - IV. Von 1800 bis 1920 - V. In der Gegenwart - VI. Kirchliche Zusammenschlüsse von 1910 bis 1957 - VII. Im Bereich der jungen Kirchen

I. Die kirchliche Einheit von der Urkirche bis zur Reformation

1. Gottesvolk und Urkirche - 2. Alte Kirche - 3. Mittelalter

1. Die Einheit ist ein Wesensmerkmal des Gottesvolkes im AT und der Kirche im NT. Ezechiel proklamierte die sichtbare Einheit des Gottesvolkes als Willen Gottes (Ez 37). Christus bezeichnet das Bemühen der Jünger um Einheit als Grundlage der Glaubwürdigkeit und missionarischen Kraft seiner Botschaft (vgl. Joh 17). 1Petr 2 und 3 fordert ὁμοφροσύνη und φιλαδελφία als Kennzeichen der Bewährung für das Volk des göttlichen Eigentums. Paulus ermahnte darüber hinaus zur Einheit in νοῦς und πνεῦμα (1Kor 1, 10; Phil 1, 27) und zur κοινωνία πνεύματος (Phil 2, 1). Ihm stehen dabei schon ebenso wie Jakobus (2, 8f) und Judas (12. 18f) die Ursachen der Uneinigkeit unter Christen vor Augen: geistlicher Hochmut, Überbewertung der Führer in der Gemeinde und Legalismus (1Kor 1; Röm 12; Apg 15; Gal 2). In den Auseinandersetzungen des neuen Gottesvolkes mit der nicht-christlichen Umwelt wird die Einheit in der Liebe zum Nächsten und in der Hoffnung auf das baldige Vergehen der irdischen Ordnung allen spekulativen Versuchen der Wahrheitserfassung übergeordnet. Das Kriterium der Einheit in der Urkirche war das durch den Geist gewirkte Bekenntnis zu dem Kyrios Jesus, wodurch andererseits die Vielfalt und Dynamik der Geistesgaben, des gottesdienstlichen und sozialen Lebens der Gemeinde nicht beeinträchtigt wurde (1Kor 12-14).

2. Die Rechtsnorm für die Einheit der Christen wurde im 2.Jh. der Kanon des NT. Gegen Ende des 2.Jh.s zeigte es sich jedoch, daß der Kanon des NT (→ Bibel: II B) als Einigungsfaktor nicht genügte; denn es beriefen sich auf ihn inhaltlich und formal auch Häretiker, vor allem Anhänger der → Gnosis. Das erforderte als zweite Mauer zum Schutz der »Einheit in der Wahrheit« die *regulae fidei* (über deren Gehalt die ökumenischen Urteile im 20.Jh. auseinandergehen; vgl. J. de Ghellinck in RHE 38, 1942, 97-142. 361-410). Von den regulae fidei und ihren Nachformen haben das → Nicäno-Konstantinopolitanum im Osten wie im Westen, das → Apostolikum nur im Westen ihre konstante Wirkung als Unionsfaktor bewahrt. Da es sich im 4.Jh. herausstellte, daß bei aller formalen Anerkennung der regulae in zahlreichen Einzelgemeinden ungeistliches Wesen vorherrschte, trat eine vom Staat (Kaiser) begünstigte Neubesinnung ein; für die Gesamtkirche wurde eine Rekonsolidierung angestrebt durch Integration des sakramentalen Brauchtums und charismatischen Mittlertums. So traten als neue Integrationsfaktoren die Entwicklung des monarchischen Episkopats mit seiner Spitze im Bischof von Rom (→ Bischof: I, 2. 3) und die Sakramentsgemeinschaft mit dem im Gottesdienst gegenwärtigen Christus auf. Die Interkommunion wurde zur Norm der sichtbaren Einheit.

3. Wo die »eine Taufe« und die aktuelle Gemeinschaft unter dem verkündigten Wort nicht mehr ausreichte, um die Zugehörigkeit zum Organismus der Kirche zu qualifizieren, wurde die Interkommunion zu einem Postulat, das von einheitlichen Verwaltern dargelegt und gesichert werden mußte. Der Ordnungswille der römischen Kaiser kam den Sicherungsbestrebungen der »Hirten« hier weithin entgegen. Das ursprünglich echte Streben nach Interkommunion trat in bedenkliche Nähe zu der Praxis der → Exkommunikationen. Die → Kirchenzucht, die ursprünglich zur Taufpraxis gehörte und die Taufe in nicht-römischen Kirchen auch weiterhin als entscheidenden Faktor der Einigung gelten ließ, wurde im MA mehr und mehr ihrer Charismatik entkleidet. Die retrospektiven Momente der Paradosis des Geistes und der apostolischen → Sukzession wirkten eher trennend als verbindend. Vorübergehend wirkten die ökumenischen → Konzile des 4. und 5.Jh.s einigend, wobei aber die politischen Ordnungsbestrebungen im Vordergrund standen. Eine echte Bewegung zur kirchlichen Einheit hat weder die Betonung des Primats beim Bischof von Rom noch die Lehre vom Ursprung des hl. Geistes noch die Steigerung der Zahl der Sakramente gebracht. Der Mangel an geistlicher Substanz trat bei den Interventionen der Kaiser mehr und mehr zutage: Das *Henotikon* des Kaisers Zeno (482) brachte das 1. Schisma zwischen →Byzanz und Rom, die Gegeninitiative Justins I. (518) das Schisma zwischen Byzanz und Alexandrien. Das 3. Schisma zwischen Byzanz und Rom (1054) ist von Historikern des 18. und 19.Jh.s zu stark dramatisiert worden. Die Bemühungen der → Kreuzzüge um Geschlossenheit gegenüber dem Islam scheiterten an dem örtlichen Widerstand der östlichen Patriarchate gegen den Primat des Papstes. Das Einigungsmotiv des 4. Kreuzzuges wurde vollends ins Gegenteil verkehrt; die Einheitsformel des Konzils von Lyon (1274) erwies sich als politisches Experiment mit unlauteren Motiven auf seiten des byzantinischen Kaisers Michael VIII. Erst kurz vor ihrer Vertreibung durch den Islam fanden sich die Herrscher von Byzanz zu wahrer Versöhnung bereit: Das Unionsdekret von Florenz (1439) wurde von Kaiser Johann VIII. sowie von den Erzbischöfen →Bessarion von Nicäa und Isidor von Kiew unterzeichnet. Beeinträchtigt wurde dieser Schritt zur Einheit durch den Widerspruch des Bischofs von Ephesus und des Metropoliten von Moskau gegen Roms Primat. Zu Beginn des Jh.s der Reformation befand sich die Kurie in der Selbstisolierung ohne ökumenisches Korrektiv. Als in Mittel- und Westeuropa die Reformation eine Rückführung auf die überinstitutionelle Leitung des hl. Geistes anstrebte, waren in Rom die E. mit den Kirchen des Ostens und Afrikas aufgegeben. Umkehr zu ökumenischer Haltung brachte die Besinnung auf die Schrift als Zeugnis der Offenbarung.

Zu 1: A.v.HARNACK, Mission u. Ausbreitung des Christentums, 1924⁴ - O.LINTON, Das Problem der Urkirche in der neueren Forschung, (1932) 1956² - W.BAUER, Rechtgläubigkeit u. Ketzerei im ältesten Christentum (BHTh 10), 1934 - J.LEBRETON. L'Eglise primitive, 1934; engl. 1948 - F.HEILER, Urkirche u. Ostkirche, 1937 - G.SASS, Apostelamt und Kirche, 1939 - E.SCHWEIZER, Das Leben des Herrn in der Gemeinde, 1946 - DERS., Die Urchristenheit als ökum. Gemeinschaft (EvTh 10, 1950, 273-288) - M.GOGUEL, L'Eglise primitive, 1947 - E.KÄSEMANN, Begründet der nt. Kanon die Einheit der Kirche? (EvTh 11, 1951, 13-21) - R.ROUSE-S.C.NEILL, A History of the Ecumenical Movement, London 1954; dt. 1957. - Zu 2: T.H.BINDLEY, Oecumenical Documents, London (1899) 1950⁴ - E.SCHWARTZ, Acta conciliorum oecumenicorum, 1927ff - C.QUÉNET, L'unité de l'Eglise, 1930 - H.LIETZMANN, Ecclesia catholica, 1936 - J.LEBRETON, De la fin du 2me siècle ..., Paris 1941 - O.CULLMANN, Die ersten christl. Glaubensbekenntnisse (ThSt[B] 15), (1943) 1949² - G.FLOROVSKIJ, Terms of Communion (Lund vol. 2 on Intercommunion), 1952 - CHRYSOSTOMOS, Erzbischof v. Athen, The

Third Ecumenical Council, 1953 - S.L.GREENSLADE, Schism in the Early Church, London-N.Y. 1953 - W.ELERT, Abendmahl u. Kirchengemeinschaft in d. alten Kirche, 1954. - Zu 3: A.POLL, L'unité chrétienne, 1930 - E.ALTENDORF, Einheit u. Heiligkeit der Kirche, 1932 - J.T.ADDISON, Medieval Missionary, 1936 - Y.CONGAR, Chrétiens désunis, 1937 - A.FRIDRICHSEN, Église et sacrement (RHPhR 17, 1937, 337-356) - A.W.JAMES, Union of Christendom, 1940 - F.M.BRAUN, Neues Licht auf die Kirche, 1946 - M.LADOMERSKY, Theologia orientalis, 1953. - Zu 2 u. 3: A.RICHARDSON, Creeds in the Making, London 1935 - G.DIX, Ministry in the Early Church (K.E.KIRK, Apostolic Ministry, London-N.Y. 1947², 183-304).

J.W.Winterhager

II. Einigungsbestrebungen in Europa vom 16. bis 18. Jahrhundert

1. Im Jh. der Reformation: a) Die Reformatoren - b) Der Humanismus - 2. Im 17. und 18.Jh.: a) Allgemeine Bewegungen einigenden Charakters - b) Theologische Entwürfe zur christlichen Einheit - c) Praktische Bemühungen

1. a) Für die *Reformatoren* und ihre Mitarbeiter bildete die Einheit der Kirche die Voraussetzung ihres Auftretens; einer Pluralisierung des Kirchenbegriffs (→ Kirche: III) hätten sie widerstrebt. Sie ließen auch in einzelnen Elementen ihr gesamtkirchliches Denken erkennen; vor allem zeichneten sie die altkirchlichen Glaubensbekenntnisse mit dem Beiwort »ökumenisch« aus (Luther unterschied nur polemisch-satirisch die ecclesia Christi von der ecclesia Papae). Die Einigung der Christenheit im Glauben hieß darum: gemeinsame Rückkehr zum Evangelium. Infolgedessen konnten die Reformatoren überall dort weitherzig sein, wo sie unabhängig von ihnen selbst echtes Evangeliumsverständnis fanden: so Luther in seinem nicht abgeschlossenen Verhältnis zu den Böhmischen Brüdern (→ Brüderunität: I) und in der → Wittenberger Konkordie mit Bucer 1536; so → Farel, → Ökolampad und → Olivetanus in ihrer Verbindung mit den → Waldensern 1530; so → Calvin in der seinigen mit den Böhmischen Brüdern 1540 und in der Verständigung über das hl. → Abendmahl (: II, 3b) mit Bullinger 1549. Ob es für die Rückführung der gesamten Christenheit zum Evangelium bestimmter Synoden (→ Konzile) bedürfe, war umstritten: Luther, der der Allmacht des Gotteswortes alles zutraute und schon 1519 dem spätmittelalterlichen Konziliarismus (→ Reformkonzile) abgesagt hatte, verhielt sich ablehnend, während → Melanchthon, → Bucer und Calvin unter dem Eindruck der altkirchlichen Tradition positiv dazu standen. Nachdem der Riß in den Jahren 1517-29 in seiner Größe deutlich geworden war, schien der Reichstag von Augsburg 1530 einen Ansatz zu einem Nationalkonzil (anstatt des erhofften Universalkonzils) zu bieten. In diesem Sinne verfaßte Melanchthon das → Augsburger Bekenntnis und führte die Verhandlungen in einer unverantwortlich weitgehenden Bereitschaft zu Konzessionen. Dahinter stand neben anderem der humanistische Wille, auf der Grundlage einer schlichten Christlichkeit (simplicitas vitae Christianae) zu einer unproblematischen Glaubenseinheit zu gelangen.

b) Von da an wurde der → *Humanismus* zum eigentlichen Träger der E. → Erasmus hatte schon 1523 für → Hadrian VI., seinen ehemaligen Lehrer, eine Denkschrift zur Überwindung des kirchlichen Zwiespalts verfaßt, die durch die Verbindung von theologischem Traditionalismus mit kirchenpositivistischem Institutionalismus gekennzeichnet war. Auch in seiner grundsätzlich gemeinten Schrift De sarcienda ecclesiae concordia (auch: De amabili ecclesiae concordia) 1533 ging er nicht wesentlich darüber hinaus und zeichnete damit dem röm.-kath. Humanismus der Folgezeit die Bahn vor. Unter den ev. Humanisten stellten sich Melanchthon und Bucer mit besonderer Leidenschaft in den Dienst der Glaubenseinigung. In der Hoffnung, der Reformation in Frankreich Eingang zu verschaffen, knüpften sie mit dem Bischof von Paris, Jacques du Bellay, seit 1532 Beziehungen an. In → Deutschland (: I, 2a) selbst brachte der erasmische Geist Religionsgespräche (Leipzig 1534 und 1539, Hagenau und Worms 1540, Regensburg 1541) und konservative (»halbe«) Reformationen hervor (Jülich 1532/33, Köln 1539, → Brandenburg 1539, das Meißnische Buch 1539, Leipziger → Interim 1548). Auf dem Regensburger Reichstag 1541 einigten sich Melanchthon und → Contarini nahezu, jedoch versagten sowohl Luther als auch der Papst den dogmatischen Formeln die Bestätigung. Hauptvertreter der »erasmischen Reformation« waren Georg v.Carlowitz, J.v. → Pflug, G. → Witzel, Joh. → Gropper; auf ev. Seite antwortete ihnen Bucer mit der programmatischen Forderung, die ev. Wahrheit müsse aufrechterhalten bleiben, sprach aber zugleich den Gedanken einer abgestuften Wahrheit als Einigungsgrundlage aus. Damit bereitete er (wie Acontius) die spätere Lehre der luth. → Orthodoxie von den articuli fundamentales et non fundamentales vor. Seit 1561 versuchte → Cassander im Geiste des Erasmus mit dem altkirchlichen Traditionsgedanken die theologische Grundlage sowohl für das Religionsgespräch in Poissy als auch für die Religionspolitik der Kaiser Ferdinand I. und Maximilian II. zu liefern. Von England aus bemühte sich → Cranmer in einem langen Briefwechsel mit Melanchthon, Bucer, Bullinger und Calvin (1535-52), ein ev. Konzil zur Einigung aller von Rom getrennten Christen zusammenzubringen, unter das er im Sinne des spätmittelalterlichen Konziliarismus auch den Papst dogmatisch zu beugen hoffte. Calvin erneuerte diesen Gedanken in einem Briefe an M. → Parker. Ähnlich konziliaristisch dachte der röm.-kath. Melanchthonschüler A.F. → Modrzewski, dem eine gesamtkirchliche, freilich stärker kath. Einigung mit dem Papst vorschwebte, während Joh. → Laski mit größerem Realismus alle nichtrömischen Christen Polens unter dem Vorrang des calvinischen Lehrtypus zusammenfassen wollte. Dieses Bestreben führte 1570 zum Konsensus von Sandomierz, wo Calvinisten, Lutheraner und Böhmische Brüder einander in gegenseitiger Liebe zu tragen versprachen, aber auf eine genaue dogmatische Festlegung verzichteten. In verwandter Weise versuchten die → Hugenotten Frankreichs von 1578 bis 1631, vorzugsweise unter der Führung von → Duplessis-Mornay, eine Einigung aller nichtrömischen Christen ins Werk zu setzen. Die bedeutendsten Etappen waren die Synoden von Tonneins (1614) und Charenton (1631). - Einen grundsätzlich anderen Weg schlug → Acontius in seinen Stratagemata Satanae (1565) vor, mit denen er die Kirchenpolitik im elisabethanischen England beeinflußen wollte. Er forderte einen strengen Biblizismus als Grundlage für jede dogmatische Erkenntnis, insbesondere zur Feststellung der »heilsnotwendigen« Lehre, in der sich alle echten Gläubigen treffen könnten. In innerer Verwandtschaft zu Luther gab er dem Glauben die zentrale Stellung und mißtraute dem Konzil.

2. War es im 16.Jh. nur der Humanismus, und zwar überwiegend in der altkirchlich-röm.-kath. Orientierung, der die christliche Einheit zum Programm erhob, so nehmen in den beiden folgenden Jh.en fast alle Strömungen in Kirche und Theologie daran teil. Dabei können sich verschiedene Bewegungen miteinander verbinden und so ihre Wirkung steigern. Am Anfang des Zeitraums steht die doppelte Tatsache, daß sich nunmehr neue Kirchenkörper (»Konfessionen«) klar herausgebildet haben (Luthertum, Calvinismus bzw. ref. Kirche, Anglikanismus, täuferischer Spiritualismus verschiedener Spielarten mit und ohne kultisch-rechtliche Organi-

sation) und daß sie sämtlich von der → Gegenreformation in ihrem Bestande bedroht wie in ihrer Theologie gefordert sind.

a) Die *Abwehr der Gegenreformation* bringt als einigendes Moment die nahezu geschlossene Abwehrfront gegen → Bellarmini (im Luthertum durch → Chemnitz und → Gerhard, im Calvinismus durch → Chamier, → Daneau, Whitaker, → Amesius, → Pareus, im Zwinglianismus durch → Hospinian, im Anglikanismus durch → Andrewes) sowie die betonte Aufrechterhaltung der Würdebezeichnung »katholisch« für die nichtrömischen Kirchen (Gerhard, Chamier, Andrewes).

Der *Humanismus* leistet jetzt für die kirchliche Einigung ein Dreifaches: Der von Erasmus (und Cassander) herkommende vorwiegend (röm.-)kath. Humanismus formuliert das frühchristliche Traditionsprinzip; so der Anglikanismus unter Jakob I., H. → Grotius, zuletzt am deutlichsten → Calixt durch seinen consensus quinquesaecularis. – Der durch Acontius (s. 1b) geprägte ev. (biblizistische) Humanismus gelangt zum Begriff der heilsnotwendigen Glaubensartikel, vor allem bei → Chillingworth und in der luth. Orthodoxie bei → Hafenreffer, → Hütter, B. → Meisner, N. → Hunnius und → Hülsemann mit jeweils verschiedener Bestimmung des Heilsnotwendigen und einer entsprechenden Vertiefung des Heilsverständnisses. Auf diesem Boden ergeben sich → Toleranz (: II) und Union (→ Unionen: I) als die beiden praktischen (organisatorischen) Möglichkeiten. – Der Sozinianismus (→ Sozinianer) fordert ein schlichtes, rational-ethisches »Evangelium« als Einigungsgrundlage (D. Zwicker, † 1678; W. → Whiston, Primitive Christianity revived, 5 Bde, 1711/12).

Das eigentliche Ziel des ältesten *Täufertums*, radikal zur urchristlichen Schlichtheit in Kultus, Lehre und Leben zurückzukehren, behauptete sich als stille, schwer greifbare Überlieferung. Spätestens durch → Schwenckfeld, wahrscheinlich schon durch → Müntzer, verband sich damit der spiritualistische Grundgedanke, daß Gott nur im Geist gedient werden dürfe (Joh 4, 24). Dies führte zur Verwerfung aller bestehenden Kirchen als »Sekten« und »Parteien« im einzelnen, als »Babel« im ganzen (→ Paracelsus, → Weigel, → Felgenhauer, → Betke, → Hoburg, → Breckling, G. → Arnold, → Dippel; bes. bezeichnend ist Dippels Urteil: Babel sei durch die Reformation nur geteilt worden). An ihrer Stelle soll durch die Wiedergeburt der einzelnen und das echte christliche Leben in der Nachfolge (Nachahmung) Jesu eine wahre Christenheit entstehen, für die die Einigung nicht Programm, sondern vorgegebene Tatsache ist. Wortführer der Einheit wurden vor allem Felgenhauer, → Comenius, Breckling, Dippel (wenngleich als Individualist mit bitterer Ironie). Eine Verbindung mit dem Humanismus stellten die »Paraenesis votiva pro pace ecclesiastica« P. Meiderlins (1626) und J. V. → Andreäs Rosenkreutzerschriften dar. Außerdem erwuchs aus dem Spiritualismus der Missionswille zur Herbeiführung einer wahren (konfessionell unbelasteten) Christenheit (J. v. → Weltz).

Der → *Pietismus* setzte als Reduktion des Spiritualismus diese Haltung fort unter bedingter (dh teils vorläufiger, teils resignierter) Anerkenntnis der bestehenden Kirchen als der konkreten Ausgangspunkte für die christliche Einheit. Im Unterschied zur antirömischen Theologie und zur humanistischen Programmatik galt das praktische christliche Leben (persönliche Erfahrung der Wiedergeburt und Erfahrungsaustausch) als Ansatzpunkt für eine Gemeinschaft der Kinder Gottes (»Glaubensbrüder« aus der Wiedergeburt gegen »Kirchenbrüder« aus der äußerlichen Taufe, E. G. → Hellmund; kongregationalistischer Kirchenbegriff). Demgegenüber sah → Zinzendorf – Motive Luthers aufnehmend – objektiv das Kreuz Jesu Christi als den Vereinigungspunkt für alle Christen an, verwies dafür auf das Augsburger Bekenntnis als »einigende Mitte« und suchte in seiner apostolischen Brüdergemeine (→ Brüderunität: II) die Einheit der Kirche durch »verbundene Glieder« sichtbar zu machen, wobei die bestehenden Konfessionen als »Tropen« (τρόποι παιδείας) zugleich anerkannt und relativiert wurden.

Im Gegenschlag gegen den schroffen Prädestinatianismus und in gewisser Weiterführung der Synodalentscheidung von → Dordrecht 1618/19 bildete die ref. theologische *Akademie zu* → *Saumur* eine Theologie heraus, die den universalen Liebeswillen Gottes betonte, seine Verwirklichung aber an die (rein psychologisch verstandene) Bedingung des Glaubens knüpfte (Universalismus hypotheticus; → Amyraut, → Cameron, → Pajon, → Jurieu, bedeutsamer Einfluß Amyrauts auf → Penn). Amyraut gelangte von da aus zur hohen Bewertung der christlichen Sittlichkeit, Jurieu zu den Fundamentalartikeln als Grundlagen der kirchlichen Einigung, wollte sie aber nicht (wie Acontius) biblizistisch, sondern durch einen rationalen Religionsvergleich zwischen der natürlichen, der mosaischen und der christlichen Religion gewinnen.

b) Die *ref. Irenik* wird durch → Junius 1593 in ausgesprochen biblizistisch-praktischer Prägung eröffnet: In der persönlichen Christusnachfolge liegt der Schlüssel zur Einheit. David Pareus (Irenicum, 1614/15) wollte darüber hinausgehend einen biblisch begründeten Lehrgehalt feststellen, der von allen angenommen werden sollte (ähnlich sein Schüler Bartholomäus Bythner). In der Praxis liefen diese Vorschläge meist auf die Empfehlung der ref. Lehre als der allein biblischen hinaus und verfielen dadurch der luth. Ablehnung. Der Sozinianer Daniel Zwicker suchte sie in seinem »Irenicum Irenicorum« (1658) durch ein rational-ethisches Bibelverständnis zu überbieten. – Das Schweizer Triumvirat S. → Werenfels, → Ostervald und → Turrettini hielt die christliche Lehre für entwicklungsfähig, die Fundamentalartikel für veränderlich und wollte durch ihre Anpassung an die lebendige geistig fortschreitende Frömmigkeit alle Christen einen (Verbindung vor allem mit England; W. Wake). Nicht das historisierende, aber das rationale Element dieser Anschauung teilten → Buddeus und → Pfaff in Deutschland, von denen der letzte lebhaft für eine ev. Union im Blick auf die dogmatische Verfestigung des gegenreformatorischen röm. Katholizismus (Constitutio »Unigenitus«, 1713) eintrat, aber den Widerspruch von → Löscher und → Cyprian erfuhr.

c) Als bevorzugte Basis für Wiedervereinigungsbemühungen bot sich → *England* durch seine humanistische Geprägtheit und seine via media zwischen Rom und den reformatorischen Kirchen an. Der Exponent im Theoretischen und Praktischen wurde Jakob I. mit seinem großen Freundeskreis an Theologen, zu denen aus dem Auslande Grotius, de → Dominis, → Sarpi, → Casaubon und → Du Moulin zählten. Bes. Grotius begann seine hochfliegenden Pläne, die an der Wirklichkeit scheiterten und ihn – wie Erasmus – schrittweise der röm.-kath. Kirche näherten, mit König Jakob. Diese Tradition erlebte im 18. Jh. in dem Unionswirken von W. Wake und → Jablonski ihre Nachblüte. Mehr und mehr trat als praktisches Kriterium des frühchristlichen Charakters das Bischofsamt in apostolischer Nachfolge in den Vordergrund (→ Bischof: I, 4). Dahinter stand der humanistische Traditionsgedanke (Kontinuität als Ausweis der Legitimität).

Im *Frankreich* des 17. Jh.s arbeitete → Richelieu aus politischen Gründen durch viele Einigungsversuche an der Rückführung der → Hugenotten zum Katholizismus, wobei er sich Amyrauts und Théophile Brachets de la Milletière bediente.

In *Deutschland, Polen* und *Skandinavien,* weniger in England, versuchten im 17.Jh. → Durie unter vorwiegend pietistischen Voraussetzungen, Calixt nach humanistischen Prinzipien (s. 2a) zur Einigung zu kommen, jener auf vielen Reisen, dieser im »liebreichen« Religionsgespräch zu Thorn 1645 (Calixts Schüler Henich im Kasseler Religionsgespräch 1661). Dagegen war die luth.-ref. Einigung auf dem Leipziger Religionsgespräch 1631 durch die Bedrohung im 30jährigen Kriege erzwungen. Calixts Theologie wurde als »Synkretismus« auf luth. Seite verdammt.

Spiritualismus und Pietismus banden sich weniger als ihre Vorgänger an nationale Stützpunkte und konfessionelle Überlieferungen, brachten aber dadurch auch weniger konkrete Einigungsleistungen hervor. Am wichtigsten sind die philadelphische Sozietät der Jane → Leade, der nur Einzelmitglieder angehören konnten (zB Spener, Francke, Arnold), die panchristlichen Unternehmungen Heinrich Wilhelm Ludolfs (1655-1712; bes. auch Einflußnahme auf die morgenländische Kirche), → Frankkes Verbindung mit England, Osteuropa und Südosteuropa, Zinzendorfs Beziehungen zu Noailles und zur Kirche von England, seine Brüdergemeine mit Niederlassungen in aller Welt, deren größte Frucht der Methodismus wurde, → Tersteegens Fürsorge für Christen in der Ferne (Pennsylvanien), die Deutsche → Christentumsgesellschaft, endlich überhaupt der überreiche Briefwechsel und Besuchsdienst der Pietisten untereinander (Breckling als ökumenischer Korrespondent in Amsterdam). Hinzu trat die Fürsorge für Glaubensflüchtlinge und Missionare als Einheitsband zwischen konfessionsverschiedenen Kirchen (dänisch-hallische Mission [→ Indien: IV] und Betreuung der → Salzburger durch A.H.Francke, S. → Urlsperger, G.A. → Francke und die Society for Promoting Christian Knowledge in London [→ Anglikanische Kirche: II]).

All das wird in den Schatten gestellt durch den großangelegten Versuch einer dogmatischen und praktischen Einigung um die Wende vom 17. zum 18.Jh., die die Reformation rückgängig machen und den Papst zum Bischof von Rom depotenzieren wollte. Die Hauptträger waren auf ev. Seite → *Leibniz* und Calixts Schüler → Molanus, auf röm.-kath. Seite → Bossuet und Chr. Royas de Spinola. Die ausgedehnten Verhandlungen, in denen sich Leibniz' Idee eines staatlich geleiteten Kulturchristentums als eines modernisierten MA abzeichnete, sonst aber alle früheren Motivierungen anklangen, dauerten von 1683 bis 1702 und scheiterten an der alten röm.-kath. Forderung (Cassander, Grotius) an die Protestanten, das Konzil von Trient als orthodox anzuerkennen. Infolgedessen gewann der bescheidenere Plan einer innerev. Union, für die Jablonski - Enkel des Comenius, Träger polnischer Traditionen und Kenner des Anglikanismus - pietistisches Grundverständnis der christlichen Botschaft und Bischofsamt als Grundsäulen, die Kirche von England und die Brüderunität als Repräsentanten aufbot, an Bedeutung, führte aber auch zu keiner Gestaltung, so daß zuletzt die Sehnsucht und die gedanklich treibenden Kräfte zurückblieben - sie allerdings in unverminderter Stärke.

M.Tabaraud, Histoire critique des Projets formés depuis trois cent ans pour la Réunion des Communions chrétiennes, (1808) 1824² - C.W.Hering, Gesch. der kirchl. Unionsversuche seit der Reformation bis auf unsere Zeit, 2 Bde, 1836 - J.T.McNeill, Unitive Protestantism. A Study in Our Religious Resources, New York 1930 - R.Stupperich, Der Humanismus u. die Wiedervereinigung der Konfessionen (SVRG 160), 1936 - E.Wolf, Die Einheit der Kirche im Zeugnis der Reformation (EvTh 5, 1938, 124-158 = Peregrinatio, 1954, 146-182) - K.E.J.Jörgensen, Ökumen. Bestrebungen unter den polnischen Protestanten bis zum Jahre 1645, Kopenhagen 1942 - E.Benz, Leibniz u. die Wiedervereinigung der christl. Kirchen (ZRGG 2, 1949/50, 97-113) - M.Geiger, Die Unionsbestrebungen der schweiz. ev. Theol. unter Führung des helvet. Triumvirates (ThZ 9, 1953, 117-136; Lit.) - J.T.McNeill-M.Schmidt-N.Sykes in: R.Rouse-S.C.Neill, A History of the Ecumenical Movement 1517-1948, London 1954, 27-166; dt.: Gesch. der ökum. Bewegung 1517-1948 I, 1957, 36-230 (Lit.) - S.Göransson, Den europeiska konfessionspolitikens upplösning 1654 till 1660 (UUÅ 1956, 3) - E.Beyreuther, A.H.Francke u. die Ökumene, 1957 - F.W.Kantzenbach, Das Ringen um die Einheit der Kirche im Jh. d. Reformation, 1957. *M.Schmidt*

III. In den orthodoxen Kirchen

1. Das Ziel - 2. Der Weg bis zum Beginn des 20.Jh.s - 3. Der Weg im ökumenischen Zeitalter

1. Seit etwa 1500 Jahren betet die orth. Christenheit aller Nationen in jedem Gottesdienst »um die Einigung Aller«. Die Worte Eph 2 und 4 von der Einheit des Leibes Christi in Einem Geiste sind die meistzitierten Bibeltexte in den orth. Verlautbarungen aller Jh.e. Der Patriarch von Konstantinopel trägt seit etwa 500 den Titel *Ökumenischer Patriarch,* was von den Lateinern polemisch mit episcopus universalis wiedergegeben wurde. Das patriarchale Schema lehnte sich aber ohne richterlichen Absolutheitsanspruch an das kaiserliche an, freilich auch in der potentiellen Ausrichtung auf die ganze Christenheit und Menschheit. Nach byzantinischer Tradition hat der Ökum. Patriarch die Aufgabe, sich um die Heimführung aller Häretiker und Schismatiker in die Eine Heilige Allgemeine Apostolische Kirche der 7 Ökumenischen Synoden (→ Konzile) zu bemühen, als welche die orth. Kirche sich selbst versteht.

2. Die Wiederannäherung an die *monophysitischen Nationalkirchen* der Armenier, Syrer und Ägypter ist mit Erfolg erst im 20.Jh., bes. durch die Patriarchate Alexandrien und Moskau betrieben worden. - *Römisch-byzantinische Unionen* waren von kurzer Dauer: Lyon 1274 wehrte die abendländische Eroberung ab, Florenz 1439 und Konstantinopel 1452 verhinderten die türkische Fremdherrschaft nicht. → Markos Eugenikos und → Gennadios Scholarios sahen in der päpstlichen Oberherrschaft eine größere Gefahr als in der türkischen. Auch römische Unionsangebote der Neuzeit, bes. durch → Pius IX. und → Leo XIII., waren erfolglos. Als Haupthindernisse gelten die römischen »Neuerungen«, zumal das Filioque und der päpstliche Supremat. - Patriarch → Photius faßte in der Kontroverse mit Rom die durch den Reichszerfall isolierten *orientalischen Patriarchate* dogmatisch und kirchenpolitisch zusammen (Enzyklika von 866). Nach der Eroberung Konstantinopels 1453 brachte die Ernennung des Ökum. Patriarchen zum Ethnarchen, dem weltlichen Haupt aller orth. Untertanen der Pforte, bis 1923 einen engeren Zusammenschluß der 4 alten Patriarchate. Aber das seit → Justinian anerkannte kaiserliche Wächteramt über die Reichsorthodoxie wurde vom russischen Zaren übernommen (»Moskau - das Dritte Rom«). → Peter d.Gr., Katharina II., die → Slawophilen leiteten daraus das russische Protektorat über die orth. Untertanen des polnischen und des türkischen Staates ab, als Rechtsgrund für Befreiungskriege und Annexionen, welche die orth. Christen um das Zentrum Moskau sammelten. Doch mit Ausnahme von → Alexanders I. Versuch einer gesamtchristlichen Hl. → Allianz und Zulassung der überkonfessionellen »Russ. → Bibelgesellschaft« (, 2f) 1812-26 war weder das Sultanat noch das Zarentum der panorthodoxen und interkonfessionellen Einigung günstig. - 1452 erklärte der hussitische Priester Konstantin Platris den Consensus mit dem orth. Dogma und empfing seitens der Konstan-

tinopeler Gegner der römischen Union eine Aufforderung an die *böhmischen Utraquisten* zur kirchlichen Einigung; doch blieb dies, ein Jahr vor dem Fall Konstantinopels, ohne Folgen. - Von 1573-81 führten die Tübinger ev. Theologen einen Briefwechsel über die Confessio Augustana Graeca mit Patriarch → Jeremias II. von Konstantinopel, in dem dieser sich bemühte, die *deutschen Protestanten* zur gläubigen Anerkennung der »Heiligen Überlieferung« zu führen und über ihre Vermittlung in dem österreichischen Kaiser Maximilian II. einen orth. Herrscher für die gesamte Christenheit zu gewinnen. Gegen die von der Regierung geförderte lokale Brester Union der orth. Bischöfe Polens mit Rom von 1596 trat die Konferenz von Wilna 1599 zusammen, in der unter Führung eines der ersten orth. Pioniere der ökumenischen Idee, Fürst Konstantin Ostrogsky, die Vertreter der Mehrheit der orth. Priester und Laien Polens mit einer kleinen Gruppe *polnischer Lutheraner, Calvinisten und Hussiten* den gemeinsamen Kampf für die Religionsfreiheit beschlossen und auf Vorschlag der Brüdergemeine über eine Union berieten; die Protestanten schickten eine Diskussionsliste nach Konstantinopel. Als Vertreter des Ökum. Patriarchats in Polen hatte Kyrillos → Lukaris den Widerstand gegen die Brester Union unterstützt. Sein calvinisierendes und als häretisch verdammtes Glaubensbekenntnis von 1629 sollte für die bedrückte orth. Kirche werben. - Der Unionsvorschlag der *britischen eidverweigernden Priester* (→ Non-jurors) wurde von Peter d. Gr. mit dem Angebot einer nicht zustande gekommenen theologischen Diskussion, von den orientalischen Patriarchen mit der Forderung der völligen Annahme des orth. Glaubens und Ritus beantwortet; als Richtschnur wurde 1723 das Bekenntnis des → Dositheos von 1672 übergeben. - Der große russische Kirchenführer, Theologe und Ökumeniker, Metropolit → Philaret (Drosdow) von Moskau, führte in seinem »Gespräch eines Suchenden und eines Gläubigen über die Wahrheit der Östlichen, Griechisch-Russischen Kirche« 1832 die *Ekklesiologie,* die Frage nach dem Leibe Christi, in die ökumenische Diskussion ein. Die Interkommunion, gegenseitige Anerkennung der Kirchenordnungen und Priesterweihen bildete das Hauptthema der *anglikanisch-orth. Verhandlungen* seit 1840. Anglikanisch-orth. Vereinigungen und Studienkommissionen arbeiteten seit 1862/63 in San Franzisko (1867 russ.-orth. Bistum) und London, 1889 in Petersburg, 1898 in Istanbul. An den zwischenkirchlichen Verhandlungen auf den *Kongressen der → Altkatholiken* seit 1872 nahmen außer den orth. Griechen und Russen auch Rumänen und Serben teil. 1868 gestattete Patriarch Gregor VI. von Konstantinopel die christliche Beerdigung von Anglikanern durch orth. Geistliche: »der erste Schritt zur Annäherung der Kirchen in einer rein kirchlichen Angelegenheit«. Auf das Gratulationsschreiben des Erzbischofs von Canterbury zur 900-Jahrfeier der russischen Taufe 1889 fragte Metropolit Platon (Gorodezki) von Kiew nach den Voraussetzungen einer Kirchenunion; sein klassisch gewordener Ausspruch lautete: »Die Scheidewände zwischen den Konfessionen reichen nicht bis zum Himmel empor.« Die anglikanische Erwiderung, welche an erster Stelle die Interkommunion und als deren Folgen die gegenseitige Tolerierung der kirchlichen Unterschiede, darunter auch die Anerkennung der anglikanischen Weihen aufführte, wurde von der Russ. Kirche nicht weiter aufgegriffen. 1888 hatte die 3. → Lambeth-Konferenz mit der Hoffnung auf vollere Gemeinschaft zwischen den Bischöfen der Anglikanischen und der Orth. Kirchen als hindernde Schranken »den Gebrauch der Bilder, die Anrufung der Heiligen und den Kult der gesegneten Jungfrau« erwähnt. Doch fanden gegenseitige kirchliche Besuche bei Staatsfesten der 90er Jahre statt. Für die zwischenkirchlichen Beziehungen der Orth. Kirche von Griechenland wurde grundlegend → Androutsos' Schrift »Über die Gültigkeit englischer Ordinationen«, Athen 1902, welche die Untrennbarkeit der Interkommunion von der dogmatischen Union sowie die Geltung der Weihen nur in der Zugehörigkeit zum Einen Leibe der wahren Kirche postulierte. Diskutabel blieb demnach nur die praktische kirchenrechtliche Frage der Anerkennung der Ordination derjenigen anglikanischen Priester, welche sich der Orth. Kirche anzuschließen wünschten. Im Gegensatz zu der hellenischen Exklusivität hielt und hält die russische Theologie an der freilich »antinomischen«, ekklesiologischen zwischenkirchlichen Diskussion fest. Der russische Landessobor von 1917-18 erteilte »den Bemühungen um die Union mit den befreundeten Kirchen der Altkatholiken und Anglikaner« seinen Segen, was auch den russischen Emigranten-Theologen als Richtschnur galt. - Mit einer Anfrage 1902 an die orth. Schwesterkirchen über die gemeinsamen Beziehungen zu den beiden anderen Konfessionen nahm Patriarch Joachim III. von Konstantinopel die *gesamtchristlichen Ideen* des großen russischen Ökumenen Wladimir → Solowjew († 1900) auf und leitete zu den orth.-ökumenischen Nachkriegsbemühungen über. Die eingehende, grundsätzlich positive Antwort der Russischen Synode von 1903 enthielt zugleich ein Bekenntnis zu der »Wahrheit unserer Ökumenischen Kirche als der Einzigen Hüterin des Erbes Christi und Einen rettenden Arche der göttlichen Gnade«.

3. a) Im Jan. 1920 erließ der Patriarchatsverweser Dorotheos mit der Hl. Synode von *Konstantinopel* einen Aufruf »an alle Kirchen Christi« zur Bildung eines *»Kirchen-Bundes«* (κοινωνία τῶν ἐκκλησιῶν) - mit Hinweis auf den »Völkerbund« (κοινωνία τῶν ἔθνων) - zum Zweck des besseren gegenseitigen Verstehens und geistlichen Zusammenwirkens gegenüber dem bei den europäischen Völkern eingedrungenen Geist des Materialismus. Der Exarch des Patriarchats Konstantinopel von 1922-51, Metropolit Germanos von Thyateira, war der Führer der orth. griech.-slawischen Delegationen auf den Ökum. Konferenzen seit Aug. 1920, bis er 1948 in das Präsidium des *Ökumenischen Rates* (ÖkR) gewählt wurde. Entsprechend seiner Erklärung von 1927 in Lausanne (→ Ökumenische Bewegung) gilt für alle Orth. Kirchen als *Voraussetzung für eine Wiedervereinigung der Kirchen* die Einheit im Glauben, und diskussionsfähig sind die noch nicht durch die 7 Ökum. Synoden entschiedenen Themen, zB das Wesen der Kirche, das gemeinsame Glaubensbekenntnis, die Bedeutung der Hl. Schrift, der Sinn der Sakramente. Eine *Arbeitsgemeinschaft* auf dem Gebiete des Sozialen und Sittlichen auf der Grundlage der christlichen Liebe sei aber schon jetzt möglich und erwünscht. - b) Die Orth. Kirche von *Griechenland* hat zwar ihrerseits Vertreter der ganzen Christenheit zu einer ökum. 1900-Jahrfeier 1951 an den Missionsstätten des Apostels Paulus zusammengeführt. Sie war aber, entsprechend ihrem erwähnten exklusiven Kirchenverständnis, nur zögernd 1950 dem ÖkR beigetreten, versagte 1952 ihre Teilnahme an der Faith-and-Order-Konferenz von → Lund (: III) und beschloß im Frühjahr 1957, in Zukunft nur nichtordinierte Laien-Theologen zu informatorischen Aussagen und Förderung der innerprot. Einigungsarbeit zu den Ökum. Konferenzen zu entsenden, wogegen mehrere Theologieprofessoren, an der Spitze → Alivisatos, vergeblich Einspruch erhoben. - c) Als Vertreter der russischen (und seit 1945 auch der übrigen slawischen und rumänischen) Heimatkirchen verstanden sich - gegen den Einspruch des Moskauer Patriarchats - die *russischen Exiltheologen* des 1925 in

Paris gegründeten St. Sergius-Instituts, die sich dem Patriarchat Konstantinopel unterstellten. Ihre Hauptsprecher, S. → Bulgakow und G. → Florovsky, werteten die »paradoxen« ökum. Begegnungen im Sinne des universalen *Missions*auftrages der Orth. Kirche und waren in der Abwehr des prot. *»Proselytismus«* mit den Griechen einig. Die englisch-russischen kirchlichen Beziehungen wurden nach der staatlichen Legalisierung der *russischen Kirchenleitung* 1943 durch Besuchsaustausch hoher Würdenträger fortgesetzt. Die polnisch-ukrainische Union mit Rom von 1596 wurde 1946 rückgängig gemacht. Juli 1948, unmittelbar vor der 1. Vollversammlung des ÖkR, berief *Patriarch → Alexius* eine Orth. Kirchenkonferenz nach Moskau, bei der zwar die Mehrzahl der autokephalen Orth. Kirchen vertreten war, doch beteiligten sich die Delegierten von Konstantinopel und Griechenland, an der Spitze Metropolit Germanos von Thyateira, an den Beratungen nicht. Die theologischen Erklärungen der Konferenz stehen inhaltlich der Haltung der Kirche von Griechenland nahe, sie betonen die dogmatischen Differenzen gegenüber dem Westen sowie die Möglichkeit einer Ausnutzung des vorbereiteten ÖkR zu einseitig politischen Zwecken. Deshalb bedaure die Moskauer Konferenz, in dem ÖkR »nach seiner gegenwärtigen Struktur« nicht mitarbeiten zu können. Die Resolutionen entsprachen in ihrer Schärfe auch dem hochgespannten politischen West-Ost-Gegensatz der Jh.mitte. Die Einladung Martin → Niemöllers durch Patriarch Alexius im Dez./Jan. 1951/52 und die dadurch ausgelösten zahlreichen west-östlichen kirchlichen Gespräche der 50er Jahre, die in dem Wechselbesuch der großen offiziellen Kirchen-Delegationen von USA und Sowjetunion im Jahre 1956 gipfelten, wobei die gesamten Fragen der praktischen christlichen Bewährung in der Welt aufgerollt wurden, gaben den russischen Orthodoxen Gelegenheit, das traditionelle Urteil von dem »rationalistischen und individualistischen westlichen Protestantismus« zu überprüfen, und führten zusammen mit der politischen gewandelten Lage zu dem Angebot der Russischen Orth. Kirche, ihre Einstellung zum ÖkR nach vorheriger Verständigung darüber mit den orth. Schwesternkirchen zu revidieren. Die zwischenkirchliche Korrespondenz und theologische Vorbereitung dazu wird auf beiden Seiten fortgesetzt mit dem von Patriarch Alexius erklärten Ziel, in christlich-brüderlicher Gemeinschaft »gott-menschliche Kräfte der Heilung und Befriedung in die Welt hineinzutragen« und die »Menschheitsbruderschaft durch die christliche Liebe zu befestigen« (Sendschreiben 1951 und 1957). Die anglikanisch-orth. Diskussionen werden im russisch-englischen Besuchsaustausch und durch die 1937 in London gegründete anglikanisch-orth. Fellowship of St. Alban and St. Sergius weitergetragen. Durch die 1957 bestätigte Moskauer Resolution von 1948, daß die Anerkennung der anglikanischen Priesterweihe die offizielle Feststellung der Einheit des Glaubens durch die gesamte Anglikanische Kirche einerseits, die gesamte Orth. Kirche andererseits zur Voraussetzung habe, sind die zT bedingten Anerkennungen des anglikanischen Klerus durch Konstantinopel, Alexandrien, Jerusalem, Zypern, Rumänien – aber nicht durch Griechenland – von 1922 bis 1935 als individuelle Akte ohne kanonische Bedeutung gekennzeichnet.

Den russischen Bemühungen von 1948, eine beschlußfähige *panorth. Kirchenkonferenz* zu versammeln (s.o.), die 1957/58 erneuert wurden, entsprachen griechische Versuche, die ihren Antrieb von den innerorth. Begegnungen auf den ökum. Konferenzen empfangen hatten. An die von Konstantinopel einberufene panorth. Prosynode von Watopedi (Athos) 1930 und an den panorth. Theologen-Kongreß von Athen 1936 (Hauptbeteiligte: → Alivisatos, → Bratsiotis, → Bulgakow, → Florovsky, Zankow u.a.) knüpften Aufrufe des Patriarchen → Athenagoras von Konstantinopel von 1951 und 1952 an.

In den Jahren 1956/57 wurde die Forderung nach einer ständigen gesamtorth. Körperschaft und einer einheitlichen administrativen Leitung, sei es in Konstantinopel oder Athos, sei es in Moskau, in der griechischen und slawischen Orthodoxie *aller Kontinente* lebhaft *und zT gegensätzlich* diskutiert und *gelegentlich* als »Ostökumene« oder aber auch als »Östlicher Papismus«, sei es des Patriarchats Konstantinopel (300 000 Gläubige), sei es des Patriarchats Moskau (über 100 Millionen Gläubige), kommentiert. Aber gegen jede konfessionelle Selbstgenügsamkeit stellte G.Florovsky 1948 fest: »Ein Christ – wenn er auch im vollen Glauben stände – kann nicht anders gerettet werden als in der Gemeinschaft mit allen Christen.« Und Patriarch Alexius sagte 1954 zu den ev. deutschen Gästen, nachdem er Metropolit Platon (s. 2) zitiert hatte: »Ich bin gewiß, daß Jesus Christus als die Seinen, dh als Christen, alle diejenigen anerkennt, die an ihn glauben und ihm gehorchen – und das ist mehr als die Orth. Kirche.« In seinem Neujahrsaufruf von 1958 schließlich gab er die für die russische Kirchengeschichte epochemachende Erklärung ab: »Die Regungen der christlichen Liebe sind allen verständlich, da ja die christliche Religion unabhängig ist von politischen, sozialen und ökonomischen Bedingungen.«

Quellen: G.Bell, Documents on Christian Unity 1-3, Oxf. 1924 bis 1948 – H.Schaeder, Moskau, das Dritte Rom, (1929) 1957² – Dies., KJ 1949 u. 1956 – Kirchl. Außenamt der EKD, Dokumente der Orth. Kirchen zur ökum. Frage: I. Die Moskauer Orth. Konferenz v. Juli 1948; II. Der Briefwechsel zwischen den Tübinger Theologen u. dem Patriarchat Konstantinopel 1573-81, 1949/58 – J. Dumont in »Istina«, Paris, bes. 1955ff. – Darstellungen: J.Karmiris, Orthodoxie u. Protestantismus, Athen 1937 (griech.) – St.Zankow, Die Orth. Kirche des Ostens in ökum. Sicht (Kirchl. Zeitfragen 17), Zürich 1946 – R.Rouse-S.C.Neill, A History of the Ecum. Movement 1517-1948, London 1954; dt. I-II, 1957f. – Laufende Berichte in Orthodoxia, Ekklesia, ZMR, ER, Oekum. Rdsch., IKZ (B.Spuler), HerKorr.

Hildegard Schaeder

IV. Von 1800 bis 1920

1. Übernationale überkonfessionelle E. – 2. Übernationale konfessionelle E. – 3. Nationale konfessionelle und überkonfessionelle E. – Zur Ergänzung vgl. → Ökumenische Bewegung, 1-3, → Mission: III C-E, → Friedensbewegung, 1-3, → Innere Mission, → Rotes Kreuz, → Sittlichkeitsbestrebungen

Uneinheitlich wie die geistige Situation im 19.Jh. sind auch die E. dieses Zeitabschnitts. Der aus dem 18.Jh. stammende Gedanke des Weltbürgertums und einer alle Menschen umfassenden Humanität steht in Spannung mit dem Erwachen eines → Nationalismus, der das Bewußtsein völkischer und staatlicher Eigenart stärker werden ließ als das der ökumenischen Zusammengehörigkeit. Diese Spannung ist auch in den E. spürbar.

1. Im Gefolge des → Pietismus und der → Erwekkungsbewegung hat der christliche Einheitsgedanke im 19.Jh. eine persönlich-religiöse Gestalt. Die »Erweckten« in allen Kirchen suchen nach einer überkonfessionellen und übernationalen Gemeinschaft. Die Deutsche → Christentumsgesellschaft wurde ein solcher Ansatzpunkt, aus dem die international und zwischenkirchlich arbeitende → Basler Mission hervorging. Mission und Bibelverbreitung sind gemeinsame Arbeitsgebiete, auf denen kirchliche Einheit längst praktiziert wurde, ehe der Gedanke an eine organische Einheit der Kirchen gefaßt wurde. Der um 1840 aufkommende Gedanke eines weltweiten »Liebesbundes echter Protestanten« führte 1846 zur Gründung der Evangelischen Allianz (→ Allianzbewegungen). In dieser Zeit kommt das Wort von

der »evangelischen Katholizität« auf (von Bethmann-Hollweg 1857). Es bedeutet, daß die kirchliche Einheit nicht in einem dogmatischen Lehrsystem, sondern in Christus selbst zu suchen sei, sodann in einer »evangelischen Parteigenossenschaft«, für die ein Minimum an gemeinsamer Lehre genüge. Diese Art E. stieß bei den luth. und anglikanischen Kirchen auf erheblichen Widerstand.

Aus der Erweckungsbewegung gingen in England die → Keswickbewegung und die → Heilsarmee hervor sowie die internationalen christlichen Jugendorganisationen des Christlichen Vereins Junger Männer (Y.M.C.A.) und Junger Mädchen (Y.W.C.A.), gegr. 1855. Die von D.L. → Moody bestimmte Student Volunteer Movement for Foreign Missions (1886) führte zur Bildung des Christlichen Studentenweltbundes (1895). In innerem Zusammenhang mit dem neu erwachten Missionseifer christlicher Jugend steht auch der von G. → Warneck stammende Plan zur Bildung eines → Internationalen Missions-Rates, der 1910 in Edinburgh seine Verwirklichung fand. Schließlich ist noch die 1885 gegründete World's → Christian Endeavor Union zu nennen. Aus dem christlichen Studentenweltbund stammen heute die meisten Führer der ökumenischen Bewegung. – Jüngeren Datums sind die Einheitsbestrebungen des religiösen Liberalismus. Die → Unitarier bildeten 1900 das International Council of Unitarian and other religious thinkers and workers, das bis 1913 verschiedene internationale Kongresse abhielt, um die Gemeinschaft unter denen zu stärken, die für »reine Religion und vollkommene Freiheit« eintreten (Weltbund für → freies Christentum).

2. Um 1830 machte sich eine starke konfessionelle Gegenbewegung gegen den Individualismus der Erweckungsbewegung bemerkbar. Der aus der Romantik stammende Sinn für das historische Erbe ließ auch ein gesteigertes kirchliches Selbstbewußtsein erwachen. Die Oxford-Bewegung in England (→ Hochkirchliche Bewegung: I), das Neuluthertum (→ Luthertum: II) in Deutschland und Schweden und der → Grundtvigianismus in Dänemark sind dafür bezeichnend. Die verschiedenen über das ganze britische Weltreich verstreuten Gliedkirchen der anglikanischen Kirche trafen sich 1867 zum ersten Male auf der sog. → Lambeth-Konferenz, die seither eine feste Einrichtung der Anglican Communion, der weltweiten anglikanischen Kirchengemeinschaft, wurde. – Das skandinavische Luthertum traf sich seit 1857 auf den skandinavischen Kirchenkonferenzen zur gemeinsamen Beratung kirchlicher Fragen. Von größerer Bedeutung war die Allgemeine Ev.-Luth. Konferenz (AELK) von 1868, die in Deutschland zur Abwehr der Union gegründet wurde. Die Anregung zur Ausweitung dieser Konferenz zu einer allgemein-luth. ging von dem schwedischen Bischof K. H.G. von → Scheele aus. 1898 vollzogen die luth. Kirchen von Dänemark und Schweden den Anschluß an die AELK. Obwohl 1902 ein Beschluß zur Bildung einer ev.-luth. Gesamtkirche gefaßt wurde, blieb die AELK eine freie Organisation und wurde kein Kirchenbund. Die drei Hauptsynoden des amerikanischen Luthertums im 19.Jh., die General Synod (1820), United Synod of the South und das General Council (1867), schlossen sich 1918 zum National Lutheran Council zusammen. 1923 wurde auf Betreiben der amerikanischen Lutheraner in Eisenach der Luth. Weltkonvent gegründet. Die folgenden Tagungen in Kopenhagen 1929 und in Paris 1935 bereiteten einen engeren Zusammenschluß des Weltluthertums vor (→ Luthertum: III). – 1875 wurde in London der älteste der konfessionellen Weltbünde gegründet, die World Alliance of the Reformed Churches holding the Presbyterian System, auch Pan-Presbyterian Alliance (→ Reformierter Weltbund) genannt. Entscheidend für die Mitgliedschaft ist die presbyterianische Kirchenverfassung. – 1881 führten die E. unter den Methodisten zur ersten Ecumenical Methodist Conference, die seither alle zehn Jahre gehalten wird. Obwohl die Konferenz weder legislative noch Lehr-Autorität hat, trug sie doch wesentlich zur Einigung früher getrennter methodistischer Kirchen bei (Irland 1878, Kanada 1885, Neuseeland und Australien 1896-1904, England 1907). – 1889 vereinigten sich die altkath. Kirchen zur Union von Utrecht (→ Altkatholiken). 1931 wurde von dieser die → Abendmahlsgemeinschaft mit der anglikanischen Kirche beschlossen. – Seit 1870 bemühen sich die kongregationalistischen Kirchen um eine internationale Organisation, die 1891 in Gestalt des International Congregational Council zustande kam. – Auf einer Konferenz in London wurde 1905 die Baptist World Alliance ins Leben gerufen. Der Kongreß tritt gewöhnlich alle fünf Jahre zusammen. – Allen diesen Organisationen ist eigen, daß sie rein föderativen Charakter haben und keine organische Vereinigung der Kirchen mit kirchenregimentlicher Befugnis darstellen.

3. Während im 19.Jh. »in allen Auffassungen der Kirche der ökumenische Gedanke vollständig fehlt« (Holl), sind doch auf nationaler Ebene in verschiedenen Ländern E. am Werk, und zwar solche konfessioneller wie überkonfessioneller Art. In *Deutschland* ruft das nationale Einheitsstreben, das in den Befreiungskriegen wach wurde, das Verlangen nach einer deutschen Nationalkirche hervor. 1807 entwirft der Philosoph J.G. → Fichte das Bild einer künftigen simultanen Reichskirche, 1810 fordert Fr.L.Jahn eine »freigläubige einige deutsche Kirche«. So war der Boden bereit für die 1817 beschlossene → Union in Preußen, der sich Nassau, Hessen, Pfalz, Anhalt und Baden anschlossen. Allerdings wurde die Union weithin nicht als echte Lösung des Problems kirchlicher Einigung angesehen, weil sie rein politischen Ursprungs war und nicht auf der Einheit des Bekenntnisses beruhte. So wurde sie »fürs ganze Jh. das schwerste Hindernis der deutschen Kircheneinigung« (Schiele). Sie löste u.a. die Bildung einer altluth. Separation in Hessen und Schlesien aus (→ Luthertum: III). Auch dem 1848 als »Versammlung für Gründung eines deutschen ev. Kirchenbundes« nach Wittenberg zusammengerufenen Kirchentag gelang die Herstellung der Einheit des deutschen Protestantismus nicht. 1852 wurde die Eisenacher Konferenz ein halbes Jh. lang die einzige sichtbare Verbindung zwischen den ev. Landeskirchen. 1903 erhielt der deutsche Protestantismus im Deutschen Ev. → Kirchenausschuß ein aktionsfähiges Organ zur Vertretung seiner Belange nach außen. 1922 kam es dann zur Gründung des Deutschen Ev. → Kirchenbundes (→ Deutschland: I, 3c). – Die Zwischenstellung der anglikanischen Kirche zwischen Katholizismus und Protestantismus machte das Problem der E. in *England* besonders vielfältig. Das ökumenische Interesse der hochkirchlichen Richtung ging vor allem auf das Gespräch mit Kirchen des »katholischen« Typs. So wurde 1863 die Eastern Church Association gegründet, 1906 di Anglican and Eastern Churches Union; 1914 verschmolzen beide. 1890ff setzte die Kontroverse über die Anerkennung der anglikanischen Weihen durch Rom ein, de u.a. die 1895 gegründete, von dem französischen Prieste F.Portal redigierte Revue Anglo-Romaine diente. Di 1921-25 zwischen Lord Halifax und Kardinal Mercier i Mecheln geführten Gespräche dienten ebenfalls der Klärung des Verhältnisses von Canterbury und Rom. 187 wurde durch die Initiative des Anglikaners A.T.Mowbray die Home Reunion Society gegründet mit de Ziel der Vereinigung mit den Freikirchen in Englan

Doch erwies sich bald, daß die anglikanische Auffassung von der apostolischen → Sukzession und die Forderung einer Neuordination der freikirchlichen Geistlichen als Bedingung der Wiedervereinigung dieser im Wege stand. Von 1890 an bekam die Sache der E. neuen Auftrieb durch die von H.Lunn geleitete Review of the Churches und die Grindelwald-Konferenzen von 1892-96. Die unter den Freikirchen selbst entstandene Free Church Federation Movement hielt 1892 ihre erste Konferenz, die zur Bildung eines Free Church Council, eines obersten Rates der »local councils«, führte. 1895 wurde der jährlich zusammentretende Kongreß zu einem National Council of the Evangelical Free Churches umgebildet. Erst in dem 1919 geschaffenen Federal Council of the Evangelical Free Churches bekamen die englischen Freikirchen ein offizielles Repräsentationsorgan. - In *Schottland* bestand das Problem der kirchlichen Einigung in der Zusammenführung konfessionell gleichartiger Kirchen, die durch eine verschiedene Stellung zur Frage des Verhältnisses von Staat und Kirche getrennt waren. Neben der schottischen Staatskirche bestanden zwei presbyterianische Freikirchen, die Free Church of Scotland und die United Presbyterian Church, die beide das Staatskirchenprinzip ablehnten. Diese beiden letztgenannten vereinigten sich 1900 zur United Free Church of Scotland. Nur eine streng calvinistische Minderheit hielt sich außerhalb der neuen Kirche und behielt den alten Namen bei. Der Ausbruch des 1. Weltkrieges verzögerte die erfolgreiche Fortführung der seit 1909 begonnenen Verhandlungen zwischen der Staatskirche und der neuen Freikirche. Doch gelang 1929 die Wiedervereinigung aller schottischen Kirchen. - In *Frankreich* stand eine kleine Minderheit von Reformierten, Lutheranern, Methodisten und Baptisten der kath. Mehrheit gegenüber. Angeregt durch Pastor W. → Monod kam es 1905 zur Bildung der Fédération des Églises Protestantes de France. Dieser alle prot. Gruppen umfassende Bund erhielt 1909 seine endgültige Konstitution. - Die bekenntnisgleichen Kantonskirchen der *Schweiz* hatten bis zur Mitte des 19.Jh.s in der Ev. Tagsatzung eine gemeinsame Vertretung der ev. Stände. 1858 wurde die jährlich zusammentretende Schweizerische ref. Kirchenkonferenz aus Vertretern der kantonalen Kirchenregierungen gebildet. Der 1920 gegründete Schweizerische Ev. Kirchenbund umfaßt außer den reformierten Kantonskirchen auch die Westschweizer Freikirchen und die Methodisten. - Die Minderheitensituation in *Österreich* führte 1891 zu einer Union zwischen Lutheranern und Reformierten, der sog. Ev. Kirche Augsburgischen und Helvetischen Bekenntnisses. - In den *USA* brachte das 19. und beginnende 20.Jh. neben tiefgehenden Spaltungen, die auf dem Gegensatz von Fundamentalismus und Liberalismus beruhen, auch Einigungen in verschiedenen Denominationen. So vereinigten sich zB 1869 die → Presbyterianer der alten und der neuen Schule; 1906 traten noch die Cumberland Church und 1920 die Welsh Calvinistic Methodist Church der Presbyterian Church in America bei. E. haben fast alle Denominationen erfaßt, und weitere »mergers« stehen aus. Der größte Teil der amerikanischen Protestanten ist seit 1908 im Federal Council of the Churches of Christ in America zusammengefaßt. Dieser Rat hat keine synodalen Befugnisse, sondern befaßt sich hauptsächlich mit praktisch-religiösen, sozialen und internationalen Fragen.

Allgemein: RGG² II, 80ff (Lit.) - LATOURETTE V-VII - H.R.T. BRANDRETH, Unity and Reunion. A Bibliography, London 1945 - N.KARLSTRÖM, Kristna samförståndssträvanden under världskriget 1914-1918, Stockholm 1947 (Lit.) - A.NYGREN, Luthertum u. Ökumene, 1951 - O.TOMKINS, Um die Einheit der Kirche, 1951 - HERMELINK I-III - W.R.HOGG, Ecumenical Foundations, New York 1952; dt.: Mission u. Ökumene, 1954 - E.BERGGRAV, Es sehnen sich die Kirchen, 1953 - R.ROUSE-S.C.NEILL, A History of the Ecumenical Movement 1517-1948, London 1954 (Lit.) - MULERT-SCHOTT. - Zeitschriften: Die Eiche, hg.v. F.SIEGMUND-SCHULTZE, 1913-33 - Christendom, hg.v. CH.CL.MORRISON, 1935-47, fortgesetzt als Ecumenical Review, hg.v. W.A.VISSER' T HOOFT, 1948ff - Ökumenische Rundschau, hg.v. W.FREYTAG, 1952ff.

Zu 1: L.L.DOGGETT, History of the Y.M.C.A., 2 Bde, New York 1896 u. 1922 - L.CORDIER, Ev. Jugendkunde II, 1927² - CH.W. WENDTE, The Wider Fellowship: Memories etc for Religious Unity 1844-1927, I. II, Boston 1927 - K.KUPISCH, Gesch. des C.V.J.M. Deutschlands, 1930 - B.MATHEWS, J.R.Mott, New York-London 1934 - C.P.SHEDD, Two Centuries of Student Christian Movements, New York 1934 - DERS. u.a., History of the World's Alliance of Young Men's Christian Associations, London 1955 - R.ROUSE, The World's Student Christian Federation, London 1948.

Zu 2: AELKZ, 1868ff - J.L.NEVE, The Lutherans in the Movements for Church Union, Philadelphia 1921 - P.PEHRSSON, Det lutherska enighetsverket, Stockholm 1928; dt.: Das luth. Einigungswerk, 1929 - G.J.SLOSSER, Christian Unity, London 1929 - S.C. CARPENTER, Anglican Communion, London 1938 - The Lutheran Churches of the World, hg.v. A.R.WENTZ, Genf 1952 - W.J.TOWNSEND, The story of Methodist Union, London o.J.

Zu 3: M.SCHIELE, Die kirchl. Einigung des ev. Deutschlands im 19.Jh., 1908 - E.B.SANFORD, Origin and History of the Federal Council of the Churches of Christ in America, Hartford 1916 - E.SCHUBERT, Die deutsch-ev. Einheitsbestrebungen vom Beginn des 19.Jh.s bis zur Gegenwart, 1919 - J.R.FLEMING, The story of Church Union in Scotland, London 1929 - P.E.SHAW, The Early Tractarians and the Eastern Church, Milwaukee 1930 - A.MOHN, Les Protestants français, Paris 1931 - C.E.SILCOX, Church Union in Canada, New York 1933 - A.KELLER, Der Schweizerische Ev. Kirchenbund u. die ökum. Bewegung (Ekklesia III, 10, 1936, 122-135) - Protestantisme français, hg.v. M.BOEGNER, Paris 1945 - H.R.T.BRANDRETH, The Oecumenical Ideals of the Oxford Movement, London 1947 - J.DE BIVORT DE LA SAUDÉE, Anglicans et catholiques, Paris 1949 - The American Church of Protestant Heritage, hg.v. V.FERM, New York 1953.

H.-H.Schrey

V. In der Gegenwart

1. Konfessionelle Zusammenschlüsse - 2. Überkonfessionelle Zusammenschlüsse - 3. Kirchliche Zusammenschlüsse auf nationaler Ebene. - Vgl. → Ökumenische Bewegung

Auf dem Gebiet der kirchlichen Einigung ist seit 1920 mehr geschehen als je zuvor. Zum Teil ist dies von liberalen und sentimental-romantischen Ideen beeinflußt, war damals doch die »große« Zeit des Völkerbundes und des ersten Versuches, den Weltfrieden durch internationale Verträge zu sichern. Gleichzeitig aber lenkte die Bewegung für Glauben und Kirchenverfassung (Faith and Order) die Aufmerksamkeit der Kirchen auf die theologische Frage nach der Kirche und deren Einheit als Wesensmerkmal für das Dasein der Kirche. Auch die → Jungen Kirchen kamen zu Wort und betonten, daß für sie als Zeugen Christi in einer nichtchristlichen Welt nur organische Kircheneinheit in Frage kommen könne. Im Jahre 1920 wurden zwei große ökumenische Dokumente veröffentlicht: der »Appeal to all Christian People« der → Lambeth-Konferenz der anglikanischen Bischöfe und das Rundschreiben des Ökumenischen Patriarchen von Konstantinopel »an alle Kirchen Christi«, wo sie auch seien (→ Einigungsbestrebungen: III, 3a).

1. Das 19.Jh. war eine Zeit vieler Spaltungen in den großen christlichen Kirchen; das 20.Jh. sollte die Zeit der Heilung dieser Spaltungen werden. Fast alle Konfessionen haben den Einfluß dieser Bewegung zu spüren bekommen, und mindestens 15 *konfessionelle Zusammenschlüsse* sind seit 1920 zustande gekommen. - In England schlossen sich 1931 drei *methodistische* Kirchen zur Methodist Church of England zusammen. Hierbei spielten Lehrfragen kaum eine Rolle. Ein Flügel der Methodisten stand den Traditionen der Kirche von England ziemlich nahe, von der sie sich erst gegen Ende des 18.Jh.s getrennt hatten; andere hatten sich stärker freikirchlich und demokratisch entwickelt. 1939 schlossen sich die drei Haupt-

gruppen der Methodisten in den Vereinigten Staaten zusammen. Die erst jetzt überwundene Ursache für eine der Spaltungen war der Wunsch einer Gruppe gewesen, ihre Organisation noch stärker demokratisch auszurichten, als es das Episkopalsystem der Methodist Episcopal Church bisher war. Der Hauptgrund für die Spaltung war jedoch die verschiedene Haltung des Nordens und des Südens zur Sklavenfrage gewesen, wodurch es 1844 zu einem Bruch zwischen den beiden Hauptgruppen im Norden und Süden gekommen war. Selbst innerhalb der vereinigten Methodistenkirche wurde der Unterschied zwischen Gemeinden der »Weißen« und Negergemeinden aufrechterhalten, doch tritt dies mehr und mehr zurück. – In Schottland folgte auf die erste große Vereinigung von 1900 (→ Einigungsbestrebungen: IV, 3) eine weitere im Jahre 1929, durch die 90% der schottischen *Presbyterianer* in der Kirche von Schottland zusammengefaßt werden. Die Kirche bleibt weiterhin die Staatskirche von Schottland, doch ist ihr Freiheit von staatlichen Eingriffen zugesichert. Ohne diese Garantie hätten sich die anderen presbyterianischen Gruppen nicht auf diese Einigung eingelassen. In den Vereinigten Staaten schlossen sich 1957 zwei der großen presbyterianischen Gruppen zusammen; die große konservative Presbyterian Church im Süden ist jedoch dieser Union noch nicht beigetreten. – Es gibt etwa 20 verschiedene *lutherische* Gruppen in den Vereinigten Staaten. Neben Lehrunterschieden ist der Hauptgrund der Getrenntheit der verschiedene kulturelle und sprachliche Hintergrund der europäischen Länder, aus denen die Glieder dieser Kirchen oder ihre Vorfahren kamen. Dieser Faktor bedeutet, gemessen an der immer vollständigeren Amerikanisierung der jüngeren Generation, von Jahr zu Jahr weniger. Infolgedessen besteht im amerikanischen Luthertum eine starke Tendenz zum Zusammenschluß. 1930 vereinigten sich drei kleinere Gruppen zur American Lutheran Church. Zwei weitere große Kirchengruppen stehen zZ (1957) in Verhandlungen, doch ist bisher noch kein Zusammenschluß zustande gekommen. Die streng konfessionelle → Missouri-Synode hat sich bisher von Verhandlungen mit anderen luth. Gruppen ferngehalten. Die Vereinigte Evangelisch-Lutherische Kirche in Deutschland (→ Luthertum: III) zeigt Züge, die sich sonst nirgends finden. Sie trägt den Namen Kirche und will als Kirche handeln, jedoch behält jede der sie konstituierenden Kirchen mehr Selbständigkeit, als dies in anderen vereinigten Kirchen der Fall ist. In gewissen Fällen erschwert das Verhältnis der Kirche zum Staat eine Veränderung der traditionellen Struktur.

Die in → Einigungsbestrebungen: IV genannten weltweiten konfessionellen Bünde bestehen weiterhin. Hinzu kommt der 1947 gegründete → Lutherische Weltbund, dessen Aufgabe es ist, »das Evangelium Jesu Christi von der Kraft Gottes, die da selig macht, einheitlich zu bezeugen, Einheit des Glaubens und Bekenntnisses unter den luth. Kirchen zu pflegen, die Teilnahme der Lutheraner an ökumenischen Bewegungen zu fördern und in geistlicher und materieller Not befindliche Gruppen zu unterstützen«. Dieser Bund ist viel stärker organisiert als jeder andere denominationelle Zusammenschluß. Sein tatkräftiges Wirken hat zu der ernsten Frage geführt, ob ein derartiger konfessioneller Ökumenismus eine Hilfe für die ganze ökumenische Bewegung sei oder ein Ersatz dafür, eine Frage, die freilich auch an die anderen konfessionellen Weltbünde zu stellen wäre.

2. Es ist verständlich, daß die größte Zahl der *überkonfessionellen Zusammenschlüsse* in neu besiedelten Ländern oder in den Gebieten der jungen Kirchen zustande kam, wo der Druck der nichtchristlichen Umgebung die Unterschiede unter den Christen als kompromittierend und zugleich unerheblicher als in »christlichen« Ländern erscheinen läßt. Die erste größere Kircheneinigung dieser Art erfolgte 1925 in *Kanada* durch den Zusammenschluß von Methodisten, Presbyterianern und Kongregationalisten zur United Church of Canada. Etwa die Hälfte der Presbyterianischen Kirche trat dem Bund nicht bei. In der ersten Zeit stieß dieser Bund auf starke Kritik, da er keine ausreichende Glaubensgrundlage habe und ihm ein echtes Zusammengehörigkeitsgefühl fehle. Doch hat er sich behauptet und seither ein stärkeres Kirchenbewußtsein entwickelt. Verschiedentlich fanden Besprechungen mit der anglikanischen Kirche in Kanada mit dem Ziel der Vereinigung statt. – Ähnliche Bewegungen sind in den *Vereinigten Staaten* festzustellen. Einer der wichtigsten Zusammenschlüsse ist die 1957 zwischen den Congregational Christian Churches (→ Kongregationalisten) und der → Evangelical and Reformed Church zustande gekommene Vereinigung zur United Church of Christ, wobei beide Gruppen ihrerseits schon das Ergebnis eines früheren Zusammenschlusses waren. In der United Church of Christ vereinigten sich zwei an sich verschiedene Kirchentypen. Die Kongregationalisten gehörten zum independentistischen Typus mit Betonung der vollen Selbständigkeit der Ortsgemeinde, während die Evangelical and Reformed Church mehr synodal verfaßt war. Die neue Verfassung ist ein Kompromiß zwischen diesen verschiedenartigen Auffassungen. Dieser Zusammenschluß dürfte in Zukunft noch an Bedeutung gewinnen. Wahrscheinlich werden die → Disciples of Christ, eine Kirche, die stärker als jede andere in den Vereinigten Staaten wächst, mit der United Church of Christ über einen Zusammenschluß verhandeln. – Ebenfalls in den Vereinigten Staaten haben zwischen der → Protestantischen Episkopalkirche und den → Presbyterianern Verhandlungen stattgefunden. Nach einem verheißungsvollen Anfang stießen diese Gespräche auf starken Widerstand bei der Episkopalkirche und wurden 1946 aufgegeben. Seither haben ähnliche Gespräche zwischen der Episkopalkirche und den Methodisten eingesetzt. Man ist einem gegenseitigen Verständnis nähergekommen, doch läßt sich noch nicht absehen, ob diese Gespräche zu einer Einigung führen werden. – Einer der problemreichsten Zusammenschlüsse der Gegenwart ist die → Evangelische Kirche in *Deutschland* (EKD). Dieser Bund luth., ref. und unierter Kirchen kam am 3.12.1948 zustande. Er entstammte zum Teil der engeren Gemeinschaft, zu der die Kirchen im → Kirchenkampf im Dritten Reich geführt worden waren. Obwohl diese Körperschaft den Namen »Kirche« trägt, ist schwer zu bestimmen, in welchem Sinne sie als Kirche zu verstehen ist. Offiziell versteht sie sich selbst als »Bund«, und in manchem ist sie mit Zusammenschlüssen vergleichbar, die man in anderen Ländern als Föderation oder Konföderation bezeichnet, denn die Selbständigkeit (Autonomie) der zur EKD gehörenden Kirchen wird durch diese Zugehörigkeit nicht angetastet. Die Lage in Deutschland ist anders als in allen anderen Ländern, und vielleicht haben aus diesem Grunde die E. hier eine mit keiner anderen Größe vergleichbare Körperschaft zustande gebracht. – In *Großbritannien* nahmen die E. durch eine 1946 gehaltene Predigt des jetzigen Erzbischofs von Canterbury eine neue Wendung. Dr. Fisher schlug vor, die Freikirchen sollten angesichts der Schwierigkeiten der kirchlichen Einigung in einem Lande mit einer Staatskirche als *der* Kirche von England als ersten Schritt das Bischofsamt in ihr System aufnehmen und so den Weg zu einer gemeinsamen Anerkennung von Amt und Sakrament vorbereiten. Ein gemeinsamer Ausschuß legte 1950 den Bericht über Church Relations in England vor, worin er den Weg zu einem dem Vorschlag entsprechenden engeren

Zusammenschluß wies. Bisher sind nur die Methodisten in offizielle Verhandlungen mit der Kirche von England eingetreten, die sich bis jetzt nur auf Vorbesprechungen beschränkten. - Ebenfalls in Großbritannien haben neuerdings Gespräche zwischen der Kirche von England und der Kirche von Schottland stattgefunden. Diese Gespräche zeichnen sich durch besonderen theologischen Ernst aus. Es sind Vorschläge gemacht worden, aus denen hervorgeht, wie jede Kirche ihre Struktur verändern müßte, um wertvolle Traditionen der anderen zu übernehmen. Es gibt viele Schwierigkeiten auf dem Wege zu einer Vereinigung, doch muß es als bedeutsam angesehen werden, daß der Grund für gemeinsame theologische Überlegungen gelegt ist.

In allen größeren Konfessionen und fast in jedem Teil der Welt sind weitere hier zu übergehende Verhandlungen im Gange, die sich alle dem einen oder anderen vorgenannten Typus einfügen.

3. Außer den tatsächlich vollzogenen kirchlichen Zusammenschlüssen gibt es von 1920 bis zur Gegenwart eine ständig anwachsende Bewegung zu engerem Verständnis und gemeinsamer Aktion zwischen den Kirchen in den verschiedenen Ländern. Dazu hat das Vordringen der → ökumenischen Bewegung wesentlich beigetragen. In den Ländern mit älterer Tradition ist meist ein »Rat der Kirchen« (Council of Churches) zustande gekommen. Der größte unter diesen ist das National Council of the Churches of Christ in the United States of America (1950), dessen Vorgänger das Federal Council von 1908 war (→ Einigungsbestrebungen: IV). Dieser Rat vereinigt den größten Teil der nicht-römischen Christenheit Amerikas, einschließlich einiger orthodoxer Kirchen, in der christlichen Öffentlichkeitsarbeit auf fast jedem Gebiet. Ein Ergebnis der Planung für diesen amerikanischen Rat war die Bildung des unabhängigen Canadian Council of Churches im Jahr 1944. - Andere ähnliche Körperschaften sind das British Council of Churches (1942), das Australian Council for the World Council of Churches (1946), das National Council of Churches in New Zealand (1941) und der Ökumenische Rat der Kirchen in den Niederlanden (1946). - Als Ergebnis der Weltmissionskonferenz in Edinburgh 1910 entstand 1921 der → Internationale Missions-Rat. Diesem folgte die Bildung von Nationalen Christenräten, in denen Kirchen, Missionsgesellschaften und andere Gruppen vertreten sind. Zu den wichtigsten und leistungsfähigsten gehörten die nationalen Räte von China (1922) und von Indien (1922). Nicht weniger als 21 Nationalräte sind jetzt Glieder des Internationalen Missions-Rates, und 18 andere stehen in enger Verbindung mit ihm. Das Kirchenbewußtsein und der Wunsch nach Selbständigkeit sind in den jungen Kirchen im Wachsen. Für die Zukunft zeichnet sich eine Bewegung ab, welche diese Nationalräte in Räte der Kirche umwandeln will. Indonesien ging hier mit der Bildung des Nationalen Rates der Kirchen in Indonesien voran. Diese Entwicklung ist zu begrüßen, weil sie der neuen Situation der wachsenden Kirchen in diesen Ländern entspricht. 1957 trafen sich die Kirchen Asiens, Australiens und Neuseelands in Prapat (Indonesien) und errichteten ein ständiges Sekretariat mit dem Ziel gegenseitiger Hilfe. Obwohl diese Einrichtung nicht unmittelbar der kirchlichen Einigung dient, kann sie doch der Entwicklung einer solchen Bewegung dienen in Ländern, wo sie bisher noch nicht existiert.

Ein erster Schritt zu einer regionalen Zusammenarbeit der europäischen Mitgliedskirchen des Ökumenischen Rates wurde auf einer Tagung in Liselund (Dänemark) vom 27.-31.5.1957 vollzogen. Über 30 Kirchen von Ost- und Westeuropa, zunächst mit Ausnahme der meisten luth. und britischen Kirchen, beschlossen, in einer breiteren Arbeitsgemeinschaft auf europäischer Basis die heute gemeinsam gestellten Aufgaben anzufassen.

Diese Übersicht zeigt, daß nahezu jede Konfession und jedes Land von der neuen Bewegung zur kirchlichen Einigung erfaßt ist. Folgende *Schwierigkeiten* waren beim Zustandekommen kirchlicher Zusammenschlüsse zu überwinden: das Problem des Glaubensverständnisses, Liberalismus gegen Orthodoxie (Frankreich); das Problem des Verhältnisses von Kirche und Staat (Schottland); das Problem von Volkskirche und Glaubenskirche (Frankreich); das Problem der zentralen und dezentralisierten Verwaltung (Kanada, USA); das Problem der liturgischen und nicht-liturgischen Traditionen (Großbritannien, Kanada, USA); soziologische Faktoren, bes. das Rassenproblem (USA); bischöfliche und nichtbischöfliche Traditionen (Südindien, Großbritannien). In den meisten der seit 1920 zustande gekommenen Zusammenschlüsse war für diese Probleme eine Lösung zu finden. Jede Kircheneinigung hat gezeigt, daß auf den Zusammenschluß eine Zeit der Spannungen folgt, da die verschiedenen Traditionen erst zusammenwachsen müssen. Nur in Einzelfällen lehnte eine starke Minderheit den Beitritt zur Union ab (Kanada). In einigen Fällen haben sich einzelne Gruppen von dem Kirchenbund wieder getrennt (Japan), doch ist von den seit 1920 entstandenen 34 kirchlichen Zusammenschlüssen nicht ein einziger wieder aufgelöst worden. Fast alle, die in solchen Bünden leben, finden den Zusammenschluß trotz aller seiner Schwierigkeiten besser als den Zustand der Trennung, in dem sie früher lebten; sie möchten unter keinen Umständen zu dem alten Zustand zurückkehren, der nicht dem Willen Gottes entspricht. - Vgl. → Einigungsbestrebungen: VI.

Ecumenical Review (periodische Übersichten über den neuesten Stand der E.) - Church Relations in England, London 1950 - S.C. Neill, Towards Church Union 1937-1952, London 1952 (Lit.) - Relations between Presbyterian and Anglican Churches, London 1957. - Über Prapat: IRM 46, 1957, 309-313 - EMZ 14, 1957, 87f. - Vgl. die Lit. zu → Einigungsbestrebungen: IV. S.C.Neill

VI. Kirchliche Zusammenschlüsse von 1910 bis 1957

1. *Zusammenschlüsse mit vollständiger Kirchengemeinschaft.*

1911. USA: *Northern Baptist Convention* (Vereinigung der bisherigen N.B.C. mit den Free Baptist Churches). Seit 1950: *American Baptist Convention.*

1917. *Norwegische Kirche von Amerika* (Vereinigung der Norwegisch Ev.-luth. Synode, der Synode der Norwegisch Ev. Kirche von Amerika und der Vereinigten Norwegisch Luth. Kirche in Amerika). Seit 1946: *The Evangelical Lutheran Church.*

1918. *United Lutheran Church* (Vereinigung der General Synod of the Lutheran Church in the US, United Synod of the South und des General Council of the Lutheran Church in the US).

1920. *The Presbyterian Church in the USA* (Vereinigung der Presbyterian Church in the USA und der Welsh Calvinistic Methodist Church).

1922. USA: *The Evangelical Church* (Vereinigung der Evangelical Association und der United Evangelical Church).

1924. *The Reformed Church in the US* (Vereinigung der Reformed Church in the US und der Hungarian Reformed Church in America).

Church of Central Africa, Presbyterian (Vereinigung der aus der Mission der Kirche von Schottland und der Vereinigten Freikirche von Schottland hervorgegangenen Presbyterien von Blantyre und Livingstonia (Nyassaland). 1926 Beitritt des aus der Mission der Holländisch

Ref. Kirche in Südafrika hervorgegangenen Presbyteriums von Mkhoma.

Vereinigte Kirche von Nordindien (Vereinigung folgender Kirchen und Missionen: Mission der Evangelical and Reformed Church, der amerikanischen Marathi-Mission, der amerikanischen, englischen, irischen, walisischen, kanadischen und neuseeländischen presbyterianischen Missionen, der Mission der Kirche von Schottland, der London Missionary Society und der Vereinigten Kirche von Kanada).

1925. USA: *The Congregational Churches* (Vereinigung der Congregational Churches mit den Evangelical Protestant Churches of North America).

The United Church of Canada (Vereinigung der Presbyterianer, Methodisten, Kongregationalisten und verschiedener örtlicher Unionskirchen).

1926. *The Korean Methodist Church* (Vereinigung der Korean Methodist Episcopal Church mit der Korean Methodist Episcopal Church, South).

1929. *The Church of Scotland* (Vereinigung der Church of Scotland mit der United Free Church of Scotland).

Vereinigte Ev. Kirche der Philippinen (Vereinigung der Presbyterianer, Kongregationalisten und der Church of the United Brethren in Christ).

1930. *The United Methodist Church of Mexico* (Vereinigung der Mexican Methodist Episcopal Church und der Mexican Methodist Episcopal Church, South).

1931. England: *The Methodist Church* (Vereinigung der Wesleyan Methodist Church, der United Methodist Church und der Primitive Methodist Church).

USA: *Congregational Christian Churches* (Vereinigung der Christian Churches und der Kongregationalisten).

Vereinigte Ev. Kirche von Puerto Rico (Vereinigung der Kongregationalisten, der Christian Churches und der Church of the United Brethren in Christ).

1934. *Evangelical and Reformed Church* (Vereinigung der Evangelical Synod of North America und der Reformed Church in the US).

Kirche Christi in Siam (Vereinigung der Siamesisch Presbyterianischen Kirche, der Chinesisch Presbyterianischen Kirche in Siam und der chinesischen Baptisten in Siam).

1936. *Ev. Kirche in Guatemala* (Vereinigung der Presbyterianer mit der Central American Mission).

1938. *Église réformée de France* (Vereinigung der Églises réformées, Églises réformées évangéliques, Églises évangéliques libres und der Methodisten).

1939. USA: *The Methodist Church* (Vereinigung der Methodist Episcopal Church, Methodist Episcopal Church, South und der Methodist Protestant Church).

1941. *Kirche Christi in Japan* (Nippon Kirisuto Kyodan) (Vereinigung der japanischen Presbyterianer, Methodisten, Kongregationalisten und anderer Denominationen).

1943. *Ref. Ev. Kirche von Neuchâtel* (Vereinigung der Nationalkirche und der staatsfreien Ev. Kirche von Neuchâtel).

1944. *Ev. Kirche der Philippinen* (Vereinigung der Disciples of Christ, United Church of Christ, United Evangelical Church of the Philippines, Methodisten, Independent Methodist Church und anderer Denominationen). Nach 1946 verblieben nur die Disciples of Christ, die United Brethren und einige kleinere Gruppen in dieser Kirche.

1945. *Church of Central Africa in Rhodesia* (Vereinigung der Union Church of the Copper Belt, der London Missionary Society und des Presbyteriums von Nord-Ost-Rhodesien). 1951 kam die aus der Société des Missions évangéliques de Paris hervorgegangene Kirche des Barotselandes hinzu.

1946. *Holländisch Ref. Kirche* (Vereinigung der Gereformeerde Kerken in Nederland und der Gereformeerde Kerken in Nederland in Hersteld Verband).

USA: *Evangelical United Brethren Church* (Vereinigung der Evangelical Church und der Church of the United Brethren in Christ).

1947. *Kirche von Südindien* (Vereinigung der Kirche von Indien, Burma und Ceylon, der South India United Church und der Methodistenkirche von Südindien).

1948. *Vereinigte Kirche Christi in den Philippinen* (Vereinigung der United Evangelical Church of the Philippines, der Evangelical Church of the Philippines und der Philippine Methodist Church).

1949. *Federaçao Sinodal* (Vereinigung der Synoden von Santa Catarina, Paranà und Mittelbrasilien sowie der Luth. Kirche in Brasilien und der Ev. Kirche von Rio Grande do Sul). Seit 1954: *Ev. Kirche luth. Bekenntnisses in Brasilien.*

1950. Madagaskar: *Madagassische Luth. Kirche* (Vereinigung der Mission der Luth. Freikirche in Amerika, der Ev.-Luth. Kirche in Amerika und der Norwegischen Mission).

1951. *Ev.-Luth. Kirche in den Niederlanden* (Vereinigung der Evangelisch Luthersche Kerk und der Hersteld Evangelisch Luthersche Kerk).

1956. *Nederlandse Hervormde Kerk* (Anschluß der Evangelisch Luthersche Kerk in het Koninkrijk der Nederlanden).

Vereinigte Kirche von Nordindien (Anschluß der Brüdergemeine).

African Presbyterian Church of East Africa (Vereinigung mit der Church of Scotland Overseas Presbytery of Kenya).

United Church of South Africa (Vereinigung der aus der London Missionary Society und dem American Board of Missions hervorgegangenen Gemeinden mit der Congregational Union of South Africa).

United Church in North Australia (Vereinigung der Kongregationalisten, Methodisten und Presbyterianer).

1957. USA: *United Church of Christ* (Vereinigung der Congregational Christian Churches und der Evangelical and Reformed Church).

2. *Volle Kirchengemeinschaft* besteht seit 1931 zwischen den altkath. und den anglikanischen Kirchen; seit 1946 zwischen der Protestant Episcopal Church (USA) sowie anderen anglikanischen Kirchen und der Polnischen National-Kath. Kirche.

3. *Beschränkte Kirchengemeinschaft* besteht seit 1930 zwischen der Kirche von England und der Kirche von Schweden; seit 1935 zwischen der Kirche von Schweden und der Kirche von Finnland; seit 1936/37 zwischen der syrischen Mar Thoma Kirche von Malabar und der Kirche von Indien, Burma und Ceylon; seit 1948 zwischen der Philippine Episcopal Church und der Philippine Independent Church.

4. *Zusammenschlüsse zu Kirchenbünden.*

1920. *Schweizerischer Ev. Kirchenbund* (Vereinigung der Schweizer Ref. Kantonalkirchen, des Ref. Kirchenbundes der Mittelschweiz, der Freikirchen der Kantone Genf und Waadt, der Methodisten und einiger Gemeinden außerhalb der Schweiz).

1922. *Deutsch-Ev. Kirchenbund* (Zusammenschluß von 28 selbständigen luth., ref. und unierten Landeskirchen).

1923. *Ev. Kirchenbund in Spanien* (Zusammenschluß der Spanisch Ev. Kirche, der Spanisch Ref. Kirche und der Methodistenkirche von Ceyana).

1927. *Kirche Christi in China* (Chung Hua Chi Tu Chiao Hui) (Zusammenschluß der Baptisten, Kongregationalisten, Methodisten, Presbyterianer, Reformierten, United Brethren in Christ, United Church of Canada und der selbständigen chinesischen Kirchen).

1944/51. Bund der Congregational Union von England und Wales und der Presbyterianischen Kirche von England.

1948. *Ev. Kirche in Deutschland* (Zusammenschluß von 27 selbständigen luth., ref. und unierten Kirchen; 1951 trat auch die Kirche von Bremen bei).

Vereinigte Ev.-Luth. Kirche in Deutschland (Zusammenschluß von 10 selbständigen luth. Landeskirchen, die außerdem auch zur Ev. Kirche in Deutschland gehören).

R. Rouse u. S.C. Neill, A History of the Ecumenical Movement 1517-1948, London 1954, 496ff - J.R. Nelson, Survey of Church Union Negotiations (ER 6, 1953/54, 300-315; 8, 1955/56, 76-93; 9, 1956/57, 284-302).
H.-H. Schrey

VII. Im Bereich der jungen Kirchen

E. sind naturgemäß von höchster Bedeutung bei den → jungen Kirchen. Die kräftigste und bekannteste Erklärung zur Frage der E. wurde auf der Konferenz in Tambaram/Madras (→ Internationaler Missions-Rat) 1938 abgegeben: »Uneinigkeit ist ein Stein des Anstoßes für die Gläubigen und ein Gegenstand des Spottes für die Ungläubigen ... Die Repräsentanten der jungen Kirchen ... gaben einstimmig ihrem leidenschaftlichen Verlangen, das in allen Ländern gleich stark ist, nach sichtbarer Einigung der Kirchen Ausdruck. Sie anerkennen die Tatsache der Einheit im Geiste; sie vermerken mit großer Dankbarkeit all die Zeichen der Zusammenarbeit und des Verständnisses, die sich in wachsendem Maße auf verschiedenen Gebieten zeigen. Sie sind sich jedoch bewußt, daß dies nicht genug ist. Sichtbare und organische Einigung muß unser Ziel sein.« In dieser Haltung mögen vielleicht einige Momente kluger Berechnung liegen; mit dem Rückgang westlichen Einflusses werden sich die jungen Kirchen ihrer Isolierung bewußt und erkennen in der Kirchentrennung einen Keim der Schwäche; dennoch sind die E. wesentlich eine theologische Frage; man erkennt, daß Einheit zum Wesen der Kirche gehört und daß Kirchentrennung Sünde ist.

Hier wie überall gewann die Bewegung erheblich an Stoßkraft seit der Weltmissionskonferenz von Edinburgh 1910 (→ Internationaler Missions-Rat).

1. In dem Gebiet *Ostafrikas*, das heute → Kenya heißt, begannen Einigungsgespräche zwischen der Kirche von England, der Kirche von Schottland und anderen Missionen. In den anglikanischen Kirchen erregte ein 1913 im Kikuyu-Gebiet gefeierter gemeinsamer (interkonfessioneller) Abendmahlsgottesdienst großes Aufsehen. Der 1. Weltkrieg hinderte jedoch eine erschöpfende Diskussion der aufgebrochenen Probleme. Auch aus anderen Gründen wurden die Gespräche abgebrochen; immerhin war die Aufmerksamkeit weitgehend auf die Frage der Kircheneinigung gelenkt worden.

2. In → *China* (: IV C, 1d) wurde 1922 die Kirche Christi durch die Vereinigung einer großen Zahl von Missionen des Freikirchentyps gegründet, und zwar auf der Grundlage des Glaubens an Jesus Christus, der Bibel als der obersten Lehrinstanz und des Apostolikums als dogmatischen Fundaments. Jede der vereinigten Kirchen erhielt große Freiheit in der Aufrechterhaltung ihrer Sonderlehren und ihrer Gottesdienstformen. Dies scheint eher auf einen Kirchenbund als auf eine Kirche hinzuweisen; doch schrieb 1949 ein qualifizierter Beobachter: »Die Kirche ist in ihrem Leben eine organische Einheit.«

3. Die Kirche Christi in → *Japan* (: IV) wurde 1940 unter starkem Regierungsdruck gegründet und umfaßte während des 2. Weltkrieges die meisten prot. sowie eine anglikanische Gruppe. Nach dem Kriege zogen sich die Lutheraner, die Anglikaner, einige der → Presbyterianer u.a. zurück; die restlichen Presbyterianer, die → Methodisten und → Kongregationalisten bildeten danach die konstituierenden Elemente der vereinigten Kirche (Nippon Kirisuto Kyodan). Sie ist die größte Kirche Japans. Zu Anfang hatte sie kein eigenes Glaubensbekenntnis zu schaffen vermocht und schien in Gefahr, dem Einfluß der japanischen Ideen des Nationalismus und Patriotismus zu erliegen. Nach 14jährigem Bemühen war der Kyodan 1956 in der Lage, sich auf ein eigenes Glaubensbekenntnis zu verpflichten und seinen Willen zum Ausdruck zu bringen, sowohl zu der Gemeinschaft der bekenntnisgebundenen Kirchen gehören als auch an den E. mit anderen Kirchen teilnehmen zu wollen.

4. Auf den → *Philippinen* gelang es 1944 den Japanern, eine vereinigte ev. Kirche der Philippinen ins Leben zu rufen; diese hatte jedoch nur geringe Lebenskraft und fiel nach Kriegsende auseinander. 1948 entstand eine neue »Vereinigte Kirche Christi in den Philippinen«, die aus amerikanischen Missionen hervorgegangene Presbyterianer, Kongregationalisten, Methodisten und Jünger Christi (Disciples of Christ) umfaßt. Sie beruht auf dem Glauben an »Jesus Christus, den Sohn des lebendigen Gottes, unseren Herrn und Heiland«. Sie hat eine bischöfliche Verfassung, doch erheben ihre Bischöfe keinen Anspruch auf apostolische Sukzession. In der Vorbereitung des Ökumenischen Rates für Südostasien spielte sie eine bedeutende Rolle; ihr Bischof Sobrapeña war Vorsitzender der 1957 in Prapat (Indonesien) abgehaltenen ökumenischen Konferenz.

5. In → *Südindien* vollzog sich 1947 die bei weitem wichtigste Einigung: zum ersten Male seit der Reformation fanden hier bischöfliche und nicht-bischöfliche Kirchen zu einer Kirche zusammen (→ Bischof: IV); ebenso verschmolzen hier zum ersten Male britische, amerikanische und europäisch-kontinentale Elemente. Gespräche zwischen der Kirche von Südindien (C.S.I.), Lutheranern und → Baptisten sind noch ohne positives Ergebnis geblieben. Die C.S.I. hat Kanzel- und Abendmahlsgemeinschaft mit Kirchen in vielen Ländern, sie hat diese (alten) Kirchen aufgefordert, ihre reservierte Haltung in der Frage der Kircheneinheit ernsthaft zu überprüfen. Das südindische »Modell« hat großen Einfluß auf viele andere Einigungspläne ausgeübt, zB in → Nigeria.

6. Die Bewegungen in *Nordindien und* → *Ceylon* (: III) haben ihren Ursprung in der südindischen Bewegung (s. 5). Neu war jeweils die Beteiligung der Baptisten. Die C.S.I. hat einen Zeitraum von 30 Jahren vorgesehen, währenddessen die Ordination der ihr nachwachsenden Pfarrer im Sinne der historisch-bischöflichen Weihe gesichert und eine einheitliche Pfarrerschaft geschaffen wird. Dies hat zu erheblichen Schwierigkeiten mit den anglikanischen Kirchen geführt. In Nordindien (→ Indien: IV) und Ceylon sollen alle Pfarrer von Anfang an in theologisch-kirchenrechtlicher Weise geeint werden, und zwar durch eine umfassendere Beauftragung, die jedoch nicht als Re-Ordination zu verstehen ist. Den Kirchen liegen jetzt abgeschlossene Einigungspläne vor, die jedoch noch nicht rechtswirksam angenommen sind. Die Anglikaner möchten auf eine Erklärung der 1958 wieder zusammentretenden → Lambeth-Konferenz warten.

In Nordindien erwies es sich als schwierig, den anglikanischen (historischen) Episkopat mit dem methodistischen zusammenzubringen, der keine apostolische Sukzession beansprucht. Man kann fragen, ob der Plan, eine einheitlich ordinierte Pfarrerschaft zu schaffen, überall empfehlenswert ist; auf alle Fälle werden diese Kirchen, falls ihre Gründung zustande kommt, dieselben Schwierigkeiten haben wie die C.S.I., nämlich die volle Gemeinschaft mit ihren Mutterkirchen im Westen aufrechtzuerhalten, die selbst keine Gemeinschaft untereinander haben. Wenn die Vereinigte Kirche von Nordindien entstehen wird, wird sie ungefähr 1 Million Mitglieder umfassen und eine der größten Kirchen Asiens sein.

7. Die *luth. Einheitsbewegung* hat in drei Gebieten gute Fortschritte gemacht. a) In → *Neuguinea* haben sich 1956 die luth. Missionen deutschen und amerikanischen Ursprungs in der Ev. luth. Kirche von Neuguinea zusammengeschlossen. An der Spitze steht ein Bischof, jedoch ohne Sukzessionsanspruch. – b) In → *Madagaskar* nahm 1956 die aus der norwegischen und zwei amerikanisch-luth. Missionen (die beide weitgehend norwegischen Ursprungs sind) entstandene Madagassische luth. Kirche ihre Verfassung an. Diese Kirche basiert auf dem Kleinen Katechismus und den drei ökumenischen Symbolen; die Hl. Schrift gilt als oberste Lehrinstanz. Der erste Präsident dieser Kirche war ein amerikanischer Missionar. – c) In *Südafrika* (→Afrika: IV B) sind viele luth. Missionen mit über 400 000 Christen tätig. Es werden schon seit langem Verhandlungen gepflogen, ein Verfassungsentwurf für die luth. Kirche in Afrika liegt bereits vor; ein Gründungsdatum ist jedoch noch nicht festgesetzt worden.

8. In verschiedenen Teilen der Welt lassen sich zahlreiche *weitere Bewegungen* in verschiedensten Entwicklungsstadien verfolgen. Einige allerdings streben nur eine engere Gemeinschaft unter selbständigen Missionen ein und derselben Konfession an und verzögern so bisweilen den interkonfessionellen Fortschritt der E. Bedeutsam ist die Bewegung in Nord-Madagaskar, an der auch ausnahmsweise die → Quäker beteiligt sind. In Nigeria haben die Verhandlungen zwischen Anglikanern, Methodisten und Presbyterianern gute Fortschritte gemacht; 1957 wurde ein vorläufiger Einigungsplan veröffentlicht, der sich bislang an den der C.S.I., nicht an den für Nordindien und Ceylon anschließt. Die theologische Ausbildung wird gemeinsam durchgeführt. In Südindien ist die Mar-Thoma-Kirche, der ref. Zweig der alten Syrischen Kirche in Indien, an einer engeren Zusammenarbeit mit der C.S.I. interessiert; eine wirksame Entscheidung ist noch nicht getroffen worden.

9. Vereinigte Kirchen der verschiedensten Typen existieren bereits in vielen Ländern. Jede dieser Kirchen wünscht eine enge Zusammenarbeit mit der ihr besonders nahestehenden westlichen Kirche. Fast jede ist Mitglied des Ökumenischen Rates der Kirchen. Dadurch ist ein neues Problem in den ökumenischen Beziehungen entstanden. Eine einzige Diözese der C.S.I. kann Gruppen umspannen, die mit vier oder fünf verschiedenen Kirchen des Westens verbunden sind. Wie kann sie ihre eigene innere Einheit wahren, wenn diese Verbundenheit mit Kirchen gewahrt werden muß, die untereinander keine Gemeinschaft pflegen? Wenn die westlichen Kirchen nicht fähig sind, unter sich eine engere Gemeinschaft zu schaffen, besteht dann nicht die Gefahr, daß die geeinten jungen Kirchen in eine wachsende Isolierung geraten? Einige der großen amerikanischen Kirchen, die die Arbeit in Japan unterstützen, haben einen kooperativen Ausschuß mit dem Zweck gebildet, die Unterstützung des Kyodan nicht von den einzelnen Kirchen, sondern von dieser Gemeinschaft ausgehen zu lassen. Dies ist ein erster Schritt. Internationale Hilfe durch die ökumenischen Organisationen ist eine Möglichkeit, die sorgfältig erwogen werden sollte.

Wiederholt hat man darauf hingewiesen, daß die jungen Kirchen die Einheit leichter erreichen können als die Kirchen im Westen, weil diese Kirchengemeinschaften eine weit kürzere Geschichte und geringere Bindungen an die Eigentraditionen der westlichen Konfessionen haben. Das aber ist nur teilweise richtig. Den jungen Kirchen wurde das Evangelium in westlicher und konfessionsbedingter Form gebracht. Sie sind stark an die westlichen Kirchen gebunden, von denen das Evangelium zu ihnen kam und deren Traditionen ihnen übermittelt wurden. Nur in sehr seltenen Fällen möchten sie sich aus der internationalen Gemeinschaft, in der sie groß geworden sind, lösen, um sich eine nationale Gemeinschaft aufzubauen. Hier liegt das akute Problem und die Aufgabe, die den Kirchen des Westens aus den E. unter den jungen Kirchen erwächst. Die Christen der verschiedensten jungen Kirchen waren sich bewußt, daß mit dem Wachsen einer einigen Kirche aus verschiedenen Konfessionen die Gefahr einer neuen Spaltung um einer neuen Einheit willen gegeben ist; sie nahmen diese Gefahr bereitwillig auf sich, im Vertrauen darauf, daß die Kirchen des Westens Wege finden möchten, auf denen die bisherige Gemeinschaft innerhalb des Rahmens der Einheit unter den jungen Kirchen aufrechterhalten werden kann.

S.C.Neill, Towards Church Union 1937-1952, London 1952 (Lit.) – Ders., Plans for Union and Reunion 1910-48 (A History of the Ecumenical Movement, hg.v. R.Rouse u. S.C.Neill, London 1954, 445-505; Lit.) – The Constitution of the C.S.I., Madras 1952 – J.R.Nelson, Survey of Church Union Negotiations (ER 6, 1953/54, 300-315; 8, 1955/56, 76-93; 9, 1956/57, 284-302; Lit.) – B.Sundkler, C.S.I., London 1954 – Proposed Scheme of Union (Nigeria), Calabar 1955. *S.C.Neill*

Einsegnung

1. Theologisch – 2. Rechtlich

1. E. ist bei Konfirmation, Trauung, Bestattung und Ordination in der ev. Kirche üblich, auch bei der Übertragung von kirchlichen Diensten (bei Diakonissen, Diakonen, u.U. auch Gemeindehelferinnen, Lektoren, »Laienpredigern«); stellenweise kennt man auch eine E. von Wöchnerinnen. – Das volkstümliche Verständnis der E. reicht vom frommen Wunsch bis zur magischen Übertragung numinoser Kräfte. – Theologisch geht es heute um die Überwindung eines bloß »signifikativen« Verständnisses der E. durch eine »exhibitive« Auffassung; sie wird als reale (effektive) Mitteilung der Segensgabe interpretiert (P.Brunner, W.Stählin). Der »sakramentale« Charakter des die E. aussprechenden Wortes wird betont. Die mit der E. verbundene → Handauflegung ist als »Verleiblichung und Konkretisierung des Wortes« verstanden. – Neben bedenklichen sakramentalen Prämissen wirkt hier die Gegenüberstellung von »exhibitiv« und »signifikativ« verwirrend. Sie beruht auf der Antithese des antik-mittelalterlichen Symbolrealismus zum Symbolnominalismus. Beides ist unserem Wirklichkeitsbegriff fremd. Als unevangelisch ist die E. bei der Bestattung bzw. eine Bezeichnung der Bestattungsformel als E. abzulehnen (gegen Lotz). – E. bedeutet – vom Evangelium her gesehen – die Entlassung des Gesegneten in eine neue Wirklichkeit und Aufgabe hinein, für die sie neue Gaben zusagt. Der Zuspruch der Verheißung Gottes und die Fürbitte sind hier verbunden: E. ist stets *Fürbitte* in der Gestalt des Zuspruchs. Eine Handauflegung bezeichnet dabei die spezielle Applikation. Die »Realität« der E. beruht allein auf der *Zusage* (promissio) Gottes, daß sein Wort nicht leer zurückkommt, sondern die bezeichnete Gabe wirkt. Die Segensgabe wird allein im Glauben empfangen, aber der Glaube konstituiert die Gabe selbst nicht. Für den Unglauben wird die E. zum Fluch. – Zur liturgischen Gestaltung

vgl. → Taufe, → Konfirmation, → Trauung, → Begräbnis, → Ordination.

RIETSCHEL-GRAFF, Reg. - Leiturgia I, 200-203 (P.BRUNNER); II, 588-592 (K.FRÖR). *K.Dienst*

2. a) In der agendarischen Ordnung der *ev. Kirche* begegnet die E. als gottesdienstliche Weihehandlung an Personen in verschiedenem Zusammenhang, wobei die Rechtserheblichkeit sehr unterschiedlich ist, jedoch im Hinblick auf die dem modernen ev. Kirchenrecht eigentümliche wechselseitige Bezogenheit und Durchdringung der gottesdienstlichen, sakramentalen Ordnung und der Kirchenverfassung nie ganz fehlt. Als gottesdienstliche Handlung in der Gemeinde von dem Inhaber des Predigtamtes durch Handauflegung und Segensspruch vollzogen, hat die E. allgemein und immer die Fürbitte für Leben und Wirken des Gesegneten als Glied der Gemeinde im Blick auf die ihm im Zusammenhang mit der kirchlichen Handlung obliegenden besonderen christlichen Pflichten zum Inhalt: zB E. der Mutter des Täuflings, des Konfirmanden, der Brautleute und des in die Kirche aufzunehmenden Erwachsenen. Darüber hinaus hat die E. im Zusammenhang mit Verpflichtung und Gelübde konstitutive Bedeutung für die Übertragung besonderer Ämter und Dienste in der Kirche. In diesem Sinn ist die E. Bestandteil der → Ordination des Pfarrers und des Missionars. Eine spezielle Funktion hat die E. der Pfarrhelferin oder der Vikarin: Die E. tritt hier an die Stelle der Ordination, weil der → Vikarin in der Regel nicht das geistliche Amt (öffentliches Predigtamt) und damit die sogenannten Rechte des geistlichen Standes in vollem Umfang, sondern ein begrenztes Amt der Katechese und der Seelsorge an Kindern, weiblicher Jugend und Frauen übertragen werden. Eine ähnliche Bedeutung hat für den engeren Bereich der → Diakonie die E. der Diakonissen und der Diakone, mit der sich zugleich die endgültige Aufnahme der Eingesegneten als vollberechtigte Glieder der Schwestern- bzw. Bruderschaft des Diakonissenhauses bzw. der Diakonenanstalt verbindet.

b) In der *kath. Kirche* gehört die E. zu den → Sakramentalien. In der E. wird im fürbittenden Gebet der Kirche der Segen Gottes u.a. auf Personen herabgerufen (zB Bräutesegen, Muttersegen), ohne jedoch - wie bei der Weihung (zB Jungfrauen-, Abt-, Äbtissinnenweihe) - den kirchenrechtlichen Status des Gesegneten (zur dauernd dem göttlichen Dienst geweihten persona sacra) zu verändern.

H.LIERMANN, Dt. Ev. Kirchenrecht, 1933, 319f - EICHMANN-MÖRSDORF II, 288f. *G.Wendt*

Einsiedeln (Schweiz). Im »Finstern Wald«, wo 861 der Reichenauer Mönch Meginratus ermordet wurde, gründete um 834 Eberhard von Straßburg ein Benediktinerkloster. Kaiser Otto I. erhob es zur Fürstabtei. Im 10./11.Jh. war E. bedeutender Mittelpunkt der monastischen Reform. Die Wallfahrt ist seit dem 14.Jh. bezeugt (Marienstatue aus dem 15.Jh.). Im Spät-MA zerfiel die Abtei. Neues Leben kehrte unter Abt J.Eichhorn (1544-69) ein. Das Kloster und die Stiftskirche wurden im 18.Jh. nach Plänen C.Mosbruggers neu erbaut.

O.RINGHOLZ, Wallfahrtsgesch. U.L.F. von E. I, 1896 - DERS., Gesch. des fürstl. Benediktinerstiftes U.L.F. von E., E. 1904 - R. HENGGELER, Profeßbuch der Fürstl. Benediktinerabtei U.L.F. zu E., E. 1933 (Lit.) - DERS., Die Einsiedler Engelweihe (ZSKG 40, 1946, 1-30) - R.TSCHUDI, Das Kloster E. unter den Äbten Ludwig II. Blarer u. J.Eichhorn 1526-69, E. 1946 - HBLS III, 9ff - EC X, 1866ff. *R.Pfister*

Einsiedlerorden (Eremiten-, Anachoretenorden) sind mit ihren Regeln an das ursprüngliche Anachoretentum anknüpfende Männer- und Frauenorden, deren Mitglieder sich im Unterschied zu den ein gemeinsames Leben führenden Genossenschaften (Zönobiten) weitgehend isolieren und teils ein umfriedetes System einzelner Zellen (u.a. → Kamaldulenser, → Vallombrosaner, → Kartäuser, → Karmeliter, → Theatiner-Einsiedlerinnen), oft aber auch reguläre Klöster bewohnen (u.a. → Augustiner-Eremiten, → Cölestiner, → Serviten).

HEIMBUCHER I, 29ff - LThK III, 604ff. *W.Göbell*

Einstein, *Albert* (1879-1956). * in Ulm, studierte in Zürich, Patentbeamter in Bern, Prof. in Zürich, Prag, Berlin (bis 1933), Princeton. E. ist wohl der schöpferischste theoretische Physiker unseres Jh.s. Seine → Relativitätstheorie (spezielle R.Th. 1905, allgemeine R.Th. 1915) vollendet inhaltlich die »klassische« (nichtquantentheoretische) Physik, eröffnet methodisch einen neuen Denkstil. Außerdem lieferte E. entscheidende Beiträge zur Quantentheorie (Lichtquantenhypothese 1906) und vielen anderen Zweigen der Physik. - Von der Einführung des Beobachters in die physikalischen Begriffe haben die Quantentheoretiker (Bohr, Heisenberg; → Atom, 4) radikaleren Gebrauch gemacht, als E. selbst erwogen hatte. Er wünschte die Objektivierbarkeit des Naturgeschehens, das sich uns von verschiedenen Standpunkten aus verschieden darstellt, festzuhalten und bestritt darum die Endgültigkeit der Quantentheorie. Religiös bekannte sich E. zu »dem Gott Spinozas, der sich nicht um menschliche Einzelschicksale kümmert«. Politisch war E. stets ein Gegner des Nationalismus und ein leidenschaftlicher Freund der individuellen Freiheit. Als Jude förderte er den → Zionismus. Bis 1933 war er Pazifist; dem Nationalsozialismus auch mit Waffen zu widerstehen, hielt er jedoch für eine Notwendigkeit. 1939 ließ er sich von jüngeren Physikern bewegen, Präsident Roosevelt in einem Brief auf die Möglichkeit von Atombomben hinzuweisen und zu ihrer Herstellung aufzufordern. Seit Hiroshima (1945) warnte er die Welt vor der Gefahr der Atombomben. In diesen Schwankungen, die zu verurteilen nur dem leicht fallen wird, der nicht in ähnlichen Entscheidungen gestanden hat, blieb der humane Antrieb derselbe; sein Ausblick auf die Zukunft wandelte sich im Lauf des Lebens vom Hoffnungsvollen zum Düsteren.

Vf. u.a.: Über die spezielle und die allg. Relativitätstheorie, (1917) 1954^{16}; Grundzüge der Relativitätstheorie, (1922) 1956^{3}; Physik als Abenteuer der Erkenntnis, (1938) 1949^{2} (mit C.INFELD); Aus meinen späten Jahren, 1952. - Über E.: M.BORN, Die Relativitätstheorie E.s u. ihre physikalischen Grundlagen gemeinverständlich dargestellt, 1920 - M.v.LAUE, Die Relativitätstheorie I, (1920) 1952^{5}; II, (1921) 1953^{3} - E.CASSIRER, Zur E.schen Relativitätstheorie, 1921 - PH.FRANK, E. Sein Leben u. seine Zeit, 1949 - E. Philosopher-scientist, ed. P.A.SCHILPP, Evanston, Ill. (1949) 1951^{2}; dt. 1955 - Helle, dunkle Zeit. In memoriam A.E., hg.v. C.SEELIG, 1956. *C.F.v.Weizsäcker*

Einzug, *großer und kleiner* → Gottesdienst: V A.

Eisenacher Bund, 1902 durch J.Lepsius, Samuel → Keller und Th. → Jellinghaus gegründet; ihm traten die Professoren → Cremer, → Schlatter, → Kähler, Hering und Lütgert, aber auch Männer wie → Bodelschwingh, Damman (Essen), Otto → Funke (Bremen) u.a. bei. Man versuchte vergeblich, der durch heftige Krisen erschütterten → Gemeinschaftsbewegung zu helfen. Der 1904 etwas voreilig gegründete »Eisenacher Verband für kirchliche Evangelisation und für Pflege kirchlicher Gemeinschaft und ev. Lebens« verschärfte nur das Mißtrauen, das durch die ungeschickte Bibelkritik von Lepsius entstanden war. Von 1905 an tagte man als »E.B.« jährlich (mit Unterbrechungen zwischen 1917-20) bis 1945, um gegen den »Sektengeist des

Allianzchristentums« wie gegen die »moderne Theologie« aufzutreten, ohne noch auf die Gemeinschaftsbewegung einen nennenswerten Einfluß ausüben zu können.

Verhandlungen der 2. E. Konferenz (1903), hg.v. J.LEPSIUS, 1903 - P.FLEISCH, Die moderne Gemeinschaftsbewegung in Deutschland I, 1912³, 302 ff. *E.Beyreuther*

Eisenacher Richtlinien → Kirchenbau: V.

Eisengrein, *Martin* (1535-78), * Stuttgart, † Ingolstadt. Evangelisch erzogen, studierte E. in Tübingen, Ingolstadt und Wien, wo sein Onkel Jonas kaiserlicher Vizekanzler war. 1555 wurde er in Wien Prof. der Beredsamkeit und 1557 der Naturphilosophie. 1558 kath. geworden, erhielt er 1560 die Dompredigerstelle bei St. Stephan in Wien. 1562 Pfarrer in Ingolstadt, 1564 hier Prof. der Theologie. Neben dem ihm eng befreundeten Kanzler → Eck war E. der eigentliche Führer der Gegenreformation in Bayern. Für sie wirkte er in zahlreichen Schriften und vor allem als vorzüglicher, volkstümlicher Prediger.

L.PFLEGER, M.E., 1908 - RGG² II, 92. *Matth.Simon*

Eisenmenger, *Johann Andreas* (1654-1704), * in Mannheim, † als Prof. für orientalische Sprachen in Heidelberg. Hauptwerk ist neben einer unpunktierten Ausgabe des AT (1694, in Verbindung mit Joh. → Leusden) und einem nicht veröffentlichten Lexicon Orientale Harmonicum sein »Entdecktes Judenthum, oder gründlicher und wahrhafter Bericht, welcher Gestalt die verstockten Juden die hochhl. Dreifaltigkeit erschröcklicher Weise lästern und verunehren ...« (1700). Nach der von der kaiserlichen Regierung aus Furcht vor Unruhen verfügten Beschlagnahme wird 1711 in Berlin (vorgeblich in Königsberg) mit Hilfe Friedrichs I. von Preußen ein Neudruck veranstaltet, ein weiterer (in Auswahl) von F.X. Schieferl 1893 in Dresden (englische Bearbeitung von J.P.Steckelin unter dem Titel »The Traditions of the Jews ...«, 1732-34). Durch einseitige Auswahl und falsche Übersetzung jüdischer Zitate (nachgewiesen bei Frz.Delitzsch, Rohlings Talmudjude, 1881⁷) wird ein übles Zerrbild des Judentums gegeben, das durch A. Rohling, »Der Talmudjude« (1871) wieder populär geworden ist. - E. selbst war von der Hoffnung auf die Bekehrung der Juden bestimmt, die er durch das ärgerliche Leben, die Trägheit und Lieblosigkeit der Christen entscheidend behindert sieht.

RE V, 276 f - JewEnc V, 80 ff - UJE IV, 36 f. *W.Holsten*

Eißfeldt, *Otto*, Alttestamentler und Religionsgeschichtler, * 1.9.1877 (Northeim), lehrte 1913-20 in Berlin, seit 1921 in Halle, Schüler von → Wellhausen und R.Smend, → Gunkel und → Baudissin. Von jenen her wurde er der markanteste Vertreter der → literarkritischen Schule, von diesen aus ein bedeutender, international anerkannter Mitarbeiter auf dem Feld der orientalischen Religionsgeschichte. Die »Hexateuchsynopse« und deren Weiterführung sowie die große »Einleitung in das AT« können beispielhaft für das eine, die zahlreichen Arbeiten über die phönikische Religion speziell auf Grund der Texte von → Ugarit für das zweite genannt werden. Von E. wurde bei den Hexateuchquellen (→ Jahwist usw) für die von R.Smend als selbständig interpretierte Quelle des älteren (1.) Jahwisten die Bezeichnung »Laienquelle (L)« eingeführt (→ Bibelwissenschaft: I, 2 a).

Bibliogr.: Festschrift O.E. z. 60. Geb., 1947, 213-231; WZ Halle 6, 1956, 158; ThLZ 82, 1957, 701-714. Hervorzuheben sind daraus: Hexateuchsynopse, 1922; Die Quellen des Richterbuches, 1925; Die Komposition der Samuelisbücher, 1931; Der Gott Bethel (ARW 28, 1931, 1-30); Einleitung in das AT, (1934) 1956²; Der Gott des Tabor (ARW 31, 1934, 14-31); Ras Schamra u. Sanchunjaton, 1939; Tempel u. Kulte syrischer Städte in hellenistisch-römischer Zeit (AO 40), 1941; Die ältesten Traditionen Israels, 1950; Jahwe Zebaoth (Misc. Acad. Berol. 2, 1950, 128-150); El im ugarit. Pantheon (BAL 98, 4), 1951; El and Yahweh (JSS 1, 1956, 25-37); Die Genesis der Genesis, 1958. - Über E.: F.MAASS, ThLZ 82, 1957, 701 f. *K.Galling*

Eitzen, *Paul von* (1522-98), einer Hamburger Kaufmannsfamilie entstammend, studierte in Wittenberg und Rostock, war 1549 Pastor, 1555 Sup. am Dom in Hamburg, 1556 Dr. theol. in Wittenberg, mit Luther und Melanchthon befreundet. 1562 wurde E. zum Gen.-Sup. Herzog Adolfs von Holstein-Gottorf nach Schleswig berufen. 1574 führte er den Gottorfer Ordinationseid ein, der 160 Jahre im Herzogtum galt und als symbolische Bücher die CA, AC sowie Luthers Katechismus und Schmalkaldische Artikel bestimmte. Die Konkordienformel wurde dagegen aus persönlichen Gründen abgelehnt.

Vf. u.a.: Ethik, 1572; Catechismi Examen, 1583; Ev. Postille, 1591. - Über E.: E.FEDDERSEN, P.v.E., der erste schleswigsche Gen.-Sup., 1919 - DERS., Schleswig-Holstein u. die luth. Konkordie (Schriften d. Vereins f. schlesw.-holst. KG 1, 15), 1925 - DERS., KG Schlesw.-Holsteins II (ebd 1, 19), 1938. *E.Freytag*

Ekkehard *von St. Gallen*, Name von fünf Mönchen dieses Klosters. Bemerkenswert sind: E. I. († 973) gilt nicht mehr unbestritten als Verfasser des erhaltenen lat. Waltheriliedes; manche Forscher setzen dieses schon um 885 an. - Sein Neffe E. II. († 990), Lehrer der Klosterschule, dann Lehrer und Rat der Herzogin Hadwig auf dem Hohentwiel, zuletzt Dompropst in Mainz, bekannt durch V.v.Scheffel. - E. IV. († um 1060) bearbeitete die Jahre 873-971 der Casus monasterii Sancti Galli in fesselnder, doch nicht tendenzfreier Erzählung. - → St. Gallen.

G.MEYER v. KNONAU, Die Ekkeharte v. St.G., Basel 1876 - VerfLex I, 527 ff; IV, 776 ff - LThK III, 608 f - MANITIUS I, 609 ff; II, 561 ff. *P.Kirn*

Eklektizismus

1. Religionsgeschichtlich - 2. Philosophiegeschichtlich

1. E. nennt man eine Form des religiösen Verhaltens, die ihre Elemente nicht aus Wachstum und Zugehörigkeit zu einem kontinuierlichen Traditionsstrom erhält, sondern aus anderen Religionsbereichen zusammenstellt oder ergänzt, wobei aber nur einzelnes übernommen, anderes ausgeschieden wird. Das Bewußte, Absichtsvolle ist im Unterschied zum → Synkretismus wesentlich. E. ist in gewisser Weise verwandt mit → Häresie, nur daß er nicht ein einzelnes Moment einseitig herausgreift, sondern viele Züge komponiert. Bei den → Naturvölkern gibt es keinen E. im engeren Sinne, sondern höchstens die Wahl einzelner besonderer Kultbindungen, die sich in den Religionen der höheren Kulturen verbreitert. In einem späteren Entwicklungsstadium tritt die Möglichkeit echt eklektizistischen Verhaltens auf, das in voller Form eine Erscheinung der religiösen Spätzeit und des Verfalles der geschichtlich gewachsenen Religionsräume ist. Es setzt eine beträchtliche Entfaltung der menschlichen Persönlichkeit voraus.

An eklektizistische Methode erinnert schon die henotheistische Bevorzugung einer einzelnen Gottheit (→ Henotheismus) oder das Freundgott-Verhältnis. Der spätantike Synkretismus und seine Religionsphilosophie - zB des späteren → Neuplatonismus - mit ihrer wahllosen, aber planmäßigen Verarbeitung verschiedenartigen Religionsgutes sind manchmal eklektizistisch. Deutlicher haben wir diese Haltung im neueren → Indien und in seinen religionsphilosophischen Richtungen: Verschiedene Sammlungsbewegungen adaptieren Elemente der überlieferten indischen Heilslehren und aller möglichen Religionen und verdichten sie zum Bekenntnis, zB Brâhma Samâj, Arya Samâj. Einzelne moderne Religionsphilosophen Indiens kann man als Eklektizisten ansprechen. In der → Bahai-Religion des 19. und 20.Jh.s finden wir eine eklektizistische Richtung auf islamischem Boden, die heute eine eklektizistische Weltreligion sein will. In Hinterindien scheint ähnliches im → Caodaïsmus vorzuliegen.

Das *Christentum* kennt eklektizistische Strömungen nur in der neueren Zeit innerhalb seiner denominationellen Formen. Schon die → Einigungsbestrebungen zwischen den Konfessionen seit dem 16.Jh. durch einzelne bedeutende Geister weisen gelegentlich auf eklektizistische Methoden. Grundsätzlich zum E. bereit sind Religionsphilosophie und Theologie der → Aufklärung, soweit sie praktisch aktiv werden. Seit dem beginnenden 19.Jh. macht sich derartiges in prot. Gottesdienstreformen bemerkbar. In den USA haben sich einige stark eklektizistisch geformte Kirchengebilde entwickelt (zB → Unitarier, → Community Church), teilweise am Rande des Christentums stehend. Der Gedanke, in gemeinsamer Gottesverehrung harmonisierbare Kultbestandteile verschiedener Religionen, zumindest von Fall zu Fall, verwerten zu können, ist in der neueren Zeit auch sonst immer wieder aufgetaucht. Aufgeklärter → Monotheismus ist in der Regel die Grundlage solcher Tendenzen.

Von der *religionsphänomenologischen* Seite her gesehen ist die → Mystik ein günstiger Boden für den E., während der prophetische Eifer ihn eher ablehnt. Ferner ist der religionsbezogene ästhetisch-kontemplative Typ des Literaten und Künstlers gern eklektizistisch. In diese Richtung gehören zB die religionsstifterischen Bemühungen von → Novalis, der zuweilen von einem »Synkretismus« sprach und E. meinte, und Fr. → Schlegel. In der Gegenwart ist die Religion vieler den Kirchen entfremdeter Gebildeter eklektizistisch.

F.HEILER, Das Gebet, (1918) 1923⁵ - DERS., Christlicher Glaube u. indisches Geistesleben, 1926 - F.H.MARNECK, Glaubenslose Religion, 1931 - K.GOLDAMMER, Novalis u. die Welt des Ostens, 1948 - HUTTEN. - Weitere Lit. bei → Synkretismus. *K.Goldammer*

2. E. meint im Bereich der *Philosophie* die Methode, aus verschiedenen vorliegenden Systemen einzelne Thesen auszuwählen und aus ihnen ein neues System aufzubauen; daneben auch die Schulen (seit Diogenes Laertius, Prooem. 21) und Epochen, in denen dies Verfahren vorherrscht. In solchem neutralen Sinn sind fast alle Philosophen Eklektiker. Der Terminus hat aber im Deutschen tadelnden Beiklang: Meist nennt man nur solche Übernahme fremder Lehrsätze E., der die Kraft fehlt, das Übernommene miteinander zu verschmelzen und unter einem höheren oder neuen Gesichtspunkt umzuformen. Einen bewußten E. dieser Art pflegte zuerst die neuere Akademie unter Philon von Larisa und Antiochus von Askalon im 1.Jh. vChr, beeinflußt von der Skepsis (→ Skeptizismus) der mittleren Akademie und der mittleren → Stoa seit Panätius. Dem E. der Akademie folgte → Cicero, wie denn überhaupt römische Vorliebe für Faßlichkeit und Lebensnähe den E. der Spätantike wesentlich förderte. Popularphilosophie muß stets wegen ihrer Tendenz, sich auf die communis opinio der Philosophen zu berufen, zum E. neigen. - In neuerer Zeit spricht man auch von einem E. der Spätscholastik und der deutschen Aufklärungsphilosophie. Einen auf Prinzipien gegründeten E. vertraten in Frankreich V.Cousin (1792-1867) und seine Schule. *G.Patzig*

Eklund, *Johan Alfred* (1863-1945), 1896-1902 Pfarrer und Dozent in Uppsala, 1902-07 Dompropst in Kalmar, 1907-19 Bischof in Karlstad. E., von der kirchlichen Erweckung und der schwedischen Persönlichkeitsphilosophie stark beeindruckt, bekämpfte den Naturalismus der Jahre um 1880. Seine Predigt war realistisch und ethisch. »Ungkyrkligheten« (eine kirchliche Bewegung 1909) zählt ihn zu einem ihrer Gründer. E. arbeitete am schwedischen Gesangbuch im Gesangbuchkomitee auch als Dichter mit (42 geistliche Lieder des Gesangbuches 1937 wurden von ihm verfaßt oder bearbeitet, auch Hymnen der englischen Kirche in das Gesangbuch eingeführt).

Vf. u.a.: Pontus Wikner, 1903; Andelifvet i Sveriges kyrka, 1911 bis 1938; Människan och Gud, 1918; Kyrkan och den sociala frågan, 1919; Biskop Paulus Genberg, 1925; Från natur till personliv, 1932; Napoleon, 1936; Revolutionskritik, 1937. *G.Hök*

Ekman, *Erik Jakob* (1842-1915), 1864-79 Pfarrer der schwedischen Staatskirche, wirkte 1879-04 für »Svenska Missionsförbundet« (eine 1878 neugebildete Freikirche mit Erweckungscharakter), zuerst als Rektor der neugegründeten Predigerschule in Kristinehamn, später als Leiter der Bewegung. 1904-15 Direktor einer Lebensversicherungsgesellschaft. E. stand zuerst unter dem Einfluß von J.T. → Beck. Als P.P. → Waldenström mit seiner Versöhnungslehre hervortrat, unterstützte er diesen. Gegen Ende der 70er Jahre weigerte sich E., nicht geistlich gesinnte Kinder zu konfirmieren, und erhielt deshalb einen offiziellen Verweis. Bald darauf verließ er die Staatskirche. E.s Lehre vom Abendmahl ist reformiert. Später verwarf er die Kindertaufe und den Gedanken der ewigen Strafe. Dadurch erwies er sich für Sv. M. ungeeignet und mußte seine leitende Stellung aufgeben (1904).

E. schrieb u.a .über die Gesch. der Erweckungen des 19.Jh.s. - Über E.: J.W.HÅKANSON, E.J.E., En biografi, 1919. *G.Hök*

Ekstase, das »Außersichsein«, bedeutet psychologisch gesehen einen völligen Mono-Ideismus. Der Mensch gerät in einen vom normalen unterschiedenen Bewußtseinszustand, in welchem er gegen äußere Einflüsse eine völlig andere Reaktion als sonst zeigt, in der Regel unempfindlich gegen äußere Reizwirkungen wird. Der Zustand der E. kann den Menschen plötzlich überkommen, er kann auch durch intensive → Kontemplation vorbereitet werden. Atmung (→ Atem) und Kreislauf werden auf ein Minimum herabgesetzt; der Zustand kann äußerlich dem Schlaf ähneln; das Wort »Ich schlafe, aber mein Herz ist wach«, ist von vielen Ekstatikern zur Kennzeichnung ihres Zustandes benutzt worden. Doch können auch unbeherrschbare Bewegungen bei dem von der E. Ergriffenen auftreten. Die sufische mystische Theorie hat der unbewegten E. den Vorzug gegeben (→ Sufismus). Gelegentlich tritt im ekstatischen Zustand das Phänomen der Levitation auf. - Die Dauer der E. wechselt, neben halbstündigen kommen auch tagelange (→ Theresa de Jesus: 6 Tage) und wochenlange ekstatische Zustände vor (Sarrāǧ berichtet von 25, Maddalena von Pazzi von 40 Tagen).

Da die E. als Höhepunkt religiöser → Erfahrung (→ Erlebnis: I) gilt, haben sich die Mystiker aller Religionen bemüht, sie vorzubereiten und herbeizuführen. Der Sufismus unterscheidet zwischen waǧd, der plötzlich als Gnadengabe geschehenden E., und tawāǧud, dem sich-in-E.-zu-versetzen-Suchen. Für diesen letztgenannten Zweck hat man sich in den verschiedenen Kulturkreisen gern betäubender Mittel wie Opium, Haschisch u.ä. bedient, hat durch kreisenden → Tanz (von den Primitiven bis zu den hochkultivierten Mevlevi-Derwischen) der irdischen Schwerkraft zu entgehen gesucht; hat durch Starren auf einen blinkenden Gegenstand (vgl. die

Schusterkugel bei J. → Böhme), auf den → Nabel (bes. in Indien) oder auf den als Kraftzentrum geltenden Punkt zwischen den Augenbrauen den Geist von allem Äußeren entfernt; hat schließlich durch → Fasten und Kasteiungen jeder Art oder durch die ständige Wiederholung einer religiösen Formel (bes. im dhikr der Derwische, dem »äußerlichen« mündlichen oder »innerlichen« Gedenken an Gott) alle Gedanken und Sinne auf das Eine Absolute konzentriert, »bis du im Gerufenen aufgehst, wo nicht mehr Rufer noch Gerufener ist« (Rūmī). Auch die Kontemplation der Sakramente oder eines Götterbildes kann die E. vorbereiten, ebenso wie das Getroffenwerden von einem Wort, der plötzliche Anblick eines schönen Menschen bes. im Sufismus oft Ekstase-auslösend gewirkt hat.

Die Seele, die sich so Gott genähert hat oder durch eine unerwartete Gnade verzückt wird, erlebt im Zustand der E. eine ungeahnte Offenbarung innerer Freiheit. Die Gottesfülle, die der Ekstatiker in dieser Zeit empfindet, läßt sich im sprachlichen Gleichnis nur in schwachen Andeutungen ausdrücken, denn es ist »die vollkommene Einheit ohne ein Zweites«, die »Flucht des Einsamen zum Einsamen« (→ Plotin), das Erlebnis des »Es ist« (asti), wie es die → Upanishaden sagen. Diese haben auch, neben dem Bild des traumlosen Tiefschlafs, lange vor Plotin das Bild der Liebeseinigung für das ekstatische Erlebnis verwendet, so sehr das an sich ihrer unpersönlichen Unendlichkeitsmystik widerspricht: »Wie einer, von einem geliebten Weibe umschlungen, kein Bewußtsein hat von dem, was innen und außen ist, so hat auch der Geist, der vom erkennenden Selbst umschlungen ist, kein Bewußtsein von dem, was innen und außen ist« - ein Bild, das zur klassischen Umschreibung des ekstatischen Erlebens geworden ist. - Die E. ist der Augenblick unnennbarer Beseligung, den muslimische Mystiker mit dem Prophetenwort umschreiben: »Ich habe eine Zeit mit Gott, da kein Raum selbst für Gabriel bleibt, der doch reiner Geist ist« - da ja keine Spaltung zwischen Mensch und Gott mehr besteht. Es ist eine Zeit, die jenseits der normalen reihenmäßig ablaufenden Zeit liegt, in der in einem einzigen diskursiven Erkenntnisakt die Fülle der Zeiten, das Ewige Jetzt erfahren wird. Freilich geschieht das nicht mit den gewöhnlichen Begriffen von Sehen und Hören. So sagt → Eckehart: »Da hörte ich ohne Laut, da sah ich ohne Licht, da roch ich ohne Bewegen, da schmeckte ich, was nicht war, da spürte ich das, was nicht bestand. Dann wurde mein Herz grundlos, meine Seele lieblos, mein Geist formlos und meine Natur wesenlos.« Und Ibn al-Fāriḍ singt: »Mein Auge sprach, während meine Zunge schaute, meine Hand hörte, und mein Ohr wurde zur Hand.«

Das Geheimnis des ekstatischen Erlebens kann nicht ausgesagt werden, denn Sprache ist etwas der Gemeinschaft Zugehöriges, wohingegen die E. jenseits aller menschlichen Gemeinschaft liegt und sich darum ihrem adäquaten Ausdruck entzieht. Nicht umsonst steht am Ende vieler Gedichte des großen islamischen Mystikers Dschelāladdīn Rūmī die Aufforderung zum → Schweigen, da es ein unmögliches Unterfangen sei, das jenseits von Zeit und Raum Erlebte in Zeit und Raum auszusagen. Die E. ist, wie Tayumanavar treffend sagt, »der Traum eines Stummen, der keinen Mund hat, seinen Traum zu künden«.

Die offizielle Kirche bzw. die Orthodoxie im → Islam hat immer nach der Berechtigung der E. gefragt. Ihr Prüfstein ist nach orthodoxer Auffassung die Wirkung des ekstatischen Erlebnisses auf das Leben des Gläubigen. Nach kath. Auffassung hat der übergeordnete Geistliche, der Beichtvater, das Recht, den Entrückten aus der E. aufzuwecken. Die Mystiker selbst haben (zumindest im Katholizismus und im gemäßigten → Sufismus) streng geprüft, ob der Inhalt des ekstatischen Erlebnisses sich durch die hl. Schriften stützen ließ, haben oft auch ihre E. als teuflisches Blendwerk angesehen. Überdies ist die Häufigkeit ekstatischer Erlebnisse noch kein Grund, sich besonderer Gnadenfülle zu rühmen. Die Tatsache, daß zahlreiche große Fromme nur selten E. erlebten (so Plotin nur viermal im Leben), zeigt, daß dieser Zustand keine unbedingte Notwendigkeit für das höchste religiöse Leben zu sein braucht, obgleich er ohne Zweifel eine außerordentliche Bereicherung, eine Ausweitung des Gottes- und Weltgefühls mit sich bringt.

→ Besessenheit, → Inspiration, → Mystik, → Schamanismus, → Yoga.

W.R.Inge, Christian Mysticism, London (1899) 1933⁷ - Th. Achelis, Die E. in ihrer kulturellen Bedeutung, 1902 - E.Underhill, Mysticism, London (1911) 1930 - ERE V, 157ff - al-Kuschairîs Darstellung des Sûfîtums mit Übers.-Beil. u. Indices von R.Hartmann (Türk. Bibl. 18), 1914 - The Kitáb al-luma' fi'l-Taṣawwuf of Abú Naṣr 'Abdallah b. 'Alí al-Sarráj al-Ṭúsí, ed. R.A.Nicholson (Gibb Mem. Ser. XXII), London 1914 - F.Heiler, Das Gebet, (1918) 1923⁵ - Ders., Die Mystik in den Upanishaden, 1922 - J.B.Pratt, The Religious Consciousness, New York (1920) 1947 - R.A.Nicholson, Studies in Islamic Mysticism, Cambridge 1921 - M.Buber, Ekstatische Konfessionen, 1923 - P.Beck, Die E., 1923 - The Mathnawí of Jalálu'ddín Rúmí, ed. R.A.Nicholson (Gibb Mem. Ser. NS IV, 1-8), London 1925-40 - J.-H.Leuba, Extase mystique et révélation (Mercure de France 177, 1925, 671-686) - RGG² II, 95ff - ThW II, 447ff - J.Maréchal, Etudes sur la psychologie des mystiques I-II (Museum Lessianum, sect. philos. 2/19), Bruxelles-Paris 1937-38 - DSp II, 1643ff - F.Pfister, Ekstasis (AnCO ErgBd I, 1939, 178-191) - Ph.deFélice, Foules en délire. Extases collectives. Essai sur quelques formes inférieures de la mystique, Paris 1947 - R.Wolf, Zur Phänomenologie u. Psychologie ekstat. Ausnahmezustände (Allg. Zs. f. Psychiatrie 125, 1949, 284-302) - M.Eliade, Le chamanisme et les techniques archaïques de l'extase, Paris 1951; dt. 1957 - J.Lhermitte, Mystiques et faux mystiques, Paris 1952 - Lyrik des Ostens, hg.v. W.Gundert, A.Schimmel u. W.Schubring, (1952) 1957³ - M.Waldmann, Trancen u. E.n in ihrer psycholog. Gegensätzlichkeit (Geist u. Leben 25, 1952, 54-67) - L.Gardet, Expériences mystiques en terres non chrétiennes, Paris 1953; dt. 1956 - Catholicisme IV, 971ff - H.Ritter, Das Meer der Seele. Mensch, Welt u. Gott in den Geschichten des Farīddudīn 'Attar, Leiden 1955.

A.Schimmel

Ektenie → Liturgik: III.

Ekuador. In dem heute noch überwiegend von Indios bewohnten Land (60% von 3 076 933 i.J. 1950; 15% Weiße, 25% Mischbevölkerung) lebt unter dem Stamm der Chíwaros eine Religion fort, die in vorinkaische Zeit zurückreicht. Vom Christentum ganz unberührt, verehrt der Stamm gute und böse Geister, glaubt an ein Fortleben nach dem Tode, weiß aber nichts von einem Schöpfer oder höchsten Wesen. Aus der Inkazeit, die in E. nur etwa 100 Jahre gedauert haben mag, sind keine Überlieferungen lebendig. Die spanische Mission im 16.Jh. war Sache der Dominikaner und Merzedarier; bis zum Ende des 17.Jh.s kamen Franziskaner, Augustiner, Jesuiten und Barfüßer dazu. Um 1700 hatte die Hauptstadt Quito an 1000 Priester, das ganze Land 42 Klöster, reich an Besitz und Einfluß. Jeder zweite Spanier stand in kirchlichen Diensten; die Indios arbeiteten auf den Kirchengütern. 1767 wurden die Jesuiten wie in ganz Südamerika vertrieben. Der Klerus kämpfte weithin für die Unabhängigkeit von Spanien und später von Kolumbien und behielt daher seine politische Bedeutung. Seit 1830 ist E. selbständig. Es zog weniger Einwanderer an als alle anderen Länder Südamerikas. Die vielen Bürgerkriege wurden außer aus rassischen, sozialen und geographischen Gründen oft durch die Stellung des Staats zur kath. Kirche ausgelöst. Präsident Eloy Alfaro (1895-1901) setzte sich für Beschränkung des klerikalen Einflusses ein, erklärte das Konkordat für ungültig und gab Ekuadorianern ebenso wie Ausländern verfassungsmäßig garantierte Religionsfreiheit. In der Verfassung von 1946 ist der Katholizismus aber wieder offizielle Staatsreligion. 1 Erzbischof und 5 Bischöfe leiten die Kirche. Das Bildungswesen steht seit 1906 nicht mehr unter kirchlicher Aufsicht und wurde aus scholastischem Titelstudium zu moderner Fachbildung entwickelt. Man zählt 3500 Grundschulen, 125 höhere Schulen, 1 staatliche und 1 kath. Universität, 3 nicht voll ausgebaute Universitäten und 4 Lehrerbildungsanstalten. Nur 40% der Bevölkerung kann lesen; die Mehrzahl ist als Landarbeiter für die Schule nicht erreichbar. Das erschwert auch die Arbeit der ev. Missionen. 1824 wurden erstmals durch Diego Thomson Bibeln in E. verkauft. 1900 rief Präsident Alfaro eine methodistische Schule ins Land, die jedoch 1904 wieder geschlossen wurde. Eine bleibende kirchliche Arbeit konnte erstmals W.E.Reed 1896 in Ambato begründen sowie 1897 in Quito. Er kam von der Gospel Missionary Union (1952 auf 13 Plätzen 1000 Glieder) und ging dann zur Alianza Cristiana y Misionera über (1952 auf 38 Plätzen 1500 Glieder). Außerdem sind 8 kleinere Gruppen tätig. Insgesamt rechnet man mit etwa 4000 nichtkath. Ekuadorianern. 2 Bibelschulen bilden Prediger aus. Sehr bedeutsam ist der Sender »HCJB La Voz de los Andes« der World Radio Missionary Fellowship in Quito. Die evangelistische Bemühung stößt auf große Schwierigkeiten, weil eine offizielle Staatsreligion mit politischen Verzweigungen besteht und das Volk sozial und sittlich durch niedrige Lebenshaltung und Alkoholismus gefährdet ist, die Missionare außerdem als Ausländer verdächtig sind. Hier ist Diakonie ebenso wichtig wie reine Verkündigung.

F.González Suárez, Historia eclesiástica del Ecuador ... I (1520 bis 1600), Quito 1881 - Ders., Historia General de la República del Ecuador I-VII, Quito 1890-97 - L.Coral, El Ecuador y el Vaticano o la revolución religiosa en el Ecuador, Guayaquil 1899 - J.Tobar Donoso, La Iglesia ecuatoriana en el siglo XIX. I (1809-45), Quito 1934 - J.L.Mecham, Church and State in Latin America, Chapel Hill 1934 - S.W.Rycroft, Indians of the High Andes, New York 1946 - B.Recio, Compendiosa Relación de la cristianidad de Quito, Madrid 1947 - R.Levene, Historia de América VII, Buenos Aires 1951⁴, 155ff; XI, 1953⁴, 229ff - WChH - EBrit VII, 1956, 936ff - T.S.Goslin, Los Evangélicos en América Latina, Buenos Aires 1957 - R. Obermüller, Survey on Evangelism in Latin America, Genf 1957. - Zeitschriften: Boletín eclesiástico de la Arquidiócesis de Quito, 1893ff - Revista Católica de la Diócesis de Cuenca, 1922ff - El Oriente dominicano, 1927ff.

R.Obermüller

El, ein allen semitischen Sprachen gemeinsames Wort mit nicht sicher feststellbarer Grundbedeutung, kommt sowohl als Appellativum für »Der Gott«, »Gott« wie auch als Eigenname eines bestimmten Gottes vor, ohne daß sich ausmachen läßt, ob das Wort von Haus aus Appellativum ist und erst sekundär eine Entwicklung zum Eigennamen erfahren hat oder ob das Umgekehrte zutrifft. Schon zu Anfang der Zeit, für die uns El bezeugt ist, dh schon im 3.Jt. vChr, stehen beide Anwendungen des Wortes nebeneinander, und es fehlt auch nicht an Fällen, in denen es unklar bleibt, ob El hier als Appellativum »Gott« oder als Eigenname gebraucht ist. In vielen Fällen liegt es indes auf der Hand, daß El einen bestimmten Gott bezeichnet, und zwar einen Gott von besonderer Bedeutung und fast monarchischer Stellung. Das gilt namentlich von den im 14.Jh. vChr niedergeschriebenen, aber ihrer Substanz nach gewiß Jh.e älteren Texten aus dem nordsyrischen → Ugarit. Von da aus fällt auf das im AT vorkommende El neues Licht, und es wird nun vollends klar, daß auch hier das Wort vielfach als Name eines bestimmten Gottes aufgefaßt werden muß. Offenbar haben die Kanaanäer des 3. und 2. Jt.s vChr dem an der Spitze ihres Pantheons stehenden El ihre besondere Verehrung bezeugt, und die Vorläufer der endgültigen Landnahme Israels, die »Patriarchen«, sind diesem Beispiel gefolgt. Dabei wollen El ʿEljon (Gen 14, 18-22; → Melchisedek), El ʿOlam (21, 33; → Beerseba), El Bethel (31, 13; → Bethel) und El Gott Israels (33, 20) als Hypostasen dieses einen El verstanden sein, nicht etwa, wie es weithin geschehen ist, als unbedeutende, an Naturobjekte gebundene Lokalgottheiten. Im Unterschied von → Baal, dem → Jahwe in unversöhnlicher Feindschaft gegenübersteht, ist El mit Jahwe, den die Träger der endgültigen Landnahme nach Kanaan mitbrachten, verschmolzen worden, und zwar in der Weise, daß er in Jahwe aufgegangen ist, aber ihm doch auch von seiner Art manches abgegeben hat. So scheint die Vorstellung als Weltschöpfer und ebenso die als König von El auf Jahwe übertragen worden zu sein. - Vgl. → Aschera.

J.Hehn, Die bibl. u. die babylon. Gottesidee, 1913, 250ff - W.W. Graf Baudissin, Kyrios als Gottesname im Judentum u. seine Stelle in der Religionsgesch. III, 1926, 6ff. 123ff - O.Eissfeldt, El im ugarit. Pantheon (BAL 98, 4), 1951 - Ders., El and Yahweh (JSS 1, 1956, 25-37) - A.Murtonen, A Philological and Literary Treatise on The OT Divine Names 'l, 'lwh, 'lhjm, and jhwh, Helsinki 1952.

O.Eißfeldt

Elbogen, *Ismar*, jüd. Theologe, * 11.9.1874 in Schildberg (Posen), † 1.8.1943 in New York, wurde nach Studium und Lehramt in Florenz 1902 Dozent, später Prof. für jüd. Geschichte an der Lehranstalt (hernach: Hochschule) für die Wissenschaft des Judentums, emigrierte 1934 nach USA. Er war einer der wissenschaftlich und praktisch führenden Theologen des deutschen Judentums im 20.Jh. (→ Judentum : III).

Vf. u.a.: Der jüd. Gottesdienst in seiner geschichtl. Entwicklung, (1913) 1931³; Gesch. der Juden seit dem Untergang des jüd. Staates, (1919) 1920²; A Century of Jewish Life, 1945 (Ergänzung zu H. Graetz, Gesch. der Juden, 12 Bde, 1911-23²; darin S. XI-XX über E. [A.Marx]). - E. war Mit-Hg. der Germania Judaica I, 1934, Hg. der EJud (1928-34) u. eines Einheitsgebetbuches (2 Bde, 1929). - Bibliogr.: J.Wilde, Verzeichnis der von Prof. Dr. I.E. 1878-1924 verfaßten Schriften, 1924/27; fortgesetzt in MGWJ 78, 1934, 465 bis 471.

E.L.Dietrich

Elemente werden von den kosmogonischen Mythen (→ Schöpfung: I) zuerst genannt, genealogisch eingruppiert und damit eingeordnet (Hesiod). Ihre Beachtung ist möglich durch den Glauben an die Gottheit als → Urheber der Welt, ist notwendig, um die Welterfahrung mythisch zu erklären und zu fixieren.

Die Grund-E., die wir volkstümlich mit → Feuer, → Wasser, Luft und → Erde wiedergeben, haben auch jedes für sich Verehrung gefunden. Sie sind für sich oder in Götterpaaren (Shu und Tefnut in der altägypt. Kosmologie) in den Mythen wichtig geworden, haben auch ganze Religionssysteme (der vedische Agni) bestimmt. Im allgemeinen sind diese Verehrungen aber nicht dem Element des Feuers oder der Erde gewidmet, sondern einer Gottheit, die als solares Feuer oder als Erde die Gesamtheit des Kosmos vorstellt. Man wird daher die Verehrung von Gottheiten des Feuers (zB Herdfeuer), des Wassers (zB Quellnymphen, Nil usw), der Luft (Wind- und Sturmgötter) und der Erde (Kulte der → Muttergottheiten) nicht als Verehrung der E. anziehen können. In die mythisch-theologische wie kultische Beachtung der E. führt das Moment der Ganzheit als Ansatz religiöser Weltanschauung. Dieses Moment der Ganzheit des Lebendigen, angeschaut nach Wirkung und bewirktem Stoff, prägt die religiöse Bedeutung der E. in ihrer verschiedenartigen Zusammenstellung. In den großen vedischen (älteste Zusammenstellung von drei Urqualitäten: Gestalt der Glut - das Rote, Gestalt des Wassers - das Weiße, Gestalt der Nahrung - das Schwarze; Chand.

Upan. VI, 2), hinduistischen und lamaistischen Systemen spielen die E. eine große Rolle. Sie sind den vier, fünf oder sechs Grundrichtungen (vier Himmelsrichtungen, oben und unten) zugeordnet, tragen die Grundfarben und repräsentieren den Kosmos (häufige Gleichsetzung der E. mit den Planeten). Die Gottheiten sind ihre Verwirklichung. Die Mantras verkörpern sie. Die Konstitutiva von Welt und analog von Menschen (die fünf Skandhas: Körper, Empfindung, Vorstellung, Wollen und Erkennen) werden in großen Analogie-Systemen fixiert und als göttlich oder auch dämonisch gesucht und gemieden. (Das lamaistische System: 1. E.: Erde, Wasser, Feuer, Luft, Äther; 2. menschliche Zentren: Fortpflanzungszentrum, Nabelzentrum, Herzzentrum, Kehlzentrum, Hirnzentrum; 3. Gottheiten: Amoghasiddhi, Ratnasambhava, Akshobhya, Amithaba, Vairocana.) Auch die chinesischen Systeme zeigen sich (zB in der Orakelpraxis des I-ging) von solchen fünf Grundkomponenten (die wu hing: Wasser, Feuer, Holz, Metall und Erde) bestimmt. Die Religion bestimmt so die Weltanschauung und gibt die Ansätze zur Naturphilosophie (die Götter-Achtheit von Hermopolis, die göttliche Sechsheit des Empedokles, die göttliche Vierheit des Zenon). - Vgl. → Alchemie.

EB II, 1258ff - O.v.Böhtlingk, Die fünf E. der Inder u. Griechen, 1900 - K.Joël, Der Ursprung der Naturphilosophie aus dem Geiste der Mystik, 1906 - H.Oldenberg, Die Weltanschauung der Brahmana-Texte, 1919 - W.Kranz, Kosmos u. Mensch in der Vorstellung des frühen Griechentums (NGG, Philol.-hist. Kl. NF Fachgr. 1, Bd 2, 1936-38, 121-161) - W.Kirfel, Die fünf E., 1951 - A.Olerud, L'idée de macrocosmos et de microcosmos dans le Timée de Platon (Diss. Uppsala), 1951 (Lit.) - W.Jaeger, Die Theologie der frühen griech. Denker, 1953. - Vgl. ferner die Lit. zu → Erde, → Feuer, → Wasser. *C.H.Ratschow*

Elendenbruderschaften, karitative Genossenschaften des MA zur Hilfe für arme Landfremde, vor allem Pilger (Elend = Fremde). Derartige Vereinigungen, auch »Elendengilden« genannt, bilden sich seit etwa Anfang des 14.Jh.s in den Städten, namentlich an Wallfahrtsstraßen. Außer der Sorge um besondere Herbergen und ein christliches Begräbnis der Landfremden bilden oft Messen und Gebete für die → armen Seelen von in der Fremde Verstorbenen den Zweck der E., die danach häufig als Armenseelenbruderschaften bezeichnet werden (vgl. die alte Meßoration »Pro animabus exulibus«).

E.v.Möller, Die E., 1906 - LThK III, 618 - O.Koch, E. in Paderborn (Volk u. Volkstum 3, 1938, 335-337) - Joh.Allendorff, Die Elendsgilden in der Mark Brandenburg (Wichmann-Jb. 1953, 28 bis 32) - Dt. Rechtswörterbuch II, 1511ff. *W.Göbell*

Elephantine-Urkunden

1. Die Texte - 2. Die Militärkolonie - 3. Die juristischen Urkunden - 4. Sprache, Herkunft und Alter der Kolonie - 5. Der Jahwe-Tempel - 6. Die Religion der Juden von E. - 7. Literarische Texte

1. Unter E.U. versteht man *ägyptisch-aram. Papyri des 5.Jh.s vChr* von der Nilinsel E. (→ 1 C 7) bzw. beschriftete Ton- oder Kalksteinscherben (Ostraka). Sie sind bedeutsam für die Geschichte des Judentums in der Perserzeit (→ Esra, → Samaritaner), für die Kenntnis der persischen Verwaltung, für die Rechtsgeschichte und die Sprache (→ Aramäisches in der Bibel : I). Die ersten E.U. (J.Euting, 1903; A.H.Sayce u. A.E.Cowley, 1906) wurden im Handel erworben; die 1947 aufgetauchten Brooklyner E.U. kaufte der Amerikaner C.E.Wilbour 1893 auf der Insel E. Die wichtigsten E.U. wurden von einer deutschen Expedition (O.Rubensohn) ausgegraben und von E.Sachau veröffentlicht. Von den durch C.F.Clermont-Ganneau in E. entdeckten Ostraka ist bisher nur ein Teil durch A.Dupont-Sommer bekannt gemacht worden.

2. Am ersten Nil-Katarakt lag die Grenze zwischen Ägypten und Nubien. Der Marktort Sᵉwene-Syene (vgl. Ez 29, 10; 30, 6; sînîm in Jes 49, 12 meint nach 1QIsᵃ sûnîm »die Syenenser«) hatte hier und auf der gegenüberliegenden Insel E. (»Festung Jeb«) ausweislich der E.U. in der persischen Zeit eine *Militärkolonie*, »das Heer von Syene«, zu der auf der Insel eine starke jüdische Gruppe mit eigenem Jahwe-Tempel gehörte. Die Garnison war in Kompanien (dægæl) eingeteilt, die nach ihren meist persischen Offizieren benannt wurden. Um 410 vChr war Kommandant der Garnison (rab ḥajl') ein gewisser Nephajan, Sohn und Nachfolger des Widrang, der zum Statthalter (prtrk) in der zivilen Verwaltung aufgerückt war. Der Hauptsitz der Regierung war Memphis, wo ein Satrap residierte (→ Arsames) mit einem Kanzleichef (bᵉel ṭeʿem) und verschiedenen Schreibern (vgl. Esr 4, 8. 17), darunter auch einem Referenten für jüdische Angelegenheiten. In den Distrikten findet man analog eine leitende Persönlichkeit mit »seinen Kollegen«. Auch die jüdische Gemeinde in E. weist eine ähnliche Gliederung auf (zB »Jedonja, Sohn des Gemarja, und seine Kollegen, die Priester in Jeb«).

3. Die überwiegend *juristischen Papyri* vermitteln ein anschauliches Bild von dem Leben der Kolonie. Die meisten dieser E.U. gehören zu zwei Familienarchiven, dem des Maḥseja bar Jedonja und dem des Ananja bar Azarja, des lḥn des Gottes Jahu (zu lḥn vgl. lᵉhenā in Dan 5, 2 f). Es finden sich u.a. Verzichtsurkunden bei unberechtigter Anfechtung von Eigentum und Ehekontrakte mit detaillierten Eigentumsaufzählungen. Dabei begegnen rechtshandelnde Frauen (jedoch nicht als Zeugen). Bei Darlehensverträgen (Zinssätze bis 60% im Jahr) droht dem Schuldner und seinem Anhang bei Nichteinhalten des Vertrages die Schuldsklaverei. Außerdem gibt es Urkunden über Hausverkäufe, Schenkungen, Tausch, Erbschaftsteilung und Sklavenbefreiung (über diese bes. die Brooklyn-Papyri).

4. Sprachlich stehen die E.U. dem westaram. Dialekt in Esr und Dan nahe (→ Aramäisches in der Bibel : I). Vielfach nennt man mit H.H.Schaeder die Sprache der E.U. »Reichsaramäisch«; aber es ist zu beachten, daß die E.-Juden nicht nur in offiziellen Dokumenten, sondern auch untereinander in Briefen dieses »Aramäisch« schrieben. Sie waren selbst aramaisiert und bezeichneten sich selbst auch als Aramäer. Ob sie sich erst in Ägypten bzw. E. aramaisiert haben oder aus einem bereits aramaisierten Gebiet Palästinas oder gar Syriens (so C.H. Gordon) kamen, ist nicht mehr zu entscheiden. Die Kolonie hat zweifellos im Jahre 525 vChr bestanden (Bestätigung des Jahwetempels durch Kambyses). Da die Inschrift des Ägypters Nesuḥor (zZ Psammetichs I. oder II. 663-588 oder zZ Hophras 588-69?) eine Truppenrevolte auf E. erwähnt, ist es möglich, daß die Garnison ausgewechselt und die Juden erst damals eingesetzt wurden (so u.a. auch Albright). Doch ist auch eine noch spätere Eingliederung der Juden unter Amasis (569-26) denkbar und im Hinblick auf das vaticinium ex eventu in Jer 44, 26–28 vielleicht sogar wahrscheinlicher.

5. Bei Ansiedlung der jüdischen Söldner in E. hat man ihnen auch den Bau eines fünftorigen *Tempels* für den Gott Jahwe-Jahu (→ Tetragramm) gestattet. Er lag dicht neben dem Tempel des Chnum, des ägyptischen Schutzgottes der Insel; die Ägypter mögen ihn als Kapelle eines besuchenden Gottes respektiert haben. Das hindert nicht, daß er für die Chnum-Priester - vielleicht wegen der Schafopfer - um 410 vChr zum Ärgernis wurde. Sie erhielten vom Statthalter Widrang die Erlaubnis, ihn unter Befehl seines Sohnes Nephajan, des Kommandanten von E., zu zerstören. Das geschah, als

1. Die Frauen am Grabe und Himmelfahrt Christi, um 400 – *München, Bayerisches Nationalmuseum (Originalaufnahme)*

2. Elfenbeinthron des Erzbischofs Maximianus, um 550 – *Ravenna, Erzbischöfliches Museum (Foto Anderson)*

3. Triptychon, Deesis und Heilige, um 1000 – *Paris, Louvre (Bildarchiv Foto Marburg)*

4. Der heilige Gregor, 9./10. Jh. – *Wien, Kunsthistorisches Museum (Foto Österreichische Lichtbildstelle)*

1

2

3

4

1. Trinität. Apsismosaik der Felixbasilika in Nola, um 400 *(Rekonstruktion G. Bandmann in: Das Münster 5, 1952, 7, Abb. 6)*

2. Taufe Christi. Evangeliar aus dem Bamberger Domschatz, Prachteinband mit Elfenbeinreliefs, Ende 9. Jh. – *München, Staatsbibliothek Clm 4451* *(Bildarchiv Foto Marburg)*

3. Pfingsten. Perikopenbuch, 1. Viertel 11. Jh. – *München, Staatsbibliothek Clm 23338* *(Bildarchiv Foto Marburg)*

4. Meister von Flémalle, Gnadenstuhl. Die hl. Dreieinigkeit, um 1425 – *Frankfurt/M., Städelsches Kunstinstitut* *(Bildarchiv Foto Marburg)*

der Satrap → Arsames zum Perserkönig nach Susa gereist war. Die Juden von E. beschwerten sich darüber auch bei dem Statthalter Bagoas in Jerusalem und beim Hohenpriester Jochanan (Neh 12, 22). Ohne Antwort gelassen, wiederholten sie 408 ihre Anfrage mit dem Hinweis auf ein analoges Schreiben an die Söhne Sanballats in Samaria. Diesmal hatten sie Erfolg: Bagoas und Delaja, der Sohn Sanballats, empfahlen dem nach Ägypten zurückgekehrten Arsames die Wiederherstellung des Tempels sowie die Zulassung von Speise- und Weihrauchopfern. Die Nichterwähnung der in der Bittschrift genannten Brandopfer deutet darauf hin, daß man ein Hauptärgernis der Chnum-Priester vermeiden wollte (vgl. AOT 450-452; ANET 492). Ob der Jahu-Tempel wirklich aufgebaut wurde, war eine offene Frage, solange man das Ende der persischen Herrschaft mit der Thronbesteigung des Pharao Amyrtaios auf 405 vChr datierte. Nach den neuen Brooklyn-Papyri hat man in E. jedoch bis 402 nach Artaxerxes II. datiert; die Eroberung Ägyptens durch Amyrtaios muß in Etappen vor sich gegangen sein, entscheidend wohl erst gefördert durch den gleichzeitigen Aufstand des jüngeren Kyros (401 vChr; vgl. Xenophon, Anab. II, 1, 14). Aus den Brooklyn-Papyri ergibt sich auch, daß der Kult des Jahwe-Tempels 402 in Gang war. Die sog. Tempelsteuerliste (s. 6) dürfte demnach nicht aus dem 5. Jahr Darius' II., sondern dem des Amyrtaios - um 400 - stammen. Brooklyn Nr. 13 erwähnt das Ende des Amyrtaios und den Nachfolger Nepherites (399 vChr). Dieser stammte aus Mendes, das wie E. einem Widdergott heilig war. Er dürfte dem Wunsch der Chnum-Priester in E. entsprechend die endgültige Zerstörung des Tempels zugelassen haben. Vermutlich hat die jüdische Kolonie damals E. verlassen.

6. Die *Religion der Juden von E.* hat einen eigenartigen, synkretistischen Charakter. Die Juden waren einerseits jahwetreu und kämpften für ihren Kult (und Tempel); andererseits kennen sie neben Jahwe noch andere ihm beigeordnete Gottheiten. Nach der Steuerliste kommen Gelder ein für Jahwe sowie für Ascham-Bethel und für Anath-Bethel. Gänzlich unwahrscheinlich ist es, daß der Schatzmeister auch Gelder für Nicht-Juden betreute, mithin müssen die beiden neben Jahwe genannten Gottheiten als zugehörig angesehen worden sein. Das beweist schlagend die außerhalb der Steuerliste genannte Göttin Anath-Jahu (die → Anath des Jahu), identisch mit der Anath-Bethel. Bethel ist demnach nicht ein eigennamiger (phönikischer) Gott, sondern Bezeichnung Jahwes. Ascham-Bethel könnte dann als »Name« des Bethel interpretiert werden. Wahrscheinlich weist dies auf den weiblichen Paredros des Gottes, wie Astarte in der Eschmunazar-Inschrift (AOT 447; ANET 505) als »Name des Baal« begegnet. Anath-Bethel (Anath-Jahu) müßte man dann als Tochter der beiden interpretieren. Albright versteht die aufgeführten Gottesnamen als Hypostasen; Bethel sei das mit eigener Heiligkeit ausgestattete Gotteshaus, wofür Ḥæræm-Bethel (dh der ḥaram des Bethel) spräche. Der in Esr und Neh vorkommende Personenname Ḥarim dürfte aber eher auf ein Appellativum führen, das anstelle eines Gottesnamens steht. In den Präskripten ihrer Briefe nennen die Juden zuweilen auch heidnische Götter, doch bekunden sie damit ebensowenig wie durch den Schwur bei heidnischen Göttern eine Absage an Jahu, den »Himmelsgott«. Auf den Ostraka von E. hat Dupont-Sommer den Namen Jahwe → Zebaoth nachgewiesen, ebenso die Erwähnung eines Rüsttages und des → Sabbats wahrscheinlich gemacht. Religionsgeschichtlich bedeutsam ist der Maṣṣot-Erlaß Darius' II. (419 vChr); es scheint sich um die erste Einführung dieses Festes zu handeln; ob in der geringen Textlücke das Passa erwähnt wurde, ist strittig (Grélot).

7. Unter den Berliner E.U. fanden sich auch Fragmente einer aram. Version der großen Felsinschrift (Behistun) Darius' I., ferner ein leider auch nur teilweise erhaltenes Exemplar eines aram. Aḥiḳarbuches (AOT 454 ff; ANET 427 ff). Die Geschichte vom weisen Aḥikar (→ Weisheitsdichtung) bietet neben einer Rahmenerzählung eine Sammlung von Sprüchen und Fabeln. Die aram. Version des wohl ursprünglich assyrischen Werkes ist jedenfalls um 500 vChr entstanden.

J. Euting, Notice sur un papyrus égypto-araméen (Mémoires ... à l'Acad. des inscriptions et belles-lettres 11, 1903, 297-300) - A.H. Sayce u. A.E. Cowley, Aram. Papyri discovered at Assuan, 1906 - E. Sachau, Aram. Papyri u. Ostraka, 1911 - A.E. Cowley, Aram. Papyri of the fifth century B.C., 1923 (bequemstes Hilfsmittel) - AOT 450ff - RGG² II, 100ff - A. Vincent, La religion des Judéo-Araméens d'Éléphantine, 1937 - E.G. Kraeling, The Brooklyn Museum Aramaic Papyri, 1953 (ausführl. Einl.; Lit.) - ANET 222f. 427ff. 491f - P. Grélot, Études sur le Papyrus Pascal d'Éléphantine (VT 4, 1954, 349-384) - Ders., Le Papyrus Pascal d'Éléphantine et le problème du Pentateuque (ebd 5, 1955, 250-265) - C.H. Gordon, Origin of the Jews in E. (JNES 14, 1955, 56-58) - St. Segert, Aram. Studien I (ArOr 24, 1956, 383-403) - W.F. Albright, Die Religion Israels im Lichte der archäol. Ausgrabungen, 1956, 185ff.

E.G. Kraeling

Elert, *Werner*, historischer und systematischer Theologe, * 19.8.1885 in Heldrungen, † 21.11.1954 in Erlangen, lehrte hier seit 1923. Eine der originalsten, bedeutendsten und wirksamsten Gestalten der modernen luth. Theologie, gleichermaßen als Historiker wie als Systematiker, als Forscher wie als Lehrer. Sein monumentales Werk »Morphologie des Luthertums« hat zu der Selbstbesinnung und dem neuen Selbstbewußtsein der luth. Kirche und Theologie entscheidend beigetragen. E. sieht im Unterschiede von der DG der Schule A. → Ritschls Luther und die Theologie der luth. Bekenntnisse und Väter (trotz mancher Kritik an den Orthodoxen, schon an Melanchthon) wesentlich im Einklang. Er betont den Gegensatz zwischen luth. und calvinistischer Theologie. Gegenüber E. → Troeltsch und Max → Weber weist er in meisterlicher Darstellung der »Soziallehren und Sozialwirkungen des Luthertums« dessen sozialethische Fruchtbarkeit auf. Seine eigene Theologie war streng an dem »evangelischen Ansatz« Luthers orientiert, vor allem an der luth. Entgegensetzung von Gesetz und Evangelium, ihrem »realdialektischen« Verhältnis. Daher widersprach er leidenschaftlich der Einebnung dieses Gegensatzes bei K. → Barth. Auch in seiner Ethik ist das Verhältnis von Gesetz und Evangelium ein Hauptthema. Er sieht das echte ev. Verständnis des christlichen Ethos nur in der luth. Theologie gewahrt.

Bibliogr. in der »Gedenkschrift für D.W.E.«, 1955, 411ff. - Hauptwerke: Der Kampf um das Christentum, 1921; Morphologie des Luthertums, 2 Bde, 1931/32, Neudr. 1952f; Der christl. Glaube, (1940) 1941², (posthum) 1956³; Das christliche Ethos, 1949. - Über E.: P. Althaus in der Gedenkschrift, 400-410. *P. Althaus*

Eleutherius, ein Paphlagonier, gründete ein Kloster in der Provinz Lykaonien, wohl in der ersten Hälfte des 10. Jh.s, und gewann für seine asketische, aber zum Libertinismus führende Anschauung über das Zusammenleben mit Frauen Anhang. Er wurde als → »Messalianer« verketzert. Seine Anhänger, die sich auch nach Pamphylien verbreitet hatten, wurden unter den Patriarchen Polyeuktus (956-70) und Alexius (1025-43) zur Abschwörung ihrer Irrtümer gezwungen. Doch wurden die, die es wollten, zum Priestertum zugelassen.

Chr. W. F. Walch, Entwurf einer vollständigen Historie der Ketzereien III, 1766, 507f - G. Ficker, ThStKr 79, 1906, 591-614.

† G. Ficker (A. Borst)

Eleutherus, *Papst* etwa 174-89, Grieche aus Nikopolis. Sein Pontifikat verlief ruhig, dank des Schutzes der Marcia, einer Verwandten des Kaisers Commodus; doch fällt in diese Zeit das Eindringen der Anhänger → Marcions und → Valentins und das Erstarken des → Montanismus, den E. energisch bekämpfte; → Irenäus überbrachte dem Papst im Jahre 177 ein zur Milde mahnendes Schreiben. Legende ist die Entsendung von Missionaren nach England. E. gilt als Heiliger (Fest: 26.5.).

L. Duchesne, E. et le roi breton Lucius (Revue celtique 6, 1883/85, 491-493) - RE V, 287ff - LThK III, 622. *M. Rauer*

Elevation → Liturgik: III, → Messe: II.

Elfenbein → Kunstgewerbe: I.

Elfenbein-Plastik

1. Altchristliche - 2. Mittelalterliche. - E. = Elfenbein, P. = Plastik. - Zur Ergänzung vgl. → Byzantinische Kunst, → Kunstgewerbe: II, → Kopten: III, → Malerei und Plastik: I. II

1. E. (Zähne von Elefanten, Nilpferden, Walrossen, gelegentlich auch Mammuten) wurde vorwiegend auf dem Seewege aus Indien und Ostafrika über Ägypten, seltener durch Karawanen in das Mittelmeergebiet eingeführt. Durch Aufweichen war die Möglichkeit gefunden, das E. flach zu pressen. Ausgesprochenes Luxusmaterial, wird es frühzeitig für kultische Zwecke verwendet. Bekannt ist die chryselefantine P. der Griechen (Zeusstatue des Phidias in Olympia), die im kaiserlichen Rom wieder aufgenommen wurde. Bei Kaiserapotheosen wurden elfenbeinerne Betten verwendet. Erhalten ist davon kaum etwas. Die Überlieferung setzt erst im 4.Jh. nChr in großem Umfange ein, zunächst stärker aus dem profanen Bereich (Konsulardiptychen). Wichtig für die Erhaltung war, daß die Kirche Werke aus E. für ihre kultischen Zwecke verwendete (Pyxiden als Behälter für → Hostien bzw. Weihrauch oder → Reliquiare, Diptychen als Buchdeckel oder für Listen der im Fürbittgebet zu Nennenden bzw. der Bischöfe oder Heiligen). Dazu kamen seit dem 4.Jh. auch Werke, die von vornherein für kirchliche Zwecke gearbeitet waren. Wichtigste Formen der altchristlichen E.P. sind: Kästchen (wohl meist als Reliquiare gearbeitet), Pyxiden (runde Büchsen mit figürlichem Schmuck auf der Außenseite) und Diptychen (zwei Tafeln, oft mit Wachsauflage im Inneren, durch Stangenscharniere verbunden, meist wohl vergoldet und bemalt gewesen; eine Sonderform sind fünfteilige Diptychen, dh solche, bei denen jede Tafel aus 5 Teilen besteht; ihrer Größe wegen dürften sie im kirchlichen Bereich als Bucheinbände gearbeitet worden sein). Viele der Arbeiten christlichen Inhaltes sind in den gleichen Werkstätten hergestellt, die auch für offizielle und private profane Auftraggeber arbeiteten.

Wichtigste Zentren frühchristlicher E.P. waren neben Rom, von wo nur sehr wenig erhalten ist, Oberitalien, Gallien, Ägypten (sowohl Alexandrien als auch das Hinterland) und Konstantinopel. Die westlichen Arbeiten sind größtenteils früher; sie hören fast schon auf, als im Osten die große Menge des Erhaltenen einsetzt. Während die Forschung hinsichtlich der Datierung ziemlich weitgehend übereinstimmt, sind die Fragen der Lokalisierung noch sehr umstritten.

Das älteste erhaltene christliche Werk der E.P. ist die sog. Lipsanothek von Brescia, ein Kasten, dessen Deckel die Passion Christi zeigt, während auf den vier Seitenflächen in Mittelstreifen christologische Szenen und das Strafwunder an Ananias sowie in oberen und unteren Randstreifen eine Fülle at. Szenen dargestellt sind, eine wohl römische Arbeit um 370, ikonographisch an → Bibelillustrationen anschließend, ohne Nachfolge. Aus Rom stammt noch die um 400 entstandene Tafel, die die Frauen am Grabe zeigt, aus der Sammlung Trivulzio in Mailand.

Reicher ist das Material aus Oberitalien, wo die Tafel mit der Himmelfahrt Christi in München (s. Taf. 11 Abb. 1) am Anfang steht (um 400); ihr schließen sich Fragmente fünfteiliger Diptychen in Paris und Berlin, die Londoner Passionstäfelchen, ein Kamm aus Bône und drei Seiten eines Kästchens in London an (vgl. Abb. zu → Kreuz: III). Verwandt ist auch ein Kästchen in Pola mit interessanten Szenen aus dem kirchlichen Leben (wichtig für die Rekonstruktion des Altarraumes von St. Peter in Rom!). Später liegt eine Gruppe, die durch Buchdeckel in Mailand und ein Kästchen aus Werden in London vertreten ist. Zentrum dieser Schnitzschulen war wohl Mailand als Kaiserresidenz (bis 402) und Metropole für Oberitalien und Südgallien. Aus Gallien stammen wohl ein Diptychon in Rouen und Fragmente in London und Paris, die je einen Apostel zeigen.

Weit reicher, wenn auch umstrittener, ist das östliche Material. Hier steht am Anfang die große Pyxis mit dem lehrenden Christus und dem Opfer Abrahams in Berlin, der sich eine Pyxis in Bologna anschließt, die wohl in Alexandria gearbeitet ist (nach anderer Ansicht in Syrien oder auch in Trier; für den Osten spricht die Ikonographie und die Verwandtschaft mit heidnischen Arbeiten). Diesen Werken aus dem frühen 5.Jh. folgt am Ende des Jh.s zunächst eine Schule, die an die fünfteilige Tafel aus Murano in Ravenna angeschlossen werden kann und die vor allem Pyxiden sowie fünfteilige Diptychen gearbeitet hat, von denen eine größere Zahl erhalten blieb. Da recht enge Verwandtschaft mit koptischen Arbeiten in Stein und Holz besteht, aber keine Beziehungen zu sonstigen lokalisierbaren Schulen, darf die Heimat dieser Werke im koptischen Raum gesucht werden. In loserem Zusammenhang hiermit steht eine Gruppe von Pyxiden, deren bekannteste die Danielpyxis in London ist. Während neuerlich einige Forscher sie noch dem 5.Jh. zuweisen, dürften sie doch der Mitte des 6.Jh.s angehören (Wessel) und zu der größten Schule des altchristlichen Ostens hinüberweisen, der der Kathedra des Erzbischofs Maximianus in Ravenna (s. Taf. 11 Abb. 2; → Byzantinische Kunst, 2 b). Dieses größte Meisterwerk altchristlicher E.P. ist Gemeinschaftsarbeit mindestens dreier Meister, deren einer die Figuren der Front (Täufer und Evangelisten) und vielleicht auch das Ornament, der zweite die Szenen aus der Josephsgeschichte und der letzte die Christusszenen schuf. Alle drei Meister sind auch in einer größeren Anzahl anderer Werke deutlich faßbar, am zahlreichsten sind die Arbeiten aus dem Umkreis des Christus-Meisters. Die Kathedra entstand um 550, ihre Nachfolge geht bis etwa an das Ende des Jh.s. Sehr nahe stehen ihr auch die Fragmente eines vielleicht für Trier gearbeiteten Bischofsstuhles, die heute in westeuropäischen Sammlungen verstreut sind. Obwohl eine große Zahl stilistischer wie ikonographischer Argumente für die Lokalisierung der Kathedra nach Alexandria sprechen, wird sie meist für ein Werk Konstantinopeler Herkunft angesehen. Entscheidend ist freilich nicht der Ort der Herstellung, sondern die künstlerische Heimat der Schnitzer, da Kunsthandwerker zu wandern pflegten. Man wird zumindest nicht abstreiten dürfen, daß die Schule um die Maximians-Kathedra sehr stark vom hellenisierten (nicht vom koptischen!) Ägypten beeinflußt ist. Kunstgeschichtlich bedeutet die Schule die Überleitung von der spätrömischen zur frühbyzantinischen Kunst. Wahrscheinlich gehört in den alexandrinischen Bereich auch die berühmte Tafel des

Trierer Domschatzes mit der Reliquienprozession und das Pariser Markus-Relief.

Aus Konstantinopel ist uns, neben mehreren profanen und auch heidnischen Werken, nur eine christliche Arbeit erhalten, ein Diptychonflügel mit einem Erzengel (London, Britisches Museum).

2. *Im byzantinischen Osten* setzt die E.P. erst im 9.Jh. im Rahmen der großen Renaissancebewegung nach dem Ende des Bilderstreites (→ Bilder : III, 2) wieder ein. Rasch blühen nebeneinander mehrere Schulen, zT in Verbindung mit dem Kaiserhof, auf, von denen einige aber auch in den Randprovinzen des Reiches entstehen, zB in Venedig. Die alten Formen treten weitgehend zurück, Pyxiden kommen kaum mehr vor, Diptycha werden ebenfalls selten. Sehr häufig sind Einzeltafeln (als Buchdeckel?) und vor allem Triptycha (Flügelaltärchen, vgl. Taf. 11 Abb. 3); auch Statuetten kommen wieder vor. In der Thematik werden die at. Themen seltener als in der frühchristlichen E.P., und neben die sehr reichen christologischen Szenen (Kreuzigung, Christi Wunder, Deesis) und die ikonenhaften Heiligendarstellungen treten auch Symbole des Kaisertums: Christus krönt den Basileus und seine Gattin u.ä. Die Blüte dieser E.P. liegt im 10. und 11.Jh. Ist sie im 10.Jh. durch einen formschön und sorgfältig arbeitenden Klassizismus in enger Anlehnung an hellenistische Gestaltung gekennzeichnet - wobei freilich die bezeichnend byzantinische überlängte Proportionierung der Gestalten auffällt -, so bringt das 11.Jh. bereits eine deutliche Verhärtung und ein Nachlassen des klassizistischen Idealisierens, was durch reiche ikonographische Erfindung und größere Lebendigkeit aufgewogen wird. Das 12.Jh. läßt diese Tendenzen noch wachsen. Nach der Eroberung Konstantinopels durch die Kreuzfahrer 1204 lebt die byzantinische E.P. zunächst nur noch in Venedig weiter. Sie ist auch nach dem Fall des lateinischen Kaisertums und der Wiedererrichtung des Byzantinischen Reiches durch die Paläologen von Nicäa nicht wieder wesentlich aufgeblüht; auch in Venedig scheint sie im Laufe des 13.Jh.s unterzugehen. - Neben dieser eigentlich christlichen E.P. ist im 9. und 10.Jh. auch eine ausgesprochen antikisierende Richtung erwachsen, die vorwiegend Kästchen gearbeitet hat (sog. Veroli-Kästchen, so nach dem berühmtesten Stück genannt). Hier werden mythologische Szenen und von hellenistischen Vorbildern übernommene Einzelfiguren sowie zT auch an altorientalische Typen anschließende Tiergestalten als Schmuckmotive verwendet, dazu Sternmedaillons und Medaillonköpfe, die an archaisch-griechische Münzen erinnern. Nur sehr wenige dieser Kästchen (zT nur bruchstückhaft erhalten) zeigen christliche Themen. Auch in der byzantinischen E.P. ist Vergoldung vieler Stücke aus Resten nachzuweisen, Bemalungsspuren dagegen sind seltener. Die Werke der byzantinischen E.P. erfreuten sich großer Beliebtheit im westlichen Europa, sie müssen schon vor der Zeit der Kreuzzüge in großem Maße exportiert worden sein, wie ihr zahlreiches Vorkommen in Kirchenschätzen schon seit frühmittelalterlicher Zeit beweist. Sie war außerdem immer wieder für die E.P. in Italien und dem übrigen Abendland anregend.

Die *italienische* E.P. ist, abgesehen vom langobardischen Herrschaftsbereich, wo eigenständige Versuche (zB Rambona-Diptychon im Vatikan) unternommen werden, bis ins 13.Jh. hinein stark von Byzanz abhängig (Venedig nimmt dabei eine Sonderstellung ein und muß zur eigentlich byzantinischen E.P. gerechnet werden); bezeichnendes Beispiel dafür ist das heute in zahlreiche Sammlungen verstreute elfenbeinerne Antependium von Salerno (Paliotto); sizilianisch mit stark byzantinischer Färbung dürften die ebenfalls zerstreuten Reste der sogenannten Kathedra des hl. Markus sein.

Wichtiger ist die seit karolingischer Zeit *im Bereich fränkischer Herrschaft* sich entwickelnde E.P. War noch in merovingischer Zeit gelegentlich nach wenig älteren östlichen Vorbildern in Gallien gearbeitet worden, so bringt das Zeitalter der Karolinger eine Wandlung, gekennzeichnet durch das Streben nach Anschluß an die Spätantike, wobei es zu ausgesprochenem Kopieren kam (vgl. zB die Tafel in der Bodleiana in Oxford). Da seit dem Arabersturm die Handelswege nach dem Orient unterbrochen sind, wird das Material knapp, weswegen nicht selten antike Arbeiten abgeschliffen und neu bearbeitet wurden. Die Einzeltafeln werden dünner. In erster Linie dienen die Werke der karolingischen E.P. als Bucheinbände. Älteste und bedeutendste karolingische Schnitzschule hinsichtlich des Anschlusses an die Spätantike ist die sog. Ada-Gruppe, die zweifellos in engstem Zusammenhang mit dem Königshof entstand. Ihre Heimat ist Aachen, Trier oder Lorsch. Etwas jünger, erst im 9.Jh. einsetzend, sind die wesentlich selbständigeren Schulen der Liuthard-Gruppe und die ältere und jüngere Metzer Schule. Bes. die erstgenannte entwickelt einen sehr selbständigen, ikonographisch erfindungsreich schöpferischen, im Ausdruck sehr nervösen Stil, der an Buchmalereien wie den Utrecht-Psalter anschließt und wohl in der Umgebung von Reims beheimatet ist. Die ältere Metzer Schule steht etwa zwischen diesem neuartigen und dem konservativen Stil der Ada-Gruppe. Gemeinsam ist diesen jüngeren karolingischen Schulen das Streben nach malerischer Wirkung und die Beseelung der Form durch reiche, manchmal fast ekstatische Gebärden und den Versuch, den Gesichtern Ausdruck zu geben. Gegen Ende der karolingischen Epoche setzt eine Beruhigung und zugleich ein Streben nach repräsentativerer Wirkung ein (vgl. Taf. 12 Abb. 2). Die Überspinnung der Tafeln mit ineinandergeschobenen, nur durch Geländelinien getrennten Szenen macht einer neuen strafferen Ordnung Platz. - Hier setzt die ottonische E.P. an, die einen Zug zur zeremoniellen Repräsentation bei stärkerer Isolierung der Einzelfigur zeigt - vielleicht ein Einfluß von Byzanz her, durch die dynastische Verbindung bedingt. Neben einer byzantinisierenden Idealisierung der Gesichter finden wir aber auch einen derben Realismus (vgl. Taf. 11 Abb. 4). In salischer Zeit wird die herbe, idealisierende und repräsentative Richtung der ottonischen Zeit fortgeführt. War die E.P., als wichtigster Zweig der Klein-P., im frühen MA führend unter den plastischen Künsten, so tritt sie seit staufischer Zeit stark gegenüber der sich rasch und zu hoher Blüte entwickelnden Groß-P. zurück und folgt im allgemeinen deren Entwicklung. Ihr Raum wird mehr und mehr dadurch eingeengt, daß ihr einstiger Hauptverwendungszweck, als Bucheinband oder Hauptschmuck der Deckel zu dienen - für liturgische Bücher vor allem -, nun mehr und mehr von anderen Kunstzweigen übernommen wird. Statt dessen beginnt mit der Frühgotik in Deutschland in bescheidenem Umfange auch die Herstellung elfenbeinerner Statuetten, die wohl als Andachtsbilder dienten. Das große Neuaufleben der E.P. in Spätgotik und Renaissance hat nicht mehr in erster Linie mit kirchlichen oder religiösen Zwecken zu tun, sondern ist weitestgehend profanen Aufgaben dienstbar.

Die in ihrer Formensprache sehr eigenwillige E.P. *Spaniens* ist noch kaum erforscht; sie scheint noch stärker als die früh- und hochmittelalterliche in Deutschland kultischen Aufgaben verhaftet gewesen zu sein. Seit der Kreuzzugsperiode tritt in der E.P. *Frankreich* an erste Stelle. Vielleicht durch die byzantinischen Formen angeregt, werden hier in großer Anzahl elfenbeinerne Täfelchen, Diptycha und Triptycha geschaffen, durchweg christologischen Inhaltes. Das Schwergewicht dieses an Massenproduktion grenzenden, thematisch sich immer wiederholenden Schaffens liegt im 14.Jh. Sehr häufig werden die Geburt Christi und seine Passion, vor allem die Kreuzigung, dargestellt, seltener Wunderszenen. Die Formensprache ist von Anfang an rein gotisch. Daneben kommen auch häufiger, schon in romanischer Zeit einsetzend, Statuetten und fast freiplastische Gruppen (nicht selten die Kreuzabnahme) vor.

Einen neuen, recht starken Aufschwung erlebt die E.P. im kirchlichen Raum noch einmal im Barock: in erster Linie Kruzifixe, aber auch Statuetten der Maria (Immaculata, Madonna in den verschiedensten Ausformungen usw). Die gelegentliche Verwendung von Elfenbein für liturgisches Gerät (Hostienbehälter, Cuppa von Abendmahlskelchen, Krümmen von Abts- und Bischofsstäben, Pectoralkreuze u.a.) kommt daneben in der gesamten mittelalterlichen und früh-neuzeitlichen Kunst immer wieder vor.

Eine die gesamte Entwicklung der E.P. zusammenfassende Darstellung sowie Editionen der spätmittelalterlichen u. noch späteren Werke fehlen, während die altchristliche, byzantinische u. deutsche E.P. vorbildlich publiziert sind. - A.Goldschmidt, Die E.skulpturen aus der Zeit der karoling. u. sächs. Kaiser 8.-11.Jh., 1914-34 - A.Goldschmidt-K.Weitzmann, Die byzant. E.skulpturen des 10.-13. Jh.s, 1930-34 (Lit.) - W.F.Volbach, E.arbeiten der Spätantike u. des frühen MA, (1916) 1952² (Lit.) - K.Wessel, Studien zur oström. E.P. (WZ Greifswald 2, 1952/53, 63-84; 3, 1953/54, 1-22) - G.Bovini-L.B.Ottolenghi, Catalogo della Mostra degli Avori dell' alto Medio Evo, 1956 (Lit.) - RDK IV, 1307 ff. - Übersichten geben: O. Pelka, E., 1914 - W.F.Volbach, Mittelalterl. E.arbeiten, o.J.

K.Wessel

Eli und die Eliden. Unter den *Quellen*, in denen sie begegnen (1Sam 1-4; 14; 21-23; 30; 2Sam 8; 15; 17; 19; 1Kön 2), ist die Ladegeschichte schon der David-Salomo-Zeit zuzuweisen, die Davids-Thronfolgegeschichte der Salomos. Auch die anderen enthalten alte Geschichtsschreibung und sind nur in geringem Maße deuteronomistisch durchsetzt; so 1Sam 2, 25b. 34ff (Noth). Die kurzen Erwähnungen von Familiengliedern in 1Chr 5; 6; 9; 18; 24 gehen zT ebenfalls auf älteres Quellenmaterial zurück. - Der *Stammbaum* der vielleicht tatsächlich auf Mose bzw. Aaron zurückführbaren levitischen Priesterfamilie zeigt folgende Reihe: Eli; Pinhas (und Hophni) - diese ägyptischen Namen sprechen für die Abstammung von der Familie Moses -; Ahitub (und Ikabod); Ahimelech (und Ahia?); Abjatar. - Elis nur in 1Sam 4, 18 erwähntes *Richteramt* ist späte Schematisierung (zur Sache → Richter in Israel). Elis *Priesteramt* verlangte nicht nur kulttechnischen (→ Lade, → Opfer, → Orakel), sondern auch seelsorgerlichen Dienst. So gibt er ein Verheißungswort, das nicht auf Ausdeutung ergangenen Gottesbescheides, sondern auf eigener Wertung gläubigen Betens beruht (1Sam 1, 17). - Der erste Amtssitz der Familie, das durch die Lade herausgehobene Heiligtum von → Silo, wurde in den Philisterkämpfen vernichtet (Ps 78, 60ff; Jer 7, 12). Die nach Nob umsiedelnde dezimierte Priesterschaft rottete → Saul wegen ihrer Hilfe an → David aus. Den einzig entronnenen Abjatar verbannte → Salomo nach Anatot und ersetzte ihn durch → Zadok. Theologische Deutung brachte die Schicksalsschläge in das Schema von Schuld und geweissagter Vergeltung, so daß in 1Sam 2 und 3 nebeneinander 2 Vergehen der Söhne und 1 des Vaters, 3 verschiedene Drohbotschaften und 2 Überbringer genannt werden. - Die Ablösung der Eliden durch die Zadokiden verhinderte die Zeichnung einer geradlinigen Sukzession des Priestertums (→ Levi). Wenn darum Abjatar und Zadok unter David nebeneinander amtiert haben sollen (1Chr 18, 16; 2Sam 8, 17; 17, 15; 19, 12; 1Chr 24, 3) oder beider Stammbäume gleichberechtigt auf Aaron zurückgeführt wurden (so 1Chr 24, 1f), erweckt das den Eindruck einer künstlichen Harmonisierung.

Außer den Komm. zu Sam u. Kön: RE V, 289 - EJud VI, 452ff - C.Steuernagel, Die Weissagung über die Eliden (At. Stud. f. R. Kittel [BWAT 13], 1913, 204-221) - Noth, ÜSt 60f. *A.Wendel*

Elia, *der Prophet*

1. Name, Herkunft, Überlieferung - 2. Geschichtliche Fragen - 3. Theologie - 4. Nachwirkung

1. Der *Name* E. (»Jahwe ist Gott«) begegnet gewöhnlich in der vollen Form 'elijjahû; die verkürzte Form 'elijjā findet sich nur 2Kön 1, 3f. 8. 12; Mal 3, 23 (für andere Personen 1Chr 8, 27; Esr 10, 21. 26). E. stammt aus Tisbe, das in lisdib (el-istib) nördlich des Jabbok vermutet wird; daran ist trotz archäologischer Bedenken festzuhalten, weil die verschiedenen Überlieferungsstränge in dieser Angabe übereinstimmen.

Der größere Teil der *Überlieferung* von E. ist in 1Kön 17-19 in einer Novelle zusammengefaßt; weitere E.-Erzählungen finden sich in 1Kön 21 und 2Kön 1, 1-17. Die Erzählung über die Entrückung E.s in 2Kön 2, 1-15 gehört zur → Elisa-Überlieferung. Die E.-Überlieferung enthält sechs ursprüngliche Einzelerzählungen: a) über Dürre und Regenspenden in 1Kön 17, 1; 18, 1aβ bis 2a. 16-17. 41-46; b) über das Gottesurteil auf dem Karmel in 18, 19. 20-40; c) über die →Theophanie auf dem Horeb in 19, 3b. 8b*. 9-12. 13a. bα ohne den ursprünglichen Schluß, der durch die Salbungsaufträge ersetzt wurde; d) über die Berufung Elisas in 19, 19-21; e) über den Justizmord an Nabot in 21, 1-9. 11-20bα; f) über Ahasjas Orakelbefragung in 2Kön 1, 2-8. 17aα. Zu diesen Erzählungen sind in verschiedenen Stadien der Überlieferung sechs Anekdoten getreten: a) über die Versorgung E.s am Bach Kerit in 1Kön 17, 2-6; b) über seine Versorgung in Zarpat in 17, 7-16; c) über die Totenerweckung in 17, 17-24; 18, 1aα; d) über die Begegnung mit Obadja in 18, 2b-15 (mit den Erweiterungen in 18, 3b. 4. 10. 11. 13); e) über die Stärkung durch den Engel in 19, 4a-8a. b* (19, 5b-6 sind sekundäre Verdoppelung); f) über die versuchte Verhaftung E.s in 2Kön 1, 9-16.

Die Bildung und Ausformung der Überlieferung hat bald nach den geschilderten Ereignissen begonnen und ist wohl noch im Ausgang des 9.Jh.s zu einem ersten Abschluß gelangt. Nicht lange nach ihrer schriftlichen Niederlegung ist sie in zwei Gruppen aufgeteilt worden. Die erste Gruppe bildet die in 1Kön 17-19 vorliegende Novelle, in der Erzählungen und Anekdoten mit Hilfe der - geschichtlich unzutreffenden - Motive vom Götzendienst des Königs → Ahab und von der Verfolgung des Propheten verschmolzen sind (E. mit Namen eingeführt und gelegentlich als »Prophet« bezeichnet, aktives Eingreifen und wunderhaftes Geschehen); sie ist von der Elisa-Überlieferung beeinflußt und mit ihr abgestimmt worden. Die zweite Gruppe liegt in 1Kön 21 und 2Kön 1, 2-8. 17aα vor (der Prophet als »E. der Tisbiter«, sein Gegenspieler als »König von Samaria«, E. nur der das Jahwewort übermittelnde Bote, nahezu gleicher Wortlaut der Aufforderungen zur Verkündigung). Dazu treten als drittes Überlieferungselement die zwei Anekdoten in 1Kön 17, 17-24; 18, 1aα und 2Kön 1, 9-16 (E. als »Gottesmann«, wunderhafte Steigerung ins Übermenschliche; → Wunder : II), die die beiden Erzählungsgruppen voraussetzen und ein Bindeglied zwischen ihnen darstellen. Schließlich ist eine gewisse Bearbeitung durch die Verfasser der → Königsbücher bei der Einfügung in diese erfolgt.

2. Obwohl die E.-Überlieferung bis zu ihrer endgültigen Fassung eine lange Geschichte gehabt hat und schon in ihrer ältesten erreichbaren Form mit legendarischen Motiven angereichert ist, lassen sich einige *geschichtliche Grundlinien* erkennen. Die Erzählung über die Theophanie kleidet theologische Erkenntnisse in die zeitlichen Formen eines äußeren Geschehens und ist nur insofern geschichtlich, als sie einen wichtigen Teil der Theologie E.s darstellt. Die Erzählung über die Berufung Elisas mittels einer symbolischen Handlung verdient durchaus Zutrauen, weil die Darstellung von dem aus der Elisa-Überlieferung übernommenen Salbungsauftrag in 1Kön 19, 16 abweicht und der Nachdruck auf dem Handeln E.s liegt. Die übrigen Erzählungen spielen vor dem Hintergrund der von → Ahab eingeleiteten neutralen und paritätischen Politik gegenüber dem israelitischen und dem kanaanäischen Bevölkerungsteil, die angesichts der vorherigen Zurückdrängung der kanaanäischen Minderheit praktisch ihrer Förderung gleichkam. Nach der Erzählung über das Gottesurteil hat E. es durchgesetzt, daß das gemischt bevölkerte Karmelgebiet, nachdem es von Tyrus wieder an Israel abgetreten worden war, als eigentlich israelitische Landschaft betrachtet und trotz des vorhandenen kanaanäischen Heiligtums allein Jahwe dort verehrt werden sollte. Nach der vom Justizmord an Nabot, der der verhaßten → Isebel zugeschrieben wurde, ist E. dem Bestreben Ahabs, das israelitische Bodenrecht auszuschalten und ein absolutes Königtum mit dem entsprechenden Staatsrecht einzuführen, mit allem Nachdruck entgegengetreten. Der Erzählung über Dürre und Regenspenden liegt wohl E.s Deutung einer wirklichen Dürre (vgl. Josephus Ant. VIII, 13, 2) als von Jahwe herbeigeführt zugrunde; sie wendet sich gegen die Herleitung des Regens von dem kanaanäischen Vegetationsgott → Baal und beharrt auf dem alleinigen Anspruch Jahwes auf Israel im Kulturlande. Daß E. damit im Königshause nicht durchgedrungen ist, zeigt die Erzählung über die Absicht Ahasjas, bei dem Gott von Ekron einen bindenden Entscheid in der Frage einzuholen, ob er von seiner Verletzung genesen werde; denn der König bekennt sich zu diesem Gott, dessen Name - verächtlich in »Fliegenbaal« geändert - ihn als zbl bʿl arṣ »Baal, Fürst (Herrscher) der Erde« (vgl. »Beelzebul« Mt 10, 25; Mk 3, 22 u.ö.) und Lebenserwecker kennzeichnet (→ Ugarit).

3. E. verkörpert den Typ des wandernden → Propheten (: II), der weder als Kultprophet an ein Heiligtum gebunden ist noch als Glied einer Prophetengenossenschaft lebt. Sein *Auftreten* (in der Zeit der Könige Ahab und Ahasja zwischen 874 und 852) verläuft in den üblichen Bahnen: Er verkündet das scheltende und drohende (1Kön 17, 1; 18, 21a; 21, 18 f; 2Kön 1, 3b-4a) oder verheißende Wort (1Kön 18, 1b) Jahwes, nimmt eine Zeichenhandlung vor (1Kön 19, 19-21) und übt die prophetische Fürbitte aus (1Kön 18, 42-44). Ekstatische Erregungszustände waren ihm als Begleiterscheinungen seiner Ahnungen und Erkenntnisse nicht fremd.

In 1Kön 17-19 wird E. häufig in Parallele zu Mose gesetzt (17, 6. 20; 18, 20-40; 19, 8-13. 18), so daß er als ein zweiter und neuer Mose erscheinen soll; die erste Parallelisierung begegnet bereits in der ursprünglichen Fassung der Erzählung über die Theophanie (19, 8b*. 9-13a). Grund und Berechtigung dafür liegen in der *Theologie* E.s, die sowohl die grundlegenden Elemente des reinen Jahweglaubens nachdrücklich festhält als auch neue Elemente einführt, durch die ein vertieftes und umfassenderes Bild vom Wesen und Wirken Gottes verkündet wird.

E. ist einerseits bemüht, den alleinigen Herrschaftsanspruch Jahwes auf Israel durchzusetzen: Jahwe soll »*der* Gott« für Israel sein. Er ist es, der das Geschick der Menschen und Völker lenkt, der Recht und Gerechtigkeit will und Verstöße dagegen ahndet und der über Leben und Tod verfügt. Vor ihm gibt es kein Ansehen der Person, so daß auch der König zur Rechenschaft gezogen wird, wenn er sich verfehlt oder den Anspruch Jahwes durch sein absolutistisches Regiment gefährdet. In alledem bildet E. ein Glied in der langen Traditionskette der Israeliten, die die zum Synkretismus führende Aufnahme kanaanäischer Anschauungen und Bräuche ablehnten oder einzuschränken suchten.

Andererseits verharrt E. nicht einfach beim Alten, sondern sucht den Glauben durch Einführung neuer Elemente der Lage und den Verhältnissen im Kulturlande anzupassen und ihn lebensfähig zu erhalten. Er verkündet erstmalig, daß Jahwe und nicht Baal den Regen und damit die Fruchtbarkeit spendet oder entzieht; daher sind die Kulturgüter des Landes ihm zu verdanken, der nicht nur im Notfall Hilfe gegen die Feinde gewährt, sondern ständig seinen Segen walten läßt. Dies wird durch ein neues Bild vom Wesen, Sichoffenbaren und Wirken Jahwes ergänzt. Er ist nicht der gewitterhaft wütende Gott, sondern der Gott des stillen Waltens, der sich weder gestalthaft noch durch die unbestimmte Kraft des Geistes, sondern durch das Wort der flüsternden Rede offenbart. Er wirkt nicht durch unmittelbares und persönliches Eingreifen, sondern durch ein fast unmerkliches Walten hinter den äußeren Ereignissen, indem er seine Werkzeuge auswählt und sie ausführen läßt, was er beabsichtigt.

Demnach ist E. ein Vorläufer und Wegbereiter der großen Einzelpropheten. Anders als sie erblickt er Israel noch in einer grundsätzlichen Heilssituation; daher erwartet er kein Vernichtungs-, sondern ein Mahngericht und fordert nicht die Umkehr, sondern eine Richtungsänderung des Menschen, in der das »Herz rückwärts gewendet« wird (1Kön 18, 37). Indem er jedoch den Jahweglauben lebenskräftig erhielt und den Herrschaftsanspruch Jahwes neu begründete, hat er der späteren Prophetie den Boden bereitet, auf dem sie zu weiteren Einsichten und Erkenntnissen gelangen konnte.

4. Die *Nachwirkung* der Gestalt E.s setzt im AT mit der Parallelisierung mit Mose, der Weiterführung seiner Drohungen gegen Ahab (1Kön 21, 20 b β ff; 2Kön 9) und der wunderhaft-legendarischen Betrachtung (2Kön 2; 2Chr 21, 12-15) sowie dem Verständnis als einer messianischen Gestalt (Mal 3, 23 f) ein.

Das Judentum, das drei → Eliasapokalypsen kennt, hat sich mit der Person und Herkunft E.s beschäftigt, die Wundererzählungen weiterentwickelt und E. vor allem mit messianischen Hoffnungen in Verbindung gebracht. Insbesondere die volkstümliche und rabbinische Auffassung von E. als dem Vorläufer des Messias wird im NT aufgegriffen und verwendet (Mk 9, 11 ff par; Mt 11, 12 ff; vgl. → Apokalyptik : III, 3a); zudem werden vier Begebenheiten aus der at. E.-Überlieferung angeführt (Lk 4, 25 f; 9, 54; Röm 11, 2-5; Jak 5, 17).

H.GUNKEL, Elias, Jahve u. Baal (RV II, 8), 1906 - W.ERBT, E., Elisa u. Jona, 1907 - A.ALT, Die literarische Herkunft von I Reg 19, 19-21 (ZAW 32, 1912, 123-125) - DERS., Das Gottesurteil auf dem Karmel (ALT II, 135-149) - DERS., Der Stadtstaat Samaria (BAL 101, 5), 1954 - A.ŠANDA, Elias u. die religiösen Verhältnisse seiner Zeit, 1914 - R.ZION, Beiträge zur Gesch. u. Legende des Propheten E., 1931 - ThW II, 930ff (Lit.) - S.M.SEGAL, Elijah, a Study in Jewish Folklore, New York 1935 - R.DE VAUX, Les Prophètes de Baal sur le Mont Carmel (Bull. du Musée de Beyrouth 3, 1941, 7-20) - A. AUGUSTINOVIC, De Eliae prophetae patria (Antonianum 30, 1950, 475-492) - M.AVI-YONAH, Mount Carmel and the God of Baalbek (IEJ 2, 1952, 118-124) - O.EISSFELDT, Der Gott Karmel (SAB 1953, 1), 1953 - K.GALLING, Der Gott Karmel u. die Ächtung der fremden Götter (Gesch. u. AT [BHTh 16], 1953, 105-125) - A.JIRKU,

»Das Haupt auf die Knie legen« (ZDMG 103, 1953, 372) - W.MICHAUX, Les Cycles d'Élie et d'Élisée (Bible et Vie Chrétienne 2, 1953, 76-99) - Élie le Prophète I-II, Brügge 1956 - G.FOHRER, E., 1957 (Lit.). *G.Fohrer*

Elias 1. *von Cortona*, Franziskaner, * um 1180 bei Assisi, wo er Handwerker war und Kinder lehrte. Nach juristischen Studien in Bologna schloß er sich → Franz von Assisi an, der ihn 1217-20 nach Syrien schickte zur Mission und Begründung einer Ordensprovinz; 1221 machte er ihn zu seinem Vikar in der Ordensleitung. Ihm eng vertraut, wurde er doch nicht sein Nachfolger, sondern erst 1232 zum Ordensgeneral gewählt, 1239 aber abgesetzt und gebannt. Seitdem lebte er in Cortona und söhnte sich erst kurz vor seinem Tod 1253 mit der Kirche aus. Durch organisatorische Eigenmächtigkeit, durch den Bau der prächtigen Grabkirche in Assisi, durch Förderung gelehrter Studien und Erwerb päpstlicher Privilegien hatte er sich die Armutseiferer wie ihre Gegner im Orden verfeindet, auch die Gunst Gregors IX. verwirkt, da er ihn mit Friedrich II. versöhnen wollte, mit dem E. auch nach dem Bann in Verbindung blieb. Sein Bild ist daher in der Überlieferung parteiisch verzerrt und heute noch strittig.

E.LEMPP, Frère Élie de Cortone, Paris 1901 - S.ATTAL, Frate Elia, Rom (1936) 1953² - F.VAN DEN BORNE, Antonius en E. (Collectanea Franciscana Neerlandica VII/2, 's-Hertogenbosch 1949, 70-132). - Vgl. Lit. zu → Franz von Assisi. *H.Grundmann*

2. *Levita* (1469-1549), * zu Neustadt bei Nürnberg, früh in Italien, dann wieder in Deutschland, um P. → Fagius zu helfen. Seine Bedeutung liegt in der Vermittlung hebräischer Sprachkenntnis an die christliche Wissenschaft. → Bibelwissenschaft: I, 1a.

Vf. u.a. das durch Nachweis des späten Ursprungs der hebr. Vokalzeichen bedeutsame Werk Masoreth hammasoreth, 1538, dt. v. C.G.Meyer mit Anmerkungen J.S. → Semlers, 1772. - Vgl. EuG 43, 301ff - RE V, 298ff - JewEnc VIII, 46ff (Lit.).

† *A.Bertholet (W.Baumgartner)*

Eliasapokalypse. Von einer wohl in Ägypten entstandenen E. aus vorchristlicher Zeit ist nur ein kurzes Fragment erhalten (hg. v. D. de Bruyne, RBén 25, 1908, 153 f). Vermutlich ist dies verlorengegangene Pseudepigraph 1Kor 2, 9; Eph 5, 14; bSanh 97b; bJoma 19b zitiert. - Eine hebräische E. aus dem 3.Jh. nChr wurde - nach A.Jellinek, 1855 - von M.Buttenwieser (Die hebräische E., 1897) hg., übersetzt und erklärt. - Nicht viel jünger ist die koptische E. (G.Steindorff, Die Apokalypse des Elias [TU 17, NF 2, 3a], 1898). Ihre beherrschenden Themen sind: die Not Ägyptens, das Fasten, Messias und Antichrist, Elias und Henochs Kampf mit dem Antichristen.

SCHÜRER III, 361ff - RIESSLER 114ff. 168ff. 1272. 1274f - ThW II, 931f. 942f. *F.Maass*

Eligius *von Noyon* (590-659), Goldschmied aus Chaptelat bei Limoges, königlicher Münzmeister unter Dagobert I. und Chlodowech II., daher als patronus pecuniae indigentium verehrt, seit 641 Bischof von Noyon, Missionar im fränkisch-friesischen Grenzgebiet, wo → Amandus nicht genügt hatte.

Vita s. Eligii, ed. B.KRUSCH (MG SS rer. Merov. IV, 1902, 634ff; dazu VII/2, 1920, 842ff) - P.PARSY, Saint Éloi, Paris (1907) 1908² - H.v.SCHUBERT, Gesch. d. christl. Kirche im Früh-MA, 1921, 295ff - F.FLASKAMP, Die Anfänge friesischen u. sächsischen Christentums, 1929. *F.Flaskamp*

Eliot, 1. *George*, Schriftstellername der Romanautorin Mary Ann Cross geb. Evans (1819-80). Mit ungewöhnlichem Intellekt und echt viktorianischem ethischem Ernst die Problematik der Zeit erfassend, schuf sie bedeutende Romane, in denen sich die künstlerische Gestaltung zT nur schwer (am erfolgreichsten in Middlemarch, 1871-72) gegenüber der ideellen Substanz durchsetzt. Herkunft aus puritanischem Elternhaus und Einfluß der deutschen liberalen Theologie (E. übersetzt D.F. → Strauß und → Feuerbach) und vor allem A. → Comtes bestimmt ihre Entwicklung bis zum Auseinanderfallen von praktischer Religiosität und agnostischer Lebensphilosophie und prägt ihre epische Kunst (Adam Bede, 1859; The Mill on the Floss, 1860). E. gestaltet zum ersten Male im englischen Roman Charakterentwicklung unter Umwelteinflüssen (bes. in Silas Marner, 1861). Das Ideal ihrer positivistischen Ethik verkörpert Savonarola in Romola (1863).

Warwick Ed., 12 Bde, Edinburgh 1901-03 - The G.E.Letters, ed. G.S.HAIGHT, 7 Bde, New York-London 1954f. - L.STEPHEN, G.E., London 1902 - J.BENNETT, G.E., London 1948 - B.WILLEY, Nineteenth Century Studies, London 1949. *G.Müller-Schwefe*

2. *John* (1604-90), einer der ersten Missionare unter den nordamerikanischen → Indianern (: II), emigrierte 1631 unter dem Einfluß des Puritaners Thomas → Hooker von England nach Massachusetts. Seit 1632 bis zu seinem Tode Pastor der Kirche in Roxbury, erlernte er die indianische Sprache und begann 1646, den Indianern zu predigen. Vor allem befaßte er sich mit literarischen und Übersetzungsarbeiten (1661 NT, 1663 AT) und bildete eingeborene Prediger erfolgreich aus. Die Bekehrten wurden in der Stadt Nonantum gesammelt und später nach Natick umgesiedelt. 1674 gab es 14 derartige Städte mit einer Gesamteinwohnerzahl von 1100 Christen. Die erste prot. Missionsgesellschaft, die Society for the Propagation of the Gospel in New-England (→ Anglikanische Kirche: II), wurde 1649 vom Parlament beauftragt, diese Mission zu unterstützen. E.s Beispiel hatte im 17./18.Jh. starken Einfluß auf alle Befürworter der Missionsarbeit in Großbritannien und auf dem Kontinent.

7 Berichte in den Collections of the Massachusetts Historical Society, 3. F., Bd 4, 1834. Spätere biogr. Berichte beruhen größtenteils auf diesen Abhandlungen u. auf dem Bericht in C. Mather's Magnalia III/3, 1820. *P.Beaver*

3. *Thomas Stearns*, * 26.11.1888 in St.Louis, Mo., USA. Von seiner Knabenzeit am Mississippi sowie von der Küste Neuenglands, die er als Student kennenlernte, sind manche Reflexe in E.s Dichtung erkennbar. An der Harvard Universität hörte er Irving Babbitt, Josiah Royce und George Santayana. Mit einer Dissertation über F.H.Bradleys Idealismus zog er auf die Sorbonne und war in Deutschland, als der 1. Weltkrieg ausbrach. Seit 1914 lebt er in England als Direktor in der Verlagsfirma Faber and Faber. 1923 Gründung der Vierteljahrsschrift »Criterion«, 1948 Nobelpreis. E.s Ansehen in der englisch-sprechenden Welt ist außerordentlich; sein Übertritt zur anglikanischen Kirche 1928 sowie der Erwerb der britischen Staatsangehörigkeit erregten Aufsehen. 1932 kehrte er als Gastprofessor für Dichtkunst vorübergehend nach Harvard zurück, in seiner Person schien damals die geistige Einheit der anglo-amerikanischen Welt symbolisiert.

E.s Dichtertum ist kaum von seiner Kritik zu trennen; als Student wandte er sich den französischen Symbolisten, bes. Laforgue zu, und als er im September 1914 Ezra Pound in London kennenlernte, hatte er sein erstes Gedicht in der neuen Manier, »The Love-Song of J.Alfred Prufrock«, verfaßt. Auf eine erste Gedichtsammlung »Prufrock and Other Observations« (1917) folgten 1920 die Aufsätze »The Sacred Wood«. Zwei weitere Kritik-Bände (»Homage to John Dryden«, 1924, und »For Lancelot Andrewes«, 1928) präzisierten den Neu-

Klassizisten, der mit der subjektiven Verworrenheit der Spätromantik aufräumen und an ihre Stelle eine Kunst setzen wollte, die nicht die persönliche Eigenart des Dichters ausdrücken, sondern ein für die Menschheit überhaupt gültiges Zeugnis seiner Mit- und Umwelt sein soll. Das sowohl aus Rationalem wie aus Emotionalem bestehende dichterische Erleben soll durch das symbolische Bild, das objective correlative, mitgeteilt werden, das aber den Reaktionen des Empfängers völlige Freiheit läßt.

Der Grundton von E.s Werk ist ein tiefer Kulturpessimismus. In dem berühmten »The Waste Land« (1922) drückt er sich in sarkastischen, scharf gefaßten Bildern moderner Menschentypen aus, aber in dem auf einer Interpretation der Gralssage aufgebauten »Waste Land« ist bereits seine Heilthese von der notwendigen Steigerung des Leidens und eines neuen Opfermuts angedeutet. »Ash Wednesday« (1930) läßt eine erste leise Zuversicht einer endlichen Erlösung in der völligen Gottergebenheit erkennen. Fortan blieb sie E.s Hauptthema. Selber ein Leidender am Leben, suchte er die Kraftquelle in Gott, und nur die christliche Kirche birgt für ihn Hoffnung auf Rückkehr zur Echtheit europäischer Kultur. Das lyrische Drama »Murder in the Cathedral« (1935) behandelt in dem Schicksal Thomas → Beckets das Problem des individuellen Willens in seinem Verhältnis zu Gott und zum Martyrium, und »Four Quartets« (1936–43), der Höhepunkt seiner Dichtung, bietet in einer Überfülle von Anspielungen eine Gesamtschau von E.s religiöser Erfahrung. Es geht bei E. nicht um die Hauptthesen des christlichen Dogmas, sondern um fundamentale Fragen der christlichen Gläubigkeit, wie Zeit und Zeitlosigkeit, den lebensvollen Augenblick, Erfahrung der Gnade und willenlose Demut vor der Allmacht Gottes. Mit beachtenswertem Erfolg hat E. sein Erlebnisgut als neuartiges Versdrama auf die Bühne gebracht. »Family Reunion« (1939) behandelt die Fragen von Individuum, Gesellschaft und Gewissen, »The Cocktail Party« (1950) hat zum Hauptthema die Bereitschaft zur Selbstaufgabe als Rettung aus der Leere des modernen Lebens. E.s letztes Stück, »The Confidential Clerk« (1953), ist als modernes »Everyman« bezeichnet worden, in welchem das uralte Problem von Schein und Sein im Sinne der christlichen Moral beleuchtet wird. Seine Dramen haben E. einem europäischen Publikum zugänglich gemacht.

F.O.MATTHIESSEN, The Achievement of T.S.E., (Boston-New York 1935) New York-London 1947² - KR.SMIDT, Poetry and Belief in the Work of T.S.E. (SNVAO 1949, 1) - H.GARDNER, The Art of T.S.E., 1949 - G.SMITH, T.S.E.s Poetry and Plays. A study in Source and Meaning, Chicago 1956. *H.Lüdeke*

Elipandus (ca 718–ca 802), seit ca 782 Erzbischof von Toledo, wurde nach erfolgreicher Bekämpfung des Irrlehrers Migetius selbst als Häretiker angegriffen, weil er den → Adoptianismus vertrat. Der namentlich aus dem Frankenreich (→ Alkuin, → Karl d. Gr.) gegen ihn geführte Kampf blieb insofern wirkungslos, als E. in Toledo durch die Araber geschützt wurde.

MPL 96, 859ff. 916ff; 101, 1321ff - MG Epp IV, 300ff. - HAUCK II, 300ff - R. D'ABADAL Y DE VINYALS, La batalla del Adopcionismo en la desintegración de la iglesia visigoda, Barcelona 1949. *H.Löwe*

Elisa

1. Name, Herkunft, Überlieferung - 2. Geschichtliche Wirksamkeit - 3. Eigenart und Bedeutung

1. E., dessen *Name* 'ælîšaʿ aus 'æljašaʿ »Gott hilft« entstanden ist, war ein begüterter Bauer. Die Angabe über seine *Herkunft* aus 'abel m^{e}ḥôlā (Glosse in 1Kön 19, 16) kann auf richtiger Überlieferung beruhen; der Ort (1Kön 4, 12) wird auf dem tell abu sihri südl. Bethsean zu lokalisieren sein. Die Berufung E.s zum Propheten durch → Elia wird in 1Kön 19, 19–21 geschildert.

Die E.-*Überlieferung* findet sich ziemlich geschlossen in 2Kön 2; 3, 4–27; 4, 1 - 8, 15; 9, 1–10; 13, 14–21. In ihr liegt eine selbständige Traditionsbildung vor, die sich von der Elia-Überlieferung formal und sachlich deutlich unterscheidet; jedoch hat frühzeitig eine gegenseitige Beeinflussung, Übertragung und Abstimmung stattgefunden. Einen ersten Strang bildet ein geschlossener Erzählungskranz von volkstümlichen Wundergeschichten, der durch die Beziehung auf → Gilgal zusammengehalten wird, wo E. gewöhnlich lebte (4, 38). In ihm sind ursprünglich selbständige Anekdoten zusammengefaßt, die entweder wirkliche Kraftwirkungen E.s widerspiegeln oder verbreitete Motive auf ihn anwenden. Auf die einleitende Erzählung in 2, 1–18, die den Beginn der prophetischen Wirksamkeit E.s für seinen Kreis schildern soll, folgen 2, 19–22. 23–25; 4, 1–7. 8–17. 18–37. 38–41. 42–44 und 6, 1–7; als Abschluß ist 8, 1–6, das E.s Tod voraussetzt, vom Sammler der Wundergeschichten geschaffen worden. Die Einzelüberlieferung in 13, 20f gehört nur inhaltlich zum Erzählungskranz.

Eine zweite Gruppe der Überlieferung bildet eine Reihe von Einzelerzählungen, die selbständig geblieben sind, bis sie mit der ersten Gruppe verbunden wurden. Während sie sich aufs Ganze gesehen der Geschichtserzählung nähern, sind sie im einzelnen recht unterschiedlich: 5; 6, 8–23; 8, 7–15 tragen wunderhafte, legendarische oder sagenhafte Züge; 3, 4–27; 6, 24–7, 20 gehören mit 1Kön 20 und 22 zu einem gleichen Erzählungstyp; 9, 1–10 ist in den Bericht über die Revolution Jehus aufgegangen; 13, 14–19 berichtet über eine Zeichenhandlung. Allen Erzählungen ist gemeinsam, daß sie auf die politischen und zeitgeschichtlichen Zusammenhänge hinweisen, in denen E. eine Rolle gespielt hat.

2. Die zahlreichen Schilderungen spiegeln deutlich den starken Eindruck wider, den E. ausgeübt hat; eben deswegen sind sie eher ungeeignet, die geschichtlichen Umrisse seiner Gestalt und theologischen Gedanken erfassen zu helfen. Immerhin lassen sie zwei Seiten seiner *geschichtlichen Wirksamkeit* erkennen. Einerseits zeigen sie die Wirkungen, die im täglichen Leben und Geschehen von E. ausgegangen sind und sich im Umkreis seiner Schüler und der kleinen Leute abspielen, mit denen er in Berührung kommt. Andererseits verraten sie eine größere Weite des Blickfeldes, beziehen die maßgeblichen Personen der politischen Welt ein und entsprechen durchaus den zeitgeschichtlichen Verhältnissen - sowohl in der Auseinandersetzung Israels mit den → Aramäern als auch im Verhalten E.s gegenüber der jeweils regierenden israelitischen Dynastie. In einigen Erzählungen ist E. der regierenden Dynastie feindlich, so daß er, um ihren Sturz herbeizuführen, auf seiten der Aramäer steht (3, 24–27; 8, 7–15); das weist in die Zeit Jorams, des letzten Vertreters der Dynastie → Omri. Den Wendepunkt bildet die Revolution → Jehus, zu deren geistigen Urhebern E. zu zählen ist (9, 1–10), obwohl er nach ihrem Beginn ganz zurücktritt (so daß ihn das Urteil Hos 1, 4 kaum noch trifft). In den übrigen Erzählungen ist E. der regierenden Dynastie freundlich und Feind der Aramäer (5; 6, 8–23; 6, 24–7, 20; 13, 14–19); sie werden demnach aus der Zeit der Dynastie Jehu stammen, in die zugleich die Aramäerkriege hineingehören.

3. Wenn E. einen doppelten Anteil (zwei Drittel, vgl. Dtn 21, 17) vom Geiste Elias erhalten haben soll (2, 1 bis 18), wird seine *Eigenart* damit zutreffend gekennzeichnet. Außer in dem wunderbaren Vorauswissen (5, 26; 6, 12. 32; 7, 1f; 8, 12), der künstlichen Herbeiführung der Ekstase (3, 15) und der Ausübung der Fürbitte (4, 33) wird sie vornehmlich in der Begabung mit dem

→ Geist (: II) erblickt, der durch seine übernatürlichen Kräfte den Empfänger zu Wundertaten befähigt.

Im Unterschied zu Elia hat der Charismatiker E. eine Prophetengenossenschaft um sich geschart, mit der er gewöhnlich an einem festen Ort lebt; obwohl von einer Bindung an ein Heiligtum keine Rede ist, liegt darin doch eine Annäherung an das Kultprophetentum vor. Wie dieses ist E. zudem mit dem nationalen und politischen Leben verbunden und steht zur Erteilung von Orakeln dem König zur Verfügung, den er sogar auf dem Feldzug begleitet (3, 11). Er besitzt daher politischen Einfluß, den er zur Salbung eines neuen Königs (9, 1-10) oder zur Hilfe für Notleidende (4, 13) geltend machen kann. Die Gewährung von Hilfe für die Armen und Benachteiligten im Lande, einschließlich seiner prophetischen Anhänger, ist überhaupt ein bemerkenswerter Zug. Dazu gehört, daß E. sich für eine geziemende und ehrerbietige Behandlung des weithin verachteten Prophetenstandes einsetzt (2, 23-25; 4, 18-37; 5).

Die *Bedeutung* E.s liegt außer in der Sorge für die Bedürftigen, die dem Wollen der späteren Prophetie entspricht, in dem Geist des Eifers für den Jahweglauben, der ihn - obschon nicht in der Reinheit und Tiefe des Denkens und Handelns wie Elia - erfüllt hat. Der ihm zugesprochene Ehrenname (13, 14) faßt auf Grund dessen die Erfahrungen zusammen, die die Dynastie Jehu mit ihm gemacht hat.

W.Erbt, Elia, E. u. Jona, 1907 - H.Gunkel, Die Geschichten von E., 1922 - O.Plöger, Die Prophetengeschichten der Samuel- u. Königsbücher (Diss. Greifswald), 1937 - W.Michaux, Les Cycles d'Elie et d'Elisée (Bible et Vie Chrétienne 2, 1953, 76-99) - W.Reiser, Eschatologische Gottessprüche in den E.-Legenden (ThZ 9, 1953, 327-338) - K.Galling, Der Ehrenname E.s u. die Entrückung Elias (ZThK 53, 1956, 129-148). *G.Fohrer*

Elisabeth, 1. *Frau des Zacharias*, Mutter → Johannes des Täufers; im NT nur Lk 1, dort als gottesfürchtig geschildert (6. 60) und mit Maria verwandt (46, Luther fälschlich »Gefreunde«). Der wohl nur in Priesterkreisen üblichere Name findet sich nur noch bei Aarons Frau Ex 6, 23 (Eliseba = »Mein Gott ist die Fülle«, daraus LXX Elisabeth, wonach Lk Elisabet) und auf einem Jerusalemer Ossuar (griech.: Elisabe). Trotz geringer Bezeugung ist das »Magnificat« Lk 1, 46ff vielleicht E. zuzuschreiben.

Noth, Pers 146f - Bauer, WB 455 (Lit.). *W.Foerster*

2. *von Braunschweig-Lüneburg* (1510-58), Tochter Joachims I. von Brandenburg und der Elisabeth von Dänemark, heiratete 1525 den in Calenberg-Göttingen regierenden Herzog Erich I. von Br.-L. Seit 1538 für Luthers Lehre entschieden, führte die von Machtwillen erfüllte, für Verwaltungsdinge begabte, durch leidenschaftliche Hingabe an das Evangelium bestimmte Frau nach Erichs Tode (1540) als Vormund ihres Sohnes Erichs II. mit Hilfe des Antonius → Corvinus ihr Land der Reformation zu. Von E.s evangelischer Frömmigkeit zeugen ihre in Notzeiten gedichteten Lieder und ihre lebensvollen Briefe. Bemerkenswert bleibt sie auch als Verfasserin eines Regierungshandbuchs für ihren Sohn und eines Ehestandsbuchs für ihre Tochter. 1546 vermählte sich E. in zweiter Ehe mit dem Grafen Poppo von Henneberg.

RE XXIII, 384ff - P.Tschackert, Herzogin E.v.Münden, 1899 - Fr.Koch, Briefe der Herzogin E.v.Br.-L. (ZGNKG 10, 1905, 231 bis 266; 11, 1906, 89-146) - E.v.d.Goltz, Lieder der Herzogin E.v. Br.-L. (ebd 19, 1914, 147-208) - A.Brenneke, Gesch. des Hannoverschen Klosterfonds I, 1929 - I.Mengel, E.v.Br.-L. u. Albrecht v. Preußen. Ein Fürstenbriefwechsel der Reformationszeit, 1954 (Lit.). *Ph.Meyer*

3. *von der Dreifaltigkeit* (1880-1906), Karmelitin, * in Dijon, trat dort 1901 ins Kloster ein, daselbst †. E. war eine Frau von hoher künstlerischer Begabung. Der Mittelpunkt ihrer Spiritualität war die Versenkung in die Geheimnisse der Trinität und das »Lob der Herrlichkeit«. Sie zählt neben → Therese von Lisieux zu den innigsten Mystikerinnen des neueren Katholizismus.

Ecrits spirituels d'E. de la Trinité, hg.v. M.Philipon, Paris 1952; dt.: Lob Seiner Herrlichkeit, 1954 (Briefe u. Meditationen). - Über E.: M.Philipon, Die geistliche Lehre Schwester E.s v.d. Heiligsten Dreifaltigkeit, Wien 1948 - H.U.v.Balthasar, E. von Dijon u. ihre geistliche Sendung, 1952 - Schwester E.v.d. Dreifaltigkeit, 1953. *H.-H.Schrey*

4. I. *von England* (1533-1603), Tochter Heinrichs VIII. Tudor und der Anne Boleyn, Königin 1558-1603. Sie führte durch den siegreichen Kampf gegen Spanien (Niederlage der Armada 1588) → England (: I) auf die Höhe der Macht und entschied die Vorherrschaft des Protestantismus im Norden Europas. Damit gebot sie der Gegenreformation Einhalt. Ihr fast 20jähriger Kampf mit ihrer röm.-kath. Nebenbuhlerin, der schottischen Königin → Maria Stuart, die 1587 gegen, jedenfalls nicht ganz nach E.s Willen hingerichtet wurde, hatte dasselbe Ergebnis. Unter ihrer Herrschaft begann die englische Kolonisation Nordamerikas und entstand eine politische, wirtschaftliche und kulturelle Blüte großen Stils. Ph. Sidney, E. → Spenser und W. → Shakespeare wurden ihre Repräsentanten.

E.s eigene Haltung zu den Glaubensfragen ist undurchsichtig. Erzogen war sie im Geiste der italienischen Renaissance. B. → Ochino hatte sie unterrichtet, sie wurde die Gönnerin des → Acontius, → Melanchthons Loci gehörten zu ihrem Bildungsgut. Als Tochter der Anne Boleyn war sie politisch auf die Seite der Reformation gewiesen; 1570 wurde sie durch die päpstliche Bulle Pius' V. »Regnans in excelsis« exkommuniziert. Kirchlich dachte E. konservativ und zog deshalb das → Augsburger Bekenntnis allen calvinistischen Ordnungen vor. In ihrer Kirchenpolitik ließ sie sich vom Vorbild ihres Vaters leiten, jedoch schränkte sie die Herrschaft über die Kirche etwas ein, indem der Titel »Supreme Head« zu »Supreme Governor« ermäßigt wurde. Ihre zäh gegen alle weitergehenden calvinistischen Strömungen im Parlament verteidigte Kirchengesetzgebung (Elizabethan Settlement, Act of Uniformity 1559) suchte die Mitte zwischen der Tradition und der Reformation zu halten, um die Kirche von England (→ Anglikanische Kirche: I, 1) sowohl Katholiken als Reformierten zur Heimat zu machen. Der kath. und breitkirchliche Charakter anglikanischer Uniformität auf der Grundlage des allgemein anerkannten Bischofsamts wurde durch sie durchgesetzt. Der von der gesamten Nation verehrten Herrscherin setzte E.Spenser in der »Faerie Queene« das große dichterische Denkmal.

M Creighton, Queen E., 1896 - A.O.Meyer, England u. die kath. Kirche unter E. I., 1912 - F.Chamberlin, The Private Character of Queen E., 1922 - E.Marcks, E.v.England, 1926 - K.Anthony, Queen E., 1929 - J.E Neale, Queen E. 1938 - Ders., The Elizabethan House of Commons, 1949 - Ders., The Elizabethan Acts of Supremacy and Uniformity (Engl. Historical Review 65, 1950, 304-332) - Ders., E. I. and her Parliaments I. II, 1953/57 (Lit.). *M.Schmidt*

5. *von Herford* (1618-80), Tochter des »Winterkönigs« Friedrich V. von der Pfalz, wächst im holländischen Exil heran und studiert in Leiden. Beeinflußt von den Vorlesungen der Spiritualistin A.M.v. → Schürmann, wird sie Schülerin und lebenslange Freundin → Descartes', der ihr die Principia widmet. Ihr Briefwechsel mit ihm wie mit → Leibniz, → Malebranche und den → Quäkern zeigt ihre philosophische und theologische Leistung »supra sexus et temporum conditionem«. Durch Vermittlung ihres Vetters, des Kurfürsten Friedrich Wilhelm

von Brandenburg, wird sie 1667 zur (ref.)Äbtissin der (luth.) Freien Reichsabtei Herford gewählt. 1670-72 nimmt sie Jean de → Labadie und seine Gemeinde in der Abtei auf, bis das Reichskammergericht die Ausweisung erzwingt. 1670-77 steht E. stark unter dem Einfluß der Quäker; R. → Barclay und W. → Penn besuchen sie mehrmals, halten Meetings in der Abtei und nehmen ihre Fürsprache bei ihren Verwandten (Pfalzgraf, Stuarts, Hannover) in Anspruch. Sie erweist sich als tapfere Vorkämpferin der → Toleranz. - Von biblisch tiefgegründeter Frömmigkeit führt sie als Äbtissin die Konfirmation (1675) ein (der luth. »Herforder Katechismus«, noch heute im Gebrauch, 1690 v. Mag.Rothe hg.). Bemerkenswert sind ihre wöchentlichen Schlichtungstage, an denen sie Streitigkeiten bereinigte und ihre Untertanen miteinander aussöhnte.

ADB VI, 22ff - RE V, 306ff - H.OTTO, Pfalzgräfin E., 1940 (Lit.).
H.Ch.v.Hase

6. *von Schönau* OSB (1129 bis 18.6.1164), seit 1141 im Doppelkloster Schönau, 1157 Meisterin. Ihre Gesichte (1152ff), ursprünglich Zeugnisse ekstatisch-gesteigerten Miterlebens des liturgischen Jahres, werden unter dem Einfluß ihres Bruders Ekbert (seit 1155 Mönch zu Schönau) immer stärker zu visionären Antworten auf ihr nahegebrachte Anliegen der Zeit, zu denen sie sich auch in Briefen äußert. Der »Liber viarum Dei« zeigt E. in der Nachfolge → Hildegards von Bingen, deren überzeitliche Größe sie freilich nicht erreicht. Um so bedeutender war E.s Breitenwirkung, vorab die ihrer Gesichte über die Himmelfahrt Mariä und die Ursula-Legende. 5 zeitgenössische Redaktionen ihrer gesammelten Schriften und über 150 erhaltene Handschriften zeigen die abendländische Resonanz, die das ganze MA hindurch anhielt und noch bei → Tersteegen nachklingt. - Die Revelationen der sog. Pseudo-E. gehören (entgegen der These L.Oligers) dem Werke E.s nicht zu.

F.W.E.ROTH, Die Visionen der hl. E. u. die Schriften der Äbte Ekbert u. Emecho v.Schönau, (1884) Brünn 1886² - K.KÖSTER, E.v.Sch., Werk u. Wirkung im Spiegel der mittelalterl. handschriftl. Überlieferung (Archiv für mittelrhein. KG 3, 1951, 243-315; Ausg., Lit.) - DERS., Das visionäre Werk E.s v.Sch. (ebd 4, 1952, 79-119).
K.Köster

7. *von Thüringen,* * 1207 als Tochter des ungarischen Königs Andreas II. und seiner Gattin Gertrud aus dem süddeutschen Grafengeschlecht von Andechs-Meran, 1208 mit Ludwig IV., Sohn des Landgrafen Hermann I. von Thüringen verlobt, von 1211 an auf der Wartburg erzogen. Seit 1221 in glücklicher Ehe lebend, wurde sie unter dem Einfluß des Franziskaners Rüdiger vom franziskanischen Armutsideal ergriffen. 1226 gab ihr Ludwig als Beichtvater den Weltpriester - nach einer neueren Hypothese Prämonstratenser - → Konrad von Marburg, an den sie sich durch ein Gehorsamsgelübde band. Sie half den Hungernden und pflegte die Kranken in einem unterhalb der Wartburg errichteten Hospital. Nachdem Ludwig auf einem Kreuzzug 1227 gestorben war und ihr Schwager Heinrich Raspe ihre Einkünfte vorenthielt, geriet E. durch Konrads Verbot, aus der Hofküche Speisen ungerechten Ursprungs zu genießen, in Gewissenskonflikt und floh mit ihren Kindern nach Eisenach. In der dortigen Franziskanerkirche erklärte sie 1228 einen feierlichen Verzicht auf Ehrenstellung, Verwandte und Kinder und den eigenen Willen, wurde jedoch von Konrad an der völligen Weggabe ihres Eigentums gehindert. Sie ließ sich an ihrem Witwensitz Marburg nieder und errichtete hier ein Franziskushospital. Erfüllt von der mystischen Christusliebe des → Franziskus, durchdrungen von seinem Glauben an Christi Gegenwart in den Armen und seiner »vollkommenen Freude«, diente sie im grauen Gewand der Franziskanertertiarierin den Kranken, Aussätzigen und Kindern. Ihre enge Verbindung mit Franziskus wurde dadurch besiegelt, daß Papst Gregor IX. ihr den eigenhändig von dessen Schultern genommenen Mantel übersandte. In der Absicht, ihren Willen völlig zu brechen, entzog ihr Konrad ihre treuen Dienerinnen und ihr jüngstes Kind und unterwarf sie körperlichen Züchtigungen. Erschöpft durch ihr asketisches Leben, starb sie am 17.11.1231. Auf Betreiben der Deutschherren, die 1234 das Spital übernahmen, wurde sie 1235 von Papst Gregor IX. heiliggesprochen (Fest: 19.11.). Über ihren Gebeinen wurde die an Kunstschätzen reiche frühgotische E.-Kirche errichtet (vollendet 1283). E. wurde zur volkstümlichsten deutschen Heiligen, ihr Grab eine der am meisten besuchten Wallfahrtsstätten, bis Landgraf Philipp 1539 die Reliquien entfernte. Ihr Leben wurde in einer Reihe von Viten legendär ausgeschmückt und noch im 20.Jh. häufig literarisch behandelt. In der Kunst wird sie oft als gekrönte Fürstin oder als dienende Franziskanerschwester (vielfach mit Kanne und Brot) dargestellt.

Quellen: Libellus de dictis quatuor ancillarum, hg.v. A.HUYSKENS, 1911 - DERS., Quellenstudien zur Gesch. d. hl. E., 1908. - Biographien: K.W.JUSTI, (1797) 1835² - CH.R.F.DE MONTALEMBERT, Vie de St. E., (1836) 1930³² ; dt. (1837) 1862³ - A.F.C.VILMAR, 1842; Neuausg. 1895, 1921² - H.MIELKE, Zur Biographie d. hl. E. (Diss. Rostock), 1888 - E.HORN, Paris (1902) 1914² - DERS., Influence sociale de St.E., 1913 - K.WENCK, 1908 - M.MARESCH, 1931 - E.BUSSE-WILSON, 1931 (psychoanalytisch) - Festschr. zum 700. Todestag, hg.v. A.EMMERICH, 1931² - Die hl. E., zum 700. Gedächtnistag ihres Todes hg.v. F.HEILER (Hochkirche 1931 Nr. 11) - H.FRICK, Was verbindet uns Protestanten mit der hl. E.?, 1931 - H.HERMELINK, 1932 - DERS., Ein Jh. E.-Forschung (ThR NF 4, 1932, 21-38) - I.SOLTMANN, 1940 - J.ANCELET-HUSTACHE, Paris 1947 - W.MAURER, ZKG 65, 1953/54, 16-64 - DERS., Jb. d. hess. Kg. Ver. 7, 1956, 36-69 (bestreitet E.s Zugehörigkeit zum Franziskanerorden) - W.ZELLER, 1957. - Kunstgeschichtlich: F.SCHMOLL, 1918 - R.HAMANN u. H.KOHLHAUSSEN, Der Schrein der hl. E., 1922 - R.HAMANN u. K.W.KAESTNER, Die E.-kirche in Marburg I. II, 1924/29 - H.GRUNENBERG, Die hl. E. in der dramat. Dichtung (Diss. Münster), 1928 - M.HARTIG in: Christl. Kunst 27, 1931, 193-223 - H.AUER, Die hl. E. in der Lit., 1932 - W.MUEHLENSIEPEN, Die Auffassung der Gestalt der hl. E. in der Darstellung seit 1795 (Diss. Marburg), 1949.
F.Heiler

Elisabetherinnen, ursprünglich volkstümliche Bezeichnung für die in Kranken- und Armenpflege, besonders an den Elisabethspitälern arbeitenden Schwestern (nach der hl. → Elisabeth von Thüringen); heute offizielle Bezeichnung für verschiedene Kongregationen der Franziskaner- → Tertiarierinnen: 1. Die 1395 von Angela di Corbara in Foligno begründeten und 1421 von Martin V. zur Kongregation erhobenen regulierten Franziskaner-Tertiarierinnen. - 2. Hospitalschwestern der hl. Elisabeth vom dritten Orden des hl. Franziskus, gestiftet 1622 in Aachen durch Apollonia Radermacher (1571 bis 1620), derzeit mit 6 Mutterhäusern; Hauptarbeitsgebiet: Krankenpflege, Leitung von Altersheimen, Haushaltung in Gesellenhäusern usw. - 3. Kongregation der Barmherzigen Schwestern von der hl. Elisabeth, 1843 mit dem Mutterhaus in Essen-Bredeney errichtet. - 4. Die E. von Padua in Oberitalien. - 5. Die Tertiarschwestern der E. von Neapel (1862). - Nicht auf franziskanischer Grundlage erwachsen sind die auch als E. bezeichneten → Grauen Schwestern von der hl. Elisabeth.

HELYOT VII, 287ff - RE V, 313f - LThK III, 635 - HEIMBUCHER II, 21f - ESCOBAR I, 340f.
W.Göbell

Elisäus (*Elische*) Wardapet († um 480), armenischer Bischof (→ Armenien: I, 4), Schüler → Mesrops, verfaßte asketische, homiletische und exegetische (zu Jos, Ri, Vaterunser) Schriften, deren Echtheit im einzelnen noch zu prüfen ist. Die ihm zugeschriebene Geschichte des Wardanischen Krieges zwischen Persern und Armeniern (449-51) gehört möglicherweise einem Anonymus des 7.Jh.s an.

GA: Venedig 1859. - BARDENHEWER V, 232ff - LThK III, 636f (Lit.) - EC V, 255 - Catholicisme IV, 26 - ALTANER[5] 316 (Lit.).
W.Werbeck

Elkesaiten. Die von Hippolyt (Philos. IX, 11ff), Eusebius (h.e. VI, 38) und Epiphanius (c. haer. 53) geschilderte Sekte der E. ist als ein Kreuzungsprodukt aus häretischem → Judenchristentum und synkretistischer → Gnosis anzusprechen. Der angebliche Stifterprophet Elkesai (so Euseb; Hippolyt: Elchasai; Epiph.: Elxai) soll im dritten Jahr Trajans (i.J. 100) aufgetreten sein und seine Weissagungen in einem Buch für die Σοβιαί = die sich Tauchenden (Epiph.: Sampsäer) niedergeschrieben haben. Da wir aber erst wieder um 220 von einem Sampsäer Alkibiades aus Parthien hören, der für das Buch Elxai Propaganda macht, und Origenes laut Eusebius berichtet, nach der Behauptung elkesaitischer Missionare sei das Buch erst kürzlich fertig geschrieben vom Himmel gefallen, wird der Sektenvater Elkesai aus der Trajanszeit unwahrscheinlich. Haben sich die E. nach ihrem Wohnort bezeichnet, so könnte man eher an ein im Zusammenhang mit Nah 1, 1 überliefertes 'Ελκισεί denken, dessen Lokalisierung im Ostjordanland, nördl. des Toten Meeres, also im Siedlungsgebiet der Täufersekten möglich wäre (Schoeps 326f). Die Angaben der Kirchenväter über den Inhalt des Buches zeigen, daß die E. neben speziell judenchristlichen Zügen (Verdammung der Opfer, Annahme falscher Perikopen u.a.) Elementeverehrung, Astrologie, Zauberglaube, magische Formeln und eine - zwecks Dämonenabwehr in Kleidern vorgenommene - Wiedertaufe vertreten haben, die die Sünden vergeben soll. Hippolyt selber weist auf den Zusammenhang zwischen der Verkündigung des Alkibiades und dem Edikt des → Calixt hin. Am auffälligsten aber ist der Reinkarnationsglaube, zu dem die E. die ebionitische Lehre vom Stufengang des wahren Propheten ausgebaut haben: Christus habe sich in Elkesai reinkarniert. Das Zutreffende hat schon Epiphanius gesagt: die E. seien weder Christen noch Juden noch Griechen, sondern stünden in der Mitte. Verwandtschaft mit den täuferischen → Mandäern ist wahrscheinlich; auch die »Sabier« (= Σοβιαί?) des Qorans dürften auf ihren Religionstypus zurückgehen.

W.BRANDT, Elchasai, ein Religionsstifter u. sein Werk, 1912 - H.WAITZ, Der Prophet Elchasai (Harnack-Ehrung, 1922, 87-105) - J.THOMAS, Le mouvement baptiste en Palestine et Syrie, Gembloux 1935 - H.J.SCHOEPS, Theol. u. Gesch. des Judenchristentums, 1949, 325ff.
H.J.Schoeps

Eller, *Elias* (1690-1750), * und † in Ronsdorf b. Wuppertal, Bandwirker und Fabrikant, stiftete kurz nach 1726 mit Anna von Buchel (1702-43) die Elberfelder, seit 1737 Ronsdorfer philadelphische Sozietät, eine chiliastische Sekte, in deren Mittelpunkt Anna als Zionsmutter stand, derentwegen E. seine erste Frau als verworfene Vasthi (→ Estherbuch) verstieß. Der Inhalt der geheimen Gottesreden, die die Somnambule erfuhr, bezog sich auf die Aufrichtung des Gottesreiches durch den von ihr mit E. zu zeugenden Messias. Zu den Anhängern zählten auch vier Pfarrer, darunter Schleiermachers Großvater Daniel. E. erlangte für Ronsdorf 1745 vom Kurfürsten von der Pfalz Stadtrecht und gab der Siedlung einen Herrnhut ähnlichen Charakter. 1749 schied Daniel Schleiermacher aus und rief einen erbittert geführten Prozeß hervor. Rückhalt für die chiliastische Erwartung war Heinr.Horches Prophezeiung über den Beginn der philadelphischen Kirche für 1735.

M.GOEBEL, Gesch. des christl. Lebens in der rhein.-westfäl. ev. Kirche III, hg.v. TH.LINK, 1860, 456ff (erschöpfend) - RE XVIII, 131ff.
M.Schmidt

Ellwangen, ehem. Benediktiner-Abtei, 775/778 gegründet, erscheint schon 817 in der 2. Klasse der Reichsabteien, Anfang des 12.Jh.s exemt, 1460 in ein weltliches Chorherrnstift umgewandelt. Der bedeutendste Propst war Kardinal Otto Truchseß von Waldburg, Bischof von Augsburg (1553-73), der letzte Klemens Wenzeslaus, Kurfürst von Trier, Bischof von Augsburg (1787-1802). Die Stiftskirche (1233 eingeweiht) ist die bedeutendste dreischiffige gewölbte romanische Pfeilerbasilika Schwabens. - Durch die Säkularisation 1802/03 fiel E. an Württemberg, wurde 1812 Sitz eines Generalvikariats mit theologischer Lehranstalt und Priesterseminar, die 1817 nach Rottenburg bzw. Tübingen verlegt wurden.

Beschreibung des Oberamts E., 1886 - J.ZELLER, Die Umwandlung des Ben.-Klosters E. in ein weltl. Chorherrnstift, 1910 - DERS., Das Generalvikariat E. 1812-17 u. sein erster Rat Dr. J.v.Mets (ThQu 109, 1928, 1-160) - Ellwanger Jahrbuch 1-16, 1916-55 - M. SCHEFOLD, Stadt u. Stift E., 1929 (Kunstführer).
M.Miller

Elohim, der Form nach Plural von dem etymologisch vielleicht mit → El zusammenhängenden Eloah, das im AT verhältnismäßig selten, weitaus seltener als E. vorkommt, im Aramäischen und Arabischen indes viel gebrauchte Entsprechungen hat. E. stellt oft auch der Bedeutung nach einen Plural dar, meint also »(die) Götter«, wird aber im AT überwiegend singularisch, also für »ein Gott«, »der Gott« verwendet und bildet sehr oft geradezu den Namen des israelitischen Gottes wie sonst → Jahwe und → Adonaj. Dieser singularische Gebrauch von E. ist weder als Überrest einer polytheistischen Religionsstufe noch daraus zu verstehen, daß seine Endung m nicht Plural-Zeichen, sondern Mimation sei, sondern eher als eine Art Pluralis maiestaticus zu erklären, wie auch sonst im Hebräischen die Pluralform des öfteren nicht eine Quantität, sondern eine Qualität ausdrückt. Daß das mit solchem Gehalt erfüllte E. zum Namen des israelitischen Gottes werden konnte, erklärt sich leicht. In den Psalmen 42-83, die einmal eine selbständige Sammlung gebildet haben, ist eine Verdrängung von → Jahwe durch E. vorgenommen; sie zeigt, daß wenigstens zeitweilig und in bestimmten Kreisen E. die Rolle gespielt hat, die später Adonaj zugefallen ist, nämlich den als überlebt empfundenen Jahwe-Namen zu ersetzen.

Außer der Lit. zu → El: N.WALKER, E. and Eloah (VT 6, 1956, 214f) - A.E.DRAFFTKORN, Ilāni/E. (JBL 76, 1957, 216-224).
O.Eißfeldt

Elohist (E), eine der Quellenschriften des → Pentateuch, so benannt nach der bevorzugten Verwendung des Gottesnamens → Elohim (= Gott), schildert ohne den urgeschichtlichen Introitus die Patriarchen- und Moseszeit (von Gen 15 ab; anders Hölscher) bis zur sog. Landnahme (Jos), wird jedoch von einigen Forschern auch in den sog. geschichtlichen Büchern noch angenommen, ohne daß eine einhellige Meinung über das mutmaßliche Ende vorgetragen wird. Das hängt mit der Unsicherheit der Datierung von E zusammen, die jedoch angesichts der Einwirkung prophetischer Vorstellungen das Vorhandensein einer prophetischen Bewegung in breiterer Form berücksichtigen muß und deshalb frühestens um die Wende vom 9. zum 8.Jh. vChr angesetzt werden kann. Die früher zuversichtlich vertretene Meinung, E stamme aus Ephraim, ist in neuerer Zeit nicht unangefochten geblieben (vgl. Eißfeldt, Noth), wird aber wohl das Richtige treffen. Die Einheitlichkeit des Werkes ist abhängig vom Umfange anzunehmender Ergänzungen, die als E^2 die ältere Grundschrift E^1 bereichert haben;

überdies ist versucht worden, die Selbständigkeit einer E-Erzählung zu bestreiten und in den elohistischen Überlieferungen korrigierende und ergänzende Einschübe aus mehreren Händen zu sehen, die in die jahwistische Quelle (→ Jahwist) eingefügt worden seien (Rudolph). Als Ergänzung größeren Stiles wird man das → Bundesbuch anzusehen haben, während der → Dekalog (in Ex 20), zwar nicht vom Elohisten verfaßt, primärer Bestandteil des E-Werkes gewesen zu sein scheint. Zweifellos wollen die einzelnen Teile der E-Darstellung als Einzelerzählungen wichtiger genommen werden denn als Glieder eines kontinuierlichen Erzählungszusammenhanges. So erklärt sich von der Einzelerzählung her eine gewisse Theologisierung bestimmter älterer Vorstellungen und Begebenheiten. Der Wegfall der Urgeschichte und damit einer universalgeschichtlichen Konzeption, die in Ansätzen spürbare Betonung der rechtlichen Seite im Bundesverhältnis Gott-Volk (Dekalog), die Einwirkungen von Gedanken und Vorstellungen des Prophetismus als eines für Israel eigentümlichen Phänomens (Abraham als Prophet, Gen 20) lassen erkennen, daß weniger in national-politischer als in religiös-geistiger Hinsicht die Besonderheit und Eigenständigkeit Israels hervorgehoben werden sollen.

O.Procksch, Das nordhebräische Sagenbuch, 1906 - P.Volz-W.Rudolph, Der Elohist als Erzähler, 1933 - W.Rudolph, Der »Elohist« von Exodus bis Josua, 1938 - Noth, ÜPent - G.Hölscher, Geschichtsschreibung in Israel (SVSL 50), 1952, 136ff - O.Eissfeldt, EinlAT, 1956², 237ff.

O.Plöger

Elsaß

1. Das Jh. der Reformation - 2. Das 17. und 18.Jh. - 3. Die Revolution und das 19.Jh. bis 1870 - 4. Von 1871 bis zur Gegenwart (mit Einschluß Lothringens). - Vgl. auch → Straßburg: I. II

Das E. ist ein Teil des Rheintales, der Kernachse Europas. Seine kirchliche Vergangenheit ist bis zum Beginn der Neuzeit umschlossen von der Geschichte der Bistümer → Basel und → Straßburg und seitdem durch die Entwicklung des Protestantismus wesentlich mit bestimmt.

1. a) Um 1500 hatte die freie Reichsstadt *Straßburg* eine hervorragende Stellung am Oberrhein inne. Sie ergab sich ebenso aus der Lage im Schnittpunkt politischer Kraftlinien und alter Handelsstraßen wie aus dem kulturellen Leben in ihren Mauern. Hier hatte der Humanismus eine Stätte, hier setzten sich die → Geiler, → Brant und → Wimpfeling für eine Reform des überkommenen Kirchenwesens ein, und hier griff der junge Buchdruck die Verbreitung von Luthers Schriften als lohnende Aufgabe auf. So war der Boden bereitet, als M. → Zell seit März 1521 das Evangelium im Sinne Luthers zu verkündigen begann. Entscheidend wurde es, daß 1523 in kurzen Abständen W. → Capito, M. → Bucer und C. → Hedio in den Straßburger Kirchendienst traten und 1524 Jakob → Sturm in den Magistrat seiner Vaterstadt gewählt wurde. Damit war eine Gruppe von Männern zusammengekommen, die auf den Gang der Reformation in Deutschland einen großen Einfluß ausüben sollte.

Seitdem nahmen die Dinge in Straßburg einen schnellen Lauf: Schöffenbeschlüsse übertrugen dem Rat 1524 das Kirchenregiment und zogen durch das Verbot der Messe eine klare Grenze gegenüber der alten Kirche. Daneben ging der Aufbau des jungen Kirchenwesens her: die Gestaltung neuer gottesdienstlicher Formen eigener Prägung, die Errichtung von Schulen mit dem säkularisierten Klostergut und, in Auseinandersetzung mit dem Täufertum, die Kirchenordnung von 1534. Dieser Neubau war vor allem das Werk Bucers, der die Aufgabe einer Einigung der reformatorischen Bewegung klarer als andere erkannte. Die von ihm und Capito entworfene → Confessio Tetrapolitana von 1530 verband eigene theologische Überzeugungen mit denen der CA und ermöglichte so den Beitritt der oberdeutschen Städte zum Schmalkaldischen Bund. Um dies politische Schutzbündnis nicht durch Verschiedenheit der Lehrmeinungen zu gefährden, brachte Bucer 1536 mit unendlicher Mühe und Geduld die → Wittenberger Konkordie, dh die Einigung mit Luther in der Abendmahlslehre zustande; sie wurde »die wichtigste Brücke für den Einzug des Luthertums in Süddeutschland« (Anrich). Damals wirkte die Straßburger Kirche durch ihre Reformatoren Bucer und Capito auch auf die Gestaltung mehrerer deutscher Landeskirchen und übte über → Calvin, der 1538-41 in Straßburg amtiert hatte, einen tiefgehenden Einfluß auf die Liturgie und Verfassung der Genfer Kirche aus.

Um die Jh.-Mitte beendeten das → Interim und die erzwungene Entlassung Bucers die Glanzzeit der Straßburger Kirche. Eine neue Entwicklung setzte ein. Joh. → Marbach vertrat die in Straßburg durch die Wittenberger Konkordie legitimierte theologische Zeitströmung. Die alte Freundschaft zur Schweizer Kirche wurde abgelöst durch den Gegensatz zu dem sich ausbreitenden Calvinismus. In diesem Zusammenhang ist das Verbot der Gottesdienste der französischen Gemeinde (1563) und die Absetzung des Rektors der Hohen Schule, Joh. → Sturms, zu sehen (1581). Das Spiegelbild dazu war die Lösung von der Tetrapolitana (1563) und die Anerkennung der → Konkordienformel gegen den Willen des Magistrats durch den Kirchenkonvent (1578); sie wurde 1598 ein Bestandteil der von Joh. → Pappus durchgesetzten veränderten »Kirchenordnung«. Damit war die Lutheranisierung der Straßburger Kirche, die deren alte schlichte Liturgie jedoch ganz unberührt ließ, besiegelt. Sie war unter Mithilfe führender Theologen des deutschen Luthertums (J. → Andreä, L. → Osiander) erreicht worden und verstärkte die geistigen Fäden dorthin.

b) Natürlich ergriff die Reformation auch die 38 Dörfer des Straßburger Landgebiets. Ebenso drang sie in Weißenburg (→ Bucer) und andere Orte ein. Ihrer schnellen Ausbreitung standen aber im Unter-E. der weltliche Besitz des Bistums Straßburg, im Ober-E. der feste habsburgische Landblock mit den anschließenden geistlichen Gebieten als unübersteigbare Schranken entgegen. Dazu erstickte die blutige Niederwerfung des → Bauernkrieges im E. viele Ansätze zu einer Reformation auf dem Lande. Erst 1545 führte Philipp IV. in seinem, 1570 in dem angefallenen Teil der Grafschaft Hanau-Lichtenberg, dem größten Territorium des Unter-E., die Reformation nach der von Bucer geschaffenen Kölner Ordnung ein. Diesem Beispiel folgten die kleineren Herrschaften Fleckenstein und Oberbronn, nach dem → Augsburger Religionsfrieden auch ein großer Teil der unterelsässischen Reichsritterschaft. In der Reichsstadt Münster konnte sich die Reformation 1530-43 vollständig, in Hagenau und Colmar nur unter Schwierigkeiten und verhältnismäßig spät durchsetzen.

Das Territorialmosaik im Südwesten des Reiches mußte sich auch in der Reformationsgeschichte des E. auswirken. Im Ober-E. folgten die württembergischen Gebiete von Horburg-Reichenweier seit 1534 dem Vorgang im schwäbischen Stammland; ihr Reformator wurde der von Bucer empfohlene Matthias → Erb. Im Unter-E. traten in dem zweibrückischen Amt Kleeburg und in den kurpfälzischen Ämtern Selz und Altenstadt die gleichen Zusammenhänge nicht so klar hervor, während die Reformation in der Herrschaft Steintal, dem späteren Wirkungsfeld von J.F. → Oberlin, 1589 von Georg Hans von Pfalz-Veldenz eingeführt wurde.

Der Wechsel zum reinen Luthertum in Horburg-Reichenweier (1560) und umgekehrt zum ref. Bekenntnis im Amt Kleeburg erfolgte von den jeweiligen Stammländern aus. Von Anbeginn an ref. waren im Unter-E. die kurpfälzischen Ämter und das Städtchen Bischweiler, an dessen Gottesdiensten seit 1563 auch die Straßburger ref. Gemeinde teilnahm. Im Ober-E. verkündigte der Rat der Reichsstadt Mülhausen schon 1523 ein Reformationsmandat. Dank der Zugehörigkeit zur Eidgenossenschaft (seit 1515) verlief die dortige kirchliche Entwicklung nur im Einklang mit dem Schweizer Typus. In Markirch bestanden, soweit es Rappoltsteinscher Eigenbesitz war, seit etwa 1555 eine deutsch-luth. und franz.-ref. Gemeinde nebeneinander.

2. Während der Protestantismus im E. noch seiner größten Ausbreitung zustrebte, holte der Katholizismus schon zum Gegenschlag aus: 1571 rief der Bischof von Straßburg die Jesuiten ins Land, die in Kirche und Schule (1580 Kolleg, 1617 Universität in Molsheim) einen neuen Geist erweckten. Wendepunkt war der Versuch, das Bistum 1592 durch die Wahl eines ev. Bischofs zu gewinnen. Der Ausgang des Bischöflichen Krieges entschied für die Katholiken und war der Auftakt der Gegenreformation, die im Dreißigjährigen Krieg zunächst (Restitutionsedikt von 1629) zu einem vollen Erfolg zu führen schien. Aber die Schweden gaben 1632 den Protestanten in Colmar und andernorts die schon verlorene Stellung zurück. Im Westfälischen Frieden (1648) wurden die habsburgischen Rechte und Besitzungen im E. an Frankreich abgetreten, dessen Krone trotz der vertraglichen Sicherung des konfessionellen Standes von 1624 den Fortgang der Gegenreformation mit allen Mitteln förderte: von der Begünstigung der Konversionen bis zu regelrechten Dragonaden in den Rieddörfern. Das → Simultaneum wurde durch Zwangsansiedlung kath. Familien in etwa 150 ev. Dörfern erzwungen. Der Höhepunkt dieser Gewaltmaßnahmen lag in den Jahren nach der »Reunion« Straßburgs (1681). Damals stand die ev. Kirche des E. »wahrhaft unterm Kreuz« (Pfister), auch wenn sie in den Gebieten Augsburgischer Konfession wegen der rechtlichen Bindungen nicht einfach verboten werden konnte. Im Laufe des 18.Jh.s setzte sich langsam eine größere Toleranz durch.

Während dieser Zeit stand der elsässische wie der übrige Protestantismus im Zeichen des Konfessionalismus, der im E. mit einer lebendigen Frömmigkeit verbunden war und durch Ph.J. → Speners Einfluß bald gelockert wurde. Für die Kirchen Augsburgischer Konfession war die theologische Fakultät der Universität → Straßburg (Bebel, → Dannhauer, Joh. → Schmid) der geistige Mittelpunkt. Zahlreich blieben die personellen Beziehungen der Geistlichkeit zum deutschen Luthertum, bis sie durch die Ordonnanz von 1727 unterbunden wurden. Trotzdem verlief die innere Entwicklung auch weiterhin parallel.

3. Die Französische Revolution ist die große Zäsur in der Geschichte des E. Der Sturz der territorial-feudalen Ordnung entzog hier wie der kath. Kirche (→ Straßburg: I) auch den ev. Landeskirchen ihre Grundlage. Nach turbulenten, die Existenz der Kirche zeitweise in Frage stellenden Jahren erhielt sie erst durch Napoleon I. ein neues Grundgesetz. Die Organischen Artikel von 1802 (→ Frankreich: I) regelten die Rechte der franz. Protestanten und garantierten ihnen wieder Glaubensfreiheit und religiöse Gleichberechtigung, eine Maßnahme mit tiefgreifender politischer Wirkung. Dem Bekenntnisstand entsprechend wurden eine »Ref. Kirche« und eine »Kirche Augsburgischer Konfession« errichtet. Letztere war vorwiegend im E. (→ Lothringen, Saarwerden) beheimatet. Trotz ihres Namens fehlt ihr aber jeder Bekenntniszwang. Eine sehr bescheidene staatliche Besoldung der Pfarrer bildete zusammen mit dem meist geretteten Kirchengut - das Verdienst Chr.W.Kochs - die schmale materielle Grundlage. Mit der Änderung von 1852, die eine Stärkung der kirchlichen Zentralgewalt und die rechtliche Anerkennung der Ortsgemeinde verfügte, sind die Organischen Artikel bis heute der Kern der Kirchenverfassung.

Der im 18.Jh. aufgekommene theologische Rationalismus wurde von J.L. → Blessig und I. → Haffner, die sich beide in den Revolutionswirren bewährt hatten, an das 19.Jh. weitergegeben, als er in Deutschland schon durch die Theologie Schleiermachers abgelöst war. Die Notzeit seit 1789 hatte den geistigen Austausch mit dem anderen Rheinufer völlig unterbunden. Das änderte sich in den folgenden Jahrzehnten wieder. Die von F.H.Härter seit 1831 ausgelöste pietistische → Erweckungsbewegung wurde ebenso aus den Quellen des franz.-ref. → »Réveil« wie des deutschen Neupietismus gespeist; ihre Bewährung in Arbeiten der inneren und äußeren Mission war höchst beachtlich. Dasselbe gilt von der orthodox-neuluth. Richtung, die seit 1846 von F.Th. → Horning in leidenschaftlichem Einsatz vertreten wurde; ihre deutschen Wurzeln liegen klar zutage. Endlich vermittelte die theologische Fakultät von → Straßburg (: II) dem franz. Protestantismus die deutsche Bibelwissenschaft, vergleichbar der Weitergabe des erneuerten franz. Katholizismus an Deutschland durch die Elsässer Colmar, → Liebermann und Andr.Raess - beides bedeutsame Leistungen des E. als geistigen Brückenlandes.

4. Der staatsrechtliche Wechsel von 1871 schwächte die ev. Kirche in E.-Lothringen durch die Option zahlreicher ihrer Glieder für Frankreich. Der Ausgleich durch einwandernde ev. Binnendeutsche rechnet zT nur der Zahl nach, bereicherte aber zT auch das Kirchenwesen des Reichslandes. Vor allem in den lothringischen Industriebezirken entstanden zahlreiche neue Diasporagemeinden; allein im Bezirk des Konsistoriums Metz stieg ihre Zahl von 5 (1871) auf 24 (1917). Bei der Armut der Kirche waren diese großen Aufgaben nur mit Hilfe des → Gustav-Adolf-Werkes zu meistern. Die Straßburger theologische Fakultät zeigte eine seltene Aufgeschlossenheit für die praktisch-kirchlichen Bedürfnisse (Liturgik, Kirchengesang und -bau) und wirkte bewußt auf Ausgleich bestehender Gegensätze. Wie vor 1871 war sie wieder »in nicht geringem Maße Schicksal der Kirche« (Michaelis). - Die bestehende Kirchenverfassung wurde nach 1871 nicht angetastet. Für die Ref. Kirche schuf die Synodalverfassung von 1905 den notwendigen Zusammenschluß der 5 Konsistorien. Die für 1914 vorgesehene Verfassungsänderung der Kirche Augsburgischer Konfession kam nicht mehr zur Ausführung.

Auch nach dem Rückfall E.-Lothringens an Frankreich (1919) wurde die napoleonische Kirchenverfassung durch konkludente Handlungen neu anerkannt. Die Ankündigung, die seit 1905 in → Frankreich (: I) bestehende Trennung von Staat und Kirche auch hier zu verwirklichen, löste 1924 einen scharfen, politisch weiterwirkenden Protest im ganzen Lande aus und mußte zurückgenommen werden. An dem gleichen Problem versuchte sich während des Krieges auch die nationalsozialistische Verwaltung; es blieb eine vom Kirchenvolk einhellig abgelehnte vorübergehende Gewaltlösung. So ist in E.-Lothringen bis heute ein Stück Staatskirche im laizistischen Frankreich erhalten geblieben.

Der Wechsel von 1919 mit der anschließenden Verdrängung zahlreicher altdeutscher Gemeindeglieder und Pfarrer bewirkte eine erneute Schwächung der ev. Kirche; mangelnder theologischer Nachwuchs und die Auswirkungen der staatlichen, auf Ausmerzung der deut-

Der Anteil der Protestanten an der Bevölkerung von E.-Lothringen[1])

Jahr	Gesamt-Bevölkerung von E.-Lothringen	Unter-E.		Ober-E.		Lothringen	
		Prot.	in vH	Prot.	in vH	Prot.	in vH
1871	1 517 494	186 147	31,6	51 144	11,2	13 407	2,1
1910	1 874 014	248 818	32,1	74 116	14,3	85 340	13,0
1926	1 795 100	190 956	28,4	51 601	10,5	30 412	4,8
1936	1 906 285	208 601	29,3	53 836	10,7	32 854	4,9
1954	1 960 129	192 159	27,8	49 542	9,9	31 340	4,1

[1]) Die Prozentzahlen beziehen sich auf die Bevölkerung des jeweiligen Bezirks. Von der Gesamtzahl der Protestanten in E.-Lothringen entfallen etwa 16,5% auf die Ref. Kirche, der Rest auf die Kirche Augsburgischer Konfession.

schen Sprache abzielenden Maßnahmen auf allen Gebieten des Unterrichtswesens erschweren deren Überwindung noch heute. Die Kirchenleitungen schenken seit einigen Jahren dem Kindergottesdienst wie dem Schulreligionsunterricht erhöhte Aufmerksamkeit und bemühen sich um Erweckung der Gemeinden durch Bibelwochen und Evangelisationen wie überhaupt um Mitarbeit der Laien (Kirchentag 1956). Die zunehmende Massierung der Bevölkerung, bes. in Straßburg und im lothringischen Kohlen- und Erzgebiet, stellt heute ähnliche Aufgaben (Gründung neuer Gemeinden, Errichtung neuer gottesdienstlicher Räume) wie zu Beginn des Jh.s. – 1957 zählte die Kirche Augsburgischer Konfession 206 Gemeinden mit 237 Pfarrstellen und 3 Hilfspfarreien, die Ref. Kirche 42 Gemeinden mit 53 Pfarrstellen und 9 Hilfspfarreien. Wegen Pfarrermangel waren gut 15% der Stellen nicht besetzt.

G.Anrich, Die ev. Kirche in E.-Lothringen nach Vergangenheit u. Gegenwart, 1913 (kurzer Überblick) – Ders., Straßburg u. d. Calvinische Kirchenverfassung (Univ. Tübingen H. 25, 1928, 12-31) – A.Krüger, Die geschichtl. Entwicklung d. Verfassung d. Kirche AC von E.-Lothr. v. 1789 bis 1852, 1913 – J.Adam, Ev. KG d. Stadt Straßburg, 1922 – Ders., Ev. KG d. elsäss. Territorien bis zur franz. Revolution, 1928 (beide mit Lit.) – RGG² II, 118 ff (Lit.) – Chr.Pfister, L'Alsace et l'Édit de Nantes (RevHist 160. 1929, 217-240) – Chr. Hallier, Das Kirchenwesen Straßburgs als Glied d. dt. Luthertums im 16. u. 17.Jh. (E.-Lothr. Jb. 9, 1930, 209-227) – E.-Lothr. Atlas, hg. v. G.Wolfram u. W.Gley, nebst Text-Bd, 1931, Karte 15-19 – O. Michaelis, Grenzlandkirche. Eine ev. KG E.-Lothringens 1870-1918, 1934 – F.Wendel, L'Église de Strasbourg, sa constitution et son organisation 1532-35, 1942 – H.Strohl, Le Protestantisme en Alsace, 1950 (Gesamtüberblick; Lit.). *Chr.Hallier*

Eltern und Elternbeirat

1. In einer Zeit der Erziehungsnot und der seelisch-sittlichen Gefährdung der Jugend kann weder die Familie noch die Schule allein die Erziehungsaufgabe bewältigen. Zusammenschluß aller Kräfte, gegenseitiger Erfahrungsaustausch sind nötig. Dabei sind keineswegs die beruflich Geschulten immer die Gebenden; sie lernen von pädagogisch begabten E., wie diese von ihnen. Hausbesuche der Lehrer, Unterrichtsbesuche der E., E.-Sprechstunden schaffen erste Kontakte. Kurzreferate und Aussprachen auf Klassen-E.abenden, gemeinsamer Empfang von pädagogischen Rundfunksendungen oder Diskussionen über Aufsätze der Tages- und Zeitschriftenpresse vertiefen eine pädagogische Haltung. Berlin hat Spielstunden für E. eingerichtet, um zu zeigen, wie man für Kinder Mußestunden wertvoll ausfüllt. Gelegentlich ist ein Klassen-E.abend als Kinderabend wichtig; Höhepunkte können Schulfeste und -feiern sein. Allerdings muß dabei jedes Starsystem vermieden werden. Gelingt es, diese Möglichkeiten lebendig zu gestalten, wird sich unter den Beteiligten ein Vertrauensverhältnis entwickeln, und Mißverständnisse können ausgeräumt werden. Daß zuweilen von beiden Seiten Klagen laut werden, sollte nicht verwundern, denn die Urteile von E. und Lehrern über Kinder gehen oft weit auseinander. Jede Gruppe erlebt das Kind in einem andern Milieu und möchte u.U. auch anderes erreichen. Rücksicht auf Familienehre, Familienegoismus, Blindheit gegen die Fehler ihrer Kinder lassen E. oft pädagogisch falsch handeln. Gleichgültigkeit, ja Abneigung gegen Lehrer im allgemeinen verleitet sie zu unvorsichtigen Bemerkungen in Gegenwart der Kinder. Da sie oft nicht wissen, wie vorsichtig Kinderaussagen zu beurteilen sind, kann ein Zerrbild von Lehrer und Schule entstehen. Der Laie ahnt oft nicht, wie schwer Lehrerarbeit ist. Auf der andern Seite gilt für den Lehrer in ständiger Selbstkritik Salzmanns Wort: »Von allen Fehlern und Untugenden seiner Zöglinge suche der Erzieher zuerst den Grund in sich selbst.« Es ist also vieles zu tun zur Harmonisierung der Erziehungseinflüsse von Schule und Haus.

In der Regel von Sozialarbeitern getragen, bestehen an vielen Orten seit langem Mütterschulen; sie werden in der Zeit der verheirateten berufstätigen Frau, die eine biegsamere Arbeitsteilung in der Familie fordert, mehr und mehr erweitert zu *E.schulen* (in der DDR E.seminare). *Erziehungsberatungsstellen* mit Psychiater, Psychologen und therapeutisch geschulter Fürsorgerin sind schon aus finanziellen Gründen nur an größeren Orten möglich; kleinere müssen mit einer weniger anspruchsvollen Besetzung zufrieden sein (München seit 1922 Dr. L.Seif; Hannover ab 1951: Psychotherapeutisches Institut mit Erziehungsberatung; Muster: Child's Guidance Clinic in USA und Großbritannien; Kiel 1953). Ein neuer Typ *Zeitschriften* ist entstanden, deren sich E. als einer Art »pädagogischer Hausapotheke« bedienen sollen, etwa: »Freundliches Begegnen«, für E.haus und Höhere Schule; »Unser Kind«, getragen von der Gewerkschaft Erziehung und Wissenschaft, mit reichhaltiger Jugendbeilage; »Höhere Schule und Beruf«, München; »E.-blatt«, Berlin, mit einem Kuratorium, das wichtige pädagogische und konfessionelle Vertreter umfaßt; »E.briefe«, Mitteilungsblatt der E.schaften deutscher Mittel- und Realschulen. Hinzu kommen konfessionell betonte Zeitschriften. In der DDR: »E.haus und Schule«, hg. vom Ministerium für Volksbildung.

2. Ein Sprachrohr der E. in der Schule sind die amtlich eingerichteten *Elternbeiräte,* auch E.räte, E.ausschüsse, Schulgemeinde, Klassen- und Schul-E.schaft, Klassen- und Schulpflegschaft genannt. Bayern und Preußen machten den Anfang mit E.B.en 1917, 1918, 1919. Oldenburg, Braunschweig, beide Mecklenburg hatten keine; den weitesten Vorstoß zur Demokratisierung des Schulwesens machte Hamburg. Aber die Art der Wahl (Listen-Verhältniswahl) brachte das politische Moment hinein; die so gewählten E.B.e konnten den Grundgedanken des Dienstes an der gemeinsamen Erziehungsaufgabe von Schule und Haus nicht verwirklichen (1926 verbot der Reichswehrminister den Soldaten die Beteiligung an den E.B.s-Wahlen, »weil diese durch die politische Entwicklung der letzten Zeit mehr und mehr in den Kampf der politischen Parteien hineingezogen worden sind«). 1933 wurden die E.B.e abgeschafft. – Nach

dem Zusammenbruch wurde ein *neuer Anfang* möglich. Die Schulraumnot rief an vielen Orten spontan die E. auf den Plan, mit Lehrern und älteren Schülern zusammen praktische Aufbauarbeit zu leisten (Ausschnitte dieser E.-Leistungen s. Niedersächsisches Schulverwaltungsblatt 3, 1951, Nichtamtlicher Teil S. 205–208). Einzelne Länder haben die Mitwirkung der Erziehungsberechtigten gesetzlich, andere auf dem Verordnungswege geregelt. Der Grundsatz, durch Aufbau auf der Klassen-E.-schaft möglichst die Politik auszuschalten, hat sich durchgesetzt. Die Vorsitzenden der Klassen-E. bilden den E.B. der Schule. Die *Wahlordnungen* für die E.B.e in den einzelnen Ländern ähneln einander in den Grundzügen. Einzelne verlangen angemessene Berücksichtigung von Frauen. Überall sind die E.B.e als selbständige Körperschaft anerkannt, in der Lehrer nur beratende Stimme haben. Zum *Aufgabenbereich* des E.B.s gehören: Pflege gegenseitigen Verständnisses von Schule und Haus; alles, was der geistigen, sittlichen, körperlichen Förderung der Schuljugend dient; Wünsche und Anregungen in bezug auf den Schulbetrieb; Behandlung von über den Einzelfall hinaus bedeutenden Vorfällen. Bei schwerwiegenden Verfehlungen, die u.U. zur Verweisung von der Schule oder zu einer Sittennote im Abgangszeugnis führen, die das Fortkommen erschwert, ist mit Zustimmung der E. des Schülers der E.B. vorher zu hören. Der Vorsitzende oder Stellvertreter können bei Prüfungen zugegen sein. In einzelnen Ländern sind die Zuständigkeiten durch einen Katalog geregelt, der zunächst weitgehend erscheinen mag, aber auch einengend wirken kann. Einzelne Länderordnungen heben ausdrücklich hervor, daß der E.B. keine Aufsichts- und Beschwerdeinstanz ist. Eine gute Zusammenarbeit zwischen Schule und E.B. erfordert auf beiden Seiten viel Takt. – In vielen Fällen haben die E.B.e auf *Zentralisation* gedrängt. Manche Länder haben die Dinge sich frei entwickeln lassen; andere schufen über die Orts- und Kreis-E.B.e zum Landes-E.B. einen institutionellen Aufbau. Das kann die Gefahr in sich bergen, daß ein solches »Parlament« allmählich nicht nur beratende, sondern mitentscheidende Rechte beansprucht. Sollen keine Machtansprüche durchgesetzt werden, sondern will man Anregungen und Erfahrungen weitergeben, so bestehen keine Bedenken gegen überlokale Zusammenfassungen. Die intensivste Wirkung liegt jedoch fraglos bei der einzelnen Schule: Mithilfe im Landheim, beim Schulorchester, Bau einer Bühne, in freiwilliger Selbstbesteuerung, in Verhandlungen mit lokalen Behörden u.ä.

In der *DDR* sind zwei Verordnungen wichtig: »Richtlinien zum Abschluß der Patenschaftsverträge der volkseigenen Betriebe und allgemeinbildenden Schulen« vom 21.9.1955; ferner: »Verordnung über die Aufgabe und die Arbeit der E.B.e an den allgemeinbildenden Schulen« vom 14.10.1955. Die Patenschaften »festigen die Verbindung zwischen Lehrern und Arbeiterklasse; die Betriebe stellen Veteranen der Arbeiterbewegung und bewährte Kämpfer zur Verfügung, die den Kindern von ihrem Kampf gegen die kapitalistische Ausbeutung erzählen«. Die → Jugendweihe soll mit sehr genau umrissenen Mitteln gefördert werden, eine Reihe anderer Anordnungen weist aus, wie Politik und vormilitärische Erziehung verankert werden. Die E.B.e sollen hier u.a. »die von der Regierung festgelegte Schulpolitik verwirklichen helfen«. Sie sollen insbesondere für die »systematische Förderung der Arbeiter- und Bauernkinder als künftige Träger der neuen Gesellschaftsordnung sorgen«. Ferner müssen sie die Arbeit der »Jungen Pioniere«, der »Freien Deutschen Jugend« (FDJ) wie den Patenbetrieb stützen. Stimmberechtigte Mitglieder sind 4 Vertreter von politischen Organisationen. Damit sind einige Züge aufgewiesen, durch die sich der E.B. der DDR von der freien Arbeit der E.B.e in der BRD unterscheidet.

3. Im *Ausland* entstand vor allem in den angelsächsischen Ländern eine freie E.bewegung, die sehr früh zur Kooperation von E. und Lehrern führte. 1887 gründete Charlotte Mason in *England* eine National-Erziehungs-Union für E. (P.N.E.U.), die heute ein eigenes privates Lehrer-College im Lakedistrict unterhält. Die Parent-Teacher Association ist Sache der einzelnen Schule. – In *USA* entstand aus Mrs. Birneys National Congress of Mothers (1897) um 1900 der Nationalkongreß der E. und Lehrer mit Zehntausenden lokaler Vereinigungen (Associations), heute eine machtvolle Organisation mit dem Parents' and Teachers' Magazine als Organ, mit Millionen Beziehern in allen 48 Staaten; unter den 8 beratenden Herausgebern sind mehrere Universitätsprofessoren. – In *Frankreich* wurde von Mme Verine »L'Ecole des Parents et des Educateurs« gegründet (Hauptmitarbeiter ist heute Professor Heuyer, Faculté de Médecine, Sorbonne), die durch Zeitschriften, Vorträge und Faltblätter zu wirken sucht.

Amtsblätter der Länder-Kultusministerien - H.Gaudig, E.haus u. Schule als Erziehungsgemeinschaft, (1920) 1929² - E.de Greeff, Nos Enfants et Nous, Gembloux 1939 - A.de l'Aigle, E.fibel. Die ewigen Ordnungen in der Erziehung, (1948) 1952³ - H.Prollius u. A.de l'Aigle, Du u. Deine Kinder, 1949 - Ch.del Solar, Parents and Teachers view the Child, New York 1949 - O.E.Kurz, Der E.B. in der dt. demokrat. Schule, 1956. - Bibliogr. zum Thema gehöriger Zeitschriften: Die Sammlung 9, 1954, 450-459; Hochschule für Internationale Pädagogik, Frankfurt/M. 1956 (Masch.); Kath. Frauenbildung 58, 1957, 216-221.

K.Petersen

Elternrecht

1. Grundsätzliches in theologischer Sicht - 2. Entwicklung und pädagogische Diskussion - 3. Rechtslage

Unter dem Begriff E. werden die Rechte zusammengefaßt und diskutiert, welche den → Eltern im Hinblick auf das Leben, die Rechtsstellung und die → Erziehung ihrer Kinder zustehen. Das E. grenzt sie ab gegen andere Erziehungs- und Sozialkräfte: den Staat, die Kirche, die Schule, den Lehrherrn, die Berufsorganisation usw. In der politischen Diskussion hat sich der Begriff auf das Recht zur Bestimmung des religiösen oder weltanschaulichen Charakters der Schule verengt.

1. Eine *Stellungnahme ev. Theologie* zu dieser Frage muß ausgehen von dem Wesen und Auftrag der Familie einerseits, des Staates andererseits als von Gott gesetzter Institutionen. Die → *Familie* (: IV) ist die von Gott mit der Schöpfung des Menschen gesetzte unmittelbarste Grundform menschlicher Gemeinschaft. In ihren verschiedenen Dimensionen – Verhältnis der Ehegatten zueinander, der Eltern und Kinder zueinander, der Geschwister untereinander – ist sie primäre Übungsstätte der mitmenschlichen Liebesgemeinschaft aus der gemeinsamen Bindung des Glaubens an Gott, in der überhaupt die geschöpfliche Berufung des Menschen liegt und die freilich nicht auf die Familie beschränkt bleiben, sondern von diesem ihrem primären Übungsort in alle weiteren Bezirke menschlicher Begegnung ausstrahlen soll. – Für den Erziehungsauftrag der Eltern an den Kindern bedeutet das: er ist zuerst und zuletzt der Auftrag, die Kinder durch Wort und Beispiel zum Glauben an Gott und zu einem Leben in der Kraft der Liebe Gottes zu führen. Dies ist das Vorzeichen für alles, was elterliche Erziehung sonst als Hinführung zu verantwortlichem Menschsein auszurichten hat. Die Eltern haben also als solche, dh als »Institution«, den Auftrag, auf die innerste Gewissensbildung und -bindung ihrer Kinder einzuwirken. Wenn unter dem Vorzeichen menschlicher Gottesferne dieser Auftrag nicht mehr als Auftrag *Gottes* verstanden und

nicht mehr als Führung zum Glauben erfüllt wird, so hebt das den Auftrag selbst und seinen ursprünglichen Sinn nicht auf. Es soll den Eltern jedenfalls der Raum offenbleiben, unter der Verkündigung des Evangeliums in sein rechtes Verständnis und seine rechte Erfüllung hineinzuwachsen. Formal gesprochen bedeutet das, daß ihnen der Raum offenbleiben muß, ihre Kinder in den innersten Fragen des Menschseins gemäß ihrer eigenen Gewissensentscheidung zu erziehen.

Der → *Staat* (: IV) hat den Auftrag, das über die persönlichen Berührungen hinausgreifende menschliche Zusammenleben zu ordnen. Er tut dies durch das Gesetz, dessen Erfüllung unbeschadet des Willens oder Unwillens der einzelnen durch potentielle oder aktuelle Gewalt durchzusetzen ist. Insofern kann er theologisch nur als eine Notordnung Gottes verstanden werden, die den inneren Abfall des Menschen von seiner schöpfungsmäßigen Bestimmung zu brüderlicher Gemeinschaft aus dem Glauben schon voraussetzt und den Auftrag hat, den je und je hervorbrechenden Konsequenzen dieses inneren Abfalls eine Nötigung zu äußerer Ordnung des Zusammenlebens entgegenzuhalten. Nicht dagegen hat der Staat den Auftrag, Herzen zu wandeln und die Menschen zur Erfüllung wahrer mitmenschlicher Bruderschaft zu erlösen. Dazu kann nur die Verkündigung des Evangeliums rufen, und dieser Ruf muß in der Freiheit persönlicher Glaubensentscheidung gehört und befolgt werden. Ev. Theologie muß also die Ideologisierung des Staates zu einer Heils- und Erlösungsmacht und damit auch zu einer in die Gewissen eingreifenden absoluten Erziehungsmacht ablehnen, mag diese Ideologisierung nun unter aufgeklärten und atheistischen oder unter irgendwelchen religiösen Vorzeichen geschehen. Sie müßte im Zuge dieser Erkenntnis auch den »christlichen« Staat ablehnen, wenn darunter ein Staat verstanden werden sollte, der seinen Gliedern das Christentum »verordnet« und durch behördliche Maßnahmen unausweichlich machen will.

Unter Beachtung dieser Grenze, die dem Erziehungswillen des Staates von der Begrenztheit seines Auftrages her gesetzt ist, muß nun aber von einem Interesse auch des Staates an der Erziehung gesprochen werden. Dieses Interesse richtet sich dem Auftrag des Staates gemäß zunächst auf die Erziehung zur Achtung der Rechtsordnung und zu sozialer Disziplin. Es richtet sich sodann – vor allem unter den heutigen differenzierten Verhältnissen – darauf, daß die heranwachsende Generation dasjenige Wissen und diejenigen Fertigkeiten erwirbt, die für ihr einstiges Mitwirken im Gefüge des allgemeinen Arbeitsprozesses notwendig sind, und daß sie ein Verständnis der »objektiven Kultur« der staatlichen Gemeinschaft gewinnt. Es richtet sich schließlich auch darauf, daß er als Sozialstaat den Zugang zur → Bildung, soweit sie durch Schuleinrichtungen geboten werden kann, allen seinen Gliedern möglichst öffnet.

Die *Schule* ist weder dem Interesse des Staates an der Erziehung noch der Erziehungsaufgabe der Eltern einseitig subsidiär zuzuordnen. Sie ist eine Hilfseinrichtung, die in *alle* Dimensionen des komplexen Geschehens der Erziehung stellvertretend eintritt. In der Schulerziehung handelt es sich sowohl um sachliche Wissensvermittlung und Vorübung sozialer Disziplin als um persönliche Menschenbildung. Infolgedessen berührt der Vorgang der Schulerziehung ebenso die Belange des Staates an der Erziehung wie den Erziehungsauftrag der Eltern; beide Institutionen haben an seiner Gestaltung wesentliche und berechtigte Interessen. Diese beziehen sich auf verschiedene und nicht aufeinander reduzierbare Dimensionen dessen, was in der Schule geschieht. Sie können daher weder nach der einen noch nach der andern Richtung einander untergeordnet, sondern müssen gegeneinander ausgewogen werden und einander Raum lassen.

W. Joest

2. Die *pädagogische,* politische und juristische Erörterung des E.s gewinnt erst beim Aufkommen der Staatsschule im 18. Jh. Bedeutung (→ Bildungswesen). Im Hinblick auf den wachsenden Staatsanspruch werden, bes. von konfessionellen Minoritäten, E. und Unterrichtsfreiheit gefordert und naturrechtlich begründet. Zumal von den Erziehungstheoretikern der französischen Revolution wird dagegen freilich das »natürliche« Recht des Kindes auf eine gute, den Vorurteilen der Eltern entzogene Ausbildung geltend gemacht und der Staat als der einzige Wahrer dieses Rechts angesprochen. Im 19. Jh. ringen Obrigkeitsstaat, etatistischer und staatsfeindlicher Liberalismus um die Rechtsform der Schule, wobei das E. oft auch mißbraucht wird, um die Ansprüche geistiger, politischer und sozialer Mächte und Gemeinschaften zu begründen. Die Schulrechtslehre (Gräfe, Kirsch, Gneist) stellt dabei heraus, daß verschiedene Körperschaften an der Erziehung zu beteiligen sind, die neben der Familie ein eigenes Recht geltend machen müssen: die Kirche, der Staat, die Wirtschaftsgemeinschaft, zumal aber die Erzieherschaft, die mit pädagogischer Fachkenntnis das Recht des Kindes wahren hilft. Die Grundrechte von 1848 formulieren neben dem E. die Elternpflicht zur Kindererziehung. Einen entschiedenen Verfechter erhält das E. in F.W. → Dörpfeld (»Die Schule gehört wie das Kind zunächst den Eltern«), dessen Lehren auch in der E.sbewegung 1918/19 mitwirkten. P. Oestreich (Schulausschuß der SPD Berlin, 1919) hat die Elternräte (→ Eltern) zu eigentlichen Trägern des ganzen öffentlichen Erziehungswesens machen wollen. Gesetzliche Formen für das E. wurden damals gesucht und hier und da angesetzt, nach 1933 jedoch wieder zerstört.

Pädagogisch ist der Berufung auf das E. so viel Bedeutung zuzumessen, als sie einem wirklichen erzieherischen Wollen und Sorgen der Eltern entspringt. Wo das E. offensichtlich zum Instrument von Gruppen wird, die hinter den Eltern stehen, verliert es ebenso an Gewicht wie dort, wo die Eltern ihre eigenen Erziehungspflichten nicht wahrnehmen und statt dessen Schule und Lehrer kritisieren, auch im Hinblick auf Unterrichtsmethoden, Bildungsplan und Fachfragen, für welche sie oft keine Sachkenntnis mitbringen. Anderseits wird eine Schule nur wirksam arbeiten, wenn sie sich erzieherisch im Einklang mit dem Elternhaus befindet, auf seine Wünsche und Vorstellungen so weit wie möglich eingeht und seine verständnisvolle Unterstützung für ihre Maßnahmen gewinnt. Pädagogisch ist also nicht so sehr die Rechtsposition wie das gegenseitige Verstehen und das gemeinsame Wirken zum Wohl und Heil des Kindes von Bedeutung; zweifellos muß in Deutschland durch Abbau autoritärer Formen der Schulführung und resignierter Kritik der Elternschaft meistenorts noch ein weiter Weg bis zu erfreulichen Verhältnissen zurückgelegt werden. – In vielen Ländern der westlichen Welt stellt das E. ebenfalls eine Streitfrage dar. In den Vereinigten Staaten hat es stellenweise zu schrankenloser Schulherrschaft von nicht-sachverständigen Eltern-»boards« geführt, unter deren Leitung die Bildungspläne der Schulen zusammengebrochen sind. In anderen Ländern (zB England und Frankreich) hat sich mit Hilfe des E.s neben dem staatlichen ein weitverzweigtes privates Schulwesen entwickelt, das aber staatliche Anerkennung und Unterstützung genießt.

H. Gaudig, Elternhaus u. Schule als Erziehungsgemeinschaft, (1920) 1929² – A. Fischer, Das E. an der Schule in Vergangenheit u. Gegenwart (Die dt. Schule 28, 1924, 204–213) – F. Restrepo, Die Entwicklung des E.s in Deutschland seit der Reformation, 1924 –

F.BLÄTTNER, Das E. u. die Schule, 1927 - J.DOLCH, Das E. (Mann's Pädag. Magazin 1154), 1928 - R.F.BUTTS, A cultural History of Western Education, New York (1947) 1955² - E.HYLLA-W.L.WRINKLE, Die Schulen in Westeuropa, 1953 - A.FLITNER, Die polit. Erziehung in Deutschland, Gesch. u. Probleme 1750-1880, 1957 - H.A.DOMBOIS-W.JOEST-E.STEIN, E., 1958. *A.Flitner*

3. *Juristisch* ist das E. der Teil des Familienrechts, der sich mit dem Verhältnis von Eltern und Kindern befaßt (§§ 1616 ff BGB). In seinem besonderen politischen Sinne, der sich auf den Charakter der Schulerziehung verengt hat, wird es heute auf Art. 26 Abs. 3 der UNO-Deklaration der Menschenrechte von 1948 gestützt: »In erster Linie haben die Eltern das Recht, die Art der Erziehung zu bestimmen, die ihre Kinder genießen sollen.« - Daneben wird das E. auch aus der Garantie des natürlichen Erziehungsrechts (Art. 6 GG) und aus der freien Gewissensentscheidung der Eltern über die religiöse Erziehung ihrer Kinder abgeleitet. Die Freiheit der Gewissensentscheidung ist in Art. 4 GG und in Art. 9 der in der Bundesrepublik gültigen Konvention des Europarates zum Schutze der → Menschenrechte garantiert (BGBl. 1952, II, 14). In den meisten praktischen Fragen ist das E. politisch umstritten. Das gilt bes. von der Frage, ob eine Anerkennung des E.s den Staat verpflichtet, Konfessionsschulen zu unterhalten oder zu finanzieren. Für eine solche Verpflichtung wird angeführt, der Staat, der die freie Gewissensentscheidung der Eltern rechtlich garantiere, müsse auch die Mittel zur Realisierung dieser Entscheidung bereitstellen. Auf der anderen Seite wird befürchtet, daß hierdurch die Länder zur Errichtung von Minderheiten-Zwergschulen gezwungen würden. Außerdem trete lediglich an die Stelle der tyrannischen Staatsautorität die tyrannische Elternmajorität. Die kath. Kirche fordert im Gegensatz zu den meisten deutschen Ländern, gestützt auf das Reichskonkordat, die staatliche Konfessionsschule. Beide Kirchen treten für Subventionen von Privatschulen ein. Die Stellungnahme zur staatlichen Konfessionsschule seitens der ev. Landeskirchen ist unterschiedlich (→ Schule und Kirche: I). In Zukunft wird der weltanschaulich neutrale Staat sich immer weniger in der Lage sehen, konfessionell zu erziehen; andererseits begründet die Logik des E.s den Anspruch auf staatliche Subventionen freier (privater) konfessioneller Schulen.

Das Grundgesetz hat auf eine Klärung des Verhältnisses von E. und staatlicher Schulaufsicht weitgehend verzichtet. Es stellt lediglich zwei einander entgegenstehende Grundsätze auf: »Pflege und Erziehung der Kinder sind das natürliche Recht der Eltern und die zuvörderst ihnen obliegende Pflicht« (Art. 6 Abs. 2). »Das gesamte Schulwesen steht unter der Aufsicht des Staates« (Art. 7 Abs. 1). Die beiden Maximen haben einen ganz verschiedenen geistigen und historischen Hintergrund. Die grundsätzliche Garantie des E.s beruht auf dem Gedanken, daß jede → Erziehung, auch die Schulerziehung, vom E. auszugehen habe. Unverbunden neben diesem E. steht die traditionelle Staatsaufsicht über die Schulen (→ Bildungswesen). Theoretisch hat sich jedoch nach 1945 das primäre Erziehungsrecht der Eltern auch gegenüber der Schule durchgesetzt. Aus der vollen Anerkennung des E.s ergeben sich eine Reihe von Forderungen: a) Gleichstellung der Privatschulen mit den öffentlichen Schulen, auch in finanzieller Hinsicht (Dibelius); b) Mitwirkung der Eltern an der Schularbeit, und zwar sowohl auf der Ebene der Schulaufsicht als auch an der einzelnen Schule und Klasse; c) Auflockerung der anstaltlichen Schulverfassung unter körperschaftlicher Beteiligung der Eltern; d) beratende Mitwirkung der Elternvertretungen bei der Berufung der Lehrpersonen. - Für einzelne dieser Reformpunkte finden sich bereits Ansätze. So stellen Art. 7 Abs. 4 GG und die Privatschulgesetze der Länder die privaten Schulen grundsätzlich gleichberechtigt neben die öffentlichen. Die Mitwirkung der Eltern an der Schule ist in verschiedenen Verfassungen und Landesgesetzen garantiert und näher ausgestaltet (Verfassung von Nordrhein-Westfalen, Art. 10 Abs. 2 in Verbindung mit dem 1. Gesetz zur Ordnung des Schulwesens vom 8.4.1952; Hessische Verfassung, Art. 56 Abs. 2; Verfassung von Rheinland-Pfalz, Art. 27 Abs. 1; Bayerisches Schulorganisationsgesetz vom 8.8.1950). In den übrigen Ländern ist die Mitwirkung der Eltern im Verordnungswege geregelt. Es gibt Organisationsformen für eine Mitwirkung der Eltern an der einzelnen Klasse, an der Schule und in Landesschulbeiräten, die den Kultusminister beraten (→ Eltern und Elternbeiräte).

Das Verhältnis von *E. und Kirche* ist durch Art. 7 Abs. 2 und 3 GG und das Reichsgesetz über die religiöse Kindererziehung vom 15.7.1921 (RGBl. 939) näher ausgestaltet. Über die religiöse Erziehung bestimmt die freie Einigung der Eltern. Durch die → Gleichberechtigung hat sich hieran nichts geändert. Die Einigung kann grundsätzlich nicht einseitig abgeändert werden. Die Eltern haben auch über die Teilnahme der Kinder am Religionsunterricht in der Schule zu entscheiden. Nach Ablauf des 12. Lebensjahres kann das Kind nicht gegen seinen Willen in einem anderen Bekenntnis als bisher erzogen werden. Nach Vollendung des 14. Lebensjahres entscheidet das Kind selbst, an welches religiöse Bekenntnis es sich halten will. Streitigkeiten über die → religiöse Kindererziehung entscheidet das Vormundschaftsgericht.

Eine starke Position besitzen die Eltern gegenüber → *Jugendgericht* und *Jugendbehörden*. Das Jugendgerichtsgesetz vom 4.8.1953 (BGBl. I, 750) beteiligt die Eltern am Strafverfahren im gleichen Umfang wie die jugendlichen Angeklagten. Solange das Kind nicht kriminell geworden ist, vermag das Gericht oder die Jugendbehörde - anders als zB in den USA - nur im engen Rahmen der §§ 63 ff Jugendwohlfahrtsgesetz, 1616 BGB, Art. 6 Abs. 3 GG einzugreifen, dh nur bei Mißbrauch des E.s oder bei bereits eingetretener Verwahrlosung. In der Praxis hat sich zur Vorbeugung die sog. freiwillige → Fürsorgeerziehung bewährt, die vor allem in den Händen der karitativen Organisationen liegt. - Dem Schutz des E.s gegen Dritte dienen die §§ 235. 237 StGB.

J.MAUSBACH, E. u. Schule (Festschr. f. F.Porsch, 1923, 93-101) - O.EBERHARD, Kirche u. Schule in ihrem Lebenszusammenhang, 1927, Kap. IV - G.HOLSTEIN, E., Reichsverfassung u. Schulverwaltungssystem (AÖR NF 12, 1927, 187-254) - W.LÜTKEMANN, Das E. (Die ev. Pädagogik 2, 1927, 55-66) - E.SPRANGER, Die wissenschaftl. Grundlagen der Schulverfassungslehre u. Schulpolitik (AAB 1927, 3), 1928 - H.SCHLEMMER, Das E., 1930 - E.HEUSS-KNAPP, Schule u. Eltern (Schola 1, 1946, 200-202) - O.DIBELIUS, Grenzen des Staates, 1949 - H.KLOSS, Lehrer, Eltern, Schulgemeinden, 1949 - W.GREWE, Die Rechtsstellung der Privatschulen nach dem GG (D. öffentl. Verwaltung 3, 1950, 33-36) - H.HECKEL, GG u. Schule (ebd 1-5) - DERS., Übersicht über das Schulwesen im Bundesgebiet, 1952 - K.-B.v. DOEMMING-R.W.FÜSSLEIN-W.MATZ, Entstehungsgesch. der Artikel des GG (Jb. des öffentl. Rechts NF 1, 1951, 92-113) - P.FLEIG, Das E. im Bonner GG, 1953 - CHR.HODLER, Die Freiheit der Person nach der neuen Europ. Menschenrechtskonvention (Neue jurist. Wochenschrift 6, 1953, 531-533) - E.KLATT, Im Kampf um die Schule, 1954 - G.HEPPES, Grenzen des E.s, 1955 - H.BECKER, Kulturpolitik u. Schule, 1956 - DERS. u. W.CIEMEN, Elternhaus, Höhere Schule u. Universität, 1957. *H.Becker*

Elwert, *Eduard* (1805-65). * in Cannstatt, studierte E. in Tübingen, 1829 in Berlin von → Schleiermacher und A. → Neander nachhaltig beeindruckt. 1836 wurde er Prof. für KG und DG in → Zürich, verzichtete 1837 aus Gesundheitsgründen auf den Ruf nach → Tübingen; bis 1850 (mit Unterbrechung durch eine Lehrtätigkeit in Tübingen 1839-40) Pfarrer in Mötzingen; als Ephorus des Seminars Schöntal (bis 1864) auf die Versöhnung der in → Württemberg vorhandenen theologischen Gegensätze hinwirkend. E. ist vorwiegend Exeget; den rationallehrhaften, atomistischen Schriftgebrauch des Supranaturalismus überwindet er durch eine an → Herder und Schleiermacher gebildete historisch-individuelle Fassung der Inspirationslehre. Schleiermachers Wesensbestimmung der Religion will E. vom Inhalt der christlichen Offenbarung her »in das Gebiet der Objektivität« führen.

Bibliogr. in RE V, 327ff - RGG² II, 127. - Über E.: ADB VI, 76f.
E.H.Pältz

Elzevir (*Elsevir*), niederländische Buchdrucker- und Verlegerfamilie. *Ludwig* E. (1540-1617), * in Löwen, floh als Protestant und Parteigänger der aufständischen Provinzen 1580 nach Leiden, wo er seit 1583 etwa 150 Werke druckte. Von seinen Söhnen führten *Matthys* (1564-1640) und *Bonaventura* (1583-1652) dieses Haus weiter. *Ludwig II.* (1566-1621) eröffnete eine Presse im Haag, die später seine Brüder in Leiden übernahmen. *Joost* († 1617) gründete ein Geschäft in Utrecht, das sein Sohn *Ludwig* (1604-70) nach Amsterdam verlegte und mit Bonaventuras Sohn *Daniel* (1628-80) betrieb. Dieser Zweig und die Leidener Firma unter Bonaventura, Matthys' Sohn *Abraham* (1592-1652) und Enkel *Johann* (1622-61) wurden weltberühmt. Unter Drucken aus allen Literaturgebieten (A.Willems, Les E. Histoire et annales typographiques, Brüssel 1880, zählt 1608 Titel) sind zwei des griech. NT (1624 und 1633), ferner Kirchenväter, lat., franz. und ital. Klassiker, das Corpus iuris civilis (1663) und historische Texte (die »petites républiques«, Staatsgeschichten) am bekanntesten. Vor allem die Handausgaben (in-12⁰, in-16⁰ und in-24⁰) sind in Eleganz und Regelmäßigkeit der Typen, Sauberkeit des Drucks und Schönheit des Papiers unübertroffen. In Amsterdam erschienen seit 1642 die Schriften → Descartes'. Das Leidener Stammhaus war bis 1712 Universitätsdruckerei.

G.Berghmann, Etudes (1885) und Nouvelles Etudes (1887) sur la bibliographie E.ienne - Ders., Catalogue des impressions E.iennes de la Bibliothèque Royale de Stockholm, 1911 - H.B.Copinger, The E.Press, London 1927 - J.Rodenberg, in: Hdb. d. Bibliothekswiss. I, 1952², 535ff.
H.Liebing

Emanation (griech. ἀπορροή, koine-griech. ἀπόρροια; Gegensatz: Quelle) ist symbolischer Ausdruck dafür, daß ein Zweites, Verursachtes aus einem Ersten, Ursächlichen »herausfließt«. Mißbräuchlich ist in der Neuzeit die Vorstellung der E. in viele Äußerungen des → Pantheismus hineingedeutet worden, die nichts damit zu tun haben. In Antike und MA hat die Vorstellung der E. nur eine hilfsweise, illustrierende Bedeutung. Faßbar wird sie zuerst als Denkbehelf, um die Wahrnehmung zu erklären: Nicht das Objekt wird sinnlich aufgenommen, sondern die ständig von ihm fließenden E.en (so Demokrit A 135 und Epikur ep. 1, bei Diog. Laert. 10, 46 und 48). Doch schon Empedokles schränkt ein (A 57 und 86): Einzig aus dem → Feuer, nicht aus den übrigen Elementen gehen E.en hervor. Damit war das Licht als E. des Feuers bestimmt. - Im unkörperlichen Sinne gebraucht → Plato ἀπορροή an einer einzigen Stelle (Phaidros 251 B, vgl. Plotin VI, 7, 22, 8): Dem schönen Gegenstand wohnt eine E. der absoluten Schönheit inne; E. meint hier also das, was Plato sonst mit Teilhabe bezeichnet. - → Philo beschränkt den Gebrauch dieser Vorstellung vorsichtig auf den para-physikalischen Bereich (die vier Kardinal-ἀρεταί sind E.en des Paradiesflusses, leg. alleg. I, 63; der sprachliche Ausdruck ist E. des Gedenkens, migr. Abraham 71); denn fest geprägt ist die Vorstellung: Die E. hat minderen Seins-Wert als die Quelle. - Einzig in der → Gnosis gewann die E.s-Vorstellung zentrale Bedeutung: Sowohl die guten wie die bösen Wesen haben ihre E.en um sich (Zeugnisse reichlich in der → Pistis Sophia und beim Gnostiker Markus, vgl. Irenäus I, 14ff = Hippolyt, Elench. VI, 42ff); denn ihre Überweltlichkeit ist so gesteigert, daß sie nur durch Mittelwesen (eben die E.en) mit der Welt in Berührung treten können. - Da E. ein abgeleitetes, gemindertes Sein bezeichnet, war es für Theologie und→Transzendentalphilosophie als Terminus ungeeignet. Plotin lehnt es II, 1, 4, 4 scharf ab, daß es E.en von Transzendentem gebe. Denn das Transzendente ist unwandelbar; nur vergleichsweise kann gesagt werden (V, 2, 1, 8), daß es seine Überfülle abgebe; wo kein Mißverständnis möglich ist, nennt Plotin III, 2, 2, 17 den λόγος eine E. des νοῦς, und III, 4, 3, 25 verbessert er sich: Statt E. ist es besser, ἐνέργεια zu sagen. Tatsächlich fehlt der E.s-Gedanke als zentrale Vorstellung dem Neuplatonismus durchaus; → Jamblichos, → Proklos, → Dionysius Areopagita kennen E. als Terminus nicht. Vielmehr heißt das Hervorgehen des zweiten Transzendenten aus dem ersten Transzendenten πρόοδος, was → Duns Scotus treffend mit *processus* übersetzt; erst B.Cordier (1592 bis 1654) setzt dafür konsequent *emanatio*. - Bei den Kirchenvätern des Westens blieb der Gebrauch von E. ganz selten; einziger biblischer Beleg ist Weish 7, 25. In Christologie oder Trinitätslehre war das Wort unanwendbar. - Erst → Nikolaus von Kues bezeichnete, was vor ihm *processus* genannt wurde, mit *emanatio* (De doct. ignor. II, 27); damit eröffnete er dem neuzeitlichen Emanatismus die Bahn; er fand Nachfolge in M. → Servet, G. →Bruno und noch bei →Leibniz. Dabei wurde E. mehr und mehr zum mißverständlichen Schlagwort, das die Allbeseeltheit der Welt durch ein Absolutes, Transzendentes motivieren sollte.

W.Windelband-H.Heimsoeth, Lehrbuch der Gesch. der Philosophie, 1957¹⁵ (s. Reg.) - Eisler I, 321f - A.H.Armstrong, E. in Plotinus, Mind 1937, 61ff - T.P.Roeser, Emanatism and Creation (New Scholasticism 19, 1945, 85-116) - EF I, 1861ff.
H.Dörrie

Emanzipation

1. Zum Begriff - 2. Die emanzipierte Gesellschaft - 3. Die Selbstbegrenzung der emanzipierten Gesellschaft

1. Das Wort E. stammt aus dem römischen Recht und bezeichnet dort vor allem die Entlassung des erwachsenen Sohnes aus der väterlichen Gewalt. Die E. ging in der feierlich-komplizierten Form eines dreimal wiederholten Scheingeschäftes vor sich, durch welches der junge Mann zunächst der → Sklaverei unterworfen wurde (mancipatio), aus der ihn der (fiktive) Dienstherr in der vom Recht vorgeschriebenen Form freizulassen hatte (manumissio).

Während emancipatio die rechtliche Regelung eines bestimmten Geschäfts zwischen einzelnen Personen bezeichnet, umfaßt der *moderne Begriff* eine Vielzahl *gesellschaftlicher* Vorgänge, die nach Form und Inhalt sehr verschieden sein können, darin aber übereinstimmen, daß es sich stets um die (gelungene oder nur versuchte) Befreiung einer gesellschaftlichen *Gruppe* aus dem Zustand rechtlicher, politischer oder sozialer Benachteiligung handelt. Der moderne Wortgebrauch knüpft also im Grunde gar nicht so sehr an die alte emancipatio an, als vielmehr an die manumissio, die Freilassung des Sklaven. Dadurch erhält der Begriff leicht ein pathetisches und demagogisches Gepräge, das ihn als Schlagwort für den politischen Kampf geeignet macht. Der Zustand, der durch die E. überwunden werden soll, und vor allem der Gegner, der an der Aufrechterhaltung dieses Zustandes interessiert ist, präsentieren sich in der üblen Atmosphäre von Unterdrückung, Ausbeutung und Sklaverei.

E. und E.sbestrebungen können von den benachteiligten Gruppen selbst ausgehen. Oftmals finden wir sie aber unterstützt, ja selbst hervorgerufen durch geistige Impulse allgemeinerer Art, die aus Gründen der Weltanschauung sich etwa für die → Menschenrechte einsetzen, → Freiheit und → Gleichheit fordern und damit für die privilegierte Schicht u.U. ein starkes handicap schaffen. E.en können *gewährt* werden; das geschieht besonders, wenn die privilegierte Schicht auf die freiwillige Unterstützung durch die benachteiligten Gruppen angewiesen ist. Ein Beispiel dafür ist etwa die Abschaffung des Dreiklassenwahlrechts in Preußen während des ersten Weltkrieges. E.en können sich aber auch allmählich *entwickeln* unter dem Druck langfristiger politischer und sozialer Notwendigkeiten, wie es zB bei der massenweisen Freilassung von Sklaven in der spätrömischen Kaiserzeit der Fall gewesen ist. In vielen Fällen muß die E. durch revolutionäre oder kriegerische Akte *erkämpft* werden.

2. E. und E.sbestrebungen gehören zum Wesen jeder → *Gesellschaft*, die noch nicht zum toten Kastenwesen erstarrt ist. Auch die moderne Industriegesellschaft macht von dieser Regel keine Ausnahme, aber sie stellt darin einen Spezialfall dar, für den es in der → Sozialgeschichte sonst kein Beispiel gibt. Für sie ist nämlich die E. erstmals *konstitutiv* geworden, ein wesentliches Prinzip für ihren Aufbau überhaupt. Die Geschichte dieser Gesellschaft ist die Geschichte ihrer E. Einmal begonnen, kommt die Bewegung nicht mehr zur Ruhe, sie dringt in die Tiefe und in die Breite, erfaßt einen Lebensbereich um den andern, ist radikal und universal zugleich.

Dieser durchgreifende Charakter der modernen E. kommt allerdings zunächst nur den erlesenen Geistern zum Bewußtsein. Proudhon spricht bereits im Jahre 1852 von der »E. des *Menschengeschlechts*«. Karl → Marx glaubte, daß die E. des → Proletariats als der untersten Schicht der Industriegesellschaft diese Gesellschaft selbst ganz und gar revolutionieren und einen endgültigen Zustand heraufführen müsse.

Anders im wirklichen Ablauf der Geschichte. Den kämpfenden Gruppen schweben partikuläre Ziele vor; von dem Ergebnis, das letzten Endes gemeint ist, haben sie kein Bewußtsein, sie kämpfen blind. Da dieses Ergebnis heute im großen und ganzen in der Gestalt der entwickelten Industriegesellschaft selbst vorliegt, ist es möglich, sich rückschauend Sinn und Bedeutung der modernen E.en klar zu machen. Das soll an zwei Beispielen geschehen. a) Die E. der → Frau (: V) in der modernen Gesellschaft ist zweifellos gelungen. Sie hat fast überall zur Gleichstellung der Frau mit dem Manne geführt, nicht nur rechtlich, sondern auch politisch und sozial. Nun ist aber die Wertskala der modernen Gesellschaft höchst einseitig durch den Mann bestimmt; indem also die Frau sich emanzipiert, wird sie möglicherweise gerade dadurch viel schutzloser dem Lebenswillen des Mannes ausgeliefert sein als zuvor. Sie hat unbewußt eine Entwicklungstendenz der Gesellschaft unterstützt, die ihren eigenen Lebensnotwendigkeiten nicht entgegenkommt. Ihre E. war zwar im Sinne der Gesellschaft, aber nicht unbedingt im (eigenen) Sinne der Frau. – b) Die Akte, in denen sich die E. der bürgerlichen Gesellschaft institutionell vollzog (Aufhebung der Standesprivilegien, Freiheit des Grundeigentums [→ Bauernbefreiung], Vertragsfreiheit und Gewerbefreiheit), galten als Ausflüsse *natürlichen* Rechtes (→ Naturrecht: I), das man sich in den Ideen der Freiheit und Gleichheit verkörpert dachte und das seinem Begriff nach nur etwas Endgültiges sein konnte. Es erwies sich aber, daß der Impuls, der durch die E. des → Bürgertums gesetzt war, viel weiter reichte als seine Urheber beabsichtigten und voraussehen konnten. In dem Verlangen nach Gleichheit und Freiheit meldet sich etwas Tieferes als die bürgerliche Gesellschaft zunächst darunter verstand (nämlich die Freiheit des Laissez-aller unter gleichzeitigem Ausschluß des durch die bürgerliche E. ins Leben gerufenen vierten Standes von der sozialen und politischen → Gleichberechtigung). Die Vision einer unbegrenzten Herrschaft des Menschen über die Natur auf Grund der empirischen Wissenschaft und der auf ihr beruhenden → Technik verlangt die Neuorganisation der Gesellschaft als universale Arbeitsgemeinschaft mit neuen Verhaltensweisen und neuen Vorstellungen. Überall, wo diese Entwicklung in Freiheit verläuft, dh ungestört durch dogmatischen Fanatismus, der hier überall rückschrittlich wirkt (→ Faschismus, → Kommunismus), erfolgt zunächst die E. des vierten Standes nunmehr auch in politischer und sozialer Hinsicht (→ Gewerkschaften, → Arbeitsrecht). Gleichzeitig wird aber eine tiefere Entwicklung sichtbar. Die vollentwickelte Industriegesellschaft ist nicht nur eine Arbeitsgemeinschaft bzw. Arbeitsgesellschaft, sondern vor allem eine Gesellschaft von → Arbeitern (: I). Der Arbeiter erweist sich als eine »geistige Gestalt« (Ernst → Jünger), als Leitbild einer ganzen Epoche, deren Gesamtziel sich nur dadurch verwirklichen läßt, daß der arbeitsteilige Prozeß zur Vollendung gebracht wird, die Berufsehre mithin darin besteht, daß jeder bereit ist, an irgendeiner Stelle dieses Prozesses mit der ihm möglichen und angemessenen speziellen Leistungsfunktion aufzutreten. Das ist aber nur möglich, wenn die Privilegien von Besitz (→ Eigentum: III) und Bildung (→ Bildungswesen) gebrochen sind und sämtliche Arbeiter die gleiche Chance bekommen, dh in der Lage sind, je nach Begabung als ungelernte Hilfsarbeiter oder als leitende Ingenieure ihre Leistung zu erbringen. Der Arbeiter als geistige Gestalt verstanden hat sich somit als der eigentliche Sinn der radikalen E.stendenz erwiesen, als der verborgene Motor, der die Entwicklung vorangetrieben hat. Die neuen Typen, denen wir in der entwickelten Arbeitsgesellschaft begegnen, zB der »Chef«, der an die Stelle des Herrn, der Manager (→ Sozialtypen), der an die Stelle des → Unternehmers tritt usw, sind nur verschiedene Spielarten dieses Grundtypus, den man vielleicht am besten als einen auf eine bestimmte Leistung dressierten Spezialisten bezeichnen könnte. In dem Augenblick, da der Grundsatz der Gleichheit der Chance allgemein anerkannt und auch praktiziert würde, wäre die Gesellschaft insgesamt emanzipiert.

3. Aus der Struktur der emanzipierten Industriegesellschaft und aus ihrer geschichtlichen Situation ergibt sich die ethische Aufgabe, die sie zu lösen hat. Sie läßt sich zusammenfassen in die *Forderung der Selbstbegrenzung*. a) Es gibt zwar eine optimistische Auffassung, welche gleichsam als eine Art umgekehrter → Marxismus annimmt, es werde sich zwangsläufig eine klassenlose Gesellschaft herausbilden (→ Klasse), und der soziale Friede werde ihr von selbst in den Schoß fallen. Diese Hoffnung ist trügerisch. Nach wie vor steht das Prinzip der Freiheit zu demjenigen der Gleichheit in schärfster Spannung. Die Gleichheit der Chance und damit die Möglichkeit des sozialen Friedens in der emanzipierten Gesellschaft ist gefährdet, solange nicht anerkannte Spielregeln die großen kollektiven Partner daran hindern, ihre Sonderinteressen absolut zu setzen und bei gegebener Gelegenheit in tödlichen Konflikten auszutragen. Die Forderung, die seinerzeit Marx an die Proletarier gerichtet hat, sie möchten ihre äußere und innere Zusammengehörigkeit erkennen und sich dementsprechend verhalten, muß heute an die Gesellschaft insgesamt gerichtet werden. Wahrscheinlich wird es niemals eine klassenlose Gesellschaft geben; dagegen muß es möglich sein, den Kampf zwischen → Kapital und → Arbeit gewissermaßen zu

institutionalisieren. Ohne ein Bewußtsein der → *Solidarität*, das wir also sinngemäß anstelle der gefühlsbetonten und unklaren »fraternité« zu setzen hätten, wird die Freiheit zur Zügellosigkeit entarten, und die Gleichheit (im Sinne echter Partnerschaft; → Sozialpartner) wird es nie über das Stadium der schönen Rede hinausbringen. Das Ringen um ein solches tief begründetes Sozialbewußtsein und eine ihm angemessene tragfähige Sozialsprache, welche die mächtigen und widerstreitenden Tendenzen der emanzipierten Gesellschaft zu verbinden vermag, gehört heute zu den vordringlichsten Aufgaben, die mit Bewußtsein und Kraft angefaßt werden sollten. - b) Dabei zeigt sich eine Schwierigkeit, die in der Struktur der emanzipierten Gesellschaft selbst liegt. Diese Gesellschaft lebt von der Dynamik partikulärer Interessen; außerdem wurde eine wichtige Einrichtung der vorindustriellen Zeit - die Wahrnehmung der Interessen des Allgemeinwohls durch bestimmte, soziologisch greifbare Gruppen - im Interesse der Gleichheit preisgegeben. Dadurch stellt sich mit besonderer Härte die Frage, wie gerade aus dieser Gesellschaft, die gewöhnt ist, in Gruppeninteressen zu denken, eine Auslese im Sinn des Allgemeinwohls getroffen werden kann. Hinzu kommt der allgemeine Abbau der persönlichen Verantwortungsbereitschaft, der durch den Ausbau komplizierter gesellschaftlicher Apparaturen zustande gekommen ist. Die Weltkirchenkonferenz von Amsterdam hat mit ihrem Ruf nach der »verantwortlichen Gesellschaft« die Lage richtig erkannt und die Christenheit an die hier vorliegende Aufgabe erinnert. - c) Die unter a) und b) gestellten Fragen betreffen lediglich die innere Struktur der Industriegesellschaft. Man muß aber darüber hinaus bedenken, wie einseitig diese Gesellschaft im ganzen ist mit ihrer Überbewertung von Technik und Organisation, mit ihrem ungezügelten Herrschaftsverlangen, das (gerade auch in der Form der E. [vgl. die E. der Frau, s. 2a]) die Gesellschaft vielleicht sehr rasch an die Grenze der Möglichkeiten bringen wird, die dem Menschen gezogen ist. Die universale Arbeitsgesellschaft droht jederzeit zur totalen Arbeitsgesellschaft auszuarten. Der Mensch droht in der Gesellschaft aufzugehen, seinen Selbststand vor Gott und seinen Personcharakter einzubüßen. An dieser Stelle ist die Aufgabe der Selbstbegrenzung der emanzipierten Gesellschaft am schwersten. Die Christenheit ist in erster Linie aufgerufen, sich dadurch an der Lösung dieser Aufgabe zu beteiligen, daß sie sich für ein neues Wertbewußtsein einsetzt, dessen Sinnmitte der in Gott gebundene Mensch ist, der als solcher ein Herr und nicht ein Sklave seiner eigenen Arbeit ist.

J. Burckhardt, Weltgeschichtl. Betrachtungen, 1905 - E.v. Philippovich, Die Entwicklung der wirtschaftspolit. Ideen im 19.Jh., 1910 - G. Jellinek, Die Erklärung der Menschen- u. Bürgerrechte, 1919 - W. Sombart, Der moderne Kapitalismus, 1922 - Ders., Die dt. Volkswirtschaft im 19.Jh., 1927 - M. Weber, Wirtschaftsgesch., (1923) 1924² - G. Wünsch, Ev. Wirtschaftsethik, 1927 - J.A. Schumpeter, Kapitalismus, Sozialismus u. Demokratie, (1946) 1950² - J. Burnham, Regime der Manager, 1951 - H. ten Doornkaat, Die ökum. Arbeiten zur sozialen Frage, 1954 - Die Kirche u. die Welt der Arbeit, 1955 - Th. Eschenburg, Herrschaft der Verbände, 1955 - J. Bodamer, Der Mann von heute, 1956 - R. Dahrendorf, Soziale Klassen u. Klassenkonflikte in der industriellen Gesellschaft, 1957.

E. Steinbach

Ember, *Pál* (1660-1710), ung. ref. Kirchenhistoriker, studierte in seinem Geburtsort Debrecen, war zuerst Lehrer, dann 1683-95 Pastor in Sárospatak, zwischendurch 1684-86 zu Studienzwecken in Leiden und Franeker; seit 1695 wieder Pastor in mehreren ung. Städten, zuletzt 1705-10 in Olaszliszka. E.s Leben war reich an Leid und Verfolgung. Als Theologe gehörte er zur gemäßigten coccejanischen Richtung (→ Coccejus).

E.s kirchengeschichtl., zT auch als Quelle unentbehrliches Werk »Historia ecclesiae reformatae in Hungaria et Transsylvania« gab F.A. Lampe posthum u. unter eigenem Namen heraus, Utrecht 1728. - Über E.: J. Zoványi, Gesch. des Coccejanismus, 1890 (ung.).

B. Nagy

Embolismus → Liturgik: III, → Messe: II.

Emerson, *Ralph Waldo* (1803-82), * in Boston, Mass., als Sohn eines unitarischen Pfarrers, war Essayist, Dozent und Führer einer amerikanischen Bewegung, die in der Neuen Welt der Romantik und dem Idealismus in Europa entsprach. In Harvard erzogen, wuchs er in einer Gesellschaft auf, in der das puritanische Ethos durch deistisches Denken und den Geist des Kapitalismus bedingt war. Nach kurzer Zeit gab er sein geistliches Amt auf aus Protest gegen den kirchlichen Formalismus, bes. in der Abendmahlsfeier. Er widmete sich von nun an eigenen Studien, dem geistigen Austausch mit einem kleinen Kreis in Concord sowie öffentlichen Vorlesungen und Publikationen. Seinem ersten Buch »Natur« (1836) folgten zwei Bände »Essays« (1841/44), die so bezeichnende Themen wie »Selbstvertrauen«, »Ausgleich« und »Die Überseele« enthalten. Mit transzendentalistischen Begriffen versuchte er in »Hervorragende Männer« (1850) Gestalten wie Plato, Swedenborg, Montaigne, Shakespeare, Napoleon und Goethe zu deuten. E.s Denken entspringt der Stimmung und Haltung, wie sie sich politisch in der amerikanischen und französischen Revolution, dichterisch in der Romantik und philosophisch im Idealismus ausdrückte. In Amerika (→ Vereinigte Staaten: III) und bei E. tritt der Geist jener Zeit in der Hochschätzung des freien Individuums, in Reformbewegungen wie der Sklavenbefreiung und in der Entwicklung einer dichterisch-rhetorischen »Weisheitsliteratur« in Erscheinung, die nur lose mit der idealistischen Philosophie der Universitäten verbunden war. Der Transzendentalismus Neuenglands war von Kant, Hegel und Schelling nur indirekt beeinflußt, vor allem durch Vermittlung von Cousin, → Coleridge und → Carlyle. Seine literarische Anregung gewann E. von W. →Wordsworth und bes. von Carlyle, mit dem ihn eine lange Freundschaft verband. Doch war E. kein Nachahmer, und ebensowenig hing der amerikanische Transzendentalismus wesentlich von der englischen Romantik ab. Im Negativen ist für sein Denken - wie für das seines engen Freundes Thoreau - der Protest gegen das Festhalten am Überkommenen und gegen jede Beherrschung des einzelnen durch die Gesellschaft bezeichnend, im Positiven die Behauptung, das Individuum könne die Verkörperung der Weltseele sein. In einer Ansprache vor der Harvard Divinity School von 1838 brach er mit dem landläufigen Unitarismus (→ Unitarier), wodurch er sich dessen Feindschaft nicht weniger zuzog als die der Orthodoxie. Die Themen dieser Rede kehren - manchmal etwas verändert - in den Essays wieder. Sittliches und religiöses Gefühl ist für ihn vergottend und göttlich; Jesus ist der Prophet, der sah, daß »Gott sich im Menschen verkörpert«. Die Kirche habe dieses Evangelium verdorben, indem sie die Lehre von der göttlichen Menschenseele durch eine übertriebene Betonung der Person Christi verdränge und gegenwärtige Inspiration durch Konzentrierung auf vergangene Offenbarung verhindere. E.s Gedanken bewegen sich zwischen den Polen eines geisterfüllten Makrokosmos, dem Universum, und eines geisterfüllten Mikrokosmos, dem Individuum. »Die Welt ..., gesättigt mit Göttlichkeit und Gesetz«, ist in gewissem Sinn die Schöpfung des Geistes im Menschen. Der wahre Geist im einzelnen jedoch ist die Widerspiegelung des Weltgeistes. So ruft E., wie in »Selbstvertrauen«, nach Freiheit des Selbst von allem Konventionellen, das die Schau des Wahren, des Schönen und des Gesetzes verdunkelt. Sein selbstvertrauender Einzelner ist gleich weit von → Benthams hedonistischem Egoisten wie von → Hegels und → Marx' sozialen Wesen entfernt. Worauf sich solch ein Individuum bei sich selbst verläßt, ist eine universale, nicht erzwungene »Intuition«. Die »Überseele« ist das Einheitsprinzip in Natur, Einzelnem und Gemeinschaft; es ist fast ein Identitätsprinzip, so daß »der einfachste Mensch, der in seiner Aufrichtigkeit Gott anbetet, Gott wird; jedoch ist der Einbruch dieses besseren und universalen Selbst neu und unergründlich«. Bei der Entwicklung solcher Gedanken machte E. freien Gebrauch von östlicher Mystik so gut wie von Plato und Goethe. - E. und der Transzendentalismus hatten einen vielfältigen Einfluß. Mit W.E. → Channing und T.Parker wandelte er den Unitarismus in Amerika vom Deismus zur Immanenz. Mit H.D.Thoreau und Walt → Whitman gab er dem Ethos der amerikanischen Schriftsteller für viele Jahrzehnte die entscheidende Richtung. Um die Mitte des 20.Jh.s jedoch haben die mehr nüchternen Stimmen seiner Zeitgenossen, Hawthorne und H. → Melville, den Platz der Transzendentalisten als Sprecher der religiösen Seele Amerikas in ihrer nicht-kirchlichen, literarischen Form eingenommen.

The Complete Works (Jubiläumsausg.), 1903/04; The Journals, 1909-14; The Letters, 1939. - Über E.: F.O.Matthiessen, American Renaissance, New York 1941 - R.L.Rusk, The Life of R.W.E., New York 1949 - P.Miller, The Transcendentalists, Cambridge, Mass. 1950 - F.I.Carpenter, E.-Handbook, New York 1953 (Bibliogr.) - S.E.Whicher, Freedom and Fate: An Inner Life of R.W.E., Philadelphia 1953. *H.R.Niebuhr*

Emmaus. Zwei Orte des Namens E. sind außerhalb des NT bezeugt: 1. etwa 23 km nordwestl. von Jerusalem, zZ Jesu Vorort einer Toparchie, ca 221 nChr unter dem Namen Nikopolis zur Stadt erhoben, später (sicher schon 325) Bischofssitz, heute ʿamwās; 2. nach Josephus (bell. 7, 217) 30 Stadien von Jerusalem, von Vespasian mit Veteranen besiedelt, heute vermutlich qālōnīje (6,3 km nordwestl. Jerusalem). Die gesamte alte Tradition von Eusebius (onom. 90, 15 ff Klostermann) bis in die Kreuzfahrerzeit hinein sucht das E. von Lk 24 (als dessen Entfernung von Jerusalem die Hss. in V. 13 teils 60, teils 160 Stadien = 11,1 bzw. 29,6 km angeben) im erstgenannten Ort, dessen große Basilika nach Vincent bis ins 3.Jh. zurückgeht. - Der heute als E. gezeigte Ort ʾel-qubēbe hat zwar die passende Entfernung (11 km nordwestl. Jerusalem), wird aber vor dem 13.Jh. niemals mit E. gleichgesetzt; daran ändern auch die (spärlichen) Ausgrabungsfunde aus römischer Zeit nichts.

G.Dalman, Orte u. Wege Jesu, 1924³, 240ff - Bill. II, 269ff - L.H.Vincent-F.M.Abel, E., sa basilique et son histoire, Paris 1932 (dazu: J.W.Crowfoot, PEFQSt 1935, 40-47) - F.M.Abel, Géographie de la Palestine II, Paris 1938, 314ff - B.Bagatti, I Monumenti di E. el-Qubeibeh e dei Dintorni (Pubblicazioni dello Studium Biblicum Franciscanum 4), Jerusalem 1947 - L.H.Vincent, La chronologie du groupe monumental d'ʿAmwâs (RB 55, 1948, 348-375) - Bauer, WB⁵ 505f. *C.-H.Hunzinger*

Emmeram (Haimhramm), Wanderbischof aus Poitiers, kam um 660/70 (kaum um 700) nach Bayern, wo er von Regensburg aus wirkte. Er soll wegen angeblicher Unzucht mit einer Herzogstochter zu Tode gemartert worden sein. Doch gestattet die Vita Haimhrammi Arbeos von Freising kein sicheres Urteil.

I.Zibermayr, Noricum, Baiern u. Österreich, (1944) 1956², 109ff - Wattenbach-Levison 1, 144f - R.Bauerreiss, KG Bayerns I, 1949, 50f - B.Bischoff, Leben u. Leiden des Hl. E., 1953. *H.Löwe*

Emmerick, *Anna Katharina* (1774-1824), Augustinerin, Visionärin und Stigmatisierte, * in Flamske bei Coesfeld als Kleinbauerntochter. Von Jugend an tauchen bei ihr Symbolleiden für andere, Gesichte, diabolische Belästigungen auf. Andernorts zurückgewiesen, lebt sie seit 1802 im Kloster → Agnetenberg, nach dessen Suspendierung (1811) als dauernd Kranke im Privatquartier. Seit 1798 begegnen Kopfblutungen, seit 1812 in Ekstase zwei kleinere Brustkreuze und ein größeres Stigma (dem auch in den Visionen auftretenden Gabelkreuz zu Coesfeld entsprechend) sowie die Nägelmale. Die Phänomenologie entspricht dem stereotypen Bild aller *blutenden* → Stigmatisierten. Die grundsätzliche Bedeutung des Falles E. hängt mit dem stagnierenden Beatifikationsprozeß (seit 1899) zusammen. Die Zuverlässigkeit des »romantisch-phantastischen« Konvertiten Clemens von → Brentano, der ihre Visionen mit großem buchhändlerischem Erfolg veröffentlichte, wird zunehmend bezweifelt. Jesuiten und kuriale Theologen neigen zur Auffassung, daß es zZ nicht möglich sei, den religiösen Gehalt und Auftrag ihres Lebens aus dem Dunkel zu erheben. Die schwer erträglichen Details der Passionsvisionen (»süßes Wimmern« Jesu, Verdeckung seiner Blöße mit heruntergegeißelten Hautlappen, Inthronisation auf Glasscherben usw) A.K.E. zuzuschreiben, unterliegt Bedenken; wieweit sie oder Brentano von älterer Visionsliteratur abhängen, ist undurchsichtig. Da man zur Anerkennung der Visionen als supernatural nicht geneigt ist, andererseits die Verehrerschar nicht durch eine naturale Interpretation enttäuschen möchte, greift man seit Abt Chapman (1928) auf die präternaturale Auslegung zurück. Auch bahnt sich ein grundsätzlicher Auffassungswandel an: Röm.-kath. Mediziner und Theologen verweisen zunehmend auf die schweren psychogenen, psycho- und neuropathischen Abnormitäten, die A.K.E. mit allen blutenden stigmatisierten Frauen teilt, und machen auf die heute gut bekannten profanen Phänomene der suggestiven Vesikation, Hämatidrose und der okularen Hämorrhagie aufmerksam.

Letzte Ausg.n der Visionen: A.Michelitsch (Hg.), Das bittere Leiden unseres Herrn Jesus Christus, 1935 - D.K.Bücher (Hg.), Das Leiden unseres Herrn Jesus Christus u. Seiner hl. Mutter, 1937 - J.Sandy (Hg.), Les grandes visions de A.K.E., 1948. - A.v.Krane, Die Leidensbraut, 1921 - W.Hümpfner, Übersicht über die Lit. über A.K.E. (ThGl 16, 1924, 455-467) - Ders., Akten der kirchl. Untersuchung über A.K.E., 1929 - A.Mager, Die stigmat. Mystikerin u. unsere Zeit (E.-Kalender 1924) - RGG² II, 131 (Lit.) - A.v.Edlinger, A.K.E. als Exegetin, 1929 - A.Stockmann, Der heutige Stand der A.K.E.-Forschung (Stimmen der Zeit 119, 1930, 292-306) - Ders., Die neueste Krise der E.-Forschung (ebd 444-460) - H.J.Seller, Im Banne des Kreuzes, 1940 (Bibliogr.) - H.Fahsel, Der Wandel Jesu in der Wüste nach den Visionen der A.K.E., 1946 - F.L.Schleyer, Die Stigmatisation mit den Blutmalen, 1948 45ff - H.Thurston, The Physical Phenomena of Mysticism, 1952 - Ders., Surprising Mystics, hg.v. J.E.Crehan, 1955, 38ff. *W.Philipp*

Emmons, *Nathaniel* (1745-1840), * Millington, East Haddam (Conn.), † Andover (Maine). Theologisch gebildet auf der Yale University, 1772-1827 Pfarrer der kongregationalistischen Staatskirche in Franklin (Mass.), beachtlicher dogmatischer Prediger, der eine für Nordamerika typische calvinistisch-pietistische Theologie gegen → Arminianer und → Sozinianer vertrat und durch seinen Schüler Leonard Woods (1774-1854) am theologischen Seminar in Andover (Maine) durchsetzte. E. führte die calvinistische Tradition von J. → Edwards und S. → Hopkins im pietistischen Sinne weiter und legte Gewicht darauf, daß der Mensch bei der Wiedergeburt nicht passiv, sondern aktiv sei.

Works of N.E. (with a Memoir of his Life by E.A.Park) ed. J.Ide, 6 Vols., Boston 1861-63. - H.F.Foster, Genetic History of the New England Theology, Chicago 1901, 340ff - F.B.Dexter, Biographical Sketches of the Graduates of Yale College III, New York 1903, 216 (Bibliogr.). *M.Schmidt*

Empaytaz (Empeytaz), *Henri Louis* (1790-1853), eine der markantesten Gestalten des Genfer → Réveil, trat noch als Student der von Zinzendorf gegründeten herrnhutischen Gemeinde in Genf bei. Wegen Abhaltung nicht genehmigter religiöser Versammlungen vom Theologiestudium ausgeschlossen, folgte er der Frau v. → Krüdener zu → Oberlin ins Steintal (1814); mit ihr ging er auf Missionsfahrten nach Paris, ins Elsaß und die Schweiz. In seinen oft aufgelegten und mehrfach übersetzten »Considérations sur la divinité de Jesus-Christ« (1816), die er an die Genfer Theologiestudenten richtete, bekämpft er den in der Genfer Pfarrerschaft herrschenden »Arianismus«. 1817 wieder in Genf; Pastor an der Freien Gemeinde von Bourg-de-Four, die 1837 nach La Pélisserie übersiedelte. E. versah später auch das Amt eines Ältesten der 1849 gegründeten Ev. Freikirche.

Über E.: E.GUERS, Notice sur H.E. (L'Avenir, Mai 1853) - H.VON DERGOLTZ, Die ref. Kirche Genfs im 19.Jh., 1862 - L.MAURY, Le Réveil religieux dans l'Eglise réformée, 1892. *J.Courvoisier*

Empfindsamkeit, *deutsche Literatur der*

1. Wurzeln - 2. Vorstufen - 3. Frühstufe - 4. Blütezeit: a) Klopstock - b) Zwischen 1770 und 1780 - c) Die empfindsamen Romane - d) Schiller - 5. Absinken und Einfluß auf die Romantik

1. Die E. ist eine säkularisierte Form des Gefühlskults der affektiven → Mystik (: VI) des MA und des → Pietismus. Ihre *Wurzeln* liegen in der mittelalterlichen Beichtlehre und -praxis, die durch Differenzierung und Verinnerlichung des Beichtvorgangs und die Forderung der Tränen als äußerer Zeichen der Reue seit Augustin in ständig wachsendem Maße zur Entstehung sentimentaler, dh in sich dialektisch gespaltener Seelenstrukturen beitrug, wie sie sich im 13. und 14.Jh. in der affektiven Nonnenmystik in einer bis zur Hysterie gesteigerten religiösen E. zeigen, in vergeistigterer Form auch in der Mystik Heinrich → Seuses. Aber auch die Differenzierung des Seelenlebens in der höfischen Gesellschaft des 12. und 13.Jh.s hatte bereits bei den Minnesängern, bei → Wolfram von Eschenbach, bei → Gottfried von Straßburg, E. hervorgebracht. - E. ist im 18.Jh. zu einer allgemein-europäischen Erscheinung geworden und verband sich mit den verschiedensten Zeitströmungen: → Aufklärung (: II), → Sturm und Drang, → Romantik (: II), nur bedingt mit der auf Harmonie und Ausgleich von Vernunft und Gefühl bedachten → Klassik. Das deutsche Wort »empfindsam« schlug Lessing 1768 J.J.Bode als Übersetzung des engl. »sentimental« in Sternes »Sentimental Journey« vor. Seitdem bezeichnet E. die Gefühlskultur des 18.Jh.s, die bis tief ins 19.Jh. nachwirkte und im Zeichen der Befreiung des Individuums aus den Schranken der prot. Orthodoxie und des Rationalismus eine neue Anthropologie, Religiosität und eigene Gesellschaftsformen schuf, die in einer umfangreichen Literatur und Dichtung ihren Ausdruck fand.

2. Im *17.Jh.* erscheinen empfindsame Züge bereits gleichzeitig mit dem frühen französischen Sentimentalismus in der geistlichen und weltlichen Literatur des → Barock (: II), vor allem in der bis zur Süßlichkeit gesteigerten Jesusmystik des Jesuiten F.v. → Spee (»Trutznachtigall«, 1649), bei dem viel herberen G. → Arnold (»Göttlicher Liebesfunken«, 1698) sowie in der Erneuerung der mittelalterlichen Liebesmystik in der → Erbauungsliteratur (J. → Lütkemann, H. → Müller), aber auch in der barocken Melancholie (S. → Dach u.a.). - Zu *Beginn des 18.Jh.s* zeigt sich eine merkwürdige Verbindung von E., Rationalismus und aufklärerischem Rationalismus bei B.H. → Brockes mit seinen sensitiv-impressionistischen Naturgedichten und seiner Übersetzung von Thomsons »Seasons« (1730), mit denen die Einwirkung des englischen Sentimentalismus beginnt, ebenso bei A.v. → Haller, der selbst »Empfindlichkeit, dieses starke Gefühl, das eine Folge von Temperament ist«, als Ursprung seiner Dichtung bezeichnet. Benjamin Neukirch vermittelte durch seine Eindeutschung von → Fénelons »Télémaque« (1727-39) die französische Sentimentalität. Auch die moralischen Wochenschriften sorgten früh für die Verbreitung der E., die sich mit der Anakreontik als Strukturelement der Lyrik verband. Ausdruck der tändelnd-süßlichen Rokoko-E. sind J.G. Jacobis Lyrik und sein sentimentaler Briefwechsel mit J.L.Gleim.

3. Die *Frühstufe* der deutschen E. beginnt mit den 1745 von J.J.Bodmer veröffentlichten, dichterisch unbeholfenen »Freundschaftlichen Liedern« von I.J.Pyra und S.G. Lange, die beide in Halle in enger Verbindung mit Kreisen des Pietismus standen. Seit etwa 1740 wirkten der englische und der französische Sentimentalismus (→ Young, → Sterne, Richardson, Fielding; Destouches, Marivaux, Nivelle de la Chaussée, → Diderot, Prévost) auf die deutschen Empfindsamen. Unter dem Einfluß der französischen »comédie larmoyante« begründete Chr.F. → Gellert mit Lust- und Schäferspielen das empfindsame Rührstück; 1751 verteidigte er in seiner Antrittsvorlesung »Pro comoedia commovente« diese sentimentale Dichtungsgattung. Der junge → Lessing führte 1754 diese Diskussion weiter, indem er im Drama Rührszenen forderte und selbst mit seinen Jugendlustspielen, aber auch mit seinen Trauerspielen »Miss Sara Sampson« (1755) und »Emilia Galotti« (1772) die E. in das bürgerliche Drama (Einfluß von Diderots »drame sérieux«) einbezog. Selbst seine Tragödienbestimmung mit ihrer einseitigen Hervorhebung des Mitleids als philanthropischer Empfindung ist sentimental beeinflußt. Den empfindsamen Roman im Stile Richardsons, der in J.G.Schnabels »Insel Felsenburg« (1731-43) einen Vorläufer gehabt hatte, begründete Gellert (»Leben der schwedischen Gräfin von G...«, 1747-48); er empfahl auch im Briefstil 1763 die »Sprache des Herzens«, so daß seitdem der Brief und der Briefroman zu den literarischen Hauptformen der E. zählten.

4. a) Die erste *Blütezeit* der deutschen E. begründete *F.G.* → *Klopstock,* der 1750-70 das unbestrittene Haupt einer E.s-Bewegung wurde, die hochgestimmte und ideale Sentimentalität mit einem überkonfessionellen Christentum verband. Pietistische Einflüsse sind bei ihm jedoch nicht schlüssig nachzuweisen. Durch seine dichterische Kraft, seine ungewöhnliche Erlebnisfähigkeit, die Tiefe seiner Religiosität und seine mitreißende erhabene lyrische Sprache bestimmte Klopstock bis tief ins 19.Jh. die Kreise der »wenigen Edlen«, der »schönen Seelen«, angefangen von den »Bremer Beiträgern« (J.A. → Cramer, J.A.Ebert, N.D.Giseke, Chr.Fr.Zernitz u.a.), den Zürichern (J.J.Bodmer, Chr.M. → Wieland in seiner Jugend), seinem Kopenhagener Kreis (H.W.v.Gerstenberg, P.H.Sturz, G.F.E.Schönborn, F.G.Resewitz, C.F.Cramer, F.L. und Chr. Grafen zu → Stolberg), dem Emkendorfer Kreis um Julia v.Reventlow (M.Claudius, A.v.Bernstorff-Stolberg, Schönborn u.a.), dem Göttinger Hainbund (H.Chr.Boie, F.W.Gotter, J.H.Voß, J.A. Leisewitz, C.F.Cramer, J.M.Miller, J.F.Hahn, die Grafen zu Stolberg), der Darmstädter »Gemeinschaft der Heiligen« (Landgräfin Caroline von Hessen, J.G.Herder, Karoline Flachsland-Herder, F.Leuchsenring, zeitweilig auch der junge Goethe) bis hin zum schwäbischen Dichterkreis (Chr.Fr.D. → Schubart, Fr. → Schiller, Fr. → Hölderlin u.a.). Klopstocks »Messias« (1748-73), eine leidenschaftliche Sentimentalisierung und Mythisierung der gesamten Heilsgeschichte im Zeichen der Passion und Auferstehung Jesu Christi, überbrückte die konfes-

sionellen Gegensätze zwischen Nord- und Süddeutschland und bestimmte für die nächsten Jahrzehnte das religiöse Klima. Die gewaltigste empfindsame Gestalt darin ist der reuige Teufel Abbadona, der sich Vergebung ertrotzt. Auch Klopstocks Oden und Elegien (1747–1802), die zunächst in Abschriften in empfindsam-religiösen Kreisen weitergereicht wurden und erst ab 1771 im Druck erschienen, steigerten und bestimmten die E.s-Bewegung so, daß Klopstocks bloßer Name, wie in Goethes »Werther«, zum Losungswort der »schönen Seelen« wurde. Weniger Erfolg hatte seine Sentimentalisierung des prot. Kirchenlieds, ebenso seine empfindsam-religiösen Dramen (»Der Tod Adams«, 1757; »Salomo«, 1764; »David«, 1772) als Vorläufer des modernen Seelendramas. Durch Klopstock verband sich die E. auch mit dem neuerwachenden deutschen Nationalbewußtsein zu einem germanischen stilisierten Nationalgefühl, das literarisch im Bardenwesen und politisch in den Freiheitskriegen seinen aktiven Ausdruck fand; die Weiterwirkung seiner Hermanns-Dramen (1769, 1787) reicht bis zu H.v. → Kleist und Chr.D.Grabbe. Wie sehr Klopstock und sein Kreis die Gefahren übertriebener oder krankhafter E. durch Gesundheit der Seele und Religiosität zu überwinden wußten, zeigt der neugefundene Briefwechsel seiner Frau Meta Moller, das schönste Denkmal der echten Gefühlskultur des 18.Jh.s.

b) Die zweite Stufe der E.s-Bewegung, der eigentliche *Höhepunkt* in den Jahren 1770–80, verschmilzt den Genieglauben des Sturmes und Dranges mit der herrschenden Sentimentalität zu einem epochemachenden Irrationalismus, der das Gefühl zur ausschließlichen Grundlage einer allumfassenden Kulturbewegung macht, seine Autonomie proklamiert und der Vernunft den Kampf ansagt. Das schon von Klopstock stark harmonisierte und mit dem Theodizeedenken von Leibniz verschmolzene Gefühlschristentum bleibt beim jungen J.G. → Hamann in luth. Ausprägung, bei dem aus dem Pietismus herkommenden J.G. → Herder in humanistischer Erweichung noch lange mit der E. verbunden. Die »Einfühlung« als hermeneutische Erkenntnismethode wandte Herder als erster auf Bibelexegese, Dichtungsinterpretation und Geistesgeschichte an. In dieser noch christlich bestimmten Linie der empfindsamen Genieperiode stehen auch J.K. → Lavater mit pietistischer Selbstanalyse (»Geheimes Tagebuch. Von einem Beobachter seiner Selbst«, 1771–73) und seiner Sentimentalisierung des Pietismus und der Christusmystik sowie der Grundlegung einer Anthropologie der E. (»Physiognomische Fragmente für fühlende Menschen«, 1775–78), ferner F. →Hemsterhuis mit seiner Philosophie des Herzens, die den Münsterer Kreis um die Fürstin → Gallitzin und den Düsseldorfer Kreis um F.H.Jacobi beeinflußte. Münster und Hamburg als Zentren der christlichen E. waren damals die Gegenpole Weimars. – Erst der junge → Goethe trennte nach tiefgehender Beschäftigung mit dem Pietismus (S.v. → Klettenberg) endgültig die E. vom Christentum. Indem er die sentimentale Naturfrömmigkeit zu einem enthusiastischen Panentheismus umbildete, emanzipierte er die E. und proklamierte eine gefühlsbestimmte Kunstandacht, aus der später die romantische Kunstreligion erwuchs. Sein von Richardson, Rousseau und Ossian bestimmter Briefroman »Die Leiden des jungen Werther« (1774) bildet das klassische Denkmal der deutschen E. Als erste in die Weltliteratur eingehende deutsche Dichtung wirkte der »Werther« mächtig auf die E. in England, Frankreich, Italien usw zurück; er weckte das moderne Krisenbewußtsein, das im 19. und 20.Jh. zum Ausbruch kam. – Sentimentalisiert wurde um 1770 auch das von J.J. → Winckelmann begründete Griechenbild, zuerst in Wielands »Alceste« (1773), dann in Goethes Monodrama »Proserpina« (1776), schließlich am schönsten in Hölderlins »Hyperion« (1797–99). Goethes früh erwachende Kritik an übertriebener E. machte sich bald Luft in einer Reihe von Satiren (»Satyros«, 1770; »Pater Brey«, 1773; »Götter, Helden und Wieland«, 1774) und in Weimar in dem kleinen Drama »Der Triumph der E.« (1778), in das er selbstzerstörerisch seine »Proserpina« einfügte und die damals blühende empfindsame Romanliteratur unter Einschluß seines »Werther« verspottete.

c) Die *empfindsamen Romane* von J.T. → Hermes (»Die Geschichte der Miss Fanny Wilkes«, 1766, noch in England spielend; »Sophiens Reise von Memel nach Sachsen«, 1769–73) und Sophie La Roche (»Die Geschichte des Fräuleins von Sternheim«, 1771) stehen im Gefolge Richardsons, während → Sternes »Sentimental Journey« (1768) zahlreiche Nachfolger in empfindsamen Reiseromanen fand (J.G.Schummel, »Empfindsame Reisen durch Deutschland«, 1770–72; u.a.). Auch die E. der Stürmer und Dränger, die im Drama nur in Rührszenen und empfindsamen Frauengestalten ihren Ausdruck fand, äußerte sich im Roman am ungehemmtesten, so in dem stark autobiographischen »Waldbruder« (1776) von J.M.R.Lenz und in den von der Herzens- und Gefühlsphilosophie Rousseaus erfüllten, den »Werther« nachahmenden Romanen von F.H.Jacobi (»Allwill«, 1775; »Woldemar«, 1777), dessen E. stets stark pietistisch-christliche Züge behielt, weshalb er lebenslang gegen Goethes Panentheismus und seine Säkularisierung des Gefühlschristentums protestierte. Darin verwandt sind ihm J.H. → Jung-Stilling mit seinen autobiographischen Schriften und der Dichter → Jean Paul, der mit seinen ungeheuer erfolgreichen, bis weit ins 19.Jh. weiterwirkenden Romanen und Traumvisionen die eigentliche dichterische Anthropologie empfindsamen Menschentums in all seinen Spielarten und Möglichkeiten entfaltete, aber auch vorausschauend die der religiös und sittlich indifferenten E. drohende Gefahr des Nihilismus aussprach und gestaltete. Für die Verbindung von pietistischer Selbstquälerei und gesteigerter E. bes. bezeichnend ist K.Ph. → Moritz' autobiographischer Roman »Anton Reiser« (1785–90); er stellt bereits den Typus des »Zerrissenen« dar, der auch bei J.K.Wezel (»Wilhelmine Arend oder die Gefahren der E.«, 1782) begegnet, von Jean Paul in der Gestalt Roquairols im »Titan« am unheimlichsten gestaltet wurde und in der Romantik zur Verkörperung desillusionierter E. wird.

d) Schließlich steht auch → *Schillers* Jugend ganz im Zeichen der zeitgenössischen E. Klopstocks, Goethes, Millers und F.H.Jacobis, wie seine frühe Lyrik und fast alle seine Dramen mit ihren empfindsam-idealen Frauen- und Jünglingsgestalten beweisen. Aber auch seine ästhetische Theorie, die sich gegen die einseitige rationalistische Verstandeskultur wendet und stärker »die Veredlung der Gefühle und die sittliche Reinigung des Willens« (13.7.1793), »die Ausbildung des Empfindungsvermögens« (8. Brief über ästhetische Erziehung) betont, ferner sein Begriff der »schönen Seele« und sein Freiheitsideal haben ihre Wurzeln in der E. In seiner Schrift »Über naive und sentimentalische Dichtung« (1795), in der er den modernen Menschen und sich als Dichter als »sentimentalisch« charakterisierte, trennte er jedoch sehr scharf zwischen echter E. und »kranker Empfindlichkeit« bei Rousseau, »Empfindelei und weinerlichem Wesen«. Die dialektische Seelenstruktur des sentimentalischen Menschen bezeichnete er als notwendige Vorstufe zur Höhe idealer Menschlichkeit und charakterisierte Satire, Idylle und Elegie als spezifisch sentimentalische Dichtungsgattungen.

5. Die dritte Stufe der E., die beiden letzten Jahrzehnte des 18.Jh.s umfassend, stellt bereits ein *Absinken* von der

erreichten Höhe der Gefühlskultur dar: Mit der wachsenden Ausbreitung der E. setzt auch bald die Trivialisierung der E.s-Literatur ein, wie zB in J.M.Millers »Siegwart, eine Klostergeschichte« (1776), der die Werthermode ausbeutete und in süßlicher Manier alle Themen und Motive des Sentimentalismus häufte und zugleich die romantische Rekatholisierungstendenz vorbereitete. Zahllose ähnliche Erzeugnisse folgten; auf dem Theater triumphierten die bürgerlichen Rührstücke von A.W. Iffland und A.v.Kotzebue. Ein ähnliches Absinken von der ursprünglichen Höhe der E. läßt sich auch in der → Lyrik feststellen, wo lange Zeit F.v.Matthison mit seinen empfindsam-melancholischen »Liedern« (1781 u.ö.) den Ton angab.

Doch ist die Entstehung der deutschen *Romantik* ohne die E. nicht denkbar: bes. W.H. → Wackenroder (mit der Gestalt des Kapellmeisters Joseph Berglinger) und der junge L.Tieck (»Abdallah«, 1792; »William Lovell«, 1793-96; »Ulrich der Empfindsame«, 1796; »Franz Sternbalds Wanderungen«, 1798) stellen sehr reine Ausprägungen empfindsamen Menschentums mit seiner Zerrissenheit aus Verlust christlicher Religiosität dar, ebenso Cl. → Brentano (»Godwi«, 1801), seine Schwester Bettina v.Arnim-Brentano u.a. Werther bleibt das Urbild fast aller Romantiker und wirkt weiter bis zu R.M. → Rilkes »Aufzeichnungen des Malte Laurids Brigge« (1910). Gerade Rilke hat eine besondere Affinität zur E. des 18.Jh.s, vor allem Klopstocks, gehabt und noch einmal die Möglichkeit einer autonomen, dem Christentum entgegengestellten Gefühlskultur höchster E. dargestellt und gelebt, so daß bei ihm die literarischen Formen der E. fast sämtlich wiederkehren.

J.Chr.F.Bährens, Über den Werth der E. bes. in Rücksicht auf die Romane, 1786 - E.Schmidt, Richardson, Rousseau u. Goethe, 1875 - M.v.Waldberg, Goethe u. die E. (Berichte d. Freien Dt. Hochstifts NF 15, 1899, 1-21) - Ders., Der empfinds. Roman in Frankreich, 1906 - V.Tornius, Die Empfindsamen in Darmstadt, 1910 - R.Unger, Hamann u. die Aufklärung, (1911) 1923² - Ders., Hamann u. die E. (Euphorion 30, 1929, 154-175) - Ders., Zur seelengeschichtl. Genesis d. Romantik, 1930 - H.F.Müller, Zur Gesch. des Begriffs »schöne Seele« (Germanisch-Romanische Monatsschr. 7, 1915/19, 236-249) - H.Schöffler, Protestantismus u. Lit., 1922 - Ders., Dt. Geist im 18.Jh., 1956 - P.Kluckhohn, Die Auffassung der Liebe in der Lit. des 18.Jh.s u. in der dt. Romantik, (1922) 1932² - Walth. Müller, Zum Problem der Seelenschönheit im MA, 1923 - M. Wieser, Der sentimentale Mensch, 1924 - A.Köster, Die dt. Lit. d. Aufklärungszeit, 1924, 107ff - H.Schmeer, Der Begriff der »schönen Seele« ... in der Lit. des 18.Jh.s, 1926 - P.van Tieghem, Quelques aspects de la sensibilité préromantique dans le roman préromantique au 18e siècle (Edda 27, 1927, 146-175) - H.Kindermann, Durchbruch der Seele, 1928 - E.Wendt, Sentimentales in der dt. Epik d. 13. Jh.s (Diss. Freiburg). 1930 - W.Schmitz, Die E. bei Jean Paul, 1930 - G.Thrum, Der Typ des Zerrissenen, 1931 - P.Trahard, Les maîtres de la sensibilité en France au 18e siècle, Paris 1931/36 - H.Friedrich, Abbé Prévost in Deutschland, 1932 - L.Rösch, Der Einfluß des ev. Pfarrhauses auf die Lit. d. 18.Jh.s (Diss. Tübingen), 1932 - J.Kruuse, Det fölsomme drama, Kopenhagen 1934 - A.Völker, E. u. Aufklärung in Wezels »Wilhelmine Arend« (Diss. Münster), 1935 - F. Brüggemann, Der Ausbruch der Gefühlskultur in den fünfziger Jahren, 1935 - M.Beyer, E., Sturm u. Drang, 1936 - W.Rasch, Freundschaftskult u. Freundschaftsdichtung im dt. Schrifttum d. 18.Jh.s, 1936 - W.F.Wright, Sensibility in English Prose Fiction 1760-1814, London 1937 - I.Arndt, Die seelische Welt im Roman d. 18.Jh.s (Diss. Gießen), 1940 - A.Reiche, Der Pietismus u. die dt. Romanlit. des 18.Jh.s (Diss. Marburg), 1941 - F.W.Wodtke, Rilke u. Klopstock (Diss. Kiel), 1948 - Ders., Der Wortschatz der Innerlichkeit im Alt- u. Mittelhochdeutschen (Habil.-Schr. Kiel), 1953 - P.Böckmann, Formgesch. d. dt. Dichtung I, 1949 - E.Blochmann, Schiller u. die E. (DVfLG 24, 1950, 483-499) - E.Erämetsä, A Study of the word »sentimental« and of other linguistic characteristics of 18th Century Sentimentalism in England, Helsinki 1951 - A.Langen, Der Wortschatz des dt. Pietismus, 1954 - H.Boeschenstein, Dt. Gefühlskultur I: 1770-1830, 1954 - RDL² I, 343ff. *F.W.Wodtke*

Empirismus → Apriorismus, → Aufklärung: I, 4.

Emser, *Hieronymus* (1478-1527), * zu Ulm, studierte in Tübingen und Basel und wurde Humanist und Erasmianer. Als solcher hat er 1504 in Straßburg die Werke → Pico della Mirandolas herausgegeben. Nachdem er als Kaplan und Reisebegleiter des Kardinals Peraudi tätig gewesen war und in Erfurt eine Lehrtätigkeit ausgeübt hatte, kam er 1505 als Sekretär Herzog → Georgs an den Dresdener Hof und damit in eine Atmosphäre humanistischer Kirchenkritik und Kirchenreform sowie erasmischer Geistigkeit. Georg bediente sich E.s zunächst bei seinen Bemühungen um die Kanonisation → Bennos von Meißen. Seit der Leipziger Disputation aber wurde E. neben → Cochläus sein Haupthelfer und -berater im Kampf gegen → Luther. Von 1521 ab schrieb E. unentwegt gegen diesen, insbesondere Widerlegungen einzelner Schriften (zB An den Adel, 1520; Formula missae et communionis, 1523). Auch übersetzte und verdeutschte er anderes antilutherisches Schrifttum. Natürlich mußte er sich scharfe und gereizte Gegenangriffe Luthers gefallen lassen (An den Bock zu Leipzig, 1521; Auf des Bocks zu Leipzig Antwort, 1521, u.a.; in E.s Wappen ein Bock). E.s durch Georg veranlaßte kath. → Bibelübersetzung (: IV, 4) ist nur eine Umarbeitung von Luthers NT und enthält die Bilder Cranachs zur Apk (→ Bibelillustration: II, 2a).

Texte bei L.Enders, Luther u. E., ihre Streitschriften 1521, 1891; CCath 4; H.E., Eyn deutsche Satyra nach straffe des Ehebruchs, 1956; F.Gess, Akten u. Briefe zur Kirchenpolitik Hzg. Georgs v. Sachsen, 2 Bde, 1905/17. - G.Kawerau, H.E., 1898 - G.Reichel, Hzg. Georg d. Bärtige u. Erasmus v. Rotterdam (Diss. Leipzig), 1947 (Masch.). *F.Lau*

Emser Kongreß, letzter, vom Geist der Aufklärung getragener Versuch zur kath.-deutschen Nationalkirche im 18.Jh., ausgelöst durch die von Kurfürst Karl Theodor von Bayern an Stelle des nicht zu erreichenden Landesbistums für sein Gebiet (Bayern, Rheinpfalz, Jülich, Berg) im Interesse absolutistischer Kirchenpolitik geförderte Errichtung einer (vierten; neben Wien, Köln und Luzern) Nuntiatur in München (1785; besetzt mit Zoglio). Gestützt auf Gedanken des → Gallikanismus, des deutschen → Episkopalismus und zT des → Febronianismus beschwerten sich die Kurfürsten von Mainz, Trier und Köln unter Führung des Salzburger Erzbischofs H. von → Colloredo bei → Joseph II. und unterzeichneten, ermutigt durch ein Reskript des Kaisers, in Bad Ems am 25.8.1786 die Emser »Punktation«. Sie lehnt sich an die schon 1769 von Bevollmächtigten der drei rheinischen Erzbischöfe in Koblenz aufgestellten 31 Artikel, Gravamina gegen von der Kurie usurpierte Reservationen, Exemtionen usw (Koblenzer Avisamenta bzw. Desiderata) an und fordert Verzicht des Papstes als primus inter pares auf seine Vorrechte aus den → Pseudoisidorischen Dekretalen, protestiert gegen Appellation nach Rom unter Übergehung der Bischöfe, gegen päpstliche Dispensvorbehalte und die Einholung der sog. Quinquennalfakultäten, gegen → Exemtion und bes. gegen jurisdiktionelle Vollmachten der Nuntien. Für kuriale Schreiben, Gnadenbriefe und dgl. soll bischöfliches Plazet gelten, Verbindungen der Klöster mit auswärtigen Oberen sind zu lösen usw. Der erhoffte Erfolg blieb aus; ein Teil der Suffraganbischöfe stellte sich unter Führung des Fürstbischofs Limburg-Stirum von Speyer dagegen, ebenso die landesherrliche Kirchenpolitik der weltlichen Fürsten. Joseph II. gab im Blick auf das Fehlen einer Einheitsfront der Forderung eines Nationalkonzils nicht nach; der Mainzer Kurfürst Friedrich Karl Joseph von → Erthal begann unter preußischer Vermittlung Geheimverhandlungen mit der Kurie, der Trierer, Clemens Wenzel von Sachsen, trat 1790 vom Unternehmen zurück. Pius VI. antwortete den vier Erzbischöfen am 14.11.1789. Die Emser Punktation ging zwar noch in die Wahlkapitulation Leopolds II. über, aber die Kriege der franz. Revolution überrollten jedes Nachspiel des → Nuntiaturstreits.

Aktenstücke: Nunziatura di Germania, im Archivio segreto vaticano, 686 A. - Texte: E.v.Münch, Sammlung aller älteren u. neueren Konkordate I, 1831, 404ff; im Auszug: Mirbt Nr. 553. - H.Brück, Die rationalist. Bestrebungen im kath. Deutschland, 1865 - RE V, 342ff - F.Vigener, Gallikanismus u. episkopalist. Bestrebungen im dt. Katholizismus, 1913 - H.Schotte, Zur Gesch. des E.K.es (HJ 35, 1914, 319-348) - M.Höhler, Des kurtrier. Rates H.A.Arnoldi Tagebuch über die zu Ems gehaltene Zusammenkunft usw, 1915 - A. Coulin, Der E.K. des Jahres 1786 (DZKR 3. F. 25, 1915, 1-79) - M.Braubach, Max Franz v. Österreich, 1925, 163ff - LThK III, 669f - L.A.Veit, Die Kirche im Zeitalter des Individualismus I, 1931, 305ff - v.Pastor XVI/3, 367ff - G.J.Jansen, Kurf.-Erzbisch. Max Franz v. Köln u. die episkopalist. Bestrebungen s. Zeit. Nuntiaturstreit u. E.K. (Phil. Diss. Bonn), 1933 - K.Habenschaden, Der Münchener Nuntiaturstreit in der Publizistik (Jur. Diss. München), 1939 (Teildr. in ZSavRG 59, Kan. Abt. 28, 1939, 333-417) - A.Rall, Kurbayern in der letzten Epoche der alten Reichsverfassung 1745 bis 1801, 1952. *Ernst Wolf*

Enchiridion (ἐγχειρίδιον) bezeichnet in beiden klassischen Sprachen ein Handmesser oder einen Dolch, später auch ein Handbüchlein, das man immer bei sich haben konnte und nicht in den Bücherschrank zurückzulegen bzw. dem Ausleihenden (u.U. also dem Verfasser) zurückzugeben brauchte (Augustin). Das E. Augustins an Laurentius ist ein solches (von Glaube, Hoffnung und Liebe handelndes) Handbüchlein, überschreitet freilich den Umfang einer kurzen Glaubens- und Sittenlehre, gar eines Katechismus in unserem Sinne. Auch Luthers »Kleiner Catechismus für die gemeine Pfarherr (!) und Prediger« (1529) trägt in den Buchausgaben bis zu Luthers Tode den Obertitel E., vielleicht gewählt nach dem Vorbild Augustins. Dagegen geht die Bezeichnung »E. oder Handbüchlein, einem jeglichen Christen fast nützlich bei sich zu haben«, wie wir sie so oder ähnlich für die gesangbuchartigen ev. Liederheftchen der Jahre 1524-27 in Nürnberg, Erfurt und Wittenberg finden, wohl nicht auf Luther, sondern auf die jeweiligen Buchdrucker zurück (→ Gesangbuch: I). Diese Hefte waren besonders geeignet, von Hand zu Hand zu gehen und in volkstümlichster Form das Evangelium im Sinne Luthers zu verbreiten. - Des Erasmus »Enchiridion militis Christiani« (verfaßt 1501), als Erziehungshilfe für einen christlichen Kriegsmann gedacht, hat den Rang eines ev. Handbüchleins für jedermann auf Grund seiner humanistisch-reformerischen Haltung nie erreicht. Melanchthons E. elementorum puerilium (1524) war ein humanistisch-kirchliches Lesebuch.

Augustins E. Sonderausg. v. O.Scheel (SQS II, 4), 1903; Luthers E. s. WA 30/I, 559-688; zu den Nürnberger usw Enchiridien WA 35, 338-350. - CKL I, 500. *W.Jannasch*

Endecott, *John* (1588?-1665), englischer Kolonialpolitiker in Nordamerika, trat 1628 an die Öffentlichkeit. Bis zu seinem Lebensende war E. im höheren administrativen, militärischen und politischen Dienst der Kolonie Massachusetts tätig, 1658-59 leitete er als Generalgouverneur die Vereinigten Kolonien von Neu-England. Durch seine weitsichtigen, gerechten, wenn auch manchmal harten Maßnahmen entwickelten die Kolonien, bes. Massachusetts, wirtschaftliche und politische Bedeutung. - E.s religiöse Haltung war vom strengen Puritanertum geprägt. Er lehnte daher den Tabakanbau und die lange Haartracht bei Männern ab und ging so weit, daß er das Kreuz als papistisches Symbol aus der englischen Flagge trennte. Freundschaft verband ihn mit Roger → Williams, den er in verschiedenen Auseinandersetzungen verteidigte. Dies führte aber nicht dazu, daß E. die Toleranzgedanken Williams' aufnahm. E. behandelte zwar die Indianer gerecht, nachdem er erfolglos versucht hatte, sie zu unterwerfen. Er ordnete aber scharfe inquisitorische Maßnahmen an, um das Eindringen der → Quäker in Massachusetts zu verhindern (1656-57).

C.M.Endicott, Memoirs of J.E., Salem/Mass. 1847 - I.T.Adams, The founding of New England, Boston 1921 - L.S.Mayo, E.J., Cambridge 1936. *G.Krodel*

Endemann, *Samuel* (1727-89), ref. Pfarrerssohn aus Carlsdorf (Hessen). 1750 Pfarrer zu Jesberg, seit 1753 auch Gymnasial-Prof., Konsistorialrat, Kirchen- und Schulinspektor in Hanau, seit 1782 Theologie-Prof. in → Marburg. Den besten Überblick über seine Theologie gibt seine »Sciagraphia« (1783). E. verschließt sich dem kritisch-historischen Anliegen der Neologie (→ Aufklärung: III, 3b) wie dem Anliegen → Kants, dem philosophischen »Kitzel, alles aus Prinzipien der Vernunft zu demonstrieren«. Der Einfluß Chr. → Wolffs ist sehr gering: Die mathematische Methode wird abgelehnt, zwischen Seele und Leib besteht ein nexus, die Welt ist »die beste« nur mit Einschluß der Wunder und des göttlichen concursus. Im Kampf mit Päpstlichen und Sektierern ist die Vernunft hervorragende Dienerin der Schrift, aber (gegenüber den Modernen) in keiner Weise Glaubensnorm.

Vf. u.a.: Institutiones theologiae dogmaticae, 2 Bde, 1777/78; Institutiones theologiae moralis, 2 Bde, 1780; Compendium theologiae dogmaticae, (1782) 1790²; Compendium theologiae moralis, 1784. - Über E.: W.Gass, Gesch. d. prot. Dogmatik IV, 1867, 429ff - H.Heppe, Gesch. d. theol. Fakultät in Marburg, 1873 - ADB VI, 105. *W.Philipp*

Energie und Energetik. Der heutige physikalische Begriff der Energie (E.) hat mit der ἐνέργεια des Aristoteles nur den Namen gemein und knüpft sachlich an die vis viva von → Leibniz an. Entscheidend ist der Satz von der Erhaltung der E. oder 1. Hauptsatz der Thermodynamik (R.Mayer, Joule, Helmholtz 1842-48): In jedem physikalischen Vorgang innerhalb eines gegen die Umwelt hinreichend abgeschlossenen Systems bleibt eine bestimmte Größe, die E., zeitlich konstant. E. hat viele Erscheinungsformen. Mechanisch zeigt sie sich als E. der Bewegung (kinetische E., gemessen durch $\frac{1}{2} m v^2$, wenn m die Masse, v die Geschwindigkeit eines Körpers ist) und als E. der Lage (potentielle E., Fähigkeit eines Körpers, Arbeit zu leisten, dh sich oder andere Körper in Bewegung zu versetzen). Die potentielle E. beruht auf verschiedenen Kräften, denen die Physik jeweils eine E.form zuschreibt: elektrische, magnetische, chemische E., E. der Schwerkraft, der Kräfte des Atomkerns. Wärme-E. ist nach der kinetischen Theorie der Wärme kinetische E. der ungeordneten Bewegung der Atome. - Der 2. Hauptsatz der Thermodynamik (Satz vom Anwachsen der Entropie oder der Entwertung der E.) besagt, daß Arbeit völlig in Wärme, aber Wärme nicht völlig in Arbeit verwandelt werden kann. Die Menge unverwertbarer E. nimmt demnach bei jedem Vorgang zu oder bleibt günstigstenfalls gelegentlich konstant. Die statistische Deutung der Thermodynamik erklärt dies als das Anwachsen der ungeordneten Bewegung der → Atome gegenüber der geordneten: Unordnung entsteht von selbst, Ordnung nicht. Nur hier tritt in der Physik die Unumkehrbarkeit des Geschehens hervor. - Diese beiden Hauptsätze sind fast die einzigen Sätze der klassischen Physik, die den Übergang zur heutigen Physik ohne Einschränkung überstanden haben. Auf Grund der speziellen → Relativitätstheorie sind E. und Masse eigentlich dasselbe und daher die beiden Sätze der Erhaltung der E. und der Materie derselbe Satz. - Da E. meßbar ist und erhalten bleibt, kann sie wirtschaftlich zur Ware werden. Ein Hauptziel der Technik des 19. und 20.Jh.s ist E.gewinnung (→ Atom). - Während der ältere → Materialismus (: II) mit dem Begriff der raumerfüllenden Materie auszukommen meint, tritt seit den physikalischen Erkenntnissen der Mitte des 19.Jh.s die E. in einem polaren Verhältnis zur Materie hinzu. Büchner nimmt sie schon im Titel »Kraft und Stoff« für den Materialismus mit in Anspruch. W.Ostwald versucht um 1890 E. zum Grundbegriff aller Naturauffassung zu machen (Energetik) und meint damit einen nicht-materialistischen Monismus zu begründen. Vom heutigen Standpunkt aus sind alle diese Gedanken frühe und überholte Stationen auf dem Weg zu der Erkenntnis, wieviel abstrakter die Grundbegriffe der Physik sind als der alte Materiebegriff. - Vgl. → Entwicklung: I, 1.

TH.YOUNG, Lectures on natural philosophy VII, London 1807 - LOUIS BÜCHNER, Kraft u. Stoff, 1855 u.ö. - J.ROB.MAYER, Die Mechanik der Wärme in ges. Schriften, (1867) 1893³, 243ff - DERS., Über die Erhaltung der Kraft, ed. A.NEUBURGER, 1912 - E.MACH, Die Gesch. u. die Wurzel des Satzes von der Erhaltung der Arbeit, 1872 - M.PLANCK, Das Prinzip der Erhaltung der E., (1887) 1921⁴ - W.OSTWALD, Die E. u. ihre Wandlungen, 1888 - DERS., Die Überwindung des wissenschaftl. Materialismus, 1895 - DERS., Grundriß der Naturphilosophie, 1908 - A.E.HAAS, Die Begründung der Energetik durch Leibniz (Ann. der Naturphilosophie VII), 1908 - C.F.v.WEIZSÄCKER, Zum Weltbild der Physik, (1943) 1954².

C.F.v.Weizsäcker

Engel

I. Engelverehrung in der Kirchengeschichte - II. Kunstgeschichtlich - III. Dogmatisch. - Zum religionsgeschichtlichen, at. und nt. Stoff → Geister, Dämonen, Engel: I. II; vgl. auch → Dämonen

I. Engelverehrung in der Kirchengeschichte

Es gibt kein unmittelbares Zeugnis dafür, daß die von uns sog. E. von den Christen der ersten 3 Jh.e verehrt worden sind, auch nicht für die Vertreter der E.christologie, die dazu am ehesten geneigt sein konnten. Die Stelle bei → Justin (Apol. I, 6) bezieht sich wahrscheinlich nicht auf E., sondern auf Glaubensboten (ZKG 68, 1957, 319f). Aber als E. galten auch kosmische Mächte, insbesondere die machtvollen Völker-E. → Athenagoras zB betont, um die Christen gegen den Vorwurf des Atheismus zu verteidigen, daß sie nicht nur an die drei göttlichen Personen glaubten, sondern auch an die E., die über die Elemente, die Himmel und den Kosmos gesetzt seien (Suppl. c. 10). Diesen Wesen muß der Kult gegolten haben, den Paulus im → Kolosserbrief (2, 18) bekämpft (vgl. 1Kor 2, 8). Wer dagegen meinte, diese Völker-E. seien berufen, den Bau der Kirche zu vollenden (Herm vis III, 4, 1), mochte zu ihrer Verehrung bereit sein. Diese Verehrung der Völker-E. wird im 35. Kanon der Synode von Laodicea (um 360) verworfen. Gegen eine sich in gebührenden Grenzen haltende Verehrung der eigentlichen E. hat sich jedoch in der alten Kirche niemand ausgesprochen. → Origenes (c. Cels. VIII, 13) und → Eusebius von Cäsarea (Praep. ev. VII, 16, 18) billigen sie. Anbetung wird verworfen, aber Gebete um Schutz an die E. zu richten, dazu fordert → Ambrosius (De viduis 9) ausdrücklich auf. Ob man Kirchen ihnen zu Ehren bauen dürfe, war strittig: → Augustin (De vera rel. 110) und → Theodoret (MPG 82, 613 B) mißbilligen es; aber bereits → Didymus der Blinde freut sich über die vielen reichgeschmückten Kirchen, die man in Ägypten den Erz-E.n → Gabriel und Michael erbaut hat (De trinitate II, MPG 39, 589). Besonders → Michael, der auch als Krankenheiler verehrt wurde (Sozomenus II, 3), trat immer mehr in den Vordergrund. Starken Auftrieb erhielt die E.verehrung durch die »Himmlische Hierarchie« des → Dionysius Areopagita, nach der selbst die vorzüglichsten Theologen nicht an die untersten E.ordnungen heranreichen (c. 4 § 2). Das 7. ökumenische Konzil von → Nicäa (787) bestimmte sodann, man dürfe die Bilder der E. ebenso wie die der Heiligen grüßen und verehrend vor ihnen niederfallen. Von → Luther existieren Michaelspredigten (1530, 1531, 1544). Er will aber das Fest des 29.Sept. nicht als E.fest feiern, sondern als Fest Gottes, der die E. geschaffen hat, damit wir ihren Dienst an uns erkennen und *ihm* dafür danken. So verwirft denn der 2. Schmalkaldische Artikel die Anrufung der E. Damit war der E.verehrung in der ev. Kirche ein Ende gesetzt. Die Aufklärung stellte wie die des → Teufels (: III) auch die Existenz der E. in Frage. Nach → Schleiermacher ist das einzige, was als Lehre über die E. aufgestellt werden kann, dieses, daß die Frage, ob E. sind, auf unser Handeln keinen Einfluß haben dürfe. Wenn Jesus von E.n rede, so entspreche das den Vorstellungen seiner Zeitgenossen. Neuerdings neigt man wieder dazu, die Existenz von E.n stärker zu bejahen, ebenso wie man die Greueltaten der Menschen auf die Einwirkung wirklich existierender dämonischer Mächte zurückführt (→ Dämonen). Dies ermöglicht dann auch die Anrufung der E. im Gebet (W.Stählin; → Berneuchen).

RGG¹ II, 335f; RGG² II, 137f - J.TURMEL, Histoire de l'angélologie (Rev. d'hist. et de litt. relig. 3, 1898, 289-308. 407-434. 533 bis 552; 4, 1899, 217-238. 289-309. 414-434. 537-562) - E.L.ANRICH, Die Anfänge des Heiligenkultes in der christl. Kirche, 1904, 120ff. 266ff. - Zur E.christologie: M.WERNER, Die Entstehung des christl. Dogmas, (1941) 1954², 302ff. - Luthers Predigten: WA 32, 111ff. 552ff; 34/II, 22ff; 49, 570ff. - SCHLEIERMACHER, Der christl. Glaube, (1821) 1830² §§ 42f - D.FR.STRAUSS, Christl. Glaubenslehre I, 1849, 673f - W.STÄHLIN in »Begegnung mit E.n« (Schriftenreihe »Dokumente relig. Erfahrung«, 1956, 71f).

F.Scheidweiler

II. Kunstgeschichtlich

1. Die E. werden in der altchristlichen Kunst als flügellose Jünglinge (mitunter mit Bärten) dargestellt, bis unter dem Einfluß der Liturgie (vgl. Präfationsgebet mit dem Anruf an die »geflügelten« Seraphim und Cherubim) erstmals Ende des 4.Jh.s geflügelte männliche E. (zB Monza Ampulle; vgl. Tafel bei → Himmelfahrt Christi: II) aufkommen, die nicht selten auch fortan (zB St.Gabriel-Mosaik von S.Maria Maggiore, Rom) als »schwebende« E. oder als E. mit → Nimbus dargestellt werden (zB Rabula-Codex; s. Taf. 5 Abb. 1). Vorbild für die Beflügelung war vielleicht das antike Nikebild, vermittelt durch Münzen oder durch Arbeiten aus dem byzantinisch-syrisch-antiochenischen Raum wie zB die Ziboriums-Plastiken von S.Marco, Venedig. Die E.sbekleidung ist in altchristlicher Zeit die Tunika und das Pallium, im Früh-MA die byzantinische Hoftracht; dieser folgt im Süden seit dem 13.Jh. die Priestergewandung, während der Norden bis zur Renaissance am Diakonsgewand festhält. Infolge der Mißdeutung der antiken Gewandung entwickelt sich in Italien im 15.Jh. der Mädchen-E., der dann im ausgehenden Barock (vgl. barocken Altardekor; → Malerei und Plastik: IV) bes. häufig ist. Deutschen Ursprungs ist der bekleidete »Kinder-E.« (frühgotische Plastik und kölnische Malerei des 14.Jh.s), ikonographisch wohl auf vorchristlich-heidnische und jüdische Vorstellungen zurückgehend (vgl. zB Taf. 9 Abb. 2), während die erstmals bei → Giotto und Donatello auftretenden nackten Kinder-E., die Puttos der Renaissance, auf antike Genien und Eroten zurückgeführt werden. Hierher gehören auch die mittelalterlichen Darstellungen der Rauchfaß-, Leuchter-, Musik-, Krönungs- und Passions-E., die im Barock am häufigsten als Dekor im kirchlichen Raum (an Geräten, Devotionsbildern) begegnen. Die in der italienischen

Kunst seit dem 14.Jh. und in der nordischen seit dem 15.Jh. aufkommenden beflügelten E.sköpfe (s. Taf. 8 Abb. 1) sind bereits auf frühchristlichen Flabella (= kultische Fächer) nachweisbar. Auf mittelalterlichen Altarbildern oder Plastiken symbolisieren sie die Seraphim und Cherubim, die wie eine Mandorla bzw. E.wolke die Gestalten Gottvaters, Christi und Mariä umgeben (vgl. Raffaels Sixtinische Madonna, Dresden).

2. Die Erz-E.-Darstellung beschränkt sich in der Hauptsache auf drei E., nämlich → Michael, Gabriel (vgl. Hymne des → Hrabanus Maurus zum Fest des hl. Erz-E.s Gabriel) und Raphael (die Darstellung Uriels ist sekundär und stets unbedeutend geblieben). Gabriel, der E. der Verkündigung im Diakonsgewand, hält meist das reichgeschmückte Zepter oder den Lilienstab in der Hand; Raphael ist der Begleiter und Schutz-E. des Tobias (→ Tobitbuch). Während das 19.Jh. den Bildtyp des Michael fast unverändert übernimmt, wird Gabriel nur noch im weißen Gewand (vgl. Uhdes sog. prot. E.-typus - vielleicht in Anlehnung an klassizistische E.plastiken) und Raphael allgemein als Beschützer der Kinder dargestellt. - Vereinzelt findet sich die mittelalterliche Darstellung der vierflügeligen Cherubim und der sechsflügeligen Seraphim (→ Evangelistensymbole, → Ezechielbuch, 5) sowie der E.chöre (Dionysius Areopagita, Cael. Hier. 7-9 ist auf die Kunst ohne wesentlichen Einfluß geblieben).

3. Die sog. Schutz-E.-Darstellung kommt durch die im Zuge der Gegenreformation hervorgerufene Schutz-E.-Verehrung (vgl. Schutz-E.-Fest der römischen Kirche) als neuer ikonographischer E.typus auf. Sie knüpft an die antike Geniusdarstellung an (vgl. Rembrandts E.) und bleibt bis in die Neuromantik hinein in Übung, bis Fr. Naumann »ihre Ausschaltung aus der kirchlichen Kunst der Gegenwart« fordern konnte (vgl. F.Schumacher, Keine E. in der Kunst [Kunstwart 20, Okt. 1906, 48-51]). Erst die Neuzeit (abstrakte Kunst) brachte in Deutschland einige neuartige Interpretationen (vgl. Albert Burkarts Glasfenster in der Kath. Stadtpfarrkirche »Zu den Hl. Engeln«, München-Giesing, Baujahr 1955).

H.Detzel, Christl. Ikonographie I, 1894, 131 ff - G.Stuhlfauth, Die E. in der altchristl. Kunst, 1897 - H.Mendelsohn, Die E. in der bildenden Kunst, 1907 - M.Osborn, Die E. in der dt. Kunst (Velhagen & Klasings Monats-H.e, Dez. 1910, 481-496) - Künstle I, 241 ff - K.Falls, Die Niken u. die E. in der altchristl. Kunst (RQ 26, 1922, 3-25) - A.C.M.Beck, Genien u. Niken als E. in der altchristl. Kunst (Diss. Gießen), 1936 - A.Voirol, Die Wandlung der griech. Siegesgöttin zum christl. E. nach antiken Münzbildern (Jahresbericht d. Ges. Pro Vindonissa 1943/44), Brugg 1944 - F.Landsberger, The Origin of the Winged Angel in Jewish Art (HUCA 20, 1947, 227 bis 254) - R.P.Regamey, Anges. Paris 1949 - L.Behling, Zur E.-darstellung in der dt. Kunst (Beitr. z. christl. Philos. 6, 1950, 25-37) - H.W.Hegemann, Die E. in der dt. Kunst, 1950² - L.Schreyer, Die hl. E., 1950 - RDK III, 1954, 1377ff (s.v. Diakon). *H.Paulus*

III. Dogmatisch

1. Außerprot. Dogmatik - 2. Prot. Dogmatik - 3. Neufassung einer Lehre von den E.n

Die christliche Kirche versteht unter E.n die Botenmächte des dreieinigen Gottes, die seinen Willen auf Erden vergegenwärtigen und vollstrecken.

1. Nach *griech.-orth. Lehre* zelebrieren die E. die himmlische Liturgie und lassen an ihr die irdische (im Verhältnis Urbild-Abbild) teilnehmen. Im AT und NT vorgeprägtes Gut wird bereits von der alten Kirche liturgisch aufgenommen (→ Engel: I) und abschließend von → Dionysius Areopagita zum System verarbeitet. Durch den in dreimal drei E.chöre gegliederten Organismus der »himmlischen Hierarchie« erleuchtet Gottes Urlicht den Kosmos, um ihn in den Kultmysterien (→ Sakramente) der »kirchlichen Hierarchie« mittels mystischer Schau zum Ursprung emporzuführen. Daneben wird die »Lebensweise der E.« mönchisch-asketisches Ideal. - Für die *abendländische* E.lehre wurde → Thomas von Aquino maßgebend, der nicht intuitiv, sondern abstraktiv aus der Vollkommenheit des Alls »mit zwingender Folgerichtigkeit« auf das Dasein der E. als reiner Formen schloß. Zwischen Gott und den körperlichen Geschöpfen stehend, verwirklichen sie (im Verhältnis Ursache-Wirkung) Gottes Absicht, sich ihm anzuähneln. Gottes Allursächlichkeit beteiligt sie in verschieden begrenzter Zuständigkeit an der Durchführung des universalen Weltzwecks. - Nach *heutiger röm.-kath. Lehre* bilden die E. innerhalb der geschaffenen Wirklichkeit das Reich rein-geistiger Geschöpfe (Denz. 428. 1783), geheimnisvoller, übermenschlicher Wesen. Sie fördern heilsgeschichtlich Gottes Herrschaft, schützen die Kirche und vertreten fürbittend einzelne und Völker vor Gott. Augustins Mahnung (Ench. 15, 58f [MPL 40, 259f]) folgend, äußert man sich über Zahl und Ordnungen zurückhaltend. Hebt das Lehramt die E. - gegen Atheisten, Materialisten und Pantheisten - als Repräsentanten der geistigen Welt hervor (Denz. 1801ff), so wird ihre Wirklichkeit in Liturgie und Volksfrömmigkeit vielfältig erfahren.

2. *Luther* sieht mit dem NT die E. als Heilsmittler von Christus verdrängt, dafür aber als Mitwirker der »ordentlichen Gewalt« Gottes an der Regierung der Welt und des Einzellebens beteiligt. Obwohl er keine E.lehre entfaltet, wie sie *Calvin* klassisch-kurz bietet, empfängt sein Geschichtsbild durch die E. Leben und Gestalt. Die *altprot. Dogmatik* formte wieder Angelologien aus. Aufgabe der E. ist es, »Gott anbetend zu verherrlichen und seine Gebote auszuführen: durch Strafung der Gottlosen wie Bewachung und Schutz der Frommen« (→ Quenstedt). Im Wechselspiel von Akosmismus und Atheismus wurden der Neuzeit die E. als Träger des Weltbezuges Gottes uninteressant. → *Schleiermacher* gab die E.vorstellung für privaten und liturgischen Gebrauch frei, verneinte aber ihre dogmatische Verbindlichkeit. In seiner und anderer Zurückhaltung (zB → Kaftan, Stephan) wirkten Motive reformatorischen Heilsglaubens fort. Doch fehlte es im 19.Jh. nicht an *spekulativer* Deutung der E.welt (R. → Rothe) bis hin zum Postulat einer »Vielzahl von Geisterreichen«, durch die Mensch und untergeistige Kreatur in einen reicheren Zweckzusammenhang verflochten seien (→ Troeltsch). Der E. Wirksamkeit bezog man zT auf Gottes Offenbarungswirken (→ Cremer), zT auf das die Natur eingrenzende Geheimnis (→ Schlatter). E. bekunden, daß Gottes Heilswille sich nicht auf die Menschheit beschränkt: sie »haben nicht nur symbolische Geltung«, sondern »sind notwendig im Reiche Gottes zu denken« (Wendt).

In der *neueren Dogmatik* werden die E. unter dem Begriff → Himmel (: II) behandelt (Althaus, Barth, Vogel), nehmen daher an dessen Problematik teil. Nach *Barth* gehen sie Gottes auf Erden geschehendem Willen als Zeugen voran, begleiten ihn als seine und der Menschen Diener und halten Wache gegenüber den Chaosmächten. Als Figuren biblischer Sage und Legende, die Gegenstand disziplinierter Divination, Phantasie und Dichtung sind, markieren sie das Übergreifen des Geheimnisses in den Raum bekannter Möglichkeiten. Aus Ordnung, Gliederung, Vielfalt der Herrschaft Gottes wird ihr Dasein als Elemente, Glieder, Individuen des »konkret wirkenden himmlischen Kollektivs« gefolgert. Die Begegnung der irdischen Kreatur mit Gott bedeutet immer auch Begegnung mit seinen E.n.

3. Die ev. Dogmatik hat statt biblizistischer Repristination den Horizont fragender Auseinandersetzung zwischen Schriftzeugnis und gewandeltem Weltbewußtsein freizulegen. Diese Aufgabe erwächst aus der Spannung,

daß zwar die nt. E.*vorstellung* »erledigt« ist (→ Bultmann), dagegen mit der *Existenz* der E. die Autorität Jesu verneint würde (Michel). Merkwürdigerweise hat K. → Heim seine erkenntniskritischen Voraussetzungen hier nicht auszuwerten versucht. Und doch »stellt unser Weltbild mit seiner grenzenlosen Weite die Frage nach den übermenschlichen Geschöpfen Gottes viel dringlicher als die kleine Welt der Alten« (Althaus). In Abgrenzung gegen rationalistische Skepsis (→ Nihilismus) wie gnostische Spekulation (→ Anthroposophie) gilt es, die Anschauung des NT »von kosmischen Mächten, durch die Gott die Natur regiert« und sein Weltregiment »dem Kleinsten und den Kleinsten« zuwendet (J.Schniewind im NTD zu Mt 18, 10), existentiell zu interpretieren. Vom *funktionalen* Begriff E. (Augustin: *officii* nomen, non naturae) wie vom Anredecharakter des Daseins aus ist die soteriologische Engführung zu überwinden, die einseitig personifizierend die Vielschichtigkeit der Aussagen im AT und NT verdeckt. Jede Erscheinung der Schöpfung vermag befristet »E.« zu *werden* (Ps 104, 4; vgl. Hebr 1, 7). Befindlichkeiten, Umstände und Widerfahrnisse können sich - als Elemente bzw. Energien - je zu E.n formieren, um dem Menschen ermutigend oder warnend zu begegnen. Die E. sind das vernehmende und vernehmliche Dasein selbst: im Charakter ursprünglichen Gehorsams. In ihnen entfaltet *die »Welt«* ihr gottgefälliges Wesen in den drei Modi: a) der *Rühmung des Schöpfers,* sofern sie ihm durch ihr Dasein seine Gottheit gibt; b) der *Bewahrung des Menschen,* sofern sie ihn der empfangenen Menschlichkeit vergewissert; c) der *Sinnerfüllung der Welt,* sofern sie ihre Weltlichkeit zur bergenden Ordnung integriert. - Dichtern (Rilke, R.A.Schröder, Klepper) wurden, bes. in Grenzsituationen, Seinserfahrungen von »guten Mächten« (Bonhoeffer) zuteil, deren Aussagegehalt die Dogmatik in die Helle kritischen Bewußtseins zu heben hat.

THOMAS V. AQUIN, S.th. I q. 50-64. 106-114 - CALVIN, Inst. I, 14, 3ff - J.GERHARD, Angelologia sacra, Jena 1637. - Außer den Lehrbüchern d. →Dogmatik v. WENDT, SCHLATTER, STEPHAN, TROELTSCH, ALTHAUS, E.BRUNNER, VOGEL u.a.: RE V, 364ff - DThC I, 1189ff - DACL I, 2144ff - H.SCHLIER, Mächte u. Gewalten (ThBl 9, 1930, 289-297) - LThK III, 672ff - VAN DER LEEUW § 16 - ThW I, 72ff - E.PETERSON, Das Buch v. den E.n, 1935 - E.SCHICK, Die Botschaft v. den E.n, (1935) 1949[3] - J.TURMEL, Histoire des Dogmes IV, Paris 1935, 45ff (kath.) - R.GUARDINI, Der E. in Dantes Göttl. Komödie, (1937) 1951[2] (kath.) - K.KINDT, Geisteskampf um Christus, 1938, 243ff - M.SCHMAUS, Kath. Dogmatik II/1, (1938) 1954[5], §§ 118ff (Lit.) - G.BUCHWALD, Luther über d. Welt als »Mitwirkerin Gottes« (Luther, Mitt. d. Luther-Ges. 23, 1941, 49-73) - J.COLLINS, The Monistic Philosophy of the Angles, Washington 1947 - BARTH, KD III/3, § 51 - Leiturgia I, 168ff (P.BRUNNER) - K.v.STIEGLITZ, Die Anthroposophie R.Steiners, 1955 - EKL I, 1071ff - C.WESTERMANN, Gottes E. brauchen keine Flügel, 1957. *G.Gloege*

Engelbert *von Admont,* * in Steiermark um 1250, † 12.5.1331, in Prag und Padua gebildet, 1297-1327 Benediktinerabt in Admont, ein vielseitiger, aber nicht hervorragender typischer Gelehrter des 14.Jh.s. In seinen mindestens 44 Schriften zeigt er sein Interesse für Grenzfragen um Wissen und Glauben, Staat und Kirche, u.a. für Kosmologie, Pädagogik, Geschichte, Staatstheorie (Fürstenspiegel, hg.v. B.Pez, 1721) und Ständeordnung (Ämtertraktat, hg.v. G.B.Fowler, Festschr. A.P. Evans, New York 1955, 109-122). Zahlreiche exegetische und dogmatische Traktate handeln von der Eucharistie und vom Marienkult (hg.v. G.B.Fowler, MIÖG 62, 1954, 379-389). Das Hauptwerk, De ortu et progressu, statu et fine Romani imperii (hg.v. G.Bruschius, Basel 1553), soll mit aristotelischer Theorie die Notwendigkeit eines Weltimperiums als Hüter von Friede, Recht und Glauben, als Schutz vor Unheil und Auflösung erweisen.

G.B.FOWLER, Intellectual interests of E. of A., New York 1947 (Lit.) - DERS., Manuscripts of E. of A. (Osiris 11, Brüssel 1954, 455-485). *A.Borst*

Engelbrecht, *Hans* (1599-1642), enthusiastischer Mystiker, war ursprünglich Lakenmacher in Braunschweig. Nach einer stillen, melancholischen Jugend fühlte er sich 1622 in schwerer Krankheit durch eine Vision zum Bußprediger berufen. Die Geistlichkeit ließ ihn zunächst gewähren, bekämpfte ihn aber später und verweigerte ihm die Sakramentsgemeinschaft, als er 1631 von der Wanderpredigt durch Niedersachsen und Holstein vorübergehend zurückkehrte. E. wollte als Laienprediger neben dem kirchlichen Amt wirken und vermied das Enthusiastische in der Predigt. Dank seiner rednerischen und seelsorgerlichen Gaben erhielt er überall starken Zulauf, regte offenbar gelegentlich auch andere seherische Erleuchtungen an. Seine mehrfach, zuletzt 1783 unter dem Titel »Der teutsche Swedenburg« gesammelten Schriften enthalten genau beschriebene und allegorisch erklärte Gesichte, dienen aber vornehmlich einer praktischen, toleranten Frömmigkeit (→ Felgenhauer).

T.D.WIARDA, Ostfriesische Geschichte VI, 1796, 75ff - RE V, 372 - K.KAYSER in Zs. d. Ges. f. niedersächs. KG 10, 1905, 12-18. *H.Bornkamm*

Engelfeste, *christliche* → Engel: I.

Engelhardt, 1. *Johann Georg Veit* (12.11.1791 bis 13.9.1855), ev. Kirchenhistoriker, * als Sohn eines Seilermeisters in Neustadt a.d.Aisch, † in Erlangen. Nach seinem Studium in Erlangen hier 1820 PDoz., 1821 a.o., 1822 o. Prof., gewann E. als überaus sprachenkundiger und anregender Dozent, der erstmals wieder stärker mit Luthers Schriften bekanntmachte, allgemeine Achtung. Er begründete 1826 das Kirchenhistorische Seminar, war sechsmal Prorektor und wurde Ehrenbürger Erlangens. Seine vor allem der Mystik und Patristik zugewandte Forschung verband positivistische Grundhaltung mit den Anfängen des Erlanger Konfessionalismus. Eine Biographie seines Dichter-Freundes A.von Platen blieb unvollendet.

Vf. u.a.: Plotins Enneaden, übers. u. mit Anm. begleitet I, 1820; Die angebl. Schriften des Areopagiten Dionysius, übers. u. mit Abh. begleitet, 2 Tle, 1823; Kirchengeschichtl. Abh., 1832; Hdb. der KG, 4 Bde, 1833/34; Richard v. St. Viktor u. Joh.Ruysbroek, 1838; DG, 2 Bde, 1839. - Über E.: ADB VI, 139 - RE V, 372f - H.JORDAN, J.G.v.E. (BBKG 26, 1920, 49-68; Bibliogr.) - DERS., J.G.v.E. (Lebensläufe aus Franken III, 1927, 130-136). *Ernst Wolf*

2. *Moritz (Frhr.) von* (26.6.1828 bis 23.11.1881), * und † in Dorpat, seit 1853 PDoz., seit 1858 o.Prof. der KG an der Universität → Dorpat. Schüler F.A.Philippis, seiner Forschungsrichtung nach Dogmenhistoriker und Apologet, nahm E. die heilsgeschichtlichen Anregungen v. → Hofmanns auf und setzte sich später mit A. → Ritschl auseinander, von dem er sich in der Auffassung der ältesten Kirche bestimmen ließ, ohne jedoch dogmatisch von ihm abhängig zu werden und ohne den Boden luth.-biblizistischer Kirchlichkeit zu verlassen. Als überzeugende, verinnerlichte Persönlichkeit hohen Ranges hatte E. einen ungewöhnlich starken und tiefgehenden Einfluß, zu dem sich noch nach Jahrzehnten sein bedeutendster Schüler A.v. → Harnack bekannte.

Vf. u.a.: V.E.Löscher nach seinem Leben u. Wirken, (1853) 1856[2]; Das Christentum Justins des Märtyrers. Eine dogmenhist. Untersuchung über die Anfänge des kath. Christentums, 1878. - Über E.: A.v.OETTINGEN, M.v.E.s christl.-theol. Entwicklungsgang (Mitt. u. Nachr. f. d. ev. Kirche in Rußland, 1883, 209-267) - RE V, 374ff; XXIII, 395 - ADB 48, 371 ff. *R.Wittram*

Engels, *Friedrich* (1820-95), gemeinsam mit → Marx Begründer des sog. wissenschaftlichen → Sozialismus (: I), den er zur umfassenden Weltanschauung des dialektischen → Materialismus (: III) ausbaut. Aus pietistischer Barmer Fabrikantenfamilie stammend, verliert er 21-jährig unter dem Einfluß der Linkshegelianer (→ Hegel) den Glauben, lernt 1842 in England die moderne Industrie und das → Proletariat kennen und übt durch seine »Lage Englands« und die »Umrisse zu einer Kritik der Nationalökonomie« (1844) Einfluß auf Marx aus, mit dem er lebenslang verbunden bleibt. Obwohl Marx und E. damals »ihre vollständige Übereinstimmung auf allen theoretischen Gebieten« feststellten, argumentierte E. doch meist mehr aufklärerisch-rationalistisch, während Marx stärker historisch dachte (H.Bollnow). Hiermit hängt auch E.' Interesse für die Naturwissenschaften zusammen, denen Marx kühl gegenüberstand. Nach dem Tode von Marx (1883) hat E. dessen Hauptwerk »Das Kapital« herausgegeben und redigiert (II, 1885; III, 1894). Am stärksten hat E. durch seinen »Anti-Dühring« (1878) und die aus diesem Werk ausgezogene Schrift »Die Entwicklung des Sozialismus von der Utopie zur Wissenschaft« auf die Arbeiterbewegung eingewirkt, in der er führend tätig war.

K.Marx u. F.E., Hist.-krit. GA, 1927-35, 1. Abt. Bd 2-6; 3. Abt.: Briefwechsel. Sonder-Bde: Anti-Dühring, Dialektik der Natur, Moskau 1935. Sonstige Werke nach 1848 nur in Einzelausg. Ferner: K.Marx u. F.E., Ausgew. Schriften, 2 Bde, 1953. Eine krit. Ausg. des »Kapital«, die die Bearbeitung durch E. kenntlich macht, ist dringendes Desiderat. - Über E.: G.Mayer, F.E. Eine Biographie, I, Haag (1920) 1934^{2}; II, 1934 - R.Seeger, F.E. Die relig. Entwicklung des Spätpietisten u. Frühsozialisten, 1935 - F.E. der Denker. Aufsätze aus der großen Sowjetenzyklopädie, Basel 1945 (Bibliogr.) - K.Kupisch, Vom Pietismus zum Kommunismus, 1953 - H.Bollnow, E.' Auffassung von Revolution u. Entwicklung (Marxismusstudien, 1954, 77-144) - A.Cornu, Marx u. E. Leben u. Werk I, 1954.

I.Fetscher

Engert, *Thaddäus Hyazinth* (1875-1945), * Ochsenfurt, † Gräfenroda/Thür. E. studierte in Würzburg (bei → Schell) und München und wurde nach der Priesterweihe 1899 Benefiziat in Ochsenfurt. Er verfaßte mehrere at. Werke, die, ganz im Geiste historisch-kritischer Forschung, zum Konflikt mit der kath. Kirche führten. 1908/09 leitete E. das modernistische Blatt »Das Zwanzigste Jh.« (seit 1909 »Das Neue Jh.«), 1910 erfolgte sein Übertritt zum Protestantismus und das Studium ev. Theologie. Er wurde 1911 Pfarrer in Gossel, 1913 in Gräfenroda und war 1932-41 dort Oberpfarrer (= Sup.), wegen seines Wesens und seiner Gelehrtheit hochgeachtet.

Vf. u.a.: Ehe- u. Familienrecht der Hebräer, 1905; Die Urzeit der Bibel I, 1906; Das AT im Lichte modernistisch-kath. Wissenschaft, 1910; Modernist. Vorträge, (1910) 1914^{2}; Die Sünden der Päpste, 2 Bde, (1910) 1925^{2}; Jesus im Banne des Modernisteneids, 1912; Wege zur neuen Kirche, 1918. - Hg.: Schillers histor. Schriften, 1910.

G.Maron

England

I. Kirchengeschichte - II. Theologie - III. Religionsphilosophie im 19. und 20.Jh. - IV. Englische Missionen. - Ergänzend vgl. →Anglikanische Kirche: I. II, →Anglokatholizismus. - Karte 10 »England (6.-17.Jh.)« auf Sp. 473 f

I. Kirchengeschichte

1. Allgemeines - 2. Anfänge und Mittelalter - 3. Humanismus, Reformation und Festlegung der Kirche von E. - 4. Das Zwischenspiel der Großen Revolution - 5. Die Restauration in Staat und Kirche - 6. Das 18.Jh. - 7. Die englische Kirche im 19. und 20.Jh.

1. Die Kirchengeschichte der britischen Inseln hat ihre Eigenart darin, daß hier der altkirchliche und nationale Charakter länger und mit größerer Entschiedenheit festgehalten wurde als in Mitteleuropa und das darauf aufgebaute Ziel der Einheit (uniformity, conformity) tatsächlich den Gang der Ereignisse bestimmte. Daraus ergab sich eine größere dogmatische Weitherzigkeit, wenn

Zu nebenstehender Karte 10:

Verzeichnis der Ortsnamen

(mit Angabe der Abkürzung und des Planquadrats)

A.	Aberdeen	E 2	La.	Lancaster	E 5
A.	Armagh	C 4	L.	Leicester	F 6
B.	Bath	E 7	L.	Limerick	B 6
C.	Cambridge	F 6	Li.	Lincoln	F 5
C.	Canterbury	G 7	L.	Lindisfarne	E 3
C.	Cashel	B 6	Liv.	Liverpool	E 5
Ch.	Chester	E 6	L.	London	F 7
Ch.	Chichester	F 8	N.	Norwich	G 6
C.	Clarendon	E 7	O.	Oxford	F 7
D.	Dublin	C 5	R.	Rochester	G 7
D.	Dunkeld	D 2	Sh.	Sherbone	E 8
D.	Durham	E 4	St.A.	St.Andrews	E 3
E.	Edinburgh	E 3	St.A.	St.Asaph	D 5
E.	Exeter	D 8	Str.	Streaneshalch	F 4
G.	Glasgow	D 3	T.	Tuam	B 5
G.	Gloucester	E 7	W.	Winchester	F 7
H.	Hastings	G 8	W.	Worcester	E 6
H.	Hereford	E 7	Y.	York	F 5
J.	Jarrow	E 4			

die rechtliche Grundlage bejaht wurde. Andrerseits entstanden heftige Kämpfe, wenn sie bestritten und umgestaltet wurde. Die bis zum Ende des MA (→ Anglikanische Kirche: I, → Britannien, → Augustin, 2) bestehende Einheit zerbrach an der Kirchenpolitik Heinrichs VIII. und an den Einwirkungen vom europäischen Festlande. Während E. und → Wales die Lösung von Rom bejahten, blieben in → Schottland (: I) und → Irland (: II) erhebliche Sympathien für den röm. Katholizismus zurück. Im südlichen und westlichen Teil der Hauptinsel (E. und Wales) wurde die Kirche von E. zur führenden Kraft. Sie wußte sich im Gegensatz sowohl zur Kirche von Rom als zu den Kirchen der Reformation und empfand sich als nächste Verwandte der orth.-anatolischen Kirche. Mit Vorliebe verstand sie ihren Charakter als via media zwischen Rom und (Wittenberg-)Genf und legte Gewicht auf ihr nationales Gepräge, das ihr ermöglichte, sich als »Kirche von E.« lokalterritorial nach dem Sprachgebrauch des Urchristentums (Kirche von Ephesus, Korinth, Thessalonich usw) aufzufassen.

2. Infolge der römischen Besetzung Britanniens geht das Christentum bis ins 3.Jh. zurück; aus der diokletianischen Verfolgung sind Märtyrernamen überliefert (Alban; St. Albans bei London). Die altbritisch-keltische Mönchskirche (→ Britannien, → Irland: I), die in engem Zusammenhang mit Irland, in losem mit Schottland stand, verschmolz auf der Synode von Streaneshalch (→ 10 F 4; Whitby) 664 mit der angelsächsischen, die → Augustin von Canterbury seit 597 begründet hatte. Seitdem erblühte die angelsächsische Klosterkultur und wurde die Erzieherin des abendländischen Christentums (→Bonifatius, →Alkuin). Der Einfluß →Clunys machte sich in → Dunstan von Glastonbury geltend. Staat und Kirche fügten sich zu einem engen Bunde zusammen, der sich im Verständnis des Königtums (rex iustus Augustins, Gottesgnadentum, Dynastie und Legitimität der Erbfolge als göttliches Gebot) und im Recht (Gesetz nach dem at. → Bundesbuch unter Alfred d.Gr.) ausdrückte. Möglicherweise geht auch die besondere Petrusverehrung als Apostelfürst und Himmelspförtner auf die Angelsachsen zurück. Mit der Gründung einer theologischen Schule in → Canterbury legte → Theodor (, 2) von Tarsus (Erzbischof 669-90) den gelehrten Charakter

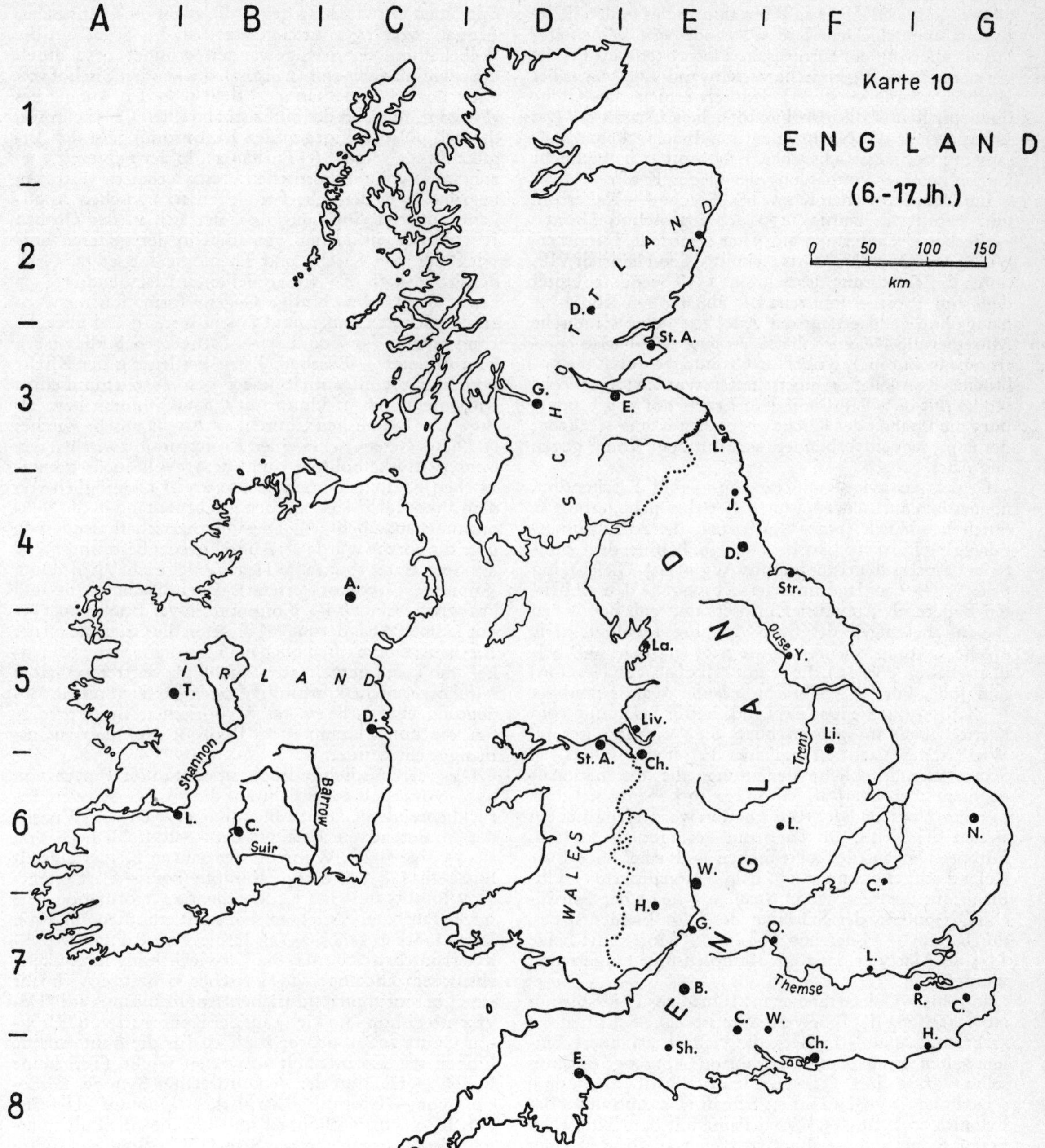
A
B
C
D
E
F
G
1
2
3
4
5
6
7
8
Karte 10
ENGLAND
(6.-17. Jh.)
0
50
100
150
km
SCHOTTLAND
A.
D.
St. A.
G.
E.
L.
J.
D.
Str.
Ouse
Y.
La.
Liv.
St. A.
Ch.
Li.
Trent
ENGLAND
L.
N.
C.
WALES
W.
H.
G.
O.
L.
Themse
R.
C.
B.
C.
W.
Sh.
Ch.
H.
E.
IRLAND
A.
T.
D.
Shannon
Barrow
L.
C.
Suir

der angelsächsischen Kirche, insbesondere ihrer Bischöfe, für immer fest. Durch die normannische Eroberung (1066) wurden Staat und Kirche in ihrer Führung französisch, zugleich enger an Rom und an das festländische Europa angeschlossen. Die 3. Synode von Winchester (1076) übertrug das europäische Pfarrsystem auf E.; die germanische → Eigenkirche verschwand. Die Macht der Bischöfe wurde verstärkt; dadurch erhielt die Kirche ihren bis heute gültigen bischöflichen Charakter. Das Übergewicht des Normannentums brachte keine Aufsaugung des angelsächsischen Erbes mit sich, vielmehr kam es zu einer Vermählung der beiden Kräfte.

Im Kampf zwischen Krone und Kirche (→ Kaisertum und Papsttum) wurde 1170 der Erzbischof Thomas → Becket in Canterbury am Altar ermordet. Daraus erwuchs ein nationaler Märtyrerkultus, den Heinrich VIII. durch die Zerstörung des Schreins 1538 beendete. Unter dem von Papst → Innozenz III. abhängigen König Johann ohne Land errang der Adel 1215 eine ständische Mitregierung (Magna Charta, Anfang des »Parlamentarismus« in Europa), wobei die Grundsätze durch die politische Konstellation überschattet wurden: Der Adel wollte mit dem Papst und dem Erzbischof von Canterbury die Freiheit der Kirche gegen den König schützen; der Papst jedoch verbündete sich mit dem König gegen den Adel.

Gegen das avignonesische Papst- und Kirchentum, namentlich auch die entarteten Bettelmönche, erhob E. durch J. →Wiclif (1320–84), in dem die Armutsbewegung gipfelte, den schärfsten Tadel im Namen des demütigen Christus (Christus humilis Augustins). Gleichzeitig pries W. → Langland im »Piers Plowman« den schlichten Bauern als Abbild des Erlösers und gab damit den Bauernerhebungen des Spät-MA ihre Ideologie. Die größte Leistung Wiclifs war die erste englische →Bibelübersetzung (: V, 2b), die er mit Nikolaus von Hereford und John Purvey vollbrachte. Seine Wanderprediger (»lollards«) durcheilten das Land, heftig bekämpft vom Klerus; doch im ganzen blieb die Wirkung gering. Wiclif stand nach anfänglichen Erfolgen isoliert da. Seine gesamtkirchliche Bedeutung, die die nationalenglische weit übertraf, wurde erst in J. →Hus sichtbar.

3. Am Vorabend der Reformation war auf englischem Boden die Kritik am Papsttum geringer als sonst in Europa. Der aus der italienischen → Renaissance fortlaufend aufgenommene und bald nationalisierte → Humanismus diente – wie in Spanien – nicht der Schwächung, sondern der Stärkung des kath. Elements, bes. durch John → Fisher und Thomas → Morus, die beide 1535 als Märtyrer des röm. Katholizismus hingerichtet wurden.

In John →Colet (1466–1519) führte der Humanismus zur Vertiefung des Bibelverständnisses. Die Schriften des → Erasmus und → Luthers, die vielfach als innere Einheit galten, fanden bes. in Cambridge Eingang; Erasmus selbst wirkte dort 1511–14. Heinrich VIII., der durch seine Polemik gegen Luthers Schrift »De captivitate Babylonica ecclesiae« 1521 vom Papst mit dem Titel »Defensor Fidei« ausgezeichnet worden war, löste in einer umfangreichen Parlamentsgesetzgebung 1532–34 die englische Kirche von Rom und suchte durch → Cranmer eine gewisse Anlehnung an die festländische Reformation, vermied aber jede Festlegung, so daß dogmatisch alles offenblieb und liturgisch und institutionell ein konservatives Gepräge vorherrschte. Unter Edward VI. (1547–53), für den wegen seiner Minderjährigkeit sein Oheim Edward Seymour als Protektor regierte, zog sowohl lutherisches (durch Cranmer) als sonstiges Gedankengut (→ Hermann von Wied) in einem schwer aufzuhellenden Prozeß ein. → Bucer verbrachte 1549–51 seine letzten Lebensjahre in Cambridge. 1549 wurde das erste, mehr »katholische« (dh altkirchliche) Book of →Common Prayer zusammengestellt, dessen Tendenz sich in der folgenden Entwicklung gegen die zweite »calvinistische« Ausgabe von 1552 durchgesetzt hat. Im Streit um die Beibehaltung der Meßgewänder, eröffnet 1552 durch den zwinglianisch-spiritualistisch denkenden Bischof von Gloucester, John → Hooper, sieht man den Anfang des »Puritanismus«, dh des biblizistisch reinen Christentums, das sich polemisch gegen den Kompromißgeist des Anglikanismus wandte (→Puritaner). In der Folgezeit vorzugsweise von calvinistischen Presbyterianern vertreten, begründete es den scharfen Gegensatz zwischen Anglikanismus und »Puritanismus«, der sich in der Großen Revolution entlud und gemäßigt in der späteren Entwicklung von Kirche und Theologie fortsetzte. Nach dem röm.-kath. Zwischenspiel unter Mary Tudor (1553 bis 1558), das eine blutige Gegenreformation mit Prozessen, Scheiterhaufen und Flucht ins Ausland über das Land brachte (→ Cranmer, → Latimer, → Ridley u.a.), kam es unter → Elisabeth I. zur Festlegung der Kirche von E. im Uniformitätsgesetz von 1559 (Elizabethan Settlement, Act of Uniformity, Establishment bzw. als Ergebnis: Established Church; → Anglikanische Kirche: I). Dieses Gesetz stellte einen Kompromiß zwischen den konservativ-katholischen und den revolutionär-calvinistischen Kräften dar und suchte soviel als möglich von dem altkirchlich-kanonischen Rechtsbestand in die Neuordnung aufzunehmen. Die Oberherrschaft der Krone über die Kirche wurde als Aufsichtsrecht bestimmt (Titel des Souveräns »Supreme Head« [Heinrich VIII.] durch »Supreme Governor« ersetzt). Bischöfliches Amt und liturgische Einheit (→ Common Prayer Book von 1552 mit kleinen Abänderungen) bildeten die Grundsteine des Aufbaus. Dogmatisch blieb man weitherzig; die 39 Artikel, die keine geschlossene Theologie vertreten, hatten regulative, nicht konstitutive oder gar kanonische Bedeutung, ebenso die ev.-reformatorischen Musterpredigten, die durch Cranmer im Book of Homilies zusammengestellt worden waren.

Das »calvinistische« Book of Common Prayer von 1552 wurde mit Rücksicht auf die aus der Schweiz zurückkehrenden Glaubensflüchtlinge gegen den Wunsch der konservativen Königin dem »altkirchlichen« von 1549 vorgezogen. Während der ganzen Regierungszeit Elisabeths I. gab es heftige Kämpfe (bes. → Cartwright- → Whitgift) um eine weitergehende Reformation, wie sie die Puritaner erstrebten. Umsonst erhofften diese von Jakob I. Stuart (1603–25) als bisherigem König der presbyterianischen Schotten die Verwirklichung ihrer Ziele; ebensosehr Theologe wie Herrscher, richtete er vielmehr einen betont monarchistischen Anglikanismus auf (Devise »no bishop – no king« auf der Konferenz von Hampton Court 1604), den er zugleich für die ökumenische Einheit der Christenheit auswerten wollte (Teilnahme Joseph → Halls an der → Dordrechter Synode, Förderung von → Grotius, → Sarpi, de → Dominis). Die enttäuschten röm. Katholiken zettelten 1605 die Pulververschwörung gegen ihn an. Sein Hoftheologe → Andrewes begründete den → Anglokatholizismus in Theologie, Kirchenpolitik und Erbauungsliteratur, der den Nachdruck auf die Bewahrung des altkirchlichen Erbes legte.

4. Seit der Trennung von Rom war die rechte → Kirchenverfassung (: VI) wie in keinem anderen Lande zur Kernfrage geworden. Als der bedeutendste Schüler von Andrewes, → Laud, unter Karl I. (1625–49) als Erzbischof von Canterbury die bischöfliche Verfassung mit der anglikanischen Liturgie gewaltsam auch im presbyterianischen Schottland einführte, kam es – verstärkt

durch die politischen Eigenmächtigkeiten des Königs und seines leitenden Ministers Strafford - 1637/38 zur Großen Revolution, die den Feldherrn → Cromwell an die Spitze des Staates (seit 1649 Republik »Commonwealth«) brachte (Lord Protector seit 1653). Die anglikanische Ordnung wurde 1645 aufgehoben. Unter schottischem Einfluß schuf eine Synode aus Presbyterianern, Kongregationalisten und »Independenten« (Westminster Assembly) 1643/44 eine presbyterianische Kirchenordnung, Liturgie (Directory for the Public Worship of God) und ein entsprechendes Bekenntnis (→ Westminster Confession). Laud wurde 1645, Karl I. 1649 enthauptet; bes. der König galt nach der Restauration der Stuarts 1660 als der Protomärtyrer der Kirche von E. (The Blessed Martyr, festgelegt durch die Flugschrift Εἰκὼν βασιλική 1649). Da die überzeugten Anhänger des Anglikanismus unter den Pfarrern ihr Amt verloren und für die entschiedenen Gegner der neuen Ordnung die Ziviltrauung geschaffen wurde, erschien die Revolution als Zerstörerin des volkskirchlichen Bewußtseins und Helferin des Atheismus. Sie vermochte keine Wurzeln zu schlagen.

5. Mit der Rückkehr Karls II. aus Frankreich zog durch die Savoykonferenz (1661) die anglikanische Verfassung wieder ein. Das Uniformitätsgesetz von 1662 legte ein Book of Common Prayer vor, das dem ersten von 1549 näherstand als demjenigen von 1552. Führend waren die aus dem französischen Exil heimkehrenden Theologen, so daß sich wieder das nahe Verhältnis zur gallikanischen Kirche bewährte. Im Gegensatz zur Absicht Karls II., der Toleranz wünschte, um sie den römischen Katholiken zugute kommen zu lassen, wahrte eine wohlüberlegte, keine Lücken duldende staatskirchliche Gesetzgebung seines leitenden Ministers Edward Hyde, Earl of Clarendon (Clarendon Code), die kirchliche Einheit der Nation so weit als möglich im antirömischen und antipuritanischen Sinne. Im Korporationsgesetz (1661) wurde den Trägern öffentlicher Ämter die Teilnahme am anglikanischen Abendmahl zur Pflicht gemacht. Das Konventikelgesetz (1664) begrenzte Hausgemeinden auf fünf Personen. Das Fünfmeilengesetz (1666) verbot den jetzt (1662) wegen Nichtannahme des Common Prayer Book entlassenen Pfarrern, ihren Wohnsitz im Umkreis von fünf Meilen von einer ihrer früheren Pfarrstellen zu nehmen. Ihre Zahl betrug nunmehr 1760 gegenüber 3205 anglikanischen, die unter Cromwell ihre Stellen verloren hatten. Schließlich verlangte das Prüfungsgesetz (Test Act 1673) auch für die Universitätsbildung die Teilnahme am anglikanischen Abendmahl und die Ablehnung der Transsubstantiation durch die Studenten wie durch die Inhaber öffentlicher Ämter. Ihr Ziel, die Nichtanglikaner (Nonconformists bzw. → Dissenters) allmählich zu vernichten oder aufzusaugen, erreichte diese Gesetzgebung jedoch nicht. Vielmehr riefen die Benachteiligten mit großen Opfern eigene Gemeinden und Bildungsakademien ins Leben, so daß erst jetzt der »Puritanismus« zu seiner eigentlichen Blüte gelangte, soweit er nicht schon unter dem vorangegangenen Druck nach Nordamerika ausgewandert war (→ Pilgerväter). In dem fruchtbaren Wetteifer um die bessere Gestalt des Christentums in Leben, Lehre und kirchlichem Aufbau, der zwischen Anglikanern und Nonkonformisten entbrannte, wurde der kirchliche Charakter E.s bis zur Gegenwart entschieden. Eine Fülle von persönlichen Beziehungen und Einigungsvorschlägen gab dem Ausdruck; bes. R. → Baxter erlebte als Mann des allgemeinen Vertrauens seine große Zeit. Der Vertiefung der Frömmigkeit kam der große Brand Londons 1666 zugute. Als innere Erneuerungsbewegung entstanden seit 1698 von London aus im Gegensatz zu dem flachen Hofleben die »religious societies«, die sich bald über das ganze Land ausbreiteten und namentlich Armenschulen aufbauten (Society for Promoting Christian Knowledge, 1698 [S.P.C.K.], Beziehungen zu A.H. → Francke), daneben auch die Mission förderten (Society for the Propagation of the Gospel in Foreign Parts, 1701 [S.P.G.], → Anglikanische Kirche: II).

6. Als 1688 der röm.-kath. Jakob II. eine Duldungserklärung erließ (Declaration of Indulgence), um seine eigene, in E. seit 1½ Jh.en verpönte Konfession zu fördern, wurde vom Parlament sein Neffe, Wilhelm III. von Oranien, als der nächstberechtigte Thronanwärter aus den Niederlanden herbeigerufen, um die kirchliche und politische Freiheit zu schützen. Unter ihm beschloß das Parlament 1689 ein Duldungsgesetz (Act of Toleration), das alle Gruppen außer den römischen Katholiken und den (zunehmenden) → Sozinianern anerkannte. 1701 legte ein Thronfolgegesetz (Act of Succession) die Zugehörigkeit der Kirche von E. für den Herrscher fest. - Anna (1702-14) förderte den Anglokatholizismus, den die Eidesverweigerer (→ Non-Jurors) gegenüber dem niederländischen Herrscherpaar Wilhelm und Maria vertreten hatten.

Die nicht leicht durchgesetzte Thronfolge des Hauses Hannover entschied auch in der Kirche (wie in der Staatsführung) für die liberale Richtung, der Anglokatholizismus trat gegenüber einem ernsthaften vernunftbetonten und vor allem staatstreuen Christentum in den Hintergrund; der Hoheitsverlust der Kirche war in keinem Jh. so groß wie in diesem. Einen bezeichnenden Ausdruck fand dies in dem heftigen Widerspruch des Bischofs B.Hoadly von Bangor 1717 (in einer aufsehenerregenden Predigt) gegen den sakramental-anstaltlichen Kirchenbegriff der Non-Jurors, wobei er die Notwendigkeit einer sichtbaren Kirche fallen ließ. Er entfesselte damit einen ausgedehnten literarischen Streit (Bangorian controversy). Die Bischöfe sahen ihre geschichtliche Aufgabe in der Bekämpfung des journalistischen → Deismus (: III) wie des »schwärmerischen« (enthusiastic) Methodismus, darüber hinaus in der Abwehr aller Tendenzen zu einer romfreundlichen Haltung (bes. W. → Wake). Jedoch war dies bei den meisten dem positiven Verhältnis zum Staate nachgeordnet. In dieser Indifferenz gegen die zentralen Glaubensanliegen lag die große Chance für den Methodismus (→ Methodisten: I) und verwandte Erweckungsbewegungen (Oxford Evangelicals unter V.Perronet, Ch.Kinchin u.a., Howel → Harris in Wales, Samuel Walker in Truro). Sie brachten der Kirche von E., der sie alle angehörten, eine lebendige Bibel- und Herzensfrömmigkeit anstelle und als Ergänzung des staatskirchlichen Institutionalismus (»personal religion« statt »outward religion«). Auch nach seinem Ausscheiden (1795) wirkte der Methodismus als »ev. Bewegung« (Evangelical movement) in gewisser Weise innerhalb der Kirche von E. weiter. Sie gab mit gesamtchristlichen Werken, die seit der Restaurationszeit (S.P.C.K., S.P.G., s. 5) eingeschlafen waren, den Anstoß zu ähnlichen Gründungen in der gesamten Christenheit (1799 Church Missionary Society [→ Anglikanische Kirche: II], Religious Tract Society, 1804 British and Foreign Bible Society [→ Bibelgesellschaften, 1 a]). Um den Londoner Vorstadtpfarrer John Venn in Clapham sammelte sich 1792-1813 ein Kreis »evangelisch« gesinnter Laien (Clapham Sect), aus dem der Sklavenbefreier W. → Wilberforce hervorging.

7. Im frühen 19.Jh. hatte die Kirche von E. mit der säkularisierenden Wirkung der → Aufklärung und des meist aus Frankreich eindringenden → Liberalismus sowie mit der sozialen Umgestaltung durch die Industrialisierung zu kämpfen. Sie selbst bot mit dem mittelalter-

lichen Gepräge ihrer Bildungsinstitute, voran der Universitäten → Oxford und → Cambridge, mit dem feudalistischen Charakter ihres Pfründensystems, bes. der Ausstattung ihrer Bistümer, sowie mit ihrer privilegierten Stellung im Volksleben überhaupt reiche Angriffsflächen. Dazu gehörte auch, daß 1827 drei Fünftel der Pfarrer nicht in ihren Gemeinden residierten, sondern diese durch gering besoldete Vikare versorgen ließen, während sie selbst das Stelleneinkommen an einem Orte ihrer Wahl genossen (Absentismus, zuerst in der spätmittelalterlichen Kirche, außerhalb E.s durch die Reformation beseitigt; daher noch heute 2 Bezeichnungen für den Pfarrer: rector, wenn er das ganze, vicar, wenn er nur einen Teil des Stelleneinkommens genießt). Die Gründung eines unkirchlichen University College ohne theologische Fakultät in London (1828) beantwortete die Kirche 1832 mit der Gegengründung von King's College in derselben Stadt und der Universität Durham (→ 10 E 4; mit einer theologischen Fakultät). Während einerseits der Antiklerikalismus Erfolge erzielte, zogen andererseits die neuen, aufsteigenden Klassen der wirtschaftlich selbständigen Unternehmer und der Fabrikarbeiter weithin die Freikirchen, allen voran die Methodisten, der Kirche von E. vor und bildeten dort den liturgielosen Typus der Predigt- und Zeugniskirche aus. Der Abbau der Restaurationsgesetzgebung (Clarendon Code 1661ff; s. 5) war nicht mehr zu umgehen: 1828 fielen das Korporationsgesetz von 1661 und das Prüfungsgesetz von 1673. Damit war die grundsätzliche Gleichberechtigung aller christlichen Glaubensformen zugestanden, die Nichtanglikaner traten ins öffentliche Leben, vor allem auch ins Parlament ein. Dies zog sofort die Frage nach der Rechtsstellung der (bis jetzt geheimen) römischen Katholiken nach sich; das Einströmen zahlreicher irischer Arbeiter machte sie brennend. 1829 erhielten auch sie die Gleichstellung (Catholic emancipation). Der große Reformator der englischen Erziehung, Thomas Arnold (1795-1842) in Rugby, schlug in seinen »Principles of Church Reform« 1833 eine modernisierte, möglichst breite Nationalkirche vor, der alle Christen E.s außer den römischen Katholiken, → Quäkern und → Unitariern (Sozinianern) angehören sollten. Jedoch die wirkliche Reform der Kirche kam im entgegengesetzten, antimodernistischen Sinne durch das erneute Ernstnehmen ihres göttlichen Stiftungscharakters zustande, dem liturgische und sakramentale Ausdrucksformen und ein betonter Traditionalismus entsprachen. Vom Oriel College der Universität Oxford unter Führung von John → Keble (Predigt »On national Apostasy«, 1833), E.B. → Pusey und J.H. → Newman rasch voranschreitend, trug die Bewegung (→ Hochkirchliche Bewegung: I) in den sich überstürzenden Heften »Tracts for the Times« den anglokatholischen Kirchenbegriff ins Volk und stützte ihn in einer Fülle weiterer Publikationen sowohl mit der altchristlichen wie der anglikanischen Tradition (bes. »Library of Anglo Catholic Theology« [L.A.C.T.], seit 1846). Unter unzähligen kirchlichen und publizistischen, namentlich auch juristischen Kämpfen um die Umgestaltung der Gottesdienste, die Ausstattung der Kirchen, die Bräuche (»Ritualismus«), die Bewertung der kirchengeschichtlichen Vergangenheit, zumal der Reformation, setzte sich dieser Kirchenbegriff trotz der Konversionen Newmans (1845) und E. → Mannings (1851) zum römischen Katholizismus weithin durch. Er beherrscht seitdem das kirchliche Leben und die Theologie der Kirche von → England (: II), ja wirkt darüber hinaus auf die Freikirchen (Methodisten) und die Kirchen Nordamerikas. Seit 1865 wurde das Mönchtum wiederbelebt (zuerst Convention of St. John the Evangelist in Cowley bei Oxford). Gleichzeitig nahm sich die Kirche der sozialen Nöte an und begründete in F.D. → Maurice und Ch. → Kingsley einen »christlichen → Sozialismus«, als dessen bedeutendster Exponent W. → Temple (1929 Erzbischof von York, 1940 von Canterbury) gelten muß. F.W. → Robertson in Brighton (1816-53) wurde, keiner Kirchenpartei zugehörig, trotz seiner Jugend der wirkungsvollste Prediger.

Unter den Freikirchen blieben die Methodisten an der Spitze. Ihre führenden Gestalten im 19.Jh., Jabez Bunting (1779-1858) und Hugh Price Hughes (1847-1902) führten je eine Seite J. → Wesleys fort, jener die Autorität und Organisation, dieser die charismatische Predigt. Im übrigen wirkte der Methodismus durch sein Laienpredigertum wie keine andere Freikirche auf die Entstehung und Ausbildung der Gewerkschaften ein. Die → Kongregationalisten bewahrten einerseits das biblizistische Erbe des alten Puritanismus, andrerseits traten sie im Gegensatz zum konservativen Anglikanismus für freie Schriftforschung ein. Die → Baptisten brachten in Ch.H. → Spurgeon (1834-92) den volkstümlichsten Prediger des 19.Jh.s hervor. Die → Quäker schufen durch ihren stillen, anspruchslosen Einfluß, ihren schlichten Liebesdienst, ihre entschlossene Ablehnung jeder Politik, bes. der imperialistischen und militaristischen, eine weitreichende Atmosphäre christlicher Brüderlichkeit. Als neue Gruppen bildeten sich die (Plymouth) Brethren (→ Darbysten) unter John → Darby (1800-82) und Georg Müller-Bristol (1805-98), die im Gegensatz zum anglikanischen Amts-, Abendmahls- und Kirchenverständnis allgemeines Priestertum und unbegrenzte Abendmahlsgemeinschaft (open ministry and open communion) proklamierten, ferner die Catholic Apostolic Church unter Edward → Irving (1792-1834), die radikal-revolutionär das Urchristentum verwirklichen wollte (→ Katholisch-apostolische Gemeinden), schließlich die → Heilsarmee (Salvation Army) unter W. → Booth (1829-1912), die sich – zuerst in Ost-London – mit militärisch straffer Disziplin den Ärmsten, Verbrechern und Dirnen widmete und damit, trotz ihrer robusten Methoden, allen Kirchen ein gewissenschärfendes Beispiel gab.

Die beiden Weltkriege fanden die Kirchen problemlos an der Seite des Heimatlandes, jedoch wurde seit dem letzten Krieg der christliche Widerstand gegen jeden Waffendienst zu einem vordringlichen kirchlichen Problem (conscientious objectors).

Seit der Weltmissionskonferenz von Edinburgh 1910 (→ Internationaler Missions-Rat) entwickelte sich die Kirche von E., ihrer Tradition seit dem 17.Jh. gemäß (→ Einigungsbestrebungen: II), langsam, aber stetig zur führenden und tragenden Kraft in der → Ökumenischen Bewegung, wobei sich der kirchliche Aufbau in den (zT ehemaligen) Kolonien als hilfreich erwies (bedeutendstes Ergebnis: Kirche von → Südindien, 1947). Gleichzeitig wuchs der bindende Charakter der pananglikanischen → Lambethkonferenzen und steigerte das gesamtkirchliche Ansehen der Kirche von E. bedeutend, namentlich auch bei den Freikirchen im eigenen Lande. Infolgedessen sind seit 1946 (Cambridge Sermon des Erzbischofs G. → Fisher von Canterbury am 3.11.) Verhandlungen über die Wiedervereinigung mit der Kirche von E. auf der Grundlage des Bischofsamts im Gange (home reunion). Der volkskirchliche Charakter des Anglikanismus ist namentlich seit dem Erstarken der Monarchie und Dynastie im Volksbewußtsein unter Elisabeth II. (seit 1953) im Wachsen begriffen. Er war nie preisgegeben; im 19.Jh. stand er namentlich hinter der politischen Zielsetzung des christlichen Staates (bes. → Gladstone, im 20.Jh. Stafford Cripps). Nach außen pflegte die Kirche von E. engere Verbindung mit der orth. Kirche, die sie in ihrer gesamten Geschichte als die ihr nächstverwandte empfunden hatte. Seit der Teilnahme einer orth.-anatolischen Delegation an der Lambethkonferenz von 1920 wurde die Gültigkeit der anglikanischen Weihen von mehreren orth. Kirchen anerkannt, dagegen 1948 von der orth. Konferenz in Moskau wieder bestritten (→ Einigungsbestrebungen: III). - 1925 wurde die 1600-Jahrfeier des Konzils von Nicäa in der Londoner Westminsterabtei unter Teilnahme von 6 orth. Kirchenführern begangen, 1939 stattete der Erzbischof von Canterbury, C.G.Lang, dem Patriarchen von Konstantinopel einen offiziellen Besuch ab. Während der beiden Weltkriege wurde praktische → Abendmahlsgemeinschaft zwischen Orthodoxen und Anglikanern auf dem Balkan als Kriegsgebiet geübt. Außer mit der orth.-anatolischen Kirche knüpfte die Kirche von E. seit 1888 Beziehungen zur ev.-luth. Kirche von → Schweden an, die auf der Lambethkonferenz von 1920 zur Anerkenntnis des schwedischen Bischofsamts und zur Empfehlung der Abendmahlsgemeinschaft führten.

Aus den beiden Krisen des anglikanischen Staatskirchentums im 20.Jh. ging die Kirche siegreich hervor. Die erste trat ein, als das von liberalen Elementen durchsetzte Unterhaus des Parlaments 1927/28 den lange überlegten Entwurf für ein neues Book of Common Prayer ablehnte. Die Kirche erreichte das Recht, ihn innerkirchlich doch zu benutzen, jedoch (als Konzession an das Parlament) das bisher gültige Buch von 1662 ebenso zu belassen. Das zweite Problem lag in der Notwendigkeit für den Erzbischof von Canterbury, 1935/36 König Edward VIII. zu weihen, obwohl dieser im Widerspruch zu den anglikanischen Kirchengesetzen mit einer geschiedenen Frau verheiratet war. Der Thronverzicht des Herrschers befreite ihn aus der Zwangslage. Immerhin wurde damals die Möglichkeit einer Trennung der Kirche vom Staate (disestablishment) lebhaft erörtert.

Im ganzen zeigt die Kirchengeschichte E.s eine bewundernswerte Fähigkeit, Gegensätze durch Bändigung zu überwinden, so daß institutionelle Bindung und charismatische Freiheit, Tradition und Modernität, Individualismus und Gemeinschaftsbewußtsein, Gebet, Verkündigung, persönliche Bekehrung und sakramental-objektivistische Frömmigkeit mit einem stark kosmischen Einschlag einander ergänzend die Hand reichen. Nicht die Theologie, der man mit bewußter Weitherzigkeit begegnet, sondern die (historisch verstandene) Institution trägt und repräsentiert die Einheit in der Vielfalt; darum wird auf die Kontinuität des Bischofsamts seit dem Urchristentum das entscheidende Gewicht gelegt.

W.F.Hook, Lives of the Archbishops of Canterbury, 12 Bde, 1860-84 - H.O.Wakeman, Introduction to the History of the Church of E., (1896) 1914² (ed. S.L.Ollard) - W.R.W.Stephens u. W. Hunt, A History of the English Church, 9 Bde, 1899-1910 - W.H. Hutton, The Lives and Legends of the English Saints, 1903 - M.W. Patterson, A History of the Church of E., 1909 - S.L.Ollard u.a., A Dictionary of English Church History, (1912) 1948³ - J.R.H. Moorman, A History of the Church in E., 1953 (reichhaltige Lit.). - Knappe Überblicke geben: H.H.Henson, The Church of E., 1939 - E.O.James, Christianity in E., 1948 - N.Sykes, The English Religious Tradition, 1954 - M.Schmidt, Kirche u. Christentum in Großbritannien (Englandkunde, 1955³, 194-228) - Ders. bereitet eine KG E.s vor. - Vgl. ferner die Lit. zu → Anglikanische Kirche: I u. zu den im Text genannten Personen. *M.Schmidt*

II. Theologie

1. Mittelalterliche Grundlagen und Entwicklungen - 2. Renaissance, Humanismus, Reformation; Herausbildung des Anglikanismus, Anglokatholizismus und Puritanismus - 3. Das 18.Jh. als Zeitalter der Vernunft - 4. Das 19. und 20.Jh.

Die Theologie zeigt auf englischem Boden ein konservatives Gepräge und eine kirchlich-praktische Bezogenheit, in der die individuelle Leistung des einzelnen Denkers zurücktritt. Infolge der traditionalistischen Haltung kommt der Frühzeit besondere Bedeutung zu, im Unterschied zu Deutschland, wo die Theologie des 19. und 20.Jh.s Eigengewicht besitzt.

1. Am Anfang der theologischen Entwicklung steht der *Augustinismus* der angelsächsischen Klosterkultur (→ Aldhelm, → Beda, → Alkuin), in der → Augustin als Inbegriff der altkirchlichen Vätertradition verstanden und fast lexikalisch benutzt wird. Durch → Theodor von Canterbury strömte griechische Theologie ein. Bes. auf der Synode von Hatfield (680) schloß er die Kirche von E. an die orth. Linie der *byzantinischen Kirche* an. So wird schon im 7.Jh. der altkirchlich-traditionalistische Charakter des theologischen Denkens in seiner doppelten Verpflichtung gegen die morgenländische und abendländische Überlieferung symbolisch sichtbar. Der Ire → Johannes Scotus Eriugena, freilich im Frankenreich wirkend, nahm die neuplatonische Mystik des → Dionysius Areopagita auf. König Alfred d. Gr. (871-99) gab durch Übersetzungen der Cura pastoralis → Gregors I., der Consolatio philosophiae des → Boethius und Augustins Soliloquia das Modell des christlichen Herrschers (rex iustus), das bereits das Königsideal im Beowulfepos (um 730) beherrscht hatte. In der Klosterordnung → Dunstans treten entsprechend die Gebete für den König bes. hervor. Die normannische Eroberung brachte die französisch-festländische Theologie nach E., die in → Lanfrank von Canterbury (gegen → Berengar von Tours) einen ersten Ausdruck fand. Weit übertraf ihn sein Schüler und Nachfolger → Anselm, für den ebenfalls Augustin die entscheidende Grundlage bildete. Als praktisches Korrektiv zu ihm vertritt → Johannes von Salisbury, Schüler → Abaelards, gegen die aufkommende höfische Kultur der Provence echt englisch ein »urbanes Christentum« (Huizinga) antiken Maßhaltens und in dem Machtkampf zwischen geistlicher und weltlicher Gewalt ein ideales Gemeinwesen, in dem sich beide einträchtig ergänzen. Im 13.Jh. ließen die Bettelorden, bes. die → Franziskaner, die Theologie in → *Oxford* (später in → Cambridge) erblühen (→ Alexander von Hales). Das stille Oxford wurde gegenüber dem großartigen, aber päpstlich kontrollierten → Paris (: II) Pflegestätte für unbefangene mathematisch-naturwissenschaftliche Forschung (→ Grosseteste, R. → Bacon). Dem dort dogmatisch gebundenen Thomismus trat hier der freie empirisch-positivistische Skotismus und Ockhamismus (→ Nominalismus) entgegen. Wieder ergänzte die abstrakten Denker (→ Duns Scotus, W. von → Ockham) ein praktischer Kirchentheologe (und Bibelübersetzer): John → Wiclif. Er griff im Zeitalter des avignonesischen → Papsttums (: II) den Katholizismus und seine Bannerträger, die Bettelmönche, vom augustinischen Gedanken des »Christus humilis« aus scharf an und stellte ihm biblizistisch die Kirche der apostolischen → Armut (: II) entgegen. Gleichzeitig pflegte Richard Rolle von Hampole († 1349) im Gegensatz zum dialektischen Denken Oxfords die → Mystik (: VI) nach neuplatonischem Schema, aber unter Betonung ihres unmittelbaren emotionalen Charakters.

2. Die italienische → *Renaissance* wurde in E. gegenüber dem Festland um eine Generation verspätet, zunächst schülerhaft-unbeholfen, dann aber leidenschaftlich ergriffen. W. Grocyn († 1519) und W. Latimer († 1545) prägten damals dem englischen Denken den christlichen → *Humanismus* als Grundzug ein. Ein problemlos positives Verhältnis des Evangeliums zu Ethik, Staat, Kultur und Dichtung, die häufig zur Theologie gehört (bes. → Spenser, → Milton, → Bunyan, → Tennyson, → Browning), ließ die moderne Säkularisierung

in E. nie so Fuß fassen wie in Frankreich, Deutschland, Rußland, aber auch Nordamerika. John → Colet wandelte die in Florenz (Marsilio → Ficino) vertretene Einheit von Platonismus und Paulinismus zu praktisch-ethischem → Biblizismus ab. Ähnlich wurde → Erasmus verstanden. W. → Tyndale, wie sämtliche Engländer über Erasmus zu Luther vorstoßend, ging nach Wittenberg, hielt sich ganz in Deutschland auf und wurde im Banne des deutschen Reformators zum Bibelübersetzer (→ Bibelübersetzungen: V, 2b). Andererseits stützte der Humanismus in J. → Fisher, Th. → Morus und Heinrich VIII. den röm. Katholizismus mit den geistigen Mitteln der Zeit, so daß die Reformation im ganzen zögernd-zurückhaltend aufgenommen wurde (vgl. die Geschichte des → Common Prayer Book). Auch (vorübergehender) Aufenthalt festländischer Reformatoren (bes. → Bucers, → Laskis, → Ochinos, → Vermiglis und des → Acontius) streifte den Charakter des Fremden nie ab. Der bedeutendste Vertreter der Reformation in E., Th. → Cranmer, ist in seinem theologischen Profil nicht eindeutig erkennbar. Die matte Färbung der Reformation hatte drei wesentliche, bis heute den *Anglikanismus* bestimmende Konsequenzen: das institutionalistische Verständnis der Kirche; das frühchristliche Gepräge und die Kontinuität als programmatische Forderungen und Kennzeichen der legitimen Kirche; das Einströmen der Renaissance ins englische Bewußtsein, mit kosmischer Orientierung, positiver Bewertung von Vernunft, Ordnung und Schönheit, dh der genuinen Synthese von → Antike und Christentum. Die rationale Linie natürlicher Theologie wurde so unverlierbarer Bestandteil des christlichen Denkens, wobei der Traditionsgedanke (John Jewel, † 1571) oder das göttliche Vernunftprinzip, das im Naturgesetz sichtbar wird (R. → Hooker), leitend wurden. Der altkirchliche, bes. augustinische ordo-Gedanke bewirkte ungewöhnliches Wertlegen auf die → Kirchenverfassung (: IV). Eine legalistisch-institutionalistische Geschichtstheologie betonte die apostolische → Sukzession der Bischöfe und bestimmte die gesamte Geschichtsbetrachtung wie das Verhältnis zur Dynastie. In den heftigen Streitigkeiten zwischen dem Anglikaner → Whitgift und dem Presbyterianer → Cartwright stießen traditionsfreudiger Humanismus und revolutionärer Biblizismus aufeinander. Der bis heute spürbare Gegensatz begründete zugleich den Unterschied zwischen dem Mutterland und der Kolonie Nordamerika. Jakobs I. Hoftheologe L. →Andrewes leitete das Bischofsamt aus den nt. Würdenamen Jesu ab, begründete den älteren → *Anglokatholizismus* auf Amt, Sakrament und Liturgie und verteidigte gegen die gegenreformatorischen Theologen → Bellarmini und → Duperron den kath.-legitimen Charakter der Kirche von E. und ihre der byzantinischen »symphonia« verwandte Zuordnung zur Monarchie. Wie ein individualistisches Korrektiv dazu wirkte der anthropologische Ansatz im → *Puritanismus*, der die analytische Gewissenstheologie der → Scholastik rational-empirisch weiterbildete (W. → Perkins) und im 17.Jh. eine tiefgrabende Erbauungsliteratur schuf (R. Sibbes, A. Dent, L. → Bayly, J. → Bunyan, R. → Baxter u.a.). Auch hier blieb die *rationale Linie* ebenso wirksam wie gleichzeitig in der stets festgehaltenen Verbindung zwischen Theologie und Mathematik bzw. Naturwissenschaft (I. → Barrow, → Newton, → Boyle) und der theologischen Philosophie der Schule von Cambridge (→ Cambridge Platonists). Sie gestaltete darüber hinaus die Synthese von Bibelautorität und individueller Autonomie der Auslegung, die bei → Chillingworth die Forderung der → Toleranz (: II) gebar. Sie bestimmte die breitkirchliche Theologie der Restaurationszeit (→ Burnet, →Tillotson) und radikalisierte sich im →Sozinianismus und → Unitarismus (→ Biddle), von den Freikirchen begünstigt. Die → Quäker bestätigten trotz Sonderstellung den rationalen Zug.

3. Im *18.Jh.* nötigte der → *Deismus* (: III) die anglikanische Theologie zur prinzipiellen Klärung des Verhältnisses von Vernunft und Offenbarung (S. → Clarke). → Butlers »Analogy« (1736) wurde mit dem Kerngedanken, daß die begrenzte natürliche Religion zur höheren Wahrheit der offenbaren hinführe, zur klassischen englischen Dogmatik bis zur Gegenwart. W. → Warburton suchte die göttliche Würde des at. Gesetzes rational zu erweisen. Seine gegen → Rousseaus »Contrat social« entworfene Apologie des anglikanischen »Staatskirchentums« (The Alliance of Church and State, 1736) brachte zu den theoretischen Bemühungen die praktisch-institutionalistische Ergänzung. Das 18.Jh. wurde auch in E. das Zeitalter der Vernunft, dessen Prinzipien sich selbst J. →Wesley in der Apologetik weithin unterwarf. Trotzdem boten der später an J. → Böhme geschulte Mystiker W. → Law und H. → Dodwell d.J. das Moment des Geheimnisses als konstitutiv für die Offenbarung gegen den Deismus auf, wie es flacher schon D. → Waterland versucht hatte. Auf historischem Wege suchten → Lardner und → Paley die Glaubwürdigkeit der biblischen Berichte zu erweisen. Paley verfaßte außerdem eine für lange Zeit maßgebende theologische Ethik auf rational-supranaturaler Grundlage.

4. Das frühe *19.Jh.* fand so eine ungebrochene Herrschaft des Vernunftprinzips in der Theologie vor. Sie schien seitens der deutschen *historisch-kritischen* → *Bibelwissenschaft* (: I. II) Verstärkung erfahren zu sollen. E.B. → Pusey warnte in seiner »Inquiry into German Rationalism« (1828) vor den Gefahren einer formalen Orthodoxie, und S.T. → Coleridge warb begeistert für deutschen Kantianismus und historische Schriftforschung. Dagegen reagierte schärfstens die → hochkirchliche (Oxford-)Bewegung (: I) unter Führung J.H. →Newmans, die die »kath. Wahrheiten« von Kirche, Priestertum, Amt, Sakrament, Liturgie im Sinne eines strengen Objektivismus zur Geltung bringen wollte und sich sowohl auf die Väter der ersten Jh.e wie auf den Anglokatholizismus des 17.Jh.s (→ Caroline Divines) berief. Gegenüber diesem sich theologisch langsam, aber zielklar in die Führung vorarbeitenden Faktor begründete F.D. → Maurice eine breitkirchlich wirkende »Theologie des Reiches Gottes«, die biblisch und anglikanisch, traditionell und modern-sozial in einem sein wollte, allerdings mehr Impulse als ausgearbeitete Gedankenbildungen gab. Gegen den Anglokatholizismus der Oxfordbewegung traten Julius Charles Hare († 1855), Renn Dickinson Hampden († 1868) und Ch. → Kingsley hervor, ohne zu angemessenen denkerischen Leistungen zu kommen. Die unmittelbare Einheit von theologischem Kirchenbegriff und praktischer, bes. liturgischer Kirchengestaltung auf der Seite der Oxforder brachte ihre Gegner vielfach auf den Weg eines im Grundsätzlichen nicht ausreichend gesicherten Kirchenpraktizismus. Dies gilt bes. für das breitkirchliche Programm des Reformators der englischen Erziehung Thomas Arnold († 1842), aber auch für den christlichen → Sozialismus (: II). So bietet das 19.Jh. weitgehend das Bild vordergründiger Polemik und kurzschlüssiger Reformvorschläge statt sachgemäßer Bewältigung der Fragen. Dies gilt namentlich auch für die Stellung zur historischen → Bibelkritik. Die Veröffentlichung des bibelkritischen Aufsatzbandes »Essays and Reviews« (1860) und die Bestreitung biblischer Zahlenangaben durch den Bischof von Natal, J.W.Colenso, zusammen mit der Verneinung einer buchstäblichen Identität von Bibel und Gottes Wort wurden zu revolutionären Er-

eignissen, ebenso 1859 → Darwins »Origin of Species«. Erst 1889 brachte der Sammelband »Lux Mundi, Studies of the Religion of the Incarnation« (hg. v. Ch. → Gore) im liberal-anglokath. Sinne die Wende, die in den »Essays Catholic and Critical« (1926) noch schärfer profiliert wurde. Seitdem arbeitet die anglikanische Theologie führend auf den Gebieten des NT, AT und der → Patristik international mit (→ Westcott, → Hort, J.B. → Lightfoot, S.R.Driver, Th.H. →Robinson, E.C. Hoskyns, → Dodd u.a.). In der systematischen Theologie trat Gore (s.o.) für die Inkarnation, dh die → Kenosis als die Krone von Gottes Heilsplan ein im Gegensatz zur Betonung der Versöhnung, weil sonst Gott in die Rolle des Reagierens auf die menschliche Aktion im Sündenfall gebracht werde. Er bot damit, Henry Scott Hollands († 1918) Rat folgend (»Logic and Life«, 1882), griechisch-morgenländische Theologie des Wunders gegen anselmisch-abendländischen Rationalismus auf. In dieser Richtung bewegt sich gegenwärtig der gesamte → Anglokatholizismus, bes. L.S.Thornton und E.L.Mascall. Dabei wird die platonische (und augustinische) Tradition, zumal deren Bildgedanke (analogia), bewußt gegen ein reformatorisch-kierkegaardisches »Entweder-Oder« wiederbelebt (C.C.J.Webb, W.R.Inge, F.L.Cross). Zentrale Bedeutung erhält die Liturgie, die nicht nur als gebetetes Dogma (lex orandi-lex credendi), sondern in orth.-anatolischer Weise als Abbildung des Heilsgeschehens ernstgenommen wird (Dom Gregory Dix OSB, The Shape of the Liturgy, 1945, sowie das anglikanische Benediktinertum). V.Demant arbeitet eine anglokath. Theologie der sozialen Wirklichkeit aus, in der an die Stelle ethischer Forderungen eine selbständige christliche Analyse der sozialen Phänomene tritt. Die mystisch-ästhetische Tradition von Renaissance und Humanismus setzten R.W.Church und W.R.Inge fort. Eine monumentale Ethik unter dem augustinischen Titel »The Vision of God« legte – unter souveräner Aufnahme der gesamten christlichen Tradition – K.E.Kirk 1930 vor. Theologisch vermittelnd traten mit stärkstem kirchlichen Widerhall der soziale Bischof und Erzbischof W. → Temple und W.R.Matthews hervor. Die große Tradition der Auseinandersetzung mit der Naturwissenschaft führte C.E.Raven weiter. Der Anglokatholizismus läßt sich gegenwärtig außer durch die Tradition durch die biblische »théologie nouvelle« von H.de → Lubac und J. → Daniélou in → Frankreich (: II) anregen, während die führende Stellung der anglikanischen Theologen in der → ökumenischen Bewegung bevorzugt den Austausch mit der orth.-anatolischen Kirche fördert. Das deutsche und skandinavische, von Luther bestimmte Denken wirkt auf die Methodisten (Ph.S.Watson, E.G.Rupp). Mit alledem befindet sich das christliche Denken in E. in lebendiger Bewegung und arbeitet systematisch die im 19.Jh. gestellten, aber nicht bewältigten Fragen auf. Dabei bleibt es den seit langem eingewurzelten Traditionen (altkirchliches Erbe, Augustinismus, rationale Theologie, kosmische Orientierung, kirchliche Bezogenheit, Institutionalismus, liturgische Haltung) treu und nimmt sie in veränderter Gestalt wieder auf.

Gesamtdarstellung fehlt. Zu den führenden theol. Denkern E.s sind daher weitgehend Monographien zu Rate zu ziehen. – Zu 1: R.L.Poole, Illustrations of the History of Medieval Thought and Learning, (1884) 1920² – J.Gairdner, Lollardy and the Reformation in E., 4 Bde, 1908–11 – H.B.Workman, John Wyclif, 2 Bde, 1926 – D.E.Sharp, Franciscan Philosophy at Oxford in the 13th Century, 1930 – C.C.J.Webb, John of Salisbury, 1932 – H.Rashdal, Medieval Universities of Europe, ed. F.M.Powicke-C.Emden, 3 Bde, 1936 – F.M.Powicke, Christian Life in the Middle Ages, 1938 – Ders., Ways of Medieval Life and Thought, 1950 – H.M.Smith, Pre-Reformation E., 1938 – B.Smalley, The Study of the Bible in the Middle Ages, (1940) 1952² – F.M.Stenton, Anglo-Saxon E., 1943 – J.Huizinga, Ein prägotischer Geist: Joh.v.Salisbury (»Parerga«, 1945, 33–61) – M.Schmidt, John Wyclifs Kirchenbegriff (Gedenkschr. f. W.Elert, 1955, 72–108). – Zu 2: Außer der Lit. zu → Anglokatholizismus, → Cambridge Platonists, → Caroline Divines, → Puritaner, → Quäker: F.Seebohm, The Oxford Reformers, 1867 – J.Hunt, Religious Thought in E. from the Reformation to the End of the last Century, 3 Bde, 1870–73 – H.E.Jacobs, The Lutheran Movement in E. during the Reigns of Henry VIII. and Edward VI. and its literary Monuments, (1890) 1894² – E.J.Bicknell, A Theological Introduction to the 39 Articles, (1919) 1955³ – C.H.Smyth, Cranmer and the Reformation, 1926 – H.Leube, Reformation u. Humanismus in E., 1930 – Ders., Kirche u. Glauben in E. (»Die engl. Kulturideologie« I, hg.v. C.A.Weber, 1941, 1–72) – F.M.Powicke, The Reformation in E., 1941 – E.G.Rupp, Studies in the Making of the English Protestant Tradition, 1947 – H.M.Smith, Henry VIII. and the Reformation, 1948 – P.Meissner, E. im Zeitalter v. Humanismus, Renaissance u. Reformation, 1952 (dazu M.Schmidt in ARG 47, 1956, 276f). – Zu 3: N.Sykes, Church and State in E. in the 18th Century, 1934 – B. Willey, The 18th Century Background, 1940 – R.A.Knox, Enthusiasm, 1950 – H.H.McLachlan, Socinianism in the 18th Century E., 1951. – Zu 4: R.W.Church, The Oxford Movement, 1891 – J.Hunt, Religious Thought in E. in the 19th Century, 1896 – V.F.Storr, The Development of English Theology in the 19th Century, 1913 – W. Sanday, Bishop Gore's Challenge to Criticism, 1914 – C.C.J.Webb, A Century of Anglican Theology, 1916 – Ders., Religious Thought in the Oxford Movement, 1933 – Y.Brilioth, The Anglican Revival, 1925 – H.D.A.Major, English Modernism, 1927 – Chr.Dawson, The Spirit of the Oxford Movement, 1933 – N.Sykes, The Religious Thought in E. from 1850, 1933 – B.Willey, 19th Century Studies, 1949 – H.G.Wood, F.D.Maurice, 1950 – J.K.Mozley, Some Tendencies in British Theology from the Publication of Lux Mundi (1889) to the present Day, 1951 – A.M.Ramsey, F.D.Maurice and the Conflicts of Theology, 1951 – L.E.Elliott-Binns, The Development of English Theology in the later 19th Century, 1952.

M.Schmidt

III. Religionsphilosophie im 19. und 20. Jh.

Im 18.Jh. wurde in E. das religiöse Denken durch das Anwachsen des empirischen Denkens gekennzeichnet, durch zunehmende Betonung der Wunder und der Erfüllung prophetischer Weissagungen als eines »Augenscheinbeweises« sowie durch steigende Skepsis.

1. Die Hauptfrage, der man sich beim Beginn des 19.Jh.s gegenübersah, war die, ob sich die natürliche Religion empirisch beweisen lasse. Bejaht wird sie in → Paleys »Natural Theology«. Völlig unberührt von → Kants und → Humes Erkenntnissen, behauptete Paley, daß die verwickelten Zusammenhänge der Natur auf einen Gott als Konstrukteur hinwiesen, wie die aufeinander abgestimmten Bewegungen eines Uhrwerks ihre zweckvolle Konstruktion durch einen Uhrmacher bezeugen. Diese Auffassung von Gott und seiner planvollen Vorsehung beherrschte die Religionsphilosophie in E. für den größten Teil des 19.Jh.s, wenn auch nicht unangefochten. Humes kritischer Empirismus wurde von John Stuart → Mill aufgenommen, der in einer bemerkenswerten Abhandlung über das Böse (1874) behauptete, Gott könne nicht anders als endlich sein; und wiewohl Mill von einem Mann wie Pringle-Pattison (1856 bis 1931) angegriffen wurde, so geschah dies eher, um den Gedanken der Allmacht der versöhnenden Liebe Gottes hervorzuheben als die Vorstellung der Allmacht eines konstruierenden Gottes geltend zu machen.

Dazu kam der Angriff durch die Entwicklung der Naturwissenschaft. Die bedrohlichste Herausforderung des → Darwinismus an die Theologie des 19.Jh.s in E. war sein Angriff auf die durch Paley im Volk verbreitete Vorstellung von einem absichtsvoll handelnden Gott. Denn wenn die natürliche Auslese so viel von dem vollbrachte, was als Gottes Werk gelten sollte, war Gott letztlich überflüssig. Auch die Entwicklung der religionsgeschichtlichen Forschung mit ihrer Sammlung verschiedenartigster religiöser Vorstellungen und Gebräuche wie auch divergierender Aspekte der Sittlichkeit machte den Glauben an einen Lenker des Universums immer weniger einleuchtend.

Kurz, im Verlauf des 19.Jh.s wurde die Religion einer immer intensiveren philosophischen Kritik unterworfen, und diesem Angriff sollten bald auch noch die Psychologen unter → Freuds Einfluß zu Hilfe kommen. Skepsis gegenüber der natürlichen Theologie wurde Skepsis gegen die Religion selbst.

2. Wie können wir dann die Religion verteidigen? Vielleicht (so wurde gesagt) kann ein Beweis überhaupt nicht helfen. Vielleicht sind »Gefühl« und »Vorstellungskraft« eher die Mägde der Religion als die »Vernunft« (Einfluß der Romantik). Typisch dafür sind Thomas und Matthew Arnold. Für Thomas Arnold (1795-1842) besitzen alle Christen »Wahrheit und Irrtum in unbegrenzt wechselndem Verhältnis«, und spekulatives Denken macht die Unterschiede nur um so größer. Glücklicherweise jedoch »sind die christliche Einheit und die Vollendung der Kirche Christi unabhängig von theologischen Lehrmeinungen«, bestehen vielmehr in »sittlichen und religiösen Gefühlen«. Auf diesem Hintergrund behauptete Matthew Arnold (1822-88), daß Religion »Sittlichkeit, getragen von innerer Bewegtheit ist«. Mit der romantischen Betonung der → »Erfahrung« begann auch der Einfluß des Kontinents. Thirwall (1797-1875) und → Coleridge gehörten zu den ersten Anhängern → Schleiermachers, von dem John Oman (1860-1928) eine Übersetzung seiner »Reden« veröffentlichte (1893).

Aber wenn sich auch derart die empirische Grundlegung der Religion verbreiterte und die religiöse Erfahrung wachsenden Nachdruck gewann, so war die englische Religionsphilosophie doch immer bemüht, ihre Empirik mit einer Art rationalem Beweis zu untermauern. Aus diesem Grund blieb → Ritschl in E. ohne großen Einfluß. Typischer ist jedenfalls Sorley (1855 bis 1935), der die Wichtigkeit der → Werturteile erkannte und sich bemühte, den sittlichen Weg zur Religion systematisch zu entwickeln, und der behauptete, Gott habe dieselbe Objektivität, wie sie Persönlichkeiten als Trägern »moralischer Werte« zukomme, deren eigene Objektivität so und in diesem Sinn gewährleistet werde.

Für Oman wiederum, der die Werturteile als einen der hervorragendsten Züge religiöser Erfahrung betrachtet, findet das Natürliche seine Erfüllung im Übernatürlichen, sofern wir die höheren Werte als »heilig« erkennen. So stand er sehr kritisch zu Rudolf → Ottos Auffassung des »Numinosen« als eines nicht sittlich bestimmten Bereichs sui generis. Gleichwohl stehen sich Oman, wenn er erkennt, daß die religiöse Erfahrung moralische Antwort und mehr ist, und Otto, wenn er annimmt, daß auf diese oder jene Weise die numinosen und sittlichen Attribute in den Ideogrammen zusammenkommen, vielleicht näher, als es auf den ersten Blick scheinen könnte. Weil die Religion entscheidend vom → »Gefühl« her verstanden wird, ist es jedenfalls für Oman und später für H.H.Farmer (* 1892) das Gefühl, welches immer einen besonderen sittlichen und persönlichen Charakter hat.

Aber diese Beschäftigung mit der Erfahrungsgrundlage der Religion war nicht auf Wert-Erfassung beschränkt, obwohl es seit Joseph → Butler ein ständiger Zug der englischen Religionsphilosophie war, die Wichtigkeit und Bedeutung des Sittlichen für das Verständnis des religiösen Anspruchs zu betonen. In seinen bemerkenswerten Gifford Lectures »Verschiedene Formen der religiösen Erfahrung« schildert William James (→ Vereinigte Staaten: III) einen weitgespannten Empirismus wie auch ein wachsendes Interesse an der Psychologie. Die Psychologie in E. war für die Erfassung der Religion niemals ein enfant terrible, zT wegen der Arbeit von Leuten wie James Ward (s.u.), aber letztlich durch Männer, welche sich mit beiden Gebieten beschäftigten (wie L.W. Grensted, * 1884). Nicht nur → Jung, sondern auch Freud fanden ihre Anhänger unter englischen Theologen.

An der Jh.wende versuchte James Ward (1843-1925) eine philosophische Psychologie darzulegen, die unter Verwerfung der assoziativen Lehren Mills einem → Theismus als Hintergrund dienen könnte; auch kämpfte er um die Aussöhnung eines personalen Pluralismus mit der theistischen Anschauung (s. 3f). Ward verband auch mit seiner philosophischen Psychologie eine Kritik der naturwissenschaftlichen Methode; beide Seiten seines Anliegens wurden von seinem Schüler F.R.Tennant (1866-1957) aufgenommen. Er erhob den Anspruch, die teleologische Anschauung neu zu beleben, indem er sie kumulativ verstand und nur ganz weitgefaßte zielbestimmte Züge angab, was er »kosmische Teleologie« nannte. Zweifellos ist Tennants »philosophische Theologie« typisch für jenen empirischen Weg zur Religionsphilosophie, der aus einem Jahrhundert der Ungewißheit hervorging und den Einfluß der Romantik wie der naturwissenschaftlichen Entwicklung mitbrachte. Einen naturwissenschaftlichen Zugang zur Theologie versucht C.E. Raven (* 1885), der die ganzheitliche Auffassung, wie sie Biologie und Naturgeschichte nahelegten, mit theologischen Lehren in Einklang zu bringen bemüht ist.

3. Wenn die Religion von allen Seiten angegriffen wurde, warum sollte man nicht den → Platonismus zu Hilfe rufen, der schon lange Zeit die rationale Deutung der Religion ermöglicht und die christlichen Glaubensaussagen unterstützt hatte? So ergab sich für die englische Religionsphilosophie des 19.Jh.s ein neues Interesse an → Plato und zum ersten Mal auch ein Interesse an Kant, ebenso an → Hegel und → Lotze. Kants Betonung der Sittlichkeit machte ihn für die englische Theologie bes. anziehend. Mit einiger Mühe können wir sechs Fäden in dem mehr spekulativen religiösen Denken des 19.Jh.s entwirren, das stark eklektisch vorging und zum größten Teil die Analyse ablehnte.

a) S.T.Coleridge war (wie F.D. → Maurice [1805-72]) durch die Beschäftigung mit Plato vom → Unitarier zum strenggläubigen Christen geworden, und gerade Coleridge wirkte darauf hin, daß nicht nur Schleiermacher, sondern auch Kant die philosophische Theologie in E. beeinflußten. Nebenbei sei bemerkt, daß Coleridges und Maurices einstiger Unitarismus der wissenschaftliche Unitarismus → Priestleys war: ein Standpunkt, zu welchem Paleys Beweis auf Grund des Weltplans verhängnisvollerweise führte. Daß diese begrenzte Gottesauffassung unbefriedigend war, zeigte sich immer wieder von selbst. Auch James → Martineau, der ebenfalls in der unitarischen Tradition aufgewachsen war, wurde von → Wordsworths und Coleridges Dichtung dahin beeinflußt, einen ethischen Theismus zu vertreten, der an Butler erinnert. Coleridge, Maurice und Martineau - sie alle wandten sich gegen Paleys engen Empirismus; sie alle betonten das »inwendige Zeugnis des Herzens«, sie alle bemühten sich, den überlieferten Glauben für die Bedürfnisse einer sich wandelnden Zeit auszulegen.

b) Ein weiterer Zug des Liberalismus in der englischen Religionsphilosophie ging auf den stark intellektualistischen Denker → Whateley zurück, der in der Theologie bes. auf den Gebrauch metaphysischer Begriffe wie Ewigkeit und Ursache Wert legte und weiter behauptete, es sei absurd, in der Bibel naturwissenschaftliche Erkenntnis suchen zu wollen. Solch kühne Denkfreiheit verkörperte sich am deutlichsten in B.Jowett (1817-93), der, von Plato tief beeindruckt, der Meinung war, alles Wichtige in der Religion könne nicht nur in den überlieferten Formulierungen, sondern auch in anderer Sprache, nicht zuletzt der der platonischen Philosophie ausgedrückt werden. Ein anderer »Platoniker«, doch sichtlich ein strengerer Christ ist William → Temple, während Inges (1860-1954) Platonismus mit seinem starken Zug zur »Mystik« eher von → Plotin herkommt. Mit Jowett könnte man Milman (1791-1868) und Stanley (1815-81) zusammennehmen, obwohl für sie mehr die geschichtliche Schau in der Art Hegels charakteristisch ist. Aber mit ihrem lebhaften Interesse an anderen Bekenntnissen und anderen Religionen hatten sie mit Jowett vieles gemeinsam.

c) Wenn es viele Religionen gibt, woher gewinnt dann das Christentum seine besondere Autorität? Mit dieser Frage kommen wir geradeswegs zu der → hochkirchlichen Bewegung und zu → Newman. Die hochkirchliche Bewegung war stark von dem Schwung ergriffen, den Hegel der Geschichtsforschung gab; sie idealisierte die korporative Autorität der Kirche und trug später zur Erkenntnis von Entwicklung und organischem Wachstum bei. Aber dieses Entwicklungsdenken konnte entweder die Richtung auf »Lux Mundi« einschlagen oder wie bei Newman mit der Lehre von einer »echten Zustimmung« verbunden werden. Tatsächlich zeigt Newman, wie man auf Butlers Anschauung von der Kluft zwischen Vernunft und Religion eine strenge dogmatische Position aufbauen kann.

d) Zog Newman die eine Seite dieser Kluft in Betracht, so Mansel (1820-71) die andere. Man kann Mansel so interpretieren, daß er durch Vermittlung von Sir William Hamilton (1788-1856) auf Kant zurückgeht (vielleicht sogar noch eher auf Butlers ethischen Theismus); aber mit dem Nachdruck, den er auf die Unerkennbarkeit Gottes legt, ging er weit über sie alle hinaus. Es gibt keine Möglichkeit einer religiösen Metaphysik. Durch verstandesmäßiges Forschen können wir Gott niemals entdecken. Doch gibt es glücklicherweise den Glauben und die Offenbarung, und wir haben die *Pflicht,* dem Anspruch der Offenbarung zu glauben, zB darin, daß Gott persönlich ist. Für F.D.Maurice schien Mansel Vernunft und Offenbarung zu sehr voneinander zu trennen, aber andere Theologen liebten diese Anschauung um so mehr, da sie die christliche Theologie hoch über alle Kritik hinauszuheben schien. In vieler Hinsicht könnte man Mansel als das gläubige Gegenstück zu David → Hume betrachten.

e) Durch sein Verhältnis zu Hume - wenn auch auf ganz andere Weise - wird die Position von T.H.Green (1836-82) bestimmt. Im Angriff auf den Empirismus von Mill, Spencer und Huxley behauptete Green, daß Humes Fehler niemals berichtigt worden sei, daß vielmehr etwas anderes als einzelne Ideen als Ursache der Erfahrung angenommen werden müßten, und er setzte sich seinerseits für ein »geistiges Prinzip« ein. Aber in einer Zeit, wo unter Hegels Einfluß ein kritisches Interesse an der → Persönlichkeit wuchs, ist T.H.Green vielmehr wichtig wegen der zweideutigen Stellung, in der bei ihm die Persönlichkeit bleibt (s. 3f).

f) Damit kommen wir zu den absoluten Idealisten. Viele begrüßten Hegel wegen seiner Kritik am Materialismus auf der einen Seite und für seinen Erweis des geistigen Glaubens auf der andern. Viele meinten, Hegels Philosophie schließe das Wesentliche der christlichen Offenbarung in sich. Wohl hatten einige, wie zB Mansel, ihren Verdacht, und viele Kritiker fanden Hegels Position hinsichtlich Gottes Personalität und des Menschen Unsterblichkeit zweideutig. Aber von F.D.Maurice an wandten sich Theologen ihm zu, und Philosophen wie Stirling (1820-1909), T.H.Green (1820-1909), Wallace (1844-97) und Caird (1834-1908) unterbauten religiöse Sätze durch hegelsche Gedankengänge.

Bemerkenswert ist es, daß Hegel und Kant fast gleichzeitig ihren Einfluß auf die englische Philosophie ausübten. Niemand förderte diesen gemeinsamen Einfluß mehr als Lotze, dessen umfassende Sicht und klarer Theismus bes. Martineau, Pringle-Pattison und James Ward (s. 2) bestimmte. Zwei andere Philosophen dieser Schule verdienen besondere Erwähnung. MacTaggart (1866-1925) zeigt in seinem Werk, wie ein Philosoph Hegelianer und doch höchst kritisch gegenüber der Religion sein kann. Bradleys (1826-1924) Verbindung von Skepsis, Empirik und Idealismus war für die Religionsphilosophie in zweierlei Hinsicht wichtig: In einer Zeit, in der Philosophen wie Ward, Oman und Sorley und Theologen wie Illingworth (1848-1915), Moberley (1845-1903), Rashdall (1858-1924) und Temple die Personalität Gottes betonten, legt Bradley unter einem gewissen Einfluß Lotzes starken Nachdruck darauf, daß dieser Begriff, wie auch manche anderen Aussagen über Gott, seine Grenzen habe. »Gott« mag die beste Umschreibung des → Absoluten sein, aber das Absolute ist streng genommen »überpersönlich«. Von einer anderen Seite faßte C.C.J.Webb (1865-1954) seine eigenen Bedenken in die Bemerkung, daß wir zwar nicht von Gottes Persönlichkeit sprechen können, nichtsdestoweniger aber von Persönlichkeit in Gott. Die Betonung der Personhaftigkeit Gottes, wie sie Oman und Ward vertraten, setzt sich in den Schriften von H.H.Farmer fort. Fast ein Jh. lang war die englische Religionsphilosophie von dem Persönlichkeitsgedanken völlig eingenommen, was zB den Einfluß → Bubers verständlich macht. - Zweitens beruht Bradleys Bedeutung für den Religionsphilosophen - obwohl das in seiner Zeit nicht bemerkt wurde - in seiner Erkenntnis, daß die Berufung des Christentums auf »historische Ereignisse« höchst problematisch sei, wiewohl das Christentum niemals von seiner echten Geschichtlichkeit gelöst werden könne.

4. Bradley betonte die Problematik der »Offenbarung« für den Philosophen. Im 18.Jh. hatte man zunehmend Wert auf den »Augenscheinbeweis« gelegt, und das zu einer Zeit, als sich die vom Kontinent überkommene Bibelkritik rasch entwickelte. Ferner war es, seit sich die Religion vornehmlich mit ihrer Erfahrungsgrundlage beschäftigte und bes. seit Schleiermacher, in zunehmendem Maße schwierig geworden, die → Geschichtlichkeit der christlichen Religion so zu begründen, daß der christliche Anspruch auf den historischen Jesus dadurch gerechtfertigt ist. Der Liberalismus versuchte in verschiedener Weise eine Synthese von Religion, Philosophie und Offenbarung aufrechtzuerhalten. Und Charles → Gore erinnert uns daran, wie diese Synthese sowohl von kath. wie von prot. Seite erstrebt werden konnte. Aber eine steigende religiöse Enttäuschung am Liberalismus, eine zunehmende philosophische Enttäuschung über die hegelsche Metaphysik, die wachsende Undurchsichtigkeit der Bibelkritik, ein Gefühl aber auch für das Unzureichende in Paleys Apparatus theologicus, vielleicht die Erinnerung an David Hume und Mansel - das alles wurde zum Wegbereiter für ein in der englischen Religionsphilosophie völlig ungewohntes Phänomen: für die Betonung der Offenbarung als so andersartig, daß sie unvernünftig ist. Wo Ritschl keinen wirksamen Einfluß gehabt hatte, war Karl → Barth erfolgreicher. So wurde die Religionsphilosophie von allen Seiten angegriffen. Denn nicht nur wurden jetzt die Theologen mißtrauisch gegen die natürliche Religion, sondern auch Empiriker wie Moore (* 1873) und Russell (* 1872) gaben mit

ihrem Einsatz für Klarheit und gesunden Menschenverstand der idealistischen Philosophie den Todesstoß. Mitte der dreißiger Jahre wurde von Ayer (* 1910) eine völlige Wendung des erkenntniskritischen Prinzips verkündet, welche alle metaphysische Theologie als Unsinn erweisen sollte. Doch dank der vorwiegend empirischen Religionsphilosophie der letzten anderthalb Jahrhunderte ist dieser Angriff des logischen Empirismus weniger überraschend und weniger verheerend, als es sonst hätte der Fall sein können.

5. Inzwischen gab es auch Denker, die auf scholastische Weise eine verstandesmäßige Synthese suchten, wiewohl außerhalb der röm.-kath. Kirche in E., in der Plato schon immer einflußreicher war als → Aristoteles, der Thomismus nie eine populäre Metaphysik gewesen ist. Andere wie L.S.Thornton (* 1884) versuchten, A.N. Whitehead (1861-1947) einer christlichen Philosophie dienstbar zu machen. Aber das war nur eine Episode.

6. Gegenwärtig ist die grob übertreibende Vereinfachung eines frühen logischen Positivismus vorbei, und ein weitgefaßter Empirismus beschäftigt sich von neuem mit der Ethik, bes. mit der aus Prinzipien abgeleiteten Ethik. So liegt für die Religion ein besonderer Nachdruck auf »Entscheidung« und »Einsatz«. Weiter legt man in der Theologie selber neuen Nachdruck auf die »Unfaßbarkeit« Gottes und bemerkt in zunehmendem Maße die logischen Besonderheiten der theologischen Sprache. Auf mancherlei Art kehren wir zu Butlers Themen zurück. Man könnte auch sagen, daß das religiöse Denken in E. den Versuch macht, den Behauptungen von Arnold, Coleridge und Maurice eine passende erkenntniskritische und metaphysische Fassung zu geben, worin sich auch Platz für manche Gedanken von Mansel und Bradley finden würde. Es könnte sein, daß aus der besonderen Beschäftigung der Philosophie mit Problemen der Begrifflichkeit und der Erfahrung während der letzten 25 Jahre doch eine empirische Metaphysik entstehen wird, welche viele der verschiedenen Wege in sich aufnimmt, die das religiöse Denken in E. während anderthalb Jh.en durchschritten hat.

J.Tulloch, Movements of Religious Thought in Britain during the Nineteenth Century, London 1885 - J.Hunt, Religious Thought in England in the 19th Cent., London 1896 - V.F.Storr, The development of English Theology in the 19th Century, 1800-1860, Longmans 1913 - C.C.J.Webb, A Century of Anglican Theology, Oxford 1923, Kap. 1 - Ders., A Study of Religious Thought in England from 1850, Oxford 1933 - R.Metz, Die philosoph. Strömungen der Gegenwart in Großbritannien, 2 Bde, 1935 - J.K.Mozley, Some tendencies in British Theology from the publication of Lux Mundi to the present day, London 1951 - L.E.Elliott-Binns, English Thought 1860-1900. The Theological Aspect, London 1955 - H.G.Wood, Belief and Unbelief since 1850, Cambridge 1955 - L.Hodgson, For Faith and Freedom I, Oxford 1956, Kap. 1. 2. *I.T.Ramsey*

IV. Englische Missionen

1. Die englische Missionsbewegung begann unter den Kolonisten der Neu-England-Staaten. Die → Anglikanische Kirche (: II) und non-konformistische Gruppen nahmen an ihr teils direkt, teils durch die geistliche Betreuung der Auswanderer teil. 1646 begann John → Eliot seine Arbeit unter den → Indianern (: II) in der Gegend von Boston, die in E. starke Begeisterung erweckte und das Parlament 1648 veranlaßte, eine Proklamation zugunsten der Mission zu erlassen. Ein Jahr später erkannte das Parlament die Society for the Propagation of the Gospel in New England gesetzlich an; £ 12 000 wurden gesammelt. Oliver → Cromwell plante sogar einen »Rat für die prot. Religion« als Gegenstück zur Congregatio de Propagande Fide (→ Kurie). Richard → Baxter, ein Freund Eliots, schrieb: »Keines meiner Gebete ist so tief und ernst wie das für die Bekehrung der ungläubigen und gottlosen Welt... Außer der ungläubigen Welt ist für mich nichts so traurig und bekümmernd wie die Tatsache der geteilten Kirchen« - eine frühzeitige Erkenntnis des engen Zusammenhangs zwischen Mission und Einheit der Kirche. Die gleiche Ergriffenheit kam bei David Brainerd (1718-47) zum Ausdruck, der sich in einer denkwürdigen Amtszeit von nur drei Jahren in Gebet und Missionsarbeit unter den Indianern hingab und dessen Tagebücher später eine starke Wirkung auf W. → Carey, Charles Simeon, Henry → Martyn und Samuel Marsden hatten.

2. Im Jahre 1735 ging John → Wesley als Missionar der Society for the Propagation of the Gospel (→ Anglikanische Kirche: II) nach Georgia; auf seiner Reise traf er mit Herrnhutern zusammen, deren Einfluß zu seiner Bekehrung führte, die - Ansatz für die evangelikale Lehre von der → Bekehrung - ein betont soteriologisches Moment in die englische Missionsbewegung brachte.

3. Ihre bedeutendste Gestalt war William → Carey, Gründer der Baptist Missionary Society (→ Baptisten: II), der ersten einer großen Zahl von Missionsgesellschaften, wie zB: Missionary Society, später London Missionary Society (→ Londoner Mission), 1795 von Kongregationalisten, Presbyterianern und Anglikanern auf überdenominationeller Basis gegründet; Society for Missions to Africa and the East (1799), später → Church Missionary Society; Religious Tract Society (1799); British and Foreign Bible Society (1804; → Bibelgesellschaften, 1 a); 1809 Church Missions to the Jews (→ Judenmission); 1813 Methodist Missionary Society (→ Methodisten: II); 1813 Colonial and Continental Society; 1824 Committee for Foreign Missions of the General Assembly of the Church of Scotland (→ Schottland: II). Während dieser Periode wurde → Indien der Mission erschlossen: 1813 erfolgte die Revision der Charta der Ostindischen Kompagnie, die durch → Wilberforce die Arbeit für die nicht-anglikanischen Missionsgesellschaften freigab. 1858 wurden vier große Missionsgebiete geöffnet oder die Arbeit in ihnen erleichtert: → Livingstone und andere erschlossen das Innere → Afrikas (: IV), die privilegierte Herrschaft der Ostindischen Kompagnie hörte auf, der Vertrag von Tientsin gab den Weg nach → China (: IV) frei, der Vertrag von Yede erschloß auch → Japan (: IV) der missionarischen Verkündigung. 1865 wurde die → China-Inland-Mission durch Hudson → Taylor gegründet.

4. Die Motive (→ Mission: III A) in der englischen Missionsbewegung waren unterschiedlich: bei aller Gemeinsamkeit im soteriologischen Ansatz herrschte teilweise das Moment der Verpflichtung gegenüber den abhängigen Völkern des Empires und die philanthropische Absicht. Die Methode war oft individualistisch und entbehrte so der ekklesiologischen Note (→ Gemeinde: V). In den letzten 50 Jahren sind die Missionsgesellschaften enger zueinandergerückt. Die Weltmissionskonferenz von Edinburgh 1910 (→ Internationaler Missions-Rat) gab dazu den Anstoß; eines ihrer ersten Ergebnisse war die Gründung der Conference of British Missionary Societies. Diese haben in über zwanzig → Nationalen Christenräten und in noch zahlreicheren Körperschaften für die → Einigungsbestrebungen (: VII) gearbeitet; die Meistzahl der Christen der Kirche von → Südindien stammt aus Kirchen, die von englischen (und schottischen) Missionen gegründet worden sind.

5. Zwei Weltkriege haben die personellen und finanziellen Kräfte der englischen Missionsgesellschaften aufs äußerste beansprucht; das Missionsopfer hat mit den erhöhten Lebenskosten nicht Schritt halten können. Seit dem 2. Weltkrieg haben einige Länder des Common-

wealth ihre politische Selbständigkeit errungen, doch hat sich die missionarische Verpflichtung gegenüber diesen Ländern nicht verringert; die Hoffnung ist groß, daß der christliche Glaube in der öffentlichen Meinung nun nicht länger mit den Bestrebungen der Kolonialmacht (→ Kolonialpolitik und Mission) assoziiert wird (→ Nationalismus: II). Der Rückschlag in China führte zu einer tiefgreifenden Selbstkritik am westlichen Charakter der Missionen (→ Volk und Volkstum: III), die in den verbliebenen Gebieten bald fruchtbar werden dürfte (→ Mission: III D).

S.C.Carpenter, Church and People 1789-1889, London 1933 - D.M.Paton, Christian Missions and the Judgment of God, London 1953 - E.A.Payne, The Growth of the World Church, London 1955 - J.v.d.Berg, Constrained by Jesus' Love, Kampen 1956 - WChH. *G.Appleton*

Englische Fräulein, *Institutum Beatae Mariae Virginis* (I.B.M.V.), kath. Frauenkongregation für Mädchenerziehung und -unterricht, gegründet durch die Engländerin Mary → Ward. Sie errichtet 1609 in der zu den spanischen Niederlanden gehörenden Stadt St. Omer (Dep. Pas de Calais) mit aus England geflüchteten adeligen Damen eine klösterliche Gemeinschaft, um von hier aus den Katholiken ihrer Heimat Hilfe zu leisten. Ihr Ziel, das Ordensleben in enge Verbindung mit den Menschen zu stellen und eine zeitgemäße Erziehungsarbeit zu leisten, läßt sie nicht auf eine der Regeln der alten Frauenorden zurückgreifen, sondern nach einer modernen Form ohne Trennung von der Welt suchen. Zum Vorbild werden die Ordensverfassung des Ignatius von → Loyola, daneben das bes. in Belgien blühende → Beginen-Wesen. Die neue Gründung wird wegen der Ähnlichkeit mit dem Jesuitenorden 1630 durch Urban VIII. in der bestehenden Form aufgehoben, die weitere Lehr- und Erziehungstätigkeit aber erlaubt. Nach der Neuorganisation, die von der 1626/27 in München gegründeten Niederlassung ausgeht, bestätigt Clemens IX. 1703 die freiheitlichen Regeln, 1749 Benedikt XIV. das Amt der Generaloberin und endlich 1877 Pius IX. die Kongregation als solche. Heute zählt die Kongregation drei Generalate, u.a. mit einer englischen Provinz, einer italienisch-lombardischen und einer indischen. Außerdem besteht ein amerikanischer Zweig mit dem Mutterhaus in Toronto. Selbständig sind die 1821 in Dublin gegründeten Loretto-Nonnen und die 1815 gestifteten irischen Schwestern der Liebe.

RE V, 390ff - J.Grisar, Das erste Verbot der Ordensgründung Maria Wards (1628) (StZ 113, 1927, 34-51) - Ders., Maria Ward auf dem Weg zu einem neuen Frauentum (ebd 152, 1952/53, 20-34) - Heimbucher II, 454ff - LThK III, 690f. *W.Göbell*

Englische Kirchenmusik. Die e.K. nimmt bis ins 17.Jh. in der Geschichte der europäischen → Musik (:V) eine bedeutende Stellung ein. Die verbreitete Anschauung, Englands Musikbeitrag sei gering, trifft erst seit dem 18.Jh. zu. Die älteste Schicht ist die keltische. Seit der Christianisierung wurde bes. in den irischen Klöstern (→ Irland: I) der Kirchengesang gepflegt. An der ältesten christlichen Mehrstimmigkeit, die schon durch → Johannes Scotus bezeugt wird, ist England entscheidend beteiligt. Schon im 10.Jh. stand in Winchester eine Orgel mit 400 Pfeifen. Das Winchester Tropar aus dem 11.Jh. bringt mehrstimmige Kirchenmusik. Die stetige, der kontinentalen Hochgotik gegenüber eigenständige christliche Musiküberlieferung gipfelt zu Beginn des 15.Jh.s in → Dunstable und strömt durch ihn in den Kontinent ein. Erst in der Elisabethanischen Zeit finden wir nach ihm bedeutende e.K. wieder, bes. die Anthemvertonungen von W. → Byrd und H.Purcell. Nach ihnen wurde das Musikgeschehen in England durch → Händel getragen (Oratorien; auch Anthems). Später geht der englische Beitrag zur Kirchenmusik in der allgemeinen europäischen unter. Aus dem Anfang des 19.Jh.s ist der Organist und Bachverehrer Samuel Wesley zu nennen. - Seit dem Ende des 14.Jh.s sind die carols (volkstümliche Singtänze), bes. die Christmas carols verbreitet.

Ausg.: Graduale Salisburiense, ed. W.Frere, 1893 - Early English Harmony, ed. H.E.Wooldridge, 1897 - Worcester Mediaeval Harmony, ed. A.Hughes, 1928 - Old Hall Manuscript, ed. A.Ramsbotham, 1933-38 - Tudor Church Music, 1923-29. 1948. - Lit.: W. Nagel, Gesch. der Musik in England I. II, 1894/97 - H.Davey, History of English Music, 1921² - F.Herzfeld, Musik u. Musikleben in England (Englandkunde, 1955³, 304-330). *Thr.Georgiades*

Enkratiten. Die Richtung des Enkratismus mit ihrer Verwerfung des Fleisch- und Weingenusses sowie des leiblichen Vollzugs der Ehe war vom Nasiräat (→ Nasiräer) her offenbar in einzelnen Kreisen des vorchristlichen Judentums beheimatet und drang in das syrische Christentum ein, wo sie lange Zeit für die unterste Stufe des Asketenstandes in Geltung blieb. Sie hat sich, maßgebend von → Tatian beeinflußt, etwa um 200 nChr in Pisidien, Phrygien und Galatien zur schismatischen Gruppe der E. verfestigt mit eigenen Lehren: mit dem Sündenfall sei die Ehe vom Teufel in das Paradies gebracht worden, Adam sei daher von der Erlösung ausgeschlossen; beim → Abendmahl (: IV, 1b) sei nicht Wein, sondern Wasser zu gebrauchen.

Epiphanius, haer. 47 (GCS 31, 215ff Holl; Verzeichnis der weiteren Quellen). - RE V, 392f (Lit.) - R.H.Connolly, S. Ephraim and Encratism (JThS 8, 1907, 41-48) - RGG² II, 169 (Lit.) - ThW II, 388ff - C.R.C.Allberry, A Manichaean Psalmbook II, 1938, 179ff - E.Peterson, Zum Hamburger Papyrusfragment der Acta Pauli (VigChr 3, 1949, 142-162) - R.M.Grant, The Heresy of Tatian (JThS NS 5, 1954, 62-68). *A.Adam*

Ennodius, *Magnus Felix* (473/4-521), aus Gallien (Arles?), vornehmer Herkunft, wohl in Pavia (Ticinum) erzogen und ca 493 zum Diakon geweiht. Ca 496-513 Diakon in Mailand, 514 Bischof von Pavia, 515 und 517 als Gesandter des Papstes → Hormisda in Byzanz. Des E. Werke entspringen noch ganz der antiken rhetorischen Bildung. Sie umfassen u.a. eine Verteidigung der für → Symmachus eintretenden Synode von 501/2, in der er betont, daß der Papst von niemand gerichtet werden dürfe, eine historisch wichtige Lobrede auf Theoderich, eine Vita seines Vorgängers, des Bischofs Epiphanius, eine kurze Selbstbiographie, 297 Briefe, 28 Reden sowie Gedichte (Hymnen, Epigramme) von geringem Wert.

Ausg.: J.Sirmond, 1611 (danach MPL 63) - W.Hartel, CSEL 6, 1882 - F.Vogel, MG AA 7, 1885. - RE V, 393ff; XXIII, 425 - PW V/2, 1905, 2629ff - M.Schanz, Gesch. der röm. Lit. IV/2, 1920, 131ff - Bardenhewer V, 236ff - Caspar II, 103ff. 133ff - Mirbt Nr. 194 - Altaner⁵ 442f (Lit.) - Catholicisme IV, 1956, 206f. *K.Treu*

Ensor, *James* (1860-1949), anglo-flämischer Maler-Graphiker, * und † in Ostende. Hauptvertreter einer symbolistischen, auf das Übernatürliche, Dämonische, auch Metareligiöse gerichteten Geisteshaltung, die zu der nur auf das Sichtbare bezogenen Kunstweise in Gegensatz geriet. In den Frühwerken nahm er selber noch am malerischen Realismus teil (→ Malerei und Plastik: V); seit Mitte der 80er Jahre drängte sich jedoch das Visionäre vor. Nach dem Vorbild der Bosch, Breughel, Callot, Hogarth und Goya bemächtigten sich seiner Einbildungskraft Gespenster, Skelette, unpersönliche Masken-Motive, die er nicht schattig und dunkel malte, sondern mit der neuen Hellfarbigkeit der Impressionisten (→ Impressionismus: I). Berühmte Radierungen, darunter »Die Kathedrale« (Vision des Massenzeitalters im Schatten der untergehenden Kirche), »Tod verfolgt die Menschheit«, »Christi Einzug in Brüssel«. Letztere Komposition hatte er schon 1888 als Kolossalgemälde ausgeführt (Brüssel). Später sind ein allmählicher Stillstand sowie andererseits Rückbildungen ins Primitive und Volkstümliche zu konstatieren. In bunten Lithographien und Rötelzeichnungen – etwa den »Szenen aus dem Leben Christi« – überlagern skurrile und zynische Züge das divinatorische Erlebnis.

Über E.: E.VERHAEREN, 1908 – H.v.GARVENS, 1913 – P.COLIN, J.E., 1931 – P.FIERENS, 1943 – A.CROQUEZ, L'oeuvre gravé de J.E., 1947. *G.F.Hartlaub*

Entelechie, griech. ἐντελέχεια, nennt → Aristoteles (, 3c) die Wirklichkeit im Unterschied zur Möglichkeit. Der (wohl aus τὸ ἐντελῶς ἔχον abgeleitete) Terminus ist mit ἐνέργεια oft synonym, doch bezeichnet ἐνέργεια mehr die Tätigkeit und äußere *Wirkung*, E. mehr die Vollkommenheit und in sich ruhende *Gestalt* eines Seienden, ganz entsprechend dem Unterschied zwischen δαίμων und θεός. E. ist für Aristoteles undefinierter Grundbegriff und kann nur durch Analogie verdeutlicht werden: E. verhält sich zur Potenz wie Wachen zum Schlaf, die Statue zum Marmorblock (Met. Θ, 5). Das eigentlich »Wirkliche« (abgesehen von der stofflosen Substanz Gottes und der Sphärenbeweger) ist das concretum aus → Form und Stoff; da nun E. und Form, andererseits Potenz und Stoff zusammenfallen (zB Met. H, 2), wird die E. dem Stoff von der Form mitgeteilt. In diesem Sinne ist die Seele die »*erste* E. eines organischen Körpers« (De an. B, 1), denn erst unter ihrem Einfluß bildet sich der Keim zum vollentwickelten Individuum aus. Die → Scholastik griff den Terminus auf, → Leibniz wandte ihn auf die Monade an (→Aufklärung: I, 3d), in neuester Zeit wurde er von den Verfechtern des → Vitalismus in der → Biologie (, 4), bes. von H.Driesch, unter Berufung auf Aristoteles zur Bezeichnung des hypothetischen »außerräumlichen Werdebestimmers« benutzt.

H.DIELS, E. (ZvSp 47, 1916, 200-203) – A.MITTASCH, E. (Glauben u. Wissen 10), 1952. *G.Patzig*

Entfelder, *Christian* (Lebensdaten unbekannt), 1527 Prediger einer Täufergemeinde in Eibenschitz (Böhmen), 1529 in Straßburg, 1544 am herzoglichen Hofe in Königsberg, Schüler von → Denck, befreundet mit → Hubmaier und → Bünderlin. Ausgehend von der Mystik, läßt E. die pantheisierend den ganzen Kosmos umfassende unteilbare und unbegreifliche Gottheit sich in den drei Stufen von Gesetz, Sohn, Hl. Geist offenbaren und unter Leugnung der Erbsünde als »inneres Wort« im Menschen lebendig werden und sich in → Gelassenheit bis zur »Sabbatruhe« in Gott entfalten. → Spiritualisten.

Vf.: Von den manigfaltigen im glauben zerspaltungen, dise jar entstanden. In sonderheit von der Taufspaltung und jrem urtail. Ain bedacht, 1540; Von warer Gottseligkeyt, wie der Mensch allhie in diser zeyt datzu kommen mag, ain kurtze (aber gar nutzliche) betrachtung, 1530 (1781 neu hg.v. F.NICOLAI); Von Gottes unnd Christi Jesu unnseres Herren erkändtnuß, ain bedacht, Allen schülern des heiligen gaysts weiter zu bedencken aufgezaichnet, mit freyem urthayl, 1533; Brief an Johannes a → Laski, 1544. – Über E.: G.VEESENMEYER bei J.PH.GABLER, Neuestes theol. Journal IV/4, 1800, 309ff – Mennonit. Lex. I, 1913, 594f – R.M.JONES, Spiritual Reformers in the 16th and 17th Centuries, 1914, 40ff. *† W.Koehler*

Enthusiasmus. Die Erscheinungen unmittelbarer Gotterfülltheit (E. von ἔνθεος, gotterfüllt, gottbegeistert) sind nicht auf das Christentum beschränkt. Hier freilich ist das unmittelbare Getriebensein durch den hl. Geist seit den Tagen der Apostel bekannt. Bei aller Beachtung naheliegender Verwandtschaft und Ähnlichkeit wird man nicht alle Phänomene religiöser Unmittelbarkeit mit dem E. in eins setzen dürfen. So ist die → Mystik ebenso ein Gebiet für sich wie der → Spiritualismus. Es geht im E. weniger um Schauung und Versenkung als um Getriebensein, um Lenkung durch den Geist, und der Spiritualismus setzt nicht unbedingt wie der E. Unmittelbarkeit voraus, da er sich auch im »geistigen« Verstehen etwa eines Textes äußern kann. Die Abgrenzung des E. ist nicht mit letzter Sicherheit vorzunehmen. Doch wird das Merkmal unmittelbarer Geistwirkung immer festzuhalten sein, zuzüglich einer betonten Abwendung von aller Vermittlung des hl. Geistes wie des Heiles, so durch Schrift, geschichtliche Offenbarung oder kirchliches Amt. Daher bedeuteten Erscheinungen des E. in der Kirchengeschichte immer Krisen kirchlicher Ordnung und schriftgebundener Lehre. (Bloße Übersteigerungen oder Verinnerlichungen des religiösen Lebens sind daher noch nicht ohne weiteres als E. anzusprechen.)

Die klassischen Durchbrüche des E. in der Kirche waren der → Montanismus und die Bewegung des → Joachim von Floris mit seiner Ankündigung des Zeitalters des hl. Geistes. Die Reformation hat dann in ihrer Begegnung mit dem »Schwärmertum« die Frage des E. grundlegend zu bewältigen versucht; denn die Entwertung der Sakramente, bes. der Taufe, und des Wortes Gottes durch den E. bedrohte ihr Fundament. →Luthers Schriften gegen die Schwärmer und die Bekenntnisschriften (CA V; AC XII, 13; ASm »Von der Beicht« u.ö.) ziehen eine scharfe Grenze gegen den E. und neigen dazu, alle Gegner, den Papst ebenso wie Zwingli, dem E. zuzurechnen. Die Zweige und Ausläufer des durch → Karlstadt, → Müntzer, → Schwenckfeld, Seb. → Franck und andere vertretenen »Schwärmertums« des 16.Jh.s sowie des 17.Jh.s mit →Weigel, → Böhme, Gottfr. →Arnold sowie der →Mennoniten und →Quäker repräsentieren den E. bis heute in geschichtlich eindrucksvoller Form. Auch in vielen Sekten (zB → Pfingstbewegung) ist der E. wirksam.

Die kirchliche Auseinandersetzung mit dem E. findet ihr Recht darin, daß die Unmittelbarkeit des E. zum göttlichen Geiste ebenso die media salutis wie die geschichtliche Offenbarung selbst angreift und entwertet. Auch lehrt die Erfahrung, daß sich häufig »der Herren eigener Geist« als göttlich ausgibt. Andererseits zeigt das älteste Christentum unverkennbare enthusiastische Züge (→ Geist: IV), was die kirchliche Polemik hemmen bzw. zu einer sorgfältigen »Prüfung der Geister« veranlassen muß. Ob nach dem prinzipiell ersten Hervortreten einer unmittelbaren Geistwirkung freilich in alle Zukunft mit einer ebenso absoluten Neuheit von Geistwirkungen gerechnet werden kann, ist ebenso zu fragen, wie es bedacht werden muß, daß die Unmittelbarkeit des Wirkens zum Begriff des hl. Geistes gehört.

RE XX, 586ff; XXIV, 622ff – ERE V, 316ff – K.HOLL, E. u. Bußgewalt im griech. Mönchtum, 1898 – DERS., Luther u. die Schwärmer (HOLL I, 420-467) – E.TROELTSCH, Die Soziallehren der christl. Kirchen u. Gruppen (Ges. Schriften I), (1912) 1923³ – J.KÜHN, Toleranz u. Offenbarung, 1923 – H.BORNKAMM, Mystik, Spiritualismus u. die Anfänge des Pietismus im Luthertum (Vortr. d. theol. Konferenz Gießen 44), 1926 – RGG² V, 702ff – E.FINK, Vom Wesen des E., 1947 – E.A.KNOX, Enthusiasm. A Chapter on the History of Religion, 1950; dt.: Christl. Schwärmertum, 1957 – W.MAURER u.a., Luther u. die Schwärmer ... (SThKAB 6), 1952 – K.G.STECK, Luther u. die Schwärmer (ThSt[B] 44), 1955 – HUTTEN – VAN DER LEEUW. *W.Trillhaas*

Entlassungsformeln, *liturgische* → Liturgik: IV.

Entmythologisierung

1. Begriff – 2. Vorgeschichte und Programm – 3. Durchführung und Ergebnis bei Bultmann – 4. Motive – 5. Kritik

1. Der von R. → Bultmann 1941 zum programmatischen *Begriff* erhobene Ausdruck E. wurde in der Folge

zum Stichwort für eine weitausgreifende, überaus heftige und bis heute andauernde theologische und kirchliche Auseinandersetzung. (Der Begriff »entmythologisiertes Bewußtsein« begegnet übrigens schon bei H. Jonas, Augustin und das paulinische Freiheitsproblem [FRLANT 44], 1930, 68.) Diese Wirkung ist dadurch zu erklären, daß im Programm der E. die unerledigten Anliegen des theologischen → Liberalismus in neuer Gestalt, verbunden mit Grundgedanken der → dialektischen Theologie, zur Geltung gebracht werden. Die E. gibt sowohl einer kompromißlosen → Bibelkritik als auch einer entschlossenen Bewahrung des in der dialektischen Theologie wiedergewonnenen reformatorischen Ansatzes Raum. Sie sucht betont den Anschluß an die Philosophie, bes. die Existentialontologie → Heideggers, und will dabei andererseits von vornherein ausschließen, daß das zentrale → Kerygma des NT von der Heilstat Gottes in Christus sich nach der Weise eines älteren Liberalismus in zeitlose, allgemein religiöse Wahrheiten auflöse (→ Gnosis).

2. Die E. sucht den wesentlichen, existentiellen *Gehalt* des nt. Kerygmas vom Gesichtspunkt des modernen Menschen aus dadurch zu verstehen und verständlich zu machen, daß sie ihn von der zeitbedingten *Form* mythischer Anschauungen befreit. - Dieser Versuch hat eine Vorgeschichte, die sich letztlich durch alle christliche Theologie hindurch erstreckt. Bultmann selber nennt als frühere Versuche der E. die allegorische Exegese (→ Allegorie: III) und die ältere → liberale Theologie, ferner die Theologie der → religionsgeschichtlichen Schule. Der Fehler dieser vorangegangenen Versuche liegt nach Bultmann vor allem darin, daß sie das Kerygma teils rezipierten, teils aber eliminierten und damit seinen Gehalt verfälschten. Bultmann selber erstrebt mit seiner E. nicht eine Eliminierung einzelner Elemente, sondern eine integrale *Interpretation* des NT.

3. Betrachtet man die *Durchführung* des Programms der E., wie sie bei Bultmann vorliegt, so muß man ausgehen von dessen Verständnis des → Mythos: *Mythos* ist die »weltliche« Rede vom »Unweltlichen«, die objektivierte Darstellung einer nicht-objektivierbaren Transzendenz, welche menschliches → Dasein geschichtlich betrifft. Der Mythos enthält somit in objektivierter Gestalt einen geschichtlichen Wesenskern. Vermöge dieser inneren Spannung drängt der Mythos selbst zu seiner eigenen Destruktion, zur E. So stellt Bultmann denn schon im NT, dessen wesentliche Aussage er hinsichtlich ihrer Form durch die Anschauungen hellenistisch-gnostischer und jüdisch-apokalyptischer Mythologie geprägt sieht, einen Anfang der E. fest. So zB im → Johannesevangelium, wo nach Bultmann die heilsgeschichtlich-kosmische → Eschatologie (: IV) durch eine »geschichtliche« Eschatologie der Entscheidungsstunde ersetzt bzw. interpretiert ist.

Das *Ergebnis* dieses Prozesses der E., welche die in solchen mythischen Formen zur Sprache kommende Aussage zu eruieren sucht, läßt sich in Kürze etwa so zusammenfassen: Das menschliche Dasein gelangt zu seiner Eigentlichkeit, indem es sich (im Glauben) für die Zukünftigkeit des Unverfügbaren öffnet und darauf verzichtet, sich im Verfügbaren (in der »Welt«) zu sichern. Dieses Geschehen des Eigentlichwerdens des Daseins nennt Bultmann *»Entweltlichung«*. Nun kann der Mensch durch sich selbst nicht zu solcher Offenheit und also Eigentlichkeit gelangen. Es bedarf dazu des Anrufs von außen, der Tat Gottes, die den Menschen von sich selbst befreit und ihm die Möglichkeit zum Glauben schenkt. Diese gänzlich kontingente, unableitbare und vor der Welt unausweisbare Heilstat ist im Kommen Jesu Christi einmal geschehen und wird durch das Christuskerygma je neu re-präsentiert. Im Vernehmen des Kerygmas hat der Mensch die Welt hinter sich und steht in der eschatologischen Entscheidungsstunde. - Mit diesem Gedankengang dürfte Bultmann den Sinn der paulinisch-lutherischen Lehre von der → Rechtfertigung allein durch Glauben ziemlich genau getroffen haben. Dabei entfallen im Vollzug der E. als rein mythologisch nicht nur sämtliche Mirakelgeschichten (als *solche*), sondern auch viele traditionelle dogmatische Anschauungen.

4. Betrachten wir die *Motive* des Programms der E., so ist zunächst eine gewisse apologetische Tendenz unverkennbar. Ohne eine bestimmte Weltanschauung vorauszusetzen, steht die Theologie hier doch stark unter dem Eindruck des → »Weltbildes« moderner Wissenschaft, von dessen Gesichtspunkt aus das »mythische Weltbild«, welches nicht wie jenes einen geschlossenen Begründungszusammenhang der Wirklichkeit kennt, von vornherein »erledigt« scheinen muß. - Indessen ist dies nicht das Hauptmotiv der E., und nach Bultmanns eigenem Urteil kommt dem ganzen Mythosproblem nur zweitrangige Bedeutung zu neben dem Problem der → *Hermeneutik* und dem Desiderat der *existentialen Interpretation*. - Es geht in der E. nicht in erster Linie um die Ausmerzung des Mythischen, sondern um das rechte *Verstehen* des Kerygmas, um das (existentiale) Sichtbarmachen einer existentiellen Relevanz. Es muß deutlich gemacht werden, daß das Kerygma den Menschen in eine echte → Entscheidung stellt. So geht es in der E. letztlich um die *Echtheit der kirchlichen Verkündigung*. Im Grunde muß jeder ernsthafte Verkündiger »entmythologisieren«!

5. Bultmanns Programm der E. hat sogleich eine vehemente *Kritik* auf den Plan gerufen. Die Kritik von »rechts« hat die E. meist mehr oder weniger ausdrücklich als subjektivistische Auflösung der in der Schrift bezeugten Wahrheit zu brandmarken gesucht und gegen sie die Objektivität der → »Heilstatsachen« ins Feld geführt. Darin liegt aber fast durchweg eine Verkennung des hermeneutischen Problems sowie der von Bultmann stark betonten → Geschichtlichkeit des Glaubens und des Daseins überhaupt. - Die Kritik von »links« dagegen hat das Festhalten Bultmanns am Kerygma von der einen Heilstat Gottes in Christus getadelt und die konsequente Radikalisierung der E. zur »Entkerygmatisierung« gefordert. Sie verkennt, daß die hermeneutische Fragestellung der E. als theologische nur unter der Voraussetzung des einen Heilsgeschehens überhaupt aktuell wird.

Eine sinnvolle Kritik der E. könnte bei deren Mythosverständnis ansetzen. Die Ansicht von der säuberlichen Ablösung des »mythischen Weltbildes« durch das »moderne« stellt eine nicht unanfechtbare geschichtsphilosophische These dar. Statt einer E. des NT wäre vielleicht eher zu fordern, daß das moderne Denken gewisse Wirklichkeitsaspekte oder -strukturen wiedergewinne, die im mythischen Denken noch wirksam waren, aber durch die ausschließlich rationale Weltbetrachtung der Neuzeit verlorengegangen sind. - Dieser kritische Versuch wird indessen überholt durch eine andere Fragestellung: Unter Voraussetzung und Bejahung des Programms und Ansatzes der E. und existentialen Interpretation wäre das *Verständnis von Geschichte und Geschichtlichkeit* zu prüfen, welches der Durchführung der E. bei Bultmann zugrunde liegt. Dabei dürften verschiedene Einseitigkeiten und unerledigte Probleme zutage treten. So ist vor allem der grundlegende Satz der theologischen Hermeneutik Bultmanns anfechtbar, wonach wir von Gott nur reden können, indem wir primär und vornehmlich von dem durch Gottes Heilstat betroffenen Menschen reden. - Sodann erscheint der maßgebende Geschichtsbegriff zu individualistisch und im Zusammenhang damit die E. zu einseitig an der Rechtfertigungslehre und am Dualismus Gesetz-Evangelium orientiert, während andere wesentliche Motive, wie etwa die Ehre Gottes, das → Reich Gottes oder die → Vorsehung in ihrem Schema nicht recht zur Geltung gebracht werden können. - Die leibhaftige, raumzeitliche Wirklichkeit wird zu wenig intensiv als geschichtliche interpretiert, sondern vorschnell als »objektiv« und »verfügbar« abgewertet. So stellt sich in der Auseinandersetzung mit der E. die Aufgabe einer weiteren Ausarbeitung des Geschichtsbegriffs (→ Geschichte: II C). Von da aus würde mancher Begriff der traditionellen Dogmatik entgegen dem heutigen Stand der E. eine neue Leuchtkraft gewinnen. - Bei alledem bleibt der *Ansatz* der E. als existentialer Interpretation unbestritten und damit auch das große Verdienst Bultmanns um eine bewußt der Echtheit der Verkündigung dienende Theologie. - Vgl. → Bibelwissenschaft: II, 6c.

Von R.BULTMANN bes. Glauben u. Verstehen I, (1933) 1954²; II, 1952, sowie: NT u. Mythologie (Offenbarung u. Heilsgeschehen [BEvTh 7], 1941, 27-69 = Kerygma und Mythos I, 1954², 15-48). Weitere Schriften → Bultmann. - Ferner die Sammelbände Kerygma u. Mythos I-V, hg.v. H.W.BARTSCH, 1948-55. - Zur Diskussion bes.: G.BORNKAMM, Mythos u. Evangelium (ThEx NF 26), 1951 - K. BARTH, R.Bultmann. Ein Versuch, ihn zu verstehen (ThSt [B] 34), (1952) 1953² - Für u. wider die Theol. R.Bultmanns. Denkschrift der Ev.-theol. Fakultät der Univ. Tübingen (SgV 198/199), 1952 - E.DINKLER, Existentialist Interpretation of the NT (JR 32, 1952, 87 bis 96) - G.GLOEGE, Mythologie u. Luthertum, 1952 - DERS., E. (VF 1956/57, 62-101; Lit.) - F.GOGARTEN, E. u. Kirche, (1953) 1954² - E.FUCHS, Das Programm der E., 1954 - DERS., Hermeneutik, 1954, 166ff - H.OTT, Geschichte u. Heilsgeschichte in der Theol. R.Bultmanns (BHTh 19), 1955 - L.MALEVEZ SJ, Le message chrétien et le mythe. La théologie de R.Bultmann, 1954 - R.MARLÉ SJ, Bultmann et l'interprétation du NT, Paris 1956. *H.Ott*

Entrückung ist im Unterschied zur → Auferstehung der leibliche Übergang eines menschlichen Wesens aus diesem Leben in die andere Welt, ohne daß der Tod dazwischen tritt. Wohl findet sich diese Vorstellung gelegentlich auch im außergriechischen Bereich (zB → Henoch Gen 5, 24; Hebr 11, 5; →Elia 2Kön 2, 1ff), sie entwickelte sich aber hauptsächlich in Griechenland. Nach Od. 4, 561ff wird Menelaus geweissagt, daß er nicht sterben, sondern als Helenas Gemahl und Zeus' Schwiegersohn lebend in die elyseischen Gefilde gelangen werde, ins Reich des Rhadamanthys, ein irdisches → Paradies, das dem Olymp ähnlich gedacht wird. So genießt er wie die Götter wahre Unsterblichkeit, da seine Seele den Körper nicht verlassen wird, um allein in den freudlosen Bereich des Hades, die gewöhnliche Stätte der Toten, einzugehen. Die nachhomerische Überlieferung kennt auch andere von den Göttern in dieser Weise begünstigte Heroen. Hesiod erklärt ganz allgemein, alle Helden seines »4. Zeitalters«, die nicht starben, seien von Zeus auf die Inseln der Seligen versetzt worden (Op. 166ff).

Gegen Rohdes Behauptung, die E. des Menelaus sei eine natürliche Entwicklung im Rahmen der homerischen Ideen gewesen, bewies Malten, ausgehend von der Erwähnung des Rhadamanthys, den nichthellenischen Charakter der Vorstellung. Es scheint tatsächlich festzustehen, daß in Homers Elysium das minoische Paradies nachklingt. Der Hagia-Triada-Sarkophag weist darauf hin, daß zumindest einige der minoischen Toten zu Göttern erhoben wurden. Dieser Glaube war den Griechen der mykenischen Zeit unverständlich, weshalb sie ihn zur Vorstellung einer körperlichen E. rationalisierten.

Sobald man beim Schicksal der Toten Gute und Böse unterschied, hörten das Elysium oder die Inseln der Seligen auf, ausschließlich der Bereich bevorzugter, dorthin entrückter Einzelner zu sein, und erschienen nun als das Reich der gerechten Toten (τόπος εὐσεβῶν), nach dem alle Menschen streben konnten. Dieser Gedanke findet sich zuerst bei Pindar (Ol. 2), der ihn mit den (pythagoreischen oder »orphischen«) Lehren von der → Seelenwanderung verbindet. Der alte Glaube an die E. verschwand jedoch nicht völlig und wurde sogar in hellenistischer Zeit in die Legenden historischer oder mythischer Gestalten verwoben (zB Alexander d.Gr., Aeneas).

E.ROHDE, Psyche. Seelenkult u. Unsterblichkeitsglaube der Griechen, (1894) 1925¹⁰, Kap. II. III - L.MALTEN, Elysion u. Rhadamanthys (JdI 28, 1913, 35-51) - M.P.NILSSON, The Minoan-Mycenaean Religion, (1927) 1950², 621ff (Lit.). *F.R.Walton*

Entscheidung

1. E., Wahl, Entschluß - 2. Die Determination der E. im Lichte der Theologie und des Neupositivismus - 3. E. bei Kierkegaard - 4. Kritische Betrachtung

1. Der einzelne steht in einer E., sofern eine von einem anderen Menschen ausgesprochene Aufforderung oder eine aus der Situation sich ergebende Herausforderung an ihn herantritt. Im Vergleich zu *»Wahl«* ist »E.« schwerwiegender und ernster. In der Wahl ist man Herr der Situation. In der Reihe der Möglichkeiten, die die Wahl bietet, steht auch immer die Möglichkeit, sie zu unterlassen, ohne daß sich die Situation dadurch ändert. Die E. dagegen stellt eine Zwangssituation dar, insofern als ihre Unterlassung den einzelnen stets in eine neue Situation stellt; daher ist es in gewissem Sinne eine Illusion zu meinen, man könne die E. vermeiden. Dies ist nicht so zu verstehen, als seien die verschiedenen Situationen ohne weiteres in Wahl- oder E.ssituationen einzuteilen, vielmehr bilden sie eine Skala, in der sich das Moment der E. verschieden stark geltend macht bis zu seinem gänzlichen Fortfall in völlig offenen Situationen.

Auch in noch anderer Hinsicht liegt in der E. eine Zwangssituation. Dies geht aus einem Vergleich mit dem Begriff *»Entschluß«* hervor. Dem Entschluß geht immer ein Überlegungsprozeß voraus, in dem er reifen kann, während der E. oft nur eine minimale Frist gesetzt ist. Da aber die E. oft in ebenso hohem Maße eines Reifens bedarf wie der Entschluß, kann es geschehen, daß aus Mangel an Zeit zum Überlegen wichtige und folgenschwere E.en blind gefällt werden. Doch kann die E. eines Menschen, ungeachtet ihrer kurzen Frist und ihrer Wichtigkeit, auch völlig selbstverständlich und sicher fallen; der Mensch kann von einer inneren Einheit seines Lebens her die Zusammenhänge so deutlich durchschauen, daß sich ein Schwanken gar nicht einstellt.

2. Der Begriff der E., so wie er in der *Theologie* und im größten Teil der kontinentalen Philosophie verwendet wird, setzt voraus, daß der einzelne nicht identisch mit seinen Motiven, sondern in der Lage ist, sich zu ihnen zu verhalten; denn Menschsein heißt: sich zu sich selbst verhalten, Ganzheit und Zentrum sein (P. → Tillich). Eine solche Auffassung jedoch widerspricht dem *Neupositivismus* (→Positivismus), der darauf hinweist, daß die Motive in ihrer Entfaltung in Gedanken, Gefühlen und Handlungsimpulsen niemals gleichzeitig vorliegen, sondern immer nur nacheinander wirksam sind. Damit erweise sich der Gedanke vom Menschen als Zentrum und Ganzheit, in dem die wirksamen Motive gleichzeitig zugegen seien, als bloße Konstruktion. Wohl kann der Mensch die sukzessive Entfaltung der Motive unterbrechen, um sie in einem Rückblick in einer und derselben Vorstellung zusammenzufassen. E. beruht aber nach dem Neupositivismus niemals auf einer solchen Vorstellung, sondern immer darauf, welches einzelne Motiv das vorherrschende ist.

Theologie und Neupositivismus stimmen jedoch insofern überein, als der Mensch theologisch gesehen seine eigene Integrität und Mitte aufgibt, womit E. dann realiter davon abhängt, welches Motiv in den Vordergrund tritt. Der Unterschied zwischen Theologie und Neupositivismus beruht also nicht darauf, daß etwa jene im Gegensatz zu diesem behauptet, der Mensch entziehe sich in der E. faktisch seiner Determination. »Alle meine E.en sind im Grunde immer schon entschieden; ich lege mich nur immer mehr auf das fest, was ich schon bin« (Bultmann). Vielmehr beruht ihr Unterschied darauf, daß sie die Determination in verschiedener Weise bestimmen. Die Determination der E. liegt theologisch gesehen in Enthüllung und Gericht des *geschichtlichen* und *ethischen* Umstandes, daß der Mensch immer wieder aufgibt, Ganzheit und Mitte zu sein, weswegen es durchaus sinnvoll ist, E. von ihm zu verlangen. Im Neupositivismus dagegen handelt es sich bei der Determination der E. um eine *methodische* und *ontologische* Erwägung, infolge welcher es nur insofern Sinn hat, E. zu fordern, als die Möglichkeit besteht, daß die Forderung als hinzukommender Faktor in die Determination mit eingeht.

3. Wenn der Begriff der E. seit dem 1. Weltkrieg im Zentrum der Theologie und der kontinentalen Philosophie steht, so ist dies weitgehend dem Einfluß → Kierkegaards zuzuschreiben. Sein Gedankengang ist folgender: Nur derjenige, dessen Existenz Werden ist, kann handeln, denn nur er kann sich zum Zukünftigen verhalten. Der Charakter der Handlung ist indessen verschiedener Art, je nachdem, ob der einzelne den eigentlichen Grund, warum seine Existenz Werden ist, wahrhat oder nicht. Hat er ihn nicht wahr, so wird das Zukünftige, zu dem er sich in seinem Werden und in seinen Handlungen verhält, lediglich zu etwas Zeitlichem, Endlichem und Relativem. Die Handlung ist dann nur Geschäftigkeit, eine äußerliche Aktivität, durch die die Welt oder die äußere Existenz des Individuums umgebildet wird. Erkennt der einzelne dagegen, daß seine Existenz infolge seines Verhältnisses zur Unendlichkeit Werden ist, so ist das Zukünftige, zu dem er sich in seinem Werden und in seinen Handlungen verhält, das Unendliche und Ewige. Handeln bedeutet dann, sich in unendlicher Leidenschaft zum Ewigen als dem Zukünftigen verhalten. So verstanden ist Handlung gleichbedeutend mit E. Die E. ist daher in der Regel bereits getroffen, *bevor* das Individuum die E. äußerlich vollzieht. Und sollte eine force majeur verhindern, daß der äußere Vollzug erfolgt, so ist damit die E. nicht rückgängig gemacht.

Noch ein weiteres hebt Kierkegaard hervor: E. besteht darin, die eigene Situation von objektiver Unsicherheit zu subjektiver Gewißheit zu wenden. Damit die Gewißheit in dem Sinne subjektiv sein kann, daß sie nur unter Einsatz der gesammelten Existenz des einzelnen gewonnen werden kann und daß der Einsatz der Existenz immer wieder auf dem Höhepunkt stehen muß und nie abflauen darf, muß der äußerste Grad von objektiver Unsicherheit vorliegen. Verstehen tritt mit der E. ein und ist nicht vor ihr oder anders da. Gäbe es nämlich ein Verständnis außerhalb der E., so würde der einzelne dies zum Anlaß nehmen, das Verstandene lediglich zu betrachten, abzuwägen, ästhetisch zu genießen, zu verteidigen oder darüber zu spekulieren. Der einzelne würde das im voraus Gegebene und also Verfügbare dazu benutzen, sich zum Beherrscher der Situationen und der Begebenheiten seines Lebens zu machen. Die Handlung hätte dann nicht den Charakter der E., sondern würde nur in einer geschäftigen Anwendung des Verständnisses bestehen.

4. Gegenüber dieser Auffassung, die im theologischen und philosophischen Denken starken Anklang gefunden hat, kann geltend gemacht werden, daß nicht alles, was im voraus gegeben ist, verfügbar zu sein braucht. Die ethische Forderung an den Menschen und der christliche Glaube gehen ja davon aus, daß der Wille des Menschen schlecht ist und daß seine Schlechtigkeit darin besteht, das im voraus Gegebene, etwa das gegebene Vertrauen oder die gegebene Liebe, zu entstellen. Hier ist im voraus Gegebenes nicht verfügbar, insofern Verfügen gleichbedeutend mit Entstellen ist. E. ist dadurch nicht aufgehoben, sondern sie wird verlangt als Stellungnahme zu der ethischen Forderung an den Menschen, die sich notwendig stellt, weil der menschliche Wille vom Übel ist und das schöpfungsmäßig gegebene Gute zerstört.

Vgl. die Lit. zu → Dialektische Theologie, → Existenzphilosophie, → Existenztheologie. - S.KIERKEGAARD, zB: Abschließende unwissenschaftl. Nachschrift 2. Tl., 2. Abschn., Kap. 2 u. 3 § 1 - H.EKLUND, Theol. der E., 1937 (über Barth, Gogarten, Brunner u. Bultmann) - K.E.LØGSTRUP, Systematische Theol. I (ThR NF 23, 1955, 259-293, bes. 277ff). *K.E.Løgstrup*

Entsündigung

I. Religionsgeschichtlich - II. Im Judentum

I. Religionsgeschichtlich

1. Apotropäische Riten - 2. Kultische Kathartik - 3. Mystische Katharsis - 4. Geschichtlich-morphologische Entwicklung

Der Komplex setzt sich phänomenologisch aus verschiedenen Vorstellungen und Übungen zusammen, die negativer und positiver Art (Beseitigung eines alten, Erzeugung eines neuen Zustandes) sind. Der Ton liegt auf dem Gedanken der Bannung oder Entfernung von Sünde und Unheil. Prophylaktische Schutz- und Abwehrmaßnahmen werden durch echte Riten der → Reinigung ergänzt. Die Mystik sublimiert die Idee. Zu beachten ist, daß die für die E. bestimmende Vorstellung von der → *Sünde* variabel ist. Der stoffliche Charakter des Sündengedankens zieht eine entsprechende Ansicht von mechanisch wirksamen E.sriten nach sich. Allerdings ist das Problem kompliziert, da die Frage der Materialität des Geistig-Seelischen im Bereiche primitiven Denkens noch nicht hinreichend erhellt ist.

1. *Apotropäische Riten* bilden die Vorstufe. Sie haben magisch-vorbeugenden Charakter und dienen der Unheilsabwehr oder -bannung. Geräuscherzeugung, Licht, → Feuer, Rauch, Fasten (Jo 2, 15), Asche (vgl. Jon 3, 5-10), zauberische Objekte (→ Amulette, Talismane, Abwehrfetische, Idole) u.ä. benutzt man zur Fernhaltung von → Bösem, damit auch zur Vorbeugung gegen Miasmen und das Unheil der Sünde. a) *Eliminatorische Maßnahmen* wollen das körperlich gedachte Böse vor allem aus menschlichen Gemeinschaften oder Räumen, von Sachen usw entfernen. Der Zusammenhang mit materiell vorgestellter Krankheitsursache und magischer Therapie ist gegeben. Auch Schuld und »Sünde« sind Gegenstand der rituellen Elimination. Der eliminatorische Bewegungsvorgang betrifft nicht nur die soziale Gruppe (vgl. den → Sündenbock Lev 16), sondern auch den Einzelmenschen. Der Sündenstoff kann etwa durch Verabreichung von Brechmitteln eliminiert werden, so daß bei den Kikuyu in Ostafrika »sich erbrechen« geradezu für »sich der Sünden entledigen« eintritt. In einem späteren Stadium erfaßt die Eliminierung auch personal verstandene Mächte des Bösen (→ Geister). - b) *Der Meidungsbann* (→ Rein und Unrein, → Tabu) »befleckt« zwar durch den »Unreinheitsbereich« des → »Heiligen«, erklärt aber gleichzeitig den dadurch berührten Menschen für sakral »rein« und unantastbar. Auf höherer Stufe wird dies als E. verstanden (Jes 6, 5ff). Brechung des Tabu dagegen macht »sündig«.

2. Die *kultische Kathartik* bringt die eigentlichen, vor allem individuell bezogenen Reinigungen. Nicht die Abwendung des Bösen, sondern die Säuberung von einer inhärierenden körperlich-physischen Befleckung, verglichen mit der Reinigung von Schmutz, die Heili-

gung und Weihung (→ Weihen) wird hier erstrebt. a) *Lustrative Riten* als kultische → Reinigungen im engeren Sinne werden u.a. durch → Opfer, Besprengungen mit Wasser (»Weihwasser«), → Blut u.ä., Waschungen, aber auch durch Feuer, Öl, gewisse pflanzliche und tierische Produkte (wie zB Wolle) und andere Stoffe von reinigender Kraft vollzogen. Häufig werden verschiedene lustrierende Materien kombiniert (zB → Wasser, Opfer, Blut, Asche), um die Wirksamkeit zu erhöhen. Die Lustrierung kann Personen wie Sachen gelten. Zahlreiche griechische Reinigungsriten oder der komplizierte Ritus mit der Asche der rötlichen Kuh (Num 19) gehören hierher. Kultgesetze sehen die Riten in bestimmten Abständen und in regelmäßigem Mechanismus vor oder bei manchen einzelnen Gelegenheiten (kultische Miasmen zB durch → Tod, → Krankheiten, Geschlechtsverkehr, Menstruation u.dgl.). Automatismen kommen vor: Ein babylonischer Psalm behauptet zB: »Meine Sünden nahm der Wind fort«. Auch Primitive denken an das Verschwinden der Sünde »mit dem Wind« (Wakulwe in Deutsch-Ostafrika), oder sie wird fortgeworfen (ebd). Häufig wird ein Kultfunktionär dabei tätig. Aber auch Selbstreinigung ohne Vermittlung ist üblich. Die Reinigungsaskese und kathartische Selbstpeinigung (→ Fasten, Enthaltung von Beischlaf, Züchtigung) hat zunächst noch nicht ethische, sondern zauberhafte Bedeutung. - b) *Kultische Reinigungsakte* großen Stiles stehen neben diesen ritualgesetzlich festgelegten oder kasuistisch verordneten Sühneriten, zB das beim griechischen Eleusis-Fest jährlich am Meer stattfindende Reinigungszeremoniell (ἅλαδε μύσται am 16. Boedromion), das israelitische Versöhnungsfest (Lev 16; vgl. Hebr 9; → Feste: II) oder die periodischen buddhistischen Beichtfeiern zur Zeit des Voll- und Neumondes (→ Buddhismus: I, 6). Bei letzteren ist bereits ein pädagogisch-kontemplativer Charakter erkenntlich. - c) *Ethisierende Tendenzen* sind gelegentlich vorhanden und verstärken sich. Das stoffliche Miasma wird zum moralischen, der rituelle Mangel zur Schuld. E. ist dann - bes. für hellenistisch-spätantike Religionsphilosophie - verbunden mit sittlicher Läuterung. Den Übergang mögen Vorstellungen von personaler dämonischer → Besessenheit bilden, die durch den Reinigungsakt bis hin zu Fasten und Beten (vgl. Mk 9, 29) vertrieben wird. Schließlich ist E. auch Zusprechung göttlicher Barmherzigkeit. Ferner gehören hierher rechtliche Aspekte, die durch Vermittlung des sowohl religiösen wie rechtlichen Schuld-Begriffes und des → Sühne-Gedankens den Übergang zur Idee der Buße (→ Bußwesen) für Verfehlungen in ihrem ganzen juristischen und religiösen Umfang andeuten.

3. *Mystische Katharsis* faßt das E.sproblem als Phase im Stufengang des mystischen Heilsweges. In der theoretisch-weltbildlichen Grundlage der → Mystik wird die via purgativa zur Fortführung des magischen Urverständnisses der E.; denn auch für die Mystik ist Sünde weithin ein mit der körperlich-materiellen Existenz zusammenhängendes Miasma und E. ein halbwegs stofflicher Reinigungsvorgang.

4. In der *religionsgeschichtlich-morphologischen Entwicklung* findet man das E.sproblem in allen Religionsbereichen. Wir haben es in den fernöstlichen Religionen und, bes. ausgeprägt, in Alt-Amerika, vor allem bei den Azteken. Die indische Religion beschäftigt sich schon sehr früh damit in ihrem Ritual. Reinigungen vom Bösen (zB mit Ochsenharn, Wasser, Peitschungen, aber auch durch materielle Leistungen) spielen in der altiranischen Religion die größte Rolle. In Rom sind solche Riten bei der Akribie in der Beobachtung religiöser Observanzen von hoher Bedeutung (piaculum - Sühnopfer). In den → Mysterien der Spätantike ist schließlich, ebenso wie in der israelitischen Religion, eine kräftige Moralisierung des E.sgedankens zu verzeichnen, wobei der E.svorgang teilweise auch als eschatologisches Erlebnis gedacht wird, wie denn überhaupt der Zusammenhang mit der Freisprechung beim Totengericht auf höheren Stufen nicht selten hervortritt und einen neuen Aspekt der Idee darstellt.

E.Rohde, Psyche, (1890-94) 1925^{10} - J.Morgenstern, The Doctrine of Sin in the Babylonian Religion (MVG 10), 1905 - Frazer - J.Döller, Die Reinheits- u. Speisegesetze des AT (ATA 7, 2. 3), 1917 - PW X/2, 2513ff; XIII/2, 2029ff - RGG^2 II, 171ff (Lit.); IV, 1839ff - C.Clemen, Das Problem der Sünde, 1936 - G.Mensching, Gut u. Böse im Glauben der Völker, (1941) 1950^2 - Alfr.Schmidt, Die Sünde bei den Primitiven (Theol. Diss. Heidelberg), 1943 - S.Mowinckel, Religion u. Kultus, 1953. - Vgl. die Lit. zu → Bußwesen: I. II, → Rein und Unrein, → Sühne, → Sünde und Schuld: I.

K.Goldammer

II. Im Judentum

E. ist im Judentum ein Grenzbegriff: → Sünde (: III) wird sowohl noch als magisch-stofflich (in Annäherung an die Vorstellungen von → Rein und Unrein) als auch als Ungenügen und Verfehlung gegen den Willen Gottes gedacht. Die Mittel der E. sind im ganzen dieselben wie in Riten anderer Religionen: Wasser dient zum Waschen, Baden, Abspülen, Besprengen. Am Neujahrstag schüttelt man Kleider über einem Fluß aus oder wirft Krumen hinein, damit er die Sünden hinwegschwemme (tāšlîk, nach Mi 7, 19). Man wäscht die Hände vor Mahlzeit und Gebet (neṭîlât jadājim). Tauchbäder entsühnen den Proselyten, den Priester vor dem Dienst, die Frau nach menses und Wochenbett, den Eiterbehafteten (zab) und Aussätzigen, den Bußbedürftigen vor Neujahr und Versöhnungstag. Die → Essener (Jos. Bell. 2, 8, 5 u.ö.) und die Sekte von → Qumran (1QS III, 9) baden täglich. Wasser gilt je nach Herkunft und Menge als verschieden wirksam (Mischnatraktat Miqwa'ôt). Asche heiligt Quellwasser, Salz reinigt Fleisch und Blut und gehört zum Opfer, auch auf den Privattisch (als Altarersatz). Öl gießt man dem Aussätzigen aufs Haupt. Schon der Kult an sich bewirkt E.: das Blut der Sühnopfer im Tempel, der Dienst des Priesters, der die Gemeinde Gott wohlgefällig macht, die Insignien des Hohenpriesters usw. Nach dem Ende des Tempelkults ist der Versöhnungstag letzter Rest kultischer E., freilich in Verbindung mit der »Umkehr« (tešûba). Anstelle des → Sündenbocks tritt schon in vorgaonäischer Zeit die käppārā, das stellvertretende Opfer eines Huhnes; das Tier wird unter Zitierung von Versen aus Ps 107 und Hi 33, Handauflegung und Sühneformel ums Haupt geschwungen, erwürgt und gegessen oder als Almosen verschenkt bzw. durch Geld an Arme abgelöst, auch durch Vegetabilien (Bohnen, Erbsen) bei Minderbemittelten ersetzt. Solche Bräuche werden von manchen Rabbinen als heidnisch verworfen, von andern jedoch als altüblich verteidigt (zB von M.Isserles im Komm. zum Šulḥan ʿArûk, Ōraḥ Ḥajjîm § 605). Ethisierende Tendenz sieht auch in Leiden und Sterben E.smittel (Joma VIII, 8) oder in guten Werken (anstelle der Sühnopfer, Abot dRN IV), Almosen (Tob 3, 10), Kasteiungen, Keuschheit, Gesetzesstudium, die Sekte von Qumran in → Demut (: II, 1) und Gehorsam. Man kann auch stellvertretend für andere sühnen, seltener für Verstorbene (Sukka 20a).

JewEnc VII, 435 - J.Scheftelowitz, Das stellvertretende Huhnopfer, 1914 - Ders., Altpalästinensischer Bauernglaube, 1925 - G.F. Moore, Judaism in the First Centuries of the Christian Era I, 1927, 497ff - E.Sjöberg, Gott u. die Sünder im palästinischen Judentum (BWANT IV, 27), 1938.

E.L.Dietrich

Entweihung ist im kath. Kirchenrecht der Verlust des Weihecharakters bei geweihten Sachen. Bei einer Kirche tritt ein: die völlige - nur durch neue Weihe zu behebende-E. (Exsecratio), wenn sie ganz oder zum wesentlichen Teil zerstört oder vom Ortsordinarius dem profanen Gebrauch überwiesen wird (c. 1170 CIC); die vorläufige E. oder Schändung (Violatio), die durch → Rekonziliation beseitigt wird, wenn sie durch Mord, schweres Blutvergießen, gottlosen oder unanständigen Gebrauch oder durch das Begräbnis eines Ungläubigen oder gerichtlich Exkommunizierten entheiligt wird (c. 1172 CIC). Altäre werden entweiht durch Lösung der Altarplatte vom Unterbau und (auch Tragaltäre) durch schwere Bruchbeschädigung oder durch unbefugte Öffnung des Reliquiengrabes (c. 1200 CIC), Kirchengerät durch schwere Beschädigung, unziemlichen Gebrauch und öffentlichen Verkauf (c. 1305 CIC).

Vgl. die Lehrbücher des →Kirchenrechts - DDC IV, 1949, 248 ff.
H.Barion

Entwicklung

I. In der Natur - II. In Geschichte und Kultur

I. In der Natur

1. E. und Naturgesetz - 2. Der Anfang des Kosmos - 3. E. der Gestirne - 4. E. der Erde - 5. E. des Lebens - 6. Geistesgeschichtliches und Theologisches

1. E. ist, offenkundig seit dem 19.Jh., ein Grundbegriff der → Naturwissenschaft. Er steht zu einem anderen Grundbegriff, dem des → *Naturgesetzes,* in einem nicht immer durchschauten dialektischen Verhältnis. - E. enthält sprachlich (Übersetzung von evolutio) den Gedanken, daß etwas »ausgewickelt« wird: Es war schon vorher da, zeigt sich aber erst jetzt. Der moderne E.sbegriff, mit der Nuance der (vielleicht unbegrenzten) Höher-E., wird meist so verstanden, daß etwas Neues entsteht, das zuvor nicht da war und mit dem Vergangenen nur durch Kontinuität des Gestaltwandels verbunden ist. Das Pathos des E.sglaubens beruht gerade darauf, daß Höheres aus Niedrigerem durch E. naturgesetzlich entsteht. Das aristotelische Begriffspaar von δύναμις und ἐνέργεια (Potenz und Akt, Möglichkeit und Verwirklichung; →Aristoteles, 3c) deutet eine mögliche Versöhnung beider Auffassungen an. - Das Naturgesetz im neuzeitlichen Sinne legt nicht absolut fest, was ist oder geschieht, sondern hat die logische Form des hypothetischen Urteils: »Wenn zu einer Zeit der Zustand A besteht, wird zu einer bestimmten anderen Zeit der Zustand B eintreten.« Hier ist der Begriff der → Zeit schon vorausgesetzt und so verstanden, daß der Begriff der Möglichkeit mit ihm verbunden werden soll. Der Zustand A *kann* bestehen oder auch nicht, und das Naturgesetz gibt nur die Folge des Anfangszustandes für den Fall seiner Verwirklichung an. Ohne diesen Möglichkeitsbegriff wäre die logische Form des Naturgesetzes sinnlos. Damit entsteht die Frage, wodurch entschieden wird, welcher Anfangszustand wirklich eintritt. Im Experiment bestimmt dies in weitem Umfang der experimentierende Mensch. Im Naturgeschehen, soweit der Mensch es nicht beeinflußt oder insofern er selbst als bloßer Teil des Naturgeschehens betrachtet wird, wirkt nur die jeweilige Vorgeschichte (noch frühere Zustände) auf denjenigen Zustand ein, der im jeweiligen Anwendungsbeispiel als »Anfangszustand« auftritt. (Die Annahme, die Vorgeschichte lege den eintretenden Zustand vollständig fest, ist die Hypothese des → Determinismus. Sie war der klassischen Physik selbstverständlich, wird aber von der Quantentheorie verworfen. Ihre Richtigkeit ist für das geschilderte Denkschema nur von sekundärer Bedeutung, da es jedenfalls naturgesetzliche Einwirkung der Vorgeschichte auf den eintretenden Zustand gibt, einerlei ob sie ihn voll determiniert oder spontanem Geschehen Raum läßt.) Dieser unvermeidliche Rückgang auf die Vorgeschichte deutet schon das Eintreten geschichtlicher Kategorien in die Naturwissenschaft an. - Naturgeschehen ist dann noch nicht E., wenn sich stets dasselbe wiederholt. Der Mond läuft stets auf derselben Bahn um die Erde. Auch wenn die Sterne, ungeregelt durcheinander laufend, immer neue Sternbilder formieren, wird man dies kaum E. nennen. Man verlangt dazu vielmehr das Hervortreten von wesentlich Neuem, wobei der Begriff des »wesentlich« Neuen von Fall zu Fall zu präzisieren ist. Formal ist die aristotelische Versöhnung dann stets möglich: Ein Zustand, der eintritt, ist sicher ein möglicher Zustand gewesen. Der klassische Streit der Aristoteliker mit den Epikuräern würde dann darum gehen, ob es eine der Natur innewohnende »Tendenz« (einen nisus) zur Verwirklichung solcher Möglichkeiten gibt, oder ob sie von selbst, durch »Zufall«, eintreten. Es ist aber denkbar, daß eine hinreichend gründliche Analyse der verwendeten Begriffe den Streit als gegenstandslos enthüllen wird. - Ein durchschaubares Beispiel bietet der 2. Hauptsatz der Thermodynamik (→ Energie). Er ist der einzige der Physik bekannte Fall eines Naturgesetzes, das selbst eine Tendenz zum Eintreten von wesentlich Neuem formuliert: Die Menge verwertbarer Energie nimmt ab, die Entropie (ein Maß der unverwertbaren Energie) nimmt zu. Die unverwertbare Energie erweist sich der statistischen Deutung des Satzes als Energie ungeordneter Bewegung. Der Satz besagt also, etwas unscharf ausgedrückt, daß Unordnung von selbst nur zunimmt und nie abnimmt. Er formuliert also gerade eine Eigenschaft des zufälligen Geschehens. Daß der Satz eine Zeitrichtung auszeichnet (die Unordnung ist später größer als früher), rührt daher, daß die Kategorien der Möglichkeit und des Zufalls im hier verwendeten Sinn dem zukünftigen Geschehen zugeordnet sind. Das Vergangene ist unabänderlich geschehen, das Zukünftige kann noch so oder anders ausfallen. (Auch hier ändert die Hypothese des Determinismus am verwendeten Denkschema nichts. Selbst wenn das Zukünftige determiniert ist, so ist es doch weitgehend unbekannt; und daß das Vergangene bekannt ist, rührt vorzugsweise nicht von daher, daß wir es durch seine vielleicht bestehende determinierende Beziehung zur Gegenwart berechnen könnten. Die Begriffe der Erinnerung an Faktisches und der Erwartung von Möglichem sind früher als der Determinismus und sogar zu seiner Formulierung kaum entbehrlich.) Wir nennen diesen Unterschied zwischen der Faktizität des Vergangenen und der Möglichkeit des Zukünftigen die natürliche Geschichtlichkeit der Zeit; das Beiwort »natürlich« soll den Begriff gegen die reichere → Geschichtlichkeit der Zeit, die der Mensch im personalen Leben erfährt, abgrenzen. - Theorien wie die Kantische und die heutige Kosmogonie und ebenso der → Darwinismus verwenden außer Naturgesetzen nur die natürliche Geschichtlichkeit der Zeit. Indem sie die Höher-E. von Gestalten erklären, treten sie nur scheinbar in einen Widerspruch zum 2. Hauptsatz der Thermodynamik, der das Anwachsen der Unordnung lehrt. »Unordnung« ist ein zu knapper Name für das statistisch Wahrscheinliche. Die genannten Theorien weisen gerade nach, daß unter gewissen Bedingungen das Auftreten hochdifferenzierter Gestalten statistisch wahrscheinlich ist. Sie führen also, soweit sie reichen, die als Faktum unbestrittene »Tendenz« zur E. zurück auf Naturgesetze und die natürliche Geschichtlichkeit der Zeit. Eine hierauf nicht mehr zurückführbare Tendenz zur E. zu postulieren, ist so gut wie sicher in der Kosmogonie und vielleicht auch in der → Biologie überflüssig.

2. Es ist nicht sicher, aber heute recht wahrscheinlich, daß der gesamte *Kosmos* ein endliches Alter von etwa 4-5 Md. Jahren hat. Dafür sprechen folgende Altersbestimmungen: a) Die größten bekannten Stern-

systeme, die Spiralnebel, zeigen eine Rotverschiebung der Spektrallinien, die am einfachsten als Folge einer auseinanderstrebenden Bewegung gedeutet wird. Aus Geschwindigkeit und heutiger Entfernung läßt sich der genannte Anfangszeitpunkt abschätzen. b) Die E.sgeschichte einzelner Sterne (s. 3) verlangt ähnliche Zeitspannen. c) Die radioaktiven Elemente Uran und Thorium, die in einigen Milliarden Jahren zerfallen, sind heute noch nicht nennenswert seltener als vergleichbare nicht-radioaktive Elemente. Verschärfung dieses Arguments führt auf ein wahrscheinliches Alter dieser Elemente zwischen 4 und 5 Md. Jahren. d) Geologische Altersbestimmungen (s. 4) geben der Erde ein Alter von rund 4 Md. Jahren. Mit der großen Wahrscheinlichkeit, die Schlüssen aus konvergierenden Erfahrungen zukommt, darf man daraus folgern, daß die genannte Zeitspanne eine für den uns bekannten Kosmos fundamentale Bedeutung hat. Schwerer ist zu sagen, worin diese Bedeutung besteht. - Keine bekannte Erfahrung hindert uns anzunehmen, der ganze Kosmos habe damals zu existieren begonnen. Dem heutigen, gegen die naive Verallgemeinerung von Begriffen skeptischen Physiker wird es nahe liegen, dann auch die Anwendbarkeit des Zeitbegriffs auf alles, was vor jenem Zeitpunkt des Beginns gedacht werden könnte, als fiktiv anzusehen. Ein Schöpfungsglaube braucht damit nicht verbunden zu sein. Es ist nur ein im Rahmen des Schöpfungsglaubens analoger Gedanke, wenn → Augustin meint, Gott habe nicht die Welt in der Zeit, sondern die Zeit mit der Welt erschaffen. Keine Erfahrung hindert uns aber auch anzunehmen, die Welt sei wesentlich älter und sei damals nur aus einem uns unbekannten in den uns bekannten Zustand übergegangen. Es gibt sogar eine Hypothese der »continuous creation« (ohne theologischen Nebenklang zu verstehen, etwa als fortgesetzte Materieentstehung), nach der die Welt im großen in einem ewig unveränderlichen Zustand ist, indem überall ständig Materie entsteht und in einen unendlichen Raum abströmt; die oben genannte Zeitdauer bedeutet in dieser Auffassung nur die durchschnittliche Zeitdauer zwischen der Entstehung zweier Spiralnebel im selben Raumgebiet. Den Anfangszustand näher auszumalen, ist bei diesem Kenntnisstand nicht ohne Willkür möglich. Wir haben zunächst ja keinen Grund anzunehmen, die bekannten, in unserer näheren Umwelt empirisch bewährten Naturgesetze müßten auch unter so anderen Bedingungen gelten. Philosophisch wichtig ist nur, daß die unendliche Dauer der Welt keine positive dogmatische Behauptung der Naturwissenschaft mehr ist.

3. Die Energie, welche die Sonne und die ihr wesensgleichen Fixsterne ausstrahlen, entstammt Umwandlungen der Atomkerne im tiefen Innern der *Gestirne*. Die ergiebigste Energiequelle ist die Umwandlung von Wasserstoff in Helium. Je nach der Intensität der Abstrahlung reicht diese Energiequelle für viele Milliarden Jahre oder auch nur für einen Bruchteil einer Milliarde von Jahren aus. Sterne, für die letzteres gilt, müssen daher jünger sein als der Kosmos. Wir haben starke Indizien dafür, daß auch heute noch Sterne entstehen. Sie bilden sich aus der »interstellaren Materie«, vor allem aus Gas, das den Weltraum in sehr geringer Dichte ausfüllt. Ein Stern, der seinen Wasserstoff verbraucht hat, geht nach jetziger Kenntnis durch ein »Riesenstadium« in den sehr dichten, schwach strahlenden Zustand des »weißen Zwergs« über. Ein Teil der Sternmaterie wird während der Sternen-E. ins kosmische Gas zurückgeblasen und durchläuft die E.sphasen von neuem. - Unsere Sonne scheint nicht erheblich jünger zu sein als 5 Md. Jahre und dürfte noch für eine ähnliche Zeitspanne Energievorrat besitzen. Ihr Planetensystem, dem die Erde angehört, hat sich wahrscheinlich aus den äußeren Teilen derselben rotierenden Gasmasse gebildet, deren Zentrum zur Sonne wurde (Theorie von Kant, vgl. 6).

4. Das Alter geologischer Epochen läßt sich am genauesten aus ihren radioaktiven Mineralien bestimmen. Je mehr von dem Zerfallsprodukt Blei ein Uranmineral enthält, desto älter ist das Mineral. Für den *Erdkörper* im ganzen erhält man ein Alter von etwa 4 Md. Jahren. Die Erde scheint nicht sehr viel jünger als der Kosmos im ganzen und als die Sonne zu sein; auch ihre anfänglichen E.sphasen vor der Bildung der festen Erdkugel waren wohl relativ kurz. Seitdem darf man ungefähr konstante Sonnenbestrahlung und einen ungefähr konstanten inneren Zustand des Erdkörpers voraussetzen. In Abständen von jeweils einigen hundert Millionen Jahren folgen einander Gebirgsbildungen und -abtragungen; in ähnlichen Abständen auch Eiszeitepochen. Die uns genauer bekannte Erdgeschichte ist etwa das letzte Achtel dieser Zeit. An ihrem Anfang, dem Kambrium, vor etwa 500 Mill. Jahren, ist reiches pflanzliches und tierisches Leben im Meer vorhanden. Rund 100 Mill. Jahre später erobert das Leben das feste Land. Dem »Erdmittelalter«, etwa 100 Mill. Jahre vor unserer Zeit, durch die großen Saurier gekennzeichnet, folgt im Tertiär der Aufstieg der Säugetiere, vor etwa 10 Mill. Jahren der Beginn der letzten großen Gebirgsbildung (Alpen, Himalaya), vor etwa 1 Mill. Jahren der Beginn einer Folge von Eiszeiten, deren letzte vor etwa 10 000 Jahren zu Ende ging.

5. Die Anfänge des *Lebens* sind unbekannt. Laboratoriumsversuche legen die Vermutung nahe, daß sich unter den Bedingungen der Uratmosphäre die Grundstoffe des lebendigen Eiweißes, die Aminosäuren, durch normale chemische Reaktionen bilden konnten. Chemisch sind viele organische Substanzen sehr viel differenzierter als die anorganischen; sonst ist zwischen ihnen kein Wesensunterschied bekannt. Man wird die Hypothese der (langsamen) »Urzeugung« des Lebens auf der Erde als die wissenschaftlich wahrscheinlichste bezeichnen müssen. Ob es Leben auf anderen Gestirnen gibt, ist unbekannt, doch deuten gewisse jahreszeitlich variable Oberflächenfärbungen auf dem Planeten Mars auf, vermutlich primitiven, Pflanzenwuchs. - Vom Kambrium bis heute ist der verhältnismäßig kontinuierliche Formenwandel des Lebens eine Beobachtungstatsache. Da wir Lebewesen nicht anders denn als Nachkommen ihnen ähnlicher Lebewesen kennen, ist der Schluß höchst naheliegend, diese Formenkette sei zugleich eine Abstammungskette. In dieser Allgemeinheit ist die Abstammungslehre heute so gut wie unbestritten. - Nicht so klar sind die Ursachen der E. Die im wesentlichen unerschüttert vorherrschende Hypothese ist → Darwins Selektionslehre. In moderner Fassung lautet sie: Das nahezu konstante, in den Chromosomen des Zellkerns aufbewahrte Erbgut der Organismen erleidet gelegentlich sprunghafte, kleinere oder größere Mutationen. Führen diese zu einer im Kampf ums Dasein lebenstüchtigeren Form, so setzt sich diese durch, führen sie zu einer untüchtigeren, so stirbt die Form wieder aus. Die E. ist also (s. 1) statistisch wahrscheinlich. - Daß der von Darwin beschriebene Vorgang vorkommt, ist zweifellos. Hingegen ist es wegen der Kompliziertheit des Problems fast hoffnungslos, positiv nachzuweisen, daß er zur Erklärung der E. des Lebens genügt. Ebenso schwer ist es freilich, das Gegenteil nachzuweisen. Die gelegentlich geäußerte Meinung, der → Darwinismus sei »überwunden«, entspricht nicht der Ansicht der Mehrheit der heute führenden Biologen, die zwar zur Vorsicht im Urteil über diese Frage, aber nicht zu einer positiv abweichenden Meinung neigen (→ Deszendenztheorie). Der Versuch von Mitschurin und Lyssenko, Lamarcks Auffassung von der Vererbung erworbener

Eigenschaften wiederzubeleben (→ Vererbungslehre), gilt als abwegig. Auch die Annahme steuernder Faktoren, welche den Rahmen physikalisch-chemischer Gesetzlichkeit im Organismus sprengen, ist meist durch weltanschauliche Vorentscheidungen bedingt und wissenschaftlich heute schwerlich zwingend zu begründen. Doch darf nicht vergessen werden, daß keine Theorie dieser Vorgänge ausreichend sein kann, die die seelischen Tatsachen beiseite läßt.

Für die E. des Menschen, der sich aus der animalischen Natur hinausentwickelt hat und zu seiner weiteren Existenz nicht nur des Instinkts, sondern der sozialen Überlieferung, der persönlichen Einsicht und derjenigen Erfahrung bedarf, die er von jeher als göttliche Offenbarung verstanden hat, vgl. → Abstammung des Menschen, → Anthropologie: I.

6. Der Gedanke einer E. in der Natur konnte in der christlichen Welt nur dort Wurzel schlagen, wo die buchstäbliche Anerkennung der biblischen Schöpfungsgeschichte und Chronologie erschüttert war. Dieser Punkt allein wäre kein hinreichender Anlaß zu einer starken Spannung zwischen naturwissenschaftlicher E.slehre und kirchlicher Orthodoxie gewesen. Erstens wurde die Schlacht um die naturwissenschaftliche Autorität der Bibel nicht in der erst im 19.Jh. ganz deutlichen Frage der Chronologie, sondern in der viel älteren Frage des kopernikanischen Weltsystems geschlagen. Zweitens konnten einsichtige Theologen immer wissen, daß hier die buchstäbliche Deutung eine unwichtige Außenposition des christlichen Glaubens war, ja daß das Beharren auf ihr den tieferen Sinn der Texte gerade verfehlt. Tiefer traf der Konflikt zwischen der E.slehre und der von der Kirche übernommenen antiken Metaphysik. – → Kant diskutiert das Problem in der Vorrede seiner »Naturgeschichte und Theorie des Himmels« (1755). → Newton hatte die Gesetze erkannt, denen die Planetenbewegung genügt. So konnte er die Bahnformen der Planeten mechanisch erklären. Nicht mechanisch erklären konnte er die Entstehung des Systems, und er ließ zu, daß Bentley diese »Lücke der Mechanik« als Beweis für das Dasein eines intelligenten Schöpfers verkündete. Newton teilte also (s. 1) die Naturgesetze der Planetenbewegung der Mechanik und den Anfangszustand Gott zu. Kants Theorie schloß die Lücke und erklärte den Anfangszustand mechanisch aus einem viel früheren und einfacheren Anfangszustand. In der Vorrede verwahrt er sich gegen den Einwand, er trete damit der Majestät Gottes zu nahe und lasse »Epikur mitten im Christentume wieder aufleben«. In einer an → Leibniz gemahnenden Weise meint er, ein Gott, der Naturgesetze so schaffe, daß durch sie eine möglichst vollkommene Welt entstehen müsse, sei höher zu achten als ein Gott, der dieses Ziel nur erreichen könne, indem er die von ihm selbst geschaffenen Naturgesetze durchbreche. Der Gegner, gegen den er sich hier wendet, ist vor allem der spätantike Dualismus von Geist und Materie, der, wie Kant spürt, weder christlich noch neuzeitlich-naturwissenschaftlich ist. In jenem Dualismus steht die Mathematik auf der Seite des Geistes, und die materielle Notwendigkeit ist unberechenbar und blind. Die Neuzeit faßt hingegen gerade die Materie als mathematisch verständlich auf; heutzutage ist dies fast das einzige zweifellose Prädikat der Materie. Wer, wie etwa → Kepler, zugleich Physiker und christlicher Neuplatoniker ist, muß daher überzeugt sein, daß er gerade in der Naturwissenschaft Gottes Schöpfungsgedanken nachdenkt. Der von Kepler nicht, wohl aber von → Pascal gefühlte Bruch in der Haltung des christlichen Naturwissenschaftlers beruht auf dem Gegensatz nicht von Geist und Materie, sondern von Gottes Willen und menschlicher Autonomie; die Mathematik der Naturwissenschaft hat demgemäß die Doppelrolle, tiefe Wahrheit (»Gottes Schöpfungsgedanken«) sichtbar zu machen und Instrument der menschlichen Macht zu sein. Dieser Konflikt, der unserem Jahrhundert bewußt wird, kann aber erst genau gesehen werden, wenn jener der Antike entstammende Konflikt als für uns nicht wesentlich erkannt ist. – Historisch entfaltet sich aber zunächst jener ältere Konflikt. Für → Laplace, der (1794) eine der Theorie Kants ähnliche, nach heutiger Kenntnis ihr unterlegene Planetenentstehungstheorie entwirft, steht die mechanische Naturgeschichte im Rahmen des → Atheismus. Der Fortschrittsglaube des späteren 19.Jh.s sieht sich durch Kant-Laplace und vor allem durch Darwin bestätigt. Die hypothetische Anwendung des wissenschaftlich noch sicherer fundierten 2. Hauptsatzes auf die Welt im großen, nach der alles Geschehen einem »Wärmetod« entgegengeht, findet in der populären naturalistischen Weltanschauung weniger Beifall (Beispiel: → Haeckels »Welträtsel«). Umgekehrt neigen kirchliche Kreise zu apologetischem Gebrauch von Selbsteinschränkungen der Naturwissenschaft (so in abgewogener Form Pius XII. 1951 zu den Anfängen des Kosmos). Im ganzen scheint sich heute das Bewußtsein auszubreiten, daß Einzelfragen der E. kein Gegenstand eines sinnvollen Streits von Naturwissenschaft und Christentum sind, neue Wendungen der Wissenschaft in diesem Gebiet eben darum aber auch kein inhaltliches Argument für das Christentum sein können. Eher kann man in den Auffassungen der Wissenschaft über das, was sie de facto nicht beweisen kann, einen symbolischen Ausdruck des jeweiligen Zeitgeistes finden.

I. Kant, Allg. Naturgesch. u. Theorie des Himmels, 1755 (viele Ausg.) – P.S. Laplace, Exposition du système du monde, 1796 – Ch. R. Darwin, On the origin of Species by means of Natural Selection, 1859 – Ders., The Descent of Man and on Selection in Relation to Sex, 1871 (beide in vielen Ausg. u. Übers.) – H. Driesch, Logische Studien über E., 1918/19 – V. Franz, Ontogenese u. Phylogenese, 1927 – J.S. Huxley, Evolution, the modern synthesis, 1942 – G. Heberer (Hg.), Die Evolution der Organismen, (1943) 1954² – C.F.v. Weizsäcker, Die Gesch. der Natur, (1948) 1954² – G. Simpson, The meaning of evolution, 1949 – T.D. Lyssenko, Die Situation in der biologischen Wissenschaft, 1951 – H. Bondi, Cosmology, 1952 – Pius XII., Discorso alla Pontificia Accademia delle scienze 22. nov. 1951, Rom 1953 – Ders., Discorso all' 8. Assembla generale dell'unione astronomica internationale 7. sett. 1953, Rom 1955.

C.F.v. Weizsäcker

II. In Geschichte und Kultur

1. Begrifflich – 2. Tradition und Prognose – 3. Entwicklungslehren – 4. Gegenwärtige Diskussion

1. Jede geschichtliche E.slehre ist ein Versuch, die verwirrende Fülle historischer Einzeltatsachen in die Einheit eines Sinnganzen einzuordnen, und der E.sbegriff ist einer der gebräuchlichsten und zugleich vieldeutigsten Begriffe, mit denen die Geisteswissenschaften arbeiten. E. bezeichnet jedoch niemals nur ein schlichtes Faktum oder eine Mehrheit von Fakten, sondern meint zugleich immer auch eine bestimmte *Interpretation* dieser Fakten. Darin liegt einer der wesentlichsten Unterschiede zwischen dem naturwissenschaftlichen (vor allem biologischen [→ Entwicklung: I]) und dem historischen E.sbegriff. Daß es sich beim E.sbegriff im Bereich von Geschichte und Kultur um eine Interpretationskategorie handelt, erhellt insbesondere daraus, daß sich bisweilen die gleichen Tatsachen zu ganz verschiedenen E.sreihen zusammenfassen lassen. Innerhalb dieses Rahmens kann man verschiedene E.sbegriffe unterscheiden. Entweder wir bezeichnen bereits jeden Kausalzusammenhang im Bereich des Historischen als E.; in diesem Falle besagt E. nur dies, daß jede gegenwärtige Wirklichkeit durch eine andere (vergangene) Wirklichkeit bedingt ist. Der Gegensatz hierzu wäre etwa die Chronik, die lediglich eine

Reihe sich zeitlich folgender Fakten beschreibt, ohne die Frage einer ursächlichen Verknüpfung aufzuwerfen. Denkt man aber diesen historischen Determinationszusammenhang unter der Kategorie der Zielgerichtetheit, so gelangt man zu einer zweiten Form des E.sbegriffs, die dem Inhalt, aber nicht der Form (Interpretationskategorie!) nach dem biologischen E.sbegriff in manchen Merkmalen nahekommt. In diesem Falle trägt der jeweilige historische Wirklichkeitszusammenhang seinen Sinn nicht in sich selbst, sondern findet ihn erst in einer außerhalb seiner liegenden Endgestalt, von der aus betrachtet er nur ein Durchgangsstadium ist. E. kann hier im wörtlichen Sinn als »Auswicklung« einer anlagemäßig bereits vorgegebenen Gestalt verstanden werden, mögen auch Einzelstadien des E.sganges noch nicht in allen Einzelheiten vorgebildet sein. Dieser E.sbegriff läßt sich nun aber auf zwei verschiedene Weisen anwenden: entweder im Hinblick auf einzelne Gestalten und einzelne Abschnitte innerhalb der Geschichte, oder aber im Hinblick auf den Geschichtsverlauf des Ganzen. Dabei ist es möglich, diese beiden Betrachtungsweisen zu kombinieren, denn man kann durchaus ein Gesamtziel der Geschichte bejahen und braucht dennoch nicht auf eine immanente Teleologie relativ selbständiger Einzelabschnitte zu verzichten. Auch eine andere Differenzierung dieser zweiten Form des E.sbegriffs ist noch möglich: Sehen wir nämlich das Ziel als etwas an, das dem Anfangszustand gegenüber durch ein Mehr an Vollkommenheit und Wert bestimmt ist, sprechen wir von *Fortschritt,* im umgekehrten Sinne jedoch von *Verfall.* Auch diese Kategorien lassen sich sowohl auf ein Geschehen innerhalb der Geschichte anwenden als auch auf den Ablauf der Gesamtgeschichte. Bemerkenswert ist, daß sich dieser teleologische Sinn historischer E. am negativen Phänomen des Verfalls bisweilen deutlicher aufweisen läßt als am entsprechenden positiven Phänomen des Fortschritts; denn der Verfall einer schon ausgeprägten Gestalt ist meistens eindeutig festzustellen, während »Fortschritt« oft nur die E. einer unter mehreren im Anfangszustand angelegten Möglichkeiten meint. – Der teleologische Begriff der E. impliziert aber nicht, daß jeder historische Einzelvorgang immer als ein in sich abgeschlossenes Ganzes betrachtet werden müßte. Das heißt: kein E.sbegriff schließt die Annahme einer Einwirkung äußerer Einflüsse aus, ebensowenig die Möglichkeit, daß ein Vorgang erst durch einen äußeren Anstoß in Gang kommt. Gleichwohl gibt es keinen E.sverlauf, in den äußere Einflüsse beliebig einwirken können, denn die Fähigkeit, bestimmte äußere Einflüsse aufnehmen zu können, ist ihrerseits wieder durch die E. selbst vermittelt. Durch sie nämlich wird bestimmt, welche Einflüsse aufgenommen werden können und welche nicht. Daher ist es unmöglich, einen E.sverlauf nur aus »Einflüssen« zu verstehen. – Ein dritter, mehr dialektischer E.sbegriff schließlich versucht, im Wesen der historischen E. das Moment der menschlichen Freiheit und des menschlichen Handelns mitzudenken. Wird dieser Gedanke konsequent durchgeführt, muß man auf die Annahme eines Endzwecks historischer E. verzichten, da jede Annahme eines letzten vorgegebenen Zieles allen menschlichen Handelns eine prinzipielle Leugnung der Freiheit in sich schließt (→ Teleologie). Insofern steht diese dritte Bedeutung von E. der ersten näher als der zweiten. Von einer Zielrichtung läßt sich hier nur insofern sprechen, als auch die bewußte menschliche Handlung zielgerichtet ist. E. bedeutet hier also das Ergebnis der Auseinandersetzung des Handelnden mit den historischen Situationen. Dabei muß freilich immer bedacht werden, daß die historisch bedeutsame menschliche Handlung in der Regel im Hinblick auf eine überpersönliche Idee, die nicht an eine Individualperson, sondern an ein Zeitalter gebunden ist, vollzogen wird, und daß andererseits kein Handelnder die Wirkungen seines Tuns vollständig übersehen oder gar beherrschen kann (Heterogonie der Zwecke).

Allen diesen E.sbegriffen ist die Eigenschaft der Unumkehrbarkeit gemeinsam. Wohl kann eine in einem E.sprozeß aufgebaute Gestalt wieder zerstört oder aufgelöst werden. Ein Auflösungsprozeß ist aber niemals nur die Umkehrung eines Aufbauprozesses, zumal er im Hinblick auf eine andere E.sgestalt auch wieder als Aufbauprozeß interpretiert werden kann. Jedem E.sbegriff ist es ferner eigentümlich, daß er einen E.sträger voraussetzt. Dabei kann es sich um Individuen wie um Kollektive handeln, bes. aber um Gestalten des objektiven → Geistes (: VII), wie Staaten, Völker und Gesellschaften. Aber auch einzelne Elemente des objektiven Geistes können als E.sträger betrachtet werden, zB Kunst, Recht oder Sprache. Die Phasen dieser speziellen E. brauchen zeitlich durchaus nicht zusammenzufallen. Die verschiedenen E.sbegriffe können bei der Interpretation der E. eines E.strägers sogar kombiniert werden: Man kann zB (teleologisch) die E. einer Gesellschaft *zum* Volk aufweisen, und die (kausale) E. *des* Volkes, wenn es sich konstituiert hat, weiter verfolgen. Jeder E.sträger ist eine Individualität (im streng historischen Sinn), und umgekehrt kann jede historische Individualität dadurch definiert werden, daß sie einer E. unterworfen ist. Bei keinem der E.sbegriffe läßt sich jedoch der E.sträger als beharrende Substanz verstehen, bei der lediglich die Eigenschaften wechseln würden. Denn der Begriff der E. meint ja gerade, daß sich die Substanz (mit ihren Eigenschaften) als Ganzes verändert. So gehört der E.sbegriff in den Bereich der Modalkategorien Möglichkeit und Wirklichkeit.

2. Die Möglichkeit, eine Reihe historischer Fakten zu ganz verschiedenen E.sreihen ordnen zu können, ist kein Einwand gegen die Möglichkeit einer wissenschaftlichen Behandlung von E.szusammenhängen, sondern eine ihrer Voraussetzungen. Denn wir können schon deswegen niemals einen eindeutig »objektiven« E.szusammenhang herausarbeiten, weil wir schon immer selbst sowohl als Individualperson wie auch als Glied eines größeren Ganzen innerhalb einer ganz bestimmten E. stehen. Das →Verstehen einer fremden E. ist immer nur auf der Grundlage der eigenen E. und in Analogie zu dieser möglich. Mit diesem Problem befaßt sich auch die geisteswissenschaftliche E.spsychologie. Sie hat sehr deutlich gezeigt, daß es unmöglich ist, die menschliche Individual-E. von einem rein biologischen E.sbegriff her zu deuten. Dies zeigt sich vor allem an der Unmöglichkeit, die menschliche Individual-E. ohne Werturteile zu beschreiben. Denn das Gesetz der individuellen E. fordert, daß der Mensch von einem bestimmten Zeitpunkt ab den Ansprüchen des Sittengesetzes gegenübergestellt wird und daß er sich mit den moralischen Wertungen der Überlieferung seines Lebenskreises auseinandersetzt.

Die Eigenart historischer E. zeigt sich aber am deutlichsten am Wesen der → *Tradition.* Zum Sinn einer jeden historischen und vor allem kulturellen E. gehört es, daß sie in irgendeiner Weise auch bewußt wird. Für die Tradition ist es charakteristisch, daß sie nicht geschaffen, sondern vom geschichtlichen Individuum immer schon vorgefunden wird, jedoch nicht in der Weise, daß sie von Anfang an ein fester Besitz sein könnte. Jede Tradition bedarf der aktiven Aneignung und der Auseinandersetzung mit ihr. Das bedeutet aber, daß echte Tradition niemals ein fester Bestand von Glaubensüberzeugungen sein kann. Sie ist vielmehr selbst immer noch der E. unterworfen, und es ist auch eine wohlbekannte Tatsache, daß sich jede Generation ihre Geschichte neu schreibt. Tradition haben bedeutet daher auch nicht dies, daß man die Vergangenheit überbewertet, sondern nur, daß man erst aus dem Bewußtsein seiner eigenen geschichtlichen Herkunft (und in der Auseinandersetzung mit ihr) den Sinn für die Gestaltung neuer Möglichkeiten gewinnt. Damit hängt es zusammen, daß sich im historischen Bereich die E. oft sprunghaft vollzieht, und daß es infolgedessen Sinn hat, von deutlich voneinander abgehobenen E.sstufen zu sprechen. Das heißt aber: Die Kontinuität der historischen E. ist nicht die des mathematisch-geometrischen Kontinuitätsbegriffs, sondern die des »heterogenen Kontinuums« (Rickert). So trägt auch ein scheinbar so statisches Phänomen wie die Tradition das E.smoment schon in sich, da auch das Vergangene der E. nicht verschlossen ist, weil es jeweils die Basis für immer erneute Auseinandersetzungen abgeben muß. Jedes Bewußtsein der Tradition ist daher zugleich eine Befreiung von ihr. - Zeigt sich E. im Traditionsphänomen unter retrospektivem Gesichtswinkel, so finden wir das entsprechende prospektive Phänomen in der *Prognose*. Jede E.slehre impliziert eine besondere Stellungnahme zum Problem der Vorhersage, und jeder, der eine Prognose stellt, setzt bereits eine bestimmte E.sgesetzlichkeit voraus. Am deutlichsten zeigt sich dies beim teleologischen E.sbegriff: Ist der Geschichtsverlauf als Ganzes oder in Einzelabschnitten auf ein bestimmtes Ziel gerichtet, so läßt er sich vorherbestimmen, sofern nur das Ziel als solches bekannt ist. Problematischer ist die Prognostik unter der Voraussetzung des kausalen oder des dialektischen E.sbegriffes. Zwar ist auch hier eine Prognose nicht schlechthin unmöglich. Doch muß bedacht werden, daß sich die Prognose niemals selbst überspringen kann, dh man muß berücksichtigen, daß sie selbst als Wirkfaktor in die von ihr vorausgesagte E.sreihe eingreifen und diese verändern kann. Ebenso wie die Tradition, die immer neu angeeignet werden muß, ist auch die Prognose wesenhaft auf die menschliche Freiheit bezogen, und zwar auf doppelte Weise: Einmal muß jede Prognose mit der Freiheit rechnen, und zum anderen wird jede historisch bedeutsame, freie Tat nur vollbracht unter der Voraussetzung einer bestimmten prognostischen Meinung, mag diese auch von der Tradition vermittelt sein. Das zeigt sich vor allem daran, daß sich das historische Individuum selbst meist als Vollstrecker eines allgemeinen E.sgesetzes versteht. Die Freiheit ist also kein Einwand, sondern eine Voraussetzung für die Möglichkeit von Tradition und Prognose. Nur muß ein nichtteleologischer E.sbegriff die Möglichkeit verschiedenartiger Prognosen zulassen.

3. Der historische E.sgedanke ist älter als die Philosophie. Bereits die Mythologie (→ Mythos) kennt Vorstellungen, die dem E.sbegriff ziemlich nahe kommen. Hierher gehören vor allem die theogonischen und kosmogonischen Mythen des frühen Griechentums, mag es auch gerade hier unzulässig sein, bereits historische und natürliche E. zu unterscheiden. Es gibt jedoch auch reine Geschichtsmythen. Die E. bezieht sich hier meist auf den ganzen Geschichtsablauf und ist häufig als fortschreitende Abwärtsentwicklung (Verfall) verstanden. Hierher gehören vor allem die im Sagengut vieler Völker vorhandenen Mythen vom goldenen Zeitalter in ferner Vergangenheit. Doch auch die entgegengesetzte Perspektive kommt vor, wenn auch seltener und wesentlich später. Mit dem Verfall des mythischen Bewußtseins geht auch der Gedanke einer universalen Geschichts-E. zunächst verloren. Die klassische griechische Geschichtsschreibung (bes. Thukydides) suchte die → Geschichte (: III) in den Ablauf des Naturgeschehens einzubauen: Die geschichtlichen Begebenheiten kehren in demselben ewigen Kreislauf wieder wie die in Gestalten der organischen Natur oder die Umläufe der Planeten. Geschichte ist etwas, das zur menschlichen Natur gehört, und so, wie sich die menschliche Natur immer gleich bleibt, bleibt sich auch die Geschichte in ihren Grundzügen gleich. Überall gilt das (biologische) E.sprinzip des Kreislaufs von Wachstum und Verfall, Leben und Sterben, ohne daß sich dieses Prinzip auf die Geschichte als Ganzes anwenden ließe. Daneben gibt es in der Antike freilich auch Geschichtsdarstellungen, die den Gesamtverlauf der Geschichte auf ein einziges Ziel hin anlegen (→ Vergil, Polybios). Sie sind jedoch für die klassische antike Geschichtsauffassung nicht so charakteristisch. - Ein ganz anderes Verständnis historischer E. finden wir in der jüdischen und christlichen Welt. Geschichte ist hier wesentlich Heilsgeschichte, dh das Handeln Gottes mit dem Menschen. Sie hat für den Christen einen Mittelpunkt, nämlich Christus, und ein Endziel, auf das sie sich hinentwickelt, nämlich das jüngste Gericht (→ Eschatologie: IV-VI). Dieses Ziel läßt sich jedoch nicht aus der Betrachtung der Weltbegebenheiten ablesen, sondern erschließt sich allein dem Glauben. Die weltgeschichtliche E. sinkt für den Glaubenden zur Bedeutungslosigkeit herab. Wegweisend für die christliche Geschichtsauffassung wurden die Geschichtstheologien der altchristlichen Väter, vor allem die Geschichtstheologie → Augustins. Von ihm stammt die scharfe Unterscheidung zwischen der schrittweisen Verwirklichung des göttlichen Heilsplanes in seinen verschiedenen Epochen und der gleichförmigen und ziellosen E. der Weltgeschichte. Charakteristisch für Augustin (wie für alle christliche Geschichtsauffassung) ist die Tatsache, daß sich die geschichtliche E. in endlicher Zeit vollzieht, während für die klassische Antike der Kreislauf der Geschichte ebensowenig wie der Kreislauf der Natur zeitlich begrenzt war. Eine Untersuchung der Wechselbeziehung zwischen heilsgeschichtlichen und profangeschichtlichen Ereignissen fehlt jedoch bei Augustin. In der Scholastik und in der beginnenden Neuzeit trat das Problem der Geschichte zurück (ein Sonderfall ist → Joachim von Fiore). In der Neuzeit sind die ersten bedeutenden Denker, die sich wieder mit dem Problem geschichtlicher E. beschäftigt haben, → Bossuet und → Vico. Bossuet steht fast noch ganz in der Tradition der alten Geschichtstheologie. Er versucht, die E. durch die Vorsehung Gottes in der Geschichte verständlich zu machen. Doch kennt Bossuet keine scharfe Trennung zwischen weltlicher und heiliger Geschichte wie die Geschichtstheologie Augustins, wenn er die gesamte politische Geschichte von der göttlichen Vorsehung aus interpretiert. Er wird damit zum Vorläufer der neuzeitlichen universalgeschichtlichen Konstruktionen, die inhaltlich nur aus ihrem Gegensatz zur christlichen Geschichtsauslegung, von der sie gleichwohl der Form nach abhängig bleiben, verstanden werden können. Vico versucht dagegen, eine natürliche E.slehre der Geschichte (göttliches heroisches und menschliches Zeitalter im Kreislauf) mit der Annahme eines allgemeinen Endzieles zu verbinden, was ihm nicht ohne Widersprüche gelingt. Er hatte zu seiner Zeit jedoch so gut wie gar keinen Einfluß. - Eine der einflußreichsten Geschichtskonzeptionen der Neuzeit bot der Fortschrittsgedanke der → Aufklärung, der Form nach eine Säkularisierung des christlichen Heilsgedankens, dem Inhalt nach von der E. der modernen Naturwissenschaft und Technik inspiriert. Aber die Geschichtsbilder der Aufklärung waren meist recht äußerliche Konstruktionen, da der einzelnen historischen Gestalt jede Eigenständigkeit und jede eigene Sinnhaftigkeit genommen wurde. Hier setzte die Opposition gegen die Aufklärung mit ihrer Kritik an (→ Rousseau, → Her-

der, Möser, → Romantik, in gewisser Beziehung auch → Kant). Die Welt der lebendigen Natur wird aufs neue entdeckt, und die Geschichte wird vom Modell der biologisch-organischen Entwicklung aus gedeutet. So faßt Herder die E.en innerhalb der Geschichte als Entfaltungsprozesse auf, die er als »höhere« Naturprozesse bezeichnet. Freilich kann auch er nicht ganz auf den Fortschrittsgedanken verzichten, doch kommt es bei ihm niemals zu einer abstrakten Schematisierung. Alle Bemühungen dieser Zeit gipfelten jedoch in den Geschichtsphilosophien des deutschen Idealismus, insbesondere in der Geschichtsphilosophie → Hegels, dem wir die scharfsinnigste Analyse des E.sbegriffs verdanken. Der Geschichtsprozeß wird von ihm als Weg des Geistes zu sich selbst (»Fortschritt im Bewußtsein der Freiheit«) gedeutet. Die einzelne historische Gestalt wird dadurch jedoch nicht entwertet, da der Sinn der E. für Hegel in ihr selbst liegt und nicht in einem von ihr abgelösten Endstadium. - Die wichtigste und wirkungsmächtigste E.slehre nach Hegel war die in der Auseinandersetzung mit ihm entstandene Geschichtsphilosophie von → Marx (→ Materialismus). An weiteren E.slehren des 19.Jh.s sind zu nennen: → Comte (Fortschrittslehre) und → Nietzsche (Rückkehr zum antiken Kreislaufbegriff). Populäre Glaubensüberzeugung blieb aber der → Fortschritts-Gedanke, entweder in marxistischer Gestalt oder in Gestalt der Aufklärung. Die → Geschichtswissenschaft war jedoch in ihren bedeutendsten Vertretern (→ Burckhardt, → Ranke) diesen universalhistorischen Konstruktionen gegenüber mit Recht sehr skeptisch.

4. In der Gegenwart ist das Interesse an universalgeschichtlichen Konstruktionen weiter zurückgegangen. Für unsere Zeit ist kennzeichnend die Besinnung auf Grundsatzfragen der Methodologie des historischen Denkens. Von hervorragender Bedeutung waren die südwestdeutsche Schule des → Neukantianismus sowie Max → Weber und → Dilthey. Teleologische E.sbegriffe werden abgelehnt, dagegen treten der kausale und der dialektische E.sbegriff mehr in den Vordergrund, wenn dabei auch berücksichtigt wird, daß es sich in der Geschichte immer nur um eine Kausalität zwischen sinnhaften Gestalten handeln kann, und daß daher keine E. historischer Gestalten ohne Wertgesichtspunkte verstanden werden kann. Andere Bemühungen der Gegenwart gehen dahin, die metaphysischen und theologischen Voraussetzungen jeder teleologischen Geschichtsbetrachtung aufzudecken. E.sziele werden bestenfalls noch als Schemata und Arbeitshypothesen geduldet. Universalgeschichtliche Konstruktionen gibt es fast nur noch in der Popularliteratur; dort sind sie allerdings sehr verbreitet (vor allem im Anschluß an O. → Spengler und Toynbee). Die wichtigsten Aufgaben der heutigen E.slehre dürften sein: einmal eine umfassende Kategorialanalyse des Begriffs historischer Kontinuität, dann aber auch eine Weiterführung der von Dilthey und → Heidegger begonnenen Analysen der Zeitlichkeit des menschlichen → Daseins; denn erst von hier aus kann die Frage beantwortet werden, wie sich historische E. mit Freiheit vereinbaren läßt. Das Begriffspaar kausal-final ist keine echte Alternative, zumal es immer nur einzelne Seiten am E.svorgang beschreiben kann. Der Begriff des Kausalen gibt zu wenig, der des Finalen aber zu viel für die Betrachtung historischer E., die die Frage Kants nach den Beziehungen zwischen Sittlichkeit und Geschichte neu stellen muß, um von hier aus die Geschichtsproblematik auf die Frage nach dem Wesen der menschlichen → Geschichtlichkeit zurückzuführen.

H.Rickert, Die Grenzen der naturwissenschaftlichen Begriffsbildung, (1896-1902) 1929[5] - M.Weber, Ges. Aufsätze zur Wissenschaftslehre, (1922) 1951[2] - J.B.Bury, The Idea of Progress, 1932 - N.Hartmann, Das Problem des geistigen Seins, (1933) 1949[2] - K. Breysig, Die Meister der entwickelnden Geschichtsforschung, 1936 - Ders., Gestaltungen des E.sgedankens, 1940 - E.Brandenburg Der Begriff der E. u. seine Anwendung auf die Gesch., 1941 - F. Meinecke, Aphorismen u. Skizzen, 1942 - R.Collingwood, The Idea of History, 1946 - D.Henrich, Die Einheit der Wissenschaftslehre M.Webers, 1952 - K.Löwith, Weltgesch. u. Heilsgeschehen, (1953) 1956[3] - P.Rossi, Lo storicismo tedesco contemporaneo, 1956.

W.Wieland

Enzinas, *Francisco de,* gen. Dryander (ca 1520-52), * Burgos (Spanien), † Straßburg, studierte 1539 in Löwen, 1541 in Wittenberg. Im Hause → Melanchthons übersetzte E. das NT ins Spanische (→ Bibelübersetzungen: V, 2 i 3). Den Druck (Antwerpen 1543) überreichte er Karl V. Er wurde deshalb in Brüssel gefangengesetzt, entkam aber vor dem Prozeß 1545 nach Wittenberg. Über Straßburg und Basel ging E. 1546 nach England, wo ihm Erzbischof → Cranmer in Cambridge eine Professur der griech. Sprache vermittelte. Schon 1549 kehrte er nach Straßburg zurück. - Sein Bruder *Jaime* E. wurde 1547 in Rom als Ketzer verbrannt.

M.Menendez y Pelayo, Historia de los heterodoxos españoles II, Madrid 1880, 2237 - RE XVIII, 580ff - LThK III, 702 (Lit.).

H.Liebing

Enzyklika, amtlich Litterae encyclicae oder, meist bei geringerer allgemeiner Bedeutung, Epistula encyclica, ein Rundschreiben des Papstes an den gesamten Episkopat oder einen Teil desselben. Durch die E. üben die Päpste, bes. seit → Leo XIII., in großem Umfang ihr allgemeines (nicht ohne weiteres unfehlbares) Lehramt aus.

Vgl. die Lehrbücher des → Kirchenrechts - DDC V, 1953, 338 f.

H.Barion

Enzyklopädisten. Als E. werden die Mitarbeiter der Encyclopédie ou dictionnaire raisonné des sciences, des arts et des métiers (Bd 1-28, Paris 1751-72; Supplément, Bd 1-5, Amsterdam 1776-77; Table analytique, Bd 1. 2, Paris 1780) zusammengefaßt. Dies Werk hatte zwar einen Vorläufer in → Bayles Dictionnaire (1695-97) und war angeregt durch Ephraim Chambers' Cyclopaedia (1728), aber es überragte alles Frühere durch seinen Umfang und durch die Beteiligung fast aller führenden Geister der französischen Aufklärung. → Montesquieu, → Voltaire, → Rousseau, Quesnay, → Turgot, Mallet, → Bergier hatten neben den E. im engeren Sinn ihre Mitarbeit versprochen. Das Werk war nicht nur als Reallexikon auf die Vermittlung von Wissen und nützlichen Fertigkeiten ausgerichtet, sondern es wollte mit der Kritik überwundener Autoritäten den Fortschritt der Geistesgeschichte zur Herrschaft der Vernunft und ihrer Spiegelung in der Gesellschaft zur Darstellung bringen. Es wurde so zum Wegbereiter einer freigeistigen Gesinnung und weckte in den gebildeten Kreisen Frankreichs die Bereitschaft zur Teilnahme an der Revolution. Der unermüdliche Träger des Ganzen war Denis → Diderot (1713-84), als Philosoph und Dichter ein beweglicher Geist, der vom Theismus bis zum Materialismus alle denkbaren Wandlungen durchgemacht hat, dem das biologische Denken wichtiger war als das mathematisch-physikalische, und der die natürliche Religion mehr bedroht sah durch den Aberglauben der positiven Religionen als durch den Atheismus. Sein tugendbegeisterter Idealismus wurde aller Schwierigkeiten und auch der freilich nur lässig durchgeführten Verbote Herr. Neben ihm war Mitherausgeber der durch → Locke und → Newton bestimmte große Mathematiker d' → Alembert (1717-83), der 1751 den berühmten Discours préliminaire de l'Encyclopédie schrieb. Dieser weist (trotz d'Alemberts Ableugnung) in entscheidenden Punkten auf → Bacons Einteilung der Wissenschaften zurück, erfüllt aber die dort gegebenen Umrisse mit dem Geist der

Aufklärung. Er trennt die natürliche von der Offenbarungstheologie. Während jene »die aus der bloßen Vernunft abgeleitete Kenntnis von Gott« – »ein nicht allzu ausgedehntes Wissen« – behandelt, gewinnt diese »aus der biblischen Geschichte eine weit vollkommenere Kenntnis des höchsten Wesens« und wird zur »Grundlage der Wissenschaft vom Menschen«. Die Religion braucht die Vernunftkritik nicht zu fürchten, weil die Ehrfurcht vor den »Glaubensmysterien« nur gewinnen kann, wenn die Religion von der Verteidigung veralteter Vorstellungen über die »Weltordnung« befreit wird. Die gleiche Freiheit der Kritik wird auch gegenüber den großen Systemen des 17.Jh.s in Anspruch genommen. 1757 führt sein kritisch aufgenommener Artikel über Genf zum Rücktritt von der Redaktion und zum Verzicht Rousseaus auf weitere Mitarbeit. Gleichzeitig zog auch Voltaire sich zurück, der an der sprachlichen Formlosigkeit einiger Artikel und an der Vorsicht in Sachen der Theologie Anstoß nahm. In der Tat zwang die Rücksicht auf die Zensur, die Angriffe gegen die Kirche weniger in den theologischen als in thematisch harmloseren Artikeln vorzutragen. Die Wortführer des → Materialismus (: II) unter den E. waren Helvétius (1715–71), Baron v. Holbach (1723–89) und Melchior Grimm (1723–1807).

J. D'Alembert, Discours préliminaire, hg. v. E. Köhler, 1955 (frz. u. dt.). – L. Ducros, Les Encyclopédistes, Paris 1900 – J. leGras, Diderot et l'Encyclopédie, Amiens 1928 – F. Schalk, Einl. in die Enzyklopädie, 1936 – R. Naves, Voltaire et l'encyclopédie, Paris 1938 – F. Venturi, Le origini dell'Enciclopedia, Florenz 1946 – P. Hazard, La pensée européenne au XVIIIe siècle, Paris 1946. † *H. Knittermeyer*

Eoba (Eaba), südenglischer Mitarbeiter des → Bonifatius, als Priester 735 dessen Bote zur Heimat, im Frühjahr 753 sein Begleiter nach Friesland, dort als Weihbischof (Chorbischof) einstweiliger Nachfolger → Willibrords und → Dadans in → Utrecht, als Firmbischof am 5.6.754 bei Dokkum ermordet.

Bonifatii et Lulli epistolae, ed. M. Tangl, 1916 – Vitae s. Bonifatii ed. W. Levison, 1905. – F. Flaskamp, Wilbrord-Clemens und Wynfrith-Bonifatius (Festg. St. Bonifatius, 1954, 157–172). *F. Flaskamp*

Epheserbrief

1. Briefcharakter und Thematik – 2. Die religionsgeschichtliche Frage – 3. Stil und liturgisches Gut – 4. Verhältnis zu Kol – 5. Die Echtheitsfrage – 6. Das Problem der Adresse

1. Mehr als jedes andere nt. Schreiben ist E. ein brieflich nur eingekleideter Traktat mit einheitlichem Thema und systematischer Gliederung. Eine heidenchristliche Gemeinde, die sich als Orthodoxie gegen Irrlehre abgrenzen muß (4, 14) und die Bindung an das Judenchristentum zu verlieren droht, bedarf der Belehrung über das Wesen der Una Sancta. – Auf die Zuschrift 1, 1f folgen nach festem Schema Danksagung 1, 3–14 und Fürbitte 1, 15–23, die sich jedoch nicht auf konkrete Verhältnisse richten. Die erste preist das Wunder der Gnade, die den Heilsratschluß verwirklichte und selbst Heiden in die eschatologisch erneuerte Schöpfung einbezog. Die zweite erfleht für die Leser Erleuchtung über das Geheimnis der Kirche als des weltumspannenden, von der Auferweckungskraft durchwalteten Christusleibes. Kap. 2–3 entfalten die notae ecclesiae: Sie ist, wie die Vergangenheit der Leser dartut, Schöpfung aus dem Chaos (2, 1–10), jenes Gottesvolk, an dem sich die Verheißung vom endzeitlichen Hinzukommen der Heiden erfüllt hat (2, 11–22), die auf apostolischer Lehre durch Paulus gegründete Gemeinde (3, 1–13). Feierlich schließen in 3, 14–21 erneute Danksagung und Fürbitte den »dogmatischen« Teil ab. Systematisch durchreflektiert ist aber auch die nach traditionellem Schema folgende Paränese. In ihrer Einleitung (4, 1–24) wird erstmals das theologische Problem der Orientierung einer christlichen »Ethik« grundsätzlich und im Sinne des Briefthemas angefaßt. Wie Kirche nur im Werden und Wachsen besteht, so ist ihre irdische Wirklichkeit und Ordnung der Stand im Dienst. Auch ihre vorgegebene Einheit will ständig neu gewonnen und bewährt werden. Das geschieht im Wahrnehmen der vom erhöhten Herrn verliehenen Gaben, an denen jeder Christ als Charismatiker partizipiert, obgleich den Funktionen der Verkündigung grundlegende Bedeutung zukommt. Christus selber, der nicht umsonst Erdentiefe und Himmel durchmaß, ergreift in der Fülle der Charismen, also mit dem Zugriff der Gnade, als Kosmokrator die Welt. Sein Leib ist als Bereich seiner Ubiquität zugleich das Instrument seiner Omnipotenz (4, 1–16). Freilich muß dem einzelnen Christen eingeschärft werden, daß der Angriff der Gnade auf die Welt sich nur gewandelter und erneuerter Menschen bedienen kann (4, 17–24). Die allgemeine Paränese behandelt die elementaren Erfordernisse christlicher Bruderschaft (4, 25 – 5, 2), die Trennung vom heidnischen Wesen (5, 3–7) als Voraussetzung der hier in die »Ethik« einbezogenen Missionsaufgabe (5, 8–14) und den Wandel des Christen als Leben aus geisterfüllter Dankbarkeit (5, 15–20). Die der christlichen Ehe und Familie geltende Sorge bekundet sich in der Haustafel 5, 21 – 6, 9. Auch die Paränese wird in 6, 10–20 mit der breit ausgemalten Tradition von der christlichen Waffenrüstung und einer Überleitung zum Briefschluß (6, 21–24) wirkungsvoll abgerundet.

2. Trotz der Originalität seiner Komposition arbeitet der E. im Detail fast durchweg mit überkommenem Material. In der Paränese ist Christianisierung zumeist wohl von der Diaspora-Synagoge übermittelten Gutes besonders sichtbar. Stößt man im ganzen Brief auf jüdisches Erbe, so ist die Berührung mit Terminologie und Motiven der Texte von → Qumran besonders bemerkenswert. Genannt seien die Anschauungen von der Gemeinde als heiligem, auf dem Fundament der Wahrheit gegründetem Haus oder Tempel, der Erleuchtung über den göttlichen Heilsplan und das himmlische Erbe, das eschatologische Verständnis der Gegenwart, die dualistische Antithese von Wahrheit und Irrtum, Kindern des Lichtes und der Finsternis als den Gehorsamen und Ungehorsamen, die Dämonologie und das Motiv der endzeitlichen militia Dei. Doch erhellen die Parallelen mehr das Weltbild, den Offenbarungsbegriff und Teile der Paränese als die eigenartige Christologie und Ekklesiologie. Deren Interpretation dürfte ohne die allerdings heftig umstrittene Annahme eines gnostisch-mythologischen Hintergrundes unzureichend und fragwürdig bleiben. In 5, 25ff erscheint christliche Ehe als Abbild der himmlischen Syzygie zwischen Christus und der Kirche, in 3, 15 irdische Autorität als Abschattung der göttlichen. Christus wird in 2, 14ff; 4, 8ff als der kosmische Anthropos gezeichnet, der Himmlisches und Irdisches eint, nach 1, 10 mit seinem Leibe als dem von ihm Erfüllten und die Welt Füllenden die erneuerte Schöpfung heraufführt und nach 1, 22f; 3, 18f; 4, 16 das so von ihm durchdrungene All unter seiner Herrschaft pazifiziert. Mythologischen Ursprungs sind endlich die Aussagen, nach welchen die Kirche im himmlischen Bereich lebt (1, 3. 20; 3, 10; 6, 12) und der Christ an der Inthronisation Christi teilgenommen hat (2, 6). Mit Hilfe solcher gnostischen Tradition wird erreicht, daß die Ekklesiologie als Funktion der Christologie erscheint und in der Christologie die kirchliche Aufgabe der Weltmission begründet wird: In seinem Leib und dessen Gliedern wird der Kosmokrator epiphan, um die Welt in den Gehorsam der wiederhergestellten Schöpfung zurückzurufen (2, 10).

3. Häufige Genetivkonstruktionen, Präpositionsbestimmungen, Partizipial- und indirekte Fragesätze, An-

einanderreihung paralleler Kola oder synonymer Genetive, lose angehängte finale oder konsekutive Infinitive kennzeichnen das semitisierte Griechisch und den pathetischen Stil des E.es. 1, 3-14 konnte das monströseste Satzkonglomerat in griechischer Sprache genannt werden. - Das Vorliegen typischer Erbauungsrede ist hier wie sonst im NT bisher kaum beachtet. Dagegen wächst das Interesse an der nt. → Liturgie (→ Formeln: II). 5, 14 gilt allgemein als kleines Tauflied. 1, 5-8. 9-12a dürfte ein Hymnus (→ Formen: II) mit zwei Strophen sein, den der Autor durch Einleitung und Ausklang zur Eulogie umformte. Hymnische Fragmente liegen wohl 1, 20ff; 2, 4-10. 14-17 zugrunde. Die dreifache Akklamation von 4, 5, die der Abgrenzung der Orthodoxie von der Häresie dienen mochte, ist vom Autor durch die V. 4 und 6 erweitert worden.

4. Terminologie, Stil und Anschauung erweisen engste Verbundenheit mit dem → Kolosserbrief. Doch ist das Verhältnis beider Briefe kompliziert und umstritten. Daß Eph 6, 21f Kol 4, 7f wiederholt, spricht gegen den gleichen Autor und für literarische Abhängigkeit des E.es. Von da aus erklärt sich dann auch die stärkere Christianisierung der Paränese und die kirchliche Fortbildung des Apostel- und Amtsbegriffes. Denn wie 4, 11 nicht grundlos Amtsträger benennt und 2, 20; 3, 5 betont von den hl. Aposteln und Propheten sprechen, so werden in 3, 4f die Apostel anders als in Kol 1, 26 nicht als Repräsentanten der Gemeinde, sondern als alleinige Offenbarungsempfänger betrachtet. Umgekehrt wird die These literarischer Abhängigkeit des E.es dadurch bedroht, daß der E. der Komposition des Kol auch im einzelnen nicht folgt und dessen Zusammenhänge teils zerreißt, teils als Material für neue Verknüpfungen benutzt. Dieses Problem löst sich leichter, wenn E. gemeinsame liturgische oder paränetische Tradition zuweilen Kol gegenüber in ursprünglicherer Ordnung darbieten sollte. Im übrigen hätte dann ein selbständiger Geist die ihm vertrauten Motive und Gedanken des Kol unter neuem Thema auf seine Weise modifiziert.

5. Aufs stärkste steht E. in der Kontinuität paulinischer Überlieferung. Die Lehre von der Rechtfertigung wird in 2, 1ff, die von den Charismen in 4, 7ff verständnisvoll aufgegriffen. Die Anschauung vom Gottesvolk aus Juden und Heiden begegnet etwa auch in Röm 11, die vom himmlischen Anthropos in Röm 5 und 1Kor 15. Die auf dem paulinischen Motiv vom Christusleib aufgebaute Ekklesiologie unterscheidet sich sachlich nicht von der des Apostels, der auch schon gnostisches Gut aufgreift, liturgische Tradition zitiert und in Röm 12 wie im 1Kor die Paränese am Kirchen- und Charismabegriff orientiert. Lexikalische und stilistische Argumente allein haben dem gegenüber nicht das Gewicht, das man ihnen früher beigemessen hat. Sie zählen erst mit, wenn man erstens literarische Abhängigkeit von Kol, zweitens erhebliche theologische Differenzen zu Paulus feststellen muß. Das ist tatsächlich notwendig: Unpaulinisch wird nicht die Aufgabe, aber die Würde der Apostel beschrieben, wenn ihnen das Gestalten heiliger Vorzeit auszeichnende Prädikat »heilig« zuerkannt wird. Tut man das auch gegenüber den urchristlichen Propheten, ist daraus zu schließen, daß diese im Umkreis des E.es nicht mehr existieren. Nach 1Kor 7 kann Paulus die christliche Ehe kaum als Abbild himmlischer Syzygie betrachtet haben. Er verwendet auch nicht die Antithese Haupt-Leib, die seine Intention schon präzisiert, sondern konfrontiert den Christusleib als ganzen bzw. dessen als »Seele« geltendes Pneuma mit den Gliedern. Er vermeidet weiter die auch ihm aus der Gemeindetheologie bekannte Vorstellung vom Mitauferstehen des Christen in der Taufe bewußt um der damit verbundenen enthusiastischen Mißdeutung willen. Vor der in E. herrschenden Erhöhungs- und Inthronisationsbotschaft bevorzugt er die Auferstehungs-Christologie. Endlich tritt in E. wie die paulinische Anthropologie, so auch die Apokalyptik offensichtlich im Interesse des Themas von der ihrer Vollendung entgegenwachsenden Kirche zurück. Der judenchristliche Autor lebt mehr als der des 1Petr in paulinischer Tradition, denkt sie an einem Punkte selbständig weiter, vereinseitigt sie jedoch und gleicht sie mit der Gemeindetheologie aus, die Paulus selber schon korrigiert hat.

6. Ist der Traktat des judenchristlichen Autors ein nachapostolisches Pseudonym, braucht man sich über Kühle und Distanz von Sätzen wie 1, 15; 3, 2 gegenüber einer Paulus so vertrauten Gemeinde nicht mehr zu wundern. War aber der Brief überhaupt nach Ephesus gerichtet? 𝔓 46 SB 1739 lassen 1, 1 »in Ephesus« aus. → Marcion kannte die Adresse nicht und identifizierte E. deshalb mit dem → Laodicenerbrief von Kol 4, 16. Doch ist das bloße Konstruktion. Kaum anders steht es mit der Annahme eines Zirkularschreibens, in welchem der Name der jeweiligen Empfänger einzutragen war. Das Interesse an einem ökumenischen Brief könnte die Adresse wie zT in der Überlieferung von Röm 1, 7 haben streichen lassen. Doch erscheint völlige Klärung unmöglich.

H.J.Holtzmann, Kritik der Epheser- u. Kolosserbriefe, 1872 - M.Dibelius, An die Kolosser, Epheser, an Philemon (HNT 12), (1912) hg.v. H.Greeven 1953³ - H.Schlier, Christus u. die Kirche im E. (BHTh 6), 1930 - Ders., Der Brief an die Epheser, 1957 (Lit.) - E.Percy, Die Probleme der Kolosser- u. Epheserbriefe, Lund 1946 - C.L.Mitton, The Epistle to the Ephesians. Its Authorship, Origin and Purpose, Oxford 1951 - G.Schille, Liturgisches Gut im E. (Diss. Göttingen), 1952 - Ders., Der Autor des E.s (ThLZ 82, 1957, 325 bis 334) - F.Mussner, Christus, das All u. die Kirche (TThSt 5), 1955.

E.Käsemann

Zur *Auslegungsgeschichte* (s. auch → Paulusbriefe; → Schriftauslegung: IV):

Quellen: 3.Jh.: Origenes (MPG 14; Katenenfragmente ed. J.A.F. Gregg, JThS 3, 1902, 233-244. 398-420. 554-576). - 4.Jh.: Marius Victorinus (MPL 8). - 5.Jh.: Chrysostomus (MPG 62) - Severian v. Gabala (ed. K.Staab, Pauluskommentare aus der griech. Kirche [NTA 15], 1933, 304-313) - Hieronymus (MPL 26). - 9.Jh.: Photius (ed. K.Staab, aaO 611-621). - 16.Jh.: Calvin (CR 51) - Erasmus Sarcerius, 1542 - Hieronymus Weller, Nürnberg 1550 - Wolfgang Musculus, Basel 1559 - Martin Bucer, Basel 1562 - Joh.Brenz (ed. W.Köhler, SAH 1935) - Jak.Naclantus OP, Venedig 1567 - Adam Sasbout OFM, Antwerpen 1561 - Hieronymus Zanchi, Genf 1613 (Opera Theol. t. VI). - 17.Jh.: Robert Bodius, London 1652 - Joh.Crell, Amsterdam 1656 - Paul Baine, London 1658 - Ph.Jakob Spener, Halle 1630 (sic). Weiteres bei T.K.Abbott, ICC, XXXVff.

Lit.: V.Baroni, De Calvin à Oltramare. Deux commentaires genevois de l'épitre aux Éphésiens (RThPh 20, 1932, 191-210) - Ch.Journet, Note sur l'Église sans tache ni ride (RThom 49, 1949, 206-221) - P.Colli, La pericope Paolina ad Eph 5, 32 nell' interpretazione dei S. Padri e del Concilio di Trento, Parma 1951 - D.A. Conchas, »Redemptio acquisitionis«. Ad historiam exegeseos Eph 1, 14b et loc. par. (VD 30, 1952, 14-29. 81-91. 154-169) - J.Zalotay, Sacramentum hoc magnum est (Eph 5, 32). Gesch. der Exegese dieses Verses mit Ausschluß der patrist. Zeit (Diss. Wien), 1954.

W.Werbeck

Ephesus

1. Stadt - 2. Konzil von 431

1. E. ist eine alte griechische Siedlung, einst am Meer an der Mündung des Kaystros gelegen, Geburtsort Heraklits, eine der bedeutendsten Hafen- und Handelsstädte → Kleinasiens; in römischer Zeit Hauptstadt der Provinz Asia und eine der größten Städte des Imperiums, von deren reicher Kultur die Ruinen Zeugnis ablegen. Kultisches Zentrum war der Artemistempel (Artemision), der als das herrlichste der 7 Weltwunder galt und ein vom Himmel gefallenes Bild der Göttin umschloß (Apg 19, 35). Die christliche Gemeinde, die → Paulus hier grün-

dete und in der der greise → Johannes mit der Mutter Jesu gelebt haben soll, hat in der alten Kirche eine wichtige Rolle gespielt. Gegen Ende des 1.Jh.s stand sie an der Spitze der 7 Gemeinden, die Apk 2f nennt. Um 110 richtete → Ignatius von Antiochien auf der Reise nach Rom einen seiner Briefe an sie. In den Passastreitigkeiten (→ Quartadezimaner) lehnte sie um 190 unter dem Bischof → Polykrates die Forderung ab, der römischen Praxis zu folgen, worauf → Viktor I. von Rom die Kirchengemeinschaft mit Kleinasien aufhob. 431 tagte in der Marienkirche das sog. 3. ökumenische Konzil (s. 2), 449 eine weitere Bischofsversammlung, die den eutychianischen Streit (→ Eutyches) mit roher Gewalt beendete (sog. Räubersynode).

Mit fortschreitender Versumpfung des Hafens verlor E. seit dem Ausgang der Antike immer mehr an Umfang und Bedeutung. Die Bewohner zogen sich auf den Ajasolukhügel zurück, wo Justinian über dem Grab des Johannes eine prächtige Kuppelbasilika erbaut hatte, die zusammen mit dem Bezirk der »Sieben Schläfer« bis ans Ende des MA von Pilgern besucht wurde. Unter seldschukischer Herrschaft erlebte E. im 14.Jh. eine letzte kurze Blüte, um bald gänzlich zu veröden. Die Ausgrabungen, im 19.Jh. durch die Engländer begonnen, werden von den Österreichern durchgeführt (→ Ausgrabungen: IV, 1).

PW V, 1903, 2773ff - Forschungen in E., hg.v. Österr. Archäol. Institut in Wien I-V/1, 1906-53 - J.KEIL, E. Ein Führer durch die Ruinenstätte u. ihre Gesch., (1915) 1957[4] - V.SCHULTZE, Altchristl. Städte u. Landschaften II/2, 1926, 86ff - P.BAMM, Frühe Stätten der Christenheit, 1955, 124ff - G.E.WRIGHT, Bibl. Archäologie, 1958, 257 ff. *E.Schäfer*

2. *Konzil von* 431, erste Reichssynode, von der seitens der streitenden Parteien herausgegebene Akten erhalten sind. → Cyrill spielte die zwischen Alexandria und Konstantinopel bestehende kirchenpolitische Rivalität auf das dogmatische Gebiet hinüber und eröffnete mit → Cölestin I. eine publizistische Kampagne gegen den in antiochenischen Traditionen lehrenden → Nestorius. Die vom Kaiser einberufene Synode sollte über gegen Cyrill vorgebrachte Anklagen urteilen. Der geschmeidige Taktiker vertauschte die Rolle des Angeklagten mit der des Anklägers: Vor Ankunft der Antiochener eröffnete er eigenmächtig die Synode und ließ am 22.6. Nestorius als Häretiker absetzen. Nach tumultuarischen Verhandlungen - die Antiochener setzten als Antwort Cyrill ab - erreichten die terroristischen Intrigen Cyrills ihr Ziel: Der Hof ließ Nestorius fallen und setzte einen Cyrill genehmen Nachfolger ein. Cyrills Sieg war unvollkommen: Zäher Widerstand gegen seine Theologie führte 433 zu einem Kompromiß, das die Spannungen nur notdürftig behob. Das Schlagwort θεοτόκος gab der cyrillischen Synode den Ruhm des »3. ökumenischen → Konzils«. → Christologie: II, 4c.d.

ACO I. - E.SCHWARTZ, Cyrill u. d. Mönch Viktor (SAW 208, 4), 1928 - ALTANER[5] 224f (Lit.) - A.GRILLMEIER-H.BACHT, D. Konzil v. Chalkedon I-III, 1951-54, Reg. *H.D.Altendorf*

Ephod ist in der → Priesterschrift (Ex 28, 6ff || 39, 2ff; Ex 29, 5 || Lev 8, 7) ein Teil des hohepriesterlichen Ornats, zunächst ein blau, rot und weiß aus Wolle und Leinen gewobener und mit Goldfäden durchzogener, über Unter- und Obergewand schurzartig angebrachter breiter Tuchstreifen, dann durch über die Schultern laufende Träger ergänzt, an denen das Pectorale mit den → Urim und Tummim befestigt ist. - In der älteren Literatur gehört der E., aber nur aus Leinen und noch ohne Träger nur um die Lenden gewickelt, zur Amtstracht jedes Priesters (1Sam 2, 18; 22, 18; 2Sam 6, 14). Daneben erscheint er nicht als Priester-, sondern als Gottesgewand, das zu Orakelzwecken »herbeigeholt« wird (1Sam 14, 18 LXX; 23, 9; 30, 7; vgl. 23, 6) und das der Priester nur ad hoc »trägt« (1Sam 2, 28; 14, 3). Jedenfalls ist die Deutung auf ein Gewandstück auch in diesen Fällen die wahrscheinlichste. Ursprünglich dürfte es sich um ein Gewand handeln, das einem Gottesbild angelegt wurde ('pd als Kleid einer Gottheit in Ugarit: vgl. G.R.Driver, Canaanite Myths and Legends [OT Studies 3], 1956, Baal I* I, 5). Wenn es aus Metall war, das über einen Holzkern gezogen wurde (vgl. Jes 30, 22), konnte der Ausdruck E. zur Bezeichnung des ganzen Gottesbildes werden. Das scheint Ri 8, 27 die Meinung zu sein, wo das Gewicht von gut ½ Ztr. für ein nur golddurchwirktes Stoffkleid zu groß ist, während für 1Sam 21, 10 nichts im Wege steht, sich das in eine Stoffhülle eingewickelte Schwert Goliaths hinter dem Gewand des göttlichen E. am gleichen Pflock aufgehängt zu denken. Auch Ri 17f, wo E. wie Hos 3, 4 regelmäßig mit → Teraphim zusammen genannt wird, ist der Gedanke an ein Kleidungsstück das Nächstliegende, mindestens, wenn das daneben auftretende Gottesbild (pæsæl ûmåssekā) derselben Quelle angehört. - In Israel war das Gottesbild verpönt (→ Bilder: II); aber ein leeres Gewand der Gottheit, nur noch zu Orakelzwecken verwandt, konnte sich eine Zeitlang halten. Davon zu trennen und nur in der Bekleidungsfunktion gleich ist der E. des Priesters, der sich aus einfacher zu kunstvoller Form entwickelte und spätestens in nachexilischer Zeit als Würdezeichen dem Hohenpriester vorbehalten blieb.

H.THIERSCH, Ependytes u. E., 1936 (Lit.) - E.SELLIN, Noch einmal der at. E. (JPOS 17, 1937, 236-251) - DERS., Zu E. u. Teraphim (ZAW 55, 1937, 296-298) - H.G.MAY, E. and Ariel (AJSL 56, 1939, 44-69) - M.HARAN, The E. according to Biblical Sources (Tarbiș 24, 1955, 380-391; hebr.) - K.ELLIGER, E. u. Choschen (VT 8, 1958, 19 bis 35). *K.Elliger*

Ephraem Syrus (syr. *Afrēm*; 306-77), Diakon und Asket, * zu → Nisibis als Sohn christlicher Eltern, verließ die Stadt 363 nach der Eroberung durch die Perser und lehrte bis zu seinem Tode in → Edessa. In seiner eigenen Kirche »der Große« und »der Prophet der Syrer« genannt, übte er durch seine zahlreichen Kommentare zu biblischen Büchern, durch Lieder und Hymnen, in Versform gehaltene Abhandlungen über Glaubensfragen und Widerlegungen der Häretiker einen über Syrien weit hinausreichenden Einfluß aus (→ Altchristliche Dichtung, 1a. 3); sowohl die → Nestorianer als auch die Monophysiten nennen E. den ihren. In seiner rein syrischen, nicht-gnostischen Theologie hat er den Lehrgehalt des Glaubens unbeeinflußt durch griechische Denkmethode mit dichterischer Sprachgewalt entfaltet. → Bibelübersetzungen: III, 2a.

Bibliogr.: A.BAUMSTARK, Gesch. d. syr. Lit., 1922, 32ff; dazu: L.LELOIR, S.E., Commentaire de l'Evangile concordant, version arménienne (CSCO 137. 145). Louvain 1953. 1954; R.M.TONNEAU, S.E.Syri in Genesim et in Exodum commentarii (CSCO 152. 153), Louvain 1955; E.BECK, Des hl. E. des Syrers Hymnen De Fide (CSCO 154. 155), Louvain 1955. - Über E.: RE V, 406ff; XXIII, 426 - R.H.CONNOLLY, St.E. and Encratism (JThS 8, 1907, 41-48) - BARDENHEWER IV, 342ff (Lit.) - RGG[2] II, 196f - R.JAGODITSCH, Das Leben des Protopopen Awwakum, 1930, 218f - ST.SCHIWIETZ, Das morgenländische Mönchtum III, 1938, 93ff - ALTANER[5] 308ff (Lit.) - E.BECK, E.s Hymnen über das Paradies (Studia Anselmiana 26), Rom 1951 - DERS., E.s Reden über den Glauben, ihr theol. Lehrgehalt u. ihr geschichtl. Rahmen (ebd 33), Rom 1953 - DERS., Die Eucharistie bei E. (OrChr 38, 1954, 41-67). *A.Adam*

Epigonus (um 200), modalistischer Monarchianer (→ Christologie: II, 2c), nach → Hippolyt (Philos. IX, 7, 11; X, 27), der ihn entschieden bekämpfte, Schüler des → Noet, kam aus Kleinasien nach Rom und verbreitete dessen Lehre, die später von → Sabellius weiterentwickelt wurde. Von → Tertullian wird er nicht erwähnt. Sonst ist nichts von ihm bekannt; die von manchen (Esser, Bardenhewer) vorgeschlagene Gleichsetzung mit dem Patripassianer Praxeas ist kaum möglich.

Theodoret, haes. fab. III, 3 - RE XIII, 324ff - G.ESSER, Wer war Praxeas?, 1910 - BARDENHEWER II, 451f. *M.Rauer*

Epigraphik

I. Semitische E. - II. Christliche E.

I. Semitische Epigraphik

1. Begriff - 2. Geschichte - 3. Nordwestsemitische Inschriften - 4. Südsemitische Inschriften. - Vgl. auch → Bibel: I C

1. Die E. hat es grundsätzlich mit Inschriften (ἐπιγραφή, titulus) aus dem Altertum zu tun, die auf festem Material (Stein, Metall und Ton, Knochen, Holz u.a.m.) eingeschnitten oder aufgemalt sind. Innerhalb der semitischen E. hat man sich jedoch darauf geeinigt, das begrenzte Corpus der semitischen Papyri- und Lederhandschriften mitzubehandeln. Ein Gebiet für sich bildet dagegen im Bereich der semitischen E. die Erforschung von nichtalphabetischen Keilschriftdokumenten, die praktisch eine getrennte Disziplin darstellt (→ Assyriologie, 2).

2. Die Geschichte der semitischen E. beginnt im 17.Jh. mit der Veröffentlichung mehrerer zweisprachiger Texte aus Palmyra (der erste Text 1616 von J.Gruter). 1704 wurde die erste aramäische Inschrift herausgegeben: die berühmte Carpentras-Stele, und 1735 die erste phönizische Inschrift. Anfangsversuche in der Entzifferung von Inschriften aus Palmyra und Phönizien machten J.Swinton und J.Barthélemy um die Mitte des 18.Jh.s. Doch blieb es dem großen deutschen Semitisten W. → Gesenius vorbehalten, ihre vorbereitenden Entzifferungsversuche zu vollenden und die semitische E. in seinen Scripturae linguaeque phoeniciae monumenta (1837) auf wissenschaftliche Grundlage zu stellen. Mit Inschriften in der altsüdarabischen Schrift wurde man in den ersten Jahrzehnten des 19.Jh.s bekannt; sie wurden unabhängig voneinander von W.Gesenius und E.Rödiger 1841 entziffert. In die Neuzeit trat die semitische E. mit der in Paris erfolgten Herausgabe des bis heute weitergeführten Corpus inscriptionum semiticarum (1881ff) ein. Wenig später begründete die mit der Herausgabe dieses Corpus beauftragte Kommission das Répertoire d'épigraphie sémitique (1900ff), um vorläufige Veröffentlichungen neuen Inschriftenmaterials zu ermöglichen. Etwa zur gleichen Zeit unternahm M.Lidzbarski eine ähnliche Aufgabe mit seiner Ephemeris für semitische E. (1900 bis 1911).

3. Die *nordwestsemitischen Inschriften* werden in die folgenden Untergruppen eingeteilt: a) die protokanaanäischen: α) altpalästinisch, 17.-11.Jh. vChr; β) protosinaitisch, ca 1500 vChr; γ) nordkanaanäisch (ugaritisch), 14.Jh. vChr; - b) die phönizischen: α) eigentliches Phönizisch, 11.-1.Jh. vChr; β) punisch (phönizische Kolonien), 9-2.Jh. vChr; γ) neupunisch, nach 146 vChr; - c) die palästinischen: α) althebräisch, 10.-6.Jh. vChr; β) jüdische Inschriften in althebräischer Schrift, 5.Jh. vChr bis 135 nChr; γ) samaritisch, 1.Jh. nChr und später; δ) moabitisch, ammonitisch und edomitisch, 9.-6.Jh. vChr; - d) die aramäischen: α) altaramäisch, 10.-8.Jh. vChr; β) reichsaramäisch, 8.Jh. bis ca 200 vChr; γ) nabatäisch, ca 90 vChr (Chalaṣa, 150 vChr) bis 4.Jh. nChr (einschließlich sinaitisch); δ) palmyrenisch, 50 vChr bis 4.Jh. nChr; ε) altjüdisch (einschließlich der Handschriften und Papyri), 3.Jh. vChr bis 2.Jh. nChr; ʒ) spätaramäisch (hatraisch, syrisch, christlich-palästinisch, spätjüdisch, mandäisch - alles aus christlicher Zeit).

a) Die älteste Gruppe bilden die sog. protosinaitischen Inschriften, die von 1905 an in ṣerabīṭ el-chādem gefunden wurden. Der Erstentzifferer A.Gardiner stellte 1917 die lange umstrittene These auf, das Sinai-Alphabet sei unter dem Einfluß der ägyptischen Schreibweise akrophonisch gestaltet. Auf Grund von Gardiners Vermutungen und den neuen Erkenntnissen, die besonders die ugaritischen Texte gebracht hatten, gelang es W.F. Albright, die Bedeutung der meisten Zeichen des 25-27 Buchstaben umfassenden Alphabets zu eruieren. Es handelt sich bei den Texten um Grabschriften kanaanäischer Sklaven und gedungener Arbeiter in ägyptischen Türkis-(nicht Kupfer-)Bergwerken. Eine neue Grundlage gewann die frühphönizische E. durch die Entzifferung der großen Sarkophaginschrift des Aḥiram von Byblos, zweier weiterer Königsinschriften durch R.Dussaud (1924-25) und eine Reihe weiterer epigraphischer Denkmäler auf Byblos in den 30er Jahren durch M.Dunand. Zeitlich ist diese Gruppe durch neue Datierungen festgelegt: die ältesten Inschriften in phönizischer Linearschrift gehören in das 11.Jh.; die Gruppe der Königsinschriften beginnt mit Aḥiram (ca 1000 vChr). - Die größte und wichtigste Sammlung von Inschriften und literarischen Texten des Nordkanaanäischen wurde von 1929 an in → Ugarit entdeckt. Diese »ugaritischen« Texte sind in einem besonderen Keilschriftalphabet auf Tontafeln eingeritzt und wurden bereits 1930 unabhängig von E.Dhorme und H.Bauer entziffert. Die Texte stammen zumeist aus dem 14.Jh. vChr und - mit Ausnahme von zweien aus Palästina – alle von derselben Fundstelle. Über die Bedeutung der mythischen, epischen Texte, Briefe und Urkunden → Ugarit, 2. 3. - Neues Licht fiel auf die Ursprünge des Alphabets durch die Auffindung von drei beschrifteten Pfeilspitzen aus el-chaḍr (westl. Bethlehem) aus dem 12.Jh. vChr (BASOR 134, 1954). Diese kleinen Inschriften bilden das Bindeglied zwischen der Bilderschrift der palästinensischen Inschriften und der protosinaitischen Gruppe (s.o.) einerseits und der phönizischen Linearschrift der frühesten Byblosinschriften andererseits. Es kann jetzt als erwiesen gelten, daß das Bilderalphabet (etwa um 1800 vChr) in Palästina-Syrien nach dem akrophonischen Prinzip unter direktem oder indirektem Einfluß der ägyptischen Hieroglyphenschrift entwickelt wurde (→ Bibel: I C, 2). Die ältesten nordsemitischen Inschriften sind jedoch wahrscheinlich die Pseudohieroglyphen von → Byblos (M.Dunand 1945); ihre Datierung ist umstritten, aber wahrscheinlich gehören sie in die erste Hälfte des 2.Jt.s. Die 1946 von E. Dhorme versuchte Entzifferung der Texte fand wenig Zustimmung. Die Texte sind in einer hieroglyphenähnlichen Silbenschrift geschrieben, vermutlich auf Altkanaanäisch.

b) Das Auftauchen *phönizischer* Inschriften des 9. und 8.Jh.s außerhalb des Mutterlandes bezeugt, wie weiträumig das Einflußgebiet der phönizischen Kaufleute und Kolonisten war. Aus Cypern kommt die Honeyman-Inschrift, aus Sardinien die Nora-Inschrift und aus Sendschirli die Kilamuwa-Inschriften, alle aus dem 9.Jh. vChr. Die längste phönizische (Königs-)Inschrift ist die 1947 gefundene hethitisch-phönizische Bilingue des 8.Jh.s von → Karatepe. Ungezählte, meist freilich kurze Inschriften der 2. Hälfte des 1.Jt.s vChr und späterer Jh.e stammen aus Punisch-Nordafrika (Karthago).

c) Die älteste bisher bekannte *hebräische* Inschrift ist der sog. Kalender von Gezer, der jetzt in das ausgehende 10.Jh. vChr datiert wird. Es handelt sich um eine Aufzählung von (Doppel [?]-)Monaten und landwirtschaftlichen Arbeiten von der Hand eines Schülers. Der Tafel von Gezer folgt der 1868 in Moab (Dibon) gefundene Meša-Stein aus der Mitte des 9.Jh.s vChr, der über den

Krieg des Moabiterkönigs → Meša gegen Israel berichtet (vgl. 2Kön 3, 4ff). Die nächsten hebräischen Urkunden sind 63 Ostraka, die man 1910 bei den Ausgrabungen in → Samaria fand; sie stammen vermutlich (erst) aus der Regierungszeit → Jerobeams II. von Israel (frühes 8.Jh. vChr) und registrieren Wein- und Öleingänge für den König. Von ca 700 vChr haben wir zwei wichtige hebräische Inschriften aus Jerusalem. Die sog. Siloah-Inschrift berichtet über die Vollendung des Hiskia-Tunnels (vgl. 2Kön 20, 20; 2Chr 32, 30); die andere ist eine 1953 entzifferte Grabinschrift von silwān (gegenüber Jerusalem), wahrscheinlich für Šebna, den Krongutsminister des Hiskia (vgl. Jes 22, 15). Zu einem Papyrus des 7.Jh.s vom Bereich des Toten Meeres s. d. Die interessanteste Gruppe vorexilischer hebräischer Inschriften sind wohl die 21 Ostraka aus → Lakisch. Sie enthalten einen militärischen Briefwechsel, der die Situation um 588 vChr scharf beleuchtet (→ Brief). Aus der israelitischen Königszeit stammen ferner einige hundert Kurzinschriften auf → Siegeln, Siegelabdrücken und Graffiti; historisch bemerkenswert sind die Gefäßgriffe mit dem königlichen Siegel aus dem 8.-6.Jh. vChr (BRL 338f; ZDPV 66, 1943, 216-232).

d) Das *Altaramäische* war praktisch vor dem 19.Jh. unbekannt. Seit der Entdeckung der Panammu-Inschriften in Sendschirli, die einen archaisierenden aramäischen Dialekt überlieferten, und derjenigen der Stele Zakirs, des Königs von Hamath (Ende des 9.Jh.s vChr), haben die Votiv-Stele Bir-Hadads (= Benhadad, ca 850 vChr) und die Vertragsinschrift von Sudschin (ca 750 vChr) - um nur die erstaunlicheren Funde zu nennen - die Kenntnis des Altaramäischen vertieft und zum Verständnis der politischen und Religionsgeschichte → Syriens nicht unwesentlich beigetragen. - Die ersten Denkmäler im sog. Reichsaramäischen erscheinen in der Spätzeit des Assyrerreichs; doch stammen die beachtlichsten Texte erst aus dem achämenidischen Ägypten und umfassen mehrere Gruppen von Papyri und Ostraka aus der jüdischen Gemeinde in → Elephantine, die → Arsames-Lederurkunden aus dem 5.Jh. vChr und als bisher ältesten Text einen Papyrus-Brief, den ein Philisterfürst (von Gaza?) um 604 an den ägyptischen König mit der Bitte um Hilfe gegen einen unmittelbar drohenden Angriff Nebukadnezars richtete. - Aus der allgemeinen aramäischen Kursivschrift entwickelten sich im 3.-2.Jh. vChr die neuen nationalen Schriften und werden sowohl für Dokumente in örtlichen aramäischen Dialekten als auch in anderen Sprachen (jüdisch, nabatäisch und palmyrenisch) benutzt. Die jüdisch-aramäische Schrift nennt man wegen ihres Duktus Quadratschrift.

Die 1947 einsetzenden und aufsehenerregenden Entdeckungen von → Qumran haben unsere Kenntnis der *frühen jüdischen* E. stark erweitert. Zwar war diese Periode (3.Jh. vChr bis 2.Jh. nChr) schon vorher durch eine große Anzahl monumentaler Inschriften und Graffiti vertreten, doch zumeist von begrenzter Art und Bestimmung: Grabinschriften, bes. jüdische Ossuar-Graffiti aus der herodianischen Zeit, und - was die (archaisierende) althebräische Schrift betrifft - Münzen sowie eine einzelne frühe samaritanische Inschrift aus Amwas. In das 2.Jh. vChr wird der in Ägypten aufgetauchte Papyrus Nash mit Dekalog und Anfang des → Schma zu setzen sein. Qumran hat uns in wenigen Jahren mehr als 500 Handschriften auf Leder und Papyrus (die meisten bruchstückhaft) wie auch eine Anzahl Ostraka und Graffiti beschert. Die Qumran-Handschriften (meist biblische und literarische Texte) gehören in die Zeit vom 3. (oder 2.)Jh. vChr bis 1.Jh. nChr und sind vorwiegend in der jüdischen (aramäischen) Quadratschrift, vereinzelt auch in althebräischer Schrift geschrieben. Aus dem Wadi → Murabbaʿat und von einem unbestimmten Ort weiter südlich am Toten Meer stammen weitere Funde an Handschriften, Papyri und Ostraka, darunter der älteste bekannte semitische Papyrus, ein hebräisches Geschäftsverzeichnis aus dem 7.Jh. vChr. Die meisten Texte aus den letzten beiden Fundbereichen stammen aus dem 1. und 2.Jh. nChr, wobei sich datierte Urkunden aus beiden Jh.en finden (→ Simon bæn Kosba). Die neben den überwiegend griechisch abgefaßten selteneren hebräischen und aramäischen Grab- und Synagogeninschriften (bis zum 7.Jh. nChr) aus der Mittelmeerwelt und dem Osten (einschließlich → Dura) sind von J.B. Frey im CIJ I. II (1936/48) gesammelt worden.

4. Die *südsemitischen Inschriften* können in folgende Gruppen eingeteilt werden: a) altsüdarabische: sabäisch, minäisch, qatabanisch und ḥaḍramitisch; - b) altnordarabische: dedanitisch, liḥyanitisch, thamudisch und safaitisch; - c) altäthiopische. Die protoarabische Schrift wird sich von der protokanaanäischen in der Spätbronzezeit (ca 1300 vChr) abgezweigt haben. Der älteste erhaltene protoarabische Text ist die archaische Beiḥân-Inschrift in senkrechten Kolumnen aus dem 10./9.Jh. vChr (BASOR 137, 1955). Eine größere Zahl von südarabischen Texten begegnet erstmals in der Mukarrib-Periode (8.Jh. vChr) des Reiches der → Sabäer, erheblich in den ersten nachchristlichen Jh.en (bis zum 6.Jh. nChr). Das Hauptkorpus der altäthiopischen Inschriften beginnt im 4.Jh. nChr (→ Äthiopien: IV).

M.Lidzbarski, Hdb. der nordsemitischen E., 1898 - G.A.Cooke, A Textbook of Northsemitic Inscriptions, 1903 - E.Littmann, Semitic Inscriptions, 1904 - D.Nielsen, Hdb. der altarab. Altertumskunde, 1927 - D.Diringer, Le iscrizioni antico-ebraiche palestinesi, 1934 - F.Rosenthal, Die aramaistische Forschung, 1939 - M.Dunand, Byblia Grammata, 1945 - G.R.Driver, Semitic Writing, 1948 - S. Moscati, L'epigrafia ebraica antica 1935-50, 1951 - M.Honeyman, Semitic Epigraphy and Hebrew Philology (The OT and Modern Study, ed. H.H.Rowley, 1951, 264-282) - F.M.Cross-D.N.Freedman, Early Hebrew Orthography, 1952 - S.Birnbaum, The Hebrew Scripts, 1954 - HO III (Semitistik), 1954. *F.M.Cross jr.*

II. Christliche Epigraphik

1. Innerhalb der allgemeinen E. (zum Begriff s. → Epigraphik: I, 1) hat es die christliche E. mit der wissenschaftlichen Behandlung derjenigen monumentalen Schriftquellen zu tun, die sich von ihrem Inhalt (Namen, Formeln und Zeichen) her als christlicher Herkunft erweisen. Zeitlich umfaßt die christliche E. die Perioden vom Beginn der römischen Kaiserzeit bis zum MA, sprachlich die Ausdrucksweise in lateinisch, griechisch, koptisch, syrisch, äthiopisch und armenisch, inhaltlich profane und sakrale Inschriften, von denen die Grabschriften die Hauptmasse bilden. Da die christlichen Inschriften nicht ohne Vergleich mit den ihnen gleichzeitigen heidnischen interpretiert werden können, bedarf es zu ihrer Aufhellung des Rückgriffes auf die Paläographie der griechischen und lateinischen E. (s. Lit. zu 1).

2. Die christliche E. gibt dem Betrachter einen unmittelbaren und lebhaften Eindruck vom Leben des Frühchristentums. Neben den Einblicken in das persönlich-religiöse Leben, in das menschlich-religiöse Empfinden, bereichern die Inschriften unser Wissen um die Geschichte der christlichen Religion und des Bibeltextes, unsere Kenntnisse auf dem Gebiete der Kunst und Kultur, der Verfassung und des kirchlichen Rechtes. Auch bei diesen Inschriften gilt das Wort Theodor Mommsens: »Die Inschriften sind nicht Denkmäler der Literatur, sondern des Lebens.« Sie übernehmen Material, Form und Technik von den gleichzeitigen heidnischen Inschriften; oft zeigt die Rückseite die Wiederverwendung eines Steines aus heidnischer Zeit. Erst allmählich entwik-

keln sie eigene Kunstformen. Neben Ehren- und Weiheinschriften, Bauinschriften an Sakralbauten, Kalendarien, Heiligenverzeichnissen, Medaillen, Amuletten, Inschriften an Werken der Plastik, an Freskogemälden und in → Mosaiken finden sie sich an Erzeugnissen des → Kunstgewerbes (: II) in Stein, Metall und Glas, auf Gemmen, → Siegeln und als Graffiti. Das reichste Material aber bieten die Grabschriften auf einfachen, behauenen und geglätteten Steinplatten, meistens aus Marmor, deren unerschöpfliche Quelle die römischen → Katakomben sind. Dann folgen Nordafrika, die Küstenländer der Ägäis, das Nilland für den griechischen Kreis und der Vordere Orient. Dementsprechend sind auch die größten Sammlungen in Rom: das Museum Christianum im Vatikan, im Lateran, die christlichen Abteilungen im Museum Kircherianum, im Kapitolinischen Museum, auf dem Campo Santo bei St. Peter und in den Katakomben selbst (Priscilla, Kallistus, Commodilla, der Hl. Marcellinus und Petrus). Größere Sammlungen befinden sich auch in den Hauptmuseen der Länder; so hat zB selbst → Trier (: III) etwa 850 frühchristliche Inschriften und Fragmente.

3. Das Sammeln von christlichen Inschriften geht schon bis in die karolingische Zeit auf die Schule → Alkuins zurück; die Collectio Palatina (1603 durch Gruters herausgegeben) reicht bis in das 9.Jh.; aus derselben Zeit stammt auch die Sylloge Centulensis. Unter den Humanisten des 15.Jh.s (Cola di → Rienzo, Ciriaco von Ancona) gilt als erstes christliches Inschriftenkorpus von 200 Nummern die Inschriftensammlung des Petrus Sabinus. Die erste gedruckte Sammlung überhaupt erschien in Deutschland 1505 zu Augsburg unter dem Titel Konrad → Peutinger, Romanae vetustatis fragmenta in Augusta Vindelicorum et eius diocesi reperta. Weitere Sammlungen von Smetius, Onofrio Panvinio, Aldus Manutius und dem Leipziger Arzt Reinesius. Die Wiederentdeckung der Katakomben erschloß eine Fülle von Inschriftenmaterial (Antonio → Bosio, Ciacconio). In Italien wird das Sammeln von Inschriften immer mehr gepflegt, andere Länder (in Lyon Jakob Spon) schließen sich an, auch der griechische Boden wird nun durchforscht. Im 18.Jh. entstehen größere Sammlungen: → Muratoris »Thesaurus« (1742), erweitert durch ein Supplement Donatis (1775). Wenn man bisher im wesentlichen nur abschrieb und sammelte, so treten allmählich Stilkritik und Hermeneutik hinzu wie bei der Herausgabe der Veroneser Inschriften durch Maffei, ferner bei Mamachi, Zaccaria und Pelliccia, der auf Datierung, Stil und Orthographie achtet. Von Gaetano Marini († 1815) stammt das umfassendste Material, leider von ihm nicht mehr publiziert; allein seine christlichen Inschriften Roms ergaben vier Bände. Der eigentliche Begründer der altchristlichen E. ist De → Rossi († 1894), dem das ständig wachsende Material aus den Katakomben und in Rom überhaupt zugänglich war und der mit Fleiß und Umsicht dieses Riesenmaterial auch verarbeitete; über 13 000 christliche Inschriften hat er gesammelt und teilweise auch herausgegeben (De Rossi, Inscriptiones christ. Urbis Romae, 2 Bde, Rom 1861/88, ferner in der Roma Sotterranea und im Bull. Arch. Christ.; die Inscriptiones christ. Urbis Romae fortgesetzt von Gatti, vol. I Supplementum, Rom 1915, und von Silvagni, Nova series I, 1922; II, 1935). In Deutschland erscheint 1863 der 1. Band des monumentalen Werkes Corpus inscriptionum latinarum (CIL), das sämtliche lateinischen Inschriften, auch die christlichen, in geographischer Einteilung und typographischer Wiedergabe aufnimmt: Bd I vorkaiserliche Zeit; Bd II Iberische Halbinsel; Bd III Donauländer und der Osten; Bd IV Pompeji, Herculanum, Stabiae; Bd V Oberitalien; Bd VI Urbs Roma; Bd VII Britannien; Bd VIII das römische Afrika; Bd IX und X Unteritalien; Bd XI Mittelitalien; Bd XII Südfrankreich (Gallia Narbonensis); Bd XIII/1 Mittel- und Nordfrankreich (Tres Galliae); Bd XIII/2 die Rheinlande; Bd XIII/3 Tres Galliae und Germania (instrumentum domesticum); Bd XIII/4 Nachträge; Bd XIII/5 Indices; Bd XIII/6 Ziegel; Bd XIV Latium vetus; Bd XV Urbs Roma (instrumentum domesticum); dazu jeweils die Indices. Für die griechischen Inschriften wurde durch Boeckh das Corpus inscriptionum graecarum (CIG) gegründet, fortgesetzt durch die Berliner Akademie in den Inscriptiones graecae. Eine abschließende Sammlung des gesamten griechischen Materials aus der römischen, byzantinischen und neugriechischen Epoche hat die Ecole française in Vorbereitung, ebenfalls von H.Lietzmann und G.Sotiriou ein Corpus der griechisch-christlichen Inschriften von Hellas, Bd I Inschriften von Korinth, 1941 erschienen. C.Wessel legte 1936 »Inscriptiones graecae christ. vet. Occidentis« vor. Obwohl nur e contrario hinzuzurechnen, können hier die Grab- und Synagogeninschriften des antiken Judentums genannt werden, die bis auf Ausnahmen nicht hebräisch bzw. aramäisch, sondern griechisch und lateinisch verfaßt sind (CIJ I. II, 1936/48; → Epigraphik: I, 3 d).

Für die christlichen Inschriften in den einzelnen Ländern erschienen Sammelwerke, so durch E. Le Blant für Gallien, durch F.X.Kraus für die Rheinlande, durch E.M.Hübner für Spanien und England, durch E. Egli für die Schweiz, durch G.Petrie und M.Stokes für Irland, durch J.Vives, Inscriptiones cristianas de la España romana y visigoda, Barcelona 1942, für Spanien und Portugal. Für Einzelgebiete des Ostens und Nordafrika: G.Millet-J.Pargoire-L.Petit, Recueil des Inscript. chrét. de l'Athos, Paris 1904; H.Grégoire, Recueil des Inscript. chrét. de l'Asie Mineure, Paris 1922; L.Jalabert et R. Mouterde, Inscript. grecques et lat. de la Syrie I-IV, Paris 1929-55; G.Lefèbvre, Recueil des Inscript. grecques-chrét. de l'Égypte, Kairo 1907; A.L.Delattre, L'épigraphie funéraire chrét. à Carthago, Tunis 1926; J.B.Ward Perkins-J.M.Reynolds, Inscriptions of Roman Tripolitania, Rom 1952. Ein zusammenfassendes Werk aller lateinisch-christlichen Inschriften erschien von E. Diehl, Inscriptiones latinae christianae veteres I-III, Berlin 1925/31.

Zu 1: R.Cagnat, Cours élementaire d'épigraphie latine, Paris 1914⁴ - F.Hiller v. Gaertringen, Griech. E. (EAW 1, 9), 1927 - H.Dessau, Lat. E. (EAW 1, 10), 1927 - P.Battle Huguet, Epigrafia latina, Barcelona 1946.

Zu 2 u. 3: Die ältere Lit. bis 1932 nach Ländern übersichtlich gegliedert bei E.v.Mercklin u. F.Matz, Katalog der Bibliothek des Dt. Archäol. Instituts in Rom II, 1932, 1427ff - R.Lattimore, Themes in Greek and Latin epitaphs, 1942 - A.de Capitani d'Arzago, Epigrafia cristiana I, Milano 1946. - Die neuere Lit. wird aufgeführt in den »Fasti archaeologici« 1, 1946ff, Firenze 1948ff, jeweils in Kap. VI »Christianity and late antiquity«, Unterabteilung »Epigraphy«; ferner in der »Byzantinischen Zeitschrift«, jeweils in der III. Abt. Nr. 9. - Bequeme Zusammenfassung bei O.Marucchi, Epigrafia cristiana, trattato elementare, Milano 1910 - Ders., Manuale di archeologia cristiana, Roma 1923 - C.M.Kaufmann, Hdb. der altchristlichen E., 1917.

E.Gose

Epiklese → Liturgik: III.

Epiktet (ca 50-138 nChr), stoischer Philosoph aus Hierapolis in Phrygien. Sklave von Geburt und - infolge Mißhandlung? - lahm, hörte in Rom (im Dienst des Epaphroditos, eines Freigelassenen Neros) den Stoiker → Musonius Rufus. Nach einer Philosophenvertreibung durch → Domitian (89 oder 92 nChr) gründete er in Nikopolis (Epirus) eine vielbesuchte Schule. Er hinterließ nichts Schriftliches, jedoch veröffentlichte Fl. Arrian wörtliche Nachschriften von Ansprachen, die E.

außerhalb des eigentlichen Lehrbetriebs an Schüler und Besucher richtete (Διατριβαί in 8 Büchern, von denen 4 erhalten), und einen kurzen Auszug, das sog. Ἐγχειρίδιον. Die bedeutende Nachwirkung dieser Schriften beruht mehr auf der lebendigen, kräftig zupackenden Sprache und dem mitreißenden Ernst echter Überzeugung als auf philosophischer Originalität. Philosophie ist für E. nicht geistreiches Spiel, sondern Seelenführung, die Philosophenschule ein Hospital (III, 23, 30). Höchstes Gut ist für E., den ehemaligen Sklaven, die Freiheit. Sie besteht aber nur in dem rechten Gebrauch unserer Vorstellungen (χρῆσις τῶν φαντασιῶν, f. 4). Denn nur dieser ist ganz in unserer Macht, alles andere ist »äußerlich« und »geht uns nichts an« (IV, 7, 18; Ench. 1, 5). Der vernunftgemäße Gebrauch der Vorstellungen ist gleichsam die Substanz des Menschen (IV, 7, 32), die Vernunft zeichnet ihn vor den Tieren aus (I, 6, 12; f. 18), sie zu üben ist Gottesdienst (II, 8, 10). Die Ethik tritt durchaus in den Vordergrund, Logik und Physik sind zwar nützlich, um die Beweise, auf die sich die Sittenlehre stützt, zu prüfen und Wahres und Falsches auch dort zu sondern, wo Irrtum die Lebensführung nicht beeinflussen kann; vordringlich ist aber die Unterscheidung echter und bloß vermeintlicher Güter und Pflichten. All dies ist altstoisch (der Rückgriff auf die Schulgründer ist ein Zug der Zeit; → Stoa), nur in der einseitigen Hervorhebung der Freiheit persönlich gefärbt. Neu dagegen ist das warme Gefühl tiefer Frömmigkeit, vertrauensvolle Ergebung in den Ratschluß eines persönlichen Gottes, als dessen Kind man allen Menschen brüderliche Liebe schuldet, neu auch Milde und Mitleid gegenüber menschlichen Fehlern (I, 18, 5ff). So konnte man bald (Schenkl S. XIV) in E. einen heimlichen Christen sehen und noch in unserer Zeit Einfluß des NT auf E. vermuten. Zu Unrecht: obwohl E. die Christen kannte (II, 9, 19; IV, 7, 6) und trotz wörtlicher Anklänge (zB κύριε ἐλέησον) überwiegen die Unterschiede: E.s Philosophie ist diesseitig, auf Vernunfteinsicht gegründet, kennt kein Fortleben nach dem Tode; Offenbarungsglaube und christliche Demut fehlen ganz. Die Übereinstimmungen zeigen aber, wie sehr der christlichen Verkündigung in Rom der Boden bereitet war.

Epicteti Dissertationes etc ed. H.SCHENKL, (1894) 1916² - Dt. Übers. von W.CAPELLE, Zürich 1948. - A.BONHÖFFER, E. u. die Stoa, 1890 - DERS., E. u. das NT, 1911 - DERS., E. u. das NT (ZNW 13, 1912, 281-292) - R.BULTMANN, Das religiöse Moment in der ethischen Unterweisung des E. u. das NT (ZNW 13, 1912, 97-110. 177 bis 191) - M.J.LAGRANGE, La philosophie religieuse d'E. et le Christianisme (RB 9, 1912, 5-21. 192-212) - D.S.SHARP, E. and the NT, London 1914. *G.Patzig*

Epikur (341-271 vChr), griech. Philosoph aus Samos. E. trat um 309 in Lampsakos und Mytilene als Lehrer auf und gründete 306 zu Athen eine Schule, die bis ins 4.Jh. nChr Anhänger hatte (→ Griechisch-römische Philosophie). Von seinen vielen Schriften sind im 10. Buch des Diogenes Laertius drei Lehrbriefe und eine Spruchsammlung (κύριαι δόξαι), sonst Fragmente erhalten. Philosophie ist für E. die »Tätigkeit, die durch Reden und Überlegung Glückseligkeit bewirkt« (f. 219). Ethik ist ihre Hauptdisziplin; die »Kanonik« (Lehre von den Kriterien der Erkenntnis) und Physik sind Hilfswissenschaften. Kanon (Richtschnur) aller Erkenntnis ist der Satz, daß ihr Ursprung und untrügliches Kriterium die *Wahrnehmung* ist: Begriffe sind kondensierte Wahrnehmungsreihen; Urteile sind wahr, wenn Wahrnehmung sie bestätigt oder wenigstens nicht widerlegt. Lust und Unlust sind Wahrnehmungen, daher *untrügliche* Kennzeichen des Erstrebenswerten und zu Meidenden. Physik soll den Aberglauben und die Todesfurcht überwinden; dies durch Hinweis auf die Natur der Seele als eines Aggregats feinster → Atome, die sich bei Auflösung des Leibes zerstreuen, jenes durch den Nachweis, daß es in der Welt »ganz natürlich«, dh mechanistisch zugeht. In beidem folgt E. der ihm von Nausiphanes vermittelten Atomtheorie Demokrits; da jedoch dessen Determinismus beklemmend wirken muß, gab E. der Willensfreiheit in Gestalt einer willkürlichen Abweichung (παρεγκλίνησις) der Atome von ihrer ursprünglichen Fallbewegung Raum, die auch die Wirbelbildung und Entstehung zahlloser Welten erklärt. In den leeren Zwischenräumen der Welten führen die Götter unbekümmert um uns ein seliges Leben. Die Ethik E.s ist → Hedonismus, E. *definiert* aber die ἡδονή anders als der Sprachgebrauch und Aristipp: sie ist innere Ruhe von Körper und Seele, erreichbar nur dem, der froh in die Vergangenheit und zuversichtlich in die Zukunft blickt; dazu aber ist besonnene Lebensführung und konventionelle Gesittung unentbehrlich. → Freundschaft hat für E. Eigenwert; seine Briefe beseelt die φιλανθρωπία, die ihm Diog. Laert. (10, 10) bezeugt. Zu Unrecht wurde E. von der Stoa und christlichen Vätern als Verkünder hemmungslosen Lebensgenusses verurteilt, aber auch zu Unrecht von → Gassendi als Naturforscher gerühmt. E.s Philosophie formulierte mehr das Ruhebedürfnis (»λάθε βιώσας«) einer verfeinerten und bedrohten Gesellschaft als ein ethisches Programm oder Ergebnisse wissenschaftlicher Forschung.

H.USENER, Epicurea, 1887 - P.VON DER MÜHLL, Epicuri epistulae tres et ratae sententiae, 1922 - J.MEWALDT, Die geistige Einheit E.s, 1927 - C.BAILEY, E., the extant remains, Oxford 1926 - DERS., The Greek atomists and E., Oxford 1928 - R.PHILIPPSON, Die Götterlehre der Epikureer (RheinMus 83, 1934, 171-175) - C.DIANO, Epicuri Ethica, Florenz 1946 - A.-J.FESTUGIÈRE, E. et ses dieux, Paris 1946.
G.Patzig

Epiphanie → Erscheinungsformen der Gottheit.

Epiphanienfest. Der Name ἐπιφάνεια (häufig auch θεοφάνεια) bezeichnet die Erscheinung der Herrlichkeit Gottes als Inhalt des am 6.1. gefeierten Festes. Seine Geschichte birgt noch manch ungelöste Frage. Wenn die Großkirche zu Anfang des 4.Jh.s zunächst im Orient das Fest schuf, so scheint dasselbe Motiv dahinter zu stehen, aus dem wohl die für den 6. (15.?) 1. bei den gnostischen Basilidianern (→ Basilides) bezeugte Tauffeier Christi erwuchs: man wollte dadurch das Fest der Geburt des Gottes → Aion durch die Jungfraugöttin Kore ersetzen, das man in der Nacht vom 5./6.1. feierte (Epiphanius). Wie wichtig dieses Anliegen der Kirche sein mußte, ergibt sich aus der Bedeutung der Aionverehrung; die Religionsgeschichte sieht hier »eine der zentralen religiösen Ideen des Orients«, die sich über die Ökumene bis nach Rom hin ausbreitete. Dieser Ursprung macht auch die anfängliche Fülle des Festinhaltes verständlich, der sich in der Folgezeit auflöste: die Geburt Christi, die Anbetung durch die Magier, die Taufe Christi, verbunden mit der »Wasserweihe«, das Wunder zu Kana. Später konnten als Zeugnisse der Herrlichkeit des Herrn auch die Speisung der 5000 oder die Auferweckung des Lazarus hinzukommen. Für die ursprünglichen Perikopen kann es kaum bedeutungslos gewesen sein, daß man beim nächtlichen Aionfest »Lebenswasser« aus dem Nil schöpfte, wohl in Beziehungen der Aion- zu den Osirismysterien begründet. Auch lag das Weinwunder nahe, wenn man an die Gleichsetzung des Osiris mit → Dionysos denkt. Noch im 4.Jh. wird, auch im Osten, die Geburt Christi vom 6.1. abgelöst (→ Weihnachten). Nur die armenische Kirche, der bis ins 6.Jh. geltenden Jerusalemer Ordnung folgend, feiert noch heute am 6.1. Christgeburt als Epiphanie. Für weite Teile des Westens wurde

Gallien im 4.Jh. zum Ausgangspunkt des Festes »der 3 Wunder« (Magier, Taufe Christi, Kana). Rom hat in Gemeinschaft mit Afrika dem ursprünglichen Festgehalt das Weihnachtsfest entgegengestellt und aus Epiphanien später das »Fest der Magier« gemacht (so zuerst um 450). Trotzdem bezeugen gewisse Stücke im Missale wie im Breviarium Romanum seine einstige Fülle. Die luth. Kirche ließ das Fest weithin verfallen, die Reformierten haben es niemals gefeiert. Man sollte aber versuchen, das Fest in seinem ursprünglichen Gehalt als Zeugnis von der in der Niedrigkeit des Menschgewordenen verhüllten Herrlichkeit Gottes zurückzugewinnen. - Zum E. in der Kunst vgl. → Weihnachten, 2.

H.USENER, Das Weihnachtsfest, (1888) 1911² - RE V, 414ff - RIETSCHEL-GRAFF I, 147ff (Lit.) - H.KELLNER, Heortologie, (1900) 1906³, 122ff - H.LIETZMANN, Petrus u. Paulus in Rom, (1915) 1927², 103ff - K.HOLL, Der Ursprung des Epiphaniasfestes, 1917 (= HOLL II, 123-154) - RGG² II, 204f - L.FENDT, Der heutige Stand der Forschung über das Geburtsfest Jesu am 25. XII. u. über Epiphanias (ThLZ 78, 1953, 1-10) - Leiturgia I, 461ff (G.KUNZE) - EKL I, 1106f. *W.Nagel*

Epiphanius *von Salamis* (ca 315-403), * als Sohn christlicher Eltern in Besandûk bei Eleutheropolis in Palästina, lebte einige Jahre bei ägyptischen Mönchen, gründete dann, etwa 20jährig, unweit seiner Heimat ein Kloster. 367 wurde er Bischof von Konstantia (Salamis) und damit Metropolit von Cypern. Ein heftiger Streiter für die Orthodoxie, verdammte er → Origenes als Urheber des Arianismus und verfolgte die Origenisten (→ Christologie: II, 3a. b). Dabei ließ er sich von → Theophilus von Alexandrien zu Intrigen benutzen. Noch im hohen Alter trat er in Konstantinopel gegen Johannes → Chrysostomus auf, † auf der Rückreise. - E. war Gegner griechischer Bildung, verstand aber selbst Latein, Hebräisch, Syrisch und Koptisch. Sein Stil ist wie sein Wissen konfus und weitschweifig. E. schrieb um 374 den Ancoratus (der »Festgeankerte«), ein Kompendium der kirchlichen Dogmatik, das bes. Trinität und Auferstehung behandelt, polemisch gegen Andersdenkende. Dem Werk sind zwei bedeutsame Glaubensbekenntnisse angehängt. 374-77 entstand das Panarion (»Arzneikasten«) als Heilmittel gegen 80 ausführlich geschilderte Ketzereien. Es enthält eine Fülle von kritiklos verwendetem Stoff, ist aber wichtig für die Rekonstruktion verlorener Quellenschriften (zB griech. Irenäus, Syntagma des Hippolyt) und für unsere Kenntnis früher Häresien (→ Gnosis: III). Kleinere Schriften des E. sind teilweise nur in Übersetzungen erhalten, so De mensuris et ponderibus (eine Art biblischer Realenzyklopädie; → Archäologie: I, 2), De gemmis (eine allegorische Erklärung der 12 Edelsteine im Brustschild des Hohenpriesters), Briefe. Die Anakephalaiosis, ein Auszug aus dem Panarion, ist unecht, ebenso auch der E. später zugeschriebene → Physiologus. E. war ein Gegner der Bilderverehrung; die unter seinem Namen laufenden Schriften hierzu (Briefe) werden ihm neuerdings vielfach abgestritten.

Ancoratus u. Panarion in GCS 25-27, Epiphanius, Bd 1. 2 hg. v. K.HOLL (1915/22), 3 v. H.LIETZMANN (1933). Dazu: K.HOLL, Die handschriftl. Überlieferung des E. (TU 36, 2), 1910 - RE V, 374ff - BARDENHEWER III, 293ff - ALTANER⁵ 283ff (Lit. z. Bilderverehrung) - DThC V, 363 - LThK III, 727 - STÄHLIN 1446ff. *U.Treu*

Episcopius, *Simon* (1583-1643), arminianischer Theologe (→ Arminianer), studierte in Leiden und Franeker, war Pfarrer in Bleiswijk, 1612 Prof. in Leiden. Als Mitunterzeichner der »Remonstrantie« (1610) und Führer der Remonstranten auf der → Dordrechter Synode wurde er 1619 verbannt. In Antwerpen nahm er an der Organisation der »Remonstrantsche Broederschap« (1619) Anteil, für die er Bekenntnis (1621) und liturgische Formulare (1631) verfaßte. Nach einer Periode schriftstellerischer Tätigkeit im Ausland war er seit 1625 Prediger in Rotterdam, seit 1629 in Amsterdam, wo er 1634 der erste Professor des Remonstrantischen Seminars wurde. Er war ein Gegner der strengen Prädestinationslehre, betonte die praktische Frömmigkeit und arbeitete bahnbrechend für freie Bibelexegese.

Opera Theologica, 1650, 1665. - Über E.: Biographien von PHIL. A LIMBORGH, 1693, u. A.H.HAENTJENS, 1899 - BWGN II, 749ff (Lit.). *W.F.Dankbaar*

Episkopalismus

1. In der kath. Kirche - 2. In der ev. Kirche

1. In der *kath. Kirche* ist E. das Programm einer → Kirchenverfassung, in der dem Papst nur ein Ehrenprimat zukommt, während der einzelne Bischof alle Jurisdiktionsrechte kraft seines Amtes besitzt und die oberste kirchliche Jurisdiktionsgewalt bei der im allgemeinen Konzil versammelten Gesamtheit der Bischöfe liegt. Der E. entstand Ende des 13.Jh.s im Widerspruch zu der damaligen politischen Höchstentwicklung der päpstlichen Macht und fand im Konziliarismus des → Marsilius von Padua, Wilhelms von → Ockham und der → Reformkonzile seine erste und erfolgreichste Ausprägung. Nachdem das Papsttum gegenüber den Reformkonzilen seinen Jurisdiktionsprimat neu gekräftigt und im 16.Jh. den E. als allgemeine Tendenz überwunden hatte, lebte dieser im französischen → Gallikanismus, der erst im 19.Jh. erlosch, und im Bereich der deutschen Kirche fort, wo er in der zweiten Hälfte des 18.Jh.s im → Febronianismus noch einmal zu kurzer Bedeutung gelangte. Dieser wirkte seinerseits auf den → Josephinismus ein; seine größten äußeren Erfolge waren die Emser Punktation (1786; → Emser Kongreß) und die Synode von Pistoia (1786; Scipione de → Ricci).

FEINE - PLÖCHL II. - Ferner die Lit. zu den im Text genannten Artikeln. *H.Barion*

2. Innerhalb der *ev. Kirche* bildet das Episkopalsystem die früheste der in Deutschland ausgebildeten rechtlichen Vorstellungen, mit der die Rechtslehre die Position des Landesherrn zu erfassen suchte (Johann Stephani, Institutiones iuris canonici, 1599; Mathias Stephani, Tractatus de iurisdictione, 1609). Die Lehre geht aus von der im → Augsburger Religionsfrieden 1555 (§ 20) ausgesprochenen Suspension der bischöflichen iurisdictio ecclesiastica in den ev. Territorien und vertritt die Übertragung dieser kirchenregimentlichen Rechte auf den ev. Landesherrn. Die Grundlage dieser Vorstellung liegt nicht in einer Anknüpfung an die Ständelehre der Reformation, auch nicht in der Übernahme älterer Vorstellungen der geistlichen Verantwortung des Fürsten für sein Land, sondern in der staatsrechtlichen Herleitung der landesfürstlichen Stellung in Religionsfragen aus der Verfügung des übergeordneten Reichsrechts. Aus ihm das ius reformandi (→ cuius regio, eius religio) und die Verfügung des Landesherrn über das äußere Regiment der Kirche zu rechtfertigen, ist die Aufgabe des E. Da die Anschauung des 17.Jh.s von der Fortgeltung des kanonischen Rechts auch im ev. Raum ausging, so konnte sich diese Übertragung des Inhalts der bischöflichen Jurisdiktion, freilich in Umgestaltung und Anpassung an die positive Lage in den ev. Territorien und unter Vorbehalt der inneren geistlichen Fragen für die Entscheidung des geistlichen Amtes, auf die hergebrachten Formeln stützen. Auf diese Weise wird dem Landesherrn die geistliche Gerichtsbarkeit, die Verwaltung des Kirchengutes, die Erhebung der Abgaben zugewiesen sowie die Gehorsamspflicht der Glaubensangehörigen begründet. Der Landesherr vereint in einer Doppelstellung die iurisdictio saecularis und die iurisdictio ecclesiastica in sich. Der

E. hat die Kirchenrechtslehre des 17.Jh.s weithin beherrscht und liegt auch den Systemen des → Reinking (1590-1614), → Carpzov (1595-1666) und Stryck (1640 bis 1710) zugrunde. Erst die Einschmelzung der landesherrlichen Doppelstellung in eine einheitliche weltlich verstandene, auch die Hoheit über die Kirchen umfassende Regierungsgewalt beendet im Rahmen des → Territorialismus die Geltung des E.

K.Rieker, Die rechtliche Stellung der ev. Kirche Deutschlands, 1893 - K.Müller, Zur Gesch. u. zum Verständnis des Episkopalsystems (ZSavRG Kan. Abt. 8, 1918, 1-26) - M.Heckel, Staat u. Kirche nach den Lehren der ev. Juristen Deutschlands in der ersten Hälfte des 17.Jh.s (ZSavRG Kan. Abt. 42, 1956, 117-247; 43, 1957, 202-308). *U.Scheuner*

Episkopalkirche, Mährische → Brüderunität: II.

Epistel → Liturgik: III, → Perikopen.

Epistelseite → Altar: III C.

Epistola Apostolorum (Brief der Apostel), ein fingiert apostolisches Schreiben an die Kirchen der Ökumene aus dem 2.Jh., stellt sich als eine Apologie gegen Irrlehrer (→ Kerinth, → Simon) und gegen Doketismus (→ Christologie: II) dar. Es enthält Gespräche des auferstandenen Christus mit den Aposteln, die durch Offenbarungen belehrt werden. Der biblisch-apokalyptische Inhalt ist mit gnostischen Weisheitslehren vermischt. Christus, dem Vater wesensgleich, erscheint als Engel Gabriel, befreit Petrus aus dem Gefängnis, prophezeit die Bekehrung der Heiden und die Parusie nach 120 Jahren und schildert die Zeichen des Weltendes. Auch mahnt er, an der reinen Lehre festzuhalten. - Die apokryphe Schrift kann in Kleinasien oder in Ägypten entstanden sein. Sie ist ursprünglich griechisch geschrieben, aber nur in Übersetzungen überliefert. Der Titel ist einer fragmentarischen lateinischen Version entnommen. - C. Schmidt fand 1895 die koptische Übersetzung in Kairo. L.Guerrier veröffentlichte den schon überarbeiteten äthiopischen Text.

Ausgaben: E.A., ed. H.Duensing (KIT 152), 1925. - Äthiopisch: L.Guerrier, PO IX/3, 1913. - Koptisch: C.Schmidt-J.Wajnberg, TU 43, 1919. - Dt. Übers. bei Hennecke[2] 146ff. - Lit.: A.Baumstark, Alte u. neue Spuren eines außerkanon. Evangeliums (ZNW 3, 1913, 232-247) - C.Schmidt, Gespräche Jesu mit seinen Jüngern nach der Auferstehung, 1919 (dazu: A.Baumstark, ThRv 20, 1921, 260 bis 265; H.Duensing, GGA 184, 1922, 241-252) - H.Lietzmann, E. A. (ZNW 20, 1921, 173-176) - K.Lake, The E.A. (HThR 14, 1921, 15-29) - Altaner[5] 67 (Lit.). *R.Schütz*

Epistolae obscurorum virorum, humanistische Satire auf scholastische Theologen, bes. der Universität Köln, in zwei Teilen 1515 und 1517 erschienen. Sie sind eine Sammlung von Briefen, die durch → Crotus Rubeanus (Teil 1) und Ulrich von → Hutten (Teil 2) herausgegeben wurde; von ihnen wird auch die Mehrzahl der Beiträge stammen. Andere Verfasser müssen mit dem Adressaten Ortwin → Gratius seit ihrer Schulzeit in → Deventer bekannt gewesen sein. Dies läßt vermuten, daß ein Teil der Briefe aus dem Kreise um → Erasmus von Rotterdam kam. Die Verfasserfrage bleibt, zumal für den 1. Teil, vorläufig ungelöst. - Trotz seiner humanistischen Erziehung hatte Gratius in der Auseinandersetzung zwischen → Reuchlin und Pfefferkorn die Partei der Altgläubigen ergriffen. Dadurch zog er sich den Zorn der Humanisten zu, die nun ihrerseits in den E.o.v. Wissenschaft und Ethos der Gegner des Humanismus brandmarken. Die Verfasser lassen die angegriffenen Personen selbst reden und handeln; dadurch werden die Zustände mit besonders beißender Ironie geschildert. Es werden in barbarisch-scholastischem Latein Formulierungen verwendet, die die Grenze des Möglichen an Derbheit weit überschreiten und in Frivolität enden. Die positive Kritik geht daher in sarkastischen Anpöbelungen unter, und das Zeitbild ist verzerrt. Gratius und seine Freunde erwirkten ein päpstliches Breve und antworteten in einer Gegenschrift; dies veranlaßte den 2. Teil der E.o.v. Beide Teile wurden in humanistischen und reformatorischen Kreisen zustimmend und ablehnend beurteilt.

E.o.v., ed. E.Böcking, 2 Bde, 1864/70; ed. F.G.Stokes, London (1909) 1925; ed. A.Bömer, 1924. - RE V, 431ff (ältere Lit.) - W. Brecht, Die Verfasser der E.o.v., 1904 - P.Merker, Die Verfasser des Eccius dedolatus u. anderer Reformationsdialoge, 1923 - TCERK I, 388f. *G.Krodel*

Erasmus, *Desiderius, von Rotterdam* (28.10.[1466] 1469 bis 12.7.1536), bedeutendster Vertreter eines von der Antike zur Erneuerung des Christentums übergehenden → Humanismus. Unehelich, vielleicht als Sohn eines Priesters geboren, trat er nach Schuljahren in Deventer und Herzogenbusch, die ihm die Bestrebungen der Devotio moderna (→ Brüder vom gemeinsamen Leben) und des Humanismus nahe brachten, um 1488 durch äußere Umstände gezwungen und ohne innere Neigung in das Augustiner-Chorherrenkloster Steyn bei Gouda ein (De contemptu mundi, 1521), besuchte seit 1495 die Universität Paris, wo ihn die Scholastik sowie der mönchische Rigorismus des Collège Montaigu negativ beeindruckten. Fast alle Werke, die seinen humanistischen Ruf begründeten, gehen in diese Zeit zurück, darunter auch die Colloquia und die Adagia. Erst unter dem Einfluß John → Colets in England vollzog sich seit 1499 seine Wendung vom ästhetischen Literatentum zur Theologie (Enchiridion militis christiani, 1501/03). Wichtig wurde der Aufenthalt in Italien (1506-09), wo er in der Synthese von Spiritualismus und humanitas sein Lebensideal der humanitas christiana entdeckte und durch die Konzeption des Thomas → Morus gewidmeten Encomion Morias (1511) seinen Weltruhm begründete. Nachdem er schon 1505 die Annotationen des Lorenzo → Valla zum NT veröffentlicht hatte, brachte er 1516 in Basel die erste griech. Ausgabe des NT heraus (→ Bibelwissenschaft: II, 1c), der er eine methodisch wichtige Einleitung (Methodus, seit 1519 Ratio verae theologiae) beigab und ab 1517 Paraphrasen (mit Ausnahme der Apk) folgen ließ. Damals stand E. auf dem Höhepunkt seines Einflusses.

Als Luther mit der Kirche brach, sah E. sich nach allen Richtungen hin in die Verteidigung gedrängt. Seine Gegner in der alten Kirche betrachteten ihn als den Wegbereiter Luthers. Um nicht in den Dienst der → Inquisition gezwungen zu werden, ging er von Löwen nach dem neutralen Basel (1521). Er schied sich jedoch, die selbständige humanistische Haltung behauptend, von → Hutten, von → Luther (De libero arbitrio Diatribe, 1524; Luthers Antwort: De servo arbitrio, 1525), von der symbolischen Abendmahlsauffassung der oberdeutschen Reformation (→ Abendmahl: II, 3a), aber auch von dem italienischen Paganismus (Ciceronianus, 1528). Nach der Abschaffung der Messe in Basel wich er 1529 bis 1535 nach Freiburg i.Br. aus. Mit seinen Kirchenväterausgaben und seinen Schriften (De ecclesiae concordia, 1533; Ecclesiastes, 1535, u.a.) wirkte er für die Einheit einer spiritualen und zugleich gebildeten, im Glauben des apostolischen Symbolums verankerten Kirche (Explanatio symboli, 1533).

E. hat noch keine seiner Bedeutung entsprechende Würdigung gefunden. Er war der letzte große Repräsentant des Humanismus wie → Petrarca der erste. Im Gegensatz zum italienischen Humanismus, der in seiner politischen Phase auf den Boden des sich innerhalb des mittelalterlichen Systems als Selbstzweck setzenden italienischen Stadtstaats der → Renaissance (: I) trat, suchte E. die überkommene respublica christiana selbst humanistisch zu formen. Darin, nicht in charakterlichen Momenten, liegt sein grundsätzlicher Gegensatz zur Reformation begründet. Der Schwerpunkt der Antike, auf die er zurückging, lag für ihn nicht im klassischen, sondern im christlichen Altertum: über die Scholastik griff er auf die Kirchenväter und auf das NT zurück, ohne es jedoch aus der Tradition der Kirche zu lösen. Sein nicht an Paulus, sondern an der Bergpredigt orientiertes Schriftverständnis wird durch die Konzeption der »philosophia Christi« charakterisiert. Das AT ist zwar als Vorbereitung des Neuen von bleibendem Wert, dennoch als Zeremonialgesetz positives Gesetz, das mit Christus seine Geltung verloren hat, während das Naturgesetz unveränderlich ist, weil das Gute an sich gut ist. Die Spuren der normativ gefaßten und christlich interpretierten Natur werden vor allem in der Antike gefunden, mit der Christus darum in manchem übereinstimmt. Doch der beste Teil der Philosophie ist Religion. Christus knüpft nicht nur an die Natur an, sondern ist die »Wiederherstellung der gut geschaffenen Natur«, die durch die Erbsünde nicht völlig verderbt, aber geschwächt worden ist. Ihre Wiederherstellung erfolgt durch die Gnade, die durch den Glauben in der Liebe wirksam wird. Das »Gesetz Christi« hebt die Ordnungen der Welt nicht auf, sondern durchdringt sie mit christlicher Gesinnung. Wenn E. Sokrates neben Christus stellt, so ist dies nicht moralistisch gemeint, sondern weist darauf hin, daß die philosophia Christi im Gegensatz zur Scholastik konzipiert ist: quae supra nos, nihil ad nos. Die echte philosophia Christi ist kein System, sondern Verwandlung des Lebens und darum eher neben Plato, Cicero und die Stoa als neben Aristoteles zu stellen, so sehr sich E. der Unzulänglichkeit aller menschlichen Philosophie bewußt bleibt. Sein Leitbild war der Christus purus. E. verband darin die aufgeklärten Elemente einer natürlichen mit der Richtung auf eine positive Theologie, die sich vor allem auf Schrift und christliche Antike stützte. Das Menschenbild des E. ist weniger am paulinischen Gegensatz von Sünde und Gnade als an dem neuplatonischen Aufstieg vom Fleisch zum Geist orientiert, wobei auch jenes eine Schöpfung Gottes ist. Der Glaube soll zur wahren Weisheit führen. Die Heilsgeschichte wird in Anlehnung an die griechische Idee der παιδεία als eine großangelegte Erziehung des Menschengeschlechts betrachtet. Mochte die Wendung des E. von Augustin zu Origenes durch Hieronymus angeregt sein, er übertrug damit die Tendenzen eines vom lateinischen zum griechischen Altertum fortschreitenden Humanismus auf die Theologie.

Die Konzeption des E. wurde geistesgeschichtlich wirksam, weil er versuchte, das mittelalterliche geistlich-weltliche Gemeinwesen der respublica christiana als Bildungsgemeinschaft an der philosophia Christi zu normieren. Diese wird soziologisch verstanden als die Philosophie des christlichen Volks, das in der geistlichen Ordnung Kirche, in der weltlichen christliche Gesellschaft ist. Die Kirche ist wohl sakramentale Lebensgemeinschaft, aber kaum mehr sakramentale Heilsanstalt. Da die sakramentale Gnade auf Grund der Erlösung vor allem zur Verwirklichung der Lehre Christi anleitet, wird das Sakrament, an erster Stelle die Eucharistie, ohne daß die wirkliche Gegenwart von Christi Fleisch und Blut geleugnet wird, zum Symbol der christlichen Gemeinschaft, auf dessen geistigem Empfang die Gnade ruht. Erst in der entsprechenden Gesinnung wird der Gläubige der empfangenen Gnade gewiß. Ihr äußeres Zeichen ist die Verwirklichung der christlichen Gesellschaft, die dadurch entsteht, daß der sehr aufgeklärt gedachte natürliche Gesellschaftsverband und mit ihm das Prinzip des allgemeinen Nutzens am Ruhme Christi orientiert werden. Das universale geistliche Imperium wird zur Erziehungsanstalt auf Christus hin umgedeutet, das weltliche Imperium durch einen christlichen Bund gemäßigt regierter Wohlfahrtsstaaten ersetzt. An die Stelle des scholastischen Stufensystems tritt ein System konzentrischer, frei um den gleichen Mittelpunkt beweglich gedachter Kreise, deren Seele der consensus omnium über das mit der philosophia Christi gegebene christliche Gesellschaftsideal ist.

Im Denken des E. verbinden sich ihrer Herkunft nach mystische mit individualistisch-aufgeklärten Zügen. Das letzte Ziel ist mystisch gedacht, die Form aber, in der das Reich Gottes als allgemeines Friedensreich schon in der irdischen Gesellschaft durch Bildung der öffentlichen Meinung und durch Toleranz verwirklicht werden soll, zeigt die Umbildung des religiösen Gedankenguts zu einem aufgeklärten Kulturideal. Die alten Mächte werden nicht zuletzt deshalb auf ihre Ursprünge zurückgeführt, um sie im consensus verankern zu können.

E. trug seine Gedanken nicht mehr in der scholastischen Form, sondern im Essay, im Aphorismus, der ungezwungenen Abhandlung des Encomion oder der Diatribe vor. Seine wirksamsten Waffen, mit denen er die Auswüchse des spätmittelalterlichen Systems bekämpfte, waren die Satire und die historisch-philologische Kritik. Mit beidem wirkte E. auflösend, da sich die negativen Elemente seiner Kritik durchschlagender erwiesen als die positiven, mit denen er die philosophia Christi normgebend in die Mitte von Kirche und Welt rücken wollte.

Die Nachwirkung des E. war keine geschlossene, weil die Spaltung der Kirche und der Zerfall der respublica christiana keine einheitliche Wirkung mehr zuließen, aber dennoch breit und dauerhaft. Sein spiritualer Gedanke fand in Deutschland, Italien und Spanien ein lebhaftes Echo. Während die Kirche der Gegenreformation sein Werk auf den Index setzte, so daß es nur in den »italienischen Häretikern« noch wirkte, fand es in Spanien in der Naturrechtslehre der Schule von Salamanca einen Nachhall. Luther hat seine Theologie weithin am Gegensatz zu E. entwickelt; andererseits wurde die NT-Ausgabe des E. zur Grundlage der Lutherschen → Bibelübersetzung (: IV, 2) und des prot. Textus receptus (→ Text und Textkritik: II). Über → Melanchthon hat E. auf das erste Bündnis des Protestantismus mit der Kultur gewirkt. Auch sonst haben viele Reformatoren über E. den Weg zu Luther gefunden. Besonders waren die Oberdeutschen (→ Bucer, → Ökolampad, → Zwingli) von E. beeinflußt. In den prot. → Konkordienformeln und in den → Einigungsbestrebungen (: II) der Konfessionen leben erasmische Gedanken ebenso fort wie bei den humanistischen Einzelgängern zwischen den Parteien. Die → Anglikanische Kirche (: I) hat sich auf E. berufen. In den → Niederlanden (: I), wo die freiheitlichen Gedanken des E. den Aufstand gegen Spanien und den Widerspruch gegen den calvinistischen Dogmatismus (→ Coornheert, → Arminius, Hugo → Grotius) nährten, brachte Joh. → Clericus 1703-06 die letzte Gesamtausgabe der Werke heraus. E. hat auf die → Aufklärung (: III, 1) befruchtend eingewirkt, wenn auch deren Denkform eine völlig andere war; E. war nicht der »Voltaire des 16. Jh.s«. Vielmehr verselbständigten sich in Rationalismus, Pietismus und Humanismus Motive, die E. innerhalb der alten Kirche noch im Ausgleich zu halten versucht hatte. Die liberale Theologie (→ Dilthey, → Troeltsch, Wernle) hat in E. einen ihrer Ahnen gesehen, ihn freilich zu nahe an die Aufklärung herangerückt und seine Abneigung gegen die scholastischen Dogmen und die metaphysische Spekulation mit einem schlechthin undogmatischen und innerweltlichen Christentum verwechselt. In jüngster Zeit haben seine Friedensappelle die Aufmerksamkeit auf sich gezogen.

Opera omnia, ed. B.RHENANUS, 9 Bde, Basel 1540; ed. J.CLERICUS, 11 Bde, Leiden 1703-06; Opuscula. A Supplement, ed. W.K.FERGUSON, Haag 1933; Ausgew. Werke, hg.v. H.HOLBORN, 1933; Opus Epistolarum, ed. P.ST.ALLEN, 11 Bde, Oxford 1906-47; De libero arbitrio Diatribe sive Collatio, hg.v. J.v.WALTER, (1910) 1935^2; Encomium Moriae, Basler Ausg. von 1515 mit den Randzeichnungen von H.Holbein, hg.v. H.A.SCHMID, Basel 1931; Inquisitio de fide, ed. C.R.THOMPSON, New Haven 1950; The Poems, ed. C.REEDIJK, Leiden 1956. - Zur Bibliogr. vgl. F.v.D.HAEGHEN, Bibliotheca Erasmiana, 7 Bde, Gent 1897-1911 (unvollendet) - SCHL. 5492-5845. 46065-187. - Übersetzungen: W.KÖHLER, Briefe (Auswahl), (1938) 1956^3 - O.SCHUMACHER, Vom freien Willen, (1940) 1956^2 - H.SCHIEL, Vertraute Gespräche, 1947 - DERS., Handbüchlein des christl. Streiters, 1952 - A.GAIL, Auswahl (aus den Schriften), 1948 - K.v.RAUMER, Klage des Friedens (Ewiger Friede, 1953).

Lit. bei SCHL. Ergänzend (nur selbständige Werke): J.HUIZINGA, E., 1924; dt. v. W.KAEGI, Basel (1928) 1951^4 - M.BATAILLON, E. et l'Espagne, Paris 1937 - A.RENAUDET, Etudes Erasmiennes, Paris 1939 - DERS., E. et l'Italie, Genf 1954 - K.A.MEISSINGER, E., (1942) 1948^2 - W.RÜEGG, Cicero u. der Humanismus. Formale Unters.en über Petrarca u. E., Zürich 1946 - K.SCHLECHTA, E., 1946 - R.NEWALD, E., 1947 - N.PETRUZZELLIS, E. pensatore, Neapel 1948 - W.E.CAMPBELL, E., Tyndale and More, London 1949 - M.MANN PHILIPPS, E. and the northern Renaissance, London 1949 - A.FLITNER, E. im Urteil seiner Nachwelt, 1952 - A.AUER, Die vollk. Frömmigkeit des Christen nach dem Enchiridion militis christiani des E.v.R., 1954 - K.SCHÄTTI, E.v.R. und die Röm. Kurie, 1954 - E.TELLE, E. et le septième sacrement, Genf 1954 (monastisch) - L.BOUYER, Autour d'E., Paris 1955 (zu A.Renaudet) - S.A.NULLI, E. e il Rinascimento, Turin 1955 - H.TREINEN, Studien zur Idee der Gemeinschaft bei E., 1955 - J. LINDEBOOM, E., 1956 - R.PADBERG, E. als Katechet, 1956 - J.P.DOLAN, The influence of E., Witzel and Cassander in the church ordinances and reform proposals of the united duchees of Cleve during the middle decades of the 16th century, 1957 - F.W.KANTZENBACH, Das Ringen um die Einheit der Kirche im Jh. der Reformation, 1957 - W.KAEGI, E. and the age of reformation, New York 1957 - NDB IV, 1958. *O.Schottenloher*

Erastus (Lüber), *Thomas* (1523 [1520?] bis 1583), Student in Basel 1542-44, in Bologna bis 1553, dann Leibarzt der Grafen von Henneberg, seit 1558 Prof. der Medizin in Heidelberg, 1559-64 auch im Kirchenrat. Hier war er führend im Kampf gegen → Heßhus, nicht unbeteiligt an der Hinwendung Kurfürst Friedrichs III. von der → Pfalz zum ref. Bekenntnis, maßgebend bei dessen Durchsetzung an der Universität und in der Landeskirche. In enger Verbindung mit Zürich (→ Bullinger) hat er die Einführung des → Heidelberger Katechismus durch eine zwinglianisch gehaltene Abendmahlsschrift unterstützt, zugleich aber der von → Olevian und den Calvinisten betriebenen Kirchenzucht nach Genfer Vorbild widerstanden und erreicht, daß die Pfälzer Kirchenzuchtordnung von 1570 nur als Hilfsorgan der staatlichen Sittenpolizei ein kirchliches Presbyterium zuließ, eine kirchliche Gerichtsbarkeit also verhinderte. Zeitweilig in großer Bedrängnis, weil seine Feinde ihn in den antitrinitarischen Prozeß gegen → Neuser und → Sylvan zu verwickeln suchten, hat er sich doch behauptet, bis er 1580 der Lutheranisierung der Universität unter Ludwig VI. weichen mußte; † in Basel. In seiner 1569 vollendeten und 1589 in England unter John → Whitgifts Einfluß edierten Explicatio gravissimae quaestionis hat er noch vor → Bodin eine Souveränitätslehre entwickelt, die die Kirche völlig der Rechtsgewalt des Staates unterwirft und deren kirchenpolitische Konsequenzen in England und Schottland unter dem Namen Erastianismus lange nachgewirkt und auch das ev. Kirchenrecht auf dem Festland beeinflußt haben.

J.HECKEL, Cura religionis, ius in sacra, ius circa sacra (KRA 117/118, 1938, 290-294) - H.KRESSNER, Schweizer Ursprünge des anglikanischen Staatskirchentums (SVRG 170), 1953 - R.WESEL-ROTH, Th.E., 1954 (Lit.) - R.HERMANN, Die Probleme der Exkommunikation bei Luther u. Th.E. (ZSTh 23, 1954, 103-136). *W.Maurer*

Erb (Erbe), *Matthias,* * 1494 in Ettlingen, † 1571 in Rappoltsweiler. In Bern humanistisch gebildet, wandte er sich schon 1520 der Reformation zu, war 1531 Feldprediger der bernischen Truppen im Krieg gegen die kath. Kantone und wurde später, durch → Bucer und → Hedio empfohlen, von Markgraf Bernhard III. von Baden an die Kirche zu Baden berufen. 1536 Schulmeister in Gengenbach. Graf Georg, Bruder Ulrichs von Württemberg, holte ihn in die Württemberger Herrschaft Reichenweier und Horburg im → Elsaß, wo er die Reformation nach Straßburger Vorbild durchführte (1538ff). Nach Georgs Tod (1558) verlor er 1560 als Gegner der von Herzog Christoph eingeführten luth. Kirchenordnung sein Amt. Seit 1561 lebte E. bis zu seinem Tode in Rappoltsweiler.

Zu E.s Predigten, Abhandlungen, Übersetzungen (Bibliothek zu Colmar, Schlettstadt) u. Briefen (Basel, Straßburg) vgl. Prot. Kirchen- u. Schulblatt für das Elsaß, 1838, 193. - K.F.VIERORDT, Gesch. der ev. Kirche in Baden I, 1847, 318 - T.W.RÖHRICH, Mitt. aus der Gesch. der ev. Kirche des Elsasses III, 1855, 255ff - ADB VI, 184 - H.ROCHOLL, M.E. (Beitr. zu Land- u. Volkskunde v. Elsaß-Lothringen 26), Straßburg 1900 - JOH.ADAM, Ev. KG der elsäss. Territorien, Straßburg 1928 - RGG^2 II, 211 - H.NEU, Pfarrerbuch der ev. Kirche Badens II, 1939, 143. *F.Hauss*

Erbauung

1. Im NT - 2. Grundsätzliches zum kirchlichen und theologischen Sprachgebrauch

1. Der kirchliche Terminus E. hat seine Prägung nicht so sehr vom NT als vom → Pietismus erhalten, wo er die Pflege des religiösen Innenlebens ausdrückte. Neben dem real-technischen Sinn hat das Wort den übertragenen Sinn »fördern, stärken« erhalten. 1Kor 10, 23 wird es mit »förderlich sein«, 1Thess 5, 11 mit »ermahnen« zusammen gebraucht. Wenn bei E. vom Fundament (Mt 16, 18; Röm 15, 20; 1Kor 3, 10; Eph 2, 20) oder von Steinen (1Petr 2, 5) gesprochen wird, so zeigt dies, daß das Bild noch im Wortgebrauch lebendig ist. Bei E. handelt es sich im NT nicht um Förderung des religiös-sittlichen Lebens des einzelnen, sondern Gegenstand und Ziel der E. ist die Gemeinde (Mt 16, 18; Apg 9, 31; 1Kor 14, 5. 12; Eph 4, 12). Diese wird dadurch erbaut, daß Außenstehende für Christus gewonnen (Röm 15, 20f) und die zu ihr Gehörenden gestärkt werden (1Kor 14, 3; 1Thess 5, 11). Zwar spricht das NT auch von E. des einzelnen (Apg 20, 32; Röm 15, 2; 1Kor 14, 17; 1Thess 5, 11), versteht diese aber nicht individualistisch. Die im Pietismus so geläufige Wendung »sich erbauen« ist 1Kor 14, 4 abwertend gebraucht. Jud 20 (= sich auf dem allerheiligsten Glauben erbauen) nimmt wie die ganze Epistel eine Sonderstellung ein. Nach 1Kor 8-10 besteht das Wesen der E. darin, daß man auf alles egoistische Sicherbauen verzichtet und den Nutzen des andern sucht. Auch wo die Gemeinde nicht direkt als Objekt der E. genannt ist, ist sie mitenthalten; denn der einzelne ist Glied am Leib, und wenn einer den andern erbaut, so fördert er die Gemeinde. Der Erbauende ist Gott (Apg 20, 32) bzw. Christus (Mt 16, 18), welcher Aposteln (Röm 15, 20), Propheten (1Kor 14, 4) und andern (Röm 15, 2; 1Kor 3, 10f; Eph 4, 29; 1Thess 5, 11) die Vollmacht dazu erteilt (2Kor 10, 8; 13, 10). Die E. erfolgt primär im Gottesdienst (1Kor 14, 26). Sie ist so sehr mit dem Wort verknüpft (1Kor 14, 3), daß Verkündigung und E. synonym gebraucht werden können (Röm 15, 20). Aber die E. geschieht nicht nur im Kultus. Jedes Wort, das der Christ redet, soll der E. dienen (Eph 4, 29), und wer dem Bruder zuliebe auf seine Freiheit verzichtet, der erbaut durch sein Verhalten ebenfalls (1Kor 8-10).

H.CREMER, Über den bibl. Begriff der E., 1863 - H.BASSERMANN, Über den Begriff E. (ZprTh 4, 1882, 1-22) - H.M.SCOTT, The Place of οἰκοδομή in the NT Worship (The Princeton Theological Review 2, 1904, 402-424) - C.TROSSEN, Erbauen (ThGl 6, 1914, 804 bis 812) - Ph.VIELHAUER, Oikodome (Diss. Heidelberg), 1939 - P.BONNARD, Jésus Christ édifiant son Eglise, 1948 - ThW V, 139ff.

G.Friedrich

2. a) Für eine genetische Aufhellung des neueren Wortgebrauchs von E. bedürfte es der Sichtung eines schwer eingrenzbaren frömmigkeits- und literaturgeschichtlichen Materials, die weitgehend auch die Quellen zweiten und dritten Ranges heranziehen müßte. Der tatsächliche Sprachgebrauch ist an der neueren Wortprägung → »Erbauungsliteratur« unmittelbar anschaulich: E. ist Inbegriff der Hilfen zu Stärkung und Wachstum persönlichen Christseins. *Dieses* Verständnis von E. kommt historisch in erster Linie von pietistischen Einflüssen her. → Spener, vor ihm schon → Großgebauer und andere Reformer haben die nt. Bildrede neu in Umlauf gebracht, in dem Spezialsinn der aedificatio mutua, die innerhalb der Entfaltungsbreite des nt. Begriffs (s. 1) ihren festen Platz hat (1Thess 5, 11; Röm 14, 19; 15, 2 usw). Wechselseitige E. der Christen und, ihr dienend, differenzierte Seelsorgeformen, das ist im Prinzip nichts anderes als Luthers »mutuum colloquium et consolatio fratrum« (ASm III, 4). Diesen Ansatz nahmen die pietistischen collegia pietatis, Erbauungsversammlungen usw auf. Der verbreitete, dogmatisch untermauerte Widerwille gegen solche aedificatio mutua entsprang weniger der Sorge um den ekklesiologischen Urbegriff von E. als dem ängstlichen Haften an einem institutionellen Verständnis der Kirche und der Gnadenmittel.

b) Im Zusammenhang jener auf »persönliches Christentum« drängenden Impulse gewann auch die *»Selbst-E.«* des einzelnen feste Umrisse, vor allem in planmäßigem Lesen der hl. Schrift und der E.sliteratur. Auch diese Selbst-E. ist wohl fundiert, vorausgesetzt, daß sie in die E. der Gemeinde »eingeschlossen« bleibt (K.Barth). Eben hier hat, durch die pietistische ecclesiola und »Seelenpflege« erst mittelbar vorbereitet, seit dem 18.Jh. eine Abspaltung, eine Desintegration eingesetzt. Mehr ihre Spiegelung als ihr Ursprung ist ein individualistisch-gefühlhafter Fehlbegriff von E., ein Ineinsfließen von E. und ästhetisch-idealistischem Selbstgenuß, genährt an den ihm gemäßen spirituellen Genußmitteln, ferner eine gruppenbildende Suggestion der Geschmacksnormen für solche Mittel, schließlich die Unterwerfung der »gemeinsamen Andachtsformen« des Gottesdienstes unter den Maßstab der »Erbaulichkeit« für »mich« bzw. für den seelischen Typus, der dieser frommen Genußmittel bedürftig ist. - Wie es zu dieser psychologistischen Entartung des Begriffs E. gekommen ist, läßt sich weder mit kirchen- noch mit geistesgeschichtlichen Deduktionen (so beliebt sie sind) zureichend erklären. Nicht »Aufklärung«, auch nicht »Romantik« ist die Zauberformel, die diese zumeist unterschwellig laufenden Zusammenhänge aufschlösse. Am dichtesten an sie heran führen seelengeschichtliche Studien (→ Frömmigkeit). Die Wurzeln der Sentimentalität und des reflektierten Persönlichkeitsbewußtseins (→ Persönlichkeit) sind auch die Wurzeln dieses Irrbegriffs von E.

c) Das Ergebnis heute liegt zutage: E. ist eine heillos verschlissene, dem Sprach- und Vorstellungsbereich der Christenheit fremde, ja ärgerliche oder lächerliche Vokabel geworden. Ihr ist schwerlich aufzuhelfen. Desto wichtiger ist, daß die *Sache*, die der personal-reziproke Sondergebrauch des Wortes im NT meint, in der Katastrophe der Vokabel nicht mit umkommt. Ersatzvokabeln (→ »Andacht« und verwandte Wörter) sind kaum weniger abgenutzt. Geschätzt werden dafür heute Leitbegriffe wie »geistliche Übung«, »Zucht« und vor allem »Ordnung«, zB täglichen Schriftlesens und Gebets. So wird die legitime Selbst-E. mit dem kirchlichen, speziell gottesdienstlichen Urbegriff der E. wieder integriert. - Unter der Herrschaft des Subjektivismus bezog man den Gemeindegottesdienst mehr oder weniger unwirsch in das Vorfeld des Eigenraumes E. ein. Umgekehrt werden heute Selbst- und Wechsel-E. mit den Zwischengliedern der Hausandacht usw dem »Gottesdienst« als Nebenformen beigeordnet. Vom nt. Urbegriff E. her mag dies theologisch so ziemlich in Ordnung sein. Doch die Versuchung eines ekklesiologisch-liturgischen Totalitarismus ist kaum geringer als die subjektivistische. Das Christentum (der Leib Christi) bindet den kirchlichen und den personalen Aspekt zu wesenhafter Einheit zusammen. Die unentwegte Abfertigung einer subjektivistischen Karikatur von E., dies Hauptrequisit des kirchlichen Journalismus (auf Kanzeln, Kirchentagen, auch Kathedern), droht die *personale* Linie des Christentums außer Sicht zu drängen. → Kierkegaards heute neu gehörtes Prophetenwort, die Wiederentdeckung des »Einzelnen vor Gott«, auch sein Mißtrauen gegen das Christentum der Institution könnten dazu helfen, von dem abusus der E. in jener abgetanen Erbaulichkeit die unaufgebbare *Sache* der Selbst- wie der Wechsel-E. redlicher zu unterscheiden, als es heute Brauch ist. Wie diese Sache evangelisch gültig in den Urbegriff der E. eingefügt ist, darüber können heutige Theologen sich von K.Barth desto williger belehren lassen, als er den biblischen Ursinn von E. mit einer Plerophorie ohnegleichen dogmatisch entfaltet, ja beinahe predigt.

C.I.NITZSCH, Prakt. Theol. I, 1859², §§ 29. 30 - TH.HARNACK, Prakt. Theol. I, 1877, §§ 2. 4 - M.KÄHLER, Die Wissenschaft der christl. Lehre, (1883) 1905³, § 675ff - BARTH, KD IV/2, § 67 Abs. 1. 2.

M.Doerne

Erbauungsliteratur

1. Zum Begriff: a) Ursprung - b) Literarische Prägung - c) Wesen - 2. Zur Geschichte der kath. E.L. - 3. Zur Geschichte der ev. E.L. - E. = Erbauung, E.L. = Erbauungsliteratur

1. In dem Begriff E.L. sind zwei Vokabeln miteinander verbunden, die beide Beachtung erfordern, wenn Wesen, Gestalt und Geschichte dieses Schrifttums verständlich werden sollen: E. und Literatur. Dabei ist von vornherein zu bedenken, daß durch die Verkoppelung notwendigerweise nach beiden Seiten hin eine Einschränkung der allgemeinen Bedeutung erfolgt. E. interessiert hier nur, sofern sie literarisch wirksam geworden ist, und Literatur nur, insoweit sie der E. dienen will.

a) Es läge nahe, die Vokabel → »Erbauung« (, 1) mit der Tätigkeit des Bauens in Verbindung zu bringen und im übertragenen Sinne - wie Paulus - auf den Bau des geistlichen Hauses anzuwenden (vgl. ThW V, 142ff). Für die Frühzeit, ja auch noch in der Kirche des MA mag das zutreffen. In diesem Sinne haben neben den zahlreichen Abschriften der nt. Schriften die → Märtyrerakten und Heiligenlegenden (→ Hagiographie) erbaulich gewirkt. Eine grundlegende Änderung tritt aber mit der Erfindung des Buchdrucks ein. Erst jetzt stellen sich die uns geläufigen Kennzeichen des Literarischen ein, die der geistigen Gestalt der E.L. das Gepräge geben. Der nt. Begriff des Bauens tritt damit zurück; bestimmend wird jetzt das at. Bild der Bebauung des Ackers (Gen 2, 5. 15; Jer 1, 10; 12, 16): Frucht und Ernte - geistliche Nahrung für den Hunger des Herzens nach dem Worte Gottes - soll entstehen. Zu verweisen ist in diesem Zusammenhang auf die Weingarten-Gleichnisse des AT (Jes 5, 1ff; Jer 2, 21; Ps 80, 9ff; Ez 15; 17, 6ff; Hos 10, 1) und des NT (Mt 21, 33ff; Joh 15, 1ff), ferner auf das Gleichnis vom viererlei Ackerfeld (Lk 8, 4ff). Nicht zufällig begegnen in der älteren E.L. Lieblingswendungen wie

»Pflanzen« und »Bessern«, »Same des Wortes«, »Herzbüchlein« u.ä.

b) Auf die *literarische Prägung* gesehen, wendet sich die E.L. nicht in erster Linie an die gottesdienstliche Gemeinde, sondern allgemein an den christlichen Leser. Der Verfasser eines Buches ist nicht mehr Prediger, sondern Schriftsteller, und seine »Gemeinde« ist ein Lesepublikum. Die lebendige Stimme in der gottesdienstlichen Verkündigung wird durch den Buchstaben ersetzt, und die konkret anwesende Gemeinde verschwindet in der Anonymität. Der Entscheidungscharakter des Predigt-Gottesdienstes wird dadurch zugleich objektiviert. Charakteristisch dafür sind →Tersteegens »Geistliche und erbauliche Briefe über das inwendige Leben und das wahre Wesen des Christentums« (1773). Der 1. Brief Tersteegens läßt das besondere Problem des E.sschriftstellers deutlich werden: »Ihr habt mich einige Male ersuchen lassen, einige Zeilen an euch zu schreiben. Weil mir aber sowohl eure äußere Person als auch eure innere Seelen-Beschaffenheit unbekannt war, so ist es bis jetzt verschoben worden.« Der Anonymität des Lesers sucht die E.L. gern dadurch abzuhelfen, daß sie sich, wie → Thomas a Kempis, bei der Meditation des Dialogs bedient (so auch u.a. → Arnd, → Löhe, → Tholuck; vgl. Schellbach 124). Auch der Brief, der Spruch, ja sogar das Gedicht dienen dem Zweck, die geistliche Aussage aufzulockern und dadurch dem anonymen Leser anziehender zu machen. So hat die E.L. ihre eigenen Gesetze, die sich vom gesprochenen Wort des Predigers und von seinem Gegenüber, nämlich der im gottesdienstlichen Raum anwesenden, zuhörenden und in Gebet und Gesang antwortenden Gemeinde deutlich unterscheiden.

c) Von daher läßt sich über das *Wesen* der E.L. folgendes sagen: Es handelt sich um ein Schrifttum, das der *Förderung und Pflege geistlichen Lebens* dienen soll. Sofern geistliches Leben nur durch den Geist Gottes erweckt, entfaltet und gestärkt werden kann, enthält die E.L. ein pneumatisches Element, welches über das dem Menschen mit seinen natürlichen Gaben und Kräften Zugängliche und Verfügbare hinausweist (1Kor 2, 14). Die E.L. ist an Gottes Wort gebunden. Sie will das Wort Gottes in den Herzen der Menschen anbauen und einpflanzen, so daß es Frucht bringt im Reiche Gottes. Dies geschieht, indem sie das Wort Gottes auslegt und in freier Weise vergegenwärtigt, veranschaulicht und entfaltet. - Die E.L. übernimmt dabei eine *seelsorgerliche Funktion*. Den Schwachen, Schwankenden, Angefochtenen möchte sie in ihren Gebeten, Betrachtungen, Bildern, Gesprächen als geistliche Speise dienen, durch die ihre Seele getröstet und aufgerichtet wird. Den Suchenden, Zweifelnden und Fragenden geht sie nach, um ihnen durch Lehre und Beispiel Glaubensgewißheit zu schenken. Die Müden und Verzagten richtet sie auf, indem sie ihr Herz mit neuer Hoffnung und Zuversicht erfüllt. - Die E.L. enthält ferner ein *dogmatisch-ethisches Element*, das von der Einheit und Ganzheit der Lehre ausgehend die Glaubenswahrheit in engste Verbindung zur persönlichen Existenz des Angesprochenen bringt. Sie will den Menschen durch cogitatio, meditatio, contemplatio über das Irdisch-Vergängliche und die damit verbundene Gefährdung und Bedrohung seiner Existenz hinaus zur Gotteskindschaft leiten. - Bei alledem handelt es sich um ein *praktizierendes Christentum*. In der »Schola pietatis« (1622) Johann → Gerhards heißt es: »So hat der hl. Apostel Paulus seinem Jünger Timotheus unter anderem eine solche Regel geschrieben (1Tim 4, 8): Übe dich selbst an der Gottseligkeit, denn die leibliche Übung ist wenig nütze, aber die Gottseligkeit ist zu allen Dingen gut und hat die Verheißung dieses und des zukünftigen Lebens.«

Lit. s. 3. *F.Bartsch*

2. Neben der Gemeinschaftsfrömmigkeit, wie sie in der → Liturgie (: III) lebte, stand seit der christlichen Frühzeit eine Individualfrömmigkeit mit eigenen Ausdrucksformen. An der Grenze der beiden stehen die → Märtyrerakten und die Mönchsviten (→ Hagiographie), die Eingang in die Liturgie der Heiligenfeste fanden. Die planmäßige Pflege der Askese und des kontemplativen Gebets im *östlichen* → Mönchtum (: II) führte zur Entstehung eines Schrifttums, das der Anleitung zum mystischen Innenleben diente. Werke des → Makarius (, 1), → Evagrius Ponticus, → Nilus Sinaita, → Diadochus, → Johannes Klimakus, → Isaak von Ninive, und im zweiten Jt. → Symeon des Neuen Theologen, des Nikolaus Kabasilas, Gregor Sinaita und → Gregor Palamas fanden nicht nur in Mönchsklöstern, sondern auch in Laienkreisen Verbreitung, insbesondere durch die Anthologie des Athosmönches Nikodemus Hagiorites → »Philokalia« (1782). Da die östliche Gebetsfrömmigkeit (→Gebet: V. VI) aufs engste mit der liturgischen zusammenhing, kam individuellen Gebetssammlungen, zB den »Göttlichen Liebeshymnen« Symeons des Neuen Theologen, nur ein sekundärer Platz zu.

Im *Abendland* entstand eine individuelle E.L. zuerst in der vom Osten beeinflußten irischen Mönchskirche (→ Irland: I). Zu privaten Sammlungen von → Litaneien und Gebeten, bes. den »Panzergebeten« (Gebeten um Schutz zu Gott und den Heiligen), kamen Märtyrererzählungen und Homilien. In den Kirchen des Festlandes bildete zunächst der Psalter (→ Psalmen: II, 1) das Gebetbuch der Laien. Er wurde schon in der karolingischen Zeit teils in einem Anhang, teils in selbständigen Gebetbüchern ergänzt durch biblische → Cantica, Litaneien sowie Gebete für die einzelnen Lebenslagen, die großenteils Kirchenvätern entnommen wurden: Morgen- und Abendgebete, Gebete beim Betreten und Verlassen der Kirche, für Verstorbene, Reisende, gegen Feinde usw. Diese Gebetsammlungen, deren Typus vom 8.-12.Jh. ziemlich feststand, bildeten den Ausgangspunkt für die mittelalterliche Gebetbuchliteratur. Eines der ältesten → Gebetbücher (libelli precum) hat → Alkuin zum Verfasser.

Die Laienpsalterien wurden im 13.Jh. von einem neuen Typus abgelöst, den *»Stundenbüchern«* (horae, livres d'heures; → Stundenbuch), in welchen die liturgischen Tagzeiten unter bestimmten Gesichtspunkten variiert werden (»Offizien« der hl. Dreifaltigkeit, des Kreuzes, des hl. Geistes, der Eucharistie und der Gottesmutter). An die Tagzeitengebete reihen sich Gebete für die verschiedensten Anliegen, bes. Beicht-, Kommunion- und Sterbegebete, Gebete für Tote und an Heilige. Allenthalben zeigt sich vom 12.Jh. an der Einfluß der → *Mystik* (: VI), zumal der Passionsmystik. Die mystischen Gebete → Anselms von Canterbury, der Zisterzienserinnen →Gertrud von Helfta und →Mechthild von Hackeborn, der Begine → Mechthild von Magdeburg, Meister → Eckeharts, → Seuses und → Birgittas von Schweden fanden weite Verbreitung. Daneben stehen Anweisungen zum geistlichen Leben, zB das Breviloquium und Itinerarium → Bonaventuras, Betrachtungen über das Leben und Leiden Jesu, zB die des → Ludolf von Sachsen, sowie Heiligenlegenden, ferner Erklärungen der Epistel- und Evangelientexte (→ Plenarien, → Postillen), der zehn Gebote, der Psalmen, des Vaterunser, des Glaubensbekenntnisses, der Messe, sowie Beichtspiegel und Sterbebüchlein (am bekanntesten Ars moriendi, 1470). Mit Gebeten verbundene Meditationen über das innere Leben und das Altarsakrament bilden den Inhalt des meist verbreiteten kath. E.sbuches, der Imitatio Christi des →Thomas a Kempis.

Unter dem Einfluß dieser verschiedenen Literaturformen kristallisierte sich im *ausgehenden MA* ein neuer Gebetbuchtypus heraus, der durch den Druck weit größere Verbreitung in Laienkreisen fand als Psalterien und Stundenbücher. Auf den Grundton der kontemplativen Mystik gestimmt, stellt er ein förmliches Kompendium der Meditation und des Gebets dar. Das »vollendetste Gebetbuch für den Gebrauch des MA« (Hasak) ist der Hortulus animae (gedruckt 1505). Auch die meisten anderen um 1500 gedruckten E.sbücher tragen einen solchen bildhaften, fast spielerischen Titel, wie »Herzensmahner«, »Schatzbehalter«, »Andächtiges Zeitglöcklein«, »Seelenwurzgarten«, »Granatapfel«, »Himmelsstraße«, »Die 24 güldenen Harfen«, »Seelenparadies«, »Arche Noah«. Auch Anthologien von Gebeten mittelalterlicher Frommer wurden herausgegeben, zB Johann von → Staupitz' »Von der Nachfolge des willigen Sterbens Christi« (1523).

In der → *Gegenreformation* prägte sich der mystisch-individualistische Typus des Andachtsbuches weiter aus. Das in allen Lebenslagen hilfreiche Gebetbuch war eines der Mittel, mit welchen der gegenreformatorische Katholizismus in der Laienfrömmigkeit sich verankerte. Neben humanistischen Gelehrten wie → Erasmus gaben zahlreiche jesuitische Glaubenskämpfer, an der Spitze → Canisius, solche E.s- und Gebetbücher unter oft blumigen Titeln heraus. Über die Grenzen Spaniens hinaus fanden die Werke der Mystiker → Petrus von Alcantara und → Ludwig von Granada über das Gebet und die Meditation Verbreitung. Die Exercitia spiritualia des Ignatius von → Loyala wurden zum Modell der religiösen Psychotechnik auch in Laienkreisen. Die durch ihre Milde und Weltförmigkeit gekennzeichneten geistlichen Anweisungen des Genfer Bischofs → Franz von Sales (Introduction à la vie dévote, oder kurz: Philothea, 1609; Traité de l'amour de Dieu, oder: Theotimus, 1616) fanden viel Anklang in der damaligen Bildungswelt. Einflußreich waren auch der »Geistliche Kampf« des Theatiners Scupoli wie die Via compendii ad Deum des Kardinals Bona. Hingegen erlangten die quietistischen Gebetsanweisungen des Miguel → Molinos und der Madame de la Mothe → Guyon nur vorübergehende Beachtung. Immerhin übte sowohl die jesuitische wie die quietistische E.L. einen starken Einfluß auf die ev. Frömmigkeit aus. Luth. Gebetbücher übernahmen die mystisch-kath. Gebete ohne, anglikanische mit Quellenangabe. Bis in die untersten Volksschichten drangen die leicht faßlichen E.sbücher des Kapuziners → Martin von Cochem (»Himmelsschlüssel«, »Wohlriechender Myrrhengarten«) und des Prämonstratensers → Goffiné (Handpostille), die noch zu Beginn dieses Jh.s viel benutzt wurden; nach dem Namen des letzteren wurde jede Postille »der Goffine« genannt.

In der *Aufklärungszeit* wurde die bisherige E.L. durch einen neuen rationalistisch-moralistischen Typus des Gebetbuches zurückgedrängt. Beispiele hierfür sind → Werkmeisters »Deutsche Messe« (1786), → Deresers »E.sbuch für alle Christen« (1790), Ph.J.Brunners »Neues Gebetbuch für aufgeklärte kath. Christen« (1801) sowie das Gesang- und Andachtsbuch des Konstanzer Generalvikars von → Wessenberg (1812). Über die Aufklärungszeit hinaus wirkte das Gebetbuch Joh.Michael → Sailers (1783) bis tief ins 19.Jh. hinein. In der Reichhaltigkeit mit den spätmittelalterlichen Gebetbüchern vergleichbar, verbindet es edelstes Aufklärungschristentum mit tiefer evangelischer Erfahrung. Sein Geist lebte weiter in dem Andachtsbuch des Schweizer altkath. Bischofs Eduard → Herzog »Gott ist die Liebe« (1914).

Durch die → *Restaurations-Bewegung* wurde im 19.Jh. der spätmittelalterliche und nachreformatorische Gebetbuchtypus wieder lebendig. Neben den kompendienartigen allgemeinen Gebetbüchern stehen besondere Gebet- und Betrachtungsbücher für die Andacht zum leidenden und eucharistischen Christus, zur Gottesmutter und zu einzelnen Heiligen wie zur Hilfe für die → »armen Seelen« im Fegefeuer. Auch sie tragen großenteils bildhafte Titel wie »Geistliches Senfkörnlein«, »Christliches Palmgärtlein«, »Flammen anbetender Liebe«, »Leidensstunde des Christen«, »Maria Hilf«, »Theresien-Röslein«, »Trost der armen Seelen«, und enthalten süßliche Andachten (zum Jesuskinde, Herzen Jesu, Altarsakrament, zu den fünf Wunden Jesu usw). Zu den privaten Gebetbüchern traten Diözesangebetbücher, welche neben Meßandachten, Andachten für das Kirchenjahr und Gebeten für alle Lebensumstände gottesdienstliche Lieder enthielten. Die Legendenbücher fanden wieder Verbreitung, desgleichen Bücher, in welchen die »Privatoffenbarungen« einzelner Frommer niedergelegt waren wie die Visionen Katharinas von → Emmerick. Auch mystische Schriften des MA wurden in Neuausgaben und Anthologien verbreitet.

Durch die liturgische Bewegung des *ausgehenden 19. und des 20.Jh.s* wurde der individualistische Gebetbuchtypus zurückgedrängt. An die Stelle der privaten Gebetbücher traten die liturgischen Texte der → Messe (: II) und des Breviers (→ Stundengebet); die größte Verbreitung fand das lateinisch-deutsche Meßbuch von Schott (1884). Auf diese Weise wurde das Nebeneinander von Gemeindeliturgie und mystischer Privatandacht überwunden. Die modernen Diözesangebetbücher stellen ein Kompromiß dar zwischen der erneuerten liturgischen Frömmigkeit und den aus dem MA stammenden individualistisch-mystischen Andachtsformen. Die Liturgie wird nunmehr auch zum Textbuch für die private Meditation. Mystische E.sbücher werden heute weniger gelesen als früher. Dagegen hat die volkstümliche marianische Literatur (→ Marienverehrung: I), zumal im Hinblick auf → Lourdes und Fatima (→ Marienerscheinungen), eine ungeheure Ausdehnung erlangt.

V.Hasak, Der christl. Glaube beim Schlusse des MA, 1868 - St. Beissel, Zur Gesch. der Gebetbücher (StML 77, 1909, 28-41. 169 bis 185. 274-289. 397-411) - H.Bohatta, Bibliogr. der Livres d'heures usw des 15. u. 16.Jh.s, (1909) 1924² - F.Hotzy, Zur dt. Gebetslit. des ausgehenden MA (Jahresbericht des Gymnasiums zu Kalksburg), 1913 - P.Pourrat, La spiritualité chrétienne, 4 Bde, Paris (1921-28) rev. Ausg. 1947 - G.Domel, Die Entstehung des Gebetbuches u. seine Ausstattung ... bis zum Anfang des 16.Jh.s, 1921 - R.Windel, Zur christl. E. der vorreformatorischen Zeit, 1925 - H.C.White, English devotional literature 1600-1640, Madison 1931 - M.Hagedorn, Reformation u. spanische Andachtslit. Luis de Granada in England, 1934 - W.Trapp, Vorgesch. u. Ursprung der liturg. Bewegung, 1940 - C.Richstaetter, Christusfrömmigkeit in ihrer histor. Entfaltung, 1949.

F.Heiler

3. a) Das klassische E.sbuch der ev. Christenheit in Deutschland ist bis auf den heutigen Tag die → Bibelübersetzung (: IV, 2) Martin Luthers, insofern sie die hl. Schrift allen Gläubigen zugänglich macht. In ihr ist der Christus Gottes zu finden und damit alles, was zur E. der Christen gehört: Erweckung, Erhebung, Versenkung, Belehrung, Anschauung, Beispiel und Vorbild. - Was Luther wollte, hat sich erst auf lange Sicht erfüllt. Zwar kam ihm die Erfindung des Buchdrucks (→ Buchhandel: II, 1) zu Hilfe. Aber die Bibel blieb zunächst ein teures und seltenes Buch. Das gleiche gilt vom → Gesangbuch (: I), das erst viel später zum Eigentum der Gemeinde wurde. Nur der → Katechismus (: II) fand rasche und weite Verbreitung. So ist denn auch in Verbindung mit ihm als erste E.sschrift der Reformation Luthers »Kurze Form der Zehn Gebote, des Glaubens und des Vater-Unsers« entstanden (1520). Im selben Jahre erscheint Lu-

thers »Tessaradecas consolatoria pro laborantibus et oneratis« (Vierzehn Trostmittel für Mühselige und Beladene - die Zahl ist die der → Nothelfer) für den kranken Kurfürsten Friedrich den Weisen. Es folgt Luthers Betbüchlein (1522), das wie die Trostschrift in immer neuen Auflagen und zT in erweiterten Fassungen nachgedruckt wurde. (Gute Zusammenfassung der erbaulichen Schriften Luthers in: »Luthers Werke für das christliche Haus«, hg.v. G.Buchwald u.a., Bd VI, 1905³.) In G. → Spalatins Gebetbuch (1522) finden sich auch Stücke aus Luthers Schriften, die sich zu Gebeten eignen.

b) Die großen Themen der Reformation werden in der nachreformatorischen Zeit und von der luth. Orthodoxie aufgenommen und immer neu variiert. Joh. → Arnds »Vier Bücher vom wahren Christentum« (1605) - mit teilweise mystisch-asketischem Einschlag - ist dasjenige E.sbuch, das am stärksten in die Weite wirkt: über Deutschland hinaus dringt es nach Schweden, Finnland, Dänemark, Holland, Polen, Amerika, aber auch über die konfessionelle Grenze hinaus in ref., kath. und russisch-orth. Kreise hinein. »Dieser Mann ist neben Schleiermacher der größte Zeitwender in der Geschichte der luth.-prot. Frömmigkeit gewesen, größer auch als Spener« (W.Koepp). Für die luth. Geistlichkeit wurde Joh. → Gerhards (durch Arnd beeinflußtes) Jugendwerk bedeutsam: »Meditationes sacrae ad veram pietatem excitandam«(1606). Bei Val. → Herberger, dem Verfasser einer »Ev. Herzpostille« (1613), findet sich die charakteristische Verbindung von E.sschriftsteller und Liederdichter, wie denn im 17.Jh. überhaupt das nicht für den öffentlichen Gottesdienst bestimmte Haus- → Gesangbuch eine kaum zu überschätzende Bedeutung für die Privat-E. in der Familie und in »pietistischen« Zirkeln gehabt hat. Seit der Mitte des 17.Jh.s gewinnt die englische E.L. durch Übersetzungen, aber auch durch indirekte Anregungen an Einfluß. Chr. → Scrivers E.sbücher (zB »Seelenschatz«, 1675) sind ohne das Vorbild bei Jos. → Hall nicht denkbar. In zahlreichen Übersetzungen erscheinen → Baxters »Ruhe der Heiligen« und → Bunyans »Pilgerreise«. Die 1675 erstmals erschienenen »Pia desideria« Ph.J. → Speners wenden sich denen zu, die bereit sind, der Welt zu entsagen und als die Stillen im Lande ein frommes und sittenreines Leben zu führen. Als literarischer Niederschlag dieses ersten pietistischen Anstoßes entstehen dann in der Folge Lebensregeln zur Pflege des allgemeinen Priestertums, Andachtsbücher, Bekehrungsschriften für einzelne Stände u.a.m. Im 18.Jh. finden die E.sschriften eines → Francke, → Zinzendorf, → Porst, → Tersteegen, J.J. → Rambach, → Schmolck, → Bengel, → Woltersdorf, → Oetinger weite Verbreitung. Der Frankfurter Joh.Fr. → Starck, der mehr als 1000 geistliche Lieder verfaßte, gab 1727 seine »Täglichen Andachten in guten und bösen Tagen«, 1743 »Das gottgeheiligte Herz und Leben eines wahren Christen« heraus, die dem Leser die Katechismus-Wahrheiten in durchaus schlichter Weise nahebringen und auch in den hier begegnenden Gebeten alle Sentimentalität vermeiden. Das erklärt die auch im Jh. der Aufklärung nicht abgebrochene Wirkung der Starckschen E.sbücher.

c) Zu Beginn des 19.Jh.s werden die alten E.sschriften, an der Spitze Joh.Arnd, immer wieder neu aufgelegt. Getragen wird die E.L. dieser Zeit von der → Erwekkungsbewegung, die insbesondere nach den Befreiungskriegen zu breiter, volksmissionarischer Wirkung gelangt. Neben die »Alten Tröster« (C.Große) treten jetzt kleine Hefte und Blätter, die von den Buch- und Traktatgesellschaften herausgegeben und durch Kolportage bis in die entlegensten Dörfer verbreitet werden. Bei alledem drängt sich freilich der Eindruck des Extensiven, Oberflächlichen und Sentimentalen auf. 1820 entsteht die Niedersächsische Traktatgesellschaft, ferner der Christliche Verein für das nördliche Deutschland (1811) u.a.m. Nach dem Revolutionsjahr 1848 tritt auf Grund der Pressefreiheit die christliche Sonntagsblattpresse (→ Presse: III) und später eine umfängliche Blättermission auf den Plan. Aber auch der ev. → Buchhandel (: II) erlebt eine erste Blütezeit. (Für die große Zahl der hier in Betracht kommenden Schriften vgl. C.Große, s. Lit.)

d) Unterirdisch beginnt aber bereits seit etwa 1870 der Auflösungsprozeß. Eine neue Zeit zieht herauf, in der jedenfalls das jüngere Geschlecht mit den »Alten Tröstern« nichts mehr anzufangen weiß. Nach der Jh.-Wende versuchen christliche Volksschriftsteller - von »liberalem Geist« getragen - die Lücke zu füllen (→ Gros, → Wimmer u.a.). Nachhaltiger wirken Andachtsbücher, zB die von P. → Wurster und P. → Conrad, sowie vor allem Fr. → Naumann mit seiner »Gotteshilfe« (1902). Nach 1918 kann man von einer gewissen Stagnation sprechen. Von nachhaltig aufrüttelnder, im ganzen aber negativer Wirkung war in Deutschland die Kampfansage des Nationalsozialismus an die Kirche. Im Verlauf des 2. Weltkrieges kommt das umfängliche Schrifttum der E.L. vollends zum Erliegen. - Nach dem Zusammenbruch zeigt sich, daß die einst so erfolgreichen Werke der E.L. keinen Absatz mehr finden; man mußte ganz von vorn anfangen. Allmählich gewann die E.L. neuen Lebensraum. Das gilt insbesondere für die Sonntagsblattpresse, die sich große Leserkreise zurückeroberte. Als erfolgreiche Form des Andachtsbuches tritt neben die Herrnhuter → Losungen und Lehrtexte, die bereits im 228. Jahrgang erscheinen, und die biblischen Abreißkalender, die eine Millionenauflage haben, die Auslegung der fortlaufenden Bibellese. Die verschiedenen Werke der Kirche - Männerwerk, Frauenhilfe, Jugendorganisationen - haben dieses verheißungsvolle Werk zustande gebracht. Daneben gibt es aber auch eine Reihe von Andachtsbüchern als in sich abgeschlossene Einzelwerke. Ebenso haben die gemeinverständlichen Auslegungen der Bibel einen beachtlichen Umfang angenommen. Auch Gebetbücher, geistliche Betrachtungen und Bildmeditationen werden reichlich angeboten, und es erscheint als selbstverständlich, daß der Gesangbuchanhang brauchbare Gebete für die private E. enthält. Eine moderne Form der E.L. stellen die sehr erfolgreichen billigen Buchreihen dar, so vor allem die Furche-Bücherei, die eine Fülle von gutem E.sschrifttum aus alter und neuer Zeit enthält. Beachtenswert ist auch die geistliche Dichtung der Gegenwart (Joch. → Klepper, R.A. → Schröder u.a.; → Lyrik). Ganz neue Möglichkeiten der E.L. haben sich in den heute so beliebten Kunstbüchern erschlossen, sofern im Textteil mustergültig zusammengestellter Bildersammlungen der geistliche Gehalt der Bilder wirklich ernst genommen und dem Betrachter als ein christliches Glaubenszeugnis nahegebracht wird, »Christlicher Glaube im Zeugnis alter und neuer Bilder«, wie eines der älteren Unternehmen dieser Art betitelt ist (W.Meinhof, 1941). Hinzuweisen ist zB auf die Ausgaben farbiger Buchmalereien aus dem frühen MA bei Fr.Wittig in Hamburg (1955/56; zB L.Schreyer, Evangelisten; H.Asmussen, Weihnachten) oder auf H. und I.Jursch, »Hände als Symbol und Gestalt«, (1951) 1958⁶. Älteste Vorbilder dieser Verbindung von Kunst und Wort im Rahmen eines wahrhaft edlen erbaulichen Schrifttums sind die Schriften des alten Hans → Thoma (»Jahrbuch der Seele«, 1922; u.a.), die bis jetzt nicht veraltet sind. Ein E.sbuch besonderer Art ist Paul Althaus' »Friedhof unserer Väter, ein Gang durch die Sterbe- und Ewigkeitslieder der ev. Kirche«, (1915) 1948⁴. Als neuen Typus der E.L.

darf man schließlich die modernen Sammlungen gemeinverständlicher Betrachtungen zu Gegenständen des christlichen Glaubens und der christlichen Sitte betrachten, wie sie etwa in Schriften von W.Lüthi, E. →Thurneysen u.a. vorliegen; auch Lebensbilder und Erzählungen, ja selbst Verkündigungsspiele sind hier anzuführen, zumal wenn sie hohen geistigen Ansprüchen genügen.

Zu 1 u. 3: C.J.COSACK, Zur Gesch. der ev.-ascetischen Lit. in Deutschland, 1871 - H.BECK, Die E.L. der ev. Kirche Deutschlands I. Von M.Luther bis M.Moller, 1883 - DERS., Die religiöse Volkslit. der ev. Kirche Deutschlands, 1891 - O.FREYBE, Anleitung zum gesegneten Gebrauch der E.sbücher für luth. Christen, 1893 - C.GROSSE, Die alten Tröster. Ein Wegweiser in die E.L. der ev.-luth. Kirche des 16.-18.Jh.s, 1900 - Joh.ARND, Eine Untersuchung über die Mystik im Luthertum, 1912 - W.KOEPP, Johann Arnd, 1912 - P.ALTHAUS d.Ä., Forschungen zur ev. Gebetsliteratur, 1927 - RGG² II, 214. 217ff - M.SCHELLBACH, Tholucks Predigt, 1956. *F.Bartsch*

Erbrecht kann es nur geben, wo privates Einzel-→Eigentum (: III) besteht. Es ergänzt wirksam die Eigentumsordnung, weil es den Anreiz zu privater Vermögensbildung und das Verantwortungsbewußtsein des Familienvaters für die Erhaltung seines Gutes verstärkt. Andererseits verewigt es soziale Unterschiede, weil es die gegebene Vermögensverteilung von einer Generation auf die nächste überträgt und ungleiche Startbedingungen für die Jugend schafft. Darum pflegen die modernen Staatsverfassungen in ihren Grundrechtsbestimmungen das E. zusammen mit dem Privateigentum zu gewährleisten (so auch das Bonner Grundgesetz Art. 14); darum richtet sich aber auch die Kritik am Privateigentum seit alters mit besonderer Schärfe gegen den Eigentumserwerb durch Erbgang. Indessen hat selbst Sowjetrußland die radikale Forderung des Kommunistischen Manifests, das E. abzuschaffen, nur kurze Zeit (1918-22) zum Rechtssatz erhoben und seitdem in den Grenzen, in denen es Privateigentum zuläßt, auch seine Vererblichkeit wieder anerkannt. Für die Rechtskultur der »westlichen« Welt, in der sich antike, bes. römische Rechtsgedanken mit solchen der germanischen Völker und Forderungen christlicher Ethik mit naturrechtlich-rationalistischer Spekulation vereinigen, steht die Anerkennung des E.s als solchen fest. Umstritten und verschieden gelöst bleibt aber seine Ausgestaltung: wie weit der Kreis der zur Erbfolge kraft Gesetzes berufenen Verwandten gezogen und wie der überlebende Ehegatte gestellt werden soll, unter welchen Voraussetzungen der Nachlaß nicht der → Familie (: III), sondern dem Staat anheimfallen soll, und ob und in welchem Umfang es dem einzelnen Rechtsgenossen freistehen soll, durch Verfügung von Todes wegen von den gesetzlichen Erbfolgeregeln abzuweichen. Beruht das Verwandten-E. auf dem Gedanken der Einheit der das Einzelleben überdauernden Familie und des ihrer Erhaltung dienenden Familiengutes, so legt der Zerfall der Großfamilie mehr und mehr eine Beschränkung des E.s auf den Kreis der nächsten Angehörigen nahe. Damit gewinnt die Forderung an Boden, das Privatvermögen, das ohne die Daseinsvorsorge des Staates nicht hätte erworben und erhalten werden können, beim Fehlen solcher Angehöriger durch ein E. des Staates in Gemeineigentum zu verwandeln. Im wirtschaftlichen, wennschon nicht im sozialpädagogischen Effekt wird dieser Forderung heute überall durch eine nach Verwandtschaftsgraden und Nachlaßwert gestaffelte Erbschaftssteuer Rechnung getragen. In anderer Richtung durchbricht die Anerkennung der Testierfreiheit das Prinzip der Erhaltung des Familienguts; sie bringt, wie die Vertragsfreiheit unter Lebenden, die Privatautonomie der Einzelperson gegenüber der Familie und dem Staat zur Geltung, dient freilich zugleich dazu, die starren Erbfolgeregeln dem Einzelfall anzupassen, bes. auch Bauerngüter oder wirtschaftliche Unternehmen davor zu bewahren, durch Erbteilung zerschlagen zu werden. Im römischen Recht schon früh voll anerkannt, hat sich die Testierfreiheit bei den germanischen Völkern erst langsam unter kirchlichem Einfluß durchgesetzt, um Vergabungen pro salute animae zu ermöglichen. Heute ist sie fester Bestandteil gemeineuropäischer Rechtsüberzeugung. Problematisch ist nur Art und Maß ihrer Beschränkung zugunsten eines Noterb- oder Pflichtteilsrechts der nächsten Angehörigen, für deren wirtschaftliche Sicherung der Verstorbene nach Recht oder Sitte zu sorgen hatte.

Das geltende deutsche E. ist im 5. Buch des BGB im individualistischen Geist dieses Gesetzes geregelt. Die nach dem Parentelsystem geordnete gesetzliche Erbfolge kennt keine Grenze des Verwandten-E.s und weist dem Staat nur erbenlose Nachlässe zu; zwei von gewichtigen Stimmen unterstützte Gesetzentwürfe von 1908 und 1913, die das Verwandten-E. zugunsten des Staates einschränken sollten, wurden vom Reichstag verworfen. Kinder erben zu gleichen Teilen; an die Stelle vorverstorbener Kinder treten deren Nachkommen. Landesrechtlich ist in den meisten deutschen Ländern für Bauernhöfe eine Sondererbfolge zugunsten eines Anerben teils zwingend, teils auf Antrag des Bauern vorgesehen (die weitergehende Gesetzgebung des nationalsozialistischen Regimes, die alle Höfe bestimmter Mindestgröße zu Erbhöfen erklärte und deren geschlossenen Übergang auf einen Hoferben zum Nachteil seiner Geschwister anordnete, ist seit 1947 aufgehoben). Ehegatten haben nicht nur Nutznießung, sondern E. am Nachlaß, und zwar neben Kindern und Enkeln zu einem Viertel, neben Eltern, Geschwistern oder Großeltern zur Hälfte; vor ferneren Verwandten erben sie allein. (Nach dem neuen, ab 1.7.1958 geltenden Ehegüterrecht erhöht sich bei Zugewinngemeinschaft der Eheleute der gesetzliche Erbteil des Überlebenden um ein weiteres Viertel.) Aber die gesetzliche Erbfolge tritt nur ein, wenn der Erblasser nicht durch ein (auch nur privatschriftlich ohne Zeugen aufzusetzendes) Testament oder durch Erbvertrag anders verfügt hat; er kann die Erben auch durch Vermächtnisse, Auflagen oder Anordnung einer Testamentsvollstreckung beschweren. Die dafür bestehenden Formerfordernisse sind 1938 neu geregelt und gegenüber früher noch erleichtert worden. Dem Schutz der Abkömmlinge, der Eltern und des Ehegatten gegen willkürliche Enterbung oder Beschränkung dient lediglich ein in Geld auszugleichender Pflichtteilsanspruch in Höhe der Hälfte des Wertes des gesetzlichen Erbteils.

Eine christliche Sozialethik kann sich der Anerkennung des E.s so wenig wie der des Privat-→Eigentums (: IV) entziehen. Seine Ausgestaltung ist Sache weltlichen Rechts. An das Gewissen des christlichen Haushalters aber richtet sich die Warnung vor Eigennutz und Willkür in der Verfügung über das ihm anvertraute Gut, aber auch vor falschem Sorgengeist, der weit über den Tod hinaus sichern will, was allein in Gottes Hand steht.

A.SCHULTZE, Augustin u. das Seelteil des german. E.s, 1928 - J.v.STAUDINGER-G.BOEHMER, Kommentar zum BGB Bd V, 1954[11] - TH.KIPP-H.COING, E., 1955[10] - E.F.BRUCK, Kirchenväter u. soziales E., 1956. *L.Raiser*

Erbsünde → Sünde: V. VI.

Erde. Die bei Homer selbst ignorierten archaisch-griechischen Traditionen (Hesiod, Theog. 126ff; Hom. Hymne an die E.) enthalten die Kernaussagen der E.-Mutter-Religion: 1. Die E. war *vor* dem → Himmel; sie gebar ihn in einem Akt der Parthenogenese. 2. Aus dem folgenden ἱερὸς γάμος von Himmel und E. gingen die Götter, die Urungeheuer, in andern Mythologien auch die ersten Menschenwesen hervor. 3. Die Menschen »kommen« von der E. und müssen folglich bei ihrem Tode auch wieder zu ihr zurückkehren.

Die älteren Begriffe der Androgynie und der »Urtotalität« einer geschlechtslosen, einheitlichen Urmasse (der kosmologische Aspekt der coincidentia oppositorum!) einerseits und der kosmischen → Schöpfung und → Fruchtbarkeit andererseits wurden als zusammengehörig empfunden, ja oft sogar vermischt. In ihrer Eigenschaft als Allgebärerin schafft die E.-Mutter, deren ἱερὸς γάμος mit dem Himmel weltweit bezeugt ist, auch durch Opferung ihrer selbst. Spuren einer Parthenogenese leben sogar in der griechischen Mythologie fort: Hera empfängt aus sich selbst und gebiert Typhaon, Hephaistos, Ares. Als die japanische Izanami im Sterben lag, gebar sie aus ihrem eigenen Leib, dh ohne Hierogamie, zahlreiche Götter (gemeinsames Motiv eines ziemlich verbreiteten mythischen Themas: die verschiedenen Arten der Tiere und Pflanzen entstehen aus dem Leibe eines Urwesens, das sich selbst geopfert hat).

Obwohl man schon in den Mythen der Sammler- und Jagdvölker weiblichen Gestalten begegnet, von denen die Fruchtbarkeit der Tiere und Felder abhängt (→ Jäger- und Jagdriten), so gewinnt die E.-Mutter doch eine besondere Bedeutung bei den Pflanzervölkern, vor allem den ackerbauenden (→ Ackerbau: I). Mit ihrem Eintreten in die Funktion einer Nährmutter der Vegetation verkörpert sie nun auch den Gedanken der periodischen Erneuerung, der ursprünglich im Bereich der Mondmythologie und -mystik beheimatet ist. Es ist aber ihre Funktion als Allgebärerin, die die größte Bedeutung gewinnt. In einer Reihe von Sprachen heißt der Mensch »der Erdgeborene«. Man glaubt, daß die Kinder aus dem Schoß der E. »kommen« (vgl. Volksglauben von Kinderbrunnen, Kinderteichen, Bubenquellen u.ä.), genauso wie Felsen, Flüsse und Bäume von der E.-Mutter geboren sind. Die menschliche Mutter ist nur Vollbringerin und Repräsentantin der großen tellurischen Muttergottheit. Jede Mutter imitiert und wiederholt nur den Urakt der Hervorbringung des Lebens aus dem Schoß der E. Infolgedessen muß sich jede Mutter in unmittelbarer Verbindung mit der tellurischen Gebärerin befinden. Hier liegt der religiöse Grund für das Ritual der Niederkunft »auf bloßer E.« (humi positio), das man fast überall auf der Welt trifft. Noch verbreiteter ist das Niederlegen des Neugeborenen auf die E. Das Kind wird dann vom Vater aufgehoben (de terra tollere), der es damit als sein Kind anerkennt.

Wenn die E. als »Mutter« erscheint, so entspricht alles, was ihr Leib in seinem Innern umschließt, den Embryonen, dh Lebewesen, die einen Reifungsprozeß durchmachen, die wachsen und sich entwickeln, zB Edelsteine und → Metalle (Eliade 1956, 46ff; Albright, JAOS 1919, 69ff).

Kinder werden oft nicht wie die Erwachsenen eingeäschert, sondern begraben, dh man gibt sie dem Schoß der E. zurück, damit sie neu geboren werden können. Wahrscheinlich ist die Bestattung in Embryonallage analog zu erklären. Man hofft, Kranke heilen und Gebrechliche wiederherstellen zu können, indem man sie auf die E. legt oder sogar teilweise eingräbt. Im alten Indien sah man in der Beisetzung der Asche eine Rückerstattung an die E.-Mutter: »Savitri verteilt dein Fleisch in den Schoß unserer Mutter, der E.« (Satapatha Brahmana XIII, 8, 2). Was die Menschen Leben und Tod nennen, sind nur zwei verschiedene Momente eines und desselben kosmischen Prozesses: Leben bedeutet lediglich das Losgelöstsein vom Leibe der E., der Tod beschränkt sich auf eine Rückkehr »nach Hause«. Der so häufig geäußerte Wunsch, in heimatlicher E. begraben zu werden, stellt lediglich eine säkularisierte Form des mystischen Gefühls der Autochthonie dar, des Bedürfnisses, »nach Hause« zurückzukehren.

Da die E.-Mutter in erster Linie wegen ihrer unbegrenzten Möglichkeiten, Frucht hervorzubringen, geschätzt wurde, verwandelte sie sich unmerklich in eine Kornmutter. Aber das Gefühl für die Zusammengehörigkeit von E.-Mutter und Feldgöttinnen ging nicht völlig verloren. Euripides (Bacch. 274) sagt von Demeter: »Sie ist die E. ... Nenne sie, wie du willst.« Auch die Semiten kannten → chthonische Gottheiten. Aber die Frömmigkeit des AT widersetzte sich von vornherein den E.-Mutter-Gedanken. Man findet im ganzen AT nur zwei Anspielungen: Hi 1, 21; Ps 139, 15.

→ Baltische Religion, → Erstlinge: I, → Muttergottheiten.

A. Dieterich, Mutter E., (1905) 1925³ - W. Baudissin, Adonis u. Esmun, 1911, 443ff. 505ff - M. Granet, Le dépôt de l'enfant sur le sol (RevArch 5, 14, 1921, 305-361 = Etudes sociologiques sur la Chine, Paris 1953, 159-202) - F. Altheim, Terra mater (RVV 22, 2), 1931 - W. Staudacher, Die Trennung von Himmel u. E., 1942 - U. Pestalozza, Religione mediterranea, Mailand 1951, 191ff u. passim - M. Eliade § 81ff (Lit.) - Ders., Forgerons et Alchimistes, Paris 1956 - ErJb 22, 1953 (Mensch u. E.) - van der Leeuw § 10. *M. Eliade*

Erdmann, *David* (28.7.1821 bis 11.3.1905), ev. Theologe. * in Güstebiese (Neumark) als Sohn eines Kätners, studierte E. in Berlin unter A. → Neander und → Hengstenberg, später auch von → Stahl und → Wichern beeinflußt, wurde nach seiner Promotion 1851 Divisionspfarrer, 1853 PDoz. in Berlin, 1856 o. Prof. für NT und KG in Königsberg, zugleich auch Pfarrer, und 1864 als Nachfolger A. → Hahns Gen.-Sup. von Schlesien sowie Honorarprof. in Breslau. † als Emeritus (1900) in Dresden. In Schlesien machte E. die Generalkirchenvisitation wieder zur festen Einrichtung, gründete den Verein für die Geschichte der ev. Kirche Schlesiens (1882) und förderte das ev. Vereinswesen.

Vf. u.a.: Liebe u. Leiden der ersten Christen I, 1854; Die Reformation u. ihre Märtyrer in Italien, 1855; Die Bücher Samuelis, 1873; Der Brief des Jakobus erklärt, 1881; Luther u. die Hohenzollern, 1883; Luther u. seine Beziehungen zu Schlesien, 1887; Zahlreiche Aufsätze zur KG Ostpreußens, Schlesiens u. Polens sowie populäre Schriften. - Über E.: L. Eberlein, Aus einem reichen Leben. Blätter der Erinnerung an D.E., 1907 - RE XXIII, 428ff. *Ernst Wolf*

Erdös, *Joseph* (1856-1946), ung. ref. Theologe, studierte in Debrecen, Wien und Elberfeld, war 1881 Pastor in Pancsova, 1884 in Ujsóve, 1888-1928 Prof. für NT in → Debrecen. Ein orthodoxer Konfessionalist mit guten Beziehungen zu den Anhängern H.F. → Kohlbrügges, war E. zugleich ein Vertreter ev. Freiheit in der nt. Forschung. Einen wertvollen Dienst leistete er auch durch seine volkstümlich gewordene Übersetzung des → Heidelberger Katechismus (1884, 1947¹⁹) und der Confessio Helvetica posterior (1907, 1941³; → Bullinger).

Vf. u.a.: Bibl.-theolog. Analyse des Röm, Amsterdam 1891; den Abschnitt über Ungarn bei Ad. Zahn, Abriß einer Gesch. der ev. Kirche auf dem europ. Festlande im 19. Jh., (1886) 1893², 215-232; EinlNT, 1911; (ung.:) Theol. u. Ethik des Apostels Jakobus, 1915; Auslegung von Röm 8-12, 1937-42. Auch an der Revision der ung. → Bibelübersetzung (: V, 2 m) von 1908 war E. beteiligt. *B. Nagy*

Erdösi, *Johann* → Sylvester.

Erfahrung, *religiöse*

1. Allgemein - 2. Religionsgeschichtlich - 3. Religionspsychologisch und -philosophisch - 4. Gegenwartsbedeutung

1. Die r.E. als Quelle der gläubigen Selbstbeobachtung ist mit der Hypothek des subjektiven Faktors religiöser Objektbegegnung belastet. Die These → Schleier-

machers und der Erlanger → Hofmann und → Frank kennzeichnet diese Entwicklung der → Erfahrungstheologie. Zwar schließt der Begriff der E. den Begriff des Gegenstandes mit ein, doch ist die formende Kraft der → Vernunft dabei entscheidend wichtig. Die »E.« wird zwar von den Theologen meist im Sinne des Empirismus gebraucht, um die rezeptive Seite zu betonen, doch setzt die empiristische Fassung eine Kontinuität der E. voraus, die eine Sonderbehandlung und Isolierung bestimmter Gebiete ausschließt. Die Glaubenslehre jedoch lebt von der Aussonderung einer bestimmten E.sgruppe aus allen übrigen E.en. So erschwert die innere Spannung zwischen Empirismus und christlichem Glauben auch die Begründung der Glaubenslehre auf die empiristische E. Das Recht zur Sonderbehandlung eines Gebietes kann nur aus seinem Inhalt abgeleitet werden, und damit weist r.E. über sich selbst hinaus auf die Quellen, aus denen sie gespeist wird.

Das *Wort* E. bedeutet ursprünglich: ein Land durchfahren, durchwandern und es dabei kennen lernen. Jedwede E. belehrt; der Erfahrende nach des Wortes Urbedeutung erreicht und hält etwas fest. So sagt Kant: »Es geht ein Urteil voraus, ehe aus Wahrnehmung E. werden kann.« Schon bei Luther erscheint es bereits im Sinne der Erprobung; so übersetzt er δοκιμή (Röm 5, 4) mit E. Erst recht streift es die heutige Bedeutung, wenn Luther als E. die Erkenntnis desjenigen bezeichnet, der bei einer Sache dabeigewesen ist: »Im deutschen Sprichwort sagt man von einem jungen Arzt, daß er einen neuen Kirchhof haben müsse; von einem jungen Juristen, daß er alles in Streitigkeiten verwickle; von einem jungen Theologen, daß er die Hölle mit Seelen fülle. Denn sie wollen alles ohne die E., die allein klug macht, nach ihren Gesetzen und Regeln fertig bringen; darum laufen sie an und irren, sehr den Menschen zum Schaden wie der Sache« (WA 42, 505). - Das Problem der E. gehört philosophisch zu den wesensmäßig unlösbaren Aporien: Entweder der subjektive Pol wird überbetont oder der objektive. Auch die → Phänomenologie hat im Grunde das Problem nur verschoben, und die heutige → Existenzphilosophie wie die Logistik stellen wieder den subjektiven und objektiven Pol der Frage dar.

2. Das Problem der r.E. zerfällt in drei relativ selbständige Einzelfragen, die aber doch wesensmäßig zusammengehören: a) nach der empirisch-religiösen Eigenart der E. (religionsgeschichtlich), b) nach der empirisch-psychologischen Eigenart (religionspsychologisch) und c) nach der normativen Geltung des religiösen Erfahrens. Die saubere Trennung charakterisiert die exakte Religionsforschung der Gegenwart. Seit Rudolf → Otto, → Heiler u.a. wird r.E. als Begegnung mit dem → Numinosen gekennzeichnet. So hebt Mensching hervor, daß Religion als lebendige E., wie immer sie sich gestaltet, geschichtlich einem zeitlosen Lebensstrome entstammt und nicht durch rationale oder naturwissenschaftliche Erkenntnis verschüttet werden kann. Als Ausdrucksformen der r.E. sieht er u.a. das mythenbildende Bewußtsein (→ Mythos und Mythologie: I. II), → Sprache und Religion, Mystik, Volksreligion und Erlösungsreligion (→ Erlösung: I). Neben die vorchristliche E. des Numinosen im mythischen Werden der Welt tritt die Idee der aktuellen Sünde, die sich steigert im Bewußtsein der Verlorenheit, in der das geschichtlich Einmalige der Sünde ins Ewige der Gerechtigkeit vor Gott mündet im Christentum. In der Gottes-E. der → Mystik (: I. IX) ist die polare Spannung von Mystik und Prophetie gesetzt: *Das* Eine als Urerfahrung des Mystikers steht gegen *den* Einen als Urerfahrung des Propheten; dem geht die Urspannung zwischen Immanenz und → Transzendenz parallel.

3. Die → *Religionspsychologie und -philosophie* (: I) sieht in der r.E. das Gegenüber von subjektiven und objektiven Faktoren, die einander auszuschließen scheinen. Die Subjektseite betonen die Religionsdenker von → Kant an über Schleiermacher bis zu Görland, → Spranger, H.Scholz und → Wobbermin, die Objektseite ebenso einseitig die dialektischen Religionsdenker K. → Barth, E. → Brunner und → Gogarten. Die Subjektseite macht deutlich: »Das Wesen der Religion ist zu sehen in dem Beziehungsverhältnis des Menschen zu einer von ihm geglaubten und im Glauben geahnten Überwelt, von der er sich abhängig fühlt« (Wobbermin). Die Objektseite dagegen hebt hervor, daß alle transzendente Wirklichkeit für die Philosophie unerreichbar bleibt. Religion als menschlicher Weg zu Gott ist dann eine Unmöglichkeit. Schleiermacher und den Religionspsychologen gegenüber heißt es im Kreise der Barthschen Dialektik: »Zwischen Gott und Mensch ist ein absoluter Gegensatz ... Der auf der andern Seite ist der absolut Andere, dh er ist die absolute Frage, auf die wir absolut keine Antwort geben können und auf die doch geantwortet werden muß« (Gogarten). »Zur Realisierung des sittlichen Objekts, des Ziels der Geschichte, ist der Bestand der menschlichen Möglichkeiten vom gewöhnlichen Schlafen bis zur mystischen Versenkung einfach nicht geeignet« (Barth). Hier wird mit dem irrationalen Charakter Gottes unerbittlich Ernst gemacht in der Betonung des paradoxen Charakters der r.E., und gegenüber der Neigung Sprangers (»Lebensformen«), alle einzelnen Lebens-E.en dem religiösen Aspekt zu unterstellen, ist die unerbittliche Auseinandersetzung von Religion und Leben beachtlich. Demgegenüber bleibt das Bedenken bestehen, daß diese dialektische Auffassung von r.E. gegenüber den Spuren des göttlichen Wirkens in der menschlichen Seele (Mystik) wie in der menschlichen Geschichte (→ Idealismus) blind ist.

4. Die r.E. kann sich außerdem an der Phänomenologie und an der → Lebensphilosophie orientieren. Bei → Scheler zB begegnet eine endgültige Abwendung vom kantischen Formalismus wie vom Intellektualismus des Thomas; seine Wertphilosophie bewegt sich in den Bahnen eines Augustinismus, an den auch andere, zB J.Hessen, anknüpfen. R.E. wendet sich im Sinne → Kierkegaards an den *ganzen* Menschen *als Existenz*, die alle Seelenvermögen vom Grunderlebnis des Paradox her, daß die Subjektivität die Wahrheit und zugleich die Unwahrheit sei, anpackt. So bezeugen G. → Marcel und S. → Weil - wie ähnlich auch D. → Bonhoeffer - diese Urgegebenheit der r.E., die sowohl die Objektseite, das göttliche Du, wie das ihm antwortende menschliche Ich, die Subjektseite, betont in der Formel: »Ein Gott, allmächtig, allwissend, vollkommen und ruhig, würde ein Ungeheuer sein (ogre = mythol. Menschenfresser). Gott leidet. Er strengt sich an. Er liebt. Er hat Mitleid« (S.Weil).

G.Simmel, Die Religion, 1906 - E.Spranger, Lebensformen, (1914) 1930⁷ - K.Oesterreich, Die r. E. als philosophisches Problem, 1915 - H.Stephan, Glaubenslehre, (1920) 1941³ - W.Bruhn, Glauben u. Wissen, 1921 - E.P.Dickie, Religious Experience: Its Validity (Religion in Life VI/4, New York 1937, 493-501) - G.Mensching, Gott u. Mensch, 1948 - O.Weber, K.Barths kirchl. Dogmatik, (1950) 1957³ - E.Frank, Wissen, Wollen, Glauben, Zürich 1955. *L.Richter*

Erfahrungstheologie in einem weiten Sinne ist jede ev. Theologie, nämlich als Selbstbesinnung des Glaubens: dieser entsteht in einer Erfahrung, dh er weiß sich durch eine überzeugende Wirklichkeit gewirkt. Dogmatik nach ev. Verständnis setzt die persönliche Überzeugung des Theologen von der Wahrheit des Evangeliums voraus, die in jener Erfahrung zustande kommt. Aber der Begriff E. hat einen engeren Sinn. Er meint eine Theologie, welche die Gewißheit um die christliche Wahrheit völlig und ausschließlich auf die religiöse → Erfahrung gründen will (vgl. F.Traub, RGG² II, 230f). Das gilt vor allem von → Schleiermacher: für ihn gründet die Dogmatik nicht nur in Erfahrung, sondern sie ist auch nichts anderes als Reflexion auf diese. Seine → Christologie (: II, 8b) setzt ein als Rückschluß von einer erfahrenen Wirkung neuen Lebens auf den Wirker Christus. Diesen Ansatz hat die → Erlanger Schule aufgenommen, vor allem F.H.R. → Frank: »Die sonderliche sittliche Erfahrung, welche der christlichen Gewißheit zugrunde liegt, ist die der Wiedergeburt und Bekehrung, einer durch ethische, nicht von dem Subjekt selbst ausgehende, aber von ihm willig hingenommene Impulse vollzogenen Umwandlung seines sittlichen Lebensstandes.« Ähnlich R. → Seeberg: »Aus der Erfahrung eines unmittelbar gewissen Lebensprozesses soll die Realität der ihn erzeugenden und durchführenden Lebenskraft begründet werden.« »Mit der empirischen Realität des psychologischen Vorganges der Wandlung der Willensrichtung ist auch die transzendentale Empfindung des absoluten Geistes gegeben, so daß letzterer als Wirklichkeit erfaßt wird.« R.Seeberg ist in dieser Hinsicht der letzte »Erlanger«, denn L.Ihmels setzt sich hier von seinem Lehrer Frank ab: er reflektiert zuletzt nicht auf einen psychologischen Vorgang und Tatbestand, sondern fragt nach der Offenbarungswirklichkeit, die zum Glauben überwindet.

Kritisch ist zur E. zu sagen: 1. Die Wiedergeburt oder das neue Sein ist kein empirisch feststellbares Datum, von dem aus ein Schluß auf den transzendenten Wirker gezogen werden könnte. »Der Christ *glaubt* seine Wiedergeburt, weil er an Christus glaubt« (Ihmels). Was er an sich selbst erfährt, bleibt immer Bruchstück und fraglich. – 2. Die E. denkt im Schema der Kausalität, sie schließt von dem psychischen Zustande auf die Ursache (Schleiermacher, Christlicher Glaube § 14, 1: »Glaube an Christum ist die Beziehung des Zustandes auf Christum als Ursache«). Auf diese Weise erreicht man aber nicht die ganze Wirklichkeit des Heilshandelns Gottes. Denn dieses hält sich nicht in den Grenzen der Kausalität: Gott wirkt nicht nur auf den Menschen, sondern er handelt mit ihm, nämlich in dem Worte, mit dem er ihn annimmt (→ Rechtfertigung: III). Wie soll auf dem Wege der E. Gewißheit um den rechtfertigenden Gott zustande kommen? Die Rechtfertigung wird nicht erlebt, sondern geglaubt. Konsequente E. muß zwangsläufig die Erneuerung der Rechtfertigung theologisch vorordnen: diese wird von jener beschattet.

F.SCHLEIERMACHER, Der christl. Glaube, 1830², §§ 14ff. 87ff. 101. 109 – F.H.R.FRANK, System der christl. Gewißheit, (1870) 1881/84² – L.IHMELS, Die christl. Wahrheitsgewißheit, ihr letzter Grund u. ihre Entstehung, (1901) 1914³ – G.WOBBERMIN, Die religionspsychologische Methode in Religionswissenschaft u. Theologie, 1913 – R. SEEBERG, Christl. Dogmatik, 1924/25 – P.ALTHAUS, Grundriß der Dogmatik I, (1929) 1947³, § 12 (Lit.) – BARTH, KD I/1, 1932, § 6, 3.

P.Althaus

Erfurt

I. Bistum – II. Universität

I. Bistum

Für den im wesentlichen nördlich des Thüringer Waldes gelegenen Teil Thüringens wurde vermutlich Anfang 742 von → Bonifatius ein Bistum E. errichtet und am 1.4.743 von Papst Zacharias bestätigt. Mehr ist über seine Existenz nicht überliefert. Unbekannt blieb auch der Name des ersten Bischofs, als den die mittelalterliche Tradition → Adalar, den in E. bestatteten Märtyrergefährten des Bonifatius, bezeichnet, die Forschung u.a. Willibald, den im Okt. 742 in dem nahen Sülzenbrücken geweihten nachmaligen Bischof von → Eichstätt, zu erweisen gesucht hat. Mit dem anscheinend schon zu Beginn des 8.Jh.s von Mönchen aus Weißenburg im Elsaß begründeten Kloster auf dem Petersberg über der Stadt ist das Bistum offensichtlich nicht verknüpft worden; vielmehr geht wohl die Marienkirche (Dom) auf die ursprüngliche Kathedral- oder Taufkirche zurück. Zu Bonifatius' Lebzeiten bereits vakant, ist das von den Sachsen heimgesuchte Bistum noch von ihm oder wahrscheinlicher von seinem Nachfolger auf dem Mainzer Stuhl → Lullus aufgehoben und kirchlich mit → Mainz verbunden worden. Thüringen entbehrte damit fortan eines eigenen kirchlichen Mittelpunktes. Nur noch Sitz eines Weihbistums war E. dann vom Anfang des 14.Jh.s bis 1807. Im Jahre 1953 ist dieses von Fulda aus neu errichtet worden.

E.WIEMANN, Bonifatius u. das Bistum E., Herbergen der Christenheit (Jb. f. dt. KG [Beitr. z. KG Deutschlands Bd 2], 1957, 9-33).

E.Wiemann

II. Universität

Die Studieneinrichtungen der E.er kirchlichen Anstalten hatten im 13. und 14.Jh. einen hohen Stand erreicht. Die Stadt betrieb deren Zusammenfassung und Erhebung zur Universität. Urban VI. gab, nachdem schon Clemens (VII.) ein Privileg erteilt hatte, 1389 die Gründungsurkunde. Kanzler war der Erzbischof von Mainz. Im Frühjahr 1392 begannen unter dem Juristen Ludwig Mulner als erstem Rektor die Immatrikulationen. Unter Verzicht auf die Nationeneinteilung gliederte sich die Universität in vier Fakultäten. Die medizinische Fakultät erreichte keine große Bedeutung. Hingegen erfreute sich die juristische Fakultät eines hohen Ansehens. Sie umfaßte das kanonische und zivile Recht. Die theologische Fakultät konstituierte sich korporativ aus fünf Ordinarien. Davon waren zwei Weltpriester und drei Ordensleute, je ein Dominikaner, Minorit und Augustinereremit. Deren Schulen waren als Generalstudien nach Weise von Kollegien der Fakultät inkorporiert. Die Doktoranden der Theologie aus dem *Weltklerus* mußten den vierjährigen Bildungsgang der Artistenfakultät (→ Artes liberales) durchlaufen. Er war beherrscht von der Erklärung der Werke des Aristoteles. In der Logik neigte man unter dem Einfluß englischer Autoren zum Terminismus. Der Lehrgang der theologischen Fakultät verlangte zunächst ein fünfjähriges, mehr passives Studium. Mindestens einmal mußte eine Vorlesung über die Sentenzen des → Petrus Lombardus gehört werden. Während der zwei folgenden Jahre las der Doktorand als Baccalaureus Biblicus oder Cursor über je ein Buch des AT und NT. Daran schloß sich die einjährige oder zweijährige Vorlesung über die Sentenzen. Mit der Eröffnungsvorlesung (Principium) zum dritten Buch erhielt er automatisch den Titel eines Baccalaureus formatus. Hierauf hatte er zwei Jahre an Vorlesungen und Übungen teilzunehmen. Dann erst konnte er sich zum Lizentiatenexamen stellen. Dazu mußte er mindestens die niederen Weihen besitzen und das 30. Lebensjahr vollendet haben. Die Licentia magistralis berechtigte zur feierlichen Doktorpromotion (Vesperiae, Aula, Resumpta). Der Besitz der Priesterweihe war Bedingung. Hauptaufgabe der Magistri regentes war die Erklärung der Hl. Schrift. Bedeutende Weltpriestertheologen waren Hermann Lurtz, die Brüder Gotschalk und Hermann Gresemunt von Meschede, Joh.Gudermann, Benedikt Stendal (großer Pentateuchkommentar), Joh. von Wesel u.a.

Die Doktoranden aus dem *Ordensklerus* waren zur Artistenfakultät nicht zugelassen. Sie erwarben ihre philosophischen Kenntnisse an ordenseigenen Lehranstalten. Insofern kann der Bildungsgang der »spätberufenen« Augustiner Barth. → Arnoldi oder Martin → Luther (: I) als Ausnahme bezeichnet werden. Kraft statutenmäßiger Sonderrechte studierten und promovierten die Ordensleute unter dem Magister regens des eigenen Ordens. Ihre Pflichtvorlesungen fanden im Hörsaal ihres Konventes statt. Die Dominikanerschule scheint im allgemeinen thomistisch gerichtet gewesen zu sein. Die Minoriten pflegten die Lehre des → Bonaventura und → Duns Scotus, unter bewußter Ausschaltung → Ockhams. Die Augustiner kultivierten den → Thomismus in der Abwandlung durch ordenseigene Lehrer, bes. Thomas von Straßburg. Unter den Minoriten ragen hervor Christian von Hiddestorf, Matthias Döring, Joh.Bremer, Joh.Kannemann, Hermann Etzen, Konrad Klinge, vor allem Kilian Stetzing und Nikolaus Lakmann als Verfasser großer Sentenzenkommentare. Namhafte Augustiner waren Joh.Zacharias, Heinrich Ludevici, Joh.Bauer von Dorsten, Joh.Jenser von → Paltz und Joh.Nathin. Letzterer war in Tübingen Schüler → Biels gewesen. Seit der Mitte des 15.Jh.s studierten in E. zahlreiche Karmeliten, ohne dort einen Konvent zu haben.

Neben dem Ockhamismus, von dem → Luther in seinen Studienjahren erkennbar geprägt wurde, verdient der E.er → Humanismus eine Erwähnung, wenn auch die Reform der Universität 1519 durch die politischen und konfessionellen Parteikämpfe sich nicht bleibend auswirken konnte. Von diesen Erschütterungen hat sich die Universität nie mehr ganz erholt. Die theologische Fakultät blieb unter dem Schutz von Kurmainz katholisch. Doch fand von 1520–1629 keine Promotion statt. 1566 stifteten reiche Bürger eine Professur Augsburger Konfession. 1631 wurde durch Gustav Adolf die Fakultät protestantisch (unter ihren Professoren → Meyfart), 1648 wieder katholisch. Dozenten waren meist Ordensleute der E.er Klöster, zB der Dominikaner Anselm Gudenus, der Augustiner Joh.Henninger, der Benediktiner Andreas Diederich, der Schottenmönch Marianus Brockie, dessen Monasticon Scoticanum der geschichtlichen Zuverlässigkeit mehrfach entbehrt. Außerhalb der Fakultät wurde prot. Theologie von einem, ab 1756 von zwei Professoren gelehrt. Erzbischof E.J. von Breidbach errichtete als Landesherr 1767 ein Collegium professorum Augustanae Confessionis mit fünf Professoren (Schmidt, Vogel, Schellenberger, Bohn, Ludewig) ohne Fakultätsrechte. Hervorragend waren in den letzten Jahrzehnten von prot. Seite J.J.Bellermann, ab 1803 am Grauen Kloster in Berlin, von kath. Seite Placidus → Muth, Prälat des Petersklosters. Nach dem Übergang E.s an das Königreich → Preußen wurde die Universität 1816 aufgehoben.

H.Weissenborn, Akten der E.er Univ. 1-3 (Geschichts-Qu. der Provinz Sachsen 8), 1881-99 - O.Scheel, Martin Luther I, 1921³, 121 ff; II, 1930³⁻⁴, 118 ff - Stadtbücherei E. Katalog der Erfurtensien, 1930, 73 ff (Lit.) - LThK III, 751 - Festschr. zur Eröffnung der Medizinischen Akademie E., 1954 - H.R.Abe, Die Frequenz der Univ. E. im MA (Beitr. zur Gesch. d. Univ. E. 1), 1956 - L.Meier, Die Barfüßerschule zu E. (BGPhMA 38, 2), 1958 (Lit.). *L.Meier*

Erhaltung → Schöpfung: III.

Erhöhung Christi → Auferstehung Christi.

Erholung → Arbeitszeit, → Spiel: II.

Eriksøn, *Jørgen* (1535–1604), dritter ev. Bischof von Stavanger (1571–1604). * in Hadersleben, studiert er in Wittenberg und wird 1559 Rektor an der Kathedralkirche in Bergen, 1560–66 Schloßprediger auf Bergenhus. Als einer der bemerkenswertesten nordischen Reformatoren befestigt er die Reformation in seinem Stift, bes. auf einer Stiftssynode 1573. Seine theologische und kirchliche Einstellung als Lutheraner kommt vor allem in seinen 24 Predigten über Jona (1580) zum Ausdruck. Trotz seiner klaren Auffassung von den Grundgedanken der Reformation steht E. bereits der Orthodoxie nahe. † in Bergen, wo auf Einladung Christians IV. die norwegischen Bischöfe die 1607 verabschiedete norwegische Kirchenordinanz (→ Norwegen: I) vorbereiteten.

H.Ehrencron-Müller, Forfatterlexikon II, Kopenhagen 1925, 459 f - Norsk Biografisk Leksikon VII, 150 ff. *W.Göbell*

Eriugena → Johannes Scotus Eriugena.

Erkennen

1. Wesen des E.s - 2. Arten des E.s - 3. Das religiöse E.

1. Die Erkenntnis ist eine zweigliedrige, nicht umkehrbare Relation zwischen dem erkennenden Subjekt und dem an sich seienden Erkannten, seinem Objekt. Das E. besteht im Erfassen des seienden Objekts und im Einholen seiner gegenständlichen Bestimmtheit in die Subjektssphäre des Bewußtseins. Als geistiger Akt ist es an den individuellen Träger des geistigen → Seins, die → Person, gebunden. Es transzendiert das individuelle → Bewußtsein und verbindet die geistige Person allererst mit dem Raum ihres → Daseins. - Das E. ist nach seinen Gegenstandsgebieten differenziert, aber in seinen Erscheinungsformen strukturell homogen. Es ruht auf einem Gefüge transzendenter Akte auf, unter denen es der einzige nicht emotionale und darin der durchsichtigste und »objektivste« ist. Alle transzendenten Akte sind wie das E. zweigliedrig, aber ihr Wesen ist im Unterschied zum E. nicht das Erfassen von etwas, sondern ein Erfaßtsein der Person; es äußert sich nicht im Begreifen, sondern in der Erfahrung, in einem nicht rationalen Zeugen von dem, was ist. Im Ganzen der Person liegt das Erfahren und Erfaßtsein dem E. vorauf. Das E. ist daher weder das primäre Verhältnis zur → Welt, noch ist es isoliert. Das reine → Subjekt-Objekt-Verhältnis des E.s und die streng gegenständliche Einstellung des Wissens sind sekundär und selbst im wissenschaftlichen E. nur näherungsweise vorhanden. Die Distanz der Gegenstände des E.s ist der Aktualität unmittelbaren Erfaßtseins und der personalen Stellungnahme erst abgerungen. Emotionales Erfahren und objektives E. sind zwar verschieden, aber der Zusammenhang wirklichen Erfahrens ist doch zugleich das Ganze möglicher Erkenntnis. Wo das E. einsetzt, wächst es aus dem Gefüge dieser Akte hervor - als ihr Erfordernis und ihre Ergänzung, nicht als ihr Produkt. Die → Autonomie des E.s ist die eines Abhängigen und Getragenen: Eigengesetzlichkeit in der Abhängigkeit. - Das E. ist abhängig von den anderen transzendenten Akten nach der Seite der Daseinsgegebenheit. Diese verleihen ihm vornehmlich seine → Gewißheit. Die nicht erkenntnismäßigen geistigen Akte sind angewiesen auf das E. in der Soseinserfassung, für die Klarheit und Deutlichkeit der in ihnen erfahrenen Inhalte. Alle personalen Akte bringen die Tendenz zur Klärung und Verdeutlichung schon mit. Die inhaltliche Überlegenheit des E.s, sein Allgemeinsein und die Offenheit für Kritik und Kontrolle, verleiht ihm eine Ausnahmestellung im personalen Geist.

2. Das E. im engeren Sinne besteht im Erfassen der Relationen gegenständlicher Bedingtheit und vollzieht sich als unmittelbare Deckungseinheit der beiden Stämme möglicher Erkenntnis: der empirischen → Anschauung, die das Wirkliche als solches, den realen Einzelfall trifft, und dem apriorischen E., das das individuell Wirkliche inhaltlich überschreitet und das Allgemeine

und Notwendige an seinem Sosein erfaßt. Das apriorische E. ist in allem gegenständlichen Erfassen bereits enthalten und ursprünglich intuitiv (→ Intuition); es setzt die empirische Anschauung als festen Beziehungspunkt der Wesenszusammenhänge voraus und besteht nur in Korrelation mit ihr. - Das am realen Einzelnen als allgemein und notwendig Erkannte kann nachträglich im → Denken isoliert, als Gedanke herausgehoben, im Urteil geformt und im Ganzen der Erkenntnis systematisiert werden. Das E. hat aber nur mittelbar mit Begrifflichkeit und Logizität überhaupt zu tun; es ist nicht mit Begreifen identisch. Das Denken, wie »richtig« es auch abläuft, ist von sich aus nicht auf das Wirkliche bezogen; »wahr« sein kann es nur, wo es auf dem im E. Gegebenen aufbaut und im Zusammenhang mit ihm sich bewahrt. Des Wahren ist das Denken im Grund gewiß. Nur begründetes ist gewisses Wissen; nur wahres Wissen kann zureichend begründet werden (→ Gewißheit). Die Begründung geschieht in logischer Form (→ Logik). Der zureichende Grund zwingt das Bewußtsein zur Anerkennung der Wahrheit eines Gedachten im Begründungszusammenhang, zum erkennenden Begreifen. Das E. allein bringt es im Bewußtsein zur Objektivität. Das Denken ist methodisch nicht autark und hat im Grunde nur vermittelten Erkenntnischarakter. - Alles E. sucht seinen Gegenstand in seinem originären Sosein zu erfassen. Es tendiert auf Adäquatheit. Nicht das Urteil oder der Satz, sondern die darin geformte oder ausgesagte gegenständliche Erkenntnis trägt das Bewußtsein der → Wahrheit. Wahrheit ist das Kennzeichen und Korrektiv der Erkenntnisrelation. Die Möglichkeit von Wahrheit wird im E. unmittelbar vorausgesetzt, wie in allen transzendenten Akten, und in seinem Vollzug bewahrt. Im wahren Wissen hebt das E. das subjektive Bewußtsein über die Schranke der Individualität (→ Individuation) hinaus in den verbindenden Geist; personaler Geist ist immer auch erkennender Geist (→ Geist: VII). - Das E. im engeren Sinne ist an die gegenständliche Einstellung des Bewußtseins gebunden. Diese ist den Regionen des seelischen und geistigen Seins nicht angemessen. Das spezifisch ethische, ästhetische, historische und religiöse E. ist von anderer Art. Im Ganzen des E.s hat das objektivierende E. jedoch die Sonderstellung, daß es alles andere E. unterbaut. So geschieht das Erfassen der Werte und der Sinn-Welt im emotional-aktuellen Mitgegebensein ihres Seins, das anderes E. im Zusammenhang der Akte begleitet. Das primäre Wertbewußtsein ist emotional gegeben, in werterfassenden, nach Werten seligierenden Akten. Das Wertgefühl (→ Wertethik) ist der unmittelbare Erkenntnisgrund der Werte; es hat ein intuitives, rein apriorisches Wissen um den Wert, das nachträglich geklärt und zum expliziten Wertbewußtsein erweitert werden kann. Das aktuelle Wert-E. ist nicht mit dem Bilden von systematischen Wert-Begriffen identisch; das in ihm Erfaßte ist axiologisch irreduzibel und logisch nicht subsumierbar. Ähnlich ist es mit dem E. auf anderen Wertgebieten bestellt, so im Bereich der Werte des Schönen (→ Ästhetik), Angenehmen, Lebensvollen, der Güter- und Sachverhaltswerte. Auch hier reicht das E. im engeren Sinne nicht hin, Wesen und Ordnung der Gegenstandsgebiete adäquat zu erfassen. - Die Unzulänglichkeit der Erkenntnisgründe der Dingwelt für das seelische und geistige Sein hat zur Herausbildung besonderer Grundsätze des E.s für diese Gegenstandsgebiete geführt. Der generalisierenden Methode der Naturwissenschaften, die das Einzelne auf das Allgemeine zurückführt und seinen Zusammenhang mit dem Ganzen im Gesetz begreift (→ Naturgesetze), wurde die individualisierende Methode der Kultur- und Geisteswissenschaften entgegengestellt (so H. → Rickert); diese streben an, Sinn und Bedeutung des Einmaligen als solchen zu erfassen. Dem erklärenden E. wurde das verstehende E. beigeordnet (so W. → Dilthey). Ausdruck, Bedeutung und Sinn sind die allgemeinen Gegenstände des → Verstehens. Sein Wesen und die Struktur seiner Gegenstände haben zu einer → Erkenntnistheorie eigener Art, der → Hermeneutik weitergeführt. - Es gibt kein in sich gegenstands-unfähiges Seiendes. Im Wesen menschlichen E.s aber liegt es, Erkenntnisgrenzen zu haben. Alle Grenzen des E.s sind von der Artung des E.s selbst gezogen - im Empfinden ebenso wie im Denken und Begreifen oder im Werterfassen und Verstehen. Derart gehört der unerkennbare Hintergrund der Erkenntnisgegenstände mit zum Phänomen der Erkenntnis, - sowohl das Transobjektive, in das das fortschreitende E. vordringt, wie das Transintelligible, das sich in metaphysischen Problemresten alles E.s zeigt. Der unendliche Rest des → Irrationalen ist ein Grenzphänomen des endlichen E.s. Das Seiende selbst ist im E. als in sich ganz und unzerteilt vorausgesetzt. Wenn es sich von sich her öffnet und erhellt, erweitert sich die Erkenntnisfähigkeit des Menschen und der Bereich möglichen E.s.

3. Das *religiöse E.* ist primär auf das Un-bedingte und Un-gegenständliche selbst gerichtet und schließt so im Ansatz die Gegebenheiten des E.s im engeren Sinne zunächst aus. Das → Unbedingte ist kein Objekt rationaler Erkenntnis. Darin ist das religiöse E. dem Wert-E. und Sinn-Erfassen verwandt. Diese Nahestellung führt leicht zur Verwechslung des religiösen E.s vornehmlich mit dem sittlichen Wissen und dem Verstehen ungegenständlichen Sinns. Auch das religiöse E. ist auf die emotional-transzendenten Akte fundiert. Die religiöse → Erfahrung ist der »natürliche« Erkenntnisgrund der religiösen Wirklichkeit. Sie ist, wie das Wert- und Sinn-Erfassen, weder universal - obwohl auf Universalität gerichtet - noch adäquat - obwohl auf Adäquation tendierend -, zwar von hoher subjektiver Gewißheit, aber von geringer Objektivität. - Den Gehalt und die spezifischen Züge der religiösen Erfahrung hat R. → Otto als das → Heilige analysiert. Der Erkenntnisgrund religiöser Wirklichkeit liegt danach im sensus numinis, der Fühlung mit dem Heiligen, die sich im mysterium tremendum, mysterium fascinans und in der maiestas, der allem Gegenständlichen überlegenen Mächtigkeit des Heiligen äußert. Die Erfahrung der numinosen Wirklichkeit (→ Numinos) erschließt das endlich Erfaßte als das Geschaffene, vom ganz anders Wirklichen Abhängige. Das religiöse E. wird damit kosmogonisches Wissen; die Welt wird im ganzen als Schöpfung (→ Schöpfung: I) erfaßt; sie ist ursprünglich »gegründete« Welt, Kosmos. Die religiöse Erfahrung hat anfänglich ontologische Valenz (so Eliade). Die Kategorien der rationalen Weltbemächtigung erscheinen darin als Modifikationen originär religiöser Sachverhalte; so die Zeit der → Geschichte, die dem singulär historischen Ereignis seine entscheidende Bedeutung eröffnet, als Derivat der heiligen Zeit, die die ewige Gegenwart des Schöpfungsereignisses und die transhistorische Sinnfülle des Augenblicks erfaßt. Die innerweltlichen Ordnungsbegriffe sind im religiösen E. unmittelbar mit dem Gehalt der Sinn- und Wertregionen aufgefüllt und treffen die Wirklichkeit als geistiges Ereignis. Das wesensmäßige Verhältnis von unbedingtem Sinngehalt des religiösen Erfahrens und bedingter Sinn-Form des gegenständlichen, autonomen E.s ist im E. selbst nicht bestimmbar. - Dem religiösen E. im weiteren Sinne steht das E. aus dem Grunde geoffenbarten Wissens zur Seite. Sein zureichender Erkenntnisgrund ist die - nicht in der Erfahrung des Unbedingten, sondern in der → Offenbarung (: V. VI) des persönlichen Gottes erfaßte - Glaubenswahrheit. Das religiöse E. im engeren Sinne ist darin auf eine dem transzendent-erfassenden

Aktzusammenhange prinzipiell, wenn auch nur im Ursprung, fremde Erkenntnisquelle gegründet, die im → Glauben (: V) den höchsten Grad von Gewißheit, im autonomen E. aber den geringsten Grad von Objektivität hat. Die geoffenbarte Wahrheit kann wesensmäßig mit echtem E. aus anderen Erkenntnisquellen nicht in Konflikt stehen - so sehr dies auch historisch aus der Endlichkeit sowohl der Arten des E.s wie der Einsicht in die Glaubenswahrheit sich herstellen mag -, solange ein Wahrheitsanspruch überhaupt im autonomen oder heteronomen E. aufrechterhalten wird. Der Sinn einer möglichen Theonomie (→ Autonomie) des E.s ist, gläubig zu sein in der autonomen Form des E.s (so P. → Tillich). Strikt autonomes, von gebenden transzendenten Akten unabhängiges E. gibt es gar nicht; es wäre realitätslos, leerer Begriff. In allem E. selbst ist damit die Möglichkeit offen, daß die im Glauben ergriffene Wahrheit als Prius ferneren E.s auftreten kann. - Die religiöse Erfahrung, die in der → Religionswissenschaft gesondert von der glaubensmäßigen, rationalen und spekulativen Erkenntnis der Religionen behandelt wird, kann auch auf dem Boden der Offenbarungswahrheit einsetzen. Die höchste Form solchen religiösen E.s erreicht in der Religionsgeschichte die →Mystik (: II), die als rationale Erhellung wie als emotionale Überformung des Glaubensgehalts auftritt. Die gehaltvollen Formen des mystischen Erfahrens - so die Mystik → Eckeharts oder J. → Böhmes, des → Sufismus, der → Bhakti und der → Bhagavadgîtâ - erweitern den originären Begründungszusammenhang des Glaubenswissens bis zur Berührung mit den nicht-glaubensmäßigen Erfahrungsquellen, so daß Glauben und E. für die Innerlichkeit des Erlebens ineinanderfließen. - Wie alles E. ist auch das religiöse E. ein Wagnis, der Täuschung und dem Irrtum anheimgegeben, je mehr es sich dem Unbedingten nähert. Auch seine Wahrheit ist erkenntnismäßig nur darin gesichert, daß sie auf die Mitte des Erkenntnisbereichs bezogen bleibt, wo der Irrtum am weitesten ausgeschaltet und das Korrektiv der rationalen Kommunikation mit anderen Erkennenden wirksam werden kann.

K.Oesterreich, Die relig. Erfahrung als philosoph. Problem, 1915 - R.Otto, Das Heilige, (1917) 1947[17] - P.Tillich, Religionsphilosophie, 1925 - K.Stavenhagen, Absolute Stellungnahmen. 1925 - H.Pichler, Vom Wesen der Erkenntnis, 1926 - J.Engert, Studien zur theol. Erkenntnislehre, 1926 - H.Knittermeyer, Philosophie u. Christentum, 1927 - W.Sesemann, Zum Problem des reinen Wissens (Philosoph. Anzeiger 2, 1927/28, 204-235. 325-344) - RGG[2] II, 237ff (Lit.) - N.Hartmann, Das Problem des geistigen Seins, (1933) 1949[2] - Ders., Zur Grundlegung der Ontologie, (1935) 1948[3] - J.Kraft, Erkenntnis u. Glaube, 1937 - K.Boldt, Die Erkenntnisbeziehung, 1937 - N.MacLeish, The nature of religious knowledge, 1938 - R.Caillois, L'homme et le sacré, (1939) 1953[2] - D.C. MacIntosh, The problem of religious knowledge, 1940 - E.Brunner, Offenbarung u. Vernunft, 1941 - C.I.Lewis, An analysis of knowledge and valuation, 1946 - O.F.Bollnow, Das Verstehen, 1949 - K.O.Apel, Das Verstehen (Archiv f. Begriffsgesch. 1, 1955, 142-199) - M.Eliade, Das Heilige u. das Profane, 1957 (Lit.). - Vgl. auch die Lit. zu →Erkenntnistheorie.

W.Stache

Erkenntnistheorie

1. Begriff und Aufgabe der E.Th. - 2. Vorgeschichte - 3. Ursprung und Hauptrichtungen - 4. Heutige Aufgaben. - E. = Erkenntnis, E.Th. = Erkenntnistheorie

1. E.Th. (oder E.-Kritik) ist diejenige philosophische *Disziplin,* die nach Wesen, Entstehung, Elementen, Ursachen und Bedingungen des menschlichen → Erkennens, vor allem aber nach der Möglichkeit eines Kriteriums für die Richtigkeit des E.-Inhaltes, dh für die Übereinstimmung zwischen dem Gegenstand der E. und seinem Begriff bzw. nach dem Verhältnis des Gedankens zu dem von ihm intendierten Sachverhalt fragt. Die Frage nach dem Wesen des Erkennens ist so alt wie die Philosophie selbst; als eine besondere Disziplin gibt es sie erst in der Neuzeit. Der Terminus E.Th. schließlich ist erst im Anschluß an die Philosophie Kants geprägt worden (1862 von E. → Zeller). Zu ihrem Wesen gehört, daß sie auf systematische und methodische Weise entwickelt wird. Unter dem Einfluß der Fragestellungen der E.Th. erhielten viele philosophische Fachtermini erst ihre heutige spezifische Bedeutung (zB System, Methode, Theorie, Hypothese u.a.). Diese Tatsache macht es schwierig, die antike und mittelalterliche Philosophie von der modernen Wissenschaftssprache aus angemessen zu interpretieren. Von einer E.Th. in der Antike oder im MA kann man daher nur im übertragenen Sinn sprechen.

Es ist charakteristisch für die E.Th., daß sie sich, sobald sie in der Geschichte des → Denkens auftaucht, nicht damit zufrieden gibt, eine Disziplin der →Philosophie (: I) unter anderen zu sein, sondern den Anspruch erhebt, die philosophische Fundamentalwissenschaft zu sein. Sie nimmt damit in der modernen Philosophie eine ähnliche Stellung ein, wie sie die → Metaphysik in der antiken und mittelalterlichen Philosophie innehatte. Dies besagt nicht, daß das moderne Denken auf eine Metaphysik immer verzichtet hätte; denn oftmals waren die erkenntnistheoretischen Untersuchungen nur als Vorbereitung einer Metaphysik gedacht (vor allem bei → Descartes, → Spinoza, → Kant). Dabei darf jedoch nicht übersehen werden, daß die metaphysischen Grundentscheidungen immer schon in der E.Th. fallen. Und wenn die moderne Forschung auch geneigt ist, den von der Fragestellung der E.Th. her bestimmten Ansatz der modernen Philosophie zugunsten einer Herausarbeitung der metaphysischen Implikationen (»Metaphysik der Subjektivität«, → Heidegger) zu vernachlässigen, so macht sie damit nur einen anderen Aspekt des modernen Ansatzes sichtbar. Das 19.Jh. hatte freilich die metaphysischen Grundlagen der E.Th. oft ganz aus dem Blick verloren. Damit sank die E.Th. zur bloßen Wissenschaftslehre herab. In dieser Gestalt ist sie heute noch ein in den angelsächsischen Ländern unter dem Titel »epistemology« beliebtes Forschungsgebiet.

Enge Beziehungen bestehen aber nicht nur zur Metaphysik, sondern auch zur → Psychologie (: I) und zur → Logik. Auch die Psychologie kann sich mit der E.-Funktion beschäftigen, und ihre Einzelergebnisse können für die E.Th. selbst wichtig werden. Sie kann aber niemals die Frage nach dem Wahrheitskriterium des Erkennens beantworten. Ähnlich liegt auch der Unterschied zur Logik. Auch die (formale) Logik zeigt Bedingungen auf, die erfüllt sein müssen, wenn das Erkennen wahr sein soll. Sie muß jedoch den Begriff der → Wahrheit selbst immer schon voraussetzen. Den Versuch einer Vereinigung von Logik und E.Th. stellt die »transzendentale Logik« Kants dar.

Das Nachdenken über das E.-Phänomen entspringt niemals unvermittelt, sondern setzt den Zweifel an der »objektiven« Wahrheit menschlicher Einsicht voraus. So ist die antike Skepsis eine Vorform der E.Th., und die moderne E.Th. selbst unternimmt es bisweilen sogar (→ Descartes), den → Zweifel zur Methode der erkenntnistheoretischen Untersuchung zu machen.

Grundvoraussetzung einer jeden E.Th. ist eine Gegenüberstellung von → Subjekt und Objekt. Unter dieser Voraussetzung fragt sie danach, ob und wie das Subjekt aus seiner Sphäre in Richtung auf das Objekt heraustreten und sich ein Abbild vom Objekt machen kann. Allem vorneuzeitlichen Denken ist jedoch diese Scheidung von Subjekt und Objekt fremd. Jede grundsätzliche Kritik am Ansatz der E.Th. ist daher eigentlich eine Kritik der Begriffe Subjekt und Objekt.

2. Die *Vorgeschichte* der E.Th. beginnt bei den frühen griechischen Denkern und reicht bis ins späte MA. Zu erwähnen ist hier zB die Lehre, daß Gleiches nur durch Gleiches erkannt wird (Empedokles u.a.). Über die Herausarbeitung des Unterschiedes von αἴσθησις und νόησις vgl. → Denken. Besonders wichtig war die Sophistik, die der E. jede Allgemeingültigkeit absprach. → Sokrates und → Plato sind nur aus der ständigen Auseinandersetzung mit der Sophistik zu verstehen. Platos Bedeutung für die Behandlung des E.-Problems (das in engem Zusammenhang mit der ethischen Fragestellung steht) liegt vor allem in der Diskussion der Frage nach der Lehrbarkeit der (sittlichen) Einsicht, sowie der nach der Möglichkeit apriorischer, dh vor aller Erfahrung liegender und von ihr unabhängiger Einsichten. Dabei war Plato vor allem an der mathematischen E. orientiert. Gefragt wird aber nicht nach der Gültigkeit oder dem Rechtsgrund, sondern nach dem *Wesen* des Erkennens, das ja der Gefahr des Irrtums ausgesetzt ist. Die Frage nach dem Erkennen steht auch immer in einem größeren Zusammenhang (Metaphysik der Seele, ethisch-politische Fragen). Plato gibt keine feste Lehre, sondern eine Problementwicklung in dialogischer Situation. Der Zusammenhang mit der Metaphysik der Seele ist auch bei → Aristoteles noch vorhanden: Einfache Dinge werden erfaßt oder verfehlt, nur bei zusammengesetzten Dingen ist Täuschung und Irrtum möglich. Sein Stufenbau der E. (Wahrnehmung, Gedächtnis, Erfahrung, Kunst, E. im engeren Sinn) erfährt in der spätantiken Skepsis eine reiche Problementwicklung. Die mittelalterlichen E.-Lehren schließen sich an Plato und Aristoteles an. Grundsätzlich kann jedes Seiende als Verwirklichung einer Idee Gottes vom menschlichen Denken getroffen werden (→ Thomas von Aquino).

3. Gegen diesen Ansatz stellt sich die moderne E.Th., die die Erkennbarkeit der Dinge radikal in Frage stellt, ohne jedoch wie die antike Skepsis hierbei stehen zu bleiben. Sie entfaltet sich parallel zur Entwicklung der modernen → Naturwissenschaft (: I), ihrerseits vorbereitet durch Logik und Naturphilosophie des spätmittelalterlichen → Nominalismus. Die entscheidende Gestalt ist → Galilei als Begründer der mathematischen Naturwissenschaft. Ein Naturvorgang wird nicht mehr als Ganzes betrachtet, sondern gedanklich in Elemente aufgelöst und aus diesen wieder zusammengesetzt. Als E. gilt nurmehr das, was sich mathematisch ausdrücken läßt, dh was quantifizierbar ist (Zahl, Zeit und Raum). Die Naturwissenschaft arbeitet von nun ab mit Hypothesen. Erst auf dieser Grundlage kann die Frage nach dem Rechtsgrund der E. gestellt werden, dh die Frage danach, was unsere Abstraktionen noch mit der → »Wirklichkeit« zu tun haben, und in welchem Sinne man im Bereich der *operativen* Naturwissenschaft überhaupt von E. sprechen kann. Denn »erkannt« werden nun nicht mehr natürliche Dinge, die an das Gefüge der Arten und Gattungen gebunden sind, sondern → Naturgesetze, die nicht wie die Dinge gegeben sind, sondern erst durch quantitative Abstraktion gewonnen werden. Folgerichtig tritt dann mit Descartes der Begriff der Methode in den Mittelpunkt der Betrachtung (Methode der klaren und deutlichen E.; Selbstbesinnung der Subjektivität). Durch die strenge Scheidung von res cogitans und res extensa wird der Begriff einer »Außenwelt« möglich, nach deren »Realität« die E.Th. nun zu fragen beginnt. Auch der Systembegriff erhält nun seine neue spezifische Bedeutung vom Problem des Zusammenhangs zwischen Außen- und Innenwelt her. Descartes kann das Problem nur theologisch lösen, und der theologische Horizont bleibt auch in der Folge für die erkenntnistheoretischen Bemühungen bestimmend. Die Fortentwicklung der E.Th. wird jedoch ebenso stark durch die mathematische Naturwissenschaft bestimmt; von großer Bedeutung wird → Leibniz' Entdeckung des Infinitesimalbegriffs. – Auf der Grundlage dieser Fragestellungen entwickelten sich die verschiedenen Grundauffassungen: Empirismus (→ Apriorismus; → Aufklärung: I, 4), → Rationalismus (: I), → Skeptizismus, → Idealismus (: I. II), → Realismus (vgl. auch → Locke, → Hume, → Berkeley). Eine neue und vertiefte Begründung erfuhr die E.Th. durch die transzendentale Fragestellung → Kants, die alle künftige E.Th. entscheidend beeinflußte. → Hegel stellte grundsätzlich die Möglichkeit einer E.Th. in Abrede: Das Erkennen kann nie hinter sich selbst zurückgehen, denn es läßt sich nicht *vor* allem Erkennen bestimmen, was Erkennen ist; auch wenn wir über das Erkennen reflektieren, erkennen wir immer schon. Für Kant war E.-Kritik dagegen schon wegen der Unabweisbarkeit, aber gleichzeitig auch Unlösbarkeit der alten metaphysischen Probleme Gott, Welt und Seele unabdingbar geworden. Zwischen den Grundstellungen Kants und Hegels zur E.Th. bewegt sich die philosophische Diskussion bis in die Gegenwart. Die vielen Spielarten der umfangreichen Diskussion der E.Th. des 19.Jh.s sind durch den → Neukantianismus und die → Phänomenologie de facto ad absurdum geführt worden.

4. Die *gegenwärtige Situation* der E.Th. ist bes. durch die phänomenologische Kritik (→ Husserl) an den Abbildtheorien sowie durch die Arbeiten → Diltheys und → Heideggers bestimmt. Die moderne Philosophie zeigt die Tendenz, hinter die E.Th. zurückzufragen, dh sie fragt danach, was E. *ist*, und nicht, als was sie sich selbst versteht. Von besonderer Wichtigkeit ist in diesem Zusammenhang die Einsicht in die historische Bedingtheit aller E. sowie der E.Th. selbst (→ Historismus), ferner die Eröffnung von Bereichen (vor allem in der → Existenzphilosophie), die der rationalen Einsicht angeblich nicht zugänglich sind. Die metaphysischen Voraussetzungen der E. werden herausgearbeitet (N. → Hartmann), und → Pragmatismus wie Historismus sehen im Erkennen in erster Linie ein Lebensverhalten. Schließlich ergänzen die → Geisteswissenschaften die primär an der Naturwissenschaft orientierte E.Th. durch die Ausarbeitung einer → Hermeneutik. Für die meisten modernen Versuche ist es bezeichnend, daß sie die Unabgeschlossenheit und Endlichkeit aller E. unterstreichen. Großes Interesse erweckt auch die Frage nach den metaphysischen Voraussetzungen und Konsequenzen der E.Th. Die Frage nach einem eindeutigen Kriterium für die Wahrheit des Erkennens, die früher im Mittelpunkt der Diskussion stand, wird nur noch selten aufgeworfen, nachdem langsam die Einsicht in die innere Dialektik jeder E. durchdringt, die darin besteht, daß die E. ihrem Wesen nach niemals ein letztes Kriterium haben kann und dennoch ihrem Wesen nach immer nach einem solchen suchen muß. Die Aufgabe der heutigen E.Th. dürfte vor allem darin bestehen, die Zusammenhänge zwischen E. und Sprache (→ Sprachphilosophie) zu erhellen, sowie auf dem Weg über eine geschichtliche Deutung der Subjektivitätsphilosophie und ihrer Ursprünge eine produktive Aneignung der Ansätze von Plato und Aristoteles zu versuchen. Die Aufgabe einer Methodologie der Wissenschaften ist demgegenüber philosophisch weniger zentral.

H. COHEN, Das Prinzip der Infinitesimalmethode u. seine Gesch., 1883 – E. CASSIRER, Das E.-Problem in der Philosophie u. Wissenschaft der neueren Zeit, 3 Bde, (1906) 1922^{3} – A. MESSER, Einführung in die E.Th., (1909) 1927^{3} – N. HARTMANN, Grundzüge einer Metaphysik der E., (1921) 1944^{4} – A. LIEBERT, E.Th. I. II, 1932 – R. HÖNIGSWALD, Gesch. der E.Th., 1933 – F. KUNTZE, E.Th., 1934 (Lit.) –

A.v.VARGA, Einführung in die E.Th., 1953 - A.PAP, Analytische E.Th., 1955. - Vgl. auch die Lit. zu → Denken, → Erkennen, → Logik. *W.Wieland*

Erlangen, *Universität*

1. Allgemein - 2. Theologische Fakultät

1. Die Universität E. ist die Universität der altev. Lande im bayerischen Franken. Luther hatte schon 1529 die Gründung einer fränkischen Universität angeregt. (Später hat dann die ev. Reichsstadt Nürnberg auf ihrem Territorium in → Altdorf 1578 eine Akademie errichtet, die 1622 zur Universität erhoben wurde.) Die Universität ist 1743 von Markgraf Friedrich von Bayreuth in der Erlanger Neustadt gegründet worden, einer von Markgraf Christian Ernst von Bayreuth im Jahre 1686 angelegten Hugenottenstadt. Treibende Kraft bei der Gründung war die Gemahlin des Markgrafen Friedrich, Markgräfin Wilhelmine, Schwester Friedrichs d. Gr. Durch sie und ihren Leibarzt Daniel von Superville, der als Kanzler der Universität eingesetzt wurde, erhielt die Universität E. in ihren ersten Jahrzehnten das Wesen einer typischen Aufklärungs- → Universität. Als Markgraf Friedrich 1763 gestorben war, trat unter seinem Nachfolger Friedrich Christian ein rascher Verfall der Universität ein. Er hätte wohl zu ihrer Auflösung geführt, wenn nicht nach dem Tode Friedrich Christians (1769) Markgraf Alexander von Ansbach das Fürstentum Bayreuth geerbt und alsbald die Reorganisation der Universität E., nunmehr als Landesuniversität der beiden Fürstentümer Ansbach-Bayreuth, tatkräftig in die Hand genommen hätte. Nach ihm und nach ihrem ersten Gründer Markgraf Friedrich heißt die Universität Friderico-Alexandrina. 1792 trat Markgraf Alexander, der ohne Leibeserben war, als letzter der süddeutsch-fränkischen Hohenzollern seine Länder an → Preußen ab. So wurde die Universität E. von 1792 bis zum Zusammenbruch Preußens (1806) eine preußische Universität. Hardenberg, der die fränkischen Fürstentümer für Preußen verwaltete, bemühte sich im Sinne der Zeit um die Universität. Damals (1805/06) lehrte auch → Fichte kurze Zeit in E. und richtete an Hardenberg seine für die Geschichte der deutschen Universitäten bedeutsame Denkschrift »Ideen über die innere Organisation der Universität E.«. 1806 kam E. zunächst unter französische Verwaltung, bis es 1810 bayerisch wurde. Diese Jahre bedeuteten eine schwere Notzeit für die Universität. Nur der Idealismus ihrer Professoren, die zeitweise ohne Gehalt weiterarbeiteten, rettete sie vor dem Erliegen.

Auch nach der Übernahme durch → Bayern blieb das Schicksal der Universität zunächst einige Jahre in der Schwebe. Schließlich entschloß man sich, die Universität E. weiterbestehen zu lassen. Sie erhielt die Bibliothek der 1809 aufgehobenen Universität → Altdorf und übernahm damit bis zu einem gewissen Grade deren Tradition. Ferner wurde das 1814 abgebrannte Schloß, bis dahin Sitz der verwitweten Markgräfin Sophie Karoline Marie, der zweiten Gemahlin des Markgrafen Friedrich, mit dem Schloßgarten der Universität E. zu Eigentum übergeben und als Universitätsgebäude wieder aufgebaut. Nun begann die große Zeit des biedermeierlichen E. Obwohl die Studentenschaft politisch leidenschaftlich bewegt war (an den Unruhen waren als Studenten u.a. beteiligt der Chemiker Justus v.Liebig, der Kirchenhistoriker Karl August v. → Hase, der Gründer des Germanischen Nationalmuseums Hans Frhr. v. Aufsess, der Jurist Friedrich Julius → Stahl), wurde die Universität zu einem Mittelpunkt reichen wissenschaftlichen und künstlerischen Lebens. → Schelling las von 1821-27 vor einem großen Auditorium. Hier dichteten Friedrich → Rückert (1826-41 Prof. für orientalische Sprachen in E.) und August Graf v. Platen (1821-26 Student, später Bibliothekar an der Universitätsbibliothek).

Bereits im Vormärz beginnt die Lehrtätigkeit der Vertreter der → »Erlanger Schule«, welche in der zweiten Hälfte des 19.Jh.s der Universität E. internationales theologisches Ansehen brachte. Daneben wirkten aber auch an den anderen Fakultäten bedeutende Gelehrte wie die Mediziner Kussmaul und Strümpell und der Eiweißforscher Emil Fischer. In der Juristischen Fakultät sind vor allem Kirchenrechtslehrer von hohem Rang zu nennen: v. → Scheurl, → Kahl, → Sehling und Rieker. Ihr Ansehen hat mit dazu beigetragen, daß der Kirchenrechtsprofessur im Staatsvertrag zwischen Bayern und der Ev.-Luth. Kirche in Bayern vom 15.11.1924 eine besondere Stellung eingeräumt ist. Bei ihrer Besetzung »wird der Staat auf die Bedürfnisse der Studierenden der theologischen Fakultät Rücksicht nehmen« (Art. 2 Abs. 2). Neben dem Juristischen Seminar besteht ein besonderes Kirchenrechtliches Seminar mit über 10 000 Bänden.

E. ist im Weltkrieg nicht zerstört worden. So sind die Bauten und die Bücherschätze der Universität unversehrt erhalten geblieben. Zu ihnen gehört u.a. die Bibliothek der Markgräfin Wilhelmine, welche diese der Universität vermacht hat. Die Universitätsbibliothek besitzt ferner eine Sammlung wertvoller Handzeichnungen, darunter das Selbstporträt des jugendlichen Dürer. Trotzdem hatte die Universität eine Erneuerung und Erweiterung ihrer Baulichkeiten dringend nötig, da sie im 19. und 20.Jh. viele Jahrzehnte hindurch vom bayerischen Staat stark vernachlässigt worden war. Seit 1950 ist das anders geworden. Es sind zahlreiche Neubauten entstanden, darunter nicht nur neue Kliniken und Institute für Medizin und Naturwissenschaften, sondern auch drei moderne Seminargebäude für die geisteswissenschaftlichen Fakultäten. An dem Aufschwung der Stadt E., die nach 1945, insbesondere durch die Niederlassung der Hauptverwaltung der Siemens-Schuckert-Werke-AG, zu einer bedeutenden Industriestadt geworden ist, hat auch die Universität ihren Anteil. Ihr Lehrkörper ist in allen Fakultäten gegenüber früher vergrößert. In E. ist der Typus einer mittleren Universität gewahrt geblieben. Trotz ständig steigender Studentenzahl ist für den Studenten immer noch die Möglichkeit der ruhigen Arbeit in persönlicher Fühlungnahme mit den akademischen Lehrern gegeben.

E.DEUERLEIN, Gesch. der Univ. E. in zeitlicher Übersicht, 1927 (Lit.) - Handkatalog der Hss. der Univ.-Bibl. E. (Neubearb.) I, 1928; II, 1936; III/1, 1942; V, 1940; VI, 1936 - Die Zeichnungen in der Univ.-Bibl. E., 2 Bde, 1929 - Die Voit von Salzburgsche Münz- u. Medaillensammlung der Univ.-Bibl. E., 1933 - H.J.SCHOEPS, Das war Christian-Erlang, 1950 - Zweihundert Jahre Univ. E. (Deutschlands Erneuerung Bd 27, H. 7/9), 1943 - H.ZELTNER, Die Friedrich-Alexander-Univ. in E. (Neue dt. Hefte 35, 1957, 233-242). *H.Liermann*

2. Wie die Universität E. (s. 1), so ist auch ihre theologische Fakultät ein Kind der Aufklärung. Nicht das Halle A.H. → Franckes hat, wie ursprünglich geplant, Modell gestanden, sondern dasjenige Chr. → Wolffs. Nicht die historische Kritik wurde gepflegt, wie in dem ein wenig älteren → Göttingen, sondern die dogmatische Konzentration. Der im Gründungsstatut geforderte Anschluß an das luth. Bekenntnis schloß den Gegensatz gegen die Pietisten ein. Beides führte zunächst zu einer »vernünftigen« Orthodoxie (→ Aufklärung: III), die sich in ihren Nachwirkungen behauptete.

Die 1769 geschlossene Verbindung mit Ansbach gab der Fakultät einen neuen Anstoß und brachte mit Georg Fr.Seiler (1770-1807) und Fr.W.Hufnagel (1782-99) die Neologie zur Geltung, der 1791 erfolgte Übergang an Preußen den Rationalismus, der zB von dem vielgewandten und später sich theologisch wandelnden C.F. Ammon (1792-94; 1804-13) vertreten wurde. Die Universität verdankt ihrer theologischen Fakultät in den kritischen Jahren des Übergangs an Bayern (1810-15) ihren Fortbestand; die Gefahr, daß sie zu einer theologischen Fachschule reduziert wurde, wurde 1813 abgebogen.

Dabei stand die Fakultät in enger organisatorischer Verbindung mit der werdenden Bayerischen Landeskirche. Während sie als Korporation von den kirchlichen Prüfungen ausgeschlossen blieb, wurde 1818 dem Münchner Oberkonsistorium die Aufsicht über die Theologiestudenten E.s und das Recht der Begutachtung bei der Neubesetzung theologischer Professuren übertragen. Erst allmählich konnte sich ein Verhältnis gegenseitiger Förderung einspielen; dabei hat sich die Fakultät als Vorkämpferin der »Prot. Gesamtgemeinde« (Auseinandersetzung über das bayerische Konkordat von 1817, → Kniebeugungsstreit von 1838ff) und der Ev.-Luth. Landeskirche (Anerkennung des luth. Charakters des Zentralmissionsvereins 1853, Annahme des Agendenentwurfs von 1853) erwiesen.

Die Überwindung der Aufklärung ist zunächst durch Anregungen des deutschen Idealismus erfolgt. Sie sind weniger durch Schleiermacher vermittelt worden, sondern gehen direkt von der Philosophie, vor allem → Schellings, und von dem durch Romantik und historische Schule neugeweckten Geschichtsverständnis aus. Sie sind greifbar bei einzelnen Übergangsgestalten (G. Ph.Kaiser, 1817-48; Veit → Engelhardt, 1823-55), die die neuen Fragestellungen und Methoden auf ihre Fachwissenschaft anwenden, ohne einen umfassenden Durchbruch zu erzielen. Dieser erfolgt erst durch den Zustrom, der von der Frömmigkeit der → Erweckungsbewegung ausgeht. Hauptträger ist der Pfarrer der Deutsch-ref. Gemeinde und a.o. Prof. Chr. → Krafft (1818-45). Neben ihm stehen Mitglieder der Philosophischen Fakultät, außer Schelling der Naturphilosoph G.H. → Schubert (1818-25), der schwärmerische Orientalist Joh.Arnold Kanne (1817-24) und vor allem der vielseitige K.v. → Raumer (1827-65), der in seinem Hause die Theologiestudenten in Augustin und Luther einführte. Von der jungen, durch diese Männer herangebildeten Generation ging die → »Erlanger Schule« aus, die die Theologiegeschichte in der zweiten Hälfte des 19.Jh.s mitbestimmt hat. In ihr übernimmt A. → Harleß die Führung und gibt seit 1838 als Organ der neuen Richtung die »Zeitschrift für Protestantismus und Kirche« heraus. Mit ihm eng befreundet wirkt von 1833-52 der praktische Theologe F. → Höfling. Von diesem übernimmt Th. → Harnack (1852-66) die liturgischen und kirchenrechtlichen Probleme und hat als Lutherforscher Selbständiges geleistet. Sein Nachfolger G.v. → Zezschwitz (1866-86) fördert hauptsächlich die Katechetik.

Vor allem aber haben die großen Systematiker der Erlanger Schule das Gepräge gegeben: G. → Thomasius (1842-75), der von der Dogmengeschichte her die Überlieferung des orthodoxen Luthertums einheitlich zu durchdringen verstand; J.Chr.K.v. → Hofmann (1845 bis 1877), der wie Schleiermacher vom Glaubensbewußtsein ausgehend die heilsgeschichtliche Konzeption des Biblizismus übernahm, beide Momente aber in einer Gesamtschau von Weltgeschichte und Gottesgeschichte vereinigte und überhöhte; schließlich, alle diese Anregungen zusammenfassend, aber auch der Erstarrung entgegenführend, F.H.R. →Frank (1857-94), der zugleich, der Geisteslage des ausgehenden 19.Jh.s entsprechend, die »Gewißheit« und die »Wahrheit« des christlichen Glaubens dem modernen Bewußtsein einleuchtend zu machen suchte.

Das Erbe der Erlanger Schule hat die Fakultät für das 20.Jh. zu erhalten und zu mehren versucht, der Neutestamentler Th. → Zahn (1878-88; 1892-1933) in subtilen Einzelforschungen und in der Auseinandersetzung mit der historischen Kritik, der Systematiker Philipp Bachmann (1902-31) in hingebendem Dienst an studentischer Jugend und landeskirchlicher Organisation. Der Übergang von A. → Hauck und K.Ihmels nach Leipzig, von R. → Seeberg nach Berlin zeigt die Ausstrahlungskraft der Schule, zugleich aber auch die Ermattung tragender Impulse. Die Lutherforschung, die in dem Kirchenhistoriker Th. → Kolde (1879-1913) einen Vorläufer besaß, hat in W. → Elert (1923-54) und Paul → Althaus d.J. (seit 1925) der Erlanger Theologie neue Anstöße gegeben; bei diesem in einer universalen Weite, die in der »christlichen Wahrheit« die theologischen Erkenntnisse seit Schleiermacher mit dem reformatorischen Glaubensverständnis konfrontiert, bei jenem in einer tiefbohrenden Quellenforschung, die Grundelemente der altkirchlichen und luth. Tradition heute neu fruchtbar zu machen trachtet.

PH.BACHMANN, Stellung u. Eigenart der sog. Erlanger Theol. (Festg. f. Th.Zahn, 1928, 1-17) - H.KRESSEL, Die Liturgie der Ev.-Luth. Kirche in Bayern, 1935 - MATTH.SIMON, Ev. KG Bayerns, (1942) 1952[2] - DERS., Mission u. Bekenntnis in der Entwicklung des Ev.-Luth. Zentralmissionsvereins für Bayern, 1953 - P.ALTHAUS, W.Elerts theol. Werk (Gedenkschr. f. W.Elert, 1955, 400-410).

W.Maurer

Erlanger Schule. Innerhalb der konfessionellen Theologie des 19.Jh.s ist die E.Sch. die bedeutendste und theologisch fruchtbarste Richtung gewesen. Sie wurzelt in der Erweckungsbewegung (→ Erweckung: I), die in Franken vor allem durch den Erlanger ref. Pfarrer und Prof. Chr. → Krafft und den Ansbacher Dekan Th. → Lehmus getragen wurde. Mit der Erweckung verbanden sich starke Einflüsse der Romantik und des Idealismus, besonders → Schellings. Aber auch → Hegel, die Rechtshegelianer und → Schleiermacher haben die werdende Erlanger Theologie geprägt. Ursprünglich fehlte der neuen, den Rationalismus scharf bekämpfenden Richtung noch das konfessionelle Bewußtsein. Erst nachträglich entdeckte man die Übereinstimmung der eigenen Glaubenserfahrung mit dem luth. Bekenntnis (Thomasius 244f; Heckel 28). Die innere Aneignung der Theologie des 16. und 17.Jh.s, der Abwehrkampf gegen den wieder aktiv gewordenen Katholizismus und die Abneigung gegen die preußischen Unionsmaßnahmen förderten die Konfessionalisierung. Die Erlanger theologische Fakultät, der 1833 → Harleß und → Höfling gegen ihren Willen aufgedrungen wurden, ließ nach dem Tode Kraffts (1845) nur eine reformierte Professur extra facultatem zu (→ Erlangen, 2).

Die Theologie der E.Sch. ist trotz ihres betonten Luthertums Wiedergeburtstheologie, welche wie Schleiermacher von der Erfahrung des frommen Subjekts ausgeht, diese aber mit Schrift und Bekenntnis in eins zu setzen trachtet. *Harleß*, der seine Bekehrung Tholuck verdankt, hat als erster die Grundgedanken der E.Sch. ausgesprochen, daß vom Erlebnis der → Wiedergeburt (: III) her der ganze Komplex der luth. Lehre angeeignet werden kann. Nach ihm soll allerdings nicht das isolierte Subjekt, sondern der kirchliche Gemeindeglaube, der ohne bestimmte Symbole nicht existieren kann, die Basis der Theologie bilden (Encyclopädie S. 25f § 5. 6). Harleß' Hauptwerk ist die Ethik (1842), in der er das in Wiedergeburt und Bekehrung begründete Leben des Christen beschreibt. - *J.Chr.K.v.* → *Hofmann* hat die Grundgedanken Harleß' weiter durchgebildet. Der eigentliche Erkenntnisgegenstand der Theologie ist der christliche Mensch. »Ich der Christ bin mir dem Theologen eigenster Stoff meiner Wissenschaft« (Schriftbeweis, 1. Hälfte S. 10). Im Rückschlußverfahren soll aus der als empirische Tatsache verstandenen Wiedergeburt das ganze dogmatische System entfaltet werden. Aber das so Erschlossene muß an Schrift und Bekenntnis bewährt werden. Der »Schriftbeweis«, der selbständig neben der systematischen Entfaltung zu führen ist, ist dann gelungen, wenn das Ergebnis beider Wege zusammenstimmt. Die Einheit der Schrift liegt in der von ihr berichteten Heilsgeschichte. Im Anschluß an Gedanken der Föderaltheologie hat Hofmann die Offenbarung als stufenweise Enthüllung des Heilsplanes Gottes in der biblischen Geschichte verstanden (Weissagung und Erfüllung I, 1841; II, 1844). Jede geschichtliche Stufe ist gleichzeitig Weissagung einer zukünftigen und Erfüllung einer vorhergehenden. Von den at. Frommen kann nur die ihrer jeweiligen Heilsstufe entsprechende Glaubensaussage erwartet werden. Der alte Weissagungsbeweis, der einzelne Worte direkt auf Christus bezog, wird abgelehnt. Zur Auffindung der heilsgeschichtlichen Bezüge bedient sich Hofmann weitgehend der Typologie. – *F.H.R.* → *Frank,* der bereits Schüler von Harleß und Hofmann ist, hat die Erlanger theologische Konzeption in einem groß angelegten, doppelten System durchgeführt. In dem grundlegenden Werk, dem »System der christlichen Gewißheit«, geht Frank, wie Harleß und Hofmann, von der Wiedergeburtserfahrung als einer im Selbstbewußtsein unmittelbar gegebenen Gewißheit aus. In dieser Erfahrung sind objektive Faktoren als sie bedingende mitgesetzt (§§ 15. 23). Frank unterscheidet immanente, transzendente und transeunte Glaubensobjekte. Immanente Glaubensobjekte sind solche, zu deren Vergewisserung das seiner Wiedergeburt gewisse Subjekt über sich selbst nicht hinauszugehen braucht (Sünde, Gerechtigkeit, Gewißheit der Vollendung). Transzendente Glaubensobjekte sind die jenseits des Subjektes gelegenen, auf deren Einwirkung das Subjekt seine Wiedergeburtserfahrung zurückführt (der persönliche und dreieinige Gott, die Person und das Werk Christi). Die transeunten Glaubensobjekte vermitteln den Übergang von den transzendenten Realitäten zu dem immanenten Tatbestand des christlichen Bewußtseins (Kirche, Gnadenmittel, Offenbarung, Inspiration). Während im »System der christlichen Gewißheit« der Weg von unten nach oben, vom christlichen Subjekt zu den es bedingenden und umfangenden Realitäten gegangen wird, geht das »System der christlichen Wahrheit« den umgekehrten Weg von oben nach unten, von den letzten Prinzipien der geistlichen Welt zum frommen Subjekt. Daß eine Dogmatik diesen doppelten Weg und zwar in dieser Reihenfolge gehen muß, wird von Frank apologetisch damit begründet, daß nur so die Glaubensgewißheit gegen den modernen Zweifel gesichert werden kann. Trotz der in vieler Hinsicht bewundernswerten Systematik, mit der Frank den Schleiermacherschen und den orthodoxen Ansatz zu verbinden sucht, ist das Verfahren und seine Durchführung unhaltbar. Der Ansatz beim wiedergeborenen Menschen übersieht das reformatorische simul iustus et peccator, die Situation der Anfechtung und das bleibende Gegenüber der Botschaft des Evangeliums. Das regressive Verfahren, das das ganze, im wesentlichen orthodoxe System aus dem frommen Selbstbewußtsein erschließen will, ist gewaltsam, künstlich und fern dem Geiste Schleiermachers, der die Erfahrung kritisch gegen die traditionelle Dogmatik geltend machte. – Mit einem »System der christlichen Sittlichkeit« hat Frank sein Lehrgebäude abgerundet. Sein Erstlingswerk war eine vierbändige Theologie der Konkordienformel. – Neben Harleß, Hofmann und Frank müssen noch G.Thomasius, Höfling und Th. → Harnack als repräsentative Vertreter der E.Sch. genannt werden. Von Schelling und Hegel beeinflußt konzipierte Thomasius die → Dogmengeschichte als organisch-dialektische Entwicklung des christlichen Lehrbegriffs, der in der luth. Orthodoxie (Konkordienformel) seine Vollendung findet. In der → Christologie (: II, 8d) versuchte er mit der Lehre von der Kenose des logos asarkos die alte Zweinaturenlehre der modernen geschichtlichen Erkenntnis von der Person Jesu anzupassen. Diese Kenotik hat nicht nur bei Lutheranern (Hofmann, Frank, Luthardt, Oettingen), sondern teilweise auch bei Vermittlungstheologen (Gess) Anhänger gehabt. – In den Auseinandersetzungen über die Lehre von Kirche und Amt mit → Löhe, A. → Vilmar u.a. hat Höflings Anschauung die E.Sch. im wesentlichen auf der Linie des Gemeindegedankens gehalten. Harleß und Th.Harnack nahmen eine vermittelnde Haltung ein. – In der Lehre von der → Versöhnung (: V) hat Hofmann die traditionelle satisfactio vicaria abgelehnt und durch den Gedanken ersetzt, daß Christus durch seinen Berufsgehorsam der Anfänger einer neuen Menschheit sei. Im Streit um diese Versöhnungslehre haben ihm seine Erlanger Kollegen fast durchweg die Gefolgschaft versagt. Indem Hofmann sich für seine Versöhnungslehre auf → Luther (: II) berief, machte er zum ersten Mal auf Unterschiede zwischen Luther und der luth. Orthodoxie aufmerksam. Aber auch abgesehen von diesem für die kommende Lutherforschung wichtigen Gesichtspunkt hat die E.Sch. um das Studium Luthers erhebliche Verdienste, auch wenn sie ihn zT neulutherisch uminterpretierte. – R. → Seeberg und L.Ihmels können nur bedingt als Nachfahren der E.Sch. gelten. Mit Franks Tode (1894) war ihre Zeit zu Ende.

G.Thomasius, Das Wiedererwachen des ev. Lebens in der luth. Kirche Bayerns, 1867 – O.Pfleiderer, Die Entwicklung der prot. Theologie, 1891, 160ff. 175ff – H.Pöhlmann, Die Erlanger Theologie, ihre Gesch. u. ihre Bedeutung (ThStKr 80, 1907, 390 bis 433. 535-563) – E.Günther, Die Entwicklung der Lehre von der Person Christi im 19.Jh., 1911, 165ff – P.Wapler, Johannes von Hofmann, 1914 – W.Elert, Der Kampf um das Christentum, 1921, 285ff – F.Kattenbusch, Die dt. ev. Theologie seit Schleiermacher, 1926⁵, 49ff – RGG² II, 251ff – J.Wach, Das Verstehen II, 1929, 357ff – G.Weth, Die Heilsgesch., 1931 – Th.Heckel, Adolf v. Harleß, 1933 – H.Stephan, Gesch. der ev. Theol., 1938, 155ff – S.Hebart, Wilhelm Löhes Lehre von der Kirche, ihrem Amt u. Regiment, 1939 – Matth.Simon, Ev. Kirchengesch. Bayerns, (1942) 1952², 571ff – Barth, PrTh 553ff – H.Fagerberg, Bekenntnis, Kirche u. Amt in der dt. konfessionellen Theol. des 19.Jh.s, 1952 – Hirsch V, 414ff. 197ff – E.Hübner, Schrift u. Theologie, eine Untersuchung zur Theologie J.Chr.K.v.Hofmanns, 1956 (Lit.) – Chr.Senft, Wahrhaftigkeit u. Wahrheit (BHTh 22), 1956, 87ff – EKL I, 1123ff. *H.Graß*

Erlaßjahr. In Israel und im Judentum war – wie der → Sabbat in der Woche – jedes 7. Jahr bes. hervorgehoben. Dies geschah ursprünglich durch eine allgemeine (gegen North) Brache, die, wie das Passa (→ Feste: II) ein Brauch aus der Zeit vor der Landnahme, nicht bodenwirtschaftlich, sondern kultisch bestimmt war (Ex 23, 10f; die sozial-karitative Bestimmung und die Ausweitung auf Weinstock und Ölbaum sind sekundär). Später kam der Erlaß (kaum nur die Stundung) selbstschuldnerischer Bürgschaften (šᵉmiṭṭā) innerhalb des Sakralbundes hinzu (Dtn 15, 1ff; Horst, Priv.), der unter dem Einfluß der städtischen Verhältnisse in Jerusalem möglicherweise die Brache ganz ersetzte (vgl. Lev 26, 34f. 43; 2Chr 36, 21; 3Esr 1, 55). (Dagegen erfolgte die Freilassung hebräischer Sklaven nach je 6 Dienstjahren [Ex 21, 1ff; Dtn 15, 12ff; vgl. Jer 34, 8ff; → Armenpflege: II, 2] unabhängig vom E.) Am Laubhüttenfest dieses E.es (→ Feste: II) wurde mit einer Gesetzesverlesung der → Bund Jahwes mit seinem Volk bekräftigt (vgl. Dtn 31, 10f; Alt). Im Exil wird für das Siebentjahr erneut die Brache gefordert (Lev 25, 1-7. [18-22]; jetzt: »Sabbatjahr«), später auch der (hier nicht erwähnte [→ Jobeljahr]) Erlaß von Schuldforderungen wieder mit ihr kombiniert (vgl. Neh 10, 32). Die tatsächliche Durchführung der Brache dürfte für das 2.Jh. vChr 1Makk 6, 49. 53 bezeugen (zu Bedenken hiergegen sowie gegen die Stellen bei Josephus vgl. North in Bibl 34). Der Zeiteinteilung des → Jubiläenbuches liegt neben dem Jobeljahr das E. (bzw. die Jahrwoche) zugrunde. Auch die Gemeinschaft von → Qumran kennt es (1Q 22, III, 1-7; 1QM II, 6-9). Seit Hillel konnte sich der Gläubiger durch den »Prosbol« die Einforderung der Schuld jederzeit sichern (Schebiit X, 3 ff). - Die Ableitung des E.es von außerisraelitischen Vorbildern ist bis jetzt nicht gelungen. Für die Texte aus Nuzi ergäbe die (sprachlich umstrittene) Gleichsetzung von šūdūtu mit š^emiṭṭā lediglich eine Entsprechung zur Institution des Schulderlasses, nicht aber zu dessen Zeitpunkt. In den bisher veröffentlichten Texten aus → Ugarit ist eine dem Rhythmus des E.es vergleichbare Siebenjahresperiode nicht nachzuweisen (gegen Gordon, Gray).

Außer den Kommentaren: SCHÜRER, Reg. s.v. Sabbatjahr - JewEnc X, 605ff - J.JEREMIAS, Sabbatjahr u. nt. Chronologie (ZNW 27, 1928, 98-103) - F.HORST, Das Privilegrecht Jahves (FRLANT 45), 1930, 56ff - DERS., Das Eigentum nach dem AT (Kirche im Volk 2, 1949, 87-102) - DALMAN, AuS II, 131ff; III, 183ff; u.ö. - A.ALT, Die Ursprünge des israel. Rechts (BAL 86, 1), 1934 (= ALT I, 278-332) - R.NORTH, Maccabean Sabbath Years (Bibl 34, 1953, 501-515) - DERS., Sociology of the Biblical Jubilee (AnBibl 4), 1954 (Lit.) - H.WILDBERGER, Israel u. sein Land (EvTh 16, 1956, 404-422) - J.T. MILIK in VT Suppl. 4, 1957, 18 (zum Prosbol). - Zu Nuzi: C.H. GORDON in RB 44, 1935, 38ff. - Zu Ugarit: DERS., Ugaritic Lit., 1949, 4f u. in Or NS 22, 1953, 79ff - J.GRAY, The Legacy of Canaan (VT Suppl. 5), 1957 - E.KUTSCH, Erwägungen zur Gesch. der Passafeier u. des Massotfestes (ZThK 55, 1958, H. 1). *E.Kutsch*

Erlau (ung. Eger), *Erzbistum* (Archidioecesis Agriensis) in Ungarn, wurde 1009 als Suffraganbistum zu → Gran von König Stefan I. begründet, 1241 durch die Tataren verwüstet und unter der türkischen Besetzung zum größten Teil für die calvinische Reformation gewonnen. Seit dem Ende des 17.Jh.s begann eine neue, stark aufwärtsstrebende Entwicklung. Das Priesterseminar wurde 1700 gegründet, und 1730 entstand die theologische Akademie. 1740 wurde die Rechtsakademie und 1754 die philosophische Fakultät errichtet. In E. arbeitete 1769-70 die erste ung. medizinische Hochschule. Das Lyzeum wurde 1765-85 und die Basilika 1832-37 erbaut. 1804 wurde E. zum Erzbistum und seine nordöstlichen und östlichen Gebiete (Kassa/Kaschau und Szatmár) samt den von Gran 1776 losgelösten Teilen (Rozsnyó/Rosenau und Szepes/Zips) zu Bistümern erhoben und E. unterstellt. Diese Bistümer kamen 1920 politisch zur Tschechoslowakei. E. umfaßt jetzt 4 Archidiakonate, 27 Vize-Archidiakonate, 282 Pfarreien mit 454 Priestern, 192 Mönchen und 696 Nonnen bei zusammen 990 233 Seelen. Die theol. Akademie zählt 93 Studenten. Nach dem Tode des Erzbischofs Dr. Gyula Czapik (25.4.1956) wurde kein Nachfolger ernannt.

Schematismus Cleri Archidioecesis Agriensis, Eger 1948.

A.Szekeres

Erlebnis, *religiöses*

I. Religionswissenschaftlich - II. Religionsphilosophisch

I. Religionswissenschaftlich

Der Bereich des Religiösen umfaßt drei konzentrische Kreise: als äußersten die Erscheinungswelt der Religion, dh das sinnenmäßig Erfaßbare: heilige Gegenstände (→ Heilige Stätten: I), Handlungen (→ Gottesdienst: I; → Kultus), → Worte, → Schriften, Menschen, → Gemeinschaften (→ Phänomenologie der Religion); als zweiten die Vorstellungswelt der → Religion (: I), die Ideen von → Gott (: I), → Schöpfung (: I), → Offenbarung (: I), → Erlösung (: I), → Gnade (: I) und Vollendung (→ Eschatologie: I); als innersten Kreis die Erlebniswelt der Religion, dh die religiösen Gefühle, Affekte, Willensimpulse und Wertungen. Mit ganz verschiedenen Kulthandlungen und religiösen Vorstellungen können gleiche r.E.se verbunden sein. So sind die mystischen E.se innerhalb bestimmter Typen in den verschiedensten Religionen (trotz verschiedener Gottesnamen) gleichgeartet. In ähnlicher Weise kann sich das psychische E. des Glaubens und Vertrauens auf ganz verschiedene »Heilstatsachen« gründen: zB das vorzeitliche Gelübde Buddhas, Israels Auszug aus Ägypten und Christi Kreuz. Es gibt religiöse, erotische und künstlerische → Ekstasen und psychische Massenepidemien auf politischem wie religiösem Gebiet. Der Unterschied des r.E.ses vom profanen liegt ausschließlich in der Bezogenheit auf das überirdische, transzendente, jenseitige, heilige Objekt.

Das r.E. ist im wesentlichen auf allen Stufen identisch; auf höheren Stufen unterscheidet es sich lediglich durch die größere Feinheit und Individualisierung. Aber schon auf primitiver Stufe finden wir rein individuelle, nicht durch die Gemeinschaft bedingte E.se wie das spontane → Gebet (: I) und den Nagualismus, dh das visionäre E. eines persönlichen Schutzgeistes (→ Amerikanistik, 3). Es wäre jedoch falsch, das primitive r.E. auf solche Erfahrungen einzelner Menschen zu beschränken. Alle Kulthandlungen, religiösen Vorstellungen und Kunstwerke sind Ausdrucksformen und Reflexe von wirklichen E.sen und Anreiz zu neuen.

Das noch undifferenzierte religiöse Grund-E. ist die *Ehrfurcht* (awe) oder *heilige Scheu* (Urbedeutung des Wortes religio) und umfaßt → Furcht, Schauer, Bewunderung, → Liebe (: I), Sehnsucht und Hingabe (→ Gottesfurcht: I, → Numinos). Sein spontaner Ausdruck ist der Gebetsgestus des Sichniederwerfens (→ Anbetung: I, → Gebet: I, 6). Die Ehrfurcht wird zur Furcht und Angst, wenn Bewunderung und Liebe zurücktreten. Ein großer Teil der primitiven Religion ist durch Furcht vor → Tabu-Objekten und Totengeistern (→ Tod: I) bedingt (Statius: deos fecit timor). Obgleich das Furcht-E. auch in der höheren Religion einen wichtigen Platz einnimmt, vor allem die Furcht vor zeitlicher und ewiger göttlicher → Strafe (: I), hat alle hohe Religion die Tendenz, die Furcht zurückzudrängen, bis sie auf dem Gipfel der Mystik wie der Glaubensfrömmigkeit völlig beseitigt wird (vgl. 1Joh 4, 18). Neben der Furcht vor dem zürnenden und richtenden Gott (→ Zorn: I, → Gericht: I) steht die aus dem Gefühl der Gottverlassenheit fließende → Angst, wie sie ebenso der israelitischen Psalmenfrömmigkeit (Ps 22) wie der Mystik eigen ist. Den Gegensatz zu den Furcht- und Angst-E.sen bilden → Glaube, Vertrauen, Gewißheit und Geborgenheit in der Gegenwart und zuversichtliche Hoffnung im Blick auf die Zukunft. Der Glaube steigert sich zum kühnen Trotz gegen alle Widrigkeiten des → Schicksals (: I) wie gegen alle äußere und innere → Anfechtung, zum »Hoffen wider alle Hoffnung« und zur Bereitschaft für das Martyrium (→ Leiden: I). Die Gottesliebe findet ihre Ausstrahlung in der Liebe zu den Mitmenschen und Mitgeschöpfen, die selbst die Feinde umfaßt. - Glaube und Liebe führen zu einem seelischen Dauerzustand des Friedens. In der Mystik erscheint dieser als Leidenschaftslosigkeit (ἀπάθεια) und Indifferenz (heiliger Gleichmut, → Gelassenheit), in der Glaubensfrömmigkeit als eine in der Gewißheit der göttlichen Liebe gegründete Geborgenheit. Erstere wird durch die stufenförmige Meditation, → Kontemplation und Versenkung, letztere durch die schlichte Gebetsaussprache, das »Ausschütten des Herzens« herbeigeführt. - Mit dem Frieden verbindet sich die Freude. Während diese auf den niederen Stufen vor allem durch den Kult, zumal den → Tanz, genährt wird, erwächst sie auf den höheren Stufen aus der Versenkung und dem Gebet. Entsprechend der Verschiedenheit der Typen erscheint die mystische Freude teils als stille Seligkeit, teils als dionysische Wonne.

Neben diesen typischen Formen des r.E.ses stehen die außerordentlichen, die eine besondere Veranlagung zur Voraussetzung haben. Zu ihnen gehören → Visionen und Auditionen, in welchen das Objekt des r.E.ses die Intensität sinnlicher Wahrnehmung annimmt, wobei sie der jeweiligen Vorstellung vom göttlichen Wesen entspricht; ferner die → Ekstase, in welcher der von der äußeren Sinnenwelt wie vom eigenen Ich völlig abgelöste Fromme seine Identität mit einem höheren Wesen erfährt. Andere außerordentliche E.se sind plötzliche → Bekehrung und → Erleuchtung, prophetische Zukunftsschau, Kardiognosie (»Schau der fremden Herzen«) sowie geistige, als »wunderbar« aufgefaßte Kräfte, die ins Leibliche hineinwirken: Kraft über den eigenen Leib (Verklärung des Antlitzes, Levitation, Bilokation, Anästhesie), über den fremden Leib (Krankenheilung), über Tiere, zumal wilde, und schließlich über die leblose Kreatur. Alle diese Phänomene, die Gegenstand der → Parapsychologie sind, erscheinen in den Legenden der verschiedenen Religionen teils gesteigert und phantasiemäßig ausgeschmückt, teils auf andere Personen übertragen. Auch diese E.-Formen finden sich auf allen Stufen, bei primitiven Magiern wie bei → Propheten, Mystikern und Heiligen hoher Religionen.

Im Bereich der letzteren schließt sich an das r.E. die psychologische Beobachtung und Beschreibung an (vgl. → Yoga, → Mystik: II. VI, → Augustins Confessiones, → Therese von Jesu und Madame de la Mothe → Guyon). In der Theologie hat als erster Schleiermacher das religiöse → Erlebnis (: II) beschrieben; R. → Otto hat seine Beschreibung erweitert und vertieft, van der → Leeuw vom r.E. her die Gesamtheit der religiösen Erscheinungswelt dargestellt; Girgensohn und Grühn haben das r.E. mittels experimenteller Methoden zu durchleuchten versucht (→ Religionspsychologie). Obgleich das r.E. stets subjektiv gefärbt und beschränkt erscheint und die phantasiemäßige Gottesvorstellung eine Projektion desselben ist – jeder Gott ist nach → Wilamowitz der »Exponent eines religiösen Gefühls« –, ist für den Erlebenden selbst nicht das E. das Entscheidende, sondern Gott, auf den dieses abzielt und von dem es letztlich hervorgerufen ist.

W. James, The varieties of religious experience, 1902; dt. v. G. Wobbermin, 1907 – R. Otto, Das Heilige, (1917) 1948[28] – F. Heiler, Das Gebet, (1918) 1923[5] – G. Wunderle, Das religiöse Erleben, 1922 – G. Girgensohn, Der seelische Aufbau des religiösen Erlebens, (1923) 1930[2] – J. W. Hauer, Die Religion I: Das r.E. auf den unteren Stufen, 1923 – P. Hofmann, Das r.E.. 1925 – H. Hanse, »Gott haben« in der Antike u. im frühen Christentum (RVV 27), 1939 – W. Hellpach, Grundriß der Religionspsychologie, 1951 – P. Radin, Die relig. Erfahrung der Naturvölker (Albae Vigiliae NF 11), Zürich 1951 – Nos sens et Dieu (Études Carmélitaines 33, 2), Paris 1954 – W. Grühn, Die Frömmigkeit der Gegenwart, 1956 – van der Leeuw. – Weitere Lit. → Ekstase, → Mystik, → Schamanismus, → Sufismus.

F. Heiler

II. Religionsphilosophisch

Die eigentliche Form der religiösen → Erfahrung ist das religiöse Erleben. Im gegenwärtigen Sprachgebrauch werden die Ausdrücke »erfahren« und »Erfahrung« oft im Gegensatz zu → Spekulation und → Metaphysik gebraucht. Dabei bedeutet dann Erfahrung die zunächst von den Sinnen vermittelte Erkenntnis der äußeren Naturwirklichkeit. Mit dem Aufkommen der empirischen Psychologie wird Erfahrung im Sinne von Erleben, dh der Bewußtwerdung der inneren, seelischen Wirklichkeit, eingeschränkt. Vermutlich hat die neuere Bedeutung von »Erleben« ein älteres »geleben« abgelöst, das Meister → Eckehart, Hermann von Fritzlar und → Geiler von Kaisersberg im religiösen Sinne verwenden. Der Sache nach steckte in der »Erweckung« des → Pietismus die Bedeutung dieses Gelebens bzw. Erlebens. Ein vorzüglich religiöser Sinn wird den Äußerungen über Erleben von → Novalis, Tieck, → Schelling, → Schleiermacher, Arnim und → Görres beigelegt. → Goethe (Jub.-Ausg. 38, 251) macht folgende Unterscheidung von »erfahren« und »erleben«: »Was Freunde mit und für uns tun, ist auch ein Erlebtes, denn es stärkt und fördert unsere Persönlichkeit. Was Feinde gegen uns unternehmen, erleben wir nicht, wir erfahren's nur, lehnen's ab und schützen uns dagegen.« Gott erleben hieße dem analog dann: die Einwirkung der höchsten Macht als etwas Förderliches in seine Seele aufnehmen. Damit ist der Boden gewonnen für die Theologie Schleiermachers mit ihrem Kampf gegen den Intellektualismus.

Der Grund des Erlebens ist jedoch nicht nur ein rein gefühlsmäßiger. Soll das religiöse Erleben naturgemäß verlaufen, so muß die Ordnung der seelischen Akte zu ihrem Recht kommen. Es gibt kein echtes bedeutsames Erleben ohne Denken. Wohl unterscheidet es sich deutlich vom bloß rationalen, diskursiven und abstrakten Nachdenken, da im Augenblick des großen E.ses der gegenständliche Wert reflexionsfrei und konkret erfaßt ist. Es ist auch nicht immer rein passives Ergriffensein, sondern vielmehr oft sogar verbunden mit aktivem Zielstreben, Gestaltungswillen und Tatgespanntheit. Je nachdem im Gesamt-E. die emotionale, die intellektuelle oder die Seite der Phantasie stärker hervortritt, das E. mehr rezeptiv oder produktiv, mehr synthetisch oder mehr auf Gegensätze eingestellt, und je nachdem es mehr auf das Formale oder Inhaltliche des erlebten Gegenstandes ausgerichtet ist, lassen sich verschiedene E.-Typen unterscheiden.

Religiöses Erleben ist nicht identisch mit religiösem → Erkennen, aber es ist unmöglich *ohne* religiöses Erkennen. → Dilthey, der Philosoph und Psychologe des »Erlebens«, kann nicht umhin zuzugeben, daß kein religiöses E. ohne Dogma möglich ist, und Rudolf → Otto gesteht die grundlegende Notwendigkeit des Gegenständlichen im religiösen Erleben zu, wenn er auf die Theorie J.Fr. → Fries' von der Ahnung zurückgreift, durch die der Mensch in Natur und Leben das Geheimnisvolle, Ewige und Göttliche fühlt. Ganz deutlich setzt er das Intellektuelle als Grundlage des religiösen Erlebens voraus, wenn er die Ahnung in Zusammenhang bringt mit Kants »unausgewickelten Begriffen«. Untrennbar vom subjektiven religiösen Erleben ist demnach seine *objektive Seite*. Das Gegenständliche, worauf sich das religiöse Erleben richtet, ist das im höchsten Sinne Wirkliche, vom menschlichen Denken Unabhängige. Im religiösen Erleben verkehrt der Mensch als lebendiges Subjekt mit der religiösen → Wirklichkeit wie ein Ich mit einem Du. Der Gott des religiösen Erlebens ist ein lebendiger Gott, ein Gott, der den Menschen erschreckt und begütigt, der ihn demütigt und erhebt. W. James (→ Vereinigte Staaten: III) würdigt das Realitätsgefühl als Grundelement des religiösen Bewußtseins, und auch H. Maier, für den das Emotionale der Kern des religiösen Erlebens ist, spricht bezüglich der religiösen Gegenstände von einer »emotionalen Objektivierung«.

Die unmittelbare Einheit von → Subjekt und Objekt, welche noch nicht in eine Außen- und Innenwelt gespalten ist, nennt Dilthey die *E.-Wirklichkeit:* »Das Bewußtsein von einem E. und seine Beschaffenheit, sein Fürmichdasein und was in ihm für mich da ist, sind eins: Das E. steht nicht als Objekt dem Auffassenden gegenüber, sondern sein Dasein für mich ist ununterschieden von dem, *was* in ihm für mich da ist« (Ges. Schr. VII, 139). Diese E.-Wirklichkeit entspricht dem, was → Troeltsch die Subjekt-Objekt-Einheit des religiösen → Apriori (, 2) nannte, wenngleich nicht verkannt werden soll, daß dieser Begriff, auf die Religion angewendet, äußerst unglücklich ist. Die wesensmäßige Objektbezogenheit im religiösen E. bringt es mit sich, daß das Schöpferische und Wertvolle vom Gegenstand, nicht vom Erlebenden herkommt. Allein, auch hier sind von der Theologie Karl → Barths her Einwände zu machen. Der Sprachgebrauch des Begriffes »religiöses E.« schwankt noch so sehr, daß seine Verwendung gefährlich werden kann. Entweder meint er nur, daß aller Sinnes- und Geistestätigkeit diese Objektberührung zugrunde liegt, zB der → Psychologie (: I) oder → Erkenntnistheorie. Dann sagt er zu wenig, um als Quellenbezeichnung zu genügen. Oder er gewinnt Prägnanz und hebt bestimmte Objektberührungen als bestimmend heraus. Aber welchem Maßstab verdanken sie ihre Geltung? Der Stärke, der Gleichmäßigkeit oder der Art des individuellen Eindrucks? Das wären sehr undeutliche und widerspruchsvolle Maßstäbe. Führt die starke Betonung der Einzel-E.se nicht doch zu einer religiös unmöglichen Subjektivierung zurück? Nur übersieht die → dialektische Theologie von dieser Frontstellung, daß eine so starke theologische Arbeitsrichtung kaum nur vom Irrtum, sondern zutiefst von einer fruchtbaren Wahrheit lebt. Der Weg zu den Quellen und ihrer Ausschöpfung führt durch das E. hindurch. Dieser Begriff bezeichnet das Persönliche, ohne das die Glaubenslehre nicht arbeiten kann und das auch bei den Vertretern der dialektischen Theologie als unentbehrlicher Einschlag ihrer Methodik hervortritt.

H. Maier, Psychologie des emotionalen Denkens, 1908 - G. Wunderle, Das religiöse Erleben, 1922 - W. Gruehn, Das Wert-E., 1924 - P. Hofmann, Das religiöse E., 1925 - K. Jaspers, Von der Wahrheit, 1947 - Ders., Einführung in die Philosophie, Zürich 1950 - M. Landmann, Erkenntnis u. E., 1951. *L. Richter*

Erleuchtung

1. Allgemein - 2. Religionsphilosophisch - 3. Religionswissenschaftlich - 4. Dogmengeschichtlich - 5. Gegenwartsbedeutung

1. E. als besonders persönliche Form religiöser → Erfahrung ist in ihrer Bewertung nicht unbeeinflußt geblieben von dem Gegensatz des → Subjekt-Objekt-Standpunktes der gegenwärtigen theologischen Situation. E. als blitzartig erhellendes Aufleuchten bisher verborgener Wahrheit und Gotteswirklichkeit auf dem Grunde langen Mühens um persönliche Heilsaneignung und Verinnerlichung steht in der ständigen Gefahr subjektiver Abirrungen, Schwarmgeisterei und Häresie. Bei dieser Lage ist es zweckdienlich, der Entwicklung des Begriffes E. nachzugehen.

Die *sprachlichen* Frühformen (ahd. *ar*liuhtan, got. *in*liuhtjan) weisen sowohl auf *illuminatio* wie *irradiatio* hin und werden in einem dreifachen Sinnzusammenhang angetroffen: a) wörtlich, im Sinne von »erhellen« (zB Ex 14, 20); b) figürlich: Hi 33, 30; Sir 51, 27; c) intransitiv: illucescere, apparere. Nhd. der sal erleuchtet von hundert kerzen. Die Wahrheit erleuchtet daraus ... Es erleuchtet = erhellt.

2. Die *philosophische Urbedeutung* führt uns näher an die eigenartige Vielschichtigkeit des Begriffs E. heran. Der spannungsreiche Charakter des Phänomens zeigt sich am besten an → Platos Definition in seinem 7. Brief: »Über sie (die E.) gibt es keine Schrift, und es soll auch nie eine geben. Denn ihr Sinn ist unsäglich, nie wie andere Wissenschaften mit Worten zu sagen, sondern aus lange währendem Umgang mit der Sache und dem Zusammenleben entsteht plötzlich in der Seele, wie von einem springenden Funken entzündet, ein Licht, das nun sich bereits selber nähren kann« (341 b). Hier werden Anklänge an → Heraklits sich selbst mehrendes Logos-Feuer und sein blitzartiges Aufleuchten spürbar. - Andererseits zeigt die Stelle 344 b den Zusammenhang zwischen den vorbereitenden Stadien der Erkenntnisarbeit und der E., die also nicht immer aus dem mystischen Nichtwissen entspringt. E. hängt hier eng zusammen mit Sehen, Schau und Licht und dadurch mit dem spontanen Offenbarwerden der → Idee als der wahren Wirklichkeit. Diese Konzeption Platos wird zum Quellpunkt für die Weiterentwicklung des Begriffs E. im → Neuplatonismus und in der → Mystik. Schon bei Plato entspringt E. dem μυεῖν gegen das äußere Licht und die Sinnenwelt. Außerdem ist die E. gekennzeichnet durch die Überwindung des Subjekt-Objekt-Gegensatzes. E. bedeutet den Untergang des Einzelsubjekts, seiner Sprache und der Einzelobjekte im spontanen Einleuchten der Gotteswahrheit als der einzigen Wirklichkeit. Es bleibt nur eine coincidentia oppositorum in der unio mystica. E. wird also ausdrücklich nicht als subjektives Phänomen gefaßt, sondern als das plötzliche Erleben der Einschmelzung des Subjekts in die Gottheit als alleiniges Objekt. Diese blitzartige Schau des Ewigen wirft ein neues Licht auf das bisher verborgene Göttliche hinter der scheinbaren Wirklichkeit. In der E. wird die Welt transparent und strahlt den göttlichen Urgrund in den Erleuchteten ein. Ergänzt wird diese Ursprungsbedeutung der E. durch Platos 6. und 7. Buch des »Staates« (Vergleich der E. mit dem Anblick der Sonne beim Heraustreten aus der Höhle des Irrtums; Wahrheit wird erst sichtbar durch die Einstrahlung des Göttlichen ἐπέκεινα τῆς οὐσίας, 410c; 412a). Es zeigt sich schon hier die Spontaneität der E. als Kommen des Logos, das als χάρις erfahren wird. E. ist mehr als bloße Erkenntnis, ist existentiell, nicht nur theoretisch. Die erleuchtende Kraft des göttlichen ἀγαθόν greift über die Einzelseele hinaus (508 d. e; 509 b) und entzündet das Licht, in dem der einzelne vom andern verstanden wird (vgl. Apg 2, 3 ff). So steigt eine Geistgemeinde der Erleuchteten auf zu immer höheren Stufen gemeinsamer E. Trotzdem ist Platos Begriff der E. von allen religiösen Weiterbildungen dadurch abgegrenzt, daß er als E. über Gut und Böse zugleich durch παιδεία erworbenes sachlichstes Wissen ist und letztlich doch keine → Erlösung (: V) durch göttliche Gnade oder durch Leitung eines mit Charisma begnadeten Mystagogen. Dieser Zug tritt in der säkularisierten späteren philosophischen Bedeutung von E. immer stärker hervor (vgl. die »Selbstbetrachtungen« des → Markus Aurelius, → Kant, → Herder, → Goethe, → Fichtes »Anweisung zum seligen Leben« u.a.).

3. Erst die *religionswissenschaftliche Untersuchung* der E. kann die religiöse Verwurzelung des philosophischen E.s-Begriffs und seine Weiterbildungen in Mystik und Dogmengeschichte verständlich machen. Im Späthellenismus mit seinen Mysterienkulten nimmt E. mehr und mehr den Charakter der Einweihung in esoterische Geheimnisse an (Philo, Opera ed. Cohn u. Wendland, III, 93, 139f; Dionysius Areopagita, Opera ed. 1634, I, 43; de eccl. hier. 5, 1, 5. 6; 6, 3, 5). Bei → Dionysius Areopagita ist E. die Mittelstufe vor der → unio mystica. Diese drei Stufen (via purgativa, via illuminativa, via unitiva) zeigt auch F. Heiler bei Kennzeichnung des mystischen → Gebetes (: I) und führt als Beispiel → Symeon (, 2), → Mechthild (, 2), Joh. → Arnd, → Tersteegen, → Thomas a Kempis, → Bonaventura, → Seuse u.a. an. Die Wurzeln gehen hier auf → Augustin zurück, der immer wieder die illuminatio als notwendiges Mittel der wahren, unbezweifelbaren Erkenntnis bes. Gottes herausstellt (CSEL 34, 741 f; 44, 203; 51, 171 f; 60, 25. 36 f).

Der Unterschied zwischen mystischer und prophetischer Frömmigkeit macht sich auch in der verschiedenen Stellung der E. in beiden Frömmigkeitstypen geltend. In mystischer Allhingabe spielt die E. eine weit zentralere Rolle als in der prophetischen Frömmigkeit. Die reinste Ausprägung des mystischen Typus ist die E. → Buddhas (bodhi), wobei die spontane E. über das wahre Wesen des Heils zum Ausgangspunkt des radikal neuen Erlösungsweges wird (Mensching 168f). Erneuert und weitergebildet wird dieser Heilsweg als Bemühen um E. (satori) durch strengste Konzentration im Zen-Buddhismus. Im Gegensatz hierzu steht die Rolle der E. im japanischen → Amida-Buddhismus, wo anstelle äußerster Leistungsanspannung zum Erlangen der E. der Verzicht Amida-Buddhas auf E. zugunsten der Sünder im Mittelpunkt des Glaubens steht (Mensching 238ff. 249f). Ähnlich wie bei Plato wird auch hier die unio mystica vollzogen in der blitzartigen E., die alle Gegensätze von Subjekt und Objekt im → Nirvâna verschwinden läßt. Auch in der christlichen Mystik ist Voraussetzung der E. die Leere, das »Entsinken ins Weiselose« (Eckehart), welche eine E. schafft, in der der Mensch in Gott aufgeht unter Aufgabe aller Unterscheidungen und psychischen Funktionen. Christentum und Islam zeigen jedoch, daß auch auf dem Boden prophetischer Frömmigkeit mystische E. entstehen kann und daß in einem gesunden Glaubensleben beide Glaubenstypen keimhaft beieinander liegen.

4. Die wesensmäßige Verknüpfung von Mystik und Prophetismus erklärt, warum im *Christentum* E. auch in den Zeugnissen prophetischer Frömmigkeit eine Rolle spielt als Hilfe zum Offenbarungsverständnis (vgl. RE, RGG[1,2]). Doch hat E. in der dogmatischen Bewertung prophetischer Frömmigkeit nur eine untergeordnete Aufgabe. »Keiner bringt das Licht mit sich, wenn er in die Welt geboren wird, auch findet ers auf Erden nicht. Soll ers aber erlangen, so muß er es von Christus empfangen, welcher allein alle Menschen erleuchtet, die in diese Welt kommen« (Luther, WA 46, 594, 19ff). Jede nicht durch Christus im Wort gewirkte E. ist Schwarmgeisterei, wie es bes. die Orthodoxie (→ Hollatz) gegenüber pietistischer Mystik betonte. Die in der Kontroverstheologie der → Orthodoxie eintretende Intellektualisierung des → Glaubens (: IV) wirkte sich auch auf die Fassung des E.s-Begriffs aus. Dies bildet die Einleitung der Rationalisierung und Säkularisierung des E.s-Begriffs in der → Aufklärung (: III). Andererseits wirkte aber auch das mystisch-pietistische Verständnis der E. auf die rationalistische Frömmigkeit ein, bes. durch die nun entstehenden spiritualistischen Bewegungen (→ Quäker u.a.), wie auch in der gleichzeitigen jüdischen Bewegung des → Chassidismus (→ Baal-Schem-Tob) mit der Lehre von der Erlösung der göttlichen Lichtfunken aus der Finsterniswelt eine Renaissance des E.s-Verständnisses aus dem Hypostasendenken der alten Licht-Finsternis-Dualität begegnet.

5. Angesichts der *gegenwärtigen* Kultursituation tritt das Verlangen nach Verinnerlichung namentlich mit Hilfe östlicher Weisheit und Glaubensübungen (→ Yoga) zutage. Dadurch gewinnt die E. eine ganz neue Bedeutung und sollte nicht ohne weiteres diskreditiert werden. Wichtig ist dabei die Erkenntnis, daß der Subjekt-Objekt-Gegensatz in einem echten E.s-Erlebnis überwunden werden soll durch die alle Subjektsschranken auflösende Gnade des erleuchtenden Gottes, der sich in der Offenbarung bekundet (G. → Marcel). Eine solche Wiedergewinnung der echten religiösen Urbedeutung anstelle säkularisierter Abweichungen kann gerade der E. als Rückversetzung in die »Gleichzeitigkeit« mit der Ursprungssituation des Christentums als unsere besondere theologische Aufgabe einen neuen Sinn verleihen, wie sie sich schon in manchen Ansätzen modernster Religionsphilosophie und Theologie ankündigt.

RE V, 457ff - J.G.Herder, Werke (ed. Suphan) 20, 125ff - F.Heiler, Das Gebet, (1918) 1923[5] - J.Stenzel, Die E. bei Plato (Die Antike 2, 1926, 235-257) - H.Zimmer, Kunstform u. Yoga, 1926 - S.Weil, La pesanteur et la grâce, Paris 1948; dt.: Schwerkraft u. Gnade, 1952 - Dies., La connaissance surnaturelle, Paris 1950 - Dies., Attente de Dieu, Paris 1950 - G.Mensching, Das lebendige Wort, 1952 - P.P.Joannou, Die Illuminationslehre in der byzantin. Metaphysik des 11.Jh.s, 1956 - W.Lindenberg, Die Menschheit betet, 1956.

L. Richter

Erlöser

I. Religionsgeschichtlich - II. Im NT. - Zur Ergänzung vgl. → Erlösung, → Erlösungsreligionen, → Heiland, → Menschensohn, → Messias, → Mittler, → Urmensch

I. Religionsgeschichtlich

1. Die Begriffsweite - 2. Haupttypen des E.glaubens: a) Urzeitliche Heilbringer - b) Heilande, Retter in und aus »allerlei« Not - c) Periodische Weltretter - d) Endzeitliche Retter - e) Erlöste E. - f) Die E.gestalten schlechthin: Christus, Amida Buddha, Vishnu-Shiva.

1. Dem weiteren und engeren Radius des religionsgeschichtlichen Phänomens → »Erlösung« (: I) entsprechen ebensolche für den E.glauben. Die zwei Synonymenreihen Erlösung, Befreiung, Heil, Hilfe, Rettung einerseits und E., → Heiland, Heilbringer, Helfer, Retter andrerseits ergänzen einander. Bei diesem Sachverhalt gibt es kaum eine Religion, die nicht etwas weiß und hält von »E.n«. Von diesem Hintergrund hebt sich ein bestimmter Kreis von Religionen ab, die sich auf eine jeweils besondere Weise bewußt sind, für alle Welt die E. nicht nur von »allerlei« Übel oder bes. von bestimmten Übeln, sondern von dem Übel schlechthin, dem einer unheilvollen Gesamtsituation zu kennen.

2. a) Wo und wie immer im Bereich der Natur- und Volksreligionen den Menschen ein Gutes zuteil wird, das sie gar nicht erwartet haben oder sich zwar wünschen, aber sich selbst nicht verschaffen können, das ihnen nur »von mächtiger Stelle« kommen kann, ist überall »das Heil uns kommen her«, ein »Retter« (E.) da: Gottheiten oder nur Halbgötter und »Urwesen«, die, immerhin verwunderlich, Menschenmaß überragen. Solche »Urwesen« brachten Menschen noch *naturgebundener Stammesreligionen* in Afrika, Amerika, Australien das Heil einer den bloßen Naturzustand verändernden, die Existenz erst sichernden Kultur. Diese wird von den staunend Bedachten numinos apperzipiert. »Auch die Kultur ist Rettung«, die aus Lebensnot und -gefahr erlösende Hilfe. Wenn jene »Urwesen« mit einem Zauberstock und anderen magischen Praktiken Urflut-Dämonen vertrieben und so eine Besiedlung der Erde ermöglichten, wenn sie Hungernde die Kunst der Feldbestellung oder bis dahin noch Stumme, nur Lallende die Sprache lehrten, so ist das eben, ob auch Religion und Magie in einem, das Heil einer bleibenden Heilbringerverehrung. Erst recht kennt sie die Mythologie *völkischer Kulturreligionen*. *Indra* hat - wie Rigveda nicht genug preisen kann - mit seinem Sieg über das Vrtra-Ungeheuer (→ Drache) erst die Bewässerung der Erde ermöglicht, erst das → Chaos zum Kosmos gestaltet. → *Herakles*, der durch die Hydratötung die Gefahr einer Überflutung abwandte, die Urbarmachung einer versumpften Erde einleitete, wird der gefeierte Ἥρως ἀλεξίκακος, *Prometheus* durch seine der Mißgunst des Zeus entwundene Feuerspende der Wohltäter der Menschheit, ein Εὐδαίμων σωτήριος (Aischylos, Prom. Fragm.). Heilbringer können auch - vereinzelt schon im Bereich der »Primitiven« - ein *sittliches Heil* vermitteln, wenn einzelne mit einer eigenen Urzeit-Schau sich aus der mythischen Bewußtseinslage einer kriegeri-

schen Masse erheben. Das zeigt zB der Heilbringerpaar-Mythos der Natchen-Indianer. »Der höchste Geist« ist ungehalten über das Treiben der Toren auf Erden. Er sendet ein Heilbringerpaar herab, das den Törichten die Heilsbotschaft von einem »Leben in Frieden« überbringt; an Stelle von lauter Eigennutz mit Lug, Trug, Raub, Mord tritt großmütiger Gemeinnutz.

b) Heil ist auch Heilung von allerlei → Krankheit und Errettung aus jeweiligen Fährnissen des Lebens. Zahlreiche schriftliche Zeugnisse bekunden: ein θεὸς σωτήρ oder eine θεὰ σώτειρα (Apollon, → Asklepios, Imhotep [der ägypt. Asklepios], Inturna [die altröm. Heilgöttin] und ihnen verwandt: der babylon.-assyr. Gibil, der phöniz. Esmun sowie wiederum → Isis, → Serapis u.a.m.) haben Kranken Heilung verschafft und »überall« in Leben bedrohender Not ihre »rettende Macht« offenbart. In dieser nächstliegenden Bezogenheit auf die vitale Existenz blieb auch auf der Höhe der Universalreligionen die E.gottheit »Helfer, Retter in aller Not«.

c) θεοὶ σωτῆρες werden Herrscher, wenn sie von Zeit zu Zeit einen urzeitlichen Heilszustand wiederherstellen: für die Schau eines Ovid, → Vergil, Horaz das Saturnzeitalter, für assyr.-babylon. Glauben gemäß mythischer Überlieferung das → Paradies »im Lande Dilmun«. Das geschieht zuweilen imperialistisch, mit dem »perdomare« einer Pax Romana, Pax Babylonica, indes auch anders: durch ein »edomare nefas«, eine Rückkehr der Virgo Astraea, der »neglecta Virtus«, des »Pudor Priscus«, der Ordnung eines Dilmun-Friedens; keinerlei Furcht herrscht mehr voreinander, weil Lug und Trug beseitigt sind. Unter diesem Aspekt versteht sich die Übernahme des antiken Herrschertitels σωτὴρ τοῦ κόσμου auf die E.verehrung des Urchristentums (Joh 4, 42; 1Joh 4, 14). – Eine Sondererscheinung im Zusammenhang solcher E.erwartungen ist die *buddhistischer* Weltalterschau: Auf unheilvolle kalpas folgen auch wieder heilvolle, wenn Herrscher so regieren wie der »Vorzeit«-König Mahavijica, mit einem gewaltlosen Regiment der Gerechtigkeit ihrem Land und den Nachbarstaaten »die Segnungen des Friedens« verschaffen und so wieder das »Himmelsrad« der Heilslehre in Bewegung setzen (Digh. Nik. III, 1, 5; V, 9ff; XXVI, 1–24; → Apokalyptik: I, → Weltperioden).

d) Gegenüber den nur periodischen, nur gelegentlichen, nur urzeitlichen Heilbringern bzw. Rettern stellen die *eschatologischen* E.gestalten einen Sondertypus dar, der ausschließlich den *prophetischen* Religionen eigen ist. Die Erfahrung, daß das rettende Heil, auch wenn es zwischenzeitlich wiederkehrt, doch kein Heil für immer bringt, und ebensowenig die Errettung aus jeweiliger Not erweckt eine *teleologisch* ausgerichtete Soteriologie: Erst am Ende der Zeiten, beim Erscheinen des Saoshyant, des → Mahdi schafft Ahura Mazda, schafft Allah, erst beim Anbruch der messianischen Zeit schafft Jahwe, erst bei Christi Wiederkehr schafft Gott das Heil für immer, das Heil einer endgültigen Erlösung aus einer bis dahin anhaltenden unheilvollen Gesamtsituation. Im Unterschied zu den erstgenannten drei dereinstigen Rettern ist der eschatologische Christus der wiederkehrende Retter, der die schon mit seinem ersten Advent begonnene »Fülle der Zeiten« (Gal 4. 4) zum vollen Abschluß bringt, das bereits seit seiner ersten Epiphanie vorhandene »Gottesreich mitten unter euch« (Lk 17, 21) vollends aufrichtet.

e) Ein weiterer Sondertypus in der Entwicklung des E.glaubens ist die Gruppe *»erlöster E.«* in den antiken → Mysterien. Selbst Götter können nur E. werden, wenn sie zuvor selber vom Tode zum Leben erlöst wurden bzw. bei jeweiliger Weihehandlung selbst erst erlöst werden. So nur geben sie ihren Mysten Anteil an ihrem Heil: »Faßt Mut, ihr Mysten! Heil, der Gott gewann; auch uns wird Heil dereinst aus aller Not.« Dieser an sich in ihrer Bedeutung umstrittenen (→ Auferstehung: I, → Gnosis: I) Gruppe gehören die schlechthinnigen E.-gestalten nur relativ bzw. überhaupt nicht an. Wohl heißt es – analog der Heilsbotschaft der Mysterienkulte (s.o.) – auch im NT, daß Christus gestorben und auferstanden sei und der auf ihn Getaufte mit ihm (1Kor 15, 3; Röm 6, 3ff). Aber der Grund dieses Erlösungsheils ist ein anderer als nur der eines Weiheaktes per se. Wohl sind Amida Buddha und alle die deifizierten Buddhas des »großen Fahrzeugs« (→ Buddhismus: I, 1) ebenso wie der historische Gautama Buddhas als die zur Erlösung einer eigenen Erleuchtung Gelangten (Digh. Nik. 16, 2; Sukhāv. 11). Aber Zuflucht sind die Buddhas nur durch das Gelübde ihres Verzichts auf die Nirvâna-Seligkeit zugunsten all der Hilflosen (Sukhāv. 8. 33). Wohl bezeugt auch das NT, daß der Vater dem Sohn und den Seinen die Erkenntnis einer »verborgenen« Wahrheit geoffenbart habe (Mt 11, 25ff; 1Kor 2, 6ff; vgl. Did 9, 3). Aber diese Heilserkenntnis ist für den Glauben der Kirche erst ermöglicht durch Christi Opfer für viele (Mk 10, 45; Röm 8, 32). Und die E.gottheit hinduistischer → Bhakti-Religion ist kein »erlöster E.« wie die jener antiken Mysterienkulte. Sie bedarf als der eine ewige Weltenherr (nityeshvara) keiner erst eigenen Erlösung wie die Menschen und alle die auch karmisch gewordenen (karyeshvara) und deshalb nur vergänglichen Gottheiten des indischen Pantheons. Daß sie gleichwohl Erlösungsbedürftigen hilft, ist einzig Shaktinipata (s. 2f), ihre sich herablassende Gnade.

f) → Jesus Christus, → Amida Buddha, → Vishnu-→ Shiva sind die E.gestalten eines *»sola gratia«*-Glaubens, im Unterschied zu allem *Autosoterismus*, insonderheit zu dem des → Jinismus und ursprünglichen Hinâyâna-Buddhismus. Der jinistische Kanon lehrt: »Die Fähigkeit, befreit zu werden (vom karma-samsâra-Geschick), ist den Seelen von Natur eigen« (RGL 7, 21ff. 26); sie können mit sittlicher Zucht und asketischen Übungen eine befreiende »Leichte der Seelen« erwirken. – So erlösen sich auch für Gautama Buddha »Einsichtige« »aus eigener Kraft« (Samy. Nik. 1, 20, 5; Digh. Nik. 16, 34; Dhp. 183 u.ö.). »Vervollkommnet euch mit Eifer!«, das war »des Tathâgata letztes Wort« (Mahapar.-Sutta). Diese jinistisch-buddhistische Soteriologie beurteilt den Menschen nicht weniger optimistisch als der Moralismus des chinesischen Konfuzianismus. Für die Erlösungslehre dieser »logischen Religionen« (A. Schweitzer) kann Erlösung nur möglich sein, wenn auch eine Fähigkeit dazu bei den Erlösungsbedürftigen vorhanden ist. Aber die Logik dieser Entsprechung stürzt vor der Wirklichkeit *einer* Erfahrung ein. Die Erfahrung eines Paulus (Röm 7, 18. 24) und eines Luther (»es war kein Gut's am Leben mein, zur Höllen mußt' ich sinken«) wird – auf ihre Weise – auch die der mahâyânistischen Heilslehrer Hônen Shônin und Shinran Shônin. In ähnlicher Verzweiflung klagt Mannikavacagar, der Sänger der hinduistischen Shiva-Bhakti. Da hilft dem Glauben der Erlösungsbedürftigen hüben wie drüben nur noch eine E.gnade. Nur noch Erlösung durch Jesus Christus, nur noch Amida-Zuflucht, nur noch ein jeweiliges Shaktinipata-Wunder kann in dieser Situation Rettung schaffen. Freilich wird gegenüber dieser *monergistischen* Heilslehre im Bereich der drei »Gnadenreligionen« auch eine *synergistische* Soteriologie gelehrt. Die hinduistische Bhakti-Gemeinde des → Rāmānuja kennt zwei Richtungen, die der »Katzenregel« (nur die rettende Mutter bzw. Gottesgnade schafft Erlösung) und die der »Affenregel« (wie das Junge, sich an die Mutter klammernd, immerhin auch selbst etwas tun muß, soll auch der Mensch sich um seine Erlösung mitbemühen). Und wie Jak 2, 24 hervorhebt, daß der Mensch aus den Werken gerechtfertigt wird und nicht aus Glauben allein, so verlangt auch die Buddha-bhakti des »großen Fahrzeugs« die »Hilfsmittel« meditierender Exerzitien und sittlicher Zucht: daß man so »die Buddha-Eigenschaften in sich zur Vollendung bringe« (Shiksh 316f u.ö.). Aber auch da dominiert als Motor eines neuen Wollens und Vollbringens die gratia praeveniens. Analog Frage 86 und 90 des ref. → Heidelberger Katechismus gelobt der mahâyânistische Heilslehrer Shinran Shônin: »Zum Dank für Gnade, mir geworden, will selbst ich wohltun allerorten.«

A. Schweitzer, Das Christentum u. die Weltreligionen, (1925) 1952² - W. Staerk, Soter I. II, 1933/38 - G. Rosenkranz, Der Heilige in den chinesischen Klassikern. Eine Unters. ü. die E.-Erwartung im Konfuzianismus u. Taoismus (Missionswiss. Forschungen 9), 1935 - Bauer, WB 1455 (Lit.). - Weitere Lit. sowie Quellen bei → Erlösung: I. *F. Bammel*

II. Im NT

1. Voraussetzungen - 2. Skizze der Entwicklung - 3. Die E.gestalt im Kultus - 4. Die E.gestalt bei Paulus und im Hebr - 5. Die E.gestalt in den Evangelien

1. Religionsphänomenologisch gehört das Christentum zu denjenigen → Erlösungsreligionen, »in denen das Heil nur im Zusammenhang mit einer bestimmten (mythischen, geschichtlichen oder eschatologischen) Person, einem E., erlangt werden kann« (Dibelius). Obwohl es seit seinen Anfängen Erlösungsreligion, dh Glaube an den auferstandenen Jesus als den E. war, hat es keine eigene und einheitliche Bezeichnung für seinen E. geschaffen - die einzige nt. Stelle, an der λυτρωτής vorkommt (Apg 7, 35), meint Mose, nicht Jesus -, sondern eine Fülle verschiedenartiger und heterogener Heilbringertitel und -prädikationen auf Jesus gehäuft. Diese Tatsache zeigt, daß → Jesus seinen eschatologischen Anspruch offenbar nicht mit einer bestimmten Selbstbezeichnung verknüpft hat, und daß die Urchristenheit zur Deutung von Jesu Person und Werk auf die E.vorstellungen ihrer zu missionierenden jüdischen und heidnischen Umwelt angewiesen war und sie mit souveräner Freiheit verwendet, aber auch kräftig umgestaltet hat.

Die (in sich uneinheitliche) *jüdische* E.erwartung bot vor allem zwei Gestalten: den → *Messias* (: II), *Sohn Davids* der nationalen → Eschatologie (: III), den König der Heilszeit, eine menschliche Gestalt, und den → *Menschensohn* (: I) der → Apokalyptik (: II), ein präexistentes Himmelswesen, das am Weltende als E. und Richter erscheinen sollte; beide Figuren, verschiedener Herkunft und in verschiedenen Kreisen erwartet, waren in vorchristlicher Zeit offenbar nicht miteinander verschmolzen worden. Soteriologische Bedeutung hatte das *Leiden der Gerechten* und *Märtyrer*. Dagegen ist die Erwartung eines stellvertretend und sühnend leidenden Messias nicht nachzuweisen, wenn man das Schweigen der jüdischen Quellen nicht als → Arkandisziplin oder antichristliche Polemik erklären will. Fraglich ist die palästinisch-jüdische Herkunft des Titels *Gottessohn*, der jedenfalls keine geläufige Messiasbezeichnung war (→ Sohn Gottes: II). - Von größter Bedeutung waren die E.vorstellungen der *hellenistisch-orientalischen* Welt: die vergotteten menschlichen σωτήρ-Gestalten (Herrscher, Philosophen, Wundertäter), die als Gottessöhne oder θεῖοι ἄνδρες galten; die *Kyrios*kulte verschiedener Art (Kyrios ist in Syrien Bezeichnung des im Kult gegenwärtigen Gottes, in Ägypten die des göttlichen Weltherrschers; → Herrscherkult); die → *Mysterien*, bes. diejenigen, in denen das Heil durch sakramentale Teilhabe am Schicksal einer sterbenden und auferstehenden Gottheit (→ Auferstehung: I), speziell einer Sohnesgottheit, gewonnen wird; der weitverbreitete *gnostische* Mythos vom → *Urmensch-E.*, dessen Spuren auch im Judentum (in der hypostasierten göttlichen → Weisheit der → Weisheitsdichtung, in den Spekulationen → Philos über λόγος und σοφία, über den ersten und zweiten Menschen, in den Adamsspekulationen und in der Apokalyptik) zu finden sind: dieses göttliche Wesen, kosmogonische Potenz und soteriologisches Prinzip, befreit die in der dämonischen Macht der Materie gefangenen göttlichen Selbste der Menschen, die kraft himmlischer Herkunft Teile seiner selbst sind, und erlöst so sich selbst; er ist der erlöste E. (συγγένεια-Lehre). All diese Vorstellungen sind mannigfache Verbindungen eingegangen.

2. Der Glaube an Jesus als den E. entsteht mit der Ostererfahrung der Jünger, daß der Gekreuzigte lebe und zu Gott erhöht sei (→ Auferstehung Christi: I). Die *Urgemeinde* prädiziert den Auferstandenen, da ihr die Auferstehung als Anbruch der Endzeit gilt, mit den höchsten eschatologischen Titeln und bringt damit auch die eschatologische Bedeutsamkeit, die der Irdische für sich als Herold der Gottesherrschaft beansprucht hat (daß an der Stellung zu ihm sich Heil und Unheil entscheide), zur Geltung: er ist der → *Menschensohn* (: II), der bald als Richter und E. erscheinen wird (Mk 8, 38 par u.ö.), er ist der *Messias*, der König der künftigen Heilszeit (Apg 2, 36; Mk 8, 27ff [ursprünglich Ostergeschichte]). Beide Titel, die wohl in verschiedenen christlichen Kreisen beheimatet sind, kennzeichnen den Auferstandenen als den *künftigen E.*, werden aber bald auf den Irdischen übertragen. Das Problem seines *Todes*, der den Bildern des Messias und des Menschensohns widersprach, wird durch die Doppelthese von der Schriftgemäßheit und von der Sühnkraft seines Todes gelöst (1Kor 15, 3). Der erste Gedanke hat die Darstellung der Passion, aber auch des Wirkens Jesu bestimmt (Mk 8, 31 par; Lk 24, 25ff), der zweite, der auf diese Darstellung seltsamerweise kaum eingewirkt hat (nur Mk 10, 45 par; 14, 24 par), ist für die nt. Erlösungslehre konstitutiv geworden (→ Erlösung: III) und bringt, da nach ihm der E. schon Entscheidendes vollbracht hat, in gewisser Weise die Heils*gegenwart* zum Ausdruck. Die beiden Titel haben bei ihrer Übertragung auf Jesus ihren Sinn radikal geändert: In den Worten vom gegenwärtigen und vom leidenden Menschensohn hat dieser Titel seine eschatologische Bedeutung verloren, und der ihm inhärierende Präexistenzgedanke ist in keinem Menschensohnwort übernommen worden; mit dem jüdischen Messias hat der christliche, dem die für jenen konstitutiven nationalen Züge fehlen, nur den Namen gemein. Beim Übergang des → Christentums (: I) auf hellenistischen Boden verschwindet der erste Titel wegen seiner Unverständlichkeit (wie übrigens auch die Hoheitsprädikation παῖς, die nur noch in liturgischen Texten weiterlebt), und die griechische Übersetzung des zweiten, χριστός, verliert allmählich ihren titularen Charakter und wird zum Eigennamen (so meist bei Paulus).

Auf *hellenistischem Gebiet* sind Kyrios und Gottessohn die wichtigsten Hoheitsnamen Christi. Es ist umstritten, ob die Verehrung Jesu als des »Herrn« aus der palästinischen Urgemeinde (→ Maranatha = Unser Herr, komm! 1Kor 16, 22; vgl. Apk 22, 20) oder aus den hellenistischen Kyrioskulten stammt. Im ersten Fall hätte der Begriff einen fundamentalen Bedeutungswandel durchgemacht; denn der *Kyriostitel* der hellenistischen Gemeinde kennzeichnet, anders als der aramäische Gebetsruf um das Kommen des Herrn, den Erhöhten als gottheitliche Gestalt, die im Kult präsent und die Herr der Welt ist. Die Übertragung vieler κύριος-Stellen der LXX (Wiedergabe des at. Gottesnamens) auf Jesus hat die Steigerung seiner Person ins Göttliche kräftig gefördert. – In der Vorstellung von Jesu *Gottessohnschaft* zeigen sich starke Differenzen; der Titel bezeichnet im → Judenchristentum die Würde, im hellenistischen Christentum die Natur Jesu. Er stammt wohl aus dem hellenistischen Judenchristentum (denn die alte Glaubensformel Röm 1, 3f sowie Mk 1, 9-11 sind stofflich jüdisch, aber nicht aus dem Aramäischen übersetzt); er überträgt eine orientalische Königstitulatur auf Jesus (Ps 2, 7) und hat »adoptianischen« Sinn. Die Einsetzung Jesu in diese Würde wird verschieden datiert, nach der ältesten Auffassung auf die Auferstehung (Röm 1, 4), nach einer jüngeren auf die Taufe (Mk 1, 11), noch später auf die wunderbare Geburt (Lk 1, 35; Mt 1, 18. 20). Der judenchristliche Titel Gottessohn bedeutet ursprünglich wohl Messiaskönig, wird aber immer mehr im Sinne des hellenistischen θεῖος ἀνήρ verstanden (Jungfrauengeburt usw). In der hellenistischen Gemeinde wurde er von vornherein physisch aufgefaßt und entweder im Sinn der θεῖος ἀνήρ-Vorstellung oder im Sinn des gnostischen Urmensch-E.-Mythos interpretiert; jene gewann vor allem für die Evangelien, dieser mit seinen Vorstellungen von Präexistenz, Menschwerdung und Erhöhung vor allem für Kultus und Theologie Bedeutung (Phil 2, 6-11; Gal 4, 4f; Eph 4, 8ff; Hebr 1, 3f); Johannes kombiniert beides. Der Titel σωτήρ kann beide Gestalten bezeichnen; εἰκών und ἀρχηγός sind gnostische E.prädikationen. Der → Mythos (: IV) dient dem NT dazu, die innerweltlich nicht zu behebende Erlösungsbedürftigkeit der Menschen (Röm 5, 12ff), die Jenseitigkeit des E.s und die kosmische Universalität der Erlösung zum Ausdruck zu bringen; gegenüber doketischen Konsequenzen aus dem Mythos betont das NT gerade mit ihm die Paradoxie, daß in der geschichtlichen Gestalt Jesu Gott erschienen ist. Über das Verhältnis von göttlicher und menschlicher »Natur« in Christus wird im NT noch nicht reflektiert; auch die Kombination von → Präexistenz Christi (: I) und → Jungfrauengeburt (: II) ist hier noch nicht vollzogen.

3. Über die *Person* des E.s äußern sich vor allem Texte, die im *Kult*, wo der E. gefeiert wird, ihren »Sitz im Leben« haben. a) Die Selbstbezeichnung der Christen als derer, »die den Namen des Herrn anrufen« (1Kor 1, 2; 2Tim 2, 22; Apg 9, 14 u.ö.) nimmt Bezug auf das gemeinchristliche → *Bekenntnis* (: III): »Herr ist Jesus« (Röm 10, 9; 1Kor 12, 2; Phil 2, 11). Es ist seinem Wesen nach Akklamation, mit der sich die Christen erstmalig bei der Taufe und dann immer wieder im Kult dem erhöhten Kyrios Jesus, dem Gott die Weltherrschaft übertragen hat, als ihrem Herrn unterstellen und damit frei sind von der Herrschaft der dämonischen Weltmächte. Dies Bekenntnis hat exklusiven Sinn und ist deshalb auch Proklamation (Conzelmann). Denselben Sinn haben auch die εἷς θεός-Akklamationen (1Kor 8, 6; 1Tim 2, 5; vgl. Eph 4, 4f) in Antithese gegen heidnischen Polytheismus und gegen die gnostische Trennung von Schöpfer und E. – b) In der *Abendmahlsliturgie* (→ Abendmahl: I) 1Kor 11, 23-26 feiert die Gemeinde den Kyrios Jesus als den E., der durch sein Opfer Spender der Sündenvergebung und Stifter des Neuen Bundes geworden ist, und »proklamiert« so seinen Tod als dieses Heilsereignis bis zur Parusie, die Christi Kyriostum zeitlich begrenzt (1Kor 15, 28). – c) Die *Lieder* (1Kor 14, 15. 26; Kol 3, 16; Eph 5, 19) besingen die Person des E.s meist im Schema des gnostischen E.mythos. So Phil 2, 6-11 die Menschwerdung des Präexistenten und die Erhöhung des Erniedrigten; der Präexistente ist Gott wesensgleich, seine Menschwerdung ist radikaler Verzicht auf diese Gottgleichheit und Eingehen in pures Menschsein und menschliches Todesschicksal und wird als Gehorsam interpretiert, der nicht ethisches Vorbild, sondern eschatologisches Ereignis ist; die Erhöhung ist Inthronisation zum Kyrios über den ganzen (dreigeteilten) Kosmos durch Gott. Das Fragment 1Tim 3, 16 schildert (vielleicht im Schema einer Thronbesteigung: Erhöhung, Präsentation, Inthronisation) die Erde und Himmel umfassende Erhöhung des E.s, und zwar so, daß Verkündigung und Glaube in das Heilsgeschehen einbezogen sind. Das 1Petr 3, 18-22 zugrunde liegende Lied macht deutlich, daß der E. die Geistermächte unterwirft und die von ihnen gefangenen Seelen befreit, entweder bei der Höllenfahrt oder (wahrscheinlicher) bei der Himmelfahrt (wie Eph 4, 8-10, vgl. 2, 2). Der Hymnus Kol 1, 15-20 parallelisiert die kosmologische und soteriologische Funktion Christi. Der Präexistente ist schon als εἰκών Gottes, als Mittler und Erhalter der Schöpfung der Herr; der Erhöhte ist als Repräsentant des göttlichen Pleroma der Erste der Erlösten und Versöhner des Alls. Mit dieser Parallelisierung und mit der Identifikation des E.s mit dem Schöpfer betont der Hymnus die Einheit von Schöpfung und Erlösung (antignostisch wie Joh 1, 3f; Hebr 1, 2f). – Ob die Lieder (→ Formeln: II; → Formen: II) zur Tauf- oder Abendmahlsliturgie gehören, ist außer bei 1Petr 3 (Taufe) umstritten.

4. a) *Paulus* spricht über die Person des E.s meist nur in Zitaten. Aber es ist deutlich, daß er trotz Röm 1, 3f eine Präexistenzchristologie vertritt (→ Christologie: I, 2). Christus ist Schöpfer und E. (1Kor 8, 6). Der präexistente Gottessohn wurde, was wir sind, damit wir würden, was er ist (2Kor 8, 9; Röm 8, 3; Gal 4, 4f). Am Erdenleben Christi ist für Paulus nur das Kreuz (samt Auferstehung) wichtig, das das eigentliche Heilsgeschehen ist (1Kor 1, 18-23 u.ö.). Wie durch Adam der alte → Aion eingeleitet und bestimmt wurde, so durch Christus der neue (Röm 5, 12ff). Der gnostische Mythos (→ Gnosis: II) dient auch hier dazu, die Gegenwärtigkeit des Heils auszusagen, wenn auch Paulus die Vollendung apokalyptisch von der → Parusie erwartet, bei der Christus als Sieger, Retter und Richter erscheint (1Thess 4, 15ff; 1Kor 15, 23-28; 2Kor 5, 10). Das Heil ist gegenwärtig »in Christus«; Christus ist wie der gnostische Urmensch-E. als eine Gestalt von kosmischen Dimensionen vorgestellt, »in« der man sein kann, an deren Leib die Gläubigen Glieder sind (1Kor 12, 12ff); ἐν Χριστῷ, ἐν κυρίῳ ist der Glaubende dem alten Aion und seinen Mächten entnommen (2Kor 5, 17; Röm 8, 1 u.ö.), wie denn nicht mehr er selbst, sondern Christus das Subjekt seines Lebens ist (Gal 2, 20). Die überaus häufige Formel ἐν Χριστῷ bezeichnet keinen mystischen Tatbestand, sondern die Bestimmtheit des Seins durch Christus, seinen Herrschaftsbereich, wie aus dem Wechsel von »in Christus sein« und »Christus gehören« Gal 3, 28f hervorgeht. Die personale Beziehung zum E. ist nichts anderes als der Gehorsam des Glaubens (Gal 2, 20; Röm 14, 7-9). – b) Die E.vorstellung des → *Hebräerbriefes* ist ebenfalls vom gnostischen Urmensch-E.-Mythos bestimmt (sogar große Nähe zur συγγένεια-Lehre, 2, 11ff). Die Erhöhung Christi (vom Kreuze aus: 9, 12ff; 12, 2) wird unter zwei Aspekten gezeigt, als Inthronisation zum »Sohn« (= Kosmokrator, 1, 3-14) und als Einsetzung zum Hohenpriester (4, 14-10, 18); beides geschieht gleichzeitig (5, 5f). Der Hebräerbrief arbeitet den zweiten Aspekt unter Aufnahme jüdisch-gnostischer Hohenpriesterspekulationen zu einem großen, Erde und Himmel umspannenden Kultmysterium aus. Christi Leiden und Tod ist die »Weihe«, der er sich gehorsam unterziehen muß und die ihn zum Hohenpriesteramt qualifiziert (2, 10; 5, 7ff), das himmlische Allerheiligste zu betreten, sein eigenes Blut, dh sich selbst als Opfer darzubringen (9, 11ff) und so »die Sünden des Volkes zu sühnen« (2, 17); durch sein einmaliges und ewig gültiges Selbstopfer

hat er den Seinen den Weg ins himmlische Heiligtum gebahnt, er ist ihr »Vorläufer«, »Führer« und »Urheber des Heils« (2, 10; 5, 8f; 6, 19f); als der τελειωθείς ist er der τελειωτής, der erlöste E. (5, 9; 12, 2). Mythos und Spekulation sind hier dem Gedanken der Kondeszendenz und des pro nobis dienstbar gemacht.

5. a) In den *synoptischen* → *Evangelien* (→ Christologie: I, 3) kommt der Gedanke des Sühnetodes nur Mk 10, 45 par (fehlt bei Lukas) und 14, 24 par (hier von Matthäus unterstrichen, der ihn auch 1, 21 andeutet) zur Geltung. – Für *Markus,* der aus den schon geprägten und oft heterogenen Einzelstücken der Tradition ein Ganzes formt, sind die Würdetitel Jesu Messias, Menschensohn und Gottessohn synonym (15, 61f); aber die adäquate Bezeichnung ist »Sohn Gottes«. Er versteht sie im Sinne des θεῖος ἀνήρ: in Jesu Wundern wird seine göttliche Macht offenbar; aber auch im Sinne des eschatologischen Gottkönigs: Adoption bei der Taufe (1, 11), Präsentation bei der Verklärung (9, 7), Akklamation bei der Kreuzigung (15, 39). Hier wie bei den Wundern korrespondiert der Offenbarung immer die Verborgenheit (»Messiasgeheimnis«), so daß auch im »Buch der geheimen Epiphanien« (Dibelius) sich die Paradoxie des christlichen E.-glaubens Ausdruck verschafft. - *Matthäus* und *Lukas* haben einerseits die θεῖος ἀνήρ-Vorstellung verstärkt (wunderbare Geburt), andrerseits Jesu Messiastum verdeutlicht (davidische Stammbäume). Nach Matthäus ist Jesus als der gegenwärtige Herr der Gemeinde (18, 20) der verheißene König Israels (1f) und der Kosmokrator (28, 18ff). Lukas bezeichnet schon den Irdischen als Kyrios, trennt die Erhöhung (→ Himmelfahrt Christi: I) zeitlich von der Auferstehung (24, 50f; Apg 1, 4-14) und ordnet das Leben Jesu als besondere zeitliche Epoche einem bestimmten Aufriß der Heilsgeschichte ein; E. ist Jesus erst als der Wiederkommende (21, 28; Apg 3, 20f). – b) Das → *Johannesevangelium* (→ Christologie: I, 4) zeichnet das Bild des irdischen Jesus ganz mit den Zügen des göttlichen E.s, indem es ihn in den Erzählungen als θεῖος ἀνήρ schildert (Steigerung der Wunder), im Prolog und in den Reden aber als den gnostischen E. charakterisiert. Noch stärker als bei Markus sind die traditionellen Titel hier dem Namen »der Sohn (Gottes)« untergeordnet. Jesus ist als der präexistente Logos der Schöpfer und Herr der Welt (1, 1-11), als der Irdische der Gesandte Gottes (17, 3 u.ö.); seine Kreuzigung ist seine Erhöhung zu Gott, die den Seinen den Weg zu Gott öffnet (12, 32f; 14, 3f; 17, 24); sein Kommen und Gehen zum Vater ist das Heilsgeschehen (1, 12-18; 3, 13-17; 13, 3; 16, 28). Er ist der E. als der lebenspendende Offenbarer in exklusiver Singularität (8, 12; 14, 6 und die andern ἐγώ εἰμι-Worte). Diese Selbstprädikationen kennzeichnen nicht das metaphysische Wesen, sondern die Funktionen des E.s (Dupont). Johannes betont programmatisch die echte Menschheit des irdischen Jesus (1, 14), aber er schildert ihn als den über die Erde schreitenden Gott; wenn Jesus für die historische Betrachtung hier in Mythos aufgelöst erscheint, so ist er nach Meinung des Johannes als der → Logos (: II) hörbar geworden, als das Wort, das Glauben fordert und Leben schenkt (1, 4; 20, 31).

Außer den Lehrbüchern der TheolNT u. den Kommentaren zu den zitierten Stellen: W.BOUSSET, Kyrios Christos (FRLANT 21), (1913) 1921² - R.BULTMANN, Die Bedeutung der neuerschlossenen mandäischen u. manichäischen Quellen für das Verständnis des Joh-Ev (ZNW 24, 1925, 100-146) - BULTMANN I. II - DERS., Das Urchristentum im Rahmen der antiken Religionen, 1949 - RGG² II, 264ff (M.DIBELIUS; Lit.) - E.PFENNIGSDORF, Der Erlösungsgedanke, 1929 - J.JEREMIAS, Jesus als Weltvollender (BFChTh 33), 1930 - H.SCHLIER, Christus u. d. Kirche im Eph (BHTh 6), 1930 - W.STAERK, Soter I (BFChTh II, 31), 1933 - DERS., Die E.erwartung in den östl. Religionen, 1938 - E.KÄSEMANN, Leib u. Leib Christi (BHTh 9), 1933 - DERS., Das wandernde Gottesvolk (FRLANT 55), 1939 - DERS., Eine urchristl. Taufliturgie (Festschr. R.Bultmann, 1949, 133-148) - DERS., Krit. Analyse von Phil 2, 5-11 (ZThK 47, 1950, 313-360) - G.WIDENGREN, The Great Vohu Manah and the Apostle of God (UUÅ 1945, 5) - DERS., Mesopotamian Elements in Manichaeism (ebd 1946, 3) - DERS., The Ascension of the Apostle and the Heavenly Book (ebd 1950, 7) - DERS., The King and the Tree of Life in Ancient Near Eastern Religion (ebd 1951, 4) - DERS., Sakrales Königtum im AT u. im Judentum, 1955 - J.DUPONT, Essais sur la Christologie de St. Jean, 1951 - E.SCHWEIZER, Erniedrigung u. Erhöhung bei Jesus u. seinen Nachfolgern (AThANT 64), 1955 - E.LOHSE, Märtyrer u. Gottesknecht (FRLANT 64), 1955 - H.CONZELMANN, Was glaubte die frühe Christenheit? (Schweiz. Theol. Umschau 25, 1955, 61-74) - S.MOWINCKEL, He that cometh, Oxford 1956 - O.CULLMANN, Die Christologie d. NT, (1957) 1958² - P.VIELHAUER, Gottesreich u. Menschensohn in der Verkündigung Jesu (Festschr. f. G.Dehn, 1957, 51-79) - H.BRAUN, Der Sinn der nt. Christologie (ZThK 54, 1957, 341-377).

P.Vielhauer

Erlösung

I. Religionsgeschichtlich - II. Im AT - III. Im NT - IV. Dogmengeschichtlich - V. Religionsphilosophisch. - Zur Ergänzung → Erlöser, → Erlösungsreligionen, → Versöhnung

I. Religionsgeschichtlich

1. Für ein E.sanliegen gibt es viele bestimmende Grundanschauungen und Grundmotive, nicht nur eigenartig unterschiedliche, sondern auch solche, die sich überall bzw. weithin vorfinden. Ein allen Religionen gemeinsames Anliegen ist die E. von *»allerlei* Übel«. Faßt man E. im weitesten Sinne des Wortes als Befreiung, Errettung, Heil, Hilfe auf, so will alle Religion E.sreligion sein. Die vitale, durch mancherlei Übel gefährdete Existenz soll gesichert werden, sind doch solche Übel Einbruchsstellen numinoser Erfahrungen. Man ist gefährlicher Hintergründigkeit des Daseins ausgeliefert, bösen Dämonen oder dem Satan, dem »Bösen«, dem übelwollenden »Gott dieses Äons« oder auch einer in ihrem Wesen und Walten ambivalenten Gottheit, die »Heil« wirkt und Unheil schafft. Es sind aber auch Mächte da, die dem Unheil wehren und Heil gewähren (→ Dualismus). Gleichviel ob es sich um afrikanische Neger (→ Afrika: II) und Südsee-Insulaner (→ Ozeanien) oder um Angehörige alter Hochkulturen in → Ägypten (: II), → Babylonien (: II), in → China (: II) und → Indien (: II) handelt, sie alle bitten um Rettung aus der Not (Dürre, Hunger, → Krankheit, → Tod) und um Leben, um reiche Jahre voll Gedeihen. Ägypter wie Griechen und Römer danken → Amon, → Asklepios dafür, daß die rettende Macht des Gottes sie vom → Bösen, vom → Schicksal befreite. Solchen naheliegenden Bezug des E.sanliegens kann auch die biblische Religion nicht übergehen (→ Erlösung: II. III). Das Erleiden eines schicksalhaft-neutrischen »malum« bleibt überall ein Grundmotiv für das Verlangen nach E. Neben den seelischen Qualen von einem »mit Unlieben vereint-, von Lieben getrennt«-Sein und »Nicht-Erlangen, was man begehrt«, sind für → Buddha auch die alle leibliche Existenz schicksalhaft begleitenden Leiden von »Alter, Krankheit und Tod« (Digh. Nik. 12, 18) Symptome einer unheilvollen Gesamtsituation. Befreiung davon ist zwar für den Heilslehrer Gautama eine »Geistesbefreiung«; aber von jenen, auch vitalen Symptomen des Unheils her ist es verständlich, daß hernach der Mahâyâna-→ Buddhismus (: I, 7) den zu einer Heilandgottheit gewordenen Buddha auch als den »in der Heilkunde erfahrenen Arzt« verehrt (Lalitavist. I, 1. 2) sowie die Kuan-yin, die weibliche Erlösergestalt, in jeglicher die Existenz bedrohenden Not um Rettung anfleht (Chant. I, 237f).

2. Das aller höheren Religion eigentümliche Anliegen ist die E. von *»dem«* Übel. Mit der Zeit rückt aus der Reihe der vielen Übel ein Übel in den Vordergrund des

E.sanliegens, sei es nun das alle umklammernde Todeslos oder die »σῶμα/σῆμα«-Not der Seele oder auch eigenes Wesen und Verhalten des Menschen, seine sittliche und nicht nur kultische Verfehlung, seine → Sünde, seine Schuld. Zahlreiche Zeugnisse belegen das Werden dieses Glaubens. In den jahreszeitlichen Mysterien der Kulte des sumerisch-babylonischen →Tammuz, der eleusinischen Demeter (→Griechische Religion), des phrygisch-syrischen →Attis- →Adonis wie der gräko-ägyptischen →Isis-Osiris und Helios- → Serapis (→Ägypten: II, 3) gibt eine ursprüngliche Vegetationsgottheit als ein vom Tode zum Leben »erlöster Erlöser« den Mysten einen zunächst noch naturhaften Anteil an ihrem Geschick: »sic moriaris ut moritur, sic vives ut vivit« (vgl. → Auferstehung: I). Jenseitserwartungen sind da vorerst noch auf eine nur bessere Fortsetzung der diesseitigen Existenz gerichtet. Aber bei einer späteren platonisch-orphischen Umgestaltung (→ Orpheus) geht es dem E.sanliegen dieser Mysterien um ein Emporsteigen der Seelen aus dem Grab ihrer körperlichen Gebundenheit, um eine Befreiung aus den Fesseln einer irdisch noch gemischten, titanisch-niederen und dionysisch-höheren »Doppelnatur« zum »ἁγνὸς βίος« göttlichen Ursprungs (vgl. auch → Mandäer, → Manichäismus). - Schon eine sublimierte Veda-Frömmigkeit (→ Hinduismus: I) bittet Agni-Varuna vornehmlich um E. aus den Verstrickungen von Leid und Schuld. Akkadisch-sumerische Bußliturgien flehen die Gottheit an: »Sprich dein E.swort über meine Sünde, meine Verschuldung.« Vollends so das De profundis Israels (Ps 38, 5; 39, 9; 51, 5; 103, 3. 4; 130, 8 u.ö.).

Die Bitte um E. von dem Grundübel einer unheilvollen Gesamtsituation ist das gemeinsame Anliegen indischer, buddhistischer und christlicher Heilslehre, indes mit einer in Ansatz und Ziel wesentlich verschiedenen Orientierung. Ob nun → Upanishaden, Vedânta, hinduistische → Bhakti-Mystik oder → Jinismus und Hinâyâna- wie Mahâyâna-Buddhismus: die Soteriologie ist grundanschaulich die einer ontologischen Reflexion. Es geht um die Suche nach der Wahrheit, um Erkenntnis dessen, was eigentlich ist (sat; vgl. die al-Haqq-Reflexion auf islamisch-sufischer Seite) und unwesentlich nicht ist (asat). Ein »Nichtwissen« darum (Kath. Up. 2, 4; Sa. Nik. 15, 3; Saddh. 15, 22 u.ö.) wirkt sich als »Nichtwissenshemmung« unheilvoll aus in einem gierigen Hängenbleiben am »Blendwerk« (mâyâ) der wechselnd-vergänglichen Erscheinungswelt (Kath. Up. 2, 6; Gita 7, 14; Digh. Nik. 16, 6, 7ff; Ast.-Prajn. 2, 39 f u.ö.), im »Irrglauben an die Individualität«, an ein nur entzweiendes »ichhaftes« Sein (Majjh. Nik. 44; Shiksh 316f u.ö.) und demzufolge im Gesamtunheil des → Karma-samsâra-Geschicks, der Tatenfolge eines unseligen Wiedergeburtenkreislaufs (Kath. Up. 1, 6; Gita 7, 19; Dhp. 153f; Shiksh 316f u.ö.). Aus dieser unheilvollen Gesamtsituation erlöst das Heilswissen eines »erlebenden Erkennens«, einer »Erweckung« (Ken-Up. 2, 4), das der »Erleuchtung« (Majjh. Nik. 26; Saddh. 5, 125, 21. 24 u.ö.), die auch für Gautama trotz all seinem Autosoterismus letztlich als »Geschmack der E.« (Vin. C. IX, 1, 4), als das Aufgehen eines »himmlischen Auges« (Ang. Nik. 6, 24; Therag. 627) doch ein Ereignis numinoser Einwirkung und Erfahrung (Milindapanha 69) ist. So gelangt der E.sbedürftige wieder zum Urwert des einen »zweitlosen« Seins (Mundak. Up. 7), zur → Atman-Brahman-Einheit, der des Seelengrundes mit dem »Sein des Seins« (Chand. Up. 6, 8, 7; Gita 5, 24), oder auch zur personalen unio mystica liebender Hingabe (bhaktî) an den einen Erlösergott (Gita 9, 29), zur »Nichtwiederkehr« in die Scheinwelt (Shet. Up. 6, 11; Gita 8, 23; Majjh. Nik. 26 u.ö.), zum Eingang in das überindividuell-wahre Sein des → Nirvâna (Thag. 295ff; Ast. 18, 341 f. 347 f u.ö.). Nirvâna ist kein bloßes Nichts. Ein solches E.sziel wäre ein Widerspruch in sich; Nirvâna ist positiv die »Wonne« einer metaphysischen Realität (Vin. M. I, 2).

Soviel Berührungspunkte nun auch das Christentum mit obigen E.slehren hat, so ist hier - schon vom NT her und erst recht in der späteren theologiegeschichtlichen Entwicklung - der zentrale Aspekt von Unheil und Heil ein wesentlich anderer, nicht vornehmlich der einer ontologischen, sondern emotional-voluntaristischen Orientierung (→ Erlösung: II-IV). - Über eschatologische, monergistische und synergistische Soteriologie vgl. →Erlöser: I.

Quellen: E.Lehmann-H.Haas, Textbuch zur Religionsgesch., 1922 - RGL - H.v.Glasenapp, Das Spiel des Unendlichen. Gott, Welt, Mensch in der Dichtung der Hindus, 1953 - Ders., Der Pfad zur Erleuchtung. Grundtexte der buddhist. Heilslehre, 1956 - R. Merkel, Gebete der Völker, 1953. - Vgl. weiter die Artikel zu den betr. Religionen.

Lit.: H.W.Schomerus, Indische E.slehren, 1919 - Ders., Indische u. christl. Enderwartung u. E.shoffnung, 1941 - J.Wach, Der E.sgedanke u. seine Deutung, 1922 - A.Schweitzer, Das Christentum u. die Weltreligionen, (1925) 1952^{2} - J.W.Parker, The Idea of Salvation in the World's Religion, London 1935 - Morgenland 28, 1936 (orientalische Stimmen zum E.sgedanken) - ErJb 4. 5, 1936/37 (Gestaltung der E.sidee in Ost u. West) - Ch.S.Braden, Man's Quest for Salvation, Chicago 1941 - H.v.Glasenapp, Unsterblichkeit u. E. in den indischen Religionen (SGK 14, 1), 1938 - Ders., Die Religionen der Menschheit, ihre Gegensätze u. Übereinstimmungen, 1954 - S.Rodhe, Deliver us from Evil. Studies on the Vedic Ideas of Salvation (Diss. Lund), 1946 - R.Bultmann, Das Urchristentum im Rahmen der antiken Religionen, (1949) 1954^{2}, 218ff - H.Schär, E.svorstellungen u. ihre psychologischen Aspekte, 1950 - M.Ladner, Wirklichkeit u. E. Eine Welt- u. Inschau im Geiste des Buddhismus, 1952 - G.Mensching, Buddha u. Christus, 1952 - ChrRel (Reg.) - A.J.Toynbee, An Historian's Approach to Religion, London 1956 - van der Leeuw 660ff. - Vgl. auch die Lit. zu → Erlösungsreligionen. *F.Bammel*

II. Im AT

Zwei hebr. Verben bezeichnen im AT das Ereignis der E.: padā und gaʿāl. Der besondere Bedeutungsgehalt der beiden Begriffe wird zunächst im *profanen* Sprachgebrauch erhellt.

1. Die Bedeutungsnuance des Verbums padā ist in den drei Stellen Ex 21, 7-11; Lev 19, 20 und Hi 6, 23 mit »loskaufen« oder »auslösen« zu bezeichnen. Immer geht es darum, daß ein Mensch aus dem Stand der Unfreiheit oder Unterdrückung mit dem Aufwand gesetzlicher Mittel herausgeholt wird. Die Mittel werden von den nahestehenden Familiengliedern eingesetzt (anders: Hi 6, 22f). Wahrscheinlich handelt es sich beim Verbum padā um einen neutralen handelsrechtlichen Terminus, bei dem es allein auf den zur Erwirkung des Loskaufs nötigen Gegenwert ankommt (Stamm). Das Wort ist also ein Terminus der Rechtssprache. Auch gaʿāl gehört hierher, ist jedoch in seinem Bedeutungsprofil klarer erkennbar. Die g^{e}ullā ist im AT ein charakteristisches Rechtsinstitut, dessen Bedeutung in Lev 25, 24 f hervortritt. Ein Israelit hat das Recht, den in der Not verkauften Grundbesitz eines verarmten Verwandten »zurückzukaufen«. Auch dann, wenn der Verarmte sich mit Leib und Leben in die Schuldknechtschaft begeben mußte, besteht das Recht, den Menschen »zurückzukaufen«. Beispiele: das Buch Ruth und Jer 32. Gestörte Besitzverhältnisse sollen durch den »Loskauf« wiederhergestellt werden. Beständig und unversehrt soll das Erbgut von Generation zu Generation existieren (→ Eigentum: I). In besonderen Situationen muß der »Löser« als »Bluträcher« eintreten. Jedenfalls bezeichnen padā und gaʿāl den Loskauf, Freikauf bzw. Rückkauf; das erste Verbum im handelsrechtlichen, das zweite im familienrechtlichen Sinne.

2. Beide Verben finden sich dann in der *Kultsprache* des AT: padā als Terminus für die Auslösung eines Jahwe

verfallenen Wesens. So wird in Ex 13, 11-16 die Auslösung der menschlichen Erstgeburt beschrieben. In allen in Frage kommenden Stellen liegt der Ton auf dem Gegenwert, der für den Loskauf zu stellen ist. gaʿāl steht dann zur Angabe der Auslösung von Jahwe gelobtem Besitz an Tieren oder Dingen.

3. Vor allem im Dtn wird padā zu einem der Hauptbegriffe in der Erzählung vom *Auszug aus Ägypten*, ohne daß dieser Terminus neben den spezifischen Verben des »Rettens« sich durchgesetzt hätte. Jahwe hat Israel aus Ägypten herausgeführt und sein Volk aus der Knechtschaft »erlöst« (Mi 6, 3-5). Im Zusammenhang der Gerichtsrede (Mi 6, 1-8) bekommt das juristisch geprägte Verbum einen bemerkenswerten Charakter. Der »Loskauf« aus Ägypten ist eine grundlegende Rechtstat Gottes, die den Anfang der Beziehung zwischen Jahwe und Volk bildet. Der Einsatz Jahwes beim Ereignis der Befreiung seines Volkes hat ein bestehendes Gemeinschaftsverhältnis an den Tag gebracht. Das wird aus dem familienrechtlichen Begriff gaʿāl und seiner Verwendung im Themenkreis »Auszug aus Ägypten« noch deutlicher. Während nun padā vorwiegend im Dtn oder im deuteronomistisch beeinflußten Schrifttum zu finden ist, scheint die Verwendung von gaʿāl auf eine besondere Tradition zurückzugehen. »E.« ist im AT eine Tat Jahwes, die er in engster Gemeinschaft zu seinem Volke (familienrechtliche Komponente!) als »Loskauf« oder »Freikauf« durchführt. Jahwe bietet seine unvergleichliche Macht auf, um sein Volk aus dem Stande der Knechtschaft und Unfreiheit herauszuholen. So wird Jahwe in Ps 78, 35 als der »Erlöser« seines Volkes bezeichnet.

4. Näher an der profanen Bedeutung der beiden hebr. Verben für »loskaufen«, »erlösen« liegt die Begriffsanwendung im Bereiche der *E. aus Einzelnot*. Der »Engel Jahwes« hat Jakob (Israel) aus aller Not »erlöst« (Gen 48, 16). In Ps 72, 14 ist der König, den Gott eingesetzt hat, der Rechtshelfer der Armen und Schwachen. Er »erlöst« sie aus der Bedrückung. Das Verbum gaʿāl wird hier genauso verwendet, »wie wenn Jahwe Subjekt wäre« (Stamm). Die Verheißung Mi 4, 10 kündet E. aus Feindesnot an. Darüber hinaus können - namentlich in den Pss - verschiedene Einzelnöte die Sphäre der Unfreiheit und Bedrückung sein, aus der Jahwe den einzelnen »erlöst«: Ps 69, 19; 72, 14; 103, 4; 107, 1; 119, 154 u.a. Der juristische Ursinn der beiden Verben tritt völlig zurück. Von einem »Lösegeld« ist keine Rede. Die Verben haben hier ausschließlich den Sinngehalt: erlösen, befreien, herausreißen. Ein Rechtsmoment könnte allenfalls in Hi 19, 7f und 27, 2. 5 im Spiele sein. Hiob erstrebt eine Wiederherstellung seines Rechts und hofft auf Jahwe als seinen Anwalt und Sachwalter. Gott selbst soll die »Lösung« aus dem Banne der Ungerechtigkeit und der Schuld-Leid-Kausalität herbeiführen. Auch bei Dtjes schwingt in der Vorstellung vom »Erlösen« und »Befreien« Israels das juristische Moment des »Loskaufes« unter Einsatz ganz bestimmter Werte mit. Weil Jahwe Israel liebt, gibt er Länder und Völker für sein Leben hin (Jes 43, 4). Hi und Dtjes zeigen, daß man auch bei einem »rein religiösen E.sbegriff« im AT immer die ursprüngliche Rechtswurzel im Auge behalten muß.

5. Die Verben der E. begegnen im AT endlich in Texten, die von einer *endzeitlichen E.* handeln (→ Eschatologie: II). Hier ist insbesondere Dtjes zu beachten. Israel wird aus dem Bann der Knechtschaft Babylons »erlöst« werden, und »die Erlösten« werden dann einziehen in Zion mit Jubel (Jes 51, 11). Bei Dtjes ist gaʿāl zu einem festgeprägten E.sterminus geworden. Er bezeichnet das eschatologische Heilswirken Gottes. Die Gattungen der »Gerichtsrede« und die bereits erwähnten juristischen Gedanken des »Loskaufes« (mit dem entsprechenden Gegenwert) lassen den Begriff stets im Rechtsbereich erscheinen. Umfassend aber ist die Wirkung der erlösenden und befreienden Tat. In Ps 130, 8 und 25, 22 findet der umfassende E.sbegriff sein Echo im Gebet. - Zu beachten ist bei Dtjes die Gegenüberstellung von erstem und zweitem Exodus. »Die erste E. begründete die Existenz des geschichtlichen Volkes Israel und die zweite die des endzeitlichen, von Sünde befreiten« (Stamm). Damit ist nicht nur der heilsgeschichtliche, sondern auch typologisch-überbietende Ort gefunden, von dem aus die E.sbotschaft des Dtjes verständlich wird. Der aus der Geschichte in die Endgeschichte dringende Zuspruch »Ich habe dich erlöst« (Jes 43, 1) bestimmt den Rechts- und Lebensstand Israels vor Jahwe. Das in Jes 43, 3f betont genannte »Lösegeld« soll die unvergleichliche Wertschätzung des erwählten Volkes unterstreichen und den Rechtsstand sichern. Die E.stat ist vom »Bund« getragen und umschlossen (Jes 55, 4; 54, 10). Die Tat Gottes, in der Gegenwart anhebend, weist in die eschatologische Heilszeit. Sie steht ganz im Zeichen der E.

J. Köberle, Sünde u. Gnade im relig. Leben des Volkes Israel, 1905 - J. Hempel, Gott u. Mensch im AT, 1926, 126ff - J. J. Stamm, Erlösen u. Vergeben im AT, 1940 - Chr. Barth, Die Errettung vom Tode in den individuellen Klage- u. Dankliedern des AT, 1947. *H.-J. Kraus*

III. Im NT

1. Die vorpaulinischen Traditionen - 2. Paulus - 3. Johannes - 4. Die übrigen Schriften

Die nt. Aussagen über die E. bilden kein eigenes, durchreflektiertes Lehrstück, sondern sind eng mit andern theologischen Gedanken (→ Versöhnung: IV, → Rechtfertigung: I, → Offenbarung: IV) verwoben; konstant ist aber die Anschauung von der Heilsbedeutung des Todes Jesu.

1. Schon die *vorpaulinischen Traditionen*, die sich als zT glossierte Zitate bei Paulus finden, vertreten sie deutlich. Nach Röm 4, 24f ist die »E. in Christus Jesus« bereits geschehen dadurch, daß Gott ihn in seinem Blut als Sühnemittel (ἱλαστήριον) proklamiert hat; sie besteht in Sündenvergebung und dient zur Rechtfertigung der Glaubenden wie zum Erweis der Gerechtigkeit Gottes (= Wiederherstellung des Bundesverhältnisses? Käsemann). Hier ist in kultisch-juristischen Kategorien Jesu Tod als *Sühnopfer* gedeutet, »das die Sündenschuld, dh die durch das Sündigen kontrahierte Strafe tilgt« (Bultmann). Dieser Gedanke findet sich ferner in den traditionellen Wendungen vom → Blut Christi (Röm 5, 9; 1Kor 10, 16; 11, 25. 27; auch 5, 7) sowie in den Formeln 1Kor 15, 3; Röm 4, 25, wo allerdings auch der Gedanke vom Sühneleiden des Märtyrers, speziell des Gottesknechts, eingewirkt haben könnte (doch vgl. Eph 5, 2!). Subjekt der E. ist immer Gott (1Kor 1, 30).

Diese Formeln stammen teils aus dem palästinischen (1Kor 15, 3ff), teils aus dem hellenistischen → Judenchristentum. Ob die Deutung seines Todes als Sühne auf → Jesus selbst zurückgeht, ist umstritten. Sie findet sich nur in zwei synoptischen Herrenworten (Mk 10, 45; 14, 24). Aber die Echtheit der Einsetzungsworte ist fraglich (→ Abendmahl: I), und Mk 10, 45 ist gegenüber Lk 22, 27, wo der Sühnegedanke fehlt, literarisch sekundär. Die Aramaismen der beiden Markusworte beweisen lediglich ihre palästinische Herkunft, nicht ihre Echtheit. Es dürfte sich in beiden um kerygmatische Formulierungen der Urgemeinde handeln (Lohse). Sie betonen die Universalität der E. stärker als die andern.

2. *Paulus* hat den Glauben an die E.sbedeutung des Todes Christi in verschiedenen Formen zur Geltung gebracht, ihn vor allem aber im Rahmen seiner Lehre von der Rechtfertigung (Gal 3f; Röm 1-8) und Versöhnung (2Kor 5, 14 - 6, 2) entwickelt. Christi Tod ist *Sühnopfer*

(Röm 5, 6. 8; 8, 32; 14, 15 u.ö.), *stellvertretendes Opfer* (2Kor 5, 21; Gal 3, 13) und *Loskauf* (1Kor 6, 20; 7, 23; Gal 3, 13; 4, 5) vom Gesetz, das als Macht des alten Aions in Sünde und Tod führt (Gal 3, 10 - 4, 11). Die Gläubigen werden durch *sakramentale Teilhabe* an Christi Tod und Auferstehung frei von der Macht der Sünde (Röm 6), in Christus eingegliedert (1Kor 12, 12f) und so frei von der Macht des Todes (Röm 5, 12ff). Christi Tod ist ein kosmisches Ereignis, Rettung aus diesem Aion (Gal 1, 4). Trotzdem betont Paulus die Zukünftigkeit der E. und dies, daß sie nicht nur den Menschen, sondern die ganze Schöpfung umfaßt (Röm 8, 18-24). Sein Verständnis der E. unterscheidet sich von dem der Urgemeinde durch das Verständnis der → Sünde (: IV) als einer kosmischen Macht, die unaufhebbar mit → Gesetz (: IV) und → Tod (: III) verbunden ist (1Kor 15, 56), und durch ein radikaleres Verständnis der Situation des Menschen in der Welt, nämlich als Versklavtheit unter diese Mächte. Die E. ist daher nicht nur Tilgung der Sündenstrafe, sondern *Befreiung* und *Freiheit* von Gesetz, Sünde und Tod (Röm 5-8). Sie ist Gegenwart, wo das Wort vom Kreuz als Wort von der Versöhnung im *Glauben* angenommen wird (Röm 10, 14ff; 2Kor 5, 19; 6, 2).

3. Im *JohEv* erscheint der gemeinchristliche Gedanke vom sühnenden und stellvertretenden Tod Jesu nur am Rande (1, 29. 36; 11, 50ff; 18, 14), da nicht Tod und Auferstehung, sondern *Inkarnation* und *Erhöhung* das Heilsereignis sind (1, 1-18; 3, 13-17 u.ö.), das sich in der Offenbarung aktualisiert (1, 18; 5, 36; 17, 8 u.ö.). Das Heil wird dem johanneischen Dualismus entsprechend, nach dem die »Welt« durch Finsternis, Lüge und Tod bestimmt ist, als Licht, Wahrheit und Leben beschrieben. Jesus spendet diese »Güter« nicht nur, sondern er *ist* sie (ἐγώ εἰμι-Worte 8, 12; 14, 6 usw). Die E. besteht in der Teilhabe an ihnen, dh in der Einheit mit Jesus und Gott (14, 20; 17, 21. 23). Sie vollzieht sich in der *Erkenntnis*, die mit dem *Glauben* identisch ist (8, 32; 17, 3; 6, 69; 17, 8). Johannes hat den Gedanken der Gegenwärtigkeit der E. weit radikaler durchgeführt als Paulus; an der Entscheidung gegenüber dem Offenbarer hat sich das ewige Schicksal schon entschieden: der Ungläubige ist schon gerichtet (3, 18. 36 u.ö.), der Glaubende ist schon aus dem Tode in das Leben hinübergeschritten (5, 24f; 8, 51 u.ö.).

4. In den *übrigen Schriften* treten die gemeinchristlichen E.svorstellungen wieder stärker hervor. Am wenigsten in *Kol* und *Eph*, in denen die kosmische Stellung Christi noch stärker als bei Paulus herausgearbeitet ist; wenn sein Tod als Sühnopfer (Kol 1, 20; Eph 2, 13; 5, 2) und die E. als Sündenvergebung bezeichnet werden (Kol 1, 14; Eph 1, 7), so aus der Erkenntnis, daß die Sünde die eigentliche Trennung von Gott ist. Aus diesem Grund hat *Hebr* die gnostische E.sidee (Befreiung aus Todverfallenheit und -angst) nur kurz angedeutet (2, 10-15) und den Sühnopfergedanken zu der Theorie vom hohenpriesterlichen Selbstopfer Christi ausgeformt. *1Joh* verkirchlicht den E.sbegriff des JohEv, indem er ihn mit dem Gedanken der Sühne (2, 2; 4, 10) und des Blutes (1, 7; 5, 6ff) kombiniert. - Das Wort vom *Lösegeld* hat auf 1Tim 2, 6; Tit 2, 14 und wohl auch auf 1Petr 1, 18f eingewirkt. Hier wird aber das → Blut Christi als eines reinen Lammes als Preis des *Loskaufs* genannt, ähnlich Apk 5, 9; ohne Angabe des Preises oder des Mittels des Loskaufs Apk 14, 3f; 2Petr 2, 1. Das *Blut* Christi ist Bezeichnung der Heilstat Apk 12, 11, Mittel der Reinigung 1Petr 1, 2; Apk 7, 14 (vgl. 19, 13). - Trotz aller Verschiedenheit in Form und Akzentuierung ist diesen Aussagen der Glaube gemeinsam, daß der Mensch sich aus Sünde und Tod nicht selber retten kann, daß aber Gott in Christus die E. vollbracht hat (2Kor 5, 17ff; Joh 3, 16; Apg 4, 12).

Außer RGG² II, 270 ff (M. DIBELIUS) u. der Lit. zu → Erlöser: II: W. ELERT, Redemptio ab hostibus (ThLZ 72, 1947, 265-270) - E. KÄSEMANN, Zum Verständnis von Röm 3, 24-26 (ZNW 43, 1950/51, 150-154).

P. Vielhauer

IV. Dogmengeschichtlich

1. Problematik - 2. Östliche und westliche E.slehre der alten Kirche - 3. Die röm.-kath. Gnadenlehre des MA - 4. Die Glaubenslehre der Reformation. - Ergänzend vgl. → Versöhnung: V. VI

1. Innerhalb der Dogmengeschichte gehört die Lehre von der E. zu den bekenntnisbildenden Brennpunkten der Entwicklung. Im NT (→ Erlösung: III) werden unterschiedliche Begriffe zur Deutung des Heilswerkes Christi verwandt, deren Nebeneinander das Urchristentum nicht als Spannung empfand. Das geschah erst, als man eine neben die Christologie tretende Soteriologie entwarf. Das Schwinden der Parusieerwartung läßt sich für die Entstehung einer E.slehre, die erst nachträglich die E. ausschließlich mit dem Dogma von der Menschwerdung Gottes verbunden habe (M. Werner), nicht verantwortlich machen; dem widerspricht schon die Existenz einer außerchristlichen → Gnosis (: I), deren E.smythos auf das NT eingewirkt hat.

2. Die Apostolischen Väter (→ Altchristliche Kirche, 2) haben den Spannungsgehalt des NT in der E.sauffassung nicht empfunden. Doch zeichnete sich bei ihnen schon die weitere Entwicklung ab. Dem verstärkten Einfluß des gnostischen E.smythos und griechischer Unsterblichkeitssehnsucht bei → Ignatius entsprach die Einschränkung der eschatologischen Zukunft auf das Martyrium als E. und die Betonung ihrer Gegenwart in einer sakramentalen Christusexistenz. Stärker wurde die heilsgeschichtliche Sicht und damit die Künftigkeit der E. im 1Clem und im Barn festgehalten. Sie verbinden damit aber ein sittliches Pathos, das auf die Verwirklichung der E. durch die Erlösten drängt und nicht zufällig stoische Begrifflichkeit aufnimmt. Der Unterschied zwischen einer mehr metaphysischen und einer ethischen E.slehre hängt mit den unterschiedlichen Einflüssen in Ost und West zusammen. Sie führten zu einer »akuten Krise« (Harnack), als eine christianisierte → Gnosis (: III) tief in die Gemeinden einbrach. Ihre dualistische Anthropologie verstand unter E. die Rückkehr der Seele bzw. des Lichtpneumas in den göttlichen Ursprung, überließ aber die Körperlichkeit dem Nichts. Der Mythos vom »erlösten Erlöser« machte Christus zum Lichtboten, der nur als Führer auf dem Weg, den die Erlösten zu beschreiten hätten, Heilsbedeutung besaß. Spekulative Gnosis und asketische Frömmigkeit verwandelten das Christentum in eine Religion der »erlösten Selbst-E.«. Eine im Mythos sich aussprechende geschichtslose Seinsdeutung sprengte die heilsgeschichtlich begründete Einheit von Schöpfung und E. - → Marcion verewigte mit seinem Postulat »zweier Götter« den → Dualismus von E. und Schöpfung in der Zweiheit von Unheils- und Heilsgeschichte, wobei der Lehre von dem »fremden Gott« ähnlich wie in der Gnosis die These vom Scheinleib Christi entsprach und damit die reale Geschichtlichkeit der E. in Frage stellte. Die für die Folgezeit bedeutsame Theorie des Loskaufes vom bösen Demiurgen (→ Teufel: III) machte in ihrer Fragwürdigkeit dies offenbar. - Den sowohl durch die Gnosis wie Marcion gesprengten, heilsgeschichtlichen Rahmen der Soteriologie und damit auch die Einheit von Schöpfung und E. stellten die antignostischen Väter des Frühkatholizismus wieder her, am geschlossensten vielleicht → Irenäus. Im Rückgriff auf die paulinische Adam-Christusparallele schuf er seine Rekapitulationstheorie (→ Wiederbringung: I), die zu-

gleich der griechischen Unsterblichkeitssehnsucht entgegenkam. Christus führt die durch Adams Sünde gefallene Schöpfung zur ursprünglichen Vollkommenheit zurück. Die dem Menschen verbliebene Gottebenbildlichkeit und die verlorene Gottähnlichkeit (Gen 1, 26; → Anthropologie: III) gewinnen als Natur und Gnade ihre Zuordnung in dem Versöhnungswerk Christi wieder, wobei das Gnadenmittel des Sakramentes pneumatischer Beginn solcher E. ist. Unverkennbar rückt zugleich das Unsterblichkeitsmoment das Inkarnationsdogma in die Mitte, doch vermeidet Irenäus den Begriff der Vergottung: Schöpfung und E. beruhen auf Gottes Heilswillen. Dieser voluntaristische Grundzug der Rekapitulationslehre läßt die E. als → Versöhnung (: V) deuten. - Demgegenüber fußten die Alexandriner (→ Clemens, → Origenes) auf dem mittleren Platonismus, wenn sie als Ziel der E., das der göttliche »Pädagoge« gezeigt habe, die imitatio Dei (Gen 1, 26 nach Platon, Theaitetos 176 B gedeutet) bezeichneten. Ihr für den Geheimkreis christlicher »Gnostiker« bestimmtes, idealistisches System verband Kosmologie und Soteriologie mit der Anthropologie, wobei der göttliche Kommunikationswille (ϑεὸς φιλάνϑρωπος) und die intelligible Vernünftigkeit des Menschen die beiden aufeinander bezogenen Pole der E. waren, während Christus als Ideal der Vollkommenheit aus der Mitte ihres Kraftfeldes verdrängt wurde. Nur für die »Pistiker« des Gemeindeglaubens sollte der Gottmensch die E. garantieren, die für diese als Vergottung beschrieben werden konnte. Hier sollte die Deutung des Todes Christi als stellvertretendes Sühnopfer und die Loskauftheorie nach Mt 20, 28 ihre Geltung behalten. Die Gefahr des Auseinanderbrechens in eine esoterisch-idealistische und eine exoterisch-vulgäre E.sfrömmigkeit wurde durch → Athanasius gebannt, der eine für die griechische Kirche typische E.slehre formulierte, deren religiöse Motive sowohl das Dogma von der Homousie 325 und 381 (→ arianischer Streit) wie die christologischen Kämpfe des 4./5.Jh.s (→ Christologie: II) beherrschten. Wäre nicht Gott selbst in die Menschheit eingegangen, Christus nicht Gott, dann wären die Menschen nicht gültig erlöst worden. Die Menschwerdung des göttlichen Logos wurde so Angelpunkt einer Soteriologie, die Sünde und Tod als von Adam ererbter Fluch verstand, von dem Christus, zweiter Adam und Repräsentant der Menschheit, durch seinen Tod, doch vor allem durch seine Menschwerdung befreite. Wirkte bei Athanasius noch immer die heilsgeschichtliche Schau nach, die das griechische Vergottungsideal in Schranken verwies, so kam das Streben nach physischer Unsterblichkeit im Monophysitismus (→ Cyrill von Alex.) ungebrochen zum Durchbruch: Die stete Inkarnation des Logos in dem Mysterium der Eucharistie macht die E. zu einem substantiellen Vergottungsprozeß. Die → antiochenische Schule (geschichtlich-ethisches Verständnis der E.) und das von ihr beeinflußte Chalcedonense (→ Christologie: II, 4d) konnten nicht verhindern, daß die monophysitische E.slehre konfessionelle Prägform der griech.-orth. Kirche wurde, der man sich beugte, wenn man von einer »Vergöttlichung« durch die E. sprach, wie überhaupt der Neuchalcedonismus (→ Christologie: II, 5b) als Konzession an die E.sfrömmigkeit des Ostens zu beurteilen ist.

Die charakteristischen Züge einer vornehmlich *im Westen* vorfindlichen E.slehre (Fehlen des kosmischen Bezuges; voluntaristische Struktur der E.; Gegensatz von Sünde [nicht Natur] und Gnade; Sünde als Gebotsübertretung ist Schuld, nicht Schicksal; Buße als Verwirklichung der E.) finden sich in den Ansätzen schon bei → Tertullian. Seine Erbsündenlehre erklärte das Problem der Übertragung adamitischer Schuld mit stoischer Begrifflichkeit traduzianisch, was später durch den Kreatianismus (→ Anthropologie: III) ergänzt wurde. Der mit ererbter Verdammnis (vitium originis) belastete Mensch wäre der göttlichen Strafe verfallen, wenn Christus nicht Gott versöhnt hätte (Rekonziliationstheorie). Er erkaufte die Vergebung der Sünden mit seinem Opfertod, die jedem Christen in der Taufe geschenkt wird. Wohl gefährden erneute Sünden den Stand der Rechtfertigung, doch die unter Gnadenbeistand geübte satisfactio der Buße (→ Bußwesen: II) gewinnt ihn wieder. Diese Grundelemente der E.slehre blieben fortan im Westen bestimmend, um dann durch → Augustin (: II) zur Lehre von der → Gnade (: IV) vertieft zu werden. Viele ihrer Gedanken, wie zB die Deutung des Todes Jesu als stellvertretendes Opfer und gerechte Entmachtung des Teufels durch ein Lösegeld (Redemptionstheorie), die sündenvergebende Taufgnade, die Anwendung des Satisfaktionsbegriffes auf die Buße, gehören in die Tradition des vulgärkath. Gnadensynergismus. Neuplatonisch gefärbt ist die Definition der Sünde als Verlust am göttlichen Sein, die Beschreibung der E. als summum bonum und Glückseligkeit (Eudämonismus). Neu war die Betonung der Inkarnation als commendatio gratiae, der voluntaristische Liebesgedanke, der Sünde als amor sui, Gnade aber als amor Dei interpretierte und die Rechtfertigung als iustificari caritate, ihr Gut als adhaerere Deo definierte. Im Verein mit dem paulinischen Prädestinationsgedanken durchbrach die augustinische Willensmetaphysik zuletzt das vulgäre E.sschema: Der göttlichen Allmacht steht die menschliche Ohnmacht gegenüber; sie kann nur durch die in Christus offenbarte Allwirksamkeit der Gnade an der E. teilhaben. Doch sollte Augustins E.slehre gerade durch ihren komplexen Gehalt für das MA bedeutsam werden.

3. Die Grundlage der E.sanschauungen des MA schuf → Gregor I., der den modifizierten Augustinismus seiner Zeit mit seiner synergistischen Gnadenlehre kirchlich autorisierte. Seine ausgeführte Redemptionstheorie (Loskauf vom Teufel) kam volkstümlichen Vorstellungen entgegen. In die Zukunft wies, daß gewisse Begriffe der Bußlehre (allerdings nicht satisfactio) auf die E.slehre angewandt wurden. Vor allem verband er die rekonziliatorische Wirkung des Opfers Christi, die bisher an das Taufsakrament gebunden war, mit dem Meßopfer: es vermittelt die E. auch den Verstorbenen im → Fegfeuer. Die Auffassung, daß die Kirche als Gnadenanstalt über sakramentale E.smittel verfügt, wozu die satisfaktorischen Leistungen des Bußinstitutes sich gesellen, hat sich dem MA tief eingeprägt. Daran änderte sich auch nichts, als → Anselm von Canterbury mit seiner Satisfaktionstheorie die alte Redemptionstheorie überwand. Nach ihr hat der bereits in der Engelwelt erfolgte Abfall die Ehre Gottes beleidigt und forderte entweder Bestrafung (poena) oder Genugtuung (satisfactio). Verdammung widersprach dem Heilswillen Gottes, so daß nur die zweite Alternative bestand. Allein der Gottmensch vermochte dank seiner straffreien Sündlosigkeit das geforderte debitum zu leisten. Sein unverschuldeter Tod erwarb darüber hinaus ein meritum, das der Menschheit zugute kommt. Die weder aus römischer noch germanischer Rechtsbegrifflichkeit abzuleitende Theorie wollte die Basis aufzeigen, auf der erst eine Versöhnung von Gott und Mensch möglich sei. Sie wollte ferner die logische Notwendigkeit der E. erweisen, ohne die Schrift zu bemühen. Das tat auch nicht Anselms Gegner → Abaelard, der ebenfalls die Redemptionstheorie kritisierte. Sein Anstoß galt der objektiven Rechtsbegründung. Mit Augustin war für ihn die Liebe Gottes das treibende Motiv der Versöhnung, die im Gottmenschen den Sünder sucht und so

in diesem die Liebe der Kinder Gottes weckt. Ohne daß man von einer Psychologisierung sprechen kann, wurde das Problem mit Kategorien der Subjektsbeziehungen entwickelt und gelöst. Das Nebeneinander einer objektiven Satisfaktionstheorie und subjektiven Versöhnungslehre wurde durch → Thomas von Aquino ausgeglichen. Beide wurden zugleich modifiziert: Die satisfactio galt nicht als absolut notwendig, die Lehre von der subjektiven Umstimmung wurde durch den aristotelisch gefärbten Gedanken der gratia infusa (→ Gnade: IV) zur realen Veränderung objektiviert. Letzteres bot zugleich die Möglichkeit, die E. als iustificatio ex fide zu beschreiben, wobei die Gnadeneingießung für die Anrechnung des Glaubens die notwendige Voraussetzung war. In diesem scholastisch-aristotelischen Gewande blieb die sakramentale Gnadenlehre für die E.sanschauungen des MA vorbildlich, mochten auch ihre theologischen Prämissen durch → Duns Scotus und Wilhelm von → Ockham gewandelt werden. Die Reformation erschütterte nicht ihre Geltung, vielmehr erhob das → Tridentinum, Sess. VI (1547), sie in den Rang von Lehre und Bekenntnis. Es definierte die E. als Rechtfertigung, die im Taufsakrament die reale iustitia bewirkt und beim Verlust durch das Bußsakrament erneuert wird. Indem man zugleich die Lehre von der infusio gratiae auf fides, spes und caritas, seit Augustin spezielle Ausdrucksformen gläubiger Existenz, anwandte, konnte man nicht nur die sakramentale Struktur der E. als Gerechtmachung behaupten, sondern auch die synergistische Gnadenlehre beibehalten, die beide für den röm.-kath. Typ unter den E.slehren charakteristisch geworden sind.

4. Die *Reformation* machte wieder »das Amt und Werk Jesu oder unsere Erlösung zum einzigen Hauptartikel«, der jedes Verdienst ausschließt und nur sola fide Geltung besitzt. E. ist Sündenvergebung, die über die Taufe hinaus alleiniger Trost des als Sünder stets angefochtenen Christen bleibt, wodurch zugleich der eschatologische Aspekt der E. im NT neu erschlossen wurde. Die tropologische Exegese (→ Schriftauslegung: IV) ließ → Luther den Gekreuzigten als exemplar iustificati verstehen: Was an ihm geschah, geschieht gleichzeitig an uns. Das Schuldbekenntnis der Sünder, das dem Urteil Gottes recht gibt, bedeutet die → Rechtfertigung (: II) Gottes durch uns (iustificatio Dei passiva) und zugleich die Rechtfertigung für uns (i. D. activa). Als menschlicher Beitrag zur E. kann daher nur der Glaube angesehen werden. Doch schenkt Christus als das schöpferische Urbild (imago Dei) auch die Freiheit zum Werk, so daß der begnadete Sünder ein Leben der → Heiligung führen kann, ohne daß es zur E. selbst beiträgt. Auch → Calvin, bei dem die Prädestination stärker auf Christologie und Soteriologie einwirkte, hielt an dem reformatorischen Prinzip: sola fide, sola gratia, sola scriptura fest. Dagegen räumte er bei der Verwirklichung der E. dem Gesetz als Offenbarung göttlichen Willens neue Bedeutung ein, indem der Glaubende das Gesetz als Impuls seines Glaubensgehorsams erfährt. Die E. wird als → Wiedergeburt des begnadeten Gerechten verstanden, Heiligung wird zum Zeichen erwählender Gnade. Die Unterschiede zwischen luth. und calvinistischer E.slehre traten bei der späteren Konfessionsbildung teils stärker in Erscheinung, teils auch zurück.

Schon bei → Melanchthon zeigte sich die Distanz zum luth. Glaubensprinzip, wenn er fides mit dem subjektiven Begriff der fiducia wiedergab und Bekehrung und Wiedergeburt als besondere Akte von der forensisch-objektiv verstandenen Rechtfertigung unterschied. Fortan bestanden nebeneinander eine subjektive Darstellung der reformatorischen E.slehre, in der Rechtfertigung und Heiligung in Rivalität zueinander treten mußten, und eine mehr an dem luth. sola fide orientierte Auffassung, für die Rechtfertigung und Heiligung zusammenfielen. Dies führte zu schweren Auseinandersetzungen (→ Flacius; A. → Osiander; synergistischer Streit [→ Synergismus]). Doch erwies sich immer wieder das reformatorische Glaubensprinzip als der gemeinsame Boden des Ringens, so daß es auch für die abschließende Lehrbildung in der → Konkordienformel (1577) die einigende Basis abgeben konnte. Die weitere Entwicklung der prot. Auffassungen über die E. gehört der Theologiegeschichte an. Wohl brachte sie starke Abwandlungen wie die Wiederbelebung der Satisfaktions- und Redemptionstheorien in dem scholastischen Denken der altprot. → Orthodoxie oder das Bemühen des → Pietismus, die E. in Bekehrung und Heiligung gegenständlich zu machen. Vor allem zerstörte die → Aufklärung (: III) die metaphysischen Voraussetzungen der Christologie, so daß der dogmatische Bezug von Christologie und Soteriologie hinfiel und fortan die theologischen Bemühungen um eine E.slehre von der Anthropologie ausgehen mußten. Doch hat sich aus ihnen kein konfessioneller Lehrtyp entwickelt. Derselbe kann für luth. und ref. E.slehre nach wie vor im obigen Sinne differenzierend skizziert werden, zumal in der neueren Theologie die Neubesinnung auf die Reformatoren einsetzte. Dabei ist er, im Gegensatz zu der kath. Gnadenlehre, durch die Betonung der Glaubensgerechtigkeit als ein gemeinsames Glaubenszeugnis des Protestantismus zu würdigen.

Neben den Lehrbüchern der → Dogmengeschichte vgl. die Lit. zu den angegebenen Stichwörtern. Zusammenfassende Monographie fehlt seit A.Ritschl, Die christl. Lehre von der Rechtfertigung u. Versöhnung I, (1870) 1888[3]. - Zu 2: F.Borstrøm, Studier till den grekiska theologiens frälsningslära, Lund 1932 - A.Wintersieg, Die Heilsbedeutung der Menschheit Jesu in der vornizänischen Theol. (kath. Diss. Tübingen), 1932 - A.Spindeler, Cur verbum caro factum? Das Motiv der Menschwerdung u. das Verhältnis der E. zur Menschwerdung Gottes in den christol. Glaubenskämpfen des 4./5.Jh.s (FKDG 18, 2), 1938 - Ch.N.Baynes, Der E.sgedanke in der christl. Gnosis (ErJb 5, 1937, 155-209) - E.Hendrikx, De leer van de vergoddleijking in het oud-christelijk geloofsbewustzijn (Genade en Kerk, 1953, 101-154). - Zu 3: J.Rivière, Le dogme de la rédemption au début du moyen âge, Paris 1934 - L.Hardy, La doctrine de la rédemption chez S.Thomas, Paris 1937 - J.McIntyre, St.Anselm and his critics. A re-interpretation of the Cur deus homo, London 1954. - Zu 4: R.Prenter, Skabelse og Genløsning, Kopenhagen (1951/53) 1955[2] - M.Huber, Jesus Christus als Erlöser in der liberalen Theologie, 1956.

C.Andresen

V. Religionsphilosophisch

1. Die Subjekt-Objekt-Spaltung an Stelle der Welteinheit - 2. Der religionsphilosophische Weg - 3. Der philosophische Weg - 4. Die gegenwärtige Situation

1. Die E. ist eine religionsphilosophisch zentral wichtige Idee. Die Religionen der Frühe sind gekennzeichnet durch die Einheit des ununterschiedenen Lebens. Im primitiven Erleben steht das Ganze des Daseins vor Augen, nicht das Individuum. Letzte wesenhafte Identität kennzeichnet die Tiefe allen frühzeitlichen Geschehens. So haben Arbeit, Wissenschaft, Kunst, Moral, Politik einen religiösen Grund. Das Heil ist dem Menschen gewiß, der im Strome dieses Lebens eingebettet ist. Demgegenüber stehen die dualistischen E.sreligionen. Das Unheil kennzeichnet die Situation des einzelnen, der nun ein Heil erstrebt, das erst durch Gottes Tat errungen werden kann. An die Tatsache des Ichbewußtseins, an die Desintegration des Lebens heftet sich das Bewußtsein der Sünde. In der Flucht aus der Ureinheit des vorbewußten Seins in das sich als Bewußtsein der Welt gegenüberstellende Ich liegt für den Mystiker die Wurzel des Übels, wie für den Propheten das Unheil in der Abwendung der Kräfte von der Gottheit und der Hinwendung auf das Ich besteht. Der Abstand von → Subjekt und Objekt vergrößert sich

ständig. Auftauchen des Selbstbewußtseins und Objektivierung der Welt entsprechen sich. Menschlich existieren heißt bewußt existieren und bedeutet damit die wachsende Isolierung des Einzelmenschen. Zwei Wege sind es, die dem Gläubigen auf der Bahn des E.sstrebens angeboten werden: Der Weg des Mystikers mit seiner »Entwerdung«, der »Wüste«, dem Schweigen - die Redintegration der Ureinheit durch Aufhebung des Bewußtseins der Individualexistenz und sogar des göttlichen Gegenüber. Daneben steht der Weg der prophetischen Frömmigkeit, der Gehorsamkeitsreligionen, die der Verlorenheit des Menschen die Heilstat Gottes gegenüberstellen, die nur ergriffen zu werden braucht, um die gesamte Existenz des Menschen zu verändern zu einer neuen Gemüts- und Willensbeziehung zur Gottheit. So stehen sich gegenüber der Buddhismus mit seiner E. vom Leiden und Dasein überhaupt, die Orphiker, Platoniker und Gnostiker mit ihrer E. vom körperlichen Sein, der Mystiker mit der Lehre vom Aufgehen im All-Einen bis hin zu Schopenhauer auf der einen Seite, während auf der andern Seite die Frömmigkeit des AT, des Parsismus und Manichäismus und des paulinischen Christentums die Folgen der Sünde, die Herrschaft des Bösen und des Teufels aufzuheben sucht durch die Heilsaneignung (→ Erlösung: I-III). Demzufolge wird der → Erlöser (: I. II) verschieden vorgestellt, als Heiland, Lehrer, Totenerwecker, Weltenrichter, Sündenvergeber. Daneben steht die philosophische Lehre mit ihren verschiedenen Wegen der Selbst-E. durch Erkenntnis oder Werk, zT als Verweltlichungsformen des religiösen Denkens.

2. Diesen Sachverhalt gilt es auch bei der *religionsphilosophischen Seite* der E. im Auge zu behalten. Schon in der frühen indischen Religionsgeschichte, in der → Bhakti-Religion, zeigt sich der E.sweg der Werke, der Erkenntnis und der Liebe als Überwindung des Gebanntseins in die individuelle Existenz. Im → Buddhismus (: I, 5) ist der Weg der Aufhebung des Leidens die Aufhebung des Lebensdurstes durch restlose Vernichtung des Begehrens. Hiermit ist der allgemeine Rahmen gegeben für die mystische E. Ein Teil nur dieser Wirklichkeit wird erstrebt und erreicht in der religiösen Wendung, die die → Mysterien-Kulte bezeichnen. Die Aufhebung des Todes, der Wille, noch ein anderes Leben zu gewinnen, das den Tod überdauert, das man aber schon im Diesseits erlangen kann, ist die Triebkraft der Mysterienreligionen. Nur wird hier eine Gottheit in menschlicher Existenz gesetzt und als Kultheros in seiner Heilswirklichkeit immer wieder für die Mysten erneuert im heiligen Kultdrama und Legomenon. Befreiung vom Körperlichen durch → Askese (: I) wird angestrebt, womit sich schon eine ethische Haltung der → Mystik ankündigt. Ein streng esoterischer Geheimcharakter verhinderte nicht die große Ausbreitung der Kulte gleichsam durch »Ansteckung«.

Zum Grundwesen der Mystik gehört es dagegen, daß im E.sakt die Gottheit, ob neutral oder personal vorgestellt, mit dem Menschen durch Erkenntnis, → Erleuchtung, → Ekstase in → unio mystica tritt, so daß der Mensch unter Aufhebung aller psychischen Funktionen im Göttlichen ruht. Hier, auf dem eigensten Felde der Mystik, sind die Übergänge zum philosophischen E.serlebnis gegeben. Die göttliche Transzendenz wird aufgehoben durch die Immanenz des Göttlichen, womit es dann in die Verfügbarkeit philosophischer Begrifflichkeit gerät und damit allmählich auch an der philosophischen Transzendenz der Begriffe Anteil erhält. »Tetigisti me et exarsi in pace tua«, so umschreibt → Augustin das mystische E.serlebnis, das nicht nur die Gnade der Vergebung, sondern zugleich die gratia inspirationis schafft. Auch hier ist eine Liebesmystik die Einungskraft, die das Wort: »Deus tantum cognoscitur quantum diligitur« → Bernhards von Clairvaux in der Nachfolge Augustins bezeugt. Theologisch ruht Bernhard auf dem System → Hugos von St. Viktor, der einen stufenweisen Aufstieg der Seele zu Gott in drei Etappen vorsieht: *Cogitatio,* reiner Vernunftgebrauch im regnum naturae, wird überwunden durch die *meditatio* im regnum gratiae, in das die im Glauben erhöhte Vernunft schreitet, um in der *contemplatio* des regnum gloriae in reiner Anbetung die arcana divina der göttlichen Offenbarung zu empfangen. Obwohl die Liebe die unio mystica schafft, setzt sie doch die Erkenntnis voraus. Von der mehr sinnlichen und emotionalen Mystik der Frauen und des → Franz von Assisi bis zur stark erkenntnismäßig ausgerichteten Sehweise Meister → Eckeharts ist ein gewaltiger Schritt. Er, der nicht ohne Grund mit → Shankara in Parallele gesetzt wurde, ist viel stärker aktivistisch ausgerichtet und nähert sich dem prophetischen Frömmigkeitstyp. In seiner Nachfolge teilte sich der originale Strom des religionsphilosophischen Bemühens um E., je nach Temperament der Autoren, in eine mehr intellektuelle oder emotionale Richtung. Jak. → Böhme wurde der Wendepunkt in der E.smystik: Freiheit von der Welt ist bei ihm nicht Akosmismus, sondern »ein Haben als hätte man nicht«. Zugleich vollzieht sich mit ihm die Wendung des E.striebes in das Philosophische. Sein »schustermäßiges Radebrechen« hat noch einmal alles zusammengefaßt, was an Strebungen und Wollen in diesem Redintegrationstriebe ist, und zugleich - darin liegt seine paradoxale Wirkung - hat er diesen aus dem Bereich des dogmatisch gebundenen Denkens in den der profanen Philosophie herübergeleitet.

3. Anaximander stellt mit seinem tiefsinnigen Wort: »Alles, woraus den Dingen ihr Entstehen ist, dahinein müssen sie auch wieder vergehen, um einander Strafe und Buße zu zahlen nach der Ordnung der Zeit« eine Stimme des *philosophischen* E.sdranges in vorsokratischer Zeit dar, der von → Heraklit bis Demokrit die Aufforderungen zur denkerischen Selbst-E. immer eindringlicher folgten. Die Denker traten bereits bewußt in Konkurrenz zur religiösen E. der Mysterienkulte. Bei → Sokrates und → Plato erreicht diese Bewegung ihren vorläufigen Höhepunkt. Das Höhlengleichnis Platos symbolisiert geradezu den E.sweg des Denkers mit seinen drei Stadien der Sinnlichkeit (αἴσθησις), der Besinnung (Dialektik) und dem Herausgetretensein aus dem Irrwahne der Höhle in der ἐπιστήμη, dem Schauen der Ideen und der wahren Sonne des göttlichen ἀγαθόν. Wohl wird von hier aus auch eine Architektonik des philosophischen E.sstrebens sichtbar mit ihrer Zuordnung von Psychologie, Ethik, Politik und Pädagogik, in der sich jeweils die drei Stadien spiegeln; aber eindeutig herrscht der Intellektualismus, der es doch nur einer zahlenmäßig kleinen Gruppe von Menschen ermöglicht, den Weg der philosophischen E. zu verwirklichen. Das ändert sich im Grunde auch nur wenig bei den Stoikern (→ Stoa) mit ihrem E.sruf: ὁμολογουμένως τῇ φύσει ζῆν und den Epikuräern (→ Epikur) mit ihrer Unterscheidung von σάρξ und πνεῦμα, geistiger und fleischlicher Lust und dem Wählen der langdauernden geistigen Lust. Der Skeptizismus der ausgehenden Antike ebenso wie die Gläubigkeit der Neuplatoniker (→ Neuplatonismus) vermag das E.sstreben im weltlich-profanen Bereich nicht zu erhalten, und von verändertem Grunde beginnt das Christentum seinen Ansatz der E. neu auf rein religiösem Boden.

Erst das Zerbrechen der Scholastik und die Wiedergeburt der antiken Philosophie auf neuer, durch das Christentum jahrhundertelang bestimmter Grundlage läßt die philosophische E.sbemühung neue Formen finden.

Es zeigt sich nun das eigenartige Phänomen der Verquickung heterogenster und im Grunde einander widersprechender Elemente, zB der Zahlensymbolik des Pythagoras mit der Mathematikzahl der modernen Naturwissenschaft, des amor Dei intellectualis → Spinozas mit dem Deus sive natura. Die E. wird hier wieder als Selbst-E. gefaßt, eine eigenartige Ethik, die zugleich intellektuelle Ganzheitsschau und Absage an alle Leidenschaften im Sinne einer stoischen ἀταραξία ist. Ein Analogon ist bei → Leibniz die Verweltlichung des augustinischen E.sstrebens im Gottesstaat zu einer weltumspannenden Akademie-Idee im Geiste einer Gelehrtenrepublik. Zugleich aber ist höchster Ernst der Lebensführung für sein Denken kennzeichnend, das in dem Satze »Iustitia est caritas sapientis« gipfelt. Gott ist das unendliche Vernunftwesen, das unseren Wert unendlichfach erhöht, indem es von uns geliebt wird. Daß eine solche Gottesliebe uns als gefallenen Wesen nicht mehr aus eigener Kraft möglich ist - eine Erkenntnis, die Luther zutiefst bestürzte -, das kommt hier gar nicht mehr in den Blick. Jesus wird zu einem bloßen Vorbild und Lehrer der Moral. Bei Spinoza wird er Personifikation göttlicher Weisheit und Liebe, bei Leibniz Lehrer des göttlichen Weltplanes, bei → Locke ist er Aufklärer, bei → Voltaire ein ländlicher Sokrates, der Lehrer der Unsterblichkeit bei → Lessing und die Verkörperung des moralischen Ideals bei → Kant. → Herder sieht in ihm die Inkarnation christlicher Humanität und → Goethe den Meister der philosophischen Religion. Eine Lebensanschauung, die die E. in der allseitigen Hinaufentwicklung der menschlichen Persönlichkeit in vielseitiger Entfaltung der Begabung sieht, braucht nicht mehr das Heilsgeschehen der Kreuzigung, des Leidens und der Auferstehung. Demgegenüber stellte → Schleiermacher Jesus als Urbild christlicher Frömmigkeit dar und bestimmte die Religion als »Gefühl der schlechthinnigen Abhängigkeit« vom Absoluten. In eine entscheidende Phase religiöser E.ssehnsucht tritt → Fichte in der »Anweisung zum seligen Leben« (1806). Ursprünglich hatte er die Gottheit mit der sittlichen Weltordnung gleichgesetzt. Er verwirft den Glauben, daß Gott sich in bestimmten geschichtlichen Taten offenbarte. Die Heilsgeschichte vollzieht sich vielmehr in der Seele der gesamten Menschheit. »Nur das Metaphysische, keineswegs aber das Historische macht selig!« Diesen Standpunkt verließ der alte → Schelling in seiner »Philosophie der Mythologie« (1842) und seiner »Philosophie der Offenbarung« (1843). Angeregt durch Jak.Böhme und Franz von → Baader, sieht Schelling im Abfall des ersten Menschen und in der E. die beiden Grundtatsachen der Geschichte. Es ist Aufgabe der Philosophie, die Wirklichkeit des Christentums zu erklären. Christi Menschwerdung, Auferstehung und Himmelfahrt und sein Eingehen in ein höheres Sein sind wegweisend für den Gang der Welt überhaupt. Das Christentum ist als höchste Religion »geoffenbartes Mysterium«. Allerdings ist es wieder der Philosoph, der dem »bloßen Glauben« die Deutung der metaphysischen Fragen wegnimmt, ähnlich wie bei → Hegel, der einen mystischen → Panentheismus lehrt und einen persönlichen außerweltlichen Gott ablehnt. Die Selbstoffenbarung des Göttlichen in der Weltentstehung, bes. der Weltgeschichte, vollzieht sich nach Hegel im dramatischen Dreitakt von Thesis, Antithesis und Synthesis, in dem der Mensch in der Zuschauerloge einen abgeschlossenen Prozeß noch einmal vorgeführt bekommt. Auch hier zeigt sich der spekulative Pferdefuß der philosophischen Selbst-E. in der Tatsache, daß Religion wie in der Gnosis nur das Vorletzte, nicht das Letzte ist: der absolute Geist in der Form der Vorstellung, dem als Höheres noch der absolute Geist in der Form des reinen Denkens in der Philosophie zu folgen hat. - → Schopenhauer, der als vornehmste Religion den → Buddhismus (: IV) nennt, der älter und wahrer als das Christentum sei, machte sich zum Fürsprecher buddhistischer Lebensverneinung. Die volle E. bringt allein das buddhistische Nirvâna, die Verneinung des Lebenswillens, aber nicht der Selbstmord, der nur eine bestimmte Lebensform verneint. Nur der Mensch selber ist in der Lage, sich durch eine Ethik des radikalen Verzichts von den Qualen des Lebens zu erlösen. Im Grunde aber wollte Schopenhauer - sein Leben bezeugt es - nichts anderes als einen verfeinerten → Hedonismus, denn die Verneinung des Willens zum Leben geschieht durch die Anschauung des Kunstschönen speziell in Tragödie und Musik. Von daher führen Linien zu dem E.sdenken bei Richard Wagner und → Nietzsche, in welchen beiden sich der E.swille einer gewissen Bildungsschicht bis heute Ausdruck verschafft.

4. Im Gegensatz dazu hat → Kierkegaard energisch den Selbstbetrug, die »Bauchrednerei« des philosophischen E.sweges aufgedeckt. Er riß das Steuer wieder in Richtung auf eine spezifisch christliche E.slehre herum. Er war es auch, der, an Sokrates anknüpfend, die Grenzen der »Gräzität« aufzeigte, die noch berechtigt war, an eine Lehrbarkeit der Tugend zu glauben. Seit der christlichen Sündenoffenbarung aber wissen wir, »daß wir vor Gott allezeit unrecht haben«. Er deutet ganz bewußt den Dreitakt der platonischen E.slehre ins Christliche in seiner Drei-Stadien-Lehre um. Zum ersten Mal kommt bei ihm das Wort »Existenz« im heutigen modernen Sinne vor. Existierender im Gegensatz zum abstrakten Denker bedeutet bei ihm der konkrete Mensch, der nach vorwärts existiert, nach rückwärts denkt. Bei Hegel, dem »abstrakten Denker«, gegen dessen gnostische Umdeutung des Christentums er vornehmlich polemisiert, wurde nur die nach rückwärts gewendete Seite als allein real angesehen. Existenz kann man nach Kierkegaard nur als Existenz darstellen in den drei Existenzstadien: ästhetisches, ethisches, religiöses Stadium. Das ästhetische scheitert an der Verzweiflung, das ethische an der Resignation, erst im religiösen Stadium geschieht nach Überwindung der Religiosität A als der Hinwendung auf die eigene Innerlichkeit die E. in der Religiosität B, dem Wissen, daß wir vor Gott allezeit unrecht haben. In Kierkegaard nahm die moderne → Existenzphilosophie ihren Ausgang, deren E.sstreben bei → Heidegger unter starker Anlehnung an Nietzsche, → Hölderlin und → Rilke wieder philosophisch gewendet wurde. Bei → Jaspers tritt die Hinwendung zur philosophischen E. wohl am stärksten im »Philosophischen Glauben« zutage. Der Mensch in der »Grenzsituation« ist auf die Transzendenz hin angelegt. Doch entzieht sich der philosophische Glaube der Religion, wenngleich die Bibel das große Gegenüber des Philosophen bleibt. Die »Christusreligion« wird verworfen mit Dogma, Kultus, Gesetz. Christus bleibt Heros des Negativen, da er nicht teilnimmt an den Werken der Kultur, an Politik, Familie usw. Das Kreuz wird zur Chiffre des Scheiterns. Demgegenüber betont G. → Marcel die Hinwendung zum christlichen Existieren in Liebe, Treue, Glauben und Hoffnung, die entspringen in der Wahl, dem Engagement gegen Haß, Verrat, Unglauben, Verzweiflung. Höchste Form der Kommunikation ist die → Ich-Du-Beziehung zwischen Gott und Mensch in der gläubigen Anbetung.

So zeigt sich, daß das E.sstreben in der modernen Daseinsanalyse zT wieder eine mehr christentumsgemäße Haltung annimmt neben zahlreichen konkurrierenden nichtchristlichen Ersatzreligionen, etwa der → Psychoanalyse, die aber bereits wieder christliche Ausläufer hat.

Die → dialektische Theologie hat um des weltlichen Mißbrauches willen den Terminus »Religion« für das Christentum gestrichen (→ Religion: IV B): Während Religion das E.sstreben von unten nach oben bezeichnet, ist das Christentum Offenbarung, gnädige Herabneigung Gottes von oben nach unten. Demgegenüber verdient es Beachtung, daß die religiöse Selbsterziehung des Fernen Ostens (→ Yoga) auch im Abendland an Boden gewinnt.

Der Erlösungsgedanke (Bericht über den 2. dt. Theologentag 1928, hg.v. E.Pfennigsdorf), 1929 - G.Mensching Zur Metaphysik des Ich, 1934 - L.Richter, Der Begriff der Subjektivität bei Kierkegaard, 1934 - Dies., Christlicher oder philosophischer Glaube? (ZdZ 11, 1953, 405-413) - Dies., Existenz im Glauben, (1955) 1956² - F.Heiler, Urkirche u. Ostkirche, 1937 - H.v.Glasenapp, Buddhistische Mysterien, 1940 - W.Schönfelder, Die Philosophen u. Jesus Christus, 1949 - K.Jaspers, Der philosophische Glaube, 1951 - E.Herrigel, Zen in der Kunst des Bogenschießens, 1954. *L.Richter*

Erlösungsreligionen. Die zu → Erlöser (: I) und → Erlösung (: I) aufgewiesenen Typen zeigen für die Welt der Religionen eine dreifache Erscheinungsweise: ein - im weitesten Sinne des Wortes - allenthalben vorhandenes Erlösungsanliegen, eine demgegenüber wesentliche Verschiedenheit der Einstellung bei E. im engeren Sinne sowie die den E. schlechthin (→ Christentum, Mahâyâna- → Buddhismus [: I, 7] und → Bhakti-Hinduismus) eigentümlichen Merkmale.

a) Als eine eminent existentielle Angelegenheit des glaubenden Menschen will alle Religion »Erlösung«: eine Befreiung von allem, was die menschliche Existenz gefährdet, hemmt, beschwert und eine rettende Sicherung und Besserung derselben. In dieser nächstliegenden Bezogenheit auf die vitalen Belange haben alle Religionen - die völkischen Kultur- und die Universalreligionen ebenso wie die Religionen der → Naturvölker - ein gleiches Erlösungsinteresse. Überall wird ein »liberari ab omnibus malis« begehrt, überall geglaubt, daß die »Not nicht größer als der Helfer ist«. - b) Das Rückert-Wort: »In allen Zonen liegt die Menschheit auf den Knie'n« trifft religionsgeschichtlich zwar zu, nicht aber dessen Fortsetzung: »vor einem Göttlichen, das sie empor will zieh'n.« Dies Sich-emporziehen-Lassen kommt erst mit einem »Werden des Glaubens« (Söderblom), bei dem der Gegenstand des Erlösungsinteresses sich wesentlich ändert und damit gerade ein existentieller Strukturwandel religiösen Erlebens sichtbar wird. Der Mensch versteht sich und die Welt anders denn zuvor. Die Welt liegt nicht mehr nur wegen allerlei Übel im Argen. Dem Allerlei liegt vielmehr ein »Grundübel« zugrunde, ein solches, das da und dort auf höherer Stufe der Volksreligionen in den Vordergrund des Erlösungsanliegens rückt und schließlich im Bereich der indischen und ostasiatisch-buddhistischen E. und dem des Christentums als das Übel einer unheilvollen Gesamtsituation erkannt wird. Demzufolge wird auch das Erlösungsziel ein anderes: das Heil einer verlorenen Ureinheit (→ Âtman-Brahman [→ Hinduismus: I]), einer überindividuellen Existenz (→ Nirvâna), eines in Christus neuen Menschen und eines neuen → Aions der Gerechtigkeit. Das zuletzt genannte kosmische Heilsziel ist auch für die Dynamik der anderen prophetischen Religionen, die des Parsismus (→ Iran: III), des Judentums (→ Apokalyptik: II) und des schiitischen → Islam (: I) das Heilsobjekt ihrer eschatologischen Soteriologie. - c) Folgende Merkmale charakterisieren das Christentum, den Mahâyâna-Buddhismus und Bhakti-Hinduismus als die E. schlechthin, und zwar sowohl in einer gemeinsamen Eigentümlichkeit als auch in verschieden-eigenartiger Ausprägung. Gemeinsam ist ihnen eine zutiefst religiöse Objektbezogenheit ihrer Soteriologie: Gottes Gnade allein bringt die Rettung. Das bekunden ihre Zeugnisse wieder und wieder, auch da, wo sie einen synergistischen Akzent haben; denn der Antrieb für ein eigenes neues Wollen und Vollbringen bleibt hüben und drüben ein gnadenreiches Ereignis: das Opfer des einen Mittlers Christus, das mitleidsvolle Erbarmen von → Buddhas vorzeitigem Gelübde und → Vishnu-→ Shivas gnädiges Sich-Herabneigen zu den Erlösungsbedürftigen.

H.Kraemer, Religion and the Christian Faith, London 1956. - Weitere Qu. u. Lit. → Amida: II, → Bhakti: II, → Erlösung: I. *F.Bammel*

Ermland, *Bistum* (→ Ostpreußen), wurde nach dem Beginn der Eroberung Preußens durch den Deutschen Orden (→ Ritterorden) 1243 begründet und 1255 dem Erzbischof von → Riga (: I) unterstellt. Der Bischof erhielt 1251 ein Drittel (das Gebiet der Kreise → Braunsberg, Heilsberg, Rößel, Allenstein) seiner Diözese zu weltlicher Herrschaft, doch unter der Oberhoheit des Ordens in Form einer Schutzherrschaft, und trat hiervon 1260 ein Drittel seinem Domkapitel ab. Sitz des Bischofs war Heilsberg, seit dem 19. Jh. Frauenburg, des Domkapitels zunächst Braunsberg, seit 1288 Frauenburg. Letzteres (16 Domherren) war als einziges Domkapitel in Preußen dem Deutschen Orden nicht inkorporiert. Nach dem Zerfall des Ordensstaates trat 1466 der polnische König gegenüber dem E. an die Stelle des Ordens. Nach ersten Zugeständnissen (1479) erzwang Polen 1512 das Präsentationsrecht des polnischen Königs für die Besetzung des jetzt exemten Bistums. War durch die Reformation im Herzogtum → Preußen 1525 der größere Teil der Diözese verlorengegangen, so führten in E. die Bischöfe Kardinal → Hosius (1551-79) und → Kromer (1579-86) die Gegenreformation durch. 1772 fiel das Fürstbistum E. an Preußen. Eine Neuordnung des Bistums fügte diesem 1821 und 1854 größere Gebiete zu. Nach 1919 umfaßte die Diözese E. Ostpreußen, seit 1926 ohne das Memelland. Mit dem Konkordat 1929 wurde sie dem Erzbistum → Breslau (: I) unterstellt. 1945 wurde der letzte deutsche Bischof von E., Maximilian Kaller (1930-47), mit der deutschen Bevölkerung vertrieben. In dem unter polnischer Verwaltung stehenden Teil des E.s wurde 1945 ein apostolischer Administrator eingesetzt.

Mon. Historiae Warmiensis, 11 Bde, 1860-1929 - Zs. f. d. Gesch. u. Altertumskunde E.s, seit 1858 - V.Röhrich, Gesch. des Fürstbistums E., 1925 - LThK III, 766ff - G.Matern, Die kirchl. Verhältnisse in E. während des späten MA, 1953 (Lit.) - EC XII, 1651f. *E.Maschke*

Ernesti, *Johann August* (1707-81), * zu Tennstädt (Thüringen). Leipziger Pädagoge, 1734-59 Rektor der Thomasschule, Prof. der klassischen Philologie (1742), der Eloquenz (1756), der Theologie (1759). E. hat aus den Fluchtwegen des kirchlichen Barock zur Mitte des Glaubens zurückzuführen versucht, sich gegen Allegorie, pietistischen Subjektivismus, Scholastik und das hochbarocke Heilsziel der → Unio mystica gewandt. Er versuchte die Schrift als norma normans zur Kontrolle der Dogmen (zB De officio Christi triplici) wieder in Geltung zu setzen; ihre Aussage wollte er als Wirklichkeitserhellung exakt philologisch und historisch erheben (→ Bibelwissenschaft: II, 3). Die Spannung, die sich dadurch ergibt, daß entscheidende Schriftaussagen nicht rationalisierbar sind, hat E. bewußt ausgehalten und auf seine Weise die zufälligen Geschichtswahrheiten gegen die notwendigen Vernunftwahrheiten energisch in Schutz genommen (Verteidigung des Willkürlichen in der Religion, 1765). Die Wunder der Schrift, zumal die Apostelwunder, sind für E. Wahrheitszeugnisse für das Evangelium (→ Aufklärung: III, 3b). Es handelt sich nicht um Mysterien oder Propagandaakte, sondern um

Fakten, denen man in doxologischer Haltung begegnen soll, in der »Begierde, die Größe der Macht, Weisheit und Güte Gottes zu suchen«. So hat man E. »theologische Strenge« (Eichhorn) und »im Ganzen wirklich liberale Ansichten« (Henke) gleichzeitig zuschreiben können. Seine »Neue (1770-75: Neueste) Theologische Bibliothek« (1760-64) gab in maßvoller Progression kritische Stimmen wieder und wurde »Schutz solcher Forschung wider die Angriffe der Eiferer«.

Vf. u.a.: Institutio interpretis N.i T.i, (1761) 1809[5]; Christl. Predigten zur Verherrlichung Gottes u. Jesu Christi, 3 Bde, 1768-82; Opuscula theologica, (1773) 1792[2]; Von der christl. Disziplin, 1773; Die Lehre der ev.-luth. Kirche ..., 1784 (zur Realpräsenz); Anmerkungen über die Bücher des NT, 1786; Lectiones ... in epist. ad Hebraeos, hg.v. G.J.Dindorf, 1795. - Über E.: A.Teller, E.s Verdienste um Theol. u. Religion, 1783 - ADB VI, 235ff - RE V, 469ff; XXIII, 431 - W.Gass, Gesch. der prot. Dogmatik IV, 1867, 68ff - G.Frank, Gesch. d. prot. Theol. III, 1875, 51ff - Hirsch IV, 10ff.
W.Philipp

Ernst, 1. *der Fromme,* Herzog zu Sachsen-Gotha und Altenburg (1601-75), war nach der Teilung der altweimarischen Lande (1640) erster Herzog des gothaischen Landes, zu dem schließlich durch Erbanfälle usw zwei Drittel des Ernestinischen Thüringen gehörten. Als luth. Landesherr wußte er sich verantwortlich für die »zeitliche und ewige Wohlfahrt« seiner Untertanen. Umfassende Maßnahmen auf allen Gebieten des öffentlichen Lebens halfen die schweren Kriegsnöte überwinden. Die Ergebnisse der Generallandesvisitation (1641-45) führten zum Schulzwang (→ Bildungswesen, 6). Der Schulmethodus (Volksschulgesetz, Schulordnung und methodisches Handbuch) sollte zu echter Frömmigkeit und einer das praktische Leben bewältigenden Bildung helfen. Vom »Informationswerk« (Katechismusunterricht) zeugen die Seelenregister, in denen *alle* Einwohner mit Personalien und ihren Kenntnissen in Katechismus, Schreiben, Lesen und Rechnen zu verzeichnen waren. Strenge Kirchenzuchtbestimmungen wurden von den Disziplininspektoren, aus Laien gebildet, und Rügegerichten überwacht. Das »Teutsche Gesangbüchlein« (1642), Vorläufer des »Geistlichen Gesangbüchleins« (1660), des ersten ev. Landesgesangbuchs (→ Gesangbuch: I), erbauliche Schriften, Gebetbücher, die »Ernestinische Bibel« (Nürnberg, erstmals 1641), das Cantionale sacrum (1646), eine Kirchenagende (1647), Anweisungen für die Geistlichen aller Art, endlich die wirtschaftliche Verbesserung der Pfarrer- und Lehrereinkommen sollten »Religion und der Seelen Seligkeit befördern« helfen. - Für verfolgte Glaubensgenossen trat E. ein, unterstützte die luth. Kirche und Schule in Moskau und bemühte sich opferbereit, aber vergeblich um die Errichtung des Collegium Hunnianum. Er ist der Begründer der berühmten Bibliothek und anderer Sammlungen auf Schloß Friedenstein in Gotha. Das Volk gab seinem edlen, frommen Fürsten den Namen »Bete-Ernst«.

RE V, 477ff; XXIII, 431 - ADB VI, 302 - Kurt Schmidt, Gothas Stellung in der Bildungsgesch. des 17.Jh.s (H.Anz, Gotha u. sein Gymnasium, 1924, 42-52) - F.Facius, Staat, Verwaltung u. Wirtschaft in Sachsen-Gotha u. Altenburg unter Hz. Friedrich II. (1691 bis 1732), 1933, 17f. 25ff u. passim (Lit.) - R.Jauernig, Die Gestaltung des Gesundheitswesens durch Hz. E.d.Fr. (WZ Jena 3, 1953/54, Math.-nat.-wiss. Reihe, H. 2, 209-226; Lit.) - Ders., Die Erneuerung des Kirchengesangs im Hz.tum Sachsen-Gotha (JLH 2, 1956, 121-127).
R.Jauernig

2. *von Hessen-Rheinfels* (1623-93), * Kassel, † Köln, war nach streng calvinistischer Erziehung von 1641-44 prot. Heerführer, seit 1648 Landgraf von H.-Rh.-Rotenburg. Nach dem Religionsgespräch zwischen dem Gießener Professor → Haberkorn und dem Kapuziner Valerian Magni trat E. 1652 in Köln zur röm.-kath. Kirche über. In dem durch die Konversion ausgelösten literarischen Streit vertrat E. eine Reihe sehr moderner Gedanken: Union zwischen den Konfessionen, ein internationales Schiedsgericht zur Schlichtung von Konflikten zwischen kath. Staaten, Kritik an Mißständen im Klerus, an Intoleranz und am fürstlichen Absolutismus. Mit vielen Zeitgenossen (u.a. → Leibniz, → Bossuet, → Arnauld, → Spener, → Maimbourg) führte E. einen ausgedehnten Briefwechsel.

Vf. u.a.: Der so wahrhaffte als gantz auffrichtig u. discret gesinnte Catholische, 1666; Ad Chr. Calixtum epistola peremptoria, 1654; Lettre aux 5 ministres de la religion prétendue réformée de Paris, 1663. - Über E.: K.L.Grotefend, Briefwechsel zw. Leibniz, Arnauld u. Landgr. E., 1846 - A.Räss, Die Convertiten seit der Reformation VI, 1868, 465ff - H.Lehmann, Der Briefwechsel zw. Spener u. E. (ZKG 38, 1918, 95-119) - RGG[2] II, 288f (Lit.) - LThK III, 769f.
H.Liebing

Ernst, *Christoph Friedrich Wilhelm,* * 18.12.1765 in Jesberg, † 24.1.1855 in Kassel, wurde 1795 ref. Hofprediger in Kassel, 1813 Konsistorialrat, 1845 Gen.-Sup. E. zog sich als Gegner der Erweckung und seines Kollegen L.F. → Lange die unkritisch tradierte Beurteilung als »eingefleischter Rationalist und Zyniker« zu; später wurde seine nur relative Differenz vom Supranaturalismus erwiesen (W.Maurer). Kant und Schelling übten den stärksten Einfluß auf E. aus. E. hat sich als Homilet den Zeitfragen nicht verschlossen, die erweckungsfromme Sicht des Kampfes gegen den »Antichristen« Napoleon abgelehnt, doppelte Wahrheit und apriorische Dogmatik verurteilt, »Sklaverei, Nationalhaß und Verachtung« als die »größten Übel der Welt« bezeichnet.

Vf. u.a.: Gedruckte Predigten, 1806-39; Überzeugungen eines christl. Greises, 1845 (anonym). - Über E.: F.W.Strieder, Grundlage zu einer hess. Gelehrtengesch. XVIII, 1819 - E.Wolff, Chronik der Altstädter Gemeinde zu Kassel, 1907 - W.Hopf, A.Vilmar, 2 Bde, 1913 - W.Maurer, Idealismus u. Restauration, 2 Bde, 1930 - R.Francke, Die ältesten Sup.en von Kassel (Pastoralblatt für Kurhessen 47, 1938, 191f).
W.Philipp

Erntedankfest. E.e waren schon in der Antike weit verbreitet; so zB bei den Israeliten (Wochen- und Laubhüttenfest, Ex 23, 16) oder bei den Römern. Die mittelalterliche Kirche kennt Erntedankvotivmessen mit Benediktion der Früchte und Tedeum. Ihr Termin war örtlich verschieden; häufig lag er am letzten Sonntag im Sept. Auch heute gibt es in der kath. Kirche dafür keinen bestimmten Tag. In der ev. Kirche erfolgten schon in der Reformationszeit fast überall Danksagungen für die eingebrachte Ernte mit Tedeum. Später wurden Erntepredigten bes. in den ländlichen Gemeinden feste Sitte (um 1700 sehr verbreitet). Aus der mit einer besonderen Predigt verbundenen Danksagung entstand das heutige E. Sein Ansehen wuchs mit dem der → Buß- und Bettage. Schlechte Ernte rief zur Buße, gute zu Lob und Dank. Als Zeitpunkt wurde schon in der Reformationszeit mit Vorliebe der Michaelistag (29.9.) oder einer der benachbarten Sonntage gewählt. In einigen Gegenden Deutschlands wird das E. auch früher (nach der Kornernte), in anderen erst im Nov. (nach der Traubenlese) gefeiert. In Preußen wurde es 1773 offiziell eingeführt und auf den Sonntag nach Michaelis gelegt. Heute ist als E.-Tag der erste Sonntag im Okt. am weitesten verbreitet. - In Schweden gibt es kein besonderes E. In ländlichen Gemeinden wird am sog. »Danksagungstag« (im Okt.) auch für die Ernte gedankt. In den USA wird das E. seit 1864 am letzten Donnerstag im Nov. gefeiert. Die russisch-orthodoxe Kirche kennt kein besonderes E.; hier werden jedoch die ersten Früchte am 6./19.8. (Fest der Verklärung Jesu) geweiht.

Rietschel-Graff I, 176 - LThK II, 771.
E.Wunderlich

Eros und Agape

1. Begriffe und ältere Thesen - 2. Nygrens Darstellung - 3. Kritik

1. E.u.A. sind zwei griechische Begriffe (ἔρως, ἀγάπη), die beide mit dem gemeinsamen Wort Liebe wiedergegeben werden, obgleich sie ursprünglich Hauptbegriffe von zwei wesentlich verschiedenen, allgemeinen Lebenshaltungen ausmachen. Der Begriff E. ist durch Plato als »himmlischer E.« zum Hauptbegriff einer Anschauung geworden, nach welcher es die Aufgabe des Menschen ist, die Seele von den Fesseln der Sinnlichkeit zu befreien, um sie in die übersinnliche, himmlische Welt hinaufzuheben. Das Wort A. ist im NT beheimatet, wo es primär die → Liebe (: III) Gottes zum Menschen bezeichnet. Die Zusammenstellung E.u.A. ist sinnvoll, da die allgemeinen Lebenshaltungen, welche diese Wörter andeuten, in der Geschichte des Geisteslebens sich miteinander in unaufhörlicher Auseinandersetzung befinden.

M. → Scheler hat auf die Spannung zwischen E.u.A. aufmerksam gemacht und dabei E. als eine Tendenz des Niederen zum Höheren, des Unvollkommenen zum Vollkommenen, des Ungeformten zum Geformten geschildert. Im Christentum findet eine Bewegungsumkehr der Liebe statt. Die Liebe soll sich in diesem darin erweisen, daß das Edle sich zum Unedlen herabneigt und hinabläßt. In etwas anderer Ausführung hat H.Scholz den platonischen E. gegen »die Caritas der Evangelien und des Paulinischen Christentums«, die Caritas, »wie sie von Augustinus, Dante und Pascal gesehen worden ist«, gestellt.

2. Die aktuelle Debatte über E.u.A. ist aber vor allem durch *A. → Nygren* angeregt worden; er stellt in seiner großen Arbeit »E.u.A.« die A. als das Grundmotiv (→ Motivforschung) des Christentums dar, als die originale Grundkonzeption, ohne welche die christliche Religion ihren Zusammenhang und inneren Sinn verliert. Der systematische Ort des E.motivs kann seiner Meinung nach nicht in derselben Weise angegeben werden, da es von überall her im religiösen Leben außerhalb der Grenzen des Christentums hervorbricht. Wo es in das Christentum eindringt, versucht es das A.motiv zu verdrängen. A. als Grundmotiv des Christentums besteht nach Nygren nicht in neuen Vorstellungen oder Ideen von Gott, sondern in einer neuen Gottesgemeinschaft. Statt der Rechtsgemeinschaft der pharisäischen Frömmigkeit bringt Jesus eine Gottesgemeinschaft, die ausschließlich auf Gottes A. zum Sünder gegründet ist. Von seiten des Menschen führt kein Weg zu Gott, weder der Weg der eigenen Gerechtigkeit noch der der → Demut oder der Buße. Es gibt nur einen Weg Gottes zum Menschen: die göttliche Liebe zum Sünder. Der Grund der göttlichen Liebe liegt nicht in der Beschaffenheit des Menschen, sondern ausschließlich bei Gott selbst. Der Sünder, der an sich keinen Wert hat, erhält Wert dadurch, daß Gott ihn liebt. - Die A., die im Liebesgebot gefordert wird, hat ihr Vorbild in der A., die Gott erweist. Wie diese muß sie spontan und unmotiviert sein, frei von Berechnung, grenzenlos und unbedingt. Wie Gottes Liebe Sünderliebe ist, schließt die christliche Liebe zum Nächsten auch die Liebe zum Feinde ein. - Das A.motiv bildet in seinem Gegensatz zum traditionellen Rechtsmotiv in der Gottesgemeinschaft das Hauptthema in mehreren der Gleichnisreden Jesu, zB in den Gleichnissen vom verlorenen Sohn (Lk 15), von den Arbeitern im Weinberg (Mt 20) und vom Schalksknecht (Mt 18). - *Paulus* hat seinen wichtigsten Beitrag zur Weiterbildung des A.motivs durch dessen Verbindung mit seiner Kreuzestheologie gegeben. Gott selbst ist das Subjekt in der durch Christi Tod geoffenbarten Liebe, die sich selbst hingibt und sich bis zum Äußersten aufopfert. Mit seinen Aussagen von der Rechtfertigung des Sünders in Christus »ohne die Werke des Gesetzes« kommt Paulus doch dem Wort Jesu sehr nahe: »Ich bin gekommen, die Sünder zur Buße zu rufen, und nicht die Gerechten.« Aber Paulus grenzt das A.motiv nicht nur gegen jüdische Gesetzesfrömmigkeit, sondern auch gegen hellenistische E.frömmigkeit ab, wie der A.hymnus 1Kor 13 zeigt. - In formaler Hinsicht erreicht das A.-motiv seinen vollendetsten Ausdruck in den *johanneischen* Schriften, bes. durch die Aussage »Gott ist A.«. Zugleich aber tritt eine eigentümliche Erweichung ein. Einerseits wird die Liebe als mit Gottes Wesen identisch dargestellt, anderseits erhält der johanneische Liebesgedanke einen kosmisch-metaphysischen Anstrich mit rationalen Zügen. Wohl bekommt die Liebe als Bruderliebe eine Tiefe, Wärme und Innigkeit ohne Seitenstück, zugleich aber wird die Nächstenliebe beinahe partikularistisch als Liebe nur zu denen, die Christen sind, aufgefaßt.

Das E.motiv hat nach Nygren seinen Ausgangspunkt in → *Platos* Philosophie und deren Verbindung mit dem Orphismus (→ Orpheus). Die Orphik gibt Plato die Vorstellung vom doppelten Wesen des Menschen, vom göttlichen Ursprung der Seele und von der Erlösung als Befreiung aus der Sinnlichkeit und als Hinaufsteigen zur göttlichen Heimat der Seele. E. ist nach Plato Streben, Sehnsucht, eine verlangende Liebe, vom Wert des Gegenstandes motiviert. E. ist der Weg, auf dem der Mensch zum Göttlichen hinaufsteigt, wobei alles egozentrisch um das eigene Selbst und dessen Schicksal kreist. - Alle wesentlichen Züge des E.motivs findet man schon bei Plato; aber erst mit → Aristoteles und dem → Neuplatonismus erhält es weltgeschichtliche Bedeutung. Wenn es in das Christentum eindringt, hat es teils die Gestalt der Mysterienfrömmigkeit, teils ist es aristotelisch oder neuplatonisch umgearbeitet. Bei *Aristoteles* gewinnt der E.gedanke kosmische Bedeutung, da ihm der ganze Naturprozeß als eine Bewegung erscheint, als ein sukzessives Hinaufsteigen von Materie zu Form, von Potentialität zu Aktualität. Die Trittleitersymbolik, die bei Plato dazu dient, das Hinaufsteigen der einzelnen Seele zu veranschaulichen, tritt bei Aristoteles als eine reale Stufenleiter der Dinge hervor, wo der ganze Prozeß auf das Göttliche hinzielt. - Der *Neuplatonismus* wird nach Nygren am besten als eine Synthese von → Platonismus und spätantiker Mysterienfrömmigkeit gekennzeichnet. Charakteristisch für seine Weltbetrachtung ist das sog. »alexandrinische Weltschema« (F.Heinemann), in welchem der Dualismus zwischen Gott und Materie betont und dessen Überwindung durch das Einführen einer genügenden Menge von Mittelwesen versucht wird.

Das altchristliche Dogma wird von Nygren (gegen → Harnack) als eine gewaltige Schutzwehr gegen die hellenistische Erlösungslehre gewertet. Neben der Dogmenbildung findet aber eine Hellenisierung statt, nicht am wenigsten in bezug auf den Liebesgedanken. Das große Paradigma ist hier die gnostische Erlösungslehre (→ Gnosis), die deutlich nach dem E.schema aufgebaut ist.

Größere Bedeutung als alle anderen hat innerhalb der Geschichte des christlichen Liebesgedankens → *Augustin* gehabt. In seiner Person begegnen sich die hellenistische E.welt und die urchristliche A.welt und bilden eine geistige Einheit. Seine Caritas ist weder E. noch A. noch deren Summe, sondern eine wirkliche Synthese der beiden Motive. Die neuplatonische E.anschauung ist Augustin das Mittel geworden, die christliche A.anschauung zu entdecken; zugleich aber ist sein neuplatonischer Standpunkt die Grenze geworden, über welche sein Verständnis des NT nicht hinauskommen konnte.

Das *MA* hat das E.motiv auf zwei Wegen empfangen, teils durch den Caritasgedanken bei Augustin, teils durch →Dionysius Areopagita, einen Schüler von →Plotin und → Proklos. Das religiöse Weltbild des MA wird von dem alexandrinischen Weltschema, von der Himmelsleitersymbolik und von der aufwärtssteigenden Tendenz beherrscht. Das gilt sowohl für die → Scholastik als auch für die → Mystik (: VI). Hauptsächlich nimmt das MA die augustinische Caritassynthese auf, welche die Grundlage der Formel »fides caritate formata« (→ Glaube: IV) bildet, die der klassische Ausdruck des Katholizismus für die auf Gottes eigener Ebene, auf der Basis der Heiligkeit, erreichte Gottesgemeinschaft ist.

In paradoxer Zuspitzung kann man dagegen die Auffassung → *Luthers* mit der Formel »Gottesgemeinschaft auf der Basis der Sünde, nicht auf der der Heiligkeit« ausdrücken. Gegen »fides caritate formata« macht Luther geltend, daß die → Rechtfertigung (: II) sola fide, durch den Glauben allein, zustande kommt. In loco iustificationis hat die Caritas nach Luther nichts zu schaffen, da herrscht der Glaube, dh Christus, allein. Hier die Caritas einzuführen, bedeute erstens die Liebe als Gottes unmotivierte, spontane A. verneinen, zweitens werde dadurch auch die christliche Liebe, von seiten des Menschen gesehen, verdorben. Sie kann dann nicht mehr ihre Reinheit behalten, sondern wird meritorisch, zweckbestimmt.

3. In der Diskussion über Nygrens Darstellung der A. als Grundmotiv haben *ev. Theologen* bes. eingewandt, daß sie jede Rede vom Gesetz Gottes als notwendigem Hintergrund des Evangeliums und vom Sehnen des Menschen nach Gott ausschließe. Die religionsphilosophisch begründete Methode der Motivforschung habe Nygren daran gehindert, der biblischen Spannung zwischen Gesetz und Evangelium (→ Gesetz: V. VI) Genüge zu tun. - Nach der Meinung *kath. Theologen* hat Nygren in übertriebener Antithetik betont, daß die im NT konstituierte Gottesgemeinschaft keine Rechts-, sondern eine Liebesgemeinschaft sei. Die absolute Unmotiviertheit der A. könne bei einer unvoreingenommenen Interpretation der nt. Texte nicht aufrechterhalten werden. Wohl könne man Nygrens Zeichnung der augustinisch-mittelalterlichen Synthese zwischen E.u.A. sowie seiner Analyse der Formel »fides caritate formata« beistimmen, seine Polemik gegen diesen Ausdruck im Anschluß an Luther müsse man jedoch als unzutreffend ansehen, da die informierende Caritas immer Gottes eigenes Werk sei.

M. Scheler, Abh. u. Aufsätze I, (1915) 1919[2.3] (1923 unter dem Titel: Vom Umsturz der Werte I) - F. Heinemann, Plotin, 1921 - H. Scholz, E. u. Caritas. Die platonische Liebe u. die Liebe im Sinne des Christentums, 1929 - A. Nygren, Den kristna kärlekstanken genom tiderna. Eros och agape I, Stockholm (1930) 1947[3]; II, Stockholm (1936) 1948[2]; dt.: E.u.A. Gestaltwandlungen der christl. Liebe I, 1930; II, 1937 - Ders., Exegetisk och systematisk teologi i samarbete (SvTK 19, 1943, 357-373) - L. Grünhut, E.u.A. Eine metaphysisch-religionsgeschichtl. Unters., 1931 - M. Fuerth, Caritas u. Humanitas. Zur Form u. Wandlung des christl. Liebesgedankens, 1933 - H.U.v. Balthasar, E.u.A. (StZ 136, 1938, 389-402) - J. Burnaby. Amor Dei, London 1938 - K. Leese, E.u.A. (ZThK 19, 1938, 319-339) - N.F.S. Ferré, Swedish contributions to modern theology with special reference to Lundensian thought, New York-London 1939 - G. Hultgren, Det evangeliska kärleksbudet hos Augustinus, Uppsala-Stockholm 1939 - O. Linton, Några huvudtankar i nutida svensk systematisk teologi exegetiskt granskade (SvTK 19, 1943, 216-242) - M.C. D'Arcy SJ, The Mind and Heart of Love. Lion and Unicorn Study in Eros and Agape, London (1945) 1947[4] - M. Nédoncelle, Vers une philosophie de l'amour, Paris 1946 - V. Lindström, Distinktionen mellan lag och evangelium och frågan om kristendomens egenart (Vid Åbodomens fot, Helsingfors 1949, 112-131) - V. Warnach, Agape. Die Liebe als Grundmotiv der nt. Theol., 1951 (Lit.) - Barth, KD III/2 - G. Wingren, Teologiens metodfråga, Malmö 1954; dt. 1957 - E. Walter, Wesen u. Macht der Liebe. Beiträge zu einer Theol. der Liebe, 1955. *V. Lindström*

Erpenius (van Erpe), *Thomas* (1584-1624), namhafter Orientalist, * zu Gorkum (Südholland). Im Studium von Jos. → Scaliger angeregt, bekleidete er seit 1613 die orientalistische, seit 1619 daneben eine für ihn geschaffene hebräische Professur in Leiden, war auch als Dolmetscher in politischem Dienst tätig. 1624 veröffentlichte er des → Cappellus Schrift über die hebräische Vokalisation.

Von seinen Werken, die er in seiner eigenen, später mit der → Elzevir'schen vereinigten Druckerei herausgab, ist das berühmteste die arab. Grammatik (1613, seit 1619 ein Auszug daraus: Rudimenta usw); er schrieb eine hebr. Grammatik (1621), gab Bibeltexte in arab. Sprache heraus u. hinterließ die Psalmen syrisch. - Vgl. EuG I/37, 359 ff - RE V, 481 f. † *A. Bertholet (W. Baumgartner)*

Ersatzgaben sind eine Art → Stellvertretung, meistens in Zusammenhang mit → Opfern, indem die kostbareren Opfer manchmal durch geringere ersetzt werden. Der Gebrauch eines *Ersatzkönigs* ist sowohl aus dem alten Vorderorient als aus dem alten Mexiko bekannt (→ Königtum, sakrales; vgl. → Sündenbock). Hier wird ein Sklave bzw. Kriegsgefangener geopfert. Anstatt der → *Menschenopfer* werden solche von Tieren dargebracht: so in der Geschichte von Isaaks (Gen 22) und Iphigenies Opferung. Pelopidas opferte vor der Schlacht bei Leuktra statt der von ihm geforderten blonden Jungfrau ein blondes Füllen, das zufällig erschien und von dem Seher als von der Gottheit gesandt bezeichnet wurde. Stellenweise ist bei den Griechen ein Menschenopfer regelmäßig durch das eines Tieres ersetzt worden; nur so dürfte es sich erklären, daß in Tenedos das neugeborene Kalb, das man darbringen wollte, Schuhe angezogen bekam und wie ein Kind zum Altar geführt wurde. Ähnlich tritt bei südamerikanischen Indianern ein zum Sprechen abgerichteter Papagei an die Stelle eines Menschenopfers. - Daß auch kostbare *Tiere* durch billigere ersetzt werden konnten, ist aus dem AT bekannt; die Griechen gestatteten in einzelnen Fällen sogar, statt Tieren Backwerk in Gestalt von solchen darzubringen, und solche sog. Gebildbrote werden ja auch bei neueren Völkern bis heute namentlich zu gewissen Zeiten noch hergestellt. Diese Opfergaben nicht nur, sondern ebenso die vorhergenannten wurden endlich in nicht eßbarem Material nachgebildet, sollten aber doch irgendwie als Ersatz für die ursprünglichen dienen. So wenn die mit den Toten ursprünglich begrabenen Ehefrauen oder Diener durch künstlich dargestellte Figuren ersetzt werden (u.a. Ägypten). Ebenso sollten dort die den Toten in Nachbildung mitgegebenen oder nur an die Wand ihrer Gräber gemalten Speisen jenen kraft der ihnen mitgegebenen Zauberformeln zur Nahrung dienen. Bei den Römern waren die sog. Argeer, dh Binsenpuppen, die in den Tiber geworfen wurden, wohl ein Ersatz für Menschen (nämlich Griechen). In China endlich werden sowohl die den Toten mitzugebenden als den Gottheiten darzubringenden Gegenstände in Papier ausgeschnitten und verbrannt.

RGG[2] II, 290 f - MAR, Reg. s.v. Surrogation - ChrRel II, 475 - J. Gray, Royal Substitution in the Ancient Near East (PEQ 87, 1955, 180-182). † *C. Clemen (C.-M. Edsman)*

Erscheinungsformen der Gottheit. Die Voraussetzung aller →Religion ist die Begegnung mit dem →Heiligen. Solche Begegnung setzt, damit sie überhaupt möglich ist, voraus, daß das Heilige bzw. die Gottheit innerhalb der Erfahrungswelt des Menschen in die Erscheinung tritt. Tatsächlich wissen die Religionen von Phänomenen dieser Welt, in denen man E.d.G. sieht. Soweit es sich um natürliche Erscheinungen handelt, die jedermann wahrnehmen kann, setzt ihre Erfassung als E.d.G. das Divinationsvermögen des Menschen voraus. Als E.d.G. begegnen in der Religionswelt in erster Linie natürliche Dinge und Vorgänge (zB hl. → Steine, → Bäume,

Tiere usw oder Naturereignisse wie Erdbeben, Donner und Blitz, Regen und Sturm; → Religion: II). Insbesondere werden die geordnete Welt, ihr Bau und ihre regelmäßig ablaufenden Vorgänge als E.d.G. erfaßt. Die in den polytheistischen Volksreligionen allenthalben auftretenden Gottheiten bestimmter Naturerscheinungen treten in diesen in die Erscheinung, ohne jedoch mit ihnen identisch zu sein. Eine besondere Bedeutung haben die Phänomene des gestirnten Himmels. In der babylonischen Religion (→ Babylonien: II) sah man in den Gestirnen Abbilder der Götter, und in ihrem Lauf am Himmel suchte man den Willen der Gottheit zu erkennen (→ Astrologie, 2a).

Neben den regelmäßigen Phänomenen sind es aber auch die ungewöhnlichen Geschehnisse in der Natur, wie zB → Besessenheit, Seuchen, wunderhafte Heilungen, die als E. numinoser Mächte aufgefaßt wurden. E.d.G. sahen bestimmte Religionen auch in der Geschichte und im persönlichen → Schicksal. Das AT kennt den heiligen → Krieg (: II) als Krieg Jahwes, und die Propheten Israels deuten die Weltgeschichte als E. der Wirksamkeit Jahwes (→ Geschichte: I). Die vielfach geglaubten Schicksalsgottheiten deuten darauf hin, daß man das persönliche Schicksal als E. des Willens der Gottheit ansah.

Vielfältig sind nun jene ungeschichtlichen Glaubensgestalten, die als E.d.G. betrachtet wurden und werden und die als personale Inkarnation der Gottheit erscheinen. Die → Avatâras (Herabkünfte) des Gottes Vishnu oder die mannigfachen Manifestationen Buddhas im Mahâyâna, in denen jeweils nur ein Teil der Gottheit erscheint, sowie die Tirthankaras des → Jinismus und die Imâme der Schiiten (→ Islam: I) gehören in diesen Zusammenhang. Auch die »Göttersöhne« vieler Religionen (→ Hellenismus, → Ägypten) sind E.d.G.

Eine weitere Form, in der man den Übergang der unsichtbaren Gottheit in die irdische Sphäre der Erfahrbarkeit vorstellte, bilden die mannigfachen Verwandlungen der Götter in irdische Gestalten wie zB der Athene in einen Seeadler (Odyssee III, 371f). In Indien bot die rûpa-Idee die Möglichkeit, sich → Vishnu in vielerlei Gestalten als vyâpin (Durchdringer) dieser E. vorzustellen. - Die Gestalt des Engels (→ Geister: I) ist ebenfalls eine E.d. G., insofern man in dem Engel eine Hinausprojizierung göttlicher Wesenheit in die Sphäre der Sichtbarkeit zu sehen hat.

Auch der Mensch selbst erscheint bisweilen als E.d.G., insofern er (zB in Gen 1, 26ff) als nach dem Bilde der Gottheit geschaffen oder nach dem Glauben vieler Religionen (zB in der → Gnosis und in den mystischen Spekulationen über die göttliche Seele) als göttliche Wesenselemente in sich tragend vorgestellt wird. In den Isismysterien (→ Isis und Osiris) wurde der Eingeweihte nach dem Bericht des Apuleius (Met. XI) als Gott verehrt.

Außer in den mythischen, epischen, historischen und mystischen (vgl. auch → Ekstase, → Traum: I, → Vision: I) E.d.G. offenbart sich diese vor allem im → Kultus (→ Altar: I, → Bilder: I, → Symbole: I, → Symbolismus, → Tempel: I).

Diese E.d.G. stehen nun zu den Ideen der → *Transzendenz* und *Immanenz* in einem bestimmten charakteristischen Verhältnis. Transzendenz ist die Ausdrucksform des Erlebnisses der Ferne und des Andersseins der Gottheit Welt und Menschen gegenüber. Immanenz ist demgegenüber der Ausdruck des Erlebnisses der Nähe und des Verwandtseins von Gott, Mensch und Welt. Beide Erlebnisformen bilden in normaler Frömmigkeit eine Einheit, aber in der Religionswelt treten Religionen auf, in denen die Idee der Transzendenz (zB babylonisch-assyrische, israelitische, christliche, islamische Religion), und andere, in denen die Idee der Immanenz (vornehmlich in den mystischen Religionen) dominiert. In den Religionen der Transzendenz ist die Notwendigkeit der E.d.G. innerhalb der Welt ohne weiteres einzusehen. Soll es zu einer Begegnung mit der Gottheit kommen, so muß die Gottheit in irgendeiner Weise in die Erscheinung treten. Es handelt sich dann also in den E.d.G. um einen wenigstens teilweisen Übergang der Gottheit aus der Transzendenz in die Immanenz, wobei es sich jedoch nicht um eine universale Weltimmanenz handelt, sondern um eine nur in bestimmten E.d.G. stattfindende. In den Religionen der Immanenz dagegen wird ein universales In-der-Welt-Sein der Gottheit oder des Göttlichen angenommen, wie zB des Brahman oder Vishnus (Bhag. VII, 7) in der Erscheinungswelt. Hier handelt es sich um einen ontologischen und universalen Sachverhalt, dessen der Mensch in erlösender Erkenntnis innewerden muß. Dann aber kann die Welt geradezu als negative Verhüllung der Gottheit erscheinen, wie es zB in der → Bhagavadgîtâ (VII, 14) ausgesprochen wird.

PW Suppl. IV, 277ff - R.Otto, Gottheit u. Gottheiten der Arier, 1932 - L.Bieler, Θεῖος ἀνήρ. Das Bild des »göttlichen Menschen« in Spät-Antike u. Frühchristentum I. II, Wien 1935/36 - G.Mensching, Vergleichende Religionswissenschaft, (1938) 1949² - Eliade § 1ff - E.Pax, ΕΠΙΦΑΝΕΙΑ. Ein religionsgeschichtl. Beitrag zur bibl. Theologie (MThS I, 10), 1955 - van der Leeuw § 86, 2.
G.Mensching

Erstkommunion bildete in der alten Kirche den Schluß- und Höhepunkt der → Taufe (: III; auch bei der Kindertaufe; → Kinderkommunion). Schloß sie sich zunächst an die Darreichung von Milch und Honig an, so führte das Nüchternheitsgebot beim Abendmahlsempfang zu einer Eingliederung dieses Brauches in die E. Nach Justin (Apol. 65) fand sie in einem besonders dazu eingerichteten Gottesdienst statt. - Die Verbindung von Taufe und E. besteht in der orth. Kirche noch heute, in der römischen dagegen traten beide zeitlich auseinander. Das IV. Laterankonzil (1215) legte die E. auf den Eintritt der anni discretionis fest; hierfür gilt (seit Pius X.) allgemein das 7. Lebensjahr. Die E. findet im Katholizismus am Weißen Sonntag in feierlicher Form statt. - In der ev. Kirche wird die E. häufig an die → Konfirmation (: I) angehängt. Sie tritt liturgisch nicht besonders hervor. Halten einige eine frühere E. für erwünscht, so sind auch Stimmen für einen späteren Termin laut geworden. Vor allem sollten Konfirmation und E. zeitlich getrennt werden.

M.Gatterer, Die E. der Kinder, 1911 - Joh.Baumgärtler, Die E. der Kinder, 1929 - Rietschel-Graff 552ff.
K.Dienst

Erstlinge

1. Religionsgeschichtlich - 2. Im AT

1. Die erste Frucht eines Baumes oder der erste Wurf eines Tieres, die erste Frucht des Jahres wie der Erstgeborene werden in besonderer Weise berücksichtigt. Das Erste wie das Letzte ist wesenhaft ausgezeichnet und bleibt ungenutzt. Die erste und letzte Garbe wird geschmückt, stehengelassen oder heimgeholt und aufbewahrt. Um den Erstling von Pflanze, Tier und Mensch west das Geheimnis der → Fruchtbarkeit sowohl in gesammelter Energie wie in der Potenz des fortsetzenden Fruchtbarseins. Im ersten Korn segnen sich die Körner; im ersten Reis wird aller Reis der Ernte nutzungskräftig. Im ersten Kalb sind alle weiteren Kälber integriert. Geheimnisvolle Spannung waltet über dem Ersten. Wenn man dieses Erste bewahrt, nicht vernutzt, sondern weiht und womöglich noch erhebt, so ist die Fruchtfolge gewährleistet und dem Nutzen frei. Die Erhebung des Erstlings geschieht im → Opfer. Man »gibt« den Erstling an

Feldfrucht, Vieh und Mensch und verbindet damit in der Gabe sich der im Erstling wohnenden Fruchtbarkeit. Diese verbindende und bindende Kraft haben die → Gaben. Indem man opfernd den Erstling sicherstellt, stellt man die Fruchtfolge sicher. Man handelt dabei aber nicht nur mit Beziehung auf die folgende Frucht, sondern auch mit Beziehung auf die im Erstling noch nahe, unverbrauchte Zeugungs- und Wachstumskraft. Man gibt mit dem Erstling dieser Kraft diese Mächtigkeit zurück und bewahrt sie vor dem Verzehr.

Die Erhebung des Erstlings geschieht ferner im gemeinsamen Mahl (→ Mahlzeiten: I). Ein kultisches Mahl ist es, an dem E. verzehrt werden. Ein Clan auf den Molukken nennt die Erstlingsmahlzeit »Essen der Reisseele«. Was am Reis wesentlich ist in seiner Nährkraft, das steckt im Erstling und das wird im Kommunionsmahl nicht verzehrt und verbraucht, sondern zu kommunikativer Wirksamkeit erhoben. Es wird freigemacht, um in den folgenden Reismengen dienstlich sein zu können.

→ Ackerbau: I, → Bäume und Pflanzen, → Erde.

W.Wundt, Elemente der Völkerpsychologie, (1912) 1913² - R.Will, Le culte I, Strasbourg-Paris 1925, 110ff - Frazer V/2 (Bd 8), 54 - HWDA II, 976ff - A.Eskeröd, Årets äring ... with an Engl. Summary (Nord. Museets Handl. 26), Stockholm 1947 - W. Schmidt, Die Primitialopfer in der Urkultur (Festschr. E.Bächler, St. Gallen 1948, 81-92, s. auch 93ff) - UdG XII, 389ff. 826ff - Eliade §§ 83-139 (bes. 127ff; Lit.) - U.A.Casal, Inari-sama. The Japanese Rice-Deity and Other Crop-Divinities (Ethnos 14, 1949, 1-64) - A.Maurice-G.M.Proux, L'âme du Riz (Bull. de la Soc. des Etudes Indochinoises NS 29, 2-3), Saigon 1954 - M.Eder, Die »Reisseele« in Japan u. Korea (Folklore Studies 14, 1955, 215-244).

C.H.Ratschow

2. Der im Ersten als Bestem magischer Kraft (Gen 49, 3; Ps 78, 51) geopferte Teil legitimiert den Genuß des Ganzen (Lev 23, 14), wehrt Unheil ab und schafft Segen (Lev 19, 25; Ez 44, 30) im Ertrag von Mensch, Tier, Feld, Baum. Wie die ähnlich begründeten → Bauopfer und die → Beschneidung (: I, 4) erkennt der Tribut der E. Besitzrecht und Ehre der Gottheit an (Lev 19, 23; Dtn 26, 2f. 9; Spr 3, 9). Teilweise mit der heiligen → Mahlzeit (: II) verwandt, schafft und stärkt er deren Gemeinschaft mit den Gläubigen (Ex 12, 43; Dtn 26, 14). Vieh- (und wohl auch Feldfrucht-) E. werden in ältester Zeit (Gen 4, 3 f) ohne Priester dargebracht, nach Ez 20, 26 waren sie der Wüstengeneration bekannt. Vegetabilische E. (Gerstenbrote) können freiwillig auch einem »Gottesmann« gebracht werden (2Kön 4, 42). Ob, wie bei Tieren immer, auch bei Vegetabilien nur einmalige Erstabgabe ursprünglich war, läßt sich nicht entscheiden; gesagt wird es nur bei Bäumen (Lev 19, 24). Erstlingsopfer von Menschen war nach 2Kön 3, 27 auch außerhalb Israels immer etwas Besonderes (Mi 6, 7) - doch vgl. die Funde von Gezer u.a. (AOT 226ff) -; die Jahwe-Religion sieht sie durch stellvertretende Tieropfer abgelöst (Gen 22, 13). - Der sog. kultische Dekalog (Ex 34, 19f) und das Bundesbuch (Ex 22, 29) kennen die tierischen E. als unmittelbares Opfer; daher wird die Tabuierung beim Esel durch Austausch mit einem reinen Tier (→ Rein und unrein: II) oder durch einfaches Töten gewahrt (Ex 34, 20), die Auslösung des Menschen weist ebenfalls auf Opferwertung (Ex 34, 20; 22, 28; 13, 13; → Erlösung: II). Acker-E. sind in die Heiligtümer zu bringen (Ex 23, 19f = 34, 26), wahrscheinlich an den Jahres- → Festen (: II) für die verschiedenen Ernten (Ex 23, 15; 34, 22). - Das Dtn erweitert den Umfang und sieht die E. wesentlich als Priester-Deputat an: Getreide, Most, Öl, Schafschur; außerdem werden vegetabile und tierische E. zur heiligen Mahlzeit in Jerusalem verwandt (Dtn 12, 17f; 14, 23; 15, 19ff; 26, 11). Das vor-deuteronomistische Gebet in Dtn 26, 5ff sieht Ablieferung des Korbes vegetabiler E. beim Priester vor. - Heiligkeitsgesetz und Priesterschrift legen Maß und Form genauer fest, wobei neben dem Deputatcharakter der Opfercharakter steht (Lev 23, 15ff; Num 28, 26). So erhält Gott geröstete Ähren oder zerriebene Körner samt Öl und Weihrauch (Lev 2, 14ff), der Priester eine unverarbeitete Getreidegarbe oder 2 gesäuerte Brote (Lev 23, 10f. 17ff), nach Num 15, 20 einen Schrotkuchen, dazu reine und eingetauschte unreine Tiere (Num 18, 11-16), die aufgeteilt werden als Spende für Gott und den Priester (Num 18, 17f). Für Menschen-E. zahlt man Geld (Num 18, 15); man wertet den levitischen Tempeldienst als Ersatz für den der Menschenopfer (Num 3, 12. 40ff; 8, 18). Symbolische Verwendung der die E. bezeichnenden Termini, bereits im AT begonnen (für Israel: Ex 4, 22; Am 6, 1; Jer 31, 9), ist dem NT geläufig: In Röm 16, 5 der Erstbekehrte (ἀπαρχή), in 1Kor 15, 23 und Röm 8, 29 der auferstandene Christus, in Jak 1, 18 alle Christen.

Außer den Kommentaren zu Ex-Dtn: RE V, 482ff - RGG¹ II, 577f; RGG² II, 294 - O.Eissfeldt, E. u. Zehnten im AT, 1917 - Ders., Molk als Opferbegriff im Punischen u. Hebräischen u. das Ende des Gottes Moloch, 1935, 48ff - S.Herner, Vegetabilische Erstlingsopfer im Pentateuch, Lund 1918 - A.Wendel, Das Opfer in der altisraelit. Religion, 1927, 168ff u. Reg. - EJud VI, 722f - JüdLex II, 484f - ThW I, 483f - LThK III, 773f.

A.Wendel

Erthal, *Franz Ludwig von* (16.9.1730 bis 14.2.1795), Fürstbischof von Würzburg und Bamberg, * in Lohr a. M., † in Würzburg. Nach theologischen und juristischen Studien in Mainz, Würzburg, Rom und Wien wurde E. 1763 Präsident der weltlichen Regierung des Hochstifts Würzburg (unter Fürstbischof Ad.Friedr. von Seinsheim), 1776 österreichischer Reichskommissar in Regensburg, 1779 Fürstbischof. Er ist das Muster des aufgeklärten absolutistischen Fürsten seiner Zeit, der zugleich den geistlichen Charakter seines Amts überzeugend wahrt und sich hingebungsvoll um Erziehung des Klerus wie um Bildung und soziale Hebung des Volkes (»Gesundheitskatechismus«) als Reformer bemüht. Ein Reorganisator großen Stils - auch des Reichskammergerichts in Wetzlar, 1768 - und von beachtlicher Umsicht, auch im Finanz- und Wirtschaftswesen. An die Universität → Würzburg kamen unter ihm Franz → Oberthür und Franz → Berg; ein Lehrstuhl für Kantische Philosophie wurde errichtet, jansenistische Erbauungsliteratur (→ Nicole) gefördert. Kirchenpolitisch auf Selbständigkeit gegenüber der Kurie bedacht, trat er jedoch im Zusammenhang mit dem → Emser Kongreß nicht an die Seite seines älteren Bruders, des Erzbischofs von Mainz Friedrich Karl Joseph v.E. (3.1.1719 bis 25.7. 1802), und blieb, obwohl Bewunderer Friedrichs d.Gr., doch bei seinem Gönner Joseph II., während sein Bruder sich dem Fürstenbund Friedrichs (1785) anschloß. Dieser, Reformer der Universität → Mainz, wirkte in vielem ähnlich wie Franz, aber in der Grundhaltung »weltlicher«.

Über Franz L.: ADB VII, 310ff - RE V, 484 - F.Leitschuh, Fr.L. v.E., 1894 - J.Looshorn, Gesch. d. Bistums Bamberg VII/2, 1910, 472ff - S.Merkle, Würzburg im Zeitalter der Aufklärung (AKultG 11, 1913, 166-195) - W.Liese, Fr.L.v.E. (HPBl 162, 1918, 92-105) - Ders., in: Soziale Kultur, 1919, 219-240. - Über Friedr.K.L.: ADB VII, 549ff - K.G.Bockenheimer, Kurmainz im Fürstenbunde, 1905 - L.A.Veit, Der Zusammenbruch des Mainzer Erzstuhls, 1927.

Ernst Wolf

Erwachsenenbildung → Volksbildungswesen.

Erwählung

I. Im AT und im Judentum - II. Im NT - III. Dogmatisch

I. Im AT und im Judentum

1. Der Sprachgebrauch - 2. Israels E. - 3. Der Ursprung des E.sglaubens - 4. E. und Verwerfung - 5. E. im Judentum

Der Begriff E. wird verwandt, um Israels Wissen um seinen Ursprung, seinen Sinn und seine Bestimmung auszudrücken, vor allem die besondere Beziehung zwischen Gott und Volk.

1. Der Begriff ist vom hebräischen baḥăr »wählen« abgeleitet. Im *profanen* Sprachgebrauch besagt dies die zielbewußte Auswahl eines einzelnen (Person, Raum, Ding) aus einem größeren »Angebot«. Auf Menschen bezogen kann es die Wahl, Aussonderung oder Anstellung zu einem Amt bedeuten (vgl. Gen 13, 11; 1Sam 17, 40; 2Sam 24, 12; Ex 18, 25; 1Sam 8, 18). Das Objekt einer solchen Wahlhandlung kann mit dem passiven Partizip baḥûr »erwählt« bezeichnet werden, was häufig die Vorstellung von besonderem Wert oder Geltung des Erwählten einschließt (daher dann das Nomen baḥûr »Jugendlicher«, ein auserlesener Mensch in seiner Jugendblüte). – Im *theologischen* Gebrauch ist Gott Subjekt der E. Charakteristische Wendungen besagen, daß Gott Israel aus den Völkern als sein besonderes, sein heiliges Volk oder sein Erbe erwählt hat (zB Dtn 7, 6f; 10, 5; 1Kön 3, 8). Doch wird Israel durch diese Tat Gottes nicht etwa baḥûr »der Erwählte« (s.o.); das passive Partizip wird in diesem Zusammenhang nicht gebraucht. Außer im Dtn wird »erwählen« sehr häufig bei Dtjes verwandt. Bei Dtjes bestätigt Gott triumphierend: »Mein Knecht bist du; dich habe ich erwählt und habe dich nicht verworfen; fürchte dich nicht ...« (Jes 41, 8-10; vgl. 43, 10; 44, 1f; 49, 7). Das Objekt der Wahl Gottes, nämlich Israel als der Knecht Gottes, wird baḥîr »Erwählter« genannt. Diese hier wieder auftauchende, aber abgewandelte Form des passiven Partizips bezeichnet nicht so sehr den Zustand als vielmehr das *Amt* oder den Dienst, zu dem Gott seinen Knecht Israel beruft.

Innerhalb der erwählten Gemeinschaft erwählt Gott einzelne für bestimmte Dienste (Dtn 18, 5: die Leviten; Ps 105, 26: Aaron) und im weiteren Sinn Juda (Ps 78, 68) und Abraham (Neh 9, 7). Von besonderer Bedeutung hierbei ist die E. des Königs (Dtn 17, 15), vor allem Davids (1Sam 10, 24; 16, 8-10; 2Sam 6, 21; 1Kön 8, 16) durch Jahwe (→ Königtum in Israel). Nach dem Dtn und nach der von ihm abhängigen Literatur erwählt Gott auch den Platz für das Hauptheiligtum (Dtn 12, 18 u.a.), nämlich Jerusalem (2Chr 6, 6; Sach 1, 17; vgl. 1Kön 8, 16. 44).

2. Die Aussagen des AT, bes. in Dtn und Dtjes, ergeben über die *E. Israels* folgendes: baḥăr »erwählen« wird mit Gott als Subjekt nur in bezug auf Israel als der neuen Gemeinschaft verwandt, die unter den Völkern geschaffen ist. Der Begriff »rufen« (qara') wird teilweise synonym gebraucht (vgl. Hos 11, 1), ist aber umfassender in der Anwendung (vgl. Jes 45, 3; 48, 15; → Berufung: II). – Die Existenz Israels ist kein gewöhnliches oder »natürliches« Phänomen. Der Herr Himmels und der Erden hat dieses eine Volk aus allen andern als sein besonderes Erbe auserwählt und ausgesondert (hibdîl, 1Kön 8, 53; vgl. Dtn 32, 8). Israels Dasein ist das Geheimnis von Gottes souveränem Handeln in der Geschichte. Gottes Wahl ergeht nicht auf Grund des Wertes des Erwählten (vgl. Dtn 9, 4ff), sie geschieht aus freier gnädiger Zuwendung. Im Dtn ist die E. so eng mit der Bundestheologie (→ Bund: II) verknüpft, daß die Liebe zu Gott und der Gehorsam gegenüber dem Gesetz dasselbe sind (Dtn 6, 4-9). Bei Dtjes ist der Knecht erwählt als Gottes Gehilfe für die Erlösung der ganzen Menschheit. In beiden Fällen ist die E. eine Tat der Liebe Gottes; Israels Antwort soll dann darin bestehen, den ihm gegebenen Auftrag auszuführen. Daraus ergibt sich für Israel kein privilegierter Zustand, es sei denn, indem es die von Gott gesetzte Aufgabe erfüllt.

3. Der *Ursprung* des israelitischen E.sglaubens ist verschieden fixiert worden. Unzweifelhaft ist der Terminus baḥăr erst im Dtn verankert. Aber nur bei einer sich auf das *Wort* E. beschränkenden Datierung kann man den E.sglauben Israels in das 8./7.Jh. setzen. Schwerlich darf man die ganze Vorstellung so eng an das Wort baḥăr binden. Der Sache nach geht es um den Glauben, daß Israel durch Jahwe auf besondere Weise zu einer Nation gemacht wurde, daß er ihm ein Land zum Wohnen gab und es aufs engste an sich band, so daß Sünde üble Undankbarkeit wurde, Verrat an einer auf Liebe gegründeten Beziehung. Die sakrale Amphiktyonie der → Stämme Israels kennt die mit dieser Beziehung gegebenen Verpflichtungen (→ Dekalog) und weiß um den → Bund (: II). Das Bewußtsein Israels, zum »Volk Jahwes« erwählt worden zu sein, drückte sich auf verschiedene Weise aus, ohne daß dabei der besondere Begriff baḥăr »erwählen« verwandt wurde; hier wäre auf jadă' »erkennen« in bezug auf Israel (Gen 18, 19; Am 3, 2), qanah »erschaffen« (Ex 15, 16; Dtn 32, 6), kûn (2Sam 7, 24; Dtn 32, 6) und ähnliche Aussagen in frühen Dichtungen und Erzählungen, die mit dem Begriff »Volk Jahwes« verbunden sind, hinzuweisen (bedeutsam Ex 32, 8). Die Deutung dieses Befundes hängt von der Beurteilung anderer Fakten bei der Rekonstruktion der Frühgeschichte Israels und der Interpretation des at. Gottesglaubens (→ Gott: II) ab. Wie sich der frühe Jahwismus vom Polytheismus unterscheidet, so ist auch Jahwe etwas anderes als nur die Schutzgottheit einer Nation. – Im AT selber stellte das älteste → Bekenntnis (: II, 1) den Auszug aus Ägypten und die Rettung am Schilfmeer (Ex 14f) als die Ur-E. heraus; darauf verweisen auch die vorexilischen Propheten. Für die der jahwistisch-elohistischen Vätergeschichte zugrunde liegende Tradition (Gen 12, 15) beginnt das Heilshandeln Gottes in der E. Abrahams.

4. Immer wieder betont das AT im Mahnwort der Propheten wie im Drohspruch Gottes und in → Segen und Fluch (: II), daß die E. kein unabänderlicher Besitz Israels ist. In dieser Sicht kann die prophetische Proklamation eines Restes und die Unterscheidung zwischen Israel als Nation und dem wahren Israel verstanden werden. Wen Gott erwählt hat, den kann er auch verwerfen (1Sam 16, 1; Hos 9, 17; 2Kön 23, 27; Jer 7, 29; 14, 19; 33, 23ff). Andererseits zielt die Liebe und Treue Gottes im Aspekt der prophetischen → Eschatologie (: II) auf das Heil, wie dann auch die nachexilische Kultusgemeinde sich als Erbe der alten Verheißungen verstehen konnte: »Der Herr wird sich Jakobs erbarmen und Israel *noch einmal erwählen* und ihnen Ruhe geben in ihrem Land« (Jes 14, 1).

K. Galling, Die E.straditionen Israels, 1928 – G.v.Rad, Das Gottesvolk im Dtn, 1929 – W.Staerk, Zum at. E.sglauben (ZAW NF 14, 1937, 1-36) – ThW IV, 149ff – H.H.Rowley, The biblical Doctrine of Election, 1950 – W.Eichrodt, Israel in der Weissagung des AT, 1951 – Ders., Gottes Ruf im AT, 1951 – Th.C.Vriezen, Die E. Israels nach dem AT, 1953 – K.Koch, Zur Gesch. der E.svorstellung in Israel (ZAW 67, 1955, 205-226). *G.E.Wright*

5. Der E.sglaube, vorher geschichtlich erworben und begründet (s. 3), dann durch die schweren Katastrophen von 70 und 135 nChr auf die Probe gestellt, wird *im Judentum* immer mehr kreatürlich begründet, dh Israels E. beruht auf anerschaffenen Vorzügen und Leistungen. Die Apokalyptiker (→ Apokalyptik: II) mühen sich um die Deutung des Widerspruchs zwischen endzeitlich bestimmter E. Israels und seinen gegenwärtigen Leiden, zB 4Esr 5, 23ff. Auch den Rabbinen sind die Leiden (jissûrîn) Korrelat der E.: der Gottesknecht in Dtjes und die Braut des Hhld sind Israel; es ist die Lilie unter Dornen (Rom), wie Midr. Hhld R. 2, 3 darlegt. → Gott (: III) selbst leidet um Israel, das dem Staube, aber auch

den Sternen gleicht (Meg. 16a; Jehûda b. El'ai, 145 nChr). Selbstbehauptung der Gemeinde in der Bedrückung entthront die eschatologische Bestimmtheit der E. zugunsten des Verdienstglaubens (→Verdienst: II): Israels Vorzug beruht positiv auf dem Besitz der tôra und dem Verdienst der Väter (zekût abôt), negativ auf dem Unterschied von den »Völkern der Welt«, bei denen es zwar auch Weise und Fromme gibt, die aber nicht die tôra besitzen. Darum sind die Israeliten die Söhne Gottes und heißen »Geliebte« (Ab. 3, 14, R.'Aqîba; vgl. Röm 11, 28), auch in der Zeit der Untreue (Qidd. 36a; R.Me'îr, 145 nChr). Die Urgeschichte behält ihren universalen Charakter: die Noachiden hat Gott mit einem Mindestmaß von Geboten begnadet, die Proselyten (→Mission: II) haben Zutritt zu Israel. Im Aspekt des hellenistischen Judentums (→Philo u.a.) ist Israel erwählt, um der Welt die wahre Philosophie zu bringen. Die →Qumran-Texte verengen die E. auf die Zugehörigkeit der Sekte, die E. des einzelnen leitet über zur Prädestination (Lehre von den zwei Geistern, vom »Los« in 1QS). - Der E.sgedanke erhält sich durchs MA bis heute: nach → Jehûda ben Samuel hat Israel ein besonderes Organ für die Offenbarung und ist »Herz der Völker« (Kûzarî 2, 29); es empfing die Wahrheit für die Menschheit (Hirsch), seine Leiden gehören zur Vollkommenheit Gottes (Brod).

S.Hirsch, Die Religionsphilosophie der Juden I, 1842 - N.A. Dahl, Das Volk Gottes, 1941, 51ff - M.Brod, Diesseits u. Jenseits, 1947 - I.Epstein, The Faith of Judaism, 1954 - B.W.Helfgott, The Doctrine of Election in Tannaitic Literature, London 1954 - J.Beer, Jisrael betôk ha'ammîm, 1955 (hebr.) - Sh. ben Chorin, Die Antwort des Jona, 1956 - H.Braun, Spätjüd.-häret. u. frühchristl. Radikalismus I (BHTh 24/I), 1957. *E.L.Dietrich*

II. Im NT

Nach den Evangelien geht die → Berufung (: III, 4) der Jünger auf das erwählende Handeln Jesu zurück. Das ist bes. deutlich im JohEv, wo die E. in feierlichen ἐγώ-Aussprüchen erfolgt. Mit der E. der Jünger koinzidiert die Berufung zu → Aposteln (vgl. auch Apg 9, 15). Als erwählt werden diejenigen bezeichnet, die zum eschatologischen Gottesreich berufen sind (Mt 22, 14; 24, 22ff; Mk 13, 20ff; Lk 18, 7; Röm 8, 29ff; vgl. auch Apk 17, 4). Wo Paulus von E. spricht, steht die E. der Gemeinde im Vordergrund; die ekklesia besteht aus den Erwählten. Nach Eph 1, 4 hat sie Gott schon vor Grundlegung der Welt nach dem Ratschluß seines Willens zuvor ersehen (→ Epheserbrief). Das besagt, daß das Heil in Christus einen ewigen Grund hat. Die E. ist der vollkommenste Ausdruck der Gnade, die Menschen zum Heil bestimmt, ehe sie selbst zur persönlichen Glaubensentscheidung imstande sind. Nach Röm 8, 29ff ist die göttliche Vorherbestimmung (→ Prädestination: II) der Grund der Berufung und Rechtfertigung. Daß die E. ein Akt der Souveränität und Freiheit Gottes ist, zeigt sich darin, daß Gott sich in völlig paradoxer Weise das neue Gottesvolk aus Menschen schafft, die in den Augen der Welt nichts gelten (1Kor 1, 26-29; Jak 2, 5; hier ist der Gegensatz zum E.sbewußtsein der Sekte von → Qumran bes. deutlich). Die Souveränität und Freiheit Gottes hat aber auch das Handeln Gottes in der Heilsgeschichte vor Christus bestimmt. Der auswahlmäßig verfahrende göttliche Ratschluß legt die Stellung und die geschichtliche Aufgabe der Söhne Isaaks, dh des erwählten Jakob und des nichterwählten Esau, bereits vor ihrer Geburt fest (Gen 25, 23), »damit Gottes Vorherbestimmung aus freier Wahl bestehen bliebe, abhängig nicht von Werken, sondern allein von dem Wirken des Berufenden« (Röm 9, 11f). Ebenso beruht die Tatsache, daß ein Rest des jüdischen Volkes aus der Gesamtheit der völkischen Gemeinschaft Israels zum Heil gelangt, auf der göttlichen Gnadenauswahl. Die E. des neuen Gottesvolkes kennt keine Beschränkung; vielmehr stand die Gemeinde aus Juden und Heiden von Ewigkeit her im Ratschluß Gottes fest (Röm 8, 28; 11, 5; Eph 1, 5. 11). Die ekklesia des Neuen → Bundes (: II) ist das auserwählte Geschlecht, die heilige Volksgemeinschaft, das zum Eigentum erkorene Volk, dessen Aufgabe Dienst an der Welt ist (1Petr 2, 9).

ThW IV, 176ff; V, 457 - K.Stendahl, The Called and the Chosen (A.Fridrichsen, The Root of the Vine, 1955, 63ff) - O.Michel, Der Brief an die Römer (MeyerK IV[10]), 1955, 255f. *J.Schneider*

III. Dogmatisch

1. Die Problemstellung der E.slehre - 2. Gottes Liebe in der E. - 3. Gottes Freiheit in der E. - 4. Der Erwählte - 5. E. und Verheißung - 6. E. und Verwerfung - 7. Geschichtliche und ewige E. - 8. E. und Heilsgewißheit

1. Die Eigenart und das Gewicht der biblischen Zeugnisse von Gottes E.en sind in der Theologie weithin nicht in angemessener Weise zur Geltung gekommen. Es wurde nämlich zur Gewohnheit, den biblischen Stoff aufzuteilen: Die ewige E. wurde als das grundlegende Element der → *Prädestination* (: III) verstanden; sie wurde deshalb von den in der Zeit geschehenen E.en, die ihrerseits durch den Begriff der → *Berufung* (: IV) zusammengefaßt wurden, von vornherein abgelöst. Man setzte freilich die Berufung und ihren Erfolg durch Kategorien wie die der allmächtigen Ausführung des göttlichen Ratschlusses oder die des göttlichen Vorherwissens von der Reaktion der einzelnen Menschen auf die Berufung (als Motiv der göttlichen Wahl) nachträglich wieder in Beziehung zur ewigen E. Dennoch liegt in diesem Verfahren eine Ablösung der ewigen von den geschichtlichen E.en vor, die darin sichtbar wird, daß man die ewige E. zunächst für sich, ohne ihre Konkretion in geschichtlichen E.en erwägen konnte und jene eben nur nachträglich auf die ewige E. bezog. Das führte zu einer Verflüchtigung der Geschichte, was sich besonders verhängnisvoll darin auswirkte, daß die Vorläufigkeit der Berufung gegenüber der so gefaßten ewigen E. eine Abschwächung der Ernsthaftigkeit der Berufung logisch unausweichlich machte, ob man nun den deterministischen oder den synergistischen Weg beschritt (→ Prädestination: III. IV). In den ev., an der Kraft des Wortes orientierten Kirchen behielt die Berufung freilich stärkeres Gewicht als in der röm. Theologie, für die sie mehr und mehr zur bloßen Vorbereitung auf die sakramentale Gnadeneingießung wurde. Doch blieb die Ablösung der ewigen E. von der geschichtlichen (also von der Berufung) nicht nur in der röm. Theologie bis heute üblich, sondern wurde auch in der altprot. Dogmatik gebräuchlich, und zwar sowohl auf luth. als auch auf ref. Seite: Trotz aller sonstigen Unterschiede hinsichtlich der E. stimmten beide Richtungen darin überein, daß die ewige E. sich nicht in der zeitlichen ereigne, sondern ihr als besondere Entscheidung Gottes vorausgehe. Dabei hatten bereits die Reformatoren, bes. der späte Luther, die ewige E. an die geschichtliche Offenbarung in Christus geknüpft. → Schleiermachers Ansätze in Richtung auf ein mehr geschichtliches Verständnis der E. blieben durch sein Prinzip der Allversöhnung belastet. Dennoch erlangte sein Gedanke, der Auswahlcharakter des göttlichen Heilshandelns sei die Weise, wie Gottes universaler Heilsratschluß sich im Nacheinander der Zeit verwirklicht, starken Einfluß. Während aber auf dieser Linie fast allgemein der Ernst von Gericht und Verwerfung verblaßte, ist es K. → Barths Verdienst, die ewige E. als E. in Christo hinsichtlich ihres Gericht und Verwerfung einschließenden Spannungsreichtums dargelegt zu haben. Die Diskussion der durch Barths Lehre

aufgeworfenen Probleme dauert noch an. Die dabei gegen Barth geäußerten Bedenken hängen größtenteils wieder mit der Frage zusammen, ob die Besonderheiten seines Verfahrens, Christus als Prinzip der E. zu verstehen, der Geschichtshaftigkeit des göttlichen E.shandelns voll gerecht werden.

Im Gegensatz zum Verfahren der Trennung zwischen E. und Berufung soll im folgenden die ewige E. nur als Hintergrund der geschichtlichen E.en dargestellt werden. Das wird durch die Ergebnisse der biblischen Exegese nahegelegt, entspricht aber auch einer in der dogmatischen Arbeit seit Schleiermacher wachsenden Tendenz, die heute außer bei Barth in besonderer Weise bei P. → Althaus, aber auch bei W. → Elert und E. → Brunner wirksam ist. Über die Fragen, die sich ergeben, wenn man mit der älteren Tradition vom isolierten Gedanken der ewigen E. ausgeht, vgl. → Prädestination: IV.

2. Gott erwählt, indem er den Erwählten zur Gemeinschaft mit sich bestimmt. Darin liegt zugleich umgekehrt, daß Gott durch seine E. sich selbst zur Gemeinschaft mit dem Erwählten bestimmt. So ist die E. *Gottes liebende Zuwendung* zu erwählten Menschen. Mit dieser Zuwendung hängt die Offenbarung Gottes eng zusammen: Eben indem er sich offenbart, teilt Gott sich selbst dem Menschen mit, gibt ihm Gemeinschaft mit sich und vollzieht so E.

3. Daß die Gemeinschaft mit Gott dem Menschen durch Gottes E. zuteil wird, schließt jede anderweitige Begründung aus. Die aktuelle Gottesgemeinschaft wurzelt nicht in einer natürlichen Verwandtschaft des Menschen mit Gott. Nicht durch eine mythische Abkunft von Gott, sondern durch die kontingent geschichtlichen Ereignisse seiner erwählenden Hinwendung in der Not in Ägypten und in der Landnahme, wie zuvor bei den Gefährdungen der Erzväter, sah sich Israel als das Volk Gottes konstituiert. Gleiches gilt von der E., auf die Gottes Geschichte mit Israel zuläuft: Auch die E. in Jesus Christus ist ein geschichtliches Ereignis, und darin liegt beschlossen, daß der Mensch nicht schon von Natur aus, nicht bereits durch das, was er immer schon ist, in Gemeinschaft mit Gott lebt (→ Erwählung: I. II).

Aber nicht nur eine natürliche Verwandtschaft des Menschen mit Gott, auch die Motivierung der E. durch natürliche oder sittliche Vorzüge auf seiten des Erwählten ist ausgeschlossen, wenn die Gottesgemeinschaft ihren letzten Grund in der E. selbst hat. Nicht seiner Volkszahl wegen - denn Israel ist das kleinste unter den Völkern - hat Gott Israel anderen Völkern vorgezogen (Dtn 7, 7f), aber auch nicht seiner Verdienste und seiner Lauterkeit wegen: Israel hat Gott von jeher widerstrebt (Dtn 9, 4. 6). Die Widerspenstigkeit Israels erreichte ihren Höhepunkt, als es seinen Messias kreuzigte. Hier scheiterte Gottes erwählende Zuwendung leibhaftig an der Widersetzlichkeit seines Erwählten. Und doch fand gerade darin Gottes E. ihre Erfüllung für Israel und für die Welt. So ist Gottes E. durch nichts auf seiten des zu Erwählenden motiviert, sondern allein durch Gottes freie Liebe, wie Paulus betont (Röm 9, 11f). Deshalb darf der Unterschied zwischen Erwählten und Nichterwählten nicht - wie es auf einer breiten Bahn der Theologiegeschichte geschah - darauf zurückgeführt werden, daß Gott durch sein Vorherwissen bei den einen etwas wahrnehme, was sie vor den andern auszeichnet. Gleichgültig ob dieser Vorzug in Werken (wie in der römischen Theologie, soweit sie nicht thomistisch denkt) oder im Glauben (wie im Luthertum des 17.Jh.s) gesucht wird: Keine Motivierung der E. durch einen vorhergewußten Vorzug des zu Erwählenden ist vereinbar mit der durch die Schrift bezeugten Offenbarung. Gottes Offenbarung läßt gerade am Widerstand des Erwählten die Freiheit der göttlichen E. in letzter Zuspitzung sichtbar werden. Umgekehrt ist die Freiheit der E. die entscheidende Sicherung des Bekenntnisses, daß wir allein aus Gnade gerettet werden.

4. Für die Scholastik und weithin auch für die altprot. Dogmatik war der Erwählte in erster Linie der *einzelne* Gläubige. Dem mit dieser Fragestellung verbundenen logischen Zwang, mit der ewigen E. auch die Verwerfung unmittelbar auf bestimmte einzelne Menschen beziehen zu müssen, suchte Schleiermacher auszuweichen, indem er (Gedanken einzelner ref. Theologen des 17.Jh.s aufnehmend) die E. der Kirche derjenigen des einzelnen vorordnete: In Christus habe Gott zunächst eine Gemeinde erwählt, daraufhin dann auch die einzelnen, die zu ihr gehören. Diese Auffassung ist von A. → Ritschl und auch von K. Barth übernommen worden. Bei Barth hat sich die Zurückhaltung gegenüber der älteren Fragestellung noch verstärkt durch den Anstoß, den ihm ihre individualistische Tendenz bereitet. Doch will Barth selbst aus der Vorordnung der Gemeinde bei der E. keine Grundsatzfrage machen, und in der Tat wird man weder dem einzelnen noch der Gemeinde eine Priorität als Gegenstand der E. zuschreiben dürfen. Nicht an einer prinzipiellen Vorordnung der Gemeinschaft vor den einzelnen (oder umgekehrt), sondern nur an ihrer gegenseitigen Angewiesenheit aufeinander muß die Theologie festhalten. Gott erwählt einzelne, um sich durch sie ein Volk zu schaffen, und er erwählt ein Volk als die Gemeinschaft von einzelnen.

Diese Zusammengehörigkeit von Individuum und → Gemeinschaft als Gegenstand der E. ist nun auch im Blick auf das Verhältnis der E. Jesu Christi zur E. der Gemeinde zu beachten. Die seit Luther in der ev. Theologie zwar selten ganz vergessene, aber meist durch andere Motive verdeckte christologische Fundierung aller E. ist von Barth neu ins Licht gestellt und mit Recht als Vorordnung der E. Jesu Christi vor der E. der Gemeinde und des einzelnen verstanden worden. Freilich kann diese Vorordnung nicht die eines allgemeinen Prinzips, sondern nur die des konkreten geschichtlichen Zieles (für Israel) und Grundes (für die Kirche) sein. Darum ist auch die E. Jesu Christi keiner isolierten Betrachtung zugänglich, so wenig wie die E. des einzelnen und die der Gemeinde. Jesus Christus ist »der erwählte Sohn« des Vaters (Lk 9, 35) im Blick auf die, zu denen er gesandt ist. Er wird der auserwählte Eckstein genannt im Blick auf das geistliche Haus, das auf ihm erbaut werden soll (1Petr 2, 4ff). Seine E. ist gewiß nicht auf seine »Funktion«, sein Amt, beschränkt. In der Erfüllung seiner geschichtlichen Sendung ist er wirklich der Erwählte Gottes; aber er ist es eben nicht anders als so. Er ist es nicht für sich, sondern in seinem Dienst am Volke Gottes, dem die E. des Vaters durch ihn gilt. Wird diese geschichtliche Verschränkung der E. Jesu Christi mit der E. der Gemeinde (sowohl Israels als der Kirche) streng festgehalten, so ist es nicht möglich, die E. Jesu Christi mit Barth der konkreten E.sgeschichte in dem Sinne ontisch und noetisch vorzuordnen, daß zunächst mit Hilfe des Inkarnationsdogmas die E. Jesu Christi für sich begründet und dann die E. der Gemeinde und die des einzelnen als ihre Spiegelungen beschrieben werden.

5. Die mannigfachen, in der Zeit einander folgenden Erwählungstaten Gottes sind nicht ohne Beziehung untereinander. Das ist darin begründet, daß Gott sich in seiner E. dem Erwählten nicht nur für den jeweiligen Augenblick zuwendet. Vielmehr zielt Gottes gegenwärtige Zuwendung auf die Zukunft. Das wird daran sichtbar, daß mit der E. stets (in der Regel ausdrücklich) eine *Verheißung* verbunden ist. Dadurch wird die E. näher bestimmt als E. »zu etwas«, und ihr »wozu« liegt in der Regel in der Zukunft. Es gibt Vorwegnahmen des Verhei-

ßenen, aber die Verheißungen transzendieren jede geschichtliche Erfüllung auf eine weitere, künftige Erfüllung hin. Man hat dies treffend als ein »Überschießen« der Verheißung bezeichnet (v.Rad). In diesem Prozeß wandeln sich die Inhalte der Verheißungen. Indem der Verheißungsträger vorläufige Erfüllungen hinter sich läßt, wird deutlich, daß Gottes Verheißungen unter allerlei welthaften Gestalten die Gottesgemeinschaft selbst zum Inhalt haben. Die Gottesgemeinschaft wird also durch die E. in zwei Formen zeitlich verschiedener Struktur zuteil: für die Gegenwart in Gestalt der Zuordnung des Erwählten zu Gott, für die Zukunft in Gestalt der Verheißung. So ist für die Gottesgemeinschaft des Erwählten jenes »schon« und »noch nicht« immer schon kennzeichnend, das bei Paulus das Verhältnis des Christen zum Heil bestimmt.

Die in der Verheißung zum Ausdruck kommende Richtung der E. auf die Zukunft wird zum Anknüpfungspunkt für Gottes weiteres Handeln mit dem Erwählten. Dadurch bekennt sich Gott zu seiner einmal kundgegebenen E. und Verheißung im Unterschied zur Unbeständigkeit und trotz der Widersetzlichkeit seines Erwählten. Diese Treue Gottes zu seiner einmal getroffenen Wahl ist der Erweis seiner Identität mit sich selbst in der Geschichte Israels, die als menschliche Geschichte hinsichtlich des entscheidenden Strukturmomentes ihrer Kontinuität überhaupt erst durch Gottes Festhalten an seiner E. und Verheißung konstituiert wird (O. Weber). Freilich läßt sich die Identität Gottes mit sich selbst in der Geschichte Israels nicht allgemeingültig aufweisen. Die einzelnen Taten Gottes mußten vielmehr den Zeitgenossen oft so aussehen, als würde er sich selbst und seinen Verheißungen untreu. Selbst die Inhalte der Verheißungen wandelten sich ja. Das Bild, das der Erwählte sich vorweg von ihrer Erfüllung machen konnte, stimmt mit ihrer wirklichen Erfüllung durch Gott kaum je überein. So ist die Identität Gottes mit sich selbst, seine Treue zu seiner E., in der geschichtlichen Situation regelmäßig verborgen. Gewiß ist sie nur dem das Sichtbare hinter sich lassenden Vertrauen auf Gottes Treue. Von diesem Vertrauen her vollzieht sich unter dem Druck der geschichtlichen Erfahrung, zB im Zusammenbruch der Eigenstaatlichkeit Israels, ein Umlernen in bezug auf den Sinn der überkommenen Verheißungen.

6. In der Geschichte schließt die E. die Möglichkeit und Wirklichkeit ihres Gegenteils, der *Verwerfung*, niemals schlechthin aus. Die E. kann vielmehr nur im Blick auf ihr Verhältnis zur Verwerfung recht verstanden werden. Man unterscheidet einen negativen und einen positiven Begriff der Verwerfung. Die erste Form der Verwerfung ist in der Partikularität jedes geschichtlichen E.saktes beschlossen, im Charakter der E. als Auswahl. Indem Gott den einen erwählt, übergeht er unvermeidlich viele andere. Man bezeichnet diese Form der Verwerfung als negativ, weil dabei kein positiver Akt Gottes gegen den Verworfenen, sondern nur die Unterlassung einer E. vorliegt. Wo man – wie in der Ritschl-Schule – überhaupt jede reale Verwerfung durch Gott bestritt, wurde schon dieser Auswahlcharakter der E. in Abrede gestellt (so J.Kaftan). Schleiermacher dagegen hat die Verwerfung anerkannt, sie aber ausschließlich im obigen Sinne als Nicht-E., und zwar einschränkend als vorläufige Nicht-E. verstanden: Der universale Heilsratschluß Gottes könne in der Geschichte nur nach und nach, durch eine Reihe partikularer E.en verwirklicht werden. Die zu irgendeinem Zeitpunkt noch nicht für die Gemeinschaft der Erlösten gewonnenen Menschen seien daher nicht als endgültig verworfen, sondern nur als vorläufig übergangen zu betrachten: Ihnen sei bestimmt, zu einem späteren Zeitpunkt ebenfalls des Heils teilhaftig zu werden. Diese weithin (im Kern auch von K.Barth) übernommene Konzeption hat den Vorzug, E. und Verwerfung als die geschichtlichen modi und nicht als die unabänderlich feststehenden Ergebnisse der göttlichen Wahl zu behandeln. Dadurch wird es ermöglicht, die Partikularität der einzelnen E. mit der universalen, auf alle Menschen zielenden Tendenz des göttlichen Heilshandelns zu vereinen. Freilich wird der Raum der geschichtlichen Realität der E. verlassen, wenn – wie es bei Schleiermacher (nicht bei Barth!) geschieht – die in Gottes Geschichtshandeln wirksame Tendenz auf universale Ausweitung der E. mit dem allgemeinen Prinzip einer All-E. verwechselt wird. Doch auch ohne diese Verwechslung bliebe bei Schleiermacher der Ernst der Verwerfung durch ihre ausschließlich negative Bestimmung in Verbindung mit ihrer Vorläufigkeit verkürzt: Der Erwählte selbst wird durch sie nicht berührt.

Entgegen der Auffassung Schleiermachers wissen die biblischen Zeugnisse (1Sam 15, 23; 28, 16; Mt 10, 33; 1Petr 2, 8; u.ö.) von einer Verwerfung, die kein bloßes Übergehen bei der E. zugunsten eines andern ist, sondern positive Äußerung des göttlichen → Zornes (: II. III), ausdrückliche Verweigerung der Gemeinschaft. Diese Verwerfung im eigentlichen Sinne äußert sich am schärfsten in der Verwerfung eines zuvor Erwählten. Die E. schließt die Möglichkeit künftiger Verwerfung nie schlechthin aus. Das bedeutet keine schrankenlose Willkür in Gottes Verhalten. Vielmehr droht solche Verwerfung nur als Gottes Reaktion auf ein Verschulden des Erwählten. Gott hat sich zwar von Anfang an dem Erwählten als einem der E. Unwürdigen zugewendet. Gleichwohl stellt jeder neue Bruch der Gemeinschaft mit Gott durch den Erwählten die E. real in Frage, und es bedarf einer neuen Zuwendung Gottes, einer wiederholenden Bestätigung der einstigen E., um sie angesichts der neuen Situation aufrechtzuerhalten. Eine solche neue Zuwendung Gottes ist in keinem Sinne selbstverständlich. An ihrer Stelle kann das eintreten, was man als das dem Bundbrüchigen gegenüber Normale bezeichnen muß: daß Gott nun auch seinerseits seine verschmähte Zuwendung nicht erneuert. So hat Gott sich von Saul ab- und David zugewandt, so von Israel zu einer Gemeinde aus Juden und Heiden (→ Israel im NT).

Zweierlei bleibt im Blick auf das Verhältnis der (positiven) Verwerfung zur E. noch hervorzuheben. Als erstes: E. und Verwerfung sind in ihrer Struktur nicht parallel. Während die E. in nichts durch den Erwählten bedingt ist, gibt es keine Verwerfung eines Erwählten, die nicht durch sein eigenes Verschulden zu erklären ist. – Zweitens: Jeder geschichtlichen E. kann eine Verwerfung folgen; und obwohl sich im Handeln Gottes eine Tendenz zu universaler Ausweitung der E. erkennen läßt, liegt doch in jeder geschichtlichen Verwerfung die Möglichkeit, daß ihr keine erwählende Zuwendung Gottes mehr folgt, daß also die Verwerfung endgültig über dem Verworfenen bleibt. Wo man diese Möglichkeit nicht beachtet, wird die geschichtlich begegnende Zuwendung des erwählenden Gottes ihres Entscheidungsernstes beraubt, und man hat unter der Hand den lebendigen Gott mit einem allgemeinen Liebesprinzip verwechselt, wie es zB bei A.Ritschl geschah.

Die bloß negative, den Erwählten existentiell unberührt lassende Konzeption Schleiermachers von der Verwerfung ist bei K.Barth nicht durch den Hinweis auf jene positive Verwerfung, die jeder E. geschichtlich folgen kann, sondern durch eine dialektische Einbeziehung der Verwerfung in den Begriff der E. selbst modifiziert worden: Die erwählende Herablassung Gottes zum Menschen schließe Gottes Selbstverwerfung in sich. In der

Existenz Israels und der Kirche, des Verworfenen und des Erwählten spiegle sich jene Doppelseitigkeit der göttlichen Kondeszendenz. Barth hat mit der Einbeziehung der Verwerfung in die E. zweifellos – mag man auch Bedenken gegen den erklärenden Hinweis auf die Doppelseitigkeit der göttlichen Kondeszendenz hegen – das Spezifische der E. in Christo getroffen. Aber diese ist nicht aus ihr selbst verständlich (um die E. Christi aus ihr selbst verstehen zu können, muß Barth nach dem der Schrift fremden Gedanken der Doppelseitigkeit der Kondeszendenz Gottes greifen). Die geschichtliche E. Jesu zum Christus Israels setzt die E.sgeschichte Gottes mit Israel voraus. Und muß man nicht auch die (positive) Verwerfung des Menschen schlechthin (sie geschieht im Kreuz Jesu Christi) schon voraussetzen, um der Herablassung Gottes zum Menschen den Charakter der Selbstverwerfung, weil stellvertretenden Übernahme unserer Verworfenheit zuschreiben zu können? Dieser Voraussetzung als solcher geht Barth nicht nach, weil er umgekehrt alle Verwerfung nur als Spiegelung der göttlichen Selbstverwerfung in Christus beschreiben will. Die Folge davon ist Barths Weigerung, von einer ewigen Verwerfung anders als in Gestalt der durch Jesus Christus getragenen und hinweggenommenen Verwerfung zu reden. Hier wird Barth, wie in den Auseinandersetzungen um seine Lehre häufig hervorgehoben worden ist, den nt. Zeugnissen nicht gerecht, die eine auch nach Christus fortbestehende Gefahr, vom Heil Gottes ausgeschlossen zu werden, kennen (Joh 3, 36; Röm 11, 22; Hebr 6, 4f; u.ö.).

7. Durch seine geschichtliche E. gewährt Gott Gemeinschaft mit ihm selbst, wie er in seinem ewigen Wesen er selbst ist. Die geschichtliche E. (Berufung) würde überhaupt keine Gemeinschaft mit Gott selbst vermitteln, wenn in ihr nicht das ewige Wesen Gottes dem Menschen erwählend nahekäme. Die geschichtliche E. ist nur dann Gottes E., wenn sie die Zuwendung des ewigen Gottes, Gottes ewige E. im geschichtlichen Augenblick ist. Die Präsenz der ewigen E. in jeder geschichtlichen manifestiert sich in der Treue Gottes zu seiner einmal proklamierten E.; denn in der Treue Gottes erweist sich seine Identität mit ihm selbst in der Geschichte. Doch in der Geschichte scheint der Inhalt der Verheißung, ja auch der Gegenstand der E. zu wechseln. Was also ist der Gehalt der Treue Gottes, seiner ewigen E.? Das blieb in der Geschichte Israels Gottes Geheimnis, das unter dem Wechsel von geschichtlichen Formen der E. verborgen war.

Für diesen Wechsel der E.sformen in Israels Geschichte lassen sich von Gottes Offenbarung in Christus her Gründe erkennen: a) Die Selbstoffenbarung Gottes, die unveräußerlich zu seiner Selbstmitteilung in der E. gehört (s. 1), war in der Geschichte Israels vor Jesus Christus nirgends vollständig verwirklicht als die Offenbarung des heiligen Gottes, der mit dem sündigen Menschen nicht anders als durch dessen radikale Verwerfung hindurch volle Gemeinschaft haben kann. Zwar erweist sich dies Schritt für Schritt im Vollzug eben der leidvollen Geschichte Israels, aber in keiner der E.en Gottes vor Jesus Christus erfolgte die E. selbst durch eine radikale Verwerfung des Erwählten hindurch. – b) Deshalb folgte jeder E. in Israel das Gericht über den Erwählten oder über die ihm Zugehörenden wie ohne Zusammenhang mit dem Akt der E., als etwas äußerlich Hinzukommendes. Das Gericht ist aber unvermeidlich, da eben der Erwählte der von sich aus Unwürdige ist. Wenn nun Gericht und Verwerfung nicht im Akt der E. eingeschlossen sind, wird jede E. durch ein nachfolgendes Gericht in ihrer bisherigen Form scheitern. – c) Weil der Erwählte als der Mensch, der er ist, Gottes Verheißung nicht vollständig empfangen kann, ohne durch Gottes Gericht hindurchgegangen zu sein, transzendiert die Verheißung stets ihren Empfänger.

Das, worauf die Treue Gottes in seiner E. Israels in verborgener Weise zielt, seine ewige E., ist im Weg Jesu Christi zu Kreuz und Auferweckung geschichtliches Ereignis geworden: a) Im Kreuz Jesu Christi ist Gott in seinem heiligen Zorn gegen die Sünde offenbar, und seine E. Jesu zum Christus Israels, die durch seine Auferweckung endgültig offenbar und zugleich auf die ganze Menschheit erweitert wurde, geschah durch jene Verwerfung hindurch. – b) Für die durch Jesus Christus als die zu ihm Gehörenden mit Gott Versöhnten und also in ihm Erwählten gibt es kein Gericht, an dem die in Jesus Christus geschichtlich offenbare Gestalt ihrer E. scheitern könnte, weil das letzte Gericht über sie im Kreuz desselben Jesus, in welchem sie erwählt sind, bereits vorweggenommen ist. – c) Für die in Christus Erwählten, die sein Kreuz als das Zorngericht Gottes über sich selbst hinnehmen, gibt es keine Verheißung, die über die in Jesus Christus offenbare Gestalt ihrer E. hinausginge: Das Leben, das im geschichtlichen Ereignis der Auferweckung Jesu einst als das seine offenbar wurde, ist die Zukunft derer, die in dieser Zeit durch den Glauben mit Jesu Kreuz verbunden sind, die Verheißung, auf die ihr irdisches Leben zueilt (→ Ewiges Leben: IV).

So ist die geschichtliche E. in Christo, die sich durch die Verkündigung von ihm fortpflanzt, Gottes ewige E. Jede neue Gestalt, in der sich Gottes Treue zu dieser E. fortan in der Geschichte äußern mag, ist in dem einstigen Geschehen von Kreuz und Auferweckung Jesu Christi schon vorweggenommen. Andererseits kommt die in Israels Geschichte verborgene Treue Gottes zu seiner E. in der Kreuzigung und Auferweckung seines Messias zu ihrer geschichtlichen Verwirklichung und Offenbarung. Deshalb darf die christliche Gemeinde den Vater durch den kühnen Satz preisen, daß er uns vor Grundlegung der Welt in Jesus Christus erwählt hat (Eph 1, 4). Man darf aber nicht übersehen, daß dieser Lobpreis der ewigen E. in Christo, so unveräußerlich er zum christlichen Glauben gehört, im NT selten so explizit laut wird. Das mag davor warnen, die ewige E. zum Ausgangspunkt irgendwelcher begrifflicher Konstruktionen zu machen. Sie ist eine letzte Aussage der Anbetung (Althaus), und die geschichtlichen E.en Gottes in Israel sowie deren Erfüllung in der geschichtlichen E. Jesu Christi bilden die Grundlage, auf der der Lobpreis der ewigen E. in Christo erst möglich wird. An diesen Weg muß auch die theologische Besinnung gebunden bleiben.

8. Daß in der Verkündigung von Christus die ewige E. Gottes die Hörenden ergreift, ist die Grundlage der christlichen *Heilsgewißheit*. Daß im Zuspruch des Evangeliums Gottes ewiger, unabänderlicher Wille in faßlicher Gestalt begegnet, tröstet in jeder aus der eigenen Unzulänglichkeit erwachsenden Anfechtung. Denn daß Gottes E. im Zuspruch des Evangeliums ewig und unwiderruflich ist, bedeutet: Durch kein Versagen der an Christus Glaubenden wird sich Gott in der Treue zu ihrer in Christo (freilich: im *Kreuz* Christi!) offenbaren E. beirren lassen.

Diese Gewißheit der E. besitzt der Glaubende aber nur, insofern er das Wort des Evangeliums von Jesus Christus hört, ihm glaubt, sein ganzes Leben davon durchdringen läßt. Außerhalb von Christus, im Abfall vom Evangelium, droht auch dem Christen Gottes Verwerfung, der vielleicht keine nochmalige E. folgt. Daher sah Luther die Heilsgewißheit ausschließlich in der durch die Verkündigung zugesprochenen Verheißung des Evangeliums begründet. Damit steht die ev. gegen die röm. und gegen die neuprot. Theologie. Für die kath. Theologie stellt sich die Frage der Heilsgewißheit nur im Blick auf den Grad der vom Christen jeweils erreichten Heiligung. In diesem Sinne verwarf das Tridentinum die Gewißheit des Heils mit Recht, freilich in der irrigen Meinung, die Reformation dadurch zu treffen. Die neuprot. Theologie dagegen bejaht eine solche vom Christen aus seinem eigenen Zustand (der subjektiven Erlösungserfahrung) zu gewinnende Heilsgewißheit. J.Kaftan machte die Heilsgewißheit in diesem Sinne sogar zur Grundlage seiner Lehre von der ewigen E.

FR.SCHLEIERMACHER, Über die Lehre v. d. E., 1819 (Sämtl. Werke II/1, 1836, 395-484) - DERS., Der christl. Glaube, (1821) 1830^{2}, §§ 117 ff - J.KAFTAN, Dogmatik, (1887) 1920^{8}, § 57 - K.BARTH, Gottes Gnadenwahl (ThEx 47), 1936 - R.GROB, De l'élection éternelle de Dieu, Genf 1936 - P.MAURY, E. u. Glaube (ThSt [B] 8), 1940 - H.VOGEL, Praedestinatio gemina (Theol. Aufs. f. K.Barth, 1936, 222-242) - DERS., Gott in Christo, 1951, 937 ff - BARTH, KD II/2, 1942, 1 ff - E.BRUNNER, Die christl. Lehre von Gott (Dogmatik I), 1946, 323 ff - P.ALTHAUS, Die christl. Wahrheit, (1948) 1952^{3}, 607 ff - O.WEBER-W.KRECK-E.WOLF, Die Predigt von der Gnadenwahl (ThEx NF 28), 1951 - O.WEBER, Die Treue Gottes u. die Kontinuität d. menschl. Existenz (EvTh 1952, Sonder-H. f. E.Wolf, 131-143) - E.BUESS, Zur Prädestinationslehre K.Barths, 1954 - G. GLOEGE, Zur Prädestinationslehre K.Barths (KuD 2, 1956, 193-217. 233-255). - Vgl. ferner die röm.-kath. Dogmatiken sowie die Lit. zu → Prädestination: IV.

W.Pannenberg

Erweckung

I. Erweckungsbewegung im 19.Jh. - II. Erweckungen in der Mission

I. Erweckungsbewegung im 19.Jh.

1. England und Schottland - 2. Nordamerika - 3. Skandinavien - 4. Schweiz, Frankreich und Niederlande - 5. Deutschland - 6. Beurteilung. - E. = Erweckung, E.B. = Erweckungsbewegung

Die E.B. erfaßte die gesamtprot. Welt. In ihrem zeitlichen Ansatz, in ihren Ablaufformen wie in ihrer Auswirkung auf Kirche und Volksleben verlief sie in den einzelnen Ländern recht unterschiedlich. Gemeinsam war dieser Bußbewegung, die die biblisch-reformatorische Lehre von Sünde und Gnade in der Kirche wieder zur Geltung bringen wollte, eine aggressive antirationalistische Grundhaltung. Überall sind zeitbedingte säkulare Nebentöne hörbar. Trotz aller Verflechtungen zumal mit der Altorthodoxie und dem Barockpietismus ist die E.B. als ein eigenständiger Neuansatz anzusehen, der sie von der Theologie und Frömmigkeit vor der Aufklärung wie auch der nachstoßenden modernen → Gemeinschaftsbewegung abhebt. Ohne die E.B. als letzte große Frömmigkeitsbewegung der Neuzeit ist das heutige Leben im Protestantismus nicht zu verstehen.

1. In → *England* (: I), wo die → Aufklärung (: III; vgl. auch → Deismus: III) zuerst durchbrach, entstanden die religious societies als Vorform der englischen E.B.; sie gehen auf den Spener-Schüler und deutschen Pfarrer Anton → Horneck (1641-97) in London zurück. Angesichts der religiösen Massennot der schnell wachsenden Großstadt London errichteten sie ein großartiges Armenschulwesen und sorgten für den Massenabsatz von → Erbauungsliteratur (, 3). Ehe diese E.B. abebbte, wurde sie vom Methodismus (→ Methodisten: I), der ersten E.B. großen Stils, überflügelt. John → Wesley begann in den religious societies seine ersten E.spredigten, die sich bald unter der Mitarbeit von Charles → Wesley, George → Whitefield u.a. zu umfassender Wanderpredigt über die britischen Inseln ausdehnten und Zehntausende aus dem Industrieproletariat erreichten. Unter Konvulsionen vollzogen sich bei Ungezählten Bußkampf und Gnadendurchbruch. Charles Wesley ermöglichte der methodistischen E. ein neues Singen mit seinen Glaubensliedern. Als sich der Methodismus von der Staatskirche löste, entstand in dieser im Evangelical Movement der sog. Low-Church-Bewegung (→ Anglikanische Kirche: I, 1) um 1800 eine neue E.B. mit ihrem Mittelpunkt in den Exeter-Hall-Riesenversammlungen. Sie griff auf die Freikirchen über und entfachte eine starke Missions- und Rettungsarbeit. Jedenfalls führten die E.B.en zu einem anhaltenden religiösen Auftrieb in allen Kirchen Englands.

In → *Schottland* (: I) kam nach vergeblichen Versuchen des Methodismus die E.B. durch das Wirken der Brüder James Alexander und Robert → Haldane zum Ausbruch (Zeltarbeit). Unter der Führung von *Thomas* → *Chalmers* gewannen die Evangelicals allmählich die Herrschaft in der Kirche. Chalmers proklamierte die Wiederbelebung des altref. Diakonats (→ Diakon) und wies das Industrieproletariat auf die Selbsthilfe. Im Zusammenwirken verschiedenster Kräfte wurde schließlich die Lösung des Sozialproblems zu einer Ehrensache ganz Englands. Chalmers wirkte auch auf die deutsche E.B. (Th. → Fliedner, → Tholuck) und Friedrich Wilhelm IV. (→ Preußen); freilich vereitelte der König den ersten Schritt zur kirchlichen Lösung der sozialen Frage auf der preußischen Generalsynode von 1846, die eine gleiche Neubelebung des Diakonats plante. Es entstand nun jenes verhängnisvolle Nebeneinander von offiziellem Staatskirchentum und Innerer Mission.

2. Das am Anfang des 18.Jh.s stagnierende religiöse Leben in *Nordamerika* (→ Vereinigte Staaten: I) erfuhr um 1734-44 einen ungeahnten Auftrieb durch »die große E.« (the great Awakening; Jonathan → Edwards), die dem Methodismus vor seinem Erscheinen in Amerika entscheidend vorarbeitete und die geistige Vorherrschaft des dogmatisch erstarrten Puritanismus (→ Puritaner) erschütterte. Durch die periodisch wiederkehrenden E.B.en (um 1800, 1826-32, 1857-58), die sich weithin der camping-meetings bedienten, wurde Amerika zum klassischen Land der Massenevangelisationen unter Betonung persönlicher Erfahrung in allen Denominationen. Hervorragende E.sprediger der älteren Zeit waren → Finney, → Hammond (Kinderevangelisation) und → Moody.

3. In → *Schweden* (: I) bereitete eine von pietistisch-herrnhutischer Grundstimmung durchtränkte Frömmigkeit im späten 18.Jh. die große Volks-E.B. nach 1800 vor, die im Süden durch → Schartaus Wirken und im Norden bei den »Neulesern« (→ Leser) aufbrach. Zur zentralen Persönlichkeit einer über das ganze Land sich ausbreitenden E.B., in der sich herrnhutisch-luth. gefärbte Volksfrömmigkeit mit Einflüssen des englischen Evangelikalismus verband, wurde der Laienprediger C.O. → Rosenius. - In → *Norwegen* (: I) verursachte der Bauer H.N. → Hauge, ein Laienprediger und späterer Volksheiliger, eine pietistisch-demokratische Volks-E.B., die nach Aufhebung des Konventikelverbotes (1842) mit der luth.-orthodoxen, von Grundtvig beeinflußten E.B. zu einer bis heute wirksamen orthodox-pietistischen Kirchenpartei verschmolz. - In → *Finnland* (: I) entstanden im 19.Jh. mehrere noch nachwirkende E.B.en, die die geistige und nationale E. des finnischen Volkes vorbereiteten. Der Bauer Paavo → Ruotsalainen fand mit seiner Predigt von Bußangst und Sündenbewußtsein (Angstpietismus neben dem sog. Glaubenspietismus) überall im finnischen Volk Eingang. - In → *Dänemark* (: I) konnte sich neben der von → Grundtvig begründeten und dem Pietismus entgegengesetzten kirchenbewußten und zugleich nationalen E.B. (→ Grundtvigianismus) auch eine pietistische E.B. durchsetzen, die unter der zielbewußten Führung Joh. Vilh. → Becks eine starke evangelistische Tätigkeit entwickelte und auch jetzt noch die Staatskirche befruchtet.

4. Die Arbeit der Deutschen → Christentumsgesellschaft wie die großer Einzelpersönlichkeiten (→Lavater, Joh. Jak. →Heß, Joh. Georg Müller) bereiteten die E.B. in der → *Schweiz* (: I B) vor, die am elementarsten in Genf aufbrach, wo sich dazu schottische Einflüsse, aber auch solche der Frau von → Krüdener gesellten. Hier wie auch im Waadtland (→ Vinet) kam es zur Gründung einer Freikirche. - In → *Frankreich* (: I; → Réveil) verbanden sich Einflüsse Genfs mit denen Englands, die dem inneren Leben der ref. Kirche einen neuen Aufschwung gaben. Damals entstand Ad. → Monods freie Kirche von Lyon. - In den → *Niederlanden* (: I) kreuzten sich englische, französische und Genfer Einflüsse. Die E.B. setzte sich nur langsam in zähen Kämpfen mit einer rationalistischen Staatskirche durch, war aber reich an hervorragenden, eigengeprägten Persönlichkeiten mit zT fast romanhaften Schicksalen (Groen van Prinsterer, Isaak → Da Costa, Abraham → Capadose u.a.). Die vielgestaltige E.B. führte mit zur Gründung eines staatsfreien Sonderkirchentums wie auch zu einem durch Prinsterer vorbereiteten Aufschwung des Calvinismus unter → Kuyper.

5. a) Seit 1780 bahnte sich in →*Deutschland* (: I, 3) eine geistige Wende an. Die idealistisch-romantische Gottes- und Weltansicht (→ Romantik) wurde zur geistigen Macht, die durch die aufwühlenden geschichtlichen Umwälzungen und die Erschütterungen in der französischen Revolution und in den Kriegs- und Nachkriegsnöten der napoleonischen Zeit hochgetragen wurde. Elementare Zweifel am aufklärerischen Optimismus, Intellektualismus und Utilitarismus wachten auf. Ein Drang zur Mystik, zum Irrationalen, zur Theosophie, zu okkulten Dingen (Somnambulismus, Magnetismus) machte sich bemerkbar. Zusammenbruch und Wiederauferstehen der Nation weckten ein neues Gemeinschaftsgefühl, das sich mit einer religiösen Erhebung verband. Das Erlebnis des geschichtsmächtigen Gottes, der Völker stürzt und hebt, schied von der bisherigen Aufklärungsfrömmigkeit. Die »Stillen im Lande« fanden neuen Auftrieb und Gehör. Im Württembergischen, aber auch in der niederrheinischen und siegerländischen Landschaft, in der der alte Glaube immer lebendig geblieben war, bildeten die altgläubigen Kreise ein immer dichteres Netz. Die unermüdliche Herrnhuter Diasporaarbeit sammelte und betreute immer neue Kleinstkreise. In der Deutschen → Christentumsgesellschaft verbanden sich viele biblizistisch-pietistische Kreise, von denen fast die gesamte Reich-Gottes-Arbeit am Beginn des 19.Jh.s ausging. Die großen Einzelgestalten, Erweckte vor der E.B. (→ Oberlin, → Lavater, → Collenbusch, → Jung-Stilling u.a.), die untereinander und mit Basel wie Herrnhut verbunden waren, fanden jetzt erst Resonanz. Der 26jährige Gottfried → Menken hatte bereits 1794 in einer Flugschrift »Über Glück und Sieg der Gottlosen« innerhalb einer notvollen Gegenwart die biblische Geschichtsdeutung eindrucksvoll aktualisiert. Keiner der großen Erwecker blieb isoliert. So fand → Hamann 1788 den Weg zu dem Kreis um die kath. Fürstin Amalie von → Gallitzin in Münster. In der Theologie erstarkte der Supranaturalismus (→ Naturalismus: I), in dem sich alle konservativen Kräfte zusammenzogen, die ein bibelnahes Luthertum suchten und die Überzeugung gewannen, nur im Rückgang auf die Bekenntnisschriften dem → Rationalismus (: II) begegnen zu können. Über die wieder ernst genommene Rechtfertigungsfrage nahmen der wiedererwachte → Pietismus und diese neue Orthodoxie miteinander Fühlung auf. Der Pietismus wurde orthodox und bejahte aus innerer Nötigung Lehre und Bekenntnis. Anderseits übernahm die Orthodoxie die Forderung persönlicher Bekehrung, den Heiligungsernst, die evangelistische Aktivität, aber auch das Mißtrauen gegen Bildung und Wissenschaft. So leitete eine rückwärts gewandte theologische Besinnung, die Verknüpfung supranaturalistischer Theorie mit der Wiedergeburtserfahrung, zu einer konservativen Welt- und Geschichtsauffassung (→Geschichte: II B) und zur Verbindung von Thron und Altar über und lähmte die E.B. in der Bewältigung der sozialen und politischen Fragen.

Langsam wurde die E.B. in Kirche und Theologie zur spürbaren Macht. Es kam zur Erfassung ganzer Landschaften. Aufs ganze gesehen, zeichnete sich in der württembergisch-niederrheinischen E.B., die auf Bremen übergriff, eine viel stärkere Wiederbelebung der alten pietistischen Frömmigkeit ab, während sich in der fränkischen und märkisch-pommerschen E.B., die auf Mitteldeutschland einwirkte, eine biblische Orthodoxie pietistischer Altkreise viel enger mit idealistisch-romantischen Kräften verband. Fast unbemerkt glitt diese E.B. in einen milden → Konfessionalismus hinüber, der auch zur typisch preußisch-norddeutschen Verbindung von Bekenntnis und Konservatismus führte.

b) Urzellen der E.B. in der fränkischen Kirche *Nordbayerns* fanden sich gleichzeitig in Nürnberg und Erlangen (→Bayern, 3b). In Nürnberg bestand unter der Führung des Kaufmanns Tobias → Kießling und des Pfarrers Joh.Gottfr. → Schöner die aktivste Partikulargesellschaft der Christentumsgesellschaft. In Erlangen sammelten sich die Erweckten um den rheinischen ref. Prof. und Pfarrer Chr. → Krafft, um G.H.v. → Schubert und Karl v. → Raumer. Durch den Beitritt idealistisch-romantisch beeinflußter und zum Luthertum zurückkehrender Geister wie zB des Dekans Th. → Lehmus kam es bald, wenn auch nicht ohne schmerzliche Scheidungen, zur Wiedererweckung eines nichtmilitanten → Luthertums (: I). »So sind wir Lutheraner geworden, frei von innen heraus« (G.Thomasius). Nach 1833 war diese Entscheidung grundsätzlich gefallen. In der wissenschaftlichen »Zeitschrift für Protestantismus und Kirche«, im »Homiletisch-liturgischen Korrespondenzblatt«, später in der Erlanger Theologie (→ Erlanger Schule), nicht zuletzt bei W.Löhe, durch den → Neuendettelsau zum »Herrnhut der luth. E.B.« wurde, spricht das erweckte Luthertum. In diese E.B. war die Allgäuer kath. E.B. vielfach verwoben (→ Bayern, 3a). Beeinflußt von J.M. → Sailer, sammelten sich im Seeger Kreis um 1794 die kath. Priester J.M. → Feneberg, M. → Boos, J.E. → Goßner und I. →Lindl in einem »evangelisch« erfahrenen Rechtfertigungsglauben. Die von M.Boos ausgehende E.B. unter Priestern griff auf die kath. Gemeinden im Allgäu über, durch Goßners Wirken auch auf Oberbayern. 1796 verband sich Sailer selbst mit dieser Bewegung. Zahlreiche Fäden verbanden diese Männer mit der nordbayrischen E.B. wie auch mit der Christentumsgesellschaft in Basel. Sie gewann auf die gesamtdeutsche E.B. einen vielfältigen, heute im einzelnen noch nicht überall festgestellten Einfluß.

In *Berlin* (→ Brandenburg: II, 5) fanden sich um 1820 gegen 20 altpietistische Kreise zusammen. Der bedeutendste scharte sich um den Herrnhuter Prediger Joh. → Jänicke, der eine Missionsschule, eine Bibel- und eine Traktatgesellschaft gründete und mit der englischen E.B. vielfältig verbunden war. Der seit 1807 in Berlin in sozialer Nächstenliebe unermüdliche, einst von A.G. →Spangenberg erweckte Baron von → Kottwitz übte einen starken Einfluß auf eine ganze Theologengeneration pietistischer Neuromantiker und genialischer Anreger aus (→ Tholuck, R. → Rothe, Joh.Hinr. →Wichern u.a.). Der entscheidende Durchbruch in die Öffentlichkeit vollzog sich in einer E.B. unter jungen märkischen und pommerschen Adligen, die sich 1810 in der romantischpatriotischen »christlich-deutschen Tischgesellschaft« unter der Führung von Achim von Arnim und Adam → Müller zusammenfanden. Als Adolf von → Thadden und Karl von Lancizolle 1816 nach München reisten, um die oberbayrische kath. E.B. unter Goßner kennenzulernen, griff auf ihre Berichte hin die E.B. unter ihren Tischgenossen um sich. Die Brüder v. → Gerlach, Ernst von Senfft-Pilsach, der spätere Oberpräsident von Pommern, Aug.Moritz von Bethman-Hollweg, der spätere preußische Kultusminister, u.a. wurden von ihr erfaßt. Der Geist der E.B. drang nun in die Hofkreise (Prinzessin Wilhelmine, Friedrich Wilhelm IV.), in die Staatsregierung und die Konsistorien, so daß nach 1820 die wichtigsten Pfarrstellen in Berlin mit erweckten Geistlichen besetzt und an die Universität Männer wie Tholuck, Aug. → Neander und → Hengstenberg berufen werden konnten. Die nach Hinterpommern (→ Pommern) zurückkehrenden erweckten Adligen hielten auf ihren Gütern E.sversammlungen, bis diese von erweckten Pfarrern übernommen wurden, die man ins Land zog und in den berühmten Triglaffer Pfarrerkonferenzen vereinigte. Unter dem Einfluß Adolfs von Thadden, der drei Brüder von Below (→ Belowianer), Moritz von Blankenburgs, der →Bismarck gewann, und von →Kleist-Retzows griff die E.B. auf die Bauern über. - In den anderen *preußischen Provinzen* kam es zu keiner geschlossenen E.B. In → Ostpreußen begegnet uns ein »Muckerprozeß« (→ Königsberger Religionsprozeß) gegen zwei mystisch-schwärmerische Pfarrer (Joh.Wilh. → Ebel und Heinr.Diestel). In Brandenburg wie in der Provinz Sachsen entstanden nur kleine Kreise, zB um die Grafen Stolberg in Wernigerode. Auch das Predigerseminar Wittenberg und die Theologische Fakultät in → Halle (Tholuck) standen unter der Einwirkung der E.B. In → Schlesien kam es unter Führung des Breslauer Prof. Joh.Gottfr. → Scheibel, dem aus Norwegen stammenden Philosophen Henrik → Steffens und dem Hannoveraner Ed. →Huschke, einem Juristen, zu einer konfessionellen E.B., die zum entschlossenen Widerstand gegen die Union (→ Unionen: I) und zur Gründung der altluth. Kirche (→ Luthertum: III) führte. Sie griff auch auf Hinterpommern über. Polizeischikanen des preußischen Staates bei der Durchsetzung der Union stärkten auch in Franken, Sachsen, Hessen (→ Vilmar), Hannover und Mecklenburg (→ Kliefoth) das konfessionelle Bewußtsein. Im nördlichen Schlesien entstand unter herrnhutischen Einflüssen eine E.B., die die schlesische Kirche befruchtete (Gräfin → Reden in Buchwald). - In → *Sachsen* fehlte eine volkstümliche E.B. Doch kam es hier im Zusammenhang mit den sächsischen Freundeskreisen der Christentumsgesellschaft bald zum Erwachen der Missionsliebe und den ersten Ansätzen einer Inneren Mission. Der erweckte Pfarrer Sam.Dav. → Roller in Lausa wurde weit bekannt. Die Wirksamkeit des deutschböhmischen Predigers → Stephan in Dresden führte zur Auswanderung seines Kreises nach Nordamerika (→Missouri-Synode). Der Rationalismus besaß starke Positionen im liberalen Bürgertum wie in der Kirchenleitung. Nach dem ersten berühmten Vorstoß in der Reformationspredigt (1800) des Dresdener Oberhofpredigers → Reinhard, des gefeiertsten Predigers seiner Zeit, schritt der neuberufene Prof. Aug. → Hahn 1827 in seiner Antrittsvorlesung zum Frontalangriff gegen den Rationalismus. In dem deutsch-dänischen, mit Grundtvig befreundeten Sup. → Rudelbach in Glauchau fand der niedererzgebirgische luth. E.skreis einen Führer (Zeitschrift »Der Pilger in Sachsen«, ab 1835). Aber erst in → Harleß, → Delitzsch, Karl Friedr.Aug.Kahnis und Christoph Ernst Luthardt wurde die luth. E.B. an der Theologischen Fakultät zu → Leipzig und im Landeskonsistorium führend. - Die Sonderart dieser E.B., die durchgehend von Bayern nach dem Nordosten verfolgt werden kann, liegt in der konfessionellen Zuspitzung, die unter dem Zufluß idealistisch-romantischer Gedanken in Bayern und Sachsen zum Erwachen des Luthertums, in Schlesien zur Bildung einer luth. Freikirche, in Berlin aber zu einer konfessionalisierenden Repristinationstheologie (→ Konfessionalismus) um Hengstenberg und seine »Ev. Kirchenzeitung« führte. Durch den Kampf um Union und Agende (→ Agendenstreit) versteiften sich die konfessionellen Tendenzen dieser E.B. Unverkennbar trug er aber auch zur Verwirrung und Zersplitterung der E.B. bei und vereitelte eine geschlossene Auswirkung. Die von der E.B.gewonnenen Handwerker und Gewerbetreibenden gingen weithin mit dem patriarchalisch gesonnenen, doch sozial aufgeschlossenen Adel zusammen und bejahten mit dem kirchlichen auch den politischen Konservatismus, aus dem schließlich die »Kreuzzeitung« und die konservative Partei (Brüder v. →Gerlach) hervorging. Hierher gehörte auch Friedr. Julius → Stahl.

c) Ein wesentlich anderes Bild bietet die E.B. im *Südwesten* und *Nordwesten* Deutschlands, die wie keine anderen deutschen Gebiete seit alters mit Pietisten und Mystikern unter den Handwerkern, Bauern, aber auch den Fabrikanten durchsetzt waren. In → *Baden* stand die E.B. in naher Beziehung zur kath. Allgäuer E.B. (s. 5 b) durch → Henhöfer, der von seiner kath. Dorfgemeinde in der Rheinebene aus die badische ev. E.B. geführt hat. Vorbereitend wirkte der »E.srausch«, den Juliane von → Krüdener hier entfacht hatte. Unverkennbar ist auch der Einfluß, der von dem Patriarchen der südwestdeutschen E.B., dem seit 1803 in Karlsruhe lebenden → Jung-Stilling ausging. Der Fabrikant Carl Mez in Freiburg (1808-77) wurde zum führenden Mann im wirtschaftlichen und religiösen Leben seines Landes. - In → *Württemberg* bestand eine ununterbrochene Tradition des schwäbischen pietistischen Biblizismus. Der Kreis um die Bengel-Schüler → Roos und → Burk stand in enger Verbindung mit der Stuttgarter Partikulargesellschaft der Christentumsgesellschaft, die der machtvolle Prediger Chr.Adam → Dann leitete. Der geniale Ph. Matth. → Hahn setzte die spekulative Linie von Jak. → Böhme und → Oetinger fort. Die → Pregizerianer sammelten sich um Chr.Gottl.Pregizer. Die »Stundenleute« folgten dem originellen Bauernprediger Joh. Mich. → Hahn. Einer Auswanderung der »Michelianer« wurde durch die Gründung der Kolonien → Korntal und später Wilhelmsdorf vorgebeugt. Die erste große Gestalt der württembergischen E.B. war Ludw. → Hofacker, ihr Sänger und Dichter wurde Albert → Knapp; Wilh. → Hofacker führte sie in Stuttgart zum Durchbruch. Für sich stand Joh.Christoph → Blumhardt in Möttlingen und Bad Boll. Der Sohn des Gründers von Korntal, Wilh. → Hoffmann, wurde 1852 Hofprediger in Berlin. Es liefen viele Verbindungslinien von Württemberg nach allen Seiten, vor allem nach dem *Niederrhein* und seinen dortigen → Tersteegen-Konventikeln, in die Fabrikdörfer des Siegerlandes und in Wittgenstein. → Collenbusch, die Brüder → Hasenkamp, die luth. Prediger Joh.Christoph Henke und Thomas Wizenmann in Duisburg, die Kreise um die Christentumsgesellschaft in Elberfeld, der Pempelforter Kreis um Friedr. Heinr. → Jacobi waren wirksame Vorbereiter der großen E.B., die hier aus altpietistischer Wurzel wie unter evangelikalen Einflüssen Englands aufbrach. Charakteristisch war dabei die Zusammenarbeit der Pastoren und Gemeinschaften im Wuppertal. Die erweckten Kreise betätigten sich in erweckten Gemeinden. Von alters her hatte die ref. Presbyterialverfassung die Laien zur kräftigen Mitarbeit erzogen. So konnte fast jede Gemeinde in Elberfeld und Barmen in der Zeit der E.B. einen hervorragenden Geistlichen ref. wie luth. Bekenntnisses aufweisen. Unter ihnen ragte Gottfr.Dan. → Krummacher hervor, neben dem sein Bruder Friedr.Adolf → Krummacher und dessen Sohn Friedr.Wilh. → Krummacher wirkten. Im Siegerland waren auch Jung-Stilling-Gemeinden vorhanden. Hier wie im Minden-Ravensberger Land ergriff die E.B., die auf das Wirken Joh.Heinr. → Volkenings zurückging, weite bäuerliche Schichten. - Auch in → *Bremen* faßte die E.B. rasch Fuß, gefördert durch die alte Gemeinsamkeit des Bekenntnisses. Kein anderer hat so stark die frühe E.B. beeinflußt wie der Bremer G. → Menken. Seine Offenbarungslehre mündete in eine Welt- und Geschichtsansicht, die die konservative Grundstimmung der neupietistischen Orthodoxie vorformte. »Alle Revolutionen sind gegen das Reich Gottes.« Von Menken führt eine direkte Linie zu → Stahl. Mit dem Stichwort »Menschenvergötterung« als Kennzeichnung der Aufklärung lieferte er der frühen E.B. ein entscheidendes Losungswort. Neben ihm wirkten in Bremen Herm.Müller, Friedr.Ludw. → Mallet, Georg Gottfr. → Treviranus. - Für → *Hannover* ist der Osnabrücker E.sprediger Carl Friedr.Aug. → Weibezahn (1804-44) zu nennen. Von Bedeutung für ein wachsendes luth. Bewußtsein wurde hier jedoch L.A. → Petri. In der Lüneburger Heide ging von L. → Harms eine geschlossen luth. E.B. aus, die in Hermannsburg ein starkes Missionszentrum schuf. - In → *Hamburg* (: II), dem Einfallstor englischen Geistes, begegneten sich evangelikale englische Einflüsse mit pietistischen der Deutschen Christentumsgesellschaft. Anregend wirkte der Kreis um M. → Claudius und seinen Schwiegersohn F.Chr. → Perthes, den großen Buchhändler. E.sprediger wurden der ref. Pfarrer → Merle d'Aubigné, der um seiner mystischen Verkündigung willen freilich schon 1823 Hamburg verlassen mußte, sowie der angesehene luth. Pfarrer J.W. → Rautenberg, der auf Amalie Sieveking und → Wichern einwirkte. Schon 1814 kam es zur Gründung einer Bibelgesellschaft, zu der Perthes und ein Abgesandter der Britischen und Ausländischen → Bibelgesellschaft (, 1 a) den Anstoß gaben. - In → *Schleswig-Holstein* führten die Häupter des Emkendorfer Kreises um → Klopstock, Lavater und Claudius, Cai und Fritz von Reventlow in J.F. → Kleuker 1798 den ersten Gegner des Rationalismus an der Universität → Kiel ein. Unzweifelhaft der berühmteste Theologe Kiels im 19.Jh. wurde Claus → Harms, der durch seine 95 Thesen den Supranaturalismus in seinem Kampf wider den Rationalismus ermunterte und seine Hinleitung zum Luthertum stark förderte. Alles in allem brachte es die norddeutsche E.B. nie zu der Geschlossenheit der großen E.B.en anderer deutscher Gebiete. So haben → Oldenburg (: II), → Mecklenburg (: II), im Grunde auch Hannover in der Geschichte der deutschen E.B. keine Bedeutung gewonnen. Ohne große Kämpfe kam hier das Luthertum zum Zuge. Das gilt auch für → Hessen.

6. Daß die Kirche nicht im Strudel der Aufklärung versank, sondern ihr bei aller subjektivistischen Verkürzung das biblische Evangelium erhalten blieb, verdankt sie vor allem der E.B. Mit ihr begann der imponierende Aufstieg der Äußeren (→ Mission: III C) und → Inneren Mission, in Deutschland auch der → Diaspora- (: II) Arbeit vor und neben dem → Gustav-Adolf-Werk, wenn man von der Diaspora-Fürsorge der Franckeschen Stiftungen unter A.H. → Francke und der Deutschen Christentumsgesellschaft als einer beachtlichen Vorarbeit absieht. Die vom Rationalismus ausgehende Frömmigkeit wie auch der kirchliche → Liberalismus (: IV) endeten bei aller Offenheit für die vom modernen Leben aufgeworfenen Probleme im Individualismus. Die gemeindebildenden Kräfte, die zur Wiederentdeckung der Kirche führten, gingen von der E.B.aus. Doch verbanden sich hier, vor allem in der deutschen E.B., mit ihren konfessionellen Ausläufern romantische Einflüsse. E.B., Romantik, → Restauration und → Konservativismus flossen ineinander. In der theologischen Arbeit der E.B. zeigte sich ein erstaunlich weiter Spielraum von der Systemlosigkeit bis hin zu starker Gestaltungskraft. In der deutschen E.B. führte der supranaturalistische theologische Ansatz im Verein mit der Wiedergeburtserfahrung zu rückwärts gewandten theologischen Neubildungen, die sich aber mehr bei der → Orthodoxie des 17.Jh.s als in der reformatorischen Theologie selbst ansiedelten. Bei der starren Betonung der Bibelautorität mußte man gegenüber der historisch-kritischen Forschung eine Niederlage nach der anderen einstecken. Der zum kirchenrechtlichen Lehrgesetz erhobene Bekenntnispositivismus (→ Bekenntnis: IV) erschwerte auch den Rückgang zur Reformation; anderseits büßte man den unmittelbaren Anschluß an das übrige Leben der Nation ein. Was man an Geschlossenheit gewann, verlor man durch Selbstbeschränkung und Abgeschlossenheit. So hat diese Entwicklung ungewollt zur Entchristlichung in einem Teil des Volkes beigetragen. Im liberalen → Bürgertum (: II) wie in der Arbeiterschaft (→ Arbeiter: II) konnte die Auffassung entstehen, daß Christentum nur in der restaurativen Ausprägung der Repristinationstheologie möglich sei und daß die ängstlich-reaktionären Züge deutscher ev. Kirchlichkeit des 19.Jh.s wesenhaft dazugehörten. Doch hat die ev. → Volksfrömmigkeit (: II) auch heute noch in der E.B. starke Wurzeln. So sind auch die Fragen, vor der die E.B. im 19.Jh. stand, noch heute unsere Probleme, zu deren Lösung neben den alten und bewährten Wegen der E.B. neue gesucht und gefunden werden müssen, um nicht in ein geistiges und gesellschaftliches Ghetto für die Kirche zu geraten.

Vgl. die Lit. zu den einzelnen Ländern u. den genannten Personen. Eine dringend erforderliche Gesamtdarstellung, auch für den dt. Raum, fehlt noch.

Zu 1: J.WOODWARD, An Account of the Rise and Progress of the Religious Societies, London 1698; dt.v. D.E.JABLONSKY, Bericht vom Ursprung u. Fortgang der gottseligen Gesellschaften in der Stadt London, 1700 - ROB.PHILIP, Life, Times and Missionary Enterprises of Rev. John Campbell, London 1841 - A.HALDANE, Memoirs of the Lives of Robert and J.Alex.Haldane, London (1852) 1955^{8} - K.HOLL, Th.Chalmers u. die Anfänge der kirchlich-sozialen Bewegung (HOLL III, 404-436) - J.HAY COLLIGAN, 18th Century Nonconformity, New York 1915 - TH.FUNK, Die Anfänge der Laienarbeit im Methodismus, 1940 - L.E.BINNS, The Early Evangelicals, London 1953 - M.SCHMIDT, John Wesley I, 1953.

Zu 2: FR.CHR.BEARDSLEY, History of American Revivals, New York 1904 - E.WINSLOW, Jonathan Edwards, New York 1941 - G. WILLIAMS, Flames worth Fanning (Riverside Works), Newport, Monmouthshire 1944 (Bibliogr. zu 1 u. 2) - J.EDWIN OR, The Second Evangelical Awakening in America, London-Edinburgh 1952.

Zu 3 (nur Speziallit. vorhanden): Für Norwegen: V.H.GÜNTHER, Hans Nielsen Hauge, 1928. - Für Dänemark: TOR ANDRAE, N.S. Grundtvig, 1929 - H.KOCH, Grundtvig, 1951. - Für Finnland: A. ORAVALAS, Ödemarkens profet, Helsingfors 1920 - O.TARVAINEN, Paavo Ruotsalainen als luth. Christ, Helsingfors 1944 - H.NYMAN, Den bidande tron hos Paavo Ruotsalainen, Helsingfors 1949.

Zu 4: H.v.D.GOLTZ, Die ref. Kirche Genfs im 19.Jh., 1862 - L. MAURY, Le Réveil religieux à Genève et en France, 2 Bde, 1892 - P. WERNLE, Der schweiz. Protestantismus im 18.Jh., 3 Bde, 1923-25 - M.E.KLUIT, Het Réveil in Nederland, Amsterdam 1936 - E.SCHICK, Vorboten u. Bahnbrecher, 1949 - H.BEYER, Hannovers letzter Kultusminister Frhr. v. Hodenberg u. die niederländische E.B. (JGNKG 54, 1956, 98-113).

Zu 5. *Allgemein:* L.TISMEYER, Die E.B. in Deutschland während des 19.Jh.s, 4 Bde, 1902-12 - G.BONWETSCH, Das religiöse Erlebnis führender Persönlichkeiten in der E.szeit des 19.Jh.s, 1917 - K. HOLL, Die Bedeutung der großen Kriege für das geistige u. religiöse Leben innerhalb des dt. Protestantismus (HOLL III, 302-384) - W.

LÜTGERT, Die Religion des dt. Idealismus u. ihr Ende II, (1926) 1929^{2} - W.WENDLAND, E.B.en in Deutschland, 1926 - W.MAURER, Aufklärung, Idealismus u. Restauration, 2 Bde, 1930 - F.SCHNABEL, Dt. Gesch. im 19.Jh. IV: Die religiösen Kräfte, (1936) 1955^{3} - M. SCHMIDT, Die innere Einheit der E.sfrömmigkeit im Übergangsstadium zum luth. Konfessionalismus (ThLZ 74, 1949, 18-28) - HIRSCH V - F.W.KANTZENBACH, Die E.B. Studien zur Gesch. ihrer Entstehung u. ersten Ausbreitung in Deutschland, 1957.

Zu 5 b): A.BLÜHER, David Samuel Roller, 1852 - G.THOMASIUS, Das Wiedererwachen ev. Lebens in der luth. Kirche Bayerns, 1867 - E.FÜRSTIN REUSS, Adolf v.Thadden, 1894 - H.PETRICH, Bilder aus dem kirchl. Leben u. der christl. Liebestätigkeit in Pommern I, 1895 - DERS., Adolf u. Henriette v.Thadden u. ihr Trieglaffer Kreis. Bilder aus der E.B. in Pommern, 1931 - O.DIBELIUS, Das königl. Predigerseminar zu Wittenberg 1817-1917, 1918 - G.PICKEL, Christian Krafft, Prof. der ref. Theol. u. Pfarrer in Erlangen. Ein Beitr. zur Gesch. der E.B. in Bayern (Einzelarb. aus der KG Bayerns II), 1925 - W.WENDLAND, Das Erwachen religiösen Lebens in Berlin im 19.Jh., 1925 - K.HENNIG, Die sächs. E.B. (Diss. Leipzig), 1929 - E.SCHAPER, Die geistespolitischen Voraussetzungen der Kirchenpolitik Fr. Wilhelms IV. von Preußen, 1937 - M.KIUNKE, Joh.G.Scheibel u. sein Ringen um die Kirche der luth. Reformation (Diss. Erlangen), 1941 - M.SCHMIDT, Wort Gottes u. Fremdlingschaft, 1953 - R.C.SCHULZ, Gesetz u. Evangelium in der Theol. des 19.Jh.s (Diss. Erlangen), 1956 (zu Lehmus).

Zu 5 c): H.G.TZSCHIRNER, Die Rückkehr kath. Christen im Großherzogtum Baden zum ev. Christentum, 1824 - E.W.KRUMMACHER, Leben Gottfr.D.Krummachers, 1838 - W.CLAUS, Württembergische Väter I-IV, 1905-26 - F.HAUSS, E.spredigt u. E.sprediger. Die E.spredigt des 19.Jh.s in Baden u. Württemberg, 1924 - DERS., Die uns das Wort Gottes gesagt haben. Lebensbilder, 1937 - W.HEINSIUS, Alois Henhöfer, 1925 - K.MÜLLER, Die religiöse E. in Württemberg, 1925 - K.D.MÖLLER, Beitr. zur Gesch. des kirchl. u. religiösen Lebens in Hamburg (Diss. München), 1926 - O.BRANDT, Geistesleben u. Politik in Schleswig-Holstein um die Wende des 18.Jh.s, 1927 - W.HEIENBROK, Zeugen u. Zeugnisse aus Minden-Ravensberg, 2 Bde, 1931 - H.ENTHOLT, Geistige Bewegungen u. Zustände Bremens in der 1. Hälfte des 19.Jh.s, 1932 - H.DANNENBAUM, Sie werden leuchten wie die Sterne. Männer der E.B. in Niedersachsen: Spitta, Petri, Harms, 1938 - J.ROESSLE, J.N.Volkening u. die E.B. in Minden-Ravensberg, (1947) 1954^{2} - H.HERMELINK, Das Christentum in der Menschheitsgesch. I, 1951 - JAK.SCHMITT, Die Gnade bricht durch. Aus der Gesch. der E.B. im Siegerland, in Wittgenstein u. den angrenzenden Gebieten, 1953 - WILH.BUSCH, Die von Herzen Dir nachwandeln. Gestalten des rhein.-westfäl. Pietismus, 1955 - F.FRITZ, Die Ev. Kirche Württembergs im Zeitalter des Pietismus (Blätter für Württ. KG NF 55, 1955, 68-116; 56, 1956, 99-167) - W.SCHÄFER, Carl Friedrich August Weibezahn. Der Osnabrücker E.sprediger (Bh. zum JGNKG), 1955 - E.TRUNZ, Fürstenberg, Fürstin Gallitzin u. ihr Kreis, 1955.

E.Beyreuther

II. Erweckungen in der Mission

1. Begriff der E. - 2. Beispiele - 3. Gefahren und Ertrag - 4. Wesen

1. Der *Begriff* der E. wurde in der Missionsliteratur zunächst unterschiedslos für alle auffälligen Bewegungen größeren Formats in den Missionsgebieten gebraucht, ob es sich um eine Art Bergrutsch des Heidentums handelte oder um Erneuerungsbewegungen innerhalb bestehender junger Kirchen. Erst neuerdings nennt man die Hinwendung größerer Gruppen aus dem Heidentum zum Christentum → Gruppenbekehrungen und behält den Begriff der E. innerkirchlichen Erneuerungsbewegungen vor (→ Bekehrung: V, 3).

2. E.en kommen in verschiedensten Missionsgebieten vor, in Mittelamerika ebenso wie in China, der Südsee und Madagaskar. Im Bereich der deutschen Mission war die auffälligste die »große Reue« in *Nias*, die von 1916 an in mehreren Stößen bis etwa 1930 dauerte. Bei einer bes. eindringlichen Abendmahlsvorbereitung erschraken einige über ihre Sünde, bekannten öffentlich und erfuhren eine überwältigende Freude der Heilsgewißheit. Daraus erwuchs eine Bußbewegung, die auf immer weitere Gemeinden übergriff. Die Furcht Gottes wachte auf. »Gott ist eine Handbreit über mir.« Unzählige Menschen fühlten sich mit unwiderstehlichem Zwang zum Bekenntnis ihrer Sünden gedrängt. Monatelang warteten große Scharen Beichtwilliger vom frühen Morgen bis in die späte Nacht vor den Sprechzimmern der Missionare. Manche wehrten sich vergeblich gegen den Geist. Es kamen Todesfälle vor von solchen, die nicht bekennen wollten. Die Bekenner gaben Gestohlenes zurück, lieferten heimlich verwahrtes Gift aus, begruben alte Zwistigkeiten. Sie waren wie verwandelt. Sie hatten den Frieden des Herzens gefunden, eine merkwürdige Freudigkeit ergriff sie, ein Hunger nach der → Bibel (: V) wachte auf, neue Lieder entstanden, ein vorher nicht gekannter Geist der Dankbarkeit und des Opfers machte sich geltend. Schwärmerische Auswüchse wurden gemeistert. Die Christenzahl verdreifachte sich in diesen Jahren. - Gegenwärtig ist die größte E. die der *Balokole* (»die Geretteten«), die sich seit 1937 (von Ruanda aus) nach Uganda, Kenya, Tanganyika und im Kongo ausgebreitet und in größeren Glaubensversammlungen gelegentlich 15 000 und mehr Menschen versammelt hat. Sie vollzieht sich nicht in der inselhaften Abgeschlossenheit einer Kirche, sondern erfaßt Anglikaner, Presbyterianer, Methodisten, Lutheraner u.a. Sie begann mit einem Afrikaner und einem europäischen Missionar, die unter der toten Kirchlichkeit ihrer Kirche litten, und gewann Boden durch Gleichgestimmte in anderen Kirchen. Ihre Lieblingsworte deuten die Grunderfahrung an: »Jesus verloren haben«, »gerettet«, »zerbrochen« werden, »aufgeben«, »öffentlich Sünden bekennen«, »im Lichte Gottes und im Angesicht der Brüder wandeln«, »Einmütigkeit«. Es wird weniger von außerordentlichen seelischen Erlebnissen berichtet als in Nias. Aber man findet ähnliche Grundzüge: die überwältigende Freude der »Geretteten«, das neue Lied, den mächtigen Zug zur gemeinsamen Sammlung unter dem Wort und den Drang zum Zeugnis, der sich hier darin äußert, daß sie in kleinen Gruppen mit selbstgespartem Geld weite Reisen machten, um die Botschaft weiterzutragen. Auch hier ist das Bekenntnis der Sünde vor den Brüdern typisch. Aber man wacht darüber, daß nicht alte Dinge wiederholt bekannt werden, und verlangt nicht nur das einmalige Bekenntnis, denn auch der Gerettete kann Jesus wieder verlieren.

3. Die *Gefahren* der E. liegen auf der Hand. Ihr überindividueller Charakter, die Atmosphäre psychischer Ansteckung, die Sinnfälligkeit von Gefühlsausbrüchen kann Menschen mitreißen in eine Hochgestimmtheit, ohne daß es bei ihnen zur echten Entscheidung kommt. In Nias ist es bezeichnend, daß Volksunsitten während der E.szeit verschwunden waren. Es war alles gewissermaßen von selbst anders. Aber als die Bewegung abklang, kamen dieselben Dinge unverändert wieder auf. - Die Betonung des Erlebnisses, dessen Mächtigkeit von Primitiven als solche als numinos empfunden wird, legt es nahe, daß das Erlebnis zur Norm werden kann, daß die Erfahrung anstelle des Wortes Gottes tritt. Das öffentliche Sündenbekenntnis kann in die Nähe alter heidnischer Reinigungszeremonien rücken, wie in Primitivreligionen öffentliche Sündenbekenntnisse häufig vorkommen, in denen man als letzten Ausweg aus einer Unglückssträhne die eigenen Sünden und die der Väter, ja auch solche, die man nicht getan hat, »bekennt«, um durch solche Selbsterniedrigung Hilfe herbeizuzwingen. - Die Entschiedenheit bringt die Gefahr einer Absonderung in gesetzlicher Selbstgerechtigkeit mit sich, in der der »Namens-Christ« lieblos abgetan wird. - Die Verengung der Botschaft auf Sünde und Gnade kann zu einer Introvertiertheit führen, die das Ganze von Schöpfung und Erlösung nicht mehr sieht. - Aber diesen Gefahren gegenüber steht das neue, persönliche Leben mit der Schrift, zu dem Menschen hindurchdringen und in

dem beispielhafte Entscheidungen fallen. Unter den schweren Verfolgungen in der Mau-Mau-Bewegung in Kenya waren die meisten derer, die das Martyrium dem ihnen abverlangten heidnischen Schwur vorzogen, Glieder der E. - E. ist zudem Laienbewegung und bedeutet die tätige Anteilnahme an Leben und Auftrag der Kirche von denen, die bis dahin nur Objekt kirchlichen Handelns waren. - E.en haben auch immer wieder eine einigende Kraft erwiesen. Ein Afrikaner bekannte: »In Afrika fühlen heute alle, die vom Herrn gerettet sind, daß sie eins sind.« Daß dieses Einheitsbewußtsein auch nicht vor der Rassengrenze Halt macht, ist bes. eindrücklich. - Schließlich entsteht in der E. eine Art Mittelglied zwischen der Kirche und dem einzelnen, kleine Kreise brüderlicher Gemeinschaft, die Lebenszentren für die Kirche werden können.

4. E.sbewegungen treten nach den bisherigen Beobachtungen frühestens etwa 30 Jahre nach dem Entstehen einer Kirche auf, gehören also einer bestimmten Altersstufe an. Die erste Generation versteht die Kirche in Analogie zur natürlichen Gemeinschaft, als Gottessippe oder neue Kaste, unter deren Regel sie lebt und an deren Heil sie teilhat. In der E. entstehen dann Gruppen, in denen gegenüber der formalistischen Erstarrung des Gemeindelebens ein tieferes geistliches Verständnis des Evangeliums erwacht. Dabei bricht in doppelter Hinsicht eine neue Dimension auf. Bei den Erweckten ist es ein Vorgang der Individuation, ein Erfassen der Botschaft auf tieferer persönlicher Ebene. »Ich war getauft und konfirmiert, aber ohne Herzenskenntnis. Zum Reich Gottes kann man nicht erzogen, man muß wiedergeboren werden.« Zugleich lernt man zwischen der empirischen Kirche und der »Kirche in den Kirchen« unterscheiden. Damit wacht ein eschatologisches Verständnis der Kirche auf, wie es der ersten Generation nicht gegeben ist.

R.Allier, Psychologie de la Conversion, 1925 - Th.Müller, Die »große Reue« auf Nias, 1931 (Lit.) - W.Freytag, Das Problem der zweiten Generation in der jungen Kirche (EMZ 1, 1940, 198-210) - M.Warren, Revival. An Enquiry, London 1954 (Lit.). *W.Freytag*

Erweckungstheologie → Systematische Theologie: II A, 2.

Erziehung

I. Allgemeines - II. Probleme der christlichen Erziehung

I. Allgemeines

1. E. als umfassendes Phänomen - 2. Äußere Betrachtung: Wachstumshilfe und Eingliederungsstreben - 3. Innere Betrachtung: Geistesbildung und Weckung zur Person - 4. Die Teilaufgaben von der Seite der Gemeinschaft aus gesehen - 5. Die Teilaufgaben von der Seite des Individuums aus gesehen; Charakter-E. - 6. Geschichte der E.

1. Unter rationalistischem Einfluß hat man lange Zeit das Phänomen der E. von der bewußt auf ein E.sziel gerichteten und womöglich planvoll eingerichteten E.stätigkeit aus verstehen wollen. So definiert Tuiskon Ziller 1876 die E. als »eine absichtliche planvolle Einwirkung auf einen Menschen, und zwar auf den einzelnen Menschen als solchen, in seiner frühesten Jugend, eine Einwirkung zu dem Zweck, daß eine bestimmte, aber zugleich bleibende Gestalt, dem Plane gemäß, bei ihm ausgebildet wird«. Der Sprachgebrauch von E. (franz. éducation; engl. education) ist jedoch umfassender; man hat daher von der intentionalen (absichtlich-bewußten) eine funktionale, unbeabsichtigt erziehende Einwirkung unterschieden. Aber die Scheidung zwischen bloßer Seinswirkung und erziehenden Akten ist nicht durchführbar. Die E. kann nur als ein *umfassendes menschliches Lebensphänomen* verstanden werden. In allen Tätigkeiten und Wirksamkeiten einzelner auf den anderen ist der Tatbestand bedeutsam, auf dem die E. beruht: die Folge der Generationen, die Entwicklung des einzelnen in einer Jugendepoche, in welcher er sich für das erwachsene Leben einübt und vorbereitet und doch zugleich das menschliche Dasein in der Form des Kindes und Jugendlichen mit Hilfe der Älteren schon als ein menschlich zu erfüllendes führt.

2. Als ein umfassendes Phänomen ist die E. sowohl vom Standort der Gemeinschaft zu begreifen, die den Nachwuchs der nächsten Generation sich eingliedert, wie vom Standort des einzelnen Kindes, das sich zur mündigen Person mit Hilfe der Gemeinschaft, in erster Linie der Eltern, entwickelt. Die E. reiht sich damit zunächst in die biologisch und soziologisch beschreibbaren anthropologischen Phänomene ein (→ Anthropologie: I). Biologisch gesehen sind Erscheinungen im Bereich des Tierlebens morphologisch verwandt: die Jugendzeit höherer Tiere, in der die Jungen von den Eltern gepflegt werden müssen (zB bei den »Nesthockern«), aber auch die Zeit, in welcher die »Nestflüchter«, die sich von der Geburt an frei bewegen, erst Erfahrungen sammeln, »lernen« und auch »spielen« (K.Gross). Die menschliche → Jugend ist durch eine langsame und polymorphe *Wachstumslinie* gekennzeichnet: das neugeborene Kind ist als Säugling hilfsbedürftig wie ein Nesthocker, aber es entwickelt sich im ersten Lebensjahr in steiler Kurve, um vom zweiten ab langsam und stetig zu wachsen und sodann im »Pubertätsschuß« nach dem 10. Jahr schnell eine Form der erwachsenenartigen Streckung zu gewinnen, worauf abermals eine langsamere Wachstumsphase folgt (A.Portmann). Diese Wachstumslinie ist aber in ihren späteren Stadien nach Rassen verschieden und von der Sozialordnung (→ Sozialpädagogik: I) sowie von der geistig-seelischen Gesamtlage abhängig. Der Polymorphismus der Wachstumslinie hängt mit der Besonderheit des Lebewesens Mensch zusammen und erweist sich als biologisch sinnvoll, wenn die rechtlich-sittliche Sozialordnung und die Geistestätigkeiten - die → »Kultur« - als eine anthropobiologische Gegebenheit aufgefaßt werden. Während die anderen höheren Lebewesen sich instinktmäßig orientieren und verhalten und nur in den festen Bahnen des Instinktverhaltens lernen und zu Handlungen auch der »praktischen Intelligenz« gelangen (M.Scheler), ist das menschliche Verhalten »weltoffen« und ermöglicht es, Sozialformen zu schaffen, in denen ein gemeinsames Leben zu führen ist. Die Partner müssen sich durch sprachliche und andere Symbole verstehen und sich verständigen, um zu kooperieren (Pleßner, Gehlen, Portmann). Die frühe Ausbildung sozialer Kontakte im ersten und die Spracherlernung im zweiten Lebensjahr sowie das langsame Wachstum der Kindheit mit seiner verlängerten Spielhaltung und dem Vorwiegen emotionaler, aber doch schon symbolisierender Bestimmung des Verhaltens machen es möglich, daß die Welt »objektiv« durch das Medium einer symbolisierten Welt hindurch als vom Subjekt abgelöst erfaßt werden kann; sie machen aber auch möglich, die Gemeinschaft mit den anderen in reichen Gemütsbewegungen, als geistig vermittelt, zu fassen und sich vom Du des andern zu unterscheiden; das instinktive emotionale Zusammenklingen wird damit nach und nach verwandelt in die sittliche Bindung geistig selbständiger und in den Verkehr des Verstehens miteinander eintretender Personen.

Der zweite langsame Wachstumsprozeß nach der → Pubertät dient abermaligem Lernen, in dem das Spiel zurücktritt und ein Ernsteinsatz probiert wird (Lehrlingsalter), voller Ernsteinsatz aber zurückgehalten ist (erziehende Funktion der Muße). Die Ordnungen der E. in dieser Epoche sind kulturmorphologisch verschieden, eben weil der Sinn dieser Phase die *Eingliederung* in die bestehende und den jugendlichen Nachwuchs empfangende Kultur ist.

Wollte man von den beiden äußeren Aspekten, dem der Gemeinschaft und dem der individuellen Entwicklung her, die E. definieren, so würde man sie zu bestimmen haben: a) als die Gesamtheit der Vorgänge (Verhaltensweisen und Tätigkeiten), welche durch den Wachstums- und Reifungsprozeß der Jungen hervorgerufen werden und die Erwachsenen dazu führen, jenen Prozeß zu schützen und zu unterstützen (anthropobiologische Sicht), zugleich aber b) als Inbegriff des Geschehens und Tuns, das aus dem Regenerationsstreben der gesellschaftlichen Gebilde und der geistigen, kulturellen Voraussetzungen des gemeinschaftlichen Verhaltens in ihnen hervorgeht (kulturanthropologische Sicht). Dort steht das Pflegen und Helfen voran, hier die Zucht des Nachwuchses und der individuelle Drang, sich dem Gemeinleben zu assimilieren.

3. Der äußeren stellt sich eine *innere Betrachtung* der E. zur Seite und gegenüber, die ebenfalls einen universellen und individuellen Aspekt zuläßt. Das Wachstum zielt auf Reifung im Sinn von Erwachsensein, selbständig lebensfähig werden; die kulturelle Eingliederung hat das gleiche Ziel und versteht es im Sinne der Erhaltung und Fortpflanzung menschlicher Kultur und Zivilisierung. Was aber »Reifsein« und »Kultur« wesenhaft ist und sein soll, das ist weder gesetzhaft determiniert noch objektiv feststellbar. Vielmehr ist es die Folge der Weltoffenheit und personalen Freisetzung des Menschen innerhalb seiner Gesellung, daß er sich selbst in der Wirklichkeit unter den anderen Personen und neben den Objekten sieht, daß er für seine Taten verantwortlich, mit seiner Vergangenheit identisch bleibt und sich in die Zukunft hinein einen Entwurf macht, nach dessen Weisungen er sein Leben zu »führen« suchen muß (»Freiheit« des Menschen). Sein Verhalten und Tun ist auf Auslegung seiner eigenen Bestimmung innerhalb einer auszulegenden sozialen und natürlichen Wirklichkeit bezogen; und in aller Auslegung bleibt das Ausgelegte noch immer offen gegenüber Wirklichkeiten, welche das Erfahrbare transzendieren. Wird diese innere Leistung der Selbstauslegung, des Entwerfens und der Lebensführung als Kernpunkt der E. angesehen, so ergeben sich neue Wesensbestimmungen. Zwar handelt es sich in der E. um den Prozeß des Wachstums und der kulturellen Assimilation, und in beiden wirken sich - anthropobiologische und soziologische - Gesetzlichkeiten aus, die nach Regeln der Wahrscheinlichkeit vorauszusehen und zu beschreiben sind. Die Jungen werden selbständig und lebenstüchtig, und das kulturelle Gepräge setzt sich in der nächsten Generation beinahe gleichförmig fort, wenn auch jedes neue Geschlecht eine etwas andere Prägung zeigt. Aber das eigentliche Geschehen, das sich in diesem Rahmen abspielt, geht um das Wirklichwerden des Menschlichen im Menschen, indem die → Person sich zu ihrem Selbst entscheidet und indem das gesellige Leben »in jeder Beziehung, auf die wir Wert legen«, den Sachgehalt versteht und ihm sich billigend oder kritisch zuwendet. Dieses Entscheiden und Sich-Zuwenden ist eine Tathandlung der Person, deren vollständige Analyse der Reflexion nicht gelingen kann. Das Entschiedensein im personalen Kern - als → Gewissen und als Offenstehen für das, was Wert und Sinn hat - ist ebenso ein Erleiden wie ein Tun; es muß »verantwortet« werden und geschieht zugleich »unbewußt«; das Geheimnis von Freiheit und Gnade, von rationalem Schaffen und Wissen einerseits, genialischem Verstandenhaben und Begreifen anderseits ist der Reflexion und Objektivierung unzugänglich, es ist eine innere Bedingung der anthropologisch von außen her feststellbaren Freiheit und Weltoffenheit. Dem widerspricht es nicht, daß die freien Tathandlungen und geistigen Prägungen sich auch als Gebilde der historischen Welt betrachten und in geistesgeschichtlichen Zusammenhängen verstehen lassen; das Hervortreten des Produktiven im Gewissen und in den kulturellen Werken und Ordnungen bleibt immer unverstehbar und unableitbar. - Die E. beruht also immer auf Auslegungen dessen, was im Gewissen und in den wert- und sinnvollen Sachbezügen erfaßt wird; von daher geht in jeden pädagogischen Akt eine Auslegung der menschlichen Bestimmung ein. So ist wache Lebendigkeit des Herzens und Geistes immer Voraussetzung für einen fruchtbaren erzieherischen Bezug zwischen Eltern und Kindern, Meister und Jünger, Lehrer und Schüler, zwischen den Reiferen jedes Verkehrskreises in ihrem Bezug zu den Neulingen usw. Aber die individuelle Herzens- und Geisteslebendigkeit muß wiederum kollektiv, dh historisch ermöglicht werden. Die entscheidende Kraft liegt in den religiösen Kult- und Denkformen, ferner in erziehenden Lebensformen. Diese bilden sich unter religiösem Einfluß (→ Erziehung: II), werden aber erzieherisch nur wirksam in der sittlichen Durchgestaltung gesellschaftlich bedingter Verhältnisse einerseits und anderseits in günstigen Kulturlagen unter dem Einfluß von Weisheitslehrern, Philosophen und Pädagogen.

Von dieser inneren Sicht der Aufgabe her ist E. ein Geschehen, Verhalten und Tun, auch ein Tun durch bewußte Akte und in bewußt geschaffenen Organisationen im Kreis von Personen, die im Gewissen verbunden sind und in der Wertsicht und Liebe zum Wertvollen sowie in der sachlichen Verantwortung zusammenstimmen. Wirkung und Ziel dieser Verbundenheit und dieses Tuns ist einerseits ein geistiger Verkehr, in den sich die Nachwachsenden und Neulinge eingliedern, wobei sie an der Erweckung zum Sinn- und Werthaften allmählich selbständigen Anteil gewinnen. Anderseits handelt es sich um ein persönliches Willensverhältnis, in welchem die Wissenden und Wachen den noch Unerschlossenen - seien es Jugendliche oder Erwachsene - begegnen und sie zum gläubigen Vertrauen und zum Gewissen zu wecken verstehen - durch ihr Beispiel, ihre Ermahnung, ihre teilnehmende Liebe. Hier liegt das höchste Ziel der E., das paradoxerweise zugleich die größte Ohnmacht des Erziehenden bekundet, weil sich die Einwirkung nicht technisch beherrschen läßt. - Da der Mensch ein Ganzer ist und gerade durch die E. in sich zur Person zusammengeschlossen werden soll, so ist die Einheit der vier Aspekte des Erzieherischen wesentlich; sie sind nur in der Abstraktion voneinander zu lösen. Erziehen ist immer Pflegen des Wachstums und Hilfe zur Reifung, Eingliederung des Nachwuchses in die Sozialbezüge, die wesentlichen kulturellen Gehalte und endlich Weckung des Gewissens und gläubigen Vertrauens; sie ist Hilfe zum Verständnis der Sinn- und Wertbezüge kultureller Sachverhalte, ist »Selbstbildung am sichtbar gemachten Sinn« und Überlieferung durch geistige Erweckung; alles zugleich und in einem kontrastreichen Gegeneinander, das selbst wieder der fortgesetzten Auslegung und Entscheidung bedarf.

4. Die E. hat es mit dem einzelnen zu tun, aber → Gemeinschaft und Individuum stehen auch im erzieherischen Bereich in unauflöslichem Bezug (Litt). Das Heil des einzelnen ist in jeder Beziehung bedingt durch die Gesundheit des gemeinschaftlichen Lebens und seiner Inhalte, und es ist rückwirkend wieder eine Bedingung für diese Gesundheit. Als erziehend wichtigste *Gemeinschaften* müssen einerseits → Familie (: IV) und Haus gelten, anderseits die großen Sozialbezüge, von denen man mit Schleiermacher die Kirche, den Staat, den geselligen Verkehrskreis sowie die Gemeinschaft der

Sprache und des Wissens hervorheben kann. Von der staatlichen hebt sich als erzieherisch bedeutsam zusätzlich immer stärker die Arbeitswelt als eine eigentümliche und relativ eigenständige Sphäre ab. Alle diese Gemeinschaften mit ihrem sittlich-geistigen Inhalt sind in langer Geschichte so geworden, wie das Kind sie gegenwärtig antrifft. Sie haben eine erziehende Funktion, ob sie es wissen oder nicht, und ob sie es wollen oder nicht. Wer in ihnen lebt, findet erziehende Verantwortung vor, der er sich nicht entziehen kann, sobald er selbst in solchen Lebenskreisen mündig geworden ist. Umgekehrt gibt es keine erziehende Hilfe für die Jugend, wenn sie nicht aus solchen Gemeinschaften ihre Kraft nehmen kann und wenn sie nicht zugleich den Sinn hat, die Jugend zum Mitleben in den Gemeinschaften aufzuwecken und dafür tüchtig zu machen. Es entstehen somit Bedingungen und *Aufgaben* der E. »durch die erziehenden Gemeinschaften, in ihnen und für sie« (J.Cohn): solche der kirchlichen, politischen, beruflichen, gesellschaftlichen, nationalen E. Im Haus beginnt sie, aber in modernen Kulturverhältnissen erfolgt sie u. U. in besonderen Einrichtungen und im öffentlichen Auftrag, wobei der verantwortliche Träger dieser Öffentlichkeit je nach der Verfassung und Tradition des Gemeinwesens wechselt; Staat und Kirche, Wirtschaft und Gemeinschaft können mit Recht Ansprüche geltend machen, deren Ausgleich eine schwierige »kulturpolitische« Aufgabe ist. Da die großen Gemeinschaften in unserer Kultur ihre eigenen Traditionen und ihren eigenständigen Sachgehalt haben, können sie untereinander in Konflikt kommen, der erzieherisch bedeutsam wird. In den modernen freiheitlichen Gemeinwesen ist die Libertät dieser Gemeinschaften und ihres E.seinflusses verfassungsmäßig garantiert. Da aber alle Gemeinschaften ihre eigenen Aufgaben haben und ineinander verfugt sind, da sie gemeinsam auf das gleiche Kind einwirken, so müssen die Konflikte unter ihnen befriedet werden, ohne daß den berechtigten Inhalten der Gemeinschaften dabei Gewalt angetan wird. Keine der E.sgemeinschaften kann einen Totalitätsanspruch erheben; zB soll und muß die Familie ihr → Elternrecht geltend machen, kann aber über die E.saufgaben der großen Gemeinschaften nicht allein entscheiden. In den steten Konfliktmöglichkeiten müssen die für die E. Verantwortlichen einen Ausgleich suchen, der die Kooperation ermöglicht. Die moralische Basis dafür zu stiften, wäre eine Pflicht aller. Sobald der Kernpunkt angegriffen wird, auf dem der E.sbeitrag der Gemeinschaften und der Familie beruht - zB wenn die Kirche gehindert wird, ihrem Verkündigungsauftrag nachzukommen -, werden offene Konflikte unvermeidbar; sie erschweren die E., erhalten aber zugleich ihre Möglichkeit. - Der Versuch einer radikalen Sonderung der einzelnen E.saufträge ist pädagogisch nicht zu billigen, weil er den von den Erwachsenen unbewältigten Konflikt auf die Kinder in einem Stadium überträgt, in dem sie ihn nicht ohne Schädigung aushalten können. Ebenso ist der Versuch problematisch, die kirchliche Missionspredigt als Verkündigung von der weltlichen E. radikal abzusondern und die Kirche auf diese Weise von ihrer pädagogischen Gesamtmitverantwortung für eine weltanschaulich gemischte Gesellschaft loszusprechen (→ Schule und Kirche: I). Verkünden (κηρύττειν) und Lehren (διδάσκειν) sind nicht streng zu trennen, und das Lehren ist immer mit der erzieherischen Gesamtaufgabe verbunden. - Ebensowenig ist es aber pädagogisch erwünscht, wenn die kirchliche E. sich von dem politischen Ziel loslösen und ein integrales konfessionelles Schulwesen aufbauen muß. Das kann in bestimmten geschichtlichen Momenten eine unentbehrliche Notlösung sein, um das Kind vor Mißbrauch zu schützen, deutet aber auf eine moralische Schwäche des Gemeinlebens hin. Die hier allgemein skizzierten Schwierigkeiten erweisen sich jedoch in konkreten Notsituationen auch als eine erziehende Kraft, so daß allgemeine Aussagen die Grenze ihrer Gültigkeit immer in den individuellen Verhältnissen finden.

5. Die Gesamtaufgabe der E. kann auch von verschiedenen *individuellen Teilaufgaben* her gesehen werden. Die E. des Leiblichen, des Gemüts und seiner Äußerungen, des Geistes (→ Bildung) und des Charakters haben je ihren eigenen Rhythmus und Aufbau. Aber auch hier handelt es sich stets um die E. des Menschen im ganzen, die nur von einer besonderen Seite her gesehen wird. Als Beispiel der Selbständigkeit und Verbundenheit diene die Charakter-E., auch *Charakterbildung* genannt. Sie beruht im Besonderen auf dem persönlichen Willensverhältnis im erzieherischen Bezug; und doch setzt sie voraus, daß der Erziehende sich von charakterbildenden Lebensformen getragen weiß, die in bestimmten sozialen Kreisen Geltung haben, wenigstens in der Schicht der Autoritätsträger. So bewirken in der abendländisch-europäischen Geschichte die Lebensformen der Familie, der mönchischen Asketik, der ritterlich-höfischen Bildung, der »humanistischen« Geistesbildung, der bäuerlichen, handwerklichen, bürgerlichen Berufs- und Werkbildung gesellschaftliche und geistige Prägungen, welche die Charakter-E. erleichtert oder erst ermöglicht haben (→ Bildungswesen). Die Bedingungen der Charakter-E. von der individuellen Seite her hat H.Nohl im Schichtenaufbau der menschlichen Person, in der Beachtung des Reaktionsgesetzes der Seele, in dem Verhältnis des subjektiven Charakters zum objektiven und im Verhältnis des Zukunftsentwurfs zur erinnerten Vergangenheit ermittelt und beschrieben. Die reife und charakterlich gesunde Person ist gekennzeichnet durch Sicherheit der Entscheidung und Haltung in allen sittlich relevanten Situationen. Diese beruht zuletzt auf der unableitbaren Wachheit des personalen Kerns - dem »Charakter« im Wertsinn des Wortes (→ Charakterologie, → Persönlichkeit) -; aber Bedingungen für das Zustandekommen dieser Sicherheit lassen sich eine ganze Reihe ermitteln. Sie liegen in den spontanen Lebenstendenzen, die erblich sind; sie stammen aus der Triebschicht, aus dem Willen zu Leistung, Geltung, Funktion und Erfüllung - von Nohl platonisch θυμός genannt -, aus dem Drang zur Teilnahme, zum Verstehen und Mithervorbringen der geistigen Wirklichkeit und aus dem Aufruf zur Personwerdung im Gewissen. Der Charakter im Wertsinne gedeiht, wenn jede dieser Lebenstendenzen ihr Recht erhält und anderseits ihren Ort und ihre Grenzen in der Rangordnung der Intentionen einhält. Die Nichtbefriedigung grundlegender Tendenzen zu ertragen, erfordert eine gesteigerte Kraft der ranghöheren, die zu üben Aufgabe der → Askese ist. Daß Nichtbefriedigung grundlegender Lebenstendenzen ohne die Ausbildung der höheren und ohne Asketik charakterzerstörend wirkt, hat die → Tiefenpsychologie durch Analyse der Neurosen aufhellen können (→ Freud, Adler, → Jung); die Therapie von Charakterstörungen knüpft an das Bewußtmachen falscher Lebenstendenzen an und sucht den asketischen Willen zu beleben (Binswanger, v.Gebsattel, Ernst Michel). Die Analyse der Charakterstörungen hat früher mit den biologischen Kategorien von Anlage und Milieu gearbeitet. Beide Faktoren zeigen für die Ermöglichung der Charakter-E. Bedingungen und Grenzen auf; das entscheidende Moment liegt jedoch in dem gesamten Gehalt der E. einerseits (das Kind wächst nicht »von selbst« nach den Voraussetzungen von Anlage und Milieu, sondern bedarf der E.; vgl. Langeveld) und anderseits in der persön-

lichen Leitlinie (Nohl), die der werdende Charakter »selbst«, durch prägende Erlebnisse gesteuert, hervorbringt und die sich nachträglich als das Wesentliche in seiner Biographie erzählen, aber nicht erklären läßt. Christliche Charakter-E. beruht in dem Willensverhältnis des Selbst zu dem Du Gottes und in der Begegnung mit dem Du des anderen, die ihren Sinn durch die Gegenwärtigkeit Christi erhält - auf dem Durchhalten eines sittlichen Verhältnisses zum andern also, das aus der Liebe und Vergebung heraus lebt und darin den Wirrnissen der Lebensnot und allem Störenden gegenüber unbefangen und vertrauend bleibt.

6. Die E. als ein allgemeines Lebensphänomen nimmt am *weltgeschichtlichen Prozeß* teil. Bei den → »Naturvölkern« zeigt sie andere Formen als in den alten Hochkulturen und wieder andere in der neuzeitlich-europäischen Epoche. Von den vorsteinzeitlichen Perioden ist zu wenig bekannt; in den steinzeitlichen Kulturen und bei den späteren »Naturvölkern« ist die Jugendepoche in der Regel nach dem Pubertätsschub des Wachstums beendet. Die alten Stammeskulturen mit nomadisch-patriarchalischen Verhältnissen zeigen strenge Zucht der Jugend unter väterlicher Leitung, die ackerbauenden, bes. des totemistischen Kulturkreises, kennen einen Initiationskursus mit abschließender Weihehandlung (→ Initiationsriten); Überlieferung von Mythen, Einübung in kultische Bräuche und Lehre samt asketischen Übungen bereiten diesen Eintritt ins Erwachsenenleben vor. Die Initiation scheint in den älteren Formen beiden Geschlechtern gegolten zu haben, meist erfaßt sie nur die Knaben. - In den Hochkulturen finden sich soziale Schichten und gegliederte Stände; Priestertum und Kriegertum der Adligen oder wehrhaften Freien und der »Schreiber« entfalten eine besondere E. mit je eigener Asketik und Geistesbildung (→ Weisheit). In der Epoche missionierender Weltreligionen tritt neben dem Priestertum das → Mönchtum als erziehende Macht auf. Die christliche Religion entfaltet eine den einzelnen in der Gemeinde ansprechende erziehende Kraft, und seit der konstantinischen Epoche greift sie in die erziehenden Ordnungen und Gesinnungen der Öffentlichkeit bewußt und auch indirekt formend ein. Wo im alten Griechenland und im neueren Europa die philosophische → Aufklärung (: I) zu einer erziehenden Macht wird, entsteht die Lebensform der philosophisch-literarisch Gebildeten und übt Einfluß auf alle erziehenden Gemeinschaften aus. In der abendländischen Welt entwickeln die städtischen Zünfte ein System der E., das in der merkantilistischen und liberalen Epoche und unter dem Einfluß sozialistischer Tendenzen in den modernen Völkern europäischer Prägung ein System öffentlicher E. hervorbringt, in dem der Gedanke der Berufsgrundbildung eine große Bedeutung gewinnt. Durch die Reformation hat die häusliche E. neben der öffentlichen einen besonderen Rang erhalten. Die egalitäre moderne Industriegesellschaft mit ihrer Tendenz zur Großorganisation, zum Verwaltungsstaat bei einer oft rein säkularen Auffassung von der Bestimmung des Menschen hat die älteren Traditionen der E. gestört und diese vor ganz neue Aufgaben gestellt.

Zu 1-3: J.Cohn, Geist der E., 1919 - F.Delekat, Von Sinn u. Grenzen bewußter E., 1927 - W.Flitner, Allgemeine Pädagogik, (1950) 1957^{4} - O.Hammelsbeck, Ev. Lehre von der E., 1950 - M.J. Langeveld, Einführung in die Pädagogik, 1951 - Ders., Studien zur Anthropologie des Kindes, 1956 - M.Buber, Reden über E., 1953. - Zu 4: F.E.D.Schleiermacher, Pädagogische Vorlesungen von 1826, 1957 - Th.Litt, Individuum u. Gemeinschaft, (1924) 1926^{3} - W.Flitner, Theorie des pädagogischen Wegs u. der Methode, (1950) 1958^{4}. - Zu 5: F.W.Foerster, Lebensführung, 1907 - P.Haeberlin, Der Charakter, 1926 - H.Nohl, Charakter u. Schicksal, (1938) 1949^{4} - Ph.Lersch, Aufbau der Person, (1938) 1956^{7} - E.Rothacker, Schichten der Persönlichkeit, (1938) 1952^{5} - A.Petzelt, Kindheit, Jugend, Reifezeit, (1951) 1955^{2}. - Zu 6: K.Schmid, Gesch. der E. vom Anfang bis auf unsere Zeit 5 Bde, 1884-1902 - P.Barth, Die Gesch. der E. in soziologischer u. geistesgeschichtl. Bedeutung, (1911) 1925^{5} - H.I.Marrou, Histoire de l'éducation dans l'antiquité, (1948) 1956^{3}; dt. 1957 - W.Jentsch, Urchristl. E.sdenken, 1951 - H.Brunner, Altägyptische E., 1957.

W.Flitner

II. Probleme der christlichen Erziehung

1. Die Situation seit 1930 - 2. Grundlegung - 3. Die Person des Erziehers - 4. Verkündigung und E. - 5. Die Gemeinde als E.sträger

1. Seit Ende der 20er Jahre unseres Jh.s vollzog sich in der Theologie der Bruch mit den pädagogischen Ideen des Kulturprotestantismus (F.Delekat). Bis dahin hatte man die chr.E. als Ergänzung und Überhöhung der allgemeinen → Erziehung (: I) durch die geistigen Werte des Evangeliums verstanden. Die kritische Neubesinnung erfolgte gleichzeitig von verschiedenen Ausgangspunkten her, jedoch in dem gemeinsamen Bemühen, sich vom humanistischen Menschenbild als dem normativen Bildungsideal zu lösen und die E.swirklichkeit von der reformatorischen Glaubenserkenntnis her zu interpretieren. Dabei trat einerseits die Vergebung als Grundlage des pädagogischen Bezuges in Sicht (H.Schreiner, W.Koepp), andererseits die Bedeutung des Gesetzes für die E. (G. Merz, M.Doerne, K.Frör). Einen eigenen Weg ging in Anlehnung an die Theologie → Gogartens der Kreis um M.v. → Tiling, der die E. als »weltliches Werk« innerhalb der Schöpfungsordnungen verstand, für die die Verkündigung den Blick frei macht, das aber dann allein dem Urteil der natürlichen Vernunft unterworfen ist. Aus dieser mehrschichtigen Besinnung erwuchsen nach 1950 die ersten Entwürfe einer inhaltlichen Lehre von der E. unter dem Evangelium (O.Hammelsbeck, G. Bohne, H.Kittel). Das 1954 ins Leben gerufene Comenius-Institut (Münster/Westf.) will als zentrale Arbeitsstätte für E.swissenschaft dieses Gespräch weiterführen und seine Ergebnisse wissenschaftlich auswerten.

Von der grundsätzlichen Neubesinnung bleiben auch die Fragenkomplexe nicht unberührt, die den E.sauftrag der Kirche in der veränderten soziologischen Struktur der Industriewelt betreffen. Die Fragen der Familien-E., der Heim-E., der E.shilfe und E.sberatung sind der Kirche neu gestellt. Das Verhältnis der Kirche zur öffentlichen E. bedarf der Neugestaltung und der Reinigung von überholten Mißverständnissen und Vorbehalten.

2. Das erziehende Handeln des Christen ist zu verstehen als ein Sonderfall des christlichen Handelns in der Welt überhaupt, dh als ein Handeln im Gehorsam Christi in der verantwortlichen Begegnung mit der E.swirklichkeit. Die grundlegenden Entscheidungen über die chr.E. fallen darum in der theologischen → Ethik bzw. → Dogmatik. Das Handeln des Christen im Gehorsam seines Herrn ist grundsätzlich unteilbar. Er kann auch als Erzieher in seinem Glauben und in seinem Beruf nicht verschiedenen, einander widersprechenden Verfügungen und Mächten untertan sein. Er kann seine diakonische Aufgabe an den ihm von Gott anvertrauten Kindern nur von der Erlösung durch Christus her verstehen und ausrichten. Gerade die »echte Weltlichkeit« der chr.E. als eines Geschehens unter dem weltlichen Regiment Gottes ist darum nur vom Evangelium her zu interpretieren und zu verwirklichen.

Wenn man die E. mit Luther betont als ein »weltliches Werk« bezeichnet, so kann das nur einen doppelten Sinn haben: Einmal die Abweisung jeder institutionellen Sakralisierung der E.; vor allem aber den Hinweis darauf, daß der pädagogische Bezug bereits ein Phänomen unserer menschlichen Existenz ist und daß deshalb die erzieherische Verantwortung nicht erst mit dem Christsein, sondern schon mit dem Menschsein gegeben ist. Das bedeutet, daß der Erzieher als Christ in freiem Gehorsam alle biologischen, psychologischen und soziologischen Gegebenheiten ernst nehmen muß, durch die Gott die gefallene Schöpfung am Leben erhält, und daß er darüber auch jederzeit in einem unbefangenen Austausch mit allen anderen Erziehern stehen wird.

Dieses weltliche Handeln des christlichen Erziehers ist weder selbstherrlich, noch ist es ideologisch gebunden. Es ist bestimmt durch die im hl. Geist wirksame Gegenwart des auferstandenen Christus und wird durch ihn frei zum sachgemäßen Dienst an der Welt. Damit versteht der Erzieher das bewahrende Handeln Gottes an der vergehenden Welt, dessen Amtsträger er ist, als eschatologisches Handeln. Er ist zum Mitarbeiter Gottes berufen in einer Welt, die auf ihre Neuschöpfung durch den wiederkommenden Herrn wartet.

3. Die Verwirklichung dessen, was wir chr.E. nennen, entscheidet sich darum an der *Person* des Erziehers, der von der Verkündigung des Evangeliums getroffen und zum getrosten Dienst an Gottes Geschöpfen gerufen ist. Das wird nicht dadurch in Frage gestellt, daß auch beim Erzieher die Neuschöpfung seines Dienstes durch das Wort nirgends objektiv verfügbar und aufweisbar ist und nicht pragmatisch unterschieden werden kann von dem, was sonst an guter, sachgemäßer E. geleistet wird. Da die Maßstäbe seines Handelns nicht durch die Vernunft, sondern durch das eschatologische Handeln Gottes an der Welt bestimmt sind, werden aber ganz von selbst immer wieder Situationen eintreten, in denen sich der Gehorsam gegen den erhöhten Christus sehr eindeutig, ja mitunter geradezu schmerzlich abheben und abgrenzen wird von den E.sgrundsätzen einer säkularisierten oder ideologisch gebundenen Umwelt.

Liegt der Ursprung einer E. unter dem Evangelium im personalen Geschehen, dann wird ihre Lebendigkeit und Stetigkeit in dem immer neu zu vollziehenden Hören auf die Stimme des Wortes begründet sein. Dies ist aber nicht möglich in einer Sphäre privater Innerlichkeit, sondern nur in der Gliedschaft der versammelten Gemeinde, dh in der Anteilhabe an ihrem gottesdienstlichen, sakramentalen und diakonischen Leben. Die Begegnung mit dem Wort wird dann immer aufs neue ihre Relevanz für die Interpretation der E.swirklichkeit und für die Bewältigung ihrer konkreten Aufgaben erweisen. Die daraus erwachsenden Erfahrungen, Zielbestimmungen, Grundsätze und Ordnungen sind zwar dem personalen Geschehen gegenüber sekundär, gleichwohl aber unentbehrliche Mittel der konkreten Verwirklichung und der verantwortlichen Gestaltung.

4. Wo E. unter dem Evangelium geschieht, liegt die Gefahr ihrer falschen Verchristlichung ebenso nahe wie die Pädagogisierung des Evangeliums. Darum muß der grundsätzliche Unterschied zwischen *Verkündigung und E.* deutlich gesehen werden. Beide haben ein verschiedenes Ziel und bedienen sich verschiedener Mittel. Sie können umgekehrt aber auch nicht künstlich gegeneinander isoliert werden, denn sie treten in der Wirklichkeit des Geschehens in eine lebendige Wechselwirkung. Die E. dient der Verkündigung des Wortes, indem sie das Vorfeld für ein fruchtbares, gewissensernstes Hören bereitet, und umgekehrt dient die Verkündigung der E., indem sie seelsorgerliche Situationen erschließt, die sich pädagogisch auswirken. Die Bedeutung der Verkündigung für die E. wird exemplarisch deutlich an drei Bereichen: a) In der chr.E. begegnet das Kind dem Gesetz als der Forderung, durch die es in die Verantwortung vor Gott gerufen wird. Gerade in der chr.E. hat das Gesetz seinen festen Platz, denn mit dem Evangelium kann man nicht erziehen. Hier erfährt das Kind die hilfreiche und heilsam bewahrende Macht des gnädigen Willens Gottes und lernt seinen Stand in der Welt recht erkennen. Es kann von da aus auch Zucht und Strafe recht verstehen und annehmen, wird aber zugleich der Grenzen inne, die dem Gesetz in seinem usus politicus gezogen sind (→ Gesetz: VI. VII). – b) Darum kann das Gesetz in der E. auch nicht isoliert gesehen werden. In der chr.E. erfährt das Kind die Vergebung der Sünden als die heilende und tragende Macht mitmenschlicher Gemeinschaft. Es darf nicht nur selber täglich von der Vergebung leben, sondern es lernt auch bei anderen die Wirklichkeit der Sünde sehen und doch die Gemeinschaft festhalten. Dies schafft eine Solidarität, die die natürliche Mitmenschlichkeit transzendiert und die Autorität des Erziehers nicht zerstört, sondern neu begründet. Die Vergebung schließt die Strafe nicht aus; wo aber Zucht und Strafe mit dem Willen zur Vergebung eins sind, kann auch die Strafe heilsam und fruchtbar sein. – c) In der chr.E. tritt der heilende und helfende Wille Gottes dem Kinde in der Gestalt entgegen, die er in der apostolischen Paränese gefunden hat. Sie ist nicht tödliche, gesetzliche Forderung, sondern Trost, Bitte und Mahnung in einem. In ihr kommt das überschwengliche Erbarmen Gottes gegen uns zum Wort und will uns frei machen zum willigen Dienst der Liebe. Die Paränese kann als usus practicus evangelii nie zu einem verfügbaren Mittel der E. gemacht werden. Wo sie aber recht geübt wird, vermag sie zur Lösung von Fragen zu führen, die zu den schwierigsten der E. gehören (Freiheit und Zwang, Ideal und Wirklichkeit). Die den herkömmlichen Bildungsbegriff transzendierenden nichtstetigen Formen der E. (Bollnow; → Bildung) haben in der chr.E. besondere Möglichkeiten der Entfaltung.

5. Der Verkündigungsauftrag der Kirche kann im konkreten Vollzug nicht getrennt werden von ihrer Verantwortung für die E. der getauften Kinder. Die Wortverkündigung an die heranwachsende Gemeinde bedarf der Einordnung in einen kirchlichen → Katechumenat, der dem Kinde die Leitbilder und Ordnungshilfen anbietet, die es zu seinem inneren Wachstum braucht. Das Hören der Botschaft kann nicht isoliert werden von dem Mitleben in der Gemeinde mit allen ihren Lebensformen.

Die Wahrnehmung des E.sauftrages der Kirche ist heute bestimmt durch zwei geschichtliche Impulse: Einmal die autoritative volkskirchliche E., die die Kirche im wesentlichen seit dem Zeitalter der Germanenmission entwickelt, in der Reformationszeit biblisch vertieft und durch alle Wandlungen bis ins 19.Jh. hinein durchgehalten hat. Der zweite Impuls ist die aus den → Erweckungsbewegungen entsprungene chr.E. im Sinne der Rettungsarbeit, wie sie in J.H. → Wichern ihren klassischen Ausdruck gefunden hat. Beide Formen passen nicht mehr nahtlos herein in die säkularisierte und technisierte Sozialstruktur der Gegenwart, ohne daß die Kirche bis jetzt neue, angepaßte Formen der E. entwickelt hätte. Sie kann sich der Notwendigkeit, hier neue Wege zu suchen, nicht durch den bewußten Rückzug auf ihren Verkündigungsauftrag entziehen. Sie wird vielmehr von dem Grundsatz der E.sdiakonie ausgehend eine nichtautoritative, nichtkonventionelle und kontaktbereite E.sarbeit aufzubauen haben, die ihrem E.sauftrag auch in der Situation der modernen Gesellschaft gerecht wird.

F. Delekat, Von Sinn u. Grenzen bewußter E., 1927 – Ders., Das erzieherische Ethos prot. Christentums (HPäd I, 1933, 203-246) – Ders., Theologie u. Pädagogik (ThEx NF 53), 1956 – F.v. Bodelschwingh, Vergebung als Grundlage ev. E. (Bethel-Zs. 1929, abgedr. in: Der ev. Erzieher 2, 1950, 2-9) – G. Bohne, Das Wort Gottes u. d. Unterricht, (1929) 1932² – Ders., Grundlagen der E. I. II, 1951/53 – Ders., Vom Gespräch zw. Päd. u. Theol. (ZP 1, 1955, 229 bis 247) – H. Schreiner, Pädagogik aus Glauben, 1930 – H. Weinel, Die ev. rel. E. (HPäd III, 1930, 239-257) – G. Merz, Kirchl. Verkündigung u. mod. Bildung, 1931 - DERS., Freiheit u. Zucht, 1932 - DERS., Priesterl. Dienst im kirchl. Handeln, 1952 - G.MÜLLER, Vom Sinn einer ev. Schule, 1931 - L.CORDIER, Ev. Pädagogik I. II/1, 1932/38 - M.DOERNE, Bildungslehre d. ev. Theol. (Hdb. d. dt. Lehrerbildung I B, IVa), 1933 - W.KOEPP, D. E. unter d. Evangelium (Päd. Magazin 1355), 1932 - M.v.TILING, Grundlagen päd. Denkens, 1932 - DIES. u. K.JARAUSCH (Hg.), Grundfragen päd. Handelns, 1934 - DIES., Wir u. unsere Kinder, 1955 - K.FRÖR, Was heißt ev. E.?, 1933 - DERS., E. u. Kerygma, 1952 - H.FABER, Rel.-päd. Probleme (ThR NF 6, 1934, 33-60. 97-129. 175-206; Lit.) - E.LANGE, Die E.slehre d. ev. Theol., 1936 (Lit.) - K.BARTH, Evang. u. Bildung (ThSt [B] 2), (1938) 1947² - DERS., Humanismus (ebd 28), 1950 - O. HAMMELSBECK, Der kirchl. Unterricht, (1939) 1947² - DERS., Ev. Lehre v. d. E., 1950 - DERS.-P.S.MINEAR-G.C.VAN NIFTRIK, E. u. Menschenbild (ThEx NF 38), 1953 - DERS., Glaube, Welt, E., 1954 - W.UHSADEL, Die Kirche im E.swerk, 1939 - DERS., Ev. E.s- u. Unterrichtslehre, 1954 - K.WÜRZBURGER, E. nach d. Evang., Zürich 1944 - K.ZELLER, Bildungslehre, Zürich 1948 - H.KITTEL, Schule unter d. Evang., 1949 - DERS., Der Erzieher als Christ, (1951) 1953² - G.WÜRTENBERG, Existenz u. E., 1949 - K.B.RITTER-W.STÄHLIN, Kirche u. Menschenbildung, 1949 - W.FLITNER, E.swiss. u. kirchl. Päd. (Sammlung 6, 1951, 631-645) - DERS., Das Selbstverständnis d. E.swiss. in d. Gegenwart, 1957 - W.JENTSCH, Urchristl. E.sdenken, 1951 - A.D. MÜLLER, Die Lehre v. d. kirchl. E. (M.DOERNE, Grundr. d. Theol.-studiums III, 1952, 160-178) - E.WENIGER, Zum Gespräch zw. ev. Theol. u. Päd. (Sammlung 9, 1954, 126-137. 180-193) - H.B.KAUFMANN, Grundfragen der E. bei Luther (Diss. Kiel), 1955 (Masch.) - E.SCHMIDT, Das Verhältnis v. Päd. u. ev. Theol. in d. Gegenwart (Diss. Heidelberg), 1955 (Masch.; Lit.) - E.REIMERS, Recht u. Grenzen einer Berufung auf Luther in d. neueren Bemühungen um eine ev. E. (Diss. Göttingen), 1956 (Masch.; Lit.) - G.NIEMEIER-W.UHSADEL, Kirche u. Schule, 1956 - Kommission d. Luth. Weltbundes f. E.sfragen, B.HAREIDE (Hg.), Die Verantwortung d. Familie für d. chr. E., 1957 - G.GIESE, E. u. Bildung in der mündigen Welt, 1957 - G.OTTO, Verkündigung u. E., 1957.

K.Frör

Erziehungsanstalten

I. Allgemeines - II. Christliche E. - Vgl. → Bildungswesen, → Pädagogik: I. II

I. Allgemeines

1. Höhere E. - 2. Soziale E.

1. Als zum ersten Male in der Geschichte des Abendlandes die → Erziehung (: I) als solche zum Gegenstand der Reflexion wurde, wird sie theoretisch bereits entwickelt als eine Veranstaltung außerhalb der → Familie (: V). Das geschieht in → Platos »Staat«. Mehr als die Eltern und die ihren Interessen nachgehende Gesellschaft darf der Staat als eine sittliche Macht von überpersönlicher Hoheit die Jugenderziehung für sich beanspruchen. Aus gleicher gesellschaftskritischer Einstellung sind die Entwürfe bei Thomas → Morus und → Fichte entstanden.

Geschichtlich werden zuerst die während der Christianisierung des Abendlandes entstehenden *Klosterschulen* bedeutsam. Sie mit einem Internat zu verbinden, ergab sich schon aus dem Gesichtspunkt, die von weither kommenden Schüler in geordneten Verhältnissen unterzubringen und zu versorgen (daher auch »Alumnat«). Eine innere Verbindung zwischen Schule und Internat bestand insofern, als dort die Mühsal des Lernens und hier die strenge, asketische Zucht Mittel der christlichen Selbstdemütigung waren. Bis zum Aufkommen der Universitäten sind die im 9.Jh. gegründeten Klosterschulen in Tours und Cluny, in Fulda, St.Gallen und Reichenau, Utrecht und Lüttich die berühmtesten ihrer Zeit.

Als dann im 13.Jh. in → Paris (: II) die Sorbonne und in *England* die Universitäten → Oxford und → Cambridge als Collegien, dh als Wohn- und Lebensgemeinschaften von Magistern und Scholaren entstehen, hat sich in beiden Ländern nach ihrem überzeugenden Vorbild die Verbindung auch der höheren Schulen mit Internaten bis auf den heutigen Tag eingebürgert. Vor allem die englischen Public Schools (Winchester, Eton, Shrewsbury, Rugby, Harrow u.a.) sind zu maßgeblichen Stätten der englischen Nationalerziehung geworden. Das englische Internatswesen wird getragen von der jedermann geläufigen Ansicht, die Familie verwöhne das Kind, die Schule vermittle eine zu einseitige Intellekt- und Wissensbildung und beide bedürften der Ergänzung durch eine Charaktererziehung innerhalb eines Internats.

Auf *italienischem* Boden schafft Vittorino da Feltre (eigentlich Vittorio Ramboldini, 1378-1446) in Mantua eine Erziehungsanstalt, die bemerkenswert ist durch den Stempel seiner originalen Erzieherpersönlichkeit und als Ausdruck des damaligen Zeitgefühls. Seine »Casa giocosa« ist das pädagogisch Gestalt gewordene Rinascimento, mit der Einschränkung, daß sich da Feltre von dem humanistischen »Neuheidentum« seiner Zeit distanzierte, in welchem er die Ursache ihres moralischen Verfalls erblickte. Das starke sittliche Kraftbewußtsein, das seine Anstalt nach dem Zeugnis seiner Schüler erfüllt haben muß, war begründet in dem kulturkritischen Aufbruch der Frührenaissance. Griechentum und Christentm verbinden sich bei ihm in der Gestalt des Ritters, der mit heroischem Ethos das Gute und Schöne in dieser Welt vertritt, die als Gleichnis des Schöpfers nicht entheiligt werden darf. Harmonische Ausbildung von Körper und Geist, des Körpers durch die ritterlichen Disziplinen in edler Haltung und Bewegung, des Geistes durch Disziplin des richtigen Denkens in wohlgefälliger, beredter Darstellung, ist sein echt humanistisch-weltmännisches Bildungsprogramm. Es ging ihm weniger um eine materiale Gelehrsamkeit und rezeptive Bildungsaufnahme, als darum, die geistigen Interessen zu wecken. Beispielhaft bricht bei Vittorio die pädagogische Wendung auf die selbstschöpferischen Kräfte gegen den mittelalterlichen Schulbetrieb, gegen die → Scholastik durch.

In *Deutschland* veranlassen die prot. Fürsten im *Reformationszeitalter* die Einrichtung von Internatsschulen in den leergewordenen Klöstern, so vor allem Herzog Moritz von Sachsen in Pforta, Meißen und Grimma, Herzog Ulrich von Württemberg in Tübingen, Blaubeuren und Maulbronn. Bekannt wurde auch das von V. → Trotzendorf in Goldberg (Schlesien) geleitete Gymnasium illustre durch seinen Versuch, die Anstalt wie ein Staatswesen zu organisieren mit Schülerbeamten und Schülergericht, ein anschauliches Beispiel für den Einfluß, den der säkularisierte Staat jetzt auf die E. gewinnt. Der Humanismus, dessen Hochblüte der Reformation unmittelbar voraufgegangen war, wirkte sich nur im Lehrplan aus, doch mit dem Erfolg, daß die neuen E. als Vorstufen der Universität ihren Anteil an der Erneuerung der Künste und Wissenschaften hatten und neben bedeutenden Theologen auch Männer wie Ernesti, Gellert, Klopstock und Lessing aus ihnen hervorgegangen sind.

Ungefähr gleichzeitig entstehen auf *gegenreformatorischer* Seite Jesuiten-Kollegien und -Konvikte in Österreich, Bayern, im Rheinland und sonst an den Bischofssitzen. Der Gründer des Ordens, selbst Sohn eines spanischen Adelsgeschlechts, verlieh diesen E. den Geist aristokratischer Vornehmheit. Mit einer neuen Bewußtheit wird die Charaktererziehung der geistigen Gelehrsamkeit nebengeordnet. Die von Ignatius von → Loyola entwickelten geistlichen → Exerzitien dienen der Willenserziehung im Sinne von unbedingtem Gehorsam, Selbstbeherrschung und Sittenreinheit. Eine größere Aufgeschlossenheit dem Humanismus gegenüber führt zur Pflege der feinen Sitten, der Gefälligkeit des Ausdrucks, aber auch der Gewandtheit im Spiel, Reiten und Fechten. Das Schultheater wird eingeführt.

Vermitteln die mittelalterlichen und ev. Klosterschulen eine religiös-kontemplative und gelehrte Bildung, versuchen die jesuitischen Internate das ritterliche Lebensideal mit dem geistlichen zu verbinden, so nehmen die gegen Ende des 16. und im Laufe des 17.Jh.s entstehenden *Ritterakademien* die Tradition des weltmännischen, aktiven Rittertums wieder auf, dem Askese, Büchergelehrsamkeit und »metaphysische Grillen« gleichermaßen fern lagen. So wird die Schule fast nebensächlich. Sie ändert ihren Lehrplan grundlegend. Des Lateinischen als Zugang zur Gelehrsamkeit bedarf man nicht mehr. Französisch wird die Umgangssprache des »Kavaliers«. Die neuen Fächer - u.a. Rechts- und Staatslehre, Geschichte, Astronomie, Mathematik, Kriegswesen - sollen »ohne alle Pedanterie und Aufenthalt« gelehrt werden. Anstelle der geistlichen treten die ritterlichen Exerzitien, anstelle des kirchlichen der höfische Ritualismus, sowie Spiel, Tanz und Musik. »Artigkeit« als Ausdruck innerer Liebenswürdigkeit und Selbstbeherrschung bei jedem Gemütszustand sind die Vorzüge des gentilhomme. Zu den bekanntesten zählten die Savoyische Ritterakademie, die zu Lüneburg, Kassel, Liegnitz u.a.

Ein schon bei da Feltre und sonst in der Gründungsgeschichte der E. oft erkennbares Motiv führt 1695 zur Entstehung der Halleschen Anstalten: *A.H.* → *Franckes* Kampf gegen den scholastischen Dogmatismus der Zeit und sein vergeblicher Versuch einer Erneuerung innerhalb der orth. Landeskirche. Lassen sich andere E. als Staat im kleinen bezeichnen, so waren die Halleschen Stiftungen im Sinne → Speners eine ecclesiola in ecclesia. Angeregt auch durch J.V. → Andreäs Bildungsutopie »Christianopolis«, sollte diese von christlicher Liebe erfüllte Schul- und Erziehungsstadt, frei von den Fesseln einer zur Leblosigkeit erstarrten Kirche, wieder zur Erfahrung der »Gottseligkeit« führen mit dem Ziel, »des ewigen Gottes Friede, Freude, Wonne und Lust zu schmecken« und durch asketische Disziplinierung der sündigen Natur junge Pioniere für das Reich Gottes auf Erden zu erziehen. Tätiges Christentum verbindet Francke mit Weltklugheit, weshalb ihm, der dem Verbalismus und der Gelehrsamkeit in der Schule so feind war wie dem »Maulchristentum«, die Unabhängigkeit seiner Stiftung zur Einführung des Realunterrichts sehr gelegen kam.

Einer der Zöglinge Franckes war → *Zinzendorf,* der in der → Brüderunität (: II, 5), deren Bischof einst → Comenius gewesen war, von 1722 ab E. in Herrnhut, Niesky u.a. ins Leben rief. Innerhalb der Gesamtgemeinde faßte er die Kinder zu einer Jugendgemeinde (»Chor«) zusammen. Dadurch entstand ein kindgemäßer Lebensbereich, der wiederum ein vertraulicheres Verhältnis zwischen Erzieher und Zögling nach sich zog. Hier haben deutsche E. erstmalig eine »Atmosphäre« entwickelt.

In der *Aufklärung* besinnt sich zum zweiten Male in der abendländischen Geschichte die Erziehung auf sich selber als einen eigenständigen Vorgang. → Basedow greift die mit einem Internat gegebene Möglichkeit auf, um sich aus der Verflechtung der an der Erziehung interessierten Mächte auf einen Bezirk zurückzuziehen, in dem sich die Pädagogik selber als eine Lebensmacht erweist und die Jugend die »Glückseligkeit« ihrer Altersstufe genießt. Chr.G. → Salzmann, anfangs Religionslehrer an dem von Basedow 1774 in Dessau gegründeten Philanthropin, ist überzeugt, daß das Internat der »Himmel auf Erden« sein und die ganze Welt in ein Paradies verwandeln könne. Da aber der pädagogische Weg zu dieser Glückseligkeit erst gesucht werden mußte durch Experimente am Zögling, führte der Konflikt mit der pädagogischen Grundhaltung, die es verbietet, den Zögling als Mittel zum Zweck zu mißbrauchen, zu einer Spaltung im Kollegium und damit zur Auflösung des Internats. Nicht weniger tragisch hat sich dieser Konflikt zwischen Pestalozzis Mitarbeitern Niederer und Josef Schmid in Ifferten wiederholt und ist überhaupt nicht selten in der Internatsgeschichte, soweit sie Ort des pädagogischen Experimentierens ist. Dem steht gegenüber, daß von den Internaten viele Anregungen zur »allgemeinen Revision des gesamten Schul- und Erziehungswesens« ausgegangen sind, so von J.H. → Campe, dem »Schriftsteller des Philanthropinismus«, der nach seinem Ausscheiden aus Dessau eine E. in Hamburg (später Trittau b. Hamburg) leitete, so von Chr.G.Salzmann, der sich unter Rousseaus Einfluß aus dem Stadtleben Dessaus in die ländliche Abgeschlossenheit zurückzog und auf dem Gut Schnepfenthal bei Waltershausen (Thür.) 1784 ein Philanthropin gründete, wo er mit GuthsMuths, dem Altvater des deutschen Turnens, zusammenarbeitete. Es waren Ideen, die sich in dem überkommenen Schulsystem niemals auf ihre pädagogische Allgemeingültigkeit hätten erproben lassen. Abgesehen aber von dem Bemühen, die richtige Methode zu finden, ging es den → Philanthropinisten inhaltlich um die Übertragung des ritterlich-weltmännischen Bildungsideals in das neue bürgerliche Zeitalter. Demgegenüber betont die 1817 von → Fröbel in Keilhau (Thür.) gegründete »Allgemeine Deutsche E.« wieder sehr viel mehr die wissenschaftliche Allgemeinbildung und damit die Schule, wiewohl das Internat seine Bedeutung als eine Stätte jugendlichen Eigendaseins und kameradschaftlicher Atmosphäre beibehält.

2. Vorläufer der heutigen *sozialpädagogischen E.* sind die Waisenhäuser (→ Waisenfürsorge: I) für ehelich geborene Kinder, die bes. nach Kriegs- und Katastrophenzeiten etwa seit dem 14.Jh. entstanden, die → Findelhäuser für ausgesetzte oder asozialen Eltern abgenommene Kinder, sodann die Werkhäuser für schuldlos, die Spinn- und Zuchthäuser für schuldhaft erwerbslos gewordene Personen. Die Arbeitserziehung, die dort erstmalig angewandt wird, setzt Luthers Begriff vom → Beruf (: III, 3a. b), die veränderte Bewertung von freiwillig gewählter Armut, Bettel und Almosen, die Strenge, mit der sie gehandhabt wird, die calvinistische Auffassung voraus, daß der Mensch sich »quälen« solle als Form innerweltlicher Askese. Das erste Zuchthaus entsteht 1557 in London und nimmt von dort seinen Weg über Holland in das prot. Deutschland. Das bekannteste unter den Waisenhäusern ist das 1695 von A.H.Francke gegründete, caritativ in seinem Ursprung, in seinem Charakter pietistisch-asketisch.

Mit → *Pestalozzi,* der 1774 auf dem Neuhof (Kanton Aargau, und 1798 in Stanz (Unterwalden) E. für arme, verwaiste und verwahrloste Kinder errichtete, beginnt die eigentliche Geschichte der sozialpädagogischen Heime. Sein Werk ist das Ergebnis einer im Ursprung pädagogischen Haltung. Mit der christlichen Sozialarbeit darin einig, in der Entzweiung des Menschen mit seinen Verhältnissen die Ursache auch seines äußeren Elends zu sehen, ist ihm Bildung die Wiederherstellung des inneren Friedens. Indes wendet er sich den Armen und Schuldigen nicht mit einer im strengen Sinne christlich erbarmenden Liebe zu, als ob die weltliche Liebeskraft vor diesen im verächtlichen Sinne »Erbärmlichen« versagen müsse, sondern mit ihm dringt der humanistische Glaube erstmalig auch zu den Parias der menschlichen Gesellschaft vor und wird mit einer in der Wurzel andersartigen Liebe sehend für den Armen als die »Offenbarung der göttlichen Idee« und die »Armut als die Quelle zur Ausbildung der größten Kräfte und Anlagen der Menschheit«. Dank dieser historischen Leistung konnte sich eine → Sozialpädagogik überhaupt erst entwickeln. Wenn die Armut ihre bildenden Kräfte selber schon in sich birgt, so ließen sich E. für Arme nicht wie Alumnate einrichten, in denen die Zöglinge versorgt werden, die Sorge selber aber aus ihrem Blickfeld gerückt wird, damit sie sich um so ungestörter der Bildung zuwenden können. Pestalozzis »wesentlicher Gesichtspunkt« ging darauf, »die Kinder durch die ersten Gefühle des Beisammenseins zu Geschwistern zu machen, das Haus in den einfachen Geist einer großen Haushaltung zusammenzuschmelzen«, wobei die »allseitige Besorgung des Kindes durch die Gefühle und Kräfte, die durch diese allseitige Besorgung geweckt werden«, auch die geistig-sittliche Entwicklung des Kindes einschließt.

1833 öffnete *J.H.* → *Wichern* vor den Toren Hamburgs die Rettungsanstalt »Das Rauhe Haus« für gefährdete Großstadtkinder. Dieses und die schon von Zeller in Württemberg, J. → Falk in Weimar, von der → Recke und Th. → Fliedner im Rheinland gegründeten → Rettungshäuser standen der christlichen → Erweckungsbewegung nahe, die die religiöse Indifferenz und die damit zusammenhängend gesehenen sittlichen Verfallserscheinungen im Volke zu überwinden trachtete. Dem Rauhen Haus war die »Mission« zugedacht, »Mittelpunkt eines christlichen Lebens« zu sein, »von welchem aus unser Volk im tiefsten Grund erfaßt und aus seinem Sumpf heraus in die neue Welt Gottes hineingestellt wird«. Damit büßte das Reich Gottes an Transzendenz ein und machte den Weg zu einer »ev. Erziehung« frei, auf dem wir Wichern heute aus theologischen wie pädagogischen Gründen nicht folgen können. Gewiß vermochte, weil die neue religiöse Haltung kulturoffen war und Pestalozzi lebendig in die Zeit wirkte, das Erzieherische unvergleichlich mehr zur Geltung zu kommen als bei Francke. Statt asketischer Strenge herrschte natürlicher Frohsinn. Spiel, Musik und Fest wechselten mit Arbeit, Schule und Gottesdienst. Doch konnte Wicherns Version »Erziehung ist Angebot der Gnade Gottes an die Kinder«, an der die → Innere Mission bis heute festhält, die Problematik einer Fusion von Heils- und Erziehungsweg nicht verbergen. Es ist irrig, einem unreifen Verwahrlosten, weil er ein Sünder sei, den Erlöser von allen Sünden gegenüberzustellen, weil jede vorzeitige Inanspruchnahme übernatürlicher Gnadenkräfte die Entwicklung der natürlichen Kräfte stört, die Lehre von der nur durch Gnade zu tilgenden Sündhaftigkeit über das Verständnis eines Kindes hinausgeht und damit auch nicht dem Anliegen der Kirche dient. Wenn dabei aber, wie unausbleiblich, der Erlösergott pädagogisiert wird auf dem Grunde eines noch nicht erschütterten, naiven Gott-Kind-Verhältnisses, so ist das theologisch anfechtbar und dem aus dem Kindsein herauswachsenden und zu eigener Verantwortung heranreifenden Jugendlichen gegenüber unpädagogisch.

Unberührt von aller Kritik aber bleibt Wicherns Grundtendenz, den vom göttlichen Ursprung der Liebe getrennten Verwahrlosten durch »persönliche Liebespflege« verspüren zu lassen, daß er »an diesem goldenen Faden der Liebe hängt«. Das »Elend der Lieblosigkeit« führt wie bereits Pestalozzi so auch Wichern zu einer ganz anderen Internatsform als dort, wo es gilt, Söhne und Töchter »aus gutem Hause« zu Vorbildern einer Gemeinschaft zu erziehen. Da diese Aufgabe an die Grenzen selbst der besten Familie stößt, haben jene Internate in mehr oder weniger betonter Abgrenzung gegenüber der Familienerziehung das ihnen eigentümliche Prinzip gefunden. Sozialpädagogische E. für Kinder aus denaturierten, aufgelösten oder nie bestandenen Familien müssen sich der Naturform der Familie so gut sie können angleichen und dürfen die aus anderen Voraussetzungen erwachsenen Internatsformen nicht unkritisch übernehmen.

Auf *kath. Seite* hat vor allem Don → Bosco, Gründer der Salesianischen Anstalten, namentlich durch die Bevorzugung der »präventiven« (das Gute im Zögling fördernden) Methode gegenüber der repressiven, strafenden von Italien nach Deutschland herübergewirkt. Die unabhängig voneinander aus der Sozialarbeit kath. Orden entstandenen E. schlossen sich 1897 zum Caritasverband (→ Caritas) zusammen.

Indessen begann die weiter wachsende Jugendgefährdung auch den *Staat* zu alarmieren und zu einigen in Abständen aufeinander folgenden Gesetzesakten zu veranlassen (→ Fürsorgeerziehung), in deren Folge die Zahl der E., nun auch um staatliche vermehrt, weiter anstieg. Die bereits vorliegenden pädagogischen Einsichten wurden jedoch wenig genutzt. Kasernierungs- und Saalsystem, asketische Zucht und Ordnung bestimmten das Bild.

Die Einsicht der Psychiatrie in die konstitutionelle Bedingtheit von Charakterschwierigkeiten führt um die Jh.wende zur Einrichtung *heilpädagogischer Institute* (→ Heilpädagogik), deren von allen erziehungsfremden Einflüssen freier Charakter vor allem von J. Trüper, Gründer des Heilerziehungsheimes Sophienhöhe b. Jena (1890), betont wird. Das schwierige Kind fordert eine um so strengere Innehaltung des pädagogischen Weges. Die bestehenden E. ziehen Psychiater zur Mitwirkung heran.

Als Karl Wilker 1917 die Leitung einer E. in Berlin-Lichtenberg übernimmt, der seine Zöglinge den Namen »Lindenhof« geben, dringt wieder die Lebendigkeit einer neuen Zeit in die E. ein. Die → Jugendbewegung richtete ihre aktiven Energien auf die → Sozialpädagogik aus ihrem solidarischen Verantwortungsgefühl vor den jungen Menschen, die nicht durch eigene, sondern die Schuld der menschlichen Gesellschaft um die Erfüllung ihrer Jugend betrogen worden waren. Aus ihrem Grunderlebnis heraus werden die E. zu einer Stätte der Jugend, vollzieht sich die Erziehung im Medium der eigenen Verantwortlichkeit des Zöglings, die nur entwickelt werden kann, wenn sie ihm unterstellt wird. Das Autoritätsverhältnis macht einer kameradschaftlichen, freiwillig anerkannten Beziehung Platz. Vom Lindenhof griff der neue Geist über auf einige staatliche Neugründungen, auf die Heime der 1919 als Selbsthilfeorganisation der → Arbeiterbewegung konstituierten »Arbeiterwohlfahrt« und wurde auch in bereits bestehenden Heimen virulent.

Gleichzeitig erfolgt ein Vorstoß gegen die überholten Methoden der E. von der *Psychotherapie* (→ Psychoanalyse), die die soziale Unangepaßtheit des Zöglings im Gegensatz zur → Psychiatrie als eine Neurose versteht, die durch Überbetonung der Disziplin und direkte Symptombekämpfung nicht geheilt, sondern nur unterdrückt werden kann. Aug. Aichhorn in Wien, Dr. Jonsson in dem schwedischen Barnby (Kinderdorf) auf Sko u.a. sind von dieser Grundlage aus neue Wege gegangen, um nach tiefenpsychologischer Aufdeckung der Ursachen die richtige Reaktion auf die Symptomatik des entwicklungsgestörten Kindes finden zu können. In Deutschland arbeiten einige kleine, von Psychagogen mit sozialpädagogischer Grundausbildung geleitete Heime therapeutisch. Die Erkenntnis von der Bedeutung frühkindlicher »Nestwärme« und den Ansprüchen der Triebnatur, nach Rousseau und Pestalozzi eigentlich grundsätzlich nicht neu, brachte auch außerhalb der psychotherapeutischen Schulen die Anstaltspädagogik neu in Fluß. Das wiederaufgebaute Münchner Waisenhaus, das Pestalozzi-Dorf Wahlwies am Bodensee, das Kinderdorf Imst bei Innsbruck, das italienische Jugenddorf Nomadelphia des Don Saltini in Toscana legen die Akzente jeweils auf das völlige Aufgehen der Pflegeeltern in ihrer »Familie«, auf die Kleinstgruppe, die auch das schwierigste Kind noch trägt und einer verderblichen gegenseitigen Infektion entgegenwirkt, auf die wirtschaftliche Unabhängigkeit der »Familie«, die das Kind statt zu verwöhnen, zum Mitsorgen heranzieht.

Für das Jugendalter haben Father Flanagan in seiner Boys-Town (Omaha/USA), Kurt Hahn in seinen schottischen Outward-bound-schools, Makarenko in seinen ukrainischen Jugendkollektiven zwar unvergleichbare, aber doch darin übereinstimmende Formen entwickelt, daß sie den Jugendlichen u.a. vor Aufgaben von öffentlicher Wichtigkeit stellen, deren Ernst ihn überzeugt und in seinem Selbstbewußtsein wieder aufrichtet.

Zu 1: J.B.BASEDOW, Das in Dessau errichtete Philanthropin, 1774 - CHR.G.SALZMANN, Nachrichten aus Schnepfenthal, 1786-88 - K.A. SCHMID, Enzyklopädie des gesamten Erziehungs- u. Unterrichtswesens, (1859) 1876² - TH.HUGHES, Loyola and the educational system of Jesuits, 1892 - P.VECCHIA, Vittorino da Feltre, 1908 - E. HORN, Das höhere Schulwesen Preußens unter bes. Berücksichtung des Internats- u. Alumnatswesens, 1911 - O.UTTENDÖRFER, Das Erziehungswesen Zinzendorfs u. der Brüdergemeine in seinen Anfängen (Monum. Germ. Paed. 51), 1912 - F.MAHLING-C.MIRBT-A. NEBE, Zum Gedächtnis A.H.Franckes, 1927 - F.WÜLLENWEBER, Dessau und Ifferten (Diss. Göttingen), 1931. - FR.FRÖBEL, Ausgew. Schriften, hg. v. E.HOFFMANN, Bd I, 1951 - E.BEYREUTHER, A.H.Francke, 1956. - Zu 2: J.H.PESTALOZZI, Sämtl. Werke I. XIII, 1927/32 - J.H.WICHERN, Ges. Schriften III. IV. VI, 1902/05/08 - K.WILKER, Der Lindenhof, 1921 - F.CRISPOLTI-F.V.LAMA, Don Bosco, 1922 - J.STEINWACHS-W.BACKHAUSEN-E.VOIGT, Ev. Anstaltserziehung, 1922 - A.AICHHORN, Verwahrloste Jugend, (1925) 1957⁴ - Kath. caritat. Anstaltserziehung, hg.v. J.BEEKING, 1926 - M.GERHARDT, J.H.Wichern, 3 Bde, 1927-31 - H.NOHL, Jugendwohlfahrt, 1927 - H.HANSELMANN, Schwererziehbare Kinder, Bern 1928 - G.THAL, Die Pädagogik der Inneren Mission (Diss. Göttingen), 1933 - A.S.MAKARENKO, Der Weg ins Leben, 1950 - DERS., Flaggen auf den Türmen, 1954 - Hdb. der Heimerziehung, hg. v. FR.TROST, 1952ff.

W.Patzschke

II. Christliche Erziehungsanstalten

1. Jüngste Vergangenheit - 2. Theologische, pädagogische und kulturpolitische Grundlagen - 3. Innere Gestalt - 4. Organisation

1. Chr.E. sind Schulen besonderer Prägung, in denen sich die Bildungsarbeit mit christlicher Lebensgemeinschaft zwischen Jugend und Erwachsenen verbindet. Ihre Geschichte ist mit der Geschichte der Kirchen eng verknüpft. - Zwischen 1933 und 1945 gingen die chr.E. durch Gleichschaltung, Politisierung, Schließung oder Zerstörung zusammen mit dem gesamten freien Schulwesen fast ohne Ausnahme zugrunde. Eine Neuentwicklung setzte nach 1945 ein. In der neugewonnenen politischen und kulturellen Freiheit erhielten die von den Kirchen unterhaltenen Schulen ihren eigentlichen Auftrag und Charakter zurück. Auch der zweite Kreis von chr.E., der auf den → Pietismus und die → Erweckungsbewegung zurückgeht, nahm alsbald die Erziehungsarbeit wieder auf. Theologische und pädagogische Neubesinnung führte endlich zu einer neuen Erfassung der Bildungsaufgaben in den Kirchen; es kam zu einer Anzahl von Neugründungen. Sie fielen in eine Zeit größter Erziehungsnot, die sich zuerst aus den Flüchtlingsverhältnissen, dann aus der sozialen Umschichtung zur industriellen Massengesellschaft ergab. Die Kirchen gewannen ein neues Verständnis für die in diesem Umbruch rasch und dringlich sich stellenden Aufgaben in Stadt und Land. Während in der DDR alle Ansätze zu freier Bildungs- und Erziehungsarbeit unterdrückt wurden und blieben, entstand in West-Berlin ein beachtliches ev. höheres Schulwesen mit ev. Heimen.

2. In der *theologischen* Begründung der Arbeit in den chr.E. kamen und kommen die von K. → Barth ausgehende Erschütterung des theologischen Denkens ebenso zum Tragen wie die pädagogische Besinnung nach den beiden Weltkriegen (→ Erziehung: II). Nach der »pädagogischen Drehung um 180°« (Hammelsbeck) ging es nicht mehr an, das Evangelium als ein Mittel, die christliche Persönlichkeit als ein Ziel der Erziehung anzusehen. Aus der verderblichen Nähe zu aller zweckbestimmten → Pädagogik befreit, konnte die ev. Erziehung als »ein weltlich Geschäft« (Luther) sich »unter das Evangelium« stellen und der »Erzieher als Christ« (Kittel) seine Aufgabe in der Welt erfüllen. Dieser neugewonnene Ansatz muß allerdings noch in dem Gespräch zwischen Theologie und Pädagogik über Kultur und Evangelium entfaltet und gesichert werden. - Im *kulturpolitischen* Raum nehmen die chr.E. an den grundlegenden Erörterungen teil, die von der Arbeitsgemeinschaft der Verbände gemeinnütziger Privatschulen ausgehen und zu einer theoretischen Begründung eines staatsfreien Raumes geführt haben, in der die → Privatschule als Ergänzung des öffentlichen Schulwesens ihren Platz findet (→ Bildungswesen, 7). Die Argumentation geht insbesondere von Art. 7 Abs. 4 GG aus, in dem das Recht zur Errichtung privater Schulen gewährleistet wird. Damit weist der demokratische Staat selbst den Grundsatz eines staatlichen Schulmonopols zurück, im Gegensatz zu allen totalitären Staaten, in denen der Eintritt in die → Einheitsschule den ersten und entscheidenden Schritt in ein Staatswesen hinein bedeutet, das die Menschen mit Leib und Seele für sich in Anspruch nimmt. Privatschulen wie die chr.E. sind der Ausdruck dafür, daß der demokratische Staat den → Eltern die Wahl der Schulen frei läßt, die ihren weltanschaulichen Überzeugungen entsprechen. Der moderne säkularisierte Staat, der durch die öffentliche Schule dem Volk in seiner ganzen Breite dienen will und daher als solcher keine metaphysischen Werte setzen kann, braucht, um seine innere Freiheit zu erweisen, Schulen, die einen weltanschaulichen Ansatz haben und diesen in ihrem Bildungswesen ausgestalten. Zusammen mit den kath., den Waldorfschulen (→ Anthroposophie, 4) und den → Landerziehungsheimen sind die ev. Privatschulen die Träger solcher konkreten Gestalten der freien Schule. So viel die ev. chr.E. auch von den übrigen genannten Gruppen trennt - mit diesen kulturpolitischen Überlegungen stehen sie in einer Reihe mit den Privatschulverbänden, die sich von den erwerbswirtschaftlich orientierten Privatschulen durch ihren gemeinnützigen Charakter unterscheiden. Der innere Auftrag der chr.E. stammt jedoch aus dem theologischen Bereich.

3. Das immer neue Verständnis des Evangeliums im Lauf der Kirchengeschichte hat die chr.E. in ihrer Eigenart geschaffen. In Schulen luth. Prägung klingt der erzieherische Grundton anders als in ref. Umgebung; der Pietismus hat einen anderen Erziehungsstil als die → Bekennende Kirche. Diese Mannigfaltigkeit in der Einheit des Evangeliums nach dem Verständnis der Reformation ist ein Reichtum und ein Ausdruck ev. Freiheit. - Allen chr.E. ist heute gemeinsam die *Aufgabe* gestellt, die ihnen anvertraute Jugend unter dem Evangelium zu bilden und zu erziehen. Während die Neigung zur Ausbildung des polytechnischen Menschen als Bildungsziel überhandnimmt und der Humanismus älterer und neuerer Prägung als Zentrum der Menschenbildung bestritten wird, haben die chr.E. ihre Mitte in Jesus Christus selbst. Dem Evangelium sind zwar nicht konkrete Antworten auf Bildungsfragen zu entnehmen; es sagt jedoch Entscheidendes über den Menschen, sein Verhältnis zu Gott und seine Stellung in der Welt aus, das in den chr.E. Gestalt gewinnen soll. Entscheidend ist dabei ein im Gebet, um die Bibel und im Sakrament zusammengeschlossener Kreis von Erziehern und Lehrern (Kollegium), der mit der Jugend zusammen eine Schulgemeinde bildet. Diese Schulgemeinde unterscheidet sich von der → Jungen Gemeinde und vom Jugendkreis dadurch, daß sie unter Bildungsakzenten steht und sich im Spannungsfeld der Bildungsproblematik bewegt. Innerlich leben die Glieder der Schulgemeinde von dem ständigen Hinweis auf Christus und die Wahrheit seines Evangeliums; zu Chri-

sten kann sie nur der hl. Geist selbst machen. - Die chr.E. stellen den Jugendlichen aber auch zunächst ganz selbstverständlich in eine Ordnung, die aus dem Evangelium kommt, seiner Freiheit gerecht wird und ihm, ohne als letztes Ziel zu gelten, einen Halt gibt. Sowohl bei der Gestaltung der notwendigerweise kleinen, menschlich noch überschaubaren Gruppe wie bei der inneren Führung des einzelnen muß Zeit, Raum und Bereitschaft zum seelsorgerlichen Gespräch vorhanden sein, das die durch Schulandacht, Religionsunterricht und Kirchgang gestaltete Schulgemeinschaft innerlich mit Leben erfüllt. Die ev. Heimschule ist die Stätte, in der sich das Leben der ev. Schulgemeinde am besten entfalten kann.

4. Im *Erscheinungsbild* der chr.E. sind alle Schulformen vertreten. Das Schwergewicht liegt auf den höheren Schulen. Dem Typus nach sind sie vorwiegend Heimschulen; es gibt aber auch ev. Heime, die ihre Schüler in öffentliche Schulen senden, ebenso wie reine Tagesschulen. Von Süden nach Norden nimmt die Verbreitung der chr.E. an Dichte ab. Als Unterhaltsträger treten auf: Landes- und Freikirchen, Gemeinden, Vereine, Missions- und Diakonissenanstalten, Stiftungen. - Die höheren Schulen sind im Bundesgebiet einschließlich West-Berlin in drei Schulbünden organisiert, die sich regional abgrenzen (Nordwest, Südwest, Bayern). Die Schulbünde haben ihre Spitze in der Arbeitsgemeinschaft ev. Schulbünde bei dem Centralausschuß für die → Innere Mission. Regelmäßige gemeinsame Tagungen halten die chr.E. eng miteinander verbunden. - Die *kath.* chr.E. übersteigen die ev. an Zahl bei weitem (in rd 150 ev. Anstalten rd 25 000 Schüler und Schülerinnen; in rd 450 kath. Anstalten rd 100 000 Schüler und Schülerinnen). Sie sind gegliedert nach Ordensgymnasien (Jungen) und Schulen für Mädchen; Bayern hat eine eigene Organisation. Zwischen den ev. und kath. chr.E. besteht eine regelmäßige Zusammenarbeit.

Außer der Lit. zu → Erziehung: II: Der ev. Erzieher, Monatszeitschr., seit 1948 - Die ev. Elternschaft, Monatl. Informationsdienst, seit 1949 - H.HECKEL, Dt. Privatschulrecht, 1955 - H.BECKER, Kulturpolitik u. Schule, 1956 - H.A.KRÜGER, Gottfried Kämpfer, (1904) 1957.

W.Reichel

Erziehungsarbeit, *christliche,* zusammenfassend

1. Geschichte - 2. Gegenwärtige Lebensformen - 3. Aufgaben und Probleme. - Vgl. → Erziehung: II, → Erziehungsanstalten: II

1. Die reformatorischen Kirchen haben infolge ihrer Bejahung der Kindertaufe (→ Taufe: IV) stets die Aufgabe der Erziehung gesehen und im Wandel der *Geschichte* in wechselnden Formen zu bewältigen gesucht. Dabei stand zunächst die Neugestaltung der Familienerziehung im Vordergrunde (Katechismen), daneben die Ausgestaltung des kirchlichen → Katechumenats, dann aber auch die Volkserziehung, als deren Mittel Luther die Schule und den Gottesdienst bezeichnete. Eine gewisse »Verschulung« ergab sich als ungewolltes Resultat aus dem Bündnis der Reformation mit dem schulfreudigen Humanismus. Das Entstehen einer gewerblich-industriell orientierten → Gesellschaft im 18.Jh. führte unter pietistischem Vorzeichen sofort zu einer »realistischen« Neuorientierung der Erziehung (A.H. → Francke, J.J. Hecker). Die erste technische Revolution des 19.Jh.s fand im ev. Raum ihr Echo in den mächtigen sozialpädagogischen Impulsen der Rettungshausbewegungen (Chr. H.Zeller, J.H. → Wichern; → Rettungshäuser), die das Problem der Jugend in der entordneten Gesellschaft erkannten und zu lösen versuchten. In diesen Kreisen entstand der Begriff der »ev. Pädagogik« (Chr.Palmer, 1851; → Pädagogik: III).

2. Damit ergeben sich die heute vorhandenen *Lebensformen* der ev. Erziehung. Sie reichen weit über den Bereich der ev. → Privatschulen hinaus und umfassen eine fast unübersehbare Fülle von offenen, halboffenen und geschlossenen Einrichtungen. Grundsätzlich orientieren sie sich an der → Familie, deren Erziehungskraft nach wie vor als entscheidend angesehen werden muß. Ihrer Stärkung dienen vor allem → Kindergärten und Erziehungsberatungsstellen, ihrer Ergänzung Schulen, Freiwillige Erziehungshilfe usw, ihrem Ersatz Waisenhäuser (→ Waisenfürsorge) und Fürsorgeerziehungsheime (→ Fürsorgeerziehung). Mit dem Einsetzen der zweiten industriellen Revolution gewinnen Heime für die Jugend in Berufsausbildung (Ev. Jugendaufbaudienst; → Jugend- und Wohlfahrtsdienst, → Jugendfürsorge), ferner aber auch Einrichtungen an Bedeutung, die Hilfe für sinnvolle Gestaltung von Feierabend und Freizeit geben wollen (Haus der offenen Tür usw). Daneben steht das Bemühen um das Gespräch mit der allgemeinen → Pädagogik (: I. II), die in hohem Maße säkularisiert war (Comenius-Institut). Die eigentlich dynamischen Elemente der ev. Erziehung sind heute überwiegend auf dem Gebiete der → Sozialpädagogik zu suchen, wobei freilich das Gespräch mit der humanistischen und realistischen Pädagogik und mit ihren Hilfswissenschaften (→ Psychologie, → Soziologie usw) fortgeführt wird.

3. Als das stets sich erneuernde *Problem* der ev. Erziehung erscheint das Verhältnis des Evangeliums zur Welt der Individuen, der Dinge und der großen und kleinen Gemeinschaften. Der »christliche Humanismus« (Melanchthon) beantwortete die Frage mit einer kritischen Synthese von Evangelium und humanistischer Geisteskultur, während die pietistische Pädagogik schroff individuelle Frömmigkeit und Welt trennte. In der unkritischen Weltbejahung der ev. Aufklärungspädagogik stellte sich die Frage neu. Sie ist in den großen sozialen Wandlungen der Gegenwart das eigentliche, seinem Wesen nach nur im Handeln lösbare Problem. Die Möglichkeit von Erziehung in einer sich verändernden Welt ist offenbar eine Frage, die durch die weltpolitische Situation noch verschärft worden ist. Daß unter diesen Umständen die Sozialpädagogik zum Zentralproblem geworden ist, wobei die Schulpädagogik lediglich noch *eine* Seite eines umfassenden Problemfeldes abgibt, ist klar. Am zweifelhaftesten ist dabei die Erziehungsbedeutung der Familie, die aus vielen Gründen als beeinträchtigt erscheint. Eine Intensivierung, Verinnerlichung und Ausweitung der sozialpädagogischen Hilfen für die erziehende Familie ist bes. seit 1945 zu beobachten. Die Zukunft der ev. Erziehung wird voraussichtlich davon abhängen, wie weit es ihr gelingt, beispielhaft an der Bewältigung der sozialen und politischen Problematik der Gegenwart mitzuarbeiten.

K.Janssen

Erziehungswissenschaft → Pädagogik: I. II.

Esau → Edomiter.

Eschatologie

I. Religionsgeschichtlich - II. Im AT - III. Im Judentum - IV. Im Urchristentum - V. Christliche E., dogmengeschichtlich - VI. Religionsphilosophisch und dogmatisch.-Ergänzend vgl. → Apokalyptik, → Dualismus, → Ewiges Leben, → Gericht Gottes, → Reich Gottes, → Tod

I. Religionsgeschichtlich

1. Abgrenzung und Fixierung - 2. Einmaliger Weltlauf bei asiatischen und afrikanischen Pygmäen, Altai-Tataren und nordamerikanischen Indianern - 3. Eschatologische Geschichtsdeutung und Kultus bei den Dajaken auf Borneo

1. Das theologisch mehrdeutige Wort E. (»Lehre von den letzten Dingen«) wird, auf die allgemeine Religionsgeschichte übertragen, meist als Synonym zu *Jenseitsvorstellungen* benutzt (→ Tod: I, → Gericht,

→ Himmel, → Hölle, → Paradies, → Unsterblichkeit bzw. → Auferstehung oder → Seelenwanderung und → Wiedergeburt). Diese Vorstellungen sind ihrerseits mit der jeweiligen Auffassung von → Mensch, → Leib und Seele, → Geist und → Weltbild nahe verbunden. Sie stehen auch mit den → Begräbnis-, → Grab- und → Trauerbräuchen und der → Totenverehrung in wechselseitiger Beziehung. Sie beeinflussen weiter den ganzen *Lebenswandel* der Menschen, weil dieser nach weitverbreiteter Auffassung für das jenseitige Los eine entscheidende Bedeutung hat. Alles dieses fällt überwiegend ins Gebiet der *individuellen E.*, des Endgeschickes der einzelnen, wenn die Unterscheidung zwischen einer solchen und einer *kollektiven E.*, dem Endgeschick der ganzen Menschheit und der Welt - ebenso nach dem Muster der christlichen Lehre -, auf außerchristliche Verhältnisse ausgedehnt wird. Auf der kosmischen Ebene meint E. entweder die Vorstellung von wiederkehrenden → *Weltperioden* mit einem anfänglichen → Goldenen Zeitalter, das nach einer Krisenperiode bzw. → Weltende und Welterneuerung zurückkommt, oder auch die Vorstellung von einem *einmaligen Geschichtsverlauf*, wie sie im → Iran (: II) ausgestaltet worden ist und auf das antike Judentum eingewirkt hat. Die Nachwirkungen der jüdischen und christlichen E. sind ihrerseits im → Islam (: I) stark spürbar. - → *Apokalyptik* und E. werden bisweilen als Wechselbegriffe benutzt, obgleich man sie auch zu unterscheiden versucht: die erstgenannte sei im Unterschied zur letztgenannten die genaue Berechnung des nahe bevorstehenden Weltendes und enthalte einen intensiveren Grad der Enderwartung. Diese zuletzt genannte Begriffsbestimmung trifft aber auch eine sehr wichtige Seite der E., die nicht nur als eine Spekulation über die letzten Dinge aufgefaßt werden darf, sondern im hohen Grade in einem *religiösen Geschichts- und Zeiterlebnis* verankert ist. Die theologische Unterscheidung zwischen einer finalistischen und einer axiologischen E. hat entweder den Blick der Religionsgeschichtler auf dieses Verhältnis gerichtet, oder sie erscheint als eine Bestätigung eines ethnologischen und religionsgeschichtlichen Tatsachenbefundes. Geschichtliche Katastrophen und Krisenzeiten haben immer eschatologische Stimmungen ausgelöst, wie sie ihrerseits auch das wissenschaftliche Verständnis für die E. fördern: die Zeit wird sowohl als Endzeit wie als end-gültig entscheidende Zeit (καιρός) erlebt - im Leben des einzelnen, des Volkes und der Menschheit.

Die eschatologische Zeit ist nicht nur eine Not- und Krisenzeit, sondern auch eine *Heilszeit:* der → Erlöser, der → Messias ist da. Von ihm wird die Neuschöpfung vollzogen. → Schöpfung-Neuschöpfung, Urzeit-Endzeit gehören zusammen, das Geschehen der Urzeit wiederholt sich, aus → Chaos entsteht aufs neue Kosmos. Aber dieses Neu-Werden ist nicht nur einmalig im Leben des einzelnen oder der Menschheit, entweder als Erfüllung am Ende der Zeiten oder als schon erlebte Geschichte, sondern sie ist periodisch und ist in dieser Hinsicht unauflöslich mit dem → *Kultus* verbunden. Dieser ist immer eschatologisch bedingt: das Urzeitdrama, das auf einmal Enddrama ist, wird hier stets in irgendeiner Gestalt neugespielt, erzählt oder angedeutet und dadurch neues Leben und → Erlösung gewonnen. Nicht nur das Neujahrsfest (→ Neujahr), sondern alle → Feste und Feiern sowohl des gemeinsamen Vegetations- oder heiligen Kalender-Jahres als die → Rites de passages des einzelnen tragen mehr oder weniger diesen Charakter.

Aus diesen Feststellungen geht hervor, daß es bei der hervorgehobenen *Grundstruktur* der E. keinen Zweck hat, eine Menge besonderer eschatologischer Motive aus ihrem Zusammenhang herauszuschälen und aneinanderzureihen. Sie haben in dieser Weise isoliert niemals eine Bedeutung oder Funktion gehabt, sondern müssen immer in ihrer jeweiligen Ganzheit verstanden werden. Im folgenden kann es sich also nur um einige Beispiele solcher, mehr oder weniger inhaltsreichen Ganzheiten oder Situationen handeln. Da die E. der alten Hochkulturreligionen oder der großen Weltreligionen zu den besondern Artikeln über diese gehört, sind die nachgenannten Beispiele von den Naturvölkern genommen. Mehrere entstammen der großen Arbeit W. → Schmidts, und man könnte gegen sie dieselben Einwände erheben, die gegen dessen kulturgeschichtliche Schichtung dieses Materials erhoben werden: es handle sich um christlich beeinflußte Ideenkreise. Aber auch wenn es sich teilweise so verhalten mag, sind die Vorstellungen wegen ihrer organischen Einfügung in eine fremde Gedankenwelt von Interesse.

2. Umstritten ist die Ursprünglichkeit der E. bei der Bevölkerung der Andamaneninseln (westl. der Halbinsel Malakka). Nach dieser E. zerstört ein Erdbeben auf Befehl des Hochgottes (→ Hochgottglaube) Puluga die Erde und die Himmelsbrücke (→ Brücke), Seele und Geist der Toten stehen auf und werden wiedervereinigt. Danach führen die Menschen ein glückliches Leben in voller Lebenskraft, ohne → Krankheit, Tod und Heirat. Auch die Tiere erscheinen wieder in ihrer jetzigen Form. Die ungeduldigen »Geister der Unterwelt rütteln schon jetzt oft an den Wurzeln des Palmbaumes (der aus der Unterwelt heraufwächst und die Erde trägt), um das Weltende und damit ihre Auferstehung schneller herbeizuführen«. Dieselben Vorstellungen finden sich auch unter den stammverwandten Semang-Pygmäen auf Malakka (UdG III, 138ff). Diese haben ihrerseits als älteste Bevölkerungsschicht die jüngeren Sakai- oder Pygmoidenstämme beeinflußt. Die letztgenannten verehren ein weibliches Höchstes Wesen, Ja Pudeu, das alles, auch die Menschen erschaffen hat: »Im Anfang der Zeiten war noch gar nichts. Da blies sie derart mit ihrem Munde, daß die Stürme über die Erde hinbrausten, wodurch Sterne, Wasser, Bäume, überhaupt alles wurde. Wiederum blies sie, und es wurden die Menschen, die sie aus Blumen hervorgehen ließ. Am Ende der Zeiten, wenn alle Menschen schon gestorben sind, wird sie durch gleiche Stürme alles vernichten, und eine große Flut wird die Vernichtung vollenden und die Knochen der Menschen zusammenschwemmen, die dann auferstehen werden.« Die Seelen kehren von ihrem fledermausähnlichen Schattendasein im westlichen Totenreich zurück, wo ihnen schon verschiedene Schicksale zuteil wurden. Nach der → Sintflut bevölkern die guten Menschen die inzwischen erneuerte Erde, wo sie »unter Blumen leben«. Es gibt keine Bäume, Tiger, Schlangen, Krankheit oder Tod mehr. Die Familien finden sich wieder, aber Kinder werden auf der neuen Erde nicht mehr gezeugt. Die Bösen werden im siedenden Wasser von Ja Pudeu gereinigt, dann in Tiere oder Steine verwandelt oder, wenn eine → Reinigung unmöglich ist, schließlich vernichtet. Auch die gereinigten Seelen gelangen nicht ins Blumenparadies (UdG III, 187f). - Die religiös-sittliche Wertung in dieser Schilderung ist nicht alleinstehend. Die australischen Eingeborenen sagen zB, daß das Ende der Welt kommt, wenn die von den Göttern gesetzte sittliche Weltordnung nicht mehr aufrechterhalten wird.

Von den Gabun-Pygmäen in Westäquatorialafrika und ihrem Glauben an das Höchste Wesen Kmvum sagt P. Trilles: »Was sie sehr wohl wissen, ist, daß Kmvum ehemals bei ihnen war, vertraulich mit ihnen lebte und redete. Da, eines Tages, durch ihre Schuld, kam die Trennung: er ist nicht mehr da. Er wird wiederkommen, wie sie hoffen, um mit sich wieder zurückzubringen die Freude, den Überfluß, das Glück.« Er tritt aber auch jetzt im → Traum als der Rieseneelefant Gor mit den Menschen in Verbindung, um ihnen zu zeigen, wo sie ein Wildbret finden können (→ Herr der Tiere, → Jäger und Jagdriten). Gor ist ebenso alt wie die Negrillen und stirbt niemals, da er sein Leben von Gott hat. Trotz seiner Größe ist er leiblich und muß schließlich vom letzten Negrille getötet werden. Aber das bedeutet auch das Ende aller Menschen (UdG IV, 25. 51).

Unter den Altai-Tataren heißt es, daß Tengere Kaira Kan (»gnädiger Kaiser Himmel«) am Ende der Welt wiederkommen wird, um die Menschen nach ihren Werken zu richten. Das wird zwar lange dauern, aber als Zeichen gilt die Veränderung einer gewissen Stelle, wo der Himmelsgott einst als Reiter vom Himmel herabgestiegen ist: »Sehet die Stelle des Pferdehufes! Wenn die Spur meines Pferdes gut erhalten ist, so wird der Untergang der Welt noch fern sein; wenn die Spur meines Pferdes verschwindet, so denket daran, daß der Untergang der Welt da ist.« »Dann entflammt die schwarze Erde, Kommen um des Volkes Scharen, Treiben Flüsse blut'ge Wellen, Drehn im Wirbel sich die Berge. Felsen stürzen krachend nieder, Zitternd schwankt der Himmelsbogen, Türmen auf sich Meereswogen, Daß der Meeresgrund erscheint. Auf dem Grund des Meers zerbrechen Jetzt neun große schwarze Steine, Und aus jedem dieser Steine steigt empor ein Eisenheld . . .« Diese Helden vernichten alles Lebendige auf ihrem Weg, der Schöpfer hört nicht auf das Schreien der Menschen. Aber wenn die zwei Helden des Erlich aus der Unterwelt hervorstürzen, werden sie von den Helden des Himmelsgottes niedergekämpft, obgleich die Erde vom Blute Mai-Täräs angezündet wird (UdG IX, 128ff). In der Schöpfungs- und Sündenfall-Mythe ist dieser der erste Mittler, den Tengere Kaira Kan nach seinem Weggang von der Erde sendet, der treu zu ihm hält und am Weltende zugleich mit dem Helden Mandy-Šire gegen die zwei Helden des Erlik kämpfen wird (UdG XII, 217f). - Daneben gibt es unter den Altai-Tataren auch davon verschiedene Berichte über das Weltende. - Wo der Sieg der Erlösergestalten in der oben angeführten Version als nicht endgültig gilt, ist das ein solcher bei den (Ost-)Jakuten zu beobachtender Fall. Hier spricht W. Schmidt von »der gelassenen Überlegenheit, mit der das Höchste Wesen den Gegenspieler auf Erden wohl eine Zeitlang schalten und walten, ihn dann aber am Ende der Welt besiegen und endgültig in die Unterwelt verbannen läßt« (UdG XII, 500).

Der Schöpfergott der nordamerikanischen Inland-Selish-Stämme, »der Alte« oder »der Häuptling« genannt, erzählt, bevor er von der Erde verschwindet, von seiner Wiederkehr am Ende der Zeiten. Er selbst und der Coyote werden während der Zwischenzeit nicht mehr gesehen werden, auch wenn er durch die ins Geisterland zufällig wandernden Seelen der lebenden Menschen Botschaften auf die Erde bringt. Aber wenn die Erden-Frau - die Erde ist eigentlich ein ausgestrecktes Weib, aus dessen Fleisch (= Erde) auch Menschen und Tiere geformt worden sind (→ Schöpfung: I) - sehr alt geworden ist, macht das einen neuen Wandel notwendig. Dann kehrt als ein erstes Zeichen des Weltendes der Coyote zurück, später von dem »Häuptling« und allen Totengeistern gefolgt; »danach wird kein Geisterland mehr sein. Alle Menschen werden zusammenleben. Dann wird die Erden-Frau zu ihrer natürlichen Gestalt zurückkehren und wie eine Mutter unter ihren Kindern leben. Dann werden die Dinge recht gemacht werden, und es wird viel Glück sein« (UdG V, 413). Die Algonkin-Indianer nehmen an, »daß wenn die Shawne aufhören zu existieren, auch Sonne und Mond aufhören werden zu sein, und die Welt dann ein Ende nehmen wird« (UdG X, 768). Aber diese Endzeit ist auch eine Heilszeit, wo man wieder den Schöpfer sehen darf: »Auch die guten Seelen, wenn sie nach dem Tode in die Residenz des großen Geistes gelangen, sehen ihn dort nicht, als erst später beim Ende der Welt, wenn er kommen und eine Zeitlang mit ihnen zusammen leben wird« (UdG X, 775). Nach wiederholten Läuterungen ist das auch den Bösen gestattet, »und dann werden sie zu dem chaotischen Zustand zurückgeführt, in welchem sie sich vor der Schöpfung befanden« (UdG X, 793).

Bei der Danksagungszeremonie für die Maisernte unter den Kenape (Delawaren) wurden zwei Maisbrote gebacken, das eine in Gestalt eines Bären, einen Fuß lang: »es sollte die Sterne und Sternbilder darstellen, um an die Mythe über die Rolle des Himmelsbären beim Weltende zu erinnern« (UdG VII, 715). Es heißt nämlich von dem unter den Sternbildern hervorragenden »Bären« - er hat also unter den Eingeborenen Nordamerikas denselben Namen wie in der alten Welt -, daß wenn er »shall catch up with his head«, das Weltende bevorstehend ist. Ein anderes Zeichen dafür ist es, wenn »überall auf der Welt alle Schildkröten von Osten nach Westen gehen« (UdG V, 508). Durch die Gestalt des Brotes wird also das Weltende beim Kultus auch in indirekter Weise angedeutet, ein Beispiel dafür, wie mannigfach ausgestaltet die Beziehungen zwischen E. und Kultus sein können.

3. Der schweizerische Missionar H. Schärer (1904-47), der längere Zeit unter den Dajaken auf → Borneo gearbeitet hat und von dessen wissenschaftlichen Arbeiten noch vieles unpubliziert ist, schildert den Zusammenstoß der einheimischen Kultur und Religion mit der westlichen Welt und dem Christentum. Dieser bedeutet für den Dajaken eine Katastrophe, aus der zugleich die besondere eschatologische Erwartung geboren wird. Das Leben ist unsicher und unheilvoll geworden, da die größten und notwendigsten kosmischen → Opfer, Kopfjagd und Sklavenopfer, nicht mehr dargebracht werden können. Die Hexen dürfen nicht mehr getötet werden. Die Folgen der gestörten göttlichen Ordnung sind Trockenheit und Überschwemmungen, Mißwuchs und Hungersnot. Die Priestergesänge zum dajakischen Totenritual zeigen, wie man versucht, diese Lage geistig zu deuten und zu bewältigen. Man erwartet eine neue Heilszeit, wo die fremden Eindringlinge verschwinden und die alten Ordnungen wieder aufgerichtet werden. Da wird man aufs neue die großen kosmischen Opfer darbringen, und die Welt wird erneuert werden. Diese eschatologischen Gedanken spielen auch in die herkömmlichen Ritualhandlungen hinein, zB in das Totenritual, das schon an sich stark eschatologisch gefärbt ist. Der Tod eines freien Dajaken, der gemäß der Schöpfungsordnung gelebt hat, ist »ein Geschehen, das den ganzen Kosmos bewegt. Die Sonne verliert ihren Schein, die Bäume und Pflanzen trauern, die Fische tauchen weinend aus dem Fluß auf, Stürme fegen über das Land.« Die Tiere und Menschen und Geister besuchen, als Masken verkleidet, den Toten und beweisen ihm damit die Ehre, die man seinem Herrn schuldig ist. Unter diesen Maskengruppen sind auch die Europäer des Gebietes vertreten. Auch beim kosmischen Welterneuerungsfest, während dessen der Tote ins Totendorf geführt wird, sind die Weißen auf den geschnitzten Opferpfählen dargestellt: ein Regierungsbeamter, ein Forschungsreisender und ein Missionar mit schwarzer Krawatte und Frack. Auch sie gehören für die Dajaken zum Kosmos. Zusammen mit den Opfersklaven, die einst getötet wurden, begleiten sie den Gestorbenen ins Totendorf und herrschen da noch drei Monate über ihn. »Darnach ist ihre Herrschaft abgelaufen, und sie werden für immer die Sklaven der freien Dajak und haben für sie in alle Ewigkeit die niedrigsten Sklavendienste zu verrichten.« Man begnügt sich aber nicht immer mit

einem Ausgleich oder vielmehr einer Umgestaltung des irdischen Lebensschicksals in der jenseitigen Welt. Die eschatologischen Erwartungen gehen auch in nationalistische Bewegungen über. »Die Bedingung für den Anbruch der Heilszeit liegt aber in dem bewußten, mutigen und glaubensvollen Zurückkehren zu den alten Gottheiten und ihren ewig gültigen Schöpfungsordnungen« (Schärer 10f).

Nach dem 2. Weltkrieg sind in der Südsee mehrere solche Bewegungen aufgekommen, sog. Cargo-Kulte, wo ein religiöser und politischer Messianismus untrennbar miteinander verbunden sind (→ Synkretismus: II). Sie scheinen beim Zusammenprall verschiedener Religionen und Kulturen zum regelmäßigen Tatbestand zu gehören, wie sie auch von Nordamerika und Afrika wohlbekannt sind.

ERE V, 373ff - J.G.FRAZER, The Belief in Immortality and the Worship of the Dead I-III, London 1913-24 - DERS., The Fear of the Dead I-III, London 1933-36 - E.H.SNEATH, Religion and the Future Life, New York 1922 - R.MOSS, The Life after Death in Oceania, Oxford 1925 - RGG² II, 320ff - K.TH.PREUSS, Tod u. Unsterblichkeit im Glauben der Naturvölker (SgV 146), 1930 - J.T.ADDISON, Life beyond Death in the Beliefs of Mankind, London 1933 - H.JANKE, Das Eschaton als Sinnverwirklichung (Diss. Würzburg), 1938 (Lit.) - W.D.WALLIS, Religion in Primitive Society, New York 1939, 206ff (Lit.) - L.C.WYMAN-W.W.HILL-IVA OSANAI, Navajo E. (Univ. of New Mexico Bull. Anthropol. Ser. 4, 1), Albuquerque 1942 - P.RADIN, The Road of Life and Death. A Ritual Drama of the American Indians, New York 1945 - H.SCHÄRER, Die missionarische Verkündigung auf dem Missionsfeld, Basel 1946 - M.ELIADE, Le mythe de l'éternel retour, Paris 1949; dt. 1953 - A.L.KROEBER-E.W.GIFFORD, World Renewal. A Cult System of Native Northwest California (Anthropological Records 13, 1), Berkeley-Los Angeles 1949 - H. PETRI, Das Weltende im Glauben australischer Eingeborener (Paideuma 4, 1950, 349-362) - AD.E.JENSEN, Mythos u. Kult bei Naturvölkern, 1951 - P.POUCHA, Das tibetische Totenbuch im Rahmen der eschatolog. Lit. (ArOr 20, 1952, 136-162) - F.C.KAMMA, Messanic Movements in Western New Guinea (IRM 41, 1952, 148-160) - A.LOMMEL, Der »Cargo Kult« in Melanesien. Ein Beitr. zum Problem der Europäisierung der Primitiven (ZE 78, 1953, 17-63) - VAN DER LEEUW 653ff - O.PETTERSSON, Jabmek and Jabmeaimo. A Comparative Study of the Dead and the Realm of the Dead in Lappish Religion (LUÅ NF Avd. 1, Bd 52, Nr. 6), 1957. - Weitere Lit. bei den im Text genannten Artikeln, bes. →Tod: I, sowie bei den Artikeln über die verschiedenen Religionen. *C.-M.Edsman*

II. Im AT

1. Begriff - 2. Geschichtliche Entwicklung - 3. Hauptmotive - 4. Ursprung - 5. Bedeutung

1. Auch das AT kennt eine Zukunftserwartung, spricht von dem, was geschehen wird. Es ist viel darüber verhandelt, ob man diese Erwartung als E. bezeichnen darf. Je nachdem, wie man den *Begriff* E. versteht, fallen alle, einige oder keine der at. Zukunftsaussagen darunter. Wenn E. nur ein neues Weltzeitalter umschreibt, das Ende der gegenwärtigen Geschichtsepoche, wird man in der Anwendung dieses Begriffes zurückhaltend sein müssen; wenn E. sich aber auf die Zukunft dieser Geschichte, eine Wende in dieser Geschichte bezieht, dann darf man auch den *Begriff* E. im AT verwenden; ebenso natürlich, wenn E. alle Zukunftsaussagen umfassen soll. So ist wichtiger als diese terminologische Frage die Erkenntnis der eigenartigen Struktur der at. Zukunftsaussagen, in all ihrer Mannigfaltigkeit und allem Wechsel. Denn sie bilden kein einheitliches System, haben sich auch im Laufe der Geschichte vielfach gewandelt, so daß man fragen kann, ob überhaupt eine einheitliche Anschauung vorliegt, woher die einzelnen Motive kommen, wie sich die Zukunftserwartung entwickelt und gewandelt hat. So werden unter dem Stichwort E. hier alle Zukunftsaussagen zusammengefaßt, ohne daß damit über die Anwendbarkeit des Begriffes E. auf alle diese Erwartungen etwas ausgesagt werden soll. Diese E. bezieht sich im AT vor allem auf die Zukunft Israels und der Völker bzw. der Menschheit überhaupt, weniger auf die Zukunft des einzelnen; für diese vgl. →Tod: II, → Hölle: II, → Auferstehung: III, → Ewiges Leben: I, → Himmelfahrt: II.

2. Die E. des AT hat ihre Eigenart darin, daß sie an den Ablauf der Geschichte gebunden ist, entweder so, daß sie sich auf den Fortgang der Geschichte richtet, oder auf ihr Ziel und Ende. Diese Bindung an die Geschichte ist das unterscheidende Merkmal ihrer wesentlichen Aussagen gegenüber den Erwartungen anderer Religionen, die vor allem vom Kreislauf der Natur bestimmt sind (→ Eschatologie: I). Sie wurzelt demgegenüber in der besonderen Gotteserfahrung Israels, die durch die Erfahrung der → Erwählung Gottes in einem geschichtlichen Ereignis und seiner Führung in der Geschichte geprägt ist. Der Gott, der sich sein Volk erwählt, hat mit ihm etwas vor; Israel lebt aus dem Glauben an die Verheißungen des Gottes, dessen immer neue Ankunft seine Geschichte bestimmt. Insofern hängt die E. des AT unlöslich mit dem Gottesglauben Israels (→ Gott: II) zusammen. Aber eben deswegen wandelt sie sich im Ablauf der Geschichte. Was Gott mit Israel im Sinn hat, ist nicht immer das gleiche und nicht immer das, was Israel erwartet. So sind die Aussagen über die Zukunft Israels und der Menschheit eng mit der Geschichte at. Verkündigung überhaupt verbunden. Es ist freilich bes. schwer, die Geschichte der at. E. genau zu erfassen, da gerade die eschatologischen Aussagen oft später auch in ältere Schriften eingefügt zu sein scheinen, so daß man sie nicht ohne weiteres für die Zeit der jeweiligen Schrift verwerten darf. Bes. die Deutung und zeitliche Einordnung der einschlägigen Psalmenstellen ist umstritten (→ Psalmen: I). Aber die Grundzüge der Entwicklung dürften doch erkennbar sein.

a) Israel lebte zunächst aus dem Glauben an die Verheißung des »gelobten« Landes, des Landes, da »Milch und Honig fließt« (Ex 3, 8 usw). Wann immer dieser Begriff geprägt sein mag, er umschreibt, was Israel erwartete, als es Kanaan besetzte: ein Land des Segens. Und alte Sprüche, wie der Judaspruch im → Jakobssegen (Gen 49, 8ff), der Josephspruch im → Mosesegen (Dtn 33, 13ff) und die → Bileamsprüche (Num 23; 24) lassen erkennen, welch ein Segen gemeint war: reiche, fruchtbare Wohnsitze, überfließend von Wasser; wachsende Zahl des Volkes und Sieg über seine Feinde. Dazu auch ein Königtum, das beides, Sieg und Heil, gewährleistet. Solch ein Segen aber hängt davon ab und findet darin seine Zusammenfassung, daß der Gott, der Israel aus Ägypten geführt hat (Num 24, 8), bei ihm, in seiner Mitte ist (23, 21). Solange Gott bei Israel ist, wird er solchen Segen schenken. - Diese Hoffnung fand eine starke Stütze im → Königtum. War → Davids Reichsgründung, wie es schien, ein Hinweis auf Gottes gnädige Führung, so knüpfte sich an David und seine Dynastie, vor allem in Juda, die Erwartung, daß Gott durch die Könige aus Davids Stamm Heil bringen werde (2Sam 7; → Messias: II). Ob und inwieweit sich ähnliche Hoffnungen an das nordisraelitische Königtum anschlossen, ist kaum zu erkennen. Jedenfalls hat Israel zunächst aus diesem Glauben an die heilbringende Gegenwart seines Gottes gelebt.

b) Diese Erwartung, daß Gott Heil bringen werde, wurde erschüttert durch die Predigt der Schriftpropheten von Amos bis Ezechiel (→ Propheten: II B. C). Ihnen ist die Botschaft gemeinsam, daß Gott, zunächst jedenfalls, ein hartes → Gericht über Israel, das Nordreich sowohl wie Juda, bringen werde, aber auch über die Völker. Gehörte der Sieg über die feindlichen Völker auch schon zur älteren Erwartung, so ist die Ankündigung des Gerichts über Israel neu. Israel kann nicht auf Gottes

Segen bauen, sich nicht auf seine Erwählung verlassen, wenn es Gottes Willen mißachtet. Gott wird, je zu seiner Zeit, Israel, die Völker und das Weltreich richten; denn sie alle haben sich gegen Gott erhoben. - Auch diese Botschaft erwächst aus der Gotteserfahrung Israels; ist sein Gott doch nicht nur der schenkende, sondern auch der fordernde und richtende Gott. Ist er aber das, so kann kein Volk, auch das erwählte nicht, seinem Gericht entgehen. Wenn dieses Gericht selbst die Weltreiche einschließt, erweist sich damit Gott als Herr der Geschichte. Neben dem Ende hat auch ein Neuanfang im Blickfeld dieser Propheten gelegen, vor allem bei → Hosea und → Jesaja. Gottes Heil bleibt Ziel der Geschichte, aber es kommt nur durch Gericht und Gnade hindurch. So wird auch nur ein Rest Israels nach dem Gericht daran Anteil haben (Jes 7, 3; 37, 31f; Zeph 3, 12f; Jer 31, 7).

c) Weder Nordisrael noch Juda haben dieser Gerichtsbotschaft glauben wollen, bis der Untergang beider Staaten die Wirklichkeit göttlichen Gerichts offenkundig machte. War Gottes Weg mit Israel jetzt zu Ende? Waren die Zusagen göttlichen Segens überholt? Nein, auch die Boten des Gerichts hatten von einem Neubeginn gesprochen (zur E. Hoseas vgl. bes. Rohland); und so gewiß Gott im Gericht sich als der Herr erwiesen hatte, so gewiß würde er auch ein totes Volk zu neuem Leben erwecken können (Ez 36f). Was so bei Ez schon ausgesprochen wird, das wird bei Dtjes, dem Anonymus des Exils (→Jesajabuch), Inhalt seiner Botschaft. Jetzt ist die Zeit, da Gott ein Neues hören läßt, da er sich des verbannten Volkes annimmt, da er es wieder, wie einst, durch die Wüste in die Heimat führt und eine neue Segenszeit anbrechen läßt, da er ihm die Sünde vergibt und so einen Neuanfang ermöglicht. Durch Israel sollen auch die Heiden zur Erkenntnis Gottes kommen; er sendet den → Knecht Jahwes (wer immer damit gemeint sei), der durch Gehorsam und Leiden die Sünden der vielen trage, auf daß sie Heil und Heilung fänden. Hier laufen die verschiedenen Fäden zusammen: Gottes Gericht, das nur durch Sühne und Vergebung überwunden wird, und Gottes Heil für Israel und durch Israel auch für die Völker.

d) Die Verheißungen des Dtjes hatten sich nicht so erfüllt, wie er sie ausgesprochen hatte. Dennoch hat Israel sie aufbewahrt und tradiert, ebenso wie die Worte der alten Propheten. Gewiß mag es in Israel einzelne Kreise gegeben haben, für die die eschatologische Erwartung zurücktrat (→ Chronikbücher; → Weisheit); auch für das Priestertum war sie wohl nicht entscheidend. Aber der Glaube der Gemeinde wurde immer stärker von der Prophetie bestimmt, die auf Gottes Zukunft wartete. Gewiß findet sich kein so geschlossenes Zeugnis wie das des Dtjes. Aber überall in den jüngeren (und als Zusätze in den älteren) Schriften der Propheten finden sich Zeugnisse dieses Glaubens, wobei jeweils eine Seite mehr hervortritt, das Gericht für Israel oder für die Völker, oder das Heil der Menschheit und Israels. So etwa im → Joelbuch in seiner heutigen Gestalt oder im Deuterosacharja (→ Sacharjabuch); dann aber auch in der sog. Jesaja-Apokalypse (Jes 24-27) und im → Danielbuch. Es geht immer deutlicher nicht nur um die Zukunft der Geschichte Israels, sondern um die Völkerwelt, um die Erde und das Ziel der Geschichte überhaupt, das bald erwartet wird (Joel 1, 15; 4, 14). Das ist am deutlichsten im Danielbuch ausgesprochen, wo die Weltreiche durch das Reich der Heiligen des Höchsten abgelöst werden (Dan 7; Noth) und die Folge der Reiche ersetzt wird durch das Gottesreich (Dan 2). Mit dieser Erwartung endet die at. E. und beginnt die → Eschatologie (: III) des Judentums.

3. In einer so langen und wechselvollen Geschichte sind mancherlei Vorstellungen von der Zukunft ausgesprochen; es ist nicht möglich, sie in einem System zusammenzufassen. Nur die *Hauptmotive* lassen sich in ihrer Struktur erkennen und in ihren verschiedenen Ausprägungen veranschaulichen. - Oft wird von der Zukunft als dem »Tag des Herrn« gesprochen (Jes 2, 12), auch vom »Ende der Tage« (Gen 49, 1) oder von »jenem Tage«. Dieser Tag ist ein »Tag des Zorns« (Zeph 1, 15) oder ein »Tag der Rache« (Jes 61, 2; Jer 46, 10), also ein Gerichtstag, aber auch ein Tag der Hilfe und des Heils (Jes 2, 2ff). Denn an diesem Tag wird offenbar, daß Gott der Herr ist, der zurechtbringt, was nicht in Ordnung ist. Das schließt sowohl das Gericht über alles Unrecht ein wie die neue Ordnung, die daraus folgt. Das Anliegen der E. erwächst also unmittelbar aus dem Glauben an den Gott, der Herr der Welt, der Völker, der Geschichte ist.

a) Gott richtet alles Unrecht. Haben schon Männer wie Nathan und Elia diesen Satz den Königen vorgehalten, so wenden die Propheten seit Amos ihn gegen das ganze Volk. Gott wird Israels und Judas Unrecht, ihren Abfall von Gott und ihre Vergehen gegen den Bruder nicht ungestraft lassen. Dieser Satz behielt seine Geltung auch in der Spätzeit, als die Gerichtsbotschaft der älteren Propheten sich schon erfüllt zu haben schien. Wenn Gott an seinem Tage kommt, wird er auch die Frevler in der Gemeinde richten (Mal 3, 1ff).

Aber derselbe Amos, der Gottes Gericht über Israel verkündete, wendet den Satz: Gott richtet alles Unrecht, auch gegen die Völker. Bei ihm und in vielen späteren Völkersprüchen sind zunächst die Nachbarn Israels gemeint, die sich an Israel vergangen haben. Für sie kommt der Tag der Vergeltung und der Rache, an dem Gott das verletzte Recht wiederherstellen wird (Jes 34, 8; 47, 3; 61, 2), bisweilen so, daß Gott Israel Gelegenheit zur Vergeltung gibt. Aber es treten daneben oft andere Begründungen auf, etwa die Überheblichkeit Moabs (Jes 16, 6) und Ägyptens (Ez 30, 6. 18) oder der Ungehorsam der Völker (Mi 5, 14). Diese Begründung gilt vor allem auch für die Weltmacht, die je länger desto mehr zum Gegenspieler des Gottesreiches wird. Schon Jesaja kündet Assur wegen seines frevelhaften Hochmuts den Untergang an (Jes 10, 5ff), ähnlich wie dann Nahum und Habakuk. Dtjes nimmt das auf (Jes 47, 1ff), und Daniel führt es in seiner Schau zu Ende: Die Weltreiche müssen dem Gottesreich weichen, denn sie gleichen wilden Tieren (Dan 7). Der Gott aber, der auch die Weltmacht in seiner Hand hat, ist der Herr der Menschheit. Jesaja spricht vom Stolz und Hochmut des Menschen und verkündet den Tag, an dem Gott alles Hohe und Stolze in Welt und Menschheit stürzen (→ Demut: II, 1) und allein erhaben sein wird (2, 10; ähnlich etwa Jes 13, 9. 11; Mi 7, 13). Vor allem in Jes 24-27 wird das weltweite Gericht Gottes über Erdkreis und Menschheit ob alles Frevels, aller Blutschuld, aller Gottlosigkeit angekündigt. Gott kann nicht zusehen, wenn Unrecht geschieht; er ist der Heilige, der allen Frevel vernichtet.

Über die Art des kommenden → Gerichts (: II) finden sich sehr verschiedene Aussagen. Das Gericht über Israel erwarten die älteren Propheten zumeist wohl in der Geschichte. Die Weltmacht, Assur (Jes 10) oder Nebukadnezar von Babel (Jer 27), ist das Werkzeug Gottes zum Gericht. Auch die Zerstörung Babels scheint Dtjes vom Eingreifen des Kyros erhofft zu haben. Aber manche Worte deuten wohl mehr auf ein unmittelbares Eingreifen Gottes; so wenn Jes (14, 24ff) den Sturz Assurs auf dem Boden Israels in Aussicht stellt oder wenn die feindlichen Völker vor Jerusalem versammelt und dort vernichtet werden, wie es → Gog geschieht (Ez 38f) und ähnlich den Völkern in Jo 4 und Sach 14. Da wird der Tag des Gerichts ein Tag von Schwert, Hunger und Pest, ein

Tag des großen Mordens (Jes 30, 25) und des Schlachtens (Jes 34, 2f), ein Tag des Schreckens und der Angst (Jes 2, 17; 24, 17f; Zeph 1, 15f). Dann sendet Gott seine Heerscharen über die Erde (Jes 13, 5); der Erdkreis wird zur Wüste (Mi 7, 13); gewaltige Naturerscheinungen begleiten diese Gerichte: Erdbeben und Finsternis (Jes 13, 10. 13; 24, 18-20), Trockenheit (Sach 14, 17) und Feuer (Mal 3, 19); ja, der Himmel wird sich zusammenrollen (Jes 34, 4), und Wunderzeichen werden am Himmel wie auf Erden erscheinen, nämlich Blut, Feuer und Rauchsäulen; die Sonne wird in Finsternis verwandelt und der Mond in Blut, ehe der große und furchtbare Tag des Herrn kommt (Jo 3, 3f). Der Herr, der zum Gericht erscheint, hat alle Gewalt im Himmel und auf Erden.

b) Gottes Gericht ist nicht sein letztes Wort, ist nicht Ziel und Ende der Geschichte. So umfassend und ernst die Gerichtsaussagen der at. E. sind, so deuten sie doch selbst auf eine andere Zukunft hin. Gericht bedeutet nicht Vernichtung, sondern Ausrichtung auf ein Neues, das da kommen soll. Auch hier finden sich sehr verschiedene Aussagen nebeneinander; und die gleichen Heilsworte, wie Heil, Recht, Hilfe, Herrlichkeit, Treue, Erbarmen, haben wohl nicht immer den gleichen Inhalt. Und doch zeigen auch sie, worum es zuletzt geht: daß der Gott Israels sich neu als Gott und König in Israel und in der Menschheit offenbart, daß er sein Heil und sein Recht auf Erden Gestalt werden läßt, wenn der Freudenbote Zion verkündet: »Dein König ist Gott«, und: »aller Welt Enden sehen die Hilfe unseres Gottes« (Jes 52, 7. 10). Dieses Heil wird Israel zuteil, wenn Gott sich ihm für immer verlobt um Recht und Gerechtigkeit, Treue und Erbarmen (Hos 2, 21), wenn er es wieder erwählt (Sach 1, 17; Jes 14, 1), wenn Israel wiederum seine Gemeinde und er ihr Gott sein wird (Jer 31, 33; Ez 34, 24; Sach 8, 7f u.a.). Daß Gott den von Israel zerbrochenen → Bund (: II) in einem »neuen Bunde« wiederherstellt (Jer 31, 31ff), daß es wird, wie es einst gewesen, das ist die entscheidende Aussage der späteren E., mit der sich die Segensmotive der älteren E. oft verbinden (s.u.). Mittler dieses Heils ist an manchen Stellen der von Gott gesandte König, der, meist wohl aus Davids Stamm hervorgehend gedacht, Israel und den Völkern Gottes Heil und Frieden bringen wird (→ Messias: II). – Der Erwartung eines neuen Bundes entspricht die Hoffnung auf eine innere Erneuerung Israels. Auch hier liegt der Ton auf dem Handeln Gottes: »Laß du mich umkehren, so kehre ich um« (Jer 31, 18). Gott nur kann den Abfall heilen (Hos 14, 5) und die Wunde verbinden (Jes 30, 26). So sind auch Reue und Umkehr letztlich Gottes Werk (Ez 36, 29; Sach 12, 10). Gott schafft das Neue dadurch, daß er die Sünden der Vergangenheit vergibt, bedeckt und in die Tiefen des Meeres versenkt (Jer 31, 34; Ez 16, 63; Mi 7, 18f; Jes 44, 22): Dann durch ein neues Herz und einen neuen Geist, die Israel zum neuen Gehorsam führen, wenn ihm das Gesetz so ins Herz geschrieben ist, daß jeder es kennt (Ez 11, 19; 36, 26; Jer 31, 33f). Dann wird, wie schon Jesaja es erwartet (1, 26), Jerusalem wieder die treue Stadt, die Stadt des Rechtes sein, wo man nicht Frevel, Lug und Trug mehr üben wird (Zeph 3, 13). Und Gott wird wieder auf dem Zion Wohnung nehmen, ein Zeichen für die wiederhergestellte Gemeinschaft (Zeph 2, 17; Sach 8, 3; Mi 4, 7; Jo 4, 17).

Zu dieser inneren Wiederherstellung gehört auch die äußere. Seit dem Zusammenbruch der staatlichen Existenz und der Zerstreuung wiederholt sich die Hoffnung, daß »in jener Zeit« der Gott, der zerstreut hat, wie ein Hirt seine Herde laufen läßt, nun auch als ein rechter Hirte das Zerstreute wieder sammeln wird (Jes 40, 11; 43, 5; 56, 8; Jer 31, 8. 10; Ez 34, 13 u.a.). Israel wird in das Land heimkehren, das Gott seinen Vätern verheißen hat; denn Gott wird die Schmach seines Volkes entfernen (Jes 25, 8). Die Völker sehen Israels Heil (Jes 62, 2; 66, 18), ja, sie selbst bringen Israel heim (Jes 60, 9; 66, 20). Dann werden auch Israel und Juda wieder eins sein (Jes 11, 13; Hos 2, 2; Ez 37, 15ff). – Mit dieser Erwartung der Sammlung und Heimkehr verbinden sich die alten Hoffnungen auf den Segen, den Gott seiner Gemeinde schenken wird. Da wird nicht nur Jerusalem und sein Tempel wieder gebaut (Dtjes), die Gemeinde wird in Ruhe und Sicherheit wohnen (Jer 23, 6; Ez 34, 25), wie sie aus Recht und Gerechtigkeit sich ergeben (Jes 32, 17). Der Friede des → Paradieses wird wieder einkehren (Hos 2, 20; Jes 11, 6ff), und die Fruchtbarkeit des Landes und der Wohlstand der Gemeinde werden sich mehren (Hos 14, 6-9; Jer 31, 12f. 24f; Ez 34, 11-16. 25-27; Sach 8, 11-13). Das Lebensalter wird zunehmen (Sach 8, 4; Jes 65, 20) und die Zahl der Gemeinde wachsen (Ez 36, 10f). Die Völker werden kommen und Israel ihre Reichtümer bringen (Jes 18, 7; 60, 4ff; 66, 12; Hag 2, 7), ja, sie werden sich ihm unterwerfen und als Tagelöhner ihm Dienst tun (Jes 61, 5); selbst Könige müssen ihm dienen (60, 10). Doch auch eine Schilderung kommenden Segens wie Jes 60 gipfelt in der Zusage: »Der Herr wird dir ewiglich Licht sein und dein Gott dein Ruhm« (V. 19). Darin besteht zuerst und zuletzt das Heil für Israel, daß sein Gott sich seiner annimmt, wie einst, so auch durch alles Gericht, durch alle Not und alle Tränen hindurch, in der Zukunft, für alle Zeit.

Wie sich jedoch das Gericht Gottes nicht auf Israel beschränkt, sondern alle Völker erfaßt, so erfaßt Gottes Heil nicht nur Israel, sondern alle Menschen. In noch fast mythischer Weise spricht es Jes 2, 2-4 aus: Am Ende der Tage wird der Zionberg alle Berge überragen; dann werden alle Völker und Stämme dorthin ziehen und dort Gottes Weisung hören; Gott wird zwischen den Völkern entscheiden; die Kriege werden aufhören, die Zeit des Gottesfriedens kommt. Und Dtjes sieht darin die Aufgabe des Gottesknechts, daß er auf Erden Recht setze und den Inseln die Weisung bringe, auf die sie warten (42, 4); er ist eingesetzt als Licht der Völker, daß Gottes Heil reiche bis an das Ende der Erde; ja, die Völker und ihre Könige sind es, die die rätselhafte Kunde vom leidenden Gottesknecht vernehmen (→ Knecht Jahwes). Das ist für Dtjes auch der Sinn des Leidens Israels, daß dadurch die Völker auf den Gott aufmerken, der Israel wieder verherrlicht (55, 5); Gottes Weisung und Recht geht aus als Licht der Heiden (51, 4); denn Gott soll jedes Knie sich beugen und bei ihm jede Zunge schwören (45, 23). Was Israel empfangen hat an Erkenntnis Gottes, hat es nicht für sich allein empfangen, sondern auch für die Völker der Welt.

So spricht es auch Ez in einer geprägten Formel (→ Ezechielbuch) aus, daß am Schicksal Israels die Völker erkennen sollen, »daß ich der Herr bin« (36, 23. 36; 37, 28). Israel selbst wird Gottes Herrlichkeit unter den Völkern verkünden (Jes 66, 19), und die Erde wird sich füllen mit der Erkenntnis der göttlichen Herrlichkeit (Jes 11, 9; Hab 2, 14). So werden die Völker sich von ihren Göttern abkehren und auf den Heiligen Israels schauen (Jes 17, 7f; Jer 16, 19-21), werden nicht mehr dem Starrsinn ihres Herzens folgen (Jer 3, 17). Sie kommen und beten mit Israel zusammen an; denn bei Israel ist Gott (Sach 8, 23; Zeph 2, 11; 3, 9). Dann wird Gottes Haus ein Bethaus für alle Völker (Jes 56, 7). Und zuletzt wird die Grenze zwischen Israel und den Völkern aufgehoben, wenn Gott seinen Segen spricht: »Gesegnet sei mein Volk Ägypten, Assur, das Werk meiner Hände, und mein Erbteil Israel« (Jes 19, 25), und wenn viele Völker sich dem Herrn anschließen und ihm Volk sein werden wie Israel (Sach 2, 15). Auch diese Verheißung für die Völker gehört wesentlich zur E. des AT. Es ist verständlich, wenn analog der Gerichtsverkündigung auch die Zusage des Heils kosmische Ausmaße annimmt, wenn die Aussagen von Gottes erster Schöpfung auf eine neue Schöpfung übertragen, wenn also Sonne und Mond, das Meer und das Trockene mit hineingezogen werden in die Zeit des Heils (Hag 2, 6; Jes 30, 26; 32, 15), wenn sogar von einem neuen Himmel und einer neuen Erde gesprochen wird, die Gott schaffen will (Jes 65, 17; 66, 2). Was immer damit gemeint sein mag, jedenfalls hat die Macht des Heil schaffenden Gottes auch hinsichtlich des Kosmos keine Grenzen. Gott bringt die Geschichte der Welt und der Menschheit zu ihrem und seinem Ziel.

Nur eine Grenze bleibt, die des Todes. Nur zögernd wagt Israel, von seinem Gott auch die Überwindung des Todes zu erhoffen. Selten taucht die Erwartung des → Ewigen Lebens und der → Auferstehung auf (Jes 26, 19; Dan 12, 2), durch die auch den Toten Teil am ewigen Heil Gottes geschenkt würde.

4. Wie ist es zu dieser Fülle von Zukunftserwartungen gekommen, die doch so völlig verschiedenartig zu sein scheinen? Man hat die at. E. aus verschiedenen *Wurzeln* erklären wollen: Teils so, daß man Vorbilder in der Umwelt, der ägyptischen (Ed.Meyer), der babylonischen (Greßmann) oder der persischen (v.Gall), suchte; teils aber auch so, daß man sie für eigentümlich israelitisch hielt (Sellin) und dabei vor allem an den Kult des Neujahrsfestes als Quellort der eschatologischen Vorstellungen dachte (Mowinckel; → Feste: II) oder aber an die Notzeit des Exils und der folgenden Periode (Wellhausen). Es wird gut sein, zwei Fragen zu unterscheiden: a) Woher die Fülle der Bilder und Motive? Hier wird man schwerlich nur eine Antwort geben können. Manche Vorstellungen, wie die des die Völker richtenden Gottes, der seinem Volk alle Güter irdischen Segens zukommen läßt, mögen ihre Wurzeln in kultischen Aussagen der Priester haben. Andere Gedanken wie die von den Zeichen am Himmel und auf Erden könnten auf altorientalische Vorbilder zurückgehen. Ob der Einfluß des Parsismus auf die Entwicklung der at. E. wirklich so groß war, wie lange angenommen, ist sehr fraglich. Die wesentlichen eschatologischen Aussagen im AT dürften zweifellos älter sein als die Zeit, in der persischer Einfluß möglich war. - b) Wie ist die E. des AT in ihrer Eigenart entstanden? Hier ist heute weithin anerkannt, daß die Erwartung des zu Gericht und Heil kommenden Gottes, der die Geschichte der Menschheit vollendet, nur aus der Besonderheit der mit den Erwählungstraditionen verknüpften at. Gotteserfahrung heraus verstanden werden kann. Dieser in die Zukunft weisende Glaube hat verschiedenartige Motive übernommen, um anschaulich zu machen, worum es jeweils bei der Zukunft Gottes geht.

5. Die *Bedeutung* der at. E. besteht historisch darin, daß hier der Ausgangspunkt für alle weiteren eschatologischen Aussagen in Judentum, Christentum und → Islam zu suchen ist (→ Eschatologie: III. IV). Ob die Geschichte ein Ziel hat und was der Sinn der Geschichte sei, ist seitdem eine Frage des Abendlandes, ja der Menschheit geworden. Die sachlich-theologische Bedeutung wird in der Richtung zu suchen sein, daß im AT von solchem Sinn und Ziel der Geschichte geredet wird; Sinn der Geschichte ist die Durchsetzung der Erkenntnis Gottes in aller Welt, ihr Ziel die endliche Offenbarung der Herrschaft Gottes (→ Geschichte: I). Der Mittler, der den Völkern die Erkenntnis Gottes bringt, ist das durch Gericht und Erbarmen erneuerte Gottesvolk bzw. der ihm von Gott gesandte Helfer. An der Antwort auf die Frage, welches dieses Gottesvolk, wer der Helfer sei, scheiden sich Synagoge und Kirche, ebenso an der anderen, wie Gottes Reich sich offenbare. Das NT nimmt die beiden Hauptanliegen der at. E. auf: Gottes Auftrag an die Gemeinde des Christus für die Völker der Welt und die Erwartung der Enthüllung des Gottesreiches.

H.Gressmann, Der Ursprung der israelitisch-jüdischen E. (FRLANT 6), 1905 - Ders., Der Messias (FRLANT NF 26), 1928 - E. Sellin, Alter, Wesen u. Ursprung der at. E. (Der at. Prophetismus, 1912, 103-193) - W.Cossmann, Die Entwicklung des Gerichtsgedankens bei den at. Propheten (BZAW 29), 1915 - S.Mowinckel, Das Thronbesteigungsfest Jahwes u. der Ursprung der E. (Ps.-Studien II), 1922 - Ders., Han som kommer. Messiasforventningen i det Gamla Test., 1951; engl.: He that cometh, 1955 - G.Hölscher Die Ursprünge der jüdischen E., 1925 - A.v.Gall, Βασιλεία τοῦ θεοῦ, 1926 - M.Buber, Königtum Gottes, (1932) 1956[3] - L.Cerny, The Day of Jahwe, Prag 1948 - C.Steuernagel, Die Strukturlinien der Entwicklung der jüdischen E. (Bertholet-Festschr., 1950, 479-487) - S.B. Frost, E. and Myth (VT 2, 1952, 70-80) - J.Lindblom, Gibt es eine E. bei den at. Propheten? (StTh 6, 1952, 79-114) - B.A. van Groningen, In the Grip of the Past, 1953 - Th.C.Vriezen, Prophecy and E. (VT Suppl. 1, 1953, 199-229) - G.Pidoux, Le dieu, qui vient, 1953 - E.Rohland, Die Bedeutung der Erwählungstraditionen für die E. der at. Propheten (Diss. Heidelberg), 1956 - M.Noth, Die Heiligen des Höchsten (Ges. Studien zum AT, 1957, 274-290). - Dazu die Darstellungen der at. Theologie, vor allem v. L.Köhler, W.Eichrodt, O.Procksch, H.H.Rowley, Th.C.Vriezen, G.v.Rad.

A.Jepsen

III. Im Judentum

1. Grundzüge - 2. Eschatologische Systeme - 3. Heilsträger - 4. Heilspersonen - 5. E. und geschichtliche Wirklichkeit

1. Als *Quellen* für die jüdische E. hellenistisch-römischer Zeit dienen die zahlreichen Apokalypsen (→ Apokalyptik: II, 1), die übrigen → Apokryphen (: I) und → Pseudepigraphen, die Literatur von → Qumran, → Philo, → Josephus, die rabbinische Tradition sowie die älteren liturgischen Texte der Synagoge.

Die religionsgeschichtlichen *Voraussetzungen* bestehen einerseits in dem teleologisch ausgerichteten, diesseitigen Geschichtsbild Altisraels, andererseits in Vorstellungen, die dem gemeinorientalischen mythischen Kreislaufdenken entstammen. So wirkt das indoiranische System der 4 Weltperioden (→ Apokalyptik: I) ebenso nach wie die Vorstellungen von den 7 Zeitaltern der babylonischen Spekulation; hierzu kommen zahlreiche Motive aus dem kanaanäischen Erbgut Israels (→ Ugarit, 3). Aus der Verschmelzung von zyklischem und linear-historischem Denken, wie es bereits im vorexilischen Kultus begegnet, ergibt sich die Tendenz, den Weltablauf von der Urzeit bis zur »letzten« Zeit, die stets die entscheidende Epoche darstellt, zu periodisieren. - Dem zyklischen Denken entspringt dabei die Vorstellung, daß der Heilszustand, auf den die »letzte« Zeit hinführt, dem urzeitlichen Ideal entsprechen müsse. Die urbildhafte Vorzeit wird teils mit mythischen, teils mit historischen bzw. heilsgeschichtlichen Farben gezeichnet. Dementsprechend sind die Vorstellungen von der Heilszeit und den vorangehenden Ereignissen uneinheitlich. So lassen sich weder die einzelnen eschatologischen Akte und Zustände noch die Heilspersonen und ihre Gegenspieler oder die Empfänger von Heil und Unheil im Rahmen der Überlieferung befriedigend systematisieren; dies gilt - abgesehen von Traditionskomplexen wie äthHen (→ Henochbücher) - selbst von einzelnen Werken wie 4Esr (→ Esrabücher: III) oder ApkBar(syr) (→ Baruchschriften, 2). Das »Ende« erwartet man teils als Nah-, teils als Fernziel; aber auch die Gegenwart kann »Endzeit« in Gestalt widerfahrenden Heils oder eschatologischer Drangsal sein, wie sie sich aus dem »letzten Kampf« zwischen Gott und seinem Volk einerseits, dem Widersacher und seinen irdischen Anhängern andererseits ergibt. - Die altüberkommene Spannung zwischen nationalem Partikularismus und Universalismus setzt sich in der jüdischen E. fort. Dabei herrscht die partikulare Zukunftserwartung vor, doch spielt auch die universale E. eine Rolle; zahlreiche Übergänge komplizieren jedoch das Gesamtbild. Eng mit dem Partikularismus hängt zusammen, daß man das Heil - oft unter Verwendung mythischer Motive - vornehmlich im irdischen Bereich erwartet. Zugleich aber begegnet innerhalb der universalen E. die Hoffnung auf überirdische Heilsgüter, und zwar bes. dort, wo man an den Weltuntergang, die Schaffung eines neuen Kosmos mit Auferstehung, Weltgericht sowie ewiger Seligkeit und Verdammnis glaubt.

2. Die ältere →Eschatologie (: II) setzt sich im hellenistischen Zeitraum zB Jdt 16, 18 mit der Vernichtung der Feinde Israels am Tage des Gerichtes fort. Ebenso soll in Tob 14, 5 nach Erfüllung der »Weltzeiten« Jerusalem neu erstehen und die Heidenwelt sich unter Führung Israels bekehren. Trotz des Motivs der »Weltzeiten« liegt hier keine Periodisierung des Geschichtsablaufes vor. Anders aber steht es mit der Vision Dan 7, 2-14 (→ Danielbuch). Hier wühlen die vier Winde das chaotische Urmeer auf, dem Löwe, Bär, Panther und Drache bzw. → Leviathan entsteigen. Vor dem Thron des Hochbetagten empfangen sie ihr Urteil. Zugleich erscheint einer »wie ein Mensch«, dem ein ewiges und unzerstörbares Reich gegeben wird. Die Motive entstammen altorientalischer, teilweise in → Ugarit belegbarer Mythologie, wobei die Vierzahl der Tiere der Vierperiodenlehre entspricht. Auf den Geschichtsablauf bezogen, bedeuten die Chaostiere das neubabylonische, das »medische«, das persische und das makedonische Reich (→ Geschichte: I). Der »Menschenähnliche« schließlich, der die Reiche ablöst, verkörpert das jüdische Volk; ursprünglich ist er wohl ebenfalls eine mythische Gestalt bereits der Urzeit, die am Ende der Tage wiedererscheint (→ Menschensohn: I). Im Rahmen der Gegenwartsbezogenheit, wie sie der E. weithin eignet, ist das Leviathanmotiv durch das Bild von den 10 Hörnern erweitert; diese symbolisieren die Seleukiden, unter denen → Antiochus IV. Epiphanes als Gesetzesfeind und Zeitgenosse des Sehers im Zielpunkt der Vision steht. - Ein weiteres Beispiel bietet äthHen 93 und 91, 12-17 (um 170 vChr), wo der Weltablauf sich in 10 (ursprünglich 7 [?]) »Wochen« gliedert. Am Ende der 7. Woche, einer Periode des Abfalls, werden die Auserwählten, zu denen auch der Seher gehört, über die Schöpfung belehrt. Die 8. Woche bringt das Gericht über die Gottlosen, Reichtum für die Gerechten und den ewigen Tempel. In der 9. Woche bahnt sich das Endgericht an, das in der 10. stattfindet. Der alte Himmel wird durch einen schöneren abgelöst, und die kommenden »Wochen« sollen sündlos sein und ewig währen (→ Gericht: II). - Wiederum abgewandelt und verbunden mit Motiven unterschiedlicher Herkunft ist die Periodenlehre in äthHen 83-90 (um 100 vChr). Am Anfang der Betrachtung steht die Sintflut als Weltuntergang. In der anschließenden Periode sind die Erzväter als weiße Stiere, die Israeliten als Schafe, ihre Feinde aber als wildes Getier versinnbildlicht. Seit dem Exil herrschen 70 gottfeindliche Engel über Israel, von denen die letzten 12 die schlimmsten sind. Schließlich siegen die Schafe wunderbar über die wilden Tiere; die Sterne und die 70 Engel sowie die Verblendeten aus Israel werden zur Feuerqual verdammt, und das neue Jerusalem nimmt auch die verstreuten Schafe auf. Am Ende wird ein weißer Stier, der Messias, geboren. Indem er selbst in einen Büffel, das Symbol der Kraft, seine Herde in Stiere verwandelt werden, kommt die Macht zum Ausdruck, mit der Israel die widergöttliche Welt für immer beherrschen wird.

Folgenreich für die Entwicklung der E. ist die Verkürzung des Periodensystems auf 2 Weltzeitalter, nämlich »diese Welt« und »die zukünftige Welt« (→ Apokalyptik: II, 3). Hier herrscht einerseits das alte lineare Geschichtsdenken insofern, als der Gang der Geschichte auf einen einzigen Äon beschränkt ist; andererseits aber ermöglicht die Annahme eines »kommenden Äon« als einer Periode absoluter Heilsvollendung eine stärkere universale Entfaltung. Diese Vorstellung setzt zB Simon bSchetach (um 90 vChr) nach pal. Baba Meṣi'a 8c voraus, desgleichen 1QS 3, 13 - 4, 26, wo der gegenwärtige Äon mit seinem Kampf zwischen Licht und Finsternis der neuen Schöpfung gegenübersteht. Die alte Hoffnung auf ein Idealreich wird hiermit teils so verbunden, daß man im Sinne partikularer E. den »kommenden Äon« mit der Zeit des Messias gleichsetzt (zB Berakot 1, 5), teils so, daß die Tage des Messias als Endabschnitt »dieser Welt« erscheinen, während der »kommende Äon« das überirdische Heil bringt (zB 4Esr 7, 26ff).

3. Der *Träger* des künftigen Heils ist primär das Volk Israel; ihm stehen die Imperien der Seleukiden und Römer, vielfach aber auch die Völker oder Heiden in einer oft mythisch verstandenen Feindschaft gegenüber. Daneben ist die »Gemeinde« Besitzerin oder Empfängerin der kommenden teils materiellen, teils ideellen Heilsgüter. Hierbei kann eine Verengung bis zum Gruppenpartikularismus (→ Essener, → Pharisäer, → Qumran, 4, → Zeloten) eintreten, so daß den »Gerechten« der Gruppe nicht nur die Heiden, sondern auch die »Abtrünnigen« aus Israel gegenüberstehen. Ebenso aber kann die »Gemeinde« unter Sprengung des Partikularismus zur Gemeinschaft aller werden, die sich dem → Gesetz (: III) unterwerfen und damit die Anwartschaft auf das künftige Heil erwerben (Proselyten, → Mission: II).

Das Individuum ist in diesem Rahmen primär nur insofern von Bedeutung, als es durch Geburt oder Willensentscheid Glied der eschatologisch ausgerichteten Gemeinschaft ist. Dies gilt zB auch vom Auferstehungsglauben, der außerhalb der at. Anthropologie seine Wurzeln hat und in unserer Periode keineswegs schon Allgemeingut ist (→ Auferstehung: IV). So herrscht Jes 26, 19 deutlich der Volksgedanke vor, und Dan 12, 2f sind es die Gottesstreiter der Makkabäerzeit und ihre Widersacher, deren Wiederkunft zu endgültigem Heil oder Gericht erwartet wird (vgl. 4Esr 5, 41f).

4. Die jüdische E. ist ausgesprochen theozentrisch; das künftige Heil, verbunden mit dem Sieg über alles Widergöttliche, ist Ausdruck der absoluten Herrschaft Gottes. Innerhalb dieser Grundkonzeption haben verschiedene *Heilspersonen,* die sich nur selten systematisch einander zuordnen lassen, ihren Platz. Erwähnt seien: der → Messias (: II) mit seinem Urbild in der idealisierten Gestalt Davids; der mythische »Mensch« (→ Menschensohn: I), der Priester- und Paradieseskönig (TestLev 18, 8-11); der Prophet, der zuweilen als wiederkehrender → Moses, → Elia oder → Henoch erwartet wird; ferner der Engel und der Vorläufer, der zB als Elia die Gottesherrschaft heraufführt oder als »Lehrer der Gerechtigkeit« (Dam 8, 10; → Qumran, 4) dem Messias vorangeht. Wenn andererseits in 1QS 9, 11 vom »Kommen [des] Propheten und der Messiasse aus Aaron und Israel« die Rede ist, so liegen hier wohl auf Sach 4, 1-14 zurückgehende Priestertraditionen vor.

5. Die E. mit ihrem bunten Vorstellungskranz von den »letzten« Drangsalen (→ Krieg: II), vom Vergehen der alten und Werden einer neuen Welt, vom Völker- und Weltgericht, Heil und Verdammnis ist mehr als nur Spekulation; denn ihr wohnt eine ungeheure geschichtliche Dynamik inne, und mit Ausnahme der Jerusalemer Priesteraristokratie (→ Sadduzäer) waren wohl die meisten jüdischen Gruppen mehr oder weniger stark eschatologisch bestimmt. So erscheint zB Johannes Hyrkanus I. - von Josephus als Herrscher, Hoherpriester und Prophet bezeichnet (bell. 1, 68) - in einer hasmonäischen Inter-

pretation des TestLev als ein mythisch-eschatologischer Heilbringer (TestLev 8, 11-17; 17, 11-18, 14), und nach 1QpHab VII, 1-5 vermittelt der die Propheten überbietende »Lehrer der Gerechtigkeit« der »letzten Generation« eschatologische Erkenntnis. Vor allem aber haben die zahlreichen Freischarführer und messianischen Thronanwärter (→ Zeloten) bis hin zu → Simon Ben Koseba, den → Akiba selbst zum »Stern aus Juda« designiert hat, die jüdische Geschichte vom Tode des → Herodes bis zum hadrianischen Aufstand entscheidend bestimmt. - Durch die gewaltigen Niederlagen von 70 und 135 nChr verlor die E. an geschichtsbildender Kraft. Zudem gewann eine bereits im NT vorausgesetzte religiöse Anthropologie mehr und mehr an Boden, innerhalb deren der Mensch, gemäßigt dualistisch geschaut, als Individuum nach seinen ewigen Werten, seiner »Seele«, gemessen wurde. Dieses neue Bild vom Menschen, der sich nach seinem Abscheiden vor Gottes Thron zu verantworten hat, verband sich eng mit einzelnen eschatologischen Gedankenkreisen, insbesondere der Zweiperiodenlehre und dem Auferstehungsglauben im Sinne einer Wiedervereinigung von Leib und Seele des Individuums zu ewiger Seligkeit oder auch Verdammnis. Ist somit seit der Zeit Hadrians die alte nationalpartikulare E. als treibender Geschichtsfaktor aus der jüdischen Religion weithin ausgeschieden, so lebt sie gleichwohl in den liturgischen Texten der Synagoge fort.

H. Gunkel, Schöpfung u. Chaos in Urzeit u. Endzeit, (1895) 1921² - P. Volz, Die E. der jüd. Gemeinde, (1903) 1934² - H. Gressmann, Ursprung der isr.-jüd. E., 1905 - N. Messel, Die Einheitlichkeit der jüd. E., 1915 - G. Hölscher, Die Ursprünge der jüd. E., 1925 - Bousset, Rel. 202ff - G.F. Moore, Judaism. (1927) 1954⁷ - Bill. IV, 799ff - J. Bonsirven, Le Judaisme Palestinien en temps de Jésus Christ I, 1934 - H.H. Rowley, Darius the Mede and the Four Empires in the Book of Dan, 1935 - Ders., The Relevance of Apocalyptic, 1944 - Ders., The Suffering Servant and the Davidic Messiah (OTS 8, 1950, 100-136) - R. Meyer, Hellenistisches in der rabbin. Anthropologie (BWANT IV, 22), 1937 - Ders., Der Prophet aus Galiläa, 1940, 41ff - ThW IV, 39ff - O. Plöger, Priester u. Prophet (ZAW 63, 1951, 157-192) - O.S. Rankin, The Messianic Office in the Literature of Judaism and the NT (ebd 259-270) - H. Ringren, König u. Messias (ZAW 64, 1952, 120-147) - K. Schubert, Die Religion des nachbibl. Judentums, 1955, 34ff - J. Klausner, The Messianic Idea in Israel, 1956 - S. Mowinckel, He that cometh: The Messianic Concept in the OT and later Judaism, 1956 - F. Nötscher, Zur theol. Terminologie der Qumran-Texte (BBB 10), 1956, 149ff.

R. Meyer

IV. Im Urchristentum

1. Das Material der urchristlichen E. - 2. Typen der urchristlichen E. - 3. Jesus - 4. Die Gemeinde nach Ostern - 5. Paulus - 6. Johannes - 7. Die Synoptiker

1. Die moderne religionsgeschichtliche Forschung entdeckt um die Jahrhundertwende die konsequente Einstellung Jesu wie des frühen Christentums auf eine überweltliche Zukunft, deren Anbruch in Bälde erwartet wird. Das Reich Gottes ist nicht ein Zustand, auf den hin sich die Welt entwickelt; es bricht in einer kosmischen Katastrophe von außen in die Welt ein. Das *Vorstellungsmaterial* stammt aus dem Judentum (→ Eschatologie: III), dem Weltbild der → Apokalyptik (: II), wie schon die Begrifflichkeit zeigt (→ Reich Gottes: I, → Menschensohn: I. II, → Auferstehung: IV. V, → Gericht: II. III). Man greift auf at. Stellen zurück (Ez, Dan, Jo 3; vgl. Mk 13 und bes. die Apk) und übernimmt die jüdischen Bezeichnungen für das eschatologische Gottesvolk (→ Israel im NT). Auf hellenistischem Boden werden dann Motive des gnostischen Weltbildes übernommen (→ Epheserbrief!), womit ein Übergang von Zeit- zu Raumbegriffen verbunden ist.

2. Die Verarbeitung dieses Materials geschieht in mannigfacher Weise. Die nt. E. ist keine systematische Einheit; sie umfaßt eine ganze Reihe von *Typen;* diese stehen zueinander nicht im Verhältnis einer geradlinigen Entwicklung. Man entdeckt nebeneinander Abklingen der frühen Naherwartung und wieder sekundäre Neubelebung derselben (1Petr, Apk). Trotzdem ist ein geschichtlicher Zusammenhang zwischen den Typen vorhanden. Denn die eschatologischen Entwürfe sind durch den kirchengeschichtlichen Standort des Entwerfenden bedingt. Der wichtigste Faktor ist dabei die immer längere Dehnung der Zeit bis zur erwarteten → Parusie. Denn ein Zukunfts*bild* läßt sich tradieren, nicht aber eine Einstellung auf die Zukunft als solche. Selbst wenn die Sätze der ursprünglichen Naherwartung festgehalten werden, so wandelt sich unter der Hand ihr Existenzsinn (2Petr!). Es ist also nicht nur nach dem Vorstellungsmaterial zu fragen, sondern nach seiner Verwendung im Sinne eines bestimmten Verständnisses von Zukunft und Gegenwart und nach der innerchristlichen Problementwicklung. Die wichtigsten Einschnitte bilden die Übergänge von Jesus zur Urgemeinde, von dieser zur hellenistischen Gemeinde (→ Heidenchristentum) und von der apostolischen zur nachapostolischen Zeit. Die Kontinuität liegt in dem ständigen geschichtlichen Vorgang der Übernahme und immer neuen theologischen Verarbeitung, während das Vorstellungsmaterial als solches wesentlich ungeschichtlich ist. Auch wenn man sich das jenseitige Dasein in Raum und Zeit vorstellt, so sollen doch die Faktoren des geschichtlichen Daseins gerade aufgehoben sein; das Gottesreich bedeutet negativ die Aufhebung von Sünde und Tod. Positiv wird es unter den Bildern vom himmlischen Mahl oder Gottesdienst gedacht. Mit der Zeit gewinnen die Vorstellungen immer mehr selbständigen Wert; sie drücken nicht mehr unmittelbar das geglaubte Verhältnis zur Zukunft aus, sondern entfalten sich zum apokalyptischen Ausblick; das bedeutet, daß sie im Ganzen der Lehre als der Topos »Von den letzten Dingen« an den Schluß rükken. Das entspricht genau dem gesamten Wandel im Glaubens- und Kirchenverständnis, welcher den Übergang zum Frühkatholizismus bezeichnet und im NT selbst seine Spuren grub.

Die Einsicht in das geschichtliche Verhältnis der verschiedenen eschatologischen Typen ergibt ein Kriterium für die *Beurteilung der Hypothesen* über die Struktur der frühen E. Die »konsequente E.« A. → Schweitzers deutet sie als apokalyptische Hoffnung, die nicht in Erfüllung ging. Auch R. → Bultmann sieht den futurischen Charakter der Aussagen, folgert aber daraus die Notwendigkeit einer »existentialen Interpretation«. Dagegen setzt die Theorie von der »realized eschatology« (C.H. → Dodd) für die früheste Zeit (Jesus, Paulus, dann Joh) eine Anschauung an, wonach das Ende bereits eingetroffen sei. O. Cullmann findet die Einheit der Typen in einer entfalteten Betrachtung von heilsgeschichtlicher Vergangenheit, Gegenwart und Zukunft.

3. Deutlich ist der geschichtliche Zusammenhang mit der jüdischen E. bei → *Jesus*. Das *Neue* seiner Botschaft zeigt sich im Stil der Ankündigung des Gottesreiches und der Umsetzung dieser in den Ruf zur Buße. Kein Gedanke, daß sich das Reich in der Welt entwickelt; es »kommt«, es ist nahe. Das zentrale Problem der Interpretation ist nun: *wie* nahe (nach der Meinung Jesu!)? Ist es *nur* als künftige (bzw. kommende) Größe gedacht oder daneben auch als gegenwärtige, etwa als präsent in Jesu Person? Wie verhält sich also das Reich zu ihm selbst? Damit hängt die weitere Frage zusammen, ob Jesus das Kommen durch die Stiftung der Kirche als des eschatologischen Gottesvolkes vorbereiten wollte oder ob er dieses Volk ausschließlich durch seine Predigt sammelte, nicht aber organisierte, vielmehr die sichtbare Sammlung als wunderbaren Akt Gottes selbst erhoffte.

Die Schwierigkeit einer Antwort auf diese Fragen hängt mit dem Charakter der »synoptischen Tradition« zusammen; in dieser sind authentische Aussagen Jesu von der Gemeinde aufgearbeitet und dabei modifiziert (→ Evangelien, synoptische). Doch ist eine Rekonstruktion der Lehre Jesu nicht aussichtslos. Wenn auch über die Authentizität des einzelnen Ausspruches nur relative Sicherheit zu gewinnen ist, so hat man doch einen methodischen Anhaltspunkt im Gesamtkomplex der → Gleichnisse. Der Analyse zeigt sich ein scharf profilierter Entwurf, der sich von der späteren Gemeinde-E. klar abhebt. Freilich, gerade Jesu eigene E. hat hinsichtlich des Grades der Nähe des Reiches etwas Schwebendes (vgl. etwa Mk 1, 15; 3, 27; Mt 12, 28f; Lk 17, 20f). Aber man kann einen einheitlichen Sinn darin erkennen. Er liegt nicht darin, daß Jesus eine neue Antwort auf die Frage nach dem Zeitpunkt brächte, sondern daß er diese Frage als Frage überholt. Er stellt sich zwar die Nähe zeitlich vor; aber der Sinn liegt in der Qualifizierung der menschlichen Situation angesichts des Kommens des Reiches. Man kann jetzt nicht mehr beobachtend nach dem Termin fragen, sondern sich nur noch augenblicklich auf das Reich einstellen, dh Buße tun. Bereits geschehen die Zeichen, in welchen sich das Reich ankündigt: Jesu Taten und seine Predigt. E. und Ethik bilden so die einheitliche Herstellung der Bereitschaft für das Reich, die Eröffnung der Möglichkeit des Heils. Die Künftigkeit des Reiches bleibt gewahrt; aber wir befinden uns unmittelbar an der Grenze: es ist weder als künftige noch als gegenwärtige (weltimmanente) Größe aus einer neutralen Position zu beobachten (Lk 17, 20f). Das ist der Sinn der Bilder, welche seinen Einbruch beschreiben; es kommt wie der Blitz, wie die Flut (Lk 17, 22ff), plötzlich, ohne ankündigendes Zeichen, wie der Dieb in der Nacht (Mt 24, 43). An anderen Stellen ist freilich dennoch von Vorzeichen die Rede (Mk 13, 28ff; Lk 12, 54ff); aber der Widerspruch ist nur ein scheinbarer. Beide Reihen von Aussagen haben einen einheitlichen Sinn. Die Zeichen sind gerade solcher Art, daß man sie nicht zunächst abwägend begutachten kann, sondern solcher, daß sie dem Angesprochenen keine eigene Frist mehr lassen. Sie bestehen ja im Wirken Jesu selbst. In der Welt präsent ist also nicht das Reich, sondern seine wirksame Ankündigung. So setzen es die Seligpreisungen der → Bergpredigt (: I) voraus: noch gibt es Arme. Ihre → Armut (: I, 2) wird weder überflogen noch werden sie auf die Zukunft vertröstet: die Armut wird jetzt durch das Evangelium verwandelt.

Aus dieser Zuspitzung wird die Einheit von Heilsbotschaft und Bußruf verständlich. Beides zusammen bildet die absolute Bestimmung des menschlichen Existierens. Die menschlichen Qualitäten (damals: die Zugehörigkeit zum erwählten Volk) verlieren ihren Heilswert. Der einzelne wird als einzelner isoliert; die neue Gemeinschaft, in die er gewiesen wird, ist unwelthafter Art. Das Heil ist reines Geschenk und wird als solches im unbedingten Gehorsam verstanden. Daher bildet der Ausblick auf Lohn und Strafe einen notwendigen Bestandteil der Erwartung. Die Zukunft ist ja nicht *formal* verstanden (als noch ausstehende Zeit); sie ist Heil oder Verlorenheit.

Angesichts dieser Konzentration auf den Existenzsinn schwindet das Interesse an einer Ausmalung des jenseitigen Daseins wie der Vorgänge, welche die Weltverwandlung herbeiführen. Man erkennt den Umfang der kritischen Reduktion, wenn man Jesu Aussagen mit den Gemälden der jüdischen und der späteren christlichen Apokalyptik vergleicht.

Der Struktur dieses Entwurfes entspricht eine »indirekte« → Christologie (→ Jesus Christus): Jesus verknüpft die Heilshoffnung insofern mit seiner Person, als er in seinen Taten das Reich wirksam sieht und seine Predigt als das letzte Wort Gottes vor dem Ende versteht. Aber er macht seine Person nicht zum ausdrücklichen Lehrinhalt, etwa indem er sein Wesen in messianischen Titeln darstellt. Die Anwendung von solchen auf ihn (→ Menschensohn, → Messias, → Sohn Gottes) dürfte erst durch die Gemeinde, also nach seiner Auferstehung, erfolgt sein. Umstritten ist, ob er die Erwartung des Reiches mit der eines persönlichen himmlischen Heilsbringers und Richters (des »Menschensohnes«) verband. Dagegen spricht, daß die beiden Begriffe des Reiches Gottes und des Menschensohnes in der ältesten Tradition nicht miteinander verknüpft sind (Vielhauer). Endlich paßt zu dieser E. nicht die Stiftung einer organisierten eschatologischen Gemeinschaft. Jesus sammelt das Gottesvolk ausschließlich durch seinen Ruf und erwartet die sichtbare Sammlung beim Anbruch des Reiches. Er verweigert das, was in der Sekte von → Qumran das konstituierende Element ist: die Erwählten als Gruppe auszusondern und sichtbar darzustellen.

4. Die *Gemeinde* kann nicht einfach Jesu E. »übernehmen«. Sie muß - nach Ostern - seinen Tod und seine Auferstehung als Momente des Endgeschehens mit bedenken. Die Erscheinungen des Auferstandenen führen zur Umwandlung der indirekten Christologie in direkte Aussagen über Jesu Person und Werk, in einem damit zur Sammlung der Gemeinde. Damit ist auch diese, und zwar schon ihr Dasein als solches, eschatologischer Faktor, was sich etwa Mt 16, 17-19 einen frühen Ausdruck schafft. Die Erwartung wird jetzt wesentlich Erwartung der Parusie Jesu als des Menschensohnes. Diese Verwandlung der Struktur der Hoffnung besteht auch dann, wenn man annimmt, schon der historische Jesus habe ausdrücklich über seine Person, sein Leiden, seine Auferstehung und Parusie gelehrt. Die konkrete Interpretation des Heils- (bzw. Unheils-)sinnes des erwarteten »Tages« ergibt sich nunmehr aus dem Verstehen von Jesu Person. Ist also die Situation eine völlig neue geworden, so ist doch die Kontinuität zwischen Gemeinde und historischer Person Jesu gewahrt; das ist dadurch ermöglicht, daß schon Jesus das künftige Heil mit seiner Person verknüpfte, daß sein Entscheidungsruf eine Christologie implizierte (Bultmann, NT 44).

Das *gelebte* Verhältnis der Gläubigen zum nahen Eschaton dokumentiert sich in der Gestalt ihres Gemeindelebens, in den Mahlzeiten mit ihrer eschatologischen Hochstimmung (ἀγαλλίασις Apg 2, 46), im Sich-Verstehen der Gemeinde als Gottesvolk, »Kirche«, in der eschatologischen Begründung der Paränese (vgl. dazu 1Thess 5, 1ff, den Aufbau der Rede Mk 13 und Mt 24f). Das *vorgestellte* Verhältnis zur Zukunft arbeitet wieder stärker mit den Motiven der Apokalyptik (vgl. die Linie von Mk 13 über Lk 21 bis hin zur Apk). Gegen ein Überwuchern des Apokalyptischen wirkt als reduzierender Faktor die Bindung an die Person Jesu wie die Überlieferung seiner Gleichnisse und Worte. Den erhöhten Herrn weiß man wirksam in den Weissagungen christlicher Propheten; die Worte, die der Geist durch sie spricht, können als Worte des Herrn in die Tradition eingehen (1Thess 4, 15ff).

Auf *hellenistischem* Boden wandelt sich naturgemäß die Terminologie. Die Begriffe des Reiches Gottes und des Menschensohnes treten zurück (bzw. verschwinden); man spricht jetzt von der Erwartung des κύριος (1Thess 1, 10) als des »Retters« (Phil 3, 20). Der Bezug der künftigen Ereignisse auf das Individuum wird stärker ausgearbeitet; Vorstellung und Begriff der Auferstehung beherrschen nunmehr die E., vgl. Paulus (1Thess 4, 13ff; 1Kor 15; ein charakteristisches Beispiel bietet die Entwicklung vom MkEv zum LkEv und der Apg; vgl. Apg 17, 30f; 24, 15). Der *Geist* wird als ἀπαρχή, ἀρραβών verstanden (Röm 8, 23; 2Kor 1, 22). Die → Taufe als das Mitsterben mit Christus verbürgt die Hoffnung auf das künftige Mitauferstehen mit ihm (Röm 6); in den Deuteropaulinen (Kol und Eph) wird sie sogar bereits zum Vollzug der Auferstehung (Kol 2, 12; Eph 2, 6). Zur Abendmahlstradition gehört ein eschatologischer Ausblick (1Kor 11, 26; Lk 22, 18). Geist und Sakrament verbürgen also die Hoffnung, und zwar dadurch, daß sie das Erhoffte bereits in der Gegenwart in gewisser Weise vorwegnehmen und dem Gläubigen übermitteln. Die Kraft der Zukunft ist in ihnen lebendig und realisiert sich als neuer Wandel (dieser Zusammenhang ist vor allem von Paulus theologisch durchdacht, Röm 6; 8; aber dieser nimmt dabei Motive auf, die schon vor ihm in der Gemeinde vorhanden sind). So ist die Gegenwart zwar noch nicht der neue Äon, aber doch qualifizierte Heilszeit, die nicht auf das hin betrachtet wird, was ihr noch zur vollen Verwirklichung des Heils fehlt, sondern darauf, was ihr bereits an Heilsgaben geschenkt ist. Das »Noch nicht« wird in einem anderen gedanklichen Zusammenhang betont, in der Abgrenzung gegen schwärmerischen Enthusiasmus (in Korinth: 2Kor 5, 7, aber auch da unter dem Gesichtspunkt des »Schon«).

Diese »realisierte E.« findet ihren Niederschlag auch im Ausbau der Christologie: das Heilswerk hat kosmische Dimension und umfaßt die Wesen und Mächte aller Bereiche (so in dem vorpaulinischen Lied Phil 2, 6ff, vgl. V. 10f), ja, es ist im Kosmos bereits durchgeführt (Kol 1, 15ff; 1Tim 3, 16). Vor der Welt ist dieser Sieg über die Mächte (oder: ihre Versöhnung, Kol 1, 20) noch verborgen; aber die Kirche ist in dieses »Geheimnis« eingeweiht und gibt es kund. Wo diese Gedanken durchgeführt werden, wo das Heilswerk wesentlich als Zug des Erlösers durch die Welträume gesehen wird, da ist für eine künftige »Parusie« kein Platz mehr; sie wird in den angeführten Stellen nicht erwähnt (ebensowenig wie in einer Reihe von liturgisch geprägten Texten eines einheitlichen Typs, Röm 16, 25f; 2Tim 1, 9f; Tit 1, 2f). Zwar verbinden die Schriften, in welchen wir diese Texte finden (Kol, Eph, die Pastoralbriefe), mit ihnen wieder den Ausblick auf die Parusie; aber es ist deutlich, daß dieser nicht die Struktur der E. bestimmt; wohl aber wirkt er als Korrektiv gegen die Gnostisierung, sofern durch ihn der Vorbehalt gewahrt wird, daß die Glaubenden nicht die *Besitzer* des Heils, des ewigen Lebens, der Auferstehung sind.

5. So deutlich es ist, daß → *Paulus* stark von den Anschauungen der hellenistischen Gemeinde bestimmt ist, so deutlich ist auch, daß sein eschatologisches Weltbild das der jüdischen Apokalyptik ist; aus dieser stammt auch bei ihm die Begrifflichkeit (»Auferstehung« 1Kor 15; »Tag« 1Thess 5, 2). Neu ist die Art und Weise, wie er die Begründung der Hoffnung als Interpretation des christologischen Kerygmas durchführt, und zwar nicht nur in der Darstellung des Auferstehungsglaubens, sondern in der Interpretation des gesamten Existierens. Jesus ist das Ende des Gesetzes (Röm 10, 4), damit der Geschichte. Andererseits ist der neue Äon noch nicht erschienen (Paulus spricht nie vom neuen oder kommenden Äon, sondern von der neuen Schöpfung, was ein ganz anderer Sachverhalt ist). So leben wir »zwischen den Zeiten«, noch in der Welt, aber so, daß wir der Welt gekreuzigt sind, wie sie uns gekreuzigt ist, als neue Kreatur (Gal 6, 14f; 2Kor 5, 17). Diese Zwischenzeit des Glaubens (2Kor 5, 7), Harrens (Röm 8, 23ff) wird nicht formal, auf ihre zeitliche Erstreckung hin, beobachtet, sondern auf ihre Qualifikation durch das künftige und heute wirkende Heil. Das »Zwischen« ist positiv bestimmt durch die Gnadengaben, deren höchste, unvergängliche, auch in der künftigen Welt bleibende Glaube, Liebe und Hoffnung sind (1Kor 13). Der Vorbehalt aber, daß wir noch nicht im Schauen wandeln, auf Hoffnung gestellt sind (Röm 5; 8, 24ff), verhütet, daß die Verkündigung der Versöhnung (2Kor 5, 18f) durch das Bild des versöhnten Menschen ersetzt wird. Die Dialektik dieser unweltlichen Existenz in der Welt wird also dadurch ausgedrückt, daß Paulus – anders als manche Kreise des hellenistischen Christentums – den Bezug auf ein zeitlich noch ausstehendes Ereignis, die Parusie mit Totenauferstehung und Gericht, nicht nur festhält, sondern sogar ausarbeitet. Anders ausgedrückt: wir leben »*in* Christus« und Christus in uns (Gal 2, 20); wir sind »*mit*« Christus gestorben. Was aber noch aussteht, ist das »Mitauferstehen«, das Leben »mit« ihm (2Kor 4, 14; 1Thess 4, 14). Paulus spricht konsequenterweise von unserer Auferstehung nur futurisch (anders Kol und Eph, s. 4). Er ist noch völlig von der *Nähe* der Parusie überzeugt (Röm 13, 11; Phil 4, 5) und hofft, daß er sie selbst noch erleben werde (1Thess 4, 15). Diese Überzeugung ist die Voraussetzung seiner Deutung der Heilsgeschichte in Röm 9–11.

Von diesem Ansatz her kann trotz der bestehenden Naherwartung eine Verzögerung der Parusie kein echtes theologisches Problem werden, da die Hoffnung nicht auf dem Eintreffen eines Termins steht, sondern auf dem Kerygma und den Faktoren des gläubigen Daseins, Geist und neuem Wandel, auf der Ausarbeitung der Entweltlichung in der paradoxen Weise, in der sich das Heil heute an uns verwirklicht (2Kor 4, 7ff). Freilich ist der paulinische Ansatz im Bereich der objektivierenden Vorstellungen nicht wirksam geworden, als sich das Parusieproblem ausdrücklich stellte. Wohl aber hat er bewirkt, daß die Parusieverzögerung keine Grundlagenkrise auslöste, da in der Schule des Paulus in seinem Gefolge der Nachdruck auf der Ausarbeitung des gläubigen Existierens in der Welt lag, wenn auch die Dialektik desselben nicht mehr in der alten Schärfe verstanden wurde. Auf der anderen Seite wirkte das Festhalten am zeitlichen Ausblick auf die Parusie immer wieder der gnostischen Entgeschichtlichung des Welt- und Erlösungsverständnisses entgegen.

6. Einen Typ eigener Art stellt die E. des → *Johannesevangeliums* dar. Die kosmologischen Vorstellungselemente sind hier auf ein punctum mathematicum reduziert, den Ausblick auf die jenseitigen Wohnungen und den Eingang der einzelnen Gläubigen darin (Joh 14, 2. 23). Die wenigen Stellen, welche auf einen künftigen »jüngsten Tag« ausblicken, unterliegen dem Verdacht, einer nachträglichen Überarbeitung des Buches anzugehören. Auch wenn sie ursprünglich sind, ist deutlich, daß der Evangelist keinerlei Interesse am Kosmologischen und zeitlich Künftigen hat, sondern allein an Geschichtlichkeit, Künftigkeit als Kennzeichen des Heils selbst. Wie er für seine Theologie keinen Rückblick auf die Geschichte Israels (als »Heilsgeschichte«) braucht, so keinen zeitlichen Ausblick nach vorne. Weltereignisse sind für das Heil bedeutungslos. Dieses hängt ausschließlich an der Möglichkeit, heute das ewige Leben im Glauben zu ergreifen und das Gericht zu übersteigen (Joh 3, 15ff; 5, 24). Die »Heilstatsachen« Auferstehung, Himmelfahrt und Parusie sind in den einheitlichen Tatbestand zusammengezogen, daß »Er« die Auferstehung und das Leben *ist* (Joh 11, 25; 14, 6). Hier wird natürlich die Frage der Abgrenzung gegen die Gnosis brennend. Es ist zu beachten, daß das JohEv gerade kein – negativ bewertetes – Welt- und Menschenbild entwirft, keinen ontologischen und psychologischen → Dualismus (II, 3) entfaltet (vielmehr arbeitet es die geschichtliche Dualität der Möglichkeit des Heils angesichts des unmöglichen Verhaltens der »Welt« gegenüber der Offenbarung aus). Die Welt wird

- auch in ihrer Empörung - als Schöpfung festgestellt. Die »Erkenntnis« ist nicht mit dem Sein des Erlösten befaßt, sondern mit dem Wort des Offenbarers. Daß der Glaubende schon in das Leben hinübergeschritten ist, wird im Sinne eines dialektischen Verständnisses unserer Situation in der Welt interpretiert (Joh 15, 19; 17, 11. 14).

7. Paulus und das JohEv haben frühe Ansätze zu einem präsentischen Erlösungsverständnis aufgegriffen und - jeder in eigener Weise - im Sinne eines dialektischen Verständnisses von Heilszukunft und Weltgegenwart ausgebaut. Daneben vollzieht sich im selben Zeitraum die Aufarbeitung der historischen Jesus-Überlieferung durch die *Synoptiker*. In ihren Büchern lagern - schematisch gesehen - drei Schichten übereinander: die authentische Überlieferung von Worten und Taten Jesu, die Erweiterung derselben in der (mündlichen oder schriftlichen) Gemeindetradition, die theologische Reflexion des einzelnen Evangelisten selbst (wobei noch die Abhängigkeit des Matthäus und Lukas von Markus zu berücksichtigen ist). Daß der Überlieferungsstoff nicht nur protokollarisch getreu weitergegeben, sondern jeweils auf das Leben der hörenden Kirche bezogen, angeeignet und dabei natürlich verändert, auch bereichert wird, ist an sich ein legitimer Vorgang. Unter diesem Gesichtspunkt ist auch die Verschiebung des Aspektes der Parusie unter dem Eindruck ihres immer längeren Ausbleibens zu beurteilen.

Schon auf der Traditionsstufe zwischen Jesus und dem *MkEv* bemerkt man früheste Spuren der Parusieverzögerung in Stellen wie Mk 9, 1; 13, 30, in Gleichnissen. Das MkEv steht an der Grenze der Naherwartung. Es blickt bereits auf eine Zwischenzeit zwischen Auferstehung und Parusie Jesu als eine Epoche sui generis, nämlich die Zeit der Weltmission, voraus (Mk 13, 10). Andererseits wird diese Zwischenzeit noch nicht systematisch mit Hilfe eines Kirchengedankens überbrückt. Und in der Christologie erfolgt noch keine umfassende Besinnung über die Funktionen des erhöhten Christus in dieser Zwischenzeit (anders bereits zu einem früheren Zeitpunkt Paulus!, 1Kor 15, 23 ff). Das historische Leben Jesu ist noch nicht unter dem Aspekt einer gegliederten »Heilsgeschichte« gesehen. Aber Markus schafft die Voraussetzungen für eine spätere Lösung des Parusieproblems, wenn er in seiner Darstellung der »letzten Dinge« (in Mk 13) eine prinzipielle Unterscheidung von innergeschichtlichen und supranatural-apokalyptischen Zukunftsereignissen durchführt. Damit macht er den Weg frei zu einer christlichen Deutung geschichtlicher Vorgänge einerseits, zu einer vom Geschichtsverlauf relativ unabhängigen Darstellung des Weltendes andererseits. Das bedeutet existentiell, daß die Zukunftshoffnung, welche das Evangelium verheißt, nicht durch die Angst zerstört werden kann, die man vor den erwarteten Weltkatastrophen empfindet.

Viel weiter als bei Markus ist die Reflexion über das Wesen der eschatologischen Hoffnung bei *Matthäus* und Lukas fortgeschritten. Das MtEv entfaltet den heilsgeschichtlichen Zusammenhang von Verheißung und Erfüllung und in einem damit den Kirchengedanken. Der durchgehende Bezug des Kirchengedankens auf die E. zeigt sich am klarsten im Aufbau der Reden des MtEv; in jeder einzelnen werden die Ausführungen über die Kirche auf einen Ausblick auf das Eschaton hingeführt (G.Bornkamm).

Zu einer grundsätzlichen Lösung kommt im Bereich der synoptischen Tradition aber erst *Lukas*. Er entwirft ein Schema des Ablaufes der gesamten Heilsgeschichte in drei Epochen: Zeit Israels, Zeit Jesu als die Mitte der Geschichte, Zeit der Kirche. Steht Jesus derart in der Mitte, dehnt sich von hier aus die Zeit nach vorwärts und rückwärts, so ist die Verzögerung der Parusie kein Gegenstand der Sorge mehr. Die Naherwartung ist - als für die Hoffnung nicht konstitutiv - grundsätzlich aufgegeben (Lk 17, 20ff; 21; Apg 1, 6ff). Sie wird ersetzt durch die Anschauung von der Kirche und den Faktoren ihres Lebens in der Welt, durch die sie die lange Zeit bis zur Parusie überbrücken kann: sie besitzt die Überlieferung von Jesus, sein Bild, an welchem sie das Wesen des künftigen Heils ablesen kann, und die ständige Verbürgung der Hoffnung durch den Geist, der in ihr lebendig ist. Das Grundschema der späteren kirchlichen E., das von den beiden Adventen, ist hier zwar noch nicht begrifflich ausgebildet, aber der Sache nach ausgeprägt.

Außer den Darstellungen der nt. Theol. und den einschlägigen Artikeln im ThW, bes. αἰών, βασιλεία, ἐλπίς, ζάω, ἡμέρα, θάνατος, καιρός, κόσμος, παρουσία, ἐπιφάνεια: A.SCHWEITZER, Gesch. der Leben-Jesu-Forschung, (1913) 1951^{6} - DERS., Die Mystik des Apostels Paulus, (1930) 1954^{2} - H.E.WEBER, »E.« u. »Mystik« im NT, 1930 - H.-D.WENDLAND, Die E. des Reiches Gottes bei Jesus, 1931 - DERS., Geschichtsanschauung u. Geschichtsbewußtsein im NT, 1938 - F.GUNTERMANN, Die E. des hl. Paulus (NTA 13, 4. 5), 1932 - M.GOGUEL, E. et apocalyptique dans le christianisme primitif (RHR 106, 1932, 381-434. 489-524) - DERS., La naissance du christianisme, 1946, 296 ff - R.OTTO, Reich Gottes u. Menschensohn, (1934) 1940^{2} - F.BURI, Die Bedeutung der nt. E. für die neuere prot. Theol., 1935 - C.H.DODD, The Parables of the Kingdom, 1935 (Neudrucke) - DERS., The Apostolic Preaching and its Developments, 1936 (Neudrucke) - W.G.KÜMMEL, Die E. der Evangelien (ThBl 15, 1936, 225-241) - DERS., Kirchenbegriff u. Geschichtsbewußtsein in der Urgemeinde u. bei Jesus (SyBU 1), 1943 - DERS., Verheißung u. Erfüllung (AThANT 6), (1945) 1953^{2} - DERS., »L'eschatologie consequente« d'A.Schweitzer jugée par ses contemporains (RHPhR 37, 1957, 58-70) - J.HÉRING, Le Royaume de Dieu et sa venue, 1937 - F.BUSCH, Zum Verständnis der synoptischen E. (Nt. Forschungen Reihe 4, H. 2), 1938 - A.N.WILDER, Eschatology and Ethics in the Teaching of Jesus, (1939) 1950^{2} - A.T.CADOUX, The Theology of Jesus, 1940 - G.DELLING, Das Zeitverständnis des NT, 1940 - G.GLOEGE, Reich Gottes u. Kirche im NT, 1940 - C.J.CADOUX, The Historic Mission of Jesus, 1941 - M.WERNER, Die Entstehung des christlichen Dogmas, (1941) 1954^{2} - W.MICHAELIS, Der Herr verzieht nicht die Verheißung, 1942 - DERS., Kennen die Synoptiker eine Verzögerung der Parusie? (Synopt. Studien für A.Wikenhauser, 1953, 107-123) - O.CULLMANN, Le retour de Christ, 1943 - DERS., Christus u. die Zeit, 1946 - H.B.SHARMAN, Son of Man and Kingdom of God, (1943) 1944^{2} - H.BIETENHARD, Das tausendjährige Reich, (1944) 1955^{2} - DERS., Die himmlische Welt im Urchristentum u. Spätjudentum, 1951 - F.G.GLASSON, The Second Advent, (1945) 1947^{2} - E.WALTER, Das Kommen des Herrn II, 1947 - H.W.BARTSCH, Parusieerwartung u. Osterbotschaft (EvTh 7, 1947, 115 bis 126) - H.A.GUY, The NT Doctrine of the »Last Things«, 1948 - G.BORNKAMM, Die Verzögerung der Parusie (In memoriam E.Lohmeyer, 1951, 116-126) - W.MANSON, Bist Du der da kommen soll?, 1952 - DERS., Eschatology in the NT (SJTh, Occ. Papers 2), 1953 - E.KÄSEMANN, Eine Apologie der urchristlichen E. (ZThK 49, 1952, 272-296) - G.HARDER, Das Geschichtsbild der sog. kleinen Apokalypse Mk 13 (ThViat 4, 1952, 71-107) - E. PERCY, Die Botschaft Jesu (LUÅ NF Avd 1, Bd 49, 5), 1953 - G.R.BEASLEY-MURRAY, Jesus and the Future, 1954 - R.BULTMANN, History and Eschatology in the NT (NTS 1, 1954, 5-16) - DERS., History and Eschatology, 1957; dt. 1958 - J.KÖRNER, Endgeschichtliche Parusieerwartung u. Heilsgegenwart im NT (EvTh 14, 1954, 177-192) - P.S.MINEAR, The Christian Hope and the Second Coming, 1954 - H.CONZELMANN, Die Mitte der Zeit (BHTh 17), (1954) 1957^{2} - E.DINKLER, Early Christianity (The Idea of History in the Ancient Near East, 1955, 171-214) - The Background of the NT and its Eschatology (Festschr. C.H.Dodd), 1956 - W.MARXSEN, Der Evangelist Markus (FRLANT NF 49), 1956, 101 ff - PH.VIELHAUER, Gottesreich u. Menschensohn in der Verkündigung Jesu (Festschr. G.Dehn, 1957, 51-79) - E.GRÄSSER, Das Problem der Parusieverzögerung in den synopt. Evangelien u. in der Apg (BZNW 22), 1957. - Vgl. ferner die Lit. zu → Auferstehung: V, → Ewiges Leben: III, → Gericht Gottes: III, → Jesus Christus.

H.Conzelmann

V. Christliche Eschatologie, dogmengeschichtlich

1. Allgemeines - 2. Alte Kirche - 3. Mittelalter - 4. Reformation und neuere Zeit. - Vgl. ergänzend →Apokalyptik: IV, →Chiliasmus

1. Die Lehren von den »Letzten Dingen« → Tod, → Auferstehung, → Gericht und Vollendung (→ Telos) sind nach Gegenstand und Herkunft heterogen; nur unter den geistigen Voraussetzungen des 1.Jh.s wird ihre Zusammengehörigkeit ersichtlich. Die Urchristenheit kam aus dem Glauben, ihre geschichtlichen Erfahrungen stellten den Anfang des Weltendes dar, zu Sätzen, die sich gleicherweise in ein heilsgeschichtliches und ein ontologisch-metaphysisches Denken einordnen ließen. Damals konnte ein und dieselbe Antwort die Frage nach der Vollendung der Welt und die nach dem Schicksal der Seele nach dem leiblichen Tod befriedigen; die ihrem Ursprung nach geschichtliche Vorstellung, daß Gericht und Heil gegenwärtig seien und im Begriff stünden, sich zu offenbaren, ließ sich unverändert in eine zeitlose Heilsvorstellung übernehmen.

Die eschatologischen Erwartungen des Urchristentums (→ Eschatologie: IV) entstammen der jüdischen →Apokalyptik (: II). Deren eigentümliches Schwanken zwischen nationaler und universaler Erwartung wird von den Christen bald durch den Gedanken ausgeglichen, die Kirche aus Heiden und Juden sei das wahre Gottesvolk. Dieser Satz ist auf die Heidenmission zugeschnitten und universalistisch gemeint. Er ließ sich aber nötigenfalls auch national und individuell verstehen. Für beides bestand ein Bedürfnis. Die »nationale« Deutung wird festgehalten, weil die Kirche durch die bald ausbrechende Verfolgung derart in ihrem Gemeinschaftsbewußtsein gestärkt wird, daß sie die Erwartung des endzeitlichen Triumphes als Ausgleich ihrer irdischen Leiden benötigt. Auf die »individuelle« Deutung konzentrierte sich aber in Zukunft das Interesse der Metaphysik und Ethik, je mehr das Christentum in den Bereich des griechischen Denkens eindrang.

Bestimmte Vorstellungen der griechischen Philosophie ließen sich auch mit den kosmischen Erwartungen der Apokalyptik vergleichen (wiederkehrende Katastrophen, Altern der Erde, Weltenbrand). Damit war zwar dort etwas der jüdisch-christlichen Geschichtsanschauung (→ Geschichte: I. II) Entgegengesetztes gemeint, insofern diese Gedanken beständiges Werden und beständiges Vergehen zum Kreislauf zusammenschließen und so das ewige Werden der sichtbaren Welt an das ewige Sein der unsichtbaren binden; aber die Einzelvorstellungen konnten jener sehr ähnlich werden, zumal die Traditionsgeschichte lange Zeit gemeinsam verlief. Innerhalb dieses Rahmens erlaubte die christliche Naherwartung das Erlösungsbedürfnis des einzelnen durch den Zuspruch aktuellen Heils zu befriedigen. Sie ließ sich dem griechischen Mysteriendenken und dessen theologischer Deutung in der Philosophie anpassen; Auferstehung des Leibes und Aufstieg der Seele, Eintritt in das Gottesreich und Augenöffnung zu unmittelbarer Gottesschau gehen unbehindert ineinander über.

Nichtsdestoweniger war hier Verschiedenartiges vereinigt. Es bricht notwendig in dem Augenblick wieder auseinander, in dem die Kirche sich auch nur zum allerkleinsten Teil in der Welt einrichtet und ihre eschatologischen Erwartungen aus der faktischen Gegenwart in eine wenn auch noch so nah gedachte Zukunft rücken, in dem Augenblick also, in dem sie die Erfahrung der sog. »Parusieverzögerung« machte. Die Kirche hat sich durch das Ausbleiben der → Parusie nie ernstlich in ihrem Glauben erschüttern lassen, wohl aber in ihrer Einheit. Zeit und Geschichte wurden zu Problemen, und bald lagen spiritualistische und heilsgeschichtliche E. miteinander im Kampf. An dieser Stelle hat sich zuerst die Front zwischen Kirche und → Gnosis gebildet, noch ehe beide recht entstanden waren. Denn die gnostische »E.« beginnt, wenn der Mensch die Gnosis empfängt; durch die Erleuchtung tritt er bereits in der Zeitlichkeit die Rückkehr ins ewige göttliche Sein an. - Jene Verschiebung der E. aus der Gegenwart in die Zukunft bedeutete aber zugleich auch den Schritt, durch den sich die Kirche von ihrer ursprünglichen E. entfernte. Es gab Christen, die diesen Schritt nicht mitmachen wollten und mit der ursprünglichen Naherwartung an einer nicht nur im Glauben existierenden Heilsgegenwart festhielten; unter dem Namen des → Montanismus spalteten sie sich als Geistgemeinde von der sich immer stärker der Welt zuwendenden Kirche ab.

Neben dem metaphysischen muß auch noch das ethische Interesse an der E. berücksichtigt werden. Man sucht in der E. ja die Antwort auf eine vorausgesetzte göttliche oder vorausgegangene menschliche Entscheidung. Diese letzte braucht nicht unbedingt (wie in der Apokalyptik) religiös bestimmt zu sein, sondern ist noch häufiger ethischer Art. Der eschatologische Ausgleich ist von jeher geradezu ein Postulat der Ethik gewesen, und keine Ethik wurde populär, die ohne ihn auszukommen versuchte. - Das Christentum fand zahlreiche heidnische und jüdische Denkschemata und Bilder vor, die auf die ewigen Wirkungen der zeitlichen Entscheidung des Menschen hinweisen sollten. Solche Gedanken konnten bis in die kosmische E. hinüberreichen. Vom Judentum wurde die Meinung übernommen, der Eintritt des Weltendes sei durch menschliche Entscheidung mitbedingt: Das Gottesreich bricht an, wenn die Zahl der Gerechten (also nicht die Zeit) voll ist. Die sechste Vaterunserbitte, die ursprünglich in diesen Vorstellungskomplex gehörte, erinnert uns heute noch daran. Später hat sich in der christlichen → Apologetik eine merkwürdige Umkehrung dieses Gedankens entwickelt: die Gebete der Christen wenden nicht nur irdische Gefahren, sondern halten auch die kosmische Katastrophe auf.

2. a) Die E. der *Apostolischen Väter* ist charakterisiert durch das fortschreitende Verblassen der Naherwartung; damit treten bei ihnen - im Unterschied zur gleichzeitigen → Apokalyptik (: IV, 2) - die genannten Verschiebungen ein. Der Schwerpunkt der Entscheidung verlagert sich vom religiösen auf das ethische Gebiet, und der Kampf gegen die Gnosis ist immer deutlicher zu erkennen. Die Apostolischen Väter sind sich darin einig, daß der Mensch jetzt zwischen Tod und Leben zu wählen habe; danach sei es zu spät für eine Korrektur der Entscheidung. Mit dem Ausmalen eschatologischer Zustände sind sie recht zurückhaltend (ausgenommen der 2. → Clemensbrief, wo es gattungsbedingt ist); das Leben ist als Zustand der Lust und der Gottnähe gedacht, der Tod als Ort ewiger Qual, ohne daß der Schmerz der Gottferne darüber ganz vergessen wäre. Wenn 1Clem und →Ignatius hervorheben, daß die Märtyrer unmittelbar zu Gott gehen (1Clem 5, 4. 7; IgnRöm), so folgt daraus, daß die andern Toten für das Gericht aufbewahrt werden. Der Auferstehungsleib stellt für 1Clem (24f) noch kein Problem dar; er zitiert 1Kor 15 und erläutert diese Stelle durch das Bild vom Phönix, der aus seiner Asche ersteht. Barn und 2Clem legen Wert auf die Identität von irdischem und Auferstehungsleib, weil die Gerechtigkeit des göttlichen Richters es so fordere, ein Argument, das später noch oft gebraucht wird.

b) Viel ausführlicher behandeln die *griechischen →Apologeten* das Thema. Dafür nennen wir drei Gründe: Einmal, weil sie für heidnische Leser schreiben und daher die christliche Lehre nicht ohne weiteres voraussetzen können; zum andern, weil der Hinweis auf Lohn und Strafe ein Stilelement der Bekehrungsschriften ist; schließlich, weil die Apologeten aus systematisch-theologischem Interesse bestrebt sind, der Hl. Schrift möglichst reichen Ertrag an metaphysischen Erkenntnissen abzugewinnen. Eben dadurch kommen sie aber in Schwierigkeiten, deren sie niemals ganz Herr geworden sind. Da ihre Denkvoraussetzungen aus ihrer vorchristlichen (heidnisch-platonischen) Zeit stammen, bleibt die geschlossen übernommene biblische E. ein Fremdkörper in ihrem Denken. Am deutlichsten wird das bei der Frage der Auferstehung von den Toten. Weil an dieser Stelle ihre Handbücher versagen und ihnen die sonst gern benutzten heidnischen Parallelen fehlen, geben sie entweder zu, daß es sich hier um ein bloßes Credendum handle, oder sie führen statt dessen den Beweis für die Unsterblichkeit. Leichter fiel ihnen die Behandlung des Gerichts, wo ihnen weder heidnische Vorstellungen noch rationale Gedankengänge mangelten. Ihre Erwartungen sind, wie gesagt, die traditionellen. Die Strafen sind von ewiger Dauer; → Justin weist die Vernichtungsvorstellung ausdrücklich ab.

c) Vom *Ende des 2.* bis zum *Ende des 4.Jh.s* bestehen – freilich unter gegenseitiger Beeinflussung – drei verschiedene Möglichkeiten, die E. in das theologische Denken einzufügen: Die E. gilt α) entweder als notwendiges Glied der Heilsgeschichte, β) oder sie bleibt ein geschichtlicher Fremdkörper in sonst ungeschichtlichem Denken; γ) schließlich kann sie – mit oder ohne Konzessionen an die Tradition – wegspiritualisiert werden.

α) Die Theologie des → *Irenäus* gipfelt in der E. und ist nichts anderes als eine auf ihr Ziel hin durchreflektierte Geschichte des göttlichen Gnadenhandelns. Von Anfang an hat Gott den Menschen derart geschaffen, daß er sich auf ihn hin entwickeln sollte, und hat alles dafür getan, daß die Menschen, denen er die Gabe der Ausdauer verlieh, das Ziel auch erreichen. Das ist noch keine Gnadenlehre wie später bei Augustin, sondern theologischer Ausdruck der urchristlichen Überzeugung, daß der Mensch ohne Gottes Hilfe die letzten Nöte unmöglich überstehen kann. Im einzelnen ist Irenäus durch den → Chiliasmus bestimmt; seine Argumente hat er großenteils von den Apologeten übernommen. Sein Schüler → *Hippolyt* hat die im Abendland damals allgemein verbreiteten Vorstellungen zwar systematisch erfaßt (er und Tertullian haben als erste die Hadesvorstellung [→ Hölle: IV] mit verschiedenen »Räumen« vertreten), aber keine theologische Deutung zu geben vermocht. – Ähnlich wie bei Irenäus gehört die E. auch bei → *Tertullian* zu den Hauptstücken der Lehre. Gegenüber jenem ist jedoch eine Verschiebung vom geschichtlichen zum forensischen Denken zu konstatieren, wodurch → Anthropologie (: III) und E. in engen Zusammenhang treten. Die menschliche Ganzheit aus Leib und Seele beruht bei Tertullian zunächst auf der Verantwortlichkeit vor dem göttlichen Richter (hier sind Gedanken des → Athenagoras und Irenäus zusammengezogen); sie bildet ferner die beiden Naturen (»Substanzen«) Christi ab (→ Christologie: II, 2b), so daß die Nachfolge zu einer nach der Auferstehung erscheinenden Verklärung des Fleisches führt. Dazu tritt schließlich der Gedanke, daß Gottes Güte und Gerechtigkeit zwar in der Weltregierung wirken, aber sich erst im Gericht völlig offenbaren. Nicht klar zu belegen, aber wahrscheinlich und auf dem Umweg über → Novatian zu erschließen ist, daß bei Tertullian auch die eigentliche theologische Spekulation durch einen eschatologischen Schluß gekrönt wurde, in dem Christus seine Herrschaft dem Vater zurückgibt und Gott wieder alles in allem ist (1Kor 15, 28).

β) Die *lateinischen Apologeten* des 3.Jh.s setzen die Linie der griechischen fort (s. b). Obwohl sie den Einfluß Tertullians nicht ganz verleugnen können, zeigt sich doch gerade in der E., daß dessen stoischer Materialismus ihrem grundsätzlich platonischen Denken unüberwindliche Schwierigkeiten bereitete. Das beste Beispiel liefert → *Lactantius*. Die eschatologischen Traditionen (auch der Juden und Heiden) erscheinen in seiner Lehre zunächst als Offenbarungsquelle und als Beweise für die natürliche Theologie. Daneben hat er die traditionelle E. zu einem umfangreichen Lehrstück zusammengefaßt, das durch den Gerichtsgedanken mit dem Ganzen verbunden wurde. Hier lehrt er massiv chiliastisch, während sonst alles bei ihm auf den psychologischen Spiritualismus hin angelegt ist. Er ist der letzte, der die urchristliche E. in ein Denksystem einzufügen versucht hat.

γ) Für den eschatologischen *Spiritualismus* sind zwei verschiedene Ansätze zu unterscheiden, deren einer im alexandrinischen Platonismus, bes. in der Gnosis zu finden ist, während sich der andere aus säkularen heidnischen Vorstellungen herleitet.

Die aus dem mittleren Platonismus Alexandriens entstehende → *Gnosis* (: III) ist dadurch gekennzeichnet, daß in ihr Offenbarung und Vollendung zu einem unzerreißbaren Zusammenhang verbunden sind. In der Mitteilung der Gnosis offenbart sich eine präexistentielle Entscheidung über den aller Wahl enthobenen Menschen. Nur der Pneumatiker vernimmt den Ruf und kann ihm folgen, während sein Gehorsam ihn als Erwählten ausweist. Die Scheidung, die sich hier vollzieht, kann gelegentlich Gericht heißen, ist aber keines, weil sie keine Entscheidung ist. Die daran anschließenden Heilsereignisse lassen sich nur metaphorisch E. nennen; in Wirklichkeit sind sie es nicht, denn der Ablauf entbehrt jedes geschichtlichen Momentes. → *Clemens* und → *Origenes* denken grundsätzlich nicht viel anders. Sie wissen sich jedoch der kirchlichen Tradition verpflichtet (Origenes in ausschlaggebendem Maß und weit mehr als Clemens), und obwohl sie diese spiritualistisch deuten, gelingt es ihnen, sich in Einzelheiten von der Gnosis abzusetzen und sie zu bekämpfen. Beide sind sich zB einig darüber, daß die Auferstehung leiblich sei und noch bevorstünde. Dabei macht ihnen aber die Natur des Auferstehungsleibes Mühe, und unter Verwendung der biblischen Bilder von den unverwelklichen Blättern (Ps 1, 3) und vom Korn (1Kor 15, 42ff) betonen sie vielmehr den Unterschied vom irdischen Leib. Origenes bedient sich dabei des aristotelischen Schemas von Stoff und Gestalt (εἶδος), was man ihm später zum Vorwurf machte. Er kann das Weltgericht mit den Feuerfarben der Tradition malen, aber dabei leitet ihn pädagogische Absicht. Wie die Einzelinterpretation zeigt, erscheint ihm in Wirklichkeit nur das spiritualistische Verständnis angemessen, und zuletzt ist von der Tradition nichts übrig geblieben. Clemens hat der Gnosis näher gestanden als Origenes, aber die Nachrichten über seine eschatologischen Ansichten widersprechen sich; → Photius behauptet sogar, er habe in den »Hypotyposen« die → Seelenwanderung gelehrt, was ganz unmöglich scheint. Bei Origenes muß man von seiner Kosmologie ausgehen, in der er die ewige Existenz der intelligibeln Wesen lehrt, die sich vermöge ihrer Freiheit von Gott weg in die Gefangenschaft der Materie begeben und durch Gottes Heilsveranstaltungen in den Urstand zurückgebracht werden. Wo er vom »Feuer« spricht, da meint er weder ein Vernichtungsfeuer noch eine ewige Strafe, sondern ein → Fegfeuer, das die gefallenen Seelen von den befleckenden Fesseln der Materie reinigt und im Gewissen brennt, also die → Wiederbringung aller (: I) nicht ausschließt, sondern erst ermöglicht.

Die Entmythisierung der eschatologischen Traditionen erfolgte nicht nur in der platonischen Philosophie, sondern nach dem Sieg der Kirche auch in der *politischen Gedankenwelt.* Dieser Vorgang begegnet zuerst bei → *Euseb von Cäsarea,* wird aber dann von westlichen Theologen, bes. von → Augustin übernommen und durch ihn dem frühen MA überliefert. Die uralte Erwartung eines goldenen Zeitalters - stets verlockend zu politischer Benutzung - war auch von der römischen Staats- und Kaiserideologie aufgenommen worden; daß der Herrscher die goldene Zeit heraufführe und zugleich repräsentiere, gibt immer wieder ein literarisches oder künstlerisches Motiv ab, das vor allem in der Panegyrik und den Münzbildern ganz geläufig ist. Mit dieser Vorstellung ließ sich nach der Christianisierung des Staates der → Chiliasmus, die Erwartung eines irdischen Gottesreiches, kombinieren. Der Hauptpunkt der Prophezeiung, der Sieg der Kirche, war erfüllt und die Weissagung von Apk 20 Gegenwart geworden. Damit hatte die Geschichte ihr Ende erreicht; übrig blieb nun nur noch eine der heidnischen höchst ähnliche Gerichts- und Seligkeitserwartung. Diese »kirchengeschichtliche« Deutung von Apk 20 hat rasch ihre ursprüngliche politische Verwendung eingebüßt und sich verselbständigt; dabei hat sie die eigentliche Apokalyptik aus der Theologie verdrängt.

d) In der *späteren altkirchlichen Theologie* finden wir nur die beiden letztgenannten eschatologischen Typen. Im *Osten* herrscht der Einfluß des Origenes auch bei dessen Gegnern vor, die sich nur in Einzelheiten gegen ihn wenden. Daneben nehmen auch sonst rechtgläubige Väter die älteren gnostischen Vorstellungen wieder auf, die durch ihre Volkstümlichkeit ihren Ursprung vergessen ließen. ZB kann anstelle des Gerichts ein Dämonenkampf erwartet werden, den nur die auf Erden wohlgeübte Seele überstehen kann (so schon die Passio der → Perpetua, → Athanasius u.a.). Die Kritik an Origenes richtete sich vor allem gegen die Lehre der Apokatastasis. Ferner machte man ihm, obwohl sich die Kritiker darin nur wenig von ihm unterscheiden, den Vorwurf, er habe nur das εἶδος des Körpers zum Gegenstand der Auferstehung gemacht. Vielleicht mit Ausnahme des → Methodius von Olympus, glaubt keiner der orthodoxen Väter, daß der natürliche Leib mit dem Auferstehungsleib identisch sei. Verhältnismäßig verbreitet ist die Formel des → Cyrill von Jerusalem, wonach »dieser, aber nicht ein gleichartiger Leib« (τοῦτο οὐ τοιοῦτο σῶμα) zur Auferstehung gelangen wird.

Im *Westen* deutet → Ticonius als erster das Millenium auf die Zeit der Kirche, und → *Augustin* folgt ihm darin; die Wiederkehr Christi geschieht somit erst am Ende des Milleniums und nur zum Gericht. Da dessen Erwartung auf diese Weise hinausgeschoben ist, muß sich Augustin die Frage nach dem Schicksal der abgeschiedenen Seelen vorlegen. Er nimmt dabei die ältere Hadesvorstellung auf (→ Hölle), die nicht nur den Seelen einen Vorgeschmack ihres Endschicksals gewährt, sondern auch für zeitliche Bußen Raum läßt; somit lehrt er das → Fegfeuer, jedoch nicht aus mystisch-asketischen Motiven wie Origenes, sondern aus forensischen wie Tertullian. Das alles bedeutet aber, daß bereits beim Tod ein erstes göttliches Gericht vollstreckt wird, welches dem Endgericht vorgreift und diesem seinen Gerichtscharakter - wenn auch nicht seinen Schrecken - nimmt; im Grunde ist von der traditionellen E. nichts mehr übrig geblieben. Auch die Lehre von der → Prädestination (: III) entleert in ähnlicher, nur noch radikalerer Weise das Gericht, freilich auch das »erste Gericht«, zu einer Förmlichkeit. Dafür lebt in Augustins Geschichtstheologie der civitas Dei ein Stück der alten, »nationalen« Erwartung in stark umgedeuteter Form wieder auf. - → *Gregor I.* unterscheidet sich nicht grundsätzlich von Augustin. Er hat die Lehre vom Fegfeuer praktisch zum Abschluß gebracht und, die Wirklichkeit und Wirksamkeit des Feuers betonend, zugleich auch dies hervorgehoben, daß das Warten der Seele auf die Vereinigung mit Gott bereits eine Strafe darstelle.

3. Die eschatologischen Aussagen der *mittelalterlichen Theologen* folgen Augustin und Gregor; bemerkenswert ist allein die Systematisierung der Vorstellungen. In der *Frühscholastik* besteht über die Fleischlichkeit des Auferstehungsleibes eine gewisse Unsicherheit, die wahrscheinlich auf ostkirchliche Einflüsse zurückzuführen ist (so zB bei → Hugo von St. Viktor, der die erste vollständige Abhandlung über das Thema in der scholastischen Zeit schrieb). Mit dem Ende des 10.Jh.s lebt die → Apokalyptik (: IV, 3) wieder auf und bewirkt gelegentlich (zB bei → Petrus Lombardus) eine stärkere Betonung des Endgerichts, ohne daß die Kirchenlehre deshalb verändert wird. - Die Theologie der *Hochscholastik* hat einen juristischen Begriff von Gottes → Gerechtigkeit (: IV) und verlangt nach einer genauen Entsprechung zwischen den Werken und Lohn oder Strafe. Dergestalt liegt - entsprechend römischem Rechtsempfinden - aller Nachdruck auf dem ersten Gericht, dem nur die Seelen unterworfen sind. Aus germanischem Rechtsempfinden wird das aus der Bußpraxis der iroschottischen Kirche stammende Ablaßwesen (→ Ablaß) entfaltet. - Die scholastische Aufspaltung in ein individuelles und ein universelles Gericht ist nicht so unbiblisch, wie es zunächst den Anschein hat. Sie schließt vielmehr zwei Blickrichtungen ein, die Trennung des ethischen und des metaphysischen Anliegens in der E., die beide der biblischen Unterscheidung von Gericht und Neuschöpfung entsprechen. Die Scholastiker haben Ernsthaftigkeit und Strenge des Gerichts im Einzelgericht gesucht, dagegen das Endgericht als Reinigung der Welt zu ihrer Vollendung verstanden.

4. In der Weiterentwicklung der E. in der *Reformationszeit* werden drei Momente wirksam. Zunächst ist die starke apokalyptische Spannung im allgemeinen Zeitbewußtsein zu nennen, die mithalf, der Reformation den Weg zu bahnen, und die von Luther in besonderem Maße geteilt wird. Dazu kommt, daß die Rückkehr zur Schrift auf den großen Unterschied zwischen biblischer und kirchlicher E. aufmerksam machte und so deren Korrektur nahelegte. Zumal bei → *Luther* wird jedoch als drittes Moment der theologische Faktor ausschlaggebend. Der Vergleich mit den Schwärmern macht das anschaulich. Während deren eschatologische Erwartung - entsprechend ihrer Geist- und Reichsgottestheologie - vor allem von der → Johannesapokalypse gespeist wurde, hat Luther sich an die Aussagen der Evangelien und des Paulus gehalten. Die durchaus realen eschatologischen Erwartungen sollten nicht verselbständigt werden. Wie alle andere Lehre sieht sie Luther in ihrer Beziehung zur → Christologie (: II, 7) und → Rechtfertigung (: II), oder pointiert gesagt: sie ergeben sich ihm aus der Erfahrung von Gottes → Zorn (: IV) und → Gnade (: V) in der persönlichen Begegnung mit Christus und können nicht allein als Ergebnis systematischer Überlegung verstanden werden. Dementsprechend kann Luther das Höllenfeuer schon jetzt im → Gewissen spüren, ohne daß ihn das an der Erwartung des jüngsten Tages und Weltendes für die allernächste Zeit hindert. Das Bewußtsein, in Christi Tod das Ende der eigenen Existenz zu erleben, findet seinen unmittelbaren Ausdruck in der Überzeugung, damit auch am Ende der Zeit zu stehen. Somit war ihm auf dem Wege existentieller Aneignung die Zusammenfassung der Dialektik psychischer und kosmischer Erwartung möglich geworden; seine Anschauungen sind so im wesentlichen am NT orientiert. Auf diesem Wege vermochte jedoch die → Orthodoxie dem Reformator bei ihrer Systematisierung der Lehre nicht zu folgen. Luthers Aspekt zwang sie zwar, die kosmische Erwartung nicht ganz außer acht zu lassen, aber im großen und ganzen wird das Vorbild der Scholastik wieder

wirksam, nur daß die Orthodoxie sich gegen deren juristische Anschauungen zu sichern sucht. So erhielt sie an Stelle der in ihrer Geschlossenheit doch imponierenden - fast nur auf Axiome der natürlichen Theologie gegründeten - scholastischen E. ein Fragment, mit dessen Schriftgrundlage es nicht viel besser stand. Ähnlich wie bei Thomas steht der Orthodoxie die Entscheidung über den Menschen im Augenblick seines Todes fest: das »erste« Gericht wird ausschlaggebend. Daher verlagern sich die eschatologischen Nöte und Versuchungen in die Agonie, ohne daß die Verschiebung recht zu Bewußtsein kommt. Man sieht das am deutlichsten in den Kirchenliedern, die die Sorge um einen »seligen« Tod in großartiger Weise ausgedrückt haben und würdig neben die mittelalterliche Behandlung des »dies irae« treten. Der von Luther gelegentlich erwogene Gedanke des Seelenschlafes wird von ihm - wie von andern Reformatoren - zurückgewiesen. Die Auferstehung bedeutet, daß die Seele ihren verklärten Leib erhält und damit der vorher schon gekosteten Seligkeit (oder Verdammnis) in vollem Maße teilhaftig wird. Über den Aufenthaltsort in diesem »Zwischenzustand« herrscht Unsicherheit.

Die Vorstellungen → Zwinglis von der E. sind denen Luthers ganz ähnlich, obwohl er sie anders motiviert. Zwingli geht nicht von Gericht und Rechtfertigung aus, sondern sieht zwischen der endzeitlichen Gottesgemeinschaft und der unsichtbaren, bereits in der irdischen Kirche bestehenden einen Zusammenhang. Das sind fürs erste nur Nuancen - man könnte diese Linie auch bei Luther nachzeichnen -, die aber später wesentlich werden. Zunächst bedeuten sie nur, daß die Erwartung der Seligkeit nach dem Tod und die kosmische Gerichtserwartung noch weniger ausgeglichen sind; als vermittelnder Faktor wirkt der Gedanke an die auf Erden bereits anbrechende Gottesgemeinschaft, in der der einzelne der Vollendung entgegenwächst. Der Unterschied zu den → Täufern wird von Zwingli von Anfang an deutlich empfunden und bedingt die frühzeitige Ablehnung des Chiliasmus und der Lehre vom Seelenschlaf. - → Calvin bringt hier nichts Neues hinzu, sondern läßt nur die eudämonistischen Seligkeitsvorstellungen zurücktreten; seine Erwartungen nähern sich denen des Luthertums, ohne dessen individualistische Tendenzen zu teilen. Die schroffe Prädestinationslehre war einer Betonung der E. ohnehin nicht günstig.

Die Erneuerung chiliastischer Anschauungen im späteren Calvinismus und im → Pietismus entwickelt sich nicht aus der E., sondern der Lehre von der → Kirche (: III). Zwei Ansätze sind hier besonders wichtig. Alle Reformatoren teilen die auf Augustins De civ. Dei zurückgehenden Vorstellungen vom Gegensatz zwischen der unsichtbaren wahren und der falschen Kirche. Bei den Täufern, zT aber auch bei → Bucer, wird nun die sichtbare Gemeinschaft der nach Vollkommenheit strebenden Christen mit der wahren Kirche gleichgesetzt; sie kämpft durch Missionierung und Kirchenzucht gegen die Sünder und Bösen für das Gottesreich. Eine ganz ähnliche Konstruktion ergab sich auch dort, wo ref. Gemeinden in der Minderheit und der Verfolgung lebten und als Kirche auf die Vollendung und den Sieg harrten. Das Verlangen nach einer Zuversicht gewährenden Geschichtsdeutung brachte die Apk zunächst in ihrer ursprünglichen Bedeutung als Trostbuch nahe und führte schließlich unter Verdrängung der bisherigen kirchengeschichtlichen zu einer neuen heilsgeschichtlichen Deutung von Apk 20. Diese Entwicklung hat sich entscheidend im Calvinismus vollzogen und dann erst den bereits von Gedanken Bucers angeregten → Spener beeinflußt. Nun breitete sich der Chiliasmus mit dem Pietismus aus.

Mit dieser Erneuerung des Chiliasmus endet die Geschichte der kirchlichen E. Die Wiederholung der pietistischen Apokalyptik im 19.Jh. durch den württembergischen → Biblizismus und die Erlanger Geschichtstheologie (→ Erlanger Schule) hat sachlich nichts dazu gebracht. Neue Einflüsse ergaben sich dagegen aus dem Umstand, daß die E. seit der → Aufklärung (: III) als eine besondere Form der Geschichtsphilosophie (→ Geschichte: III) angesehen wurde; das hat die Dogmatik bis zur Gegenwart sekundär beeinflußt.

Eine zusammenfassende Darstellung steht aus; die E. der bedeutenden Theologen ist fast durchweg monographisch behandelt. Vgl. im übrigen die Lit. zu → Apokalyptik: IV u. → Chiliasmus, bes. A. Althaus, Die letzten Dinge, (1922) 1956[6] - M. Schmaus, Von den letzten Dingen, 1948 - G. Florovsky, Eschatologie in the Patristic Age: an Introduction (Studie patristica II [TU 64], 1957, 235-250). *H. Kraft*

VI. Religionsphilosophisch und dogmatisch

1. Begriff - 2. Ursprung der E. - 3. Ansatz, Methode und Gestalt der christlichen E. - 4. Entfaltung: a) Das Kommen Christi in Herrlichkeit - b) Personale E. - c) Universale E. - d) Kosmische E. - 5. E. und Endgeschichte - 6. E. und Ethik

1. E. ist die Lehre von dem Letzten, den »letzten Dingen« (Sir 7, 36 [Vulg. 40]), dh von dem Ausgange und Ziele des Menschenlebens, der Menschheitsgeschichte, der Welt. Die heutige Existential-Theologie verwendet die *Begriffe* E. und eschatologisch vielfach in anderem Sinne, als Ausdruck für die durch Christus, durch die Botschaft vom Kommen des Reiches gegebene Situation der Entscheidung. Dieser Sprachgebrauch erinnert mit Recht daran, daß das Letzte schon heute gegenwärtig und die menschliche Existenz ständig darauf bezogen ist. Aber andererseits dient er dazu, den Ausblick des Glaubens auf das wirkliche endliche Kommen des Letzten theologisch außer acht zu lassen und als Mythologie zu behandeln - eine offenkundige Verkürzung der christlichen Wahrheit. - Die theologische E. unterscheidet sich von natur- oder geschichtswissenschaftlichen Prognosen über das Ende durch den kategorischen Charakter ihrer Sätze: sie handelt von dem, was unbedingt zu erwarten steht, und hat ihren Grund in gegenwärtiger Erfahrung des Unbedingten.

2. E. handelt von der Erwartung des Vollkommenen, Ganzen, der Erfüllung, des Heils. Sie *gründet* in der Erfahrung, daß alles Hiesige, Gegenwärtige, der Mensch und die Welt voller Widerspruch und daher unvollkommen ist: alles Positive ist umgeben und durchsetzt vom Negativen, alle Wahrheit von Irrtum, Schein und Trug, aller Sinn von Sinnwidrigem, alles Gute vom Bösen, alles Leben von Kranken und Tod, alles Werden und Wirken dem Bruchstück verhaftet, alle Verwirklichung dem Verfehlen. Das Bewußtsein darum, also schon die Erkenntnis des Negativen und des Widerspruchs setzt ein ursprüngliches Wissen des Menschen voraus um die Dimension des Ganzen und Vollkommenen, des wahren Menschseins, des Wesens, der Wahrheit, der Freiheit, ein Wissen aus ursprünglicher Seinsbezogenheit. Von hier aus erscheinen Welt und Mensch in ihrer empirischen Wirklichkeit ihrem eigentlichen Wesen, ihrer Bestimmung entfremdet, jedenfalls noch nicht zu ihrer Verwirklichung gekommen. In dem Innewerden und Erleiden dessen bezeugt Gott sich jedem Menschen (→ Uroffenbarung). Hier entspringt einerseits die Gewißheit um die »ersten Dinge«, den → »Urstand« (: IV), aus dem Menschheit und Welt gefallen sind, andererseits die Erwartung der »letzten Dinge«: Das heimliche Wissen um das Ganze, um Wesen und Wahrheit führt angesichts der widersprechenden Wirklichkeit zum Erhoffen und Ahnen kommender Aufhebung des Widerspruchs, endlicher Erfüllung.

Die Erfahrung des Existenzwiderspruchs begründet freilich nicht überall E. Die Aufhebung des Widerspruchs kann auch auf dem Wege der → Mystik gesucht werden. Hier versteht man die Welt des Wesens und der Wahrheit als eine Über-Welt jenseits der empirischen, wenngleich im überempirischen Grunde des Menschen und der Welt zu finden. Man flieht zur Erlösung von dem Widerspruche aus dieser zeitlichen Welt des Scheins und der Nichtigkeit hinauf oder hinunter in die andere. Im mystischen Erlebnis ist man jenseits von Zeit und Geschichte. Man erlebt das Jetzt der Ewigkeit, das nunc aeternum, in dem der Unterschied von Gegenwart und Zukunft aufgehoben ist. So blickt das Heilsverlangen nicht voraus in die Zukunft, sondern gleichsam vertikal, in die »Tiefe« bzw. »Höhe«. Dabei wird die Welt, die Zeitlichkeit, die Geschichte verlassen und preisgegeben: Der Mensch ersehnt und erfährt die Erlösung aus ihr, nicht mit ihr. Sie bleibt als das Nichtige, das die Erlösung nur hindert, unter ihm. Von einer kommenden Welt ist keine Rede.

Zur E. kommt es nur da, wo Gott mehr ist als das jenseitige Sein, mit dem der Mensch mystisch eins werden kann: nämlich lebendiger heiliger Wille, der sich als Schöpfer und Herr dieser Welt in ihr durchsetzen will. Da bedeutet dann die Zeitlichkeit mehr als nur, im Wechsel und Vergehen, eine Gestalt der Nichtigkeit, nämlich Geschichte, dh gerichtete Bewegung, Schreiten auf ein Ende und Ziel zu, Herankommen des Letzten. Hier kann Welt und Geschichte nicht als das Nichtige preisgegeben werden: Sie ist Mittel Gottes, an sein Ziel zu kommen (→ Heilsgeschichte), Kampfplatz, da es um das Durchsetzen seiner Herrschaft im Ringen mit den ihr feindlichen Mächten geht. Noch ist die Herrschaft nicht verwirklicht. Aber weil Gott Gott ist, muß und wird es dazu kommen. Das schließt die Aufhebung des gesamten Daseins-Widerspruches ein. Hier heißt es also nicht: höhere Welt, sondern: kommendes Reich Gottes; nicht räumlich zu symbolisierendes Nebeneinander (oder Ineinander) von empirischer und wahrer Welt, sondern zeitlich auszudrückendes Nacheinander dieses und des kommenden »Äons«. Das ist der Grundzug in den prophetischen oder Geschichts-Religionen (→Geschichte: I. II), die eben als solche eschatologische sind. Gedanken der E. finden sich, in verschiedener Gestalt und Stärke, auch sonst. Aber nur hier wird die End-Erwartung beherrschend. – In säkularisierter Gestalt wirken diese Grundgedanken nach in der Geschichtsphilosophie des deutschen → Idealismus (: II) und des → Marxismus.

3. a) Die E. des Evangeliums steht religionsgeschichtlich im Zusammenhang der prophetischen Religionen (→ Eschatologie: IV). Aber sie führt über deren E. hinaus durch das Bekenntnis zur *Gegenwart* des Letzten. Zwar ragt auch für die prophetische Religion der kommende Äon schon in die Gegenwart hinein: als der geoffenbarte Gotteswille, als die berufene Gemeinde. Aber das Evangelium verkündigt: In der Geschichte und Gegenwärtigkeit Jesu Christi ist die Herrschaft Gottes schon da. Das exklusive Nacheinander der Äonen wird durchbrochen, ohne doch aufgehoben zu sein. Der Christ weiß nicht nur um den entscheidenden Kairos vor sich, sondern auch um den hinter sich: die Entscheidung ist gefallen. Neben und vor das Futurum tritt das Perfectum praesens.

Die christliche E. gründet in dem Handeln Gottes mit der Menschheit, wie es in der Schöpfung und in der Heilstat durch Jesus Christus geschehen ist und fortgehend geschieht, also in dem Verhältnis, in das Gott sich hier zu der Menschheit gesetzt, in dem Lebensstande, den er ihr gegeben hat. Diesem eignet einerseits *Endgültigkeit:* als in Gottes ewigem Liebeswillen begründet ist er unaufhebbar, durch alle Katastrophen des persönlichen Lebens, der Weltgeschichte, des Kosmos hindurch *bleibt* er unbedingt. Zugleich aber hat der Lebensstand, gemessen an dem in Gottes Handeln hervorgetretenen endgültigen Willen, den Charakter der *Vorläufigkeit* und weist über sich hinaus auf das, was unbedingt *kommt.* In beidem zusammen, in der Endgültigkeit und in der Vorläufigkeit, bedeutet der gegenwärtige Stand *Verheißung,* nämlich dessen, was unbedingt *bleibt,* dessen was unbedingt *kommt.* Die E. spricht also von dem bleibenden Gegenwärtigen und von dem kommenden Zukünftigen. Daher ist die Alternative: präsentische oder futurische E.? wie für das NT so auch für die Dogmatik falsch. Der christliche Glaube wird eben als Gewißheit um die gegenwärtig erfahrene Endgültigkeit zum Hoffen auf die Überwindung der Vorläufigkeit, auf die ausstehende Vollendung.

b) Diesem Ansatz der E. muß ihre *Methode* und *Gestalt* entsprechen. Wie die Theologie überhaupt, so ist auch die E. ein Denken im Gehorsam gegen die Offenbarung Gottes, gegen sein »Wort«, wie es uns durch die Schrift erreicht. → Wort Gottes (: IV) ist die Glauben fordernde und wirkende promissio des Evangeliums, in der die kommende Herrschaft uns als gegenwärtige ergreift. Die E. hat zu zeigen, wiefern das hier bezeugte Handeln Gottes in sich selbst Verheißung des Bleibenden und Kommenden ist. Dabei wird sie auf die E. des NT hören und sich von ihr leiten lassen. Aber sie vermag sich diese als ihre eigene Aussage nur in dem Maße anzueignen, als deren Sätze sich als notwendiger Ausdruck der Verheißung erweisen, die in Gottes gegenwärtigem Handeln, also in Jesus Christus selber gegeben ist. Die E. darf also nicht den ganzen eschatologischen Stoff des NT mit seinen zeitbestimmten Vorstellungen und Bildern dogmatisieren; sie muß ihn unter Anwendung des genannten Maßstabes prüfen und sichten. Das ist erst recht gegenüber der at. Weissagung geboten. Das Maß ihrer Gültigkeit für die christliche E. ist von Christus und dem Evangelium her kritisch zu bestimmen. Christus ist auch des Messias Ende. Daher verbietet sich jede harmonistische Einordnung der at. E. in die christliche. Die ungeprüfte Übernahme at. und jüdisch-apokalyptischer Gedanken hat im sog. → *Chiliasmus,* der Erwartung eines endgeschichtlichen Zwischenreiches, zur Judaisierung der E. geführt (iudaicae opiniones, CA 17). Christliches Verständnis der E. darf die von einem falschen Aspekt der Schrift (→ Bibel: III) geleitete Bibelverwertung in der orthodoxen und biblizistischen Theologie nicht fortführen.

Auch in anderer Hinsicht hebt es sich von ihr ab. Gerade auch in der E. muß das dogmatische Denken sich dessen bewußt bleiben, daß es theologia viatorum ist und als solche die eschatologische Grenze zu achten hat. E. hat es zu tun mit dem Verhältnis von Zeit und Ewigkeit, dem Übergang jener in diese, mit dem Jenseits des Todes und der Geschichte. Damit berührt sie ein dem menschlichen Vorstellen schlechterdings entzogenes Geheimnis. Was Ewigkeit, »Zeit ohne Zeit« im Verhältnis zu unserer Zeitlichkeit bedeutet, was Vollendung heißt, die doch Leben sein, Leben, das doch vollendet sein soll (→ Ewiges Leben: IV), kann sie nicht positiv aussagen, sondern nur sowohl in der Negation irdischer Verhältnisse wie positiv im irdischen Gleichnis andeuten. Das Geheimnis der Grenze und des Einganges der Zeit in die Ewigkeit wird besonders spürbar an dem Problem, wie das Sterben der einzelnen, also ihr Eingang in die Ewigkeit, sich zu dem Ausgang der Geschichte, dem »Jüngsten Tage« verhält. Es ist der E. verwehrt, die einzelnen Momente des Kommenden, die der Glaube erwartet, in die Ordnung eines zeitlichen Nacheinander zu bringen und so ein anschaulich-gegenständliches Bild des eschatologischen Hergangs zu zeichnen, wie die überlieferte E. das zB mit der Konstruktion eines »Zwischenzustandes« zwischen Tod und Jüngstem Tage tut. Zurückhaltung hat die E. auch in der Frage nach dem Ausgange der Menschheit zu üben. Hier steht die letzte Entscheidung noch aus. Das verbietet der E., ihrerseits die Entscheidung vorwegzunehmen und sei es den doppelten Ausgang, sei es die Apokatastasis (→ Wiederbringung aller: II) zu lehren. Hier bleibt »die offene Wunde«.

4. a) Die christliche Hoffnung entspringt daraus, daß Gottes gnädige Herrschaft in Jesus Christus angebrochen ist. Er ist als der Herr eingesetzt; in seinem Kreuz und seiner Auferweckung ist durch Versöhnung neue Gemeinschaft Gottes mit der Menschheit begründet, durch seine ständige wirksame Gegenwart im hl. Geiste wird eine neue Menschheit geschaffen. Die neue Weltzeit ist hereingebrochen, und alle, die an Christus glauben, sind in sie versetzt. Aber zugleich besteht der alte Äon weiter. Die Herrschaft Gottes in Christus zehrt ihn noch nicht auf. Christus verwandelt die Menschen und die Welt noch nicht in ihre von Gottes Schöpferwillen ihnen bestimmte Herrlichkeitsgestalt. So ist das Reich verborgen da, verhüllt von dem Fortbestande dieser Welt der Sünde und des Todes und im Kampfe mit ihr. Es ist ganz da und ganz noch nicht da. Aber, daß es in Jesus Christus da ist, verheißt sein völliges Hereinbrechen, sein Heraustreten aus der Verborgenheit in die ganze Wirklichkeit. Der Auferstandene, in dem das Reich für die Glaubenden gegenwärtig ist, ward noch nicht offenkundig erwiesen und durchgesetzt als der, der er ist, Gottes letztes Wort, der Träger seiner alles überwindenden Liebesmacht. Das steht noch aus. Aber es bleibt nicht aus. Das besagt die nt. Erwartung der → *Parusie* Jesu Christi (→ Christologie: III, 2c). Der in der Niedrigkeit der leidenden Liebe Gottes in die Geschichte kam, wird ihr noch einmal, nunmehr in der Herrlichkeit des endlichen Sieges Gottes, begegnen, als ihr Ende und Ziel, dem sie entgegengeht. Auch als ihr Ende: seine Herrlichkeit kann in der Geschichte gemäß ihrer Struktur des Widerstreites nicht erscheinen; ihre Erscheinung zerbricht als solche die Gestalt der Geschichte. Diese Erwartung wird in ihrer Wahrheit von dem »Ausbleiben« der von Jesus und dem Urchristentum nahe gedachten Parusie nicht berührt, wie die Schweizer Schule der »konsequenten E.« (→ Eschatologie: IV, 2) will. Sie hat vielmehr ihren unerschütterlichen Grund in der vom NT bezeugten, dem Glauben gewissen Wirklichkeit des auferstandenen Herrn.

Die Erwartung des endlichen Kommens des Reiches in der Herrlichkeits-Offenbarung Jesu Christi ist nach drei Seiten zu entfalten: in das, was sie für das Leben jedes Menschen, für die Geschichte, für den Kosmos bedeutet. Die E. hat eine *personale*, eine *universale*, eine *kosmische* Dimension. Die drei gehören unlöslich zusammen. Man kann in keiner von ihnen denken, ohne die anderen mitzudenken.

b) Gott handelt mit dem *Menschen* in der Dialektik von *Gesetz* und *Evangelium* (→ Gesetz: VI). In beiderlei Hinsicht ist nun die aufgezeigte Doppelheit von Bleiben und Kommen (s. 3a) zur Geltung zu bringen. Unter dem Zeichen des Gesetzes: Gott hat jeden Menschen in den *Stand der Verantwortung* vor ihm gesetzt. Dieser Stand bleibt: der Mensch wird aus ihm niemals entlassen, er kann aus ihm nicht fliehen, etwa durch den → Selbstmord (: II); der Stand geht mit ihm auch durch den Tod, ein unsterblicher Stand. Wir erfahren ihn ständig darin, daß Gott uns verklagt und straft. Aber das geschichtliche Verklagen und Strafen Gottes ist noch nicht das Ganze und wird uns auch noch nicht vollständig offenbar. Es weist über sich hinaus auf eine letzte endgültige Begegnung mit dem Richter und Verantwortung vor ihm. Ihr geht jeder Mensch entgegen (→ Gericht Gottes: IV). Schon damit ist begründet, daß der leibliche Tod nicht das Letzte sein kann: Gott hält den Menschen auch durch den Tod hindurch und stellt ihn vor sich.

Andererseits erfährt der Glaubende im Evangelium die ihm zugewandte Liebe Gottes. Diese Zuwendung hat den Charakter des schlechthin Ganzen, Unverbrüchlichen, Endgültigen. Sie ist Ausdruck eines ewigen Willens (→ Erwählung: III), und zwar des allmächtigen. Daher steht alle Zukunft mit allen erdenklichen und unausdenklichen Möglichkeiten unter der → Gewißheit, daß nichts von dieser Liebe trennen (Röm 8, 35ff), keine Gewalt, kein Schicksal aus ihren Händen reißen kann (Joh 10, 28f). Diese Liebe bleibt als die ganz konkret diesem einzelnen Menschen zugewandte. Das besagt: sie läßt ihn nicht im Tode fallen, sondern hält und führt ihn durch das Sterben hindurch zu unsterblicher Gemeinschaft. - Aber auch hier ist nicht nur vom Bleiben, sondern auch vom Kommen zu reden. Denn die dem Menschen zugewandte Liebe nimmt den Menschen an, wie er ist (→ Rechtfertigung: III), setzt ihn zum Sohne ein. Damit schafft sie eine höchst paradoxe Wirklichkeit, die im harten Widerspruche steht zu der empirischen Wirklichkeit des Menschen. Er wird als Bruder Jesu Christi, des neuen Menschen, des Auferstandenen erklärt - aber er ist von der Sünde nicht los und bleibt dem Todeslos verfallen. Die zu »Söhnen Gottes« Eingesetzten bleiben unbeschadet dessen bis zum Tode noch »Fleisch«. Dieser durch Gottes Tat gesetzte Widerspruch ruft nach Lösung. Gottes paradoxes Ja zu dem sündigen und sterblichen Menschen ist offenbar eine Prolepse, deren Sinn verwirklicht werden will. Dessen macht der Blick auf den durch seine Auferstehung vollendeten Menschen Jesus, unseren Bruder gewiß. Die Seinen, die er sich im Glauben an ihn zueignet, sollen ihm gleich werden (1 Joh 3, 2), rein, tot für die Sünde, lebendig für Gott (Röm 6, 10f) wie er, seiner Auferstehungs-Herrlichkeit teilhaftig (Kol 3, 3). Dieses Ziel des Menschen ist nicht durch seine Aktivität im irdischen Leben zu erreichen. Wie kein Kampf mit dem Todesverhängnis von dessen Herrschaft befreit, so macht auch keine Heiligung auf Erden von dem Sündigsein der Person ganz los. Die volle Befreiung von beidem kann nur die Aufhebung der irdischen Existenz durch den → Tod (: IV) und die → Auferstehung (: VI) bringen. Durch sie führt Gott in das → Ewige Leben (: IV) mit Christus.

Das bedeutet aber notwendig zugleich Durchgang durch das Gericht (s.o.). Die Vorstellung, daß die Befreiung von der Sünde durch eine allmählich fortschreitende Läuterung geschehe (→ Fegfeuer), verkennt moralistisch die Wurzelhaftigkeit des Bösen im Menschen. Von dem servum arbitrium der »Personsünde« wird der Mensch nicht nach und nach, sondern mit einem Male frei, durch Gottes Gerichts- und Erneuerungsakt in Sterben und Auferstehen.

c) Die E. kann sich nicht, wie zT in der Gruppe A. → Ritschls und der Existentialtheologen (→ Existenztheologie), auf die personalen Aussagen beschränken. Das Kommen des Reiches Gottes ist eine Sache nicht nur des Einzellebens, sondern auch der *Geschichte*. Die Gemeinde Christi weiß sich gerufen zum missionarischen Ringen um die Menschheit als ganze und tritt dabei in den Kampf mit menschlich-übermenschlichen Geschichtsmächten der Gottlosigkeit und des Götzendienstes, erfährt in ihnen Siege und Niederlagen, zeigt Mächtigkeit und Ohnmacht. Sie hat die »Welt«, mit der sie kämpfen muß, nicht nur »draußen«, sondern auch in sich selbst, in der Gestalt ihrer Gespaltenheit und vielfältigen Abirrens von der Wahrheit. Sie ringt um die eine und reine Kirche, um endliche Einheit in der Wahrheit. Sie kann keinen dieser Kämpfe führen, ohne des Sieges in ihnen gewiß zu sein. Der Sieg ist verheißen in der dem Glauben gewissen Gottesvollmacht Christi (Mt 28, 18). Christus selber ist gegenwärtig in dem Kampfe der Gemeinde, aber diese weiß und erfährt auch, daß ihr geschichtliches Ringen, wohl im Lichte des gewissen Sieges Christi geschehend, diesen doch nicht wirkt. Im Unterschiede von der E. des Idealismus und Marxismus kann die christliche E. das Kommen des Reiches weder von dem Fortgang der Geschichte noch von ihrer Aktivität erwarten. Die Christenheit ist durch das geschichtliche Schicksal ihres Herrn darauf vorbereitet, daß ihr Ringen mit den entgegenstehenden Geschichtsmächten immer neu auf geschichtlich-unüberwindbaren Widerstand stößt und daß dieser, je reiner und entschlossener die Gemeinde ihres Herrn ist, sich versteift und verstärkt. Es läßt sich nicht verkennen: das Böse in der Welt ist seit Jesus Christus noch böser geworden. Wie die Weltgeschichte biologisch ein Gefälle zur Lebenszerstörung hin zu haben und in ein todnahes Altersstadium einzutreten scheint, so muß die Christenheit sich auch auf eine über alles bisherige Maß hinaus gesteigerte Feindschaft wider Gottes Gesetz und Evangelium, auf eine bisher unerhörte Bewußtheit und Dynamik der Gottlosigkeit gefaßt machen. Das ist der Sinn der biblischen und in der Kirchengeschichte immer wieder lebendigen Erwartung des →»Antichristen« (:III). Sie verbietet allen innerweltlichen Optimismus im Kampf. Daher wartet die Gemeinde inmitten des ihr aufgetragenen Ringens auf den »Tag Jesu Christi« (1Kor 1, 8 u.ö.), an dem er selber in seiner Gottesmacht den geschichtlichen Kampf zum Siege führen wird. Nicht die geschichtliche Dynamis Christi in seiner Gemeinde, sondern erst seine eschatologische Doxa überwindet alle seine Feinde (1Kor 15, 24ff; 2Thess 2, 8).

Der Glaube hat allezeit das Ende der Geschichte erwartet und bezeugt, auch als der Zeitgeist in dem Gedanken unendlichen Fortgangs und Fortschreitens schwelgte. Das moderne Lebensgefühl und Denken hat sich gewandelt: es bangt heute vor der möglichen Selbstzerstörung der Geschichte. Der Glaube mag den Wandel begrüßen, aber er ist auf ihn nicht angewiesen. Sein Wissen um das Ende der Geschichte fließt nicht aus historischer und zeitkritischer Reflexion, sondern aus der in der Verheißung, die Jesus Christus in Person bedeutet, begründeten gewissen Erwartung des Reiches. Sein Kommen heißt: Ende der Geschichte, Ende, das zugleich Erfüllung ihres Sinnes, ja überhaupt erst Sinngebung für sie ist.

d) Die in dem kommenden Christus sich verwirklichende Herrschaft Gottes betrifft auch den *Kosmos*. Wir können für uns, die Personen, und für die Geschichte nicht hoffen, ohne dies zugleich für die ganze Schöpfung zu tun. Denn unser persönliches und geschichtliches Leben steht durch die Setzung des Schöpfers in einem unaufhebbaren Zusammenhang mit der gesamten Kreatur. Als Leib leben wir in und aus der Natur. Sie ist unsere Leiblichkeit im weitesten Sinne. Hat die E. Raum für die Leiblichkeit (→ Auferstehung: VI), dann auch für die ganze Natur. Die christliche E. kann daher nicht akosmistisch denken. Die Menschheit gehört mit der Natur zusammen innerhalb der einen Kreatur Gottes, in der gleichen Preisgabe an die Nichtigkeit, daher auch in der einen Hoffnung (Röm 8, 20ff). Im Lichte der mit Jesus Christus, dem Auferstandenen gegebenen Verheißung erkennt der Glaube die jetzige Verfassung der Natur mit ihrem durchgehenden Todesgesetze des Kampfes ums Dasein als unserem Sündersein zugeordnete *vorläufige* Gestalt. Indem Gott die Menschheit vom Bösen erlösen und ihr an seiner »Herrlichkeit« Anteil geben wird, zerbricht er auch jene Gestalt, aber so, daß er seinen auf die Natur gerichteten Schöpfergedanken in einer neuen Welt (2Petr 3, 13) verwirklicht, welche die alte zu ihrer Herrlichkeits-Gestalt erneuert und vollendet (Röm 8, 21). Die Endlichkeit unseres Kosmos hat die christliche E. allezeit vertreten, auch als eine »naturwissenschaftliche Weltanschauung« wie die räumliche so auch die zeitliche Unendlichkeit der Welt verkündete. Heute kommt das naturwissenschaftliche Denken in gewissem (freilich oft mißverstandenem) Sinne der christlichen E. entgegen. Aber diese ist darauf nicht angewiesen. Ihre Erwartung des Endes unseres Kosmos hat den Charakter nicht einer rationalen physikalischen Theorie, sondern unbedingter Gewißheit des Glaubens.

5. Die überlieferte E. lehrt nicht nur vom Ende und der Vollendung der Geschichte, sondern auch von der *End-Geschichte*. Sie erwartet in ihr bestimmte Ereignisse, die dann als *Vorzeichen* des nahen Endes zu stehen kommen. Als solche gelten: die Vollendung der Weltmission (nach Mk 13, 10), das Kommen des Antichrist (nach 2Thess 2, 3ff), zT auch, in der heilsgeschichtlichen Theologie, die Bekehrung Israels (nach Röm 11, 15.25f), die Vor-Vollendung im Zwischenreiche (1000jähriges Reich, nach Apk 20, 1ff). Indessen hält keines dieser Momente kritischer Prüfung stand. Für den Gedanken, daß die *Vollendung der Mission* an allen Völkern Vorbedingung des Endes sei, ist schon die biblische Grundlage fragwürdig: Mk 13, 10, eine spätere Glosse, ist offenbar als ein Versuch der Auseinandersetzung urchristlicher Theologie mit dem Ausbleiben der Parusie zu verstehen. Es läßt sich nicht zeigen, daß sie zum autoritativen Gehalte des Evangeliums selbst gehört. Sachlich muß man fragen: wann ist die Weltmission je vollendet? Auch wenn sie einmal das letzte der dann lebenden Völker erreicht haben sollte, so doch nur eine ganz späte Generation desselben, wie schon jetzt bei sehr vielen Völkern. Und die vergangenen Generationen? Und die inzwischen untergegangenen, nie evangelisierten Völker? Insofern bleibt die Mission auf alle Fälle unvollendet. Das Postulat, die Berufung aller Völker müsse Vorbedingung für das Gericht sein, wird nicht damit erfüllt, daß eine späte Generation eines Volkes dem Evangelium begegnet. Der richtige Gedanke, daß Gottes Gericht und das ewige Heil für die Menschheit eine Begegnung mit Jesus Christus voraussetzt, kann nur in dem Gehalt des Artikels vom descensus Christi ad inferos (→ Christologie: III, 2d) zur Geltung kommen, nicht in dem Postulat einer angeblich vollendeten Mission. – Ähnlich steht es mit der *Bekehrung ganz Israels* als Vorzeichen des Endes. Paulus erwartet die Bekehrung der ganzen Generation Israels, die Christus verworfen und sich dem Evangelium bisher verschlossen hat, und zwar, wie die Vollendung der Heidenmission, für die nahe Zukunft. Die Christus-Generation ist ihm die letzte. Die etwaige späte Bekehrung der End-Generation Israels, welche die endgeschichtliche Theorie meint, ist etwas völlig anderes als was der Apostel erwartet. Eine ferne letzte Generation ist nicht »ganz Israel« im Sinne des Paulus. Seine Erwartung hat sich nicht erfüllt. Sie ist in ihrem wirklichen Sinn schon dadurch unerfüllbar geworden, daß tatsächlich alle bisherigen nachchristlichen Generationen Israels Jesus als Christus abgelehnt haben. Die Christenheit weiß um Israels besondere Stellung in Gottes Ratschluß, bittet und ringt um seine Bekehrung zu Jesus Christus (→Judenmission). Aber diese in der E. zu einem Vorzeichen des Letzten zu machen, fehlt der biblische und sachliche Grund. – Was den *Antichristen* angeht, so soll (s. 4c) die Christenheit gefaßt und bereit sein für die *Möglichkeit* einer kommenden größeren und größten Zusammenballung und Energie des Bösen. Aber diese Möglichkeit kann die E. nicht zu einem sicheren Ereignis und Kennzeichen der Endgeschichte dogmatisieren. Es ist bezeichnend, daß die

prophetischen Männer der Kirchengeschichte den Antichristen jeweils in ihrer Zeit gefunden und das Ende daher nahe geglaubt haben. Das hat tiefe Wahrheit. In der Tat sind die »Zeichen der Zeit« (Mt 16, 3), nämlich die Reife der Zeit für das Gericht, die Größe der Not, die nach Gottes Erlösung schreit, immer schon gegenwärtig. Die Geschichte ist immer schon zum Ende und daher wesentlich auch am Ende; ob auch zeitlich am Ende, wissen wir nicht. Es kommen auch immer wieder Zeiten besonderer Mächtigkeit des Bösen und besonderer Ohnmacht der Gemeinde, in denen das Ende näher scheint als sonst. Aber keine jetzige und auch keine künftige Entfesselung des Bösen und Steigerung der Not ist als die letzte kenntlich, die nicht mehr überboten werden könnte, und ebenso keine als die noch nicht letzte, außer dadurch, daß die Geschichte doch noch, wider Erwarten, weitergeht. Die »Zeichen der Zeit« sollen der Gemeinde nicht zur Berechnung des Endes dienen, sondern zum ständigen »Wachen« (Mk 13, 33ff), dh zum Ernstmachen damit, daß die Geschichte nicht letzte Wirklichkeit, sondern hin ist zu ihrem Ende, zum Gerichte und zum kommenden Reiche Gottes. - Die Erwartung der *Vor-Vollendung*, eines endgeschichtlichen Reiches Christi zwischen der jetzigen Geschichte und dem ewigen Reiche, hat verschiedene Gestalten. Der strenge → Chiliasmus erwartet auf Grund der isolierten aus der jüdischen Apokalyptik stammenden Stelle Apk 20 die Abfolge: herrliche Wiederkunft Christi in diese Geschichte hinein, Auferstehung bzw. Verwandlung der Gemeinde, Herrschaft Christi mit den Seinen auf Erden, letzter Ansturm des Bösen, allgemeine Auferweckung und Endgericht; der milde Chiliasmus spricht von »geistiger Wiederkunft Christi«, großer Missions-, Segens- und Blütezeit der Kirche, christlicher Durchdringung aller Ordnung und Kultur. Sachlich begründet man: die Erwartung liege in der Konsequenz heilsgeschichtlichen Denkens; Gottes Heilswalten sei überall ein Ja zu dieser irdischen Geschichte; am Ende sollte es ein Nein zu ihr sein? In der gleichen Geschichte, die Jesu und seiner Gemeinde Kampf und Niedrigkeit sah, müsse auch ihre Vollendung in Herrlichkeit wirklich und kund werden. Das ist indessen ein unbegründbares Postulat. Zu der milderen Gestalt des Chiliasmus wäre zu sagen: gewiß soll die Kirche mit → Spener um »künftige bessere Zeiten«, um neue Erweisung der Macht Christi in der Welt bitten und auf sie hoffen; aber ob Gott sie schenkt und wie, steht bei ihm - die E. weiß es nicht. Außerdem: wo bleibt hier die antichristliche Macht? Dem strengen Chiliasmus wäre entgegenzuhalten: sein Gedanke einer Vor-Vollendung ist in sich ein Widerspruch. Herrliches Kommen Christi innerhalb dieser Geschichte und Weltgestalt, ohne daß diese damit zerbrochen wird, Auferstehung der Glaubenden in die irdische Geschichte hinein, die im übrigen noch weitergeht - das alles ist nun wirklich Mythologie. Da reißt man auseinander, was unlöslich zusammengehört und in einem geschehen wird: die Vollendung der Gemeinde einerseits, den Abbruch dieser Geschichte und die Erneuerung des ganzen Kosmos andererseits. Man vergißt die weltumfassende Totalität der Auferstehung und der Herrschaft Christi. Auferstehung heißt: volles Enden der Geschichte, ihre Aufhebung in die Ewigkeit. Unmöglich ist es, an die Stelle der eschatologischen Zäsur zwischen dieser und jener Welt einen stufenmäßigen Übergang zu setzen! Der neue Äon bricht nicht nach und nach stückweise, sondern mit einem Male ganz an. Außerdem: die Gemeinde und die »Welt« so als abgeschlossene Größen einander gegenüberzustellen und unterschiedlich behandelt zu denken, trägt in die E. des Christusglaubens einen ihm fremden pharisäisch-judaistischen Zug hinein.

Hier überall hat die E. gegenüber der Tradition abzubauen. Sie kann und darf nicht zur Apokalyptik werden, dh zu einer Lehre von der Endgeschichte, ihren Stadien und Ereignissen. Sie muß sich darauf begrenzen, vom Ende und Ziel zu handeln.

6. Die E. als Erwartung des endlichen Heils aus der Transzendenz, von Gottes Tag und Tat, bedeutet Grenze und Bescheidung für alle Zuversicht zu dem Ertrage christlicher *Aktivität* in der Geschichte. Sie ist ein Nein zu dem Wahne, das Handeln des Christen und der Christenheit schüfe den neuen Menschen, die neue Menschheit, die neue Welt. Aber die christliche Hoffnung wäre völlig mißverstanden und mißbraucht, wenn sie zu einer Lähmung des Handelns führte. Aus ihr fließt vielmehr Ernst, Freudigkeit und Zuversicht des Handelns trotz immer neuer Begrenzung und Enttäuschung. Aus der personalen Hoffnung folgt nicht pessimistisches Gewährenlassen der Sünde, sondern umgekehrt Ernst der Heiligung, daraufhin, daß Gott die Menschen Christus gleichgestalten wird (Röm 8, 29; 1 Joh 3, 2). Der Christ ehrt seinen Leib und nimmt ihn in Zucht, daraufhin, daß Gott ihn zu ewiger Gestalt erneuern wird (1Kor 6, 13f). Entsprechend führt die Erwartung, daß erst der Tag Christi von der Not und dem Streite der Geschichte erlöst, nicht dazu, daß die Christenheit die Hände in den Schoß legt; im Gegenteil: weil sie der neuen Welt Gottes gewiß ist, in der »Gerechtigkeit wohnt« (2Petr 3, 13), weiß sie sich gedrungen und ermutigt, den Kampf mit aller Ungerechtigkeit in dieser Welt, mit der sozialen und aller strukturellen Daseinsnot um gerechte Ordnung und Frieden immer neu tapfer aufzunehmen, allen Niederlagen und Enttäuschungen zum Trotz. Weil sie gewiß ist, daß Christus an seinem Tage die Kirche aus ihrer Spaltung herausführt zur vollendeten Einheit, beruhigt sie sich heute nicht etwa bei der Gespaltenheit, sondern ringt um ihre Überwindung, trotz der Ahnung, daß sie auf Erden kaum mehr gelingen wird (→ Einigungsbestrebungen). Überall ist das Handeln des Christen und der Gemeinde nicht unmittelbar zur Vollendung, aber mittelbar. Es wirkt nicht das kommende Reich, aber es ist hin darauf, streckt sich ihm entgegen, ist Bekenntnis zu ihm, Zeichen für es, Bitte um sein Kommen. Es verhält sich zu dem Reiche nicht wie das Wirken zur Wirkung, aber wie die Bitte zur Erhörung. In ihm drängt Jesus Christus selber, drängt das Reich selber der endlichen Vollendung entgegen.

Christliche Hoffnung ist also gleichwie der Glaube nicht Theorie, sondern Sache des ganzen Menschen und daher nur in der Praxis lebendig. E. und Ethik gehören zusammen. Eine ohne die andere ist eitel. Die Hoffnung ist zur bloßen Theorie entartet, sie wird unglaubhaft und erfährt mit Recht das Verdikt billiger »Vertröstung auf das Jenseits«, wenn sie nicht im Handeln gelebt wird. Das Handeln verfällt dem schwärmerischen Utopismus oder der lähmenden Resignation, wenn es das Licht der Hoffnung verliert. Die E. unterscheidet den christlichen Dienst an der Welt von allem »bürgerlichen« oder marxistischen Fortschritts- und Verwirklichungs-Glauben. Das christliche Harren stellt an die Arbeit. Aber das Arbeiten muß sich immer wieder an der nahen Grenze seines Vermögens und Ertrages nüchtern zum Harren demütigen. *In* der Tat lebt die Bitte: Dein Reich komme! Aber die Bitte greift zugleich weit *über* die Tat und ihren Ertrag hinaus.

Außer den Dogmatiken: P.ALTHAUS, Die letzten Dinge, (1922) 1956[6] - RGG[2] II, 353ff - G.HOFFMANN, Das Problem der letzten Dinge, 1929 - C.STANGE, Das Ende aller Dinge, 1930 - P.TILLICH, E. u. Gesch. (Rel. Verwirklichung, 1930, 128-141) - W.KÜNNETH, Theol. der Auferstehung, (1933) 1951[4], 200ff - F.HOLMSTRÖM, Das eschatologische Denken der Gegenwart, (1933 schwed.) 1936 -

F.Buri, Die Bedeutung der nt. E. für die neuere prot. Theol., 1935 - Ders., Theol. der Existenz, 1954, 72ff - K.Heim, Jesus der Weltvollender, (1937) 1952² - Ders., Weltschöpfung u. Weltende (Der christl. Glaube u. das Denken der Gegenwart VI), 1952 - R.Guardini, Die letzten Dinge, (1940) 1949² - N.Berdiajew, Essai de métaphysique eschatologique, Aubier 1946 (aus dem Russ. übers.) - Reinh. Niebuhr, The nature and destiny of man II, New York 1947, 287ff - M.Schmaus, Von den letzten Dingen, 1948 - J.Pieper, Über das Ende der Zeit, 1950 - G.Stählin, Die Endschau Jesu u. die Mission (EMZ NF 7, 1950, 97-105. 134-147) - E.Brunner, Das Ewige als Zukunft u. Gegenwart, 1953 - Evanston-Dokumente (hg.v. F.Lüpsen), 1954, 7ff. 145ff - H.Bietenhard, Das 1000jähr. Reich, 1955 - J.Richter, Welt-Ende? Das Problem der E. einst u. heute, 1956. *P.Althaus*

Escobar, *Marina von* (1554-1633), spanische Mystikerin, gründete um 1615 in ihrer Heimatstadt Valladolid ein Kloster der → Birgittinnen von der Rekollektion. Durch ihre Briefe, ihre Liebeswerke und ihr heroisches Dulden übte sie in Spanien tiefen Einfluß aus. Ihr geistlicher Führer Ludwig de → Ponte kommentierte den autobiographischen Bericht Marinas und beurteilte ihn sowie ihre geistlichen Traktate sehr positiv.

L.de la Puente, Vida miravilliosa I, Valladolid 1665; II (vf.v. A.Pinto Ramirez), Madrid 1673; dt. Prag 1710, Mainz 1861 - J.Tanner, Prudentia ... L.de Ponte in examinandis ... M.de E. ... revelationibus, Prag 1698 - P.Hélyot, Histoire des ordres IV, Paris 1721, 40ff - Heimbucher I, 624 - LThK III, 795. *A.Rayez*

Escobar y Mendoza, *Antonio de* (1589-1669), * zu Valladolid, Jesuit (seit 1605), Prediger, Seelenführer und Schriftsteller; Schüler von P.Hurtado de Mendoza, Juan Salas, F.de Lugo; Rektor des Kollegs in Valladolid und 50 Jahre lang bis zu seinem Tode Fastenprediger daselbst. Sehr belesen, aber flüchtig arbeitend, schrieb er vorwiegend für Prediger und Beichtväter. Die reichhaltige und knappe Zusammenstellung der Jesuitenmoral im Liber theologiae moralis diente → Pascal als Fundgrube für seine Lettres provinciales (»escobarder«). Pascals Zitate sind jedoch oft sinnstörend gekürzt, und seine Schärfe ist jansenistisch übertrieben.

Poetische Werke: S. Ignacio, 1613; Historia de la Virgen, 1618 = Nueva Gerusalen Maria, 1625, Santiago 1904; Gonzaga, o.J. Ungedruckt blieben 11 autos sacramentales, 5 autos über die unbefl. Empfängnis, 8 Dichtungen auf Heilige, 2 Schuldramen u. ein Katechismus in Versen. - Exegetisches: In c. Joh 6, 1624; Vet. ac Nov. Test. litteralibus et moralibus commentariis illustratum, 14 Bde, Lyon 1652-67; In Canticum canticorum I, Lyon 1669 (Bd II blieb ungedruckt). - Predigtwerke: Lignum vitae (Apk 22, 2) = Ad evangelia sanctorum et temporis commentarii, 12 Bde, Lyon 1642 bis 1648; Sermones vespertinales (über AT), Lyon 1652. - Moraltheologisches: Examen y practica de confesores y penitentes, Pamplona 1627 (37 Aufl. bis 1644); umgearbeitet als: Liber theologiae moralis 24 SJ doctoribus reseratus, Lyon 1644 (42 Aufl.); Universae theologiae moralis receptiores absque lite sententiae, 7 Bde, Lyon 1652 bis 1663. - Über E.: J.v.Döllinger, Gesch. der Moralstreitigkeiten I, 1889, 34f - C.Sommervogel, Bibliothèque de la Compagnie de Jésus III, 1892², 436ff - K.Weiss, E. als Moraltheologe, (1907) 1911² - M. Reichmann, StML 76, 1909, 523-538 - HN IV, 274f - A.Astrain, Historia de la Compañía de Jesús V, 1916, 89ff - DThC V, 520f - Catholicisme IV, 424f. *F.Stegmüller*

Eskil *von Lund* († 1181), 1134 Bischof von Roskilde, 1138-77 Erzbischof in Lund. Neuere Forschungen haben gezeigt, daß E. die überragende Persönlichkeit des 12.Jh.s in → Dänemark (: I) war. In der Jugend studierte er in Hildesheim, später stand er als erster Däne in Verbindung mit den französischen Reformkreisen und mit → Bernhard von Clairvaux. Mehr als andere hat er dazu beigetragen, die gregorianischen Ideen (→ Gregor VII.) in Dänemark durchzuführen. Wie andere Reformbischöfe geriet er deshalb in Konflikte mit den Königen, mußte 6-7 Jahre landflüchtig in Frankreich verbringen, wurde aber - gestützt von → Alexander III. - von König Waldemar zurückberufen und konnte wieder seine alte Stellung einnehmen. E. war ein großer Gönner der → Zisterzienser und → Prämonstratenser und ein bewußter Vorkämpfer der libertas ecclesiae. Er war wohl der erste Däne, der eine Rolle in der europäischen Geschichte spielte - seine Gefangenschaft in Deutschland war eine der Veranlassungen zum Konflikt zwischen Alexander III. und dem Kaiser. E. bewegte sich, ganz international eingestellt, mit derselben Unbefangenheit in Rom und am Hofe des französischen Königs wie in seiner Stiftsstadt Lund. In Clairvaux beschloß er seine Tage als Klosterbruder.

L.Weibull, Hist. Tidskrift för Skåneland 5, 1914-23, 188-246 - Ders., Scandia 1, 1928, 84-112; 4, 1931, 270-290; 22, 1953/54, 72-93 - C.Weibull, Hist. Tidskr. för Skåneland 6, 1915, 237-286 - H.Koch, Kirkehistoriske Samlinger 6. Reihe, 1, 1934, 241-284 - Ders., Danmarks Kirke i den begyndende Højmiddelalder I, Kopenhagen 1936, 81ff - J.O.Andersen, Scandia 23, 1955/56, 102-114. *Hal Koch*

Eskimo

I. Religionsgeschichtlich - II. E.-Mission

I. Religionsgeschichtlich

Die Gesamtzahl der E., die ihre Wohnsitze in Alaska, an der Nordküste Amerikas sowie auf Labrador und Grönland haben und mongolischer Herkunft sind, beläuft sich auf 45-48 000 (15-17 000 in Alaska, 9-11 000 in Nordkanada, 4000 in Labrador, 18 000 in Grönland). Ihre Sprache ist ein Zweig des Aleuto-Eskimoischen.

Grundlegend im religiösen Glauben der E. ist die Vorstellung, daß alles belebt ist, so ausgedrückt, daß alles ein »inua« besitzt, dh »sein Mensch« (3. Pers. poss. von inuk) oder »Besitzer«, der ursprünglich mit seinem Gegenstand eng verbunden gewesen zu sein scheint. Der mächtigste inua war Sila (silap inua), »der Inua (Mensch oder Geist) der Luft«. Der Name und die gewöhnlich sehr unbestimmte Personifizierung dieser Gottheit deuten aber dahin, daß man sich ursprünglich Sila als eine mehr universelle Macht vorgestellt hat, wie das Wort sila außer Luft auch Wetter, Welt und Verstand bedeuten kann. Nur bei den Rentier- und Kupfer-E. spielt Sila (oder Pinga, »dieser oder diese da oben«) noch deutlich eine Rolle als kultische Gottheit.

Menschen und Tiere besitzen eine oder mehrere Seelen (tarraq, tarneq, nappan usw), von denen eine in Gestalt des betr. Wesens das Leben fortsetzt in einem himmlischen, unterseeischen oder unterirdischen Totenreich (→Tod: I). Bei einigen E. stellt man sich die Unterwelt mit mehreren Schichten vor. Nur bei den Rentier- und Kupfer-E. in Nordkanada bleibt die Erde der eigentliche Jenseitsort, in dem die Seelen, in Menschen oder Tiere reinkarniert, das Leben fortsetzen (→ Seelenwanderung: I).

Außer von inue (plur.) und Seelen denken sich die E. die Welt von einer Menge sehr verschiedenartiger, selbständiger und frei beweglicher Wesen bevölkert, von denen einige »tornat« genannt werden. Manchmal werden aber die drei Kategorien von → Geistern nicht scharf auseinander gehalten.

Die am meisten hervortretenden höheren Gottheiten sind außer Sila der Mondmann, der in Alaska eine dominierende Rolle als Herrscher über Jagdtiere (→ Herr der Tiere) und → Fruchtbarkeit bei Tieren und Menschen behalten hat, und die Meergöttin (Sedna, Nuliajuk, Nerrivik, Arnaquagssâq usw), die bei den meisten Zentral-E. und in Grönland die Hauptrolle übernommen hat.

Neben der Rücksicht auf diese Gottheiten, deren Kult, bes. die Bezwingung der Meergöttin, hauptsächlich in den Händen professioneller Schamanen (angakkut; → Schamanismus) liegt, besteht auch ein mehr direktes und individuelles Verhältnis zu den Jagdtieren

(→Jäger- und Jagdriten); es schließt →Tabu, →Opfer oder besondere Ehrungen ein, darunter auch die verbreitete Sitte, Schädel und Knochen aufzubewahren (→ Auferstehung: II, 1, →Bärenfest). In Alaska hat der →Tierkult sich zu einem großartigen Festzeremoniell entwikkelt, wie hier auch den Seelen der Verstorbenen große →Feste gewidmet sind. Insbesondere bei den sibirischen E. und in Nordalaska spielt der eigentümliche Walkult eine hervorragende Rolle. Die Seele des Wales wird hier durch eine Frau symbolisiert.

Das Dasein der E. ist ferner durch zahlreiche Tabus reguliert, bes. bei → Geburt, → Menstruation und Tod, und gegen böses → Schicksal und gefährliche Mächte sucht man sich vor allem durch →Amulette zu wehren. - Erforschung des Schicksals und Hilfe bei → Krankheiten geschieht meist durch Schamanen und deren Hilfsgeister. Daneben wird aber fast überall die zirkumpolar verbreitete »Hebungsprobe« (qilaneq) praktiziert: durch das schwere oder leichte Gewicht einer Person kündet ein Geist in der Erde (qila) ihr kommendes Schicksal an.

Im jetzigen, bunten Bild der eskimoischen Religion spürt man Kulturströmungen und Einflüsse von indianischer wie von asiatischer Seite. Neuerdings haben sich indianische Traditionen vom »Großraben«, einem Schöpfer und Kulturbringer, in Alaska verbreitet, jedoch ohne den eigentlichen Kult in besonderem Maße zu beeinflussen.

W.Thalbitzer, Die kultischen Gottheiten der E.s (ARW 26, 1928, 364-430; Lit.) - K.Rasmussen, Intellectual Culture of the Iglulik E.s (Report of the 5th Thule Expedition 7, 1), Kopenhagen 1929 - Ders., The Netsilik E.s (ebd 8, 1-2), 1931 (die populäre Ausg. dieser u. anderer Berichte auch dt. 1926, verkürzt 1934) - M.Lantis, Alaskan E. Ceremonialism (Monographs of the American Ethnol. Society 11), New York 1947 (Lit.) - Dies., The Religion of the E.s (Forgotten Religions, ed. V.Ferm, New York 1950, 309-339) - F.G.Rainey, The Whale Hunters of Tigara (Anthropol. Papers of the Am. Museum of Nat. Hist. 41, 2), New York 1947 - G.H.Marsh, A Comparative Survey of E.-Aleut Religion (Anthropol. Papers of the Univ. of Alaska 3, 1), 1954. *E.Holtved*

II. Eskimo-Mission

Die missionarische Arbeit unter den E. auf → *Grönland* begann unter Leitung des 1714 gegründeten Kopenhagener Missionskollegiums i.J. 1721 durch H. → Egede (→Dänemark: III, 1). Die Missionsgrundsätze Egedes sowie seines Sohnes und Nachfolgers Paul, der 1766 das NT in die E.-Sprache übersetzte, waren Unterricht und Predigt in orthodox-luth. Weise. Seit 1859 steht die Arbeit unter der Leitung der dänischen Staatskirche. - 1733 begann ihrerseits die Herrnhuter Mission eine Arbeit auf Grönland, deren erwecklicher Charakter ein Zusammenwirken für Egede unmöglich machte. 1900 zogen sich die Herrnhuter zurück und übergaben die von ihnen betreuten Gemeinden der dänischen Kirchenregierung. Nachdem die Missionierung erfolgreich abgeschlossen werden konnte, ist die Kirche auf Grönland jetzt eine Volkskirche. - Nach einem vergeblichen Vorstoß (1752) setzte die Herrnhuter Mission in *Labrador* 1771 unter Leitung des 1764 dorthin gekommenen Dänen Jens Haven mit der Arbeit ein. Bis 1800 waren nur 110 E. Christen geworden, 1804 kam es jedoch zu einer Erweckung, und 1904 waren die Küstenbewohner in der Gesamtheit Christen geworden. Gegenwärtig arbeiten zwei kanadische Missionsgesellschaften (→ Kanada: II) im Innern von Labrador. Alle E. in Labrador sind getauft, ihre geistliche Betreuung erfordert aber weiter die Hilfe der Mission. - Bei den E. *Nordamerikas* wirkte bis 1920 die Church Missionary Society (→ Anglikanische Kirche: II); die weiten Entfernungen in den Steppen und das rauhe Klima erschwerten die Arbeit sehr. Gegenwärtig dehnen die Kirchen in Kanada ihre Fürsorge auf die E. aus. Kath. Missionare (Oblaten) arbeiten seit etwa 1860 unter den E. an der Hudsonbai. - Unter den E. *Alaskas* hat ursprünglich die russisch-orth. Kirche einen Christianisierungsprozeß eingeleitet. Auf Anregung von Dr. Sheldon Jackson nahm der amerikanische Zweig der Brüdergemeine 1885 die Arbeit in Alaska auf, 1897 auch der amerikanische Zweig des Schwedischen Missionsbundes. Auch die amerikanischen → Presbyterianer (: II), die →Quäker (jeweils seit 1890) und die →Protestantische Episkopalkirche unterhalten in Alaska Missionen. Amerikanische Jesuiten sind seit 1786 tätig (14 000 kath. Christen einschließlich Weißer und Indianer). Ungefähr die Hälfte der dortigen E. sind Christen.

H.Egede, Ausführliche u. wahrhafte Nachricht vom Anfang u. Fortgang der grönländischen Mission, 1740 - F.L.Kölbing, Gesch. der Mission in Grönland u. Labrador, 1831 - H.M.Fenger, Bidrag til Hans Egede's og den gronlandske Missionshistorie 1721-69, 1879 - RGG² II, 363 f (Lit.) - Th.Bechler, Die Probleme der arktischen Missionen nach den Erfahrungen der Brüdergemeine in Grönland, Labrador u. Alaska (EMM 76, 1934, 318-333. 347-357. 401-405) - A. Malmström, Evangeliet til alverden III, Kopenhagen 1950 - A.L. Fleming, Archibald the Arctic, London 1956. *E.Amdahl*

Espen, *Zeger Bernhard van* (9.7.1646 bis 2.10.1728), kath. Kirchenrechtler, * in Löwen, 1673 Priester, 1675 Prof. des kanonischen Rechts in Löwen. E. ist der einflußreichste Vermittler des → Gallikanismus an N. von Hontheim (→Febronianismus) und damit nach Deutschland. Sein »jansenistisches« Gutachten für das Utrechter Domkapitel, welches die Bulle Unigenitus (→ Jansenismus) nicht anerkannte und Cornelius Steenhoven zum Erzbischof wählte (→ Altkatholiken, 1b), führte dazu, daß E. suspendiert und entlassen wurde. Seine Werke kamen auf den → Index. E. floh zu den Jansenisten in Amersfoort. Die Bedeutung seines Werkes wurde aber selbst von Benedikt XIV. anerkannt.

Vf. u.a.: Ius ecclesiasticum universum, 2 Bde, Löwen 1700, Brüssel 1710, 3 Bde, Mainz 1791; GesW, 5 Bde, Löwen 1721. 1753/58, Mainz 1777; Brevis commentarius ad Decretum Gratiani, Köln 1732. - Über E.: J.F.v.Schulte, Die Gesch. der Quellen u. Lit. des kanonischen Rechts III/1, 1880, 704 ff - RE V, 500 - HN IV, 1281 ff - E.W.Kemp, Z.B.v.E. (Theology 49, 1946, 194-200) - EC V, 599 - DDC V, 457 ff. *Ernst Wolf*

Esra

1. Überlieferung - 2. E.-Quelle? - 3. Person und Werk. - Vgl. → Esrabücher: I

1. Die *Überlieferung* über E. steht in Esr 7-10, wozu noch Neh 8 (und 9 f?) gehört (→ Nehemiabuch). Im 7. Jahr des Artaxerxes (der Chronist denkt an Artaxerxes I. = 458 vChr) geht E., der Schreiber, in offiziellem Auftrag (7, 11 ff) nach Jerusalem, um die Verhältnisse dort auf Grund des in seiner Hand befindlichen Gesetzes zu befrieden, und führt zugleich Rückwanderer - nebst Leviten - und Spenden dorthin. Hier entscheidet er den ihm vorgetragenen Rechtsfall der Mischehen und veranlaßt die Scheidung (10, 44 b ist - im Hinblick auf Neh 9 f? - verdunkelt). Vierzehn Jahre später verliest E. das Gesetz; dem wohl sekundär auf den 1.VII. datierten Freudentag (Neh 7, 72 b; 8, 13) folgt - ohne Erwähnung eines Versöhnungstages - das Laubhüttenfest (Neh 8, 13-18; → Feste: II). Es kommt nach Neh 9 f (noch einmal?) zur Trennung von allen Fremdstämmigen, einer Beichte und einem großen Bußgebet (nach LXX spricht es E.). Die Absage zukünftiger (!) Mischehen unterschreibt nur Nehemia, nicht E. Über E.s Ende verlautet nichts. Da die Nennung Nehemias in Neh 8, 9, wie die E.s in Neh 12, 36, sicher sekundär ist und die Verzögerung der Gesetzesverlesung historischen Bedenken unterliegt, ist die Darstellung dem Chronisten zuzuschreiben,

der den Gesetzeseiferer E. und den frommen Statthalter Nehemia gemeinsam agieren lassen wollte.

2. Löst man Neh 8 (9f sind ein besonderes Problem; → Nehemiabuch) aus der Verzahnung in der Autobiographie Nehemias heraus, so könnte man den Bericht über die Gesetzesverlesung (so: 3Esr 9, 37ff) hinter Esr 10 stellen. Wahrscheinlicher ist die Reihe: Esr 7f; Neh 8 (Grundstock); Esr 9f. Das ergäbe eine relativ kurze geschlossene Tätigkeit E.s. Die Frage, ob das Erzählte eine Fiktion (so Torrey) oder weithin eine auf Esr 7, 11-25; 8, 1-14 beruhende freie chronistische Darstellung sei (Noth) oder ob man hinter allem eine *»Esra-Quelle«* ansetzen darf, ist nicht eindeutig zu beantworten, doch spricht der Bruch zwischen der Ich-Form in 7, 1-9, 5 und der Er-Form im folgenden weit mehr für eine ursprünglich einheitliche, alte Tradition (schriftlich: Geißler; mündlich: Kapelrud). Hängt der Bruch der Darstellung mit dem Begriff eines Augenzeugen zusammen, der nur dort, wo E. im Vordergrund steht, diesen selbst sprechen läßt (Ahlemann)? Unwahrscheinlich ist es, daß der Chronist einen Esr 10 folgenden Abschnitt über die Wirkungslosigkeit der Aktion E.s (nach Neh 13 gibt es wiederum Mischehenprobleme) fortgelassen hat (so Rudolph). Die Er-Form des Schlusses (Esr 10) könnte damit zusammenhängen, daß der Chronist - ebenso wie in der Gesetzesverlesung Neh 8 - den wichtigsten Geschichtsakt »objektivieren« wollte. Schwerlich war die »E.-Quelle« (in der ursprünglichen Form) eine Denkschrift für den Großkönig. Dieser benötigte nicht die Abschrift seines eignen Erlasses, wohl aber Aussagen über den die Schwierigkeiten nicht meisternden Statthalter; auch hätte dann das Ganze aram. sein sollen. War es eine Denkschrift für die Diaspora in Babylonien? Näher dürfte es liegen, daß die orthodoxe Führungsschicht in Jerusalem an einem dokumentarischen Bericht interessiert war. Die bearbeitende Hand des Chronisten ist an verschiedenen Stellen erkennbar.

3. Für ein historisches Bild von *Person und Werk* E.s ist vom Grundstock des Artaxerxes-Erlasses auszugehen. Der in Babylonien (nicht im ganzen Perserreich, wie Schaeder meint) als offizieller Referent (das bedeutet: hāssôper - der »Schreiber«) für jüdische Religionsangelegenheiten (»Gesetz des Himmelsgottes«) tätige, in der dortigen Diaspora anerkannte, aus priesterlichem Geschlecht stammende E. erhält den Sonderauftrag, als »Kirchenkommissar« die Angelegenheit in Jerusalem nach jüdischem Recht zu klären. Neben der die Gemeinde spaltenden Mischehen-Frage ging es (so Galling) auch um die Beseitigung der Unruhe, die der vom Hohenpriester Jochanan (vgl. Esr 10, 6) begangene Brudermord (Jos. ant. XI, 7, 1) hervorgerufen hatte. Nach dem herrschenden Urteil (kritischer Bericht bei Rowley) handelt es sich bei dem Großkönig des Erlasses um den 2. Artaxerxes (405-359), unter dem als Statthalter in Jerusalem der durch die → Elephantine-Urkunden bekannte Bagoas (ein gebürtiger Perser und Nachfolger Nehemias) amtierte. E. kommt mit Rückwanderern (darunter auch Leviten) und mit reichlichen Spenden nach Jerusalem (bei der Abgabe der Spenden fehlt bezeichnenderweise Jochanan!). In jener Zeit (Esr 8, 34b) trägt E. auf Verlangen des Volkes das Gesetz vor (Neh 8, zT sekundär erweitert). Das in der Hand E.s befindliche Gesetz ist sicher nicht eine gesonderte Edition der → Priesterschrift, sondern eher der → Pentateuch. Die Verlesung ist Einschärfung der Tora, nicht Übermittlung eines bisher unbekannten Gesetzes! - Das 7. Jahr Artaxerxes' II. weist (wenn die Angabe zutrifft) auf 398 vChr. Um 400 ging Ägypten den Persern endgültig verloren (→ Elephantine-Urkunden); Judäa wurde Außenposten, der keine Unruhen vertrug. E.s kurze Tätigkeit war ausschließlich »kirchenpolitisch« (anders Cazelles), wenn sie auch im Endeffekt dazu führte, daß Bagoas keinen Nachfolger mehr erhielt, sondern das Synedrium die Leitung übernahm. Da der staatliche Auftrag E. in der Sache Freiheit ließ, liegt kein Grund vor, E.s Untertanentreue in Frage zu stellen (gegen Rudolph). Nach arabischer Überlieferung starb E. in Babylonien (anders Jos. ant. XI, 158). In der jüdischen Tradition ist die Bedeutung E.s für das (orthodoxe) Judentum stark überhöht; in 4Esr (→ Esrabücher: III) gilt E. auch als Apokalyptiker, der neben den 24 Büchern des Kanons noch 70 »geheime« kennt.

Außer den Kommentaren zu dem → Esrabuch (: I) (u.a. v. W. Rudolph, K. Galling): Ed. Meyer, Die Entstehung des Judentums, 1896 - J. Geissler, Die literarischen Beziehungen der E.-Memoiren (Programm Chemnitz), 1899 - Ch.C. Torrey, Ezra Studies, 1910 - S. Mowinckel, Ezra den Skriftgelärde, 1916 - M. Munk, E. der Schriftgelehrte nach Talmud u. Midrasch (Diss. Würzburg), 1930 - H.H. Schaeder, E., der Schreiber, 1930 - A.C. Welch, Postexilic Judaism, 1935 - F. Ahlemann, Zur E.-Quelle (ZAW 59, 1942/43, 77-98) - Noth, ÜSt 116ff - A.Sch. Kapelrud, The Question of Authorship in the Ezra-Narrative, Oslo 1944 - H.H. Rowley, The Chronological Order of E. and Nehemia, 1948 (auch in: The Servant of the Lord, 1952, 131-159) - H. Cazelles, La mission d'Esdras (VT 4, 1954, 113-140).

K.Galling

Esrabücher

I. Das kanonische Esrabuch

1. Esr und Neh bilden den Abschluß des chronistischen Werkes (→ Chronikbücher) und gelten als zunächst *ein* Buch, wurden später in zwei Esrabücher getrennt (LXX; Vulg.) und schließlich unter verschiedenen Namen gezählt. Seit 1448 ist die Teilung in Esr und Neh auch in der hebr. Bibel nachweisbar. Durch Repetition von Esr 1, 1-3 am Schluß von 2Chr ist Esr mit dem Vorangehenden verzahnt. Die in der Endform als chronistisch anzusprechende Darstellung in Esr hat folgenden Inhalt: Das von Kyros 538 erlassene Doppeledikt (Tempelaufbau und Rückkehrerlaubnis) wird von den Geisterweckten der Gola, dh der Exilsgemeinde, wahrgenommen (1). Esr 2 bietet die Gola-Liste der unter Serubbabel und dem (nachmaligen!) Hohenpriester Josua zurückgekehrten Laien- und Klerikergeschlechter. Der Altar wird neu errichtet und der Grundstein zum Tempel gelegt (3). Da man den »Feinden Judas und Benjamins« die Mitbeteiligung am Tempelbau verwehrt (4, 1-5), kommt es zu einem langdauernden Streit. Die Leute Samariens (→ Samaritaner) wenden sich unter Xerxes und Artaxerxes an die persische Regierung, sie möge den Bau der Mauern (!) von Jerusalem verhindern, und sie erhalten das Plazet zu einem Einschreiten (4, 6-23). Nach 4, 24 kommt nun auch der Bau des Tempels (!) zum Erliegen - dies jedoch im 2. Jahr des Darius. Die Gemeinde bemüht sich um die Bauerlaubnis für den Tempel (5) und erhält sie durch Darius mit Rückverweis auf den Tempelerlaß des Kyros (6), so daß der Tempel 515 eingeweiht werden kann. Der zweite Teil (7-10) berichtet von der Tätigkeit des → Esra, der, von Artaxerxes (welchem?) beauftragt, mit einer neuen Rückkehrergruppe einschließlich noch hinzugewonnener Leviten und mit staatlichen und privaten Spenden nach Jerusalem kommt (7f). Bei einer Versammlung auf dem Tempelplatz kommt die Sünde der Mischehen mit Nichtjüdinnen zur Sprache; Esra greift den Scheidungsvorschlag nach einem Bußgebet auf, und etwa hundert Ehen werden geschieden (9f). Der wohl mit Rücksicht auf »später« erwähnte Mischehen (vgl. Neh 9f; 13) verdunkelte Schlußsatz 10, 44b lautete ursprünglich: »Und sie entfernten (wăjjamîšû) von sich Frauen und Kinder.«

Das Durcheinander der Perserkönige in Esr 4-6, auch die Tatsache, daß die zu Esra gehörende Gesetzesverlesung erst in Neh 8 gebracht wird und so offensichtlich erst 13 Jahre nach der Ankunft Esras datiert werden soll (vgl. Esr 7, 8 mit Neh 2, 1), lassen Manipulationen des Chronisten erkennen. Andererseits ist deutlich, daß die Darstellung in Esr nicht einfach erfunden ist oder sich gefälschter Königsurkunden bedient hat, wie die radikale Kritik (u.a. Torrey) behauptete. Welche Quellen standen für eine Geschichte der nachexilischen Gemeinde zur Verfügung? Die Antwort ist für 1-6 anders gelagert als für 7-10.

2. Für die Epoche der Heimkehr, des Tempel- und Mauerbaues (1-6) hatte der Chronist drei verschieden umfangreiche Unterlagen: a) Das in Jerusalem verfügbare Exemplar einer von Scheschbazzar, dem »Fürsten von Juda« (Davidide?), und Mithredat, dem Beauftragten des Kyros, unterzeichneten Liste der zurückgegebenen Tempelgeräte, die ins Hebräische zurückübersetzt wurde (1, 8-11a). - b) Eine große Liste der Angehörigen der Provinz, soweit sie unter dem Davididen Serubbabel und elf weiteren Führern (zur Datierung → Judentum: I) aus Babylonien zurückgekehrt waren (2, 1-70). Nach Galling steht die Aufstellung der Liste in unmittelbarem Zusammenhang mit der Anfrage des Satrapen Tatnai (vgl. 5, 10; um 518 vChr): nur so dürften sich die genauen Geschlechterzahlen, die kurzfristig (!) ausgesetzte Entscheidung über drei Priesterfamilien (2, 61-63) und die Spendenliste erklären (der Tirschata der Liste ist Serubbabel). Die auffallende Wiederholung der Liste - mit besserem Text am Schluß - in Neh 7, 5b-72 (→ Nehemiabuch) kann hier außer Betracht bleiben. Sachlich ist die Liste in Esr 2 gut am Platze. Der Chronist sah sie im Zusammenhang einer seiner Meinung nach 538 durchgeführten Heimkehr (richtiger: nach 525 oder um 521) und identifizierte, wie 3, 2 nahelegt, offensichtlich Serubbabel mit Scheschbazzar. Die noch zur Liste gehörende Wohnbereichsangabe (2, 70) mit einem Perfektum (w^{e}jaš^{e}bû) verwandelte er in eine Erzählung. Die aus 5, 10 zu erschließende »Führerliste« für Tatnai war, soweit es sich nicht einfach um Namen handelte, sicher aram. verfaßt; ob man das auch einmal für die Urform der großen Liste vermuten darf? - c) Die dritte Unterlage ist eine ihrerseits Urkunden aufnehmende Jerusalemchronik: 4, 6 - 6, 13. 15. Sie war aram. verfaßt (4, 6f ist hebr. Rückübersetzung, die nach dem Stichwort 'aramît enden kann). Historisch gehören 4, 6-23 in die Zeit des Xerxes und Artaxerxes' I., ca 485-450 vChr, 5, 1 - 6, 15 in die des Darius, ca 520-515 vChr. Es liegt nahe anzunehmen, daß diese »aram. Chronik von Jerusalem« ursprünglich eine vernünftige chronologische Ordnung gehabt hat, also 5, 1ff *vor* 4, 6ff dargeboten hat. Der Versuch von Klostermann und Schaeder, die Unordnung durch eine Ṭab'el-Denkschrift zu erklären, überzeugt nicht. Ihrerseits ist die doch wohl dem Chronisten bereits vorliegende Darstellung (bald nach 450 verfaßt?) aus originalen und weithin auch zitierten Urkunden entfaltet (vgl. dagegen → Aramäisches in der Bibel: I, 4). Es ist das Verdienst Ed. Meyers, die lange bestrittene Echtheit der Urkunden wahrscheinlich gemacht zu haben, wofür auch die → Elephantine-Papyri sprechen. Der Chronist übersah offenbar die Reihe der (zT ja auch mit Namen wiederkehrenden) Perserkönige nicht mehr genau und war jedenfalls den Ereignissen schon so weit entrückt, daß er sich berechtigt fühlte (mit 4, 24 als Flickvers), die Darstellung thematisch (!) aufzubauen. Erst ist negativ von den Hindernissen beim Mauerbau die Rede, dann positiv von der glücklichen (für die Gemeinde ja auch viel wichtigeren) Vollendung des Tempelbaus. In 4, 21b und 5, 1f ist seine Hand zu spüren und auch in 6, 14, wo er - mit Rücksicht auf das nachfolgende Auftauchen des Esra - als Helfer beim Tempel neben Kyros und Darius noch Artaxerxes nennt. Vom Chronisten stammt die (aram.) Notiz über die Einweihung (6, 16-18), eine zweite Hand schreibt dann hebr. über das anschließende Passa- und Massotfest (6, 19-22). Man hat vermutet (so u.a. Eißfeldt), daß der Chronist außer den unter a und b genannten Unterlagen für das Ganze von 1, 1 - 4, 5 eine besondere Quelle zur Verfügung gehabt habe; aber das ist wenig wahrscheinlich. Der Tempelbau *und* Rückkehr nennende Kyros-Erlaß in 1, 1-3 ist (nicht historisch [Bickermann], sondern) aus 6, 3-5 entfaltet. Es erschien unvorstellbar, daß man mit der Grundsteinlegung des Tempels begann, ehe die wahre Gottesgemeinde aus dem Exil heimgekehrt war! Die Vorstellung, daß der 70 Jahre völlig daniederliegende Opferkult erst von der Gola in Gang gebracht wurde (Esr 3 geht mit 2Chr 36, 21 konform) und daß die Opposition von seiten der Samaritaner, dem »Volk des Landes«, sofort nach der Rückkehr eingesetzt habe (4, 1-5), ist eine typisch chronistische Konzeption, die ihr Material unschwer den Unterlagen in 4, 6ff entnehmen konnte.

3. Für den → Esra betreffenden Abschnitt Esr 7-10 zuzüglich Neh 8 liegen die Dinge insofern schwieriger, als - den aram. Erlaß 7, 11ff einmal ausgeschaltet - der Sprachgebrauch in 7-10 weithin, wenn auch nicht völlig (Kapelrud), dem in den Chronikbüchern entspricht, was auf den Chronisten als Autor wiese (Noth); zugleich setzt aber die vermutete Nachahmung der Nehemia-Memoiren ein kompliziertes Darstellungsverfahren voraus, dem gegenüber man eher auf eine (freilich nicht mehr im Original erhaltene) »Esra-Quelle« (→ Esra, 2) schließen möchte (vgl. Rudolph). Hinzu kommt, daß man mit der Möglichkeit einer erst sekundären Verzahnung der Nehemia-Memoiren in ein zunächst mit Esr abschließendes Werk rechnen muß (Galling). Eigenartig ist ja, daß die (autobiographische) Ich-Form - abgesehen von der referierenden Einleitung des Chronisten in 7, 1-10 - nur bis 9, 5 reicht und in (Neh 8) Esr 9, 6 - 10, 44 durch eine Er-Form weitergeführt wird. Stammt das vom Chronisten oder ist das eine Sonderquelle (so Eißfeldt)? Wäre die Ich-Form in Nachahmung der Nehemia-Memoiren erst vom Chronisten eingeführt, so bleibt die Umschaltung in Esr 9f ein Rätsel. Chronistischer Einschub dürfte das Esra in den Mund gelegte Gebet 9, 6-15 sein. Problematisch sind die Daten in 7, 8f; 8, 15. 23. 31, die möglicherweise erst rückwärts vom Termin des Laubhüttenfestes (Neh 8, 13ff) über Neh 7, 72b errechnet sind. Redete der Bericht über Esras Auftreten ursprünglich nur ganz allgemein von der Regierungszeit (eines) Artaxerxes (Noth), so war das für den Chronisten der Großkönig, der beim Tempel half (6, 14), dh Artaxerxes I. Dessen 7. Jahr stellt vielleicht nur den Anschluß an das 6. Jahr des Darius dar, so daß es keinen Hiatus zwischen der Vollendung des Tempels und der Bindung der Gemeinde an das Gesetz durch Esra gab (so Galling). Deutlich greifbar ist der Chronist bzw. daneben noch eine jüngere Hand in 7, 1-10; 8, 35f; Neh 8, 2b-8. 11, wohl auch im Abschnitt über das Laubhüttenfest Neh 8, 13-18 (→ Nehemiabuch). Eingegriffen wurde auch in den aram. zitierten Artaxerxes-Erlaß (anders Ed. Meyer u.a.); er umfaßte im Original nur 7, 12-19. In 7, 20-23, wozu noch 7, 26 gehört (!), wie sich aus dem Darius-Erlaß (6, 11) ergibt, ist ein zweiter Erlaß an alle (!) Statthalter Syriens eingeschoben, der in Esra (nicht den temporären Kirchenkommissar, der er war, sondern) einen amtierenden Hohenpriester voraussetzt. Noch jünger ist der Einschub 7, 24f. Die Statthalter Syriens werden angewiesen, den Klerus am Tempel steuerfrei zu lassen, was allein in Juda einen Sinn gehabt hätte, wie auch der analoge Erlaß

Antiochus' III. um 200 vChr zeigt (Jos. ant. XII, 138ff). 7, 25 weist Esra an, durch Schreiber und Richter einen Tora-Unterricht innerhalb Syriens (in Synagogen?) durchführen zu lassen. Von den Nachträgen berücksichtigt der (zweite) Chronist nur 7, 20-23 in einer allgemeinen Wendung in 8, 36, die Erzählung selbst schweigt aber über Steuerfreiheit und über die Tora-Lehrer, was sicher kein Zufall ist. Die Namenliste in 8, 1-14 rechnet Noth (neben dem Erlaß 7, 12ff) zur authentischen Esra-Überlieferung, die in 10, 18. 20-44 (wegen der auffallenden Stellung von 10, 19) dagegen zu einem nachchronistischen Anhang.

Ed.Meyer, Die Entstehung des Judentums, 1896 - A.Klostermann, Gesch. des Volkes Israel, 1896, 212ff - Ch.C.Torrey, Ezra-Studies, 1910 - L.W.Batten, Ezra and Nehemia (ICC), 1913; Neudr. 1952 - J.A.Bewer, Der Text des Buches Esra, 1922 - H.H.Schaeder, Esra, der Schreiber, 1930 - K.Galling, Der Tempelschatz nach Berichten u. Urkunden im Buche Esra (ZDPV 60, 1937, 177-183) - Ders., The Gola-List according to Ezra 2/Neh 7 (JBL 70, 1951, 149 bis 158) - Ders., Die Bücher der Chronik, Esra, Neh (ATD 12), 1954 - R.de Vaux, Les décrets de Cyrus et de Darius sur la reconstruction du Temple (RB 46, 1937, 29-57) - Noth, ÜSt 145ff - A.Sch.Kapelrud, The Question of Authorship in the Ezra-Narrative, Oslo 1944 - E.Bickermann, The Edict of Cyrus in Ezra 1 (JBL 65, 1946, 249-275) - S.Granild, Ezrabogens lieteraere genesis, 1949 - W.Rudolph, Esra u. Neh (HAT I, 20), 1949 - O.Eissfeldt, Einl-AT, 1956[2], 669ff (Lit.). *K.Galling*

Zur *Auslegungsgeschichte* (s. auch → Schriftauslegung: IV):

Quellen: 5.Jh.: Pseudo-Cyrill v. Alex. (MPG 77). - 7.Jh.: Isidor v. Sevilla (MPL 83). - 8.Jh.: Beda Venerabilis (MPL 91). - 16.Jh.: Victorin Strigel, Leipzig 1571 - Joh.Wolf, Zürich 1584 - Ludwig Lavater, Zürich 1586. - 17.Jh.: Caspar Sanctius SJ, Lyon 1628 - H. Crommius, Löwen 1632 - N.Lombardus SJ, Paris 1643 - Frans Burmann, Amsterdam 1683. - 18.Jh.: L.Mauschberger SJ, Olmütz 1758. *W.Werbeck*

II. Das 3. Esrabuch

3Esr heißt dieses apokryphe Buch (→ Apokryphen: I) in der lat. Bibel nach der Stellung hinter Esr und Neh; in der griech. steht es davor als Esdras a. Es ist ein Bruchstück, das die jüdische Geschichte von → Josias Passafeier bis zur Verlesung des Gesetzes durch → Esra behandelt. Es besteht aus Stücken aus 2Chr 35; Esr 1-10 und Neh 7f, aber in anderer Reihenfolge und öfter abweichendem Text. Dazu kommen 1, 21f (über Josia), 3f (der Wettstreit der 3 Pagen des Darius) und 5, 1-6 (die Heimkehr unter Darius). Das literarische Verhältnis zu Esr-Neh wird sehr verschieden beurteilt. Der Streit der Pagen über das Mächtigste in der Welt gehört nach Form und Inhalt zur → Weisheitsdichtung, deren internationalem Charakter auch das Fehlen eigentlich jüdischer Gedanken entspricht. Als Rahmen dient ähnlich wie im Achikar-Roman eine orientalische Hofgeschichte. Da auf die 3 Pagen 4 Antworten (Wein, König, Weiber, Wahrheit) kommen, ist die letzte offenbar nachträglich, vielleicht erst in jüdischen Kreisen, zur Vertiefung des heidnischen (orientalischen oder griechischen?) Stoffes zugefügt. Der dritte Page ist recht äußerlich mit Serubbabel gleichgesetzt.

W.Rudolph, Esra u. Nehemia (HAT I, 20), 1949, IVff (Lit.) - J.P.Audet, JThS NS 1, 1950, 151ff. *W.Baumgartner*

III. Das 4. Esrabuch

Zu den → Pseudepigraphen des AT gehört eine jüdische Apokalypse, die nach der Zählung der lat. Kirche als 4Esr bezeichnet wird, von der - nach der Kapiteleinteilung der Vulg. - die in den orientalischen Versionen fehlenden ersten beiden und letzten beiden Kapitel als selbständige Größen abzutrennen sind (→ Esrabücher: IV). 4Esr hat zahlreiche Übersetzungen (lat., syr., arab., armen., georg.) erfahren, die auf einen verschollenen griech. Text zurückgehen, der selbst mit hoher Wahrscheinlichkeit Übersetzung eines hebr. Originals gewesen ist (Wellhausen, Gunkel); doch hat die lat. Übersetzung (die bekanntesten Codices: C.Sangermanensis mit einer Textlücke in c. 7, ergänzt durch C.Ambianensis und C.Complutensis) nach wie vor die größte Bedeutung. Der Verlust des hebr. und griech. Textes - eine Wiederherstellung des griech. Textes hat Hilgenfeld unternommen - hat seine Gründe in der Abkehr der Synagoge von der apokalyptischen Literatur einerseits und in einer ähnlichen Abwendung der griech. Kirche von der als mythologisch verdächtigten Apokalyptik andererseits, so daß sich 4Esr vornehmlich in den das Buch schützenden Randkirchen des Ostens und Westens erhielt. Das Buch, dessen Verfasser sich Salathiel (Sealthiel ist nach Esr 3, 2; 5, 2 usw der Vater Serubbabels) nennt, »der auch Esra heißt«, gliedert sich in 7 Teile, durchweg Visionen genannt: a) 3, 1 - 5, 19; b) 5, 20 - 6, 34; c) 6, 35 - 9, 25; d) 9, 26 - 10, 59; e) 10, 60 - 12, 50; f) 13, 1-58; g) 14, 1-48. Jedoch sind nur die unter d-f genannten Teile Visionen im eigentlichen Sinne, während in den dialogförmigen Teilen a-c der Engel Uriel Fragen Esras beantwortet; Abschnitt g enthält eine Überlieferung der Esra-Legende über die Wiederherstellung der heiligen Bücher. - Eine Reihe von Wiederholungen und Widersprüchen hat immer wieder dazu geführt, gewisse Bestandteile als unecht auszuscheiden bzw. mit der Annahme mehrerer selbständiger Quellen zu rechnen (Kabisch u.a.) oder zwei verschiedene Apokalypsen anzunehmen (Torrey); doch verbietet der kompendienartige Charakter des Buches solche Versuche. Zwei Gebete umrahmen den dialogförmigen Teil (3, 1 - 9, 25), und zwar 3, 1-36 in Form einer geschichtlichen Einführung und 8, 20-36, die berühmte »Oratio Esrae«, die eine reiche Sonderüberlieferung gehabt und in der mozarabischen (→ Mozaraber) Liturgie Verwendung gefunden hat; danach werden nur noch wenige Fragen behandelt, und in 9, 13 wird der Übergang zu dem zweiten, die Visionen im engeren Sinne umfassenden Teil (9, 26 - 13, 58) vorbereitet, der ebenfalls mit einem Gebet beginnt (9, 29-37). - Die Dialoge des ersten Teiles kreisen um die Fragen, warum Zion, zwar trotz des Gesetzes nicht ohne Sünde, doch keineswegs böser als Babel, verworfen worden ist, obwohl Gott es erwählt hat, und weshalb die um Israels willen erschaffene Welt nicht dem Gottesvolk gehört. Die Antworten verweisen auf die Unfaßbarkeit der göttlichen Wege und auf den neuen Äon, Israels eigentliches Teil, der kommen wird, wenn die Zahl der Gerechten voll sein wird, so daß der gegenwärtige, alt werdende Äon nur ein notwendiges Durchgangsstadium ist. Von 7, 17 ab beklagt Esra das traurige, aber verdiente Los der Sünder und wird ermahnt, des Schatzes der guten Werke (7, 77) und gegenüber der 7fachen Pein der 7fältigen Freuden der Gerechten zu gedenken; denn auch der Appell an den mit den 7 Namen der Liebe genannten Gott ändert nichts daran, daß viele zwar erschaffen, aber nur wenige erwählt sind. In der Oratio übernimmt Esra weitgehend die ihm zuteil gewordenen Antworten und erweist sich damit als würdig zum Empfang der eigentlichen Visionen: der Zionsvision (Zion als trauerndes Weib, vom Visionär getröstet, verwandelt sich in das himmlische Jerusalem), der Adlervision (unter Rückgriff auf Daniel erscheint das 4. Weltreich im Bilde eines Adlers, dem durch den Messias im Bilde eines Löwen der Untergang bereitet wird) und der abschließenden Messiasvision (der Messias als Welterlöser vernichtet ein feindliches Heer durch Feuerhauch und sammelt ein friedliches Heer um sich). Esras Lob leitet über zum letzten Abschnitt, der die an Esra geschehene Offenbarung mit der an Mose vergleicht, ihm die Entrückung ankündigt und den Auftrag erteilt, die verlorengegangenen hl. Schriften wiederherzustellen; nach sakramentaler Stärkung vollbringt Esra mit fünf Gehilfen dieses Werk, das 94 Bücher umfaßt, 24 (die kanonischen Schriften) zur Veröffentlichung, 70 (die apokalyptischen Schriften) zur Geheimhaltung bestimmt. Das Buch schließt mit der Entrückung Esras, des Schreibers der Wissenschaft des Höchsten.

Die national-partikularistische und universale Züge miteinander verbindende Apokalypse läßt erkennen, daß auch in jener späten Zeit die Lösung der brennenden Fragen nach der Herrschaft des Bösen über das von Gott Erwählte, nach dem Los der Gottlosen usw mit der Erwartung eines bald kommenden neuen Äons beantwortet werden, weil ohne das Kommen einer neuen Welt die Lage der alt gewordenen Schöpfung undurchsichtig bliebe. Unter diesem Gesichtspunkt werden eschatologische Traditionen verschiedenster Art zusammengefaßt.

Der Verfasser will die ihm zuteil gewordenen Offenbarungen im 30. Jahre nach der Zerstörung Jerusalems, also um 557 vChr, empfangen haben, und er bedient sich des Namens eines Mannes, der zwar mehr als ein Jh. später in Jerusalem wirkte, aber einer späteren Zeit als der Gründer der jüdischen Theokratie, gleichsam als ein zweiter Mose, galt (14, 2ff). Nach der Deutung der Adlervision gehört der Verfasser in die letzten Regierungsjahre, vielleicht sogar in die Zeit nach dem Tode des röm. Kaisers Domitian († 96 nChr), und jene 30 Jahre, zwar Ez 1, 1 entnommen, könnten - vom Beginn des jüdischen Krieges an gerechnet - etwa in diese Zeit führen. Damit ist auch neben anderen Gründen das Prioritätsverhältnis zu der einige Jahrzehnte später anzusetzenden ApkBar(syr) (→ Baruchschriften, 2) beantwortet. Es ist möglich, daß der nach der Zerstörung Jerusalems durch Titus (70 nChr) unter dem Namen Esras schreibende Apokalyptiker sich selbst eine ähnliche Aufgabe zugedacht hat, wie sie nach der Zerstörung Jerusalems durch Nebukadnezar (587 vChr) Esra nach Meinung des Apokalyptikers zugeschrieben worden ist. - Vermutlich ist das verloren gegangene hebr. Original im Orient, die grundlegende lat. Übersetzung vielleicht in Rom entstanden.

Texte u. Übers.en: A.Hilgenfeld, Messias Judaeorum, 1869, 36ff (Rückübers. ins Griech.) - O.F.Fritzsche, Libri apocryphi Veteris Testamenti, 1871 (lat.) - R.L.Bensly, The fourth book of Ezra (TSt III), 1895- B.Violet, Die Esra-Apokalypse I, 1910 (alle Texte, auch die oriental., in Übers.) - Ders., Die Apokalypsen des Esra u. des Baruch in dt. Gestalt, 1924 - Die später entdeckte georg. Übers. bei R.P.Blake, HThR 19, 1926, 299-375; 22, 1929, 57-105 - Charles, AP II, 542ff (G.H.Box) - WC 1933 (W.O.E.Oesterley) - Kautzsch, AP II, 331ff (H.Gunkel) - Riessler, 255ff. - Sonstiges: R.Kabisch, Das vierte Buch Esra auf seine Quellen untersucht, 1889 - J.Wellhausen, Zur apokalypt. Lit. (Skizzen u. Vorarbeiten VI, 1889, 215 bis 249) - L.Vagany, Le problème eschatologique dans le IVe d'Esdra, 1906 - J.Keulers, Die eschatol. Lehre des vierten Esrabuches, 1922 - W.Mundle, Das religiöse Problem des IV. Esrabuches (ZAW 47, 1929, 222-249) - A.Kaminka, Beitr. zur Erklärung der Esra-Apokalypse u. zur Rekonstruktion ihres hebr. Urtextes (MGWJ 76, 1932, 121-138. 206-212. 494-511. 604-607; 77, 1933, 339-355) - P.Volz, Die Eschatologie der jüd. Gemeinde, 1934, 35ff. 112f - Ch. Torrey, The Apocryphal Literature, 1945, 116ff - H.H.Rowley, The Relevance of Apocalyptic, 1947^{2}, 99ff. 141f. - Weitere Lit. zu Einzelunters.en bei O.Eissfeldt, EinlAT, 1956^{2}, 772ff - A.Weiser, EinlAT, 1957^{4}, 345ff.

O.Plöger

IV. Das 5. und 6. Esrabuch

Die in den orientalischen Übersetzungen fehlenden, aber in der Vulg. als 1. und 2. sowie 15. und 16. Kapitel gezählten Abschnitte des 4. Esrabuches werden gewöhnlich als 5. und 6. Esrabuch bezeichnet (→ Esrabücher: III). Die lat. überlieferten Textformen gehen vermutlich auf ein griech. Original zurück, für 15, 57-59 (6Esr) bestätigt durch ein griech. Fragment unter den → Oxyrhynchos-Papyri. Die schwankende Stellung von 5Esr - in einigen von der Vulg. rezipierten Handschriften vor 4Esr, in anderen nach 6Esr - zeigt, daß 6Esr als Niederschrift von »Prophetenworten« als organische Fortsetzung der von Esra veranstalteten Sammlung heiliger Schriften (vgl. Kap. 14) betrachtet wurde, während 5Esr offenbar eine eigenständigere Bedeutung gehabt hat.

5*Esr:* Nach einer ausführlicheren Genealogie Esras (1, 1-3) folgt eine an den deuteronomistischen Stil erinnernde und mit christlichen Bestandteilen (1, 30. 35ff) durchsetzte Drohrede gegen Israel (1, 4 - 2, 9), der zweite Teil (2, 10-48) enthält Trostworte an die häufig mit »Mutter« (Kirche?) bezeichnete Christenheit und wird in 2, 42ff durch eine Zionsvision abgeschlossen. Ob - wie meist angenommen - 1, 4 - 2, 9 Material aus einer jüdischen, jedoch christlich überarbeiteten Schrift enthält, ist doch fraglich; auch die Herleitung aus essenischen Kreisen (Rießler) erweckt Bedenken. Die Annahme christlicher Herkunft der gesamten Schrift ist ansprechender; das führt in die Zeit der Kontroverse mit dem Judentum, vielleicht aber auch in innerchristliche Auseinandersetzungen (Preisgabe des AT), so daß als Abfassungszeit die zweite Hälfte des 2.Jh.s in Frage kommen würde.

6*Esr* enthält zunächst eine Schilderung des in Naturkatastrophen und großen Kriegen sich vollziehenden Weltendes, vermischt mit Weherufen, bes. gegen Babylon, Asien, Ägypten und Syrien (15, 5 - 16, 35). Sie münden in eine Ermahnung an die Knechte Gottes aus, angesichts schwerer Verfolgungen die Bewährung als die Auserwählten Gottes zu bestehen (16, 36-78); die Ermahnungen erinnern lebhaft an die eschatologischen Reden in den Evangelien und andere nt. Stellen, so daß die Annahme einer jüdischen Herkunft der Schrift aus relativ früher Zeit (Rießler) kaum zu rechtfertigen ist. Den geschichtlichen Hintergrund bildet vermutlich eine der großen → Christenverfolgungen im 2. oder 3.Jh.

Lat. Textausg. bei R.L.Bensly, The fourth book of Ezra (TSt III), 1895 (mit Einführung von M.R.James). - Dt. Übers.: Hennecke^{2} 390ff - Riessler 310ff. - Das griech. Bruchstück zu 15, 57-59 in: The Oxyrhynchos Papyri Part. VII (ed. A.Hunt), 1910, 11ff - M.J. Labourt, Le cinquième livre d'Esdras (RB 17, 1909, 412-434) - D.de Bruyne, Fragments d'une apocalypse perdue (RBén 33, 1921, 97-109).

O.Plöger

Eß, *Leander van* (Taufname: Joh.Heinrich), kath. Bibelübersetzer (1772-1847), * Warburg, † Affolderbach/Odw. Dominikanerschüler, 1790 Benediktiner in Marienmünster bei Paderborn, 1796 Priester. Nach der Säkularisation seines Klosters Pfarrer in Schwalenberg/Lippe, 1812-22 Pfarrer und Prof. für kath. Theologie in → Marburg, lebte er seit 1822 als Privatgelehrter vor allem in Darmstadt und Alzey. E. kritisierte das tridentinische Dekret über die Bibelausgaben und war gegen alle Widerstände unermüdlich für die Verbreitung der Bibel (Ausgaben der Vulg. 1822/24, der LXX 1824 und des griech. NT 1827) und an der Übersetzung der hl. Schrift aus dem Urtext tätig (→ Bibelübersetzungen: IV, 4): 1807 übersetzte er gemeinsam mit seinem Vetter Karl v.E. (1770-1824) das NT (die Übersetzung gewann trotz ihrer Indizierung [1821] starke Verbreitung: 1842^{28} u.ö.) und 1822-36 das AT (GA 1840). Beide Ausgaben wurden lange von der Britischen und Ausländischen Bibelgesellschaft in London verbreitet, deren Agent E. bis 1830 war. 1821 schrieb E. eine »Rechtfertigung der gemischten Ehen«.

Vf. u.a.: Auszüge aus den hl. Vätern u. anderen Lehrern der kath. Kirche über das notwendige u. nützliche Bibellesen, (1808) 1816^{2}; Von der Vortrefflichkeit der Bibel als Volksschrift, 1814; Was war die Bibel den ersten Christen?, 1816; Wesenlehren des christl. Glaubens u. Lebens, 1823; Pragmat.-krit. Gesch. der Vulg.... oder: Ist der Katholik gesetzlich an die Vulg. gebunden?, 1824; Ihr Priester, gebet u. erkläret dem Volke die Bibel!, 1825. - Über E.: ADB VI, 377ff - KL IV, 908ff; II, 651 - RE V, 523f - C.MIRBT, Die kath.-theol. Fakultät zu Marburg, 1905, 5f - A.SCHNÜTGEN, Zur Vorgesch. der Indizierung L.v.E. i.J. 1821 (ThGl 5, 1913, 627-633) - K.RHEINFURTH, L.v.E. (Hessenspiegel 1), 1924 - K.FRUHSTORFER, Eine verbotene Bibel (Theol.-prakt. Quartalschr. 87, 1934, 570-574) - EC V, 617. *G.Maron*

Essen, *Bistum,* errichtet am 1.1.1958 auf Grund eines Ergänzungsvertrages zum → Konkordat mit Preußen von 1929, der am 19.12.1956 zwischen der Regierung des Landes Nordrhein-Westfalen und dem Vatikan abgeschlossen wurde. Die kirchenamtliche Gründung des Bistums erfolgte in der Bulle »Germanicae gentis« vom 23.2.1957. Das Bistum E. (→ 9 A/B 3) umfaßt ehemalige Gebiete der Erzbistümer → Köln und → Paderborn sowie des Bistums → Münster und zählt rd 1,2 Mill. Katholiken bei rd 1,4 Mill. Evangelischen im gleichen Gebiet. Die Bevölkerung ist in der Hauptsache großstädtische und Industriebevölkerung und nicht bodenständig; doch wird ihr ein reges religiöses Leben nachgesagt. Erster Bischof ist Dr. Franz Hengsbach.

AAS 49, 1957, 201-205 (Text des Vertrages). 993-995 (Bulle »Germanicae gentis«). *K.Nitzschke*

Essener

1. Quellen und Struktur - 2. Theologie - 3. Geschichte und Nachgeschichte

1. Über die E. berichten → Philo (quod omnis probus liber 75-91; Apologie, erhalten bei Euseb, praep. ev. VIII, 11, 1-18), → Josephus (bell. II, 119-161; ant. XVIII, 11, 18-22 u.ö.) und Plinius d.Ä. (hist.nat. V, 17). Diese Berichte werden in allem Wesentlichen durch die Texte von → Qumran bestätigt. Die Identität der E. mit der Gemeinde von Qumran ergibt sich aus den übereinstimmend bezeugten Besonderheiten der E. gegenüber dem sonstigen Judentum sowie aus der Erwägung, daß diese Besonderheiten nur *einer* derart geschlossenen Gemeinschaft eigen gewesen sein können. Abweichungen bei Philo und Josephus erklären sich durch literarische Übermalung und zT aus einer Weiterentwicklung des Ordens gegenüber der Gründungssituation im 2.Jh. vChr. Das Fehlen des Namens »E.« in den Qumrantexten spricht nicht gegen die Identität; wahrscheinlich ist er die Bezeichnung des Ordens durch Außenstehende (Essaioi oder Essenoi = aram. ḥᵃsajja', »die Frommen«).

Die E. sind in einem mönchsartigen Orden fest zusammengeschlossen; ihre Gesamtzahl betrug nach Philo und Josephus über 4000. Es gab zahlreiche Ordensniederlassungen der E. innerhalb Palästinas. Die Klostergemeinschaft von Qumran, auf die Plinius Bezug nimmt und auf die speziell die Sektenschrift (1QS) abgestimmt ist, stellt die engere und (zB durch Forderung der Ehelosigkeit) strengere (Mutter-) Gemeinde dar. Die Ordnung für die Laienbruderschaft (die auch Proselyten umfaßt; vgl. Dam VIII, 17) in der → Damaskusschrift kennt auch die Ehe und hat nicht die strengen Vorschriften persönlicher Besitzlosigkeit. Die Verwaltung jeder Ordensgemeinde liegt in der Hand eines Aufsehers (mᵉbaḳḳer, ἐπιμελητής, ἐπίτροπος u.ä.), die hierarchische Spitze bildet jeweils ein Mann priesterlicher Abstammung. Die Gemeinde ist in einer strengen Rangordnung gegliedert. Die Aufnahme als Vollmitglied erfolgt erst nach einem 2jährigen (so 1QS VI, 13ff; nach Jos.bell. II, 137f: 3jährigen) zweistufigen Noviziat. Jeder hat einen Eintrittseid zu leisten, mit dem er alle religiösen Pflichten des Ordens auf sich nimmt und sich zur Geheimhaltung der Lehren (→ Arkandisziplin) verpflichtet (Jos.bell. II, 139ff; 1QS V, 7ff; vgl. 1QS IX, 16f). Der Orden hat Disziplinargewalt gegenüber dem einzelnen wie gegenüber der Gesamtgemeinde. Übertretungen werden hart bestraft, in schweren Fällen durch dauernden Ausschluß (1QS VI bis VII; Jos.bell. II, 143). Das tägliche Leben der E. ist streng geregelt in Gebet, Schriftauslegung und Arbeit. (Zu Sonnenauf- bzw. -untergang als festgesetzten Gebetszeiten vgl. Jos.bell. II, 128 und Philo, de vit. cont. 89 [für die → Therapeuten] sowie 1QS X, 1ff.) Die Arbeit besteht in Handwerk und Ackerbau, nicht aber in Handel und Herstellung von Kriegswaffen (Philo, quod omnis prob. lib. 78). Der Orden hat Gütergemeinschaft (Jos.bell. II, 122; 1QS I, 11f u.ö.; → Askese: III). Charakteristisch für die E. sind ihre täglichen → Waschungen und Tauchbäder (Jos.bell. II, 129). Die zweite Besonderheit des Ordens ist das tägliche gemeinsame Kultmahl (Jos.bell. II, 129ff; 1QS VI, 1ff u.a.; → Mahlzeiten). - Der Ursprung der E. geht auf die Sezession bzw. Exilierung einer Priestergruppe aus dem Tempel von Jerusalem zurück. Sie hielt die weiter am Tempel in Jerusalem amtierende Priesterschaft für gottlos und gesetzwidrig, hat aber in ihrer neuen Gemeinschaft die täglichen Priestermahlzeiten und die beim Priesterdienst ständig erforderlichen Tauchbäder als religiöse Gemeinschaftsformen beibehalten. Wegen ihrer Trennung vom Tempel haben die E. keine Opfer dargebracht. Sie sind ein »Bund, nicht mehr zu gehen in das Heiligtum« (Dam VIII, 11). Zum besonderen essenischen Kalender vgl. → Chronologie: III, 2.

2. Wie die Qumrantexte zeigen, versteht sich der essenische Orden als die erwählte und ausgegrenzte göttliche Heilsanstalt. Der → Dualismus (: II) von Gott und → Belial, von Licht und Finsternis, von »Geist der Wahrheit« und »Geist des Frevels« entspricht dem von Frommen (= essenische Gemeindeangehörige) und Gottlosen (= alle außerhalb dieser Gemeinde, auch des übrigen jüdischen Volkes) und dem anthropologischen von → »Fleisch« und »Geist« (: I). Die Spaltung der Menschen in die beiden »Parteien« (1QS IV, 15ff) der »Söhne des Lichts« gegenüber den »Söhnen der Finsternis« wird auf Gottes vorgängige Determinierung zurückgeführt. Bei Josephus erscheint diese Prädestination als Glaube der E. an die εἱμαρμένη (ant. XIII, 172). Nach Philos Darstellung hat das Böse seinen Ursprung nicht in Gott, sondern im Teufel (quod omn. prob. lib. 84). In bezug auf die eschatologische Hoffnung der E. bestätigen die Qumrantexte die Angaben des Hippolyt (Refut. IX, 27); man erwartet das bevorstehende Endgericht Gottes (vgl. zB 1QpHab X, 4), die Rettung der Frommen in eine neue, verklärte Welt, nachdem die jetzige mitsamt allem Bösen durch einen Weltenbrand vernichtet ist (1QH III, 29ff), und man glaubt an die → Auferstehung (: IV) der Toten zum Endgericht (1QH VI, 34). Josephus interpretiert diesen Glauben an die Auferstehung im Sinne der griechischen Unsterblichkeitslehre (bell. II, 154ff). Die iranischen Einflüsse auf die jüdische → Apokalyptik (: II) und speziell auch auf die E. werden jetzt durch die Qumrantexte gesichert; aber der übernommene (iranische) Dualismus ist hier dem at.-jüdischen Grundgedanken von Gott als dem Schöpfer des Ganzen von Welt und Menschen untergeordnet.

3. Als Vorläufer der E. haben auf Grund verwandter Züge die in 1. und 2.Makk (→ Makkabäerbücher) erwähnten Assidäer zu gelten. Die Zeit des Bestehens des essenischen Ordens von ca 150 vChr bis 70 nChr ist durch den archäologischen Befund in → Qumran (, 2) und durch die Berichte des Josephus gesichert. Über den Gründer und Meister der essenischen Gemeinde, den »Lehrer der Gerechtigkeit«, den die Qumrantexte, nicht aber Philo und Josephus nennen, vgl. → Qumran, 4. - Die von Philo in De vita contemplativa behandelten

→ Therapeuten, die eine Qumran ähnliche, klosterartige Niederlassung am mareotischen See bei Alexandria hatten, sind wahrscheinlich eine Tochtergemeinde der E., die sich unter dem Einfluß des hellenistischen Judentums selbständig weiterbildete.

Die nach 70 nChr erfolgte Neukonstituierung des → Judentums (: I) durch die Synode in Jabne bedeutete die Durchsetzung des Pharisäismus als jüdischer Orthodoxie und damit die Ausscheidung der nichtpharisäischen Gruppen, also auch der E. Daher schweigt die rabbinische Literatur über die E. und über essenisches Gedankengut. Dagegen wirkt der Essenismus - wahrscheinlich durch Übertritt von E.n zum Christentum - im späteren → Judenchristentum weiter, namentlich bei den → Ebioniten, wie außer Berichten der Kirchenväter die → Pseudo-Clementinen zeigen (ähnlicher Dualismus, Gegensatz des »wahren Propheten« zum »Mann der Lüge«, Reinigungsbäder, Tempel- und Opferfeindschaft, Armutsideal [→ Armut: I]). Essenisches Erbe wirkt schließlich auf die Entstehung der → Karäer im 8./9.Jh. nChr ein.

P.E.Lucius, Der Essenismus in seinem Verhältniß zum Judentum, 1881 - Schürer II, 651ff (Lit.) - Bousset, Rel. - PW Suppl. IV, 1924, 386ff (W.Bauer) - RGG³ II, 374ff. - Seit den Qumranfunden: W.H.Brownlee, A Comparison of the Covenanters of the Dead Sea with Pre-Christian Jewish Sects (BA 13, 1950, 50-72) - A.Dupont-Sommer, Aperçus préliminaires sur les Manuscrits de la Mer Morte, 1950 - Ders., Nouvaux aperçus sur les Manuscrits de la Mer Morte, 1953 - Ders., Les Esséniens (Evidences 1-11, 1956, Nr. 54, 19-25; 55, 27-34; 56, 11-25; 57, 9-23; 58, 27-39. 49; 59, 13-27; 60, 25-36; 1-2, 1957, Nr. 62, 32-47) - K.G.Kuhn, Die in Palästina neu gefundenen hebr. Handschriften u. das NT (ZThK 47, 1950, 192 bis 211) - Ders., Die Sektenschrift u. die iran. Religion (ZThK 49, 1952, 296-316) - G.Molin, Qumran-Apokalyptik-Essenismus (Saeculum 6, 1955, 244-281).

K.G.Kuhn

Essenius, *Andreas* (1618-77), * Assen, † Utrecht, niederländischer ref. Theologe, war Pfarrer in Neerlangbroek, Utrecht (1651), Professor daselbst (1653). Er stand mit seinem Lehrer G. → Voetius im Gegensatz zur Sabbat-Auffassung des → Coccejus (De perpetua moralitate decalogi, 1658, und viele andere Schriften) und fand darin die Unterstützung des Joh. → Hoornbeek. Er verurteilte auch den Brauch einiger Utrechter ref. Geistlichen, sich Domherren nennen zu lassen und als solche Einkünfte anzunehmen.

Synopsis controversiarum, 1661 - Compendium theologiae dogmaticae, (1669) 1682². - BWGN II, 88ff (Bibliogr. u. Lit.).

J.N.Bakhuizen van den Brink

Estherbuch

1. Einheitlichkeit der Erzählung - 2. Der literarische Charakter des Buches - 3. Ort und Zeit der Buchabfassung - 4. Ältere Traditionen - 5. Spätere Überlieferungsgeschichte - 6. Stellung und Bewertung des Buches im Bibelkanon. - E. = Esther

1. Die *Einheitlichkeit der Erzählung* des E.buches ergibt sich aus einer Übersicht der Szenenabfolge. Den Ausgangspunkt bildet die Verstoßung der Königin Wašti infolge ihrer Weigerung, während eines Gelages vor dem König Ahasveros (Xerxes) und seinen Gästen zu erscheinen (Kap. 1). Die Auswahl einer neuen Königin bringt die junge Jüdin E., deren Pflegevater Mardochai bereits in der Burg von Susa weilt, in den Harem des Königs, wo sie zur Königinstellung aufsteigt, ohne daß auf Weisung Mardochais ihre jüdische Abkunft bekannt wird. E. (mit Ištar zusammenhängend?) gilt als persischer Name der Jüdin Hadassa. In der Zwischenszene 2, 19 bis 23 deckt Mardochai eine gegen den König gerichtete Verschwörung auf. Der zu hohen Ehren aufgestiegene Günstling Haman - verärgert durch das Versagen der Proskynese durch Mardochai - erlangt vom König den Erlaß zu einem Judenpogrom in ganz Persien (Kap. 3). Kap. 4 schildert in mehreren Szenen die Versuche Mardochais, E. zum Eingreifen zu bewegen (4, 1-3. 4-8. 9-14); schließlich ist E. zur Fürbitte beim König bereit (4, 15-17). Kap. 5 schildert das Gastmahl des Königs, Hamans und E.s, in dessen Verlauf E. die Bitte um Gewährung eines zweiten Gastmahls ausspricht (retardierendes Moment). Die zwischen den Gastmählern liegende Szene (5, 9-14) zeigt die Judengegner im Hochgefühl ihrer Macht. Da Mardochai abermals den Fußfall verweigert, läßt Haman dessen Hinrichtung vorbereiten. Im weiteren Verlauf wird die Entdeckung der Verschwörung durch Mardochai (2, 19-23) wirksam. In schlafloser Nacht läßt sich der König aus dem Buch der Denkwürdigkeiten vorlesen und fragt nach der (ausgebliebenen) Belohnung, die der König am Morgen durch Haman nachholen läßt (Ehrenkleid und Ehrenstellung: 6, 1-13). 6, 14- 7, 10 erzählen vom zweiten Gastmahl und der Bitte E.s um das Leben des bedrohten Volkes (der persischen Diasporajuden). Das E. belästigende Bittflehen Hamans wird vom König als Frevel gedeutet, und Haman wird durch die Pfählung getötet, die er Mardochai zugedacht hatte. Kap. 8 zeigt die Peripetie der dramatischen Erzählung in der Wiedergutmachung. E. erhält das Haus des Judenverfolgers Haman zum Geschenk, Mardochai wird Beamter des Königs und erhält dessen Siegelring. Ein staatsrechtlich notwendiger Erlaß macht die gegen die Juden geplanten Maßnahmen unwirksam, indem den Juden gestattet wird, sich ihrer Feinde zu erwehren, sie zu vertilgen und Handbeute zu nehmen. E. erwirkt einen zweiten Vergeltungstag vom König. Die Schilderung endet (9, 15-19) mit der Angabe der verschiedenen Feiertage, 14. Adar im Land, 15. Adar in Susa.

Die anschließenden Abschnitte 9, 20-32 und 10, 1-3 werden oft für spätere Zusätze gehalten. Sprache, Ausdrucksweise und Aufbau erweisen aber den gleichen Verfasser. Indessen handelt es sich in 9, 20-32 nicht mehr um strenge Erzählung, sondern um die Purimordnung. Freilich spricht die Purimordnung allgemein von zwei Festtagen ohne Unterschied zwischen Stadt und Land. Hier wird möglicherweise eine geschichtliche Entwicklung des Purimfestes sichtbar, der der Verfasser Rechnung trägt. 10, 1-3 bildet in Nachahmung von Formeln des deuteronomistischen Geschichtswerkes den Ausklang der ganzen Erzählung.

Das E.buch enthält also Festlegende und Purimtora in einem Komplex. Spätere Einschübe auszuscheiden, ist angesichts des geschlossenen Erzählungsaufbaus abwegig.

2. Der *literarische Charakter* des Buches erweist eine spannungsreich gestaltete Erzählung, deren Sprache und Formelemente Kenntnis biblischer Schriften beweisen. Gewisse Züge sind von der (zur älteren Weisheitsliteratur gehörigen) Josephsgeschichte (Gen 37ff) entnommen. Die Namen Agag und Kiš mögen symbolisch aus der Saulgeschichte entlehnt worden sein. Der Aufstieg Mardochais hat vielleicht in → Nehemia sein Vorbild. Der Verfasser ist bemüht, seiner Erzählung historischen Charakter zu geben. Diesem Zweck dienen die Anknüpfung an das babylonische Exil (2, 5f), genaue Jahres- und Monatsangaben sowie die Fülle von Mitteilungen über persische Lebensgewohnheiten, Hofsitten und Bauanlagen des Palastes und auch die genaue Lokalisierung der Ereignisse in Susa. An dieser literarisch beabsichtigten Geschichtlichkeit der Erzählung scheitert die mythologische, allegorische und prophetische Deutung. Freilich vermag der Verfasser den kritischen und geschichtskundigen Leser nicht von der wirklichen Historizität seiner Erzählung zu überzeugen. Die geschichtlichen Angaben führen nicht nur zu überhöhten Lebensaltern der jüdischen Hauptfiguren, sondern können auch sonst nicht durch außerbiblische Quellen der Perserzeit belegt werden. Lediglich der Name Mardochai ist keilschrift-

lich (Marduk) bezeugt. Andere Namen wie Wašti und Haman sind elamischen Ursprungs.

Literarisch eigenartig ist die Hauptrolle einer Frau, die mit leicht erotischem Akzent geschildert ist. In den griechischen Zusätzen (→ Estherbuch, Zusätze zum) sowie bei Josephus ist dieser Akzent noch stärker. Hier wird eine Eigenart des hellenistischen Romans sichtbar. Wenn auch der Verfasser durch die Figur Mardochais jenen Akzent einschränkt und gegen Ende seiner Erzählung Mardochai höherstellt als E., ist der erotische Zug doch bemerkenswert. In dieser Hinsicht bilden das → Judithbuch sowie Weiterbildungen at. Erzählungen bei Philo und Josephus eine Parallele. Josephus (ant. XI, 6, 12) trägt in seine Wiedergabe der E.erzählung das Hauptproblem jüdischer Existenz im römischen Reich, das Bürgerrecht, ein, indem er die Königin E. den Juden »alle Rechte« verleihen läßt.

Auffällig ist das Fehlen des Gottesnamens und überhaupt eines religiösen Denkens. Die Judenverfolgung ist rein ethnisch begründet (3, 8). Spuren einer Geschichtstheologie bieten 4, 13f mit dem Gedanken, daß E. in die Königinstellung gerade um der gegebenen Situation willen hineingekommen sei. In maqôm aḥer (»andere Stelle«) 4, 14 könnte eine Anspielung auf den Gottesnamen stecken, doch ist das unsicher. Die Verweigerung des Fußfalles kann ebenfalls ein religiöses Motiv enthalten.

Das ethnische Element tritt auch in der Schilderung der jüdischen Hauptfiguren hervor. Sie werden als unbeugsame, von drohender Gefahr unbeeinflußte Menschen geschildert. E. nimmt die Todesgefahr um ihrer Volksgenossen willen auf sich. Der Zusammenhalt der jüdischen Diaspora ist stark. In 6, 13 sagen die Freunde und die Frau Hamans, er werde gegen Mardochai nichts ausrichten können, weil dieser vom Stamme der Juden sei. Hier spricht sich ein ganz in der Diesseitigkeit verankerter Erwählungsglaube aus; daneben tritt bes. in der klug berechnenden Intelligenz Mardochais eine den richtigen Augenblick nutzende Weisheit zutage.

3. Die bisher aufgezeigten Eigenarten des Buches lassen insbesondere durch die zahlreichen Einzelbemerkungen über persisches Leben daran denken, daß der Verfasser in der östlichen Reichshälfte gelebt hat. Das schließt aber nicht aus, daß das Buch in Palästina geschrieben sein kann; andererseits fehlen landeskundliche Merkmale, an denen sich die örtliche Abfassung eindeutig feststellen ließe. Für die *zeitliche Entstehung* lassen sich verschiedene Gründe anführen. Der Sprachbestand spricht für einen Ansatz nicht vor 300 vChr (Striedl). Die Verwandtschaft mit dem hellenistischen Roman weist etwa in die gleiche Zeit. E. und Mardochai werden in → Jesus Sirach, im Lobpreis der Väter (Sir 44ff) nicht erwähnt. Das Schweigen im Sirach-Kanon beweist jedoch nicht, daß das Buch damals nicht schon geschrieben war. Das E.buch fehlt auch unter den Handschriften von → Qumran; die Qumran-Texte sind aber weder zur Stunde vollständig aufgefunden noch ist ihre Untersuchung abgeschlossen. Immerhin existiert ein Beispiel einer verwandten Gattung: Starcky erwähnt in seinem Arbeitsbericht »die Reste eines pseudo-historischen Textes, der in der persischen Epoche spielt und an E. oder Daniel erinnert« (RB 63, 1956, 66). Selbst wenn das E.buch in Qumran nicht vorhanden gewesen sein sollte, kann sein Fehlen aus dem untheologischen, kein Material für Lehre und Frömmigkeit bietenden Charakter begreiflich gemacht werden. Der Terminus ante quem ist eindeutiger zu bestimmen. Der Kolophon der griechischen Übersetzung ist zwischen 78/77 vChr entstanden. Etwa in die gleiche Zeit führt die Notiz von 2Makk 15, 36, die das Vorhandensein eines Mardochai-Tages um etwa 50 vChr bezeugt. Demnach muß das E.buch zwischen 300 und 50 vChr entstanden sein.

Es hat nicht an Versuchen gefehlt, die Entstehungszeit des E.buches innerhalb dieser Periode näher zu bestimmen. Pfeiffer denkt an die Zeit des Johannes Hyrkanus (134-104 vChr) wegen des völligen Fehlens einer religiösen Motivierung und wegen des militanten Geistes der Schrift. Letzterer passe nicht zum Pazifismus des → Danielbuches noch zur Haltung des Buches Judith, nach dem erst die Situation des Angriffes auf die Juden abgewartet wird. Aber die Unterscheidung zwischen Judith und E. ist künstlich, denn tatsächlich werden die Juden im E.buch durch den Erlaß des Perserkönigs angegriffen, und erst daraufhin entspinnt sich die Beeinflussung E.s zur Geltendmachung der jüdischen Lebensinteressen beim König. Vom Vorhandensein eines militanten Geistes zeugt die makkabäische Erhebung. Ebensowenig beweiskräftig ist Pfeiffers Versuch, Gestalten aus der Makkabäerzeit in den Figuren des E.buches wiederzufinden. – Stiehl bringt das Vorkommen von elamischen Namen Wašti und Haman sowie den ständigen Gebrauch des Stadtnamens Susa mit dem Abfall der Elymais um 165 vChr in Verbindung. Zwischen 165 und 145 vChr sei das Buch entstanden, und zwar in der Landschaft Elymais. Aber diese Gründe sind nicht überzeugend, denn das reiche antiquarische Wissen eines gelehrten Juden konnte das Namengut auch aus älterer Zeit bewahrt haben.

Für eine frühere Ansetzung des Buches läßt sich folgendes anführen. Nach 2Makk 15, 36 soll der Mardochai-Tag unmittelbar nach dem Nikanor-Tag gefeiert werden. Der Nikanor-Tag fällt auf den 13. Adar, der Mardochai-Tag auf den 14. bzw. 15. Adar. Als Erinnerungstag an einen Sieg (1Makk 7, 39ff) stellt der Nikanor-Tag ein freudiges Fest dar. Den gleichen Charakter trägt nach 9, 19 der Mardochai-Tag. Ihm soll aber nach der Purimordnung unmittelbar ein Fasten vorausgehen (9, 31). Das mußte den festlichen Charakter des Nikanor-Tages erheblich beeinträchtigen. Bei diesem Tatbestand wäre es nicht zu begreifen, daß man längere Zeit nach Einführung des Nikanor-Tages in den Festkalender ein weiteres unmittelbar folgendes Fest angesetzt hätte, das notwendige Schwierigkeiten gegenüber dem voraufgehenden Nikanor-Tag bot. Die logische Folgerung ist, daß das »Purimfest« älter war und erst später, unter dem Eindruck des Siegesjubels über Nikanor in seinen Fasttagen begrenzt wurde. Hier liegt der psychologische Grund für die Umgestaltung des Mardochai-Tages (Steuernagel). Der Nikanor-Tag muß auf 161 vChr angesetzt werden. Dieses Jahr ist demnach der Terminus ante quem. In dem Jahrzehnt zuvor muß dann das E.buch abgefaßt worden sein, sicher noch vor Beginn der Religionspolitik → Antiochus' IV. Epiphanes, denn es enthält keine Spur der damaligen Spannungen. Eine Datierung ins 3.Jh. vChr dürfte glaubhaft erscheinen, da die Juden in diesem Zeitraum für die Übernahme neuer Gedanken und wohl auch neuer Feste offener waren als später. In diesem Falle kann das E.buch auch das in den Makkabäerkämpfen und später zum Ausdruck kommende religiöse Volksbewußtsein der Juden angeregt haben.

4. *Ältere Traditionen* sind im Buch sicher verwertet. Sie waren in das gelehrte Wissen des Verfassers eingegangen. Dazu gehören nicht nur die archäologisch anmutenden Mitteilungen über den Palast, sondern auch die Quelle über Mardochai, die durchaus einen geschichtlichen Zug enthalten kann, da das Beispiel Nehemias vermutlich nicht vereinzelt gewesen ist. Mit Recht hat Eißfeldt darauf hingewiesen, daß zwar authentische Nachrichten über die jüdische Diaspora des Ostens fehlen, ihr Auftauchen aber wie in → Elephantine im Bereich des Möglichen liegt und darum in der Beurteilung einzelner Züge

als Legende zur Vorsicht gemahnt. Älteres Gut sind auch die Mitteilungen über die persischen Verhältnisse, die jüdische Ostdiaspora sowie das Purimfest, dem vielleicht eine heidnische, auf alle Fälle weltliche Festursache zugrunde liegt (→ Feste: II, 6a). In dem schon erwähnten Gegensatz zwischen 9, 19 und 9, 20-32 kann sich ebenfalls eine ältere Tradition abzeichnen.

5. Zeugnisse der *späteren Überlieferungsgeschichte* sind einmal die in LXX erhaltenen Zusätze zu E. (→ Estherbuch, Zusätze zum), ferner die beiden Targume (P. Cassel, Das Buch E., 1878) und die freie Nacherzählung bei Josephus (ant. XI § 184ff). Über die ersten Kapitel äußert sich ausführlicher der Midrasch Rabba (M.Simon, M.R. zu E., London 1951). Auf eine haggadische Weiterbildung (E. erhält vom König den Purim-Erlaß) deutet das doppelszenige Fresko der Synagoge von → Dura-Europos (: II). Da die E.-Rolle auch im Hause beim Purimfest gelesen wurde, sind von dieser »Megillah« - seit dem MA nachweisbar - auch illustrierte Handschriften erhalten.

6. Das E.buch steht in der spätesten Sammlung des AT, den Ketubim. In den Jahrhunderten nach Jamnia ist es umstritten (Meg. jer. I, 70d). In christlichen Kanonverzeichnissen findet es langsam Aufnahme. Es fehlt u.a. bei Melito von Sardes, Athanasius, Gregor von Nazianz und im Verzeichnis »der 60 kanonischen Bücher«, dagegen nicht bei Origenes, Cyrill von Jerusalem und den Apostolischen Kanones (vgl. RE IX, 760f). Unter den kritischen Urteilen ist die (auch auf 2Makk ausgedehnte) Bemerkung Luthers in seinen Tischreden (1534), es juditze zu sehr und habe viel heidnische Unart (WA 22, 2080), am bekanntesten. Es ist verfehlt, dem E.buch auf dem Weg phantasievoller und beziehungsreicher typologischer Exegese einen Sinn abgewinnen und seine Notwendigkeit im Bibelkanon theologisch rechtfertigen zu wollen (W.Vischer). Steht für den christlichen Glauben auch die Entstehung des Kanons unter der Leitung des hl. Geistes, so ist das E.buch ein Teil des Schriftganzen, dessen Mitte Christus ist. Es liegt innerhalb der Parabel, deren Scheitelpunkt Christus ist (Procksch). Demjenigen, der auf das Kreuz blickt und sich dessen Zeugnis von der Versöhnung, der Todüberwindung und dem Ja zum Leiden in diesem Äon unterstellt, rückt das E.buch in eine Ferne, da es wesentlich von der Selbsthilfe bestimmt und von einer ganz diesseitigen, aus Verfolgungen und einem höchst realistischen Vergeltungsdenken genährten Leidenschaftlichkeit erfüllt ist, wodurch der prophetische Gedanke des völligen Sieges Jahwes über alle feindlichen Mächte getrübt und verzerrt wird.

H.Striedl, Untersuchungen zu Syntax u. Stilistik des hebr. Buches E. (ZAW 55, 1937, 73-108) - W.Vischer, E. (ThEx 48), (1937) 1947[2] - M.Haller, Die fünf Megilloth (HAT I, 18), 1940 (Lit.) - R.H. Pfeiffer, Introduction to the OT, 1941 - E.J.Bickermann, The Colophon of the Greek Book E. (JBL 63, 1944, 339-362) - Ders., Notes on the Greek Book of E. (Proceedings of the Amer. Acad. for Jew. Research 20, 1950, 101-133) - O.Procksch, TheolAT, 1949 - B.W.Anderson, The Place of the Book of E. in the Christian Bible (JR 30, 1950, 32-43) - V.Christian, Zur Herkunft des Purimfestes (Nötscher-Festschr. [BBB 1], 1950, 33-37) - B.W.Anderson u. A.C.Lichtenberger, E. (IntB III, 1954, 823-874) - H.Ringgren, E. and Purim (SEA 20, 1955, 1-20) - E.L.Ehrlich, Der Traum des Mardochai (ZRGG 7, 1955, 69-74) - G.A.F.Knight, E. (The Torch Bible Commentaries), 1955 - R.Stiehl, Das Buch E. (WZKM 53, 1956, 4-42) - O.Eissfeldt, EinlAT, 1956[2] (Lit.). *H.Bardtke*

Zur *Auslegungsgeschichte* (s. auch → Schriftauslegung: IV):

Quellen: 9.Jh.: Hrabanus Maurus (MPL 109). - 12.Jh.: Rupert v. Deutz (MPL 169). - 15.Jh.: Hieronymus Savonarola, Venedig 1556. - 16.Jh.: Victorin Strigel, Leipzig 1571 - Ludwig Lavater, Zürich 1583 - Fr.Feuardentius OFM, Paris 1585 - Rudolf Gualther, Zürich 1587 - Nikolaus Serarius SJ, Mainz 1599. - 17.Jh.: Caspar Sanctius SJ, Lyon 1628 - H.Crommius, Löwen 1632 - J.Tollenaer, Köln 1647 - L.Montanus, Madrid 1647 - Oliver Bonartius SJ, Köln 1647 - Didacus de Celada, Lyon 1648 - Frans Burmann, Amsterdam 1683. - 18.Jh.: L.Mauschberger SJ, Olmütz 1758.

Lit.: L.B.Paton, A Critical and Exegetical Commentary on the Book of E. (ICC), 1908, 97ff. *W.Werbeck*

Estherbuch, Zusätze zum. Unter den ZusEst versteht man die Einschaltungen und Rahmenstücke der LXX, die im MT keine Entsprechung haben und die seit Hieronymus zusammengefaßt am Ende des → Estherbuches stehen (vgl. Vulg.). Sie verdanken ihre Entstehung verschiedenen Anliegen: Einmal soll die Historizität des Berichteten bekräftigt (vgl. die beiden Edikte nach Est 3, 13 und 8, 12), zum anderen die Gottbezogenheit betont werden (vgl. die Gebete nach Est 4, 17). Dabei wird Esther als Vorbild einer gesetzestreuen jüdischen Frau gezeichnet. Weiterhin wird durch Mardochais Traum (vor Est 1, 1) und seine Deutung (nach 10, 3), die im Stile der jüdisch-apokalyptischen Lit. erfolgt (vgl. etwa Dan 2), das Geschehen unter das Vorzeichen der göttlichen Heilsökonomie gerückt. Endlich wird der MT einfach ausgeschmückt (anstelle von Est 5, 1f). - Die ZusEst sind in griech. Sprache verfaßt worden; sie dürften vor dem Jahre 114 vChr, zum mindesten vor 48 vChr entstanden sein (vgl. Schluß des griech. Est). Josephus, ant. XI, 6, 6ff, bietet die früheste Bezeugung.

Kautzsch, AP I, 193ff (Ryssel) - Charles, AP I, 665ff (Gregg) - B.Jacob, Das Buch Esther bei den LXX (ZAW 10, 1890, 241-298) - E.L.Ehrlich, Der Traum des Mardochai (ZRGG 7, 1955, 69-74) - O.Eissfeldt, EinlAT, 1956[2], 731ff (Lit.). *M.Weise*

Ethik

1. Orientierung - 2. Philosophische E.: a) Gesetz - b) Gewissen - c) Zweck - 3. Ev. E.: a) Dogmatik und E. - b) Gebot - c) Glaube - d) Hoffnung. - Vgl. auch → Sittlichkeit: VI. - Zur kath. E. → Moraltheologie

1. Der Terminus E. (vom griech. ἦθος = → Sitte, Gewohnheit, auch Gesinnung) bezeichnet die Lehre vom verantwortlichen Handeln innerhalb des mitmenschlichen Seins. Die Konfrontation mit dem Normativen, → Unbedingten und die daraus sich ergebende Lehre des richtigen Benehmens diesen Forderungen gegenüber hebt in der griechischen Philosophie an. Die sokratische Frage nach dem wahren Menschsein stimuliert nicht nur die platonische Auseinandersetzung mit den sozialpolitischen Verhältnissen, sondern auch die aristotelische Forschung nach dem Gefälle der → Tugenden, die anhand der Unterscheidung von ethischen und dianoetischen zum Anlaß der Bezeichnung E. geworden ist. Indessen wird das intuitive Wissen um übergeordnete → Normen von den ältesten Kulturen bezeugt. Schon Homer (Ilias 24, 33f) bezeugt sittliche Normen, denen auch die Götter unterworfen sind und die namentlich an ein mitmenschlich respektvolles Verhalten (αἶδως und δίκη) appellieren. Ebenso legen die vorderasiatischen Kulturen (→ Ägypten [: II], → Babylonien [: II, 17], Israel [→ Sittlichkeit: III]) von diesem Normbewußtsein Zeugnis ab. Sie nehmen an, daß, wer ungerecht tötet, die Ehe bricht oder raubt, sich Göttern und Menschen gegenüber schuldig macht. Ein Minimalethos des richtigen Benehmens kündigt sich also, mit einigen Varianten, schon früh an und bleibt ungeachtet der jeweiligen religiösen Einstellung eines Volkes das dominierende Ethos des praktischen Anstandes. Allerdings wurde diese »natürliche« Sittlichkeit in den alten Kulturen als religiöse Forderung verstanden: im vorderorientalischen Lebensgefühl eher in negativen Gesetzesforderungen des »Du sollst nicht ...« (→Dekalog), in der Antike in einer positiveren Gestaltung des ideal gefaßten Guten (ἀρεταί). Tiefere Besinnung auf die Stellung des Menschen Gott,

Welt und Mitmensch gegenüber gibt Anlaß zur theoretischen Durchführung einer E. als Wissenschaft vom richtigen und verantwortungsvollen Handeln. Das vorhin erwähnte »primitive« Ethos des anständigen sozialen Benehmens wird auf die drei genannten Instanzen hin näher geprüft und vertieft. Es wird aus der jeweiligen Gebundenheit des Sittenkomplexes eines Stammes oder eines Volkes in die Weite des allgemein menschlichen Tuns gehoben, wobei die Spannung zwischen dem geschichtlich-werdenden und dem übergeschichtlich-normativen Sein zur eigentlichen Problematik jeglichen Entwurfes zur E. wird. Da die E. keine bloß deskriptive Wissenschaft von Sittenkomplexen ist (Sittenkunde, → Westermarck), darf und muß sie präskriptiv vorgehen. Sie sagt dann, was zu tun sei und was zu bezwecken; dabei kann sie naturgemäß, die Begegnung mit der jeweiligen Lage ins Auge fassend, einen situationsbedingten Charakter nicht vermeiden. Sie wird in ihren Forderungen konkret-bezogen relativiert. Wird dies Letztere überbetont, dann wird die E. zur → *Kasuistik*. In ihr absorbiert der Einzelfall die → Norm. Der normative Charakter jeder E. setzt immer die Rückendeckung einer philosophischen oder theologischen Lehre voraus, die nur auf dem Wege der Interpretation gefunden werden kann und die als Indikativ den Imperativ aus sich erzeugt. Weiter fragt jede E. nach der Forderung der Norm, dem Handelnden (Subjekt) und dem Zweck oder Gut (Objekt), das durch die Handlung erreicht wird.

2. a) Das → Ich-Du-Verhältnis, in dem der Mensch steht, ist wesenhaft vom *Wir* der Gemeinschaft bedingt (→ Ehe, → Familie, → Beruf, → Staat), tritt aber mit einem Anspruch auf, der den Menschen bei Nichtbefolgung schuldig werden läßt. Erst von der *Forderung* wird der Handelnde aus dem Wirbereich auf das Ich zurückgeworfen. So ist die Forderung (→ Gesetz: VII) eine primäre Instanz, die erst als zweite die Frage nach dem Subjekt aufwirft. Die *philosophische E.* hat schon sehr früh die sittliche Forderung in Analogie mit dem → Naturgesetz verstanden. Das »Sein« der Natur wird zur Grundlage der ungegenständlichen Forderung des »Sollens«. Der Transformator war dabei die Polis, deren Seinsgesetz eben auch Sollensgesetz zu sein schien. Die Forderung des trefflichen Verhaltens bekommt so die Qualität des Gesetzes (νόμος), wobei die Frage nach dem Gesetzgeber bald unausweichliche Dringlichkeit bekommt. Liegt diese in der Natur (φύσις) oder in der Konvention (θέσις) begründet? Damit setzt eine auch heute nicht abgeschlossene Diskussion über den Ursprung des sittlichen Urteils und des normierten Willens ein (lex naturalis). Die ganze Vielfalt des Gefälles vom Göttlichen über das Rational-Humane bis ins Animal-Triebhafte wird hierbei durchschritten. Sie markiert die Geschichte der E. in einer Mannigfaltigkeit der Interpretationen, deren wichtigste sind: a) die Idee des Guten, als göttliches Licht gebrochen im Prisma kardinaler → Tugenden (Weisheit, Tapferkeit, Besonnenheit, Gerechtigkeit; → Plato) sowie b) als a priori der Vernunft im Gebot des reinen, unbedingten Willens (→ kategorischer Imperativ, → Pflicht; →Kant); c) die Evidenz des sittlichen Urteils als unumstößliche Gewißheit (→Augustin,→Herbart, Sidgwick, F. → Brentano, → Jaspers); d) die Evidenz der Werte und Wertstufen (→ Lotze, Windelband, Perry, → Scheler, N. → Hartmann, de Witt Parker; → Wertethik); e) die Trefflichkeit als Gesetz der Gesellschaft (→ Aristoteles, → Thomas von Aquino, → Spencer, → Bentham, → Mill, → Marx); f) die Natur als Trieb, Unbewußtes und Libido (→ Feuerbach, → Schopenhauer, → Freud); g) der Wille zur Macht (→ Nietzsche, dialektischer → Materialismus [: III]). Was immer es sei, das das Gesetz bedingt, so hat es stets die Kraft eines ungegenständlichen, transzendentalen Richtens, demgegenüber der Mensch sich zur Rechenschaft gezogen weiß. Auch → *Auto*nomie hat es mit Gesetz zu tun (Nietzsche-Problem). Die Frage, ob der Mensch aber wirklich »frei« sei, um überhaupt schuldig werden zu können, leitet zum nächsten Punkt über.

b) Die Frage nach der individuellen Schuldverhaftung setzt die Auflösung der Kollektivbindung voraus, es findet eine Konfrontation zwischen Tat und Täter im Innern statt. Die Begriffe → *Gewissen*, Personalität, → Verantwortung, Existenz (→ Existenzphilosophie), → Freiheit (: II. III) als Aspekte des sittlichen Subjektes melden sich. »Im Gewissen kommt etwas zu Wort, das uns sagt: du kannst wider mich, aber nicht ohne mich existieren« (Kuhn). Das »nicht ohne mich« ist die Bedingung für den Durchbruch zur Reintegration des Selbst, die sich in der Reue äußert. Von den Arten des Gewissens als weisend (index), richtend (iudex) und strafend (vindex) ist die anklagende die geläufigste. Sie intendiert das Schuldigsein des Täters. Damit ist die Freiheit zur → Entscheidung anerkannt. Die Besinnung auf Freiheit setzt mit der Not der Gewissenseinsamkeit ein (antike Tragödie, → Stoa). Als Dialektik zwischen → Determinismus und Indeterminismus markiert sie die Geschichte der E. Nicht als »frei von...« (leere Abstraktion), sondern als »frei zu...« bekommt die Entscheidung Gestalt auf Grund der jeweiligen Interpretation des Ursprunges der Forderung. Gelöst von dem Offenbarungsgehalt der Theologie, bekam die Freiheitsbesinnung seit der → Aufklärung (: I) neues Leben. Freiheit identifiziert sich dann mit dem Gehalt geistesgeschichtlicher Kategorien: Gesinnung (→ Gesinnungsethik), → Geist (: VII; → Kant, → Fichte, → Hegel), Leben (→ Haeckel, Marx), → Geschichte (Marx, → Dilthey, O. → Spengler), Geschlecht (Feuerbach, Freud), → Volk (: I), → Rasse (Gobineau, Nietzsche, Chamberlain), Existenz (→ Kierkegaard, Nietzsche, Jaspers, → Sartre), → Sein (→ Heidegger). Die Gewissensentscheidung des einzelnen wird dialektisch gefaßt als Freiheit zu und Determiniertsein von einer Idee und in die Autorität einer Notwendigkeit eingeklammert, bis auf Kierkegaard und Nietzsche durchaus in kulturfreudigem Sinne, dann aber als die große menschliche Krise betrachtet, in der die Entscheidung des einzelnen sich dem drohenden Nichts gegenüber befindet. Durch die Existenzangst wird das Gewissen zu einem Hineingehaltensein in die verzehrende Spannung zwischen → Zeit und → Ewigkeit, wobei Begriffe wie Schuld, → Leiden, → Anfechtung, Einsamkeit und Kreuz neu formuliert werden. Kierkegaards Existenzdenken und Nietzsches »moralfreies« Ethos stellen die Besinnung auf die Freiheit der Entscheidung neuen Aspekten gegenüber, welche die philosophische E. in axiomatischen → Nihilismus und Absurdismus aufzulösen drohen (Heidegger, Sartre, → Camus). Dieser vornehmlich der Reflexion entsprungenen Krise steht im Alltag der praktische Zwang eines Handelnmüssens gegenüber, der über alle *Umwertung der Werte* hinaus die E. auf die Ausarbeitung einer für die Existenz unentbehrlichen Güterlehre (→ Güterethik) stößt.

c) Jeder Modus des weltanschaulichen Denkens entwirft eine Reihe von im folgenden aufgezählten Idealtypen, deren Werthaftigkeit jeweils die Direktive für die Gestaltung der Beziehungen im Recht, im Beruf, in der Ehe und im Staat abgeben sollte. Der → *Naturalismus* (: I) hat verschiedene Aspekte: gegenüber Aristipp, → Rousseau, Feuerbach, Freud, → Gide und D.H.Lawrence stehen → Posidonius, G. → Bruno, → Spinoza, → Goethe, Lavelle. Dennoch liegt die gemeinsame Basis in der Urgegebenheit des Sinnlich-Wahrnehmbaren, des

Kosmischen. Der Endzweck ist hier das Ethos der → Unio mystica mit der »Natur«. - Der → *Hedonismus* (Aristipp, → Epikur, → Hobbes, Gide) ist der Naturalismus in sensualistischer Prägung (→ Materialismus: II). Der Zweck ist die harmonische Lustbefriedigung des einzelnen: »To be idle, selfish and useless, that is to be beautiful, free and happy« (→ Shaw). - Der → *Eudämonismus* (→ *Utilitarismus*) weitet sich zum universalen Hedonismus, er sucht das größtmögliche Glück der größtmöglichen Zahl (Bentham, Marx, → Lenin). »The healthy of the associated man« hat Verwandtschaft mit → *Pragmatismus* und *Behaviorismus* (→ Psychologie). Gut ist, was gut wirkt. - Die *Kulturethik*, in direkter Nähe, ist eine Form der → Wertethik, die in Bildung und Hebung des geistigen Niveaus die Heilung der sozialen Not erwartet. → Kultur wird Religionsersatz und damit höchstes Ethos (Goethe, Spengler, → Keyserling, → Spranger, Weinstock). - Der *Sozialpersonalismus* setzt bei der stimulierenden Dynamik der Person ein. Jeder ist ein Wertzentrum in sich, er betrachtet sich als eine »unendliche Totalität«. »Realize yourself does not mean merely ›to be a whole‹, but ›be an infinite whole‹« (Bradley). Wenn die »personal welfare« der »social welfare« begegnet, ist der höchste Endzweck erreicht (Einfluß des → Social Gospel, Mannheim, Rathenau, Roosevelt, Heermance, Ford, de Rougemont). - Die von Indien beeinflußte *Ehrfurcht vor dem Leben* ist bestrebt, das Leben zu erhalten, zu fördern und entwicklungsfähiges Leben auf seinen höchsten Wert zu bringen (A. → Schweitzer). - Der *dialektische Materialismus* (Marx, → Engels, Lenin) setzt bei der Moral als Form des gesellschaftlichen Lebens ein und betont deren klassengebundenen Charakter. Die Wesenszüge (Klassenkampf, Mehrwert- und Verelendungstheorie) prägen die Lehre stark zeitgeschichtlich. Das Ethos ist hier taktisches, kämpferisches Eingreifen (= Einsicht) in die geeignete Stunde der Geschichte zwecks Freimachung des → Proletariates. Das staatenlose, messianische Reich der Gleichheit ist das beglükkende Ziel. Die geschichtlich-determinierte Freiheit des einzelnen (s. b) setzt zur Verwirklichung den Zwang des Staates bzw. der einsichtsvollen Partei voraus. - Bloß der dialektische Materialismus bietet von allen Idealtypen eine anfängliche Verwirklichung der sozialen Problematik (→ Kommunismus: III). Ihr gegenüber bietet der Westen nicht nur eine Mannigfaltigkeit sich widersprechender Systeme, seine Krise liegt namentlich in der Ratlosigkeit einer immer bedrohlicheren, im Osten gerade als Glaubensobjekt verehrten Technik gegenüber, in der umfassenden Säkularisierung seines geistig-religiösen Lebens, im Leerlauf einer materialistischen, zukunftslosen Alltäglichkeit. Damit befindet sich die philosophische E. in einer Sackgasse, aus deren Aussichtslosigkeit die theologische E. einen Weg zu zeigen versucht.

3. a) Die ev. E. hat sich auf das verantwortlich-christliche Handeln zu besinnen. Sie hört dabei auf das Wort Gottes, an Israel und in Jesus Christus offenbart und in der hl. Schrift bezeugt. Ihre Anhaltspunkte dabei sind nicht nur die ausdrücklich dargelegten Kundgebungen des Willens Gottes wie der Dekalog (Ex 20; Dtn 5), Gebote der Menschlichkeit (Dtn 24), Sittenspiegel (Ez 18), Bergpredigt (Mt 5ff; Lk 6), die Haustafeln (Eph 5f u.ö.), sondern die ganze heilsgeschichtliche Fügung und Weisung (Tora) Gottes an sein Volk (→ Bund), die dem Gebot erst seinen legitimen Skopus verleiht. So ruht der in Imperativen formulierte Ordnungswille Gottes im Indikativ des heilsgeschichtlich bewährten: »Ich bin der Herr, dein Gott« (Ex 20, 2). In diesem Heilswillen wird das Volk geheiligt, umgekehrt ist die Gottesgemeinschaft Heiligung des Namens (Lev 19, 2). Alle konditionalen, Sozialordnungen anvisierende Gebote (mišpaṭim) in Israel können indirekt dem apodiktischen Gebot der Heiligung des Namens beigeordnet werden, wobei dieses selbst im indikativischen Sein göttlicher Heiligung ruht. Glaubensleben wird so effektiv als personale Entscheidung im »Seins«-Gefüge des Bundes, Gottes Barmherzigkeit und Heiligkeit erhellen sich im Tun des gehorsamen Menschen. Das biblische Ethos preist nicht, wie in der Antike, den trefflichen Menschen, sondern lobt die Barmherzigkeit des Herrn, der seine Herrlichkeit durch Menschen offenbar macht. Die barmherzige Gegenwart Gottes entfaltet Leben in Wahrheit, Liebe, Gerechtigkeit, Wohlstand, Glück (s. c). Indem diese Bedingung für die at. wie für die nt. Verkündigung gilt, hat es die ev. E. im NT nicht mit einer höheren oder erhabeneren Schau als im AT zu tun, sie nimmt in jener Botschaft nur Anteil an der Radikalisierung der Offenbarung des göttlichen Wortes in der Inkarnation (→ Sittlichkeit: V).

Unter diesen Bedingungen gehören → Dogmatik als die Besinnung auf den Sinn der Schrift sowie deren Auslegung in der Kirche und E. als die Lehre vom verantwortlich-christlichen Handeln aufs engste zusammen. Diese Aufgabe läßt sich demnach nicht auf einer philosophischen Basis begründen, wiewohl eine philosophische Begründung deshalb erwünscht wäre, weil nur dann die Berücksichtigung anthropologischer Probleme gewährleistet scheint. Im Rückbezug auf die kath. → Moraltheologie befürwortete → Melanchthon eine naturrechtliche Basis der E. und damit ihre disziplinäre Abgrenzung gegenüber der Dogmatik. Die Abgrenzung beider Disziplinen als *credenda* und *agenda* hat damit auch in der ev. E. eingesetzt. Namentlich unter dem Einfluß des deutschen → Idealismus (Kant, Fichte) zeichnete sich seit → Schleiermacher eine Isolierung der E. ab, die unter A. → Ritschl und R. → Rothe der E. einen Vorrang gegenüber der Dogmatik einräumte. Diese Linie wird bei → Troeltsch, W. → Herrmann, → Schlatter, Wünsch und → Elert fortgesetzt. Im Gegensatz dazu griff → Kähler auf eine der Reformation nahverwandte Art eines Ineinanders von E. und Dogmatik zurück, ein Anliegen, das von K. → Barth seither mit voller Kraft durchgeführt wurde. Das Verhältnis der beiden Disziplinen soll nach Barth grundsätzlich von der Offenbarung Gottes in Jesus Christus aus befragt sein, wobei die Folgerung einer Identität zwischen E. und Dogmatik unvermeidlich ist. Damit war die Ausgangslage gegeben, die heute von vielen ev. Versuchen zur E. eingenommen wird. Des eigenen existentiellen und sozialpolitischen Charakters der E. wegen erschienen dennoch einige Sonderentwürfe der E. (E. → Brunner, de Quervain, Søe, Thielicke). Auch wurde das Gespräch über die Bedeutung des → Naturrechtes dadurch stark angeregt (→ Ökumenische Bewegung; Ev. Forschungsakademie Hemer). Das Verhältnis der E. zur Philosophie bedarf noch der Klärung. Die Philosophie ist als Grundlage für die ev. E. problematisch geworden, nicht jedoch als Frage an die ev. E. selbst. Der »natürliche« Mensch rückt aufs neue in den Problemkreis ev. E.

b) Die oben (s. a) erwähnten Gesetze des Ordnungswillens Gottes werden von Jesus im Hauptgebot der Gottes- und Nächstenliebe zusammengefaßt (Mt 22, 37ff). Das schon Lev 19, 18 verkündigte *Gebot* der Nächstenliebe trägt, konfrontiert mit Dtn 15, 2ff; 23, 20; Ps 137, partikular-völkischen Charakter. Das Liebesgebot im NT trägt als Verfassung des Reiches Gottes universales Gepräge. Hinter der Sünde soll der Sünder geliebt werden (anders Ps 139, 21-22), das Wort der Vergebung schaltet sich erneuernd zwischen Tat und Täter ein. Die nt. → Liebe (: III) geht über die Achtung und Billigkeit hinweg, die die Antike verlangt, sie schafft befreiende Gemeinschaft mit dem zum Sünder gewordenen Mitmenschen (Bruderschaft). Sie läßt sich nur als Teilhabe (κοινωνία) am Heilswerk Christi verstehen. In dieser geheiligten und heiligenden Liebesgemeinschaft kündigt sich freilich auch der Ordnungswille Gottes zur konkreten Gestaltung der mitmenschlichen Beziehungen (Ordnungen) an. Damit bekommt das nt. Gebot gesetzlich-ordnenden Charakter. Schon früh geriet in der alten Kirche diese Verknüpfung von Gebot und → Gesetz (: VII) in eine naturrechtliche Stufenordnung natürlicher und sozialer Legalität hinein (Augustin: lex in cordibus, lex Hebraeorum, lex spiritus fidei; Thomas: lex aeterna, naturalis, humana, divina). Die lex vetus des at. Gesetzes wurde im pädagogisch-elenchtischen, die Christusbotschaft als lex nova im soteriologisch-nomistischen Sinne verstanden. Reformatorisches Denken betont der scholastischen Schau gegenüber die grundsätzliche Differenz zwischen Gesetz und Evangelium (→ Gesetz: V. VI). Nach → Luther ist die eigene Aufgabe des Gesetzes der usus paedagogicus, der von Sünde überführt, ferner der usus politicus, die Erhaltungsgnade in den Ordnungen. Im Gesetz offenbart sich der Deus absconditus, der Gott des richtenden Zornes. Es wird an das Gewissen appelliert, damit der Raum frei werde für das bloße Hören auf das Wort der Vergebung. → Melanchthon fügt den usus tertius hinzu: das Hören aufs Gesetz, nun nicht mehr in Angst und Druck, sondern mit frohem, gläubigem Herzen (ebenso → Calvin). Ungeachtet der Tatsache, daß in diesen reformatorischen Deutungen naturrechtliche Vorbedingungen für das Verständnis des göttlichen Ordnungswillens erhalten blieben, war es dennoch reformatorische Absicht, sich nicht von einem gesetzlichen Denken, sondern von der Heilsbotschaft in Christus leiten zu lassen (sola fide). Dennoch scheint eine Diskrepanz zwischen dem göttlichen Ordnungswillen, in Imperativen kundgetan, und der Botschaft der → Rechtfertigung (: III) durch den Glauben in der konkreten Verwirklichung unumgänglich. Wegen dieser Spannung kommt es zur Differenz zwischen luth. und ref. Gesetzesauslegung.

Die *luth.* Auslegung schätzt das gute Recht einer naturrechtlichen Begründung des Gesetzes, sie betont die Unmöglichkeit eines teleologischen Bezuges zwischen Gesetz und Evangelium. Das Wunder des einmalig in der Geschichte offenbarten Christus-Ereignisses kann nie eindeutig mit dem Gesetz, vor dem man stirbt, verständlich gemacht werden. Es bleiben zwei spannungsbezogene Momente im Tun Gottes, die bloß als Einheit im trinitarischen Walten geglaubt werden können. Die Folge ist die Unterscheidung zwischen dem geistlichen und dem weltlichen Regiment (→ Regiment, geistliches und weltliches), deren Wurzeln tief in die augustinisch-thomistische Geschichtsphilosophie der civitas Dei und civitas terrena zurückgreifen. Der Gläubige lebt in dieser Weltzeit in einem »unsichtbaren« Streit, weil ihm das »Reich der Linken« zur ständigen Anfechtung werden muß. Im Leiden und Kreuz liegt der Berührungspunkt der beiden Regimente. Was sonst im Reich zur Linken erzwungenermaßen gefordert wird, geschieht unter dem nt. Gebot freiwillig (Luther: Freidigkeit). Neuere Forschungen (nach → Holl und → Troeltsch jetzt Hekkel) betonen den göttlichen Ordnungswillen als ordo spiritualis, nur im Akt des Redens Gottes zu verstehen, als lex charitatis, durch die Sünde erst zum ius naturalis geworden. Das Leben in diesem Äon entfaltet sich in einer Stufenfolge von Ordnungen (Institutionen), die dank der Sünde eine eigengesetzliche Härte angenommen haben, durch die Gott es den Menschen trotzdem erlaubt, redlich-rechtlich zu leben. Diese werden vom Christgläubigen teils sachlich-gleichförmig, teils kritisch geteilt (Varianten bei → Althaus, Elert, → Tillich, → Gogarten, → Bonhoeffer, Wehrung, Thielicke). Auch für E.Brunner soll ein »christliches Naturrecht« die Brücke zwischen Kirche und Welt bilden.

Die auf → Calvin zurückgehende *ref.* Deutung, mit geringerer Betonung alles geschöpflichen Seins als bei Luther, akzentuiert in prädestinatianischer Dynamik die Herrschaft Christi und seiner Gemeinde über die Welt. Theokratisch (christokratisch) wird das jeweilige Handeln Gottes als das Gebot verstanden, das immer wieder neu zu hören sei und sich nicht auf anthropologische oder geschöpfliche Vorbedingungen stütze. In idealistisch-kulturfreudigem Sinne ist von dieser Sicht die anglo-amerikanische ev. E. bestimmt (→ Social Gospel). In eigener Prägung wurde die ref. Lehre von Evangelium und Gesetz von K.Barth aufgenommen: Das Gebot ist hier das Wort, das in Christus schon geschehen und erfüllt und vom Glauben an dieses Ereignis immer wieder neu zu hören ist. So ist das Gesetz im Evangelium beschlossen. Die Lehre der beiden Reiche wird möglichst vermieden, die Frage nach Gut und Böse ist im Ratschluß Gottes durch Kreuz und Auferstehung Christi entschieden und ein für allemal erledigt. Die Konformität mit Christus als Ziel der Neuschöpfung gibt per analogiam fidei dem Leben in den »Relationen« der Wirklichkeit ihre Gestalt. Als christokratische Theologie verhält sie sich kritisch gegen alle Schöpfungsordnungen. Doch drängt die Frage nach dem Verhältnis zwischen Christusereignis und Ordnung auf nähere Besinnung des Problems der → Kultur.

c) Das Subjekt des christlich-verantwortlichen Handelns ist der Mensch als Glaubender. Der → *Glaube* (: V) ist jedoch Geschenk Gottes im hl. Geist (Eph 2, 8). Es ist Christus, der im Glaubenden lebt und ihn in der Rechtfertigung des Sünders heiligt zum Gehorsam des Gebotes (Gal 2, 20). Das bedeutet, daß der Glaubende nicht als vereinzeltes Individuum zum Handeln berufen ist; er lebt vielmehr in der Teilhabe an Christus als Glied der Gemeinde, wie im AT der einzelne aus und in der Gemeinschaft des Volkes lebt und sich entscheidet. Von einem *Gewissens*gehorsam kann hier nicht mehr in erster Linie die Rede sein, obwohl das Hören auf das Wort sich immer des Mediums der jeweiligen Person und der vernünftigen und sittlichen Überlegung bedienen wird. Fraglich ist, wie das Verhältnis zwischen göttlicher und menschlicher → Autorität zu denken sei. Man spricht von Situations-E. und vom »Gebot der Stunde« (καιρός), wo das Medium der → *Geschichte* (: II) einen erheblichen Anteil am Zustandekommen der Entscheidung hat. Ihr steht als andere Möglichkeit die Betonung eschatologischer Prägung der verantwortlichen Entscheidung gegenüber, wobei alles Geschichtliche irrelevant zu werden droht (Barth, → Bultmann). Der Imperativ der E. wird völlig im Augenblick des Hörens der Verkündigung (νῦν) impliziert (Bultmann, Gogarten: Unterscheidung zwischen Historie und Geschichte; → Entmythologisierung). Diese Differenzen haben die Diskussion um die Frage des → Säkularismus (: I) auf den Plan gerufen (Bonhoeffer, Gogarten, Kamlah). Die weltlich betonte Mündigkeit des Menschen ist zum Problem der gläubigen Subjektivität geworden. Die eschatologisch erfaßte Person der Christgläubigen und der konkrethistorische Mensch befinden sich miteinander in einer Konfrontation, die die Weite zwischen Reich Gottes und Weltreich durchmißt. Die schon von Luther anvisierte Unterscheidung zwischen Christperson und Weltperson erhält damit erneute Aktualität. Das Problem einer angemessenen Exegese der → Bergpredigt (: II) liegt dabei auf der Hand (→ Interimsethik, A.Schweitzer; → Tolstoi, → Naumann, Bonhoeffer, Thurneysen, Bultmann).

d) Das christlich-verantwortliche Handeln ist teleologisch von der → *Hoffnung* (: III) auf das kommende Reich als Vollendung der Werke Gottes und der Erlösung der Welt bedingt. Weil jedoch in Christus das Reich und dessen Erfüllung schon angebrochen ist, lebt der Christ mit dem Geist als Unterpfand auf die Vollendung und Neuwerdung aller Dinge hin. Zugleich aber hat er das schon gekommene Reich in seinem Tun zu verwirklichen. Das Ziel dieses Tuns kann nicht Perfektionierung oder Verbesserung dieser Welt sein; weiß doch der Christ, daß er mitten in diesem Äon den von Gott zubereiteten zu erwarten hat. Damit meldet sich das Problem des → Kompromisses, das in diesem Stand der Grenzsituation zwischen Diesseits und Jenseits unumgänglich ist (Thielicke, Steubing, van Oyen). Die Frage ist, wie sich die »große« Erwartung des Kommenden zur »kleinen« Hoffnung auf Realisierung des Gebotes in den sozialgeschichtlichen Ordnungen verhält (Evanston; → Ökumenische Bewegung). Der christliche Glaube leistet sich kein säkular-ebenbürtiges Ethos wie Marxismus oder Liberalismus. Dennoch drängt die Verwirklichung des Reiches auf diesseitige Gerechtigkeit (Ökumene; Hemer), auf Frieden (Caux; → Moralische Aufrüstung) und auf Freiheit (Barth). Den apokalyptischen Schrecknissen des Atomzeitalters gegenüber ist es schwer, die große Erwartung in den kleinen Hoffnungen verantwortlich zu gestalten. Weder Chiliasmus noch Moralismus dienen einer solchen Gestaltung. Wie aber in Klarheit ein einwandfreier Weg zwischen beiden zu gehen ist, bleibt die offene Problematik einer ev. E.

Vgl. RGG[3] II, 382ff (Lit. bis 1927) u. die Lit. zu den im Text genannten Artikeln. Ferner allgemein: F.H.BRADLEY, Ethical Studies, Oxford (1876) 1935[2] - TH.H.GREEN, Prolegomena to Ethics, Oxford 1884 - G.E.MOORE, Principia Ethica, (1903) 1948[4] - G.SIMMEL, Einl. in die Moralwissenschaft, 2 Bde, 1911 - D.v.HILDEBRANDT, Die Idee der sittl. Handlung (Jb. für Philosophie u. phänom. Forschung 3), 1916 - A.SCHWEITZER, Kulturphilosophie, 2 Bde, (1923) 1955[12.10] - D.ROSS, Foundations of Ethics, (1939) 1949[2] - R.LE SENNE, Traité de morale générale, Paris 1948 - H.REINER, Pflicht u. Neigung, 1951. - Zur Gesch. der E.: H.SIDGWICK, Outlines of the History of Ethics, (1886, erw. Ausg. 1931) 1949 - R.TSANOFF, The moral ideals of our civilisation, New York (1942) 1947[2].

Zu 2: B.HEERMANCE, Codes of Ethics, Burlington 1924 - N.HARTMANN, E., (1926) 1949[3] - C.D.BROAD, Five Types of Ethical Theory (1930) 1944[3] - K.JASPERS, Philosophie II, (1932) 1948[2] - L.v.WIESE, E., Bern 1947 - H.KUHN, Begegnung mit dem Sein, 1954 - J.HERSCH, Die Ideologien u. die Wirklichkeit, 1957 - H.DE WITT PARKER, The Philosophy of Value, 1957.

Zu 3: E.BRUNNER, Das Gebot u. die Ordnungen, 1932 - REINH. NIEBUHR, An Interpretation of Christian Ethics, 1935 - BARTH, KD I/2; II/2; III/4 - A.DE QUERVAIN, Die Heiligung. E., 4 Bde, 1942-56 - N.H.SØE, Kristelig Ethik, Kopenhagen (1942) 1951[3]; dt. (1949) 1957[2] - W.ELERT, Das christliche Ethos, 1949 - D.BONHOEFFER, E., (1949) 1956[3] - THIELICKE, ThE - DERS.-H.-H.SCHREY, Glaube u. Handeln, o.J. - H.VAN OYEN, Ev. E., 2 Bde, 1951-57 - F.GOGARTEN, Der Mensch zwischen Gott und Welt, (1952) 1956[2] - J.HECKEL, Lex charitatis. Eine jurist. Unters. über das Recht in der Theol. Martin Luthers (SAM 1953) - W.JOEST, Gesetz u. Freiheit, (1951) 1956[2] - H.-D.WENDLAND, Die Kirche in der modernen Gesellschaft, 1956.

H.van Oyen

Ethische Kultur → Niederlande: II.

Ethische Richtung → Niederlande: II.

Ethnologie im weiteren Sinn wird als ein Forschungsgebiet abgesteckt, das sich mit den »schriftlosen Völkern« (→ Naturvölker) befaßt. In diesem Sinne wird E. im deutschen Sprachgebrauch meist synonym mit »Völkerkunde« verwandt. Genauer sind zu unterscheiden: 1. *Ethnographie* als Materialsammlung und Beschreibung; 2. E. im eigentlichen Sinn als theoretische Deutung der ethnographischen Gegebenheiten unter besonderer Berücksichtigung ihrer soziologischen, psychologischen und historischen Zusammenhänge.

1. Die *Ethnographie* ist hervorgegangen aus dem Interesse an fremden Ländern, an begegnenden Kuriositäten und den »exotischen« Sitten, Gebräuchen und Einrichtungen der in der Ferne lebenden Völker. In diesem Sinne kann schon Herodot als »Vater der Ethnographie« bezeichnet werden. Dabei sind vom Altertum bis in die Gegenwart zwei gegensätzliche Tendenzen zu unterscheiden: die Neigung zur Idealisierung der Randvölker, die als »natürlich« und »nicht verdorben« durch die Einflüsse der Zivilisation und als Repräsentanten einer besseren Urzeit betrachtet werden, und daneben die Auffassung dieser Völker als zurückgebliebene und darum verächtliche »Barbaren«. Beide Auffassungen sind geradezu Konstanten. Außerdem gibt es Zeitströmungen und Interessenrichtungen (Aufklärung, Romantik, koloniale Herrschaft, christliche Mission u.a.), welche nicht nur die Interpretation der beobachteten ethnographischen Tatsachen, sondern bereits die Sichtweite und Auswahl derselben in jeweils verschiedener Weise beeinflußt haben. Dadurch wird vor allem der Quellenwert der älteren Reiseberichte vom »Zeitalter der Entdekkungen« bis ins 19.Jh. stark beeinträchtigt. Wertungsbestimmte Vorurteile haben auch lange Zeit ein angemessenes Verstehen der religiösen Erlebnisformen der Naturvölker sowie eine adäquate Auffassung des institutionellen Charakters ihrer oft - für unser Empfinden - absonderlichen oder verabscheuungswürdigen sozialen Praktiken verhindert (→ Kopfjagd, → Kannibalismus, → Menschenopfer, Polygamie [→ Ehe: I], gastliche → Prostitution u.a.m.). Trotzdem hat es auch in früherer Zeit schon einzelne Beobachter gegeben, die den institutionellen und zT religiösen Charakter derartiger Bräuche wertfrei gewürdigt haben, zB den Jesuitenmissionar J.F.Lafitau (»Mœurs des Sauvages Amériquains«, 1724). Die moderne Ethnographie wird in ausgesprochenem Maße von der wissenssoziologischen Reflexion geleitet, daß man Tatsachen aus fremden → Kulturen (bes. solche aus »primitiven« Kulturen) immer durch das Filter des eigenen Kulturhorizontes sieht; man muß sie also auf diesen hin relativieren, wenn man fehlerhafte Perspektiven, Begriffsbildungen und Verallgemeinerungen vermeiden will. Dies gilt namentlich auch für das Studium der »primitiven Religionen«, an das der Forscher (nicht nur der Missionarforscher!) geradezu unvermeidlich mit Kategorien herangeht, die dem Begriffsschatz christlich theologisierten Denkens entstammen. Diese Fehlerquelle ist also schon bei der Beobachtung und Sammlung ethnographischen Materials sorgfältig zu beachten.

Die ethnographische Arbeit basiert ausschließlich auf der sog. Feldforschung, dh auf Urerhebungen bei den betreffenden Gruppen. Dabei gibt man seit etwa 1900 der »stationären Feldforschung« den Vorzug, dh der Forscher verweilt längere Zeit in einer Gemeinde, bei einem Stamm oder doch in einem begrenzten Areal, um auf der Grundlage eines möglichst intimen Kontaktes mit den Eingeborenen ein möglichst vollständiges Bild ihres gesamten sozialen und kulturellen Lebens zu gewinnen. Um tiefer zu dringen, ist die Kenntnis der Sprache unerläßlich. Daher geht die Ethnographie häufig mit der Linguistik Hand in Hand. In diesem Punkte sind Missionarforscher im Vorteil schon durch das Bemühen um Bibelübersetzungen in Eingeborenensprachen. Es versteht sich, daß ohne Kenntnis der Sprache ein tieferes Eindringen vor allem in die religiöse Sphäre unmöglich ist. - Das Ergebnis der ethnographischen Feldarbeit ist die »Monographie«, die ein Lebensbild eines einzelnen Naturvolkes (oder einer kleineren Gruppe von Naturvölkern) bietet. Sie ist darstellungstheoretisch auch bei reichem Materialanfall eine schwierige Leistung. Denn fremde Kulturen thematisieren ihre eigenen Normen,

Modelle und Handelsformen nicht in der gleichen Weise wie wir; die uns geläufige Gliederung in die Sphären der Technik, der Wirtschaft, der Gesellschaft, des Rechts, der Kunst, der Religion usw trifft für sie nicht ohne weiteres zu. Vor allem die uns geläufige Verselbständigung der religiösen Sphäre gegenüber den Sphären der Magie, der Kunst, des Rechts und der Sozialordnung ist erst eine Erscheinung höherer Kulturen mit schriftlich fixierten Lehrmeinungen und Priesterschaften. Naturgemäß ist die Aufgabe, den Stoff monographisch nach den Kategorien der Eingeborenen selbst zu gliedern, ein ideales und schwer zu erreichendes Ziel.

Immerhin ist in der bisherigen monographischen Arbeit stoffmäßig so viel bewältigt, daß uns die ethnographischen Kulturen der Erde im ganzen gut bekannt sind. Es gibt zwar noch immer einzelne »weiße Flecke« auf der ethnographischen Karte, doch sind wir gegenwärtig über die regionale Gliederung der ethnographischen Kulturen in den großen Zügen unterrichtet.

2. Die *Ethnologie* im eigentlichen Sinn verarbeitet die ethnographischen Tatsachen intensiv und nach der vergleichenden Seite. Sie sucht genetische Entwicklungsprozesse aufzuklären und erforscht die Zusammenhänge der ethnographischen Kulturen bzw. der sie tragenden Gruppen untereinander sowie ihre Beziehungen zu den höheren Kulturen. Sie bedient sich dazu vorwiegend soziologischer und psychologischer, in einzelnen Fällen auch historischer Methoden.

a) Die *vergleichende E.*, dh der Vergleich der ethnographischen Kulturen untereinander, lehrt zunächst, daß es sehr erhebliche Unterschiede sowohl im zivilisatorischen Niveau als auch in den sozialen Ordnungen, im Gesellschaftsaufbau, in der Wirtschaftsgestaltung und auch in der Geistesverfassung gibt. Es ist daher nicht mehr angängig, von »den Primitiven« schlechthin zu sprechen. Die technisch-zivilisatorische Ausrüstung und die dadurch bedingte größere oder geringere Naturabhängigkeit bestimmen in wechselndem Grade die »Kulturleistungen«, die Wirtschaftsform und die Mentalität. Die letztere ist um so »primitiver« (im entwicklungspsychologischen Sinn, → Völkerpsychologie), je mehr der Mensch unter dem unmittelbaren Druck einer schwer zu bewältigenden Naturumwelt steht (→ Eskimo: I), doch ist Rationalität im Denken leicht zu fördern durch die akkumulierte Erfahrung gelungener Umweltbewältigungen. Soziologisch gibt es teils sehr einfache, egalitär und homogen aufgebaute, teils aber auch komplexe, sozial geschichtete und hierarchisch gestaffelte Gemeinwesen; letztere bilden bereits den Übergang zu den Hochkulturen.

Durch den Vergleich gelangt die E. zur Aufstellung bestimmter *Typen*. Zu unterscheiden sind Typen von Gesellungsformen (→ Familien, Sippen, → Männerbünde usw; → Gemeinschaften: I), Typen von Institutionen (→ Vaterrecht, → Mutterrecht, Verwandtschaftsregelungen, Heiratsordnungen, → Totemismus, → Schamanismus u.a.m.) und Typen von Handlungsabläufen (Rituale, Zeremoniale usw; → Kultus: I, → Ritus). Diese Typen sind zT verschiedene Seiten desselben Sachverhalts. Die praktische Orientierung an den Normen des Verhaltens wechselt. Es gibt Modelle, die nur geringfügige Abweichungen im Handeln gestatten, und es gibt weitherzige Auslegungen, die einen breiten individuellen Spielraum zulassen. In religiöser Hinsicht ist zB bei manchen nordamerikanischen Indianern ein ausgesprochener »Individualismus« in der Phantasiebetätigung zu beobachten. Doch gibt es nirgends eine rein individualistische oder rein kollektivistische Orientierung. Die moderne E. betont die Rolle der Persönlichkeit bei der Kulturgestaltung; es ist eines ihrer wichtigen Ergebnisse, daß man in den ethnographischen Kulturen mit derselben Vielfalt der Veranlagungen, Charaktere, Temperamente und Intelligenzgrade zu rechnen hat wie in der modernen Welt. Auch in der religiösen Sphäre finden sich tief ansprechbare Naturen, schöpferische Denker, andererseits Rationalisten, Skeptiker, Konventionalisten und Gleichgültige nebeneinander (→ Gemeinschaft und Individuum: I).

b) Die Träger einer bestimmten, strukturell abgrenzbaren Kultur werden als ein ἔθνος, eine *ethnische Einheit*, bezeichnet, wenn sie sich zugleich durch ein ausgesprochenes Wir-Bewußtsein gegen ihre Nachbarn absetzen. Diese ἔθνοι (Ethnien) sind nicht eigentlich »Völker« im Sinne der europäischen Geschichtsüberlieferung, sondern kleinere Einheiten: Stämme, Klans, Sippenverbände (→ Stamm und Sippe) usw. Doch bekunden sie, solange ihr kulturelles Dasein noch ungebrochen ist, eine entschieden »ethnozentrische« Einstellung, dh sie sehen sich selbst im Mittelpunkt der Welt und halten ihre eigene Kultur, Lebensweise, Sprache, Sozialordnung usw für die beste, ja für die einzig wahrhaft menschliche. (Viele Ethnika bedeuten einfach »Menschen«.) Hierin ist psychologisch ein Urmodell dessen zu sehen, was wir bei Geschichtsvölkern und in stärkerer ideologischer Durchbildung »Nationalismus« nennen. In dieser Haltung liegt eine starke, traditionalistisch motivierte Widerstandskraft gegen die Einflüsse aus fremden Kulturen. Doch gerät sie bei lebhafterem Kontakt verschiedener Ethnien untereinander leicht ins Wanken, vor allem dann, wenn Ethnien mit stark unterschiedlichem zivilisatorischem Niveau in Auseinandersetzung stehen, und erst recht, wenn Naturvölker in den Sog expansiver, hochkultureller Geschichtsmächte geraten. Es besteht ein eindeutiges Gefälle von den »höheren« Kulturen zu den »niederen«, das durch Bevölkerungszahl, politisch und militärisch organisierte Macht und geistige Überlegenheit bestimmt wird. Eine Aufgabe der E. ist es, die allmähliche Zurückdrängung und Absorption der kleineren und schwächeren Ethnien durch die größeren und stärkeren zu verfolgen. Unter den Geschichtsmächten, die eine überlagernde und absorbierende Kraft entfalten, behaupten die großen und theologisch durchgebildeten Religionen eine beherrschende Stellung. Die E. kann zeigen, daß unter dem Einfluß dieser Mächte die kleinen Ethnien vielfach aufgesogen werden, mit ihren Trägern aber zugleich den Anschluß an umfassendere geschichtliche Gemeinschaften gewinnen. Solche Vorgänge vollziehen sich zB in Indien als »Hinduisierung«, in Südostasien und Hochasien als »Buddhisierung«, in Vorder- und Zentralasien als »Islamisierung« von Naturvölkern. Religionsgeschichtlich ist dabei wichtig, daß unter der Decke der Überlagerung durch Hochreligionen dennoch die alten religösen Vorstellungen und Praktiken als Substrate mehr oder weniger weiterleben, ja sogar die überlagernde Hochreligion beeinflussen. Die ethnologische Kulturforschung stellt sich bes. die Aufgabe, derartigen Substraten durch kulturelle Schichten-Analyse nachzugehen.

c) Nicht vorübergehen kann die E. an der Frage nach Ablaufsregeln von Kulturen (→ Kultur: I) bzw. dem Problem der geschichtlichen Veränderung, dh der Beziehung von *Kultur und Geschichte*. Alle ethnographischen Kulturen neigen, wiewohl in wechselndem Grade, auch von innen her zu Wandlungen. Doch sind diese nur in seltenen Fällen von den Kulturträgern intendiert, sie vollziehen sich vielmehr meist »unter der Hand«, oft sogar im Widerspruch zu einem bewußten Traditionalismus. Andere und stärkere Kulturvariationen kommen durch Beeinflussung von außen zustande, dh durch Kulturwanderungen und -übertragungen (»Diffusion«). Da die Naturvölker, von wenigen Ausnahmen abgesehen, keine schriftliche Überlieferung haben, ihre mündliche Überlieferung aber mythisch überformt, jedenfalls historisch unzuverlässig ist, kann die E. Vorgänge des Kulturwandels in der Regel nur für rezente Epochen feststellen. Für weiter zurückliegende Zeiten ist sie teils auf Schriftquellen höherer Nachbarvölker, teils auf Konjekturen der verschiedensten Art angewiesen. Doch hat sie sich neuerdings in manchen Gebieten auch der archäologischen Erforschung der Vorstufen heutiger ethnographischer Kulturen zugewandt, um dadurch die Lücken zwischen Vergangenheit und Gegenwart zu schließen und zum mindesten zu einer relativen Chronologie von Kulturschichten zu gelangen.

Die ethnographischen Kulturen haben also durchaus eine Geschichte im Sinne der res gestae, nicht aber im Sinne einer historia rerum gestarum. Sie teilen diesen Zug allerdings mit vielen archaischen und zeitgenössischen höheren Kulturen des Orients, deren Zeitbewußtsein nicht linear-fortschreitend, sondern mythisch gebunden ist (→ Mythos). Geschichtlichkeit im Sinne erlebten oder gar gewollten Fortschreitens kann allerdings auch bei Naturvölkern u.U. sehr schnell induziert werden, sobald sie in Berührung mit europäisch-amerikanischer Zivilisation geraten. Dann kommt es auch zu jener Veränderung der Bewußtseinsstruktur, die das eigentliche Kennzeichen des geschichtlich wach gewordenen Menschen ist. Vgl. → Animismus, → Anthropos, → Kulturkreislehre, → Mana, W. → Schmidt, → Urmonotheismus, → Urreligion.

R.THURNWALD, Die menschliche Gesellschaft in ihren ethno-soziologischen Grundlagen, 5 Bde 1931-35 - R.H.LOWIE, An Introduction to Cultural Anthropology, New York (1934) 1946 - A.BROS, L'ethnologie religieuse. Introduction á l'étude comparée des religions, Paris o.J. (1936) - W.E.MÜHLMANN, Rassen- u. Völkerkunde, 1936 - DERS., Die Völker der Erde, 1945 - DERS., Gesch. der Anthropologie (Gesch. der Wissenschaften I. Geisteswiss. [3]), 1948 - DERS., Völkerkunde (Universitas Litterarum. Hdb. der Wissenschaftskunde, 1954, 271-291) - DERS., E. u. Gesch. (Stud. Gen. 7, 1954, 165-177) - DERS., E. als soziologische Theorie der interethnischen Systeme (KfS 8, 1956, 186-205) - F.R.LEHMANN, Der Beitrag der Völkerkunde zur Religionswissenschaft (ARW 34, 1937, 324-350) - P.RADIN, Primitive Religion: Its Nature and Origin, New York 1937 - Lehrbuch der Völkerkunde, hg.v. R.THURNWALD, 1939² - A.L.KROEBER, Anthropology, New York 1948 - M.MAUSS, Sociologie et anthropologie, Paris 1950 - D.BIDNEY, The Ethnology of Religion and the Problem of Human Evolution (AmA 56, 1954, 1-18). *W.E.Mühlmann*

Etrusker

1. Die E. zählen zu den bedeutendsten Völkern des vorrömischen Italien, mit einer im wesentlichen nicht-indogermanischen Sprache. Wahrscheinlich muß man sie mit einer Schicht der alten Mittelmeerbevölkerung in Verbindung bringen. Sie bewohnten ein vom Tyrrhenischen Meer und den Tälern des Tiber und Arno begrenztes Gebiet. Ihre Kultur blühte vom 7.-2.Jh. vChr, sie erlosch mit der Unterwerfung unter Rom und der Latinisierung Etruriens. Die griechisch-römische Überlieferung schreibt den E.n eine besondere Frömmigkeit zu (Liv. 5, 1, 6; Dion. Hal. 1, 30, 3). Einige für die etruskische Religion charakteristische Begriffe und Praktiken wurden von den Römern übernommen.

2. Die etruskische *Kultur* wurde unmittelbar und ständig von der damaligen griechischen beeinflußt, ohne jedoch die geistige Entwicklung der Griechen mitzumachen. Deshalb blieben auch viele Bereiche ihrer Gedankenwelt auf einer primitiven Stufe stehen (vgl. bezüglich des Blitzes → Seneca, Quaest. nat. 2, 32, 2). Dunkle Vorstellungen einer unabwendbaren Schicksalsmacht und ein bis ins einzelne gehender Formalismus hat die E. beherrscht, die ängstlich darauf bedacht waren, den Willen der Götter und die Zukunft durch vielerlei Formen der Wahrsagerei (→ Mantik) zu ergründen: die Eingeweideschau (haruspicina), die Beobachtung der Blitze (ars fulguratoria) und den Vogelflug (auspicium), die auch aus der umbrischen und → römischen Religion bekannt sind, sowie die Deutung von seltsamen Erscheinungen und → Träumen. Ein Corpus jetzt verlorener hl. Bücher enthielt die vom Halbgott Tages und der Nymphe Vegoe geoffenbarten Lehren über die Wahrsagekunst (libri haruspicini, libri fulgurales), über die sakralen und profanen Vorschriften (libri rituales), über das → Schicksal der Menschen und Staaten (libri fatales) und über das Los im Jenseits (libri acherontici). Neben den mittelbaren Nachrichten aus den klassischen Schriftstellern stehen nur einige wenige original-etruskische, nicht immer leicht verständliche Ritual- und Votivtexte (bes. der Text der Agramer Mumienbinde und die Tontafel von Capua) und die archäologischen Überreste zu unserer Verfügung.

3. Die etruskischen *Gottheiten* werden oft in der Mehrzahl erwähnt (etr. aiser) als Gemeinschaft geheimnisvoller Wesen (dii involuti) oder als Gruppen von waltenden Gottheiten des → Himmels, der Gewässer, der → Erde und von vergöttlichten Abgeschiedenen (dii animales; → Totenverehrung: I). Unter den persönlichen Göttern, deren Namen wir kennen, entsprechen viele den Göttern des griechischen und römischen Olymps (zB Tin = Zeus, Uni = Hera, Turan = Aphrodite usw), andere wieder haben ihre besonderen Eigentümlichkeiten (so Voltumna, der Gott des Nationalheiligtums bei Volsinii, die Schicksalsgöttinnen Nortia, Culsu, Vanth usw). Dazu kommen zahlreiche männliche und weibliche Halbgötter und die furchterregenden Dämonen aus dem Jenseits, so der mit einem Hammer bewaffnete, gräßliche Charu (Charon). Die → Orientation und die Einteilung des Himmels und der Erde in Zonen entsprechend den verschiedenen günstigen oder ungünstigen Einflüssen der Gottheiten war von großer Bedeutung (limitatio; → Weltbild: I D). Beim Totenkult überwog zuerst der urtümliche Glaube an ein Weiterleben in den monumentalen → Gräbern, später überwog die Auffassung von einem Reich im Jenseits ähnlich dem griechischen Hades. Die Hoffnung auf eine besondere Bevorzugung auch nach dem → Tode ist der Grund für die große Ausbreitung der → Mysterien-Religionen, bes. der dionysischen bei den E.n.

C.O.THULIN, Die etr. Disciplin. 1906 - G.HERBIG, Religion u. Kultus der E. (Mitt. d. Schles. Gesellsch. f. Volkskunde 23, 1922, 1-28) - F.MESSERSCHMIDT, Griech. u. etr. Religion (SMSR 5, 1929, 21-32) - H.M.R.LEOPOLD, La religione degli Etruschi (ebd 33-55) - C.CLEMEN, Die Religion der E., 1936 - A.GRENIER, Les religions étrusque et romaine. Paris 1948 - R.HERBIG. Götter u. Dämonen der E., 1948 - DERS., Zur Religion u. Religiosität der E. (Historia 6, 1957, 123-132) - M.PALLOTTINO, The Etruscans, Harmondsworth (1955) 1956², 154ff. *M.Pallottino*

Ett, *Kaspar* (1788-1847), * in Eresing (Obb.), † in München, Hauptvertreter der 1. Epoche der kath. kirchenmusikalischen Restauration des 19.Jh.s. Er lernte in Andechs als Chorknabe, später im »Studienseminar« in München; hier konnte er Fux, Lasso und sogar Ockeghem studieren. Die Aufführung von Allegris Miserere (1816) durch E., den Hoforganisten an St. Michael, bedeutet den Anfang der Wiederbelebung der klassischen Vokalpolyphonie und der romantisierenden Musikpflege des 19.Jh.s. Doch war E. nicht so einseitig wie der spätere Cäcilienverein, der sich auf die → a-cappella-Musik beschränkte. E. widmete sich auch der Kirchenmusik der Wiener Klassiker (Mozart und M.Haydn) und eröffnete, wenn auch noch unvollkommen, durch seine Cantica sacra die Bemühungen um die Gregorianik. Die eigenen Werke entsprechen diesen drei Vorbildern.

F.Bierling, C.E.. 1906 (Verz. der Werke). - Über E.: O.Ursprung, Kath. Kirchenmusik, 1931 - MGG III, 1602. *E.Jammers*

Euaristus (Evaristus, im Catal. Liber. Aristus), röm. Bischof etwa 99-107. Nachfolger → Clemens' I., nach der Tradition Sohn eines hellenistischen Juden aus Bethlehem. Sein Martyrium unter Trajan ist zweifelhaft. Tag: 26.10.

R.v.Nostitz-Rieneck, Zu d. Brevierlektionen d. Päpste E. u. Alexander I. (ZKTh 29, 1905, 159-165) - LThK III, 894. *M.Rauer*

Eucharistiner oder *Societas sanctissimi Sacramenti* (S.S.S.), auch Prêtres d'Eucharistie, 1856 in Paris von Pierre Julien Eymard (1811-68) gestiftet. Aufgabe dieser 1863 bzw. 1875 päpstlich bestätigten Männerkongregation ist die fortwährende → Anbetung (: III, 2) des Altarsakraments sowie die Pflege des eucharistischen Apostolats in Wort und Schrift, wozu vornehmlich → Eucharistische Kongresse und die Herausgabe von Büchern und Zeitschriften dienen. Außer Niederlassungen in Frankreich und Deutschland gibt es solche u.a. in Spanien, Italien, Nord- und Südamerika. - Ferner errichtete Eymard 1858 in Angers (Dep. Maine et Loire) die Kongregation der *Dienerinnen des Allerheiligsten Sakraments,* die 1871 bestätigt wurde und sich vor allem der Anbetung des Altarsakraments widmet. - In Verbindung mit den E.n steht auch der von Eymard begründete und 1887 kanonisch errichtete *Priesteranbetungsverein* (Eucharistischer Verein der Priester der Anbetung).

LThK III, 831. 924 - Heimbucher II, 422f - EC X, 1531. *W.Göbell*

Eucharistische Kongresse sind aus eucharistischen Wallfahrten entstanden, zu denen die französische Laiin Maria Martha Emilie Tamissier aus Tours (1844-1910) aufrief; sie sollten in Frankreich den Willen stärken, das Heil der Gesellschaft mittels der Eucharistie zu erreichen, und gehören mit zu den Versuchen des französischen Katholizismus, sich nach 1870/71 zum Quell der Erneuerung Frankreichs zu machen. Diesen Wallfahrten (die erste 1874 nach Avignon) gliederten sich alsbald Veranstaltungen an, die man »Kongresse des Allerheiligsten Sakraments« nannte. Aus der regionalen Enge wurde das ganze Unternehmen durch den Laien Philibert Vrau in kirchliche Weite hinausgeführt. Er erreichte 1881 die Approbation der e.n K. durch Leo XIII., so daß im selben Jahr der erste Kongreß in Lille stattfinden konnte. Aber erst unter → Pius X., dem »Papst der Eucharistie«, gewannen bezeichnenderweise die e.n K. ihre heutige Bedeutung als internationale → Katholikentage zur Verherrlichung des Altarsakraments, durch die die Gläubigen zu rechter Pflichterfüllung ihm gegenüber erweckt und für die Verbreitung der Herrschaft Christi auf Erden in Dienst genommen werden sollen. Seitdem gehören die e.n K. mit ihren liturgischen Massenveranstaltungen und ihren jeweils um eine bestimmte Thematik bemühten Arbeitsgemeinschaften zu den machtvollen Selbstdarstellungen der Weltkirche. Die e.n K. fanden eine Zeitlang jährlich, nach dem 1. Weltkrieg zweijährlich und seit dem 2. Weltkrieg unregelmäßig statt. Einige Länder (zB Frankreich und Italien) haben auch noch nationale e.K. Der 35. eucharistische (Welt-)Kongreß fand 1952 in Barcelona statt (»Die Eucharistie und der Friede«), der 36. in Rio de Janeiro 1955 (»Christus der Erlöser und sein eucharistisches Reich«). Traditionsgemäß ist der Bischof von Namur der Präsident der e.n K. Seit 1906 ist der Papst stets durch einen Kardinal-Legaten vertreten. Obwohl die e.n K. eine innerkath. Angelegenheit ohne jeden Propagandawillen nach außen sein wollen, rückt die von ihnen erstrebte öffentliche Verehrung der Eucharistie (genau wie die → Fronleichnams-Prozession) sie doch in den politischen Raum. Die Art, wie der gegenwärtige spanische Staat sich in Barcelona als Vorkämpfer des Grundgedankens der e.n K. gebärdete, hat sogar zu innerkath. Kontroversen geführt. Der 36. Kongreß hat in Rio de Janeiro stattgefunden, weil sich die röm.-kath. Kirche in Südamerika und nicht zuletzt in → Brasilien gefährdet weiß und gerade in diesen Gebieten vor der schwierigen Aufgabe einer inneren Missionierung steht. In der Vergangenheit sind bei Tagungen der e.n K. in konfessionsverschiedenen Ländern Unzuträglichkeiten vorgekommen. Die e.n K. stellen sich als ein Teil der Welterneuerungsbewegung (aus der Kraft des Altarsakraments) dar, zu der die Piuspäpste des 20.Jh.s den → Katholizismus (: II) zu machen bestrebt sind.

Berichte über die einzelnen e.n K. erschienen an den Tagungsorten. - J.Vaudon, L'oeuvre des Congrès eucharistiques, ses origines, 1910 - F.Vrau, Les triomphes eucharistiques dans les 25 premiers Congrès euch. internationaux, Paris o.J. - L.de Palladini, Die E.n K., 1912 - RGG[3] II, 397f - LThK III, 831f - EC IV, 350ff - Materialdienst des Konfessionskundl. Instituts 3, 1952, 39f; 6, 1955, 78-80. *W.Sucker*

Eucherius von Lyon († um 450) wurde um 434 in Lyon (Vaterstadt?) Bischof; bereits um 420 hatte er sich mit Frau und Söhnen zu den Mönchen nach Lerinum zurückgezogen. Des E. Ansehen in mönchischen Kreisen bezeugt → Cassians Widmung der Collationes 11-17 an ihn und den Abt → Honoratus auf Lerinum. Zwei seiner Schriften haben die lateinische Theologie bis ins MA hinein beeinflußt, die Formulae spiritalis intelligentiae (Proben allegorischer Exegese) und die Instructiones ad Salonium (Exegese schwieriger Schriftstellen und Erklärung griechischer und hebräischer Wörter nach Hieronymus). Beide sind heute wichtig für die Geschichte des lateinischen Bibeltextes.

MPL 50 - CSEL 31, 1894 (hg. v. K.Wotke). - PW VI, 1907, 883f - Altaner[5] 419 (Lit.). *† H.Kusch*

Euchiten (syr. *Messalianer*), »die Beter«, sind eine bes. während des 5.Jh.s in Kleinasien und Syrien verbreitete Bewegung des östlichen Mönchtums, deren Anfänge und Ausgänge im Dunkel liegen. Sie suchen auf Grund der biblischen Weisung (Lk 18, 1; 1Thess 5, 17) »ohne Unterlaß« zu beten, in der Überzeugung, daß weder die kirchlichen Sakramente noch die Askese allein das seit Adams Fall in der Seele hausende Böse zu überwinden vermögen; nur der ebenso real in den Christen Wohnung nehmende hl. Geist reinige und vollende die »Geistes-Menschen«. Sie bilden die »wahre Kirche«, die sich von der amtlichen unterscheidet und von ihr verfolgt wird. Die Maßnahmen gegen die E. beginnen mit einer Synode von Side in Pamphylien (um 390), einem Gesetz Theodosius' I. und einem Beschluß des 3. ökumenischen Konzils (431), hier auf Grund einer (in doppelter Form erhaltenen) Häresienliste, Auszügen aus einem euchitischen Grundbuch, dem »Asketikon«. Dieses läßt sich aus den Schriften eines jüngeren Führers der Bewegung herstellen, die in einer »kirchlichen« Fassung unter dem Namen des ägyptischen Mönchsheiligen → Makarius d.Gr. auch im Abendland viel gelesen wurden. Die früher nur durch die Berichte der Gegner bekannten E. lassen sich jetzt im eigenen Wort (dem makarianischen Schrifttum und dem syrischen Liber Graduum) als ein Geist-Christentum von hoher Eigenart und weittragender Wirkung bestimmen.

Epiphanius, haer. 80 - Theodoret, h.e. IV, 20 - Photius, Cod. 52. - Ausg. des Makarius v. E.Klostermann u. H.Dörries in Vorbereitung. - Die Berichte der Gegner bei M.Kmosko, Liber Graduum, PS I/3, 1926, CLIIff - H.Dörries, Symeon von Mesopotamien, 1941. *H.Dörries*

Euchologion → Gottesdienst: V A, 2.

Eudämonismus

1. Begriff - 2. Grenzen des Begriffs - 3. Verwendung - 4. Philosophische Beurteilung - 5. Theologische Besinnung

E. (vom griech. εὐδαιμονία) meint sowohl ein praktisches Verhalten als auch die Lehre, die für das menschliche Handeln die Qualität »gut« nur gelten läßt, wenn es auf → Glück und Glückseligkeit ausgerichtet ist. Jede aus anderen Gründen hervorgehende Tätigkeit ist nach dieser Theorie ethisch verwerflich, wahnhaft oder jedenfalls unecht und unfruchtbar. Unter Glück hat man aber keineswegs ein lustvolles Vergnügen, sondern die Erfüllung des Daseins zu verstehen; auch die religiöse → Mystik gehört also teilweise hierher.

2. Im herkömmlichen Sprachgebrauch sind die Grenzen des Begriffs der εὐδαιμονία so dehnbar gehalten, daß er sich auf das Verschiedenste, sogar Gegensätzliches, erstrecken kann, womit zugleich einer Verflüchtigung des Wortes »Glück« Vorschub geleistet wird. Weil die Worte »Glück«, »Glückstreben«, »Glückseligkeit« nur vage Konturen aufweisen, sind sie in begrifflichem Gebrauch und normativer Geltung im wesentlichen nur auf das persönliche Leben anwendbar, wie es seine eigenen subjektiv sublimsten Momente wertet. Wenn man dagegen die sozialen Motive des Glückstrebens mit den individuellen auf einen Nenner bringt oder Wohlbefinden, Glück und Frieden der Menschheit prinzipiell als Ziel mit der Lebensbetätigung des einzelnen gleichsetzt, tritt eine Verwirrung ein, wobei der akzidentelle, konkrete Inhalt die formale, normative Bestimmung des Begriffs fast ganz verdrängt (H.Spencer; A. → Comte). Sicher ist es etwas schwierig, die Ideale und Leitbilder des Antisthenes und → Epikur auf einen Nenner zu bringen oder → Aristoteles und → Plotin unter diesem einen Aspekt des E. zusammenzusehen, aber es läßt sich zur Not rechtfertigen, insofern als in beiden Fällen das Subjekt sich durch das Motiv der Erfüllung des persönlichen Lebens in Freude normiert sieht. »Gut« ist - im Aspekt der Antike -, was mit der *Natur* und der *Bestimmung* des Menschen übereinstimmt; der Mensch seinerseits ist auf Freude, Glück, Wohlbefinden, Dauer, Schmerzlosigkeit, Linderung angelegt. Für die hier berührte verschiedene Zielsetzung gilt Platos Wort: φύσει τεθέαται τὰ ὄντα »jede menschliche Seele ist von Natur mit dem Wesentlichen vertraut« (Phaidros 249 E), dh das *Sollen* ist im Wesen des Seins begründet.

3. Von daher gesehen entsteht die Möglichkeit, die gesamte antike Ethik, abgesehen von → Sokrates und (teilweise) → Plato, in ihrer Einheit und Variation als E. zu verstehen. Das Glück kann in der Einsamkeit oder in freundschaftlichen Beziehungen gefunden werden; es kann in gleichmäßiger, dauerhafter Heiterkeit (Demokrit) oder im Hochmoment des vereinzelten Gefühls (Aristipp) bestehen; es kann im Erleben der → Tugend und Tugendhaftigkeit (Chrysipp) oder im Gleichgewicht der geistigen Bewegtheit gesucht werden, weil darin ein Höchstmaß von Lust mit einem Mindestmaß von Schmerz verbunden ist (Epikur); es kann erscheinen im Genuß der Gemeinschaft mit Kameraden und Geistesverwandten (→ Epiktet) oder sogar in der Gesinnung stetiger Hilfsbereitschaft (→ Markus Aurelius). Der Begriff des Glücks kann sogar derartig eingeengt werden, daß er lediglich Abwesenheit von Leid (Aristipp) bedeutet, weswegen seine Erfüllung erst im Tode gesehen wird (Hegesias). Diese Aspekte gehen so weit auseinander, daß es schwer ist, die Zurückführung auf den einen Grundbegriff εὐδαιμονία festzuhalten. Immerhin ist es nicht unbegründet, selbst dort von E. zu sprechen, wo die stoischen Lehren die Gesundheit und das Wohlbefinden zu den → Adiaphora rechnen, da es sich ja dort auch um ein Glück, nämlich das des weisen, tugendhaften Lebens handelt. Der absolute Gegensatz, den die Stoa zwischen sich und Epikur konstruierte (ein Urteil, das von den christlichen → Apologeten unkritisch übernommen wurde), kann bei näherem Zusehen nicht anerkannt werden; denn die Polemik der → Stoa setzt positiven E. mit → Hedonismus gleich.

Der *Hedonismus* ist in ethischer Hinsicht grundsätzlich vom E. zu unterscheiden, da ja Freude, Glück, Genuß, Vergnügen, Lust, Wollust als psychologische Fakten nicht gleichgesetzt werden dürfen. Die Verschiedenheit ihrer Strukturen hat die → Phänomenologie nachgewiesen. Wer eine solche Gleichsetzung in ethischer Hinsicht vornimmt, tut es in unbewußtem Anschluß an eine Tradition der Kirche, welche dazu neigt, die spontane Bejahung des natürlichen Lebens in dieser oder jener Form zu verdächtigen. Die auch einem Hedonisten mögliche Einsicht, daß sinnlicher Genuß immer momentan ist, daß seine Wiederholung abstumpft und Unlust erzeugt, weshalb auch der Hedonist gelegentlich ein savoir-vivre lehrt, verändert in sittlicher Hinsicht nichts und ist auch typologisch unwichtig. Das schwerste Hindernis aber für die rechte Verwendung des Begriffs liegt darin, daß auch hier, wie so oft in ethischen Theorien, die Faktizität des menschlichen Strebens als normativ statuiert wird. Darum ist der E. in gewöhnlicher Verwendung strenggenommen eher ein *Vademecum der Lebenskunst* als eine ethische Lehre. Ob es psychologisch richtig ist, daß der Mensch seine Taten immer und durchaus nach Maßstab des Wohlbehagens wertet, ist schon fraglich; jedenfalls bleibt der *Übergang* von der *Faktizität* zur *Normativität* so oder so ein schwer zu bewältigender Graben.

Ein humanistischer Utilitarismus hat in Europa die Verbindung von E. mit *sozialen* Motiven hervorgebracht, die die Gestaltung einer menschwürdigen Gesellschaft beabsichtigt und, ebenso wie der Hedonismus, wohl zu unterscheiden ist vom E. als solchem. Die These J. → Benthams: »Möglichst großes Glück für möglichst viele Menschen« sowie in feinerer Bestimmung des *Inhalts* von »Glück« der praktisch-liberale Idealismus J.Stuart → Mills sind ganz unantike Projekte und Parolen. Auch → Fechner und Sigwart geben solchen hohen Gesinnungen lebendigen und besonnenen Ausdruck. Der *Mitmensch* ist hier mit einbezogen, insofern als es sich um das Zusammenspiel der geistigen Kräfte eines Volkes handelt. Wenn auch das Ziel nicht das ist, die *Gemeinschaft* brüderlich zu gestalten, so soll doch natürlicher Feindschaft und rücksichtsloser Konkurrenz ein Ende bereitet werden. Überhaupt soll das Ganze der innerlichen Beziehungen in eine Hierarchie von Kameradschaften geordnet werden. Dies alles ist - kulturell gesprochen - ganz auf dem Boden der *christlichen* Predigt gewachsen. Der sog. → Utilitarismus ist eine Zwitterform von Selbstentfaltung und Gemeinschaftsstreben, die, mögen auch die Tendenzen einander ethisch widersprechen, von der Voraussetzung ausgeht, daß das praktische Resultat die Kreuzung der Motive rechtfertigen wird.

4. Der E., bei dem der ethische Wert einer Tat entscheidend mitbestimmt wird vom Motiv des Glücks, ist in der *Philosophie* bes. von → Kant scharf kritisiert worden. Kant hat keine Ethik geben, sondern »die Bedingungen der Möglichkeit« des guten Handelns ein für allemal philosophisch klarstellen wollen. Das Tun des Guten, die Erfüllung der Pflicht, der Gehorsam gegenüber dem Gewissen - dies alles setzt eine ganz selbständige kategoriale Geltung des »Guten« voraus, wobei - mit Verwerfung jeder Vermischung nach Art psychologischer Erfahrung - das Glück (als Motiv) geradezu als

Widersinn erscheinen muß. Das Gute ist *unbedingt,* es wird um seiner selbst willen getan. Per definitionem fällt der E. unter das Verdikt, nur hypothetische Imperative anerkennen zu können. Der → kategorische Imperativ ist eine Umschreibung der *radikalen Unabhängigkeit des Guten* vom Nutzen und Vorteil, in leiblicher, seelischer oder sogar geistiger Hinsicht. Daraus folgt, daß nach Kant zwar nicht jedes ethische Handeln, aber alle bisherigen ethischen Systeme als Varianten des E. zu verurteilen sind. Nur die Gesetzmäßigkeit, welche der Vernunft immanent ist, kann hier als der bestimmende Faktor gelten. Das transzendental verankerte, objektive *Sollen* allein bestimmt das Tun des Guten um des Guten willen, aus »Achtung vor dem Gesetz«. Solches Handeln ist »frei« zu nennen, weil es sich von den endlichen Situationen der Empirie abhebt. - Allerdings hat Kant in seiner Religionsphilosophie einem *Wahrheitsmoment des E.* Rechnung getragen. Transzendentale Voraussetzung der → *Unsterblichkeit* ist die wesentliche Zusammengehörigkeit von Tugend und Glückseligkeit. Sogar → Cohen (Ethik 162f) lehrt: »An den Inhalt, wenn er erst gewonnen ist, soll die Lust sich anschmiegen dürfen« und schließt sich der aristotelischen Definition der Lust oder des Glücks an: ὡς ἐπιγιγνόμενόν τι τέλος »wie ein hinzutretender Abschluß«. Der Affekt, der nach Cohen ebenso Lust wie Unlust (→ Tiefenpsychologie) umfaßt, ist als Motor nicht auszuschalten. Es gilt einzusehen, daß der E. zB in der *Brotfrage* weit abliegt von der Leugnung des Guten an sich und das Gegenteil von → Egoismus ist. Der Sozialismus war nach Cohen auch darin geboten, daß der europäischen Neuzeit die Heuchelei ihrer Moral aufgezeigt werden mußte, denn diese verkündigte, zur Selbstbehauptung der herrschenden Klassen, das Gute an sich für die Masse der Entrechteten, erlaubte aber gleichzeitig dem Prediger und Nutznießer selbst ein von fast grenzenlosem E. bestimmtes Leben.

5. Echte *theologische Besinnung* wird der Verpönung und der wissenschaftlichen Verwerfung des E. aus folgenden Gründen kritisch gegenüberstehen.

a) Das *Gebot Gottes* hängt nicht an unserer Entscheidung und verdankt seine Geltung und Wirkung nie der Willigkeit des Menschen, mag diese nun auf eudämonistischen oder rein idealistischen Motiven fußen. Auch dem Menschen gegenüber, der nur das Gute um des Guten willen gelten lassen will, ist das Gebot souverän. Insofern schließt das Gebot, das strukturell nicht autonom ist, den E. noch radikaler aus als Kants kategorischer Imperativ. - b) Im *Halten* der Gebote befolgt man die Weisung Gottes, der sich um der Stiftung von Gemeinschaft willen selbst hingegeben hat; das Hören seines Wortes gibt daher Freiheit, verspricht Freude, Glück, Wohlbefinden, Frieden. - c) Es wäre weder menschlich noch göttlich gedacht, wollte man dem Menschen die ihm vorgestellte und in der guten Schöpfung mitgesetzte Freude als Befriedigung und Frieden ausreden. Man darf nicht verdunkeln, daß eben das, was um Gottes willen getan wird, *zur Freude* getan wird, aus Freiheit entsteht und Frieden zum Lohn hat. - d) Der Mensch als *geistleibliches* Wesen findet in allen Dimensionen seiner Erfahrung die Orientierung an Lust und Unlust vor, die im Gebot der Ehrfurcht und Dankbarkeit für das Leben eingeschlossen ist. Es geht nicht an, sich auf die These zu versteifen, daß Seligkeit wohl das letzte *Ziel* der menschlichen Tätigkeit ist, in keiner Weise jedoch ein wenn auch untergeordnetes *Motiv* sein darf. - e) Es ist ja nicht eine »sittliche Weltordnung«, die das Gute und das Glück aufeinander hinordnet, sondern die *Gegenwart der Liebe* Gottes selbst, von dem das Gebot als Ruf zur Freiheit kommt. Das »summum bonum« (→ Höchstes Gut) ist nach christlichem Verständnis deswegen das summum, weil der Mensch überall da schon Freude hat, wo er wirklich auf seinen Gebieter hört. Was gut ist, ruht in dem *Bunde* der Gnade, welche die Schöpfung zur *Wohltat* macht. - f) Daraus folgt, daß Kirche und Theologie auch die eudämonistischen Faktoren in der Schätzung des Lebens, des → Eigentums, der → Ehre, der allgemeinen Wohlfahrt nicht a limine abweisen dürfen; sie haben eher der Verkrampfung des ethischen Idealismus entgegenzutreten. - g) Der *»Lohn der Werke«* ist ein Aspekt, der aus dem Evangelium und aus der apostolischen Paränese nicht weggedacht werden kann. Der Lohn liegt nicht schon im Werke selbst, sondern das Werk geschieht in freudiger und bestimmter Erwartung seines Lohnes, dh schließlich doch auch: um des Lohnes willen.

I. KANT, Kritik der prakt. Vernunft, 1788, passim - H. COHEN, Kants Begründung der Ethik, 1877 - DERS., Ethik des reinen Willens, 1904, passim - W. WINDELBAND, Lehrbuch der Gesch. der Philosophie, (1892) 1957[16], Reg. - J. MARTINEAU, Types of ethical theory I, Oxford 1901, 360ff - G. SIMMEL, Einl. in die Moralwissenschaft, 1911, 245ff - A. GÖRLAND, Ethik als Kritik der Weltgesch., 1914, 119 - G. HEYMANS, Einführung in die Ethik, 1914, 56ff - M. SCHELER, Schriften zur Soziologie u. Weltanschauungslehre I, 1923, 41ff - A. SCHWEITZER, Kulturphilosophie II: Kultur u. Ethik, (1923) 1955[10], 33f - EISLER I, 206ff - K. REICH, Kant u. die Ethik der Griechen, 1935, 78ff - BARTH, KD II/2, 724; III/4, 369. 428ff - H. OLDEWELT, Handbuch »Philosophia« I, 1947, 57ff - N. H. SØE, Christl. Ethik, (1949) 1957[2], 384ff.

K.H.Miskotte

Eudisten, eigentlich Congrégation de Jésus et Marie (C.J.M.), → Weltpriester-Kongregation, gegründet 1643 von dem 1925 heiliggesprochenen *Jean Eudes* (1601-80), der für das religiöse Leben Frankreichs im 17. Jh. sehr bedeutsam gewesen ist. Der Errichtung der ersten Niederlassung in Caen folgten weitere in Nordfrankreich. 1674 erkannte Clemens X. die Regel an. Das Ziel der Kongregation, die nur ein Gehorsamsgelöbnis gegen den Superior kennt, ist → Volksmission (: II) in den Pfarrbezirken und Einrichtung von Weltpriesterseminarien gemäß den Forderungen des → tridentinischen Konzils (Sess. XXIII). Nach den Wirren der französischen Revolution kam es zur Neugründung der Genossenschaft durch Toussaint Blanchard, die 1857 päpstlich approbiert wurde. Heute umfaßt die Kongregation, an deren Spitze ein Generalsuperior steht, Häuser in Frankreich sowie Kollegien in Kanada, Kolumbien, Venezuela, Chile und Brasilien. - Jean Eudes ist auch Stifter der Religieuses de Notre Dame de la Charité du Refuge, aus denen 1835 die Kongregation der Frauen vom → Guten Hirten hervorging.

DThC V, 1466ff - LThK III, 836f - HEIMBUCHER II, 592ff - E. GEORGES, La Congrégation de Jésus et Marie, dite des Eudistes, Paris 1933 - G. DE LA COTARDIERE, La Congrégation de Jésus et Marie (Eudistes) au Canada, Besançon 1946 - EC IV, 296ff - ESCOBAR II, 980f.

W.Göbell

Eudo *von Stella* (Eon d'Etoile), bretonischer Adliger, sammelte seit 1145 als Wanderprediger gegen Kirche und Klöster viele Anhänger zu einem Büßerleben. Der Glaube an seine Reinheit führte ihn zur Überzeugung, er sei Gottes Sohn, Herr über die Welt und Richter über Lebende und Tote. Das Konzil von Reims verurteilte 1148 seine Lehre, die nicht katharisch, sondern ein spontaner Auswuchs der religiösen Bewegung war. Bald danach starb E. im Gefängnis, seine Anhänger verloren sich.

A. BORST, Die Katharer, 1953, 87f (Lit.).

A.Borst

Eudokia (Athenais), Tochter des Rhetors Leontius in Athen, † 460 in Jerusalem, wurde 421 nach ihrer Taufe Gattin Theodosius' II., pilgerte 438 nach Jerusalem und lebte, aus unbekannten Gründen verbannt, seit 442 dort, wo sie eine große Bautätigkeit entfaltete (u.a. Kirche des hl. Stephanus). Mit → Juvenal von Jerusalem vertraut, unterstützte sie die Monophysiten (→ Christologie: II, 5), nach seinem Abfall 452 den Aufstand des Theodosius; nach dessen Ende blieb sie den Gegnern von Chalcedon treu. In schwerem Unglück ihrer Familie sah sie eine Strafe Gottes und wandte sich 455 auf Rat des Simeon Stylites der Orthodoxie zu. In Byzanz wurde sie als Dichterin christlicher Epen hoch verehrt, doch blieb nur wenig erhalten.

F.GREGOROVIUS, Athenais, 1892 (Neudr. 1952) - PW VI/1, 1907, 906ff - CH.DIEHL, Figures byzantines 1: Athenais, Paris 1906 - G.L.ARVANTIAKIS, Αἱ δύο Εὐδοκίαι, Athen 1907 - Encicl. Ital. XIV, 551 (Lit.). *K.Wessel*

Eudoxius *von Antiochien,* vor 341 Bischof von Germanicia (Commagene), war radikaler Arianer und Freund von → Aetius und → Eunomius, bis er sich mit ihnen entzweite. Daß er nach Antiochien (357) und dann nach Konstantinopel (360) berufen wurde, erregte Befremden und trug viel dazu bei, daß die homöusianische Partei zur nicänischen Formel überging. Er gehört zu den wenigen Hauptpersonen des → arianischen Streits, für die man nur schwer einige Achtung aufbringen kann.

Das Glaubensbekenntnis des E. bei G.L.HAHN, Bibliothek der Symbole, 1897³, § 191. - RE V, 577ff. *H.Chadwick*

Eugen I., *Papst* 10.8.654 (konsekr.) bis 2.6.657, Römer. Auf Drängen des Exarchen für den vom oströmischen Kaiser verbannten → Martin I. gewählt, zeigte er zunächst eine Byzanz genehme versöhnliche Haltung im Monotheletenstreit (→ Christologie: II, 5c). Doch unter dem Druck des römischen Klerus und Volkes mußte er die ihm zugestellte Synodica des Patriarchen Petrus von Konstantinopel (vgl. Mansi 11, 12f) verwerfen, die einen dreifachen Willen in Christus annahm (Duchesne, LP I, 341). Noch bevor eine oströmische Gegenaktion stattfinden konnte, starb E.; er wurde schon frühzeitig als Märtyrer verehrt (Fest: 2.6.).

RE V, 580f - DThC V, 1488f - CASPAR II, 574ff.

II., *Papst* Mai 824 bis Aug. 827, Römer. Gegen den Widerstand des römischen Volkes von der Adelspartei erhoben, zeigte er Kaiser Ludwig d. Frommen seine Wahl an, der zur Klärung der Verhältnisse seinen Sohn Lothar I. nach Rom sandte. Von den Vereinbarungen ist die constitutio Romana (Mirbt 123f) die wichtigste, nach der ein neugewählter Papst u.a. vor der Weihe dem Kaiser einen Treueid zu leisten hatte (→ Papstwahlen). E. nahm eine bilderfreundliche Haltung ein (→ Bilder: III, 2) und setzte die Reformen → Karls d.Gr. fort (MG Conc. 2, 552f).

RE V, 581f - HAUCK II, 496f - HALLER II, 27f. *H.Fuhrmann*

III., *Papst* 15.2.1145 bis 8.7.1153, Bernhard (Paganelli?) aus Pisa, Schüler → Bernhards von Clairvaux, Abt zu S. Anastasius in Rom. E. versuchte die Feindschaft der Stadt Rom mit Hilfe Rogers von Sizilien, später des deutschen Königs, zu überwinden (Vertrag von Konstanz 1153). Nach E.s Aufruf zum 2. Kreuzzug nahm die Durchführung Bernhard von Clairvaux in die Hand, dessen Verhalten zu französischen Kreisen (Abt Suger) wenig untersucht ist. Die Gesamtpolitik E.s, auch gegenüber → Arnold von Brescia, ist von seiner religiös-sittlichen Einstellung her zu beurteilen. Er wurde von Pius IX. seliggesprochen.

MPL 180, 1013ff - JAFFÉ II, 8714ff - DUCHESNE, LP II, 386f - JOH.V. SALISBURY, Historia pontificalis (ed. R.L.POOLE, Oxford 1927) - MG SS XX, 518ff - WATTERICH II, 281ff. - E.CASPAR, Die Kreuzzugsbullen E.s III. (NA 45, 1924, 285-305) - H.GLEBER, Papst E. III., 1936 - A.FRUGONI, Arnaldo da Brescia, Rom 1954.

IV., *Papst* 3.3.1431 bis 23.2.1447, Gabriel Condulmer aus Venedig, OESA, Bischof von Siena, 1408 Kardinal. Der durch → Martin V. gemeisterte Konflikt zwischen Konzil und Kurie brach erneut aus, als E. das Basler Konzil (→ Reformkonzile) im Dezember 1431 auflöste. Das Konzil setzte ihn 1439 ab und wählte → Felix V., der sich aber nicht durchsetzen konnte (Anjou in Neapel, Burgund). Das von Ferrara nach Florenz verlegte Konzil schloß 1439 die Union mit den Griechen und orientalischen Christen; so wurde das Schisma überwunden, in Frankreich allerdings erst nach Anerkennung der Pragmatischen Sanktion von Bourges 1438. Nach der Einigung E.s mit Friedrich III. wurden 1447 die Fürstenkonkordate geschlossen (→ Kirchenverfassung: IV). E. beteiligte sich auch an den Türkenkriegen (Varna, Kardinal Cesarini). In Rom war 1434 eine Revolution ausgebrochen (E. ging nach Florenz), die jedoch bald durch Giov. Vitelleschi unterdrückt wurde, ohne daß E. sofort zurückkehrte.

R.ARNOLD, Repertorium Germ. I, 1897 - v.PASTOR I, 231ff - J.HALLER, QFIBA 4, 1901, 184-207 - DERS., HZ 103, 1909, 1-51 - DERS., Piero da Monte, Rom 1941 - G.HOFMANN, OrChrP 5, 1939, 407-433; 8, 1942, 5-39; 9, 1943, 171-181 - K.FINK, ThQ 126, 1946, 1-13 - DERS., RQ 43, 1935, 67-69 - J.G.DICKINSON, The Congress of Arras 1435, Oxford 1955. *F.Bock*

Eugenia, *die Heilige.* Ebenso klug als reizend - so weiß es die legendäre Vita -, nimmt sie alle Bildung ihrer Zeit (2./3.Jh.) in sich auf und schlägt, schon als Heidin für die Keuschheit gewonnen, eine glänzende Partie aus. Durch die Paulusbriefe in ihren asketischen Neigungen bestärkt, durch den biblischen Glauben an den Schöpfer vom heidnischen Irrtum befreit, tritt sie, als Mann verkleidet, ins Kloster ein und wird Abt. Den Ruf ihrer Unschuld verteidigt sie durch Offenbarung ihres Geschlechts. Sie stirbt in Rom unter Valerian den Märtyrertod (25.12.); für uns lebt sie, liebenswürdig vermenschlicht, in Kellers Legende.

MPL 21, 1105ff (Ps.-Rufin, Vita) - MG AA XV, 296ff. 431f (Aldhelm) - MPL 135, 675ff (Flodoard). - G.PATISS SJ, Eugenia, 1864 - RGG² II, 406 (Lit.) - LThK III, 843 (Lit.). *U.Wickert*

Eugenik ist nach dem Engländer Fr.Galton, der den Begriff 1883 prägte, »die Wissenschaft, die sich mit allen Einflüssen befaßt, welche die angeborenen Eigenschaften einer Rasse verbessern und welche diese Eigenschaften zum größtmöglichen Vorteil der Gesamtheit zur Entfaltung bringen«. Unter → Rasse ist dabei nicht die Systemrasse der Naturwissenschaftler, sondern der Erbanlagenbestand einer Menschengruppe, etwa eines Volkes verstanden. In gleicher Weise gebrauchte auch A. Ploetz in Deutschland das Wort Rasse in der von ihm (1895) eingeführten Bezeichnung Rassenhygiene. Dies konnte allerdings in der Folgezeit nicht den verhängnisvollen Mißbrauch der Rassenhygiene und E. bes. in Deutschland verhindern. - Während die Medizin, auch soweit sie eine präventive ist, sich mit der körperlichen und geistigen Gesundheit sowie den Lebens- und Erhaltungsbedingungen der heute lebenden Menschen beschäftigt, ist die E. auf die körperliche und geistige Gesundheit und Leistungsfähigkeit der in den künftigen Generationen lebenden Einzelmenschen wie auch der Familien, Sippen, Stämme, Völker gerichtet.

Die *erbliche Veranlagung des einzelnen* ist zwar im Augenblick der Befruchtung für sein ganzes Leben festgelegt, aber die Entfaltung der Anlagen des Menschen kann durch Einflüsse der Umwelt - auch der Erziehung! - gefördert und gehemmt werden. Die Pflege der Umwelt als Voraussetzung für die Entfaltung erblicher Eigenschaften »zum größtmöglichen Vorteil der Gesamtheit« ist also ein wesentlicher Bestandteil eugenischer Bestrebungen. Das gilt auch deshalb, weil eugenisches Denken ein hohes Maß körperlicher und geistiger Disziplin und Verantwortlichkeit voraussetzt, die nur in einer auf Verantwortung gerichteten ethischen Geisteshaltung gewährleistet ist. – Sprunghaft, ohne Zutun des Menschen, treten seit jeher als Folge natürlich vorkommender energiereicher Strahlen und anderer, zT noch nicht genügend bekannter Einflüsse Erbänderungen, sog. *Mutationen*, bei Pflanze, Tier und Mensch auf, die sich vererben und ganz überwiegend ungünstig, also erbschädigend sind. Sie sind die Quelle stets neu auftretender erblicher Krankheiten und Abartigkeiten. Die Zahl solcher Mutationen wird durch Röntgen- und Radiumstrahlen, wie sie in Medizin und Technik angewendet werden und neuerdings durch die Kernspaltung zu friedlichen und Kriegszwecken auftreten, vermehrt. Wahrscheinlich üben auch gewerbliche und Genußgifte solche mutativen Einflüsse aus. Auf den Schutz des Erbgutes vor solchen Schäden zu dringen, ist heute eine besondere Aufgabe der E. – Die *erbliche Struktur einer Bevölkerungsgruppe* (*Population*) wird bestimmt durch die erbliche Veranlagung derer, die zur Entstehung der zur Zeit lebenden Generation beitrugen. Die einzelnen Erblinien einer Population tragen in verschiedenem Grade zur Existenz der nächsten fortpflanzungsfähigen Generation bei: Die Auslese (Selektion) wird bedingt durch unterschiedliche Heiratshäufigkeit, Geburtenzahlen, Säuglings- und Kindersterblichkeit zwischen den einzelnen Teilen einer Population. Auch Ein- und Auswanderungen wirken selektiv. Von Generation zu Generation verschiebt sich also als Folge von Mutationen und Auslesevorgängen die erbliche Struktur einer Population. – Die Ursachen und Folgen solcher Auslesevorgänge, die sich negativ im Überhandnehmen krankhafter Veranlagungen im Sinne der Entartung, aber auch positiv als Aufblühen von Familien, Sippen, Völkern auswirken, zu erforschen, ist Aufgabe der *E. als Wissenschaft*. Die Forschungsergebnisse der Soziologie, Sozialbiologie und -hygiene, der Bevölkerungswissenschaft, insbesondere ihres populationsgenetischen Zweiges, der Allgemein- und Humangenetik, sowie der Individual- und Sozialmedizin, sind die Bausteine zu ihren Erkenntnissen, wie sie zugleich diese Wissenschaften durch ihre besonderen Fragestellungen anregt.

Die *Praxis der E.* erstrebt, bestimmte Wege zu weisen, um ihre Ziele zu erreichen. Sie wendet sich an den einzelnen (*private E.*), zB in der Forderung nach einer eugenischen Gattenwahl, einer zur Bestanderhaltung der eigenen Familie ausreichenden Kinderzahl, einer Erziehung der Kinder zur Verantwortung vor der kommenden Generation, der Vermeidung von erbschädigenden Einflüssen im eigenen Leben. Sie wendet sich an die Allgemeinheit (*soziale E.*), zB mit der Forderung nach Schutz der Ehe und Familie, Schutz der Jugend, Ausgleich der Familienlasten, familiengerechten Wohnungen und Siedlungen, Schutz des Erbgutes vor mutativen Einwirkungen. – Man unterscheidet eine *negative* und eine *positive* E. Erstere ist bestrebt, die Vermehrung krankhafter und abartiger Erbanlagen in der nächsten Generation zu verhindern (etwa durch Sterilisierung, Asylierung oder Geburtenbeschränkung). Man sucht darin einen Ausgleich zu schaffen für das Erhaltenbleiben und Zunehmen krankhafter Erbanlagen, weil ihre Träger durch die Auswirkungen der modernen Medizin und Lebensweise sich stärker als in früheren Zeiten oder überhaupt erst fortpflanzen können. Zwangsweise Sterilisierungen nach Prüfung durch Erbgesundheits- und Obergerichte wurden in Deutschland von 1934-45 durchgeführt. Man schätzt die Zahl solcher Sterilisierungen auf 300 000 (Lenz). Außer in einigen amerikanischen Staaten (bis 1951: 52 233) werden heute auf freiwilliger Basis in größerem Umfang in Dänemark (1929 bis 1950: rd 6000) und Schweden (1941-48: rd 12 600, um 1951 jährlich rd 2000) eugenische Sterilisierungen durchgeführt (Nachtsheim). Eine eugenische Indikation zur → Schwangerschaftsunterbrechung oder zur Vernichtung sog. → lebensunwerten Lebens ist abzulehnen. Die zu erwartenden Erfolge der Sterilisierung für menschliche Populationen sind umstritten. Als Maßnahme privater E. auf freiwilliger Grundlage, etwa bei Vorhandensein schon mehrerer, in gleicher Weise erbkranker Kinder einer Ehe, kann ihr Bedeutung zukommen. Allerdings wird dem kath. Christen die Lehre seiner Kirche entgegenstehen. – Die wesentlich wichtigere *positive E.* zielt auf eine Förderung der erbtüchtigen, gesunden Familie durch eine eugenisch bestimmte Sozialethik und -praxis hin. Mittel dazu sind: eugenische Erziehung in den Schulen und Gemeinschaften, eugenische Eheberatung vor und in der Ehe, eugenisch ausgerichtete Familien- und Sozialpolitik (soziale E., s.o.). Soweit solche Bestrebungen nicht auf eine Verabsolutierung des Biologischen hinauslaufen, stehen sie mit der Sozialethik beider Kirchen in Einklang. Dennoch lastet auf der praktischen E. die wissenschaftlich wohl unlösbare Frage nach den Maßstäben, an denen der Wert einer zu erwartenden Nachkommenschaft, insbesondere bei der Befürwortung negativer Maßnahmen, zu messen sei; ob ein Ausgleich zwischen biologischen und außerbiologischen Werten zu finden sei, wo er liege und ob er zu allen Zeiten und an allen Orten nach den gleichen Koordinaten zu finden sei. »Es läßt sich wissenschaftlich auch nicht sagen, in welchem Verhältnis das Interesse künftiger Generationen mit denen der gegenwärtigen Generation abzuwägen sei. In dieser Dialektik der Wertung des modernen Abendlandes liegt die letzte Problematik einer praktischen E.« (Lenz, 1956). Diese Problematik ist eine grundsätzlich anthropologische. Tun und Lassen hängen ab von dem Menschenbild dessen, der vor die Entscheidung gestellt ist.

FR. GALTON, Hereditary genius, London 1869; dt.: Genie u. Vererbung, 1910 - DERS.. Inquiries into Human Faculty and its Development, London 1883 - DERS., Eugenics, its definition scop and aims (Sociological papers 2), 1905 - H. MUCKERMANN, Kind u. Volk, 1. Teil: Vererbung u. Auslese, (1917) 1933[16] - DERS., E. u. Katholizismus (Süddt. Monatshefte 25, 1928, 429-432) - DERS., Grundsätzliches zum Problem der Erbanalyse geistiger Begabung (Studien aus dem Institut für natur- u. geisteswiss. Anthropologie 3), 1953 - F. LENZ, Menschliche Auslese u. Rassenhygiene (E.), (1921) 1931[3] - DERS., Über die Grenzen praktischer E. (Acta Genetica et Statistica Medica 6, 1956, 13-24) - R. GAUPP, Die Unfruchtbarmachung geistig u. sittlich Kranker u. Minderwertiger, 1925 - ST. ZURUKZOGLU, Biolog. Probleme der Rassenhygiene u. der Kulturvölker, 1925 - A. GROTJAHN, Die Hygiene der menschlichen Fortpflanzung, 1926 - L. LOEFFLER, Legalisierung der eugenischen Indikation zur Schwangerschaftsunterbrechung oder Ausbau des Gesetzesvorschlages zur eugenischen Sterilisierung? (Deutsches Ärzteblatt 1933, 18) - B. BAVINK, Das Weltbild der heutigen Naturwissenschaften u. seine Beziehungen zu Philosophie u. Religion, 1947 - H. NACHTSHEIM, Für u. wider die Sterilisierung aus eugenischer Indikation, 1952 - G. WENDT, Der Fortschritt der ärztl. Kunst als Gefahr für die biologische Zukunft der Menschheit (Dt. Med. Wochenschrift 82, 1957, 1676-1680). *L. Loeffler*

Eugippius († nach 533), Schüler → Severins in Noricum, Abt des für die Mönche Severins gegründeten Klosters im Castellum Lucullanum bei Neapel, das auch die Reliquien des Heiligen aufnahm. Er verfaßte eine im MA geschätzte Blütenlese aus den Werken → Augustins. Seine Lebensbeschreibung Severins, die er 511 dem römischen Diakon Paschasius übersandte, gibt ein anschauliches Bild des Lebens im römischen Ufernoricum vor der Räumung (488).

MPL 62 - CSEL 9, 1. 2 - Vita Severini (MG SS rer. Germ., 1898; ed. M.SCHUSTER, Wien 1946; ed. R.NOLL, Linz 1947). - HAUCK I, 361ff - DACL V/1, 1922, 702ff - WATTENBACH-LEVISON 1, 44ff - R.NOLL, MIÖG 59, 1951, 440-446. *H.Löwe*

Euhemerismus ist der Name einer Theorie von der Entstehung der Götter und der Religion, zunächst der von Eu(h)emeros von Messene (ca 340-260 vChr) in einem fabulierenden Reisebericht vorgetragenen. Auf der Inselgruppe der Panchaier will er im Zeustempel eines theokratischen Staatswesens eine Inschrift, die seinem Buch den Titel gebende ἱερὰ ἀναγραφή in ägyptischen Hieroglyphen über die Geschichte der großen Götter Uranos, Kronos, Zeus u.a., vorgefunden haben. Es handele sich aber bei diesen »Göttern« um das alte Fürstengeschlecht der Bewohner, dessen Mitglieder nach Ende ihres Lebens zu göttlicher Würde aufgestiegen waren, die er daher als »irdische« von den »himmlischen« (Naturkräfte) scheidet. Das bei Diodor erhaltene Werk ironisiert wohl den hellenistischen → Herrscherkult und die Heroisierung Verstorbener (→ Totenverehrung: I). Dies erschwert die Einordnung der Theorie, die teils als »der reine Atheismus« (W.Nestle), teils als platte Abgeschmacktheit (v.Christ, Radermacher), teils als Frivolität (Nilsson), teils als bedeutendes religionshistorisches Konzept beurteilt worden ist, Die Tatsache, daß der E. religionsgeschichtlich manches richtig sieht, erfordert Beachtung. Aufklärerische Religionskritiker interessierten sich dafür, ebenso manche neuere Religionsgegner, denn derartige Hypothesen können einfach als E. bezeichnet werden, wie auch rationalistische Religionserklärung gelegentlich E. genannt wird.

Ausg.v. G.NÉMETHY, Budapest 1889, u. FGH I, 1923. - PW VI/1, 952ff - ERE V, 572ff - HWDA II, 1069ff - W.v.CHRIST, Gesch. der griech. Lit. II/1, bearb.v. WILHELM SCHMID, 1920⁶, 231ff - J.KAERST, Gesch. des Hellenismus II, 1926², 180ff - W.NESTLE, Griech. Geistesgesch., 1944, 407ff - W.BAETKE, Die Götterlehre der Snorra-Edda (BAL 97, 3), 1950, 20ff - M.P.NILSSON, Gesch. der griech. Religion II, 1950, 272ff - J. W. SCHIPPERS, De ontwickeling der euhemeristische godencritiek in de Christel. latijnse lit., Groningen 1952. *K.Goldammer*

Eulalius, *Gegenpapst* 27.12.418 bis 29.4.419, römischer Archipresbyter, nach dem Tode des → Zosimus von einem Teil des Klerus und Volkes gewählt (gegen → Bonifatius I.), wurde zuerst von Kaiser Honorius anerkannt, aber später, da er sich gewaltsam des Laterans bemächtigte, nach Kampanien verbannt. Dort starb er 423 als Bischof (von Nepi?).

RE III, 287; V, 592f - LThK III, 847 - CASPAR I, 361ff - F.X. SEPPELT, Der Aufstieg des Papsttums, 1931 168f. *M.Rauer*

Euler, *Leonhard*, * 15.4.1707 in Basel, † 19.9.1783 in St. Petersburg, genialer Naturwissenschaftler (Astronomie, Physik, Mathematik). Nach ihm benannte Lehrsätze und Formeln spielen noch in der Gegenwart eine Rolle. E. studierte Theologie, Orientalistik, Physiologie in Basel, kam 1727 an die Petersburger Akademie, wurde 1730 Prof. der Physik, 1733 der höheren Mathematik, ging 1741 zur Berliner Akademie über; nach der Rückkehr nach Petersburg (1766) erblindet. E. stellte sich mit seinem Ansehen hinter die Physikotheologie seines Jh.s. Unter Verwerfung von → Leibniz und → Wolff versuchte er die weltanschaulichen Postulate der Deisten und Naturalisten zu entkräften und bekannte sich zur Offenbarung und ihrer biblischen Urkunde. Die in der Neologie (→ Aufklärung: III, 3b) verbreitete Vorstellung von der lückenlosen Kette der geschaffenen Wesen findet sich ebenso bei E. wie die (ebenfalls scholastische) Theorie von in der Schöpfung eingeborgenen »Springfedern« der göttlichen Wunder.

Opera omnia, hg.v. F.RUDIO, A.KRAZER, P.STÄCKEL, im Erscheinen. Bisher: I Opera mathematica Bd 1-23, 1911-45; II Opera mech. et astron. Bd 1-3. 10. 14, 1912-48; III Opera physica Bd 1-4, 1911-42. - G.ENESTRÖM, Verz. d. Schriften L.E.s, 2 Bde, 1910/12. Vgl. bes.: Rettung der göttlichen Offenbarung, 1747 (Neuausg. v. K.R.HAGENBACH, 1851); Briefe an eine dt. Prinzessin, 3 Bde, frz. 1768-72, dt. 1773-75 u.ö. - Über E.: E.HOPPE, Die Philosophie L.E.s, 1904 - O. SPIESS, L.E. Ein Beitrag z. Geistesgesch. d.18.Jh.s, (1920) 1929² - L.G. DU PASQUIER, L.E. et ses amis, Paris 1927 - A.SPEISER, L.E. u. die dt. Philosophie, 1934 - W.PHILIPP, Das Werden der Aufklärung, 1957. *W.Philipp*

Eulogius, 1. *von Alexandrien* († 607), einer der angesehensten Bischöfe seiner Zeit, war Abt in Antiochien und wurde 580 zum Patriarchen von Alexandrien berufen. Er war ein unermüdlicher Kämpfer gegen die Novatianer und monophysitischen Sekten (→ Christologie: II, 5), befreundet mit → Gregor I. und von ihm hochgeschätzt. Von seinen durch Gelehrsamkeit ausgezeichneten Werken sind fast nur Bruchstücke erhalten. Fest: 13.9. lat., 13.2. griech.

MPG 86, 2, 1937ff. 2907ff - Fragmente bei Photius (MPG 103) u. F.DIEKAMP, Doctrina Patrum de incarnatione Verbi, 1907. - DCB II, 283ff - RE V, 594 - BARDENHEWER IV, 250 - LThK III, 848f. *M.Rauer*

2. *von Cordoba* († 859), gebildeter Priester daselbst, Wortführer eines Widerstandes gegen die islamische Herrschaft in → Spanien, dessen Sinn und Ziel im (auch durch Herausforderung der Mohammedaner gesuchten) Martyrium liegt. Er liefert in seinen Schriften (Memoriale sanctorum u.a.) wertvolle Berichte über die spanischen Märtyrer der Zeit, deren Geschick er als 858 erwählter, aber noch nicht konsekrierter Erzbischof von Toledo teilt. Er wird als Heiliger verehrt.

MPL 115, 703ff (mit Vita von seinem Freund Alvarus). - W.W. GRAF V.BAUDISSIN, E. u. Alvar, 1872 - RE I, 426ff; V, 594ff - CathEnc V, 604 - MANITIUS I, 421ff - J.PÉREZ DE URBEL, San Eulogio de Córdoba, Madrid 1928 - EC V, 808. *M.A.Schmidt*

3. (Jewlogij) Georgiewski (1868-1946), Metropolit und Begründer der Russ.-Orth. Auslandskirche (ROAK) in Westeuropa. Der Sohn eines Dorfgeistlichen im Gouv. Tula absolvierte die Moskauer Geistl. Akademie, wurde 1905 Bischof von Cholm, 1907 Mitglied der 2. Duma, 1914 Erzbischof von Wolhynien, 1917 Mitglied des Allruss. Landessobor und des Hl. Synods. Zeitweilig gefangen, emigrierte E. 1920 über Serbien (1921) und Berlin (1922) nach Paris. Okt. 1920 wurde E. von der Obersten Kirchenleitung (von Südrußland) zum Leiter der Russ.-Orth. Kirche (ROK) in Westeuropa ernannt und 1921 durch Patriarch Tychon bestätigt. Dieser beauftragte ihn 1922 erneut gegen die zaristisch orientierte »Bischofssynode der ROAK« in Karlowitz (Serbien) mit dem Neuaufbau der ROAK. Mit 75 russ.-orth. Gemeinden unterstellte sich E. 1931 dem Patriarchat Konstantinopel als Exarch für Westeuropa. Im Sept. 1945 willigte E. persönlich ein, die Gemeinschaft mit dem Moskauer Patriarchat wiederherzustellen, und wurde zu dessen Exarchen für Westeuropa bestimmt, erhielt aber nicht die erbetene Zustimmung von Konstantinopel.

Vf.: Mein Lebensweg, hg.v. T.MANUCHINA, Paris 1947 (russ., wertvolle zeitgesch. Quelle). - J.LAGOWSKY, Die ROK seit 1917 (Evangelium u. Orthodoxie 9, 1938, H. 6 ff) - Patriarch Sergius u. sein geistl. Erbe, Moskau 1947 (russ.; dt. verkürzte Übers. 1952) - H.SCHAEDER, Die Orth. Kirche d. Ostens (KJ 76, 1949, 298-356). *Hildegard Schaeder*

Eunomius († um 395), Kappadozier, rhetorisch gebildet, Schüler des → Aetius, mit dem er zum Hauptführer der streng arianischen Partei wurde (Eunomianer; → Arianischer Streit, 3). 360 Bischof von Kyzikus (Mysien), bald aber abgesetzt und verbannt. 369 auf kurze Zeit zurückberufen, wurde er neuerlich verbannt (Versuch einer eigenen Kirchengründung) und starb in der Verbannung (wohl in Dakora). Seine Schriften sind zT aus den Widerlegungsschriften und Konzilsakten zu rekonstruieren. Hauptwerke sind die beiden Apologien (360, 378). Die Kirchengeschichte des → Philostorgius sucht E. zu verherrlichen.

MPG 30, 835ff. - F.W.RETTBERG, Marcelliana, 1794, 125ff - C.R.W.KLOSE, Gesch. u. Lehre des E., 1883 - RE V, 597ff - M.ALBERTZ, Untersuchungen über die Schriften des E. (Diss. Halle), 1908 (vgl. F. DIEKAMP, ByZ 18, 1909, 190-194) - DERS., Zur Geschichte der jung-arianischen Kirchengemeinschaft (ThStKr 82, 1909, 205-278) - F. DIEKAMP, Literargeschichtliches zu der Eunomianischen Kontroverse (ByZ 18, 1909, 1-13) - DThC V, 1501ff - LThK III, 849f. *M.Rauer*

Euphemia, *Heilige* des 4.Jh.s. Nach der in griechischem Geist verfaßten Passio (5. Jh.?) durch die Anmut und Klarheit eines sittlich geläuterten Wesens ausgezeichnet, verweigert sie - unter Berufung auf ihren Glauben an den Pantokrator - zu Chalcedon das zur Zeit Diokletians geforderte (hier dem Ares zugedachte) Opfer. Im Gedanken an Christus und die den Christen zuteil gewordene »Gnosis« erträgt sie hochherzig mancherlei Folterqualen und vollendet, durch des Statthalters Überredungsversuch unbeirrt, den Kampf als Märtyrerin auf der Arena. Bei ihrem Grabe an »neuer Stätte« (vgl. Mt 27, 60) baute man eine Basilika (Versammlungsort des Konzils 451). Das Todesjahr scheint annähernd gesichert (303? 307?). Tag: 16. 9.

RGG² II, 410 (Lit.) - A.GRILLMEIER-H.BACHT, Das Konzil von Chalkedon I-III, 1951-54 (bes. I, 291ff; Qu. u. Lit.). *U.Wickert*

Euphemismus, beschönigende Rede, Bezeichnung von etwas Bedrohlichem, Bösem durch sein (freundliches) Gegenteil oder einen abmildernden Ausdruck, oft wohl mit der unausgesprochenen Absicht einer captatio benevolentiae oder der Unheilsbannung und insofern ein indirekter Abwehrzauber. Gefährliche Mächte, Tiere oder Personen werden als wohlgesinnte bezeichnet (Erinyen als Eumeniden, Aussätzige als Gutleute), Unglückstage als günstige, verrufene Orte als angenehme usw. Eine Entsprechung zum E. bilden die Noa-Namen, die im Gegensatz zu den → Tabu-Namen erlaubt sind und bes. unter Jägern und Fischern gebraucht werden (→ Bärenfest, → Jäger- und Jagdriten). Teilweise spielen auch Motivmischungen und -verschiebungen eine Rolle, wenn etwa der Todes- und Unterweltsgott Hades als Pluton (Reichtumsgott der unterirdischen Kornkammern) verehrt wird. Euphemismen als Sprachtabu treten in breiter Streuung auch außerhalb der Religion auf, obgleich es sich fast durchweg um ursprüngliche Zusammenhänge aus der religiös-kultischen Sphäre handelt.

HWDA II, 1079ff - J.MINTO ROBERTSON, Euphemism Religious and Other (HibJ 37, 1938/39, 457-469) - O.LOORITS, Gedanken-, Tat- u. Worttabu bei den estnischen Fischern (Commentationes Archivi Traditionum Popularium Estoniae 9), Tartu 1939 - W.HAVERS, Neuere Lit. zum Sprachtabu (SAW 223, 5, 1946) - R.E.NIRVI, Die Erscheinung des Tabu als wortgeschichtl. Faktor (Studia Fennica 5, 1947, 49-102) - E.BENVENISTE, Euphémismes anciens et modernes (Die Sprache 1, 1949, 116-122) - M.B.EMENEAU, Taboos on Animal Names (Language 24, 1948, 56-63; vgl. 26, 1950, 489-493) - CH. BRUNEAU, Euphémie et Euphémisme (Festg. E.Gamillscheg, 1952, 11-23). *K.Goldammer*

Eupolemos, jüdisch-hellenistischer Schriftsteller, wahrscheinlich aus Palästina stammend, der um die Mitte des 2.Jh.s vChr ein Werk schrieb, das nach Clemens Alexandrinus (Strom. I, 23, 153) den Titel περὶ τῶν ἐν τῇ Ἰουδαίᾳ βασιλέων trug. Aus den wenigen Fragmenten, die uns durch Euseb und Clemens Alexandrinus überliefert worden sind, geht hervor, daß es sich um eine mit dem biblischen Stoff frei umgehende Geschichte des jüdischen Volkes handelte. Unter dem Deckmantel historischer Berichterstattung werden daneben auch zum höheren Ruhm Israels neu erfundene Geschichten erzählt. U.a. soll Mose der erste Weise gewesen sein, der die Juden die Buchstabenschrift lehrte, die dann von den Juden zu den Phöniziern und von diesen zu den Griechen gekommen sei.

A.SCHLATTER, Gesch. Israels, (1901) 1925³, 187ff - SCHÜRER III, 474ff - PW VI, 1227ff - W.SCHMIDT-O.STÄHLIN, Gesch. der griech. Lit. II/1, 1920⁶, 589f - RIESSLER 328ff - EJud VI 835f - P.DALBERT, Die Theologie der jüd.-hellenist. Missionslit. (ThF 4), 1954, 35ff. *E.Lohse*

Euricius Cordus (1484/86-1535), * Simtshausen (Oberhessen), † Bremen, besuchte seit 1505 die Universität Erfurt (Mitglied des Kreises um → Mutian), wurde - 1521 zu Ferrara promoviert - 1523 Stadtarzt in Braunschweig, 1527 Prof. der Medizin in Marburg und ging 1534 als Stadtarzt und Gymnasiallehrer nach Bremen. Als Humanist trat E. durch sein »Bucolicon« sowie durch glänzende, noch → Lessing beeinflussende Epigramme hervor. Ganz für Luther entschieden, verteidigte E. die Reformation 1525 in einem langen Gedicht. Als Mediziner wandte er sich gegen Dogmatismus, Astrologie und Aberglauben und gegen die unkritische Übernahme alter Autoritäten.

RE IV, 285ff - Biogr. Lexikon d. hervorr. Ärzte aller Zeiten u. Völker II, hg.v. A.HIRSCH, 1930, 107f - NDB III, 558f. *G.Hammann*

Europa

I. Begriffs- und ideengeschichtlich - II. Wirtschaftlich

I. Begriffs- und ideengeschichtlich

1. Allgemeines - 2. Geographische Verwendung - 3. Entwicklung des politischen und kulturellen Begriffs - 4. Geistiger Gehalt - 5. Die E.-Idee in der Neuzeit

1. Als geistes- und kulturgeschichtlicher sowie als politischer Begriff steht E. in einem Verhältnis der durch die geschichtliche Entwicklung seit dem Ausgang der Antike herbeigeführten Verbindung mit und der ebenfalls geschichtlich bedingten Spannung zu dem Begriff des »Christlichen → Abendlandes«. Seine Geschichte fällt mit der Säkularisation des Begriffs »Christenheit« und der entsprechenden Umformung des abendländisch-christlichen Gemeinschaftsgefühls zusammen; seine Funktion läßt sich an den verschiedenen Versuchen zur Gestaltung eines historisch-politischen Einheitsbewußtseins innerhalb eines geographisch wechselnd umgrenzten Lebensraumes ablesen. Das Moment des »Christlichen« hat sich dabei in allen Wandlungen des Begriffs als zumindest mitbestimmend erhalten.

2. Ganz am Anfang steht ein »E.« im System des karolingischen Imperiums, soweit es über das Regnum Francorum hinausgreift; seine »E.-Idee« geht mit ihm geschichtlich verloren. Wirksam wird erst wieder die vom Geist des Humanismus seit dem 15.Jh. getragene politische Ideengeschichte, die zum entfalteten E.-Begriff führt. Wenn → Dante zwar von »Asiani« und »Africani« spricht, aber nicht von »Europaei«, sondern nur von »Europam colentes«, so verrät dies die grundlegende, *geographische* Verwendung des E.-Namens. Umgekehrt ist dies aber von Anbeginn an durch das Bild einer im Raum E.s lokalisierten geschichtlich-kulturellen Leistung bestimmt. Daher schwankt bezeichnenderweise die genauere Bestimmung der geographischen Grenzen E.s.

Der der griechischen Mythologie entstammende Name - E., Tochter des Phönix oder des Königs Agenor von Phönikien, von Zeus in Gestalt eines Stieres nach Kreta entführt, vermutlich eine vorgriechische Erdgottheit - wird zunächst auf Mittelgriechenland angewendet, dann auf die Gebiete im Norden des Mittelmeeres zwischen den Säulen des Herakles im Westen und dem Don im Osten. Während die Grenzen des als E. bezeichneten Teiles des eurasischen Kontinents im Norden, Westen und Süden verhältnismäßig früh mit dem Europäischen Nordmeer, dem Atlantischen Ozean und dem Mittelmeer unter Einschluß der dem Festland vorgelagerten Inselwelt gegeben sind, schwankt die geographische Bestimmung der Ostgrenze; im allgemeinen wird sie heute von der Donaumündung über das Asowsche Meer, die Manytsch-Niederung, den Kaspischen See östlich des Ural entlang den Flüssen Emba, Tobol und Ob zum Nördlichen Eismeer durchgezogen.

3. Der seit dem 16.Jh. sich entwickelnde *politische und kulturelle* Begriff E. hat das Werden der Nationalstaaten und den Konziliarismus im 14. und 15.Jh. zur Voraussetzung (→ Reformkonzile). Für Pierre Dubois, den französischen Publizisten zur Zeit Philipps des Schönen, ist noch allein die Kirche »völkerrechtliche Autorität«; aus dem Konzil soll ein Schiedsgericht für die Fürsten hervorgehen. Aus dieser beginnenden Demokratisierung der weltlichen Seite des mittelalterlichen Systems des kirchlichen Universalismus zieht dann → Marsilius von Padua radikale Konsequenzen, indem er den Gedanken der Volkssouveränität mit der Idee der ecclesia spiritualis verbindet; das religiöse Element trägt dabei nach wie vor die Einheitsbetätigung der abendländischen Kultur. Zugleich wird gegenüber der Türkengefahr erstmals der christliche Osten einbezogen. Aber der Begriff E. ist noch starr geographisch gedacht; die mittelalterlich-kirchliche Kultur bestimmt weiterhin die politisch kulturelle Vorstellung. Eine veränderte Füllung des Raums von E. mit neuem Ideengehalt beginnt im Gefolge der schon seit zwei Jh.en in Gang gekommenen Säkularisierung mit → Renaissance und → Humanismus. Enea Silvio (→ Pius II.) hat in seiner Kosmographie neben Asia auch E. bereits als geschichtliche Einheit aufgefaßt. Sein Maßstab für die Zugehörigkeit zu E. ist der Stand der Kultur; daher reicht sein Blick ostwärts nur bis in das polnische Grenzgebiet. E. besteht aus christlichen Provinzen, wobei von Rom als Zentrum aus die Dichte des »Europäischen« zum Rande hin abnimmt. Die Türkei, aber auch die moskowitische Barbarei bezeichnen die Grenzen. In dieser Weise beginnt die politische Raumidee E., aus christlichen Gemeinschaftsvorstellungen hervorgehend, sich zu verselbständigen und aufzubauen. Für → Machiavelli ist sie zwar noch nicht mehr als eine Vielheit von (christlichen) Staaten. Die abendländische Einheitsidee, sich allmählich von kirchlich-hierarchischer Bindung lösend (zT schon bei J. → Wimpfeling, ganz bewußt bei Luther), läßt es zu einem neuen Verhältnis von Universal- und Nationalgefühl kommen. Auch hier ist es die Türkennot, die die einzelnen souveränen christlichen Staaten ideologisch zu einem christlich-europäischen Verband zusammenführt. Gleichwohl ist E. als Begriff noch nicht eigentlich entdeckt. Die → Gegenreformation, wieder unter dem Eindruck der akuten Türkengefahr und zugleich mit einer jetzt den abendländischen Raum bereits überschreitenden Christenheitsvorstellung, beginnt E. als Name für die engere, politische Einheit des »Abendlandes« zu gebrauchen. Damit verbindet sich im Bereich des Politischen das Staatensystem des »europäischen Gleichgewichts«, das sich im 17.Jh. im Ringen zwischen Habsburg und Frankreich formiert (→ Richelieu), sich durch Allianzen zu gestalten sucht, mit der Staatsräson und ihrer Interessenpolitik die Ideologie der Verteidigung der »Christenheit« verbindet und auf dem → Wiener Kongreß (1815) die Neuordnung E.s zu bestimmen sucht. Als Garant der Ruhe und des Friedens in E. übermäßig beansprucht, zerfällt aber diese Idee mit dem 1. Weltkrieg und wird im Rahmen einer neuen weltpolitischen Kräfteverteilung mit dem 2. Weltkrieg völlig gegenstandslos. Noch früher, mit dem Krim-Krieg, endet 1856 der daran und an den Begriff des »Theatrum Europaeum« in der politischen Literatur des 17. und 18.Jh.s anknüpfende diplomatische Name »Europäisches Konzert« (1814), unter dem die Ordnung des Wiener Kongresses verteidigt werden sollte.

4. Der *geistige* Gehalt des Begriffs E. formt sich aus einem christlichen Humanismus seit dem 16.Jh. und den mit ihm beginnenden konfessionellen Auseinandersetzungen, dessen christliche Elemente zT durch solche eines neuplatonischen universalen Theismus (J. → Bodin) zum Gedanken der Einheit in der Mannigfaltigkeit umgebaut werden. Darin vollzieht sich der Übergang von der »Christenheit« zu »E.«, der es zugleich erlaubt, beide Begriffe auch synonym zu gebrauchen (→ Novalis, Die Christenheit oder E., 1799) und im politischen Raum unter Einschluß auch des orthodoxen Rußland das Projekt einer Heiligen → Allianz (1815) zu entwerfen. E. wird Ausdruck der Vielgestaltigkeit und der Nebenordnung der geistigen und politischen Lebensformen in einem Kultursystem auf der Grundlage von Vernunft, Religion und Naturrecht, wird so zum Inbegriff einer Weltanschauung (→ Weltbild: IV) mit dem ihr zugehörigen individualistischen Menschenbild (→ Gentleman) und den entsprechenden sozialen Leitbildern. Eine Analyse durch J. → Burckhardt faßt treffend zusammen: »Europäisch ist: das Sichaussprechen aller Kräfte in Denkmal, Bild und Wort, Institution und Partei, bis zum Individuum, das Durchleben des Geistigen nach allen Seiten und Richtungen, das Streben des Geistes, von allem, was in ihm ist, Kunde zu hinterlassen ...«

Die grandiose philosophische Konzeption E.s bietet → *Leibniz*, sofern er nach dem Modell seiner Monadenlehre das Weltbild eines modernen dynamischen Universalismus entwickelt, in dem die Menschheit als Ziel der Vollendung der verschiedenen staatlich gefaßten und geführten Volksgesamtheiten nach dem Plan Gottes und in Verantwortung vor ihm geschaut wird. Die europäische Ordnung dient der Herstellung einer kulturellen Harmonie auf dem Grund nationaler Autonomie. Die Europäisierung der politischen Mächte ist auf die dauernde Befriedung der Christenheit in Wahrung der historischen Kontinuität zwischen MA und Moderne gerichtet. Was dem widerstrebt, wie zB Frankreichs militante Expansion, ist Barbarei. Rußland wird bewußt in den europäischen Staatenkreis als Gegengewicht gegen hegemoniale Bestrebungen Frankreichs zur »Restitutio Europae« eingeführt. Mit diesem E. verbindet Leibniz auch seine konfessionellen Unionsprojekte (→ Einigungsbestrebungen: II, 2c). Die religiös-politische Ordnung E.s ist somit die Voraussetzung für die Entwicklung der Menschheit zu reiner Humanität. Die andere, zweite Hochkultur ist für Leibniz China, gleichsam das »Anti-E.«, und das entscheidende Mittel zur Schaffung des einheitlichen europäischen Kultursystems sowie der Zusammenführung beider Hochkulturen sollen die wissenschaftlichen → Akademien (: I) sein. Leibnizens »christliches E.« wird so zur irdischen Verwirklichungsgestalt der civitas Dei.

5. Im politischen Bereich kann man seit dem 19., vor allem seit dem 20.Jh. von einer »Schrumpfung« E.s (Toynbee) sprechen. Sie beginnt mit der Zurückdrängung des Geistigen – die Philosophie hat aufgehört, eine entscheidende Rolle zu spielen – gegenüber wirtschaftlichen, politischen und sozialen Problemen; sie zeigt sich in der Auflösung des europäischen Kolonialprinzips seit den nordamerikanischen Freiheitskriegen, gewinnt Gestalt in der globalen Ausweitung der europäischen Industrialisierung (→ Industrie: I) und steht jetzt unter dem Zei-

chen des Emporkommens der beiden großen Weltmächte, der USA und der UdSSR. Gleichwohl hat die Idee E.s ein eigentümliches Weiterleben, das sich in verschiedenen Projekten und Institutionen seit dem 1. Weltkrieg (Pan-E.-Bewegung des Grafen Coudenhove-Kalergi), vor allem in europäischen Unionsbestrebungen nach dem 2. Weltkrieg äußert (E.-Rat [Council of Europe], 1948; E.-Bewegung, 1948, mit Sitz in Brüssel; Europäischer Wirtschaftsrat, Europäische Zahlungsgemeinschaft, Europäische Gemeinschaft [aus Montanunion und EVG] u.a.m.; → Europa: II). Es fragt sich aber, ob sich hier nicht eine Pseudomorphose oder eine bloß künstliche Wiederbelebung der E.-Idee vollzieht. Auf jeden Fall wird diese durch die erneute Verknüpfung mit einer Ideologie des »Christlichen → Abendlandes« in bewußter Frontstellung gegen das bolschewistische Rußland, verglichen mit ihrer ursprünglichen Entfaltung, stark verkürzt.

E. Kaeber, Die Idee des europ. Gleichgewichts in der publizist. Lit. vom 16. bis zur Mitte des 18. Jh.s, 1907 - E.H. Meyer, Die staats- u. völkerrechtl. Ideen des P. Dubois, 1908 - F. Meinecke, Die Idee der Staatsräson, (1924) 1957 (= GesW Bd I) - R. Wallach, Das abendländ. Gemeinschaftsbewußtsein im MA (Beitr. z. Kulturgesch. des MA u. der Renaissance 34), 1928 - W. Fritzemeyer, Christentum u. E. (HZ Bh. 23), 1931 - Chr. Dawson, The making of Europe, 1934; dt. v. J. Mühlenkamp: Die Gestaltung des Abendlandes, (1935) 1950[2] - P.E. Hübinger, Die Geburt des Abendlandes, 1941[2] - E.-Archiv, seit 1947 - L. Dehio, Gleichgewicht u. Hegemonie, 1948 - H. Freyer, Weltgesch. E.s, 2 Bde, 1948 - O. Halecki, The Limits and Divisions of European History, London-New York 1950; dt. (erweiterte Ausg.): E. Grenzen u. Gliederung seiner Gesch., 1957 - F. Heer, Das Experiment E., 1952 - E. in ev. Sicht, hg. v. F.K. Schumann, 1953 - E., Dokumente zur Frage der europ. Einigung, hg. vom Ausw. Amt, 1953 - J. Fischer, Oriens-Occidens-E. Begriff u. Gedanke »E.« in d. späten Antike u. im frühen MA, 1957. - Vgl. die Lit. zu → Abendland.

Ernst Wolf

II. Wirtschaftlich

1. Allgemeines - 2. Zusammenschlüsse

1. Die einzelnen Wirtschaftsgebiete E.s waren schon in prähistorischer Zeit, wie zahlreiche Funde erweisen, durch Handelswege miteinander verbunden. Das wirtschaftliche Zusammenwachsen dieser Gebiete bis zum Ural machte vor allem im hohen MA große Fortschritte (Hanse). In der neueren Geschichte wurde diese Entwicklung gelegentlich durch nationalstaatliche Maßnahmen gehemmt (→ Nationalismus: I). Vor 1914 bildeten jedoch West- und Mittel-E. ein einheitliches Wirtschaftsgebiet mit freiem Arbeitsplatzwechsel, freiem Warenaustausch und freiem Kapitalverkehr. Gleichzeitig sorgte der Mechanismus der Goldkernwährungen dieser Länder für eine Gleichschaltung des Konjunkturgeschehens. Erst die Ereignisse im Gefolge des ersten Weltkriegs haben E. in eine Reihe nach Autarkie strebender Nationalwirtschaften aufgespalten, die sich in der Weltwirtschaftskrise der 30er Jahre als sehr anfällig erwiesen. Nach 1945 sah sich E. aus seiner weltwirtschaftlich führenden Rolle verdrängt. Die entstandenen Verluste, die Emanzipation seiner Kolonien (→ Kolonisation: I) und vor allem die rasche wirtschaftliche Entwicklung der USA und UdSSR haben dazu geführt, daß sich West-E. nicht nur politisch, sondern auch wirtschaftlich von diesen beiden Weltmächten eingekeilt sieht.

West-E. zerfällt in einzelne Wirtschaftsprovinzen. Man hat zu unterscheiden zwischen dem dichtbesiedelten Kerngebiet: Frankreich, Deutschland, Italien, Belgien, Holland und Luxemburg, die zur Montanunion und zum Gemeinsamen Markt zusammengeschlossen sind (zu diesem Gebiet können auch noch die Schweiz und Österreich gezählt werden), und andererseits Großbritannien, das eng mit der → Wirtschaft des britischen Empires und den unabhängigen Ländern des Sterlingblocks verbunden ist, nebst den skandinavischen Ländern, deren Wirtschaft auf Großbritannien ausgerichtet ist. Dazu kommen die Randgebiete: Island, Irland, Portugal, Spanien, Jugoslawien, Griechenland und die (asiatische) Türkei, die - gemessen am Lebensstandard Zentral-E.s - als unterentwickelte Gebiete bezeichnet werden können. Dasselbe gilt auch für Italien südlich der Linie Rom-Pescara. Die osteuropäischen Länder sind durch Staatsverträge eng mit der zentralistisch geleiteten Wirtschaft Sowjetrußlands verbunden.

Die Wirtschaft E.s ist durch die Küstenlage der eurasischen Halbinsel, durch das vom Golfstrom bedingte gemäßigte Klima und durch die von West nach Ost laufenden Gebirgszüge begünstigt, die wirksame Barrieren gegen Stürme und Klimaeinflüsse bilden. Dazu kommt das zusammenhängende Eisen- und Kohlevorkommen in England, Nordfrankreich, Belgien, Holland und Deutschland. Die Erzeugung der Landwirtschaft reicht indessen für die Ernährung der westeuropäischen Bevölkerung nicht aus. Der hohe technische Stand von Landwirtschaft, → Handwerk, → Industrie und → Handel (: III), insbesondere der Erfindersinn und die Arbeitsdisziplin der europäischen Völker beruhen in erster Linie auf ihrem hohen kulturellen Niveau, das wiederum Zeugnis ihrer christlichen Kultur ist. Dabei haben sich die luth.-prot. und die vom Calvinismus beeinflußten Länder als bes. erfolgreiche Vorkämpfer der modernen wirtschaftlichen Entwicklung erwiesen (→ Wirtschaftsethik).

2. Die ersten Bemühungen, die europäische Wirtschaft nach 1945 wieder zusammenzufügen, stellten die Unterstützungsmaßnahmen des Marshallplanes dar. Daraus haben sich die Organisation für Europäische Wirtschaftliche Zusammenarbeit (OEEC), der 18 europäische Staaten angehören, und die Europäische Zahlungsunion (EZU) entwickelt, die sich außer auf die 6 Länder des Gemeinsamen Marktes auch auf Großbritannien, Österreich, Portugal, Schweden, Schweiz, Dänemark und Türkei einschließlich deren Kolonialgebiete erstreckt. Die OEEC hat sich um die Überwindung der anfänglichen Kohlenknappheit und des Mangels an Transportmitteln, vor allem aber um eine Liberalisierung des innereuropäischen Handels- und Zahlungsverkehrs bemüht. Die EZU ermöglichte einen multilateralen Zahlungs- und Kreditverkehr ihrer Teilnehmer. Die Hemmungen bei der Koordinationsarbeit der OEEC liegen bei den autarkistischen Tendenzen der nationalen Wirtschaftsbürokratien, die Hemmungen der EZU darin, daß verschiedene Länder eine inflatorische Finanzpolitik verfolgt und sich daraus Zahlungsschwierigkeiten ergeben haben (→ Wirtschaftspolitik).

Die Montanunion (Luxemburg) verfolgt wirtschaftlich den Zweck, für die Zukunft den standardgünstigsten Ausbau der Kohlen- und Erzlager in die Wege zu leiten und für die Montanerzeugnisse sofort einen einheitlichen Markt zu schaffen. Sie stellt gleichzeitig ein Instrument der politischen Entspannung zwischen Frankreich und Deutschland dar. Im Euratomvertrag haben sich die Länder der Montanunion zu einer gemeinsamen Erschließung der Kernenergie für friedliche Zwecke zusammengeschlossen, die wegen der ungeheuren Kosten keine Kräftezersplitterung gestattet. Der Plan sieht von der Grundlage von 1955 aus eine Steigerung der Energieversorgung der 6 Länder der Montanunion bis 1965 um 41,5% und bis 1975 um insgesamt 82,75% vor.

Der am 1.1.1958 in Kraft getretene Vertrag über den Gemeinsamen Markt umfaßt wiederum die 6 Länder des europäischen Kerngebiets. Er strebt einen vollständigen Abbau der bestehenden Zollmauern binnen 15

Jahren an. Darüber hinaus ist eine schrittweise Ausdehnung auf die zugehörigen (Kolonial-)Gebiete vorgesehen. Ergänzt werden diese Maßnahmen durch die Herstellung der Freizügigkeit für Dienstleistungen, Arbeitskräfte, Niederlassungen und den Kapitalverkehr. Um zu verhindern, daß der Gemeinsame Markt zu einem Protektionismus seiner Mitglieder gegenüber den übrigen europäischen Ländern führt, läßt er die Möglichkeit offen, ihn durch eine Freihandelszone (→ Freihandel) zu ergänzen. Infolge der großen nationalen Geschmacksunterschiede in den europäischen Ländern und der ungünstigen Verkehrslage wird der europäische Markt nicht ebenso große Rationalisierungsvorteile für E. bringen, wie sie in Amerika schon heute vorhanden sind. Auch fehlt es uns an der wirtschaftlichen Beweglichkeit der Amerikaner, die zusammen mit der Größe ihres Marktes dazu beigetragen hat, daß der amerikanische Lebensstandard im Durchschnitt etwa doppelt so hoch ist als derjenige Zentral-E.s. Der einheitliche Markt setzte eine Koordinierung der nationalen Wirtschafts-, Währungs- und Konjunkturpolitik der beteiligten Länder voraus. Hier stehen die freien marktwirtschaftlichen Tendenzen Deutschlands, der Niederlande und Belgiens den mehr protektionistisch orientierten Wirtschaften Frankreichs und Italiens gegenüber. Wird es zur Freihandelszone kommen, so werden das auf Sicherungen (Sanktionen) bedachte systematische Denken der Franzosen, der organisatorische Perfektionismus der Deutschen und die mehr die Motive ihres Handelns betonende und auf praktische Kompromisse drängende Haltung der Engländer gemeinsam um die Gestaltung des europäischen Marktes ringen. – Die einheitliche Wirtschaftspolitik kann zwar eine wertvolle Stütze einer gesamteuropäischen Staatspolitik sein, diese aber weder hervorrufen noch auch ersetzen. Es ist der Ausdruck einer materialistischen, zutiefst unchristlichen Gesinnung, wenn man Sicherheit und Heil in erster Linie von der Organisation materieller Tatbestände erwartet.

A. Hunold (Hg.), E. – Besinnung u. Hoffnung, 1957 – Der gemeinsame Markt (Schriftenreihe zum Hdb. f. europ. Wirtschaft 1), 1957. *P.Binder*

Europäische Baptistische Missionsgesellschaft, wurde in Verbindung mit der European Baptist Federation (→ Baptisten: I, 2c) im Febr. 1954 mit Sitz in Zürich gegründet. Ihr gehören die Baptisten-Unionen in Belgien, Deutschland, Finnland, Frankreich, Italien, Jugoslawien, Österreich, Schweiz und Spanien an. Der Präsident der Gesellschaft ist Franzose, der Sekretär Deutscher, der Kassierer Schweizer. Die erste Mission hat im Nordteil des französischen Mandats Kamerun (Kirdi) begonnen. Es können auch andere Missionsgebiete bestimmt werden. Bis April 1957 wurden ein französisches und ein deutsches Missionarsehepaar sowie zwei deutsche Diakonissen ausgesandt. Weitere Aussendungen, zunächst eines finnischen Ehepaars, stehen bevor.

Paul Schmidt

Eusebius, 1. *Papst* 18.4. bis 17.8.309, hielt wie sein Vorgänger → Marcellus I. an dem strengen Bußverfahren vor der Wiederaufnahme der in der diokletianischen Verfolgung Abgefallenen fest und wurde zusammen mit seinem Milde verlangenden Gegner Heraklius von Maxentius nach Sizilien verbannt, wo er (wohl nicht als Märtyrer) starb. Sein Leichnam wurde nach Rom übergeführt und in der Calixtus-Katakombe beigesetzt. Fest: 26.9.

J. Carini, I Lapsi e la deportazione in Sicilia del Papa s. E., Rom 1886 – RE V, 620 – Caspar I, 99f – LThK III, 861. *M.Rauer*

2. *von Cäsarea* (* um 260/65, † 339 [?], nach dem syrischen Martyrologium am 30.5.) ist als Repräsentant des »konstantinischen Zeitalters« neuerdings Gegenstand umfangreicher Diskussionen. Im Vordergrund stehen dabei seine historischen Schriften, insbesondere die Vita Constantini. Dabei wurde J. → Burckhardts Verdikt über den »ersten durch und durch unredlichen Geschichtsschreiber des Altertums« oft genug aufgegriffen, insbesondere von H.Grégoire und seiner Schule, die bis zur Unechtheitserklärung der Vita fortschritten. Wo man nicht so weit ging, hat man E. als Repräsentanten des »Byzantinismus« angesehen (H.Berkhof). Jedoch ist gegenwärtig eine rückläufige Bewegung eingeleitet. (Bes. durch die Identifizierung des Londoner Papyrus 878 als Teil des konstantinischen Ediktes von 324 konnte die angezweifelte Zuverlässigkeit E.s neu bewiesen werden.)

E. ist Palästinenser, wahrscheinlich schlichter Herkunft, sein Verhältnis zu seinem Lehrer → Pamphilus (E. nennt sich Εὐσέβιος ὁ Παμφίλου) nicht endgültig geklärt (E. wohl nicht Sklave des Pamphilus). Durch seinen Lehrer wird E. fest an → Origenes gebunden und wächst so in die Aufgabe der Bewahrung der origenistischen Tradition in → Cäsarea (, 1) hinein. Nur von hier aus ist das Verhalten des E. in den arianischen Auseinandersetzungen zu verstehen, wo er auf der Seite der Opposition gegen Nicäa stand. Die gelehrte Arbeit des E. hat ebenfalls die Bibliothek des Origenes zur Voraussetzung. Noch vor der diokletianischen Verfolgung begann E. mit seinen Materialsammlungen, die dann zB in seiner Chronik und seiner Kirchengeschichte (in mehreren Ausgaben), aber auch in seinem apologetischen Doppelwerk, der Praeparatio evangelica und der Demonstratio evangelica, ihren Niederschlag fanden. Bald nach dem Ende der diokletianischen Verfolgung sehen wir E. als Bischof seiner Heimatstadt, jedoch ist er Zeit seines Lebens mehr Gelehrter als Kirchenführer geblieben. Seine Beteiligung am → arianischen Streit war weder erfolgreich noch glücklich. Die Gunst → Konstantins scheint E. früh gewonnen zu haben. Das Bild, das E. vom Kaiser in seiner Vita Constantini zeichnet, hat dessen Auffassung durch Jahrhunderte bestimmt. Bei der Bewertung der Vita ist jedoch die literarische Gattung, in die sie hineingehört, wie die inhaltliche Begrenzung, die E. ihr I, 11 gibt, zu berücksichtigen. E. sollte nicht nur als »Vater der Kirchengeschichtsschreibung« rubriziert werden (→ Kirchengeschichte: I); seine exegetischen wie seine schon erwähnten apologetischen Arbeiten haben daneben ihre eigenständige Bedeutung, hinter ihnen treten die dogmatischen Schriften zurück. Groß ist auch sein Einfluß auf die Entwicklung des nt. Textes (Evangelienkanones). Die Schriften des E. sind trotz des ihm entgegengebrachten dogmatischen Mißtrauens zu großen Teilen erhalten.

Ausgabe seiner Werke in GCS, noch nicht ganz vollständig – RE V, 605ff; XXIII, 435f – A.v.Harnack, Gesch. der altchristl. Lit. II/2, 1904, 106ff – PW VI, 1907, 1370ff = E.Schwartz, Griech. Geschichtschreiber, 1957, 495–598 – Bardenhewer III, 240ff – Stählin 1359ff – RGG² II, 412f – Altaner⁵ 206 ff – H.G.Opitz, E.v.C. als Theologe (ZNW 34, 1935, 1–19) – H.Berkhof, Die Theologie des E.v.C., 1939 – Ders., Kirche und Kaiser, 1947 – K.Aland, Kaiser u. Kirche von Konstantin bis Byzanz (Berliner Byzantinistische Arbeiten 5, 1957, 188–212). – Über Forschungsberichte zur konstantinischen Frage vgl. K.Aland, Die religiöse Haltung Kaiser Konstantins (Studia Patristica I [TU 63], 1957, 549–600). *K.Aland*

3. *von Doryläum* (Phrygien), zuerst Rhetor in Konstantinopel, wo er 428 als erster gegen → Nestorius auftrat durch seine Contestatio, die er an die Kirchentüre anschlug. Als Bischof von Doryläum erhob er 448 vor einer Synode in Konstantinopel Klage gegen → Eutyches, die zu dessen Verurteilung führte. Die »Räubersynode« von → Ephesus setzte E. daraufhin ab, durch das Konzil von → Chalcedon 451 erreichte er die Wie-

dereinsetzung; weitere Schicksale sind unbekannt. Einige seiner Schriften, auch die Contestatio, sind erhalten (s. die Konzilsakten).

DCB II, 356 - RE V, 639f - F.Loofs, Nestoriana, 1905, 49ff - DThC V, 1532ff - Bardenhewer IV, 214f - LThK III, 859.

4. *von Emesa* am Orontes (Syrien), * um 295 in Edessa, † um 359 in Antiochien, Schüler des → Eusebius von Cäsarea, philosophisch gebildet, genoß die Gunst Konstantins. Nach Absetzung des → Athanasius lehnte er eine Berufung nach Alexandrien ab und wurde Bischof von Emesa. Dort war er gezwungen, sich gegen den Vorwurf des Sabellianismus zu verteidigen (→ Christologie: II, 4c). E. war ein bedeutender Exeget (→ Antiochenische Theologie, 4); von seinen vielgelesenen Schriften sind nur Bruchstücke erhalten (Katenen); manches ist vielleicht unter anderem Namen überliefert.

MPG 86, 1, 509ff. - Th.Zahn, Skizzen aus dem Leben der alten Kirche, (1894) 1908³, 321ff - RE V, 618f - A.Wilmart, Le souvenir d'E. d'E. (AnBoll 38, 1920, 241-285) - Ders., Un discours théologique d'E. d'E.: le Fils image du Père (ROC 22, 1920/21, 72-94) - LThK III, 859f - Altaner⁵ 212 (Lit.).

5. *von Nikomedien* († etwa 341), Syrer, Schüler des → Lucian von Antiochien, Bischof von Berytus, seit 318 von Nikomedien, wo er sich der Gunst des Kaisers Licinius und seiner Gattin Konstantia erfreute. Befreundet mit → Arius, trat er für ihn ein und gewährte ihm auch Asyl. Darum verbannt (325), wurde er auf Fürsprache der Konstantia zurückberufen. Von da an wirkte er, weniger Theologe als Kirchenpolitiker, als Vertreter der Mittelpartei (→ Arianischer Streit, 1; → Christologie: II, 3 d) eifrig und erfolgreich gegen das Nicänum und seine Verteidiger (Absetzung des → Eustathius von Antiochien 330, des → Athanasius auf der Synode zu Tyrus 335 und des → Marcellus von Ancyra 336). Drei seiner Briefe sind erhalten.

MPG 26, 712; 82, 913ff. - DCB II, 360ff - RE V, 620 - A.Lichtenstein, E. von N. (Diss. Leipzig), 1903 - S.Rogala, Die Anfänge des arian. Streites, 1907, 77ff - DThC V, 1539ff - Bardenhewer III, 42f - LThK III, 860f - Altaner⁵ 240 (Lit.).

6. *von Samosata* († 380), seit 361 Bischof von Samosata, zuerst Semiarianer (→ Arianischer Streit, 3), unterschrieb auf der Synode von Antiochien das Nicänum und war von da an ein entschiedener Kampfgenosse und Freund der drei Kappadozier, was ihm die Verbannung nach Thrazien durch Kaiser Valens eintrug. Unter Gratian kehrte er 378 zurück und nahm an einer Synode 379 teil. Er starb wahrscheinlich 380 (nach → Theodoret durch den Steinwurf einer Arianerin). Eine syrische Lebensbeschreibung wurde durch Bedjan ediert.

P. Bedjan, Acta Martyrum et Sanctorum VI, 1896, 335ff. - DCB II, 369ff - RE V, 620ff - Bardenhewer IV, 388 - LThK III, 861.

7. *von Vercelli* (um 283 bis 1.8.371), Lektor der römischen Kirche, 340 (345?) Bischof von Vercelli, eifriger Vorkämpfer des Nicänum, wirkte für Einberufung einer Synode (Mailand 355), auf der er die Zustimmung zur Verurteilung des → Athanasius verweigerte, was Verbannung zur Folge hatte. Auf Grund des Edikts Julians zurückgekehrt, kämpfte er (gemeinsam mit → Hilarius von Poitiers) weiter gegen den Arianismus (→ Arianischer Streit, 3). Die Legende läßt ihn von Arianern gesteinigt werden. Von seinen Werken sind außer drei Briefen nur Bruchstücke erhalten.

MPL 12, 947ff. - DCB II, 374f - C.H.Turner, On E. of V. (JThS 1, 1900, 126-128) - A.E.Burn, On E. of V. (ebd 592-599) - RE V, 622ff - DThC V, 1553f - Bardenhewer III, 486f - LThK III, 861f - Pr.Schepens, L'Ambrosiaster et saint Eusèbe de Verceil (RechSR 37, 1950, 295-299). *M.Rauer*

Eustachius, *der Heilige,* soll gemäß mittelalterlicher Legende nach Begegnung mit einem flüchtenden Hirsch, der zwischen seinem Geweih ein Kreuz trug (vgl. → Hubertus-Legende), mit Frau und zwei Söhnen getauft worden sein. Legendenhaft ist wohl auch sein ursprünglicher Name Placidus und die Identifizierung mit dem römischen Feldherrn gleichen Namens. Geschichtlich ist nur, daß ein E. in Rom als Märtyrer unter Gregor d.Gr. und seit dem 12.Jh. in Frankreich und Deutschland als → Nothelfer verehrt wird. Seine Attribute sind Palme, Schwert und Spieß (vgl. → Dürers Paumgartner-Altar), vereinzelt auch Hirschgeweih mit Kreuz. Tag: 20.9.

AS Sept. VI, 106ff - AnBoll 3, 65ff - Künstle II, 220f - RGG² II, 414f - Braun, TA 239ff - Doyé I, 344f - EC V, 859 ff. *H.Paulus*

Eustasius († 2.4.629), Burgunder, Schüler → Columbas d.J., seit 613 Abt von → Luxeuil, das unter ihm eine Schule vieler fränkischer Bischöfe und Äbte wurde. Er wirkte als Missionar im Waraskengau am Doubs und in Bayern. Gegen Agrestius, den er als → Dreikapitel-Schismatiker aus dem Kloster gestoßen hatte, verteidigte er in Luxeuil die Klosterregel Columbas.

Seine um 642 von Jonas von Bobbio verfaßte Vita ed. B.Krusch, MG SS rer. Merov. 4, 119ff. - Hauck I, 267ff. 316. 345 - Wattenbach-Levison 1, 134ff. *H.Löwe*

Eustathius, 1. *von Antiochien* († vor 337), * in Side (Pamphylien), zuerst Bischof von Beröa (Syrien), etwa 324 Patriarch von → Antiochia, eifriger Kämpfer gegen Arius auf dem Konzil von Nicäa (325; → Arianischer Streit, 1), polemisierte dann gegen → Eusebius von Cäsarea. E. wurde daraufhin durch eine arianische Synode abgesetzt und vom Kaiser nach Thrazien verbannt. Von seinen Werken ist außer Fragmenten eine Abhandlung über die Hexe von Endor (de engastrimytho) erhalten, worin er des → Origenes allegorische Bibelexegese bekämpft. Anderes ihm Zugeschriebene ist unecht. - Vgl. → Christologie: II, 4 a.

MPG 18, 613ff - De engastrimytho, ed. A.Jahn (TU 2, 4), 1886 - M.Spanneut, Recherches sur les Ecrits d'E. d'A., Lille 1948. - DCB II, 382f - RE V, 626f - F.Cavallera, Le schisme d'Antiochie, Paris 1905 - DThC V, 1554ff - Bardenhewer III, 230ff - F.Zöpfl, Die trinitarischen u. christologischen Anschauungen des Bischofs E.v. A. (ThQ 104, 1923, 170-201) - R.V.Sellers, E. and his place in the Early History of Christian Doctrine, Cambridge 1928 - LThK III, 864 - Altaner⁵ 276f (Lit.). *M.Rauer*

2. *von Sebaste* (Pontus) (etwa 300-377), Schüler des → Arius, aber ohne entschiedenen Standpunkt (rechter Flügel der Homöusianer; → Arianischer Streit, 3). Seit 355 Erzbischof von Sebaste, war E. ein eifriger Förderer des Mönchtums und wurde wegen Verachtung der Ehe und Verwerfung des Eigentums und der kirchlichen Fasten angeklagt. Sein Schüler und Freund → Basilius d.Gr. wandte sich von E. ab, als sich dieser den Mazedonianern anschloß, deren Führung er 373 übernahm (Pneumatomachen; → Trinität: III). Eine Anzahl Briefe ist erhalten.

DCB II, 383ff - RE V, 627ff - F.Loofs, E.v.S. und die Chronologie der Basiliusbriefe, 1898 - J.O.Hannay, Spirit and Origin of Christian Monasticism, London 1903 - DThC V, 1565ff - Bardenhewer III, 128ff - LThK III, 865. *M.Rauer*

3. *von Thessalonich* (E.Kataphloros, * um 1125 in Konstantinopel (?), † 1193/98), wurde zuerst Mönch, dann Diakon und Professor an der Patriarchatsschule und 1175 Metropolit von Thessalonike, wo er die Plünderung durch die Normannen erlebte. Berühmt als klassischer Philologe (Homerscholien, Pindarkommentar usw) sowie als Historiker des Normanneneinfalls (ed. I.Bekker, 1842; dt. H.Hunger, 1955), verdient er Beachtung

als religiöser Prediger und Reformschriftsteller (De emendanda vita monachica).

Die Hauptmasse dieser Schriftengruppe ed. L.F.TAFEL, 1832; MPG 135. - K.KRUMBACHER, Byzant. Lit.-Gesch., 1897², 536ff - PW XI, 1907, 1452ff - LThK III, 865f - G.MORAVCSIK, Byzantinoturcica I, Budapest 1942, 135ff (Bibliogr.). *H.-G.Beck*

Euthalius. Mit diesem Namen ist eine Ausgabe der Paulusbriefe, Apg und kath. Briefe verbunden, der Prologe über die Ausgabe selbst, über den Inhalt der Schriften und über das Leben des Paulus vorgesetzt sind. Sie ist in Sinnzeilen geschrieben und in Kapitel eingeteilt. Außerdem sind in ihr Lektionen bezeichnet und Tabellen der in den Schriften vorkommenden Bibelstellen beigefügt. Über den einheitlichen Ursprung des unter E.' Namen gehenden Materials, über seine Person und Zeit sind die Meinungen verschieden. Herm.v.Soden hielt ihn für einen syrischen Diakon und späteren Bischof von Sulci auf Sardinien im 7.Jh. Heute scheint sich die ältere Auffassung - man dachte bei E. an → Evagrius Ponticus oder gar an →Pamphilus - wieder durchzusetzen, wonach E. bereits dem 4.Jh. angehören dürfte. Denn seine Ausgabe hat eine frühe Verbreitung im Armenischen, Syrischen und Gotischen gefunden, was ihren Ursprung nicht später als im 4.Jh. nahelegt. Wenn es richtig ist, daß die Sektionseinteilung des Vaticanus (→ Bibelhandschriften: II) in der Apg und den kath. Briefen von E. abhängt, müßte man ihn sogar an den Anfang des 4.Jh.s rücken.

Ausgaben: L.A.ZACCAGNI, Collectanea I, 1698 = MPG 85, 619 ff - A.VARDANIAN, E. Werke, Wien 1930 (armen. mit ausführlichen, bisher nicht ausgeschöpften Prolegomena) - H.v.SODEN, Die Schriften des NT I/1, 1902, 637ff. - RGG² II, 415f (Lit.) - A.JÜLICHER, EinlNT, 1931⁷, 573ff - F.G.KENYON, Der Text der griech. Bibel, 1952, 61 - J.W.MARCHAND, The gothic evidence for »Euthalian matter« (HThR 49, 1956, 159-167).

(† H.Windisch) W.Eltester

Euthanasie findet sich, wenngleich das Wort dem Griechischen entstammt, der Sache nach in der griechischen Klassik (etwa bei Plato und Aristoteles) gar nicht und in der Literatur des Hellenismus nicht häufig. E. bedeutet dort, als Kennzeichnung einer menschlichen Haltung und Forderung dem Tode gegenüber, soviel wie: »felici vel honesta morte mori« (Zillig). - Im 19.Jh. tritt ein »Bedeutungswandel im Sinne einer Schmerzfreigestaltung und allgemeinen Erleichterung des Sterbens und des Todeskampfes durch den Arzt« (Zillig) ein, dem dann um die Wende zum 20.Jh. eine Ausweitung im Sinne einer »erweiterten Sterbehilfe« folgt, um in Deutschland nach 1939 im sog. E.-Programm Hitlers eine Pervertierung zur »Vernichtung → lebensunwerten Lebens« (Binding und Hoche) zu erfahren. Letztere hat als bewußte Tötung Kranker gegen ihren Willen nichts mit E. zu tun und muß von ihr scharf abgesetzt werden. - E. umfaßt sehr verschiedenartige Maßnahmen, die ärztlich, rechtlich und ethisch ganz unterschiedlich zu bewerten sind.

1. E. *im engeren Sinne* betrifft nur die Beseitigung der besonderen Schmerzhaftigkeit eines Leidens angesichts des Todes. Sie ist eine ärztliche Heilbehandlung und dient der Abwendung vermeidbarer Leiden, gegen die - wenn sie im erklärten oder, im Falle fehlender Entscheidungsfähigkeit, im vorauszusetzenden Einverständnis des Patienten geschieht - keine rechtlichen, ethischen oder moraltheologischen Bedenken geltend gemacht werden. Problematisch dagegen ist das Ausmaß bei der Anwendung der Mittel. Soll der Sterbende *seinen* Tod *erleben* oder in den Tod hinüberdämmern? Außer Wunsch und Willen des Patienten müssen schwerwiegende ärztliche Gründe vorliegen. Für den kath. Christen gibt Papst Pius XII. Richtlinien (Abs. 35. 36).

2. E. *im weiteren Sinne* nimmt zur Schmerzlinderung eine lebenverkürzende Wirkung als unerwünschte Nebenfolge in Kauf. Auch sie ist ethisch als Heilmaßnahme zu bewerten. Die Übergänge zu 1 sind fließend. Je näher das Ende gerückt ist und je unerträglicher die Schmerzen werden, um so eher wandelt sich 1 in 2. Das Votum Pius' XII. sagt dazu (Abs. 39): »Wenn . . . die Verabreichung narkotischer Mittel von selbst zwei verschiedene Wirkungen hervorruft, einerseits die Linderung der Schmerzen und andererseits die Verkürzung der Lebensdauer, so ist sie erlaubt; allerdings muß man beachten, ob zwischen diesen beiden Wirkungen ein vernünftiges Verhältnis besteht und ob die Vorteile der einen die Nachteile der anderen ausgleichen.«

3. Bei E. *im weitesten Sinne* ist Lebensverkürzung nicht mehr die Nebenwirkung sachgemäßer ärztlicher Schmerzlinderung, sondern das eigentliche Mittel zur Beseitigung der Leiden des Patienten. Im Unterschied zu der oben genannten, nicht mehr als E. zu bezeichnenden »Vernichtung lebensunwerten Lebens« setzt 3 immer noch voraus, daß es sich wenigstens um einen auch subjektiv *Leidenden* handelt und daß das Motiv der E. *Mitleid* ist. Man muß unterscheiden: a) α) Leidens- und Lebensverkürzung durch bloße Passivität, wenn das Leiden unheilbar und der Tod nach menschlichem Ermessen früher oder später zu erwarten ist. Ist dann der Arzt verpflichtet, ein ohnehin vergehendes Leben noch künstlich durch analeptische Mittel zu verlängern? Allgemein verbindliche Richtlinien sind nicht zu geben. Alles kommt auf die besondere Lage im Einzelfall an. Aber »wo der Kranke seine (geistlichen und bürgerlichen) Angelegenheiten geregelt hat, wo ein Umschwung nicht mehr zu erwarten ist, wo es sich um Lebensverlängerung um kurze Frist handeln würde, wo die Mittel nicht gewünscht werden oder nur quälen, da kann kein Vernünftiger für Arzt, Pfleger oder Angehörige noch eine Verpflichtung annehmen alles zu tun, um den Lebensfunken erneut anzufachen« (Engisch). - Daneben steht β) Leidens- und Lebensverkürzung durch bloße Passivität, wenn Lebenserhaltung nur um den Preis höchstwahrscheinlich schweren körperlichen und geistigen Siechtums möglich ist, zB bei schwerst Verstümmelten, bei »Heilung« bestimmter Fälle von Hirntuberkulose oder bei Wiederbelebung Erhängter, bei denen schwere Hirnschädigungen »höchstwahrscheinlich« zu schwersten geistigen Defekten führen. Passivität wird hier zum Gnadenstoß gegen noch zu rettendes Leben, das nicht mehr für lebenswert erachtet wird. Hier ist jene feine Grenze überschritten, in der auch die Passivität nicht mehr Hilfe für das Leben, sondern für den Tod bedeutet. - Davon zu unterscheiden ist b) die Leidens- und Lebensverkürzung durch aktive Sterbehilfe in verschiedener Form: als direkte Maßnahme auf Wunsch des Kranken, als Beihilfe zum → Selbstmord (: II. III), als Unterlassung aller Maßnahmen zur Verhinderung des Selbstmordes des Kranken oder Sterbenden und schließlich als Lebensverkürzung bei unheilbar Leidenden ohne Verlangen, aber aus Mitleid mit dem sich Quälenden. Von hier führt ein fast unmerklicher Übergang zu jenen Fällen, wo nicht so sehr das Mitleid mit dem Leidenden selbst als das »Nicht-mehr-Mitansehen-können« der Leiden (Engisch), also nicht mehr das Mitleid mit dem Kranken, sondern mit seiner Umgebung zur Triebfeder wird. An dieser Stelle, wo der Arzt »sortiert«, welches Leben der Umgebung noch zumutbar ist, wird bereits die Grenze zur »Vernichtung lebensunwerten Lebens« überschritten.

Kath. Moraltheologie verwirft die »E. im weitesten Sinne«. Ev. Ethik erkennt zwar die Problematik bestimmter obengenannter Situationen an, kommt aber letztlich doch auch zur Ablehnung. »Daß Gott der

Schöpfer, Erhalter und Erlöser des Lebens ist, macht auch das armseligste Leben vor Gott lebenswert« (Bonhoeffer). – Nach ärztlicher Berufsethik liegt ein Verstoß gegen die »Bewahrungspflicht« des Arztes vor (Gruber). Rechtlich mag die Passivität von 3a β bes. schwierig zu beurteilen sein. Die Fälle von 3b verstoßen gegen das Strafrecht, die direkte bzw. indirekte Beihilfe zum Selbstmord dort, wo, wie in England, der Selbstmord unter Strafe steht (Engisch).

K. BINDING-A. HOCHE, Die Freigabe der Vernichtung lebensunwerten Lebens, 1920 - FR. BÜCHNER, Der Eid des Hippokrates, 1945 - V. v. WEIZSÄCKER, »E.« u. Menschenversuche, 1947 - K. ENGISCH, »E.« u. Vernichtung lebensunwerten Lebens in strafrechtl. Beleuchtung (Lebendige Wissenschaft H. 7), 1948 - G. B. GRUBER, Arzt u. Ethik, 1948 - D. BONHOEFFER, Ethik, (1949) 1956² - A. NIEDERMEYER, Hdb. der speziellen Pastoralmedizin, 1949 (kath.) - G. ZILLIG, Über E. (Hochland 42, 1950, 337-352) - EKL I, 1185 - Papst PIUS XII., Religiös-sittl. Fragen zur Anästhesiologie (Ansprache am 24.2.1957), 1957. *L. Loeffler*

Eutherius, Erzbischof von Tyana (Kappadozien), entschiedener Nestorianer (→ Christologie: II, 4c) und Gegner → Cyrills von Alexandrien, wurde zu → Ephesus 431 abgesetzt, darauf nach Skythopolis (Palästina) verbannt und soll in Tyrus gestorben sein. Die Confutationes quorundam propositionum, die von rhetorischer Bildung zeugen, werden jetzt allgemein ihm zuerkannt.

MPG 28, 1337ff (Athanasius) - Theodoret, ed. SCHULZE V, 1774, 1118ff. - DCB II, 397f - G. FICKER, E. v. Tyana, 1908 - BARDENHEWER IV, 200ff - LThK III, 869. *M. Rauer*

Euthymius Zigabenus (oder Zigadenos, 1. Hälfte des 12. Jh.s) ist nicht mit E. dem Polemiker gegen die → Phundagiagiten zu verwechseln. Z. war Mönch in Konstantinopel und genoß das besondere Vertrauen des Kaisers Alexios I., der ihn zusammen mit Johannes Phurnes mit der Abfassung einer »Panoplia« gegen sämtliche Häresien betraute (28 Titel, von denen jedoch kaum mehr als zwei Originalarbeiten des E. sind). → Niketas Choniates veranstaltete ein Jh. später eine Neuauflage, den »Thesaurus orthodoxiae«. An zeitgenössischen »Häresien« behandelt die Panoplie die → Azymiten, die → Paulizianer, → Messalianer, Mohammedaner (→ Islam: I) und → Bogomilen. Neben ein paar kleineren Aufsätzen sind Kommentare zu den Evangelien, Psalmen und Paulinen zu nennen, die zumeist Katenen ausschreiben.

MPG 128-131. - Einzeleditionen: TH. PHARMAKIDES, Athen 1842 (Evv.); N. KALOGERAS, Athen 1887 (Paulinen). - I. WICKERT, OrChr 8, o. J., 278-388 - M. JUGIE, La vie et les oeuvres d'Euthyme Zigabène (Échos d'Orient 15, 1912, 215-225) - V. GRUMEL, ebd 32, 1933, 22-33. *H.-G. Beck*

Eutin → Schleswig-Holstein.

Eutyches (* um 378). Leidenschaftlicher Gegner des Nestorianismus (→ Christologie: II, 4 c. d), ist E. kirchenpolitisch ein enger Bundesgenosse von Alexandrien und theologisch wohl konservativer Extremist alexandrinisch-athanasianischer Richtung. Als Presbyter und Archimandrit bei Konstantinopel wird er 448 durch → Euseb von Doryläum der Irrlehre angeklagt und zu Konstantinopel (→ Flavian) verdammt. → Dioskur rehabilitiert ihn 449 auf der Synode zu → Ephesus, doch wird 451 in → Chalcedon das Verdammungsurteil von 448 bestätigt und sein Ruf als Häretiker besiegelt.

E. SCHWARTZ, Der Prozeß des E. (SAM 1929, H. 5) - DThC V, 1582ff - A. GRILLMEIER-H. BACHT, Das Konzil v. Chalkedon I, 1951, 195ff. 234ff; III, 1954. 846 Nr. 495ff (Lit.). *M. Tetz*

Eutychianus, *Papst* 4.1.275 bis 7.12.283, Toskaner, regierte in einer friedlichen Zeit, die dem Wachstum der römischen Gemeinde zugute kam. Ihm zugeschriebene Dekrete und Briefe sind unecht.

RE V, 647; XXIII, 438 - LThK III, 873. *M. Rauer*

Eutychius *von Konstantinopel,* Mönch aus Amaseia (in Pontus), Patriarch von Konstantinopel (552-565 und 577-582), war eifriger Mitarbeiter → Justinians bei Verurteilung der → Drei Kapitel und entwarf die Synodalsentenz der 5. Synode (553). Wegen Widerstands gegen den kaiserlichen Aphthartodoketismus abgesetzt, berief ihn Kaiser Justin II. 577 wieder zurück. Jetzt geriet er wegen der »Auferstehung des Fleisches« in Konflikt mit dem Apokrisiar Gregor, dem späteren Papst.

Außer Fragmenten ist nur ein Brief an Papst → Vigilius erhalten (MPG 86, 2, 2392ff); Vita von seinem Schüler Eustratios (ebd 2273ff). - BARDENHEWER V, 131 - V. GRUMEL, Regestes des Patr. de Constantinople, Chalcedon 1932, Nr. 244-249. 260-263. *H.-G. Beck*

Evagrius, 1. *Ponticus* (346-399/400), aus Ibora in Pontus, Diakon und Prediger in Konstantinopel, ging um 383 als Mönch in die nitrische Wüste. E. hat die Anschauungen der ägyptischen Mönchsväter origenistischer Grundhaltung (daher 553 anathematisiert) als erster literarisch vertreten (→ Altchristliche Literaturgeschichte, 4a) und die innere Entwicklung des syrischen Mönchtums stark beeinflußt. Die Acht-Laster-Theorie findet sich zuerst bei ihm.

MPG 40, 1213ff - W. FRANKENBERG, E. P. (AGG NF XIII, 2), 1912 (syr. Texte mit griech. Rückübersetzung) - H. GRESSMANN, Nonnenspiegel u. Mönchsspiegel des E. P. (TU 39, 4), 1913 - J. MUYLDERMANS, Evagriana Syriaca, Louvain 1952. - E. A. WALLIS BUDGE, The Book of Governors II, London 1893, 52 - RE V, 650ff; XXIII, 439 - BARDENHEWER III, 93ff - A. BAUMSTARK, Gesch. d. syr. Lit., 1922, 86ff - W. BOUSSET, Apophthegmata, 1923, 292ff - A. u. CL. GUILLAUMONT, Le texte véritable des »Gnostica« d'Évrage le Pontique (RHR 142, 1952, 156-205) - ALTANER⁵ 236ff (Lit.). *A. Adam*

2. *Scholasticus* (dh Rechtsanwalt), * 536/37 in Epiphania (am Orontes in Syrien), schrieb eine Kirchengeschichte in 6 Büchern als Fortsetzung der Werke des → Sokrates (, 2), → Sozomenus und → Theodoret, die von 431 (Synode von Ephesus) bis 593/94 reicht und eine der Hauptquellen für die Dogmengeschichte der Zeit (→ Christologie: II, 4c-5b) darstellt, auch die Profangeschichte eingehend behandelt. Die Quellenkritik des E. ist an klassischen Vorbildern (Thukydides) und → Eusebius von Cäsarea geschult. Selbst Vertreter der chalcedonensischen Orthodoxie, wird er gelegentlich (I, 11) häretischen Anliegen gerecht. Wundergläubigkeit (zB I, 14; II, 3; IV, 26.28) ist zu seiner Zeit nicht auffällig.

MPG 86, 2, 2415ff - The Ecclesiastical History of E., ed. J. BIDEZ-L. PARMENTIER, London 1898. - DCB II, 423f - RE V, 649f - BARDENHEWER V, 119f - GY. MORAVCSIK, Byzantinoturcica I, (1942) 1958², 257ff (Lit.). *G. C. Hansen*

Evangeliarien (Evangelistarien) ist die lat. Bezeichnung für die Εὐαγγέλιον genannten liturgischen Bücher der griech. Kirche mit der gottesdienstlichen Evangelienlesung. Sie enthalten nur die Perikopen, nicht die vollständigen Evangelien und finden ihre Ergänzung in dem Ἀπόστολος oder Πραξαπόστολος mit den Leseabschnitten aus der Apg und den Briefen. Solche der liturgischen Praxis dienenden Bücher konnten erst entstehen, als sich eine Perikopenordnung entwickelt hatte. Die ältesten Beispiele von E. sollen schon in Papyrusfragmenten vorliegen, zB 𝔓⁵ (3. Jh.?) oder 𝔓⁴ (5. Jh.); sicher bestimmbare E. gibt es erst in Pergament-Hss. seit dem 6. Jh. Die E. leisten neben ihrer grundlegenden Bedeutung für die Geschichte der → Perikopen einen beachtlichen Beitrag für die kirchliche Kunstgeschichte (→ Bibelillustration: I, 1. 2 mit Taf. 5 Abb. 1-3). Der Textform der E. wendet man heute wieder Aufmerksamkeit zu, doch dürfte der E.text nur für die Textgeschichte, nicht dagegen für die Textkritik des NT von Interesse sein. → Lektionar.

DACL V/1, 1922, 775ff - G.KUNZE, Die gottesdienstliche Schriftlesung I, 1947 - DERS. in: Leiturgia II, 1955, 87-179 - H.GREEVEN, Die Textgestalt der Evangelienlektionare (ThLZ 76, 1951, 513-522; Lit.). *W.Eltester*

Evangelical and Reformed Church, 1934 entstandene amerikan. Unionskirche deutscher Herkunft. Den Einigungsverhandlungen auf Grund eines vorläufigen »Plan of Union« folgte der äußere Unionsvollzug (1934), nachträglich die gemeinsame Verfassung (1940). In gleichem Verfahren schließen dieser Union sich jetzt die anglo-puritanischen *Congregational Christian Churches* an: äußerer Zusammenschluß 1957; Erarbeitung einer gemeinsamen Verfassung und endlich eines gemeinsamen modernen Glaubensbekenntnisses jenseits der historischen Konfessionen soll 1959 erfolgen. So entsteht mit aktiver Tendenz zum Zusammenschluß weiterer inneramerikanischen Gruppen die *United Church of Christ* (→ Einigungsbestrebungen: V, 2).

Der erste Bestandteil des summierenden Namens weist auf die *Evangelical Synod of North America*. Der »Deutsche Ev. Kirchenverein des Westens« von 1840 erweitert sich 1877 zur »Deutschen Ev. Synode von Nordamerika«. Sie umfaßte Einwanderer vorwiegend luth. Herkunft, die in der großen deutschen Welle der Neuen Welt zuströmten. Missionare aus Basel, Barmen und Berlin wie gleichzeitig die sächsischen Altlutheraner (→ Luthertum: III) C.E.F. → Walthers sammeln sie. So entsteht neben der streng konfessionellen → Missouri-Synode hier eine neupietistisch mildere »German Church on the American Frontier«, die durch ihre aus der → Erweckungsbewegung stammenden Väter den damaligen → Unionen (: I) in Preußen usw nachgestaltet wird (Augsburger Bekenntnis, Luthers und Heidelberger Katechismus, sofern sie übereinstimmen). Zuwanderer aus dem Bismarckschen Reich lassen den Charakter als »amerikanische Tochterkirche der ev. Mutterkirche in Deutschland« noch stärker ins Bewußtsein treten. Kontakte ergeben sich zumal anläßlich der opferfreudigen Hilfe dieser deutschesten Kirche in den USA nach dem 1. Weltkrieg (O. → Dibelius u.a.). Bis dahin ist die Kirchensprache vorwiegend deutsch.

In der neuerlichen Zusammenschlußbewegung nach der sprachlichen Krise und Einebnung war die luth. Familiengruppe in den USA noch nicht konsolidiert und einflußkräftig genug, um auf ihrem linken Flügel diese Synode wesentlich luth. Tradition aktiv an sich zu ziehen. Stimmungen und Stimmen dafür von außen (Neve) und von innen (Petersmann) her haben freilich nicht gefehlt, mit dem weltweiten Sinn dafür, daß der beherrschende anglo-calvinistische Gesamtgeist Amerikas des luth. Tropfens bedürfe. Sog und Schmelzkraft jenes Mehrheitsgeistes war bei diesem weicheren Kirchenkörper stärker und läßt ihn, mit dem nunmehr völlig verallgemeinerten »Unions-Prinzip«, dorthin aufgehen.

Der zweite Bestandteil des Namens bezeichnet die *Reformed Church in the US*. In ihr fanden sich seit 1746/47 die Reformierten der früheren großen deutschen Einwandererwoge zusammen, die im Osten nach Pennsylvanien flutete. Seit 1793 selbständig und fast ein Drittel der Pennsylvania-Deutschen umfassend, hat diese Deutsche Ref. Kirche in den Vereinigten Staaten, vom ref. Erbe der deutschen Reformation her dem anglo-amerikanischen Kirchentum konfessionsverwandt und in den Oststaaten der USA beheimatet, ihren historischen Beitrag zur amerikanischen Kirchengeschichte bis heute darin geleistet, daß sie in aktiven Persönlichkeiten deutsche Philosophie und Theologie wirksam vermittelte (Rauch, Nevin, Schaff). Umschlagsplatz dieser fruchtbaren zeitgemäßen Vermittlung war das hervorragende theologische Seminar in Mercersburg (seit 1835), jetzt Lancaster. Dem spezifisch luth. Einschlag im deutsch-ref. Erbe entsprechend brachte die »Mercersburger Theologie« zugleich eine kultische Vertiefung (sakramentale »mystical presence«). Die geistig bedeutsamste Zeitschrift in deutscher Sprache war Philipp Schaffs Monatsheft »Der deutsche Kirchenfreund«. Bis zur jüngsten Vermittlung der dialektischen Theologie Barths und Brunners im aktuellen Gesamtgespräch ist diese Kraft aus eigenem Erbe und Charisma wach geblieben. Es wäre zu wünschen, daß diese Linie in St. Louis und Lancaster im Rahmen der »Vereinigten Kirche Christi« für USA und die Ökumene erhalten bliebe.

A.SCHORY, Gesch. der Dt. Ev. Synode von Nordamerika, St. Louis 1889 - J.H.DUBBS, History of the Reformed Church in the US (American Church History Series VIII), New York 1894 - DERS., The Reformed Church in Pennsylvania, Lancaster, Pa. 1902 - J.I.GOOD, History of the Ref. Church in the US in the 19th century, New York 1911 - A.MUECKE, Gesch. der Dt. Ev. Synode von Nordamerika, St. Louis 1915 - J.L.NEVE, The Lutherans in the Movements for Church Union, Philadelphia 1920 - H.KAMPHAUSEN, Gesch. des relig. Lebens in der Dt. Ev. Synode von Nordamerika, St. Louis 1924 - C.E.SCHNEIDER, The German Church on the American Frontier, St. Louis 1939 - H.M.J.KLEIN, History of the Eastern Synod of the Reformed Church in the US, Lancaster, Pa. 1943 - P.T.STONESIFER, Know your church, Philadelphia 1946 - Constitution and By-Laws of the E. and R.Ch., 1950 - D.DUNN, The E. and R.Ch. (V.FERM, The American Church of the Protestant Heritage, New York 1953, 295-309) - F.E.MAYER, The Religious Bodies of America, St. Louis 1956², 358 ff. *M.Manrodt*

Evangelicals → Anglikanische Kirche: I, 1; II, 1.

Evangelical United Brethren Church *(Evangelische Vereinigte Brüderkirche)*, eine amerikanische Denomination, die aus dem am 16.11.1946 erfolgten Zusammenschluß der *Church of the United Brethren* und der *Evangelical Church* entstanden ist. Beide Gruppen hatten sich zu Beginn des 19.Jh.s unter Einwanderern deutscher Abstammung in Ost-Pennsylvanien und anderen Staaten des Ostens gebildet. Sie sind beide aus der damals im Osten der USA lebendigen Erweckungsbewegung erwachsen und hätten sich dem Methodismus angeschlossen, wenn dieser den Gebrauch der deutschen Sprache geduldet hätte. Die *United Brethren Church* verdankt ihre Entstehung der Tätigkeit des ursprünglich deutsch-reformierten Ph.W. → Otterbein (1726-1813) und des Mennonitenpfarrers Martin Böhm (1725-1812). Zunächst hielten sie Versammlungen mit Erweckten nach Art der Methodisten. Aus diesen entstanden bald besondere Gemeinden, die 1787 eine erste offizielle Konferenz hielten und 1800 den Namen *The United Brethren in Christ* annahmen. Otterbein und Böhm waren die ersten Bischöfe. Aus einer Spaltung ging 1889 die *Church of the United Brethren in Christ* (Old Constitution) hervor.

Auch die *Evangelical Church* nahm ihren Anfang in Pennsylvanien. J.Albright (1759-1808), ursprünglich Lutheraner, hielt unter seinen deutschen Landsleuten Erweckungsversammlungen ab. 1807 wurde er zum Bischof gewählt und vor seinem Tode 1808 gab er der neuen Kirche noch eine Kirchenordnung. Die erste allgemeine Konferenz fand 1816 statt und nahm den Namen *Evangelical Association* (→ Evangelische Gemeinschaft) an. 1891 kam es zur Abspaltung der *United Evangelical Church*. 1922 vereinigten sich die beiden Gruppen wieder unter dem Namen *Evangelical Church*. Ein kleiner Teil lehnte den Zusammenschluß ab und führte als *Evangelical Congregational Church* eine Sonderexistenz.

Seit 1813 wurde versucht, die beiden ihrem Hintergrund, ihrer Lehre und Ordnung nach so ähnlichen Kirchen zu vereinigen; doch gelang das erst 1946. Die Lehre der E.U.B.Ch. ist arminianisch (→ Arminianer), ihr Glaubensbekenntnis und ihre Ordnung sind denen der Methodistenkirche (→ Methodisten: I) sehr ähnlich. Liturgisch gehört sie der »freien« Tradition an. - Die 52 Jahres-(Bezirks-) Konferenzen werden von Superintendenten geleitet. 7 gewählte Bischöfe dienen als Generalsuperintendenten. Die Hauptkonferenz kommt alle vier Jahre zusammen und hat oberste Vollmacht.

Die Kirche unterhält ausgedehnte Werke der inneren und äußeren Mission. 1957 betrug ihre Mitgliederzahl 742 000 in etwa 5000 Gemeinden mit 4000 Predigern.

Zeitschriften: The Telegraph-Messenger (Gemeindeblatt); The Builders (für die Jugend). - A.W.Drury, Disciplines of the Church of the United Brethren in Christ, Dayton 1895 - Ders., History of the Church of the United Brethren in Christ, Dayton (1924) 1931² - D.Berger, History of the Church of the United Brethren in Christ, Dayton 1897 - R.W.Albright, History of the Evangelical Church, Harrisburg 1942 - Discipline of the Evangelical United Brethren Church, Dayton 1947 - P.H.Eller, These Evangelical United Brethren, Dayton 1950 - Ders., The Evangelical United Brethren Church (in: V.Ferm, The American Church of the Protestant Heritage), New York 1953 (Lit.) - P.Koontz-W.Roush, The Bishops. Church of the United Brethren in Christ, 2 Bde, Dayton 1950 - F.S.Mead, Handbook of Denominations in the USA, Nashville 1951 - F.E.Mayer, The religious bodies in America, St. Louis 1954 (Lit.).

R.C.Wolf

Evangelien, *formgeschichtlich*

1. Die literarische Gattung der E. - 2. Formen und Geschichte der Tradition. - Ergänzend vgl. → Evangelien, synoptische, → Formen und Gattungen: II, → Johannesevangelium

1. Εὐαγγέλιον ist seiner ursprünglichen Bedeutung nach ein unliterarischer Begriff. Er bezeichnet in der urchristlichen Missionssprache die Heilsbotschaft von →Jesus Christus. In diesem Sinne findet er sich vor allem bei Paulus (im Corpus seiner Briefe einschließlich der Deuteropaulinen 60mal), hier schon technisch, darum fast immer determiniert und häufig absolut gebraucht (zB Röm 1, 16; 10, 16; 1Kor 4, 15; 9, 14 u.ö.). Die mit dem Begriff verbundenen Ausdrücke des Redens und Hörens und die Synonyma »das Wort« (ὁ λόγος) und »die Predigt« (τὸ κήρυγμα) zeigen, daß Evangelium hier immer die *mündliche* Botschaft bzw. ihren Inhalt meint. Diese ist eine und nur eine. Darum wird der Begriff stets im Singular verwendet; der Plural widerspricht seinem Wesen. Eine Erinnerung daran hat noch die Überschrift unserer E. bewahrt: Evangelium »nach« Matthäus (Markus, Lukas, Johannes). Inhalt des Evangeliums ist im ältesten Gebrauch des Wortes nicht die irdische Geschichte Jesu, sondern er selbst als Christus, Gottes Sohn, Herr und sein Tod und seine Auferstehung als eschatologisches Heilsereignis. Erstmalig hat Markus die in seinem Buch erzählte Geschichte Jesu ausdrücklich der Heilsbotschaft zugeordnet (Mk 1, 1. 14; 8, 35 u.ö.). Beides wird von Markus noch nicht gleichgesetzt; Evangelium ist für ihn eine »außerhalb seines Buches stehende Größe« (Dibelius). Um so wichtiger ist sie als interpretierender Leitbegriff: Das irdische Wirken Jesu wird zur Veranschaulichung der Christusbotschaft erzählt. Matthäus und Lukas haben diese Zuordnung zwar nicht einfach übernommen (→ Evangelien, synoptische, 2b), ja im LkEv (auch im JohEv) fehlt der Begriff überhaupt. Doch rechtfertigt schon die Übernahme des Markus-Aufrisses in ihren E., sie unbeschadet ihrer Besonderheiten demselben Schriftentypus zuzurechnen. Von Johannes gilt trotz seiner Selbständigkeit und Eigenart das gleiche, sofern auch er eine Darstellung der irdischen Wirksamkeit Jesu gibt, die mit seiner Passion und Auferstehung endet. - Seit dem 2.Jh. ist Evangelium feste Bezeichnung für die E.-Schriften und im Zusammenhang damit auch der Plural gebräuchlich geworden, ohne daß der ursprüngliche Sinn von Evangelium als mündlicher Heilspredigt in Vergessenheit geriet (vgl. noch Luthers Vorreden zum NT von 1522). Wie sehr die E.-Schriftstellerei in Blüte stand (freilich schwerlich vor Markus), zeigen schon der Prolog des LkEv (1, 1-4) und die zahlreichen, dem Namen nach bekannten oder fragmentarisch erhaltenen außerkanonischen E. (→ Apokryphen: II). Aber dieser Prozeß wurde durch die Kanonisierung der vier E. bald ganz abgeschnitten (→ Bibel: II B).

Das *Genus* der E. ist eine original christliche Schöpfung (K.L.Schmidt, Bultmann). Ihre Einzigartigkeit beruht auf der Einmaligkeit des christlichen Kerygmas. »Es ist in der Tat so, daß nur, weil es ein Kerygma gibt, das einen ›im Fleisch‹ lebenden Menschen als den ›Herrn‹ verkündet, das Entstehen unsrer E., ja schon ihrer Vorformen begriffen werden kann« (Schniewind, ThR 183). Dem entspricht ihr Doppelcharakter als Botschaft und Bericht. Ein Vergleich der E. mit antiken Literaturformen bestätigt in vollem Maße ihre Eigenart. Die E. lassen sich gattungsgeschichtlich nicht den Werken der antiken Geschichtsschreibung, speziell ihrer Bios- und Memoirenliteratur zurechnen (erst Justin Apol. I, 66 hat fälschlich den literarischen Terminus ἀπομνημονεύματα auf sie angewandt). Denn sie verraten weder ein Interesse an der Persönlichkeit Jesu, seiner Herkunft, Bildung, Entwicklung und seinem menschlichen Charakter, noch tritt die Individualität des darstellenden Autors hervor (keines der E. nennt seinen Namen!). Historisch-biographisches Interesse und literarische Züge weist am ehesten noch Lukas auf (→ Evangelien, synoptische, 2d). Aber sie bleiben auf gewisse Besonderheiten seiner Komposition und Redaktion beschränkt, ohne den Charakter der bearbeiteten Tradition wesentlich zu verändern. Am freiesten ist Johannes mit seiner Tradition umgegangen, jedoch am allerwenigsten unter historisch-biographischem und literarischem Interesse, sondern erst recht in der Absicht, die Überlieferungen ganz in den Dienst der Glaubensbotschaft zu stellen (20, 31; →Johannesevangelium). Versagen die Analogien der vor- und außerchristlichen, aber auch späterer christlicher Literaturformen für das Verständnis der E. im ganzen, so schließt das nicht aus, daß die Einzeltraditionen der E. und ihre Sammlung nach Formen und Gesetzen gestaltet sind, die sich auch an anderer volkstümlicher profaner und religiöser Literatur erkennen lassen. Zu Stil und Wesen dieser Literatur gehört ihre offenkundige Nähe zu mündlicher Überlieferung und das Fehlen literarischer und wissenschaftlicher Absichten (»Kleinliteratur«). Lockere Sammlungen von Episoden, Gesprächen, Aussprüchen eines frommen Lehrers finden sich auch in älteren und jüngeren Rabbinengeschichten (vgl. als lehrreiches neueres Beispiel M. Buber, Die Erzählungen der Chassidim, 1949). Gleiches gilt von den anekdotisch erzählten Schicksalen und Taten griechischer Wundermänner wie → Apollonius von Tyana, von christlichen und außerchristlichen Heiligenlegenden und den Sagen, die von beliebten Helden erzählt und gesammelt werden, gleichgültig, ob sie unterhalten, belehren oder erbauen wollen. Doch unterscheiden sich die E. von ihnen allen durch die alles beherrschende Beziehung des Einzelnen und Ganzen auf den im Wort verkündigten und im Kult der Gemeinde gegenwärtigen Gottessohn und Herrn, der doch zugleich der Rabbi und Prophet Jesus von Nazareth ist.

2. Die E. geben die Jesus-Überlieferung nicht mehr in ihrer ersten Gestalt wieder. Die Sammlung und Zusammenfügung der Tradition zu einer fortlaufenden Geschichte im Rahmen eines doch mindestens halbliterari-

schen Werkes hat sie zwar bewahrt, aber auch ihren ursprünglichen Charakter verändert. Daraus folgt, daß die *literarkritische* Untersuchung der E., die nach ihrem Verhältnis zueinander, ihren gemeinsamen und besonderen Quellen, der Eigenart ihrer Komposition, ihrer Sprache, Heimat, Abfassungszeit und ihren Verfassern fragt, zwar unerläßlich ist, aber doch nur eine begrenzte Vorarbeit sein kann. Doch geben die E. selbst die Möglichkeit, auch die Frage nach der vorliterarischen Traditionsgeschichte zu stellen. Der gesamte Traditionsstoff der E. besteht aus einer großen Zahl in sich geschlossener Einzelstücke, die von den Evangelisten (zT schon von älteren Sammlern) mit bescheidenen redaktionellen Mitteln zu einem Ganzen zusammengeordnet wurden. Diese Feststellung gilt uneingeschränkt für die ersten drei Evangelien, während die Grenzen der Erzählungs- und Redenabschnitte im JohEv weithin verschwimmen. Um so mehr aber zeigen die Synoptiker, daß jede Erzählung, jedes Gespräch, jedes Wort (Logion) gewissermaßen autark und nicht nur Fragment eines Ganzen, sondern in sich selbst ein Ganzes ist. Wie die Einzelszenen nicht auf frühere oder spätere Ereignisse angelegt sind, so bedürfen auch Gespräche und Worte, jeweils in sich erschöpfend, keiner Erläuterung von anderswoher. Wohl gibt es kleinere und größere Zyklen von Streitgesprächen (zB Mk 2, 1–3, 6) und thematisch geordneten Spruchgruppen, die die Evangelisten als »Reden« berichten, aber sie sind in Wahrheit nur Sammlungen von Einzelsprüchen (Matthäus!). – Für die *formgeschichtliche* Erforschung der E. ergeben sich damit zwei Aufgaben: a) die Unterscheidung von Redaktion und Tradition; b) die Untersuchung der aus ihren Zusammenhängen gelösten kleinen Einheiten der Tradition. Die technischen Mittel der *Redaktion* sind in der Regel sehr einfach: lockere Übergänge (bloßes »und«, Genitivus absolutus, Partizipialkonstruktion), kurze historisch-pragmatische Notizen, formelhafte Zeitangaben (darauf, an diesem Abend, einige Tage danach), stereotyp wiederkehrende Ortsangaben (Berg, Feld, Weg, Haus, See) oder auch breiter ausgeführte Sammelberichte. Ihre redaktionelle Herkunft erhellt schon daraus, daß die Evangelisten im einzelnen verschieden gruppieren und in der Rahmung der Szenen nicht selten voneinander abweichen. Doch ist nicht zu leugnen, daß bestimmte Orts-, Zeit- und Situationsangaben bereits an der Tradition haften, ohne ihr freilich damit einen historiographischen Charakter zu verleihen. – Die kleinen Einheiten der *Tradition* variieren durch ihre sehr verschiedenen *Formen*, nach denen sie geprägt sind. Die Ausbildung solcher festen Formen gehört zu den Überlieferungsgesetzen mündlicher Tradition, die einprägsam und behältlich sein muß und nicht das Historisch-Einmalige, sondern das Typische hervorhebt. Ebenso bedeutsam ist, daß diese festen Formen der Überlieferung auf ihren praktischen Gebrauch abzielen und nur im Zusammenhang der Lebensinteressen und -äußerungen der Gemeinde verstanden werden können, in der sich die Überlieferung bildet und weitergegeben wird. In diesem Sinne hat auch die Formgeschichte der E. ebenso wie die alttestamentliche für jedes Traditionsstück nach seinem »Sitz im Leben« der Gemeinde zu fragen. Damit ist keineswegs die gesamte → Tradition (: V) als Produkt der Gemeinde erklärt, wohl aber die Frage nach ihrem Anteil an der Gestaltung der Tradition methodisch gestellt und der Weg gewiesen, sie nach festen Kriterien zu beantworten, auch wenn selbstverständlich die Antwort sich nicht immer sicher geben läßt. Diese Kriterien ergeben sich aus dem Bild der Gemeinde, die jeweils in und hinter der Tradition sichtbar wird, ihrer Predigt, Mission, Polemik, Apologetik, ihrem Kultus und Bekenntnis usw sowie der Eigenart ihrer palästinisch-jüdisch oder hellenistisch geprägten Theologie. Dafür geben die Abweichungen der Texte voneinander, charakteristische Umgestaltungen, zugefügte Deutungen, die oft zu dem ursprünglichen Text etwa eines Gleichnisses oder Einzelspruches in Spannung stehen, oder auch die Stilisierung einer Erzählung nach weissagenden Motiven des AT wichtige Anhaltspunkte. Sie zeigen, daß die nachösterliche Gemeinde die Tradition nicht einfach chronistisch hütet, sondern vielfach in neuer Gestalt sich aneignet. Doch dürfen alle diese Beobachtungen nicht die Tatsache verdunkeln, daß schon und vor allem Jesus selbst sich in seiner Verkündigung fester Formen bedient, die in Prophetie, Weisheit und im Lehrbetrieb der jüdischen Schriftgelehrten vorgebildet sind.

Der gesamte Traditionsstoff der E. läßt sich am besten in Worte Jesu und Erzählungen aufteilen. Nach festen Formen gliedern sich zunächst viele der überlieferten *Worte* Jesu (für die Charakteristik im einzelnen → Formen und Gattungen: II): a) *Prophetische* und *apokalyptische Worte*, in denen Jesus das Kommen der Gottesherrschaft, die Stunde des Heils verkündet, aber auch das Wehe über die Unbußfertigen ausruft. b) *Weisheitssprüche*, die pointiert und knapp in höchster Einfachheit ein für allemal Gültiges sagen und so an das Verstehen der Hörer appellieren (→ Weisheitsdichtung, → Sprüchebuch, → Jesus Sirach). c) *Gesetzesworte* und *Gemeinderegeln*, ihrer Form nach rabbinischer Lehrweise verwandt, aber auch dem paränetischen Spruchgut und den Gemeindeordnungen der späteren Gemeinde. d) *Christusworte*, die von seiner Sendung und Hoheit und von seinem Schicksal sprechen, begreiflicherweise in der jüdischen Tradition ohne Analogie. Viele dieser Worte sind durch eine knappe Angabe von Anlaß und Situation eingeleitet und gerahmt, wobei jedoch immer das Logion die Pointe enthält und die Erzählung keinen Eigenwert besitzt (»Apophthegmen«). – Anders verhält es sich mit den ausgeführten *Geschichten*. Eine erste Gruppe unter ihnen sind die Jesusgeschichten, die von seinen Taten erzählen (Heilungen, Naturwunder). Sie wollen und sollen den Glauben an ihn wecken. Das gilt zwar sicher auch von einer weiteren Gruppe, welche man *Christusgeschichten* nennen könnte; diese sind aber dadurch unterschieden, daß sie von vornherein vom Glauben geprägt sind und ihn – vielfach unter Verwendung von Legendenmotiven – aussprechen, auch wenn sie an historische Begebenheiten anknüpfen und sich selbst als Berichte geben (Taufe, Versuchung, Verklärung, Vorgeschichten im Mt- und LkEv, Auferstehungsgeschichten u.a.). Sicher ist in das Erzählungsgut in hohem Maße auch geschichtliche Tradition eingewoben, die nicht von vornherein formgebunden war. Das zeigt vor allem die *Passionsgeschichte*, aber sie zeigt ebenso durch die Ausgestaltung einzelner Szenen und ihr durchgängiges Interesse am Schriftbeweis, wie sehr Geschichte und Glaube miteinander die Überlieferung gestaltet haben. – Die *Sammlung* der Einzeltraditionen hat sich stufenweise vollzogen, am frühesten offensichtlich – und hier mit deutlichem Interesse auch an der zeitlichen Abfolge der Ereignisse – in der Passionsgeschichte, wohl verständlich aus der Bedeutung gerade dieses Abschnittes der Geschichte Jesu für das Kerygma. Sicher hat der älteste Evangelist (Markus) schon eine zusammenhängende Geschichte der Passion vor sich gehabt. Wie fest sie gefügt war, zeigt der im wesentlichen gleichartige Aufriß der Passion im JohEv. Eigene, zT umstrittene Probleme der Traditions- und Formgeschichte sowohl für das Erzählungs- wie das Redengut gibt das → Johannesevangelium auf, während die nur fragmentarisch erhaltenen apokryphen E. nicht mehr als die vielfach phantastische Auswucherung älterer Formen in Richtung auf romanhafte und legendäre Ausgestaltung und das verstärkte Eindringen apokalyptischer und gnostischer Motive in den Worten Jesu erkennen lassen (→ Apokryphen: II).

Zum *Begriff* εὐαγγέλιον: J.SCHNIEWIND, Εὐαγγέλιον, 1927/31 - ThW II, 705 ff - R.ASTING, Die Verkündigung des Wortes Gottes im Urchristentum, 1939 - BULTMANN, NT 86 ff. - Zur *Formgesch.:* K.L.SCHMIDT, Der Rahmen der Gesch. Jesu, 1919 - DERS., Die Stellung der E. in der allgemeinen Lit.-Gesch. (»Eucharisterion«, H.Gunkel dargebracht, II, 1923, 50-134) - DERS., Kanonische u. apokryphe E. u. Apostelgesch.en, 1944 - M.DIBELIUS, Die Formgesch. des Evangeliums, (1919) 1933^{2} - DERS., Gesch. der urchristl. Lit. I, 1926 - DERS., Zur Formgesch. der E. (ThR NF 1, 1929, 185-216; Lit.) - DERS., E.-Kritik u. Christologie (Botschaft u. Gesch. I, 1953, 293-358) - R.BULTMANN, Die Gesch. der synopt. Tradition, (1921) 1957^{3} - DERS., Die Erforschung der synopt. E., (1925) 1930^{2} - DERS., The new Approach to the Synoptic Problem (JR 6, 1926, 337-362) - M.ALBERTZ, Die synopt. Streitgespräche, 1921 - DERS., Die Botschaft des NT I/1, 1947 - G.BERTRAM, Die Leidensgesch. Jesu u. der Christuskult, 1922 - E.FASCHER, Die formgeschichtl. Methode, 1924 - O.CULLMANN, Les récentes études sur la formation de la tradition évangélique (RHPhR 5, 1925, 459-477. 564-579) - P.FIEBIG, Der Erzählungsstil der E., 1925 - M.GOGUEL, Une nouvelle école de critique évangélique: la »form- u. traditionsgeschichtl. Schule« (RHR 94, 1926, 114-160) - L.KÖHLER, Das formgeschichtl. Problem des NT, 1927 - B.S.EASTON, The Gospel before the Gospels, 1928 - J.SCHNIEWIND, Zur Synoptiker-Exegese (ThR NF 2, 1930, 129-189; Lit.) - V.TAYLOR, The Formation of the Gospel Tradition, (1933) 1935^{2} - F.C.GRANT, (The Growth of the Gospels, 1933) The Gospels, their Origin and their Growth, 1957^{2} - R.H. LIGHTFOOT, History and Interpretation, 1934 - K.GROBEL, Formgesch. u. synopt. Quellenanalyse, 1937 - E.B.REDLICH, Form Criticism, its value and limitations, (1939) 1948^{2} - E.SCHICK, Formgesch. u. Synoptikerexegese, 1940 - L.J.MCGINLEY SJ, Form Criticism of Synoptic Healing Narratives, 1944 - K.H.SCHELKLE, Die Passion Jesu, 1949 - H.RIESENFELD, The Gospel Tradition and its Beginnings. A Study of the Limits of »Formgesch.«, 1957. *G.Bornkamm*

Evangelien, *synoptische*

1. Das literarkritische Problem: a) Die synoptische Frage - b) Ältere Lösungsversuche - c) Die Zweiquellentheorie: α) Die Priorität des MkEv - β) Die Spruchquelle - γ) Sondergut - 2. Charakter und Theologie der Quellenschriften und E.: a) Die Spruchquelle - b) Das MkEv - c) Das MtEv - d) Das LkEv. - E. = Evangelien, Ev. = Evangelium. - Zur Ergänzung vgl. → Evangelien, formgeschichtlich

1. a) Unter den vier E. des nt. Kanons heben sich die ersten drei (Mt, Mk, Lk) gegenüber dem → Johannesevangelium als eine nach Aufbau, Charakter und Überlieferungsgut zusammengehörende Gruppe heraus. Ein beträchtlicher Teil ihrer Berichte über Jesu Geschichte (→ Jesus Christus) vom Auftreten → Johannes des Täufers und Jesu Taufe und Versuchung ab über Jesu Predigt und Taten in Galiläa und Nachbargebieten bis hin zu seinem Wirken, Leiden und Auferstehen in Judäa und Jerusalem geht in allen drei E. oft bis in den Wortlaut hinein parallel; andere Abschnitte finden sich übereinstimmend doch wenigstens in zweien von ihnen. Darüber hinaus verarbeitet jedes Ev. Sondergut, Mk in geringem, Mt und Lk in größerem Umfang. - In diesem eigentümlich verschlungenen Wechselverhältnis von Übereinstimmung und Verschiedenheit ist das literarische Problem der ersten drei E. beschlossen, das die Forschung vom Ausgang des 18.Jh.s an beschäftigt. Sie erkannte, daß für die Erforschung dieser E. eine durchgängige »Zusammenschau« (Synopsis) geboten sei und nannte sie daher (seit → Griesbach) synoptische E. oder Synoptiker. Zu ihrer Bearbeitung bedient man sich sog. Synopsen, dh Textausgaben mit Parallelkolumnen. Sie sind unerläßlich für das Studium und die Lösung der Frage: Wie sind die engen Berührungen der ersten drei E. untereinander und ihre ebenso offenkundigen Abweichungen voneinander zustande gekommen und zu erklären?

b) Es versteht sich, daß diese Frage erst mit der kritischen → Bibelwissenschaft (: II, 3) aufkommen konnte. Diese versuchte die Lösung in ihrer älteren Phase auf sehr verschiedenen Wegen: α) Man führte alle drei E. auf eine noch vorliterarische mündliche Tradition zurück, die sich schon sehr bald bei den Aposteln in Jerusalem gebildet und zum Zweck der Missionspredigt verfestigt haben soll (*»Traditionshypothese«*). Ursprünglich aramäisch formuliert, habe diese Tradition alsbald auch eine griechische Fassung erhalten und sei dabei, je nachdem, ob sie auf palästinisch-jüdischem oder auf heidenchristlichem Boden weitergegeben wurde, abgewandelt worden. Verschiedene Ausprägungen dieser Tradition sollen unsere ersten drei E. sein (Mt: palästinisch; Mk: ebenfalls, doch schon stark hellenisiert; Lk: die Urtradition in paulinischem Gewand). Der wichtigste Vertreter dieser Hypothese war J.K.L. → Gieseler, Historisch-kritischer Vergleich über die Entstehung und frühesten Schicksale der E. (1818). So richtig diese Theorie die schon von → Herder erkannte prägende Kraft der mündlichen Tradition zur Geltung gebracht hat, so scheitert sie doch an der Tatsache, daß die Übereinstimmungen in Stoff, Anordnung und Einzelheiten des Wortlautes ein viel engeres, nämlich ein literarisches Verwandtschaftsverhältnis bekunden. - β) Derselbe Einwand trifft auch den Lösungsversuch → Schleiermachers, der die von den E. verarbeitete Tradition in einer größeren Menge einzelner, gesondert umlaufender Aufzeichnungen (Diegesen) finden wollte (Wundergeschichten, Reden, Leidens- und Auferstehungsgeschichten). Die verstreuten Fragmente sollen von den Evangelisten gesammelt und zu einem jeweils verschiedenen Ganzen zusammengefügt worden sein (*»Diegesen-* oder *Fragmentenhypothese«*). Aber ihre Komposition ist eben nicht unabhängig voneinander zu erklären. - γ) Diesem Sachverhalt scheint die von → Lessing und J.G. → Eichhorn vertretene *»Urevangeliumshypothese«* eher gerecht zu werden. Diese führt alle drei E. auf ein verlorenes Ur-Ev. zurück und erklärt die Besonderheiten lediglich aus der Verschiedenheit der Bearbeitung desselben. Doch kann auch diese Lösung nicht befriedigen; sie operiert unnötigerweise mit einer unbekannten Größe und kann die weitgehenden Übereinstimmungen zwischen Mt und Lk gegenüber Mk nicht zureichend erklären. - δ) Endlich wurde versucht, das synoptische Problem durch die Annahme der Benutzung des einen E.s durch das andere zu lösen. Diese *»Benutzungshypothese«* wurde von Griesbach in der fragwürdigen Form vertreten, Mk habe die beiden andern E. benutzt und aus ihnen ein Exzerpt hergestellt (so übrigens schon Augustin, De consensu evangelistarum I, 2, 4f), wodurch sich die traditionelle kirchliche Auffassung von der Priorität des Mt halten ließ. Doch bleibt bei dieser Annahme unerklärbar, warum Mk auf vieles kostbare Gut, das ihm die andern geboten haben, verzichtet haben soll. Auch sprechen der nicht selten vulgäre Wortschatz und der vielfach breite, volkstümliche Erzählungsstil des Mk gegen den Charakter eines sekundären Exzerptes.

c) Die bis heute in der Forschung zumeist vertretene Lösung des synoptischen Quellenproblems bahnte sich mit dem von C.Lachmann 1835, Chr.G.Wilke 1838 und Chr.H.Weiße 1838 unabhängig voneinander überzeugend geführten Nachweis an, daß Mk das älteste Ev. ist. Aus dieser Erkenntnis entwickelte am einleuchtendsten H.J. → Holtzmann (neben B. → Weiß und K.H. → Weizsäcker) die sog. *»Zweiquellentheorie«*.

Ihre beiden wichtigsten Thesen sind: Mk, das älteste Ev., ist von Mt und Lk als erste Quelle verarbeitet worden; daneben haben Mt und Lk eine weitere gemeinsame Quelle benutzt, auf die ihre über Mk hinausgehenden Gemeinsamkeiten zurückzuführen sind. Da diese zweite Quelle überwiegend, wenn auch nicht ausschließlich, Redenstoff aus Jesu Verkündigung enthalten haben muß, nennt man sie Spruch- oder Logien-Quelle (Q). Auch die Zweiquellentheorie läßt im einzelnen zahlreiche Fragen offen, doch wird man schwerlich leugnen können, daß durch sie das synoptische Quellenproblem in seinen Grundzügen am besten gelöst ist; mindestens gilt dies für das Verhältnis von Mt und Lk zu Mk, schwieriger liegen die Dinge bei Q.

α) Beweiskräftig für die *Priorität des Mk* und die Abhängigkeit der beiden andern E. sind folgende Beobachtungen: Fast der gesamte *Stoff* des Mk findet sich bei Mt und Lk oder mindestens bei Mt oder Lk wieder. M.a.W.: Mk ließe sich, wenn wir ihn nicht besäßen, in seinen Grundzügen aus den beiden andern E. rekonstruieren (über Einschränkungen zu dieser Behauptung s. γ). – Auch die *Szenenfolge* des Mk hat bei Mt und Lk ihre weitgehende Entsprechung. Dieses zweite Argument wiegt für die Abhängigkeit der beiden andern E. um so mehr, als bei Mk die Verknüpfung der Szenen und Sprüche noch sehr locker ist und oft nicht unter historischen und geographischen, sondern nach thematischen oder formalen Gesichtspunkten erfolgt (vgl. zB die fünf Streitgespräche Mk 2, 1 - 3, 6; Gleichnisse 4, 1-34; drei Wunderberichte 4, 35 - 5, 43 u.a.). Beispiele für gleiche Szenenfolge bei allen drei E. sind etwa folgende: Mt 9, 1-8. 9-13. 14-17 = Mk 2, 1-12. 13-17. 18-22 = Lk 5, 17-26. 27-32. 33-39; Mt 12, 1-8. 9-14. 15-21 = Mk 2, 23-28; 3, 1-6. 7-12 = Lk 6, 1-5. 6-11. 17-19; Mt 13, 1-9. 10-15. 18-23 = Mk 4, 1-9. 10-12. 13-20 = Lk 8, 4-8. 9-10. 11-15; Mt 16, 13-23. 24-28; 17, 1-8 = Mk 8, 27-33. 34 - 9, 1; 9, 2-8 = Lk 9, 18-22. 23-27. 28-36; Mt 22, 15-22. 23-33. 34-40. 41-46 = Mk 12, 13-17. 18-27. 28-34. 35-37a = Lk 20, 20-26. 27-40. 41-44; u.a. Neben Texten, in denen alle drei Evangelisten dieselbe Szenenfolge bieten, stehen auch solche, wo wenigstens einer der beiden Seitenreferenten Mk folgt und bestätigt. Dabei läßt sich die Abweichung des andern in der Regel immer aus besonderer kompositorischer Absicht erklären und aus der Nötigung, sonstiges Überlieferungsgut mit Mk zusammenzuarbeiten. Am klarsten ist der Sachverhalt bei Mt. Rechnet man einige wenige Auslassungen ab sowie das von ihm mit Mk zusammengefügte Traditionsgut, das dieser noch nicht bot, so ergibt sich ohne jede Umstellung von 14, 1 (= Mk 6, 14) bis 28, 10 dieselbe Reihenfolge wie bei Mk. Dagegen gruppiert Mt vor allem in c. 8f anders (8, 1-4 = Mk 1, 40-43; Mt 8, 23-27 = Mk 4, 35-41; Mt 8, 28-34 = Mk 5, 1-20; Mt 9, 1-17 = Mk 2, 1-22; Mt 9, 18-26 = Mk 5, 21-43). Doch ist die Absicht seiner Komposition hier durchsichtig (s. 2c) und die Anordnung von Mk 1, 40 - 3, 12 in Lk 5, 12 - 6, 19 und die von Mk 4, 1 - 5, 43 in Lk 8, 4-56 mit geringfügigen Abweichungen erkennbar. – Endlich erweisen auch die Übereinstimmungen und Berührungen im *Wortlaut*, daß Mk die Quelle der beiden andern E. ist. Vgl. zB die gleiche auffallende Satzkonstruktion Mk 2, 10 = Mt 9, 6 = Lk 5, 24 und die gleiche Abweichung vom Text der LXX im Zitat Mk 1, 3 = Mt 3, 2 = Lk 3, 4. – Darf die Priorität des Mk und seine literarische Benutzung durch Mt und Lk als bewiesen gelten, dann bedeutet das, daß wir in der glücklichen Lage sind, die Richtigkeit der ersten These der Zweiquellentheorie an einer uns noch geschlossen vorliegenden Schrift nachprüfen zu können.

β) Anders und schwieriger verhält es sich mit der sog. *Spruchquelle* (Q). Daß wir es auch hier mit einer eigenen Quelle zu tun haben, zeigen die zahlreichen, oft bis in den Wortlaut hinein übereinstimmenden Parallelen bei Mt und Lk. Auch gleiche Spruchfolge findet sich, wenn auch nicht sehr häufig und nur in relativ kleinen Spruchgruppen. Vor allem beweiskräftig ist die nicht geringe Zahl von Dubletten innerhalb der Groß-E. Sie zeigen, daß Mt und Lk dieselben Sprüche einmal aus Mk, das andere Mal aus dieser zweiten Quelle übernahmen. Vgl. Mk 4, 25 = Mt 13, 12 = Lk 8, 18 und Mt 25, 19 = Lk 19, 26; Mk 8, 34f = Mt 16, 24f = Lk 9, 23f und Mt 10, 38f = Lk 17, 33 (14, 27); Mk 13, 9. 13 = Mt 24, 9. 13 = Lk 21, 15. 17. 19 und Mt 10, 19f. 22 = Lk 12, 11f. Doch stehen diesen Übereinstimmungen auch erhebliche Differenzen in Wortlaut und Anordnung gegenüber. Auf keinen Fall also darf Q in derselben Weise wie Mk als eine schon fest umrissene literarische Größe vorgestellt werden. Vielmehr ist sie als eine »Traditionsschicht« (Fascher) zu denken, die der in Unterweisung und Gottesdienst beheimateten mündlichen Tradition noch erheblich näher stand und ihrem Wandlungsprozeß stärker ausgesetzt war und blieb als Mk. Die (Spruch-) Logien-Quelle hat wohl sicher den Verfassern der Groß-E. in verschiedener Gestalt vorgelegen. Auch ist für ihren Charakter als einer noch lockeren Sammlung bezeichnend, daß Mt und Lk sich bei der Verarbeitung dieser Quelle ein ganz anderes Maß von Freiheit gestatten konnten als gegenüber Mk (Verzeichnis der Parallelstücke s. 2a).

γ) In den bisher genannten Quellen geht das Ganze der E. noch nicht auf. Schon Mk besitzt einiges wenige *Sondergut* (Mk 4, 26-29; 7, 32-37; 8, 22-26). Dieser Sachverhalt kann zwar die These einer Benutzung des Mk durch Mt und Lk nicht erschüttern. Wohl aber bestätigt er, daß der den beiden andern E. vorliegende Mk nicht in allen Einzelheiten übereinstimmte und schwerlich ausnahmslos mit dem zweiten Ev. unseres Kanons identisch war. Bereits die Tatsache, daß Mk an einigen Stellen nur einen Seitenreferenten neben sich hat, nötigt zu der Annahme, daß der Mk-Text des Mt und der des Lk voneinander abwichen. Vgl. zB Mk 6, 17-29 = Mt 14, 3-12 (ohne Lk) und Mk 12, 41-44 = Lk 21, 1-4 (ohne Mt); ferner das Fehlen der Perikopen Mk 1, 21-28 = Lk 4, 31-37; Mk 9, 38-41 = Lk 9, 49f bei Mt. Bei Lk fehlt der ganze Abschnitt Mk 6, 45 - 8, 26 = Mt 14, 22 - 16, 12 (vgl. Huck-Lietzmann Nr. 113-121; Mk 8, 22-26 fehlt auch bei Mt). Zeigen diese Beispiele, daß Mk schon vor der Verarbeitung durch Mt und Lk eine Geschichte hatte, so beweisen Sondergut und Besonderheiten des Mk, die ihn von den beiden andern abheben (bes. lehrreich Mk 12, 28-34, vgl. dazu G.Bornkamm, Das Doppelgebot der Liebe [Nt. Studien für R.Bultmann, 1957^2, 85-93]), auch eine Nachgeschichte seines Textes. Doch bleibt in jedem Fall zu prüfen, ob sich die Differenzen aus einem verschiedenen Text oder aus bewußter Auslassung und Umgestaltung erklären. Sofern mit ersterem zu rechnen ist, muß die Frage nach einem »Urmarkus« gestellt werden. Seine Rekonstruktion ist jedoch nicht gelungen. Späte Ergänzungen des Mk sind die nachträglichen Zusätze zur Ostergeschichte (16, 9-20). Sie lassen erkennen, daß der abrupte Schluß 16, 8 nicht befriedigte. Doch erlauben sie ebensowenig wie Mt und Lk eine sichere Antwort auf die Fragen, ob Mk ursprünglich einen anderen Schluß gehabt habe und wie etwa dieser gelautet haben könne. Sehr viel reichhaltiger ist das Sondergut des Mt und Lk. Dazu gehören, von zahlreichen Einzelsprüchen abgesehen, bei beiden ihre Vorgeschichten (Mt 1-2; Lk 1-2) sowie ihre Ostergeschichten (Mt 28, 11-20; Lk 24, 13-53) mit Ausnahme der Erzählung von der Auffindung des leeren Grabes, die sie mit Mk teilen. Im Sondergut des Mt finden sich vor allem zahlreiche Gleichnisse (13, 14-30. 36-43. 44-46. 47-50; 18, 23-35; 20, 1-16; 21, 28-32; 25, 1-13), die Schilderung des Weltgerichtes (25, 31-46), die Perikope von Petri Seewandel (14, 28-31), das Wort von der Gründung der Kirche an Petrus (16, 17-19) und das Gespräch Jesu mit den Jüngern über die Tempelsteuer (17, 24-27). Erheblich umfangreicher noch ist das Sondergut des Lk: außer Vor- und Ostergeschichten (s.o.) der eigene Stammbaum (3, 23 bis 38) und die Erweiterung der Täuferpredigt (3, 10-14), die Erzählung von Petri Fischzug (5, 1-11), vom Jüngling zu Nain (7, 11-17), von der großen Sünderin (7, 36-50; doch vgl. Mk 14, 3-9 par), von Maria und Martha (10, 38-42); ferner der Bußruf und das Gleichnis vom unfruchtbaren Feigenbaum (13, 1-9), zwei Sabbatheilungen (13, 10-17; 14, 1-6), die Geschichten von den zehn Aussätzigen (17, 11-19) und von Zachäus (19, 1-10); endlich die Gleichnisse vom bittenden Freund (11, 5-8) und dem gottlosen Richter (18, 1-8), vom ungerechten Haushalter (16, 1-8) und die vier Beispielerzählungen: barmherziger Samariter (10, 29-37), reicher Kornbauer (12, 13-21), der Reiche und der Arme (16, 19-31), Pharisäer und Zöllner (18, 9-14). - Das umfangreiche Sondergut wie auch die Besonderheiten der E. innerhalb des Gemeinsamen haben in der jüngsten Phase der Synoptikerforschung zu einer großen Anzahl literarkritischer Versuche geführt, welche die Zweiquellentheorie durch die Annahme weiterer vorsynoptischer Quellen ergänzen oder gar ersetzen wollen. Schon B.H.Streeter nahm (1924) für Mt nicht nur Mk und die Logienquelle, sondern eine weitere Jerusalemer Sonderquelle und besondere antiochenische Traditionen an. Entsprechend versuchte er, aus Lk eine ältere Schrift zu rekonstruieren, in der der Evangelist selbst bereits Logienquelle und lukanisches Sondergut (außer Lk 1-2) zusammengearbeitet habe, um dann später aus diesem Proto-Lk, Mk und der Quelle für Lk 1-2 das uns vorliegende Ev. zu schaffen. Auch nach A.Schlatter soll der »neue Erzähler« des Lk ein vollständiges eigenes Ev. gewesen sein, vom Evangelisten mit Mt vermischt. Unermüdlich, aber keineswegs mit durchschlagenden Gründen behauptete zudem Schlatter die Priorität des Mt gegenüber Mk und bestritt das Vorhandensein von Q. Mit einem überaus komplizierten literarischen Entstehungsprozeß der E. rechnet E.Hirsch. Seine ebenso scharfsinnige wie phantastische Analyse führt zu einem knappen Dutzend literarischer Vorformen unserer E. Bes. auf kath. Seite hat der neue Lösungsversuch des französischen Theologen L.Vaganay Beachtung gefunden (doch vgl. die Kritik von J.Schmid). Vaganay nimmt einen ursprünglich aramäischen, dann ins Griechische übersetzten Ur-Mt als gemeinsame Quelle für Mk und Mt an, daneben eine zweite, ebenfalls ins Griechische übersetzte Sonderquelle (jedoch nicht mit der sog. Logienquelle gleichzusetzen), die seiner Meinung nach nie etwas anderes als ein Supplement zum Ur-Mt war. Aus diesen Vorlagen und weiteren Traditionsquellen zum Sondergut, teils mündlicher, teils schriftlicher Art, seien unsere drei E. in ihrer vorliegenden Gestalt erwachsen, wobei vor allem das Ergebnis für Mk und Mt zu beachten ist: der sehr archaische, an Semitismen bes. reiche Mk soll Anordnung und Sprache des Ur-Mt weithin am besten erhalten, aber stofflich starke Streichungen (zB Bergpredigt) vorgenommen haben. Daher repräsentiert Mt den aramäischen Ur-Mt noch am besten, doch nicht ohne Entfernung von dessen Sprache, wichtigen Umstellungen und unter Einfügung von Stoff aus der Supplementärquelle. Bei allem Scharfsinn und wichtigen Einzelbeobachtungen dürfte doch auch dieser Versuch nicht geeignet sein, die klassische Zweiquellentheorie zu erschüttern, schon darum nicht, weil der aramäische Ur-Mt ein Postulat bleibt und die angeblichen Streichungen keine befriedigende Erklärung finden. Alles in allem wird man sagen müssen, daß die Rekonstruktion eines Ur-Mt ebensowenig wie die eines Ur-Mk oder Ur-Lk gelungen ist und nur dazu führt, die Ergebnisse der mit einem relativ geringen Einsatz von Hypothesen durchgeführten Zweiquellentheorie zu vernebeln. Freilich vermag diese die synoptischen Quellen und ihre Verarbeitung nur bis zu einem bestimmten Stadium, nicht bis zu den ersten Anfängen zurückzuverfolgen und darf in keinem Fall im Sinne einer alle Differenzierungen erklärenden, gleichsam mathematischen Lösung verstanden werden. Es gibt keine Subtraktionsformeln, etwa derart: Mt - Q - S (Sondergut) = Lk - Q - S = Mk; oder: Mt - Mk - S = Lk - Mk - S = Q! Vielmehr gilt es zu erkennen, daß es zwar sicher schon vor Mk ebenso wie vor Q und im Bereich der Sonderüberlieferungen (bes. der lukanischen) vorgeformte kleinere, je verschieden verarbeitete Sammlungen gab (das wichtigste Beispiel ist die Passionsgeschichte), aber diese sich nirgends zu einem vorsynoptischen Ev. ausweiten lassen. Die literar- und quellenkritisch verbleibenden Reste finden immer noch ihre beste Erklärung darin, daß die lebendige mündliche Überlieferung, die den ersten schriftlichen Quellen voranging, auch nach deren Fixierung weiterbestand und auf die Geschichte der Quellen selbst einwirkte. Die Grenze der Literar- und Quellenkritik will also wohl beachtet sein.

Dieser Erkenntnis trug die formgeschichtliche Forschung Rechnung mit ihrer Analyse der Einzelperikopen und der an ihnen erkennbaren Gesetze und Formen mündlicher Überlieferung (→ Evangelien, formgeschichtlich). Sie behauptet nicht, daß historisch hinter den von der Zweiquellentheorie festgestellten literarischen Quellen schon unmittelbar die Phase der ausschließlich mündlichen → Tradition (: V) einsetzt. Doch bestreitet sie die Möglichkeit, auf dem Wege literarischer Analysen zur Erhebung neuer Quellenschriften vordringen zu können.

2. a) Die älteste Sammlung von Jesusüberlieferungen dürfte die *Spruchquelle* (Q) sein (gegen Wellhausen). Mindestens werden ihre Anfänge in eine frühere Zeit als die Entstehung des MkEv zurückreichen. Da sich jedoch Q - wie die Differenzen bei Mt und Lk zeigen - nach Gestaltung und Umfang stark entwickelte, ist es nicht überraschend, daß die Überlieferung dieser Quelle auch Züge späterer Formung aufweist. Sprachliche Indizien sprechen für aramäische Abfassung, aber frühe Übersetzung von Q ins Griechische. Mt und Lk kannten sie jedenfalls schon in griechischer Übersetzung. Die Gemeinde, die hinter Q sichtbar wird, ist offensichtlich die palästinische Urgemeinde der ersten Jahrzehnte nach Jesu Tod. Noch ist der Bestand des jüdischen Volkes, Tempels und Kultus vorausgesetzt. Noch haben die Frage nach dem Verhältnis Jesu zu Johannes dem Täufer und sein Kampf gegen den Pharisäismus ihre erste Aktualität. Noch ist der Missionsauftrag an die Jünger nicht auf die Welt ausgedehnt. Für die Existenz von Q darf vielleicht eine Angabe des → Papias über den Apostel → Matthäus als äußeres Zeugnis gelten: »Matthäus stellte die ›Logia‹ in aramäischer Sprache zusammen, es übersetzte sie jeder nach seinem Vermögen« (bei Euseb h.e. III, 39, 16). Sicheres ist diesem Zeugnis freilich nicht zu entnehmen, denn Papias hat damit zweifellos das MtEv im ganzen gemeint, das weder die Bezeichnung »Logia« verträgt noch den Charakter einer Übersetzung hat. Auch sind die E.-Notizen des Papias von so anfechtbaren Vorstellungen über einzelne apostolische Autoritäten und den literarischen Entstehungsprozeß der E. geleitet, daß nur eine mögliche Erinnerung an eine ursprünglich aramäisch verfaßte Logiensammlung übrig bleibt, die man jedoch schwerlich einem einzelnen Autor zuschreiben kann. - Nach ihrer Verarbeitung in Mt und Lk ist diese Quelle offenbar bald ungebräuchlich geworden (auch Apg 20, 35; 1Clem 2. 13. 46; Polyk 2 lassen sich nicht für ihr literarisches Fortbestehen anführen). - Ihre wichtigsten *Bestandteile* sind aus den beiden Groß-E. einigermaßen zu erkennen. Die

Einleitung bilden Berichte über Auftreten und Predigt des Täufers, (Taufe und) Versuchung Jesu. Sonst ist der erzählende Stoff auffallend spärlich (eine ausgeführte Wundergeschichte nur Mt 8, 5-13 = Lk 7, 1-10). Aus dem synoptischen Redengut lassen sich Q folgende Abschnitte zuweisen (wir folgen bei der Aufzählung dem weniger durchkomponierten LkEv): Programmatische Rede 6, 20-49 (Mt 5-7 zur → Bergpredigt erweitert); die Rede über Johannes den Täufer 7, 18-35; die Aussendungsrede 10, 2-12 (Mt 10 erweitert); Jesu Wehe über die galiläischen Städte und sein Jubelruf 10, 13-15. 21-24; vom Gebet 11, 2-4. 9-13; Kampfreden Jesu: gegen den Vorwurf des Teufelsbündnisses 11, 15-26 und Abwehr der Zeichenforderung 11, 29-32, gegen die Pharisäer 11, 37-52; Jüngerreden: von Bekenntnis und Nachfolge 12, 2-12; 14, 26f, vom Sorgen und Schätzesammeln 12, 22-34, von Wachsamkeit und Treue 12, 35-46; Reich-Gottes-Reden (darunter zahlreiche Gleichnisse): vom Kommen der Gottesherrschaft 13, 18-30, vom großen Abendmahl 14, 16-24, vom Suchen und Finden des Verlorenen 15, 1-7, von der Parusie des Menschensohnes 17, 22-37, von den anvertrauten Geldern 19, 12-27. Dazu kommen verstreute und verschieden eingeordnete Einzelsprüche (bzw. kleinere Spruchgruppen). Doch ist der vollständige Umfang und die ursprüngliche Anordnung von Q nicht mehr festzustellen. Auf alle Fälle ist deutlich, daß Q Jesu Lehre in lockerer Anreihung von Sprüchen und Spruchgruppen, aber doch nicht ohne thematische Ordnung wiedergibt, und zwar als eine Sammlung für *Verkündigung und Unterweisung* der Gemeinde. Höchst auffällig ist, daß in Q nicht nur jede Spur von einer Passionsgeschichte, sondern auch jeder Hinweis auf sie fehlt. Darum ist die Meinung verbreitet, Q sei lediglich unter dem Gesichtspunkt, der Gemeinde eine Lebensordnung zu geben, zusammengestellt worden. Indessen läßt sich ein großer Teil seiner Überlieferung und das Motiv der Sammlung in keiner Weise als bloße Paränese verstehen, die das Passionskerygma der Gemeinde ergänzen sollte. Dieses ist in Q überhaupt noch nicht vorausgesetzt. Q ist vielmehr von einer anderen theologischen Konzeption geprägt. Ihr Hauptmotiv ist Jesu Predigt vom Kommen der Herrschaft Gottes und dem Eingang in das Reich (Lk 11, 20; Mt 13, 31ff; 8, 11f; 11, 12 u.a.). Neben diesen Sprüchen stehen andere, die drohend, mahnend oder verheißend vom Kommen des → Menschensohnes reden (Mt 24, 27; 24, 37-39; Lk 12, 8). Im engsten Zusammenhang der Botschaft vom kommenden Reich (bzw. Menschensohn) steht in Q das weitere Motiv der Vollmacht Jesu in seinen Worten und Taten (Mt 11, 2-6. 20-40; Lk 11, 20 u.a.). Christologische Titel (→ Christologie: I, 3b) begegnen in Q freilich selten (außer der Einleitung vgl. bes. Mt 11, 27; der Christus- und Davidssohn-Titel fehlt überhaupt), doch wird der Menschensohntitel hier neben Worten, die vom »Kommenden« sprechen (Mt 24, 27. 37-39. 44 par; Lk 12, 8f; Mt 10, 23 [?]; 19, 28 [?]), auch direkt für Jesus als den auf Erden wirkenden Vollmachtsträger Gottes verwendet. Als solcher ruft er in die Nachfolge, begegnet er einem unbußfertigen, ihn lästernden Geschlecht als das einzige diesem gewährte eschatologische Zeichen und führt auch seine Anhänger in Heimatlosigkeit und Verfolgung hinein (Mt 8, 20; 11, 19; 12, 32 par; Lk 6, 22 [?]). An keiner dieser Stellen findet sich jedoch eine Reflexion über das Verhältnis des irdischen zum kommenden Menschensohn und nirgends eine Ankündigung seines Leidens und Auferstehens. Wichtig ist, daß nur in Q die Jünger mit derselben Vollmacht ausgerüstet werden, um die Botschaft vom Anbruch des → Reiches Gottes zu verkünden (Mt 10, 1. 7 = Lk 9, 1. 2). Die Verkündigung des irdischen Jesus wird in Q also unmittelbar von der Gemeinde aufgenommen und fortgesetzt. Dabei ist die Bindung an Jesu Person von heilsentscheidender Bedeutung: die in Nachfolge und Bekenntnis übernommene und bewährte Treue zu Jesus hat die Verheißung der künftigen Bestätigung vor dem Menschensohn (Lk 12, 8f). Doch ist das Bleibende zwischen Gegenwart und Zukunft hier noch nicht »christologisch« ausgedrückt (Tödt).

b) Erst das *Markus-Evangelium* ist im eigentlichen Sinne ein Ev., ja man wird den zweiten Evangelisten geradezu als Schöpfer dieser urchristlichen Schriftengattung bezeichnen dürfen. Hier zum ersten und einzigen Mal wird der ursprünglich unliterarische, hellenistischer Missionssprache entstammende, die Heilsbotschaft von Jesus Christus, dem Gekreuzigten und Auferstandenen, bezeichnende terminus εὐαγγέλιον zum Leitbegriff für eine Geschichte des irdischen Jesus im ganzen. Der Begriff εὐαγγέλιον findet sich durchgängig in redaktionellen Stellen, gehört also offensichtlich noch nicht der vormarkinischen Tradition an. Um so mehr läßt sich ihm entnehmen, wie der Evangelist die von ihm erzählte Geschichte Jesu verstanden wissen will, nämlich nicht nur als bewahrende Erinnerung an den Irdischen, sondern als vergegenwärtigende Verkündigung und Anrede (Marxsen). Damit wird die gesamte Jesus-Überlieferung unter einen interpretierenden Leitgedanken gestellt wie umgekehrt dem Begriff Ev. eine veranschaulichende, inhaltliche Ausfüllung in Gestalt einer fortlaufenden Geschichte Jesu gegeben. Mt und Lk haben bei ihrer Verarbeitung des Mk dieses Motiv nicht aufgenommen, der Begriff Ev. begegnet bei Mt immer nur mit einem näheren Zusatz (»Ev. vom Reich« Mt 4, 23; 9, 35; »dieses Ev.« 26, 13; beide Zusätze 24, 14) und wird bestimmten Abschnitten der Lehre Jesu zugeordnet. Jesus erscheint dabei als Bringer und Prediger des Ev.s, nicht als sein Inhalt. Lk bedient sich des Substantivs überhaupt nicht. - Der *Aufriß* des Mk ist in groben Zügen ein historischer: Vorgeschichte (Täufer, Taufe und Versuchung Jesu) 1, 1-13; Jesu Wirksamkeit in Galiläa und den benachbarten Gebieten 1, 14 - 9, 50; Jesu Wirken in Judäa und Jerusalem, sein Leiden, Sterben und Auferstehen 10, 1 - 16, 8. Doch ist innerhalb dieses Gesamtrahmens die historische und geographische Verknüpfung nur ein locker gehandhabtes redaktionelles Mittel und vielfach durch sachliche Kompositionsmotive gekreuzt (zB Streitgespräche 2, 1 - 3, 6; Gleichnisreden 4, 1-34; Wundergeschichten 4, 35 bis 5, 43; Lehr- und Streitgespräche in Jerusalem 11, 27 bis 12, 37; Rede von den letzten Dingen c. 13). Einen sachlich bedeutsamen Einschnitt bildet das Petrusbekenntnis (8, 27ff). Von hier ab belehrt Jesus die Jünger offen über den Leidensweg des Menschensohnes (bes. 8, 31; 9, 31; 10, 32ff) und ihre Nachfolge; es folgen auch weiterhin in Judäa und Jerusalem Lehr- und Streitgespräche, aber keine Wundertaten mehr, die den Hauptinhalt des vorangehenden Teiles bilden (Riesenfeld). Das Geschichtsverständnis des Mk ist eschatologisch bestimmt (Robinson). Vorbereitet durch den Täufer als Wegbereiter, ist Jesu Geschichte der Schauplatz für den Endkampf zwischen Gott und den satanischen Mächten. Jesus eröffnet und führt ihn als → »Sohn Gottes« (1, 11; 3, 11; 5, 7; 8, 29; 14, 61; 15, 39), mit dem → »Geist« (: IV) als göttlicher Kraft ausgerüstet (1, 8. 10. 12; 3, 29f). Dämonenaustreibungen und Wundertaten manifestieren seinen Kampf und Sieg. Dasselbe Motiv ist auch in Streitgesprächen erkennbar, wo diese in unmittelbarer Verbindung mit Heilungsgeschichten erzählt werden (3. 1-6. 22-30; 2, 1-12) oder durch ein christologisches Logion ihre besondere Pointe erhalten (2, 10. 19f. 28; 3, 28f). Indessen ist die Manifestation der messianischen Vollmacht Jesu allein noch nicht schon das eigentliche Thema des Mk, sondern erst in Verbindung mit dem paradoxen Motiv des Messiasgeheimnisses (Wrede). Wo Jesu Vollmacht durchbricht, wird sie von ihm selbst ständig unter das Verbot des Schweigens gestellt (1, 25. 34. 43ff; 3, 12; 5, 43; 7, 33. 36; 8, 23. 26. 30; 9, 2f. 9). Im Dienste desselben Gedankens steht der ebenso stereotype Zug, daß Jesus dem Unverstand des Volkes, ja sogar seiner Jünger begegnet. Die offene Verkündigung seiner Christuswürde darf erst geschehen, nachdem das Leiden und Auferstehen des Menschensohnes vollendet ist (9, 9!). So wird Mk zum »Buch der geheimen Epiphanien« (Dibelius). Als Ev. gilt dabei das Leiden und Auferstehen des Menschensohnes (fehlt in Q! s. 2a), nicht seine Erscheinung am Ende der Tage zu Heil und Gericht; dieser geht vielmehr die Verkündigung des Ev.s voran (13, 10) und bereitet sie vor. Mk hat diese christologische Konzeption nach Möglichkeit konsequent und nicht ohne Gewaltsamkeit gegenüber seinem Stoff durchgeführt. Bei ihm (doch so nur bei ihm!) wird das Ev. zu einer »Passionsgeschichte mit ausführlicher Einleitung« (Kähler). Jesu Botschaft vom Kommen der Gottesherrschaft wird dabei aufs stärkste zurückgedrängt, obwohl die verarbeitete Tradition sie bot (c. 4). Ja, sie erhält bei Mk eine vorerst geradezu negative Funktion, die sogar zu der von ihm selbst aufgenommenen Überlieferung in unaufgelöster Spannung steht: nach 4, 11f (sog. Parabeltheorie) soll die an das Volk gerichtete Predigt Jesu gar nicht verstanden werden, sondern soll verstocken und ergeht darum »in Gleichnissen«. So wird auch die Predigt Jesu dem beherrschenden Motiv seiner geheimen Messianität untergeordnet und dienstbar gemacht. – Über den *Verfasser* des MkEv unterrichtet allein die spätere kirchliche Tradition. Die älteste Auskunft gibt → Papias unter Berufung auf Belehrung durch den »Alten« Johannes: »Markus, der Dolmetscher des Petrus geworden war, hat die Worte und Taten des Herrn, soweit seine Erinnerung reichte, genau aufgezeichnet, nur nicht in der richtigen Reihenfolge« (bei Euseb h. e. III, 39, 15). Gemeint ist wohl sicher der auch 1Petr 5, 13 als Begleiter des Petrus genannte und Kol 4, 10; Phlm 24; 2Tim 4, 11 erwähnte → Markus, der in Apg 12, 12. 25; 13, 5. 13; 15, 37-39 als Reisegefährte des Paulus und Barnabas begegnet. Die spätere kirchliche Tradition läßt das MkEv demzufolge in Rom entstanden sein. Doch läßt sich für beides kein zureichender Beweis führen. Zu deutlich verrät die Papias-Notiz die dann zunehmend sich verstärkende Tendenz, auch für das MkEv wenn nicht eine unmittelbare so doch mittelbar apostolische Autorität zu sichern. Doch entspricht das Bild des Lehrvorträge haltenden, sich eines Dolmetschers bedienenden Petrus kaum der historischen Wirklichkeit, und schon gar nicht sieht die von Mk verarbeitete Tradition danach aus, als sei sie speziell durch Petrus geprägt und gewährleistet. Daß Mk für griechische Leser schreibt – unbeschadet der palästinischen Herkunft vieler seiner Einzeltraditionen (zahlreiche Semitismen!) – erhellt aus der Tatsache, daß er hebräische und aramäische Ausdrücke übersetzt (3, 17; 5, 41; 7, 11. 34; 9, 43; 14, 36; 15, 22. 34) und jüdische Ritualvorschriften erklärt (7, 3f; 13, 12; 15, 42). Schon dieser griechische Sprachcharakter des Mk spricht gegen seine Herkunft aus galiläischen Gemeinden, wie auch nichts darauf deutet, daß sein Ev. während der Zeit des jüdischen Krieges in unmittelbarer Naherwartung (vgl. dagegen bes. 13, 10!) der in Galiläa erwarteten Parusie dort geschrieben sei (beides von Marxsen vertreten). Die Entstehung des MkEv dürfte in die Zeit kurz vor oder nach 70 anzusetzen sein (13, 2. 14 muß nicht auf die schon erfolgte Zerstörung Jerusalems gedeutet werden). Doch ist über Datierung und über den Entstehungsort nichts Sicheres mehr auszusagen.

c) Das *Matthäus-Evangelium*, das in der Kirche bald maßgebliche Bedeutung erhielt, faßt in durchsichtiger, einprägsamer Komposition die Traditionen des MkEv, der Spruchquelle und seines Sondergutes zusammen. Der Aufriß des MkEv wird nach den vorangestellten Vorgeschichten (c. 1-2) von c. 3 ab im allgemeinen durchgehalten. Nur c. 8-9 zeigt eine stärkere Umgruppierung verstreuter Wundererzählungen aus Mk 1; 4; 5; 2; beachte die Mt 4, 23 = 9, 35 deutlich ausgesprochenen Themen und ihre Reihenfolge: c. 5-7 »der Messias des Wortes«, c. 8-9 »der Messias der Tat« (Schniewind). Dem Rahmen des MkEv werden an geeigneten Stellen unter sachlichen Gesichtspunkten Stücke aus Q und Sondergut eingefügt, um dann wieder in den Ablauf des MkEv einzumünden. Bes. kennzeichnend sind für Mt die so entstandenen großen Redekompositionen: Bergpredigt 5-7, Aussendungsrede 10, Reich-Gottes-Gleichnisse 13, Jünger- und Gemeinderede 18, eschatologische Reden 24-25, jeweils durch eine stereotype Wendung abgeschlossen (7, 28; 11, 1; 13, 53; 19, 1; 26, 1). Innerhalb aller dieser Reden begegnen, durch Auswahl, Formulierung und Komposition kenntlich gemacht, wichtige theologische Motive des Mt: sie adressieren sich an die Jünger und münden in die Verkündigung des Gerichtes aus, dem auch und gerade die Kirche entgegengeht (dieselbe ekklesiologische und eschatologische Zuspitzung auch in den Gleichnissen 21, 33-46; 22, 1-14 und innerhalb der Pharisäerrede 23, 8-12). Die Christologie ist bei Mt vielseitiger als bei Mk entwickelt. Das Motiv des Messiasgeheimnisses fehlt nicht, ist aber stark zurückgedrängt; Jesu Messiaswürde wird von Anfang an thematisch behandelt (c. 1-2!). Wie schon in Q ist Jesus der messianische Verkünder des Himmelreiches, in seiner Botschaft Johannes dem Täufer verwandt, doch in seiner Person von jenem unterschieden (vgl. 3, 2 und 4, 17 und das at. Wegbereiterwort dort, das Erfüllungswort hier im Kontext). Jesus bringt die Erfüllung, indem er das Gesetz in Vollmacht auslegt (5, 17ff) und eine Gerechtigkeit fordert, die besser ist als die der Schriftgelehrten und Pharisäer (5, 20), zusammengefaßt im Liebesgebot (7, 12; 9, 13; 12, 7; 22, 40; 23, 23). Diese Lehre verbindet sich engstens mit der Christologie, die eine große Fülle von at. Würdenamen aufnimmt (Messias, Davids Sohn und Herr, König Israels, Gottessohn, Menschensohn; Erfüller der Immanuel-, Bethlehem-, Galiläa-, Gottesknecht-Weissagung). Jesu Erdenwirken ist das des demütigen Königs (11, 29; 21, 1ff; doch vgl. schon 3, 15; 4, 1ff u.a.). Das Motiv seines Erbarmens bestimmt auch Gestalt und Gericht des Menschensohnes (25, 31ff). In diesem Sinn ruft er die Jünger zu Vollkommenheit und Nachfolge; sie schließt die Bereitschaft zu Liebe, Demut und Leidensbereitschaft ein und hat die Verheißung künftigen Lohnes. Dem König Israels, auf dessen Gestalt und Geschichte die Fülle der matthäischen Schriftzitate weisen, begegnet das jüdische Volk mit Verstockung und Feindschaft. Jesu Kampf mit den Repräsentanten des Volkes durchzieht das ganze MtEv mit äußerster Schärfe. Seine und seiner Jünger Sendung gilt zunächst Israel (8, 5ff; 15, 24; 10, 5), auch wenn sich an einzelnen Heiden schon das Wunder der Aufnahme in die Reichsgemeinschaft ereignet. Aber erst der Auferstandene gibt seinen Jüngern den Befehl, alle Völker »zu Jüngern zu machen« (28, 16ff). Erstmalig begegnet bei Mt der Begriff und Gedanke der → Kirche (: II) als einer durch Amt und Ordnung bestimmten Größe (16, 18; 18, 17), von Mt jedoch geflissentlich nicht schon mit dem künftigen Reich gleichgesetzt, sondern von diesem noch unterschieden. Erst das Ende bringt ein Gericht nach den Werken (16, 27), die Scheidung zwischen »Berufenen« und »Auserwählten« (vgl. schon 3, 7ff und bes. 7, 21ff;

13, 36ff. 47ff; 19, 30; 20, 16; 21, 43; 22, 11ff). Zum messianischen Bilde Jesu gehört darum bei Mt neben zahlreichen Hoheitsnamen vor allem Jesu Lehre. Außer den planvoll komponierten Reden zeigt dies auch die weithin zu beobachtende Umstilisierung der aus Mk übernommenen Wundergeschichten in Richtung auf beispielhafte Lehrerzählungen und -gespräche. Ihre Hauptmotive sind vor allem Christologie, Glaube und Kleinglaube, Jüngerschaft und Nachfolge und der Anteil der Gemeinde an der Vollmacht ihres Herrn (Held). Bei dieser hohen Bedeutung der Lehre Jesu ist es doch gleichwohl sehr bezeichnend, daß bei Mt die Jünger Jesus niemals »Lehrer« oder »Rabbi« anreden (nur Judas 26, 25. 49). Mt ersetzt diese Anrede, die Mk und Lk auch für die Jünger unbefangen verwenden, durchgängig durch die Hoheitsbezeichnung »Kyrie« (8, 25; 17, 4; 20, 33), mit der Jesus sonst als irdischer Heiland (8, 2; 6, 8; 9, 28 u.ö.) oder als Weltenrichter angeredet wird (7, 21f; 25, 11. 37. 44). Die Jünger werden fast nie anders als mit dem Ausdruck »Jünger« (Schüler) bezeichnet. Nirgends begegnet ein Ausdruck, der sie schon als Glieder des neuen Äons bezeichnet. – Die Kirche, aus der Mt und seine Überlieferung stammt und für die er schreibt, ist die judenchristliche (→ Judenchristentum: I; wohl zu unterscheiden von der später abgesplitterten ebionitischen Häresie, → Ebioniten). Das → Gesetz (: IV) und seine Gültigkeit bis zum Jota und Häkchen (5, 18f) und die Abwehr der Gesetzlosigkeit sind das zentrale Thema und bestimmen das Verständnis der Reichspredigt Jesu, seiner Messianität und die eschatologische Erwartung (→ Eschatologie: IV). Diese wird mit unveränderter Energie festgehalten, obwohl die Gemeinde bereits die Verzögerung der Parusie erfahren hat (vgl. bes. 24, 28; 25, 1-13). Wie kein anderes zeigt das MtEv die Kennzeichen gelehrter Arbeit (13, 52), die der Evangelist – selbst ein christlicher Rabbi und Katechet (v.Dobschütz) – bereits voraussetzt und sich dienstbar macht, was bes. die zahlreichen Schriftzitate erkennen lassen. Insofern darf wohl von einer »Schule des Mt« (Stendahl) gesprochen werden, freilich ohne daß dabei der individuelle theologische Anteil des Evangelisten unterschätzt und sein Buch nur als ein Handbuch für die Lehrer und Führer der Gemeinde verstanden werden darf. Der genaue lokale und kirchengeschichtliche Ursprungsort des Ev.s ist nicht mit Sicherheit anzugeben. Daß es eine Übersetzung aus einer aramäischen Urform sei, ist schon durch die Verarbeitung griechischer Quellen (Mk, Q), aber auch sonst durch seinen Sprachcharakter ausgeschlossen. Andererseits sind Eigenart und Überlieferung der palästinischen Urgemeinde in ihm noch weithin erhalten und wirksam, sogar die für das Kirchenverständnis des Mt grundlegende Stellung des Petrus (16, 17-19), die in Jerusalem selbst bald überholt war. Als Heimat des Ev.s dürfte darum am ehesten das Palästina benachbarte Syrien in Frage kommen. Seinen Verfasser kennen wir nicht mehr. Gegen die seit Papias geltende kirchliche Tradition, die das Ev. dem Zwölf-Apostel → Matthäus (die Berufung eines Zöllners »Matthäus« erzählt Mt 9, 9 abweichend von Mk 2, 14; Lk 5, 27) zuschreibt, spricht schon der literarische Entstehungsprozeß des Buches sowie der ausgebildete Charakter der im Ev. erkennbaren Theologie und Kirche. Die Zerstörung Jerusalems ist bereits vorausgesetzt (22, 7). Als Abfassungszeit ist an die Jahre etwa zwischen 75-90 nChr zu denken.

d) Die Besonderheit des *Lukas-Evangeliums* wird schon dadurch beleuchtet, daß es als erster Teil (!) eines auch die Ausbreitung der Mission und der Kirche umfassenden Geschichtswerkes verstanden sein will (→ Apostelgeschichte). Diese Ausweitung ist gegenüber Mk und Mt und der eschatologischen Erwartung der in ihnen verarbeiteten Tradition ein bedeutungsvolles Novum. Zwar ist die Erfahrung der Parusieverzögerung auch schon in den Vorlagen des Lk erkennbar, doch wird sie von ihm erstmalig konsequent verarbeitet und die Naherwartung nicht ohne erhebliche Eingriffe in die Tradition ausgemerzt. Mk 1, 15 (bzw. Mt 3, 2; 4, 17) hat bei Lk keine Parallele; Lk 21, 8 wird ausdrücklich vor denen gewarnt, die verkündigen: »Die Zeit ist nahe!«; die Weltkatastrophen der Mk-Apokalypse (13, 7ff) gelten nicht mehr als »Anfang der Wehen« und werden von dem noch keineswegs nahen Ende abgerückt (Lk 21, 9!). Wohl gibt es eine legitime Naherwartung, aber ihre Zeit liegt erst in der Zukunft (21, 28ff). Keineswegs ist damit die Reichs-Erwartung überhaupt eliminiert, aber sie wird von der Terminfrage gelöst, und das jenseitige Wesen des Reiches, nicht sein baldiges Kommen ist Gegenstand der Botschaft (Conzelmann). Dem widerspricht nicht, sondern ist durchaus konform, daß gerade auch bei Lk die Endereignisse apokalyptisch geschildert werden (17, 22ff; 21, 25ff). In demselben Maße wie die Naherwartung zurücktritt, wird Ablauf und Gliederung der Geschichte für den dritten Evangelisten zum Thema (1, 3). Lk wird damit zum »ersten christlichen Historiker« (Dibelius), wenngleich der Stoff ihm im Ev. einen stärkeren Widerstand entgegenstellte als in der Apg und literarisch-historiographische Tendenzen weithin nur in redaktionellen Abschnitten und textlichen Besonderheiten Ausdruck finden konnten, so etwa in dem stilgerechten Prolog (1, 1-4) und in den situationsmäßig und psychologisch einleuchtenden Einleitungen und Verknüpfungen der Einzelszenen (zB 11, 1ff; 12, 13ff; 13, 1ff; 14, 1ff; 15, 1f u.a.). Unter diesem Gesichtspunkt werden auch einige seiner Umgruppierungen verständlich; vgl. die bei ihm anders als bei Mk/Mt vorbereitete erste Jüngerberufung (5, 1ff), die Stellung der Feldrede (6, 20ff) u.a. Ebenso charakteristisch sind für Lk die Bemühungen, die Erzählung in den Zusammenhang der Weltgeschichte hineinzustellen (2, 1ff; 3, 1ff), sowie die Anspielungen auf Ereignisse der jüdischen Geschichte (19, 34f; 21, 20). – Das eigentliche Interesse des Evangelisten gilt der Heilsgeschichte und ihren Perioden, dh der »Erfüllung« (1, 1) des göttlichen Heilsplanes (Schrift!) in einer bestimmten → Geschichte (: II A). Diese gliedert sich bei Lk in drei Perioden: Die Zeit Israels, des Gesetzes und der Propheten bis einschließlich Johannes dem Täufer (16, 16); die Zeit Jesu; die Zeit zwischen Himmelfahrt und Parusie. Findet die dritte Periode in der Apg ihre Darstellung, so die zweite im Ev., wobei die erste mit Nachdruck von der zweiten unterschieden wird. Der Täufer gehört noch nicht ins Ev. hinein und gilt nicht als eschatologische Gestalt (die Elias-Stellen Mk 9, 11ff; Mt 11, 14 fehlen!). Die Zeit Jesu ist für Lk Heilszeit, jedoch nicht im endzeitlichen Sinn, sondern ebenfalls als eine abgeschlossene Periode, auf die der Glaube zurückblickt, gleichwohl aber als eine für Glauben und christliches Leben begründende und das künftige Heil vorabbildende Zeit. Auch sie ist in sich periodisch gegliedert. Auf Vorgeschichten und Täuferszenen (abgeschlossen 3, 19f) folgt der galiläische »Anfang« (3, 23) als Erfüllung des heilsgeschichtlichen »Heute« (4, 21) in Jesu Wirken und Lehren (Sammlung der »Zeugen«); dann wird Jesu »Weg« (Reisemotiv!) zum Leiden dargestellt (9, 51 – 19, 27); Jesu Wirken in Jerusalem (19, 28 – 21, 38), Leidens-, Auferstehungs- und Himmelfahrtsgeschichte beschließen das ganze (22, 1 – 24, 43). So wird Jesus im LkEv als »Mitte der Zeit« dargestellt (Conzelmann), hier erstmalig in einer Art »Leben Jesu«. Damit dürfte zusammenhängen, daß Lk den Begriff εὐαγγέλιον durchgängig vermeidet. Im Rahmen seiner heilsgeschichtlichen Konzeption gestaltet sich bei Lk das Bild Jesu und seiner Geschichte. Es bekommt seine Eigenart im einzelnen auch aus dem reichlichen Sondergut, das der Evangelist Lk mit den aus Mk und Mt bekannten Traditionen zusammenarbeitet. Daß Jesus der geweissagte Messias Israels ist, wird nicht mit geringerem, eher mit verstärktem Nachdruck gesagt. Dazu dient auch die von dogmatischen Gedanken bestimmte Topographie. Schon die Vorgeschichten bewegen sich um die heiligen Orte und Stätten Israels (Bethlehem, Jerusalem, Tempel). Nach Jerusalem und zum Tempel »hinauf« (19, 28) führt der Weg der Reise Jesu an den Ort der Bestimmung, zu seiner »Vollendung« im Leiden (13, 32), seiner Auferstehung und Himmelfahrt (vgl. schon 9, 51). Die Ostergeschichten werden dementsprechend ausschließlich in Jerusalem und Umgebung lokalisiert und konsequent von Galiläa gelöst (vgl. Lk 24, 6 und Mk 16, 7!). Wichtig ist dabei das heilsgeschichtliche, nicht endzeitliche Verständnis der Ereignisse (vgl. 19, 11 als Einleitung des nachstehenden Gleichnisses). Gleichwohl begründet Jesu Geschichte bereits vorabbildend den späteren Weg des Evangeliums zu den Heiden (2, 10; 4, 25ff; 7, 9; 10, 1ff; 14, 21ff; 20, 15f), der in Jerusalem nach der Geistsendung an die dort wartenden Jünger seinen Anfang nehmen wird (24, 47f; Apg 1, 8). - Die Eigenart des lukanischen Sondergutes wird vor allem darin sichtbar, daß Jesu Heilandswerk an den Sündern aufs stärkste hervortritt (7, 36ff; 15, 2; 19, 20; 23, 43). Verachtete → Samarit(an)er beschämen die Juden (10, 29ff; 17, 11ff), geheilte Frauen begleiten Jesus (8, 1ff). Selbst in Armut geboren, fordert er die Absage an den ungerechten Mammon (6, 20ff; 12, 13ff; 16, 1ff. 19ff; → Armut: I, 2). Wie stark bei Lk das Heilands-, aber auch das Hoheitsmotiv das Christusbild bestimmen (der Kyriostitel 7, 13. 19; 10, 1. 39. 41; 11, 39; 12, 42; 16, 8; 17, 5f; 18, 6 u.a.), wird daran deutlich, daß sowohl die Verlassenheit im Bild des Gekreuzigten wie die Züge des Richters im Bild des Menschensohnes fehlen. - Die Gemeinde, die schon im Ev. sichtbar wird, hat sich auf eine lange Wartezeit eingerichtet. Ihr Herr ist im Himmel, aber wirksam in dem seine Geschichte verkündenden Wort, in seinem »Namen« und im »Geist«. Das Heil ist zukünftig (21, 28), seine schon gegenwärtige Voraussetzung ist Buße und Sündenvergebung (vgl. schon 4, 18). Der Ent-Eschatologisierung der Botschaft entspricht, daß das LkEv in verstärktem Maße Weisungen für ein christliches Leben enthält (zB Glaube 18, 8; Beharren im Gebet 18, 1ff; Demut 18, 9ff; 22, 24ff; Verwendung des irdischen Gutes 16, 9; Liebe 10, 29ff; Bereitschaft und Geduld 8, 15; 9, 23; 21, 19). - Auch das LkEv nennt seinen Verfasser nicht. Die Tradition schreibt Ev. und Apg → Lukas, dem Arzt, dem Reisebegleiter des Paulus zu (Kol 4, 10ff; Phlm 24; 2Tim 4, 11). Diese Annahme bietet für die Apg im ganzen größte Schwierigkeiten (→ Apostelgeschichte, 4), könnte aber - allenfalls - auf eine ihrer Teilquellen zutreffen. Indessen wäre dann mit einer tiefgreifenden Umgestaltung des Gesamtwerkes zu rechnen und die für beide Teile, unbeschadet aller ihrer Besonderheiten, doch einheitlich bestimmende Konzeption der Geschichte nicht befriedigend erklärt. Wo und wann das LkEv entstanden ist, wissen wir nicht. Wie Mt ist auch Lk zeitlich hinter Mk anzusetzen, doch kennt er Mt noch nicht. Als Zeitraum bieten sich wieder die Jahrzehnte etwa zwischen 75-95 nChr an.

Zu 1: A.Huck, Synopse der drei ersten E., neu bearb. v. H.G. Opitz u. H.Lietzmann, 1950[10] (völlige Neubearb. v. H.Greeven in Vorbereitung). - Ältere Lit. zur synopt. Frage u. ihrer Gesch. bis 1906 in RGG[1] II, 719f (W.Bousset), bis 1928 in RGG[2] II, 433 (E.Klostermann). Ferner: J.Schniewind, Zur Synoptiker-Exegese (ThR NF 2, 1930, 129-189). - Zur Quellenfrage vgl. bes.: H.J. Holtzmann, Die synopt. E., 1863 - P.Wernle, Die synopt. Frage, 1899 - E.Wendling, Urmarcus, 1905 - Ders., Die Entstehung des Marcus-Ev.s, 1908 - J.Wellhausen, Einl. in die drei ersten E., (1905) 1911[2] - B.Weiss, Die Quellen der synopt. Überlieferung, 1908 - G.H.Müller, Zur Synopse, 1908 - E.Meyer, Ursprung u. Anfänge des Christentums I, 1921 - B.H.Streeter, The four Gospels, (1924) 1953[8] - W.Bussmann, Synopt. Studien I-III, 1925-31 - J.Schmid, Mt u. Lk, 1930 - F.C.Grant, The Growth of the Gospels, 1933 - V.Taylor, The Formation of the Gospels, 1933 - E.Hirsch, Frühgesch. des Ev.s I: MkEv, (1941) 1951[2]; II: Die Vorlagen des Lk u. das Sondergut des Mt, 1941 - B.P.W.Stather Hunt, Primitive Gospel Sources, 1951 - H.Helmbold, Vorsynopt. E., 1953 - W.L.Knox, The Sources of the Synoptic Gospels I. II, 1953/57 - L.Vaganay, Le problème synoptique, 1954 (dazu Ph.Vielhauer, ThLZ 80, 1955, 647-652; J.Schmid, ThRv 52, 1956, 49-62).

Zu 2a: J.Wellhausen (s.o.) 157ff - A.Harnack, Sprüche u. Reden Jesu, 1907 - H.E.Tödt, Hoheits- u. Niedrigkeitsvorstellungen in den synopt. Menschensohnsprüchen (Diss. Heidelberg), 1957, 281ff (Masch.; Druck in Vorb.). - Zu 2b: W.Wrede, Das Messiasgeheimnis in den E., 1901 - M.Werner, Der Einfluß der paulinischen Theol. auf das MkEv, 1923 - H.J.Ebeling, Das Messiasgeheimnis u. die Botschaft des Mk-Evangelisten (BZNW 19), 1939 - F.C.Grant, The earliest Gospel, 1943 - R.H.Lightfoot, The Gospel Message of St.Mark, 1950 - H.Riesenfeld, Tradition u. Redaktion im MkEv (Nt. Studien f. R.Bultmann [BZNW 21], [1954] 1957[2], 157-164) - W.Marxsen, Der Evangelist Mk (FRLANT NF 49), 1956 - J.M. Robinson, Das Geschichtsverständnis des MkEv, 1956. - Zu 2c: A. Schlatter, Die Kirche des Mt, 1929 - G.D.Kilpatrick, The origins of the Gospel according to St. Matthew, 1946 - K.Stendahl, The School of St. Matthew and its Use of the Old Testament, 1954 - G. Bornkamm, Mt als Interpret der Herrenworte (ThLZ 79, 1954, 341 bis 346) - Ders., Enderwartung u. Kirche im MtEv (The Background of the NT and its Eschatology [Dodd-Festschr.], 1956, 222-260) - G.Barth, Unters. zum Gesetzesverständnis des Evangelisten Mt (Diss. Heidelberg), 1955 (Masch.) - J.Held, Mt als Interpret der Wundergeschichten (Diss. Heidelberg), 1957 (Masch.). - Zu 2d: A. Harnack, Lk der Arzt, 1907 - H.Sahlin, Der Messias u. das Gottesvolk. Studien zur protolukan. Theol., 1945 - R.Morgenthaler, Die lukan. Geschichtsschreibung als Zeugnis I. II (AThANT 14. 15), 1949 - E.Schweizer, Eine hebraisierende Sonderquelle des Lk? (ThZ 6, 1950, 161-185) - E.Lohse, Lk als Theol. der Heilsgesch. (EvTh 14, 1954, 256-275) - H.Conzelmann, Die Mitte der Zeit. Studien zur Theol. des Lk (BHTh 17), (1954) 1957[2] - E.Grässer, Das Problem der Parusieverzögerung in den synopt. E. u. in der Apg (BZNW 22), 1957, 178ff. - Dazu die Kommentare zu den einzelnen E. u. die Lehrbücher der EinlNT.

G.Bornkamm

Zur *Auslegungsgeschichte* (s. auch → Schriftauslegung: IV):

a) *Zu den vier Evangelien:* Quellen: 4.Jh.: Iuvencus (MPL 19; ed. J.Huemer, CSEL 24, 1891) - Ephräm (ed. J.B.Aucher u. G.Moesinger, Venedig 1876). - 5.Jh.: Theodor v. Mopsuestia (MPG 66. Nur Joh ed. J.-M.Vosté, CSCO Script. Syri Series IV Bd 3, Paris 1940; griech. Fragmente bei R.Devreesse, Essai sur Théod. de Mops., StT 141, 1948, 289ff) - Augustin (MPL 34; ed. F.Weihrich, CSEL 43, 1904) - Epiphanius Latinus (ed. A.Erikson, Lund 1939). - 6.Jh.: Pseudo-Theophilus v. Antiochien (ed. Th.Zahn, FGNK II, 1883, 29ff) - Gregor d.Gr. (MPL 76). - 7.Jh.: Pseudo-Hieronymus (MPL 30). - 8.Jh.: Beda (Mk u. Lk) bzw. Pseudo-Beda (Mt u. Joh) Venerabilis (MPL 92). - 9.Jh.: Walahfrid Strabo (MPL 114) - Ishodad v. Merv (ed. M.D.Gibson, Horae Semiticae 5-7, Cambridge 1911) - Photius (MPG 101). - 10.Jh.: Dionysius bar Salibi (ed. I.Sedlacek u. I.B.Chabot, CSCO Script. Syri Series II Bd 98, 1906; ed. A.Vaschalde, Bd 99, 1931/33) - Anonymus (MPG 106). - 11.Jh.: Theophylakt (MPG 123-124). - 12.Jh.: Euthymius Zigabenus (MPG 129) - Bruno v. Segni (MPL 165) - Rupert v. Deutz (MPL 167) - Herväus v. Bourg-Dieu (MPL 158; vgl. RepBibl III Nr. 3275) - Zacharias Chrysopolitanus (MPL 186) - Joachim v.Fiore (ed. E.Buonaiuti in: Istituto Storico Italiano. Fonti per la storia d'Italia 67, 1930). -13.Jh.: Albert d.Gr. (Opera Bd 20-24, ed. Borgnet) - Thomas v. Aquin (Opera Bd 17, Paris 1660). - 15.Jh.: Joh. Gerson (Opera Bd 4, ed. Du Pin). - 16.Jh.: Luther (D.Martin Luthers Evangelien-Auslegung, Bd 1-5, ed. E.Mühlhaupt u. E.Ellwein, 1951ff[2,3]) - Faber Stapulensis, Paris 1522 - Zwingli (ed. Schuler-Schulthess, Bd VI/1. 2) - Joh. Maior v. Haddington, Paris 1529 - Joh. Arboreus, Paris 1529 - Martin Bucer, Basel 1536 - Heinrich Bullinger, Zürich 1542. 1545. 1546. 1543 - Calvin (CR 45-47) - Cornelius Jansen d.Ä., Löwen 1571 - Joh. Maldonatus SJ, Pont-à-Mousson 1596 - Sebastian Barradas SJ, Coimbra 1599ff. - 17.Jh.: Martin Chemnitz-Polykarp Leyser-Johann Gerhard, Hamburg 1652 - Diego de Baeza SJ, Valladolid 1623ff - Cornelius Jansen d.J., Löwen 1639 - Georg Calixt, Halberstadt 1624 - Joh. Lightfoot, Harmonia, London 1644ff - Ders., Horae Hebraicae et Talmudicae, Cambridge 1658 - Joh. da Sylveira, Lyon

1640ff - Joh. Crell, Amsterdam 1656 - Joh.Ludwig v. Wolzogen, Amsterdam 1656 (Opera Bd I) - Joh. Clericus, Amsterdam 1699. - 18.Jh.: Bernardino a Piconio, Paris 1726.

Lit.: TH.ZAHN, Der E.-Kommentar des Theophilus v. Antiochien (FGNK II), 1883 - A.HARNACK, Der angebliche E.-Kommentar des Theophilus v. Antiochien (TU 1, 4), 1883 - O.SCHMID, Zacharias Chrysopolitanus u. sein Kommentar zur E.-Harmonie (ThQ 68, 1886, 531-547; 69, 1887, 231-275) - A.JÜLICHER, Die Gleichnisreden Jesu I, 1899², 203ff - A.BAUMSTARK, Die Evangelienexegese der syr. Monophysiten (OrChr 2, 1902, 151-169. 358-389) - A.E.SCHÖNBACH, Über einige E.-Kommentare des MA (SAW 146, 4), 1903 - A.SCHWEITZER, Gesch. der Leben-Jesu-Forschung, (1906) 1951⁶ - A.MÖDERL, Der Pseudo-Hieronymianische E.-Kommentar (Diss. München), 1925 - H.SMITH, Ante-Nicene Exegesis of the Gospels, Vol. 1-6, London 1925-29 - J.-M.VOSTÉ, Sanctus Albertus Magnus evangeliorum interpres (Angelicum 9, 1932, 239-298) - H.SCHLINGENSIEPEN, Die Wunder des NT. Wege u. Abwege ihrer Deutung in der alten Kirche bis zur Mitte des 5.Jh.s (BFChTh II, 28), 1933 - G. LINDESKOG, Die Jesusfrage im neuzeitlichen Judentum, Uppsala 1938 - F.ANIZAN, La clef patristique des paraboles, Loudun 1939 - G.EBELING, Evangelische E.-Auslegung. Eine Untersuchung zu Luthers Hermeneutik (FGLP 10, 1), 1942 - J.LEAL, Las apariciones a María Magdalena en la exégesis postridentina (Archivo Teológico Granadino 9, 1946, 5-52) - A.RIBERA DE SANTANA, The Thought of the Fathers on St.Peter's Denial (Diss. Rom), 1951 - W.v.LOEWENICH, Luther als Ausleger der Synoptiker (FGLP 10, 5), 1954 - TH.BARROSSE, The Unity of the Two Charities in Greek Patristic Exegesis (ThSt 15, 1954, 355-388).

b) *Nur zu Mt:* Quellen: 3.Jh.: Hippolyt (ed. H.ACHELIS, GCS I, 2, 1897) - Origenes (MPG 13 u. 17; ed. E.KLOSTERMANN, GCS X-XII, 1933-55). - 4.Jh.: Hilarius v. Poitiers (MPL 9) - Athanasius (MPG 27). - 5.Jh.: Chrysostomus (MPG 57-58) - Chromatius (MPL 20) - Hieronymus (MPL 26) - Augustin (MPL 35) - Cyrill v. Alex. (MPG 72) - Arnobius Iunior (MPL 53) - Pseudo-Ammonius v. Alex. (MPG 85). - 6.Jh.: Pseudo-Chrysostomus (MPG 56). - 7.Jh.: Pseudo-Petrus v. Laodizea (ed. C.F.G.HEINRICI, 1908). - 9.Jh.: Sedulius Scotus (MPL 103) - Christian v. Stavelot (MPL 106) - Hrabanus Maurus (MPL 107) - Paschasius Radbertus (MPL 120). - 11.Jh.: Niketas v. Herakleia (ed. B.CORDIER, Symbolae Graecorum Patrum II, Toulouse 1647). - 12.Jh.: Gottfried v. Babion (MPL 162; vgl. RepBibl II Nr. 2604) - Rupert v. Deutz (MPL 168). - 13.Jh.: Thomas v. Aquin (Opera Bd 14, Rom 1570). - 15.Jh.: Alphonsus Tostatus (Opera Bd 18-24, Venedig 1728). - 16.Jh.: Luther (WA 28, 32, 38, 47) - Melanchthon (CR 14) - Wolfgang Musculus, Basel 1548 - David Chyträus, Wittenberg 1556 - Paul de Palacios, Lyon 1569. - 17.Jh.: Serafino Capponi OP, Venedig 1602 - Aegidius Hunnius, Wittenberg 1608 (Opera Bd III) - Franciscus Junius, Genf 1613 (Opera Bd II) - Alexander Pellegrinus SJ, Bd I, Rom 1638; Bd II, Loreto 1645 - Joh. Pricaeus, London 1660 - Joh. Gerhard, Jena 1663 - M.Simon, Rotterdam 1665 (Opera Bd II). - J.REUSS, Mt-Kommentare aus der griech. Kirche (TU 61), 1957.

Lit.: J.GWYNN, Hippolytus on St. Matthew 24, 15-22 (Hermathena 7, 1889, 137-150) - E.DÜMMLER, Über Christian v. Stavelot u. seine Auslegung zum MtEv (SAB 1890, 935-952) - W.HALLER, Das Herrngebet bei Tertullian (ZprTh 12, 1890, 327-354) - H.USENER Die Perle. Aus der Gesch. eines Bildes (Theol. Abhandlungen C.v. Weizsäcker gewidmet, 1892, 201-213) - F.J.VIVÈS, Expositio in orationem dominicam iuxta traditionem patristicam et theologicam, Rom 1903 - G.LOESCHCKE, Die Vaterunser-Erklärung des Theophilus v. Antiochien. Eine Quellenuntersuchung zu den Vaterunser-Erklärungen des Tertullian, Cyprian, Chromatius u. Hieronymus, 1908 - M.DENNER, Die Auslegung der nt. Schrifttexte über die Ehescheidung bei den Vätern (Diss. Würzburg), 1910 - C.H.TURNER, The early Greek commentators on the Gospel according to St.Matthew (JThS 12, 1910/11, 99-112) - H.BRUDERS, Mt 16, 19; 18, 18 u. Joh 20, 22. 23 in frühchristl. Auslegung (ZKTh 34, 1910, 659-677; 35, 1911, 79-111. 292-346. 466-481. 690-713) - K.ADAM, Cyprians Kommentar zu Mt 16, 18 in dogmengeschichtl. Beleuchtung (ThQ 94, 1912, 99-120. 203-244) - W.BAUER, Mt 19, 12 u. die alten Christen (Festschr. G.Heinrici, 1914, 235-244) - G.WALTHER, Untersuchungen zur Gesch. der griech. Vaterunser-Exegese (TU 40, 3), 1914 - H. SMITH, The earliest interpretations of our Lord's teaching on divorce (Exp 16, 1918, 361-366) - J.P.ARENDZEN, Ante-Nicene Interpretations of the Sayings on Divorce (JThS 20, 1918/19, 230-241) - J. MOFFATT, Tertullian, Cyprian, Augustine on the Lord's Prayer (Exp 18, 1919, 24-41. 176-189. 259-272) - G.WÜNSCH, Die Bergpredigt bei Luther, 1920 - F.GILLMANN, Zur scholastischen Auslegung von Mt 16, 18 (AkathKR 104, 1924, 41-53) - M.L.W.LAISTNER, A Ninth-Century Commentator on the Gospel according to Matthew (HThR 20, 1927, 129-149) - H.SCHLINGENSIEPEN, Die Auslegung der Bergpredigt bei Calvin (Diss. Bonn), 1927, Teildruck Berlin 1928 - DERS., Erasmus als Exeget. Auf Grund seiner Schriften zu Mt (ZKG 48, 1929, 16-57) - R.B.HOYLE, The Lord's Prayer in History (The Biblical Review 17, 1932, 210-226) - A.BEA, Lucrari mundum - perdere animam. Disquisitio exegetica in Mt 16, 26 (Bibl 14, 1933, 435-447) - K.GUGGISBERG, Mt 16, 18 u. 19 in der KG (ZKG 54, 1935, 276-300) - C.-M.EDSMAN, Le baptême de feu, Uppsala 1940 - E.STRASSER, Alfonsus Tostatus u. seine Gnadenlehre im Kommentar zum 19. Kapitel des MtEv, Emsdetten 1941 - S.LYONNET, »Quoniam Nazaraeus vocabitur« (Mt 2, 23). L'interprétation de S.Jérôme (Bibl 25, 1944, 196-206) - J.BONSIRVEN, »Nisi ob fornicationem«, exégèse primitive (Mélanges F.Cavallera, 1948, 47-63) - H.ZELLER, Corpora Sanctorum. Eine Studie zu Mt 27, 52-53 (ZKTh 71, 1949, 385-465) - E.FASCHER, Jesus u. der Satan. Eine Studie zur Auslegung der Versuchungsgeschichte (HM 11), 1949 - DERS., Das Weib des Pilatus (Mt 27, 19). Die Auferweckung der Heiligen (Mt 27, 51-53). Zwei Studien zur Gesch. der Schriftauslegung (HM 20), 1951 - B.TIPLEA, Scholae Alexandrinae exegesis et doctrina ecclesiologica in Mt 16, 13-19 (Diss. Rom), 1949 - E.MASSAUX, L'influence de l'Évangile de S.Matthieu sur la littérature chrétienne avant S.Irénée, Louvain 1950 - P.SOARES, De usu textus Mt 11, 20-24 apud exegetas posttridentinos usque ad annum 1663 (Diss. Rom), 1951 - H.PÉTRÉ, Les Leçons du »Panem nostrum quotidianum« (RechSR 40, 1952, 63-79) - J.LUDWIG, Die Primatworte Mt 16, 18. 19 in der altkirchl. Exegese (NTA 19, 4), 1952 - O.CULLMANN, Petrus. Jünger-Apostel-Märtyrer, 1952, 176ff - A.HOUSSIAU, L'exégèse de Mt 11, 27b selon S.Irénée (EphLov 29, 1953, 328-354) - A.CERUTTI, L'interpretazione del testo di Mt 12, 46-50 nei Padri (Diss. Rom), 1954 - A.QUACQUARELLI, Il triplice frutto della vita cristiana: 100, 60, 30 (Mt 13, 8 nelle diverse interpretazioni), Rom 1954 - F.GRIVEC, De exegesi S.Cyrilli Thessalonicensis (zu Mt 16, 18) (OrChrP 20, 1954, 137-150) - C.SANT, The Commentary of St.Thomas on Mt 24 (Melita Theologica 7, 1954, 1-16) - K.BEYSCHLAG, Die Bergpredigt u. Franz v. Assisi (BFChTh II, 57), 1955 - W.DE VRIES, Der Kirchenbegriff der von Rom getrennten Syrer, Rom 1955, 20ff. 49ff (zu Mt 16, 18) - F.OBRIST, Echtheitsfragen u. Deutung der Primatsstelle Mt 16, 18f in der dt. prot. Theol. der letzten 30 Jahre (Diss. Rom), 1956 - G.HAENDLER, Die drei großen nordafrikanischen Kirchenväter über Mt 16, 18-19 (ThLZ 81, 1956, 361-364) - H.CLAVIER, Brèves Remarques sur les Commentaires Patristiques de Mt 16, 18a (Studia Patristica I [TU 63], 1957, 253-261).

c) *Nur zu Mk:* Quellen: 5.Jh.: Hieronymus (ed. G.MORIN, Anecdota Maredsolana III/2, 1897) - Pseudo-Hieronymus (MPL 30). - 9.Jh.: Sedulius Scotus (MPL 103). - 15.Jh.: Joh. Gerson (Opera Bd IV, ed. DU PIN). - 16.Jh.: Joh. Soarez, Paris 1578 - Angel del Pas OFM, Rom 1623. - 17.Jh.: Franciscus Junius, Genf 1613 (Opera Bd II).

Lit.: G.WOHLENBERG, Ein vergessener lat. Mk-Kommentar (NKZ 18, 1907, 427-469).

d) *Nur zu Lk:* Quellen: 3.Jh.: Origenes (MPG 13 u. 17; ed. M. RAUER, GCS IX, 1930). - 4.Jh.: Titus v. Bostra (ed. J.SICKENBERGER, TU NF VI/1, 1901) - Euseb v. Cäsarea (MPG 24) - Ambrosius (MPL 15; ed. C.SCHENKL, CSEL 32, 4, 1902). - 5.Jh.: Augustin (MPL 35) - Cyrill v. Alex. (MPG 72; ed. I.B.CHABOT, CSCO Script. Syri Series IV Bd 1, 1912/14) - Arnobius Iunior (MPL 53). - 9.Jh.: Sedulius Scotus (MPL 103) - Christian v. Stavelot (MPL 106) - Niketas Paphlagon (MPG 105). - 11.Jh.: Niketas v. Herakleia (ed. A.MAI, Scriptorum veterum nova collectio 9, Rom 1837). - 13.Jh.: Bonaventura (Opera Bd VII, Ad Claras Aquas 1895). - 16.Jh.: Isidoro Clario, Venedig 1565 - Joh. Soarez, Paris 1578 - Diego de Estella, Lyon 1583 - Francisco de Toledo, Rom 1600 (Lk 1-12) - Angel del Pas OFM, Rom 1625. - 17.Jh.: Joh. Pricaeus, London 1660.

Lit.: A.RÜCKER, Die Lk-Homilien des Hl. Cyrill v. Alex. Ein Beitrag zur Gesch. der Exegese, 1911 - DERS., Über das Gleichnis vom ungerechten Verwalter (Lk 16, 1-13) (BSt 17, 5), 1912 - J.M. BOVER, »Quod nascetur (ex te) sanctum vocabitur filius Dei« (Lk 1, 35) (Bibl 1, 1920, 92-94) - M.RAUER, Der dem Petrus v. Laodicea zugeschriebene Lk-Kommentar (NTA 8, 2), 1920 - A.MERK, Der Engelgesang Lk 2, 14 bei den Syrern (ZKTh 49, 1925, 625-628) - G.M.BEHLER, S.Albertus Magnus in Lucanum Evangelium infantiae (Divus Thomas 37, 1934, 208-225. 350-364) - G.FREGENTINO, Il Magnificat nei commenti dei SS. Padri, Siena 1939 - B.NOACK, Das Gottesreich bei Lk. Eine Studie zu Lk 17, 20-24 (SyBU 10), 1948 - O. HOF, Luthers Auslegung von Lk 16, 9 (EvTh 8, 1948/49, 151-166) - B.BLUMENKRANZ, Siliquiae porcorum (Lk 15, 16). L'exégèse médiévale et les sciences profanes (Mélanges L.Halphen, Paris 1951, 11-17) - D.VAN SWIGCHEM, Geschiedenis van de exegese van Lk 10, 22 (Mt 11, 27) in de laatste decennia (GThT 52, 1952, 97-108) - E.A.RYAN, Historical Notes on Lk 1, 48 (Marianum 13, 1952, 228-235) - E.BENZ, Die heilige Höhle in der alten Christenheit u. in der östlich-orth. Kirche (ErJb 22, 1953, 365-432) - J.LEAL, La salutación del ángel en el estudio de la Inmaculada desde su definición (1854-1954) (Estudios

Eclesiásticos 28, 1954, 391-415) - F.A.NIRWOOD, »Compel them to come in«. The History of Lk 14, 23 (Religion in Life 23, 1954, 516 bis 527).

e) *Nur zu Joh:* → Johannesevangelium. *W.Werbeck*

Evangelienharmonie

1. Bereits die ältesten Zitate und freien Wiedergaben von Evangelientexten zeigen (bewußt oder unbewußt) eine Neigung, die charakteristischen Züge der einzelnen Evangelien miteinander zu verbinden. Der erste umfassende Versuch, planmäßig den Inhalt aller vier Evangelien in eine einzige fortlaufende Erzählung zu verwandeln, wurde von dem syrischen Christen → Tatian unternommen. Er war Schüler → Justins des Märtyrers in Rom, kehrte um 170 nChr in sein Geburtsland zurück und veröffentlichte dort sein Diatessaron (διὰ τεσσάρων [εὐαγγελίων]: durch die vier Evangelien). Abgesehen von einem winzigen Pergamentfetzen in Griechisch (1935 von C.H.Kraeling veröffentlicht) schöpfen wir unsere Kenntnisse von diesem einflußreichen Werk nur aus zweiter und dritter Hand. Östliche Zeugen sind: a) → Ephraems Kommentar zum Diatessaron (ca 360 nChr), erhalten in armen. Übersetzung, von der zwei Handschriften vorliegen (1953-54 von L.Leloir mit lat. Übersetzung hg.); b) ein arab. Diatessaron, aus dem Syrischen übersetzt und in zwei Varianten erhalten (1935 von A.S.Marmarji mit franz. Übersetzung hg.); c) eine mittelalterliche persische E. auf syr. Grundlage (1951 von G.Messina mit ital. Übersetzung hg.); d) verstreute Spuren, die sich in Zitaten verschiedener syr. und armen. Kirchenväter finden. - Westliche Zeugen sind: a) eine Harmonie mit lat. Vulgatatext im Codex Fuldensis, angefertigt unter Leitung von Bischof Victor von Capua vor 546 nChr; b) mehrere mittelalterliche deutsche Harmonien; c) mittelholländ. (flämische) Harmonien, von denen die Handschrift von Liège am bekanntesten ist (seit 1929 von D.Plooij u.a. mit engl. Übersetzung hg.); d) zwei mittelalterliche ital. Harmonien in toskanischem und venetianischem Dialekt (1938 von V.Todesco u.a. hg.); e) eine mittelengl. Harmonie (1928 von M.Goates hg.); f) verschiedene verstreute Zitate und Erwähnungen, wie die bei Zacharias Chrysopolitanus (MPL 186, 11ff).

Ein kritischer Vergleich dieser Quellen zeigt sowohl das hohe Maß an Meisterschaft, das Tatians Werk kennzeichnet, als auch das Vorkommen gewisser Spuren von apokryphen Ergänzungen und gelegentlicher Färbung des kanonischen Stoffes durch asketische Züge.

2. Der älteste Vorläufer moderner Evangeliensynopsen ist das Werk des Ammonius von Alexandria, der (nach einem Brief Eusebs an Carpianus) Matthäus als Grundlage benutzte und am Rande Verweise auf die andern Evangelien hinzufügte. Dieses Werk veranlaßte Euseb, ein brauchbareres System zu schaffen, das wir in vielen Evangelienhandschriften finden (vgl. Nestles NT Graece). Augustins unvollendetes Werk De consensu evangelistarum libri quattuor hatte vor allem apologetische und harmonisierende Absichten. Es wurde als Evangelientext benutzt, von Hieronymus verbessert und mit den Abschnittsbezeichnungen und Canones des Euseb versehen. Zwei alte germanische Harmonien, aus dem 9.Jh. und philologisch bedeutsam, sind der → Heliand, in altsächsischer Sprache geschrieben, und der Liber evangeliorum von dem Mönch → Otfrid von Weißenburg, der den Inhalt der Evangelien in südfränkischem Dialekt darstellt. Der erste bedeutende theologische Beitrag nach Augustin war das spätmittelalterliche Werk des Johannes → Gerson, namentlich sein Monotessaron (Opera IV, Antwerpen 1706, 83 ff). Eine unabhängige und gelehrte evangelische Arbeit, die auf weitere Bemühungen großen Einfluß hatte, waren Andreas → Osianders Harmoniae evangelicae libri quattuor (Basel 1537). Osiander hielt sich, wo auch nur leichte Abweichungen bei den Berichten vorlagen, für berechtigt anzunehmen, daß es sich um Erzählungen von verschiedenen Ereignissen handle. Weniger willkürlich war Johann → Calvins Vorgehen in seinen Commentarii in harmoniam ex Matthaeo, Marco et Luca (1555). M. → Chemnitz' Harmonia quattuor evangelistarum (1593) erkennt zum ersten Mal, daß das eine oder andere Evangelium gelegentlich von der zeitlichen Reihenfolge abweicht. Seit J. → Clericus (1699) bemüht man sich stark um eine zum Vergleich geeignete vierspaltige Anordnung; dies setzte N. Toinard (1707) und J.J. → Griesbach (1776) fort. Als die synoptische Literarkritik wuchs, wurden viele Synopsen gedruckt, um die genaue Analyse der Evangelien zu erleichtern; bemerkenswert ist davon W.G.Rushbrookes Synopticon (1880-82).

Die Gesamtzahl gedruckter E.n ist sehr groß; für einigermaßen vollständige Verzeichnisse vgl. J.A.FABRICIUS, Bibliotheca Graeca, ed. G.C.HARLES, 1790ff, IV, 880ff; K.HASE, Leben Jesu, 1865⁵, 23ff; K.v. TISCHENDORF, Synopsis, 1898, XIIff. - Außerdem: RE V, 635ff; XIX, 277ff - E.A.ABBOTT, Indices to Diatessarica, 1908 - CURT PETERS, Das Diatessaron Tatians, seine Überlieferung u. sein Nachwirken ..., 1939 - ST.LYONNET, Les Origines de la version arménienne et le Diatessaron, 1950. - Weitere Lit. bei B.M.METZGER, Annotated Bibliography of the Textual Criticism of the NT, 1955, 73ff.

B.M.Metzger

Evangelienseite → Altar: III C.

Evangelienvertonung, die mehrstimmige Bearbeitung von kürzeren Evangelientexten seit dem ausgehenden MA. Eine besondere musikalische Geschichte haben die sog. biblischen Historien, vor allem der Passions-, jedoch auch der Weihnachts- und Osterbericht. Im Luthertum des 16.Jh.s erscheinen zunächst nur vereinzelt E.en (zB bei L.Päminger und G.Dreßler). Erst gegen Ende des 16. und im Anfang des 17.Jh.s trat die motettische Verarbeitung von Sprüchen aus den Sonntagsevangelien in vollständigen Jahrgängen stärker hervor. Sie wurde wohl zumeist in die vom Pfarrer im Lektionston vorgetragene entsprechende Lesung eingefügt, eine eigentümlich prot. Praxis, für die Vorbilder im kath. Bereich bisher nicht nachgewiesen sind. Die wichtigsten altprot. Sammlungen von Evangeliensprüchen sind die von A.Raselius, S.Calvisius, Ph.Dulichius, G.Otto, Chr. Demantius, Th.Elsbeth, H.Vulpius, M.Franck und J. Christenius. Von H. → Schütz gibt es nur einzelne E.en, mit denen teilweise zugleich der Übergang von der → Motette zum geistlichen Konzert unter Verwendung von → Generalbaß und evtl. begleitenden Instrumenten vollzogen wird. Eine besonders charakteristische Form war in dieser Zeit der Evangelien- → Dialog (vgl. etwa Schütz' Osterdialog); besonders beliebt war zB der Bericht von Mariä Verkündigung. Auch unter den veränderten stilistischen Voraussetzungen entstanden noch ganze Jahrgänge von E.en, so bei A.Hammerschmidt und W.C.Briegel. Sie bilden zugleich die Brücke zur Evangelien-Kantate vor allem bei → Bach und → Telemann, wobei zur Kantate des 18.Jh.s noch andere textliche Elemente gehören als (gegebenenfalls) nur Evangelienabschnitte.

F.BLUME, Ev. Kirchenmusik, (1931) 1958² - HDEKM II/1 (Das gesungene Bibelwort), 1935 - J.H.MOSER, Die ev. Kirchenmusik in Deutschland, 1954. - Für einzelne Meister vgl. MGG, ebd den Artikel Historia.

W.Blankenburg

Evangelisation und Volksmission

1. Geschichte: a) Begriff - b) Pietistische E. - c) Angelsächsische E. - d) Kirchliche V. - e) Ökumenische E. - 2. Gegenwartsfragen: a) E. und V. - b) V. und Gemeindeaufbau - c) V. und Kirche. - Zur kath. Kirche vgl. → Volksmission

1. a) Der *Begriff* E. ist zurückzuführen auf die nt. Wortgruppe εὐαγγελίζεσθαι, die gute Nachricht von der Herrschaft Gottes in Jesus Christus proklamieren. Der darin enthaltene Auftrag hat zu allen Zeiten Menschen unmittelbar berufen, gerüstet und gesendet. Diese Urform der E. gehört unabdingbar zu den Lebensäußerungen der Kirche Jesu Christi. Erst spät ist E. zum terminus technicus geworden. So hat man im 19.Jh. die Verbreitung des Evangeliums in kath. Ländern wie → Spanien u.a. vielfach als E. bezeichnet. Der heute gebräuchliche prägnante Sinn des Begriffes E. ergibt sich erst aus seiner Geschichte.

b) Starke Anstöße gingen schon vom frühen *Pietismus* aus (→ Spener, → Zinzendorf u.a.). Am Anfang des 19.Jh.s kam es im Zusammenhang mit den → Erweckungsbewegungen zu neuer E.: Es ging hier um Erweckung und Bekehrung und die Bildung um die Bibel gesammelter Gemeinschaften. Zunächst war diese E. örtlich und landschaftlich beschränkt (Württemberg: L. → Hofacker; Baden: A. → Henhöfer; Rheinland: G.D. → Krummacher; Ravensberger Land: J.H. →Volkening; Lüneburger Heide: L. → Harms; Wuppertal, Siegerland, Ostpommern, Ostpreußen u.a.). Bald griff die E. über die räumliche Beschränkung hinaus durch Bildung von vereinsmäßigen Zusammenschlüssen wie die → Evangelische Gesellschaft für Deutschland 1848 u.a. und durch die Errichtung von Evangelistenschulen (→ Chrischona bei Basel nach 1841; Johanneum in Wuppertal 1886; Pr. Bahnau in Ostpreußen u.a.). Unter → angelsächsischem Einfluß fanden sich die einzelnen Ströme der Erweckungsbewegung zusammen in der deutschen →Gemeinschaftsbewegung. Der 1897 gegründete Deutsche Verband für E. und Gemeinschaftspflege bekannte sich entschieden zu der Aufgabe der E. Jetzt suchte man in die entkirchlichten Massen vorzustoßen durch die → Zeltmission (seit 1902; Jakob → Vetter) und durch einzelne mit besonderem Charisma ausgerüstete freie Evangelisten wie Elias Schrenk (1831-1913), Samuel → Keller u.a. Hier erhielt die pietistische E. ihre endgültige Prägung, wie sie von den → Freikirchen, der Allianz (→ Allianzbewegungen) und den Gemeinschaften getrieben wird. Sie ist Darbietung des Evangeliums als des Heiles in Jesus Christus an die Menschen in der Welt mit dem Ziel der persönlichen Entscheidung in Erweckung und Bekehrung und der Sammlung der Bekehrten in der Gemeinde als dem Leibe Christi.

c) Stärker als durch den Pietismus ist die E. geprägt durch ihren *angelsächsischen* Zweig. Man wird als den ersten Evangelisten George → Whitefield bezeichnen müssen. Am 17.2.1739 stand er in Kingswood bei Bristol vor Arbeitern eines Kohlenbergwerkes und verkündete diesen der Kirche und dem Christentum entfremdeten Männern unter freiem Himmel die Heilsbotschaft. Unermüdlich durchzog Whitefield England, Schottland, Irland und Amerika, wo er Einfluß gewann auf die seit 1734 unter Jonathan → Edwards aufgebrochene große Erweckung. Gleichzeitig und in engster Verbindung mit ihm arbeitete John → Wesley, aus dessen E. die methodistische Kirche erwuchs (→ Methodisten: I). Aus diesen Anfängen ging eine bis zur Gegenwart wirksame Bewegung hervor, die sich in eigentümlichen Wellen fortpflanzte und dabei jedesmal von einzelnen Persönlichkeiten getragen wurde und ihren Wirkungsbereich immer weiter ausdehnte. Als in den Jahren 1792-1825 nach dem amerikanischen Unabhängigkeitskrieg in der sog. Pionierzeit die große Westwanderung Hunderttausende in neu erschlossene Siedlungsgebiete führte, folgten ihnen baptistische und methodistische Evangelisten, meist Laienprediger, aus deren Arbeit um 1800 wieder eine weitgreifende Erweckungsbewegung erwuchs. Die in den folgenden Jahrzehnten des 19.Jh.s von Amerika und England aus auch die europäischen Länder erfassende E. ist in erster Linie geführt durch Persönlichkeiten wie Charles Grandison → Finney († 1875) und Dwight Lyman → Moody († 1899). Finney war Jurist. Seine Predigtweise war durch sein juristisches Denken mitbestimmt. Er suchte zu einer klaren Entscheidung für Christus zu führen durch die Aufdeckung der Rebellion des Sünders gegen den Rechtsanspruch Gottes, durch Buße und Unterwerfung als den Weg zum Frieden. Diese seine Predigtweise hat die Verkündigungsweise vieler Evangelisten nachhaltig beeinflußt. Auch Moody war kein Theologe, sondern von Haus aus Schuhverkäufer. Im Rahmen der YMCA (→ Jugendvereinigungen: I) wuchs er zu dem machtvollsten Evangelisten der angelsächsischen Welt heran. Millionen von Menschen hat er in 40 Wanderjahren in Amerika und England erreicht. Höhepunkte seines Wirkens waren der Feldzug (campaign) in London 1875 und die E. während der Weltausstellung in Chicago 1893. Moody ist das große Vorbild der Berufs-Evangelisten, deren Reihe bis in die Gegenwart reicht (→ Kagawa, → Graham, in Deutschland E.Schrenk, S.Keller, E. → Modersohn, Henrichs, J.Vetter, Max Monsky u.a.). – Zusammenfassend kann gesagt werden: E. ist die an die Masse gerichtete Bekehrungspredigt des einzelnen charismatisch begabten Evangelisten. Ihre über die übliche kirchliche Predigt hinausgehende Eigenart ist u.a. die Unerschrockenheit in der Wahl der Mittel; die geistliche Entschlossenheit in der Ausrichtung der Verkündigung; die leidenschaftliche Ergriffenheit des Evangelisten selber; das intensive Gebet; die volkstümliche zeitnahe Sprache; die persönliche Seelsorge (Riecker).

d) Ein neuer Zweig der E. begann um 1918 in Deutschland mit der *kirchlichen V.* Lange schon war sie vorbereitet durch Johann Hinrich → Wichern. In seinen Fliegenden Blättern von 1847 fordert er die → Innere Mission »als die freie Liebesarbeit des heilerfüllten Volkes zur Verwirklichung der christlichen und sozialen Wiedergeburt des heillosen Volkes«. Hintergrund und Motiv waren die revolutionären Ereignisse und das Auftreten des Kommunismus in den vierziger Jahren, die zu einer Erschütterung des politischen, sozialen, sittlichen und religiösen Lebens führten. Wichern begriff sie als eine Herausforderung an die Kirche »zum Hinaustreten in die größere Öffentlichkeit, zum kühneren Kampf, zum ernsteren Angriff mit geübteren Waffen«. In seiner Rede auf dem Wittenberger → Kirchentag 1848 und in seiner Denkschrift 1849 forderte er die Kirche auf, »dahin zu wirken, daß zuletzt im Umkreis der ev. Kirche kein Glied mehr sei, das nicht das lautere Wort Gottes in rechter, dh gerade ihm sich eignender Weise hörte und die ihm sich darbietende Gelegenheit zu diesem Hören fände, auch ohne sie zu suchen«. »Es muß das Evangelium wieder von den Dächern gepredigt werden, es muß auf den Märkten und Straßen frei angeboten und gepriesen werden«, »gleichsam vor den Toren der geordneten Kirche.« In der Inneren Mission, wie Wichern sie sah, müssen die Verkündigung des Evangeliums und die Tat der rettenden Liebe in untrennbarer Einheit Hand in Hand arbeiten. Trotz mancher Ansätze hat sich Wicherns Forderung nicht durchgesetzt, da die Innere Mission sich immer ausschließlicher der → Diakonie zuwandte. – Aber die Situation von 1848 wiederholte sich, als unter dem Eindruck des 1. Weltkrieges und der Revolution Gerhard Hilbert (*1868) seit 1916 zur »kirchlichen V.« aufrief und ein starkes Echo fand. »V. ist die Mission, die die Volkskirche an sich selbst und an ihrem Volk zu treiben hat.« Objekt der V. ist ihm nicht der Anomale, sondern »jedes Glied der Volkskirche, das als getauft erst ein Christ werden muß«. Träger ist nicht der einzelne Charismatiker, sondern die Kirche, das Pfarramt, jeder bewußte Christ. Das Ziel ist, alle Glieder der Volkskirche zu persönlichem Glauben, zur Gemeinschaft mit Christus zu führen durch erweckliche Verkündigung und christliche Erziehung. Verbunden werden sollte mit der E. die → Apologetik, die Nacharbeit in biblischer Vertiefung und der die Glaubenserkenntnis fördernde Vortrag. 1919 gab Gerhard Füllkrug (1870–1948), der erste Pionier der V., ein Handbuch für V. heraus. Der auftauchenden Gefahr, daß die V. zu einem Modewort werden könnte, wurde schon 1921 die Forderung entgegengesetzt, daß das Ziel nicht sein könnte, die abgefallenen Massen im Sturm in die Kirche zurückzuführen, sondern eine missionierende Gemeinde zu gewinnen. 1922 kam es in Spandau zu einer fruchtbaren Arbeitskonferenz, wo E. und V. sich zu gemeinsamer Arbeit verbanden. 1926 entstand der Deutsche Ev. Verband für V., dem sich sofort zahlreiche Vereinigungen der Inneren Mission und der kirchlichen Werke anschlossen, die ihrerseits anfingen, Volksmissionare auszusenden. In der Zeit des → Kirchenkampfes wurde daraus die Arbeitsgemeinschaft für V., die unter Führung eines → Bruderrates alle kirchlichen Volksmissionare in jährlichen Konferenzen zum Austausch der Erfahrungen und zu gemeinsamer Planung und Vertiefung sammelte. Seither ist die V. zu einem wesentlichen Bestandteil der kirchlichen Arbeit geworden. Jede ev. Landeskirche hat ihr besonderes Amt für V. Eine große Zahl hauptberuflicher Evangelisten, geeignete Pfarrer, Diakone und Laien führen jährlich hunderte von V.swochen durch. In besonderen Veranstaltungen wird die Botschaft in das Volk getragen. 1957 zB waren 32 Zelte ständig unterwegs, davon 8 von Landeskirchen. Die Camping-Plätze, wo viele Tausende ihre Erholung suchen, die in fremder Umgebung angesiedelten Ostflüchtlinge, die von kirchlichen Zentren entfernt liegenden Dörfer, die am Rande der Großstadtgemeinden lebenden Menschen, die Arbeiter in den Betrieben werden von der V. aufgesucht. Auch der → Kirchentag schickt V.sgruppen auf die Straße zu öffentlicher E., Laienspiel und Podiumsgespräch; → Film und → Presse, → Rundfunk und → Fernsehen werden in den Dienst gestellt (→ Öffentlichkeitsauftrag der Kirche). Ein starkes Rückgrat der V. ist die Bibelwoche, die seit 1937 jährlich in mehr als 10 000 Gemeinden gehalten wird und der Sammlung und Festigung der Gemeinde dient. – Zusammenfassend kann gesagt werden: das Ziel der V. ist das gleiche wie das der E.: Erweckung und Bekehrung. Aber Träger ist die Kirche in ihrer missionarischen Verantwortung für die Welt. Objekt ist der aus der Verlorenheit zu rettende Mensch, aber nicht nur in der Vereinzelung: er soll hineingeführt werden in die Gemeinde, um in ihr als lebendiges Glied zu leben. Und die Gemeinde soll zum missionarischen Dienst an der Welt erweckt und gerüstet werden.

e) Eine letzte Ausweitung haben E. und V. in der *ökumenischen* Bewegung erfahren. Der dort übliche Begriff → Evangelism umfaßt alle Dienste der Kirchen an der Welt. Die so verstandene E. »ist zum ökumenischen Thema par excellence geworden ... Man wird sich der Tatsache immer stärker bewußt, daß die Kirchen nur in Erfüllung ihres gemeinsamen Missionsauftrages an die Welt zur Einheit gelangen werden.« In der Vorbereitung der Ökumenischen Konferenz von 1945 kam diese Auffassung nachdrücklich zur Geltung. »Die Kirche selbst muß das eigentliche Werkzeug der E. sein und zu diesem Ende selbst von neuem geboren werden.« »Die Gemeinde muß ihre eigene Existenz entdecken.« Es hat sich ein allgemein anerkanntes Leitbild missionarischer Verkündigung herausgebildet: »E. ist die Beteiligung der gesamten christlichen Gemeinde an Christi Sendung in die Welt; jede einzelne Seite des Lebens und Tuns der Kirche hat evangelistische Bedeutung; in Verkündigung, Bruderschaft und Dienst muß die Kirche das Evangelium im wirklichen Gesamtleben sichtbar machen; Laien stehen an der Front, ihnen dienen die Träger des Amtes, deren Aufgabe es ist, das Volk Gottes zu seiner Sendung auszurüsten.« – Die Vollversammlung des Ökumenischen Rates der Kirchen in Evanston 1954 hat in ihrer Sektion II das ökumenische Verständnis der E. wie folgt präzisiert: »Jesus Christus ist das Evangelium, das wir verkündigen. Er selbst ist auch der Evangelist ... Er ruft uns, und wir gehorchen. Er sendet uns, und wir müssen gehen.« »Ohne das Evangelium hat die Welt keinen Sinn, aber ohne die Welt hat das Evangelium keine Realität... E. ist der Ort, an dem die Kirche sich selbst in ihrer wahren Tiefe und Reichweite entdeckt.« Das zentrale Anliegen der E. ist und bleibt es, »Menschen zu Christus als zu ihrem Heiland und Herrn zu bringen und sie teilnehmen zu lassen an seinem ewigen Leben«. Die Kirche muß heraus aus ihrer Isolierung und Introvertiertheit, muß zu einer Begegnung mit der Welt kommen. Sie muß sich brüderlich mit dem Menschen in der Welt identifizieren und die Wahrheit ihrer Botschaft mit Taten der Liebe und des unbedingten Einsatzes für den andern bezeugen. Um die Kraft zur E. zu gewinnen, muß sie ihr Leben aus der Bibel nähren. – Eine besondere Abteilung im Ökumenischen Rat der Kirchen in Genf, in der E. und Äußere Mission zusammengefaßt sind, ist bemüht, durch Studium und Information diese Gedanken in die Kirchen hineinzutragen und zu ihrer Verwirklichung zu helfen. In der Tat beginnt in allen christlichen Kirchen der Welt das Verständnis dafür aufzuwachen, daß die Kirche nicht um ihrer selbst willen da ist, sondern um ihrer Sendung willen in die Welt. Das bedeutet grundsätzlich und praktisch eine Rückkehr zu dem ursprünglichen Sinn der E. nach dem Worte Jesu: »Gleichwie mich der Vater gesandt hat, so sende ich euch« (Joh 20, 21).

2. a) *E. und V.* sind ständig in fortschreitender Bewegung. Die E. betont mit ausschließlichem Nachdruck den Ruf an den einzelnen zur Erweckung, Bekehrung und Wiedergeburt und gerät oft in Gegensatz zur Kirche mit ihrer Nachwuchs-Taufpraxis, erinnert aber mit Recht an die zentrale Aufgabe aller echten Verkündigung. Die V. wirbt ebenso um den einzelnen, aber sie sieht und versteht ihn in den großen überpersönlichen Zusammenhängen sozialer, soziologischer, kollektiver Art (Dorf, Großstadt, Fabrik, Kollektiv, Masse) und muß deshalb versuchen, auf die Apparatur der modernen Gesellschaft Einfluß zu gewinnen, der der einzelne ausgeliefert ist. Sie begegnet dabei in der Praxis Bewegungen wie dem Kirchentag, den Ev. → Akademien, der ev. Sozialarbeit, der → Moralischen Aufrüstung.

b) *V. und Gemeindeaufbau* sind der Struktur nach verschieden, aber unbedingt aufeinander angewiesen. Die V. bleibt ein Streich ins Leere, wenn sie nicht von der Gemeinde getragen wird und wenn die Gemeinde nicht offen und bereit ist, durch die V. zu neuem Glauben erweckte Menschen aufzunehmen und in sich einzugliedern. Andererseits geht das geistliche Leben der Gemeinde zugrunde, wenn sie nur ihr eigenes Leben pflegt. Sie bedarf der Erweckung und Zurüstung zum missionarischen Dienst an der Welt, in der sie lebt. Ein gesunder Weg ist die → »Haushalterschaft«.

c) Die V. erweist sich in steigendem Maße als bedeutsam für die verfaßte *Kirche*. Sie tut mit ihrem Vorstoß in die Welt der Entfremdeten einen stellvertretenden Dienst, den die Kirche mit ihren herkömmlichen Mitteln und Methoden zu leisten völlig außerstande ist. Sie dient der Kirche dadurch, daß sie zur Erweckung und geistlichen Erneuerung der Gemeinden und des Pfarramtes beiträgt. Vor allem aber macht sie das eigentliche Wesen der Kirche sichtbar und wirksam. Die Kirche Jesu Christi ist nach ihrem Ursprung und Wesen, nach dem Auftrag ihres Herrn missionierende Kirche, gesandt in die Welt. Im Laufe der Jahrhunderte ist dieses ihr eigentliches Wesen weithin verdeckt und vergessen worden. Nirgends aber bricht es wieder sichtbarer durch als da, wo an der vordersten Front um die Welt gerungen wird. Das ist der entscheidende Dienst, den die V. der Kirche erweist, die sich aus der institutionellen zur missionierenden Kirche wandeln muß.

E.Bunke, Innerkirchliche Evangelisation (KJ 1910-32) - G.Hilbert, Kirchl. V., (1916) 1919² - G.Füllkrug, Hdb. der V., (1919) 1925² - H.Rendtorff, Pflüget ein Neues, 1924 u.ö. - RGG² II, 433ff; V, 1677ff (Lit.) - O.Riecker, Das evangelistische Wort, (1935) 1953² - Einerlei Hoffnung eurer Berufung. Studienhefte für die 2. Vollversammlung des ök. Rates der Kirchen, 1954 - F.Lüpsen, Evanston-Dokumente, 1954 - T.A.Kantonen, The Theology of Evangelism, 1954 - H.H.Ulrich, Die Kirche u. ihre missionarische Aufgabe, 1955 - P.Toaspern, Wesen u. Wege der V. im amerikanischen Protestantismus der Gegenwart, 1956 - H.-D.Wendland, Die Kirche in der modernen Gesellschaft, 1956 - EKL I, 1187ff. - Zeitschr.: Das missionarische Wort.

H.Rendtorff

Evangelisch ist ein Normbegriff; er bezeichnet, was mit der Lehre des Evangeliums übereinstimmt. Sobald diese strittig wird, tritt ein Anspruch hervor: ev. ist, was christlich ist. So hat Luther das Wort verstanden und seine Verengung zum Parteinamen abgelehnt. Ebenso verwarf er die im 16.Jh., im allgemeinen Sprachgebrauch bis ins 18.Jh. mit ev. identische Bezeichnung »luth.«, die → Eck schon 1519 polemisch verwandte. Jedoch bürgerte sich ev. vor allem im südwestdeutschen Raum ein. Rechtliche Bedeutung hat nicht dieses Wort, sondern das noch in der FC sich findende ref. gehabt. Dieses bezeichnet die Erneuerung der Kirche auf Grund des Wortes Gottes und ist insofern mit ev. identisch; erst im exklusiv-konfessionellen Sinne bestreitet es den Lutheranern diese Erneuerung. Der Gruppenname ev. hat erst später rechtliche Bedeutung erlangt, noch später freilich der auf die → Protestation von Speyer zurückgehende Name Protestanten. Es ist auffällig, mit welcher Konsequenz sich die protestierenden Stände - seit 1530 Augsburger Konfessionsverwandte - einem inhaltlich gefaßten Sammelnamen entzogen. Erst nachdem der Westfälische Frieden auch die Reformierten als Augsburger Konfessionsverwandte anerkannt hatte (1648), konnte man, einem seit 1594 auf den Reichstagen nachweisbaren Sprachgebrauch folgend, den Begriff ev. als Sammelnamen gebrauchen und 1653 Lutheraner und Reformierte im → Corpus Evangelicorum zusammenschließen. Seitdem dringt das Wort beständig vor, vor allem im 19.Jh. Während das Preußische Landrecht von 1794 von »Prot. Kirchengesellschaften Augsburgischen Glaubensbekenntnisses« geredet hatte, vereinigte die preußische → Union von 1817 die ref. und luth. zu einer »ev.-christlichen« Kirche und führte für die Gemeinden, die sich ihr anschlossen, den Namen ev. ein. Obwohl dabei »eine dritte, neue Konfessionspartei« abgelehnt wurde, hat der Name ev. nicht nur seine übergreifende Bedeutung behalten - selbst in Konfessionskirchen, die ihn ihrer Selbstbezeichnung vorordnen (ev.-luth., ev.-ref.) -, sondern ist zugleich Konfessionsbezeichnung geworden.

M.Luther, Treue Vermahnung zu allen Christen, sich zu hüten vor Aufruhr und Empörung, 1522 (WA 8, 676ff) - Ders., Von beider Gestalt des Sakraments zu nehmen, 1522 (WA 10/II, 11ff) - Ders., Ein christl. Trostbrief an die Miltenberger, 1524 (WA 15, 69ff) - D.Erasmus, Epistola contra quosdam, qui se falso iactant Evangelicos, 1529. - H.Heppe, Ursprung u. Gesch. der Bezeichnungen »ref.« u. »luth.« Kirche, 1859 - A.Goetze, Lutherisch (Zs. f. dt. Wortforschung 3, 1902, 183-198) - H.Preuss, M.Luther der Prophet, 1933 - W.Geppert, Das Wesen der preuß. Union, 1939 - W. Brändly, Zur Selbstbezeichnung der Evangelischen (Zwingliana 8, 1944-48, 471-486).

W.Maurer

Evangelisch-christliche Einheit (*Union protestante chrétienne*), ein kleiner Kreis deutscher und französischer ev. Christen, von dem französischen Pastor Jules → Rambaud am 14.10.1920 in Mainz gegründet (1930 ca 1500 Mitglieder). Die E.-chr.E. bemüht sich nicht nur um Verständigung, sondern um *Versöhnung* zwischen Deutschen und Franzosen auf der Basis des Evangeliums, bes. zwischen »Zeloten« in beiden Nationen (Lk 6, 15c). Deshalb: »Durch die Liebe zur Wahrheit.« Dazu sollen persönliche Begegnungen jeder Art abwechselnd in Deutschland und Frankreich, gegenseitige Liebesbetätigungen, Seelsorge an deutschen Fremdenlegionären (soweit möglich) und deren Angehörigen sowie an anderen durch Nationalhaß und Mißtrauen Bedrängten helfen. Nach Rambauds Tod 1949 sind alte und neue Freunde bestrebt, in freiem Zusammenwirken mit dem »Deutsch-französischen Bruderrat« das Werk des Gründers fortzusetzen, ungeachtet politischer oder innerkirchlicher Unterschiede.

Aux Chrétiens de notre temps, Strasbourg 1946². - Vgl. »Hochweg«, hg.v. Paul Le Seur. - Organ: Der Deutsche Waldenser, hg.v. Lw. Zeller.

F.Preger

Evangelische Gemeinschaft. Die E.G. ist der europäische Zweig der → Evangelical United Brethren Church. Die Not- und Weckrufe vor allem Wicherns wurden von der E.G. in USA gehört. Seit 1850 wirkt sie in Württemberg und Baden, später in der Schweiz und Frankreich. Mehrere Konferenzgründungen zeugen von der über ganz Deutschland sich ausdehnenden Arbeit (1865 Deutschlandkonferenz, die sich 1900 in die süd- und norddeutsche, 1932 in die west- und ostdeutsche Konferenz teilt). Das Werk in der Schweiz und in Frankreich ist seit 1879 als Schweiz-Konferenz zusammengefaßt. Bis 1945 wirkte die E.G. in Lettland und Polen. Der europäische Charakter der E.G. bekundet sich in der Europäischen Zentralkonferenz und dem gemeinsamen Reutlinger Predigerseminar im Einklang mit Gemeinde- und Evangelisationsarbeit.

Die E.G. ist eine sich selbst erhaltende → Freikirche, Mitglied der Vereinigung Ev. Freikirchen, Mitarbeiterin der Allianz (→ Allianzbewegungen). In Deutschland gehört sie der → Arbeitsgemeinschaft christlicher Kirchen, in der Schweiz dem Schweizerischen Ev. Kirchenbund an. Die Gesamtkirche ist Mitglied des Ökumenischen Rates der Kirchen (→ Ökumenische Bewegung, 3). Die E.G. versteht sich als echte Personalgemeinde, als »Freiwilligkeitskirche«, in die der Gläubige auf Grund seines Bekenntnisses aufgenommen wird. Sie erklärt neben 19 »Glaubensartikeln« als »Bekenntnisgrundlage«: das Evangelium, das Apostolikum, das Nicänum, die CA, den Heidelberger Katechismus, gewisse Lehren des Methodismus, des Pietismus und der Brüdergemeine. »The spirit of unity and the spirit of union« bedeuten ihr nach Mk 16, 15 Geist und Kraft der Missionsgemeinde. Neben der Erwachsenen- ist die Kindertaufe vorherrschend. Die E.G. zeigt sich in der Gemeinsamkeit der biblischen und reformatorischen Grundlinien mit einer in Europa theologisch wachsenden Betonung des luth. Ansatzes, im Frömmigkeitsgepräge dem Methodismus, im Kult der ref. Überlieferung verwandt. Für jeden Prediger wird eine genau geregelte theologische Ausbildung gefordert.

Statistik 1955. Europa: 281 Prediger, 680 Gemeinden, 33 319 abendmahlsberechtigte Glieder, Wirkungskreis 133 530 Personen.

R.JÄCKEL, Gesch. der E.G., 2 Bde, Cleveland 1890/95 - E.HUMBURGER, Ein Gottesfeuer, 1950 - DERS., Zeugen des Lichts, 1950 - R.KÜCKLICH, 100 Jahre E.G. in Europa, 1950 - E.G. in Europa. Kirchenordnung, Ausgabe 1952 - U.KUNZ, Viele Glieder - ein Leib, 1953, 258ff. - Weiteres s. → Evangelical United Brethren Church.
A.Dietrich

Evangelische Gesellschaft

1. Von Genf - 2. Von Frankreich - 3. Für Deutschland

1. Die 1831 ins Leben gerufene *Société évangélique de Genève* ist eine Frucht der zweiten Generation der Erweckungsbewegung (→ Erweckungen: I). Unmittelbaren Anlaß zu ihrer Gründung gab der Streit des Genfer Pfarrers → Gaussen mit der Compagnie des Pasteurs und der vom Rationalismus beherrschten theologischen Fakultät (→ Genf: II). Die Initiative ging von Gliedern der Nationalkirche aus, die sich, von den Ideen des → Réveil erfaßt, die Förderung einer ev.-missionarischen Bewegung innerhalb der Kirche zum Ziel setzten. - Gegen den Unitarismus der staatlichen Fakultät gründete die E.G. eine *theologische Schule,* die ihren Unterricht allein an der hl. Schrift orientieren wollte. → Merle d'Aubigné, Gaussen, Galland, später → Preiswerk, Laharpe, Pilet und E. → Schérer lehrten an ihr. Von Anfang an stellten sich 123 waadtländische und 800 englische Pfarrer hinter sie. Als gottesdienstliches Zentrum errichtete man die Kapelle des Oratoire, die 1849 der neugegründeten Freikirche übergeben wurde. Ins gleiche Jahr fiel die durch den Rücktritt Schérers, der sich dem Liberalismus zuwandte, ausgelöste Krise. 1881 waren 300 Pfarrer durch die Schule gegangen, unter ihnen E. → Bersier und L. → Monod. - Daneben trieb die E.G. *Bibelkolportage.* Die Kolporteure waren im allgemeinen Bauern, die sich im Winter freiwillig zur Verfügung stellten. 1881 arbeiteten 53 Kolporteure in Frankreich, 3 in der Schweiz und 2 in Italien. Sie verkauften 60 000 Bibeln, 358 000 NT.e und fast 5 Mill. Schriften und Traktate. Im Zusammenhang mit der →Kolportage nahm die E.G. seit 1833 die → *Evangelisation nach außen* auf. Stützpunkte wurden im Departement Saône et Loire errichtet. 1840 übergab eine englische Gesellschaft 6 ihrer Stationen. 1854 begann man auch im Poitou mit der Arbeit. 1870/71 gab es einen Besuchsdienst für französische Kriegsgefangene in Deutschland. 1881 unterhielt die E.G. 117 Stationen in Frankreich, 9 in anderen Ländern und 9 Außenposten in der Schweiz (Sommergottesdienste in Kurorten). Ein weiterer Zweig widmete sich in Genf der *Evangelisation nach innen* (Sonntagsschule, Vortragsdienst, Bibelgruppen, Erweckungsstunden). Theologiestudenten pflegten auf den Schlachtfeldern Verwundete - eine erste Regung des späteren →Roten Kreuzes. - Zu den Lehrern der *theologischen Schule* zählten im 19./20.Jh. Pronier, E.Barde, F.Thomas, L.Ruffet, F. Bovet. Hervorragende Prediger gingen aus ihr hervor (Tophel, Ch.Dubois). Finanzielle Schwierigkeiten führten 1921 zur Einstellung des Lehrbetriebs. Seine Aufgabe war freilich auch erfüllt, da sich der Geist an der staatlichen Fakultät inzwischen beträchtlich gewandelt hatte (Professur von G.Frommel). Der Genfer Zweig der Arbeit nach innen löste sich 1886 auf, nachdem die 1879 gegründete Volksmission (Evangélisation populaire) sein Erbe übernommen hatte. Die Evangelisationsarbeit nach außen wurde weitergeführt, bis die Stützpunkte in Frankreich sich als regelrechte Gemeinden der Freikirche oder der Ref. Kirche anschlossen. Seither geschieht die Arbeit in Gemeinschaft mit dem Evangelisationsausschuß der Freikirchen und den französischen Evangelisationsgesellschaften (Société Centrale; s. 2). In der Schweiz sind die Sommerstationen erst in den letzten Jahren in die Hände der Kantonalkirchen übergegangen. Gegenwärtig betreibt die E.G. nur noch die Kolportage. Dafür hat sie neuerdings, freilich in kleiner Zahl, vollamtliche besoldete Kräfte angestellt, die in Zusammenarbeit mit anderen Gesellschaften in Vorbereitungskursen ausgebildet werden. Der erste dieser Kurse fand 1956 im John-Knox-Haus in Genf statt.

H.V.D.GOLTZ, Die ref. Kirche Genfs im 19.Jh., 1862 - L.MAURY, Le réveil religieux dans l'Eglise réformée, Genf 1892 - Jahresberichte der E.G. von Genf (bes. 1931) - Aktenmaterial in der Genfer Staats- u. Univ.-Bibliothek.
J.Courvoisier

2. Die 1833 gegründete *Société évangélique de France* machte sich in erster Linie die Verbreitung von Bibeln und Traktaten zur Aufgabe. Daneben bildete sich 1846 innerhalb der ref. Kirche aus örtlichen Vereinigungen die *Société Centrale Protestante d'Evangélisation.* Die Batignolles-Schule für Pfarramtskandidaten ging aus einer ihrer Sektionen hervor. Die als Dachorganisation dieser Gesellschaften dienende *Alliance évangélique* gewährleistete die Verbindung zum Ausland. - Gegenwärtig betrachten mehrere Gruppen die → Evangelisation als ihre Hauptaufgabe: die Volksmission (Mac-All), die Innere Mission (luth.: Paris und Straßburg), die Heilsarmee und besonders die *Société Centrale d'Evangélisation,* die das eigentliche Erbe jener älteren Gesellschaften übernommen hat. 1938 wurde sie als offizielle Einrichtung von der ref. Kirche übernommen. Die Gesellschaft hat über 200 Stationen errichtet, von denen eine Anzahl sich zu synodal verfaßten Kirchen umgebildet hat. Gegenwärtig zählt sie noch 70 Stationen. Sie gibt Bücher, Kalender, Schriften zur religiösen Unterweisung und Broschüren heraus, ferner die »Revue de l'Evangélisation«, unterhält einen volksmissionarischen Filmdienst (Sercinev), hat ein »christliches Bildungszentrum« (Vortrags- und Korrespondenzkurs) geschaffen und veranstaltet Tagungen und Freizeiten. Sie hat 19 »Sommerposten« für Kurorte an der See und im Gebirge und führt eine umfangreiche Korrespondenz mit den Protestanten in der Diaspora.

Cinquantenaire de la Société évangélique de France, Paris 1883 - L.MAURY, vgl. bei 1. - Revue de l'Evangélisation (seit 1944; bes. Nr. 68, Jan. 1957) - Le Christianisme au XXème siècle, Sonder-Nr. vom 7.11.1957.
R.Voeltzel

3. Die *E.G. für Deutschland* wurde von Pastor Feldner und »35 gläubigen Pastoren und anderen gläubigen Männern« am 25.8.1848 gegründet. Sie wollte, → Wicherns Ideen vorwegnehmend, als freie Vereinigung, doch in Anlehnung an die Organe der Kirche und anstelle dieser unter den entkirchlichten Massen missionieren, deren soziales und geistliches Elend im Märzaufstand 1848 offenbar geworden war. Erkenntnisse und Aktivität westdeutschen Reformiertentums und des Pietismus führten von Schriftenmission, verbunden mit Hausbesuch, Gespräch und Bibelkreis, zT zu eigenen, landeskirchlich gebundenen Gemeinschaften. Zunächst für ganz Deutschland geplant (Stadtmission Breslau 1855), lag das Zentrum der Arbeit im weiteren Umkreis des Bergischen Landes und des Ruhrgebietes. Neben → Stadtmission (Dortmund, Hagen, Gelsenkirchen, Bochum, Köln u.a.) entstanden in Dorfgemeinden Vereinshäuser, in denen die reisenden Prediger zugleich genügend Raum zur → Evangelisation wie eine Bleibe (Prophetenstübchen) fanden. In einigen Orten führten Erweckungen zu Spannungen mit Pfarrern und Presbyterien, andererseits zu wesentlicher Veränderung der sozialen Verhältnisse und sittlicher Erneuerung. Eigener Schriftenverlag: »Licht und Leben«, hg.v. Pastor W.Busch; »Der feste Grund«, hg. vom Direktor der Gesellschaft, Pastor H.Jochums. Die Verlagsarbeit mußte nach dem Verbot im →Kirchenkampf neu aufgebaut werden. Gegenwärtig gibt es 414 Gemeinschaften, 52 Prediger, 86 Häuser. Prediger bzw.

Vorstandsmitglieder waren: Elias Schrenk, Joseph → Gauger, Emanuel Spoerri. Hauptarbeitsgebiete: Hessen, Lippe, Westfalen, Rheinland.

F. COERPER, Fünfzig Jahre der E.G. für Deutschland, 1898 - Bericht in »Licht u. Leben« 1923, Nr. 28/29 - D. SCHÄFER, 100 Jahre E.G., 1948 - Jahresberichte der E.G. *K. Halaski*

Evangelische Kirche in Deutschland (EKD)

I. Verfassung und Gliederung - II. Werke und Einrichtungen. - Vgl. → Deutschland: III

I. Verfassung und Gliederung

1. Vorgeschichte - 2. Grundordnung - 3. Aufgaben - 4. Gliedkirchen - 5. Organe - 6. Finanzierung

1. Die EKD ist erst nach dem Ende des 2. Weltkrieges entstanden. Ihre *Vorgeschichte* geht jedoch schon in die Mitte des 19. Jh.s zurück. Am Anfang steht die »Ev. Konferenz« von 1846 (→ Unionen: I), zu der sich Vertreter von 26 Landeskirchen zusammenfanden. Nach dem Wittenberger Kirchentag 1848 bildeten die Leitungen der deutschen Landeskirchen 1852 die *»Eisenacher Konferenz* deutscher ev. Kirchenregierungen«, die lediglich beratenden Charakter hatte. Auch der aus dieser erwachsene *»Deutsche Ev. → Kirchenausschuß«* von 1903 blieb ein Organ der Kirchenleitungen. Erst nach dem 1. Weltkrieg, der das Ende des → landesherrlichen Kirchenregiments mit sich brachte, kam es zu einem Zusammenschluß im *»Deutschen Ev. Kirchentag«* (Dresden 1919), der in Stuttgart 1921 die Verfassung des *»Deutschen Ev. → Kirchenbundes«* annahm. Dieser wurde 1922 in Wittenberg von allen deutschen Landeskirchen geschlossen. Freilich hatte er nur die Aufgabe, »zur Wahrung und Vertretung gemeinsamer Interessen der deutschen ev. Landeskirchen einen engen und dauernden Zusammenschluß derselben herbeizuführen« - unter Wahrung »der vollen Selbständigkeit der beteiligten Kirchen in Bekenntnis, Verfassung und Verwaltung«. Die Entwicklung dieses Bundes wurde durch die Ereignisse des Jahres 1933 abgeschnitten. In stürmischen Auseinandersetzungen wurde die *»Deutsche Ev. Kirche«* geschaffen, deren Verfassung vom 11.7.1933 den Schein einer Einheitskirche hatte, obwohl der Bundescharakter der DEK gleichzeitig fest verankert blieb. Diese Kirche kam infolge der reichsbischöflichen Leitung, der deutschchristlichen Irrlehren und Gewalttaten wie der nationalsozialistischen Politik nie zu Stand und Wesen. Statt dessen schuf die → Bekennende Kirche Notorgane der DEK in der *Bekenntnissynode,* dem Bruderrat und der Vorläufigen Leitung der DEK. In diesen Geschehnissen wurde die Voraussetzung der EKD geschaffen, als dem Rufe des Landesbischofs → Wurm die Vertreter der Bekennenden Kirche und der ihr nahestehenden Landeskirchenleitungen folgten und in Treysa am 31.8.1945 die EKD konstituierten, ihr eine »vorläufige Ordnung« sowie einen »Rat der EKD« gaben. Die Kirchenversammlung in Eisenach vom 9.-15.7.1948 führte diesen Neuanfang zum Abschluß in der *»Grundordnung der EKD«,* die die Zustimmung aller Kirchen (außer Bremen! vgl. aber 4) und des Bruderrates der EKD fand. Die erste ordentliche Synode der EKD fand im Jan. 1949 in Bethel statt.

2. Die *Grundordnung* der EKD ist nicht nur eine rechtliche Fixierung von Verfassungsbestimmungen, sondern auch ein Dokument der Probleme des deutschen Protestantismus auf Grund seiner konfessionellen Geschichte. Die EKD ist »ein *Bund* luth., ref. und unierter Kirchen« (Art. 1). Sie ist also selbst weder eine Bekenntniskirche noch eine unierte Kirche, sondern ein Bund selbständiger Kirchen, in dem »die bestehende Gemeinschaft der deutschen ev. Christenheit sichtbar« wird. Als die Grundlage dieser Gemeinschaft wird im Vorspruch der Grundordnung das Evangelium von Jesus Christus gemäß der hl. Schrift und den altkirchlichen Bekenntnissen bezeichnet, für deren Verständnis freilich die verschiedenen reformatorischen Bekenntnisse maßgebend sind. Damit wird vorausgesetzt, daß dieses verschiedene Verständnis der Schrift und des altkirchlichen Dogmas die Verbundenheit der ev. Kirchen in einer EKD nicht hindert, zumal da »die von der 1. Bekenntnissynode in → Barmen getroffenen Entscheidungen« gemeinsam bejaht werden und über die Verpflichtung Einigkeit besteht, »die Erkenntnisse des → Kirchenkampfes über Wesen, Auftrag und Ordnung der Kirche« in der EKD zur Auswirkung zu bringen. Ja, man hat sich nicht gescheut, die EKD in diesem Zusammenhang als »bekennende Kirche« zu bezeichnen. In diesen Formulierungen wird die Frucht des Kirchenkampfes für die EKD sichtbar. Sie kann sich zwar nicht anders ordnen als in der Gestalt eines Kirchen*bundes,* aber sie will als eine kirchliche Gemeinschaft verstanden sein, die sich gerufen weiß, die die Einheit hindernden Differenzen zu überwinden. Die bisher noch unbewältigten Grenzen der vollen Gemeinschaft werden besonders in der Frage der → *Abendmahlsgemeinschaft* sichtbar. Während die gegenseitige Anerkennung der Taufe und der Amtshandlungen (zB Trauung) und der Dienst am Wort in den Gemeinden verschiedenen Bekenntnisses keine Schwierigkeiten bereiten, besteht über die Zulassung zum hl. Abendmahl keine volle Übereinstimmung (Art. 4). In vielen (vor allem in den unierten) Gliedkirchen werden zwar die Evangelischen anderen Bekenntnisses zum Abendmahl zugelassen, aber in anderen Gliedkirchen gilt dies nur in Fällen, »wo seelsorgerliche Verantwortung oder gemeindliche Verhältnisse die Zulassung gebieten«. Um hier weiter zu kommen, ist seit 1947 ein Gespräch über das Abendmahl im Gang, das den Versuch einer Einigung über die Abendmahlslehre machen soll. Im übrigen ist die Gemeinschaft am Tisch des Herrn in der ev. Christenheit weiter gediehen, als es die Formulierungen der Grundordnung erwarten lassen.

3. Die *Aufgaben* der EKD sind in erster Linie »Festigung und Vertiefung der Gemeinschaft unter den Gliedkirchen«. Sie soll daher Einrichtungen und Arbeiten von gesamtkirchlicher Bedeutung fördern, sie soll den Gliedkirchen »Anregungen für ihre Arbeit und Ordnung« geben, aber sie kann auch »Richtlinien« aufstellen für kirchliche Arbeitsgebiete von besonderer Bedeutung wie: Ausbildung und Dienstrecht der Pfarrer und anderer kirchlicher Amtsträger, Kirchensteuer, Vermögensverwaltung. Darüber hinaus gibt es auch die Möglichkeit von *Kirchengesetzen* der EKD, allerdings nur für solche Gebiete, die schon bisher gesetzlich geregelt waren, sonst nur, soweit die Gliedkirchen damit einverstanden sind. Hier zeigt sich der stark föderative Charakter der EKD. Nur gegenüber den »Inhabern öffentlicher Gewalt« ist der EKD die Vertretung der »gesamtkirchlichen Anliegen« zugestanden. Als besonderes Arbeitsgebiet der EKD ist die Verantwortung für die auslanddeutschen Gemeinden und die Mitarbeit in der → Ökumenischen Bewegung anzusehen, wenn auch hier gewisse landeskirchliche Sonderrechte geblieben sind. Im übrigen stellt die Grundordnung die Verantwortung der EKD zur Förderung der Arbeit in den größeren Verbänden und Werken der ev. Christenheit Deutschlands fest: Männer-, Frauen- und Jugendwerk, Äußere und Innere Mission, Diakonie, Diasporaarbeit, insonderheit das Hilfswerk der EKD. In Verfolg dieser Aufgaben wurden 1957 der Centralausschuß für Innere Mission und das Hilfswerk der EKD zu einem diakonischen Werk der EKD zusammengeschlossen (→ Evangelische Kirche in Deutschland: II).

4. Die EKD besteht aus *Gliedkirchen,* die entweder luth. oder ref. Bekenntnisses sind oder eine Union zwischen

dem luth. und ref. Bekenntnis geschlossen haben (föderative oder Konsensus-Union). Sie sind in Bekenntnis, Gottesdienstordnung, Verfassung, Verwaltung und Leitung selbständig, haben sich aber in der EKD unwiderruflich zusammengeschlossen unter Betonung ihrer Gemeinsamkeit (Schrift, altkirchliche Bekenntnisse) wie Verschiedenheit (reformatorische Bekenntnisse). Die Gliedkirchen können sich untereinander zu besonderen Gemeinschaften zusammenschließen, ohne damit als solche ihre unmittelbare Gliedschaft in der EKD zu verlieren. Die beiden großen Zusammenschlüsse innerhalb der EKD sind die Vereinigte Ev.-Luth. Kirche Deutschlands (VELKD; mit 10 Gliedkirchen) und die Ev. Kirche der Union (EKU; mit 6 Gliedkirchen). Insgesamt sind es 27 Gliedkirchen, nachdem zuletzt auch die Bremische Ev. Kirche beigetreten ist: 12 unierte, 13 luth., 2 ref. Kirchen. Angeschlossen sind außerdem die → Brüderunität und der Bund ref. Kirchen.

5. Die *Organe* der EKD sind drei: die Synode, der Rat, die Kirchenkonferenz. Die Synode wird durch Wahl der Abgeordneten der Gliedkirchen (100 Abg.) und durch Berufung seitens des Rates (20 Abg.) gebildet. Ihre Hauptaufgabe ist die Beschlußfassung von Kirchengesetzen sowie der Erlaß von Kundgebungen. Sie wählt den Rat in Gemeinschaft mit der Kirchenkonferenz. Die Synode versammelt sich in der Regel jährlich. Von besonderer Bedeutung waren die Synoden von *Berlin* (1950) und von *Elbingerode* (1952) mit ihren Kundgebungen zur Friedensaufgabe der Kirche. Die wichtigsten Gesetze sind bisher das Gesetz über die Auslandsgemeinden (1954; → Auslandsgemeinden: I, 4c), das Disziplinargesetz (1955; → Disziplinarrecht, 2) und das Gesetz über die → Militärseelsorge (1957). Die Kirchenkonferenz wird von den Leitungen der Gliedkirchen beschickt. Ihre Aufgabe ist wesentlich die Beratung der gemeinsamen Anliegen der Gliedkirchen. Der Rat, dessen 12 Mitglieder unter Berücksichtigung der bekenntnismäßigen und landschaftlichen Gliederung der EKD zu wählen sind, hat das Amt der Leitung der EKD. Er vertritt die EKD nach außen, er kann Kundgebungen erlassen, wenn die Synode nicht versammelt ist. Er hat bestimmte Rechte der Synode gegenüber (Einbringung von Gesetzen, Einwendungen gegen Beschlüsse der Synode). Auch hat er ein Notverordnungsrecht. Er führt die Aufsicht über die Amtsstellen der EKD. Die beiden wichtigsten Amtsstellen der EKD sind: die Kirchenkanzlei und das Kirchliche Außenamt. Die Kirchenkanzlei hat die Verwaltungsaufgaben der EKD durchzuführen. Sie hat neben ihrer Hauptstelle in Hannover aus politischen Gründen eine Zweigstelle in Berlin und Bonn, wo auch je ein Bevollmächtigter der EKD bei den dortigen Regierungen seinen Sitz hat. Das Kirchliche Außenamt in Frankfurt/M. ist die Dienststelle für die Betreuung der deutschen ev. Auslandsgemeinden sowie für die ökumenische Arbeit. Außerdem besteht ein Schiedsgerichtshof der EKD für die Beilegung von Streitigkeiten unter den Gliedkirchen. Von großer Wichtigkeit ist die Tätigkeit der beratenden Kammern: für öffentliche Verantwortung, für soziale Ordnung, für publizistische Arbeit, sowie der zahlreichen gesamtkirchlichen Ausschüsse (zB Finanzbeirat, Steuerkommission, Kommission für die Bibelrevision, für Erforschung der Geschichte des Kirchenkampfes, Eherechtskommission) und des kirchenrechtlichen Institutes in Göttingen. In diesen Arbeitsgemeinschaften wirkt die praktische Zusammenarbeit zur Vertiefung der Gemeinschaft unter den ev. Kirchen Deutschlands, während die Synoden der Ort der großen Auseinandersetzungen innerhalb der EKD sind. Dennoch haben auch sie zur Festigung der EKD beigetragen, bes. im Blick auf die Kirche im getrennten Deutschland. Es ist der EKD durch schwere Krisen hindurch bisher gelungen, nicht nur die ev. Kirchen trotz großer Gegensätze zusammenzuhalten, sondern neben dem Deutschen Ev. → Kirchentag auch wesentliche Beiträge zur öffentlich wirksamen Kundmachung der christlichen Botschaft an die Welt sowie zur Stärkung der Gemeinschaft der ev. Christenheit zu leisten.

6. Die *Finanzierung* der EKD geschieht durch Umlagen der Gliedkirchen (→ Finanzwesen: II).

H. Brunotte, Einheit u. Gliederung der EKD (Schriftenreihe d. Kanzlei d. EKD 8), 1946 - Ders., Die Grundordnung der EKD, 1954 - F. Merzyn, Das Recht der Ev. Kirche in Deutschland, (1953) 1956² - Ders., Organe und Amtsstellen der EKD, (1956) 1957² - KJ - Die Berichte der Synoden der EKD (hg. von der Kirchenkanzlei der EKD): Eisenach 1948, Bethel 1949, Berlin-Weißensee 1950, Hamburg 1951, Elbingerode 1952, Berlin-Spandau 1954, Espelkamp 1955, Berlin-Spandau 1956, Berlin-Spandau 1957 - Amtsblatt der EKD (seit 1947) - Verordnungs- u. Nachrichtenblatt der EKD (1945-48) - Taschenbuch der ev. Kirchen in Deutschland, 2 Bde, 1955/56.

J. Beckmann

II. Werke und Einrichtungen

1. Wesen und Aufgabe - 2. Historische Entwicklung - 3. Kirchlicher Sprachgebrauch - 4. Gegenwärtiger Status - 5. Entwicklungstendenzen

1. Die Werke und Einrichtungen der ev. Kirche in Deutschland stehen kirchensoziologisch zwischen der historisch gewordenen Kircheneinheit, dh vor allem den luth., ref. und unierten Landeskirchen mit ihren gesamtkirchlichen Zusammenschlüssen (EKD, VELKD, EKU), und der sich jeder Organisation entziehenden christlichen Hausgemeinde. Von der amtlichen Kirche in ihren überkommenen Institutionen, die der *allgemeinen* kirchlichen Aufgabe der Wortverkündigung und Sakramentsverwaltung dienen (Kirchenwesen im engeren Sinne), unterscheiden sich diese Gruppen dadurch, daß sie sich auf einzelne kirchliche *Sonder*aufgaben beschränken. Diese Aufgaben sind vor allem missionarischer und diakonischer Art und betreffen alle Lebensbereiche der Gegenwart. U.a. richtet sich der Dienst an Männer, Frauen und Jugend, an einzelne Stände und Berufsgruppen, er besteht in Presse-, Film- und Rundfunkarbeit, in der Heidenmission und wirkt sich in der Krankenpflege und in Fürsorge verschiedenster Art aus. Im Unterschied von der Hausgemeinde können diese Gruppen trotz aller Betonung des charismatischen gegenüber dem amtlichen Prinzip der rechtlichen Ordnung nicht entbehren.

2. Die ev.-kirchlichen Werke und Einrichtungen sind in Deutschland im wesentlichen seit Beginn des 19. Jh.s als Frucht der → Erweckungsbewegung unter Benutzung der durch die liberale Vereinsfreiheit angebotenen Rechtsformen »frei«, dh neben der amtlich verfaßten ev. Kirche entstanden. Das Verhältnis zu der amtlichen Kirche war zunächst lange Zeit durch ihre Abneigung gegenüber der vom Staat noch weithin abhängigen verfaßten Kirche und durch das Mißtrauen der Kirchenbehörden gegenüber den »Vereinen« bestimmt. Dieses Verhältnis besserte sich, vor allem als nach 1918 mit dem → Summepiskopat die bis dahin bestehende enge Verbindung zwischen → Kirche und Staat fortfiel. Die amtliche Kirche entsandte Vertreter in die Leitungsgremien der bedeutenden Gruppen und räumte diesen in den neuen Kirchenverfassungen Plätze in den kirchlichen Vertretungsorganen ein.

Die entscheidende Wendung war damit gegeben, daß die reformatorische Theologie in den 20er Jahren zu einem neuen geistlichen Selbstverständnis des kirchlichen Lebens führte und die Ereignisse des → Kirchenkampfes 1933-45 die amtliche Kirche und die bis dahin »freien« Gruppen zu einem gemeinsamen Abwehrkampf gegen den totalitären Staat miteinander verbanden.

Nachdem die amtliche Kirche sich bereits früher durch Errichtung von Pfarrämtern für besondere Personenkreise und Aufgaben (Jugend-, Studenten- und Sozial-Pfarrämter) unmittelbar selbst in die bisher »freie« kirchliche Arbeit eingeschaltet hatte, gliederte sie nunmehr einzelne bisher »freie« Gruppen, vor allem Jugend-, Männer- und Frauenverbände ihrem Organismus ein. Sie schuf eine Reihe von »Ämtern« und »Kammern« und führte in ihrem Rahmen, meist unter Vorsitz eines kirchenamtlichen Vertreters, die bedeutendsten Gruppen verschiedener Zwecksetzung und Rechtsform zur Koordinierung ihrer Arbeit zusammen. Die bisher »freien« kirchlichen Organisationen sahen ihre Selbständigkeit nicht mehr durch die verfaßte Kirche, sondern durch ein totalitäres politisches Regime bedroht. Es erschien ihnen zur Sicherung ihrer Existenz notwendig, sich freiwillig in solcher Form unter das Protektorat der staatlicherseits privilegierten amtlichen Kirche zu stellen, daß sie an dem ihr verfassungsmäßig garantierten Schutz teilnehmen konnten.

Diese Entwicklung zur rechtlich-organisatorischen Verkirchlichung des ev. Gruppenwesens setzte sich auch nach dem Zusammenbruch des nat.-soz. Regimes und der Reste des deutsch-christlichen Kirchenregiments im Jahre 1945 fort. Soweit während des Kirchenkampfes von bisher »freien« Organisationen Bindungen an einzelne, vor allem intakte Landeskirchen eingegangen waren, wurden sie grundsätzlich aufrechterhalten und häufig noch verstärkt. Dagegen wurde das Verhältnis der großen kirchlichen Verbände zur EKD als der Rechtsnachfolgerin der DEK auf eine neue Grundlage gestellt. Soweit sich Gruppen während des Kirchenkampfes durch ihre Haltung kompromittiert hatten oder mit Beginn normaler kirchlicher Zustände ihre Aufgabe als beendet ansehen konnten, entstanden nach 1945 Neugründungen auf gesamtkirchlicher Ebene (zB Arbeitsgemeinschaft für Männerarbeit der EKD; Ev. Frauenarbeit in Deutschland; Arbeitsgemeinschaft der ev. Jugend Deutschlands). Zur Linderung und Beseitigung der außerordentlichen Notstände in Deutschland nach 1945 wurde neben dem bestehenden Central-Ausschuß für die → Innere Mission der DEK eine neue, rein kirchenamtliche Einrichtung, das → »Hilfswerk« errichtet, das den einzelnen Landeskirchen und der EKD eingegliedert wurde.

3. Diese noch im Gange befindliche Entwicklung hat sich in einem besonderen kirchlichen Sprachgebrauch ausgeprägt. Die »freien« kirchlichen Vereine, Verbände, Gesellschaften, Bünde und Kreise sind zu »Werken und Einrichtungen« in der Kirche geworden. Die Bezeichnung »Werk der Kirche« bürgerte sich zunächst in den ev. Jugendverbänden ein, später auch in den ev. Männer- und Frauenverbänden. Hieraus mag es sich u.a. erklären, daß unter den »Werken der Kirche« in erster Linie nur Gruppen mit überwiegend personaler, gliedschaftlicher Struktur verstanden werden, bei der die Vereinigung von Menschen gegenüber der Konzentration sachlicher Mittel (zB in einem Verwaltungsapparat) im Vordergrund steht. Sie können gleichzeitig theologisch und rechtlich als »Gemeinde« verstanden werden. Für die kirchlichen Gruppen, denen diese personale Struktur fehlt, ist der Ausdruck »Einrichtung der Kirche« üblich geworden. Das Hilfswerk der EKD und der einzelnen Landeskirchen wird entgegen seinem offiziellen Namen, jedoch im Einklang mit dem üblichen kirchlichen Sprachgebrauch als überwiegend anstaltlich verfaßte Einrichtung verstanden und kirchenamtlich auch so bezeichnet. Andere Bezeichnungen wie »Dienste«, »Arbeiten« oder »Werkgemeinden« haben sich gegenüber den »Werken und Einrichtungen« nicht durchsetzen können.

4. Die Werke und Einrichtungen der ev. Kirche können gegenwärtig unabhängig von ihrer Rechtsform (als e.V., rechtsfähige Stiftung kraft landesherrlicher Verleihung usw) entsprechend ihrem Verhältnis zur amtlich verfaßten Kirche nach zwei Grundtypen als kircheneigene und als eigenständige unterschieden werden. Sie ordnen sich entsprechend der Stärke ihrer Bindung an die amtliche Kirche gleichsam in konzentrischen Kreisen um das landeskirchliche Behörden- und Ämterwesen.

Die *kircheneigenen* Gruppen sind der amtlichen Kirche als integrierender Bestandteil eingegliedert. Sie teilen ungeachtet einer weitgehenden Selbständigkeit in der praktischen Arbeit den Bekenntnisstand der kirchenamtlichen Körperschaft, der sie eingegliedert sind, und sind an ihre Ordnung unmittelbar gebunden. Ihre Leitung wird durch die Kirchenleitung oder eine entsprechende andere kirchliche Stelle eingesetzt und untersteht unmittelbar ihrer Dienstaufsicht. Ihre auf landeskirchlicher oder gesamtkirchlicher Ebene eingerichteten »Ämter« haben den Status kirchlicher Sonderbehörden. Die Vermögenswerte und die entsprechenden Lasten, die für die kirchlichen Sonderaufgaben dieser Gruppen gewidmet sind, bilden einen Teil des Kirchenvermögens, in einzelnen Fällen als eine im Rahmen der innerkirchlichen Verwaltung abgesonderte Vermögensmasse. Diese Gruppen sind in ihrem Verhältnis zum Staat ebenso zu behandeln wie die amtlich verfaßte Kirche selbst, der sie eingegliedert sind. – Kircheneigene Werke sind zZ u.a. die Landeskirchliche Männerarbeit (Männerwerk) und die Landeskirchliche Frauenarbeit der Ev.-luth. Landeskirche Hannovers, die Junge Gemeinde und die Frauenhilfe der EKD in der DDR. Kircheneigene Einrichtungen sind zB die Predigerseminare und Pastoralkollegs der Landeskirchen, die Kirchlichen Hochschulen in Neuendettelsau-Heilsbronn und in Bethel, die Ev. Akademie in Tutzing, die landeskirchlichen Ämter für Gemeindedienst in Hannover, Hamburg und München, die Jugendkammer der EKD, die Ev. Jugendkammer Ost sowie das Hilfswerk der EKD und der einzelnen Landeskirchen.

Die *eigenständigen* Gruppen sind der amtlichen Kirche angegliedert. Die Grenze zwischen ihnen und den kircheneigenen Gruppen wird vorwiegend durch Zweckmäßigkeitserwägungen ihrer Gründer bestimmt. Hierzu zählen die meisten bestehenden kirchlichen Gruppen: zB die Kirchlichen Hochschulen in Berlin und Wuppertal, die Ev. Akademie in Loccum, die Arbeitsgemeinschaft für Männerarbeit der EKD, die Ev. Frauenarbeit in Deutschland, die Arbeitsgemeinschaft der ev. Jugend Deutschlands, die v.Bodelschwinghschen Anstalten, die Missionsgesellschaften, die großen Diakonissen-Mutterhäuser, der Martin Luther-Bund (Diaspora-Werk der Ev.-luth. Kirche Deutschlands), bisher: der Central-Ausschuß für die Innere Mission der DEK, der Ev. Preßverband für Deutschland, der Deutsche Ev. Missionstag, der Ev. Verein der Gustav-Adolf-Stiftung (Gustav-Adolf-Werk der EKD), der Ev. Bund und der Verband der ev. Pfarrervereine Deutschlands.

Die Ev. → Studentengemeinden und der Deutsche Ev. → Kirchentag gehören nicht in diesen Zusammenhang. Sie sind kirchliche Sonderbildungen eigener Art, deren Entwicklung noch nicht abgeschlossen ist. Hierbei stehen die Studentengemeinden dem landeskirchlichen Kirchenwesen im engeren Sinne, der Deutsche Ev. Kirchentag den eigenständigen Werken näher.

5. Die Entwicklung des ev.-kirchlichen Gruppenwesens von den »freien« kirchlichen Vereinen zu Werken und Einrichtungen der ev. Kirche läßt als Folge der Neubesinnung der reformatorischen Theologie auf das Wesen der Kirche einen starken Zug zu einer Verkirchlichung

auch im Rechtlich-Organisatorischen bei weitgehender Selbständigkeit in der praktischen Arbeit erkennen. Diese Tendenz ist in der DDR wegen der dort in mancher Hinsicht bestehenden Kirchenkampfsituation außerordentlich verstärkt. Hier vollzieht sich die organisatorische Verkirchlichung vor allem in der Form der Eingliederung bisher eigenständiger Werke in die amtliche Kirche. In der BRD kommt die Verkirchlichung im wesentlichen dadurch zum Ausdruck, daß sich Neugründungen von vornherein institutionell an die amtliche Kirche binden. Auch werden hier alle Gruppen in ihrer Arbeit in wachsendem Maße von den »Ämtern« koordiniert.

E.v.d.Goltz, Grundfragen der prakt. Theol. (Das kirchliche Leben in seinen elementaren Funktionen u. Gemeinschaftsformen), 1917 - RGG² I, 1502ff - H.Asmussen, Kirche am Scheidewege (ELKZ 5, 1951, 277-280) - B.Heyne, Kirche u. Verein (Festschr. für O.Ohl, 1952, 44-57) - E.Stange, Die Bedeutung der gemeindebildenden Werke im Rahmen der missionarischen u. diakonischen Funktion der Kirche (PBl 92, 1952, 68-76) - G.Wasse, Die Werke u. Einrichtungen der ev. Kirche, 1954. *G.Wasse*

Evangelische Kirche der Union → Deutschland: III, 2, → Evangelische Kirche in Deutschland: I, 4.

Evangelische Konferenz → Unionen: I.

Evangelische Mission in Oberägypten. Die Not der durch den Mahdiaufstand schwer betroffenen Stämme am Nil bewog Anfang 1900 den Deutschen K.Kumm und den Engländer G.Guinness, mit einem Christ gewordenen Nubier in Assuan (→ 1 C 7) zu missionieren (→ Ägypten: V). Das führte 1900 zur Gründung der Sudan-Pionier-Mission (Präses Pfr. Th.Ziemendorff), die später obigen Namen annahm. Als Mohammedanermission blieb sie ein kleines Werk, hat aber lebendige Freundeskreise in Deutschland (Sitz Wiesbaden) und der Schweiz (Großhöchstetten/Be.). Sie tragen das Werk, das sich in Assuan und Umgegend zu einer vorwiegend missionsärztlichen Arbeit entwickelte. Die Weltkriege unterbrachen den Dienst für je 10 Jahre, doch erleichterte das Vertrauen der Bevölkerung die mühsamen Neuanfänge. Das Schrifttum sucht die Verantwortung für die Predigt von Christus im islamischen Raum zu wecken.

M.Unruh (Hg.), Auftrag u Wege einer Mohammedanermission, 1955. *M.Unruh*

Evangelische Räte

1. Die kath. Lehre von den praecepta und consilia - 2. Ev. Kritik

1. Die kath. → Moraltheologie kennt vier Arten menschlicher Handlungen: solche, die geboten, geraten, erlaubt (→ Adiaphora) oder verboten (→ Sünde: V) sind. Um das Gebotene (praeceptum bzw. praecepta) und das Geratene (consilium bzw. consilia) geht es in der Lehre von den e.R. Wie die Lehre von den Adiaphora eine Vorgeschichte in der Ethik der Stoa hat, könnte das auch bei der Unterscheidung von praecepta und consilia der Fall sein (καθῆκον = das Angebrachte; κατόρθωμα = das Vollkommene).

Geboten ist, was die Gebote des Dekalogs bezeichnen, was in den sog. Kirchengeboten festgelegt ist (Feiertage halten, an allen Sonn- und Feiertagen zur Messe gehen, die Fastenpflichten erfüllen, mindestens einmal jährlich beichten und zur Kommunion gehen), aber auch noch manches andere mehr wie Mitunterhaltung der Kirche, auch Erfüllung der staatlichen Pflichten wie Zahlung der Steuern usw. Wer ein Gebot erfüllt, tut ein Werk und erwirbt ein → Verdienst (: IV), und es ist möglich, da in die Gebote die Nutzung der sakramentalen Gnaden (→ Gnade: IV) eingeschlossen ist, auf dem Weg der Erfüllung der Gebote die ewige Seligkeit zu erlangen. Freilich weiß die kath. Morallehre auch davon, daß Gott und die Kirche nicht nur praecepta, Gebote gegeben haben, sondern daß die vollkommene Liebe gegen Gott und den Nächsten geboten ist (Mt 22, 34ff). Das Doppelgebot der Liebe wird so verstanden, daß der Mensch verpflichtet ist, einen habitus der Liebe vorzuweisen, den er durch zu wiederholende actus (Vorsätze und Taten) der Liebe bei sich zu verwirklichen hat.

Geraten ist dem Gläubigen eine Fülle von Handlungen: Daß er nicht nur die Messe, sondern auch die Predigt anhöre, daß er in asketischer Hinsicht (→ Askese: V, 2b) mehr tue als gerade die Fastenpflichten zu erfüllen, beim Almosengeben freigebig sei, die Heiligen verehre usw. Geratenes tut der Gläubige im Alltagsleben und in seinem gewöhnlichen → Beruf und Stand. Er steigert damit seine Verdienste, erwirbt u.U. schon überschüssige Verdienste (durch *opera supererogatoria*) und hat bessere Aussicht, selig zu werden.

Die scholastische Theologie des MA kennt schematische Zusammenstellungen von e.R., etwa eine Zwölfertafel. Sehr gern wird dabei die → Bergpredigt (: II) ausgewertet. Evangelischer Rat ist Ärgernis vermeiden (Mt 5, 29), nicht ohne Not schwören (Mt 5, 34ff), dem Übel nicht widerstreben (Mt 5, 38ff), die Feinde lieben (Mt 5, 44f), nicht sorgen (Mt 6, 25ff) usw. Am berühmtesten ist aber folgende Dreizahl der e.R. geworden: Vollkommene und lebenslängliche Armut, lebenslängliche Keuschheit, Gehorsam gegen einen geistlichen Oberen. Damit werden die e.R. inhaltlich identisch mit den Mönchsgelübden (→ Mönchtum: II). Als → Gelübde (: IV) hören allerdings → Armut (: II, 5. 6), → Keuschheit (: II) und → Gehorsam (: II) auf, Räte zu sein und werden zu Geboten. Während im allgemeinen die Nichtbeachtung eines evangelischen Rates keine Sünde ist, sondern nur eine imperfectio positiva, ist der Verstoß des Mönches gegen seine Gelübdepflichten Todsünde. Der Stand derer, die nach den e.R. leben, heißt in der Sprache der kath. Kirche Stand der → Vollkommenheit. Er gibt die sicherste Gewähr, die Seligkeit zu erlangen, wenn auch natürlich die Tatsache, daß einer die Gelübde abgelegt hat, ihm noch nicht die Seligkeit garantiert.

Für die Unterscheidung von Gebotenem und Geratenem beruft sich die kath. Morallehre einerseits auf das Zeugnis der hl. *Schrift,* etwa auf 1Kor 7, 25 (Vulg.: praeceptum-consilium); 1Kor 7, 38 (καλῶς ποιεῖν - κρεῖσσον ποιεῖν); Apg 5, 4 (Ananias und Sapphira war der Verkauf ihres Grundbesitzes nicht geboten); Mt 19, 12 (freiwillige »Verschneidung« um des Himmelreiches willen); Mt 19, 16ff (der reiche Jüngling kann die Gebote halten, aber auch noch mehr tun); Mt 20, 20ff (nur wer einen besonderen Platz im Himmelreich sucht, muß aller Diener werden) u.a.m. - Andererseits stützt man sich auf die *Tradition* und die Einmütigkeit derselben. Tatsächlich ist die Unterscheidung der Sache nach bereits bei → Origenes (Ad Rom. III, 3: »Donec quis hoc facit tantum, quod debet, id est ea quae praecepta sunt, inutilis servus est [Lk 17, 10] ... Si autem addas aliquid praeceptis et supra debitum fiat, Paulus apostolus dicit 1Kor 7, 25 ...«) und terminologisch bei → Tertullian vorhanden (De exhort. cast. 4 wird 1Kor 7, 25 wiedergegeben mit: »*Praeceptum* domini non habeo, sed *consilium* do«; dazu viele andere Stellen). Auch → Cyprian, → Ambrosius und → Augustin haben sie, obwohl gerade letzterer besonders betont, daß die Liebe als innerste Gesinnung des Menschen, die alles Handeln zu bestimmen hat, allen Menschen geboten ist. Bei → Thomas von Aquino finden sich vor allem in S.th. 1/II q. 108 und 2/II q. 184 breite Ausführungen über die e.R. Dabei ist Thomas bestrebt, Abwegigkeiten in der Bewertung der e.R. abzuweisen. Einerseits betont er, daß die ganze Liebe geboten ist; nur die Instrumente der Verwirklichung des Liebesgebotes sind verschiedene und zT geboten, zT geraten (2/II q. 184 a. 3). Andererseits legt Thomas Wert darauf, daß das Leben nach den Räten nicht schon an sich vollkommener ist als das Leben der Laien nach den Geboten, sondern nur die Erreichung der christlichen Vollkommenheit erleichtert (1/II q. 108 a. 4).

Gegen den Protest der Reformation hat die kath. Morallehre die Unterscheidung von praecepta und consilia, die Lehre von den e.R. und die Bezeichnung des Mönchsstandes als Stand der Vollkommenheit festgehalten. Bes. ausführlich wird die römische Lehre von → Bellarmini in seinem Werk »De controversiis fidei christianae« behandelt (De membris ecclesiae militantis, 1. 2 de monachis, c. 7-13). Die Väter von Trient haben keine eigentliche Lehrfestsetzung hinsichtlich der e.R. getroffen, in can. 10 der Sessio 24 aber wenigstens dies festgelegt: »Wenn jemand sagt, daß der Ehestand dem Stand der Ehelosigkeit und des Zölibates vorzuziehen sei, und nicht, daß es besser und seliger sei, im Stand der Ehelosigkeit und im Zölibat zu bleiben, als sich durch eine Ehe zu verbinden, dann sei er verflucht« (Denz. 980). Innerhalb der heutigen kath. Moraltheologie wird die Lehre von den e.R. mit aller Bestimmtheit wie ehedem vertreten. Es wird weder geleugnet noch verschleiert, daß ihr die Vorstellung zugrunde liegt, der Christ sei nur verpflichtet zu einem *habitus* der vollkommenen Gottes- und Nächstenliebe, aber, was die *actus* der Liebe betrifft, zu nicht mehr als zu einem billigen Maß solcher, so daß das Eigeninteresse auch zu seinem Recht kommen kann. Man arbeitet mit der in sich widersprüchlichen Behauptung, der Mensch könne gar nicht actualiter vollkommen nach dem Gesetz der Liebe leben, weshalb die heroischen Liebespflichten nur einzelnen zugemutet seien. Daß die Erfüllung der e.R. nur ein besserer Weg zur Vollkommenheit ist als der Gehorsam gegen die Gebote, wird mit Thomas betont herausgestrichen, obwohl die Schriftstellen, auf die man sich beruft, zT auf eine höhere Stufe in der ewigen Vollkommenheit weisen (vgl. etwa Mt 19, 27ff). Besonderer Wert wird auf die Feststellung gelegt, daß zwar grundsätzlich das Leben nach den e.R. höher und besser ist als das nach den Geboten, daß jedoch, was den einzelnen Gläubigen betrifft, ein Leben im weltlichen Beruf nach den Geboten für ihn der gewiesene und darum bessere Weg sein kann.

2. In seiner großen Kampfschrift De votis monasticis (1521), in der Luther das Recht des Mönchtums grundsätzlich in Abrede stellte, hat er auch die Lehre von den e.R. zu Fall gebracht. Daß vieles im Evangelium Räte seien, sei die gottlose Weisheit der papistischen Schulen (WA 8, 580, 4f). An den Motiven, die Luthers Kampf gegen die e.R. bestimmen, wird die ev. Ethik festzuhalten haben.

Die exegetische Begründung der Lehre ist gänzlich brüchig. In dem Gespräch zwischen Jesus und seinen Jüngern, das sich an die Begegnung mit dem reichen Jüngling anschließt, stehen nicht zwei Wege zur Diskussion, auf denen der Reiche zur Seligkeit gelangen könnte, sondern es ist nur davon die Rede, ob ein Reicher überhaupt ins Himmelreich kommen kann. In 1Kor 7 geht es darum, daß Paulus für manche ethischen Probleme Herrenworte hat, in anderen Fällen aber auf sein eigenes sittliches Unterscheidungsvermögen angewiesen ist. Von überpflichtigen Werken ist nirgends die Rede. Über den schweren Weisungen der Bergpredigt steht deutlich Mt 5, 19: Was folgt, sind ἐντολαί, d.i. Gebote und nicht Räte. Luther hat mit Recht die Lehre von den e.R. als Interpretation der Bergpredigt abgewiesen.

Die Lehre von den e.R. ist der stärkste Ausdruck dafür, daß die kath. → Sittlichkeit (: VI) die Seligkeit letzten Endes auf die Werke stellt und von Verdiensten abhängig macht, obwohl sie die Gnade als gratis data und gratum faciens mehrfach in den Heilsvorgang einbezieht. Das praktische Motiv für alles mönchische Leben ist immer gewesen, durch gesteigerte Leistungen eine höhere Seligkeitsstufe zu erreichen oder mit größerer Sicherheit zur Vollkommenheit zu gelangen. Die Lehre von den e.R. steht in unlösbarem Zusammenhang mit der Vorstellung von den überpflichtigen Leistungen und überschüssigen Verdiensten. – Die in der Vorstellung von den e.R. zum Ausdruck kommende Sittlichkeit ist quantitierender Art. Je größer das Quantum einzelner guter Taten ist, das jemand vorzuweisen hat, ein um so besseres sittliches Leben führt er. Dabei ist verkannt, daß Gott den ganzen Menschen fordert und daß jedes einzelne Werk, auch vor Gott, nur Zeichen ist. Der Vorstellung liegt ein dinglich-ontisches Verständnis der Liebe zugrunde (Möglichkeit eines habitus der Liebe unabhängig von den actus; vgl. dazu vor allem Thielicke). – Ausgangspunkt der in der Lehre von den e.R. zum Ausdruck kommenden kath. Sittlichkeit ist die menschliche Möglichkeit, nicht die Unbedingtheit des göttlichen Willens. Das Urerlebnis der Gottheit Gottes hat Luther genötigt, die Vorstellung von bloß Geratenem zu verwerfen. – Es geht freilich nicht an, der doppelten Sittlichkeit des Katholizismus eine ebenso gesetzliche, angeblich ev. Sittlichkeit der für alle gleichen Forderung entgegenzusetzen. Nur eine solche ev. Ethik, die auf die → Rechtfertigung (: III) gegründet ist, kann in Vollmacht der kath. Morallehre entgegengestellt werden. Der Wahrheitskern der kath. Vorstellung vom Geratenen liegt darin, daß tatsächlich nicht von jedem das gleiche gefordert ist, sondern jeder je nach seinem → »Beruf« (: III), dh nach seiner Berufung das zu tun hat, was ihm und vielleicht nur ihm aufgetragen ist. Es ist möglich, daß ein Christ ehelos bleiben oder den Weg des Verzichtes (→ Askese: V, 5) gehen muß. Das Entscheidende dabei aber ist dies, daß auch für die »heroische Tugend« das Wort von den unnützen Knechten (Lk 17, 10) zu gelten hat.

M. Luther, De votis monasticis, 1521 (WA 8, 564ff) - H. Laemmer, Die vortrident.-kath. Theologie, 1858 - RE IV, 174ff - RGG² IV, 1681ff (ältere Lit.) - G. Palitta, Die soziale Bedeutung der e.R. (Benediktin. Monatsschr. 14, 1932, 176-196) - R. Hofmann, Die heroische Tugend, 1933 - R.N. Flew, The perfection in the Christian theology, 1934 - E. Przywara, Heroisch, 1936 - O. Schilling, Apologie der kath. Moral, 1936 - LThK VIII, 638ff - Th. Michels, Die göttl. Gabe der Vollkommenheit, 1938 - R. Garrigrou-Lagrange, Die drei Bekehrungen u. die drei Wege, 1948 - C. Feckes, Die Lehre vom christl. Vollkommenheitsstreben, 1949 - N.H. Søe, Christl. Ethik, (1949) 1957², 131f. 446f - Thielicke, ThE I, Nr. 1719ff - J. Mausbach-G. Ermecke, Kath. Moraltheologie I, 1954⁸, 313ff.

F. Lau

Evangelische Unterweisung → Kirchliche Unterweisung: II.

Evangelische Vereinigung. Im Zuge der Bestrebungen, der preußischen Landeskirche eine eigene Verfassung zu geben (→ Brandenburg: II, 5, → Preußen), entstand aus drei provinzialen Gruppen, nämlich Königsberg (»Freunde der positiven Union«; Organ: »Das Ev. Gemeindeblatt«), Halle (»Ev. Verein für kirchliche Zwecke«) und Bonn (Bezieherkreis der »Synodalfragen«), i.J. 1874 die E.V., die sich als »Mittelpartei« vom → Konfessionalismus wie vom → Protestantenverein abwandte und auf der Generalsynode von 1875 die neue → Kirchenverfassung (: VI) durchsetzte. Zeitweise durch ihre Verteidigung der akademischen Lehrfreiheit in die Defensive gedrängt, arbeitete sie unbeirrt an der kirchlichen Gesetzgebung mit. Seit 1920 nannte sie sich »Ev. volkskirchliche Vereinigung«, 1928 erhielt ihr Programm die letzte (im Wesen unveränderte) Fassung: Bekenntnis »zu Jesus Christus, unserm Heiland und Herrn, dem Gekreuzigten und Auferstandenen«, zur Reformation, zu ev. Einigkeit, kirchlicher Laien- und Frauenarbeit, sozialer Verantwortung und zur Ökumene. Zehn Provinzialvereine unterstanden dem Hauptvorstand, Geheimrat Eger und Senatspräsident Preiser, als 1933 die Destruktion der synodalen Ordnung begann. Die E.V., die 1929 in der Provinz Sachsen die Führung errang und noch auf den Generalsynoden 1930 und 1931 hervortrat, wandte sich gegen die Tendenzen der →Deutsch-christlichen Bewegungen, insbesondere die »Nichtarier«-Diskriminierung, und begrüßte Fr.v. → Bodelschwingh (, 2) als künftigen Leiter der Ev. Kirche (→ Kirchenkampf). Im Aug. 1933 war die E.V. erloschen. - In Hessen (→ Kurhessen-Waldeck) wurden die Ziele der E.V. durch die *»Friedberger Konferenz«* repräsentiert, die sich die Wahrung der »hessischen Eigenart« zur Aufgabe gestellt hatte und im Ringen um Verfassung und Bekenntnis eine wesentliche Rolle spielte. Unter den die F.K. leitenden Dozenten des Predigerseminars Friedberg ragte Prälat W. → Diehl hervor; Gymnasial-Prof. K.Lampas war ihr letzter Vorsitzender.

Preuß. Kirchenzeitung 1905-33 - Unser Dienst an Kirche u. Volkstum, 1928 (Grundlagen u. Ziele der E.V.) - E.Winkelmann, Die Kämpfe um Bekenntnis u. Verfassung in der Ev. Landeskirche von Hessen-Darmstadt (Jb. d. Hess. Kirchengesch. Vereinigung 5, 1954, 1-191; Gesch. d. F.K. seit 1856; Lit.). *W.Philipp*

Evangelischer Bund

1. Von der Gründung bis 1918 - 2. Die weitere Entwicklung

Der E.B. ist einer der großen freien Verbände innerhalb der ev. Kirche in Deutschland wie → Gustav-Adolf-Werk, Äußere und → Innere Mission. Er wurde 1886 gegründet, um die durch das Nebeneinander der Konfessionen gestellten Probleme zu klären.

1. In der röm.-kath. Kirche war seit etwa 1830 eine starke Regenerationsbewegung im Gange, deren Höhepunkte die Dogmatisierung der Immaculata Conceptio 1854 (→ Mariologie), der → Syllabus 1864 und das Dogma der → Infallibilität 1870 waren. Diese Entwicklung hatte die konfessionellen Gegensätze wieder stärker hervortreten lassen und den → Katholizismus in Gegensatz zu den geistigen Strömungen der Zeit und zu dem seit dem ersten Drittel des 19.Jh.s entstehenden Staatsgedanken gebracht. Die Folge waren in Deutschland verschiedene Zusammenstöße zwischen Kirche und Staat, deren letzter und schärfster der → Kulturkampf war. Dessen Abbruch mußte auf den ersten Blick als ein Sieg der kath. Kirche über den Staat erscheinen. Zudem war die kath. Kirche aus diesem Kampf innerlich gestärkt und mit gesteigertem Selbstbewußtsein hervorgegangen.

Im Gegensatz dazu hatte der → Protestantismus (: I) trotz oder vielmehr gerade infolge der überlieferten Verbindung mit dem Staat an öffentlichem Einfluß verloren. Eine der kath. Kirche entsprechende Selbstbesinnung bahnte sich erst an und war durch die landeskirchliche Aufspaltung und die theologischen Gegensätze erschwert. Ansätze, die sich in der Folge des Lutherjubiläums von 1883 gezeigt hatten, waren noch nicht durchgedrungen.

Die am 5.10.1886 in Erfurt vollzogene Gründung des E.B.es war bestimmt von der Sorge um Kirche und Staat. Um die ev. Kirche: daß sie sich nicht mehr auf den Schutz des Staates verlassen könne, sondern ihre Stellung und Bedeutung aus Eigenem begründen müsse; um den Staat: daß ihm geholfen werden müsse, ein rechtes Verhältnis zur Kirche, insbesondere der kath., zu finden, wenn er seinen Aufgaben als paritätischer Staat gerecht werden wolle. Der E.B. nahm also die im Kulturkampf ungelösten Probleme von neuem auf. Seine Gründer - an der Spitze W. → Beyschlag, neben ihm G. → Warneck, G.A.Fricke, Fr. → Nippold u.a. - waren zT schon vorher in der gleichen Richtung literarisch hervorgetreten.

Diese beiden Motive durchziehen seitdem die Arbeit des E.B.es. Die Stärkung des prot. Selbstbewußtseins (wie man damals sagte) suchte man von Anfang an nicht nur in einer Abwehr kath. Übergriffe auf den verschiedensten Gebieten (Mischehen, Proselytenmacherei in Krankenhäusern und an Sterbebetten, Angriffe auf die Reformatoren), sondern mehr noch in lebendiger, volkstümlicher Darbietung des reformatorischen Glaubensgutes. Damit hängen die Bemühungen um eine Zusammenfassung des deutschen Protestantismus zusammen (→ Einigungsbestrebungen: IV), an denen der E.B. stark beteiligt war. Andererseits trat der E.B. ein für eine selbständig geordnete Gestalt der Kirche einem Staat gegenüber, der nach reformatorischer Auffassung ein echt weltlicher Staat sein sollte. Damit war der E.B. selbstverständlich in der Art und Form seiner Arbeit auch dem Wandel der Zeiten unterworfen.

Die ersten Jahre der Sammlung und des Aufbaues unter der energischen und besonnenen Führung des ersten Präsidenten Graf Wintzingerode-Bodenstein zeigten, daß der E.B. eine weithin empfundene Not zu seiner Aufgabe gemacht hatte. Gegen Ende des Jh.s hatte die Zahl seiner Mitglieder die 100 000 überschritten; 1914 betrug sie über 500 000.

Von Anfang an suchte der E.B. die Fühlung mit der Öffentlichkeit. Noch 1886 gründete er die erste kirchliche Presse-Korrespondenz, die bis in den 2. Weltkrieg hinein (1941) bestand. Aus ihr ging ein Mitgliederblatt hervor, das jedes Mitglied des E.B.es über seine Arbeit unterrichtete. Daneben stand eine ausgedehnte Verlagsarbeit (Flugschriften; wissenschaftliche und volkstümliche Schriftenreihen).

In den ersten Jahrzehnten stand dem E.B. ein sehr unfreundlicher und aggressiver Katholizismus gegenüber (zB Canisius- und → Borromäus-Enzyklika, 1897 bzw. 1910), der oft zu scharfen Protesten Anlaß gab. Dazu kam, daß sich die Begegnung der Konfessionen weithin nur auf dem politischen Felde vollzog, was auch auf die Arbeit einwirkte. Doch schon die erste große Aufgabe, die dem E.B. zufiel, zeigte, daß es ihm um mehr ging: die um die Jh.wende in Österreich entstandene → Los-von-Rom-Bewegung erheischte seine Hilfe. Der E.B. gründete den »Ausschuß zur Förderung der ev. Bewegung in Österreich« unter Führung von Sup. Friedrich Meyer und erreichte durch Entsendung von Vikaren, durch Verbreitung von Bibeln, Gesangbüchern, Flugschriften u.a.m., daß diese ursprünglich mehr antiklerikal-politisch bestimmte Bewegung ev. Grund fand. Eine ganze Reihe später führender Geistlicher der ev. Kirche in → Österreich waren ehemalige Vikare des E.B.es. Der Förderung dieser Arbeit diente die Zeitschrift »Die Wartburg« (seit 1902), die 1929 zu einer volkstümlich-theologischen Zeitschrift erweitert wurde und bis 1941 erscheinen konnte.

2. Der 1. Weltkrieg und die Inflation unterbrachen die Entwicklung. Der neuen Lage zwischen den Konfessionen suchte der E.B. im »Wartburg-Programm« (1921) gerecht zu werden. Dabei ging es ihm in konsequenter Entwicklung seiner Ausgangsposition um den Dienst, den die ev. Kirche am Volk zu leisten hat. Die Reformation gilt dem E.B. als Gabe und dauernd verpflichtendes Maß der deutschen Geschichte. So mußte er auch seine Aufmerksamkeit auf das Freidenkertum und die Sekten sowie auf die anfangs der zwanziger Jahre neu entstehenden völkisch-religiösen Bewegungen richten. Im Nebeneinander der Konfessionen standen vor allem im Vorder-

grunde die Verschärfung der Ansprüche der römischen Kirche im → Codex Iuris Canonici, dem neuen kanonischen Gesetzbuch von 1917, bes. auf dem Gebiete des Ehe- und Mischehenrechtes (→ Ehe: VI, → Mischehe), sowie die Konkordatsfrage (→ Konkordat). Beiden Problemen ist der E.B. noch heute zugewendet.

Parallel zur Entwicklung innerhalb der ev. Theologie vollzog sich auch im E.B. eine Abwendung vom Kulturprotestantismus und eine Vertiefung der theologischen Grundlagen. Charakteristisch dafür war, daß die Leitung des E.B.es in die Hände führender Theologen gelegt wurde. Entscheidend für diese Wendung wurde die Übernahme des Präsidentenamtes durch den Leipziger, später Heidelberger Kirchenhistoriker und Lutherforscher Heinrich Bornkamm (seit 1935 bis heute).

Im → Kirchenkampf wies der E.B. einen Versuch, ihn in das Lager der Deutschen Christen zu ziehen, energisch ab und nahm ebenso wie die anderen großen ev. Verbände eine selbständige Position ein. Theologisch blieb er von der Besinnung auf die Verkündigung der Reformation bestimmt und wandte sich von dieser Grundlage aus, während die konfessionelle Auseinandersetzung zeitweilig zurücktrat, in Wort und Schrift energisch gegen das völkische Neuheidentum (→ Deutschgläubige Bewegungen).

Der Wiederaufbau nach 1945 vollzog sich unter schwierigsten Umständen. Im Kriege war die Geschäftsstelle in Berlin mit ihrer hervorragenden konfessionskundlichen Bibliothek und anderem unersetzlichem Arbeitsmaterial vernichtet worden; durch den Ausgang des Krieges verlor der E.B. einige seiner stärksten und leistungsfähigsten Landesverbände. Zudem war in den ersten Jahren nach 1945 die allgemeine Stimmung, die das Konfessionsproblem als überwunden ansah, seiner Arbeit wenig günstig. Durch die Gründung des *Konfessionskundlichen Instituts* in Bensheim (1947) schuf er sich jedoch eine neue Grundlage seiner Arbeit. – Die Konfessionen begegnen sich heute, da Deutschland eine einzige große → Diaspora (: II) geworden ist, in ganz anderer Weise als früher. Das muß auch die Tätigkeit des E.B.es beeinflussen. Ihm geht es dabei um eine solide wissenschaftlich-theologische Grundlegung seiner Arbeit, die er als ev. Selbstbesinnung angesichts des Katholizismus bezeichnet hat. Durch seine publizistische Tätigkeit (Materialdienst des Konfessionskundlichen Instituts, seit 1950), seine Vorträge und Tagungen will er zu einer unbefangenen gründlichen Kenntnis der kath. Kirche verhelfen und die ökumenische Verantwortung des Protestantismus gegenüber der römischen Kirche wachhalten. Er hütet sich aber davor, diese Arbeit in rein theologischer Diskussion zu belassen, sondern hat stets auch die Nöte der Gemeinde im Blick, die sich aus dem engen Zusammenleben der Konfessionen ergeben. Die alten Probleme seiner Arbeit sind nicht abgetan, sie rücken nur angesichts der veränderten Lage in beiden Kirchen in ein anderes Licht. – Da das Verhältnis zwischen Protestantismus und Katholizismus ein weltweites Problem ist, pflegte der E.B. auch stets Verbindungen zu verwandten Bestrebungen im Ausland. Daraus entstand 1923 der »Prot. Weltverband« (Zeitschrift: »Prot. Rundschau«, 1924–44), der allerdings nach 1945 noch nicht wieder aufgelebt ist, wenn auch schon rege Arbeitsbeziehungen zu außerdeutschen Verbänden und Kirchen bestehen. Insbesondere gilt das Interesse des E.B.es den ev. Minderheitskirchen in Europa.

Um die Arbeit des E.B.es sammeln sich seit einigen Jahren ev. Theologen, die früher kath. Priester waren (»Bensheimer Kreis«, rd 50 Mitglieder). Zur diakonischen Arbeit in Diasporagebieten gründete der E.B. das Diakonissenhaus in Freiburg/Br. (1898) und die Schwesternschaft des E.B.es (1913), die seit 1951 im Verein zur Errichtung ev. Krankenhäuser arbeitet und dessen Schwesternschaft in sich aufgenommen hat.

RE III, 549ff – W.BEYSCHLAG, Aus meinem Leben II, 1898, 607ff – DERS., Zur Entstehungsgesch. des E.B.es, 1926 – H.HÜTTENRAUCH, Der E.B., 1911 – G.ARNDT, Pressearbeit u. Verlag des E.B.es 1887 bis 1928, 1928 – RGG² II, 447ff – H.BORNKAMM, W.Beyschlag u. der Geist des E.B.es (»Die Wartburg« 35, 1936, 189–200) – DERS., Die Staatsidee im Kulturkampf, 1950 – F.v.D.HEYDT, Gute Wehr; Werden, Wirken u. Wollen des E.B.es, 1936 – Taschenbuch der ev. Kirchen in Deutschland I, 1955, 217ff.

K.Nitzschke

Evangelisch-freikirchliche Gemeinden, *Bund Ev.-Freikirchlicher Gemeinden in Deutschland* → Baptisten: I, 2c.

Evangelisch-Johannische Kirche. Ihr Gründer *Joseph* → *Weißenberg* (daher auch: Weißenberg-Sekte) erlebte 1903 durch eine Christusvision seine Berufung zum Propheten und Herrn der Geister, gründete 1904 in Berlin die »Vereinigung Ernster Forscher von Diesseits nach Jenseits, wahre Anhänger der christlichen Kirchen«, bekämpfte in spiritistischen Zirkeln die dunklen Geister und kurierte Kranke. Mit der ev. Kirche, zu der der geborene Katholik übergetreten war, brach er 1925/26 und gründete 1926 die »E.-J.K. nach der Offenbarung St. Johannis«, die bis 1934 auf etwa 400 Gemeinden mit 100 000 Seelen anwuchs und in der groß angelegten Siedlung »Friedensstadt« bei Trebbin ihr Zentrum erhielt. 1935 wurde die E.-J.K. aufgelöst und verboten, Weißenberg selbst verhaftet († 1941). 1946 nahm die E.-J.K. ihre Tätigkeit wieder auf. Ihre 6000 Mitglieder leben hauptsächlich in Berlin und der DDR. Die von Predigern und Missionshelfern bedienten Gemeinden pflegen ein reiches geselliges und musikalisches Leben und unterstehen einem Konsistorium und einem Oberkirchenrat in Berlin. An der Spitze steht als »Oberhaupt« Frieda Müller (* 7.2. 1911), die Weißenberg schon 1932 als Nachfolgerin eingesetzt hatte. Der tote »Meister« wird mit allen Hoheitsattributen versehen: wiedergekommener Christus, Herr der Kirche, Tröster; das Apostolikum wurde daher erweitert: »Ich glaube an den Heiligen Geist und an Seine Offenbarung durch Joseph Weißenberg.«

Die *Lehre* der E.-J.K. ist gnostisch-dualistisch (Abfall Luzifers, 3 Bundesschlüsse Gottes zur Erlösung der Menschheit: am Sinai, mit Christus und Weißenberg). Mit der Heimkehr aller abgefallenen Geister wird sich die Menschheitsgeschichte vollenden. Diese Lehre ist von bunten Geistervorstellungen umrankt (magisch durchsetzte Anthropologie, Wiederverkörperung, Dualismus der in die irdische Sphäre hereinwirkenden Geisterheere, Bannung der dunklen Geister durch magisch wirkende Gebete). Neben normalen Predigten werden in den Gottesdiensten auch »Geistfreundreden« in Trance gehalten. Die Taufe, nur durch Handauflegung ohne Wasser vollzogen, schließt an den »lichten Strom« des Heiligen Geistes an. Das Abendmahl, einmal im Jahr gefeiert, verbindet die Teilnehmer mit »ungeahnten Kräften der Ewigkeit«. Das »Sakrament der geistigen Heilung«, möglichst jeden Monat empfangen, besteht in Handauflegung und bestimmten Verordnungen (Gebete, Wassersuppe, Tee) und dient der Austreibung der bösen Geister, welche die Krankheiten verursachen. Das »Sakrament des Sterbens« soll die scheidende Seele mit den »Geistfreunden« verbinden, die sie abholen wollen.

Zeitschr.: Weg u. Ziel (seit 1947, wöchentlich). – Schriften des Konsistoriums der E.-J.K.: Die 3 Testamente der hl. Schrift, 1948; Heilung durch den Geist. Richtlinien für die Spendung des Sakramentes der geistigen Heilung, 1948; Kleiner Katechismus für ev.-joh. Christen, 1948; Einführung in den Kleinen Katechismus, 1949; Ev.-Joh. Gesangbuch für Kirche u. Haus, 1954. – F.ROHR, Das Wunder der Heilung, 1946 – DERS., Der Wahrheit die Ehre – Wer war Joseph Weißenberg?, 1947 - DERS., Erkenntnisse über das Fortleben nach dem Tode, 1948 - W.MÖHRING, Das AT u. das NT im Lichte der ev.-joh. Lehre, 1956 - G.SCHERMUTZKI, Das Dritte Testament. Die Lehre Joseph Weißenbergs über das Diesseits u. Jenseits, 1957. - Kritisch: HUTTEN 516ff. *K.Hutten*

Evangelisch-sozial (ev.-soz.) bezeichnet in geschichtlich festgelegtem Sinn jene Richtung der Bemühungen des deutschen Protestantismus um die soziale Frage, die ihre vereinsmäßige Gestalt in dem von A. → Stoecker (nach seinem ersten Ausscheiden aus der Politik), L. Weber, A.v. → Harnack, A. → Wagner u.a. am 28.5. 1890, im Jahr des Ablaufs des Sozialistengesetzes und des Rücktritts → Bismarcks, gegründeten Ev.-Sozialen Kongreß (ESK) finden. Er ist entstanden angesichts des wachsenden politischen Einflusses der → Sozialdemokratie, der auch den Ev. Oberkirchenrat (EOK) zu einem Erlaß (April 1890) bestimmte, der den Pfarrern nahelegte, sich mit den Fragen der Arbeiterschaft zu beschäftigen. Aber zunächst steht Stoeckers im Grunde patriarchalische, von der Absicht volksmissionarischer Einwirkung getragene Ablehnung der sozialistischen Bewegung im Hintergrund. Andererseits regen sich bald die dem Erbe → Wicherns aus der Zeit vor der Reaktion nach 1848 entstammenden Gedanken, die den → Sozialismus zu verstehen suchten - unter Einschluß der Kritik am Versagen der Kirche - und die entgegen der Bevormundung das Prinzip der Selbsthilfe der Hilfsbedürftigen geltend machten. Ähnlich dachte auch V.A. → Huber. 1877 hat R. → Todt diese Gedanken wieder aufgenommen, ohne sich gegenüber dem Sozialistengesetz von 1878 und der kirchenbehördlichen Mahnung (Erlaß des EOK vom Febr. 1879) zur Zurückhaltung in sozialpolitischen Fragen durchsetzen zu können. Kräftiger wurden sie erst später innerhalb des ESK durch Fr. → Naumann und vorher schon bei Th.Lohmann, auf den die bedeutende Denkschrift des Central-Ausschusses der → Inneren Mission von 1884 zurückgeht: »Die Aufgaben der Kirche und ihrer inneren Mission gegenüber den wirtschaftlichen und gesellschaftlichen Kämpfen der Gegenwart«. Er suchte eine »versöhnende Arbeiterpolitik« in der Gesetzgebung zu vertreten.

Der ESK hat einen eigentümlich akademischen Charakter, sofern auf seinem Boden Theologen und Nationalökonomen die wirtschaftlichen und ethischen Probleme des gesellschaftlichen Umbruchs wissenschaftlich diskutieren. Eben dies erleichterte zunächst die Zusammenführung der verschiedenen theologischen und kirchenpolitischen Richtungen im ESK. Den Vorsitz des ersten Aktionskomitees führte Landesökonomierat M.Nobbe; erster Generalsekretär war P. → Göhre. Auf der 2. Tagung im Mai 1891 wurde die Aufgabe des ESK in den Satzungen festgelegt; er hat »die sozialen Zustände unseres Volkes vorurteilslos zu untersuchen, sie an dem Maßstabe der sittlichen und religiösen Forderungen des Evangeliums zu messen und diese selbst für das heutige Wirtschaftsleben fruchtbar zu machen«. Unter dem Einfluß Fr.Naumanns, der auf Wichern zurückgriff und die sozialen Probleme »von unten« her zu lösen suchte, verstärkte sich bei den »Jungen« bald das unmittelbar sozialpolitische Interesse. Innere Spannungen, auch theologischer Art (Vorstoß gegen Harnack seitens der kirchlichen Rechten), mußten aufbrechen, befördert durch verschärfte Kritik an den sozialen Zuständen (Wagner, Göhre), vor allem durch erneute politische Betätigung Stoeckers. Sie führten seit 1894 (Kongreßtagung in Frankfurt/M.) zu einer ersten Krise. Stoecker trat vor der Tagung von 1896 mit seinen Freunden aus und gründete 1897 die »Kirchlich-soziale Konferenz« (→ Kirchlich-sozial). Im Hintergrund stehen eine neue Welle der Reaktion, die auch den wandlungsbereiten EOK 1895 zu starker Einschränkung seines Erlasses von 1890 bewog, und das Unverständnis Kaiser Wilhelms II. (»christlich-sozial ist Unsinn«, Telegramm vom 28.2.1896 an Geh. Rat Hinzpeter). Auch Naumann wandte sich jetzt stärker der aktiven politischen Arbeit zu und gründete seinen »National-sozialen Verein«, dessen Name die Wandlung seiner Anschauung unter dem Einfluß auch R. → Sohms und dessen strikter Trennung von Geist und Recht in der Kirche verrät. Die primitive soziale Welt des NT und die moderne → Wirtschaft erscheinen ihm als unvereinbar, während Stoecker an seiner Idee einer durch ihre Ethik das öffentliche Leben beherrschenden machtvollen Kirche festhielt. Der linke Flügel des ESK empfand das als »katholisch«. Schließlich sagte sich 1896 auch die Ev. Arbeitervereinigungsbewegung (→ Arbeiterbewegung, 2) vom ESK los.

Der ESK setzte seine nunmehr wieder den Grundsatzfragen zugewandte Tätigkeit oberhalb der politischen → Parteien und wirtschaftlichen Interessengruppen, aber in stärkerer Verbindung mit dem kirchlichen → Liberalismus (: IV) und dem »freien« Protestantismus unter den nächsten Vorsitzenden (Harnack, seit 1902; O. → Baumgartner, seit 1912) bis zum Ausbruch des 1. Weltkrieges fort. Als Generalsekretär wirkten seit 1895 Pfarrer Völter, seit 1898 P. → Rohrbach, seit 1902 Pfarrer W.Schneemelcher, der 1904 die Zeitschrift des ESK, »Ev.-soz.«, gründete. Neben den auf den großen Tagungen geführten Verhandlungen der sozialen Probleme gelang es gelegentlich, auch in landeskirchlichen Vereinigungen die Diskussion mit der Arbeiterschaft selbst aufzunehmen (öffentliche Diskussionsabende in Industriestädten).

1923 wurde die unterbrochene Arbeit von Generalsekretär J.Herz (später Prof. in Leipzig, Mitglied der Kammer für soziale Ordnung in der EKD) wieder aufgenommen. Auch die Zeitschrift wurde fortgeführt. Den Vorsitz führte seit 1925 Reichsgerichtspräsident → Simons. Ihm folgte 1933 J.Herz. Die Grundrichtung der Arbeit des ESK blieb erhalten und hat die 1925 vom Deutschen Ev. → Kirchenausschuß angenommenen »Richtlinien für die sozialkirchliche Arbeit« bestimmt, die auf einen ev. Beitrag zur Neuordnung der Gesellschaft durch Weckung des sozialen Verantwortlichkeitsbewußtseins abzielen. Von da aus wirkte der ESK auch hinein in die entsprechenden Bestrebungen der → ökumenischen Bewegung (, 1) seit Stockholm. Ohne eine eigene Tätigkeit zu entfalten, besteht der ESK auch seit dem 2. Weltkrieg fort. Seine Bedeutung ruht vor allem auf dem hohen Niveau der wissenschaftlichen Erörterung der sozialen Probleme, auf der bei seinen Tagungen sich ergebenden Kontaktbildung der von ihm Zusammengeführten und auf seinem wachsenden Einfluß auf die sozialpolitische Gesetzgebung (→ Sozialpolitik). Neuere Einrichtungen wie die 1933 gewaltsam geschlossene ev.-soz. Schule in Spandau und ihre Nachfolgerin, die Ev. → Sozialakademie in Friedewald (1949), die Einrichtung von Sozialämtern bei den Landeskirchen und die Bestellung von → Sozialpfarrern, die Ev. Aktionsgemeinschaft für Arbeiterfragen, die Kammer für soziale Ordnung in der → Evangelischen Kirche in Deutschland (: II), die Ev. → Akademien (: II) und die Arbeitsgruppe IV des Deutschen Ev. → Kirchentags sind ohne den ESK nicht zu denken. Das vom Kirchentag 1954 hg. Ev. Soziallexikon kann als ein Ertrag der Fortwirkung auch des ESK angesehen werden.

(Bericht über die) Verhandlungen des ESK, seit 1890 - Ev.-Soz., 1904-22. 1924-41. - M.NOBBE, Der ESK u. seine Gegner, 1897 - W. SCHNEEMELCHER, Der ESK (Ev.-Soz. 1910, H. 4) - Sonder-H. von Ev.-Soz. zur Weltkonferenz für prakt. Christentum, 1925 - W. FRANK, Hofprediger A.Stoecker u. die christl.-soz. Bewegung, (1928)

1935[2] - H.Eger, ESK, 1931 - Th.Heuss, Fr. Naumann, 1937 - E. Thier, Die Kirche u. die soz. Frage, 1950 - Friedewalder Beiträge zur soz. Frage, seit 1950 - W.Bredendiek, Christl. Sozialreformer des 19.Jh.s, 1953 - K.Kupisch, Vom Pietismus zum Kommunismus, 1953 - Ders., Zwischen Idealismus u. Massendemokratie, 1955 - Ders., Das Jh. des Sozialismus u. die Kirche, 1958 - H.-D.Wendland, Die Kirche in der modernen Gesellschaft, 1956 - E.Schleth, Der profane Weltchrist, 1957 (Lit.). - Vgl. die Lit. zu → Christlich-sozial, → Kirchlich-sozial und bei den im Text genannten Artikeln.

Ernst Wolf

Evangelism ist ein in der → Ökumenischen Bewegung nicht selten verwendeter Begriff, unter dem die vielfältige Problematik der Verkündigung des Evangeliums an den Menschen »der modernen Massenwelt« und an den des »modernen nichtchristlichen Glaubens« gefaßt wird. Ein treffendes deutsches Äquivalent fehlt. - Ursprünglich als Losungswort während der angelsächsischen → Erweckungsbewegungen geprägt, meint E., wenn von dorther verstanden (→ Fundamentalismus), die Anstrengungen der Predigt, zu lebendigem Glauben zu erwecken und »Seelen zu gewinnen«. E. ist hier geradezu Wechselwort für »Revivalism «(EBrit) und rechtfertigt die Übersetzung »Evangelisation« (→ Evangelisation und Volksmission). Die zweite generelle Bedeutung entwickelte sich nach der Konsolidierung der amerikanischen Kirchen (→ Amerika: II). Unter E. versteht man hier gemeinhin das zum Programm ausgearbeitete Bemühen, die noch zu keiner Kirche gehörenden Menschen einer solchen einzufügen oder die verlorengegangenen zurückzuholen. »Volksmission« wäre hier eine weithin zutreffende Verdeutschung. Auf der anderen Seite wird E. aber auch in der angelsächsisch bestimmten → Mission (: III B) gebraucht und als »Missionary E.« von »Church E.« unterschieden. Es bezeichnet dann für gewöhnlich die Heidenpredigt im Unterschied zB zur → Ärztlichen Mission und zum → Missionsschulwesen. Darüber hinaus kann E. aber auch synonym mit »Mission« verwendet werden, wobei dann spezifiziert wird: »Preaching-E.«, »Medical E.«, »Educational E.« usw. Der Begriff ist also keineswegs eindeutig (→ Mission und Evangelisation); seine Intention hat man jedoch überall erfaßt, nämlich die erfahrene Botschaft des Evangeliums denen weiterzugeben, die vor und unter ihr noch nicht gesammelt worden sind. - In der ökumenischen Diskussion ist E. als eines ihrer wichtigsten Themen vollauf erst in der Zeit nach dem 2. Weltkrieg aufgenommen worden. Die Erkenntnis des wachsenden → Säkularismus (: I) in traditionell christlichen Ländern und die Bedeutung, die die missionarische Aufgabe der → Jungen Kirchen im Ökumenischen Rat auch für die sog. alten Kirchen gewann, hat das mit dem Begriff verbundene Thema zum Durchbruch gebracht. Zugleich wurde er neu umrissen. Danach meint E. »die Aufgabe der ganzen Kirche, der ganzen Welt das ganze Evangelium zu verkündigen«, und zwar unter Jesus Christus als dem Evangelisten. Genauer ist damit folgendes bestimmt: *Erstens* ist E. als Aufgabe der ganzen Gemeinde gesehen, die sie erfüllt, wenn sie in ihren Gliedern gegenüber der sie umgebenden autonomen oder nicht-christlichen Welt Jesus Christus bezeugt und in sich selbst als »Gemeinschaft der Heiligen« das Evangelium lebt, wobei zugleich eine weithin heftige Kritik an den vorfindlichen Gemeinden und Kirchen involviert ist, die die beim Gegenstand in erster Linie auftretende Frage nach den sog. neuen Wegen der Verkündigung immer wieder zurücktreten läßt. Dieser »indirect approach« (H.Kraemer) wird von einigen Diskussionsteilnehmern als das zentrale Problem angesehen und die Frage nach der »Apostolizität« der Kirche als eine Frage ihrer missionarischen Funktion bes. von der in den → Niederlanden (: II) entwickelten »Theologie des Apostolats« her immer eindringlicher gestellt. *Zum anderen* ist E. als wesenhafte Lebensäußerung der Kirche theologisch als unteilbar erklärt und die frühere kategoriale Unterscheidung zwischen der außergemeindlichen Predigt im unmittelbaren Umkreis der Gemeinde auf der einen Seite und der Heidenpredigt der missionarischen Institutionen auf der anderen in konsequenter Absetzung von der Idee des → Corpus Christianum und so zB vom System G. → Warnecks nur noch als eine methodische beibehalten worden. Die Kirchen werden angesichts einer gemeinsamen »weltweiten« Front zur »total mission« aufgerufen, in der ihr organisches Zusammenwachsen erhofft wird. *Drittens* ist E. nicht als Weitergabe des Wortes allein verstanden, sondern als der gesamte »messianische« (Hoekendijk) Dienst der Kirche an den Menschen in allen seinen Bezügen (→ Comprehensive Approach), um die »Fülle« (D.T.Niles) seines Lebens in der christlichen Gemeinschaft wiederherzustellen. Seiner Bedeutung für die Verkündigung der Kirche und für ihre in dieser erwarteten Einheit wegen ist E. allgemein »das ökumenische Thema par excellence« genannt worden.

J.R.Mott, E. for the World Today, New York-London 1938 - E. (Tambaram Series 3), London 1939 - F.W.Dillistone, Revelation and E., London 1948 - Die Kirche bezeugt Gottes Heilsplan (Die Unordnung der Welt u. Gottes Heilsplan 2), 1948 - J.C.Hoekendijk, The Evangelisation of Man in Modern Mass Society (ER 2, 1949/50, 133-140) - Ders., The Call to E. (IRM 39, 1950, 162-175) - D.T.Niles, That They May Have Life, New York 1951 - E. in India, Genf 1952 - Kirche in Frankreich auf neuen Wegen, 1953 - Einerlei Hoffnung Eurer Berufung (2), 1954 - Evanston spricht, 1954 - E. in Scotland, Genf 1954 - T.Allan, The Face of My Parish, London (1954) 1956 - A.A.van Ruler, Theol. des Apostolats (EMZ 11, 1954, 1-21) - H.Kraemer, The Communication of the Christian Faith, Philadelphia 1956 - P.Toaspern, Wesen u. Wege der Volksmission im amerik. Protestantismus der Gegenwart, 1956 (Lit.) - Th.O.Wedel, E.'s Threefold Witness: Kerygma, Koinonia, Diakonia (ER 9, 1956/57, 225-239) - R.Obermüller, Survey on E. in Latin America, Genf 1957. - Monatl. Informationsbrief über Evangelisation, Referat für Evangelisation, Studienabtlg., Ökumenischer Rat der Kirchen, 1954ff - WChH.

J.Margull

Evangelistensymbole

1. Überlieferung - 2. Gestaltung. - Bildtafel 13 s. nach Sp. 800

1. In Apk 4 schildert der Verfasser eine Theophanie bzw. Christophanie im himmlischen Heiligtum, die vornehmlich an Ez 1 anknüpft (→ Ezechielbuch, 6). Aus Jes 6 übernimmt er den Lobpreis des Dreimalheiligen und die »Sechsflügeligkeit« der den Gottesthron umringenden Himmelswesen. Im Unterschied zu Ez 1 sind diese nicht vierköpfig, sondern haben als vier Einzelwesen jeweils Ähnlichkeit mit einem Löwen, einem Stier und einem Adler, während von dem zwischen Stier und Adler genannten Lebewesen konkret nur gesagt wird, daß sein Angesicht dem eines Menschen glich. - Die Kirchenväter interpretieren die Himmelswesen von Apk 4 und Ez 1 im einzelnen verschieden. Die syrische Exegese sieht in ihnen vornehmlich Symbole Christi. So sagt es auch Irenäus; erst in zweiter Linie sind sie ihm E.; die Vierzahl der Engel in Apk 4 weist auf die Vierzahl der Evangelien. Mit Hieronymus setzt sich für das Abendland die Beziehung auf die Evangelisten durch, und seine Zuweisung der Attribute wird seit dem 7.Jh. verbindlich. Sie stützt sich auf die Anfänge der Evangelien. Danach steht der Löwe Markus zu (Wüstenpredigt des Täufers), der Stier Lukas (Opfer des Zacharias), der Adler Johannes (sublimer Prolog; wohl auch Anfang der Apk - Entrückung nach Patmos?) und der Mensch Matthäus (Genealogie Christi). - In dieser Bedeutung werden die E. zu *ständigen Begleitern Christi:* als Träger seiner Himmelfahrt im syrischen Rabula-Codex (→ Bibelillustration: I, 1); an Ez 1 orientiert als Träger der »Quadriga Domini« auf einem Wandbild in Bawit (5.Jh.); als Trä-

ger des Himmelsgewölbes (und darin Nachfolger der antiken Sirenen) im Mausoleum der Galla Placidia, → Ravenna. Sie umstehen die Christussymbole: das Kreuz in der Apsis Sta. Pudenziana, Rom; den bereiteten Thron (Etimasia) in S. Maria Maggiore, Rom; das → Lamm in der Alkuinsbibel. Als Umgebung des thronenden Christus bilden sie mit diesem den Typ der Maiestas Domini (→ Ezechielbuch, 6; s. auch Taf. 5 Abb. 2), zB Tür von S. Sabina, Rom; Amiatinus-Codex, Florenz.

2. Die formale *Gestaltung* der E. steht unter östlichem Einfluß. Es gibt eine Fülle von Variationen: ganzfigurig zB in San Vitale, Ravenna, oder in halber Figur im Codex von Rossano (→ Bibelillustration: I, 1). Unter koptischem Einfluß bildet sich eine zoomorphe Form, die Tierkopf und Menschenleib vereint: Sakramentar von Gellone, Book of Kells. Die vier Wesen werden im Rückgriff auf Ez 1 in eines verschmolzen zum Tetramorph; als Fabeltier mit vier verschiedenen Köpfen und Füßen ist es Reittier der Ecclesia, u.a. im Hortus deliciarum der → Herrad von Landsberg. In romanischen und gotischen Tympanonfeldern gehören die E. zum Programm der Maiestas (vgl. Abb. bei → Malerei und Plastik: II). In Evangelienschriften sind sie Hauptthema. Anfänglich noch attributive Begleitung der Evangelisten wie in dem Trierer Evangeliar (Ada-Gruppe), vergegenwärtigen sie in der ottonischen Kunst die *Inspirationsmacht Gottes*. Im Evangeliar Ottos III. tragen die Evangelisten wie »spiritualisierte Atlanten« ihr Symbol in einer Gloriole zu ihren Häupten. Der Zusammenhang der E. mit anderen tetradischen Gruppierungen wie den Elementen, Himmelsrichtungen, Weltreichen u.a. (biblische Wortquelle: Traum Nebukadnezars, Dan 2 und 7) wird deutlich im Bamberger Evangeliar: Mit den Paradiesesströmen, mit Sonne, Mond, Himmel und Erde umgeben die E. den am → Lebensbaum stehenden Christus: Sinnbild der christlichen Kosmosvorstellung (s. Taf. 13 Abb. 1). Aus spätromanischer Zeit vgl. Taf. 13 Abb. 2. – Mit der gotischen Kunst klingt das Thema der E. aus. Vereinzelte Darstellungen in der Frührenaissance (della Robbia, Pinturicchio) zeigen Evangelist und Symbol im gleichen menschlichen Raum (für die Reformationszeit s. Taf. 6 Abb. 2). Erst in → Rembrandts Matthäusbild wird das alte Symbol wieder zum Zeichen göttlicher Inspiration: Evangelist und Symbol stehen im gleichen sakralen Raum. – In der Moderne finden sich die E. häufig an Kanzeln und Betpulten.

W.Neuss, Das Buch Ezechiel in Theol. u. Kunst, 1912 – BRL 382ff – K.Lehmann, The Dome of Heaven (ArtB 27, 1945, 1-43) – Z.Ameisenowa, Animal-headed Gods, Evangelists ... (Journ. Warburg 12, 1949, 21-45; Lit.) – BL 905ff – D.Tselos, Unique Portraits of the Evangelists in an English Gospel-book of the 12th century (ArtB 34, 1952, 257-277). *M.-D.Beck*

Evangelium, *liturgisch* → Liturgik: III, → Perikopen.

Evangelium, letztes → Messe: II.

Evanson, *Edward* (1731-1805), anglikanischer Geistlicher. Daß er als Vikar von Longdon (Worcestershire) für die unitarische Lehre (→ Unitarier) eintrat, führte zu einem Verfahren vor den geistlichen Gerichten; doch wurde er aus formalen Gründen freigesprochen. Mit seinem Werk »The Dissonance of the Four generally received Evangelists« (1792) stieß er – beeinflußt von → Reimarus und H.E.G. → Paulus, aber mit der wichtigen Neueinführung des Gedankens der Abhängigkeit – sehr eigenwillig in das Feld der nt. Kritik vor. Er leugnete die Authentizität des Johannes und behauptete die Priorität des Lukas, von dem Matthäus abhänge, während Markus beiden verpflichtet sei.

Vita von G.Rogers vor E.s »Sermons«, 1807 – DNB VI, 942f. *D.Carter*

Evanston → Ökumenische Bewegung, 3.

Everard, *John* (1575/80-1640), Geburtsort unbekannt, † Fulham b. London, gebildet im Clare College (Cambridge), 1618 Lektor an der Kirche St. Martin-in-the Fields in London, später Prediger bei Lord Holland in Kensington b. London, 1636 Pfarrer in Fairstead (Essex) mit Wohnsitz in Fulham. Ein zündender, aber auch angriffslustiger Prediger, wurde er 1618 wegen Beleidigung des Londoner Bürgermeisters und Stadtrats verwarnt, 1621 und später wegen der Kritik, die er in Predigten an der Bündnispolitik mit Spanien übte, verhaftet, aber jedesmal durch Fürsprache vermögender Herren freigelassen, so daß Jakob I. auf seinen Namen das Wortspiel machte: »Ever-out - Never-out !« → Laud war sein entschiedener Gegner und stand 1635 wohl hinter der Anklage auf Häresie (Familismus, Antinomismus, Wiedertäufertum), die zu E.s vorübergehender Suspension vom Pfarramt führte. 1640 widerrief er alle etwaigen ketzerischen Anschauungen. – E. ist einer der stärksten Neuplatoniker in England und übersetzte erstmalig ins Englische (gedr. 1650) den → Poimandres sowie Auszüge aus → Dionysius Areopagita, → Tauler, der → Deutschen Theologie, → Nikolaus von Kues und Seb. → Franck. Er lehrte spiritualistisch-pantheistisch den Christus in uns als Überwindung des historischen außer uns und erklärte die christliche Vollkommenheit als Offenbarwerden der göttlichen Wirklichkeit in uns, definierte andrerseits die Sünde als Kreaturvergötterung.

Werke: Gospel-Treasures opened (mit Anhang aus den erwähnten Mystikern), (1653, 1659²) Germantown, Pa. 1757³. – Über E.: Th.Sippell, Werdendes Quäkertum, 1937, 1ff – DNB (Neudr. 1949/50) VI, 948f. *M.Schmidt*

Evolution → Entwicklung: I, → Deszendenztheorie.

Evora, Erzbistum in → Portugal. Über die Anfänge liegen keine historischen Daten vor. Nach der arabischen Invasion blieb das Bistum seit 715 unbesetzt, bis 1165-66 E. durch Giraldo Geraldes, den »portugiesischen Cid«, zurückerobert wurde. Seit 1544 ist es Erzdiözese, sein 1. Erzbischof war der Kardinalinfant Heinrich. Heutige Suffragane sind Beja und Farol (Algarve).

P.B.Gams, KG v. Spanien I, (1862) 1956², 346 – A.F.Barata, Memoria histórica sobre la fundação da Sé de E. e suas antiguidades, Coimbra 1876 – G.Pereira, Estudos eborenses, história e arqueologia, Evora 1947. *R.Konetzke*

Ewald, *die Heiligen,* zwei angelsächsische Mönche (nach ihrer Haarfarbe weißer und schwarzer E.). Der asketische Gedanke und das Vorbild → Willibrords führten sie Ende des 7.Jh.s an die untere Lippe, wo sie vor Aufnahme ihrer missionarischen Tätigkeit von fanatisierten Heiden getötet wurden. Gedenktag: 3. 10. Ihre Reliquien kamen auf Veranlassung → Annos II. nach St. Kunibert in Köln.

Beda, Hist. eccl. V, 10, 241f (ed. A.Holder, 1882) – RE V, 681f – Hauck II, 379 – A.Schütte, Die hl. Brüder E. u. die Örtlichkeit ihres Martyriums (Zs. f. Gesch. u. Altertum Westfalens 78, 1920, 65-68) – F.Flaskamp, Die Anfänge friesischen u. sächsischen Christentums, 1929, 37ff – Ders., Die beiden E.e (Westf. Lebensbilder I, 1930, 325-334) – Ders., Wilbrord-Clemens u. Wynfrith-Bonifatius (St. Bonifatius, Gedenkgabe zum 1200jähr. Todestag, 1954, 159f). *W.Rahe*

Ewald, 1. *Heinrich Georg August* (1803-75), einer der bedeutendsten Orientalisten und ev. Theologen des 19.Jh.s, * und † in Göttingen, dort 1827 Prof., 1837 als einer der »Göttinger Sieben« (→ Göttingen) entlassen, 1838 Prof. in Tübingen und seit 1848 wieder in Göttingen, 1863 Mitbegründer des → Protestantenvereins, wurde 1867 wegen seiner Auflehnung gegen die preußische Regierung aus der Fakultät ausgeschlossen und lebte seit 1868 ohne Lehrbefugnis. Arbeitsfreudig, unbeugsam, aber auch in Wissenschaft und Politik selbstüberheblich, ist E. ein entscheidender Wegbereiter der modernen semitistischen Linguistik. Im Mittelpunkt seiner Lebensarbeit steht jedoch die Bibel. Gegenüber der romantischen Auffassung → Herders und → Eichhorns versteht er die at. Propheten idealistisch. In seiner berühmten »Geschichte Israels« will er die Geschichte der vollkommenen, wahren Religion nachzeichnen (vgl. auch → Bibelwissenschaft: I, 2b; → Pentateuch). E.s Auslegungen zu allen nt. Schriften zeigen seinen Gegensatz gegen F.Chr. → Baur und D.Fr. → Strauß.

Vf. außer zahlreichen Werken zur Orientalistik sowie zu Pseudepigraphen u.a.: Krit. Grammatik der hebr. Sprache, 1827, ab 1844[8]: Ausführl. Lehrbuch der hebr. Sprache, 1863[7]; Die poetischen Bücher des Alten Bundes (= Die Dichter des A.B.), 4 Theile, (1835-39) 1854-63[2], Th. 2 1866[3]; Die Propheten des Alten Bundes, 2 Bde, (1840/41) 1867/68[2]; Gesch. des Volkes Israel, (5 Bde, 1843-55) 7 Bde, 1864-68[3]; als Anhang zu Bd 2 u. 3: Die Alterthümer des Volkes Israel, (1844) 1866[3]; Erklärung der bibl. Urgesch. in den v. E. begr. Jb.n der bibl. Wissenschaft, 1849-58. - Auslegungen zum NT (1828-70). - Die Lehre der Bibel von Gott oder Theol. des Alten u. Neuen Bundes, 4 Bde, 1873-76. - E.s Briefwechsel mit A.Dillmann in der Univ.-Bibl. Göttingen. - Briefe an E. Aus dem Nachlaß hg.v. R.Fick u. G.v.Selle, 1932. - Eine Selbstbiogr. (vgl. ADB VI, 438ff) ist anscheinend verschollen. - Über E.: RE V, 682ff - J.Wellhausen in Festschr. z. Feier des 100j. Bestehens der Kgl. Ges. d. Wiss. zu Göttingen, 1901, 63ff - T.Witton Davies, H.E., London 1903 - H.-J. Kraus, Gesch. der hist.-krit. Erforschung des AT, 1956, 182ff u.ö. - E.Barnikol in WZ Halle 6, 1957, 701-712. - Außerdem die Einl.en in das AT. *E.Kutsch*

2. *Johann Ludwig* (1747-1822), ref. Kirchenmann, Pädagoge, Schriftsteller, * zu Dreieichenhain im Isenburgischen, 1774 Prediger in Offenbach, 1783 Hofprediger und General-Sup. in Detmold, 1796 Prediger und Prof. in Bremen, 1805 Prof. der prakt. Theologie in Heidelberg, 1807 Kirchenrat in Karlsruhe. Von → Herder aufs stärkste beeinflußt, mit Goethe persönlich bekannt, begann E. als Rationalist, und auch nach seiner Bekehrung 1778 bewahrte er als Theologe wie als Pädagoge, der die Gedanken → Pestalozzis aufnahm, die Weite seiner geistigen Welt, die aber eine neue Christusinnigkeit durchdrang. E. ist Supranaturalist, bestimmt durch die Reichsgottesanschauung des Zürichers J.J. → Heß, durch → Lavater und → Pfenninger, sowie durch Phil.Matth. → Hahn; Bibelgeschichte, heilsgeschichtliches Ineinsschauen der Menschheitswege ist ihm somit alles, Dogmatik wenig, Polemik nichts. In Baden gehörte E. zu dem Kreis um → Jung-Stilling und Brauer (→ Erweckungsbewegung). Sein ursprünglich entsprechend seiner Unionsidee wie auch der Kulturpolitik der Rheinbundstaaten für alle drei Konfessionen gedachter Versuch einer Bearbeitung der biblischen Geschichten von Christoph v. → Schmid hat den Anstoß zu → Hebels Biblischen Geschichten gegeben.

Vf. u.a.: Andachtsbücher, Predigtsammlungen (darunter »Predigten über Naturtexte«, 1789ff, die man seit → Sack mit Unrecht zu → Zerrenners u.a. Naturpredigten stellt; auch Standes- u. Familienpredigten), religionsunterrichtliche Schriften, Politisches (Über Revolutionen; Über Regieren u. Gehorchen; u.ä.). - Über E.: H.E. Scriba, Lexikon der Schriftsteller im Großh. Hessen im 19.Jh. II, 1843, 210ff - ADB VI, 444ff. - Zu E.s Prozeß wegen seines dem Adel zugemuteten Verzichts auf Steuerprivilegien vgl. Mitteilungen aus der Lipp. Geschichts- u. Landeskunde 4, 1906, 147-184. *P.Katz*

Ewiges Leben

I. Im AT - II. Im Judentum - III. Im Griechentum und im NT - IV. Dogmatisch. - Zur Ergänzung vgl. → Ewigkeit: I. II, → Eschatologie: I-VI

I. Im AT

Weder die Worte *ewig* noch *Leben* decken sich völlig mit unseren viel abstrakteren Begriffen. *Ewigkeit* steht im AT nicht gegenüber *Zeit*, sondern umfaßt alle (auf eine oder andere Weise qualifizierte) Zeiten bis an die unbekannte ferne oder fernste Vergangenheit und Zukunft. Dies gibt dem Begriff ʿôlam eine stark nuancierte Bedeutung. Ewigkeit ist zuerst ferne Zeit; aber in bestimmten Zusammenhängen (bes. in der Beziehung auf Gott) gebraucht, bekommt das Wort den Sinn einer alles Bestehen übersteigenden Wirklichkeit. Auch das Wort *Leben* kann im Hebräischen eine prägnante Bedeutung haben und die Fülle von Lebensfreude andeuten, meint also nicht nur das biologische Bestehen, sondern ebenso das Lebensglück.

E.L. ist dann ein Sein, das in Zeit und Qualität weit über das tägliche Leben hinausgeht (vgl. Ps 36, 9f; Dan 12, 2; s.u.). So spricht Ps 133, 3 vom Segen Jahwes, der Leben in Ewigkeit, dh bleibendes Lebensglück zum Inhalt hat. Im → Amarnabrief 149, 21-26 erwartet Abdimilki von Tyrus von einer Zusage des Königs Leben, ja Leben in Ewigkeit, dh hier dauernde Wiederherstellung des Friedens; ähnlich Ps 21, 5 (s. auch 61, 7f), wenn auch hier nicht wörtlich von Leben in Ewigkeit gesprochen wird. Bei diesen überschwenglichen Ausdrücken hat man an den orientalischen Hofstil zu denken, der den König gegenüber seinen Untertanen ganz in die göttliche Welt versetzt, ihn als beteiligt am E.L. und Lebensspender sieht (Klgl 4, 20). Bathsebas Gruß an David (1Kön 1, 31) lautet: Der König lebe in Ewigkeit! Dieser Wunsch wird in Israel offensichtlich nicht oft gebraucht (bei seiner Thronbesteigung wird dem König nur zugerufen: Es lebe der König!), ebenso wie in den Amarnabriefen, wo er auch nur einmal (21, 22f) vorkommt. Dies steht im Gegensatz zum täglichen Gebrauch der Formel am persischen Hof (vgl. Neh 2, 3; Dan 2, 4; 3, 9; 5, 10; 6, 7. 22). Offenbar verbirgt sich hinter diesem Wunsch wie dem der Bathseba in alter Zeit in der kanaanäisch-israelitischen Welt doch etwas von einem besonderen Verhältnis, sei es einer intimen Anhänglichkeit oder einer starken Abhängigkeit.

In der westsemitischen Welt wurde Ewigkeit letztlich allein der Gottheit zugeschrieben, und dem König nur, sofern er als der Repräsentant Gottes auf dem Thron galt (Ps 61, 7f; vgl. 45, 7). Wenn von Gott gesagt wird, daß er ewig lebt (Dtn 32, 40; Dan 12, 7), muß den Worten ihre volle prägnante Bedeutung zuerkannt werden.

Dem Menschen dagegen wird mit Nachdruck das E.L. abgesprochen (Hi 7, 16), auch die Möglichkeit einer → Auferstehung (: III) zu neuem Leben (14, 14). Letzteres zeigt andererseits deutlich, daß der Gedanke einer möglichen Lebenserneuerung nach dem Tode in den Gesichtskreis des Gläubigen gekommen ist. Daß der Mensch sterben muß, steht während aller Perioden der israelitischen Religion fest. Wohl hat eine der alten Quellen (Gen 2f) den Gedanken an die Möglichkeit eines Teilhabens an einem E. (bleibenden) L. in der Urzeit bewahrt. In der altisraelitischen Lebensführung hat man sich mit der Unvermeidlichkeit des Todes abgefunden, ihn aber in gewissen Kreisen doch als Problem empfunden, ebenso wie im übrigen Alten Orient, in Ägypten und Babel. In Ägypten ist man in der religiösen Praxis so sehr auf das Todesproblem eingegangen, daß die ganze Religion beherrscht zu sein scheint durch die »Sorge um den Tod und das Leben nach dem Tod« (van der Leeuw), während für die babylonische Welt das → Gilgamešepos zeigt, wie intensiv der Dichter sich mit dem Problem von Leben und Tod beschäftigt hat. Während dort das Leben nach dem Tode durch magische Mittel erreicht wurde, hier dagegen anerkannt, daß das bleibende Leben für den Menschen nie zu erreichen war oder ist (»die Götter teilten den Menschen den Tod zu und nahmen das Leben in ihre Hand«), lehrt Gen 2f, daß der

1. Christus als Heiland der Welt. Evangeliar aus dem Bamberger Domschatz, um 1020 – *München, Staatsbibliothek Clm 4454* *(Bildarchiv Foto Marburg)*

2. Die Evangelisten und ihre Symbole. Evangeliar aus Mainz, um 1260 – *Aschaffenburg, Schloßbibliothek Ms 13* *(Bildarchiv Foto Marburg)*

3. A. Dürer, Apokalypse. Michaels Kampf mit dem Drachen (Holzschnitt), 1498
Düsseldorf, Städt. Kunstsammlung
(Bildarchiv Foto Marburg)

4. J. Lurçat, Das apokalyptische Weib. Teppich für die Kirche von Assy, 1947 *(Foto Moosbrugger, Zürich)*

1. Hieronymus Bosch (um 1450 bis 1516), sog. »Schwarze Messe« aus der »Versuchung des hl. Antonius« – *Lissabon, Nationalmuseum* *(Originalaufnahme)*

2. Das Lilienkreuz, aus dem alchemistischen »Buch von der hl. Dreifaltigkeit«, 2. Hälfte 15. Jh. – *München, Staatsbibliothek, Codex Monacenis germ. 598* *(Originalaufnahme)*

3. Hans Wechtlin, auch Hans Baldung gen. Grien zugeschrieben, Eule im Gemäuer, mit Beischrift: »Ich fürcht' den Tag« (Allegorie des Sektenwesens?), Holzschnitt, um 1520 *(Kunstarchiv Arntz, Stuttgart)*

Mensch im Paradies mit dem Zugang zum Lebensbaum die Chance zu E.L. hatte, sie durch seinen Ungehorsam aber wieder verlor (Gen 3, 22. 24; vgl. vielleicht 6, 3). Im übrigen AT finden sich keine Spuren dieser, für späteres Empfinden offenbar zu mythologischen, Erzählung. Wie die Wirklichkeit des Lebens nahm man im allgemeinen auch die des Todes aus Gottes Hand hin.

Erst in der nachexilischen Zeit, als das Individuelle in der Religion mehr hervortrat, weckte die Sicherheit des Verbundenseins mit dem ewigen Gott die Hoffnung, daß dies Band auch nach dem Vergehen des Körpers bleiben würde (Ps 73, 26; → Auferstehung: III). Schließlich kommt in bestimmten Kreisen die Erwartung der persönlichen Auferstehung und eines E.L.s auf (Dan 12, 2).

Außer den Lehrbüchern der at. Theol., Kommentaren, der Lit. zu → Auferstehung: III u. → Paradies: C.v.ORELLI, Die hebr. Synonyma der Zeit u. Ewigkeit, 1871 - W.GRAF BAUDISSIN, Adonis u. Esmun, 1911 - C.J.BLEEKER, De overwinning op de dood naar oud Egyptisch geloof, Den Haag 1942 (holl.) - A.T.NIKOLAINEN, Der Auferstehungsglaube in der Bibel u. ihrer Umwelt I, Helsinki 1944 - H.W.ROBINSON, Inspiration and revelation, 1946 - A.R.JOHNSON, The vitality of the individual, Cardiff 1949 - TH.BOMAN, Das hebr. Denken im Vergleich mit dem griech., (1952) 1954² - E.JENNI, Das Wort ʿolam im AT (Diss. Basel = ZAW 64, 1952, 197-248; 65, 1953, 1-35).

Th.C.Vriezen

II. Im Judentum

1. Mit der Hoffnung auf die Auferstehung der Toten, die sich mit der Wende vom 3. zum 2.Jh. vChr im Judentum in steigendem Maße durchsetzte (→ Auferstehung: IV), ist die Erwartung verbunden, daß die Frommen nach der Auferstehung das E.L. erlangen werden (Dan 12, 2). In der Literatur des antiken Judentums wird neben der Wendung »E.L.« (zB PsSal 3, 12; 13, 11; 14, 3. 10; äthHen 37, 4; 40, 9; 2Makk 7, 9; 1QS IV, 7 u.ö.) häufig der Ausdruck »Leben des zukünftigen Äons« gebraucht. In dieser Wortverbindung ist deutlich ausgesprochen, daß das E.L. erst nach dem Anbruch der kommenden Welt den aus dem Tode auferweckten Frommen als Heilsgabe Gottes zuteil werden kann.

2. Die → *Apokalyptik* malt den seligen Zustand, der im Leben des zukünftigen Äons herrschen wird, in bunten Bildern anschaulich aus. Dabei wird vielfach das E.L. als eine gesteigerte Fortsetzung des irdischen Lebens gedacht, dem nun Lasten und Plagen genommen sind. In festlichen Gelagen wird gegessen und getrunken werden (äthHen 61, 14 u.ö.), Krankheit und Not sind gebannt (4Esr 8, 53). Das E.L. währt im Unterschied zum diesseitigen ohne die Begrenzung zeitlicher Dauer, weil die Herrschaft des Todes gebrochen ist (ApkBar [syr] 21, 22f u.ö.). Auch wird es keine Sünde mehr geben, nachdem der böse Trieb, der in den Menschen wohnt, mit ihrem Tode erloschen ist. Die Gerechten werden mit himmlischen Kleidern angetan werden (äthHen 51, 15f) und den Engeln gleichen (äthHen 51, 4f; ApkBar [syr] 51, 10). Solchen sinnlichen Ausmalungen des E.L.s stehen nun aber andere Aussagen gegenüber, nach denen das E.L. dem irdischen Leben in keiner Weise vergleichbar ist, weil die Bedingungen, unter denen die Menschen ihr irdisches Dasein führen, aufgehoben sind. In der zukünftigen Welt - so heißt es in einem rabbinischen Satz (bab. Talmud, Berachot 17a) - wird es nicht Essen und Trinken, nicht Zeugung und Fortpflanzung, nicht Handel noch Wandel, nicht Neid noch Feindschaft noch Streit geben. Sondern die Gerechten sitzen da mit ihren Kronen auf ihren Häuptern und laben sich am Glanz der šᵉkînā (= Gottes). Das E.L., das Leben im Licht ist (äthHen 58, 3; PsSal 3, 12 u.ö.), bedeutet unaufhebbare Gemeinschaft der Seligen mit Gott, der in ihrer Mitte wohnen und Ströme des Segens über sie ausfließen lassen wird.

3. Von den → *Essenern* berichtet Josephus, daß sie die Unsterblichkeit der Seele lehrten. Die aus dem Gefängnis des Leibes befreite Seele schwinge sich empor, und jenseits des Ozeans würden die guten Seelen an einer vor allem Wechsel von Regen, Schnee und Hitze bewahrten Stätte ihr glückliches Dasein führen (Bell.Jud. II § 154f). Diese hellenistisch gefärbten Angaben des Josephus erfahren Korrekturen und Ergänzungen durch die Texte von → *Qumran*, die wahrscheinlich auf eine den Essenern verwandte Gemeinschaft zurückgehen. Die Gemeinde erwartet das baldige Ende, Triumph und Gericht über die Kinder → Belials. Dann werden die Kinder der Wahrheit »Fülle des Friedens haben, solange die Tage währen, Früchte der Saat mit allen ewigen Segnungen, ewige Freude im E.L. (genießen) und eine Krone der Herrlichkeit mitsamt einem Ehrenkleid im ewigen Licht (empfangen)« (1QS IV, 7f). In den Lobliedern der Gemeinde ist bei einer erhofften Rettung nicht von der unsterblichen Seele die Rede, sondern der Beter dankt Gott in Wendungen wie (1QH III, 19f): »daß du mein Leben erlöst hast aus der Grube, und aus der Hölle der Verdammnis hast du mich aufsteigen lassen zur Höhe der Ewigkeit (oder: der [kommenden] Welt).«

4. Im *hellenistischen Judentum* ist unter griechischem Einfluß vielfach der Glaube an die Unsterblichkeit der Seele aufgenommen worden. Damit gewinnt auch die Hoffnung auf das E.L. eine andere Bedeutung. Sein Beginn ist nun nicht mehr notwendig an die Auferstehung der Toten gebunden, sondern das E.L. (zB 4Makk 15, 3; 16, 25; 17, 12; 18, 19 u.ö.) nimmt seinen Anfang in dem Augenblick, in dem die unsterbliche Seele sich von dem sterblichen Leibe löst und in die Unvergänglichkeit hinaufgehoben wird. Unmittelbar nach dem Tode schlägt die Stunde von Gericht und Vergeltung, in der darüber entschieden wird, ob der Zugang zum E.L. aufgetan oder verschlossen wird (Weish 3, 1ff). Philo von Alexandria läßt den Gerechten diese zukünftige Seligkeit in der ekstatischen Schau schon auf Erden vorwegnehmend erfahren. Nach dem leiblichen Tode aber wird die Seele in die nicht endende Herrlichkeit der Unsterblichkeit eingehen.

5. Nicht immer kann die Trennungslinie zwischen hellenistischem und palästinischem Judentum scharf gezogen werden. Unter dem Einfluß hellenistischer Gedanken findet sich zB teilweise auch im *palästinischen Judentum* die Anschauung, daß die Seelen der Gerechten nach dem Tode gleich in die himmlische Welt eingehen und in einem Zwischendasein das E.L. schon empfangen, während die Leiber noch im Grabe ruhen. Erst am jüngsten Tage werden die aus den Gräbern auferweckten Leiber mit den Seelen wieder vereinigt werden, um nun das volle Glück des E.L.s zu erfahren. Gemeinsam aber ist den verschiedenen Ausprägungen der jüdischen Hoffnung auf das E.L., daß dieses erst in der Zukunft beginnt und als Gabe Gottes, der allein ewig ist, den Menschen in der jenseitigen Welt zuteil wird. Glaube und Wandel des Frommen, Gehorsam gegen das Gesetz bzw. ein tugendhaftes Leben sind die Vorbedingungen für die Erlangung der zukünftigen Heilsgabe des E.L.s.

G.DALMAN, Die Worte Jesu I, (1898) 1930², 127ff - P.VOLZ, Die Eschatologie der jüd. Gemeinde, (1903) 1934², 362ff - BOUSSET, Rel. 275ff - G.F.MOORE, Judaism II, 1927, 279ff - BILL. IV, 799ff (29. Exkurs) - J.B.FREY, La vie de l'au-delà dans les conceptions juives au temps de Jésus-Christ (Bibl 13, 1932, 129-168) - ThW II, 835ff - J.BONSIRVEN, Le Judaïsme Palestinien au Temps de Jésus-Christ I, 1934, 517ff - J.VAN DER PLOEG, L'immortalité de l'homme d'après les textes de la Mer Morte (VT 2, 1952, 171-175) - K.SCHUBERT, Die Religion des nachbibl. Judentums, 1955, 38ff.

E.Lohse

III. Im Griechentum und im NT

A. Im Griechentum und Hellenismus - B. Im NT

III A. Im Griechentum und Hellenismus

In vorgeschichtlicher Zeit verehrten die Griechen die Toten als die Hüter der erd- und blutgebundenen Ordnung. In den Mysterien der alten Zeit erhoffte man entsprechend der dort erlebten Ewigkeit des Lebens auch den Tod überdauernde Mysterienfeiern, wobei man für die Nichteingeweihten an ein beständiges Leben in Unreinheit dachte. In der homerischen Religion glaubte man, daß der Mensch - nur für Augenblicke - an der ewigen Gestalt göttlichen Seins teilnehmen könne, wenn er etwas Typisches vollbringe (→ Ehre). Den Ruhm dieses Augenblicks, den Schatten des Menschen, sein Gewesensein also hielt man für das Bleibende. Im Volksglauben lebten alte Vorstellungen vom Fortleben der → Heroen im Elysium und von den sich im Hades fortsetzenden Strafen für große Sünder weiter, die auch in die → Mysterien eindringen. Die Orphiker (→ Orpheus) lehrten die Wanderung der Seele durch mehrere Körper (= Gräber) und ihre Befreiung vom Kreislauf der Geburten durch orphische Weihen. Ihre ursprüngliche Lehre vom Jenseits ist uns nicht erhalten.

Pythagoras und Empedokles waren von der Orphik beeinflußt. In der übrigen vorsokratischen Philosophie fand aber der Gedanke der Unsterblichkeit der Einzelseele neben dem Physisbegriff keinen Platz. Dagegen griffen Pindar und die Tragiker wieder auf archaische, orphische und Mysterienlehren zurück, um hier und jetzt dem Menschen seine Grenzen zu zeigen, seine Bindung an göttliches Recht und an die gottgegebene Polis. In der sokratischen und nachsokratischen Philosophie galten die gegenwärtige, vom Göttlichen her gestellte Aufgabe und der ewige Geist mehr als das persönliche Geschick des einzelnen nach dem Tode. → Plato übernahm dagegen orphische Anschauungen, doch nicht als Logos, sondern in Gestalt widersprüchlicher Mythen. Sie dienten nur als Hintergrund für die Aussagen über das politische Handeln. Einige Stoiker lehrten auf Grund ihrer Logoslehre und entgegen den Epikureern (→ Epikur), daß die Seele, bes. die des Weisen, das körperliche Dasein bis zum nächsten Weltenbrand überdauere. → Posidonius sprach sogar von einer läuternden Wanderung der Seele von der Sonne zur Sonne. Aber auch der späteren → Stoa (bes. Panaitios, aber auch → Cicero und → Seneca) war das diesseitige Geschick des Menschen wichtiger als das jenseitige.

Während im Griechentum und bis zur Kaiserzeit der Begriff E.L. nicht gebräuchlich war, weil das Leben selbst schon als ewige Größe, als die alles durchdringende Lebendigkeit gedacht wurde, taucht er im → Synkretismus als Bezeichnung für das dem kosmischen Leben entgegengesetzte eigentliche Leben auf. In der aus der Vereinigung von orientalischem und griechischem Volksglauben entstandenen neuen Religiosität gewann der Unsterblichkeitsgedanke (als Apotheose-Vorstellung) neue Kraft, und zwar in völlig dualistischer Prägung und einseitig an die Frage nach dem persönlichen Heil gebunden. → Astrologie, → Mysterien und Zauber konnten den Weg ins Jenseits sichern, ja sie konnten die Apotheose in ekstatischer Schau und in zauberhaften Praktiken vorwegnehmen. Am radikalsten hat die → Gnosis (und der von ihr beeinflußte → Neuplatonismus) Diesseits und Jenseits, πνεῦμα und σῶμα entgegengesetzt und die Eschatologie auf das ekstatische Erlebnis (der Gnosis) reduziert.

E.ROHDE, Psyche, (1893) 1925[9.10] (hg.v. O.WEINREICH) - W.F. OTTO, Die Manen, 1923 - DERS., Die Götter Griechenlands, (1929) 1947[3], 19ff. 136ff - M.P.NILSSON, Gesch. d. griech. Religion (HAW V/2), I, (1940) 1955[2]; II, 1950 (Lit.) - R.BULTMANN, Das Urchristentum im Rahmen der antiken Religionen, (1949) 1954[2] (Lit.) - F. CUMONT, Lux perpetua, 1949.

D.Georgi

III B. Im NT

1. Den *Begriff* des E.L.s hat das Urchristentum aus dem Judentum übernommen (die spärlichen und späten profan-griechischen Belege für den Ausdruck kommen nicht in Betracht). Wie im Judentum (→ Ewiges Leben: II) werden Leben und Tod nicht als Naturvorgänge gesehen. Das Leben ist vom Schöpfer gegeben; er hat die Macht, es wieder zu nehmen; durch die Sünde ist es verscherzt worden (Röm 5, 12; 6, 23). Das Problem des Todes wie des E.L.s ist damit kein anderes als das der Vergebung der Sünden bzw. (paulinisch gesprochen) der Versöhnung zwischen Gott und mir, die nur durch einen einseitigen Akt Gottes gültig ist. Und die Frage ist nicht in der Art der → Gnosis zu stellen: Wie kann ich dem (als Verhängnis verstandenen) Tod entrinnen? Sie ist vielmehr die Frage nach der Überwindung des → Todes (: III) selbst (1Kor 15; 2Tim 1, 10; Hebr 2, 14).

Der nt. Sprachgebrauch ist nicht von einem formalen Gebrauch des Wortes »Leben« her bestimmt (daß man nach dem Tode wieder in irgendeiner Weise, sei es im Himmel, sei es in der Hölle, existieren werde). Unter »Leben« wird von vorneherein das Sein im Heil verstanden. Die Erwartung eines E.L.s ist also »Hoffnung«, nicht objektivierende metaphysische Vorstellung. In den Evangelien ist sie mit dem Begriff des → Reiches Gottes verknüpft; beide Begriffe können geradezu ausgetauscht werden; man »geht ein« - in die Gottesherrschaft wie in das Leben (vgl. Mk 9, 43. 45; Mt 5, 20; 19, 29; 25, 34. 46). Der Zeitpunkt dieses Eingehens ist natürlich der des Anbruches des Reiches. Der Zeitraum zwischen Tod und Kommen des Reiches wird in der frühen Naherwartung kein Gegenstand der Sorge. Vereinzelt finden sich auch Spuren der Erwartung, daß man unmittelbar nach dem Tode in die Seligkeit oder Verdammnis komme (Lk 16, 6; 23, 43).

2. Begründet wird die *Hoffnung* nicht durch eine kosmologische oder anthropologische Theorie (etwa eine Lehre von der Unsterblichkeit der Seele; eine solche ist dem gesamten NT fremd). Man erwartet vielmehr im Sinne des Schöpferglaubens die Wiederbelebung des Menschen überhaupt durch einen Akt der Neuschöpfung. Zwischen diesseitigem und E.L. besteht keine anschauliche Kontinuität. Der Tod betrifft mich ganz, weil ich ganz der Sünde verfallen bin. Aber mit deren Beseitigung ist dann auch das Leben ganz erschlossen. Meine Identität mit mir selber als dem Künftigen ist so ausschließlich im Glauben gegeben, und, wie aller Glaube Christusglaube ist (Röm 10, 9), so ist die positive Begründung der Hoffnung eine christologische. Sie erfolgt durch die thetischen Aussagen über Christus, nämlich seine Auferstehung, und die Darlegung, inwiefern sein Schicksal das meinige bestimmt: durch seine Auferstehung »aus den Toten« ist auch die meine verbürgt (1Kor 15). Unser Tod ist in dem Seinen vorweggenommen (Röm 6), oder: der Heilsertrag seines Sterbens wird auf uns übertragen, sofern es Sühne, Stellvertretung bedeutet. Das JohEv, in welchem Begriff und Sache des E.L.s bes. stark in Erscheinung treten, spitzt die christologische Begründung dann dahin zu, daß Jesus das Leben nicht nur verheißt und übermittelt, sondern selbst *ist* (Joh 11, 25; 14, 6; vgl. die thematischen christologischen Ausführungen Joh 1, 1ff; 1Joh 1, 1ff); wir erlangen darum das E.L. durch das Wort (Joh 6, 63. 68), im Glauben (Joh 5, 24).

3. Die *Bilder*, unter denen man sich das jenseitige Sein vorstellt, sind mannigfach; neben den »realistischen«

vom Mahl (Lk 22, 29f) und Gottesdienst (Apk) finden sich mythisch-symbolische (Hochzeit des Lammes Apk 19, 6ff; Paradies und Lebensbaum Apk 22, 2ff) und im JohEv existential-symbolische (das Brot Joh 6, Wasser Joh 4). Der Sinn aller dieser Bilder ist, das Heil als überweltliches und zugleich als Heil *für mich* darzustellen. Sein Wesen besteht nach der negativen Seite in der Freiheit von Sünde und Tod (Apk 21, 4), nach der positiven im Schauen Gottes (1Kor 13, 12). Darüber hinaus wird es nicht ausgemalt. Es dominiert vielmehr die Ausarbeitung seines Sinnes als vorgreifende Bestimmung des jetzigen Daseins. Sub specie des E.L.s ist das jetzige vorläufig, uneigentliches Leben. Aber jenes erweist sich jetzt schon wirksam im Geist, welcher »Geist des Lebens« ist (Röm 8, 2), im neuen Wandel (Röm 5f), im Paradox der gläubigen Existenz, nämlich im ständigen Getötetwerden, wodurch unser Dasein als Sein auf Zukunft ausgearbeitet ist (2Kor 4, 7ff). Die Gegenwärtigkeit des Lebens im Geist führt also nicht zur Verklärung des irdischen Daseins. Gerade Paulus, der den Gegenwartsbezug ausarbeitet, betont die Künftigkeit des E.L.s (Röm 5, 21; 6, 22; Gal 6, 8). In der Zwischenzeit lebe ich so, daß nicht mehr ich lebe, sondern Christus in mir - und ich in Christus (Gal 2, 20; Röm 8, 10); das ist im Sinne des Paulus ein ganz unmystischer Sachverhalt; er erläutert ihn selbst im Sinne seines dialektischen Glaubensbegriffes: das Leben konkretisiert sich im Zusammenhang von Glaube und Gerechtigkeit (Röm 5, 9f. 16ff; Gal 3, 21). - Im Kol und Eph ist der Akzent auf die Gegenwärtigkeit des Lebens in den Heilsgütern verlagert, welche in immer neuen Wendungen überschwenglich geschildert werden. Aber der eschatologische Vorbehalt gegen mystische In-Besitznahme des Lebens ist aufgerichtet, wenn betont wird, daß das Leben unanschaulich bleibt, nämlich »verborgen mit Christus in Gott« (Kol 3, 3). - Im JohEv scheint der Ausblick auf eine noch ausstehende Zukunft ganz von den Aussagen über die gegenwärtige Wirklichkeit des Lebens verschlungen zu sein (Joh 5, 24f). Aber der Gnadencharakter der neuen Existenz wird gewahrt, da sie nicht als Qualität, Habitus besessen wird; wir haben das Leben nicht in uns, sondern der Offenbarer ist das Leben (s. 2). So kann dieses beschrieben werden, indem die »Herrlichkeit« des »Wortes« dargestellt wird - und eben dies ist das Thema des gesamten Buches.

Außer der Lit. zu → Auferstehung: V, → Eschatologie: IV: ThW II, 862ff; III, 13ff (R.Bultmann) - J.Theissing, Die Lehre Jesu von der ewigen Seligkeit, 1940 - O.Michel, Der Mensch zwischen Tod u. Gericht (DTh 8, 1941, 10-35) - Ph.-H.Menoud, Le sort des trépassés, 1945 - H.Riesenfeld, La descente dans la mort (Aux sources de la tradition chrétienne, 1950, 207-217) - F.Mussner, ΖΩΗ. Die Anschauung vom »Leben« im vierten Evangelium (MThS I, 5), 1952 - P.Bonnard, Mourir et vivre avec Jésus-Christ selon St.Paul (RHPhR 36, 1956, 101-112). *H.Conzelmann*

IV. Dogmatisch

1. Gegenwärtiges und E.L. - 2. Fortdauer und E.L. - 3. Das Wesen des E.L.s - 4. Das Formproblem des E.L.s - 5. Zukunft und Gegenwart - 6. Mystisch-idealistisches und christliches Verständnis des E.L.s

1. »E.L.« bezeichnet das Ziel, zu dem Gott den von ihm geschaffenen Menschen bestimmt hat. Der Begriff deutet durch das Hauptwort eine *Gleichartigkeit* und Zusammengehörigkeit der kommenden mit der jetzigen Lebendigkeit des Menschen an: beide sind »Leben«. Dieses Wort gebrauchen wir zunächst für unser irdisches Dasein, wie wir denn auch nur an diesem eine Vorstellung davon bekommen, was »Leben« heißt: im biologischen und im seelisch-geistigen Sinne, immer im Gegensatz zum Sterben und Totsein. Wenden wir diesen Begriff »Leben« auch auf den Stand der Vollendung an, so wird damit nicht nur eine trotz des tiefen Unterschiedes zu behauptende Gleichartigkeit ausgesagt - E.L. hat auch die Merkmale, die für jetziges Leben im Unterschiede vom Totsein konstitutiv sind -, sondern auch ein *Zusammenhang,* theologisch darin begründet, daß beide Gestalten des Lebens Schöpfung, Gabe Gottes an den Menschen sind: ein Zusammenhang wie von Vorläufigkeit und Vollendetheit, Verheißung und Erfüllung, Gleichnis und Wesen, Schatten und Urbild. Dafür zeugt auch die Weise des NT, vom → Ewigen Leben (: III B) zu sprechen: es verwendet immer wieder das Gleichnis irdischer Stunden der Erfüllung, Entlastung, des Friedens, der Feier, der Freude, des Genusses. Das hat auch den Sinn: das E.L. wird die jetzige Lebendigkeit mit allem, was in ihr als echtes und edles Gut von dem gottgeschaffenen Menschenwesen erstrebt und erfahren wird, *erfüllen,* zB das Streben nach und Erfahren von Wahrheit, Freiheit, Gemeinschaft, Gerechtigkeit. Es ist also nicht nur unumgänglich (weil uns andere als solche Gleichnisworte fehlen, um das E.L. zu beschreiben), sondern auch legitim, wenn die Eschatologie das Leben jenseits des Todes mit solchen Bildern irdischer Wirklichkeiten, des Gleichnischarakters bewußt, bezeichnet. Das hat sein Recht vollends deshalb, weil der Sinngehalt jener Begriffe (Wahrheit, Freiheit usw) überall über ihre irdische Verwirklichung hinausweist. Sie alle bleiben in unserem Munde auf Erden zugleich Ideale, Worte der Sehnsucht, die über alle hiesige Wirklichkeit hinausfliegen, weil sie hier nie ganz verwirklicht werden. An ihrem vollen Sinngehalt gemessen kommt das irdische Leben als unvollkommen und gebrochen zu stehen - es ist nicht im Vollsinne das Leben, wie es in jenen Begriffen, im Begriffe »Leben« selbst geahnt wird. Eben an diesem Hiatus entspringt → Eschatologie (: VI, 2). Obgleich also zunächst Begriffe für irdische Wirklichkeiten, bezeichnen sie doch zugleich und im Grunde Transzendentes. Damit sind wir schon zu dem Zweiten übergegangen, was der Begriff E.L. besagt, nämlich nun durch das Beiwort »ewig«: den *Unterschied,* die Transzendenz des gemeinten »Lebens« gegenüber dem jetzigen. »Ewig« ist zunächst eine Zeitbestimmung: das E.L. hat im Unterschiede zu dem hiesigen todlose Dauer. Die Dauer aber weist auf das Wesen: E.L. meint ein Leben nach Art der Ewigkeit Gottes, ungebrochen, vollkommen, seiner Herrlichkeit und Seligkeit teilhaftig (Röm 2, 7. 10) - wie auch der → Tod (: IV) das jetzige Leben nicht nur begrenzt, sondern auch prägt und demgemäß nicht nur sein Ende, sondern zugleich seine in der Endlichkeit und Vergänglichkeit bezeugte und erscheinende Art bezeichnet. Das E.L., obgleich dem jetzigen als »Leben« verwandt und es erfüllend, ist doch »ganz anders«, jenseits der Grenzen des jetzigen, jenseits des Todes, nur durch ihn hindurch, im Abbruch des jetzigen zu gewinnen.

2. E.L. bedeutet nicht dasselbe wie Lebendigkeit jenseits des Todes überhaupt, also »Fortdauer« der Person durch Gottes Auferwecken aus dem Todeszustande (→ Auferstehung: VI). Fortdauer ist ein formal-ontologischer, E.L. ein Heils-Begriff. Fortdauer ist dem Gegensatze von Heil und Unheil gegenüber neutral. Sie umfaßt die Doppelmöglichkeit E.L.s und ewigen Todes, dh einer Existenz, die unendliches Kranken und Scheitern an Gott bedeutet. Mit der Frage nach dem »Fortleben« ist also nicht schon die Frage nach dem E.L. beantwortet: die Auferweckung aus dem Tode führt in das → Gericht (: IV) und seine Entscheidung, die auch »ewige Strafe« (Mt 25, 46) besagen kann (Joh 5, 29). Diese, der Tod im wesenhaften Sinne, der »ewige Tod«, das Verderben, das Verlorensein ist der eigentliche Gegensatz zum E.L. (Röm 6, 22f), nicht das irdische Leben. - Die »Fortdauer« und das E.L. sind auch insofern streng zu unterscheiden, als das Ausgeschlossensein vom

E.L. nicht auch das Aufhören der Existenz, die Vernichtung der Person bedeutet (so J.G. → Fichte in seiner Spätzeit: nur den zum wahren Leben Wiedergeborenen eignet Unsterblichkeit; C.Stange mit irriger Berufung auf Luther: die Gottlosen, die ihre Hoffnung allein auf diese vergängliche Welt gesetzt haben, vergehen mit ihr). Der Tod im wesenhaften Sinne ist nicht Vernichtung, sondern Verlorenheit. Preisgabe an die Nichtigkeit und Vernichtung sind zweierlei. Ein monistischer Ausgang der Menschheit kann nicht durch Vernichtung der Nichtigen und Gottlosen, sondern könnte nur durch → Wiederbringung aller (: II) geschehen. Denn Gott hat jeden Menschen in ein unsterbliches Verhältnis zu ihm selbst gesetzt (Mk 12, 26f).

3. E.L. besteht in der Vollendung der Gemeinschaft mit Gott, wie sie dem Menschen in Jesus Christus geschenkt und im Glauben an ihn empfangen wird. Es ist Teilhabe an Christi durch seine Auferstehung (→ Auferstehung Christi: II) ihm zuteil gewordenen Leben der Herrlichkeit und Seligkeit. Die Glaubenden empfangen es jenseits des Todes am Tage der vollen Offenbarung Christi in Herrlichkeit (Kol 3, 4). Es ist Leben bei Christus (1Thess 4, 17; Phil 1, 23; Joh 14, 3; 17, 24), mit ihm in voller Nähe und Gemeinschaft, Leben gleich ihm (1Joh 3, 2) - dh zugleich: Leben bei dem Vater, gleich ihm, in der vollen Erkenntnis seiner Liebe (1Kor 13, 12), in der vollen Hingabe an sie, im völligen Einssein mit seinem Willen, also in der endlichen Freiheit vom Gesetz der Sünde und des Todes. In alledem: Aufhebung des Glaubens in das Schauen, Ende aller Verhüllung Gottes, aller Versuchung und Anfechtung; ungebrochene Herrschaft der heiligen Liebe Gottes in den Erlösten. Als Vollendung der Liebesgemeinschaft mit Gott bringt das E.L. auch die Gemeinschaft miteinander zum Ziel: es vollendet sie, indem es ihre irdischen Hemmungen aufhebt, die äußeren (die Distanz in Raum und Zeit), die inneren (die sündige Verschlossenheit und Selbstsucht). Das bedeutet mehr als »Wiedersehen« und Wiederhaben (Phlm 15), nämlich neues, erhöhtes, zum vollen Wesen gekommenes Miteinander in der vollendeten Gemeinde, ganze Erkenntnis und Erfahrung der Herrlichkeit Gottes und Christi in der Fülle, Mannigfaltigkeit und Einheit der erlösten Menschheit.

Daß das E.L. die Gemeinschaft in der Liebe vollendet, schließt ein, daß es die Personalität, das Gegenüber von Ich und Du nicht aufhebt, sondern bewahrt. Es bleibt also bei dem Gegenüber zu Gott: die Erlösten gehen in ihn nicht ein und auf wie die Tropfen im Meer; sie leben auch in Ewigkeit »vor« ihm, in der Anbetung und im Lobe. Sie werden auch nicht vergottet, sondern bleiben Menschen, seine Kreatur, seine Diener, unter ihm. Er bleibt über ihnen. Seine und ihre Erkenntnis bleiben zweierlei. Freilich werden die Seligen die Wunderwege Gottes, die ihnen bisher verborgen waren, als Wege seiner Liebe erkennen. Aber auch im E.L. durchdringt das menschliche Auge Gottes Seinsgeheimnis nicht, das »Schauen« (Mt 5, 8; 1Joh 3, 2), das »Erkennen von Angesicht zu Angesicht« (1Kor 13, 12) hebt die Unzugänglichkeit des Lichtes, in dem Gott wohnt (1Tim 6, 16) nicht auf. Vor ihm werden die Seligen wie die Engel nicht aufhören, mit Scheu anzubeten.

Das E.L. ist für alle, denen es zuteil wird, die eine und selbe Gabe Gottes, ohne ein Mehr oder Minder. Aber innerhalb dieser Gleichheit für alle Erlösten setzt Gott große Unterschiede. Wie er in dem jetzigen Leben ein Mehr oder Minder an Begabung, Aufgabe, Verantwortung, an Weite und Höhe des Lebens gibt, so wird auch der ewige »Lohn« ein verschiedener sein je nach dem Maße des Berufswerkes, des Opfers, des Leidens, der Bewährung (1Kor 3, 8). So wird es im E.L. Unterschiede »in der Ehre« (Luther), in der »Herrlichkeit« der Erlösten (Melanchthon, AC IV, 354f. 357) geben.

4. Das E.L. ist dem Glauben gewiß, und er weiß um seinen Gehalt. Aber nach seiner *»Form«* vermag unser an die Gesetze des irdischen Daseins gebundenes Denken sich das E.L. nicht vorzustellen. Ein Leben, das am Ziele ist und dennoch Leben, also Bewegung sein soll, Leben ohne die Not und Würde der begrenzten Zeit, ohne die Gefahr und Gnade der Entscheidung, ohne die Spannung des Werdens und Kämpfens, geht über irdisches Begreifen. Auf dieses »Formproblem« des E.L.s hat bes. → Schleiermacher hingewiesen: entweder Vollkommenheit, die kein Leben, oder Leben, das nicht vollkommen ist. Indessen diese Schwierigkeit darf und muß nicht zur Skepsis führen. Das Problem ist kein anderes als das des Lebens Gottes selbst, das wir uns auch nicht vorzustellen vermögen: es ist vollkommen, in sich vollendet und zugleich immer neue schöpferische Liebesbewegung - an ihm gibt das E.L. Anteil. So wird auch unser Leben, gleich dem der Engel, obschon am Ziele des irdischen Werdens und Kampfes, an Gottes unaufhörlichem Planen und Wirken teilnehmen und so voll unerschöpflichen Inhaltes im Erkennen und Dienen sein. Als lebendige Bewegung kann das E.L. auch nicht ohne *Zeit* sein. Aber seine Zeitlichkeit ist eine andere als unsere irdische, die durch das Todesgesetz des Auseinander, des »nicht mehr«, der Vergangenheit, in die jedes Heute sofort sinkt, beherrscht wird.

5. E.L. ist ein Begriff der Eschatologie, und zwar zunächst im futurischen Sinne dieses Wortes. Aber es steht mit ihm so wie mit dem → Reiche Gottes (: III), dessen personale Dimension er ausdrückt. Wie der Glaube das kommende Reich in Jesus Christus schon gegenwärtig weiß, so auch das E.L. im Glauben an ihn. Christus bringt die Gemeinschaft mit Gott durch die Vergebung der Sünden; »wo aber Vergebung der Sünden ist, da ist auch Leben und Seligkeit« (Luther), dh E.L. So kann der Glaube von dem E.L. auch im präsentischen Sinne sprechen - diesem Sprachgebrauch hat das johanneische Schrifttum die Bahn gebrochen (→ Ewiges Leben: III B, 3). Aber entscheidend bleibt der futurische Gebrauch. Denn der Christ hat das E.L. hier nur paradox, nur im Zuspruch Jesu Christi an ihn, der doch Sünder bis zum Tode und dem irdischen Sterben verfallen bleibt; er hat es nur im *Glauben* an diesen Zuspruch; es ist unter seiner, des Christen, empirischen Wirklichkeit noch verborgen und wartet seiner offenkundigen Verwirklichung (Kol 3, 3; → Eschatologie: VI, 4a). So ist für den Christen das E.L. transzendent und ihm schon eigen zugleich, Zukunft und Gegenwart, Geheimnis des Glaubens, das sich erst offenbaren wird und das der Glaube doch schon jetzt und hier am Werke weiß.

6. Vom E.L. spricht auch die → *Mystik* und die Religion des deutschen → *Idealismus*, zB J.G. → Fichte. Vieles an ihren Gedanken darüber berührt sich mit den christlichen. E.L. wird dem Menschen nur durch einen Bruch zuteil; der alte Mensch, das niedere, sinnenhafte Leben der Selbst- und Weltliebe muß in den Tod gegeben werden. Es ist kein Zufall, daß die mystisch-idealistische Lehre sich immer wieder gerne in Worte des Evangeliums gekleidet hat. In ihrem Widerspruch gegen das rein eudämonistische Unsterblichkeitsbegehren des natürlichen Menschen klingt sie mit dem Evangelium zusammen; Fichtes leidenschaftliche Kritik der eudämonistisch entleerten populären christlichen Himmelshoffnung geht in dem gleichen Tone wie Luthers Nein zu dem eigennützigen Begehren nach Gottes Reich. Daß das E.L. ein wesenhaft, dem Gehalte nach anderes ist als das natürliche, das haben die Mystik und der Idealismus in ihrer Weise kraftvoll bezeugt. Aber der tiefe Unter-

schied gegenüber dem Evangelium läßt sich nicht verkennen. Die Mystik faßt das E.L. als Eingehen des Menschen in Gott, das zugleich ein Vergehen des persönlichen Ich in ihm bedeutet, Einswerden des Ich mit Gott: »Ich selbst bin Ewigkeit, wenn ich die Zeit verlasse, / Und mich in Gott, und Gott in mich zusammenfasse« (Angelus Silesius, Cherubin. Wandersmann). Das Gegenüber zu Gott ist aufgegeben; an die Stelle der communio ist die unio getreten. Oder es heißt: Der wahre Wille zum E.L. meint ein Überpersönliches, die Verneinung der Schranken, die die Individualität bedeutet, und ist darum ein und dasselbe mit dem Willen zum zeitlichen Sterben (Keyserling). Auch hier ist mit der Individualität auch die Personalität preisgegeben. Anders bei Fichte: in der Wiedergeburt zum E.L. wird das Ich gerade bewahrt und frei gemacht zur Einheit des Denkens, Wollens und Handelns mit Gott. Doch in anderer Hinsicht steht auch Fichte dem Evangelium ganz fern. Zwar weiß und betont er, daß die Wiedergeburt, das Eingehen in Gottes Leben, *Gnade* Gottes zu der vom Menschen zu vollziehenden Tat der Freiheit ist. Aber der Satz des Evangeliums »die Gnadengabe Gottes ist das E.L.« (Röm 6, 23) hat noch einen anderen Sinn: das E.L. ist Gabe des *vergebenden* Gottes. Fichte weiß von der wirkenden Gnade, aber nicht von der Schuld und der Vergebung, durch die allein dem Menschen das E.L. zuteil wird. Auch bei ihm ist also das personale Gegenüber von Gott und Mensch verleugnet. Mystik und die idealistische Religion Fichtes gehören dem Evangelium gegenüber auch darin zusammen, daß beide das E.L. rein präsentisch nehmen. Im mystischen Erleben ist die Ewigkeit ganz da - keine Zukunft kann dem etwas hinzufügen. Fichte sagt von dem Frommen: »In jedem Moment hat und besitzt er das E.L. mit aller seiner Seligkeit, unmittelbar und ganz.« Der Wiedergeborene ist schon hier ganz eins mit Gott, ganz dem Guten hingegeben, ganz von der Sünde los und daher schon jetzt im E.L. Fichte meinte mit alledem das JohEv für sich zu haben. Aber die Präsenz des E.L.s ist hier und dort völlig anders begründet und verstanden. Nach christlichem Verständnis ist der Wiedergeborene gerade in den *Kampf* des neuen mit dem alten Menschen, der er bis zum Tode auch bleibt, versetzt. Der vollen Einheit mit Gottes Willen muß er noch entgegenharren. Daher ist das E.L. mit seiner Seligkeit nicht im Sinne Fichtes gegenwärtiger Besitz des Menschen, sondern Gegenstand der Hoffnung.

Außer der Lit. zu → Eschatologie: VI: J.G.FICHTE, Die Anweisung zum seligen Leben, 1806 (Sämtl. Werke V, 1845, 406f. 519ff) - DERS., Grundzüge des gegenwärtigen Zeitalters (S.W. VII, 1846, 235) - F.SCHLEIERMACHER, Der christl. Glaube, 1830/31², §§ 159. 163 - H.GRAF KEYSERLING, Unsterblichkeit, 1911², 226ff. 280ff - C. STANGE, Das Ende aller Dinge, 1930, 147ff. 158ff - P.ALTHAUS, Unsterblichkeit u. ewiges Sterben bei Luther, 1930, 52ff. - Zu Fichte: HIRSCH IV, 393ff.

P.Althaus

Ewiges Licht (Ewige Lampe), eine ununterbrochen brennende Lampe, die im Osten (ἀκοίμητος λυχνία) und im Westen stellenweise schon im christlichen Altertum nachweisbar ist. → Feuer ist ein vorchristliches Mittel zur Verehrung der Gottheit bei den Griechen (Tempel der Athene Polias) und Römern (Vesta) sowie bei den Juden (→ Leuchter: I). Die Christen übernahmen den Brauch vermutlich von den Mysterien des Ostens. Man stellt ewige Lichter auf, um böse Geister zu vertreiben und den Ort zu kennzeichnen, an dem sich Gott in seiner Herrlichkeit (δόξα = Lichtglanz) aufhält. Heute wird das E.L. in der kath. Kirche vorwiegend als Sakramentslampe gebraucht. Für den röm. Ritus seit Mitte des 13.Jh.s in partikularrechtlichen Bestimmungen faßbar, wird die Sakramentslampe erst durch das Caeremoniale Episcoporum (1600) und das Rituale Romanum (1614) der ganzen Kirche ausdrücklich vorgeschrieben. In der Nähe des → Tabernakels, in dem das Altarsakrament aufbewahrt wird, soll sie zum Zeichen der leiblichen Gegenwart Christi, des Lichtes der Welt, brennen (→ Anbetung: III, 2). Als Brennstoff sollen pflanzliche Öle, in der Regel Olivenöl, verwendet werden. Den Gebrauch von elektrischem Licht kann nur der apostolische Stuhl genehmigen. In der Feier der Osternacht wird aus einem Stein Feuer geschlagen und damit das »lumen Christi«, an diesem die Osterkerze und mit ihr das E.L. angezündet. So leuchtet das österliche Licht das ganze Jahr hindurch. E.L.er werden auch vor Reliquien und Heiligenbildern im Freien in Form von Laternen und Lichtstöcken aufgestellt.

KL VII, 1964ff - RGG¹ II, 772 - H.ACHELIS, Das Christentum in den ersten 3 Jh.en I, 1912, 138 - BRAUN, LH 194 - LThK III, 898 - VAN DER LEEUW 48ff.

L.Bruder

Ewigkeit

I. Religionsgeschichtlich - II. Systematisch. - Zur Ergänzung vgl. → Ewiges Leben

I. Religionsgeschichtlich

Schon sprachlich ist E. ein schwieriger Begriff, da die Semantik fast aller Ausdrücke für E. auf irgendwelche Zeitvorstellungen zurückführt und da der Begriff im Vollsinne unanschaulich ist. Erst in ausgesprochenen Hoch- und Spätkulturstadien wird religiös ein Gegensatz bzw. Korrelat zur Zeit, zumindest im Sinne des Transzendierens, als Anfangs- und Endlosigkeit konzipiert, wie ihn das Wort E. in den christlich-theologischen Aussagen vom bedingungslosen Sein Gottes bezeichnet. Teilweise steht die → Präexistenz, teilweise die Postexistenz im Vordergrund des Interesses. Daher sind alle Angaben aus den primitiven und alten hohen Kulturen und Religionen, die mit unserem Worte E. übersetzt werden, sehr vorsichtig zu bewerten. Das gilt auch für die Anfangsstadien der christlichen Theologie und für das volkstümliche christliche Denken. Es ist, wenn auch gebräuchlich, falsch, »das Ewige« als der Religion wesenseigenen Zentralbegriff anzusehen. Die vorhandenen Aussagen in der vor- und außerchristlichen Religiosität und im Folklore deuten zumeist auf Steigerungen und Erweiterungen des Zeitgedankens (unendlich lange Dauer, Abfolge verschiedener geschlossener Zeiträume) oder auch auf Macht- und Kraftbegriffe (besonders dauerhafte und wirkkräftige, unvergängliche numinose Mächte), sind vielleicht »Projektionen« oder »Exteriorisationen« innerer (ekstatischer) Zustände (Saintyves), abgesehen von der häufig begegnenden uneigentlichen, rhetorischen Verwendung des Wortes. Sie treten überdies fast stets im Rahmen des → Mythos, nicht in abstrakter Begrifflichkeit auf. Eine besondere mythische Ausprägung des E.s-Gedankens sind Vorstellungen vom Kreislauf und von der ewigen Wiederkehr der Dinge und deren kultische Periodenrealisation (Sakraljahr; → Heilige Zeiten). In → China (: II, 2) bietet der Tao-Begriff (→ Taoismus) samt den kosmischen Potenzvorstellungen einen Ansatzpunkt. Indien stellt die E. der → Seele zur Debatte, die aber ebenso wie die des → Nirvâna oder die der Welten im Buddhismus offengelassen (vgl. Chant. II, 114) und höchstens indirekt beantwortet wird. Alt ist anscheinend die Theorie von der E. der Veden (Chant. II, 78f), wie auch die anderen großen Buchreligionen, vor allem der → Islam, dazu neigen, ihre hl. Schriften als seit ewig bestehend anzusehen. E. als eigentümlicher Alleinbesitz Gottes ist von den prophetischen Religionen, insbesondere Judentum, Islam, Christentum, herausgearbeitet worden. Durch den hebr.

ʿôlam-Begriff und durch Zeitspekulationen aus dem Vorderen Orient und aus der hellenistischen Welt ist auch der christliche αἰών-Begriff vorbelastet. → Aion, → Apokalyptik: I, → Iran: II.

P.Saintyves, Les notions de temps et d'éternité dans la magie et la religion (RHR 79, 1919, 75-104) - HWDA II, 1092ff - ThW I, 197ff - J.Guitton, Le Temps et l'éternité chez Plotin et Saint Augustin, Paris 1933 - P.Mus, La notion de temps réversible dans la mythologie bouddhique (Annuaire 1938-39 de l'Ecole Pratique des Hautes Etudes, Paris, 5-38) - Joh.Schmidt, Der E.sbegriff im AT (ATA 13, 5), 1940 - J.F.Callahan, Four Views of Time in Ancient Philosophy, Cambridge 1948 - M.Eliade, Le mythe de l'éternel retour, Paris 1949; dt. 1953 (Lit.) - Eliade §§ 147ff - ErJb 20, 1951 (Mensch u. Zeit) - E.Otto, Altägyptische Zeitvorstellungen u. Zeitbegriffe (Die Welt als Gesch. 14, 1954, 135-148) - R.Pettazzoni, Essays on the History of Religions, Leiden 1954, 171ff - R.Ch.Zaehner, Zurvan. A Zoroastrian Dilemma, Oxford 1955 - W.Perpeet, A.Wenzl, W.v.Soden u.a., Aufsätze zum Zeitbegriff in: Studium Gen. 8, 1955, 531ff; 9, 1956, 14ff.

K.Goldammer

II. Systematisch

1. Antike Philosophie - 2. Biblisch - 3. Im Christentum - 4. Bei Luther - 5. In der neuzeitlichen Philosophie

1. a) Der Begriff der E. ist religiöser Herkunft (→Ewigkeit: I). Die Mächte, denen der Mensch sein Leben in allen seinen Umständen verdankt, erscheinen als von Zeit und Tod nicht bedrängte, unsterbliche, immerseiende, dh ewige Götter. Die Philosophie beginnt mit der Kritik an dem anthropomorphen, polytheistischen Charakter der Religion. Gegenstand der vernünftigen Erkenntnis sind nicht die verschiedenen, den Menschen ergreifenden Mächte, sondern ist das eine, alles Seiende umgreifende Ganze, das Physis (Natur) oder Kosmos (Ordnung) heißt. Diese Natur ist freilich mehr als der von uns gedachte Inbegriff der Erscheinungen, in den wir selbst Ordnung und Regelmäßigkeit hineinbringen (Kant); sie ist der aus sich selbst hervorgehende, von sich selbst her geordnete, seiende Zusammenhang der Dinge, für den die Vernunft die religiösen Prädikate des Göttlichen und Ewigen in Anspruch nimmt. Teils ist diese Welt selbst sichtbarer Gott (zB Aristoteles), teils heißt die in ihr ständig gegenwärtige ἀρχή göttlich und ewig: Wie in dem Lebendigen das eine Leben, so ist in der Gesamtheit der Dinge ein Grundseiendes gegenwärtig, das der Zweckmäßigkeit ihrer Gestalt und ihres Zusammenhanges zugrunde liegt, das alles umgreift, durchwaltet, steuert. Die E. dieser ἀρχή besteht einmal in ihrer unendlichen Dauer, also in ihrer Ungewordenheit und ständigen Gegenwart, zum andern in der Macht, mit der sie das Seiende vernünftig durchherrscht. Sie bedeutet also etwas anderes als die zeitlose Geltung eines Grundsatzes (Prinzips) der Wissenschaft. - Der philosophische Begriff der E. ist zunächst rein kosmologisch. Sein Verhältnis zur Zeit ist von Platon im »Timaios« definiert worden. Das Werden innerhalb der sichtbaren Welt ist nicht zu verstehen ohne die »in Einem bleibende E.« des wahren Seins, deren »abzählbar wandelndes, ewiges Abbild« die → Zeit ist (Tim. 37 D). Es gibt also eine bleibende ewige Wesensgestalt, deren unvollkommene, in der Zeit vergehende, allerdings ständig wiederkehrende Nachahmung die sichtbare Welt ist.

b) Der kosmologischen Auslegung des Verhältnisses von Zeit und E. wird von Platon die Frage nach dem wahren Wesen des Menschen und seiner Verwirklichung in der ἀρετή vorgeordnet: Der vergängliche, von der Zeit und dem Irrtum bedrängte Mensch verfehlt sein wahres Wesen, solange er sein Leben nicht in den vernünftig einsehbaren Kosmos einfügt. Das philosophische Denken geht hier vom Tun des Menschen aus. Dieses Tun ist auf die Lebensführung (βίος) gerichtet. Es hält sich in der Sorge um den Leib, die Seele und ihre Kräfte, um die rechte Verwaltung der Gemeinschaft. Es ist dabei nicht führungslos; denn die Gegenstände seiner Sorge haben ein bleibendes Wesen, das dem menschlichen Verstehen in seiner unvergänglichen Gestalt (εἶδος) zugänglich ist. Die vernünftige Rechenschaft darüber findet eine Rangordnung der verschiedenen Wesenheiten, um deren besonnene Wahrung es geht. Die Frage nach der Wahrheit - nach dem rechten Logos - wird also durch die Frage nach dem richtigen Tun - nach dem Ethos - in Gang gebracht und bleibt daran gebunden. Daher ist es verständlich, daß die die ἀρετή ermöglichenden Wesenheiten in einem ontologischen Sinne gut, dh wahres, erfülltes Sein schenkend, heißen und daß die ἀρχή, die ihr Gutsein und ihren Zusammenhang ermöglicht, die Idee des Guten, als geistig ordnende und zeugende Macht jenseits alles innerweltlich Seienden steht (Resp. 509 B). Auch in dieser »Ethikotheologie« (Kant), die die »Physikotheologie« keineswegs aufhebt, sondern voraussetzt, ist das Verhältnis des menschlichen, zeitlichen Tuns zu dem ewigen Sein als das der Nachahmung oder der Abbildlichkeit verstanden.

2. In der *Bibel* begründet sich die Rede von Gott nicht philosophisch. Sie geschieht auf Grund von Offenbarung, in der Gott seinen Willen ausdrücklich kundtut. Sie fordert nicht zuerst vernünftige Einsicht, sondern glaubenden Gehorsam unter den Willen des Herrn. Die Aussage »Gott ist von E.« zielt auf das alle Begrenzung hinter sich lassende Gottsein Gottes: Der Herr, der die Welt geschaffen hat, ist ihr gegenüber frei; sein Wille, der im Wort verkündet wird, ist von unüberbietbarer Macht und Zuverlässigkeit. Der Vorrang des Glaubens schließt jedoch nicht aus, daß die Formeln, in denen er sich ausspricht, auch philosophisch-ontologisch haben verstanden werden können; zB Röm 1, 20, wonach die ewige Macht und Göttlichkeit Gottes in der geschaffenen Welt vernünftiger Einsicht prinzipiell zugänglich ist, und Ps 101, 28 (in Hebr 1, 12 auf Christus übertragen), wonach Gott ὁ αὐτός »derselbe« ist, dh der durch alle Vergänglichkeit des Zeitlichen hindurch stets gegenwärtige Grund der Welt.

3. a) Mit dem Eintritt des *Christentums* in die antike, durch Philosophie bestimmte Welt wird die Frage unvermeidbar, ob die Rede des Glaubens von der E. Gottes des Schöpfers und Erlösers und die philosophische Rede von der ewigen ἀρχή und der ewigen Welt einander ausschließen. Die griechische Philosophie war von der Erfahrung der sinnfälligen Welt her zur Erkenntnis des ewigen urbildlichen Wesens gelangt. Ihr Denken blieb an diesen Ausgang von der Welt gebunden, für deren sinnvolle Ordnung sie den zureichenden Grund wußte. Daher enthielt sie den Grundsatz aller vernünftigen Erkenntnis: ex nihilo nihil fit. Der Offenbarungsglaube dagegen, der von vornherein von jenseits der Welt beginnt, kennt keine E. der Welt; er spricht von der creatio ex nihilo und hebt damit den kontinuierlichen Zusammenhang der Natur auf; denn der allmächtige Schöpfungswille Gottes ist durch kein Vorgegebenes begrenzt (→ Wunder: VI). Die Schwierigkeiten, die hier bestehen, sind so groß, daß zB Thomas von Aquino den Gedanken von der ewigen Welt nur durch die Berufung auf die Autorität meinte korrigieren zu können (S.Th. I q. 46 a. 2). Die natürliche Erkenntnis der Vernunft führt nach Thomas zu einer anderen Wahrheit über die Welt als die übernatürliche Offenbarung - eine Position, die im Laufe der Aufklärung gegen die Wahrheit der Offenbarung gewendet worden ist.

b) Die radikalere Fragestellung liegt bei *Augustin* vor: Er denkt →Zeit und E. nicht mehr zuerst kosmologisch, sondern versteht die E. im Ausgang von der sich in ihrer Zeitlichkeit erfassenden, Gott zugehörigen Seele

(»psychologisch«; vor allem Conf. XI). Belehrt durch die christliche Gewissenserfahrung, vermag er die Rückbindung des Logos an das Ethos, des Verstehens an das freie Verhalten innerlicher zu fassen als Platon. Die Seele hat in sich eine Erstreckung (distentio) in die Dimensionen ihres zeitlichen Vorstellens: Vergangenheit, Gegenwart, Zukunft. Damit ist ihre eigene Vergänglichkeit in eins mit ihrem Aufgeschlossensein für das Seiende von innen her verstanden. Der Mensch ist nun etwas anderes als ein Fall des innerweltlichen Werdens. Seine Seele übergreift die Welt, der er zugleich zugehört. Er bliebe jedoch dem übermächtigen Eindruck der vergänglichen Dinge und damit der Zeit und dem Tode ausgeliefert, wenn die Dinge nicht ein bleibendes verständliches Wesen und eine ihnen eigene Ordnung zeigten. Diese gestufte Ordnung zu sehen, ist die Seele deswegen imstande, weil sie vorweg in sich selbst den Hinblick auf eine ihr überlegene bleibende Wahrheit hat, die ihr die Hinsichten vorgibt, nach denen sie das Seiende dann zu beurteilen vermag. Diese Wahrheit ist ewig: sie wird durch keinen zeitlichen Wandel betroffen; sie hat eine alles Seiende durchdringende und gestaltende Gegenwart. Da sie aber nicht mehr zuerst als Weltpotenz erfahren wird, sondern als das erleuchtende und bestimmende Maß, das der Seele innerlicher ist als sie sich selbst, so wird nun ihr personaler Charakter entscheidend. In ihr ist der Schöpfungswille Gottes gegenwärtig, der die Seele in ihr freies verstehendes Sein ruft und sowohl ihr als auch der Welt schlechthin jenseitig ist. Hier ist für Augustin die E. des Wortes, dem der Glaube vertraut und das er als fides quaerens intellectum voraussetzt, erreicht. Augustin findet sein Denken im Zeugnis der Schrift bestätigt. Er versteht Ex 3, 14 »Ego sum, qui sum« in der Weise, daß damit das ungeteilte Sein Gottes von E. her im Sinne des »idem ipse« von Ps 101, 28 gemeint ist. Gott ist überhaupt nicht durch Zeit zu bestimmen; als ihr Schöpfer steht er jenseits ihrer. Daher gewinnt die Gegenwart seiner Wahrheit über den ontologischen hinaus ihren »eschatologischen« Sinn. Im Horizont der sich in ihrer Zeitlichkeit erschlossenen Seele oder des Ich selbst bedarf es nun nicht wie bei Thomas des Rückgriffes auf die nach wie vor geglaubte Autorität, um die Differenz zwischen vernünftiger und offenbarter Wahrheit zu schlichten: Zeit ist zugemessene Zeit, also Lebenszeit. Der vergängliche Mensch findet sie in den einzelnen Dingen ebenso wie in ihrer Gesamtheit, der Welt, als die jedem Seienden zugeteilte Dauer wieder, deren es zur Verwirklichung seines begrenzten Wesens in der Zeit bedarf. Durch die Vorrangstellung der inneren Zeiterfahrung der Gott zugehörigen Seele vor der Welterkenntnis gewinnt Augustin die Möglichkeit, mit den Begriffen der antiken Kosmologie die Wahrheit des Schöpfungsglaubens, die Endlichkeit der von Gott geschaffenen Welt zu denken. Die Seele ist nicht mehr an das Kreisen der immerdauernden Welt gebunden; aber sie besitzt auch nicht die indifferente Selbständigkeit der neuzeitlichen reinen Vernunft, die versucht ist, sich und ihre abstrakte, formalisierte Zeitvorstellung gegenüber der Welt absolut zu setzen, und dann in die Antinomie der in der Zeit endlichen oder unendlichen Welt gerät (Kant, Kritik der reinen Vernunft, B 455ff).

4. *Luther* geht in seinen theologischen Entscheidungen von der gegenüber Thomas im → Nominalismus noch gesteigerten Spannung zwischen Vernunftdenken und Offenbarungsglaube aus. Obwohl er nicht die völlige Trennung der Vernunft von der Wahrheit Gottes behauptet, erscheint ihm doch die Verderbnis der menschlichen Natur auf der einen und die Verborgenheit des allmächtigen Gottes auf der anderen Seite so groß, daß er den augustinischen Weg durch die sich in ihrer Zeitlichkeit erfassende Innerlichkeit zur ewigen Wahrheit Gottes nicht nehmen kann. E. als philosophischer Begriff bedeutet nur ein selbstgedachtes Schema des Menschen, der sich in seiner durch Sünde und Tod gefährdeten Lage behauptet. Echte E. eignet allein dem Worte; nur dieses kann dem Glauben, der seiner Zusage vertraut, Heilsgewißheit gewähren, während Augustin auch der Evidenz der Wahrheit vertraute. Luther geht also hinter die augustinische Durchdringung von metaphysischem Denken und Offenbarungsglauben zurück.

5. Gleichwohl bleibt das *philosophische Problem* der E. bestehen. Jedoch hat sich auch auf dem Boden des modernen Vernunftbegriffes die Einheit von kosmologischer Metaphysik, Offenbarungsglauben und der aus ihm hervorgegangenen verinnerlichten Zeiterfahrung nicht bewahren lassen. Da aber gleichwohl der Anspruch erhoben wird, eine der Zeitlichkeit, Endlichkeit, → Geschichtlichkeit überlegene ewige Wahrheit zu besitzen, erhalten nunmehr isolierte Momente des überkommenen Strukturzusammenhanges das Prädikat der E. zugesprochen.

a) Soweit Wahrheit auf das reine Bewußtsein der wissenschaftlichen Erkenntnis bezogen ist, ergibt sich ein uneigentlicher Sprachgebrauch. E. erscheint als überzeitliche Geltung. Hier ist absolute Selbständigkeit des logischen Bewußtseins gegenüber der erkannten Welt und gegenüber dem empirischen Träger der Erkenntnis vorausgesetzt. → Kant hat gezeigt, daß die wissenschaftliche Erkenntnis von der Wesenserfahrung absieht und daher ohne metaphysische, im eigentlichen Sinne ewige Wahrheit ist.

b) Gleichwohl liegt auch in der rationalen Erkenntnis die Tendenz zur Metaphysik (nach Kant zum spekulativen Vernunftgebrauch). In den Systemen des philosophischen Rationalismus ist den logischen Prinzipien der Vernunft zugleich ontologische Wahrheit (Erkenntnis des Seienden, wie es an sich ist) zuerkannt. Daher erklärt sich zB bei → *Leibniz* die Tendenz, die Tatsachenwahrheiten auf die ewigen Wahrheiten der Vernunft zurückzuführen. Gott wird hier zum absoluten Prinzip der vernünftigen Welterkenntnis. In der Konsequenz gehen die charakteristischen Momente des Ewigen auf die das System bildende Vernunft über, die das Denken Gottes konstruiert. Weder die innere Begrenzung der Freiheit durch die Zeitlichkeit noch die Begrenzung der Welterkenntnis durch die Analogie werden im rationalistischen System festgehalten. Erst langsam stellt sich heraus, daß hier die Beziehung auf den Gott der Offenbarung verlorengegangen ist.

c) Ähnliche Schwierigkeiten ergeben sich für die Systeme des spekulativen → Idealismus (: II), der den Verzicht Kants auf metaphysische Erkenntnis nicht anerkennt. So ist bei → *Hegel* zwar die Zeit das wandelnde Abbild der E., aber in der Weise, daß das Seiende (die Substanz) der an die Zeit entäußerte Geist ist, der sich in Stufen der Selbstverwirklichung als Subjektivität begreift und in den sich verwandelnden Formen seiner zeitlichen Erscheinung zu sich selbst kommt (Werke II, 602ff. 609ff). Auch hier ist die Zeit ein Kreislauf, aber nicht mehr der Kreislauf der Natur, dem das menschliche Dasein eingefügt ist, sondern der Geschichte, in der der Geist am Ende in sein wahres Wesen zurückgeht. Dieses Ziel ist erreicht, wenn die Identität von ewigem Weltgeist und menschlichem Geist in der geschichtlichen Wirklichkeit zu ihrer vollen Darstellung gekommen ist und durch das philosophische System in der zeitlosen Form des Begriffs die wahre Gestalt erhalten hat. – Auf dem Boden der idealistischen Geisterfahrung sind verschiedene Weisen der Selbstverewigung in Kunst und Leben, dh der Durchdringung von zeitlichem und ewigem Sein möglich, sei es, daß das Zeitliche im Ewigen aufgehoben wird (Novalis, Schopenhauer), sei es, daß das Ewige im Zeitlichen Gestalt gewinnt (Goethe). Gemeinsam ist ihnen, daß bei solcher Rede »vom Ewigen im Menschen« der in Kunst, Sittlichkeit, Philosophie wirkliche Geist aufhört, Partner des Offenbarungsglaubens zu sein. Dieser muß entweder zur Erscheinung des Geistes umgedeutet oder aber abgelehnt werden.

d) Die kritische Auseinandersetzung mit der idealistischen Geisterfahrung hat ihren theologisch bedeutsamsten Ausdruck in der Existenzdialektik gefunden. Nach → *Kierkegaard* kommt es darauf an, die bis in ihren Grund durch Zeitlichkeit bestimmte Situation der an sich selbst überlassenen menschlichen Existenz als Ausgangspunkt festzuhalten. Nur dann gewinnt die religiöse Unterscheidung zwischen dem ewigen Gott und dem zeitlichen Menschen ihren Ernst zurück, und nur dann ist für den Glauben wieder Platz. Da in der nun ganz profanen Welt das Gottesverhältnis allein auf dem Akt der freien Entscheidung beruht, gewinnt dieser Akt selbst eine metaphysische Absolutheit. Er kann als ewig bezeichnet werden, weil er der Ort der unbedingten inneren Überlegenheit über Welt, Schicksal, Schuld und der Begründung der zeitlichen Existenz im Ewigen ist (vgl. auch → Jaspers). Diese »Metaphysik der Subjektivität« (Heidegger) ist definitiv erst im Paradox des Glaubens an den »Gott in der Zeit« überwunden. Die Spannung zwischen dem E.sanspruch des existentiellen Denkens und dem Glaubensgehorsam, die für die von Kierkegaard ausgehende → dialektische Theologie bezeichnend ist, wiederholt in radikalisierter Gestalt den lutherischen Gegensatz von Vernunft und Glaube.

e) Gegenüber der »Metaphysik der Subjektivität« kann die Aufweisung objektiver, zeitloser, ewiger Werte als Gegengewicht erscheinen (Scheler, Hartmann). Aber entweder bleibt der Seinsmodus der Werte, die in einer gleichsam dinglichen Beständigkeit gesehen werden, ungeklärt, oder aber es ist von vornherein sichtbar, daß die Werte ihren Ursprung in der schaffenden und wertenden Lebendigkeit des Menschen haben und daher durch die Geschichte relativiert werden (Nietzsche, Dilthey). E., zB die platonische Idee des an sich seienden Wahren und Guten, erscheint bei → Nietzsche (in anderer Weise auch bei → Marx) als Projektion des nicht zur Selbstverwirklichung gekommenen Lebenswillens, des Willens zur Macht. Da aber der Mensch gleichwohl auf Metaphysik und den in ihr gemeinten ewigen Sinn hindrängt, hat Nietzsche zuletzt die souverän gewordene Zeitlichkeit durch seine Lehre von der ewigen Wiederkehr in den Anfang der Metaphysik, dh in den Kreislauf des einen Lebens, der einen Welt, zurückzunehmen versucht.

M.SCHELER, Der Formalismus in der Ethik u. die materiale Wertethik, 1916 - DERS., Vom Ewigen im Menschen, 1921 - N.HARTMANN, Ethik, 1925 - K.LÖWITH, Nietzsches Philosophie der ewigen Wiederkehr des Gleichen, (1934) 1956² - F.H.BRABANT, Time and Eternity in Christian Thought (Bampton Lectures 1936), 1937 - H. HAUSHERR, St. Augustine's Conception of Time (The Personalist 20, 1939) - G.KRÜGER, Einsicht u. Leidenschaft, 1939 - DERS., Grundfragen der Philosophie, 1958 - E.FRANK, Religiöse Wahrheit u. philosoph. Erkenntnis, 1949 - H.-I.MARROU, L'ambivalence du temps de l'histoire chez Saint Augustin, Paris 1950 - W.JÄGER, Die Theol. der frühen griech. Denker, 1953 - M.HEIDEGGER, Was heißt Denken?, 1954 - C.H.RATSCHOW, Anmerkungen zur theol. Auffassung des Zeitproblems (ZThK 51, 1954, 360-387). *W.Anz*

Examen, *kirchliches,* 1. Innerhalb der Gemeinde → Abendmahl: IV. VI, → Beichte: II, → Katechismus: II, → Konfirmation: I, → Taufe: II. V. VI, → Trauung: I. 2. → Pfarrervorbildung und -weiterbildung.

Exarch, ursprünglich Titel für den Statthalter des byzantinischen Kaisers in Afrika und Italien. In der Kirche des Ostens wurde E. zunächst (4.-6.Jh.) auf Metropoliten von größeren Reichsteilen (»Diözesen«) übertragen, bezeichnet hier aber eher eine Ehren- als eine Jurisdiktionsstellung und bildet den Übergang zum Patriarchat. Im MA wurde der Titel zuweilen von Patriarchen in ihrem Sprengel auf Stellvertreter mit bestimmten Verwaltungsaufgaben übertragen. Als Exarchat wurde 1870 die Bulgarische Orthodoxe Kirche verstanden und wiederhergestellt. In neuester Zeit unterhält das Patriarchat von Moskau Exarchate für Auslandsrussen in Westeuropa (Berlin), in Amerika und auch für die Ukraine (Kiew), daneben das Ökumenische Patriarchat seinerseits Exarchate für die Griechen in USA, in Westeuropa (London) und - mehr nominell - ein Exarchat für orth. Auslandsrussen in Westeuropa (Paris).

PW VI, 1909, 1552f - K.MÜLLER, KG I/1³, 1941, 655f. 658 - MULERT-SCHOTT, 80. *St.Zankow*

Exegese → Schriftauslegung, → Hermeneutik.

Exemtion, im kath. Kirchenrecht im weiteren Sinn die Befreiung von irgendeinem Gesetz, zB die E. von Kirchen und Friedhöfen von der staatlichen Jurisdiktion (→ Asylrecht, 3), im engeren Sinn die Befreiung von Personen, Territorien, kirchlichen Anstalten und Häusern von der → Jurisdiktion des eigentlich oder üblicherweise territorial zuständigen kirchlichen Gewaltträgers und die Unterstellung unter den nächsthöheren (E. von der päpstlichen Gewalt ist also ausgeschlossen) oder einen anderen als den üblichen. Die Hauptfälle der E. im geltenden Recht sind: die E. der Kloster- und klosterähnlichen Genossenschaften (→ Kloster: III) und der → Weltlichen Institute von der bischöflichen Jurisdiktion; die Abtei oder Prälatur nullius (→ Abt, → Prälat); der außerhalb einer Kirchenprovinz stehende Erzbischof oder → Bischof (: II); die exemte → Militärseelsorge (: II); die E. der Klerikalseminare von der Jurisdiktion des Ortspfarrers.

Vgl. die Lehrbücher des → Kirchenrechts (: I A). Ferner: A. SCHEUERMANN, Die E. nach geltendem kirchl. Recht, 1938 - DDC V, 637ff. *H.Barion*

Exerzitien, *geistliche,* aus der spätmittelalterlichen → Mystik (: VI) stammende Kontemplationsübungen (→ Ludolf von Sachsen, Vita Christi, 1350; → Thomas a Kempis, Imitatio Christi, um 1420; Garcia de Cisneros, Exercitatorium spirituale, 1500), die das Ziel der unio mystica (visio beatifica) beim einzelnen verfolgen. Von besonderer Bedeutung für die Frömmigkeitsgeschichte der röm.-kath. Kirche sind die »Exercitia spiritualia« (1522) des Ignatius von → Loyola geworden. Sie sind keine Anweisungen für das esoterische Bemühen des einzelnen, sondern eine Dienstvorschrift für den E.-meister in einem grundsätzlich bei allen Menschen anwendbaren, psychologisch meisterhaft ausgedachten Verfahren. Die ignatianischen E. dauern vier Wochen und bedienen sich eines dreifachen Stufenweges: der via purgativa (1. Woche), illuminativa (2. und 3. Woche, hier die Meditation der Vita Christi) und unitiva (4. Woche). - Zielbewußt hat Karl → Borromäus die E. im Leben der Kirche verwurzelt (Asceterium in Mailand 1579, das erste E.haus), ähnlich auch → Vincentius a Paulo mit seinem Haus St. Lazarus in Paris. Aber die eigentlichen Bahnbrecher der E.bewegung waren im 17.Jh. der Jesuit Huby für die Männer und Catherine de Francheville für die Frauen (Vannes in der Bretagne). Nach der Wiederherstellung des → Jesuiten-Ordens begann sein General Joh.Roothaan mit der Erneuerung des E.gedankens

(1834). Die neueste Entwicklung wurde um 1890 durch den belgischen Jesuiten Watrigant eingeleitet: »Wollt ihr, daß die Arbeiter apostolisch werden, laßt sie E. machen.« Seine Parole hat Pius XI. in der Enzyklika »Quadragesimo anno« aufgenommen (1931), nachdem er sich schon in der Apostolischen Konstitution »Summorum pontificum« (1922) und der Enzyklika »Mens sana« (1929) für die E. eingesetzt hatte. Spannungen ergaben sich zwischen liturgischer und E.bewegung. Deswegen empfiehlt Pius XII. in seiner Liturgie-Enzyklika »Mediator Dei« (1947) unter den außerliturgischen Frömmigkeitsübungen nachdrücklich »die hl. E., die der Erwägung der ewigen Wahrheiten dienen«. Aus Anlaß des Ignatiusjubiläums (1956) erließen die deutschen Bischöfe einen gemeinsamen Hirtenbrief zur Förderung der E.bewegung.

So wird der Geist der ignatianischen E. auf mannigfache Weise in das gegenwärtige Leben der Kirche hineingeleitet. Die E. (»Große E.«) genau nach den Weisungen des Ignatius sind nur auf wenige, fast auf die Jesuiten allein beschränkt, wenn es auch Laien gibt, die sich ihnen unterziehen. Üblich geworden sind acht- oder fünftägige oder noch kürzere E. Der CIC fordert E. vor dem Empfang der Weihen (c. 1001) und vor der Ablegung der Gelübde (c. 541), jährlich für die Alumnen der Seminarien (c. 1367 n. 4) und für die Ordensangehörigen (c. 595 § 1 n. 1), alle drei Jahre für die →Weltpriester (c. 126); auch können im Rahmen des Beichtinstituts mehrtägige E. als Strafen auferlegt werden (c. 2313 § 1 n. 5).

Die E. des Ignatius und ihre Ableger verwandeln die Mystik der »Imitatio Christi« in einen voluntaristischen Methodismus, der unter der Leitung der Kirche (E.-meister) die Bekehrung des einzelnen erreicht und sie zu weltumgestaltendem Handeln im Sinne des Reich-Gottes-Gedankens der röm.-kath. Kirche verwertet. Durch die E. wird mönchisches Leben als eigentlich christliches Leben jedem wenigstens für wenige Tage möglich. Sie wollen den ganzen Ernst der christlichen Existenz deutlich machen, lassen jedoch leicht vergessen, daß Gottes Handeln mit dem Menschen nicht in den frommen Übungen des Menschen erfolgt, sondern im Alltag und durch das ganze Leben hindurch.

Krit. Ausg. der »Exercitia spiritualia« in: Monumenta Ignatiana ser. II, t. 1, Madrid 1919; dt. v. H.URS V.BALTHASAR, (1946) 1954. - Lit. (vgl. E.RAITZ V.FRENTZ in Zs. f. Aszese u. Mystik 6, 1931, 72-84; Bibliogr.): RE V, 691ff - K.HOLL, Die geistl. Übungen des Ign. v. Loyola, 1905 (= HOLL III, 285-301) - P.LIPPERT, Zur Psychologie d. Jesuitenordens, (1912) 1956² - H.BÖHMER, Loyola u. die dt. Mystik, 1921 (= Ign.v.Loyola, neu hg.v. K.D.SCHMIDT, 1957, 29-39) - G. HARRASSER, E.-Leitung I. II, 1923/24 - M.MESCHLER u. W.SIERP, D. E.-Buch d. hl. Ignatius v.L., 3 Bde, 1925-30 - E.SCHLUND, E. u. E.-bewegung, 1926 - E.BÖMINGHAUS, Die Aszese der ignatianischen E., 1927 - RGG² II, 466ff - L.ZARNCKE, Die Exercitia spiritualia des Ign. v.Loyola in ihren geistesgeschichtl. Zusammenhängen, 1931 - LThK III, 909ff - E.PRZYWARA, Deus semper maior. Theol. der E., 3 Bde, 1938/40 - EC V, 575ff - K.RAHNER, Die ignatianische Mystik der Weltfreudigkeit (Schriften zur Theol. III, 1956, 329-348).

W.Sucker

Exil, *das babylonische.* Als das neubabylonische Reich (→ Babylonien: I, 4) nach dem Sturz des Assyrerreiches (→ Assyrien, 4) Syrien und Palästina in Besitz genommen hatte, versuchte → Juda wiederholt, sich der babylonischen Oberherrschaft zu entziehen. Das hatte ein zweimaliges Eingreifen der Babylonier zur Folge (597 und 588/87 vChr). Zu den Maßnahmen der Babylonier (597 Einsetzung eines neuen Vasallenkönigs, → Zedekia; 587 Beseitigung des Königtums und Zerstörung → Jerusalems und seines Tempels) gehörte in beiden Fällen die Deportierung der führenden Bevölkerungsschichten nach Babylonien. Von der Deportierung wurde nicht etwa die gesamte Bevölkerung betroffen, wie das Chronistische Geschichtswerk (→ Chronikbücher) es darstellt (2Chr 36, 20f), sondern nur die Oberschicht: die Umgebung des Königs, Offiziere, Beamte, Handwerker. Die genauen Zahlen der Deportierten kennen wir nicht; die Angaben von Jer 52, 28-30 verdienen wohl den Vorzug vor denen von 2Kön 24, 14. 16. Die Deportierung der Oberschicht war eine Praxis, die die Babylonier von den Assyrern übernommen hatten. In ihrer Durchführung blieben sie allerdings hinter dem assyrischen Vorbild zurück, und das sollte für die Folgezeit von erheblicher Bedeutung sein. Die assyrische Praxis hatte darin bestanden, die Oberschicht einer neu unterworfenen Provinz in anderen Provinzen als neue Oberschicht anstelle der von dort deportierten anzusetzen und ihre bisherigen Plätze mit einer neuen, aus anderen Teilen des Reiches zusammengeholten Oberschicht zu besetzen. Diese Zersplitterung und Neuverteilung der führenden Schichten der unterworfenen Völker war die Grundlage der assyrischen Provinzialpolitik: Die neue Oberschicht war wirtschaftlich saturiert und mußte an der Aufrechterhaltung der von den Assyrern geschaffenen Ordnung gegenüber etwaigen Emanzipationsbestrebungen der einheimischen Untertanenbevölkerung allein schon deswegen interessiert sein, weil ihre eigene Stellung mit dieser Ordnung unlöslich verknüpft, ihr die Rückkehr in die alte Heimat und die alten Rechte aber durch die dort eingesetzte neue Oberschicht versperrt waren. Die Babylonier blieben insofern hinter der assyrischen Praxis zurück, als sie erstens in Juda keine neue Oberschicht einsetzten, dort also ein Vakuum entstehen ließen, und zweitens die deportierten Judäer nicht als Oberschicht in anderen Provinzen ihres Reiches, sondern als halbfreie Kolonen zur Wiederbesiedlung verödeter Ortschaften im babylonischen Stammlande verwendeten. Dieser soziale Abstieg in Verbindung mit dem Wissen, daß ihre Plätze in der Heimat nicht von einer neuen, fremden Oberschicht besetzt waren, ließ unter den Deportierten die Hoffnung auf eine Revision des von den Babyloniern geschaffenen Zustandes aufkommen und immer wachbleiben. Daß an die Stelle der Heimkehrerwartung je länger je mehr eine gewisse Resignation trat (zB Jes 40, 27), ändert nichts daran, ist vielmehr nur so zu erklären, daß man grundsätzlich mit einer Rückkehr rechnete. Die Ursache für die Restauration in der Perserzeit (→ Judentum: I) liegt somit in der Unfertigkeit des von den Babyloniern geschaffenen Zustandes.

Über das *Leben der Exilierten* gibt die zeitgenössische Literatur einige Auskunft: Sie wohnten in eigenen Ortschaften beieinander (Ez 3, 15; weitere Ortsnamen: Esr 2, 59; 8, 17), konnten Häuser bauen, Gärten anlegen, heiraten (Jer 29, 5f) und besaßen ihre eigene Organisation (»Älteste«: Ez 14, 1; 20, 1. 3), hatten also die Möglichkeit, sich innerhalb gewisser Grenzen ihr Leben selbst zu gestalten. Gewiß werden im Laufe der Zeit einzelne Exilierte in ihrer babylonischen Umgebung aufgegangen sein - in Nippur (→ 3 E 4) gefundene, aus dem 5.Jh. vChr stammende Geschäftsurkunden enthalten eine Reihe judäischer Namen und geben damit zu erkennen, daß die Träger dieser Namen jedenfalls in der Perserzeit sich dem Leben ihrer Umgebung eingefügt hatten -, aber im großen und ganzen scheint die Sehnsucht nach der Heimat und die Hoffnung auf eine Rückkehr die Deportierten zusammengehalten zu haben. Zur Sehnsucht nach der Heimat gehörte nicht zuletzt die Sehnsucht nach Jerusalem als der Stätte des Tempels (Ps 137). Da dieser seit der Reform des Königs →Josia (→Deuteronomium) die einzige legitime Kultstätte war, war die hergebrachte Ausübung des Kultes im E. nicht möglich. An ihre Stelle traten Zusammenkünfte zu Klagefeiern, wie sich aus der Verwendung der Gattung des Heilsorakels durch Deuterojesaja zu ergeben scheint (→ Jesajabuch, 2), ferner die Beobachtung von → Sabbat und → Beschneidung, die, zwar wesentlich älteren Ursprungs, jetzt zu Bekenntnishandlungen wurden, mit denen man sich von der fremden Umgebung abgrenzen konnte. Neben diese Besinnung auf ihre Eigenart trat unter den Deportierten offenbar eine Besinnung über den Grund ihres Unglücks. Sie lernten ihre Lage als das seit Generationen durch Prophetenmund angekündigte → Gericht Jahwes verstehen. Damit aber erschloß sich die Möglichkeit einer Heilserwartung, die ebenfalls an die prophetische Überlieferung anknüpfen konnte: Die Propheten hatten jenseits des Gerichtes das Heil erwartet, und → Jeremia und → Ezechiel hatten dieses, da ihnen die Exilierung als das Kernstück des Gerichtes galt, ausdrücklich den Exilierten zugesprochen gegenüber einem kurzschlüssigen Heilsglauben der Zurückgebliebenen (Jer 24; Ez 11, 15ff). Der klassische Vertreter der Heilserwartung unter den Exilierten war Deuterojesaja (→ Jesajabuch, 2). Eine nicht unerhebliche Rolle in seiner Verkündigung spielte das in seinen Tagen aufkommende Perserreich mit seinem König Kyros (Jes 44, 28; 45, 1 u.ö.). - Die an Kyros geknüpften Erwartungen haben sich beim Sturz des neubabylonischen Reiches (539 vChr) nur teilweise erfüllt. Kyros gab Befehl, den Tempel in Jerusalem wieder aufzubauen (Esr 6, 3-5), aber die *Rückkehr* der Exilierten erlaubte er nicht (entgegen der Darstellung des Chronistischen Geschichtswerkes, Esr 1, 3). Zu einer Rückkehr größeren Ausmaßes kam es erst später. Ihr genauer Zeitpunkt ist nicht leicht zu bestimmen; wahrscheinlich ist sie kurz vor 520 (Beginn des Tempelbaus, → Haggai) anzusetzen.

Außer den »Geschichten → Israels«: E.KLAMROTH, Die jüd. Exulanten in Babylonien (BWAT 10), 1912 - E.EBELING, Aus dem Leben der jüd. Exulanten (Wissenschaftl. Beilage zum Jahresbericht des Humboldt-Gymnasiums), 1914 - A.ALT, Die Rolle Samarias bei der Entstehung des Judentums (Festschr. O.Procksch, 1934, 5-28 = ALT II, 316-337) - E.F.WEIDNER, Jojachin, König von Juda, in babylon. Keilschrifttexten (Mélanges Syriens offerts à M.R.Dussaud, Paris 1939, 923-935) - K.GALLING, Von Naboned zu Darius (ZDPV 69, 1953, 42-64: 70, 1954, 4-32) - F.HORST, E.sgemeinde u. Jerusalem in Ez 8-11 (VT 3, 1953, 337-360) - E.v.WALDOW, Anlaß u. Hintergrund der Verkündigung des Dtjes (Diss. Bonn), 1953 - E.JANSSEN, Juda in der E.szeit (FRLANT NF 51), 1956 - C.F.WHITLEY, The Exilic Age, London 1957. *R.Bach*

Existential-existentiell → Existenzphilosophie, 2a.

Existentialismus → Existenzphilosophie.

Existenzphilosophie

1. Entwicklung und Bedeutung - 2. Ansatz und inhaltliche Thematik

1. a) Als E. bezeichnet man eine *philosophische Strömung,* die sich in Deutschland gegen Ende der zwanziger Jahre entwickelt und damals in einem ungewöhnlichen Maß das Interesse einer breiten Öffentlichkeit zu erregen gewußt hat. Ihre Begründer waren *Karl → Jaspers* und *Martin → Heidegger.* Heideggers »Sein und Zeit« (1927) und Jaspers' »Philosophie«, vor allem deren zweiter Band »Existenzerhellung« (1932), bezeichnen am besten den Einsatz dieser Bewegung, doch ging von beiden Denkern schon vor dem Erscheinen der Bücher durch die unmittelbare akademische Lehrtätigkeit eine starke Wirkung aus. (Heidegger hat zwar später von sich aus die Einordnung in die E. schroff abgelehnt und betont, daß seine »Analytik des → Daseins« rein ontologisch zu verstehen sei; aber das ändert nichts daran, daß sein Werk damals weitgehend als E. verstanden wurde und in diesem Sinn dann auch die Entwicklung entscheidend bestimmt hat. Diese Schwierigkeit gilt zugleich von den meisten hier anzuführenden Vertretern, insofern sie nur zu einem Teil ihres Werks in den Umkreis der E. hineingehören.) Außer einer größeren Anzahl unmittelbarer Schüler, die von Jaspers und vor allem von Heidegger ausgegangen sind, ist noch eine Reihe weiterer Denker zu nennen, die unabhängig von ihnen eine ähnliche Haltung eingenommen oder die Anregungen in selbständiger Form weiter entwickelt haben. Hierin gehören E. → Grisebach, P.Wust und vor allem der sehr eigenwillige H.Lipps. Darüber hinaus aber strahlte die E. auf das gesamte wissenschaftliche Leben aus. Bes. fruchtbar sind ihre Einflüsse auf die → Psychologie (: I) und Psychopathologie (L.Binswanger, H.Kunz u.a.), die Literaturgeschichte (G.Fricke, W.Rehm, E.Staiger u.a.) sowie auf die ev. Theologie.

b) Während die Entwicklung in Deutschland unter dem Druck der politischen Verhältnisse zum Erliegen zu kommen schien, flammte sie zu Beginn der vierziger Jahre in *Frankreich* in einer überaus leidenschaftlichen Weise wieder auf und hat von da aus nach dem Ende des zweiten Weltkriegs auch nach Deutschland stark zurückgewirkt. Diese französische Bewegung bezeichnet sich mit dem leicht abgewandelten Namen als *Existentialismus;* dabei ist Existentialismus, soweit es sich um eine philosophische Erscheinung handelt, gleichbedeutend mit der französischen Form der E., er greift aber stärker als die deutsche Bewegung über den philosophischen Bereich hinaus in die Dichtung, ins politische Leben, bis hinein in den äußeren Lebensstil seiner Anhänger. Der Begründer und Hauptvertreter des französischen Existentialismus ist *Jean-Paul → Sartre,* der nicht nur durch seine philosophischen Arbeiten, sondern auch durch seine zahlreichen Aufsätze, Novellen, Romane, Dramen und Filme seine Zeitgenossen bewegte und vor allem auf die Jugend entscheidenden Einfluß gewann. Auch für die meisten andern der französischen Existentialisten ist diese unmittelbare Verbindung von Philosophie, Dichtung und unmittelbarem schriftstellerischem Eingreifen in die Zeitereignisse bezeichnend. Geistig sehr nahe steht Sartre Simone de Beauvoir. Als der am stärksten theoretisch orientierte Vertreter hat M.Merleau-Ponty in seiner »Phénoménologie de la Perception« (1945) die anthropologischen Grundlagen dieses Systems durchgearbeitet. Eine durchaus selbständige Persönlichkeit als Dichter und als Schriftsteller ist endlich Albert → Camus, der die Problematik des existentialistischen Menschen mit letzter Schärfe herausgearbeitet hat.

c) Während Sartre die von ihm vertretene Richtung der E. oft mit einer gewissen Schärfe als atheistisch bezeichnete, hob sich davon in Frankreich eine andre, oft als *christlicher Existentialismus* bezeichnete Strömung ab, deren wesentlichster Vertreter *Gabriel → Marcel* ist. Ihr steht auch die von E.Mounier als Personalismus bezeichnete Richtung nahe. Doch bleibt zweifelhaft, wieweit man diese Strömungen noch sinnvoll als Existentialismus bezeichnen kann. - Endlich ist von der Auswirkung auf andre Länder noch der durchaus eigenständige *italienische* Existentialismus (N.Abbagnano, L.Pareyson) zu nennen.

2. a) Man versteht die E. im ganzen nur als Glied eines umfassenden *geistesgeschichtlichen Zusammenhangs,* der sich ebenso sehr wie in der Philosophie auch in der Dichtung und im wissenschaftlichen Denken auswirkt. Unter den gleichzeitigen Dichtern stehen ihr vor allem → Rilke und → Kafka nahe. Auf ev.-theologischem Gebiet ist die → dialektische Theologie weitgehend aus entsprechenden Impulsen erwachsen (so wie bes. zwischen der Heideggerschen und der Bultmannschen Schule engste Beziehungen bestehen). Gemeinsam ist allen diesen Strömungen die leidenschaftliche Abwendung von allen idealistischen und humanistischen, überhaupt allen harmonisierenden Auffassungen vom Menschen. Für die erste Phase der E. waren die Erschütterungen des ersten

Weltkriegs und der damit verbundene Zusammenbruch so vieler bis dahin als fraglos geltender Ordnungen und Werte bestimmend. Das frühere Vertrautheitsgefühl des Menschen in seiner Welt war verlorengegangen, und hilflos fühlte er sich einer übermächtig auf ihn eindringenden unheimlichen und bedrohlichen Welt preisgegeben.

So waren es die *Grunderfahrungen* der Angst, der Verzweiflung und der abgründigen Langeweile, die den Menschen aus dem gedankenlosen Dahinleben aufschreckten und die sich ihm geradezu als metaphysische Grunderfahrungen eröffneten. Denn die → Angst, wie sie im Anschluß an → Kierkegaard von der E. aufgefaßt wurde, ist etwas andres als die jeweils auf etwas Bestimmtes bezogene Furcht; sie ist das gegenständlich niemals zu fassende und niemals zu begründende Gefühl, in dem dem Menschen alles Feste entgleitet und nichts mehr Bestand hat. Es ist die Grunderfahrung des Nichts, die den Menschen erzittern läßt. Aber dieses Nichts wird falsch verstanden, wenn man es als → Nihilismus im üblichen Sinn versteht, sondern im Gegenteil: Indem alles Äußere sich dem Menschen als fragwürdig erweist, wird er zurückgeworfen auf jenen innersten und inhaltlich grundsätzlich nicht mehr bestimmbaren Kern seiner Seele, den die E. mit dem ebenfalls von Kierkegaard übernommenen Begriff als »Existenz« bezeichnet. Man kann die E. überhaupt weitgehend als die Säkularisierung eines durch Kierkegaard vermittelten ursprünglich christlichen Ansatzes begreifen. Auch wenn sie vom konkreten Gottesverhältnis absieht, bleibt doch ihr anthropologischer Grundansatz (→ Anthropologie: II, 2) von der christlichen Auffassung des Menschen bedingt.

Im typischen Gegensatz zu allen idealistischen wie auch naturalistischen Menschendeutungen ist das *Menschenbild* der E. durch einen scharfen Dualismus gekennzeichnet. Der Mensch ist, mit Jaspers gesprochen, in seinem Dasein nur mögliche Existenz. Gemeinhin befindet er sich in einem Zustand der Uneigentlichkeit oder der Verfallenheit, eines anonymen Massendaseins, in dem alles Selbstsein nivelliert ist, und nur in einer scharfen Umkehr ist er imstande, sich zur Eigentlichkeit seiner Existenz zu erheben. Aber ähnlich wie auch nach Luther der alte Adam durch tägliche Reue und Buße ersäuft werden muß, so kann auch diese Existenz nicht in einer zeitlichen Dauer als fester Bestand bewahrt werden; sie kann nur im Augenblick ergriffen werden, aber sie sinkt auch im Augenblick wieder dahin, um zur späteren Zeit gegebenenfalls neu realisiert zu werden.

So führt der Grundansatz der E. mit Notwendigkeit zu einer Deutung des menschlichen → Daseins auf dem Boden einer scharf herausgearbeiteten *Zeitlichkeit,* wie überhaupt die Erforschung der inneren Zeiterfahrung der E. wichtige Anstöße verdankt (→ Zeit). Dabei versinkt unter dem existentiellen Gesichtspunkt alle zeitliche Stetigkeit und alle allmähliche Entwicklung, entscheidend ist vielmehr allein die sich auf der Schneide des Augenblicks verdichtende und mit voller Entschlossenheit sich der Zukunft entgegenwendende Form der Existenz. Zumal der → Tod (: V), der in den andern Formen neuzeitlicher Philosophie fast ganz vergessen war, gewinnt in der E. grundlegende Bedeutung; denn er ist es, der in seiner ständigen Bedrohung den Menschen in die Entschiedenheit seiner Existenz hineinzwingt. Er bezeichnet neben Leiden, Kampf, Zufall, Schuld usw die äußerste der dem Menschen in seiner Endlichkeit unentrinnbar zugehörigen »Grenzsituationen« (Jaspers).

Auf dem Boden dieser Zeitauffassung entwickelt sich zugleich ein entsprechendes Verständnis der → *Geschichte* (: III). Auch hier verliert der Gedanke an Fortschritt und schöpferische Entfaltung dem Existentiellen gegenüber seine Bedeutung; das Wesentliche ist vielmehr allein die in der Auseinandersetzung mit der vorgegebenen Situation sich durch die unbedingte → Entscheidung im Augenblick realisierende Existenz. Bezeichnend dafür sind die zahlreichen philosophiegeschichtlichen Arbeiten dieser Bewegung: Das geistes- und problemgeschichtliche Moment tritt in den Hintergrund, entscheidend ist allein die über den geschichtlichen Abstand hinweg sich in der Sphäre der Gleichzeitigkeit vollziehende unmittelbare Begegnung.

Die Grundstrukturen, die den Aufbau der Existenz bestimmen, bezeichnet Heidegger als *»Existentialien«* und trennt sie scharf von den Kategorien als den Bestimmungen des innerweltlich begegnenden Seins. In diesem Sinn unterscheidet er in einem auch sonst vielfach aufgenommenen Sprachgebrauch zwischen dem *Existentiellen* als dem, was den Menschen in seiner konkreten Existenz unmittelbar angeht (zB sein bevorstehender Tod), und dem *Existentialen* als dem, was die ontologische Struktur der Existenz bestimmt (zB dem allgemeinen Sein-zum-Tode), und sieht so seine eigene Aufgabe in einer existentialen Analyse des (menschlichen) Daseins. Doch muß bemerkt werden, daß Jaspers von seiner Auffassung der E. her eine solche ontologische Behandlung der Existenz als existenzwidrige Verfestigung ablehnt.

b) Der *französischen E.* fehlt im Verhältnis zur deutschen der ausgesprochen metaphysische Zug. Alles ist stärker auf den Menschen bezogen. Soziologische und praktisch politische, aber auch psychologische Fragen liegen ihr viel näher. Den Einsatzpunkt ihrer Entwicklung bezeichnet der »Roman« Sartres: »La nausée« (1938). Der Ekel erscheint hier als das Grundgefühl, das dem Menschen die aus keinerlei objektiver Ordnung begründbare Zufälligkeit und Sinnlosigkeit allen Seins offenbart. Camus hat in seinem »Mythe de Sisyphe« (1942) diese Situation im erschütternden Gleichnis dargestellt: der Mensch ist der »absurde Held«; wie jener antike Sagenheld ist er zu einer Anstrengung verurteilt, deren Ergebnislosigkeit er einsieht, und die einzige Größe des Menschen bleibt darin, dies grausame Schicksal seinerseits noch zu bejahen. Allerdings muß bei Camus von Anfang an ein humaner Zug beachtet werden, der sich in der »Peste« (1947) zu der Forderung verdichtet, jenseits der Verklärung als Held oder als Heiliger das menschlich Anständige (l'honnêteté) zu tun. Von da kommt Camus im »L'homme révolté« (1952) später zu einem durchaus unexistentialistischen Ethos der Mitte und des Maßes.

Das philosophische *Hauptwerk* der französischen E. ist Sartres »L'être et le néant« (1943), daneben die kleinere, als Einführung geeignete Rechtfertigungsschrift »L'existentialisme est un humanisme« (1946). Es gilt, den Menschen in seiner grundsätzlich nichtobjektivierbaren Subjektivität (als pour soi) von dem festen dinglichen Sein (als en soi) abzuheben. Der Mensch ist zu seiner Freiheit »verurteilt«, dh ohne objektiv gegebene Sinngebung muß er sein Leben aus eigner Verantwortung formen. Er findet kein festes Wesen vor, sondern muß sich zu dem machen, was er ist, und ist insofern für sein Wesen selber verantwortlich. (Aus der überspitzt formulierten These, daß der Mensch sein eignes Wesen gestalte, folgert Sartre seinen viel diskutierten → Atheismus [: II, 8], den man aber nicht übertrieben wichtig nehmen sollte, weil es sich mehr um ein persönliches Bekenntnis als um eine wirklich zwingende Folgerung handelt.)

Gemeinsam ist der französischen E. die Forderung des engagement, des unbedingten Einsatzes für eine Sache, weil gegenüber aller bloß betrachtenden Haltung nur in ihm der Mensch zur echten Wirklichkeit durchstoße. Daraus entwickelt sich eine typisch existentialistische *Ethik.* »Was zählt, ist allein der totale Einsatz«, so wird sie bei Sartre zusammengefaßt. Die Größe dieses Ethos liegt in der Rückhaltlosigkeit der Hingabe. Ihre Gefahr aber besteht darin, daß ein solcher durch kein inhaltliches Ziel bestimmbarer, sondern nur formal durch das Kriterium der Unbedingtheit charakterisierter Einsatz in ein leeres Abenteurertum abgleitet, das die Gefahr noch als Reiz genießt (vgl. auf dichterischem Gebiet auch A.Malraux und A.de Saint Exupéry).

c) Der sog. *christliche Existentialismus* Marcels hat mit den andern Formen der E. die Betonung der Subjektivität und die Forderung des engagement gemeinsam. Während aber dort der Mensch in der Angst und Verzweiflung auf die Einsamkeit seines Ich zurückgeworfen wurde und er nur in dessen innerstem Grund ein Absolutes, nämlich die Existenz, ergreifen konnte, werden hier die entgegengesetzten Erfahrungen entwickelt, die dem Menschen einen tragenden Bezug zu einem Du und allgemein zu einem über ihn hinausführenden objektiven Sein erschließen. Das ist die Liebe zum andern Menschen, die Hoffnung als eine den Menschen ergreifende Grundstimmung, das Vertrauen und die schöpferische Treue (fidélité créatrice), die sich nicht anders als Angst und Verzweiflung in der übrigen E. als wirkliche metaphysische Urerfahrungen erweisen.

Bibliogr.: R.Jolivet, Franz. E. (BEStPh 9), 1948 - O.F.Bollnow, Dt. E. (BEStPh 23), 1953.

Lit.: F.Heinemann, Neue Wege der Philosophie. Geist, Leben, Existenz, 1929 - Ders., E., lebendig oder tot?, (1954) 1956² - Ders., Jenseits des Existentialismus, 1957 - J.Pfeiffer, E. Eine Einführung in Heidegger u. Jaspers, (1933) 1949² - O.F.Bollnow, E., (1942) 1957⁴ - Ders., Existentialismus u. Ethik (Die Sammlung 4, 1949, 321-335) - E.Mounier, Introduction aux Existentialisme, Paris 1947 - J.Wahl, Petite Histoire de l'Existentialisme, Paris 1947 - H.-H.Schrey, Existenz u. Offenbarung, ein Beitrag zum christl. Verständnis der Existenz, 1947 - F.J.Brecht, Einführung in die Philosophie der Existenz, 1948 - Th.Steinbüchel, Existentialismus u. christl. Ethos, 1948 - M.Müller, E. im geistigen Leben der Gegenwart, 1949 - M.Reding, E. Heidegger, Sartre, Marcel, Jaspers in kritisch-systematischer Sicht, 1949 - L.Gabriel, E. Von Kierkegaard bis Sartre, Wien 1951 - J.Lenz, Die moderne dt. u. franz. E., 1951 - J.Möller, E. u. kath. Theol., 1952 - H.Knittermeyer, Die Philosophie der Existenz von der Renaissance bis zur Gegenwart (Die Universität Bd 29), 1952 - J. Hommes, Zwiespältiges Dasein. Die existentielle Ontologie von Hegel bis Heidegger, 1953 - N.Abbagnano, Philosophie des menschlichen Konflikts. Eine Einführung in den Existentialismus (Rowohlts Dt. Enzyklopädie Bd 43), 1957 (Lit.).

O.F.Bollnow

Existenztheologie

1. Begriff - 2. Existenzverständnis - 3. Existenzverständnis und christliche Botschaft - 4. Existentiale Interpretation - 5. Die Debatte um die E. - 6. Glaube und Ontologie - 7. E. und die Frage nach dem historischen Jesus

1. Einige Zeit nach dem Bruch der → dialektischen Theologie mit der → liberalen Theologie und dem Neuprotestantismus gingen die Wege der dialektischen Theologen auseinander. In der Fortsetzung der gemeinsam begonnenen Arbeit hatte sich nicht nur gezeigt, daß man in wesentlichen Punkten voneinander abwich, sondern es stellte sich heraus, daß man nicht einmal die Problemstellungen teilte. Die *Bezeichnung* E. tauchte zur Charakteristik der Gesichtspunkte auf, denen bes. R. → Bultmann, in gewisser Hinsicht auch F. → Gogarten Nachdruck verliehen, so wie sie in Dänemark zur Charakteristik der → Tidehverv-Theologie angewandt wurde. Unter E. wird, wie aus der Bezeichnung hervorgeht, eine Richtung innerhalb der Theologie verstanden, die eine bestimmte - und zwar von → Kierkegaard inspirierte - Auffassung dessen, was existieren heißt, in den Mittelpunkt stellt. Ferner weist die Bezeichnung auf die Verbindung mit der → Existenzphilosophie hin, was sich am deutlichsten in der Durchführung der existentialen Interpretation innerhalb der Theologie unter Berücksichtigung der Unterscheidung von existentiell und existential zeigt. Schließlich ist es das Bestreben der E., die volle theologische Konsequenz aus der Tatsache zu ziehen, daß das menschliche → Dasein ein geschichtliches ist und daß der Mensch im Glauben dem Wort und dem Handeln Gottes in einem geschichtlichen Ereignis begegnet.

2. Unter *»Existenz«* wird menschliches Dasein verstanden, so wie Existenz als Möglichkeit und Bewegung gefaßt wird. Der so formulierte Begriff der Existenz richtet sich polemisch gegen jede substantielle Auffassung des »Selbst«. Ein »Selbst zu werden«, ist die fortwährende Aufgabe des Menschen. Näher betrachtet besteht diese Aufgabe darin, seine Identität als Mensch unter gleichzeitiger Beachtung des Charakters der Existenz als Möglichkeit und Bewegung zu gewinnen. Daraus folgt, daß der einzelne nur von Situation zu Situation, nämlich in der →Entscheidung und in der Handlung seine Identität erringen kann. Schon aus diesem Grunde ist die Herstellung der Identität mit Hilfe einer Lebens- und Weltanschauung - da man sich ja in einer solchen ein für allemal festgelegt hat - eine Scheinlösung.

Die Bewegung der Existenz wird als ein Werden bestimmt, dh als ein Vorgang, bei dem immer wieder die ganze Existenz des einzelnen eingesetzt wird. Die Bewegung der Existenz darf also nicht in einem so harmlosen Vorgang gesehen werden, wie es die Anwendung und Realisierung der in einer Lebens- oder Weltanschauung enthaltenen Ideen, Normen, Werte oder Prinzipien ist. Das Ziel, ohne das eine Handlung nicht zustande kommen, und die Direktive, ohne die eine Entscheidung nicht getroffen werden kann, darf der einzelne nicht seiner eigenen Welt entnehmen und somit unter Kontrolle bringen. Beides muß vielmehr von einer Stelle hergeleitet werden, zu der der einzelne nur unter Preisgabe seiner Existenz in ein Verhältnis kommen kann. Nur dann bedeuten Entscheidung und Handlung, daß in ihnen die Totalität der Existenz eingesetzt worden ist. Infolgedessen wird auch mit einem ganz bestimmten Gegensatz operiert: Dank der Verfügbarkeit der Lebens- und Weltanschauung hat sich der Mensch, dessen Handlung nur im Anwenden und Realisieren jener Anschauung besteht, stets in Sicherheit gebracht, während die echte Handlung und Entscheidung, in der die gesamte Existenz eingesetzt wird, durch Ungesichertheit gekennzeichnet ist. Hieraus folgt, daß das Ziel und die Direktive jenseits des Lebens und der Welt, zu denen wir uns in unsrer Lebens- und Weltanschauung verhalten, geholt werden müssen. Für Kierkegaard bedeutete dies, daß der Mensch der Struktur seiner Existenz als Bewegung und Werden nur in einem Sich-Verhalten zur Unendlichkeit und Ewigkeit entsprechen kann.

3. Zur E. gehört die klare Auffassung, daß der Charakter des →*Christentums* (: IV A) als Verkündigung - bzw. dessen Inhalt - der Struktur der Existenz entspricht. Im Grunde genommen dürfte der Mensch dem Inhalt des Christentums nur in Form der Verkündigung begegnen. Die → Verkündigung ist eine bestimmte Art der Anrede; was dem Menschen verkündigt wird, tritt für ihn in Kraft. Sie stellt daher den Menschen, ob er will oder nicht, in die Entscheidung, insofern ein Ablehnen der Verkündigung stets ein Sich-dagegen-Entscheiden ist. Der Art der Anrede, die die Verkündigung darstellt, entspricht also der Charakter der menschlichen Existenz als Entscheidung.

Daß aber das Christentum Verkündigung ist, beruht wiederum darauf, daß sein Inhalt Geschehnisse sind. Der Ausgangspunkt der Verkündigung ist das, was mit und durch Jesus von Nazareth geschah, und zwar als Tat Gottes geschah. Zwischen den Geschehnissen von damals und der Verkündigung heute besteht der engste Zusammenhang. Der Sinn der Handlung Gottes damals war, die Verkündigung seines Gerichtes und seiner Vergebung, die wir heute hören, zu stiften. Die Verkündigung heute, daß sie nämlich Gottes eigenes Wort ist, beruht auf dem, was damals mit Jesus von Nazareth geschah. Ohne das damalige Geschehen wird die heutige Verkündigung nicht zur Verkündigung von Gott, sondern ein Postulieren von Ideen und einer Weltanschauung (Bultmann).

Recht besehen ist es der Inhalt der verkündigten Geschehnisse, denen die menschliche Existenz als Entscheidung entspricht. Man kann ihnen gegenüber nämlich nicht ein für allemal Stellung nehmen. Das Gericht, das in den Geschehnissen zum Ausdruck kommt, kann niemals zu einem bleibenden Teil des Menschen werden. Das Gericht ist vernichtend, weswegen der Mensch darin kein Selbst werden kann. Dies kann er nur in der Vergebung, die zugleich mit dem Gericht in den verkündigten Geschehnissen enthalten ist.

Ferner entspricht die Unsicherheit, die jede echte Handlung und Entscheidung kennzeichnet, bei der der Mensch seine gesamte Existenz einsetzt, der Unsicherheit der christlichen Botschaft im objektiven Sinne. Für den christlichen Glauben ist Gott stets verborgen, weil er der Jenseitige ist, dessen Ewigkeit verschieden von allem Diesseitigen ist. Die Diesseitigkeit und die Jenseitigkeit lassen sich nicht zu einer kosmischen Einheit zusammenbringen. Wir stehen daher vor der Wahl, das Dunkel, das unser Leben von allen Seiten umgibt, als Nichts und unser Leben als eine einzige Sinnlosigkeit zu betrachten - oder das Dunkel Gott zu nennen, unserem Dasein Sinn zu geben im Aufgeben all unserer Ansprüche an das Leben und Gott allein unseren Herrn sein zu lassen. Möchte der Mensch sich an ein Objektives halten, so zeigt sich ihm nur Dunkel, Rätselhaftigkeit, Unverständliches und Tod. Sich der Entscheidung entziehen und statt dessen mit Hilfe einer Erkenntnis zum Glauben gelangen, kann der Mensch deswegen nicht, weil die Erkenntnis nirgends einen Haltepunkt hat. In der Entscheidung muß daher die gesamte Existenz ohne die Stütze einer Erkenntnis eingesetzt werden. Alle eigenen Ansprüche an das Leben sollen in einem → Verstehen der Tatsache aufgegeben werden, daß die Wahrheit des eigenen Lebens darin besteht, sich begrenzen und beherrschen zu lassen im Glauben daran, daß die das menschliche Leben nach allen Seiten umgebende Macht nicht Nichts, sondern Gott ist (Bultmann).

4. Das Existenzverständnis wird in einer *existentialen Analyse* entfaltet. Soweit der Philosoph diese durchgeführt hat (→ Heidegger), wird sie übernommen. Das durch die christliche Verkündigung historisch bedingte Verständnis der menschlichen Existenz wird so von dieser Verkündigung losgelöst, um philosophisch analysiert zu werden. Entscheidend indessen ist, daß die christliche Verkündigung selbst verlangt, die Existenzanalyse müsse mit Hinblick auf die christliche Verkündigung neutral sein. Da Gott der Jenseitige, der Unterschied zwischen Gott und Mensch unendlich, die Offenbarung paradox ist, so daß das Verhältnis zu Gott nur als konkretes Ereignis in der Begegnung des Menschen mit Gott besteht, gehört das Verhältnis zwischen Gott und Mensch nicht in die Existenzanalyse. Daß der Mensch, abgesehen von der konkreten Begegnung, Gott nicht in seinem Dasein finden kann, ist eine existentielle Existenzauffassung oder Selbsterkenntnis, die dauernd in der existentialen Analyse gegenwärtig ist, weswegen das Verhältnis des Menschen zu Gott außerhalb ihres Horizontes liegen muß. Spricht der Mensch von Gott, so muß er als der sprechen, der selbst angeredet ist und auf dessen Existenz Gott in seiner Allmacht Anspruch erhebt, dh er muß *existentiell* sprechen. Jede *existentiale* Rede dagegen von Gott als Möglichkeit und Gedanke ist ein einziger Widerspruch, weil man, während man von Gott und seiner Allmacht spricht, mit dem denkenden und analysierenden Charakter der Rede als solcher vorgibt, außerhalb von Gottes Allmacht zu stehen. Mit der analysierenden Stellung als solcher bestreitet man die Allmacht, die man in die Analyse einbezogen hat.

Die Existenzanalyse wird nun in der E. mit der Problematik der nt. Forschung kombiniert. Das Existenzverständnis und seine Entfaltung als existentiale Analyse geht in die Auslegung des NT ein und fungiert als eine theologische Kritik der nt. Überlieferung. Dies geschieht erstens, weil das Existenzverständnis der nt. Verkündigung entspricht, insofern es von ihr her historisch bedingt ist; zweitens, weil in der nt. Verkündigung als solcher eine Tendenz liegt, Gott, Welt und Mensch als reine Erkenntnis weltanschaulichen Charakters, losgelöst von der Verkündigung zu nehmen (→ Entmythologisierung).

5. Die *Debatte um die E.* ist auf zweierlei Art geführt worden: a) Ohne die Grundposition der E. zu teilen, wird die Polemik zur Beleuchtung der eigenen Fragestellung benutzt, wobei die Probleme, die den Existenztheologen bedrängten und zur Auseinandersetzung zwangen, ignoriert werden. Symptomatisch ist hier der Einwand gegen die E., daß sie dem formalen und phänomenologischen Existenzverständnis den Vorrang erteile und demzufolge die christliche Botschaft einem von vornherein festliegenden und von ihr unabhängigen Existenzverständnis anpasse. Die E., heißt es, betone mehr als zulässig die Struktur der Existenz und beziehe von der christlichen Botschaft nur dasjenige ein, was als Anreiz für die Bewegung und das Werden der Existenz in Betracht komme. Dieser Einwand tritt auch in dem Vorwurf auf, die E. übernehme eine vorliegende und ausgearbeitete Philosophie. Dabei wird jedoch übersehen, daß die Gesichtspunkte und Resultate der Existenzphilosophie schon rein historisch ohne den Einfluß der Theologie undenkbar sind (Augustin, Luther, Kierkegaard), so daß die E. also nur eine Erkenntnis innerhalb der Philosophie auswertet, die die Philosophie wiederum einer ihr vom Christentum verliehenen Reflexionskraft verdankt. Andererseits wird nicht beachtet, daß von der E. aus gesehen der existentielle Charakter des Gottesverhältnisses verlangt, daß die Existenzanalyse neutral sei. - b) Die Debatte ist aber auch unter Akzeptierung der von der E. aufgenommenen Probleme geführt worden. Sie ging dann vornehmlich um das Verhältnis von → Glaube (: V) und → Ontologie und um die Frage nach dem historischen → Jesus.

6. Droht nicht die Betonung des Gegensatzes von Glaube und Weltanschauung, so wie ihn die E. ausgearbeitet hat, dem Verhältnis von *Glaube und Ontologie* seinen berechtigten Platz zu rauben? Eines ist es, daß der Glaube im Widerspruch zu jeder Weltanschauung steht, die wir uns selber bilden und verfügbar machen und mit der wir uns in Sicherheit und unser Dasein unter Kontrolle bringen; ein anderes, ob der Glaube im Widerspruch zu jeder Ontologie steht oder ob er nicht eine Ontologie einbegreift, die, wohlgemerkt, ebensowenig spezifisch christlich ist wie die Ethik, die der christliche Glaube impliziert. Damit erhebt sich die Frage, ob die prot. Theologie dort, wo die kath. Theologie eine Ontologie hat, ein Vakuum haben muß und ob nicht dieses Vakuum - der → Nihilismus - notwendig ist, da sonst der Charakter des Glaubens als Entscheidung verdeckt würde. In der Form einer kritischen Kierkegaard-Interpretation hat man die Frage gestellt, ob der Mensch tatsächlich außerhalb der ethischen Entscheidung in einer Welt stehe, in

der nichts auf Gott hinweise und die ebensogut atheistisch aufgefaßt werden könne (W.Anz). Kennt der Mensch, abgesehen von der Glaubensentscheidung, die Natur und die Geschichte nur so, wie sie vor dem absoluten Selbstbewußtsein in Erscheinung treten, entweder als Objekte der Vernunft oder poetisch als Spiegelung der inneren Unendlichkeit des Gefühls und der Stimmung? »Gibt es wirklich keine Erkenntnis, die uns die Wahrheit des Schöpfungsglaubens, vor allem auch in Hinblick auf unser Leben in der Gemeinschaft, einleuchtend macht? Gibt es dort schlechterdings keine Ordnung, die wir als uns auferlegt hinzunehmen haben?«

7. Die E. wendet sich polemisch gegen jede Theologie, die mit zwei Arten von → Geschichte (: II C) operiert und über die heilsgeschichtlichen Ereignisse so spricht, als seien sie Ereignisse in der Historie und doch zugleich der historischen Konstatierbarkeit entzogen. Für die E. gibt es Geschichte nur in *einem* Sinne, und die Rede und das Handeln Gottes sind jeder objektivierenden Erkenntnis verborgen.

Auch auf andere Weise nimmt die E. die Geschichte ernst, indem nämlich die historische Kritik radikal von der Einsicht her durchgeführt wird, daß die urchristliche Botschaft, die unsere einzige Möglichkeit ist, etwas über das Leben Jesu zu erfahren, gleichzeitig auch wieder den Zugang dazu versperrt. Die E. akzeptiert den Nachweis der formgeschichtlichen Forschung, daß es sich bei den Synoptikern nicht um authentische Überlieferung des Lebens und der Verkündigung Jesu handelt, sondern um eine Umformung, die vom Glauben und der Verkündigung der Gemeinde her bestimmt und so durchgreifend ist, daß jede ins einzelne gehende Rekonstruktion des Lebens und der Verkündigung Jesu weitgehend ausgeschlossen ist. Man könnte fragen, ob die Schlußfolge dann nicht sein müßte, daß der historische Jesus für den christlichen Glauben keinerlei konstitutive Bedeutung hat, und daß die Geschehnisse, zu denen sich der christliche Glaube verhält, die bloßen Tatsachen sind, *daß* Jesus von Nazareth gelebt und den Kreuzestod erlitten hat. Demgegenüber wird hervorgehoben, daß die von der Gemeinde vorgenommene Umformung des irdischen Lebens Jesu sich von daher erklärt, daß Jesu Leben den einzelnen in die Entscheidung zwischen Glaube und Unglaube stellte. Eben im Vergessen der historischen Geschehnisse des Erdenlebens Jesu und in der Ausformung ihrer eigenen Verkündigung nahm die Gemeinde Stellung zu ihnen und hielt auf diese Weise die Kontinuität mit dem historischen Jesus fest, wohingegen das bloße Interesse an einer korrekten Überlieferung das Verlangen nach Entscheidung ignoriert und damit nur scheinbar die Kontinuität festgehalten hätte (E.Käsemann). Die Frage nach dem historischen Jesus als Frage nach dem Eigentümlichen des historischen Lebens und der Verkündigung Jesu, das den einzelnen in die Entscheidung zwischen Glaube und Unglaube stellte und der Gemeinde den Anstoß zur Verkündigung gab, bleibt daher bestehen (E.Fuchs).

Außer den Werken von R. → Bultmann u. F. → Gogarten: G. Kuhlmann, Zum theol. Problem der Existenz (ZThK 37, 1929, 28-57) - K.Löwith, Phänomenologische Ontologie u. prot. Theol. (ZThK 38, 1930, 365-399) - Ders., Grundzüge der Entwicklung der Phänomenologie zur Philosophie u. ihr Verhältnis zur prot. Theol. (ThR NF 2, 1930, 26-64. 334-361) - Kerygma u. Mythos, hg.v. H.W. Bartsch, I, (1948) 1954³; II, 1952; III, 1954 - H.-H.Schrey, Die Bedeutung der Philosophie M.Heideggers für die Theol. (M.Heideggers Einfluß auf die Wissenschaften, Bern 1949, 9-21) - H.Diem, Die Existenzdialektik von Søren Kierkegaard, 1950 - Ders., Theol. als kirchl. Wissenschaft II. Dogmatik, 1955 - K.E.Løgstrup, Kierkegaards u. Heideggers Existenzanalyse u. ihr Verhältnis zur Verkündigung, 1950 - Ders., System. Theol. I (ThR NF 23, 1955, 259-293) - W.Anz, Fragen der Kierkegaardinterpretation I (ThR NF 20, 1952, 26-72) - Ders., Philosophie u. Glaube bei S.Kierkegaard. Über die Bedeutung der Existenzdialektik für die Theol. (ZThK 51, 1954, 50 bis 105) - Ders., Kierkegaard u. der dt. Idealismus (SgV 210/211), 1956 - K.Barth, Rudolf Bultmann. Ein Versuch ihn zu verstehen, (ThSt [B] 34), (1952) 1953³ - E.Fuchs, Hermeneutik, 1954 - Ders., Die Frage nach dem hist. Jesus (ZThK 53, 1956, 210-229) - Ders., Glaube u. Gesch. im Blick auf die Frage nach dem hist. Jesus (ZThK 54, 1957, 117-156) - E.Käsemann, Das Problem des hist. Jesus (ZThK 51, 1954, 125-153) - Ders., Nt. Fragen von heute (ZThK 54, 1957, 1-21) - N.A.Dahl, Der hist. Jesus als geschichtswissenschaftl. u. theol. Problem (KuD 1, 1955, 104-132) - C.Michalson (Hg.), Christianity and Existentialism, 1955 - H.Ott, Gesch. u. Heilsgesch. in der Theol. R.Bultmanns (BHTh 19), 1955 - U.Luck, Heideggers Ausarbeitung der Frage nach dem Sein u. die existentialanalyt. Begrifflichkeit in der ev. Theol. (ZThK 53, 1956, 230-251) - E.Heitsch, Die Aporie des hist. Jesus als Problem theol. Hermeneutik (ebd 192-210) - G.W.Ittel, Der Einfluß der Philosophie M. Heideggers auf die Theol. R.Bultmanns (KuD 2, 1956, 90-108) - G. Bornkamm, Jesus v. Nazareth, 1956 - P.Biehl, Welchen Sinn hat es, von »theol. Ontologie« zu reden? (ZThK 53, 1956, 349-372) - Ders., Zur Frage nach dem hist. Jesus (ThR NF 24, 1956/57, 54-76) - U. Fahrenbach, Philosoph. Existenzerhellung u. theol. Existenzmitteilung (ebd 77-99).

K.E.Løgstrup

Exklaustration, im kath. Klosterrecht (→ Kloster: III) die bei Genossenschaften päpstlichen Rechtes vom hl. Stuhl, sonst vom Orts- → Ordinarius gewährte zeitweilige Bewilligung (dauernde: → Säkularisation), sich außerhalb des Klosters aufzuhalten. Die E. läßt die Profeßverpflichtungen soweit wie möglich bestehen, schließt aber vom aktiven und passiven Wahlrecht aus und verbietet auch die Klostertracht. Der Exklaustrierte ist dem Ordinarius seines Aufenthaltsortes zum Gehorsam verpflichtet (cc. 638. 639 CIC).

DDC V, 609 ff.

H.Barion

Exklusive, das politische Veto eines kath. Monarchen bei der → Papstwahl. Es wurde seit dem 17.Jh. vielfach geübt (Deutsches Reich, später Österreich; Spanien, Neapel, Frankreich), zuletzt von Österreich 1903 gegen Kardinal → Rampolla. Pius X. verbot es durch die Apostol. Konstitution »Commissum nobis« vom 20.1. 1904 unter Strafe der Exkommunikation für alle, die ein solches Veto den Kardinälen mitteilen.

Feine I, 514 (Lit.).

H.Barion

Exkommunikation

1. In der kath. Kirche - 2. In der ev. Kirche

1. Im *kath. Kirchenrecht* (cc. 2257-2267 CIC) ist die E. oder der *Kirchenbann* eine Kirchenstrafe (→ Strafrecht: III), die nur gegen physische Personen und nur als Zensur verhängt werden kann. Sie bewirkt den Ausschluß aus der kirchlichen Gemeinschaft, ohne daß der Exkommunizierte jedoch aufhörte, Mitglied der Kirche und an seine kirchlichen Pflichten gebunden zu sein. Ihre Rechtswirkungen können nicht voneinander getrennt werden, sind aber mehrfach gestuft.

Jeder Exkommunizierte *verliert das Recht:* a) Dem Gottesdienst (außer der Predigt) beizuwohnen. - b) Die Sakramente zu empfangen (→ Abendmahl: VI, 3a). - c) Erlaubter Weise das Altarsakrament zu bereiten und → Sakramente oder → Sakramentalien zu spenden, wenn er nicht von Gläubigen aus einem gerechten Grunde, vor allem, weil andere Spender fehlen, gebeten wird. - d) An den → Ablässen, Fürbitten und öffentlichen Gebeten der Kirche teilzuhaben. Doch bleiben das private Gebet und die private Aufopferung des Meßopfers für ihn erlaubt. - e) Die sog. actus legitimi ecclesiastici (Verwaltung von Kirchengütern, Beteiligung als Amtsträger an kirchlichen Gerichtsverfahren, Patenamt, aktives kirchliches Stimmrecht, Patronatsrecht) zu vollziehen, kirchliche Ämter wahrzunehmen, früher verliehene Privilegien zu gebrauchen. - f) Jurisdiktionsakte des äußeren oder inneren → Forums zu setzen, wenn nicht die für die Sakramentenverwaltung gemachte Ausnahme (vgl. c) vorliegt. – g) Jemand für ein kirchliches Amt zu wählen, präsentieren, nominieren oder selbst kirchliche Ämter oder Rentenansprüche zu erlangen oder irgendwelche Weihen zu empfangen.

Wenn die E. durch kirchliche Entscheidung festgestellt oder verhängt ist, muß der Exkommunizierte außerdem von jeder aktiven Mitwirkung am Gottesdienst ausgeschlossen werden (das gilt auch für jeden, dessen E. sonstwie öffentlich bekannt ist) und verliert das Recht auf ein kirchliches Begräbnis. Er darf von Gläubigen nur bei Todesgefahr um die Lossprechung im Bußsakrament angegangen werden; alle übrigen Jurisdiktionsakte sind ungültig. Seine kirchliche Prozeßfähigkeit ist auf die persönliche Anfechtung seiner E. und die Anfechtung anderer seinem Seelenheil abträglichen Maßnahmen durch einen Sachwalter beschränkt. Rechtshandlungen gegen das unter g) umschriebene Verbot sind ungültig, mit Ausnahme des Empfanges von Weihen. Päpstliche Gnadenerweise für ihn bedürfen zur Gültigkeit der Bezugnahme auf die E. Schließlich verliert er alle kirchlichen Einkünfte.

Einem Excommunicatus vitandus, dh jemandem, den der hl. Stuhl namentlich und öffentlich mit der Maßgabe exkommuniziert hat, daß er gemieden werden muß, oder der den Papst tätlich angegriffen hat, müssen alle Gläubigen, außer seiner Familie, seinen Bediensteten und Untergebenen, auch die außerkirchliche Gemeinschaft versagen, soweit keine begründete Entschuldigung vorliegt. Außerdem treten für ihn im Unterschied zum geduldeten (toleratus) Exkommunizierten noch folgende Strafverschärfungen ein: Er muß auch von passiver Teilnahme an Gottesdiensten ausgeschlossen oder der Gottesdienst muß abgebrochen werden; das Meßopfer darf nicht für ihn, sondern nur für seine Bekehrung dargebracht werden; er verliert alle kirchlichen Ämter und Rentenansprüche.

Die *Aufhebung* der E. kann nur durch Absolution (→ Strafrecht: III) erfolgen.

Geschichtlich ist die E. eine Fortführung und -bildung des urkirchlichen Ausschlusses aus der kirchlichen, besonders der → Abendmahlsgemeinschaft (vgl. Mt 18, 17; 1Kor 5, 1ff; Tit 3, 10). Von daher hat sich auch die Bezeichnung *Anathema* (Gal 1, 9) für die E. bis heute erhalten, besonders für die mit den Förmlichkeiten des Pontificale Romanum verhängte E. Der Ausschluß erfolgte bei den Kapitalsünden (Apostasie, Unzucht, Mord); mit der Entwicklung des → Bußwesens (: II) wurde er zeitlich begrenzbar. Seit dem 4.Jh. tritt neben den Ausschluß von der kirchlichen der Ausschluß bloß von der Abendmahlsgemeinschaft, die seit dem 12.Jh. als Excommunicatio minor von der umfassenden Excommunicatio maior unterschieden wird. Ebenfalls seit dem Ende des 4.Jh.s wird deutlich, daß die E. ein Ausschluß von den kirchlichen Rechten, nicht eine Entlassung aus den kirchlichen Pflichten ist. Seit der spätkarolingischen Zeit wird die E. als Ausfluß des Bischofsbannes betrachtet (daher Kirchenbann). Kaiser Friedrich II. knüpfte auf Drängen des Papstes 1220 an die E. die Reichsacht. Im Hoch- und Spät-MA artete die E. schließlich völlig aus (E. zur Erzwingung von kirchlichen Geldforderungen; E. von Toten und Tieren). Daraus ergab sich die Notwendigkeit, die Meidung der Exkommunizierten einzuschränken; so entstand die Rechtsfigur des Excommunicatus toleratus, der dann schließlich aus der Ausnahme zur Regel wurde. Für die päpstlichen E.en war seit dem Spät-MA die → Abendmahlsbulle maßgebend, seit 1869 die Konstitution → Apostolicae Sedis moderationi.

Vgl. die Lehrbücher des kath. → Kirchenrechts (: I A) – DDC V. 615ff. – Zur Geschichte: FEINE I (Lit.) – PLÖCHL I. II (Lit.).

H.Barion

2. Die *luth. Reformation* hat, indem sie nur den kleinen Bann (Ausschluß von den Sakramenten, ASm III, 9) beibehielt, die E. neu gefaßt: Ein nicht wesensnotwendiges Element der Kirche (FC Epit. XII, § 26 = SD XII, § 34), wird sie »sine vi humana, sed verbo« (CA 28, § 21) grundsätzlich von allen Pfarrern (Tract. de potestate papae §§ 60. 74; vgl. AC 28, § 13) geübt – so die luth. → Bekenntnisschriften im Einvernehmen mit Luthers Äußerungen seit 1518. Die E. ergibt sich wie alle Kirchenzucht aus der exploratio (CA 24, § 6; 25, § 1; AC 11, § 4), die als eine seelsorgerliche private Handlung dem Abendmahlsempfang vorangeht. *Öffentliche*, hartnäckige Sünder und Sakramentsverächter werden durch E. öffentlich aus der Gemeinde ausgeschlossen und können nur nach öffentlichem Sündenbekenntnis die Absolution empfangen. Die älteren luth. KOen (zB Unterricht der Visitatoren 1528; Hamburg 1529; Lübeck 1531; Northeim 1539; Brieg 1542; Wolfenbüttel 1543) sind bei der Ausgestaltung des Verfahrens noch zurückhaltend oder unsicher (Wittenberg 1542); bei den ref. (Bern 1532; Basel 1534; Genf 1536; Confessio Helvetica prior 1536) steht es ebenso. Versuche, sich auf den seelsorgerlichen kleinen Bann zu beschränken und alle öffentlichen Strafhandlungen der weltlichen Obrigkeit zu überlassen (Hannover 1536; Urbanus → Rhegius), scheitern ebenso wie die generelle Mitwirkung der Sup.en bei einer örtlichen E. (Hessen seit 1538; Thüringen bis 1560); auch der Rückzug auf das kanonische Recht der alten Kirche (norddeutsche Hansastädte 1535) bietet keine praktische Hilfe. Erst nach Einführung der → Konsistorien konnte in starker Anlehnung an das kanonische Recht (vgl. Send und Inquisition in Henneberg, 1574) ein geordnetes Verfahren mit dem Ziel der E. durchgeführt werden (Mansfeld 1560, 1586, Einfluß des Erasmus → Sarcerius; Thüringen 1561; Magdeburg 1562; Pommern 1569; Mecklenburg 1570; Henneberg 1574; Stendal 1578; Salzwedel 1579; Kursachsen 1580, hier stärkste Zentralisierung im Oberkonsistorium zu Dresden, das auch die Verhängung des kleinen Bannes verfügt). Während Herzog Moritz von Sachsen 1543 unter Luthers stärkstem Widerstande der Ortsobrigkeit die Befugnis zur E. zuerkannt hat, wurde diese in der Folgezeit immer stärker vom Landesherrn in Anspruch genommen, mit oder ohne Mitwirkung eines Konsistoriums (Wolfenbüttel 1569; Grubenhagen 1581/82; Lauenburg 1585; Anhalt 1587; Halberstadt 1588); in den Städten erhob der Rat denselben Anspruch (Danzig 1570; Lübeck 1588). Die E. wird also immer mehr eine bürgerliche Strafe, die die Obrigkeit seit der Aufklärung nicht mehr anwendet und deren kirchliche Anwendung (in der Stadt Lüneburg 1575 noch ganz nach Luthers Anweisung geregelt) sie verbietet. – Ganz anders verläuft die Entwicklung, abgesehen von den deutschref. Gebieten (typisch für diese Bremen 1595), in den späteren ref. KOen. Hier wird mit deutlicher Ablehnung staatskirchlicher Ansprüche die schriftgemäße Durchführung der E. dem örtlichen Konsistorium zuerkannt und der Kontrolle der Synode unterworfen (Conf. Gallicana 1559, Art. 33; Conf. Belgica 1561, Art. 32; Ungarisches Bekenntnis von 1562, V, 27; Westminsterkonfession 1647, Art. 30). Die → Anglikanische Kirche hat die Basis des MA nicht verlassen (42 Artikel von 1552, Ziff. 32; 39 Artikel von 1562, Ziff. 33).

M.LUTHER, Sermo de virtute excommunicationis, 1518 (WA 1, 638ff) – DERS., Sermon von dem Bann, 1520 (WA 6, 63ff) – DERS., Von den Schlüsseln, 1530 (WA 30/II, 435ff) – SEHLING – W.KÖHLER, Zürcher Ehegericht u. Genfer Konsistorium, 2 Bde, 1934/42 – NIESEL, BS – ELERT, ML I, 308ff – W.MAURER, Gemeindezucht, Gemeindeamt, Konfirmation, 1940 – R.HERMANN, Die Probleme der E. bei Luther u. Thomas Erastus (ZSTh 23, 1954, 103-136).

W.Maurer

Exodus

1. Name und Quellen - 2. Inhalt

1. E. ist der Name des zweiten Buches Moses (→ Pentateuch) in der Vulg. nach seinem Namen Ἔξοδος (= Auszug) in den LXX; im MT heißt es nach seinem Anfang we'ellǣ šemôt (= und dies sind die Namen). - Das Buch ist nicht selbständig, sondern ein Teil des → Pentateuchs und stellt somit eine Zusammenarbeitung verschiedener Pentateuchquellen dar (→ Jahwist, → Elohist, → Priesterschrift). Als unabhängig von den Quellen ist vielleicht das Meerlied (15, 1-19; → Mosessegen) anzusehen; von den gesetzlichen Teilen ist das → Bundesbuch (20, 22 - 23, 33) selbständig, während der → Dekalog (20, 1-17) in die elohistische, die kultischen Gebote (34, 10-26) vielleicht in die jahwistische Erzählung eingearbeitet sind. Die Anordnungen über den Bau der Stiftshütte (c. 25-31; → Zelt) und der Bericht ihrer Ausführung (c. 35-40) gehören in ihrer Gänze zur priesterschriftlichen Erzählung.

2. Der *erste* Teil des Buches erzählt die Herausführung Israels aus Ägypten, zunächst die Mosesgeschichten, eingeleitet mit dem Bericht über die Bedrückung Israels (c. 1): Moses' Jugend (c. 2), seine Berufung und Sendung (3, 1 - 6, 1 mit der priesterschriftlichen Parallele 6, 2 - 7, 13). Die Bestimmungen über das Auszugsfest, das Passa (→ Feste: II), und der Bericht über den Auszug (12, 1 - 13, 16) werden eingeführt von den Geschichten über die ägyptischen Plagen (7, 14 - 11, 10). Den Abschluß bildet die Erzählung vom Durchzug durchs Schilfmeer (13, 17 bis 15, 21). - Der *zweite* Teil enthält die zum Kadesch-Sagenkranz gehörigen Erzählungen von der Führung in der Wüste: die Quelle von Mara (15, 22-27), die Mannaspeisung (c. 16), die Quelle von Meriba (17, 1-7), der Sieg über die Amalekiter (17, 8-16), der Gottesberg und die Midianiter (c. 18). - Mit dem *dritten* Teil wird das Thema »Offenbarung am Sinai« erreicht. Die Theophanie- und Bundesschlußerzählung (19, 1 - 20, 21; c. 24) wird durch das Bundesbuch unterbrochen (20, 22 - 23, 33). Zwischen die Anordnungen zum Bau der Stiftshütte (c. 25-31) und den Ausführungsbericht (c. 35-40) ist die Erzählung vom Abfall des Volkes eingeschoben (c. 32f), die mit der Erneuerung der Gesetzestafeln (c. 34), ursprünglich vielleicht einer jahwistischen Parallele zu c. 20, abschließt.

Kommentare: H.HOLZINGER (KHC II), 1900 - B.BAENTSCH (HK I, 2) 1903 - A.H.MCNEILE (WC), 1908 - H.GRESSMANN (SAT II, 1), 1921² - H.HOLZINGER (HSAT I), 1922⁴ - P.HEINISCH (HSchAT I, 2), 1934 - G.BEER-K.GALLING (HAT I, 13), 1939 (ältere Lit.) - U.M.D. CASSUTO, pîrûš ʿal sepær šemôt, Jerusalem 1951 - A.CLAMER (La Sainte Bible . . ., ed. L.PIROT-A.CLAMER I, 2), 1956 (neuere Lit.). - Vgl. ferner die Lit. zu → Elohist, → Jahwist, → Moses, → Pentateuch, → Priesterschrift. *H.Gese*

Zur *Auslegungsgeschichte* (s. auch → Schriftauslegung: IV, → Pentateuch):

Quellen: 4.Jh.: Gregor v. Nyssa (MPG 44) - Zeno v. Verona (MPL 11). - 5.Jh: Gaudentius v. Brescia (MPL 20). - 8.Jh.: Beda Venerabilis (MPL 91). - 12.Jh.: Petrus v. Poitiers, Allegoriae super tabernaculum Moysi (ed. P.S.MOORE u. J.A.CORBETT, Notre Dame [Indiana], 1938). - 14.Jh.: Meister Eckhart (ed. K.WEISS, Meister Eckhart. Die lat. Werke, Bd I Lfg. 2, 1938; Bd II Lfg. 1, 1954). - 15.Jh.: Hieronymus Savonarola, Florenz 1498. - 16.Jh.: Luther (WA 16) - Zwingli (ed. SCHULER-SCHULTHESS Bd V) - A.Lippomano, Paris 1550. - 17.Jh.: Benedictus Pereira SJ, Ingolstadt 1601 - L.Ystella, Rom 1609 - S.Barradas, Antwerpen 1612 - Georg Calixt, Helmstedt 1625 - J.de la Haye, Paris 1641 - Andreas Rivetus, Rotterdam 1651 (Opera Bd I).

Lit.: F.MASCHKOWSKI, Raschi's Einfluß auf Nikolaus von Lyra in der Auslegung des E. (ZAW 11, 1891, 268-316) - G.MITOSIUKA, Patrum Graecorum interpretationes Ex 3, 14, Prag 1939 - C.ZALALIS, Sponsus Sanguinum (Ex 4, 24-26) (Diss. Rom), 1947 - R.M. GRANT, The Decalogue in early Christianity (HThR 40, 1947, 1-17) - J.DANIÉLOU, Le Symbolisme du Jour de Pâque (Dieu Vivant 18, 1951, 43-56) - M.-D.CHENU, Les deux âges de l'allégorisme scripturaire au moyen âge (RThAM 18, 1951, 19-28) - E.KÜNZLI, Zwingli als Ausleger von Genesis u. E. (Diss. Zürich), 1951; daraus gedruckt: Quellenproblem u. mystischer Schriftsinn in Zwinglis Genesis- u. E.kommentar (Zwingliana 9, 1950, 185-207. 253-307) - O.ROUSSEAU, Les mystères de l'Exode d'après les Pères (Bible et Vie Chrétienne 9, 1955, 31-42). *W.Werbeck*

Exodusgemeinden, *Millennische:* Sammelname für drei Sekten, die (vgl. → Mormonen, → Tempel, Deutscher) ihre Glieder lehren, man müsse die Wiederkunft des Herrn (→ Parusie), wie es schon der → Montanismus tat, an einem bestimmten Ort erwarten. - 1. *Grusinische Separatisten:* Württembergische Pietisten, durch liturgische Neuerungen aufgereizt, ziehen um 1843 nach Georgien. Auf den Rat ihrer Prophetin Barbara → Spohn beschließen sie, »durch die Wüste« nach Palästina zu ziehen, dem dort erscheinenden Herrn entgegen. Infolge Gegenmaßregeln der Regierung werden aber nur drei »Kundschafter« entsandt, auf deren Bericht hin der Plan aufgegeben wird. - 2. *Amenische Gemeinde:* Israel Pick aus Senftenberg in Böhmen (1824?-59) hatte schon vor seiner Taufe (1854) von der »mosaisch-christlichen Kirche« (Religion Mose und der Propheten: ohne Speisegesetze, mit Beschneidung, Taufe, Abendmahl, Jehova = Jesus als Lebenszentrum) geschwärmt. Zunächst wird Gesetzesfreiheit gefordert, dann aber Paulus verworfen. Aus Anhängern → Collenbuschs und → Baptisten sammelt er, mit Mönchen-Gladbach als Mittelpunkt, seine »Amenische« (Jes 65, 16) Gemeinde antipaulinischen Charakters: Eintrittsalter 25 Jahre, Männer- und Frauengemeinde, Gütergemeinschaft mit gemeinsamer Verpflegung, ein Ältestenrat hat die Leitung. In Jerusalem soll der »Ältestenrat der Menschheit« sitzen. In dem Ez 40ff bezeichneten Gebiet dürfen nur Israeliten nach Abstammung oder »Einreihung« Land besitzen. Organ: »Der Stern aus Jakob«. 1859 nach der »Heimat« gereist, ist Pick verschollen. Die Gemeinde löste sich auf. - 3. *Deutsche Exodusgemeinde:* Pfarrer Sam.Gottfr.Clöter in Illenschwang (1823-94) hatte in seinem »Brüderboten« den Gläubigen geraten, vor den Drangsalen der nahen Herrschaft des Antichristen nach Rußland, Moskowien, Tobolien (Ez 38f: Ros, Mesech, Tubal; vgl. Apk 20, 7-9) zu ziehen. 1874 reist er nach der Krim, konstituiert 1878 in Stuttgart die »Deutsche Auszugsgemeine«, reist 1880 nach Kaukasien, wird aber nach Rückkehr von seiner Reise Ende Dez. 1880 entlassen. 1881 wird am Terek die Kolonie Gnadenberg gegründet, 1882 durch ein Gemeindestatut konstituiert; 1888 mit zaristischem Privileg versehen, wird sie als freie Kirchengemeinde Augsburger Bekenntnisses eingerichtet. 1885 wurde Emmaus gegründet.

Zu 1: M.BUSCH, Wunderliche Heilige, 1879, 120 ff. - Zu 2: Der Stern aus Jakob, seit 1855 - I.PICK, Briefe an meine Stammesgenossen, 1854 - FRZ.DELITZSCH, Israel Pick, 1885² - J.F.A.DE LE ROI, Die ev. Christenheit u. die Juden III, 1892, 318 ff - G.H.DALMAN, Dokumente der A.G. (Nathanael 9, 1893, 77-85. 97-113). - Zu 3: G.Chr.Clöter, ein Freund Jesu u. seines himml. Königreichs, 1896. *† H.Stocks*

Exorzismus

I. Religionsgeschichtlich - II. Im Urchristentum - III. Liturgisch

I. Religionsgeschichtlich

E., vom griech. »heraus-schwören«, wird als terminus technicus für → Beschwörung, im Sinne der Beseitigung böser numinoser Einflüsse, speziell für die Vertreibung dämonischer Mächte gebraucht (→ Besessenheit). Der E. ist aber auch dem → Bann vielfach gleichsinnig. Er kann »aus-tun« und zugleich »Grenzen« setzen gegen neues Vordringen unliebsamer Wesen, zB umgehender Toter, → Krankheiten fördernder oder »schrecklicher« Gottheiten.

Die den modernen, rational und kausal-mechanisch denkenden Menschen am stärksten bestürzende Eigenart des E. liegt in seiner unmittelbaren Wirkung, die sein Träger - das kann auch ein → Wort, eine → Geste oder ein → Ritus sein - ausübt. Das »Wort« des E. wirkt, wo es »richtig« gesprochen ist, unmittelbar, dh es wirkt, ohne daß eine personhaft erfaßbare Regung oder eine kausal-mechanisch einsehbare Logik vermittelnd wirksam oder erkennbar würde (→ Formeln: I, → Zaubersprüche). Das »richtige« Wort, die »wirksame« Geste und der »erprobte« Ritus exorzieren auch per se, ex opere operato. Man hat diese Unmittelbarkeit fälschlich magisch genannt.

Der E. gehört zu den Grundformen religiösen Weltverhältnisses. Er findet sich in allen Religionen. Er gibt der geistig-religiösen Bewegung als solcher in einer ihrer Erstreckungen Ausdruck. Der E. ist der Ausdruck der ὀργή (→ Zorn), die, dem → Numinosen selbst eigen, zum tremendum gehört und von R. Otto in ihrer hohen Bedeutung erkannt ist. E. ist daher nicht als Sonder-Veranstaltung abergläubisch zauberischen Hanges, sondern als eine der großen Ausdrucksgestalten ritischen Umgangs von Gott-Welt-Mensch zu verstehen: Der homo religiosus »bewältigt« das namenlose (→ Geister: I) Unheil der schrecklichen »Gottheit«. - Dieser Vorgang der Bewältigung ist im Bereiche der Schamanen-Religionen (→ Schamanismus) in der eminenten Bewegung des homo religiosus selbst gegeben. Die schamanistische Erregung ist ihrem Wesen nach E. und gibt sich als solche handelnd zu erkennen. Der tibetische → Lamaismus stellt als Zusammentreffen schamanistischer und hinduistisch-tantristischer Weltdeutung den Höhepunkt exorzistischen Handelns dar, insofern der lamaistische Umgang mit der Gottheit in seinem Wesen E. ist. Dazu gehört Wort (mantra) und Geste (mudra) wie Trance und Erhebung des Handelnden (tantra). Auch im volkstümlichen → Taoismus spielt der E. eine große Rolle.

Der Exorzist bedient sich bestimmter Worte, Geräte und Gesten. In der Logik der Partizipation können diese Worte, Geräte und Gesten auch per se den E. üben. Hierin liegt nicht einfache Mechanisierung vor, sondern dahinter steht das Weltbild der Gleichzeitigkeit in Kommunikation (→ Magie). Was uns Nonsens ist, wirkt für in magischen Kulturen stehende Menschen welt-vergewissernd. Zum Verständnis des E. bedarf es für uns des Eingehens auf diese andersartige, in sich selber aber sinnvolle religiöse Weltansicht.

→ Beschwörung, → Besessenheit, → Krankheit: I, → Reinigungen: I.

ERE IV, 565ff - L. Deubner, Lustrum (ARW 16, 1918, 134f) - R. Otto, Das Gefühl des Überweltlichen, 1932, 289f, Abb. 1 - U. Harva, Die religiösen Vorstellungen der altaischen Völker (FFC 125), Helsingfors 1938, 449f - M. Boutellier, Chamanisme et guérison magique, Paris 1950 - van der Leeuw §§ 49, 2; 62; 78, 2 - ThW V, 465f.

C.H. Ratschow

II. Im Urchristentum

1. Wie fremd dem NT der E. ist, zeigt sich daran, daß die Wortgruppe ἐξορκίζω usw als Bezeichnung des E. nur Apg 19, 13 vorkommt, wie auch die LXX sie in dieser Verwendung überhaupt nicht benötigt. Daß Dtn 18, 10f mit aller übrigen Zauberei auch der (im Wortlaut nicht ausdrücklich genannte) E. verboten ist und sich im AT auch nirgends findet, hat später das antike Judentum nicht gehindert, in Zusammenhang mit dem Aufkommen einer ausgebildeten Dämonologie auch den E. zu pflegen, wie schon Tob 7, 8f belegt und Josephus (Ant. 8, 42ff: Salomo als Fachmann für E.) sowie zahlreiche rabbinische Zeugnisse ausgiebig bestätigen. Auch außerhalb des Judentums erfreuten sich gerade jüdische E.-Formeln großer Beliebtheit.

2. Dieser zeitgenössische Hintergrund wird auch im NT erkennbar, so in der Geschichte vom »fremden Exorzisten« Mk 9, 39f par und in der von den Söhnen des Skeuas Apg 19, 13ff. Dabei wird in beiden Fällen der »Name« Jesu von jüdischen Exorzisten (mit und ohne Erfolg) annektiert. Daß Lukas die Begründung der Wundertaten des Paulus und anderer Apostel »in dem Namen Jesu« (Apg 19, 11f; 16, 18 sowie 3, 6. 16; 4, 30) ebenfalls als E. verstanden hat, ist nicht anzunehmen. Er wird vielmehr an eine von Jesus verliehene Vollmacht gedacht haben (Lk 9, 1 par; 10, 19). Jesu eigene Dämonenaustreibungen sind ohne die üblichen Beschwörungen vor sich gegangen: dem bloßen Befehlswort bereits haben die bösen Geister gehorcht (Mk 1, 21ff par; 5, 8 par; 9, 14ff par u.ö.; vgl. Mt 12, 28 par). Vereinzelt scheinen E.-Vorstellungen in die Tradition der Evangelien eingedrungen zu sein (Mt 7, 22; Lk 10, 17). In der Folgezeit haben sie sich zunehmend ausgebreitet (zB ActJoh 37; ActPetr 11). Schon Justin bezeugt die Heranziehung liturgischer Formeln für den E. Früh bahnt sich so die enge Verbindung von E. und → Taufe an.

W. Heitmüller, Im Namen Jesu, 1903 - Bousset, Rel. 339f - Bill. IV, 501ff - O. Bauernfeind, Die Worte der Dämonen im MkEv, 1927 - ThW V, 465f.

W. Michaelis

III. Liturgisch

Unter Berufung auf den Auftrag Christi (Mk 16, 17; Mt 10, 8) übt die *röm.* Kirche den E. Er gilt ihr, wenn auch nicht unbedingt, als effektiv (Thomas, S.th. III q. 71 a. 3). Die liturgische Form besteht aus Handlungen (→ Kreuzeszeichen, → Handauflegung [: III], in- oder exsufflatio) und Worten (Schriftlesungen, Gebete, Beschwörungen, Drohung, Verwünschungen). Seit dem 3. Jh. ist der E. bei der → Taufe (: III) nachweisbar; entsprechend seiner Herkunft aus dem → Katechumenat gewinnt er bei Erwachsenentaufen besonderen Raum (RitRom Tit. II c. 4) und gilt allen die Taufwirkungen hemmenden Einflüssen des Teufels (→ Abrenuntiatio diaboli). Im Notfall kann der E. wegfallen, doch soll man ihn möglichst nachholen (Thomas). Der griechische und slawische Ritus kennen einen dreifachen Tauf-E.; der koptische, maronitische, jakobitische und armenische Ritus vereinfachen ihn. Daneben hat das Rituale Romanum den *großen* E., der bei erwiesener Besessenheit mit bischöflicher Erlaubnis angewendet wird (Tit. X c. 1). Im *kleinen* E. können Dinge wie Wasser, Öl und Salz, auch schädliche Tiere exorzisiert werden (vgl. Appendix ad RitRom). Dem Menschen zugute soll dadurch die gefallene Schöpfung von dämonischen Wirkungen befreit werden. - Die *luth.* Kirche hat - gemäß Luthers Taufbüchlein (1523 bzw. 1526) - den E. bei der → Taufe (: VI) bis ins 18. Jh. weithin festgehalten, jedoch nicht ohne wachsenden Widerstand. Trotz seiner früh erkannten formalen Fragwürdigkeit wollte man sich durch den E. zur Taufe als radikalem Existenzwandel (im Gegensatz zu bloßer Existenzveredelung oder -verklärung) bekennen. Erst die Gegenwart hat dafür ein neues Verständnis gewonnen, dem sie in ihren Taufordnungen Rechnung zu tragen sucht, ohne aber - mit seltenen Ausnahmen - im E. noch das geeignete Ausdrucksmittel für dies Verständnis zu sehen.

KL IV, 114ff - RE V, 695ff - RGG² II, 475ff; V, 1016ff - H. Echternach, Segnende Kirche, (1941) 1948² - Rietschel-Graff 527ff. 575ff. 872 (Lit.) - EKL I, 1244f.

W. Nagel

Expeditus, *der Heilige,* ein legendärer Märtyrer zu Melitene (Armenien). Nicht einmal sein Name ist alt überliefert. Um den Auswüchsen seines erst zwei Jh.e zurückliegenden Kultes entgegenzutreten, ließ Pius X. 1905 den Namen aus dem Heiligenkalender und seine

Bilder aus den Kirchen entfernen. E. wird dargestellt als römischer Soldat, der auf einen »cras«- (= morgen-) schreienden Raben tritt und mitunter ein Kreuz oder eine Sonnenuhr hält, die die Inschrift »hodie« (= heute) aufweisen. Attribute: Rabe und Sonnenuhr. Er ist der Patron für guten Ausgang von Prozessen und schwierigen Lagen (vgl. Wortspiel seines Namens). Tag: 18.4.

H.Delehaye, in: AnBoll 25, 1906, 90-98 - RGG[3] II, 477 - Doyé I, 356f. *H.Paulus*

Expressionismus

I. In der bildenden Kunst - II. Deutsche Literatur des Expressionismus

I. In der bildenden Kunst

1. Malerei - 2. Plastik - 3. Architektur - 4. Romanische Länder

1. Expressiv verhält sich jeder Künstler, »expressionistisch«, wenn er das Ausdrucksmäßige gegenüber seinen Eindrücken, die subjektive Einfühlung gegenüber der Beobachtung einseitig hervorkehrt, indem er sich suggestiver Übertreibung in Form und Farbe bedient. Der naive E. in der alten Kunst - bei den Primitiven und Archaikern, im frühen MA, im →Manierismus und Frühbarock (el →Greco) - wurde erst von unserem bewußten Ausdruckswollen her gesichtet. Er gab religiös-kollektiven Gefühlen Ausdruck, während im modernen E., trotz aller Sehnsucht nach neuer Gemeinschaft, immer auch das Ich des einzelnen Künstlers mit seinem auch weltlichen Erleben mitspricht.

Die Richtung selbst begann sich bereits zu Beginn unseres Jahrhunderts anzukündigen; das bewußtmachende Schlagwort E. dürfte 1911 geprägt sein. Maler und Kritiker, die den älteren impressionistischen Impuls mit seiner Diesseitsbejahung als unzeitgemäß betrachteten, wünschten diesem ein »geistigeres« Kunstwollen entgegenzuhalten. Einen scharfen Gegensatz der älteren und neueren Richtung hat es freilich kaum gegeben. Vereinfachendes, flecken- und flächenhaftes Sehen fand sich schon bei den Impressionisten (→ Impressionismus: I); nur daß diese noch eine objektive Analyse der (farbigen) Eindrücke anstrebten und ihre emotional-seelischen Reaktionen zurückhielten.

Als die Bahnbrecher der expressionistischen Fortbildung werden heute einige Einzelgänger vom Ende des vorigen Jahrhunderts angesehen: Odilon Redon, mehr noch James → Ensor, Vincent van → Gogh, Edvard Munch, auch Ferdinand Hodler. Die meisten von ihnen waren wegen ihrer germanischen Stammeszugehörigkeit schon von Natur geneigt, das geheime Wesen der Dinge nicht so sehr in den Erscheinungen, als »hinter« ihnen zu suchen. Freilich zeigte sich ihnen dieses »Wesen« nicht immer als eigentliche Transzendenz - wie in der irrealistischen Kunst des christlichen MA. Bei Redon mischte sich zwar Übersinnlich-Unheimliches ein, womit er auf Alfred → Kubin gewirkt hat, Ensor war bisweilen ein prophetischer Visionär, van Gogh, der im kirchenchristlichen Milieu Erzogene, hat in seinen letzten Jahren als Landschafter einem gewissen Panentheismus gehuldigt (→Christentum: IV A, 1; → Häresie: II). Dagegen konnte man bei Hodler von einem christlichen Einschlag überhaupt nicht sprechen: ein moderner »Lebenskult« hat hier seine eigenen Symbole gesucht. Vollends bei Edvard Munch hat die Vertiefung ins Psychische, triebhaft Unbewußte, auch Pathologische nur in ein »Zwischenreich« geführt. Hinter dem Tode erhebt sich keine Erlösung, kein höheres Leben.

Bei den eigentlichen Expressionisten hat man damals geradezu von einem »präreligiösen» Zug sprechen wollen. Daß eine solche Kennzeichnung auch hier nicht überall zutrifft, hat sich aus den nachfolgenden Entwicklungen erwiesen. Die sogenannte »Neue Sachlichkeit«, wie sie Mitte der zwanziger Jahre gegen die Utopik der älteren Moderne reagierte, brachte geradezu zynische Härten, wenn auch ein Otto Dix das christliche Passionsthema nicht umgangen hat. Der gleichzeitig in Paris aufkommende →Surrealismus, von Max Ernst bis Salv. Dali, war höchstens (mit Ausnahme des Visionärs Edgar Ende in München) von »magistischem« Geiste (in Kreuzung mit agnostischer Skepsis) erfüllt: Gott bedeutete hier nur Projektion und Wunschtraum, das Künstlersubjekt selber wollte wie Gott sein, genauer wie ein zaubernder Demiurg, der unsere Umwelt ins Widersinnige umkehrt, mit solchen Verfremdungen das kausal-materialistische Weltbild erschüttert, aber keine höhere Ordnung hinter den Trümmern sichtbar macht. Was endlich die »abstrakte« (gegenstandslose) Malerei (→ Abstrakte Kunst) angeht, auch sie Erbin expressionistischer Eroberungen, so kann man ihre Reduktion der Natureindrücke in innere Strukturen und Spannungen gewiß auch »mystisch« verstehen - so etwa bei Kandinsky, dessen Zeichensprache seherisch wirkt, oder bei Mondrian. Trotzdem überwiegt die Selbstherrlichkeit des schaffenden Künstlers auch hier.

Auf jeden Fall wird man bei den Expressionisten selber mehrere Gruppen unterscheiden. Die umfassendere enthält diejenigen, deren Emotion mehr dem diesseitigen Geheimnis des Lebens gilt (so auch Karl Hofer, welcher der christlichen Aufgabe auszuweichen pflegte). Die andere kennt die Sehnsucht, eine mehr übersinnliche Wirklichkeit des Göttlichen erfahrbar zu machen, wohl. Manche Künstler haben von sich aus das christliche Thema gewählt; andere haben kirchliche Aufträge angenommen.

Zu diesen religiös, christlich, vielleicht auch kirchlich ansprechbaren Meistern gehört vor allem Emil → Nolde, dessen gleichfalls expressionistische Gefährten (Heckel, Otto Müller, Kirchner und Pechstein) ihm auf *diesem* Wege seltener gefolgt sind. Unter den Mitgliedern der Münchener »Blaue Reiter«-Gruppe (Franz Marc, Macke u.a.) gab das Traumhafte, Naturmythische den Ton an. Eigentlich christliche Stoffe haben in ihrer Weise so verschieden geartete Expressionisten und Nachexpressionisten wie Chr. →Rohlfs, Alb.Weißgerber, Karl Caspar, H.Nauen, Werner Scholz, O.Pankok wieder aufgegriffen. Nicht übersehen sollten wir das metaphysische Ringen in Max → Beckmanns Lebenswerk, einschließlich seiner schriftlichen Aufzeichnungen.

2. In der *Plastik* konnte man bei W.Lehmbruck, dessen Gestalten von schicksalsgläubiger Demut zeugen, gleichfalls von einer präreligiösen Haltung sprechen. Ernst → Barlach, noch ausgesprochener in dieser Richtung veranlagt, hat mehrfach Plastiken für gotische Kirchengebäude gearbeitet. Nicht anders Gerhardt Marcks, Ewald →Mataré, Karl Knappe, Edwin Scharf und Ludwig Giesz (bei dem freilich das Zeitgebundene in der hektischen Übertreibung deutlich wird). Expressionistisches Pathos findet sich auch später bei dem Engländer Henry → Moore, dessen frühe Bildwerke wie Zeugen eines verschollenen (oder zukünftigen?) Glaubens anmuten. Alle diese Künstler haben sich naturgemäß immer wieder auch mit dem alten, naiven E. auseinandergesetzt - bei christlichen Aufgaben vor allem mit der frühmittelalterlichen Plastik.

3. Im → *Kirchenbau* (: V) vor und nach dem ersten Weltkrieg entfaltete sich ein kühner »E.«, der in seiner Exaltation heute auch schon historisch wirkt (Dominicus Böhm, Bruno Taut, Frühwerke von O. → Bartning u.a.).

4. Wie angedeutet, war der E., wenigstens in seiner als präreligiös angesprochenen Form, mehr germanischen Ursprungs. Immerhin gab es Entsprechungen auch bei

den *romanischen Völkern*. Dem E. entsprach in Frankreich - mutatis mutandis - die nur wenig früher aufgetretene Kunstweise der sog. »Fauves« (der »Wilden«, womit auf das unbürgerlich-salonwidrige Debut von Henri → Matisse und seiner Mitkämpfer angespielt wurde). Matisse selber gehört entschieden auf die Seite des »Lebenskults«, obschon er kirchlichen Aufgaben nicht ausgewichen ist. Ihm steht aber George → Rouault gegenüber: schroffstem Fauvismus nahe und doch Hauptzeuge christlichen Kunstwollens - den Erneuerern kath. Glaubens in der modernen französischen Literatur vergleichbar.

Der in Paris beheimatete Marc → Chagall, aus der Heimat des → Chassidismus stammend, hat neuerdings seiner östlichen Zauber- und Wunderwelt, deren Phantastik aus der expressionistischen Freiheit Gewinn zieht, die biblischen Motive in graphischer Illustration hinzugefügt.

W.Worringer, Abstraktion u. Einfühlung, (1908) 1921[11] - Ders., Formprobleme der Gotik, (1911) 1921[12] - W.Kandinsky, Über das Geistige in der Kunst, 1912 - P.Fechter, Der E., (1914) 1919[3] - H.Bahr, E., (1916) 1929[4] - G.F.Hartlaub, Kunst u. Religion, 1919 - F.Marc, Briefe, Aufzeichnungen u. Aphorismen, 2 Bde, 1920 - E.v.Sydow, Die dt. express. Kultur u. Malerei, 1920 - E.Barlach, Ein selbsterzähltes Leben, (1928) 1948[2] - »Das Kunstwerk«, 1951, H. 1 - M.Beckmann, Tagebücher 1940-50, 1955. - Vgl. auch → Christusbild, 2 f, → Malerei und Plastik: VI sowie die dort angegebene Lit.

G.F.Hartlaub

II. Deutsche Literatur des Expressionismus

1. Begriff - 2. Vorbereitung - 3. Geistige Voraussetzungen - 4. Stil des E. - 5. Programmatik - 6. Haltungsweisen - 7. Der neue Inhalt als religiöses Problem - 8. Ausstrahlung - 9. Vorläufer, Unterdrückung und Nachwirkung

1. Die expressionistische Bewegung in der deutschsprachigen Literatur steht am Anfang der modernen Tendenzen im künstlerischen und literarischen Leben unserer Zeit und hat sich von Deutschland aus weithin verbreitet, wenn auch Anregungen, bes. auf dem Gebiete der bildenden Kunst (→ Expressionismus: I), in mancher Hinsicht aus außerdeutschem Bereich kamen. E. als *Begriff* ist unverkennbar im Gegensatz zu → Impressionismus geprägt worden, der die abendländische Kunst seit den 80er Jahren des 19.Jh.s beherrschte und in der Literatur auch als »Symbolismus« und »Neuromantik« begriffen wird. Soweit ersichtlich, ist der Begriff zum ersten Male von dem französischen Maler Julien-Auguste Hervé verwandt worden, als er 1901 in Paris im Salon des Indépendants acht Bilder unter dem Titel »Expressionismes« ausstellte. Auf eine Gruppe wurde die Bezeichnung erst zehn Jahre später von Wilhelm Worringer bezogen, der im Augustheft 1911 des »Sturm« von den »jungen Pariser Synthetisten und Expressionisten Cézanne, van Gogh und Matisse« sprach. Auf Erscheinungen im literarischen Felde übertrug dann Hermann Bahr den Begriff in seinem 1914 erschienenen Buche »E.«. Kasimir Edschmid berichtet, daß seine 1915 veröffentlichten Erzählungen »Die sechs Mündungen« von der Kritik als typisch expressionistisch begrüßt wurden, obwohl er selbst diese Stilbezeichnung noch nie gehört hatte.

2. Dieser Hinweis auf die Geschichte des Begriffs E. zeigt, daß sich gegen Ende des ersten Jahrzehnts des 20. Jh.s etwas Neues in Kunst und Literatur *vorbereitete*, das - zunächst wenigstens - nicht von einer bewußten Bewegung getragen wurde. Unabhängig voneinander erschienen 1910 Zeitschriften, deren Namen für die Zeitgenossen überraschend wirkten, wie »Der Sturm« und »Die Aktion«, gefolgt von »Revolution« und »Das neue Pathos«. 1911 erschienen zwei Bändchen Lyrik, die wesentlich Neues aussagten: das eine von G. → Heym »Der ewige Tag«, das andere von Fr. → Werfel »Der Weltfreund«. 1912 gab Kurt Hiller eine Anthologie (»Manifest«!) jüngster Lyrik unter dem Titel »Der Kondor« heraus. Gleichzeitig erschienen Bühnenstücke neuartiger Form und Inhalts von damals unbekannten jungen Dichtern, wie Reinh.Joh. → Sorges epochemachende »dramatische Sendung« »Der Bettler« (1912), E. → Barlachs »Der tote Tag« (1912), Walter Hasenclevers »Der Sohn« (1913), O. → Kokoschkas »Der brennende Dornbusch« (1913), Werfels Bearbeitung von Euripides' »Die Troerinnen« (1913) und G. → Kaisers »Die Bürger von Calais« (1914). Von 1913 an brachte der Verleger Kurt Wolff in München eine Serie von kleinen Büchlein mit schwarzem Umschlag und grellen gelben, blauen oder roten Titelbeschriftungen heraus, die - wiederum bezeichnend - den Sammelnamen »Der jüngste Tag« trug und zeigte, daß eine neue Ausrichtung im Bereiche der Literatur in vollem Gange war. Es war diese Serie, welche den jungen Dichtern der Zeit die Gemeinsamkeit des Fühlens offenbarte. Als Ernst Wilhelm Lotz die dort erschienene Gedichtsammlung E. → Stadlers »Der Aufbruch« las, widmete er dem Verfasser ein Gedicht, in dem es heißt: »Bevor ich wußte von deinem durchbluteten Wesen / Habe ich dich erdacht und lebendig gemacht... / Und als ich dich sah... / Wußte ich: Alles ist da! Alles lebt, was man mit Wünschen erfüllt!«

3. Das wichtigste Merkmal des Schaffens der jungen Generation im Jahrfünft vor dem 1. Weltkriege war Unruhe. In einer Zeit der Selbstzufriedenheit, der wirtschaftlichen Blüte und des äußeren Glanzes sahen die Jungen eben nicht unaufhaltsamen Aufstieg; sie spürten in all diesem den Untergang des Geistes. Sie mißtrauten den Götzen der Maschine, des Geldes, der Expansion auf allen Gebieten des materiellen Lebens; sie strebten weiter und tiefer. Im Positiven und Negativen hatte schon die ältere Generation Hinweise gegeben, und an Vorläufern fehlte es nicht. → Husserl und → Bergson hatten das logische Denken kritisch betrachtet und die »reine Intuition«, die »schöpferische Entfaltung«, den »élan vital« als Mittel zur Erfassung des Wesentlichen hinter den Dingen angewandt. → Freud hatte das menschliche Verhalten auf primitive Urtriebe zurückgeführt. Ebenso hatten → Dostojewski und → Strindberg versucht, hinter die Existenz der Dinge wieder zum Essentiellen vorzudringen. Stefan → George, wie Bergson von → Nietzsche herkommend, hatte bittere Kritik am schalen Materialismus der Zeit geübt (»Siebenter Ring«, 1907) und nicht nur die Schaffung einer neuen Gemeinschaft gepredigt, sondern auch die Zerschlagung der Form als Bedingung für den Neuaufbau: »...kein gefügter stein darf stehen / wenn nicht der grund - das ganze - sinken soll«. - Die Zerschlagung der Form - ein so wesentliches Element des E. - war im Drama schon von zwei bedeutenden älteren Dichtern der Zeit durchgeführt worden: Aug.Strindberg und Frank → Wedekind. Das Baugefüge wurde mißachtet, Kontinuität der Handlung aufgegeben, Folgen von Bildern und »Stationen« aneinandergereiht, Realität und Überwirklichkeit gemischt, Übersteigerungen bis zum Grotesken vorgenommen, psychologische Charakterzeichnung aufgegeben und statt Menschen von Fleisch und Blut Typen geschaffen, die deklamatorisch oder auch stammelnd Botschaften aussandten. Das Bühnenbild verzichtete auf die Schaffung von Illusion und begnügte sich mit der Andeutung von Situationen durch Licht und Farbe oder bezeichnende Gegenstände.

4. Dies alles wird von den Expressionisten gesteigert - in allen Gattungen - und zum Prinzip erhoben, zum expressionistischen *Stil* auf der einen Seite, zur expressionistischen Weltanschauung auf der anderen. Der Stil mißachtet bewußt die herkömmliche grammatische Struktur der Sprache. Er ist explosiv und erratisch, nicht beschreibend. Der Nachdruck liegt auf dem herausge-

stoßenen Hauptwort, in das Zeit- und Eigenschaftswort umgeformt werden; dieser Stil soll der Dynamik und der ekstatischen Grundstimmung der Weltanschauung entsprechen. Im gesteigerten Falle wird diese Ausdrucksweise zum Telegrammstil der »Sturm«-Gruppe (August Stramm) oder zum unverständlichen Lallen der Dadaisten (Richard Huelsenbeck u.a.). Die Bildsymbolik ist antithetisch: sie belebt die leblose Natur und stellt den Menschen - in der Phase seiner zeitgenössischen Lage - als leblose Maschine dar. Die Absicht dieser Metaphorik ist, den Menschen aus dieser Lage zu befreien, einen neuen Menschen zu »gebären« (G.Kaiser).

5. Dies war das Hauptanliegen der expressionistischen Dichtung wie der expressionistischen Kunst überhaupt. In dieser Beziehung setzte sie sich gegen vergangene Stile ab, bes. den naturalistischen und impressionistisch-neuromantischen. Der → Naturalismus (: II) war ihr nur Anklage, die in Resignation endete; bei all seinen Verdiensten hatte er »keine Verbindung noch zu Ewigem«, war er »nicht geschwängert mit Idee« (Edschmid). Der Impressionismus wurde als eine Flucht in den Schein angesehen, er löste die Kunst aus den Beziehungen zur Totalumwelt (Wendung gegen den Standpunkt des »l'art pour l'art«), er war »Kunst des Augenblicks« und erfaßte nicht das »Eigentliche, den letzten Sinn der Objekte«. Edschmid war sich 1917 des Neuen völlig bewußt geworden, als er in seiner Programmrede »Über den dichterischen E.« die Prinzipien der Ausdruckskunst präzise darlegte. Der Raum des expressionistischen Künstlers ist Vision. »Er sieht nicht, er schaut. Er schildert nicht, er erlebt. Er gibt nicht wieder, er gestaltet. Er nimmt nicht, er sucht.« Nicht die Eindrücke der Dinge zu beschreiben ist das Wesen der Kunst, sondern auszudrücken, was sich hinter den Eindrücken als das Wesen der Dinge enthüllt. Der Expressionist »gibt das tiefere Bild des Gegenstands, die Landschaft seiner Kunst ist die große, paradiesische, die Gott ursprünglich schuf, die herrlicher ist, bunter und unendlicher als jene, die unsere Blicke nur in empirischer Blindheit wahrzunehmen vermögen, die zu schildern kein Reiz wäre, in der das Tiefe, Eigentliche und im Geiste Wunderbare zu suchen aber sekündlich voll von Reizen und Offenbarungen wird. Alles bekommt Beziehung zur Ewigkeit.«

6. Dies ist Programmatik, Wunsch und Wille, dem die künstlerische Durchführung bei weitem nicht immer entspricht. Aber es sagt das Wesentliche über das Beste im E. aus. Es setzt eine religiöse Grundstimmung voraus, ein Zurücksuchen zu Gott.

Aus der Überfülle expressionistischer Dichtung schälen sich vier *Haltungsweisen* heraus: a) Die *skeptisch-zynische* Haltung, die von Gottfr. → Benn und Bert Brecht vertreten wurde, die zunächst mit expressionistischen Mitteln arbeitete, dann aber eine geformte Aussage anstrebt, die keine »Beziehung zum Ewigen« mehr erkennen läßt. - b) Die *pessimistische* Haltung, die von den bedeutenden Vorkriegslyrikern G. → Heym und G. → Trakl und von dem heute zu wenig beachteten Georg Sack (1885-1916) - er gehörte zu den wenigen bedeutenden Prosaschriftstellern der Bewegung - vertreten wurde. Sie dringen durch die Wirklichkeit hindurch und erfassen ihre Wesentlichkeit, aber sie sinken zurück und verlieren den unmittelbaren Bezug auf die Ewigkeit. - c) Die *aktivistische* Haltung, die in einem Strom breitester Produktion ausmündete, in dem man unter der aufgehäuften Spreu den guten Weizen in einigen noch heute gültigen Werken von Kurt Hiller, Walter Hasenclever, Leonhard Frank, Ernst Troller und Georg Kaiser heraussondern kann. Ihr Hauptanliegen ist die Umwandlung der menschlichen Gesellschaft, Herstellung der Brüderlichkeit und Einheit alles Menschentums, die Schaffung des Paradieses auf Erden. Hier ist die Dichtung bewußt »Tendenz«, bewußt »schrill« und »reißt das Volk auf mit gehackten Sätzen« (J.Becher). Die Grundnote ist ekstatischer Optimismus, begründet auf dem Glauben: »Der Mensch ist gut« (L.Frank). Die bestehenden Verhältnisse werden in grotesker, oft sadistischer Weise grell beleuchtet, aber dahinter erhebt sich die Botschaft vom befreiten Menschen in einer freien Gemeinschaft. Bezeichnend und formstark klang dieses Thema in Lotz' Vorkriegsgedicht »Wolkenüberflaggt« an. Der Krieg brachte eine Welle pazifistischer Sehnsucht, bei vielen gleich zu Anfang, und sie sammelten sich in freiwilligem Exil in der Schweiz mit ausländischen Gesinnungsgenossen um René Schickele und seine Monatsschrift »Die weißen Blätter«. Bei anderen entwickelt sich die Friedenssehnsucht in echter »Wandlung«, wie sie in dem gleichnamigen Drama von Toller oder in Unruhs »Vor der Entscheidung« (eine Auseinandersetzung mit H.v.Kleist) dargestellt ist. Die russische Revolution von 1917 schlug viele in ihren Bann, die durch sie die Heraufkunft des goldenen Zeitalters sich ankündigen sahen. Das erste Jahrfünft nach dem Kriege trug diese Welle auf ihren Kamm, aber sie verebbte dann in Ernüchterung und Enttäuschung. Die Sprache der Aktivisten bediente sich nicht selten religiöser Symbole, aber die Grundhaltung ist doch die, daß, nachdem Christus nach 2000jährigem vergeblichen Ringen sein Reich verloren hat, der Mensch auf sich selbst gestellt ist und sein Heil bei sich selbst finden muß. Religiös unterbaut ist allerdings die Lehre von der Schaffung einer neuen Gemeinschaft durch Gewaltlosigkeit, die schon 1910 von René Schickele in dem schönen Gedicht »Abschwur«, dann u.a. von Ludwig Rubiner in dem Drama »Die Gewaltlosen« (Winter 1917) verkündet wurde. - d) Im Gegensatz zu den Aktivisten entspringt die Haltung der vierten Gruppe, der *Gottsucher*, dem echt religiösen Drang, zwischen Endlichem und Unendlichem eine unmittelbare Beziehung herzustellen. Theodor Däubler mit seinem weit ausholenden epischen Werk »Das Nordlicht« (1910) steht am Beginn. Sorge, Barlach, Werfel, Reinhold Goering, Unruh und Else → Lasker-Schüler mit ihren Freunden Peter Hille und Franz Marc sind die hervorstechendsten Träger dieser Haltung; Franz → Kafka stand am Rande. Zwischen der aktivistischen und rein expressionistischen Haltung gibt es Übergänge von der einen zur anderen wie bei Werfel, Unruh, Schickele, Kaiser und den Vertretern der → Arbeiterdichtung.

7. »An die Stelle des Naturgesetzes als Kunstmittel setzen wir heute das religiöse Problem des neuen Inhalts«, schrieb Franz Marc (»Aufzeichnungen und Aphorismen«, 1946, Nr. 78). Wo ist der *neue Inhalt als religiöses Problem* zu finden? Weder in festgelegten Doktrinen noch in kirchlich organisierten Formen. Gott steht nicht fest, ist nicht nur der Schenkende und Verheißende, sondern muß gesucht und gefunden werden. Er wird gefunden in der leidenden Kreatur. In völliger Umkehrung der Lehre → Nietzsches wird das Leiden der Unterworfenen und Unterwürfigen zur echten Tat. Das Opfer tritt an die Stelle der erobernden Tat, und durch das Opfer wird die Beziehung zum Ewigen hergestellt. Das expressionistische Bühnenspiel drückt dies am stärksten aus, und Werfel antwortet in seinem Vorwort zu »Die Troerinnen« auf die Frage, warum die Heldin nicht stirbt: »Der Dichter gibt dem Menschen nicht das Recht zu seinem Tod. Die Pflicht des Menschen ist zu leben. Und das Leben des Menschen ist die Pflicht. Pflicht aber ist der Trotz gegen die unmenschliche Schöpfung, der Widerstand gegen die Natur, Glaube an das Mittlertum der Menschheit, die da ist, ihren Sinn der Welt zu leihen.« Die expressionistische »Tragödie« endet, nach Wer-

fel, immer mit dem Leben, selbst wenn der oder die »Helden« untergehen. Sie endet mit dem Ausblick in eine neue sich gestaltende Zukunft, die die Gegenwart überwindet. »Sie erzeugt den Wert, das Unbedingte«, und wird der Ort, wo der »Schwurgerichtsprozeß des Notwendigen gegen das Zufällige« verhandelt wird. Solche stellvertretenden Opfer für den Sieg der echten Werte als Brücke zum Transzendenten finden sich in Sorges »Der Bettler« in Gestalt des aus einer »Mission« heraus begangenen Vatermordes; in Kaisers »Die Bürger von Calais«, wo Abendmahl und die Apotheose des Leidenden an christliche Formen erinnern; in Stefan Zweigs »Jeremias« (1917) in alttestamentlichem Gewande; in Unruhs eindrucksvollem einfachen Gedicht vom stöhnenden »Lamm Gottes«, das mitten im Kriege Frieden, Liebe und Menschlichkeit verheißt, während des gleichen Dichters Kriegsroman »Der Opfergang« schon in seinem Titel das Geschehen eines kosmischen Vorganges andeutet. Reine Gottesverbundenheit in Anlehnung an alttestamentliche Überlieferung und dennoch frei von ihrer Gebundenheit findet sich in den zarten Versen E. Lasker-Schülers oder in den Gesichten Ludwig Meidners, die er selbst in einer »autobiographischen Plauderei« in scheinbarer Gegensätzlichkeit zu seiner leidenschaftlichen Bildgestaltung demütig ausdrückt: »Das Wort Gottes, das geschriebene, und das Wort Gottes, das innen im Menschen redet: das ist die einzige Wahrheit, das bringt Glück, Ruhe und Sicherheit, das weist den einzigen Weg, den man gehen muß« (in: »Junge Kunst« 4, 1919, 14). Die Gestalt Jesu steht in neuer Form, von doktrinaler Schwere gereinigt, in einem schon 1904 veröffentlichten Gedichte Peter Hilles »im seligen Tau überquellender Liebe«, während Werfel in »Jesus und der Äserweg« die Unerbittlichkeit des naturalistisch Ekelerregenden in das unendlich Umfassende der Liebe ausklingen läßt. Es ist Werfel, der in der nüchternen Ekstase einer großen Eingebung in vollendetem Einklang von Form und Gehalt das religiöse Anliegen des E. am schönsten und reinsten ausgedrückt hat: in dem Gedicht »Lächeln Atmen Schreiten« (1915). »Die Welt fängt im Menschen an«, aber nur deshalb, weil er von Gott zum Mittler in die Welt des Sichtbaren hinein geschaffen worden ist, so daß sein Hauch im Atem des Menschen geboren wird in der einen Absicht, »die Welt zu bekehren«.

8. Groß ist die Zahl der Schriftsteller, die der expressionistischen Bewegung zugehörten, unendlich die Zahl ihrer Werke. Selten ist eine literarische Bewegung so produktiv gewesen, selten aber sind auch viele Namen und Werke so schnell in Vergessenheit geraten. Dennoch bleibt Bedeutendes übrig, und der Geist der Epoche hat auch die großen Einzelnen erfaßt, die der Bewegung selbst nicht angehört haben. → Hofmannsthals »Jedermann« (1911) und »Das große Welttheater« (1923), → Rilkes »Duineser Elegien« (1913 ff) und »Sonette an Orpheus« (1923), H. → Hesses »Demian« (1919) und G. → Hauptmanns »Der weiße Heiland« (1920) spiegeln in einzelnen Zügen die expressionistische Ideenwelt wider.

9. »Der E. hat viele Ahnen« (Edschmid). Er griff auf Verwandtes in der Vergangenheit zurück, die primitive → Kunst, die orientalische Lyrik und Erzählung, das Dionysische des griechischen Theaters, das Mysterienspiel und die → Mystik (: VI) der gotischen Epoche, das Gottsuchen des → Barock, den Stil des → Sturm und Drang, die Programmatik Fr. → Schlegels, die transzendentale Mystik des → Novalis, Gestalten wie → Büchner und Grabbe. Ebenso aber wirkte der E. nach, selbst wenn er in der Ernüchterung der stabilisierten europäischen Verhältnisse nach 1924 zunächst verklang und einer heftigen Reaktion »neuer Sachlichkeit« Platz machen mußte. Vollends wurde die Bewegung, nach einigem bald unterdrückten Widerstand (vgl. The Times Literary Supplement, 13.10.1933), seit 1933 als dekadente Kunst in Acht und Bann getan, und viele ihrer Träger gingen ins Exil. Dennoch übernahm merkwürdigerweise die nationalsozialistische Literatur wesentliche Stilelemente der expressionistischen und bes. der aktivistischen Weltanschauung, wenn auch mit nationalistischem statt weltbürgerlichem Vorzeichen. – Im *außerdeutschen* Bereich hatte die expressionistische Bewegung schon in den 20er Jahren Wellen geschlagen, die in den 30er Jahren weiter fortwirkten; weniger im Futurismus, der, von Italien aus, der expressionistischen Bewegung parallel lief und von dem Edschmid im Namen des E. deutlich abrückte, oder im → Surrealismus als in den modernistischen Tendenzen der angelsächsischen Literatur (Spender, Blunden, Auden, Isherwood, T.S. → Eliot, der späte D.H.Lawrence, Eugene → O'Neill und Th. → Wilder). In Frankreich kann Jean Anouilh als Nachfahre der expressionistischen Bewegung angesehen werden, und ebenso lassen sich Beziehungen zwischen dem Existentialismus und dem E. feststellen (→ Kafka). Vor allem aber eroberte sich die expressionistische Bühnenform die Welt. – Seit dem Ende des 2. Weltkrieges wird in Deutschland eine Neubewertung des E. vorgenommen. Sie besteht zunächst einmal in einer Bestandsaufnahme in Gestalt von Neuausgaben (Trakl, Stadler, Heym, Unruh, Werfel, Kafka, Kokoschka), Anthologien und kritischen Auseinandersetzungen.

K.Edschmid, Über den E. in der Lit. u. die neue Dichtung (Tribüne der Kunst 1), 1919 – Ders., Frühe Manifeste, Epochen des E., 1957 – B.Diebold, Anarchie im Drama. Kritik u. Darstellung der modernen Dramatik, 1924 – A.Soergel, Dichtung u. Dichter der Zeit II. NF: Im Banne des E., 1925 – F.Bachmann, Die Theorie, die histor. Beziehungen u. die Eigenart des E. (Germanic Review 2, 1927, 229–243) – W.Knevels, E. u. Religion, 1927 – F.J.Schneider, Der expressive Mensch u. die dt. Lyrik der Gegenwart. Geist u. Form moderner Dichtung, 1927 – W.Paulsen, E. u. Aktivismus. Eine typolog. Unters., Bern 1935 – W.Reichwagen, Der expr. Zug im neueren engl. Roman, 1935 – W.Duwe, Dt. Dichtung des 20.Jh.s. Die Gesch. der Ausdruckskunst, Zürich 1936 – R.Daxlberger, Das Heilige in der dt. Dichtung zur Zeit des E., 1937 – R.Samuel–R.H.Thomas, Expressionism in German Life, Literature and the Theatre (1910 bis 1924), Cambridge 1939 – W.Stuyver, Dt. expr. Dichtung im Lichte der Philosophie der Gegenwart, Amsterdam-Paris 1939 – M.F.E.van Bruggen, Im Schatten des Nihilismus. Die expr. Lyrik im Rahmen u. Ausdruck der geistigen Situation Deutschlands, Amsterdam 1946 – F.Martini, Was war E.? Deutung u. Auswahl seiner Lyrik (Erbe u. Schöpfung 14), 1948 – W.Grenzmann, Dichtung u. Glaube. Probleme u. Gestalten der dt. Gegenwartslit., 1950 – Ders., Dt. Dichtung der Gegenwart, 1953 – K.L.Schneider, Der bildhafte Ausdruck in den Dichtungen Heyms, Trakls u. Stadlers. Studien zum dicht. Sprachstil des dt. E., 1954 – M.Niedermayer (Hg.), Lyrik des expr. Jahrzehnts. Von den Wegbereitern bis zum Dada. Eingel. v. G.Benn, 1955 – H.Friedmann–O.Mann (Hg.), E. Gestalten einer lit. Bewegung, 1956 – H.Friedrich, Die Struktur der modernen Lyrik. Von Baudelaire bis zur Gegenwart, 1956 – C.Heselhaus (Hg.), Die Lyrik des E. Voraussetzungen, Ergebnisse u. Grenzen. Nachwirkungen (Dt. Texte 5), 1956 – B.J.Kenworthy, Georg Kaiser, Oxford 1957 – K.Mautz, Die Farbensprache der expressionist. Lyrik (DVfLG 31, 1957, 198–240) – RDL² I, 430 ff. *R.Samuel*

Exsequialmesse → Messe: II.

Exsequien, im weiteren Sinne die Liturgie der kath. Kirche bei Begräbnis und Totengedächtnis, im engeren das Totenoffizium (→ Stundengebet für den Verstorbenen), die Totenmesse (→ Requiem) und die Riten vor und nach dem Requiem. Das Totenoffizium geht auf den Einfluß der fränkischen Kirche zurück (älteste Nachrichten aus dem 8./9.Jh. aus Fulda, von Angilbert/St. Riquier und Amalar) und ist dem Stundengebet der 3 Kartage nachgebildet. Die Gebräuche vor und nach dem Requiem sind im einzelnen örtlich verschieden. Die

Norm, davon ausgehend, daß der Tote in die Kirche getragen wird, umfaßt außer den Gebeten folgende Gesänge: Antiphon Si iniquitates mit Psalm De profundis, Kyrie mit Versikel, Ant. Exultabunt Domino und Ps. Miserere, sowie beim Betreten der Kirche das Responsorium Subvenite; nach der Messe das Resp. Libera me (zuerst im 10.Jh. nachweisbar), Kyrie mit Versikel (und Pater noster), Ant. In paradisum und zum Canticum Zachariae (Benedictus Dominus Deus), das den Abschluß bildet, die Ant. Ego sum resurrectio.

DACL XII, 2006ff - L.Eisenhofer, Hdb. der kath. Liturgik, 2 Bde, 1932/33 - Graduale Romanum. *E.Jammers*

Exspektanzen, im kath. Kirchenrecht die durch ein Versprechen des verleihungsberechtigten Oberen begründeten Ansprüche auf noch nicht erledigte → Beneficia. Solche Versprechen sind nach geltendem Recht grundsätzlich kraftlos (c. 150 § 2 CIC). Es kennt nur noch die dem hl. Stuhl vorbehaltene und bei Bischöfen (→ Bischof: II, 3) und Äbten nicht selten geübte Bestellung eines Koadjutors mit dem Recht der Nachfolge (c. 1433 CIC). Im MA entwickelte sich die päpstliche Erteilung von E. auf niedere Benefizien seit dem 12.Jh.; dieses E.-Wesen diente fiskalischen Zwecken und wuchs sich zu einem schweren, erst durch das → tridentinische Konzil beseitigten Mißstand aus.

Eichmann-Mörsdorf I, 285 - DDC V, 678ff - Feine I, 303ff (Lit.). *H.Barion*

Externsteine, ursprünglich benediktinisches Felsenheiligtum am Südende des Teutoburger Waldes, Nachbildung der Golgathastätten: Kreuzerfindungskapelle (Weiheinschrift von 1115) und Kreuzerhöhungskapelle, Hochfelsengrab und Vorfelsengrab (→ Grab, heiliges), romanisches Monumentalrelief (24 qm) der Kreuzabnahme, der antiken Laokoongruppe verwandtes Adam- und Evarelief; nach der Lippischen Reformation (1538) nicht mehr gottesdienstlich verwertet, seit 1810 als Geschichtsdenkmal gepflegt.

A.Fuchs, Im Streit um die E., 1934 (gegen Mißverständnisse W. Teudts) - F.Focke, Beitr. zur Gesch. der E., 1943 - F.Flaskamp, Die E., wissenschaftl. Führung, 1954. *F.Flaskamp*

Eybel, *Johann Valentin* (3.3.1741 bis 30.6.1805), kath. Kirchenrechtler, * in Wien, † in Linz, mußte nach 6 Jahren Lehrtätigkeit wegen Exkommunikation seinen Wiener Lehrstuhl 1779 aufgeben und wurde dann im staatlichen Verwaltungs- und Justizdienst verwendet. Aus dem →Febronianismus zog er für den →Josephinismus radikale Konsequenzen, die er publizistisch wirksam vertrat, bes. um die Klosteraufhebung und die Abschaffung der Ohrenbeichte rechtlich zu begründen. Beim Besuch des Papstes in Wien schrieb er anonym: »Was ist der Papst?« (1782). Einiges kam auf den → Index.

Vf. u.a.: Corpus iuris pastoralis novissimi, 1776; Introductio in ius ecclesiasticum catholicorum, 4 Bde, (1777) 1778² (dt. 1779); Was ist von Ehedispensen zu halten?, 1782; Hauspostille, 6 Bde, 1784-86; Die Heiligen nach den Volksbegriffen, 1792. - Über E.: J.F.v. Schulte, Gesch. der Quellen u. Lit. des kanon. Rechts III/2-3, 1880 (Neudr. 1956), 255ff - RE XXIII, 446 - A.Rösch, Das Kirchenrecht in der Aufklärung (AkathKR 83-85, 1903-05) - E.Winter, Der Josephinismus u. seine Gesch., 1943, 128f. 189f. *Ernst Wolf*

Eylert, *Ruhlemann Friedrich* (1770-1852), ev. Theol. aus einem ref. Theologenhaus in Hamm. Von dem während seines Studiums in Halle empfangenen gedämpften Rationalismus wandte er sich als Pfarrer einer positiveren Richtung zu. Auf Empfehlung → Steins wurde er 1806 als Hofprediger nach Potsdam berufen und trat hier in ein enges Vertrauensverhältnis zum Königspaar. 1818 zum Bischof und Mitglied des Staatsrates ernannt, hat er Friedrich Wilhelm III. in seiner Kirchenpolitik, vor allem im → Agendenstreit, beraten. Seine geschmeidige und anpassungsfähige Natur, die eigene Konturen nicht aufwies und die Entscheidung lieber im Kompromiß suchte, machte ihn zum Hofprälaten geeignet. So war er für den König bei manchen Verhandlungen nahezu unentbehrlich, bes. bei so delikaten wie denen wegen des Übertritts der bayerischen Prinzessin Elisabeth, künftigen Gemahlin des Kronprinzen. 1840 hielt er in Berlin die Weiherede bei der Grundsteinlegung zum Reiterstandbild Friedrichs d.Gr. 1844 trat E. in den Ruhestand. Zu seinem tiefen Schmerz bekannte sich sein Sohn, obwohl Pastor, 1848 zur schwarz-rot-goldenen Fahne.

Vf. u.a.: Predigten über Bedürfnisse unseres Herzens u. Verhältnisse unseres Lebens, 1805; Charakterzüge u. histor. Fragmente aus dem Leben Friedrich Wilhelms III., 1846. - Über E.: Neuer Nekrolog der Deutschen, 1852, Tl. 1, 88ff - ADB VI, 458 - RE V, 702ff - W.Wendland, Zur reaktionären Gesinnung R.Fr.E.s (JBrKG 9/10, 1913, 403-406). *K.Kupisch*

Ezechiel, *Apokryphon.* Bei einzelnen Kirchenvätern finden sich Zitate aus einem verlorenen (jüdischen) apokryphen E.buch, das wohl schon → Josephus kannte (vgl. ant. X, 79) und das auch in der Stichometrie des Nikephorus (Zahn 300) aufgeführt ist. In ihnen wird, in Weiterführung von Ez 37, die - wohl unmittelbar nach dem Tod angenommene - *allgemeine* → Auferstehung (: IV) gelehrt. Sie umfaßt Seele *und* Leib (den früheren Körper), damit beide als verantwortliche Einheit gerichtet werden; als Beweis dient das Gleichnis vom Blinden und Lahmen, die für ein gemeinsam verübtes Vergehen zusammen gestraft werden (vgl. bSan 91 a. b). - Das Buch ist wohl zwischen 50 vChr und 50 nChr entstanden.

Th.Zahn, Gesch. des nt. Kanons II, 1890, 295ff (Stichometrie) - M.T.James, The Lost Apocrypha of the OT, 1920, 64ff - K.Holl, Das A.E. (Aus Schrift u. Gesch., A.Schlatter z. 70. Geb., 1922, 85-98 = Holl II, 33-43; Texte, Lit.) - Riessler 334ff - L.Wallach, The Parable of the Blind and Lame (JBL 62, 1943, 333-339). *E.Kutsch*

Ezechiel, *der Prophet*

1. Ort und Zeit - 2. Lebensumstände - 3. Verkündigung

1. Der Prophet E. (hebr. jeḥæzqe'l »Gott möge stark machen«, griech. Ιεζεκιηλ, danach Luther Hesekiel, Vulg. Ezechiel), Sohn eines nicht weiter bekannten Mannes Busi, aus Priestergeschlecht, wurde nach den Angaben des Buches (s. aber →Ezechielbuch) mit König Jojachin nach Babylonien deportiert (1, 1f; 40, 1). Er lebte dort nach 3, 15 unter anderen Verbannten in dem nicht näher zu lokalisierenden tel abîb (akkad. = til abūbi »Sintfluthügel«, ein zZ der Namengebung wüstliegender Hügel). Der von der Siedlung wohl nicht zu weit abliegende gottesdienstliche Versammlungsort der Leute von tel abîb, an dem der Prophet seine Berufung erfuhr, lag »am Fluß kebar« (1, 1. 3; 3, 15), der mit dem bei Nippur vorbeifließenden när kabari, heute schaṭṭ en-nīl, gleichzusetzen sein dürfte.

Jerusalem war nach der Wiseman-Chronik am 2. Adar des 7. Jahres Nebukadnezars, dh am 16. 3. 597 erobert worden. Demnach fällt die 1, 1f auf den 5. Tag des 4. Monats im 5. Jahr der Verbannung datierte Berufung E.s zum Propheten in den späteren Juni des Jahres 593. (Das in 1, 1 noch genannte 30. Jahr ist bisher nicht befriedigend erklärt worden.) Von den in relativ geordneter Folge auftretenden insgesamt 13 datierten Worteinheiten fallen 11 in die Zeit bis zum 12. Jahr der Verbannung (586/85). Wenn schon die Fülle der undatierten Worte keine sicheren Schlüsse erlaubt, so scheinen doch die ersten 7 Jahre nach der Berufung die Zeit der großen Verkündigungsdichte gewesen zu sein. Nach dem beträchtlichen Intervall von 13 Jahren folgt unter den datierten Worten in 40, 1ff noch die große, ins 25. Jahr (573/72) datierte Vision vom neuen Heiligtum und seinen Ordnungen, die auch inhaltlich spürbar neue Wege geht, und schließlich ein Nachtrag innerhalb der Völkerreden, der zu Beginn des 27. Jahres, also im Frühling 571, nochmals die beiden großen Adressaten der Völkerworte, Tyrus (26-28) und Ägypten (29-32), in einem Worte verbindet (29, 17ff).

2. Über des Propheten *persönliche Lebensumstände* ist wenig auszumachen. Sie sind, wo sie einmal im Zusammenhang der Verkündigung (Visionen, Zeichenhandlungen) auftauchen, ganz in die Verkündigung hinein verschlungen und in ihrem biographischen Gehalt schwer erkennbar. Dazu kommt, daß E., wohl auch von der Tradition bestimmt, in auffallend entschlossener Weise auf »das Haus Israel« und Jerusalem als seine Mitte ausgerichtet ist. Dahinter tritt seine unmittelbare Exilsumgebung in ihrer Konkretion eigenartig zurück. In anderen Worten scheint Jerusalem so greifbar nahe zu sein, daß der Streit darüber, ob E. wirklich all seine Worte im Exil geredet hat, bis zur Stunde nicht zur Ruhe kommt.

Daß E., wo die Situation einmal deutlicher erkennbar wird, in seinem Hause von den Ältesten, dh von den Verantwortlichen unter den Verbannten, aufgesucht und um ein Gotteswort angegangen wird (8, 1; 14, 1; 20, 1), hat seine Parallele in den Erzählungen von → Elisa (2Kön 6, 32) und trägt danach typische Züge. Darüber hinaus dürfte es bei E. eine Zeit besonderer »Gebundenheit« gegeben haben (3, 25; 4, 8), deren nähere Bestimmung allerdings schwierig ist. Deutlich erkennbar ist ein Unvermögen zur Verkündigung (3, 26), das erst mit dem Eintreffen der Nachricht vom Fall Jerusalems (587) sein Ende findet (33, 22; vgl. 3, 27; 24, 26f). Ob dazu auch ein körperliches Unvermögen (Klostermann: Katalepsie) und darüber hinaus Anfechtungen und Gebundenheit durch die feindliche Umgebung (3, 25) vorkamen, bleibt undeutlich. Eine dem Text nachträglich zugefügte Aussage über das Gebundenliegen des Propheten, das dieser als ein »Tragen der Schuld des Hauses Israel« zeichenhaft deuten muß, ist im Rahmen einer sekundären, aus der »Schule« E.s stammenden (priesterlichen) Rechnung zu dem unförmigen Geschehen eines 390 (LXX 190) Tage dauernden Liegens auf der linken und eines 40 Tage dauernden Liegens auf der rechten Seite ausgeweitet worden. Das Phänomen visionärer Entrückung (3; 8; 37; 40) kennt auch die ältere Prophetie (Elisa: 2Kön 5, 26). All das warnt davor, in E. in besonderer Weise eine pathologische Gestalt zu finden (Klostermann, Baentsch, Broome) oder gar eine Diagnose auf Schizophrenie (Jaspers) zu stellen. Von E.s Frau und ihrem Tod um die Zeit des Falles Jerusalems berichtet 24, 15ff im Rahmen einer Zeichenhandlung. Von weiteren Familienangehörigen erfahren wir nichts.

Dagegen muß E., obwohl seine eigenen Aussagen darüber völlig schweigen, von einem Kreis von Schülern umgeben gewesen sein. Die reiche Nachinterpretation des Prophetenwortes, die nur zT von E. selber stammen kann, die aber ein auffallend einheitliches Gepräge trägt, verrät diesen Kreis.

3. Die *Verkündigung* E.s stellt eine äußerste Radikalisierung der älteren schriftprophetischen Botschaft, die E. zT bekannt sein muß, dar. Dem 593 noch bestehenden Restisrael in Juda-Jerusalem kündet er das Ende (7), das Schwert (21), den »Bergen Israels« Verheerung (6), Jerusalem Belagerung (4) und den Weggang der göttlichen Herrlichkeit aus dem Tempel und dessen Verbrennung (5; 9f) an. Grund dieses Gerichtes ist nicht nur die aktuelle Verunreinigung des Tempels (8) und der »Blutstadt« (22), sondern zugleich die ganze geschichtliche Schuldbelastung Israels (20; 23) und Jerusalems (16) von ihren Anfängen her. Rechtend muß er Israel »die Greuel seiner Väter« ansagen (20, 4). Das Volk in Jerusalem, mag es sich schon seiner Rettung im Jahre 597 rühmen und sich als alleiniger Besitzer des Landes, das für Israel ja Bundespfand ist, wähnen (11, 15; 33, 24), ist wesensmäßig unbrauchbar und reif für das Feuer (15).

Aber E. weiß auch, daß Jahwe mit der → Erwählung Israels seinen eigenen Namen in die Völkergeschichte hinein verpfändet hat und im Gericht über Israel selber Verhöhnung durch die Völker erleidet (36, 20). So erhebt sich, nicht um eines Anspruchs Israels, sondern allein um der Ehre seines Gottes willen (36, 22f), der sich in der Geschichte als dem großen Gottesurteil in seinem Persongeheimnis zu erkennen gibt (Zimmerli), überraschend über den im Exil Zerschlagenen die Verheißung neuen göttlichen Anfangens. Sie findet in der Kategorie der Erweckung des völlig Toten aus dem Tode ihren vollen Ausdruck (37, 1ff). Von hier aus tritt nicht nur eine völlige Erneuerung des alten Wesens Israels durch den neuen Gottesgeist (11, 19; 36, 26), sondern ebenso die politische Wiedervereinigung des geschichtlich Zerrissenen (37, 15ff) in den Blick. E. schaut das von Jahwe selber neu hingesetzte Heiligtum mit seiner (im Unterschied zum salomonischen Tempel, der sonst als Leitbild vor Augen steht [Galling]) völligen Behütung des Heiligen vor dem Profanen und den neuen Ordnungen seiner Diener und ihres Dienstes (40ff). Die Nachinterpretation (Gese) fügt dazu den Entwurf einer neuen Landverteilung (47f). So kann Jahwe neu bei seinem Volke Wohnung nehmen (43, 1ff). Im Geheimnis der wunderbaren, das Land bis hinunter zum Toten Meer heilenden Tempelquelle klingt alte Paradiesesmythologie an (47, 1ff, vgl. Gen 2, 10-14; Ps 46). Die an die Schwelle der Apokalyptik führende Perikope von → Gog (38f), die das Zerschellen der politischen Weltmacht an der irdisch unbewehrten Gottesstadt verheißt, gehört wohl in den Bereich der Weiter-Interpretation der Schule E.s.

Auf dem Hintergrund dieser großen, freien Gottestat, welche das Verhängnis einer zur vollendeten Todwürdigkeit verpfuschten Geschichte Israels bricht, ist die auffallende neue Einladung zum Leben im Munde E.s verständlich. Der Prophet ist zum Späher und Warner für das Haus Israel bestellt (3, 16-21; 33, 1-9). Über die Gebrochenheit der unter dem Gewicht der Sünde Resignierenden (33, 10) wie über den Zynismus derer, die nihilistisch auf das über Israel stehende kollektive Fatum weisen (18, 2), hat der Prophet die neue Freiheit zum Wählen des Lebens zu verkündigen. Alte Tempelrituale, die dem über die Schwelle Tretenden, der seiner Sünde absagte, Leben verhießen, erfahren in diesem Ruf zur Buße und Hinkehr zu dem von Gott für sein Volk gewollten Leben eine neuartige Aktualisierung mitten im Exil. In der Ausrichtung dieses Amtes aber wird E. in einer innerhalb der Prophetie neuartigen Weise zum seelsorgerlichen Mahner und Rufer des einzelnen in Israel (→ Gemeinschaft und Individuum: II).

E. hat mit seiner Verkündigung, in der er sich zum »Hause Israel« gesandt weiß, wohl wesentlich dazu beigetragen, daß die Jerusalemer Exulanten anders als ihre Brüder aus dem Nordreich in der Folgezeit nicht in ihrer heidnischen Umwelt verdämmert und untergegangen sind, sondern es gewagt haben, auch vor ihrem Gott auf eine Zukunft hin zu leben und auf eine Auferstehung Israels zu harren. Deuterojesaja ist dann etwas später der große Evangelist dieser Auferstehungskunde geworden (→ Jesajabuch, 2).

Zu 1: D.J.Wiseman, Chronicles of Chaldaean Kings (626-556 B.C.) in the British Museum, London 1956. - Zu 2: A.Klostermann, E. (ThStKr 50, 1877, 391-439) - B.Baentsch, Pathologische

Züge in Israels Prophetentum (ZWTh 50, 1907, 52-81) - E.C. Broome, Ezekiel's Abnormal Personality (JBL 65, 1946, 277-292) - K.Jaspers, Der Prophet E. Eine pathographische Studie (Arbeiten zur Psychiatrie, Neurologie u. ihren Grenzgebieten. Festschr. für K.Schneider, 1947, 77-85). - Zu 3: W.Zimmerli, Erkenntnis Gottes nach dem Buche E. (AThANT 27), 1954 - K.Galling zu 40, 1 - 42, 20; 43, 10-27 in: G.Fohrer, E. (HAT I, 13), 1955 - H.Gese, Der Verfassungsentwurf des E. (BHTh 25), 1957. - Weiteres → Ezechielbuch.

W.Zimmerli

Ezechiel, *Tragiker,* jüdisch-hellenistischer Schriftsteller, wahrscheinlich Mitte des 2.Jh.s vChr, der biblische Stoffe zu Dramen verarbeitete. Erhalten sind durch Clemens Alexandrinus und Euseb Fragmente aus dem Stück 'Εξαγωγή (Auszug der Israeliten aus Ägypten).

Schürer III, 500ff - PW VI, 1701f - W.Schmidt-O.Stählin, Gesch. der griech. Lit. II/1, 1920⁶, 607f - Riessler 337ff - J.Wieneke, Ezechielis Judaei poetae Alexandrini fabulae, quae inscribitur ΕΞΑΓΩΓΗ, fragmenta (Phil. Diss. Münster/W.), 1931 - EJud VI, 885ff - P.Dalbert, Die Theol. der jüd.-hellenist. Missionslit. (ThF 4), 1954, 52ff.

E.Lohse

Ezechielbuch

1. Text - 2. Literarkritik - 3. Sachkritik - 4. Traditionsgeschichte - 5. Der Traditionsvorgang im E. - 6. Das E. in der Kunst. - Vgl. Bildtafel 13 nach Sp. 800

1. Der *Text* des E.s bietet besondere Fragen. Textlich saubere Kapitel (6; 20) stehen hart neben anderen, die zu den am schlechtesten erhaltenen Stücken im AT überhaupt (7; 21) gehören, wobei nicht immer wie etwa in 40ff der bes. schwierige, ein spezialisiertes Vokabular erfordernde Inhalt dafür verantwortlich gemacht werden kann. Bei der Suche nach dem ursprünglichen Text leistet LXX, auch wenn sie nicht blind bevorzugt (Jahn), sondern in ihrem Gewicht von Fall zu Fall gewogen sein will (Cornill), gute Dienste. Sie weist mehrfach noch auf eine gegenüber MT knappere Vorlage.

2. Die *literarkritische Einheit* des Buches und seine Herleitung aus der Hand des Propheten selber schien lange kein Problem zu sein. Zeigt das Buch doch einen auffallend klaren Gesamtaufbau. Eine erste, durch den ausführlichen Berufungsbericht (1, 1 - 3, 15, mit Erweiterung 16-21) eingeleitete Hälfte (1-24) entfaltet die Gerichtsverkündigung des Propheten in Zeichenhandlungen (3, 22 - 5, 17; 12, 1-20), thematisch ausgerichteten Drohreden (6: »Wider die Berge Israels«; 7: »Das Ende«; 21: »Das Schwert«; 22: »Die Blutstadt«), Visionserfahrungen (8-11), Worten über Propheten und Prophetie (12, 21 - 14, 11, mit Nachtrag 12-23), allegorischen Bildreden zur Verdeutlichung der Gerichtsreife Israels (15: »Das Rebholz«; 16; 23: »Die untreue Frau«; 17; 19: »Die Königsgeschichte«; 24, 1ff: »Der Topf«), die in 20 bildlos ausgestaltet wird, und der 3, 16ff verwandten Mahnung zur individuellen Verantwortlichkeit (18). Die letzte Einheit der »pars destruens« mit den göttlichen Anweisungen zum zeichenhaften Verhalten beim Tode der eigenen Frau (24, 15-27) führt an die Schwelle, die mit der Zerstörung Jerusalems (587) erreicht sein wird. Die Drohworte gegen 7 Nachbarvölker bzw. -städte (Ammon, Moab, Edom, Philister, Tyrus, Sidon, Ägypten), die in 25-32 zur eigentlichen »pars construens« (33-48) mit ihrer Tröstung Israels überleiten, zeigen durchaus sinngemäß, wie das göttliche Gericht sich von Israel weg auf die Völkerwelt hinüber zu wenden beginnt. Die Tröstung beginnt im Zeitpunkt des Falles Jerusalems, von dessen Kundwerden bei den Exulanten gleich 33, 21ff unmittelbar nach der zweiten Einschärfung der Wächterpflicht an den Propheten (33, 1ff) berichtet. Auch hier wird in der Form der Zeichenhandlung (37, 15-28), der thematisch ausgerichteten Heilsrede (»Über die Berge Israels«, 36), in Visionsberichten (37, 1-14; 40ff) und allegorischer Bildrede (»Die Hirten«, 34) das Heil entfaltet. In der Drohrede an Gog (38f) wie in derjenigen an das Gebirge Seir (35) ragt noch ein Stück Völkerrede in die Tröstung hinein. Durchaus sinnvoll mündet der zweite Teil in die große Schau des neuen Jerusalem und des neuen Landes (40-48) aus. Es fehlt dabei nicht an deutlichen Entsprechungen zwischen der ersten und der zweiten Buchhälfte. Dem Unheilswort über die Berge Israels (6) entspricht das Heilswort (36), dem Bericht über den Wegzug der göttlichen Lichtherrlichkeit (10f) ihr Wiedereinzug (43, 1ff). Ja, sogar der Berufungsbericht bekommt in den erneuten Ausführungen über das Wächteramt des Propheten (33, 1ff) sein Gegenstück. - Zu diesen Zügen planvoller Disposition der Gesamtanlage kommt die Wahrnehmung einer durchgehend sehr ausgeprägten Spracheigentümlichkeit. In Einleitungs- und Schlußformeln, in Scheltrede und Gerichtsdrohung kehrt ein bestimmtes Wortgut stereotyp wieder.

Neben diesen Zügen der Einheitlichkeit ließen sich allerdings auf die Dauer gewisse Unebenheiten, wie etwa der Wechsel der Person in 1, 1-3, das Vorkommen von Dubletten oder von verspäteten Nachträgen nicht übersehen. Sie wiesen in die Richtung eines bewegteren Redaktionsprozesses für das E. (Kraetzschmar, Herrmann). 1924 hat Hölscher der radikalen literarischen Kritik am E. die Bahn gebrochen. Er glaubte dem »Dichter« → Ezechiel außer einem stark verkürzten Berufungsbericht, einem aus 8f zu gewinnenden Visionsbericht 15 Gedichte, unter ihnen 7 gegen Fremdvölker, zuerkennen zu können. Der ganze, etwa 7/8 des Buchbestandes umfassende »prosaische« Rest mit seinen theologischen Erörterungen sollte den wesentlich späteren Redaktionsphasen zugehören.

3. Zur literarischen Kritik gesellte sich rasch eine einschneidende *Sachkritik*. Ezechiels hartnäckige Anrede an das »Haus Israel« deutet nach J.Smith auf einen Nordreichpropheten, der zT aus dem Exil sein Volk anredet. Torrey kam von der Wahrnehmung, daß die Kultkritik Ezechiels besser zur Zeit Manasses passe, zur Annahme, daß das E. ein Pseudepigraph sei, das um 230 unter der Fiktion der Herkunft aus der Zeit Manasses geschrieben und etwas später durch einen Überarbeiter zum Buch eines Exilspropheten umredigiert worden sei. Breiteres Gehör hat sich die Torreysche Scheidung in der behutsameren Formulierung Herntrichs verschafft, nach welcher Ezechiel in Jerusalem gewirkt habe und seine Worte nachträglich im Sinn einer Exilswirksamkeit überarbeitet worden seien. Andere (Bertholet, Kuhl) haben daran die Annahme einer doppelten Wirksamkeit in Jerusalem und im Exil geschlossen. Selbst die These von einer dreiphasigen Wirksamkeit (Exil, Jerusalem, Exil) fand ihren Verfechter (May). Auf eine Jerusalemer Wirksamkeit schienen die Unmittelbarkeit der Anrede an Jerusalem, die in manchen Worten und Zeichenhandlungen zu verspüren ist, die genaue Kenntnis der Tempelgreuel (8) und vor allem die Pelatjaszene (11, 1ff) zu deuten. Die These einer Jerusalem-Periode Ezechiels ist aber nicht unbestritten geblieben. Das babylonische Kolorit mancher Aussagen (Howie), die eigenartige Stereotypie mancher Worte, die auch gegenüber Jerusalem eine Atmosphäre der Distanziertheit erkennen lassen, das Fehlen eines wirklich einleuchtenden Grundes für eine exilische Überarbeitung können ernsthaft gegen sie angeführt werden (Fohrer, Zimmerli).

4. *Traditionsgeschichtlich* zeigt das E. eine auffallende Doppelbestimmtheit. Die Eröffnung durch einen Berufungsbericht, das Vorkommen von Visionsberichten, Zeichenhandlungen, Fremdvölkerreden, die in den Sprüchen verwendeten Gottesspruchformeln, die reiche Verwendung der Form des prophetischen Erweiswortes machen deutlich, daß es sich hier um prophetische Rede

handelt. Dabei führen einige Linien bes. stark auf die Beziehung zur alten Prophetie, wie sie sich in den Elisageschichten spiegelt. Daneben sind allerdings ebenso starke Verbindungen mit der großen Schriftprophetie klar zu erkennen. Auf Hosea und Jeremia weisen die Bildreden von der untreuen Frau (vgl. Miller), auf Amos (8, 2) die Thematik vom »Ende«, auf Jesaja (7, 20) die Zeichenhandlung vom Haarscheren (5, 1ff) u.ä.

Auf der anderen Seite aber ist eine kräftige Aufnahme priesterlichen Vokabulars und priesterlicher Formen wahrzunehmen. Der Bußruf wächst in 18; 33, 10-20 aus dem im Tempel verwurzelten Formular gottesdienstlicher Lebensverkündigung heraus. 14, 1ff verwenden Formulierungen sakraler Rechtsordnung (vgl. Lev 17!). Die Erscheinung Jahwes ist in allen Fällen als Erscheinung der (in der Priesterschrift bezeugten) »Lichtherrlichkeit Jahwes« dargestellt. Die Kategorien: rein, unrein, Greuel, die Benennung der »Götzen« mit einem unter dem Gesichtspunkt der Reinheitsordnung gebildeten Terminus, vor allem aber die Ausmündung in die große Ordnung der endzeitlichen reinen Tempelordnung, welche auch zur Mitte der neuen Ordnung im Lande wird, deutet auf die enge Verbundenheit mit dem priesterlich-sakralen Bereich. Das Problem Priester-Prophet und mit ihm das Problem der »Kultprophetie« (→ Propheten: II) stellt sich vom E. her in einer durchaus eigenartigen Weise.

5. Das E. ist ohne Zweifel einerseits Ergebnis einer Sammlung von zunächst getrennt vorliegenden Worteinheiten, vielleicht über die Zwischenstufe von Teilsammlungen (Eißfeldt, Fohrer). Ebenso aber ist bei der Bildung der redaktionellen Einheiten (vgl. etwa 16, 1-63) ein zweiter, ganz anders gearteter Vorgang der Interpretation und Ausweitung von innen her zu erkennen. An Kernelemente lagern sich im Prozeß einer allmählichen Entfaltung Elemente näherer Interpretation und Ausmalung oder auch der gedanklichen Weiterführung an. Diese sind nicht in jedem Fall dem Propheten Ezechiel selber abzusprechen. Sie stammen aber ebenso gewiß in anderen Fällen aus der tradierenden Schule. Ein solcher Vorgang der Anlagerung von Weiterbildungen ist sonst vor allem noch im Bereich der priesterlichen Rechtstradition zu erkennen. So rückt das E. auch im Blick auf den Traditionsvorgang in spürbarem Unterschied zu den übrigen Prophetenbüchern wieder in eine auffallende Nähe zum priesterlichen Schrifttum und erfordert zu seinem Verständnis eine methodisch von anderer Propheten-Exegese abweichende Behandlung.

Zu 1: C.H.Cornill, Das Buch des Propheten Ezechiel, 1886 - C.H.Toy, The Book of the Prophet Ezekiel. Critical Edition of the Hebrew Text (SBOT 12), 1899 - G.Jahn, Das Buch Ezechiel auf Grund der Septuaginta hergestellt, 1905 - J.Ziegler, Ezechiel (Septuaginta. Vetus testamentum Graecum auctoritate Societatis Litterarum Gottingensis editum XVI, 1), 1952.

Zu 2 u. 3: R.Kraetzschmar, Das Buch Ezechiel (HK), 1900 - J.Herrmann, Ezechielstudien (BWAT 2), 1908 - Ders., Ezechiel (KAT), 1924 - G.Hölscher, Hesekiel, der Dichter u. das Buch (BZAW 39), 1924 - C.C.Torrey, Pseudo-Ezekiel and the Original Prophecy, New Haven 1930 - James Smith, The Book of the Prophet Ezekiel. A New Interpretation, London 1931 - V.Herntrich, Ezechielprobleme (BZAW 61), 1933 - G.A.Cooke, The Book of Ezekiel (ICC), Edinburgh 1936 - A.Bertholet-K.Galling, Hesekiel (HAT), 1936 - W.A.Irwin, The Problem of Ezekiel, Chicago 1943 - N.Messel, Ezechielfragen (SNVAO Hist.-Filos. Klasse 1945 No. 1), Oslo 1945 - C.G.Howie, The Date and Composition of Ezekiel (JBL Mon. Ser. 4), Philadelphia 1950 - G.Fohrer, Die Hauptprobleme des Buches Ezechiel (BZAW 72), 1952 - A.van den Born, Ezekiel - Pseudo-Epigraaf? (StC 28, 1953, 94-104) - Ders., Ezechiël (BOT), Roermond-Maaseik 1954 - F.Horst, Exilsgemeinde u. Jerusalem in Ez VIII-XI (VT 3, 1953, 337-360) - W.Zimmerli, Ezechiel (BK), 1955ff - G.C.Aalders, Ezechiël (COT), I. II, 1955/57 - G. Fohrer-K.Galling, Ezechiel (HAT), 1955 - J.W.Miller, Das Verhältnis Jeremias u. Hesekiels sprachlich u. theologisch untersucht, Assen 1955 - K.v.Rabenau, Die Entstehung des Buches Ezechiel in formgeschichtl. Sicht (WZ Halle-Wittenberg 5, 1955/56, 659-694).

Zu 4: W.Zimmerli, Die Eigenart der prophetischen Rede des Ezechiel (ZAW 66, 1954, 1-26) - Ders., Das Wort des göttlichen Selbsterweises (Erweiswort), eine prophetische Gattung (Mélanges bibliques rédigés en l'honneur de A.Robert, Travaux de l'institut catholique de Paris 4, 1957, 154-164) - H.Gese (s. → Ezechiel).

Literaturberichte: C.Kuhl, Zur Gesch. der Hesekiel-Forschung (ThR NF 5, 1933, 92-118) - Ders., Neuere Hesekiel-Lit. (ebd 20, 1952, 1-26) - Ders., Zum Stand der Hesekiel-Forschung (ebd 24, 1956/57, 1-53) - H.H.Rowley, The Book of Ezekiel in Modern Study (BJRL 36, 1953, 146-190). *W.Zimmerli*

6. *In der Kunst* geht auf das E. eine Reihe von ikonographischen Typen zurück: Für die *Maiestas Domini* (s.u.) und die → *Evangelistensymbole* ist die Gotteserscheinung mit dem Wagen-Thron (Ez 1, 5ff) das Vorbild, ebenso die hiervon inspirierte Gottesvision in Apk 4. Das *»Rad im Rade«* beim Gotteswagen (Ez 1, 5ff) wird Sinnbild der Übereinstimmung des AT und NT (s. Taf. 13 Abb. 2). Die geflügelten Gottesboten, die nicht in Ez 1, wohl aber in analoger Schau in Ez 10 *Cherubim* heißen (→ Engel: II), gelten in syrischen Werken als Engeldarstellungen, in abendländischen seit dem 12.Jh. als Symbol Christi. Die *Erweckung der Totengebeine* Israels durch das Ezechiel anbefohlene Gotteswort (Ez 37) ist Typos für die Auferstehungshoffnung des Christen (→ Auferstehung: III. V). Das verschlossene Haupttor des Tempels (Ez 44, 2) wird Symbol der Maria als *Porta coeli*. - Zyklische Darstellungen von Themen des E.es sind überliefert in den Fresken von → Dura-Europos (: II; 3.Jh.; s.Taf. 9 Abb. 2), den katalanischen Bibeln von Rosas und Farfa und im Haimokommentar, Paris (11.Jh.), ebenso in den Fresken von Schwarzrheindorf, denen die christologische Deutung des → Rupert von Deutz zugrunde liegt. - Die *Maiestas Domini* ist eine Umbildung des ezechielischen Gotteswagens, der »Quadriga Domini«. Sie zeigt den thronenden Christus auf dem Himmelsbogen (Bassus-Sarkophag, Mitte 4.Jh.) oder auf der Weltenscheibe inmitten einer Mandorla, umgeben von den Evangelistensymbolen (vgl. Taf. 5 Abb. 2) oder Engeln. Die frühest erhaltenen Werke weisen auf syrische Herkunft: der Rabula-Codex (→ Bibelillustration: I, 1); die Tür von S.Sabina, Rom (in beiden Christus stehend); die Pantokratorhöhle von Heraklea. Die Urform dürfte in römischen Konsulardiptychen zu sehen sein. Hier findet sich das Motiv des thronenden Herrschers, hier die von Victorien getragene Gloriole. Die Bezeichnung geht zurück auf die häufig beigegebene Inschrift »Maiestas Domini«. Sie ist im frühen MA das »bedeutendste Anschauungssymbol für die höchste überweltliche Macht«. Als solchem gebührt ihr der bevorzugte Ort: als Einband- oder Titelbild (zB Codex aureus von St.Emmeran); als Apsidialbild (Reichenau) und als Eingangsbild an den Portalen (bes. in Frankreich). Die von Chartres West (vgl. Tafel bei → Malerei und Plastik: II) gefundene Lösung wird vorbildlich für viele französische Portale, aber auch für spanische und deutsche. Im Laufe des MA tritt anstelle der Maiestas das Jüngste Gericht. Aber noch → Raffaels Ezechielvision ist dem alten Typ verpflichtet. - Die moderne Kirchenkunst hat das Thema der Maiestas mehrfach aufgegriffen, zB in einem Deckengemälde von Franz Nagel in St. Maximilian, Augsburg, und in einem Gobelinentwurf von G. → Sutherland für den Altar der neuen anglikanischen Kathedrale von Coventry.

W.Neuss, Das Buch Ezechiel in Theol. u. Kunst, 1912 - R.Berger, Die Darstellung des thronenden Christus in der romanischen Kunst, 1926 - F.van der Meer, Maiestas Domini. Théophanies de l'Apocalypse dans l'art chrétien, Rom 1938 (Lit.) - K.Galling,

Die Prophetenbilder der Lutherbibel (EvTh 6, 1946, 273-301) - A. Alföldi, Die Gesch. des Throntabernakels (NC 1/2, 1949/50, 537 bis 566). *M.-D.Beck*

Zur *Auslegungsgeschichte* (s. auch → Schriftauslegung: IV):

Quellen: 3.Jh.: Hippolyt (ed. H.Achelis, GCS I/2, 1897) - Origenes (MPG 13; ed. W.A.Baehrens, GCS VIII, 1925). - 4.Jh.: Ephräm (Opera omnia syriaca Bd II, Rom 1740). - 5.Jh.: Hieronymus (MPL 25) - Theodoret v. Cyrus (MPG 81). - 6.Jh.: Gregor d.Gr. (MPL 76). - 9.Jh.: Hrabanus Maurus (MPL 110). - 12.Jh.: Rupert v. Deutz (MPL 167) - Richard v. St. Viktor (MPL 196; Ez 40-48). - 15.Jh.: Hieronymus Savonarola, Florenz 1497. - 16.Jh.: Joh. Oekolampad, Basel 1533 - Calvin (CR 40) - Victorin Strigel, Leipzig 1570 - Ludwig Lavater, Genf 1571 - Petrus Serranus, Antwerpen 1572 - Hector Pintus, Lyon 1581 - Hieronymus Pradus SJ u. J.Baptist Villalpandus SJ, 3 Bde, Rom 1596-1604 - Joh. Maldonatus SJ, Lyon 1609. - 17.Jh.: Franciscus Junius, Genf 1613 (Opera Bd I) - Matthias Hafenreffer, Tübingen 1613 (Ez 40-48) - Caspar Sanctius SJ, Lyon 1619 - Ludwig v. Alcazar, Lyon 1632 - Franciscus Pean de la Coullardière, Paris 1680.

Lit.: W.Neuss, Das Buch Ezechiel in Theologie u. Kunst bis zum Ende des 12.Jh.s, 1912. *W.Werbeck*

Eznik *von Kolb,* * um 400 in Kolb in der armen. Provinz Taik. E. wurde von → Sahak dem Großen als junger Armenier zu Studien nach Edessa, später nach Byzanz geschickt. Bis kurz nach dem ephesinischen Konzil (431) blieb er dort. Als Bischof von Bagrevand hat er auf der Synode von Artaschat (449) wahrscheinlich am dogmatischen Synodalbrief mitgearbeitet. Er hat auch bei der armenischen → Bibelübersetzung (: III, 2 b) eine Rolle gespielt und möglicherweise patristische Texte ins Armenische übertragen. E.s Hauptwerk ist ein Traktat »Wider die Sekten«, der erst 1762 aus der einzigen Handschrift ediert wurde. Zweck und innere Logik dieser Schrift sind viel umstritten. E. hat von syrischen und griechischen Quellen viel übernommen; trotzdem ist seine Sprache ein Muster des klassischen altarmenischen Stils. - Vgl. → Armenien: I, 4.

Hs. in Etschmeadzin (Karinean 1091). - J.M.Schmid, Das Vardapet E. von Kolb »Wider die Sekten«, Wien 1900 (mit dt. Übers.) - L.Mariès, Le »De Deo« d'E. de Kolb, Paris 1925 (Lit.) - H.Thoronian, Histoire de la littérature arménienne, Paris 1951, 72 (Lit.). *R.P.Casey*

F

Fabel

I. Allgemein - II. Im AT und NT

I. Allgemein

1. Literaturgeschichtlich - 2. Herkunft

1. Das Wort F. (lat. fabula, zu fari »sprechen, erzählen«) bedeutet 1. ganz allgemein den Handlungsinhalt einer Dichtung; 2. im besonderen eine Erzählung, die jeweils einen Grundgedanken, eine Lehre oder auch Kritik in die Form einer kurzen erfundenen Geschichte kleidet, bei der Tiere oder (seltener) Pflanzen die handelnden Figuren sind. Die ursprüngliche F. ist jedoch nur auf einen einzelnen konkreten Fall gemünzt. Der aktuelle Bezug wird oft nicht direkt ausgesprochen (→ Allegorie, → Gleichnis und Parabel). Das eigentlich Gemeinte kann durch diese Verhüllung eindrücklicher oder auch schonender vorgebracht werden. Im 6.Jh. vChr sind die umlaufenden Aesopica in einem Volksbuch gesammelt worden. In der ältesten Schicht begegnen Fuchs, Löwe, Hund, Esel und Wolf. Dazu kamen später immer mehr anekdoten- und schwankhafte Züge, bedingt durch die Benutzung der F. in der antiken Rhetorik. - Der Gattungsbegriff F. taucht seit Phaedrus (ca 15 vChr bis 50 nChr) auf, der die äsopischen F.n in die römische Literatur übertrug (»fabulae Aesopiae«). Von den aus Phaedrus abgeleiteten Sammlungen kam die F. in die europäische Literatur des MA (→ Vincentius von Beauvais, Walter Anglicus, Marie de France). Eine erste deutsche Bearbeitung von Tier-F.n findet sich bei Heinrich dem Glîchezaere (um 1170) und beim Stricker (um 1230); aber auch in der mhd. Spruchdichtung tauchen F.stoffe auf. 100 gereimte F.n verfaßte der Berner Predigermönch Ulrich Boner (um 1350) unter dem Titel »Der Edelstein«. Während die Gattung im Mhd. noch als bîspel oder bîschaft bezeichnet wird, kommt der Ausdruck F. erst über das Romanische (frz. fable) ins Deutsche und wird seit Heinr. Steinhöwels Esop (1476) geläufig. Er ist die Anregung auch für Luther, der 1530 auf der Feste Koburg 15 F.n übersetzte und wiederholt in Briefen, Tischgesprächen, Predigten und Streitschriften F.n verwendete. Luthers Beispiel folgten Erasmus → Alber (1550) und Burkard → Waldis (Esopus 1557), mit 400 F.n die umfangreichste Sammlung des 16.Jh.s. Hier wird die F. dem Kampf gegen die Feinde der Reformation dienstbar gemacht.

In der Folgezeit erlebt die Gattung einen fast völligen Niedergang. Im Zeitalter des Rationalismus dagegen zeigt sich ein entgegengesetztes Bild. Nach Lafontaines (1621-95) Vorbild wurden nun allenthalben F.n gedichtet, und für die Kunstanschauung des 18.Jh.s war die F. der Gipfel der Poesie schlechthin. Neben Hagedorn, Triller und Stoppe waren vor allem → Gellert und Gleim die populärsten F.dichter ihrer Zeit. Gegen die Überschätzung der F. hat → Lessing den Hauptschlag geführt (1759), indem er einen kurzen Ideal-F.typus aufstellen wollte. Sowohl in der klassischen als auch in der romantischen Dichtung spielt die F. nur eine untergeordnete Rolle. Heute ist das Interesse für die F. fast ganz verschwunden. Das Bewußtsein, daß Redensarten wie die vom Löwenanteil, von den Krokodilstränen, dem Wolf im Schafspelz u.a. zu F.n gehören, ist sogar nicht mehr vorhanden.

2. Eine gültige Geschichte der F. ist noch nicht geschrieben. Vor allem über die *Herkunft* der äsopischen F. herrscht noch immer Streit. Die Griechen selbst reden von libyschen, lydischen, ägyptischen F.n, und die Tiere des Nillandes (Krokodil, Löwe, Katze) treten bisweilen in den Stücken auf. Dazu weist Kallimachos mit seinem Wettstreit von Lorbeer und Ölbaum auf eine orientalische Quelle. Auch die babylonische Dichtung kennt Tier-F.n, aber das gefundene altorientalische Material ist zu gering, als daß sich die Wege im einzelnen nachweisen ließen. Es gibt auch einige auffällige Gemeinsamkeiten äsopischer F.n mit altindischen Erzählungen, die Benfey und anderen Gelehrten eine Entlehnung der F. aus Indien nahelegten. Die indischen F.n sind jedoch nicht bis zu einem so hohen Alter nachweisbar, weshalb von den Philologen an der Priorität der griech. F. festgehalten wird. Die F. hat auch Berührungspunkte mit dem internationalen → Märchen und seinen Anthropomorphisierungstendenzen (zB Wettlauf zwischen Hasen und Igel, Königswahl der Tiere). Eine gewisse Verwandtschaft zeigt die F. auch zu den ätiologischen Erzählungen oder Natursagen, die Besonderheiten der Tiere erklären und

nahezu bei allen Völkern zu finden sind. Diese Erzählungen enthalten ebenfalls primär keine Moral und Lehre. Die volkskundliche Forschung versucht, die vorliterarische Entwicklung der F. aus solchen erst neuzeitlich gesammelten Überlieferungen (Tiermärchen, -schwänke und -gespräche) zu erschließen, und hat gezeigt, daß es auch in anderen Kulturen, zB auch im skandinavischen Raum, Entstehungszentren fabelartiger Tiererzählungen gibt.

A.WÜNSCHE, Die Pflanzen-F. in der Weltlit., 1905 - PW VI, 1907, 1704ff; XIX, 1938, 1475ff - G.THIELE, Die vorliterar. F. der Griechen (Neue Jb. f. d. klass. Altert. 21, 1908, 377-400) - K.VOSSLER, Lafontaine u. sein F.werk, 1919 - M.STAEGE, Die Gesch. der dt. F.theorie, Bern 1929 - A.SCHIROKAUER, Luthers Arbeit am Äsop (Modern Language Notes 62, 1947, 73-84) - K.MEULI, Herkunft u. Wesen der F., Basel 1954 - A.AMEND, Dt. volkstüml. Tiermärchen u. ihre Zyklenbildung (Diss. Marburg), 1955 - RDL² I, 433ff - RLA III, 1ff. *L.Röhrich*

II. Im AT und NT

Luther hat die Ausdrücke šᵉnînā (»Spottwort« 1Kön 9, 7; 2Chr 7, 20; Jer 24, 9) und μῦθος (unnütze Grübeleien 1Tim 1, 4; 4, 7; 2Tim 4, 4; Tit 1, 14; lügenhafte Erdichtung 2Petr 1, 16) mit F. übersetzt; ferner hat sich aus dem lat. Wort fabula die Bedeutung Stoff und Faden einer Erzählung oder Gang einer dramatischen Handlung entwickelt. Vor allem wird als F. eine *Gattung* bezeichnet, für die die Bibel keinen eigenen Begriff kennt: die lehrhafte Dichtung oder Erzählung, die ihre Stoffe dem Naturleben entnimmt (Tier- oder Pflanzen-F.). Sie gehört zum → Märchen (: II) im weiteren Sinn, unterscheidet sich aber durch ihren belehrenden Charakter von ihm. Sie enthält häufig geistreich verhüllte Schmähungen von Personen, Ständen oder Einrichtungen, die man nicht offen anzugreifen wagt (Streitgespräch). Daraus wird ihr ursprünglicher Zweck ersichtlich: Sie soll nicht eine allgemeine Moral vermitteln, sondern vorsichtig und verhüllend eine aktuelle Wahrheit oder Kritik aussprechen, die bestimmte Hörer treffen und in einer konkreten Situation unmittelbar wirken soll. Daher ist sie bes. die Waffe des Schwachen gegenüber dem Mächtigen; verwendet der Mächtige sie gegenüber dem Kleinen, so erhält sie gewöhnlich einen ironisch drohenden Ton.

Mit dem Einfluß *altorientalischer* Vorbilder und Beispiele auf Israel ist zu rechnen (vgl. bes. Greßmann). Es gibt sowohl babylonisch-assyrische F.n, die älter als die des AT sind, als auch bildliche Tierdarstellungen aus Ägypten und dem nördlichen Mesopotamien des 2.Jt.s, die die Tier-F. voraussetzen. In der *Bibel* finden sich nur zwei (metrisch geformte) F.n: a) die Jotams-F. in Ri 9, 8-15, nach der nur der Stechdorn bereit ist, das Königsamt über die Bäume zu übernehmen - ursprünglich eine Verspottung des unnützen, ja schädlichen Königtums, die als Warnung vor Abimelech angewendet wird (9, 16-20); b) die F. des Königs Joas in 2Kön 14, 9 (2Chr 25, 18), nach der das Gemeine (Dornstrauch) seine Augen nicht zum Hohen (Zeder) erheben soll, da es sonst zugrunde geht, angewendet auf die Überheblichkeit des Königs Amazja (14, 10). In beiden Fällen wird die F. politisch aktualisiert.

Infolge ihrer Beliebtheit im Alten Orient hat die F. auf *andere Gattungen* eingewirkt: auf das → Gleichnis, wenn Mensch und Naturwesen zusammen auftreten (2Sam 12, 1-14; Jes 5, 1-7; 10, 15; 29, 16; 45, 9; Jer 18, 1-11; Röm 9, 20f); auf die Legende (Jon 2, 1. 11; 4, 5ff); auf die → Allegorien Ezechiels (17, 1-10; 19, 1-9; 31, 1-18) und unter Verwendung des Streitgespräches auf die Beschreibung des Streites zwischen den Gliedern des Körpers in 1Kor 12, 14-21.

F. im Alten Orient: Außer der Lit. bei O.EISSFELDT, EinlAT, 1956², 40, vgl. A.WÜNSCHE, Die Pflanzen-F. in der Weltlit., 1905 - R.SMEND, Alter u. Herkunft des Achikar-Romans u. sein Verhältnis zu Äsop (BZAW 13), 1908, 55ff - ED.MEYER, Der Papyrusfund von Elephantine, (1912¹·²) 1912³ - A.HAUSRATH, Achiqar u. Aesop, 1918 - B.MEISSNER, Die babyl.-assyr. Lit. (HLW), 1928, 82f - K.MEULI, Herkunft u. Wesen der F., Basel 1954 - R.J.WILLIAMS, The Fable in the Ancient Near East (Papers ... to Honor W.A.Irwin, Dallas 1956, 3-26). - F. im AT: Außer Einleitungswerken, Lit.geschichten u. Kommentaren zu den genannten Stellen vgl. H.GUNKEL, Das Märchen im AT, 1921 - H.GRESSMANN, Israels Spruchweisheit im Zusammenhang der Weltlit., 1925. *G.Fohrer*

Faber, 1. *Hermann,* ev. Theologe, * 1888 in Stuttgart. Repetent, Stadtpfarrer und PDoz. in Tübingen, 1922 ao. Prof. für Syst. Theol. in Marburg, 1923 o. Prof. für Prakt. Theol. und Ethik in Tübingen, übernahm 1946 die Leitung des Ev. Hilfswerks und der Inneren Mission in Südwürttemberg. 1956 emeritiert.

Mit-Hg. u. Mitarbeiter von RGG². Vf. u.a.: Das Wesen der Religionspsychologie u. ihre Bedeutung für die Dogmatik, 1913; Prinzipienfragen der Religionspsychologie (Schwäb. Heimatgabe f. Th. Häring, 1918, 28-47); Religiöser Glaube u. politische Parteibildung, 1931; Neue Wege der Pfarrerausbildung, 1934; Aus der Tübinger Stiftskirche (Predigtsammlung), 1936. *W.Jannasch*

2. *Jakob Stapulensis* (Lefèvre d'Etaples, 1455?-1536), humanistischer Theologe, hauptsächlich in Frankreich wirkend. Nach der Priesterweihe widmete sich F. in Paris humanistischen Studien. Zwischen 1492 und 1500 bereiste er Italien, wo er Aristoteles, Plato und mystische Schriften studierte, bes. die des → Nikolaus von Kues. Seit 1500 führte er das ruhelose Leben des humanistischen Gelehrten. In scharfe Auseinandersetzungen mit der altgläubigen Partei verwickelt, wurde F. nur durch das Einschreiten des königlichen Hofes vor den Folgen des von der Sorbonne eingeleiteten Ketzerprozesses bewahrt. - In F.s Schaffen sind drei Komponenten lebendig: *Aristoteles* formte sein philosophisches Denken. Der kritische → *Humanismus* bestimmte seine theologische Arbeitsmethode, mit der er die Unzulänglichkeit der → Vulgata aufdeckte. Dies führte zu dem 5 verschiedene Formen des Psaltertextes bietenden Psalterium Quincuplex (1509; von → Luther mit Randbemerkungen versehen, in der 1. Psalmenvorlesung benutzt und für die Anfänge seiner → Hermeneutik bedeutsam), ferner zu den Kommentaren und Übersetzungen der paulinischen Briefe (1512f) und zu exegetischen Einzeluntersuchungen (1517/1518; vgl. auch → Bibelübersetzungen: V, 2 i α). Die *Devotio moderna* (→ Brüder vom gemeinsamen Leben) schließlich beeinflußte F.s Theologie inhaltlich. Wenn auch F. bis zu seinem Lebensende nicht den Bruch mit der römischen Kirche vollzogen hat, so ahnte er doch das, was in den Reformatoren volle Erkenntnis und treibende Kraft des Handelns wurde. Bes. an seinem Lebensende litt F. darunter, daß er niemals für die erkannte und ausgesprochene Wahrheit mit seiner Person eingetreten war. Trotzdem hat er im französischen (→ Frankreich: I) und schweizerischen Protestantismus weiter gewirkt und auch die Entwicklung des Humanismus beeinflußt.

RE V, 714ff (Bibliogr.; Lit.) - H.DÖRRIES, Calvin u. L. (ZKG 44, 1925, 544-581) - K.SPIESS, Der Gottesbegriff des J.F.St. (Diss. Marburg), 1930 - M.MANN, Erasme et les Débuts de la Réforme française, Paris 1934 - J.BARNAUD, J.L.d'E., 1936 - F.HAHN, F.St. u. Luther (ZKG 57, 1938, 356-432) - G.EBELING, Die Anfänge von Luthers Hermeneutik (ZThK 48, 1951, 172-230) - DERS., Luthers Psalterdruck vom Jahre 1513 (ebd 50, 1953, 43-99) - C.L.SALLEY, The Ideals of the Devotio Moderna as reflected in the life and writings of J.L.d'E. (Diss. Univ. of Michigan), 1953. *G.Krodel*

3. *Johannes* → Fabri, 3.

4. *Petrus* (Pierre Favre) SJ (1506-46), * Villaret/Savoyen, † Rom, 1872 seliggesprochen. Der Bergbauernsohn kam mit 12 Jahren auf die Lateinschule von La

Roche, 1525 als Student nach Paris, wo er seit 1526 mit Franz → Xavier, seit 1529 auch mit Ignatius von → Loyola im gleichen Zimmer des Barbara-Kollegs wohnte. Er wurde 1534 Priester und 1536 Magister. F. war der erste Gefährte des Ignatius und erster Priester der → Jesuiten. 1537 war F. mit Ignatius und → Laynez in Rom, seit 1540 als erster Jesuit in Deutschland Teilnehmer an mehreren Religionsgesprächen (Worms 1540, Regensburg 1541/42, Speyer 1542 und Mainz 1543, wo er → Canisius für die SJ gewann). Ein 1544 von F. gemietetes Haus in Köln war die erste bescheidene Jesuitenniederlassung auf deutschem Boden. 1541 und 1544-46 wirkte er in Spanien und Portugal und starb auf der Reise zum Konzil von Trient. Von lauterem und gewinnendem Wesen, drängte er im Blick auf das Fortschreiten der Reformation auf ein vorbildhaftes Leben und suchte durch → Exerzitien den verachteten geistlichen Stand zu heben.

Briefe, Memoriale u. Prozesse in: Fabri Monumenta der Monumenta Historica SJ, Madrid 1914 (1.Tl. des Memoriale v. 1542 neu ediert ebd, Fontes Narrativi I, Rom 1943, 23-49). - Über F.: B.Duhr, Gesch. d. Jesuiten in d. Ländern dt. Zunge I, 1907, 3ff - F.Pochat-Baron, Le Bienheureux Père Le Fèvre ou Pierre Favre, Paris 1931 - LThK III, 931f - G.Guitton, L'âme du bienheureux Pierre Favre, dit »Lefèvre«, Paris 1934 - J.B.Kettenmayer, Aufzeichnungen d. Kölner Kartäuserpriors Kalckbrenner über den Sel. P.F., Rom 1939 - J.Iparraguirre, El beato P.F. (Razón y Fe 134, 1946, 172-186) - EC V, 940. - Bibliogr.: Guitton 249ff - ATG 10, 1947, 424ff. *G.Maron*

Fabian, *Papst,* während anderthalb friedlicher Jahrzehnte regierend (10.1.236 bis 20.1.250). Seine Persönlichkeit tritt ins Dunkel der Geschichte zurück, aber die Erinnerung an einige Wirkungen seines Pontifikats dauert fort: die Schaffung der 5 Grade des niederen → Klerus, die Errichtung der 7 stadtrömischen regiones zur Erleichterung der Armenpflege. F. starb als Märtyrer unter Decius. Das Untadelhafte seiner Amtsführung bezeugt ep. 9 (indirekt auch ep. 8) des cyprianischen (→ Cyprian, 2) Briefkorpus.

RE V, 721f - RGG² II, 493 - LThK III, 932 (Lit.) - Holweck 359 - Künstle II, 222f. *U.Wickert*

Fabri, 1. *Felix* (* 1441/42 in Zürich, † 1502 in Ulm), unternahm von Ulm aus Pilgerreisen, u.a. nach Palästina, die er in vielseitiger, lebendiger Schilderung, unterstützt durch große Belesenheit, beschrieb.

Vf. u.a.: Evagatorium in Terrae Sanctae, Arabiae et Egypti peregrinationem, hg.v. C.D.Hassler, 3 Bde, 1843-49; über andere Rezensionen u. Ausgaben u. über andere Werke (Descriptio Sueviae; Tractatus de civitate Ulmensi) s. RE V, 722f u. LThK III, 933. - Chevalier, BB I, 1450f - M.Häussler, F.F. aus Ulm u. seine Stellung zum geistigen Leben seiner Zeit, 1914 - H.F.M.Prescott, Jerusalem Journey, (New Haven 1950) London 1954² - Catholicisme IV, 1040. *M.A.Schmidt*

2. *Friedrich* (1824-91), ev. Theologe, stammte aus Schweinfurt, war Pfarrer in Bayern, von 1857-84 Inspektor der → Rheinischen Missionsgesellschaft, 1889 Honorar-Prof. in Bonn. Als Lutheraner vertrat er eine dem Konfessionalismus abgewandte, mehr biblizistische Richtung und wünschte eine föderalistische Auflockerung der Union. In apologetischen Schriften wandte er sich gegen → Darwinismus und → Materialismus und trat im → Kulturkampf für eine staatsfreie Kirche ein. Seine besondere Leidenschaft gehörte dem Kolonialgedanken, für den er literarisch und mit praktischen Vorschlägen warb. Er hatte die Genugtuung, daß viele seiner Anregungen verwirklicht wurden, als das Reich mit einer eigenen Kolonialpolitik begann.

Vf. u.a.: Briefe gegen den Materialismus, 1855; Staat u. Kirche, 1872; Kirchenpolitische Fragen der Gegenwart, 1876; Bedarf Deutschland der Kolonien?, 1879. - Über F.: RE V, 723ff - H. Bornkamm, Die Staatsidee im Kulturkampf (HZ 170, 1950, 41-72). *K.Kupisch*

3. *Johannes* (1478-1541), Sohn eines Leutkircher Schmiedes (darum F., bis 1525 auch Faber), studierte in Tübingen und Freiburg, erwarb den Dr. jur. utr., wurde 1511 Pfarrvikar, 1514 Pfarrer von Lindau, 1513 Offizial in Basel, 1518 Generalvikar von Konstanz. Mit → Erasmus und anderen Humanisten befreundet, ist F. tief in die Gedankengänge eines christlichen → Humanismus eingedrungen. Das zeigen seine vielen Briefe und die Predigten, die 1520 als »Declamationes divinae de humanae vitae miseria« erschienen. Als Generalvikar von Konstanz mußte F. 1523 an der ersten Zürcher und 1526 an der Badener Disputation teilnehmen, worüber er mit seinem früheren Freund → Zwingli mehrere Streitschriften wechselte. Gegen → Luther trat F. seit 1521 scharf auf, bes. im »Opus adversus M.Lutheri dogmata« (später »Malleus in haeresim Lutheranam«, hg.v. A.Naegele, 1941) und zahlreichen nachfolgenden Schriften, ähnlich gegen → Ökolampad, → Hubmaier, → Schwenckfeld u.a. 1523 trat F. in die Dienste Erzherzog Ferdinands von Österreich, der ihn für die verschiedensten religiösen und profanen Aufgaben einsetzte und mit kirchlichen Pfründen belohnte. An vielen Reichstagen und Religionsgesprächen nahm F. teil. 1530 wurde er Bischof von Wien, wo er sich durch Predigteifer und aufopfernde Seelsorge auszeichnete. Für das Konzil von Trient leistete er wertvolle und umfangreiche Vorarbeiten.

Verz. d. Werke, Index zur ges. Korrespondenz u. Lit. bei L.Helbling OSB, Dr. J.F., Generalvikar von Konstanz u. Bischof von Wien (RGST 67/68), 1941. *L.Helbling*

Fabricius, 1. *Johann* (1644-1729), in → Helmstedt und Altorf im Sinne eines irenischen Synkretismus (→ Einigungsbestrebungen: II) theologisch geprägt, seit 1677 Prof. in Altorf, 1697 in Helmstedt, 1701 auch Abt von Königslutter, ging schon in seiner komparativen Symbolik (Consideratio variarum controversiarum, 1704) bedenklich weit in der Verharmlosung der Konfessionsunterschiede. Diese Theologie machte ihn willfährig gegenüber den politischen Erwägungen seines Landesherrn Anton Ulrich von Braunschweig, als dessen Enkelin Elisabeth Christine durch Heirat Königin von Spanien und später deutsche Kaiserin werden konnte. Das von der These, die luth. und die kath. Kirche habe einerlei Grund des Glaubens und Wandels, ausgehende Gutachten des F. und seine Überredungskunst wurden entscheidend für die geforderte Konversion der zunächst widerstrebenden Prinzessin. Die sich darüber in den prot. Ländern erhebende Empörung kostete F. sein Helmstedter Lehramt.

RE V, 730ff - ADB VI, 507ff - NDB IV. *Ph.Meyer*

2. *Johann Philipp* (1711-91), * in Kleeberg bei Frankfurt/M., studierte Jura und Theologie, landete am 28.8. 1740 in Cuddalore (Südindien) und gehört zu den bedeutendsten Missionaren der Tranquebar-Mission (→ Indien: IV). Seit Nov. 1742 wirkte er als luth. Pastor und Missionar in Madras. Ihm wird das für alle späteren Arbeiten grundlegende »Malabar and English Dictionary« (1779, 1809²) mit 9000 tamulischen Wörtern und vielen idiomatischen Ausdrücken verdankt, ferner das viel übersetzte Gesangbuch (»Herzschmelzer« nennen es die Inder; → Gesangbuch: I, 4) und schließlich die tamulische Bibel, die sog. »Golden Version«, in ihrer Bedeutung und Wertung der Lutherbibel vergleichbar.

W.Germann, J.Ph.F., 1865 - A.Lehmann, Es begann in Tranquebar, (1956) 1957², 273ff. 339 (Lit.). *A.Lehmann*

Fabrik → Betrieb, → Industrie.

Fachschule. Von der → Berufsschule als berufsbegleitender Pflichtschule unterscheidet sich die F. als freiwillig besuchte ganztägige Vollanstalt (nur im Ausnahmefall auch als Abend-F.). Ihre Geschichte geht wie die der Berufsschule auf die Fortbildungsschule des 19.Jh.s zurück, ihr Begriff wurde zuletzt durch Reichs- und preußischen Ministerialerlaß vom 29.10.1937 definiert. Seither unterscheidet man in Deutschland: 1. *Berufs-F.n*, »die, ohne eine praktische Berufsvorbildung vorauszusetzen, freiwillig in ganztägigem Unterricht, der mindestens ein Jahr umfaßt, zur Vorbereitung auf einen handwerklichen, kaufmännischen oder landwirtschaftlichen Beruf besucht werden« (Handels- und Haushaltungsschulen, Textil-, Modeschulen usw, die in unmittelbarem Anschluß an eine allgemeinbildende Schule besucht werden und die Berufslehrzeit ersetzen können; im Ausland, soweit es die Meisterlehre nicht kennt, sind sie häufiger als in Deutschland die Regelform fachlicher Berufsvorbereitung). - 2. *F.n* im engeren Sinn, zT auch *höhere F.n* genannt, sind einer speziellen Ausbildung dienende Schulen, »die freiwillig, und zwar nur mit ausreichender praktischer Berufsvorbildung, besucht werden können, deren Lehrgang mindestens einen Halbjahrskurs mit ganztätigem Unterricht und in der Regel insgesamt 600 Unterrichtsstunden umfaßt, und die nicht als Hochschulen anerkannt sind« (hierher gehört die ganze Vielfalt gewerblicher, handwerklicher, technischer, bergmännischer, landwirtschaftlicher, kaufmännischer, pflegerischer, frauenberuflicher, künstlerischer und anderer Spezialschulen, die auf einer abgeschlossenen Berufslehre aufbauen und zT die Obersekundareife eines Gymnasiums oder entsprechende Vorbildung als *Fachschulreife* voraussetzen). Ihr Ziel ist die Vorbereitung für gehobene Stellungen im öffentlichen, wirtschaftlichen und technischen Leben (disponierende Berufe) oder die Bildung von Spezialisten, soweit deren Ausbildung im Beruf selbst nicht genügt. Veranstaltungen, die die vorgeschriebene Mindestdauer nicht erreichen, heißen *Fachlehrgänge*.

Mit dem Abschlußzeugnis eines Teils der F.n ist unter bestimmten Bedingungen auch eine Berechtigung zum Hochschulstudium verbunden; doch sind die Möglichkeiten dieses 2. Bildungsweges, zur vollen Hochschulreife (→ Gymnasium, → Universität) zu führen, noch umstritten. Bisher konnten meist nur beschränkte Zulassungen zum Studium an einer Fakultät oder *Fachhochschule* (Technische, Landwirtschaftliche, Wirtschafts-, Handels-, Kunst-, Musik-Hochschule, Berg-, Forst- oder Verwaltungsakademie) für begabte Absolventen einer F. durchgesetzt werden. *Wirtschaftsoberschulen* können sowohl als Berufs-F.n wie als F.n oder auch als wirtschaftlich-sozialkundlicher Zweig des Gymnasiums konzipiert sein. Da wesentliche Organisationsfragen im Fachschulwesen bisher nicht durch Gesetz, sondern länderweise durch Verordnungen und Erlasse geregelt sind, ist dieser ganze Bereich des → Bildungswesens uneinheitlich und unübersichtlich. Neben privaten Trägern (Vereinen, Kammern, Berufsverbänden, einzelnen Unternehmen) können auch Staat und Kommunen Schulträger sein. Die Aufsicht liegt beim Staat. Über die Ausbildung der Fachschullehrer vgl. → Berufsschule (, 3).

Die *pädagogische Besonderheit* der F.n ist mit derjenigen der Berufsschulen weitgehend identisch. Aber während einerseits der Vollunterricht größere pädagogische Intensität ermöglicht, findet anderseits die allgemeine, pädagogisch-anthropologisch begründete Bildungsaufgabe bei der Vielfalt der Institutionen nach Art, Richtung und Qualität sehr unterschiedliche Verwirklichungen: In den Lehrplänen sind allgemeinbildende Fächer wie Deutsch, Rechnen, Mathematik, Naturwissenschaften, Geographie und Geschichte je nach Charakter, Niveau und Richtung der F. mit verschiedenem Gewicht vertreten oder können auch fehlen; Wirtschafts- und Sozialkunde werden fast überall gepflegt; dagegen wird Religionsunterricht wegen der weltanschaulichen Indifferenz der rein fachlichen Bildung in den Lehrplänen der meisten F.n gemieden.

Hdb. für das Berufs- u. Fachschulwesen, hg.v. A.Kühne, (1922) 1929² - H.Südhof, Das Berufs- u. Fachschulwesen in Deutschland, 1936 - F.Schlieper, Bibliogr. zur gesetzl. Regelung der Berufserziehung (Die dt. Berufs- u. F. I), 1951 - H.Höltkemeier, Die berufsbildenden Schulen. Recht, Verwaltung, Organisation, 1952 - S.Thyssen, Die Berufsschule, 1954 - R.Berke, Die Wirtschaftsoberschulen der BRD, 1957 - H.Scheuerl, Aufgaben u. Probleme eines 2. Bildungsweges (ZP 4, 1958, 67-88) - Hdb. für das Berufsschulwesen, hg.v. F.Blättner, L.Kiehn, O.Monsheimer, S.Thyssen, 1958 (Lit.).
H.Scheuerl

Facundus, Bischof von Hermiane in Afrika († ca 571). Im → Dreikapitelstreit stellte er sich gegen deren Verurteilung durch die Schrift De defensione trium capitulorum libri XII (546-48) unter Berufung auf das Konzil von → Chalcedon. In gleicher Sache hat er sich mit dem an Justinian adressierten Liber contra Mocianum scholasticum ausgesprochen, um die Synode von → Konstantinopel vom 5.5.553 zu beeinflussen. Als dies mißlang, trennte sich F. von Rom. Um 570 schrieb er die Epistula catholica in defensione trium capitulorum.

MPL 67, 527ff. - Über F.: Bardenhewer V, 320ff - W.Pewesin, Imperium, Ecclesia universalis, Rom. Der Kampf der afrikan. Kirche um die Mitte des 6.Jh.s (Geistige Grundlagen röm. Kirchenpolitik [FKGG 11], 1937, 43-128) - E.Stein, Hist. du Bas-Empire II, 1949, 824f.
R.Hanslik

Fagius (Büchlein), *Paul* (1504-49), ev. Theologe, * in Rheinzabern (Pfalz), Student in Heidelberg und Straßburg (hebräische Studien bei → Capito), 1527 Schulrektor in Isny im Allgäu, 1536/37 abermals Studienaufenthalt in Straßburg, 1538-43 Pfarrer in Isny, richtete dort die erste hebräische Druckerei ein, bes. zum Druck der Werke des → Elias Levita und eigener Schriften; 1543/44 Nachfolger Joh. → Zwicks in Konstanz. Bekleidete seit 1544 in Straßburg das Doppelamt eines Predigers und Prof. für AT und war 1546 Berater des pfälzischen Kurfürsten bei der Reform der Universität Heidelberg. Wegen des → Interim 1549 vom Rat beurlaubt, ging er mit seinem Freund und Gesinnungsgenossen → Bucer nach England, wo er als Prof. für AT in Cambridge wirkte und starb. Verdient um Kirche und Wissenschaft, bes. um die Verbreitung des Hebräischen, berühmt unter den Lehrern des In- und Auslandes, war F. immer ein Mann der Vermittlung und Union wie Bucer und die meisten oberdeutschen Reformatoren.

Union 1865, Nr. 3-13 - RE V, 733f - RGG² II, 499 - R.Raubenheimer, P.F. Sein Leben u. Wirken als Reformator u. Gelehrter (Veröffentl. d. Vereins f. pfälz. KG 6), 1957.
G.Biundo

Fairbairn, *Andrew Martin* (1838-1912), kongregationalistischer Theologe, * Edinburgh, nach Ausbildung in Edinburgh Pfarrer in Bathgate und Aberdeen; 1877 bis 1886 Prinzipal des kongregationalistischen Seminars (Airedale) zu Bradford, 1886-1909 Begründer und Prinzipal des ersten freikirchlichen Seminars zu Oxford (Mansfield College). Damit wurde er zum führenden Vertreter der Freikirchen in der Theologie sowie auch in politischen und in Erziehungsfragen. Er förderte die Begründung neuer theologischer Fakultäten. F. wurde von Dorner und → Tholuck stark beeinflußt und versuchte, das Christentum im Sinne der Hegelschen Philosophie auszulegen. Zu seinen Studenten zählten → Forsyth, → Garvie und → Cave.

Vf. u.a.: Christ in Modern Theology, 1893; Catholicism, Roman and Anglican, 1899; The Philosophy of the Christian Religion, 1902. - Über F.: W.B.Selbie, A.M.F., 1914 - DNB Suppl.-Bd 1912-21, 179f.
P.Scott

Fakultäten, *Theologische, in Deutschland*

1. Geschichtliches - 2. Gegenwärtige Lage. - Für die sonstigen Th.F.en vgl. die betr. Stichwörter zu Ländern und Orten. - F. = Fakultät

1. Wie in → Paris (: II), dem Urbild der europäischen → Universitäten, so nahm auch sonst im MA die th.F. an ihnen den obersten Rang ein. Von den beiden anderen »oberen« F.en konnte nur an wenigen Universitäten (→ Bologna: II) die juristische mit ihr konkurrieren; die medizinische war meist ganz schwach besetzt. Die F. der Artisten lieferte für die drei oberen F.en den philosophischen Unterbau. Das blieb auch so, als die Reformation an den Universitäten einzog; nur daß unter dem Vorbild → Wittenbergs und seiner 1545 abgeschlossenen Studienreform und unter dem lange nachwirkenden Einfluß → Melanchthons die Sprach- und Geschichtswissenschaft des → Humanismus und sein auf die Rhetorik zugeschnittener philosophischer Unterrichtsbetrieb die → Scholastik ablöste. Auch die Hochschulen der Jesuiten haben ihren theologischen Unterricht nach den neuen Grundsätzen vorbereitet.

Auch wo - wie im Deutschland des ausgehenden MA - das Landesfürstentum Universitäten zur Förderung der geistigen Einheit des Territoriums gegründet hatte, diente der Unterricht der F.en nicht unmittelbar der Berufsvorbereitung. Gerade bei den Theologen schloß er nur in den seltensten Fällen mit der Promotion ab; andere Prüfungen gab es nicht. Das änderte sich mit der Einführung der Reformation nicht grundsätzlich. Das ganze 16.Jh. hindurch gab es Pfarrer ohne akademische Vorbildung; andere wiederum hatten nur die Artistenfakultät durchlaufen und bestenfalls mit dem Erwerb des Magistergrades (→ Grade) ihr Studium abgeschlossen. Immerhin drängt die Entwicklung die th.F.en stärker in die Mitarbeit am Aufbau des territorialen Kirchentums. Die Neugründungen in ev. Territorien (→ Marburg 1527; → Königsberg 1544; → Jena 1548 [1558]; → Straßburg 1566 [1621]; → Helmstedt 1568 [1576]; → Altdorf 1580 [1622]; → Herborn 1584, diese ohne Promotionsrecht) dienten diesem Zweck; auch die Durchführung der → Gegenreformation wird - unter maßgebender Beteiligung der Jesuiten - von neugegründeten kath.-th.F.en getragen (Dillingen 1549; → Trier 1561; → Würzburg 1582; → Bamberg 1586; → Paderborn 1614). → Pfarrervorbildung, Gutachtertätigkeit, Mitwirkung der Professoren an Visitationen, Ehegerichten und Konsistorien, Personalunion von Professuren und kirchlichen Aufsichtsämtern, das alles band die F.en an die Landeskirchen. Daß sie mit ihnen und für sie die konfessionellen Entscheidungen vollzogen, war selbstverständlich. Wo sie, wie in Wittenberg, das Recht der Ordination besaßen, wurden sie von selbst zur Prüfungsinstanz. In allen diesen Funktionen griffen sie in solche Territorien hinüber, die keine Landesuniversität besaßen. Auch der Lehrbetrieb beschränkte sich – wenigstens an den größeren F.en - nicht auf die Landeskinder: Wittenberg wirkte nach Polen und in den Südosten hinein; → Rostock und später Königsberg erfaßten den Ostseeraum; → Heidelberg hatte in seiner großen Zeit (1561 bis 1620) einen hohen Prozentsatz Schweizer, Franzosen, Niederländer und war auch in seinem Lehrkörper international zusammengesetzt.

Erst im 17. und 18.Jh. vollendet sich die territoriale Abschnürung der th.F.en. Zwerghafte Neugründungen (→ Gießen 1607; → Rinteln 1621; → Kassel 1632; → Kiel 1655), teilweise nur von ephemerer Bedeutung, bringen weder der Theologie noch den Landeskirchen großen Nutzen. Das seit 1617 ref. besetzte → Frankfurt a.O. gewinnt 1662 das Monopol für das Studium auch der luth. brandenburgischen Landeskinder. Von den Neugründungen der Aufklärungszeit kommen → Halle (1693) und → Göttingen (1733/34) sehr bald über die territorialen Grenzen hinaus zu Ansehen; gleichzeitig aber verbieten die zuständigen Landesherren hier wie in dem 1743 gegründeten → Erlangen ihren Untertanen das Studium an fremden Universitäten. Erst die Wirren der französischen Revolution beseitigen viele kleine F.en; von den kath.-theologischen verschwinden in Deutschland 7, in Österreich 4, von den ev.-theologischen Altdorf, → Erfurt, Helmstedt, Herborn, Rinteln, Straßburg, Wittenberg. Das 19.Jh. schafft dann die volle Freizügigkeit nicht nur für Professoren, sondern auch für Studenten. Die neugegründeten F.en von → Berlin (1810), → Bonn (1819), → Straßburg (1871) werden Mittelpunkte des theologischen Lebens. Neue kath.-th.F.en entstehen in → München (1826; für → Ingolstadt bzw. Landshut) und - in prot. Ländern neben ev.-th.F.en - in → Breslau (1811), → Tübingen (1817), → Bonn (1818), → Gießen (1827); dementsprechend erhält das 1780 gegründete kath. → Münster 1914 auch eine ev.-th.F.

Die innere Struktur der th.F.en hat sich erst seit dem 19.Jh. wesentlich verändert. Bis dahin bleibt es fast überall bei drei bis fünf Ordinariaten. Jeder Professor liest über jedes Fach, wenn sich auch bei vielen besondere Interessengebiete erkennen lassen. Die einzelnen Professuren sind nur nach Rang und Gehalt gegeneinander abgestuft. Habilitationen gibt es nicht; den Nachwuchs für die theologischen Lehrstühle liefert entweder die fast ganz mit Theologen besetzte philosophische Fakultät oder die kirchliche Praxis. Promotionen in der th.F. sind relativ selten und daher hoch bewertet; für viele schlecht besoldete Professoren bilden die hohen Promotionsgebühren eine erwünschte Einnahmequelle. (Über die theologischen → Grade s. dort.)

Die inneren Veränderungen der th.F.en ergeben sich seit dem 19.Jh. aus dem allgemeinen Strukturwandel der Wissenschaft. Während noch am Ende des 18.Jh.s je ein gutes Drittel der Studentenzahl auf Theologen und Juristen entfällt, geht die Zahl der Theologen seitdem - absolut genommen - eher zurück als vorwärts, und gleichzeitig steigert sich die Gesamtzahl der Studierenden um ein Vielfaches. So beläuft sich der Anteil der Theologiestudierenden i.J. 1900 nur noch auf 12% (Juristen 28%, Mediziner 24%, Philosophen einschließlich Naturwissenschaftler 36%) - ein Zeichen für das Übergewicht von Philologie und Naturwissenschaft, repräsentiert durch den neuen Stand der Oberlehrer, die im höheren Schulwesen die Theologen ablösen. Die Verschiebung im Zahlenverhältnis besagt an sich nichts über einen etwaigen Autoritätsverlust der th.F.en im akademischen Raum. Sie haben ihn zT dadurch wettgemacht, daß sie selbst die Methoden historisch-philologischer Forschung sich aneigneten und die Auseinandersetzung mit den → Naturwissenschaften und deren technischen und soziologischen Folgeerscheinungen - leider nicht intensiv und extensiv genug - pflegten. Die Folge ist eine Spezialisierung der Fächer, die wiederum eine Vermehrung der Lehrstühle nach sich ziehen muß. Nach und nach sondern sich in der Reihe der fünf klassischen Fächer zuerst das AT, dann die Praktische Theologie, dann KG und NT voneinander ab, so daß zuletzt die Systematische Theologie die Aufgaben der zusammenfassenden Verarbeitung übernimmt und der Typus des Fachordinarius entsteht, der als Fachmann sich öffentlicher Anerkennung erfreut, während die th.F. als Ganzes in die Anonymität zu versinken droht.

2. Die *gegenwärtige Lage* der th.F.en ist für beide Konfessionen durch die Trennung von → Kirche und Staat bestimmt, die sich seit 1918 in der verschiedensten

Weise geltend gemacht hat. Art. 149 Abs. 3 WRV (»Die th.F.en an den Hochschulen bleiben erhalten«) gibt ihnen verfassungsrechtlich die institutionelle und die »Status-quo«-Garantie. Die 17 vorhandenen ev.-th.F.en sind damit gesichert - nach dem 2. Weltkrieg verschwanden davon drei (Breslau, Königsberg, Gießen) -, ebenso die 8 kath.-th.F.en an den Universitäten Bonn, Breslau, → Freiburg i.Br., München, Münster, Tübingen und Würzburg und an der Staatlichen Akademie in → Braunsberg (Ostpreußen) - von denen nach dem 2. Weltkrieg Breslau und Braunsberg ausfielen - sowie (durch das bayerische Konkordat vom 29.3.1924, Art. 3-4) die 5 Philosophisch-theologischen → Hochschulen (: II) in Bamberg, Dillingen, Freising, Passau und Regensburg. Die jüngeren Universitäten → Frankfurt/M. und → Köln besitzen keine th.F., ebensowenig die Freie Universität Berlin (seit 1945); in → Hamburg (: III) wurde eine ev.-th.F. am 24.10.1952 errichtet. Die 1946 neugegründete Universität → Mainz nahm das bisherige bischöfliche Priesterseminar als kath.-th.F. in sich auf und erhielt außerdem eine ev.-th.F.

Der nationalsozialistische Staat hat die von ihm vorgefundene Rechtslage nicht grundsätzlich erschüttert, vielmehr im Reichskonkordat vom 12.9.1933 (Art. 19) die den F.en in den Länderkonkordaten gegebene Sicherung anerkannt und deren einheitliche Anwendung versprochen; nach dem Satz der Parität gilt diese Sicherstellung auch den ev.-th.F.en. In der Praxis freilich liefert der nationalsozialistische Staat die th.F.en schwerer Bedrängnis aus. Entlassungen aus dem Staatsdienst, Zwangsemeritierungen und Zwangsversetzungen in den Ruhestand oder in andere F.en sind die Kampfmittel gegen ungefügige und unerwünschte Professoren; Entziehungen der Lehrbefugnis treffen den akademischen Nachwuchs. Die Zerstörung der F.en wird durch Zweckentfremdung einzelner Lehrstühle fortgesetzt, durch ungesetzliche Aufhebung einzelner kath. F.en (Innsbruck, Salzburg, München) vollendet. Theologische Habilitationen werden immer mehr verhindert, die vorhandenen Privatdozenten durch Zurücksetzungen und Schikanen entmutigt. Immer untragbarer wird für alle theologischen Lehrer der Gewissenskonflikt: als hauptamtliche Landes- und mittelbare Reichsbeamte sollen sie »jederzeit rückhaltlos für den nationalsozialistischen Staat eintreten«; andererseits sind sie an Lehre und Bekenntnis der Kirche gebunden.

Daß diese Bindung verstärkt wurde, ist eines der bleibenden Ergebnisse des → Kirchenkampfes; sie beruht nach ev. Verständnis nicht so sehr auf rechtlicher wie auf gewissensmäßiger Grundlage. Nur unter Widerstand hatte der Vertrag des Freistaates Preußen mit den Ev. Landeskirchen vom 26.7.1931 die Bestimmungen der preußischen Kabinettsordre vom 5.2.1855 weiter ausgebaut, daß bei Anstellungen der ordentlichen und außerordentlichen Professoren der Theologie ein Gutachten des ev. Oberkirchenrats in Berlin einzuholen sei. Von den F.en der 1866 hinzugekommenen preußischen Provinzen, für die jene Kabinettsordre nicht galt, wehrten sich bes. Marburg (H.Frick, H.v. → Soden) und Kiel (H.Mulert). Die endgültige Regelung (Art. 11, erläutert im Schlußprotokoll) gibt der leitenden Kirchenbehörde das Recht der Begutachtung eines in ihrem Bereiche erstmalig anzustellenden Professors. Sie wird dazu - gleichzeitig mit dem Anzustellenden - durch das Ministerium von der Berufung auf den betr. Lehrstuhl benachrichtigt und kann Bedenken gegen Lehre und Bekenntnis geltend machen; sie ist dabei zur Beratung mit den übrigen Kirchen und - im Falle eines Konfliktes - zur vertraulichen mündlichen Fühlungnahme mit der betr. F. verpflichtet. Nach dem Vertrag zwischen dem Bayerischen Staat und der Ev.-luth. Kirche vom 15.11.1924 (Art. 2) wird in bezug auf die ev.-th.F. der Universität Erlangen der Landeskirchenrat vor der Ernennung der Professoren und bei der Zulassung der Privatdozenten »gutachtlich einvernommen«. Die seit 1945 in den Ländern der BRD abgeschlossenen Abmachungen und → Kirchenverträge halten sich zumeist in den durch den preußischen Kirchenvertrag von 1931 gezogenen Grenzen; auch für die Hälfte der ev.-th.F.en in der DDR (Berlin, Greifswald, Halle; nicht für Jena, Leipzig, Rostock) bildet er die Grundlage ihrer rechtlichen Existenz. Die Lage erfordert Verständnis für die Besonderheiten der ev.-th.F.en von seiten der Landeskirchen, Verständnis für die neuen Formen und Aufgaben der Landeskirchen von seiten der F.en; beide Institutionen sind in den Wurzeln ihrer Existenz miteinander verflochten.

Die Lage hat sich kompliziert durch das Bestehen der Kirchlichen → Hochschulen. Abgesehen von der 1904 im Zeichen der Richtungskämpfe zwischen Positiven und Liberalen entstandenen Theologischen Schule in Bethel sind sie aus dem Kirchenkampf hervorgegangen und haben nach ihrer brutalen Unterdrückung durch den Nationalsozialismus seit 1945 ihre Arbeit mit neuen Zielsetzungen fortgesetzt (die Augustana-Hochschule in Neuendettelsau besteht seit 1947). Das Promotionsrecht und damit den Status einer ev.-th.F. hat bisher nur die Kirchliche Hochschule Berlin - im Hinblick auf das Fehlen einer solchen an der Freien Universität Berlin - erlangt; eine ähnliche Lage besteht für die Beanspruchung des Promotionsrechtes von seiten der kath.-th.F. Trier (1950). Für das Verhältnis der ev.-th. F.en zu den Kirchlichen Hochschulen sind nicht die praktischen Schwierigkeiten (wissenschaftliche Vorbildung der Hochschuldozenten; Anrechnung der Semester bei den Studenten; Studienpläne) entscheidend - die sind lösbar; offen aber bleibt die Frage, ob es neben der staatlichen Hochschulhoheit auch eine kirchliche geben und wie in einem solchen Fall die Existenz und Autorität der th.F. im Rahmen der Gesamtuniversität begründet, erhalten und sachgemäß begrenzt werden soll.

M.Kähler, Die ev. Kirche u. die th. F.en (Die Universitäten u. das öffentl. Leben, 1891, 99-129) - F.Eulenburg, Die Frequenz der dt. Universitäten (AGL 24), 1904 - E.Troeltsch, Die Trennung von Staat u. Kirche, der staatliche Religionsunterricht und die th.F.en, 1907 - A.v.Harnack, Die Bedeutung der th.F.en, 1919 (= Erforschtes u. Erlebtes, 1923, 199-217) - H.Mulert, Ev. Kirchen u. th.F.en, 1930 - G.Holstein, Th.F.en u. Lehrversprechen (Formula sponsionis) (Festschr. f. M.Pappenheim, 1931, 191ff) - F.Drügh, Die rechtl. Stellung der th.F.en nach der Reichsverfassung u. den Kirchenverträgen (Diss. Köln), 1934 - W.Weber, Das Nihil obstat (ZgesStW 99, 1939, 193-244) - Ders., Rechtsfragen der kirchl. Hochschulen (ZevKR 1, 1951, 346-364) - Ders., Der gegenwärtige Status der Th.F.en u. Hochschulen (Tymbos f. W.Ahlmann, 1951, 309-326) - H.Peters, Die Besonderheiten der beamtenrechtl. Stellung der kath. Theol.-Prof.en an den dt. Universitäten (Festschr. E.Eichmann, 1940, 401-418) - N.Hilling, Die päpstl. Errichtung u. staatl. Anerkennung der Th.F. in Trier (AkathKR 125, 1951, 257-267) - H. Thielicke, Was ist Wahrheit? Die th.F. im System der Wissenschaften (SgV 209), 1954 - W.Thieme, Dt. Hochschulrecht, 1956 (Lit.). - Vgl. ferner die Lit. zu → Universitäten, → Hochschulen, → Pfarrervorbildung.

W.Maurer

Falk, 1. *Adalbert,* preußischer Kultusminister (* 10.8. 1827 zu Metschkau, Kreis Striegau, † 7.7.1900 in Hamm), stammte aus einem ev.-luth. Pfarrhaus. Nach dem Jurastudium war er Staatsanwalt in Breslau, Lyck, Berlin und Appellationsgerichtsrat in Glogau, 1868 wurde er zum Geh. Justizrat und Vortragenden Rat im Justizministerium ernannt. Als Mitglied des preußischen Landtages während der Konfliktszeit und des konstituierenden Norddeutschen Reichstages (1867) vertrat er einen gemäßigten, regierungsfreundlichen Liberalismus. Als unmittelbar nach der Reichsgründung der Konflikt mit dem politischen Katholizismus und der röm. Kirche begann und der konservativ-orthodoxe Kultusminister H.v.Mühler den Wünschen → Bismarcks nicht mehr entsprach, berief dieser F. als Nachfolger mit der Weisung, »die Rechte des Staates der Kirche gegenüber wieder herzustellen, und zwar mit möglichst wenig Geräusch«. Ob es zu dieser Zeit (1872/73) noch möglich war, den → Kulturkampf geräuschlos zu führen, erscheint fraglich. F. glaubte, seine Aufgabe an der Seite Bismarcks allein mit gesetzgeberischen Maßnahmen lösen zu können. Wenn er hierbei den streng staatlichen Standpunkt vertrat und Bismarck später rückblickend meinte, daß »die juristischen Einzelheiten psychologisch nicht richtig gegriffen waren«, so steht doch außer Frage, daß die Leidenschaft, mit der sich der Kanzler in den Kampf gestürzt hat, F. nur anfeuern konnte. Hatte das noch von Mühler vorbereitete Schulaufsichtsgesetz schon viel Sturm hervorgerufen (→ Schulaufsicht), so führten die das Eigenleben der kath. Kirche tief angreifenden sog. »Maigesetze« den Kampf auf den dramatischen Höhepunkt und versteiften den Widerstand. Solange das von Bismarck mit dem nationalen Liberalismus geschlossene Bündnis anhielt, konnte sich F. auch von einem entsprechenden Teil der öffentlichen Meinung getragen wissen. Der radikale Ton in der freien Publizistik machte aber auch Gefahr und Grenze des Kampfes deutlich. Die Einführung der obligatorischen Zivilehe (→ Zivilstandsgesetzgebung, → Ehe: VI, 3), wogegen nicht nur der Kaiser, sondern auch der Kanzler Abneigung empfanden, zeigte, wie verschieden die innersten Motive des Kampfes bei Bismarck und bei F. waren, so sehr sich beide in der Betonung der Staatsautorität berührten. Wenig Dank erntete F. auch mit der Synodalverfassung für die altpreußischen Kirchen (→ Kirchenverfassung: VI), die unter dem Blickpunkt der erstrebten Trennung von Staat und Kirche, aber unter Aufrechterhaltung des ausschlaggebenden Kirchenregiments, viel Kritik erfuhr. Die Vertrauenskrise setzte ein, als die konservativ-orthodoxen Kreise, vor allem die sog. »Hofpredigerpartei«, beim Kaiser zunehmend an Einfluß gewannen. Der Rücktritt des von F. sZ zum Präsidenten des Ev. Oberkirchenrates (EOK) berufenen E. → Herrmann und die Forderung des Monarchen, daß »die bestellten Beichtväter der königlichen Familie« (→ Kögel und W. → Baur) Mitglieder des EOK würden, waren ein erstes Signal. Entscheidend wurde jedoch die politische Neuorientierung Bismarcks 1878: Der Bruch mit den Liberalen, die allgemeine Schwenkung nach rechts und der Abbruch des Kulturkampfes brachten die wankende Stellung F.s vollends zum Einsturz. Im Juli 1879 nahm er seinen Abschied. Er ist als Abgeordneter noch gegen den Abbau der Maigesetze aufgetreten, legte seine Mandate jedoch nieder, als er 1882 zum Oberlandesgerichtspräsidenten in Hamm ernannt wurde. – F. hat sich um die Unterrichtsgesetzgebung und die Hebung des Lehrerstandes große Verdienste erworben, auch die Entwicklung des → Kirchenrechts ist mit seinem Namen eng verbunden. Aber was als Jurist seine Stärke war, mußte sich auf einem Aufgabenfeld, das von einer tiefen staatspolitischen wie weltanschaulichen Problematik bestimmt war, als ein Hemmnis erweisen. Obwohl Bismarck der Verlierer des Spieles war, wurde F. sein Opfer.

Die Vorgesch. des Kulturkampfes. Qu.-Veröffentlichung aus dem Dt. Zentralarchiv, hg.v. A.CONSTABEL, 1956. – E.FOERSTER, A.F., 1927 – H.V.D.GOLTZ, A.F., der Kultusminister des Kulturkampfes (JBrKG 23, 1928, 204-209) – J.HECKEL, Die Beilegung des Kulturkampfes, 1930 – H.RUHENSTROTH-BAUER, Bismarck u. F. im Kulturkampf (Diss. Heidelberg), 1944 – H.BORNKAMM, Die Staatsidee im Kulturkampf (HZ 170, 1950, 41-72. 273-306) – G.FRANZ, Kulturkampf, 1954. *K.Kupisch*

2. *Johannes* (1768-1826), * in Danzig, Pädagoge, Vorläufer der → Inneren Mission, Dichter des Weihnachtsliedes »O du fröhliche«. Zunächst beim Vater (Perückenmacher) beschäftigt, kam F. erst 1785 aufs Gymnasium und studierte seit 1787 Theologie in Halle. Davon nicht befriedigt, wurde er vornehmlich satirischer Schriftsteller und zog 1801 nach Weimar. 1806 erkannte er unter dem Druck der fremden Besatzung und eigenen Leides (Tod von 4 Kindern in kurzer Zeit) seinen Beruf: Fürsorge für verwahrloste Kinder. Er fand zurück zum lebendigen, weltoffenen Glauben und gewann aus ihm die Kraft der Liebe. Der Satiriker wurde zum Nothelfer. 1813 gründete er die »Gesellschaft der Freunde in der Not«, die verwaiste Kinder in Familien unterbrachte und sonntags die Lehrlinge in F.s Hause bei Lied, Spiel und Erzählung zu einer »Sonntagsschule«, einer Art »Missionsanstalt«, vereinigte. Religiöse Volkserziehung und praktischer Volksunterricht waren Ziel der Arbeit. Von 1816/17-25 baute F. mit 200 Zöglingen den Lutherhof zu einem ersten großen → Rettungshaus aus, das nach F.s Tode im Geist des Gründers fortgeführt und 1829 verstaatlicht wurde. F.s Arbeit wurde Vorbild für ähnliche Unternehmen (K.Reinthaler-Erfurt, bes. J.H. → Wichern-Hamburg u.a.).

J.H.WICHERN, J.F. u. sein Institut in Weimar (Ges. Schriften VI, 1908, 1-59) – T.REIS, J.F. als Erzieher verwahrloster Jugend, 1931 (Bibliogr., Lit.). *H.Jarck*

Fallot, *Tommy* (1844-1904), franz. Pfarrer, * in Fouday im Steintal, zunächst Textilindustrieller. Unter dem Einfluß des → Réveil bekehrt (1865), entschloß er sich als 27jähriger Familienvater zum Theologiestudium in Straßburg. Vikar in Wildersbach, verließ er 1875 zuletzt aus politischen Gründen das Elsaß und wurde Pfarrer an der freikirchlichen Chapelle du Nord in Paris. F. gilt als Wegbereiter der Volksmission (→ Evangelisation), der → christlich-sozialen und der späteren → ökumenischen Bewegung. Zusammen mit Nichtchristen suchte er die öffentliche Moral zu heben. 1889 zog er sich krankheitshalber zurück und übernahm eine kleine Pfarrstelle in Aouste (Drôme). Seine Parole: »Geistiges, moralisches und soziales Christentum sind ein und dasselbe Gewächs.«

Vf. u.a.: Qu'est-ce qu'une Eglise?, (1896) 1926³; Le Dieu masqué, (1902) 1905³; Sur le seuil, 1902; Les Fraternités de demain, (1903) 1905³; Le Livre de l'Action bonne, (1905) 1925⁴; La religion de la solidarité, 1908; Comment lire la Bible jour après jour, (1909) 1930². – Über F.: M.BOEGNER, La vie et la pensée de T.F. I. II, Paris 1914/26 – DERS., T.F., l'homme et l'oeuvre, Paris o.J. (1929) – W.MONOD, La nuée de témoins II, (1929) 1958². *R.Voeltzel*

Falloux *du Coudray, Frédéric Albert Pierre,* Graf (1811 bis 1886), franz. Politiker, * in Angers. Als Deputierter (1846) einer der Führer der legitimistischen kath. Rechten, 1848 Unterrichtsminister; Initiator der nach ihm benannten, aber erst nach seinem Rücktritt verabschiedeten Loi F. vom 15.3.1850, welche die von den Katholiken immer wieder geforderte Unterrichtsfreiheit brachte. Sie gestattete jedem Franzosen, der einen Befähigungsnachweis erbrachte oder Amtsträger einer anerkannten Religionsgemeinschaft war, die Eröffnung einer Schule. Außerdem verschaffte sie dem Klerus die Aufsicht über die öffentlichen Primarschulen sowie Sitz und Stimme in den akademischen Räten. Bis 1882 blieb dieses klerikale Gesetz in Kraft. – Nach dem Staatsstreich von 1851 zog sich F. vom aktiven politischen Leben zurück, versuchte indessen 1873 vergeblich, den Zusammenschluß der Legitimisten und Orléanisten herbeizuführen. Seit 1857 Mitglied der Académie française.

Vf. u.a.: Histoire de St.Pie V, (1844) 1869[4]; Madame Swetchine, sa vie et ses oeuvres, (1859) 1900[17]; Journal de sa conversion, 1863; L'évêque d'Orléans, 1879; Etudes et souvenirs, 1885; Mémoire d'un royaliste, (posthum 1888) 1925[2]. - Über F.: E.VEUILLOT, Le comte de F. et ses mémoires, 1886 - A.ROBERT-G.COUGNY, Dictionn. des parlementaires français II, Paris 1890, 596ff - H.MICHEL, La loi F., Paris 1912 - H.GUILLEMIN, Histoire des catholiques français au XIXe siècle, Genf 1947 - G.COGNIOT, La question scolaire en 1848, Paris 1948 - EC V, 967f.

J.Roth

Familie

I. Religionsgeschichtlich - II. Im AT und NT - III. Soziologisch - IV. Pädagogisch - V. Familienfürsorge. - Vgl. auch → Ehe: I-VI, → Frau: I-VI

I. Religionsgeschichtlich

Für die meisten außerokzidentalen Gesellschaften sind die sozialen Formen der Sippe oder Groß-F. (bzw. Übergangsformen zwischen diesen beiden) wichtiger als die F. im herkömmlichen Sinne, deren Begriff im wesentlichen durch die »Klein-F.« unserer eigenen Gesellschaftsepoche bestimmt ist. Vieles religionsgeschichtlich Wichtige, das bisher unter »F.« thematisiert worden ist, wird daher richtiger unter → Stamm und Sippe abgehandelt.

ERE V, 716ff - HWSt III, 921ff - ESS VI, 65ff - HWS 112ff - WACH, Relsoz. (Reg.) - EC V, 977ff - VAN DER LEEUW § 33.

W.E.Mühlmann

II. Im AT und NT

1. F. als die durch Abstammung und Heirat begründete Gemeinschaft meint im *AT* sowohl die Sippe (Groß-F.) wie das »Vaterhaus« (engere F.). Sippe ist »Nachkommenschaft« eines gemeinsamen Vorfahren und reicht so weit, wie man sich als »Brüder« von gleichem »Fleisch und Bein« und gleicher Wesensart weiß (Abstammungslisten zB Gen 36; 1Chr 2ff). Ein Gentilverband konnte sich bisweilen mit dem politischen Verband eines Stammes decken (Ri 18, 11). Unscharf ist hin und wieder auch der Unterschied zwischen Sippe und Haus. Doch ist Dreigliederung in Stamm, Sippe und Haus die Regel. Als Sippe kann auch ein Volk (Gen 12, 3; Am 3, 2 u.a.), als Haus ein politischer Verband (Ez 33, 10. 20 u.a.) angesprochen werden. Der Gentilverband begegnet als Kampf- und Siedlungsgemeinschaft (Ri 6, 15; 8, 2 bzw. 6, 24; Mi 5, 1), als Kultgemeinde (Ex 12, 21; 1Sam 20, 6) und Rechtsbereich (→ Gerichtsverfassung in Israel). Mit der Zeit löst ihn freilich in diesen Funktionen die - meist von einer Sippe geführte - Ortsgemeinde ab (Am 5, 3 u.ä.). - Sippenzugehörigkeit verpflichtet, einem in Not geratenen Glied zu helfen, durch Geld (Ex 22, 24; Hi 42, 12) oder durch Sicherung von F.ngut (→ Eigentum: I); sie kann auch Übernahme der Rache für einen Getöteten fordern. Sippen werden durch ihre Ältesten vertreten.

2. Kern der Sippe ist zufolge patriarchaler F.nstruktur das zu einem Mann als »Vater« gehörende »Haus«, bestehend aus Frau(en), Kindern, auch Schwiegertöchtern und Enkeln (Gen 7, 13; Ex 20, 17; 1Sam 27, 3; 2Sam 9, 3 u.a.). In der Sphäre des Hauses stehen ferner Sklaven (Ex 21, 6; Gen 17, 12f) und anderes Eigentum (Jos 7, 24), auf Zeit auch der Gast (Gen 19, 8 u.a.). Spärlich vorausgesetzte fratriarchale Hausgemeinschaft (→ Levirat) ist der patriarchalen Struktur eingegliedert (vgl. auch die Stellung des Vaterbruders, 1Sam 10, 14; Am 6, 10; für den Mutterbruder fehlt der eigene Terminus!). Über Rechtswirkungen der Ehe, zumal für die → Frau (: II), und Ehegewalt des Mannes vgl. → Ehe: II. In der Führung des Hauses hat der Vater Anspruch auf Gehorsam. Ihm wie der Frau als Mutter gebührt Ehrfurcht (Ex 20, 12; Lev 19, 3; Mal 1, 6). Tätliche Auflehnung gegen die Eltern zerstört heilvolle soziale Geordnetheit, ist unnatürlich und strafwürdig (Ex 21, 15. 17; Dtn 27, 16; Spr 19, 26; 30, 17; Mi 7, 6). Kraft seiner patria potestas kann ein Vater seine Kinder vergeiseln (Neh 5, 2; 2Kön 4, 1; Gen 42, 37) und in Schuldknechtschaft verkaufen, sie strafen, verstoßen (Gen 21, 10), aber nicht aussetzen (trotz Ex 2, 3; Ez 16, 5). Wie er die Religionszugehörigkeit bestimmte (Jos 24, 15), Opferrecht hatte (Ri 6, 26; Hi 1, 5) und Eigenpriester bestellen konnte (Ri 17, 5. 10), so konnte er auch seinen Erstsohn der Gottheit zum Dienst (1Sam 1) wie zum Opfer weihen (→ Menschenopfer: II). Das sich mit der Zeit auflösende ius in sacra der Sippen und F.n ist endgültig abgetan durch die Kultzentralisation des → Deuteronomium. Doch wird die Pflicht des F.nvaters zur religiösen Unterweisung eingeschärft (Dtn 6, 20ff u.a.). Auch andere Einschränkungen der patria potestas erklärt das Dtn zur Rechtsregel (21, 15ff. 18ff); dazu erschwert es die Scheidung (24, 1ff; 22, 19. 29) und lehnt F.nhaftung ab (24, 16; vgl. Jer 31, 29; Ez 18, 2). Witwen und Waisen werden der Sorgepflicht der Kultgemeinde anempfohlen; alle Solidarität der F. soll aber zerbrechen, wenn zur Apostasie angestiftet wird (Dtn 13, 7ff).

3. Solche Forderung nimmt das *NT* abgewandelt auf im Ruf zur Nachfolge (Mt 10, 37f; Lk 14, 26; 18, 29). Aber die neue Gemeinde weiß auch um den Wert von Haus und F., als Gemeinschaft wie als Versammlungsort, für den Aufbau der Gemeinde (Apg 20, 20; 1Kor 1, 16 u.ä.) wie um ihre Gefährdung (Tit 1, 11). Daß Menschen Gottes Schutzbürger und Beisassen sind, sagt auch das AT (Lev 25, 23; Ps 37, 13; 119, 19; 1Chr 29, 15). Daß sie Angehörige der familia Dei (Hebr 3, 6), Hausgenossen Gottes (Eph 2, 19) sein dürfen, überschreitet die Aussagegrenze, die das AT zur Sicherung der Herrschaftsstellung Gottes über sein Volk hat ziehen müssen.

L.-G.LÉVI, La famille dans l'antiquité israélite, 1904 - J.PEDERSEN, Israel I-IV, 1926-40 - RLV III, 181; X, 62f (Lit.) - E.B.CROSS, The Hebrew Family, 1927 - EJud VI, 917ff - A.CAUSSE, Du groupe ethnique à la communauté religieuse, 1937 - J.HEMPEL, Das Ethos des AT (BZAW 67), 1938 - J.MENDELSOHN, The Family in the Ancient Near East (BA 11, 1948, 24-40) - ThW V, 132ff. 959ff. 1017ff - L.KÖHLER, Der hebr. Mensch, 1953 - R.DE VAUX, Institutions de l'AT I, 1958.

F.Horst

III. Soziologisch

1. F. im Wandel der Gesellschaft - 2. Veränderungen der innerfamilialen Struktur - 3. Die Situation in der Gegenwart

1. Die F. gehört zu den Bereichen des sozialen Lebens, in denen sich eine Anpassung an ökonomische und gesamtgesellschaftliche Veränderungen nur sehr langsam vollzieht. Daraus ergeben sich Konflikte mit anderen gesellschaftlichen Institutionen, die rascherem Wandel unterworfen sind; darin aber liegt auch ein stabilisierender Faktor, der ihr im sozialen Gefüge besonderes Gewicht verleiht. Trotz nachhinkender Entwicklung wird die Struktur der F. letztlich geprägt durch die ökonomische und gesellschaftliche Verfassung des jeweiligen Kulturkreises. Die Lebensbedingungen, unter denen die Menschen sich befinden, die Produktionsweisen und die Gesellschaftsformen (→ Gesellschaft), die sie ausbilden, wirken ebenso auf die äußere Zusammensetzung des F.nkreises wie auf die Verteilung der Rollen und damit auf die Stellung der einzelnen F.nangehörigen innerhalb der F. ein.

Kennzeichnend für die Entwicklung in den heute bekannten Kulturen ist die fortschreitende Einschränkung der F. auf einen immer kleineren Kreis von Angehörigen. Sie läßt sich keineswegs geradlinig für die gesamte Entwicklung der F. von der Clanordnung bis zur Gegenwart verfolgen, wie → Durkheim bei der Aufstellung seines Kontraktionsgesetzes annahm, hat aber in der gegenwärtig im westlichen Kulturkreis und in größeren Teilen der übrigen Welt vorherrschenden F.nform, in der die in Gemeinschaft lebende F.ngruppe sich zunehmend auf die Ehegatten und ihre minderjährigen Kinder beschränkt, ihre stärkste Ausprägung erfahren. Bedingt durch den rasch fortschreitenden Wandel in der Siedlungsform und in der Produktionsweise (Urbanisierung [→ Stadt], Industrialisierung [→ Industrie: I]), wurde auch die Umwandlung früherer F.nformen beschleunigt. Bes. dort, wo der Einbruch der → Technik und der mit ihr verbundenen Lebensformen ganz unvermittelt erfolgte, stießen sie mit großer Wucht auf die überlieferten Formen des familialen Zusammenlebens. Das gilt u.a. vornehmlich für China und größere Teile Rußlands, in denen mit geringer Veränderung noch die Form der Groß-F., des Zusammenlebens mehrerer Brüder mit ihren Frauen und Kindern unter Führung des F.nältesten verbreitet war. In den westlichen Ländern setzt sich in jüngster Zeit eine Tendenz durch, die die Großelterngeneration aus der F. weithin ausschließt. Die in bäuerlichen F.n teilweise noch übliche Form des gemeinsamen Haushaltes der Eltern und der erwachsenen verheirateten Kinder wird im städtischen Bereich zur Ausnahme.

Mit zunehmender Kontraktion der F. und der Ausbildung größerer sozialer Gebilde verringern sich auch die von der F. ausgeübten Funktionen. Nur in sehr wenigen Fällen ist die F. noch Produktionsgemeinschaft. Die Versorgung der Alten wird in immer stärkerem Maße vom Staat oder von anderen gesellschaftlichen Institutionen übernommen, ebenso die → Erziehung und Ausbildung der Kinder (→ Familie: IV). Die Entwicklung entspricht ähnlichen Vorgängen wachsender Differenzierung in anderen gesellschaftlichen Bereichen. Gegenüber früheren Anschauungen, nach denen die zunehmende Desintegration der F., der ständig fortschreitende Funktionsverlust, schließlich zu ihrem gänzlichen Verfall führt (Müller-Lyer u.a.), wird heute eine etwas optimistischere Ansicht vertreten, nach der mit zunehmender Ausgliederung der F. aus gesamtgesellschaftlichen Zusammenhängen eine stärkere Ausbildung eigentlich familialer Leistungen einhergeht (in Deutschland König u.a.).

2. Gleichlaufend mit Kontraktion und Desintegration vollziehen sich tiefgreifende *Veränderungen in den innerfamilialen Beziehungen* und in der Verteilung der Rollen unter den einzelnen F.nmitgliedern. Die starre Abgrenzung zwischen männlichen und weiblichen Tätigkeiten und Aufgaben innerhalb der F. wird zunehmend aufgegeben. Mann und → Frau (: V) sehen sich immer mehr als Partner, die je nach Vermögen gemeinsam über die Geschicke der F. entscheiden. Die vom Vater allein ausgeübte und institutionell begründete → Autorität wird abgebaut zugunsten eines Verhältnisses, in dem Dominanz in »sachlicher« Autorität begründet ist. Die Vorgänge stehen in Zusammenhang mit einer umfassenden, vor allem von Burgess gekennzeichneten Entwicklung, die sich, wenn die Betrachtungen in idealtypischer Weise zusammengefaßt werden, von einer *patriarchalisch-institutionellen Form* der F. zu einer Form der *gleichrangigen Gefährtenschaft* zu bewegen scheint. Zwei Faktoren treten in diesem Prozeß bes. hervor: die Art der Teilnahme der F.nmitglieder am Unterhaltserwerb und die Stärke der Bindungen, die die F.nangehörigen außerhalb der F.ngemeinschaft haben. Je unabhängiger vom Manne die übrigen F.nangehörigen am Erwerb teilnehmen, desto stärker sind die Tendenzen der Gleichrangigkeit; je geringer die außerfamilialen Bindungen, desto intensiver ist die Zentrierung auf die F. als Intimgruppe. – Im ländlichen Bereich ist die Entwicklung am wenigsten fortgeschritten (→ Dorf). Die Beziehungen der F.nangehörigen werden hier zT noch durch ihre Stellung im Produktionsprozeß bestimmt; aus der Führung des Betriebes ergibt sich die Autorität des Vaters. Mann und Frau haben starke Bindungen zu Verwandten, zu Nachbarn und anderen Gruppen. Dagegen ist die Entwicklung am weitesten fortgeschritten in der städtischen F., in der die Frau und die größeren Kinder zunehmend einer eigenen, vom Manne unabhängigen Erwerbstätigkeit nachgehen und in der die F.nangehörigen isoliert von anderen Gemeinschaftsformen zunehmend auf sich selbst gestellt sind. Aus der Wirkung dieser beiden Faktoren ist auch der starke Abbau der Autoritätsverhältnisse und die Ausbildung der Gefährtenschaft in deutschen Flüchtlings-F.n zu verstehen, auf die Schelsky, Wurzbacher u.a. hingewiesen haben.

In Verbindung mit der Tendenz einer Auflockerung ehemals starrer, institutioneller Formen wird auch das Kind in seiner familialen Stellung freier und selbständiger. Das Verhältnis zwischen Eltern und Kind wird zwangloser, die älteren Kinder gewinnen eine mehr partnerschaftliche Stellung und erhalten stärkeres Gewicht, wenn familiale Entscheidungen getroffen werden. Wesentliche Verschiebungen in der Rolle des Kindes ergeben sich im Zusammenhang mit F.nkontraktion und sozialökonomischen Strukturveränderungen. Durch die Schrumpfung vererbbaren → Eigentums und dadurch, daß die auf Gattenpaar und Kinder beschränkte Klein-F. kaum mehr in der Lage ist, F.ntradition zu entwickeln oder fortzuführen, verliert die Rolle des Kindes als Erbe von Besitz und Tradition, auf die vor allem in den großbürgerlichen Schichten die Erziehung gerichtet war, immer mehr ihren ursprünglichen Sinn und ihre Bedeutung. Gleichlaufend, wenn auch aus anderen Ursachen heraus, verändern sich in der Arbeiterschicht die Vorstellungen der Eltern von der späteren Rolle der Kinder. Waren früher häufig die Eltern im Alter auf die Versorgung durch die Kinder angewiesen und bereiteten sie in der Erziehung diese auf ihre spätere Aufgabe vor, so werden heute die Eltern durch die zunehmende staatliche Altersversorgung ökonomisch unabhängiger. Charakteristisch für die Stellung der älteren Kinder in der F. erscheint die Neigung, sich im elterlichen Haushalt versorgen zu lassen, aber einen immer geringeren Teil des eigenen Einkommens der Verfügung der Eltern zu unterwerfen. Die Verhältnisse scheinen sich umzukehren: war früher von einer »Ausbeutung« der Kinder die Rede, so kann heute eher von zunehmender »Ausbeutung« der Eltern durch die Kinder gesprochen werden.

3. Die *gegenwärtig* in der Gesellschaft vorherrschende Einstellung zur F. ist gekennzeichnet durch eine Wandlung der herkömmlichen Vorstellungen und Verhaltensweisen, aber eine im Grundsätzlichen festgehaltene Bejahung der F. als Institution. Die Veränderung der innerfamilialen Struktur jedoch scheint der allgemeinen Beschleunigung im Wandel der gesellschaftlichen Daseinsformen zu folgen. Kontraktion, Desintegration und die im Zusammenhang mit der Umwertung der familialen Stellung der F.nangehörigen auftretenden Konflikte führen zu einer immer stärkeren Gefährdung durch Desorganisationserscheinungen und damit zu immer größerer Instabilität der F. in ihrer gegenwärtigen Verfassung. Der Besorgnis um diese Vorgänge entspringt die Forderung, die Entwicklung aufzuhalten durch Stützung der väterlichen Gewalt und Wiederherstellung der Autoritätsverhältnisse der älteren bürgerlichen F. (Zimmermann u.a.). Es wird richtig gesehen, daß der mit dem Abbau der Vaterautorität verbundene Umwandlungsprozeß wesentlich zur Instabilität der F. beiträgt, wie überhaupt die autoritäre Vater-F. eine der Voraussetzungen der bürgerlichen Gesellschaftsordnung war (Horkheimer). In solcher Forderung wird aber der Zusammenhang zwischen der Wandlung der F.nstruktur und der keinesfalls um-

kehrbaren Wandlung der ökonomischen und gesellschaftlichen Lebensformen verkannt.

Eine der wesentlichen sozialen Funktionen der F. wird heute in der seelischen Prägung des Kindes, in der Ausbildung der sozial-kulturellen Persönlichkeit gesehen (König). Während einerseits der Funktionsverlust fortschreitet, werden andererseits in zunehmendem Maße Erwartungen an die F. herangetragen, die auf die Sorge um die Persönlichkeitsentwicklung des Kindes gerichtet sind. Der im übrigen immer größere Bewegungsraum der individuellen Neigungen der Ehegatten wird zugunsten des Kindes eingeschränkt. In der stärkeren Ausbildung dieser Funktion und in der stärkeren Prägung der F. als Intimgruppe mögen Ansätze der Stabilität einer an die industriellen Lebensformen angepaßten F.nform liegen.

Vgl. → Bevölkerungspolitik, → Ehe: IV, → Frau: V.

F.Müller-Lyer, Die F., 1912 - M.Horkheimer (Hg.), Autorität u. F., Paris 1936 - E.W.Burgess-H.J.Locke, The Family. From Institution to Companionship, New York (1945) 1953² - R.König, Materialien zur Soziologie der F., Bern 1946 - Ders., F. (W.Bernsdorf-F.Bülow [Hg.], WB der Soziologie, 1955, 114-126; Lit.) - C.C. Zimmermann, Family and Civilisation, New York 1947 - G.Wurzbacher, Leitbilder dt. F.nlebens, (1951) 1954² - H.Schelsky, Wandlungen der dt. F. in der Gegenwart, (1953) 1956³ - G.Baumert-E. Hünninger, Dt. F.n nach dem Kriege, 1954 - W.F.Ogburn-M.F. Nimkoff, Technology and the Changing Family, Boston 1955 - R.F.Winch, Mate-Selection. A Study of Complementary Needs, New York 1958. *G.Baumert*

IV. Pädagogisch

Erziehung ist eine Funktion der Gemeinschaft. Unter den menschlichen Gemeinschaften kommt der F. als der Personengemeinschaft zwischen Eltern und Kindern und damit als schicksalhaftem Ordnungsgefüge ein eigener Rang zu. Ungeachtet dieser unveränderten Besonderheit gegenüber allen anderen soziologischen Strukturen läßt sich heute nicht mehr mit der Sicherheit und Selbstverständlichkeit früherer Zeiten von der pädagogischen Rolle und Bedeutung der F. sprechen. Zwar hat sie, wie neuere Untersuchungen zur Soziologie der F. ergeben haben (Schelsky, Wurzbacher), trotz vielfältiger familienfeindlicher Einflüsse einen unerwartet hohen Grad von Stabilität bewiesen, aber gleichzeitig hat sie sich zunehmend ihr wesensmäßig zugehöriger Funktionen begeben und vor allem ihre erzieherische Aufgabe und Verantwortung weithin an den Staat, die Gesellschaft und deren Einrichtungen abgegeben.

Die Gründe dafür sind äußerer und innerer Art. Unter den äußeren Gründen sind die Unvollständigkeit vieler F.n (durch Tod eines Elternteils oder Scheidung), der durch Krieg u.a.m. bedingte Verlust von Heimat und Existenz, die Berufstätigkeit beider Eltern, der Mangel an Wohnraum, die Verarmung weitester Bevölkerungsschichten, die Härte des Wirtschaftskampfes und die Hetze des modernen Arbeits- und Berufslebens hervorzuheben. Von nicht geringerem Gewicht ist die innere Problematik der F.nerziehung, die sowohl die → Erziehung (: I) überhaupt nach ihrem Inhalt, Ziel und Sinn wie die Sache und Substanz der F. und ihrer pädagogischen Verantwortung und endlich die Stellung der F.nerziehung in der Erziehungswirklichkeit als ganzer betrifft.

Die weitgehende Abgabe ihrer erzieherischen Aufgabe und Verantwortung an außerfamiliäre Institutionen hat nicht nur für die F. selbst nachteilige Auswirkungen, indem sie sie innerlich verarmen und verkümmern und damit auch Stabilitätsfaktoren verlieren läßt, sondern ist zugleich die - oft nicht erkannte - Ursache mancher Krankheitserscheinungen des modernen Lebens. Die Zunahme der Jugendkriminalität, der Schwund an Kontaktfähigkeit und Bereitschaft zur Mitmenschlichkeit bei vielen Jugendlichen, die »Halbstarken«-Krawalle u.a.m. haben in dem erzieherischen Versagen der F. einen ihrer entscheidenden Gründe. Es kommt viel darauf an, daß die F. ihre pädagogische Verantwortung wieder erkennen und wahrnehmen lernt, und es ist eine der vordringlichen Aufgaben der in Staat, Kirche und Gesellschaft sich verantwortlich Wissenden, ihr in der Welt von heute wieder zu erzieherischer Kraft zu verhelfen und ihre Autorität neu zu begründen und aufzurichten. Nachdem die F. den Charakter der fraglos hingenommenen Ordnung verloren hat, wird sie nun zur Aufgabe, die zu ihrer Lösung des bewußten Willens der Beteiligten und der Leitung und Hilfe bedarf, damit sie sich selbst und ihren ureigenen und eigentlichen Anliegen zurückgegeben und zu ihrer Lösung befähigt wird. Familienpolitische und -fürsorgerische Maßnahmen (zB bezüglich Lohn, Wohnraumbeschaffung, Tarife der Eisenbahn, Erholung) können zur Beseitigung äußerer Hindernisse für die Entfaltung eines guten und gesunden F.nlebens wichtige Hilfen leisten; entscheidend aber ist eine innere Erneuerung der F. und ihres Lebens.

Die Erneuerung und Aktivierung der F. kann jedoch nicht auf dem Wege der Restauration erfolgen. In der Geschichte der → Pädagogik (: I) erscheint der Begriff der Autorität der F. im Zusammenhang einer patriarchalischen Sozialordnung und einer geschlossenen ungeteilten Wirtschaftsweise und an diese gebunden. Sozialordnung und Wirtschaftsweise haben sich grundlegend gewandelt; ihre früheren Formen sind unwiederbringlich Vergangenheit, und mit ihnen ist die an ihnen orientierte Gestalt der F. an ihr Ende gekommen. Darum ist die in kirchlichen Kreisen bestehende Neigung, für die erzieherische Aufgabe der F. deren patriarchalische Ordnung als spezifisch christlich herauszustellen und auf ihre Wiederherstellung zu dringen, romantisch und irreal. Vielmehr haben alle Bemühungen um eine Erneuerung der F. davon auszugehen, daß auch die F. eine wandelbare Größe ist, deren soziologische Strukturen sich ändern, deren Sache und Substanz aber bleibt. Schon jetzt ist nach soziologischen Feststellungen die Mehrzahl der Ehen in Deutschland partnerschaftlich geordnet, ohne daß durch die Abkehr von ihrer patriarchalischen Gestalt der Kern des Zusammenlebens in → Ehe (: IV) und F. verändert wäre. Die F. von morgen wird ein anderes Gesicht haben als die F. von gestern, aber sie wird F. sein, denn ihre Grundlage, Substanz und Kraft wird auch in Zukunft die Personengemeinschaft von Eltern und Kindern als eine mit der Geschöpflichkeit des Menschen unlösbar zusammenhängende besondere, exklusive, dauernde und unaufhebbare Weise der Mitmenschlichkeit sein. Die F. lebt von und im Elternamt der → Eltern und von und im »Stande« jedes ihrer Glieder. Auf der göttlichen Zuordnung der F.nglieder zueinander beruhen Erziehungsrecht und Erziehungspflicht der Eltern, beruht das Recht des Kindes auf Erziehung. Mit der Gesundheit der F. und ihres Lebens hängt ihre pädagogische Kraft und Bedeutung davon ab, ob und wie das Vater-, Mutter- und Kindsein intakt oder gestört ist.

Während die kath. Kirche eine geschlossene Auffassung und Lehre von der F. als Erziehungsgemeinschaft entwickelt und in der Enzyklika »Divini illius magistri« vom 31.12.1929 vorgelegt hat, sind im ev. Raum die Bemühungen um eine systematische Durchdringung und Klärung des F.nproblems noch im Gange. - Die kath. Theologie vertritt nachdrücklich ein → Naturrecht der F. auf die Erziehung der Kinder, da die Eltern dem Kinde das Leben gegeben haben und es ihnen darum zu eigen ist. Das → Elternrecht dürfe durch den Staat nicht eingeschränkt werden; diesem komme vielmehr nur eine subsidiäre Stellung zu. Auch die Schule ist nur eine »Hilfsanstalt« der F., während die Kirche als »übernatürliche Mutter der Menschen« aus der Erziehung nicht nur nicht ausgeschlossen ist, sondern kraft ihrer Zugehörigkeit zur übernatürlichen Ordnung der Offenbarung über den natürlichen Ordnungen der F. und des Staates steht und darum in der Lage ist, deren Erziehungsrecht zu umschreiben und zu begrenzen.

Auf ev. Seite verdient die luth. Lehre vom → »Amt« (: III, 3) der Eltern und vom »Stande« der Kinder besondere Erwähnung; sie legt es nahe, statt vom → Elternrecht besser von der Verantwortung der Eltern zu reden; von hier aus könnte eine ev. Lehre von der F., ihrer Erneuerung und Aktivierung, entfaltet werden.

Es ist unbestreitbar, daß von einer gesunden F. erzieherische Kräfte und Wirkungen hohen Ranges ausgehen. Selbst → Herbart hat dem Hause den Vorrang vor der Schule zuerkannt und ihm allein die sittlichen Erziehungskräfte zugetraut. →Pestalozzi hat die erzieherische Aufgabe von der mütterlichen Wohnstube in den Klassenraum der Schule übertragen. »Heute sehen wir ein, daß die Schulerziehung als Erziehung der häuslichen selber von neuem ergänzt und aufgewertet werden muß von den irrationalen Kräften her« (Hammelsbeck), die in der gesunden F. pulsen. Die beste Schul- und Heimerziehung kann die F.nerziehung nicht ersetzen, denn die F. als Haus-, Lebens-, Personen- und Dienstgemeinschaft wirkt nicht nur durch bewußte und gewollte Maßnahmen und rational-methodisches Erziehen erzieherisch, sondern mindestens ebenso stark durch ihr bloßes Dasein. F. ist der »behütete Raum« (G.Bohne), dessen das Kind zu seinem Wachsen und Reifen bedarf und in dem es Erziehung als bewahrende und begleitende Hilfe auf dem Wege zum Menschwerden und Menschsein erfährt.

In der F. begegnet der junge Mensch einer vorfindlichen Ordnung, die er nur anerkennen oder für sich außer Kraft setzen kann, ohne dadurch allerdings die Zugehörigkeit zu seiner F. aufheben zu können. Er erfährt sich in der F.nordnung als unauswechselbares Glied; in der F. hat jeder seinen bestimmten Platz: als Vater, Mutter, Kind, Bruder, Schwester mit je besonderen Pflichten und Rechten. So lernt das Kind in der F. Ordnung, Einordnung und Unterordnung; es lernt Achtung vor dem anderen und Rücksichtnahme, indem es selbst Achtung und Rücksichtnahme erfährt. Es lernt die kleinen Pflichten des Tages zu erfüllen, die ihm die Gliedschaft in der F. auferlegt; es lernt zugleich das Zusammenleben mit Menschen verschiedener Altersstufen.

Dabei ist zu beachten, daß in den letzten Jahrzehnten das Gefälle zwischen der alten und der jungen Generation erheblich nivelliert worden ist und die Eltern auch zu den Kindern mehr im Verhältnis kameradschaftlicher Partnerschaft stehen, ohne daß die Achtung der Jungen vor den Alten darunter zu leiden braucht. – Wichtig ist für die Erziehung in der F. die rechte Gestaltung der Freizeit; hier liegen die Dinge freilich noch vielfach im Argen; Hausmusik, gemeinsames Spiel und gemeinsame Lektüre werden in der F. nur noch vereinzelt getrieben. Selten geworden sind auch Hausandacht, Tischgebet und Sitte des Kirchgangs - eine Verarmung der F., die auch unter erzieherischem Gesichtspunkt sehr zu beklagen ist.

In der gesunden F. wird auch bewußt und methodisch erzogen, aber die wirklichen pädagogischen Hilfen fließen aus dem Sein des Erziehers, aus dem wirklichen Vater- und Muttersein der Eltern. Die erzieherische Bedeutung der F. hängt davon ab, daß die Eltern selbst in einer Zucht stehen, um ihre Verantwortung vor einer höheren Instanz wissen und von erfahrener Liebe und Vergebung leben. Hier gewinnt die Christusbotschaft eine für die F. und ihr erzieherisches Tun entscheidende Bedeutung. Es ist der Auftrag der *christlichen* F. in der entchristlichten Welt von heute, gegenüber einer weitgehenden Entleerung des F.nlebens zu zeigen, wie es sich unter dem Evangelium neu begründen kann.

F.KÜNKEL, Die Arbeit am Charakter, (1929) 1934[19] - DERS., Jugendcharakterkunde, (1930) 1932[9] - Schriftenreihe »Bedrohte Jugend - drohende Jugend« 1 ff, 1950 ff - W.FLITNER, Allg. Pädagogik, (1950) 1957[4] - O.HAMMELSBECK, Ev. Lehre von der Erziehung, 1950, 98 ff - BARTH, KD III/4, 169 ff - G.BOHNE, Grundlagen der Erziehung, Halb-Bd 1. 2, 1951/53 - G.WURZBACHER, Leitbilder gegenwärtigen dt. F.nlebens, (1951) 1954[2] - H.SCHELSKY, Wandlungen der dt .F. in der Gegenwart, (1953) 1956[3] - DERS., Die skeptische Generation, 1957 - Die F. im Umbruch der Gesellschaft (Kirche im Volk 13, hg.v. F.KARRENBERG u. K.V.BISMARCK), 1954 - O.SCHLISSKE, Ev. Elternbuch, 1954 - Berlin-Spandau 1954, Bericht über die 5. Tagung der ersten Synode der EKD - K.KOLKMANN-O.SCHLISSKE, Mütter allein, 1955 - I.PICHOTTKA, Das Leben beginnt in der Kinderstube, 1955 - K.KORTH, Die Stunde des Elternhauses, 1957. *G.Niemeier*

V. Familienfürsorge

1. Zur Geschichte - 2. Ziele und Methoden - 3. Behördliche und freie F.nfürsorge

1. Die Seelsorge der christlichen Gemeinde hat sich von jeher der F. angenommen. Dies geschah in der Regel im Rahmen der Armenfürsorge, insbesondere da, wo wirtschaftliche oder soziale Notstände eine Hilfe erforderlich machten. F.nfürsorge war in diesem Zusammenhange eine Hilfeleistung, die solchen F.n zugewendet wurde, die mit ihren Notständen nicht durch Selbsthilfe fertig zu werden vermochten. In der Neuzeit hat sich die Lage grundsätzlich gewandelt. Die Proletarisierung breiter Bevölkerungsschichten (→ Proletariat), die Veränderung der inneren und äußeren Lebensbedingungen der → Familie (: III) und die infolge der Kriege vorhandene große Zahl an zerstörten oder doch geschädigten F.n machten es erforderlich, daß die F.nfürsorge als soziale Aufgabe begriffen wurde. Dies galt bereits für die Zeit nach den Napoleonischen Kriegen, in der die → Innere Mission auftrat und die F.nfürsorge als Prinzip der sozialen Arbeit überhaupt verstehen lehrte. Das gilt gegenwärtig in noch verschärfter Weise. Man bestimmt daher heute als F.nfürsorge die Gesamtheit der »sozialen Arbeit an der F.« schlechthin (Lattke) und stellt neben das individualisierende Prinzip der Fürsorge überhaupt das F.nprinzip, das den Hilfsbedürftigen im F.nzusammenhang sieht und beurteilt und die notwendigen Hilfeleistungen im Zusammenhang der F. ansetzen läßt. Zu einer Vertiefung und Verfeinerung der hier anzuwendenden Methoden hat in neuerer Zeit die → Tiefenpsychologie beigetragen.

2. Es geht der F.nfürsorge um die Wiederherstellung der F. zu einer gesunden, lebendige Kräfte spendenden Lebenseinheit. Die F. wird dabei zur »Arbeitseinheit« der sozialen Arbeit überhaupt. Die Hilfeleistungen sind zunächst vorbeugender Art und weisen damit in die F.npolitik hinüber, der es obliegt, die äußeren und inneren Voraussetzungen für ein gesundes F.nleben zu schaffen (Wohnungsfrage, Lohnpolitik usw). Darüber hinaus ist aber auch ein System von sozialpädagogischen Hilfen für die F. unerläßlich, zB → Ehe- und Erziehungsberatung, Müttererholung, Säuglingsheim, Kindergarten, Tagesheim. Endlich aber bedarf es einer fürsorgerischen Hilfe, die besondere Notlagen der einzelnen F. und ihrer Glieder auf gesundheitlichem, wirtschaftlichem, erzieherischem und sittlichem Gebiete zu bewältigen sucht. Die F.nfürsorgerin vereinigt dabei die Aufgaben des Gesundheits-, Wohlfahrts- und Jugendamtes in ihrer Person, so daß Doppelarbeit und unkoordinierte Hilfeleistungen vermieden werden. Immer geht es dabei darum, einerseits äußere Notstände zu beheben und andererseits die inne-

ren Kräfte zu wecken, die eine Überwindung der Notlage ermöglichen.

3. Stärker als früher ist die moderne F. für ihren Bestand auf seelische Kräfte angewiesen, da ihre äußeren Stützen gering geworden sind. Die hohe Bedeutung einer seelsorgerlich orientierten F.nfürsorge ist schon durch diesen Sachverhalt ausreichend begründet. In Deutschland ist darüber hinaus die geschichtliche Tatsache gegeben, daß die gesamte öffentliche F.nfürsorge ursprünglich von christlichen Kräften getragen wurde. Nach dem Subsidiaritätsprinzip ist darum an der öffentlichen F.nfürsorge die kirchliche Fürsorge ausschlaggebend beteiligt. Eine enge Zusammenarbeit der freien F.nfürsorge mit der behördlichen Arbeit zum Wohle der hilfsbedürftigen F. ist sachlich geboten.

M.BAUM, F.nfürsorge (Sozialpäd. Arbeitshefte, H. 1), 1951 - LPäd (F) I, 1152f - H.LATTKE, Soziale Arbeit u. Erziehung, 1955, 175ff. 258f (Lit.). *K.Janssen*

Fanatismus, von lat. fanaticus (zu fanum »Heiligtum«), das schon im Altertum einen »Geweihten«, dem besonderen Dienst der Gottheit Ergebenen, auch »Verzückten«, »schwärmerisch Erregten«, im MA gelegentlich einen Anhänger alten Heidentums bezeichnet. In diesem Sinne wurde der Begriff im Zusammenhang mit den Sektenbewegungen des Reformationszeitalters für die religiösen Außenseiter aufgenommen: fanatici sind Schwärmer, Ketzer, Enthusiasten (→ Enthusiasmus), Sektierer (→ Sekten), → Täufer (die nach Luther [WATR 5, 5232b] »fanaticae opiniones« hegen), auch »unsinnige Wahrsager«. Gemeint sind Extremisten, die gewisse Lehren wirklichkeitsfremd übersteigern. Der Ausdruck (gern als »theologia fanatica«) blaßt seit dem 18.Jh. ab, wird zunächst noch für religiöse Eiferer verwendet, dann für »Schwärmerische« allgemein, evtl auch in Verbindung mit der u.a. bei Ketzern gern vorausgesetzten Gemütskrankheit der Melancholie: »schwarzgalliger F. in der Andacht«. Hier setzt einmal die Entwicklung eines religiös-theologischen terminus technicus zum allgemeinen Schlagwort für eine bestimmte einseitige, unter Verkümmerung oder Ausschaltung anderer Kräfte gebildete weltanschauliche, religiöse oder politische Gesinnung ein, die sodann auch von der Psychiatrie und Neurologie in ihr Vokubular übernommen und gern anhand religiöser Phänomene demonstriert wird (→ Religionspsychopathologie). Der gewissen Religionen (zB dem → Islam) oder Sekten (zB den → Zeugen Jehovas, → Mormonen, einzelnen spätantik-vorderasiatischen Gruppen) zugeschriebene F. im Sinne blinder Glaubenswut und des daraus geübten Glaubenszwanges hängt meist mit der psychischen Eigenart ihrer Stifter oder Vertreter, oft durch Ekstatisch-Enthusiastisches (→ Ekstase) bestimmt, zusammen. Deshalb muß sich mit F. nicht unbedingt auch Intoleranz (→ Toleranz) verbinden. Denn nicht alle Fanatiker treten in Konkurrenzbeziehungen zur Umwelt. Viele leben für sich.

PW VI/2, 1909, 1986 - Dt. Fremd-WB I, Straßburg 1913, 204f - ESS VI, 90ff - A.VIERKANDT, Ursprünge u. Gefahren des F. (Die Hilfe 47, 1941, 289-293) - G.KUJATH, Über religiösen F. (Allg. Zs. f. Psychiatrie u. ihre Grenzgebiete 120, 1942, 55-84; Lit.) - BROSIUS, Der Fanatiker (Soldatentum 9, 1942, 23-28) - F.HEER, Religion u. F. (F.HEER, Sprechen wir von der Wirklichkeit, 1955, 99-117).
K.Goldammer

Fārābī, Abū Naṣr Muḥammad Ibn Muḥ. Ibn Ṭarḫān Ibn Uzalāǧ al F., * zu Wasīǧ im transoxanischen Bezirk Fārāb (daher der Name), hatte in Chorasan und Bagdad christliche Lehrer, † 339/950 etwa 80jährig bei Damaskus. Durch seine zahlreichen Kommentare zu → Aristoteles (→ Aristotelismus, 2c) erwarb er sich den Ehrennamen »der zweite Lehrmeister« und gilt nebenbei als der bedeutendste islamische Musiktheoretiker. Ist er in Logik, Erkenntnistheorie und Wissenschaftssystem Aristoteliker, so macht seine Lehre von der Vernunft als Eines und des obersten, mehrfach gegliederten Prinzips seine Metaphysik komplexer: sie läßt ihn die »Übereinstimmung der Ansichten Platos und Aristoteles« (Buchtitel) suchen; daß darin aber auch neuplatonische Elemente eingegangen sind, zeigt zB die Art, in der die jeweiligen Formen auf ihre Stoffe (→ Aristoteles, 3c) einwirken. Doch fällt es schwer, seinem System eine ausgebildete → Emanations-Lehre einzufügen. F.s Grundüberzeugung, daß Universum, Mensch und Gesellschaft nach denselben Seinsgesetzen geordnet sind, führt dementsprechend zu umstrittenen Thesen auf den verschiedenen Gebieten. Wäre seine Lebensweise als Ṣūfī (→ Sufismus) nicht ebenfalls problematisch, müßte man seine Ethik wohl so verstehen, daß dem kosmischen Herabkommen der Dinge der Aufstieg der Seele korrespondiert. F. hält es für die Pflicht des Philosophen, seinen Einsichten in der Welt Raum zu schaffen und sie nach diesen zu ordnen. So vereinigen sich die verschiedenen Wege seines Denkens in seiner ähnlich wie bei → Plato durchgeführten Theorie vom »Idealstaat« (Buchtitel) und seinem philosophischen Herrscher; sie könnte zugleich eine utopisierte Abstraktion der Verhältnisse des Kalifenreiches im 10.Jh. sein. Die Beziehung dieser Theorie zur Wirklichkeit ist F.s fragloser Überordnung der Philosophie über den → Islam seiner Zeit analog. Beide Relationen sind dem Sinne nach ambivalent. Ob also F.s Vernunft- mit dem theologischen Gottesbegriff nur scheinbar oder wahrhaft harmonisiert ist, und ob die Entwicklung der Denkmethoden des Kalām (→ Mutakallimun) auf das Niveau der konkurrierenden Logik die Niederlage der Orthodoxie oder ihre Ausstattung mit apologetischem Rüstzeug bedeuten soll, läßt sich kaum entscheiden. Die Diskussion geht zugleich um eine kritische Sichtung der vielen dem F. zugeschriebenen Originalschriften.

Bibliogr.: P.J.DE MENASCE (BEStPh 6), 1948. - Alf. Compendium Legum Platonis (Plato Arabus III), hg. (arab.) u. übers. (lat.) v. F. GABRIELI, 1952 - Al-F.Catálogo de las ciencias, hg. (arab. u. 2mal lat.) u. übers. (span.) v. A.GONZALEZ PALENCIA, Madrid (1932) 1953². - Über F.: EI¹ II, 55ff - Ü II, 304ff. 720f - GAL I, 210ff - GALS I, 375ff. 957f - R.WALZER, The Rise of Islamic Philosophy (Oriens 3, 1950, 1-19) - M.H.SAHEBOZZAMANI, Das Verhältnis von Religion u. Philosophie bei Al-F. (Diss. Göttingen), 1956 (Masch.; Lit.). *C.Colpe*

Farben

1. Religionsgeschichtlich - 2. Liturgisch. - F. Farbe

1. *Religionsgeschichtlich* haben F.n vielseitige Bedeutung. Wichtiger als der Hinweis darauf, daß zB schwarz wie weiß als Trauer-F., blau wie weiß als Götter-F. hier oder da von Bedeutung geworden sei, ist die Tatsache, daß bestimmte F.n stets und überall eine große Rolle im → Kultus gespielt haben. Es ist nirgends gleichgültig, welche F. im gottesdienstlichen Handeln verwendet wird. Grund für diese Bewertung ist, daß die F. als vornehmster Wesensausdruck zum Gott oder zum Dämon gehört wie sein Name oder die Himmelsrichtung (→ Orientation), aus der seine → Epiphanie zu erwarten steht. Es scheint ein allgemeines Gesetz der indogermanischen, semitischen, mongolischen wie indianischen Frömmigkeit zu sein, daß das numen und seine F. zusammen verehrt werden, wie sie auch miteinander in der Epiphanie da sind. Weil nun aber das numen seine F. hat, so hat diese F. einen spezifisch numinosen Aspekt und ebensolche Wirkung (!). Diese Kehrseite ist als Folge unausweichlich. Mit ihr ist die tiefe Bedeutsamkeit der F. gegeben. Ob man sich mit Grün oder mit Rot umgibt: die F. setzt das contagium zum zugehörigen numen.

Es ist also nicht gleichgültig oder wertneutral, welche F. einen Menschen beim Aufbruch zur Reise oder zur Jagd (→ Jäger) beeindruckt. Es ist von Bedeutung, in welcher F. die Braut zur Hochzeit (→ Ehe: I) und die Jungfrau zur → Pubertäts-Weihe erscheint. Es ist für das Gelingen jeden Kultes konstitutiv, die F. zu zeigen, die der Gottheit oder dem Lebensbereich zugehört, um deren Darstellung oder Verehrung es geht.

Die F. ist in den Religionen vor dem Aufklärungsprozeß kein → Symbol, durch das man »hinweist«, bei dem man sich etwas »denkt« oder von der man eine Stimmung erwartet. Die F. ist unmittelbare Aura des bestimmten → Numinosen. Bei der Erschließung der F.n-Aura stehen religionspsychologisch deutbare Assoziationen oft greifbar im Hintergrund: Blut-Feuer-Rot, Sterben-Winter-Weiß, Frühling-Zeugung-Grün usw. Aber diese Assoziationen sind in ihrer ganzen Sinnfälligkeit dem numen selber verknüpft. Wir sind geneigt, sie subjektiv zu nennen und so zu interpretieren. Sie sind aber objektiv gemeint und verstanden. Die F., die für uns ein subjektiver Sinneneindruck ist, »ist« für den Hindu oder Pueblo, den Mongolen oder Griechen eine objektive, numinos veranlagte Qualität und wirkt auch als solche. Die F., die für uns eine kontingente und ablösbare Eigenschaft der Dinge ist, ist für die Religionen Wesenssache oder Substanz. Das gilt für den tätowierten Papua, der seine Wundzeichnung zur Jagd anders färbt als zum Kriege; das gilt ebenso für die hochstehende Mystik des hinduistischen Tantrikers, dem die Welt des Om blau und jedes Blau Om-haltig ist. Erst der Aufklärungsprozeß macht die F. eigenständig als auswechselbares Akzidenz. Damit geht ihre religiöse Bedeutung über in die denkerische Vermittlung als Symbol und Ideogramm oder in die bewußte Anwendung der liturgischen F. (s. 2) als Stimmungskomponente. - Vgl. → Kaste: I.

CHANT., Reg. - E.WUNDERLICH, Die Bedeutung der roten F. im Kultus der Griechen u. Römer (RVV 20), 1925 - G.HAUPT, Die F.nsymbolik in der sakralen Kunst des abendl. MA, 1941 - H.KEES, F.nsymbolik in ägypt. religiösen Texten, 1943 - O.LAUFFER, F.nsymbolik im dt. Volksbrauch, 1948 - R.E.VAN HAERSOLTE, Magie u. Symbol der F., 1952 - Å.HULTKRANTZ, Conceptions of the Soul among North American Indians (Diss. Stockholm), 1953, 260 (Lit.) - RLA III, 19ff.
C.H.Ratschow

2. Von den *liturgischen F.n* des at. Kultus (Weiß, Scharlach, Purpurrot, Purpurblau) kennt die Christenheit Scharlach und Purpur als Kennzeichen der Majestät nur im außerliturgischen Gebrauch. In der *alten Kirche* und in der *Ostkirche* sind liturg. F.n ohne Bedeutung. Im *Abendland* begegnen sie erstmals zur Zeit der Karolinger. →Innozenz III. stellt (in De sacro altaris mysterio I, 1, 65) Regeln auf, die unter Pius V. einheitlich und verbindlich festgelegt werden. Das Missale Romanum gibt genaue Anweisungen (rubr. gen. 18). Verboten sind Gelb, Blau, Braun, Grau; als liturg.F.n anerkannt sind Weiß, Rot, Violett (Schwarz) und Grün. (Gold kann Weiß, Rot oder Grün, Silber kann Weiß ersetzen.) Weiß (F. des Lichts, Hinweis auf Reinheit, Glanz, Freude) ist vorgeschrieben für die Herren- und Marienfeste; Rot (F. des Blutes und Feuers), Symbol der göttlichen Liebe und der Wirkung des Hl. Geistes, charakterisiert außer Pfingsten die Feste des Leidens Christi und der Märtyrer; Schwarz, später Violett (F.n der Finsternis und des Todes), Symbol der Trauer und der Buße, gehören zu den Fastenzeiten vor Weihnachten und Ostern. Schwarz ist heute dem Karfreitag und den Messen für Verstorbene vorbehalten. Grün ist die F. der »ungeprägten« Zeiten des Kirchenjahrs. - In den luth. Gemeinden sind die liturg.F.n vielfach beibehalten oder neuerdings wieder eingeführt worden. Während aber die röm. Kirche die liturg.F.n nicht nur bei Altarantependium (→ Altar: III A, 5b) und Kelchvelum, sondern auch bei der Priesterkleidung (→ Amtstracht der Geistlichen) verwendet, beschränken sie die Lutheraner auf das Wechseln von Altar- und Kanzelbekleidung. Die VELKD hat hierfür feste Regeln aufgestellt. (Weitergehende Vorschläge der → »Berneuchener« und der »Hochkirchler« [→ Hochkirchliche Bewegung] haben wenig Aussicht, sich außerhalb der eigenen Kreise durchzusetzen.)

RE V, 759ff - RGG² II, 516 - LThK III, 950f - W.LOTZ, Das hochzeitliche Kleid. Die Frage der liturg. Gewänder im ev. Gottesdienst, 1949 - L.EISENHOFER-J.LECHNER, Grundriß der Liturgik des röm. Ritus, 1950⁵, 97f - RIETSCHEL-GRAFF 125ff.
E.Hertzsch

Farel, *Wilhelm* (1489-1565), * in Gap, Dauphiné, studierte 1509-17 in Paris bei → Faber Stapulensis. Durch diesen zur Bibellektüre angeregt, brach F. 1521 mit dem Papsttum und floh 1523 nach Basel zu → Ökolampad. In Streit mit → Erasmus wurde er ausgewiesen und wandte sich nach Mömpelgard, wo er erstmalig als Reformator hervortrat. Dort entstand 1524 die erste französische Dogmatik der Reformation, »Le Sommaire«. 1526 ging F. nach Aigle. Nach der Berner Disputation 1528 erhielt er den Auftrag, die gesamte Westschweiz zu reformieren. In 37 Jahren hat F. hier und in → Frankreich (: I, 4) sein gewaltiges, gegen zähe Widerstände sich jedoch nur langsam durchsetzendes Lebenswerk geschaffen: die Reformation der französischen → Schweiz mit ihren Schwerpunkten Genf und Neuenburg. Folgenreich wurde die bekannte Unterredung mit → Calvin 1536, in der F. den Reformator beschwor, in Genf zu bleiben. Nach der Ausweisung aus Genf ging F. 1538 nach Neuenburg. Von dort unternahm er noch zahlreiche Missionsreisen, u.a. nach Metz und zu den Waldensern. - Theologisch ist F. wenig hervorgetreten. Er war ein aktiver Missionar und praktischer Reformator. Dazu befähigten ihn ein bewundernswerter Mut, ein nie versagender Missionseifer und eine hinreißende Gewalt der Predigt. Unter seinen Schriften befindet sich die erste ev. Liturgie in französischer Sprache.

C.SCHMIDT, W.F., 1860 - G.F., Biographie nouvelle, Paris-Neuchâtel 1930 (Bibliogr.; Lit.) - R.PFISTER, Zwingliana 8, 1947, 372 bis 389.
J.Staedtke

Farkas, *Josef* (1833-1908), ung.-ref. Theologe, studierte in Kecskemet, Wien, Halle und Zürich, 1857 Prof. in Kecskemet, 1860-1908 in Budapest. F. war ein fruchtbarer Kirchenhistoriker und ein liberaler Kulturprotestant irenischer Natur mit betont positiver Kirchlichkeit.

Vf. u.a. ung.: KG, 2 Bde, 1865-67 (nach K.v. → HASE); Erzählungen aus dem Leben der Glaubens- u. Blutzeugen der ung. prot. Kirche, 1869 (nach TH. → FLIEDNER); Calvins Leben, 1871 (nach THELEMANN); Die Gesch. der ung. prot. Kirche, (1881) 1908³ (ein Lehrbuch); Die 101jähr. Gesch. der Pester ref. Kirche, 1898; Die Reformation im 16.Jh. in Ungarn (in: M.ZSILINSZKY, Gesch. der prot. Kirche in Ungarn), 1907; dazu zahlreiche Artikel in den auch von ihm redigierten Zs.en und Schriftenreihen: Christl. Familie, 1872-73; Prot. Illustr. Waisenhauskalender, 1874-90; Prot. Volksbücherei, 1887ff. - Über F.: P.PRUZSINSKY, Dem Gedächtnis J.F.', 1917 (ung.; Bibliogr.) - L.PAP-M.BUCSAY, Gesch. der Budapester ref. theol. Akademie 1855-1955, 1955 (ung. mit dt. u. engl. Anhang).
B.Nagy

Farnovius (Farnowski, Farnesius), *Stanislaus* († 1615), Pfarrer in Sandez (Galizien), übte unter dem Einfluß der italienischen → Antitrinitarier Kritik an der calvinischen Trinitätslehre und deren altkirchlichen Quellen, wurde aber nicht → Unitarier wie Gregor → Pauli, sondern verteidigte - unter Preisgabe der Gottheit des Geistes - Präexistenz und metaphysische Gottheit Christi, u.a. 1567 auf den Konventen zu Lancut und Skrzynno (die Akten von Lancut gab er später selbst heraus).

F. Trechsel, Die prot. Antitrinitarier vor Faustus Socin II, 1844 – RE V, 767f – Th. Wotschke, Gesch. der Reformation in Polen, 1911, 214ff. *W. Maurer*

Farquhar, *John Nicol* (1861–1929), kam als Missionar der → Londoner Mission nach Indien. Nach elfjähriger Tätigkeit als Dozent an einem Missions-College trat er 1909 in den Dienst der Young Men's Christian Association (YMCA) als Sekretär für die Arbeit an nichtchristlichen College-Studenten. 1923 mußte er Indien aus gesundheitlichen Gründen verlassen und wurde Prof. für vergleichende Religionswissenschaft an der Universität Manchester. F.s Bedeutung liegt einmal darin, daß er die christliche Literaturarbeit in Indien u.a. durch die Veröffentlichung der Serien »The Hermitage of India«, »The Quest of India« und »The Builder of Modern India« förderte, andererseits in seiner Arbeit als Religionswissenschaftler und besonderer Kenner des → Hinduismus, vor allem dessen moderner Sekten und Strömungen.

Vf. u.a.: The Crown of Hinduism, 1913; Modern Religious Movements in India, 1915. *E. Viering*

Faschismus

1. Begriff – 2. Geistige und soziale Grundlagen – 3. Politische Wirkung und Verwirklichung – 4. Verhältnis zur Kirche

1. Als Selbstbenennung einer antiparlamentarischen, antidemokratischen Umsturzbewegung der Rechten in → Italien entstanden, wurde der Begriff F. in polemischem Sinne früh auf alle Bestrebungen ausgedehnt, die seit den Erschütterungen des 1. Weltkriegs auf die Ablösung parlamentarischer Demokratien durch »nationale Diktaturen« und den autoritär geführten Einparteienstaat abzielten. Diese Verallgemeinerung zum *Gattungsbegriff,* die in der kommunistischen (»antifaschistischen«) Kampfpropaganda bis zur negativen Kennzeichnung aller nichtkommunistischen Staats- und Gesellschaftsformen übersteigert wurde, ist angesichts der weitgehenden Verschiedenheiten national-diktaturstaatlicher Verwirklichungsversuche wissenschaftlich nicht zu rechtfertigen, auch wenn äußere Ähnlichkeiten und wechselseitige Einflüsse auf vergleichbare Bedingungen und Bestrebungen in anderen Ländern hinweisen (Spanien unter Primo de Rivera und Franco; Portugal unter Salazar; Ungarn unter Horthy; Polen unter Pilsudski; südamerikanische Staaten, bes. Argentinien unter Peron; zeitweilig auch mehrere Balkanstaaten sowie Österreich unter Dollfuß und Schuschnigg). Es ist mithin an dem speziellen Inhalt des F. als einer historisch-politischen Erscheinungsform des *italienischen* Nationalismus festzuhalten.

2. Die *geistigen und sozialen Grundlagen* des F. sind durch eine Verbindung nationalistischer, imperialistischer und sozialistischer Strömungen mit dem Machtanspruch und der Herrschaftstechnik des modernen Großstaates gekennzeichnet. Ihre Realisierung und Fortentwicklung steht jedoch (wie auch im Falle des deutschen → Nationalsozialismus und anderer verwandter »Erneuerungsbewegungen«) ganz im Zeichen der selbstherrlichen Rolle eines unumschränkten, durch umfassende → Propaganda zum mythischen Retter verklärten Führers. Die spezifische Form des italienischen → Nationalismus (: I) in einem spät zur nationalen Einheit gelangten Land enthielt zugleich mit der Erinnerung an die geschichtliche Größe und Leistung des Imperium Romanum die Berufung auf den Herrschaftsanspruch im Mittelmeerraum. Technisierung, Industrialisierung, rapide Bevölkerungszunahme und Verschärfung der sozialen Probleme haben die Dynamik jener → Ideologien zu revolutionärer Kraft gesteigert. Unter dem Eindruck des Versagens der alten monarchisch-konservativen → Staatsformen wie auch der noch kaum stabilisierten bürgerlich-liberalen Parlaments- und Parteidemokratien (→ Parlamentarismus, → Parteien) gegenüber der modernen Staats- und Gesellschaftsproblematik haben um die Jh.-Wende bes. die Soziologen Georges Sorel (1847–1922; Réflexions sur la Violence, 1906) und Vilfredo Pareto (1848–1923; Trattato di Sociologica Generale, 1916) Herrschafts- und Elitetheorien entwickelt, die in Anknüpfung an → Nietzsches Philosophie (in der von Nietzsches Umgebung verfälschten Version vom »Willen zur Macht«) früh einen tiefen Einfluß auf das politische Denken des revolutionären Sozialisten Benito Mussolini (1883–1945) ausübten. Für *Sorel,* den Propagandisten eines radikalen gewerkschaftlichen → Syndikalismus zur Erweckung und Mobilisierung des → Proletariats, waren Gewalt und Kampf als Ausdruck der Stärke und Männlichkeit das Lebensprinzip des Politischen, humanitäres Kompromißdenken und parlamentarische Ausgleichspolitik dagegen ein Symbol der Degeneration; zugleich betonte er, in bedeutsamer Abkehr von liberalem und marxistischem Rationalismus, die emotionalen Antriebe der → Politik. In enger Berührung mit diesen Ideen schuf *Pareto,* der aristokratische Verächter liberaler und humanitärer Wertskalen, eine an der Bewunderung → Machiavellis orientierte Lehre vom Kreislauf der Eliten, die dem Instinktiven und Irrationalen die überragende Rolle im menschlichen wie im sozialen und politischen Bereich zuwies. Und *Mussolini,* Sohn eines Anarchisten und Sozialisten aus der Romagna, zeitweilig Schulmeister, dann Gewerkschaftsfunktionär, entwickelte sich vom überzeugten marxistischen Linksrevolutionär und Atheisten, dessen erste Schrift dem Nachweis der Nichtexistenz Gottes gewidmet war, schon nach wenigen Jahren zum Anbeter der neuen Gewaltlehre, die er in seinem 1908 geschriebenen Essay über Nietzsche enthusiastisch aufnahm und aus der Lektüre Sorels zum Antrieb der eigenen politischen Aktivität ausbaute. Noch 1912 war Mussolini, der zuvor die Zeitung »La lotta di Classe« herausgegeben hatte, zum Redakteur des sozialistischen Parteiorgans »Avanti« und zum Mitglied des Exekutivkomitees aufgerückt, aber schon 1914 erfolgte sein Parteiausschluß; durch seine Mailänder Zeitung »Popolo d'Italia« stieg er in der Folge zum ersten Vorkämpfer eines radikal-revolutionären Nationalismus auf.

3. Wie für → Kommunismus (: III) und Nationalsozialismus ist auch für den F. der 1. Weltkrieg mit der folgenden Krisenzeit zum Ausgangspunkt der *politischen Wirkung und Verwirklichung* geworden. In Erinnerung an die altrömische Institution der »fasces« (der Rutenbündel der Liktoren) als imperialer Herrschaftszeichen und zugleich anknüpfend an den rasch niedergeschlagenen Versuch der »fasci revolutionari«, einer agrarrevolutionären Landarbeiterbewegung im Sizilien des ausgehenden 19. Jh.s, regte der Dichter d'Annunzio, selbst Vorkämpfer des nationalen Aktivismus, Mussolini i.J. 1917 zur Bildung eines »fascio di resistenza« zur Stärkung der Kriegsmoral an. Als »fascio di combattimento« organisiert, hat Mussolinis nationalistische Gefolgschaft 1919 die nachträgliche Verwirklichung ihrer weitergesteckten Kriegsziele über die Gewinne der Pariser Friedensverträge hinaus propagiert. Zugleich fand diese militante Minderheit auch zunehmend die Unterstützung eines → Bürgertums, das die Hilflosigkeit der parlamentarischen Demokratie gegen Gewerkschaftsstreik (→ Arbeitskämpfe) und wachsenden Kommunismus als bedrohlich empfand und nach autoritär gesicherter »Ordnung« verlangte. In dem freikorpsähnlichen Verband der »Schwarzhemden« gelang es, ehemalige Frontkämpfer zur Durchführung eines systematischen Gegenterrors zu organisieren. An ihrer Spitze entriß Mussolini, der virtuose Demagoge der Massensuggestion, nach einem

theatralischen »Marsch auf Rom« der schwachen Koalitionsregierung unter Facta, dem der schwankende König Victor Emanuel III. die Ausnahmevollmachten verweigerte, am 28.10.1922 die Macht. Die pseudolegale Form der Regierungsübernahme, bei der zunächst, ähnlich wie 1933 im Kabinett Hitler, nur fünf Faschisten hinter der beruhigenden Fassade von sieben anderen Ministern standen (darunter zwei Sozialdemokraten), wurde zum Vorbild für die »legalen« Machtergreifungen der Folgezeit.

Der Ausbau des faschistischen *Herrschaftssystems* vollzog sich in verschiedenen Etappen. Zunächst wurde durch aktivistischen Propaganda- und Machteinsatz, durch Täuschung und → Terror die demokratische und sozialistische Mehrheit niedergezwungen. Der Auszug der Opposition aus Protest gegen die Ermordung des sozialistischen Abgeordneten Matteotti durch Faschisten (1924) wurde mit der Annullierung der oppositionellen Mandate beantwortet und ohne formelle Beseitigung der Verfassung unter Beibehaltung der monarchischen Spitze der plebiszitär verankerte Einparteienstaat verwirklicht. Seit 1929 wurde das parlamentarische durch ein Korporativsystem, politische Repräsentation durch eine Scheinvertretung der vom Staat und von der einzigen Partei abhängigen Stände, Wahlen durch gelenkte Plebiszite ersetzt. Die zentralistische Stärkung der Staatsmacht durch einen straff hierarchisch-autoritären Führungsaufbau gipfelte in der diktatorischen Stellung des »Duce« als des totalen Repräsentanten der Nation. Dem entsprachen die militärisch gestraffte Durchorganisierung auch des gesellschaftlichen Lebens in zahlreichen gleichgeschalteten Organisationen und die Aufhebung der Freiheits- und Grundrechte des Bürgers, der seinen Wert nur im Dienst der uniformierten Nation besaß.

Die eklektische *Doktrin* des F. hat Mussolini in zahlreichen Schriften unter maßgeblicher Mitarbeit des Prof. der Philosophie Giovanni Gentile auf die Werte Gewalt, Kampf und Gefahr, die Ablehnung des Pazifismus, des liberalen → Toleranz- und Freiheitsprinzips, auf die Organisation der Masse durch eine Elite, auf die Überwindung von Internationalismus und Klassenstruktur durch den Überwert der Nation im allumfassenden Autoritätsstaat festgelegt. Grundlagen und Ausgangspunkt des F. wurden bes. in der *Außenpolitik* sichtbar, als Mussolini nach der inneren Festigung seines Regimes und in Ausnutzung der von Hitler ausgehenden Unsicherheit der internationalen Beziehungen 1935 Abessinien, 1939 Albanien eroberte und mit der Erhebung des Königs zum Kaiser von Abessinien, mit der Proklamation des »mare nostro« und durch äußere Symbolik (neue Zeitrechnung) aus der altrömischen Herrschaftstradition den verbindlichen Anspruch eines erneuerten »impero Romano« ableitete. Aber mehr als der Nationalsozialismus mußte sich der F. in Anpassung an die andersartigen Bedingungen Italiens mit *Einschränkungen* des totalen Herrschaftssystems abfinden, die bes. von dem Beharrungsvermögen einflußreicher Traditionsträger - Königtum, Hof, Aristokratie, Offizierkorps - ausgingen und durch größere Bewegungsfreiheit auch innerhalb der faschistischen Bewegung wirksam wurden. Dies hat auch Massenverfolgungen und Massenvernichtungen im nationalsozialistischen Stil verhindert und schließlich sogar die Absetzung Mussolinis durch den faschistischen Großrat (1943) möglich gemacht. Zuerst Vorbild aller rechtsgerichteten Diktaturbewegungen seiner Zeit, dann engster Verbündeter des »Dritten Reiches«, zuletzt abhängiger Gefolgsmann Hitlers, hat Mussolini erst in der Schlußperiode seit dem Zusammenbruch seiner Herrschaft in Rom die äußerste Verwirklichung des *totalen Staates* angestrebt, obgleich er - mit seiner Definition: »Alles im Staat, nichts außerhalb des Staates, nichts gegen den Staat« - zu den Urhebern dieses Begriffes zählt.

4. Anders als der Nationalsozialismus und ähnlich den autoritär-klerikalen Diktaturen in anderen kath. Ländern hat der F. auch, eingedenk der stabilen Macht des Katholizismus in Italien, einen Konflikt mit der *Kirche* vermieden. Der lautstark betriebene Kampf gegen Kommunismus, Sozialismus, → Liberalismus und → Freimaurerei und die Erklärung des Katholizismus zur einzigen »herrschenden Religion« Italiens erweckte die Sympathie klerikaler Kreise, obgleich eine direkte Verbindung des Regimes mit der Kirche vermieden und kirchliche Selbständigkeit oft gegen das Regime ausgenützt wurde. Bes. auch die äußere Unabhängigkeit des Papstes gewann ihre Sicherung durch die Anerkennung des Vatikanstaates, die noch Mussolinis demokratische Vorgänger verweigert hatten. Der Kompromiß wurde auf eine für beide Teile befriedigende Weise in den Lateranverträgen von 1929 verankert und, anders als das deutsche Reichskonkordat von 1933 (das Mussolini maßgeblich befürwortet hatte), auch verwirklicht, obwohl zB die frühe politische Erfassung der Jugend in der Balilla (ab 6. Lebensjahr) oder die spätere Kriegspolitik zu Reibungen in der Zusammenarbeit führten. Beim Entstehen der inneren Opposition und bei der Entfaltung der Widerstandsbewegung hat denn auch der politische Katholizismus, Keimzelle der heutigen »Democrazia christiana«, eine wesentliche Rolle gespielt.

Allgemeines: R.MICHELS, Sozialismus u. F., 1925 - H.HELLER, Europa u. der F., 1931 - 10 Jahre F. (Europäische Revue, Sonder-H.), 1932 - I.SILONE, Der F., 1934 - Bibliografia dell' Impero Fascista, 1938 - G.BUCHHEIT, Mussolini u. das neue Italien, 1938 - A.ROSSI, La naissance du fascisme, 1938 - G.PINI, Gesch. des F., 1941 - M.DONOSTI, Mussolini e l'Europa, 1945 - G.PERTICONE, La politica italiana nell' ultimo trentannio 1915-45, 3 Bde, 1945-47 - C.CONTE SFORZA, Contemporary Italy, 1946 - M.TOSCANO, Le origini del patto d'acciaio, 1948 - E.WISKEMAN, The Rome-Berlin Axis, 1949 - R.ALBRECHT-CARRIÉ, Italy from Napoleon to Mussolini, 1950 - The Origins of Fascism (Occidente 10, 1954, 509-579) - L.SALVATORELLI u. G.MIRA, Storia d'Italia nel periodo fascista, 1956 - Documenti Diplomatici Italiani, Ser. VII-IX, 1922-45 (in Bearbeitung). - *Herrschaftssystem:* J.W.MANNHARDT, Der F., 1925 - E.v.BECKERATH, Wesen u. Werden des faschist. Staates, 1927 - DERS., Die Wirtschaftsverfassung des F., 1933 - G.LEIBHOLZ, Zu den Problemen des fascist. Verfassungsrechts, 1928 - G.SALVEMINI, The Fascist Dictatorship, 2 Bde, 1928 - K.STRELE, Parlament u. Regierung im faschist. Italien, 1929 - H.REUPKE, Das Wirtschaftssystem des F., 1930 - A.SIMONCELLI, Der faschist. Korporativstaat, 1930 - W.HEINRICH, Der F., 1932 - E.W.ESCHMANN, Die Lehre vom Staat im neuen Italien, 1934 - C.COSTAMAGNA, Il diritto pubblico fascista, 1934 - DERS., Storia e dottrina del fascismo, 1935 - H.WAGENFÜHR, Korporative Wirtschaft in Italien, 1934 - G.BOURGIN, L'État corporatif en Italie, 1935 - F.HOLLDACK, Die Lateranverträge vom 11.2.1929, 1937 - A.MARPICATI, Die faschist. Partei, 1937 - H. VOLLWEILER, Der Staats- u. Wirtschaftsaufbau im fascist. Italien, 1938 - W.G.WELK, Fascist Economic Policy, 1938 - A.BINCHY, Church and State in Fascist Italy, 1941. - *Ideologie:* B.MUSSOLINI, Reden, 1925 - DERS., Die polit. u. soziale Doktrin des F., 1933 - DERS., Die Lehre des F., 1936 - DERS., Über den Korporativstaat, 1936 - E.v.BECKERATH, Die Theorie des F., 1928 - H.REUPKE, Unternehmer u. Arbeiter in der faschist. Wirtschaftsidee, 1931 - L.BERNHARD, Der Staatsgedanke des F., 1931 - DERS., Fascismo e nazionalsozialismo, 1933 - M.FREUND, Georges Sorel, 1932 - G.BORTOLOTTO, Massen u. Führer in der faschist. Lehre, 1934 - A.MONZEMAGGIORI, Dizionario della dottrina fascista, 1934 - W.WITZENMANN, Polit. Aktivismus und sozialer Mythos, 1935 - G.GENTILE, Grundlagen des F., 1936 - H.RASCHHOFER, Der polit. Volksbegriff im modernen Italien, 1936 - A.CANEPA, Sistema di dottrina del fascismo, 1937 - K.SCHULTES, Der Niedergang des staatsrechtl. Denkens im F., 1947. - *Biographisches u. Autobiographisches:* M.G.SARFATTI, Mussolini, 1926 - L.v.KEMECHEY, Il Duce, 1930 - A.SAAGER, Mussolini ohne Mythus, 1931 - J.DEBEGNAC, Vita di Benito Mussolini, 3 Bde, 1936-40 - E.DEBONO, La conquista dell' Impero, 1937 - W.GÖRLITZ, Sendung u. Macht. Mussolini, 1939 - C.CONTE SFORZA, L'Italia dal 1914 al 1944 quali io la vidi, 1945 - G.CIANO, Tagebücher, 2 Bde, 1947 - R.MUSSOLINI, Mein Leben mit Benito, 1948 - F.ANFUSO, Roma,

Berlino, Salò, 1936-45, 1950 - A.Consiglio, Vita di Vittorio Emmanuele III., 1950 - B.Mussolini, Opera Omnia, ed. E.D.Susmel, 1951-53 - R.Wichterich, Benito Mussolini, 1952. *K.D.Bracher*

Fasten

I. Religionsgeschichtlich - II. Im Christentum. - Zur Ergänzung vgl. → Askese: I-V

I. Religionsgeschichtlich

Der F.brauch, die → Askese (: I) eines temporären Speiseverzichts, hat fast überall drei charakteristische Merkmale: feststehende F.zeiten, konstante Intentionen bzw. Funktionen, die das F. positiv werten, und auf hochreligiöser Stufe die Tendenz einer Relativierung und Eliminierung der F.sitte.

1. Jahreszeitlichen Erntefeiern muß ein F. voraufgehen, zB im Primitienkult der Creek- und Seminol-Indianer, im ursprünglichen Fruchtbarkeitskult des eleusinischen Demeterfestes, bei den Hyakinthien und Thesmophorien der Griechen, im »ieiunium Cereris« der Römer und bei den Feiern des Frühlingsanfangs und des winterlichen Licht-Dunkel-Ausgleichs in China (RGL 6, 49. 58f). Auf ein »Trauer-F.« bei jeweiligem Todesfall halten wiederum Angehörige der verschiedensten Religionsbereiche, zB die nordamerikanischen Kansas-Indianer und neuseeländischen Maori, die Ägypter beim Tode des Pharao, tibetische Buddhisten anläßlich des Buddha-Todestages, die Chinesen bei ihrer → Totenverehrung (RGL 6, 29), die Israeliten (→ Askese: II) und selbst der sonst so unasketisch eingestellte Parsismus (Shāyast-lā-Sh. 17, 2; → Iran: III). Sogar ein tägliches F. kann kultische Verpflichtung sein. Auf Agnihotra, das altindische Morgen- und Abendopfer, muß man sich durch Beschränkung der Mahlzeiten vorbereiten (RGL 9, 80). Die Fasttagsfeier der Monatshälfte (uposatha) hat auch Buddha noch für seine Laienanhänger beibehalten (Sa. 400f). Zum Pflichtenkreis der Laien gehört zumal im → Jinismus das Halten von *Fasttagen* (RGL 7, 22f). Altherkömmlich ist das F. am *israelitischen* Versöhnungstage (→ Feste: II) und das islamische F. im Monat Ramadân.

2. Das F. eines jeweiligen Speiseverzichts bedingt vorab ein ambivalentes Speisetabu: Gefährlichkeit oder Heiligkeit der Speisen. So erklärt sich das weithin (China und Iran) anzutreffende Verbot nächtlichen Essens sowie zT das Trauer-F. (s. 1). Es können in allnächtlicher Dämonennähe Speisende ein Raub hungernder Dämonen werden. Die mit dem Speiseverzicht eines »Sättigungsopfers« respektierten Toten rächen sich nicht. F. hat dabei apotropäisch-prophylaktische Funktion. Sodann erfordert das → Tabu der Heiligkeit gewisser Speisen, die hl. Erstfrucht und der Weihetrank der antiken Mysterienkulte (→ Mahlzeiten: I) ein expiatorisches ieiunium sacramentale, das teils nur ein kultmagisches Purgativ der Nüchternheit ist (keine Vermischung hl. Speise mit alltäglich-unheiliger), teils aber ein Mittel sittlicher Zucht. Die F.praxis ist eine der Leichtlebigkeit von Gott verordnete heilsame Arznei (al-Gazâlî). F. bewirkt noch mehr als Gebet und Opfer; ihm ist die Mächtigkeit der »do ut des«-Intention eigen; es übt einen unwiderstehlichen Zwang aus auf göttliches Erbarmen (zB die 7 Tage lange Prosternation der Tsinshian-Indianer, babylonische Bußpsalmen, die Opferweihe des Veda [diksha], für die die abmagernde F.leistung das wertvollste Opfer ist). F. bekommt so auch eine meritorisch-satisfaktorische Bedeutung. Für die neben dem → Manichäismus asketischste Religion, den Jinismus, ist F. der sicherste Weg zur Erlangung ewigen Heils, zumal das »Sterbe-F.« derer, die die Nahrungsmenge immer mehr verringern und sich auf ein »Abschütteln alles Blendwerks« eingestellt haben (RGL 7, 22ff). Und islamische Überlieferung weiß von einem Prophetenwort: »Durch dieses (das Paradiesestor) tritt niemand ein als die Fastenden«. - F. versetzt in → Ekstase. In diesem Zustand gelangen bei den Religionen der → Naturvölker die → Jäger, Krieger, Medizinmänner, Priester zu überdurchschnittlichen Fähigkeiten: sie schauen Zukünftiges, haben außergewöhnliches Jagd- und Siegerglück, werden Meister therapeutischer Magie (→ Schamanismus). Aber auch in Israel gelten Kriegerweihe-F. viel (→ Askese: II). Beim Inkubations-F. im Tempel zu Epidauros erleben Kranke die → Vision des sie heilenden Gottes (→ Asklepios), in 24stündigem F. Apolls Seher den Enthusiasmus eines Orakelempfangs, nur fastend auch die Isis-Osiris-Mysten die Offenbarung des ἱερὸς λόγος. Eine Sonderstellung im Offenbarungs-F. nimmt dessen reinste Ausgestaltung ein, das »ieiunium propheticum« der großen Religionsstifter. Fastend bereitet sich → Moses auf den Empfang der Tora vor (Ex 34, 28), ebenso → Muhammed auf seine Sendung in der »Nacht der Herabsendung« des Koran, und ähnliches wird von Buddha (Maj. Nik. 36) und Jesus (Mt 4, 1. 17) berichtet.

3. Soweit das F. auf hochreligiöser Stufe noch beibehalten wird, ist es nur noch ein Mittel zum eigentlichsten F., zB bei → Gazâli: »Das Auge sollst du bewahren vor dem Verabscheuungswürdigen, die Zunge vor belangloser Rede, das Ohr vor dem Hören auf das, was Allah verboten hat.« Grundsätzlich braucht weder die Mystik noch das Ethos prophetischer Religion das Stimulans asketischer Praktiken (Jes 58, 1-4; Jer 36, 7; vgl. Mt 6, 16f; Mk 2, 19ff; Mt 11, 18f; Mk 14, 22 par; Lk 22, 20; 1Kor 11, 25). Im Iran sündigt der Mensch durch F., da die nährenden Speisen zur Schöpfung des guten Gottes Ahura gehören, so daß der Sich-Sättigende mehr vom guten Geist erfüllt ist als der, der das nicht tut (Vend. III, 48). Die Mystik eines noch unverfälschten → Taoismus kennt nur ein Gutes: die Spontaneität (Wei Wu Wei) einer Auswirkung (Te) des Weltgesetzes (Tao) im Sinnen und Handeln des Menschen. Dort hat also nur ein geistiges F. Sinn und Wert.

Keinerlei Observantismus, auch nicht der von F.vorschriften, führt im → Buddhismus zur Erleuchtung, sondern nur die Ruhe der Meditation und ein heilig reines Leben (Dhp. 141f). Und Bhakti-Hinduisten (→ Bhakti: I) brauchen weder → Yoga, Opfer und Kasteiung noch F.; vielmehr gilt: »Allein den Herrn bekennen bringt Heil« (RGL 14, 55. 68. 71).

Frazer V/2, 72ff. 76f. 83f - ERE V, 759ff. 835ff - RLV III, 191f - Chant I. II, Reg. - Bill. IV/1, 77ff - EJud VI, 940ff - PW XVII/1, 1936, 88ff - HIsl 232ff. 652f - ThW IV, 925ff (Lit.) - P.Gerlitz, Das F. im religionsgeschichtl. Vergleich (Diss. Erlangen), 1954 - Th. Pichler, Das F. bei Basileios dem Großen u. im antiken Heidentum, Innsbruck 1955. *F.Bammel*

II. Im Christentum

1. Biblische Begründung - 2. Geschichte des F.s in der Ost- und Westkirche - 3. Moraltheologische und kanonische F.-Bestimmungen im röm. Katholizismus - 4. Stellung der Reformation

1. F. und Abstinenz haben im *AT* ihre Vorbilder. Nach kath. Auffassung hat Gott bereits im Paradies ein Abstinenzgebot gegeben. Die levitischen Speisegesetze sind als Vorläufer der Abstinenz anzusehen. Zu den Motiven für das F. vgl. → Askese: II, a. Scheinheiliges F. wird Jes 58, 1-5 und Sach 7, 14ff gerügt. Der ethische Gedanke in der Verbindung F., Gebet und Almosen bricht Tob 12, 9 durch. - Mit Johannes dem Täufer findet das F. des Judentums (→ Askese: III) seinen Eingang in das *NT* (→ Askese: IV). Jesus wendet sich gegen scheinheiliges F. (Mt 6, 16), Paulus gegen dualistische Tendenzen (Röm 14, 14; 1Tim 4, 3; Tit 1, 15; vgl. Mt 15, 11). Beten und F. sind dem NT zusammengehörige Begriffe (Mt 17, 21; Mk 9, 29; Lk 2, 37; 1Kor 7, 5). Liturgisches F. begegnet

zuerst Apg 13, 2f; 14, 23. Jesu eigenes 40tägiges F. (Mt 4, 2 par) und seine Antwort auf die F.frage der Täuferjünger (Mk 2, 19f) sind der nt. Ort für die Entwicklung zum F.gebot.

2. Die *Geschichte des F.s* hat zwei Wurzeln: Einmal die Übernahme des jüdischen Wochen-F.s (Lk 18, 12), und zwar im bewußten Gegensatz (vgl. Did 8, 1: Mittwoch und Freitag statt Montag und Donnerstag). Das Frühchristentum, das die Auferstehung noch sonntäglich beging, bereitete sich durch F., Beten und Almosen an den dies stationum (daher auch Stations-F.) darauf vor: Mittwoch galt als Tag des Ratsbeschlusses, Freitag als Kreuzigungstag. Bis zum 3.Jh. fastete man »ex arbitrio, non ex imperio« (Tertullian de ieiun. 2), danach wurde das F. zum Gesetz. Das eigene Ermessen führte zur Lehre von den sog. überpflichtigen Werken (opera supererogationis). Bald trat, aber nur in der römischen Kirche, der Sonnabend als Fasttag hinzu, der um 400 den Mittwoch verdrängte. Die griechische Kirche hielt am F.-freien Sonnabend als Freudentag über die Vollendung der Schöpfung fest. Damit trat die erste Verschiedenheit in der F.praxis des Orients und Okzidents ein. - Die andere Wurzel des F.s ist das Aufkommen der jährlichen Osterfeier (→ Ostern), der das Oster-F. voraufging. Nach Mk 2, 20 par wurde der Karsamstag als vornehmlicher Fasttag angesehen. Doch spricht Tertullian bereits von Tag*en*, so daß schon frühzeitig der → Karfreitag in das F. einbezogen wurde. Um 250 ist das F. auf die ganze → Karwoche ausgedehnt. Bis zum Nicänum (can. 5) hat sich nach dem Vorbild Jesu die Quadragesima herausgebildet. Ihre Berechnung war in Ost und West verschieden. Während der Osten mit seiner Ablehnung des Samstags-F. eine 8wöchige → Fastenzeit hat (8×5 Tage) und mit Sexagesimae beginnt, fastet der Westen von Invokavit an (6×6 Tage). Noch heute beginnt die Sekret des F.sonntages: »Sacrificium quadragesimalis initii sollemniter immolamus.« Gregorianum und Gelasianum (→ Sakramentare) lassen dann zur Erreichung der 40 Tage die F.zeit mit dem Aschermittwoch beginnen. Diese Praxis hat sich im Abendland durchgesetzt. Eine weitere Verschiedenheit im F.brauch stellt die Nachbildung der vorösterlichen Quadragesima im Advents-, Apostel- und Marien-F. dar, das in Rom nur eine Zeitlang in Übung war, im Osten aber beibehalten wurde. Das Advents-F. (→ Advent) dauerte vom 11. (15.) 11. bis Weihnachten, das Apostel-F. (schon Apost.Konst. V, 20, 7 erwähnt) vom heutigen Trinitatissonntag bis Peter und Paul (Spanne 43-49 Tage); das Marien-F. geht Mariä Himmelfahrt (15.8) voran und wurde von Kaiser Mauritius (vor 600) für die Tage vom 1.-15.8. verordnet. Im Abendland entwickelte sich anstelle dieser »Tessarakosten« das Vigil-F. (s. 3). Spezifisch römisch ist das Quatember-F., das das wöchentliche Stations-F. abgelöst hat. Bereits die Synode zu Elvira (300; can. 23) hatte es auf ein monatliches F. beschränkt, bis es im 6.Jh. ganz verschwand. An seine Stelle ist durch → Calixt I. († 222) ein dreimaliges Jahres-F. getreten, das sich zu einem Ernte-F. entwickelte und später im Anschluß an Mt 9, 37f zum Weihe-F. (F. des Bischofs vor der Priesterweihe) wurde. Im 6.Jh. trat ein viertes Jahres-F. zu Beginn der Quadragesima hinzu. Zwischen der Ost- und Westkirche besteht ein grundsätzlicher Unterschied: In der griechischen Kirche geschieht das F. »als Trauer über die Sünde und Erhebung des Geistes über die Lust der Welt« (RE V, 780), in der römischen Kirche als Gehorsam, Verdienst und Mittel gegen die Sinnlichkeit (1Kor 9, 24ff).

3. Das F. (ieiunium) ist von der Abstinenz zu unterscheiden. F. und Abstinenz sind in der *kath. Kirche* für Priester und Laien durch das 3. Kirchengebot sub peccato verpflichtend: »Du sollst die gebotenen Fasttage wie auch die Abstinenztage halten.« F. bezieht sich auf die Quantität, Abstinenz auf die Qualität. F. erlaubt nur eine einmalige Sättigung am Tage, gewöhnlich am Mittag (comestio), und je einen Imbiß am Morgen (ientaculum) und am Abend (collatio), die beide zusammen nicht das Quantum der comestio erreichen dürfen. Nach A. von → Liguori sind morgens 2 und abends 8 Unzen (60 bzw. 240 gr.) gestattet. Für Flüssigkeiten gilt der Grundsatz »Liquidum non frangit ieiunium«, soweit nicht der Genuß von Milch, Kakao, Fleischbrühe u.ä. wegen des Nährwertes eine Umgehung bedeutet. Beim F. kann Fleisch genossen werden, Abstinenz dagegen verbietet den Fleischgenuß einschließlich Knochenmark und Fleischbrühe, ohne die Menge der übrigen Speisen einzuschränken. Zur Abstinenz sind alle kath. Christen vom 7. Lebensjahre an lebenslänglich und sub gravi verpflichtet, zum F. vom 21.-60. Lebensjahr. Dispens ist bei berechtigtem Grund möglich (Armut, Krankheit, geistige und körperliche Schwerarbeit). - Es gibt im Kirchenjahr Fasttage mit und ohne Abstinenz. Fasttage sind alle Freitage des Jahres, sofern nicht auf den Freitag ein gebotener Feiertag fällt. Fasttage mit Abstinenz sind der → Aschermittwoch, die Freitage der Quadragesima, die → Quatembertage (Mittwoch, Freitag und Sonnabend nach Lucia, 13.12.), → Pfingsten und Kreuzerhöhung (14.9.), dazu die Vigilien von Weihnachten, Pfingsten, Mariä Himmelfahrt und Allerheiligen. Alle übrigen Wochentage der Quadragesima verlangen nur das F. Das 3. Kirchengebot hat seine kirchenrechtliche Fixierung im CIC cc. 1250-1254 gefunden. - Sinn und Zweck der quantitativen und qualitativen Speisebeschränkung ist in der → Askese (: V), im Gehorsam und in der Hinwendung zu den ewigen Dingen begründet. Thomas von Aquino definiert: »Das F. geschieht vornehmlich in dreifacher Absicht: Erstens soll es die Begierden des Fleisches zügeln; sodann dient es dazu, den Geist leichter zur Betrachtung des Erhabenen emporzuheben; drittens soll es zur Genugtuung für die Sünden verhelfen« (S.Th. II/2 q. 147 a. 1 co.). Das geltende Kirchenrecht sieht bes. in der Quadragesima eigene F.predigten vor (CIC c. 1346 § 1).

4. Die *Reformation* hat das F. nicht grundsätzlich abgelehnt, jedoch jede Gesetzlichkeit und Verdienstlichkeit bekämpft. Luthers (s. CA XXVI; AC XII. XV) Gegnerschaft galt dem Kirchengebot, nicht dem F. an sich, wiewohl er von sich gesteht: »Quando maxime sobrius, fui maxime tentatus« (WA 40/II, 115, 6). Im Kleinen Katechismus spricht er vom F. als »einer feinen äußerlichen Zucht«, was heute nur noch als eine rein äußerliche Sache verstanden, in der Katechismusübersetzung aber noch exegesiert wird: »Ieiunare et corpus suum praeparare est quidem bona et externa disciplina«. War bei Luther das Ablaßwesen die äußere Veranlassung der Reformation, so bei Zwingli F. und Abstinenz (Predigt »Erkiesen und Freiheit der Speisen« vom 23.3.1522: »Hätten doch die Jünger gesündigt, daß sie nicht geboten hätten feiern, nicht Fleisch essen...«; CR 1, 135). Was die AC (XV, 48) feststellt: »Gott will, daß wir allezeit mäßig und nüchtern leben; und wie die Erfahrung gibt, so helfen dazu nicht viel bestimmte Fasttage«, ist auch der Grundgedanke Calvins, nur daß dieser dabei von der Verneinung der menschlichen Natur und der alleinigen Sicht auf das zukünftige Leben herkommt. - Lange wurde von ev. Christen das F. noch am → Karfreitag und vor dem Abendmahl beobachtet. Seit der Aufklärung ging es mehr und mehr verloren.

A. Linsenmayr, Entwicklung der kirchl. F.disziplin bis zum Konzil von Nicäa, 1877 - RE V, 770ff - J. Kramp SJ, Meßliturgie u. Gottesreich, 2 Bde, (1920) 1922[2] - P. Oppermann, Die Verwaltung des hl. Bußsakramentes, 2. Abt., 1921 - K. Holl, Die Entstehung der vier

F.zeiten in der griech. Kirche (= Holl II, 155-203) - RGG[3] II, 519ff - L.Fendt, Der Wille der Reformation im Augsburg. Bekenntnis, 1929 - H.Urner, F. (Pflugschar 13, 1931, 66-68) - H.Lietzmann, Gesch. der Alten Kirche, 4 Bde, (1932-44) 1953[2.3] - F.Tillmann, Die Idee der Nachfolge Christi, (1933) 1955[4] - J.Schümmer, D. altchristl. F.-Praxis, 1933 - LThK III, 963ff - A.D.Müller, Ethik (Sammlung Töpelmann), 1947 - H.Stöcker, D. hehre Feier d. F.s, (1941) 1949[2] - F.Schmidt-Clausing, Zwingli als Liturgiker, 1952 - P.Gerlitz, D. F. im rel.-gesch. Vergleich (Diss. Erlangen), 1954 - H.-D.Wendland, Evangelium u. Askese (Quatember 19, 1954/55, 65-71) - P.Rohleder, Die Übung des F.s (ebd 72-79). *F.Schmidt-Clausing*

Fastenbriefe sind Hirtenbriefe der Bischöfe, die gewöhnlich an den drei Sonntagen der Vorfastenzeit von der Kanzel verlesen werden. Sie haben allmählich den Charakter von grundsätzlichen Stellungnahmen zu aktuellen Fragen angenommen. Die Verkündigung der Fastenordnung steht weithin nur noch in losem Zusammenhang mit ihnen. Als Vorläufer der F. kann man manche apostolischen und späteren Gemeindebriefe der Bischöfe auffassen, zB den Polykarpbrief an die Philipper (Euseb h.e. 3, 36, 14f). Die ersten eigentlichen F. sind die Festbriefe des → Athanasius, die den Ostertermin, den Beginn der → Fastenzeit, nennen und bereits zu anderen Fragen Stellung nehmen. Aus den F.n entwickelte sich der Hirtenbrief, der auch zu anderen Zeiten und aus besonderen Anlässen vom Ordinarius oder vom Gesamtepiskopat erlassen wird. Hirtenbriefe an den Klerus werden Pastoralbriefe genannt. Heute gibt es auch in der ev. Kirche der Sache nach Hirten- und Pastoralbriefe.

F.Schmidt-Clausing

Fastenzeit, *liturgisch*. Unter den verschiedenen F.en der Kirche (→ Fasten: II) ist die vorösterliche (Quadragesima nach Mt 4, 1-11, der die nachösterliche Freudenzeit Quinquagesima [→ Pfingsten] gegenübersteht) auch im ev. Kirchenbereich liturgisch von besonderer Bedeutung. Für die *Ostkirche* gilt seit der Synode von Laodicea (um 360), daß in der F. außer am Sonnabend und Sonntag nur am Mittwoch und Freitag mit den »vorgeheiligten« Elementen kommuniziert werden darf (Praesanktifikantenliturgie, → Messe: I; Mariä Verkündigung und Gründonnerstag sind von dieser Regel ausgenommen). Die für die Taufanwärter bestimmten Lektionen ergeben sich aus den Katechesen → Cyrills von Jerusalem (um 350) und den 19 Lesungen des altarmenischen → Lektionars (Jerusalem um 467; ed. F.C.Conybeare, 1905); wie überall beginnen sie mit Mt 4, 1-11 (noch heute Evangelium an Invokavit).

Im *Westen* erhielten im Gegensatz zur ostkirchlichen Regelung früh auch die Werktage der F. eigene Messen; eine Missa praesanctificatorum blieb nur für Karfreitag. Lesungen und Gesänge zeigen noch vielfach die F. als Zeit der Taufvorbereitung (→ Taufe: V), doch prägte sich ihr allmählich der Bußcharakter bestimmend auf, zuerst (bis ins MA hinein) durch die öffentliche Kirchenbuße, dann durch die allgemeine Verpflichtung zur vorösterlichen Beichte (→ Bußwesen). Auf die Bußtrauer weisen die violette Kirchenfarbe, der Fortfall des → Halleluja und → Gloria von Septuagesimae bis zum Morgen des Karsamstags und entsprechend des Tedeums im Officium (→ Stundengebet), das in der F. teilweise eine eigene Gestaltung bekam. Das Halleluja wurde auch in einem Teil der Werktagsmessen durch den → Tractus vertreten. Wo es regelmäßig Orgelspiel gab, fiel dies von → Aschermittwoch an fort. Passionscharakter hat das Ende der F. in der römischen Kirche seit ca 800, als der fünfte der (nach den Anfängen ihres → Introitus benannten) Fastensonntage zuerst als Dominica de Passione (= Judika) erscheint: das Staffelgebet der Messe wird vereinfacht, das Gloria Patri fällt an bestimmten Stellen auch des Officiums fort, Kreuze und Bilder werden verhüllt. Der Palmsonntag, einst Tag der Übergabe des Glaubensbekenntnisses an die Taufbewerber, gehört der Palmweihe und der Palmprozession. → Gründonnerstag und → Karfreitag erfahren besondere liturgische Gestaltung. Der Ostersonnabend gehört liturgisch schon zu → Ostern.

In der *ev. Kirche* hat sich zwar der Ausdruck F. bis zum Pietismus gehalten und wird heute - am liebsten betont archaisierend: »1. usw Sonntag in der Fasten«! - für Gemeinden zu erneuern versucht, die an alles andere als an Fasten denken. Doch hat schon Luther die Zeit wesentlich als → Passionszeit angesehen, in der man »von dem Leiden unseres lieben Herrn Jesu Christi in der Kirche zu singen und zu predigen pflegt« (WA 52, 226), »... daß wir handeln die Geschichte, wie's ergangen, auf welche wir bauen und gerettet werden« (WA 37, 322). Dem Fortfall des Halleluja hat er aus theologischen Gründen widersprochen, aber die ev. Osterlieder mit ihrem Hallelujajubel haben dafür gesorgt, daß das »Begräbnis des Halleluja« an Septuagesimae liturgisch bestehen blieb. *Eigentliche* Passionszeit war zunächst, wie zB Luthers zahlreiche Reihenpredigten zeigen, die Zeit von Judika an. → Bugenhagen hat dafür und für den großen Lesegottesdienst am frühen Karfreitag die Passionsharmonie geliefert, ist aber ein Gegner der gesungenen Passion (Joh. → Walther) gewesen. Da die überlieferten Sonntagsperikopen der F. als Texte für Passionspredigten ungeeignet waren, ergab sich von selbst, daß diese in den sonntäglichen Vespergottesdiensten oder statt der üblichen Werktagspredigten (bes. am Freitag) gehalten wurden; wieweit schon von Invokavit an, ist schwer allgemeingültig zu sagen. Jedenfalls nahmen auch ref. Gebiete (Pfalz 1563) an dieser Entwicklung teil. Wie schnell das seit etwa 1600 immer häufiger werdende Passionslied, dem dank der Kanonizität der althergebrachten Sonntagslieder der Weg in den Gottesdienst zunächst versperrt war, in diese zahlreichen Passionsstunden eindringen konnte, ehe die offiziellen Gesangbücher seit 1700 die neuen Lieder aufnahmen, bedürfte noch näherer Feststellungen. - Die Brüdergemeine (→ Brüderunität: II) schuf für ihren Bereich wöchentliche »Passionsliturgien«; ihre liturgische Feier der Todesstunde am Karfreitag ist vielfach, wenn auch in veränderter Form, in die Landeskirchen übernommen worden. Der überkommene Bußcharakter der F. ließ sich mit der ev. Predigt vom Kreuz wohl verbinden. Der entsprechende Verzicht auf Orgelspiel und instrumental begleitete Vokalmusik im 17. und 18.Jh. hinderte nicht die immer reichere Entfaltung der musikalischen Passionsaufführungen in der Karwoche, die die eigentliche Gabe des vorpietistischen Protestantismus an die entkirchlichte Welt von heute geworden sind, fast schon volkstümlich in J.S. → Bachs Passionen, während H. → Schütz und seine Zeitgenossen noch nicht über engere Kreise hinausgedrungen sind. - Der Mut, die gottesdienstlichen Anforderungen, die die F. als Passionszeit der ev. Kirche der Gegenwart stellt, bei aller freudigen Offenheit für die Überlieferung neu zu durchdenken, gar zu gestalten, fehlt leider noch immer. - Die F. als Zeit des Gedenkens an Jesu Passion für die → Trauung als »geschlossene Zeit« zu behandeln, sollte (mindestens für die Karwoche) beibehalten oder neu versucht werden.

DThC II, 1724ff; VIII, 1411ff - DACL II, 2139ff; VII, 2481ff (Lit.) - Braun, LH 11. 108 - A.Wiesenhütter, Die Passion Christi in der Predigt des dt. Protestantismus von Luther bis Zinzendorf, 1930 - P.Graff, Gesch. der Auflösung der alten gottesdienstl. Formen in der ev. Kirche Deutschlands I. II, 1937/39, Reg. - W.Stählin-H.Schumann (Hg.), Die hl. Woche, 1951 - Rietschel-Graff, Reg.

H.Urner

Fastidius, um 430 britannischer Bischof, nach dem Zeugnis des → Gennadius (, 3) Verfasser zweier rechtgläubiger Schriften, De vita christiana und De viduitate servanda, später Pelagianer. Die Identifizierung der beiden Werke mit erhaltenen patristischen Texten ist umstritten; dasselbe gilt von neueren Versuchen, dem F. das von Caspari herausgegebene Corpus Pelagianum und andere pelagianische Schriften zuzuweisen.

Für Textausg.n u. Lit. zur Verfasserfrage vgl. E.DEKKERS-E. GAAR, SE 3, 1951, 130. 134; dazu MPL 50, 383 ff (De viduitate servanda des F.?). - C.P.CASPARI, Briefe, Abh. u. Predigten aus den zwei letzten Jh.en des christl. Altertums, Christiania 1890, 352 ff - J.BAER, De operibus Fastidii Britannorum episcopi, 1902 - BARDENHEWER IV, 518 ff - I.KIRMER, Das Eigentum des F. im pelag. Schrifttum, 1938.
L.Bieler

Fastnacht wird der Tag vor Aschermittwoch genannt. Es läge also nahe, F. sprachlich einfach als »Vorabend der Fastenzeit« zu verstehen (so im 3. Bd des Grimmschen WB.s). Die Volkssprache hat jedoch in Schwaben und der Schweiz die richtige Form »Fasnacht« (mhd. vasnaht) bewahrt, die von »faseln = Unsinn treiben« abzuleiten ist. F. bedeutet das Ende und damit den Höhepunkt der Volksbelustigungen in der Zeit des Fasching (aus Süddeutschland stammende Wortform). Die sonst übliche Bezeichnung »Karneval« ist nicht von »carni vale (dicere)« abzuleiten, sondern eher von »carrus navalis«, dem »Schiffswagen«, auf dem bei den großen Dionysien in Athen ein bekränztes Schiff ins Meer gefahren wurde. Venedig begann im MA den Karneval schon am 26. Dez., auch der 7. Jan. wird genannt. Aber der Anfang des Karnevals ist selten so festgelegt worden wie sein durch die Fastenzeit bestimmtes Ende. Religionsgeschichtlich ist die Ausgelassenheit bei Schmaus und Tanz, Umzügen und Maskeraden letztlich auf die → Fruchtbarkeits-Kulte der Antike zurückzuführen. Die Mythen von sterbenden und auferstehenden Göttern, die apotropäischen Bräuche bei Frühlingsbeginn und die Prozessionen zu Lande und zu Wasser, wie sie im alten Orient begegnen, stehen am Anfang der reichen Entwicklung. → Aberglaube und Zauberwesen haben sich später der F.s-Bräuche bemächtigt. Der Versuch der Kirche, das Karnevalstreiben zu verbieten, wird schon im 11. Jh. zugunsten einer nachsichtigen Duldung aufgegeben. Besseren Erfolg hatte die Reformation, die (zB in Norddeutschland) vielfach des F.s-Treiben ganz beseitigt hat. Später hat der Pietismus auf seine Weise auch gegen das F.s-Treiben angekämpft. Aber als in Preußen der einzige von den 1773 abgeschafften vierteljährlichen Bußtagen 1805 auf den Aschermittwoch (wie 1640 schon in Nürnberg) verlegt wurde, mußte man ihn wegen des F.s-Lärms auf den Mittwoch nach Jubilate zurückverlegen. Noch heute ist der öffentliche F.s-Betrieb am ganzen Rhein bodenständig, aber dank der Vergnügungsindustrie und des Steuerbedarfs der Städte vielfach ausgeartet; bekannt sind die Rosenmontagszüge in Köln, Mainz, München und anderwärts. Von Köln geht auch der Versuch aus, den Maskeraden eine künstlerische Note zu geben, während die Münchener Künstlerfeste zu Lenbachs Zeit (ca 1875-1900) eine romantisch-dekorative Frucht der Historienmalerei Makarts waren. Im SpätMA war Nürnberg durch den Pomp seiner F.s-Lustbarkeiten berühmt; hier hielten die Fleischer Umzug und Maskentanz (Schönbartlaufen, eigentlich Schembert von Scheme = Larve); hier ist auch die Wiege des F.s-Spiels, in dem teils der derbe Schwank, teils die Satire das Feld beherrschten (Hans Rosenplüt, Hans Folz, Hans → Sachs). Die literarische Tradition reicht bis in unsere Zeit (Goethe, Pater Brey, 1773; Viktor von Strauß und Torney, F.s-Spiel von der Demokratie und Reaktion, 1850; Gerhart Hauptmann, Festspiel in deutschen Reimen, 1913; Laienspielbewegung).

C.CLEMEN, Der Ursprung des Karneval (ARW 17, 1914, 139-158) - RDL I, 356 ff - HWDA II, 1246 ff - A.SPAMER, Dt. F.s-Bräuche, 1936 - EKL I, 1269 f.
H.Urner

Fatalismus → Determinismus, 1.

Father Divine's Friedensmission. Die Herkunft von F.D. ist dunkel. Wahrscheinlich ist er identisch mit dem Neger George Baker, * um 1874 im Süden der USA. Er begann 1912 mit 8 Jüngern die Südstaaten zu bereisen, tauchte 1915 in New York auf und ließ sich schließlich nach anderen Aufenthalten in Philadelphia nieder. Nach seiner Lehre ist Gott zweimal Fleisch geworden: auf der Sohnesstufe in Christus, auf der Vaterstufe in ihm selbst. »Ich bin gekommen, die Menschheit zu erlösen, wie es geweissagt wurde vor Gründung der Welt.« 1936 beschloß ein Kongreß seiner Anhänger einstimmig: »F.D. ist Gott.« Er will das irdische Königreich Gottes aufrichten. Als Fundament soll das 1936 aufgestellte »International Righteous Government« dienen. Es fordert u.a. rassische und religiöse Toleranz, Abrüstung und Verzicht auf Krieg, Abschaffung der Todesstrafe und der Zwangsversicherungen, Rückgabe alles gestohlenen oder gewaltsam angeeigneten Gutes durch Einzelpersonen und Staaten, Begrenzung des Profits, Ausbau der sozialen Fürsorge, Schaffung einer Weltsprache und einer Weltregierung. F.D. begnügte sich aber nicht mit einer bloß theoretischen Programmatik, sondern suchte für seine Anhänger jetzt schon einen irdischen »Himmel« zu schaffen. In der »Peace Mission« hat er mit Hilfe von Geldstiftungen ein riesiges soziales Werk aufgebaut mit »Kingdoms« und »Heavens«, dh komfortablen Versammlungshäusern und billigen Hotels. Die »Peace Mission« besitzt Farmen, Warenhäuser, Handwerksbetriebe. Die Gottesdienste sind mit opulenten Mahlzeiten verbunden und haben enthusiastisches Gepräge, angefeuert durch Verlesung der »Botschaften« von F.D. und Mädchenchöre (»Rosenknospen«) sowie Bezeugung von Wunderheilungen. F.D. selbst umgibt sich mit »Engeln«, dh jungen Mädchen, die ihm als Sekretärinnen dienen. Die Bewegung erstreckt sich auch nach Kanada, Britisch-Westindien, Panama, Hawaii und umfaßt meist Farbige. Die Zahl der Anhänger geht in die Millionen. Kleine weiße Gemeinden bestehen in Westeuropa (knapp 1000 in England, 200 in Deutschland, einige Gemeinden in der Schweiz). Für das deutschsprachige Gebiet besteht eine »Arbeitsgemeinschaft« für die Herausgabe und Verbreitung von F.D.'s Botschaften in deutscher Sprache in Zürich.

Zeitschrift: »The New Day« - »Der Neue Tag«, Zürich. - HUTTEN 574 ff - E. T. CLARK, The small sects in America, 1957, 124 ff.
K.Hutten

Faulhaber, *Michael* (1917 geadelt), Kardinal (1869 bis 1952), * Heidenfeld/Ufr. als Sohn eines Bäckers, † München. Student, Priester (1892) und Seminarpräfekt (1893-95) in Würzburg. Nach längerem Aufenthalt im Ausland (Hss.-Studien) 1899 PDoz. für AT, 1903 Prof. in Straßburg, 1910 Bischof von Speyer, 1917 Erzbischof von München-Freising, 1921 Kardinal. In der schwierigen Zeit der Münchener Räterepublik war F. ein geschickter Lenker seiner Diözese, nach 1933 als führende Gestalt des bayrischen Katholizismus und des deutschen Episkopats scharfer Gegner des NS-Regimes: 1939 kam es zB zur Schließung der Münchener Theologischen Fakultät, weil F. bei der geplanten Neubesetzung einer Professur seine konkordatsmäßige Zustimmung verweigert hatte. Berühmt wurden die mutigen Adventspredigten vom Jahre 1933, in denen F. gegen den Rassenhaß kämpfte (1934 unter dem Titel »Judentum, Christentum, Germanentum« gedruckt, später zurückgezogen).

Vf. mehrere at. Werke (s. RGG[1] II, 840), Predigten, Hirtenbriefe; Sentenzen (ausgew. v. E.v.SCHMIDT-PAULI), 3 Bde, 1948. - Über F.: M.Kard.F., 25 Bischofsjahre (hg.v. Priesterverein), 1936 - J.WEISSTHANNER (Hg.), M.Kard.F. 80 Jahre, 1949 - E.v.SCHMIDT-PAULI,

Missa solemnis eines Lebens, 1949 - Episcopus (F.-Festschr. der Theol. Fakultät München), 1949. *G.Maron*

Faustus, 1. *von Byzanz,* * etwa Mitte des 4.Jh.s in Byzanz, dort wohl auch erzogen, lebte dann in → Armenien (: I, 4), wo er um 400 auf Griechisch eine in armenischer Rückübersetzung erhaltene Geschichte Armeniens schrieb, die die Zeit von 344-387 behandelt. Obwohl F. anscheinend kein höheres Amt bekleidet hat, zeigt er sich doch mit allen inneren und äußeren Verhältnissen Armeniens bestens vertraut, berichtet darüber unbekümmert um ältere Traditionen, bewahrt sich weitgehende Freiheit des Urteils und ist somit eine wertvolle Quelle für die älteste Geschichte des Landes.

Editionen: Konstantinopel 1730; Venedig 1832 u. 1839; dt., nicht vollst. Übers. v. M.Lauer, 1879. - Über F.: DACL IX/2, 1588ff - Catholicisme IV, 1120f - Altaner[5] 315 (Lit.). *W.Werbeck*

2. *von Mileve* († um 400), manichäischer Schriftsteller und »Winkelbischof« des 4.Jh.s. Aus Numidien gebürtig, wirkte F. als Lehrer in Rom und traf 383 in Karthago mit dem damals noch manichäischen → Augustin (: I) zusammen. Dessen unerbittlichem Wahrheitsdrang zeigte sich der übrigens scharfsinnige und redegewandte Mann nicht gewachsen. Der enttäuschte Augustin vergalt ihm, als jener schon tot war, durch Widerlegung seiner gegen das kath. Christentum (dh vor allem gegen dessen Bibel) gerichteten Schrift (Contra Faustum libri XXXIII, CSEL 25, 1).

RGG[2] II, 529f (Qu. u. Lit.) - LThK III, 973. *U.Wickert*

3. *von Reji* († 490/500), Brite, 433 Abt von → Lerinum, ca 458 Bischof von Reji (Riez, Provence), war eifriger Prediger, Ratgeber und Führer der gallischen Kirche in der zweiten Hälfte des 5.Jh.s (→ Gallien). Im Auftrag der Synoden von Arles und Lyon (473/74) gelang es F., den Presbyter Lucidus, den Vertreter einer überspitzten augustinischen Prädestinationslehre, zu einem weitgehenden Widerruf zu bewegen. Im kaiserlichen Auftrag führte er gemeinsam mit anderen Bischöfen i.J. 474 Friedensverhandlungen mit dem Westgotenkönig Eurich, welcher F. nach der Eroberung Südgalliens zwang, im Exil zu leben (477-85). F. ist Semipelagianer. In seiner Annäherung an den → Pelagianismus über Joh. → Cassianus hinausgehend, machte sich F. → Fulgentius von Ruspe, → Cäsarius von Arles und die skythischen Mönche (→ Mönchtum: II) zu Feinden. Die 2. Synode von Orange (529) verwarf die Gnadenlehre des F. Das Decretum Gelasianum (→ Gelasius I.) erklärte seine Schriften für apokryph. F. bekämpfte außerdem den Arianismus und Makedonianismus (→ Christologie: II). → Claudianus Mamertus schrieb gegen den von F. vertretenen Traduzianismus (→ Anthropologie: III, 1c). F. wird in Südfrankreich als Heiliger verehrt (AS Sept. 7, 651).

CSEL 21, 1891 (10 Briefe); MG AA 8, 265ff. - Über F.: RE V, 782ff; XXII, 447 - DThC V, 2101ff - Altaner[5] 437f - J.Huhn, De ratione fidei als ein Werk des F.v.R. (ThQ 130, 1950, 176-183) - N.K.Chadwick, Poetry and Letters in Early Christian Gaul, 1955. *W.Delius*

Fava, *Armand Joseph* (1826-99), kath. Theologe, * in Evin-Malmaison (Dep. Pas de Calais), 1871 Bischof von St.Pierre et Fort de France (Martinique), 1875 von Grenoble, war von 1884-97 die Seele des Kampfes, der unter der Parole »Nieder mit der Synagoge Satans« gegen die → Freimaurerei und gleichzeitig gegen die Juden, die Protestanten und die Republik in Frankreich geführt wurde. Die Enzyklika → Leos XIII. vom 20.4.1884 gegen die Freimaurer ist von F. inspiriert. Als Leo → Taxil mit seinem Miß-Diana-Vaughan-Schwindel auf den Plan trat, fand er an F. einen einflußreichen Förderer, der den Glauben an die Mystifikationen des inzwischen auch von der kath. Presse abgeschüttelten Taxil bis an sein Ende festhielt.

Vf. u.a.: La franc-maçonnerie, doctrine, histoire, gouvernement, 1880; Croisade réparatrice des Francs catholiques, 1884; Le secret de la Franc-maçonnerie, 1884; Jésus-Christ, roi éternel, 1890. *† E.Lachenmann (J.Roth)*

Faye, Antoine de La Faye → La Faye, A. de.

Faye, *Eugène de* (1860-1929), ref. Patristiker, war als Student in einer von T. → Fallot geleiteten Pariser Volksmissionsgruppe tätig, 1890 Pfarrer an der freikirchlichen Chapelle du Nord in Paris. 1908 Lehrbeauftragter, seit 1912 Prof. an der → Pariser Faculté de Théologie; zugleich Prof., später als Nachfolger J. → Révilles Direktor an der Ecole des Hautes Etudes.

Vf. u.a.: Etude sur les idées religieuses d'Eschyle, 1884; De vera indole Pauli apostoli epistolarum ad Thessalonicenses, 1892; Les apocalypses juives, 1892; Clément d'Alexandrie, (1898) 1906[2]; Introduction à l'étude du gnosticisme, 1903; Etudes sur les origines des Eglises de l'âge apostolique, 1909; Gnostiques et gnosticisme, (1913) 1925[2]; De l'originalité de la philosophie chrétienne de Clément d'Alexandrie, 1919; Idéalisme et réalisme etc, 1920; Origène, sa vie, son oeuvre, sa pensée, 3 Bde, 1923-28; Esquisse de la pensée d'Origène, 1925; Saint Paul, problèmes de la vie chrétienne, 1929. *R.Voeltzel*

Febronianismus bezeichnet kath. Reformtendenzen in Kirchen- und werdendem Staatskirchenrecht, die im Gefolge episkopalistischer (→ Episkopalismus, 1), nationalkirchlicher und auch reunionistischer Bestrebungen Ideen des → Gallikanismus und → Jansenismus im Zeitalter des aufgeklärten Absolutismus für das Hl. Römische Reich Deutscher Nation, aber auch für Belgien, Spanien, Portugal, Venedig und Neapel wirksam zu machen suchten. Der Name stammt von dem grundlegenden, unter dem Pseudonym Justinus Febronius 1763 in Frankfurt erschienenen Werk des Trierer Weihbischofs J.N. von → Hontheim, De statu ecclesiae etc, das trotz sofortiger Indizierung (→ Clemens XIII.) und heftiger Verfolgung in zahlreiche Sprachen übersetzt, mehrfach - auch vom Autor - bearbeitet worden ist und eine umfangreiche gelehrte Polemik in ganz Europa auslöste. Der F. beeinflußte die Kirchenpolitik in der 2. Hälfte des 18.Jh.s (→ Emser Kongreß, → Josephinismus, → Wessenberg), scheiterte aber daran, daß ihm die energische Unterstützung sowohl durch die Reichsstände und den Kaiser (→ Joseph II.) wie durch Episkopat und Kirchenvolk versagt wurde; er blieb eine Angelegenheit der Theoretiker und einzelner Metropoliten. Nach seiner endgültigen Ausschaltung durch das → Vatikanum wirkte er sich zuletzt im Altkatholizismus aus (→ Altkatholiken).

Vermittler der episkopalistischen und gallikanischen Ideen war der Löwener Kanonist van → Espen, den vor allem das Verhältnis von geistlicher und weltlicher Gewalt beschäftigte. Sein Schüler Hontheim ist stärker bestimmt durch die Wendung gegen die Ausgestaltung der kurialen Gerichtsbarkeit der Nuntien und des päpstlichen Zentralismus. Diese hängt mit den mit neuem Interesse in der kanonistischen und staatsrechtlichen Literatur behandelten → Gravamina Deutscher Nation und den → Reformkonzilen des 15.Jh.s sowie mit dem Wiener Konkordat von 1448 zusammen. Der F. bringt die hieher gehörigen älteren Doktrinen in ein einheitliches und modernes, »more geometrico«, dh historisch exakt begründetes System. Den unmittelbaren geschichtlichen Hintergrund des F. bildet der Kampf der rheinischen Metropoliten um die sog. Nuntiatur-Fakultäten, dh die von der Kurie beanspruchten Dispens- und Absolutionsrechte als Eigenrechte. Er wurde bes. in Trier (Kurfürst F. G. von Schönborn) geführt und bei den Beratungen der Wahlkapitulationen für Karl VII. 1742 und Franz I. 1745 lebendig, ebenso in der Auseinandersetzung mit der staatskirchlichen Praxis der luxemburgischen und lothringischen Teile der Trierer Erzdiözese. Mit beidem hatte Hontheim zu tun. Insbesondere beeinflußten ihn der kurtrierische Rat Jakob Georg von Spangenberg (Konvertit, Bruder des Bischofs der Brüdergemeine A.G. → Spangenberg) und der Würzburger, später Trierer (1748) Kanonist Georg Christoph Neller. Die Kirche ist gemäß dem Vorbild der ecclesia primitiva nicht monarchisch verfaßt; die Schlüsselgewalt eignet ursprünglich und wesentlich der Gesamtkirche (wobei augenscheinlich Gedanken des prot. → Kollegialismus mitspielen) und wird von dieser den Aposteln und Bischöfen zur Ausübung übertragen. Entsprechend hat der Papst keine eigentliche Jurisdiktionsgewalt über die Bischöfe; der Primat ist als centrum unitatis ecclesiae Ehrenprimat, verbunden mit den für die Erhaltung der Einheit der Kirche notwendigen Rechten: der Papst überwacht die kirchlichen Gesetze, schützt die bischöfliche Jurisdiktion, entscheidet in Glaubensstreitigkeiten und beruft notfalls das Gesamtkonzil. Andere Rechte, die das Papsttum seit den → pseudoisidorischen Dekretalen usurpiert hat, sind mit Hilfe der Staatsgewalt und allgemeiner Aufklärung durch Nationalsynoden oder durch ein allgemeines Konzil den Bischöfen zurückzugeben. Oberste Instanz kirchlicher Gesetzgebung und Gerichtsbarkeit ist das allgemeine Konzil, das weder der Berufung noch der Bestätigung durch den Papst bedarf. Seine Beschlüsse unterliegen ebenso wie päpstliche Gesetze der Annahme durch die Einzelkirchen.

H. Brück, Die nationalist. Bestrebungen im kath. Deutschland, 1865 (einseitig antiaufklärerisch) - A. Rösch, AkathKR 83, 1903, 446-482. 620-652 - L. Mergentheim, Die Wurzeln des F. (HPBl 139, 1907, 180-192) - F. Stümper, Die kirchenrechtl. Ideen des F. (Jur. Diss. Würzburg), 1908 (Lit.) - F. Vigener, Gallikanismus u. episkopalist. Strömungen im dt. Katholizismus (HZ 11, 1913, 495-581) - DThC V, 2115ff - ERE V, 807ff - LThK III, 974ff - L.A. Veit, Die Kirche im Zeitalter des Individualismus (J.P. Kirsch, KG IV/1), 1931, 294ff (Lit.) - v. Pastor XVI/1, 1931, 507ff; XVI/2, 1933, 348ff - L. Just, Das Erzbistum Trier u. die luxemburg. Kirchenpolitik von Philipp II. bis Joseph II., 1931 - Ders., Zur Entstehungsgesch. des F. (Jb. f. d. Bistum Mainz 5, 1950, 369-382) - Ders., Der aufgeklärte Absolutismus (Hdb. d. dt. Gesch., hg.v. O. Brandt-A.O. Meyer-L. Just, II), 1952, 35ff - Feine 507ff (Lit.). - Vgl. die Lit. zu → Hontheim.
Ernst Wolf

Febronius, *Justinus* → Hontheim, Johann Nikolaus von.

Fechner, *Gustav Theodor* (1801-87), * in Groß-Särchen (Niederlausitz) als Pfarrerssohn, kommt nach Medizinstudium in Leipzig über die Okensche → Naturphilosophie zur → Naturwissenschaft und wird 1834 o. Prof. für Physik. 1840-43 schwer erkrankt, lehnt er die ihm nachher wieder angebotene Professur ab, um sich ganz seinen philosophischen, psychologischen und ästhetischen Arbeiten widmen zu können, nimmt im Leipziger Gesellschaftsleben seiner Zeit einen bedeutenden Platz ein und ist u.a. mit Chr.H. Weisse, → Lotze, E.H. Weber befreundet. Während sich seine physikalischen Arbeiten vor allem mit den Erscheinungen der Elektrizität beschäftigen, tragen seine ersten philosophischen Veröffentlichungen, die unter dem Pseudonym Dr. Mises erscheinen, meist satirisch-polemischen Charakter. Romantische Gedankengänge weiterführend, vertritt F. in seinen philosophischen Hauptwerken die Auffassung, alles Sinnliche, so etwa auch Pflanzen und Gestirne, sei beseelt. Jedes einzelne Leben stellt zugleich einen Teil des Lebens umfassenderer Geister dar, wobei Gott als der allumfassende Geist, aber doch auch persönlich zu denken ist. - Von diesen philosophischen Überlegungen ausgehend, kommt er auf das Gebiet der Psychophysik, auf dem seine bedeutendsten Leistungen liegen. F. ist als der eigentliche Begründer der exakten → Psychologie anzusehen. In seinen Elementen der Psychophysik bemüht er sich, zwischen körperlichen und bewußtseinsmäßigen Tatsachen eine meßbare Beziehung aufzustellen. Einen Ansatz Webers erweiternd und verallgemeinernd formuliert er: Die Intensität der Empfindung wächst wie der Logarithmus des Reizes ($S = k \log R$), wobei k eine für das betreffende Sinnesgebiet charakteristische Konstante ist. Das Postulat F.s, daß die eben merklichen Unterschiede der Empfindung gleich große Einheiten darstellen, gleichgültig an welcher Stelle der Empfindungsskala sie stehen, ist in neuester Zeit überprüft und für einige Bereiche bestätigt worden. - Seine zum Nachweis dieses Weber-F.schen Gesetzes ausgearbeiteten Meßmethoden sind für die Entwicklung der Psychologie fast noch bedeutender geworden als das Gesetz selbst.

Das Büchlein vom Leben nach dem Tode, (1836) 1950; Nanna oder über das Seelenleben der Pflanzen, (1848) 1903[3]; Zend-Avesta oder die Dinge des Himmels u. des Jenseits, (1851) 1919[4]; Elemente der Psychophysik, (1860) 1907[3] (mit Bibliogr.); Über die Seelenfrage, (1861) 1907[2]; Die drei Motive u. Gründe des Glaubens, (1863) 1910[2]; Die Tagesansicht gegenüber der Nachtansicht, (1879) 1919[3]. - Über F.: J.E. Kuntze, G.Th.F., 1892 - K. Lasswitz, G.Th.F., (1896) 1910[3] - R. Liebe, F.s Metaphysik, 1903 - S. Hochfeld, F. als Religionsphilosoph, 1909 - W. Wundt, G.Th.F., 1910 - H. Adolf, Die Weltanschauung F.s, 1923 - M. Wentscher, F. u. Lotze, 1925 (Lit.) - H. Becher, F.s Philosophie des organischen Lebens im Zusammenhang mit seiner religiösen Metaphysik, 1926 - E. Boring, A History of experimental Psychology, New York (1929) 1950[2].
H. Hörmann

Fecht, *Johann* (1636-1716), * Sulzberg/Breisgau, † Rostock, ev.-luth. Theologe der Spätorthodoxie, bes. bekannt durch seine Friedensliebe. F. studierte 1655-62 in Straßburg, 1662-66 an verschiedenen Universitäten. Danach in badischen (hochbergischen) Pfarrämtern, wurde er 1688 Gen.-Sup. der Markgrafschaft Baden-Durlach und seit 1690 Prof. in Rostock, wo er sich bes. als Organisator verdient machte. Ursprünglich mit Spener befreundet und von ihm nach Rostock empfohlen, brach er nachher völlig mit dem Pietismus. Die von J. → Lange aufgebrachte Behauptung, F. habe Spener die Seligkeit abgesprochen, entspricht jedoch nicht der Wahrheit.

ADB VI, 1877, 592f - RE V, 788 - P. Grünberg, Ph.J. Spener III, 1906, 15ff - H. Leube, Die Reformideen in der dt. luth. Kirche im Zeitalter der Orthodoxie, 1924, 79f.
M. Schmidt

Fegfeuer

1. Religionsgeschichtliche Wurzeln - 2. Dogmengeschichtliche und liturgische Entwicklung - 3. Kath. F.lehre - 4. Reformatorische Kritik

1. Der Glaube an einen Reinigungsort findet sich bei vielen antiken, vor allem indogermanischen Völkern. Die dualistische Religion des Parsismus (→ Iran: III) läßt die Toten nach einer zwölfstufigen Wanderung im Feuerstrom Dinur gereinigt werden (Euseb., praep. ev. 9, 77). Die indische Religion kennt für die Abkürzung des Läuterungsprozesses bereits Gebet und Opfer. Plato spricht im Anschluß an die Orphiker von einem Ort der Reinigung, an dem die Toten »ihre Vergehen abbüßen« (Phaidon 69). Der bedeutendste Zeuge für einen vorchristlichen F.glauben ist Vergil (Aen. VI, 735ff). Eine besondere Rolle spielt der Hermes Psychopompos (Diodor I, 96), der schon bei den Tragikern um Hilfe für die Toten angerufen wird (Aeschylus, Choëph. 125) und der als »signifer sanctus Michael« unter Vermittlung der Hermetik (→ Hermetica) in das Offertorium der Totenmesse eingegangen sein mag. Den semitischen Völkern ist der F.glaube fremd.

2. Die patristische Auseinandersetzung mit der Gnosis bereitete den Weg zur späteren Lehre vom F. Die alte

Hadesvorstellung ist noch bei *Tertullian* (de an. 58) anzutreffen. Bei Origenes begegnet die Anschauung vom F., ebenso bei Cyprian (ep. 55, 20), Lactantius (div. inst. 7), Ambrosius (ps. 36, 26) und Gregor von Nyssa (or. de mort.). Augustin legt den eigentlichen Grund zur späteren konziliaren Definierung und zur kirchlichen Praxis. Er nennt als »media suffragii« Gebet, gute Werke, Almosen und Meßopfer (conf. 9, 11; ench. 29, 110; de civ. Dei 22, 27) und beruft sich auf 2Makk 12 (de cur. ger. 1, 3). → Gregor d.Gr. ist als der Kompilator der F.lehre anzusprechen; er »macht sie weitesten Kreisen mundgerecht« (Schmaus, Dogmatik 156). - Inzwischen hatte noch vor der Dogmatisierung des F.s die liturgische Entwicklung begonnen, anknüpfend an die Fürbitte für die Verstorbenen (Tertullian, de an. 51; de cor. 3; Cyprian, ep. 1, 66). Tertullian (de cor. 3; de monog. 10) kennt die Eucharistiefeier für die Verstorbenen. Die → Apostolischen Konstitutionen enthalten im wesentlichen bereits → Requiem und absolutio ad tumbam. Die Jakobus-, Basilius-, Markus- und Chrysostomusliturgie (→ Liturgie: III) und das Euchologium des → Serapion (4.Jh.) weisen ähnliche Texte auf. Das Leonianum, Gelasianum und Gregorianum (→ Sakramentare) haben Totenmessen. Der griechischen Kirche sind Totenmessen fremd, in ihr ist es beim Gebetsgottesdienst geblieben. Die Verbindung der Fürbitte mit der Eucharistie in der römischen Kirche hat zum → Allerseelentag geführt, der schon im FrühMA begangen, aber erst im XIV. Ordo Romanus (14.Jh.) verbindlich wurde.

Eine biblische Begründung für das F. wurde erst später nachgetragen. Während die Kirchenväter in 2Makk 12, 40-46 die klassische Stelle für das F. sehen, bedient sich die tridentinische Kirche vor allem nt. Stellen: Mt 5, 25f; 12, 32; 1Kor 3, 11-15. Entgegen der Katechismusdarstellung, die von einer Bezeugung des F.s durch *Schrift* und Tradition spricht, sagt die moderne kath. Dogmatik: »In der Hl. Schrift wird die Läuterung nach dem Tode nirgends ausdrücklich und formell bezeugt. Aber sie wird an manchen Stellen vorausgesetzt oder angedeutet« (Schmaus, Dogmatik 152).

3. Der Zwischenzustand des F.s (purgatorium) gehört nach kath. Ansicht zu den fünf Aufenthaltsorten der Abgeschiedenen: paradisus, infernum (→ Hölle: IV), → limbus infantium, limbus patrum. Die *kath. F.lehre* ist erst im Tridentinum (sess. XXV; gegen Luther) endgültig definiert worden und statuiert zweierlei: es gibt einen Reinigungsort, und den daselbst befindlichen Seelen kann »durch die Fürbitten der Gläubigen«, bes. durch das Meßopfer geholfen werden (Denz. 983). Über Ort und Art des F.s wird dagegen nichts gesagt; selbst die alte Vorstellung vom → Feuer ist nicht aufgenommen. Die Diözesankatechismen lehren, daß dem F. jene Seelen zur völligen Reinigung überwiesen werden, die zwar in der Gnade Gottes abgeschieden, aber noch nicht frei von läßlichen Sünden oder zeitlichen Sündenstrafen sind. Die Leiden sind je nach dem Zustand im Augenblick des Sterbens an Dauer und Schwere verschieden. «Wie ein Feuer« brennt das Bewußtsein der selbstverschuldeten Trennung von Gott (poena damni), wozu noch andere, nicht näher bestimmte Qualen kommen können (poena sensus). Die Möglichkeit der eigenen Genugtuung (satisfactio) besteht nicht mehr; die → Armen Seelen sind auf die satispassio angewiesen, wenn ihnen nicht die satisfactio der Lebenden zu Hilfe kommt. Voraussetzung für die F.lehre ist, daß es für jeden sofort nach dem Tode ein besonderes Gericht gibt (Denz. 464), logische Folgerung, daß das F. mit dem »Jüngsten Gericht« aufhört (→ Auferstehung: VI, 3). - Der Aufenthalt im F. kann durch Fürbitte, Almosen, → Ablaß und durch die Früchte des Meßopfers abgekürzt werden. Der für die Verstorbenen gewonnene Ablaß zB von 7 Jahren und Quadragenen besagt nicht, daß ihnen solche Zeit an F. erlassen wird, sondern nur so viel an Strafe, wie nach der Bußpraxis der alten Kirche (→ Bußwesen: II) diese Sühnezeit an Buße erwirkt hat. Die F.lehre ist abhängig von den Ansichten über → Rechtfertigung (: II) und → Verdienst (: IV). Nach Schmaus (Dogmatik 175ff) bedeutet das F. keinen Widerspruch zum Erlösungswerk Christi, da sich der Tod Christi im Leiden des Christen darstellt. Das Handeln der Lebenden zielt nicht auf eine Umstimmung Gottes ab: sie sind nur »die Medien und Werkzeuge seines Erbarmens«.

4. Die *Reformatoren* haben die Lehre vom F. verworfen, am radikalsten Zwingli und Calvin. Calvins Schärfe (Inst. III, 5: »purgatorium exitiale Satanae esse commentum«) ist von der Prädestinationslehre her zu verstehen (→ Prädestination: III). Zwingli behandelt (wie Luther) das F. in Verbindung mit dem → Ablaß (Schlußreden, 1523). Luther wendet sich in den 95 Thesen gegen das F., in der Hauptsache aber gegen die verbleibenden Sündenstrafen. Das F. als solches und die Fürbitte für die Verstorbenen lehnt er 1517 noch nicht ab, bekräftigt vielmehr die Existenz des F.s: »mihi certissimum est, purgatorium esse« (WA 1, 555). Von 1522 an neigt er dann der Vorstellung vom Seelenschlaf zu, um 1530 in seiner Schrift »Ein Widerruf vom F.« endgültig mit dem Gedanken an einen Zwischenzustand zu brechen (vgl. auch AC XII. XXIV; ASm II, 2).

RE V, 788ff - B.Bartmann, Das F., (1929) 1930² (Lit.) - LThK III, 979ff - J.B.Walz, D. Fürbitte d. Armen Seelen u. ihre Anrufung durch die Gläubigen auf Erden, 1933 - R.Guardini, Das F., 1940 - Ders., Die letzten Dinge, 1949 - M.Schmaus, Von den letzten Dingen, 1948 (Lit.) - Ders., Kath. Dogmatik IV/2, 1953³. - Vgl. auch die auslegungsgeschichtl. Lit. zu →Korintherbriefe. *F.Schmidt-Clausing*

Fékamp, *Johannes* → Johannes Fékamp.

Felbiger, *Johann Ignaz von,* * 6.1.1724 Glogau, † 17.5.1788 Preßburg, kath. Schulorganisator. Nach Theologiestudium und Eintritt ins Augustinerkloster Sagan wurde er Abt und so auch Schulherr in diesem Gebiet. Er hob das Schulwesen tatkräftig durch genaue Anweisungen über Schulbetrieb, Schulpflicht und -aufsicht, Unterrichtsstoffe und -führung. Die Schule soll zu rechtschaffenen Christen, treuen Untertanen und vernünftig-tüchtigen Menschen erziehen. Methodische Grundsätze sind u.a. das Ansprechen und gleichmäßige Fördern der ganzen Klasse, die katechetische Lehrform und seine sog. Saganer Methode (Anfangsbuchstaben der Wörter und Stoffdispositionen als Gedächtnisstütze, von J.J.Heckers und J.F.Hähns Berliner Realschule entlehnt). Durch F. erhielt das Schulwesen in ganz Schlesien großen Auftrieb; er entwarf für Friedrich d.Gr. auch das General-Landschul-Reglement der kath. Schulen Schlesiens 1765. Sein Katechismus (1765) wurde viel benutzt und galt im Bistum Breslau bis 1856. Maria Theresia betraute F. 1774 mit Leitung und Reform der deutschen Schulen Österreichs. Mit seiner Allg. Schulordnung (1774; hg.v. A. Weiß, 1896), die Trivial-, Haupt- und Normalschulen unterschied, begann ein umfassender Aufbau mit großem Einfluß F.s, der durch Schriften und Lehrbücher unterstützt wurde. Der radikale Aufklärer → Joseph II. entließ ihn 1782.

Vf. u.a.: Eigenschaften, Wissenschaften u. Bezeigen rechtschaffener Schulleute, 1768 (bearb. v. W.Kahl, 1900); Kleine Schulschriften, 1769; Methodenbuch, 1775 (hg.v. J.Panholzer, 1892). - Über F.: A.Volkmer, J.I.v.F. u. seine Schulreform, 1890 - A.Schiel, J.v.F. u. F.Kindermann, 2 Bde, 1902 - F.Schubert, Schles. Lebensbilder II, 1926 - J.I.v.F., bearb. v. J.Scheveling, 1958 (Lit.). *A.Reble*

Felgenhauer, *Paul* (1593 bis ca 1677), * Puschwitz bei Saaz (Böhmen), studierte in Wittenberg Theologie, vertrat anfangs auf Grund von Visionen eine eschatologische Prophetie (Untergang des Römischen Reiches 1623). Die Begegnung mit → Engelbrecht (1624/25) machte aus dem Publizisten des böhmischen Aufstands einen Prediger der Wiedergeburt, einer von → Schwenckfeld, → Weigel und J. → Böhme beeinflußten Spekulation, der Toleranz und des Pazifismus. Als Arzt in Bederkesa bei Bremen (1638-54) sammelte er eine heimliche Gemeinde (»Philadelphia«). Vielfach umhergetrieben (Irrlehreprozeß 1658), wirkte er durch Briefe und eine Fülle von Schriften auf einen großen Anhängerkreis. Das antikirchliche, radikale Individualchristentum F.s bildet eine interessante Stufe zwischen der enthusiastischen Mystik, dem Pietismus und der Aufklärung.

G.ARNOLD, Kirchen- u. Ketzerhistorie II, 1741, 373ff - RE VI, 23f - E.G.WOLTERS, P.F.s Leben u. Wirken (JGNKG 54, 1956, 63-84; 55, 1957, 54-94). *H.Bornkamm*

Félice, *Guillaume-Adam de* (1803-71), Prof. für Moral und Dekan der ehemaligen prot.-theol. Fakultät → Montauban. * bei Porrentruy (Jura), 1821-25 Studium in Straßburg, 1828-38 Pfarrer in Bolbec, seit 1838 in Montauban; † in Lausanne. Als religiöser und sozialer Schriftsteller, als Prediger, Historiker und akademischer Lehrer war F. neben A. → Monod theologisch einer der Hauptvertreter der rein orthodoxen Richtung seiner Zeit.

Von F.s zahlreichen, zT recht weitschweifigen Schriften seien genannt: Histoire des protestants de France, (1850) 1895⁸; Histoire des Synodes Nationaux des Eglises réformées de France, 1864. - Über F.: F.LICHTENBERGER, Encyclop. des Sciences relig. IV, 1878, 686ff - J.PÉDÉZERT, Souvenirs et Etudes, Paris 1888, 23ff - E. u. E.HAAG, La France protestante VI, 1888², 470ff. *R.Voeltzel*

Felicitas und ihre Söhne. Der geschichtliche Sachverhalt ist in der erhaltenen Legende (BHL 2853ff) stark rhetorisch ausgeschmückt. Der Chronograph von 354 (KlT 2, 3) bezeugt zum 10.7., daß man zu Rom das Gedächtnis dieser sieben Märtyrer an vier Orten feierte. Erst seit Gregor d.Gr. (hom. in ev. I, 3; MPL 76, 1078a) wurden sie als Brüder angesehen und ihnen F. als Mutter zugeordnet. Die Legende läßt jeden der Söhne ein zur Sentenz zugespitztes Bekenntnis sprechen; die Mutter bestärkt sie und stirbt als letzte. Gleiche Schematik zeigen die Legenden der sieben Makkabäer (→ Makkabäerbücher), der hl. Symphorosa und der hl. Bassa mit ihren Söhnen. In der Legende der F. wird motiviert, warum die sieben Märtyrer getrennt bestattet sind; die übrigen historischen Daten (Martyrium unter Antoninus Pius!) sind fingiert. - Zur karthagischen Märtyrerin F. vgl. → Perpetua und F.

TH.RUINART, Acta Martyrum, 1895⁶, 71ff - AS Jul. III, 12f. - Über F.: H.DELEHAYE, Étude sur le légendier Romain, Brüssel 1936, 116ff. *H.Dörrie*

Felix I., *Papst* 5.1.268 bis 30.12.274, Römer. Unter seinem Pontifikat entschied Kaiser Aurelian im antiochenischen Bischofsstreit, daß dem mit den italienischen Bischöfen und dem Papst in kirchlichem Verkehr stehenden Bischof die Kirche einzuräumen sei. Ein Schreiben des F. gegen die Lehre des → Paulus von Samosata lag in apollinaristisch (→ Apollinaris, 2) verfälschter Form dem Konzil von → Ephesus 431 vor. Der → Liber pontificalis zählt F. fälschlich zu den Märtyrern.

SEPPELT I, 64 - CASPAR I, 84.

(II.), *Papst* 355 bis Aug. (?) 358, Römer († 22.11.365 in Porto). Obwohl eidlich gebunden, solange → Liberius lebte, keinen anderen Papst anzuerkennen, ließ sich F. während dessen Verbannung wählen und von drei arianischen Bischöfen weihen. Auf das Drängen der Römer rief Kaiser Konstantius Liberius zurück und bestimmte, daß beide gemeinsam amtieren sollten. Dagegen erhob sich das Volk und vertrieb F. Er wird erst seit dem 6.Jh. als Papst geführt, galt durch Verwechslung als Heiliger.

SEPPELT I, 98f - CASPAR I, 188.

III. (II.), *Papst* Anfang März 483 bis Ende Febr. 492, Römer, unter Odoaker gewählt. Hielt Roms kirchlichen Vorrang und den wahren Glauben durch die Einigungsversuche Kaiser Zenos mit den Monophysiten für bedroht (→ Christologie: II, 5a). Erklärte 484 den Patriarchen → Acacius von Konstantinopel für abgesetzt und exkommuniziert (acacianisches Schisma bis 518). Gilt als Heiliger; Tag: 25.2.

MIRBT 84 - CASPAR II, 25ff - HALLER I, 222f.

IV. (III.), *Papst* 12.7.526 bis 20. (?) 9.530, Samnite, von Theoderich nach dem Tode → Johannes' I. eingesetzt. Sandte an → Cäsarius von Arles eine Anzahl wohl aus Augustin geschöpfter Capitula über die Gnadenlehre. Ernannte den Archidiakon → Bonifatius (II.) zu seinem Nachfolger.

MIRBT 94 - CASPAR II, 193f.
Zu I-IV: RE VI, 24ff - DThC V, 1229 - LThK III, 991. *U.Treu*

V., letzter *Gegenpapst* 5.11.1439 bis 7.4.1449 († 7.1. 1461), Herzog Amadeus von Savoyen, wurde durch das Basler Konzil (→ Reformkonzile) nach Absetzung → Eugens IV. gewählt, aber aus politischen Gründen auch von Frankreich nicht anerkannt, lebte nach Regierungsverzicht als fröhlicher Eremit am Genfer See.

DHGE II, 1166ff - H.MANGER, Die Wahl Amadeos v. Savoyen zum Papste durch das Basler Konzil (Diss. Marburg), 1901 - V.REDLICH, Eine Univ. auf dem Konzil in Basel (HJ 49, 1929, 92-101) - J.STUTZ, F. V. (Zs. f. Schweizer Gesch. 24, 1930, 1-22. 105-120. 189 bis 204. 278-299). *F.Bock*

Felix, 1. *römischer Statthalter* in Palästina von 53 bis 60 (?) nChr, war als Freigelassener aufgestiegen und »handhabte in aller Grausamkeit und Lüsternheit königliches Recht in sklavischer Sinnesart« (Tacitus, Hist. V, 9). Die zweite seiner drei Frauen war die jüdische Prinzessin Drusilla, die Tochter Agrippas I., die er ihrem ersten Manne genommen hatte (Apg 24, 24). Bei den Juden war er verhaßt. In das Ende seiner Amtszeit fällt nach Apg 23, 24ff die Gefangenschaft des Paulus in → Cäsarea (, 1). Der Zeitpunkt der Abberufung des F. ist unbekannt.

RE VI, 28ff - TH.ZAHN, EinlNT, (1897) 1924³, 647ff - A.v.HARNACK, Gesch. der altchristl. Lit. II/1, 1897, 233ff - SCHÜRER I, 571ff - PW I, 2616ff - E.MEYER, Ursprünge u. Anfänge des Christentums II, 1923, 46ff - (F.JACKSON-)K.LAKE, The Beginnings of Christianity V, 1933, 464ff - EJud VI, 952f - E.HAENCHEN, Die Apostelgeschichte (MeyerK III¹⁰), 1956, 63ff. *E.Lohse*

2. Bischof von *Urgel* in der Spanischen Mark († 816/818), Vertreter des → Adoptianismus (→ Christologie: II, 6a) wie → Elipandus, mußte als Untertan → Karls d.Gr. 792 in Regensburg und in Rom die Irrlehre abschwören. Nach erneutem Bekenntnis zum Adoptianismus und dessen Verurteilung in Frankfurt 794 und Rom 798 erklärte sich F. nach der Aachener Disputation mit → Alkuin (800) für überwunden und wurde in Lyon unter die Aufsicht Erzbischof Leidrads gestellt.

MPL 96, 847ff. 881ff. - HAUCK II, 307ff - WATTENBACH-LEVISON 2, 226. *H.Löwe*

Felix und Regula, Geschwister, die nach der Legende als Angehörige der Thebäischen Legion wegen Verbreitung der christlichen Lehre in Zürich enthauptet wurden. Ihr angebliches Grab wird seit der karolingischen Epoche im dortigen Großmünster verehrt, wo auch ein Steinrelief des 12.Jh.s sie darstellt. Ihre Attribute sind die abgeschlagenen Häupter. Sie gelten als die Patrone Zürichs. Im 13.Jh. wird ihnen mit Umbildung ihrer Legende ein Exuperantius als Diener beigegeben. Tag: 11.9.

AS Sept. III, 772 - E.A.STÜCKELBERG, Die schweiz. Heiligen d. MA, Zürich 1903, 35 ff - KÜNSTLE II, 225f - RGG² II, 538 - BRAUN, TA 254ff - DOYÉ I, 357. 375. *H.Paulus*

Fell, *John* (1625-86), * Longworth (Berkshire), † als Bischof (seit 1676) in Oxford. Schon 1636 ins Christ Church College von Oxford aufgenommen, wo sein Vater Dekan war, wurde er wie dieser ein ausgesprochener Royalist. 1647 anglikanisch ordiniert, erhielt er mit einer winzigen Minderheit den anglikanischen Gottesdienst in einem Privathause durch die Revolutionsjahre hindurch aufrecht. Nach der Restauration wurde er 1660 Dekan von Christ Curch und eigentlicher Reorganisator der Universität (Vizekanzler seit 1666). Als Gelehrter war F. Patristiker, kollationierte die Oxforder Augustinhandschriften für die Maurinerausgabe Augustins und gab Cyprian mustergültig heraus (1682). Ein überaus eifriger Studentenerzieher, scheint er auch für praktisch-erbauliche Literatur aufgeschlossen gewesen zu sein; möglicherweise stand er als Anreger oder Verfasser hinter dem klassischen Erbauungsbuch der Zeit, der »Whole Duty of Man« (1659, viele Neuaufl.). Im Auftrage Jakobs II. mußte er 1684 den abwesenden John → Locke aus der Universität Oxford als politisch revolutionären Pamphletisten ausstoßen.

Vf. u.a.: The Interest of England stated, 1659. - Über F.: DNB (Neudr. 1949/50) VI, 1157ff - M.SCHMIDT, Das Erbauungsbuch »The Whole Duty of Man« u. seine Bedeutung für die engl. KG (ThViat 7, 1957/58, in Vorbereitung). *M.Schmidt*

Fellow (engl. = Teilhaber, Genosse). Im Alt-Norwegischen ist »felage« ursprünglich einer, der in einem gemeinsamen Unternehmen Geld deponiert, also der Geschäftsteilhaber. - An englischen Universitäten bezeichnet der Begriff F. das eingeschriebene Mitglied eines College oder einer collegeähnlichen Einrichtung, ebenso den Stipendiaten eines College mit einem zeitlich begrenzten, bestimmten Studienziel (daher fellowship). - An einigen amerikanischen und neueren englischen Universitäten und Colleges versteht man unter F. das Mitglied der Körperschaft oder des Leitungsgremiums, ferner den mit einem Stipendium begabten graduierten Studenten. - Der Begriff wird auch zur Bezeichnung des Mitgliedes einer literarischen oder wissenschaftlichen Gesellschaft verwendet und bedeutet meist einen gegenüber den gewöhnlichen Mitgliedern bevorrechtigten Grad der Mitgliedschaft. *R.C.Wolf*

Felsenzeichnungen

1. Räumliche Verbreitung, Entdeckungsgeschichte - 2. Zeitliche Ansetzung - 3. Sinn und Bedeutung

1. F. finden sich in Skandinavien, Spanien und Südfrankreich, aber auch in Italien, in Rußland am Onega-See und am Weißen Meer. Außerhalb Europas gibt es Felsbilder in Sibirien, Indien, Südafrika, Australien, Argentinien. Die wissenschaftliche Beschäftigung mit den vorgeschichtlichen Felsbildern beginnt im wesentlichen erst in diesem Jahrhundert. Nur die Felsbilder Skandinaviens sind seit 1848 bearbeitet worden. Die ersten eiszeitlichen Bilder in Frankreich wurden 1901 gefunden und bearbeitet, die in Spanien 1903. Die Erforschung der nacheiszeitlichen Felsbilder Ostspaniens beginnt 1908, die der jungsteinzeitlichen in Spanien 1929. Die Felsbilder Italiens werden seit 1931 bearbeitet, die Rußlands seit 1935.

2. Die zeitliche Ansetzung der Bilder ergibt sich durch mehrere bezeichnende Merkmale: a) durch Überlagerungen und Übermalungen; b) durch die Art der Tierwelt, wie etwa der ausgestorbenen Tiere der Eiszeit, c) durch die Darstellung bestimmter Waffen, wie der Harpunen und Speere der Eiszeit, Steinhammer der Neusteinzeit, Dolche, Beile und auch der Schiffe der Bronzezeit. Ein neues 4. Mittel zur Bestimmung der Zeit ist die Radiokarbon-Untersuchung: Bei vegetabilischen Elementen, Pflanze, Tier, Mensch, ist seit 1949 im Kohlenstoff ein Isotop 14 bekannt, das im Sinne des Atomzerfalls nach dem Tode des Wesens in 5568 Jahren zur Hälfte zerfällt, und so fort, bis es in 25 000 Jahren erloschen ist. In der Höhle Lascaux (Dordogne) mit eiszeitlichen Bildern hat Holzkohle, die unter den Bildern lag, das Alter von ca 15 000 Jahren ergeben.

Die ältesten Felsenbilder, die der letzten Eiszeit (118 000-10 000 vChr), beginnen in der Mitte der letzten Eiszeit und reichen bis zum Ende der Eiszeit, um 10 000 vChr. 1957 sind aus 115 Höhlen etwa 3000 Malereien bekannt. Die Bilder stellen die Jagdtiere dar, Jagdfallen und Waffen, ferner den → Zauberer und den Kultvorgang. - Die Bilder der mittleren Steinzeit, bes. im Osten Spaniens und in Norwegen, etwa 2000 an der Zahl, geben Jäger wieder, Kämpfe, Tiere, Zauberer (10 000-4000 vChr). - Die Bilder des 3. und 2.Jt.s vChr, die der Neusteinzeit und Bronzezeit, stellen Dämonen und → Geister dar, Götter mit ihren → Symbolen, Zeichen für → Regen und Wolken und auch Schiffe.

3. Daß die Felsbilder auf religiös-magischer Grundlage beruhen, ist die allgemeine Annahme der Forscher, obgleich die Deutungen im einzelnen wechseln können. Die Bilder der Eiszeit, im Stile ganz naturhaft, sind wahrscheinlich von den Zauberern geschaffen. Vor den Bildern fanden → Fruchtbarkeits-Riten, Jagdglückzauber (→ Jäger) oder → Totenverehrung statt, wie erhaltene Fußspuren ergeben. Für den Kult wurde Musik verwendet, es fanden sich Flöten, Pfeifen, → Schwirrhölzer und dazu Kultstäbe, vielleicht Trommelschläger. Die Zauberer sind selbst in über 100 Bildern dargestellt, manchmal vielleicht im Trancezustand (→ Schamanismus). In der Neusteinzeit und Bronzezeit liegen die Bilder in der Nähe der Felder. Vor ihnen wurde der Kult für die Fruchtbarkeit des Bodens ausgeübt. Vor der Ausfahrt wurden die Schiffe gesegnet, wie die Bilder deutlich machen. Die Felsbilder ermöglichen einen Weg, den frühesten Kult des Menschen zu erkennen und sein religiöses Leben zu begreifen. - Vgl. → Ausgrabungen: I, → Bilder: I.

TH.MAINAGE, Les religions de la Préhistoire, Paris 1921 - L.FROBENIUS-H.OBERMEIER, Hádschra Máktuba. Urzeitl. Felsbilder Kleinafrikas, 1925 - O.ALMGREN, Hällristningar och kultbruk, Stockholm 1926; dt. 1934 - R.R.SCHMIDT, Der Geist der Vorzeit, 1934 - G. KRAFT, Der Urmensch als Schöpfer, 1942 - H.BREUIL-R.LANTIER, Les hommes de la Pierre ancienne, Paris 1951 - H.KÜHN, Die Felsbilder Europas, (1952) 1956² - J.MARINGER, Vorgeschichtl. Religion, (1952) 1956. *Herbert Kühn*

Fendt, *Leonhard* (1881-1957), * Baiershofen (Bayern), † Augsburg. F. war Schüler von J. → Schnitzer und A. → Ehrhard, wurde 1915 Hochschul-Prof. für kath. Dogmatik in Dillingen, war 1917 bei F. → Loofs in Halle und trat 1918 zur ev. Kirche über. F. arbeitete anfangs u.a. auf dem Gebiet der alten Dogmengeschichte, später der Lutherforschung und wirkte ab 1927 als eindrucksvoller Prediger in Berlin auf weite, besonders gebildete Kreise. Hier habilitierte er sich 1931 und war 1934-45 o. Prof. für Prakt. Theol. in → Berlin, dann Lehrer an der Missionsschule Liebenzell.

Bibliogr.: ThLZ 76, 1951, 439-442; 83, 1958, 75f. - Daraus bes.: Der luth. Gottesdienst im 16.Jh., 1923; Die Alten Perikopen (HNT 22), 1931; Katechetik, (1937) 1951²; Grundriß der Prakt. Theol., (1938/39) 1949²; Die Neuen Perikopen (HNT 23), 1941; Homiletik,

1949; Einführung in die Liturgiewissenschaft, 1958. Hg. der MPTh 26–33, 1930–37. - L.F. zum 75. Geburtstag (MPTh 45, 1956, 193–285). - Über F.: F.HEILER, Materialdienst des konfessionskundl. Instituts 8, 1957, 39f - H.URNER, In memoriam L.F. (ThLZ 83, 1958, 73–76).

H.Urner

Feneberg, *Johann Michael* (1751–1812), * im Allgäu, 1770 gleichzeitig mit seinem Freunde J.M. → Sailer Novize bei den Jesuiten in Landsberg (Lech). Nach der Priesterweihe (1775) Gymnasial-Prof. in Regensburg, 1778–85 Benefiziat, 1785 Prof. der Rhetorik und Poesie in Dillingen. Mit Sailer an Reformen im theologischen Studienbetrieb beteiligt, erlag er mit diesem 1793 den Jesuiten, die den Sailerkreis als zu modern empfanden. F. wurde Pfarrer in Seeg/Allgäu, wo 1794 M. → Boos sein Kaplan war. Der Erweckung durch Boos öffneten sich F. und 1796 auch Sailer. 1797 wurde F. mit seinen Kaplänen A.Siller und X.Bayr in einer kirchlichen Untersuchung wegen Aftermystizismus freigesprochen. J.E. → Goßner wurde sein Kaplan. Seit 1805 war F. Pfarrer in Vöhringen. Er wurde bekannt als Schulreformer (Lehrplan 1789) und als Übersetzer des NT.

J.M.SAILER, Aus F.s Leben, 1814 (Sailers Werke Bd 39, hg.v. J. WIDMER) - CHR.v.SCHMID, Erinnerungen aus meinem Leben III, 1855 - ADB VI, 619 - RE VI, 31f - R.STÖLZLE, J.M.Sailer, seine Maßregelung in Dillingen u. seine Berufung nach Ingolstadt, 1910 - H.SCHIEL, J.M.Sailer, 2 Bde, 1948/52 - DERS., M.F. u. X.Bayr vor dem geistl. Gericht in Augsburg (ZBKG 26, 1957, 163–192) - F.W. KANTZENBACH, J.M.Sailer u. der ökumenische Gedanke (Einzelarbeiten aus der bayr. KG 29), 1955, 46ff - M.SIMON, Die Entstehung des Zentralbibelvereins in Bayern (Festg. D.Meiser, o.J., 45–60). - Monographie v. H.DUSSLER OSB in Vorbereitung.

F.W.Kantzenbach

Fénelon, *François de Salignac de la Mothe* (1651–1715), * auf Schloß F. (b. Cahors), kam als Priesterschüler nach Paris zu den → Sulpizianern. Nach Vikariat an der Gemeinde Saint-Sulpice war er Betreuer der »nouvelles catholiques«, dh junger Konvertitinnen, 1686 Prinzenerzieher beim Herzog von Burgund, gleichzeitig Berater Mme de Maintenons bei den adligen jungen Damen von Saint-Cyr. Hier lernte er Mme de → Guyon kennen. F.s Eintreten für ihre Ideen führte zu Konflikten mit Papst und König. Gegen ihn wandte sich → Bossuet; gleichwohl wurde F. 1685 Erzbischof von Cambrai und widmete sich neben Predigt und Seelsorge der Apologetik, der Polemik und der Politik. Aus seiner *pädagogischen* Tätigkeit in Saint-Cyr und bei Hofe stammen noch heute vielgelesene Werke: »Traité de l'éducation des filles« (1687), Fabeln, »Dialogue des morts« und der berühmte Roman »Les aventures de Télémaque« (1699), in dem sich seine große literarische Begabung verrät. – Auf *literarischem* Gebiet bleibt bedeutsam sein »Lettre sur les occupations de l'Académie française« (F. wurde 1693 in die Académie aufgenommen). – Den *Theologen* F. beschäftigt bes. die Kontroverse mit Protestanten (zB Traité du ministère des pasteurs) und Jansenisten (Lettres au Père Lamy; Dialogues sur le système de Jansénius); in seiner »Réfutation du système du P.Malebranche sur la nature de la grâce« greift er auch → Malebranche an. Nicht polemisch ist dagegen der »Traité sur l'existence de Dieu« (1712–18). – Seine *mystischen* Gedankengänge, die, obwohl weit nuancierter als die der Mme de Guyon, ihm die Verurteilung eintrugen, entwickelt er außer in den »Dialogues sur l'éloquence« (Jugendwerk) und seinen 650 Seelsorgebriefen bes. in den »Maximes des Saints« und der »Explication des Maximes des Saints sur la vie intérieure« (1696). Der Streit zwischen F. und Bossuet ist in seinem Gehalt und Verlauf vielfach noch ungeklärt.

GA: 34 Bde, Versailles 1820–28; 10 Bde, Paris 1851–52; Lettres de Direction, hg.v. M.CAGNAC, 1902; Briefe F.s an Mme Guyon, hg.v. R.M.MASSON, 1907; Oeuvres spirituelles, hg.v. F.VARILLON, 1954; außerdem zahlreiche Einzelausg. - Übers.: M.CLAUDIUS, F.s Werke religiösen Inhalts, 3 Bde, 1800–11; E.CARCASSONNE, État présent des travaux sur F., 1939. - Über F.: P.JANET, F., (1892) 1912³ - H.BREMOND, Apologie pour F., 1910 - Revue F., 1911ff - DThC V, 2137ff - P.POURRAT, La spiritualité chrétienne, (1917) 1928² - A.DELPLANQUE, La pensée de F., 1930 - A.CHEREL, F. ou la religion du pur amour, 1934 - J.CALVET, La littérature religieuse de François de Sales à F., Bd 5. 6, 1938 - G.JOPPIN, F. et la mystique du pur amour, 1938 - E. CARCASSONNE, F., l'homme et l'oeuvre, 1946 - K.D.LITTLE, Francis de F., Study of a Personality, New York 1951 - (Festschr.:) F. et le tricentenaire de sa naissance (1651–1951), 1952 - F., Gestalt u. Werk, hg.v. J.KRAUS u. J.CALVET, 1953 - A.LOMBARD, F. et le retour de l'antique au XVIIIème siècle, 1954 - R.SCHMITTLEIN, L'aspect politique du différend Bossuet-F., 1954 - J.L.GORÉ, La notion d'indifférence chez F. et ses sources, 1956 - DERS., L'itinéraire de F.: humanisme et spiritualité, 1957 - F.VARILLON, F. et le pur amour, 1957 - ODCC 499 (Lit.).

R.Voeltzel

Feofan → Theophan.

Feriae, klassisch nur im Plural vorkommend, hat samt dem von ihm abgeleiteten »ferialis« im kirchlichen Sprachgebrauch völlig entgegengesetzte Bedeutungen erhalten. Während das klassische F. meist mit kultischen Handlungen verbundene Ruhe- und Feiertage bezeichnet, die teils ein festes Datum hatten (stativae), teil als F. conceptivae beweglich waren (Saat, Ernte), wird in der Kirche (schon seit → Tertullian) feria (Singular!) zur Bezeichnung der einzelnen Wochentage vom Montag bis Freitag, wozu nach unserer bisherigen Erkenntnis die auch im NT belegte Bezeichnung der Woche als σάββατον oder σάββατα den Anstoß gegeben haben muß (vgl. Lk 18, 11; Mk 16, 2 par). Während der letzte Wochentag der neuen christlichen Wocheneinteilung seine jüdische Bezeichnung behielt und der erste zum Herrntag (dies dominica) wurde, zählt man kirchenlateinisch, besonders liturgisch, den Montag als feria secunda usw (→ Chronologie: IV, 3). Dagegen kann ferialis sowohl »festtäglich« (feriales libri) wie »wochentäglich« (feriale officium) bezeichnen. Die durch das → Kirchenjahr bestimmte, liturgisch wichtige Unterscheidung von F. minores und maiores ist für die eigenartige Verbindung von rechtlichem und liturgischem Denken im röm. Katholizismus charakteristisch.

RGG² II, 541f - LThK III, 1002f - BRAUN, LH 108ff.

W.Jannasch

Ferienkurse, *theologische.* Um die Beziehung der akademischen Berufe zur Wissenschaft zu pflegen, hielten in der zweiten Hälfte des 19.Jh.s in zunehmendem Maße Universitätslehrer – zunächst Mediziner, Naturwissenschaftler und Juristen – in ihren Ferien den im praktischen Beruf stehenden Kollegen zusammenfassende Vorlesungen und besprachen mit ihnen neue wissenschaftliche Erkenntnisse. Träger dieser Veranstaltungen waren einerseits die Fakultäten, andererseits berufsständische Korporationen. Der Sinn der Arbeit war mehr eine Einführung in den derzeitigen Stand der Wissenschaft, weniger die Behandlung von Einzelproblemen oder die Darlegung eigener Forschung.

F. für *Theologen* wurden zunächst in England eingerichtet, und zwar in der Form der durch Stiftungen ermöglichten Lectures. Zu den ältesten solcher Stiftungen gehören die → Hibbert- und die Bampten-Lectures. Bedeutsam ist auch das 1892 eingerichtete »Sommerstudium« im Mansfield-College in Oxford. – Dies gab den direkten Anlaß zu dem ersten deutschen theologischen Ferienkurs, der im Aug. 1892 in Bonn gehalten wurde. Ein Vorstand, dem der Dekan der Fakultät angehörte, traf die äußeren Einrichtungen, die Vorlesungen wurden von den Dozenten der Fakultät gehalten. Etwa 100 Hörer nahmen jährlich teil. 1894 traten in Bonn dadurch Schwierigkeiten auf, daß »Freunde des kirchlichen Bekenntnisses« bei Staat und Kirche gegen die Kurse und gegen die bei ihnen sich äußernde → »liberale« Theologie protestierten. Der preußische Kultusminister sagte im Verlauf des Streites zu, drei »positive« Dozenten nach Bonn berufen zu wollen. Trotz dieses Zwischenfalls wurden die F. weiter durchgeführt, und nach ihrem Vorbild wurden auf ganz Deutschland verteilte und von den verschiedensten Korporationen getragene F. eingerichtet (vgl. die Aufstellung in RGG¹ II, 860). Jedoch zeigen die Bonner Ereignisse, daß die selbstverständliche Synthese von Theologie als Wissenschaft und kirchlicher Verkündigung problematisch geworden war. – Die Zeit nach dem 1. Weltkrieg brachte den Höhepunkt der Wirksamkeit und Beliebtheit der F. Hervorzuheben sind bes. die von den theologischen Fakultäten → Halle und → Göttingen gehaltenen F. Die geistige Situation der Nachkriegszeit war durch ein starkes Bedürfnis auch nach neuen theologischen Grundlagen gekennzeichnet, die man durch wissenschaftliche Arbeit zu gewinnen trachtete. Die Kirche bemühte sich jetzt ebenfalls um Einrichtung wissenschaftlicher Pfarrertagungen. Belebend wirkte sich die theologische Arbeit der → dialektischen Theologie aus. – Nach 1945 wurden theologische F. aus äußeren Gründen zunächst nur zögernd durchgeführt. Es sind dann vor allem die Kirchen, die durch Einrichtung und Belebung der Pastoralkollegs, durch Arbeitstagungen an den Ev. → Akademien (: II) und durch Ausbildungs- und Fortbildungslehrgänge für Religionslehrer die Arbeit der theologischen F. wesentlich fortführen. Aber auch die theologischen Fakultäten (zB Göttingen, Mainz, Halle) nehmen die Arbeit der F. auf. Erwähnenswert ist vor allem die theologische Tagung alter Marburger, die seit vielen Jahren mit R. → Bultmann als Mittelpunkt Professoren, Pfarrer und Religionslehrer jährlich zur Behandlung wissenschaftlicher Fragen vereinigt und auch von Ausländern besucht wird. Nicht so regelmäßig, aber mit großer Teilnehmerzahl, tagt die → Gesellschaft für Ev. Theologie. – Entscheidend für Gelingen und Bedeutung theologischer F. ist es, ob Beziehungen zwischen freier »voraussetzungsloser« Wissenschaft und praktischer kirchlicher Verkündigung und Arbeit hergestellt werden können, die über die elementaren Grundlagen einer akademischen Ausbildung hinausgehen. – Eine Abwandlung erfährt der Begriff, der ursprünglich nur die wissenschaftliche Weiterbildung von Akademikern im Berufsleben meint, durch die »kirchlich-theologischen« Kurse, die die Kirchenkanzlei der EKD (Ost) im Einvernehmen mit dem Theologischen Fakultätentag jährlich für 150 Theologiestudenten der 6 Fakultäten der DDR in Berlin-Weißensee veranstaltet. Auf ihnen machen Professoren aus der BRD und der DDR (etwa im Verhältnis 2 : 1) Studenten des 3. Studienjahrs in Vorlesungen und Übungen mit den gegenwärtigen Problemen theologischer und philosophischer Forschung bekannt. Diese »F.« sind für die gesamtdeutsche theologische Wissenschaft bedeutsam.

RGG¹ II, 857ff (Lit.); RGG² II, 542 f. *W. Matthias*

Fernandez Pedro de Quiros → Quiros, F.P.de.

Fernsehen

1. Allgemeines – 2. Pädagogisch – 3. F. und Kirche. – R. = Rundfunk

1. Unter F. versteht man die aus dem → Rundfunk entwickelte Möglichkeit, bewegte Bilder neben dem Ton auf drahtlos-elektrischem Wege zu übertragen. Benutzt werden sehr kurze Wellen, die sich nur etwa in Sichtweite der Sendeantenne ausbreiten. Deshalb ist ein Netz von vielen Sendern nötig, die durch Richtstrahlverbindung (Fernsehtürme) Modulation erhalten. Schon von 1935 an haben viele Länder, auch Deutschland, F. eingeführt. Die Entwicklung wurde durch den Krieg unterbrochen, kam aber dann – erst in den USA, bald darauf in Großbritannien und schließlich seit 1950 auch in der BRD – desto stärker wieder in Fluß. In den USA gibt es heute 45 Mill. Fernsehempfänger (dh in 80% aller Haushalte); Großbritannien zählt 8 Mill., die BRD 1,5 Mill., Frankreich und Italien je 1 Mill., die DDR über 150 000 Teilnehmer.

Im Gegensatz zu anderen Systemen des Auslandes (kommerzielles, durch Werbung finanziertes bzw. zentrales, staatlich lizenziertes, Staats-F. usw) wird das F. in der BRD von den auf Ländergesetzen basierenden R.anstalten des öffentlichen Rechts betrieben, wobei jede Anstalt in ihrem Sendebereich (auch in technischer Hinsicht) selbständig ist. Das Programm ist andererseits in den Hauptsendezeiten gemeinsam (20 bis ca 22 Uhr, nachmittags ab 17 Uhr ca $1^1/_2$ Stunden Frauen-, Jugend-, Kinder- und Sondersendungen). Es wird anteilig von jeder R.anstalt für alle gestaltet, wobei der Umfang des Programmbeitrages jeweils ungefähr nach der Zahl der R.teilnehmer errechnet ist. In weiteren Zeiten strahlen die R.anstalten getrennt ein sog. Regionalprogramm, zT auch die (umstrittenen) Werbesendungen aus. Das Hauptprogramm wird durch eine ständige Fernseh-Programmkonferenz mit jährlich gewähltem Vorsitzenden koordiniert. Der Norddeutsche und Westdeutsche R. (NWRV) betreiben vorläufig ihre Programmanteile (außer dem Regionalprogramm) noch gemeinsam. Der NWRV ist auch für die Sendereihe »Tagesschau« mit aktuellen Filmberichten verantwortlich. Sonstige aktuelle Sendetypen sind: Übertragungen, Reportagen, Interviews usw, unter Verwendung von Film oder direkt (live). Daneben gibt es als Sendetypen der Unterhaltung: Fernsehspiele, bunte Abende, Varieté, Kabarett, Lotterie-, Quizsendungen usw.

Ein zweites, zusätzliches Fernsehprogramm für die BRD ist im Stadium der Diskussion. Es soll entweder auch durch die R.anstalten wie das erste oder durch eine öffentlich-rechtliche Anstalt auf Bundesebene oder durch eine privatwirtschaftliche, durch Werbung finanzierte Organisation betrieben werden. Gegen letzteres haben die Kirchen Einspruch erhoben in der Befürchtung, daß kommerzielle Gesichtspunkte den Kampf um die möglichst große Hörerzahl u.U. auch auf Kosten des Niveaus entbrennen lassen. Gewisse Erscheinungen in Großbritannien, wo neben dem staatlich lizenzierten F. der BBC seit etwa Jahresfrist auch kommerzielles F. besteht, begründen diese Befürchtung.

Europäische Fernsehanstalten schlossen sich 1955 für gelegentliche gemeinsame Programme zur »Eurovision« zusammen.

Lit. s. 3. *H. Schwitzke*

2. Die beschleunigte Zunahme des F.s machte zunächst dessen Gefahren für die *Erziehung* in der Familie deutlich. Es zeigte sich, daß die Bannkraft des bewegten Geschehens auf dem Bildschirm die Kinder dazu verführt, die gesendeten Programme fortgesetzt und über die Grenze der physischen Ermüdung hinaus zu betrachten, auch wenn sie ihnen unverständlich bleiben (das unentwegte Hinstarren kann auch zu Sehschäden führen). Eine unkontrollierte Aufnahme des Dargebotenen hat nach Inhalt und Form erzieherisch unerwünschte Verfrühungen zur Folge, die das Gefühl abstumpfen, die spontane Phantasie durch Überreizung beeinträchtigen und die Fähigkeit zu selbständigem Denken vermindern können. Andererseits bieten die Kinder- und Jugendprogramme, die auf bestimmte Altersstufen abgestimmt sind (zB für 4–8jährige, 8–12jährige und über 12jährige),

eine gewisse Handhabe, das Verhältnis der Heranwachsenden zum F. pädagogisch zu regeln. Bei den Kindern sind Sendungen mit Spielhandlungen, Puppen- oder Marionettentheater und Tiervorführungen beliebter als Spielanweisungen und Bastelstunden, bei denen das gesteigerte Schauverlangen die Anregung zu eigenem Mittun oder Nachahmen übertrifft. Die Jugendlichen bevorzugen das Angebot des Allgemeinprogramms und schätzen bes. aktuelle und Unterhaltungssendungen, Fernsehspiele sowie unterhaltend belehrende Darbietungen. Kinder und Jugendliche sind aber auch dem problematischen Einfluß des Werbe-F.s gleichermaßen stark ausgesetzt. – In Haushalten mit Fernsehgeräten kommen Familienangehörige, Nachbarn und Bekannte regelmäßiger zusammen als sonst; der Kinobesuch wird eingeschränkt und zumal der Sonntagabend häufiger zu Hause verbracht. – Die schulpädagogische Erprobung des F.s steht noch in den Anfängen. In Europa haben Frankreich 1951 und Großbritannien 1956 das Schul-F. eingeführt; Italien, Belgien und Schweden sind zur Versuchsprogrammen für die Schulen übergegangen; in der Schweiz und den Niederlanden wurde das Schul-F. bisher abgelehnt; in der BRD liegen vorerst nur Anregungen vor; eine Eurovision für Schulen ist geplant. In Amerika hat Kanada Experimente mit dem Schul-F. unternommen; in mehreren Staaten der USA werden Schulprogramme u.a. mit Unterstützung der großen Stiftungen und zT sogar im Zweiwegverfahren gesendet und sollen im Anschluß an die Erfahrungen in Hagerstown/Maryland als Notmaßnahmen zur Behebung des Lehrermangels bei steigender Schülerzahl ausgebaut werden.

E.C.McDonagh u.a., Television and the family (Sociol. and Soc. Research 35, 1950, 113-122) - J.C.P.Warren, Der Einfluß des F.s auf junge Leute in England (Radio-Television 1, 1952, 25-32) - Ch.A. Siepmann, Television and Education in USA, Unesco 1952 - Th. Wolters, Schul-F. (Die Dt. Schule 50, 1958, 79-88). *G.Hausmann*

3. Das Interesse, das die *Kirchen* am R. nahmen, wandte sich überall auch dem F. zu. In den USA, in dessen kommerziellen Sendern die Kirchen zwar Sendezeiten zur Verfügung gestellt erhalten, aber ihre Programme dann selbst finanzieren und produzieren müssen, besteht als wichtigste Organisation die »Broadcasting and Film Commission« im Nationalrat der Christlichen Kirchen, zu der außer allen zur Ökumene gehörenden Denominationen auch noch einige andere beisteuern. In Großbritannien besteht das »Central Religious Advisory Committee« als kirchliche Zentralstelle; daneben gestaltet die BBC ihre kirchlichen Programme zT selbst durch bei ihr angestellte Theologen. In den Ländern mit staatlichen Systemen (zB Frankreich, Italien, Schweiz) amtieren kirchliche Beauftragte.

In der BRD wird die *kath.* Fernseharbeit durch den Referenten für R. und F. in der Fuldaer Bischofskonferenz (zZ der Limburger Bischof Dr. Wilhelm Kempf) und durch die Fernsehkommission (Vorsitzender zZ Pfarrer Karl Aug.Siegel, Frankfurt) geleitet; sie steht mit der kath. R.arbeit (KRA; → Rundfunk) in engster Verbindung.

In den *ev.* Landeskirchen werden die Fragen des F.s meist von den auch für den R. zuständigen Referenten bearbeitet. Die Verbindung mit den R.anstalten und Fernsehstudios aber hält ein kirchlicher Fernseh-Beauftragter bei jeder R.anstalt. Er wird von den Landeskirchen im jeweiligen Sendebereich gemeinsam bestimmt. Zusammengefaßt wird die ev. Fernseharbeit in der »Ev. Fernsehkommission«, deren Vorsitzender »Der Ev. Fernseh-Beauftragte«, zZ Pfarrer W.Hess, Frankfurt, ist. Mitglieder sind die kirchlichen Fernseh-Beauftragten bei den R.anstalten. Außerdem besteht eine »Ev. Akademie für R. und F.« mit wechselndem Vorsitz. Ihre Geschäftsführung liegt gegenwärtig bei Pfarrer H.W.v.Meyenn von der kirchlichen R.zentrale in Bethel; als Publikation erscheint 14tägig »Kirche und F.«.

Der feste Programmanteil der Kirchen am F. besteht in den monatlich einmal stattfindenden Gottesdienstübertragungen, an denen wechselnd beide Konfessionen beteiligt sind; ebenso gibt es wöchentlich am Sonnabend Abend als Programmschluß das »Wort zum Sonntag«, eine geistliche Fünf-Minuten-Ansprache. Daneben werden aktuelle kirchliche Anlässe in der »Tagesschau« oder mit Sonderübertragungen im Programm berücksichtigt. Auch Programmanregungen anderer Art nehmen die Sender von den Kirchen entgegen.

Die theologische *Problematik* der kirchlichen Mitwirkung beim F. ist ähnlich wie beim R. Namentlich Gottesdienstübertragungen sind umstritten. *Dagegen* spricht, daß der Gottesdienst als spectaculum erscheint, weil der leibhaftige Kontakt des Zuschauers mit der betenden und singenden Gemeinde fehlt. *Dafür* spricht, daß Kranken und Alten, die die Kirche nicht besuchen können, die Gottesdiensthandlung nahegebracht wird. Auch erschließen sich missionarische Möglichkeiten, auf die vielleicht in einer Zeit, in der viele Menschen einen Teil ihrer Wirklichkeitserfahrung vor dem Bildschirm des F.s erwerben, nicht verzichtet werden darf. Die unleugbaren Schwierigkeiten, die für die in der Kirche anwesende Gemeinde bei Gottesdienstübertragungen durch störende Fernsehkameras und Scheinwerfer bestehen, dürften mit der Zeit durch fortschreitende Technik behoben werden. Allerdings werden immer nur wenige Kirchenräume für Direktübertragung von Gottesdiensten geeignet sein. Am Mischpult, dem Gerät, von dem aus die Kameras dirigiert werden, muß bei Gottesdienstübertragungen unbedingt ein kirchlicher Berater sitzen, um »liturgische« Kameraführung zu gewährleisten und zu verhindern, daß Bilder nach dem Gesichtspunkt äußerlicher Abwechslung gesendet werden und so vom Wort ablenken. Schminken der Sprecher und Prediger ist bei Übertragungen meist nicht erforderlich, dagegen sollten die Mitwirkenden im Studio wohl keine Bedenken dagegen haben, soweit es nur dazu dient, falschen Wirklichkeitseindruck zu verhindern.

Das F. ist ein Medium, bei dem es in noch höherem Maße als beim R. auf die persönliche Ausstrahlung des sprechenden Menschen und auf sein Charisma ankommt. Es müssen deshalb und wegen der ungeheuren Breitenwirkung grundsätzlich strengste Gesichtspunkte bei der Auswahl der Sprecher und Mitwirkenden maßgebend sein. Gelingt es, geeignete Geistliche und Laien zu finden, so hat das Wort, bezeugt und vermittelt durch Menschen, die wirklich »persona« sind, im F. durchaus eine große Verheißung. Besondere Beachtung verdient bei der internationalen Reichweite des F.s in der Eurovision auch die ökumenische Wirkung der kirchlichen Programme.

Lit. über das F., die wirklich aus der Praxis kommt, gibt es noch nicht. Grundsätzliches: Das Wort im Zeitalter der Bilder, 1957 - H.Vogel, R. u. F. als Kommunikationsmittel der christl. Wahrheit (EvTh 18, 1958, 158-171) - Die Zukunft des dt. F.s, 1958. - Zeitschr.: Fernsehinformation, seit 1950 (3mal im Monat) - F., seit 1953 (monatlich) - R. u. F., seit 1953 (vierteljährlich) - Kirche u. F., seit 1955 (14tägig) - Fernsehrundschau, seit 1957 (monatlich). - Vgl. auch die Lit. zu → Rundfunk. *H.Schwitzke*

Ferrandus, Afrikaner († vor 546), Schüler des → Fulgentius von Ruspe, mit dem er 517 im Exil in Calaris lebte. 523 kehrte F. zurück und wurde Diakon in Karthago. Eine wichtige historische Quelle ist die anonym überlieferte Vita S.Fulgentii (um 535; BKV² XI, 9), eine wichtige kirchenrechtliche seine Breviatio canonum mit

Bestimmungen von afrikanischen und griechischen Konzilen. Von 7 Epistulae in MPL sind die 1. und 2. an Fulgentius gerichtet, die 4. an → Eugippius, die 6. wendet sich gegen die Verdammung der → drei Kapitel. Persönlichen Inhaltes sind 5 weitere 1871 gefundene Briefe. - Vgl. → Altchristliche Literaturgeschichte, 4b.

Ausg.: MPL 65, 117ff (Vita). 378ff; 67, 887ff. 949ff (Breviatio); A.REIFFERSCHEID, Anecdota Casinensia 5-7 (Briefe; s. A.MAI, Script. vet. nov. collect. III/2, 169ff). - Über F.: BARDENHEWER V, 316ff. *R.Hanslik*

Ferrata, *Domenico* (1847-1914), Kardinal (1896), * Gradoli (Viterbo), † Rom. Bedeutender päpstlicher Diplomat, Schüler → Rampollas. 1883-88 mehrfach in der Schweiz zur Regelung der durch den → Kulturkampf verwirrten Verhältnisse, 1885 Nuntius in Brüssel, wo er, nach schwerem Konflikt zwischen Staat und Kirche (1878-84), wesentlich zur Festigung des Friedens beitrug. 1891 Nuntius in Paris. F. war unter schwierigen Bedingungen Hauptträger der ausgleichenden und versöhnlichen Politik des »Ralliement« → Leos XIII. in Frankreich. Schon 1896 nach Rom zurückberufen, war er nach dem Umschlagen der päpstlichen Politik unter → Pius X. (Trennung von Staat und Kirche 1906) ausschließlich im inneren Dienste der Kurie tätig, wo er an der Kodifizierung des Kirchenrechts mitarbeitete (→ Codex Iuris Canonici). Unter → Benedikt XV. wurde er kurz vor seinem Tode 1914 zum Kardinalstaatssekretär ernannt; sein Nachfolger wurde Pietro → Gasparri.

Vf. u.a.: Discorsi, Rom 1910; Mémoires, 3 Bde, Rom 1920 (posthum). - Über F.: U.STUTZ, Die päpstl. Diplomatie unter Leo XIII. nach den Denkwürdigkeiten des Kard. D.F. (AAB 1925, 3/4), 1926 - EC V, 1195f (Lit.). *G.Maron*

Ferrer, *Vincenz,* * 22.1.1350 in Valencia, † 5.4.1419 in Vannes (Bretagne), 1367 Dominikaner, dann Prof. für Logik und Theol. in Lérida und Valencia, berühmt als Prediger. 1395-98 war F. Beichtvater → Benedikts (XIII.) und bemühte sich um die Beilegung des großen Schismas. Seit 1399 unternahm er Predigtreisen durch Spanien, Frankreich und Italien, auf denen er gegen die Sittenverderbnis der Zeit eiferte und das nahende Ende der Welt ankündigte. Als apostolischer Legat predigte er auch den → Waldensern. Mit besonderem Eifer betrieb er die Bekehrung der Mauren und Juden. 1412 wirkte F. für die Thronfolge des kastilischen Hauses der Trastamara in Aragon. Bedeutsam ist sein Tractatus de vita spirituali, der → Loyolas Exercitia spiritualia beeinflußt hat. Heiligsprechung 1455.

Opera omnia, 2 Bde, ed. H.FAGES, Paris 1909 - Biografia y escritos de San F.V. (Biblioteca de Autores Cristianos 153), Madrid 1956. - Über F.: H.FAGES, Histoire de Saint Vincent Ferrier, 2 Bde, Paris 1901 - M.F.v.DROSTE, Die kirchenpolit. Tätigkeit des hl. V.F., 1903 - S.BRETTLE, San V.F. u. sein lit. Nachlaß, 1924 - H.FINKE, Die Quaresma. Predigten des hl. V.F., 1930 - V.GALLUF, Vida de San V.F., Valencia 1951 - J.E.MARTINEZ FERRANDO, El nostre Sant V.F., Valencia 1952. *R.Konetzke*

Ferry, *Paul* (1591-1669), angesehener hugenottischer Prediger und vornehmer, vielseitiger Apologet des ref. Bekenntnisses in Frankreich zur Zeit der Gegenreformation. Aus dem hugenottischen Großbürgertum in Metz stammend, wurde F. nach seinem Studium in La Rochelle und Montauban ab 1612 als glänzender Prediger (»Goldmund«) sowie als Historiker und Kontroverstheologe bekannt. In einem langen Briefwechsel mit J. → Durie schloß er sich aktiv den irenischen Bemühungen der Akademie von → Saumur um eine prot. Union in Europa an (→ Einigungsbestrebungen: II, 3). Mit → Bossuet, der 1665 seinen ref. Katechismus angriff, setzte er sich geistvoll auseinander, als 1667 der Hof die Rückführung der hugenottischen Kirche zur kath. Staatsreligion betreiben wollte. F. gehört zu den besten Verteidigern des angefochtenen ref. Glaubens in Frankreich und zu den Wegbereitern einer neuen innerprot. Irenik.

Nachlaß in der Metzer Staatsbibliothek. Schriften in der prot. Bibliothek in Paris. - Über F.: E. et E.HAAG, La France Protestante VI, 1888², 511f. *J.Moltmann*

Fesch, *Joseph* (1763-1839), Korse, Onkel → Napoleons I., verzichtete während der Revolution auf die in Aix-en-Provence begonnene kirchliche Laufbahn, nahm sie aber nach Unterzeichnung des Konkordats zwischen Napoleon und Pius VII. (→ Frankreich: I) wieder auf (1801) und wurde Kanonikus in Bastia (Korsika), dann Erzbischof von Lyon und Kardinal. Als franz. Botschafter beim Vatikan hielt er seine Stellung bis zum Bruch zwischen Napoleon und dem Papst. Auf dem Nationalkonzil, das die Abdankung Pius' VII. durchsetzen sollte, nahm er für den Papst Partei und fiel dadurch bei Napoleon in Ungnade. Während der Restauration zog er sich nach Rom zurück und widmete sich dem Studium der Künste und der Literatur, ohne jemals den geforderten Verzicht auf sein Erzbistum zu leisten.

Encyclopédie Lichtenberger IV, 1878, 719 - Mgr. L.RICARD, Le cardinal F., archevêque de Lyon, Paris 1893 - RE VI, 52 - Basler Biographen II, 1905, 71ff - A.LATREILLE, Napoléon et le Saint-Siège (1801-18): l'ambassade du cardinal F. à Rome, Paris 1935. *R.Voeltzel*

Feßler, 1. *Ignaz Aurelius,* * 18.5.1756 in Czurendorf (Ungarn). Begabter, unruhiger und von Schicksalsschlägen verfolgter Reformer und Philanthrop der späteren Aufklärung, Orientalist und historischer Schriftsteller. → Joseph II. beschützte den ehemaligen Kapuziner, der 1784 Lektor, dann Prof. der Orientalistik in Lemberg wurde, 1791 zum Luthertum übertrat, eine herrnhutische Bekehrung erlebte und nach preußischem und russischem Staatsdienst am 15.12.1839 als luth. Gen.-Sup. und Kirchenrat zu Petersburg starb. Die spätantike Moralphilosophie, der barockphilosophische Panentheismus, der Kantianismus und eine 20jährige Auseinandersetzung mit dem Freimaurertum prägten seine Wesensart.

Vf.: Ansichten von Religion u. Kirchenthum, 3 Bde, 1805; Christl. Reden, 2 Bde, 1822; Liturg. Versuche zur Erbauung der Gläubigen, 1823; Rückblicke auf seine 70jährige Pilgerschaft, 1824; Resultate meines Denkens u. Erfahrens, 1826 (verf. nach d. Bekehrung). *W.Philipp*

2. *Joseph* (1813-72), Bischof, kath. Kirchenhistoriker und Kanonist, * Lochen/Vorarlberg, † St. Pölten, seit 1852 an der Universität Wien, 1862 Weihbischof von Vorarlberg, 1864 Bischof von St. Pölten. Wegen seiner umfassenden Kenntnisse der KG und des Kirchenrechts 1869/70 Generalsekretär des → Vatikanum. F. gehörte zu der kleinen Gruppe der ultramontanen österreichischen Bischöfe.

Vf. u.a.: Institutiones Patrologiae, 2 Bde, (1850/51) 1890-96²; Das kirchl. Bücherverbot, 1869; Die wahre u. falsche Unfehlbarkeit der Päpste, 1871; Das Vatikan. Konzil, dessen äußere Bedeutung u. innerer Verlauf, 1871. - Über F.: A.ERDINGER, Dr. J.F., 1874 (Bibliogr.) KL IV, 1388ff - LThK III, 1014 (Lit.). *G.Maron*

Feste und Feiern

I. Religionsgeschichtlich - II. In Israel - III. Im Urchristentum IV. Christliche Feste, geschichtlich - V. Liturgisch - VI. Rechtlic[h]

I. Religionsgeschichtlich

1. Wesen der F. und Feiern - 2. Bezogenheit auf die Urzeit 3. Haupttypen der F. und Feiern

1. Der dänische Forschungsreisende und Kenner d[er] → Eskimos K.Rasmussen (1879-1933) hat in Alaska fo[l]gende Erzählung gehört, wie die heilige Gabe des G

sanges (→ Musik: II), des → Tanzes und des F.s zu den Menschen gekommen sei. Ein einsames Eskimopaar erzieht seinen ältesten Sohn zu einem tüchtigen → Jäger, der aber während einer Jagd spurlos verschwindet. Dasselbe Schicksal erleidet der zweite Sohn. Der dritte schließlich wird, als er in der Wildnis umherstreift, von einem Adler überrascht. Dieser schiebt seine Haube vom Kopf zurück und verwandelt sich in einen Menschen. Er bedroht den Jüngling mit dem Tode, wenn er nicht ein Sängerfest abhalten werde. Als der Renntierjäger dazu gerne bereit ist, wird er zu der alten Adlermutter geführt, die auf einem hohen Gebirge thront. Dort lernt er alles, was zu einem wirklichen Fest gehört: Gesänge zu dichten und zu singen, die Trommel zu schlagen, vor Freude zu tanzen und eine Festhütte zu bauen. Dann erfährt er, daß man viel Fleisch heranschaffen und Menschen einladen müsse. »Es gibt doch keine anderen als uns«, antwortet der Jüngling. »Die Menschen sind allein, weil sie die Gabe des F.s nicht bekommen haben«, erwidert die Adlermutter und verspricht, Gäste zu beschaffen. Der junge Adler fliegt dann mit dem Renntierjäger zurück, der das Fest den gegebenen Anweisungen gemäß veranstaltet. Die Gäste, in Wolfs-, Vielfraß- oder Fuchsfelle gekleidet, stellen sich paarweise ein. Nach Beendigung des F.s sehen Vater und Sohn, daß ihre Gäste wieder Tiere werden. Denn »so gewaltig ist die Macht des F.s, daß darunter sogar Tiere Menschen werden können«. Der Jüngling erblickt noch einmal die Adlermutter, die wieder jung geworden ist. »Denn wenn die Menschen F. halten, werden alle alten Adler verjüngt, und deshalb ist der Adler der heilige Vogel des Gesanges, des Tanzes und des F.s.« So endet die Erzählung. – Dieser Ursprungsmythos (→ Mythos) eines Naturvolkes läßt einige Hauptzüge des F.s erkennen: es entstammt einer anderen Welt und ist also eine Göttergabe, es schafft Gemeinschaft sowohl zwischen den Menschen untereinander wie zwischen ihnen und der göttlichen Welt, es gibt den Teilnehmern Freude und neues Leben, indem sie durch das Fest verjüngt und verwandelt werden. So hat auch Kerényi die Eigenart des F.s als ein mehr als nur pflichtmäßiges Kulthandeln (→ Gottesdienst: I, → Kultus) bestimmt: »Es muß etwas Göttliches hinzukommen, wodurch das sonst Unmögliche möglich wird. Man wird auf eine Ebene erhoben, wo alles ist, wie am ersten Tage, ›leuchtend, neu und erstmalig‹, wo man mit Göttern zusammen ist, ja selbst göttlich wird, wo Schöpfungsodem weht und man an der Schöpfung teilnimmt. Das ist das Wesen des F.s, und das schließt die Wiederholung nicht aus. Im Gegenteil« (S. 70). Hinzuzufügen wäre vielleicht folgendes: Beim Gebrauch des Wortes Kultus steht die Gottheit, die mit → Gaben, → Opfern und → Gebeten verehrt wird, doch im Vordergrund; bei »Fest« dagegen denkt man eher an die Kultteilnehmer und ihre subjektive Stimmung. Es ist bezeichnend, daß das Wort Fest für das mehr äußere Volksleben beibehalten wird, wenn man das Festgeschick in einen religiösen und einen profanen Teil zerreißt (vgl. die profane Verwendung des Wortes »Messe«). »Feier« scheint seinen ursprünglichen Gehalt mehr beibehalten zu haben (vgl. schwed. »helg«). Während Kerényi und im Anschluß an ihn Ad.E.Jensen die Meinung vertreten, alle Kulthandlungen seien F. und alle F. Spiele, obgleich jene »ein geistiges Element mehr« enthalten, will Pater W. → Schmidt schärfer zwischen F.n und Spielen unterscheiden. Auf Grund einer Untersuchung der F. bei den westzentralkalifornischen Yuki-Indianern, der Festspiele bei den ostzentralkalifornischen Maidu-Indianern, der F. und Festspiele bei Algonkin-Indianern Nordamerikas und bei südostaustralischen Stämmen – alles Gebiete der angeblichen Urkultur (→ Kulturkreislehre) – kommt er zu folgenden Schlüssen: die Festspiele der jüngeren Stämme können nicht von den F.n der benachbarten älteren abgeleitet werden; vielmehr handelt es sich um zwei verschiedene und selbständige Erscheinungen. Ein Charakteristikum der F., die nicht Spiele sind, sei »ihr betont rationaler Charakter, ihr intellektualistisch-ethisches Ziel und ihr Mangel an dramatischer Gestaltungskraft«. Die spielerzeugenden Elemente der affektiven Erregbarkeit, der Phantasie, des bildlichen Schaffens und der kindlichen Naivität seien am besten bei den totemistischen Jägern erhalten, während sie in der patriarchalen Hirtenkultur und der matriarchalen Agrarkultur mehr zurückträten. Durch Beeinflussung solcher Jäger sei eine Entwicklung der F. der älteren Stämme zu Festspielen doch möglich geworden. Auch wenn es müßig erscheinen mag, solche komplizierten Vorgänge der Urzeit zu rekonstruieren, sind doch die Distinktionen W.Schmidts nützlich, weil sie der tatsächlichen Inhaltsverschiedenheit der Begriffe F., Festspiele und Spiele gerecht werden.

2. Ein besonderes Merkmal der F. ist ihre *Bezogenheit auf die mythische Urzeit* (→ Chaos). Im Fest wird der Mensch in dieselbe zurückversetzt, die erste → Zeit wird in der Gegenwart lebendig, oder vielmehr: die gewöhnliche Zeit wird durchbrochen durch das ewige Jetzt einer anderen, himmlischen Welt. In griechischer und doch allgemeingültiger Terminologie gesprochen: Die Begegnung (συμβάλλεσθαι) zwischen den beiden Welten mit ihren entsprechenden Zeitarten (αἰών-χρόνος; → Aion) und Erkenntnisformen (ἐπιστήμη – δόξα) wird im »symbolischen« Mythos erfaßt. Die → Schöpfung und die Urzeitereignisse, die die Welt und das Menschenleben hervorgerufen und ihm Bedeutung und Inhalt verschafft haben, werden erzählt, pantomimisch angedeutet oder dramatisch als Festspiele vorgeführt (→ Drama). Dadurch wird auch das Dasein neu geschaffen, und die ersehnte Glückszeit der Zukunft ist für einen Augenblick wirklich gegenwärtig. Urzeit und Endzeit begegnen einander, und der Mensch wird aus dem gewöhnlichen Strom der Zeit in eine andere Zeit- und Lebenssphäre erhoben. Dieses Grunderlebnis des F.s ist in der Welt der Religion so allgemein, daß man es mit C.G. → Jung zu den Urbildern oder Archetypen der menschlichen Psyche rechnen könnte. Mit einer älteren, von Adolf Bastian (1826–1905) geprägten Terminologie könnte man es auch als einen Elementargedanken bezeichnen. Die rituelle oder mythische Tracht, in welche dieses Festerlebnis gekleidet wird, kann sehr verschieden sein und wechselt je nach dem besonderen Charakter des F.s.

Die heutigen Indianer in Nordwestkalifornien feiern ein → Neujahrsfest, das entweder diesen Namen trägt oder »Wiederherstellung« genannt wird, dh Erneuerung, Befestigung der Welt. Seinem allgemeinen Teil entsprechend wird es auch als »Hirschfell- bzw. Springtanz« oder nur als »Tänze« bezeichnet. Der spezielle und esoterische Teil des F.s beabsichtigt ausdrücklich die Welt zu erneuern, was durch den Wiederaufbau des heiligen Tanzgebäudes veranschaulicht wird. Weiter zündet man neues → Feuer an, weiht den → Erstling des Fischfangs oder der Ernte und veranstaltet andere Riten, die → Krankheiten und Unglücksfällen während des folgenden Jahres vorbeugen sollen. Die Zeremonien, die allein in diesem Teil Kaliforniens ein Dutzend sehr verschiedener Ausgestaltungen haben, sind, wie man sagt, von den geistigen Wesen gestiftet, die vor den Menschen die Erde bevölkert haben. Ihre Worte und Handlungen werden von einem Priester vorgetragen oder dramatisch nachgebildet, nachdem er sich mit → Reinigungen und → Askese vorbereitet hat.

Auf der Insel Ceram (Molukken) steht ein anderes Urzeitgeschehen, das Töten der weiblichen Gottheit

Hainuwele, im Mittelpunkt des F.s. Diese Tat beraubte die Menschen ihrer Unsterblichkeit. Aber zusammen mit dem Tode kam auch die → Fruchtbarkeit und die Zeugungsfähigkeit in die Welt. Aus dem Körper der getöteten Hainuwele, die auch mit dem Mond und dem Schwein identifiziert wird, entsprossen die Nutzpflanzen. Das Leben der Menschheit ist überhaupt in sehr mannigfacher Weise mit dem Schicksal des göttlichen Mädchens verbunden. In den → Initiationsriten, die die → Pubertät begleiten, muß man also den ersten Tod wiedererleben, um sich dadurch auch die Zeugungskraft der ersten Menschen zu eigen zu machen.

In derselben Weise sind wohl → Kopfjagd und → Kannibalismus bei den Marindanim, einem Papuavolk auf Neu-Guinea, als eine rituelle Wiederholung des lebenspendenden Urtötens zu erklären. Dasselbe gilt von den Dajaken auf Süd-Borneo, bei denen jedes Fest auch eine entschiedene kosmologische Bedeutung hat. Das Schöpfungsmysterium der Urzeit wird wiederholt: aus dem vernichteten → Weltenbaum entstehen Weltall und Menschengeschlecht, aus dem getöteten Elephanten mit seiner goldenen Haut aller materielle Reichtum und aus dem getöteten Priesterpaar der Urzeit die wichtigsten Nutzpflanzen.

Indische Opfer-F., vorderorientalische, altgriechische und hellenistische Neujahrs- bzw. → Mysterien-F. werden grundsätzlich von denselben Hauptgedanken getragen wie die F. der → Naturvölker. Kerényi und Ad.E. Jensen wollen wegen der großen Übereinstimmungen sogar einen kulturgeschichtlichen Zusammenhang zwischen dem alten Hellas und Indonesien postulieren.

Auch wenn die grundlegenden und lebenschaffenden Handlungen der Urzeit bei jedem Fest erneuert werden, steht je nach der besonderen Art des F.s das eine oder andere Urmoment im Vordergrund. Die indische Hochzeit (→ Ehe: I) erneuert das kosmische Mysterium, wodurch einst Himmel und Erde sich miteinander vereinigt haben; dabei vertritt der Mann den Himmel und die Frau die → Erde. In Japan spielt das göttliche Urpaar Izanagi und Izanami dieselbe vorbildende Rolle. Bei den Maori entsprechen alle Stufen des Werdens des kommenden Kindes dem mythischen Urgeschehen, in dem die Erdjungfrau Hine-Ahu-One die erste Kindgebärerin wurde (vgl. Gen 2, 24; 3, 19). – In den gestifteten Religionen tritt zu der Bezogenheit des F.s auf die mythische Urzeit diejenige auf die historische Zeit des Stifters. Diese wird als eine neue, schöpferische Urzeit erlebt, die immer wieder durch Wort und kultische Handlung in Erinnerung gerufen wird. Die Heilszeit schließt hier auch das Wiederkommen des → Erlösers ein, das im Fest vorgebildet wird.

3. F. und Feiern können theoretisch in folgende, allgemein vorkommende *Hauptgruppen* eingeteilt werden: a) Die F., die einschneidende Vorgänge des individuellen Menschenlebens hervorheben, sog. → Rites de passage »von der Wiege bis zum Grabe«, die sich aber auch auf die Zeit nach dem → Tode beziehen (→ Begräbnis, → Totenverehrung, → Trauerbräuche). – b) Die F. eines besonderen Berufes, zB »das Jahr des Bauern« (des Jägers [→ Bärenfest], des Fischers, des Hirten; unter den Kulturvölkern auch F. der verschiedenen Stände). Bes. die erstgenannten sind mit dem natürlichen Jahresverlauf und seinen Veränderungen eng verknüpft (→ Jahreszeiten). – c) Die geschichtlich begründeten, politischen F. und Feiern des Kulturstaates, die u.a. Hauptdaten des Herrschers betreffen. – d) Besondere Götter-F. oder F. der Erinnerung an Ereignisse im Leben der großen Propheten, Heiligen oder Religionsstifter. Im religiösen Kalender sind alle diese Arten von F.n und Feiern vereinigt, wie sie auch untereinander mannigfach verwoben sind. Sowohl das ganze Leben des einzelnen und des Stammes oder Volkes als auch das damit zusammenhängende oder parallel laufende Leben der Natur oder des Kosmos wird durch die F. und Feiern geheiligt und gefördert.

M.P.Nilsson, Griech. F. von relig. Bedeutung mit Ausschluß des Attischen, (1906) 1957 – ERE V, 835ff – HWDA II, 1348ff – RGG² II, 545ff – E.Best, The Whare Kohanga (the »Nest House«) and Its Lore (Dominion Museum Bulletin 13), Wellington 1929 – L.Deubner, Attische F., (1932) 1956 – C.A.Scharbau, Die Idee der Schöpfung in der vedischen Lit., 1932, 104ff – J.J.Meyer, Trilogie altind. Mächte u. F. der Vegetation I–III, 1937 – K.Rasmussen, Die Gabe des Adlers, 1937 – J.Huizinga, Homo ludens, Haarlem 1938; dt. 1939 u.ö. – K.Kerényi, Vom Wesen des F.s (Paideuma 1, 1938, 59–74) – W.F. Snyder, Public Anniversaries in the Roman Empire (Yale Classical Studies 7), 1940 – Ad.E.Jansen, Spiel u. Ergriffenheit (Paideuma 2, 1941/42, 124–139) – Ders., Das relig. Weltbild einer frühen Kultur, 1948 – H.Schärer, Die Gottesidee der Ngadju Dajak in Süd-Borneo (Diss. Leiden), 1946 – M.Griaule, Dieu d'eau, Paris 1948 – H.Rahner, Der spielende Mensch (ErJb 16, 1948, 11–87) – M.Eliade, Le mythe de l'éternel retour, Paris 1949; dt. 1954 – A.L.Kroeber–E.W.Gifford, World Renewal. A Cult System of Native Northwest California (Anthropological Records 13, 1), Berkeley–Los Angeles 1949 – G.van der Leeuw, Urzeit u. Endzeit (ErJb 17, 1949, 11–51) – Ders., Die Bedeutung der Mythen (Festschr. A.Bertholet, 1950, 287–293) – Ders., Phänomenologie 439ff – G.Gugitz, Das Jahr u. seine F. im Volksbrauch Österreichs I–II, Wien 1949/50 – W.Schmidt, Spiele, F., Festspiele (Paideuma 4, 1950, 11–22) – S.Schott, Altägypt. Festdaten, 1950 – Ders., Das schöne Fest vom Wüstentale, 1953 – G.E.v. Grunebaum, Muhammadan Festivals, New York 1951 – RÄRG 185ff – Th.H.Gaster, Festivals of the Jewish Year, New York (1952) 1955 – W.Filchner–D.Shrîdhar Marâthe, Hindustan im Festgewand, 1953 – E.Schneeweiss, F. u. Volksbräuche der Sorben, 1953 – E.Fehrle, F. u. Volksbräuche im Jahreslauf europ. Völker, 1955.

C.-M.Edsman

II. In Israel

1. Unsere Kenntnis der in Israel begangenen F. beruht auf den verhältnismäßig wenigen Angaben des AT, die zudem meist nur ein Fest nennen, ohne etwas über die dabei geübten Bräuche auszusagen; hinzu kommt lediglich der sog. Passa-Papyrus aus → Elephantine. Dadurch, daß einige Lieder und Psalmen gattungsgeschichtlich zu bestimmten festlichen Begehungen gehören (→ Formen: I), kann das Bild gelegentlich ergänzt werden.

In der Familie bzw. Sippe wurden die Ereignisse im Lebensablauf gefeiert: Entwöhnung des Kindes (Gen 21, 8), Hochzeit (Gen 29, 22ff; Ri 14, 10ff), Begräbnis (2Sam 3, 31ff), vielleicht auch die Beschneidung (vgl. Gen 17), aber auch bestimmte Begebenheiten des Bauernjahres, zB die Schafschur (1Sam 25, 2ff; 2Sam 13, 23ff). Ebenso waren auch politische Ereignisse durch Feiern ausgezeichnet: Es gab Sieges-F. (vgl. 1Sam 15, 12 sowie die »Siegeslieder«: Ex 15, 20f; 1Sam 18, 7), aber auch Klagefeiern mit → Fasten (Sach 7, 5; 8, 19; vgl. die → Klagelieder und dazu H.-J.Kraus in BK XX). Die Thronbesteigung des Königs war ein feierlicher Akt (1Kön 1, 33ff; 2Kön 11, 4ff; dazu einzelne → Psalmen); ob auch ihre Jahrestage begangen wurden, ist indes unsicher. – Über die kultischen Feiern an den mannigfachen Heiligtümern in vorexilischer Zeit (vgl. zB Am 4, 4; 5, 5; Hos 4, 15; 12, 12 u.a.) sind (außer Ri 21, 19–21; 1Sam 1, 3ff) keine Nachrichten erhalten, ebensowenig über die der nichtjahwistischen Fremdkulte (vgl. Jer 7, 18; 44, 16ff; Ez 8, 14ff; s. auch → Ugarit, 3).

Die F. und Feiern in Israel und im Judentum, die bleibende Bedeutung gehabt haben, werden im folgenden eingehender behandelt.

2. Wie überall, wo die Zeit in durch den Mondumlauf bestimmte Fristen (Monate) eingeteilt wird, war auch in Israel der *Tag des Neumondes*, dh der Tag, an dessen Vorabend (der zu diesem Tag gehörte; → Chronologie: III, 1) die Mondsichel erstmals wieder sichtbar wurde, ein Feiertag. Über die Bedeutung dieses Tages in der Zeit *vor* der Jahweverehrung ist dem AT nichts zu entnehmen; er ist bereits überall ein Feiertag für Jahwe. Der Neumond wird öfter zusammen mit dem → Sabbat genannt (schon Am 8, 5; Hos 2, 13; Jes 1, 13; 2Kön 4, 23). Das geschieht nicht deshalb, weil auch der Sabbat ein Mondphasentag gewesen wäre (→ Sabbat), sondern weil wie der Sabbat so auch der Neumond ein Tag der Ruhe ist, der zu kleinen Reisen Zeit läßt (2Kön 4, 23) und an dem selbst gewinnsüchtige Händler nicht verkaufen können (Am 8, 5). Der Neumond ist Gelegenheit für ein Festmahl beim König (1Sam 20, 5. 18. 24f) wie für das Jahresopfer einer Sippe (20, 6). Die Opfervorschriften von Ez 46, 1-7 (für den »Fürsten«) und Num 28, 11-15. 9f bewerten den Neumond höher als den Sabbat.

3. Die wichtigsten Ereignisse im kultischen Leben der Israeliten waren die Passafeier und die drei großen Wallfahrts-F.: das Massotfest, das Erstlings- oder Wochenfest und das Lese- oder Laubhüttenfest im Herbst. Das *Passa* (der Name ist noch nicht befriedigend gedeutet) ist nicht ein ḥāg, ein Wallfahrtsfest, sondern eine Feier mit Schlachtung und gemeinsamem Genuß des Passatieres, nach Ex 12, 21 (J) eines Schafes, nach Dtn 16, 2 eines Rindes oder Schafes, nach Ex 12, 5 (P) eines jungen Widders oder Böckleins. Damit ist ein besonderer Ritus verbunden: Türpfosten und Oberschwelle werden mit dem Blut des Passatieres bestrichen (Ex 12, 22f. 7. 13), zur Abwehr des »Verderbers«. Über die ursprüngliche Bedeutung des Passabrauches erfährt man nichts. Daß es ein Erstgeburtsopfer war, ist unwahrscheinlich (Ex 22, 29; 12, 5 u.a.). Die Israeliten haben in der Zeit vor der Landnahme den Passabrauch wohl vor dem Weidewechsel im Frühjahr, dh vor der Wanderung in das Kulturland, als eine den Herden Schutz sichernde Begehung geübt (Rost). Der älteste Beleg (Ex 12, 21 J) setzt das Passa als bekannt voraus. Der alte Nomadenbrauch ist hier »historisiert«, indem er mit dem Hauptereignis der israelitischen Heilsgeschichte, dem Auszug aus Ägypten, verbunden wurde (12, 21-23). Der Anlaß für diese Verbindung war, überlieferungsgeschichtlich gesehen, die dem Passa zugehörende Situation des Aufbruchs. Darüber hinaus gab der Blutritus die Möglichkeit, das Passa auch mit der Tötung der ägyptischen Erstgeburt zu verbinden (12, 23), die ihrerseits als Anlaß für die Freigabe der Israeliten durch den Pharao der Exodus-Überlieferung eingegliedert wurde (11, 4a β-8). Diese »Historisierung« hat den Charakter des Passa bestimmt: Es wurde die Feier zur Erinnerung an den Exodus (vgl. Dtn 16, 1; Ex 12, 11-14 P). – Ursprünglich wurde das Passa sippenweise (Ex 12, 21) in den Zelten und nach der Landnahme in den Häusern gefeiert. Im Zuge der Kultuszentralisation unter → Josia wurde die Feier an das Zentralheiligtum (in Jerusalem) verlegt (Dtn 16, 7. 2. 5f). Diese Regelung wurde auch nach dem Exil beibehalten (2Chr 30, 1. 5); jedoch wurde später wegen der großen Zahl der Teilnehmer das Passa zwar noch auf dem Tempelplatz geschlachtet, aber nicht mehr in den Vorhöfen des Tempels (2Chr 35, 13f; Jub 49, 16f. 20), sondern in den Häusern Jerusalems gebraten und gegessen (Pes V, 10; VII, 12f u.ö.). – Als Termin des Passa steht seit dem Exil der 14.I. (= 14. Abib bzw. Nisan; März/April), genauer die am Ende des 14.I. beginnende Nacht fest (Ez 45, 21; Lev 23, 5 usw). Aber auch vorher wird die (nächtliche!) Feier wohl immer am Frühlingsvollmond begangen worden sein.

4. Im Gegensatz zum Passa sind die drei *Wallfahrts-F.* (vgl. Ex 23, 14. 17; 34, 23; Dtn 16, 16) Ackerbau-F., die (nach allgemeiner Auffassung) Israel im Kulturland von den Kanaanäern übernommen hat. Von einem kanaanäischen Lesefest im Herbst berichtet Ri 9, 27, von solch einem Fest in den Weingärten von → Silo bzw. am dortigen Tempel aus Israels Frühzeit Ri 21, 19-21 und 1Sam 1, 3ff(?). Auch für das Erstlingsfest ist die Übernahme von den Bewohnern des Kulturlandes wahrscheinlich; die Darbringung der Erstlingsfrüchte an die Gottheit ist allgemein verbreitet. Lediglich für das Massotfest könnte man israelitischen Ursprung annehmen (Kutsch, Passa).

a) Das vom Exil an mit der Passafeier terminlich verbundene (Lev 23, 6-8 usw: 15.-21.I.) *Massotfest*, an dem man 7 Tage lang ungesäuertes Brot aß, wurde ursprünglich unabhängig von dieser begangen. Nach Dtn 16, 7b, also noch kurz vor dem Exil, kehren die Passateilnehmer nach der Feier im Tempel nach Hause zurück (die Angaben über das Massotfest in Dtn 16, 3a β. b. 4a. 8 sowie in Dtn 16, 16 sind sekundäre Erweiterung [Horst]). Das Massotfest fiel früher genau mit einer Woche zusammen; es begann an einem »Tag nach Sabbat« (Lev 23, 11. 15), sobald die Gerste zum Schnitt reif war (vgl. Dtn 16, 9). Wie das Passa wurde auch das Massotfest mit dem Exodus in Verbindung gebracht und so »historisiert« (Ex 12, 29-34. 37-39 J; 23, 15; 34, 18; 12, 15-20 P; Dtn 16, 3b).

b) Am zweiten Fest, dem *»Fest der Schnitternte«* (Ex 23, 16), wurden die → Erstlinge der Feldfrüchte (Ex 23, 16; 34, 22; Lev 23, 17; vgl. Dtn 26, 1ff) dargebracht. Es wurde 7 Wochen nach dem Beginn des Massotfestes (Lev 23, 15f; Dtn 16, 9) begangen (daher: *Wochenfest:* Ex 34, 22; Dtn 16, 9), fiel also in den 3. Monat. Wegen des doppelten Monatswechsels zwischen beiden F.n konnte, solange die Monatslängen nicht festgelegt waren (→ Chronologie: III, 1), für dieses Fest auch dann kein genaues Datum angegeben werden, als das Massotfest auf den 15.-21.I. fixiert war. In dem Bestreben, möglichst viele Ereignisse genau zu datieren, legte die → Priesterschrift die Vorgänge am Sinai auf das Wochenfest (vgl. Ex 19, 1) und verband so mit diesem Fest die Vorstellungen von dem → Bund Jahwes mit seinem Volk (Kutsch, Herbstfest). Dementsprechend datiert der Chronist die Bundesfeier unter dem König Asa ebenfalls auf das Wochenfest (2Chr 15, 10). Da das → Jubiläenbuch alle Bundesschlüsse, die es dem AT entnimmt, auf das Wochenfest legt, wird auch die Bundesfeier der Gemeinschaft von → Qumran (1QS I, 18 - II, 18) zu diesem Fest und nicht zum Herbstfest gehören. Im orthodoxen Judentum scheint dagegen das Wochenfest noch nicht eine so hervorragende Stellung gehabt zu haben; kein Traktat darüber ist überliefert. Erst im 2.Jh. nChr wird es das Fest der Offenbarung und der Gesetzgebung am Sinai, das es bis heute geblieben ist.

c) Seit alters war für die Israeliten das *Lesefest im Herbst* das bedeutendste Fest des Jahres (Ex 23, 16; 34, 22; Dtn 16, 13-15; Ez 45, 25; Lev 23, 34-36. 39-43; Num 29, 12-38) und wird deshalb als *»das* Jahwefest« (Ri 21, 19; Lev 23, 39) oder schlechthin als *»das* Fest« (1Kön 8, 2. 65; 12, 32; Ez 45, 25; Neh 8, 14; 2Chr 5, 3; 7, 8) bezeichnet. Es wurde bis zum Exil, wie das Massotfest mit einer Woche zusammenfallend, »am Ende (!) des Jahres« (Ex 23, 16) bzw. »an der Wende des Jahres« (Ex 34, 22) gefeiert, vom Exil an auf den 15.-21.VII. datiert (Ez 45, 25) und um einen Tag, die ʿaṣæræt, erweitert (Lev 23, 34-36. 39-43 usw). Der wichtigste Festbrauch ist nach dem AT das siebentägige Wohnen in Laubhütten (Lev 23, 42f; Neh 8, 14ff; deshalb: *»Laubhüttenfest«:* Dtn 16, 13. 16; 31, 10; Lev 23, 34; Sach 14, 16; Esr 3, 4; 2Chr 8, 13); weitere Bräuche des Judentums sind in dem Traktat Sukka (→ Mischna) überliefert. Das Herbstfest als das Hauptfest des Jahres ist die Gelegenheit für die Weihe des salomonischen Tempels (1Kön 8), aber auch für die »Erinnerung« des Jahwebundes in jedem 7. Jahr, dem → Erlaßjahr (Dtn 31, 10f). Für die Endzeit erwartet → Sacharja die Versammlung aller Völker zu diesem Fest (14, 16). Jerobeam soll nach einer jungen Notiz dieses Fest um einen Monat verschoben haben (1Kön 12, 32f); aber selbst nach der Katastrophe von 587 wallfahrten noch Leute aus Sichem, Silo und Samaria im 7. Monat, dh zu diesem Fest, nach Jerusalem (Jer 41, 4f). Besonders schwierig war es, auch beim Herbstfest eine Beziehung zum Auszug aus Ägypten herzustellen. Die Erklärung der Priesterschrift, die Israeliten sollten zum Fest in Hütten wohnen wie beim Exodus (Lev 23, 42f), ist gezwungen; denn in der Wüste hat man keine Laubhütten, sondern nur Zelte.

5. Vom → Heiligkeitsgesetz an werden im 7. Monat (im Herbst) außer dem Laubhüttenfest zwei weitere F. genannt: am 1. VII. und am 10.VII.

a) Im späteren Judentum ist – neben »Jahresanfängen« für verschiedene Anlässe am 1.I., 1.VI. und 1.XI. (RH I, 1a. b. d) - der 1.VII. der *Neujahrstag* schlechthin als der 1. Tag des im Herbst beginnenden Jahres (RH I, 1c. 2c; → Chronologie: III, 1). Wenn dieser Tag im AT über die anderen Neumondtage hinaus (vgl. Num 29, 1-6) durch »lärmendes Gedenken« (Lev 23, 24b. 25), aber auch (nach Esr 3, 6) durch den Wiederbeginn des Opferdienstes (vgl. auch Neh 8, 2) ausgezeichnet ist, dann wird man ihn auch hier schon als Neujahrstag anzusehen haben. - Demgegenüber war der Jahresbeginn im Frühjahr (am 1.I.) nicht durch einen Feiertag ausgezeichnet.

b) Der 10.VII. ist der große *Versöhnungstag* (Lev 16; 23, 27-32; 25, 9; Num 29, 7-11). Zunächst für die Entsündigung von Priester und Volk bestimmt, umschloß er später auch die Reinigung des Tempels (Lev 16; Vriezen). In einem besonderen Ritus wurden die Sünden des Volkes auf einen → Sündenbock übertragen und dieser in die Wüste »zu Asasel« getrieben. Die Frage der Datierung des Versöhnungstages ist noch nicht befriedigend geklärt. Daß er an die Stelle eines früheren Neujahrstages getreten sei, ist ausgeschlossen, da der 10.VII. nie Neujahrstag war (Ez 40, 1 ist der 10.I. gemeint). Die Datierung auf den 10.VII. setzt offenbar die Festlegung des Laubhüttenfestes auf den 15.VII. voraus, ist also frühestens exilisch. Ob und an welchem Zeitpunkt in früherer Zeit regelmäßig ein Versöhnungstag begangen wurde, ist nicht sicher zu erkennen. Daß der Brauch des »Sündenbockes« am 10.VII. ursprünglich wie das Passa eine Begehung vor dem Weidewechsel, diesmal in die Wüste, gewesen sei (Rost), ist Lev 16 nur durch Umdeutung des Textes zu entnehmen. Ez 45, 18-20 wird eine Entsündigung des Tempels am 1.I. und 7.I. (MT) bzw. 1.VII. (LXX) gefordert, ein Versöhnungstag am 10.VII. aber nicht erwähnt. Andererseits wird man aus der Übergehung des Versöhnungstages in 2Chr 7, 7-10; Esr 3, 1-6; Neh 8 kaum schließen dürfen, daß dieser zur Zeit des Chronisten (oder gar eines »2. Chronisten« um 300 vChr; Galling im ATD zSt) noch unbekannt gewesen sei.

6. Das nachexilische Judentum kannte außerdem noch einige weitere F.:

a) Das *Purimfest*, ein weltliches Volksfest, wurde nach seiner Festlegende, dem → Estherbuch (9, 21-32), am 14. und 15. Adar (Febr./März) zur Erinnerung an die Tötung der Feinde der Juden im persischen Reich zur Zeit des Königs Ahasveros (Xerxes) gefeiert. Zwar ist der Name des Festes »Purim« bzw. der Sing. »Pur« in Est 3, 7; 9, 24. 26 (als Fremdwort aus dem Sumerischen) wohl zutreffend als »Los« erklärt. Auch der Ausgangspunkt des Festes, Susa, die Hauptstadt des Perserreiches (9), ist vielleicht richtig angegeben; jedenfalls dürfte das Fest in der jüdischen Diaspora des Ostens entstanden sein. Im einzelnen aber ist die Erzählung über den Ursprung des Festes unhistorisch, seine Entstehung bis heute nicht befriedigend erklärt. Wahrscheinlich steht hinter dem Purimfest ein heidnisches Fest, das von den Diasporajuden übernommen und mit Hilfe einer neuen Festlegende judaisiert wurde. Dabei werden bes. folgende Möglichkeiten der Ableitung erwogen: 1) aus dem babylonischen Neujahrsfest bzw. dem babylonisch-persischen Sakäenfest; 2) aus einem bei Herodot III, 68-79 erwähnten Fest, das zum Gedächtnis eines Magiermordes unter Darius gefeiert wurde; 3) aus dem persischen Neujahrs- und Allerseelenfest Favardīgān (Lit. s. bei Eißfeldt). Vielleicht gegen Ende der Perserzeit, also um die Mitte des 4.Jh.s entstanden, blieb das Fest bis zum 2.Jh. vChr auf die östliche Diaspora beschränkt und wird 2Makk 15, 36 als »Mardochai-Tag« zuerst erwähnt.

b) Außerdem wurden die bedeutendsten Erfolge der Makkabäer-Erhebung gegen → Antiochus IV. Epiphanes und seine Nachfolger (→ Judentum: I) an ihren Jahrestagen gefeiert. Der Erinnerung an die Wiedereinweihung des Tempels am 25.IX. (Kislev; Nov./Dez.) des Jahres 164 vChr galt ein achttägiges *Tempelweihfest (Chanukka)* (1Makk 4, 36ff; 2Makk 1, 1ff. 10ff; 10, 1ff [»zweites Laubhüttenfest«]; Jos. ant. XII, 316-326 [»Fest der Lichter«]; Joh 10, 22). Der Sieg des Judas über den seleukidischen Feldherrn Nikanor am 13. Adar (Febr./März) 161 vChr wurde am *Nikanortag* gefeiert (1Makk 7, 43ff; 2Makk 15); und auch der *Tag der Einnahme der »Akra« (Burg)* durch Simon am 23. Ijjar (April/Mai) 141 wurde eine Zeitlang festlich begangen (1Makk 13, 51ff).

7. Die *Gemeinschaft von → Qumran* hat wohl im wesentlichen dieselben F. gefeiert wie das orthodoxe Judentum. Ein Text aus Höhle 4 (VT Suppl. 4, 1957, 25) nennt: 1. und 2. Passa (wie im Traktat Pesachim und meist im NT einschließlich Massotfest verstanden), Wochenfest (am 15.III.), »Tag des Gedenkens« (1.VII.), Versöhnungstag und Laubhüttenfest; dazu die Darbringung der ersten Webegarbe (vgl. Lev 23, 11) am 26.I., dem Tag nach dem ersten Sabbat nach dem Massotfest, von dem aus auch der Termin des Wochenfestes berechnet ist; ein weiteres Fragment kennt noch ein »Fest des Öles« am 22.VI. Bis auf die beiden letzten und auf das Wochenfest wurden die F. an den at. Daten gefeiert. Durch den Unterschied im Kalender (→ Chronologie: III, 2) fielen sie aber nicht mit den im orthodoxen Judentum begangenen F.n zusammen; dadurch konnte es zu Auseinandersetzungen zwischen jenem und der Sekte kommen (1QpHab XI, 6-8; S.Talmon, Bibl 32, 1951, 549-563). Gegenüber dem AT tritt - wie im Jub, das hier mit herangezogen werden darf, da es auch denselben Kalender wie die Sekte hat - bes. das Wochenfest als Fest der Bekräftigung des Bundes hervor (s. 4b). Außerdem spielt entsprechend der Bedeutung, die in der Gemeinschaft die Entsündigungsriten haben, der Versöhnungstag eine besondere Rolle (1QpHab XI, 7; 1Q22, III, 8ff; IV, 1ff; 1Q34², 6; Dam VI, 19).

8. Angeregt durch die Nachrichten über Kultus und F. im mesopotamischen Raum, suchte die at. Wissenschaft durch neue Fragestellungen und Untersuchungsmethoden, bes. durch kultgeschichtliche (→ Kultgeschichtliche Methode: II) und traditionsgeschichtliche Forschung, weitere Erkenntnisse über die israelitischen F. zu gewinnen, vor allem über das in Jerusalem, am »Eigentempel« der Davididen, begangene Herbstfest. Als erster hat P.Volz das Laubhüttenfest - in Parallele zu dem in Babylon im Nisan (im Frühjahr!) 12 Tage lang begangenen Neujahrsfest (→ Babylonien: II, 11) - als »Neujahrsfest Jahwes« am Beginn des Herbst-

jahres zu erklären versucht. Das Hauptmotiv dieses Festes sei die »Feier der großen Macht Jahwes in der Schöpfung und Volksgründung« gewesen; der »geschichtlich-geistige« Charakter sei gegenüber dem »bäuerlich-materiellen« des Erntefestes das Ursprüngliche. – Unabhängig von Volz hat auch S. → Mowinckel (Psalmenstudien II) in dem Herbstfest ein israelitisches Neujahrsfest gesehen. Mit Hilfe einer kultisch-mythischen Erklärung der sog. »Thronbesteigungspsalmen« (→ Psalmen: I; → Formen: I), deren Merkmal der Ruf: »jăhwǣ malăk« – nach Mowinckel: »Jahwe ist König geworden« – ist, sowie zahlreicher weiterer Psalmen, die hierher gehören sollen, gewinnt Mowinckel das Bild eines Festes, an dessen Höhepunkt, dem »Tag Jahwes«, wohl dem letzten Tag des Laubhüttenfestes und später dem 1.VII. (s. 5a), Jahwe alljährlich – der Kultmythos sagt: nach seinem Sieg über die Chaosmächte – in einer Prozession der Lade zum Tempel, dh in seiner »Thronbesteigung«, die Königsherrschaft über sein Volk und über die ganze Schöpfung antritt (vgl. auch → Gottesdienst: II, 3; → Mythos: III, 2). – Um die Rekonstruktion dieser »Thronfahrt Jahwes« hat sich im Anschluß an Mowinckel bes. H.Schmidt bemüht, dabei aber den Kreis der herangezogenen Texte eingeschränkt. – Ein weiterer Inhalt dieses Neujahrsfestes ist nach Mowinckel die kultische Erneuerung des Bundes zwischen Jahwe und seinem Volk. Das Ritual dieser jährlichen Bundeserneuerungsfeier mit der Kundgabe des Gesetzes als des Willens der Gottheit und dem nachfolgenden Bundesschluß als wichtigsten Bestandteilen finde sich – übertragen in den literarischen Mythos – in den Berichten bei J und E über den Bundesschluß am Sinai. – Auch für G.v.Rad ist die Sinaiperikope die – allerdings dem Kult vorgeordnete und ihn normierende – Festlegende eines Bundeserneuerungsfestes am Laubhüttenfest (vgl. Dtn 31, 10f; Neh 8); Haftpunkt der Tradition und ursprünglicher Ort der Begehung sei nach Jos 24 das Heiligtum in → Sichem gewesen. – Wie für Mowinckel das Thronbesteigungsfest mit der Thronfahrt Jahwes, so ist für A.Weiser das jährliche Bundeserneuerungsfest mit einer »Kulttheophanie« Jahwes der Höhepunkt des kultischen Lebens in Israel und »Sitz im Leben« »für den überwiegenden Teil der einzelnen Psalmen und ihrer Gattungen«. – Auf der anderen Seite rekonstruiert H.-J.Kraus (Königsherrschaft), Anregungen von Gunkel und v.Rad aufnehmend, für die Zeit vor dem Exil ein »königliches Zionsfest« am 1. Tag des Laubhüttenfestes, in dem mit einer Ladeprozession (vgl. 2Sam 6 und 1Kön 8) die Erwählung Jerusalems und die Erwählung der Daviddynastie gefeiert wurden (2Sam 6 + 7; Ps 132); unter dem Einfluß Dtjes' sei dann an die Stelle der letzteren der Anbruch der Königsherrschaft Gottes über sein Volk getreten und das Fest so – erst nachexilisch – zu einem Thronbesteigungsfest Jahwes geworden. Aus der israelitischen Frühzeit sind (nach Kraus) zwei weitere F. zu erkennen: 1) als nomadisches Herbstfest zur Erinnerung an den Wüstenzug von Ägypten nach Palästina ein Zeltfest des Zwölfstämmeverbandes in einem Kultlager um das Zeltheiligtum, vielleicht in → Beerseba; dieses Fest sei nach der Zuordnung der → Lade zum → Zelt nach → Silo verlegt und dort dem Kulturland angepaßt worden (Gottesdienst); 2) ein amphiktyonisches Fest, in → Gilgal wohl am Massotfest mit einer Ladeprozession durch den Jordan begangen, in dem die Ausführung aus Ägypten und die Landnahme kultisch vergegenwärtigt wurden (Festlegende: Jos 3f).

So anregend die genannten Arbeiten sein mögen, ergeben sich doch gegen die erschlossenen F. Bedenken. Daß der Charakter des Erntefestes bei dem Herbstfest sekundär sei, widerspricht den at. Aussagen (Pap). Die Einwände gegen das Thronbesteigungsfest sind gerade gattungs- und traditionsgeschichtlicher Art: die Gattung der Thronbesteigungspsalmen ist nicht präzise genug erfaßt und abgegrenzt (Gunkel); neben der Sinaitradition könnten kaum noch kosmische Elemente, Chaoskampf, Weltschöpfung, Unterwerfung der Völker u.a., zum Inhalt dieses Festes gehört haben (v.Rad; Kraus, Königsherrschaft). Zudem meint die Formel »jăhwǣ malăk« doch wohl »Jahwe herrscht als König« (Michel); sie kann also nicht als Zeugnis für einen kultischen Akt der Thronbesteigung Jahwes gelten. Vor allem fehlt im AT jeder konkrete Beleg für ein solches Fest: 2Sam 6 wie auch der Grundbestand von 1Kön 8, die Mowinckel anführt, berichten zwei verschiedene, einmalige Ladeüberführungen (zur Davidsstadt – zum Tempel) und sind älter als die späteste Königszeit, in die er schließlich (ZAW 48, 1930, 267; mit Gunkel u.a.) das Thronbesteigungsfest ansetzt (Kraus). – Daß die Theophaniedarstellungen in den Psalmen traditionsgeschichtlich nicht mit der »Urtheophanie« am Sinai zusammengehören, spricht gegen die These von der Kulttheophanie (Westermann). Darüber hinaus läßt aber das AT für die Annahme eines jährlichen Bundeserneuerungsfestes im ganzen keinen Raum: Vor dem Exil fand eine »Bundeserneuerungsfeier« (eher: Bundeserinnerung) im Erlaßjahr, also nur in jedem 7. Jahr statt (Dtn 31, 10; Alt); das Herbstfest war dafür nur die Gelegenheit, nicht der Anlaß. Vom Exil an waren Sinaiperikope und Vorstellung vom Bund jedenfalls mit dem Wochenfest verbunden (s. 4b; Kutsch, Herbstfest). – Bei Kraus sind die Grundlagen für das »königliche Zionsfest«, die Parallelität von 2Sam 6 und 1Kön 8 sowie die Zusammengehörigkeit von 2Sam 6 und 7, kaum erwiesen. Für das Zeltfest fehlen ebenfalls die Voraussetzungen: daß Zelt und Lade miteinander verbunden waren (gegen P) und daß das »Zelt der Begegnung« in Silo gestanden hat (1Sam 1, 7. 9. 24; 3, 3. 15 gegen Jos 18, 1; 19, 1 [beide P]; 1Sam 2, 22); und auch hinsichtlich des Festes in Gilgal ist manches unsicher.

Im Anschluß an die »Myth and Ritual«-Schule rechnet die Uppsala-Schule mit einem im ganzen Alten Orient verbreiteten kultischen Schema (»pattern«), nach dem alljährlich am Neujahrsfest die Erneuerung des Lebens kultisch bewirkt worden sei, wobei der König eine besondere Rolle gespielt habe. In dieses Schema werden auch die at. F., Herbstfest wie »Passa-Massot-F.« im Frühjahr (Engnell), eingeordnet und danach erklärt, ohne daß die methodischen Voraussetzungen dem AT wirklich gerecht würden (→ Kultgeschichtliche Methode: II; vgl. auch → Hoheslied: I).

Allgemein: J.WELLHAUSEN, Prolegomena zur Gesch. Israels, (1878) 1927^{7}, A.Kap. 3 – J.PEDERSEN, Israel I–IV, Kopenhagen 1920–34 (dän.), 1926–40 (engl.) – RGG² II, 550ff (O.EISSFELDT) – JüdLex II, 610f u. die dort gen. Art. – BILL., Reg. – *Passa und Massotfest:* G.BEER, Pesachim (Ostern) (Die Mischna. Text, Übers. u. ausführl. Erkl. II, 3), 1912 – F.HORST, Das Privilegrecht Jahves (FRLANT 45), 1930, 81ff – J.JEREMIAS, Die Passahfeier der Samaritaner (BZAW 59), 1932 – J.PEDERSEN, Passahfest u. Passahlegende (ZAW 52, 1934, 161–175) – L.ROST, Weidewechsel u. altisraelit. Festkalender (ZDPV 66, 1943, 205–216) – S.MOWINCKEL, Die vermeintl. »Passahlegende« Ex 1–15 (StTh 5, 1951, 66–88) – H.-J.KRAUS, Gilgal (VT 1, 1951, 181–199) – DERS., Zur Gesch. des Passah-Massot-Festes im AT (EvTh 18, 1958, 47–67) – I.ENGNELL, Pæsaḥ-Maṣṣōt and the Problem of »Patternism« (Orientalia Suecana 1, 1952, 39–50) – E.KUTSCH, Erwägungen zur Gesch. der Passafeier u. des Massotfestes (ZThK 55, 1958, 1ff; Lit.). – Zum »Passa-Papyrus« aus → Elephantine: TGI 73 – AOT 453 – ANET 491a – A.VINCENT, La religion des Judéo-araméens d'Eléphantine, Paris 1937, 234ff – P.GRELOT, Etudes sur le »Papyrus Pascal« d'Eléphantine (VT 4, 1954, 349–384) – DERS., in VT 5, 1955, 250–265. – *Wochenfest:* ThW VI, 44ff (E.LOHSE) – G.KRETSCHMAR, Himmelfahrt u. Pfingsten (ZKG 65, 1955, 209–253) – E.KUTSCH, Herbstfest (s.u.), 145ff. – *Laubhüttenfest u. Neujahrsfest:* P.VOLZ, Das Neujahrsfest Jahwes (Laubhüttenfest) (SgV 67), 1912 – P.FIEBIG, Rosch ha-schana (Neujahr) (Die Mischna II, 8), 1914 – S.MOWINCKEL II: Das Thronbesteigungsfest Jahwäs u. der Ursprung der Eschatologie (Skr. utg. av Vid.selsk.

Kristiania 1921, 6) - DERS., Le Décalogue (Etudes d'hist. et de phil. rel. ... 16), 1927 - DERS., He that Cometh, Oxford 1956 - H.SCHMIDT, Die Thronfahrt Jahves am Fest der Jahreswende im alten Israel (SgV 122), 1927 - H.GUNKEL-J.BEGRICH, Einl. in die Psalmen (HK II, ErgBd), 1933 - I.PAP, Das israelit. Neujahrsfest, Kampen 1933 - S.H.HOOKE (Hg.), Myth and Ritual, Oxford 1933 - A.ALT, Die Ursprünge des israelit. Rechts (BAL 86, 1), 1934 (= ALT I, 278-332) - EJud X, 681ff - H.BORNHÄUSER, Sukka (Die Mischna II, 6), 1935 - G.v.RAD, Das formgeschichtl. Problem des Hexateuchs (BWANT IV, 26), 1938 - N.H.SNAITH, The Jewish New Year Festival, London 1947 - A.WEISER, Die Psalmen (ATD 14. 15), (1950^{3}) 1955^{4} - DERS., Zur Frage nach den Beziehungen der Psalmen zum Kult: Die Darstellung der Theophanie in den Psalmen u. im Festkult (Festschr. A. Bertholet, 1950, 513-531) - H.-J.KRAUS, Die Königsherrschaft Gottes im AT (BHTh 13), 1951 - DERS., Gottesdienst in Israel (BEvTh 19), 1954 - C.WESTERMANN, Das Loben Gottes in den Psalmen, 1953 - E.KUTSCH, Das Herbstfest in Israel (Theol. Diss. Mainz), 1955 (Masch.; Lit.) - D.MICHEL. Studien zu den sog. Thronbesteigungspsalmen (VT 6, 1956, 40-68). - *Versöhnungstag:* J.MEINHOLD, Joma (Der Versöhnungstag) (Die Mischna II, 5), 1913 - S.LANDERSDORFER, Studien zum bibl. Versöhnungstag (ATA 10, 1), 1924 - M.LÖHR, Das Ritual von Lev 16 (SGK 2, 1), 1925 - L.ROST (s.o.), 212ff - TH. VRIEZEN, The Term Hizza: Lustration and Consecration (OTS 7, 1950, 201-235). - *Purimfest:* O.EISSFELDT, EinlAT, (1934) 1956^{2}, 627ff (Lit.). - *Chanukka:* EJud V, 288ff - O.S.RANKIN, The Festival of Hanukkah (The Labyrinth, ed. S.H.HOOKE, 1935, 159-209) - J.MORGENSTERN, The Chanukkah Festival and the Calendar of Ancient Israel (HUCA 20, 1947, 1-136; 21, 1948, 365-496). - Lit. zur »Myth and Ritual«-Schule u. zur Uppsala-Schule → Kultgeschichtliche Methode: II. → Kultgeschichtliche Schule. *E.Kutsch*

III. Im Urchristentum

1. Jesus und die erste Gemeinde - 2. Paulus - 3. Kultus und Eschatologie; der Sonntag

Da die Urkirche sich erst allmählich vom Judentum loslöste und sich andererseits durch die Mission unter den »Heiden« mit den Kulten der hellenistischen Welt (→ Mysterien) konfrontiert sah, ist auch ihr Verhältnis zu den F.n und Feiern ihrer Umwelt durch ihre Auseinandersetzung mit Judentum und Heidentum bedingt. Innerhalb dieser Auseinandersetzung ist das Verhältnis Jesu und des Paulus zur jüdischen Festtradition von besonderer Bedeutung. Diese Frage hängt mit der anderen zusammen, was in der Urkirche unter → »Gottesdienst« (: IV) verstanden und wie dieser gestaltet wurde, also mit der Begründung einer neuen, christlichen Festtradition.

Die nt. Quellen erwähnen von den jüdischen F.n (→ Feste: II) nur den → Sabbat, das Passafest und das Wochenfest (Pfingsten), das JohEv außerdem noch das Laubhütten- und Tempelweihfest. - Das Auftreten Jesu auf den F.n in Jerusalem bringt keineswegs eine konservative Haltung Jesu gegenüber den jüdischen F.n zum Ausdruck, sondern setzt ihn als den wahren Gesandten Gottes in scharfen Gegensatz zum jüdischen Kultus.

1. Für die Haltung *Jesu* war die eschatologische Verkündigung der Gottesherrschaft (→ Reich Gottes: I) auch in Hinsicht kultischer F. ausschlaggebend. Er wendet sich nicht gegen den Sabbat als solchen, aber in der eschatologischen Heilszeit wird die Sabbatordnung relativiert und durchbrochen durch den radikalen Gehorsam gegen das Gebot der Gottes- und Nächstenliebe. Also muß man am Sabbat Gutes tun und »Leben retten« (Mk 3, 1ff). Wenn in Jesus der kommende → Menschensohn (: II) erschienen ist, so ist jetzt der Sabbat durch den, der der »Herr über den Sabbat ist« (Mk 2, 27f), durchbrochen. Freilich darf diese eschatologische Relativierung kultischer Institutionen nicht mit der rational-moralischen Ablehnung des Kultus durch die griechische Aufklärung verwechselt werden. Jesus ißt mit seinen Jüngern das Passalamm; er besucht den Gottesdienst der Synagoge am Sabbat. Die Entscheidung gegen die Tradition fällt, wenn Gottes Herrschaft sie fordert.

Hieran konnte die erste *judenchristliche Gemeinde* anknüpfen, der das Bewußtsein eschatologischer Freiheit keineswegs fehlt (Mt 17, 26f), die jedoch in den überlieferten Ordnungen lebt, also den Sabbat hält (Mt 24, 20) und im Tempel anbetet (Apg 2, 46f; 3, 1; 5, 12). Diese Übergangssituation endete mit der Zerstörung des Tempels, wenn auch judenchristliche Traditionen, zB die Innehaltung des Sabbats und die Passafeier bei den → Ebioniten, noch weiter wirken konnten, wie Euseb (h. e. III, 27, 5) und die Kritik des → Petruskerygma an der Passafeier in christlichen Gemeinden zeigen. Das christliche →*Pfingsten* (πεντεκοστή = der 50. Tag, von Ostern an gerechnet entsprechend dem in Dtn 16, 9 fixierten Abstand zwischen Passa und Wochenfest) gründet sich auf Apg 2, 1 ff und entwickelt sich aus der urchristlichen Gewißheit, daß die Herabkunft des Geistes das Christusgeschehen vorläufig abschließt und die Jüngerschaft Jesu neu konstituiert sowie mit der Vollmacht für die Sendung an alle Völker begabt.

2. *Paulus* hat seinen Gemeinden nicht das jüdische Kultusgesetz auferlegt; das ergibt sich aus seiner Verkündigung der durch Christus erwirkten Freiheit vom → Gesetz (: IV). In der Auseinandersetzung mit der Gnosis in Kolossä bezeugt Paulus, daß F., Neumonde und Sabbate durch Christus abgetan sind (Kol 2, 16f; Gal 4, 10). Er ist des Gesetzes Ende (Röm 10, 4; Gal 4, 3f. 9); das gilt ebenso gegenüber einer Rechtfertigung des Menschen aus dem Kultus wie aus guten Werken. Später wurde diese Kritik vom Hebr aufgenommen: Christus ist das Ende des jüdischen Kultus, indem er durch sein einmaliges Opfer die wirkliche Sühnung der Sünden vollbringt. Auch von der Feier des Sabbat ist in den paulinischen Gemeinden nichts zu bemerken. Es ist aber denkbar, daß Judenchristen in diesen Gemeinden nach ihrer Weise gelebt haben (Fascher, RGG^{2}; vgl. Röm 14, 1ff).

3. Mit den Anfängen des urchristlichen Gottesdienstes ist auch die christliche *Sonntagsfeier* verbunden und damit ein Ansatz zur Bildung einer neuen, christlichen Festtradition, die im Osterereignis wurzelt. Damit wird die Antwort auf die Frage nach dem Verhältnis von *Kultus und Eschatologie* gegeben. Heidnische und jüdische Festbegehung sind mit der Eschatologie aufgehoben; aber das Christusereignis macht das Ostergedächtnis möglich und damit einen Kultus, der das eschatologische Heilsereignis in der Sonntagsfeier vergegenwärtigt. Daher heißt dieser Tag der »Herrntag« oder der Tag, »der dem Herrn gehört« (Apk 1, 10; IgnMagn 9, 1). Am → Sonntag feiert die Gemeinde das »Mahl des Herrn«. Did 14 gibt die ausdrückliche Anordnung, am Herrntage zusammenzukommen, Brot zu brechen und zu danken. In dem Namen »Sonntag« = Sonnentag (so Justin, Apol. 67, 3) liegt die Antithese gegen den Dies solis der heidnischen Planetenwoche. Ob → Justin die spätere Deutung: Christus die Sonne des Heils, schon gekannt hat, ist umstritten. Die heilsgeschichtlich-eschatologische Begründung des »Herrntages« war nicht möglich ohne das »Herrnmahl« (→ Abendmahl: I, 2), das nach Paulus die gegenwärtige Gemeinschaft mit Christus vermittelt und daher der Mittelpunkt der neuen Sonntagsfeier wird. Sowenig in der Urchristenheit von einem Festzyklus oder → Kirchenjahr die Rede sein kann, so bedeutet doch der Tag des Herrn den entscheidenden Ansatz eines eschatologisch-pneumatischen Kultus.

In den Gemeinden des paulinischen und überhaupt des hellenistischen Missionsgebietes hat es eine Festlegung regelmäßiger *Fasttage* der Kirche noch nicht gegeben (vgl. aber Did 8, 1), während die palästinensische Urchristenheit sich offenbar der jüdischen Fastensitte angeschlossen hat, was aber nicht besagt, daß sie im Fasten ein verdienstliches Werk gesehen hätte. Mit Mt 6, 17-18 wird das Fasten Zeichen der Umkehr und des Christus-Gehorsams (vgl. Apg 13, 3; 2Kor 6, 5). Die Institution der Fasttage ist so kein Widerspruch zu der eschatologischen Freiheit von kultischen Tagen. Andererseits zeigen diese ersten, kultischen Institutionen, welche fundamentale Bedeutung für die Urkirche der Anschluß an das Judentum und die Antithese gegen dasselbe gehabt haben.

A.SCHLATTER, Die Gesch. der ersten Christenheit, (1926) 1927^{4}, 74ff. 331f - HOLL II, 212ff - RGG^{2} II, 558ff - H.LIETZMANN, Der christl. Kalender, 1935 - E.LOHMEYER, Kultus u. Evangelium, 1942 - O.CULLMANN, Urchristentum u. Gottesdienst, (1944) 1956^{3} - C.W. DUGMORE, The influence of the Synagogue upon the Divine Office, (1944) 1945^{2} - W.HAHN, Gottesdienst u. Opfer Christi, 1951, 24ff - PH.CARRINGTON, The primitive Christian Calendar, 1952 - G.DELLING, Der Gottesdienst im NT, 1952 (Lit.) - BULTMANN, NT 122f. 454ff - H.BRAUN, Spätjüd.-häret. u. frühchristl. Radikalismus I. II (BHTh 24), 1957.

H.-D.Wendland

IV. Christliche Feste, geschichtlich

Der → *Sonntag* ist »der Erstgeborene der F.« (so in der äthiopischen Anaphora des hl. Athanasius). Das Gedächtnis der Auferstehung Christi am ersten Tage der jüdischen Woche ist früher bezeugt als die jährliche Auferstehungsfeier am Passafest: »Das Häuflein, das ungeduldig auf das Wiederkommen des Herrn wartete, rechnete nicht mit Jahren« (Holl). Hat die Gemeinde in Jerusalem, wenn sie das jüdische Passa (→ Feste: II) mitfeierte, an die Kreuzigung gedacht, so konnte sie das doch nicht, ohne zugleich die Auferstehung zu feiern. Es ist das Fest der Erlösung schlechthin, das uns in den Passastreitigkeiten um die Mitte des 2.Jh.s begegnet (→ *Ostern*). Der Streit geht nicht um den Inhalt, sondern um das Datum des Festes. In Kleinasien wird der 14. Nisan gefeiert, in Rom und manchen Kirchen des Ostens der Sonntag darauf. Der Gegensatz gegen das Datum der Juden hat schließlich auf dem Konzil zu → Nicäa (325) zur Niederlage der → Quartadezimaner geführt. Kirchlicher Ostertermin ist seitdem der erste Sonntag nach dem ersten Vollmond nach Frühlingsanfang. Im Osternachtgottesdienst, der mit Sonnenuntergang beginnt, werden Eucharistie und Taufe gefeiert, mit dem ersten Morgenruf wird das Fasten abgebrochen. So beginnt die 50tägige Freudenzeit, die Pentekoste. Ihr Abschluß bekommt im 3.Jh. selbständige Bedeutung als *Pfingstfest* (→ Pfingsten). Seit dem 4.Jh. wird der 40. Tag als → *Himmelfahrtsfest* begangen. Aber noch gegen Ende des 4.Jh.s feiert die Pilgerin → Ätheria die Himmelfahrt am Abend des Pfingstfestes auf dem Ölberg mit.

Im 3.Jh. wird in → Ägypten (: IV, 1) von der gnostischen Sekte der Basilidianer (→ Basilides) der Tauftag Jesu als Tag seiner Epiphanie am 6.Jan. gefeiert (Geburtstag des Gottes → Aion). Das ist der Beginn einer Festordnung mit Daten, die - anders als in einem vom lunisolaren Zeitverständnis bestimmten Osterfestkreis (vgl. dazu Kunze 460) - durch das Sonnenjahr festgelegt sind. Bei seiner Ausbreitung in der Kirche wird dieser Tag zum Geburtsfest. Als dann im 4.Jh. von Rom aus der 25.12. sich allmählich als Tag der Geburtstagsfeier durchsetzte (→ Weihnachten), blieb das → *Epiphanienfest* vornehmlich als Tag der Erscheinung des Sterns und der Weisen erhalten. Nur die Armenier feiern das Geburts- und Tauffest am 6.1. auch heute noch (→ Armenien: II). - Die → Marienfeste sind im 5.Jh. von der Kirche des Ostens ausgegangen, werden im 7.Jh. im Abendland aufgenommen und bes. im MA immer weiter vermehrt. Die Begehung eines jährlichen Märtyrergedächtnisses am Sterbetage kennen wir schon aus dem MartPol (2.Jh.). Auch die Apostel-F. stellen eine Feier des Sterbetages dar, der als »Geburtstag für den Himmel« (natalis) gilt; nur bei Jesus, dem Täufer (→ Johannisfeste) und Maria ist an den Geburtstag für das irdische Dasein gedacht. Der erste Nichtmärtyrer, dem im Abendland ein Fest gewidmet wurde, war → Martin von Tours († 397). Die Märtyrerverehrung ist die Quelle der → Heiligenverehrung (: II). Ort der Feier ist zunächst die Grabstätte. An der sieghaften Stimmung, ja heidnischen Ausgelassenheit hat das nichts geändert. Ähnlich sind schon seit dem 6.Jh. die jährlichen → Kirchweihfeste mit weltlicher Lustbarkeit verbunden worden. Der Inhalt des Festes selbst wird davon nicht berührt. Das geschieht erst in und seit der Aufklärung. Das eigentliche Zeichen des Verfalls der kirchlichen Festordnung im Spät-MA ist die wuchernde Fülle der Heiligentage. Die Marien- und Heiligen-F. haben sich nach dem → tridentinischen Konzil nur noch weiter vermehrt. Wirtschaftliche Notwendigkeiten haben aber teils zur Verlegung auf den kommenden Sonntag, teils zur bloßen Meßfeier am Werktag geführt.

Bei den *Reformatoren* wirken wirtschaftliche Erwägungen mit dem Schriftprinzip und dem Kampf gegen die Verdienstlichkeit zusammen auf einen Abbau der F. hin. Das Ergebnis war bei den Reformierten radikaler als bei Luther. »Wollte Gott, daß in der Christenheit kein Feiertag wäre außer dem Sonntag ... Feiern ist jetzt nicht not noch geboten als allein um des Wortes Gottes willen zu lehren und zu beten« (Von den guten Werken, 1520; WA 6, 243f). Buchstäblich hat dieser Wunsch Luthers nicht einmal bei den Reformierten seine Erfüllung gefunden, die »die christlichen F. der Erinnerung an Jesu Geburt, Beschneidung, Tod, Auferstehung, Himmelfahrt und an die Ausgießung des hl. Geistes« feierten. Luther ließ Mariä Verkündigung, Reinigung und Heimsuchung als Christus-F. gelten. »Deutlich ist, daß es ihm darauf ankam, die Heiligentage zu überwinden; aber ebenso deutlich, daß er durch wiederholten Gebrauch der für die Heiligentage überkommenen Perikopen eben doch wieder festigte, was er auflösen wollte« (Kunze). Das → Interim hat ebenfalls dazu beigetragen, viele Feiertage bis hin zum → Fronleichnamsfest zu erhalten. Von grundsätzlichem Interesse ist die Einführung des Reformationsgedächtnisses in mehreren Kirchenordnungen → Bugenhagens, und zwar jeweils an verschiedenen Tagen, je nach dem Zeitpunkt der Einführung der betreffenden Ordnung. Aber auch anderwärts (zB Wismar, Lauenburg) findet sich schon im Reformations-Jh. dieses Gedenken. Auch das → Erntedankfest findet sich bereits in den frühen Bugenhagenschen Kirchenordnungen, und der → Karfreitag, wenn auch nicht eigentlicher Feiertag, ist doch durch besondere Gottesdienste (Lesung der Passion; Passionspredigt) ausgezeichnet. Im häuslichen Kreis feierte Bugenhagen außerdem jährlich ein Fest der Bibelübersetzung; auch lehrte er die Gemeinden, bestimmter Ereignisse aus ihrer lokalen Geschichte (Einführung des Christentums; Bewahrung vor einer Sturmflut u.a.) im Gottesdienst dankbar sich zu erinnern. Mithin ist eigentlich nur der → Totensonntag auf ev. Boden eine Schöpfung der Neuzeit; er wurde 1816 durch Friedrich Wilhelm III. eingeführt. Während in der Aufklärung natürlich-menschliche Anlässe den Charakter der kirchlichen F. zu zerstören drohten, sind in neuester Zeit die verschiedenen kirchlichen Werke und Arbeiten Anlaß für meist jährlich wiederkehrende F. geworden. Die heute stark betonte Festigung der Ordnung des → Kirchenjahrs sucht einer solchen Auflösung gegenüber den Umkreis der ev. F. im 16. und 17.Jh. wiederherzustellen.

K.A.H.KELLNER, Heortologie, (1901) 1911^{3} - J.P.KIRSCH, Der stadtröm. christl. Festkalender im Altertum, 1924 - W.THOMAS, Der Sonntag im frühen MA, 1929 - L.EISENHOFER, Hdb. der kath. Liturgik I, 1932/33, 586ff - R.LANSEMANN, Die Heiligentage... in der

Reformationszeit, 1939 - RIETSCHEL-GRAFF 127ff - G.KUNZE, Die gottesdienstliche Zeit (Leiturgia I, 437-534) - EKL I, 1278ff - J.BECKMANN, Der Feiertag in der Gesch. der Kirche (Kirche in der Zeit 12, 1957, 145-147). *H.Urner*

V. Liturgisch

Für F. und Feiern gelten in den einzelnen christlichen Kirchen verschiedenartige Ordnungen. Diese unterscheiden sich außerhalb der kath. Kirchen, insbesondere der röm.-kath., auch länderweise. In der röm.-kath. Kirche gibt es neben den allgemeinen F.n partikulare, die länder- oder diözesenweise, ja nur für einzelne Orte, Kirchen oder Orden gelten.

Die F. der *röm.-kath. Kirche* werden nach besonderen Kategorien eingeteilt, nämlich entweder entsprechend dem *Ritus* der Feier, wonach man festa simplicia, semiduplicia und duplicia (hier wieder verschiedene Klassen) unterscheidet, oder nach dem *Range* festa digniora und minus digna gegeneinander abstuft (von den Herren-F.n an über die festa de Beata usw bis hin zu denen der Heiligen) oder endlich entsprechend der *Beziehung* des betreffenden Festes zum *Glaubensgeheimnis* oder zum Tagesheiligen festa primaria und festa secundaria kennt. Diese Unterscheidungen sind auch von rechtlicher Bedeutung, da mit ihrer Hilfe das Zusammentreffen von mehreren F.n auf einen Tag liturgisch geordnet wird.

In den *ev. Kirchen,* um die es hier vorzugsweise geht, ergeben sich solche Probleme nicht, und bei ihrer grundsätzlichen Offenheit für eine ständig fortgehende Reformation aller ihrer Lebensäußerungen ist die entscheidende Frage die, wieweit F. und Feiern sich in der rechten Weise in den Dienst der Evangeliumsverkündigung und des Dankes für Gottes Gaben einordnen lassen. Der ev. Gemeinde der Gegenwart, die sich mit bestimmten F.n vorfindet oder Anregungen zu neuen F.n empfängt, ist immer wieder die kritische Frage erlaubt, ja geboten, ob Festefeiern im allgemeinen und das einzelne Fest im besonderen dem ev. Leben dient oder nicht.

Dabei braucht trotz der ausgesprochenen Armut, die die Urkirche auf diesem Gebiet gemeindlichen Lebens auszeichnet, keineswegs geleugnet zu werden, daß F. und Feiern im gegenwärtigen Leben ev. Gemeinden in psychologischer und pädagogischer Hinsicht eine nicht zu verschmähende Hilfe für den Dienst des Evangeliums sein können. Wo eine Gemeinde dank rechter Unterweisung und Predigt darum weiß, daß vor Gott alle Tage gleich sind, und daß sie zB zu Weihnachten, am Karfreitag oder am Erntedankfest letztlich immer nur *ein* Evangelium verkündet bekommt, kann es für sie eine »feine äußerliche Zucht« sein, wenn ihre Versammlung an einem dieser Tage einen ausgeprägt eigenständigen, sei es betont ernsten, bußtagsartigen, sei es ausgesprochen freudigen, zum Lobpreis rufenden Charakter trägt. Da der einzelne Christ, wie Gemeinde und Kirche im ganzen, immer »im Werden«, niemals »im Wordensein« ist, also immer neuer Unterweisung und Erziehung bedarf, ist die Entfaltung des einen Evangeliums in seinen feiertäglichen Besonderungen eine erziehliche Hilfe, auf die zu verzichten kein innerer Anlaß vorliegt, wofern nur die Gefahr einer bloßen → Begehung und damit der Einbruch des Heidentums vermieden wird. Unter diesen Voraussetzungen wird, um beim Äußerlichsten zu beginnen, zB nichts gegen einen besonderen festtäglichen Schmuck des Kirchenhauses einzuwenden sein, wenn nur dieser Schmuck wirklich in einer sinnvollen Beziehung zum Festtagsinhalt steht. Dabei wird man sich auch die Frage vorzulegen haben, ob, was eine Weile als kirchlicher Schmuck möglich oder gar gut war, durch seinen Mißbrauch, zB außerhalb der Kirchen, kirchlich unmöglich geworden sein könnte. Man denke etwa an die Geschichte des Weihnachtsbaumes in der Kirche, der zuerst von der Pastorenschaft als heidnisch abgelehnt wurde, dann - christlich gedeutet - bei kirchlichen Weihnachtsgottesdiensten geradezu notwendig schien, während man heute wird fragen können, ob er angesichts der Sinnentleerung weltlichen Weihnachtsschmuckes im Kirchenraum noch erträglich ist. - Kirchenschmuck mit Blumen und lebendigem Grün bedarf zurückhaltender Anwendung. Er droht sinnlos zu werden, wenn es *keine* F. und Feiern *ohne* solchen Schmuck gibt. Auch sollte man bemüht sein, die Gemeindeglieder selbst schenkend und schmückend an der Sache zu beteiligen; kirchlicher Schmuck des Gotteshauses, aus der Kirchenkasse bezahlt und vom Kirchendiener angeordnet, verliert das Beste seines Sinnes. Kirchen, die noch im Besitz alter Flügelaltäre sind, werden durch sinnvolles Öffnen der Flügel den F.n und Feiern einen besonderen Charakter geben können. Festtägliche Kleidung der Gemeindeglieder wird man weithin noch erwarten dürfen, freilich kaum eine für die verschiedenen Festzeiten wechselnde. Wo die Sitte besonderer Abendmahlskleidung noch besteht, wird man sie gewiß nicht zerstören. Andererseits wird angesichts des Gleichnisses vom Großen Abendmahl (Mt 22, 1ff) und des Jak (2, 1ff) immer die Sorge da sein müssen, es könne die Kleiderfrage Menschen unserer Zeit den Weg in die Kirche erschweren. Was die im Gottesdienst verantwortlich handelnden Gemeindeglieder, insbesondere also die Pfarrer, betrifft, so wird es nach rd 400 Jahren ev. Gottesdienstgeschichte, in die auch die ref. und unierten Kirchen und Gemeinden hineingehören, wohl sein Bewenden dabei haben müssen, daß diese nicht nach dem Berneuchener Vorbild im jeweils wechselnden »hochzeitlichen Kleide« ihren Dienst tun.

Gegen eine festtäglich reichere, vor allem das Lob Gottes betonende → Liturgie ist an den großen F.n nichts einzuwenden; nur sollte der Liturg sich dafür verantwortlich wissen, daß nicht in den Gebeten, wie es noch vielfach der Fall ist, ein falscher Begehungscharakter durchbricht bzw. die Verkündigung des Evangeliums in eine flache mystische Innerlichkeit verfälscht wird. Auch wird er nie vergessen dürfen, daß er der Gemeinde, wenn es schon ein → Kirchenjahr und christliche F. und Feiern gibt, in den Lesungen auch tatsächlich die großen Festtagstexte schuldig ist. Das gleiche gilt von Predigttext und Predigt selbst, nur daß der Prediger sich vor der großen Gefahr hüten muß, am Festtag »etwas Besonderes« bieten zu wollen und darüber an der Herabneigung Gottes »in unser armes Fleisch und Blut« vorüberzugehen. Vor Gemeinplätzen, wie sie die Festtagsgemeinde namentlich in den Predigteinleitungen immer noch zu hören bekommt, ist der Prediger ebenso zu warnen wie vor einem falschen Feiertagspathos oder vor der Vorstellung, daß seine Zuhörer aus stillen Stuben der Andacht herkämen und in solche zurückkehrten.

Im übrigen wird der Charakter ev. Festgottesdienste aufs stärkste durch eine den Festzeiten entsprechende Auswertung des → Gesangbuchs bestimmt werden. Lieder mit »neutralen« Texten und Melodien sind angesichts der Fülle der für die einzelnen Festzeiten charakteristischen Worte und Weisen strengstens zu vermeiden. Andererseits ist darauf zu achten, daß nicht gerade an Tagen, an denen auch seltenere Kirchgänger zu erwarten sind, in ihrer *Mehrzahl* ungewohnte Melodien die Freude am Mitsingen beeinträchtigen. Hier ist ebenso der ev. Gemeindejugend wie dem Kirchenchor wie endlich dem Organisten eine große Aufgabe gestellt, die sie alle indessen nur bewältigen können, wenn der Pfarrer rechtzeitig seine Liederwünsche für die Feiertage feststellt und bespricht. Daß viele unserer Gemeindelieder, gerade auch die festtäglichen, durch den Wechselgesang, sei es zwischen Gemeindegruppen, sei es zwischen Gesamtgemeinde und Kirchenchor, außerordentlich gewinnen, weiß jeder, der den geringen Mut aufgebracht hat, der zur Durchführung dieser alten kirchlichen Praxis heute nötig ist. Kantor und Kirchenchor sollten sich gerade an den Festtagen als Helfer des Gemeindegesangs nicht zu gut sein. Auch müssen sie bedenken, daß die sinnvoll in den Verkündigungscharakter des Festes eingeordnete Kirchenmusik gerade an solchen Tagen »gekonnt« sein muß, daß sie zeitlich nicht den gegebenen Rahmen sprengen darf und daß auf alle Fälle dafür zu sorgen ist, daß die Texte der Kirchenmusik für die hörende Gemeinde verstehbar oder nachlesbar sind. - Wieweit vorreformatorische kirchliche Bräuche heut in ev. Gottesdiensten, zB der Passions- und Osterzeit, erneuert werden sollen und dürfen, ist eine theologische Frage, die zZ verschieden beantwortet wird. Entscheidend ist u. E., wieweit die Verkündigung des Evangeliums ohne gekünstelten Symbolismus auf diese Weise gefördert werden kann. - Zu erwähnen bleibt, daß auch heute noch einige Liturgen sich die Freude und die Fähigkeit bewahrt haben, an besonderen gemeindlichen Feiertagen mit Hilfe der Schrift, des Gemeindeliedes und der Kirchenmusik vom üblichen Schema abweichende Gottesdienste zu gestalten; die Anregungen der *älteren* liturgischen Bewegung sind hier erfreulicherweise noch lebendig, während die zwischen dem 1. Weltkrieg und dem Kirchenkampf sehr spürbaren Tendenzen zu theatralischer und chorischer Feiergestaltung, die auch bei den radikalen Deutschen Christen noch nachgewirkt haben, sich nicht behaupten konnten.

Außer den ev. u. kath. Lehrbüchern der → Liturgik: RGG² II, 563 ff (ältere Lit.) - BRAUN, LH, bes. 110 ff - W.STÄHLIN-H.SCHUMANN, Die hl. Woche, 1951. *W.Jannasch*

VI. Rechtlich

1. Das *kanonische Recht* enthält in den cc. 1243 ff CIC eine umfassende Regelung des Feiertagsrechts. Ihr Gegenstand ist insbesondere die Bestimmung und die Heiligung der Feiertage. Die Bestimmung, Verlegung und Aufhebung steht für die allgemeinkirchlichen Feiertage grundsätzlich dem Papst, für teilkirchliche, dh auf den Bereich einer Diözese oder eines bestimmten Ortes beschränkte Feiertage auch den Ordinarien zu (c. 1244). An Sonn- und Feiertagen sind die Gläubigen verpflichtet, der Messe beizuwohnen und sich näher bestimmter Arbeiten und Geschäfte zu enthalten (c. 1248).

2. Im Gegensatz dazu kennt das *ev. Kirchenrecht* kein abschließend geregeltes Feiertagsrecht. Vielfach rufen die Ordnungen des kirchlichen Lebens die Gemeindeglieder auf, sich an Sonn- und Feiertagen zum Gottesdienst zu versammeln, darauf zu achten, daß die Sonn- und Feiertage geheiligt werden, und sich von allem fernzuhalten, was die Teilnahme am Gottesdienst oder die Würde dieser Tage beeinträchtigt (→ Sonntagsruhe).

3. *Staatskirchenrechtlich* bedeutsam sind die Anerkennung und der Schutz der Sonn- und kirchlichen Feiertage durch den Staat. Verfassungsrechtliche Grundlage sind die Gewährleistung der ungestörten Religionsausübung (Art. 4 Abs. 2 Bonner GG, Art. 41 der Verf. der DDR) und der durch Art. 140 des Bonner GG zum Bestandteil des GG erklärte Art. 139 WRV, nach dem der Sonntag und die staatlich anerkannten Feiertage als Tage der Arbeitsruhe und der seelischen Erhebung gesetzlich geschützt bleiben. Entsprechende Bestimmungen finden sich vielfach in den Verfassungen der deutschen Länder. Daneben tritt die in allen → Konkordaten und → Kirchenverträgen wiederkehrende Schutzgarantie für die Freiheit des Bekenntnisses und die Ausübung der Religion. Diese Gewährleistungen haben in mehrfacher Richtung spezialgesetzliche Ausgestaltungen gefunden, insbesondere im → Strafrecht durch Strafandrohung für Störung der Sonntagsruhe, im bürgerlichen, Gerichtsverfassungs- und Prozeßrecht durch das Gebot der Rücksichtnahme auf die Sonn- und Feiertage, im Gewerberecht durch die Regelung der Arbeitsruhe an Sonn- und Feiertagen. Neben diesen bundesrechtlichen Bestimmungen haben in der BRD die Länder inhaltlich weithin übereinstimmende Feiertagsgesetze erlassen, in denen die gesetzlichen Feiertage festgelegt und umfassende Schutzvorschriften getroffen sind; kirchliche Feiertage, die nicht gesetzliche Feiertage sind, unterliegen einem beschränkten Schutz. Gewisse Schwierigkeiten bei der Festlegung der anerkannten und geschützten Feiertage ergeben sich in konfessionell gemischten Gebieten aus der Notwendigkeit, den Grundsatz der → Parität einzuhalten. - Im Hinblick auf die verfassungsrechtliche, konkordatäre und kirchenvertragliche Gewährleistung des Feiertagsschutzes ist die rechtliche Zulässigkeit einer Einführung der »gleitenden Arbeitswoche« problematisch.

RICHTER-DOVE-KAHL 931 ff - G.KAISENBERG, Feiertagsschutz (Die Grundrechte u. Grundpflichten der Deutschen, hg.v. H.C.NIPPERDEY, II, 1930, 428-448) - H.LIERMANN, Kirchen u. Staat, 1954/55 (Textsammlung) - EICHMANN-MÖRSDORF II, 342 ff. *K.Hesse*

Festus, als Nachfolger des → Felix *römischer Statthalter* in Palästina von 60 (?) bis 62 nChr. Im Unterschied zu seinen Vorgängern ein rechtlich denkender und handelnder Mann, konnte er doch die Spannungen zwischen Juden und Römern nicht verringern. In seine Amtszeit, die durch seinen Tod endete, fällt nach Apg 24, 27 ff der Abschluß der Gefangenschaft des Paulus in → Cäsarea (, 1).

SCHÜRER I, 579 ff. - Weitere Lit. → Felix, 1. *E.Lohse*

Fetischismus, in das 17./18.Jh. führender, daher vieldeutiger und schwer abgrenzbarer religionswissenschaftlicher Ausdruck, angewendet für den Kult gewisser numinoser Objekte von Primitiv- oder (was von der → Anthropos-Schule hervorgehoben wird) Halbkulturvölkern. Verwandt mit dem Fetisch (von portug. feitiço nach dem lat. factitius »künstlich gemacht«) sind → Amulette und Talismane, Totemobjekte (→ Totemismus), Kultgegenstände aller Art bis hin zu Götterbildern (→ Bilder: I, 2), wobei man sich unter Fetisch meist etwas künstlerisch nicht vollendet Gestalthaftes denkt. Vereinzelt wurde der Begriff auf alle Objekte der Religion ausgedehnt (zB von → Comte). Die eigenartige Qualität wird dem Gegenstand durch seinen Machtgehalt nach Art des → Mana verliehen. In ungefährer Übereinkunft nennt man heute F. die Verehrung solcher numinoser Objekte, die mehr oder weniger hergestellt und bearbeitet, also nicht Naturgegenstände sind und auch verehrt und kultisch gepflegt werden, die aber ihre erworbene göttliche Kraft durch Abnutzung oder Desekration wieder verlieren können. Auch »von Natur aus« mächtige Dinge wie Stäbe, Pfeiler, Waffen, heilige und profane Geräte (→ Schwirrholz, Axt u.dgl.), Gewänder usw werden jedoch Fetische genannt. In Hoch- und Spätformen der Religion wird der Fetisch gern zum Symbolersatz des persönlichen Gottesbildes (→ Bilder: I). Als klassisches Land des voll ausgebildeten F. gilt Westafrika; andere Gebiete kommen ebenso in Frage. Die »*Weihe*« erfolgt vor allem durch Verarbeitung oder Einfügung machtvoller Materie in eine verschließbare Öffnung im Fetisch. Oft schließt ein Spiegel, selbst magisch wirksam, das Depot ab. Entleerung bedeutet Entmachtung des Fetischs. Eine Unterscheidung zwischen der eigentlichen inhaltlichen Kraft und dem äußeren sinnlichen → Symbol scheint sich dabei anzudeuten. Die

Behandlung des Fetischs als Kultgegenstand ist verschieden: Salbung, Beschmieren mit → Blut oder roter Erde, → Opfer u.dgl. bis hin zur anbetenden Verehrung, aber auch Schlagen und bes. das bekannte Nageln hölzerner Fetische (ebenfalls zu magischen Zwecken!). Es gibt offizielle (Gruppen-) und private (Haus-) Fetische, feste Kultstätten und Rituale wie Fetischpriester. Die erwarteten Leistungen sollen sowohl positiv-effektiver wie negativ-abwehrender Art sein. Neubildung von Fetischkulten erleben wir bis in die Gegenwart. Die Herkunft des F., den man früher aus dem → Animismus ableitete (zB Tylor, Schneider, Wundt), ist schwer zu beurteilen. Das Wort ist heute weder Bezeichnung einer Urreligion noch Name eines bestimmten Religionsstadiums, sondern nur phänomenologisch zulässig. – Der Begriff F. wird übrigens gern in Neurologie und (analytischer) Psychologie als Fachausdruck für gewisse atavistische Äußerungen sexualbedingter Verehrung von beziehungsreichen Gegenständen verwendet.

CH.DEBROSSES, Du culte des dieux fétiches, Paris 1760 – FR. SCHULTZE, Der F., 1871 – WILH.SCHNEIDER, Die Religionen der afrikan. Naturvölker, 1891 – J.SPIETH, Die Ewestämme, 1906 – ERE V, 1912, 894ff – M.BRIAULT, Polythéisme et fétichisme, Paris 1930 – HWDA II, 1368ff – P.WIRZ, Ein neuer Fetischkult im Gebiet der Elfenbeinküste (Ethnol. Anzeiger 3, 1932/33, 280–282) – F.AUPIAIS, Cérémonies fétichistes (Anthropos 31, 1936, 239–241) – P. HAZOUMÉ, Consécration à un fétiche (ebd 32, 1937, 283) – CHR. GARNIER-J.FRALON, Le fétichisme en Afrique noire, Paris 1951 – K. GOLDAMMER, Die hl. Fahne (Tribus NF 4/5, 1954/55, 13–55) – ChrRel I, 553f – VAN DER LEEUW 19ff. – A.S.LORAND, F. in statu nascendi (Intern. Zs. f. Psychoanalyse 16, Wien 1930, 87–94) – H.SPAHN, Über indirekten u. larvierten Exhibitionismus u. F. (Med. Diss. Bonn), 1933 – H.HOGREBE, Über den F. (Med. Diss. Münster), 1941.

K.Goldammer

Feudalismus, von feudum (Lehen) abgeleitet, bezeichnet im engeren Sinne eine durch das Lehnswesen mehr oder minder stark bestimmte Sozialordnung. Das geschichtliche Objekt, an dem der Begriff F. entwickelt wurde, ist das abendländische MA, im besonderen das Frankenreich und seine Nachfolgestaaten. Im Raum zwischen Rhein und Loire entstand aus Vorformen durch die Ausstattung berittener Krieger, die zu ihrem Herrn in einem persönlichen Vasallitäts-(Treue-)verhältnis standen, mit geliehenem Land (Beneficium, Feudum) das Lehnrecht. In einer von der Grundherrschaft (→ Agrarverfassung: IV, 1) bestimmten Welt wird es von den Herrschern nicht nur zur Schaffung einer Kriegerschicht, sondern auch dazu benutzt, den höheren Adel und dessen allodiale Herrschaftsrechte, später auch die geistlichen Grundherrschaften enger an sich zu binden. Demselben Zweck diente die Verlehnung vom Ämtern (Herzogtum, Grafschaft) und die Fassung »völkerrechtlicher« Beziehungen in lehnrechtliche Formen. Als Rechtsform, in der die »Adelsherrschaft« in den »Staat« des Königs eingefügt wird, unterliegt es der Tendenz zu lokaler Autonomie und zur Erblichkeit. Zwischen 900 bis 1100 kommt es zu einer weitgehenden Auflockerung Europas in feudale und allodiale Herrschaften. Der Aufstieg des Königtums im 12.Jh. läßt die zentripetalen Tendenzen des Lehnswesens wieder hervortreten; Die Oberlehensherrlichkeit wird zu einem Feudalstaat mit einer hierarchischen Lehnspyramide ausgeformt, zugleich aber auch oft direkte Abhängigkeit der Aftervasallen vom Herrscher durchgesetzt. Der Ausbau des Kronstaates, vor allem in Frankreich, und seine Ämterverfassung weisen den Weg zum Ständestaat. Mit der Durchbildung von Ämter- und Ständestaat verliert das Lehnrecht zunehmend an Bedeutung; es wird zu einer Art des adeligen Besitzrechtes anstelle oder in großen Teilen Europas neben dem allodialen.

Da das Lehnrecht in Frankreich fast völlig durchgedrungen war, konnte hier der Gesamtkomplex der adeligen Herrschaftsrechte als »feudal« bezeichnet werden. Das Hauptwort »Féodalité« erscheint im 17.Jh., bezeichnet aber vorerst nur den Gesamtkomplex der lehnrechtlichen Normen. Erst in der Opposition des in seinen Rechten durch das absolute Königtum bedrohten Adels wird Féodalité in den ersten Jahrzehnten des 18.Jh.s zur Bezeichnung einer nun vom Staat abgehobenen Feudalgesellschaft. In diesem Sinn hat das Wort F., namentlich durch Montesquieu, allgemeine Verbreitung gefunden und wird für die Adelswelt überhaupt, auch für allodiale Herrschaftsrechte gebraucht. Das absolute Königtum hat in Frankreich seit langem den Dritten Stand der königlichen Städte zur Gesamtheit der unmittelbar den königlichen Behörden unterstehenden Bürger und Bauern fortgebildet. Der Dritte Stand proklamierte sich 1789 als die Nation der Freien und (vor dem Gesetz) Gleichen. Daran gemessen erschienen die Feudalrechte als widerrechtliche »Privilegien«, die der Gewalt der Eroberung entsprungen waren. Die Feudalität, dh die herrschaftlichen, aber auch die korporativen Sonderrechte, wurden von der → Revolution beseitigt. Ein analoger Prozeß hat sich auch in Mitteleuropa in mehrfachen Stufen vom ausgehenden 18.Jh. bis um 1848 vollzogen. Durch diesen Vorgang ist der Begriff F. seither weitgehend bestimmt. Er wird zum Gegenbild der »bürgerlichen → Gesellschaft« im Sinne des 19.Jh.s (→ Bürgertum: I). In dieser Gestalt bestimmt er die Wissenschaft und drang auch in den allgemeinen Sprachgebrauch ein. Seine weiteste Verbreitung hat er durch den → Marxismus erfahren. Schon bei den Frühsozialisten seit → Saint-Simon ist F. nur eine der Arten der im Prinzip überhaupt abgelehnten persönlichen Abhängigkeit der Menschen, die in der bürgerlichen Gesellschaft als Gegensatz von Bourgeoisie und → Proletariat erscheint. K. → Marx erfaßt dieses Verhältnis als → »Kapitalismus«, als Verfügung über das Kapital, dem maßgebenden Produktionsmittel in der Industriegesellschaft, und stellt ihm den F. entgegen, der Herrschaft über Menschen als Verfügung über Grund und Boden als entscheidendes Produktionsmittel in einer Agrargesellschaft bedeutet. F. erscheint hier als notwendige Durchgangsstufe in einem weltgeschichtlichen Ablauf und kann daher für jede durch Großgrundbesitz oder Pächtersysteme bestimmte Gesellschaft gebraucht werden. Neben dem marxistischen lebt auch ein »bürgerlicher« Begriff von F. fort, der alle Grundherrschaft aus Gewalt, Eroberung, Überlagerung herleitet (F.Oppenheimer, A.Rüstow).

Der neuzeitliche Staat nimmt im Innern → Souveränität, das Monopol legitimer Gewalt, in Anspruch. Von hier aus gesehen erscheinen alle autonomen Herrschaftsrechte als »Privatobrigkeiten«, entstanden aus Usurpation oder Delegation von Hoheitsrechten. In letzterem Sinn ließ sich das Lehnrecht deuten. Der »Feudalstaat« und seine Lehnspyramide um 1200 wird als Folge von Delegationsstufen verstanden. Das Lehnrecht wird zum »Verwaltungsrecht des MA« (H.Mitteis), der »lehnsmäßige Verwaltungsstab« (M.Weber) hebt sich von dem ihm folgenden bürokratischen ab. Dieser vor allem von Verfassungs- und Rechtshistorikern verwendete Begriff des F. ist als Gegenbild und Vorstufe der neuzeitlichen Bürokratie gesehen. Auch er läßt sich generalisieren und auf außereuropäische Kulturen übertragen, wobei F. als »Method of Government« (Coulborn) verstanden wird.

M.WEBER, Wirtschaft u. Gesellschaft, (1922) 1956^4 – F.OPPENHEIMER, Abriß einer Sozial- u. Wirtschaftsgesch. Europas (System der Soziologie IV/2), 1933, 454ff – H.MITTEIS, Lehnrecht u. Staatsgewalt, 1933 – DERS., Der Staat des hohen MA, (1940) 1954^4 – O. HINTZE, Wesen u. Verbreitung des F. (Staat u. Verfassung, 1941, 74 bis 109) – F.L.GANSHOF, Qu'est-ce que la féodalité, Brüssel (1944) 1957^3; engl.: Feudalism, London 1952 – M.BLOCH, La société féodale

I. II, Paris 1949 - A.RÜSTOW, Ortsbestimmung der Gegenwart I, 1950 - Feodalnij stroj (Bolsch. Sov. Enzyklop. 1956, 44) - Feudalism in History, ed. R.COULBORN, Princeton 1956. *O.Brunner*

Feuer. Kennzeichen der mannigfachen und überaus großen Bedeutung des F.s im menschlichen Leben überhaupt ist seine religiöse Verehrung und vielgestaltige religiös-magische Benutzung. Dazu kommt die doppelte Anwendbarkeit des F.s im → Mythos wie in der religiösen Symbolsprache (→ Symbole, → Symbolismus), die seinem ambivalenten Charakter als Lebensgeber und Lebenszerstörer entspricht. Wenn die letztgenannte Eigenschaft überwiegt, pflegt das Licht (→ Licht und Finsternis) die positive Funktion des F.s zu übernehmen.

Der F.kultus geht in *Indien* sicherlich in vorvedische Zeit zurück. Im Veda tritt es leicht anthropomorphisiert als *Agni* auf, als Hauspriester der Götter. Von roter Farbe, mit drei Beinen, sieben Armen und Zungen reitet dieser auf einem Widder und ist allgegenwärtig, als Verdauungs-F. auch im Körper. Die bei der Erzeugung des F.s benutzten Reibhölzer (Arani) werden Agnis Eltern genannt, bisweilen mit Purûravas und Urvashî identifiziert, die er nach seiner Geburt verschlingt. Er ist überall bei den Menschen Gast, wie deren ganzes Leben von F.riten begleitet ist. Beim F. wird geschworen, beim F. wird die → Ehe bekräftigt. Sogar freiwillige Selbstverbrennung (agnipravesha) ist vorgekommen, da sie als ein Unsterblichkeitsmittel gegolten hat (vgl. Kalanos im Westen). Das verwickelte vedische Ritual um Haus-F., Opfer-F. und zauberabwehrendes F. wird noch in der Gegenwart von rechtgläubigen Brahmanen, Agnihotrîs, aufrechterhalten. Dreimal täglich wird zB Schmelzbutter unter bestimmten Zeremonien, an denen beide Hausgatten um den → Herd beteiligt sind, ins F. gegossen. Das F. darf nicht ausgehen und muß unter solchen Umständen mit besonderen → Begehungen erneuert werden. Die Hindus begrüßen das abends in ein Zimmer hereingebrachte Licht. Absichtlich angezündetes »neues F.« als Einleitung einer neuen Ära oder als krankheitsabwehrendes Mittel, bes. bei Viehseuchen (vgl. den Ausdruck »Not-F.«), ist aus aller Welt bekannt. Verbreitet sind auch → Leichenverbrennung, → Reinigungen und → Gottesurteile mit F. sowie das Durchschreiten des F.s (engl.: »fire walk«) in verschiedenen kultischen Zusammenhängen. Ebenso haben viele andere der oben genannten indischen Gebräuche und Vorstellungen ihre Entsprechungen anderswo, vor allem unter den indoeuropäischen Völkern, vgl. F.dienst und F.mythologie in → *Iran, Griechenland* (Ἑστία) und *Rom* (Vesta). Aber auch die *innerasiatischen Hirtenvölker* haben verschiedene Ausgestaltungen der Ursprungsmythen des F.s wie eine hohe Schätzung des F.geistes (F.göttin, F.jungfrau), und der Herd gilt ihnen als ein Heiligtum. Ein Opfergebet der Katšinzen enthält u.a. folgende Verse: »Du, o F., unsere Mutter mit dreißig Zähnen... Du sorgst für unsere Tage, Du beschützest uns bei Nacht... Das neue Jahr hat begonnen. Und ich komme, deinen ausgetrockneten Mund zu erfrischen. Du spielest im Dämmerlicht Und lässest deine Haare flattern wie ein Jungmädchen. Du reitest eine dreijährige rote Stute... Du bist Teilnehmerin der Plejaden und Gesellschafterin des Einen Gottes... Als erstmalig die harten Felsen emporstiegen Und der schwarze Stahl geschmiedet zu werden begann..., von da an hast du den Hunger der Hungrigen zu stillen begonnen Und die Durchfrorenen zu wärmen« (UdG XII, 557).

Als das erste der vier → Elemente hat das F. seit Empedokles eine hervorragende Stellung in der griechischen *Naturphilosophie* gehabt und wird später in der → Stoa als göttliches Urprinzip betrachtet, in das alles durch den Weltbrand (ἐκπύρωσις) zurückgeht (→ Weltende). Im AT repräsentiert das F. vornehmlich die übermächtig-erschreckende, dunkle Seite Jahwes (Gen 15, 17; Ex 3, 2ff; 13, 21; 19, 18; Ri 13, 20), wenn es nicht als ein Werkzeug des Gerichts hervortritt (Gen 19, 24; Jes 29, 5; 30, 27; Ez 39, 6). Aber das F. ist auch ein Herrlichkeitsattribut Gottes. Der F.strom, der unter dem göttlichen Thron hervorquillt (Dan 7, 10) und der in der jüdischen und christlichen → Eschatologie (: III. IV) eine nicht unbedeutende Rolle spielt, hat diesen Charakter und zugleich eine reinigende und strafende Wirkung (vgl. → Fegfeuer, → Hölle). Dasselbe gilt von der entsprechenden F.taufe. So kann das F. im Mythos, in der Sage und im Märchen auch als Verjüngungsmittel dienen (→ Phönix).

Vgl. → Afrikanistik, 3c, → Ainu-Religion, → Akbar, → Altaische Religion, 4, → Auferstehung: II, → Babylonien: II, 7.

K.TH.PREUSS, Die F.götter als Ausgangspunkt zum Verständnis der mexikan. Religion in ihrem Zusammenhange (Mitteil. der anthropol. Gesellsch. in Wien 33, 1903, 129-233) - ERE VI, 26ff - J. HERTEL, Die arische F.lehre I. II, 1925/31 - DERS., Die awestischen Herrschafts- u. Sieges-F. (AAL 41, 6), 1931 - N.POPPE, Zum F.kultus bei den Mongolen (Asia Major 2, 1925, 130-145) - K.ROB.V.WIKMAN, Eldborgs skål (Budkavlen 8, Åbo 1929, 198-214) - J.G.FRAZER, Myths of the Origin of Fire, London 1930 - H.FREUDENTHAL, Das F. im dt. Glauben u. Brauch, 1931 - H.PRICE, A Report on Two Experimental Fire-Walks (Univ. of London Council for Psychical Investigation, Bull. II), 1936 (Lit.) - P.-E.DUMONT, L'Agnihotra, Baltimore 1939 - DERS., The Special Kinds of Agnicayana (Proceedings of the American Philos. Soc. in Philadelphia 95, 1951, 628-675) - O.HUTH, Der F.kult der Germanen (ARW 36, 1939, 108-134) - C.-M.EDSMAN, Le baptême de feu (ASNU 9, 1940) - DERS., Ignis divinus (SVSL 34, 1949) - DERS., Nödelden (Vestrogothica 9, Uppsala 1950, 33-61) - DERS., Påskaftonens nya eld i Jerusalem I-III (Svenska Jerusalems Föreningens Tidskrift 53, 1954, 2-26; 54, 1955, 3-42; 56, 1957, 4-31) - S.WIKANDER, F.priester in Kleinasien u. Iran (SHVL 40, 1946) - TH.BLASIUS, »Das himml. F.« (Diss. Bonn), 1949 (Masch.) - FR.LANG, Das F. im Sprachgebrauch der Bibel, dargestellt auf dem Hintergrund der F.vorstellungen in der Umwelt (Diss. Tübingen), 1950 (Masch.) - DERS., Art. πῦρ in ThW VI (in Vorb.) - RÄRG 189ff - A.G.ANTONIADES, The Anastenaria, Thracian Firewalking Festival (Thracian Archives, Society of Thracian Studies 36), Athen 1954 - UdG IX, 228ff; X, 70ff. 299ff; XI, 151ff; XII, 546 ff - H. LOMMEL, Blitz u. Donner im Rigveda (Oriens 8, 1955, 258-283) - E.PAX, ΕΠΙΦΑΝΕΙΑ (MThS I, 10), 1955. *C.-M.Edsman*

Feuerbach, *Ludwig* (28.7.1804 bis 13.9.1872), * zu Landshut, studierte seit 1823 Theologie in Heidelberg, wo → Daub ihn zu → Hegel hinleitete, und seit 1824, um Hegel zu hören, in Berlin. Die Enttäuschung an der Theologie und der Einfluß Hegels führten F. zu dem Entschluß, Philosoph zu werden: Nicht Theologie, sondern Philosophie; nicht Glauben, sondern → Denken. Seine akademische Laufbahn, die er als PDoz. in Erlangen begann, wurde durch seine 1830 anonym veröffentlichten »Gedanken über Tod und Unsterblichkeit« für immer zerstört. So lebte F. als Privatgelehrter seit 1836 in Bruckberg, ab 1860 in dürftigen Verhältnissen in Rechenberg bei Nürnberg. Wichtige Schriften F.s sind: Zur Kritik der Hegelschen Philosophie (1839), Das Wesen des Christentums (1841), Grundsätze der Philosophie der Zukunft (1843), Das Wesen des Glaubens im Sinne Luthers (1844), Das Wesen der Religion (1845), Vorlesungen über das Wesen der Religion (1848 in Heidelberg gehalten, 1851 erschienen), Theogonie (1857). Die entscheidenden Ereignisse in F.s innerer Entwicklung sind die Absage an die Theologie (1825) und die Abkehr von Hegel (1839). Sein Weg geht von der Theologie über den spekulativen Idealismus zur sensualistisch-naturalistischen → Anthropologie (: II). »Gott war mein erster Gedanke, die Vernunft mein zweiter, der Mensch mein dritter und letzter Gedanke« (Sämtl. Werke 2, 410). Auch als Philosoph bleibt er wesentlich Antitheologe. Sein Lebenswerk ist die Auflösung der Theologie in Anthropologie. Die Kritik an Hegel, die dieses Bemühen einleitet, erwächst zunächst aus F.s Feindschaft gegen die Theologie. Nachdem F. in seinen philosophiehistorischen Arbeiten erkannt hatte, daß die Probleme der neueren Philosophie aus der Theologie stammen, entdeckt er, daß Hegels Denken eine verkappte Form der Theologie ist. Dazu entfremdet ihn sein Drang zur → Wirklichkeit und sein neuer Wirklichkeitsbegriff von Hegel. Das Sein der Wahrheit werde nicht durch das Denken erkannt, sondern durch sinnliche Erfahrung, Anschauung, Liebe. »Wo keine Liebe ist, ist auch keine Wahrheit« (Grundsätze § 35). F. setzt der Hegelschen Wirklichkeit des Geistes die »Sinnlichkeit«, dh die lebendige, letzte Wirklichkeit des empfindenden, liebenden Menschen entgegen. Die Religion, die ihren Gott Fleisch werden läßt, steht der Sinnlichkeit näher als die abstrakte Philosophie, aber es ist eine phantastische Sinnlichkeit. Denn der Gott der Theologie ist nur das vergötterte Wesen des Menschen, das der Mensch, sich mit sich selbst entzweiend, außerhalb seiner selbst wähnt. Die Theologie enthüllt sich als Anthropologie. Religion ist die Selbstanbetung des in sich zerrissenen Menschen, der Gott nach seinen Wünschen bildet und ihn mit den Schätzen seines eignen Innern ausstattet. Auch Äußerungen Luthers (»Wie du Gott glaubst, so hast du ihn«) nimmt F. durch eine unzulässige Transponierung ins Metaphysische für sich in Anspruch. F. emotionalisiert die Religion, sie ist ihm wesentlich → Gefühl, Gemüt (die Historie der Offenbarung ist ihm gleichgültig), wobei er auf die atheistische Tendenz des Gefühls hinweist, dem im Genuß seiner selbst der Inhalt des Glaubens entgleitet. - Nach 1841 wird neben dem Menschen die Natur als »Basis des Menschen« zum zweiten Zentralbegriff F.s. Er sieht nun den Ursprung der Religion im Gefühl der Abhängigkeit (→ Schleiermacher) von der Natur, wobei jedoch der Mensch der vergötterten Natur sein eignes Bild aufprägt. F. will die Religion nicht abschaffen, er löst sie nur von der Beziehung auf Gott. Sie bleibt als menschliche Haltung, als Dienst am höchsten Wert der irdischen Wirklichkeit, als Anthropologie, welche die Zerrissenheit des Menschen heilt, indem sie anstelle der Gottheit die menschliche Gattung, anstelle des Kultus die Bildung, anstelle des Jenseits die Zukunft der Menschheit setzt. - Die Religionstheorie F.s wurzelt in seiner mystischen Jugendreligiosität. Der junge F. hat von seiner Frömmigkeit her die mystischen Elemente der Hegelschen Philosophie aufgenommen und durch seine Philosophie der Liebe verstärkt. Er erfährt im Denken und in der Liebe die Auflösung des Endlichen im Unendlichen. In dem Erlebnis der liebenden Einheit von Gott und Ich wird Gott vom Ich verschlungen. Das Bewußtsein des Unendlichen schlägt um in die Unendlichkeit des Bewußtseins, Gott wird zu einem Attribut des Menschen. - F., nach kurzem Ruhm von den Zeitgenossen rasch vergessen und von den Radikalen (→ Stirner) als »religiös« kritisiert, bezeichnet die geistesgeschichtliche Wende, die um 1840 in Deutschland eintrat: den Schiffbruch des Glaubens an den Geist. Er ist zum Wegbereiter → Nietzsches und des → Naturalismus des 19.Jh.s geworden. Die Einordnung des Menschen in die Naturnotwendigkeit führt zwar beim alten F. zur Annahme der Determination des menschlichen Willens (→ Determinismus), läßt ihn die Sittlichkeit aus dem naturhaften Trieb nach Glück (→ Eudämonismus) - aber auch aus der Achtung vor dem anderen - ableiten und nähert ihn dem → Materialismus. Doch scheiden ihn von diesem die anthropologistischen und spekulativen Elemente seines Denkens. Seine Entdeckung der Tiefe des Diesseitigen zog G. → Keller in seinen Bann, seine Religionsphilosophie ist, modifiziert durch den ökonomisch-gesellschaftlichen Faktor, die von → Marx und → Engels geworden. In Rußland reicht sein Einfluß von Tschernyschevskij, Herzen und den Zapadniki bis zu → Lenin. In dem Gedanken F.s, daß der Mensch nur Mensch ist in Beziehung auf das Du (→ Ich-Du-Verhältnis), künden sich Motive der → Existenzphilosophie an. Seine Kritik an der Theologie hat den Anthropologismus der Theologie des 19.Jh.s, welcher die religiöse Wahrheit vom Menschen aus begründen will und der etwa in A. → Ritschls Theorie der religiösen Werturteile zutage tritt, treffend erkannt.

Sämmtl. Werke, 10 Bde, 1845-66; GesW hg.v. W.Bolin u. F. Jodl, 1903-11; K.Grün, L.F. in seinem Briefwechsel u. Nachlaß, 1874; W.Bolin, Ausgewählte Briefe von u. an L.F., 1904. - F.Engels, L.F. u. der Ausgang der dt. klassischen Philosophie, 1888 - F.Jodl, L.F., (1904) 1921² - K.Leese, Die Prinzipienlehre der neueren systemat. Theol. im Lichte der Kritik F.s, 1912 - K.Barth, L.F. (ZZ 5, 1927, 11-33) - S.Rawidowicz, L.F.s Philosophie, 1931 (Lit.) - F. Lombardi, Ludovico F., Florenz 1935 - G.Nüdling, L.F.s Religionsphilosophie, 1936 (Lit.) - K.Löwith, Von Hegel zu Nietzsche, (1941) 1953³ - W.Schilling, F. u. die Religion, o.J. - R.Lorenz, Zum Ursprung der Religionstheorie L.F.s (EvTh 17, 1957, 171-188).

R.Lorenz

Feuerbestattung

1. Praktisch-theologisch - 2. Rechtlich. - Zum Geschichtlichen → Leichenverbrennung

1. Die Erdbestattung war nicht nur bei Babyloniern, Assyrern und Ägyptern, sondern auch in Israel unangefochtene Sitte (→ Begräbnis: II, 2). Für die alte Kirche war es ebenfalls selbstverständlich, ihre Toten zu beerdigen (→Begräbnis: III, 1; vgl. Joh 12, 24; 1Kor 15, 35ff). Als die missionierende Kirche bei Germanen, Kelten und Slawen auf die F. stieß, brandmarkte sie diese ihr fremde Sitte als heidnisch: Karl d.Gr. erließ 784 das erste strenge Verbot. Die Kirche konnte freilich, schon im Blick auf die zum Feuertod verurteilten Märtyrer, niemals die Heilsnotwendigkeit der Erdbestattung behaupten. Auch heute lehren kath. wie ev. Theologen, daß die F. weder durch die Schrift noch durch das Dogma als Übertretung eines göttlichen Gebotes gekennzeichnet sei. Trotzdem verwirft die kath. Kirche die F. als unchristliche Unsitte. Es steht jedenfalls fest, daß die Feinde des Christentums die F. als ein Kampfmittel gegen die Kirche angesehen haben: Wie man i.J. 177 in Lyon die Leichen der Märtyrer verbrannte und die Asche in die Rhone streute, um die Auferstehungshoffnung der Christen zu verhöhnen, so verherrlichte man die antike Sitte der F. vom 17.Jh. an in den Kreisen, die sich unter dem Einfluß von Renaissance und Aufklärung der Kirche entfremdet hatten. 1797 versuchten die Revolutionäre in Frankreich, die F. durchzusetzen. Um 1848 wurde, wieder von Frankreich aus, ein neuer Vorstoß in dieser Richtung gemacht; in Deutschland warben Materialisten wie Vogt und Moleschott für die F. Um 1870 propagierten sie italienische Freimaurer. 1874 entstand die Cremation Society of England. Und nachdem Siemens einen modernen Ofen für die F. konstruiert hatte, baute man 1876 in Gotha das erste Krematorium. 1905 schlossen sich Marxisten zu einem »Verein der Freidenker für F.« zusammen. In den zwanziger Jahren forderten die »proletarischen Freidenker« F. *und* Kirchenaustritt. Dementsprechend meinte die kath. Kirche, Bejahung der F. und Abfall von der Kirche seien identisch. Die ev. Kirche hingegen erklärte - nach einigem Zögern - die F. zu einem Adiaphoron und nahm damit den antikirchlichen F.s-Vereinen den Wind aus den Segeln (→Begräbnis: III, 3). Das unaufhaltsame Ansteigen der Zahl der F.en brauchte sie nun nicht mehr allzusehr zu beunruhigen: 1933 gab es 109 Krematorien in Deutschland; 1939 standen 459 271 ev. Beerdigungen 46 091 F.en (89,8:10,2%)

gegenüber. Heute werden fast nur noch hygienische und andere praktische Erwägungen für die F. in die Waagschale geworfen. Die VELKD hat demgemäß (1955) in ihrer »Lebensordnung« (VIII, 10) bestimmt: »Die Kirche erfüllt den Dienst der Verkündigung ebenso bei der Beerdigung wie bei der F. Sie legt aber ihren Gliedern nahe, an der christlichen Sitte der Beerdigung festzuhalten.« Daß ev. Agenden nun auch eine besondere Ordnung für F.en bieten müssen, versteht sich von selbst.

2. Das kath. Kirchenrecht verbietet die F. (CIC c. 1203, 1); wer sie anordnet, verliert das Recht auf kirchliche Bestattung (CIC c. 1240, 1, 5). »Exequien dürfen vorgenommen werden, wo die Leichenverbrennung durch andere veranlaßt wurde und kein Ärgernis entsteht; doch ist dem funktionierenden Geistlichen die Begleitung zum Krematorium verboten« (Algermissen). - Der Ev. Oberkirchenrat in Berlin hatte noch 1885 jede Beteiligung eines Pfarrers an einer F. (mit und ohne Talar) verboten, und 1898 hatte die »Eisenacher Konferenz ev. Kirchenregierungen« beschlossen, »den Geistlichen eine *amtliche* Beteiligung bei einer F. nicht zu gestatten«. Aber wenige Jahre später wurde in Gotha und Meiningen, dann in Baden, Hessen, Anhalt, Weimar-Eisenach und Sachsen den Pfarrern das Gegenteil offiziell erlaubt. Die »Altpreußische Union« zögerte am längsten: erst 1925 gab ihre Generalsynode uneingeschränkt das Amtieren des Pfarrers bei F.en frei. Die »Lebensordnung« der VELKD verbietet es übrigens, daß ev. Pfarrer bei F.en kath. Christen amtieren, wie es bisher vielfach üblich war (VIII, 3b).

E. Rohde, Psyche, (1890-94) 1925^9.10 - W. Bahnsen, Die Stellung der ev. Kirche zur F., 1898 - L. Ruland, Die Leichenverbrennung vom Standpunkt der christl. Weltanschauung, 1910 - E. Beutinger, Hdb. der F., 1911 - W. Caspari, Erdbestattung oder F.?, 1914 - A. Maillard, Die F. mit Berücksichtigung ihrer staats- u. volkswirtschaftl. Bedeutung, 1916 - RGG² II, 572ff - Th. Weinisch, Die F. im Lichte der Statistik, 1929 - LThK VI, 465ff - J. Beckmann, KJ 77, 1950, 447-449.

E. Hertzsch

Feuer- und Wolkensäule → Theophanie: II.

Feuillanten, auch *Fulienser,* eine Reformgruppe der → Zisterzienser, genannt nach dem Kloster Feuillant (Fulium) in der Languedoc, begründet von Jean de la Barrière († 1600), der die Abtei 1562 mit 18 Jahren als Kommende erhielt, dann eine Bekehrung erlebte und seit 1570 eine Reform im Sinne des ursprünglichen Zisterziensertums durchführte, allerdings mit rigoroser Verschärfung der Observanz (barfuß gehen, auf Brettern schlafen, kniend essen; auch eine eigene Sangesweise). Sixtus V. bestätigte 1589 die Konstitutionen. Clemens VIII. löste die Klöster, die sich Feuillant anschlossen, 1592 vom Zisterzienserorden. Urban VIII. teilte die F. 1630 in eine französische und italienische Kongregation; während jene in der Revolution von 1789 unterging, wurde diese 1802 wieder mit dem Zisterzienserorden vereinigt. - Es gab auch einen weiblichen Zweig (Feuillantinnen).

L. Janauschek, Orig. Cist. I, 1877, LXIX - v. Pastor XI, 1927, 139. 427 - Heimbucher I, 374ff.

St. Hilpisch

Feurborn, *Justus* (1587-1656), ev. Theologe, * zu Herford. 1612 Student in → Gießen, 1614 Magister, 1616 D. theol., 1617 ao. Prof., Prediger und Stipendiatenephorus in Gießen. Rascher Aufstieg in der theol. Fakultät: 1618 vierter, 1619 dritter und 1627 erster theol. Prof. in der von 1624 bis 1650 nach Marburg verlegten Fakultät. 1628 wirkte F. bei der General-Kirchen- und Schulvisitation Georgs II. mit, war 1650 Sup. der Marburger Ämter. Zusammen mit seinem Schwiegervater Balthasar → Mentzer (, 1) stand er im christologischen Streit gegen die Tübinger (→ Christologie: II, 7e); beide entwickelten darin die Lehre von der → unio mystica.

Werke bei Strieder IV, 1784, 98ff. - Über F.: ADB VI, 753 - H. Heppe, KG beider Hessen II, 1876, 194ff - Die Univ. Gießen 1607 bis 1907. Festschr. I, 1907, 425 - Hassia sacra II, 1925, 106f.

H. Steitz

Fichte, 1. *Immanuel Hermann* (1796-1879), * als Sohn von 2 in Jena, studiert in Berlin und wird, als Demagoge verdächtigt, erst 1836 Prof. in Bonn, lehrt von 1842-63 als philosophischer Ordinarius in Tübingen und verbringt noch fruchtbare Jahre des Ruhestandes in Stuttgart. Obwohl F. die Werke, auch die »nachgelassenen«, seines Vaters herausgab, ist er doch tiefer von → Hegels Religionsphilosophie und vor allem vom späteren → Schelling berührt. Schon 1829 warnt er zugunsten des »Eigenpersönlichen« vor Hegels Auflösung des Gottesbegriffs ins Allgemeine. Auch später hat er, mit seinem Freunde Chr. H. Weiße den »Spätidealismus« verkörpernd, die Vereinbarkeit von Naturwissenschaft und Theismus verteidigt und - weit sich einlassend auf »okkulte« Grenzphänomene - die »theosophische« Krönung seiner »Anthropologie« bis in das Verständnis des Leibes hinein sich auswirken lassen.

Vf. u.a.: Beitr. zur Charakteristik der neueren Philosophie, 1829; Grundzüge zum System der Philosophie, Tl 1-3, 1833-46; System der Ethik I-II/2, 1850-53; Anthropologie, (1856) 1860²; Psychologie I. II, 1864/73; Viele Aufs. in der von F. begründeten Zs. f. Philos. u. spekulative Theol. - Über F.: K. Leese, Philos. u. Theol. im Spätidealismus, 1929 - R. Mehlig, I.H.F.s Seelenlehre, 1935 - J. Ebert, Sein u. Sollen des Menschen bei I.H.F., 1938 - D. Najdanowic, Die Geschichtsphilos. I.H.F.s, 1940.

2. *Johann Gottlieb* (1762-1814), * in Rammenau (Lausitz) als Sohn einfacher, aber religiös gebundener Weber. F. verdankt seine Erziehung der zufälligen Begegnung mit einem benachbarten Edelmann, der den willensstarken und phantasiebegabten Knaben nach Schulpforta einweist und dessen Familie zum Studium (in Jena, Wittenberg und Leipzig) beiträgt. Das theologische Examen verhinderte bittere Not, die ihn als Hauslehrer sich zu verdingen zwang und ihn auch in Zürich bedrängte, wo er seine Braut Johanna Rahn fand. Als er 1790 nach Leipzig zurückkehrte, nötigte wiederum ein Zufall ihn zum Studium der Kantischen Philosophie. Es ist eine »neue Welt«, die dem zwar vorsehungsgläubigen, aber philosophisch zum → Determinismus neigenden und in seiner Arbeit vielfach sich zerstreuenden F. hier aufgeht. Der Beweis der »absoluten Freiheit« und die Systematik der »Kritik der Urteilskraft« lassen ihn aufhorchen. Er reist 1791 über Dresden, Breslau und Warschau nach Königsberg, wo zwar die Begegnung mit dem schon alternden → Kant enttäuscht, aber das schnell geschriebene Erstlingswerk »Versuch einer Kritik aller Offenbarung« auf Kants Empfehlung gedruckt und, anonym erscheinend, für Kants erwartete Religionsschrift gehalten wird. Trotz moralistischer Grundhaltung rührt F. hier an wesentliche Seiten der Offenbarung - »Darstellung« der Vernunftideen, sie muß »der Menschen Sprache reden« und Rücksicht nehmen auf die Endlichkeit der moralischen Wesen -, die später vor dem spekulativen Gottesbegriff verblassen. F. kann nach dem Erfolg dieser Schrift das Hauslehrerdasein beenden, 1793 in Zürich heiraten und 1794 die Nachfolge K.L. Reinholds auf dessen Jenaer Professur antreten.

Der eben noch mit politischen Tagesschriften beschäftigte Denker greift jetzt mit erstaunlicher Energie die transzendentalphilosophische Problematik auf und schafft die Folge der großen Werke, die sein System entfalteten: »Über den Begriff der Wissenschaftslehre« (WL), 1794; »Grundlage der gesamten WL«, 1794; »Grundriß des Eigentümlichen der WL«, 1795; »Grundlage des Naturrechts«, 1796; »Erste« und »Zweite Einleitung in die WL« sowie »Versuch einer neuen Darstellung der WL«, alle im Philosophischen Journal 1797; »System der Sittenlehre«, 1798. Der kühne Aufstieg F.s wurde 1799 durch den → Atheismusstreit unterbrochen, der ihn nach Berlin auszuweichen zwang. Auch hier wurde die WL vor einem gebildeten Hörerkreis mehrfach neu dargestellt (zB 1801 und 1804), aber der Schwerpunkt seines Wirkens verlagerte sich nun mehr nach außen. Die »Bestimmung des Menschen« (1800) wollte in zT dialogischer Form die WL den Laien nahebringen. Der »Geschloßne Handelsstaat« (1800) entwickelte ein wirtschaftspolitisches Programm weniger für Preußen als für die »große europäische Republik« der Zukunft. »Friedrich Nicolais Leben und sonderbare Meinungen« (1801), hg.v. A.W.Schlegel, war als »warnendes Beispiel« gemeint. Dazu traten die drei großen Redezyklen, die auch die zündende Kraft der F.schen Sprache bezeugen: »Die Grundzüge des gegenwärtigen Zeitalters« (1806) ordnen die Gegenwart in den großen Weltplan ein und enthüllen den Sinn von Religion in der Betrachtung »alles Lebens als notwendige Entwicklung des Einen, ursprünglichen, vollkommen guten und seligen Lebens«. – »Die Anweisung zum seligen Leben« (1806) – ihr Titelblatt erinnert an die kurzfristige Erlanger Professur F.s – gründet in der auch für Jesus in Anspruch genommenen Überzeugung von der »absoluten Identität der Menschheit mit der Gottheit«. Die Liebe befreit »das unmittelbare Leben Gottes . . . in der Zeit«, und das Gerede von der allgemeinen Sündhaftigkeit verrät die Flucht vor der Eigentlichkeit des Daseins. – Die »Reden an die deutsche Nation« (1808), im besetzten Berlin gehalten, wollen »Unheil und Mattigkeit der Zeit« wenden durch eine »deutsche Nationalerziehung« im Geiste → Pestalozzis. – Außer einigen kleineren Schriften (zB über die schon mehrfach abgehandelte »Bestimmung des Gelehrten«) hat F. nichts Wesentliches mehr veröffentlicht. Er war erster gewählter, aber scheiternder Rektor der von ihm miterstrebten Universität → Berlin. Ein bei der Pflege seiner Frau ihn infizierendes Lazarettfieber raffte den vom Befreiungskampf der Nation Ergriffenen vor der Zeit dahin.

Die Einordnung in das Schema »Von Kant zu Hegel« kann weder F. noch → Schelling gerecht werden, weil darüber das je Eigene des bis in seine letzten Möglichkeiten durchgeführten philosophischen Einsatzes zu kurz kommt. Das gilt bes. für F., der es als den negativen »Grundzug« seines Zeitalters begreift, »das Leben nur historisch und symbolisch« zu nehmen und dem »wirklichen« Leben sich zu versagen. Daher ist es auch wenig sinnvoll, Wandlungen der WL nachzuspüren, von der F. bis zuletzt behauptet hat, daß sie sich seit ihrer ersten Formulierung »in keinem Stücke geändert hat«. Auch dürfen die drei Grundsätze der WL von 1794 nicht von der Hegelschen → Dialektik aus gedeutet werden. »Ich«, »Nicht-Ich« und »Einschränkung« oder »Quantitabilität« sind zwar in ihrer Folge eindeutig festgelegt, aber jeder der Grundsätze ist unbedingt und daher unableitbar. Der Grundsatz als solcher besagt, daß Unbegreifliches als unbegreiflich gesetzt werden soll. Die Annahme, daß F. alles aus dem »Ich« habe herausklauben wollen, ist absurd. Schon die WL von 1794 will nicht »durch eine Künstelei« Synthesen »erdichten«, sondern das im Bewußtsein »Vorhandene« in seinen »Übergängen« vereinbaren. Statt dogmatischen Entgegensetzungen zu verfallen – Subjekt-Objekt, Idealität-Realität, Theoretik-Praktik –, hält die WL das Denken in der Schwebe. Sie verfährt grundsätzlich »genetisch«, verläßt sich nicht auf Tatsachen oder gar ein → Ding an sich, sondern bringt die ursprüngliche Tathandlung zum Selbstvollzug. Diese wird als vom → Absoluten (ob es als Licht, Leben oder Gott angesprochen wird) ermächtigt vorausgesetzt, so daß die WL sich selbst als Werkzeug der absoluten Wahrheit begreift. Sie will die Natur nicht um ihren Eigen-Sinn bringen, aber sie ebensowenig verabsolutieren und als ein Isoliertes aus dem Urleben herausstellen. Damit ist auch die religiöse Fundierung der WL gegeben. Die Gottheit ist das »lebendige Licht«, das im (vermeintlich johanneischen) Christentum erschienen ist und in der durchgeführten Philosophie zur Klarheit über sich selbst kommt. Die Nähe zur → Mystik ist deutlich, die im Vergleich zur Philosophie »okkult« bleibt. Die schon für 1794 geltende Ausrichtung des gesamten Ansatzes auf die Harmonie von → Anschauung und → Gefühl (»Die Anschauung sieht, aber sie ist leer; das Gefühl bezieht sich auf Realität, aber es ist blind«) weist auf → Schleiermacher, trotz persönlicher Gegensätze zwischen ihm und F.

Werke, 8 Bde, 1845-46 (Neudr. 1924); Nachgel. Werke, 3 Bde, 1834-35 (Neudr. 1925), beide hg.v. I.H.Fichte; Nachgel. Schriften, hg.v. H.Jacob, 1937; Auswahl, hg.v. F.Medicus, 6 Bde, 1908-12; Briefwechsel, hg.v. H.Schulz, 2 Bde, 1925. – RGG² II, 576ff (Lit.) – M.Guéroult, L'évolution et la structure de la doctrine de la science chez F., 2 Bde, 1930 (grundlegend auch mit Bezug auf die Quellen) – E.Gelpcke, F. u. die Gedankenwelt des Sturm u. Drang, 1928 – W. Weischedel, Der Aufbruch der Freiheit zur Gemeinschaft. Studien zur Philos. des jungen F., 1939 – W.Steinbeck, Das Bild des Menschen in d. Philos. F.s, 1939 – E.v.Bracken, Meister Eckhart u. F., 1943 – L.Pareyson, F., 1950 – J.Drechsler, F.s Lehre vom Bild, 1955 – W. Ritzel, F.s Religionsphilosophie, 1956.

† H.Knittermeyer

Ficino, *Marsilio* (1433-99, seit 1473 Priester), Haupt der von Cosimo Medici begründeten »Platonischen Akademie«, für das Welt- und Menschenbild der → Renaissance (: I) von erstrangiger Bedeutung. Überzeugt davon, daß die platonisch-neuplatonische Philosophie und das Christentum wesentlich übereinstimmen, will er die christliche Wahrheit (insbesondere auch gegen averroistische [→ Averroismus] Strömungen) mit Hilfe jener verteidigen und beide zu einer »philosophica quaedam religio« verschmelzen (→ Platonismus). Diesem Ziel dienen neben zahlreichen Übersetzungen und Kommentaren vor allem die beiden Hauptwerke »Theologia Platonica de animarum immortalitate ac aeterna felicitate« (1469/74) und »De christiana religione« (1474). F. baut dabei auf der schon vom älteren → Humanismus ausgebildeten Überzeugung von einer ursprünglichen monotheistischen »communis omnium gentium religio« auf. Von der »alten Theologie der Heiden« und ihren »vates« (Zoroaster, Orpheus, Hermes u.a.) führt eine aufsteigende Linie über Plato zu Plotin (auf das Verhältnis zwischen beiden wendet F. wörtlich Mt 3, 17 an!) und die anderen Neuplatoniker (→ Neuplatonismus) zu → Dionysius Areopagita als »Gipfel der platonischen Disziplin und Säule der christlichen Theologie«. So sehr Plato der »Deus philosophorum« ist, geht F. doch mit dem Bestreben seines Schülers und Freundes → Pico della Mirandola, die »concordia« zwischen ihm und Aristoteles herzustellen, durchaus einig; selbst Thomas von Aquin bleibt nicht ohne Anerkennung. Die »divinitas« des Menschen bzw. seine Möglichkeit und Aufgabe des »Deus fieri« – worin auch der eigentliche Sinn der Inkarnation Christi beschlossen liegt – und die daraus resultierende wahre Glückseligkeit stehen im Mittelpunkt seines ganzen Denkens; für Sünde und Schuld bleibt dabei nur mehr wenig Raum. Indem F. auch dem leiblich-konkreten Menschen kraft seiner Erkenntnisfähigkeit und seiner Herrschaftsgewalt über die Schöpfung den hohen Rang eines »Deus in terra« zumißt, durchbricht er unbewußt die auch ihm an sich wohlbekannten Schranken des neuplatonischen Leib-Seele-Dualismus.

Opera, 2 Bde, Paris 1641 (vollständigste Ausg.); P.O.KRISTELLER, Supplementum Ficinianum, 2 Bde, Florenz 1937; Commentary on Plato's Symposium (ed. SEARS R.JAYNE, lat. u. engl.), Columbia/ Miss. 1944; Über die Liebe oder Platos Gastmahl (übers. v. K.P. HASSE), 1914; Briefe des Mediceerkreises. Aus M.F.s Epistolarium (übers. v. K.MARKGR.V.MONTORIOLA), 1926. - Über F.: A.DELLA TORRE, Storia dell' Accademia Platonica di Firence, Florenz 1902 - E.CASSIRER, Individuum u. Kosmos in der Philosophie der Renaissance, 1927 - W.DRESS, Die Mystik des M.F. (AKG 14), 1929 - G. SAITTA, M.F. e la filosofia dell' Umanesimo, Florenz 1943 - P.O. KRISTELLER, The Philosophy of M.F., New York 1943 (Lit.) - EC V, 1239ff (Lit.). *M.Seidlmayer*

Ficker, *Johannes,* Kirchenhistoriker und Archäologe, * 12.11.1861 als Pfarrerssohn in Leipzig-Neureudnitz, † 19.6.1944 in Halle, 1890 PDoz. in Halle, 1900 o. Prof. in Straßburg, 1919 in Halle. F. war in seinem vielseitigen Wirken bestrebt, Geschichte »nicht nur aus Dokumenten, sondern auch aus Monumenten« zu erfassen sowie die »Bildanschauung des religiös Elementaren und Zentralen« zu erforschen und in christlicher Gegenwartskunst zu pflegen. Als Herausgeber der Frühvorlesungen Luthers in WA 56 und 57 hat er Hervorragendes geleistet. - Sein jüngerer Bruder *Gerhard* F. (1865-1934) war Kirchenhistoriker in Halle und Kiel.

Vf. u.a.: Die Bedeutung der altchristl. Dichtungen für die Bildwerke, 1885; Die Darstellung der Apostel in der altchristl. Kunst, 1887; Die Konfutation des Augsb. Bekenntnisses, 1891; Hss.-Proben des 16.Jh.s nach Straßburger Originalen, 2 Bde, 1902-05; Druck u. Schmuck des neuen ev. Gesangbuches für Elsaß-Lothringen, 1903; Anfänge reformator. Bibelauslegung I: Luthers Vorlesung über den Röm, (1908) 1930⁴; II: Luthers Vorlesung über den Hebr, 1929; Altchristl. Denkmäler u. Anfänge des Christentums im Rheingebiet, (1909) 1914²; Die Kaiser Wilhelms-Univ. Straßburg u. ihre Tätigkeit, 1922; Luther als Professor, 1928; Die neuen Glasgemälde in St.Moritz in Halle u. die bes. Aufgaben der kirchl. Glasmalerei in der Gegenwart, 1940. - Hg. von: Archäolog. Studien zum christl. Altertum u. MA, 5 Hefte, 1895-99; Studien über christl. Denkmäler, 24 Hefte, 1902-36; Qu. u. Forschungen zur Kirchen- u. Kulturgesch. von Elsaß u. Lothringen, 5 Bde, 1913-17; (mit K.EGER) Studien zur Gesch. u. Gestaltung des ev. Gottesdienstes u. zur kirchl. Kunst, 4 Bde, 1924-40. - Über F.: J.F., Bibliogr., hg.v. O.THULIN, 1936 - E.WOLF, In memoriam J.F. (ThLZ 69, 1944, 189-191; dazu ebd 65, 1940, 338-344). *Ernst Wolf*

Fidelis, *der Heilige* (1577-1622), eigentlich Markus Roy, * in Sigmaringen, studierte in Freiburg/Br., wurde 1611 Dr. iur. utr. und Advokat in Ensisheim. 1612 empfing er die Priesterweihe, trat dem Kapuzinerorden bei und holte das theologische Studium nach. Als Guardian das Klosters Feldkirch leitete F. nach dem österreichischen Einmarsch ins Prätigau die Graubündner Rekatholisierungsmission und verfaßte das Religionsmandat von 1622, das den Aufstand der ev. Prätigauer auslöste. Im Zuge dieses Kampfes wurde F. in Seewis von den Aufständischen erschlagen. Seine Heiligsprechung erfolgte 1746.

LThK III, 1034 - Festschr. anläßlich des 200jähr. Jubiläums der Heiligsprechung (St.Fidelis 33, 1946, 169-307) - Lexicon Capuccinum, 1951, 585ff (Lit.). *H.R.Guggisberg*

Fides historica

1. F.h. und fides informis, acquisita - 2. F.h. und fides iustificans

Als f.h. bezeichnete → Melanchthon (aaO 92) »docendi gratia« vor 1521 die traditionelle fides informis, acquisita, um ihr Ungenügen auszudrücken, stellte aber dann auch diesen Begriff als noch zu volltönend zurück und sprach statt dessen nur von historica opinio, notitia historica. Trotz dieser Zurückhaltung Melanchthons ist der Begriff f.h. in die ev. dogmatische Tradition eingegangen.

1. Die röm.-kath. Doktrin betrachtet den → Glauben (: IV) als Disposition für die → Rechtfertigung (: II). Unter dem Gesichtspunkt der Vollständigkeit unterscheidet sie dabei zwischen dem ergänzungsbedürftigen bloßen Glauben (fides informis) und der vollgenugsamen Summierung von Glauben und Werken, vor allem der Liebe (fides caritate formata). Unter dem Gesichtspunkt der Übernatürlichkeit unterscheidet die Spätscholastik zwischen der durch natürliche Kräfte erreichbaren fides acquisita und der zur Rechtfertigung notwendigen, inhaltlich aber von der fides acquisita nicht unterschiedenen, sondern sie nur adelnden fides infusa. Die Einheit des Glaubensbegriffs als fides dogmatica wird in beiden Fällen festgehalten. Dagegen sprengt der Begriff f.h. (= opinio, notitia) den scholastischen Glaubensbegriff. Denn fides informis und acquisita gelten als auf die Rechtfertigung (wenn auch unzureichend) disponierende Qualitäten, während die f.h. auf die Seite des (historischen) Wissens gehört und für die Rechtfertigung unmittelbar gar nichts austrägt.

2. Nach reformatorischer Anschauung wird die Rechtfertigung nicht durch Werke und Tugenden verdient, sondern im Glauben an Gottes Gnadenzusage in Christus empfangen (fides apprehensiva). Die scholastischen Distinktionen hinsichtlich der Qualität des Glaubens werden dadurch bedeutungslos. Der Glaube ist fiducia promissionis divinae. Da aber die promissio divina in Christus Geschichte geworden ist, so bezieht sich der Glaube, indem er sich an die göttliche Gnadenzusage hält, auf diese Geschichte. So gewiß die notitia historiae nicht Glaube im Sinne der Rechtfertigung ist, so gewiß ist doch die fides iustificans nicht ohne notitia historiae. Wie aber, wenn gewichtige historische Gründe gegen die Richtigkeit der überlieferten Christusgeschichte sprechen? Dieses heute akute Problem von → Glaube (: V) und Geschichte war für die Reformatoren noch nicht brennend, ist aber bereits in ihrem Begriff der f.h. enthalten.

Melanchthons Werke in Auswahl, hg.v. R.STUPPERICH, Bd II/1, 1952. - Im übrigen s. Lit. bei → Fides implicita. *E.Schott*

Fides implicita. Die Lehre von der f.i. (velata, in mysterio, in universali) wurde von der Hochscholastik ausgebildet und gehört seitdem zum festen Bestand der röm.-kath. Theologie. Das Begriffspaar implicita-explicita dient neben anderen zT wichtigeren (zB informis-formata, acquisita-infusa, habitualis-actualis, divina et catholica) zur Klärung des fides-Begriffs in röm.-kath. Sinne.

Bei der Darstellung des verwickelten Befundes wird im folgenden zwischen a) f.i. ecclesiae und b) f.i. simplicium (Köhlerglaube) unterschieden. a) Die → Offenbarung (: IV) ist in Christus zwar abgeschlossen, aber noch nicht völlig expliziert. Die Entfaltung der Offenbarung obliegt dem kirchlichen → Lehramt (: I) als dem authentischen Interpreten der die Offenbarung enthaltenden Glaubensquellen (Schrift und Tradition). Dieses ändert oder vermehrt mit der Verkündung neuer Dogmen keineswegs den Offenbarungsinhalt, der implicite (universali et generali credulitate, confuse) immer geglaubt wurde, wohl aber vermehrt und vertieft es die Kenntnis der Offenbarungswahrheiten und vergrößert damit den Umfang der fides explicita ecclesiae. - b) Alle Glaubenden glauben den ganzen Offenbarungsinhalt, aber nicht jeder jedes einzelne in gleicher Weise, sondern einiges explicite, das andere implicite. Ein Grundbestand an fides explicita muß auch beim Einfältigsten vorhanden sein, und zu diesem gehört in jedem Fall der Glaube an die Kirche und an das, was sie glaubt, m.a.W. das ausgesprochene Bekenntnis: »Ich glaube, was die Kirche glaubt.« In diesen Glauben an den Kirchenglauben sind alle einzelnen Offenbarungswahrheiten, auch sofern sie dem Glaubenden selber unbekannt sind, eingeschlossen, da ja die Kirche als unfehlbare Vermittlerin der Offenbarung (regula fidei propinqua) geglaubt wird.

Luther und Calvin haben von ihrem neuen Glaubensverständnis her die f.i. scharf kritisiert. Auch die Orthodoxie hat den Begriff f.i. in der Regel abgelehnt, wenn sie auch mit ihrer Unterscheidung von articuli fundamentales und non-fundamentales ein verwandtes Problem zu lösen versuchte. Gewiß decken sich Glauben und Erkenntnis nicht schlechthin, vielmehr paart sich der Heilsglaube mit mangelhafter Erkenntnis und kann und soll sich mit einem Wachstum in der Erkenntnis verbinden. Aber die f.i.-Theorie ist unevangelisch, weil sie auf einem gesetzlichen Verständnis der Offenbarung und des Glaubens beruht. Weder darf die Offenbarung durch die Kirche lehrgesetzlich in Dogmendefinitionen ausgemünzt werden, noch darf sich der Glaube einer kirchlichen Gesetzgebung unterwerfen (bezeichnenderweise war der f.i.-Begriff für die Inquisition bedeutsam!).

Außer den DGen u. Dogmatiken: A.RITSCHL, F.i., 1890 - G.HOFFMANN, Die Lehre von der F.i. I-III, 1903-09 - L.IHMELS, F.i. u. der ev. Heilsglaube, 1912 - R.M.SCHULTES, F.i., 1920 (kath.) - H.D.SIMONIN, »Implicite« et »explicite« dans le développement du dogme (Angelicum 14, 1937, 126-145). *E.Schott*

Fides Romana (Treue zu Rom) ist eine auch über Österreich verbreitete Laienvereinigung kath. deutscher Männer, die der Kölner Verleger Hans Struth 1946 gründete. Sie will die dem Papsttum in den Jahren der Verfolgung angetane Schmach sühnen, für die Wohltaten des gegenwärtigen Papstes am deutschen Volk danken und eine papstbegeisterte Schar für die Interessen der Kirche bereitstellen. Die F.R. versteht sich als eine Elite kath. Männer, deren Mitgliedserklärungen im Vatikan hinterlegt werden; sie verpflichten sich zum täglichen → Ave Maria für den Papst, zum Aufstellen von Papstbildern und zum Einsatz für die Ehre und die Rechte des Papsttums im öffentlichen Leben. Von den Mitgliedern wird tiefere Kenntnis der Idee des Papsttums, der Person des Papstes und seiner lehramtlichen Verlautbarungen verlangt. Die F.R. ist ein Glied der → Katholischen Aktion. Zur Patronin erkor sie sich Maria, der sie sich auch im Anno Santo 1950 zu Rom eigens weihte. In loser Folge erscheinen von der Leitung herausgegebene Rundbriefe. Versammlungen der F.R. finden jeweils bei den Gesamtdeutschen → Katholikentagen, gelegentlich auch auf diözesaner Ebene statt.

HerKorr 1, 1947, 195f. *W.Sucker*

Figuralmusik *(musica figuralis)* ist die in der mittelalterlichen Kantoreipraxis übliche Bezeichnung für mehrstimmig ausgearbeitete Musik (→ Polyphonie), bei der Noten von bestimmter Zeitdauer und Gestalt (figurae) angewandt werden, im Gegensatz zum → Gregorianischen Gesang, der mit rhythmisch indifferenten Choralnoten auskommt *(musica choralis)*, aber auch zum ev. Kirchenlied, also zu musikalischen Gattungen, denen der nach Maß und Zahl geordnete Verlauf der F. wesensfremd ist. Als Terminus deckt sich F. weithin mit *Mensuralmusik* (→ Musik: V); ein Zusammenhang mit der musikalischen Figurenlehre (→ Figuren, 2) ist möglich. - F. im Gottesdienst setzt also eine geübte Sänger- und Instrumentalkapelle voraus; ihr Sinn ist die bes. feierliche Ausführung einzelner Liturgieteile. Früh ist das → Graduale als F. belegt (Paris, Notre Dame, um 1200); hiervon ist im ev. Gottesdienst luth. Prägung die Hauptmusik, zB die Kirchenkantate → Bachs herzuleiten. Auch die meisten übrigen Stücke wurden häufig figuraliter musiziert, bevorzugt das Ordinarium (als »Messe«), in → Alternatimpraxis auch Te Deum und Magnifikat. Es hat nicht an Stimmen gefehlt, welche F. als zu weltlich, wegen mangelnder Verständlichkeit der Textworte oder aus spezifisch theologischen Erwägungen ganz aus dem Gottesdienst ausschließen wollten (Papst Johann XXII., Zwingli, Calvin, Tridentinum, Cromwell, Pietismus); die kirchenmusikalische Erneuerungsbewegung der Gegenwart betont dagegen ihren besonderen liturgischen Auftrag. - Vgl. → Chor.

Lit. s. bei → Musik: V. *S.Hermelink*

Figuren

1. Rhetorisch (homiletisch) - 2. Kirchenmusikalisch

1. a) Um die Rede lebendiger und eindringlicher zu gestalten, bedient sich die klassische *Rhetorik* der Tropen und F. (σχήματα). Es werden damit besondere Formen der Aussage bezeichnet, wobei man gewöhnlich Form-F. (oder F. des Ausdrucks, σχήματα λέξεως) und Gedanken-F. (σχήματα διανοίας) unterscheidet. - Die ersteren heben einen Gedanken als bes. wichtig hervor. Dies geschieht durch die Art der Aussage oder durch die Form der eingeführten redenden Person. *Monologisch* ist u.a. die Auslassung (Asyndeton) oder mehrmalige Wiederholung derselben Verbindungspartikel (Polysyndeton), die Auslassung eines sich aus dem Zusammenhang ergebenden Wortes (Ellipse), unvermutetes Abbrechen der Rede (reticentia), der Ausruf (exclamatio), die Wiederholung desselben Wortes oder Ausdrucks (iteratio). - *Dialogischer Art* sind F., mittels derer der Redner sich an die Hörer wendet: die Frage (interrogatio), der Zweifel (dubitatio), die Anheimstellung (permissio), die Apostrophe oder die sermocinatio, die Einführung einer redenden dritten Person, bes. wenn der Hörer durch direkte Erörterung der Sache sich verletzt fühlen könnte. - *Gedanken-F.* wollen durch Zusammenstellung mit anderen Gedanken, durch Entgegensetzung oder Steigerung unterstreichen. Bes. gebräuchlich sind: die Antithese (oppositio), auch in der Form der antithetischen Umkehrung (Antimetabole), die enge Verbindung entgegengesetzter Begriffe zu einer Einheit (Oxymoron), das Paradoxon, das den Hörer schließlich zu einem anderen Ergebnis führt, als er erwarten mußte, ferner antithetische Elemente in Wortspielen mit gleichen oder ähnlich klingenden Worten; ferner Hervorhebungen durch Aufführung mehrerer Begriffe statt eines Gesamtbegriffs. Die Klimax (gradatio) bewirkt eine Hervorhebung, indem das zuerst Gesagte durch das Folgende überboten wird, oder die Übergehung (praeteritio) bzw. das Gegenteil der Hervorhebung durch die Figur der Abschwächung (deminutio). Die Figur der Berichtigung (correctio) kann Steigerung oder Abschwächung erreichen. Ferner sind die verschiedenen Arten der praesumptio zu nennen, durch die der Redende seine Auffassung gegen die Meinung des Hörers sichert oder diese vorher einbezieht. Auch die Figur der Ironie ist zu nennen.

b) Die rhetorischen F., in der Rhetorik des klassischen Altertums ausgebildet (Gorgias, Demosthenes, Cicero), finden sich auch in den biblischen Schriften, im NT bes. im MtEv und bei Paulus (vgl. Blass-Debrunner 310ff). - Die größten Prediger und Schriftsteller der Alten Kirche, zT auf Rhetorenschulen vorgebildet, haben sich der F. zur Verlebendigung der Rede bedient (vgl. bes. Augustin, De doctr. christ.). Solange eine gründliche humanistische Vorbildung der Geistlichen vorherrschte, wurde (bis tief ins 19.Jh.) die Verwendung der F. in der → *Homiletik* gepflegt (zuletzt bes. Achelis). Dagegen wird heute leider kaum noch auf die rhetorische Bedeutung der F. für die Homiletik hingewiesen (zB Fendt). Trotzdem finden - meist unbewußt - Rede-F. in heutigen Predigten Verwendung, wie denn zweifellos durch geschickte und angemessene Verwendung der rhetorischen

F. in der Predigt die Verkündigung lebendig und eindringlich gestaltet werden kann. Es wäre daher kein Nachteil, wenn in der homiletischen Ausbildung der künftigen Prediger wieder stärker auf die Bedeutung der Rede-F. hingewiesen würde.

E.CHR.ACHELIS, Lehrb. d. Prakt. Theol. II, (1890) 1911³, 248ff (letzte ausführl. F.lehre in einer ev. Homiletik) - H.HERING, Die Lehre v. d. Predigt, 1905, 572 f (Lit.) - L.FENDT, Homiletik, 1949, 24ff. 30ff. - Zum NT bes. BL-DEBR 310ff - R.BULTMANN, Der Stil d. paul. Predigt u. die kynisch-stoische Diatribe (FRLANT 13), 1910 - E.NORDEN, Agnostos Theos. Unters. zur Formengesch. religiöser Reden, 1913 - DERS., Antike Kunstprosa, 1923 - H.THYEN, Der Stil d. jüd.-hellenist. Homilie (FRLANT NF 47), 1955, bes. 40ff. - Ferner: L.ARBUSOW, Colores Rhetorici, 1946 (Beispiele aus Antike u. MA).

J.Heubach

2. In der mittelalterlichen *Musiklehre* bedeuten »Figurae« primär die Notenzeichen der choralen und mensuralen Notation, auch die Pausenzeichen. - In der Musiklehre des 16.-18.Jh.s treten andere Bedeutungen stärker hervor. Hier sind F. a) Vorhalt, Durchgangs-, Wechseltöne, Imitation im mehrstimmigen Satz; b) Formeln des melodischen Schmucks, einzeln angewandt oder zusammengesetzt in Koloraturen; c) Lizenzen in der Behandlung der Dissonanz, der Kadenz, in der Führung der Stimmen, in der Prägung der Einzelstimme, die in der fundamentalen Satzlehre nicht gestattet waren, ferner der Gegensatz der Stimmen, Stimmgruppen und Abschnitte (Antitheton) sowie Tonmalereien. Die F. unter a) und b) wurden in Analogie zu den Tropen und F. der Rhetorik (s. 1) angewandt, die unter c) auch mit F.-namen der Rhetorik bezeichnet. Sie sind Mittel des gehobenen musikalischen Ausdrucks, der Emphase, des Pathos, der Bildhaftigkeit. Wenn auch bes. deutsche Autoren des 17. und 18.Jh.s sich um die Erklärung der musikalisch-rhetorischen F. bemühten, so sind einige von ihnen doch schon früher in der abendländischen Musik nachweisbar. Bis zur Mitte des 18.Jh.s, also noch bei → Bach und → Händel, trägt die Anwendung der F. viel zum Verständnis der Textbehandlung bei. Das Band zwischen Musik und Rhetorik zerriß mit der Auflösung des Systems der → Artes liberales. - Unverbindlicher und in Nähe zum musikalischen Motiv wird seither von melodischen, rhythmischen und Begleitungs-F. als Mittel der Satzvereinheitlichung gesprochen. Den Begriff der Spiel-F. hat neuerdings H.Besseler präzisiert.

MGG IV, 176ff (Lit.) - Kongreß-Bericht Gesellsch. f. Musikforschung, 1953, 132-135 (H.FEDERHOFER). 135-142 (C.DAHLHAUS) - F.FELDMANN, Unters.en zum Wort-Ton-Verhältnis in den Gloria-Credo-Sätzen von Dufay bis Josquin (Musica Disciplina 8, 1954, 141-171) - A.SCHMITZ, Oberitalienische Figuralpassionen des 16.Jh.s, 1955, 11*ff - M.RUHNKE, Joachim Burmeister, 1955, 132ff - G.MASSENKEIL, Die Wiederholungs-F. in den Oratorien G.Carissimis (AfMw 13, 1956, 42-60) - H.BESSELER, Spiel-F. in der Instrumentalmusik (Dt. Jb. der Musikwissenschaft für 1956, 1, 1957, 12-38).

A.Schmitz

Fiktionalismus (*Philosophie des Als Ob*). Unter F. versteht man die von *Hans Vaihinger* (1852-1933) in der »Philosophie des Als Ob« entwickelte Erkenntnistheorie, deren Grundthema lautet: »Wie kommt es, daß wir mit bewußt falschen Vorstellungen doch Richtiges erreichen?« Dieser Frage liegt die (antiidealistische) These zugrunde, daß → Sein und → Denken grundverschieden wären (vgl. dagegen → Parmenides).

1. *Fiktionen* (lat. »fictio« = Erdichtung, Annahme, Vermutung) werden von Vaihinger vorwiegend als »wissenschaftlich erlaubte oder gebotene Erdichtungen« untersucht. Aber darüber hinaus überprüft er auch die ästhetischen Fiktionen (»Figmente« genannt) sowie die »praktischen«, in Gesittung, Rechtsleben und Religion vorkommenden fiktiven Elemente, die zwar insgesamt falsch, aber für den Lebenskampf zweckmäßig seien.

a) Die *wissenschaftlichen* Fiktionen beruhen auf der »Produktion und Benützung solcher logischen Methoden, welche mit Hilfe von Hilfsbegriffen, denen die Unmöglichkeit eines ihnen irgendwie entsprechenden objektiven Gegenstandes mehr oder weniger an die Stirn geschrieben ist, die Denkzwecke zu erreichen suchen; anstatt sich mit dem gegebenen Material zu begnügen, schiebt die logische Funktion diese zwitterhaften und zweideutigen Denkgebilde ein, um mit ihrer Hilfe seine Ziele indirekt zu erreichen, wenn die Sprödigkeit des entgegenstehenden Materials ein direktes Vorgehen nicht gestattet«. Die logischen »Kunstgriffe« beginnen schon mit der künstlichen Klassifikation zB in der Naturwissenschaft, wo man mit fiktiven Klassen so rechnet, »als ob« ihnen eine Wirklichkeit entspräche. Man arbeitet mit Abstraktionen von der konkret gegebenen Wirklichkeit, bedient sich schematischer, paradigmatischer, utopischer und typischer Fiktionen. Sowohl die Allgemeinbegriffe als auch die »heuristischen Fiktionen« (zB Äthertheorie) sind solche fruchtbaren Irrtümer der Wissenschaft.

Vollends fiktiv sind die mathematischen Gebilde: ihre Grundbegriffe »sind Raum und zwar der leere Raum, die leere Zeit, die Linie, die Fläche, und zwar Punkte ohne Ausdehnung, Linien ohne Breite, Flächen ohne Tiefe, Räume ohne Erfüllung. Alle diese Begriffe sind widerspruchsvolle Fiktionen: die Mathematik ruht auf einer vollständig imaginativen Grundlage, sogar auf Widersprüchen.« Die Philosophie selbst kann fiktiver Grundbegriffe, die in sich selbst widerspruchsvoll sind, ebensowenig entraten: das → Absolute, → Gott, das → Ding an sich, die ganze Tafel der kantischen → Kategorien, → Freiheit, → Unsterblichkeit sowie die sittlichen Ideale, Ich, → Subjekt-Objekt usw.

b) Die *praktischen* (ethischen) Fiktionen sind zwar noch widerspruchsvoller in sich selbst als die wissenschaftlichen, gehören aber zu den fruchtbaren Irrtümern der Menschheit. Vor allem ist es der Begriff der Freiheit, der, bei allen → Antinomien, die menschlichen Handlungen als freie und darum verantwortliche betrachten läßt und sie dem notwendigen Naturgeschehen gegenüberstellt. In diesen Zusammenhang gehören eine Reihe weiterer moralischer Begriffe und → Postulate, zB der Begriff der → Pflicht, die → Unsterblichkeit, Kants »Ideal eines höchsten Wesens« sowie die Idee der »unsichtbaren Kirche«. »Um den reinen Begriff der Sache zu erhalten, fingiert man einen Zustand, der sich in Wirklichkeit nie und nirgends findet.« Unter Berufung auf → Kant, → Fichte, → Schleiermacher und → Schiller vermag Vaihinger den ethischen F. nicht nur pragmatisch - im Hinblick auf seinen faktischen »Nutzen« - positiv zu werten, sondern auch sittlich zu rechtfertigen: »Die eigentliche Sittlichkeit ist nur dann vorhanden, wenn sie auf einer fiktiven Grundlage ruht; alle hypothetischen (dh auf objektiver Wirklichkeit basierenden) Grundlagen derselben aber: Gott, Unsterblichkeit, Lohn, Strafe usw - zerstören ihren sittlichen Charakter: dh wir sollen wohl so handeln, als ob es unsere von Gott auferlegte Pflicht wäre, als ob wir dafür zur Rechenschaft gezogen würden. Aber sowie dieses Als Ob sich in ein Weil verwandelt, hört der Charakter der reinen Sittlichkeit auf, und es ist bloßes niederes und gemeineres Interesse, bloßer Egoismus.«

2. Die *metaphysischen Voraussetzungen* von Vaihingers F. sind die des → Pragmatismus und Instrumentalismus, die - wie Vaihingers F. - der antiidealistischen Wissenschaftstheorie der 2. Hälfte des 19.Jh.s verpflichtet bleiben (Vaihinger nennt seinen F. auch »idealistischen Positivismus«). Gegeben sind uns nur die Empfindungsinhalte (→ Humes »impressions«); diese sind die Wirklichkeit, an der jedes → Erkennen sein Maß und Ende findet,

während das Irreale in der Welt der Gedanken besteht. Das → Denken der Seele steht dem wirklichen »Empfindungsmaterial« gegenüber, aber nicht so, als ob die Seele passiv »Abbilder« des objektiv Wirklichen nachdächte, sondern in einem aktiven Prozeß. (Die sensualistische → Erkenntnistheorie des englischen Empirismus [→ Aufklärung: I, 4] verbindet sich bei Vaihinger mit der vitalistischen → Metaphysik des »Kampfes ums Dasein«.) »Die Psyche ist eine organische Gestaltungskraft.« Sie verarbeitet das Aufgenommene zweckmäßig, verändert es und paßt es den Lebensumständen an. Dies gilt auch vom logischen Denken, es ist »ein selbsttätiges Aneignen der Außenwelt, ist eine organisch zweckmäßige Verarbeitung des Empfindungsmaterials, also eine organische Funktion der Psyche«. Von einer Wahrheit im Sinne der aristotelisch-thomistischen »adaequatio rei ac intellectus« kann also keine Rede mehr sein. Vielmehr hat das Denken eine praktische Bedeutung: sein Zweck ist, mit Hilfe logischer Akte »die ohne unser Zutun geschehenden Ereignisse zu berechnen und unsere Willensimpulse nach den Direktiven der logischen Gebilde zweckentsprechend auszuführen«. Wir erkennen nun, weshalb Vaihingers F. nicht mit resignierender Skepsis verwechselt werden möchte. Die Fiktionen sind zweckmäßige Instrumente der Psyche in der Daseinsauseinandersetzung (vgl. → Nietzsches Lehre vom Schein). Eine höhere Wahrheit im Sinne einer adäquaten Abbildung der Wirklichkeit im (subjektiven) Denken gibt es nicht. »Die einzige fiktionsfreie Behauptung in der Welt ist die des kritischen Positivismus«, womit Vaihinger seinen eigenen F. meint. »Jede nähere, eingehendere Behauptung über das Seiende als solches, welche sich aus diesen Betrachtungen ergibt, ist fiktiv.«

3. Die *Kritik* des F. ist im Grunde genommen uralt und ein Ursprung der sokratisch-platonischen Polemik gegen die Sophistik. – a) Vaihingers *Verdienst* besteht vor allem darin, daß sein F. eine Systematik der im Laufe der Philosophiegeschichte angehäuften Befunde an fiktiven Elementen des Erkennens und Denkens anstrebt. Damit wirkt er als Korrektiv gegen den unreflektierten naiven Realismus des populären Wissenschaftsaberglaubens sowie gegen die allzu massiven Sprechweisen der spekulativen Metaphysik, die unbedenklich ihre Denkgebilde wie Fakta darbietet. Da Vaihinger vor allem die Wissenschaft mit ihren »Hilfsbegriffen« untersucht, entzieht er unfruchtbaren Polemiken zwischen Religion und Naturwissenschaft, Wissenschaft und Moral u. dgl. den Boden. Gleichzeitig ermuntert der F. zu der für wissenschaftlichen Fortschritt unerläßlichen Hypothesenbildung (unerachtet Vaihingers Neigung, Hypothesen den »bloßen Fiktionen« gegenüberzustellen). – b) Die *Grenzen* des F. sind vorwiegend mit seiner Metaphysik (s. 2) gegeben, die bedenkenlos von den als Fiktionen entlarvten Denkgebilden Gebrauch macht: Teleologie (Zweckmäßigkeit), Leben, Subjekt-Objekt, Kausalität werden der Ur-Wirklichkeit zugesprochen, obwohl sie erkenntnistheoretisch als Fiktionen erwiesen wurden. Insbesondere vermag die Identifikation von menschlichem Leben mit dem allgemein biologischen Geschehen nicht zu überzeugen. Dies verführt Vaihinger auch zu solchen Paradoxien, wie zB daß die »Natürlichkeit des Denkens« sich in seinen »künstlichen Mitteln« zeige, daß das bewußte Denken »unbewußt« verlaufe usw. Kant, auf den sich der F. so häufig beruft, hat in seiner Kritik an Hume die philosophischen Grenzen einer empiristischen Metaphysik, die sich dazu noch für metaphysikfrei hält, deutlich gezeigt und in seiner → Transzendentalphilosophie auch überwunden. Als Frage, auf die Kants Kritiken die Antwort sind, erfüllt der F. jedoch einen guten propädeutischen Zweck.

H. Vaihinger, Die Philosophie des Als Ob, (1911) 1927 [10] – Ders., Wie die Philosophie des Als Ob entstand (Die Philosophie der Gegenwart in Selbstdarstellungen II), 1921 – H. Scholz, Die Religionsphilosophie des Als Ob, 1921 – B. Fliess, Einführung in die Philosophie des Als Ob, 1922 – Bausteine zu einer Philosophie des Als Ob, hg.v. H. Vaihinger u. R. Schmidt, 1-14, 1922-28; NF 1-4, 1930-32 – A. Weser, Monographische Bibliogr. »Hans Vaihinger« (Studien u. Bibliogr.en zur Gegenwartsphilosophie, hg.v. W. Schingnitz, H.7), 1934. *L. Giesz*

Filial, *Filialgemeinde,* im Kirchenrecht eine gegenüber der Haupt- oder Muttergemeinde in gewissen Grenzen verselbständigte, aber nicht selbständige Tochtergemeinde. Sie ist im gemeinen kath. Kirchenrecht wegen der grundsätzlichen Einheit von Pfarrei und → Pfarrer unbekannt. Jedoch hat sich im deutschen Partikularkirchenrecht die verschieden benannte (Pfarrektor, Pfarrkurat, Expositus, Lokalkaplan) Einrichtung eines dem zuständigen Pfarrer unterstellten, aber mehr oder minder selbständig tätigen Seelsorgers für einen abgegrenzten Bezirk innerhalb der Mutterpfarrei herausgebildet.

Liermann 250 – Eichmann-Mörsdorf I, 452. *H. Barion*

Film

1. Allgemein – 2. Pädagogisch – 3. F. und Kirche

1. Die *technischen Voraussetzungen* für den F. haben u.a. Edison, Lumière, Skladanowsky und Messter geschaffen. In den Jahren 1895/96 fanden die ersten öffentlichen Vorführungen gegen Entgelt statt. Zunächst wurden vorwiegend Kurz-F.e von Wanderschaustellern gezeigt. Vor dem 1. Weltkrieg setzten sich jedoch bereits ortsfeste Theater mit abendfüllendem Programm durch. Die ersten F.e von künstlerischem Wert entstanden: »The Birth of a Nation« (Griffith 1915), »Caligari« (Wiene 1920), »The Kid« (Chaplin 1921), »Gösta Berling« (Stiller 1923) u.a. In den Jahren 1929/30 verdrängte der Ton-F. den stummen F. Der Farb-F. dagegen (ab 1935 die ersten erfolgreichen Versuche) hat den Schwarzweiß-F. nicht zum Verschwinden gebracht. Gegen die Konkurrenz des → Fernsehens wurden verschiedene Breitwandverfahren entwickelt (Cinérama 1952, Cinemascope 1954, Vistavision u.a.). – Der F. *entstand* in einer Zeit, als die fortschreitende Industrialisierung (→ Industrie: I) große Menschenmassen in den Städten zusammengeballt und die Verkürzung der → Arbeitszeit breiten Schichten einen längeren Feierabend gesichert hatte. Der F. hat sich darum zuerst in den Ländern durchgesetzt, in denen die technische Zivilisation am weitesten fortgeschritten war. Die Arbeiterschaft stellte zunächst das Hauptkontingent des Kinopublikums. Das Bürgertum gewöhnte sich erst nach dem 1. Weltkrieg in zunehmendem Maße an den F.besuch. Heute besuchen die Angestellten das Kino häufiger, die Beamten seltener als der Durchschnitt (EMNID-Umfrage). Seit 1945 hat sich unter Mitwirkung von F.-clubs, Gildetheatern und dgl. ein anspruchsvolleres Publikum gebildet, das sich bewußt vom unkritischen Kinogänger abzugrenzen sucht. Es kann, bes. bei Unterstützung durch Kritik und kirchliche Stellen, einzelnen Qualitäts-F.en zum finanziellen Erfolg verhelfen. Der Großteil der F.besucher erwartet jedoch in erster Linie Unterhaltung, Entspannung und Abenteuer. Der größte F.konsument ist der Großstädter. In der BRD bringen die Großstädte (37% der Gesamtbevölkerung) über 50% der Einnahmen der F.industrie auf. Der Landbevölkerung fehlt zT die Gelegenheit zum Kinobesuch. 1954 hatten etwa 75% der Gemeinden bis 2000 Einwohner weder ein ortsfestes Theater noch wurden sie von Wanderkinos bespielt. Unter den Kinogängern ist der Anteil der Jugendlichen sehr groß und beträgt in den USA gegenwärtig über 50% (vgl. auch → Dorfjugend).

Um die *Herstellungskosten* eines F.s aufzubringen, sind Millionen zahlender Besucher erforderlich. Ein Durchschnitts-F. kostet in Deutschland etwa 800 000 bis 1 Mill. DM und muß von 3 Mill. Kinogängern besucht werden, um sich zu rentieren. Farbige Ausstattungs- und Breitwand-F.e können um ein Vielfaches teurer sein. - Zwar wird der F. heute *auch* in Wissenschaft, Technik und Unterricht verwendet, seinen größten Einfluß übt er jedoch über die Programme der Lichtspieltheater aus. Hier ist es wiederum der Spiel-F., der in seiner Wirkung Wochenschau und Kultur-F. weit übertrifft.

Das Massenkommunikationsmittel F. ist infolge der unmittelbaren Gegenwärtigkeit des bewegten Bildes von starker Suggestivkraft. Zudem betrachtet der Zuschauer den F. nicht von einem festen, außerhalb des Handlungsraumes liegenden Beobachtungspunkt. Er sieht mit den Augen der Kamera. Diese kann ihn dicht an die Dinge heranführen, sie kann die Ereignisse aus wechselnden Blickwinkeln, zB vom Standpunkt der handelnden Personen zeigen. Auf diese Weise wird der Zuschauer in die F.handlung hineingezogen. Der dunkle, von der Leinwand beherrschte Kinosaal erhöht noch die Schwierigkeit, von den gezeigten Aktionen kritischen Abstand zu wahren. - Der F., stärker an die Bedingungen des Massenkonsums gebunden als irgendeine andere Darstellungsform, gibt seltener die unverfälschte Wirklichkeit wieder als vielmehr die herrschenden Leitbilder, Wunschvorstellungen, Erwartungen und Maßstäbe. (Dabei kommen menschliche Grundhaltungen ebenso zum Ausdruck wie Einzelheiten des Lebensstils.) Er kann mithelfen, Leitbilder und Normen durchzusetzen, die noch nicht allgemein anerkannt oder praktiziert werden. Auch kann er an der Auflösung noch bestehender Lebensordnungen mitwirken. In der freien Welt bedient man sich der Zensur und der steuerlichen Begünstigung wertvoller F.e, um unerwünschte Wirkungen einzudämmen. In totalitären Systemen, die weniger auf Konsumentenwünsche Rücksicht zu nehmen haben, wird die F.produktion planmäßig zur Festigung der herrschenden Ideologie und für propagandistische Zwecke eingesetzt.

E.IROS, Wesen u. Dramaturgie des F.s, 1938 - S.KRACAUER, From Caligari to Hitler, 1947; dt. (gekürzt): Von Caligari zu Hitler, 1958 (Lit.) - G.SADOUL, Histoire générale du Cinéma, 6 Bde, 1946-54 - DERS., Histoire de l'art du Cinéma, (1949) 1953^{2}; dt.: Gesch. der F.-kunst, 1957 - B.BALAZS, Der F. - Werden u. Wesen einer neuen Kunst, 1949 - L.EISNER, L'écran démoniaque, 1952; dt.: Dämonische Leinwand, 1956 - W.HAGEMANN, Der F., Wesen u. Gestalt. 1952 (Lit.) - DERS. (Hg.), F.studien I-III, 1952-57 - F.STEPUN, Theater u. F., 1953 - H.AGEL, Le Cinéma, (1954) 1957^{3} (Lit.) - R.MANVELL, The F. and the Public, 1955 - F.v.ZGLINICKI, Der Weg des F.s, 1956 - W.DADECK, Die F.wirtschaft, 1957. *M.Schwonke*

2. Der F. verfügt über vielerlei Erscheinungsweisen, angefangen vom Lehr- und Unterrichts-F., wie er vorwiegend in den Schulen verwendet wird, über Dokumentar-F., Kultur-F., Wochenschau bis zum üblichen Spiel-F. der F.theater; dementsprechend verschiedenartig sind auch seine Wirksamkeit und *pädagogische Bedeutung*. - Der Unterrichts-F. hat in den deutschen Schulen seit den 20er Jahren Eingang gefunden und sich einen festen Platz erobert, zunächst meist als kurzer (Schwarzweiß-) Stumm-F., in den letzten Jahren bevorzugt als Ton-F., zT Farb-F., und zwar vor allem in den Bereichen der Naturkunde, Erdkunde, Biologie, neuestens auch der Sozial- und Berufskunde, in den → Berufs- und → Fachschulen im Rahmen der jeweiligen Fachkunde. Über Gestaltung der Unterrichts-F.e, Länge, Art des Einsatzes usw bestehen zwischen den Fachleuten nach wie vor erhebliche Meinungsverschiedenheiten, doch zeigt sich eine deutliche Entwicklung von der Verwendung des F.s als bloß methodisches Hilfsmittel, ähnlich wie Bild oder Landkarte, zur Ausschöpfung der besonderen filmischen Möglichkeiten im Hinblick auf Veranschaulichung und Erlebnisvermittlung. Um eine leistungsfähige, möglichst vielseitige und umfassende, trotzdem soweit nötig einheitliche Produktion bzw. Beschaffung geeigneter F.e für den Unterricht an allen deutschen Schulen zu gewährleisten, wurde 1938 die »Reichsanstalt für F. und Bild«, Berlin, gegründet. Ihr Nachfolger nach dem zweiten Weltkrieg wurde das »Institut für F. und Bild in Wissenschaft und Unterricht«, München.

Der F. jeglicher Art, vor allem der sog. Spiel-F., fordert insoweit besondere Aufmerksamkeit und Verantwortung aller pädagogisch interessierten Kreise (Eltern, Lehrer, Seelsorger usw), als die filmische Darstellung der Erlebnisweise im Kindes- und Jugendalter in außergewöhnlichem Maß entgegenkommt, deshalb auf Kinder und Jugendliche eine bes. starke Anziehungskraft ausübt, die - nach allem, was sich beobachten und wissenschaftlich feststellen läßt - von entsprechend starken Wirkungen auf sie begleitet sind. Für Kinder und Jugendliche hat der F. weitgehend den Charakter von Wirklichkeit, allerdings mit verschiedenen Differenzierungen und Abstufungen, von echter gegenständlicher Wirklichkeit im Kleinkindalter bis zu vermeintlicher Abbild-Wirklichkeit im Jugendalter. Für den Jugendlichen ist der F. in erster Linie Tor zum Leben und Experimentierfeld des Lebens, und zwar in einem Ausmaß, wie dies durch Buch, Theater, → Rundfunk, auch → Fernsehen nicht annähernd vermittelt werden kann.

Aus diesen Gründen ist der Schutz der Kinder und Jugendlichen vor ungeeigneten F.en berechtigt und notwendig. Entsprechende Gesetze bestehen fast in allen Ländern der Welt, in die der F. bis jetzt Eingang gefunden hat. In Deutschland wurde zum erstenmal durch das Reichslichtspielgesetz vom 12.5.1920 eine einheitliche staatliche F.zensur für das ganze Reichsgebiet geschaffen. Kindern und Jugendlichen (bis zu 18 Jahren) wurde der Besuch ungeeigneter F.e verboten (Auswahl und Kennzeichnung durch die staatliche Zensur). Mit dem Ende des zweiten Weltkrieges wurde das Reichslichtspielgesetz durch die alliierten Mächte außer Kraft gesetzt. An seine Stelle trat 1948 eine »Freiwillige Selbstkontrolle der F.wirtschaft«; das Jugendschutzalter wurde bei dieser Regelung auf 16 Jahre begrenzt. Gesetzliche Handhaben für die Durchführung von Jugendschutzbestimmungen im Hinblick auf den Kinobesuch durch Kinder und Jugendliche brachte erst wieder das »Gesetz zum Schutz der Jugend in der Öffentlichkeit«, das am 4.1.1952 in Kraft trat und am 1.10.1957 durch eine Neufassung abgelöst wurde. Nach § 6 dieses Gesetzes ist »Kindern unter 6 Jahren die Anwesenheit bei öffentlichen F.veranstaltungen nicht gestattet«; die oberste Grenze wurde bei der Neufassung wieder von 16 auf 18 Jahre hinaufgesetzt. Abschnitt 3 des genannten Paragraphen bestimmt: »F.e, die geeignet sind, die Erziehung von Kindern und Jugendlichen zur leiblichen, seelischen oder gesellschaftlichen Tüchtigkeit zu beeinträchtigen, dürfen nicht zur Vorführung vor diesen freigegeben werden.«

Gesetzliche und polizeiliche Maßnahmen können nur die schlimmsten Schäden verhüten. Ebenso wichtig ist deshalb eine *positive* F.erziehung. - Zweifellos gibt es F.e, die Kindern nicht nur Wissen vermitteln oder ihnen eine angemessene Unterhaltung bieten können, sondern die die Entwicklung des kindlichen Seelenlebens - ähnlich wie ein gutes Buch, Theater, Musik usw - in umfassenderer Weise günstig zu beeinflussen vermögen. Dies gilt vor allem für kindgemäß gestaltete Tier-F.e (in der Regel Darstellung einer Freundschaft zwischen Kind und Tier, zB in den F.en »Heimweh«, »Die Wildnis ruft«, »Flicka« usw) oder für sonstige Natur-F.e mit einer Spielhandlung, die im besonderen den Kindern der Großstädte und Industriegebiete die Natur und das Leben in der Natur, Verständnis für Tiere und Liebe zu Tieren näherzubringen vermögen. Wie die Erfahrung zeigt, finden derartige F.e bei den Kindern großen Anklang und erreichen nachhaltige Eindrücke. Dagegen hat die Verfilmung von Märchen bis jetzt nur in wenigen Fällen zu befriedigenden Ergebnissen geführt, am ehesten in der Form von Puppen-F.en. Auch an guten, kindgemäßen Abenteuer-F.en ist das Angebot vorläufig allzu gering, als daß es den gesunden Abenteuerdrang der Jugend in ausreichender Weise befriedigen und dabei die Konkurrenz der sensationellen »Reißer« aus dem Feld schlagen könnte.

Für die F.besucher im Jugend- und Erwachsenenalter gilt es, sie zu selbständiger Auseinandersetzung mit dem F. zu befähigen. Erfolgreiche Arbeit wird in dieser Hinsicht heute sowohl in den meisten überkommenen Jugendorganisationen wie auch in neuen, eigens zum Zweck der Jugend-F.arbeit geschaffenen Organisationen (Jugend-F.clubs, Arbeitskreise Jugend und F. usw) geleistet. Eine sinnvolle Zusammenarbeit zwischen der beginnenden Jugend-F.arbeit in den Schulen und der bereits weiter fortgeschrittenen F.arbeit im freien Erziehungs- und Bildungsraum ist im Interesse beider Seiten anzustreben.

Für die Auswahl und kritische Bewertung von F.en, vor allem auch im Hinblick auf den Einsatz vor Kindern und Jugendlichen, leisten der »Kath. F.dienst« und der »Ev. F.beobachter« sowohl durch ihre allgemeine Stellungnahme wie durch die Heraushebung monatsbester und jahresbester F.e wertvolle Dienste. Darüber hinaus gibt es heute bereits eine umfangreiche, gut orientierende Literatur über die verschiedenen Fragen der F.erziehung, F.kunde usw. Ein wesentliches Ziel sowohl der theoretischen wie der praktischen F.arbeit ist, möglichst viele Jugendliche und Erwachsene zur Fähigkeit eigener kritisch-wertender Stellungnahme und zu entsprechender F.auswahl hinzuführen.

FR. KEMPE, Der F. in der Jugend- u. Erwachsenenbildung, 1952 - M. u. M. KEILHACKER, Jugend u. Spiel-F., 1953 - W. BRUDNY, F.erziehung, 1955 - FR. STÜCKRATH-G. SCHOTTMAYER, Psychologie des F.-erlebens in Kindheit u. Jugend, 1955 - E. WASEM, Jugend u. F.erleben, 1957 - M. KEILHACKER-W. BRUDNY-P. LAMMERS, Kinder sehen F.e, 1958. *M. Keilhacker*

3. Man hat von drei Revolutionen gesprochen, die sich in Sachen der Mitteilung durch das Wort in der Menschheitsgeschichte ereignet haben: die Erfindung der Schrift, des Buchdrucks (→ Buchhandel: I) und des → Rundfunks. Zu der letzten dürfen ohne weiteres *F. und → Fernsehen* hinzugezählt werden. Wenn das Wort als das entscheidende Kommunikationsmittel zwischen Mensch und Mensch angesehen wird - nur das gesprochene Wort klärt Beziehungen und Tatbestände -, dann sieht es so aus, als eröffneten sich in der Möglichkeit des Wiederhörbarwerdens und Sichtbarwerdens des Wortes in Einheit mit dem seines Sprechers zu den ursprünglichen Möglichkeiten der Kommunikation noch ganz neue: die der immer bereitstehenden Vergegenwärtigung des aktuellen wie des bereits der Vergangenheit angehörenden Wortes. - Unsere Gegenwart ist oft als wortmüde bezeichnet worden, weil sich das Mittel der → Sprache im Laufe der Zeit abgegriffen habe und zur Phrase entartet sei. Dazu kommt die Feststellung der modernen → Psychologie, daß die meisten Menschen visuelle Typen sind, denen Bilder mehr bedeuten und eindrucksvoller im Gedächtnis bleiben als das geschriebene oder gesprochene Wort (vgl. die hohen Auflagenziffern der Bildzeitungen). Ferner muß bedacht werden, daß das geschriebene bzw. gedruckte Wort allein immer der Gefahr des Mißverständnisses und des Mißbrauches (→ Propaganda) ausgesetzt ist. Durch Bild und Ton kann aber das Wort seinen ursprünglichen Zeugnischarakter zurückbekommen, weil der im Bild handelnde und sprechende Mensch aktuelle, unzweideutige Wirklichkeit ist und eine jeweils mögliche und wahrscheinliche Entscheidung fällt. Entscheidung aber gehört nach der Lehre der ev. Kirche zu den Kennzeichen des → Wortes Gottes (: IV). Dann aber kann und muß die Kirche von den filmischen und bildhaften Möglichkeiten im Rahmen ihrer Verkündigung Gebrauch machen.

Nach verschiedensten Seiten ist dies in den letzten Jahren entwickelt worden. Der F. als *Dokumentar-F.* bietet beispielsweise die Möglichkeit der Orientierung über Missionsgebiete im Ausland und die Werke und Aufgaben der → Inneren Mission (er hat u.a. das Werk Albert → Schweitzers einer breiten Öffentlichkeit vor Augen geführt). In der Form von *Spiel-F.en* (»Nachtwache«) hat er versucht, christliche Verantwortlichkeit und Lebensform anschaulich zu machen oder auch - freilich mit teilweise fraglicher Wirkung - biblische Stoffe thematisch zu entfalten (»Die zehn Gebote« u.a.m.).

Bei der Diskussion über F. und Fernsehen im kirchlichen Bereich darf eine Grenze nicht übersehen werden: die Sakramente haben in F. und Fernsehen keinen Raum, weil die unverbindliche Zuschauerhaltung ihnen eindeutig widerspricht. Die Frage, ob die Vorführung von stehenden Lichtbildern oder F.en (mit Darbietungen aus den Arbeitsbereichen der Heimatkirche oder der Mission) im eigentlichen Gemeindegottesdienst angebracht ist, spielt heutzutage angesichts der Fülle außergottesdienstlicher Veranstaltungen für die Gemeinden keine Rolle mehr; zudem wären Lichtbildergottesdienste oder Gottesdienste mit F.en auch technisch zumeist nur in Kirchenräumen durchzuführen, die von vornherein dafür eingerichtet sind. *R. Ludwig*

Finalität → Teleologie.

Finanzwesen, *kirchliches*

I. In der kath. Kirche - II. In der ev. Kirche - III. Theologisch

I. In der katholischen Kirche

1. Göttlich-rechtliche Grundlagen - 2. Die Arten des kirchlichen Vermögenserwerbs - 3. Die Verwaltung der kirchlichen Vermögenswerte - 4. Geschichtliches

1. Das F. der kath. Kirche, dh ihre wirtschaftliche Betätigung, umfaßt nach kirchlichem Recht zunächst den Erwerb, die Anlage und die Verwaltung von Vermögenswerten (c. 1495 CIC). Neben der wirtschaftlichen Betätigung in privatrechtlicher Form und auf privatrechtlicher Grundlage, die alle Vermögenswerte des weltlichen Rechts umfassen kann, steht als hoheitliche Form des k.F.s das Recht, von den Mitgliedern der Kirche die wirtschaftlichen Leistungen zu fordern, die zur Bestreitung ihrer Aufgaben, darunter vornehmlich der Kultuskosten und der Personalausgaben für den Klerus und die kirchlichen Angestellten, notwendig sind (c. 1496). Diese gesamte wirtschaftliche Betätigung beruht formell auf göttlichem, dh der Kirche ursprünglich, vor jeder staatlichen Verleihung, zustehendem und von jeder hoheitlichen Beeinflussung durch den Staat unabhängigem Recht. Materiell schließt diese *göttlich-rechtliche Grundlage* eine Begrenzung des F.s auf die Förderung der der Kirche eigentümlichen Aufgaben, dh (c. 100 § 1) auf religiöse und karitative ein; wirtschaftliche Betätigung als Selbstzweck oder über das für die religiösen und karitativen Aufgaben der Kirche hinaus notwendige Maß werden also durch die göttlich-rechtliche Grundlage des k.F.s nicht gedeckt. Anderseits ergibt sich aus der göttlich-rechtlichen Befugnis, Vermögen zu bilden, daß ein

Überschuß der Einkünfte über den Bedarf dieses göttlich-rechtlich gesicherte Maß nicht notwendig überschreiten würde, weil nur aus solchem Überschuß Vermögen gebildet werden kann. Die wirtschaftliche Betätigung der Kirche würde erst dann außerhalb der göttlich-rechtlichen Grundlage liegen, wenn die Vermögensbildung auch durch die hoheitlich erhobenen Abgaben der Mitglieder getragen würde oder wenn das fundierte Einkommen größer wäre als der laufende Bedarf. Wie hoch dieser Bedarf anzusetzen ist, unterliegt ebenso wie die Konkretisierung der religiösen oder karitativen Aufgaben göttlich-rechtlich nur dem kirchlichen Ermessen.

Gewisse göttlich-rechtliche Folgerungen aus diesen beiden vermögensrechtlichen Fundamentalkanones sind noch eigens festgelegt: a) Die erwerbsrechtliche Meistbegünstigungsklausel (c. 1499 § 1): Die Kirche beansprucht alle irgendwelchen anderen zustehenden Möglichkeiten des Erwerbs von Vermögensgütern auch für sich, mag die Erwerbsform naturrechtlich oder (in gerechter, dh naturrechtlich einwandfreier Weise) im positiven staatlichen Recht begründet sein. (Das Ius positivum des c. 1499 § 1 auf das kanonische Recht zu deuten, würde diesen Kanon insoweit ohne Ratio legis lassen.) – b) Verfügungsfreiheit zugunsten der Kirche (c. 1513): Für die Befugnis, durch Rechtsgeschäfte unter Lebenden oder von Todes wegen der Kirche für fromme Zwecke Vermögenswerte zu überlassen, ist einziger Maßstab das Natur- und kirchliche Recht, so daß diese Befugnis einschränkendes staatliches Recht als kraftlos angesehen wird. Dem entspricht die kirchliche Verpflichtung der Erben, auch solche letztwilligen Verfügungen zugunsten der Kirche auszuführen, die wegen Formmangels staatlich-rechtlich ungültig sind. – c) Beschränkte Geltung von einschlägigem staatlichem Recht: Die staatlichen Vorschriften über die Präskription (Ersitzung und Verjährung; vgl. cc. 1508–1512) sowie über (Wirtschafts-) Verträge und über ihre Erfüllung (vgl. cc. 1529 bis 1543) werden für den kirchlichen Bereich übernommen (»kanonisiert«), soweit sie nicht dem göttlichen Recht widersprechen oder das kanonische Recht etwas Abweichendes vorschreibt. – Schließlich ist noch zur göttlich-rechtlichen Ordnung des k.F.s die allgemeine vermögensrechtliche Zuständigkeit des Papstes zu rechnen. Er ist oberster Verwalter aller kirchlichen Vermögenswerte und oberster Verfügungsberechtigter über sie (c. 1518), und dieser Zuständigkeit sind auch die Eigentumsrechte der einzelnen moralischen Personen zugeordnet. Jedoch bleibt das Individualeigentum dieser kirchlichen »Institute« bestehen (Institutentheorie; c. 1499 § 2). Bei kirchlichen Gebietsveränderungen muß auch das Vermögen der betreffenden moralischen Personen entsprechend verteilt werden; wenn eine moralische Person erlischt, geht ihr Vermögen auf die nächsthöhere über (cc. 1500. 1501).

2. Als *Arten des kirchlichen Vermögenserwerbs* lassen sich unterscheiden: a) Die hoheitlich festgelegten Abgaben. Zu ihnen gehören vor allem die → Kirchensteuern, sodann in einzelnen Gegenden etwa festgesetzte oder herkömmliche besondere Abgaben (→ Zehnten, Erstlingsfrüchte; c. 1502). Abgaben, die vom Bischof Trägern kirchlichen Vermögens auferlegt werden können, sind: das Cathedraticum, eine mäßige jährliche Abgabe als Anerkennung der bischöflichen Oberhoheit, die dem Bischof von allen ihm unterstellten Kirchen, Benefizien und Bruderschaften geschuldet wird (c. 1504); die Seminarsteuer (cc. 1355. 1356), die – soweit notwendig – jährlich vom bischöflichen Tafelgut, allen Benefizien, Pfarreien, Kirchenfabriken, Sodalitäten und Klöstern (außer denen der → Bettelorden ohne fundiertes Einkommen und Trägern einer gemeinkirchlichen Lehr- oder Lernanstalt) bis zur Höhe von 5% des Reineinkommens, und eine außerordentliche und mäßige Abgabe für besondere Notwendigkeiten der Diözese, die von allen Benefiziaten verlangt werden darf (c. 1505); Pensionen, die einem Benefiziaten bei Übertragung seines → Benefiziums (c. 1429), und Abgaben, die Benefizien und anderen kirchlichen Einrichtungen bei der Stiftung oder Weihung auferlegt worden sind (c. 1506). Hierhin gehören auch die kirchlichen → Gebühren.

b) Sonstige Arten des kirchlichen Gütererwerbs sind entsprechend der erwerbsrechtlichen Meistbegünstigungsklausel so vielfältig wie die des rechtlich geregelten Gütererwerbs überhaupt. In speziellen Vorschriften sind grundgelegt und teilweise näher geordnet die freiwilligen Zuwendungen. Soweit sie durch förmliche Rechtsgeschäfte unter Lebenden oder von Todes wegen erfolgen, sind die zuständigen Orts- oder höheren Klosteroberen in der Form zur Vollstreckung solcher Rechtsgeschäfte berufen, daß dieser Zuständigkeit entgegenstehende letztwillige Bestimmungen kraftlos sind und daß treuhänderische Zuwendungen nicht angenommen werden dürfen, wenn dieses Recht der Ordinarien ausgeschlossen wird. Die Einschränkung oder Umwandlung der aus testamentarischen Zuwendungen übernommenen Verpflichtungen ist dem Hl. Stuhl vorbehalten, soweit nicht der Stifter den Ortsordinarius ausdrücklich dazu ermächtigt hat (cc. 1513–1517). Die Sammlung freiwilliger Gaben für fromme Zwecke durch Privatpersonen (Kleriker oder Laien) bedarf stets der schriftlichen Genehmigung durch den Hl. Stuhl oder durch die für den Sammler persönlich und örtlich zuständigen Ordinarien. Die Sammeltätigkeit von Klosterleuten ist ähnlich geregelt; nur für die Angehörigen der eigentlichen Bettelorden genügt in der Diözese ihres Klosters die Erlaubnis des eigenen Oberen. Pfarrsammlungen, Kirchenopfer und Sammlungen auf schriftlichem Wege sind nicht genehmigungspflichtig (c. 1503). Unter den dem Hl. Stuhl zufließenden Gaben ist allgemeiner Natur der → Peterspfennig.

3. Die *Verwaltung der kirchlichen Vermögenswerte* liegt zunächst bei der moralischen Person, der sie gehören. Eigens geregelt ist sie für: Benefizien, deren Verwalter der Benefiziat ist (c. 1476); das Stiftungsvermögen der einzelnen Kirchen, die sog. Kirchenfabrik, deren Verwaltung für die Bischofskirche beim Bischof und Domkapitel, für Stiftskirchen beim Kapitel, für andere Kirchen bei deren leitendem Geistlichen, vielfach zusammen mit anderen Klerikern oder Laien (Fabrikrat), liegt (cc. 1182–1184; → Stiftungen). Innerhalb der einzelnen Diözese hat der Bischof die Verwaltung aller Vermögenswerte, soweit sie nicht exemten moralischen Personen gehören, sorgfältig zu überwachen und die Grundsätze für sie aufzustellen. Soweit für das Vermögen einzelner Kirchen oder frommer Anstalten kein Verwalter von Rechts wegen oder durch die Stiftungsurkunde bestimmt ist, muß er einen Verwalter ernennen. Alle diese Einzelverwaltungen müssen jährlich dem Bischof Rechenschaft legen oder diesen bei der etwa vor anderen zu vollziehenden Rechenschaftsablage zulassen; ohne seine Mitwirkung können sie nicht entlastet werden. Bei seinen Verwaltungsaufgaben berät den Bischof ein Diözesanverwaltungsrat, der mindestens zwei geeignete Mitglieder haben muß (cc. 1519–1528).

Die Verwaltungsgrundsätze betreffen außer den formalen Pflichten sorgfältiger und treuer Verwaltungsführung die sachliche Verpflichtung, alle kirchlichen Vermögenswerte vor Schädigung und Minderung zu bewahren. Insbesondere sind auch Schenkungen von Immobilien verboten; andere Schenkungen sind nur erlaubt, soweit sie gerechterweise als Belohnung oder zu mildtätigen

Zwecken geschehen. Anderseits sind bei Arbeitsverträgen die Grundsätze der christlichen Soziallehre (gerechter Lohn, Rücksicht auf die Arbeitsfähigkeit usw) innezuhalten; die wirtschaftliche Betrachtung darf also bei der Verwaltung des Kirchenvermögens nicht allein ausschlaggebend sein. Besondere Sorge ist darauf zu verwenden, daß alle Überschüsse wertbeständig angelegt werden und daß einmal geschaffenes Sachvermögen nur in zwingender Not oder bei augenscheinlichem wirtschaftlichem Vorteil oder für mildtätige Zwecke wieder veräußert wird. Kirchliche Vermögenswerte in Gewerbe- oder Handelsbetrieben anzulegen, ist zwar nicht unmittelbar verboten, aber schon darum unvereinbar mit dem Verbot für Kleriker, sich irgendwie in Gewerbe und Handel zu betätigen, weil jegliche Verwaltung kirchlichen Vermögens, auch wenn Laien sie führen, im Namen der Kirche geschieht und von den Ordinarien überwacht werden muß. Auch ist bei Ankauf von Wertpapieren jegliche Art von gewinnbringendem Handel damit zu vermeiden, während die zinsbare Anlage von kirchlichen Vermögenswerten an sich erlaubt ist (cc. 1529 bis 1543).

Um die Erhaltung des kirchlichen Vermögens rechtlich zu sichern, ist für alle Verträge, durch die es beeinträchtigt werden könnte (darunter: Veräußerung, Verpfändung, Aufnahme von Hypotheken oder Darlehen, Verpachtung usw), die Genehmigung des Hl. Stuhles (bei Werten über 30 000 Goldfranken) oder des Ortsordinarius (bei geringeren Werten; wenn sie 1000 Goldfranken übersteigen, mit Zustimmung des Domkapitels, des Diözesanverwaltungsrates und der sonst etwa Berechtigten) vorgeschrieben. Die Aufnahme von Hypotheken und Anleihen sowie die Verpfändung von kirchlichen Vermögenswerten soll nur erlaubt werden, wenn gleichzeitig auch die Schuldtilgung geregelt wird. Soweit die vorgeschriebene Genehmigung gefehlt hat, haftet die Kirche aus einem Vertrag nur in der Höhe eines etwaigen eigenen Vermögenszuwachses daraus; der Veräußerer und seine Erben sind der Kirche schadenersatzpflichtig, und bei ungültiger Veräußerung besteht ein kirchlicher Herausgabeanspruch gegenüber jedem Besitzer.

Für die Verwaltung des klösterlichen Vermögens gelten ähnliche Vorschriften (cc. 531-537), nur daß der zuständige Obere der Klosterobere ist, neben dem der Ortsordinarius nur bei eigentlichen Nonnenklöstern und bei Kongregationen des Diözesanrechts mitwirkt. Die Haftung der Klöster für Verträge ohne die vorgeschriebene Erlaubnis ist ebenfalls ausgeschlossen.

4. Von den göttlich-rechtlichen Grundsätzen des k.F.s ist seine Unabhängigkeit vom weltlichen Recht sowohl hinsichtlich des Erwerbs wie hinsichtlich der Verwaltung *geschichtlich* aus dem vom Staat ermöglichten Eigentumserwerb herausgewachsen, war aber schon im 5.Jh. kirchliche Rechtsüberzeugung. Weltlicherseits ist sie immer wieder angefochten worden; die vielen → Säkularisationen berufen sich ebenso auf diese Überzeugung von der weltlich-rechtlichen Bedingtheit des kirchlichen Vermögenserwerbs und ihre Abhängigkeit von der wirtschaftlichen und sozialen Ordnung der weltlichen Gemeinschaft, wie die der Kirche günstigen staatlichen Gesetze (so zB über das kirchliche Steuerrecht) meist dieses Recht weniger anerkennen als begründen wollen. Diese Leugnung der originären kirchlichen Erwerbsfähigkeit hat der → Syllabus Pius' IX. endgültig verurteilt (Nr. 26). Das sozusagen innerkirchliche Recht auf Vermögenserwerb, die Vereinbarkeit von Vermögensbesitz mit dem religiösen Wesen und den eigentlichen Aufgaben der Kirche ist vor allem in den theologischen Auseinandersetzungen mit den hoch- und spätmittelalterlichen Gegnern des kirchlichen Güterbesitzes (→ Arnold von Brescia, → Waldenser, → Marsilius von Padua, → Wiclif) zu scharfumrissener dogmatischer Lehre geworden.

Seiner tatsächlichen Entwicklung nach mehrte sich der kirchliche Besitz, bes. der Grundbesitz, seit der staatlichen Anerkennung der Kirche durch Konstantin in ausgedehntem Maße, vor allem durch Schenkungen (→ Kirchengut) und Abgaben (→ Zehnten). Mit dem Übergang von der Natural- zur Geldwirtschaft wuchs der kirchliche, bes. der römische Fiskalismus (→ Annaten, → Provision, → Spolienrecht); ein Höhepunkt war in dieser Hinsicht der Pontifikat → Johannes' XXII. Nach dem großen Eingriff der Säkularisation sind für Deutschland die → Kirchensteuern und → Staatsleistungen eine Hauptgrundlage des k.F.s geworden; ihr Korrelat ist die staatliche Finanzaufsicht.

cc. 1495-1551 CIC - De bonis Ecclesiae temporalibus pro Ecclesiis Orientalibus (AAS 44, 1952, 126-144). - Zum geltenden Recht vgl. die Lehrbücher des kath. → Kirchenrechts - G. VROMANT, De bonis Ecclesiae temporalibus ad usum utriusque cleri, praesertim missionariorum, (1934) 1953² - DDC II, 836ff. - Zum Geschichtlichen: FEINE (Lit.) - PLÖCHL I. II (Lit.). *H. Barion*

II. In der evangelischen Kirche

1. Geschichtliches - 2. Gegenwärtige Lage: a) In den Landeskirchen - b) In der Ev. Kirche in Deutschland - c) In der Ökumene

1. Die Kämpfe um eine Reformation der Kirche hatten weitgreifende Folgen für ihr F. Es gelang nicht überall, die Rechtsnachfolge der reformatorischen Kirche in die Vermögensrechte der alten Kirche zu sichern; vielmehr boten die wechselvollen Kämpfe günstige Anlässe zu schweren, einer Säkularisation gleichkommenden Eingriffen in den kirchlichen Vermögensstand. Die ev. Bewegung konnte gegen die damaligen Herrschaftsverhältnisse im Reich die Angelegenheiten der werdenden neuen Kirche nicht aus eigener Kraft ordnen. Sie mußte hierfür die Hilfe der ev. Territorialherren in Anspruch nehmen. Abgesehen von Vermögen, das dem kirchlichen Leben am Ort diente, wurde das k.F. zu einer Angelegenheit staatlicher Rechte und Pflichten. Damit war eine Entwicklung eingeleitet, die das F. der Kirche bis auf unsere Tage beeinflußt hat. Seine Einfügung in den Kreis staatlicher Verantwortung und Fürsorge hat noch heute die Folge, daß das Verantwortungsgefühl des Gemeindeglieds für das Geld der Kirche nicht voll entfaltet ist.

In der Folgezeit ist für das k.F. bedeutsam einmal die im 19.Jh. einsetzende allmähliche Herauslösung der Kirche aus ihrer rechtlichen Verschmelzung mit dem Staat (→ Kirche und Staat), zum andern die Veränderung der volkswirtschaftlichen Struktur. Die Kirche wurde, obwohl sie dank übersteigerter Staatstheorien nach wie vor vom staatlichen Regiment in hohem Maße abhängig war, als Trägerin eigener Rechte und Pflichten anerkannt. Damit war eine wesentliche Voraussetzung dafür gegeben, daß sich auch ein eigenes k.F. entwickeln konnte. Die → Säkularisationen von → Kirchengut am Anfang des 19.Jh.s, welche zunächst die Kirche in noch höherem Maße als bisher der staatlichen Fürsorge auslieferten, mußten diese Entwicklung schließlich eher fördern als hindern. Dazu kam, daß die Naturalwirtschaft, deren Abgaben für die Finanzen der Kirche wichtig waren, zunehmend an Bedeutung verlor und dafür Handel und Industrie immer mehr das Wirtschaftsleben bestimmten. Die Ablösung der → Zehnten und sonstiger dinglicher Lasten führte zu schwerer Einbuße für die Kirche. Ihr F. mußte diesen grundstürzenden Veränderungen Rechnung tragen. Die Lösung wurde in der Erhebung von Umlagen bei den Gemeindegliedern gesehen. Das Kirchensteuerrecht wurde ausgebaut, das zunächst den Kirchengemeinden, später auch den Landeskirchen eingeräumt worden ist.

2. a) Das F. der *Landeskirchen* wird heute getragen von → Kirchensteuern, → Staatsleistungen, → Kollekten und Vermögensertrag; daneben spielen Gebühren, die etwa noch für kirchliche Dienstleistungen erhoben werden, eine ganz untergeordnete Rolle. Die Kirchensteuern bilden in allen Landeskirchen die weitaus wichtigsten Einnahmen. Nur mit ihrer Hilfe war es möglich, den kirchlichen Dienst so stark zu differenzieren (Jugendarbeit, Frauenwerk, Männerwerk, Ausbildungsstätten, Hochschulen, Akademien u.a.) und neue Arbeitsformen des Gemeindedienstes zu entwickeln, wie dies vor allem nach den Weltkriegen zu beobachten ist. Der rasche Wiederaufbau der Kirchen und anderer kirchlicher Gebäude nach den kriegsbedingten Zerstörungen wurde vorwiegend mit Kirchensteuer-, aber auch Kollektenmitteln finanziert, wobei die erheblichen Schulden, welche der Wiederaufbau den Kirchengemeinden aufgebürdet hat, hauptsächlich aus dem Ertrag der Kirchensteuern verzinst und getilgt werden müssen. Da die Verpflichtung, die Kosten des kirchlichen Dienstes zu tragen (Besoldungs- und Versorgungslast, Kultkosten, Baulastverpflichtungen u.a.), der Landeskirche bzw. den Kirchengemeinden auferlegt ist, die Einnahmen der Kirchen aus Landes- bzw. Ortskirchensteuern aber bei zentralen oder örtlichen Kirchenkassen eingehen, müssen die Landeskirchen für einen *Finanzausgleich* zwischen Gesamtkirche und Kirchengemeinden, desgleichen unter den Kirchengemeinden sorgen.

Das *Kirchensteuerrecht* der Landeskirchen weist vornehmlich aus geschichtlichen Gründen erhebliche Unterschiede auf. Obwohl das Rechtsinstitut der Kirchensteuer im ganzen bis in die Verwaltung hinein stark an das staatliche Steuerwesen (→ Steuern) angelehnt ist, gibt es der Kirche doch im Rahmen ihrer Autonomie und ihrer zunehmend ausgebauten Selbständigkeit gegenüber dem Staat und den bürgerlichen Gemeinden freien Bewegungsraum für die organisatorische Entfaltung ihrer Arbeit.

Das Recht der Kirche, von ihren Gliedern Abgaben in der Form der Kirchensteuern zu erheben, ist ihr staatlicherseits zuerkannt, sei es daß die Kirche die Kirchensteuern selbst verwaltet oder deren Verwaltung etwa auf die staatlichen Finanzbehörden übertragen hat. Dabei darf aber nicht übersehen werden, daß die Kirchensteuer die in unseren staatskirchenrechtlichen Verhältnissen gegebene Rechtsform ist, in der die Glieder der Kirche ihre aus dem Rechtsverhältnis der Mitgliedschaft stammende Verpflichtung erfüllen, zu den Kosten des Dienstes ihrer Kirche beizutragen. Allerdings hat die Anlehnung der Kirchensteuer an den Maßstab staatlicher Steuern zur Folge, daß Gemeindeglieder, welche die staatliche Steuer nicht zu entrichten haben, damit auch von der hierauf bezogenen kirchlichen Abgabe befreit sind; dies ist nicht sachgemäß, weil alle selbständigen Gemeindeglieder einen Beitrag für die Kirche geben müßten. Wo ein Kirchgeld eingeführt ist, kann dies wenigstens teilweise erreicht werden.

Die *Staatsleistungen* an die Kirchen sind geschichtlich begründet und haben ihren Rechtsgrund im wesentlichen in Säkularisationen des → Kirchenguts. Zumeist dienen sie zur teilweisen Bestreitung des Besoldungs- und Versorgungsaufwands der Kirche für ihre Pfarrer (einschließlich Ruhestandspfarrer, Pfarrwitwen und Waisen). Die Rechtslage für die Staatsleistungen ist in den Landeskirchen verschieden. Abgesehen von Geldleistungen des Staates bestehen mancherorts auch noch rechtliche Verbindlichkeiten des Staates zur baulichen Unterhaltung von Kirchen und Pfarrhäusern. Rechtliche Gewährleistung von Staatsleistungen findet man in einigen Verträgen zwischen Ländern und Landeskirchen (Bayern 1924, Preußen 1931, Baden 1932, Niedersachsen 1955, Schleswig-Holstein 1957, neuestens auch Nordrhein-Westfalen). Verfassungsrechtliche Garantien enthalten die Länderverfassungen von Baden-Württemberg, Art. 7; Bayern, Art. 145; Rheinland-Pfalz, Art. 45. Vgl. auch Art. 140 Bonner GG in Verbindung mit Art. 138 WRV.

Kollekten, die als freiwillige Gaben bei Gottesdiensten eingesammelt, aber auch bei anderen kirchlichen Versammlungen erbeten werden können, sind für das F. der Kirchengemeinden auch heute noch wichtige Einnahmen. Neben den ortskirchlichen werden auch landeskirchliche Kollekten angeordnet, deren Ergebnis meist Sonderaufgaben zugute kommt (Werken der Inneren und Äußeren Mission, Bauwesen, Linderung kirchlicher Notstände u.a.). Entgegen den einschränkenden Bestimmungen des unhaltbaren Sammlungsgesetzes vom 5. 11. 1934 (RGBl. I, 1086) ist heute - zB ausdrücklich im niedersächsischen (1955) und schleswig-holsteinischen Kirchenvertrag (1957) - anerkannt, daß die Kirchen und Kirchengemeinden berechtigt sind, von ihren Angehörigen freiwillige Gaben zu sammeln. Für die Ausbildung einer auch nach der finanziellen Seite hin verantwortungsbewußten Gemeindemitgliedschaft ist dieses Recht, zu freiwilligen Gaben aufzurufen, gerade in volkskirchlichen Gemeindeverhältnissen wesentlich. Dies wird anschaulich beim F. der Freikirchen, die auf ihre Kollekten und auf die von ihren Mitgliedern erhobenen Beiträge angewiesen sind.

Zum *Kirchenvermögen* gehören Kirchen, Gemeinde- und Pfarrhäuser, Ausbildungsstätten, Kindergärten, Einrichtungsgegenstände und Gerätschaften; sie sind für das kirchliche Leben unentbehrlich und daher im F. ein wesentlicher Faktor. Sie verursachen durch die Aufgabe ihrer Verwaltung und Instandhaltung laufende Ausgaben. Das unmittelbar Ertrag bringende kirchliche Vermögen (→ Kirchengut, Pfründevermögen) ist nach den Säkularisationen, der Ablösung der Grundlasten (Zehnten usw) und nach den wiederholten Geldentwertungen im Verhältnis zu den laufenden Kosten des kirchlichen Dienstes gering. Eine nicht unwesentliche Erleichterung für das F. der Kirche ist in der Steuerbefreiung des unmittelbar kirchlichen Zwecken dienenden Vermögens zu sehen. Die Verwaltung des Kirchenvermögens liegt entweder bei landeskirchlichen Zentralstellen oder bei den örtlichen Organen der Kirchengemeinden.

Das F. der Landeskirchen, Kirchenbezirke und Kirchengemeinden ist *plangebunden*. Einnahmen und Ausgaben werden wie bei sonstigen öffentlichen Verwaltungen in *Haushaltsplänen* festgestellt. Die Ausgabenseite der Haushaltspläne ist überwiegend festgelegt durch die rechtlichen Verpflichtungen zur Besoldung und Versorgung der im Dienst der Kirche beruflich tätigen Personen (Pfarrer, Katecheten, Gemeindehelfer, Organisten, Kantoren, Mesner, kirchliche Beamte und Angestellte u.a.). Dazu kommen die laufenden Sachkosten des kirchlichen Dienstes (Gebäudeunterhaltung, Heizung, Beleuchtung usw). Da die Kirche heute wegen der Zerstörungen des Krieges und der Bevölkerungsbewegung außergewöhnliche und kostspielige Bauaufgaben zu lösen hat, wird ihr F. durch Schulden noch lange nachhaltig belastet sein.

Das *Etatrecht* liegt bei den landeskirchlichen Synoden, Kreis- (Bezirks-)synoden und bei den örtlichen Kirchengemeindevertretungen (Gemeindekirchenräte, Presbyterien). Die Etatverhandlungen sind vielfach öffentlich, oder die Haushaltspläne werden zur Einsicht für die Gemeindeglieder ausgelegt. Die Haushaltsführung und das Rechnungswesen ist in Verwaltungsordnungen landeskirchlich geregelt; dazu gehören auch Bestimmungen für die laufende Kassen- und Rechnungskontrolle, ebenso für die Rechnungsprüfung, für die in manchen Landeskirchen Prüfungsämter eingerichtet sind.

b) Das F. der → *Evangelischen Kirche in Deutschland* ruht, wie es schon bei dem Deutschen Ev. Kirchenbund und bei der Deutschen Ev. Kirche (DEK) der Fall war, hauptsächlich auf Umlagen, welche die zur EKD gehörenden Landeskirchen und Kirchengemeinschaften zu leisten haben (Art. 33 Grundordnung der EKD). Der Maßstab für die Höhe der Umlagen der einzelnen Gliedkirchen wird auf der Grundlage der wichtigsten, nämlich der zuschlagsweise zur Einkommen-(Lohn-)Steuer erhobenen Kirchensteuer ermittelt.

Außer den Umlagen, zu deren Bezahlung die Gliedkirchen in der von der Synode der EKD festgesetzten Höhe rechtlich verpflichtet sind, hat die EKD das Recht (Art. 20 Grundordnung), zur Erfüllung bestimmter Aufgaben Kollekten auszuschreiben, die in allen Gliedkirchen einzusammeln sind. Ihre Zahl ist begrenzt; es sollen nicht mehr als jährlich drei sein. Weitere Kollekten kann die EKD den Gliedkirchen empfehlen. Da die Landeskirchen und Gemeinden schon stark belegte Kollektenpläne für eigene Zwecke haben, ist die Möglichkeit der Vermehrung gesamtkirchlicher Kollekten jedoch praktisch eingeschränkt.

Umlagen und Kollektenertrag dienen neben unbedeutenden Einnahmen aus Vermögen oder Verwaltung zur Deckung der im Haushaltsplan von der Synode der EKD festzustellenden Ausgaben für Kirchenleitung und Kirchenverwaltung, innerkirchliche Arbeit (zB Beiträge an Innere Mission und Hilfswerk), Unterstützung gesamtkirchlich bedeutsamer Einrichtungen und Werke (zB Sozialakademie u.a.), Auslandsarbeit (Hilfe für die Kirchen deutscher Herkunft im Ausland), ökumenische Arbeit (zB Beitrag an den Ökumenischen Rat der Kirchen). Die Einzelheiten des Haushalts-, Umlage- und Kassenwesens der EKD soll durch Verordnung des Rates geregelt werden (Art. 33, 4 Grundordnung); zZ gelten noch die für die DEK erlassenen Vorschriften (Gesetzblatt DEK 1936, 26ff). Über die Haushalts- und Kassenführung ist jährlich Rechnung zu legen. Die Jahresrechnung wird vom Oberrechnungsamt der EKD und danach vom Finanzausschuß der Synode geprüft. Auf Grund des Prüfungsergebnisses beschließt die Synode über die Entlastung der für die Rechnungsführung verantwortlichen Stellen.

Nach dem 2. Weltkrieg erwuchsen den ev. Landeskirchen aus den Gebietsveränderungen und den Folgen der Spaltung → Deutschlands (: II) neue große Aufgaben, die im Rahmen der EKD wahrgenommen werden. Die Mittel, die zur Erfüllung dieser neuen Aufgaben erforderlich sind, betragen ein Mehrfaches des Haushaltsvolumens der EKD. Zunächst mußte den im Flüchtlingsstrom nach dem Westen gekommenen Pfarrern sowie ihren Angehörigen, die ihre Versorgungsrechte gegenüber ihren früheren Heimatkirchen nicht mehr realisieren konnten, von den Landeskirchen der BRD eine Nothilfe (Ostpfarrerversorgung) gegeben werden. Da die Landeskirchen durch diese Nothilfezahlungen an die in ihrem Bereich seßhaften Versorgungsberechtigten unterschiedlich belastet sind, vereinbarten sie einen Ausgleich (Ostpfarrerfinanzausgleich). Zu diesen besonderen Aufgaben kommt noch die Notwendigkeit der Hilfe, welche die Landeskirchen der BRD für die andern Gliedkirchen der EKD leisten.

Seit dem Zusammenschluß von Centralausschuß der → Inneren Mission und → Hilfswerk (Amtsblatt der EKD 1957, Nr. 4) hat die EKD gegenüber dem Diakonischen Werk besondere finanzielle Verpflichtungen. Das Werk erhält jährlich eine der EKD-Kollekten, ferner werden ihm seine Aufwendungen für leitende Mitarbeiter ersetzt.

c) Die *ökumenischen* Zusammenschlüsse, zu denen ev. Kirchen gehören (Ökumenischer Rat der Kirchen [→ Ökumenische Bewegung], → Lutherischer Weltbund, → Reformierter Weltbund u.a.), erbitten von ihren Mitgliedkirchen Beiträge, mit denen die Kosten ihrer Organisation und Verwaltung gedeckt werden. Die Verantwortung für die finanzielle Planung, Regelung und Kontrolle ist durch die Satzung meist Komitees übertragen, die sich jährlich versammeln. Für die Festsetzung der Beiträge, welche die einzelnen Mitgliedskirchen leisten sollen, sind keine schematischen Regeln vorhanden, da die Verhältnisse, in denen die Mitgliedskirchen leben, zu große Verschiedenheiten aufweisen. Die Beiträge der Kirchen werden unter Berücksichtigung ihrer Größe, ihrer finanziellen Stärke und der wirtschaftlichen Verhältnisse ihres Heimatgebietes bestimmt. Ausdrückliche Satzungsbestimmungen, wonach die Entrichtung dieser Beiträge eine Mitgliedschaftspflicht sei, fehlen auffallenderweise. Die Mitarbeit in der Ökumene ist ersichtlich in einen Bereich großer, auch durch Geldfragen möglichst ungehinderter Freiwilligkeit gestellt. Dies wird noch in höherem Maße dort deutlich, wo ökumenische Zusammenschlüsse Organisationen für ökumenische Liebesarbeit gebildet haben (zB Zwischenkirchliche Hilfe und Flüchtlingsdienst des Ökumenischen Rats der Kirchen, Luth. Weltdienst des Luth. Weltbundes). Hier werden Hilfsprogramme nach dem Gesichtspunkt der Dringlichkeit aufgestellt, und die Kirchen werden gefragt, welche Teile des Hilfsprogramms sie unterstützen können. Kennzeichnend für die heutige Lage ist, daß ökumenische Liebesarbeit, welche zunächst die Notstände nach den Weltkriegen lindern sollte, nun als eine dauernde Verpflichtung der Christenheit erkannt ist und deshalb auch dauernden Einfluß auf das F. (vor allem Kollektenwesen) der beteiligten Kirchen nimmt.

Lehrbücher des ev. → Kirchenrechts. - G. Holstein, Über die Rechtsgrundlagen der Staatsleistungen an die ev. Landeskirchen Deutschlands (AÖR NF 18, 1930, 161-187) - W. Hoch, Die Kirche u. ihr Geld, 1938 - W. Weber, Die Ablösung der Staatsleistungen an die Religionsgesellschaften, 1948 - J. Heckel, Kirchengut u. Staatsgewalt (Rechtsprobleme in Staat u. Kirche, Festg. f. R. Smend, 1952, 103-143) - H. Wehrhahn, Zur Kirchensteuerpflicht der Protestanten in Deutschland (Recht u. Staat in Gesch. u. Gegenwart 167), 1952 - G. Wasse, Die Werke u. Einrichtungen der Ev. Kirche, 1954 - G. Thümmel, Finanzausgleich u. Kirchenverfassung (ZevKR 5, 1956, 341-361) - R. Weeber, Verfassungsgestaltende Wirkungen des Kirchensteuerrechts (ebd 362-375). *R. Weeber*

III. Theologisch

1. Bei einer theologischen Besinnung auf das k.F. handelt es sich um die Frage, ob und wieweit wirtschaftliche Maßnahmen, Einrichtungen und Satzungen der Kirchen den von Jesus Christus als ihrem Stifter, Haupt und Herrn im Evangelium gegebenen Weisungen entsprechen. Im Verlauf der Geschichte des kirchlichen → Finanzwesens (: I. II) sind zwar Mißstände beanstandet, gelegentlich auch gebessert oder beseitigt worden; dennoch bedarf es als eine geschichtlich gewordene Größe immer wieder der Kritik und Reform, die aber, da es zu den Lebensäußerungen der Kirche Jesu Christi gehört, vom NT her erfolgen müssen. Das heißt freilich nicht, daß man dort besondere »Ordnungen« für dieses Gebiet des kirchlichen Lebens erwarten dürfte, wohl aber, daß zu fragen ist, wie heute Gemeinden und Kirchen in ihrem F. vor dem Geist und Willen ihres Herrn bestehen können und wie den sich ergebenden Antworten im kirchlichen Leben trotz des Schwergewichtes des geschichtlich Gewordenen gefolgt werden kann. K.F. im Sinne christlicher Verantwortung ist nicht möglich

ohne Treue auch im kleinen, ohne Wissen um die verführerische und die erzieherische Macht des → Geldes, ohne die Erkenntnis, daß auch in der Kirche der Arbeiter seines Lohnes wert ist, und ohne freudigen Gebrauch der eigenen finanziellen Mittel zum Dienst am Nächsten. Schon von da aus ergibt sich, daß diejenigen, welche für das k.F. in besonderer Weise verantwortlich sind, nicht wähnen dürfen, daß bei glattem Ablauf ihrer Rechnungen auch kirchlich »alles in bester Ordnung sei«. Die theologische Frage, ob diese Ordnung dem Auftrag der Kirche in der Welt dient, ist immer wieder zu stellen.

2. Wenn auch zZ in Deutschland noch kein übermäßiger kirchlicher Besitz an Geld und Geldeswert festgestellt werden kann, so ist doch die nach der Währungsreform (1948) eingetretene Vermehrung zu beachten. Sie kann dazu führen, das *Kirchenvermögen* nicht nur im Wiederaufbau überlieferter volkskirchlicher Einrichtungen anzulegen, sondern auch - im Zusammenhang mit dem heute stark betonten »Öffentlichkeitsauftrag der Kirche« - für neue missionarisch und diakonisch gemeinte Werke zu verwenden. Vom Standpunkt eines *christlich* geführten k.F.s ist jeweils zu fragen, ob der geistliche Ertrag solcher Unternehmen die finanzielle Belastung rechtfertigt.

3. Auch das Vorhandensein kirchlicher *Steuern* in vielen Kirchengebieten durch Anhängen an das staatliche Steuersystem stellt ein theologisches Problem dar. Zwar ist nicht zu leugnen, daß den Kirchen dadurch erhebliche Mittel zufließen, die bei einer anderen Grundlage des k.F.s vermutlich schwieriger zu beschaffen wären; aber dieses Verfahren birgt ernste Gefahren in sich. Zweifellos wird so der heilsame Zwang zu sparsamem *Haushalten* gemindert. Noch mehr als etwa bei den Werken der → Inneren Mission treten dadurch die freiwilligen Gaben als die »geistliche Grundlage« des kirchlichen Daseins (bis hin zum »Scherflein der Witwe«) in den Hintergrund, obwohl doch der → Kirchenkampf die Bedeutung des freiwilligen Gebens für das kirchliche Haushalten erneut bewiesen hat und in anderen Gebieten die Kirche allein auf dieser Grundlage wirtschaftet.

4. Verleiten die seit 1948 vielfach ausgeglichenen, oft sogar mit Überschüssen abschließenden kirchlichen Haushalte zu einer gewissen Sorglosigkeit im k.F., die bei fehlendem, aber für das k.F. notwendigem »Gegenüber« der beschließenden und der Aufsicht führenden Stellen verstärkt wird, so muß es als ein Mangel bezeichnet werden, daß der im Wirtschaftsleben geforderten »*sozialen* Bilanz« keine *geistliche* Bilanz im k.F. entspricht. Zur tatsächlichen »Entlastung« wäre bei der kirchlichen Jahresrechnung eine Gewissenserforschung nötig, wieweit mit dem Geldaufwand der geistliche Auftrag der Gemeinden und Kirchen erfüllt worden ist. Die Tatsache, daß in Deutschland die Kirchen »Religionsgemeinschaften« und »Körperschaften des öffentlichen Rechtes« sind - Begriffe, die sich längst als unzulänglich erwiesen haben - und daß ihnen als solchen »Rechtspersönlichkeiten« die Teilnahme am bürgerlichen Rechtsverkehr und die Beschaffung finanzieller Mittel zur wirtschaftlichen Erfüllung ihrer Aufgaben ermöglicht bzw. erleichtert wird, hebt im Bereich des k.F.s die Bindung an den Auftrag des Herrn der Kirche, auch wenn er juristisch nicht faßbar ist, niemals auf. Auch dies ist eine Erkenntnis, die im Kirchenkampf neu zutage getreten ist.

5. Da kirchliche *Finanzhoheit* nicht aus staatlicher Bewidmung stammt, vielmehr aus der Vollmacht des Herrn an seine Gemeinden, mit allem, was sie sind und haben, der Ehre Gottes und dem Besten des Nächsten zu dienen, sollten kirchliche *Finanzgesetze* nichts anderes sein als diakonische Ordnungen glaubensbrüderlich aufzubringender Gaben der Dankbarkeit und der Liebe. Wie Kirchensteuern überhaupt (s. 3), so ist bes. der Beitreibungszwang christlich eine fragwürdige Angelegenheit. Es ist bisher aber noch nicht gelungen, ein der Kirche gemäßeres System des k.F.s zu finden. Doch sollte der gegenwärtige Zustand als ein zu überwindender Notstand erkannt werden. - Ein Umdenken und Umordnen auf diesem Gebiet würde auch zu einer anderen Auffassung der hauptamtlich versehenen kirchlichen Dienste führen. Die »Angleichung« von kirchlichen an staatliche »Anstellungs- und Besoldungsverhältnisse« würde von dem Mißverständnis befreit werden, als ob Pfarrer oder Prediger »Beamte« seien. (Vgl. aber → Beamte: II.)

6. Daß Kirchen oder Kirchengemeinden *wirtschaftliche Unternehmungen* besitzen und durch Beauftragte betreiben, ist zulässig. Es muß nur dafür gesorgt werden, daß geschäftlich Sorgfalt und Ordnung, sozial die Wahrung der Interessen aller Beteiligten und ehrenhafter Wettbewerb herrschen. Das gilt auch von den nicht *unmittelbar* kirchlichen Werken und ihren Unternehmen geschäftlicher Art. Es darf nicht vergessen werden, daß alles kirchliche Wirtschaften in besonderer Weise im Blickfeld der Öffentlichkeit liegt und daß ein Versagen hier der Glaubwürdigkeit kirchlicher Botschaft ernsten Schaden einträgt. Auch muß, wie überhaupt im k.F., so bes. im Bereich kirchlicher Wirtschaft der Gefahr des Bürokratismus und menschlicher Sucht zur Machtentfaltung entgegengearbeitet werden.

ThW II, 81 ff; IV, 289 ff. 392. 702 ff; V, 151 ff; VI, 325 ff. - Weitere Lit. → Finanzwesen: II. *E. Kleinstück*

Findelhäuser. Die Aussetzung von Kindern war bei *Griechen und Römern* nichts Ungewöhnliches. Das Interesse an gesunden Kindern ließ zu, daß die schwachen dem Untergang preisgegeben wurden. Die patria potestas des älteren ius civile gestattete auch die Aussetzung der mißliebigen. Ausgesetzte Kinder wurden von zufälligen oder gar berufsmäßigen Findern als Sklaven aufgezogen und oft unsittlichen Zwecken zugeführt. Das *Christentum* verbot die Aussetzung wie die Fruchtabtreibung (Did 2, 2: Du sollst das Kind im Mutterleibe nicht morden und das geborene nicht töten; Tertullian, Apologeticus 9: Die Vernichtung keimenden Lebens ist Mord, ebenso die Aussetzung und die Preisgabe an Wasser, Kälte und Hunde). Die Christen nahmen sich der Ausgesetzten an, im Orient durch Aufnahme in die Brephotrophien, im Westen durch Aufnahme in die Kirche (Augustin [Epist. 98] erzählt von sacrae virgines in Afrika, die die Ausgesetzten sammeln und zur Taufe bringen). In den Kirchen wurden Marmorschalen zur Aufnahme von Findelkindern aufgestellt. Kaisergesetze suchten die Aussetzung zu verbieten oder durch Freiheitserklärung der Findelkinder ihrem Mißbrauch zu steuern. 787 gründete Erzbischof Datheus in Mailand die erste Anstalt für verlassene, uneheliche und ausgesetzte Kinder. Papst Innozenz III. führte 1198 bei dem großen Findelhaus Santo Spirito zuerst die Drehlade (ruota) ein; vor allem uneheliche Mütter sollten dadurch instand gesetzt werden, ihre Kinder unerkannt abzuliefern. Das Motiv war eindeutig kriminalpolitischer Art: Kampf gegen Aussetzung und Kindestötung. In Deutschland hört man von F.n in Freiburg, Ulm, Eßlingen, Augsburg, Breslau, Laibach, Nürnberg, Trier und München. - In der *ev. Kirche* zumal wurde die Einzelverantwortung der Mutter und der Familie betont. Findelkinder wurden früher den → Beginen, später Familien in Pflege gegeben. Das Hamburger Waisenhaus richtete 1709 eine Drehlade ein, hat sie aber 1714 wieder aufgegeben, nachdem binnen eines Jahres 200 Kinder darin abgegeben worden waren. - In *Frankreich* entdeckte → Vincentius a Paulo, daß nicht nur 400 Kinder jährlich in Paris ausgesetzt wurden, sondern ihre Aufnahme in dem Findelhaus La couche ein

Weg zu ihrer Beseitigung war; so gründete er 1642 das Hôpital des enfants trouvés - bald ein Asyl für Tausende von Kindern. Um 1780 hatte Frankreich etwa 300 F. mit etwa 250 Drehladen. Napoleon I. ordnete in einem Dekret von 1811 die offizielle Einführung der Drehlade an. Aber im Laufe des 19.Jh.s kam man überall von ihr ab. An die Stelle der verborgenen Abgabe trat die offene Fürsorge. - In *Deutschland* kennt man heute keine F. mehr. Das Jugendamt bringt die Findelkinder in Waisenhäusern oder Familien unter. - Das Findelhaus war ein aus Barmherzigkeit geborener Versuch, das Problem des unwillkommenen Kindes positiv zu lösen und so den Verbrechen der Aussetzung, Kindestötung und später der Abtreibung entgegenzuwirken.

J. H. Pestalozzi, Gesetzgebung u. Kindermord, 1783 - F.Hügel, Die F. u. das Findelwesen Europas, 1863 - G. Uhlhorn, Die christl. Liebestätigkeit I-III, (1882-90) 1895² - M.Rehm, Das Kind in der Gesellschaft, 1925 - G.Radbruch-H.Gwinner, Gesch. des Verbrechens, 1951, 242f. *† F.Mahling (A.Erler)*

Finke, *Heinrich,* bedeutender kath. Historiker, * 13.6. 1855 in Krechting i.W., † 19.12.1938 in Freiburg i.Br., lehrte 1888-98 in Münster, von 1899 an in Freiburg, seit 1924 Präsident der → Görresgesellschaft. F. wandte sich der Kirchen- und Kulturgeschichte des späten MA zu, für dessen Erforschung er neben eigenen Leistungen einen Stab von Schülern heranzog.

Vf. u.a.: Forschungen u. Quellen zur Gesch. des Konstanzer Konzils, 1889; Acta Concilii Constantiensis, 4 Bde, 1896-1928; Aus den Tagen Bonifaz VIII., 1902; Papsttum u. Untergang des Templerordens, 1907; Acta Aragonensia, 3 Bde, 1908-23, Suppl. 1933; Hg. der Vorreformationsgesch. Forschungen (seit 1900). - Über F.: Selbstbiogr. u. Bibliogr. in: Die Geschichtswissenschaft in Selbstdarstellungen I, 1925, 91-128 - H.J.Beckmann, Verzeichnis der Schriften H.F.s (HJ 55, 1935, 466-477) - J.Spörl, H.F. (HJ 58, 1938, 241-248) - H.Heimpel, H.F. (HZ 160, 1939, 534-545) - EC V, 1387f.

Ernst Wolf

Finkensteiner Bund → Singbewegung.

Finney, *Charles Grandison* (1792-1876), * Warren (Conn.), † Oberlin (Ohio), der größte Erweckungsprediger und -theoretiker Nordamerikas im 19.Jh. (→ Erweckung: I, 2), wuchs völlig ohne christliche Unterweisung auf, wurde zunächst Lehrer, ging aber 1818 in ein Rechtsanwaltsbüro in Adams (N.Y.). Dort erlebte er 1821 visionär seine Bekehrung als »Taufe mit dem hl. Geiste« durch Jesus selbst; andere Visionen folgten. Statt eines theologischen Studiums wurde er seit 1823 von zwei presbyterianischen Pfarrern in New York in seiner Beschäftigung mit der Bibel überwacht. Sein autodidaktischer Zug setzte sich dabei durch. 1824 ordiniert, führte F. etwa 10 Jahre lang Erweckungsfeldzüge (evangelistic campaigns) in den Ost- und Mittelstaaten durch, bei seiner zündenden Beredsamkeit, seiner volkstümlich direkten Anrede und seinem drastischen Bilderreichtum ein überaus wirkungsvoller Prediger. Seit 1836 wirkte er nur noch in einem 1834 in New York errichteten Zelt. Sein Widerspruch gegen die → Prädestination führte ihn zu den → Kongregationalisten. Junge Männer baten F., sie als »Studenten«, dh Kandidaten für das praktische »Pfarramt« als Evangeliumsverkündigung anzunehmen. Das führte 1835 zu dem Auftrag, in dem neu errichteten Oberlin College in Ohio eine theologische Fakultät aufzubauen. Dem galt der zweite Teil von F.s Lebensarbeit. 1851-66 war er Präsident des Colleges, 1835-72 gleichzeitig konkregationalistischer Pfarrer. - F.s Theologie ist schlichter Biblizismus unter stärkster Betonung der Willensfreiheit, die die Grundlage für den Entschluß zur Bekehrung (»Geistestaufe«) bildet. Vorbereitet wird diese durch die Sünden- und Gerichtspredigt, die auf die »Bußbank« treibt. F., der 1849/50 und 1859/60 auch in England evangelisierte, bestimmte die → Heiligungs- und → Gemeinschaftsbewegung auch in Deutschland. Er vertrat die substanzielle Heiligung (Perfektionismus) und verwarf weithin das Vergnügen. Im ganzen hat er stärker als John → Wesley den evangelistischen Neupietismus bestimmt. - Vgl. → Evangelisation, 1 c.

Vf. u.a.: Lectures on Revivals, 1835; Sermons on Important Subjects, 1836; Lectures to Professing Christians, 1837; Skeletons of a Course of Theological Lectures, 1840; Lectures on Systematic Theology, 2 Bde, 1846/47; (posthum:) Sermons on Gospel Themes, 1876; Sermons on the Way of Salvation, 1891. - F.s Organ: Oberlin Evangelist, 1839ff. - Über F.: Memoirs of Ch.G.F. written by himself, 1876; dt.: (1902, übers. v. E.v.Feilitzsch) Ch.G.F. Erinnerungen u. Reden, bearb. v. K.Richter, 1927³ - G.F.Wright, Ch.G.F., 1891 - D.L.Leonard, The Story of Oberlin, 1898 - F.H.Foster, A Genetic History of the New England Theology, 1907 - W.C.Cochran, Ch.G.F., Memorial Address, 1908 - N.Riecker, Das evangelist. Wort, 1935 - J.E.Orr, The Second Evangelical Awakening in America, 1952, 45ff - DAB VI, 394ff.

M.Schmidt

Finnisch-(Finno-)ugrische Religionen

1. Die Finnougrier gehören zum sog. uralischen Kulturkreis, der sich während des Mesolithikums in der Waldzone Osteuropas zwischen Wolga und Ural aus verschiedenen Elementen entwickelt hat, und standen in nächsten Kulturbeziehungen zu den altaischen (→ Altaische Religion) und (sub)arktischen Nachbarn; von den letzteren bilden wiederum die Samojeden den zweiten Grundpfeiler der uralischen Sprachgruppe. Unter den finnisch-ugrischen *Stämmen* versteht man: a) die Obugrier, von welchen die Wogulen und Ostjaken nach Sibirien, die Ungarn aber westwärts gezogen sind; b) die Syrjänen und Wotjaken als Vertreter der sog. permischen Gruppe; c) die Tscheremissen und Mordwinen, die zu der zT russifizierten wolgaischen Gruppe gehören; d) die Ostseefinnen, von welchen die Liven, Esten und Finnen die westliche, die Karelier, Wepsen und Woten die östliche Gruppe bilden; auch die Lappen haben die Sprache und zT Religion der Ostseefinnen übernommen.

2. Die älteste Schicht der finnisch-ugrischen Religion stammt aus der Periode der Fischerjägerkultur, bis sich die vier Hauptgruppen mit der Zunahme der Brandkultur der rodenden Waldbauern und Viehzüchter voneinander trennen und schon seit dem 2.Jt. vChr gesondert betrachtet werden müssen. - Grundlage des finnisch-ugrischen Glaubens (finn.: usko = »Stütze«) ist die allgemeinmenschliche Ganzheitsbetrachtung der Lebewesen, während der → Dualismus durch den Körper als Seelensitz und durch den Namen (nimi), bes. charakteristisch aber durch die Schattenseele (itse) und durch die Sonder- oder freie → Seele (vaimo) ausgedrückt wird; der Seelenpluralismus wird betont. Der Mensch wird nicht über andere Naturwesen erhoben, sondern »lebt« allen übrigen gleichwertig auf Grund des Vitalstoffs (väki), der durch Speise, Sonnenwärme usw positiv gestärkt wird, den aber die negativen Kräfte bis zum Erkranken schwächen oder durch den Sterbeprozeß im Körper völlig erobern können. Der von den unreinen Fremdmächten besessene Leichnam (kalma) lebt zwar passiv weiter, wenn man ihn nicht stört, wirkt aber schädlich durch seinen Geruch und Schatten, der als Spukerscheinung gefürchtet wird. Die → Seelenwanderung in verschiedene Waldtiere, Vögel und Insekten bringt keine kultische Verehrung mit sich. Auch Bäume und Steine gelten als Kraft- und Seelensitz, bedingt zT durch die Plattformbestattung in einem Hain, wo die Toten ihr Leben hier im Diesseits fortsetzen und mit Beigaben versehen werden, bes. mit Speise in einem Scheffelchen (→ Tod: I, → Totenverehrung: I);

auch kommen die Totenhütten auf der Erde vor. Die hölzernen oder steinernen Ahnenfiguren haben zum Idol- oder Ongonenkult geführt und sind durch die Naturbeseelung zu den Lokalgottheiten weiterentwickelt (vgl. den lappischen seita-Kult der Bezirksgeister). Das Sammeln der Jagdtierknochen entspricht dem menschlichen Bestattungszeremoniell, will aber auch die magische Wiedergeburt hervorrufen (zB beim → Bärenfest). Die Opferhandlung (toivo) wird als bindender Vertrag zwischen den Partnern angesehen, der sich auch auf die → Gaben für die Naturwesen erstreckt, deren Wohlwollen und Hilfe erbeten wird. Die Naturbeseelung hat zur Anthropomorphisierung der Naturwesen im menschlichen Familienkreis (Väter und Mütter des Waldes, Wassers, Windes, Himmels, Hauses usw als Speziesgeister mit ihren Kindern) geführt (→ Altaische Religion). Typisch ist jedoch die Vorstellung vom rollenden Sonnenei (→ Ei) und von der → Milchstraße als einer großen Eiche (vgl. den →Weltenbaum) bzw. der »Vogelstraße« der Zugvögel als Epiphanien von Totenseelen in der Ferne. Der Schamane (→ Schamanismus) mit seiner Trommel wirkt als geistiger Führer, als Medizinmann, Wahrsager und Vermittler mit den Toten. Auch die primitive → Magie, der Bild-, Wort- und Fernzauber werden geübt, bes. der Jagdzauber und die rituelle → Reinigung durch → Wasser, → Feuer usw. Die bezaubernde Macht der Stimme bzw. des → Wortes und Jodelns (joiku) kann zum Besprechen oder Verwünschen ge- oder mißbraucht werden. Die fernöstlichen → Himmels-, Feuer- u.a. Naturmythen sind bekannt, ebenso der → Tabu-Begriff und die Gebärdensprache (→ Gesten: I). Die Welt ist kein Produkt der persönlichen → Schöpfung, sondern der Zeugung ex ovo bzw. der Geburt (vgl. sää). Das naturalistisch-statische Weltbild umfaßt nur das Zweiweltensystem (maa »Erde«, ilma »Himmel als Lichtwelt«). Beide Welten kann die Sonderseele bzw. ein Zauberpfeil mit zwei Spitzen erreichen. Die Weltordnung geschieht impersonal ohne ein höchstes Wesen (→ Hochgottglaube), das sich erst später unter den altaischen und arischen Einflüssen durchsetzt: Sogar der samojedische num bedeutet primär nur den Himmel dort »oben«, und der obugrische Himmelsvater num(i)-tuurõm (vgl. tiermes bei den Lappen) geht auf den Ahnherrn im Himmel zurück. Der Stammesgeist bzw. die Sippenseele bestimmt Tod, → Geburt und → Schicksal (: I) des Menschen und wirkt ewig, jeder einzelne aber verwirklicht seine Wiederbelebung durch die Wanderseele und Umgeburt, wozu sich der ewige Wechsel im Lebensrhythmus ohne Anfang und Ende als Weltprinzip gesellt.

3. Die Kulturberührungen mit den → Indogermanen der Steppenzone um 2000 vChr bereichern den Seelenglauben um die Dampf- und Atemseele und verbreiten im Totenglauben den Dualismus so, daß die Verstorbenen der eigenen Sippe durch Gedächtnisfeiern im Herbst verehrt, die → Fremden aber als bösartig angesehen werden. Der Tod wird personifiziert, die Sonderseele des Toten geht vom Diesseits irgendwohin in eine zuerst noch unbestimmte »andere Welt« über. Aber auch die Jenseitsidee entwickelt sich dualistisch: Neben dem Himmel als Totenort hat der Übergang zur Erdbestattung (→ Begräbnis: I) im 2.Jt. vChr die Idee der Unterwelt vorbereitet (kääppä »Grab« bzw. »Grabbewohner«). Der Machtglaube weicht allmählich dem Gottesglauben. Der arische Himmels- und Donnergeist des Schwarzen Meeres erlebt seine erste Attraktion, bis sich weiter der himmlische Lichtgeist (jumala) und der Luft- bzw. Wind- und Wettergeist (ilmari) voneinander trennen. Die Schöpfungsidee tritt hervor, bewahrt dabei ihre uralte Deutung der Zeugung und Ordnung. Die Rodungswirtschaft begünstigt den → Naturdienst mit Vegetationsopfern als einer Art Tribut (vero, hinta). Der Begriff des → Heiligen (pyhä) vereinigt die Reinheits- und Tabu-Ideen der Isolierung. Das → Gebet wird vom Rauchopfer begleitet. Die Opferhandlung soll zugleich einen schmückenden Ausrüstungsprozeß wie auch eine Kraftübergabe enthalten. Die großen jährlichen Opferfeste der Sippe beginnen sich herauszukristallisieren. Der Familiengeist verselbständigt sich vom Sippengeist und wird in der Opferhütte verehrt. Die erste Schicht der komplizierten Magie der südlicheren Hochkulturen setzt sich ab. Der → Zauberer (noita) will nach seinem Ermessen freier sowohl positiv als negativ wirken, der Trance-Zustand wird durch den Rauschzustand ersetzt. Der Schwur (→ Eid) tritt auf, man läßt sich von → Visionen verführen und vom Musizieren bezaubern.

4. Die *spätere Entwicklung* hat die Obugrier zur Übernahme vieler jüngerer Züge aus der altaischen Religion geführt, die zT auch die Wolga-permischen Stämme erreicht haben, noch mehr aber von den russischen Einflüssen überschichtet worden sind, während die Ostseefinnen viele baltische, germanische und ostslavische Züge empfangen haben. Im großen und ganzen sind die östlicheren Stämme auf einer älteren Stufe des → Animismus, Totenglaubens und Schamanismus stehen geblieben; die Ostseefinnen dagegen haben die indogermanische Herrscheridee bei verschiedenen Schutzgeistern (haltia, vgl. dt.: halten) bes. vielseitig weiterentwickelt, so daß sich die Finnen dem Polytheismus nähern (das Götterverzeichnis von M.Agricola, 1551). Es vollzieht sich die Einordnung der Ostseefinnen in die westliche Kulturwelt, analog auch diejenige der Ungarn, die neben den germanischen und slavischen Zügen noch türkische übernommen haben.

U.Holmberg-Harva, Die Wassergottheiten der finn.-ugr. Völker (Mém. de la Société Finno-Ougrienne 32), 1913 - Ders., Die Religion der permischen Stämme, Helsinki 1914 (finn.) - Ders., Die Religion der Tscheremissen (FFC 61), 1926 - Ders., Finno-Ugric, Siberian [Mythology] (MAR 4), 1927 (Lit.) - Ders., Alter Volksglaube der Finnen, Helsinki 1948 (finn.) - Ders., Die relig. Vorstellungen der Mordwinen (FFC 142), 1952 - K.F.Karjalainen, Die Religion der Jugra-Völker (FFC 41. 44. 63), 1921/22/27 - T.Lehtisalo, Entwurf einer Mythologie der Jurak-Samojeden (Mém. de la Société Finno-Ougrienne 53), 1924 - O.Loorits, Der Volksglaube der Liven I-III (Acta et Commentationes Universitatis Dorpatensis B 11. 12. 16), 1926-28 (estn., mit dt. Referat) - Ders., Grundzüge des estnischen Volksglaubens I-III, Uppsala 1949/57 - K.Krohn, Zur finn. Mythologie (FFC 104), 1932 - E.N.Setälä, Das Rätsel des Sampo, Helsinki 1932 (finn.) - M.Haavio, Väinämöinen (FFC 144), 1952 - G.Roheim, Hungarian and Vogul Mythology (Monographs of the Amer. Ethnological Society 23), 1954 - UdG III, 331ff; V, 805ff; VI, 21ff. 167ff; VII, 607ff (für Lappen u. Samojeden; hier wird bei der Schichtung des Materials der Hochgottglaube als ursprünglich gerechnet) - R.Karsten, The Religion of the Samek, Leiden 1955 (Lit.) - O.Petterson, Jabmek and Jabmeaimo. A comparative Study of the Dead and the Realm of the Dead in Lappish Religion (LUÅ NF 52, 6), 1957 - I.Paulson, Die primitiven Seelenvorstellungen der nordeurasischen Völker (The Ethnographical Museum of Sweden, Mon. Ser. 5), 1958.

O.Loorits

Finnland (*Suomi*)

I. Kirchengeschichte – II. Theologie – III. Finnische Missionen

I. Kirchengeschichte

1. Missionsgeschichte und kath. Zeit - 2. Reformation und Orthodoxie - 3. Das 18. und 19.Jh. - 4. Gegenwärtige kirchliche Lage

1. Das Christentum ist von zwei Seiten nach F. getragen worden. Im Osten missionierte die griech.-orth. Kirche unter den Kareliern; der Hauptteil F.s wurde aber zum abendländischen Glauben bekehrt, dessen erste Einflüsse auf Handelsverbindungen zurückzuführen sind. Schon um 1100 gab es außer auf Åland in Südwest-F., in Kaland, christliche Siedlungen. Sie wurden Ausgangs-

punkt des sog. ersten Kreuzzuges, der 1155 vom schwedischen König Erik IX., dem Heiligen, unternommen wurde. In dessen Gefolgschaft befand sich der englische Bischof Henric, der 1153 mit Nikolaus Breakspeare nach Linköping gekommen war. Er erlitt den Märtyrertod und wurde Schutzheiliger F.s. Zur Zeit des Bischofs Thomas (um 1220) ist der Bischofssitz von Nousiainen nach → Åbo (→ 5 E 7) verlegt worden. Thomas versuchte die Stellung der Kirche in F. zu befestigen und unternahm 1240 einen mißglückten Kriegszug gegen Nowgorod. Durch den sog. zweiten Kreuzzug Birger Jarls (1239?) griff das politisch gestärkte → Schweden (: I) in den Gang der Dinge ein. Tawastland und mit dem dritten Kreuzzug (1293) das westliche Karelien (Wiborg, → 5 G 6) wurden endgültig der abendländischen Kirche und gleichzeitig Schweden angegliedert.

Von kraftvollen Bischöfen des *MA* waren Hemming (1338-66) und Magnus II. Tawast (1412-50) die bedeutendsten; eine interessante Persönlichkeit war auch Magnus III. Särkilahti. Der Bischof von F. war als Ratgeber des schwedischen Königs oft auch in weltlichen Dingen höchster Vertreter des Landes. Viele Bischöfe stammten aus vornehmen Adelsgeschlechtern. Geistig war Åbo die bedeutendste Stadt des Landes und sein Dom kirchliches Zentrum. Insgesamt sind in F. über 70 mittelalterliche Grausteinkirchen erhalten. Die Dominikaner besaßen Klöster in Åbo und Wiburg (Wiborg), ihre Liturgie wurde diejenige der Kirche F.s. Franziskanerklöster gab es in Wiburg, Raumaa (Raumo) und auf der Insel Kökar. Ein sehr populäres Birgittinnenkloster lag in Naantali (Vallis gratiae). Die kulturellen Beziehungen zu Mitteleuropa waren rege, und viele Finnen besuchten dort die Universitäten (Paris, Prag, Rostock u.a.). Der erste Schriftsteller F.s, der auf schwedisch schrieb, war der Birgittinnenmönch Jöns Budde.

2. Die *Reformation* wurde auch in F. von König Gustav Wasa eingeführt. Von grundlegender Bedeutung waren die Beschlüsse des Reichstags von Wästerås (1527). Der erste luth. Bischof war Martin Skytte, der junge begabte Männer nach Wittenberg sandte, die dann die Lehren der Reformation in F. verbreiteten. Schon früh war Peter Särkilahti in Deutschland gewesen; F.s eigentlicher Reformator aber ist Michael → Agricola. Der erste Bischof von Wiburg (Bistum seit 1554) war Paul Juusten († 1576 als Bischof von Åbo), der eine Chronik über die Bischöfe F.s veröffentlichte. – Scharfe religiöse Gegensätze traten während der zweiten Hälfte des 16.Jh.s auf. Als König Johann III. seine Liturgie (»Rotes Buch«) einführte, fügten sich ihm im allgemeinen die Geistlichen F.s und ihr Bischof Ericus Erici Sorolainen (1583-1625); sie taten aber auf der Kirchenversammlung in Uppsala 1593 Abbitte. Sorolainen veröffentlichte später eine große Postille in finnischer Sprache.

Im Zeitalter der *orthodox-luth. Staatskirche* führten energische Bischöfe eine strenge Ordnung in ihren Diözesen ein. Isaac Rothovius war Bischof von Åbo 1627-52, Vizekanzler der Akademie und ein tüchtiger Organisator; Johannes Terserus wurde 1664 wegen Synkretismus seines Amtes entsetzt. Bedeutend waren auch die drei → Gezelius. Im 17.Jh. entwickelte sich in F. in engem Anschluß an die alte Bauerngesellschaft ein altluth. Kirchenleben mit alttestamentlichen Zügen und kollektiver Frömmigkeit. Der Katechismusunterricht mit Verhören verschiedener Art trat stark in den Vordergrund, und den kirchlichen Handlungen maß man eine große Bedeutung zu. Maßgebend wurde das schwedische Kirchengesetz von 1686 (auf finnisch 1688). Nach dem Frieden von Stolbowa (1617) ist das Luthertum zu den Kareliern nördlich des Ladogasees gebracht und Ingermanland mit Lutheranern besiedelt worden.

3. Anfangs des 18.Jh.s traten in F. der radikale *Pietismus*, der kirchliche Pietismus (von heimgekehrten Gefangenen aus Sibirien, die mit A.H. → Francke in Verbindung getreten waren, nach den Kriegen Karls XII. eingeführt) und später das Herrnhutertum auf. Diese Richtungen fanden Anhänger bei Adligen, Pfarrern und in den Städten. Der Hauptteil der Bevölkerung aber blieb noch lange orthodox-luth. Eine interessante Persönlichkeit dieser Zeit ist A.Achrenius († 1769 als Pfarrer in Nousiainen). Am Ende des Jh.s fand in den höheren Bevölkerungsschichten eine gemäßigte *Aufklärung* Anhänger. Man eiferte für wirtschaftliche Reformen und Volksbildung, wodurch die Volksbewegungen des folgenden Jh.s vorbereitet wurden. Seit 1756 traten in verschiedenen Teilen F.s volkstümliche, ekstatische Bewegungen auf, die im Rahmen der Kirche wirkten, denen die Pfarrer aber oft nur geringes Interesse entgegenbrachten.

Durch den Frieden von Borgå (1809) wurde F. von Schweden getrennt und Rußland angeschlossen. Während der Regierung Nikolaus I. (1825-55) herrschte die Reaktion und ein allgemeiner Stillstand. Das erwachende national-finnische Selbstbewußtsein fand vor allem seinen Ausdruck in den großen religiösen *Volksbewegungen* der dreißiger und vierziger Jahre. (Von Bedeutung waren u.a. auch der Dichter J.L.Runeberg und der Philosoph und Politiker J.V.Snellman.) Hauptvertreter der Erweckkung waren in Nord-Sawolax Paavo → Ruotsalainen, in Süd-Österbotten (Pohjanmaa) die Pfarrer J.Lagus und N.G.Malmberg und in Süd-Karelien H.Renqvist, der eine eigene Richtung bildete. In Gegensatz zu den Erweckten (heränneitä) trat 1844 F.G. → Hedberg, Gründer der sog. evangelischen Richtung, die 1873 ein führendes Organ in der Luth. Evangeliivereinigung erhielt. Von Norden her breitete sich die Richtung des Bußpredigers L.L. → Laestadius aus, die mit Beichte vor der gläubigen Laestadianergemeinde und ekstatischen Erscheinungen verbunden war. Außerdem gibt es in Südwest-F. immer noch die altertümliche Richtung der »Beter«.

Mit Alexander II. (1855-81) erlebte F. eine einzigartige nationale, kulturelle und wirtschaftliche Blüte. Kirchliche *Reformen*, die schon von den durch die Aufklärung beeinflußten Erzbischöfen J.Tengström und E.G.Melartin angebahnt worden waren, wurden abgeschlossen. Durch das Kirchengesetz vom Jahre 1869, einem Werk des Bischofs F.L.Schauman, wurde die Stellung der luth. Kirche von neuem geregelt. 1886 erhielt die Kirche auch neue Gesangbücher, an deren Stelle später das jetzige finnische von 1938 und das schwedische von 1943 getreten sind. 1893 wurde eine vom Beckianer Erzbischof Gustaf Johansson ausgearbeitete Katechismuserklärung angenommen (die gegenwärtige ist vom Jahre 1948). Die Stellung der freikirchlichen Bewegungen, die seit Mitte des 19.Jh.s durch Einfluß von Schweden und England besonders in den Städten auftraten, wurde vorläufig durch das Dissentergesetz 1889 geregelt. Seit 1923 gibt es in F. volle Religionsfreiheit. Vom Ende des letzten Jh.s an hat die Kirche neue Arbeitsformen aufgenommen, und gleichzeitig ist in ihr das Vereinswesen durchgedrungen. Die erste kirchliche Gesellschaft war die Finnische Missionsgesellschaft 1859, die seit 1870 ihr Hauptgebiet in Amboland (Südwest-Afrika) hat (→ Finnland: III). Andere Gesellschaften arbeiten in der Inneren und Seemannsmission. Diakonissenanstalten gibt es in Helsingfors (→ 5 F 7; Helsinki), Lahti, Oulu und Pori. Von großer Bedeutung ist die kirchliche Jugendbewegung mit zahlreichen Volkshochschulen und die Sonntagsschule. Das Verhältnis der Kirche zu den Gebildeten und der wachsenden Arbeiterbevölkerung ist nicht immer das beste gewesen.

4. Seit 1917 ist F. selbständig. Die tatsächliche *Verwaltung* der Kirche geschieht durch die sieben Bischöfe und Domkapitel: Åbo Erzbistum, die Diözesen Tampere, Mikkeli, Oulu (Uleåborg, → 5 F 4), Kuopio, Lapua und das schwedische Bistum Borgå, dem die deutschen Gemeinden in Helsingfors und Åbo angeschlossen sind. Obgleich bes. in den 30er Jahren zwischen der finnischen und der schwedischen Sprachengruppe zeitweise politische Spannungen herrschten, sind kirchlicherseits die Beziehungen immer die besten gewesen. Der Reichspräsident ernennt auf Vorschlag der Kirche die Bischöfe, und der Staat bezahlt ihre Gehälter und die der Domkapitel. Die Pfarrer werden von den Gemeinden gewählt und unterhalten. - Auch nach der Trennung von Kirche und *Schule* (1872) und dem Schulpflichtgesetz von 1921 bleibt das kirchliche Aufsichtsrecht über den Religionsunterricht bestehen. Die Pfarrämter sind Standesämter und führen die Bevölkerungsstatistik. (Für diejenigen, die keiner eingetragenen Denomination angehören, gibt es ein Zivilregister.) - Höchste gesetzgeberische Instanz der Kirche ist die Landessynode, die jedes fünfte Jahr tagt und in der die Laien die Mehrheit haben. Sie ist unabhängig in geistlichen Fragen und nimmt u.a. neue kirchliche Bücher an; in anderen Angelegenheiten müssen die Beschlüsse der Genehmigung des Reichstages unterstellt werden. Ein wichtiges beratendes Organ ist die verstärkte Bischofskonferenz. Für die Verwaltung der Kirche in ökonomischen Fragen gibt es eine besondere Kirchenleitung. F. hat zwei theologische Fakultäten: eine Staatsfakultät in → Helsinki und eine schwedischsprachige in → Åbo.

Von der *Bevölkerung* F.s (am 1.1.1955: 4 248 773 Personen) waren Mitglieder der Ev.-luth. Kirche 4 100 822, Freikirchliche 8814, Baptisten 1980, Methodisten 2098, Adventisten 4043 und im Zivilregister Eingetragene (1954) 167 796.

Die griech.-orth. Kirche F.s ist autonom und dem Patriarchen von → Konstantinopel unterstellt. Sitz des Erzbischofs ist Kuopio. Es bestehen drei Klöster, darunter das frühere Valamo. 1955 hatte die Kirche 75 539 Mitglieder. Die röm.-kath. Kirche hatte vier Gemeinden mit 2207 Seelen. Sie hat seit 1924 einen Bischof in Helsinki. Juden gab es (1955) 1740 und Mohammedaner 929.

Ältere Lit. in RE VI, 66ff; XXIII, 447f - RGG¹ II, 899; RGG² II, 604f. - Neuere Lit.: G.Sentzke, Die Kirche F.s, 1935 - Ekklesia II/8: Die Kirche in F., 1938 - W.A.Schmidt, F.s kyrka genom tiderna, Stockholm 1940 - Ders., Huvuddragen av F.s kyrkliga geografi, Åbo 1956 - J.Jaakkola, Gesch. des finn. Volkes, 1942 - I.Salomies, Suomen kirkon historia I. II, Helsinki 1944/49 - G.O.Rosenqvist, F.s kyrka i det senaste halvseklets brytningstider, Helsingfors 1946 - Die Kirche F.s. Informationsblatt, Helsinki (seit 1955). *W.A.Schmidt*

II. Theologie

1. Ausgangspunkte und Anregungen - 2. Biblizismus und historische Bibelforschung - 3. Kirchengeschichte und systematische Theologie - 4. Praktische Theologie, Theologie und Kirche - 5. Theologische Gesellschaften und Veröffentlichungen

1. Die frühere Theologie F.s (vgl. dazu RGG¹ II, 2092ff) wurde am Gängelband des luth. orthodoxen Traditionalismus und der spekulativen Philosophie gehalten. Erst die Jahre 1850–80, eine Periode, die für das finn. Volk die Zeit des nationalen, politischen, wirtschaftlichen und geistigen Erwachens bildete, bedeuteten auch einen theologischen Aufbruch. Die neue Richtung ging von den religiösen Erweckungsbewegungen aus, die vor der Jh.mitte die Kirche ins Gären gebracht (→ Finnland: I) und die Augen für die Eigenart der Problematik des geistlichen Lebens geöffnet hatten. Diese Bewegungen blieben auch später fruchtbar, indem sie sowohl das theologische Interesse auf zentral religiöse, bes. soteriologische Aufgaben konzentriert als auch die Forschung auf wichtige einheimische Probleme hingewiesen haben. Unter Rücksichtnahme auf die besonderen Bedürfnisse des Landes wie auf die sprachliche Abgeschlossenheit hat sich die finn. Theologie stets berufen gefühlt, die Spezialphänomene der eigenen Kirche zu behandeln. Doch sind treibende Anregungen fortwährend vom Auslande empfangen worden. Die Kirche F.s hatte schon im MA direkte Verbindungen zu den gelehrten Zentren der abendländischen Christenheit. Es ist nur natürlich, daß F. nach der Reformation die einflußreichsten theologischen Impulse aus Deutschland, der Heimat des Luthertums, erhalten hat. Lebhafter Kontakt bestand auch mit Skandinavien, vor allem mit → Schweden. Die Berührung mit der englischen und amerikanischen Theologie war früher mehr gelegentlicher Art, ist aber seit 1930 und bes. nach dem zweiten Weltkrieg belebt und befestigt worden.

2. Die Erneuerung der finn. Theologie im letzten Jh. wurde zunächst durch die → Vermittlungstheologie angeregt. Noch bedeutungsvoller war der Einfluß der *biblizistischen* Theologie von J.T. → Beck, die durch einige seiner finn. Schüler (u.a. durch G.Johansson, † 1930) um 1870 nach F. gelangte und während mehr als einer Generation die theologischen Anschauungen in der finn. Kirche bestimmte. - Eine zweite wichtige Übergangsperiode war die Jh.wende, als die historisch-kritische Forschung zum Durchbruch kam. Das erste Viertel des 20.Jh.s wurde von der historischen Theologie beherrscht. Doch die Macht des Beckianismus war noch so stark, daß er den Neuheiten die schärfste Spitze abbrach. So fand die Ritschlsche Theologie (→ Ritschl), deren Einwirkung zwar im Anfang des Jh.s in F. wahrzunehmen war (E.Kaila, † 1944; P.Virkkunen), keinen eigentlichen Vertreter unter den führenden Theologen. Wenn radikale Strömungen das entlegene F. erreichten, wurden sie gewöhnlich so modifiziert, daß die theologischen Meinungsverschiedenheiten die kirchliche Einheit nicht gefährdeten. Dies wird bes. beim Eindringen der historisch-kritischen Bibelwissenschaft in die finn. Exegese sichtbar. Da die Männer, die im Anfang des Jh.s die geschichtliche Bibelauffassung durchführten (A.Hjelt, † 1931; A.F.Puukko, † 1954; der anfängliche Beckianer J.A.Mannermaa, † 1943), in ihrer Stellung gemäßigt waren und aktiv an der kirchlichen Tätigkeit teilnahmen, konnten sie ohne größere Konflikte die positive Bedeutung des neuen Schriftverständnisses auch für den Glauben erläutern. Von derselben Exegetengeneration erhielt die finn. Kirche des weiteren eine ganz neue offizielle Bibelübersetzung (AT 1933, NT 1938; → Bibelübersetzungen: V, 2 d α). Von der Arbeit der späteren Bibelforscher (R.Gyllenberg, E.G.Gulin, A.Saarisalo, A.Lauha, A.Nikolainen, E.Haapa) ist bes. ihr Bemühen erwähnenswert, große finn. Kommentarwerke zu veröffentlichen.

3. Die *kirchengeschichtliche* Forschung wandte sich hauptsächlich den Schicksalen der finn. Kirche selbst zu. Bes. ergründet hat man die eigenartigen kirchlichen Umstände des mittelalterlichen F. (A.Maliniemi), die selbständige Wege gegangene Reformation (J.Gummerus, † 1933), die geistlichen Volkserweckungen, bei denen die pietistischen Gedanken eine eigentümlich luth.-kirchliche Färbung annahmen (M.Ruuth, I.Salomies, W.A. Schmidt, O.Kares), und die vom → Liberalismus verursachte kirchliche Krise in der zweiten Hälfte des 19.Jh.s (M.Juva). - In der *systematischen* Theologie, die seit 1925 die Theologie F.s beherrscht hat, machte sich zunächst eine religionsphilosophische Betonung bemerkbar (G.G.Rosenqvist, † 1931). Sie änderte sich aber zu einer von persönlicher Überzeugung inspirierten Tendenz, das Erbe der konservativen Kirchlichkeit, zusam-

men mit dem Neubiblizismus und dem Erfahrungschristentum der Erweckungsbewegungen, theologisch auszuwerten (A.J.Pietilä, † 1932; Y.Alanen, O.Tiililä). Die sozialethischen und kulturkritischen Fragen haben stets mehrere Systematiker interessiert. Die Beschäftigung mit der modernen Luther-Forschung (E.Sormunen, L. Pinomaa, A.Siirala) hat der finn. Theologie frische Impulse zum Verständnis der reformatorischen Gedanken gebracht. Seit 1945 haben sich mehrere jüngere Theologen (O.Castrén, H.Nyman, E.Niinivaara) in Forschung und Meinungsaustausch mit einer Akzentuierung der Lundenser Theologie (→ Schweden: II) beteiligt. So fanden um 1950 heftige Auseinandersetzungen statt, bei denen die von der Lundenser Schule angeschnittenen Probleme der theologischen Methode, des tertius usus legis (→ Gesetz: V) und des Verhältnisses der pietistischen Christentumsauffassung zum luth. → Berufs-Ethos diskutiert wurden. Dagegen haben die → dialektische Theologie (V.Jalkanen, † 1956) und das Programm der → Entmythologisierung in F. keine theologische oder kirchliche Frontbildung hervorgerufen.

4. Speziell sind in der *praktischen* Theologie die Forschungsaufgaben von der Problematik der eigenen Kirche und ihren Bedürfnissen gelenkt; doch hat die wachsende Einheit der Christenheit dazu genötigt, die Aufmerksamkeit auch auf die Theologie der Ökumene zu richten (A.Lehtonen, † 1951). In der Entwicklung der kirchlichen Arbeit haben die wissenschaftlichen Vertreter des Faches (A.Voipio, G.O.Rosenqvist, M.Haavio, E. Kansanaho) vielseitig der Kirche dienen können, die vor wichtigen kirchenrechtlichen und liturgischen Reformplänen steht. Zu den typischen Kennzeichen der finn. Theologie gehört gerade ihre enge Berührung mit dem praktischen Leben der Kirche, was sich u.a. darin kundtut, daß die Mehrzahl der ev. Bischöfe des Landes gewöhnlich ehemalige Universitätsprofessoren sind. Die theologischen Fakultäten (→ Helsinki/Helsingfors und → Åbo/Turku) können insgesamt für 15 Berufstheologen eine Beamtenstellung bieten.

5. Zur Förderung der theologischen Forschung und zur Aufrechterhaltung des theologischen Interesses sind die wissenschaftlichen *theologischen Gesellschaften* tätig: die Finn. Theologische Literaturgesellschaft (begr. 1891), die Kirchengeschichtliche Gesellschaft in F. (begr. 1891), die Finn. Exegetische Gesellschaft (begr. 1938), die Luther-Agricola-Gesellschaft in F. (begr. 1940) und die Missionswissenschaftliche Gesellschaft in F. (begr. 1957); sie alle veröffentlichen wissenschaftliche und gemeinverständliche Abhandlungen. Seit 1896 erscheint zweimonatlich das gemeinsame wissenschaftliche Organ der finn. Theologen »Teologinen Aikakauskirja – Teologisk Tidskrift« (Theologische Zeitschrift); mehr praktisch-kirchlich sind »Vartija« (Der Wächter, seit 1888) und »Teologia ja kirkko« (Theologie und Kirche, seit 1954).

Außer der finn.sprachigen Lit.: M.Ruuth, Die kirchengeschichtl. Forschung in F. (ThFenn III [SFThL 40]), 1943 - R.Gyllenberg, Den exegetiska forskningen i F. (SEÅ 9, 1944, 5-34) - G.O.Rosenqvist, F.s kyrka i det senaste halvseklets brytningstider, 1946, 181ff - A. Nikolainen, Finn. Theol. in den Kriegsjahren (ThZ 2, 1946, 265-276) - A.Lauha, Die wissenschaftl. Theol. F.s seit 1940 (ThLZ 73, 1948, 193-200) - O.Tiililä, A Hundred Years of Systematic Theology in F. (ThFenn IV [SFThL 50]), 1949 - A.Voipio, Contemporary Practical Theology in F. (ThFenn V [SFThL 59]), 1953 - G.Sentzke, Die Theol. J.T.Becks u. ihr Einfluß in F.II (Schriften der Luther-Agricola-Gesellsch. 9), 1957 - B.Krug, Die Rechtfertigungslehre in der finn. Erweckungsbewegung im 19.Jh. u. ihre Bedeutung für Seelsorge u. Verkündigung, 1957. *A.Lauha*

III. Finnische Missionen

Im Zuge der Erweckungsbewegung in der ersten Hälfte des 19.Jh.s (→ Finnland: I, 3) erwachte in F. das Interesse an der Heidenmission. Seit den 30er Jahren sammelten einzelne Geistliche und Laien Geld für die Schwedische Missionsgesellschaft (→ Schweden: III). Die staatlichen und kirchlichen Behörden aber unterdrückten bis zur Mitte der 50er Jahre weitere Schritte. Anläßlich der 700-Jahrfeier »der Einführung des Christentums in F.« (1857) wurde in allen Kirchen eine Kollekte für die Heidenmission ausgeschrieben und 1859 in Helsinki die *Finnische Missionsgesellschaft* (Suomen Lähetysseura) als Organ der Kirche für die Heidenmission gegründet. Anfangs wurden deutsche Gesellschaften unterstützt (→ Leipziger Mission, → Hermannsburger Mission, → Goßnersche Missionsgesellschaft). 1862 wurde eine Missionsschule eingerichtet. Erste eigene Missionare gingen 1868 nach Südwestafrika und nahmen 1870 die Arbeit in Ovamboland auf (→ Afrika: IV B, 2d). Einer von ihnen, Martin Rautanen (1845-1926), arbeitete über 50 Jahre dort und zeichnete sich als Übersetzer der Bibel in die Ndonga-Sprache aus. Die Frucht der Arbeit in Ovamboland und am Okavango-Fluß, wohin die Mission 1928 ausgedehnt wurde, ist die jetzt selbständige ev.-luth. Ambokavango-Kirche mit 100 000 Gliedern und 44 afrikanischen Pfarrern (1958). Seit 1948 arbeiten finnische Missionare auch in Tanganjika (→ 2 G/H 4/5) in den verwaisten deutschen Missionsgebieten. Eine vielversprechende Arbeit wurde 1902 in der Hunan-Provinz in → China (: IV C, 1) begonnen; zur Zeit der Ausweisung der Missionare (1949) hatten die Gemeinden 2500 Glieder. 1956 wurde eine neue Arbeit auf Formosa (→ Taiwan) angefangen. In Jerusalem unterhält die Finnische Missionsgesellschaft ein Heim für jüdische Kinder. Insgesamt hat die Gesellschaft heute 112 aktive Missionare. - Die *Finnisch-Luth. Evangeliums-Vereinigung* arbeitet seit 1900 in → Japan (: IV, 2). Trotz der Zerstörung der Arbeit im 2. Weltkrieg gibt es dort jetzt 13 Missionare und 930 Christen. - *Freikirchliche Kreise* (→ Finnland: I, 3) begannen 1891 in China in Verbindung mit der → China-Inland-Mission und 1895 am Himalaja. Mit ausländischen Organisationen arbeiten die → Methodisten (: II), → Baptisten (: II; → Europäische Baptistische Missionsgesellschaft) und die → Heilsarmee zusammen. Die sehr aktiven Gemeinden der → Pfingstbewegung (: II) haben jetzt 90 Missionare in verschiedenen Ländern, bes. in Asien.

U.Paunu, Die finn. Heidenmission, 2 Bde, Helsinki 1908/09 (finn.) - K.A.Paasio, Die finn. Heidenmission, Helsinki 1927 (finn.), 1928 (schwed.) - M.Tarkkanen, Die Äußere Mission der Kirche F.s (Ekklesia II, 1938, 800-806) - M.Peltola-T.Saarilahti-P.Wallendorff, 100 Jahre finn. Missionsarbeit, 2 Bde, Helsinki 1958/59 (finn.; Lit.). *M.Peltola*

Firmicus Maternus, Julius, verfaßte zwischen 346 und 350 eine an die Kaiser Konstantius (337-61) und Konstans (337-50) gerichtete Schrift De errore profanarum religionum, in der er sie zur Verfolgung und Unterdrückung des Heidentums auffordert. Seine Kritik ist die in der frühkirchlichen → Apologetik (: II, 1. 2) übliche. Die Schrift, die durch einige Berichte über die Liturgie der spätantiken → Mysterien von großem Wert ist (→ Arkandisziplin), ist das früheste Dokument einer haßerfüllten Heidenverfolgung, die sich ein halbes Jh. später dann durchsetzte. Vor seinem Übertritt zum Christentum hatte F. um 337 ein Werk über → Astrologie (Matheseos libri VIII, ed. Kroll-Skutsch-Ziegler I, 1897; II, 1913) verfaßt. Der Versuch von Dom G.Morin (HJ 37, 1916, 229ff), ihm auch die sog. Consultationes Zacchaei et Apollonii zuzuweisen, ist mißglückt.

Ausg. u. Übers. von K.Ziegler, (1907) 1953^2 (mit Einl. u. Lit.). - Bardenhewer III, 456ff. 676. *K.Ziegler*

Firmilian, ca 230–68 Bischof von *Cäsarea* (Kappadozien), Freund und Gönner des → Origenes, Kampfgenosse → Cyprians (, 2) gegen → Novatian und gegen das Auftreten des römischen Bischofs → Stephanus I. im → Ketzertaufstreit, dem er dieselben Gedanken wie Cyprian, aber eine größere Folgerichtigkeit und flammendere Leidenschaft entgegensetzte (Epist. 75 der cyprianischen Sammlung). Er starb auf der Reise nach Antiochien zur zweiten Synode, die dort gegen → Paulus von Samosata tagte.

A.HARNACK, Gesch. der altchristl. Lit. I, 1893, 407ff; II/2, 1904, 102f - JOH.ERNST, ZKTh 18, 1894, 209-259; 20, 1896, 364-367 - RE VI, 79; XXIII, 448 - BARDENHEWER II, 312ff - F.LOOFS, Paul von Samosata, 1924, 35ff - E.CASPAR, Primatus Petri, 1927, 58ff.

† *Hugo Koch*

Firmung ist nach kath. Zählung das zweite → Sakrament nächst der → Taufe. In der griechischen Kirche noch heute mit ihr verbunden und vom Priester gespendet, hat sie sich im Abendland wahrscheinlich während des → Ketzertaufstreites (255–57) verselbständigt und ist zum Reservat der Bischöfe geworden (Denz. 52d. 98), die sich schon, als das Taufen Sache der Presbyter wurde, die abschließende →Handauflegung vorbehalten hatten. Die Trennung bedingte eine besondere Sinngebung der F. gegenüber der Taufe, zumal deren Ritus selbst zwei Handauflegungen und zwei → Salbungen enthält. Darum definiert der Catechismus Romanus (2, 3, 23): »Im Sakrament der F. teilt sich der hl. Geist der Seele der Gläubigen mit und vermehrt in ihnen die Kraft und den Mut, damit sie im Geisteskampf mannhaft streiten und den tückischen Feinden Widerstand leisten.« Die F. prägt der Seele einen character indelebilis ein (→ Sakramente: I) und ist Vollendung der Taufe, Sakrament der Mündigkeit zum Vollalter Christi und »Weihe zum Laienapostolat«. Ihre Benennungen spiegeln die dogmengeschichtliche Entwicklung wider: Sakrament der Handauflegung, der Salbung, der Vollendung, der Festigung (confirmatio: so seit der Synode von Orange 411); in der griechischen Kirche: σφραγίς, τὸ μυστήριον τοῦ μύρου. Den Hauptbeweis für die Sakramentalität der F. sieht die kath. Dogmatik in Apg 8, 14ff (dazu Apg 19, 6; 2Kor 1, 21f; Hebr 6, 2). Kath. Theologen räumen ein: »Über die Einsetzung durch Christus liegen keine Zeugnisse vor« (Bartmann 492) und »Es ist nicht immer leicht, Taufe und F. in der Überlieferung als gesonderte Sakramente zu erkennen« (Schmaus 170). An Väterstellen werden angeführt: Tertullian, de bapt. 7f; Cyprian, Ep. 73, 9; Cyrill von Jerusalem, Cat. myst. 3, 1; Ambrosius, de sacr. 3, 2, 8; Augustin, Sermo 249, 3; Ap. Const. 7, 44. Die eigentliche *Materie* der F. ist die Handauflegung unter Anrufung des hl. Geistes, die in der griechischen Kirche zugunsten der Salbung zurücktritt. In der Frühscholastik trat auch im Abendland die Salbung mit dem am Gründonnerstag vom Bischof geweihten Chrisma stärker hervor. Die *Form* der Spendung besteht im Gebet um die sieben Gaben des hl. Geistes, Handauflegung, Salbung der Stirn in Kreuzesform mit den Worten: »Ich bezeichne dich mit dem Zeichen des Kreuzes und stärke (confirmo) dich mit dem Chrisma des Heiles im Namen des Vaters usw«; ferner in einem gelinden Backenstreich (Alapa) zum Zeichen der Annahme aller Anfeindungen. Spender ist der Bischof, auf Grund päpstlichen Indultes jeder Priester. Empfänger ist jeder Getaufte, in der griechischen Kirche nach der Taufe, in der römischen tunlichst nach der → Erstkommunion. Der Empfang der F. ist nicht heilsnotwendig, jedoch wäre ihre absichtliche Unterlassung sündhaft (CIC cc. 786ff). - Die F. als Sakrament lehnen Luther (WA 6, 501) und Zwingli (CR 2, 122 ff) ab.

L.FENDT, Die relig. Kräfte des kath. Dogmas, 1921 - DERS., Einführung in die Liturgiewissenschaft, 1958 - BRAUN, LH 113ff - B. BARTMANN, Grundriß der Dogmatik, 1923 - J.PINSK, Das Sakrament der F. (F.HEILER, Eine hl. Kirche, 1936, 92-102) - M.SCHMAUS, Kath. Dogmatik IV/1, (1941) $1952^{3.4}$ (Lit.).

F.Schmidt-Clausing

Fisch. Das griech. Wort Ichthys läßt sich als *Ideogramm* in den Satz: Ἰησοῦς Χρ(ε)ιστὸς Θεοῦ Υἱὸς Σωτήρ = »Jesus Christus, Gottes Sohn, (ist unser) Heiland« auflösen. In diesem Sinne findet es als → Akrostichon literarische (Or. Sibyllina 8, 217–250, vgl. Lactanz, Div. inst. 7, 16–20; Euseb, Vita Const. 5, 18; Augustin, de civ. Dei 18, 23) und sepulkrale (Inschrift des Pectorius, Autun) Verwendung. Letztere zeigt, daß die Buchstabenspekulation sich mit einer Fischsymbolik (Tiersymbolik) verbinden kann, welche die verhüllende Sprache der → Arkandisziplin führt. Dieselbe hat nach der Gleichung F. = Christus die christologischen Titel Jesu zum Inhalt, was vornehmlich für Grabinschriften, aber auch für basilikale Mosaiken (zB → Bethlehem) gilt. Nach der Analogie F. = Speise kann das Ideogramm ferner geheimer Hinweis auf die Eucharistie sein, vgl. Inschrift des Pectorius, vor allem des → Aberkios. Endlich vermag es im Hinblick auf das Wasser als Element des F.es die Taufe zu bezeichnen (Tertullian, de bapt. 1). Magische Anschauungen verbinden sich mit dem Gebrauch von ΙΧΘΥC auf Haustüren, an Gräbern, auf → Amuletten, Ringen, Gemmen usw. - Daneben läßt sich das griech. Wort als *Ikonogramm* durch Wiedergabe eines oder zweier F.e darstellen, wovon zahlreiche Inschriften, Lampen, Mosaiken zeugen. Haben wir es hier mit einer Illustrierung der christologischen Formel zu tun, so ist bei der Ausformung zum Szenenbild in der Katakombenkunst und Sarkophagplastik (Anglerszene = Taufe?; F.-Brotmahlzeiten = Eucharistie?) der symbolische Gehalt schwer zu bestimmen, da mit bildlichen Motiveinflüssen (Bukolik der Volkskunst; Totenmahlritus) zu rechnen ist. Doch stand auch diese Ausformung dem sakramentalen Bezug offen. Das Ikonogramm hat sich im übrigen länger gehalten als das Ideogramm, das an griech. Sprachverständnis gebunden war.

Der Befund deutet auf eine zweifache Wurzel. Die eine liegt in der Buchstabenmystik (→ Alphabet), wie sie aus → Gnosis und Zauberpraxis bekannt ist. Die andere wird im außerchristlichen Bereich kultisch-ritueller F.mahlzeiten zu suchen sein, wobei für den Christianisierungsprozeß der griech. Sprachraum postuliert werden muß. Führt das zweifelsohne in den Osten, so erschwert die Fülle des Vergleichsmaterials an F.göttern, -kulten, -opfern und -mahlzeiten den eindeutigen Entscheid. Die starke Verbreitung des F.kultes in Syrien (F.göttin Derketo) hat auf eine heidnische Wurzel (Dölger, Cumont), die Übung der F.mahlzeit (cena pura) im Judentum jedoch auf einen synagogalen Ursprung (Scheftelowitz, Goodenough) schließen lassen. Jedenfalls wird die Gleichung F. = Christus schon bestanden haben, als man die Ichthysformel erfand.

Standardwerk: F.J.DÖLGER, ΙΧΘΥC, Bd 1-5, 1910-43; Bd 1: 1928^{2}. - Ferner: J.SCHEFTELOWITZ, Das F.symbol in Judentum u. Christentum (ARW 14, 1911, 1-53. 321-392) - PW IX, 1916, 844ff - E.R.GOODENOUGH, Jewish Symbols V, 1956, 3ff (Lit.). - Lit. zu Pectorius bei QUASTEN I, 173ff; ferner: M.GUARDUCCI, Rendiconti Pont. Accad. di Arch. 23/24, 1950, 243-252 - O.PERLER, Miscell. G. Belvederi, 1955, 199-208.

C.Andresen

Fisch, *Georges* (1814–81), ref. Theologe, * in Nyon (Waadt); 1836 als Nachfolger A. → Monods Pfarrer an der Freien Gemeinde zu Lyon, dann 1855 an der Chapelle Taitbout in Paris. F. war aktiv beteiligt an der Gründung der »Freikirche«, deren Leitung er 1863 nach A.Monods Tode übernahm. Auch im Zusammenhang mit der Alliance Evangélique (→ Evangelische Gesellschaft, 2) spielt sein Name eine bedeutende Rolle; F. leitete die Société Evangélique de France; hier fand sein evangelisatorisches und volksmissionarisches Charisma ein reiches Betätigungsfeld. Seinen Lebensabend verbrachte er in seiner Heimat in Orbe (Waadt).

E. DE PRESSENSÉ, in: Revue Chrétienne 28, 1881, 527-529.
R. Voeltzel

Fischart, *Johann Bapt. Friedrich* (1546-90), ist der bedeutendste deutschsprachige Schriftsteller der Protestanten in der Zeit der Gegenreformation. Als Sohn eines wohlhabenden Gewürzkrämers in Straßburg genoß er humanistische Bildung, die mit dem juristischen Doktorat (1574) abschloß. Als Advokat wirkte er 1580-83 am Reichskammergericht in Speyer und dann als gräflicher Amtmann in Forbach. Seine schriftstellerische Tätigkeit (annähernd 80 Werke) füllt das Jahrzehnt von 1570-80. Sie steht in engem Zusammenhang mit seinem Schwager Bernhard Jobin, dem Straßburger Drucker und Verleger. Trotz äußerer Anregung ist stets persönliche Anteilnahme, ja temperamentvoller Einsatz zu spüren. F. schreibt als Volksschriftsteller, der auf aktuelle Nöte der Zeit heftig reagiert. Entschieden nimmt er Partei als Protestant gegen den kath. Imperialismus Spaniens und als Bürger einer Stadtrepublik gegen die machiavellistische Machtpolitik von Rom und Habsburg. Ausgeprägtes Deutschbewußtsein zeigt ihn in der Tradition des elsässischen Humanismus seit → Wimpfeling. Wie dieser will er die alten deutschen Tugenden, wie Tacitus sie rühmte, wiederherstellen und sie, religiös vertieft, zum Fundament der bürgerlichen Lebensordnung machen. Ihn erfüllt echte und überzeugte Frömmigkeit, die sich auch in geistlichen Liedern ausspricht. Aus dieser Verpflichtung führt er den Kampf als Schriftsteller, dem das einzelne Werk zur Waffe wird.

Mit dem Pathos des Zornes tritt er dem Vordringen der → Gegenreformation entgegen. Als deren Exponenten bekämpft er zunächst (1570) zwei eifernde Konvertiten: Joh. Jak. Rabe (Nacht Rab oder Nebelkräh) und Joh. Nas (Der Barfüßer Secten und Kuttenstreit). Allgemein und grundsätzlich trifft seine Satire dann die Bettelmönche (Von Sanct Dominici ... und Sanct Francisci Barfüßers artlichem Leben, 1571), das Papsttum (Der Gorgonisch Meduse Kopf, 1577) und die Jesuiten in zwei bedeutenden Satiren: »Binenkorb« (1579), in Anlehnung an den holländischen Calvinisten → Marnix, und »Jesuiterhütlein« (1580), anknüpfend an ein hugenottisches Gedicht. In spaßhafter Komik warnt er vor Torheiten ähnlich wie Seb. → Brant, am besten in der Satire auf die Kalender mit ihren Prophezeiungen (Aller Praktik Großmutter, 1572). Fabulierend unterhält eine Reimfassung des Eulenspiegels (1572), ergötzt der Prozeß der Frauen gegen die Flöhe (Flöhhaz, 1573). Die vom Podagra Geplagten soll ein »Trostbüchlin« (1577) erheitern. Lebenshilfe und Mahnung bieten die Ratschläge des »Ehzuchtbüchlins« (1578) und der Preis des Landlebens (1579). Ein sportliches Ereignis, nämlich die Ankunft des Zürcher Ruderbootes in Straßburg, wird ihm zum Sinnbild bürgerlicher Tüchtigkeit und politischer Verbundenheit (Glückhaft Schiff, 1567). Die moralpädagogische Absicht, der Zeit in einem Sittenroman ihr Verkommen in materialistischem Wohlleben vorzuhalten, mißlingt ihm freilich in der Bearbeitung des »Gargantua« von → Rabelais (1575), weil seine Neigung zu grotesker Übersteigerung und schnörkelhafter Ausschmückung ins Uferlose führt.

Sämtl. Dichtungen hg.v. H. KURZ, 3 Bde, 1866¹; Auswahl, hg.v. A. HAUFFEN (Kürschners dt. National-Lit. XVIII, 1-3), 1895. - Über F.: A. HAUFFEN, J.F., 2 Bde, 1921f - A. LEITZMANN, Fischartiana, 1924 - O. WACKER, Studien über die groteske Satire bei F., 1927.
W. Flemming

Fischer, *Johannes* (ca 1636-1705), ev. Geistlicher, * in Lübeck. Wurde nach dem Studium in Rostock und Altdorf Pfarrer in Hamburg und 1667 Sup. in Sulzbach. Karl XI. von Schweden berief ihn 1673 nach Livland (→ Baltische Länder), wo er sich als General-Sup. (ab 1678) große Verdienste um die Übersetzung der Bibel und geistlicher Schriften ins Lettische und Estnische und den Aufbau des bäuerlichen Volksschulwesens erwarb. Bei Wiedereröffnung der Universität → Dorpat (1690) wurde F. Prokanzler; als solcher nahm er scharf gegen die zentralistischen Tendenzen des schwedischen Absolutismus Stellung. Wegen seiner Hinneigung zum Frühpietismus und Verbindung zu Ph. J. → Spener geriet er in Gegensatz zu der herrschenden luth. Orthodoxie. 1699 kehrte er nach Deutschland zurück, wo er in Hamburg und Halle wirkte und als General-Sup. von Magdeburg gestorben ist.

J.F. v.D. RECKE-K.E. NAPIERSKY, Schriftsteller- u. Gelehrten-Lexikon der Provinzen Liev-, Ehst- u. Kurland, Mitau 1827-32 - F. WESTLING, Zur KG Livlands (Verhandl. der Gel. Esthn. Gesellschaft, 1904, 3-67) - G.v. RAUCH, Die Univ. Dorpat u. das Eindringen der frühen Aufklärung in Livland, 1943.
G.v. Rauch

Fischerring *(Annulus piscatoris* oder *piscatorius)*, seit dem 13. Jh. der päpstliche Siegelring, mit dem Bilde des das Netz auswerfenden oder wieder in den Nachen ziehenden Petrus und dem darüber stehenden Namen des jeweiligen Papstes (zB Leo XIII. oder Pius X. Pont. max. [= Pontifex maximus]). Die päpstlichen → Breven werden damit versiegelt oder (seit 1843) gestempelt und tragen deshalb das Datum: Datum Romae sub annulo piscatoris (»Gegeben zu Rom bei St. Peter unter dem F.«).

RE I, 559 - LThK IV, 24 - EC I, 1219f.
† L. Zscharnack (A. Erler)

Fisher, 1. *Geoffrey Francis,* * 1887, anglikanischer Kirchenführer, war 1914-32 Vorstand von Repton School, 1932-39 Bischof von Chester, 1939-45 Bischof von London, seit 1945 Erzbischof von Canterbury. Er setzte die ökumenische Tradition seines Vorgängers William → Temple fort und leitete ein Gespräch mit den englischen Freikirchen ein, wobei er die Aufnahme des Bischofsamtes in die freikirchliche Ordnung als Bedingung für eine Gemeinschaft von Amt und Sakrament forderte. F. leitete 1948 die → Lambeth-Konferenz und konstituierte als einer der ersten Präsidenten des Ökumenischen Rates der Kirchen die Weltkirchenkonferenz in Amsterdam.

Vf. u.a.: Church Relations in England, London 1950 (enthält die das Gespräch mit den Freikirchen einleitende Predigt von 1946); Relations between Anglican and Presbyterian Churches, London 1957.
S.C. Neill

2. *John* (1459-1535), * Beverley (Yorkshire), † London, röm.-kath. Führer des englischen Humanismus, studierte in Cambridge (Michaelhouse), war 1497 Beichtvater der Königinmutter Lady Margaret, 1501 Vizekanzler, 1504 Kanzler der Universität Cambridge und Bischof von Rochester. F. holte → Erasmus nach → Cambridge. Gegen Luther gab er 1523 eine Widerlegung der »Assertio« von 1520 heraus und schrieb 1525 die »Sacri Sacerdotii Defensio«. Vielleicht war er an Heinrichs VIII. gegen Luther (De captivitate Babylonica ecclesiae) gerichteter »Assertio septem Sacramentorum« (1522) beteiligt. Bei der öffentlichen Verbrennung von Lutherschriften in London 1521 hielt F. die Rede. Sein Widerspruch gegen die Ehescheidung Heinrichs VIII. von Katharina von Aragonien und gegen die königlichen Suprematsansprü-

che brachte ihn aufs Schafott, zumal ihn Papst Paul III. auf dem Höhepunkt des Konflikts 1535 zum Kardinal ernannte.

Opera latina, Würzburg 1597; Sacri Sacerdotii Defensio contra Lutherum, neu hg.v. H.KLEIN SCHMEINK (CCath 9), 1925. - Über F.: T.E.BRIDGETT, Life of Blessed J.F., London-New York 1888 - R. HALL, The Life of J.F., hg.v. F.VAN ORTROY, 1893 - RE VI, 80ff - V.THUREAU, Le bienheureux Jean F., Paris 1907 - DNB (Neudr. 1949/50) VII, 58ff. *M.Schmidt*

Flacius (eigentlich Vlacich), *Matthias* (1520-75), * in Albona (Istrien, daher gen. *Illyricus*). Als Schüler des venezianischen Humanisten Baptista Egnatius beabsichtigt er, einem oberitalienischen Franziskanerkonvent beizutreten. Von seinem Oheim, dem Ordensprovinzial Baldo Lupetino, einem geheimen Anhänger Luthers und späteren Blutzeugen nach Deutschland geschickt, kommt er in enge Berührung mit den Humanistenkreisen bes. in Basel und Tübingen. Sein Ziel ist Wittenberg. Trotz glänzender Empfehlungen führender oberdeutscher Humanisten, die ihm die Freundschaft → Melanchthons eintragen, befriedigen ihn die Sprachstudien nicht. Die Sorge um sein Seelenheil treibt ihn in Anfechtungen. Unter dem seelsorgerlichen Beistand → Bugenhagens und bes. Luthers überwindet er einen Zustand langanhaltender geistlicher Schwermut und dringt zu ev. Heilsgewißheit durch. Die Kraft der ev. Rechtfertigungslehre macht ihn hinfort zum unerschütterlichen Verfechter der Lehre Luthers. Hier liegt der Schlüssel zum Verständnis seines ganzen Lebens. - 1544 (?) Berufung auf die hebr. Professur Wittenberg, im Kampf gegen das → Interim Entfremdung und Bruch mit Melanchthon und den Wittenbergern. 1549 zusammen mit E. → Alber u.a. Fortführung des Kampfes von Magdeburg aus (→ *Adiaphoristischer Streit:* nihil est ἀδιάφορον in casu confessionis et scandali). 1551-52 Kampf um die Reinerhaltung des sola fide gegenüber Georg → Majors Satz von der Notwendigkeit guter Werke zur Seligkeit (*Majoristischer Streit*). 1552-53 Verteidigung der Rechtfertigungslehre Luthers im Sinne forensischer Imputation gegen Andreas → Osiander (*Osiandrischer Streit*). 1557 Berufung als Prof. für NT nach → Jena. 1561 Verlust seines Amtes im Zusammenhang mit dem *Synergistischen Streit* (die Erbsünde kein Akzidens, sondern die forma substantialis des Menschen vor Gott; → Anthropologie: III, 3a; → Synergismus). 1566 Prediger der luth. Gemeinde in Antwerpen, 1567 Übersiedlung nach Straßburg, 1573 wegen angeblicher Irrlehre des Landes verwiesen, † in Frankfurt a.M. Als Haupt der unversöhnlichen Gnesiolutheraner bei Philippisten wie Römischen gleich verhaßt, hat sich F. um die Abwehr des Interims und die Reinerhaltung der luth. Lehre bleibende Verdienste erworben. Darüber hinaus ist er der Begründer der luth. Kirchengeschichtsschreibung (→ Kirchengeschichte: I) und → Hermeneutik geworden.

Vf. u.a.: Catalogus testium veritatis, 1556; Ecclesiastica historia (sog. Magdeburger Zenturien), 1559ff; Clavis scripturae sacrae, 1567; Glossa compendiaria in NT, 1570. - Vollst. Bibliogr. bei W.PREGER, M.F.Ill. u. seine Zeit, 2 Bde, 1859/61. - Über F. ferner: RE VI, 82ff - G.MOLDAENKE, Schriftverständnis u. Schriftdeutung im Zeitalter der Reformation I: M.F. Ill. (FKGG 9), 1936 - L.HAIKOLA, Gesetz u. Evangelium bei M.F.Ill. (Studia Theol. Lundensia 1), Lund 1952 (Lit.). *G.Moldaenke*

Flagellanten (*Geißler*), fromme Laien des 13.-15.Jh.s, die sich nach 1Kor 9, 27 und kirchlicher Straf- und Bußpraxis öffentlich geißelten. Die Bewegung wurde 1260 ausgelöst durch Geißelung und Predigt des Einsiedlers Ranerio Fasani, der in dem guelfischen, eben von Ghibellinen geschlagenen Perugia zu Frieden und Buße aufrief. Die F. verbreiteten joachitische Endzeiterwartung (→ Joachim von Flore), politische Sammlung und religiöse Besinnung bei allen Ständen in Oberitalien und Süddeutschland, im Elsaß und in Böhmen; sie gründeten dauerhafte Laienbruderschaften (Disciplinati). Die nicht ganz abgerissene Tradition wurde 1348 aufgenommen, als die Pest durch Europa, besonders die Städte ging. Die durch die Pest erregte Frömmigkeit erweckte Endzeitstimmung, mystische Verzückung und Todeserwartung (Artes moriendi, Totentänze). Da suchten die F., wieder von Italien ausgehend, durch Geißlerfahrten Gottes Strafgericht abzuwenden und sich zu reinigen. Bis nach England und Polen, vor allem in Deutschland und den Niederlanden zogen kleine organisierte F.-Gruppen durch die Straßen, sangen Bußlieder, predigten auf Grund eines angeblichen Himmelsbriefs Reue und Askese und geißelten sich nach festem Ritus blutig, die Männer öffentlich, die Frauen hinter verschlossenen Türen. Kirchliche Organe suchten die F., zu denen auch Adlige und Kleriker zählten, zu lenken. In Italien lehnten sich die → Bruderschaften (: II) an die Bettelorden an; nördlich der Alpen stellte man die Geißelbuße über die Sakramente, nahm sich das Recht zu Predigt, Beichte und Lossprechung und kritisierte die Kirche. Papst → Clemens VI. suchte deshalb 1349 die F. zu unterdrücken; sie wirkten jedoch bis ins 15.Jh., freilich sozial absinkend, von Endhoffnungen, Mystik und dogmatischen Sonderlehren bestimmt. Die apokalyptische Bußpredigt Vinzenz → Ferrers erzeugte 1399 in den romanischen Ländern eine letzte F.-Welle; seit dem Verbot von Konstanz 1417 erlosch diese Bewegung hektischer und gewaltsamer Frömmigkeit, die die Askese zur Selbsterlösung zu steigern suchte.

A.HÜBNER, Die dt. Geißlerlieder, 1931 - F.-W.WENTZLAFF-EGGEBERT, Dt. Mystik zwischen MA u. Neuzeit, (1944) 1947² (Lit.). *A.Borst*

Flatt, 1. *Johann Friedrich* (1759-1821), * und † in Tübingen, vertrat neben F.G. → Süskind und seinem Bruder Karl Christian (s. 2) den biblisch-apologetisch orientierten Supranaturalismus (→ Aufklärung: III, 5b, → Rationalismus: II) der älteren Tübinger Schule G.Chr. → Storrs. In Auseinandersetzung mit → Kant führte F. den Beweis für die Notwendigkeit der übernatürlichen, historisch durch die Autorität der Hl. Schrift verbürgten Offenbarung. F., der 1785 Prof. der Philosophie und 1792 Prof. der Theologie in → Tübingen wurde, las hauptsächlich über Ethik und Exegese. Er befaßte sich neben Kant auch mit der Ethik des Sozinianismus (→ Sozinianer). Bei der biblizistischen Begründung der Ethik im Sinne Storrs blieben Beweise aus Vernunftgrundsätzen nicht ausgeschlossen.

Vf. u.a.: Commentatio, in qua... de deitate Christi sententia probatur..., 1788; Observationes quaedam ad comparandam Kantianam disciplinam cum christ. doctrina..., 1792; Vorlesungen über christl. Moral, hg.v. J.CHR.F.STEUDEL, 1823 (Biogr. u. Bibliogr.); Vorlesungen über d. Briefe Pauli, hg.v. D.F.HOFFMANN u. CHR.F.KLING, 1825-31. - Über F.: ADB VII, 103 - RE XVI, 459f; XX, 148ff. 154f (Bibliogr.) - CHR.KOLB, Die Aufklärung in d. württ. Kirche, 1908, 71ff - K.ANER, Die Theol. d. Lessingzeit, 1929 - H.HERMELINK, Gesch. d. ev. Kirche in Württ., 1949 - HIRSCH IV, 99; V, 72ff. - Weiteres → Tübingen.

2. *Karl Christian* (1772-1843), * und † in Stuttgart (der »jüngere F.«, Bruder von 1). Er trug in seinen »Philosophisch-exegetischen Untersuchungen über die Lehre von der Versöhnung ...« (2 Tle, 1797) eine von → Kant bestimmte pelagianische Versöhnungslehre vor, die er als im NT begründet erweisen wollte: die Sündenvergebung hänge von der sittlichen Besserung ab. Der Versöhnungstod Christi wird als symbolisch-sinnliche Versicherung der Gnade Gottes verstanden. Als Professor in → Tübingen (seit 1804) stellte er sich unter Zurück-

nahme dieser Lehren auf den Boden des Supranaturalismus → Storrs. F. las hauptsächlich über Dogmatik, daneben Apologetik, Exegese des AT. 1812 Stiftsprediger und Oberkonsistorialrat in Stuttgart, 1829 Direktor des Oberstudienrats. Er beurteilte amtlich das »Leben Jesu« (1835) von D.F. → Strauß.

F. übersetzte: G.Chr.Storr, Lehrbuch d. christl. Dogmatik (mit Ergänzungen), (1803) 1813². - Über F.: A.Ritschl, Die christl. Lehre von der Rechtfertigung u. Versöhnung I, (1870) 1889³, 471ff - RE XX, 156 (Bibliogr.). - Weiteres s. 1. *E.H.Pältz*

Flattich, *Johann Friedrich* (1713-97), ev. Pfarrer und Pädagoge in Württemberg. Er verbindet einen pietistischen Biblizismus (J.A. → Bengel) mit einer weltoffenen Aufklärungsfrömmigkeit. Als Pädagoge den → Philanthropinisten nahestehend, erkennt er doch die Grenzen des Pädagogischen als die des bloß Moralischen. Wahre Erziehung ist nur durch Wiedergeburt aus dem hl. Geist und durch Liebe (Agape) möglich. F.s pädagogische Erkenntnisse finden sich u.a. in den »Unterschiedlichen Anmerkungen über das Informationswerk«. - Mutterwitz und Schlagfertigkeit zeichnen F. als »schwäbisches Original« aus.

K.F.Ledderhose, Leben u. Schriften von J.F.F., (1856³) 1873⁵; neu bearb. v. F.Roos, 1926 - ADB VII, 103ff - RE VI, 92f - W.Jörn, J.F.F., (o.J. [1920]) 1931² - F.Hauss, Die uns das Wort Gottes gesagt haben, (1937) 1939², 28ff - G.Schwarz, J.F.F., 1953. *K.Dienst*

Flaubert, *Gustave,* * 12.12.1821 in Rouen als Sohn eines Mediziners, † 8.5.1880. Im Alter von 20 Jahren begann F., nachdem er sich schon in der Schulzeit literarischen Arbeiten gewidmet hatte, ein Jurastudium in Paris, das er aber 1844 wegen einer epileptischen Erkrankung abbrechen mußte. Von diesem Zeitpunkt an lebte er in seinem Landhaus in Croisset bei Rouen, abgesehen von größeren Reisen nach Korsika, dem Orient, Nordafrika und gelegentlichen kleineren Reisen nach Paris. - F.s Elternhaus war nicht religiös, so daß er keinen Anlaß hatte zu einer »Loslösung« von in der Kindheit gewonnenen religiösen Anschauungen, wie es für eine große Zahl anderer Schriftsteller seiner Zeit symptomatisch ist. Auch für die Helden seiner Werke (zB den Hl. Antonius oder Julian) gibt es keine eigentlich religiösen Probleme. Hier handelt es sich um die Darstellung eines seit langem (in Schrift und Bild) fixierten Tatbestandes, den F. respektiert (wie er sich auch in seiner Salome-Erzählung enger an den biblischen Bericht hält als gleichzeitige Autoren). Achtung vor dem Tradierten ist hier sicherlich mit religiöser Toleranz verknüpft; sie anzunehmen hindern auch antikirchliche Äußerungen in seiner Korrespondenz nicht, da es sich dabei um politische Meinungen handelt.

Vf. u.a.: Madame Bovary, 1856; Salammbô, 1862; L'éducation sentimentale, 1870; Tentation de Saint Antoine, 1874; Trois Contes, 1877; Bouvard et Pécuchet, 1881 (posthum). Krit. GA: 18 Bde, Paris 1926-33. - Über F.: R.Demesnil u. D.-L.Demarest, Bibliogr. de G. F., Paris 1937 (ausführlich) - H.Friedrich, Drei Klassiker des franz. Romans, 1950 - H.Guillemin, F. devant la vie et devant Dieu, Paris 1951 - J.de la Varende, F. par lui-même, Paris 1951. *R.Falke*

Flavian, 1. *von Antiochien,* Bischof von Antiochien 381-404 (als F. I. von dem 498-512 amtierenden F. II. zu unterscheiden). Seine Bedeutung erblicken seine Zeitgenossen (Chrysostomus, Theodoret) in der Verteidigung des orthodoxen Glaubens, zunächst gegenüber dem arianisierenden Bischof Leontius (344-57). Anscheinend zuerst Eustathianer (→ Eustathius, 1), trat er alsbald auf die Seite der Jungnicäner (→ Christologie: II, 3d), deren Führer er in Antiochien, zusammen mit → Diodor, nach der Verbannung des → Meletius (, 1) wurde. Als Bischof notgedrungen Gegner des Eustathianers → Paulinus (, 1), bewährte er seine Orthodoxie auch im Kampf wider die → Messalianer. Sein Erfolg in der Sache des antiochenischen »Säulenaufstandes« zeigt ihn als eine einflußreiche Persönlichkeit.

RGG³ II, 615 (Qu. u. Lit.) - LThK IV, 29. *U.Wickert*

2. *von Konstantinopel,* 446 Patriarch, † 449 oder 450. Die Beschwerde des → Eutyches gegen seine Verurteilung durch F. (Nov. 448; → Christologie: II, 4d) führte zur zweiten Synode von Ephesus im Aug. 449, die F. absetzte. Er starb auf dem Weg ins Exil (Unfall oder Mord?). Sein Tod ermöglichte Papst → Leo I. die Anerkennung des Anatolius und damit das Zustandekommen des Konzils von → Chalcedon. F.s Glaubensbekenntnis beeinflußte das Symbol von Chalcedon, bes. seine Formel: »Christus aus zwei Naturen nach der Menschwerdung, in einer Hypostase, in einer Person«.

E.Schwartz, Der Prozeß des Eutyches (SAM 1929, 5) - A.Grillmeier-H.Bacht, Das Konzil von Chalkedon I, 1951, 196 - E.Honigmann, Patristic Studies (StT 173), 1953, 160 - H.Chadwick, The Exile and Death of F. (JThS 6, 1955, 17-34). *H.Chadwick*

Fléchier, *Esprit* (1632-1710), kath. Theologe und berühmter Kanzelredner (1673 mit → Racine in die Akademie aufgenommen). Seine Trauerreden lassen sich nach Form und Gehalt mit denen → Bossuets vergleichen. Von geringer Bedeutung sind seine Geschichtswerke mit Ausnahme der »Mémo res sur les Grands-Jours en Auvergne en 1665«. F. wurde 1685 Bischof von Lavaur, 1687 von Nîmes, wo er sich als milder und gegenüber den Protestanten toleranter Kirchenfürst erwies.

GA: 2 Bde, ed. J.P.Migne, Paris 1856; Oeuvres choisies, ed. H. Bremond, Paris 1911; »Mémoires«, ed. F.Dauphin, Paris 1930 (mit biogr. Einleitung). - Über F.: LThK IV, 30 (Lit.) - A.Prioult, La date de composition des Mémoires ... (Les Lettres Romanes 6, 1952, 3-22) - J.Vier, Tryptique de Chrysostomes (L'Ecole 48, 1956, 193-195). *H.R.Guggisberg*

Fleisch und Geist

I. Im AT und Judentum - II. Im NT

I. Im AT und Judentum

Die Begriffe »F.« und »G.« werden im AT und Judentum in vielfältiger Weise verwendet; auch ihre Zuordnung zueinander geschieht - einschließlich synonymer und verwandter Begriffe - in mannigfacher Art. Unter dem Stichwort F. und G. ist nicht die gesamte Anthropologie zu behandeln (→ Mensch: I. II, → Leib und Seele), ebensowenig alles, was den G. Gottes und die G.esgaben betrifft (→ Geist: II. III, → Gott: II. III). Es handelt sich vielmehr um die Bestimmung des Begriffes F. und um die spezielle Zuordnung der Begriffe F. und G., durch die sie in ihrer wechselseitigen Ergänzung und Gegensätzlichkeit bestimmt werden.

1. Im *AT* kann mit F. (meist basar) das F. lebender und toter Menschen (Gen 2, 21; 1Sam 17, 44) und das F. von Tieren (Dtn 14, 8; Num 11, 33) bezeichnet werden. Das Wort kann aber auch den Leib als ganzen (Ps 63, 2; Hi 4, 15) oder - neben Knochen, Sehnen und Haut - speziell die fleischliche Substanz des Leibes bezeichnen (Ez 37, 6. 8; Hi 10, 11). Die Wendung »alles F.« meint die Gesamtheit der lebenden Kreatur (Gen 6, 12. 17) oder auch nur die Menschheit (Jes 40, 5) bzw. die Tierwelt (Gen 7, 21). In seiner besonderen »Qualität« als das Belebte kann F. in Gegensatz zu Stein gestellt werden (Ez 36, 26). F. wird in Verbindung mit einem Possessivpronomen (Gen 37, 27 »mein F.«, Jes 58, 7 »dein F.«) ebenso wie »mein Bein und F.« (Gen 29, 14) zur Bezeichnung naher Verwandter gebraucht.

So eindeutig das Wort F. Lebewesen bezeichnet, so hängt doch deren Lebendigkeit daran, daß sie »G.«

(Lebensodem, rûaḥ, nešamā) empfangen haben (Ez 37, 5-8. 10; vgl. Gen 2, 7) und in sich tragen (Gen 6, 3). Dieser Lebensodem, der nach altorientalischer und at. Anschauung von der Gottheit kommt (Jes 42, 5), kann als Gottes G. (Ez 37, 14; Ps 104, 30), aber auch als der Menschen G. (Ps 31, 6; 104, 29) bezeichnet werden. Nur durch ihn leben Mensch und Tier; zieht Gott die rûaḥ zurück, so stirbt alles Lebendige (Ps 104, 29).

Von daher wird verständlich, daß F. geradezu die Bedeutung »Vergängliches« erhalten und den Menschen in seiner Begrenztheit bezeichnen kann. Das geschieht vornehmlich in der Gegenüberstellung mit Gott bzw. dem G. (Ps 56, 5; Jes 40, 6f; vgl. Ps 78, 39; Hi 10, 4). Besonders aufschlußreich ist das Wort Jesajas, mit dem er Judas Bündnispolitik ad absurdum führen will (31, 3). Hier kommt der Gegensatz zwischen F. und G., Mensch und Gott, Ohnmacht und (All)macht eindeutig zum Ausdruck; man wird G. hier nicht als prophetisches Charisma (v.Rad, Hl. Krieg) deuten dürfen (vgl. 2Chr 32, 8; Jer 17, 5). Der Gegensatz von F. und G. ist weder substantiell noch ethisch bestimmt, sondern eher dynamisch-funktional; hinter dem Gegenüber von Macht und Ohnmacht erscheint der Gegensatz ewig-vergänglich, dh aber Schöpfer-Geschöpf (vgl. Ps 90, 2f; Jes 10, 15; 29, 16).

2. Im *Judentum* werden die Begriffe F. und G. teilweise noch in der at. Prägung verwendet; aber es zeigen sich doch auch charakteristische Wandlungen. Ein konsequenter Dualismus wird im offiziellen Judentum sogar hier und da deutlich abgewehrt: LXX übersetzt in Jes 31, 3 G. durch »Hilfe«, und die Herleitung des G.es und des Leibes von Jahwe bleibt unbestritten (TestNaph 2), andererseits wird der Begriff F. immer stärker negativ bestimmt. Schon LXX stellt mit der Übersetzung von Num 16, 22 θεός τῶν πνευμάτων καί (MT ohne »und«, Dativ!) πάσης σαρκός offenbar dem Reich der himmlischen G.er die irdische Welt gegenüber, und bei Sir scheinen F. und Blut Träger des sündigen Wesens zu sein (17, 31; 28, 5). In der → Sektenregel der Leute von → Qumran bezeichnet F. nicht nur die Kreatürlichkeit, sondern die Bestimmtheit durch die Sünde. Das gilt für die ganze Menschheit (sôd basar 1QS 11, 7) wie für den Frommen der Sekte (11, 12. 14). Das F. kann zwar gereinigt werden (3, 8f), und in der Endzeit wird Gott »jeglichen G. der Bosheit aus der Mitte ihres F.es austilgen« (4, 20f); aber das F. rückt hier eindeutig in die Sphäre des Bösen. Gegensatz ist nun freilich nicht Gottes G., sondern der »G. der Wahrheit«, der – wie der »G. der Bosheit« von Gott geschaffen (4, 25) – um den Menschen ringt. In den TestXII scheint diese Vorstellung noch eindeutiger dualistisch weiter entwickelt zu sein, sofern der böse G. von → Belial hergeleitet wird (TestDan 1), während der gute G. mit dem Gott des Gesetzes verbunden wird (TestGad 4). Demgegenüber erscheint die Auffassung der → Essener vom F., wie sie Philo und Josephus darstellen (!), anders: F. ist hier nicht eine das Sünder-Sein bezeichnende, sondern eine metaphysisch-negative Kategorie. Diese stärker hellenistisch geprägte Vorstellung findet sich auch sonst im Judentum (Weish 8, 19f; 9, 15). Für Philo, dessen Denken von dem Gegensatz G. – Materie beherrscht ist, gehört der Mensch beiden Sphären an (leg. alleg. 3, 71), und die Welt der Materie ist für ihn die Welt des sündigen Daseins; dabei redet er zumeist nicht von F., sondern von Leib (σῶμα; → Leib und Seele).

Die Rabbinen bezeichnen den Menschen in seiner kreatürlichen Begrenztheit oft als »F. und Blut«. Offenbar unter hellenistischem Einfluß (Meyer) weisen sie die Seele des Menschen dem Reich des G.es, den Leib der irdischen Welt zu, ohne daß für sie damit – wie etwa für Philo – eine unüberwindbare Spannung zwischen Leib und Seele und eine radikale ethische Abwertung des F.es gegeben wäre. Der entscheidende Gegensatz ist für sie nicht F. und G., sondern »böser Trieb« und »guter Trieb« (jesær hara' bzw. tôb; vgl. Gen 6, 5; 8, 21).

H.H.Wendt, Die Begriffe F.u.G. im bibl. Sprachgebrauch, 1878 – RE VI, 98ff. 450ff – P.Volz, Der G. Gottes u. die verwandten Erscheinungen im AT u. im anschließ. Judentum, 1910 – E.de Witt Burton, Spirit, soul and flesh, 1918 – J.Hehn, Zum Problem des G.es im alten Orient u. im AT (ZAW 43, 1925, 210-225) – P.van Imschoot, L'action de l'esprit de Jahvé dans l'AT (RSPhTh 23, 1934, 553-587) – Ders., L'esprit de Jahvé, source de vie, dans l'AT (RB 44, 1935, 481-501) – R.Meyer, Hellenistisches in der rabbin. Anthropologie (BWANT IV, 12), 1937 – R.Koch, G. u. Messias, Wien 1950 – K.G.Kuhn, Die in Palästina gefundenen hebr. Texte u. das NT (ZThK 47, 1950, 192-211) – Ders., πειρασμός – ἁμαρτία – σάρξ im NT u. damit zusammenhängende Vorstellungen (ZThK 49, 1952, 200-222) – ThW VI, 366ff – E.Schweizer, Gegenwart des G.es u. eschatologische Hoffnung . . . (Festschr. C.H.Dodd, 1956, 482-508) – H.Braun, Spätjüd.-häret. u. frühchristl. Radikalismus I (BHTh 24/I), 1957.

J.Fichtner

II. Im NT

Im *griech.* Denken ist der Gegensatz von Körper und Seele seit Platon lebendig. Da für Epikur auch die Seele körperlich ist, ist für ihn das F. der Ort, an dem die (rein mechanisch als Atombewegungen verstandenen) Sinneseindrücke entstehen. So ist Anfang alles Guten die »Lust des F.es«. Dies wird in der, oft von platonischer Tradition bestimmten, Polemik gegen ihn zum vergröbernden, auf Essen, Trinken und Sexualität bezogenen Schlagwort und dringt so ins hellenistische Judentum ein. Im *NT* wirkt dieser innermenschliche Gegensatz von F. und Seele (oder G.) nur ganz am Rande nach (Röm 7, 25?; 1Petr 2, 11; 2Petr 2, 18; 1Joh 2, 16; Diognetbrief 6, 5). Im übrigen bezeichnet F. zunächst wie im AT den ganzen Menschen als vergänglichen oder auch analog jüdischem Sprachgebrauch als der Versuchung offenen (→ Fleisch und Geist: I, 1. 2). Ihm steht Gott mit der Kraft seines G.es gegenüber (zB Mt 16, 17; zu Mk 14, 38 vgl. Ps 51, 13f). Nur sehr selten wird in populärer Psychologie von F. und G. des Menschen gesprochen (2Kor 7, 1 neben 1Kor 7, 34). Gewöhnlich wird der Mensch wie im AT gesamthaft betrachtet (vgl. 2Kor 2, 13 = 7, 5!). Auch wo vom G. des Menschen geredet ist, ist meist der dem Glaubenden geschenkte Gottes-G. gemeint (1Kor 14, 14; so auch 5, 3; Kol 2, 5). Schon das antike Judentum hat alles F. radikal als verderbt ansehen können. Es hat zugleich (unter hellenistischem Einfluß?) den zeitlichen Gegensatz zwischen diesem und jenem Äon immer stärker als räumlichen zwischen oberer und unterer Welt gesehen (→ Fleisch und Geist: I, 2). Das führt zu einem Sprachgebrauch, in dem F. die ganze irdisch-menschliche *Sphäre* umschreibt, G. die himmlisch-göttliche (Röm 1, 3f; 1Tim 3, 16; Joh 3, 6; 6, 63). Dabei schwingt später, zT aus antidoketischem Interesse, der Gegensatz des Körperlichen zum Nichtkörperlichen, der schon in LXX und Judentum auftaucht, mit (1Joh 4, 2; Hebr 2, 14; 2Clem 9, 5). Am schärfsten theologisch durchdacht ist der Sprachgebrauch bei Paulus. F. als neutrale Bezeichnung der irdischen Existenz wird negativ, wenn der Mensch sein Leben daraufhin ausrichtet, darauf baut (beides 2Kor 10, 3!). Dasselbe gilt von der an sich neutralen Beschneidung am F. (Röm 2, 28f). F. sind darum auch höchst geistige Dinge wie Menschenweisheit und -frömmigkeit (Phil 3, 3-6). Solche Ausrichtung auf das F. ist aber das Wesen des Menschen überhaupt. So kann F. auch den Menschen als Subjekt der Sünde umschreiben, wobei die Übermacht der Versuchung darin ausgeprägt ist, daß F. gelegentlich wie eine dem Einzelnen übergeordnete dämonische Macht erscheint (Röm

8, 3; Gal 5, 16-24). Ihr tritt nicht die Gesetzesgerechtigkeit, sondern einzig *Gottes* G., Weisheit, Kraft, Gnade oder Verheißung entgegen (1Kor 1, 26; 2Kor 1, 12; 10, 4; 11, 17f; Gal 4, 23. 29). Ist der Mensch Christus begegnet, dann hat er grundsätzlich aufgehört, aus der Kraft des F.es und nach der Norm des F.es zu leben. Nicht mehr er lebt dann, sondern Gottes G. in ihm. So lebt er »nach dem G.« (Röm 8, 1ff) und muß die Werke des F.es nicht mehr tun, so sehr er dagegen zu kämpfen und sich das Leben aus dem G. täglich neu schenken zu lassen hat (Gal 5, 16ff). So radikal gilt dies, daß es im NT kein ausdrückliches → Sündenbekenntnis eines im Glauben Stehenden mehr gibt.

H.H.Wendt, Die Begriffe F.u.G. im bibl. Sprachgebrauch, 1878 - E.deW.Burton, Spirit, Soul and Flesh ..., 1918 - W.Schauf, Sarx, 1924 - RGG² II, 616f (Lit.) - W.Gutbrod, Die paulinische Anthropologie, 1934 - W.D.Davies, Paul and Rabbinic Judaism, 1948, 17ff - J.A.T.Robinson, The Body, 1952 - Bultmann, NT § 22f - E. Schweizer, Die hellenist. Komponente im nt. σάρξ-Begriff (ZNW 48, 1957, 237-253) - Ders., Art. πνεῦμα u. σάρξ im ThW (Lit.). *E.Schweizer*

Flem(m)ing, *Paul* (Matthias) (1609-40), bedeutender geistlicher und weltlicher Dichter des → Barock (: II, 5), Pfarrerssohn, * in Hartenstein (sächs. Erzgebirge), studierte nach dem Besuch der Thomasschule unter dem Kantorat von J.H.Schein seit 1628 in Leipzig Medizin. Er war ein großer Verehrer von Martin Opitz und wurde noch als Student 1631 zum Dichter gekrönt. 1633 nahm er an einer Gesandtschaft des mit dem Zaren verschwägerten Herzogs Friedrich III. von Holstein-Gottorp teil, die der Verbesserung von Handelsbeziehungen nach Rußland und Persien dienen sollte, in diesem Bemühen allerdings fehlschlug. Zu Beginn der Reise dichtete F. sein berühmtes Lied »In allen meinen Taten« (EKG 292; → Kirchenlied: I). In Reval verlobte er sich mit der Tochter des Hamburger Kaufmanns Niehusen. Sein noch heute bekanntes Gedicht »Ein getreues Herze wissen« zeigt ihn als Sänger von Liebe und Freundschaft. Nach der Rückkehr wurde F. 1640 in Leiden zum Dr. med. promoviert, starb aber kurz darauf in Hamburg.

F.s lat. u. dt. Gedichte (485, darunter 41 geistliche) gab zuerst der Vater der Braut (1642-46), später (1863/65) J.M.Lappenberg heraus. - Über F.: Koch III, 73ff - ADB VII, 115ff - RE VI, 105ff (Lit.) - F-T I, 433ff - GG III², 58ff - F.Spitta, MGkK 11, 1906, 64-68. 109f. 141f - R.A.Schröder, Dichtung u. Dichter der Kirche, 1936, 90ff - O.Michaelis, »So sei nun, Seele, deine« (DtPfrBl 44, 1940, 112f) - MGG IV, 305ff (Lit.) - Hdb. zum EKG II/1, 1957, 158f. *W.Lueken*

Fletcher (*de la Fléchère*), *John William* (1729-85), * in Nyon, trat nach einigen Dienstjahren als Offizier aus Gesundheitsgründen zurück und zog nach England. Nach Hauslehrerzeit wurde er, von den → Methodisten beeinflußt, Geistlicher in der Staatskirche, als Freund und Helfer → Wesleys sehr geschätzt. Wesley wünschte ihn als seinen Nachfolger; F. lehnte aber ab. Er wollte bei seiner Arbeitergemeinde in Madeley (Shropshire) bleiben. Dort gewann er den Ruf eines Heiligen. Neben seinem Pfarramt leitete F. das theologische Seminar der Gräfin von Huntingdon in Trevecca, mußte aber zurücktreten, weil er dem Calvinismus zu kritisch gegenüberstand. Für Wesleys Lehre der christlichen Vollkommenheit setzte sich F. mit seinem berühmtesten Buch »Checks to Antinomianism« (1771-75) ein.

Collected Works, 9 Bde, 1800-04. - Über F.: F.W.Macdonald, F. of Madeley, 1885 - DNB XIX, 312ff - J.Marrat, J.W.F., 1902 - T.N.Impeta, De leer der Heiliging en Volmaking bij Wesley en F., 1913. *P.Scott*

Fleury (*Floriacum*), Benediktinerkloster an der Loire, Diözese Orléans, um 650 von Aniane aus gegründet, seit Überführung der (angeblichen) Gebeine → Benedikts von Nursia aus dem zerstörten → Monte Cassino »St. Benedictus ad Ligeram (Saint-Benoît-sur-Loire)« genannt. Im 10.Jh. durch → Odo von Cluny reformiert, fortan selber führend in der westeuropäischen Klosterreform (→ Cluny, 1), 1627 der → Mauriner-Kongregation beigetreten. Berühmte Klosterschule mit → Abbo, Aimoin, Helgald als Lehrern, wertvolle Klosterbibliothek in den Hugenotten-Kriegen vernichtet, Konvent in der Französischen Revolution aufgelöst.

M.Prou-A.Vidier, Recueil des chartes de l'Abbaye de Saint-Benoît-sur-Loire, 2 Bde, Paris 1907/32 - É.Lesne, Saint-Benoît de F.-sur-Loire du 7. au 12. siècle, Ligugé 1921 - G.Chenesseau, L'abbaye de F., Paris 1931. *F.Flaskamp*

Fleury, *Claude* (1640-1723), * in Paris, Jurist und Kirchenhistoriker, von Jesuiten erzogen, 1658 Parlamentsadvokat, 1668 Priester, seit 1672 Prinzenerzieher im Hause Condé und am Königshof. F. war befreundet mit → Bossuet und → Fénelon, den er 1685 auf der Hugenottenmission in der Saintonge und im Poitou begleitete. 1684 wurde er Kommendatarabt von Loc-Dieu, 1704 von Argenteuil. Seine gewissenhafte, unparteiische, leicht lesbare »Histoire ecclésiastique« (20 Bde, 1691 bis 1720, viele Auflagen und Übersetzungen, bis 1414 reichend, von Schülern bis 1778 weitergeführt) brachte ihm 1696 die Aufnahme in die Académie française. Sie wurde wegen gallikanischer Tendenzen indiziert, angegriffen und polemisch ausgenutzt. Weil F. »weder Jesuit noch Jansenist noch Ultramontaner« war, wurde er 1716 Beichtvater des sechsjährigen Ludwig XV.

Vf. u.a.: Dialogues sur l'éloquence judicaire, 1664 (krit. Ausg. v. Fr.Gaquère, 1925); Les mœurs des Israélites, 1682; Les mœurs des Chrétiens, 1682; Discours sur les libertés gallicanes, 1690; Catéchisme historique, 1705 (indiziert »donec corrigatur« 1728-1859) - Institutiones juris ecclesiastici, 1724. - Über F.: HN IV, 1173ff - DThC VI, 21ff (Bibliogr.) - Fr.Gaquère, La vie et les œuvres de C.F., Paris 1925 - EC V, 1450f. *H.Liebing*

Fliedner, 1. *Fritz* (1845-1901), Sohn von 2, ev. Theologe. Reisen in Italien und Spanien öffneten ihm die Augen für die Aufgabe der → Evangelisation in diesen Ländern. Sein Denken gewann ökumenische Weite bei gleichzeitig scharfer Abgrenzung gegen den Katholizismus. Ein 1869/70 in Berlin gegründeter »Verein zur Förderung des Evangeliums in Spanien« entsandte ihn nach Madrid, wo er der Begründer der Evangelisation in → Spanien wurde. In rastloser Arbeit gründete er Gemeinden, Elementarschulen, das Gymnasium El Porvenir und Waisenhäuser, sorgte für die Verbreitung ev. Schrifttums und erreichte den Zusammenschluß der spanischen Gemeinden zur Iglesia Evangelica Española.

Blätter aus Spanien, Nr. 1-90, 1871ff (später fortgeführt bis Nr. 196, 1936); F.Fliedner, Aus meinem Leben I, (1901) 1902⁴; II, (1903) 1903³. - Über F.: RE XXIII, 449ff. *M.Rohkrämer*

2. *Theodor* (1800-64), * in Eppstein (Taunus), Begründer der weiblichen → Diakonie (, 5) und Bahnbrecher für die Mitarbeit der → Frau (: III B) in der ev. Kirche in Deutschland. Studium in Gießen und Göttingen, 1822 erstes Pfarramt in Kaiserswerth bei Düsseldorf. Die Armut der Gemeinde zwingt F. zu Kollektenreisen, die ihn 1823/24 und 1832 nach Holland und England führen: dort lernt er bei den → Mennoniten das Amt der Diakonisse (→ Diakon, 3) kennen, hier begegnet er einer lebendigen kirchlich-sozialen Tätigkeit (Elisabeth → Fry). Die Not der Strafgefangenen führt 1826 zur Gründung der Rheinisch-Westfälischen Gefängnisgesellschaft (→ Gefängniswesen: II), die Verantwortung für die Strafentlassenen 1833 zur Aufnahme der Minna E. im Gartenhäuschen des Kaiserswerther Pfarrhauses und damit zum Anfang der Asylarbeit. Gleichzeitig gilt F.s

Fürsorge der gesunden Jugend: Strick- und Kleinkinderschule (1835-36) sind die Anfänge der Lehrdiakonie, aus einem Seminar für Kleinkinderlehrerinnen entwickelt sich das Seminar für Volksschullehrerinnen (1844) und schließlich das Kaiserswerther ev. Lehrerinnenseminar für Kleinkinder-, Elementar-, Industrie- und höhere Töchterschulen (1859). Gleichzeitig entsteht die Pflegediakonie: 1836 wird in → Kaiserswerth ein Krankenhaus eingerichtet, zugleich als Bildungsanstalt für ev. Pflegerinnen - das ist der Beginn des Rheinisch-Westfälischen Diakonissenvereins. Mit der Erneuerung des Diakonissenamtes eröffnet F. der unverheirateten Frau das Wirkungsfeld im öffentlichen Leben und wird so zum Wegbereiter der modernen Frauenbewegung. Nach dem Vorbilde von Kaiserswerth entstehen bald weitere Mutterhäuser, zT unter Leitung von Kaiserswerther Schwestern (Paris, Straßburg, Dresden, Berlin, später Breslau, Königsberg, Stettin). 1844 wird die erste Gemeindeschwesternstation in Jöllenbeck bei Bielefeld besetzt (Verbindung zu → Volkening und der Ravensberger Erweckungsbewegung [→ Erweckung: I, 5]). Auch in das außereuropäische Ausland greift die Diakonissensache über. 1849 bringt F. vier Diakonissen nach den USA und gründet das Mutterhaus in Pittsburg, 1851 reist er auf Anforderung des Bischofs Gobat von Jerusalem mit vier Diakonissen dorthin und legt den Grund für die Hospital- und Mädchenerziehungsarbeit im Heiligen Lande, 1852 übernimmt er das Hospital in Konstantinopel, das bis heute von Kaiserswerther Schwestern betreut wird. In Smyrna, Beirut, Bukarest und Florenz entstehen Diakonissenlehrhäuser (Mädchenerziehungsheime), in Alexandrien ein Diakonissenhospital. Über vier Erdteile hat der unermüdlich Reisende die Diakonissensache verbreitet. Bei der 25-Jahrfeier (1861) hat Kaiserswerth 380 Diakonissen und Probeschwestern und 83 auswärtige Stationen; daneben stehen 26 selbständige Mutterhäuser, von denen 13 in der Kaiserswerther Generalkonferenz zusammengefaßt sind. - F. hat sich auch die Förderung der männlichen Diakonie angelegen sein lassen: 1844 gründet er die Pastoralgehilfenanstalt in Duisburg (heute: Diakonenanstalt in Mülheim-Selbeck). Der große Organisator blieb jedoch zeitlebens Pastor, Seelsorger, Missionar; davon zeugen seine zahlreichen Schriften, die im eigenen Verlag der Diakonissenanstalt erschienen sind (Christlicher Volkskalender, seit 1842; Armen- und Krankenfreund, seit 1849; ev. Märtyrerbuch usw).

G. Fliedner, Th.F. Sein Leben u. sein Wirken I-III, 1908-12 - M. Gerhardt, Th.F. Ein Lebensbild, 2 Bde, 1933/37 - A. Sticker, Th.F., der Diakonissenvater, 1950. *R. Frick*

Fliesteden, *Peter,* * bei Köln nach 1500. Als F. im Kölner Dom während des Meßgottesdienstes bei der Elevation demonstrativ ausspuckte, wurde er 1527 verhaftet, gefoltert und am 28.9.1529 zusammen mit → Clarenbach in Melaten bei Köln verbrannt. Leidenschaftlicher noch als Clarenbach lehnte er Messe, Kloster, Hierarchie, auch theologische Gelehrsamkeit ab und steht darin den radikalen Kreisen um → Karlstadt und Westerburg nahe.

Quellen: Zs. des Bergischen Gesch.vereins 9, 1873, 113-128. 142 bis 148; 10, 1874, 176-199. - Über F.: H. Klugkist-Hesse, Adolf Clarenbach (Theol. Arbeiten aus dem wiss. Predigerverein der Rheinprovinz NF 25), 1929. *E. Mülhaupt*

Flodoard *von Reims* (894-966), Archivar der Reimser Kirche, zu diplomatischen Missionen herangezogen, zwischen 936/939 in Rom, zog sich seit 963 in das Kloster St. Basle zurück. Eine Wahl zum Bischof von Noyon (952) war aus politischen Gründen nicht wirksam geworden. Neben hagiographischen Dichtungen schrieb er die archivalisch gut fundierte *Historia Remensis ecclesiae,* trotz formaler Mängel »eine Bistumsgeschichte von einem bis dahin unerhörten Reichtum«, sowie die *Annales,* eine zuverlässige Darstellung der Zeitgeschichte von 919-966.

MPL 135 - MG SS III, 363ff; XIII, 405ff. - Ph. Lauer, Les Annales de F., 1905 - Wattenbach-Holtzmann I/2, 290ff - G.A. Bezzola, Das Ottonische Kaisertum in der franz. Geschichtschreibung des 10. u. beginnenden 11.Jh.s, Graz 1956, 20ff. *H. Löwe*

Florenskij, *Pavel Aleksandrovič,* * 1882 (1881?) in Tiflis, lehrte an der Geistlichen Akademie Moskau Theologie und Philosophie. Seit 1911 Priester, wurde er nach 1917 mehrere Male verschickt, arbeitete zwischendurch an einem naturwissenschaftlichen Institut in Moskau und ist wahrscheinlich Anfang der 40er Jahre in der Verbannung in Sibirien gestorben. In seinem theologisch-philosophischen Hauptwerk »Die Säule und Grundfeste der Wahrheit« (Moskau 1914, russ.; auszugsweise übers. in: Östliches Christentum II, hg.v. N.v. Bubnoff u. H. Ehrenberg, 1925) entwickelt er in geistreicher Weise die All-Einheits- und Sophienlehre → Solowjews weiter. Seine Lehre gibt sich als kirchlich-orthodox, wird aber von der orth. Schultheologie mit großer Zurückhaltung aufgenommen.

V.V. Zenkovskij, Gesch. der russ. Philosophie II, Paris 1950 (russ.; engl. Übers. London 1953). *Ludolf Müller*

Florentini (Florintöni), *Theodosius* (23.5.1802 bis 15.2.1865), kath. Theologe, * in Münster (Graubünden), † in Heiden (Appenzell), 1830 Kapuziner in Sitten, 1832 Lektor, 1838 Guardian in Baden, 1841 bei der Klosteraufhebung im Aargau in Haft, nach geglückter Flucht 1845 Pfarrer in Chur, 1860 Generalvikar des Bischofs von Chur (seines Vetters Nik.F.). F. gilt als »der größte Philanthrop der Schweiz« im Sinn eines antirationalistischen, christkath. Erziehungs- und Sozialideals. Er gründete die Theodosianerinnen (Lehrschwestern von Menzingen/Kt. Zug, 1844; Kreuzschwestern von Ingenbohl/Kt. Schwyz, 1852) sowie das Kollegium Maria Hilf in Schwyz (Real- und Industrieschule, Gymnasium, Lyzeum). Auf F. gehen der Verein für inländische Mission (1863) und der Bücherverein für die kath. Schweiz (1865) zurück. Die Errichtung mehrerer Fabriken unter klösterlicher Leitung ließ sich finanziell nicht halten. Als religiöser Volksschriftsteller wirkte F. durch 4 Bde Heiligenleben und die Bearbeitung der Hauspostille von → Goffine.

Über F.: P.C.v. Planta, P. Theodosius, 1893 - J. Oesch, P.T.F., 1897 - P. Albuin, P.T.F., 1908 - R. Steimer, P.F., Erziehung u. Selbsterziehung aus seinen Schriften zusammengestellt, 1911 - LThK IV, 35f - V. Gadient, Der Caritasapostel T.F., 1944 - EC V, 1453. *Ernst Wolf*

Florentius *Radewijns* (1350-1400), * in Leerdam bei Utrecht, † in Deventer, studierte seit 1375 in Prag, wurde 1377 Priester und ca 1380 durch → Grootes Bußpredigt für die »Devotio moderna« (→ Brüder vom gemeinsamen Leben) gewonnen. Nach Grootes Tod wurde F. durch sein Deventerer Vikariatshaus Leiter der Devotenbewegung. Von hier ging 1386 die Gründung des Reformklosters Windesheim (→ Windesheimer Kongregation) aus und kamen die Seelsorger der in vielen Städten bestehenden Schwesternhäuser. F. selbst wurde nicht Mönch; die nichtmönchische Brüderbewegung erhielt ein eigenes Haus in Deventer 1391, in Zwolle 1395, ein drittes in Amersfoort, wo F. 1398 wegen Pestgefahr weilte. Sein geringes Schrifttum umfaßt vor allem einfache persönliche exercitia, durch die er anderen Devoten (Gerh. → Zerbolt, → Thomas a Kempis, Peter → Gerlach) den Anstoß zu ihren Werken gab.

RE VI, 11ff; XXIII, 451 - J.H.Gerretsen, F.R. (Diss. Utrecht), 1891 (kritisch grundlegend) - E.Barnikol, Studien zur Gesch. der Brüder vom gemeinsamen Leben, 1917, 12ff. 190f - R.R.Post, Middeleeuwen in de Geschiedenis van Nederland II, Amsterdam 1935, 114f - Ders., De moderne devotie. G.Groote en zijn stichtingen, Amsterdam 1940. - Weitere Lit. bei → Groote. *E.Barnikol*

Florenz, *Erzbistum.* Als sicher bestehend wird das Christentum in F. erst i.J. 313 durch den Bischof Felix bestätigt, der bei der römischen Synode gegen den → Donatismus anwesend war. 393 wurde die erste Kathedrale dem Hl. → Laurentius gewidmet und durch → Ambrosius eingeweiht. Bedeutung gewinnt die Diözese wieder im 11.Jh., als die Florentiner unter Mitwirkung der → Pataria siegreich gegen den simonistischen Klerus kämpften. Gegen Ende des 12.Jh.s kommt die Ketzerei auf (→ Katharer). Sie organisierte sich in einer ziemlich bedeutenden eigenen Ketzer-Diözese und dauerte bis in die ersten Jahrzehnte des 14.Jh.s hinein, von den Franziskanern, den Dominikanern (Petrus Martyr) und auch von der Stadt selbst heftig bekämpft.

Für das religiöse Leben der Folgezeit zeugen → Dante, Ubertin von Casale, der Hauptvertreter der Franziskaner- → Spiritualen, Luigi Marsigli, Giovanni Dominici und Antonin von F. Von 1420 an Erzbistum, mit seinen beiden Suffraganbistümern Fiesole und Pistoia (zu denen Borgo s. Sepolcro 1515, Colle 1592, S. Miniato 1622, Prato 1653, Modigliana 1850 hinzukamen), wurde F. der Sitz des großen Konzils von 1439 (→ Reformkonzile), ein Brennpunkt von → Humanismus und → Renaissance (→ Ficino), aber auch die Wirkungsstätte → Savonarolas.

Kaum durch den Protestantismus berührt (→ Vermigli war Florentiner), erlebte F. als letztes bemerkenswertes Ereignis den jansenistischen Reformversuch des Großherzogs Peter Leopold I. unter Mitwirkung des Scipione de → Ricci.

Gegenwärtig (1957) zählt die Erzdiözese F. bei einem Flächeninhalt von 2075 qkm 930 000 Einwohner, von denen 910 000 Katholiken sind, und besitzt 1256 Kirchen und 483 Pfarreien.

F.Ughelli-N.Coleti, Italia sacra III, Rom 1718, 9ff - G.Lami, Sanctae Ecclesiae Florentinae monumenta, 2 Bde, Florenz 1758 - P.F. Kehr, Italia Pontificia III, 1908, 7ff (Lit.) - F.Lanzoni, Le Diocesi d'Italia I, Faenza 1927, 573ff - LThK IV, 37ff - EC V, 1400ff - AnnPont 1957, 243f. *R.Manselli*

Florian, *der Heilige,* meldete sich nach der Legende in der Diokletianischen Verfolgung als Christ und wurde bei Lorch in der Enns ertränkt. Über seinem angeblichen Grabe wurde das spätere Augustinerchorherrenstift St. F. erbaut. Seit dem ausgehenden 15.Jh. gilt F. zusammen mit → Laurentius als Patron in Feuersgefahr (vgl. den Kefermarkter Altar von M.Pacher). Seine Attribute sind Fahne, Schild und ein Kübel Wasser mit einem brennenden Haus. Tag: 4.5.

AS Mai. I, 467 - MG SS rer. Merov. III, 65ff - Potthast II, 1315. - B.Sepp, Die Cellula S.Floriani u. d. Civitas Lauriacensis, 1904 - Künstle II, 232ff - Braun, TA 261ff - Doyé I, 390 - RGG² II, 623f - R.Noll, Frühes Christentum in Österreich, Wien 1954, 22ff - J.Zibermayr, Die F.-Legende als erstes Zeugnis des Christentums in Ufernoricum (Noricum, Baiern u. Österreich, Horn 1956², 17-30). *H.Paulus*

Florilegien (florilegium = ἀνθολόγιον [Suidas], später ἀνθολογία, Blütenlese) nennt man die Sammlungen von Aussprüchen und Auszügen aus alten Schriftstellern, Philosophen und Dichtern. Solche Sammlungen ethischen Inhalts sind schon im 2.Jh. vChr nachweisbar. Das bekannteste derartige nichtchristliche Florilegium ist das des Joh.Stobaeus (4.Jh. nChr); ein poetisches Florilegium teils heidnischen, teils christlichen Inhalts ist die Anthologia Palatina. - *Christliche* F. sind Sammlungen von Bibelstellen und Auszügen aus Kommentaren (→ Catenae) und anderen Schriften lehrhaften oder erbaulichen Inhalts. Das älteste bekannte Beispiel ist die »Philokalia«, eine von → Basilius d.Gr. und → Gregor von Nazianz geschaffene Blütenlese aus den Werken des → Origenes. Dogmatische F. spielten in den christologischen Streitigkeiten seit dem 5.Jh. eine große Rolle. Zumal auf Synoden dienten sie dazu, in der Polemik die Berufung auf patristische Autoritäten zu erleichtern. Orthodoxe wie häretische F. finden sich vielfach in den Konzilsakten und bei zahlreichen kirchlichen Schriftstellern. Das wertvollste dogmatische Florilegium ist die Doctrina patrum de incarnatione Verbi (ed. F.Diekamp, 1907 und 1938), das einflußreichste asketische sind die → Apophthegmata Patrum. Von anderen F. sind vor allem die »Sacra parallela« des → Johannes Damaszenus von Bedeutung. Alle diese Arten von F. sind als Quellen sonst unbekannter Texte für uns sehr wichtig. Ob auch die Urgemeinde schon F. (messianische Testimoniensammlungen) besessen hat, ist nach wie vor umstritten.

K.Wachsmuth, Studien zu den griech. F., 1882 - K.Krumbacher, Gesch. der byzantin. Lit., 1897², 206ff. 600ff - K.Holl, Die sacra parallela des Johannes Damascenus (TU 16, 1), 1897 - Th.Schermann, Die Gesch. der dogmat. F. vom 5. bis 8.Jh. (TU 28, 1), 1904 (dazu F.Diekamp, ThRv 4, 1905, 445-450) - R.Harris, Testimonies, 2 Bde, Cambridge 1916/20 - A.Baumstark, Gesch. der syr. Lit., 1922 (syr. F.) - Stählin 1085ff - N.J.Hommes, Het Testimoniaboek, Amsterdam 1935 - GCAL (arab. F.). *J.Schmid*

Florovsky, *Georgij,* führender russ. orth. Theologe, * 28.8.1893 in Odessa als Sohn eines Priesters, studierte in Odessa, wurde 1923 Magister der russ. Universität in Prag, empfing 1937 die Priesterweihe in Paris. Der Kirchenhistoriker, Patristiker und Systematiker wurde 1926 Prof. des Russ. Orth. St.Sergius-Instituts Paris; 1948 an St.Vladimir's Theological Seminary New York; 1956 an Harvard Divinity School, Cambridge, Mass. Seine Bemühungen um eine »neopatristische Synthese« bringt er seit 1937 auch in der → Ökumenischen Bewegung zur Geltung, wo er seit 1948 Mitglied des Zentralkomitees und der Studienabteilung des Ökumenischen Rates der Kirchen ist.

Vf. u.a.: Die östl. Kirchenväter des 4.Jh.s, Paris 1931; Die byzantin. Kirchenväter des 5.-8.Jh.s, ebd 1933; Die Wege der russ. Theol., ebd 1937 (alles russ.; dt. u. engl. Übers. in Vorbereitung). *Hildegard Schaeder*

Florus, Diakon in Lyon († um 860), kirchenpolitischer und literarischer Helfer → Agobards und seiner Nachfolger, in deren Namen oder Auftrag er seine Werke schrieb. Er trat für die Freiheit der Bischofswahlen und den eigenen Gerichtsstand der Geistlichen ein, beteiligte sich am Prädestinationsstreit um → Gottschalk und → Johannes Scotus, bekämpfte die Liturgieerklärung des → Amalarius und schrieb u.a. ein Martyrologium (nach → Beda) sowie einen Kommentar zu den Paulus-Briefen nach → Augustin. Der zerbrechenden Einheit des Frankenreiches rief er 841 eine ergreifende poetische Klage nach.

MPL 119 - MG Epp V, 206ff. 267ff. 340ff - MG PL II, 507ff; IV, 930f. - G.M.Dreves, Analecta Hymnica 50, 1907, 210-218 - C.Charlier, Les manuscrits personnels de F. de Lyon (Mélanges Emm. Podechard, Lyon 1945, 71-84) - Wattenbach-Levison 3, 324-326. 353. *H.Löwe*

Flüchtlingsproblem

1. Internationale Flüchtlingsfrage - 2. F. in Deutschland - 3. Hilfe der Kirchen und internationalen Wohlfahrtsorganisationen - 4. Sozialethische Verantwortung

1. Die moderne Völkerwanderung, welche das Welt-F. einschließt, spiegelt die gewaltsame Entwurzelung ganzer Völker und Stämme wider. Als Dr. Fridtjof Nansen

1921 das ihm vom Völkerbundsrat übertragene Oberkommissariat für die Betreuung der Weltkriegsflüchtlinge übernahm, konnte niemand ahnen, daß die mittlerweile gegründeten → Vereinten Nationen 30 Jahre darauf veranlaßt waren, nochmals einen Hohen Kommissar für Flüchtlinge einzusetzen. Ungeheure Katastrophen und notwendige Hilfsmaßnahmen der Weltorganisationen zeichneten sich ab, als nach 1933 viele Emigranten Deutschland verlassen mußten. Im Jahr 1943 wurden für den Weltflüchtlingsdienst entscheidende Grundlagen gelegt, den die UNRRA (United Nations Relief and Rehabilitation Administration) nach dem Kriege übernahm, als es galt, den betroffenen Ländern und Völkern bei den riesigen Umsiedlungen zu helfen. Es handelte sich vor allem um die Rettung und Repatriierung von Verschleppten (Displaced Persons [DPs]). Damit begann die größte Bevölkerungsverschiebung der Neuzeit (→ Bevölkerungspolitik). Für ihr Ausmaß ist es bezeichnend, daß sich 1945 zur Zeit des Waffenstillstandes in Europa über 12 Mill. Fremdarbeiter befanden. Sie unterstanden dem Mandat der UNRRA. 9 620 000 dieser DPs und Zivilarbeiter lebten in Deutschland. Zu der Zeit lebten aber in ganz Europa insgesamt 50 Mill. Menschen als heimatlos gewordene Flüchtlinge und Verschleppte, Ausgewiesene, Vertriebene, Kriegsgefangene und Evakuierte. Die UNRRA gliederte rd 9 Mill. wieder in ihre ursprünglichen Lebensbereiche ein; 6 173 213 kamen aus Deutschland, 870 102 aus Österreich und 91 932 aus Italien. Die IRO (Internationale Flüchtlingsorganisation der UNO) - seit 1947 Nachfolgeorganisation der UNRRA - hat 633 000 meist nicht repatriierbare DPs in den genannten Ländern und im Mittleren Osten übernommen. Innerhalb 3 Jahren hat die IRO rund 750 000 besitzlosen Flüchtlingen eine neue Heimat geschaffen. Bis Herbst 1951 hatte sich diese Zahl auf 1 045 000 erhöht. Nach Einstellung der IRO Mitte 1950 erließ die Regierung der BRD das »Gesetz über die Rechtsstellung heimatloser Ausländer im Bundesgebiet vom 25.4. 1951«. Seit Anfang 1951 haben die Vereinten Nationen einem Hohen Kommissar für Flüchtlinge das Mandat für damals noch rd 1,2 Mill. heimatlose Ausländer in europäischen Ländern übertragen. Durch dieses Amt werden seit 1955 Hilfsprogramme für heimatlose Ausländer entwickelt, die auf Integration, Rehabilitation, Berufsumschulung, Studentenförderung, Übergangsheime und Wohnungsbau abzielen. Die Verwirklichung dieser Programme liegt weithin in den Händen der kirchlichen und freien Wohlfahrtsverbände.

2. Als die Alliierten in Potsdam am 2.8.1945 durch den Ausweisungsbeschluß ein entscheidendes Kapitel zur Flüchtlingstragödie fügten, war fast die gesamte reichsdeutsche Bevölkerung in den Provinzen östlich der Oder-Neisse-Linie und in Österreich, aber auch die deutschsprachige Bevölkerung in Polen, der Tschechoslowakei, Ungarn, Rumänien und Jugoslawien im Zurückfluten nach Deutschland oder schon dort angekommen. Im Nov. 1945 gab der Alliierte Kontrollrat bekannt, daß sich die Zahl der Auszuweisenden auf Polen und die deutschen Gebiete unter polnischer Verwaltung (3,5 Mill.), auf die Tschechoslowakei (2,5 Mill.), auf Ungarn (0,5 Mill.) und auf Österreich (0,15 Mill.) verteilen sollte. Es flüchteten demzufolge 2,25 Mill. in die amerikanische, 1,5 Mill. in die britische, 0,15 Mill. in die französische und 2,75 Mill. in die sowjetische Besatzungszone. Am 31.12.1946 betrug die Zahl der heimatvertriebenen Deutschen 10 Mill.; am 31.12.1955 lebten im Bundesgebiet 8 756 000, im Saarland 20 000, in Berlin (West) 158 000, in Berlin (Ost) 50 000, in der sowjetischen Besatzungszone 3 560 000, in Österreich 350 000, zusammen 12 894 000. Bei einer Bevölkerungszahl des Bundesgebietes von $50^1/_2$ Mill. (30.6.1956) beträgt der Anteil der Vertriebenen und Flüchtlinge 17,4%. Sie sind auf alle deutschen Länder der BRD verteilt. 27,3% leben in Schleswig-Holstein, 10,5% in Hamburg, 25,6% in Niedersachsen, 12,8% in Bremen, 14,0% in Nordrhein-Westfalen, 17,7% in Hessen, 7,9% in Rheinland-Pfalz, 16,9% in Baden-Württemberg und 19,9% in Bayern. Die staatlichen Maßnahmen wirken als → Lastenausgleich, Unterstützung für Flüchtlinge aus der Sowjetzone, Hilfen für die heimatvertriebene → Wirtschaft, Eingliederung des Landvolks, Wohnraumbeschaffung, Familienzusammenführung und Entschädigung für Kriegsgefangene, Spätheimkehrer und Spätaussiedler. Bis Ende 1956 belaufen sich die Leistungen des Bundes und der Länder auf fast 26 Md. DM. 300 000 Heimatvertriebene sind heute wieder selbständig, darunter 85 000 Bauern, 62 000 Handwerker, 70 000 Kaufleute. 10 000 Industriebetriebe werden von ihnen geleitet. 97% der Flüchtlinge stehen in Arbeit. Die Konfessionsstatistik vom 13.9.1950 zeigt, daß 51,6% den ev. und 1,2% freikirchlichen Gemeinden angehören. 45,3% zählen sich zur röm.-kath. Kirche, 1,9% bezeichnen sich als Angehörige sonstiger Religionsgemeinschaften, Freireligiöse und Freidenker.

3. Internationale und deutsche kirchliche und nichtkirchliche Organisationen haben seit Kriegsende mitgeholfen, das F. zu lindern. Die ev. Religionsgemeinschaften üben ihren Dienst zusammen mit ökumenischen Institutionen aus, von denen den YMCA/YWCA-Bünden, dem Ökumenischen Rat der Kirchen und dem → Lutherischen Weltbund besondere Bedeutung zukommen. Auf der Amsterdamer Konferenz des Ökumenischen Rates im Aug. 1948 wurde ein erster Höhepunkt internationaler Zusammenarbeit in Flüchtlingsfragen erreicht. Das durch Dr. Gerstenmaier Ende Aug. 1945 dem Kirchentag in Treysa vorgeschlagene und gegründete → Hilfswerk der Ev. Kirchen in Deutschland hat neben karitativen und diakonischen Aufgaben lange Zeit, wie auch andere Wohlfahrtsverbände, die stellvertretende Verantwortung für damals noch fehlende staatliche Organe übernommen.

4. Der Gesamtvorgang der Flüchtlingsbewegung ist nicht abgeschlossen. Jährlich strömen aus der DDR rd 400 000 Flüchtlinge in die BRD. Es bleibt eine vordringliche sozialpolitische Aufgabe, den Flüchtlingen fürsorgerische Maßnahmen und Eingliederungshilfen zu gewähren. Nicht alle Aufgaben können vom Staat gelöst werden. Die Verantwortung für diakonisches Verhalten gegenüber den Flüchtlingen reicht bis zu den Kirchengemeinden.

J.B.Schechtman, European Population Transfer 1939-45, 1946 - E.M.Kulischer, Europe on the Move, War and Population Changes 1917-47, 1948 - Bericht der ECA Technical Assistance Commission für die Eingliederung der Flüchtlinge in die BRD (Sonne-Bericht), 1951 - P.Frings, Das Internationale F. 1919-50, 1951 (Lit.) - J.Vernant, The Refugee in the Post-War World, 1953 (Lit.) - 10 Jahre Hilfswerk der EKD 1945-55, hg.v. Zentralbüro des Hilfswerks der EKD, 1955 - 10 Jahre nach der Vertreibung, Äußerungen des In- u. Auslands, Zeittafel, hg.v. Bundesministerium für Vertriebene, Flüchtlinge u. Kriegsgeschädigte, 1956 - E.Rees, Century of the homeless man, 1957 - G.Reichling, Die Heimatvertriebenen im Spiegel der Statistik, 1958 (Lit.). *H.Maurer*

Flugblätter. Im Unterschied von der → Flugschrift ist das Flugblatt ein auf 2-4 Seiten beschränktes volkstümlich gehaltenes, auf breiteste Massenwirkung eingestelltes Druckerzeugnis. Es spielt eine erhebliche Rolle in der Wirtschaft zur → Werbung für Industrieerzeugnisse und Handelsartikel. Ebenso dient es der politischen → Propaganda zu positiver Werbung oder als Angriffswaffe gegen Parteien und politische Persönlichkeiten etwa anläßlich politischer Wahlen oder Entscheidungen.

Weiter dient es weltanschaulichen Auseinandersetzungen zwischen verschiedenen Anschauungen und Bewegungen. Bes. die Sekten streuen ein großes Material von F.n aus (Adventisten, Zeugen Jehovas u.a.).

Erhebliche Bedeutung hat die Verwendung des Flugblatts im Dienste der christlichen Kirchen und Freikirchen gewonnen. Den entscheidenden Anstoß gab J.H. → Wichern. Die → Evangelisation sollte werbende Vorarbeit und vertiefende Nacharbeit ihrer Verkündigung durch F. treiben, die Öffentlichkeitsmission sollte durch das Flugblatt die Botschaft des Evangeliums in die sonst nicht erreichbaren entfremdeten Massen hineintragen. Die »Fliegenden Blätter« des Rauhen Hauses waren zwar mehr als F., aber sie lösten eine ständig wachsende Verbreitung christlicher F. verschiedenster Art aus, zB die Pfennigsblätter, den Krankentrost u.a. Die → Wichern-Vereinigung, der christliche Zeitschriftenverlag (→ Zeitschriftenwesen: I), der Schriftenmissionsverlag, dann die ev. Presseverbände (→ Presse: III) und die Verlage der → Freikirchen und Gemeinschaften (→ Gemeinschaftsbewegung) entwickelten eine rührige Kleinpresse.

Evangelisation und Volksmission erweitern heute ihre mündliche Verkündigung durch F. über Glaubensnöte, Sünde und Vergebung, Buße und Bekehrung, Gebet, Heiligung u.a. Die → Seelsorge behandelt in F.n Erziehungsfragen, Eheprobleme, Sexualnöte, Selbstmord, Krankheit, Tod u.a. Die → Apologetik (: IV) setzt sich in F.n auseinander mit → Freidenkertum, → Aberglaube, → Astrologie, → Okkultismus, → Deutschgläubigen Bewegungen, auch mit konfessionellen Problemen wie → Mischehe. Die → Innere Mission, die Äußere → Mission, die Werke der Jugendarbeit, Männerarbeit, Frauenarbeit machen gleichfalls von F.n Gebrauch.

Die Streuung der methodischen Gestaltung der F. ist sehr breit und reicht vom holzschnittartigen Plakatstil bis zum predigtartigen Erbauungsstil. Form und Verkündigungsgehalt dieses Werbemittels bedürfen der kirchlichen und theologischen Zucht.

G.FÜLLKRUG, Hdb. der Volksmission, 1919^{1-4} - RGG² II, 625 - Wegweiser durch das volksmissionarische Kleinschrifttum. Beilage zur Zeitschr. »Das missionarische Wort«, 1957. *H.Rendtorff*

Flugschriften der Reformationszeit. Die deutsche Reformation ist die erste große Volksbewegung, die im Zeichen der Buchdruckerkunst stand. Lag bisher in Deutschland das Schwergewicht des (im wesentlichen den Bedürfnissen von Wissenschaft, Kirche und Schule dienenden) Buchdrucks auf der Verbreitung lat. Lit., so verschob sich nunmehr das Verhältnis rasch zugunsten des deutschsprachigen Schrifttums (→ Buchhandel: II, 1). An dieser Entwicklung ist die F.-Lit. hervorragend beteiligt. Diese F., in denen vor allem die Glaubensfrage, daneben aber auch andere die Allgemeinheit interessierende Probleme wie politische, soziale und wirtschaftliche Themen erörtert wurden, wandten sich in volkstümlicher Form und oft in leidenschaftlichem Ton an die breiten Schichten der »ungelehrten Laien« und fanden dort, wie ihre Fülle zeigt, stärksten Widerhall. Indem die religiösen F. durch ihre Massenwirkung entscheidend zum raschen Siegeszug der Reformation beitrugen, gaben sie deren Frühzeit ein besonderes Gepräge. Nach der Hochflut von ca 1519-25 erlebte die F.-Lit. während der folgenden Jahrzehnte in spannungsreichen Zeiten (Konzil, Schmalkaldischer Krieg, Interim) nochmalige, aber nur kurze Blütezeiten.

Den Auftakt bildete Luthers (1518-20 in 24 Ausgaben verbreiteter) deutscher »Sermon von Ablaß und Gnade« vom Frühjahr 1518, der den Inhalt der nur für Gelehrte bestimmten 95 lat. Ablaßthesen kurz und allgemeinverständlich zusammenfaßte. In der Folgezeit ließ Luther - neben gelehrten lat. Streitschriften - rasch eine deutsche Flugschrift nach der andern erscheinen, und von Jahr zu Jahr wuchs die Zahl der Anhänger (und auch Gegner), die in deutschen, oft mit Titelholzschnitten geschmückten und nur wenige Bogen umfassenden F. das Wort ergriffen. Neben den bekannten reformatorischen Persönlichkeiten und Publizisten (wie Joh. → Eberlin von Günzburg und Heinrich von → Kettenbach) begegnen als Verfasser auch viele mehr oder minder unbekannte Männer (und gelegentlich auch Frauen [zB Argula von → Grumbach]). Oft hüllten sie sich in einen (nicht immer mit Sicherheit zu lüftenden) Mantel des Pseudonyms oder der Anonymität. Neben die von Luther selbst gebrauchten literarischen Formen des Traktats, Sermons und öffentlichen Sendschreibens trat (bes. nach Ulrich von → Huttens Beispiel) als beliebtes Kunstmittel das oft dramatisch bewegte Streitgespräch. Dagegen löste man sich unter Luthers Einfluß immer mehr von dem bisher üblichen Knittelvers und althergebrachten Reimpaar, »in dem das MA fast ausnahmslos alles vortrug, was literarischen Anspruch machte und auf getreuen Wortlaut Wert legte« (G.Roethe).

Textausg.: Satiren u. Pasquille aus der Reformationszeit, hg.v. O.SCHADE, 3 Bde, 1863² - F. aus den ersten Jahren der Reformation, hg.v. O.CLEMEN, 4 Bde, 1907-11 - F. aus der Reformationszeit in Facsimiledrucken, hg.v. O.CLEMEN, I/1-6, 1921-22 - F. zur Ritterschaftsbewegung des Jahres 1523, hg.v. K.SCHOTTENLOHER (RGST 53), 1929 - Die Sturmtruppen der Reformation. Ausgew. F. der Jahre 1520-25, hg.v. A.E.BERGER, 1931 (Lit.). - *Lit.:* H.BECKER, Die F. der Reformationszeit (ThStKr 98/99, 1926, 281-285) - RGG² II, 625f - G.BLOCHWITZ, Die antirömischen dt. F. der frühen Reformationszeit (bis 1522) in ihrer religiös-sittlichen Eigenart (ARG 27, 1930, 145-254; Lit.) - K.UHRIG, Der Bauer in der Publizistik der Reformation bis zum Ausgang des Bauernkrieges (ARG 33, 1936, 70-125. 165-225) - SCHL. I, 202-211; V, 462 - P.BÖCKMANN, Der gemeine Mann in den F. der Reformation (DVfLG 22, 1944, 186 bis 230) - RDL² I, 464ff (Lit.). *H.Volz*

Fluß → Wasser.

Flußschifferfürsorge → Binnenschiffermission.

Förner *(Forner), Friedrich,* * 1570 Weismain, † 1630 Bamberg. Sohn eines ev., aber wieder kath. gewordenen Vaters, Schüler des Collegium Germanicum in Rom, seit 1598 in verschiedenen geistlichen Ämtern in Bamberg und stark literarisch tätig, wurde die Seele der Gegenreformation im Hochstift → Bamberg. Unter Bischof von Gebsattel (1599-1609) in bedrängter Lage, konnte er 1609 unter Gottfried von Aschhausen als Generalvikar die Führung übernehmen. Die Berufung der Jesuiten nach Bamberg und die große Kirchenvisitation von 1611 halfen ihm bei der Vollendung seines Werkes, wenn auch sein besonders nachdrücklich verfolgter Plan, Nürnberg zurückzugewinnen, mißlang.

A.RULAND, Briefe F.s (34. Bericht des Hist. Vereins für Bamberg, 1871, 149-201) - P.WITTMANN, F.F. (HPBl 86, 1880, 565-582. 656 bis 672) - K.BRAUN, Nürnberg u. die Versuche zur Wiederherstellung der Alten Kirche im Zeitalter der Gegenreformation, 1925, 25. 95f. 105ff - Das kath. Deutschland I, 1933, 797f - LThK IV, 66. *Matth.Simon*

Foerster, 1. *Erich,* * 4.11.1865 Greifswald, † 12.10. 1945 Frankfurt/M., ev. Theologe, 1895-1934 Pfarrer der Deutschref. Gemeinde in Frankfurt/M., seit 1915 auch Honorar-Prof. für KG an der Universität. Schüler → Harnacks, Freund und Mitarbeiter M. → Rades und der → Christlichen Welt, nachhaltig beeinflußt von R. → Sohm, gehörte nach 1933 der → Bekennenden Kirche an. Bis zuletzt war er als Prediger und Forscher tätig.

Vf. u.a. (außer Predigten): Die Möglichkeit des Christentums in der mod. Welt, 1898; Die Entstehung der preuß. Landeskirche, 2 Bde, 1905/06; Die christl. Religion im Urteil ihrer Gegner, 1916;

Adalbert Falk, 1927; Das Erbe der Flüchtlingsgemeinden, 1939; Rud.Sohms Kritik des Kirchenrechts, 1942 (dazu ZKG 48, 1929, 307ff; 61, 1942, 117ff). - Über F.: Abschied von D. Dr. E.F., o.J. *K.G.Steck*

2. *Friedrich Wilhelm*, * 2.6.1869 in Berlin, Philosoph und Pädagoge, fand aus freidenkerischer Tradition zum christlichen Glauben, ohne sich einer der Konfessionen anzuschließen. Sein kompromißloser, leidenschaftlicher und zugleich stark rationalistischer Moralismus wurde für die Rückführung vieler Ungläubiger zu christlichen Grundsätzen bedeutsam. 1895-99 leitete F. die Zeitschrift für »Ethische Kultur« und zog sich durch Angriffe auf den wilhelminischen Nationalismus einen Prozeß wegen Majestätsbeleidigung zu. 1899-1912 Doz. für Philosophie in Zürich, 1913-14 Prof. für Philosophie in Wien, 1914 bis 1920 für Pädagogik in München. Seine von hohem pädagogischem Ethos und Heilswillen getragene Zeitkritik, sein ethischer Pazifismus und seine Moralpädagogik fanden weiten Nachhall, führten aber auch zu Widerspruch, Boykott und Verfemung, so daß F. 1920 seine Professur in München niederlegte. Seitdem lebt er in der Schweiz und anderen Ländern, zuletzt in New York. - 1952 wurde in Deutschland eine F.W.F.-Gesellschaft gegründet, die seine Schriften neu herausgibt.

Vf. u.a.: Jugendlehre, (1904) 1923[4]; Schule u. Charakter, 1907; Sexualethik u. Sexualpädagogik, (1907) 1953[6]; Politische Ethik u. politische Pädagogik, 1918; Christus u. das menschl. Leben, (1923) 1953[3]; Erlebte Weltgesch., 1953. - Über F.: A.D.MÜLLER, F.W.F. u. die wirkliche Welt, 1927 - F.W.F. u. seine Bedeutung für die Pädagogik der Gegenwart, Festschr. der F.W.F.-Gesellschaft, 1955 - F. PÖGGELER, Die Pädagogik F.W.F.s, 1957. *H.Scheuerl*

Fogaras (Gyulafehérvár [lat.: Alba Julia] -F.; Karlweißenburg-F.), seit 1721 Bistum, seit 1854 Erzbistum der unierten (griech.-kath.) Rumänen in Erdély (→ Siebenbürgen) mit dem Sitz in Balázsfalva (Blasendorf, rum.: Blaj), gehört infolge des Friedensdiktats von Trianon seit 1920 zu Groß-Rumänien und untersteht der Congregatio pro Ecclesia Orientali in Rom. Die erzbischöfliche Kirchenprovinz umfaßt außer der Erzdiözese die Bistümer Lugos (1854), Nagyvárad (Großwardein, rum.: Oradea-Mare; 1777) und Szamosujvár (1854). Die Erzdiözese selbst umfaßt rd 1110 Kirchen, 610 Pfarreien, 650 Pfarrer, 60 Seminaristen, 170 Nonnen in 2 Niederlassungen. Von der Gesamtbevölkerung des Erzbistums (rd 1,7 Mill.) sind 446 000 griech.-kath., 298 000 griech.-orth., 412 500 röm.-kath.

Şematismul (Schematismus) veneratului cleral arhidiecezei mitropolitane greco-catolice romone de Alba-Julia şi F., Blaj 1932 - Ann Pont 1958, 231. *A.Szekeres*

Fogazzaro, *Antonio* (1842-1911), * und † in Vicenza, neben G.Verga der bedeutendste ital. Romanschriftsteller im ausgehenden 19.Jh. Da vieles in seinem Werk zeitgebunden ist, hat das Interesse für F. abgenommen. F. hat das religiöse Problem schon früh beschäftigt. Nach Jahren des Zweifelns meinte er unter dem Einfluß von A.A.Gratry (La philosophie du Credo) den Weg zum Glauben gefunden zu haben und bekannte sich zu einem von → Rosmini genährten liberalen Katholizismus. In seinem besten Roman »Il piccolo mondo antico« (1895; dt. 1903) bringt er den von den beiden Hauptgestalten verkörperten Konflikt zwischen Vernunft und Glauben in der mit Güte und Humor geschilderten Atmosphäre einer ländlich-kleinstädtischen Welt zu einem versöhnlichen Abschluß. Ausdruck seiner Sympathie für den Modernismus (→ Reformkatholizismus) ist der auf dem Index stehende Roman »Il Santo« (1905; dt. 1908), die wenig überzeugende Geschichte eines modernen »Heiligen«, der in seiner äußeren Lebensführung → Franziskus von Assisi nachahmt und sich zur Reform der Kirche berufen fühlt. - Nach der Verurteilung des Modernismus unterwarf sich F. dem Spruch der Kirche. Der Roman »Leila« (1910; dt. 1911), der zwar keine modernistischen Ideen mehr enthält, wohl aber eine satirische Kritik des Klerikalismus, kam gleichfalls auf den Index. Die meisten Romanfiguren F.s sind von einer ungestillten Sehnsucht nach einem starken Glauben erfüllt und spiegeln damit die innere Zwiespältigkeit ihres Autors wie die Problematik seiner Zeit wider.

A.F., Tutte le opere, a cura di P.NARDI, 1931-41. - E.DONADONI, A.F., (1913) 1939[2] - T.GALLARATI-SCOTTI, La vita di A.F., (1920) 1934[2] - U.LEO, A.F. u. der symbolistische Lebensroman, 1928 - L. PORTIER, A.F., 1937 - E.BALDUCCI, A.F., 1952. *A.Buck*

Folmar (1146-81), Propst des Augustiner-Chorherrenstifts Triefenstein in Franken, begann 1162 eine dogmatische Fehde gegen → Gerhoch und Arno von Reichersberg (MPL 194, 1481ff). F. leugnete die Konkomitanz: im Wein sei nur Christi Blut, im Brot nur sein Fleisch. In Christus seien Gottes- und Menschensohn geschieden. F.s Schrift darüber ist verloren; gegen sie schrieb Arno 1163/64 den Apologeticus (hg.v. C.Weichert, 1888). F. wurde 1164 zum Widerruf seiner Eucharistielehre gezwungen.

L.OTT, Unters.en zur theol. Brieflit. der Frühscholastik (BGPhMA 34), 1937, 95ff - E.M.BUYTAERT, The Apologeticus of Arno of Reichersberg (Franciscan Studies 11, 1951, Nr. 3/4, 1-47) - D.VAN DEN EYNDE, L'oeuvre littéraire de Géroch de Reichersberg, Rom 1957. *A.Borst*

Fontane, *Theodor* (30.12.1819 bis 20.9.1898), * in Neuruppin, † in Berlin, gehört einer aus der Gascogne und den Cevennen stammenden Hugenottenfamilie an, die schon in der dritten Generation mit der Mark Brandenburg verbunden war. Märkische Nüchternheit paart sich in ihm mit französischem Esprit. Die hugenottische Tradition ist dem liberalen Zug der Zeit entsprechend weder in F.s charmantem leichtlebigem Vater noch in der rationalistischen Mutter sehr lebendig. Religiöse Impulse entfalten sich zögernd aus verborgenen Erbanlagen und geben seiner späten Erzählkunst ihren unnachahmlichen Reiz von Unscheinbarkeit und Tiefe.

Dem väterlichen Berufe folgend geht F. als Apothekerlehrling nach Berlin. Nach Gehilfenjahren in Burg, Dresden und Leipzig kehrt er 1842 nach Berlin zurück. 1845 findet er literarischen Anschluß in dem Dichterverein »Tunnel über der Spree«. 1850 erscheinen seine ersten Veröffentlichungen: neun schottische Romanzen »Von der schönen Rosamunde« und acht Preußenlieder. F. beginnt als Balladendichter. Aus diesem historisch-balladesken Kern entwickeln sich seine schriftstellerischen Möglichkeiten: einmal ins Gegenwärtig-Aktuelle, zum Publizisten (1844 Studienreise nach England, 1852 Korrespondenz in London, 1855-59 leitet er in London eine deutsch-englische Korrespondenz im Auftrag des Ministers Manteuffel, danach Redakteur der Kreuzzeitung; in den Feldzügen 1864/66 und 1870 Kriegsberichterstatter, von 1870-89 Theaterkritiker der »Vossischen Zeitung«), zum andern im Sinne der kulturhistorischen Vertiefung: aus dem Balladendichter wird der liebevolle Chronist der Mark Brandenburg (Wanderungen durch die Mark Brandenburg, 4 Bde, 1862-82; Fünf Schlösser, 1889).

Seine volle dichterische Leistung entfaltet F. erst als Darsteller und Kritiker der zeitgenössischen Gesellschaft, bes. dort, wo er heimische Verhältnisse schildert. »Meine ganze Produktion ist Psychographie und Kritik, Dunkelschöpfung im Lichte zurechtgerückt«, schreibt er 1884. Der Weg bis dahin war langwierig und schwierig. Als fast Sechzigjähriger (1878) veröffentlicht F. seinen ersten Roman, bezeichnenderweise einen historischen Stoff:

»Vor dem Sturm« (aus der Zeit der Befreiungskriege). Sein letztes Jahrzehnt zwischen 1888 und 1898 ist das reichste und fruchtbarste (u.a. Irrungen Wirrungen, 1888; Stine, 1890; Frau Jenny Treibel, 1892; Effi Briest, 1895; Der Stechlin, 1898). Auffällig an dem Welt- und Gesellschaftsbild in F.s Romanen ist die große Zahl treffend charakterisierter Pfarrer und Konventikler bis hin zu der tragenden Gestalt des Pastor Lorenzen im »Stechlin«. Noch viel bezeichnender für den religiösen Charakter seiner dichterischen »Dunkelschöpfung« ist jedoch die durchgehende Haltung einer stillen Grundtrauer, die von einem köstlichen Humor überglänzt wird. F. ist nicht kirchenfromm, sondern vielfach, zumal in seinen Briefen, ein unerbittlicher Kritiker kirchlicher Verhältnisse; noch weniger ist er erfüllt von der Goetheschen Naturfrömmigkeit des deutschen → Idealismus. Seine religiöse Grundhaltung ist die Pietät und – als calvinistisches Erbteil – seine allerdings ganz undogmatische Überzeugung von der Vorherbestimmung dessen, was dem Menschen zugeteilt ist (»Man hat es oder hat es nicht«). Der Kern seines Wesens ist ein schlichtes Gottvertrauen, das sich hinter der Schutzhülle von F.s vielbesprochener Resignation und Skepsis verbirgt und in dem sein »Sinn für Tatsächlichkeiten« gründet.

GesW, 22 Bde, 1903-11; Briefe 1925, 1929, 1937, 1940, 1955. – Über F.: O.Wandrey, Th.F., 1919 – F.Servaes, Th.F., Blätter der Erinnerung, 1921 – M.Krammer, Th.F., 1922 – H.W.Seidel, Th.F., 1940 – G.Radbruch, Th.F. oder Skepsis u. Glaube, (1943) 1949² – J.Ernst, Die religiöse Haltung Th.F.s (Diss. Erlangen), 1951 (Masch.) – Ders., Gesetz u. Macht im Werk F.s (ZRGG 3, 1951, 220-229).

M.Greiner

Fontanès, *Louis-Ferdinand* (1797-1862), prot. Theologe, * in Nîmes, studierte in Genf. 1821 Hilfspfarrer, dann nach einem kürzeren Aufenthalt in Tonneins Titularpfarrer in Nîmes, wo er trotz seiner schwachen Gesundheit eine umfangreiche Aktivität entfaltete. Sein an → Schleiermacher und A. → Neander geschultes Denken trug ihm den Ruf eines »Liberalen« ein; seine Weigerung, ein orthodoxes Glaubensbekenntnis zu unterschreiben, hinderte die Übernahme eines Lehrstuhls an der Fakultät von Montauban.

Vf. u.a.: Catéchisme évangélique, 1840; De la lutte engagée dans les églises protestantes, 1842; De l'unité religieuse, 1844. – Hg. (mit S.Vincent) einer Sammlung: Religion et Christianisme. – Übersetzte: A.Neander, Gesch. d. apostolischen Zeitalters. – Über F.: E. et E.Haag, La France Protestante VI, 1888², 587ff (Lit.).

R.Voeltzel

Fonte Avellana, Kloster bei Gubbio (Oberitalien), von etwa 1000 bis 1866 bestehend, Haupt einer den → Kamaldulensern ähnlichen (1569 mit ihnen vereinigten) Eremitenkongregation (Avellaner), bes. bedeutend unter → Petrus Damiani, dessen Werke überall den Geist dieser »Pflanzschule der Heiligen« atmen, die sich auch sonst durch literarische Tätigkeit, bes. auf asketischem und kirchenrechtlichem (Collectio Avellana [CSEL 35]) Gebiet auszeichnete.

CathEnc VI, 128 f – LThK I, 863; IV, 56 (Lit.) – EC II, 509f; V, 1497f (Lit.) – Catholicisme I, 1113; IV, 1422. *M.A.Schmidt*

Fontevrault (Fons Evraldi), Kloster und nach ihm benannter Orden, gegründet von → Robert von Arbrissel († 1117). Für die zahlreichen Frauen, die sich ihm anschlossen, gründete er 1101 in F. (Diözese Poitiers) ein Kloster nach der → Benediktinerregel. Um den Nonnen das beschauliche Leben zu ermöglichen, gab er ihnen Mönche für die Seelsorge und die materiellen Bedürfnisse zur Seite, die der Äbtissin unterstanden. Ihre dienende Stellung sollte an das Verhältnis des Jüngers Johannes zur Jungfrau Maria erinnern und ein Ausdruck der Marienverehrung sein. Armut, stetes Schweigen, Bußwerke sowie das sog. Doppelgebet (an Maria und Johannes zugleich) waren Eigentümlichkeiten des Ordens, der sich vor allem in Frankreich ausbreitete, aber auch in England und Spanien einige Klöster besaß. In der französischen Revolution ging er unter. Heute existieren noch drei Klöster, aber nur für Nonnen.

Die Vita: MPL 162, 1043ff. – Älteste Konstitutionen: ebd 1079ff; J.v.Walter, Die ersten Wanderprediger Frankreichs I, 1903, 65ff. 189ff. – L.A.Picard, Le fondateur de F., Saumur 1923 – Ders., L'ordre de F., Saumur 1924 – St.Hilpisch, Die Doppelklöster, 1928, 70f – Heimbucher I, 327ff – A.Zimmermann, Kal. Ben. I, 1933, 254f – Ph.Schmitz, Gesch. d. Ben. Ordens II, 1948, 394; III, 1955, 30f.

St.Hilpisch

Forbacher Schwestern, frühere Bezeichnung der *Sœurs de la Providence de Saint-André* (»Schwestern von der Göttlichen Vorsehung vom hl. Andreas in Peltre«, b. Metz, Dep. Moselle), gegründet durch den in Oermingen geborenen Abbé *Antoine Gapp* (1766-1833), der zunächst 1806 auf bereits von ihm geschaffener Grundlage in Hottviller ein Noviziat errichtete, das 1808 nach Pirmasens (bis 1814 franz.) und 1810 von dort nach Homburg in der Pfalz verlegt wurde, während Gapp als Prof. der Theologie am Priesterseminar in Metz (1808 bis 1813) tätig war. Infolge Schwierigkeiten mit der seit 1815 in der Rheinpfalz bestehenden bayerischen Regierung zog Gapp die Schwestern aus Bayern zurück; sie ließen sich 1820 in Forbach nieder, wo nach Genehmigung der Genossenschaft durch die franz. Regierung 1826 das Mutterhaus der »F.Schw.« entstand, das 1839 nebst Noviziat nach Peltre verlegt wurde. Zweck der Kongregation ist namentlich die christliche Erziehung der Kinder in den Volksschulen und höheren Töchterschulen in Lothringen sowie die Krankenpflege. Heute umfaßt die Genossenschaft, deren Arbeit im letzten Kriege durch Ausweisung von 535 Schwestern, Gefangenschaft und Zerstörung aufs schwerste in Mitleidenschaft gezogen wurde, 109 Niederlassungen in Lothringen (u.a. ein Lehrerinnenseminar), außerdem im Innern Frankreichs 30 Häuser sowie 25 in Belgien, zu denen seit 1954 die Missionsgründung der Kongregation in Lome (Togo) hinzutritt. Unter der Generaloberin in Peltre wirken gegenwärtig 903 Schwestern.

Heimbucher II, 496 – J.Leclerc, L'abbé Antoine Gapp, Metz 1956 – LThK² I, 513 – M.André, Il cherchait des pierres. Vie de monsieur l'abbé A.Gapp, fondateur de la Congrégation des Sœurs de la Providence de Saint-André, et histoire de l'institut jusqu'à nos jours, Paris 1957. *W.Göbell*

Forell, *Birger* (* 1893), schwedischer Theologe, Studium auch in Deutschland, nahm an einer Forschungsfahrt nach Indien mit R. → Otto teil. 1929-42 Gesandtschaftsprediger in Berlin, stand er in hilfreicher Beziehung zur → Bekennenden Kirche, widmete sich später trotz Pfarramtes in Borås Caroli weitverzweigten, zT von ihm gegründeten Hilfsdiensten: den Kriegsgefangenen in England (1944-48), dem schwedischen Komitee für christliche Nachkriegshilfe und Flüchtlingsbetreuung in Deutschland (Espelkamp), dem Erholungshilfswerk in Schweden. Seit 1951 dient er ganz der Flüchtlingshilfe (Deutsch-Schwedische Flüchtlingshilfe e.V., Hauptsitz Köln-Nippes). F. ist D. theol. von Marburg.

W.Jannasch

Form. Die fast uneingeschränkte Verwendung des Begriffs F. (F. – Materie, F. – Inhalt) in der Philosophie erschwert den Versuch, eine »Grundbedeutung« vorzulegen. Daß eine schulmäßige Definition unmöglich ist, sagt schon → Aristoteles (Met. Θ, 7), beklagt J.H.Lambert in der »Neuen Architektonik« von 1771 (II, 233ff), begründet → Kant durch den Hinweis, F. sei ein »Reflexionsbegriff« (Kr. d. r. V. A 266). Wesentlich ist aber, daß F. (lat. forma, griech. μορφή) die Gestalt des *Gesehenen* bedeutet. Für den Menschen, dessen »weltoffenes« Verhalten im Gegensatz zur Umweltgebundenheit des Tiers die neuere → Anthropologie (: I) hervorhebt, ist der ins Weite ausgreifende Gesichtssinn nicht nur der vornehmste, sondern der seine Lebens- und Denkweise übermächtig bestimmende Sinn. Das Sehen des Menschen ist mehr als bloßes Hinnehmen von Gegebenem, nämlich spontane und aktive Bewältigung des Sehfeldes durch Auswahl des Wichtigen und deutendes Zurechtrücken im Licht der Erfahrung. *Sehen ist selbst ein Handeln, zB Orientierung.* Dabei tritt die *Gestalt* der Gegenstände gegenüber anderen Momenten (Größe, Färbung usw) in den Vordergrund; an ihr »erkennen« wir das Was der Dinge. Der für menschliches Sehen kennzeichnende Vorrang der F. wird dann zum Leitmodell auch für andere Grundweisen menschlicher Tätigkeit: technisches und künstlerisches Schaffen, rechtlich-sittliches Verhalten, theoretische Erkenntnis usw. So sprechen wir vom »Material«, wo uns dessen F. gleichgültig ist. Der »Klumpen« Ton und das »Stück« Metall hat seine F. wie das fertige Werkstück; wir nennen sie »formlos«, weil uns ihre F. »nichts sagt«. Da ferner die F. eines Dinges im Sehfeld als konstant erlebt wird gegen Bewegung, Abschattung der Farbe usw und die F. gerade deshalb im Gesichtsfeld vorherrscht, weil sie die für richtiges Verhalten in *wiederkehrenden* Situationen wesentlichen Züge festzuhalten gestattet, vertritt die F. auch auf anderen Gebieten das *Allgemeine*. Der Gedanke der F. eines Dinges wurzelt geradezu in dem Gedanken an andere Dinge der gleichen F. Das *Besondere*, Individuelle wird dann durch den Stoff, die → Materie vertreten. In diesem Sinn sind zB die in einem Syllogismus auftretenden Begriffe die »Materie« des Schlusses, weil dessen Gültigkeit nicht von ihnen, sondern von der Bedeutung logischer Wörter wie »alle«, »und«, »wenn-so« abhängt, die zusammen die »F.« des Schlusses sind (→ Logik). – Da wir schließlich nur das »erfassen« können, was sich durch (auffallende) F. vom Hintergrund abhebt, liegt es nahe, der F. die *Wirklichkeit*, der Materie die *Möglichkeit* zuzuordnen. In vielen Situationen liegt aber das Gewicht gerade auf dem unwiederholbaren Individuellen als solchen. Hier tritt einfühlende Versenkung anstelle der Einordnung in ein Schema formaler Typen; die F. wird dann als »bloße« F., als Äußerlichkeit empfunden. Tiefe Einsicht liegt in dem Namen »Mystik« für jene irrationale Einfühlung, die »die Augen schließt« (griech. μύω), ebenso aber in Platons Art, die Ideenerkenntnis eine Schau, ein Sehen zu nennen. Der unaufhebbare Gegensatz zwischen der (praktischen oder theoretischen) Beherrschung der Mannigfaltigkeit möglicher Situationen und der ruhenden Versenkung in das einzelne als solches kommt in der Klage zu Wort, die »abstrakte« Sprache könne das konkrete Erlebnis nicht fassen. Aber eine konkrete Sprache wäre nicht *Sprache*, Verstand, der nicht formal operierte, nicht *Verstand*. Es ist das Wesen der F., daß sie den Inhalt vernachlässigt, es ist das Wesen des Inhalts, daß man von ihm nur sprechen kann, indem man ihm F. gibt.

In der Geschichte der → Philosophie sind die verschiedenen skizzierten Positionen wechselnd leitend gewesen. Schon anfangs bei den Griechen verstand sich die Philosophie als Wissenschaft von → Prinzipien. Das Allgemeine wird augenfällig in der F.; denn als Gestalt wird nur das erfaßt, worin verschiedene Dinge sich gleich sind. Darum wählte → Platon die Ausdrücke εἶδος und ἰδέα (aus der indogerm. Wurzel »vid« = sehen) für das Allgemeine, das die Dinge, die an ihm »teilhaben«, zu dem macht, was sie *sind*. Dies und die Tatsache, daß wir nur geformte Dinge als wirklich ansprechen, erweitert Platon zu der metaphysischen Behauptung, *darum* seien die Ideen das eigentlich »Wirkliche«. Für Aristoteles ist die F. ebenso das, was die Wirklichkeit an die Materie (ὕλη) heranträgt; im eigentlichen Sinne wirklich ist für ihn aber nur das Ganze aus F. und Stoff (in der irdischen Welt). Jedes Geformte ist seinerseits Stoff höherer Formung, F. und Stoff sind also nur Momente an allem Seienden, selbst nichts Seiendes (→ Hylemorphismus). Die Unterschiede der Individuen gleicher Spezies (zB des Sokrates und des Kallias) gehen ganz zu Lasten der Materie, die der Formung durch ein εἶδος größeren oder geringeren Widerstand bietet. → Plotin versuchte diese Paradoxie durch Annahme individueller F.en zu vermeiden, jedoch blieb bis zum Ende der → Scholastik die aristotelische Auffassung der F. leitend. An der Schwelle neuzeitlicher → Naturwissenschaft, die das Allgemeine im Gesetz, nicht in der F. (Gestalt) sucht, steht F. → Bacon, der unter F. »leges illas et determinationes, quae naturam aliquam ordinant« verstehen will (Nov. Org. II, 17). Der Begriff der F., aus der Naturphilosophie verdrängt, erhielt in der Neuzeit besonderes Gewicht in der Erkenntnislehre, bes. seit → Kant, der das Verhältnis apriorischer Funktionen und Empfindungsdaten im Aufbau der Erfahrung am Modell von F. und Materie erörtert. Ebenso in der Ethik: die Gesinnung ist die F., der Zweck die Materie einer Handlung. Die neuere Polemik gegen Kants ethischen »Formalismus« (→ Scheler) legt auf den Ausdruck mehr Gewicht als die Sache fordert. Auch in der → Ästhetik ist die unkritische Anwendung des Begriffspaars F. – Inhalt mehr und mehr problematisch geworden. Der moderne »Formalismus« in Mathematik und Logik kehrt insofern zur Grundbedeutung von F. zurück, als die Objekte dieser Disziplinen nach formalistischer Auffassung die mathematischen Symbole, ihre Gestalt, ihre Verknüpfungen und Beziehungen sind.

E. Cassirer, Philosophie der symbolischen F.en, (1923) 1953/54² – Eisler I, 436 ff (Lit.) – Ch. S. Peirce, Coll. Papers VI, Cambridge (Mass.) 1935, 246 ff – D. Katz, Gestaltpsychologie, Basel (1943) 1948².

G. Patzig

Formeln

I. Religionsgeschichtlich – II. Liturgische Formeln im NT

I. Religionsgeschichtlich

Unter Ausschaltung spontaner und freier Wortgestaltung bilden die Religionen feste F., die in besonders intensiver Weise wegen ihrer objektiven und unveränderlichen Gestalt die Mächtigkeit (→ Macht: I) des heiligen → Wortes festhalten, wenn sie in festgelegtem Rhythmus, in bestimmter Tonhöhe und Lautstärke sowie unter geistiger Konzentration rezitiert werden. Die Religionsgeschichte kennt verschiedene Typen solcher F.

Heilige *Silben* repräsentieren vielfach numinose Wirklichkeit. So zB die Silbe Om: »Diese Silbe Om ist das Brahman« (Taitt. Aranyakam 10, 53; vgl. auch Kâth. Up. 2, 15 ff). Außer Silben und »numinosen Urlauten« (R. Otto) sind die Mantras zu nennen, von deren Rezitation man in Indien geheimnisvolle Wirkungen erwartet. Hierher gehört zB die Gâyatrî-Formel (Rigv. 3, 62, 10). Über den Sinn der Rezitation dieser Formel heißt es Brh. Brahma Samhitâ (3, 7): »Der Betende, der nach der ewigen Stadt verlangt, der betet in der Gâyatrî allein nur Vishnu an.«

In sich mannigfach differenziert ist der Komplex der *Weihe*-F. (→ Weihen: I). Hier handelt es sich immer irgendwie um Kraftverleihung durch Rezitation machterfüllter F. Das ist der Fall bei der Weihe von Speise und Trank zB durch die altgermanische Formel »til árs ok friðar« (»auf ein [gutes] Jahr und Frieden«). Der Trinkspruch ist ursprünglich hl. Formel zur magischen Kraftverleihung. Zur Totenweihe verwendet man vielfach formelhafte Sprüche, zB im indischen Ath. Veda 18, 2, 20; 18, 2, 52. Eine besondere Bedeutung haben die *Opfersprüche*, die eine Opferhandlung (→ Opfer: I) begleiten und deren unveränderte Rezitation die Erfüllung der Opferintentionen garantiert. Cicero schreibt darüber »Si aedilis verbo aut simpuvio aberravit, ludi non sunt rite facti« (de har. resp. 23). Auch → *Segen*- und *Fluch*-F. gehören in diesen Zusammenhang. Die »bona verba«, die die Römer am Neujahrstage zu sprechen empfahlen, um dadurch Glücksgüter den Mitmenschen zuzuwenden, zeigen, daß auch der profane Glückwunsch ursprünglich eine sakrale Segensformel war. Dasselbe gilt von den festformulierten Fluchworten, wie sie zB in Griechenland auf Bleitäfelchen oder in Ägypten auf Papyrusblättern aufgezeichnet wurden, um mutmaßliche Diebe rächender numinoser Macht zu unterstellen (RGL IV, 19; Roeder 98). Eine Sonderform des Weihewortes ist die *Eidesformel* (→ Eid: I). Ihre Machterfüllung wird daran sichtbar, daß vielfach auf machthaltige Gegenstände geschworen wird, zB in Indien auf Gangeswasser, im Islam auf den Koran und im christlichen Bereich auf die Bibel.

Nicht selten hat die rituelle Formel die Aufgabe, religiöse *Unreinheit* (→ Rein und unrein) zu beseitigen. Dabei kann es sich sowohl um das Besessensein von dämonischen Mächten handeln (→ Exorzismus: I) als auch um Beflecktsein von kultischer oder ethischer Unreinheit (→ Sünde: I). → Beschwörung und Absolution geschehen allenthalben unter Verwendung fester F.

Endlich ist an die gleichfalls im Bereich der Religionsgeschichte auftretenden *Zauber*-F. zu denken (→ Zaubersprüche). Die Römer hatten für magisch wirkende F. die Bezeichnung »carmen«, und die Griechen kannten »ἐπῳδαί« zur Heilung von Krankheit. Dieselbe magische Bedeutung hatten in Ägypten die Zauber-F., die man den Toten mit ins Grab gab. Zauber-F. werden zumeist leise gemurmelt, um ihre Wirksamkeit zu erhöhen (→ Schweigen: I).

S. Sudhaus, Lautes u. leises Beten (ARW 9, 1906, 185-200) - G. Roeder, Urkunden zur Religion des alten Ägypten, 1915 - F. Heiler, Das Gebet, (1918) 1923[5] - E. Maas, Segnen, Weihen, Taufen (ARW 21, 1922, 241-286) - van der Leeuw 462 ff. *G. Mensching*

II. Liturgische Formeln im NT

1. Akklamationen - 2. Doxologien - 3. Segen und Fluch - 4. Sakramentale F. - 5. Bekenntnis-F. - 6. Prädikationen und Einzelwendungen

1. Bisher fehlt eine umfassende Darstellung der nt. Formelsprache. Sie hätte Liturgisches klar von kerygmatischen, katechetischen, dogmatischen, juridischen Sätzen, von Schwurformeln, Liedern, Wendungen der Missions- und Erbauungssprache zu unterscheiden. Liturgische F. erwachsen im Zusammenhang kultischer Handlungen und nehmen, zur Wiederholung durch die gottesdienstliche Versammlung bestimmt, einen festen Platz im Geschehen der → Liturgie (: II) ein. Hymnen werden ihnen nicht subsumiert.

Die Bewegtheit urchristlichen → Gottesdienstes bezeugt die *Akklamation*, der öffentliche, als inspiriert geltende und rechtlich verpflichtende Zuruf, mit dem im NT wie in 1Kor 14, 25 Epiphanie anerkannt wird. Das Fehlen typisch griechischer Akklamation ist ein Zeichen dafür, daß urchristliche Liturgie im allgemeinen aus jüdisch-judenchristlichem Erbe schöpft. Aus dem Judentum stammen so → Amen, → Halleluja, Hosianna; die Diasporasynagoge hat wohl Anathema und die oft erweiterte und pluralisch modifizierte Akklamation εἰς αἰῶνα vermittelt. Das spezifisch urchristliche → Maranatha bestätigt im eucharistischen Zusammenhang von 1Kor 16, 22; Did 10, 5 die kultische Gegenwart des Weltenrichters (= »unser Herr ist da!«), so daß das Gebet Apk 22, 20 als sekundäre, wenngleich ebenfalls liturgische Variation erscheint. Nicht Anspielung auf das Vaterunser, sondern Akklamation ist auch ἀββα ὁ πατήρ Röm 8, 15; Gal 4, 6, dessen Doppelung auf die Heimat des zweisprachigen Syrien weist. Ähnlich mag es mit Kyrios Jesus 1Kor 12, 3 stehen, das als Akklamation Jesus von andern Kultherren abgrenzt, während Phil 2, 11, akklamatorische Form noch wahrend, bereits den Übergang zur Bekenntnisformel markiert. Wie in 1Tim 2, 5 eine zweigliedrige, liegt Eph 4, 5 eine triadische εἷς-Akklamation zugrunde, ursprünglich wohl ein (bei der Taufe erfolgender?) Kampfruf gegen Sektierer, heute eine Aussage über die Kriterien der Una Sancta. Hymnisch ist die Akklamation im Zweizeiler Lk 2, 14, dessen Terminologie auf altes Judenchristentum weist und dessen doxologische Variation in Lk 19, 38 noch zu klären bleibt. Als Akklamation wird auch Hebr 13, 8 anzusehen sein. Die Akklamationen der Apk sind literarische Bildungen, enthalten aber, zumal in den ἄξιος-Akklamationen 4, 11; 5, 9. 12, wohl liturgische Urformen in hymnischer Erweiterung.

2. Der Übergang zur häufig akklamatorisches Gut aufgreifenden *Doxologie* ist fließend. Doch bezeugt diese wie die nur stilistisch von ihr unterschiedene Eulogie (= jüdische b^e^rakā!) weniger gegenwärtige Epiphanie als Gottes ewiges Wesen und erfahrenes Handeln. Jüdische Herkunft selbst bei eingebauten griechischen Prädikationen wie in 1Tim 1, 17; 6, 15 äußert sich bes. darin, daß die Doxologie in Röm 1, 26; 9, 5; 2Kor 11, 31 der Nennung des Gottesnamens folgt. Hymnische Ausgestaltung charakterisiert die spätere Zeit und literarische Verwendung etwa Eph 3, 20 f; Jud 24f. Verrät schon die Einfügung des Vaternamens Phil 4, 20 Christianisierung, so markieren 2Petr 3, 21; Apk 1, 6 erste Übertragung auf Christus.

3. Die Bedeutung von → *Segen und Fluch* für die Urchristenheit erhellen der Gal 6, 16 übernommene jüdische Gruß, Makarismen und Weherufe, die Mt 10, 13 par geschilderte Praxis und die Verurteilungen in 1Kor 5, 5; Apg 8, 20f. Entscheidend ist der eschatologische Horizont: Mit dem Evangelium und der es tragenden Gemeinde offenbaren sich in der Endzeit konkret Heils- und Verderbensmacht und überliefern an Leben oder Tod. In 1Kor 16, 22 liegt eine liturgisch fest verankerte Fluchformel vor, 1Kor 5, 5 enthält entsprechende geprägte Wendungen. Daß die Salutatio der Paulinen liturgischer Art sei, wird (von Friedrich gegen Lohmeyer) heute bestritten, bleibt für manche Wünsche in den Briefschlüssen jedoch glaubhaft.

4. Scharf hebt sich *sakramentales Formelgut* aus dem nt. Kontext heraus. Die Einsetzungsberichte des → Abendmahls (: I, 1) sind wie der Taufbefehl Mt 28, 19 liturgische Formulare. Gerade hier hat sich rasch eine feste, wenn auch nur regional geltende Terminologie gebildet. Zu ihr gehören Wendungen wie »pneumatische Speise«, »Segenskelch«, »Anteil an Leib und Blut Christi«, »Herrenmahl« in 1Kor 10f, Essen des Fleisches und Trinken des Blutes Jesu Joh 6, 51ff, überhaupt die Betonung des Blutes Jesu als der Heilsursache, die Metapher »Erleuchtung« für das Taufgeschehen und wohl auch die übrige Begrifflichkeit in Hebr 6, 4 und 1Kor 6, 11, das Motiv der Metabasis Apg 26, 18; Kol 1, 13; 1Petr 2, 9; 1Joh 3, 14, das in Röm 6, 4f vorausgesetzt wird, das hymnische Fragment Röm 8, 29f, die F. »zur Vergebung der Sünden« oder »auf Christus (bzw. seinen Namen) getauft sein«. In Röm 10, 9 wird auf das Taufbekenntnis angespielt, Eph 5, 14 ist ein (fragmentarischer?) Heilsruf über dem Täufling, 1Kor 16, 22ff; Apk 22, 14ff entstammen der eucharistischen Eingangsliturgie. Mit dem Stichwort

»nicht wehren« (Mt 3, 14; Apg 8, 36; 10, 47) könnte tatsächlich auf eine Praxis verwiesen sein, in welcher bereits nach Hinderungsgründen für den Taufvollzug gefragt wird (Cullmann). Endlich könnten im heutigen Kontext zT recht ungeschickt stehende F.: »Dein Glaube hat dich geheilt« Mk 5, 34 par; 10, 52; Lk 7, 50; 17, 19; 18, 42, »Groß ist dein Glaube. Dir geschehe, wie du willst« Mt 15, 28 ursprünglich in der festen Sprache christlicher Exorzisten und Heiler beheimatet gewesen sein.

5. Zahlreich und bisher keineswegs völlig erfaßt sind die *Bekenntnis-F.* (→ Bekenntnis: III), während umgekehrt nicht alles geprägte Gut des NT so genannt werden sollte. Bei einer Auswahl aus dem einigermaßen Gesicherten mag man zB das Bekenntnis zur Fleischwerdung 1Joh 4, 2b, zur Gottessohnschaft 1Joh 4, 15; 5, 5, zum Richtertum Jesu 1Petr 4, 5 den dogmatischen Fixierungen, 1Kor 15, 3ff der katechetischen Tradition zuweisen und den liturgischen Charakter all dieser Sätze bestreiten. Gleichwohl spielen sie zT auf liturgisches Gut an, wie zB hinter dem Bekenntnis zur Gottessohnschaft nach Apg 8, 37 alte Taufhomologie steht. Daß die Bekenntnis-F. um das christologische Geschehen kreisen, ist für die Urchristenheit kennzeichnend. Eine jüdische Formel dagegen wird aufgegriffen, wenn Gott Röm 4, 17; 2Kor 1, 9 der heißt, »der die Toten auferweckt«. – Die ältesten Bekenntnis-F. erwachsen im Zusammenhang mit dem Weissagungsbeweis und greifen etwa aus Jes 53 das »für uns dahingegeben« (Röm 4, 25; 1Kor 15, 3; 2Kor 5, 21; Gal 1, 4; 2, 20; Eph 5, 2. 25; 1Tim 2, 5f; Tit 2, 14; 1Joh 2, 2; 4, 10), aus Ps 110 das »zur Rechten Gottes sitzend« (Lk 22, 69; Röm 8, 34; Kol 3, 1b; Hebr 1, 3f; 8, 1b) auf. Das soteriologische Ereignis wird 1Thess 1, 10; 1Kor 1, 30; 2Kor 5, 19; 1Tim 1, 15b zusammengefaßt. Ein anderer Überlieferungsstrang entfaltet den eschatologischen Christusweg entweder in der Antithese von Fleischwerdung und Inthronisation bzw. Auferstehung (Röm 1, 3f; 2Tim 2, 8) oder in der von Präexistenz und Epiphanie (2Tim 1, 9; 1Petr 1, 20). Phil 2, 6ff verbindet beides. Das Inthronisationsmotiv bestimmt die ältesten F. und Hymnen, weil damit die Besiegung der Mächte, die Weltherrschaft Christi und wie Röm 8, 34; Hebr 4, 14 seine Interzession für die Seinigen verkündet werden kann. Letztlich steht also auch hier das soteriologische Kerygma hinter der beginnenden Bekenntnisbildung.

6. Liturgische *Prädikationen* Gottes liegen wohl zB 1Kor 15, 57; 2Kor 1, 3. 21f; 4, 4; 5, 5; 1Tim 6, 13ff; Hebr 13, 20; Apk 1, 4 vor. Später überwiegen die Christusprädikationen: Apg 2, 36; 3, 13. 15. 26; 4, 27. 30; 5, 31; 10, 36. 42; 17, 31; 1Tim 1, 1; 2Tim 4, 1; Hebr 2, 10; 12, 2; 1Petr 2, 25; Apk 1, 5f. Liturgische Gebetssprache dürfte wie etwa in Eph 1, 17f; 3, 14ff, so in den Wendungen »im Angesichte Gottes bzw. Christi«, »vor Gott bzw. Christus«, »durch Jesus Christus« (Röm 12, 1 »durch die Barmherzigkeit Gottes«) hindurchschimmern. Zweifellos liturgisch ist auch die Bezeichnung der Glaubenden als der »den Namen des Herrn Anrufenden« 1Kor 1, 2 u.ö. Doch ist die fast unübersehbare Fülle gehobener Wendungen des NT bisher so gut wie gar nicht daraufhin geprüft, was liturgischem Gebrauch entstammt. Die gehäuften Genetivkonstruktionen der Deuteropaulinen würden sich als Ausgangspunkt dieser Frage eignen.

A. Seeberg, Der Katechismus der Urchristenheit, 1903 - E. Norden, Agnostos Theos, (1913) 1956[4] - H. Lietzmann, Symbolstudien (ZNW 22, 1923, 257-279) - E. Peterson, Heis Theos, 1926 - E. Lohmeyer, Probleme paulinischer Theologie I (ZNW 26, 1927, 158-173) - L. Brun, Segen u. Fluch im Urchristentum, 1932 - G. Harder, Paulus u. das Gebet, 1936 - E. Stauffer, TheolNT, (1941) 1948[4] - O. Cullmann, Die ersten christlichen Glaubensbekenntnisse (ThSt[B] 15), (1943) 1949[2] - K.H. Schelkle, Die Passion Jesu in der Verkündigung des NT, 1949 - RAC I, 216ff - G. Delling, Der Gottesdienst im NT, 1952 (Lit.).

E. Käsemann

Formen und Gattungen

I. Im AT - II. Im NT

I. Im AT

1. Formen und Formensprache - 2. Poesie und Prosa - 3. Gattungen im AT - 4. Sitz im Leben

1. Jeder Gedanke, dem wir Ausdruck geben, bedarf der »Formulierung«, wobei wir die Beobachtung machen, daß eine Einzelaussage, entsprechend der Situation, aus der heraus sie geschieht, in gleichgelagerten Fällen sich zumeist nicht nur der gleichen Worte zu bedienen pflegt, sondern ebenso auch der gleichen bestimmten Formen. Das ist zwar eine Selbstverständlichkeit; aber es ist gut, es in diesem Zusammenhang ausdrücklich auszusprechen. Auch in der Literatur treffen wir überall auf ganz charakteristische Formen, auf Grund deren es möglich ist, die einzelnen Literaturwerke in bestimmten Typen (»Gattungen«) zu klassifizieren. Diese Formen gelten insbesondere für den Menschen der Antike, der – weniger differenziert und individualisiert – sich sorgsam an die überkommenen Formen und ihre Sprache hielt. Von diesem stark ausgeprägten Formensinn zeugen nicht wenige Texte des AT. Vergleicht man die Literatur Israels mit der ägyptischen, akkadischen oder kanaanäischen, so erkennt man sofort allerlei Parallelen mit der Dichtkunst dieser seiner Umwelt. Aber es wäre ein Trugschluß, wollte man daraus eine bestimmte Abhängigkeit statuieren. Gemeinschaft in Form und Gattung ist nicht gleichbedeutend mit Übernahme; die Tatsache der Ähnlichkeit ist sehr oft nichts weiter als nur der Beweis für die Allgemeingültigkeit dieser Gattungen, ihrer Formen und ihrer Formensprache. In der Forderung → Herders nach einer ästhetischen Betrachtung der Bibel ist die Aufgabe vorgezeichnet, sorgsam auf Formen und Gattungen zu achten. Erleichtert wird diese Aufgabe durch Beachtung von Stil, Wortschatz und Gedanken, die für die einzelne Gattung typisch sind. Erschwert wird sie dadurch, daß viele der im AT vorkommenden Gattungen heute nicht mehr bestehen und darum nicht leicht zu erkennen sind. Da in den at. Büchern weithin Sammelwerke vorliegen, gilt es, die einzelne »Einheit« zunächst herauszulösen und abzugrenzen. Dies ist um so wichtiger, als die einzelnen Einheiten ursprünglich in mündlicher Tradition weitergegeben wurden. In dieser wird sich auch der Anfang der Sammlungen vollzogen haben, indem ähnliche Stoffe sich anzogen und vom Erzähler durch Überleitungen o.ä. verknüpft wurden. → Gunkel, → Greßmann u.a. haben das für Erzählungen und Psalmen herausgearbeitet. Mittelbar hierdurch sind weitere Spezialuntersuchungen, u.a. zu Rechtstexten (→ Alt), angeregt worden. Für die prophetischen Gattungen ist einiges getan, vieles bleibt noch zu tun.

2. Am Anfang der Literatur steht das Lied, das ursprünglich unter Musik und Tanz vom Volkschor aufgeführt wurde. Daß es im AT auch *»Poesie«* gibt, war zunächst keine Selbstverständlichkeit. Wohl erkannte man für große Teile des AT eine bes. gehobene Sprache, und → Lowth wies in ihnen auf eine eigentümliche Parallelität der Aussagen *(parallelismus membrorum)* hin, die innerhalb eines Stichos denselben Gedanken noch einmal, seltener zweimal (wie Ps 1, 2), in anderer Formulierung wiederholte *(synonym;* wie Ps 1, 5) oder weiterführte *(synthetisch;* wie Ps 1, 4) oder durch eine gegensätzliche Aussage *(antithetisch;* wie Ps 1, 6) unterstrich. Den poetischen Stücken des AT liegen *metrische Gesetze* zugrunde

(→ Musik: III), die freilich schwer zu fixieren sind. Von den beiden wichtigsten Rekonstruktionen rechnet die von G. Bickell, bes. vertreten durch → Hölscher und weiter entwickelt von → Mowinckel und Horst, mit *Alternierung* (betonte und unbetonte Silben wechseln regelmäßig – trochäisch oder jambisch – miteinander ab). Mehr Zustimmung hat die von J. Ley aufgestellte und von E. Sievers entfaltete *akzentuierende* Theorie gefunden, die mit einer oder zwei unbetonten Zwischensilben (anapästisch) rechnet. Der Stichos besteht dann aus 3+3 (bzw. 2+2+2) Hebungen; doch finden sich neben diesem »Doppeldreier« auch andere Reihen (Vierer, Siebener u.a.) wie auch verschiedene Metren innerhalb desselben Gedichts (Mischmetren). Für das »Volksklagelied« hat → Budde im Qinametrum (3+2) ein besonderes Versmaß erkannt. Gelegentlich finden sich auch überhängende Kurzverse (Dreier); daß aber ganze Dichtungen aus ihnen bestehen sollen (so Balla, Fohrer), ist eine Theorie, die bisher keine Zustimmung fand. Oft gehören zwei (oder mehr) Stichen zusammen. Ob es darüber hinaus im AT auch eine *Strophenbildung* (Koester, Condamin) gegeben hat, bleibt trotz der neuen Versuche von Fohrer und Bruno, der seine Theorie auch auf die erzählenden Teile des AT ausdehnt, sehr fraglich. Mit Sicherheit ist es nur in alphabetischen Liedern (wie Ps 119; Klgl) anzunehmen oder da, wo sich ein Kehrreim (wie Ps 42f; 107) findet. Auch die *epische Prosa* hat ihre besonderen Stilgesetze. Sie kennt keine Reflexion oder Milieu-Schilderung, sondern setzt alles, auch die menschlichen Seelenzustände, in Handlung um, die sie in schlichter, schmuckloser Sprache mit großer Zielstrebigkeit unter Vermeidung aller Nebendinge erzählt. Und doch ist das alles künstlerisch so hochstehend, daß seine Formung wahrscheinlich auf einen besonderen Stand von Volkserzählern zurückzuführen ist.

3. In Israel wurde viel gesungen: bei der Arbeit, am Feierabend, in Freude und Leid, bei Hochzeit und Todesfall. Überall finden sich diese *weltlichen Lieder* (→ Profane Dichtung im AT) innerhalb des AT eingestreut, wenn sie nicht als besondere Sammlungen (→ Hohes Lied [: I], → Weisheitsdichtung) in Erscheinung treten. In der *kultischen Dichtung* ist der *Orakelspruch* (wie Gen 25, 23) nur selten poetisch geformt; neben dem → Aaronitischen Segen (Num 6, 24-26) findet sich häufiger (wie Ps 24, 3-6) die *Priestertora* (→ Priestertum: II, → Tora), die sich durch angehängte Verheißung (wie Ps 15) zur *Toraliturgie* entwickelte. Von den *religiösen Liedern*, die uns hier und da sporadisch im AT begegnen (wie Jona 2; Jes 38, 10-20), bietet der Psalter (→ Psalmen: I) mehrere große Sammlungen verschiedensten Inhalts und verschiedenster Form. Die Hauptgattungen sind: der *Hymnus* mit Aufruf, Gottesprädikationen und Rühmung des erfahrenen Heils (wie Ps 96; 100); das *Volksklagelied* mit Klage, Schilderung der Not und Bitte (wie Ps 44; 74); ihm parallel das *Klagelied des Einzelnen* (wie Ps 42f). Das Gegenstück hierzu bilden die *Danklieder des Einzelnen* (wie Ps 18; 30), welche die Größe der Errettung durch Schilderung der überstandenen Not unterstreichen und das Dankopfer ankündigen (zuweilen der zweite Teil eines Klageliedes, wie Ps 22). Aus den Klageliedern haben sich durch Akzentverlagerung *Vertrauenslieder* (wie Ps 125), *Buß-* und *Unschuldslieder* (wie Ps 106; 5; 51), *Danklieder Israels* (wie Ps 67) und Rachepsalmen (wie Ps 109) entwickelt.

In der *erzählenden Prosa* nehmen die → *Sagen* (: II) einen breiten Raum ein. Sie wollen besondere Erscheinungen erklären *(ätiologische Sagen)*, während die *Kultsage* die Ordnungen des Gottesdienstes oder die Heiligkeit bestimmter Stätten *(Kultlegende)* motiviert. Die historischen Sagen oder *Heldensagen* ranken sich um große Gestalten der Vergangenheit, um die sich allmählich mitunter ganze *Sagenkränze* (wie bei → Simson) kristallisierten. Abarten dieser Gattung sind *Novelle* (wie Ruth) und (Propheten-)*Legende*, die in später Zeit (Daniel) als Märtyrerlegende sehr beliebt wurde. Je und dann begegnen im AT *Mythenstoffe* (→ Mythos: III), bes. in der Urgeschichte (Gen 1-11), aber auch sonst, jedoch immer nur in einzelnen Motiven. Das gilt auch vom → *Märchen* (: II), während → *Fabel* (: I) und *Parabel* (→ Gleichnis: II, 1) in vollständiger Ausprägung überliefert sind. Die *historische Prosa* ist im AT vertreten durch Urkunden (wie Esr 6, 3-12), Briefe (wie 2Sam 11, 15), Verträge (1Sam 8, 11-17?) und allerlei Listen (wie 2Sam 20, 23 bis 26), aber auch durch Kriegsberichte (wie Ex 17, 8-13) und geschichtliche Erzählungen (→ Geschichtsschreibung: I) und Reden, speziell Abschiedsreden (zB bei Mose, Josua, Samuel). Eine eigene Gattung stellen die *Selbstberichte* der → Propheten (: II) über ihre → Berufung (: II) und ihre Visionen dar; als weitere Gattungen finden sich bei ihnen Droh-, Mahn- und Scheltreden, aber auch Verheißungen. Aus dem *Rechtsleben* (→ Gerichtsverfassung in Israel) stammen die von den Propheten oft verwendete Form der *Gerichtsrede* und die in verschiedener Form gebotenen → *Gesetze* (: II), deren *kasuistische* Formulierung wohl auf die Rechtssatzungen von Israels Umwelt zurückgeht, während das *apodiktische* und das Ritenrecht aus dem Kultus stammen (Alt). Ritenrecht sind die *Kultordnungen* für die Darbringung der Opfer und *Anweisungen* für die Priester (wie Lev 7, 7; »Priesterliches Wissen«). Eine besondere Gattung stellt die oft mit »erbaulichen« Wendungen arbeitende *Predigt* dar, nachweisbar im → Deuteronomium, den → Chronikbüchern und bei einzelnen Propheten (vgl. Jer 7; Ez 20).

4. Zum Verständnis der Gattungen ist notwendig die Frage nach der vorausgesetzten Situation, nach dem Sprecher, seiner Absicht, seinen Hörern und nach der ganzen Stimmung, kurz: nach dem *»Sitz im Leben«* (Gunkel). Für viele Gattungen, bes. die profanen, ergibt sich die Antwort von selbst. Für andere finden sich Hinweise auf Opfer, Gebete, heilige Tänze, → Musik (: III) und Festprozessionen, so daß man für einen großen Teil der Lieder die *»Begehung«* erkennt. So gehört zum Hymnus das Opferfest an heiliger Stätte (→ Feste: II); zum Volksklagelied ebendort das Fasten. Bei dem mit einem Opfer verbundenen individuellen Danklied ist vom Erheben des Heilsbechers, von Reigentänzen, feierlicher Mahlzeit und Musik die Rede. Bei den Klageliedern des Einzelnen hat man das »Ich« kollektiv fassen wollen (dagegen mit Recht Balla) oder in dieser Gattung private »geistliche Lieder« gesehen; doch hat sich die Erkenntnis durchgesetzt, daß sie, auch wenn die Begehung (Reinigungsriten, Sündopfer) nicht ausdrücklich erwähnt wird (doch vgl. Ps 86, 17), überwiegend kultischen Ursprung haben. Bei einer bestimmten Gruppe von ihnen (wie Ps 7; 35) scheint im Hintergrunde ein Untersuchungsverfahren am Heiligtum zu stehen (Gebet des Angeklagten). Aus den vermuteten Begehungen »Jahwes Zug zum Heiligtum« und »Verherrlichung des dort thronenden Gottes« (Ps 47, 6. 9) hat man von der Akklamation: »jāhwǣ malāk« aus auf ein besonderes *Thronbesteigungsfest Jahwes* (→ Feste: II, 8) und eine eigene (hymnische) Gattung geschlossen (wie Ps 93; 97), die sich an die profanen Königslieder anlehnt und – Hymnen bei Dtjes vergleichbar – stark eschatologischen Charakter trägt.

Die Gattungen, ursprünglich reinlich voneinander getrennt, sind im Laufe der Zeit durch den Einfluß der Schriftstellerei kompliziert und umgebogen worden; sie haben auch wechselseitig aufeinander eingewirkt und sich stärker vermischt. Anhand dieser Umbildung und Entwicklung läßt sich in großen Zügen eine Geschichte der Gattungen schreiben (Gunkel). Die Gattungsforschung muß als Vorstufe für eine israelitische *Literaturgeschichte* angesehen werden. Gunkel selbst hat diese Absicht nicht mehr verwirklichen können; aber durch zwei wertvolle große Arbeiten der neueren Zeit (Hempel, Lods) ist nach dem früheren noch recht anfechtbaren Versuch von → Budde jetzt das Recht und die Notwendigkeit einer synthetisch-positiven »Literaturgeschichte« als selbständiger at. Disziplin neben der analytisch-kritischen »Einleitungswissenschaft« nachgewiesen.

Zu 1: H.GUNKEL, Genesis (HK I, 1), (1901) 1922⁵ - DERS., Reden u. Aufsätze, 1913 - A.OLRIK, Epische Gesetze der Volksdichtung (Zs. f. dt. Altertum 51, 1909, 1-12) - H.GRESSMANN, Die älteste Geschichtsschreibung u. Prophetie Israels (SAT II, 1), (1910) 1921² - DERS., Die Anfänge Israels (SAT I, 2), (1910) 1922² - F.STUMMER, Sumerisch-akkadische Parallelen zum Aufbau at. Psalmen, 1922 - P.HUMBERT, Recherches sur les sources égyptiennes de la littérature apientiale d'Israël, Neuchâtel 1929 - H.GUNKEL-J.BEGRICH, Einl. in die Psalmen (HK II ErgBd), 1933. - Zu 2: R.LOWTH, De sacra poesi Hebr. praelectiones, Oxford 1753 - F.B.KOESTER, Über die Strophen u. den Parallelismus der hebr. Poesie (ThStKr 4, 1831, 40-114) - J.LEY, Grundzüge des Rhythmus usw, 1875 - G.BICKELL, Carmina Vet. Test. metrice, Innsbruck 1882 - K.BUDDE, Das hebr. Leichenlied (ZAW 2, 1882, 1-52 mit Nachträgen in ZAW 3, 11, 12 u. ZDPV 6, 1883) - E.SIEVERS, Metrische Studien I-III, 1901-07 - G.HÖLSCHER, Elemente arab., syr. u. hebr. Metrik (BZAW 34, 1920, 93-101) - A. BRUNO, Der Rhythmus der at. Dichtung, 1930 - DERS., Die Bücher Genesis-Exodus. Eine rhythm. Untersuchung, Stockholm 1953 (ebd 5 weitere Veröffentlichungen über Jos, Kön, Hhld, Hi u. Kl. Proph., 1955-57) - A.CONDAMIN, Poèmes de la Bible, Paris 1933 - TH.H.ROBINSON, The Poetry of the OT, London 1947 - E.BALLA, Ezechiel 8, 1-9. 11; 11, 24-25 (Bultmann-Festschr., 1949, 1-11) - S.MOWINCKEL, Zum Problem der hebr. Metrik (Festschr. für A.Bertholet, 1950, 379-394) - G.FOHRER, Über den Kurzvers (ZAW 66, 1954, 199-236). - Forschungsberichte zu metr. Problemen von J.BEGRICH (ThR 4, 1932, 67-89) u. F.HORST (ThR 21, 1953, 97-121). - Zu 3: H.GUNKEL, Das Märchen im AT (RV II, 23-26), 1917 - J.HEMPEL, Glaube, Mythos u. Gesch. im AT (ZAW 65, 1953, 110-167) - C.A.KELLER, »Die Gefährdung der Ahnfrau« (ZAW 66, 1954, 181-191) - C.WESTERMANN, Struktur u. Gesch. der Klage im AT (ebd 44-80) - A.ALT, Die Ursprünge des israel. Rechtes (ALT I, 278-332). - Zu 4: H.GUNKEL, Die israel. Lit. (Kultur d. Gegenwart I/7, [1906] 1923³, 51-112) - K.BUDDE, Gesch. der althebr. Lit., (1906) 1909² - MOWINCKEL II, 1921 - H.SCHMIDT, Das Gebet des Angeklagten im AT (BZAW 49), 1928 - J.HEMPEL, Althebr. Lit. u. ihr hellenist.-jüd. Nachleben (HLW), 1934 - O.EISSFELDT, EinlAT, (1934) 1956², 9ff - A.LODS, Histoire de la litt. hébr. et juive, Paris 1950 - A.R.JOHNSON, Sacral Kingship in Ancient Israel, Cardiff 1955 - J.GRAY, The Hebr. Conception of the Kingship of God (VT 6, 1956, 268-285). - Vgl. auch die Lit. bei den im Text angegebenen Artikeln. *C.Kuhl*

II. Im NT

1. Die Jesus-Überlieferung: a) Worte Jesu (synoptisch) - b) Geschichten von Jesus (synoptisch) - c) JohEv - 2. Das Überlieferungsgut der übrigen nt. Schriften: a) Glaubensformeln - b) Hymnen und anderes liturgisches Gut - c) Predigt - d) Paränese

Die nt. Schriften (→ Bibel: II A) sind nicht als hohe Literatur für ein beliebiges Publikum, sondern aus den praktischen Bedürfnissen und für den Gebrauch der Gemeinde entstanden. Literarischer Stilformen bedient sich nur das lukanische Geschichtswerk, bes. die → Apostelgeschichte. Im übrigen aber gilt allgemein, daß die Ausrichtung der Heilsbotschaft und ihre Anwendung auf das Leben der Gemeinde die gestaltenden Faktoren der nt. Schriften sind. Zu ihren Kennzeichen gehört die Verwendung fester, in mündlicher → Tradition (:V) vorgeprägter *Formen* und die Aufnahme und Ausbildung zweckentsprechender *Gattungen*, die, ihrem Wesen nach überindividuell, nicht der Willkür eines einzelnen Autors unterworfen sind und jeweils aus ihrem »Sitz im Leben« der Gemeinde verstanden werden wollen. Die in der Regel zu kleinen Einheiten verdichteten, nach bestimmten Formgesetzen geprägten Überlieferungen, Motiv und Zweck ihrer Entstehung sowie die Gesetze ihrer Fortentwicklung lassen sich weithin noch mit einiger Deutlichkeit erkennen. Die literarischen Gattungen der nt. Schriften, in denen diese kleineren Formeinheiten Aufnahme und Verarbeitung fanden, sind verschiedenartig: eine erste bilden die vier → Evangelien (, formgeschichtlich); die Apg ist das erste und einzige Beispiel frühchristlicher → Geschichtsschreibung (: II); nicht weniger als 21 (von 27) Schriften des Kanons gehören zur → Briefliteratur (echte Briefe; in briefliche Form gekleidete Predigten, Mahnreden, Gemeinderegeln usw); die → Johannesapokalypse vertritt die im Judentum verbreitete Gattung der Apokalypsen (→ Apokalyptik: II). Alle diese Gattungen finden sich auch in der außerkanonischen Literatur des Urchristentums.

1. Schon die Überlieferung der *Worte Jesu* und der *Geschichten von Jesus* vollzog sich, wie vor allem die Evangelien zeigen, in verschiedenartigen, festen Formen.

a) Unter den *Logien Jesu* heben sich als erste Gruppe α) seine *prophetisch-apokalyptischen Worte* heraus, die den Anbruch der Gottesherrschaft verkünden (zB Lk 6, 20-26 par; 10, 23f par; Mt 11, 5f par). Nach Inhalt und Form den Sprüchen at. Propheten verwandt (→ Formen: I), unterscheiden sie sich doch von diesen dadurch, daß sie niemals im Stil der at. Gottesspruchformeln (»So spricht Jahwe« u.ä.), sondern immer unmittelbar formuliert sind und die mit Jesu Kommen schon anbrechende Heils- und Krisiszeit verkünden (Seligpreisungen und Weherufe, Preis der Augenzeugen u.a.), ohne dabei in apokalyptischer Manier die Zukunft auszumalen. - β) Für Jesu Reich-Gottes-Verkündigung sind in besonderer Weise die zahlreichen → *Gleichnisse* charakteristisch. Sie verdeutlichen durch einen Vergleich mit alltäglichen oder auch ungewöhnlichen Vorgängen aus Natur und Menschenleben die mit Jesu Verkündigung und Wirken inaugurierte Krisis- und Heilszeit. In der Regel verdirbt eine die Einzelzüge ausdeutende Allegorese ihren Sinn. Die Pointe ist das allermeist *eine* tertium comparationis (Jülicher). Doch verrät schon die synoptische Überlieferung (zB Mk 4, 15-20; Mt 13, 36-43; Lk 16, 9-13 und die »Parabeltheorie« Mk 4, 11f) das frühe Aufkommen der Allegorese. - γ) Zahlreiche Worte Jesu haben den Charakter von *Weisheitssprüchen*, zu denen die jüdische → Weisheitsdichtung, aber auch die sonstige Sprichwortliteratur reiche Parallelen bietet. Sie sprechen Lebenserfahrungen aus, die ohne Bindung an Zeit und Situation gelten und jedermann verständlich sind (jeder Tag hat genug an seiner eigenen Plage. Wes das Herz voll ist, des geht der Mund über u.a.). Doch bekommen auch diese Worte durch ihre Zuordnung zu Reichsbotschaft und Gottesforderung in Jesu Predigt ihren aktuellen Bezug. - δ) Eine eigene Gruppe sind die *Gesetzesworte* Jesu, die weithin im Stil der rabbinischen Lehrweise unter Hinweis auf die Schrift den Willen Gottes verkünden. Das gilt ebenso für die fraglos authentischen Worte wie auch für die ihnen nachgebildeten und Jesus in den Mund gelegten, die deutlich Situation und Interesse der späteren Gemeinde widerspiegeln (Ethik, Ordnung, Disziplin, Mission). Der charakteristische Unterschied der Worte Jesu zur schriftgelehrten Tradition besteht - vom Inhalt abgesehen - darin, daß sie zumeist nicht den Charakter eigentlicher → Schriftauslegung (: III) haben. Wohl machen sie von der Schrift reichlichen Gebrauch und fechten ihre Autorität nicht an, aber an die Stelle einer Auslegung, die gegenüber dem vorgegebenen Text Abstand hält, ist hier die Unmittelbarkeit des göttlichen Willens getreten. An ihm wird unter Umständen auch der Buchstabe der Schrift gemessen (zB Mk 10, 4f). Lehrreich sind vor allem die Antithesen der → Bergpredigt, deren Einleitungsformel (»Ich aber sage euch«) bezeichnenderweise in der rabbinischen Tradition keine Parallelen hat.

– ε) Die Worte Jesu, die von seiner Sendung und Hoheit und von seinem Schicksal sprechen *(Christus-Worte)*, sind im einzelnen sehr verschiedener Art. Doch ist ihnen gemeinsam, daß Jesus selbst als eschatologischer Heilbringer ihr Inhalt ist und der Sinn seines Kommens in ihnen umfassend ausgesprochen wird. Zu diesen Worten gehören die Sprüche, die mit der Wendung »Ich bin gekommen...« eingeleitet sind (Mk 2, 17; 10, 45; Mt 5, 17; Lk 12, 49f u.a.). Ferner die durchgängig in 3. Person formulierten Sprüche vom → Menschensohn (: II), jedoch nur die, die von seinem Erdenwirken und von seinem Leiden und Auferstehen reden (Mt 8, 20; 11, 19; Mk 8, 31 u.a.), während die vom kommenden Menschensohn den prophetisch-apokalyptischen Sprüchen zugerechnet werden müssen. Die Authentizität aller dieser Worte ist im einzelnen umstritten. Auch wenn man geneigt ist, sie nicht schlechthin zu bestreiten, wird man die gerade hier verständlicherweise wirksame Tendenz der glaubenden Gemeinde zu Fort- und Neubildungen stärkstens in Anschlag bringen müssen. – ʒ) Auf der Grenze zwischen Worten und Erzählungen stehen die mit knapper szenischer Umrahmung überlieferten Stücke, die ein pointiert formuliertes Herrenwort zum Mittelpunkt haben *(Apophthegmata)*, häufig auch zu kleinen Dialogen (»Schul«- oder »Streitgesprächen«) ausgestaltet sind.

b) Eigenen Formgesetzen unterliegt die Überlieferung der Jesus*geschichten*. α) Unter ihnen bilden eine erste Gruppe die zahlreichen *Wundergeschichten*, die Jesu Taten erzählen (Heilungen, Naturwunder). Ihrer Form nach sind sie jüdischen, aber auch hellenistischen Wundergeschichten verwandt. Man beachte den stereotypen Aufbau: Exposition etwa mit Schilderung der Dauer und Schwere einer Krankheit und der ungläubigen Menge; Heilungswort und -tat mit der Feststellung des eingetretenen Erfolges; Erstaunen und Lobpreis der Umstehenden (»Chorschluß«). Charakteristisch ist, daß in vielen Geschichten das Einmalig-Episodische und Porträthafte stark zurücktritt, um der Erzählung damit eine beispielhafte Bedeutung für Predigt und Unterweisung zu geben (Dibelius redet darum von »Paradigmen«, doch umspannt dieser Begriff bei ihm zu verschiedene Einzelgattungen), während andere Erzählungen durchaus das Einmalige einer Tat und damit das Bild des Wundertäters in den Vordergrund stellen und die näheren Umstände in novellistischer Breite schildern. – β) Lassen sich diese Erzählungen als Jesusgeschichten bezeichnen, dazu erzählt, Glauben und Erkenntnis zu wecken, so sind andere, die man *Christus-Geschichten* nennen könnte, von vornherein und im ganzen von diesem Glauben geprägt. Charakteristisch ist für sie vielfach der Stil der Legende (→ Sagen: III), hinter und in der das Glaubensinteresse der Gemeinde an der Gestalt Christi oder auch am eigenen Kultus sichtbar wird (Taufe, Versuchung, Petrusbekenntnis, Verklärung, Einzug, Abendmahl, Vorgeschichten des Mt- und LkEv, Auferstehungsgeschichten). – γ) Die bisher genannten Überlieferungsstücke sind in sich geschlossen und erschöpfend formulierte oder erzählte Einheiten. Zusammenhang und Anordnung haben keine bestimmende Bedeutung. Anders verhält es sich mit der *Passionsgeschichte*. Auch sie setzt sich aus abgegrenzten Einzelperikopen zusammen und zeigt die Spuren allmählicher Erweiterung. Doch ist für ihre Erzählung ein offenkundiges Interesse an der Abfolge der Ereignisse im ganzen maßgebend.

c) Einen selbständigen Typus in der Gestaltung der Jesus-Überlieferung stellt das → *Johannesevangelium* dar. Aller Wahrscheinlichkeit nach hat Johannes eine eigene Sammlung von Wundergeschichten verarbeitet (von Bultmann als »σημεῖα-Quelle« bezeichnet), die in ihrer novellistisch breit ausgemalten Wunderhaftigkeit die synoptische Tradition zT noch beträchtlich überbietet. Doch will Johannes die Wunder nicht als bloß irdische Geschehnisse, sondern als »Zeichen« auf Jesus selbst als Heilsbringer und -gabe verstanden wissen. Charakteristisch ist darum die häufig ausdrückliche Zuordnung der im Vergangenheitstempus erzählten Geschichten zu den im Präsensstil der Offenbarungsreden gehaltenen Worte Jesu (bes. der »Ich bin«-Worte, zB 6, 35; 8, 12; [9, 5]; 11, 25) und die Preisgabe der geschichtlichen Szenerie mit ihren jeweiligen Zeit- und Ortsangaben, ihren Personen und Vorgängen (5, 1ff; 6, 1ff; vgl. auch die Dialogszenen 3, 1ff; 8, 12ff; 12, 20ff). Thema ist durchgängig die Gottesoffenbarung in Jesus, sein Kommen zu Heil und Gericht. Der eigentümlich apodiktische, auf Deduktionen und Beweise verzichtende Stil dieser Offenbarungsreden hat in der orientalischen Offenbarungsliteratur, zumal in der → Gnosis, reichliche Parallelen.

2. Unter dem nach festen Formgesetzen geprägten Überlieferungsgut der *übrigen nt. Schriften* (außerhalb der Evangelien) sind a) die *Glaubensformeln* zu nennen, sei es in Gestalt kerygmatischer Summarien, sei es in Gestalt von Bekenntnissen (→ Bekenntnis: III). Beides gehört sachlich in der Tat engstens zusammen (Röm 10, 8f). Was das Wort verkündet, beantwortet das Bekenntnis. Doch haben auch beide ihre Besonderheiten. Für die *kerygmatischen Formeln* dürfte etwa die Betonung der Verbindlichkeit und Allgemeingültigkeit im Kontext von 1Kor 15, 3-5 charakteristisch sein (15, 1ff. 11) sowie das theologische Motiv der Schrifterfüllung (15, 3f). Gleichwohl sind die Formeln sehr verschieden und werden nicht als heiliger Text zitiert und behandelt, sondern selbständig verarbeitet. Nur wo sich ein formelhafter Text schon durch seine eigene Terminologie abhebt (Röm 1, 3f; 3, 25; 4, 25 u.a.), läßt er sich mit einiger Sicherheit als vorgegebenes Traditionsgut ausgrenzen. An andern Stellen lassen sich mindestens die von den nt. Autoren frei benutzten Stilformen und Motivschemata der Formeln erkennen. Häufiger tauchen auf: die christologische Antithese »nach dem Fleisch – nach dem Geiste« (Röm 1, 3f; 1Tim 3, 16 u.ö.) oder die Gegenüberstellung »ihr habt ihn getötet – Gott hat ihn auferweckt« in den Predigten der Apg (2, 23f; 3, 15 u.ö.), oder von dem göttlichen Heilsmysterium: »Einst verborgen – jetzt offenbar« (Kol 1, 26; Eph 3, 4f u.ö.). – Auch die *Bekenntnisse* sind nach Form und Inhalt sehr verschiedenartig. Sie dürfen darum nicht als Fragmente eines einzigen Credo verstanden werden (gegen A.Seeberg). Inhaltlich schon durch die mannigfaltigen eschatologischen Hoheitstitel (Christus, Sohn Gottes, Herr u.a.) und die Motivreihen der ihnen zugeordneten begründenden Aussagen unterschieden, differieren sie auch formal durch die Ausführlichkeit ihrer Prädikationen. In der Mehrzahl sind sie eingliedrige christologische Bekenntnisse (zB 1Kor 12, 3; Apg 8, 37; Hebr 4, 14). Doch finden sich daneben auch zweigliedrige (aber zunächst noch keine dreigliedrigen) Bekenntnisformeln, die von Gott und Christus handeln (zB 1Kor 8, 6; 1Tim 6, 13; 2Tim 4, 1). Einige der → Formeln (: II) verraten schon durch ihren Stil ihre Herkunft aus gottesdienstlichen Akklamationen (vgl. die εἷς-Formeln 1Kor 8, 6f; 2Tim 2, 5). Bezeichnenderweise vermeiden sie jedoch den enthusiastischen Stil heidnischer Akklamationen (nach Art des Artemis-Rufes Apg 19, 28) und deren stereotype Terminologie (βοᾶν, κραυγή, μιᾷ φωνῇ u.ä.) und drängen zur expliziten Aussage (ὅτι-Sätze, zB Joh 6, 69; 11, 27; Röm 10, 9). Der »Sitz im Leben« ist für die Bekenntnisse vor allem Taufunterricht und Taufe, doch wird man daneben den Gottesdienst der Gemeinde im weiteren Sinn und die Notwendigkeit, das Evangelium gegen die Irrlehre abzugrenzen (1Joh 2, 22; 4, 2f), als Entstehungssituationen

des Bekenntnisses, Exorzismus und – später – Martyrium als seine Bewährungssituationen ansehen müssen.

b) Eng verwandt sind den Bekenntnissen die *Christushymnen*, deren einige im NT, andere in der außerkanonischen Literatur erhalten sind. Solche »Lieder« werden ausdrücklich Kol 3, 16; Eph 5, 19 genannt. Hebr 13, 15 nennt sie mit at. Wendung »Lobopfer« und bezeichnet auch sie als Bekenntnisse. Gemeint ist hier jedoch das immer wieder im Gottesdienst erklingende hymnische Bekenntnis, das auch den Eingangsversen des Briefes zugrunde gelegt ist, im Unterschied zu dem einmal verbindlich abgelegten Taufbekenntnis (3, 1; 4, 14; 10, 23). Als Christushymnen lassen sich auf Grund fester Stilmerkmale – Prädikationen im Relativ- und Partizipialstil; Parallelismus der Glieder; Rhythmus; strophische Gliederung; umfassender, den jeweiligen Kontext übergreifender Charakter des Ganzen – mit Sicherheit Phil 2, 6-11; Kol 1, 15-20; 1Tim 3, 16 bezeichnen; ebenso Hebr 1, 3f, dies jedoch schon stärker aufgelöst und verarbeitet. Auch 1Petr 1, 18-20; 2, 21-24; 3, 18-22 scheinen Bekenntnis- und Liedfragmente zugrunde zu liegen, und sicher sind Partien wie Eph 1, 3-14 hymnisch formuliert. Doch verbietet schon die fließende Grenze zwischen Hymnus und gehobener, liturgisch formulierter Prosa, überall dort, wo sich derartige Stilelemente erkennen lassen, sofort mit vorgegebenen Traditionsstücken zu rechnen. Ausdrückliche Zitationen begegnen niemals, und die schon durch ihre eigenständige Terminologie als Formelgut erkennbaren Stücke werden nicht selten von dem verarbeitenden Autor glossiert. Auch der Prolog des JohEv (1, 1-18) dürfte einen von dem Evangelisten glossierten urchristlichen (?) Hymnus auf den → Logos (: II) zur Grundlage haben. Die genannten Texte (mit Ausnahme von Joh 1) zeigen eine bemerkenswerte Einheit christologischer Motive. Vor allem taucht das Motiv der Inthronisation Christi immer wieder auf (Erhöhung, Präsentation vor den Mächten, göttliche Proklamation seines Namens, Akklamation). Charakteristisch ist, daß auch der Gedanke der → Präexistenz Christi (in Entsprechung zu seiner Postexistenz) in diesen Hymnen beheimatet ist. – Anderer Art sind die teilweise hymnisch ausgestalteten Akklamationen und Doxologien, die als Lobgesänge der Engel und Seligen, an Gott oder das Lamm gerichtet, die Apk in großer Zahl durchziehen (4, 8; 5, 9f. 13; 7, 10. 12 u.ö.). Sie zeigen den starken Einfluß at.-jüdischer Tradition auf die kultische Sprache des urchristlichen Gottesdienstes. – Auffallend ist, daß at. Psalmen nicht unmittelbar in dem nt. Liederschatz erscheinen und viele ihrer Gattungen (zB Buß- und Dankpsalmen mit den in der 1. Person gehaltenen Erzählungen der göttlichen Gerichts- und Gnadenerweise; → Formen: I, 3) im NT keine Entsprechungen haben. Durchgängig fehlt der Ich- und Wir-Stil. Ausnahmen bilden die beiden jüdisch-eschatologischen Hymnen Lk 1, 46 bis 55 (Magnificat) und 1, 67-79 (Benedictus), die der Evangelist seiner Vorgeschichte unter leichter Anpassung eingefügt hat. – Auf kultischen Ursprung weisen die zahlreichen Doxologien (zB Röm 1, 25b; 9, 5b; 11, 36b; 1Tim 6, 15f) und Segensformeln (zB Röm 1, 7; 16, 20b; 1Tim 1, 2; 1Petr 1, 2b) wie auch Wendungen und Stilformen der Gebetssprache, die weithin vom Judentum übernommen sind (zB Mt 6, 9a; Apg 4, 24). Ein eigener »Sitz im Leben« für neue Formeln und Formen ist die urchristliche Eucharistie (→ Abendmahl: I), wie die liturgisch stilisierten Einsetzungsworte, aber auch das → Anathema, → Maranatha und die Aufforderung zum heiligen → Kuß zeigen.

c) Kein einziger Text des NT läßt sich als Konzept oder wörtliche Nachschrift einer urchristlichen *Predigt* ansprechen. Dennoch sind aus einzelnen Abschnitten und ganzen Schriften Stilmerkmale und Grundschemata dieser Predigten mit hinreichender Deutlichkeit zu erkennen. Vor allem bietet die Apg derartige, für die Zeit des Verfassers kennzeichnende Predigtmuster in der regelmäßig wiederkehrenden Anordnung: Kerygma von Jesu Leben, Leiden, Tod und seiner von den Jüngern bezeugten Auferstehung (2, 22ff; 3, 15ff; 5, 30ff; 10, 37ff u.ö.), Schriftbeweis (2, 25ff; 3, 22ff; 10, 43; 13, 32ff), Bußmahnung (2, 38f; 3, 17ff; 5, 31; 13, 38ff u.ö.). Inhaltlich differieren diese Predigten nicht nach den jeweiligen Predigern, wohl aber nach dem Hörerkreis (Juden-Heiden). Nach Stil und Motiven hat vor allem die hellenistisch-jüdische Homilie auf die frühchristliche Predigt eingewirkt. Klassisches Beispiel einer hellenistische und hellenistisch-jüdische Gedanken verarbeitenden und christlich wendenden Predigt ist die → Areopagrede (Apg 17). – Sind die genannten Beispiele vor allem, wenn auch nicht ausschließlich, für die Missionspredigt charakteristisch, so wird man dem Gedankengang zahlreicher nt. Schriften auch typische Merkmale der Gemeindeverkündigung entnehmen dürfen. Hierher gehört die Entfaltung der Christusbotschaft im engen Anschluß an Kerygma und Bekenntnis (Röm, Gal, Hebr, 1Joh), an die Taufe (1Petr), beispielhaft deutlich etwa im Kol (hymnisches Bekenntnis c. 1, polemische c. 2 und paränetische Entfaltung c. 3). Auch die häufige Gegenüberstellung von Einst (heidnische oder jüdische Vergangenheit) und Jetzt (Christenstand der Hörenden) und vor allem der Wechsel von lehrhaften und ermahnenden Abschnitten weist auf den Stil der Predigt. Für die paulinische Predigt, deren Eigenart sich indirekt aus den Briefen des Apostels erkennen läßt, ist kennzeichnend, daß sie trotz deutlicher Berührungen mit Begriffen, Denk- und Stilformen vor allem der Diasporasynagoge sich in keiner Weise an das feste Schema sonstiger hellenistisch-jüdischer und -christlicher Missionspredigt mit der stereotypen Anordnung ihrer Topoi hält und nicht apologetisch-pädagogisch verfährt (wie zB Apg 17!), sondern in jedem Augenblick die Heilsbotschaft mit dem Hörer selbst konfrontiert und ihn in seiner Situation vor dem richtenden und rettenden Gotteswort zu überführen sucht. Paulus bedient sich dabei weithin der in der popularphilosophischen Diatribe ausgebildeten und geübten Stilmittel. Im selben Sinn ist auch die durchgängige Vermeidung der apodiktischen Offenbarungsrede und die Tatsache, daß auch Traditionsstücke von Paulus nicht als heilige Formel behandelt werden, bedeutsam.

d) Zur christlichen Predigt gehört als unveräußerlicher Bestandteil die *Paränese*, die vor allem die nt. Briefe durchzieht und zumeist ihren Schlußteil bildet. Auch sie bedient sich fester, einprägsamer Stilformen. Dazu gehören die locker geführten Tugend- und Lasterkataloge (zB Gal 5, 19-21. 22f; Röm 1, 29-31; Eph 5, 3f u.ö.), die Verwendung gängiger Bilder (das Bild vom Wettkampf zB 1Kor 9, 24-27; die Bilder für die verheerenden Wirkungen der Zunge Jak 3, 2-12; u.a.). Auch hier ist der Einfluß der jüdischen Tradition, vor allem der hellenistischen Synagoge, aber auch der griechischen Tugendlehre wirksam. Aus dem Judentum übernimmt die christliche Predigt die beliebte Zweiwegelehre (Did, Barn); auf hellenistischen Ursprung weisen außer den Reihen guter und böser Gesinnungen die sog. »Haustafeln« (Kol 3, 18 – 4, 1; Eph 5, 22 – 6, 9; 1Petr 2, 18 bis 3, 7 u.ö.) mit ihren Regeln für die einzelnen Stände (Eheleute, Eltern und Kinder, Herren und Sklaven). Inhaltlich sind alle diese Weisungen nicht spezifisch christlich, aber sie werden durch Hinzufügung etwa der Wendung »im Herrn« (vgl. zB Kol 3, 18. 20) verchristlicht und erhalten durch ihre Zuordnung zur Heilsbotschaft ihre neue Begründung. Doch zeigt vor allem der → Jakobusbrief, wie die ethischen Weisungen weithin auch völlig unverändert übernommen werden konnten. Die Form der Haustafeln liegt auch den Anordnungen für die Ämter der Gemeinde zugrunde (beachte den Abschluß des Bischofs- und Diakonenspiegels 1Tim 3, 15: »Damit du weißt, wie man im Hause Gottes wandeln muß...«). Auch sonst zeigt sich, daß allgemein-ethische Grundsätze unmittelbar auch auf die Ordnung der Gemeinde übertragen werden (vgl. Röm 13, 1ff und 1Thess 5, 12). Doch bilden die Erfordernisse der Gemeindeordnung für Leitung, Disziplin, Lehre, Ketzerbekämpfung usw auch eigene festgeprägte Regeln aus (→ Pastoralbriefe).

Zu 1 vgl. die Lit. bei → Evangelien, formgeschichtlich, → Gleichnis: II, 3, → Johannesevangelium. - Zu 2 allgemein (größere zusammenfassende Darstellung fehlt): M.DIBELIUS, Gesch. der urchristl. Lit. I. II, 1926 - DERS., Zur Formgesch. des NT (außerhalb der Evangelien) (ThR NF 3, 1931, 207-242). - Zu 2a: A.SEEBERG, Der Katechismus der Urchristenheit, 1903 - Ferner Lit. bei → Bekenntnis: III. - Zu 2b: E.NORDEN, Agnostos Theos, (1913) 1956[4] - J.KROLL, Die christl. Hymnodik bis zu Klemens v.Alexandreia (in: Vorlesungsverzeichnis Braunsberg, Sommersemester 1921, 3-46) - E.LOHMEYER, Das Prooemium des Eph (ThBl 5, 1926, 120-124) - DERS., Kyrios Jesus (SAH 1927/28, 4), 1928 - L.G.CHAMPION, Benedictions and Doxologies in the Epistles of Paul, 1934 - P.SCHUBERT, Form and Function of Pauline Thanksgivings (BZNW 20), 1939 - R.BULTMANN, Bekenntnis- u. Liedfragmente im 1Petr (CN 11, 1947, 1-14) - E.KÄSEMANN, Eine urchristl. Taufliturgie (Festschr. R.Bultmann, 1949, 133-148) - N.A.DAHL, Adresse u. Prooemium des Eph (ThZ 7, 1951, 241-264) - CHR.MAURER, Der Hymnus von Eph 1 (EvTh 11, 1951/52, 151-172) - Dazu die Lit. bei → Gottesdienst: IV, → Gebet: IV, → Abendmahl: I. - Zu 2c: R.BULTMANN, Der Stil der paulin.Predigt u. die kynisch-stoische Diatribe, 1910 - C.H.DODD, The Apostolic Preaching and its Developments, (1936) 1951[7] - M.DIBELIUS, Aufsätze zur Apg., hg.v. H.GREEVEN (FRLANT NF 42), (1952) 1957[3] - H.THYEN, Der Stil der jüd.-hellenist. Homilie (FRLANT NF 47), 1956. - Zu 2d: A.SEEBERG, Die Didache des Judentums u. der Urchristenheit, 1908 - K.WEIDINGER, Die Haustafeln (UNT 14), 1928 - J.VÖGTLE, Die Tugend- u. Lasterkataloge im NT, 1936 - E.LOHSE, Paränese u. Kerygma im 1Petr (ZNW 45, 1954, 68-89) - S.WIBBING, Die Tugend- u. Lasterkataloge im NT (Diss. Heidelberg), 1956 (Masch.). *G.Bornkamm*

Formosus, *Papst* 6.10.891 bis 4.4.896, Römer (?). 864 Kardinalbischof von Porto, wurde von → Nikolaus I., der ihn zum Bulgarenfürsten Boris sandte (866), und von → Hadrian II. mehrfach mit Missionen betraut. Als Gegner der Politik → Johannes' VIII. wurde er abgesetzt (876), unter → Marinus I. allerdings wieder rehabilitiert. Als Papst wiederholte er die von → Stephan V. vollzogene Kaiserkrönung Widos von Spoleto, indem er zugleich dessen Sohn Lampert zum Mitregenten erhob. Gegen die Spoletaner rief er 893 den deutschen König Arnulf zu Hilfe, den er 896 zum Kaiser krönte. Als nach seinem Tode Lampert Rom besetzte, hielt → Stephan VI. vor der aus dem Grab gerissenen Leiche des F. ein Totengericht (Jan. 897); F. wurde für abgesetzt erklärt, sein verstümmelter Leichnam im Tiber versenkt.

RE VI, 127f - LThK IV, 65f (Lit.) - HALLER II, 188ff. 545f. *H.Fuhrmann*

Forster, *Johann* (1496-1558), aus Augsburg, Student in Ingolstadt und Leipzig, 1522 Hebräischlehrer an der Zwickauer Ratsschule, 1530 Student in Wittenberg, wurde 1535 Prediger in Augsburg, 1539 Prof. für Hebräisch in Tübingen, aus beiden Ämtern wegen entschiedener Stellungnahme gegen die Zwinglianer verdrängt. 1542 Verwalter der Propstei St. Lorenz in Nürnberg, wird er zur Einführung der Reformation nach Regensburg beurlaubt und im Okt. 1543 zu gleichem Dienst in die Grafschaft Henneberg-Schleusingen berufen, die er in zwei Visitationen (1544 und 1546) der Reformation gewann. Im Herbst 1546 geriet F. wegen einer Kirchenzuchtmaßnahme mit dem Grafen in Konflikt und gab sein Amt auf. 1548 wurde er Sup. in Merseburg, 1549 Prof. für Hebräisch in Wittenberg. Hier näherte er sich theologisch Melanchthon.

Dictionarum hebraicum novum..., (1557) 1564[2]. - Über F.: RE VI, 129ff - W.GERMANN, D.J.F., der Hennebergische Reformator, 1894 - F.ROTH, Augsburgs Reformationsgesch. II. III, 1904/07 (Reg.) - RUD.HERRMANN, Thüring. KG II, 1947 (Reg.). *R.Jauernig*

Forsyth, *Peter Taylor* (1848-1921), kongregationalistischer Theologe, studierte u.a. bei A. → Ritschl in Göttingen, war Pfarrer, zuletzt in Cambridge, seit 1901 Principal von Hackney Theological College, 1905 Präsident der Congregational Union von England und Wales. F. trat für die historische Kritik und die Freiheit der theologischen Forschung gegenüber einer wissenschaftlich unhaltbaren Orthodoxie ein, stellte aber subjektivistischer und humanistischer Erweichung die Verherrlichung der im Kreuz Christi erschienenen Gnade Gottes als Mitte seiner Theologie entgegen. Er vertrat vor K. → Barth ähnliche Anliegen wie die → dialektische Theologie und ist wohl der bedeutendste kongregationalistische Theologe der letzten Generation.

Vf. u.a.: Positive Preaching and Modern Mind, London (1907) 1949[2]; The Person and Place of Christ, Boston (1909) 1948[6]; The Work of Christ, London-New York (1910) 1947[3]; Faith, Freedom and the Future, London (1912) 1955[2]; The Principle of Authority, London-New York (1912) 1952[2]; The Justification of God, New York (1917) 1951[3]; The Church and the Sacraments, London (1917) 1948[2]; This Life and the next, New York-London (1918) 1948[2]. - Über F.: G.O.GRIFFITH, Theology of P.T.F., London 1948 - W.L. BRADLEY, P.T.F., London 1952 - R.M.BROWN, P.T.F., Philadelphia 1952. *H.-H.Schrey*

Fortbildungsschulen → Berufsschule.

Fortschritt. Im Begriff des F.s sind die Kategorien der modernen Geschichtsphilosophie (→ Geschichte: III) zu einer Einheit zusammengefaßt. Er tritt im 18.Jh., von der bürgerlichen → Aufklärung gegen die herrschende Geschichtstheologie gerichtet, an die Stelle der → Vorsehung; mit dieser zunächst noch synonym gebraucht, dient er zunehmend dazu, sie zu säkularisieren. Im Namen des F.s wird die Offenbarung von der Wissenschaft verdrängt, die ihn gleichermaßen bezeugen und befördern soll; so fallen beide der Vergötzung und schließlich dem Mißtrauen anheim. Gegenwärtig droht dem Begriff des F.s, daß er, zur Entwicklung schlechthin formalisiert, vollends des ursprünglichen Inhalts entleert wird und damit allen Sinnes verlustig geht.

Geistesgeschichtlich in die Zeit des Hellenismus zurückreichend, läßt sich der Inhalt des F.sbegriffs einmal aus der materialistisch-epikureischen Ansicht (Lukrez) herleiten, daß die Erkenntnis der Natur und ihrer Entwicklung die Menschen vom Aberglauben und darum von der Furcht befreie und daß sie durch Wissen gütig würden. Wie die → Arbeit der Menschen erst die Kultur ermöglicht, so die Weisheit ihr Glück. Zum andern wurzelt der Begriff in der eschatologischen Hoffnung des frühen Christentums, daß das Millenium als die Zeit auch des irdischen Glücks und als Höhepunkt der menschlichen Geschichte nahe bevorstehe. Die von → Augustin bestimmte, u.a. auf dem → Danielbuch fußende Geschichtstheologie des MA (→ Geschichte: II B) läßt solchem → Chiliasmus zunächst keinen Raum; sie führt über die Gegenwart zwar hinaus, aber in die geschichtslose Ewigkeit. Erst durch die Joachimiten (→ Joachim von Flore) wird der Zukunftsgespanntheit christlichen Glaubens wieder ein geschichtliches Ziel gegeben. In der Renaissance stellt sich der über die Reformation hinaus wirkenden Auslegung der → Johannesapokalypse, wonach die Gegenwart vom Antichrist regiert werde, eine entgegengesetzte Theorie entgegen (J. → Bodin). Es könne keineswegs von einem Verfall gesprochen werden, vielmehr sei historisch nachweisbar, daß Gott die Menschen allmählich bessere und sie an Verstand und Redlichkeit zunehmen lasse. Hinzu kommt das wachsende Vertrauen auf die Wissenschaft bei Roger → Bacon, die noch die heilsgeschichtliche Wahrheit der Kirche bekräftigte. Jetzt wird sie - von Francis → Bacon an - mitsamt ihrer Anwendung, der → Technik, zum Instrument menschlicher → Macht und ihr unabweisbarer F. zum Beweis des F.s selber, der mit der göttlichen → Vorsehung ineins gesetzt wird. Diese gleicht allerdings mehr dem Fatum der Astrologie, aus der die aufkommende Naturwissenschaft anfangs ihre Vorstellung vom Naturgesetz gewann (F.Borkenau). Die Gleichsetzung von Vorsehung und F., die im 17. und 18.Jh. Offenbarungsglauben und natürliche Religion sich einander anpassen läßt, wirkt sich noch im Positivismus des 19.Jh.s (A. → Comte) aus und bestimmt die F.sgläubigkeit des frühen → Sozialismus (P.Leroux, P.J.B.Buchez).

Der entscheidende Inhalt des F.sbegriffs wird erst durch die Aufklärung bestimmt. Zwar ist ihm weder bei → Bayle noch in → Voltaires »Dictionnaire philosophique« oder in der Encyclopédie ein eigener Artikel gewidmet, aber das Werk, das diesen Inhalt auf die genaueste Weise skizziert und das erst in der französischen Revolution von Condorcet geschrieben wurde (Esquisse d'un tableau historique des progrès de l'esprit humain, 1794), ist durch und durch von der Aufklärung bestimmt. Der F. ist einerseits sozialkritisch gegen die für veraltet erachtete Gesellschaftsordnung und ihren in der Kirche institutionalisierten Geist gerichtet. Er zielt zum andern auf die Errichtung einer neuen Ordnung, in der es naturgemäß und somit vernünftig zugeht, in der die Individuen und Völker aus ihrer »selbstverschuldeten Unmündigkeit« (Kant) heraustreten und zur Reife, dh zur → Autonomie gelangen. Der Geschichtsprozeß gehorcht nicht mehr der Stufenordnung christlicher Offenbarung, sondern unterliegt dem Urteil der aufgeklärten Moral. Ihre Epochen erhalten einen Sinn je nach der Entfaltung der Wissenschaft, den Grenzen der Freiheit, den Merkmalen der Humanität, die in ihnen vermerkt werden können; sie kennzeichnen den keineswegs geradlinigen, doch notwendigen Weg der Menschheit zur Vernunft und sind darum Phasen der Vorgeschichte. Die wahre Geschichte steht noch bevor; sie kann nicht mehr aufgehalten werden: in ihr wird die »neue Idee« des Glücks (Saint-Just) objektive Gestalt gewinnen. Es bedarf nur mehr der Reformen; vernünftige Gesetze, bessere Erziehung und freie, von der Arbeitsteilung auf natürliche Weise selbst herbeigeführte Kommunikation und Kooperation der Individuen, Nationen und Staaten werden diese Welt immer vollkommener werden lassen und das Glück verwirklichen. Mit fortschreitender Aufklärung nimmt die Bürgertugend zu; Laster, Furcht und Unglück dagegen sind von der Ignoranz verschuldet.

Der F.sbegriff erweist sich als eine Kampfparole. Sein universal gemeinter Inhalt vertrat praktisch das Partikularinteresse einer → Klasse. Je stärker sich diese im 19.Jh. konsolidiert, desto ideologischer wird sein Begriff: er verbrämte die bestehende Ordnung. In der positivistischen Soziologie (A.Comte) werden schließlich nicht bloß F. und Ordnung identisch, sondern der ursprüngliche Zielinhalt, das - freilich irdische - Glück, entwertet: Resignation und Opfer werden statt dessen gefordert. Gegen Ende des 19.Jh.s wird der F. endgültig mit bruchloser → Entwicklung (: II) gleichgesetzt, und zwar so, daß »man sich in aller Ruhe der gegenwärtigen Güter erfreut, ohne sich um die Schwierigkeiten des Morgen zu sorgen« (G.Sorel). F.sgläubig zu sein, gehört zum guten Ton, und als zurückgeblieben gilt, wer etwa Bedenken äußert oder mit dem Erreichten unzufrieden ist. Wenngleich es nicht gelingen will, die »Gesetze« des F.s zu formulieren, steht er als Tatsache fest und wird wie diese vergötzt. Der Verfall des F.sdenkens geht mit der Krise der liberalbürgerlichen Gesellschaftsordnung einher, die im 1. Weltkrieg einen ihrer Höhepunkte findet. Inzwischen hat die Entwicklung der modernen → Gesellschaft den Zweifel laut werden lassen, ob zu Recht noch vom F. gesprochen werden dürfe: »Die Menschheit seufzt, halb erdrückt, unter der Last ihrer F.e, die sie gemacht hat. Sie weiß nicht genügend, daß ihre Zukunft von ihr selbst abhängt« (H. → Bergson). - Mit solcher Klage wird an den ursprünglichen, in Vergessenheit geratenen Sinn des F.sbegriffes erinnert.

G.Sorel, Les Illusions du Progrès, Paris 1908 - J.Delvaille, Essai sur l'histoire de l'idée de Progrès, Paris 1910 - J.B.Bury, The Idea of Progress, London 1920 - F.Tönnies, F. u. soziale Entwicklung, 1926 - C.L.Becker, The Heavenly City of the 18th-Century Philosophers, New Haven 1932 - F.Borkenau, Der Übergang vom feudalen zum bürgerlichen Weltbild, Paris 1934 - G.Friedmann, La Crise du Progrès, Paris 1936 - H.Marcuse, Reason and Revolution, London-New York 1941 - E.L.Tuveson, Millennium and Utopia, Berkeley-Los Angeles 1945 - M.Horkheimer u. Th.W.Adorno, Dialektik der Aufklärung, 1947 - M.Ginsberg, The Idea of Progress, London 1953 - K.Löwith, Weltgesch. u. Heilsgeschehen, (1953) 1956³ - E.Bloch, Differenzierungen im Begriff F., 1956. *H.Maus*

Fortunatus, *Venantius* Honorius Clementianus (* um 536 in Treviso, † vor 610 in Poitiers), Dichter; er studierte in Ravenna. 565 trat er eine Wallfahrt zum Hl. → Martin an. Über den austrasischen Königshof, wo er durch Gelegenheitsgedichte hohes Ansehen errang, kam er 567 nach Poitiers; er trat der dort als Nonne lebenden Thüringer Prinzessin Radegunde näher, wurde Priester und um 600 Bischof. Seine Dichtungen - Zeugnisse später Rhetorenschule und christlich-asketischen Lebensideals - besitzen kulturhistorischen Quellenwert; doch ging es dem Gedicht über den Untergang des Thüringerreiches weniger um den historischen Vorgang als um das persönliche Schicksal der Radegunde, der auch das lebendigste seiner Heiligenleben galt. Die Hymnen Vexilla regis und Pange lingua gloriosi proelium certaminis fanden Eingang in die Liturgie. F. bedeutet den letzten Höhepunkt der spätrömischen Literatur in Gallien. → Altchristliche Dichtung, 2a. b.

MG AA IV. - Manitius I, 170ff; II, 797f; III, 1061 - R.Koebner, V.F., 1915 - Wattenbach-Levison 1, 96ff - B.de Gaiffier, S. Venance Fortunat, évêque de Poitiers. Les témoignages de son culte (AnBoll 70, 1952, 262-284). *H.Löwe*

Forum, im kath. Kirchenrecht sowohl das (geistliche oder weltliche) Gericht wie der Gerichtsstand (→ Privilegium fori). Rechtsfälle, in denen Staat und Kirche zugleich zuständig sind, heißen Causae mixti fori. Sehr häufig meint F. den kirchlichen oder staatlichen (F. civile) Rechtsbereich überhaupt. Das kirchliche F. in diesem Sinn wird unterteilt in F. externum (äußerer Bereich) und internum (innerer oder Gewissensbereich). Jurisdiktionsakte des F. externum gelten auch für das F. internum, nicht umgekehrt. Innerhalb des F. internum sind Jurisdiktionsakte sowohl in der Beichte (F. internum sacramentale) wie außerhalb ihrer (F. internum extrasacramentale) möglich. Für das Gewissen ist die Rechtslage des F. internum allein verpflichtend. Für den äußeren Bereich gilt die äußere Rechtslage, solange eine etwaige Abweichung des F. internum nicht nachgewiesen wird. Daher kann zB eine Ehe oder eine Kirchenstrafe pro foro interno ungültig, pro foro externo gültig sein.

Eichmann-Mörsdorf I, 313ff (Lit.); III, 37ff - DDC V, 871ff. *H.Barion*

Foscarari, *Egidio* (1512-45), trat an seinem Geburtsort Bologna früh in den Dominikanerorden ein, wurde dort Prior und Inquisitor, 1547 in Rom magister sacri palatii und nahm als solcher schon an der ersten Periode des → Tridentinischen Konzils teil. 1550 trat ihm → Morone – mit Einschränkungen finanzieller und rechtlicher Art – das Bistum Modena ab. Wie Morone und → Pole wurde F. 1557 von Paul IV. wegen Häresie verklagt, nach siebenmonatiger Haft zwar befreit, aber erst 1560 von Pius IV. für unschuldig erklärt. Während der zweiten und mehr noch während der dritten Periode des Tridentinums fielen ihm wichtige theologische Aufgaben zu (Vorlagen für die Dekrete über Ehe, Eucharistie, Beichte, letzte Ölung). Indem er zeitweilig die bischöfliche Residenzpflicht aus dem göttlichen Recht begründete, erregte er den Zorn der Kurie. Quellenwert haben die Briefe, in denen er von 1561 ab als Klient Morones diesem über Konzilsverhandlungen berichtet. An der Redaktion des → Römischen Katechismus (1566), des Breviarium (1568) und des Missale Romanum (1570) war er beteiligt.

J.SUSTA, Die röm. Kurie u. das Konzil von Trient, 4 Bde, 1904-14 (Reg.) - ST.EHSES, Briefe vom Trienter Konzil unter Pius IV. (HJ 37, 1916, 49-71) - EC V, 1545 (Lit.) - G.SCHREIBER (Hg.), Das Weltkonzil von Trient II, 1951 (Reg.). *W.Maurer*

Fosdick, *Harry Emerson,* * 1878 Buffalo, Baptist, lange Zeit der bedeutendste Prediger des nordamerikanischen Protestantismus (→ Vereinigte Staaten: II), seit 1904 baptistischer Pfarrer in Mt. Clair (New Jersey), von dort 1913 nach New York als Prof. für Prakt. Theol. an das Union Theological Seminary und als Gastprediger an die erste presbyterianische Gemeinde berufen. Der heftige Kampf des (presbyterianischen) → Fundamentalismus gegen den modernistischen nordamerikanischen Liberalismus zwang ihn durch ein Votum der General Assembly, seine Verbindung mit der presbyterianischen Gemeinde aufzugeben. Dafür wirkte er seit 1924 in der baptistischen Park Avenue Gemeinde, die für ihn die neue Riverside-Kirche gegenüber dem Union Seminary erbaute.

Vf. u.a.: The Manhood of the Master, 1909; The Meaning of Prayer, 1920; Twelve Tests of Character, 1923; The Modern Use of the Bible, 1924; Adventurous Religion, 1926; Auswahl: Riverside Sermons (40 Predigten), hg. zum 80. Geb., 1958. *M.Schmidt*

Foster, *John* (1770-1843), Baptist, wurde nach theologischer Ausbildung in Bristol stets für kurze Zeit Pastor in Newcastle-on-Tyne, Dublin, Chichester, Downend und Frome; jedoch fehlten ihm die erforderlichen Fähigkeiten zum Amt. Er entdeckte aber seine Begabung als Schriftsteller und setzte sich mit ihr für ein moralisches, vergeistigtes Christentum ein und kämpfte gegen alles Institutionelle und Rituelle. »Kirchen sind nutzlose und gefährliche Einrichtungen, und je früher sie aufgelöst werden, um so besser.« Die Ordination lehnte er als Aberglauben ab. Es ist fraglich, ob er jemals die Taufe erteilte. Manche seiner Aufsätze (es erschienen seit 1806 deren 186 in der Eclectic Review) behandeln ganz allgemeine Themen und finden noch heute Leser.

Über F.: E.RYLAND, J.F., his Life and Correspondence, 2 Bde, 1846 (Lit.) - DNB XX, 1889, 57f - RE VI, 134ff. *P.Scott*

Fowler, *Charles Henry* (1837-1908), nordamerikanischer methodistischer Kirchenführer (→ Methodisten), * Burford (jetzt: Clarendon; Kanada), 1873 Präsident der methodistischen Northwestern University in Evanston (Ill.), die er zu einer bedeutenden Institution entwickelte, 1876 Schriftleiter des Christian Advocate, 1880 Sekretär der methodistischen Missionsgesellschaft, 1884 methodistischer Bischof von San Francisco, 1892 von Minneapolis, 1904 von Buffalo, 1908 von New York City. Auf einer Missionsreise nach China gründete er 1888 die Peking- und die Nanking-Universität. Er war ein eindrucksvoller Vertreter des nordamerikanischen kirchlichen Aktivismus und des dortigen Methodismus.

Vf.: Fallacies of Colenso reviewed, 1861 (gegen theol. Liberalismus); Missions and World Movements, 1903; Missionary Addresses, 1906; Addresses on Notable Occasions, 1910. - Über F.: A.H.WILDE, Northwestern University, 1905 - DAB VI, 562. *M.Schmidt*

Fox, *George* (1624-91), * Drayton-in-the Clay (jetzt Fenny Drayton, Leicestershire), † London, Begründer der → Quäker. Sohn eines Webers, Schafzüchter, löste sich F. 1643 auf Grund göttlichen Befehls von Eltern, Heimat und Beruf und durchwanderte als schwermütiger Grübler und leidenschaftlich nach unmittelbarer Begegnung mit Gott Verlangender das Land, zwischen Einsamkeit, Kirchenbesuch und Gesprächen mit Pfarrern hin- und herschwankend. Im Febr. 1646 erlangte er die Gewißheit, daß nur die innere Salbung die Vollmacht zur Verkündigung verleihe, und verwarf Kirche und Amt. Seine nervösen und visionären Zustände, seine Weissagungen wie die von → Cromwells Tod, seine plötzlichen Entschlüsse, seine Wunderheilungen stempelten ihn zum Schwärmer. Andrerseits fand er viele Anhänger, vor allem aus den revolutionären Gruppen. Seit 1652 baute er von Swarthmoor aus, wo er in dem Ehepaar → Fell reiche Gönner gewonnen hatte, eine Gemeinschaft auf, die sich – unter Verwerfung von Schrift und Pfarramt – aus von Gott unmittelbar gelehrten Laien ohne Bindung an ein festes Kirchentum, aber auch nicht in prinzipieller Gegnerschaft dazu, auf der ganzen Erde entwickeln sollte. Um sie zusammenzurufen, reiste F. 1670 nach Westindien, Barbados, Jamaica und Nordamerika, 1677 nach Holland und Deutschland. Wiederholt wurde er verhaftet. Die Verirrung seines Freundes James Naylor, der 1654 als König Jesus und Gottes Sohn in Bristol einzog, wirkte auf F. ernüchternd. Seine Grundsätze bildeten sich erst allmählich in schweren Kämpfen heraus. An der Spitze steht ihm das Recht jedes einzelnen auf ein unmittelbares Gottesverhältnis. Jesus Christus wurde ihm im Gegensatz zum Autoritätsglauben an die Bibel der echte Lehrer, der das innere Licht als die »Saat Gottes« aufgehen läßt. Die Freiheit Gottes, sich nach seinem Ermessen zu offenbaren, hat die menschliche Freiheit von Bibel, Dogma und kirchlicher Institution zur Folge. Echter Gottesdienst kann darum nur im Warten auf die unberechenbare Offenbarung bestehen; doch soll es ein Warten in der Gemeinschaft sein. → Krieg (: IV, 1) und → Eid werden verboten, die Obrigkeit wird zurückhaltend beurteilt. Berufsarbeit, wirtschaftliche Unterschiede und Bildung werden anerkannt, die hohlen Formen des Hoflebens, Luxus und Trunk getadelt, die → Sklaverei wird bekämpft, die → Gleichberechtigung der Frau gewünscht. Hinter F.' Forderungen und der Wirklichkeit seines Lebens stand der Wille, das Urchristentum in der Gegenwart zu verwirklichen.

The Journal of G.F., ed. TH.ELLWOOD, 1694; ed. N.PENNEY, 2 Bde, 1911; ed. J.L.NICKALLS, 1952; Short Journal and Itinerary Journals of G.F., 1925; G.F.' Book of Miracles, ed. H.J.CADBURY, 1948; G.F.' Aufzeichnungen u. Briefe, dt. v. M.STÄHELIN, 1908. - Über F.: J.S.WATSON, The Life of G.F., the Founder of Quakerism, 1860 - W.BECK, Six Lectures on G.F. and his Times, 1877 - TH.HODGKIN, G. F., 1896 - R.KNIGHT, The Founder of Quakerism, a Psychological Study of the Mysticism of G.F., 1922 - A.N.BRAYSHAW, The Personality of G.F., 1933 - H.EBBINGHAUS, Das Verhältnis von innerem Licht u. Hl. Schrift bei G.F. (Diss. Münster), 1934 - P.HELD, Der Quäker G.F., o.J. (1949) (Lit.; dazu M.SCHMIDT in ThZ 6, 1950, 464-468) - DNB (Neudr. 1949/50) VII, 557ff. *M.Schmidt*

Foxe, *John* (1516-87), * in Boston, Lincolnshire, † London, gebildet in Oxford (Brasenose College), emigrierte 1553 und versuchte 1554 in der Flüchtlingsgemeinde Frankfurt/M. vergeblich, den calvinistischen und den anglikanisch-konservativen Flügel miteinander zu versöhnen. 1555 in Basel als Korrektor bei Oporinus tätig, kehrte er 1559 nach England zurück, wurde anglikanischer Pfarrer in Salisbury und Shipton, später wahrscheinlich in London (Cripplegate). Mit seinem großen Werke »Acts and Monuments of these latter and perilous dayes« (»Book of Martyrs«, 1563) legte er das englische Reformationsverständnis als Märtyrerbewußtsein fest. Schon früher hatte er auf Anregung von Lady Jane Grey eine lateinische Verfolgungsgeschichte der wahren Kirche (beginnend mit →Wyclif) niedergeschrieben. Sein Buch wurde in allen Kirchen angeschafft und vielfach verlesen, da → Elisabeth I. damit ein antirömisches Volksbewußtsein schaffen wollte. Es erlangte eine ungeheure Volkstümlichkeit, gehört zur großen englischen Erbauungsliteratur und wurde unzähige Male neu aufgelegt.

Acts and Monuments by J.F., 8 Bde, ed. ST.R.CATTLEY, (1837-41) 1846-49²; ed. J.PRATT, 1870. - Über F.: R.KAPP, Heilige u. Heiligenlegenden in England, 1934 - J.B.MOZLEY, J.F. and his book, 1950 - DNB (Neudr. 1949/50) VII, 581ff. *M.Schmidt*

Fra Angelico, *Fra Giovanni da Fiesole,* genannt Fra A. (Beato Angelico), mit bürgerlichem Namen Guido di Pietro, * um 1400 (nicht 1387!) im Mugello bei Florenz, † in Rom 1455. Zwischen 1418 und 1423 trat er in das Dominikanerkloster in Fiesole ein (Prior 1450-53). Als Maler war er in Florenz, Cortona, Orvieto und Rom tätig. Ausgehend von der anmutig naiven Formensprache des »Weichen Stils«, die in Florenz vor allem durch Lorenzo Monaco ausgebildet wurde, aber auch beeinflußt von Masaccio und den Errungenschaften der Frührenaissance, schuf Fra A. Fresken und Altarbilder von inniger, tief religiöser Stimmung und unverwechselbar persönlicher Ausdruckssprache. Abseits von der stürmisch fortschreitenden Entwicklung der Florentiner Malerei bewahrte er in seinen Werken den Geist volkstümlicher, spätmittelalterlicher Frömmigkeit und klösterlicher Stille. In der zarten Anmut seiner Madonnen- und Heiligengestalten, im Glanz des Goldes und der leuchtenden, oft übersüßen Buntheit der Farben sind seine Bilder das unübertroffene Beispiel einer bewußt religiösen, aller künstlerischen Problematik entsagenden Kunst. Der Höhepunkt seines Lebenswerkes und zugleich der reinste Ausdruck seines künstlerischen Wollens sind die Fresken im Kloster San Marco in Florenz, das auch die in Florenz erhaltenen Tafelbilder birgt (Museo di San Marco). Die 1448-50 gemalten Fresken in der Nikolauskapelle des Vatikans in Rom zeigen, wie sich Fra A. um eine monumentalere Gestaltungsweise und stärkere Anpassung an den Stil der Frührenaissance bemüht.

S.BEISSEL, Fra G.A. da F., sein Leben u. seine Werke, (1895) 1905² - F.SCHOTTMÜLLER, Fra A., Des Meisters Gemälde, (1911) 1924² - P.MURATOFF, Frate A., 1930 - E.SCHNEIDER, Fra A. da F., 1933 - R.LONGHI in: La Critica d'Arte 5, 1940, 145-191, bes. 173ff - J. POPE-HENNESSY, Fra A., 1952 - Mostra delle opere del Beato A., Ausstellungskatalog, Florenz 1955² - W.COHN in: Rivista d'Arte 30, 1955, 207-216. *R.Oertel*

Fragstücke, Hessische → Katechismus: II.

Franck, 1. *César Auguste* (10.12.1822 bis 8.11.1890), französischer Komponist deutscher Abstammung, * Lüttich, † Paris. Nach frühen Studien und Konzertreisen (als Pianist) in Belgien wurde F. 1835 Schüler A.Reichas in Paris, 1837 des dortigen Konservatoriums und lebte seit 1844 in Paris als Organist, Kantor und Konservatoriumslehrer. Er übertrug stimmungshafte Tonsprache und klare Anlage seiner romantischen Konzert- und Opernmusik auf Orgel- und geistliche Vokalwerke. Sein starker und farbiger Lyrismus wirkte lange in der französischen Kirchenmusik nach.

Geistl. Werke: Messen, liturg. u. nichtliturg. Motetten u. Kantaten. - Oratorien: Les Béatitudes d'après l'Evangile, 1869-79; Rédemption (poème symphonie), 1871-75; Rébecca, 1881. - Orgelwerke, u.a.: Trois chorals pour grand orgue, 1890. - Über F.: H. HAAG, C.F. als Orgelkomponist, 1936 - W.MOHR, C.F., 1942 - CH. VAN DEN BORREN, C.F., Bruxelles 1950 (Lit.).

2. *Melchior* (1579/80-1639), Komponist, * Zittau, † Coburg. Nach musikalischer Ausbildung in Augsburg wurde F. 1601/02 Schullehrer in Nürnberg und 1602/03 Hofkapellmeister in Coburg. Mit seinen zahlreichen Motetten, welche die deutsche Lasso-Schule fortsetzten, aber auch durch venezianische Einflüsse (G. → Gabrieli über → Haßler) geprägt wurden, war F. ein charakteristischer Vertreter der prot. Kirchenmusik vor und während des 30jährigen Krieges. Verbunden mit Volkslied und Choral wandte sich F. früh fast ausschließlich deutschen Texten zu, die er in ausdrucksvoller Deklamation interpretierte. Bes. bekannt wurden neuerdings F.s Vertonungen von Evangeliensprüchen durch das Kirchenjahr. Mit mehreren Sammlungen vielstimmiger Tanzsätze gehört F. auch zu den Frühmeistern deutscher Instrumentalmusik.

MGG IV, 664ff (Ausg. u. Lit.). *W.Osthoff*

3. *Sebastian* (1499-1542), * in Donauwörth, war nach Studium in Ingolstadt und Heidelberg, wo → Bucer und →Frecht seine Studiengenossen waren, im Bistum Augsburg Priester, dann 1526 in Büchenbach bei Schwabach und 1527 in Gustenfelden bei Nürnberg »Diener des Wortes Gottes«. Nach seiner Verheiratung mit Ottilie Behaim (verwandt mit den Nürnberger »gottlosen Malern«?) entsagt er dem geistlichen Amt und weilt zunächst in Nürnberg. Hier beginnt wohl auch seine Verbindung mit → Täufer-Kreisen (Joh. → Bünderlin) und Spiritualisten (→ Paracelsus, Joh. → Campanus). Sein Straßburger Aufenthalt wird auf Beschwerde des → Erasmus 1531 durch Haft und Ausweisung beendet. Über Kehl geht er 1532 nach Eßlingen (dort Seifensieder) und 1533 nach Ulm, wo er seit 1535 eine eigene Druckerei mit Buchhandel betreibt. Die Gegnerschaft des Münsterpredigers Martin Frecht sowie ein auf Betreiben Bucers und → Melanchthons an den Ulmer Rat gerichteter Brief → Philipps von Hessen (1534) führen schließlich 1539 zu F.s Ausweisung aus Ulm. Der Theologenkonvent zu Schmalkalden hat 1540 F. zusammen mit → Schwenckfeld verworfen. Nach seiner zweiten Heirat mit Margarethe Beck aus Straßburg (1541) ist F. zu Basel verstorben. - Das literarische Werk F.s beginnt mit einer freien Übersetzung der gegen die Schwärmer gerichteten »Diallage« → Althamers und einem den Bann fordernden Traktat »Von dem gräulichen Laster der Trunkenheit« (1528). Seine »Paradoxa« (1534), die »Guldin Arch« (1538) und das »Verbütschiert Buch« (1539) sind dem spiritualistischen Schriftverständnis gewidmet. F.s Geschichtsbild ist in der »Türkenchronik« (1531), der »Chronica, Zeitbuch und Geschichtbibel« (1531), dem »Germaniae Chronicon« (1538) und auch in seinem kosmographischen »Weltbuch« (1534) entfaltet. Dem weiteren Schrifttum F.s gehören u.a. seine deutsche Übersetzung des Encomion Moriae des Erasmus (1534), seine drei »Kronbüchlein« und zeitkritische Gedichte an. F.s »Kriegbüchlein des Friedens« (1539) will nachweisen, daß der → Krieg (: IV, 1) »in das Reich Christi nicht gehöre« (→ Friedensbewegung, 1). Spätwerke sind die deutsche Sprichwörtersammlung (1541), eine lateinische Paraphrase zur → »Deutschen Theologie« und einige nur holländisch überlieferte Traktate.

F. verbindet reformatorische, humanistische, spiritualistische und wohl auch täuferische Anregungen, zu denen im Alter verstärkte Einflüsse der deutschen → Mystik (: VI) treten. Sein Bruch mit der Reformation hat nicht nur die Kritik am »Leben« der Evangelischen zum Grund, sondern letztlich ein Unvermögen zum Glauben, aus dem F. die Forderung nach der Freiheit ableitet: »daß ich nicht gebunden werde zu glauben, das ich nicht kann glauben«. Er vermag daher die Reformation nur als Geschichte zu sehen, und als solche erscheint sie ihm mit ihren »drei vornehmlichen Glauben« (luth., zwinglisch, täuferisch) bereits durch den »vierten Glauben« der unsichtbaren Geistkirche (→ Geist: V) überholt. – F.s eigentliche theologiegeschichtliche *Bedeutung* liegt einerseits in seinem spiritualistischen Schriftverständnis, andererseits in seinem Geschichtsdenken. Die hl. Schrift ist ihm »eine ewige Allegorie«, die nichts Historisches, sondern allein das stets sich wiederholende Typische meint. Das äußere Wort ist »verworren« und hat keinen anderen Sinn, als durch die Widersprüchlichkeit des Buchstabens auf das »ewig unsichtbare Wort« hinzuweisen. – F.s besondere Leistung liegt jedoch auf historischem Gebiet. Aus dem mystischen Gegensatz von Innerlichkeit und Äußerlichkeit hat F. in seinen historischen Arbeiten das Geschichtsgesetz abgeleitet, daß alles Innerliche notwendig äußerlich werden muß. Dieses Geschichtsprinzip der Veräußerlichung steht auch hinter F.s Schlagwort vom »papiernen Papst« der prot. Schriftautorität. Denn »die Welt muß ein Papsttum haben und sollt sie's stehlen«! Da die → Sakramente nur »Puppen« für das Kindesalter der Kirche sind, ist ihm der Sakramentsstreit ein »Affenspiel des Teufels«. Weil Geschichte Verweltlichung ist, beherrschen »der Welt Heilige« die Geschichte, und nur wenige sind als wahre Christen »der Welt Ketzer«. Als einer der Ihren ist F. von tiefer Abneigung gegen den »gemeinen unstäten wankenden Pöbel« und den von ihm veranlaßten → Bauernkrieg erfüllt, wie er im Anschluß an Erasmus den Krieg überhaupt bekämpft. Die Mystik seines Alters hat den Dualismus von Gott und Welt noch vertieft: Christi Reich ist »der Welt Gegenreich«. – Luthers herbe Kritik an F. hat dazu beigetragen, daß F.s Nachwirkungen auf den deutschen Spiritualismus (V. → Weigel) und den holländischen Raum (Franckisten, Sebastianisten, → Coornhert) beschränkt blieben. Jedoch fand sein »unparteiisches« Geschichtsdenken bei G. → Arnold Wiederaufnahme. F.s geschichtliches Bild hat freilich erst die neuere F.-Forschung erschlossen.

GA fehlt. Neuausg. einzelner Schriften: Das Lob der Torheit, aus dem Lat. des Erasmus v. Rotterdam verdeutscht v. S.F., hg.v. E. Goetzinger, 1884; Lat. Paraphrase der »Dt. Theol.«, hg.v. A. Hegler (Univ.-Programm Tübingen), 1901; Paradoxa, hg.v. H. Ziegler, 1909; Kriegbüchlein des Friedens, hg.v. V. Klink, 1929. – Über F.: A. Hegler, Geist u. Schrift bei S.F., 1892 – Ders., Beiträge zur Gesch. der Mystik in der Reformationszeit, hg.v. W. Köhler, 1906 – RE VI, 142ff – L. Littauer, S.F.s Anschauungen vom polit. u. sozialen Leben (Diss. Leipzig), 1922 – Th. Sippell, Eine unbekannte Schrift S.F.s (ThStKr 95, 1923/24, 147–150) – RGG² II, 649f (Lit.) – Blätter f. dt. Philosophie 2, 1928/29, 1–77 (versch. Beitr. über S.F.; Lit.) – J. Endriss, S.F.s Ulmer Kämpfe, 1935 – Chr. Kolbenheyer, Die Mystik des S.F. (Diss. München), 1935 – R. Komoss, S.F. u. Erasmus v. Rotterdam (German. Studien 153), 1935 – H. Körner, Studien zur geistesgeschichtl. Stellung S.F.s (Histor. Unters.en 16), 1935 – E. Teufel, Die »Dt. Theol.« u. S.F. im Lichte der neueren Forschung II (ThR NF 12, 1940 99–129; Lit.) – Ders., »Landräumig«. S.F., ein Wanderer an Donau, Rhein und Neckar, 1954 – W.-E. Peuckert, S.F., ein dt. Sucher, 1943 – A. Koyré, Mystiques, Spirituels, Alchimistes, 1955, 21ff.

W. Zeller

Francke, 1. *August Hermann* (1663–1727), ev. Theologe.

a) * in Lübeck als Sohn eines Juristen, der 1666 in den Dienst → Ernst des Frommen in Gotha trat, wuchs F. am Mittelpunkt eines ökumenischen Luthertums und pädagogischer Reformbestrebungen auf, die eine wichtige Vorstufe des luth. → Pietismus bilden. F. studierte in Erfurt und Kiel, wo ihm in Chr. → Kortholt ein namhafter Vertreter der Reformorthodoxie begegnete, wie er auch als Stipendiat des Lübecker Schabbelianum in diese Richtung und auf die Universitätslaufbahn gelenkt wurde. Seine glänzende Sprachbegabung wies ihn auf die orientalischen Sprachen. Bei Esra Edzardi in Hamburg erwarb er sich hervorragende hebräische Kenntnisse, die ihm die Fortsetzung seines Studiums in Leipzig ermöglichten, als ihn 1684 Joh. Chr. Wichmannshausen als hebräischen Lehrer annahm. J.B. → Carpzov regte den jungen Magister nicht nur zur Herausgabe von → Molinos »Guida spirituale« an, den dieser aus dem Italienischen ins Lateinische übersetzte, sondern auch angesichts der darniederliegenden exegetischen Studien zur Gründung eines wissenschaftlichen Collegium philobiblicum (mit P. → Anton). Erst nach der Bekehrung in Lüneburg 1687, die F. in den barocken seelischen Ablaufformen als echte Begnadigungs- und Berufungserfahrung erlebte und selbst nie dogmatisierte, kam es in Leipzig bei der Durchführung erbaulicher Collegia biblica mit Studenten zu einer Studentenerweckung, die auf die Bürgerschaft übergriff. Das schien den ordnungsgemäßen, freilich traditionalistisch-intellektualistisch erstarrten theologischen Studienbetrieb zu gefährden. Carpzov drängte nunmehr F. durch einen Inquisitionsprozeß, der sich auf Studenten und Handwerker ausdehnte, aus dem Vorlesungsbetrieb der Theologischen Fakultät und suchte ihn auch aus dem der Philosophischen Fakultät zu vertreiben. Die alarmierte kursächsische Regierung griff lustlos ein, maßregelte aber schließlich Joachim Feller und Chr. → Thomasius, die sich für F. einsetzten. In Erfurt, wo F. inzwischen ein geistliches Amt angenommen hatte, wurden ihm aber vor allem seine Verbindungen zu philadelphischen Sozietäten in der Umgebung, deren sozial- und kirchenkritische Gedanken nicht verborgen blieben, zum Verhängnis. Inzwischen hatte jedoch → Spener, mit dem F. seit den Leipziger Vorgängen in enger Verbindung stand, bereits maßgebende und philadelphisch gesonnene Adelskreise in Berlin dazu bewogen, dem verjagten Erfurter Pfarrer die Pfarrstelle von Glaucha (1691) und eine Professur für orientalische Sprachen an der neuen Universität → Halle anzubieten. Als Gemeindepfarrer einer verwahrlosten Gemeinde legte er mit der Eröffnung einer Armenschule (s. b) den Grund zu einer schnell emporwachsenden Schüler- und Studentenstadt (F.sche Stiftungen; → Buchhandel: II, 2a), die bald Weltruf erlangte. Sie verschaffte ihm innerhalb und außerhalb Deutschlands vor allem unter dem Adel, aber auch im aufstrebenden Bürgertum, unter Staatsmännern und Kirchenführern einen weiten Freundeskreis, der ihn in die Lage versetzte, bereits 1695 ökumenische Verbindungen, zuerst zum petrinischen → Rußland (: III), anzubahnen. Über Holland und England dehnten sich diese nach Nordamerika aus, über Skandinavien nach → Südafrika und → Indien (: IV), über Schlesien nach Österreich, Ungarn, Siebenbürgen bis in den Vorderen Orient, über die Schweiz nach Frankreich und Italien. Dorthin zogen begeisterte hallische Studenten als Prediger, Lehrer und ökumenische Brückenbauer. Zahllose ausländische Studenten kamen nach Halle. F. proklamierte eine Generalreformation der Welt aus den Kräften eines Erweckungschristentums (→ Erweckung: I) und entwarf eine Fülle von ernsthaften und vorwärtsweisenden Reformplänen, welche die ganze Breite des öffentlichen Lebens umspannten und die er zunächst in Brandenburg-Preußen beispielhaft zu verwirklichen suchte. Das gelang nur teilweise. Die guten Beziehungen zu Friedrich Wilhelm II. benützte F. freilich auch dazu, den Widerstand der → Orthodoxie wie der Landstände, die sein Werk bedrohten, mit staatlicher Gewalt zu lähmen, ohne hier wie auch in der Auseinandersetzung mit Thomasius und Chr. →Wolff die bedenklichen Auswirkungen auf den staatlichen Summepiskopat zu überblicken. So sehr F. zeitlebens die skeptische Grundtendenz der → Aufklärung (: III, 1a) bekämpfte, stand er ihr doch durch die optimistischen Züge in seiner Bildungsbegeisterung nahe. Sein ev. Utopismus knüpfte bei Joh. Val. → Andreä an. Andere Pläne weisen auf Joh. → Arnd, Spener, vor allem auf Joh. Amos → Comenius. In seiner Reich-Gottes-Strategie fußte er auf Plänen des Frhrn. v. →Welz. Mit → Leibniz, der ihm nahestand, verbanden ihn die Bildungsbegeisterung und die gemeinsamen Bemühungen um Rußland. Asketisch-spiritualistische Züge brachten ihn dem Mystizismus nahe, der damals Europa überflutete und sich störend in der Stellung zu den sog. Mitteldingen (→ Adiaphora) bemerkbar machte, so sehr F. hier einen ihm fälschlich nachgesagten Rigorismus vermied. In seinem letzten Lebensjahrzehnt ist eine immer stärkere Nüchternheit zu erkennen. – Die theologische Wissenschaft verdankt F., der erst 1698 eine theologische Professur erhielt, die erste exegetische Monatsschrift (Observationes biblicae, seit 1695), die Forderung einer Bibelrevision (→ Bibelübersetzungen: VI), die Förderung der orientalischen Sprachstudien durch sein 1702 gegründetes Seminarium orientale und vor allem die Durchsetzung biblischer Philologie im theologischen Studienbetrieb. Dem Luthertum half er durch seine Fürsorge für die Lutheraner in Nordamerika und für die luth. Missionskirche in Indien; sie lernten ihre europäische Beschränkung zu überwinden. Seine ökumenischen Bestrebungen führten zu den ersten praktischen ökumenischen Arbeitsgemeinschaften, die sich im Verein mit maßgebenden Kreisen aus der Kirche von England und der luth. Staatskirche von Dänemark um die Missionierung Indiens bemühten und während eines Jh.s funktionierten. Obwohl F. seit 1688 den luth. Bekenntnisorthodoxismus bekämpfte und in seiner Theologie verschiedentlich den luth. Grundansatz zB in der Lehre von der Kirche und dem Hl. Geist sprengte, verwarf er jeden Unionismus. Seine Predigten und Schriften erreichten einen Spitzenabsatz von einer halben Million und sind insofern den → Flugschriften der Reformationszeit vergleichbar. F.s berühmte süddeutsche Reise (1717) knüpfte die Verbindung mit Württemberg enger, das seine besten Traditionen noch hütete, als in Halle nach 1720 schon ein Mangel an Mitarbeitern eintrat. Dagegen stieg die Zahl der Schüler und Studenten innerhalb der Anstalten unaufhaltsam auf ca 3000, und die Stiftungen wurden sehr finanzkräftig. So liegt über den letzten Jahren dieses »Seelsorgers Deutschlands«, der Tausende von Briefen wie Besucher empfing und durch den Bericht über seine Stiftungen Ungezählten Mut zum Gottvertrauen machte, eine geheime Tragik.

Ungedr. Quellen: Archiv der F.schen Stiftungen, Halle; Lübecker Stadtbibliothek; Universitätsbibliothek Tübingen. – Über F.: RE VI, 150ff (Lit.) – RGG² II, 651f (Lit.) – H. Stahl, A.H.F. Der Einfluß Luthers u. Molinos auf ihn, 1939 – C. Hinrichs, Friedr. Wilhelm I., Bd 1, 1941 – E. Winter, Halle als Ausgangspunkt d. dt. Rußlandkunde im 18. Jh., 1953 – H. Welsch, Die F.schen Stiftungen als wirtsch. Großunternehmen (Phil. Diss. Halle), 1956 – E. Beyreuther, A.H.F., 1957 – Ders., A.H.F. u. d. Anfänge d. ökumen. Bewegung, 1958.

E. Beyreuther

b) F.s *Bedeutung für die Pädagogik* liegt vornehmlich im Bereich der Schulorganisation und der Didaktik. Daß die *erstere* ausgesprochen soziales Gepräge hat, zeigt bereits der Ansatz: die Gründung der »Armenschule« (1695), in der aus elenden Verhältnissen stammende Kinder unterrichtet wurden. An die Armenschule schloß sich bald eine Bürgerschule (die »Deutsche Schule«) für Kinder aus begüterten Familien an. Gleichzeitig entstand das »Pädagogium«, eine höhere Schule für die Kinder adliger Familien, die billiger als die schon bestehenden Fürstenschulen war. Parallel zum »Pädagogium« gründete F. eine lateinische Schule für Bürgersöhne. Damit durchbrach F. prinzipiell die ständischen Vorrechte im → Bildungswesen (, 5). Die Lehrer der Schulen waren zunächst bedürftige Studenten, die für ihre täglich zweistündige Unterrichtstätigkeit einen Freitisch im Waisenhaus hatten und zum »Seminarium Praeceptorum« zusammengefaßt waren. Ihre Zurüstung für den Unterricht bestand anfänglich nur aus schriftlichen Instruktionen. Die Seminaristen waren verpflichtet, beieinander im Unterricht zu hospitieren, in häufigen Konferenzen ihre Arbeit zu besprechen und ein Diarium zu führen. Da diese Art der Zurüstung der jungen Lehrer nicht genügen konnte, schuf F. ein »Seminarium Selectum Praeceptorum«, in dem zehn von etwa hundert Seminaristen zwei Jahre lang sorgfältiger ausgebildet wurden – die Anfänge einer geordneten Lehrerbildung (→ Lehrer). – In der *Didaktik* stand F. von seiner eigenen Schulzeit im gothaischen Gymnasium Herzog Ernsts des Frommen her (s. a) unter dem Einfluß von W. → Ratichius und J.A. → Comenius. Die deutsche Sprache und die Realien wurden daher in seinen Schulen sorgfältig gepflegt. Die Unterrichtsmethode war die »erotematische«, die den jeweils dargebotenen Stoff durch Frage und Antwort wiederholte und einprägte. – Die *Erziehung* hatte ihr Schwergewicht im Waisenhaus und den Internaten (→ Erziehungsanstalten: I, 1). Vergleicht man F.s pädagogische Grundsätze mit Forderungen Luthers, so muß man einen Rückschritt feststellen. Während Luther für das Kind Spiel und Frohsinn auch in der Schule forderte, wurden F.s Lehrer angewiesen, den Kindern »auf ev. Weise« klarzumachen, daß Spielen Eitelkeit und Torheit sei. Die Kinder sollten nichts ohne Aufsicht des Erziehers tun. Es gab keinen freien Sonntag und keine Ferien. Musik wurde verworfen, da sie leicht zu liederlichem Wesen führe. Für körperliche Züchtigung, die nach festen Regeln erfolgte, sollte sich das Kind durch Handreichen bedanken. Lob sollte vermieden werden.

F.s pädag. Schriften, hg. v. G. Kramer, (1876) 1885². – F. Sommer, A.H.F. u. seine Stiftungen, 1927. *W. Uhsadel*

2. *Gotthilf August* (1696–1769), ev. Theologe, Sohn von 1, erhielt in einem arbeitsreichen Leben höchste kirchliche Ämter und wurde 1727 o. Prof. an der Universität Halle. Seinem Vater war der körperlich wie seelisch gehemmte Sohn nur in der selbstlosen Treue ähnlich, mit der er das Begonnene pflegte, vor allem die werdende luth. Kirche in Pennsylvanien (H.M. →Mühlenberg) wie die Missionsarbeit in Indien unterstützte. Er erlebte, durch hervorragende Mitdirektoren wie J.A. → Freylinghausen, J.G. → Knapp und J.A. Niemeyer begünstigt, die größte Entfaltung, aber auch den beginnenden Abstieg des hallischen Pietismus. Von Friedrich Wilhelm II. gefördert, von Friedrich II. nicht gehemmt, hat sich der hallische Anstaltspietismus in der brandenburgisch-preußischen Kirchengeschichte zugleich fördernd wie hemmend ausgewirkt; doch fehlt bislang noch eine grundlegende Untersuchung, die ein gerechtes Urteil gestattet. In schweren Notjahren ist F.s große soziale Hilfstätigkeit Tausenden von Schülern und Kranken zugute gekommen. Die von ihm herausgegebenen Ostindischen Missionsberichte wurden berühmt.

ADB VII, 231f – RGG² II, 652 (Lit.) – E. Beyreuther, A.H.F. u. die Anfänge der ökumen. Bewegung, 1958, 197f. *E. Beyreuther*

Frank, *Franz Hermann Reinhold* (1827-94), seit 1857 Prof. in → Erlangen (, 2), der eigentliche Systematiker der → Erlanger Schule, hat den erfahrungstheologischen Ansatz → Harleß' und → Hofmanns zu einem geschlossenen System ausgebildet, indem er, von der Wiedergeburtserfahrung als einer feststellbaren Tatsache ausgehend, die immanenten, transzendenten und transeunten Glaubensobjekte zu gewinnen und gewiß zu machen suchte (System der christlichen Gewißheit, [1870-73] 1881-83²). Im »System der christlichen Wahrheit« ([1878 bis 1880] 1893-94³) entfaltete er dann umgekehrt, von Gott als dem Prinzip des Werdens ausgehend, das im wesentlichen orthodoxe System unter dem Gesichtspunkt des Werdens der Menschheit Gottes. Das »System der christlichen Sittlichkeit« (1884-87) stellt das Werden des Menschen Gottes dar. In der Christolögie war F. → Kenotiker, in der Erlösungslehre blieb er in der Nähe der Anschauungen Hofmanns, ohne jedoch die satisfactio vicaria preiszugeben. In der Annahme einer substantiellen Wirkung der Sakramente und mit der Rezeption des → Chiliasmus überbot F. noch die altluth. Dogmatik. Er bekämpfte die Theologie → Ritschls und verwarf die Union.

Vf. ferner: Die Theol. der Konkordienformel, 1858-64; Über die kirchl. Bedeutung der Theol. A.Ritschls, (1888) 1891³; Gesch. u. Kritik d. neueren Theol., (1894) 1908⁴. - Über F.: JOH.GOTTSCHICK, Die Kirchlichkeit der sog. kirchl. Theologie, 1892, 110ff - RE VI, 158ff; XXIII, 452 - E.SCHAEDER, Theozentrische Theol. I, 1909, 22ff - O.HAENDLER, Zur Christologie F.s (ZSTh 4, 1927, 744-776) - NKZ 38, 1927, 156-255 (Gedenk-H.) - RGG² II, 654 (Lit.) - H.SCHELER, Die Prinzipien der Ethik F.s (Diss. Erlangen), 1946 - EKL I, 1319f. - Vgl. die Lit. zu → Erlanger Schule. *H.Graß*

Franeker in der niederländischen Provinz Friesland war Hauptort der Landgemeinde Franekeradeel; die Kirche wird schon 1085, ein Dekan Mitte des 13. Jh.s genannt. Vor Anfang des 80jährigen Krieges war F. schon ein Zentrum der Reformation, seit 1585 überwiegend calvinistisch (jetzt 9100 Einwohner, 37% prot., 13% röm.-kath.). 1585 gründete der Statthalter Wilhelm Ludwig von Nassau die *Universität* mit theologischer, juristischer, medizinischer und artistischer Fakultät. Die Theologie dominierte stark über die Philosophie, die als Dialectica im Anfang nur eine der 7 → Artes liberales war. → Descartes wurde 1629 kurz in F. immatrikuliert und schrieb hier seine Regulae ad directionem ingenii in seiner Wohnung auf der Sjaardemaburg. Joh.Greidanus (1630-68), Übersetzer des → Rakauer Katechismus (1652), stand als erster unter dem Einfluß des Cartesianismus - und des → Ramus - bei aristotelisch bleibender Form seiner Philosophie. Viele westdeutsche, ungarische und auch skandinavische Theologiestudenten besuchten F. im 17.Jh. Der erste Theologieprofessor war Sibrand → Lubbertus (1585), Schüler → Bezas und Gegner der → Sozinianer und → Arminianer; ihm folgten Joh. → Maccovius (1615) und Wilh. → Amesius (1622). Martinus → Lydius war Exeget und der erste Rektor. Joh. → Coccejus studierte bei Amesius, wurde 1636 Prof. des Hebräischen, Griechischen und der Theologie, zog viele Studenten an, siedelte aber 1650 nach Leiden über. Hermann → Witsius und Joh. von Marck lehrten im letzten Viertel des 17.Jh.s zeitweilig in F. Berühmte Orientalisten, die das dogmatische Interesse in der Exegese einzuschränken wußten, waren Joh. → Drusius (1585), Campegius → Vitringa (1681), Alb. Schultens (1713) und Hermann Venema (1724). Vitringa bestritt die neue Lehre, vornehmlich eine Art rationalisierender Christologie, seines Kollegen Herm.Alex. → Röell. Joh.Heinr. → Scholten, der Vater des niederländischen Modernismus, war der letzte Prof. in F. (1840-43). Nachdem die Universität schon 1811 von Napoleon aufgehoben, aber 1815 als Athenäum (ohne Promotionsrecht) wiederhergestellt war, erfolgte 1843 die endgültige Aufhebung. Weltberühmt ist in F. das Planetarium des Eise Eisinga, erbaut 1774-81.

C.SEPP, Het godgeleerd onderwijs in Nederland gedurende de 16. en 17. eeuw, 2 Bde, 1873/74 - W.B.S.BOELES, Frieslands Hoogeschool en het Rijks Athenaeum te F., 2 Bde, 1878/89 - A.HALLEMA, De geschiedenis der Martini of Groote Kerk te F., 1931 - DERS., F. door de eeuwen heen, 1950 - S.H.M.GALAMA, Het wijsgerig onderwijs aan de Hogeschool te F. 1595-1811 (Diss. Leiden), 1954.
J.N.Bakhuizen van den Brink

Franken. Einen in den ersten nachchristlichen Jh.en im freien → Germanien archäologisch erkennbaren Bereich, der von der Zuydersee im Norden bis Osnabrück, im Osten bis Minden und Bielefeld, im Süden bis ins Vorland von Bonn reicht, darf man wohl mit der Heimat der Kleinstämme (Amsivarier, Brukterer, Chamaven, Chattuarier, Salier) identifizieren, die seit der Mitte des 3.Jh.s als F. bezeichnet werden. Die Salfranken rückten um 276 in das Land zwischen Rhein und Wesel (Betuwe) ein und ließen sich ca 350 in Toxandrien (Nordbrabant) nieder, wo sie 357 durch → Julian (, 1) anerkannt wurden. Einige Jahrzehnte später begann die Übersiedlung der anderen F.stämme auf das linke Rheinufer (Xanten-Köln); doch blieben Rhein und Waal bis tief ins 5.Jh. noch römische Staatsgrenze. Die auf römisches Gebiet übergesiedelten F. stellten dem Kaiser Truppen und Offiziere. Nach 450 stießen die Salfranken westlich des Kohlenwaldes (Maas-Sambre bis Löwen-Brüssel) zur Somme vor, während die übrigen F.stämme - zumeist irrig als Ripuarier bezeichnet - die Gebiete östlich des Kohlenwaldes an der Maas (Maastricht-Tongern-Lüttich), an der Mosel (bis Toul) und am Rhein (bis Mainz) besetzten. Von den Teilkönigreichen des 5.Jh.s sind nur vier lokalisierbar (Cambrai, Tournai, Tongern, Köln).

Die politische Einigung der F. war das Werk *Chlodwigs* (482-511, aus dem Hause Tournai), der zwischen Rhein und Loire ein nordgallisches Großreich begründete und den Westgoten Aquitanien entriß. Der Ostgotenkönig Theoderich gebot den F. Halt. Nach dessen Tode setzte die zweite fränkische Expansion ein, in deren Verlauf die F. ganz → Gallien bis auf Septimanien eroberten und die → Thüringer, → Alemannen und → Bayern ihrer Herrschaft unterwarfen. Die fränkische Siedlung erstreckte sich vom Rhein, wo sie auch die den Alemannen entrissenen Gebiete von Worms und Speyer umfaßte, bis zur Loire. Aber die F. bildeten in Nordgallien eine zahlenmäßig relativ kleine Minderheit. Die heutige Sprachgrenze bildete sich erst um 800 heraus. Nach dem Tode Chlodwigs entstanden durch dynastische Teilungen im Laufe des 6.Jh.s die merowingischen Teilreiche Austrasien (Reims-Metz), Neustrien (Soissons-Paris) und Burgund (Orléans-Chalon s. S.), die unter Chlothar II. (613-629) und Dagobert I. (629-639) zeitweilig wieder vereinigt wurden. Die Dekadenz des Merowingerhauses führte in der zweiten Hälfte des 7.Jh.s zu einer weitgehenden Auflösung des F.reiches. Dauernd wurde sie erst durch Karl Martell (715-742) rückgängig gemacht, der den Grund für das karolingische Großreich legte (→ Karl d. Gr.).

Den Übertritt der F. zum kath. *Christentum* entschied Chlodwig (Taufe wohl Weihnachten 498 zu Reims). Die kirchliche Restauration wurde im linksrheinischen Austrasien im wesentlichen schon im 6.Jh. abgeschlossen, während sie sich im nördlichen Neustrien noch tief ins 7.Jh. hineinzog. Als Rückhalt der kirchlichen Mission und Reorganisation spielten im 6.Jh. die aquitanischen Bistümer eine große Rolle. Im 7.Jh. trat das Mönchtum in den Vordergrund. Die wesentlich von Burgund (→ Luxeuil u.a.) ausgehende merowingische Klosterkultur des 7.Jh.s, in der sich irische und festländische Elemente vereinigten, schuf trotz staatlichem Verfall die Voraussetzungen für die karolingische Renaissance. Das Christentum faßte im frühen 8.Jh. bei den Alemannen und Bayern Fuß, drang auch schon bei den → Hessen und Thüringern ein. Das Hauptverdienst an der Mission in Friesland (→ Friesen) und Hessen-Thüringen, an der kirchlichen Organisation in diesen Gebieten und Bayern kam den Angelsachsen → Willibrord (690-739) und → Bonifatius (716-754) zu, die auch enge Beziehungen zwischen den Karolingern und dem Papsttum herstellten.

H.v.Petrikovits, Reichs-, Macht- u. Volkstumsgrenzen am linken Niederrhein (Festschr. Oxé, 1938, 220-240) - E.de Moreau, Histoire de l'Eglise de Belgique I, Brüssel 1945² - W.Levison, England and the continent in the 8th century, Oxford (1946) 1950² - E.Male, La fin du paganisme en Gaule et les premières basiliques chrétiennes, Paris 1950 - E.Ewig, Die fränk. Teilungen u. Teilreiche 511-613 (AAMz 9, 1952) - Ders., Die fränk. Teilreiche im 7.Jh. (Trierer Zs. 22, 1953, 85-144) - Ders., Die Civitas Ubiorum, die Francia Rinensis u. das Land Ribuarien (Rhein. Vierteljahrsblätter 19, 1954, 1-29) - W.J.de Boone, De F. van hun eerste optreden tot de dood van Childerik, 1954 - F.Petri, Zum Stand der Diskussion über die fränk. Landnahme u. die Entstehung der german.-roman. Sprachgrenze, 1954 - Th.Schieffer, Winfrid-Bonifatius u. die christl. Grundlegung Europas, 1954. *E.Ewig*

Frankenberg, *Abraham von* (1593-1652), * zu Ludwigsdorf bei Oels/Schles., erlebte nach juristischem Studium durch mystische Lektüre eine innere Umkehr, die zu Verzicht auf Landbesitz und Ehe führte. Seit einer Begegnung 1623 Verehrer J. → Böhmes, schrieb er die grundlegende Biographie über ihn und half bei der Sammlung seines Nachlasses. In Schlesien, zeitweilig auch in Danzig und Westpreußen, war F. Mittelpunkt eines Kreises, der → Kabbala, → Schwenckfeld, → Paracelsus, → Weigel, Böhme u.a. Mystiker, auch G. → Bruno und den Messianismus des Manasse ben Israel (Amsterdam) las und verbreitete (→ Barock: II, 6). Diese von ihm mehr gesammelten als gestalteten Ideen bestimmen sein umfangreiches Schrifttum, das von orthodoxer Kirchlichkeit zu mystisch-vorpietistischer Innerlichkeit leiten will. F. war ein wichtiger Anreger für → Angelus Silesius.

G.Koffmane, Die relig. Bewegungen in der ev. Kirche Schlesiens, 1880, 29ff. 54ff - G.Ellinger, A.v.F. (Familienzeitschr. derer v.F. 3, 1921, H. 3/4) - Ders., Angelus Silesius, 1927, 50ff - H.Schrade, A.v.F. (Phil. Diss. Heidelberg), 1923 (Masch.) - W.E.Peuckert, Die Rosenkreutzer, 1928, 243ff. *H.Bornkamm*

Frankfurt a. M.

I. Geschichtlich - II. Universität. - Vgl. auch → Hessen: II

I. Geschichtlich

1. Vom MA bis zum 17.Jh. - 2. Von Spener bis zur Neuzeit - 3. Kirchenregiment und Gemeindeverfassung

1. Mit der Reichssynode → Karls d.Gr. von 794 gegen die Bilderverehrung (→ Bilder: III, 3) und den → Adoptianismus (, 4) beginnt die F.er KG. Die um 852 von Ludwig d.D. gegründete Kollegiatkirche S.Salvatoris, seit dem 13.Jh. dem hl. Bartholomäus geweiht und bis zum Ende des MA alleinige Pfarrkirche der Stadt, war als Kaiserdom Ort der deutschen Königswahlen, von 1562 bis 1792 auch der Krönungen. Im 13. und 14.Jh. entstanden zahlreiche Kirchen, Klöster und Ordenskommenden. Im Deutschordenshaus zu Sachsenhausen verfaßte »der Frankfurter« um 1350 die → Deutsche Theologie. Luther wurde auf der Durchreise nach Worms und bei der Rückkehr (14. und 27.4.1521) in F. freudig begrüßt. 1520 hatte der Erasmusschüler Wilhelm Nesen auf Betreiben des Patriziats eine Lateinschule gegründet. Am 9.3.1522 hielt der vormalige Barfüßermönch Hartmann Ibach die erste ev. Predigt in der Katharinenkirche. Hartmut von → Kronberg und → Hutten ergriffen Partei wider die Altgläubigen, deren Wortführer der Dompfarrer Peter Meyer und der Dechant von Liebfrauen → Cochläus waren. Eine Volkserhebung erzwang 1525 vom Rat die Annahme von 46 Artikeln nach dem Vorbild der 12 Artikel des → Bauernkrieges. Die Bewegung scheiterte, aber die wichtigste Forderung der Aufrührer, ev. Prädikanten einzusetzen, wurde erfüllt. Der vorsichtige Rat beteiligte sich weder an der Speyerer → Protestation noch am → Augsburger Bekenntnis. Aber das von Luther mißbilligte demagogische Treiben des Prädikanten Dionysius Melander erzwang 1533 die Abschaffung der Messe. → Bucers Eingreifen führte 1535 zur Ablösung der radikalen durch gemäßigte Prediger luth. Richtung. F. trat der → Wittenberger Konkordie und dem Schmalkaldischen Bunde bei. Die Niederlage im Schmalkaldischen Kriege hatte die von Melanchthon befürwortete Rückgabe des Domes an die Katholiken 1548 zur Folge. - Niederländische Glaubensflüchtlinge - Wallonen unter V. → Poullain, Flamen unter Joh. → Laski - fanden in F. seit 1554 Zuflucht, während Engländer unter John → Knox in ihre Heimat zurückkehrten. Die Feindschaft der vom Rat unterstützten luth. Geistlichkeit veranlaßte einen Teil der Zuwanderer, F. wieder zu verlassen. Die Zurückbleibenden, eine deutschref. und eine französisch-ref. Gemeinde, waren genötigt, zum Gottesdienst in das Hanauische Nachbardorf Bockenheim zu gehen; erst 1786 erlangten sie die Erlaubnis zum Bau eigener Bethäuser in der Stadt.

2. Der von 1666-86 amtierende Senior des Predigerministeriums, Ph.J. → Spener, versammelte in seinem Hause das erste »Collegium pietatis« und verfaßte hier 1675 die »Pia desideria«. Er konnte aber die Abspaltung religiöser Konventikel unter Beteiligung seines bisherigen Freundes Joh.Jak. → Schütz nicht hindern. Die Erweckungsbewegung → Zinzendorfs und der Herrnhuter (1736ff), denen zeitweilig Goethes »Schöne Seele« Susanna v. → Klettenberg nahestand, stieß auf erbitterten Widerstand bei dem luth. Senior → Fresenius. Das Zeitalter der Aufklärung fand seinen hervorragenden Vertreter in dem Senior Wilh.Fr.Hufnagel (1791-1823). Das 19.Jh. stand im Zeichen der durch → Dalberg herbeigeführten Gleichberechtigung aller Konfessionen. Eine 1822 geplante Union zwischen Lutheranern und Reformierten kam aber aus vermögensrechtlichen Gründen nicht zustande. Das kirchliche Vereinsleben und die Erweckung missionarischen Geistes wirkten der Verflachung des Zeitalters entgegen. Fr. → Naumann gab dieser Bewegung die Hinwendung zum Sozialismus.

3. Seit der Reformation lag das Kirchenregiment beim Rate. 1728 wurde ein luth., 1820 ein ev.-ref. Konsistorium geschaffen, die 1899 vereinigt wurden. Die einheitliche luth. Kirchengemeinde erhielt 1820 einen Gemeindevorstand von 18 Ältesten und 18 Diakonen; eine Einteilung in zunächst 6 Pfarrsprengel kam aber erst 1857 zustande. F. behielt auch nach 1866 seine kirchliche Sonderstellung. Am 30.5.1924 gab sich die Ev. Landeskirche F. ihre Verfassung.

F.Cl.Ebrard, Die franz.-ref. Gemeinde in F.a.M. 1554-1904, 1906 - R.Grabau, Das ev.-luth. Predigerministerium d. Stadt F., 1913 - H.Dechent, KG der Stadt F.a.M. seit der Reformation I. II, 1913/21 - RGG² II, 658ff - J.Kübel, Ev. Kirchenrecht für F., 1932 - W.Lueken, Aus der Gesch. unserer Gemeinde (400 Jahre dt. ev.-ref. Gemeinde), 1955 - G.Struckmeier, Ein Gang durch die kirchl. Gesch. der Stadt F.a.M. (F.er Kirchl. Jb. 1956, 36-49) - K.Dienst, Gesch. des luth. Gottesdienstes der Freien Reichsstadt F.a.M. (Diss. Mainz), 1956 (Auszug in: F.er Kirchl. Jb. 1956, 50-59). *H.Meinert*

II. Universität

Die Gründung der Universität F. (seit 1932 Johann Wolfgang Goethe-Universität) wird Franz Adickes

(1846-1915, Oberbürgermeister 1891-1912) verdankt. Seit seinem Amtsantritt verfolgte er mit unbeirrbarer Zähigkeit das Ziel, die in F. vorhandenen wissenschaftlichen Anstalten zusammenzufassen und durch Stiftungen reicher Bürger zu einer Universität zu vereinigen, um der Stadt auf geistigem Gebiet zu ersetzen, was sie 1866 politisch verloren hatte (→ Frankfurt a.M.: I). Er begann 1901 mit der »Akademie für Sozial- und Handelswissenschaften«, der sogleich einige geisteswissenschaftliche Lehrstühle angegliedert wurden, und berichtete 1909 dem preußischen Kultusminister über den Plan einer Universitätsgründung. Ihm war von Anfang an klar, daß in Deutschland auch eine Stiftungsuniversität nur vom Staat errichtet werden könne, wenn sie in Promotionsrecht und durch Anerkennung der an ihr verbrachten Studienzeit für staatliche Prüfungen den bisherigen Universitäten gleichgestellt werden sollte. Nachdem die Finanzierung durch den Stiftungsvertrag vom 28.9.1912 zwischen der Stadt F. und einer Reihe von Stiftungen gesichert war und das preußische Abgeordnetenhaus am 4.4.1913 zugestimmt hatte, genehmigte Wilhelm II. als König von Preußen am 10.6.1914 die Errichtung mit den vorgesehenen 5 Fakultäten (rechtswissenschaftliche, medizinische, philosophische, naturwissenschaftliche, sozial- und wirtschaftswissenschaftliche). Als 1923 die Inflation das Kapitalvermögen der Stiftungen vernichtete, schlossen der Staat Preußen und die Stadt F. einen Vertrag, demgemäß sie die Deckung des jeweiligen Defizits zu gleichen Teilen übernahmen. – Nach der Katastrophe von 1945 setzte sich die Stadt F. mit größtem Nachdruck für die Erhaltung der Universität ein. Das Land Hessen übernahm zunächst ohne rechtliche Bindung den bisher von Preußen geleisteten Beitrag, und durch den Universitätsvertrag vom 15.12.1953 zwischen Land Hessen und Stadt F. wurde die Universität aufs neue in der früheren Weise gesichert. – Die Sonderstellung der Stiftungsuniversität kam von Anfang an darin zur Geltung, daß die Finanzverwaltung von einem Großen Rat und dessen Ausschuß (Kuratorium) wahrgenommen wird, der aus gleichberechtigten Vertretern des Staates, der Stadt, der Stiftungen und der Universität besteht. Seit 1953 wechselt der Vorsitz jährlich zwischen dem hessischen Minister für Erziehung und Volksbildung und dem Oberbürgermeister, während vorher nur der Oberbürgermeister den Vorsitz geführt hatte. – Schon 1911 wurde der Verzicht auf eine *theologische Fakultät* damit begründet, daß »es an entsprechenden Stiftungsmitteln fehle und nach den Ziffern der Theologiestudenten ein Bedürfnis nach Errichtung einer neuen Fakultät nicht bestehe«. Doch hatte sich 1907 Erich → Foerster (1865-1945), Pfarrer an der deutsch-ref. Gemeinde, für das Fach der »Geschichte der christlichen Religion und Kirche« habilitiert; er wurde 1914 von der philosophischen Fakultät übernommen, erhielt einen besoldeten Lehrauftrag und wurde 1915 zum ord. Honorarprofessor ernannt. Um ev. Anwärtern des höhern Lehramts mit dem Fach »Religion« ein Studium zu ermöglichen, wurden seit 1922 in der philosophischen Fakultät noch 4 theologische Lehraufträge erteilt. Sie wurden von ev. Pfarrern oder Religionslehrern nebenamtlich versehen mit einer von der ev. Landeskirche F. bezahlten Vergütung, bis sie 1938 vom nationalsozialistischen Reichserziehungsminister aufgehoben wurden. Seit 1945 waren die von der amerikanischen Militärregierung mit dem Wiederaufbau der Universität betrauten Männer davon überzeugt, daß nach den entsetzlichen, im Namen der »nationalsozialistischen Weltanschauung« verübten Verbrechen sittliche Maßstäbe ohne den festen Halt im christlichen Glauben nicht zurückzugewinnen seien, und um der akademischen Jugend diesen Weg zu weisen, hielt man es für geboten, den Augenblick der Neuordnung der Universität zu ergreifen und zwei theologische Fakultäten für die beiden Konfessionen zu errichten. Schon bevor am 1.2.1946 die Universität mit den Vorlesungen begann, verhandelte man mit den beiden Kirchen und bat Professoren theologischer Fakultäten um Rat. Aber erst nach Inkrafttreten der Verfassung des Landes Hessen am 1.12.1946 bekamen die Pläne festere Gestalt. Im Verlauf des Jahres 1947 nahm das Ministerium für Kultus und Unterricht die Errichtung zweier Fakultäten (ev. mit 5 Ordinariaten, 1 Extraordinariat; kath. mit 6 Ordinariaten, 1 Extraordinariat) in Aussicht. Am 19.1.1948 setzte sich der Bischof von Limburg, am 26.1.1948 der Kirchenpräsident der Ev. Kirche in Hessen und Nassau durch Schreiben an den Minister für die Gründung der Fakultäten ein, am 31.1. 1948 stellte der Rektor den Antrag der Universität. Dabei wurde im Sinne des ursprünglichen Impulses die Bedeutung der theologischen Fakultäten für das geistige Leben der Gesamtuniversität der Bedürfnisfrage für den Pfarrernachwuchs vorgeordnet. Denn 1946 waren an der Universität → Mainz 2 theologische Fakultäten entstanden, von denen die ev. dem Gebiet der Ev. Kirche in Hessen und Nassau angehörte, und es war bekannt, daß die theologische Fakultät Marburg den Plan einer ev. Fakultät in F. überhaupt bekämpfte. Im April 1948 lehnte die sozialdemokratische Landtagsmehrheit bei den Haushaltsberatungen die Bewilligung des auf Hessen entfallenden Anteils der für die beiden Fakultäten vorgesehenen Mittel ab. Da aber theologische Vorlesungen für die Ausbildung von Religionslehrern an den höhern Schulen nicht entbehrt werden konnten, wurden seit dem Wintersemester 1948/49 auf Antrag der philosophischen Fakultät im Einvernehmen mit den beiden Kirchenleitungen je 4 Lehraufträge erteilt, deren Bezahlung die Kirchen übernahmen. Dabei forderte die philosophische Fakultät, im Gegensatz zu der 1922 getroffenen Regelung, daß nur Dozenten benachbarter theologischer Fakultäten und für eine theologische Disziplin Habilitierte herangezogen würden. Der Bischof von Limburg erklärte sich am 21.8.1951 bereit, eine Stiftungsprofessur für kath. Religionsphilosophie zu errichten, die zugleich »den organischen Mittelpunkt für die bereits bestehenden 4 Lehraufträge für kath. Religionskunde bilden sollte«. Die philosophische Fakultät regte bei der Leitung der Ev. Kirche in Hessen und Nassau an, einen entsprechenden Lehrstuhl für ev. Theologie zu stiften. Sobald die Kirchensynode die Mittel bewilligt hatte, wurden am 30.7.1952 die Vereinbarungen zwischen den beiden Kirchen, dem Land Hessen und der Universität geschlossen. Danach sind die beiden Lehrstühle der philosophischen Fakultät angegliedert. Diese übt das Vorschlagsrecht im Einvernehmen mit den Kirchenleitungen aus. Die Inhaber der Lehrstühle haben Sitz und Stimme in der Fakultät. Auf Grund dieser Ordnung wurden 1953 Johannes Hirschberger zum ord. Prof. für kath. Religionsphilosophie und Karl Gerhard Steck zum ord. Prof. für ev. Theologie ernannt. Die übrigen theologischen Disziplinen werden durch nebenamtliche Lehraufträge versorgt.

F. Adickes, Persönliche Erinnerungen zur Vorgesch. der Univ. F. a.M., 1915 – R. Wachsmuth, Die Gründung der Univ. F., 1929.

M. Gelzer

Frankfurt a. d. Oder, *Universität* (Viadrina), wurde auf Grund der Stiftungsbriefe der Päpste → Alexander VI. (1498) und → Julius II. (1506) sowie des Kaisers Maximilian I. (1500) im April 1506 durch den Kurfürsten Joachim I. von → Brandenburg (: II, 1. 2) als letzte mittelalterliche Universität eröffnet. Der besonders unter dem Einfluß des Joh. → Tritheim stehende Kurfürst betonte in den Ausschreibungen bei der Gründung der Universität, F. solle eine Pflegestätte des → Humanismus sein. Der besondere Anlaß der Gründung war die Errichtung der Juristischen Fakultät, um den Verwaltungsaufgaben der Mark Brandenburg gerecht zu werden. Der Berliner Joh.Blankenfeld, der in Leipzig Zivilrecht las, und Matth. Molner wurden als Juristen berufen. An der Artistenfakultät wirkten die Humanisten Publius Vigilantius aus Straßburg und Joh.Rhagius, der Vorlesungen über Tacitus hielt und eine Ausgabe der Germania veranstaltete, und Jodocus Willichius (Wilke), dessen Germaniakommentar (1551) oft aufgelegt worden ist. Im Gegensatz dazu war die Medizinische Fakultät kümmerlich besetzt.

Die wichtigste Persönlichkeit war der Theologe Konrad → Wimpina, ein eifriger Vertreter der → Scholastik. Er war der erste Rektor der Universität und mehrfacher Dekan der Theologischen Fakultät. Neben ihm waren seine Kollegen unbedeutend. Er verfaßte nach dem Vorbild der Universität → Leipzig die Statuten von F.

F., wo die Söhne mancher deutscher Familien aus dem Osten und polnische Adlige studierten, ist trotz vieler verlockender Privilegien nie recht zum Zuge gekommen. Von Anfang an stand es hinter der wenig älteren Universität → Wittenberg zurück. Mehrfache Seuchen, die eine Verlegung bedingten, verminderten schon bald nach der Gründung die Zahl der Studenten. Vollends geriet F. ins Hintertreffen, als es die antiluth. Politik des Kurfürsten und des hohen märkischen Klerus unterstützte. Wimpina gab → Tetzel die Möglichkeit, vom akademischen Boden aus → Luthers 95 Thesen zu bekämpfen und leistete ihm bei seinen Gegenthesen und seiner antiluth. Disputation (Januar 1518) Hilfestellung. Neben Wimpina wirkten der Dominikaner Joh.Mensing, der Wittenberg als Gegner Luthers verlassen hatte, ferner sein Ordensbruder Rupr.Elgersma aus Lewarden und der Kanonist Wolfg.Redorffer aus Herzogaurach. Sie begleiteten Joachim I. zum Reichstag nach Augsburg (1530), wo Wimpina an der → Confutatio mitarbeitete. Gegen die Schwabacher Artikel (→ Augsburger Bekenntnis, 1) verfaßten sie Antithesen, in denen Luther der Ketzerei → Wiclifs beschuldigt wurde. Mit dem Tod Wimpinas (1531) begann der Niedergang F.s. Joachim II. (→ Brandenburg: II, 2) hatte bereits als Kurprinz in Verhandlungen mit → Melanchthon (1535) den Willen zur Neugestaltung der Universität erkennen lassen. Jetzt zog er mehrfach Melanchthon in Fragen der Universitäts- und Kirchenreform zu Rate (1537-39), und durch ihn erhielt F. tüchtige Lehrkräfte, unter ihnen Melanchthons Schwiegersohn Georg Sabinus (1538) und den Schotten Alex. → Alesius (1540-42). Die Generalkirchenvisitation (1540), neue Statuten und eine reichere Dotierung sollten F. reformieren. Zu einer luth. Universität wurde F. jedoch erst durch Andr. → Musculus, den leidenschaftlichen Streiter gegen Philippismus und Calvinismus. Die Capita reformationis der Universität (1564) und die theologischen Statuten (1599) spiegeln die Entwicklung wider. F. war aber auch jetzt nur eine kurze Blütezeit bestimmt. Der Streit des Musculus mit dem Hebraisten und Melanchthonschüler Abdias → Prätorius über die guten Werke und der Ausbruch von neuen Seuchen verödeten F.

Der Übertritt des Kurfürsten Johann Sigismund zum Calvinismus (→ Brandenburg: II, 3) bedeutete einen wichtigen Einschnitt in der Geschichte F.s. In den Statuten und Eiden wurde die Verpflichtung auf die → Konkordienformel weggelassen. Die Lehrautorität Melanchthons wurde wiederhergestellt. Seit dem Jahre 1617 wurden ref. Theologen nach F. berufen. Die übrigen Professoren verpflichteten sich durch Revers, nicht gegen Reformierte zu polemisieren. Schließlich kam es zur paritätischen Besetzung der theologischen Lehrstühle: der Lutheraner Simon Ursinus (1638) lehrte neben dem Reformierten Georg Franke. Kurfürst Friedrich Wilhelm I. (→ Brandenburg: II, 3) führte diese Praxis fort (1653). Sie wurde jedoch nach der Gründung → Halles mit einer luth. Fakultät wieder verlassen. Nur innerhalb der Philosophischen Fakultät begegnen ao. luth. Professoren der Theologie. In der Juristischen Fakultät wirkten als kirchlicher Reformfreund Joh. → Brunnemann und als Vertreter des ev. → Episkopalismus (, 2) Sam.Stryk. Die → Aufklärung (: III) hatte wichtige Vertreter in dem Neologen J.G. → Töllner und seinem Schüler G.S. → Steinbart. Beide gehörten als Philosophen und Professoren luth. Theologie der Philosophischen Fakultät an. Steinbart ist erst kurz vor dem Ende F.s in die Theologische Fakultät aufgenommen worden. Der Sieg der modernen Wissenschaft spiegelt sich in dem Entwurf der Satzungen der Philosophischen Fakultät (1805) wider. Dort heißt es, daß man willens sei, den »Geist des grauen Altertums« zu beseitigen. Es ist fraglich, ob die Satzungen noch zur Einführung gelangt sind. F. war schon seit längerer Zeit trotz der Reformversuche → Friedrichs d.Gr. nicht mehr lebensfähig. Es blieb bei dem Plan, zur Belebung F.s eine kath.-theologische Fakultät zu errichten. Die Niederlage Preußens (1806) und der Plan einer Universitätsgründung in → Berlin, gegen den F. heftig protestierte, führten 1811 zur Vereinigung F.s mit der kath. Leopoldina in → Breslau (: II). Immerhin haben in F. 54 635 Studenten, darunter etwa 500 polnische Adlige studiert.

E.FRIEDLÄNDER, Die Matrikel der Univ. F., 1887ff - Akten u. Urkunden der Univ. F., hg.v. G.KAUFMANN-G.BAUCH, 1897ff - G. BAUCH, Die Anfänge der Univ. F. u. die Entwicklung des wissenschaftl. Lebens an der Hochschule (1506-1540) (Texte u. Forsch. zur Gesch. der Erziehung u. des Unterrichts in den Ländern dt. Zunge III), 1900 - W.ERMAN-E.HORN, Bibliogr. der dt. Univ. II, 1904, 173ff - G.KAWERAU, Alex. Alesius' Fortgang von der F.er Univ. (JBrKG 14, 1916, 89-100) - W.VOSS, Die wirtschaftl. Verhältnisse der Univ. F. 1506-1653 (Diss. Berlin), 1939 - H.GRIMM, Meister der Renaissancemusik an der Viadrina, 1942 - D.RHODE, Studien zur Gesch. der Theol. Fakultät der Univ. F. (Diss. Berlin), 1945 - H. FRICKE, Gesicht u. Maske der Viadrina, 1957. *W.Delius*

Frankfurter Parlament

1. Vorbereitung und Anfänge - 2. Probleme und Krisen - 3. Grundrechte; Staat und Kirche - 4. Scheitern und Ausklang

1. Es war - um einen Ausdruck Bismarcks zu gebrauchen - »der latente deutsche Gedanke«, der zu den revolutionären Vorgängen des Jahres 1848 und zu der Einberufung einer verfassunggebenden Deutschen Nationalversammlung geführt hat. Der von den Wiener Kongreßmächten zurückgedrängte politische Wille des Bürgertums hatte durch die französische Julirevolution von 1830 einen neuen Auftrieb erhalten. Eine weitere Belebung der öffentlichen Meinung trat ein, als durch die Gegensätze in der Orientpolitik sich die doktrinären Formen der Hl. → Allianz lockerten und der Druck der österreichisch-preußischen Reaktion nachließ. So verschieden und gegensätzlich die sich jetzt regenden Kräfte waren, Übereinstimmung bestand in dem Ziel eines einheitlichen, konstitutionellen deutschen Staates. In Baden, wo der Liberalismus seine aktivsten Vertreter bis hin zur radikalen Demokratie besaß, war es 1847 zu Versammlungen der oppositionellen Kräfte gekommen. Die französische Februarrevolution von 1848 brachte dann alles, was mit den bestehenden Verhältnissen nicht zufrieden war, auch in Deutschland in Bewegung. Der Sturz Metternichs und die eilige Berufung sog. »Märzministerien« verrieten die Angst und die Schwäche der alten Mächte, aber auch ihren Willen, nicht zu weichen. Ein aus einer freien Versammlung in Heidelberg gebildeter »Siebener-

ausschuß« lud die Mitglieder der Landtage und andere politische Persönlichkeiten nach Frankfurt ein. Dieses »Vorparlament« bereitete die Wahlen für eine deutsche Nationalversammlung vor, deren gesetzliche Durchführung man den Regierungen überließ, wie auch der alte Bundestag, der sich jetzt als »gesetzliches Organ der nationalen und politischen Einheit Deutschlands« bezeichnete, als die legale Vertretung der Bundesstaaten anerkannt wurde. Das kommende deutsche Parlament sollte nicht mit dem Makel behaftet werden, ein revolutionäres Tribunal zu sein. Wenn der Wahlmodus von den Länderregierungen auch sehr verschieden gehandhabt wurde, so stellte die am 18. Mai in der Paulskirche in Frankfurt/M. mit 330 Abgeordneten (bei 831 Mandaten!) zusammengetretene »Deutsche Verfassunggebende Nationalversammlung« doch einen repräsentativen Ausschnitt des politische Geltung beanspruchenden Teiles des deutschen Volkes dar. Es überwogen die Vertreter des akademischen und wirtschaftlichen Lebens (die Bezeichnung »Professorenparlament« bezieht sich nur auf die besondere Redefreudigkeit der Hochschullehrer); 16 ev. und 16 kath. Geistliche (dazu noch 1 Deutsch-Katholik) gehörten zu den Mitgliedern, 1 Kleinbauer, kein Arbeiter. Viel edler Idealismus, vom Geist der Freiheitskriege und der schwarz-rot-goldenen Burschenschaftszeit umwittert, beherrschte die Versammlung, in der sich doch nur wenige Köpfe mit politischer Erfahrung befanden. Die schwierigste Aufgabe war, so viel Individualismus, Begeisterung und rhetorisches Temperament zu einem politischen Willen zusammenzufassen. Zum Präsidenten wurde Heinrich von Gagern gewählt, bewährter Führer der hessischen Liberalen und Minister, eine imponierende Erscheinung von mitreißendem Pathos in seiner Rede, die stärker wirkte als das, was er tat, Aristokrat von vornehmem Charakter, dessen Größe sich am wirkungsvollsten zeigte, wenn er seinem patriotischen Instinkt folgte. Davon legte er schon nach den ersten Wochen eine Probe ab, als er inmitten der erregten Debatten über eine provisorische Zentralgewalt »mit kühnem Griff« den Erzherzog Johann von Österreich als Reichsverweser vorschlug und mit der Wahl dieses Fürsten den mißtrauischen deutschen Monarchen die Zustimmung erleichterte. Der Bundestag trat zurück, aber das vom Reichsverweser gebildete Kabinett blieb ohne Machtmittel. Eine Vereidigung von Truppen auf Erzherzog Johann lehnten Österreich und Preußen ab. – Die Tätigkeit des F.P.s geschah im Plenum und in den Ausschüssen. Organisierte Parteien gab es noch nicht, doch bildeten sich drei Gruppen: eine Rechte, eine doppelte Mitte, eine doppelte Linke, die man auch nach den Namen der führenden Männer bezeichnet hat: Vincke, Dahlmann, Rießer, Blum, Ruge. Im übrigen traf man sich in Gasthäusern und nannte sich nach diesen. Die Abgrenzungen blieben fließend.

2. Zu *krisenhaften Spannungen* führte bald die Erkenntnis, daß das Problem der deutschen Einheit mit den Interessen der europäischen Umwelt aufs engste verknüpft war. In der schleswig-holsteinischen Frage mußte das F.P. bei grundsätzlichem Festhalten der Auffassung, daß die Elbherzogtümer ungeteilt zu Deutschland gehörten, doch den von England und Rußland erzwungenen deutsch-dänischen Waffenstillstand von Malmö anerkennen, wie man im Osten von der liberalen Polenbegeisterung des Vorparlaments abrückte, nachdem in Frankreich mit der Niederwerfung der Revolution sich ein rußlandfreundlicher Kurs durchgesetzt hatte. Ebenso konnten sich Belgien und Holland erfolgreich der Abtrennung Luxemburgs widersetzen. Die Nichtanerkennung diplomatischer Vertretungen durch die europäischen Kabinette bedeutete eine weitere Schwächung des Ansehens des F.P.s. Es war offenkundig, daß die großen Mächte dem deutschen Einheitsstreben entgegenstanden, was wiederum die innerdeutschen Einzelgewalten ermutigte, sich gegen die Nationalbewegung zu stellen. Der gefährlichste Tiefstand war erreicht, als radikale Elemente im September in Frankfurt einen Aufstand entfesselten, wobei zwei Vertreter Preußens ermordet wurden, und das F.P. aus Mainz Militär zur Hilfe herbeirufen mußte. Die liberal-gemäßigte Mittelgruppe lenkte jetzt in konservative Bahnen ein, zumal auch in anderen Gegenden sich durch Putsche und Verschwörungen das Gespenst einer roten Republik als drohende Möglichkeit erhoben hatte.

3. Trotz aller Stürme hat das F.P. seine eigentliche Aufgabe, das Verfassungswerk, zum Abschluß gebracht (28.3.1849). Wesentlicher Bestandteil waren die *Grundrechte* (§§ 130–189; → Menschenrechte: I. II), die als selbständiges Gesetz schon am 12.7.1848 verkündigt wurden, sich an das nordamerikanische und französische Vorbild von 1776 und 1789 anlehnten, aber in der Gründlichkeit, mit der sie die Rechte des einzelnen gegenüber dem Staat bis ins kleinste abgrenzten, ganz auf die deutschen Verhältnisse zugeschnitten waren. Auch sie standen im Dienste des nationalen Einheitsstrebens: § 186/7 schrieb als Grundrecht jedem deutschen Staat eine Verfassung mit Volksvertretung und Verantwortlichkeit der Minister vor. Unter dem Gesichtspunkt der Reichseinheit standen auch die grundrechtlichen Bestimmungen über das Verhältnis von → *Kirche und Staat*. Sie griffen unmittelbar in einen Bereich ein, der bisher allein Sache der Länder war. Neben der vollen Glaubens- und Gewissensfreiheit wurde die Kirche als Religionsgesellschaft in die Sphäre des Privaten gerückt, eine → Staatskirche sollte fernerhin nicht mehr bestehen, die Gründung neuer Religionsgesellschaften, ohne daß sie einer staatlichen Anerkennung bedürften, erlaubt sein, die bürgerliche Geltung der Ehe nur noch von der Ziviltrauung abhängig sein (→ Zivilstandsgesetzgebung). Die Debatten über die Kirchenfrage waren bes. bewegt. Grundsätzlich waren die Katholiken für die Trennung der Kirche vom Staat, in Einzelheiten folgten sie jedoch meist konservativen Auffassungen, vor allem in der Schulfrage. Anerkannten sie, daß auch die Kirche den Staatsgesetzen unterworfen sei, und gingen sie weit mit dem modernen Staat mit, so meinten sie gerade vom liberalen Standpunkt aus den Grundsatz des → Elternrechts vertreten und mit ihm auch die geistliche → Schulaufsicht erreichen zu können, was jedoch trotz der Anwesenheit hoher Kleriker nicht gelang. Den Katholiken stand in dieser Frage auf ev. Seite der aus Württemberg stammende Pietist Chr. → Hoffmann nahe, der durch seinen Wahlsieg über den »Antichristen« D.F. → Strauß in das F.P. gekommen war. Die Mitte zeigte die größte Mannigfaltigkeit in den Argumentationen, die radikale Linke die größte Unklarheit und geringste Sachkenntnis. Es gab auch unter den Katholiken eine Gruppe (die sog. »Josephiner«), die einer Trennung von Staat und Kirche widersprach, weil sie eine Verstärkung der klerikalen Macht befürchtete; ihrer Ansicht folgte auf ev. Seite der spätere Weimarer Oberhofprediger und Mitbegründer des Protestantenvereins, Karl → Schwarz. – Wenn das F.P. das Problem Staat und Kirche auch nicht gelöst hat, so sind von ihm doch neue Anstöße zur Behandlung der Kirchenverfassungen in den einzelnen Territorien ausgegangen. Offenbar wurde, daß der christliche Charakter des Staates keine Zukunft mehr besaß und daß das alte Staatskirchentum seinen Höhepunkt überschritten hatte. Anderseits ist mit dem Verfassungswerk des F.P.s die bürgerliche Phase der Entwicklung der Grundrechte zu einem Abschluß gekommen.

4. Der politische Aufbau des Reiches, das nach nordamerikanischem Muster als Bundesstaat (aber mit monarchischen Führungen in den Ländern wie an der Spitze) gedacht war, sah folgende Instanzen vor: die Reichsgewalt, zu deren Kompetenz Außenpolitik, die Entscheidung über Krieg und Frieden, das Heer und die Marine, die Oberaufsicht über das Verkehrs-, Handels- und Zollwesen sowie das Maß-, Münz- und Gewichtssystem gehören sollten; die Legislative, ausgeübt durch das aus allgemeinen, direkten und öffentlichen Wahlen hervorgehende Volkshaus sowie durch das je zur Hälfte mit Vertretern der Länderregierungen und -parlamente beschickte Staatenhaus; schließlich das Reichsgericht als ein in das Staatsleben tief hineinragendes politisches Obergericht. Von den Kompetenzen der Reichsgewalt ist später fast alles in die Verfassung von 1871 hinübergenommen worden. Die schwächste Stelle der Konstruktion war indessen Führung und Stellung der Exekutive. An der Frage des Reichsoberhauptes, das mit der Gegenzeichnung verantwortlicher Minister und einem suspensiven Vetorecht regieren sollte, brach die Problematik des ganzen Unternehmens erneut auf. Sie war verknüpft mit der Frage nach dem Umfang des Reiches. Die Bestimmung der §§ 1-3, wonach das Reich aus den Gebieten des bisherigen Deutschen Bundes besteht, aber kein Teil des Reiches mit nichtdeutschen Ländern vereinigt sein darf und, wo deutsches und nichtdeutsches Land dasselbe Staatsoberhaupt hat, das Verhältnis im Sinne einer reinen Personalunion zu ordnen ist, war eine Frage an die habsburgische Monarchie. Sie fand ihre endgültige Antwort mit der militärischen Niederwerfung des Wiener Aufstandes und der Oktroyierung einer Verfassung für den habsburgischen Gesamtstaat. Die Erschießung des am Aufstand beteiligten Führers der Frankfurter Linken, Robert Blum, war ein »Sinnbild des Bruches Österreichs mit der Freiheitsidee und des Bruches mit dem Gedanken des reinen deutschen Staates« (Srbik). Damit waren die Hoffnungen der Großdeutschen zunichte. Die Mittelstaaten hatten die Unterordnung unter ein Kaisertum ohnehin abgelehnt und ein Direktorium gefordert. → Preußen, das (wie → Österreich) die Veröffentlichung der Grundrechte abgelehnt hatte und seit November 1848 mit der Oktroyierung einer Verfassung ebenfalls in einen reaktionären Kurs eingeschwenkt war, hatte im Februar 1849 den Verfassungsentwurf (mit 27 Kleinstaaten) als Grundlage anerkannt, jedoch einige Einwände erhoben, die im F.P. keine Berücksichtigung fanden. Mit einer geringen Mehrheit (267:263) nahm das F.P. am 27. März das Erbkaisertum an und wählte am nächsten Tage unter Glockengeläut und Kanonensalven mit 290 Stimmen, bei 248 Enthaltungen, Friedrich Wilhelm IV. zum deutschen Kaiser. Die Antwort, die der preußische König der von dem neuen Parlamentspräsidenten, Eduard von Simson, geführten Kaiserdeputation in dem noch unter Belagerungszustand stehenden Berlin gab, war eine wortreich verklausulierte Ablehnung. Damit war das Einheitswerk der Paulskirche am Ende seiner Möglichkeiten angelangt. Der Versuch eines nach Stuttgart verlegten »Rumpfparlaments«, einen bewaffneten Volksaufstand zu organisieren, war von vornherein zum Scheitern verurteilt, verursachte nur unnötiges Blutvergießen und konnte an den Tatsachen nichts mehr ändern, wie auch die von der Kaiserpartei unterstützte Unionspolitik → Radowitz' im Sommer 1849 bald an dem Widerspruch Österreichs zerrann. Die Wiederherstellung des alten Bundestages stand am Ende alles Ringens und Kämpfens der deutschen Nation, ihre staatliche Einheit auf demokratischem Wege zu schaffen. Stärker denn je erhob die Reaktion ihr Haupt. Dennoch darf das Urteil über das F.P. nicht von diesem düsteren Ausklang her gefällt werden. Gescheitert ist es, weil seine Aufgabe bei den obwaltenden innen- und außenpolitischen Verhältnissen unlösbar war. Alle Fehler und Unzulänglichkeiten der beteiligten Personen überdecken jedoch nicht die Reinheit des Willens, mit dem ein rückständiges Staatswesen im Glauben an die Kraft der Idee erneuert werden sollte. Was hiervon bleibend und tragkräftig war, blieb auch im Untergang unverloren, indem es der Zukunft ein Ziel wies.

Stenographischer Bericht über die Verhandlungen der dt. konstituierenden Nationalversammlung, 9 Bde, hg.v. F.Wigard, 1848/49; Die Verhandlungen des Verfassungsausschusses der dt. Nationalversammlung, 1. Teil, hg.v. J.G.Droysen, 1849; 2. Teil: Akten u. Aufzeichnungen, aus dem Nachlaß hg.v. R.Hübner, 1924; Staatsverfassungen, hg.v. G.Franz, 1950, 135ff. - R.Huch, Die Revolution des 19.Jh.s in Deutschland, (1930) 1948 - V.Valentin, Gesch. der dt. Revolution 1848-1849, 2 Bde, 1930/31 (Lit.) - K.Kersten, 1848. Die dt. Revolution, (1933) 1948 - H.v.Srbik, Dt. Einheit I, 1935, 315ff - E.Marcks, Der Aufstieg des Reiches I, 1936, 251ff - L.B.Namier, 1948. The revolution of the intellectuals, London 1944 - W.Delius, Die ev. Kirche u. die Revolution 1848, 1948 - Th.Heuss, 1848. Werk u. Erbe, 1948 - F.Meinecke, 1848. Eine Säkularbetrachtung, 1948 - Martin Schmidt, Die Bedeutung des Jahres 1848 für die ev. KG in Deutschland (ZdZ 2, 1948, 307-313. 408-413) - R.Stadelmann, Soziale u. politische Gesch. der Revolution von 1848, 1948 - S.A. Kähler, Die dt. Revolution von 1848 u. die dt. Mächte (Vorurteile u. Tatsachen, 1949, 59-89). *K.Kupisch*

Frankreich

I. Kirchengeschichte - II. Theologie - III. Religionsphilosophie im 19. und 20.Jh. - IV. Französische evangelische Missionen. - Vgl. Karte 11 »Westeuropa bis 900« auf Sp. 1033f

I. Kirchengeschichte

1. Die Anfänge - 2. Früh- und Hoch-MA - 3. Das Spät-MA - 4. Reformation - 5. Das 17.Jh. - 6. Das 18.Jh. - 7. Die Revolution und ihre Folgen - 8. Das 19.Jh. - 9. Beginnendes 20.Jh.

1. Die *Anfänge* des Christentums in → Gallien liegen im Dunkeln. Jedenfalls hatte das Christentum bereits gegen Ende des 1.Jh.s die Handelsstadt Marseille (→ 11 E 7) und die Gegend um Narbonne erreicht. Offenbar hat auch die Stadt Lyon (→ 11 D 6) schon früh Missionare aus der Provinz Asia in ihren Mauern beherbergt. Die Lyoner Gemeinde erlebte unter Mark Aurel eine grausame Verfolgung (177/78), der u.a. ihr Gründer und späterer Bischof Pothinus zum Opfer fiel. Sein Nachfolger → Irenäus sicherte der Stadt eine bedeutende Ausstrahlung bis weit in das Gebiet von Besançon (→ 11 E 5) und Valence. Gerade die Verfolgungen vermitteln uns oft die Kenntnis von Christennamen: Saturninus von Toulouse, → Dionysius von Paris (Decische Verfolgung 250/51). Seit 305 trat unter der Herrschaft des Konstantius Chlorus und seines Sohnes → Konstantin Ruhe ein. Aber auch nach dem Beginn der Toleranz (Mailand 313) machte die Christianisierung Galliens nur langsame Fortschritte. Auf dem Lande behaupteten die alten Volksgottheiten ihre Macht; nur in einigen großen Städten kam es zur Bildung von Gemeinden. Im 4.Jh. wurden die Klöster zu Ausgangspunkten einer intensiven Mission. Neben Ligugé b. Poitiers (339; → 11 C 5) wurde Marmoutier, beides Gründungen → Martins, zu einem wichtigen Missionszentrum. Martin zerstörte kurzerhand die heidnischen Heiligtümer und errichtete an ihrer Stelle Kirchen. So kommt es schon in dieser Zeit zur Entstehung der Pfarrei mit einem Priester an der Spitze. - Im 5.Jh. sah Gallien den Einbruch der Völkerwanderung: im Süden bildete sich ein Westgotenreich mit Toulouse (→ 11 C 7) als Mittelpunkt; die germanischen → Franken ließen sich an Rhein und Mosel nieder, die → Burgunder im Rhonetal, die Hunnen in Mittelgallien. Die Kirche als ganze wie auch einzelne Gläubige (zB die hl. → Genovefa, Bischof Anianus von Orléans) stemmten sich gegen

den Strom. Mit Ausnahme der heidnischen Franken waren die germanischen Eindringlinge zum großen Teil arianische Christen.

2. Mit der Bekehrung des Frankenherrschers Chlodwig zum kath. Christentum unter dem Einfluß des Bischofs → Remigius von Reims (496) änderte sich die Lage. Die Franken erschienen als Befreier der kath. Bevölkerung. Von besonderer Bedeutung wurde die Missionstätigkeit irischer Mönche (Gründung des Klosters → Luxeuil [→ 11 E 5] durch → Columban). Geschichtsschreiber dieser Zeit ist → Gregor von Tours. Erst der Merowinger Dagobert (628-638) konnte Gallien wieder unter *einem* Zepter vereinigen. Die Einheit zerbröckelte jedoch bald unter dem wachsenden Einfluß der »Hausmeier«, es entstanden zwei Königreiche, Neustrien (→ 11 B/D 4) und Austrasien (→ 11 E/F 4/5). - Mit dem Übergewicht der austrasischen Hausmeier kam die Dynastie der Karolinger empor, die sich immer stärker an das Papsttum anschloß. Karl Martell (714-741) erleichterte die Missionstätigkeit des → Bonifatius; Pippin der Kurze (741-768), der sich von Stephan II. in St.Denis hatte zum König salben lassen, unterstützte den Papst gegen die → Langobarden und war um die Reform des fränkischen Klerus bemüht. → Karl d.Gr. (768-814) erhielt auf Grund seiner dem Papsttum geleisteten Dienste nicht nur die Kaiserkrone aus der Hand Leos XIII. (800), sondern übernahm den »Schutz« des Papstes und damit der ganzen Christenheit. In Wahrheit vereinigte der Kaiser in seiner Person so nicht nur weltliche Herrschaft und Kirchenregiment, sondern griff auch in dogmatische Entscheidungen ein - eine Vorstufe dessen, was später der → Gallikanismus anstrebte. - Mit dem Tode Karls d.Gr. begann eine Zeit der Unsicherheit, in deren Verlauf die bischöfliche und päpstliche Macht an Bedeutung gewannen. Mit der Intervention → Nikolaus' I. in der Frage der Ehescheidung Lothars war der Grundsatz der päpstlichen Oberaufsicht über das Privatleben der weltlichen Herrscher zur Geltung gebracht. Ähnlich zeigte der Fall des durch → Hinkmar von Reims abgesetzten Bischofs → Rothad von Soissons (862), daß ein Bischof nicht ohne Zustimmung des Hl. Stuhles abgesetzt werden durfte.

In der Feudalzeit (10./11.Jh.) gelangte »der Adel« zu immer größerem Einfluß, namentlich durch das Institut der → Eigenkirche. Die Grundherren begnügten sich schließlich nicht mehr mit der Bestätigung der kirchlichen Ernennungen, sondern nahmen diese selbst vor. → Simonie und Nikolaitismus bürgerten sich ein. In dieser Epoche verbindet sich die Kaiserwürde endgültig mit dem deutschen Königtum; der Papst erscheint als erster Bischof des Reiches. Ähnliche Tendenzen zeigten sich auch in F., wo auf Betreiben Hugo Capets eine Synode über die Grenzen der römischen Jurisdiktion beriet (995). Robert der Fromme unterwarf sich indessen dem Interdikt des Papstes in Sachen seiner illegitimen Ehe. - Zu dieser Zeit setzte von → Cluny aus unter der Führung des Abtes → Odo eine umfassende Klosterreform ein: die Mönche unterstehen unmittelbar dem Papst; Visitations- und Interventionsrecht der Diözesanbischöfe über die exemten Klöster sind umstritten. - Der Investiturstreit (→ Kaisertum und Papsttum) wurde in F. nicht mit der gleichen Schärfe wie in Deutschland ausgetragen. Die Päpste, denen sehr daran lag, sich der Hilfe der Kapetinger gegen die deutschen Kaiser zu versichern, zeigten sich nachgiebig. Der auf einer Trennung der Investituren basierende Kompromiß, auf den man sich einigte, wurde bes. wirksam, als Paschalis II. sich auf der Flucht vor Heinrich V. nach F. zurückziehen mußte.

Die franz. Kirchengeschichte des 12. und 13.Jh.s ordnet sich nach vier Hauptlinien, die der ganzen Christenheit des MA das charakteristische Gepräge geben: a) Bes. wichtig war der franz. Beitrag zum gesamtabendländischen Unternehmen der → Kreuzzüge. Von den Tagen der ersten Spanienzüge und der ersten Kreuzzugspredigt des Petrus von Amiens an über → Bernhard von Clairvaux bis hin zum Aufruf Innozenz' IV., dem außer F. niemand mehr Folge leistete (→ Ludwig der Heilige, der 1270 vor Karthago an der Pest starb), kam bei weitem die Mehrzahl der Kreuzfahrer aus F. - b) Durch Gründung neuer Orden und Klöster erfuhr das Klosterleben einen beträchtlichen Aufschwung. Schon am Ende des 11.Jh.s war in den Bergen bei Grenoble der → Kartäuser-Orden durch Bruno gegründet worden; wenig später folgte → Fontevrault im Anjou als Gründung des Bretonen → Robert von Arbrissel und vor allem die Abtei von Citeaux in Burgund (von Robert von Molesmes gegründet), deren Reform durch → Bernhard von Clairvaux Weltgeltung erlangte. Unter dem Einfluß monastischen Geistes stand auch die unter der Führung → Ivos von Chartres, → Wilhelms von Champeaux und des hl. →Norbert durchgesetzte Reform des Weltklerus: die Kanonikerkapitel wurden vielerorts zu besonderen klösterlichen Lebensgemeinschaften zusammengefaßt. Ins 13.Jh. fällt schließlich auch das Auftreten der Bettelorden (→ Dominikaner, → Franziskaner), die aus dem Bild des mittelalterlichen F. nicht wegzudenken sind. - c) Die Reformbewegung erreichte unter dem Pontifikat → Innozenz' III. (1198-1216) noch größere Ausdehnung. Gerade damals traten die → Waldenser mit ihrer biblischen Predigt und der radikalen Forderung völliger Besitzlosigkeit hervor. Ähnlich predigten auch die → Katharer oder → Albigenser eine (manichäisch beeinflußte) streng asketische Moral und boten der bußfertigen Menge mit großem Erfolg die Geisttaufe (»consolamentum«) an. Die Kirche schritt zunächst ohne Blutvergießen gegen sie ein, ging aber bald zu Gewaltmaßnahmen und blutiger Verfolgung über (Albigenserkreuzzug 1209). Es war die Zeit, in der die völlige Identifizierung von Kirche und Staat jede Irrlehre als Staatsverbrechen erscheinen ließ, das mit staatlichen Zwangsmitteln geahndet werden konnte. Die damals aufkommende Einrichtung der → Inquisition erklärt sich aus dieser Lage. - d) Auf theologischem Gebiet weist das F. des 12.Jh.s eine Reihe glänzender Namen auf: → Roscelin von Compiègne, → Wilhelm von Champeaux, Bernhard von Chartres, Peter → Abaelard, → Gilbert Porreta, Thierry von Chartres, → Petrus Lombardus. Vollends zog mit dem 13.Jh. das »goldene Zeitalter« der mittelalterlichen Theologie herauf (→Scholastik). Die Universität von → Paris (: I) war damals das bedeutendste Zentrum theologischer Kultur; sie war seltsamerweise unmittelbar dem Papst unterstellt. Die Bettelorden, bes. die Dominikaner, stellten hervorragende Professoren. Der Pariser Universität standen mehr oder weniger nahe Männer wie → Alexander von Hales, → Bonaventura, → Albert d.Gr., → Thomas von Aquino, → Siger von Brabant.

3. Das 14. und 15.Jh. standen im Zeichen der Suche nach einer Abgrenzung der päpstlichen Gewalt gegenüber den weltlichen Fürsten und dem Konzil (→ Papsttum: II). F. spielte in den Auseinandersetzungen über diese Frage eine bedeutsame Rolle. Den Auftakt bildete der Streit zwischen Philipp dem Schönen (1285-1314) und → Bonifatius VIII. Die andauernden Kämpfe trugen nur dazu bei, den Gegensatz zwischen den Sätzen des päpstlichen Imperialismus (→Jakob von Viterbo, →Ägidius von Rom u.a.) und des radikalen Etatismus (»Dialog zwischen einem Kleriker und einem Edelmann«, »Rex pacificus«, Peter Dubois, später → Marsilius von Padua) deutlich hervortreten zu lassen.

Die Beruhigungspolitik, um die sich → Benedikt XI. mühte, war nicht von langer Dauer. Von dem Augenblick an, als der Papst unter dem Druck Philipps des Schönen nach F. übersiedelte (Avignonesisches Papsttum, 1309-77), stand die päpstliche Macht völlig im Schatten des absolutistischen Königtums. Symptomatisch dafür war der Prozeß um den Templerorden (→Ritterorden), dessen Vermögen Philipp reizte: trotz anfänglichen Protestes und feierlicher Gegenerklärungen beugte sich schließlich der Hl. Stuhl dem Willen des Königs und hob den Orden auf (Bulle »Vox in excelso«, 1312). - Die Päpste hatten gehofft, ihre Übersiedlung nach Avignon werde das Ende des Hundertjährigen Krieges (→ Jeanne d'Arc) herbeiführen und damit die Wiederaufnahme der Kreuzzüge ermöglichen. Sie vermehrten die Zahl der → Reservationen bei der Verleihung von Benefizien; → Gregor XI., der letzte der avignonesischen Päpste, behielt sich sogar sämtliche Ernennungen an Patriarchal- und Erzbischofskirchen sowie an den Männerklöstern vor. Seine Rückkehr nach Rom konnte Karl V. (1360-80) nicht hindern. Als aber nach Gregors Tode (1378) → Urban VI. den Stuhl Petri bestieg, erregte diese Wahl eine solche Mißstimmung, daß es zur Wahl eines Gegenpapstes, des Franzosen Robert von Genf (→ Clemens VII.) kam. Das war der Anfang des »Großen Schismas«, das die Christenheit in einer noch nicht dagewesenen Weise spaltete. Das Scheitern verschiedener Lösungsversuche rief schließlich nach einer konziliaren Entscheidung. Seit dem Konzil zu Pisa, das nur zur Ernennung eines dritten Papstes (→Alexander V.) führte, bestimmte der Konziliarismus (→ Reformkonzile) das Gesicht der Epoche. Wenn Wilhelm von → Ockham allgemein die Ansicht vertrat, die Verfassung der Kirche könne Schwankungen unterliegen, so waren die franz. Lehrhäupter über die *Form* dieser Verfassung verschiedener Meinung (→ Peter von Ailli: aristokratisch; Joh. → Gerson: demokratisch).

Auch nach dem Konstanzer Konzil (1414-17) zeigte sich die »franz. Nation«, wie man jetzt zu sagen pflegte, über die Machenschaften an der Kurie aufs höchste erbittert (Synode von Siena 1423; Basler Konzil 1431-49). Karl VII. (1422-61) berief eine nationale Klerikerversammlung nach Bourges, als deren Ergebnis die »Pragmatische Sanktion von Bourges« erschien (1438), durch die eine Neuordnung der franz. Kirche im gallikanischen Sinn angebahnt wurde: das römische Fiskalwesen wurde zerschlagen, und die Kurie verlor alle Einkünfte, die sie sich seit dem 13.Jh. angeeignet hatte.

In der Folge führten die Streitigkeiten zwischen→Alexander VI. und Karl VIII. (1483-98), →Julius II. und Ludwig XII. (1498-1515; Synoden von Tours und Pisa; 5. Laterankonzil 1512), →Leo X. und Ludwig XII., später Franz I., zum Abschluß des Konkordats von Bologna (1516). Die Pragmatische Sanktion wurde aufgehoben, die Kompetenzen bei der Benefizienverleihung genau abgegrenzt: dem König blieb das Präsentationsrecht, dem Papst das Institutionsrecht für Bischöfe und Erzbischöfe. Über den Hauptteil der Vermögenswerte des Landes verfügte damit der König; jedoch behielt der Papst die Einkünfte aus Benefizien »apud sedem vacantia« und erhob weiterhin → Annaten und Dispensgelder. Die Beziehungen zwischen Papsttum und Königtum waren somit im Sinne einer Gleichberechtigung zweier »weltlicher« Mächte geregelt. Diese Regelung, die freilich nicht die Billigung der extremen Gallikaner fand, blieb bis zur Franz. Revolution (zumindest offiziell) in Kraft.

4. Der erste große Name in der Geschichte der franz. *Reformation* ist der des mit dem Studium der Schrift aufs engste verbundenen Humanisten Jakob → Faber Stapulensis. Bereits 1509 erschien Fabers Quincuplex Psalterium, 1512 der Paulinenkommentar und 1524 das NT in franz. Sprache. In Paris zählten zu seinen Freunden Margarethe von Angoulème, die Schwester Franz' I. und spätere Königin von Navarra, und Briçonnet, der als Bischof von Meaux (1516) zum Mittelpunkt einer echten Erweckungsbewegung wurde. Sie wurde bald von Professoren der Sorbonne scharf angegriffen, Fabers NT öffentlich verbrannt, Briçonnet zur Unterwerfung gezwungen. Faber selbst entkam mit einigen Freunden nach Straßburg (1525); einige Anhänger, darunter einfache Leute wie der Wollkämmer Jean Leclerc, aber auch Gelehrte wie Louis de → Berquin, wurden gefoltert und verbrannt. Wilh. → Farel, ebenfalls ein Schüler Fabers, ging später von Straßburg in die Schweiz. - Anfangs schwankte Franz I. (1515-47) der neuen »Häresie« gegenüber noch zwischen Milde und Strenge. Erst die sog. »Plakataffäre« von 1534, die Verbreitung von Flugblättern gegen den »schändlichen Unfug der Messe« (bes. in Paris und in Amboise, dem Aufenthaltsort des Königs), löste eine Reihe harter Gegenmaßnahmen aus. Das Ja-

Zu nebenstehender Karte 11:

Verzeichnis der Ortsnamen

(mit Angabe der Abkürzung und des Planquadrats)

A.	Aachen	E 3
Am.	Amorbach	F 4
A.	Aquileja	G 6
A.	Attigny	D 4
A.	Augsburg	F 4
B.	Barcelona	C 8
B.	Basel	E 5
B.	Benevent	H 8
Be.	Besançon	E 5
B.	Bobbio	F 6
B.	Bordeaux	B 6
B.	Bremen	F 2
B.	Büraburg	F 3
C.	Canterbury	C 3
C.	Chur	F 5
C.	Corbie	D 3
C.	Corvey	F 3
D.	Diedenhofen	E 4
D.	Duurstade	E 2
Ei.	Eichstätt	G 4
E.	Ellwangen	F 4
E.	Erfurt	F 3
F.	Fontenoy	D 5
F.	Forchheim	G 4
F.	Frankfurt	F 3
Fr.	Freising	G 4
Fr.	Fritzlar	F 3
Fu.	Fulda	F 3
G.	Gandersheim	F 2
G.	Gorze	E 4
Ha.	Halberstadt	F 2
H.	Hamburg	F 2
He.	Hersfeld	F 3
Hi.	Hildesheim	F 2
H.	Hirsau	F 4
J.	Jumièges	C 4
K.	Köln	E 3
K.	Konstanz	F 5
L.	London	C 3
L.	Luxeuil	E 5
L.	Lyon	D 6
M.	Magdeburg	G 2
M.	Mailand	F 6
M.	Mainz	F 4
Ma.	Malmedy	E 3
M.	Marseille	E 7
Me.	Metz	E 4
M.	Murbach	E 5
N.	Neapel	H 8
N.	Nijmegen	E 3
O.	Olmütz	I 3
O.	Orleans	C 4
O.	Oxford	C 2
Pa.	Paderborn	F 3
P.	Paris	D 4
P.	Pavia	F 6
P.	Poitiers	C 5
P.	Prag	H 3
P.	Prüm	E 3
R.	Ravenna	G 6
R.	Regensburg	G 4
R.	Reims	D 4
R.	Rom	G 8
R.	Rouen	C 4
S.	Salerno	H 8
S.	Salzburg	G 5
St.D.	St.Denis	D 4
St.G.	St. Gallen	F 5
St.Q.	St.Quentin	D 4
Se.	Sens	D 4
S.	Speyer	F 4
S.	Spoleto	G 7
So.	Soissons	D 4
St.	Stablo	E 3
T.	Tegernsee	G 5
T.	Toulouse	C 7
T.	Tours	C 5
T.	Trier	E 4
U.	Utrecht	E 2
W.	Wessobrunn	G 5
W.	Winchester	B 3
Wo.	Worms	F 4
Wü.	Würzburg	F 4

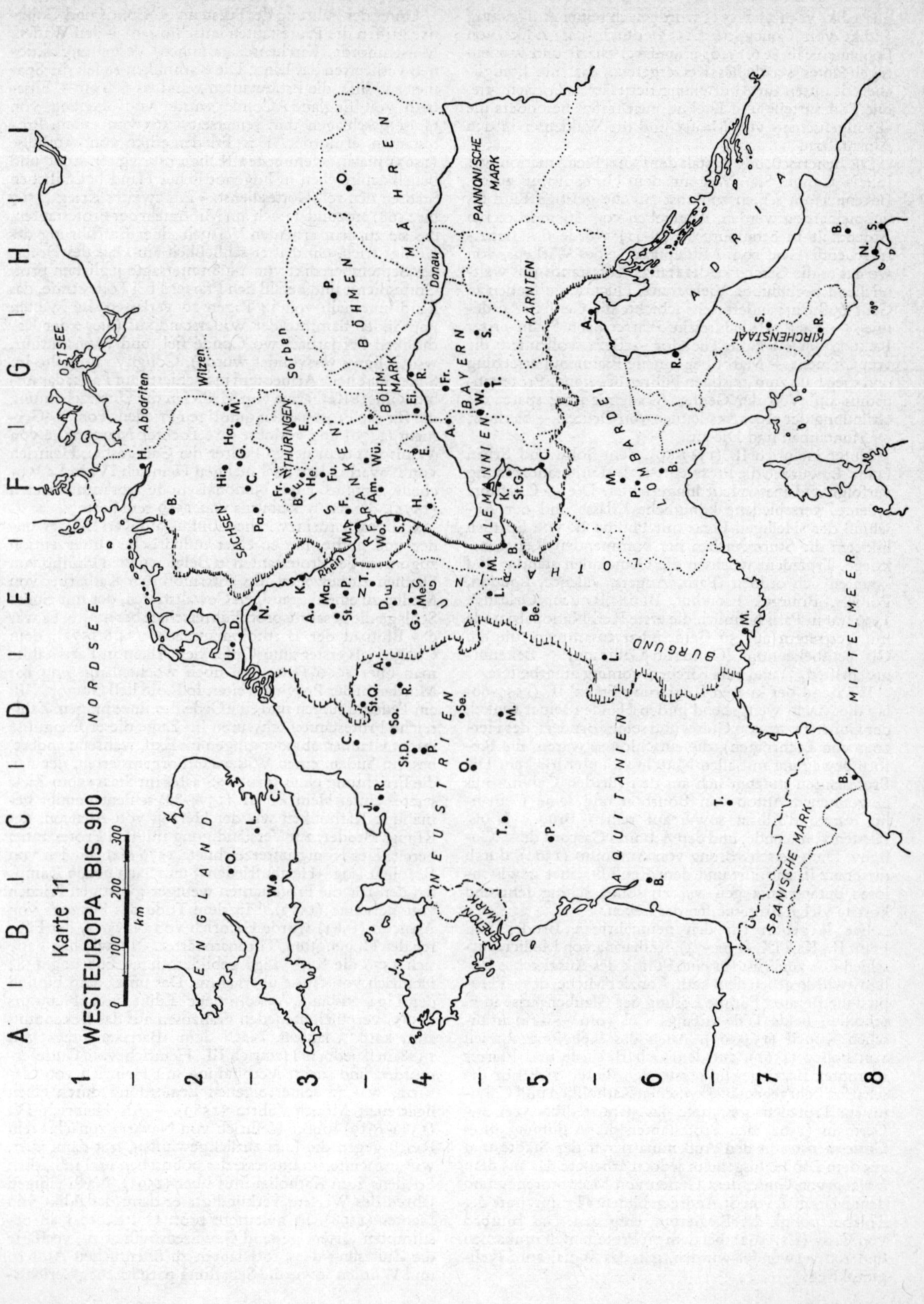
Karte 11
WESTEUROPA BIS 900
km
0
100
200
300
A B I I C I D I E I F I G I H I I
1 2 3 4 5 6 7 8
NORDSEE
OSTSEE
ENGLAND
NEUSTRIEN
AQUITANIEN
SPANISCHE MARK
BRETON. MARK
BURGUND
ALEMANNIEN
BAYERN
BÖHMEN
MÄHREN
SACHSEN
THÜRINGEN
FRANKEN
BÖHM. MARK
PANNONISCHE MARK
KÄRNTEN
LOMBARDEI
KIRCHENSTAAT
ADRIA
MITTELMEER
Abodriten
Wilzen
Sorben
Rhein
Donau

nuaredikt vom 25.1.1535 wurde nach seiner Aufhebung (Edikt von Coucy, 16.7.1535) durch das Edikt von Fontainebleau (1.6.1540) erneut verschärft und war ein regelrechtes staatliches Ketzergesetz, das alle königlichen Beamten zur Aburteilung der Häresie ermächtigte. Die Todesurteile und Exekutionen trafen besonders die »Evangelischen« von Meaux und die Waldenser in den Alpentälern.

Die beherrschende Gestalt der franz. Reformation war Joh. → Calvin. Sein Weg aus dem Humanismus zu ev. Bekennertum schien zunächst für die geistige Elite F.s beispielhaft zu werden. Abgesehen von einem kürzeren Aufenthalt in Straßburg (1538-41) wurde das franz.-sprechende Genf zum Mittelpunkt seines Wirkens, von wo aus er die Geschicke des franz. Protestantismus weitreichend beeinflußte. Viele franz. Flüchtlinge fanden in Genf Zuflucht; andererseits schickte die Genfer »Académie« (→ Genf: II) zahlreiche Pfarrer nach F. Ihr erster Rektor, der Franzose Theodor → Beza, vollendete die von Clément → Marot begonnene Psalmenübersetzung und stieg bald zum geistigen Führer des franz. Protestantismus auf. Von der Genfer Akademie ging später die Gründung der prot. Akademien von Orthez, → Saumur, → Montauban und Die aus.

Unter Heinrich II. (1547-59), dem Sohn und Erben Franz' I., wurden die Protestanten als »Lutheraner« blutig verfolgt und massenhaft hingerichtet. Die → Chambre ardente, verschiedene königliche Erlasse und der Abschluß der »Heiligen Liga« mit Philipp II. von Spanien bildeten die Sturmzeichen der kommenden Religionskriege. Trotzdem wuchsen die Gemeinden ständig und konnten sich ordnen (Paris, Angers, Valence, Loudun, Poitiers, Bourges, Issoudun, Blois, Rouen, Orléans). 1559 trat in Paris heimlich die erste Ref. Nationalsynode mit Vertretern aus 50 Gemeinden zusammen, die ein Glaubensbekenntnis (Confessio Gallicana; → Bekenntnisschriften, 3) und eine Kirchenordnung ausarbeitete.

Während der kurzen Regierung Franz' II. (1559-60) lag die Macht weitgehend in den Händen seiner Onkel, der Guise (Franz von Guises und seines Bruders, des Herzogs von Lothringen), die entschlossen waren, die Reformbewegung mit allen Mitteln zu unterdrücken. Die Protestanten stützten sich auf den für den Calvinismus gewonnenen Anton von Bourbon und seine Gemahlin Jeanne d'Albret sowie auf seinen Bruder Louis, Fürsten von Condé, und den Admiral Gaspard de → Coligny. Die »Verschwörung von Amboise« (1560), durch die Franz II. entführt und dem Einfluß seiner gewissenlosen Berater entzogen werden sollte, schlug fehl und kostete vielen Protestanten das Leben.

Die Regentin für den neunjährigen Bruder von Franz II., Karl IX. (1560-74), Katharina von Medici, entschied sich zunächst für eine Politik des Ausgleichs; Coligny wurde neben dem kath. Kanzler Michel de → l'Hôpital ihr Berater. Für die Lösung der Glaubenskrise in F. erhofften beide Teile anfangs viel vom → Tridentinischen Konzil (1545-63). Auch das Religionsgespräch von Poissy (1561), auf dem sich Bischöfe und Pfarrer (darunter Beza) gegenüberstanden, unterstrich nur die scharfen Lehrgegensätze zwischen Katholiken und Calvinisten. Trotzdem gestattete das »Januaredikt« von St.-Germain (1562) den Protestanten die Ausübung ihres Gottesdienstes in den Außenquartieren der Städte und auf dem Lande. Insgeheim jedoch arbeitete das aus dem Herzog von Guise, dem Grafen von Montmorency und dem Marschall von St. André gebildete »Triumvirat« der Toleranzpolitik der Regierung entgegen. Das Blutbad von Vassy (1.3.1562), bei dem 70 Protestanten umkamen und 100 verwundet wurden, gab das Signal zum Religionskrieg.

Unter der Führung des Fürsten von Condé und Colignys griffen die Protestanten entschlossen zu den Waffen. Massenmorde, Kirchenschändungen, Vergeltungsaktionen verheerten das Land. Die Katholiken riefen die Spanier zu Hilfe, die Protestanten wandten sich an → Elisabeth von England. Condé wurde vom Herzog von Guise geschlagen und seinerseits 1563 von einem Protestanten ermordet. Das Friedensedikt von Amboise (1563) machte dem ersten Religionskrieg ein Ende und beließ zahlreichen in hugenottischer Hand befindlichen Städten den ref. Gottesdienst. - Ein zweiter Krieg (1567 bis 1568) entzündete sich am Mißtrauen der Protestanten, das sie zu dem erneuten Versuch einer Entführung des Königs trieb, ein dritter schließlich am Haß des Hofes: das Septemberedikt von 1568 untersagte jeglichen prot. Gottesdienst und befahl den Pfarrern bei Todesstrafe, das Land innerhalb von 14 Tagen zu verlassen. Im Westen und Süden flammte der Widerstand auf (Siege der Katholiken bei Jarnac, wo Condé fiel, und Moncontour, wo Coligny verwundet wurde). Coligny sammelte im Süden eine neue Armee und marschierte auf Paris; daraufhin willigte Katharina von Medici in die Unterzeichnung des für die Protestanten günstigen Friedens von St.-Germain (1570) und verlobte ihre Tochter Margarethe von Valois mit dem neuen Führer der Calvinisten, Heinrich von Navarra, dem nachmaligen Heinrich IV. In La Rochelle konnte eine Nationalsynode zusammentreten (1571), die das Bekenntnis von 1559 revidierte.

Coligny hatte inzwischen Einfluß auf Karl IX. gewonnen und hoffte, ihn zu einer militärischen Intervention zugunsten der Protestanten in Belgien gegen Philipp von Spanien zu bewegen. Da entschloß sich Katharina von Medici zu einem grausigen Gewaltstreich, der mit einem Schlage die gesamte prot. Führerschaft beseitigte. Es war das Blutbad der Bartholomäusnacht (24.8.1572), dem Coligny als erster zum Opfer fiel. Allein in Paris zählte man über 4000 Tote, und noch wochenlang ging das Morden in der Provinz weiter. In Rom ließ Gregor XIII. ein Tedeum singen und eine Gedenkmünze prägen. Zahlreiche Protestanten schwuren im Zuge dieser Ereignisse ihrem Glauben ab oder gingen ins Exil, während andere, bes. im Süden, einen Widerstand organisierten, der sich die Errichtung eines (prot.) »Staates im Staat« zum Ziele setzte. Unter Heinrich III. (1574-88) schienen einige gemäßigte Katholiken wie der Herzog von Alençon, des Königs Bruder, zur Verständigung mit den Protestanten bereit. Der König unterzeichnete 1576 den Frieden von Beaulieu (sog. »Herrenfrieden«) und nach neuen Kämpfen den für die Protestanten weniger günstigen Frieden von Bergerac (1577). Mit dem Tode des Herzogs von Alençon (1584) wurde Heinrich von Navarra, der Führer der Hugenotten, Thronanwärter. - Inzwischen hatte sich 1576 die Kath. Liga gebildet, deren Führung 1584 Heinrich von Guise übernahm. Das unter dem Einfluß der Liga zustande gekommene Edikt von Nemours (1585) verpflichtete jeden Franzosen auf das Bekenntnis zum kath. Glauben. Nach dem »Barrikadentag« von 1588 ließ jedoch Heinrich III. Heinrich von Guise ermorden und suchte Verbindung mit Heinrich von Navarra, was zu seiner eigenen Ermordung durch einen ligatreuen Mönch führte (1589). - Als Heinrich IV. (1589-1610) mußte Heinrich von Navarra zunächst sein Reich gegen die Liga zurückgewinnen, trat dann aber, wie er meinte, im Interesse des politischen und religiösen Friedens zum Katholizismus über (1593). Nach einigen Jahren des Wartens verkündigte er dann das Edikt von Nantes (1598). Es gestattete prot. Gottesdienst an bestimmten Orten, gestand Gewissensfreiheit zu, verfügte die Zulassung der Protestanten zu öffentlichen Ämtern und Würden sowie die Schaffung paritätischer Gerichtshöfe (chambres mi-parties), in denen die Protestanten bei Prozessen gegen Glaubensbrüder vertreten sein sollten. »Geheimartikel« erlaubten die Eröffnung von Schulen, Kollegien und Akademien, die Abhaltung von Synoden und die vorläufige Beibehaltung von 150 festen »Schutzorten«. Das Edikt wurde korrekt durchgeführt, gab aber 1610 den Anlaß zur Ermordung des Königs durch Ravaillac.

Die ersten Regierungsjahre Ludwigs XIII. (1610–43; Regentschaft der Königin-Mutter Maria von Medici und des Kardinals → Richelieu) brachten neue Kämpfe mit den Protestanten unter Führung von Heinrich von Rohan und Soubise (Fall von La Rochelle nach einjähriger Belagerung 1628). Der Frieden von Alès und das Gnadenedikt von Nîmes (1629) bestätigten das Edikt von Nantes mit Ausnahme der politischen Klauseln (Aufhebung der Schutzorte und des prot. Militärs).

5. Obwohl zahlenmäßig stark geschwächt (allein zwischen 1660–96 Rückgang um die Hälfte!), hätte der franz. Protestantismus bei dieser Regelung (erneute Bestätigung des Ediktes von Nantes i.J. 1652) durchaus leben können, zumal ihm die Königstreue als religiöse Verpflichtung galt. Eine starke Strömung im franz. Katholizismus forderte jedoch die völlige Unterdrückung des Protestantismus: sein Vorhandensein erschien mit dem Absolutismus Ludwigs XIV. (1643–1715) unvereinbar. Überredung und Streitgespräche erwiesen sich als unzureichende Mittel. Die Klerikerversammlung von 1656 beschloß eingehende »Untersuchung« der gegen das Anwachsen des Protestantismus erhobenen Klagen, und von 1681 an wurde das Edikt Stück für Stück abgebaut. Man legte es nach jesuitischer Art möglichst restriktiv aus: die Folgen waren Unterdrückung der Synoden, Zerstörung prot. Kirchen, Bestattung von Protestanten nur bei Nacht, Schließung von Schulen, Ausschluß von öffentlichen Ämtern, Wegnahme und Wiedertaufe prot. Kinder, Erleichterungen für Konvertiten, Einrichtung von »Bekehrungskassen« (Pelisson), die 6 Livres pro Abschwörung zahlten, offene Androhung »schrecklicher Übel« (Klerikerversammlung 1682). Besonders die gefürchteten »Dragonaden« hatten eine durchschlagende Wirkung: verstockten Protestanten wurden Soldaten ins Haus gesetzt, wobei den brutalsten Gewaltakten Tor und Tür geöffnet war. Nur im Süden wagte sich unter dem Einfluß Claude → Broussons ein gewisser Widerstand hervor. Im Okt. 1685 erschien die Revokationsakte des Edikts von Nantes, die freilich nur noch einmal das bestätigte, was längst schon allenthalben geschah, einschließlich der Ausweisung der Pfarrer. Das führte zu zahlreichen Konversionen und einer neuen Auswanderungswelle. F. verlor seine Elite. – Die in F. zurückgebliebenen »Neukatholiken« (N.C. = Nouveaux Convertis) zeigten sich meist als wenig gelehrige Schüler; sie wurden unnachsichtig verfolgt und vertrieben. In den Cevennen scharten sich Protestanten, die den Dragonern entronnen waren und in den Wäldern hausten, um erleuchtete »Prädikanten« und »Propheten«. Einige Pfarrer wie Brousson kehrten heimlich nach F. zurück, andere wie Pierre → Jurieu stärkten die Gemeinden aus ihrem »Refuge«. Es bildeten sich Banden, und die → Camisarden entfesselten unter Jean → Cavalier einen regelrechten Aufstand (1701–10). Beim Tode Ludwigs XIV. war der franz. Protestantismus an Zahl und Bedeutung auf dem Tiefpunkt angelangt.

Während dieser äußerlich so ungeheuer bewegten Zeit erstanden dem franz. Protestantismus indessen Theologen, die den Katholiken wie → Duperron, → Arnauld, → Nicole, → Bossuet in der Kontroverse nichts nachgaben; hierher gehören Namen wie → Amyraut, → Duplessis-Mornay, → Du Moulin, → Blondel, Jean Mestrezat, → Daillé, Charles Drelincourt, → Claude, → Pajon, → Jurieu u.a. Erstaunt registriert man die Fülle der theologischen Literatur wie die überaus rege Tätigkeit der prot. Akademien in diesen schweren Jahrzehnten. Die Glanzzeit prot. Denkens findet freilich mit dem emigrierten Skeptiker Pierre → Bayle bereits ihren Abschluß.

Auch der Katholizismus erlebte in der ersten Hälfte des 17.Jh.s im Zeichen des gegenreformatorischen Geistes eine alle Gebiete erfassende innere Erneuerung: Volkspredigt und Liebeswerke (→ Vincentius a Paulo), Reinigung des Episkopats, Neuordnung in der Priesterbildung (→ Oratorianer, → Lazaristen, → Sulpizianer), Ordensreform (→ Franz von Sales), Erziehungsarbeit (Jesuitenkolleg La Flèche; Oratorianer: Kolleg von Juilly; → Ursulinen). Im Kampf um die Lehre blieben die Protestanten nicht die einzigen Gegner: »Freigeister« wie Le Charron, Vanini, Théophile de Viau brachten den überlieferten Glauben in Gefahr und lösten bei → Descartes, → Pascal und → Bossuet scharfe, freilich sehr verschiedene Reaktionen aus. Auch der → Gallikanismus machte sich stark bemerkbar, zunächst in der Frage des Tridentinums, das lange umstritten blieb, bis es 1615 angenommen wurde. Unter Ludwig XIII. und Richelieu läßt sich noch deutlich zwischen einer episkopalistisch-kirchlichen und einer politisch-königlichen Richtung unterscheiden: die erstere fordert Beschränkung der geistlichen Gewalt des Papstes, der der Kontrolle des ökumenischen Konzils unterworfen sein soll, die letztere möchte dem Papst jede direkte oder indirekte weltliche Macht absprechen. Unter Ludwig XIV. nahm die Mißachtung Roms offene Formen an: die Verkündigung der sog. »Vier Artikel« von 1682, einer Magna Charta der geistlichen und politischen Ansprüche des Gallikanismus, führte zum Streit mit → Innozenz XI., der in den Diözesen größte Verwirrung stiftete und die Exkommunikation des Königs zur Folge hatte. Erst unter → Innozenz XII. verstand sich Ludwig zu einem Kompromiß (1693). – Ein weiterer Ausdruck der starken Gärung im Katholizismus des 17.Jh.s ist der → Jansenismus, dessen treibende Kraft Jean → Duvergier de Hauranne, Abt von St.-Cyran, 1638 von Richelieu festgesetzt wurde. Der Jansenismus hatte sein Zentrum in der unter den → Arnauld rasch zu Bedeutung gelangten Abtei → Port-Royal. Nach der Verurteilung der »Fünf Sätze« aus dem »Augustinus« des Cornelius → Jansen durch Innozenz X. (1653) fand die jansenistische Bewegung in → Pascal (»Lettres Provinciales«, 1656–57) einen vorzüglichen Anwalt, der sie vor allem gegen die → Jesuiten in Schutz nahm. Trotz der Zwangsmaßnahmen, durch die man sie zur Unterzeichnung des »Formulaire« von 1665 und damit zur Anerkennung der Verurteilung Jansens veranlassen wollte, trat mit der »pax clementina« (1667–69), an der sie wegen ihres Versprechens eines »silence respectueux« teilhatten, eine Pause ein. Im 18.Jh. flammte der Streit um den Jansenismus mit den Bullen »Vineam Domini« (1703; Verbot des »silence respectueux«) und »Unigenitus« (1713; Maßregelung des Oratorianers Paschasius → Quesnel) wieder auf. Es kam sogar zur Androhung der Sakramentsverweigerung für alle, die nicht der Bulle »Unigenitus« zustimmten. Erst 1756 suchte der Papst einzulenken, freilich zu einem Zeitpunkt, als der Jansenismus in F. praktisch bereits erstickt war. – Schließlich verbreitete sich auch der durch Lacombe und Mme → Guyon in F. eingeführte → Quietismus des Spaniers → Molinos unter den adeligen Damen von St.-Cyr (Mme de Maintenon) und fand in → Fénelon einen begeisterten Förderer. Die Verurteilung der Lehre Molinos' (Innozenz XI., 1687) und der Mme Guyon (Innozenz XII., 1699) hatte den zumindest scheinbaren Widerruf Fénelons zur Folge. In Bossuet hatte der Quietismus seinen größten Gegner.

6. Unter Ludwig XV. (1715-75) gelang es den Bemühungen glaubensstarker Männer wie A. → Court und P. Corteiz, den geschwächten und in sich gespaltenen Protestantismus im Süden neu zu sammeln. Court brachte eine Synode zusammen, setzte allenthalben Älteste ein und nahm Verbindung zum Ausland auf; als Exulant gründete er in Lausanne ein Seminar zur Ausbildung franz. Prediger (1730). Es war die Zeit des »Désert«, als die Pfarrer an abgelegenen Orten in tragbaren Kanzeln predigten. Eine neue Verfolgungswelle setzte ein. Wer an einem heimlichen Gottesdienst teilnahm, hatte die schlimmsten Strafen zu gewärtigen: Bastonnade, Vermögenseinzug, Geldstrafe, lebenslängliche Kerkerhaft, Spital oder Kloster für die Frauen und die ihren Eltern gewaltsam entrissenen Kinder, brutale Wiedertaufe, die Galeeren für die Männer. Pfarrer, die man bei der Predigt überraschte, wurden hingerichtet (Pierre Durand, Mathieu Majal-Desubas u.a.), und oft erlitten die Gottesdienstbesucher das gleiche Schicksal. Bis 1765 unternahmen zahlreiche Protestanten das Wagnis der Flucht über die scharf bewachten Grenzen. - 1762 wurde der Protestant Jean Calas aus Toulouse unter der Anklage hingerichtet, er habe seinen Sohn erdrosselt, um ihn am Übertritt zum Katholizismus zu hindern. → Voltaire protestierte und erreichte 1765 die Rehabilitierung. Ebenso veranlaßte er 1771 die Kassierung des Urteils gegen Sirven, der seine Tochter ertränkt haben sollte. Diese beiden Fälle fanden in ganz F. ein so lebhaftes Echo, daß die Behörden auch gegen den Willen des Hofes eine gewisse Toleranz übten. Man ließ die Gefangenen von Constance frei (1768); die Bastonnade wurde abgeschafft (1775); eine starke Bewegung trat sogar dafür ein, den Protestanten die bürgerlichen Rechte nicht länger vorzuenthalten. Unter dem Einfluß La Fayettes, der in den USA den Protestanten Washington kennengelernt und mit den Pfarrern Paul → Rabaut und dessen Sohn Jean-Paul Rabaut-St.Etienne Verbindung aufgenommen hatte, erließ der König das Toleranzedikt von 1787, das auch den »Nichtkatholiken« das Recht der öffentlichen Eintragung ihres Zivilstands (Eheschließung, Geburten, Todesfälle) zugestand.

Unter das Regime Ludwigs XV. fällt auch das Verbot des Jesuitenordens durch das Pariser Parlament (1762-64), das sich dabei nicht nur von dogmatischen und politischen Rücksichten (jansenistische und gallikanische Einflüsse), sondern auch von »philosophischen« Erwägungen leiten ließ. Es war die Zeit des → Rationalismus, des → Deismus (: III, 5) und → Atheismus (: II), in F. vertreten durch → Voltaire, → Diderot, d'→ Alembert (→ »Enzyklopädisten«), → Rousseau, deren Ideen für die Geschichte der Franz. Revolution größte Bedeutung erlangten.

7. Art. 10 der »Erklärung der Menschen- und Bürgerrechte« vom 26.8.1789 besagt, daß »niemand wegen seiner Überzeugungen, einschließlich der religiösen, benachteiligt werden darf, vorausgesetzt, daß ihre Ausübung die gesetzlich verankerte öffentliche Ordnung nicht gefährdet«. Das neue Regime erhob freilich bald Forderungen, die den Bestimmungen des bisher noch immer geltenden Konkordats von 1516 strikt zuwiderliefen. Am 4.8.1789 hatte der Klerus als »Nationalstand« zu bestehen aufgehört; am 2.11. wurde das Kirchengut verstaatlicht; die → Constitution civile du clergé (12.7.1790) machte die Weltpriester zu Staatsfunktionären, bei deren Ernennung jede direkte oder indirekte Mitwirkung Roms ausgeschaltet blieb. Das Dekret vom 27.11.1790 forderte von allen Bischöfen und »Kultusbeamten« den Bürgereid; die Folge war eine Spaltung des Klerus in eine »konstitutionelle« und eine »renitente« Partei. Pius VI. verurteilte im März/April 1791 die Constitution civile und damit die Prinzipien der Revolution. - Die folgenden Jahre brachten eine Fülle einschneidender Ereignisse: Übernahme des Zivilstandswesens durch den Staat mit Recht zur Ehescheidung (1792); Konvent und Schreckensherrschaft; die »Sonderbeauftragten« (Fouchés Friedhofsverordnung, 1793); das Fest zu Ehren der göttlichen Natur (10.8.1793); das Schauspiel der Demission des Pariser Bischofs → Gobel (7.11.1793); die Schaffung des republikanischen Kalenders (24.11.1793) mit Einführung der 10-Tage-Woche und Ersatz der Heiligennamen durch Begriffe aus Technik und Landwirtschaft (→ Chronologie: IV, 5b); das Fest der von einer Operndiva verkörperten Göttin Vernunft in Notre-Dame (20. Brumaire II); die Schändung und Zerstörung von Kirchen im ganzen Lande. Unter der Aufrichtung einer neuen, atheistischen Religion hatten Katholiken wie Protestanten gleichermaßen zu leiden (Aufstand in der Vendée). Dem »Fest des Höchsten Wesens« (20. Prairial II = 8.6. 1794) wollte → Robespierre im Gegensatz zum Atheismus einen deistischen Sinn beilegen. Der zwei Tage vor dem Fest erstattete Bericht des »Comité de Salut Public« läßt keinen Zweifel darüber, daß es sich um bewußten Ersatz des Christentums durch eine Art »republikanischer« Religion handelte. - Die verfolgten Katholiken gingen in die Illegalität, die den Protestanten seit langem vertraut war. Ziemlich bald schon wurde erneut die Religionsfreiheit proklamiert bei gleichzeitiger Trennung von Kirche und Staat (Dekrete vom 3. Vendémiaire III = Sept. 1794 und vom 3. Nivôse III, nach dem Sturz Robespierres am 9. Thermidor). Der Kult des »Höchsten Wesens« schlief von selbst ein. Das Zwischenspiel des Direktoriums (1795-99) stand im Zeichen einer verschärften Verfolgung der Priester und des vorübergehenden Erfolgs der → Theophilanthropen.

Nach seiner Ernennung zum Ersten Konsul schloß → Napoleon Bonaparte mit → Pius VII. ein neues Konkordat ab (15.7.1801): die röm.-kath. Religion ist als Religion der »Mehrheit der Bürger F.s« anerkannt; die Nominierung der Bischöfe liegt beim Ersten Konsul, ihre kanonische Einsetzung gemäß dem Konkordat von 1516 beim Papst. Die Kirche verzichtet auf das ehemalige Kirchengut und die bisherige Diözesanordnung. Das Konkordat wurde ohne vorherige Fühlungnahme mit dem Papst durch die sog. »Organischen Artikel« vom 18. Germinal X (= April 1802) erweitert, die unter Verwertung der Vier Artikel von 1682 einen rigorosen Gallikanismus proklamierten und darüber hinaus den Status der Protestanten regelten. Die Lutheraner im → Elsaß (franz. seit 1648) und in der Grafschaft Mömpelgard (1793 franz.) behielten ihre Generalkonsistorien und Kircheninspektoren. Die Reformierten wurden in »Konsistorialkirchen« zu 6000 Gliedern eingeteilt - ein sehr unpraktisches System, das erst durch die Anerkennung der »Conseils presbytéraux« (Dekret von 1852) eine Änderung erfuhr. Ferner wurde den Protestanten eine Reihe vorübergehend zweckentfremdeter kath. Kirchen zum Gebrauch überlassen, zB der Oratoire du Louvre in Paris.

8. Die Kaiserkrönung Napoleons in Notre-Dame-de-Paris am 2.12.1802 nahm der Papst in der Hoffnung vor, als Gegenleistung vor allem die Unterdrückung der »Organischen Artikel« zu erwirken. Statt dessen wurden die Beziehungen zwischen Kaiser und Papst in den Jahren 1806-14 nur zunehmend gespannter (Streit um die Investituren; Wegnahme des → Kirchenstaates).

Die Restaurationsära (Ludwig XVIII., 1814-24; Karl X., 1824-30) stand zunächst ganz im Zeichen des strengen Gallikanismus. Mit dem Aufkommen eines »parti-prêtre« und der wachsenden Einflußnahme der Jesuiten auf die Regierung drang jedoch die »ultramontane« Reaktion wieder vor, die ihre Anhänger zT unter der Flagge des »Liberalismus« vereinigte (de → Maistre, → Lamennais, → Lacordaire). Nach der Julirevolution von 1830 sammelten sich die »Liberalen« unter dem Schlagwort »Emanzipation« (Zeitschrift »L'Avenir«); Trennung von Kirche und Staat, Gewissensfreiheit, Pressefreiheit und vor allem Unterrichtsfreiheit waren ihre Hauptforderungen. Lamennais wurde 1834 vom Papst verurteilt; in seinen Schülern erhielt der Katholizismus glänzende Führer (Lacordaire, Fastenprediger in Notre-Dame; Abbé Migne: Gründung des Blattes »L'Univers«), die wieder an den → Ultramontanismus anknüpften, der bereits am Anfang der »liberalen« Bewegung gestanden hatte. – Neben der Neuordnung des Ordenswesens und dem verstärkten Bemühen um den Liebesapostolat (A.F. → Ozanam: Gesellschaft St. Vinzenz von Paul) kam es zwischen 1840-50 vor allem zu neuen Kämpfen um die Unterrichtsfreiheit. Diese fanden nach der Februarrevolution 1848 (Louis-Philippe) ihren Abschluß in der unter Mitwirkung von Thiers, Cousin und → Dupanloup promulgierten Loi → Falloux (1850), die die Schulfreiheit unter der Kontrolle der Universität gesetzlich verankerte. Das Bemühen um gutes Einvernehmen mit den Klerikalen veranlaßte Louis-Napoleon auch zur Expedition nach Rom (1849), durch die er Pius IX. zurückführte.

Das zweite Kaiserreich (Napoleon III., 1852-70) zeigt den Übergang von einem autoritär-klerikalen Kurs (erneute franz. Intervention zur Erhaltung des → Kirchenstaates; vgl. → Italien) zu einem liberalen. In der Frage des → Vatikanums (Unfehlbarkeitserklärung des Papstes 1870) schlugen sich die Franzosen, wohl mehr aus Opportunitätserwägungen als aus Prinzip, auf die Seite der oppositionellen Minderheit. Nach dem Konzil erhob sich nur vereinzelt entschlossener Widerstand (Père Hyacinthe, Abbé Michaux).

Der Krieg 1870-71 bedeutete einen schweren Rückschlag. Kurz vor der Niederlage erklärte sich die »Commune« für antiklerikal (Schließung der Pariser Kirchen; Einkerkerung und Erschießung von Priestern). Dieser turbulente Beginn der III. Republik machte unter den folgenden Regierungen Thiers (1871-73) und de Broglie (1873-75; Mac-Mahon Präsident der Republik) einem gemäßigteren Kurs Platz. 1875 erfolgte sogar die Verkündigung der Unterrichtsfreiheit für den Höheren Unterricht (Einrichtung »freier« kath. Universitäten). Mit Gambetta (1879) begann die systematische Entklerikalisierung des öffentlichen Lebens (»der wahre Feind – der Klerikalismus!«): Gesetz über Hospize und Wohltätigkeitsbüros (1879), Neuregelung der Lehrerbildung (1880), Friedhofsgesetz (1881), Gesetz über den Militärdienst der Seminaristen (1889), Schulgesetze (1879ff, Jules Ferry), die den »unentgeltlichen, obligatorischen, konfessionslosen« Grundschulunterricht einführten und Ordensleute wie Priester von den staatlichen Schulen ausschlossen. – Die von → Leo XIII. unterstützten Versuche eines kath. »Ralliement«, der Aussöhnung mit der Republik, standen stark im Schatten des Boulangismus (1887-89) und der Dreyfus-Affäre (1894-1906). Das kongregationsfeindliche Waldeck-Rousseausche Vereinsgesetz (1900; ergänzt 1904 durch Combes) verrät deutlich laizistische und zugleich antiklerikale Tendenz. Der Bruch der Regierung Combes mit dem Papst führte schließlich nach gedrängten Verhandlungen im Parlament (Buisson, Briand) zum Gesetz über die Trennung von Kirche und Staat vom 9.12.1905. Auf kath. Seite erhob sich, unterstützt von → Pius X. (Enzyklika »Vehementer Nos«, 1906), heftigster Widerstand; es ging vor allem um die Frage des Inventars und des Einzugs der Kirchengüter sowie um die Weigerung, die vom Gesetz vorgesehenen »Kultvereinigungen« zu bilden. Eine Klärung der Rechtslage der Katholiken brachte erst der Beschluß über die »Diözesanverbände« von 1923 (Poincaré). 1931 errichtete F. von neuem eine Botschaft beim Hl. Stuhl (entsprechend der Papst in Paris eine Nuntiatur).

Im Laufe des 19.Jh.s hat es der franz. Protestantismus verstanden, die ihm unter den wechselnden klerikalen oder antiklerikalen Strömungen gebotenen Möglichkeiten nach Kräften zu nutzen: der Kirchenbau schritt voran, Gesellschaften wurden gegründet (Bibelgesellschaft 1819; Traktatgesellschaft 1821; Sonntagsschulverein 1852; Ev. Missionsgesellschaft 1882, → Frankreich: IV) und die diakonischen Werke erweitert (→ Bost'sche Anstalten 1848). Die Erweckungsbewegung (→ »Réveil«) hatte außer einer unleugbaren Erneuerung des Glaubenslebens eine klare Scheidung zwischen »Orthodoxen« (A. → Monod) und »Liberalen« (A. → Coquerel) zur Folge. Die Bildung der »Freikirchen« (1848), das Erscheinen der Straßburger »Revue« (1850) und das Einschwenken der Generalsynode von 1872 auf eine versteifte orthodoxe Linie sind die Marksteine in der Entwicklung der Spaltung. Die Schulgesetze von 1879-86 und das Trennungsgesetz von 1905 wurden von den verschiedenen prot. Kirchen angenommen; sämtliche Gemeinden konstituierten sich dem Gesetz entsprechend als »Kultvereinigungen«. Die neue Rechtslage ermöglichte den Protestanten die Wiederanknüpfung an die ursprünglichen kirchlichen und disziplinarischen Gegebenheiten der Reformation. 1909 schlossen sich in der »Fédération Protestante de France« verschiedene Kirchen wenn auch nicht zur Lehrunion, so doch zu gemeinsamer Verwaltung und Vertretung nach außen zusammen: Eglises réformées évangéliques (orthodoxe Richtung), Eglises réformées (liberale Richtung), Lutheraner (Paris, Montbéliard, Elsaß-Lothringen), Freikirchen, Methodisten (gegr. 1852) und Baptisten (→ Einigungsbestrebungen: IV, 3). 1938 vereinigten sich die beiden großen ref. Kirchen zur Ref. Kirche F.s (Eglise Réformée de France) mit einem auf der Confession de Foi von 1559 basierenden kurzen Bekenntnis (kleine Minderheiten bilden im Süden gesonderte Eglises réformées évangéliques indépendantes). → Elsaß-Lothringen, das zur Zeit des Trennungsgesetzes zu Deutschland gehörte, hat nach dem Anschluß an F. 1918 die alte, nur 1852 revidierte Verfassung auf der Basis des Napoleonischen Konkordats und der »Organischen Artikel« beibehalten. Auch nach dem Ende der Besetzung 1940-44 änderte sich an diesem Zustand nichts.

9. *Gegenwärtig* (IV. Republik seit 1946) suchen sich Katholiken wie Protestanten so weit als möglich dem (freilich während des Krieges unter Pétain 1941-45 stark modifizierten) Verfassungsgrundsatz der Neutralität und Konfessionslosigkeit des Staates anzupassen. Der Katholizismus kann sich freilich noch immer nicht mit dem Verlust sämtlicher Schulrechte abfinden, und so lebt der Schulstreit immer wieder auf. Die Kirchen zeigen vielfach eine große innere Lebendigkeit, während die Masse der Bevölkerung weithin entchristlicht ist. – Den *Katholizismus* beschäftigt eine Vielfalt von Problemen: Biblische und liturgische Erneuerung, → »Arbeiterpriester«, theologische Forschung, Krise in der Leitung der → Katholischen Aktion, »Fortschrittlicher Katholizismus« (→ Frankreich: II, 1). In der Behandlung aller dieser Fragen bildet die franz. Kirche in ihrer (von Pius XII. häufig »korrigierten«) Eigenart eine neue, von aller politischen Vergiftung früherer Zeiten freie Form des Gallikanismus aus. Bemerkenswert ist der Einfluß des franz. Katholizismus auf Dichter und Schriftsteller, die man als Repräsentanten einer → Renouveau Catholique ansehen darf. – Der *Protestantismus,* nach wie vor eine schwache Minderheit (bei 42 Mill. Einwohnern nur 0,8 Mill. Protestanten, die sich

sehr ungleichmäßig über das Staatsgebiet verteilen; Elsaß-Lothringen allein zählt 0,29 Mill.), in sich noch einmal stark aufgegliedert, ist heute auf allen Gebieten intensiv an der Arbeit (Theologie, Liturgie, Volksmission, Kirchentage usw; →Frankreich: II, 2) und sucht ständig nach neuen Formen des christlichen Zeugnisses (Bruderschaft von Taizé, Zentren von Glay und Villemétrie, Ecole Internationale in Chambon, Spezialpfarrämter usw). Drei Theologische Hochschulen bilden den Pfarrernachwuchs der prot. Kirchen aus: die »Freien« Fakultäten → Paris (: III) und Montpellier und die staatliche Fakultät an der Universität → Straßburg (: III). Die theologischen Gegensätze beschränken sich heute nicht mehr auf die alten konfessionellen Grenzen, sondern gehen mitten durch die verschiedenen Kirchen selbst hindurch. Die zahlreich erscheinenden Gemeindeblätter und kirchlichen Periodica (»Réforme«, »Le christianisme au XXe siècle« u.a.), die theologischen Zeitschriften (»Revue d'Histoire et de Philosophie Religieuses«, Straßburg; »Etudes Théologiques et Religieuses«, Montpellier; »Positions Luthériennes«, Paris; »Foi et Vie«; »Foi-Education« usw), die wissenschaftliche und praktische Fachliteratur weisen ein beachtliches Niveau auf, obwohl sie vielfach mit wirtschaftlichen Schwierigkeiten zu kämpfen haben. - Die ökumenischen Beziehungen zu den Kirchen im Ausland sind wie die Beziehungen der verschiedenen prot. Kirchen untereinander und zum franz. Katholizismus in ständigem Ausbau begriffen.

Allg. Hilfsmittel: J.-G. de Chaufepié, Nouveau dictionnaire historique et critique, 4 Bde, 1750-56 - E. u. E. Haag, La France Protestante, (10 Bde, 1846-59) 6 Bde, 1877-88² (hg.v. H. Bordier, unvollst.) - BSHPF, 1852ff - F. Lichtenberger, Encycl. des Sciences relig., 13 Bde, 1877-82 - DThC - DHGE - DAFC - DBF - L. André, Les sources de l'histoire de France, 7 Bde, 1935. - Allg. Lit.: R. F.W. Guettée, Hist. de l'Eglise de France, 12 Bde, 1847-56 - E. Lavisse, Hist. de France depuis les origines jusqu'à la Révolution, 9 Bde, 1900-11 - Ders., Hist. de France contemporaine depuis la Révolution jusqu'à la paix de 1919, 10 Bde, 1920-22 - R. Holtzmann, Franz. Verfassungsgesch. von der Mitte des 9. Jh.s bis zur Revolution, 1910 - H. Bremond, Hist. littéraire du sentiment religieux en France, 11 Bde, 1916-33 - G. Goyau, Hist. religieuse de la nation française, (1922) 1942² (hg.v. G. Hanotaux) - J. Declareuil, Hist. générale du droit français, 1925 - A. Bergsträsser-E.R. Curtius, F., 2 Bde, 1930 - A. Fliche-V. Martin (Hg.), Hist. de l'Eglise depuis les origines jusqu'à nos jours, 1934ff (bisher 17 Bde) - Ch. Poulet, Hist. de l'Eglise de France, 3 Bde, 1946 - A. Latreille-E. Delaruelle-J.R. Palanque, Hist. du Catholicisme en France I, 1957 (II. III noch nicht erschienen). - Zu 1 vgl. die Lit. bei → Gallien. - Zu 2 u. 3: A. Sicard, L'ancien Clergé de France, 3 Bde, 1893-1903 - N. Valois, La France et le grand schisme d'occident, 4 Bde, 1896-1902 - G. Bonnet-Maury, Les précurseurs de la Réforme et de la liberté de conscience dans les pays latins du XIème au XVème siècles, 1904 - J. Rivière, Le problème de l'Eglise et de l'Etat au temps de Philippe-le-Bel, 1926 - L. Vernet, La spiritualité médiévale, 1929 - R. Mollat, Les papes d'Avignon, 1930 - P.E. Schramm, Der König in F., 1938 - V. Martin, Les origines du Gallicanisme, 2 Bde, 1939. - Zu 4: L.v. Ranke, Franz. Gesch., vornehmlich im 16. u. 17. Jh., 5 Bde, 1852-61 (Sämtl. Werke Bd 8-13) - F. Soldan, Gesch. des Protestantismus in F. bis zum Tode Karls IX., 2 Bde, 1855 - F. Puaux, Hist. de la Réformation française, 7 Bde, 1859-64 - G. de Félice, Hist. des Synodes nationaux des Eglises réformées de France, 1864 - P. Imbart de la Tour, Les origines de la Réforme, 4 Bde, 1905-35; I. II, 1946/48² - L. Romier, Les Origines politiques des guerres de religion, 2 Bde, 1913 - Fr.v. Bezold, Jean Bodins Heptaplomeres u. der Atheismus des 16. Jh.s (HZ 113, 1914, 260-315; 114, 1915, 237-301) - F. Roquain, La France et Rome pendant les guerres de religion, 1924 - J. Vienot, Hist. de la Réforme française, 2 Bde, 1926/34 - J. Chambon, Der franz. Protestantismus. Sein Weg bis zur franz. Revolution, (1937) 1948⁶ - L. Febvre, Le problème de l'incroyance au XVIème siècle, la religion de Rabelais, 1942 - R. Nürnberger, Die Politisierung des franz. Protestantismus. Calvin u. die Anfänge des prot. Radikalismus in F., 1948 - H. Friedrich, Montaigne, 1949 - J. Orcibal, Louis XIV et les protestants, 1951. - Zu 5 u. 6: Ch. Aug. Ste-Beuve, Hist. de Port-Royal, (5 Bde, 1840-60) 7 Bde, 1940¹⁰ - A. Rebelliau, Bossuet, historien du protestantisme, (1891) 1903/24 - J. Turmel, Hist. de la Théologie positive du Concile de Trente au Concile du Vatican, 1906 - A. Monod, De Pascal à Chateaubriand. Les défenseurs français du christianisme de 1670 à 1802, 1916 - L.N. Prunel, La Renaissance catholique en France au XVIIème siècle, 1921 - A. Gazier, Histoire générale du mouvement janséniste, 2 Bde, 1923/24 - B. Groethuysen, Die Entstehung der bürgerl. Welt- u. Lebensanschauung in F., 2 Bde, 1927/30 - H. Busson, La pensée religieuse française de Charron à Pascal, 1933 - P. Hazard, La crise de la conscience européenne (1660-1715), 1935; dt. 1939. - Zu 7: A. Mathiez, Contributions à l'hist. religieuse de la Révolution française, 1907 - Ders., La Révolution et l'Eglise, 1910 - Ders., Rome et le clergé français sous la constituante, 1911 - A. Latreille, L'Eglise catholique et la Révolution française, 2 Bde, 1946/50 - J. Lacouture, La politique religieuse de la révolution, 1948 - K.D. Erdmann, Volkssouveränität u. Kirche, 1949 (Staat u. Religion in F. von 1789-91). - Zu 8 u. 9: A. Debidour, Hist. des rapports de l'Eglise et de l'Etat en France de 1789 à 1870, 1898 - E. Lecanuet, L'Eglise de France sous la Troisième République, 2 Bde, 1907/10 - E. Barbier, Hist. du Catholicisme libéral et du Catholicisme social en France (1870-1914), 6 Bde, 1924 - G. Constant, L'Eglise de France sous le Consulat et l'Empire (1800-14), 1928 - W. Gurian, Die polit. u. sozialen Ideen des franz. Katholizismus 1789-1914, (1929) 1948² - M. Boegner u.a., Protestantisme français, 1945 - La France Protestante, Jb. hg.v. der Fédération Prot. de France, 1951ff - A. Dansette, Hist. religieuse de la France contemporaine, 2 Bde, 1948/51 - Ders., Destin du catholicisme français 1926-56, 1957 - E.G. Leonard, Le protestant français, 1953. *R. Voeltzel*

II. Theologie

1. Kath. Theologie im 19. und 20. Jh. - 2. Prot. Theologie im 19. und 20. Jh.

1. Die Lage der *kath. Theologie* im F. des 19. Jh.s ist gekennzeichnet durch die Auseinandersetzung mit den Prinzipien der Revolution und der historisch-kritischen Forschung. Erst in den 30er Jahren kommt es wieder zu einem Erwachen theologischer Arbeit. Aus dem Kreis um → Lamennais entsteht unter Führung von Dom → Guéranger eine liturgische Bewegung. Zum ersten Mal seit dem → Jansenismus ersteht dem franz. Katholizismus in → Lacordaire ein Apologet, der auch die Intellektuellen für den Katholizismus zu interessieren versteht. In der Zeitschrift »L'Avenir« plädiert die liberale Gruppe (Lamennais, Lacordaire, → Montalembert) für eine Verständigung zwischen der Kirche und den Prinzipien der Revolution. Die durch die industrielle Revolution gestellte soziale Frage findet in Villeneuve-Bargemont (1784-1850) den ersten Befürworter einer unter staatlicher Beteiligung durchzuführenden Sozialreform (Économie politique chrétienne, 1834). De Melun (1807 bis 1877) trat gegen die Kinderarbeit in der Industrie auf. Buchez (1796-1865), ein Schüler → Saint-Simons, verwarf den → Liberalismus und forderte eine staatliche Sozialpolitik; er ist der Begründer der Genossenschaftsbewegung in F. geworden. Der konsequenteste Vertreter eines Sozialkatholizismus ist Frédéric → Ozanam. Seine 1838 in Lyon vorgetragene Soziallehre ist die Grundlage der späteren päpstlichen Sozialenzykliken geworden. Er fand Unterstützung bei Erzbischof Affre, der in der Überzeugung, daß sich die Theologie den Problemen der neuen Zeit stellen müsse, eine Schule für höhere kirchliche Studien eröffnete. Um die Zeitschriften »L'Atelier« und »L'Ère nouvelle« sammelte sich ein Kreis christlicher Handwerker und Arbeiter, aus dem die ersten Ansätze zur späteren christlichen Demokratie hervorgingen. Diesen Versuchen einer Versöhnung zwischen Kirche und Revolution stand eine starke konservative Mehrheit gegenüber, die für eine Erneuerung der Monarchie eintrat. Pius IX. verurteilte in der Enzyklika »Quanta cura« und der Zusammenfassung der liberalen Irrtümer im → Syllabus (1864) den liberalen Katholizismus. Die durch Leo XIII. angeregte Neubelebung des Thomismus (→ Neuthomismus) wirkte auch in F. (R. Garrigou-Lagrange, Dieu, son existence et sa nature, [1915] 1951¹¹). Das 1875 gegründete Institut Catholique

in Paris wird ein Zentrum kath. Theologie. L. → Duchesne und A.Baudrillart (1859-1942) liefern wichtige Beiträge zur Kirchengeschichte.

Einer der Hauptvertreter der historischen Kritik war A. → Loisy. Für ihn ist das Evangelium ein Ruf zur Buße angesichts des nahen Weltendes, das dann aber doch nicht eintrat. Jesus wurde erst von den Aposteln zum Gott erklärt. Die Dogmen sind zeitgeschichtlich bedingte Symbole, die heute eine neue Interpretation erfordern. Ähnlich versteht Marcel → Hébert unter dem Einfluß des → Neukantianismus die christlichen Dogmen als Symbole, die durch ihren praktischen Wert gerechtfertigt sind, und bestreitet die Möglichkeit eines Gottesbeweises. Der Oratorianer L.Laberthonnière (1860-1932) wendet die Immanenzmethode M. → Blondels auf die religiöse Erkenntnis an (»dogmatisme moral«). 1905 beantwortet E. → Le Roy die Frage nach dem Wesen des Dogmas mit dem Hinweis auf dessen praktischen Lebenswert. Als Antwort auf sein 1907 erschienenes Buch »Dogme et critique« erscheint die Enzyklika »Pascendi«, in der der Agnostizismus, Immanentismus und Historismus der Modernisten (→ Reformkatholizismus) verurteilt wird. Als Gegenbewegung bildete sich ein politisch und theologisch antiliberaler »integraler« Katholizismus, welcher der Action française nahestand.

Die zunehmende Entchristlichung und das Vordringen des Kommunismus legten die Frage nahe, ob F. nunmehr ein »Missionsland« (Godin, La France-pays de mission?, 1943) geworden sei und ob die Kirche vor einem neuen Aufstieg oder vor dem Niedergang stehe (Essor ou déclin de l'Église? Hirtenbrief des Kardinals Suhard, 1947). Die wissenschaftliche Untersuchung der Ursachen der Entchristlichung führte zur Entwicklung einer neuen empirischen → Religionssoziologie (G. → Le Bras, Introduction à l'histoire de la pratique religieuse, 1942), deren Ergebnisse wertvolle Hinweise für die praktische Arbeit der Kirche geworden sind (Mission de France [→ Arbeiterpriester], Mission de Paris [Abbé Pierre; → Katholische Aktion]). Als Zeichen des Aufstiegs konnte die starke Laienbewegung (Y.Congar, Jalons pour une théologie du laïcat, 1953) und die literarische Erneuerung im → »Renouveau Catholique« (G. → Bernanos, P. → Claudel, Ch.Péguy u.a.) angesehen werden. Theologisch wird die Frage nach der Kirche von Y. → Congar (Chrétiens désunis, 1937) und J. → Daniélou im Sinne eines »kath. Ökumenismus« behandelt. Bedeutend ist der Anteil der Laientheologen. J. → Maritain (Humanisme intégral, 1936) ruft die christliche Elite auf, in der pluralistischen Gesellschaft der Gegenwart ein lebensnahes Christentum zu verwirklichen. E.Mounier (1905-50) trat in seiner Zeitschrift »Esprit« für einen Personalismus ein, der ein Engagement des Menschen in der Gemeinschaft fordert.

Von besonderer Bedeutung ist die von den Jesuiten von Lyon-Fourvière vertretene *»Nouvelle Théologie«*. Diese nimmt, inhaltlich stark von → Kierkegaard und der neueren ev. Exegese bestimmt (O.Cullmann), das Berechtigte am Modernismus, die Interpretation des kirchlichen Dogmas in den Denkformen des Menschen von heute wieder auf. Mit der Forderung einer theologischen Erneuerung von der Bibel und der Patristik her (Herausgabe der »Sources chrétiennes« seit 1942) verbindet sich eine offene Kritik am → Thomismus (H.Bouillard, Conversion et grâce chez St.Thomas d'Aquin, 1944), an der juridischen Verengung des Kirchenbegriffs (H. de → Lubac, Corpus mysticum. L'Eucharistie et l'Église au Moyen âge, 1944) sowie an der antijansenistischen Theologie mit ihrem Begriff der »reinen Natur« (H. de Lubac, Surnaturel, 1946). Außer der Rückkehr zur Bibel, zu den Vätern und zur Liturgie werden die philosophischen Strömungen der Gegenwart, vor allem → Marxismus und Existentialismus (→ Existenzphilosophie), mit ihrer Betonung der Geschichtlichkeit und Subjektivität positiv aufgenommen gegenüber der »unbeweglichen Welt des griechischen Denkens« in der Scholastik. Pius XII. hat in der Enzyklika → »Humani generis« vom 12.8.1950 gegen die Abirrungen der »neuen Theologie« Stellung genommen und den Thomismus auch für die Gegenwart für verbindlich erklärt. Die Frage, ob damit die neue Theologie als »Neomodernismus« endgültig abgelehnt ist, wird verschieden beantwortet. Jedenfalls wäre es vom ökumenischen Standpunkt aus bedauerlich, wenn damit die in ihr enthaltenen wertvollen Ansätze zu einer Erneuerung der kath. Theologie zunichte gemacht würden.

W.Gurian, Die polit. u. sozialen Ideen des franz. Katholizismus 1789-1914, 1929 - M.Labourdette-M.J.Nicolas-R.L.Bruckberger, Dialogue théologique, 1947 (zur Debatte zwischen der »Revue Thomiste« u. den Vertretern der »neuen Theologie« de Lubac, Daniélou, Bouillard, Fessard, v.Balthasar) - A.Dansette, Histoire religieuse de la France contemporaine II, Paris 1951 - Ders., Destin du Catholicisme français 1926-1956, Paris 1957 (Lit.) - Church and Society. Catholic Social and Political Thought and Movements 1789-1950, hg.v. J.N.Moody, New York 1953 - Die Strömungen im modernen Katholizismus u. die ev. Stellungnahme, 1953 - W.v.Löwenich, Der moderne Katholizismus, (1955) 1956^2 - EKL II, 1635ff (Nouvelle Théologie).

H.-H.Schrey

2. Zu Beginn des 19.Jh.s bietet die *prot. Kirche* F.s das Bild eines fast völlig ausgebluteten Leichnams. Zwei Jh.e der Verfolgung lagen hinter ihr (→ Frankreich: I), und der → Rationalismus (: II) richtete schlimmsten Schaden an, um so mehr als die Französische Revolution für die Protestanten im Zeichen der endlich errungenen Freiheit stand. Zweifellos findet sich noch vielfach eine traditionelle und formelle Anerkennung der klassischen Glaubensartikel; aber dabei handelt es sich doch meist um eine mehr oder weniger verhärtete Orthodoxie oder um rein äußerlichen Formelglauben, hinter dem der Rationalismus lauert. Die Predigt ist im wesentlichen moralische Anweisung; man predigt über die Pflicht, den Anstand, den schuldigen Respekt vor dem Alter, über die Vorteile der Mäßigkeit usw. Die eigentliche theologische Arbeit reduziert sich unter solchen Umständen auf ein Minimum.

Eine der markantesten Gestalten unter den Vertretern der *Orthodoxie* in den ersten zwei Jahrzehnten des Jh.s ist Daniel Encontre (1762-1818). Ursprünglich fürs Pfarramt bestimmt, wurde er Prof. für Mathematik an der naturwissenschaftlichen Fakultät von Montpellier. Von dort holte man ihn im Juli 1814 als Prof. für Dogmatik an die theologische Fakultät → Montauban. Als Verfechter eines ausgeprägten → Biblizismus bemühte er sich, die Übereinstimmung der Naturwissenschaft mit dem Buchstaben der Schrift zu erweisen. Der *Liberalismus* ist um diese Zeit in erster Linie vertreten durch den Pariser Pfarrer Paul Henri Marron (1754-1834) und F. → Fontanès (1797-1862), Pfarrer in Nîmes.

Aber erst der → Réveil, die Erweckungsbewegung, vermochte dem franz. Protestantismus neues Leben einzuhauchen. Die Bewegung, deren weitere Wurzeln im Pietismus → Speners, in der Frömmigkeit der Herrnhuter (→ Brüderunität: II) und im englischen Methodismus (→ Methodisten: I) zu suchen sind, kam über Genf nach F. Die Erweckung ging seit 1816 von einem Kreis von Genfer Theologiestudenten aus, auf den zwei Engländer, Wilcox und R. → Haldane, einen tiefen Eindruck gemacht hatten. Der missionarische Auftrag stand im Vordergrund der Arbeit dieser Gruppe, die sich in F. rasch ausbreitete. Zu ihr gehörten Henri Pyt, D.A.I. → Bost, F. → Neff, F. → Monod, A. → Monod, L.

→ Gaussen, Charles Cook. Hauptanliegen der Erweckungsprediger war der Ruf zur Bekehrung, die nach herrschender Ansicht in einem Augenblick erfolgen mußte. Aber dieser psychologisch-mystische Aspekt läßt sich nicht herauslösen aus einem umgreifenden Lehrzusammenhang von unverkennbar orthodoxem Charakter. Die Behauptung der Schriftautorität als oberster Instanz, sei sie nun mit strenger Bibelgläubigkeit verbunden (Gaussen) oder rechne sie mehr mit der Gewissenserfahrung (Bost, A.Monod), findet sich überall. Ebenso bildet die Göttlichkeit Jesu Christi einen Grundartikel des Glaubens der erweckten Kreise; das Werk des Herrn erscheint im wesentlichen unter dem Aspekt der Versöhnung; man hat die Theologie des Réveil daher auch schon als »Theologie des Blutes« bezeichnet. Über Prädestination und Heiligung finden sich die verschiedensten Ansichten, je nachdem man es mehr mit → Calvin oder mit → Wesley hält. Die Theologie des Réveil ist demnach als eine durch den Pietismus belebte und korrigierte Orthodoxie zu charakterisieren, die sich jedoch mit einem stark individualistischen Subjektivismus verbindet. Das Werk Christi unter dem Aspekt des königlichen Amtes und die Ekklesiologie sind von geringerer Bedeutung. Die Ethik tendiert zur Gesetzlichkeit. Wenn einerseits missionarischer Einsatz und Liebeswerke einen großen Raum einnehmen, so wird andererseits der Bereich der Sozialethik völlig vernachlässigt.

Parallel dem Réveil nimmt zu jener Zeit bereits der → *Liberalismus* (: III), auf den übrigens die Erweckungsbewegung nicht ohne Einfluß geblieben ist und in dessen Reihen sich ein echtes Verlangen nach innerlichem Leben bemerkbar machte, eine wichtige Stelle ein. Die hervorragendsten Vertreter dieser Richtung waren Samuel Vincent und A.L.Ch. → Coquerel. Vincent blieb den größten Teil seines Lebens als Pfarrer in seiner Vaterstadt Nîmes; durch ihn sind die Arbeiten vieler englischer und vor allem deutscher Theologen (besonders Schleiermachers) in F. bekannt geworden. Coquerel (1795-1868) wurde in Paris, wo er seit 1830 als Pfarrer wirkte, das Haupt eines stärker ausgeprägten Liberalismus als dies bei Vincent der Fall war. Beide sind jedoch bestrebt, die überkommenen lehrmäßigen Formeln abzustreifen; das Christentum ist ein herausgehobener Spezialfall des Phänomens des Religiösen und kann daher mit historischen Methoden erforscht werden. In der Anwendung seines freien Urteils findet der Mensch die Offenbarung und damit die Hilfe, die es seinem religiösen Bewußtsein gestattet, sich frei zu entfalten und zu Gott zu erheben. An dieser Stelle ist auch der Name des schweizerischen Apologeten und Moralisten A. → Vinet zu nennen (1797-1847), eines Bewußtseinstheologen, den der Réveil stark geprägt hat und dessen Wirkung auch in F. beträchtlich war.

Die zweite Hälfte des 19.Jh.s ist durch den weiter anwachsenden Einfluß der liberalen Richtung gekennzeichnet. Selbstverständlich lebt die Orthodoxie noch und leistet Widerstand, indem sie sich einerseits ganz auf die traditionellen Formeln zurückzieht und sich gleichzeitig auf das psychologische Bewußtsein des Menschen beruft. Aber es ist nun einmal der Liberalismus, der bei der Suche nach einer Antwort des christlichen Glaubens auf die drängenden Fragen der Zeit als die wahrhaft lebendige und offene Kraft erscheint. Einer der Sammelpunkte des Liberalismus wurde die 1850 begründete »Revue de Théologie et de Philosophie chrétienne de Strasbourg«. Nachdem sie anfangs Orthodoxe und Liberale vereinigt hatte, ging sie bald ausschließlich in die Hände der letzteren über. Ihre bedeutendsten Vertreter waren: T. → Colani (1824-88), E. → Reuß (1804-91), E. → Schérer (1805-89), letzterer lange Zeit Verfechter einer strengen Orthodoxie, die jedoch später in einen Quasi-Rationalismus umschlug, und schließlich Albert Réville (1829 bis 1906). Allein schon die Namen von Reuß und Réville zeigen, welche Bedeutung dieser Kreis der wissenschaftlichen Bibelexegese beilegte. Das Christentum ist ein Faktum bzw. eine Summe von Fakten, an die es mit den Methoden historischer Kritik heranzugehen gilt; der Einfluß deutscher exegetischer Schulen ist unverkennbar. Aber die Bibel, das Objekt dieser wissenschaftlichen Bemühung, ist zugleich ein Buch von ungeheurem religiösen Wert: wenn einmal durch die historische Methode die reine Religion freigelegt ist, so tritt die Seele in direkten Austausch mit ihr, insbesondere mit der Person Jesu Christi.

Man kann die sog. *Pariser Schule* als Ergebnis und Frucht dieser Entwicklung des Liberalismus betrachten; ihre Initiatoren waren Auguste Sabatier und E. → Ménégoz; von letzterem hat sie den Namen des → Symbolofideismus. *A.Sabatier* (1839-1901), zunächst Pfarrer im Dep. Ardèche, dann Dogmatiker in → Straßburg, kam nach 1871 nach → Paris (: III) und lehrte hier an der Prot. Fakultät, die seit 1877 das Erbe der Straßburger Fakultät antrat. Es war das Problem der Wahrheit, das ihn vor allem beschäftigte; die Lösung sah er in einem psychologisch bestimmten Religions- und Offenbarungsbegriff. Die Religionen, Kirchen und Theologien finden ihren geschichtlichen Ausdruck in Formen oder Symbolen, die dem Gegenstand nie wirklich adäquat sind und sich deshalb ständig verändern. Was übrigbleibt, was das Wesen der Religion ausmacht, ist die religiöse Erfahrung, die auf einer evidenten, inneren, progressiven Offenbarung Gottes im Menschen beruht und sich im Gebet manifestiert. Das religiöse Bewußtsein erscheint von da her als Norm der Offenbarung. Auf vollkommene Weise ist diese religiöse Erfahrung im Bewußtsein Jesu Christi erfüllt. Von ihm und seiner Erfahrung hat man also auszugehen, und zu ihm hat man zurückzukehren, wenn man sich von den Symbolen löst.

Geht das Denken Sabatiers von der Wahrheitsfrage aus, so stellt *Ménégoz*, sein Freund und Kollege an der Pariser Fakultät, vor allem andern die Frage nach dem Heil. Er selbst hat seinen »Fideismus« in folgende Formel gefaßt: »Wir werden durch unsern Glauben gerettet, nicht durch unser Glaubensbekenntnis.« Glaube ist also seinem Wesen nach Vertrauen des Herzens, Bewegung des inneren Ich zu Gott hin; er ist nicht nur unabhängig von der lehrmäßigen Fixierung, sondern braucht nicht einmal bewußt zu werden. Hier dominieren noch Psychologismus, Subjektivismus und Individualismus.

Etwas am Rande der verschiedenen Richtungen taucht seit 1875 auch in F. eine → *christlich-soziale Bewegung* auf; ihr Vater ist T. → Fallot (1844-1904). Sie hatte sich den Kampf gegen die mannigfachen Versäumnisse der Kirche auf sozialem Gebiet zum Ziel gesetzt. Das Grundrecht des Menschen auf Heil schließt auch das soziale Moment mit ein und verlangt die Verwirklichung einer Bruderschaft der Tat. Das Reich Gottes muß Schritt für Schritt konkret unter den Menschen realisiert werden. Fallot revidierte zwar später seine ekklesiologischen und eschatologischen Ansichten, aber das soziale Christentum hielt lange Zeit an seinen ursprünglichen Grundsätzen fest.

Die ersten Dezennien des 20.Jh.s stehen in F. im Zeichen der gleichen Tendenzen wie der Ausgang des 19.Jh.s. Schart sich eine strenggläubige Orthodoxie um Männer wie E. → Doumergue, den Dekan der theologischen Fakultät von Montauban und Calvinbiographen, so bleibt der Liberalismus lebendig durch Männer wie A. → Lods und M. → Goguel auf dem Gebiet der Bibelkritik, Fernand Ménégoz, Henri Bois, Ch. → Wagner, W.

→ Monod, A.N.Bertrand auf systematischem und praktisch-theologischem Gebiet. Seit 1928 macht sich jedoch eine neue Richtung bemerkbar, die mit Vehemenz gegen den Subjektivismus, den Individualismus und Moralismus des 19.Jh.s reagiert und auf die Theologie der Reformatoren zurückgehen will. A.Lecerf (1872–1943), Vertreter eines strengen Calvinismus, aber ebenso aufmerksamer Beobachter aller modernen Denkströmungen, hat bes. in seiner Spätzeit einen bedeutenden Einfluß auf das theologische Leben ausgeübt. Zur gleichen Zeit macht sich Pierre Maury (1890–1956) zum energischen Anwalt und Förderer der Theologie Karl → Barths in F. Ohne den positiven Beitrag zu verkennen, den der Liberalismus des 19.Jh.s von seinem anthropologischen Ansatz her geleistet hat, hat diese Bewegung, die zugleich aufs engste mit dem Ausbau der ökumenischen Bewegung verknüpft ist, durch die entschiedene Hinwendung zu einer christozentrischen Betrachtungsweise und ihr tiefes kirchliches Verantwortungsbewußtsein den objektiven Gehalt des Glaubens wieder neu ans Licht gebracht. Die daraus folgende wahrhafte theologische Erneuerung wird noch weiter ihre Früchte tragen.

S.Vincent, Vues sur le protestantisme en France, Nîmes (1829) 1860 - A.Coquerel, L'orthodoxie moderne, Paris (1841) 1855 - E. Ménégoz, Publications diverses sur le Fidéisme, 6 Bde, Paris 1879 bis 1921 - L.Maury, Le Réveil religieux de l'église réformée à Genève et en France 1810–1850, Paris 1892 - A.Sabatier, Esquisse d'une philosophie de la religion, Paris 1898 - Ders., Les religions d'autorité et la religion de l'esprit, Paris (1904) 1956 - E.Rochat, La revue de Strasbourg et son influence sur la théologie moderne, Genf 1904 - Ders., Le développement de la théologie protestante française au XIXe siècle, Genf 1942 - C.Coignet, L'évolution du protestantisme français au XIXe siècle, Paris 1908 - M.Boegner, La vie et la pensée de Tommy Fallot, 2 Bde, Paris 1914/26 - A.Lecerf, Études calvinistes, Neuchâtel-Paris 1949 - E.G.Léonard, Le protestant français, Paris 1953 - Foi et Vie 1956, Nr. 3 (über Pierre Maury). - Über Zs.en vgl. → Frankreich: I, 9. *J.Bosc*

III. Religionsphilosophie im 19. und 20.Jh.

1. Erste Hälfte des 19.Jh.s - 2. Zweite Hälfte des 19. und erste Hälfte des 20.Jh.s

1. Am Ende des Jh.s der → Aufklärung steht die Französische Revolution, die auch ein religiöses Faktum darstellt. Nach → Rousseaus Lehre im »Contrat Social« ist kein Staat ohne bürgerliche Religion denkbar. Der Katholizismus konnte diese Rolle nicht übernehmen. Nach dem mißglückten Versuch der → Constitution civile du clergé machte sich die Revolution selbst zum Objekt religiöser Verehrung und ging daran, ihren Kult zu organisieren. Schon unter dem konsularischen Regime jedoch wird der Mißerfolg dieser Bestrebungen offenbar: die Nation bleibt kath. Nach den Jahren der Schreckenszeit mußte ihr die überkommene Religion als geistiges und politisches Ordnungsprinzip erscheinen. Allerdings ging es zu Beginn des 19.Jh.s noch unruhig genug her. Der wiedererstarkende Katholizismus war wurzellos geworden und konnte sich mit den neuen Verhältnissen nicht abfinden. Die Ungläubigkeit und Skepsis des vergangenen Jh.s beherrschte immer noch weithin das gebildete Bürgertum und zeigte sich ebenso bei den → Ideologen wie in dem Buch von C.F.Dupuis »L'Origine de tous les cultes« (1795), ja selbst im Werk des liberalen Politikers Benj. → Constant, dessen echtes religiöses Empfinden zu keiner greifbaren Gestalt durchdringen konnte. Bei anderen verband sich das Christentum mit Illuminismus und Okkultismus. Louis-Claude de → Saint-Martin starb 1803, und der Einfluß dieser Denkrichtung führte schließlich zu den Werken eines Ballanche (Essai de Palingénésie sociale, 1827) und vor allem zu J. de → Maistres durch Rousseaus Einfluß vorbereiteten »Génie du Christianisme« (1802), in dem der romantische und gefühlsbetonte ästhetische Katholizismus sich mit der Magie eines brillanten Stils verbindet. Nach dem Beispiel → Chateaubriands finden viele wieder den Glauben. So entdeckt Maine de Biran (1766–1824) das Evangelium und unternimmt es, die Religiosität in seine Analyse des Ich einzuführen. Erst 1841 wird sein Werk bekannt.

Drei Tendenzen beherrschen die erste Hälfte des 19.Jh.s: Einmal die Suche nach Ersatz der Verstandesreligion in einer Religion des Herzens. Ferner die Konfrontation des Katholizismus mit den Erfordernissen der politischen Restauration und den sozialen Umschichtungen. Einige schließlich suchen unter völligem Verzicht auf die christliche Form nach der »modernen« Religion, die das in der Revolution zerrissene geistige Einheitsband zwischen den Menschen neu knüpfen soll.

Die geistige Restauration des Katholizismus vollzog sich zunächst im Zeichen des Traditionalismus. Es handelte sich freilich mehr um Wiederaufbau als um Fortsetzung einer ungebrochenen Tradition. Nach de → Bonald erstreckt sich die Offenbarung bis auf die Denkstrukturen und auf die Sprache; er zeigt ferner, daß die verschiedenen Gesellschaftsformen (Familie, monarchischer Staat) eine universale göttliche Qualität in sich tragen und redet einer extrem reaktionären Politik das Wort. J. de Maistre sieht in der → Revolution einen Kampf des Prinzips des Bösen mit Gott; die Schreckenszeit ist für ihn das Strafgericht und die eindrückliche Warnung Gottes an die Nation (Considérations sur la France, 1796). Sein Papstbuch (Du pape, 1819) markiert den Bruch mit dem → Gallikanismus und den Anfang des → Ultramontanismus in F. Wichtigster Vertreter dieser Schule ist F. de → Lamennais, dessen »Essai sur l'Indifférence« (1817–23) starken Widerhall fand. Gegenüber der zu geistiger und gesellschaftlicher Auflösung führenden Einzelvernunft beruft er sich in seiner Apologetik auf den natürlichen Glauben an das Menschengeschlecht und die Autorität der »allgemeinen Vernunft«, die bei ihm zur kath. Tradition zurückführt. Durch die Enzyklika »Singulari vos« von 1834 verurteilt, trat de Lamennais aus der Kirche aus, und der Kreis seiner Anhänger zerstreute sich.

Der »Fideismus« des in Paris und Straßburg lehrenden Abbé Bautin (1796–1867; Philosophie du Christianisme, 1833) kombiniert den Kantischen Gedanken der Grenzen menschlicher Vernunft mit mystischen Elementen, vor allem aus der Philosophie Fr. → Baaders.

Alle diese Versuche waren jedoch zum Scheitern verurteilt. Die Reaktion gegen sie und die von Victor Cousin (1815–51) vertretenen pantheistischen Lehren stellt gleichzeitig einen Vorstoß zur Rehabilitierung der klassischen Systeme dar. J.-B.Bordas-Demoulin (1798–1859; Le Cartésianisme, 1843) weist nach, daß → Descartes' reflexive Methode zur Lehre von der Seele und von Gott führt. Das Unendliche ist für ihn ein positiver Begriff, den unser Geist sowohl in seiner ungeschaffenen (Gott) als auch in seiner geschaffenen Gestalt (im autonomen Individuum) erfassen kann. Zur selben Zeit sucht der einsame Denker Jules Lequier (1816–62) von der Wissenschaft her nach einer christlichen Philosophie. Nach ihm ist die Freiheit eine Urform des Glaubens, die vor aller Wissenschaft, ja sogar vor der Vernunft liegt. Auch Gott selber kann nicht anders betrachtet werden denn als freie Person. Für seinen Freund Ch.Renouvier (s. 2) waren diese Gedankengänge eine Offenbarung. Der → Kritizismus nahm sich ihrer an und popularisierte sie. Bei Pater Alphonse Gratry (1805–72; De la connaissance de Dieu, 1843) beruht Erkenntnis zwar auf der Erfahrung; aber die Vernunft besitzt ein Transzendentalprinzip, dank dessen sie sich mit Hilfe einer von Plato inspirierten Dialektik zum Unendlichen aufzuschwingen vermag, um dessen erkennbares Wesen zu ergreifen, und eine vernunftgemäße Theodizee aufbauen kann. Die Universität Löwen schließlich verbreitete, vor allem unter dem Einfluß des italienischen Philosophen → Gioberti (Considérations sur les doctrines religieuses de Victor Cousin, 1843), in F. den → Ontologismus, eine Neuauflage der Philosophie → Malebranches. Ausgangspunkt ist die Annahme einer metaphysischen Intuition des absoluten Wesens, in welchem wir die Gedanken finden und erschauen. Löwen war gleichzeitig das Zentrum der Thomas-Renaissance zur Zeit Leos XIII.; keine kath. Philosophie kann seither auf die Auseinandersetzung mit dem Thomismus verzichten.

Während dieser ganzen Periode tritt der Protestantismus kaum hervor. Er erscheint lediglich unter dem Aspekt der Forderung nach Gewissensfreiheit (Edgar Quinet, 1803-75). Aber für viele religiös eingestellte Philosophen ist der Katholizismus durch die Menschheitsentwicklung endgültig überholt. Man braucht eine Religion, die mit der Entwicklung auf wissenschaftlichem, sozialem und sittlichem Gebiet Schritt hält. Pierre-Joseph Proudhon (1809-65) gründet seine Kritik des Christentums und den Versuch einer sozialen Neuordnung auf den Begriff der Gerechtigkeit als oberstes Prinzip (De la Justice dans la société et dans l'Eglise, 1858). Den merkwürdigsten Versuch in dieser Richtung stellt jedoch der → Positivismus dar. Der soziale Denker H. de → Saint-Simon sieht im Christentum ein moralisches Prinzip, das von allem mythischen, theologischen und kirchlichen Beiwerk befreit werden müsse. Aber die Saint-Simonistische Religion (die es sogar zu einer »Kirche« brachte!) ist eher eine Art Pantheismus, in dem Fleisch und Geist miteinander versöhnt erscheinen. Für A. → Comte (Politique Positive, 1851-54) ist das »theologische« und das »metaphysische« Zeitalter vorüber, und die Entdeckung der → Soziologie (: I) hat das dritte, das »positive« Zeitalter eingeleitet, in dem nun alle Wahrheit zur wissenschaftlichen, relativen Wahrheit wird. Das bedeutet jedoch nicht, daß das religiöse Empfinden ausgestorben sei. Man muß den Bedürfnissen des menschlichen Gemüts jederzeit Rechnung tragen und so die geistige und sittliche Integration der Menschheit fördern. Diese letztere wird damit selbst zum Objekt der religiösen Verehrung, und Comte übernimmt für die Praxis seines Systems, in dem die Wissenschaft die Theologie ersetzt, Riten und Kultformen des Katholizismus. Den Gedanken, daß in der Religion die Gesellschaft sich selbst ihren Kult errichte, findet man auch in den sonst völlig gegensätzlichen politischen Konzeptionen eines Charles Maurras (1868-1952) und eines Alain (Emile Chartier, 1868-1951) wieder, also überall da, wo man beidem zugleich gerecht werden wollte: dem spontanen religiösen Gefühl und dem positiven Geist der modernen Wissenschaft. Gerade das Problem der Beziehungen von Wissenschaft und Religion wurde zu einem der Hauptthemen für die folgende Periode.

Zum Ganzen vgl. L.Foucher, La Philosophie catholique en France au XIXème siècle, Paris 1955. - Ferner: G.Goyau, La pensée religieuse de J. de Maistre, Paris 1921 - Ch.Marechal, La Mennais, la dispute de l'Essai sur l'Indifférence, Paris 1925 - H.de Lubac, Proudhon et le christianisme, Paris 1945 - P.Arbousse-Bastide, La doctrine de l'éducation universelle dans la philosophie d'A.Comte, Paris 1957.

P.Burgelin

2. Der gesteigerte Anspruch eines wissenschaftlichen → Positivismus, der sich im Bereich der Anthropologie und der Geschichtswissenschaft einnistete, bestimmt weitgehend das Gesicht der Religionsphilosophie in F. seit 1850. Religiöses Empfinden fehlte zwar auch → Renan und H.Taine (1828-93) nicht, aber gerade ihr Einfluß führte doch zu einem Wiederaufleben des Positivismus und Wissenschaftsglaubens, der dem Menschen Frieden und Glück versprach (vgl. Renan, L'avenir de la Science, 1890). In dem Maße, wie die Religionsphilosophie sich in die Defensive gedrängt sieht, ist sie nun bestrebt, in der Verteidigung von Finalität und Freiheit der Religion einen Platz auszusparen.

Einer der energischsten Vorstöße zur Bekämpfung des Szientismus und zugleich zur Wiedererlangung des Sinnes der christlichen Grundaussagen geht von Charles Renouvier (1815-1903) aus. Anfangs begeisterter Anhänger der positivistischen Religion → Saint-Simons (vgl. dessen »Lettres sur la Religion et la Politique«, 1829), wurde er sich unter dem Einfluß Kants neu der Grenzen des menschlichen Wissens und der Unmöglichkeit einer umfassenden Synthese bewußt. Dieser Finitismus ist bei ihm begleitet von einem Primat der praktischen Vernunft bis hinein in den Bereich der Erkenntnis: auch sie ist im letzten Grunde Sache des Wollens und Wählens. Wenn das Unendliche als in sich widersprüchlich unaufweisbar bleibt, so entscheidet sich die Vernunft für das Endliche und erklärt das Universum für endlich. Damit ist zugleich auch der Schöpfungsgedanke wiedergewonnen: Ein endliches Universum hat notwendigerweise einen absoluten Anfang, und ebenso entspricht dann der Glaube an die menschliche Freiheit als prima causa der Abfolge von individuellen Handlungen der Vernunft. Einer Setzung weiterer vernünftiger Wahrscheinlichkeiten steht nichts im Wege: Der Sündenfall zB erklärt sich aus dem freien Willen und macht die Existenz des Bösen einsichtig; Erlösung oder Restauration sind Begriffe, die das vernunftgemäße Vertrauen in den endgültigen Triumph der Gerechtigkeit zum Ausdruck bringen. Renouvier, der 1873 formell zum Protestantismus übertrat und sich zwischen 1877-85 (freilich in erster Linie aus sittlichen und politischen Gründen) stark für eine Protestantisierung F.s einsetzte, hoffte auf diese Weise die Grunddogmen des Christentums wiederzugewinnen und die Forderungen der Wissenschaft mit den freien Äußerungen einer vernunftgemäßen Religion in Einklang zu bringen. Aber obwohl seit 1879 seine Bindung an die personhafte Erlösergestalt Christi stärker hervortritt, bleibt doch sein in religiöser Hinsicht bedeutendstes Werk »Le Personnalisme« (1903) bei einer Umsetzung der Grundbegriffe christlichen Glaubens in ethische und allgemeine Begrifflichkeit stehen. - Stellt Renouviers Werk eine positive und umfassende Kritik des Christentums dar, so bringt das Werk seines treuen Briefpartners und Freundes Ch.Secrétan (1815-95; Philosophie de la Liberté, 1848/49) das Verständnis der Offenbarungstatsachen weiter. Nach Secrétan gibt es eine christliche Vernunft, die post eventum die christlichen Wahrheiten des Falles und der Erlösung verstehen kann. Indem er zugleich die totale Freiheit Gottes - Gott gibt sich in Freiheit die Vollkommenheit - und die Freiheit des Geschöpfs behauptet (»Gott schafft ein Wesen, das sich selbst schafft«), sieht er im Fall das Werk der menschlichen Freiheit, die in ihrem Streben nach Unabhängigkeit von Gott ihre eigene Vernichtung will, und in der Erlösung eine freie Intervention der Liebe Gottes, der stufenweise immer freiere Individuen auftreten läßt bis hin zur Erscheinung des vollkommenen Individuums, des Christus, in welchem sich Gottes erneuernde Kraft mit der Menschheit verbindet. In der Gemeinschaft mit ihm und im Nachvollzug seiner beispielhaften (aber nicht sühnekräftigen) Werke liegt das Heil für uns. Es ist deutlich, daß eine solche Philosophie sich ganz in die Linie der → liberalen Theologie einfügt.

Das gleiche Bemühen um philosophische Legitimierung der Religion zeigt sich in einer ganz anderen philosophischen Tradition. Ihre Vertreter sind einmal der Renouvier-Schüler Jean-Jacques Gourd (1850-1909; Le Phénomène, 1883; Les Trois Dialectiques, 1897), der im Anschluß an den Phänomenismus seines Lehrers das Fließende, Kontingente, Indeterminierte und zugleich Unbedingte in jedem Phänomen herauszustellen sucht und in diesen außergesetzmäßigen Elementen die Begründung einer religiösen Schau des Universums sieht; zum andern eine ganze Generation spiritualistischer Verfechter der Reflexionsphilosophie, alle mehr oder weniger abhängig von Jules Lachelier (1832-1918), der gegen den Szientismus das Finalitätsprinzip wieder zu Ehren gebracht (Fondement de l'induction, 1871) und durch seine Behauptung der Identität von Denk- und Seinsgesetzen dem Gedanken eines absoluten Subjekts den Weg bereitet hatte (Psychologie et Métaphysique, 1885; Note sur le pari de Pascal, 1901). Unter seinen Fortsetzern bemüht sich E. → Boutroux durch Analyse der wissenschaftlichen Tätigkeit als solcher zu zeigen, daß die Kontingenz in der Natur der Dinge selbst liege, daß sie mit jedem neuen Grad des Seins zunehme, so daß dem deterministischen Gesetz der Boden entzogen ist (De la Contingence des Lois de la Nature, 1874; L'idée de Loi Naturelle, 1895). Die Totalität der Erfahrung wird uns nicht durch die positiven Wissenschaften offenbar, sondern vielmehr durch das sittliche Leben, insofern dieses Anreiz zum Guten, dh zu Gott ist, dessen Schöpfungshandeln wir zutiefst in uns verspüren. Wenn aber sittliches und religiöses Leben eine Ausweitung menschlicher Erfahrung darstellt, so ist der Konflikt zwischen Wissenschaft und Religion nicht mehr zu fürchten, unter der Bedingung, daß die Religion sich von allen politischen Formen und der Tyrannei der Texte löst (Science et Religion dans la Philosophie Contemporaine, 1908). Boutroux' Denken berührt sich an vielen Punkten mit dem des Theologen Auguste Sabatier (1839-1901). Aber zweifellos war es die Persönlichkeit von Jules Lagneau (1851-94), die jener Generation von Spiritualisten am stärksten ihren Stempel aufgedrückt hat. In seinen nachgelassenen Vorlesungen (De l'Existence de Dieu, 1923; Célèbres Leçons et Fragments, 1950) versucht er, den logischen Mechanismus der traditionellen → Gottesbeweise abzustreifen und die Gewißheit der Existenz Gottes anders zu fundieren: er will einen »moralischen, direkten, reflexiven« Gottesbeweis und meint ihn in der Vernunfttätigkeit zu finden, insofern sie Prinzip der Unabhängigkeit, der Ordnung, der Einheit und Hingabe, dh die Triebfeder des sittlichen Lebens ist. »Gott ist der sittlichen Handlung immanent, aber er transzendiert das sittliche Subjekt.«

Auf derselben Linie bewegen sich die kritischen Erwägungen Léon Brunschwicgs (1869-1944). Als hervorragender Pascal-Interpret und aufmerksamer Beobachter aller Äußerungen des christlichen Glaubens hegte er die Hoffnung, das Christentum reinigen und an dem teilnehmen lassen zu können, was er selbst den »Fortschritt des Bewußtseins in der Philosophie des Westens« (Buchtitel, 1927) nannte. Er war der Meinung, daß der Antipharisäismus und Antilegalismus Jesu, die »Religion im Geist und in der Wahrheit«, sein Streben begünstigten. Seine Methode zur Definition der wahren Religion kommt derjenigen Lagneaus sehr nahe, nur daß Brunschwicg jene immanente Quelle der Wahrheit, die er Gott nennt, eher im wissenschaftlichen Denken, in der Analyse der mathematischen Geistigkeit entdeckt. »Gott ist die ewige Wahrheit, in der die denkende Seele das innige Gefühl und die tiefe Erfahrung der Ewigkeit des Denkens gewinnt« (La Religion et la Raison, 1939). Damit verwirft diese Philosophie am Christentum gerade das, was seine eigentliche Originalität ausmacht: den personhaften Gott, der in die Geschichte eingeht und sich zur menschlichen Subjektivität und Schwachheit herabläßt. Ähnliche Kritik findet sich auch im Werk Maurice Pradines' (1874-1958; L'Esprit de la Religion, 1941), der die Antinomie zwischen einer vernunftgemäßen mutigen Moral und einer Religion der Gnade stark unterstreicht, jedoch paradoxerweise zu der Folgerung gelangt, daß die Moral, um wirksam zu sein, nichts Besseres tun könne, als beim Glauben Stütze zu suchen und mit ihm in »intimer Feindschaft« zusammenzuleben.

Obgleich der szientistische Positivismus auch in dieser Periode nicht allen Kredit verloren hat und heute im Marxismus Zuflucht sucht, hat er doch kein Gesamtwerk von Bedeutung hervorgebracht. Man könnte höchstens das etwas platte Werk von Le Dantec (1869-1917) nennen (Les Limites du Connaissable, 1903; L'Athéisme, 1907). Zwar hat der Positivismus in den Arbeiten der von E. → Durkheim begründeten soziologischen Schule ein Ausdrucksmittel gefunden; aber obwohl Durkheim vom baldigen Verschwinden der positiven Religionen überzeugt war, hat er doch dank seines sittlichen Empfindens und seiner umfassenden ethnologischen wie exegetischen Kenntnisse die volle Bedeutung der Religion für die geistige und sittliche Entwicklung der Menschheit erfaßt. In seinen »Formes Elémentaires de la Vie Religieuse« (1912) hat er versucht, die hauptsächlichen Verstandeskategorien aus dem Ausdruck zu deduzieren, den das Heilige in der Gesellschaft gefunden hat. Der Fehler war, daß er das Einfache mit dem Elementaren oder Fundamentalen verwechselte und außerdem die Reduktion aller religiösen Formen auf eine Reihe einfacher Grundelemente vornahm, was ihn die Religion als Akt verstehen ließ, durch den die Gesellschaft sich selbst als Objekt ihres Kultes setzt. L. → Lévy-Bruhl wollte ein religiöses Leben nur im Rahmen des mythischen und prälogischen Denkens gelten lassen, das durch die Vernunfttätigkeit endgültig überholt werde (La Mentalité Primitive, 1922; Le Surnaturel et la Nature dans la Pensée Primitive, 1931). Die eingehende Beschäftigung mit den Tatsachen und der Einfluß des ev. Pfarrers, Missionars und Ethnologen Maurice Leenhardt (1878-1953), der in seinem »Do Kamo« (1941) eine verständnisvollere Analyse des Mythos geliefert hat, verhalfen Lévy-Bruhl jedoch zur Überwindung dieses gewaltsamen Schematismus (vgl. Les Carnets de Lucien Lévy-Bruhl, 1949). Durkheims religionssoziologische Schule hat kaum Nachfolger gehabt. Unter der Führung von Gabriel → Le Bras verlegte sich die → Religionssoziologie auf ein mehr deskriptives und um tieferes Verständnis bemühtes Studium der lebenden Religionen und auf die Beurteilung ihrer Lebendigkeit nach objektiven Maßstäben.

War es bei den vom Idealismus und Positivismus herkommenden Denkern in erster Linie das Problem von Glaube und Vernunft, Religion und Wissenschaft, das sie beschäftigte, so steht bei den vom Katholizismus herkommenden Philosophen die Frage nach Glaube und Dogma, Vernunft und Dogma im Vordergrund. Père Lucien Laberthonnière (1860-1932), der Begründer der »Annales de Philosophie chrétienne«, bekämpft den Einfluß des idealistischen Hellenismus innerhalb des Katholizismus und erneuert die Alternative zwischen griechischem Idealismus, der ewige und unveränderliche Wesenheiten voraussetzt, und christlichem Realismus, der in Gott nicht nur eine »Natur« sieht, sondern vielmehr eine Person, die durch Liebe zu anderen Personen in Beziehung treten kann (Le Réalisme chrétien et l'Idéalisme grec, 1904). Ein Nachklang dieses Personalismus, allerdings dogmatisch vorsichtiger formuliert und freier in der philosophischen Analyse, findet sich gegenwärtig bei Maurice Nedoncelle (* 1905; bes.: La Réciprocité des Consciences, 1942) und in der ganzen von Emmanuel Mounier (1905-50) inspirierten »Esprit«-Bewegung. Die imposanteste Leistung kath. Religionsphilosophie bleibt jedoch das reiche Werk M. → Blondels (L'Action, 1893; Lettre sur l'Apologétique, 1896; La Philosophie et l'Esprit chrétien, 1944/45). Als Schüler von L.Olle-Laprune (1839-98), der in seinem Buch »La certitude morale« (1880) den Anteil von Wille und Gnade bei der Gewißheitsbildung bestimmt hatte, wollte Blondel das Feld der Philosophie durch ein vernünftiges Nachdenken über die positiven Dogmen des Katholizismus ausweiten, die Kategorie des Vernunftgemäßen auf das Übernatürliche ausdehnen, ohne es dadurch seiner übernatürlichen Qualität zu berauben, und darüber hinaus zeigen, daß die Vernunft durch das religiöse Dogma an Rationalität gewinnen kann. Sein ganzes Werk hat daher die Tendenz zur apologetischen Philosophie. Es geht also nicht genau in der gleichen Richtung wie die Philosophie des Bergson-Schülers → Le Roy (Le Problème de Dieu, 1927), der zwar ganz wie Blondel einer Philosophie der Tat huldigt, aber dabei einen stark anti-intellektuellen Zug nicht verleugnet, was ihm die Verurteilung durch Rom einbrachte. Auf jeden Fall ist Blondels Werk gerade gegenläufig zum Denken des Ex-Abbé A. → Loisy, für den die rationale historische Kritik zwar nicht im Blick auf das religiöse Leben, wohl aber im Blick auf alle überlieferte Kirchenlehre mit Notwendigkeit zerstörend wirkt (L'Evangile et l'Eglise, 1902; La Religion, 1917; Le Sacrifice, 1920). Die Bestrebungen, den christlichen Glauben und die Wissenschaft miteinander auszusöhnen und dem Evolutionsgedanken ins kath. Denken Eingang zu verschaffen, leben noch einmal auf in dem nachgelassenen Werk des Père Teilhard de Chardin (1881-1955), das eine auf genauen geologischen und paläontologischen Kenntnissen beruhende grandiose Vision des Werdens der Menschheit darstellt, die allerdings philosophisch sehr anfechtbar bleibt.

Das Denken H. → Bergsons läßt sich in unser bisheriges Schema nicht einordnen. Wie die Soziologen hat auch er über den Zusammenhang von Religion und → Gesellschaft nachgedacht, aber nur um zu zeigen, daß die vergesellschaftete Religion eben nicht die wahre Religion war (Les deux Sources de la Morale et de la Religion, 1932). Schließlich hat er wie die christlichen Philosophen die biblische Religion befragt, aber nicht um sich in das große geschichtliche Erlösungsdrama zu vertiefen, sondern um hier, bei den Propheten und bei Jesus, den Ruf des Ausnahmemenschen in seiner ganzen Reinheit zu vernehmen, was uns über alle psychologischen Automatismen und sozialen Verbindlichkeiten hinweg den Anschluß an die große göttlich-schöpferische Flut des élan vital, der dynamischen Lebenskraft, finden läßt.

Weit entfernt von diesem geheimen Pantheismus, führt uns die phänomenologische Analyse G. → Marcels wieder zurück in den Bereich echter Religionsphilosophie (Journal Métaphysique, 1927; Etre et Avoir, 1937). Sie hält sich mit Vorliebe an außergewöhnliche Erfahrungen wie Glaube und Treue, Zeugnis, Gegenwärtigkeit des andern, und legt durch eine unaufhörlich fortschreitende Läuterung der → Sprache und der gemeinsamen Erfahrungen die konkreten Zugänge zum ontologischen Mysterium frei, dh den Augenblick, da das *Problem* vor dem *Mysterium* verblaßt und das Mysterium, statt von einem Bewußtsein visiert zu werden, dieses in sich aufnimmt, zur Gnade wird. Die phänomenologische Methode hat daneben in anderer Richtung Arbeiten mehr technischen Charakters angeregt: Jean Héring, Phénoménologie et Philosophie Religieuse, 1925; Ch.Hauter, L'Objet Religieux, 1928; Henry Dumery, La Philosophie de la Religion, 2 Bde, 1957. Diese Methode scheint in der Tat die Gewähr dafür zu bieten, daß echte Religionsphilosophie getrieben wird, die die Religion als positive Gegebenheit versteht und alle ambitiöse und künstliche Konstruktion ebenso vermeiden hilft wie die der → Philosophie (: II) ständig drohende Gefahr, sich selbst zur Religion zu machen.

D.Parodi, La Philosophie Contemporaine en France, Paris 1920 - R.Mehl, La Condition du Philosophe chrétien, Neuchâtel-Paris 1947 - P.Ricoeur, Gabriel et Karl Jaspers, Paris 1947 - M.Farber, L'Activité Philosophique Contemporaine en France et aux Etats-Unis II, Paris 1950 (Beitr. v. H.Duméry u. R.Mehl) - M.F.Sciacca, Le Problème de Dieu et de la Religion dans la Philosophie Contemporaine, Paris 1950 (übers. aus dem Ital.) - M.Mery, Renouvier et la Critique du Christianisme, Paris 1952 - E.Bréhier, Histoire de la Philosophie II/4, Paris 1953 - H.Duméry, Blondel et la Religion, Paris 1954. *R.Mehl*

IV. Französische evangelische Missionen

Die *»Société des Missions Evangéliques de Paris«* (»Pariser Mission«) wurde aus Kreisen der → Erweckungsbewegung und u.a. von Chr.G.Blumhardt (→ Basler Missionsgesellschaft) und M.Wilks (→ Londoner Mission) angeregt und 1822 als interkonfessionelle Gesellschaft gegründet. Ein Missionshaus wurde 1824 eröffnet, seit 1826 erscheint das »Journal des Mission Evangéliques«. Die ersten drei Missionare wurden 1829 nach → Südafrika ausgesandt. 1833 folgten Eugène Casalis (1856-82 Missionsdirektor) und Thomas Arbousset, die, vom Sothokönig Moshesh gerufen (→ Afrika: IV B, 1b), nach Basutoland gingen und dort die erste Arbeit der Pariser Mission begannen (1955: 150 000 Getaufte, 60 000 Kommunikanten). Später wurde das zunächst als eigene Arbeit der Basutokirche gedachte, 1878 von F.Coillard am Zambesi (Barotseland, N.Rhodesia; → 2 F/G 5/6) gegründete Werk von der Pariser Mission übernommen (1955: 200 000 bzw. 2700). Alle andern Missionsgebiete fielen der Pariser Mission mit der politischen Entwicklung zu. Von der Londoner Mission übernahm sie 1863 Tahiti (→ Südsee; 1955: 37 000 bzw. 4500), 1896 → Madagaskar (1955: 260 000 bzw. 50 000), 1897 die Loyalty-Inseln und Neu-Kaledonien (1955: 16 000 bzw. 4200); von den Presbyterianern (→ Vereinigte Staaten: V) 1888 das Werk am Ogowefluß in Gabon (→ 2 D 4; → Afrika: IV B, 3b; 1955: 65 000 bzw. 14 000); von der Basler Mission und von den Berliner Baptisten (→ Europäische Baptistische Missionsgesellschaft) 1917 deren Gebiete in → Kamerun (→ 2 D/E 3). Hier ist ihre eigenverantwortliche Arbeit zum Abschluß gekommen: Am 11.3.1957 wurden die Eglise Evangélique du Cameroun und die Union des Eglises Baptistes du Cameroun selbständig, der Missionsbesitz wurde den Kirchen übergeben und die Missionare diesen eingegliedert (1955: 200 000 bzw. 76 000). 1929 wurde - nach 12jähriger Unterbrechung der Mission - von der → Norddeutschen Missionsgesellschaft die Betreuung der Ewekirche in → Togo (→ 2 B 2) übernommen (1955: 35 000 bzw. 10 000). Die Pariser Mission unterhält (1956) 354 Missionskräfte, ihr Budget liegt für 1958 bei 240 Mill. ffrs.

Die *»Action chrétienne en Orient«* wurde 1922 von Paul Berron gegründet und arbeitet unter den Armeniern (→ Armenien: III) und Nord-Afrikanern in F. sowie unter ersteren in → Syrien (Zeitschrift: »Le Levant«). - Die *»Mission Biblique en Côte d'Ivoire«* (Freie Baptisten) wurde 1927 gegründet; sie arbeitet an der Elfenbeinküste (→ 2 A/B 2) mit 30 Missionaren auf 7 Stationen. Ihr Budget weist ca 12 Mill. ffrs auf. Als Zeitschrift erscheint »L'Appel de la Côte d'Ivoire«. - Die *»Mission Rolland«* (Glaubensmission) wurde 1908 von Emile Rolland gegründet und arbeitet unter den Kabylen Algeriens mit 10 Missionaren auf 3 Stationen.

J.Bianquis, Les Origines de la Société de Missions Evangéliques de Paris 1822-1829, 3 Bde, Paris 1930/35. *E.Krüger*

Franz, 1. *Franziskus von Assisi* (1181/82 bis 3.10.1226), Gründer des → Franziskaner-Ordens, heiliggesprochen 1228. Giovanni getauft, Francesco genannt von seinem Vater Pietro Bernardone, einem reichen Tuchhändler, dessen Gemahlin Pica aus Frankreich stammte, wuchs F. in Assisi in frohem Jugendtreiben mit Ritteridealen auf, geriet bei einem Kriegszug gegen Perugia 1202 in einjährige Gefangenschaft und erkrankte. Seitdem in innerer Wandlung, kehrte er 1205 von neuer Kriegsfahrt nach Apulien unterwegs heim und vollzog die Umkehr zu Buße und Gebet, Erbarmen mit Armen und Kranken, zumal Leprosen, tätiger Hilfe für Priester und ihre baufälligen Kirchen (S.Damian, Portiuncula in und bei Assisi), zum »Ritterdienst für Frau Armut«, Verzicht auf Besitz und Weltfreuden - ohne doch ins Kloster zu gehen. Sein Vater verstieß ihn, da er sein Gut verschenkte; der Bischof von Assisi schützte ihn. Jesu Aussendungsworte an die Jünger (Mt 10, 5ff) trafen ihn wie ein Auftrag, den er wörtlich befolgte. Völlig besitzlos, unbehaust, barfuß (→ Barfüßer) zog er predigend durchs Land und gewann Gefährten, zuerst einen reichen Adligen und einen rechtsgelehrten Kanoniker aus Assisi, bald Männer aller Stände. Auch die junge Adlige Clara Sciffi und andre Frauen folgten seit 1212 seinem Vorbild, jedoch in klösterlicher Klausur (zuerst in S.Damian) mit einem päpstlichen »Privileg der Armut«. So entstand der → Klarissenorden. Mit den ersten 11 Gefährten ging F. 1210 an die Kurie. Da er weder die → Benediktiner- noch die → Augustinerregel annehmen wollte, erlaubte → Innozenz III. den »Minderbrüdern« (fratres minores, Minoriten), wie sie sich demütig nannten, »nach der Form des Evangeliums« zu leben und zu wirken. Aus dessen Weisungen stellte F. eine kurze (nicht erhaltene) Regel zusammen. Obgleich das Laterankonzil 1215 neue Ordensformen verbot, wuchs die vom Papst anerkannte Brüderschaft unaufhaltsam, seit 1217 auch außerhalb Italiens, in Provinzen gegliedert unter Provinzialministern. Jährliche Pfingstkapitel bei Assisi (Portiuncula) und die Ordensleitung durch F. sicherten den Zusammenhalt. 1212/13 wollte F. nach Syrien und nach Marokko gehen, um Ungläubige zu bekehren, mußte aber unterwegs umkehren. 1219 fuhr er ins Kreuzfahrerlager nach Damiette und versuchte den ägyptischen Sultan fürs Christentum zu gewinnen. Während seiner Abwesenheit geriet der junge Orden in eine Krise. Nach der Heimkehr gab ihm F. 1221 eine ausführlichere Regel (mit Einführung des → Noviziats) und erbat sich den Kardinal Hugolin von Ostia (später Papst → Gregor IX.) zum Ordensprotektor, nach dessen Rat die Regel umgestaltet und 1123 von → Honorius III. approbiert wurde. Die Ordensleitung übernahm als Vertreter des erkrankten, fast erblindeten F. 1220 Petrus Cataneo, nach dessen Tod 1221 → Elias von Cortona, während sich F. seitdem zumeist in die ihm geschenkte Einsiedelei am Alverner-Berg (La Verna, nördl. Assisi) zurückzog. Dort empfing er 1224 die Wundmale Christi als Zeichen leibhaft erlebter Christus-Nachfolge, ohne je davon zu sprechen. Seine Briefe an die Brüder und Minister, an alle Kleriker, Laien, Regierenden, seine Lobgesänge auf Gott und seine Geschöpfe, am unmittelbarsten der italienisch verfaßte »Sonnengesang«, verkünden bis zuletzt seine kindhaft-freudige und zugleich demütige, unbedingt kirchentreue Frömmigkeit ohne jede Anwandlung eigensinniger Auflehnung, die andere gesinnungsverwandte Armutsprediger (→ Waldenser, → Humiliaten, 1) zu Ketzern werden ließ. In seinem Testament mahnt F. kurz vor seinem Tod die Brüder eindringlich, die Regel buchstäblich und unverändert zu befolgen, weder Besitz noch Vorrechte zu beanspruchen, vom Ertrag eigener Arbeit oder notfalls von Almosen zu leben (→ Armut: II, 6), Priester und Theologen zu ehren und nur mit deren Zustimmung zu predigen. Seine Sorge vor der Entwicklung zum organisierten und privilegierten Orden wird darin spürbar, aber keinerlei Widerspruch gegen kuriale Einflüsse. Sabatiers viel diskutierte Meinung, F.' ursprüngliche Ideale seien durch die Ordensbildung im Interesse der Kurie von Kardinal Hugolin verfälscht worden, hat sich als unhaltbar erwiesen. Freilich war F. - anders als → Dominikus - kein zielbewußter Ordensgründer und Organisator. Er wollte nur nach den Weisungen der Evangelien leben, selbstlos und freudig Gott als »Spielmann des Herrn« auch in seinen Geschöpfen lieben und preisen, ohne sich eindeutig zu entscheiden zwischen Eremitentum, Wanderpredigt und Seelsorge oder Heidenmission, zwischen Handarbeit zum Lebensunterhalt oder Almosen-Bettel. Auch wer evangeliengemäß in Beruf und Familie lebte, sollte seinem Orden verbunden sein können, jedoch in einem dritten, von den Minoriten und Klarissen als → »Tertiarier« unterschiedenen Ordenszweig. - Diese vielfältige, erstaunlich rasch wachsende Gemeinschaft machte eine Organisation in ganz neuartigen, unklösterlichen Ordensformen unerläßlich, aber schwierig. Bald nach F.' Tod und später noch oft hat sich sein Orden darüber entzweit. Auch der von Gregor IX. geförderte Bau der prächtigen Grabkirche in Assisi, die → Giotto um 1300 mit Fresken schmückte, schien manchen Gefährten des F. mit dessen Armutsliebe unvereinbar. Daher wurde auch die Überlieferung über F. zwiespältig: Neben den im Auftrag des Generalministers verfaßten Legenden (→ Thomas von Celano 1228 und 1247/48; → Bonaventura 1260/63) blieben viele Erinnerungen der »Gefährten« lebendig und wurden später oft nicht ohne polemische Tendenz aufgezeichnet (Legenda trium sociorum; Speculum perfectionis; Actus b. Francisci, danach die reizvolle Blütenlese der »Fioretti di S.Francesco« um 1330). Die F.-Forschung hat diese vielstimmigen Zeugnisse kritisch gesichtet und manchmal ihre Unterschiede überschätzt. Sie spiegeln die Fülle lebendiger, unvergänglicher Wirkungen des F. nicht nur auf seinen Orden und auf die von Ketzereien gefährdete Kirche seiner Zeit, der er neue Kräfte ursprünglicher Frömmigkeit zuführte, sondern auch auf dafür empfängliche Menschen aller Folgezeit, denen seine Gestalt und Gesinnung noch immer in seinen Legenden und Bildern unmittelbar begegnen kann.

Schriften u. Regeln lat. bei H.Boehmer, Analekten zur Gesch. des F.v.A., (1904) 1930²; dt. in Franzisk. Quellenschr. 1, 1951; Testimonia minora saec. XIII de S. Francisco Assis., ed. L.Lemmens, 1926; Legenden des Thomas v. Celano (dt. in Franzisk. Quellenschr. 5, 1955) u. Bonaventura in: Analecta Franciscana 10, Florenz 1926-41; Legenda antiqua, ed. F.Delorme, 1916; Legenda 3 sociorum, ed. M. Faloci-Pulignani, 1898; Speculum perfectionis, ed. P.Sabatier, Paris 1898 u. Manchester 1928-31; Fioretti di S. Francesco, ed. B. Bughetti, 1925 u.ö. (oft verdeutscht). - Über F.: P.Sabatier, Vie de S. François d'A., (Paris 1894) éd. définitive 1931 (dt. 1935⁵; bahnbrechend, aber überholt) - W.Goetz, Die Quellen zur Gesch. des hl. F.v.A., 1904 - Ders., Italien im MA I, 1942 - B.Kleinschmidt, F. in Kunst u. Legende, (1911) 1926⁵ - K.Esser, Das Testament des hl. F.v.A., 1949 - K.Beyschlag, Die Bergpredigt u. F.v.A. (BFChTh II, 57), 1955. - Über Speziallit. berichten die Zeitschr. AFrH, FS, Études franciscaines usw. Guter Forschungsbericht von S.Clasen in: Gesch. in Wissenschaft u. Unterricht 3, 1952, 137-154. - Eine dem jetzigen Forschungsstand entsprechende Darstellung fehlt trotz vieler literarisch wirksamer F.-Bücher von J.Joergensen (Kopenhagen 1907; dt. 1952⁹), A.Fortini (Mailand 1926), G.K.Chesterton (London 1923; dt. 1927), F.Timmermanns (Amsterdam 1932), D.Mereschkowski (dt. 1938), J.Bernhart (1944), P.Bargellini (1941; dt. 1952²), O.Englebert (Paris 1947; dt. 1952; zuverlässig) u.a.

H.Grundmann

2. *von Borgia* (1510-72), 1671 heiliggesprochen (Tag: 10.10.), dritter General der SJ, * Gandía (Spanien), † Rom. Als Urenkel Papst Alexanders VI. und König

Ferdinands II. von Aragonien macht er am Hofe Karls V. glänzende Karriere (1539-43 Vizekönig von Katalonien), tritt 1546 insgeheim in den → Jesuitenorden ein, legt 1548 die Gelübde ab und verzichtet 1551 beim Empfang der Priesterweihe auf seine weltlichen Ämter. Im Orden schnell emporsteigend, wird er 1555 Generalkommissar für Spanien und Portugal, geht nach Konflikten mit Philipp II. 1561 nach Rom, wird dort Assistent des Generals für Spanien, Generalvikar von → Laynez und 1565 nach dessen Tode General. Unter ihm erfolgt die Verfassung der Konstitutionen, des Exerzitienbuches, die Gründung des Collegium Romanum, die Ausbreitung des Ordens in Südamerika. F. befestigt für alle Folgezeit die Vormachtstellung der Spanier im Orden.

Monumenta Borgiana, 5 Bde, Madrid 1894-1911 - O.Karrer, F.v.B., 1921 - M.da Fonseca, S.F.de B., Rio de Janeiro 1942 - EC V, 1610f. *W.Maurer*

3. *von Paris* (Pâris, Abbé bzw. diacre de), * 1690, † 1.5.1727. Asket und entschiedener jansenistischer Appellant (→ Jansenismus), als Heiliger verehrt. Für die meisten Gegner der Bulle → Unigenitus galten die an seinem Grabe in St.-Médard erfolgten Wunder (ekstatisch-konvulsionäre Bewegung) als Wahrheitsbeweis; später wurden sie apologetisch verwertet, skeptisch betrachtet (→ Hume) oder als Betrug verworfen; noch die Aufklärungstheologie (→ Mosheim) verhandelte darüber.

Vie de M.François de Paris, Utrecht 1729 - Carré de Montgeron, La vérité des miracles... de M. de Paris, Utrecht 1737 - J.L. Mosheim, Dissertat. ad hist. eccl. pert. II, 1743, 307ff - A.Tholuck, Vermischte Schriften I, 1839, 133ff - P.Gagnol, Le Jansénisme convulsionnaire et l'affaire de la Planchette, Paris 1911 - DAFC I, 705ff - DThC III, 1756ff (Lit.) - v.Pastor XV, 1930$^{1-7}$, 706ff - LThK VI, 182 (Lit.). *E.H.Pältz*

4. *von Paula* (Paola in Kalabrien, † 1507), Gründer und erster Generalsuperior der → Minimen (Paulaner), als Wundertäter berühmt, seit 1482 in Frankreich als seelsorgerlicher Ratgeber Ludwigs XI. und seiner Nachfolger, 1519 heiliggesprochen.

F.Preste, Centuria di lettere di san Francesco di Paola, Rom 1665. - AS Apr. I, 102ff - RE VI, 223f - Chevalier, BB I, 1576ff - G.M. Roberti, San Francesco di Paola, Rom 1915 (Lit.) - LThK IV, 115 - EC V, 1597ff - Catholicisme IV, 1538f. *M.A.Schmidt*

5. *von Sales* (1567-1622).

a) F.v.S. wurde 1665 heiliggesprochen, 1877 als Kirchenlehrer, 1922 zum Patron des kath. Schrifttums erklärt. Die religiöse Grundstimmung seiner Jugend vertiefte sich während der humanistischen (Pariser Jesuitenkolleg) und juristischen Studien (Padua) zur geistlichen Berufswahl. 1593 zum Priester geweiht, begann F. die Rekatholisierung der seit zwei Generationen calvinischen Landschaft Chablais am Südufer des Genfersees, deren Bevölkerung (ca 20 000) nach wechselvollen Kämpfen mit Bern kurz zuvor an Savoyen gefallen war. Als geistliche Mittel nichts halfen, führten Ausweisung der Prädikanten und Ausschluß der Reformierten von öffentlichen Ämtern zu dem erhofften Ziel. Hingegen blieben seine im Auftrag Clemens' VIII. unternommenen Besuche bei dem greisen → Beza in Genf (1597) ergebnislos. - Mit 30 Jahren zum Koadjutor und 1602 zum Nachfolger des Bischofs von Genf-Annecy ernannt, verlegte sich F. ausschließlich auf die Hebung des innerkirchlichen Lebens. Seine Hauptbedeutung liegt im Bereich der Seelsorge: Aus Seelsorgebriefen an eine Verwandte ging hervor »Philothea«, Einführung in die Frömmigkeit, eine freie Bearbeitung des »Geistlichen Kampfes« von P.Scupoli, doch mit dem völlig neuen Ziel, »Menschen mitten in der Welt... die Köstlichkeit der Kindschaft Gottes erfahren zu lassen...« (→ Erbauungsliteratur, 2). Er bevorzugt die positiven Mittel der Heiligung vor den negativen, die Liebe vor der Askese, die innere Buße vor der äußeren, die Demut vor dem Fasten, die Nächstenliebe vor dem Selbsthaß. - Sein umfangreicheres Buch von der Gottesliebe, »Theotimus«, ist aus der Vertiefung in die Mystik der hl. → Therese durch den persönlichen Einfluß der Joh.Franziska v. → Chantal auf ihren Seelenführer entstanden. »Die einzigartige Liebes-Freundschaft« (W.Nigg) zwischen F. und Franziska mündet hier in die strenge Forderung des »Verzichtes auf alles, was nicht Gott ist«. So konnte er ihr das Werk der Ordensgründung von der »Heimsuchung« (Visitation) anvertrauen. Er ging dafür von der → Augustinerregel aus und dachte an einen gemischten (beschaulich-tätigen) Orden mit Pflege der Kranken und Armen, ließ sich aber zum alten Beschaulichkeitsideal zurückführen und erhielt 1618 die Bestätigung Pauls V. Erst → Vincentius a Paulo konnte mit seinen → »Barmherzigen Schwestern« (→ Vinzentinerinnen) an den ursprünglichen salesianischen Gedanken anknüpfen.

Oeuvres complètes, Annecy 1892ff; dt. Auswahl hg.v. O.Karrer, 4 Bde, 1926; Briefe an Fr.v.Chantal, hg.v. E.Heine, 1927. - Über F.: J.-P.le Camus, Die Weisheit des F.v.S., Paris 1641; dt. Olten 1944 - T.Boulangé, Studien über F.v.S. I. II, 1861/62 - H.Bremond, Hist. littéraire du sentiment religieux en France I. II. VII, 1923-28 - Mich. Müller, Die Freundschaft des hl. F. mit der hl. J.F.v.Chantal, (1924) 1937^{3} - W.Nigg, Große Heilige, Zürich 1946, 265ff - J.Leclercq, St.F.de S., Tournai 1948 - H.Waach, F.v.S., 1955. *O.Karrer*

b) F. versteht seine Seelsorge *pädagogisch*. Er wendet sich als »Seelenarzt« an jene Menschen, »die in sich den Mut fühlen, *in der Welt* fromm zu leben«. Erziehung ist der Weg des einzelnen, der weltbejahend und zugleich asketisch sein Selbst vor Gott finden und in der Welt (in der Familie, als Bürger oder Hofmann) leben soll. Sie erfordert *individuelle Führung* durch einen geistlichen Erzieher, der asketisch geübt *und* theologisch gebildet sein muß. Das geistliche Gespräch, brieflich und persönlich, führt den Menschen zur Erkenntnis des Ursprungs seiner Sünden und wird neben der Beichte die wesentliche Hilfe dieser weltaufgeschlossen-seelsorgenden Erziehung. Durch diese humanistischen Motive einer individuell-verantwortlichen, gebildeten Lebensführung unterscheidet sie sich von der kirchlich-kollektiven Seelsorge der vorreformatorischen Zeit. - F. gründet 1603 als Bischof von Annecy die → »Christenlehrbruderschaften« (»Instructio catechetica«) und 1610 den Orden der Visitantinnen mit Joh.Franziska v. → Chantal.

J.Russmann, F.v.S. Ein Heiliger des christl. Humanismus, Wien 1948 - F.Bürkli, Der hl. F.v.S. als Katechet (Schweizer Schule 36, 1949, 319ff. 364ff). *H.Bokelmann*

6. *von Vitoria* (1480/83 oder 1492/93 bis 1546), span. Theologe, * in Burgos, † in Salamanca, begann seine Studien in Burgos, wo er Dominikaner wurde, und setzte sie 1509 oder 1510 in Paris fort, wo Crockaert und Fenarius seine Lehrer waren. Unter Crockaerts Leitung gab er 1513 die Secunda Secundae des → Thomas von Aquino heraus, zu dem er sich mit großer Bewunderung bekannte. Von 1516-22 lehrte F. Theologie im Pariser Dominikanerkolleg St.Jacques und erwarb 1522 den Doktorgrad. 1523-26 hielt er theologische Vorlesungen im Dominikanerkonvent San Gregorio von Valladolid. 1526 wurde er auf den ersten Lehrstuhl der Theologie der Universität Salamanca berufen, wo er bis zu seinem Tode eine glänzende Wirksamkeit vor rd 1000 Hörern entfaltete. Zu seinen bedeutendsten Schülern gehören Domingo de → Soto, → Cano, → Ledesma, → Báñez u.a. In besonderen Vorlesungen nahm F. zu wichtigen Tagesfragen Stellung (Relecciones Teológicas). Er griff in die von → Las Casas entfesselte Polemik über die spa-

nische Kolonialpolitik in Amerika ein. Seine Vorlesungen »De Indis noviter inventis« und »De iure belli Hispanorum in barbaros« (1538/39) enthalten eine Stellungnahme zur Frage der spanischen Rechtstitel in der Neuen Welt und entwickeln grundlegende Gedanken des modernen → Völkerrechts. Seine Werke sind nur in Nachschriften erhalten.

Comentarios a la Secunda Secundae de Santo Tomás, hg.v. V.Beltrán de Heredia, 6 Bde, Salamanca 1932-52 - Relecciones Teológicas, krit. Ausg. v. L.A.Getino, 2 Bde, Madrid 1933/34 - Die Grundsätze des Staats- u. Völkerrechts bei F.de V. Auswahl u. Einführung v. A.Truyol Serra, Zürich 1947 - De Indis..., lat.-dt. Ausg. v. W. Schätzel, 1952. - Über F.: Anuario de la Asociación F. de V. 1ff, Madrid 1927/28ff - V.Beltrán de Heredia, Los Manuscritos del Maestro Fray F. de V., Madrid 1928 - Ders., F. de V., Barcelona 1939 - J.Brown Scott, The Spanish Origin of International Law. F. de V. and his Law of Nations, London 1934 - T.Andrés Marcos, V. y Carlos V., Salamanca (1937) 1946² - E.D.Gandía, F. de V. y el Nuevo Mundo, Buenos Aires 1952 - DThC XV, 3117ff - EC V, 1607ff - F.Soder, Die Idee der Völkergemeinschaft. F. de V. u. die philosoph. Grundlage des Völkerrechts, 1955. *R.Konetzke*

7. *Wolfgang* (1564-1628), * in Plauen i.V., † in Wittenberg. Studierte in Frankfurt/O. und Wittenberg, wo er Magister und 1598 Prof. der Geschichte, zugleich auch Doktor der Theologie wurde. Dogmatisch setzte er sich in seinen Schriften zur CA für das Luthertum gegen Calvinismus, Katholizismus und Sozinianer ein. Außerdem verfaßte er mehrfach aufgelegte exegetische Werke und eine »Animalium historia sacra«, dh eine Anleitung, wie man in der Predigt das Leben der Tiere in bildlicher Weise verwenden könne.

E.Uhse, Leben der berühmtesten Kirchenlehrer u. Scribenten des 16. u. 17.Jh.s, 1710, 643f - ADB VII, 319f - W.Friedensburg, Gesch. der Univ. Wittenberg, 1917, 401ff. *O.Thulin*

Franziskaner (Ordo Fratrum Minorum, OFM, Minoriten oder Minderbrüder) sind die religiösen Genossenschaften, die den hl. → Franz von Assisi als ihren Stifter verehren. Als Geburtstag des Ordens kann der Tag (24.2.1209) gelten, an welchem Franz die Worte Mt 10, 7; Lk 9, 39 hörte, die die Jünger zur Verkündigung des Evangeliums auffordern. Die Ziele des Ordens geben die 3 Regeln wieder: die 1209 ausgearbeitete und von → Innozenz III. mündlich bestätigte, die 1221 entstandene mit 23 Kapiteln und die von → Honorius III. am 29.11.1223 bestätigte mit 12 Kapiteln, die sog. Regula bullata. Sie verlangen Beobachtung des Evangeliums, Preisgabe jeglichen Besitzes, Verbot der Geldannahme, im Notfall Zuflucht zum Bettel (→ Bettelorden), Selbstheiligung und Arbeit am Seelenheil des Nächsten. Die Tracht ist grobes Gewand mit Kapuze, Stock, Schuhe nur in besonderen Fällen. - Die Spannung zwischen dem Ideal der Herstellung der apostolischen Urkirche in Armut und Selbstverleugnung und der Angleichung an den bisher bekannten Typus klösterlichen Lebens trat schon zu Lebzeiten des Franziskus hervor, verdüsterte dessen letzte Lebensjahre und bestimmte die weitere Geschichte des Ordens. Schon in der Regel von 1223 sind die Mahnungen Jesu zur Nachfolge und die Aussendungsgebote an die Jünger weggefallen zugunsten der drei herkömmlichen Ordensgelübde (→ Gelübde: IV). Der zweite Generalminister → Elias von Cortona förderte die äußere Ausbreitung und Privilegierung des Ordens, allerdings auf Kosten des ursprünglichen Ansatzes. In dem Streit um das Armutsideal (→ Armut: II, 6), der sogar politische Dimensionen annahm, standen sich die gemäßigten → Konventualen und die strengeren → Spiritualen oder → Observanten gegenüber. Unter dem Generalat des Johann von Parma (1247-57) gewann die apokalyptische Richtung des kalabresischen Abtes → Joachim von Flore Einfluß. Der Pariser Theologe → Bonaventura (Generalminister von 1257-74) ging streng gegen den Joachimitismus vor und nahm eine vermittelnde Haltung im Streit der Parteien ein. In der Bulle »Exiit qui seminat« (1279) wird dem Orden zwar die Nutznießung seines irdischen Gutes gestattet, dieses selbst aber als päpstliches Eigentum erklärt. Die Mehrheit des Ordens fügte sich; um so heftiger widersetzte sich die Partei der Spiritualen unter Führung des Apokalyptikers → Olivi († 1298). Nach einem vorübergehenden Erfolg der Spiritualen bzw. Observanten unter Papst Clemens V. kam es unter dessen Nachfolger → Johannes XXII. zum Sieg der Konventualen und zur Unterdrükkung der Observanten, zT mit Einsatz der → Inquisition gegen sie. - Zu einem Streit zwischen den Orden der → Dominikaner und Franziskaner wurde der 1323 beginnende sog. theoretische Armutsstreit, in dem Johann XXII. die Partei der Dominikaner ergriff und die franziskanische Behauptung der völligen Besitzlosigkeit Christi und seiner Jünger für häretisch erklärte. Im Verlauf des Streites entstanden mehrere, meist kurzlebige Sondergemeinschaften, zB die Clarener, die Minoriten von Narbonne und die Reform des Johannes de Vallibus. Der schwarze Tod (1348ff) und das Schisma (1378-1417) fügten dem Orden schweren Schaden zu. Die Spaltung in die Konventualen und Observanten wurde 1517 päpstlich bestätigt (Apostol. Konstitution Ite vos), wobei die Observanten die Oberhand erhielten. Für die Konventualen wurde die Armutsfrage durch das Trienter Konzil (Sess. 25 de regul. c. 3) geregelt; 1628 und 1932 erhielten sie eigene Konstitutionen mit eigenem Generalminister. Die luth. Reformation brachte den Orden im Norden fast zum Erliegen, aber in Spanien entstand eine neue Blüte. Neue große Wunden schlugen dem Orden die Aufklärung, das Staatskirchentum, die französische Revolution und die Säkularisation, im 19.Jh. auch die Revolutionen in Südamerika. → Leo XIII. vereinigte 1897 die verschiedenen Zweige zum Ordo Fratrum Minorum (sog. Braune F.) mit gemeinsamen Konstitutionen.

Etwa 52 Angehörige des Ordens wurden heilig- und 112 seliggesprochen; viele andere genießen lokalen Kult. In den Städten wurde bes. die innere Mission gepflegt, die durch päpstliche Privilegien gefördert wurde. Bedeutende Prediger waren → Antonius von Padua, → Berthold von Regensburg, → Bernhardin von Siena, → Johannes von Capistrano u.a. Oft waren die F. auch als Friedensstifter und Inquisitoren tätig. Sie verbreiteten das → Angelusläuten und die → Kreuzweg-Andacht; durch sie wurde auch das kurze Brevier (→ Stundengebet) der päpstlichen Kapelle das allgemein offizielle. Die schon in den Anfängen des Ordens wichtige äußere → Mission (: III F) pflegt dieser heute bes. auf dem Balkan, in Syrien, Indien, Japan, Australien, Südamerika und im Kongo.

Die Wissenschaft fand im Orden glänzende Vertreter, vor allem → Alexander von Hales, → Bonaventura, → Duns Scotus, Wilhelm von → Ockham. Bes. blühten die den Universitäten → Paris (: II) und → Oxford eingegliederten Studia generalia. Das franziskanische Denken ist zwar nie eine eigentliche Schultheologie geworden, knüpft aber an Augustin an, gibt dem Wollen und Lieben den Vorrang gegenüber dem Erkennen und betont im Gegensatz zum → Thomismus das Individuelle und Konkrete stärker als das Allgemeine und Abstrakte. - Kardinal F. → Ximénes ließ die Complutenser → Polyglotte herstellen. In Quaracchi bei Florenz hat sich der Orden durch Ausgaben der Werke des Alexander von Hales, Bonaventuras u.a. verdient gemacht. Der Konventualengeneral hat das Recht, zum Magisterium der Theologie zu befördern.

Die Konstitutionen wurden im ganzen 13mal verbessert (zuletzt 1953). Der Ordensgeneral wird auf dem Generalkapitel von den Provinzialministern gewählt, diese dagegen auf dem Provinzkapitel von den Guardianen und gewählten Vertretern der Konvente. - Der Gesamtorden umfaßt 115 Provinzen mit etwa 17 700 Priestern und 10 900 Brüdern. In Deutschland befinden sich 5 Provinzen mit über 600 Priestern und 800 Brüdern. - Die F.-Observanten und -Konventualen bezeichnet man als 1. Orden, die → Klarissen als 2. und die → Tertiarier als 3. Orden.

Zeitschr. u. period. Erscheinungen: Miscellanea Franciscana, seit 1886 - Etudes Franciscaines, 1899-1939, 1949ff - AFrH, seit 1908 - FS, seit 1914 - Studi Francescani, seit 1914 - Collectanea Franciscana, seit 1931 - Wissenschaft u. Weisheit, seit 1934 - Franciscan Studies, Washington 1941ff. - Lit.: RE VI, 205ff (ältere Lit. u. grundlegende Publikationsreihen) - HEIMBUCHER I, 656ff - A.GEMELLI, Il francescanesimo, Mailand (1932) 1956[7]; dt.: Das F.tum, 1936 - E.BENZ, Ecclesia spiritualis, 1934 (betont Einfluß der joachit. Apokalyptik auf den F.-Orden) - DDC V, 884ff - R.M.HUBER, A documented history of the Franciscan Order (1182-1517), Washington 1944 - K.ESSER, Der Orden d. hl. Franziskus, 1952[2] - FR.DESESSEVALLE, Histoire générale de l'Ordre de S.François I/1-2, Paris 1935/37 - ESCOBAR I, 157ff - EC V, 1722ff (Lit.) - MARINUS A NEUKIRCHEN, De Capitulo generali in primo Ordine Seraphico, 1952 - L.DE ASPURZ, Manual de historia franciscana, Madrid 1954 - A.LÉON, Histoire de l'ordre des frères mineurs, Paris 1954 - E.WAGNER, Historia Constitutionum generalium O.F.M., 1954 - Bavaria Franciscana antiqua I, 1955 - D.CRESI, San Francesco e i suoi ordini, Florenz 1955 - L.CASUTT, Die älteste franzisk. Lebensform. Unters. zur regula prima sine bulla, 1955 - The Mongol Mission. Narratives and Letters of the Franciscan Missionaries in Mongolia and China in the 13th and 14th Cent., hg.v. CHR. DAWSON, London-New York 1955 - Alemania Franciscana antiqua I, 1956 - Annuarium Ordinis Fratrum Minorum II, 1956/57.
Ph.Hofmeister (H.-H.Schrey)

Franziskanerinnen. Der Einfluß, den die Persönlichkeit des hl. → Franz von Assisi und die Predigt seiner Brüder ausübte, bewirkte, daß sich viele Männer und Frauen in freien Vereinen, den sog. Dritten Orden (→ Tertiarier) zusammentaten, um so ein intensiveres religiöses Leben zu führen. Aus diesen Verbänden entwickelten sich die sog. Sammlungen, dh Gemeinschaften, in denen man ein gemeinsames Leben führte, zu dem man sich eidlich und später durch → Gelübde (: IV) verpflichtete. Für die Verbände mit den wesentlichen Ordensgelübden approbierte dann Leo X. im Jahre 1521 eine besondere Regel (die Pius XI. 1927 den neuen Zeitverhältnissen anpaßte). Pius V. verlangte 1568 von allen Klöstern mit feierlichen Gelübden unter strengen Strafen Beobachtung der kirchlichen Klausurvorschriften. Die von der sel. Angelina von Cortona gegründeten Häuser durften sich seit 1428 eine Generaloberin wählen. Patronin aller Tertiarierinnen ist die hl. → Elisabeth von Thüringen. In Deutschland gibt es heute 5 Nonnenklöster: Reutberg (München, 1615), Azlburg bei Straubing (Regensburg, um 1750), Mainz (1889) und Koblenz-Pfaffendorf (Trier, 1904; Kapuzinerinnen), Bautzen (Meißen, 1925; von der ewigen Anbetung). Die neueren F.verbände mit einfachen Gelübden, sog. Kongregationen, die sich mehr im Dienste des Volkes auszeichnen und an den Ersten Orden angeschlossen sind, dh an dessen Ablässen und anderen geistlichen Gnaden teilhaben, sind in der Benennung und Zielsetzung (Erziehung, Krankenpflege), Observanz und Tracht (braun, schwarz, grau, Gürtel aus weißem Strick mit 3 Knoten) mannigfacher Art. Im ganzen gibt es etwa 80 000 F. In Deutschland befinden sich heute 12 Mutterhäuser von Verbänden päpstlichen und 21 solche bischöflichen Rechts. Abgesehen von Dillingen (Augsburg, 1628), Bad Kissingen (Würzburg, 1736) sowie Kaufbeuren (Augsburg, 1487 [?]), Gnadenthal in Ingolstadt (Eichstätt, 1489), Mindelheim (Augsburg, um 1490), Aachen (1622) und Maria Stern in Augsburg (1628) handelt es sich um Gründungen des 19. und 20.Jh.s. - Außerdem haben noch 9 Verbände Niederlassungen in Deutschland, deren Mutterhäuser in Rom oder anderswo im Auslande sind.

HEIMBUCHER II, 21ff - LThK IV, 133ff - ESCOBAR I, 339ff - Wegweiser durch das kath. Deutschland, 1955, 64ff - Annuarium Ordinis Fratrum Minorum II, 1956/57, 272ff. *Ph.Hofmeister*

Französisch-Äquatorial-Afrika *(Mission)* (offizielle Abk. AEF; → 2 D/E 2/3/4), 1908 geschaffenes, 1910 organisiertes Generalgouvernement, ist ein Territorialverband von 4 Gebieten: Gabon, Mittel-Kongo, Ubangi-Schari und Tschad (2,51 Mill. qkm). Es hat 4,3 Mill. Einwohner; Hauptstadt ist Brazzaville (→ 2 D 4); die politische Neuordnung erfolgte 1957 (→ Französisch-Westafrika). - Die Mission des American Board (→ Vereinigte Staaten: V) begann ihre Arbeit 1842 in Baraka im Gabon, dem Mündungsgebiet des Como; 1870 verschmolz sie mit der Presbyterianischen Mission (→ Presbyterianer: II). Die Station Kangwe-Lambarene (→ 2 D 3; A. → Schweitzer) wurde 1876 errichtet. 1892 wurde das Werk durch die Pariser Evangelische Mission (→ Frankreich: IV) wieder aufgenommen. In den Mittel-Kongo stieß 1909 die Schwedische Evangelische Mission vor (→ Schweden: III) und setzte sich seit 1911 in Brazzaville fest. In das Gebiet von Ubangi-Schari und Tschad kam erst neuerdings ein knappes Dutzend Missionsgesellschaften (u.a. Schwedische Baptistische Mission, Brethren Church, Mid Africa Mission, Sudan Mission). Das Schulwesen wie die Heranbildung eines afrikanischen Pfarrerstandes sind in ständigem Ausbau begriffen. Die Mehrzahl der Kirchen und Missionen der AEF bildet zusammen mit denen von → Kamerun einen »Ev. Bund« (gegr. 1941; Sitz Jaunde, → 2 D 3). 250 Missionare, 1500 afrikanische Mitarbeiter, 220 000 Kommunikanten, 30 000 Katechumenen und Schüler. - Die *kath. Mission* faßte 1844 in Libreville Fuß; im Mittel-Kongo zuerst 1883 in Loango, 1887 dann in Brazzaville. In Ubangi-Schari begann die Arbeit 1894 in Bangi, 1929 im Tschadgebiet. Die wichtigsten Gesellschaften sind: Väter vom Hl. Geist, Kapuziner, Jesuiten. Gleiche kirchliche Organisation wie in Französisch-Westafrika. 620 Missionare, 40 afrikanische Priester, 4500 Katecheten und Helfer, 500 000 Kommunikanten, 125 000 Katechumenen und Schüler. Im ganzen zählt die Statistik 875 000 Christen gegenüber ca 2,15 Mill. Animisten und 1,25 Mill. Mohammedanern.

Afrique Equatoriale Française, Paris 1950, 579ff (Lit.) - Annuaire des Missions Catholiques, Paris-Dakar 1957, 385ff. *J.-R.Brutsch*

Französisch-Westafrika *(Mission)* (offizielle Abk. AOF; → 2 A/B 1), 1895 geschaffenes, 1904 organisiertes Generalgouvernement, ist ein Territorialverband von 8 Gebieten: Senegal, Guinea, Elfenbeinküste, Dahomey, Sudan, Niger, Mauretanien, Ober-Volta (4,7 Mill. qkm). Es hat 19,35 Mill. Einwohner; Hauptstadt ist Dakar (→ 2 A 1); die politische Neuordnung erfolgte 1957 (allgemeines Wahlrecht; einheitlicher Wahlbezirk; weitgehende Selbstverwaltung im Rahmen der Französischen Union). - Die Arbeit der *prot. Missionen* in Westafrika (Anglikaner, → Basler Mission, → Norddeutsche Mission, englische Methodisten) begann außerhalb der gegenwärtigen französischen Gebietsteile, blieb aber nicht ohne Einfluß auf diese. Die ersten missionierten Territorien der AOF waren Dahomey (Anglikaner 1804; Freeman 1843) und Senegal (Pariser Mission 1862). 1914 evangelisierte der Prophet Harris den Süden der Elfenbeinküste. Erst nach 1918 konnte sich die ev. Missionsarbeit in F. voll entfalten. Seit 1946 sind fast sämtliche Missionskirchen (→ Junge Kirchen) der AOF sowie Togos in einem Bund der prot. Kirchen und Missionen mit Sitz in Dakar zusammengeschlossen. Wichtige Missionsgesellschaften: Christian and Missionary Alliance, Sudan Interior Mission, Methodist Missionary Society (→ Methodisten: II). Außerhalb der Elfenbeinküste sind Schulwesen und Ausbildung afrikanischer Pfarrer noch wenig entwickelt, jedoch ist die Zahl der Pfarrer, Katecheten und Unterrichtskräfte in schnellem Anstieg begriffen. Auf 90 Missionsstationen arbeiten 250 Missionare mit über 1000 afrikanischen Helfern an 175 000 Kommunikanten, Katechumenen und Schülern. - Die *kath. Mission* (→ Mission: III F) richtete sich nach verschiedenen Ansätzen im 15. und 17.Jh. zunächst in St. Louis (→ 2 A 1) ein (1779). 1842 errichtete Gregor XVI. das ausgedehnte apostolische Vikariat der beiden Guinea, aus dem durch sukzessive Teilungen sämtliche späteren Missionen von F. und → Französisch-Äquatorial-Afrika hervorgingen. Die wichtigsten Gesellschaften sind: Väter vom Hl. Geist, Lyoner Afrikamission, Weiße Brüder. Die Schwestern vom Hl. Joseph von Cluny arbeiten seit 1819 in Senegal. 1948 wurde in Dakar eine apostolische Delegation für das gesamte französische Afrika geschaffen und im Sept. 1955 die kirchliche Hierarchie errichtet. 1500 Missionare und 100 afrikanische Priester arbeiten unter 650 000 Gläubigen und 150 000 Katechumenen. Die Gesamtzahl der Christen in F. beträgt demnach fast 1 Mill. gegenüber 9,15 Mill. Animisten und ca 9,2 Mill. Mohammedanern.

Afrique Occidentale Française II, Paris 1949, 387ff (Lit.) - Annuaire des Missions Catholiques, Paris-Dakar 1957, 137ff. - Ferner die Zeitschr.: Journal des Missions Evangéliques, Paris (seit 1826) - Le Monde non chrétien, Paris (seit 1947). *J.-R.Brutsch*

Frau

I. Religionsgeschichtlich - II. Im AT - III. Im Christentum - IV. Die Rechte der F. in der Kirche - V. Die Stellung der F. in der gegenwärtigen Gesellschaft - VI. Die F. in der jungen Christenheit. - Vgl. auch → Ehe, → Familie, → Frauenmission, → Frauenverbände, → Gemeindehelferin, → Lehrerin, → Pfarrfrau, → Vikarin, ferner für die kath. F.enorden die entsprechenden Sonderartikel

I. Religionsgeschichtlich

Wenn M.Winternitz sagt: »Die F. ist immer die beste Freundin der Religion gewesen, die Religion aber keineswegs immer eine Freundin der F.«, so hat er damit angedeutet, daß die ihrem Wesen nach zum Übernatürlichen in besonders nahem Verhältnis stehende F. trotz ihrer Dienste als Seherin oder Priesterin in manchen Religionen doch vom → Kultus mehr oder minder ausgeschlossen geblieben ist; daß gewisse Zustände, wie → Menstruation und → Schwangerschaft, die F. → tabu machen, wirkt bis in die Hochreligionen nach. In manchen primitiven Stämmen kommen den F.en keinerlei Rechte kultischer Art zu, während andere ihnen gewisse Kultfunktionen übertragen. Vor allem in matriarchalischen Gruppen nehmen sie aktiver am religiösen Leben teil (→ Mutterrecht).

Die Verbundenheit der F. mit den Mächten der Natur (→ Erde) macht sie geeignet, als Schamanin (wie in Sibirien; → Schamanismus) im Zauberdienste zu fungieren und → Geister zu beschwören; bekannt sind, etwa auf gleicher Stufe stehend, die germanischen und keltischen Seherinnen, wie die Veleda: hatte doch Tacitus (Germ. 8) bereits erkannt, daß bei den Germanen »den F.en etwas Heiliges und Ahndevolles innewohnt«. Die Orakelkräfte der F. sind in der griechischen Religion am deutlichsten verkörpert in der delphischen Pythia, der Prophetin Apolls, die freilich, wie manche ähnliche Seherin des Altertums, an ein bestimmtes Heiligtum gebunden war, während andere Prophetinnen, zB Kassandra und die »Sibyllen«, keinem bestimmten Orakelort zugehörten. In Italien entstand später ein Sibyllensitz in Cumae (die Weissagung der cumäischen Sibylle ist - über → Vergils 4. Ekloge - auch in die christliche Gedankenwelt eingedrungen).

In vielen Religionen hat die F. als Hauspriesterin mitgewirkt: so opferte die Hausfrau im alten Indien als Gehilfin ihres Gatten; und das heiligste → Opfer, das Pferdeopfer, wurde - als ἱερὸς γάμος - von der Fürstin allein vollzogen. Erst später wurde auch in Indien die F. weitgehend vom Kult zurückgedrängt.

Das Altertum kennt auch die F. als Amtspriesterin - sei es als Heerespriesterin bei den Germanen, der das Töten der Gefangenen oblag, sei es als Tempelpriesterin wie in Ägypten und dem Vorderen Orient, in Griechenland, Rom usw. Diese Priesterinnen waren zahlreichen tabus unterworfen - in Japan hieß die Priesterin in Hitache »Vermeiderin unreiner Dinge«.

Eine solche Bindung an eine Gottheit - sei sie männlich oder weiblich gedacht - verlangte in vielen Fällen das Keuschheitsopfer, das sich zweifach zeigt, entweder als unverletzliche Jungfräulichkeit (→ Keuschheit: I) oder als sakrale → Prostitution. Erstere ist am typischsten ausgeprägt bei den römischen Vestalinnen, den Hüterinnen des heiligen Herdfeuers (die Bewachung des → Feuers ist eine weitverbreitete Pflicht der F. und Priesterin); wie in Rom wurde auch im alten Mittelamerika Verletzung der Keuschheit einer Priesterin als staatsgefährlich angesehen und mit dem Tode geahndet. Ohnehin versahen fast ausschließlich junge Mädchen oder bejahrte F.en den Tempeldienst. - Die sakrale Prostitution hingegen, die sich vor allem im Dienst der großen → Muttergottheiten entwickelte, in Assur, Babel, Arabien, zeitweise bis nach Israel (2Kön 23, 7), versinnbildlicht die Hingabe an die göttliche → Fruchtbarkeits-Kraft - der Gott erscheint in Gestalt des Priesters oder → Fremden -, und die Hierodule heißt, wie auch die Göttin Ištar, ḳadištu, die Heilige. Der Hinduismus kannte die gleiche Erscheinung in der devadāsī (Bajadere), die im Tempel den kultischen → Tanz aufführt und Liebesdienst tut, und in dem → Tantrismus tritt die F. - teils jede beliebige, teils die eigene - auf als Verkörperung der shakti, der göttlichen Schöpferkraft, mit der sich geistig oder leiblich zu vereinigen dem Mann erst die Vollkommenheit des Lebens schenkt, wie auch die Götter ihrer bedürfen. Im Gegensatz dazu stehen die strengen Asketinnen der Mönchsorden der Jaina und Buddhisten: trotz anfänglicher Weigerung hat Buddha einen Nonnenorden gegründet, dessen Anhängerinnen in ergreifenden Liedern die Stille und Seligkeit der Entsagung nach dem wechselvollen Weltleben gepriesen haben, ohne doch in die Geschicke des Ordens einzugreifen. Nicht zu vergessen sind die Laienanhängerinnen (Tertiarierinnen) des → Buddhismus, welche durch ihre Opferwilligkeit und Fürsorge zum Bestehen der Mönchs- und Nonnengemeinschaften sehr beigetragen haben.

Die monotheistischen Religionen, die in Gott den Vater und Herrscher sehen, haben die F. im Kult zurückgedrängt. Als Beispiel sei hierfür der Islam genannt. Obwohl Muhammed selbst die Stellung der F. im Vergleich zum vorislamischen Arabien gehoben hat (Beteiligung am Erbrecht, Selbstverwaltung ihres eingebrachten Vermögens), ist sie doch durch spätere Einflüsse ganz zurückgedrängt worden. Freilich obliegen ihr ebenso wie den Männern die rituellen Pflichten wie → Gebet, → Fasten und → Wallfahrt, auch das Betreten der Moschee ist ihr, außer in gewissen körperlichen tabu-Zuständen, erlaubt, und ihre Teilnahme am gemeinsamen Gebet war in der Frühzeit des Islam selbstverständlich. Die islamische → Mystik ist stark befruchtet worden durch die 801 in Basra verstorbene Rābi'a al 'Adawīya, eine glühende

Liebesmystikerin, wie auch sonst zahlreiche Namen frommer und gelehrter F.en und bedeutender Fürstinnen aus der Islamgeschichte bekannt sind. Die strenge Verschleierung und Zurückdrängung der F. in ihren engen Bereich ist aus sozialen Umwandlungen zu verstehen, wird aber noch heute, trotz der Reformbestrebungen der Modernisten, im allgemeinen als gottgewollt angesehen. Doch sind in allen islamischen Ländern jetzt F.en an exponierten Stellen tätig.

Allgemeines: D.A.Talbot, Woman's mysteries of a primitive people, London 1915 - RLV IV/1, 79ff - R.Briffault, The mothers, 3 Bde, London 1927 - F.Heiler, Der Dienst der F. in den Religionen der Menschheit (Eine hl. Kirche 21, 1939, 1-48; Lit.) - C.P.Maus, The World's great Madonnas, New York 1947 - E.Neumann, Die große Mutter, Zürich 1956. - *Antike u. Vorderorient:* G.deRoton, La femme dans l'antiquité grecque, Paris 1901 - E.Kornemann, Die Stellung der F. in der vorgriech. Mittelmeerkultur (Orient u. Antike 4), 1927 - E.M.MacDonald, The position of women reflected in Semitic order of law, Toronto 1931 - J.Leipoldt, Die F. in d. antiken Welt u. im Urchristentum, 1954. - *Alter Norden:* H.Rydh, Kvinnan i nordens forntid, Stockholm 1926. - *Indien:* M.E.L.vanGoor, De buddhist. Non (Diss. Leiden), 1915 - M.Winternitz, Die F. in d. ind. Religionen I, 1920 - I.B.Horner, Women under primitive Buddhism, London 1930 - F.Hauswirth, Purdah. The status of Indian women, London 1932 - M.W.Pinkham, Woman in the Sacred Scriptures of Hinduism, New York-Oxford 1941 - P.M.Worth, The status of women in Hinduism (Diss. New York), 1941 - P.Tuxen, Kvinden i det gamle Indien (Univ.-Festskr. Kopenhagen, 1944, 5-100). - *Ostasien:* A.R. O'Hara, The position of woman in early China (Diss. Washington), 1945. - *Islam:* A.A.Syed, The legal position of women in Islam, London 1912 - F.Mansour, La condition de la femme dans la tradition et l'évolution de l'Islamisme, Paris 1913 - M.Smith, Rābiʿa the mystic, Cambridge 1928 - W.J.A.Kernkamp, De Islām en de vrouw (Diss. Amsterdam), 1935 - R.F.Woodsmall, Moslem women enter a new world, New York 1936. - Vgl. die Lit. zu → Bachofen, → Erde, → Muttergottheiten, → Mutterrecht, → Römische Religion (für Vestalinnen), → Sibyllinen. *A.Schimmel*

II. Im AT

1. Patriarchale Familienstruktur unterstellte im AT die F., die unverheiratet in der Hausgemeinschaft ihres Vaters lebte oder durch Einheirat ihres Ehemannes darin verblieb oder geschieden bzw. kinderlos verwitwet dorthin zurückkehrte, der Rechtsgewalt des pater familias. Durch Heirat trat gewöhnlich die F. in die Hausgemeinschaft ihres Mannes ein und stand rechtlich unter dessen Ehegewalt (→ Ehe: II, → Familie: II). An Mitgift und Eheschenkungen hatte sie Eigentum. Vergabungen an Töchter (Hi 42, 15) und Erbübergang von Patrimonium an sie (Num 27, 1ff; 36, 1ff) kommen erst spät auf, als Grunderwerb aus eigenen Vermögensmitteln auch Ehe-F.en möglich war (Spr 31, 16; → Elephantine-Urkunden, 3). Wieweit Besitz, der der Versorgung einer Witwe diente, frei verfügbar bzw. ihren Kindern oder der Familie des Mannes verfangen war, ist nicht zu ersehen (2Kön 4, 1ff; 8, 1ff; Spr 23, 10; Hi 24, 2; Ruth 4, 3ff). Das Sagenmotiv in Gen 19, 8; Ri 19, 24 überspitzt die Verfügungsgewalt eines Vaters. Dem Zorn der Gottheit wird aber der Frevler samt den Personen seiner Sphäre ausgesetzt (Jos 7, 24; Am 7, 17; in Spiegelstrafe: 2Sam 12, 11; Hi 31, 9f).

2. F.en, die nicht am Luxus städtischer Oberschichten (Am 4, 1ff; Jes 3, 16ff) teilhaben, besorgen – allein oder mit Hilfe ihrer Töchter und Mägde - die Arbeiten des Haushalts, Wasserholen, Kochen, Backen, Weben, Spinnen u.dgl. (Gen 18, 6; 1Sam 9, 11ff; 8, 13; Ex 35, 25f; Ketubbot V, 5). Sie helfen bei Arbeiten der Acker- und Weidewirtschaft (Ruth 2, 2ff; Ex 2, 16ff; Hhld 1, 6. 8). Höchster Dienst der F. aber war es, Mutter zu sein. Die Geburt von Söhnen hebt und sichert ihre Stellung in der Familie ihres Mannes (Gen 30, 1; 1Sam 1; Ps 113, 9). Sorgepflicht für die Heranwachsenden und Mitsprache bei deren Erziehung führten früh zur Ausbildung elternrechtlicher Autorität (Gen 37, 10; Ex 20, 12; 21, 15. 17; Lev 20, 9; Dtn 5, 16; 21, 18ff; 27, 16; Spr 20, 20; 30, 17; Voraufstellung der Mutter wie in Altkleinasien: Lev 19, 3; 21, 2). Mehr noch als Schönheit und Klugheit (Gen 12, 14; Spr 12, 4 u.ö.) werden Ehrbarkeit (Spr 11, 22 u.ä.) und vor allem Mütterlichkeit der F. gepriesen (zB Gen 21, 16; 2Sam 21, 10; Jer 31, 15; 1Kön 3, 16ff). Abschätzig spricht die Weisheit vom zänkischen (Spr 19, 13 u.a.), listigen und auf Verführung sinnenden Weib (zB Pred 7, 26ff; Spr 22, 14; das »fremde Weib« in Spr). Sage und Novelle verherrlichen F.engestalten in Debora und Jael (Ri 4-5), in Esther, Judith und Ruth. Respekt wird selbst einer → Isebel und Athalja gezollt. Zu der der hethitischen Tavananna entsprechenden Stellung der gebîrā (Königsmutter) bei Hof vgl. → Königtum in Israel.

3. Kultpflicht (Ex 34, 23 u.ä.) und Opferrecht des Mannes (hernach des Priesters) schlossen Teilnahme der F. am Kult nicht aus. Die F. hat Zugang zum Heiligtum, nimmt an Opferungen und anderen Kulthandlungen teil, hat die Verlesung des Bundesrechts mitanzuhören, verrichtet Gebete, Gelübde, unterwirft sich den Maßnahmen bei Beendigung unreiner Zustände, befragt das Kultorakel wie den Gottesmann und kann auch einer Gotteserscheinung gewürdigt werden (1Sam 1; 2, 19; Ri 13, 15ff; 2Sam 6, 19; Esr 10, 1; Neh 12, 43; 2Kön 23, 2; Dtn 31, 12; Neh 8, 2f; 10, 29; Num 6, 2ff; Jer 35, 8; Num 30, 4ff [eingeschränkt]; Lev 12, 6f; 15, 29f; 2Kön 4, 22f; Gen 16, 7ff; 21, 17; Ri 13, 3ff). Tanzende, singende und musizierende Mädchen wirken bei Festprozessionen mit (Ex 15, 20; 1Sam 18, 6f; Jer 31, 4. 13; Ps 68, 26; Neh 7, 67). F.en (wie Männer) singen die Totenklage (Jer 9, 16f; Sach 12, 11ff). Prophetinnen (Num 12, 2; Ri 4, 4ff; 5, 12; 2Kön 22, 14ff; Neh 6, 14) sprechen wirkende und weisende Worte. Zauberinnen wollen über Tod und Leben eigenmächtig verfügen, ihr Tun ist strafbar (1Sam 28; Ez 13, 17ff; Ex 22, 17; Lev 20, 27). Unklar ist der Ex 38, 8; 1Sam 2, 22 genannte Dienst. Mit der Ablehnung weiblicher Gottheiten (1Kön 15, 12f; Jer 7, 18; 44, 17ff u.a.) verband sich der Kampf gegen die aus den Fruchtbarkeitskulten der Umwelt (Jes 17, 10f; Ez 8, 14) eindringende sakrale → Prostitution (: I) der »Geweihten« (Lev 19, 29; 21, 7. 9; Dtn 23, 18; Hos 4, 13f; 1Kön 14, 23f; 22, 47; 2Kön 23, 7).

4. Mit dem wirtschaftlichen und sozialpolitischen Wandel in der Struktur des Frühjudentums und dem zunehmenden Klerikalismus und Nomismus kommt es wie zur Geringschätzung der F. (zB Lev 27) auch zu ihrer Zurückstellung im Kult (Lev 6, 11. 22; 7, 6; 2Chr 8, 11; Num 3, 40ff). Der herodianische Tempel hat einen eigenen F.envorhof. Auch in der → Synagoge sind Männer und F.en voneinander getrennt. Rezitation von Dtn 6, 4 und Anlegen der Gebetsabzeichen sind nur männlichen freien Personen gestattet u.dgl. Der F. bleibt nur ein Winkel im kultischen Leben eingeräumt, und der Mann dankt, nicht als Heide, Sklave oder F. geboren zu sein. Immerhin soll der Mann die F. »lieben wie sich selbst und ehren mehr als sich selbst« (bJeb 62b).

M.Löhr, Die Stellung des Weibes zu Jahwe-Religion u. -kult (BWAT 4), 1908 - S.Krauss, Talmudische Archäologie II, 1911 - G.Beer, Die soziale u. relig. Stellung der F. im israelit. Altertum (SgV 88), 1919 - J.Döller, Das Weib im AT (Bibl. Zeitfr. IX, H.7-9), 1920 - U.Türck, Die Stellung der F. in Elephantine als Ergebnis persisch-babylonischen Rechtseinflusses (ZAW 46, 1928, 166-169) - H. Junker, Die F. im at. ekstatischen Kult (ThGl 21, 1929, 68-74) - E.M. MacDonald, The position of woman as reflected in Semitic codes of law (Univ. of Toronto Studies), 1931 - ThW I, 781ff. 786f - G.Boström, Proverbiastudien. Die Weisheit u. das fremde Weib in Spr 1-9 (LUÅ NF Avd. 1, Bd 30, Nr. 3), 1935 - J.Leipoldt, Die F. in der antiken Welt u. im Urchristentum, 1954, 69ff. *F.Horst*

III. Im Christentum

A. Im Urchristentum - B. In der Kirchengeschichte

III A. Im Urchristentum

1. Auf dem Hintergrunde der allgemeinen sozialen und religiösen Minderbewertung der F. in der ganzen Umwelt, besonders aber im zeitgenössischen Judentum, bedeutet die Verkündigung *Jesu* einen unverkennbaren Protest. Schon das ist ungewöhnlich, daß er in ein heilbringendes Handeln wie selbstverständlich neben den Männern auch die F.en einbezieht. Die Evangelien bringen das häufig so zum Ausdruck, daß sie neben einem Überlieferungsstück, das von einem Manne oder von der Welt des Mannes handelt, ein entsprechendes »weibliches« aufbewahrt haben. So zB der Hauptmann von Kapernaum und das kanaanäische Weib, die beiden Israel beschämenden Heiden; Symeon und Hanna; Nikodemus und die Samariterin; bittender Freund und bittende Witwe; verlorenes Schaf und verlorener Groschen; Senfkorn (Feld) und Sauerteig (Haus). In der weiteren Gefolgschaft Jesu befinden sich auch F.en; der Heilige Geist wird auch auf diese weiblichen Jünger ausgegossen, wie Jo 3, 1 f geweissagt. Am greifbarsten wird Jesu Beurteilung der F. in seiner Verwerfung der Ehescheidung, in deren Handhabung die Geringachtung der F. bei den Juden kulminiert (→ Ehe: III A).

2. *Paulus* zeigt, wie die Gemeinde Jesu Handeln verstehen soll und verstanden hat: »Da ist nicht ... Mann und F.« (Anspielung auf Gen 1, 27); »denn alle seid ihr Einer in Christus Jesus« Gal 3, 28. Paulus handelt selbst danach, wenn er 1Kor 7 sorgsam nach dem Manne fast immer auch die F. anredet. Die Grußlisten seiner Briefe beweisen, wie selbstverständlich ihm F.en als vollgültige Mitchristen gelten; Priska kann er Röm 16, 3 sogar seine »Mitarbeiterin« nennen. Das hindert ihn nicht, kräftig zu bejahen, was seiner Umwelt als für die F. schicklich galt, die Unterordnung unter den Ehemann. Das Sein in Christus bedeutet kein sozialrevolutionäres Programm, sondern gibt den überkommenen »Formen« neuen Sinn (Kol 3, 18; breiter ausgeführt Eph 5, 22-24): Unterordnung ist keine Entwürdigung, sowenig die Gemeinde vor dem Christus Eph 5, sowenig der Christus vor Gott entwürdigt wird 1Kor 15, 28. Paulus zieht aus der der F. gebotenen Unterordnung unter ihren Mann auch für die Gemeinde konkrete Folgerungen: Die F. soll in der Versammlung ihr Haupt und Gesicht nicht entblößen, wie man es wohl in der Familie tat, da sie andernfalls ihrem Manne Schande mache 1Kor 11, 3-6; ja sie soll dort überhaupt nicht reden 1Kor 14, 34. Die lange Reihe der Argumente 1Kor 11, 3-16 wie der wiederholte Hinweis auf Brauch und Sitte zeigen, daß Paulus dort nicht eine unabdingbare Forderung vertritt - wie ganz anders wehrt er etwa 1Kor 6, 12-20 die Unzuchtsünden ab! -, sondern von den Gegebenheiten ausgehend danach trachtet, das Beste für die ihm anvertrauten Brüder und Schwestern herauszufinden. Er spricht ebendarum in 1 Kor 14, 34 das *taceant* (»sie sollen schweigen«) aus, ohne jedoch zu bestreiten, daß der F. ebenso wie dem Mann vom Geiste die Rede eingegeben werden könne 1Kor 11, 5. Es geht ihm nur darum, daß im Gottesdienst die Gemeinde »aufgebaut« werde; dafür gibt er ihr in 1Kor 14, 26-36 eine »Sprachregelung«.

3. Aber gerade auch das palästinische Urchristentum hat deutlich festgehalten, daß die F. gleiche Gabe und Vollmacht empfangen könne wie der Mann: Die Petruspredigt Apg 2, 17 und die Kunde von den vier Töchtern des Philippus in Cäsarea Apg 21, 9, die die Gabe der Prophetie empfangen hatten - und Prophetie ist immer gemeinde-öffentlich -, weisen in diese Richtung. Eine Wirksamkeit der F. in Verkündigung oder gar Gemeindeleitung hat allerdings die geltende Sitte je länger je weniger geduldet; andernfalls hätte sich die Urchristenheit der Verwechslung mit üblen Verfallserscheinungen ausgesetzt, an denen es in der alten Welt nicht fehlte. So haben denn auch in der Urkirche, lange bevor die Prophetinnen des → Montanismus Anstoß erregten, diejenigen Stimmen bald gesiegt, die die F. - und das gewiß zu ihrem Schutz - nicht aus dem herkömmlichen Rahmen heraustreten sehen wollten; vgl. die scharfe Abwehr 1Tim 2, 11ff mit ihrer, an Röm 5, 14 gemessen, bestimmt unpaulinischen, eher jüdisch-rabbinischen Begründung 2, 14. Dennoch bleibt das Urteil Jesu nicht ohne Nachwirkung: 1Tim 5, 3-16 werden Anfänge eines geordneten Amtes oder Standes der »Witwen« sichtbar, die in den Gemeinden bestimmte Aufträge diakonischer Art erfüllen und zugleich gewisse Rechte genießen. Ein ähnliches Bild bieten die Apostolischen Väter. Herm vis 2, 4, 3 scheint daran gedacht zu sein, daß eine F. die Witwen und Waisen über jene Vision belehren solle. Aber sonst hört man doch nur von den Gemeinde-»Witwen« (Polyk 4, 3; für IgnSm 13, 1 handelt es sich dabei um Jungfrauen!), ohne daß recht deutlich wird, ob sie nur Gemeinde-Arme oder auch Amtsträger sind.

J. Leipoldt, Jesus u. die F.en, 1921 - Ders., Die F. in der antiken Welt u. im Urchristentum, 1954 - ThW I, 784ff - H. Greeven, Das Hauptproblem der Sozialethik in der Neueren Stoa u. im Urchristentum, 1935, 123ff - Ders., Die Weisungen der Bibel über das rechte Verhältnis von Mann u. F. (Kirche im Volk 12: Ehe u. Eherecht, 1954, 5-17) - F.-J. Leenhardt, La place de la femme dans l'Eglise d'après le NT (EThR 23, 1948, H. 1) - K.H. Rengstorf, Mann u. F. im Urchristentum (Arbeitsgemeinschaft für Forschung des Landes Nordrhein-Westfalen, Geisteswiss. 12, 1954, 7-52) - ESL 351ff. - Weiteres → Ehe: III A.

H. Greeven

III B. In der Kirchengeschichte

1. Alte Kirche - 2. Mittelalter - 3. Reformation und Neuzeit

1. a) Vor dem Hintergrund von Tradition und Umwelt zeichnet sich in der *alten Kirche* ein Bild der F. ab, das ihrer Stellung, wie sie ihr das NT (→ Frau: III A) zuerkennt, grundsätzlich entspricht. Genoß auch die griechische und römische F. relativ große Freiheiten und Rechte, bahnten sich in der → Stoa auch schon Wege zur vollen geistigen Partnerschaft zwischen Mann und F. an, so schwankt doch ihr Bild zwischen Verehrung und Verachtung. Freizügige Nebenordnung von Konkubine und Hetäre neben der auf die Familie beschränkten Gattin, religiöse Verklärung des Eros (Hierodule) und der Askese (Vestalin) machen diese Ambivalenz deutlich. Die F. im antiken Judentum dagegen lebt weltabgeschlossen, ihrem Mann ausgeliefert, auf das Haus beschränkt, nicht kultfähig; durch das hohe Ethos von → Ehe (: II. III) und Familie wird andererseits ihre Isolierung aufgewogen. Demgegenüber drängt die Kirche auf *Gleichstellung und Aktivierung* der F. Kritiker (→ Porphyrius, 1) behaupten, die Kirche sei von F.en beherrscht, Christenverfolgungen treffen bes. auch die F.en (→ Perpetua). In den Gemeinden wachsen der F. Aufgabenbereiche zu (s. 1c), als treue Zeuginnen im häuslichen Kreis werden sie bekannt (s. 1b), die Grenzen zwischen unfreien, einfachen und vornehmen F.en treten zurück; später üben auch Herrscherinnen (zB Theodora, Theodelinde) durch ihre Glaubenshaltung politische Wirkungen aus. - Dieses Bild wird aber zugleich durch *asketische Züge* tiefgreifend verändert: die Asketin (→ Thekla) genießt wegen ihrer Christusliebe höhere Achtung als die natürlich lebende F. (Augustin, serm. 354); obwohl auch Gottes Ebenbild (c. Faust. Man. 24, 2), ist die F. doch nicht dem Manne gleichzuachten (Quaest. ex Vet. Test. 45), weil sie den Makel der Eva trägt (Tertullian, de virg. vel. 7f). Seit dem 3. Jh.

wird Maria als das »reine« Gegenbild zu Eva verehrt (→ Marienverehrung). Im 4.Jh. entstehen in Ägypten, Palästina, Italien, Südgallien, Spanien und Irland neben den männlichen auch weibliche Klöster (→Basilius d.Gr., → Cäsarius von Arles). Eine nicht ungefährliche »metaphysische Erotik«, die sich hier ausbreitet, trägt zwar manches zur Anerkennung des geistigen Selbstwerts der F. bei, aber ihr natürliches Leben wird gerade dadurch religiös degradiert.

b) Trotz dieser antifeministischen Neigungen setzt sich in der Kirche die Anerkennung der F. als *Gattin und Mutter* durch. In den Häusern und Familien finden die Gemeinden Rückhalt, was vor allem den F.en zu danken ist (IgnPol 5, 1f). Die Kirche mahnt zum einfachen, häuslichen Leben; ihre Zucht und die Gesetzgebung christlicher Kaiser richten sich gegen das einseitige jüdische Scheidungsrecht; auch für die F. wird eine mehrfache Heirat zugelassen (Herm mand IV, 4, 1f). Die Hetäre wird ausgeschlossen, die Konkubine soll in ihrem Rechtsstatus möglichst der verheirateten F. angeglichen werden. In Einzelfällen billigt die vorkonstantinische Kirche sogar den Konkubinat (Hippolyt, Elench. IX, 12, 24f). Trotz der missionarischen Chance wird immer wieder vor der Mischehe gewarnt (zB Tertullian, ad uxorem; Conc. Illiberit. c. 15ff). Eine Ehrenstellung in der Gemeinde erhält die bis dahin rechtlose Witwe, der »Altar Gottes« (IgnPol 4, 3): der Viduat wird zur Basis für das Amt der Diakonisse.

c) Als »Gehilfin« und »Schwester« der Apostel (Clemens Alex., strom. III, 6, 53) entfaltet die F. *in der Kirche*, bes. des Ostens, bald eine rege Aktivität - hauptsächlich in drei Richtungen: Christliche *Prophetinnen* sind vornehmlich in gnostischen und montanistischen Kreisen bekannt (→ Marcion, → Maximilla, Priscilla und Quintilla); ihr Wirken stößt aber in der Großkirche auf steigenden Widerstand (1Clem 23, 7; 1Kor 14, 34 [Einschub!]). - Für die *katechetische, missionarische und diakonische Arbeit* wird die F. in einigen Zweigen (Krankenpflege, Besuch in F.enhäusern, Handauflegung) unentbehrlich. In verschiedener Weise wird die Funktion der Witwe bzw. Diakonisse (→ Diakon) als eigenständiges Amt gewürdigt: in Syrien, Ägypten, Byzanz ist es verbreitet, obgleich nicht unbestritten (Const. Apost. 24-28). Die Diakonisse wird im Jungfrauen- oder Witwenstand durch den Bischof geweiht (Const. Apost. 3, 9; 8, 17f). Rangmäßig nimmt sie im Osten einen Platz zwischen dem höheren und niederen Klerus ein, Handauflegung, Stolenverleihung und Gelübde verpflichten sie zu lebenslänglichem Dienst (Chalc. c. 15); ihr Mindestalter wird auf 60, 50 oder 40 Jahre festgesetzt; die Anzahl ist in Ägypten auf drei beschränkt. Auch der Westen hat eine öffentliche Arbeit der F. gekannt (Tatian 33, 2. 7; Tertullian, ad ux. 1, 7); aber seit dem 3.Jh. wird man in der Verleihung eines Amtes zurückhaltend (Araus. I, c. 26f). Es bleibt eine weiheartige Handlung gebräuchlich, die später in die Weihe der Äbtissin (→ Abt) und → Kanonisse übergeht. - Der Ausschluß der F. von der Hierarchie richtet sich im Westen bes. gegen die *presbyteralen und liturgischen Funktionen* (Const. Apost. 2, 57; 8, 28): als Taufhelferinnen, Aufseherinnen im Gottesdienst vermitteln die Diakonissen im Osten zwischen dem Bischof und den F.en, spenden in Notfällen und in weiblichen Klöstern auch das (von Männern bereitete) Sakrament. An der Hagia Sophia soll es zeitweilig 40 Diakonissen gegeben haben (cod. Just. nov. III, 1). - Gegen Ende des Altertums tritt das F.enamt allgemein zurück. Im Westen erhält die F. als Nonne (parthenones) ihren Ort in der Kirche (Scholastica, die Schwester → Benedikts von Nursia, begründet einen Konvent [→ Benediktiner]); auch im Osten überlagert das asketische Ideal das Diakonissenamt und den Viduat fast vollständig, obgleich es dort noch bis ins 12.Jh. nachweisbar bleibt.

2. a) Das *Bild der F. im MA* bestimmen drei Faktoren: der Antifeminismus in Kirche und Theologie, die erotische Kultur des Minnesangs und die ersten Anfänge religiöser und bürgerlicher F.en-Emanzipation gegen Ende des MA. - Beim Vorstoß in den germanischen Raum begegnet die Kirche einer Kultur, die die F. als Besitz von Sippe und Mann betrachtet. Hier bedeuten kirchlicher Schutz der →Ehe (: III B) und Ordensgründungen fraglos eine Stärkung des weiblichen Ansehens. Theologisch setzt sich allerdings die alttestamentlich-augustinische Einschätzung der F. als eines »status subiectionis hominis« durch, bes. bei → Thomas von Aquino (I q. 92f): ihre bürgerliche und kirchliche Gleichberechtigung wird strikt abgelehnt (2/II q. 117 a. 2). Ausnahmen von dieser Wertung (→ Abaelard) wiegen wenig; bes. die spätmittelalterliche Moraltheologie (→ Vincentius von Beauvais) läßt eine ausgesprochen frauenfeindliche Stimmung erkennen. - Der Sinn für das »Weibliche« findet hingegen auf anderen Wegen Eingang in die Kirche: Schon im frühen MA trägt die Vermenschlichung des Marienkults (Maria als Mutter und erotisches Ideal!) zu einer Verehrung der F. bei, wie sie dann bei den Minnesängern zu hoher Blüte gedeiht (→ Ehe: V, 4). Im erotischen Spiel wird die F. zu einem ernst zu nehmenden Gegenüber des Mannes. Aber diese Kultur bleibt auf adlige Kreise beschränkt. Der bürgerlichen F. wachsen erst im Laufe des späten MA handwerkliche, künstlerische, wissenschaftliche und öffentliche Aufgaben zu. Sie dringt in die Zünfte ein (bes. im Textil- und Schmuckhandwerk), einzelne F.enberufe (zB schon Lehrerinnen und Ärztinnen) breiten sich aus. Die adlige F. in Frankreich und Italien spielt im ausgehenden MA eine ansteigende politische und gesellschaftliche Rolle.

b) Die F. *in der Familie* wird im MA vornehmlich als Besitz und Arbeitskraft gewertet. Allerdings wird ihre Rolle dort um so wichtiger, je mehr die Kirche allmählich auf Unlösbarkeit der Ehe drängt, Konkubinat und Dirnentum einschränkt und die römische Tradition der Konsens-Ehe fortsetzt. Der Heiligkeit der Ehe ist aber ihre Reinheit geopfert worden: die Minnekultur enthält einen Protest gegen die geforderte eheliche Exklusivität, das Dirnen- und Konkubinenwesen nimmt trotz aller Maßnahmen im Laufe des MA nur zu und lebt auch in geistlichen Kreisen weiter (zB 1500 Dirnen in Basel während des Konzils von 1431ff!). Wo die F. jedoch ihren Platz in der Familie behauptet, nimmt sie mitgestaltend am Leben des Mannes teil; der mittelalterliche Handwerksbetrieb gibt ihr hierzu Gelegenheit.

c) Seit den Synoden von Orange (441), Epaon (517) und Orleans (533) hat die westliche Kirche die F. endgültig von der Hierarchie ausgeschlossen. Nun wirkt sie am *kirchlichen Leben* im Rahmen der klösterlichen Kultur mit. Das Amt der *Äbtissin* bleibt in seiner kirchlichen Anerkennung unterschiedlich; in Einzelfällen unbeschränkte Jurisdiktionsgewalt: Abtei Conserrano/Apulien, Stift Herford/Westfalen, Abtei Las Huelgas/Spanien. Die Stifte der *Kanonissen*, die sich seit dem 9.Jh. auch in Deutschland einbürgern, gelten als Zentren von Bildung und Wissenschaft (→ Hroswitha von Gandersheim, → Herrad von Landsberg). Hauptsächlich wirksam wird die F. aber in den neugegründeten *Orden*. Benediktinische F.enklöster haben bes. bei den Angelsachsen die Missionsarbeit gefördert (Hilda von Whitby, → Lioba von Tauberbischofsheim, Thekla von Kitzingen und Ochsenfurt). Als »Zweite Orden« haben sich fernerhin im hohen MA in langen Kämpfen auch F.en-Kongregationen der → Zisterzienser, → Prämonstratenser, → Dominikaner und → Franziskaner durchgesetzt. Eine weitgreifende »religiöse« F.enbewegung (bes. im Norden) gegen Reichtum und Verweltlichung verlangt nach einem Leben in Keuschheit und Armut, bräutlicher Mystik und klösterlicher Gemeinschaft (Maria von Oignies, Clara Sciffi). Obwohl sich die Orden zunächst mit dem Hinweis auf Häresieverdacht in diesen Bewegungen wehrten, fördert die Kurie seit 1215 die Affiliierung und regt den Ausbau der cura monialium über die F.enorden an (→ Jakob von Vitry, Ugolino). Können sich die Gemeinschaften keinem Orden anschließen, so bleiben sie unter bischöflicher Jurisdiktion. Einzelne Kongregationen erlangen ein hohes Maß von Selbständigkeit (→ Klarissenorden), andere setzen die Tradition der Kanonissen fort (→ Augustiner, 2), wieder andere nehmen auch Mönche auf (Orden von → Fontevrault, → Birgittenorden). In all diesen Gründungen entfalten die Nonnen neben der vita religiosa bald ein reiches geistiges und erzieherisches Leben. F.en wie → Hildegard von Bingen, → Elisabeth von Schönau, → Gertrud und → Mechthild von Hackeborn, → Gertrud d.Gr., Elsbeth Stagel (→ Seuse) und → Katharina von Siena haben das geistige Gesicht bes. der deutschen → Mystik (: VI) und auch das politische Leben mitgestaltet. Es läßt sich aber nicht leugnen, daß neben diesen Höhepunkten auch viel Krankhaftes in den Nonnenklöstern Eingang fand, so daß in der Reformation viele F.en gern ihre Klausur verließen. - Der hohe Prozentsatz von alleinstehenden, weniger vermögenden F.en ruft neue kirchliche Gemeinschaftsformen ins Leben. Konnten diese F.en sich keine Existenz in Handel und Handwerk gründen, scheuten sie den Weg ins Kloster, so gerieten sie leicht unter die Almosenempfänger, zum »fahrenden Volk«, zu den »F.enheeren« (die die Landsknechte begleiteten) oder in das rechtlich einigermaßen gesicherte Dirnentum. Die Kirche versuchte, diesen bedrohten Existenzen bei sich Heimat und Aufgaben zu geben: Die Reuerinnen (→ Magdalenenorden) und die filles pénitentes (Wilhelm von Champigny, 1497) sammeln sich in »Rettungshäusern«, die aber auch von anderen bußfertigen F.en bevölkert werden. Die religiöse F.enbewegung, als »Beginentum« verketzert (→ Beginen), sucht zwischen 1250 und 1350 erneut Anschluß an die Kirche - wiederum unter deren Protest (Wilhelm von St. Amour): die »Dritten Orden« (→ Tertiarier) bilden fromme, schlichte, arbeitsame Gemeinschaften, durch Tracht und zeitlich begrenzte Gelübde gebunden, von einer »Meisterin« geleitet, zT von den Minoriten, zT vom zuständigen Pfarrklerus geistlich beaufsichtigt. Die »Gotteshäuser« gelten als Stätten handwerklicher Kunst und Arbeit, von Diakonie, Seelsorge und Gebet (→ Elisabeth von Thüringen, → Mechthild von Magdeburg), bis sie gegen Ausgang des MA zunehmend verfallen und als Stätten der Unzucht verdammt werden (→ Hexen: II). Sowohl die Minoriten wie auch der Weltklerus geißeln die Mißstände: die Hoffnung auf bürgerliche Sicherheit und die sittliche Entartung zersetzen in steigendem Maße die ursprüngliche Idee eines gemeinsamen armen Lebens. - Neben diesen Gründungen mag die Kirche auch zur Entstehung weltlicher F.envereine (Samenunge, Pfründerinnen, Mantelfräulein) ihr Teil beigetragen haben; ihre wesentliche Wirksamkeit beschränkt sich jedoch auf die Legalisierung der F.enbewegung in den Orden.

3. a) Hatte die Renaissancezeit das Bild der weltgewandten und gelehrten, wirtschaftlich und politisch aktiven F. hervorgebracht, hatte der Humanismus (mit der rühmlichen Ausnahme des → Erasmus) noch einmal das ambivalente F.enbild der Antike erneuert, so geht das Bemühen der *Reformation* dahin, ein *bürgerliches F.enideal* zu schaffen. F. und Mutter - das wird nun ihr eigentlicher »Stand« (zB Luther, WA 43, 18ff). Luther kann zwar auch den »Gnadenstand« der Unverheirateten rühmen (WA 8, 302. 498. 575); aber die Einordnung der F. in Ehe und Familie ist für ihn entscheidend. Bes. seit 1520 (Sermon vom ehelichen Leben) hat er den »Stand« der Ehe als einen der Keuschheit und der irdischen Bewährung von Kreuz und Liebe gepredigt - ein »heiliger Orden« neben Predigtamt und Obrigkeit (WA 26, 504). Nachdem im Zuge der Reformation viele F.en die Klöster verlassen hatten (Ursula von Münsterberg, Christlich Ursach des verlassen Klosters zu Freiberg, 1528), übernimmt mehr oder weniger die → Pfarrfrau die Rolle der Nonne; die F.en der Reformatoren (Katharina von → Bora, Anna Reinhardt, Idelette de Bure) sind hier Vorbilder geworden. Auf die Exklusivität und Reinheit der Ehe wird von der ev. geistlichen Gerichtsbarkeit streng geachtet (bes. in Genf). Hinter diesem Standesdenken tritt verständlicherweise die Würdigung eigener geistlicher Aufgaben der F. zurück. Nur einzelne reformatorische Schriften wenden sich ihnen zu, zB U. → Rhegius, Dialogus von der trostreichen Predigt..., 1537, und A. → Blarer, Sendbrief an die christliche Gemeinde in Konstanz, 1532. Auch geistig selbständige und verantwortlich politische F.engestalten begegnen in der Kirchengeschichte der Reformationszeit verhältnismäßig selten (als Herrscherinnen zB → Elisabeth von England, Elisabeth von Münden-Calenberg, Anna von Pommern, als Dichterin Elisabeth → Cruciger, als Publizistin Argula von → Grumbach). Die F. bleibt auf die Familie konzentriert. - Entscheidende Wandlungen im F.enbild sind erst von den angelsächsischen Heiligungskirchen (→ Quäker, → Methodisten) und vom → Pietismus ausgegangen. Hier entwickelt sich trotz enthusiastischer Auswüchse im Pietismus (A.M. → Schürmann, J. → Leade, J.E. → Petersen, → Zinzendorf) biblisch begründet (Gal 3, 20!) die Vorstellung einer gleichberechtigten Partnerschaft. Dieses Bild setzt sich in → Romantik und → Idealismus durch und wird dort in einer neuen autonomen Sittlichkeit vertieft (→ Schleiermacher, → Fichte): Ebenbürtig und gleichen »Standes« hat die F. ihr Leben und ihre Rechte neben dem Mann, dem sie sich in Freiheit verbindet. (Dieses Bild hat stärker auf die Gegenwart gewirkt als die → Aufklärung, die in einem »Urstand« manche Zurücksetzung der F. auch natürlich und rational begründen konnte: → Rousseau.) Mit sentimentalen und erotisch verklärenden Zügen konkretisiert sich dieses Bild allmählich im 19. und 20.Jh. Auseinandersetzungen um die Einordnung der F. werden von kirchlichen und säkularen Kräften geführt, bes. innerhalb der → liberalen Theologie. Heute stellt sich die Aufgabe (an der ev. und kath. Kräfte in gleicher Weise beteiligt sind), die F. in ihren Wesenseigentümlichkeiten vor der totalen Eingliederung in die technische Gesellschaft zu schützen (→ Frau: V, 1).

b) Nur mit Einschränkung darf man sagen, daß die F. *in der Kirche* heute einen gleichberechtigten Platz eingenommen hat. Neben der kath. Kirche (CIC c. 968) sprechen ihr auch viele ev. Kirchen die Befähigung zum geistlichen Amt ab. Für dieses Urteil ist auf *kath.* Seite die Analogie Eph 5, 25 entscheidend (im Verhältnis Christi zur Kirche ist das Verhältnis von Mann und F. vorgebildet, darum kann nur der Mann der Kirche in Stellvertretung Christi gegenübertreten). Auch jede Anknüpfung an das altkirchliche Diakonissenamt ist dort bisher gescheitert. Die *ev.* F. fand in der Reformationszeit ihr eigentliches Wirkungsfeld als Pfarr- und Bürgers-F. (Katharina → Zell); nur einzelne Ausnahmen (Margarethe → Blarer [, 2], die seit 1566 von Genf aus angeregten Diakonissenkonvente in Cleve, Wesel und Amsterdam und die Kanonissenstifte) deuten darauf hin, daß ihr auch eigene berufliche Aufgaben in der Kirche zukommen können. Reformatorischer Theologie nach dürfte dem auch nichts im Wege stehen (→ Amt: III). Jedoch sind praktische Bestrebungen zur Aktivierung der F. in Fortführung der asketischen Traditionen des MA zunächst von *kath.* Seite ausgegangen: Angela Merici plant die → Ursulinen zunächst als freie Kongregation, 1568 bis 1612 erfolgt jedoch die Rückbildung in einen Orden. Mary → Ward will in dem Institutum B.M.Virginis (→ Englische Fräulein) eine internationale, jurisdiktionsfreie F.enorganisation schaffen, scheitert aber am Widerstand der Kirche. → Vincentius a Paulo gründet 1668 die »filles de la charité« (→ Vinzentinerinnen), die sich ohne Gelübde und Klausur ausschließlich der diakonischen Arbeit widmen. Für die *ev.* Kirchen bringt erst das 19.Jh. eine dann allerdings stürmische Wandlung, nachdem im 17. und 18.Jh. schon die angelsächsischen kongregational ausgerichteten Kirchen die F. aktiv und amtsmäßig autorisiert in ihr Leben hineingenommen hatten. Auf breiter Ebene wird das Amt der Diakonisse (→ Diakon; → Diakonie, 3) wieder entdeckt. In Deutschland schaffen Th. → Fliedner und W. → Löhe die Mutterhaus-Diakonie, die der F. in der karitativen Arbeit Heimat und Lebensordnung, gesellschaftliche → Gleichberechtigung und wirtschaftliche Sicherheit geben soll. In England wird 1862 Elisabeth Ferrard zur Diakonisse geweiht (die anglikanische Diakonisse, die seit 1920 zum Klerus gehört, wird theologisch und pädagogisch ausgebildet und hat begrenzte seelsorgerliche, unterrichtende und liturgische Aufgaben). Ausschließlich der Aufgabe kirchlicher Krankenpflege widmen sich in England Florence → Nightingale und in Hamburg Amalie → Sieveking, für Betreuung und Reform des Gefangenenwesens setzen sich die englische Quäkerin Elisabeth → Fry und die Finnländerin Mathilda → Wrede ein. Mit einem begrenzten pädagogischen oder diakonischen Auftrag ohne Gelübde arbeiten die anglo-amerikanischen »parish-workers«, die (in England, der Schweiz und Deutschland bekannten) → Gemeindehelferinnen und Katechetinnen, mit Gelübde die benediktinischen Lioba-Schwestern. Schwierig geblieben ist die Eingliederung der studierten Theologin in die Arbeit der Kirche (→ Frau: IV). Hier macht sich die Prägung des F.enbildes durch die Geschichte des Christentums deutlich bemerkbar. Ein großer Teil von Aktivität wird weiterhin in der nebenberuflichen freiwilligen Liebesarbeit geleistet (→ Frauenverbände, → Caritas, → Katholische Aktion). Besuchsdienst, Familienfürsorge (→ Familie: V), Hilfsdienste in der Äußeren (→ Frauenmission) und → Inneren Mission fallen der F. zu.

DThC I, 1099ff (s. v. abesse) - A.Wulff, Die frauenfeindl. Dichtungen in der romanischen Lit. des MA bis zum Ende des 13.Jh.s, 1914 - G.Manser, Die F.enfrage nach Thomas v. Aquin, 1919 - J. Viteau, L'institution des diacres et des veuves (RHE 22, 1926, 513 bis 536) - RGG² II, 719ff (Lit.) - H.Borsinger, Rechtsstellung der F. in der kath. Kirche, 1930 - H.Werdermann, Die dt. ev. Pfarr-F., (1935) 1936² - H.Grundmann, Religiöse Bewegungen im MA (Histor. Stud. 267), 1935 - M.Heinsius, Mütter der Kirche in dt. Frühzeit, 1938 - Dies., Die brennende Lampe. F.engestalten des hohen MA, 1940 - Dies., Das unüberwindliche Wort. F.en der Reformationszeit, 1951 - J.Mayer (Hg.), Monumenta de viduis, diaconissis virginibusque tractantia (Florilegium patrist. 42), 1938 - Ders., Vom Diakonat der Kirche (Hochland 66, 1938/39, 98-108) - M.R.Beard, Woman as a Force in History, New York 1946; dt. 1951 - F.Heiler, Wertung u. Wirksamkeit der F. in der christl. Kirche (Veritati, Festschr. f. J.Hessen, 1949, 116-140) - F.X.Arnold, Die F. in der Kirche, 1949 - RAC III, 909ff. 917ff - A.Scherer (Hg.), Die F. Wesen u. Aufgaben (WB der Politik 6), (1951) 1954² - A.Lehmann, Le rôle de la femme dans l'histoire de France au Moyen Age, Paris 1952 - L.de Mandach, Portraits de femmes. Renaissance et Réforme, Genf 1952 - C.Camden, Elizabethan Women, Houston 1952 - M.Buchanan, World Directory of Women's Organizations, 1953 - Lexikon der F., hg.v. G.Keckeis u. B.Ch.Olschak, 2 Bde, Zürich 1953/54 (Lit.) - J.Leipoldt, Die F. in der antiken Welt u. im Urchristentum, (1954) 1955² - Th.Vogelsang, Die F. als Herrscherin im hohen MA, 1954 - E.Schneider, Das Bild der F. im Werk des Erasmus, 1955 - O.Lähteenmäki, Sexus u. Ehe bei Luther, 1955 - R.Stupperich, Die F. in der Publizistik der Reformation (AKultG 37, 1955, 204-233) - EKL I, 1346ff - H.Rahner, Ignatius v. Loyola u. die F.en, 1956. - Vgl. auch die Lit. zu → Frau: IV. *W.-D.Marsch*

IV. Die Rechte der Frau in der Kirche

Wie sich aus der christlichen Kirchengeschichte ergibt, hat sich ein einheitliches Recht der F. in der Kirche erst allmählich herausgebildet (→ Frau: III B, → Diakon). So entgegengesetzte Tendenzen wie Gal 3, 28 und 1Kor 14, 34 mußten erst miteinander ausgeglichen werden, bis sich schließlich die für das MA charakteristische Rechtsstellung der christlichen F. herausgebildet hatte: Anerkennung und Verehrung der Jungfrauen in den Orden und Klöstern bis hin zu einer an das Priesteramt der Männer erinnernden Stellung der leitenden Ordens-F.en auf der einen Seite, Rechtsunfähigkeit der F. im öffentlichen Klerus der Gesamtkirche und der Gemeinden auf der anderen Seite. Charakteristisch ist, daß, wo die kath. Großkirche bekämpft wird (mittelalterliche Sekten, frühester Protestantismus, Schwärmer, Täufer) mindestens vorübergehend und ansatzweise die Rechtsminderung der F. aufhört. Dem entspricht es, daß in der Neuzeit in einer Reihe von Freikirchen und Sekten die F.en eine neue Rechtsstellung gewinnen: Man denke an die Ältestinnen und Seelsorgerinnen in Herrnhut oder an die Zulassung weiblicher Prediger bei → Baptisten, → Kongregationalisten und in der → Heilsarmee. Unter den amerikanischen Denominationen gaben fast alle außer der episkopalen (anglikanischen) Kirche und den luth. Kirchen der Tendenz zur Zulassung von F.en zum Presbyter- und auch zum Predigtamt allmählich nach.

Auf amerikanische Anregung hin befaßte sich der Ökumenische Rat der Kirchen (→ Ökumenische Bewegung) seit der Amsterdamer Kirchenkonferenz von 1948 wiederholt mit der Rechtsstellung der F. in den zur Ökumene gehörenden Kirchen. In Amsterdam wurde eine Kommission des Ökumenischen Rates über Stellung und Arbeit der F. in der Kirche gegründet, deren Vorsitzende die Engländerin Kathleen Bliss und deren Sekretärin die Inderin Sarah Chakko waren. Die Kommission gab zwei Schriften heraus, die einen Überblick über die Stellung der F. in den verschiedenen Kirchen boten. Eine Auseinandersetzung um die theologischen Grundfragen war nur sehr begrenzt und behutsam möglich, da man sehr bald auf verschiedene theologische Auffassungen stieß, auf ein verschiedenes Bibelverständnis, eine verschiedene Lehre von den Ämtern (→ Amt) und von der → Tradition. 1954 übernahm die Französin Madeleine Barot die Geschäftsführung. Die Kommission wurde zu einer Abteilung des Ökumenischen Rates für »Die Zusammenarbeit zwischen Mann und F. in der Kirche« umgebildet. Die Umbenennung deutet eine Wandlung in der Fragestellung an.

In der ev. Kirche in *Deutschland* führten die Abweichungen der Rechte der F.en von denen der Männer zu lebhaften Meinungsverschiedenheiten. Auch angesichts der Veränderungen, die die Stellung der → Frau (: V) im Staat und in der Gesellschaft in den letzten 70 Jahren erfahren hat, fragte man sich, inwieweit die hergebrachte Vorordnung des Mannes in bezug auf den Zugang zu kirchlichen Ämtern auf bleibenden biblischen Weisungen beruhte oder ob etwa hier mit der Kultur veränderliche soziale Überlieferungen maßgebend seien. Die Frage nach der richtigen Zusammenarbeit zwischen Mann und F. in der Kirche taucht bei den Rechten der Gemeindeglieder, bei der Zusammensetzung synodaler Körperschaften und bei der Gestaltung von kirchlichen Berufen und Ämtern auf.

Die Rechte der Gemeindeglieder, zumal das Recht, bei der Pfarrwahl und bei der Bildung des Gemeindekirchenrates (Presbyterium) mitzuwirken, stehen heute in allen ev. Gemeinden Männern und F.en gleicherweise zu. Ebenso ist das Recht der F. auf ehrenamtliche Mitarbeit in den der Seelsorgehilfe und der Liebestätigkeit dienenden Gruppen, Kreisen und Vereinigungen innerhalb der Einzelgemeinde unbestritten; in der Wirklichkeit des gemeindlichen Lebens überwiegen hier sogar die F.en gegenüber den Männern. Ihre Teilnahme in den Kindergottesdiensthelferkreisen und Kirchenchören ist selbstverständlich. In fast allen Kirchen und Gemeinden können auch F.en als Mitglieder in sämtliche synodale Gremien (Gemeindekirchenrat, Kreissynode, Landeskirchenrat u.ä.) gewählt werden. Das gleiche gilt von der Generalsynode der EKU und von der Synode der EKD. Eine Ausnahme machen einige ref. Synoden in Westdeutschland und die Lippische Landeskirche, in der F.en nicht Mitglied der Synode sein und in den Kirchenvorstand nur gewählt werden können, wenn die Kirchengemeinde dies bes. beschließt. - Es bestehen keine rechtlichen Hindernisse für F.en, zu sämtlichen Berufen in der kirchlichen Verwaltung zugelassen zu werden, sowohl als juristische wie als theologische Referenten (Konsistorialrätin, Kirchenrätin), wenn das auch praktisch selten genug vorkommt. Von dem Recht, kirchenmusikalische Ämter zu versehen (Kantorin, Organistin, Chorleiterin), machen die F.en weitgehend und noch immer zunehmend Gebrauch.

Unter den Ämtern der Wortverkündigung ist das der Theologin heute noch in der Entwicklung begriffen, wie schon daran deutlich wird, daß sich bis auf vereinzelte Kirchen und Gemeinden für diese F.en bisher keine bessere Berufsbezeichnung als die der → Vikarin gefunden hat, während der Dienst der → Gemeindehelferin, infolge der mit ihm verbundenen Abhängigkeit vom Pfarrer offenbar als minder problematisch empfunden, eine rechtlich so gut wie abgeschlossene Größe darstellt. - Die Lehrtätigkeit der F.en in der → kirchlichen Unterweisung, sowohl an kirchlichen wie öffentlichen Schulen aller Art einschließlich der Berufsschulen, ist rechtlich unumstritten; der Unterricht wird je nach den gestellten Anforderungen von Theologinnen, Studienrätinnen, Mittel- und Volksschullehrerinnen, vielfach - namentlich in der DDR - auch von kirchlich dazu bes. ausgebildeten Katechetinnen erteilt. Soweit die Lehrtätigkeit ein Rechtsverhältnis der Lehrenden zum Staat voraussetzt, haben sich die Kirchen ihrerseits das Recht einer kirchlichen Beauftragung vorbehalten, das selbstverständlich auch gegenüber Männern in entsprechenden Stellungen gilt.

P.Schaefer, Der Dienst der F. in der alten Kirche (Eine hl. Kirche 21, 1939, 49-57) - F.Blanke, Die Stellung der F. im NT u. in der alten Kirche (Kirchl. Zeitfragen 24), Zürich 1949 - R.Fuehrer, Vom Dienst der F. in der Gemeinde, 1950 - Ch.v.Kirschbaum, Der Dienst der F. in der Wortverkündigung der Kirche (ThSt [B] 31), 1951 - K.Bliss, F.en in den Kirchen der Welt, 1954 - E.Wolf, Das F.enamt im Amt der Kirche (Die Theologin 15, 1955, 1-10; Lit.) - A.Paulsen, Die Vikarin (Der Dienst der F. in den Ämtern der Kirche 1), 1956 - Dies., Die Gemeindehelferin heute (ebd 2), 1957 - H.Greeven, Gehört die F. auf die Kanzel? (Sonntagsblatt Jahrg. 1957, Nr. 41 S. 23; Nr. 42 S. 27; Nr. 43 S. 23) - P.Gädecke-W.Weber, Rechtsfragen der Vikarinnenbesoldung (Die Theologin 17), 1957 (Sonderdr.).

E.Schwarzhaupt

V. Die Stellung der Frau in der gegenwärtigen Gesellschaft

1. Soziale Stellung: a) Geschichtliches - b) Heutiger Stand - 2. Rechtliche Stellung

1. a) Die soziale Stellung der F. im 20.Jh. muß als Ergebnis der *F.enbewegung* des vergangenen Jh.s verstanden werden. Diese hatte ihren Grund sowohl in wirtschaftlichen wie geistigen Tatbeständen. Wenn unter »F.enbewegung« die Gesamtheit der Bestrebungen und Versuche, eine bessere äußere und innere Anpassung der F. an veränderte Lebensverhältnisse herbeizuführen, verstanden wird, so ist einleuchtend, daß die *wirtschaftlichen Ursachen* dieser Bewegung bis in die im letzten Drittel des 18.Jh.s einsetzende Industrialisierung zurückreichen (→ Industrie: I, → Wirtschaftsgeschichte). In deren Verlauf zeigte sich weiter, daß die → Familie (: III) nicht mehr imstande war, alle F.en zu versorgen. Dies betraf vor allem die städtisch-bürgerliche Schicht (→ Bürgertum: I), in der die F.en traditionsgemäß keine Arbeit außerhalb der Produktions- und Konsumtionsgemeinschaft der Familie geleistet und in keiner unmittelbaren Beziehung zur Volkswirtschaft gestanden hatten. In der bäuerlichen Schicht (→ Bauer) erhielt sich mit dem familienhaften Charakter der landwirtschaftlichen Produktion der Wirkungskreis für weibliche Familienmitglieder und Arbeitskräfte. In der Schicht dazwischen war die Erwerbstätigkeit der F. außerhalb der Familie nicht ungewöhnlich und als solche keine Neuerung. Hier entstand das Problem aus der Veränderung der Arbeitsformen (→ Arbeit: I) im Zusammenhang mit der Technisierung. - Wenn auch der These von Lily Braun (»Memoiren einer Sozialistin«, 2 Bde, 1909/11), daß die bürgerliche und die proletarische F.enbewegung als zwei nach ihren Ursachen gänzlich verschiedene Erscheinungen zu betrachten seien, nicht zuzustimmen ist, so ist doch zu beachten, daß die F.enfrage des bürgerlichen Mittelstandes um 1850 aus anderen Schwierigkeiten entstand als die des Arbeiter- und Bauernstandes. Hier ging es vor allem um Fragen des Gesundheitsschutzes und damit um solche einer möglichen Eindämmung der Ausnützung prinzipiell möglicher F.enarbeit. Dort aber handelte es sich um die äußere und innere Erschließung weiblicher Arbeitsmöglichkeiten. Während auf der einen Seite der Gefahr der Ausbeutung billiger und williger Arbeitskräfte gewehrt werden mußte, standen auf der andern Seite die Fragen der Ausbildung und der Zulassung zu den bürgerlichen Berufen überhaupt auf der Tagesordnung. Aus der Notwendigkeit, dieser Problematik gerecht zu werden, diese Fragen nicht nur technisch, sondern geistig zu bewältigen, ist die F.enbewegung zuerst als organisierte Macht entstanden.

Zu den wirtschaftlichen Ursachen kamen bestimmte *Ideale* hinzu, die den Bestrebungen der F.en den Schwung einer Kulturbewegung gaben. Diese geistigen Grundlagen reichen historisch weiter in die Vergangenheit zurück als die wirtschaftlichen Triebfedern. Gedanken der → Aufklärung und der französischen Revolution (→ »Menschenrechte«) mischten sich in Deutschland mit Erfahrungen aus den Befreiungskriegen 1813, in welchen die F.en aus einem nationalen Notstand zu sich gefunden hatten. Die F.en der → Romantik (Rahel Varnhagen, Karoline Schlegel) zeigten ihrer Zeit ein neues weibliches Ideal vielseitiger geistiger Bildung, moralisch ermutigt und gestützt zB durch → Schleiermacher (»Katechismus der Vernunft für edle F.en«). Christliche Impulse, die ja ihrerseits in den gesamten geistesgeschichtlichen Entwicklungen des 18. und 19.Jh.s, vor allem in prot. Prägung, bestimmend waren, müssen zu den geistigen Ursachen der F.enbewegung gerechnet werden. Der → Persönlichkeits-Gedanke, das Ideal der Gewissensfreiheit (→ Gewissen) und der Verantwortlichkeit jedes einzelnen vor Gott und vor dem Nächsten sind in diesen Zusammenhängen tragend gewesen. (Die organisierten Kirchen beider Konfessionen blieben im Anfang der F.enbewegung gegenüber sehr zurückhaltend und haben ihr erst Anfang des 20.Jh.s ihre Tore geöffnet.)

Es war also das schicksalhaft notwendige Zusammentreffen sozialer Notstände mit dem neuen Aufschwung des demokratischen Gedankens der Verwirklichung der Humanitätsideale, das die F.enbewegung i.J. 1847 auf den Plan und ins Leben rief. *Louise Otto-Peters* (1819–95) entwickelte in Rob. Blums Volkstaschenbuch »Vorwärts« ein Programm der F.enbewegung, ausgehend von der Überzeugung, daß »die Teilnahme am Geschick des Staates« nicht nur ein Recht des Mannes, sondern eine Pflicht der F.en sei. Für sie war die F.enfrage vor allem eine Erziehungsfrage. Das Ziel war, den Sinn für vaterländische Geschichte ebenso wie für soziale Verantwortung zu wecken. – Die nächsten Daten der organisierten F.enbewegung in Deutschland sind: 16.–18.10.1865 Gründung des Allgemeinen Deutschen F.envereins in Leipzig; 1866 Gründung der ersten Zeitschrift »Neue Bahnen«, hg.v. Louise Otto-Peters; Pfingsten 1890 Gründung des Allgemeinen Deutschen Lehrerinnenvereins. In der Führung der F.enbewegung war Louise Otto-Peters durch *Helene Lange* (1848–1930) abgelöst worden. Sie übernahm auch den Vorsitz in der Dachorganisation, im »Bund deutscher F.envereine« (1894). § 2 der Satzungen lautete: »Durch organisiertes Zusammenwirken sollen die gemeinnützigen F.envereine erstarken, um ihre Arbeit erfolgreich in den Dienst des Familien- und Volkswohles zu stellen, um der Unwissenheit und Ungerechtigkeit entgegenzuwirken und eine sittliche Grundlage der Lebensführung für die Gesamtheit zu erstreben.« Die führende Zeitschrift war die seit 1893 von Helene Lange herausgegebene Monatszeitschrift »Die F.«. Seit 1897 gehörte der Bund deutscher F.envereine dem »Internationalen F.enbund« an. – Auf *konfessionellem Boden* wurden i.J. 1899 der Deutsch-ev. F.enbund in Kassel (→ Frauenverbände), i.J. 1903 der Kath. F.enbund Deutschlands in Köln gegründet. – Die soziale Stellung der F., die sie nun neu gewonnen hatte, kam in den zahlreichen Berufsorganisationen zum Ausdruck, die sich um die Jh.wende bildeten: 1894 Hausbeamtinnen; 1912 Post- und Telegraphen-Beamtinnen; Rechtsschutzverband 1904; Deutscher Nationalverein der Freundinnen junger Mädchen 1877; Deutscher Bund für Mutterschutz 1903; Ständiger Ausschuß zur Föderation der Arbeiterinnen-Interessen 1906 u.a.m. Im Rahmen der großen politischen Parteien wurden F.engruppen gegründet; 1879 erhob August Bebel in seinem Buch »Die F. und der Sozialismus« zum ersten Male die Forderung nach der sozialen und politischen → Gleichberechtigung der F. Im Erfurter Programm 1891 wird allgemeines, gleiches, direktes Wahl- und Stimmrecht ohne Unterschied des Geschlechts gefordert. Inzwischen hatten die ersten Universitäten das Studium in allen Fakultäten für die F.en freigegeben (nach den Hochschulen der Schweiz Marburg, Heidelberg und Berlin). – Im 1. Weltkrieg haben die F.en auf allen Gebieten ihre erste Bewährungsprobe bestanden (Nationaler Hilfsdienst; vgl. M.E.Lüders, »Das unbekannte Heer«, 1937). Die Revolution von 1918 brachte ihnen das aktive und passive → Wahlrecht. Während des Dritten Reiches sind die meisten der alten F.enverbände aufgelöst und verboten worden, oder sie wurden als berufsständische Organisationen den Gliederungen der NSDAP einverleibt. Der totale Staat forderte im 2. Weltkrieg auch die Dienstverpflichtung der F.en. Nach 1945 sind die alten F.enorganisationen nicht wieder oder nur zum kleinen Teil aufgebaut worden.

b) In der *Gegenwart* ist die Gleichberechtigung von Mann und F. durch Art. 3 GG festgelegt. Was die F.enbewegung einst gefordert hatte, ist dem Buchstaben nach vom Gesetzgeber erfüllt worden. Den F.en stehen grundsätzlich sämtliche Arbeits- und Bildungsmöglichkeiten offen. Sie sind Mitglieder in den → Parteien, → Gewerkschaften, Gemeinderäten und Parlamenten. Sie genießen den Schutz der → Sozialversicherungen. Da die Anpassung der Gesetze und Verordnungen an die Bestimmungen des Grundgesetzes längere Zeit in Anspruch nahm, sind in Deutschland in den letzten Jahren die Diskussionen um Recht und Grenze der Gleichberechtigung der F. wieder neu aufgelebt. »Gleichberechtigung« bedeutet Rechtsgleichheit zwischen Mann und F. insofern, als die F.en bei vergleichbaren Tatbeständen rechtlich nicht anders behandelt werden dürfen als der Mann. Nun aber sind Mann und F. naturgegeben körperlich und seelisch in vieler Beziehung eigenständig und unvergleichbar. Hier die Bereiche sauber abzugrenzen, ist eine der Hauptaufgaben der Gegenwart. – Eine Beobachtung des Anteils von F.en an bestimmten Berufen und Berufsgruppen zeigt, daß die mittleren und unteren Angestelltenberufe die größten weiblichen Anteile aufweisen, während die Spitzenstellungen in Staat und Wirtschaft, im Beamtentum und in der Verwaltung nur ganz wenigen F.en vorbehalten sind. Immerhin ist erwiesen, daß jeder 5. Betrieb in der BRD selbständig von einer F. geleitet wird. – Als ganz neue Frage ist auf dem Hintergrund der Berufstätigkeit der F. die nach der sinnvollen Verbindung von → Beruf (: I) und → Ehe (: IV) aufgetaucht. In den Zeiten steigender Konjunktur zeigt sich ein Zug der F.en zum Gelderwerb über wirtschaftliche Notwendigkeiten hinaus. Dies aber stellt die Verantwortung der F. für die Kindererziehung in Frage bzw. vor neue Aufgaben. – Neben der berufstätigen Ehe-F. steht die ehelose, geschiedene oder verwitwete Berufstätige. Diese Lebensform ist noch nicht zu einer so selbstverständlichen und in der Sitte verwurzelten Ordnung geworden wie die der Ehe-F. Diese F.en haben zB Schwierigkeiten in der Wohnraumbeschaffung, was zur Entstehung von Wohngemeinschaften in F.en-Wohnheimen geführt hat. Unsicherheiten in der Anrede oder Amtsbezeichnung kennzeichnen die Schwierigkeiten. Eine Fülle von Fragen wartet hier noch auf Lösung. – Die Haltung der ev. Kirche zeigt bisher größte Vorsicht bei möglichen Zugeständnissen an die Gleichberechtigung. Das Amt der *Theologinnen* ist zwar in den Gliedkirchen der EKD geordnet (→ Frau: IV), erlaubt aber nur in Ausnahmefällen ein selbständiges Pfarramt. Für → Gemeindehelferinnen und Katechetinnen sind Dienstordnungen geschaffen worden.

Hdb. der F.enbewegung, hg.v. H.Lange u. G.Bäumer, 5 Bde, 1901–06 – H.Lange, Lebenserinnerungen, 1924 – A.v.Zahn-Harnack, Die F.enbewegung, 1928 – G.Bäumer, Lebensweg durch eine Zeitenwende, 1934 – RGG² II, 731ff (Lit.) – Ch.v.Kirschbaum, Die wirkliche F., 1949 – Informationen für die F., hg.v. Informationsdienst für F.enfragen in Bonn, seit 1952 – C.M.van Asch van Wijck, Zweisam ist der Mensch, 1952 – E.Hahn, Partnerschaft. Ein Beitr. zum Problem der Gleichberechtigung von Mann u. F. ... (Theol. Berichte über die Vollversammlung des Luth. Weltbundes Hannover 1952, Sektion 6), 1953. – Vgl. auch die Lit. zu → Frau: IV.

R.Ludwig

2. Die *Rechtsstellung* der F. ist in Bewegung in Richtung auf → Gleichberechtigung mit dem Manne unter Ablösung patriarchaler Rechtsformen. (Matriarchale Tendenzen gibt es nur in der außerrechtlichen Familienstruktur, insbesondere romanischer Länder wie zB Italien.) Die geistige Grundlage jener Bewegung bildet der zur Herrschaft in der Rechtspolitik gelangte subjektive Idealismus (zu-sich-selbst-Kommen und deshalb Selbstbestimmung der einzelnen und Gruppen), die soziologische Basis sind die Arbeitsbedingungen der modernen → Wirtschaft. Verfassungsgrundsätze fordern die Gleichheit der Geschlechter und verbieten unterschiedliche Behandlung als diskriminierend, soweit Rechtsnachteile daraus folgen. Der Gleichheitsgrundsatz von Art. 109 WRV bedeutete ein Gesetzgebungsprogramm, während

der sachlich gleiche Art. 3 des Bonner GG und der entsprechende Art. 7 der Verfassung der DDR aktuelles Recht enthalten. Für das bürgerliche Recht ist Art. 3 durch das Gleichberechtigungsgesetz vom 18.6.1957 durchgeführt. Die Gesamtauswirkung ist aber noch nicht abgeschlossen. Jedenfalls wird damit eine auf seinsmäßigen Unterschieden aufgebaute ständische Geschlechterordnung abgelöst teils durch eine funktionale Ordnung, teils durch die rechtliche Anerkennung einer freien Funktionsteilung. Letzteres, bes. die Freiheit der Berufswahl und der Ausgleich zwischen →Familie und →Beruf wird in planwirtschaftlichen Systemen aus ideologischen und wirtschaftlichen Gründen in Frage gestellt - und mit dieser Freiheit eine wesentliche Voraussetzung der Gleichberechtigung. Die kath. Lehre vertritt naturrechtlich die hierarchische Struktur der → Ehe und Familie.

Im einzelnen ist hervorzuheben: Im Bereich des *öffentlichen Rechtes* haben sich das → Wahlrecht und die Amtsfähigkeit der F. in den meisten Ländern durchgesetzt, beginnend mit Wyoming (USA) 1869 bis Griechenland 1952, in einer starken Welle seit 1945. Es fehlen die Schweiz, wo wiederholte Probeabstimmungen scheiterten, Portugal (beschränktes F.enwahlrecht) und die meisten südamerikanischen Länder. Jedoch sind nicht alle öffentlich-rechtlichen Pflichten, wie zB die → Wehrpflicht, auf die F. ausgedehnt worden. Nicht alle Regelungen können aus dem Gleichheitssatz voll abgeleitet werden und bleiben zT historisch bedingt; zB besteht nicht ohne weiteres ein Pensionsrecht des Witwers einer Beamtin. - Im *Sozial- und → Arbeitsrecht* ist die Durchführung der Gleichstellung noch nicht abgeschlossen und stößt sich bisweilen am Unterschied der Kräfte und Eignungen. Die Schutzvorschriften (zB Verbot der F.enarbeit unter Tage) bleiben erhalten (anders zT im Ostblock). - Im *Ehe- und Familienrecht* gelten folgende Regelungen: a) Die Ehemündigkeit der F. tritt in den meisten Rechtsordnungen früher ein als beim Mann (Deutschland: 16 Jahre gegen 21 bzw. 18 Jahre). - b) Der Ehe- und Familienname ist der des Mannes, doch kann die F. ihren Mädchennamen hinzufügen. - c) Innerhalb der Ehe entscheiden die Ehegatten gemeinschaftlich, eine Regelung ist vermieden (Freiheit des personalen Raums). - d) Die F. hat das Recht zur Berufstätigkeit, soweit es sich mit ihren Pflichten in Ehe und Familie verträgt (§ 1356 BGB), und ist, soweit standesüblich, zur Mitarbeit im Beruf oder Geschäft des Mannes verpflichtet. Sie hat das Recht der selbständigen Haushaltsführung und kann innerhalb der sog. Schlüsselgewalt den Mann verpflichten. Sie ist wie er zum Familienunterhalt verpflichtet, leistet aber regelmäßig diesen Beitrag durch die Führung des Haushalts. - e) Die frühere Pflicht, den Wohnsitz des Mannes zu teilen, ist nicht mehr ausdrücklich normiert, da dieser jetzt auf gemeinschaftlicher Bestimmung beruht. Wohn- und Arbeitsgemeinschaft tritt im Entwurf der DDR zurück. - f) Im Güterrecht ist der Hausrat jetzt durch wechselseitige Verfügungsbeschränkungen gebunden (§ 1369 BGB). Der gesetzliche Güterstand ist anstelle der ehemännlichen Verwaltung und Nutznießung am F.envermögen unter Voraussetzung der Gütertrennung die Zugewinstgemeinschaft. Im Falle der → Ehescheidung wird der Vermögenszuwachs hälftig gegeneinander ausgeglichen, im Falle des Todes der gesetzliche Erbteil anstelle der Zuwachsberechnung um ein Viertel erhöht. - g) Die F. hat ein → Erbrecht nach dem Manne (¼ bei Vorhandensein von Kindern, ½ bei kinderloser Ehe usw), welches den Gedanken der Vermögensgemeinschaft der Ehegatten mit dem der Erhaltung des Familienvermögens ausgleicht. - h) Die elterliche Gewalt steht jetzt Mann und Frau gemeinsam zu, sie sind auf Zusammenwirken und Einigung rechtlich angewiesen. Im Fall der Nichteinigung entscheidet der Vater (sog. Stichentscheid). Diese durch die Mißbrauchsklauseln eingeschränkte Bestimmung soll die Entscheidung sicherstellen. Jedoch steht die Vertretung des Kindes dem Vater, der Mutter hingegen nur in gewissen Fällen zu. Bei geschiedenen Eltern entscheidet der Vormundschaftsrichter, wem die elterliche Gewalt zusteht. - Im → *Strafrecht* ist die Geschlechtsehre der F. durch besondere Vorschriften geschützt (Notzucht, Mißbrauch Bewußtloser usw, Verführung Minderjähriger usw). Dagegen ist das Klagerecht des Mannes für die F. bei Beleidigung und Körperverletzung weggefallen.

H.Conrad, Grundprobleme der Familienrechtsreform, 1951 - F.W.Bosch, Familienrechtsreform, 1952 - G.Reidick, Die hierarchische Struktur der Ehe (MThS III, 3), 1953 (kath.) - Ehe u. Eherecht (Kirche im Volk 12), 1954 - H.Dombois-F.K.Schumann (Hg.), Familienrechtsreform. Dokumente u. Abh. (Glaube u. Forschung 8), 1955 - W.Siebert-H.Vogel, Familienrecht, 1955 - F.Massfeller, Familienrecht, 1957 - Ders.-D.Reinicke, Das Gleichberechtigungsgesetz mit Erläuterungen, 1958. *H.Dombois*

VI. Die Frau in der jungen Christenheit

1. Das Problem - 2. Die Beharrungskraft des Alten - 3. Säkulare Einflüsse - 4. Das Verhalten der Mission - 5. Entwicklungstendenzen

1. F. und Ehe in den → jungen Kirchen bedürfen einer besonderen Behandlung zunächst um ihrer Umwelt willen. Diese Umwelt ist einerseits durch die alten Religionen charakterisiert. Diese sind nicht nur eine Summe von Lehren und Kulten, sondern sind kulturelle Ganzheiten, in denen sich die religiöse Überlieferung ausgeformt hat zu Sitte, Brauchtum und Recht, die das ganze Gemeinschaftsleben mitbestimmen. Sie verlangen nicht so sehr die Anerkennung von Wahrheiten, sondern die Befolgung bestimmter Verhaltensweisen, des Wegs der Ahnen, der Kastenregel, des Gesetzes usw. Deshalb kommt die Auseinandersetzung mit ihnen erst dann zum Ziel, wenn das Neue des Evangeliums sich in anderen Lebensgestaltungen ausgeprägt hat, die zeichenhaft das neue Leben bezeugen. Erst wenn solch »anderes Leben« sichtbar wird - und dafür sind natürlich die Stellung der F. und die Ehe als wesentliche Züge jeder Gesellschaftsordnung entscheidend -, wird die christliche Verkündigung für breitere Schichten hörbar. - Andererseits ist aber die Umwelt der jungen Kirchen bestimmt durch den Einbruch westlicher Ideen, die von der biblischen Botschaft mit geprägt, aber von dieser Wurzel gelöst sind. Solche Leitbilder haben für die junge Christenheit eine besondere Versuchlichkeit, da sie zu gleicher Zeit mit der Mission gekommen sind und weil sie auch im Widerspruch zur alten religiösen Tradition verkündigt und praktiziert werden, von der die Christenheit sich eben erst gelöst hat. - Diese Lage macht F.en- und Ehefragen zu einem Hauptproblem missionarischen Handelns. Zugleich kann man aber an den jungen Kirchen die Lebensbewegung deutlicher sehen als bei uns, die mit dem Christwerden einsetzt und gerade diesen Lebensbereich im Gegensatz zur Tradition der alten Religion und zu neuen Irrwegen zu prägen sich anschickt.

2. Die Lage, die die Mission angetroffen hat und die in der Umwelt der jungen Kirchen vielfach praktisch noch herrscht, zeigt folgende Grundzüge: Obgleich das Weisheitsgut der Völker erstaunlich Großes und Hohes über die → Frau (: I), bes. die Mutter, sagt und es überall F.en gibt, die in der Ehe und im Gemeinschaftsleben Hochachtung und Autorität genießen, wird die F. doch meistens nicht um ihrer selbst willen wertgehalten. Vielfach gilt sie erst als Mutter, also um des Kindes willen. Sie wird auch als Arbeitskraft geschätzt, vor allem dort, wo die Polygamie wirtschaftliche Gründe hat. Und natürlich gilt sie als Geschlechtswesen. Man hat oft den

Eindruck, daß die Schätzung der Jungfräulichkeit und die überängstlich gewahrte Distanz der Geschlechter Zeichen einer übermächtigen Sinnlichkeit sind. Gerade wo solche Grenzen bes. starr gehalten werden – in der sog. primitiven Gesellschaft, aber nicht nur da –, findet man zB eine auffällig durch Zweideutigkeit verseuchte Sprache. – Rechtlich hat die F. meist keine Verfügung über sich selbst, vielfach auch keinerlei Erbrecht. Die Ehe ist nicht Sache der Gatten, sondern ihrer Sippe. Die häufigste Sicherung der Ehe ist der »Brautpreis«. Er wirkt als Unterpfand, durch das das Wohlverhalten der Ehegatten garantiert wird, weil beide Sippen Interesse daran haben, daß er nicht, etwa durch Weglaufen der F., zurückgegeben werden muß oder durch rechtswidriges Verhalten des Mannes verlorengeht. Mit dem Eindringen der Geldwirtschaft hat die Morgengabe immer stärker den Charakter eines Kaufpreises angenommen und die Stellung des Mannes in die eines Besitzers verfälscht. Wo Mitgift üblich ist, vollzieht sich eine ähnliche Entwicklung. – Diese Grundzüge der Tradition erweisen sich als außerordentlich stark und sind in den jungen Kirchen keinesfalls mit einem Schlage abgetan.

3. Daneben ist die Verführung durch das westliche Vorbild groß. Emanzipationstendenzen, ein Selbstbewußtsein, in dem schon ein geringes Maß von Schulbildung dazu führt, sich über alle überlieferten Bindungen hinwegzusetzen, und das Ideal der Neigungsehe unter der gebildeten Jugend, deren falsche Selbstherrlichkeit sich dann in erschreckend hohen Scheidungsziffern beweist, breiten sich aus, und die F.en tragen die Hauptlast daran. Es ist zu beobachten, daß solche stürmischen Entwicklungen in der nächsten Generation ruhiger werden. ZB findet man heute in Asien die mit Zustimmung der Familie geschlossenen Ehen wieder häufiger als vor dreißig Jahren, auch in Kreisen der Intellektuellen. Andererseits tritt heute das Problem der unverheirateten berufstätigen F. stärker in Erscheinung.

4. In diese Umwelt hat die westliche Mission eingegriffen. Das, was sie an Mädchenbildung tat (in manchen Fällen ließen die Eltern die verachteten Mädchen eher zur Schule gehen als die Knaben), nicht zuletzt durch Aufnahme von Mädchen in den Missionarshaushalt, wirkte als Sprengstoff. – Nicht so glücklich war das Verhalten der Mission insofern, als sie in den meisten Fällen die Polygamie damit bekämpfte, daß sie die Entlassung überzähliger F.en zur Taufbedingung machte. Man erkannte nicht, daß man damit im Volksbewußtsein legitim geschlossene Ehen schied. Obgleich das Problem seit einigen Jahrzehnten diskutiert wird, ist heute eine Änderung solcher Praxis deshalb schwer, weil sie von der Umwelt als Anerkennung der Polygamie mißverstanden werden würde. – Ähnlich rigoros ist man vielfach in der Frage des Brautpreises vorgegangen, den man als einen F.enkauf auch in Verhältnissen ansah, wo das nicht zutraf. Dann mußte man es natürlich erleben, daß das Gewissen der jungen Christenheit nicht mitging und der Brautpreis eben doch offen oder vielfach heimlich geleistet wurde. Aber viele Missionen sind auch den rechten Weg gegangen, die Entscheidung über diese Sitte der jungen Christenheit selber aufs Gewissen zu legen. – Eine unschätzbare positive Wirkung hat in der Mission zweifellos das Beispiel der Missionarsehen und -familien gehabt, ebenso der besondere Dienst der → Frauenmission, die neben den Missionars-F.en das meiste dazu tat, der Kraft des Evangeliums im Leben der Mädchen und F.en Bahn zu brechen.

5. In der Gemeinde der ersten Generation zeigen sich meist vier Ansatzpunkte in bezug auf das, was im Leben der F. und der Ehe neu wird. Der erste ist die *Taufe,* die die F. voll einreiht in die Gemeinde und ihr um dessentwillen, was Christus an ihr getan hat, eine neue Stellung gibt, die nicht mehr nur auf dem Wert beruht, den sie für die Gemeinschaft hat. Es zeigt sich zB in der Fürsorge für die Witwen, wo früher die Levirats-Ehe üblich war, oder darin, daß die Gemeinde für ein Mädchen, das »Eigentum des Herrn Jesus« geworden ist, dafür einsteht, daß sie von ihrer heidnischen Verwandtschaft nicht mehr als Neben-F. weggegeben werden kann. – Daneben tritt mit der *Gemeindezucht* die Notwendigkeit, die Ehe durch den Brautpreis zu sichern, zurück. Wo man nicht den radikalen Weg geht, ihn abzuschaffen, »weil Gott ja auch für Eva von Adam keinen Preis gefordert hat«, sucht man ihn vor Überhöhung zu sichern und vor allem ihm den Sinn einer Dankesgabe zu geben. – Der dritte Ansatz ist die *seelsorgerliche Verantwortung,* die die Ehegatten gegeneinander und gemeinsam für ihre Kinder neu erfahren. Das Gebet mit- und füreinander, die Sorge, einander »mit sich in den Himmel zu bringen«, sind gänzlich neu im Verhältnis zur Umwelt. In dieser Verantwortung bleibt es nicht aus, daß die Kleinfamilie (dh Vater-Mutter-Kinder) im Rahmen der Großfamilie oder Sippe ein eigenes Gewicht bekommt, nicht um der Emanzipation willen, sondern wegen neu erkannter Verantwortlichkeit. – In dem allem entsteht schließlich eine *gewandelte Atmosphäre* im F.enleben. Die Ehe wird aus der Sphäre bloßer Sexualität oder des Zweckes herausgehoben, oder besser: sie wird umschlossen und getragen von dem ewigen Ziel, zu dem sich Mann und F. gerufen wissen. Wenn sich ein Mann, obgleich seine F. kinderlos bleibt, entschließt, nicht das zu tun, was früher selbstverständlich war, sondern die Treue zu halten, dann wird diese neue Atmosphäre auch für andere offenbar. Aber auch ohne solche Grenzfälle wirkt sich das neue gemeinsame Leben so stark aus, daß es vor allem in mohammedanischer Umgebung nicht wenige Menschen gibt, denen das, was sie an christlicher Ehe sahen, Anlaß wurde, sich zur Taufe zu melden. Man kann auch sonst beobachten, wie die Eheauffassung der Umwelt bis in die Entscheidungen von Dorf- oder Stammesautoritäten durch das christliche Vorbild beeinflußt wird.

In der zweiten Generation der jungen Kirchen kommt es vor, daß diese Ansätze teilweise überdeckt werden. Vor allem in manchen Teilen Afrikas ist die Polygamie so stark, daß sie wieder in die Kirche einzubrechen droht. Selbstverständlich werden Polygamisten in Kirchenzucht genommen. Aber es kann dazu kommen, daß 70 oder 80 v.H. der vollberechtigten Kirchenglieder F.en sind. – Eine allgemeine Erscheinung ist, daß neue Formen hauptamtlichen christlichen F.endienstes sich entwickeln in Seelsorge, Schule und Hospital. Manchmal hat man den Eindruck, daß selbständige junge Kirchen die F. leichter zum geistlichen Amt zulassen, als das in der alten Christenheit geschieht. Die ersten Anzeichen zur Bildung von Schwesternschaften solcher hauptamtlich dienenden F.en sind am weitesten in Indien entwickelt. F.envereinigungen (die sog. F.engebetskreise in Südafrika, und in Asien solche, die sehr kräftig in die Öffentlichkeit hineinwirken) tun einen wichtigen Dienst in der Kirche. – Beides, die Problematik der gegenwärtigen Situation und das Weiterwirken der neuen Ansätze, spiegelt sich in der Bewegung für christliches Heim- und Familienleben, die seit der Madras-Konferenz 1938 (→ Internationaler Missions-Rat) ein immer weiteres Echo findet. In fast allen nationalen kirchlichen Zusammenschlüssen bestehen besondere Kommissionen für diese Fragen, in vielen jungen Kirchen regelmäßige Veranstaltungen, etwa besondere Wochen, die dem Ziel dienen, unter der Weisung der Schrift in den Fragen der F. und der Ehe den Weg zu finden mitten hindurch durch das Alte, soweit es nicht mehr binden darf, und die neue Situation.

K.Bliss, Frauen in den Kirchen der Welt, 1954 - R.B.Manikam-I. Highbaugh, The Christian Family in Changing East Asia (Konferenzbericht), Manila 1954 - Th.Price, African Marriage (International Missionary Council Research Pamphlet Nr. 1), London 1954.

W.Freytag

Frauenmission als besonderer Zweig der Missionsarbeit ist der missionarische Dienst durch unverheiratete Missionarinnen. F. konnte naturgemäß erst entstehen, als sich der beruflichen Tätigkeit der → Frau (: V, 1) die Türen öffneten. Die Notwendigkeit besonderer F.sarbeit wurde bald erkannt; die indischen, chinesischen und mohammedanischen → Frauen (: VI) konnten in ihrer Abgeschlossenheit vom Missionar nur unzureichend, oft gar nicht erreicht werden. Die Frau des Missionars mußte lange Zeit hindurch fast allein den Dienst an den heidnischen Frauen versehen, der als nebenamtlicher nicht ausreichen konnte. Nur zögernd aber fanden sich die deutschen Missionsgesellschaften bereit, unverheiratete Lehrerinnen, Krankenschwestern und Ärztinnen auszusenden und als »missionarische Hilfskräfte« (Warneck) einzusetzen. Lange noch blieb eine Abneigung gegen die rein evangelistische Arbeit der Frauen mit den bekannten Einwänden gegen die Theologin und ihr Amt (→ Frau: IV). Heute dürfte die Meinung hinfällig geworden sein, daß es »ein Irrweg ist, Frauen für die Evangelisation auszusenden« (W.Oehler, RGG² II, 737).

In Amerika und England geschah der erste Vorstoß. 1819 wurde in New York eine methodistische F.s-Gesellschaft gegründet, 1821 von der Britischen und Ausländischen Schulgesellschaft eine Lehrerin nach Indien geschickt. 1827 sandte die → Londoner Mission die erste Missionarin aus, 10 Jahre später die amerikanische F.s-Gesellschaft. 1834 entstand in London eine Gesellschaft für F., 1838 in Schottland. Die größeren Missionsgesellschaften gliederten sich nach und nach Frauenabteilungen oder F.s-Gesellschaften mit verschiedenem Maß von Selbständigkeit an. Auf dem europäischen Kontinent gab 1841 der Basler Missionsinspektor W. → Hoffmann den entscheidenden Anstoß durch seinen »Aufruf an die christlichen Frauen Deutschlands und der Schweiz«, der 1842 in Berlin zur Gründung des Frauenvereins für christliche Bildung des weiblichen Geschlechts im Morgenland führte (heute → Morgenländischer Frauenmissionsverein). Er hat eine beachtliche Zahl von Lehrerinnen ausgebildet und verschiedenen Missionsgesellschaften zur Verfügung gestellt (in den ersten 50 Jahren seines Bestehens leider fast ausschließlich englischen, da sich die deutschen noch nicht dazu entschließen konnten, Frauen auszusenden). - Einen hoffnungsvollen Anfang der Verbindung von Mission und Diakonie machte J.E. → Goßner, als er 1840 zwei Schwestern nach Indien sandte. 1851 begann Th. → Fliedner das Orientwerk, das, obwohl vorwiegend diakonisch, wertvolle indirekte Missionsarbeit leistete. Eine besonders enge Verbindung zwischen Mission und Diakonie schufen → Bodelschwingh (1886) und Eva von Thiele-Winkler. 1850 kam erneut ein dringender Aufruf zur F. von K. → Gützlaff. Auf seine Anregung hin entstand der Berliner F.s-Verein für → China (: IV C, 1e; 1860 Findelhaus »Bethesda« in Hongkong). 1890 trat die → Hildesheimer Blindenmission hinzu. Die → China-Inland-Mission stellte als erste Gesellschaft die Missionarin gleichwertig neben den Missionar. Um 1900 kam neues Leben in die F.sarbeit durch die Gründung des Deutschen → Frauen-Missions-Gebetsbundes. Er hat von Anfang an mit der F. → Malche zusammengearbeitet. Seit 1900 arbeiten Missionarinnen der jetzigen → Evangelischen Mission in Oberägypten, besonders in der ärztlichen Pflege. - 1905 wurde der Nyassabund gegründet, der Schwestern in die Arbeit der → Berliner Mission nach Ostafrika sandte. Zu den genannten Bünden kamen später andere hinzu, meist mit speziellem Aufgabengebiet, wie 1926 die Hotschuanmission (jetzt: Mission der Frauen- und Mädchen-Bibelkreise; → MBK-Mission) und nach dem 2.Weltkrieg das → Japan-Komitee deutscher Missionen, das aber über den Rahmen einer reinen Frauenarbeit hinauswächst. - Der → Studentenbund für Mission prägte eine große Zahl akademisch gebildeter Frauen, die als Lehrerinnen oder Ärztinnen an den verschiedensten Stellen Dienst taten und tun. - Heute ist die F. in leitenden oder beratenden Gremien fast aller deutschen Missionsgesellschaften vertreten. Seit 1925 besteht die Arbeitsgemeinschaft deutscher ev. F.en als Kommission des Deutschen Ev. → Missionsrates. - Dringendste Aufgabe der F. war von Anfang an die Ausbildung von Gehilfinnen. In China und Indien waren es die → Bibelfrau, in Afrika die Gemeindemutter, Vorgeherin oder Gebetsfrau, die unschätzbare Dienste taten. Die schlichte Bibelfrau verschwindet, vor allem in Asien, mehr und mehr; ihre Stelle nimmt die Gemeindehelferin ein. In Afrika hat sie noch stärker ihren Platz und wird durch Freizeiten und Kurse zugerüstet. Gebildete Frauen aus den Kirchen Asiens und Afrikas suchen selbst nach Wegen und Formen ihnen gemäßer F.sarbeit (Ashrams in Indien, Ansätze für die Diakonie in Japan, Indien und Indonesien, Frauenbünde mit kirchlich-sozialen Aufgaben).

G.Wasserzug-Traeder, Dt. Ev. F.sarbeit, 1927 - M.Burgwitz, Missionsdiakonie (Diss. Halle), 1940 - K.Bliss, Frauen in den Kirchen der Welt, 1954 - R.B.Manikam-I.Highbaugh, The Christian Family in Changing East Asia, 1954 - EMM 98, 1954, 97-115 (der F. gewidmete Sonder-Nr.) - U.Brennecke, Frauen u. Schwesternarbeit in der Mission, 1957.

U.Brennecke

Frauen-Missions-Gebetsbund, Deutscher. Von Schweden über E.Lohmann angeregt, um 1900 unter Vorsitz von Frau Frida von Bethmann-Hollweg gebildet, setzt sich der zu den Allianz-Missionen gehörende F. zur Aufgabe, Frauen zu missionarischer Verantwortung aufzurufen (→ Frauenmission). 1939 standen 30 Missionarinnen im Dienst. Die eigene Arbeit in → Ceylon (: III) wird seit 1956 in Verbindung mit der dortigen Methodistischen Kirche durchgeführt, im Libanon mit der → Karmelmission, in Südafrika mit der → Bethelmission, in Südwestafrika mit der → Rheinischen Missionsgesellschaft. Die Arbeit in China mußte 1951 aufgegeben werden. Der F. hat seine Zentrale in Rostock (Vorsitz: Frau Gertrud von Bülow); seine rd 18 000 Mitglieder gehören sowohl den Landeskirchen als auch Gemeinschaften und Freikirchen an.

Werden u. Wachsen des dt. Frauenmissionsbundes, 1914 - Zum 50jährigen Jubiläum, 1957.

G.Buege

Frauenverbände, *kirchliche, in Deutschland,* unterscheiden sich nach Alter, Arbeitsgebieten und Organisationsform. Eins sind sie in der Begründung ihrer Aufgaben in dem Ruf Jesu Christi und der Grundlegung aller Arbeit in Gottesdienst, Bibelarbeit und geistlicher Gemeinschaft.

1. Insgesamt 21 Verbände und 23 landeskirchliche Frauenarbeiten haben sich 1918 zur *Ev. Frauenarbeit in Deutschland* zusammengeschlossen (zunächst unter dem Namen: Vereinigung der Ev. F. Deutschlands). Die heutige Ev. Frauenarbeit in Deutschland (Sitz Frankfurt/M.) hat folgende Aufgaben: a) Vertretung der ev. Frauen innerhalb der EKD und der Ökumene, gegenüber Stellen der Öffentlichkeit und allen nicht-ev. Frauenverbänden durch Verhandlungsführung, Eingaben und Stellungnahmen zu Fragen von allgemeiner Bedeutung. - b) Erfahrungsaustausch und gegenseitige Orientierung innerhalb der kirchlichen F. durch Arbeitstagungen, Rundschreiben und monatlich erscheinende »Mitteilungen der Ev. Frauenarbeit in Deutschland«. - c) Mitarbeit

an umfassenden Aufgaben in Kirche, Volk und Ökumene. Für Spezialaufgaben wurden Arbeitsgemeinschaften gebildet, zB die Ev. Arbeitsgemeinschaft für Müttergenesungsfürsorge, für Landfrauenfragen, für Berufstätige, die Arbeitsgemeinschaft Ev. Hausfrauen u.a. Die Ev. Frauenarbeit in Deutschland, die Fachverband der → Inneren Mission ist, wird von einem Leitungskreis mit 5 Mitgliedern geführt (Vorsitzende: Frau H.Ellenbeck, Berlin).

2. Die *Verbände im einzelnen* können unterschieden werden nach Art und Umfang der Aufgaben.

a) Zu den *Verbänden mit allgemeinen und umfassenden Aufgaben* gehört die 1899 als Verband gegründete Ev. Frauenhilfe in Deutschland, die vornehmlich auf gemeindlicher Basis arbeitet. Durch Bibelarbeit und Besprechung von Lebens- und Arbeitsfragen sollen die Glieder ausgerüstet werden für ihren Dienst als christliche Frauen in Haus, Gemeinde und Öffentlichkeit. Die Frauenhilfe ist übergemeindlich Träger von Müttergenesungsfürsorge, Mütterschularbeit, Hauspflege und mancherlei Schulung für fürsorgerische und staatsbürgerliche Aufgaben. Die Frauenhilfe der EKD in der DDR ist kircheneigenes Werk. Als Zeitschrift erscheint »Der Bote für die ev. Frau«, ebenso eine Arbeitshilfe und Schriftenfolge »Zum Weitergeben«. – Ähnlich breit gelagerte Aufgaben haben diejenigen landeskirchlichen Frauenarbeiten, denen alle Frauen der Gemeinden zugerechnet werden und deren Träger die jeweilige Kirche ist, zB das Frauenwerk der Ev.-luth. Landeskirche Hannovers, das Frauenwerk der Ev. Landeskirche Baden, die Landeskirchliche Frauenarbeit Schleswig-Holstein und das Landeskirchliche Frauenwerk Hamburg. Im Gegensatz zu Verbänden, die Vorstände wählen und sich im wesentlichen selbst finanzieren, werden hier die Leiterinnen von der Kirche berufen und das Werk von der Kirche unterhalten. Von diesem Typ sind zu unterscheiden landeskirchliche Frauenarbeiten, in denen selbständige Verbände zu loser Zusammenarbeit auf landeskirchlicher Ebene zusammengefaßt sind, zB die Ev. Frauenarbeit in Hessen und Nassau oder in Württemberg.

b) In einem Übergang zu *Verbänden mit spezialisierten Aufgaben* steht der 1899 als ev. Zweig der Frauenbewegung gegründete Deutsch-Ev. Frauenbund, der ein Beispiel dafür ist, wie auch bei Verbänden mit stark auf die Öffentlichkeit ausgerichteter Arbeit das Hören auf das Wort Gottes und die Bezogenheit auf die Gemeinde im Zentrum stehen (P. → Mueller-Otfried). Dies wird nicht zuletzt daran deutlich, daß der Deutsch-Ev. Frauenbund Träger eines Seminars für den kirchlichen Dienst ist. Bei der in erster Linie sozialpolitischen Arbeit besteht enge Fühlung mit der →Inneren Mission. Die Bemühungen galten seit 1945 u.a. dem Unehelichenrecht, der Prostitution, dem Jugendarbeitsschutz; für Mütter, Säuglinge und Gefährdete werden besondere Häuser unterhalten. Als Zeitschrift erscheint die »Neue Ev. Frauenzeitung«. – Der Bayerische Mütterdienst, eine der jüngsten Gründungen (1932) mit weit über Bayern hinausgehender Bedeutung, erblickt seine zentrale Aufgabe in der Fürsorge für die durch zwei Kriege und ihre Folgen besonders betroffenen Mütter. Seine Sorge gilt in der Müttererholung der Erhaltung und Wiederherstellung ihrer Gesundheit durch körperliche und geistliche Hilfe, im Mütterdienst einer geistlichen und sachlichen Zurüstung für die Aufgaben in Familie, Gemeinde und Volk. Im eigenen Laetare-Verlag erscheint die Zeitschrift »Laetare-Heft« sowie eine Schriftenreihe für die ev. Mutter. Außerdem besteht ein Seminar für den kirchlichen Dienst. – Die übrigen in diesem Zusammenhang zu nennenden Verbände haben jeweils engere Aufgabengebiete: Das → Gustav-Adolf-Werk der EKD-Frauenarbeit die Hilfe für die Diaspora; die Deutsche Arbeitsgemeinschaft im Internationalen Bund der Freundinnen junger Mädchen die Sorge für ortsfremde junge Mädchen in Großstädten und im Ausland; der Ev. Reichsverband der Deutschen → Bahnhofsmission den missionarischen und sozialen Dienst auf Bahnhöfen; die Marienberger Vereinigung für Ev. Paramentik e.V. und die Von-Veltheim-Stiftung die Pflege ev. Paramentik (→ Paramente); die Arbeitsgemeinschaft Deutscher Ev. → Frauenmission die Unterstützung und Ausübung der Äußeren Mission an Frauen.

c) Die *Organisationen für Berufsgruppen und berufstätige Frauen* haben weitgehend den Charakter von Arbeits- und Gesinnungsgemeinschaften mit dem Ziel, Fragen des Berufsstandes vom Evangelium her zu lösen, zur Berufserfüllung im Gehorsam gegen Christus zu helfen und einander schwesterlich, auch in wirtschaftlicher Hinsicht, beizustehen. Gelegentlich spielt auch die gesetzliche oder tarifliche Eingliederung des Berufs eine Rolle. Verbände dieser Art sind der Konvent Ev. Vikarinnen in Deutschland (Organ: »Die Theologin«), der Bund Ev. Fürsorgerinnen (Organ: Rundbrief) und der Verband Ev. Kindergärtnerinnen, Hortnerinnen und Jugendleiterinnen Deutschlands e. V. – Vom Beruf des Mannes her ergab sich der Zusammenschluß von →Pfarrfrauen zum Pfarrfrauenschwesternbund. – Die Ev. Akademikerschaft in Deutschland-Akademikerinnenarbeit (→ Akademikervereinigungen: I) faßt die männlichen und weiblichen Akademiker bewußt zusammen. Die Akademikerinnenarbeit will das Ziel der Akademikerschaft, die christliche Botschaft unter Akademikern auszurichten und zur rechten Erkenntnis in den geistigen Grundfragen unserer Zeit zu helfen, speziell unter den Frauen verwirklichen. – Die jüngste Gründung ist der Irenenring ev. Schwesternschaft für berufstätige Frauen. Das Gewicht liegt auf der geistlichen Gemeinschaft als Hilfe für die Erfüllung des Berufes als Gottesdienst im einsamen Stand. Lebensgemeinschaften sind erstrebt. Die Gemeinschaft wird durch geistliche Lebensordnung, Rüsttage, gegenseitige Fürbitte und einen Rundbrief hergestellt.

d) Bei den *Verbänden weiblicher Diakonie* lassen sich drei Formen unterscheiden: Der Kaiserswerther Verband Deutscher Diakonissenmutterhäuser e. V. entsendet die Diakonissen als Töchter ihrer Mutterhäuser in ihre zahlreichen pflegerischen, erzieherischen und fürsorgerischen Dienste (→ Diakonie, → Kaiserswerth). – Einen anderen Typ stellt der Zehlendorfer Verband für Ev. Diakonie dar. Ihm gehören Schwesterngenossenschaften an, die die Selbstverantwortlichkeit der Schwestern bejahen und deren gemeinsames Ziel die Erziehung zu diakonischer Gesinnung für den Dienst in der Diakonie, aber auch in Familie und Öffentlichkeit ist. Die bekannteste unter ihnen ist die Schwesternschaft des Ev. Diakonievereins, die sich als ev. Lebens- und Erziehungsgemeinschaft zur Erfüllung des Doppelauftrages: Frauenerziehung und Schwesterndienst versteht (Zeitschrift: »Die Diakonieschwester«). – Einen weiteren Schritt auf dem Wege zu einer Berufs- und Gesinnungsgemeinschaft stellt die Schwesternschaft der Inneren Mission dar, deren Schwestern mit pflegerischer, erzieherischer oder fürsorgerischer Ausbildung ihren Arbeitsplatz frei wählen und den Dienstvertrag selbständig abschließen. Sie sind verbunden in der Auffassung des Dienstes als christlicher Liebestätigkeit. – Die Diakoniegemeinschaft schließlich umfaßt alle ev. Schwesternschaften.

e) Die *Verbände für die weibliche Jugend* (→ Jugendvereinigungen: I) können insofern unter den kirchlichen F.n aufgeführt werden, als ihre Arbeit sich auch auf die Berufstätigen erstreckt. Dabei liegt beim Reichsverband weiblicher Jugend e.V. (Burckhardthaus) der Akzent stärker auf der Hilfe zur Erfüllung des Auftrages in Beruf und Öffentlichkeit aus christlicher Glaubenshaltung. Wesentliche Bemühungen gelten den den soziologischen Umschichtungen besonders ausgesetzten jungen Berufstätigen, der Arbeiterin und der Hausangestellten. Der Reichsverband gibt eine Schriftenreihe »Für junge Frauen im Beruf« heraus, hat einen eigenen Burckhardthaus-Verlag und unterhält Bibelschulen in Gelnhausen und Berlin. In der DDR ist die Arbeit Teil der → Jungen Gemeinde. - Die Arbeitsgemeinschaft für Ev. Frauen- und Mädchenbibelkreise (MBK) betont in besonderer Weise die Lebensgestaltung aus der persönlichen Bindung an Christus und eine daraus erwachsende missionarische Haltung. Sie ist Träger einer eigenen Mission, die in Indien und Japan arbeitet, und einer Bibelschule, veröffentlicht als Zeitschrift für Berufstätige »Arbeit und Stille im Leben der Frau« und hat einen eigenen Verlag.

3. *Außerhalb der Ev. Frauenarbeit in Deutschland* stehen als diakonische Verbände der Deutsche Gemeinschaftsdiakonieverband, der Bund deutscher Gemeinschafts-Diakonissenmutterhäuser und der Verband der ev.-freikirchlichen Diakonissenmutterhäuser Deutschlands. Hinzu kommen als Gründungen der Nachkriegszeit der Ev. Freiberufliche Deutsche Schwesternverband in Köln-Riehl mit ähnlichen Grundsätzen wie die Schwesternschaft der Inneren Mission (s. 2d) sowie das Mutterhaus für kirchliche Diakonie in München für Berufstätige in breiter Schichtung, die sich in den Dienst der Kirche stellen. - Eine völlig neuartige Gründung im ev. Raum ist die Ökumenische Marienschwesternschaft in Darmstadt mit ordensmäßigem Charakter (seit 1944; → Bruderschaften: III, 2b). Zur »Schwesternschaft des Gebets« schlossen sich im selben Jahr in Stuttgart kirchliche Mitarbeiterinnen zusammen, die nach einer festen Gebetsordnung leben.

N. Hartwich, Hdb. für ev. Frauen, 1929 - E. Schwarzhaupt, Aufbau der Ev. Frauenarbeit in Deutschland (Amtsblatt der EKD 1947, 189-259) - G. Wasse, Die Werke u. Einrichtungen der Ev. Kirche, 1954. *A. Rudolph*

Fravaschi (= »Bekenntnis« oder = »Schutz«? Neupers. farvar) bezeichnet einen den Menschen schon präexistent - oder doch von der Geburt an: im heutigen Volksglauben hamzād - als Schutzgeist (→ Geister: I) begleitenden Doppelgänger und nach dem Tode seine im Jenseits fortlebende Seele. Avestische Systematisierungssucht hat auch Ahuramazda (→ Ormazd) und den Göttern, ja den F.s selbst eine F. zugeschrieben (13. oder Fravartīn-Yašt). Später und heutiger Zoroastrismus sieht in der F. so etwas wie die *Idee* der Dinge, in der organischen Welt etwa das Lebensprinzip. - Im Kalender heißen der 1. Monat und der 19. Monatstag Farvardīn (Fravartīn): ein »Allerseelen«-Fest findet während der ersten fünf den F.s geheiligten Tage des Farvardīn-Monats statt (→ Totenverehrung: I).

ERE VI, 116ff - N. Soederblom, Les Fravashis, Paris 1899 - O.G. v. Wesendonk, Das Weltbild der Iranier, 1933, 227ff u.ö. - H.S. Nyberg, Die Religionen des alten Iran (MVÄG 43), 1938, 62ff. 145f u.ö. - Aus dem Zoroastrismus der Gegenwart: Kai-Ḫusrau Šāhruḫ, Furūġ-i-mazdayasnī, Bombay 1338 (= 1919), 107ff, bes. 119ff - M. Aurang, Yaktāparastī dar Īrān-i-bāstān, Teheran 1334 (= 1955), 242ff - Dastur Framroze Ardeshir Bode in: Proceedings of the 23rd International Congress of Orientalists at Cambridge 1954, 1957, 163f. *W. Eilers*

Frayssinous, *Denis de* (1765-1841), einflußreiche Persönlichkeit des Katholizismus der Restaurationszeit (→ Frankreich: I, 8). * in Curières (Aveyron), 1789 Priester, 1800 Prof. für Dogmatik an St. Sulpice. Großen Erfolg hatte F. mit seinen zwischen 1803-22 bei den Karmelitern gehaltenen, von Napoleon zeitweilig (1809-14) verbotenen religiös-apologetischen Vorträgen gegen den Materialismus. 1819 Generalvikar des Erzbischofs von Paris, 1821 Erster Seelsorger des Königs, Bischof von Hermépolis und Großmeister der Universität (das Vorlesungsverbot für → Guizot und Royer-Collard geht auf ihn zurück), Pair de France, Mitglied der Académie, Kultusminister (1824-28). F. folgte der königlichen Familie ins Exil und wurde Erzieher des Herzogs von Bordeaux (1833-38). Dann lebte er still und zurückgezogen in Paris.

Vf. u.a.: Les vrais principes de l'église gallicane, 1818; Défense du christianisme, 1825 (17 Aufl., mehrfach übers.); Conférences et discours inédits, 1843. - Über F.: M. Henrion, Vie de Mgr. F., Paris 1844 - F. Colombet, Etude sur F., Lyon 1853 - RE VI, 241f - L. Bertrand, Bibliographie sulpicienne II, Paris 1900 - DThC VI, 794ff - Ch. Garnier, F., son rôle dans l'Université, Paris 1925 - E. Hocedez, Histoire de la théologie au XIXème siècle I, Brüssel 1949, 88ff - EC VI, 1754f. *J. Roth*

Frazer, *Sir James George* (1.1.1854 bis 7.5.1941), * Glasgow, † Cambridge, mehr als 60 Jahre am Trinity College in Cambridge tätig, Ethnologe, Anthropologe und Religionshistoriker. F. ist, ausgehend von der klassischen Altertumswissenschaft, durch E.B. Tylors »Primitive Culture« zur Beschäftigung mit Anthropologie und Folkloristik gekommen, die zu Studien über → Tabu und → Totemismus und über primitive Religionen allgemein führte. Trotz dieser Verlagerung des Arbeitsgebietes hatte er stets lebendiges Interesse für das klassische Altertum und seine Literatur, was nicht nur in den Hauptwerken (vor allem im »Goldenen Zweig«), sondern auch noch in Spätwerken (u.a. The Fasti of Ovid, 1929; Graecia antiqua, 1930) zum Ausdruck kommt. Obwohl seine Leistung etwa mit dem Evolutionismus → Darwins und der rationalistischen englischen Ethnologen und Soziologen zusammengesehen wird, war F. doch für das religionsgeschichtlich Wesentliche ungemein feinfühlig, anregend und ideenreich kombinierend. Züge echter → Religionsphänomenologie finden sich insofern, als die Religionen ohne Werturteil als Erscheinungen des menschlichen Bewußtseins auf dem jeweiligen Gruppenboden behandelt werden. Alle seine Arbeiten bieten einen überwältigenden religionsgeschichtlichen Materialreichtum dar. - Vgl. → Mannhardt.

Vf. u.a.: The Golden Bough, (2 Bde, 1890; 3 Bde, 1900²; 12 Bde, 1911-15 bzw. 1920³; Suppl. Aftermath, 1936) London 1949⁹; dt.: Der Goldene Zweig (gekürzt), 1928; Totemism and Exogamy, 4 Bde, (1910) London 1935⁵, Suppl. London 1937; The Belief in Immortality and the Worship of the Dead, 3 Bde, 1913-24; Folk-Lore in the OT, 1919; Man, God and Immortality, 1927; Creation and Evolution in Primitive Cosmogonies, 1935. - Über F.: Th. Besterman, A Bibliography of Sir J.G.F., London 1934 - R. Peterson, Sir J.G.F.'s Theorie vom Wesen u. Ursprung der Magie (Phil. Diss. Bonn), 1929 - R.A. Downie, J.G.F., the Portrait of a Scholar, London 1940 - S. Campion, Autumn of an Anthropologist (New Statesman and Nation 41, 1951, 34-36) - M.J.C. Hodgart, In the Shade of the Golden Bough (The Twentieth Century 157, 1955, 111-119; kulturgesch. Nachwirkungen). *K. Goldammer*

Frecht, *Martin* (1494-1556), von Ulm, studierte seit 1513 in Heidelberg, wo er bei der Disputation von 1518 → Luther hörte. Als Heidelberger Prof. hielt er sich im Abendmahlsstreit (→ Abendmahl: II, 3a) zurück; erst seine Berufung nach Ulm (1531) als Lektor der Schrift warf ihn unmittelbar in die Reformationskämpfe. Als Leiter der Ulmer Kirche nach → Sams Tod führte er in ständigem Kampf mit Zwinglianern und Spiritualisten (Seb. → Franck und → Schwenckfeld) die Reichsstadt der luth. Reformation zu. F. nahm an der → Wittenberger Konkordie sowie an den Religionsgesprächen von Worms (1540) und Regensburg (1541) teil. Das → Interim brachte ihm zermürbende Gefangenschaft in Kirchheim u.T., Entlassung aus Ulm, doch auch Aufnahme in Nürnberg und schließlich in Württemberg, zunächst (1551) als biblischer Lektor im Tübinger Stift, dann (1553) als Theologie-Prof.

RE VI, 242ff - J.Endriss, Das Ulmer Reformationsjahr 1531, 1931 - F.Fritz, Ulmische KG vom Interim bis zum Dreißigjährigen Krieg (Blätter f. württ. KG NF 35, 1931, 130-206). *H.Fausel*

Fredegisus *(Fridugis)*, Angelsachse, Schüler → Alkuins, Abt von St.Martin in → Tours (804-834), von St.Omer und St. Bertin, wirkte als Lehrer am Hof und 819-832 als Kanzleivorstand Ludwigs des Frommen. Der Verbesserung des Urkundenstiles dienten die auf seine Veranlassung zusammengestellten »Formulae imperiales«. Seine Schrift »De nihilo et tenebris«, in der er ratio und auctoritas als Erkenntnisquellen anerkannte, suchte zu erweisen, daß das Nichts etwas sei. Seine Auffassung der Verbalinspiration der Hl. Schrift wurde von → Agobard kritisiert.

MG Epp IV, 552ff. - Hauck II, 153ff - C.Mazzantini, Ancora intorno a »nulla« di Fredegiso da Tours (Atti della Accad. delle scienze di Torino, Classe di scienze morali, storiche e filologiche 87, 1952/53, 170-196) - Wattenbach-Levison 2, 233 Anm. 222; 3, 305 Anm. 49. *H.Löwe*

Freder, *Johannes* (1510-62), Schwager des Justus → Jonas, Streittheologe aus der Reformationszeit. Streitobjekt war die Frage der Ordination. Als Prediger am Dom in Hamburg hatte F. 1540 aus praktischen Erwägungen auf die Ordination verzichtet, später wurde sie für ihn zum grundsätzlichen Problem; er hielt sie für ein → Adiaphoron. Als Sup. von Stralsund widersetzte er sich 1547 dem Verlangen des pommerschen General-Sup. → Knipstro, sich ordinieren zu lassen. 1549 seines Amtes entsetzt, war er kurze Zeit Prof. in → Greifswald, dann 1550 Sup. von Rügen. Aus kirchenpolitischen Gründen war hier der Streit noch heftiger. Knipstro zum Trotz ließ sich F. durch den Bischof von Roeskilde ordinieren, dem seit 1543 Rügen kirchlich unterstellt war, beharrte im übrigen aber bei seiner grundsätzlichen Stellung. Zwei Gutachten der Wittenberger Theologen, auch die Synode von Greifswald (1556) vermochten ihn nicht umzustimmen. So ging er 1556 als Sup. nach Wismar.

G.Mohnike, J.F., 3 Teile, 1837-40 - RE X, 594ff - ADB VII, 327. *H.Laag*

Freiburg

I. Erzbistum - II. Universität

I. Erzbistum

Das Erzbistum F. wurde als Landesbistum für das Großherzogtum → Baden (einschließlich des Fürstentums Hohenzollern) und als Metropolitansitz der oberrheinischen Kirchenprovinz errichtet, welche die weiteren Landesbistümer → Rottenburg, → Mainz, → Limburg und → Fulda umfaßte, und zwar aus Teilen der früheren Bistümer → Konstanz und → Worms und der nach 1802 wiedererrichteten Bistümer → Straßburg, → Speyer, Mainz und → Würzburg. Metropolitan-Sprengel und Bistumsumfang wurden in der Zirkumskriptionsbulle »Provida sollersque« vom 16.8.1821 zusammen mit den übrigen 4 Bistümern festgelegt. Nach vorangegangenen vergeblichen Versuchen einer Gesamtregelung fanden sich auf Initiative Württembergs (K.A.v.Wangenheim) und Metternichs wenigstens Baden, Württemberg, Nassau, Hessen-Darmstadt und Kurhessen zu gemeinsamer Regelung der Verhältnisse der kath. Kirche in ihren Staatsgebieten auf den Frankfurter Konferenzen zusammen (Staatsvertrag vom 18.2.1822). Erst 1827 kam es, wesentlich auf badische Initiative, zur faktischen Errichtung und ersten Besetzung der Bistümer. Auf die Bulle »Ad dominici gregis custodiam« vom 11.4.1827 und das Breve »Re sacra« vom 28.5.1827 mit der Regelung der Besetzungsmodi der Bischofsstühle und Domkapitel folgte am 16.10.1827 das staatliche Fundationsinstrument für das Erzbistum F., nach großherzoglicher Bestätigung des Erzbischofs am 20.10.1827 die Bischofsweihe und ein neuerlicher Staatsvertrag zwischen den Regierungen der oberrheinischen Kirchenprovinz vom 15.11.1827. Dem staatskirchlichen Territorialismus in der Bistumseinteilung entsprach eine Restauration bzw. Nachholung des absolutistischen Staatskirchentums mit den traditionellen Institutionen in den von den Regierungen gleichzeitig publizierten landesherrlichen Verordnungen vom 30.1.1830 über die Ausübung des landesherrlichen Schutz- und Aufsichtsrechts, zugleich Keim der schweren kirchenpolitischen Kämpfe innerhalb der Kirchenprovinz und vor allem in der Erzdiözese nach 1848. Der Kampf des Episkopats um den Abbau der staatskirchlichen Fesseln und für kirchliche Autonomie, seit 1850 durch den Mainzer Bischof W.E.v. → Ketteler stark aktiviert, erreichte als → badischer Kirchenstreit seit 1853 einen ersten Höhepunkt. Die Neuordnung der Verhältnisse in der Form des Konkordats von 1859 scheiterte am Einspruch der badischen Kammer. Die autonome staatliche Regelung im Kirchengesetz (praktisch eine Übernahme der wesentlichen Bestimmungen des Konkordats), ein dezidierter Abbau des alten Staatskirchenrechts, blieb Episode, ja wurde Vorspiel für eine kirchenpolitische Auseinandersetzung von ungeheurer Schärfe im → Kulturkampf, der der Erzdiözese nach dem Tod H.v.Vicaris (1868) die längste Sedisvakanz unter allen deutschen Bistümern (bis 1882) brachte. Die Kirchenprovinz, von der im preußischen Konkordat von 1929 die Bistümer Limburg und Fulda abgetrennt wurden, erhielt ihre neue offizielle Zirkumskription und das Bistum die Regelung seiner Verhältnisse zum Staat im badischen Konkordat vom 12.10.1932, im wesentlichen eine Festlegung der Verhältnisse, die sich nach 1918 herausgebildet hatten.

W.Burger (Hg.), Das Erzbistum F. in Vergangenheit u. Gegenwart, 1927 - Beitr. zur Gründungsgesch. der oberrhein. Kirchenprovinz, 3 Bde (F.er Diözesanarchiv NF 28-30), 1927-30 - E.Will, Entstehung u. Schicksal der Konvention zwischen dem Hl. Stuhl u. der Krone Baden vom 28.6.1859 (Phil. Diss. F.), 1951 (Auszug in: Baden im 19. u. 20.Jh., hg.v. K.S.Bader, Bd 3, 1953, 99-188) - Ders., Das Konkordat zwischen dem Hl. Stuhl u. dem Freistaat Baden vom 12.10.1932 (Jur. Diss. F.), 1953 - J.Grossmann, Die Besetzung der höheren Kirchenämter im Erzbistum F. (Jur. Diss. F.), 1953. *Claus Bauer*

II. Universität

Die Gründung der Universität F. leitet eine zweite Welle territorialfürstlicher Universitätsgründungen des Spät-MA in der zweiten Hälfte des 15.Jh.s ein (→ Universität). Der päpstlichen Genehmigung zur Errichtung eines Studium generale vom 20.4.1455 folgen die kirchliche Errichtung am 3.9.1456 und die Stiftung durch Erzherzog Albrecht VI. mit Privilegienbrief vom 21.9.1457 und schließlich die Eröffnung Ende April 1460. Die wirtschaftliche Ausstattung mit zahlreichen Pfarreien habsburgischen Patronats in Schwaben, Breisgau und Elsaß geschah in den landesherrlichen Schenkungen vom 28.8. 1456 und 9.11.1468; die für deren Auswertung nötigen Inkorporationen zogen sich von 1464-99 hin, so daß die Universität in ihren früheren Jahren wirtschaftlich recht beengt war. Sie erhielt die Privilegien von Paris, Wien und Heidelberg. Die Verpflichtung der Universitätsangehörigen auf das Tridentiner Glaubensbekenntnis 1567 und die Studienreform von 1578 machten die Universität zu einem Zentrum kath. Orthodoxie in den österreichischen Vorlanden; die Übernahme der philosophischen Fakultät und der wichtigen Lehrstühle der theologischen

Fakultät durch die Jesuiten (1620) verstärkte und erhielt diesen Charakter für lange Zeit. Die Universität verlegte mit dem Frieden von Nymwegen (1679) als Universitas anterioris Austriae (eröffnet 1686) ihren Sitz nach Konstanz. Daneben bestand in dem unter französischer Herrschaft stehenden F. die Universitas regia gallica (1685-97); nach dem Frieden von Ryswick 1698 Wiedereröffnung in F. 1716 kam es auf Initiative der breisgauischen Stände zu Reformversuchen im Sinne einer Modernisierung des Unterrichts und der Vermehrung der Disziplinen. 1767 begann eine radikale Reform im Anschluß an die in den österreichischen Erblanden bereits durchgeführte. Sie wurde durch die Aufhebung des Jesuitenordens (1773) erleichtert. Der Anfall des Breisgaus an Baden (1805) brachte die Universität in die Gefahr der Aufhebung. Trotz der Übernahme des Patronats durch Großherzog Ludwig blieb die nunmehrige Alberto Ludoviciana bis nach ihrer Schließung aus politischen Gründen 1832 immer wieder gefährdet. Ihre Selbstverwaltung war bis 1860 auf ein Minimum beschränkt. Die Umwandlung zur Hochschule vom Typ der durchgängigen Verbindung von Forschung und Lehre, etwas hintangehalten durch die Phase der großen politischen Professoren im Vormärz (K.v.Rotteck, K.Th. Welcker, J.G.Duttlinger, Fr.J.Buss), vollzog sich langsam bis zum Ende der 50er Jahre. Staatswissenschaften und Jurisprudenz (K.Knies, H.v.Treitschke) gewannen seit den 60er Jahren erhebliche Bedeutung. Von 1870 an nahm die Universität einen bedeutsamen Aufschwung. Die philosophische Fakultät wurde seit Ende des 19.Jh.s eine wichtige Stätte der Geschichtswissenschaft (A.Schulte, H. → Finke, A.Dove, G.v.Below, Fr. Meinecke) und wichtig für die Entwicklung des philosophischen Denkens (W.Windelband, H. → Rickert, E. → Husserl). Der juristischen Fakultät gaben bedeutende Rechtshistoriker der Germanistik, Romanistik und Kanonistik ein besonderes Profil (K.v.Amira, Fr.Eisele, U. → Stutz, A. Schultze, O.Lenel). 1910 kam es zur Errichtung einer eigenen naturwissenschaftlich-mathematischen Fakultät, wobei Zoologie und Biologie besondere Bedeutung gewannen (A.Weismann, H.Spemann). Die theologische Fakultät erhielt bereits mit ihren der zweiten Generation der Tübinger kath. Schule (→ Tübingen) zugehörigen Mitgliedern, F.A. → Staudenmaier und J.B. → Hirscher, Gewicht. Die Pflege der historischen Theologie bleibt seit den 70er Jahren einer ihrer Hauptzüge (KG und christliche Archäologie: F.X. → Kraus, J. Sauer, G.Pfeilschifter, E.Göller).

H.SCHREIBER, Gesch. der Albert-Ludwigs-Univ. F., 1857-66 - H. MAYER, Gesch. der Univ. F. in der 1. Hälfte des 19.Jh.s, 1892-94 - Beitr. zur F.er Wissenschafts- u. Universitätsgesch., hg.v. J.VINCKE, 1952-58 - H.GERBER, Der Wandel der Rechtsgestalt der Albert-Ludwigs-Univ. zu F., 2 Bde, 1957 - CL.BAUER, 500 Jahre F.er Univ. (in: Die Albert-Ludwigs-Univ. F. 1457-1957, 1957, 125-152).

Claus Bauer

Freidenker

1. Anfänge - 2. Entfaltung im 19.Jh. - 3. Freidenkerische Organisationen - 4. Gegenwärtiger Stand

1. Der Begriff F., erstmals 1697 von W.Molyneux für die englischen Deisten gebraucht (freethinkers, franz.: libres penseurs, ital.: liberi pensatori), enthält zunächst nur die formale Aussage, daß der F. in Glaubenssachen jede Unterwerfung unter eine traditionelle oder institutionelle Autorität ablehnt und für sich das Recht zur freien Meinungsbildung beansprucht. Das F.tum wurzelt im Rationalismus und trat zuerst in England als eine Radikalisierung des → Deismus (: III) in Erscheinung (J. → Toland, Christianity not mysterious, 1696; J.A. → Collins, A discourse of freethinking, 1713; Wochenschrift »The Freethinker«, 1718). Die Frontstellung gegen die christliche Lehre verschärfte sich dann in Frankreich. Nachdem schon J.O. de Lamettrie den Menschen als Maschine erklärt und sich zur materialistischen Weltdeutung bekannt hatte, verbanden einzelne → Enzyklopädisten wie → Diderot, Holbach und Helvetius den F.-Begriff mit einer grundsätzlichen Verwerfung jeden religiösen Glaubens. Er wurde zur Bezeichnung einer atheistischen »Konfession«.

2. Während das F.tum im 18.Jh. in Deutschland auf kleine Kreise beschränkt blieb, fand es im 19.Jh. breiten Eingang ins Volk, da es sich neue mächtige Triebkräfte zunutze machen konnte. a) Das von der → *Naturwissenschaft* (: I) erarbeitete mechanistische Weltbild, das dem religiösen Glauben keinen Raum mehr zu lassen schien, wurde mehr und mehr in diesem Sinne dogmatisiert und popularisiert (L.Büchner, Kraft und Stoff, 1855; E. → Häckel, Welträtsel, 1899). Hand in Hand damit ging eine radikale Kritik des Christentums (L. → Feuerbach, Das Wesen des Christentums, 1841; D.Fr. → Strauß). - b) Noch bedeutungsvoller für die Entfaltung der freidenkerischen Bewegung wurde der dialektische → *Materialismus* von Karl → Marx. Damit trat dem naturphilosophisch-rationalistischen ein sozialrevolutionäres F.tum zur Seite. Obwohl zwischen beiden ein lebhafter Austausch der Motive und Argumente stattfand, hatten sie verschiedene Schwerpunkte. Das erstere rekrutierte sich wesentlich aus dem Bürgertum, verstand sich als Folgerung wissenschaftlicher Erkenntnisse und lehnte in seinen führenden Vertretern (Häckel, Ostwald) einen platten Materialismus zugunsten eines naturmystisch verbrämten Monismus ab. Das marxistische F.tum verstand sich als Folgerung des dialektischen Materialismus, kritisierte den monistischen Religionsersatz und die Klassengebundenheit der bürgerlichen F. und rückte den religiösen Glauben als »Opium für das Volk« und die Kirche als Bundesgenossin der Kapitalisten in den Brennpunkt des Klassenkampfes. Der naturphilosophische → Atheismus wurde hier zum revolutionären Antitheismus gesteigert. So konnte das marxistische F.tum einen starken Anhang in der Arbeiterschaft gewinnen. Beide freidenkerischen Gruppen forderten radikale Trennung von Kirche und Staat, Aufhebung aller Privilegien der Kirche, Verweltlichung der Bildungsanstalten. Die marxistische F.-Bewegung spaltete sich zeitweise in einen sozialistischen und einen kommunistischen Flügel.

3. a) Das *naturphilosophische F.tum* organisierte sich 1880 in dem bürgerlichen »Internationalen F.-Verband« (Brüssel). In zahlreichen Ländern entstanden Zweigorganisationen, so 1881 der »Deutsche F.-Bund« unter Büchners Führung. Der 1906 gegründete »Deutsche Monistenbund« (Vorsitz: Häckel, danach Ostwald) sammelte Intellektuelle zum Kampf für eine »wissenschaftliche Weltanschauung«. Er erreichte 10 000 Mitglieder (1930) und wurde 1933 verboten. 1947 erstand er von neuem, blieb aber in der DDR verboten und wurde 1956 in »Freigeistige Aktion - Deutscher Monistenbund« umbenannt (Zeitschrift seit 1957: »Die Freigeistige Aktion«). - b) Das *marxistische F.tum* fand seine erste selbständige Organisation in dem »Verein der F. für Feuerbestattung« (1905). Aus dem F.-Bund ausgeschiedene Arbeitergruppen gründeten 1908 den »Zentral-Verband der Proletarischen F. Deutschlands« (Zeitschrift: »Der Atheist«). Sie vereinigten sich 1927 zum »Verband für F.tum und Feuerbestattung«. Nach 1918 wurde eine starke und erfolgreiche → Kirchenaustritts-Propaganda betrieben. 1930 spalteten sich die kommunistischen Mitglieder zum »Verband proletarischer F.« ab, während die Restorganisation ihren Namen in »Deutscher F.-Verband« änderte. Daneben bestand der »Bund Sozialistischer F.« mit 20000 Mitgliedern. Schon 1925 war die »Internationale proleta-

rischer F.« (Wien) als Zusammenschluß aller marxistischen F.-Vereinigungen gegründet worden. Aus ihr schied 1931 die sozialistische Minderheit aus und vereinigte sich mit dem bürgerlichen »Internationalen F.-Verband« zur »Internationalen F.-Union«. Der Deutsche F.-Verband, der bis auf 660 000 Mitglieder (1933) anwuchs, wurde 1933 verboten, sein Vorsitzender Sievers später hingerichtet. Nach 1945 erwuchs aus lokalen Vereinigungen 1951 wieder der »Deutsche F.-Verband« (Zeitschrift: »Der F.«), der aber nur 5500 Mitglieder (1955) in 5 Landesverbänden sammeln konnte und in der DDR keine Betätigungserlaubnis erhielt. – c) Die *kommunistische F.-Bewegung* hatte sich zuerst in der Sowjetunion eine riesige Organisation geschaffen. Aus »Gesellschaften der Freunde der Zeitung Besboshnik« (dh »Der Gottlose«) entstand 1925 der »Verband der Gottlosen« (1929: »Verband der kämpfenden Gottlosen«), der von 87 000 Mitgliedern 1926 im Laufe von 9 Jahren auf 7 Mill. (davon 2Mill. Jugendliche) anwuchs. Er erlitt dann zwar einen starken Rückschlag an Aktivität und Mitgliederzahl. Aber das hatte nicht viel zu bedeuten, da praktisch die UdSSR von einem militanten Atheismus beherrscht war, der alle staatlichen Mittel in den Dienst seiner Ziele stellte. Das gilt auch von den andern Ländern, in denen die kommunistischen Parteien die Macht errangen. Sie identifizierten sich mit dem kulturpolitischen Programm der F. und setzten den Staatsapparat für den antireligiösen Kampf ein. Die von den Kommunisten beherrschte »Internationale proletarischer F.« verfügte 1932 über 67 nationale Sektionen mit 12 000 Gruppen. Sie bemühte sich um eine neue Einheitsfront mit der Internationalen F.-Union, und beide vereinigten sich 1936 mit zusammen 6 Mill. F.n in 12 Ländern in der »F.-Internationale« (später: »Welt-Union der F.«). Sie will parteipolitisch neutral sein, steht aber unter maßgebendem kommunistischem Einfluß. Der deutsche »Verband proletarischer F.« zählte 140 000 Mitglieder, als er 1933 verboten wurde. Politische Erfordernisse und die mit dem Kriegsausbruch verbundenen Umwälzungen veranlaßten Moskau von 1939 an, die antireligiöse Propaganda der russischen F. einzuschränken. Bald wurde der »Verband der kämpfenden Gottlosen« aufgehoben und das Organ »Besboshnik« 1941 eingestellt. Beide lebten 1945 nicht wieder auf. Dafür wurde 1947 in Moskau die »Gesellschaft zur Verbreitung wissenschaftlicher Kenntnisse« gegründet (300 000 Mitglieder). Auf Beschluß des Zentralkomitees der kommunistischen Partei vom 10.11.1954 wurde jedoch die Auseinandersetzung mit den »religiösen Vorurteilen« auf den »ideologischen Kampf der wissenschaftlich-materialistischen Weltanschauung« beschränkt und jede Verletzung der Gefühle der Gläubigen oder administrative Einmischung in die Tätigkeit der orth. Kirche verboten. Auch in der DDR entstand 1954 eine gleichnamige Gesellschaft, um durch Vorträge, Kurse und alle Mittel der Publizistik »die Ergebnisse der Wissenschaft in allgemeinverständlicher Form breiten Schichten« nahezubringen.

4. Für alle drei Zweige der F.-Bewegung gilt, daß ihr Höhepunkt in den 30er Jahren erreicht wurde. Seither haben sie an Kraft verloren. Sie haben auch keine nennenswerte neue Literatur mehr hervorgebracht und nähren sich von ihren geistigen »Vätern« aus dem 19.Jh. Diese Stagnation hat verschiedene Gründe: Durch die fortschreitenden Erkenntnisse der Forschung in Atomphysik, Biologie, Psychologie und Medizin wurde dem philosophischen Materialismus die allzu direkte Berufung auf die Wissenschaft entzogen; er hatte keinen wissenschaftlichen Vorrang mehr vor der religiösen Weltdeutung. – In den Geschichtskatastrophen seit 1933 zerbrach in der westlichen Welt das optimistische Menschenbild und der Fortschrittsglaube und damit ein Fundament der freidenkerischen Weltanschauung. – Ferner erwies sich die Unzulänglichkeit der marxistischen Religionskritik; die sozialistischen Parteien lösten sich von ihrer ausschließlichen Bindung an den dialektischen Materialismus (Erfurter Programm 1891). Der 8. Internationale Sozialistenkongreß in Frankfurt 1951 erkannte die Gleichberechtigung marxistischer und religiöser oder humanitärer Motive an. Die Berliner Präambel der SPD (1954) erklärte: »In Europa sind Christentum, Humanismus und klassische Philosophie geistige und sittliche Wurzeln des sozialistischen Gedankenguts.« Das Bündnis des Sozialismus mit den F.n wurde aufgelöst. – In den kommunistisch beherrschten Ländern erfüllte sich die Verheißung nicht, daß mit der Errichtung einer kollektiven → Gesellschafts-Ordnung jeder religiöse Glaube absterben werde. Im Gegenteil, der oft niedrige Lebensstandard und der diktatorische Druck trieben viele Menschen von neuem, sich religiösem Glauben zuzuwenden. Die Mehrzahl allerdings dürfte einfach zu abgehetzt und stumpf sein, um nach einer der beiden Seiten hin Stellung zu beziehen. Für Kirchenaustritte sind größtenteils andere als spezifisch freidenkerische Motive ausschlaggebend. – Eine wesentliche Antriebskraft des F.tums war der Protest gegen eine Kirche gewesen, die im engen Bund mit Königtum und Aristokratie stand, ihre Machtposition mit ungeistlichen Mitteln zu wahren und dissentierende Bewegungen zu unterdrücken suchte. Dieses Motiv schwand dahin, als in den meisten Ländern die Trennung von → Kirche und Staat erfolgte. Und der freidenkerische Protest konnte sich vollends nicht mehr an einer Kirche entzünden, die sich in Spannungssituationen wie in Deutschland zZ des Naziregimes an der Seite der Arbeiter für Freiheit und Menschenwürde einsetzte und in nicht wenigen Staaten aller Vorrechte beraubt, unterdrückt und zeitweise blutig verfolgt wurde.

Zu 1 u. 2: C.G.Grundig, Gesch. der heutigen Freigeister, 1749 – J.A.Trinius, F.-Lexikon oder Einl. in die Gesch. der neueren Freigeister, 1759 – K.Marx, Zur Kritik der Hegelschen Rechtsphilosophie, 1844 – L.Noack, Die F. in der Religion, 2 Bde, 1853/55 – F.T.Perrens, Les libertins en France au 17. siècle, Paris 1896 – J.M. Robertson, Short history of free thoughts, London 1899 – Hirsch I. II – K.Leese, Die Religionskrisis des Abendlandes, 1948 – H.-H. Schrey, Der marxist. Atheismus (Libertas Christiana, 1957, 159–174). – Zu 3 u. 4: M.Bense, Technische Existenz, 1949 – Ders., Descartes u. die Folgen, 1955 – V.G.Belinski, Ausgew. philosoph. Schriften, Moskau 1950 – P.F.Kolonizki, Kommunist. u. relig. Moral, 1952 (russ.); dt. 1953 – F.N.Oleschtschuk, Atheismus, 1955 – A.P.Gagarin, Die Entstehung u. der Klassencharakter des Christentums, (1955) 1956[4] – D.Bronder, Christentum in Selbstauflösung, 1956. – Kritisch: C.Schweitzer–W.Künneth, F.tum u. Kirche, 1931 – G.Siegmund, Der Kampf um Gott, 1957 – M.Reding, Der politische Atheismus, 1957. – Vgl. ferner die Lit. zu → Atheismus: II, → Aufklärung: I, → Deismus: III, → Freireligiöse Vereinigungen. *K.Hutten*

Freie Berufe. Die als »freie« bezeichneten Berufe (→ Beruf: I) lassen sich in folgende Gruppen zusammenfassen: Künstlerisch und publizistisch Schaffende und Nachschaffende; wissenschaftliche Bildungsberufe (einschließlich Pädagogen); Heilberufe (bes. die akademischen Heilberufe); rechts-, wirtschafts- und steuerberatende Berufe; Architekten, Ingenieure und technische Berufe.

Nach der sozialwirtschaftlichen Begriffsbestimmung bilden die Angehörigen der f.n B. einen Teil der wirtschaftlich Selbständigen und unterscheiden sich von den sonstigen Selbständigen vor allem dadurch, daß sie – wie die Unselbständigen – Bezieher unfundierter Einkommen aus Entgelten persönlicher, und zwar geistiger Arbeit sind (→ Freiheit in der Berufsstellung). Nach der sozialethischen Definition gelten als Angehörige der f.n B. jedoch auch solche in abhängiger Stellung geistig Tätige, die in ihrer spezifischen Berufsausübung trotz des wirtschaftlichen Abhängigkeitsverhältnisses nicht an Weisungen ihrer Arbeitgeber oder Auftraggeber gebunden sind oder sein können (berufliche Entscheidungsfreiheit). Nach der wirtschaftlichen Definition wären zB nur die freien Mitarbeiter unter den Journalisten Angehörige eines freien Berufes, nach der sozialethischen Definition jedoch auch die angestellten Redakteure. In jedem Falle handelt es sich um persönlich erbrachte Leistungen geistiger Arbeit, für die jedoch nicht in allen f.n B.n akademische Vorbildung Bedingung ist; für beide Begriffe ergibt sich die Abgrenzung einerseits gegen gewerbliche, andererseits gegen in ihrer spezifischen Berufsausübung weisungsgebundene Berufe.

Die rd 200 000 Angehörigen der f.n B. in der BRD stehen in der Gesellschaftsordnung (→ Gesellschaft) zwischen Arbeitgebern und Arbeitnehmern. Innerhalb des sogenannten → Mittelstandes stehen sie zwischen dem »alten« Mittelstand – → Handwerk, → Handel (: III) und Bauerntum (→ Bauer) – und dem »neuen« Mittelstand der → Beamten (: I) und leitenden → Angestellten. Sie finden sich in allen durch Einkommen und Eigentumshöhe charakterisierten → Klassen. Ihre wirtschaftliche und soziale Lage hat sich – je wirtschaftsferner ihre geistige Tätigkeit ist – im Laufe der letzten Jahrzehnte relativ zur durchschnittlichen Einkommensentwicklung in der Gesamtbevölkerung (zT auch absolut) verschlechtert. Der auf die f.n B. entfallende Anteil des Sozialprodukts hat sich im Laufe der letzten 20 Jahre um rd ⅓ verringert. – Die mittlere Position der f.n B. in der Gesellschaftsordnung findet sich in ihrer Mittlerfunktion wieder: sie sind Mittler zwischen Mensch und Mensch, Menschen und Gruppen (sowie deren Organisationen), Menschen, Dingen und Ideen. In den künstlerischen und publizistischen Berufen läuft diese Beziehung durch das Medium des Werkes. In den Heil- und Beratungsberufen wird diese Funktion in unmittelbarem zwischenmenschlichen Kontakt auf der Grundlage persönlichen Vertrauens (Schweigepflicht) erfüllt. – Die künstlerischen und publizistischen Berufe nehmen stellvertretend für die Allgemeinheit Grundrechte wahr, die der einzelne in der industriellen Massengesellschaft in der Regel nicht ohne weiteres wahrnehmen kann, zB Freiheit der Meinungsäußerung (Art. 5 GG). Die Heil- und Beratungsberufe sind Wahrer und Vollstrecker menschlicher Grundrechte, zB der Anwalt als »Organ der Rechtspflege«, der Arzt für das »Recht auf Leben und körperliche Unversehrtheit« (Art. 2 Abs. 2 GG). Die Freiheit der Berufsausübung dieser Berufe ist daher wesentliche Voraussetzung und Garantie für die Wahrung der »unverletzlichen und unveräußerlichen Menschenrechte« (Art. 1 GG) im demokratischen Rechtsstaat. Als Geistesschaffende sind die f.n B. (im Sinne der sozialethischen Definition) Träger der »Elitefunktion« des Geistigen zur Bewahrung und Entfaltung des kulturellen und zivilisatorischen Lebens in der Gesellschaft. Nicht jeder einzelne Angehörige eines freien Berufes erfüllt diese Funktion, sondern die Berufe selbst. Dem entspricht die öffentlich-rechtliche Bindung vieler f.r B. durch Berufsgesetze, Berufsordnungen, Berufskammern, Ehrengerichtsbarkeit und Gebührenordnungen.

TH.HEUSS, Organisationsprobleme der f.n B. (Festschr. für L. Brentano, 1916, 237-249) – S.FEUCHTWANGER, Die f.n B. – Versuch einer allg. Kulturwirtschaftslehre, 1922 – J.F.V.DENEKE, Die f.n B., 1956 (Lit.).

J.F.V.Deneke

Freie evangelische Gemeinden, Bund Freier evangelischer Gemeinden in Deutschland. Die F.ev.G. haben ihren Ursprung in der Schweizer → Erweckungsbewegung zu Beginn des 19.Jh.s, die von Genf ausgehend zur Bildung selbständiger und staatsfreier Gemeinden in der Schweiz, Frankreich und Piemont führte. Angeregt von der seit 1832 in Lyon bestehenden »église évangélique libre« gründete 1854 der deutsche Kaufmann Hermann Heinrich Grafe (1818-69) eine F.ev.G. in Elberfeld-Barmen, der bald 20 weitere Gemeinden, vorwiegend am Niederrhein, folgten, die sich 1874 zu einem Bund zusammenschlossen. Neue Impulse empfingen die F.ev.G. durch die Prediger Friedrich Fries (1856-1926), der 1887 in Witten/Ruhr ein Verlagswerk und 1896 in Wetter/Ruhr ein Diakonissenhaus (heute in Solingen-Aufderhöhe) ins Leben rief, sowie Otto Schopf (1870-1913), auf den das Evangelisationswerk (1904) und die Predigerschule (1912) in Wuppertal-Vohwinkel (heute in Ewersbach/Dillkreis) zurückgehen. Eine bedeutsame Stärkung des Bundes brachte 1934 der Anschluß der aus der Landeskirche ausgeschiedenen Holstenwallgemeinde in Hamburg mit ihrem Leiter Friedrich Heitmüller.

Die F.ev.G. wollen Gemeinden von Gläubigen sein und beruhen auf dem Grundsatz völliger Unabhängigkeit von staatlichen und kirchlichen Bindungen. Voraussetzung der Mitgliedschaft sind Bekehrung und Heiligung. Die Gläubigentaufe ist die Regel, doch wird mancherorts auch die Darbringung der Kinder geübt. Zum Herrenmahl wird »jedes Kind Gottes« zugelassen. Die Hl. Schrift ist alleinige Norm für Leben und Lehre; in den äußeren Ordnungen wird einer geistgewirkten Mannigfaltigkeit Raum gegeben. Verwaltung und Gemeindezucht werden von der Brüder- oder Gemeindeversammlung wahrgenommen, die auch die Gemeindeältesten wählt. – Die Gemeinden (18 Kreise) kommen jährlich einmal zum »Bundestag« zusammen, der gemeinsame Aufgaben und Grundsatzfragen berät. Das Vollzugsorgan ist der »Bundesrat«, der für jeweils vier Jahre die »Bundesleitung« beruft, deren Geschäftsstelle sich in Witten/Ruhr befindet. Der Bund F.ev.G. ist Mitglied in der Ev. Allianz (→ Allianzbewegungen), der Vereinigung Ev. → Freikirchen in Deutschland und gastweise in der → Arbeitsgemeinschaft christlicher Kirchen in Deutschland, steht aber sonst der Ökumene als einer »Vermischung von Gläubigen und Ungläubigen« betont zurückhaltend gegenüber. – 1956 zählte der Bund 238 Gemeinden mit 363 Stationen und etwa 21 000 Mitgliedern, die von 130 Predigern und 5 weiteren hauptamtlichen Mitarbeitern versorgt werden. In 337 Sonntagsschulen mit 912 Helfern werden 12 500 Kinder, in 226 Jugendgruppen fast 5000 Jugendliche erfaßt. Der Bund übt eine rege evangelistische und diakonische Tätigkeit aus, die sich in Zusammenarbeit mit der → Neukirchener Mission und der Allianz-China-Mission auch auf missionarischen Einsatz erstreckt.

Auf internationaler Ebene hatte schon seit 1834 ein Zusammenschluß der F.ev.G. bestanden, der aber das 19.Jh. nicht überdauerte. Erst 1948 erfolgte eine Vereinigung mit ähnlichen Gemeindebildungen in anderen Ländern im »Internationalen Bund F.ev.G.« (Sitz: Stockholm), dem 1956 in 13 Ländern 14 Gemeindebünde mit 2800 Ortsgemeinden, 221 000 Mitgliedern und 1800 Predigern angehörten.

Schrifttum des Bundes: Gemeindeblatt »Der Gärtner«, seit 1894 – O.SCHOPF, Was ist das Entscheidende in unserer Stellung zu den bibl. Gemeindeordnungen?, 1910 – K.BUSSEMER, Die Gemeinde Jesu Christi, (1915) 1948[5] – W.HERMES, Die Eigenart der F.ev.G., 1922 – G.STUDER, Sind die Grundsätze der F.ev.G. biblisch u. geschichtlich berechtigt?, 1922 – Jb. des Bundes F.ev.G., seit 1925. – Über den Bund: R.HOENEN, Die F.ev.G. in Deutschland, 1930 – W.HERMES, H.H.Grafe u. seine Zeit, 1933 – W.WÖHRLE, Der Bund F.ev.G. in Deutschland (U.KUNZ, Viele Glieder – Ein Leib, 1953, 186-205) – Bund F.ev.G. in Deutschland (Was glauben die anderen?, 1954, 76-81) – Die F.ev.G. in Europa u. Übersee in Selbstdarstellungen, 1956.

H.Krüger

Freies Christentum, *Weltbund für F.Chr. und Religiöse Freiheit* (heute: International Association for Liberal Christianity and Religious Freedom [I.A.R.F.]; Generalsekretariat in den Haag, Riouwstraat 32), hat historisch seine Wurzel sowohl im → Spiritualismus der Täuferbewegung wie in der humanistisch bestimmten → Aufklärung. Seine Aufgabe sieht er im Kampf um religiöse Gewissensfreiheit und deren Betätigung in weltweiter Humanität, die die Überwindung der Nöte in allen Völkern und Rassen durch Fruchtbarmachung der religiösen Kräfte erstrebt. Es besteht Zusammenarbeit mit dem United Nations Economic and Social Council und der UNESCO. Weltkongresse werden alle drei Jahre abgehalten, der erste in Boston, USA (1900). – Der *Deutsche Bund* für F.Chr. hat sich dem Weltbund erst nach seiner Gründung (1948) angeschlossen. Die Initiative ging vom »Frankfurter Bund für entschiedenen Protestantismus« unter Führung von Pfarrer Erich Meyer aus. In ihm sammelten sich alle Verbände, die mit dem gleichen Ziel in fast allen Landeskirchen Deutschlands unter verschiedenen Namen bestanden, wie »Freunde der ev. Freiheit«, »für entschiedenen Protestantismus«, »Volkskirchliche Vereinigung« usw. Der Bund arbeitet positiv, aber kritisch innerhalb der ev. Landeskirchen. Gegenüber der Gefahr des drohenden Dogmatismus und Klerikalismus sucht er die Forschungsergebnisse der theologischen wie überhaupt der wissenschaftlichen Erkenntnisse für die christliche Verkündigung und sittliche Haltung des heutigen Menschen fruchtbar zu machen. Die Freiheit, die der Bund meint, ist nicht eine allgemeine, sondern ev. Freiheit, die ihren Grund in der zentralen christlichen Wahrheit hat. Kongresse werden alle zwei Jahre veranstaltet.

C.J.Bleeker, Handbook of the I.A.R.F., London 1936 – J.Rathje, Die Welt des freien Protestantismus, 1952 – The I.A.R.F., its Vision and Work, Gaade Delft 1955. – Monatsblatt »Freies Christentum« u. Schriftenreihe, hg.v. Dt. Bund – »News Digest«, hg.v. Internat. Bund. *G.Wünsch*

Freifeldt, *Konrad Raimund* (22.3.1847 bis 31.5.1923), ev. Theologe, * in Dorpat, † in Petersburg, seit 1871 im deutsch-luth. Kirchendienst in Petersburg, seit 1887 Mitglied und seit 1902 Präses des Generalkonsistoriums der ev.-luth. Kirche → Rußlands, nach dem Zusammenbruch Rußlands 1918 zum ev. Bischof gewählt. F. hat große Verdienste um die Erhaltung einer einheitlichen luth. Kirche Rußlands.

Über F.: G.v.Kügelgen, ChW 37, 1923, 456f. *† L.Zscharnack*

Freihandel. Unter F. versteht man den unbehinderten, gebührenfreien Austausch von Gütern über die Staatsgrenzen. Ihm liegt die Theorie zugrunde, daß F. bei freiem Wettbewerb zur weitestgehenden internationalen Arbeitsteilung und durch diese zur maximalen Versorgung der beteiligten Länder führe. Ihre ursprünglich von → Ricardo, im Ansatz schon von seinen Vorgängern formulierte Fassung als Theorie der komparativen Kosten besagt, daß maximale Versorgung erreicht werde, wenn jedes Land diejenigen Produkte erzeuge, die es mit den vergleichsweise niedrigsten Arbeitskosten herstellen könne, und die übrigen im Austausch beziehe; dabei kommt ein Land zum Besten aller beteiligten Länder auch dann zum Austausch, wenn es alle Produkte zu höheren Kosten produziert als das Ausland. Die Theorie ist in der Form der Arbeitskostenlehre überholt, wird aber in allgemeinerer Formulierung auch heute noch vertreten. Ihre stärkste praktische Wirkung hat die F.slehre durch das System von Adam → Smith erfahren.

Die F.sbewegung hat sich von England aus mit der Entwicklung der Weltwirtschaft ausgebreitet. Getragen von der Anti-Corn-Law-League unter Führung der Manchesterliberalen Cobden und Bright, hat sie ihre ersten großen Erfolge mit der Aufhebung der britischen Getreidezölle 1846, ihren Höhepunkt im Cobdenvertrag zwischen England und Frankreich 1860 erreicht, an den sich das freihändlerische westeuropäische Handelsvertragssystem anschloß. Mit Bismarcks Rückkehr zum Schutzzoll i.J. 1879 wird der F. wieder rückläufig. Nach dem ersten Weltkrieg ging auch England zum Protektionismus über. – Nachdem schon Smith die berühmten vier Ausnahmen vom F. formuliert hatte: Ausgleich für innere Steuerbelastung, Vergeltung, Schutz der Landesverteidigung und Verhinderung der → Arbeitslosigkeit, knüpften die ersten Vertreter des Protektionismus an die wirtschaftliche Entwicklung an. Friedrich List hat in seiner Lehre von den produktiven Kräften das Erziehungszollargument entwickelt. Die wichtigste grundsätzliche Gegnerschaft ist dem F. aber dadurch entstanden, daß dem Ziel der Maximierung des Sozialprodukts andere Ziele entgegengestellt werden, wie Schutz der Landwirtschaft, Erhaltung der Wehrhaftigkeit, Wahrung der Unabhängigkeit bis zur Förderung größtmöglicher Autarkie.

Immanenter Kritik hat die F.slehre standgehalten. Selbst wenn zugegeben werden muß, daß das Maximum sich nicht exakt bestimmen läßt und daß es Ausnahmen gibt, bleibt doch unbestritten, daß der Schutzzoll grundsätzlich zu einer Abweichung vom Maximum führt. Alle ernstzunehmenden Einwände richten sich daher nicht gegen die F.slehre als solche, sondern gegen die zunehmende Irrealität ihrer Voraussetzungen, vor allem durch zunehmende Friktionen im freien Wettbewerb. Entscheidend sind diese Einwände, seit in der Weltwirtschaftskrise 1931 die Goldwährung zusammengebrochen und an die Stelle der automatischen Steuerung der Weltwirtschaft durch den Wettbewerb (→ Konkurrenz) die autonome Steuerung durch die staatliche Konjunkturpolitik getreten ist (→ Wirtschaftsphasen). Da dieser Zusammenbruch des liberalen Systems in der langfristigen Entwicklung begründet ist, ist eine Rückkehr zum status quo ante unmöglich (→ Liberalismus: II). In der Tat sind alle Versuche, über den Abbau der quantitativen Restriktionen (Liberalisierung) oder gar den eigentlichen F. zu internationaler Arbeitsteilung zurückzukehren, gescheitert. Die nach dem zweiten Weltkrieg geschaffene Charta von Havanna ist nicht in Kraft gesetzt worden, der Internationale Währungsfonds hat sein Ziel, die freie Konvertibilität der Währungen (→ Geld), nicht erreicht. Das General Agreement on Tariffs and Trade (GATT) hat zwar zum Abbau der Zölle beigetragen, die internationale Arbeitsteilung als solche aber nicht wiederherstellen können.

Da andererseits die Heteronomie der staatlichen Wirtschaftspolitik der Ökonomie des internationalen Handels nicht gerecht wird, ergibt sich die unabwendbare Forderung, über eine internationale Abstimmung oder eine supranationale Vereinheitlichung der Konjunkturpolitik zur internationalen Arbeitsteilung zurückzukehren. Da eine solche Lösung im weltweiten Rahmen aber utopisch ist, die größten Schäden ohnehin in der von Staatsgrenzen zerrissenen europäischen Wirtschaft aufgetreten sind, wo zugleich die Möglichkeiten ihrer Überwindung dank der engen wirtschaftlichen Zusammengehörigkeit einer kleineren Anzahl von Volkswirtschaften am größten sind, hat sich in einer regionalen, europäischen Integration der Ansatzpunkt für eine Neuordnung der Weltwirtschaft im Sinne der Wiederherstellung der internationalen Arbeitsteilung gefunden (→ Europa: II).

Liberalisierung und F. haben dabei zwar bedeutende, aber nur noch unterstützende Funktionen. Der Liberalisierungskodex der OEEC hat den Abbau der quantitativen Restriktionen, die EZU die ersten Schritte zur

Konvertibilität der Währungen eingeleitet. Nachdem die Montanunion den gemeinsamen Markt in einem Teilbereich der Wirtschaft geschaffen hat, betreibt der Vertrag über eine Europäische Wirtschaftsgemeinschaft die Schaffung einer Zollunion bei gleichzeitiger Vereinheitlichung der Wirtschaftspolitik derselben 6 Staaten. Ihre Ergänzung durch eine F.szone sämtlicher OEEC-Länder wird betrieben. Das Ziel des F.s ist also lebendiger denn je, der F. als Weg zu diesem Ziel aber nur noch sinnvoll im Rahmen einer überstaatlichen Wirtschaftspolitik.

Vgl. → Handel: III, → Wirtschaft, → Wirtschaftspolitik.

I.W.Angell, The Theory of international Prices, Cambridge (Mass.) u. London 1926 - B.Ohlin, Interregional and international Trade, Cambridge (Mass.) 1933 - J.Viner, International Trade and economic Development, Oxford 1953. - Für die wichtigsten Standpunkte vgl.: K.Schüller, Schutzzoll u. F., 1905 (Schutzzollargument) - G.Haberler, Der internationale Handel, 1933 (F.sargument) - A. Predöhl, Außenwirtschaft, 1949 (Entwicklungsargument; Lit.).

A.Predöhl

Freiheit

I. Im NT - II. Kirchengeschichtlich - III. Systematisch

I. Im NT

1. Voraussetzungen - 2. Beschreibung - 3. Begriff

1. Im griech. Sprachgebiet ist F. als Heil des Menschen gedacht worden, so daß die christliche Heilsbotschaft sagen mußte, wie sie ihrerseits zur F. stand. Diese missionarische Aufgabe wurde ihr dadurch erleichtert, daß die politische F. weitgehend verschwunden und Gegenstand weltanschaulichen Fragens geworden war (von der Problematik des juristischen Denkens können wir hier absehen). Besonders die → *Stoa* stellte sich der Frage, wer frei sei. Ihre Antwort lautet: wer denken kann. Das hat besonders → Epiktet unermüdlich eingeschärft: Im Denken wird man seiner Vorstellungen Herr, widersteht man den Affekten, wenn sie uns die Selbstbestimmung rauben wollen, und bietet so der Macht des Schicksals Trotz, weil gegebenenfalls »die Türe aufgetan ist«. Der Denkende aktualisiert durch die Anspannung des Denkens seinerseits die Ehre der (göttlichen) Natur: Es gilt, denkend in Übereinstimmung mit der »Natur« zu bleiben. Um so dringlicher meldet sich die Frage an, woher das Schicksal seine den Menschen bedrohende Macht eigentlich nimmt. Dieses von der Natur her unauflösbare Rätsel gab dem mythischen Denken in der → *Gnosis* neuen Auftrieb: Weil der Mensch mitsamt der Welt seit dem Urfall das Schicksal der gottfeindlichen Gewalten teilt, ist er nun allererst auf → Erlösung (: III) angewiesen, wenn ihm F. von dem düsteren Weltlos zuteil werden soll. Während die → *Mysterien-Religionen* solche F. sakramental vermitteln, richtet die *Gnosis* ihr Augenmerk vornehmlich auf das heillos gewordene Weltganze, so daß sie den freien Bezug des Menschen zum unweltlichen Gott in Akten des Libertinismus oder auch der Askese verdeutlichen kann. Aber auch die Gnosis ist ihrem Wesen gemäß eine Bewegung des Denkens, nur daß sie nicht wie die Stoa den handelnden Menschen, sondern die schicksalgebundene Welt selbst denkend objektiviert, dh als einen Gegenstand so veranschaulicht, daß man von der Welt und damit zu sich selber frei wird, indem man das heillose Wesen der Welt ausdenkt. F. ist in alledem von der politischen Konzeption in der griech. Polis her bis zur Gnosis hin der Gegensatz zur Knechtschaft, also F. zu sich selbst. Was sich ändert, ist das Verständnis dieses Selbst. Das wird deutlich, sobald wir fragen, wovon der Mensch frei werden will. In der F. steht jeweils das Heil auf dem Spiel. Das ist in der Polis die Polis selbst bzw. die sich vorweg als F. der Rede aktualisierende F. von jeder Art Tyrannei, später die F. des Denkens, die sich als F. von den das Handeln gefährdenden Phantasien aktualisiert, endlich die F. zu dem uns entzogenen Sein selbst, die sich als F. von der Welt und ihrer in das menschliche Dasein hineinwirkenden Bezüge aktualisiert, wie sie den Menschen in Natur und Geschichte beherrschen. Ging es zuerst um ein Wer (die Freien im Gegensatz zu den Barbaren), so später um ein Wie (die Denkenden im Gegensatz zu den in Irrtum Verstrickten), zuletzt um ein Wo, weil das Weltganze selbst fraglich geworden war. Der Vorgang ähnelt der Entwicklung der *at. Religiosität,* nur daß dort nicht am Leitfaden der F., wohl aber im Blick auf die Treue im Verhältnis zwischen Gott und den Menschen ebenfalls zuerst das Volk Gottes, dann die Reinheit der Treue, endlich, in der Eschatologie, das Wunder der Treue als die Welt verwandelndes Heilsgeschehen aufgefaßt wurde. So stieß das Christentum auf eine Umgebung, die, weil sie das Heil nicht mehr vom Menschen erwartete, fähig wurde, die F. als Heilsgeschehen neu zu verstehen. Das NT spricht von F. besonders in den Zusammenhängen, in welchen der Glaube theologisch bedenkt, was er Neues bringt. Es entwickelt keine Lehre von der F., wohl aber die F. selbst.

2. Daß im NT von Herren und Sklaven die Rede ist (vgl. bes. die Haustafeln; Phlm), daß auch Paulus diesen sozialen Zustand konservativ behandelt (1Kor 7, 20-24), ist nicht Akkommodation an bestehende Verhältnisse, sondern zeigt, daß sich neue zwischenmenschliche Beziehungen herausbilden, weil die christliche *Gemeinde* entstanden ist. Zwar betont Paulus, daß »unser Rechtsverband (πολίτευμα) im himmlischen Bezirk vorhanden ist« (Phil 3, 20), und man erwartet die Herabkunft des oberen, des freien Jerusalem, der heiligen Polis vom Himmel her (Gal 4, 26-28 vgl. mit Hebr 12, 22; 13, 14; Apk 3, 12; 21, 2 usw). Aber aus dieser traditionellen apokalyptischen Vorstellung darf man keine Uninteressiertheit an weltlichen Zuständen ableiten (was schon dem kosmologischen Hintergrund der Vorstellung widerspräche). Die Verkündigung wendet sich ja vornehmlich an die »Armen« (Lk 6, 20-26 par); wen wir da sozial antreffen, unterstreicht Paulus (1Kor 1, 26-29). Die Gemeinde ist nicht nur eine »Kolonie von Himmelsbürgern« auf Erden (M.Dibelius), sie greift ja schon damit in die Weltverhältnisse ein, daß sie den einzelnen anhält, »entweltlicht« zu leben (Bultmann; 1Kor 7, 29-31). Die Gemeinde soll soziale Fähigkeiten entwickeln, indem sie ihre Konflikte ordnet (1Kor 5-7), sie soll das in der Weisheit aufbauender Liebe tun (1Kor 8-14). Aus derselben Einsicht heraus macht Paulus den Gehorsam gegenüber der weltlichen Obrigkeit für die Gewissen verbindlich (Röm 13, 1-7). Die staatlichen Amtsträger behalten ihre Verantwortung und werden im Gemeindegebet bedacht (s. Haustafeln). Doch bemüht sich die Gemeinde, die ihr aufgetragene Liebe unbegrenzt wirksam zu machen (1Kor 13; Mk 12, 28-34). Daß sie diese Haltung einnehmen kann, verdankt sie dem Geist, wie besonders Lukas betont (Apg 2, 42-47; 5, 1-16). Denn der → Geist macht frei, und zwar gerade auch zum Dienst am Nächsten (Gal 4, 29-31; 1Kor 10, 29; 9, 1. 19; 7, 40). Wo er wirkt, da herrscht F. (2Kor 3, 17). Der Geist kommt ja vom Herrn, er ist der Geist des Sohnes Gottes (2Kor 3, 17f; Gal 4, 6). So sagt Paulus: Zur F. befreite uns Christus (Gal 5, 1. 13), der Geist des Lebens hat uns in Christus F. geschenkt (2Kor 3, 6; Röm 8, 2). Die F. ist also ein wunderbar wirksames Heilsgut, das sich auch an der Welt auswirkt, ohne doch selbst welthaft zu werden. Sie steht deshalb nicht eigentlich im Gegensatz zur Welt, der sie ja in der Gemeinde gerade zugute kommt, sondern zur unfreien Lage des der Sünde verfallenen Menschen in einer eben deshalb freilich unter Gottes Zorn geratenen Welt. Trotz seiner Nähe

zur gnostischen Weltbeurteilung versteht Paulus die Sünde nicht als naturhaft herrschendes Verhängnis, sondern als sich in der Selbstbestimmung des Menschen auswirkende Macht. Gewiß, der Sünder wird dem Fleisch nachgeben, wie das Beispiel des Heiden und des Juden zeigt (Röm 1-3). Es gibt einen falschen Schein der F., weil es einen falschen Eifer um Gottes Willen gibt (Röm 10, 2f). Dieser Schein bedroht auch die Gemeinde, sobald der einzelne die F. zur Selbstbestimmung mißbraucht (1Kor 6, 12-20; 1Petr 2, 16). Es geht also auch nicht wie in der Stoa vorweg um Lehre oder ein Exercitium, sondern schon eher wie in der alten griech. Polis um das freie Wort, um παρρησία (2Kor 3, 12-16), also um F. von der verkehrten Furcht (vgl. Phil 1, 20; Phlm 8). Denn man hört in der Gemeinde aufeinander und empfängt in solchem Hören ein neues Verhältnis zu sich selbst und zur Welt (1Kor 3, 22f; Röm 12-14). Nicht ein neues Mittel zur vorher mißlungenen Selbstbestimmung, sondern eine neue Bestimmtheit des Selbst macht sich geltend. F. heißt jetzt nicht mehr nur, daß ich tue, was ich will, sondern daß ich will, was Gott tut.

3. Hat man erkannt, daß das NT die F. im Gegensatz zu dem der Sünde verfallenen Menschen und überhaupt im Gegensatz zu aller Sorge um unsere Selbstbestimmung versteht (vgl. auch 1Petr 5, 7; Mt 6, 25-34 par), so ist der Anschluß an Röm 7 gewonnen. Es läge nun nahe, die christliche F. als F. von Sünde, Tod und Gesetz zu beschreiben, wie das Paulus in Röm 5-8 tut. Aber der strenge Gegensatz zur Sünde heißt bei ihm Gnade, der zum Tode Leben, der zum Gesetz Evangelium. Die F. ist in allen diesen Lehrstücken nicht selbständiges Thema, sondern sie hilft zur Erkenntnis, so wie die ganze Anthropologie des Paulus zur theologischen Erkenntnis verhilft. Das Individuum fängt nicht selbst mit sich von vorne an, sondern der vom Apostel durch Wort und Taufe in die Gemeinde hineingerufene Mensch findet sich dort im Bereich des Herrn und des Geistes vor, obwohl sich dieser Bereich nicht auf die Gemeinde beschränkt; denn er ist ja der Bereich der von Jesus her wirksamen Liebe (1Kor 13). Darin stimmt das ganze NT überein. Es ist deshalb verfehlt, die in der Geschichte der F. ans Licht kommende Willensproblematik einfach auf die Theologie des NT zu übertragen. Der Streit zwischen Wollen und Können in Röm 7 geht den vorchristlichen Menschen an. Eben deshalb geht es jetzt um die Selbstbestimmung des Menschen selber, nicht um das, was ich kann, sondern um das, was Gott konnte, um sein Handeln in Jesus Christus (2Kor 5, 17), und bei mir darum, ob auch ich dieses Handeln Gottes will. Die Vokabel F. schaltet also wohl unsern Willen ein, das ist gerade die Hilfe, die sie leistet; aber unser Wille vereinigt sich nun trotz Jak 2, 12 und etwa 1, 25 nicht mit unserem Können, sondern mit Gottes Wirken, während sich bei uns »Furcht und Zittern« einstellt (Phil 2, 12f). Furcht und Zittern ist freilich etwas anderes als die alte Daseinsangst, denn die Liebe treibt jene Angst aus (1Joh 4, 18). Nicht einfach die Welt, auch nicht einfach der Mensch, sondern der Bezug zwischen Welt, Mensch und Gott hat sich gewandelt (Gal 3, 26-28 u.ä.). Wir nannten ihn den Bereich der Liebe. Aber darüber darf nicht vergessen werden, daß dieser Bezug allererst verkündigt wird; die Verkündigung ist deshalb pervertierbar (2Petr 2, 19; Pseudopropheten). Gott schafft ja immer erst die Zukunft für den ganzen Bereich, während die Gegenwart, ebenfalls von Jesus her, den Stempel auch des Leidens trägt (2Kor 1, 5; Röm 8, 18-23). Und doch ist von Jesus her die Zukunft mit der Vergangenheit zusammengebunden (Röm 8, 24-39), so daß, wie das JohEv sagt, die Wahrheit, die Jesus *ist*, frei machen *wird* (Joh 8, 31f. 36). Dieses nur ansagbare Sein begreift uns in sich ein, weil es rettend über uns hinausgreift. Eben das zu glauben sind wir nun gefordert und gefragt. Wir verzichten, wenn wir auf diese Verkündigung eingehen, nicht etwa auf das Handeln oder auf Werke - von da aus bekommen auch Stellen wie Jak 2, 12 wieder eine positive Bedeutung -, wir verzichten auch nicht einfach auf uns selbst (denn das hier angesagte Sein meint ja gerade und will ja gerade uns selbst!), sondern wir verzichten dann auf Selbstbestimmung, wie Hebr 11 oder Röm 4, 18-22 zeigen. Dann wollen wir genau das, was Gott von Jesus her tut. So geht es dieser F. nur noch um das, was zwischen Gott und dem Menschen heilsam in der Welt geschieht. Jesus wird selbst ihr Vorbild (Lk 22, 27; Röm 15, 3; 2Kor 8, 9; Phil 2, 6-8). Denn sie ist ja *F. zum Glauben,* daß Gott vollendet, was er in Jesus angefangen hat; daß er die Geschichte der Sünde, des Todes und des Gesetzes in der Geschichte des Heils, des Lebens, der Liebe an uns zu Ende bringt (Röm 8, 2-11; 2Kor 6, 2; Phil 3, 12-15). Aus dieser F. zum Glauben erwächst dann von selbst die F. von den Werken zu den Werken (vgl. Eph 2, 10; 2Kor 6, 1; 1Kor 4, 1f).

ThW II, 484ff (H.Schlier) - E.Fuchs, Die F. des Glaubens. Römer 5-8 ausgelegt (BEvTh 14), 1949 - E.Dinkler, Zum Problem der Ethik bei Paulus. Rechtsnahme u. Rechtsverzicht (1Kor 6, 1-11) (ZThK 49, 1952, 167-200) - Bultmann, NT - W.Schmithals, Die Gnosis in Korinth. Eine Untersuchung zu den Korintherbriefen (FRLANT 66), 1956.
E.Fuchs

II. Kirchengeschichtlich

Das christliche Verständnis der F., wie es sich vor allem im paulinischen F.sgedanken (→ Freiheit: I) meldet, steht in doppeltem Gegensatz zu demjenigen seiner spätantiken Umwelt. Der primär politische, später weltanschaulich-individualistische F.sbegriff griechischen Denkens und hellenistischen Lebens, selbst in Frage gestellt durch das akosmische, dem Libertinismus und Nihilismus geöffnete F.sbewußtsein der → Gnosis, meint das Vermögen, unabhängig über sich verfügen zu können (im Gegensatz zur Unfreiheit des Sklaven bzw. des nicht mit politischen Rechten und Pflichten Ausgestatteten). Demgegenüber steht der Christ unter dem »Gesetz der F.« bzw. dem »Gesetz Christi«; er gehört nicht sich selbst, sondern Christus, weil er der Herrschaft des Sündengesetzes entnommen und zum Gehorsam gegen Gott berufen ist. - In der *dogmengeschichtlichen* Entwicklung des Christentums wird freilich dieser F.sbegriff bald wieder mit dem der hellenistischen Philosophie, mit der F. der → Autonomie, verbunden, entsprechend der Deutung des Evangeliums als »neues Gesetz«. Hier knüpft das Problem der Willens-F. in der Dogmengeschichte an, das in den Fragenkreisen von Gesetz und Evangelium (→ Gesetz: V), → Verdienst (: IV) und → Gnade (: IV) auf dem Hintergrund des Gedankens der → Prädestination (: III) verhandelt wird und bei Augustin, noch stärker in der Reformation den Rückgriff auf das ursprüngliche christliche F.sverständnis zeigt. Die Linie der Wandlungen dieses ersten Gegensatzes zur antiken F.sidee ist unter dem Leitwort → Willensfreiheit zu verfolgen. Im übrigen zeigt sich die Hellenisierung des christlichen F.sverständnisses in den sittlich-religiösen Idealen des Mönchtums und anderer Formen weltentsagender, auf Seelenfrieden bedachter, asketischer und spiritualistischer Ethik.

Die *kirchengeschichtlich* bedeutsame Ausformung des F.sgedankens zeigt sich hingegen unter der gleichbleibenden Parole »F. der Kirche« als ein zweiter Gegensatz zur hellenistischen F.sidee. In der Spätantike meldet sich die Gewissens-F. als Ausdruck der Spannung zwischen Individuum und Staat, nachdem mit dem Zusammenbruch der hellenischen Demokratie der politische F.sbegriff sich zum weltanschaulichen gewandelt hat und in die Innerlichkeit des sich kosmopolitisch verstehenden apolitischen Individuums zurückgenommen wurde, zugleich sich als F. der Bedürfnislosigkeit und F. vom Andrang der Dinge dialektisch mit dem Schicksal und der Welt »auseinandersetzte«, wesentlich als »Gewissens-F.« des Herrseins seiner selbst. Das Christentum macht diesen Introvertierungsprozeß nicht mit, der zugunsten angeblich innerer F. das Bestimmungsrecht über das äußere Verhalten des Menschen aufgibt. Denn der Öffentlichkeitscharakter des Evangeliums drängt zur Forderung der Bekenntnis- und Verkündigungs-F. und führt damit zum Zusammenstoß mit der Religionspolitik des Imperiums etwa in der Gestalt des → Herrscherkults. → Tertullian fordert zB i.J. 212 die als Kultus-F. verstandene Religions-F., dabei das Evangelium stoisch verarbeitend, als Menschen- bzw. Naturrecht (Ad Scapulam 2); für → Lactantius ist später (um 315) die religio allein das domicilium der F. (Ep. div. inst. 54). Die Martyrien bis zur konstantinischen Wende sind so auch ein Geltendmachen der Kultus-F. Dieser Kampf setzt sich in der nachkonstantinischen Zeit als Kampf der Kirche gegen einen »christlichen« Staat fort (→ Staat: III), da jene allgemeine Toleranz, die das Reskript des Licinius 313 im Blick auf »die Gottheit« formuliert und die → Konstantin im allgemeinen festhält, der religiösen Uniformierung des Imperiums wieder weichen muß, jetzt einer auch dogmatisch bestimmten christlichen Uniformität. Das bedroht die Selbständigkeit und F. der Kirche. Der neue Kampf um die Kirchen-F. beginnt unter Konstantius mit dem Konzil von Sardika (= Sofia, 343) und wird vor allem von den Kirchen des Westens geführt, zB im Mailänder Kirchenstreit des → Ambrosius sowohl gegen den politischen Arianismus der Kaiserinmutter Justina und der Goten wie auch gegen die imperiale Reichskirche des → Theodosius. Es ist ein Kampf um die Grenze des Staates gegenüber der Kirche (→ Kirche und Staat). Dabei läßt schon das 5.Jh. den Beginn der Verbindung von kirchlicher F.sforderung mit dem Anspruch auf eigenkirchliche Macht im Schema der Zweigewaltenlehre erkennen, aber auch, wenngleich noch unsicher, den Konflikt zwischen Kultus-F. und kirchlicher Intoleranz in den Auseinandersetzungen mit Heidentum, Judentum, Schisma und Häresie (zB bei Augustin). Im 6.Jh. formuliert der Osten endgültig seine Auffassung vom Verhältnis von Staat und Kirche im Sinn der gottgewollten »Symphonie« beider (→ Justinian, nov. 6; 535), während im Westen → Facundus von Hermiane ähnlich wie früher → Lucifer von Calaris den Radikalismus kirchlicher F.sforderung auch gegen die Nachgiebigkeit des römischen Bischofs in den Kämpfen um → Chalcedon vertritt. Mit den dramatischen Kämpfen des 7.Jh.s führt der abendländische Widerstand gegenüber byzantinischer Kirchenherrschaft bis zum Martyrium (→ Martin I., → Maximus Confessor) und erstreckt sich bis in die Bilderstreite (→ Bilder: III, 2) des 8.Jh.s. Aber die Formel »abendländische Kirchen-F. gegen östliche Knechtung« ist zu einfach, um diese Spannungen zu umschreiben; denn hinter der »abendländischen F. der Kirche« steht der mit der weiter ausgestalteten Zweigewaltentheorie verbundene latente Anspruch auf Herrschaft der Kirche gegenüber dem Staat.

Damit verbindet sich für die Folgezeit im Westen die Wandlung des F.sbegriffs durch Motive des germanischen Rechts: F. gewinnt die Bedeutung von Privileg. Inhalt der F.sforderung ist ein korporatives Recht der Kirche gegenüber dem Staat, dh die Gesamtheit von F.en wird als Recht verstanden. → Libertas ist Ausdruck für die zuteilende Gerechtigkeit in naturrechtlichem Sinn an die ständisch gegliederte, hierarchisch gestufte soziale Welt mit der Teilung in geistliche und weltliche Sphäre. Jetzt erst wird die ältere Zweigewaltenlehre aus einer »Defensivmaßnahme« allmählich zur Angriffsparole gegenüber dem theokratischen Selbstverständnis des frühmittelalterlichen Herrschers. Im Investiturstreit (→ Kaisertum und Papsttum) wendet sie sich mit der Forderung der F. der Kirche revolutionär gegen die bisherige Weltordnung, weit über das konkrete staatskirchenrechtliche Problem der → Investitur hinaus. Die Forderung »F. der Kirche« beginnt sich ideologisch auszuweiten. Sie meint nicht mehr allein die Summe der besonderen Privilegien der Kirche, sondern sie erhebt Anspruch auf allumfassende Absolutheit mit dem Gehalt der absoluten F. Gottes. Denn die Kirche ist der Leib Christi, ihre F. ist seine F., wer sie kränkt, greift Gott an. Die Heftigkeit des Kampfes gegen die → Simonie erklärt sich von da aus. Im Namen der F. des Hl. Geistes beginnt die Kirche um ihre absolute F. in der Welt und über sie zu kämpfen und alles, was ihr entgegensteht, als Ketzerei zu brandmarken. Aus dieser F.sparole folgt der Kampf um die Überordnung der Kirche über den Staat, aber auch, getragen vom reformierten Papsttum des Gregorianismus (→ Gregor VII.), das Ringen um die monarchische, papalistische Verfassung der Kirche als Voraussetzung für die erstrebte Wiederherstellung der »richtigen« Ordnung der Welt. Die Zweigewaltenlehre ist nur noch im Sinn der Herrschaft der geistlichen Gewalt zu verstehen. Die Einheit der christlichen Welt und ihre F. gründen im Universalepiskopat des Papstes und in seinem Recht auf Weltherrschaft. Der Gehorsam des Christen gegen den Staat vollzieht sich nur im Rahmen der kirchlichen Gesetze. Die gregorianische Idee des Reiches Christi auf Erden in Gestalt der Weltherrschaft des Papsttums wurde nicht realisiert, aber ihre Motive und Tendenzen drängten den von der kirchlichen F.sforderung her dann zwangsläufig säkularisierten Staat dazu, die Trennung von der Kirche anzustreben und so seine F. zu sichern.

Dem kam die Reformation wider Willen zu Hilfe, sofern ihre F.sforderung sich gegen die Klerikalisierung der Welt richtete, theologisch als F. von der Gesetzesherrschaft und damit auch praktisch als F. vom vergesetztlichten Papsttum, zugleich als F. der → Gewissen für das Leben im Glaubensgehorsam in der Welt, und vor allem als F. der Evangeliumsverkündigung mit der Konsequenz der Glaubens- und Kultus-F. Das germanisch-mittelalterliche Erbe des ständischen F.sbegriffs wirkt dabei noch nach, einmal, sofern die »F. eines Christenmenschen« für Luther primär den rechten Christenstand in der Welt meint, in dem sich das Leben nach dem paulinisch verstandenen »Gesetz der F.« konkret vollzieht, sodann in der Bejahung der ständischen Fassung der sittlich-religiösen F.srechte (zB ius reformandi) im konfessionspolitischen Ringen. In einer empfundenen Spannung dazu stehen die »schwärmerischen« Folgerungen aus der reformatorischen F.sbotschaft mit ihrer mit dem Offenbarungsbegriff verknüpften, individualistischen Auffassung der Gewissens-F., zT auch gegenüber der Schriftoffenbarung. Nicht zuletzt von hier aus erfolgt die besondere Heraushebung der Gewissens-F. als Grundrecht mit den »modernen« verfassungsrechtlichen Konsequenzen im 17.Jh. (→ Pilgerväter; englische Revolution → Cromwells; »the dictate of the conscience« als typischer Verfassungsbegriff der nordamerikanischen Kolonien). Die geistesgeschichtlich von daher stammende »liberty of conscience« in den amerikanischen Verfassungen nach der Unabhängigkeitserklärung (1776) ist der Sache nach im Grunde Kultus-F. der Kirche, verstanden als Individualrecht, das allen Menschen zusteht. Sie soll innerhalb der Schranken allgemeiner Ordnung »the ways of God's worship« von staatlicher Einflußnahme freihalten. Als solches verfassungsmäßig garantiertes Grundrecht ist sie älter und weiter als die rechtliche Fassung der Gewissens-F. auf dem Kontinent. Auch weiter als in der französischen Erklärung der → Menschenrechte vom 26.8.1789, die nur das Recht einer »religiösen Meinungs-F.« sichert und dann mit dem Trennungsgesetz von 1905 gleichsam zum Bekenntnis des laizistischen Staates wird, der »sich von der Kirche« trennt, nachdem → Napoleon in seinem Konkordat 1801 die Kultus-F. garantiert hatte.

In Deutschland steht am Anfang kirchengeschichtlich faßbarer F.srechte seit der Reformation die Gewissens-F. des »inneren Gottesdienstes«; Luther räumt der andersgläubigen Minderheit in ev. Gemeinden ein, »daß sie in ihren Kammern mögen anbeten und dienen, wem sie wollen und wie viele Götter sie wollen« (WAB 4, 29, 55). Der → Augsburger Religionsfriede hingegen gewährt nur den Fürsten und Ständen Augsburgischer Konfession »Gewissens-F.«, schließt also diese F. als Recht auf häusliche Religionsübung wieder aus. Erst der → Westfälische Friede gewährt allen Katholiken und Augsburgischen Religionsverwandten Gewissens-F. und das Recht auf ungestörte Hausandacht. Daraus entwickeln sich später und territorial verschieden die rechtlichen Garantien der Gewissens-F. So wird in → Preußen seit Friedrich Wilhelm I. in einer dem geltenden Staatskirchenrecht widersprechenden Toleranzpolitik (→ Toleranz: II) die häusliche Andacht auch jenen Einwohnern gewährt, die einer anderen als der im Westfälischen Frieden genannten Religion zugehören. Sie ist aber noch nicht, was auch das → Wöllnersche Religionsedikt 1788 festhält, Bekenntnis-F. Das Preußische Allg. Landrecht (1794) hat dann Glauben und »inneren Gottesdienst«, jetzt als individuelle Religiosität im Sinn der → Aufklärung spiritualisiert, freigestellt (Tit. 11, TH II, §§ 1f). Gewissens-F. wird aus Hausandacht - so noch in anderen deutschen Territorien des 18. und beginnenden 19.Jh.s, auch in Österreich - zur Denk-F., die im Interesse der Sicherung des Staates nun neue Schranken nötig macht und ebenso neue F.sbestimmungen außerhalb des forum internum. Diese Säkularisierung der Gewissens-F. ist die Voraussetzung für die Entwicklung der modernen Kirchen-F. zwischen staatlicher Souveränität und bürgerlichem Liberalismus. Die aus der Religions-F. stammenden individuellen F.srechte des Liberalismus (Eigentums-, Vereins-, Veröffentlichungs-, zT Unterrichts-F.) werden auf die Kirche übertragen. Sie gestalten die Anerkennung der F. und Selbständigkeit der Kirchen, wie sie zuerst die Belgische Verfassung von 1830 (Art. 16) ausspricht.

Die kath. Kirche hat sich mit diesem neuen Zuwachs an F.srechten und F.sbegriffen in den Enzykliken → Leos XIII. »Immortale Dei« (1885) und »Libertas« (1888) auseinandergesetzt – während J. → Acton das Programm einer echten Synthese zwischen Katholizismus und politischem Liberalismus aufstellte -, vor allem im Blick auf die ihnen innewohnende Forderung der »Trennung« von Staat und Kirche, und dabei die Zuordnung beider erneut betont und umgrenzt. Denn die Kirche muß auf der Basis von allgemeinen Menschenrechten und bürgerlichen F.en ihre F. insofern verteidigen, als jene F.en zugleich auch die Grenze der Kirchen-F. sind. Während ihr einerseits aus jenen F.en die institutionelle Garantie erwachsen ist, ihre Angelegenheiten »selbständig zu ordnen und zu verwalten«, wird andererseits die Gewissens-F., wie schon in den Frankfurter Grundrechten (→ Frankfurter Parlament), jetzt auch gegen die Kirche gerichtet im Interesse der F. des Individuums, also als rechtspolitischer Ausdruck für die Trennung von → Kirche und Staat. Die WRV vom 11.8. 1919 garantiert so in Art. 135 und 136 im Hinblick auf die allgemeine Kultus-F. die individuelle Glaubens- und Gewissens-F. im Sinn der F. der Meinungsäußerung und der Unabhängigkeit der staatsbürgerlichen Rechte vom religiösen Bekenntnis. Die moderne, säkularisierte Gewissens-F., eine Frucht der F.sforderungen der Kirche, wird im allgemeinen zum Prinzip der Trennung des Staates von der Kirche, auch in der Verfassung der UdSSR vom 5. 12.1936 (Art. 124); aber ihr inhaltliches Verständnis ist jeweils abhängig von der herrschenden Weltanschauung und wird zur Aufgabe immer neuer Interpretation dieses seines christlich-religiösen Kerns beraubten, spiritualisierten und säkularisierten Grundrechts. Das gilt zB auch für die im allgemeinen der WRV folgenden einschlägigen Formulierungen des Bonner GG vom 23.5.1948 (→ Verfassungen: I).

H.Fürstenau, Das Grundrecht der Religions-F. nach seiner geschichtl. Entwicklung u. heutigen Geltung in Deutschland, 1891 - F. Ruffini, Religious Liberty, 1912 - A.Scharnagel, Bekenntnis-F. (Staatslex. d. Görres-Ges. I, 1926, 725-743) - C.Zollmann, American Church-Law, 1933 - R.v.Keller, F.sgarantien für Person u. Eigentum im MA, 1933 - G.Tellenbach, Libertas. Kirche u. Weltordnung im Zeitalter des Investiturstreits, 1936 - W.Pewesin, Imperium, Ecclesia universalis, Rom (Geistige Grundlagen röm. Kirchenpolitik, hg.v. E.Seeberg [FKGG 11], 1937, 43-128) - H.Rahner, Abendländ. Kirchen-F. Dokumente über Kirche u. Staat im frühen Christentum, 1943 - M.S.Bates, Glaubens-F., New York 1944; dt. v. R. Honig, 1947 - H.Berkhof, Kirche u. Kaiser, 1947 - U.Noack, Katholizität u. Geistes-F. nach den Schriften von J.Dalberg-Acton, 1947 - O.Liermann, Das Recht der Religions-F. (Die Ordnung Gottes u. die Unordnung der Welt. Dt. Beitr. zum Amsterdamer ökumen. Gespräch, 1948, 187-201) - E.Wolf, Libertas christiana u. libertas ecclesiae (EvTh 9, 1949/50, 127-142) - E.Hegel, Libertas Ecclesiae. Zur Entwicklung des Begriffs »F. der Kirche« seit der franz. Revolution (TThZ 60, 1951, 197-207) - R.Smend, Staat u. Kirche nach dem Bonner GG (ZevKR 1, 1951, 4-14) - Ders., Glaubens-F. als innerkirchl. Grundrecht (ebd 3, 1954, 113-125) - R.Bultmann, Die Bedeutung des Gedankens der F. für die abendländ. Kultur (Bultmann II, 1952, 274-293) - Ders., D. Gedanke d. F. nach antikem u. christl. Verständnis, 1957 - W.Hamel, Das Bekenntnis als Gestalt der F. (ARSP 40, 1952/53, 465-493) - Ders., Die Bekenntnis-F. (ZgesStW 109, 1953, 54-77) - M.Pohlenz, Griech. F. Wesen u. Wert eines Lebensideals, 1955 - J.Bohatec, England u. die Gesch. der Menschen- u. Bürgerrechte, hg.v. O.Weber, 1956 - H.Grundmann, F. als religiöses, politisches u. persönliches Postulat im MA (HZ 183, 1957, 23-53) - H.J.Scholler, Die F. des Gewissens (Schr. zum Öff. Recht 2), 1958. - Vgl. Lit. zu → Toleranz: II.

Ernst Wolf

III. Systematisch

1. Nach der allgemeinen sprachlichen Bedeutung bezeichnet F. den *Spielraum*, innerhalb dessen sich ein Wesen bewegen und entfalten kann. In übertragenem Sinne wird diese Art von F. auch toten Dingen zugeschrieben (Boden-F., freies Spiel einer mechanischen Verbindung usw).

2. Ein Wesen, das sich innerhalb eines derartigen Spielraums spontan bewegen kann, verfügt außerdem über ein positives *Vermögen*, eine *Kraft*, die gleichfalls F. genannt wird. Die höchste Form der F. ist die eines Schöpfergottes, dessen unendliche Kraft in einem unbegrenzten Raume (im »Nichts«) wirkt. An diesem Grenzbegriff hat die neuzeitliche Philosophie auch den Begriff der menschlichen F. orientiert.

3. Je nachdem, worin das eigentliche *»Wesen des Menschen«* erblickt wird, ergibt sich auch eine abweichende Vorstellung von dem, was F. konkret meint. Für den Materialisten und Sensualisten ist der Mensch wesentlich materielles Sinnenwesen. F. besteht dann in dem Spielraum für und der Entfaltung von physischer Kraft und sinnlicher Empfindungsfähigkeit. Die politische Konsequenz einer derartigen Konzeption ist der extreme → Liberalismus (: I) und → Anarchismus. Wird dagegen das Wesen des Menschen in dessen »höherer Seelentätigkeit«,

in der Vernunft, im sittlichen Selbst erblickt, so besteht F. in der Ermöglichung und Entfaltung dieses höheren Selbst, die gerade nur auf der Grundlage der Zurückhaltung, ja der Unterdrückung sinnlichen Begehrens möglich ist. Ein derartiger sittlicher F.sbegriff, wie er zB von → Kant vertreten wird, führt auf politischem Gebiet zur Forderung einer rechtsstaatlichen, dem sittlichen Ziel des Gemeinwohls dienenden Demokratie (→ Staatsformen). Der Standpunkt des Christen (→ Freiheit: II) wird sich weder mit dem des Materialisten noch dem des Spiritualisten decken. Da der Mensch leib-seelische Einheit ist, kann seine konkrete F. nur gleichzeitig die seines Leibes wie die seiner geistigen Tätigkeit sein.

4. Im Laufe der *Philosophiegeschichte* ist die F. weniger oft geleugnet als unterschiedlich bestimmt und gegen verschiedenartige Einwände verteidigt worden. Für → Sokrates ist nur das an die richtige Erkenntnis gebundene gute Wollen frei, alles Böse geht aus einer Erkenntnistrübung hervor und ist insofern unfrei. → Aristoteles hebt demgegenüber die Wahl-F. zwischen verschiedenen Mitteln hervor. → Platon hält an der sokratischen Bindung des Willens an die Einsicht fest und behauptet zugleich die (die sittliche Verantwortlichkeit konstituierende) Wahl-F. So ist er genötigt, die zur Unfreiheit führende Entscheidung in einen vorgeburtlichen Zustand zurückzuverlegen. Die Probleme, die durch den stoischen Schicksalsbegriff (εἱμαρμένη; → Schicksal: II) entstehen, sucht Chrysipp durch die Unterscheidung von Haupt- und Nebenursachen zu lösen, wobei in der »Zustimmung« des Handelnden die Hauptursache erblickt wird. → Epikur lehnt dagegen den durchgängigen und notwendigen Zusammenhang der Welt, den die → Stoa gelehrt hatte, überhaupt ab und faßt die F. wie den Zufall als ein »ursachloses Geschehen«, das neben dem mechanisch-bestimmten existiert. Ein neues Problem taucht mit dem Christentum und seiner Lehre vom göttlichen Vorauswissen und göttlicher → Prädestination (: III) auf. → Augustin sucht die Lösung in der Unterscheidung von → Ewigkeit (: II, 3b) und → Zeit. Das göttliche Vorauswissen sei ebensowenig Ursache künftiger wie die menschliche Erinnerung Ursache vergangener Entscheidungen. Die Hochscholastik (→ Albert d.Gr., → Thomas von Aquino) knüpft wieder mehr an Aristoteles an und läßt den Willen zwar durch die Erkenntnis des Guten bestimmt sein, erkennt ihm aber F. in der Wahl der Mittel zu. Im Gegensatz hierzu haben → Duns Scotus, → Ockham u.a. den Primat des Willens gegenüber dem Intellekt behauptet: »intellectus dependet a volitione« (Duns Scotus), das gilt sowohl für Gott als auch für die Menschen. Zur F.slehre der Reformatoren vgl. → Willensfreiheit. In der Neuzeit taucht das alte Problem des →Determinismus unter dem Eindruck des kausalmechanischen Weltbildes der Naturwissenschaft wieder auf. Gegen die Leugnung der menschlichen F. auf Grund des durchgehenden Determinismus der Natur richtet sich → Kants Lehre von den beiden Reichen. Wenn auch für den Bereich der Erscheinungen die vollständige kausale Determiniertheit gilt, so erfahren wir uns doch selbst im Gewissen als sittlich Geforderte, und diese Tatsache hat die F. zur ermöglichenden Bedingung. F. muß also vorausgesetzt werden können, wenn sittliches Handeln möglich sein soll (Postulat der reinen praktischen Vernunft). Insofern wir Noumena (→ Dinge an sich) sind, in Ansehung unseres intelligiblen Charakters, sind wir daher frei, als Phänomena unterliegen wir dagegen den Gesetzen der kausalen Determination. → Hegel (und ähnlich → Spinoza) identifizieren die F. mit dem (material) vernünftigen Wollen. Indem der Mensch sich zum subjektiven Geist entwickelt, wird er frei und erkennt in aller Wirklichkeit, sei es den objektiven Geist (menschliche Welt), sei es den »Geist in seinem Anderssein« (Natur), dh er findet sich in aller Gegenständlichkeit wieder und ist insofern absolut frei, weil Freisein und von nichts Fremdem begrenzt werden dasselbe ist. Nach dem Abflauen des Szientismus und → Positivismus des 19.Jh.s ist es um das Problem des Determinismus still geworden, wenn auch noch zuweilen die F. des Menschen etwa durch Hinweise auf die Heisenbergsche Unschärferelation »gerettet« werden soll. Im allgemeinen hat man erkannt, daß unter dem für die Naturwissenschaft unvermeidlichen Gesichtspunkt kausaler Determiniertheit das Phänomen der F. einfach nicht wahrgenommen werden kann. Die Verteidigung der F. fällt daher mit der Ablehnung des Methodenmonismus zusammen (neben dem naturwissenschaftlichen »Herrschaftswissen« ist die andersgeartete Erkenntnisweise der Geisteswissenschaften anzuerkennen, die einen anderen Ausschnitt der Wirklichkeit erfaßt). – Während für Hegel die F. des Menschen im »vernünftigen Wollen«, dh im Wollen des vom Weltgeist (= Gott) Gewollten besteht, erscheint in der Existenzphilosophie → Sartres der Mensch nicht mehr auf eine vernunfthaft geordnete Welt und Geschichte bezogen, sondern als schlechthin souverän. Die F. des Menschen ist der des voluntaristisch verstandenen Gottes gleich geworden. Inmitten einer sinn- und wertfreien Welt ist er dazu »verdammt«, frei zu sein, oder m.a.W.: stets wieder hinfällig werdenden Sinn zu realisieren. Damit ist ein äußerster Punkt der Entwicklung erreicht und die F. des Menschen zugleich absolut und völlig inhaltslos geworden.

5. Für das menschliche Zusammenleben gelten zwei Typen des F.sbegriffs, nämlich die liberale F. (Spielraum für die freie Entfaltung des konkreten Menschen, F. *vom* Staate) und die demokratische F. (F. als Teilhabe am Staat, F. *im* Staate). Beide Typen können unabhängig voneinander, ja gegeneinander stehen (Unterdrückung der liberalen F. im Namen der Demokratie, Existenz der liberalen F. ohne Demokratie), aber auch einander stützen und tragen (freiheitlich-demokratische Ordnung). Die liberalen F.en »des Menschen« dienen dann dazu, die Staatsbürger zu wirklich freier, durch allseitige Information und ungestörte Diskussion vorbereiteter Stimmabgabe zu befähigen. Umgekehrt werden die demokratischen Rechte – bei wacher Handhabung durch die Staatsbürger – zu Garanten der Aufrechterhaltung der liberalen F.en, des Spielraums für die freie Entfaltung eines jeden. Die so gesicherte völlige Gewissens-F. ermöglicht allein eine echte, von außerreligiösen Motiven ungestörte Religiosität. – Vgl. → Menschenrechte.

Außer der Lit. zu → Freiheit: II und den Philosophiegeschichten vgl. zum Problem der polit. F.: G.Ruggiero, Gesch. des Liberalismus in Europa, 1930 – Freedom, its Meaning by Croce, Mann, Whitehead usw, ed. R.N.Anshem, New York 1940 – Die F. im Lichte des wissenschaftl. Sozialismus, hg.v. der Dt. Akademie der Wissenschaften, 1956 – K.v.Raumer, Absoluter Staat, korporative Libertät, persönliche F. (HZ 183, 1957, 55-96) – H.Freyer, Das soziale Ganze u. die F. des einzelnen unter den Bedingungen des industriellen Zeitalters (ebd 97-115).

I.Fetscher

Freikirche

1. Begriffsbestimmung – 2. Entstehung und Geschichte – 3. Gegenwartslage

1. Der *Begriff* F. wird meist als Gegensatz zur → Staatskirche oder zur → Volkskirche verstanden. Aber diese Bedeutung reicht nur für die Gegenwart aus, nicht für die Entstehungszeit des F.ntums in den Anfängen der Reformation. Der wesentliche Charakterzug der F. ist im *Gegenüber zur Territorialkirche* zu sehen. Die Territorialkirche der Reformationszeit steht in der Mitte zwischen Staats- und Volkskirche, ja sie umfaßt beide auf einer früheren geschichtlichen Stufe. Das Nein gegen die

Herrschaft geographischer Abgrenzungen innerhalb der Kirche faßt sich in der F. zusammen und hat in ihr zu einer eigenen Kirchengestalt geführt.

Diese Ablehnung der landeskirchlichen Form enthält aber in sich das Nein zu der Tradition der unmittelbar vorhergehenden Vergangenheit, also zu den geschichtlich gewordenen Zügen in der Gestalt der Kirche, und müßte zur reinen Sektenform werden (→ Sekte), wenn nicht die vorbehaltlose Bejahung der Bibel zur entschlossenen Rückbesinnung auf die Urchristenheit als die vorbildliche Gestalt der Gemeinde führte. Von hier aus ist das kennzeichnende *Strukturgesetz* der F.n erwachsen: die freikirchliche Gemeinde entsteht aus dem freien Zusammenschluß bewußter Christen, der sich dem gegenwärtigen Wirken des Geistes Gottes öffnet (»the gathered Church«). Dieser Freiwilligkeitsgrundsatz läßt die Kindertaufe als zweifelhaft erscheinen, da alles Gewicht auf die Bekehrung fällt; diese wird als bewußte Hinwendung des ganzen Menschen zu Jesus Christus verstanden. Mit dem Vereinscharakter der Gemeinde hängt es zusammen, daß der landeskirchliche Grundsatz der Erhebung von Kirchensteuern meist durch Sammlung freier Beiträge ersetzt wird.

2. Die *geschichtlichen Wurzeln* des F.ntums gehen zurück auf die individualistischen Strömungen des frommen Lebens im Spät-MA, die mit ihrer Abkehr von der institutionellen Kirche und mit ihrer lebendigen Hinwendung zur Bibel als der Mutterboden des Täufertums der Reformationszeit anzusehen sind (→ Täufer). Im Zürich Zwinglis hat sich diese biblizistische Bewegung zuerst gesammelt; hier hat Balthasar → Hubmaier in der Zürcher Disputation von 1523 die strengste Formulierung gefunden: Was nicht in der Schrift geboten ist, das ist verboten. Von diesen *Anfängen* her ist die Anerkennung der bindenden Gültigkeit der Bibel als alleiniger Rechtsquelle, ohne Berücksichtigung der kirchlichen Erfahrung oder der Geschichte der Auslegung, zum Grundsatz erhoben worden. 1525 wurde in Waldshut unter Hubmaier eine erste freie Gemeinde mit der Glaubenstaufe gegründet, und fortan wurde die Kirche verstanden als die sich stets neu bildende Freiwilligkeitsgemeinschaft der entschiedenen Gläubigen. Die Schleitheimer Artikel von 1527 erklärten in logischer Verschärfung dieses Ansatzes die Absonderung von der Welt und dem äußerlichen Kirchenwesen als die biblisch gebotene Abtrennung der wahrhaft Glaubenden von den Weltleuten; das schloß insbesondere die Verwerfung der Eidesleistung und des Kriegsdienstes ein. Der Stand des einzelnen Christen wurde nach dem Willen zur Heiligung des persönlichen Lebens in dieser zeitlichen Welt beurteilt und in einer strengen Gemeindezucht hoch bewertet.

Diese Gesamtanschauung ruhte auf der Voraussetzung, daß die → Kirche (: III. IV) ihrem Wesen nach die Verwirklichung des Reiches Gottes auf Erden zu sein, also die reine Gemeinde darzustellen habe. Die Triebkräfte der Ausläufer des Augustinismus, die von Luther nach anfänglichem Zögern abgewiesen worden waren, haben hier weitergewirkt und sich radikalisiert. Weil man die Verheißungen der Propheten als in der Kirche geltende Vorschrift ansah, erhielten die Ordnungen den utopischen Zug einer Idealstruktur für die Zukunft, wie die Homberger Reformationsordnung → Lamberts von Avignon 1526 zeigt. Aus derselben Wurzel erwuchs die Forderung, das auf Erden sich darstellende Gottesreich müsse ein Friedensreich sein. Die Ablehnung der Staatsbindung beruhte also auf der radikalen Bejahung der Glaubensverwirklichung, die im tiefsten Grunde theokratischer Natur war, was sich an der ihr innewohnenden staatsbildenden Kraft erwies.

Im strengen *Luthertum* fanden diese Gedanken keinen Boden; im milden Luthertum Hessens jedoch wurde durch Martin → Bucer eine Vermittlung versucht, indem 1539 die → Konfirmation (: I) eingeführt wurde. In ihr sollte dem Anliegen der Glaubenstaufe dadurch Genüge geschehen, daß zu Beginn des religionsmündigen Alters das Bekenntnis zum Glauben abgelegt und von der Kirche durch Einsegnung anerkannt wurde. Durch die spätere Aufnahme der Konfirmation sind im Pietismus die freikirchlichen Züge überdeckt worden.

Auf dem Boden des *Calvinismus* bot der Kirchenbegriff Calvins trotz seines Anschlusses an Luthers Lehre von den zwei → Regimenten dadurch den Anknüpfungspunkt, daß das regnum spirituale als reine Innerlichkeit gekennzeichnet war, die aber dem regnum politicum die Gesetze vorzuschreiben hatte. Von hier aus ergab sich eine Nähe zur Theokratie, die der Ausbreitung des freikirchlichen Gedankens günstig war und ist. In England kam es zwischen den Anhängern der hergebrachten Tradition und den Trägern der neuen Gedanken zu schweren Auseinandersetzungen, in deren Verlauf das freikirchliche Prinzip in Gestalt des Puritanismus (→ Puritaner) und seiner reinen Konsequenz, dem Quäkertum (→ Quäker), mit besonderer Deutlichkeit formuliert worden ist. In rein calvinistischen Ländern wie Holland, Schottland und in Nordamerika hat das F.ntum seine Möglichkeiten voll entfalten können, so daß die verschiedenen Typen entstanden: das → Mennonitentum mit seiner ausgewogenen Klarheit in dem Festhalten christlicher Jüngerschaft, die → Presbyterianer mit ihrer Hervorhebung eines einzelnen Zuges der Ordnung, der → Kongregationalismus mit seiner Übertragung des Freiheitsgedankens von den einzelnen auf die Einzelgemeinde, der Baptismus (→ Baptisten) mit seiner strengen Auffassung der Taufe. In Deutschland erreichte Zinzendorf mit der Brüdergemeine (→ Brüderunität: II) eine vermittelnde Ausformung, ähnlich wie in England Wesley mit dem Methodismus (→ Methodisten: I), der durch die Lehren von Wiedergeburt und persönlicher Heiligung den Anglikanismus vertiefte. Im 19.Jh. hat die aufkommende eschatologische Strömung zwei neue Gestaltungen emporgetragen: die Plymouthbrüder (→ Darbysten) des irischen Pfarrers John Darby und die → Katholisch-Apostolische Gemeinde des schottischen Pfarrers Edward Irving.

Mit der Zeit erhoben sich auch für die F.n die Probleme der Nachwuchskirchen, die von den erneuten Durchbrüchen der ursprünglichen Geisteshaltung in Gestalt der Erweckungsbewegungen nur zeitweise wieder aufgehoben wurden.

3. Die *Gegenwartslage* ist durch ein weiteres Vordringen des freikirchlichen Gedankens gekennzeichnet. Die Gründe liegen zT in der wachsenden Tendenz, die Trennung von → Kirche und Staat (bei gegenseitiger voller Anerkennung) für den normalen Zustand zu erklären, zT in dem tiefen Eindruck, den die Lebendigkeit nordamerikanischer Kirchengemeinden auf die europäischen Kirchenbesucher macht (→ Angelsächsischer Einfluß). Die F.n, die 1896 für England ein Free Church Federal Council gegründet haben, beteiligen sich an der → Ökumenischen Bewegung mit dem Erfolg eines allmählich fühlbaren Ausgleichs, der die Richtung auf allgemeine kirchliche Einheit verstärkt; angesichts der sich steigernden Macht des Staates in der Welt ist diese gemeinsame Arbeit ein Anliegen aller Kirchen.

RE VI, 252ff; X, 344 - E. Troeltsch, Die Soziallehren der christl. Kirchen u. Gruppen (Ges. Schr. I), (1912) 1923[3] - R.M. Jones, Spiritual Reformers of the Sixteenth and Seventeenth Centuries, London (1914) 1928[2]; dt. 1925 - G.K.A. Bell u. W.L. Robertson, The Church of England and the Free Churches, 1925 - J.L. Nuelsen, Die ev. F.n der Welt (Der Protestantismus der Gegenwart, hg.v. G. Schenkel, 1926, 238-254) - RGG^2 II, 759ff - A.Scheve, F.n (Das relig. Deutschland der Gegenwart II, hg.v. C.Schweitzer, 1929, 297 bis 327) - W.W.Sweet, The Story of Religion in America, New York (1930) 1950^2; dt. v. H.Staack: Der Weg des Glaubens in den USA, 1950 - H.Liermann, Dt. Ev. Kirchenrecht, 1933, 204f - H. Townsend, The Claims of the Free Churches, London 1949 - D.Horton, Congregationalism, a Study in Church Polity, London 1952 - F.H.Littell, The Anabaptist View of the Church; an Introduction to Sectarian Protestantism (American Society of Church History), 1952 - U.Kunz, Viele Glieder - ein Leib, 1953 - The Free Churches and the State, the Report of the Commission on Church and State, appointed by the Free Church Federal Council in March 1950, London 1953 - G.D.Henderson, Presbyterianism, Aberdeen 1954 - G.Westin, Den kristna friförsamlingen genom tiderna, Stockholm 1954; dt.: Der Weg der freien christl. Gemeinden durch die Jh.e, Gesch. des F.ntums, 1956 (Lit.) - F.Blanke, Kirchen u. Sekten, 1955 - Taschenbuch der Ev. Kirchen in Deutschland I, 1955 - I.W.Grant, Free Churchmanship in England 1870-1914, with special reference to Congregationalism, London 1955 (Lit.) - H.Wiesemann, Konferenz der Ev. F.n Kassel 1956 - R.F.Shepard, Denominational Definition (ThT 13, 1956/57, 484-493) - G.F.Nuttal, Visible Saints, The Congregational Way 1640-1660, Oxford 1957 - F.H.Littell, Von der Freiheit der Kirche, 1957. *A.Adam*

Freimaurerei

1. Ursprung und Wesen - 2. Ritus und Symbolik - 3. Aus der Geschichte der F. - 4. Die Gegner - 5. Die Aufgabe

1. Die F. ist nicht leicht zu beschreiben; das Schrifttum ist weithin intern (zu wissenschaftlicher Arbeit stehen Logenbibliotheken zur Verfügung), der literarische Niederschlag deckt sich nicht einfach mit der Wirklichkeit der F. Schon die *Anfänge* sind schwer faßbar; denn die Wurzeln sind da, ehe die Bewegung ans Tageslicht kommt. Und wie beim Christentum die Idee rein, klar darstellbar und überzeitlich, die geschichtliche Wirklichkeit aber zeitbedingt, zersplittert, gegensätzlich und mit Entartungen belastet ist, so ist auch bei der F. die Idee der Humanität klar und zeitlos, die geschichtliche Erscheinungsform aber vielgestaltig und teilweise verworren. Aber im Eigenbewußtsein der F. lebt das Wissen um das Wesen, um Sinn und Zweck der geschichtlichen Form. »Die F. war immer und ist ihrem Wesen nach ebenso alt wie die bürgerliche Gesellschaft... Aber das, was F. ist, hat nicht immer F. geheißen« (Lessing). Wenn sich die zu Beginn des 18.Jh.s auftauchende F. selbst als den hellen Morgen eines lichten Gottesglaubens und der Menschenliebe empfand, so muß man das verstehen aus dem Gegensatz zu der Epoche, die die F. überwinden wollte. Im Laufe des MA hatte sich nach ihrer Sicht das Christentum zu exklusiver Form ausgestaltet: die Kirche bejahte nur sich selbst und beanspruchte absolute Autorität. Die Unterdrückung freier Regungen führte zu steigenden Spannungen, die sich im Reformationszeitalter entluden. Aber auch nach der Spaltung in mehrere Kirchen, deren jede den Absolutheitsanspruch erhob, nahm der konfessionelle Zwist so unerträgliche Formen an, daß die Kirchen selbst das Evangelium vom Gott der Liebe unglaubwürdig machten. Nicht aus Unfrömmigkeit, sondern aus einer Frömmigkeit höherer Ordnung kam der Protest der F. gegen diese Entartung des Christentums sowie die Besinnung auf den gemeinsamen Schöpfergott über allen Menschen, Völkern, Kirchen und auf die absolute Verbindlichkeit des Liebesgebots Christi. Die F. will in ihren Dokumenten und Riten bibeltreu sein, aber eben nicht im Sinn eines konfessionellen Dogmas, sondern in der Freiheit und Weite eines gläubigen Laientums, das einfach die Konsequenzen aus der Botschaft vom Vatergott und dem Brudergebot zieht. - Von hier aus sind die *Wesenszüge* der F. zu verstehen. Das *Bekenntnis zur → Humanität* ist nicht Gegensatz zur »Theität«, sondern zu jener Unmenschlichkeit, die in der Epoche der Religionskriege und Hexenprozesse das Christentum geschändet hatte. Es ist das Bekenntnis zur edlen Menschlichkeit, zur Selbsterziehung und Selbstverantwortung der Persönlichkeit. Die klassische Darstellung haben Lessing im »Nathan«, Goethe in der »Iphigenie« und Mozart in der »Zauberflöte« gegeben; Schiller dichtete sein Lied an die Freude für den Logengebrauch. - Das *Bekenntnis zur → Toleranz* ist nicht Gleichgültigkeit gegenüber der Verbindlichkeit geistiger Werte, sondern Ablehnung der Intoleranz als der Quelle von Haß und Unrecht. Freimaurerische Toleranz ist die Bejahung aller Hochwerte mit dem Wissen um die dialektische Spannung des Lebens. So gilt ihr zB Ehrfurcht als unerläßlich für das Verständnis höherer Werte, aber ohne Kritik kann sie zu blindem Aberglauben entarten, wie umgekehrt Kritik unerläßliches Prinzip ist beim Suchen nach Wahrheit, ohne Ehrfurcht aber zu Frivolität führen kann. So bekennt sich die F. auch nicht zu einer einzelnen philosophischen Schule. Sie anerkennt den Wert des realistischen wie des idealistischen Denkens, weiß um die Gefahr der Einseitigkeit und strebt danach, die wirklichen Werte beider Betrachtungsweisen fruchtbar werden zu lassen. In diesem Sinn ist das *Bekenntnis zur → Vernunft* nicht Gegensatz zum Glauben, sondern zur Unvernunft und bedeutet die Verantwortung, die Urteilskraft zu entwickeln und alles auf seinen Wahrheitsgehalt zu prüfen.

2. Die Selbstbezeichnung F. stammt aus der englischen Werkmaurerei, wobei »freemason« den Architekten und Künstler, nicht den handarbeitenden »Maurer« meint. Grundlegend für *Ritus und Symbolik* sind die aus der Tradition der Bauhütten übernommenen Formen der Bau- und Werksymbolik, dargestellt in den 3 Graden Lehrling, Geselle, Meister. Der Lehrling stellt den Menschen dar, dem erschlossen wird, was frühere Geschlechter erdacht, geschaffen und uns als Basis unseres Lebens übermittelt haben. Indem der Lehrling zur Mitarbeit heranwächst, reift er zum Gesellen. Der Meister schließlich ist berufen, sich in Selbständigkeit und Verantwortung für sich und das Ganze zu bewähren. Zugleich symbolisieren die 3 Grade die Arbeit an sich selbst, in der Gemeinschaft, in der verantwortlichen Leitung. Wohl bleibt jeder in gewissem Sinn Lehrling und Geselle, aber er soll zum Meistertum streben und seine Würde darin sehen, schöpferisch tätig zu sein und das Leben zu meistern. - Der »Bau am Salomonischen Tempel« hat nichts zu tun mit Abhängigkeit vom Judentum, sondern beruft sich auf die Bibel als das »Lehr- und Geschichtsbuch der Menschheit«. Dieser erste Tempel für den *einen* Gott, den Schöpfer des Universums und Herrn des Sittengesetzes, symbolisiert zugleich den unsichtbaren Tempel Gottes im Sinne von Eph 2, 19ff und 1Petr 2, 1ff. Neben Salomo und Hiram, dem König von Tyrus (1Kön 5, 8), spielt in der F. eine Hauptrolle der Tempelbaumeister Hiram, der zum Symbol der Pflichttreue bis zum Tod wird, ebenso die von ihm geschaffenen zwei ehernen Säulen (1Kön 7, 13ff). - Damit verbunden sind Elemente, die sich in vielen → Mysterien wie in der Bibel finden: die Symbolik der Wanderung und des Weges, vor allem die des Lichtes, des universalsten Symbols aller Mysterien und Religionen. Im Meistergrad tritt hinzu die Auseinandersetzung mit dem Problem von Leben und Tod, von Vergänglichkeit und Ewigkeit und die Symbolik des »Stirb und Werde«. Während aber die antiken Mysterien die Garantie der Unsterblichkeit durch Aufnahme in den Bund versprachen, betont die F. die ethische Bedeutung der Frage von Zeit und Ewigkeit. - Während die klassische »blaue« F. (sie verwendet blau als ihre Farbe) sich in 3 Graden darstellt, wollen die verschiedenen Systeme der *Hochgrade* Ergänzungen sein, teils als Erkenntnisstufen, teils als Aufstieg in christlichem Sinn (zB schwedi-

scher Ritus [s. 3]), teils als engerer Zusammenschluß solcher, die sich bes. verantwortlich fühlen. Die Hochgrade verdanken ihre Entstehung zT der romantisch-mystizistischen Epoche des 18.Jh.s. Sie sind in gewissem Sinn in einem Bruderbund der Humanität wesenswidrig, haben sich aber - gewandelt - bis in die Gegenwart erhalten und sind als Faktum vorhanden. In den USA sind sie »entschärft« als gesellschaftliche Sonderformen, zT mit karitativen Aufgaben wie bei den Shriners, den Brüdern vom hl. Schrein (deren weitgreifende Tätigkeit auch jeder Nicht-Freimaurer im George Washington Masonic National Memorial in Alexandria, Va., studieren kann). Keineswegs aber sind die Hochgrade die »Geheimen Oberen«, da die »blaue F.« selbständig und unabhängig und Voraussetzung für alle ist. - Ritus und Symbolik sind das einzige *»Geheimnis«* (Satzungen, Mitgliederlisten usw liegen den Behörden vor). Ihre Geheimhaltung ist ein Rest der → Arkandisziplin, wie sie die Mysterien, angeblich auch das junge Christentum und die Orden hatten. Die Gegner der F. machten aus der »geschlossenen« Gesellschaft der Logen einen Geheimbund mit geheimen (weltrevolutionären) Zielen.

3. Als *Anfang* der F. gilt der Zusammenschluß von 4 Londoner Werkmeisterlogen zur Großloge von London als einem »Mittelpunkt von Eintracht und Harmonie« (1717). Nach bescheidenen Anfängen der Großloge führten die damals geschaffene feste Ordnung der »Alten Pflichten« und bedeutende Persönlichkeiten wie A.Sayer und J.Anderson rasch zu großer Wirkung (die »Alten Pflichten« sind noch heute die Grundlage und das geistige Band der F.). So ist die Großloge von London die Mutter aller Logen. Ein Weltbund ist die F. jedoch nur der Idee nach, nicht organisatorisch. Die Großlogen aller Länder sind selbständig, wie auch die Entwicklung sehr verschieden verlief. - In *England* war es ein fast ununterbrochener Aufstieg ohne schwere Störung. Die F. steht in enger Verbindung mit dem Königshaus und ist mit 500 000 Freimaurern ein Einigungsband des britischen Commonwealth. Zur Hochkirche (→ Hochkirchliche Bewegung: I) bestehen Personalverbindungen. - Wechselvoller war die Entwicklung in *Irland* (100 000). In der spannungsreichen Geschichte Irlands hat sich die F. als Hort der Humanität und Toleranz erwiesen. - Auch in den *nordischen* Ländern bestehen enge Verbindungen mit der Krone. In Schweden (32 000) ist die F. ein christlicher Orden. Für Dänemark und Norwegen brachte die Hitlerzeit eine brutale Störung, aber in beiden Ländern sind die Logen wieder tätig. - Auch in *Holland, Belgien und Luxemburg* kam es während der deutschen Besatzungszeit zu Verfolgungen. Die Luxemburger Loge hat sich nach 1945 eifrig um eine Verständigung zwischen Deutschland und Frankreich bemüht. - In den *romanischen* Ländern wurde die F. infolge der klerikalen Intoleranz (s. 4) Sammelpunkt freiheitlicher Tendenzen. Die F. in *Frankreich* bekennt sich dabei ausdrücklich zur Toleranz. Sie »verkündet keine Lehrmeinung, weder Atheismus noch Materialismus noch Deismus«. Sie ist Trägerin des Friedensgedankens und insbesondere der Aussöhnung mit Deutschland. »Deutschen und Franzosen müssen die unendlichen Leiden ins Bewußtsein geführt werden, die sie seit der Teilung des Reichs Karls d.Gr. in 11 Jh.en des Brudermords erduldet haben.« »Die einzige Aufgabe der Gegenwarts-F. ist die Arbeit für den Frieden.« - In *Portugal und Spanien* waren die Freimaurer allen Schrecken der → Inquisition ausgesetzt. In Portugal trat unter Joseph I. (1750-77) durch Marquis de Pombal, der als Botschafter in London vom Großmeister Prinzen von Wales aufgenommen wurde, eine liberale Epoche ein, aber unter Maria I. (1777-1816) wurde die Inquisition erneuert. Auch heute sind die Logen in Portugal verboten. - Spanien hat die meisten Freimaurer-Märtyrer. Typisch ist die Forderung von Fra Torrubia (um 1750): »...daß ihre Güter zum Besten der Kirche eingezogen, sie selbst zur größeren Verherrlichung des Glaubens und der Stärkung der Gläubigen in einem erbaulichen Autodafé verbrannt werden.« Als die Franzosen 1809 Spanien besetzten, gab Oberst Lemanoir einen Dienstbericht über die himmelschreienden Grausamkeiten, die er im Inquisitionsgebäude in Madrid vorfand. Noch heute ist in Spanien die F. streng verboten. - Die F. fand im 18.Jh. in einem zersplitterten *Italien* Eingang. Im 19.Jh. waren nicht wenige Freimaurer Vorkämpfer der Einigungsbestrebungen, so Garibaldi (1807-82), → Mazzini, Crispi, vor allem König Viktor Emanuel II. (1820-78) und sein großer Minister → Cavour. Die gegen sie gerichtete Enzyklika → Leos XIII. »Humanum genus« (1884) beantwortete die F. mit einem Denkmal für Giordano Bruno. Trotz ihrer nationalen Einstellung wurde die F. vom → Faschismus verboten, ist aber im Grande Oriente d'Italia wieder erstanden. - In der *Schweiz* nahm die F. vor allem seit Gründung der Großloge Alpina (1844) eine bedeutsame Entwicklung. Damals hielt J.C. → Bluntschli die Festrede »Über das Verhältnis der F. zu Kirche und Staat«. Seit 1861 in Heidelberg, war er die Seele des Liberalismus in der badischen Kulturpolitik. Die Schweizer F. hat besondere Bedeutung für die brüderliche Fühlungnahme der an sich selbständigen Großlogen der verschiedenen Länder bzw. Kontinente. Sie ist auch die Wiege der Freimaurerliga, eines freien Zusammenschlusses einzelner Freimaurer der verschiedenen Systeme. Die Liga hat sich der Verfolgten des Hitlerregimes und der Kriegsgefangenen angenommen. 1934 kam es in der Schweiz, beeinflußt durch die Vorgänge in Deutschland, zu einem Volksbegehren gegen die F.; der Bundesrat empfahl jedoch der Bundesversammlung in ausführlicher Begründung dessen Ablehnung. - Nach *Deutschland* kam die F. 1737 durch die Gründung der Loge Absalom in Hamburg; bedeutsam war der Beitritt → Friedrichs d.Gr. (1738). Seitdem war das Verhältnis von Krone und F. in Preußen eng (außer bei Wilhelm II.). Für Deutschland ist der Versuch typisch, die F. philosophisch zu erfassen. In der Mitte des 18.Jh.s zeigten sich mancherlei Irrwege (Mystizismus), aber bestimmend wurde der Geist der klassischen Periode, verkörpert in Brüdern wie Lessing, Goethe, Herder, Wieland, Fichte, Klopstock, Claudius, Körner, Haydn, Mozart, auf staatspolitischem und militärischem Gebiet Frhr. vom Stein, Hardenberg, Blücher, Gneisenau u.a. Als → Hengstenberg 1854 die F. angriff, stieß er auf den Widerstand des preußischen Königs, späteren Kaisers Wilhelm I., der schon als Prinz Protektor der preußischen F. war. Nicht weniger entschieden war sein Sohn Friedrich III. Freimaurer (seit 1853). Die preußischen Könige (vor Wilhelm II.) vereinigten in Personalunion das Amt des Summus Episcopus in der Kirche und des Protektors der Großlogen. Vor 1933 hatte Deutschland 9 Großlogen verschiedener Systeme mit 640 Logen und 83 000 Freimaurern. Nach 1933 wurde die F. verboten, Gebäude und Vermögen (auch der karitativen Einrichtungen) beschlagnahmt, viele Freimaurer kamen ins Konzentrationslager. Nach 1945 begannen 8000 Freimaurer in der BRD den Wiederaufbau. Die neue Entwicklung ist gekennzeichnet durch das Streben nach Einheit in der Vereinigten Großloge der Alten Freien und Angenommenen Maurer von Deutschland (VGL, jetzt 13 000 Freimaurer in 238 Logen). Die Gründung der VGL erfolgte am 14.7.1949 in der Paulskirche in Frankfurt; Großmeister ist Dr. Theodor → Vogel, der großes internationales Ansehen genießt. - Nach 1945 untersuchte eine amerikanische Freimaurer-Kommission die Lage der F. in Deutschland; der Bericht

»After 15 years« gibt ein Bild der Zerstörung sowie der Entwicklung bis zur Gründung der VGL. – Das klassische Land der F. sind die *USA* (4 Mill. Freimaurer und 2 Mill. Neger-Freimaurer). Die F. ist aufs engste verknüpft mit der freiheitlichen Geschichte der USA. Viele Präsidenten von Washington bis Truman waren Freimaurer, zahlreiche ev. Geistliche, zumal Baptisten und Methodisten, sind Redner oder Stuhlmeister. Ohne parteipolitische Gebundenheit vertritt die F. den freiheitlichen Geist der Verfassung auf kulturpolitischem Gebiet. Die Freimaurer entfalten eine umfangreiche karitative Tätigkeit und unterhalten zahlreiche Anstalten.

4. *Gegner* der F. sind alle totalitären Mächte mit ihrer Verneinung von Freiheit, Humanität und Toleranz. Den Kampf der *Kurie* eröffnen → Clemens XII. (In eminente, 1738) und → Benedikt XIV. (Providas, 1751). Nachdem → Clemens XIV. 1773 den → Jesuitenorden aufgelöst hatte (Breve »Dominus ac redemptor noster«), wurden unter → Pius IV. auch die Freimaurer nicht mehr ex officio exkommuniziert. Nach Wiederherstellung der SJ durch → Pius VII. (Bulle »Sollicitudo omnium«, 1814) flammte die Verfolgung der F. wieder auf (Bulle »Ecclesiam«, 1823). Es folgten 1826 die Bulle »Quo graviora mala« von → Leo XII., 1829 die Enzyklika »Traditi humilitati« von → Pius VIII., 1832 die Bulle »Mirari vos« von → Gregor XVI. und die zahlreichen Kundgebungen Pius' IX. Bes. gehässig ist die Enzyklika Leos XIII. »Humanum genus« (1884). Der Codex Iuris Canonici zählt die F. zu den societates ab ecclesia damnatae und verfügt die Exkommunikation der Freimaurer (c. 1399. 2335f), das Verbot der kirchlichen Trauung (c. 1065), Bestattung (c. 1240) und der Seelenmessen, die Exhumierung Bestatteter (c. 1242: si fieri sine gravi incommodo queat) und das Verbot der Ausübung des Patronatsrechts (c. 1453). Trotzdem sind viele Katholiken Freimaurer. Im Vulgärkatholizismus wird der Aberglaube vom »Satanskult« der F. festgehalten, trotz der beschämenden Vorkommnisse mit dem berüchtigten Schwindler Leo → Taxil im Zusammenhang mit dem »2. Tridentinum«, dem Anti-Freimaurer-Kongreß 1896. In der wissenschaftlichen Auseinandersetzung erklärte P.Gruber SJ, unter Satanismus sei das prot. Autonomieprinzip im Gegensatz zum röm.-kath. Autoritätsprinzip zu verstehen. Protestantismus und F. werden in der kath. Polemik gerne in Beziehung gebracht, weil beide das Prinzip der freien eigenen Gewissensverantwortung betonen. – Auch die totalitären *politischen* Mächte (Faschismus, Nationalsozialismus und Bolschewismus) verfolgten die F. rücksichtslos als Vorkämpferin der demokratischen Idee der Gedanken-, Rede- und Glaubensfreiheit, der Toleranz, der Humanität und des Lebensrechts der Minorität. Exklusiv autoritär lassen sie sich auf keine Diskussion mit der F. ein, verfemen sie und tilgen sie in ihren Machtbereichen aus.

5. Die F. ist überzeugt, daß ihre *Aufgabe* heute nicht weniger dringend ist als zur Zeit ihrer Entstehung, da die Gefährdung der Persönlichkeit, die Unordnung in der Welt und die Gegensätze nicht kleiner, sondern ins Ungeheure gesteigert sind. Die Bildung der Persönlichkeit und der Aufbau einer geordneten Gesellschaft könne nicht durch autoritären Totalitätsanspruch auf geistigem und politischem Gebiet erfolgen, sondern nur in einer menschlichen und menschheitlichen Koexistenz, die ohne echte Toleranz bloße Utopie bleibe. Die Begegnung aller Nationen, Rassen, Religionen, Weltanschauungen, wirtschaftlichen und politischen Lebensformen erheische ein geistiges Band, das nach dem Grundsatz der gegenseitigen Rücksicht das Lebensrecht der verschiedenen Formen und Gebilde in gemeinsamer Verantwortung umschließe und dabei Goethes Bekenntnis zur Persönlichkeit als dem höchsten Wert mit dem Willen zur Brüderlichkeit verbinde.

Mit der F. *nicht* zusammenhängende Organisationen sind Logen wie die Odd-Fellows (gegr. 1819 in Baltimore, seit 1872 auch in Deutschland) und der 1781 in England entstandene Druiden-Orden. Zu erwähnen wären daneben der Guttempler-Orden (1852) mit antialkoholischer Ausrichtung, die Künstler einende Schlaraffia (1859) und die jüdische Vereinigung Bne Brith (New York 1843), schließlich auch der Rotary-Club, eine weltumspannende, unpolitische Vereinigung (1905 bzw. 1922), deren deutsche Gruppe (aufgelöst 1937) nach 1946 neu erstand.

Zahlreiche Zeitschriften, bes. die Organe der Großlogen. – R.F. Gould, The History of Freemasonry, 6 Bde, London 1882-87 – Allg. Hdb. der F., 2 Bde, 1900-01³ – A.Wolfstieg, Bibliogr. der freimaurerischen Lit., 3 Bde, (1911-13) 1923²; ErgBd 1926 (hg.v. B.Beyer) – Ders., Werden u. Wesen der F., 5 Bde, 1920-22 – D.Bischoff, Die dt. F., 1919 – A.Horneffer, Symbolik der Mysterienbünde, (1916) 1924² – Ders., Freimaurerisches Lesebuch, 2 Bde, (1920) 1927² – O. Posner, Am rauhen Stein, (1925²) 1947³ – G.Schenkel, Die F. im Licht der Religions- u. KG, 1926 – E.Lennhof, Die Freimaurer, 1928 – F.C.Endres, Das Geheimnis des Freimaurers, (1929) 1949⁷ – Ders., Die Symbole des Freimaurers, 1952 – A.F.Fleck, Das Freimaurertum, 1950 – B.E.Jones, Freemason's Guide and Compendium, 1950 – Katalog der Dt. Freimaurer-Bücherei in Bayreuth, 1954 (Lit.) – Th.Vogel, Berühmte Freimaurer; Tagebuch einer Reise zu Großmeistern u. Brüdern, 1955.

G.Schenkel

Freimissionar bildet das Gegenüber zu dem durch eine sendende → Mission (: III B) in Dienst gerufenen und gestellten Missionar. Die charismatische »Selbstwahl wird an die Stelle der Sendung gesetzt« (Warneck). Am Anfang der deutschen ev. Mission steht der F. da in den ev. Landeskirchen, die nur den Auftrag in ihrem eigenen Raum kannten (und kennen); eine sendende Instanz fehlte. Der Frhr. J. v. → Welz und der Lübecker Jurist P.Heyling wurden so »F.e aus Not«. Die Folge war äußere und innere Vereinsamung. Hier offenbart sich ein Versagen der Kirche. Tatsächlich steht in der Missionsgeschichte zu allen Zeiten stets neben dem F. »mit Willen« (wie W.Gundert in Japan, auch K. → Gützlaff) der F. »wider Willen«. Er ist es entweder durch Verkettung besonderer Umstände, wie es bei J.M.Flad der Fall war, der sich in → Äthiopien (: V, 2) der Falaschas annahm. Oder der F. ist, wie etwa E.J. → Christoffel, der Rufer zu einer vergessenen Missionsaufgabe. Wo eine Sendungsinstanz fehlt, entsteht für den F. vor allem die Frage nach der Kontinuität seiner Arbeit. Tatsache ist, daß durch die »absolute Independenz« Kräfte vergeudet wurden, die vielleicht mehr Frucht hätten schaffen können, wenn der F. sich in den Dienst einer geordneten Sendung hätte stellen können. Die letzte Frage wird die nach dem Gewicht des Glaubensgehorsams sein, unter dem allein die eigenen Wege der F.e ihre Rechtfertigung erfahren.

Pauli, Peter Heyling (AMZ 3, 1876, 206-223) – G.Warneck, Abriß einer Gesch. der prot. Missionen, (1882) 1913¹⁰ – Ders., Ev. Missionslehre II: Die Organe der Sendung, 1897, 11ff – W.Grössel, J.v.Weltz, 1891 – J.M.Flad, 60 Jahre unter den Falaschas in Abessinien, 1922 – E.J.Christoffel, Zwischen Saat u. Ernte, 1933.

G.Jasper

Freireligiöse Vereinigungen *in Deutschland*

1. Geschichtliches und gegenwärtige Lage – 2. Leben und Weltanschauung

1. Die F.V. in Deutschland haben *geschichtlich* gesehen eine doppelte Wurzel: Einmal den → Deutschkatholizismus, der aus dem Protest des schlesischen Kaplans Joh. Ronge gegen die Ausstellung des Trierer → Rocks 1844 entstanden war und 1845 zum Leipziger Konzil der deutschkath. Gemeinden, zusammengerufen von Robert Blum, geführt hatte; das dabei zustande gekommene

freie Glaubensbekenntnis forderte noch die Bibel in vernunftgemäßer Auslegung als Glaubensgrundlage. Von hier aus gesehen erweist sich die freireligiöse Bewegung als eine Reaktion auf die Überwindung der Aufklärung im deutschen Katholizismus in der 1. Hälfte des 19.Jh.s. Die andere Wurzel der F.V. sind die auf prot. Boden entstandenen »freien Gemeinden« (→Lichtfreunde). Aus beiden bildete sich 1859 der »Bund freireligiöser Gemeinden«, aus dessen Grundsatz (»freie Selbstbestimmung in allen religiösen Angelegenheiten«) sich eine die freireligiöse Bewegung bis heute bestimmende Spannungsweite mit den Polen Freidenkertum und freies Christentum ergab. Die Spannung wurde nicht ausgehalten, sondern führte zur Abspaltung des süddeutschen »Verbandes freireligiöser Gemeinden« (Mainz), der für das Christentum offenblieb, von dem in Leipzig beheimateten »Bund«. Letzterer vereinigte sich 1924 mit dem »Deutschen Freidenkerbund« (→ Freidenker, 3a) zum »Volksbund für Geistesfreiheit«. Dieser hatte seinen Vorgänger in dem 1909 gegründeten »Weimarer Kartell«; diese frühere Gründung, in der der »Bund« neben »Deutschem → Monistenbund« und »Freidenkerbund« schon eine Zeitlang mitgearbeitet hatte, sollte die Kräfte vereinen zur freien Entwicklung des geistigen Lebens, das man durch den Autoritätsstaat, den Klerikalismus und die Orthodoxie gefährdet sah, zur Trennung von Kirche und Staat sowie von Kirche und Schule. Nach 1933 wurden die F.V. zu einem Teil sogleich durch Verbote unterdrückt, ein anderer Teil versuchte den Anschluß an die Deutsche Glaubensbewegung J.W.Hauers (→ Deutschgläubige Bewegungen, 1), ohne sich jedoch dadurch auf die Dauer vor Verboten retten zu können. Davon blieb nur der »Verband« verschont, der sich 1934 in »Freie Religionsgemeinschaft Deutschlands« umbenannt hatte. – Nach 1945 sammelten sich die F.V. alsbald wieder, und 1948 entstand in Offenbach a.M. die »Arbeitsgemeinschaft der freireligiösen Verbände«. Die politischen Verhältnisse erzwangen die Verselbständigung der Organisation in den drei Westzonen. Die *neue Organisation* entstand 1950 durch den Zusammenschluß mit der »Freien Religionsgemeinschaft Deutschlands« und erhielt den Namen »Bund freireligiöser Gemeinden Deutschlands – Freie Religionsgemeinschaft gegr. 1859«. Als Körperschaft öffentlichen Rechts umfaßt der »Bund« folgende neun Gebietskörperschaften gleichen Rechtes: die freireligiösen Landesgemeinden Baden, Bayern, Nordrhein-Westfalen, Pfalz, Württemberg, die freireligiösen Landesgemeinschaften Hessen und Niedersachsen und die freireligiösen Gemeinden Mainz und Ingelheim a.Rh. Die Verfassung des »Bundes« spricht in der Präambel von der gemeinsamen Aufgabe, »ihre Mitglieder zu dauernder religiöser Gemeinschaft zu verbinden, um bei ihnen das dem Menschen eigene religiöse Bewußtsein zu klären, zu vertiefen und sittlich fruchtbar zu machen, der Veredlung der Menschheit zu dienen und damit auch insbesondere dem Frieden und der allgemeinen Wohlfahrt für Glaubens- und Gewissensfreiheit einzutreten und sie zu verteidigen«. Der »Bund« gehört dem 1949 wiederbegründeten »Deutschen Volksbund für Geistesfreiheit« an, der als Rechtsschutzverband die neuerstandenen freireligiösen, freigläubigen und freigeistigen Gruppen zusammenfaßt, »um eine Abwehrfront gegen den erstarkenden Klerikalismus und die Unterdrückung der Geistesfreiheit zu schaffen«. Dieser Dachorganisation gehören folgende Verbände an: der »Bund freireligiöser Gemeinden Deutschlands«, die »Religionsgemeinschaft Deutscher Unitarier«, die »Freigeistige Aktion – Deutscher Monistenbund«, die »Eekboomgesellschaft«. Unter den Referaten des »Volksbundes« beschäftigt sich eines mit Schule und Erziehung. Auf dem 1957 vom »Volksbund« veranstalteten 4. Kongreß für Geistesfreiheit erörterte man die Frage nach der Möglichkeit eines freireligiösen Religionsunterrichts nicht nur für die der freireligiösen Gemeinde angehörenden Schüler, wie es in Baden, Hessen und Rheinland-Pfalz geschieht, sondern eines religionskundlichen Unterrichts für alle Kinder aus diesen Gemeinschaften. Der »Bund«, der etwa 70 000 Mitglieder umfaßt, wird zZ von dem Präsidenten Wilhelm Schaefer in Ludwigshafen a.Rh. geleitet. Die freireligiöse Verlagsbuchhandlung befindet sich in Mannheim; dort erscheint auch seit 1957 monatlich »Der Freireligiöse, Zeitschrift für Geistes- und Gewissensfreiheit« (vorher »Die Geistesfreiheit«). In den F.V. wirken akademisch gebildete Prediger und Sprecher. Die deutschen Freireligiösen halten Verbindung zur »Internationalen Humanistisch-Ethischen Union«, deren Mitglieder das Christentum wie jede Art von Offenbarungsreligion ablehnen. Der »Freireligiöse Jugendbund Deutschlands« trat 1952 wieder der »International Religious Fellowship« bei; in ihr sind freireligiöse, unitarische, freichristliche junge Menschen aus Europa, Nordamerika und Australien vereint. Hervorzuheben ist die ihre geistige Selbständigkeit und Beziehung zum Christlichen bes. wahrende freireligiöse Gemeinde Frankfurt a.M., die sich seit 1927 »Unitarische Freie Religionsgemeinschaft« nennt und dem »Deutschen Unitarierbund« angeschlossen ist.

2. Das *Leben* der F.V. konkretisiert sich in den »Weihestunden«, in deren Mittelpunkt der Vortrag des Predigers steht; in der Thematik der Vorträge werden Männer und Gedanken des deutschen → Idealismus, vor allem Goethe bevorzugt, aber man nimmt sich auch vieler anderer Denker und Dichter an, die mit der Kirche in Konflikt geraten sind. Neuerdings erfreut sich Albert → Schweitzer großer Beliebtheit. Neben den Weihestunden stehen die das menschliche Leben begleitenden Namens-, Ehe-, Jugend- und Totenweihen mit eigentümlicher Symbolik. Auch um das Weihnachtsfest und die übrigen christlichen Feste bemüht man sich in entsprechender Umdeutung.

In den F.V. sammelt sich eine Menschengruppe, die den Willen zu eigener *Weltanschauung* hat. In diesem Bemühen zeigt sie sich verbunden mit vielen volksbildnerischen Bestrebungen, die im 19.Jh. aufgekommen sind, und mit der → Jugendbewegung, die alle u.a. eine tiefe Krise des christlichen Geistes und der Kirche bezeichnen. So sammeln die F.V. Menschen, die den Geist der → Aufklärung bewußt oder unbewußt als eine Abkehr des europäischen Geistes vom dogmatischen Christentum erfahren haben oder erfahren. Hand in Hand damit geht bei den F.V. von den Anfängen ihrer Geschichte an eine Wendung gegen die mit dem Staat verbündete Kirche, in der sie einen wesentlichen Faktor der Reaktion und Stagnation auf dem Wege der Menschheit in den Fortschritt sehen. Das bedingt auch ihre Haltung gegenüber dem Staat vor 1918, dessen christliche Ideologie sie in die Opposition trieb; deshalb haben die F.V. sich mit den geistig-revolutionären Kräften von 1848 immer bes. verbunden gefühlt. Geistig und politisch erweisen sich so die Freireligiösen als echte Kinder des bürgerlichen Zeitalters. Sie sind bis heute treue Zeugen dieses Geistes. Ihre Einheit in der Verneinung kann man verhältnismäßig leicht beschreiben. Aber man wird auch festzustellen haben, daß heute ihr Protest weitgehend als anachronistisch ins Leere geht. Sie nehmen in ihrer Polemik gegen Christentum und Kirche keine Notiz von deren neuer Situation, halten vielmehr eine vergangene Geisteslage fest und sind so nicht im Dialog mit der Christenheit, der sie durch scharfe Herausarbeitung einer entgegengesetzten Position einen guten Dienst tun könnten. Ihre Parole »Frei sei der Geist und ohne Zwang der

Glaube« macht es ihnen schwer, über diese formale Bestimmtheit ihrer Gemeinsamkeit zu einer Aussage über ihre gemeinsame Substanz zu kommen. Man versucht Vernunftgläubigkeit und Naturmystik zu vereinen; man huldigt nach wie vor dem Fortschrittsglauben (→ Fortschritt) als einer moralischen Religion und sieht das Leben in einem ständigen, wenn auch nicht gleichmäßigen Aufstieg begriffen, der in Moral und Kultur des heutigen Menschen seinen bisherigen Höhepunkt gefunden hat. Die F.V. fühlen sich der Religionsauffassung Kants, Schleiermachers und Ludwig Klages' verbunden und stehen dem → Monismus und dem freien Protestantismus nahe. Die großen Urkunden der Weltreligionen werden als Zeugnisse des religiösen Naturinstinkts des Menschen geschätzt. Zugleich wird die Kraft der wissenschaftlichen Ratio zu religiösem Rang erhoben, aber man weiß auch von der Unergründbarkeit und dem Geheimnisreichtum des Daseins. In all diesen unvereinbaren Gegensätzlichkeiten, die sich noch vermehren ließen, spricht sich die verschiedene innere Geschichte derer aus, die sich in den F.V. zusammengefunden haben; viele ihrer Mitglieder bes. in Norddeutschland entstammen dem kämpferischen Freidenkertum der Jahre nach dem 1. Weltkrieg. Die Freireligiösen sind heute wesentlich zahlreicher als die Freidenker - im Gegensatz zu der Zeit vor 1933; diese Tatsache weist sicher auf einen bedeutungsvollen Vorgang der Religiosierung des alten Freidenkertums hin. Es ist nicht erstaunlich, daß immer wieder Versuche gemacht worden sind, die Ideale freier Religion prägnant zusammenzufassen. So Wilhelm Schaefer (s. 1): »1. Ehrfurcht vor dem Schöpferischen in der Natur und im Menschen, Bewußtsein der Verbundenheit mit allem Leben. 2. Freiheit der religiösen Persönlichkeit im Denken und Handeln. 3. Einklang des Glaubens mit dem wissenschaftlichen Weltbild der Gegenwart. 4. Anerkennung des Entwicklungsgedankens im Werden der Natur und der menschlichen Kultur als Richtschnur für unseren Glauben. 5. Sinngebung des Lebens durch Verwirklichung aus Anerkennung sittlicher Werte. 6. Achtung vor jeder ehrlichen Überzeugung. 7. Verwirklichung des Gebotes der Menschenliebe in einer Politik des Völkerfriedens und sozialer Gleichberechtigung aller Staatsbürger.« Die Freireligiösen haben die Auseinandersetzung mit dem Geist heutiger Zeit und seinen abgründigen Erfahrungen in Geschichte, Natur und menschlicher Person noch vor sich. Erst in dieser Auseinandersetzung und etwa auch in einem standhaltenden Gespräch mit dem Religionsbegriff Rudolf → Ottos und mit der zeitgenössischen ev. Theologie wird sich herausstellen, ob die F.V. Zukunft haben.

P. DREWS, Die freien relig. Gemeinden der Gegenwart (ZThK 11, 1901, 484-527) - RE XI, 465ff (Lit.) - G. TSCHIRN, Zur 60jährigen Gesch. der freirelig. Bewegung, 1904 - RGG² II, 768ff (Lit.) - K. WEISS, Feier- u. Weihestunden der freien Religion, 1929 - C. PETER, 75 Jahre Bund Freirelig. Gemeinden Deutschlands, 1934 - S. HARDUNG-H. SCHLÖTERMANN, Vom Leben u. Wesen der freirelig. Gemeinschaft, 1952 - EKL I, 1384ff. - Lehrbücher für den Religionsunterricht: A. MEUSEL, Das freirelig. Weltbild, 1950 - J. FISCHER-S. HARDUNG, Du u. Deine Welt, 1952 - H. SCHLÖTERMANN, Religionen der Völker, 1954. - Zur Jugendweihe: DERS., Weltfrömmigkeit, 1958.

W. Sucker

Freising, *Bistum.* Um 720 kam der hl. → Corbinian als Missionsbischof an den Herzogshof nach F. Nach seinem Tod errichtete → Bonifatius das Bistum F. und unterstellte es der Metropole Mainz, bis 798 das bayrische Erzbistum → Salzburg errichtet wurde. 756 bekämpfte die Synode von Aschheim das Eigenkirchenwesen, 798 leitete die von Reisbach die Pfarrbildung ein. Bischof Arbeo (764-783) begründete die Domschule, sein Nachfolger Otto (783-811) eine Slawenmission in Kärnten und Krain, Bischof Hitto (811-835) schuf die Dombibliothek. F.s größter Gelehrter war der Philosoph und Historiker → Otto. Seit dem 13. Jh. waren die Bischöfe von F. als Inhaber des Hochstifts auch Reichsfürsten, ihr Besitz war weit in Oberbayern und Österreich verteilt. 1579 plante Herzog Albrecht ein Bistum München; 1802 wurde das Fürstbistum säkularisiert, seinen Besitz zogen die Landesherren in Bayern und Österreich ein. 1817 schuf das bayrische Konkordat ein Erzbistum → München-F., das 1821 ins Leben trat und von München aus geleitet wird, während in F. der Klerus in zwei Seminarien herangebildet wird. Der Dom in F. blieb als 2. Bischofskirche erhalten. Heute zählt das Erzbistum 1 899 271 Katholiken, 1237 Welt- und 428 Ordenspriester, 2001 Kirchen, 677 Pfarreien, 46 männliche, 509 weibliche Ordensniederlassungen.

C. MEICHELBECK, Historia Frisingensis I. II, 1724/29 - M. v. DEUTINGER, Die ältesten Matrikel des Bist. F. I-III, 1849/50 - A. MAYER-G. WESTERMAYER, Statist. Beschreibung des Erzbistums München-F. I-III, 1874-84 - RE VI, 262; XXIII, 484 - A. BRACKMANN, Germania Pontificia I, 1911, 329ff - J. SCHLECHT, Festg. zum 1200jähr. Jubiläum des hl. Korbinian, 1924 - LThK IV, 174ff - H. STRZEWITZEK, Die Sippenbeziehungen der F.er Bischöfe im MA, 1938 (Lit.) - M. HARTIG, Die Errichtung des Bistums F. i.J. 739, 1939 - AnnPont 1957, 350f.

J.B. Aufhauser

Freizeit → Arbeitszeit, → Geselligkeit.

Freizeiten, *evangelische,* sollen dazu dienen, Menschen aus der Verstrickung des Alltags- und Berufslebens für eine bestimmte Zeit herauszulösen und im gemeinsamen christlichen Leben zu geistlicher Sammlung zu führen. Ihre Wurzeln liegen in der ev. → Jugendbewegung (: II). Die erste Freizeit in Deutschland veranstaltete 1913 der Ev. Verband für die deutsche Jugend. Starke Anregungen dazu waren von den englischen Jugendlagern (camps) ausgegangen. Nach dem 1. Weltkrieg breitete sich die Freizeit-Bewegung im Gefolge der Jugend- und → Singbewegung rasch aus und umfaßte bald die verschiedensten Gruppen und Kreise. - Der Freizeit-Gedanke ist alt. Schon in den alten Religionen wurden die Initianten ausgesondert, um sie in die Mysterien einzuweihen (→ Initiationsriten). Eine Parallele dazu findet sich in der Alten Kirche bei den Katechumenen (→ Katechumenat). Die noch heute klassische Form auf kath. Boden sind die → Exerzitien des Ignatius von Loyola. In der anglikanischen Kirche gelangten im Anschluß an die → Hochkirchliche (Oxford-) Bewegung die sog. Retreats zu immer größerer Bedeutung.

Die ev. F. zeichnen sich durch ihre Vielgestaltigkeit aus, die dem Reichtum ev. Lebens entspricht. Sie lassen kein bestimmtes Schema zu. Von den Exerzitien unterscheiden sie sich darin, daß sie auf Methodismus und Techniken seelischer Beherrschung verzichten und gesetzlichen Zwang und Gängelei verwerfen. Der einzelne soll durch das Leben in einer besonderen Gemeinschaft und an besonderer Stätte (Freizeit-Heime, Jugendlager) aus den Bindungen des Allgemeinen, Alltäglichen und Ichhaften herausgelöst, in die Lebensform einer auf Gott hin geordneten Gemeinschaft eingefügt und so für Gott »frei gemacht« werden. Gegenüber den Veranstaltungen in der heimatlichen Gemeinde bieten die F. besondere Möglichkeiten eines ganzheitlichen Lebens und lassen die tragende und verpflichtende Kraft eines christlichen Miteinander spüren. Christliche Verkündigung kann sich hier vom gelebten Leben aus ereignen. Im gemeinsamen Hören, Beten, Feiern, Singen, Spielen und Wandern kann sich Glaube und Leben in untrennbarer Einheit vollziehen, kann der Mensch Freudigkeit und Kraft für den Alltag und Mut zur Übernahme von Aufgaben und Diensten in der Gemeinde gewinnen.

Die *Arten* der F. sind vielgestaltig entsprechend der Vielfalt des ev. Lebens und der sie veranstaltenden Gruppen und Kreise. a) Auf Werbe-F. sollen der Kirche und ihrer Botschaft fernstehende Menschen für Christus gewonnen werden. - b) F., auf denen zu wichtigen Lebensfragen und aktuellen Problemen von Gottes Wort her Stellung genommen wird, können entweder nach Berufsgruppen oder nach Themen (Problemen) gegliedert sein, können sich mehr speziellen Sachgebieten widmen oder einer geistlichen (biblischen) Zurüstung dienen. Der Schwerpunkt der Arbeit liegt dabei nicht in einseitiger christlicher Belehrung, sondern im offenen Gespräch, das sich meist an Referate anschließt. Als Teilnehmer werden Menschen verschiedener Meinungen, auch der Kirche Fernstehende, geladen (zugleich Werbe-F.!). Dieser Typus von F. findet heute vielfach in einem besonderen Rahmen in besonderen Heimen statt, in den sog. Ev. → Akademien (: II). - c) Erholungs-F. gibt es zB für Kinder, Mütter (Müttergenesungswerk), Arbeiter sowie für Glieder verschiedener Gruppen und Kreise der ev. Kirche. Dazu gehören Ferienlager, Kindererholungskuren, Jugenderholungsfahrten u.a. - d) Andere F. wollen auf eine bestimmte Aufgabe oder Verantwortung vorbereiten: zB für Pfarrer, Pfarrfrauen, Diakone, Katecheten, Studenten; für Konfirmanden, Konfirmandeneltern, Ehepaare u.a.; für die verschiedenen Kreise und Gruppen der Gemeinde (Kirchenvorstand, Männerkreis, Frauenhilfe, Jugendgruppen, Kindergottesdiensthelfer, Mitarbeiter u.a.); für Angehörige der verschiedenen Werke und Verbände (zB Jungen- und Jungmännerwerk, CVJM, Mädchen- und Arbeiterinnenwerk, Männer- und Arbeiterwerk, Posaunenwerk, Diakonieverbände u.a.); für Kirchenmusiker, Chorleiter; dazu gehören die zahlreichen Singwochen, F. für Laienspiel u.a. - e) Schließlich gibt es noch F., die vorwiegend einer geistlichen Zurüstung dienen, und zwar sowohl für das persönliche Leben des einzelnen wie für einen kirchlichen oder anderweitigen Dienst (sog. »Rüstzeiten«). Die Grenzen zur vorigen Gruppe (d) sind fließend. Während die vorhergenannten F.-Formen (a, b, c) mehr nach außen gerichtet sind und ihr Ziel darin liegt, Menschen in die christliche Gemeinde hineinzuziehen oder in ihr zu befestigen, liegt hier der Schwerpunkt im Inneren, auf der geistlichen Sammlung und Vertiefung. Diese F., in gewissem Sinn eine Parallele zu den kath. Exerzitien und den anglikanischen Retreats, unterscheiden sich von jenen dadurch, daß sie grundsätzlich auf alle jesuitischen Methoden (Willensschulung, seelisches »Exerzieren«) verzichten, von diesen dadurch, daß sie weniger die Abkehr von Welt und Alltag betonen wollen als vielmehr die Hinwendung zu Gott. Rüstzeit meint geistliche Zurüstung durch Gott. Der Name stammt aus dem Kreis der Diakonissen-Mutterhäuser und wird dort für jene Wochen gebraucht, in denen Probeschwestern oder Novizen auf die Einsegnung zu ihrem Amt »zugerüstet« werden. Eine charakteristische Ausprägung findet diese Form der F. in den sog. »geistlichen Wochen« von → Berneuchen. Man will dort alle Anklänge an Schulungswochen überwinden und sich ganz geistlicher Sammlung, Vertiefung und Besinnung widmen. Dies geschieht durch eine liturgische Durchformung des Tages, tägliche Feier des Abendmahles, Schweigezeiten, Einzelseelsorge und Privatbeichte, gemeinsame Betrachtung geistlicher Wahrheiten, jedoch unter Verzicht auf Diskussionen. Ähnliche Bestrebungen finden sich seit einigen Jahren auch auf ref. Boden. Aus Frankreich sind die Retraites der »Communauté de Taizé« (Dép. Saône-et-Loire) bekannt geworden und aus der Westschweiz diejenigen eines ref. Frauenordens in der »Maison de Retraite Spirituelle de Grandchamp« bei Neuchâtel.

Neben den Besonderheiten der einzelnen F., wie sie durch die jeweilige Situation, den Ort und die Überlieferung gegeben sind, ist allen wesentlich die feste Tageseinteilung (fast immer Morgen- und Abendandacht mit Lied und Gebet, biblische Betrachtung, Gelegenheit zu seelsorgerlichem Gespräch). Neben Wochenend-F. (2 Tage) gibt es solche von 3 und 5 Tagen (dies das Gebräuchlichste) bis zu mehreren Wochen. Die Einrichtung von F. ist gegenwärtig in den Kirchengemeinden und ihren Gruppen, aber auch in übergemeindlichen Werken und Verbänden, endlich im Lebensbereich der verschiedenen kirchlichen Dienste (Pfarrer, Kirchenmusiker usw) so selbstverständlich, daß von einem Überangebot gesprochen werden kann. Die Gefahr droht, daß das normale christliche Gemeindeleben in seiner Wichtigkeit und Würde unterschätzt wird, daß Kraft und Zeit der »kirchlichen Arbeit« zersplittert werden, daß sich der Typus des »Freizeitlöwen« herausbildet, der, wie alle derartigen Züchtungen, den schlichten Gegebenheiten und Aufgaben des Alltags nicht zum Segen wird. Weisheit und Reife des modernen Gemeindedieners (in allen kirchlichen Bereichen) werden daran erkannt, daß er zur rechten Zeit und Gelegenheit F. halten wie auf sie verzichten kann.

K.B.Ritter, Freizeit-Gestaltung u. Kirche, 1930 - R.Schutz, Introduction à la vie communautaire, Genf-Paris 1944 - J.Wareham, The Conducting of Retreats, London-Oxford 1950 - W.Stählin, Die ausgesonderten Tage, 1954.

E.Wunderlich

Fremde

I. Religionsgeschichtlich - II. Im AT

I. Religionsgeschichtlich

Bei primitiven Stämmen ist der F. seiner Herkunft und seiner Gesinnung nach der »Feind«. Er wird aufrichtig gehaßt und, wenn man ihn in seine Gewalt bekommt, schonungslos getötet. Die Stammgemeinschaft bildet einen geschlossenen Kreis, einen eigenen Kosmos mit seinen Sitten, seinen religiösen Bräuchen und seinen Göttern. Was außerhalb dieses Kosmos liegt, ist → Chaos, eine Umwelt, die zum Reiche der Dämonen gehört. Das erklärt, weshalb die F.n manchmal als tierisch, als richtige Ungeheuer betrachtet werden. Viele primitive Stämme bezeichnen sich als »die Menschen schlechthin«; wer nicht zu ihnen gehört, hat deshalb kein Anrecht auf den Namen »Mensch«. Der weitverbreitete Brauch, alle in einem Kampf gefangenen Gegner bis zum letzten Mann niederzumetzeln oder zu ertränken (auch von Germanen und Kelten wird er noch gelegentlich berichtet), darf nicht als ein Beweis ihrer barbarischen Gesinnung gelten; er ist einfach die Folge davon, daß man mit diesen Unmenschen, die für die eigene Gemeinschaft nur Unheil bewirken können, nichts anzufangen weiß. Dabei spielt eine bedeutende Rolle, daß man den F.n gegenüber eine richtige Furcht hat. Diese Furcht aber bekommt leicht einen ambivalenten Charakter (→ Ambivalenz). Man fürchtet ihre Macht, die an sich feindlich geartet ist, aber doch auch zum eigenen Vorteil ausgenutzt werden kann. Die weitverbreitete Sage, daß die Götter sich ihren Verehrern in der Gestalt eines F.n offenbaren, beweist, daß nicht jeder F. als ein gefährlicher Feind betrachtet werden darf (→ Erscheinungsformen der Gottheit). Zu dieser Einsicht führen noch andere menschliche Erfahrungen: Handelsverkehr hat es immer gegeben; der Kaufmann stellt den Verkehr zwischen den Völkern her. Man muß ihn als Gast aufnehmen, gewöhnlich für eine Frist von drei Tagen; nachher tritt dann aber wieder das Feindverhältnis ein. Die Ambivalenz der Haltung den F.n gegenüber zeigt das Nebeneinander von lat. hostis und germ. gast. Je höher die Kultur steigt, um so nuancierter wird das Verhalten zu den F.n; sie können sogar als Inhaber höherer Kenntnisse und geheimen Wissens idealisiert werden (vgl. die Griechen den Ägyptern gegenüber!). Dann wird der Unterschied statt eines existentiellen nur mehr ein staatsrechtlicher. - Vgl. → Gastfreundschaft.

ERE XI, 883ff - PW Suppl. IV, 511ff - RLV IV/1, 106ff - ThW V, 1ff - VAN DER LEEUW 28. 278. *J.deVries*

II. Im AT

1. Dem AT gilt als fremd, was außerhalb des eigenen kultisch, politisch, sippisch oder ständisch umgrenzten Lebensraumes andersartig (zar) und unvertraut (nkr) lebt, was man zu fürchten (Jes 13, 5 u.ä.), als unerlaubt zu meiden (zB Spr 23, 27), als unbefugt fernzuhalten (Lev 22, 10 u.ä.) hat, was rechtsleer sein (Ex 3, 22; 1Sam 27, 8ff u.ä.), aber auch in Rechtsbeziehungen treten, an- und gar eingegliedert werden kann. So findet sich, nach Zeit, Richtung und Ausmaß verschieden, in bezug auf F. und fremdes Wesen teils Kontaktwille, teils Isolierungsstreben, je nachdem ob die fremde Welt (nekar) als Förderung oder Beeinträchtigung erfahren wurde.

2. Vorgegeben war das (aus wechselseitigem Interesse) dem durchreisenden F.n durch Aufnahme in Zelt oder Haus gewährte Gastrecht (Gen 18; Jer 14, 8; Hi 31, 32), das zu verletzen ärgster Frevel war (Gen 19; Ri 19, 14ff; anders 5, 24ff; → Gastfreundschaft). Vorgegeben war auch die Möglichkeit, daß ein einzelner oder eine Gruppe (zB 2Sam 4, 3) sich für länger oder dauernd einem fremden Rechtsbereich (Sippe, Stamm, Stadt, Volk) anschließt, um hier als »ger« (Metöke, Schutzbürger) zu leben. Dazu konnte mancherlei Not veranlassen wie Hunger (zB Gen 47, 4; Ruth 1, 1), Krieg (Jes 16, 4), drohende Rache (Ex 2, 15; 2Sam 13, 38), Vertreibung (Ri 11, 1ff; 2Sam 15, 19), aber auch die Ausübung eines Wanderberufs (Handwerk: 2Sam 5, 11; Handel: Jes 23, 7) oder Zugehörigkeit zu → Leviten (Dtn 18, 6; Ri 17, 7ff u.a.), → Rekabitern (Jer 35, 7) bzw. zu kanaanäischen Gruppen, die durch Vorgänge der Landnahmezeit Schutzrecht gegen Übernahme von Dienstleistungen erlangt hatten (Jos 9; vgl. 2Sam 21; Ri 1, 30ff). Im weiteren Sinne gehört hierher der Eintritt von F.n in den Königsdienst als Berufskrieger (1Sam 21, 8; → Krethi und Plethi), Handwerker oder Schreiber sowie die (wechselseitige) Zulassung ausländischer Handelsstellen durch vertragschließende Könige (1Kön 20, 34). Überhaupt ist → Handel (: II) »kanaanäisch«, Sache von Außenseitern, für die man nicht bürgt (Spr 6, 1; 11, 15 u.a.). Grundeigentum (→ Eigentum: I, 1) können F. nicht erwerben, in vorexilischer Zeit (anders erst Ez 47, 21f) auch der »ger« nur im Ausnahmefall (Gen 23), wiewohl er in der Stadt ein Haus haben kann (Gen 19, 1ff; Ri 19, 16ff). Vielfach steht der »ger« dem Taglöhner gleich. In späterer Neuinterpretation heißt er gelegentlich »Beisasse« (tôšab). Abhängig und (wie Witwen und Waisen) rechtsvermindert kann er, wie Mahnungen zeigen (Ex 22, 20f; 23, 9; Lev 19, 33; Dtn 24, 17; Jer 7, 6; Ez 22, 7 usw), leicht ausgebeutet werden. Die wirtschaftliche Entwicklung im Lauf der Königszeit machte es erforderlich, für ihn und andere personae miserae Maßnahmen der → Armenpflege (: II) einzuschärfen (Dtn 24, 19ff; Lev 19, 9f; 23, 22; Dtn 14, 28f; 26, 12f; Ex 23, 10f; Lev 25, 6). Daß Schutzbürger aber auch zu Wohlstand kommen konnten, setzt Lev 25, 47 voraus und wird Dtn 28, 43f angedroht.

3. Der Anschluß F.r an einen israelitischen Rechtsbereich setzte aber auf jeden Fall eine Klärung ihrer kultisch-rituellen Stellung voraus. F. verehren »andere« Götter, deren Dienst Israel verboten (Ex 20, 3 u.a.), deren Bereich »unrein« ist (Am 7, 17), denen aber gleichwohl politische Exterritorialität zugestanden werden kann (1Kön 11, 7f; 16, 32f; 2Kön 23, 13). Besonderer Art ist der Prozeß der politischen und kultischen Symbiose mit dem seit David in den Staatsverband hineingenommenen Kanaanäertum. Gegen offene oder latente Überfremdung von hier hatte der Jahweglaube je und dann den status confessionis auszurufen. - Im Zusammenhang mit diesem vielschichtigen Verlauf und mit hinzukommenden synkretistischen Bemühungen der Umweltkulte und der Weltmachtreligionen war die Frage der religiösen An- und Eingliederung von F.n zu beantworten. Auf der einen Seite stehen hier Bestrebungen, wie sie Dtn 23, 2-9 (vgl. 25, 17ff) voraussetzt und weiterbildet, daß man für den Eintritt F.r in die israelitische Kultgemeinde eine seit drei (Ez 47, 22: zwei) Generationen bestehende Metökenschaft fordert, sofern man Aufnahme nicht überhaupt verweigert, damals zB Moabitern und Ammonitern, ferner (bis Sach 9, 7) vor allem Philistern. Auf der anderen Seite wird die Zahl der Ritualforderungen, deren Beachtung man schon früh dem »ger« auferlegte, nach und nach vermehrt. Zur Wahrung der Sabbatruhe (Ex 20, 10; Dtn 5, 14) und dem Verbot der Gotteslästerung (Lev 24, 16) treten das Verbot des → Moloch-Kultes (Lev 20, 2), Beschränkungen beim Fleischgenuß (Lev 17, 15 gegenüber Dtn 14, 21), die Verpflichtung zum Massotessen und die Innehaltung von Reinheitsvorschriften (Ex 12, 19; Lev 18, 26; Num 19, 10), während die Teilnahme am Passa die Beschneidung voraussetzt (Ex 12, 48; unbeschränkt: Num 9, 14). Der »ger« erhält aber auch das Recht, Feueropfer darzubringen (Num 15, 14) und an der Vergebung durch Sündopfer teilzuhaben (15, 26). So wird aus dem Schutzbürger der *Proselyt,* der unter derselben Gottesweisung wie der Angestammte leben darf (Ex 12, 49; Lev 24, 22; Num 9, 14 u.a.). Prophetische Hoffnung auf die Einbeziehung der Völkerwelt in den Rechtsbereich Jahwes (Jes 2, 2-4; Mi 4, 1ff; Jes 42, 6f; 44, 5; Jer 16, 19 u.ä.) hat somit (vgl. Jes 56, 3ff) Eingang auch in die Rechtsgestaltung erhalten. Die beiden gegensätzlichen Strebungen, Ablehnung alles heidnisch F.n bis zur Auflösung von Mischehen (Esr 9f) und Hoffnung auf Beseitigung aller Fremdmacht durch Jahwe einerseits sowie Eingliederung der im »Heiligen Lande« (Sach 2, 16; Jo 4, 17; 2Makk 1, 7) wohnenden F.n bis zur gewaltsamen Bekehrung der Unterworfenen durch die Makkabäer und Erwartung der Heidenbekehrung in der Endzeit andererseits, durchziehen das ganze nachesranische Frühjudentum (Est, Jdt bzw. Jon, Sach 14, 16; Tob 14, 6; auch Dan 2, 47; 3, 31ff; 4, 34). Auf hellenistischem Boden, als fremde und wegen ihrer Absonderung beargwöhnte Minderheit, ließ man nichts unversucht, die Überlegenheit, Vernünftigkeit und Vorbildlichkeit des eigenen Glaubens herauszustellen und den Vorwurf des F.nhasses abzuwehren, und gewann so viele Proselyten.

A.BERTHOLET, Die Stellung der Israeliten u. der Juden zu den F.n, 1896 - M.PEISKER, Die Stellung der Nichtisraeliten zu Jahve, 1907 - J.PEDERSEN, Israel I-IV, 1920-34 (dän.); 1926-40 (engl.) - M.WEBER, Ges. Aufsätze zur Religionssoziologie III. Das antike Judentum, (1921) 1923², 34ff - M.GUTTMANN, Das Judentum u. seine Umwelt, 1927 - G.BOSTRÖM, Proverbiastudien. Die Weisheit u. das fremde Weib in Spr 1-9 (LUÅ NF 1. Avd. 30, 3), 1935 - P.HUMBERT, Les adj. »zâr« et »nokri« (Mélanges Syriens 1, 1939, 257-266) - DERS., La femme étrangère du livre des Proverbes (RES 1937, 49-64) - S.W.BARON, A social and religious history of the Jews, 1937 - J. HEMPEL, Das Ethos des AT (BZAW 67), 1938, 144ff - K.GALLING, Das Gemeindegesetz in Dtn 23 (Festschr. f. A.Bertholet, 1950, 176 bis 191) - L.A.SNIJDERS, The meaning of zar in the OT (OTS 10, 1954, 1-154). *F.Horst*

Fresenius, *Johann Philipp* (1705-61), ev. Theologe, * in Nieder-Wiesen bei Alzey, † in Frankfurt a. M. 1727 Pfarrer in Nieder-Wiesen, 1734 Burgprediger in Gießen

(Bekanntschaft mit J.J. → Rambach), 1736 Hofdiakonus in Darmstadt (Gründer der Proselytenanstalt), 1742 Prof. in Gießen, 1743 Prediger, 1748 Senior, Konsistorialrat und Hauptprediger an der Barfüßerkirche in Frankfurt a.M. Goethe rühmte den guten Kanzelredner. Die Evangelien- (1750, 1872 neu hg.) und Epistelpredigten (1754, 1858 neu hg.), aus Nachschriften veröffentlicht, erweisen seine homiletische Begabung. Das Beicht- und Kommunionbuch (1746, 1885[10]) zeigt den begnadeten Seelsorger, die Pastoral-Sammlungen (24 Teile, 1748-60) sollten junge Männer für das Predigtamt gewinnen. F.' Kampf gegen Herrnhuter und Reformierte in Frankfurt hat nur lokale Bedeutung. Kirchenpolitisch gehörte er zum Pietismus Rambachscher Prägung.

STRIEDER IV, 182ff (Bibliogr.) - ADB VII, 1878, 353ff - A. RITSCHL, Gesch. d. Pietismus III, 1886, 366 - Die Universität Gießen von 1607 bis 1907, Festschr. I, 1907, 426 - Hess. Chron. 4, 1915, 131f; 7, 1918, 185f; 11, 1922, 123 - H.DECHENT, KG v. Frankfurt a.M. II, 1921, 166ff - Hassia sacra II, 1925, 517ff. 552ff. 620ff; III, 1928, 504.
H.Steitz

Freud, *Sigmund* (1856-1939), * in Freiberg/Mähren, † in London, Begründer der neuzeitlichen → Tiefenpsychologie (→ »Psychoanalyse« ist nicht synonym mit »Tiefenpsychologie«, sondern innerhalb dieser spezieller Name für die Richtung F.s). F. war der Sohn unbemittelter jüdischer Eltern und lebte seit 1860 bis zur Emigration i.J. 1938 in Wien. Beeinflußt von → Darwin und von Goethes Aufsatz »Über die Natur« entschied er sich für das Studium der Medizin; 1885 Dozent für Neuropathologie, 1886 Arzt in Wien, 1902 Titel ao. Prof., bis 1918 Vorlesungstätigkeit, 1920 Titel o. Prof. Um 1920 Karzinom mit schwerer, erfolgreicher Operation, seitdem nur unter Schmerzen arbeitend, jedoch mit hoher Energie bis zuletzt. Durch ein Stipendium lernte F. 1885/86 in Paris Charcot kennen, der seelische Krankheit durch Hypnose heilte. Die damals übliche Anschauung und Praxis war, daß man »Einbildung« krankhafter Art für das Wesen seelischer Krankheit ansah und in der Hypnose dem Kranken Aufträge gab. F. tat den grundsätzlich neuen Schritt, daß er nach den Gründen solcher Einbildung suchte. Mit seinem Freunde Joseph Breuer (Nervenarzt in Wien) stellte er bedeutsame Erleichterung fest, wenn durch Fragen in der Hypnose unbewußte Gründe der Krankheit zutage kamen. Weil er diese überwiegend auf sexuellem Gebiet fand, trennte sich Breuer von ihm. F. ging zur Wachbehandlung über und erhob zu deren Kern die Traumanalyse als die »via regia« der Psychotherapie, zugleich mit der Erweiterung des Fragebereichs auch auf scheinbar unbedeutende Einfälle. Die »psychoanalytische Grundregel« ist die Frage: »Was fällt Ihnen dazu ein?« So erhebt F. das Unbewußte zum Objekt methodischer wissenschaftlicher Ergründung an Hand des Materials der Sprechstunden und durch dessen Klärung zum Instrument der Heilung von Neurosen. Seit 1898 arbeitet er endgültig nach dieser Methode; 1900 erscheint sein hierfür grundlegendes Werk »Traumanalyse«. 1910 entsteht die »Internationale psychoanalytische Vereinigung«, noch heute die tragende Organisation der Psychoanalyse im F.schen Sinne. Seit 1920 entstehen psychoanalytische Lehrinstitute in Berlin, Wien, Paris, Budapest, Frankfurt/M., Buenos Aires. 1912 trennen sich die beiden anderen Gründer psychotherapeutischer Schulen, Alfred Adler und C.G. → Jung, von F., zu seinem Bedauern zwar, aber damit wurde der Weg der Psychotherapie zu universaler Entfaltung und zu immer umfassenderer Verbindung mit dem gesamten Geistesleben beschritten.

GesW, neue Ausg., 17 Bde u. 1 Index-Bd, 1938-52. Bes. wichtig (jeweils mit Neuaufl. u. Nachdr.): Die Traumdeutung, 1900; Zur Psychopathologie d. Alltagslebens, 1901; Totem u. Tabu, 1913; Vorlesungen zur Einführung in d. Psychoanalyse, 1916/18; Das Ich u. das Es, 1923; Selbstdarstellung, 1925; Hemmung, Symptom, Angst, 1926; Die Zukunft einer Illusion, 1927; Das Unbehagen in d. Kultur, 1930; Abriß d. Psychoanalyse, 1938 (unvollendet). - Über F.: E.BLEULER, D. Psychanalyse F.s. Verteidigung u. krit. Bemerkungen (Jb. f. Psychoanalyt. Forschung 2, 1910, 623-730) - M.SCHELER, Zur Phänomenologie u. Therapie d. Sympathiegefühle u. von Liebe u. Haß, 1913 - A.RUEHLE, F. u. Adler, 1924 - E.MICHAELIS, D. Menschheitsproblematik d. F.schen Psychoanalyse, 1925 - K.BÜHLER, D. Krise d. Psychologie, 1927 - O.PFISTER, D. Illusion einer Zukunft (Imago 14, 1928, 149-184) - H.PRINZHORN (Hg.), Krisis d. Psychoanalyse, 1928 - E.v.ASTER, D. Psychoanalyse, 1930 (krit.) - E.LUDWIG, D. entzauberte F., 1946 - A.FUCHS, Geistige Strömungen in Österreich 1867 bis 1918, 1949, 227ff - H.SACHS, F., Meister u. Freund, 1951 - ST. ZWEIG, D. Heilung durch d. Geist, 1952 - E.JONES, S.F., Life and Work, 3 Bde, London 1955-57 - A.PORTMANN, Biologie u. Geist, 1956 - L.BINSWANGER, Erinnerungen an S.F., 1956 - L.MARCUSE, S.F. (sein Bild vom Menschen), 1956 - A.MITSCHERLICH (Hg.), Entfaltung d. Psychoanalyse, 1956 - A.METTE, S.F., 1956 - F.RIEMANN (Hg.), Lebendige Psychoanalyse, 1956 - M.BOSS, Psychoanalyse u. Daseinsanalytik, 1957 - H.MARCUSE, Eros u. Kultur, 1957 - F. in der Gegenwart (Frankfurter Beitr. zur Soziologie 6), 1957. – Vgl. auch die Lit. zu → Tiefenpsychologie.
O.Haendler

Freundschaft

I. Religionsgeschichtlich - II. Ethisch

I. Religionsgeschichtlich

Das deutsche Wort »Freund« bedeutet ursprünglich »Verwandter«, sogar den, der zum engen Kreis der zur → Blutrache Berufenen gehört. Das nl. vrienden en magen umfaßt den ganzen Kreis der Verwandten väterlicher- und mütterlicherseits. Das Wort (vgl. got. frijônds) ist ein Partizip zum Zeitwort frijôn »lieben«, vgl. altind. priya-; das erinnert an lat. amicus neben amare und griech. φίλος neben φιλεῖν. Das altnord. Wort vinr steht einerseits neben dem skand. Namen der Göttergruppe Vanir, andererseits neben lat. Venus. Diese Wörter deuten also auf ein besonders enges Verhältnis hin; die Entwicklung zur heutigen Bedeutung kann nur beweisen, daß der Freund gewissermaßen mit den Verwandten gleichgesetzt wurde. Es gibt denn auch genug Beispiele einer bedingungslosen Treue zwischen Freunden: von Achilles und Patroklos, Orestes und Pylades, Roland und Olivier, Njáll und Gunnarr an bis zu den skandinavischen Freundespaaren, die einander geloben, den Tod des Freundes nicht zu überleben. Zuweilen wird die F. auf eine besonders feierliche Weise gestiftet: zwei Männer mischen ihr Blut, das sie in die Erde fließen lassen oder sogar trinken. Das ist die Blutsbruderschaft (→ Blut, 1). Der nordgermanische Ritus des Rasengangs läßt deutlich durchblicken, wie das gemeint ist: Die beiden Personen treten unter einen mit einem Speer emporgehaltenen Rasenstreifen und lassen hier ihr Blut in ihre Fußspur träufeln; das bedeutet also, daß sie symbolisch in die Erde hinabgestiegen sind, also eigentlich den Tod erlitten haben. Beim Heraustreten sind sie wiedergeboren, aber weil sie ihr Blut gemischt haben, als leibliche Brüder. Manchmal kann man beobachten, daß die Bande der Verwandtschaft reißen können, aber Freunde bis zu ihrem Tode treu zueinander halten. - Vgl. → Gastfreundschaft.

L.DUGAS, L'amitié antique (Diss. Paris), 1894 - ERE VI, 134ff - RLV IV/1, 116ff - R.LÖHRER, F. in der Antike, 1949 - H.RITTER, Das Meer der Seele, Leiden 1955 (Reg.) - WACH, Relsoz. (Reg.) - VAN DER LEEUW § 71 - G.LANGER, Liebesmystik der Kabbala, 1956, 52ff (Freundesliebe).
J.deVries

II. Ethisch

1. Allgemein - 2. Geschichtlich-philosophisch - 3. Biblisch-theologisch

1. F. gehört zu den Erscheinungsformen der mitmenschlichen Beziehungen. Sie ist wie die Ehe oder die Kame-

radschaft eine Form der Wirheit, in der sich die → Ich-Du-Beziehungen wie in einem Sozialgefüge konkretisieren. Von der *Kameradschaft* unterscheidet sich die F. dadurch, daß sie nicht wie jene zweckgebunden ist. Kameradschaft kommt meistens in bestimmten zweckgebundenen Situationen (Sport, Beruf, Militär usw) zustande. Hier ist es das gemeinsame Geschick, das die Kameraden für eine beschränkte Zeitdauer oder in einer konkreten Aufgabe zusammenbringt. F. ist dagegen nicht von äußeren Zwecken und von einer gegebenen Situation abhängig. Sie kann sehr raum- und zeitgebunden sein, muß es jedoch nicht. »Wahre« F. wird sich über Zeit und Raum erhaben achten. – Die Analogie mit der → *Ehe* (: V) liegt auf der Hand, weil F. wie diese eine Form der Begegnung ist, die auf Erschließung des personalen Seins ausgerichtet ist. Nur bezweckt die Ehe eine exklusiv psychosomatische Partnerschaft, die F. grundsätzlich die bloß seelische Verbundenheit. Dabei bleibt die Möglichkeit einer weiteren Streuung offen, auch wenn diese letztere selten in die Breite gehen wird, weil sich dann die F. in (oberflächliche) *Bekanntschaft* aufzulösen droht. Die F. steht unter dem dialektischen Gesetz von Entscheidung und Fügung. Einerseits wählt man seine Freunde, die Zuneigung ist eine persönliche Entscheidung; andererseits bekennt man sich zu einer Seelenverwandtschaft, die als Schickung verfügt worden ist. Deshalb gebraucht man gerne die Analogie der *Bruderschaft,* wenn auch selten physiologische Brüder wahrhaft Freunde sind. In der F. vollzieht sich eine partnerische Erschließung, die sich eher über die Ungleichheit der Charaktere als über die Gleichheit freuen wird, handelt es sich doch wesensgemäß um eine Ergänzung, die jeweils im Partner die Züge vermutet, die man selbst entbehrt. Auch hier meldet sich die Analogie mit der ehelichen Partnerschaft.

2. In der Besinnung auf die F. kommt der *Antike* eine wichtige Stellung zu. Ihr Ethos ist vom Erstreben der Tüchtigkeit, Trefflichkeit und Redlichkeit bedingt. Man preist männliche → Tugend (ἀρετή). In dieser Lebensform ist die F. Zeichen hoher und edler Kultur. In der platonischen Besinnung steht sie unter dem Vorzeichen des ἔρως, in der aristotelischen unter dem der φιλία. Bei → Plato wird die F. in erster Linie als F. mit der Gottheit visiert. Wer sich mit der Gottheit befreundet und versöhnt, wird auch den rechten Freund finden. Der Gottesfreund sucht nur den Edlen und Vollkommenen. Er wird mit ihm alles teilen: Güter, Gesinnung, Liebe. Der Mensch selbst wird dadurch gehoben; die F. ist der griechische Weg zur *Selbstformung* (W. Jaeger), er garantiert die Trefflichkeit, die εὐδαιμονία. → Aristoteles hat als erster von der Selbststrebung (φιλαυτία) zu sprechen gewagt. Sie ist die Erfüllung des Selbst, die durch die F. das höhere Selbst (νοῦς) zur Reifung kommen läßt. »Bester Freund ist, wer das Gute dem, welchem er es wünscht, um dessen Person willen wünscht.« So ist die F. die gegenseitige Erweckung und Erfüllung des (göttlichen) Geistes. Würden alle Menschen danach eifern, so wäre der Zustand des sozialen Lebens vollkommen. Bezweckt F. so primär die ideale, sittliche Lebensform, so melden sich daneben in der Antike stark divergierende Elemente. Indem sich ästhetisch-sinnliche Elemente in die F.sbeziehungen mengen, wird die erotisch-ästhetische Freude zu einem Strukturelement der F. Sie verengt sich um den platonischen ἔρως herum in homo-erotische Tendenzen, symptomatisch für das Ethos der männlichen Klugheit (die eheliche Partnerschaft rückt an die zweite Stelle). Freilich ist dieses Phänomen keine nur der F. eigene Gefährdung, gilt doch, daß die meisten mitmenschlichen Rollen von der Geschlechtlichkeit her anfällig und störungsfähig sind. – Schon die Sophisten, Xenophon und Aristoteles protestieren gegen diese sinnliche Verengung; es tritt eine sozialpolitische Erweiterung der φιλία in der Verbindung zwischen F. und Gerechtigkeit (→ Gerechtigkeit des Menschen) ein. Durch die Selbstformung (→ Kontemplation) reift der Mensch erst recht zur sozialpolitischen Funktionalität. Die Sozialgefüge, zumal der Staat, gelangen erst durch die F. zu ihrer Bestimmung. In diesen Überlegungen ist die F. aus den Bereichen der erotisch-sinnlichen und metaphysischen in die der mitmenschlichen Verhaltensweisen gerückt. Die Frage nach dem gerechten Leben ist zugleich zur Frage nach der wahren F. geworden.

Der Blick auf die Antike zeigt, daß man unmöglich für die F. eine eindeutig theoretische und begriffliche Definition finden kann, weil jeweils die ganze Existenz im Verhältnis zu Gott, Mitmensch, Selbst und Welt in Mitleidenschaft gezogen wird. Es tönt alles mit: Gottes-F., die besonders in der Stoa betont wird (→ Gottesfreunde); Seelenverwandtschaft, die vom Streben zur Selbstformung herkommt; die ästhetisch-erotische Anschauung, die die F. in die Nähe der Ehe bringt; die Weite des sozialpolitischen Lebens eines verantwortlichen und gerechten Miteinanderseins. Diese Akzentuierungen wiederholen sich in der Geschichte der F. Besonders seien erwähnt die Gottes-F. als Bruderschaft in den Orden und Gemeinschaftskreisen (→ Augustin, → Franziskaner-Orden, → Pietismus, Brüdergemeine [→ Brüderunität: II, 3], Taizé); die soziale Auslegung der F. bei → Thomas von Aquino, → Erasmus, → Kant, → Feuerbach sowie in der → Existenzphilosophie (Kategorie der Kommunikation bei → Jaspers, Binswanger, → Marcel); die erotisch-ästhetische Stufe in der Romantik (→ Schleiermacher, Fr. → Schlegel, → Novalis) bis zu der homoerotischen Verherrlichung der F. bei Hans Blüher, André → Gide, Tennessee Williams.

3. Für die christliche Kirche bekommt die F. eine eigene Perspektive durch die Zusammenschau von → *Bund* (: II) und F. Die F. zwischen David und Jonathan ist ein Bund vor Gott (2Sam 21, 7); sonst ist vornehmlich in der → Weisheit von F. die Rede (vgl. φιλία LXX). Der Herr redete mit Mose »wie mit seinem Freunde« (Ex 33, 11); Abraham wird als Träger der Verheißung auch »Gottes Freund« genannt (Jes 41, 8; 2Chr 20, 7). – Namentlich in der johanneischen Theologie wird die Gemeinschaft mit Christus als F. gedeutet, die Jünger Jesu sind seine Freunde. Der mit dem Bund gegebene Gedanke der Gottes-F. wurzelt tief in der biblischen Verkündigung; er ist die Voraussetzung der Forderung, im Glauben eine Bruderschaft zu konstituieren, die zeichenhaft für die Bruderschaft der Menschen ist. Das allein wäre freilich nicht wesentlich verschieden von der F. als φιλία im antiken Sinne. Darüber hinaus bricht im Evangelium ein neues, die φιλία zunächst verdrängendes Element durch, das Gebot der ἀγάπη (→ Eros und Agape). Hier handelt es sich um eine → Liebe (: III. IV), die bis in den Tod liebt, wie Christus seine Gemeinde geliebt hat. Im stellvertretenden Opfer ist der Typus einer in totaler Selbstverleugnung stattfindenden Nachfolge gegeben, dh einer Liebe, die der F. als Sozialphänomen eines sittlichen ordo nicht bekannt ist, weil diese damit überfordert wäre. In der Liebe ist nicht mehr in erster Linie die mitmenschliche Begegnung wichtig, sondern Gott, der ohne Ansehen der Person die Selbsthingabe jedem Menschen gegenüber fordert, dessen Schicksal einen zum Nächsten dieses Notbedrängten und Unglücklichen macht. In dieser Lehre von der → Nachfolge (: III) liegt der vorwiegende Grund dafür, daß die F. in der christlichen Kirche an Bedeutung abgenommen hat. Er wird außerdem wesentlich verstärkt durch die eschatologische Erwartung auf das Kommen des Herrn, die alle irdischen Werte und Beziehungen relativiert. Selbst wenn die F.

im Falle höchster Steigerung der totalen Hingabe fähig sein könnte, weil die Treue dem Freund gegenüber solches erfordert, so bliebe sie dennoch in dieser Hingabe an den *Freund* beschränkt, während man sich in der Liebe um Christi willen jedem beliebigen Menschen gegenüber zu diesem Opfer verpflichtet weiß. Hier muß nicht erst, wie in der jeweils der persönlichen Neigung und Sympathie verhaftet bleibenden F., die Freude am Mitmenschen vorangegangen sein. Im christlichen Liebesgebot wird diese persönliche Neigung transzendiert; in Christus ist jeder Mensch Gottesgeschöpf und hat ein Recht auf die Einbeziehung in die universale Bruderschaft, die sich in Kreuz und Auferstehung Christi als das Reich Gottes auf Erden offenbart.

Beide Elemente der Agape, die totale Selbstverleugnung und die eschatologische Erwartung, verloren an Schärfe, nachdem sich die Kirche beim Ausbleiben der → Parusie den weltlichen Verhältnissen anzupassen hatte. Die Folge ist eine Reduktion der Agape auf die F. Diese läßt sich besonders an zwei Formen christlichen Existenzverständnisses beobachten, von denen die eine einen mehr nach innen, die zweite einen nach außen gerichteten Charakter besitzt. Einmal finden sich Kreise, die das Leben in der Gemeinschaft mit Christus in besonderen Gruppen, Orden und Gemeinschaften zu verwirklichen streben, in deren Lebensweise die Agape in erster Linie die Züge der Selbstformung als persönlicher Heiligung bekommt. Gerade diese Abkehr von der Welt bringt es mit sich, daß solche Bruderschaft im Zeichen der F. steht. – Die Verbindung mit der »Welt« wird umgekehrt da gesucht, wo von der Schöpfung her das Gebot der Mitmenschlichkeit als Gebot des Bundes vernommen wird, wonach alle Ordnungen und Institutionen des öffentlichen Lebens auf Gerechtigkeit – nach einer Rangordnung von Liebesqualitäten (ἔρως, φιλία, ἀγάπη) – auszurichten sind. Während Eros und F. unter der Verhaftung eines kompromißgebundenen Handelns stehen, wird die Liebe als Agape als das eschatologische Ereignis gewertet, das paradigmatisch das kommende Reich schon in dieser Welt verspricht (→ Tillich, E. → Brunner, van Oyen). – Zwischen diesen beiden Möglichkeiten stellt eine dialektische, »christokratische« Theologie (K.Barth) das bereits erfolgte Versöhntsein dieser weltlichen Wirklichkeit in der einen Wirklichkeit des Kommens Gottes in Christus (im »Concretissimum« der Geschichte) heraus. Weil hier die Kategorie des Bundes und damit Gottes ausschließliches Handeln am Menschen in der Erwählung in Christus erneut ins Zentrum rückt, erlangt jetzt die Gottes-F. wieder erhöhte Bedeutung, ohne daß die anderen Momente der F. wieder beachtet werden. Die theologische Ethik steht in den durch die Säkularisierung des Lebens (→ Säkularismus: I) gegebenen Spannungen noch vielen ungelösten Fragen und Aufgaben gegenüber, unter denen sich auch die Besinnung auf die F. befindet. Dabei kann sie sich ohne Zweifel wichtiger Vorarbeiten bedienen, die die → Tiefenpsychologie (Binswanger, Kunz, Meng), die → Soziologie (Tönnies, Nédoncelle, Gusdorf) und die → Philosophie (Jaspers, Marcel) geleistet haben.

Plato, Lysias; Phaedrus; Symposion – Aristoteles, Nikomachische Ethik (übers. u. kommentiert v. F.Dirlmeier, 1956) – L.Robin, La théorie platonicienne de l'amour, Paris 1908 – R.Eglinger, Der Begriff der F. in der Philosophie, 1916 – E.Peterson, Der Gottesfreund (ZKG 42, 1923, 161–193) – F.Hauck, Die F. bei den Griechen u. im NT (Festg. Th.Zahn, 1928, 212–228) – K.Löwith, Das Individuum in der Rolle des Mitmenschen, 1928 – F.Dirlmeier, ΦΙΛΟΣ u. ΦΙΛΙΑ im vorhellenist. Griechentum, 1931 – M.Scheler, Wesen u. Formen der Sympathie, 1931 – W.Rasch, F.s-Kult u. -Dichtung im dt. Schrifttum des 18.Jh.s, 1936 – E.v.Schenck, Briefe der Freunde. Das Zeitalter Goethes im Spiegel der F., 1937 – G.van der Leeuw, Vriendschap met God (VAA 1938) – E.Rogivue, L'amitié d'affaires. Essai de sociologie économique, Paris 1938 – H.Bolkestein, Wohltätigkeit u. Armenpflege im vorchristl. Altertum, 1939 – V.Nolte, Augustins F.s-Ideal in seinen Briefen, 1939 – L.Binswanger, Grundformen u. Erkenntnis menschlichen Daseins, (1942) 1953² – M.Nédoncelle, La réciprocité des consciences, Paris 1942 – W. Jaeger, Paideia II, (1944) 1954² – L.van der Kerken, Menselijke liefde en vriendschap (Bijdragen 7, 1946, 93–154) – H.Kunz, Zu Psychologie u. Psychopathologie der mitmenschlichen Rollen (Psyche 2, 1948/49, 551–595) – H.van Oyen, Ev. Ethik I, 1951 – L.Vischer, Das Problem der F. bei den Kirchenvätern (ThZ 9, 1953, 173–200) – M. Paeslack, Zur Bedeutungsgesch. der Wörter philein (lieben), philia (F.) und philos (Freund) in der LXX u. im NT (ThViat 5, 1954, 51 bis 142) – P.Tillich, Liebe, Macht, Gerechtigkeit, 1955.

H.van Oyen

Freylinghausen, *Johann Anastasius* (1670–1739), pietistischer Theologe, * in Gandersheim, studierte zunächst in Jena, dann bei → Breithaupt und A.H. → Francke in Erfurt und Halle. F. wurde 1695 Franckes persönlicher Vikar in Glaucha, 1715 sein Adjunkt an der Ulrichskirche in Halle und sein Schwiegersohn, 1727 sein Nachfolger im Pfarramt sowie als Direktor des Pädagogiums und Waisenhauses. F., dem die Hallenser Fakultät erstmalig die Leitung homiletischer Übungen übertrug, wirkte als Pädagoge zumal durch eine schon 1703 für die oberen Klassen des Pädagogiums verfaßte »Grundlegung der Theologie«, die 14 Aufl. erlebte und auch ins Russische und Lateinische übersetzt wurde. Der Verbreitung des pietistischen Gedankenguts dienten ferner seine 44 Lieder (am bekanntesten: »Wer ist wohl wie du, Jesu, süße Ruh«) und die von ihm herausgegebenen umfangreichen Gesangbücher (1704 mit 683, 1714 mit 815 Liedern, beide mit vielen Aufl.; → Gesangbuch: I).

v.Winterfeld III, 11ff – ADB VII, 370f – G.Knuth, A.H.Franckes Mitarbeiter an seinen Stiftungen, 1898, 18ff – RE VI, 269ff (Lit.) – RGG² II, 782f (Lit.) – J.Klepper, Der König u. die Stillen im Lande, 1955 – Hdb. zum EKG II/1, 1957, 220f.

W.Lueken

Fricker, *Johann Ludwig* (1729–66), * Stuttgart, † als Pfarrer in Dettingen unter Urach. Nach dem Studium in Tübingen als Physiker tätig; in London in Berührung mit → Wesley und → Whitefield; von 1760–61 im Kreis der niederrheinischen Erweckungsbewegung, beeinflußte → Collenbusch und → Jorissen; Freund → Steinhofers und Ph.M. → Hahns. F. bildete durch seine mathematische Mystik die biblizistische Apokalyptik → Bengels, die Sophia-Lehre → Arnolds und die Theosophie seines Lehrers → Oetinger ins Kosmisch-Universale um; zentrale Stellung behielten die Gottebenbildlichkeit und die Heiligung.

K.Chr.E.Ehmann, J.L.F., 1864 (Bibliogr.) – Koch V, 150ff – A. Ritschl, Gesch. d. Pietismus III, 1886, 147ff – RE IV, 236; XV, 687 – C.Grosse, Die Alten Tröster, 1900, 502ff – H.Hermelink, Gesch. d. ev. Kirche in Württ., 1949 – F.A.Henn, M.Jorissen, 1955, 19ff – W.Ludwig, Neue Hss. von J.L.F. (Blätter f. württ. KG NF 56, 1956, 168–171).

E.H.Pältz

Fridolin, ein Wandermönch, gehört wohl ins 7.Jh.; seine Vita vom Ende des 10.Jh.s ist als Quelle nur bedingt brauchbar. F. ging wohl von Poitiers aus, nahm die Hilariusverehrung mit und starb auf einer Rheininsel zu Säckingen. Das dort entstandene Frauenkloster pflegte besonders seit dem 10.Jh. sein Andenken (Fest: 6.3.). Über Säckingen wurde F. zum Landespatron von Glarus.

Vita in MG SS rer.Merov. 3, 351ff (B.Krusch). – Über F.: M. Beck, Zs. für die Gesch. des Oberrheins NF 50, 1937, 280–283 – A. Reinle, Zs. für schweiz. Archäol. u. Kunstgesch. 10,1948/49,131–152 – J.Winteler, Gesch. des Landes Glarus I, 1952, 25ff – Braun, TA 270f – Künstle II, 256f.

H.Büttner

Fridrichsen, *Anton* (1888–1953), Neutestamentler, * in Meraker, Norwegen, lehrte in Oslo und seit 1928 als o. Prof. für NT in → Uppsala; emeritiert 1953. F. vertrat in seinen theologischen Schriften und Vorlesungen mit Erfolg eine »realistische« Bibeltheologie, worin der Kirchenbegriff das Zentrum ausmachte. Daneben hat er in prägnanter Weise unzählige mit dem NT verbundene Sprachprobleme behandelt. Er war ein an Initiative reicher Organisator, der mit der gelehrten Welt einen regen Verkehr pflegte.

Hauptwerke: Hagios-Qadoš, 1916; Le problème du miracle, 1925; Realistisk bibelutläggning (SEÅ 1, 1936, 20-30); Johannesevangeliet, 1939; The Apostle and His Message, 1947; Markusevangeliet, 1952. Hg.v. SEÅ; ASNU; CN; SyBU; StTh. Mit-Hg.v. Svenskt bibl. uppslagsverk I. II, 1948/52; u.a. - Über F.: Uppsala universitets matrikel 1937-50, 1953 (Bibliogr.) - H.RIESENFELD, A.F. (SEÅ 18/19, 1953/54, 7-13). *B.Reicke*

Friedberg, *Emil* (1837-1910), Kirchenrechtslehrer, seit 1869 Prof. in Leipzig, fruchtbarer Schriftsteller. Die bedeutendsten Werke sind das Lehrbuch des Kirchenrechts (1879, 1909⁶) und die textkritische Ausgabe des → Corpus Iuris Canonici. Auf dem Gebiet des Staatskirchenrechts forderte F. unbedingte Hoheitsgewalt des Staates über die Kirche; in diesem Sinne griff er mit mehreren Schriften in den → Kulturkampf ein. F.s kirchenpolitisches System ist überholt, seine wissenschaftlichen Arbeiten sind von bleibendem Wert.

Festschr. f. F., 1908 (ohne Bibliogr.). - Über F.: H.M.GIETL, HJ 31, 1910, 945f - R.SOHM, DJZ 15, 1910, 1061-1063 - E.SEHLING, DZKR 20, 1910/11, I-VIII - RE XXIII, 489ff - RGG² II, 784 (beste, aber nicht vollständige Bibliogr.) - LThK IV, 183f - EC V, 1775f (Lit.). *H.Liermann*

Friedberger Konferenz → Evangelische Vereinigung.

Friede

1. Religionsgeschichtlich - 2. Biblisch - 3. Theologie- und kirchengeschichtlich - 4. In der Gegenwart. - Vgl. auch → Friedensbewegung

1. Die Gefährdung des Lebens durch Krieg und Gefahr, Krankheit und Tod erweckt den Wunsch nach Sicherung und Ruhe, Wohlstand und Glück und bestimmt so den Inhalt des F.nsgedankens in fast allen Religionen. F. ist dabei der für das Leben einer Gemeinschaft unerläßliche Zustand der Ordnung und des Segens. In der → germanischen Religion ist die Weckung von Kraft und F. im Sinne verwandtschaftlicher Gesinnung in Sippe (ahd. sippa = F.!) und Volk eine Wirkung der Götter. Opfer und Festumtrunk schaffen »(gutes) Jahr und F.n«. Jede Gemeinschaft braucht F.n zu ihrem Bestand. Daher fordern sowohl Kriegszug wie Ernte und Fischfang die Zucht des F.ns unter den Teilnehmern (Kriegs- und Ernte-F.). Bei der Erklärung des F.nszustandes bedarf es eines besonderen Rituals (Rauchen der F.nspfeife bei den → Indianern [: I], Festmahl, F.nskuß [→ Kuß]. Neben heiligen Orten, an denen dauernder → Gottesfriede herrscht, gibt es auch hl. Zeiten, während denen Kampf und Blutvergießen verboten ist. Diese Vorstellungen begegnen auch im israelitischen und mittelalterlichen → Asylrecht. - Erst in den Hochreligionen und Philosophien der Spätzeit tritt das materielle Element im Begriff des F.ns zurück und gewinnt der Gedanke an einen ewigen oder im Inneren des Menschen zu erlebenden F.n Raum. Im → Buddhismus (: I, 5) ist das Erlöschen aller individuellen Begehrungen, in der → Stoa die innere Unerschüttertheit und Seelenruhe Bedingung des F.ns. In der → Avesta-Religion taucht zum erstenmal die Vorstellung einer endzeitlichen F.nsperiode, die den Dämonen abgerungen werden muß, auf (1000jähriges Reich).

2. Im *AT* ist die Grundbedeutung von šalôm: Ganzheit, Wohlsein, Heil, Teilhabe der Gemeinschaft am Segen als Vorbedingung gedeihlichen Wachstums. Es ist der Zustand, der im Bund Jahwes mit dem Volk Israel (Ri 6, 24) ebenso herrscht wie in den Beziehungen zwischen den Gliedern einer Familie (Gen 13, 8; Ps 133, 1) und zwischen Freunden (1Sam 18). Die Vertrauten eines Mannes werden die »Männer seines F.ns« genannt (Ps 41, 10; 69, 23; Jer 20, 10). Jahwe selbst ist der Grund des F.ns (Mi 5, 4), und wo das Verhältnis zu ihm gestört ist, fehlt der F. (Jer 30, 5). Für die falschen Propheten ist bezeichnend, daß sie von F.n reden, wo keiner ist (Jer 6, 14; 8, 11; Ez 13, 10. 16). Trotz des Abfalls läßt sich aber Gott nicht von seinem Heilsplan und damit auch nicht vom F.nsgedanken abbringen (Jes 9, 6; 54, 10; Jer 29, 11). Mit der Verheißung der Erneuerung des F.nsbundes taucht im Prophetismus der Gedanke des ewigen F.ns auf, der kein Ende hat und alle Völker miteinbezieht (→ Eschatologie: II). - Das *NT* versteht das Kommen Jesu als die Erfüllung der at. F.nsprophetie (Lk 2, 14; Mt 5, 9; 21, 1ff). Durch die Versöhnung im Tod Jesu haben wir F.n sowohl mit Gott (Röm 5, 1; Eph 2, 14ff) wie untereinander (Eph 4, 3; Jak 3, 18). Dieser F. ist die durch die Überwindung des Bösen geschaffene neue Weltlage (Lk 10, 18; Röm 16, 20), die Heil und ewiges Leben ermöglicht (Röm 8, 6). Die eschatologische Ausrichtung (→ Eschatologie: IV) ist auch in der dritten Generation lebendig (2Petr 3, 13).

3. Die *Entwicklung des F.nsgedankens* im Christentum verlief in zwei Richtungen: Einmal wurde er politisiert, sodann subjektiviert. In beiden Fällen wirkt sich der Einfluß der antiken F.nsidee in ihrer politischen (Pax Romana) und philosophischen (Ataraxie der Stoiker, unio mystica des Neuplatonismus) Gestalt aus. Bei → Augustin ist der F. einmal ein soteriologischer Begriff (F. = Ordnung der Seele durch die Ruhe in Gott), dann ein soziologischer (F. = Ziel der menschlichen Gesellschaft und Aufgabe des Staates). → Thomas von Aquino macht die Sorge für den ewigen und zeitlichen F.n zur Aufgabe des christlichen Staatsmanns (S.Th. II-II q. 29ff; De reg. princ. I, 14-15; III, 3, 10). In der altkirchlichen Liturgie steht neben der Bitte um den »F.n von oben« die um den »F.n der ganzen Welt« (zB Jakobusliturgie). Das MA kennt außer den zeitlich (Gottes-F.) und räumlich (Land-F.) begrenzten Versuchen der Befriedung auch solche, die sich auf das Gesamtgebiet des Corpus Christianum erstrecken sollten (unter Heinrich II. 1023 und Heinrich III. 1043). Sie scheiterten ebenso wie die von verschiedenen Päpsten zur Bekämpfung der Türkengefahr vorgeschlagenen F.nsbünde. Die Wiedertäufer des 16.Jh.s vertreten den F.nsgedanken im Sinne absoluter Gewaltlosigkeit (Schleitheimer Artikel von 1527).

4. Für die Vertretung des christlichen F.nsgedankens in der *Gegenwart* erscheinen folgende Gesichtspunkte wichtig: Gegenüber der Bindung des F.ns an eine bestimmte politische Ideologie ist als Voraussetzung echten F.ns die Anerkennung der in Jesus Christus erschienenen Herrschaft Gottes zu betonen; gegenüber einer mystisch-pietistischen Verinnerlichung des F.nsgedankens ist der F. als Anliegen der öffentlichen Verantwortung der Christen ernst zu nehmen; gegenüber einer reinen Verjenseitigung des F.ns muß dieser als Aufgabe gegenwärtiger Verwirklichung erkannt werden. Damit ist der Christenheit zugleich die ökumenische Aufgabe der Einigung gestellt, denn nur eine Kirche, die bemüht ist, die Einheit des Geistes durch das Band des F.ns (Eph 4, 3) in ihrer eigenen Gestalt zu verwirklichen, wird in der Lage sein, der friedlosen Welt gegenüber ein glaubwürdiges Zeugnis für den F.n abzulegen.

Zu 1 u. 2: J.PEDERSEN, Israel, its life and culture I, London-Kopenhagen, (1926) 1946², bes. Kap. 2 - ThW II, 398ff (Lit.) - G.H.C. MACGREGOR, The NT basis of pacifism, London 1936; dt.: F. auf Erden?, 1955 - W.NESTLE, Der F.nsgedanke in der antiken Welt (Philologus, Suppl.-Bd 31, 1), 1938 - A.FRIDRICHSEN, Krig och fred i NT (UUÅ 1940, 3) - F.HEILER, Die Bedeutung der Religionen für die

Entwicklung des Menschheits- u. F.nsgedankens (Ökum. Einheit 2, 1951, 1-29) - H.-H.Schrey, Krieg u. F. im NT (Für Arbeit u. Besinnung 5, 1951, 466-480) - J.Lasserre, La guerre et l'évangile, Paris 1953; dt. 1956 - ESL 366ff (Lit.) - G.Gloege, Das F.nsreich Christi (LR 4, 1954, 210-224) - H.Gross, Die Idee des ewigen u. allg. Welt-F.ns im Alten Orient u. im AT, 1956 - F.Bammel, Die Religionen der Welt u. der F. auf Erden, 1957.

Zu 3: A.Baumstark, F. u. Krieg in altkirchl. Liturgie (Hochland 13, 1, 1915/16, 257-270) - H.Prutz, Die F.nsidee im MA (SAM 1915, 1, 1-42) - H.Fuchs, Augustin u. der antike F.nsgedanke (Neue philolog. Unters.en 3), 1926 - A.Pinaud, L'idée de paix dans le christianisme du 1er au 13e siècle (Encycl. Pax, 3e coll., 4e série), 1934 - C.Colombo, Guerra e pace nel pensiero cristiano (Riv. Filos. Neoscolastica 32, 1940, 257-273) - F.Wiesenthal, Die Wandlung des F.nsbegriffs von Augustinus zu Thomas v. Aquino (Jur. Diss. München), 1949 - H.S.Bender, The pacifism of the 16th century Anabaptists (Mennonite Quarterly Review 30, 1956, 3-16).

Zu 4: O.Dibelius, F. auf Erden?, (1929) 1930³ - H.-H.Schrey, Die Uneinigkeit der Welt u. die Einheit der Kirche (EvTh 10, 1950, 405-411) - A.Schweitzer, Das Problem des F.ns in der heutigen Welt, 1955 - O.Bauernfeind, Eid u. F., 1956 - R.Schneider, Der F. der Welt, 1956 - K.Jaspers, Die Atombombe u. die Zukunft der Menschheit, 1958.

H.-H.Schrey

Friedensbewegung

1. F.nspläne von der Renaissance bis zum 19.Jh. - 2. Nichtkath. F.B. der Gegenwart - 3. Kath. F.B. der Gegenwart. - F. = Friede, F.B. = Friedensbewegung. - Vgl. → Friede, → Gottesfriede, → Kreuzzüge, → Krieg: IV. V

1. Die F.nspläne des ausgehenden MA sind Spätfrüchte der devotio moderna (→ Brüder vom gemeinsamen Leben) und der »Gottesfreunde« und Wirkungen frühreformatorischen und humanistischen Denkens. Das neue Motiv der humanitas tritt zu dem alten der → Bergpredigt (: II), deren Anspruch bisher in der Kirche nur im Sinne der → »evangelischen Räte« und sonst nur in kleineren religiösen Gemeinschaften (→ Bogomilen, → Waldenser, → Brüderunität: I) als rigoristische Ethik Beachtung fand. Der junge Luther und mehr noch der junge Zwingli haben diesen Bestrebungen nahegestanden, sie aber später heftig bekämpft. Gemeinsam ist ihnen der Universalismus der F.nsidee als Kehrseite eines neuen Toleranzdenkens (→ Toleranz: II). Bes. vom Humanismus der Oxforder Schule gehen erste F.nsbestrebungen aus und finden neben → Colet vorab in → Erasmus ihren Sprecher. Er sieht im Krieg die Ursache aller Übel und in seiner Beseitigung die aus der »philosophia Christi« erwachsende christliche Ehrenpflicht. Gemäß seinem optimistischen Natur- und Menschenbild erwartet er von der neuen Bildung die Rückwandlung der Menschen zur Eintracht, so daß sich der Staat als Ordnungsmacht erübrigen oder zu einer Art Überstaat im Sinne einer universalistisch-normativen F.nsordnung entwickeln werde. Dem entspricht seine Forderung nach einem internationalen Schiedsgericht und zwischenstaatlichen Garantieverträgen. Seine »Querela pacis« (1517) hat mit seinen anderen F.nsschriften, in denen er die Naturwidrigkeit und Unmenschlichkeit des Krieges darlegt, alle späteren F.nsbestrebungen maßgeblich beeinflußt. Während Erasmus das Verhältnis des Menschen zum Mitmenschen als Ausgangspunkt nimmt, ist es für → Vives das des Menschen zu Gott. Er sieht den Krieg in der Sünde begründet. Wird diese in Rückkehr zu Gott überwunden, so wird auch dem Krieg der Boden entzogen. Die Teilhabe der Christen am → corpus Christi macht sie zu Mitarbeitern Gottes, der seinen Sohn sandte, damit die Menschen mit Gott und untereinander F.n hätten. So leitet er aus der Ökumenizität die F.nspflicht der Christen ab, obwohl er mit einer Pazifizierung der Welt nicht rechnet. Erasmus wendet sich an die Fürsten, Vives an die niederen Stände. Umgekehrt nähert sich S. → Franck in seinem »Kriegsbüchlein des F.ns« (1539) dem F.nsproblem vom Verhältnis Gottes zum Menschen her. Die Teilnahme am inneren F.n mit Gott verlangt Absage an den Krieg. Der universale F. aber ist eschatologisch; so werden die F.nsstifter in dieser Welt Verfolgung leiden. Franck gewinnt seine Schau aus dem Verhältnis Mose-Christus, Gesetz-Evangelium. Sein F.nsdenken, wie auch der vitalistisch-eschatologische Pazifismus des → Paracelsus, ist dem der → Täufer (→ Grebel, → Marbeck, → Riedemann, → Menno Simons u.a.) verwandt. Die »urchristliche« Ethik der Täuferbruderschaften besteht gemäß ihrer restitutiven Tendenz in der bedingungslosen Anwendung des Liebesgebots und des Gewaltverzichts. Sie erstreben keine innerweltliche soziale Erneuerung, sondern die Verwirklichung der Rechtfertigung in der Jüngerschaft. Der Reichstag von Speyer (1529) verurteilt alle Anhänger dieser Bewegung zum Tode; 1542 werden 2173 von ihnen umgebracht. Diese Zahl beweist die Kraft der Überzeugung und die Verbreitung der Bewegung. Noch im 19.Jh. müssen → Mennoniten (Doopsgezinde) u.a. Brüdergemeinschaften auswandern, oder sie geben wie die süddeutschen Brüder ihren radikalen Pazifismus auf. In Rußland wird durch westpreußische Mennoniten, einheimische Baptisten, Evangeliumschristen, Molokanen und Duchoborzen noch bis zum Ende des 19.Jh.s und teils darüber hinaus apostolische Gewaltlosigkeit demonstriert. In Nordamerika lebt der täuferische F.nsgeist neben den → Quäkern in den eingewanderten Mennoniten, Brüderkirchen und Duchoborzen fort. In England bleiben die Quäker die Hauptträger des F.nsgedankens. Hierfür gibt W. → Penns »Essay towards the present and future peace of Europe« (1693) das große Beispiel ab. Sein Plan eines europäischen Parlaments als dem F.n dienender Organisation ist rein religiös begründet: Penn will diese leidvolle Welt, die er liebt, dem Argen entreißen und Gott zuordnen. Der F. der Welt ist ihm Gottes gnädiges Gebot für die Menschen, da sie alle Gottes Kinder sind. - Auch der Beitrag der Spätscholastik zum F.nsproblem ist bedeutsam. → Franz von Vitoria entwickelt aus der Theorie des bellum iustum die Einschränkung, daß ein »gerechter« Krieg diesen Charakter verliere, wenn das aus seinem Vollzuge zu erwartende Übel größer sei als jenes, dessen Beseitigung er gilt. → Cajetan verlangt vom Fürsten, der einen gerechten Krieg führen will, daß er vorher seines Sieges gewiß sei, weil im Falle seiner Niederlage sein Volk in ein schlimmeres Übel gerate. Darum müßten die, auf deren Seite das Recht ist, stärker als ihre Gegner sein. Das zeigt, daß die Theorie des bellum iustum unter der Voraussetzung einer Harmonie zwischen Recht und Macht entworfen war, nun aber mit der Entdeckung ihrer fehlerhaften Voraussetzung ins Wanken kommt. Daher bemühen sich Vitoria und nach ihm → Molina und → Suarez um ein internationales Recht. Setzt die internationale Gemeinschaft eine Rechtsorganisation ein, so entfällt nach Vitoria für den Einzelstaat das Recht auf Kriegführung überhaupt. In diesem Zusammenhang setzt Vitoria Welt und Christenheit gleich. → Grotius sieht in dem durch die humane Vernunft gesteuerten Geselligkeitstrieb des Menschen den Weg zur Ausschaltung des Bösen und baut darauf seine juridisch-rationale Theorie der allgemeinen F.nssicherung. Er verlangt Fürstenkongresse zur Beilegung aller Streitigkeiten auf der Basis eines verbindlichen Völkerrechts. Das sozialökonomische Motiv tritt schon im 16.Jh. in Verbindung zur F.nsidee in der »Utopia« (1516) des Th. → Morus, der durch ein kommunistisches System die Ursachen der Zwietracht zu beseitigen hofft. F. → Bacon ersetzt diese Motivation durch die naturalistisch-kulturelle seiner Nova Atlantis (1627). Eine weitere Abwandlung solcher Pläne bildet der Sonnenstaat (1602) → Campanellas. Hier erscheint die Idee eines christlich-kommunistischen Totalstaats unter einem

Idealpapst als Diktator des Guten. Das prot. Gegenstück dazu ist die unpolitische, nur auf innere Erneuerung abgestellte »Reipublicae christianopolitanae descriptio« (1619) J.V. → Andreäs. Diese Utopien haben ihre Abkömmlinge später in den Plänen des utopischen → Sozialismus (Fourier, Cabet, → Saint-Simon, → Owen, Weitling, Proudhon) und als bleibende Frucht den für die F.nsarbeit wichtigen genossenschaftlichen Gedanken. – Außer dem pädagogischen Pazifismus des → Comenius bringt das 17.Jh. noch die Projekte von Crucé und Sully. Sullys »Großer Plan« (1638) einer europäischen Föderation auf Grund einer offensiven Landkartenbereinigung zugunsten Frankreichs ist »von Motiven der Staatsräson und des staatlichen Egoismus durchtränkt« (v.Raumer) und darum trotz seiner späteren Bedeutung als Modellprojekt kein echter F.nsplan. Crucés Welt-F.nsplan (Neuer Kineas, 1623) jedoch zeigt erstmals echten Internationalismus im Sinne einer durch einen Weltbund zu pazifizierenden Völkergemeinschaft. Er begründet dessen Zweck mit dem utilitaristischen Gedanken, daß der Krieg sich nicht lohne: die humanitas dient der ratio. 150 Jahre lang wird durch die Engländer das hedonistisch-utilitaristische Motiv weiterentwickelt, bis in → Bentham der Wirtschaftspazifismus seinen Höhepunkt erreicht (Grundsätze für Völkerrecht und Frieden, 1786/89). Die Franzosen bieten zahlreiche konstruktive Projekte, die die spätere Entwicklung zur Rechts-F.B. (»La paix par le droit«) einleiten. Die »Paix universelle« mit ihrer Kreuzzugstendenz klärt sich zum F.nsprojekt (Projet de paix perpétuelle, 1713) St.Pierres (1658–1743). Er denkt an eine europäische Union mit einer abwechselnd geleiteten Zentralregierung, einem höchsten F.nsgericht und gemeinsamer Armee. Das eudämonistische Ethos, das dem Plan zugrunde liegt, erklärt seine Ablehnung durch → Leibniz und → Voltaire, die den F.n tiefer zu begründen suchen. Von der Mitte des 18.Jh.s an ist der »ewige F.« ein Hauptthema, an dem sich Unzählige versuchen, wobei alle denkbaren Organisationsformen in Vorschlag kommen. → Rousseau schließt sich an St. Pierre an. Ihm geht es nicht um den ökonomischen, sondern den sozialen Nutzen und um den Menschen als nützliches Glied der Gesellschaft. Der äußeren Gestalt nach unterscheidet sich → Kants Entwurf »Zum ewigen F.n« (1795) nicht wesentlich von den zeitgenössischen Projekten. Auch er versteht unter dem ewigen F.n einen Zustand zwischenstaatlicher Beziehungen, in dem Kriege nicht mehr vorkommen, da alle Konflikte mit den Geboten der Vernunft durch das Recht entschieden werden. Neu aber ist die Motivation. Kant verzichtet auf alle herkömmlichen Begründungen und anerkennt nur das sittliche Motiv, dieses aber als unbedingtes. Das Postulat etwa eines Völkerbundes ist ihm aber nur ein bedingtes und hängt davon ab, daß eine solche Organisation dem ewigen F.n dient. Nach Kant schließt die höchste moralische gesetzgebende Gewalt den Krieg als Rechtsgang schlechterdings aus und erhebt den F.n zur unmittelbaren Pflicht. Darum gibt es für ihn keine ethische Rechtfertigung des Krieges, auch und gerade nicht als ultima ratio. »Er bezieht damit eine Position, die insofern welthistorisch ist, als sie ebensowohl den überlieferten Gedanken des bellum iustum… aus den Angeln hebt wie den modernen Gedanken des Völkerbundskriegs« (v.Raumer). Daß Kants gelegentliche Äußerungen zugunsten des Krieges sein unbedingtes F.nspostulat nicht entkräften, hat Groß nachgewiesen. Nach Kant erlischt bald das Thema des ewigen F.ns. Romantisch-religiöse kosmopolitische Ideen werden ihm nicht gerecht; es geht in den Gleichgewichtstheorien der Restaurationsepoche (Gentz, → Wiener Kongreß, Hl. → Allianz) unter. Im beginnenden 19.Jh. lebt der Pazifismus in kleinen Kreisen neu auf, die vornehmlich aus quäkerischer Initiative entstehen (F.nsgesellschaften: New York 1815, London 1816), und in ihrer kontinentalen Fortentwicklung in Form von F.nskongressen (Brüssel 1848, Paris 1849 mit V. →Hugo, Frankfurt/M. 1850) bis zur Interparlamentarischen Union (1888) und den Haager F.nskonferenzen. Hierbei verlagert sich der Schwerpunkt, indem zunehmend die Theorie eines natürlichen Entwicklungsgesetzes zum F.n hin- und sein utilitaristischer Zweck das ethische Motiv verdrängen. Dem Mangel an ethischem Fundus dieses Pazifismus kann der Vorzug seiner technopolitischen Fähigkeit nicht abhelfen. So liegt eine gewisse humanitär-utilitaristische Blässe auch über der Gründung des Internationalen → Roten Kreuzes (1864). Ein Pazifismus ohne klare ethisch-politische Position und ohne Leidensbereitschaft findet nicht den Weg zur Ächtung des Krieges. Einen echten F.nsbeitrag in der sozialistischen Bewegung zu sehen, ist trotz ihrer Antikriegsresolutionen nur insoweit möglich, als sie den Krieg gegen die kapitalistische Gesellschaft in ein System gewaltloser Technopolitik abzuleiten imstande ist. – Der Beitrag der Großkirchen zum F.n fehlt auch im 19.Jh. Zum Ende des 19.Jh.s erheben sich nur einsame F.nsrufer, wie zB → Bluntschli, I.v.Bloch, Bertha v. → Suttner und → Tolstoj. Bluntschli nimmt ein altes Thema des frühen Pazifismus auf und denkt an ein Weltreich, zu dem sich die Staaten zusammenschließen, um sich gegenseitig F.n und Freiheit zu erhalten. Bloch legt dar, daß der Fortschritt der Waffentechnik von 1870/71 bis 1899 größer war als vom ersten Bogenschützen bis 1870. Die Schlachten der Zukunft würden infolge der steigenden Perfektionierung des Krieges weder Sieger noch Besiegte übriglassen. Hierdurch beeindruckt, beruft Zar Nikolaus II. die 1. Haager Konferenz ein (1899). B.v.Suttner schreibt 1892 den Roman »Die Waffen nieder!«. Sie gründet mit A.H. Fried 1892 die Deutsche F.nsgesellschaft, deren Trägerkreis winzig bleibt. Tolstoj gilt als der »große Entdekker der Bergpredigt in der modernen Zeit« (W.Nigg). Was er der Welt hat geben wollen, hat → Gandhi Indien geben können.

2. Geist und Erbe Gandhis vermittelten der modernen F.B. neue Impulse, nachdem das Ziel des klassischen Pazifismus im → Völkerbund, den → Vereinten Nationen und dem in vielen Staaten bestehenden Recht auf → Kriegsdienstverweigerung erreicht war, ohne daß dadurch die Kriegsgefahr gebannt wurde. Die Landschenkungsbewegung um Vinoba Bhave, der in vier Jahren über 3½ Mill. Morgen Land zur Verteilung an die Besitzlosen geschenkt erhielt, die ohne Gewaltanwendung erkämpfte Selbständigkeit des Staates Ghana, die gewaltlose Befriedung der Mau-Mau durch 408 beherzte afrikanische Christen, die erfolgreiche Nonviolence-Technik im Autobusboykott der Neger in Montgomery (USA) bezeugen die realpolitischen Möglichkeiten der »Strategie der Liebe«. Vorbereitet durch die → Social-Gospel-Bewegung wuchs die Bereitschaft der modernen F.B., unter Betonung der ethischen Grundhaltung das Schwergewicht der F.nsarbeit auf die zeugnishafte gewaltlose Praxis zu verlegen. Vom Internationalen Hilfsdienst, wie ihn der 1921 durch P.Cérésole gegründete Service Civil International durchführte und zum wesentlichen Bestandteil der gesamten modernen F.B. machte, geht die Entwicklung über die Jugendhilfsaktion der → CIMADE und des Waldenser Jugenddorfes AGAPE weiter zur »unmilitärischen Wehrhaftigkeit« (N.Koch). In »gewaltloser Selbsthilfe« sollen alle Ursachen des modernen Krieges schon im Stadium ihrer Entstehung bekämpft werden. Die meisten westlichen F.nsverbände sehen im Krieg ein Verbrechen an der Menschheit und Sünde vor Gott und in der F.nsarbeit die menschliche

Pflicht. Sie bekennen sich zur Gewaltlosigkeit und Ehrfurcht vor dem Leben (A. → Schweitzer). Sie sind inter- bzw. überkonfessionell und überparteilich. Am bedeutendsten ist der Internationale → Versöhnungsbund und die Internationale der Kriegsdienstgegner (gegr. 1921 in Holland). In Deutschland ist die Deutsche F.nsgesellschaft mit andern Gruppen der F.B. zur Arbeitsgemeinschaft deutscher F.nsverbände unter Leitung von F.Siegmund-Schultze zusammengeschlossen. In der Schweiz wird die F.B. bes. vom → Christlichen Friedensdienst und der Religiös-sozialen Vereinigung getragen, die in einem besonderen F.nsprogramm das Vermächtnis des jüngeren → Blumhardt und von L. → Ragaz zu verwirklichen sucht. In England wirken die Quäker, in den USA das Federal Council of the Churches for International Justice and Goodwill und bes. die Church Peace Mission als Funktion der von Carnegie geförderten Church Peace Union unter hervorragender Mitwirkung der Historischen F.nskirchen (→ Church of the Brethren, Quäker, Mennoniten). In fast allen Kirchen bestehen Peace Fellowships. In aktiver F.nsarbeit stehen auch die → Bruderhöfe (gegründet von E. → Arnold); hier erscheint der radikale Pazifismus der Hutterischen Brüder wieder. Der von R. → Otto gegründete Religiöse Menschheitsbund lebt wieder auf. In der gesamten modernen F.B. dürfte der Einfluß des psychologisch-pädagogischen Pazifismus F.W. → Försters nicht ohne Einfluß geblieben sein. – Eine von Frauen getragene F.B. besteht in der Weltorganisation der Mütter aller Nationen (WOMAN) und in der Internationalen Frauenliga für F.n und Freiheit (gegr. 1915), ebenso, wenn auch regional beschränkt und weniger religiös als politisch motiviert, in der Westdeutschen Frauen-F.B. Die Internationale Demokratische Frauenföderation arbeitet als Zweig des östlich orientierten Welt-F.nsrats (gegr. 1949). Hier spielt die Frage der Kriegsdienstverweigerung nur insofern eine Rolle, als ihr politische Bedeutung zukommt. Organisatorisch führt der Welt-F.nsrat die Tradition der großen Kongresse des klassischen Pazifismus fort. Seine geistigen Wurzeln liegen jedoch im sozialistischen Geschichtsmaterialismus, ohne daß von seinen Mitgliedern – repräsentativen Persönlichkeiten aus aller Welt – das kommunistische Bekenntnis gefordert wird. Er ist sehr umstritten; doch darf sein politischer Beitrag nicht unterschätzt werden. Im Rahmen des Welt-F.nsrats erfolgten die F.nsappelle der Russisch-orth. Kirche. Gelegentliche Kontakte des Welt-F.nsrates sowohl mit Angehörigen der westlichen F.B. als auch mit der Ökumenischen Kommission für Internationale Angelegenheiten (CCIA) sind erfolgt. Die CCIA, aus dem Geist → Söderbloms erwachsen, praktiziert weitgehend selbständig die ökumenische F.nsarbeit für den Weltkirchenrat und den Internationalen Missionsrat. Die → Ökumenische Bewegung stellte 1948 in Amsterdam fest, daß Krieg gegen Gottes Willen sei, und intensivierte 1954 in Evanston diese Erkenntnis im Aufruf zu einer im Glauben an Christus gegründeten internationalen Ordnung und Verständigungsbereitschaft. Der Einmütigkeit im Willen zum F.n stehen aber in der Ökumene Meinungsverschiedenheiten darüber entgegen, ob das militärische Potential – radikalisiert durch atomare Rüstung – sich als den F.n fördernd oder hindernd auswirke. Während die Mehrheit im Protestantismus eine westliche Aufrüstung für die F.nssicherung als unerläßlich ansieht, halten andere angesichts der gegenwärtigen politischen Lage und der durch → Atomwaffen unvermeidlichen Massenvernichtung in künftigen Kriegen diese vermeintliche F.nssicherung für illusorisch und friedengefährdend. Diese Kreise sammeln sich, ohne prinzipiell pazifistisch zu werden, in der F.B. Dieselbe Lage spiegelt sich verschärft im gesamtdeutschen Protestantismus. Zwar hat die EKD (Berlin-Weißensee 1950) wegweisend zum F.n gesprochen und der Rat der EKD im selben Jahr vor einer west- und ostdeutschen Remilitarisierung gewarnt. Trotzdem hat die Mehrheit der deutschen Protestanten die westdeutsche Wiederbewaffnung und Eingliederung in die NATO gutgeheißen, während eine Minderheit, die sich um M. → Niemöller und G.Heinemann sammelt, nur in militärischer Neutralisierung und im Abbau des Freund-Feind-Denkens die F.nssicherung erblickt. Diese Überzeugung brachte sie mit ähnlich gesinnten Katholiken zusammen und führte auch zur Annäherung an die SPD und Gewerkschaftskreise (Deutsches Manifest, Frankfurt/M. 1955; Aktion gegen den Atomtod, 1958).

3. Die kath. → Moraltheologie kennt keinen prinzipiellen Pazifismus, da die kath. Lehrtradition nicht die Aufhebung des Krieges, sondern nur die Beschränkung auf den gerechten Krieg zur christlichen Pflicht macht. Im Sinne ihres naturrechtlichen Völkerrechtsdenkens betonten die Päpste seit Pius IX. die F.nsverantwortung der kath. Kirche. → Pius XII. setzte sich in zahlreichen Botschaften für die Erhaltung des Welt-F.ns ein. Eine F.B. entstand im Katholizismus erst zum Ende des 1. Weltkrieges in regionalen F.nsbünden. In Deutschland wurde der F.nsbund Deutscher Katholiken (1917–33) Träger der kath. F.B. Etwa 1948 ging er in der → Pax-Christi-Bewegung auf, die 1944 in Frankreich als »Gebetsfeldzug für Deutschland« entstand. Mit ihrer Empfehlung des Gebets feindlicher Nationen füreinander verbindet sie die Pflicht zum Durchdenken des F.nsproblems und zur F.nsarbeit durch internationale Verständigung. Politischen Einfluß hat sie bisher nicht gewonnen. Der Kurienkardinal Ottaviani hat sich zwar (1947) gegen jeden Krieg ausgesprochen, weil der moderne Krieg von früheren Kriegen qualitativ zu unterscheiden sei und die moraltheologischen Bedingungen für einen erlaubten Krieg nicht mehr erfüllbar wären. Jedoch ist diese Auffassung nicht allgemeine kath. Überzeugung geworden, so daß sich einzelne kath. Publizisten in Vertretung dieser Meinung isolierten (Fr.M.Stratmann OP, J.Ude, P.Lorson SJ, R.Schneider u.a.). Der 1953 entstandene Welt-F.nsbund kath. Kriegsgegner (um Jos.Fleischer, Freiburg/Br.) versucht, den Pazifismus realistisch zu begründen.

Zu 1: Die F.nswarte, 1899ff (Lit.) – A.H.Fried, Hdb. der F.B., (1905) 1913² (Lit.) – K.Lenz u. W.Fabian, Die F.B., (1905) 1922² (Lit.) – RGG² II, 786ff – L.Gross, Pazifismus u. Imperialismus (Wiener Staats- u. Realwiss. Studien NF 17), 1931 (Lit.) – R.Hirsch, Plans for organization of international peace 1306–1789, New York 1943 – F.Siegmund-Schultze, Die Überwindung des Hasses, Zürich 1946 – R.Barkeley, Die dt. F.B. von 1870 bis 1933, 1948 – E.Wynner u. G. Lloyd, Searchlight on Peace Plans, New York 1949 – W.Nigg, Das Buch der Ketzer, 1949 – Fr.Heer, Europ. Geistesgesch., 1953 – K.v. Raumer, Ewiger F. F.nsrufe u. F.nspläne seit der Renaissance, 1953 (Lit.) – ESL 366ff (Lit.) – W.Dignath, Kirche – Krieg – Kriegsdienst (ThF 10), 1955 (Lit.) – W.Theimer, Gesch. der politischen Ideen (Sammlung Dalp 56), 1955 (Lit.) – EKL I, 1390ff – F.H.Littell, Wiedertäufer, Schwärmer, Christen (JK 18, 1957, 128–134; Lit.). – Zu 2: World Peace Directory, London (Lit.) – KJ 60ff, 1954ff – F.O.Sell, Der Krieg u. das amerikan. Denken (ThR NF 17, 1948, 181–200; Lit.) – Gottes Wille ist F. Ein Aufruf an den Ökum. Rat der Kirchen (Erklärung d. Histor. F.nskirchen u. des Internat. Versöhnungsbundes), 1953 – M.Niemöller u.a., F.n, 1954 – Hat die Kirche geschwiegen? Das öfftl. Wort d. Ev. Kirche aus d. Jahren 1945–1954, hg.v. G. Heidtmann, 1954 – N.Koch, Kriegsdienst u. F.nsdienst. Einführung in die gewaltlose Selbsthilfe u. die Wehrhaftigkeit ohne militärische Waffen, 1954 – Metropolit Nikolaus, Für den F.n, 1954 – Fünf Jahre Welt-F.B., o.J. – H.H.Walz, Der polit. Auftrag des Protestantismus in Europa, 1955 – ER 8, 1956, H. 4 (Sonder-Nr. für CCIA) – K.G. Steck, Neuere Lit. zur polit. Ethik I (VF 1953/55, 1956, 237–258) – W.Künneth, Zum Problem der polit. Ethik II (ebd 258–271) – Ev. Stimmen zur Frage des Wehrdienstes (Kirche im Volk 19), 1956 – J.Garrett, Möglichkeiten u. Grenzen ökum. Handelns im polit.

Raum (MPTh 46, 1957, 99-107) - Les chrétiens, l'évangile et la guerre (Sonder-Nr. Cahiers de la réconciliation), Versailles 1957. - Zeitschr.: Neue Wege, Zürich, seit 1906 - JK 7 ff, 1939ff - Die F.nsrundschau, seit 1950 - Stimme der Gemeinde 1948ff - Blätter für dt. u. internationale Politik, hg.v. K.GRAF V.WESTPHALEN, 1956ff. - Zu 3: FR. M.STRATMANN OP, Weltkirche u. Welt-F., 1924 - DERS., Krieg u. Christentum heute, 1951 - RGG² II, 790ff - HerKorr 1945ff (fortlaufende Berichte) - J.OTTAVIANI, Institutiones iuris publici ecclesiastici I, Rom 1947, 151ff - Pax-Christi-Bücherei 1948ff (laufende Schriftenreihe) - P.LORSON SJ, Symphonie pacifique, Paris 1948 - R.SCHNEIDER, Rechenschaft, 1951 - DERS., Der F. der Welt, 1956 - K.BROCKMÜLLER SJ, Christentum am Morgen des Atomzeitalters, (1953) 1955⁵ - W.SCHOELLGEN, Ohne mich!... Ohne mich? Recht u. Grenzen des Pazifismus, Graz-Wien 1954 - Pax-Christi, Action Chrétienne et nonviolence, Paris 1956 - K.MAYR, Der Andere Weg. Dokumente u. Vorschläge zur europ.-christl. F.nsarbeit, 1957. - Zeitschr.: Pax Christi, Kreuzzug für den F.n, 1948ff - Der Christ in der Welt, Werkblätter für christl. Erneuerung, hg.v. K.MAYR, Wien 1950ff - Catholic Worker, New York 1950ff. *W.Dignath*

Friedhof

I. Friedhofsrecht - II. Friedhofskunst. - Ergänzend vgl. → Begräbnis

I. Friedhofsrecht

1. F.srecht umfaßt das Recht der F.sanlegung, -unterhaltung und -verwaltung, der F.sbenutzung im allgemeinen sowie der einzelnen Grabstätten und wird heute allgemein als zum öffentlichen Recht gehörig anerkannt. Das in Deutschland geltende F.srecht ist überwiegend staatlicher Natur, ohne daß jedoch - abgesehen von Teilgebieten (zB → Feuerbestattung) - ein gemeindeutsches F.srecht besteht; maßgebend sind vielmehr auch heute noch die (häufig veralteten) landesrechtlichen Bestimmungen (Art. 133 Einführungsgesetz zum BGB). Für die im Eigentum der Kirchen stehenden F.e gilt daneben kirchliches F.srecht. In der BRD gehört das F.s- und Bestattungsrecht in die ausschließliche Gesetzgebungsbefugnis der Länder; lediglich die Gesetzgebung über die Sorge für die Kriegsgräber ist dem Bund übertragen. Die F.e genießen besonderen strafrechtlichen Schutz (§§ 166. 168. 304 StGB).

2. Die *Anlegung* von F.en ist heute kraft ihres Selbstverwaltungsrechtes (Allzuständigkeit) in erster Linie Aufgabe der politischen Gemeinden. Diese Pflicht gilt jedoch nur subsidiär, dh die Gemeinden müssen diese Aufgaben nur übernehmen, wenn sie nicht oder nicht ausreichend von einem anderen Träger erfüllt werden. Soweit nach Landesrecht (zB Preuß. Allg. Landrecht) die Beschaffung von F.en den Kirchen oblag, sind diese heute zwar nicht mehr verpflichtet, wohl aber noch berechtigt, F.e anzulegen und zu betreiben. Das Vorhandensein eines kommunalen F.s steht der Neuanlegung eines kirchlichen F.s, soweit hierfür ein Bedürfnis vorliegt, nicht entgegen. Die Anlegung neuer F.e ist an bestimmte Voraussetzungen - »erhebliche Ursachen« - gebunden und bedarf regelmäßig staatlicher, bei kirchlichen F.en häufig zusätzlicher kirchenbehördlicher Genehmigung. Etwaige Erweiterungen unterliegen den gleichen Bestimmungen. - Ähnlich wie die Anlegung ist auch die *Schließung* eines F.s (Entwidmung) nur aus erheblichen Gründen und mit staatlicher Genehmigung möglich. Jedoch kann Schließung eines F.s oder einzelner Teile desselben aus gesundheitspolizeilichen Gründen angeordnet werden. Der Schließung wird regelmäßig zeitweilige beschränkte Benutzung (Außerdienststellung) vorangehen, in deren Verlauf Beisetzungen nur noch in Wahlgräbern erfolgen dürfen. Während außerdienstgestellte F.e wiederbelegt werden können, hat die Schließung eines F.s zur Folge, daß dieser seinen Charakter als Begräbnisstätte völlig verliert. Das Eigentum am F. steht in der Regel dem F.sträger, also der politischen oder der Kirchengemeinde zu. F.sgrundstücke stehen nicht gänzlich außerhalb des Rechtsverkehrs, das Eigentum ist jedoch durch die öffentlich-rechtliche Zweckbestimmung weitgehend beschränkt. Die Unterhaltung und Verwaltung obliegt grundsätzlich dem F.sträger.

3. F.e sind (unselbständige) *Anstalten des öffentlichen Rechts.* Sie unterliegen den für diese geltenden Grundsätzen; insbesondere sind die F.sträger befugt, die Voraussetzungen und Bedingungen ihrer Benutzung durch Anstaltsordnung zu regeln. Dies gilt auch für kirchliche F.e, da die Kirchengemeinden mit der Unterhaltung öffentlicher F.e öffentliche Aufgaben erfüllen. In Deutschland besteht de facto (meist auch de jure) Bestattungszwang für die öffentlichen F.e, für kirchliche F.e dann nicht, wenn gleichzeitig ein kommunaler F. vorhanden ist. Nach dem staatlichen Recht hat jeder Gemeindeeinwohner einen öffentlich-rechtlichen Anspruch, auf dem Gemeinde-F. bestattet zu werden, dh auf Überlassung einer Grabstätte an sich sowie auf ein »ehrliches« Begräbnis (→ Begräbnis: IV). Kirchliche F.e dienen grundsätzlich nur der Bestattung der Angehörigen ihres Bekenntnisses; Andersgläubige und Bekenntnislose haben einen Anspruch auf Aufnahme nur, wenn ein eigener F. ihrer Kirchengesellschaft oder der politischen Gemeinde nicht vorhanden ist. Bei Weigerung des F.strägers kann die Polizei die Bestattung verlangen und notfalls erzwingen. Gibt es in einer Gemeinde sowohl einen kommunalen als auch einen kirchlichen F., so steht jedem Gemeindeeinwohner das Recht zu, sich seine Grabstätte auf dem kommunalen oder, sofern er Mitglied der betreffenden Kirchengemeinde ist, auf dem kirchlichen F. zu sichern. Die Rechtsverhältnisse zwischen dem F.sträger und den Benutzern werden durch die F.sordnung festgelegt, die von dem zuständigen Gemeinde- oder Kirchengemeindeorgan zu beschließen ist und bei kirchlichen F.en häufig der kirchen- und staatsbehördlichen Genehmigung bedarf. Für die Benutzung des F.s können die F.sträger Gebühren erheben, die entweder in der F.sordnung oder besser in einer besonderen Gebührenordnung festgelegt werden.

4. Das *Recht an der einzelnen Grabstätte* ist - nach heute fast einhelliger Auffassung - ebenfalls öffentlich-rechtlicher Natur, nämlich Ausfluß des besonderen öffentlichen Gewaltverhältnisses, in dem der F.sträger als Anstaltsherr den Benutzern gegenübertritt. Rechte an Grabstätten können nur nach Maßgabe der geltenden Gesetze und der jeweiligen F.sordnung begründet werden. Die Zuweisung einer Grabstätte ist ein Akt der F.sverwaltung und gilt rechtlich als Zulassung zur Anstaltsbenutzung. Diese ist möglich als ordentliche Benutzung in Form eines Reihengrabes, das für eine bestimmte, durch die F.sordnung festgelegte Ruhezeit (20-30 Jahre) zur Verfügung gestellt wird, oder als Sondernutzung in Form eines Wahlgrabes, dessen Lage der Benutzer selbst auswählen kann und dessen Benutzung ihm und seinen Angehörigen für längere Zeit (40-50 Jahre) eingeräumt wird. Mit der Gewährung der Grabstätte verbindet sich das Recht der Angehörigen, diese zu schmücken und zu pflegen sowie ein Grabdenkmal aufzustellen. Die Gestaltung und Bepflanzung der Grabstätte unterliegt jedoch den hierfür vom F.sträger erlassenen Bestimmungen, insbesondere bedarf die Aufstellung eines Grabdenkmals regelmäßig der Genehmigung. Die Benutzer sind verpflichtet, die Grabstätte von der Zuweisung an in Ordnung zu halten. Bäume und Sträucher, die auf der Grabstätte gepflanzt werden, gehen in das Eigentum des F.strägers über, anderer Pflanzen- und Blumenschmuck nicht. Der Grabschmuck ist strafrechtlich geschützt. Grabdenkmale usw bleiben im Eigentum des Benutzers bzw. der Angehörigen. Mit der Beendigung des Nutzungsrechtes hat der Benutzer etwaige Anlagen zu ent-

fernen. Kommt er einer entsprechenden Aufforderung nicht nach, können diese vom F.sträger beseitigt werden.

5. Für die *Kriegsgräberfürsorge* gilt das Gesetz vom 27.5.1952 (Bundesgesetzblatt I, 320). Danach obliegt die Sorge für die Kriegsgräber den Ländern, während die anfallenden Kosten im wesentlichen vom Bund getragen werden. Kriegsgräber sind dauernd zu erhalten und dürfen nur mit besonderer staatlicher Genehmigung verlegt werden.

6. *Streitigkeiten* aus dem F.srecht gehören grundsätzlich vor die Verwaltungsgerichte; jedoch ist wiederholt die Zuständigkeit der ordentlichen Gerichte für Streitigkeiten über Nutzungsverhältnisse usw an kirchlichen F.en bejaht worden.

O. Bachof, Rechtsnatur, zulässiger Inhalt u. gerichtl. Anfechtung von F.sordnungen (AÖR 78, 1952/53, 83-96) - J. Gaedke, Hdb. des F.s- u. Bestattungsrechts, 1954. *J. Gaedke*

II. Friedhofskunst

1. Dem Wortsinn nach hat »F.« ursprünglich nichts mit Frieden zu tun, vielmehr handelt es sich um ein eingefriedetes Grundstück, das den Verfolgten Zuflucht bietet. Im weiteren Verständnis ist F. der dem profanen Leben entzogene Platz. Der Nachdruck liegt also auf der Abgrenzung. Ebenso ist das Wort »Kunst« abwegig verstanden, wenn man es als ästhetischen Begriff auslegt. Es hat vielmehr den Sinn, daß auch die letzte Stätte in Form und Ordnung zu gestalten ist. Die alte Kirche hat sich der at. Tradition der Erdbestattung angeschlossen (→ Begräbnis: II. III, 1), zuerst in der Form der Beisetzung in → Katakomben. Auch die Bestattung in Erdausschachtungen war ihr nicht fremd. Aber die Erdbestattung setzte sich auf germanischem Boden nur langsam durch (das Edikt Karls d.Gr. beweist → Feuerbestattung noch im 9.Jh.). Schon im frühen MA wurden von den vornehmen Ständen die Kirchen als Beisetzungsorte bevorzugt (Kaiser- und Adelsgräber in Domen und Klosterkirchen, verbunden mit Stiftungen). Das Volk wurde »unter dem grünen Rasen« bestattet. Bemerkenswert ist der Sinn des MA für landschaftliche Anlagen (am Berghang: Poppelsdorf, Koblenz) und befestigte Kirchhöfe. Die Bezeichnungen »Gottesacker« und »Kirchhof« entsprechen mehr dem christlichen Verständnis. Denn sie sagen aus, daß es sich hier nicht um ein Beiseitebringen der Toten, um ein Trennen von den Lebendigen handelt, sondern um die von Gott zum Leben zu erweckende Saat, die auf seinem Acker reift. Daher hat man, solange das möglich war, die Toten um die Kirche herum bestattet. Das Wort »Kirchhof« darf dabei nicht besitzanzeigend verstanden werden. Sein Sinn ist in der ursprünglichen Bedeutung verlorengegangen, weil der »Kirchhof« schon seit dem späten MA von der Kirche getrennt wurde, sei es aus Platzmangel, sei es wegen der Seuchen und Epidemien, die eine Verlegung forderten. Hier gab es zwischen der kath. Kirche und den Reformatoren keinen Gegensatz: beide forderten die Verlegung der F.e vor das Stadttor (Leo X. verbietet zB anläßlich der Pest in Freiburg 1513 das Begraben in und um die Kirchen; ähnlich Luthers Rat 1527 in der Schrift »Ob man vor dem Sterben fliehen möge«). Die Trennung der Begräbnisstätten von den Kirchen ist offenbar nur ungern akzeptiert worden. Noch um 1735 haben sich in Berlin die Gemeindeglieder der Jerusalems- und Neuen Kirche gegen das Beerdigen auf dem »Armen-F.« gesträubt, und man hielt die Begräbnisstätten bei den Kirchen auch dann noch aufrecht, als die »ewige Ruhe« auf ganze zwei Jahre begrenzt war. - Schon im ausgehenden MA half man sich mit einer theologischen Hilfskonstruktion: Da um die Pfarrkirche herum nicht mehr begraben wurde, brachte man eine Nachbildung des Heiligen → Grabes (, 2) nach Deutschland (schwäbische »Herrgottsruhkapellen«; Nürnberg, St. Johannis; Görlitz).

2. Als Typen einer christlichen F.sgestaltung in der neueren Zeit sind zu nennen: a) Die *Stätte der letzten Gemeinschaft*. Schon in der Mitte des 18.Jh.s tritt dem Tode gegenüber der Gedanke der großen menschlichen Gemeinschaft. Goethe und der Herzog Friedrich Franz von Dessau, der den neuen F. durch Erdmannsdorf anlegen ließ, haben sich gegen den barocken Pomp des bürgerlichen Begräbnisses eingesetzt. Ganz überwunden ist das auch heute noch nicht, obgleich schon die Küstriner Ordnung (1792) auf allerschlichteste Totenbestattung gedrungen hatte. Umgekehrt wehrte man sich seit der Jh.wende auch gegen die Verwahrlosung der F.e und ihre unkünstlerische Massenware an Grabsteinen. Aber die ästhetische Absicht, »zweckmäßig und schön« zu gestalten, genügt nicht, vielmehr muß den Gemeinden in Stadt und Land das Bewußtsein wiedergegeben werden, in den F.en eine Stätte kultischen Denkens und Fühlens zu schaffen. Seinem Effekt nach könnte man den F. eine Leichenbeseitigungsstätte nennen, höhere Wertung besitzt er jedoch, wenn man ihn in seiner kultischen Bedeutung sieht. Diese herausgestellt zu haben, ist das Verdienst der Herrnhuter (→ Brüderunität: II). Es gibt auf ihren »Gottesäckern« keine Erbbegräbnisse oder Wahlstellen; die »Brüder« und »Schwestern« haben ihre besonderen Grabfelder, auf denen sie in der Zeitfolge ihres Sterbens nebeneinander bestattet werden. Alle Gräber haben gleichmäßige Tafeln - es gibt keine »F.skunst«. Freilich ist dieser Typ nur in einer geschlossenen Gemeinschaft möglich, und selbst da ist er mit den Zinzendorf-Gräbern, die bevorzugt an der höchsten Stelle des Hutberges angelegt sind, durchbrochen. - b) Der *romantische Typ* ist im Grunde das Erbe der späten Romantik (vgl. Fontane, Herr von Ribbeck) und bezieht sich vor allem auf die landschaftliche Gestaltung. Die landschaftlichen Gegebenheiten (bergiges Gelände oder Ebene, Seen oder Flußläufe, Wald oder Park) sind für die Anlage des F.s von höchster Bedeutung. Dieser Typ hat sich am stärksten durchgesetzt. Um die Wende des 19.Jh.s vollzog sich der Umschwung: amerikanische und englische Gedanken des Park-F.s wurden durch den Gärtner Strauch bei seiner Rückkehr aus Amerika vertreten; Cordes hat sie zuerst 1877 auf dem Hamburg-Ohlsdorfer F. verwirklicht. Hannig hat sie um die Wende des Jh.s in Stettin zur letzten Konsequenz geführt. Und doch führt dies leicht auf einen Irrweg: Hinter Hecken und Pflanzungen liegen die Gräber versteckt, das Wesenhafte des F.s ist kaschiert, er ist zum Park, zu einer sentimentalen Volkserholungsstätte gemacht. Dieser Gefahr begegnet u.a. Grässel in München, bes. auf seinem Wald-F., wo er den Zusammenhang von Natur und F. zu gestalten versucht. Weiter sind der Oswitzer F. in Breslau (Erbe), der Osterholzer F. in Bremen und der Senne-F. bei Bielefeld, dazu die drei großen F.sanlagen für Essen als mustergültig hervorzuheben. Das sind alles überraschende Meisterleistungen, bei denen nicht nur dem Gartenkünstler, sondern auch dem Architekten und Ingenieur (Kapellenbauten, Wasserläufe, Teiche) Aufgaben gestellt werden. Daß dazu eine lange vorher geplante Bodenpolitik mit weiter Voraussicht erforderlich ist, liegt auf der Hand. Allen diesen Park- und Wald-F.en, für die sich das deutsche Empfinden am stärksten begeistern konnte, liegt die Priorität der gärtnerischen Naturanlage zugrunde, die dem Gartencharakter den Vorzug gegenüber den monumentalen Bauwerken und Grabsteinanlagen gibt. Bei aller Zustimmung zu diesen Gedanken darf nicht übersehen werden, daß die weit draußen liegenden Zentral-F.e dieser Art trotz ihrer ästhetischen Vorzüge sich schwer im Volksbewußtsein einbürgern konnten. - c) Die *geometrische Anlage* eines

F.s spielt in Deutschland nur eine untergeordnete Rolle. Ihr bedeutsamstes Beispiel ist der Frankfurter Zentral-F. von May. Hier ist nicht das landschaftliche Bild, sondern das schematische Ordnungsprinzip das Entscheidende. Die Gräberfelder sind gleichsam in Massenquartiere aufgeteilt, deren Bepflanzung ganz sekundär gewertet wird.

3. In den Mittelmeerländern, bes. in Italien, sind die Häufungen von Steinblöcken in Form von Mausoleen und anspruchsvollen Grabmälern sehr beliebt, wobei die vornehmen Toten oft nicht begraben, sondern wie einst in den Katakomben in Kammern eingeschoben werden, die in Mauerblöcken den F. begrenzen. Wo eine grandiose Landschaft vorhanden ist (Genueser F. Staglieno, F. auf der Insel San Michele für Venedig), wird die Großartigkeit der Natur jeden mehr beeindrucken als die kostbaren Monumente. Auch in Frankreich, bes. in Paris, leidet der künstlerische Eindruck auf den großen F.en (zB Père Lachaise) unter der Häufung von übergroßen Monumenten, die von keiner gärtnerischen Gestaltung zusammengefaßt werden. Dem deutschen Gefühl wird nur eine wirkliche F.skunst in der Verbindung mit Garten, Park und Wald gerecht. Die christliche Haltung wird darin ihre Aufgabe sehen, aus dem Orte der Leichenbeseitigung einen Ort der Verkündigung des ewigen Lebens zu schaffen; damit wird aus der »Leichenhalle« die Stätte der endgültigen Verkündigung des Trostes an die Lebendigen, dh ein Gotteshaus mit kultischer Aufgabe. Mindestens muß an zentraler Stelle ein großes Hochkreuz stehen, unter dem die Toten ihre letzte Last ablegen. Es erscheint wichtiger als die Menge schematischer Einzelkreuze. Das Bedürfnis nach Krieger-F.en ergab sich nach den Weltkriegen. Hier ist die Forderung nach einer Zusammenfassung in der Gemeinschaft noch zwingender. Träger einer gesunden F.sreform ist zZ die »Arbeitsgemeinschaft F. und Denkmal«, die sich zumal um den Land-F. kümmert.

F.Küsthardt, F. u. Grabsteine, 1889 - G.Hannig, F.skunst, Gartenkunst, Feuerbestattung (Ges. Aufsätze), o.J. - H.Grässel, Über F.sanlagen u. Grabmalkunst, 1910 - Chr.O.Berz-Schilling, Volkstümliche Grabmalkunst u. F.sgestaltung, 1911 - K.Kühner, Mehr Sinn für die Stätten unserer Toten, o.J. - F.W.Bredt, F. u. Grabmal, 1916 - H.Küsthardt, Der F. als kultische Stätte (Kultus und Kunst, hg.v. C.Horn, 1924, 91-101) - E.Högg, Park u. F., 1925 - St.Hirzel, Grab u. F. der Gegenwart, 1927 - RGG² II, 794ff - C.Horn, Die vor uns gewesen sind, 1936 - W.Wohlberedt, Verzeichnis der Grabstätten in Groß-Berlin, 4 Tle, 1932-45 - R.Pfister, Die F.sfibel, 1954 - Hefte »F. und Denkmal« u. weitere Veröffentlichungen, hg.v. der Arbeitsgemeinschaft F. u. Denkmal e.V., seit 1956. *C.Horn*

Friedrich I. Barbarossa, 1152-90 deutscher Kaiser (→ Deutschland: I), * um 1125, seit 1147 schwäbischer Herzog. Durch die Wahl der Fürsten auf den Königsthron erhoben, sah F. die Wiederherstellung der Macht des Reiches als seine wichtigste Aufgabe an. Im Innern beseitigte er zunächst den staufisch-welfischen Gegensatz durch Rückgabe des Herzogtums Bayern an Heinrich den Löwen, dem er auch königliche Rechte im Norden des Reiches überließ. Gegenüber der deutschen Kirche nahm er - so bei der Erhebung → Wichmanns zum Erzbischof von Magdeburg - die alten Königsrechte wahr. Mit der Kurie schloß er 1153 den Konstanzer Vertrag gegen die Römer, Normannen und Byzanz und empfing auf seinem ersten Italienzug (1154-55) von → Hadrian IV. die Kaiserkrone. Der Ausgleich des Papstes mit den Normannen im Beneventer Vertrag (1156) führte zu Spannungen zwischen Kaisertum und Kurie, die auf dem Reichstag von Besançon 1157 deutlich wurden, als ein päpstliches Schreiben die Kaiserkrone zweideutig als päpstliches beneficium (Wohltat oder Lehen) bezeichnete. Auf dem zweiten Italienzug (1158-62) wurde der Gegensatz noch größer, als F. auf Grund der Beschlüsse des Reichstages von Roncaglia die Regalien in Ober- und Mittelitalien beanspruchte. Nach dem Tode Hadrians kam es 1159 bei der Wahl → Alexanders III. zum Bruch, als eine Kardinalsminderheit den kaiserlich gesinnten → Viktor IV. als Gegenpapst erhob, dem F. vergeblich die Anerkennung des Abendlandes zu verschaffen suchte. Die Politik F.s stand bis 1167 stark unter dem Einfluß → Reinalds von Dassel; doch konnte F. trotz der Niederwerfung Mailands keinen entscheidenden Erfolg erringen, da Alexander in Frankreich Aufnahme fand. Auch konnte er Heinrich II. von England während dessen Konflikt mit der Kurie nur zeitweilig für den neuen Gegenpapst → Paschalis (III.) gewinnen. Auf dem Würzburger Reichstag (1165) wurden die deutschen Bischöfe nicht ohne Zwang für das Gegenpapsttum verpflichtet. Der vierte Italienzug schien mit der Eroberung Roms (Sommer 1167) den Triumph F.s zu bringen; doch raffte eine plötzlich ausbrechende Seuche einen großen Teil des Heeres hinweg und zwang den Kaiser, Italien zu verlassen, wo sich die oberitalienischen Städte zum Lombardenbund zusammenschlossen. Die folgenden Jahre dienten durch eine zielbewußte Territorialpolitik der Stärkung der Königsmacht in Deutschland. Auf dem fünften Italienzug (1174-78) kam es zur Beilegung des Schismas. Trotz einer Niederlage bei Legnano erreichte F. in geschickten diplomatischen Verhandlungen 1177 in Venedig einen Sonderfrieden mit Alexander, den er als Papst anerkannte. Dafür konnte er seine Stellung gegenüber der deutschen Kirche im wesentlichen wahren. In Deutschland brach er 1178/81 im Bündnis mit den Fürsten die Macht Heinrichs des Löwen, dessen fast königliche Stellung in Norddeutschland das Gefüge des Reiches zu sprengen drohte. Der Konstanzer Vertrag (1183) kam den Lombarden in der Regalienfrage entgegen; doch boten die mathildischen Güter die Möglichkeit für eine neue Territorialpolitik in Italien. Die Vermählung seines Sohnes Heinrichs VI. mit der normannischen Prinzessin Konstanze beseitigte den alten Gegensatz zu dem Normannenreich. F.s neue Machtstellung zeigte sich deutlich im letzten Streit mit den Päpsten → Urban III. und → Clemens III. Die Kurie mußte nachgeben und sogar die Kaiserkrönung Heinrichs zusagen. Der dritte Kreuzzug (→ Kreuzzüge) sollte mit der Befreiung Jerusalems sein Lebenswerk krönen; doch fand F. im Fluß Saleph den Tod, ehe er sein Ziel erreichte (10. 6.1190). - F. ist eine der populärsten Herrschergestalten des deutschen MA; doch wurde die Kaisersage erst zu Beginn des 16.Jh.s von seinem Enkel → Friedrich II. auf ihn übertragen.

W.v.Giesebrecht, Gesch. der dt. Kaiserzeit V, 1888; VI (v.Simson), 1895 - H.Simonsfeld, Jahrbücher des dt. Reiches unter F. I., Bd 1, 1908 (mehr nicht erschienen) - K.Hampe, Herrschergestalten des dt. MA, (1927) 1955⁶, 147ff - P.Rassow, Honor imperii, die neue Politik F. B.s, 1940 - E.Otto, F.B., 1940 - Th.Mayer u.a., Kaisertum u. Herzogsgewalt im Zeitalter F.s I., 1944 - H.Heimpel, Kaiser F.B. u. die Wende der staufischen Zeit, 1944 - E.Maschke, F.B. (Die großen Deutschen I, 1956², 70-86). *K.Jordan*

Friedrich II., der Hohenstaufe (1194-1250), König von Sizilien 1198, deutscher König 1212, römischer Kaiser 1220, König von Jerusalem 1225 (→Deutschland: I, 1 b), der Sohn Kaiser Heinrichs VI. und Konstanzes, der Erbin des unteritalienisch-sizilischen Normannenstaates, steigerte in Persönlichkeit und Politik die Traditionen beider Häuser zu höchster Form, ohne sie doch zur Einheit zu verschmelzen. Nach dem Tode Heinrichs VI. als Mündel Papst → Innozenz' III. im Süden aufgewachsen, kam er auf Veranlassung des Papstes als Gegenkönig gegen den Welfen Otto IV. 1212 nach Deutschland, wo er sich schnell durchsetzte. Die der Kaiserkrönung folgende Periode diente der Ordnung und Reform des Königreichs

Sizilien. Es folgte der erste Konflikt mit → Gregor IX. infolge der Hinauszögerung des 1215 gelobten Kreuzzuges und 1230 der Ausgleich, nachdem er 1229 als gebannter Kreuzfahrer durch Verhandlungen günstige Bedingungen für die Christen in Jerusalem erreicht hatte (→ Kreuzzüge). Das nächste Jahrzehnt war beherrscht von dem Bemühen, die kaiserliche Herrschaft in Mittel- und Oberitalien gegen den → Kirchenstaat wiederherzustellen; infolgedessen wurde F. 1239 erneut vom Papste gebannt. Der Kampf mit Gregor IX. und → Innozenz IV. sowie mit den italienischen Städten erfüllte die Regierung F.s bis zu seinem Tode. Weder die Absetzung auf dem Konzil zu Lyon 1245 noch die Aufstellung von Gegenkönigen machten seine Lage in Italien und Deutschland hoffnungslos, doch fand sich kein Ausweg mehr, und mit dem Tode F.s war dem staufischen Hause wie dem universalen Kaisertum das Ende bestimmt.

F. hat in Deutschland die königliche Territorialpolitik seiner Vorgänger fortgesetzt, doch infolge der veränderten Lage seit der Doppelwahl von 1198 stets unter Rücksicht auf die Interessen der weltlichen und besonders der geistlichen Fürsten. Diesen gegenüber verzichtete er in seinen Anfangsjahren und 1220 auf wichtige Rechte, jenen bestätigte er 1231/32 den Verzicht auf die königliche Territorialpolitik. Doch der Mainzer Reichslandfriede 1235 zeigte sein Königtum in unbestrittener Stärke. Dabei war ihm Deutschland immer nur ein Glied des Imperium, dessen Schwerpunkt im Süden lag. Die Normen staatlicher Ordnung gab dem Kaiser sein normannisches Erbreich, dessen Verwaltungsformen er auf Italien übertrug und in Ansätzen nach Deutschland zu vermitteln begann.

Dieses Imperium, dessen begrenzte staatliche Realität F. auch gegenüber Frankreich und England anerkannte, war überbaut von dem zuhöchst gesteigerten Kaisergedanken. In ihm verbanden sich traditionelle Elemente der abendländisch-christlichen imperialen Idee mit byzantinischen, arabischen und alten orientalischen Herrschervorstellungen; das römische Kaiserrecht machte den Herrscher zur Quelle allen Rechtes. Bejahte F. auch die überlieferte Zuordnung von → Kaisertum und Papsttum, ja, den höheren Rang der geistlichen Gewalt, so wurde der Herrscherbegriff doch naturrechtlich begründet. Die Kaisermystik gab dem Herrscher eine sakrale und sogar gottähnliche Stellung. Von diesem Herrscherbild her gab es keine Versöhnung mit dem Papsttum. F. wurde aus gleichen apokalyptischen Vorstellungen (→ Apokalyptik: IV, 3) den Seinen zum Endkaiser, den Gegnern zum → Antichrist (: II, 3). Dabei war für F. selbst die ratio oberstes Prinzip. Dieses durchdrang Verwaltung und Gesetzgebung des Königreichs Sizilien. Rational war F.s Toleranz gegenüber dessen Bekenntnissen und Völkern, sein Verhältnis zur arabischen Kultur, seine Neigung zu Mathematik, Sternkunde (→ Astrologie, 2b) und Naturkunde sowie seine religiöse Skepsis. Weder schlechthin »mittelalterlicher« noch »Renaissance«-Mensch, weist F. doch durch seine von der ratio beherrschte Persönlichkeit weit über seine Zeit hinaus.

E. KANTOROWICZ, Kaiser F. II., (1927) 1936^4, ErgBd 1931 (Lit.) - A. DE STEFANO, L'idea imperiale di Federico II, Firenze (1927) 1952^2 - DERS., La cultura alla corte di Federico II imperatore, Palermo (1938) 1951^2 - G. PEPE, Lo stato ghibellino di Federico II, Bari (1938) 1951^2 - GEBHARD-GRUNDMANN I, 352ff (Lit.) - P.E. SCHRAMM, Kaiser F.s Herrschaftszeichen (AAG 3. F. 36, 1955) - F. BAETHGEN, Kaiser F. II. (Die großen Deutschen I, 1956^2, 154-170). *E. Maschke*

Friedrich II., der Große, *König von → Preußen* (* 24.1.1712 in Berlin, † 17.8.1786 in Potsdam), trat 1740 die Regierung an. Neben dem Staatsmann und Feldherrn hat auch der geistige Mensch, der Vertreter des aufgeklärten Absolutismus, der »Philosoph von Sanssouci«, wie er sich selber nannte, das Interesse der Nachwelt erregt. Die Urteile sind freilich oft so sehr auf die historische Persönlichkeit wie auf das Bild bezogen, das seit der Mitte des vorigen Jh.s Bewunderer und Gegner entworfen haben. Jeder Versuch, F.s Wesen gerecht zu werden, wird deshalb auch diese Fridericus-Tradition kritisch im Blick behalten müssen. Entscheidend für die Ausbildung seines Charakters war die Jugendentwicklung. Aufgewachsen zwischen einem ungleichen Elternpaar, dessen Gegensätzlichkeit auch auf die Erziehung der Kinder einwirkte, konnte der frühreife, keineswegs harmlos verträumte Knabe in dieser häuslichen Umgebung keine harmonische und glückliche Kindheit durchleben. Ohne tiefere Bildung und Menschenkenntnis waren sowohl der Vater wie die Mutter; aber während diese mit ihrer Neigung zum barocken Prunk und ihrer oberflächlichen Geistigkeit F. gewähren ließ und zum Mitwisser aller höfischen Intrigen machte, stieß der zu Unrecht als barbarischer Tyrann verurteilte König den eigenwilligen und in der Kunst von Heimlichkeiten erstaunlich gewandten Sohn von sich, wenn er dessen andersartiges Wesen mit rohen Mitteln zu brechen suchte. Die mißlungene Flucht bedeutete den Höhepunkt der Krisis zwischen Vater und Sohn. Aber die vor F.s Augen vollzogene Hinrichtung des Freundes H.v.Katte, das Kriegsgericht mit dem vom Vater stipulierten Todesurteil, aus dem schließlich eine Festungsstrafe wurde, zeigen nicht diesen, sondern den Sohn als Herrn der Situation. F. ist unter dieser sadistischen Tortur kein anderer geworden, aber es sind Anlagen und Gesinnungen zum Durchbruch und zur Entfaltung gekommen, die unter anderen Umständen zumindest zurückgetreten wären. Glück ist diesem Fürstenleben jedenfalls fremd geblieben; das Geschenk der Gattenliebe hat der Vater ihm zerstört, Freundschaft wurde dem Skeptiker und Menschenverächter zu einem seltenen, aber heiß begehrten Gut. - Daß das traditionelle Christentum in ihm nicht Wurzel schlug, war gewiß nicht nur die Folge der gescheiterten Pädagogik des Vaters. Vieles, was in seinem Denken Gestalt gewann, entsprach den populären Tendenzen der Zeit. Dazu gehört auch die Anziehungskraft, welche die französische Sprache und Kultur bis an sein Lebensende auf ihn ausgeübt haben. In Rheinsberg hat er als Kronprinz sein eigentliches Bildungserlebnis erfahren. Was er in wenigen heiteren Jahren hier in sich aufnahm, ist später, in dem Jahrzehnt zwischen den Kriegen, in Sanssouci zur Weltansicht ausgereift, um in den Altersjahren noch einmal eine leise Wandlung zu erfahren.

F. war weder als Philosoph noch als Dichter (und Komponist) von schöpferischer Originalität; in seiner umfangreichen, im Wert sehr unterschiedlichen literarischen Produktion spricht sich nur selten der *ganze* Mensch aus. Er brauchte die Philosophie als private Tröstung, Entspannung, Ablenkung. Man wird gewiß auch bedenken müssen, daß ein »Philosoph« nach dem Geschmack der damaligen gebildeten Rokoko-Gesellschaft vor allem ein Schöngeist, ein homme des belles lettres, sein mußte, dazu ein Kritiker aller der Vernunft widersprechenden religiösen Überlieferung (→ Aufklärung: I, C). So waren die Gespräche der berühmten Tafelrunde in Sanssouci gekennzeichnet durch ein geistreiches, skeptisch-spöttelndes Wortgefunkel, überglänzt von einer optimistisch verklärten Vernunftkultur. Chr. → Wolff, → Bayle, → Hobbes, → Locke, vor allem → Voltaire, sodann die antiken Vertreter der stoischen Moral- und Lebensauffassungen - alle im französischen Sprachgewand - wurden die bestimmenden Geister von F.s Weltansicht. Sie war ganz diesseitig, rationalistisch; lange Zeit genügten ihm die Hauptsätze des → Deismus (: III): die vernünftige Welt setzt ein vollkommenes Wesen als Urheber voraus. Aber diese unpersönliche Weltintelligenz bedeutete ihm praktisch nichts. Die Probleme der Weltordnung, des Schicksals, konnten mit ihr nicht gelöst werden, der Unsterblichkeitsglaube wurde zum Wahngebilde der menschlichen Eitelkeit. Was blieb, war der schmale, aristokratische Tugendbegriff des Herrschers, der in der »Staatsräson« sein verborgenes Credo besaß. Dieser Tugendbegriff war keimhaft schon in der Jugendschrift, dem »Antimachiavell«, angelegt, die im gleichen Jahre erschien, als F. zur Eroberung Schlesiens ausholte.

Ein geistiges Fundament für die Zukunft konnte F.s Philosophie nicht bilden. Der alternde König hat mit kraftloser Resignation die Saat aufgehen sehen, die der in flachen → Materialismus (: II) umschlagende → Rationalismus (: I) ausgestreut hatte. »Rückkehr von einer verstiegenen Philosophie auf den Boden der Wirklichkeit und Erfahrung« war das Leitmotiv des aufgeklärten, absolutistischen Herrschers, der sich dem »Volke« gegenüber verantwortlich fühlte. F. hat nie daran gedacht, seine philosophischen Prinzipien im Ganzen des Staatsmechanismus zu verwirklichen, geschweige denn dem Untertan schlechthin derartiges freizustellen. Eine schneidende Luft durchwehte diese preußische Beamten- und Militärdespotie. Das »Seligwerden« eines jeden nach seiner Façon hatte seine Grenzen an der Staatsräson. F.s Kirchenpolitik war vom Standpunkt der Nützlichkeit bestimmt. Die Tolerierung der »Religionen« (→ Toleranz: II), worauf »der Fiskal sein Auge haben müßte«, ging an den konfessionellen Gegensätzen vorüber. F. hob die aus der ref. Kirchenzucht stammende Kirchenbuße auf, gab den Lutheranern ihr Oberkonsistorium und erlaubte den luth. Geistlichen Berlins wieder das Tragen von Chorröcken und Kaseln. Getrennt von der »Zivilkirche« war die Militärkirche, der F. besondere Aufmerksamkeit, namentlich bei der Auswahl der Prediger, zuwandte. Die Coccejische Justizreform griff in das luth. Eherecht ein (→ Ehe: VI, 3), indem Scheidungen vom Konsistorium an das Kammergericht verwiesen wurden. Eine Kabinettsorder von 1783 brachte mit Rücksicht auf die »Population« Erleichterungen der → Ehescheidungen. Die staatsrechtliche → Gleichberechtigung (: II) der schlesischen Katholiken, ihre Berufung in leitende Beamtenstellen, ließ lange auf sich warten. F. griff auch selbstherrlich in die Rechte des Breslauer Domkapitels bei der Besetzung des Bischofsstuhles ein und gewährte den → Jesuiten, selbst nach Aufhebung des Ordens durch den Papst (1773), Asyl. Gleichgültig war ihm bei beiden Konfessionen die Lehre. Es gab in seiner Zeit nur einen Irrlehreprozeß gegen einen Anhänger → Schwenckfelds. Trotzdem hat des Königs Beispiel und Verwaltung nivellierend auf das kirchliche Leben gewirkt, wie auch die leitenden Stellen in der Kirche nur von Vertretern des Rationalismus eingenommen wurden. Die Prediger waren für F. nicht viel mehr als »geistliche Polizeiorgane zur Verkündigung obrigkeitlicher Befehle« (G.Ritter). F. stand am Ende eines Zeitalters. Als ein Einsamer ist er gestorben. Bei seinen Hunden wollte er begraben sein, wurde aber in der Gruft der Potsdamer Garnisonkirche beigesetzt. 160 Jahre später stand sein aus Potsdam fortgebrachter Sarg einige Zeit in einer Kapelle der Elisabethkirche in Marburg, bis ihn die Stammburg der Hohenzollern aufnahm.

Oeuvres de Frédéric le Grand, hg.v. J.D.E.Preuss, 30 Bde, 1846 bis 1857; Die Werke, dt. Übers. hg.v. G.B.Volz, 10 Bde, 1913/14; Gespräche mit Catt, hg.v. W.Schüssler, 1940. - Biographien v. R. Koser (4 Bde, [1913/14] 1925⁷), V.Valentin (1927), G.Ritter ([1936] 1954³), P.Gaxotte (dt. 1940), W.Elze (1941), G.P.Gooch (dt. 1951). - Ed.Zeller, F.d.Gr. als Philosoph, 1886 - Th.Mann, F. u. die große Koalition, 1914 (jetzt in: Altes und Neues. Kl. Prosa, 1953, 38-102) - W.Wendland, Die Beziehungen F.s d.Gr. zu Antoine Achard (JBrKG 14, 1916, 158-168) - C.Horn, Die patriotische Predigt zZ F.s d.Gr. (ebd 19/20, 1924/25, 78-128. 134-160) - F.Meinecke, Die Idee der Staatsräson, (1924) 1953⁴, 340ff - W.Hegemann, Fridericus oder das Königsopfer, 1926 - Ders., Das Jugendbuch vom großen König, 1930 - W.Dilthey, F.d.Gr. u. die dt. Aufklärung (Ges. Schr. III, [1927] 1942², 81-205) - G.Beyerhaus, F.d.Gr. u. das 18.Jh., 1931 - W.Langer, F.d.Gr. u. das geistige Frankreich, 1932 - W. Schneider, Die Kirchenpolitik F.s d.Gr. (HV 31, 1937, 275-292) - Ed.Spranger, Der Philosoph von Sanssouci (AAB 1942, 5) - W. Mönch, Voltaire u. F.d.Gr., 1943 - W.Bussmann, F.d.Gr. im Wandel des europ. Urteils (Rothfels-Festschr. 1951, 375-408) - St.Skalweit, Frankreich u. F.d.Gr., 1952 - K.Kupisch, Kategorischer Imperativ u. Staatsräson, 1954 - W.Andreas, F.d.Gr. (Die großen Deutschen II, 1956, 105-126).
K.Kupisch

Friedrich der Weise (1463-1525), seit 1486 Kurfürst von Sachsen aus der ernestinischen Linie der Wettiner, hat dadurch und lediglich dadurch weltgeschichtliche Bedeutung bekommen, daß er sich gegenüber Papst und Kaiser unablässig für Luther eingesetzt, ein rasches Vorgehen gegen Luther verhindert und damit der deutschen Reformation zum Durchbruch und Sieg verholfen hat (→ Deutschland: I, 2a). Als Landesherr hat er sorgfältig, gewissenhaft, sparsam und ausgesprochen patriarchalisch regiert, ohne dabei Überragendes zu leisten. Die sog. Reichsreform hat er mit Erzbischof Berthold von Henneberg kräftig betrieben. Bei der Kaiserwahl 1519 ist er stark umworben und für einen Augenblick sogar als Nachfolger Maximilians I. in Aussicht genommen, nach Kalkoff sogar regelrecht zum Kaiser gewählt worden. Aber F. besaß weder die ausreichende Hausmacht noch die persönlichen Voraussetzungen, um die Kaiserkrone übernehmen zu können. Er war klug und ausgesprochen bedächtig, aber ihm fehlte die kühne Initiative und die Fähigkeit zum raschen Entschließen und Handeln. Daß er, der in seinem Wittenberger Allerheiligenstift eine der umfänglichsten Reliquiensammlungen besaß und unablässig um Neuerwerbungen und Ablässe besorgt war, sich schnell und tapfer dem reformatorischen Evangelium des Ablaßstürmers Luther aufgeschlossen und in bewußter Absicht der Reformation den Weg gebahnt habe, ist von Kalkoff zwar immer wieder behauptet, aber nicht bewiesen worden. Fürsorge für »seine« Universität → Wittenberg (1502), die er ihres berühmtesten Lehrers nicht beraubt wissen wollte, strenge Rechtlichkeit, die sich dagegen sträubte, jemanden als Ketzer fallen zu lassen, der der Ketzerei noch nicht überführt war, eine natürliche Langsamkeit in den Entschlüssen und eine echt mittelalterliche Skrupulosität haben F. bewogen, Luthers Verhör auf deutschem Boden (Augsburg 1518) und Vorladung nach Worms (1521) durchzusetzen und ihn schließlich in die für die Reformation so bedeutsame »Schutzhaft« auf der Wartburg bringen zu lassen. Immer in der Sorge, durch eine Voreiligkeit gegen Gottes Willen zu handeln, hat F. noch weiter (bis 1522) seine Reliquien gepflegt, Luther geschützt, der ev. Bewegung in Wittenberg keinen schweren Widerstand entgegengesetzt, mancherlei Ungestüm Luthers getragen und sich in Luthers Lehre hineingedacht. Am Ende ließ er sich das Sakrament in beiderlei Gestalt reichen. So behutsam F. politisch handelte (Verkehr mit Luther durch → Spalatin), so deutlich waren seine Entscheidungen doch von einer echten Frömmigkeit bestimmt. Mitten im Bauernkrieg starb er, und das ganze ernestinische Gebiet fiel an seinen Bruder und bisherigen Mitregenten Johann.

G.Spalatin, F.d.W., Leben u. Zeitgesch., gedr. 1851 - Th.Kolde, F.d.W. u. die Anfänge der Reformation, 1881 - RE VI, 279ff - P. Münch, Kurfürst F.d.W. als Landesfürst (Diss. Jena), 1922 - P Kalkoff, Die Kaiserwahl Friedrichs IV. u. Karls V., 1925 - Ders., F.d.W. u. Luther (HZ 132, 1925, 29-42) (für ältere Schriften Kalkoffs vgl. Schl.) - P.Kirn, F.d.W. u. die Kirche, 1926 - A.Koch, Die Kontroverse über die Stellung F.sd.W. zur Reformation (ARG 23, 1926, 213-260) - J.Höss, G.Spalatin, 1956.
F.Lau

Friedrich, 1. *Caspar David* (1774-1840), bedeutendster Maler der Deutschen → Romantik. * in Greifswald, bezog er 1794 die Akademie zu Kopenhagen; seit 1798 lebte er in Dresden in enger Verbindung mit den führenden Männern der romantischen Bewegung. Er unternahm mehrere Reisen nach Pommern (vor allem Rügen) und in die ostdeutschen Mittelgebirge; deren Motive bilden die Hauptthemen seines Werkes. - Wie → Runge, → Novalis, Tieck und → Schleiermacher vertrat F. eine Gefühlsreligion, in der sich prot. Erlösungssehnsucht mit panentheistischer Weltfrömmigkeit in merkwürdiger Weise vermischte. Der Künstler fand dafür - wohl nicht ohne den Einfluß englischer Aquarelle und Graphik - eine höchst eigenwillige, großartige Bildform, die genaues Naturstudium und äußerste Abstraktion vereint; oft ist eine »Rückenfigur« als Stimmungsträger eingefügt. In seinem Werk, das fast ausschließlich Landschaften umfaßt, wird das »moderne« Welterleben zum ersten Male anschaulich: Vereinzelung und Entpersönlichung des Individuums, Verfremdung der Dinge, Entgrenzung des Universums. Doch weist F. in seinen Bildern immer wieder - fast beschwörend - auf den Trost des Gekreuzigten hin. - Vgl. Abb. bei → Malerei und Plastik: V.

C.D.F., Bekenntnisse. Ausgew. u. hg.v. K.K.Eberlein, 1924 - H. v.Einem, C.D.F., (1938) 1950³ - G.F.Hartlaub, C.D.F.s Melancholie (Zs.d. Dt. Vereins f. Kunstwiss. 8, 1941, 261-281) - K.Lankheit, C.D.F. u. der Neuprotestantismus (DVfLG 24, 1950, 129-143) - P.O.Rave, Zwei Winterlandschaften C.D.F.s (Zs. f. Kunstwiss. 5, 1951, 229-234). *K.Lankheit*

2. *Johannes* (1836-1917), kath. Theologe, als Schüler und Kollege, Mitstreiter und Leidensgenosse, Nachlaßvollstrecker und Biograph aufs engste mit → Döllinger verbunden. Seit 1862 Universitätslehrer in München, trotz Exkommunikation 1872 vom König zum o. Prof. ernannt. 1875 einige Zeit an der (alt)kath.-theologischen Fakultät in → Bern, für deren Errichtung er viel getan hat, 1882 in die philosophische Fakultät München versetzt. Die bleibende Bedeutung F.s liegt in der auch durch spätere Ergänzungen und zT Berichtigungen nicht überholten Sammlung und Veröffentlichung des Materials für die Beurteilung Döllingers und des → Vatikanums. Anders als Döllinger stand F. stets aktiv im Leben der altkath. Kirche (→ Altkatholiken, 1b).

Vf. u.a.: Die Lehre des Joh. Huss, 1862; KG Deutschlands, 2 Bde, 1867/69; Tagebuch während des Vatikan. Konzils, (1871) 1873²; Documenta ad illustrandum Concilium Vaticanum, 1871; Beiträge zur KG des 18.Jh.s, 1876; Gesch. des Vatikan. Konzils, 4 Bde, 1877-87; Zur ältesten Gesch. des Primates in der Kirche, 1879; Beiträge zur Gesch. des Jesuitenordens, 1881; Die Konstantinische Schenkung, 1889; Joh. Adam Möhler als Symboliker, 1894; Ignaz v.Döllinger, 3 Bde, 1899-1901; Die Unechtheit der Canones von Sardica, 1902/03. - Über F.: Fr.Hacker, J.F. als Führer der altkath. Bewegung (IKZ 8, 1918, 252-274). *W.Küppers*

Fries, 1. *Jakob Friedrich* (1773-1843), * in Barby (Elbe), besuchte, aus herrnhutischer Familie stammend, die Schule in Niesky (gleichzeitig mit → Schleiermacher, dem er auch später in seinem religiösen Denken verwandt bliebt), dann von 1789-92 das Pädagogium in Barby und von 1792-95 das Seminar wieder in Niesky. Sein Wesen ist von daher geprägt, obzwar er sich der »Marterschöne« und der pietistischen Kirchlichkeit versagte. Sein Lehrer Chr.Garve führte ihn in → Kant, K.L. Reinhold und F.H. → Jacobi ein und hat wohl auch seine ethisch-psychologische Denkweise bestimmt, die dann - nach dem Austritt aus der Brüdergemeine - in Leipzig, wo er 1796 sein Studium begann, durch Platner noch vertieft wurde. 1797 ging er nach Jena, wo er mit → Fichte »in wenigen Stunden fertig« war und dessen Vorlesungen nur benutzte, um seine Einwände zu formulieren. Die Hauslehrerzeit in Zofingen (1797-99) diente dem kritischen Kantstudium. Es folgte 1800 die Promotion und 1801 die Habilitation in Jena, wo er 1805 zusammen mit → Hegel ao. Prof. wurde. 1803 war das polemische Buch über »Reinhold, Fichte und Schelling« und die »Philosophische Rechtslehre« erschienen, die zugunsten der »Natur der Sache« den Rechtspositivismus ebenso kritisiert wie das spekulative → Naturrecht. 1804 gibt das »System der Philosophie als evidente Wissenschaft« den ersten Entwurf seines eigenen Denkens. Auch das erbaulich-schöne Buch über »Wissen, Glauben und Ahndung«, das für den → Neufriesianismus bestimmend werden sollte, ist noch in Jena entstanden (1805). Im selben Jahr wurde F. nach Heidelberg berufen, wo ihm 1812 neben dem philosophischen zusätzlich das physikalische Ordinariat übertragen wurde. Hier stiftete sich die Freundschaft zu Jacobi und → De Wette, der als theologischer Kollege einer seiner treuesten Schüler wurde. 1807 wurde das Hauptwerk, die längst vorbereitete, dreibändige »Neue Kritik der Vernunft« vollendet (1828-31²), das 1811 ergänzt wurde durch das »System der Logik«, das Hegel mit dem Verdikt der »Seichtigkeit« belegte. 1812 griff F. in den Streit zwischen Jacobi und → Schelling ein: »Von deutscher Art, Philosophie und Kunst«, mit dem Untertitel »Votum für Jacobi«. Der philosophische Roman »Julius und Evagoras« (1814, 2. Bd 1822) bot in Form gebildeter Unterhaltung einen lehrreichen Einblick in F.' Gedankenwelt. Dazu traten astronomische, physikalische und auch staatsphilosophische Schriften; der jugendliche Schwärmer für die französische Revolution wurde jetzt Vorkämpfer einer freiheitlichen Verfassung. 1816 nach Jena zurückberufen, nahm F. 1817 am Wartburgfest teil, um dann, nach der Ermordung Kotzebues, auf Verlangen der preußischen und österreichischen Regierung seines Amtes entsetzt zu werden. Karl August ließ ihm sein Gehalt und gab ihm 1825 die Professur für Physik. Über Philosophie durfte F. hinfort nur privatim lesen. Da das Dozieren ihm wenig lag, konnte er sich desto eifriger seinen Büchern widmen. 1818 erschien das »Handbuch der praktischen Philosophie«, dessen 2. Bd (1832) die »Religionsphilosophie« enthielt. 1820-21 folgte in 2 Bden das wichtige »Handbuch der psychischen Anthropologie«, und 1824 kam als Ergänzung zur analytischen Logik das »System der Metaphysik« heraus, das die synthetische Erkenntnis behandelt. Zu weiteren physikalischen und mathematischen Arbeiten gesellte sich noch eine »Geschichte der Philosophie« (2 Bde, 1837-40) und die erst aus dem Nachlaß herausgegebene »Politik« (1848). Schon 1837 hatte ein Schlaganfall sein Wirken gehemmt. Aber F. hatte nicht nur in Ernst Friedrich Apelt (1821-59) einen bedeutenden Schüler gefunden, dessen »Metaphysik« (1857) und »Religionsphilosophie« (1860) fast die Krönung seines eigenen systematischen Werks waren, sondern er stand auch in hohem Ansehen bei Männern wie A.v. → Humboldt, Gauß und Schleiden.

F. hat sich stets als Kantianer gefühlt. Aber in seinem Streben, »eine von aller Mythologie verschiedene Philosophie als strenge Wissenschaft« zu begründen, sah er in dem »Vorurteil des Transzendentalen« den »Erbfehler« der Kantschulen. Obzwar der »Endzweck alles Philosophierens« in den Ideen von Tugend, Recht und Religion sich darstellt, sieht er es als »wichtigsten Punkt« seiner Lehre an, das »subjektive, empirische, anthropologische Wesen der transzendentalen Erkenntnis« aufzuweisen. »Wir wollen nur die Regeln kennen lernen, nach denen die richtige menschliche Ansicht des Göttlichen und Irdischen der Welt in unserm Geiste erfolgt.« So nur läßt sich die »Evidenz« erreichen, die der Willkür der Spekulation ein Ende setzt. Der psychologische »Aufweis« (nicht logische

Beweis) objektiv-synthetischer Verhältnisse führt auf eine »Spontaneität der Erkenntniskraft«, deren Vertrauenswürdigkeit nur (vgl. Jacobi) gefühlsmäßig zu sichern ist. Das Faktum einer »richtig organisierten Vernunft« ist der einzige Schutz vor dem »Narrenhaus«. Wir können zwar die ideelle Realität hinter der erscheinenden Welt nicht beweisen, aber das »Prinzip der eigenen Unwissenheit« gibt den Weg frei zur Anerkennung der »notwendigen Geheimnisse«, den »Glauben« an ein höchstes Gut und die »Ahndung« einer ästhetisch-religiösen Gesamtharmonie.

Vollst. Bibliogr. in: Abh. d. F.schen Schule NF Bd 6, 1937. - Über F.: E.L.TH.HENKE, J.F.F., (1867) 1937² - TH.ELSENHANS, F. u. Kant I. II, 1906 - R.OTTO, Kantisch-F.sche Religionsphilosophie, (1909) 1921² - M.HASSELBLATT, J.F.F., 1922 - J.HASENFUSS, Die Religionsphilosophie bei J.F.F., 1937. *† H.Knittermeyer*

2. *Willy*, Kunstmaler und Graphiker, * 26.5.1907 in Wattwil, studierte Kunstgeschichte in Zürich und Berlin und besuchte die Kunstakademien Paris und Berlin. Reisen nach Italien und den Niederlanden. F. lebt in Wattwil. Die Kunst ist ihm »Spiegelbild von Zeit und Existenz«. Über der »Gestaltung menschlichen Seins« (graphische Bildfolgen: Gottlose, 1929; Die Fischer, 1934; Der arme Mann, 1936) wird ihm die »Botschaft vom Mensch-gewordenen Christus« zur Aufgabe und F. damit zum Schriftausleger in Bildern für die Gegenwart. Bei der Gestaltung eines geschichtlichen, in seinem Wirklichkeitsgehalt gegenwärtigen Geschehens bedient sich F. einer symbolischen wie realistischen, schlichten »Bildsprache«, um mit reichen handwerklichen und formalen Ausdrucksmitteln der Forderung solcher »Bildverkündigung« nach geistiger und materialer Einheit in der Formgebung gerecht zu werden.

Werke u.a.: Christophorus (zum Fresko in Gwatt), 1939; Verkündigung von Auferstehung u. Gericht (zum Fenster in St.Gallen), 1942; Die Passion, Bildfolge, 1945; Ostermorgen, Fresko in Wil, 1949; Christ ist geboren, 1952; Die Fresken zum Leben des armen Mannes, 1954; Unverlierbare Mitte. Fragment, 1956; Die große Passion (Nachwort G.JACOB), 1957. - Über F.: W.F., Ein Werkstattbuch, 1949 (Bibliogr.) - Der Maler W.F., hg.v. K.DIETRICH u. H. VOGEL, 1954. *F.Wolf*

Friesen, westgermanischer Stamm zwischen Zuidersee (Fly) und Ems, in merowingischer Zeit westlich zur Schelde, östlich über die Weser ausgedehnt, in karolingischer über See auf die nordfriesischen Geestinseln, später das Halliggebiet und Schleswigs Küste übergreifend. Fränkische Missionsversuche in Westfriesland unter Dagobert († 639) durch → Amandus und → Eligius gehen fehl, erst Pippin d.M. nimmt sie mit angelsächsischen Missionaren wieder auf, schlägt 689 den F.herzog Ratbod bei Dorestad und gründet 695 das Bistum → Utrecht mit → Willibrord. Dieser kann nach Karl Martells Sieg 718 und Ratbods Tod 719 wenigstens das später nicht mehr zu Friesland gerechnete Gebiet bis zum Fly christianisieren, 719-21 von → Bonifatius unterstützt. Ostwärts des Fly bleibt Friesland selbständig und noch heidnisch; dort wird Bonifatius 754 bei Dokkum erschlagen. Erst → Karl d.Gr. wirft die F. 785 und endgültig 804 nieder. → Willehad und besonders → Liudger missionieren, doch erlebt das Christentum in der folgenden Normannennot nochmals schwere, erst in ottonischer Zeit überwundene Rückschläge. Die friesische Kirche bewahrt manche Sonderheit, wofür reiche, volkssprachliche Rechtsquellen zeugen. Die Kirchengliederung spaltet Friesland auf; der Westen kommt zu Utrecht, der Osten zu → Münster, → Osnabrück und Bremen (→Hamburg: I). Nordfriesland wird erst seit dem 10.Jh. von → Schleswig aus christianisiert.

K.v.RICHTHOFEN, Friesische Rechtsquellen, 1840 - RE VI, 284ff - G.KRÜGER, Der münstersche Archidiakonat Friesland..., 1925 - P. BOELES, Friesland tot de 11. eeuw, Haag (1927) 1951² - H.REIMERS, Das Papsttum u. das freie Friesland (De vrije Vries 28, 1928, 402-436) - C.BORCHLING-G.MUUSS, Die F., 1931 - E.KOCHS, Mittelalterl. KG Ostfrieslands, 1934 - K.D.SCHMIDT, Willehad u. die Christianisierung von Bremen-Verden (ZGNKG 41, 1936, 5-23) - K.HAFF, D. Großkirchspiel im nordischen u. niederdt. Recht des MA (ZSavRG 64, Kan. Abt. 33, 1944, 1-35) - C.WOEBCKEN, Die Einführung des Christentums im östl. Teile Frieslands (JGNKG 47, 1949, 33-42) - A. KOOLMANN-H.WIEMANN, Ostfriesische Gesch. IV, 1951. *H.Stoob*

Frischlin, *Nikodemus*, * 22.9.1547 als Pfarrerssohn in Erzingen Kr. Balingen/Württ., † 29.9.1590. Nach Schulbesuch in Balingen, Königsbronn und Bebenhausen am 12.11.1562 als Stipendiat des ev. Stifts in Tübingen immatrikuliert, hier 1568 ao. Prof. für Poetik und Geschichte. Im selben Jahr heiratet er Margarethe Brenz aus der Sippe des schwäbischen Reformators, die in allen Stürmen seines Lebens treu zu ihm hält. Durch Gunst des herzoglichen und kaiserlichen Hofes gekrönter Poet (poeta laureatus) und kaiserlicher Pfalzgraf (Palatinatus). Nach fortgesetzten Händeln mit Kollegen (Mart.Crusius), Adligen und Hofleuten übernimmt er 1582 die Leitung der Landesschule von Krain in Laibach, kehrt jedoch schon 1584 nach Tübingen zurück, ist anschließend in Straßburg zur Drucklegung seiner Werke, dann wieder in Tübingen. Nach neuen Fehden in Wort und Schrift auf unsteter Wanderschaft am Rhein, in Prag, Wittenberg und Braunschweig, wird er schließlich auf Hohenurach festgesetzt, wo sein Leben bei einem Fluchtversuch jäh endet. - F. war ein glänzender Facetist und begabter Dichter lat. Komödien, deren beste, »Julius Redivivus«, 1585 am Stuttgarter Hof aufgeführt wurde. Von den deutschen Dramen wurde nur »Frau Wendelgard« gedruckt (1579). Des Dichters Ideale sind Glaube und Ehe, lat. Poesie und Vaterland. Seine Stärke gründet in Witz und Humor, in Komik und Groteske. Schwächer ist sein kompositorisches Vermögen in Aufbau und Abstufung der Handlung, von geringerem Gewicht die Gelegenheitsdichtung seiner Epen, Elegien und Oden.

Operum poeticorum pars scenica (1585), epica (1599), elegiaca (1601), paraphrastica (1602); Elegiae, 1607. - Julius Redivivus hg.v. W.JANELL u. W.HAUFF (Lat. Lit. Denkm. d. 15. u. 16.Jh.s Bd 19), 1914 - Fraw Wendelgard hg.v. A.KUHN u. E.WIEDMANN, 1908 - Die dt. Dichtungen hg.v. D.F.STRAUSS, 1857. - Über F.: D.F. STRAUSS, Leben u. Schriften des Dichters u. Philologen N.F., 1856 (Lit.) - ADB VIII, 1878, 96ff - G.ROETHE, F. als Dramatiker (W.JANELL, aaO XXIV-LIX) - G.BEBERMEYER, Tübinger Dichterhumanisten, 1927, 47ff - R.STAHLECKER, Mart. Crusius u. N.F. (Zs. f. württ. Landesgesch. 7, 1943, 323-366) - W.KOSCH, Dt. Lit.-Lexikon I, 1949², 584. *G.Bebermeyer*

Frith, *John* (1503-33), * Westerham, Kent, † London, studierte in Cambridge (King's College), war zunächst wegen seiner Kenntnisse und Fähigkeiten Günstling Th. →Wolseys, wurde mit William →Tindale bekannt und unterstützte ihn bei seiner Übersetzung des NT (→ Bibelübersetzungen: V, 2b). 1527 wurde F. der Ketzerei verdächtigt und verhaftet, kam aber durch Wolsey bald wieder frei, mußte sich indessen von Oxford entfernt halten. 1528 ging er nach Marburg, wo er andere reformationsfreundliche Engländer traf, vor allem P. → Hamilton. Er verheiratete sich, ging nach Holland und 1532 allein nach England; in der Zwischenzeit hatte er gegen J. → Fisher und Th. → Morus, gegen Fegfeuer und Transsubstantiation geschrieben. Auf Veranlassung von Morus wurde er wegen Häresie verhaftet und hingerichtet.

The Whole Works of W.Tyndale, J.F. and Dr. Barnes ... ed. JOHN FOXE, 1573; Neuausg. v. T.RUSSELL (Works of the English Reformers III), 1831. - Über F.: DNB (Neudr. 1949/50) VII, 718ff. *M.Schmidt*

Fritsch, *Ahasverus* (1629–1701), aus dem sächs. Amt Freyburg stammend, stand als Jurist lebenslang im Dienst der Grafschaft Schwarzburg-Rudolstadt, zuletzt als Kanzler und übte auch als Schriftsteller (rd 300 juristische und erbauliche Schriften) weitgehende Wirkung aus. Seine Stiftung einer »Geistlichen fruchtbringenden Jesus-Gesellschaft« (1676) konnte sich trotz vornehmer Mitglieder unter dem Eindruck von mancherlei Bedenken (auch → Speners) nicht halten. In enger geistlicher Verbindung stand F. mit der Gräfin Ämilia Juliane von Schwarzburg und ihrer Verwandten Ludämilie Elisabeth (→ Kirchenlied: I), deren Dichtungen F. in seine die Jesus- und Himmelslieder bevorzugenden Sammlungen aufnahm; kennzeichnend für ihn ist die noch heute bekannte Strophe »Wie herrlich ist die neue Welt, die Gott den Seinen vorbehält«.

KOCH IV, 40ff - GG III, 285f - ADB VIII, 108f (Bibliogr.).

W.Lueken

Fritzlar. An altbesiedeltem Ort im Schutz einer frühkarolingischen curtis nahe dem Büraberg gründet → Bonifatius 723/24 ein *Benediktinerkloster,* dessen erster Abt → Wicbert (, 2) war. An der bedeutenden Klosterschule wirkten → Sturmi und → Megingoz. 775 von Erzbischof → Lullus von Mainz an Karl d.Gr. übertragen. Vom 11.Jh. bis zur Aufhebung 1803 war es Chorherrenstift und Archidiakonatssitz. Der königliche Ort F. war Schauplatz mehrerer Reichsversammlungen (919 Königswahl Heinrichs I.).

Weitere Klöster: Augustinerinnen, gegr. vor 1147 als Hospital, 1254 an Augustinerorden, 1530 aufgelöst, 1712 an Ursulinen; Minoriten 1237–1553 und 1628–1811; Jesuitenresidenz 1615–31.

W.DERSCH, Hess. Klosterbuch, (1915) 1940² (Qu. u. Lit.) - W. GÖRICH, F., Niederhessens alte Hauptstadt (Beil. zur Kasseler Post, 1938, Nr. 166. 178. 236) - K.E.DEMANDT, Qu. zur Rechtsgesch. der Stadt F. im MA, 1939 - W.METZ, Gedanken zur frühmittelalterl. Pfarrorganisation (Hess. Jb. für Landesgesch. 7, 1957, 24–56).

F.Uhlhorn

Froböß, *Georg* (1854–1917), luth. Theologe, * in Breslau, 1880 Pastor in Altkranz, 1886 in Schwirz, 1896 Mitglied, 1906 Direktor des Breslauer Oberkirchenkollegiums der Altluth. Kirche (→ Luthertum: III). Ihm war die Bildung luth. Freikirchen bedeutungsvoll für die gesamte Kirche: Sie stünden vor dem Problem, wie subjektiver Glaube und objektives Bekenntnis zu vereinigen, wie die Kirche Christi als Heilsgemeinde und zugleich als Heilsanstalt aufzubauen sei; von den Erfahrungen des kleinen Kreises habe oft die ganze Kirche Gewinn. F. war zugleich Gegner leichtfertiger Separation und förderte die Vereinigung der luth. Freikirchen, bes. die Wiedervereinigung der Immanuelsynode mit der Altluth. Kirche (1904).

Vf. u.a.: E.G.Kellner, (1893) 1905²; 50 Jahre luth. KG, 1896; Die ev.-luth. Freikirchen in Deutschland, (1902) 1913²; Kurze Abwehr der gegen die ev.-luth. Kirche in Preußen erhobenen Vorwürfe, (1905) 1913²; Drei Lutheraner an der Univ. Breslau, 1911.

G.Sprengler

Fröbel, *Friedrich* (1782–1852), Pädagoge, * in Oberweisbach/Th. als Sohn eines Pfarrers, † in Marienthal bei Liebenstein/Th. Die Berufung zum Erzieher erfuhr F. im 23. Lebensjahr durch Berührung mit → Pestalozzis Ideen. Seine Ausbildung war vorwiegend autodidaktisch. Naturwissenschaftliche Studien an den Universitäten Jena, Göttingen, Berlin blieben ohne Abschluß, wurden unterbrochen durch praktische Tätigkeit als Feldmesser und Lehrer. Von 1806–10 erzog F. drei Söhne einer adligen Familie in Frankfurt und lebte mit seinen Zöglingen zwei Jahre in Yverdun bei Pestalozzi, erhielt hier entscheidende Einflüsse, ging aber in kritischem Abstand eigene Wege. Seine von Pestalozzi erweckte Leidenschaft, Menschen zu bilden, war die Kehrseite seines Dranges nach persönlicher Selbstbildung. Angeregt durch Schriften von Novalis, Arndt, Schelling, Schiller und Fichte entwarf er 1811 ein eigenes Weltbild, das »sphärische Gesetz«: er verstand Gott als weltschaffende Urkraft, die sich in Gegensätzen offenbare, so daß der Kosmos dem Bilde einer Kugel gleiche (Sphäre), deren sämtliche Punkte paarig geordnet zueinander strebten und im Sichdurchdringen das Leben weiterzeugten. In der Steinwelt zeige sich der göttliche Gestaltungswille im Bilden der Kristalle, in der organischen Welt trete er differenzierter hervor als Wachstumsgesetz vielfältiger Formen; dem Menschen aber sei der göttliche Wille als Forderung zugewandt, das in den Welterscheinungen erkennbare Gesetz in Selbstbestimmung und Freiheit zu erfüllen. – Auf diese Kosmologie sind alle Pläne und Äußerungen F.s bezogen. 1816 gründete er eine eigene Schule mit dem Ziel, zum »denkenden Tun« zu führen und die »Stückelei« des üblichen Unterrichts zu überwinden. Der Vergleich der Formen der Natur mit denen der Menschheitsgeschichte sollte zur Erkenntnis führen, daß allem Lebendigen nur ein Gesetz, das Ausdruck des göttlichen Willens sein müsse, zugrunde liege; der Wille zur Selbstbestimmung sei schon im kleinen Kinde zu achten, die → Erziehung könne also in der Zuwendung zum Kinde nur nachgehend sein; ständige Übung der schaffenden Kraft in den aufsteigenden Formen, Spiel, Gestalten, Arbeit müsse die Selbständigkeit des sich frei entwickelnden Kindes garantieren. 1826 erschien als 1. und einziger Band »Die Menschenerziehung, die Erziehungs-, Unterrichts- und Lehrkunst, angestrebt in der allgemeinen deutschen Erziehungsanstalt zu Keilhau«. Von 1831–36 lebte F. in der Schweiz und gründete Schulanstalten nach Keilhauer Muster. Nach Deutschland zurückgekehrt, ging er an eine tiefere Begründung seiner Lehrweise. Er hatte erkannt, daß die Erziehung zum Menschen mit dem Beginn des Lebens anfangen müsse, und schuf Bildungsmittel für die früheste Kindheit: das System seiner Spielgaben und eine pädagogisch interpretierte Sammlung volkstümlicher Reime (»Mutter- und Koselieder«, 1844). Seine Sorge um die rechte Erziehung des kleinen Kindes war zugleich Familienpflege und Elternerziehung. 1840 wandte er sich an die Frauen und Jungfrauen und rief zur Gründung des → Kindergartens auf, seit 1845 versuchte er die Väter in Erziehungsvereinen zu sammeln. Er wollte die Kraft der → Familie (: IV) stärken, indem er die Bedeutung der elterlichen Erziehung ins Bewußtsein hob und das → Spiel (: II) als gleichwertige Bildungsform neben die Lernarbeit der Schule stellte. Im Spiel böte sich die erste Gelegenheit zur Einigung des »keimenden Kindeslebens mit dem reifen Erfahrungsleben der Erwachsenen«. Dabei erhalte auch das Leben der Erwachsenen Tiefe und sinnvolle Erfüllung. Der mitspielende Erwachsene durchschaue die mathematisch bestimmten Spielgaben (Kugel, Würfel usw) als Sinnbilder für Welt und Weltschöpfung, während das ganz im Tun versunkene Kind erst von der Ahnung solcher Erkenntnis berührt werde und nicht durch vorzeitigen Lehrwillen des Erwachsenen gestört werden dürfe. – So hatte sich F.s Ansatz einer Schulreform zu einem großen Erziehungsplan für das ganze Leben erweitert: Spielpflege, Pflege der Ahnung des kleinen Kindes, das unbewußt einig lebt, sollte die Grundzüge der Bildung anlegen; den Auftrag der allseitig bildenden Schule sah F. darin, die Erkenntniskräfte zu pflegen, ohne sie von dem schöpferischen Grund des ganzheitlichen Erlebens und Gestaltens zu lösen; in der »lebenpflegenden« Zuwendung der Eltern zum kleinen Kinde würde sich dann das höchste Ziel der Menschenerziehung, »Lebenseinigung«, in voller Klarheit erfüllen. – In diesen romantischen Ideen F.s liegen die Wurzeln der uns heute bewegenden Probleme der → Kleinkinderziehung, der lebensvollen Schulmethodik, der musischen Erziehung, der volkstümlichen Bildung, der sozialpädagogischen Unterstützung der Familie. – F. hatte den suchenden Frauen seiner Zeit ein Gebiet kultureller Mitarbeit aufgewiesen und noch selbst die Grundlagen für den neuen Beruf gegeben. Die Idee des Kindergartens wurde vom Ausland aufgenommen und hat bes. in den angelsächsischen Ländern die Schulreformen beeinflußt.

F.F.s ges. Schriften, hg.v. W.LANGE, 3 Bde, 1862/63; Ausgew. Schriften, hg.v. E.HOFFMANN, 2 Bde, 1951 (Lit.). – Briefe: F.F. u. die Muhme Schmidt, hg.v. C.LÜCK, 1929; F.F., Brief an die Frauen in Keilhau, hg.v. B.GUMLICH, 1945; F.F.s Briefwechsel mit Kindern, hg.v. E.HOFFMANN, 1940. – Wichtig auch der ungedruckte Nachlaß. – Über F.: J.PRÜFER, F.F., sein Leben u. Schaffen, (1914) 1927[3] – F.HALFTER, F.F., der Werdegang eines Menschheitserziehers, 1931 – M.A.KUNTZE, F.F. Sein Weg u. sein Werk, (1951) 1952[2] – E.SPRANGER, Aus F.F.s Gedankenwelt, (1952) 1953[2] – O.F.BOLLNOW, Die Pädagogik der dt. Romantik von Arndt bis F. (Gesch. der Pädagogik IV), 1952 – E.LAWRENCE, F.F. and English Education, 1952.

E.Hoffmann

Fröhlichianer (»Gemeinschaft ev. Taufgesinnter«, »Neutäufer«, »Strampler«, »Gläubige in Christo«; in Ungarn »Nazarener«, in USA »Apostolic Christian Church«). Begründer ist Samuel Heinrich *Fröhlich*, * 1803 in Brugg (Schweiz). Er studierte Theologie und wurde 1827 in das aargauische Ministerium aufgenommen. Schon vorher kam er in Berührung mit der Brüdergemeine, dann auch mit den Erweckten in Schaffhausen (D. → Spleiss). Als Vikar in Leutwil wird er bald durch seine Erweckungspredigten bekannt und gründet aus den Erweckten die erste Gemeinschaft der Taufgesinnten, worauf er aus dem Kirchendienst ausgeschlossen wird. Einen gewissen Einfluß übten auf Fröhlich dann der Genfer → Réveil sowie die englischen → Baptisten. In den 30er Jahren des 19.Jh.s wurde Hauptwil (Thurgau) Mittelpunkt der Bewegung, wohin Fröhlich 1836 zur ersten Brüderversammlung einlud. Es entstanden Gemeinden in einigen Kantonen der Schweiz (u.a. Zürich, Thurgau, Aargau, St.Gallen). 1843/44 ließ sich Fröhlich, von den schweizerischen Behörden (auch wegen seiner nicht landeskirchlich geschlossenen Ehe) bedrängt, in Straßburg nieder, von wo aus er bis zum Tode (1857) mit seinen Gemeinden in Verbindung blieb. Die Bewegung gelangte auch nach Ungarn und faßte durch Auswanderer und eine Evangelisationsreise Fröhlichs selbst (?) auch im mittleren Westen Amerikas als Apostolic Christian Church Fuß. Die Zahl der »Mitglieder und sonstigen Besucher« der allerdings nicht einheitlichen Bewegung wird heute von den F.n auf 15 000 bis 20 000 geschätzt, davon in Amerika 1600 in rd 30 Gemeinden. – Die Anschauungen der F. zeigen viel Ähnlichkeit mit täuferischen Ansichten, obwohl zu den Baptisten keine Beziehung besteht. Wer in die Gemeinde aufgenommen werden will, muß vor dem Geschwisterkreis ein Zeugnis über die erfahrene Gottesgnade ablegen. Ist das Zeugnis nach dem Urteil der Gemeinde befriedigend, so wird das neue Glied getauft. Kindertaufe wird verworfen. So sind die F. eine Gemeinde von Bekehrten, in der Gemeindezucht geübt wird. Sie bekennen sich zur Wehrlosigkeit, sind aber bereit, als Sanitäter Militärdienst zu leisten (so zB in der Schweiz). Der Eid wird abgelehnt. – Die Gemeinden sind independentistisch organisiert, wobei zumal Älteste und Lehrer bedeutende Aufgaben haben. Der Gottesdienst ist einfach und findet in schlichten Räumen statt.

Ein Wort über das Verhältnis der bekehrten Gläubigen zur Staatskirche u. der Staatsreligion zum Evangelium Jesu Christi, 1834; Das Geheimnis der Gottseligkeit u. das Geheimnis der Gottlosigkeit, 1838; Die Ehe überhaupt u. meine Ehe insbesondere betreffend, 1842; Die Errettung des Menschen durch das Bad der Wiedergeburt u. die Erneuerung des hl. Geistes, 1847; Einzelne Briefe u. Betrachtungen aus dem Nachlaß von S.H.Fröhlich VDM, 1898. – RGG[3] II, 810f (Lit.) – S.GEISER, Die Taufgesinnten-Gemeinden, 1931, 467f – Die »Nazarener« in Jugoslavien, o.J. – E.T.CLARK, The small sects in America, (1937) 1949[2] – H.RÜEGGER, Die Gemeinschaft Ev. Taufgesinnter, 1948 – Biogr. Lexicon des Aargaus (1803–1957), 1958, 247f.

O.Eggenberger

Frömmigkeit

1. Begriffsgeschichtlich – 2. Religionsgeschichtlich – 3. Dogmatisch – 4. Religionspsychologisch – 5. Zur Geschichte der F.

1. Das deutsche Wort »fromm« ist von Haus aus kein eigentlich religiöser *Begriff*. Es entstammt einer uralten Wortfamilie, zu der auch das lat. primus gehört wie das deutsche »förder« und »Fürst«; altnord. framr = vorzüglich; angelsächs. fram = förderlich, tapfer; ahd. fruma = Nutzen, Vorteil. Auf Personen bezogen bedeutet »fromm« so viel wie tüchtig und rechtschaffen. Erst durch Luthers Bibelübersetzung bekommt es eine engere Beziehung auf das religiöse Verhalten, obwohl es auch hier ganz wesentlich die Rechtschaffenheit bedeutet, die sich eben nach dem Gesetz Gottes bemißt (zB Gen 17, 1; Lk 2, 25). Noch lange bleibt der Sprachgebrauch profan, wie wir es an den Redewendungen »zu Nutz und Frommen« und an der ironischen Wendung »lammfromm« ablesen können. Selbst im Gesangbuch hat das Wort diesen Sinn: »O Gott, du frommer Gott« und sonst vielfach bei Paul → Gerhardt. Die oft zitierten Stellen in Wilhelm Tells Monolog gehören ebenfalls hierher: »In gärend Drachengift hast du die Milch der frommen Denkart mir verwandelt« und »Es kann der Frömmste nicht im Frieden bleiben, wenn es dem bösen Nachbar nicht gefällt« (Schiller, Wilhelm Tell IV, 3). Die Verwendung des Begriffes für die Beschreibung des religiösen Gefühls oder doch der subjektiven Seite der Religion ist eine ausgesprochen moderne Sache. In diesem Sinn verwendet → Schleiermacher den Begriff (s. 3). Jetzt wird die F. eine Richtung des Gefühlslebens auf Gott, ja mitunter eine Bestimmtheit des Gefühlslebens so eigener Art, daß nicht einmal inhaltliche Kennzeichen erforderlich werden, um die religiöse Grundstimmung der F. zu gewährleisten. Goethes Marienbader Elegie vom Sept. 1823 wird hierfür immer klassischer Ausdruck bleiben: »In unsers Busens Reine wogt ein Streben, / sich einem Höhern, Reinern, Unbekannten / aus Dankbarkeit freiwillig hinzugeben, / enträtselnd sich den ewig Ungenannten; wir heißens: fromm sein! – Solcher selgen Höhe / fühl ich mich teilhaft, / wenn ich vor ihr stehe.« F. in diesem modernen und reflektierten Sinn ist ein Zustand des Selbstbewußtseins, ein Erfüllt- und Überwältigtsein von einer gegenwärtigen, unaussprechlichen göttlichen Wirklichkeit. Mit der Verlagerung des christlichen Glaubenslebens auf die objektiven Grundlagen des Glaubens (→ Offenbarung [: VI], → Wort Gottes [: IV]) verliert dieser Begriff in der Gegenwart erheblich an Gewicht und Bedeutung.

2. F. bezeichnet also die subjektive Seite der Religion. Sie ist freilich in der *Religionsgeschichte* tief verborgen unter äußeren Handlungen, Riten, Bräuchen, Traditionen. Nicht nur der sog. primitive, sondern auch der Mensch der Hochkulturen geht in seinem religiösen Leben ganz in diese ein. Er ist darin geborgen. So kommt es, daß für den Außenstehenden die subjektive Seite hierzu kaum erkennbar wird. Das hat verschiedene Gründe. Zu der mangelnden Reflexion auf sich selbst kommt das bewußte Verbergen des Innenlebens vor den Augen anderer Menschen. Bei näherem Zusehen werden auch in primitiven Verhältnissen erhebliche Varianten des religiösen Verhaltens sichtbar. → Heiler hat in seiner Monographie über das → Gebet (: I) hierzu viel Material beigebracht. Trotzdem wird die F. in dem Sinne unserer modernen

Fragestellung doch erst dort deutlich sichtbar, wo die Emanzipation der → Persönlichkeit einsetzt. Mit ihr wird auch die Subjektivität sichtbar. Das Individuum setzt sich selbst gegen die Tradition. Die Krisis der griechischen Religion, die wir aus den reichen Zeugnissen des 7.–4. Jh.s deutlich verfolgen können, gibt uns Einblicke in die Motive. Die Kritik an der Volksreligion erfolgt im Bewußtsein, einen höheren Standpunkt einzunehmen. Dieser ist nicht nur durch den vom einbrechenden Realismus erweckten Zweifel diktiert, nicht nur durch Unglaube und Skepsis (Protagoras: Rede über die Götter), sondern auch durch die Geltendmachung einer höheren Ethik. Die Anklage auf Gottlosigkeit (ἀσέβεια) galt nicht nur dem Skeptiker und Spötter, sondern auch der Geltendmachung eigenen Nachdenkens, in dem sich eine höhere F. barg (→ Sokrates). Sobald der Mensch in die Wahl zwischen verschiedenen Wegen, in den Streit zwischen zwei Religionen gerät, kann seine persönliche F. nicht verborgen bleiben. – Vor allem appelliert die at. Prophetie an den Menschen, an seine Innerlichkeit, sein »Herz« und ruft zur Rechtschaffenheit vor Gott. Sie verleiht der Angst des geplagten Menschen Ausdruck und läßt ihn nach Rettung schreien. »Heile mich, Herr, so werde ich geheilt; rette mich, so werde ich gerettet; denn du bist meine Hoffnung« (Jer 15, 18). Die ganze Skala der Klage- und Bußpsalmen, Schmerz über die Sünde und Trost des gläubigen Herzens legen die Welt der F. bloß. Die im Dialog entfaltete Geschichte Hiobs könnte man als das größte Drama der Innerlichkeit innerhalb des AT bezeichnen; hier kann die Berufung auf Ritus und Kultus nicht mehr genügen. – Die indische Religion der Innerlichkeit, wie wir sie im Brahmanismus (→ Vedische und brahmanische Religion) vor uns haben, zeigt besonders deutlich, wie die Bewußtheit einer hohen F. mit dem Abstand von der Volksreligion Hand in Hand geht, so daß sie ein drastisches Beispiel dafür bietet, wie das Sichtbarwerden der F. immer ein Element der Emanzipation in sich schließt. – Ferner gehört jede Form von → Mystik zu den religiösen Erscheinungen, die die individuelle F. sichtbar machen. Weder die christliche noch die islamische oder indische Mystik läßt sich aus Ritus, Brauch und Tradition erklären. Man wird sich freilich zugleich davor hüten müssen, es bei der Erklärung mystischer Phänomene lediglich bei religionspsychologischen Kategorien bewenden zu lassen, wozu der Begriff der F. wohl Anlaß geben könnte. – Trotzdem bleibt die Frage solcher F. ein modernes Problem. Sie erschließt die Welt der Religionen niemals völlig. Sie wird vielfach vor den geheimnisvoll verschlossenen Türen von Brauch, Ritus und Herkommen stehen und das Geheimnis religiöser Observanzen nicht völlig lösen. Die Frage solcher F. ist aber heute auch ein kritisches Prinzip: wieweit sind die Glaubensüberzeugungen, Dogmen und Traditionen noch lebendig, sind sie es noch im unmittelbaren Sinn, haben sie sich verändert oder sind sie erstorben?

3. Der Begriff der F. in seiner vorwiegenden Bezogenheit auf das Gefühlsleben (→ Gefühl) und beschränkt auf seine religiöse Bedeutung bekommt zu Beginn des 19. Jh.s eine beherrschende Stellung in der systematischen Theologie. → Schleiermacher macht die F. zu einem Schlüsselbegriff der → *Dogmatik*, verwendet aber den Begriff F. abgesehen von seiner »Kurzen Darstellung« (1830², § 277) nur in der »Glaubenslehre«. »Die F., welche die Basis aller kirchlichen Gemeinschaften ausmacht, ist, rein für sich betrachtet, weder ein Wissen noch ein Tun, sondern eine Bestimmtheit des Gefühls oder des unmittelbaren Selbstbewußtseins« (Leitsatz § 3 der 2. Aufl.). Damit wird nicht nur der Charakter der Kirche gegen die Wissenschaft und andere soziale Ordnungen abgegrenzt, sondern es wird auch der Dogmatik eine Legitimation für ihren Wissenschaftscharakter gegeben. Die transzendentalphilosophische Grundstimmung ist nicht zu übersehen. »Das Gemeinsame aller noch so verschiedenen Äußerungen der F., wodurch diese sich zugleich von allen anderen Gefühlen unterscheiden, also das sich selbst gleiche Wesen der F., ist dieses, daß wir uns unsrer selbst als schlechthin abhängig oder, was dasselbe sagen will, als in Beziehung mit Gott bewußt sind« (Leits. § 4). Der Begriff der F. ist damit im höchsten Maße spekulativ befrachtet. Er ist zunächst mit dem Begriff der → Religion (: IV A. B) gleichgesetzt. Die formale Kennzeichnung der F. bzw. des frommen Selbstbewußtseins als eines Gefühls der schlechthinnigen Abhängigkeit im Unterschied etwa zum Bewußtsein der Wechselwirkung zwischen dem Subjekt und der Welt greift sofort auf das inhaltliche Gebiet über. Indem das fromme Selbstbewußtsein beschrieben wird, treten bereits wesentliche Züge des christlichen Glaubens zutage. Unverkennbar ist das apologetische Interesse, das dabei einfließt. Indem die Dogmatik dieses fromme Selbstbewußtsein zu beschreiben hat, bedarf sie keines Rückgriffs mehr auf unbewiesene Ideen, auf jenseitige Welten, sie bedarf auch keiner Berufung mehr auf Offenbarung. Dies ist nicht so zu verstehen, als ob alle »objektiven« Elemente der Dogmatik, also Schrift, kirchliches Bekenntnis, Überlieferung und dgl. ausgeschlossen wären, aber sie sind doch nur soweit maßgeblich, als sie in das fromme Selbstbewußtsein eingehen. F. wird also dadurch zur Quelle und zum kritischen Prinzip der Glaubenslehre. Die Fruchtbarkeit dieses Ansatzes der Schleiermacherschen Glaubenslehre bei der F. erklärt sich nicht zuletzt auch daraus, daß das transzendentale Element in das empirische hinüberspielt. Das »Bewußtsein« ist auch psychologisch deutbar. – Damit war der Schritt zu einer neuen Phase der prot. Theologie vollzogen. Nicht nur die unmittelbaren Schüler Schleiermachers, vor allem Alexander Schweizer (Die christliche Glaubenslehre, 1863 ff), sondern auch die konfessionelle Theologie (→ Erlanger Schule, vor allem J. Chr. K. v. → Hofmann) haben diesen Ansatz weiter gepflegt. In allen Spielarten vom Liberalismus bis zur Orthodoxie, von der konfessionellen Theologie bis zu einer psychologisierenden Dogmatik (→ Wobbermin) war der Schleiermachersche Ansatz fruchtbar, auch wenn der Terminus F. dabei nicht festgehalten, sondern durch mannigfache Äquivalente ersetzt wurde, zB frommes Abhängigkeitsgefühl, religiöses Selbstbewußtsein und dgl. – In der konfessionellen Theologie ebenso wie im → Biblizismus bargen sich natürlich gegensätzliche Elemente. Je mehr das Bekenntnis der Kirche als Autorität und die Bibel, Wort Gottes und Offenbarung als die Grundlage der Theologie erkannt wurden, desto mehr trat der Schleiermachersche Ansatz und vor allem die Bedeutung des Begriffs F. in der Theologie zurück. Die Theologie K. → Barths stellt die radikalste Form der Abkehr von jeder Theologie der F. dar.

4. Die F. ist das zentrale Problem der → *Religionspsychologie*. Wenn diese auch eine ausgesprochen moderne Wissenschaft ist, so ist doch die Beobachtung des verschiedenartigen religiösen Verhaltens, sei sie auf andere Menschen, sei sie auf sich selbst gerichtet, uralt. Die Beobachtung fremder F. kann von der naiven Form bis zur subtilen Einfühlung viele Phasen durchlaufen. Die moderne Methode des Fragebogens, in ihrer Reichweite vielfach überschätzt, wird demgegenüber niemals den Anspruch des alleingültigen wissenschaftlichen Verfahrens erheben können. Sie ist trotzdem in ihren Grenzen ebenfalls wichtig und fruchtbar. Die Mannigfaltigkeit der F. wird – immer nur annähernd – unter folgenden Gesichtspunkten in ein gewisses System gebracht werden können.

a) Die *Strukturformen* oder *Typen* des religiösen Lebens, auf welche die → Religionspsychologie der letzten Jahrzehnte (W.James, E.D.Starbuck, J.Leuba, K.Girgensohn, W.Gruehn u.a.) achten gelehrt hat, sowie die Typenpsychologie (E. → Spranger, E.Kretschmer, E.R.Jentsch, C.G. → Jung u.a.) zeigen gerade im Vergleich gegensätzlicher Möglichkeiten reiche Mannigfaltigkeit. Die Richtung auf Versenkung und Kontemplation führt zu einem F.stypus, der durch die Minderung des Abstandsgefühls charakterisiert ist. Abkehr von der Welt, Fasten, Beten und Meditation bis hin zur mystischen Ekstase, ein damit verbundener bewegter Rhythmus des Auf und Nieder sind hier kennzeichnend. Dem steht ein aktiver Typus gegenüber, der in sich viele Spielarten zeigt: frohe und unbekümmerte Liebestätigkeit bis hin zur Selbstentsagung in der Nachfolge Christi. – Neben einem ausgesprochen gefühlsbetonten Typus der F. finden sich gedankliche, rationale Formen. Der Mensch tritt der göttlichen Welt wie einem Objekt gegenüber, ganz gleich worauf er sich dabei bezieht, ob auf die Natur oder die geistige Welt. Das Denken und Erkennen wird hier zum eigentlichen Träger der F. Wiederum sind auch hier Spielarten zu beachten. Neben den intuitiven, ans Künstlerische grenzenden Formen finden sich ausgesprochen rationale Ausprägungen. Es besteht das Bedürfnis, seinen Glauben in einer Theologie auszusprechen, die Schlußfolgerung zu einer Grundlage religiöser Überzeugung zu machen und das Gottesverhältnis des Menschen in juridischen Sätzen zu denken und zu formulieren (Lehre von der → Rechtfertigung [: III]; rechtliche Sprache der röm. → Liturgie [: III]). – Einen weiteren Typengegensatz kann man so bezeichnen: Wir beobachten abgeschlossene Typen, die ihrer Sache gewiß sind und ihren eigenen religiösen Standpunkt gegen andere Standpunkte wahren und abgrenzen, denen vielleicht auch das Verständnis für andere Einstellungen fehlt. Daneben finden sich offene Typen, verständnisvoll auch für fremdes Leben, in sich lebendig, zu Fortschritt und Entwicklung geneigt. – Die Introvertiertheit mancher Naturen prägt sich in der F. besonders aus. Schwermütige, in der Selbstbeobachtung lebende Naturen neigen zur Skrupulanz, zum Sündengefühl, sind überhaupt in ihrem frommen Leben viel mit sich selbst beschäftigt. Ihnen stehen extravertierte Menschen gegenüber, leichtmütig, heiter, zum Optimismus geneigt, die nach ihren religiösen Überzeugungen mit Gott und der Welt in Harmonie leben.

b) Neben diesen zunächst statischen Typen sind gerade in Hinsicht auf die F. die Unterschiede der *Entwicklungsformen* und der *Lebenslinien* zu beachten. Die ältere amerikanische Religionspsychologie hat sich vor allem mit Formen und Motiven der Bekehrung, der Wiedergeburt beschäftigt. Aber neben solchen Formen revolutionärer religiöser Entwicklung finden wir ruhige Entwicklungsgänge, ein religiöses Wachstum ohne Bruch und Katastrophe. Bezüglich der Lebenslinie ist aber auch die Richtung zu beachten: Nicht jede religiöse Entwicklung geht nach oben im Sinne einer Zunahme und Klärung des religiösen Bestandes. Es gibt entgegengesetzte Entwicklungen durch Zweifel und Krisen bis zur radikalen Loslösung von allen Glaubensbeständen.

c) Ein weites Feld für die Erforschung der F. bilden die *Unterschiede des Alters und der Geschlechter*. Hier wird die Erforschung der F. sich nicht aus der Psychologie der Altersstufen und von der Psychologie der Geschlechter überhaupt herauslösen dürfen. Auch die Pädagogik liefert reiche Beiträge speziell zur Religionspsychologie des Jugendalters (→ Jugendpsychologie: II).

d) Die Eigenart der F. hängt auch sehr stark ab von der *sozialen Struktur*, in der sich der Mensch befindet. Das ist mit der → Religionssoziologie nicht zu verwechseln. Es geht hierbei nicht um die Strukturformen des sozialen Lebens, sondern um die Einflüsse der sozialen Schichtung, evtl der in einer bestimmten Schicht herrschenden Überzeugungen auf die F. des einzelnen Menschen. Mitunter wird auch hier keine Stabilität der Voraussetzungen anzunehmen sein; denn solche Schichtungen sind sehr stark geschichtlich bedingt. Will man zB die F. des → Bürgertums untersuchen, so wird man auf erhebliche Unterschiede stoßen, je nachdem man etwa das 18., 19. oder 20.Jh. ins Auge faßt. Dasselbe gilt von der F. des → Dorfes. Ist die Dorfgemeinschaft von der Zivilisation unberührt, ist sie von der Technik durchsetzt? Die Meinung der älteren Religionspsychologie, in der Gestalt der »Primitiven« gleichsam eine prähistorische Verfassung des homo religiosus aufgespürt zu haben, begegnet mit Recht erheblichen Zweifeln.

e) Bei der F. sind schließlich, welchen Typus man auch ins Auge fassen will, die *Intensitätsgrade* zu beachten. Von der normalen Lage aus gibt es Steigerungsformen, die natürlich bei dem kontemplativen Typus (Mystik) besonders auffällige Formen annehmen können. Nach unten ist mit Lauheit, Indifferenz und »Unkirchlichkeit« zu rechnen bis hin zum völligen Ersterben der F., ja bis zu ausgesprochenen Gegenformen, etwa im → Atheismus (: II). Auch diese Erscheinungen sind bei der Erforschung der F. zu berücksichtigen.

f) Haben wir bis dahin nur das normale religiöse Leben im Auge gehabt, so ist schließlich noch der pathologischen Formen zu gedenken, die neuerdings in der → *Religionspsychopathologie* (Kurt Schneider) systematisch erforscht worden sind. Sie führt möglicherweise zu einer Systematik und Typenlehre eigener Art.

RE VI, 294f – R.Otto, Das Heilige, (1917) 1948[28] – F.Heiler, Das Gebet, (1918) 1926[6] – K.Jaspers, Psychologie der Weltanschauungen, (1919) 1925[3] – K.Girgensohn, Der seelische Aufbau des religiösen Erlebens, 1921 – A.Godard, La Piété antique, Paris 1925 – RGG[2] II, 811ff – Tor Andrae, Die letzten Dinge, Uppsala 1933 (schwed.); dt. v. H.H.Schaeder, 1940 – Studien zur relig. Volkskunde, seit 1936 – H.R.G.Günther, Idee einer Gesch. der F. (SgV 190), 1948 – B. Poschmann, Die kath. F., 1949 – W.Trillhaas, Die innere Welt, 1953 – van der Leeuw – W.Gruehn, Die F. der Gegenwart, 1956 (Lit.) – EKL I, 1398ff.

W.Trillhaas

5. Die – als Ganzes noch ungeschriebene – *Geschichte der F.* ist der *subjektive* und somit *psychologisch* zu verstehende Teil der allgemeinen → *Religionsgeschichte*, die ihrerseits (neben der Philosophie-, Kunst-, Wissenschafts-, Staats-, Rechtsgeschichte usw) zur *Geistesgeschichte* gehört. Wie die Religionsgeschichte überhaupt, so ist auch die F.sgeschichte grundsätzlich an keine normativen Setzungen theologischer Natur gebunden, ihr Wertmaßstab zur Beurteilung religiöser Phänomene ist vielmehr der der allgemeinen Geschichtsschreibung. Die Geschichte der F. ist zu einem wesentlichen Teil die Geschichte der Religiosität bedeutender Männer und Frauen, jedoch nicht nur eine Sammlung religiöser Monographien, sondern Persönlichkeitsgeschichte, in welcher die religiöse Erlebniswelt der Einzelindividualitäten in ihrem kontinuierlichen geschichtlichen Zusammenhang darzustellen ist. So gilt es auch das F.sleben aller Arten von religiösen Kollektivindividualitäten (Völker, Stämme, Geschlechter, soziale Schichten) zu verstehen. Die F.sgeschichte muß Vollständigkeit in bezug auf den zu erfassenden Personenkreis anstreben, in sie hinein gehören geschichtlich bedeutsame christliche wie außerchristliche religiöse Persönlichkeiten, kirchlich Fromme wie Sektierer, Mystiker aller Schattierungen, wie auch zB Vertreter der Natur- oder Welt-F. Die Idee einer Geschichte der F. ruht auf der Entdeckung des historischen Bewußtseins gegen Ende des 18.Jh.s und ist im besonderen aus mystisch-pietistischem Erleben hervorgegangen

und auf → Schleiermacher zurückführbar. Die F.sgeschichte bildet schließlich einen Teil der Gesamtgeschichte der »menschlichen Seele« (vgl. K.Lamprecht, K.Breysig, E.Rohde, J. → Burckhardt, zT W. → Dilthey). - Die *Quellen* der F.sgeschichte bilden die gesamten religiösen Objektivationen, vor allem aber die Zeugnisse religiöser Literatur, Dichtung, Kunst und Musik, religiöse Hymnen, Erbauungsschriften, Gebetsaufzeichnungen, Bekehrungsberichte, Bußkampfbeschreibungen, Predigtsammlungen, Memoiren, Tagebücher, Briefe, Reden, Gespräche u.a.m. - Ihre *Verstehensmethode* stellt einen Sonderfall der allgemein *persönlichkeitspsychologischen* dar. Da diese bemüht ist, das geheime innere Gesetz einer Individualität, ihren Mittel- oder Organisationspunkt zu ergründen, hat sie sich gerade bei der Deutung spezifisch religiöser Naturen besonders zu bewähren, denn Religiosität ist höchstes Individualitätserlebnis. Diese subjektive Methode der F.sgeschichte erfordert in Anbetracht des Doppelcharakters der Religion eine ständige Ergänzung durch die objektive Methode, die den objektiven Gehalt des dem subjektiven F.serlebnis entsprechenden religiösen Geisteszusammenhanges (wie u.a. der dogmatischen und kultischen Ausdrucksformen) erforscht. *H.R.G.Günther*

Frohschammer, *Jakob* (1821-93), kath. Theologe, * in Illkofen, 1847 Priester, 1850 PDoz., 1854 ao. Prof. der Theologie, 1855 o. Prof. der Philosophie in München, versuchte eine spätidealistische Synthese von Philosophie und (kath.) Theologie, wobei er mit der römischen Kirche in Konflikt geriet, sowohl durch einen eigentümlichen Generatianismus wie durch Angriffe auf die beginnende → Neuscholastik überhaupt. F. verfiel mehrfacher Verurteilung (Denz. 1666ff. 1682. 1709ff), »weil er der Menschenvernunft Kräfte zuschreibt, die ihr als solcher keineswegs zukommen, weil er eben dieser Vernunft eine Freiheit, alles anzunehmen und kühn zu behaupten, zugesteht, so daß die Rechte, das Lehramt und die Autorität der Kirche selbst völlig untergraben werden« (Denz. 1668). 1863 von priesterlichem Handeln suspendiert, unterwarf er sich nicht, behielt, von der Regierung gestützt, seine Professur und starb, »ohne sich mit der Kirche versöhnt, aber auch ohne den Glauben verloren zu haben« (Hocedez).

Vf. u.a.: Über den Ursprung der menschl. Seele, 1854; Einl. in die Philosophie, 1858; Über die Freiheit der Wissenschaft, 1861; Athenäum (philos. Zeitschr.), 1862; Das Recht der neuen Philosophie gegenüber der Scholastik, 1863; Die Phantasie als Grundprinzip des Weltprozesses, 1877; Über die Organisation u. Kultur der menschl. Gesellschaft, 1885. - Über F.: K.HASE, Hdb. d. Polemik, (1862) 1890⁵, 667f - Selbstbiogr. (Dt. Denker u. ihre Geistesschöpfungen, hg.v. A.HINRICHSEN), 1888 - A.ATTENSPERGER, J.F.s philos. System im Grundriß, 1899 - J.WÜCHNER, F.s Stellung zum Theismus, 1913 - J.STRACKE, Ecclesiae iudicium de Jac.F. doctrina circa mysteria, 1934 - E.HOCEDEZ, Histoire de la théologie au XIXe siècle II, 1952, 60ff. *K.G.Steck*

Froissart, *Jean* (1337 bis nach 1404), französischer Chronist und Dichter aus dem Hennegau, zeitweise Kaplan in England, Sekretär des Herzogs von Brabant, zuletzt Kanoniker in Lille und Chimay. Wundergläubig und fromm, reiselustig und geschwätzig schrieb er für den höfischen Adel seine Werke (hg.v. Kervyn de Lettenhove, 1867-77): romantische Ritterepen (Méliador, hg. v. A.Longnon, 1895-99), allegorische Gedichte (hg.v. A. Schéler, 1870-72) und vor allem seit 1373 die Chronique (bis 1385 hg.v. S.Luce-G.Raynaud, 1869-99), die von 1327-1400 Westeuropa, den 100jährigen Krieg und das Rittertum mit seinem glanzvollen Schein und seiner harten Wirklichkeit schildert. F. schrieb plaudernd, bissig und oft frech, bestechlich den Standpunkt wechselnd, aber nuancen- und farbenreich eine der besten Chroniken des Spät-MA.

J.BASTIN, J.F., Brüssel 1942 - M.WILMOTTE, F., Brüssel 1942. *A.Borst*

Froment, *Antoine* (1508-81), Vorkämpfer der Reformation in Genf und im Gebiet von Chablais und Faucigny (südlich des Genfersees); * in Mens (Dauphiné), kam er zusammen mit → Farel in die Schweiz. Nach seiner ersten ev. Predigt in Genf am 1.1.1533 mußte er nach Bern fliehen, kehrte aber bald zurück und wirkte neben → Viret und Farel. 1537 wurde er Diakon in Thonon, 1539 Pfarrer in Massongy. Seine unstete Natur (zeitweilig betrieb er einen Krämerladen) hinderte ihn an längerer Seßhaftigkeit. 1552 wurde er in Genf Mitarbeiter → Bonivards an dessen Chronik. Von ihm selbst stammen die »Actes et Gestes merveilleux de la Cité de Genève« (ed. G.Revilliod, 1854). 1562 wurde er wegen Unzucht verbannt. Von 1572 bis zu seinem Tode lebte er wiederum in Genf und bekleidete das Amt eines Notars.

H.MEYLAN, Silhouettes du XVIe siècle, 1943 - H.DELARUE, La première offensive évangélique à Genève (Bull. de la Soc. d'hist. et d'archéol. de Genève 9, 1948, 83-102) - PAUL-E.MARTIN u.a., Histoire de Genève des origines à 1798, 1951. *H.R.Guggisberg*

Frommel, 1. *Emil* (1828-96), ev. Theologe, * in Karlsruhe, Pfarrer in Karlsruhe und Barmen, seit 1867 Garnisonpfarrer in Berlin (1872 titul. Hofprediger). Theologisch ohne dogmatische Neigung, kirchlich der Union verbunden, gehörte F. zu den vom Erbe → Schleiermachers und von der Bibelfrömmigkeit der → Erweckungsbewegung gleichermaßen bestimmten Vermittlungstheologen, die biblischen Glauben und freie Weltbejahung zu vereinigen suchten. Liebe und Freude sind Zentralbegriffe seiner Theologie. F. war von sensibler Natur mit überlegener Einfühlungsgabe und glänzendem Humor, der die Grenze des feinen Takts nie überschritt, Vertrauensmann und Seelsorger sowohl des kaiserlichen Hofes wie der Kutscher und Kellner Berlins. Seine Erzählkunst ist frei von christlicher Absichtlichkeit und verbindet glücklich volkstümliche Frömmigkeit und feingebildete Weisheit. Seine Amtserinnerungen sind von großem Wert für die Selbstschau des Seelsorgers und als kirchengeschichtliche Quellen. Seine Predigten, in der analytisch-synthetischen Methode und in der sichtbaren Dreiteilung dem Zeitstil verhaftet, sind streng biblisch gebunden. Als Garnisonprediger suchte er den Menschen im Soldaten, bei vaterländischen Anlässen will er die nationale Christlichkeit durch die christliche Verkündigung vertiefen. Fern von Gesetzlichkeit und Erweckungsabsichten suchte er Christi Erlösungstat in die Mitte zu stellen. Er nutzte jede Beziehung zu den Menschen unter seiner Kanzel überzeugend und meisterhaft aus; seine Sprache ist künstlerisch durchgeformt, bildhaft anregend durch Erlebnisse und Geschichten.

RGG¹ II, 1092ff (Bibliogr., Lit.); RGG² II, 818 - TH.KAPPSTEIN, E.F., (1928) 1955². *W.Matthias*

2. *Max* (1830-90), luth. Theologe, Bruder von 1, * in Karlsruhe, studierte Theol. in Halle bei → Tholuck, in Leipzig bei v. → Harleß, in Erlangen bei v. → Hofmann, trat 1852 aus der unierten Kirche → Badens aus und legte beim Oberkirchenkollegium der Altluth. Kirche (→ Luthertum: III) in Breslau das Examen ab. Seine Gründe waren: die → Union sei schriftwidrig und aus staatskirchlichem Denken entstanden; durch die Zentralisation in der Unionskirche verliere die Einzelgemeinde ihr Gewicht und bekomme nur durch Zugehörigkeit zur Staatskirche Realität, Unionskirchen seien indifferent gegen reine Lehre. F. fordert eine staatsfreie luth. Kirche auf schriftgemäßem Bekenntnis, das nach CA VII das

sichtbare Einheitsband bilde. Sie sei die wahre Union, die goldene Mitte zwischen falscher Union, die die Kirchengemeinschaft weiter stecke, als das Bekenntnis zulasse, und falscher Separation, die die Grenzen zu eng ziehe. Trennung von der Kirchengemeinschaft sei nur dort geboten, wo ein Bekenntnis dem göttlichen Wort widerspreche. – Zunächst amtierte F. in der Altluth. Kirche (Liegnitz, Reinswalde), 1858–80 in der freikirchlich-luth. Gemeinde Ispringen (b. Pforzheim), trennte sich 1865 vom »Breslauer Kirchenregiment«, da er in ihm keine göttliche Stiftung sah, gründete die »Luth. Konferenz Badens« und wurde 1880 General-Sup. und Konsistorialrat der unionsfeindlichen luth. Landeskirche Hannovers in Celle.

Vf. u.a.: Kirche der Zukunft oder Zukunft der Kirche, 1869; Der Kampf der dt. Freikirche in der Gegenwart, 1877; Charakterbilder zur Charakterbildung, (1881) 1905^{6}; Herzpostille, (1882) 1901^{7}; Einwärts, aufwärts, vorwärts, (1886) 1902^{8}; Hauspostille, (1886) 1903^{6}; Pilgerpostille, (1890) 1893^{2} (biogr. Anhang). – Über F.: ADB 49, 202ff. *G.Sprengler*

Fronius, *Marcus* (1659–1713), einflußreicher, in Wittenberg gebildeter Seelsorger und Katechet der Siebenbürger Sachsen (→ Siebenbürgen). Nach zehnjähriger Tätigkeit als Oberlehrer in Kronstadt und Pfarrdienst in Helsdorf und Rosenau starb er als Dechant des Burzenländischen Kapitels und Stadtpfarrer in seinem Geburtsort Kronstadt. Seine frühe pädagogische Kritik (De studiorum impedimentis in Transsilvania, 1690) und seine an → Comenius anschließenden Reformpläne (Consilium de Schola, 1704/05) halten formal die alten Ziele der pietas und eruditio fest, füllen beide aber mit neuem Geist: beherrschend ist der Einfluß der deutschen (sächsischen) Sprache; die Schule soll der Lebenspraxis in konkreter Weise dienen. F. möchte die Orthodoxie verteidigen, steht aber (Visitationsbüchlein von 1708; Kirchenlieder) innerlich unter dem Einfluß des Pietismus. 1713 führte er das regelmäßige Katechismusexamen ein.

E.v.Trauschenfels, M.F.' Visitationsbüchlein, 1868 – Fr.Teutsch, Gesch. d. Ev. Kirche in Siebenbürgen I, 1921, 536f; II, 1922, 74ff. 89ff u.ö. – Ders., Kirche u. Schule der Siebenbürger Sachsen 1923^{1,2}, 139ff – J.Gross (Hg.), M.F.' Leben u. Schriften, 1926. *W.Philipp*

Fronleichnamsfest. Von mhd. frôn = zum Herrn gehörig, und lîcham, lîchnam = lebender Leib, festum corporis Christi, fête-Dieu, am Donnerstag nach Trinitatis gefeiert, verdankt das F. seine Entstehung der Vision der Augustinernonne Juliana von Lüttich (1193–1258). Sie gab an, den Vollmond mit einem abgebrochenen Stück gesehen und von Christus die Deutung erhalten zu haben, daß dem Kirchenjahr ein Fest fehle, an dem die Einsetzung des Altarsakramentes (→ Allerheiligstes, 2) in feierlicher Weise begangen werde. Der Lütticher Bischof Robert ordnete 1246 das Fest für seine Diözese an, Papst Urban IV., Roberts vormaliger Archidiakon Jakob, tat dies 1264 mit einer Oktav (achttägigen Feier) für die ganze Kirche. Anfangs nur im Stundengebet und in der Messe nach einer besonderen Ordnung gefeiert (das ältere Officium, von einem Bruder Johannes auf Veranlassung von Juliana abgefaßt, wurde bald durch das von → Thomas von Aquino geschaffene mit den berühmten Sakramentshymnen Lauda Sion und Pange Lingua verdrängt), wurde das F. frühzeitig mit einer Prozession verbunden, in der die konsekrierte → Hostie verhüllt in einem Kelch, später sichtbar in einem Kristallgefäß (Monstranz) umhergetragen wurde (erstmals bezeugt in Köln zwischen 1264 und 1277). Mit der Prozession, die zunächst den Charakter einer die Gewitterdämonen abwehrenden Flurprozession hatte, wurde vom 14.Jh. an die Segnung mit der Monstranz verbunden, desgleichen deren Aussetzung während der Festmesse. »Fronleichnamsgilden« hielten die Feier regelmäßig an jedem Donnerstag. Der Begehung des Festtages dienten auch Fronleichnamsspiele (zuerst bezeugt in Prag 1366). Nachdem Luther das F. als das »allerschädlichste« Fest bekämpft hatte (»An keinem Fest wird Gott und sein Christus mehr gelästert ... denn an diesem Tage und sonderlich mit der Prozession ...«), gab das → tridentinische Konzil der zu einem religiösen Volksfest gewordenen Prozession einen antireformatorischen Charakter: »So mußte denn die siegreiche Wahrheit über Lüge und Häresie triumphieren, damit ihre Widersacher beim Anblick eines so großen Glanzes und in solchem Jubel der ganzen Kirche niedergestreckt, entweder gelähmt und gebrochen vergehen oder mit Scham erfüllt und verwirrt endlich zur Besinnung gelangen« (Sess. 13, 5). – Vgl. → Deutschland: IV, 4a.

Bibliogr. in: Studia Eucharistica DCC^{1} anni a condito Festo SS. Corporis Christi, Antwerpen 1946, 415–450. – P.Jörres, Beitr. zur Gesch. der Einführung des F.es im Norden des dt. Reiches (RQ 16, 1902, 170–180) – E.Dumoutet, Le désir de voir l'hostie et les origines de la dévotion au Saint Sacrement, Paris 1926 – A.Mitterwieser, Gesch. der Fronleichnamsprozession in Bayern, 1930 – O.Sengspiel, Die Bedeutung der Prozession für das geistl. Spiel des MA in Deutschland, 1932 – LThK IV, 215ff; VII, 403ff – P.Browe, Textus antiqui de festo Corporis Christi (Op. et text. hist. eccl., Ser. lit. 4), 1934 (für weitere Schriften Browes vgl. die Lit. zu → Abendmahl: II, 2) – C.Lambot, L'office de la Fête-Dieu primitive, Maredsous 1946 – W.F.Michael, Die geistl. Prozessionsspiele in Deutschland, Baltimore 1947. *F.Heiler*

Frothingham, 1. *Nathaniel Langdon* (1793–1870), unitarischer Theologe und Liederdichter Nordamerikas. Nach kurzer Tätigkeit als Tutor an der Harvard University wirkte er 1815–50 als relativ konservativer unitarischer Pfarrer in Boston. Besondere Bedeutung erlangte er dadurch, daß er – trotz seiner andersartigen Theologie – zentrale Lieder Paul → Gerhardts ins Englische übertrug. Außerdem übersetzte er die Werke zahlreicher Dichter. Ralph Waldo → Emerson bewunderte ihn.

Vf.: Metrical Pieces I. II, 1855/70. – Über F.: A.B.Ellis, History of the First Church in Boston 1630–1880, 1881 – O.B.Frothingham, Boston Unitarianism (s. 2), passim – Ders., Recollections (s. 2), passim – Th.B.Hewitt, Paul Gerhardt and his Influences on English Hymnody, 1918 – DAB VII, 43f.

2. *Octavius Brooks* (1822–95), Sohn von 1, Pfarrer an verschiedenen unitarischen Gemeinden Nordamerikas, zuletzt an der 3. unitarischen Gemeinde in New York, die sich unter seiner Leitung vom unitarischen Gesamtverband (→ Unitarier) trennte und als »die erste unabhängige und liberale Kirche Nordamerikas« konstituierte. 1879 legte F. sein Pfarramt nieder und diente durch Schriftstellerei, bes. auch durch Biographien der großen Unitarier der Verbreitung der unitarischen Grundpositionen.

Vf.: The Life of Theodore Parker, 1874; William H.Channing, 1886; Boston Unitarianism 1820–1850..., 1890. – Über F. vgl. seine Autobiogr.: Recollections and Impressions 1822–1890, 1891 – J.P. Quincy in: Proceedings of Massachusetts Hist. Society, 2. series 10, 1896, 507–539 – P.R.Frothingham in: S.A.Eliot (Hg.), Heralds of a Liberal Faith III, 1910, 120–127 – DAB VII, 44. *M.Schmidt*

Fruchtbarkeit. Religionsgeschichtler und Ethnologen haben in bezug auf F. früher gewöhnlich zuerst vom F.szauber gesprochen, wo entweder die Wachstumskraft der Natur durch Aneignung oder Analogie auf den Menschen übertragen wird oder umgekehrt die F. des Menschen der Natur zugute kommt. Allmählich verliert der sog. primitive Mensch den Glauben an diese der Natur, dem Tier und dem Menschen innewohnende Zeugungskraft und die Möglichkeit, sie durch Zauber direkt vom einen in das andere Gebiet zu überführen. So entsteht die Vorstellung von besonderen Vegetationsdämonen und schließlich die Idee von F.sgöttern, denen die entscheidende Rolle in den F.sriten zukommt (so RGG² II, 822ff; vgl. → Frazer, → Mannhardt). Ohne das tatsächliche Vorkommen der erwähnten magischen Gedankenreihen (→ Magie) zu leugnen, hat die neuere Forschung versucht, die verschiedenen F.sriten in einen sinnvollen Totalzusammenhang einzuordnen. Bei dieser Auffassung sei auch der Entwicklungsvorgang eher umgekehrt, indem die losgerissenen magischen Sonderbräuche als ein Degenerationsphänomen betrachtet werden. Ad.E.Jensen, der sich gegen die Theorie der anfänglichen »Urdummheit« und Zauberei (so K.Th.Preuss) gerichtet hat, demonstriert die sinnvolle Absicht einer scheinbar zauberischen Zeremonie u.a. durch folgendes Beispiel: Auf der Molukken-Insel Ceram werden bei Un-F. der Frauen 3 Schweine geschlachtet; von jedem Schwein legt man ein Stück auf einige chinesische Porzellanteller. Diese, die als Geschenke der Gottheiten auf die mythische Urzeit zurückgeführt werden, vergräbt man in die Erde, während die Schweine in einer zeremoniellen → Mahlzeit verzehrt werden. Dann werden die Schüsseln wieder ausgegraben und mit → Wasser gefüllt, womit die Teilnehmer am nächsten Tage → Waschungen vornehmen. Bei der Deutung dieser Zeremonie ist das Entscheidende nicht etwa die mythische Gleichsetzung der Teller mit den menschlichen Schamteilen, sondern die (gleichfalls mythische) Entstehung der Schüsseln aus den Leichenteilen der getöteten Dema-Gottheiten (→ Kulturbringer), also die Bezogenheit der ganzen Handlung auf die wichtigste Urzeit-Mythe. Nach dieser wird die Dema-Gottheit Hainuwele getötet, ihr Leichnam in Stücke geschnitten und vergraben. Aus den göttlichen Körperteilen entstehen die Nutzpflanzen, wie diese Urtötung (vgl. auch → Menschenopfer als Wiederholung derselben) überhaupt die Fortpflanzungsfähigkeit und die F. begründet. Der Kinderlosigkeit wird durch die kultische Wiederholung des mytischen Urzeitgeschehens abgeholfen, wie dieses bei jedem → »Rite de passage« aktualisiert werden muß (→ Feste und Feiern: I, 2, → Mythos: II, → Schöpfung: I).

Es gibt auch andere vorbildliche Urzeitereignisse, die für die F. entscheidend sind, zB den ἱερὸς γάμος (heilige Hochzeit [→ Ehe: I]) zwischen dem Himmelsgott und der Mutter → Erde. Die menschliche Hochzeit ahmt diese »Hierogamie« (Eliade) nach, so daß Gatte und Gattin in den → Veden, → Upanishaden und im Eheritual des → Hinduismus dem Himmel und der Erde gleichgesetzt werden. »Ich bin der Himmel, du bist die Erde«, sagt der Bräutigam zu seiner Braut (Brihadâranyaka-Up. VI, 4, 20).

Diese kosmische Verbundenheit ist durchgehend in den Religionen der Naturvölker und der alten Kulturvölker, wo die Lehre des → Makrokosmos und Mikrokosmos überall anzutreffen ist. Was in der großen Welt des Universums vorgeht oder vorgegangen ist, wirkt auf die kleine Welt des Menschen zurück. Der Mensch und sein Leben ist kosmisch bedingt, und der Kosmos wird als menschlich vorgestellt. Es gibt überall Korrespondenzen und Sympathien, und die verschiedenen Lebensbereiche sind nicht voneinander getrennt. Wenn sich nach dem griechischen Mythos Jasion und Demeter im Frühjahr auf dem frisch bestellten Feld vereinigen (Odyssee 5, 125), Mann und Frau zur Zeit der Reisblüte heutzutage auf Java dasselbe tun oder in den europäischen Volksbräuchen ein Maipaar gewählt wird, so ist das demnach mehr als ein analogischer F.szauber. Die F. des Ackers, der »Mutter Erde« und die der Frau sind beide Äußerungen derselben universellen Wachstumskraft. → Ackerbau (: I), Erde, → Bäume und Pflanzen, → Frau und F. gehören in der überaus reichen Symbolsprache (wo Symbol mehr als Bild und → Gleichnis ist; vgl. → Feste: I, 2) nahe zusammen (→ Chthonische Gottheiten, → Muttergottheiten, → Phallische Kulte). Frau und Scholle oder Furche, Phallus und Grabstock oder Pflug, Zeugungsakt und Ackerarbeit werden gleichgesetzt. Als sich der Indianerprophet Smohalla während des Sioux-Aufstandes (1890) weigerte, die Erde zu bearbeiten, begründete er das folgendermaßen: »Es ist eine Sünde, unser aller Mutter durch Ackerarbeit zu verwunden oder zu schneiden, zu reißen oder zu kratzen. Ich soll den Boden bearbeiten? Soll ich etwa ein Messer nehmen und es meiner Mutter in den Schoß stoßen? Sie würde mich nicht mehr darein aufnehmen, wenn ich tot bin. Ich soll umgraben und die Steine herauswerfen? Soll ich etwa ihr Fleisch aufschneiden und ihre Knochen freilegen? Dann kann ich nicht mehr in ihren Körper eingehen und wiedergeboren werden. Ich soll Gras und Heu schneiden und es verkaufen und mich daran bereichern wie die Weißen? Wie dürfte ich es wagen, meiner Mutter die Haare abzuschneiden!« (Eliade 1957, 81).

In dieser Aussage tritt auch der Zusammenhang zwischen F.skult und → Totenverehrung hervor. Die Toten, die in den tellurischen Schoß gesät sind, werden als Hüter und Förderer der Ernte betrachtet. Deshalb fallen Toten- und F.sfeste zusammen, sowohl im Frühling wie im Herbst oder an anderen entscheidenden Daten im Jahreslauf, wie etwa dem vorchristlichen → Weihnachten im Norden (vgl. → Neujahr). Das Geheimnis der → Wiedergeburt (: I) in den antiken → Mysterien ist in derselben Verbindung von → Tod und F. verankert (vgl. Joh 12, 24).

Die sog. »Vegetationskulte« sind vielmehr mit den verschiedenen → Jahreszeiten verbundene Riten, welche die F. erhalten oder erneuern sollen. Teils wird die Ernte als göttlich oder als eine Gottheit empfunden, wobei die Grenzen zwischen einer persönlichen und unpersönlichen Betrachtungsweise sehr fließend sind. Teils wird die Ernte – wie auch die menschliche F. – einem Gott oder einer Göttin untergeordnet, die durch → Opfer oder Votivgaben (→ Erstlinge, → Gelübde) bewogen wird, für die F. zu sorgen. Obwohl alle hier mit der F. verbundenen Vorstellungen in den europäischen Volksbräuchen neueren Datums nicht immer oder gar nicht bewußt sind, wie die Zeremonien um die Ernte auch oft umgedeutet wurden, kommt man nicht mit der nur rationalen oder rational-magischen Erklärung derselben aus.

Nicht nur die mit der Erde verbundenen Mächte haben mit der F. zu tun, sondern auch die himmlischen, bes. die Sturm- und → Gewitter-Götter, die den befruchtenden → Regen senden und im Vorderen Orient oft in Stiergestalt gedacht sind (→ Stierdienst). Von den sichtbaren Himmelskörpern ist der → Mond mit seinem Zu- und Abnehmen, währenddessen auch die »Stierhörner« hervortreten, in Verbindung mit der Vegetation gesetzt worden.

W. Mannhardt. Wald- u. Feldkulte I. II, (1874/76) 1904/05² – Frazer – J.J. Meyer, Trilogie altindischer Mächte u. Feste der Vegetation I–III, 1937 – A. Eskeröd, Årets äring. Etnologiska studier i skördens och julens tro och sed (Diss. Stockholm), 1947 (engl. Zusammenfass.; vgl. krit. Rez. in Rig 32, 1949, 23–41) – Th. Gaster, Thespis, New York 1950 – E. Baumgärtel, Tomb and Fertility (Jb. f. kleinasiat. Forschung 1, 1950/51, 56–65) – Ad.E. Jensen, Mythos u. Kult bei Naturvölkern, 1951, 271ff – Eliade, Kap. VII–IX (Lit.) – Ders., Das Heilige u. das Profane, 1957 (Reg.) – R. Kriss, Die Volkskunde der Altbayrischen Gnadenstätten III, 1956, 170ff. *C.-M. Edsman*

Fructuosus, * anfangs des 7.Jh.s, † um 665, aus vornehmster wisigothischer Familie, wurde Priester und gründete das Kloster Completum bei Astorga. Er schrieb für dieses eine Regel von 25, für andere Klöster, die ganze Familien aufnahmen, eine von 20 Kapiteln; beide sind von der → Benediktinerregel beeinflußt. F. wurde Bischof von Dumium und 656 Erzbischof von Braga, behielt aber sein Mönchsleben bei.

Ausg.: MPL 80, 690ff (Brief an Braulio); 87, 1097ff. - Über F.: J.Perez de Urbel, Les monjes españoles I, 1945², 377ff. *R.Hänslik*

Frühwirt, *Andreas* (Taufname: Franz) OP, Kardinal (1848-1933), * St.Anna am Aigen/Steiermark, † Rom. Trat 1863 in den Dominikanerorden ein, lehrte hier Theologie (Graz 1871-76, Wien 1885-90) und wurde 1891 in Lyon zum Generalmagister (Ordensgeneral) gewählt. Er machte sich vor allem um die Förderung der Geschichte seines Ordens und die Herausgabe der Werke des Thomas von Aquino und Alberts d.Gr. verdient. 1904 trat er zurück, wurde 1907 Apostolischer Visitator in Österreich, Titularbischof und Nuntius in München. Im Modernistenstreit (→ Reformkatholizismus) hat F. in ihn gesetzte antimodernistische Hoffnungen wohl nicht erfüllt, so daß er von Rom aus angefeindet war. Er wurde jedoch im folgenden Pontifikat Kardinal (1915), 1927 sogar Kanzler der Römischen Kirche und war einer der wenigen deutschen Kurienkardinäle.

A.Walz, A. Kard. F., Wien 1950 - EC V, 1786f. *G.Maron*

Fry, 1. *Christopher* (* 1907), neben T.S. → Eliot Hauptvertreter des wiederbelebten englischen Versdramas. Starke Jugendeindrücke durch die → Anglikanische Kirche und das → Quäkertum sowie reiche Theatererfahrung finden poetische Verdichtung in (bisher) zehn Dramen, die in metapher-reichen Versen die Dialektik der menschlichen Existenz darstellen, bes. in der Moses-Tragödie »The Firstborn« (1949), im Bekehrungsdrama »Thor, with Angels« (1948) und in dem biblischen Traumspiel »A Sleep of Prisoners« (1951). F. versucht, die ungeheure Vielgestaltigkeit der Alltagserfahrung »in irgendeinem Punkte geistig in Eins zu fassen« und in ihrem ewigen Zusammenhang als »exploration into God« zu bewältigen.

Dramen: Einzelausg., London 1939ff; dt. v. H.Feist u. R.Schnorr, 1950ff. - D.Stanford, C.F., (1951) 1952² - R.Stamm, C.F. and the Revolt against Realism in Modern English Drama (Anglia 72, 1954, 78-109). *G.Müller-Schwefe*

2. *Elisabeth* (1780-1845), Begründerin der religiös-pädagogisch ausgerichteten Gefangenenfürsorge (→ Gefängniswesen: II), »Königin im Reiche der Barmherzigkeit« (Wichern). Aus dem Quäkertum hervorgegangen (→ Quäker), kämpfte sie gegen Mißstände in englischen Gefängnissen. F. forderte Gottesdienst, Unterricht und Seelsorge in den Strafanstalten, Trennung der Geschlechter, Beaufsichtigung der weiblichen Gefangenen durch weibliches Personal, Beschäftigung der Gefangenen, Einteilung nach dem Alter und dem sittlichen Zustand, Betreuung der mitinhaftierten Kinder, Entlassenenfürsorge. Sie erreichte eine Reform des Gefängniswesens und des Strafrechts (pädagogische Abzweckung der Strafe) in England und auf dem Kontinent, wo sie seit 1837 wirkte. F. nahm sich auch der weiblichen Dienstboten und der Obdachlosen an und förderte den Gedanken des weiblichen Diakonats (→ Diakonie, 5). Th. → Fliedner und → Wichern sind von ihr beeinflußt. F.s Grundsatz: Der Dienst an der Seele ist die Seele alles Dienstes.

Vf. u.a.: Observations on female prisoners, 1827; Memoirs, 2 Bde, 1848; dt. 1858³. - Über F.: DNB XX, 294 - RE VI, 308 - G.K.Lewis, E.F., 1910 - E.Kochs, E.F., 1913 - H.Beckmann, Ev. Frauen in bahnbrechender Liebestätigkeit, 1927 - E.Gurney, E.F.s Journeys on the Continent, ed. R.B.Johnson, 1931 - CKL I, 632 - J.Whitney, E.F., dt. 1939 - H.Ziegler, E.F. (Gotteszeugen 24), 1956 - EKL I, 1405. *K.Dienst*

3. *Franklin Clark,* luth. Theologe in USA, * 30.8.1900 in Bethlehem, Pa. 1925 in der United Lutheran Church in America ordiniert, 1925-29 Pfarrer in Yonkers, N.Y., 1929-44 in Akron, Ohio. Schon bald wurde F. Mitglied wichtiger Ausschüsse seiner Kirche und ökumenischer Organisationen, so 1929-44 Sekretär des Ausschusses für Evangelisation der United Lutheran Church in America. Seit Jan. 1945 ist er der Präsident dieser Kirche. - Von 1947-52 war F. Schatzmeister des → Lutherischen Weltbundes, von 1952-57 dessen Erster Vizepräsident, seit 1957 ist er der Präsident; außerdem ist er Präsident von Lutheran World Relief, Inc. Im Ökumenischen Rat der Kirchen war er von 1948-54 Stellvertretender Vorsitzender des Zentral- und des Exekutivausschusses; seit 1954 ist er deren Vorsitzender.

Beiträge in folgenden Sammelwerken: Great Sermons by Young Preachers, 1931; From Throne to Cross, 1940; Calling all Christians, 1942; A Faith for these Times, 1942; Best Sermons, 1947/48 Series. - Über F.: The Lutheran 39, 28.8.1957, 12-15. *H.H.Harms*

Fünfkirchen (lat.: Quinque Ecclesiae; ung.: Pécs), *Universität* in Ungarn, 1367 von König Ludwig d. Gr. gegründet. Gemäß der Zustimmungsbulle Papst Urbans V. wurden außer Theologie alle damaligen Wissenschaften gelehrt. Die Universität war sehr einflußreich, mußte aber ihre Arbeit 1543 infolge der türkischen Besetzung einstellen. 1746 wurde in F. ein Priesterseminar und 1828 eine philosophische Hochschule gegründet. 1831 folgte eine theologische Hochschule, 1833 die juristische Akademie. Der ursprüngliche Sitz der *zweiten* Universität von F. war in Pressburg (1914). Da Pressburg 1919 an die Tschechoslowakei kam, floh die Universität nach → Budapest und wurde 1921 in F. untergebracht. Zu den rechts- und staatswissenschaftlichen, medizinischen, sprach- und geschichtswissenschaftlichen Fakultäten, teilweise durch naturwissenschaftliche Lehrstühle ergänzt, trat 1923 eine ev.-luth. theologische Fakultät, die aber ihren Sitz in Ödenburg (Sopron) hatte. 1950 wurde die philosophische Fakultät aufgehoben, die juristische und medizinische sind zur selbständigen Hochschule geworden. Die theologische Fakultät wurde der Ev.-luth. Kirche → Ungarns übergeben und wird jetzt in Budapest als Ev.-Luth. Theologische Akademie weitergeführt. Sie zählt 7 Professoren und rd 40 Studenten.

P.Z.Szabó, Das 2000jährige F., Pécs 1941 (ung.). *A.Szekeres*

Fürbitte, *gottesdienstliche*

1. Geschichtlich - 2. Grundsätzlich. - Vgl. → Gebet: V-VII

1. Die beiden Gedenksteine auf den Schulterstücken des hohenpriesterlichen Gewandes mit den Namen der 12 Stämme Israels (Ex 28, 12) sind ein sinnenfälliges Zeichen gottesdienstlicher F. Falls Paulus sich als »Priester der christlichen Kultgemeinde« verstanden hat, mag ihm diese Vorstellung wohl auch bei seiner F. nahegelegen haben (Weiss 360). Doch ist zweifelhaft, ob die F. am Anfang seiner Briefe auf eine entsprechende Stellung der F. innerhalb der Gottesdienste seiner Gemeinden schließen läßt. Sicher ist, daß die urchristlichen Gemeinden in ihren → Gottesdiensten (: IV) F. getan haben: für die Apostel und deren Dienst (2Thess 3, 1 u.ö.), für Märtyrer und Gemeindeleiter (Apg 2, 5), für die Obrigkeit und alle Menschen (1Tim 2, 1f). Solche F. richtete sich auf das Heil und die Herrschaft Gottes. Die Heiden beteten für das äußere Wohl ihrer Angehörigen und ihres Staates (so aber auch 1Clem 60, 4 - 61, 2), die Juden in ihrem Achtzehngebet (→ Gebet: III) auch *gegen* den römischen Staat (Bitte 12). Das älteste ausgeführte F.ngebet findet sich 1Clem 59, 2 - 61, 3 aus dem Gottesdienst in Rom. Die Eucharistiegebete der Did enthalten

eine F. für die Kirche (9, 4; 10, 5). In der 1. Apologie des → Justin wird zwischen Taufe und Eucharistie ein Gebet für den Getauften und »für die andern alle auf der ganzen Welt« erwähnt (I, 65). Im Euchologion des Bischofs → Serapion von Thmuis wird nach der Homilie u.a. auch für die Katechumenen, für das Volk, für die Kranken, um eine gute Ernte, für die Kirche und den Bischof gebetet. Die F. für die Entschlafenen, deren Namen genannt werden, ist dem Anaphoragebet eingefügt. Im syrischen → Gottesdienst (: V A, 1) des 4.Jh.s wird die Gemeinde jeweils bei der Entlassung der Katechumenen, Besessenen, Täuflinge und Büßer zur F. aufgefordert (Const. Ap. VIII, 6). Das eigentliche sog. Diakonische → Gebet (: V, 5) folgt dann als Allgemeines Kirchengebet. Der Diakon fordert zum Gebet auf und nennt die Anliegen, der Bischof schließt mit einem zusammenfassenden Gebet (ebd 10f). F.n schließen sich auch an die Epiklese (→ Liturgik: III) an (12). Die Chrysostomus-→ Liturgie (: III) kennt mehrere Ektenien (von ἐκτένεια, ἐκτενῶς, vgl. Apg 12, 5), Satz für Satz vom Kyrie eleison des Chores aufgenommen. Die Liturgien des Abendlandes haben alle das Diakonische Gebet. Im Afrika Augustins zB fordert der Priester zum Gebet auf, der Diakon nennt die Anliegen, und die Gemeinde antwortet jeweils mit »Domine miserere«. Aber die im Osten wie im Westen spürbare Tendenz, F.n in die unmittelbare Nähe des Konsekrationsaktes zu stellen, sie also vor den gegenwärtigen thronenden Christus zu bringen – wie man Eingaben dem Kaiser auf seinem Throne überreicht (so Chrysostomus) –, vermeintlich um die Wirksamkeit des Gebets zu erhöhen, hat in der römischen → Messe (: II) dazu geführt, daß nur ein Rest von F.n im Kanon erscheint, ein Allgemeines Kirchengebet nur am Karfreitag gehalten wird. Im → Embolismus begegnet das Gebet um F. der entschlafenen Heiligen für die Lebenden wie schon bei → Cyrill von Jerusalem: »damit Gott durch deren Gebete und F.n unser Flehen erhöre« (23. Katechese). Die F. hat außerhalb des Ordo Missae ihren Raum als Allgemeines Kirchengebet nach der Predigt gefunden, schon bei → Regino von Prüm in der Weise, daß der Priester von der Kanzel die Aufforderung an die Gemeinde ergehen läßt, nach jedem genannten Gebetsanliegen still ein Vaterunser zu beten, worauf der Priester jedesmal mit einer oratio abschließt. Ein festes Formular hat es für diese F.n nie gegeben, bis sich das »Allgemeine Gebet« des Petrus → Canisius bes. in den Volksandachten durchsetzte. – In der Reformation ist überall die F. im Gottesdienst mit der Predigt verbunden worden (formuliert schon in → Bugenhagens Braunschweiger Kirchenordnung von 1528 [H.Lietzmann, KlT 88, 133] und am Ende von Luthers Hauspostille [in Veit Dietrichs Ausgabe 1544, WA 52, 732f]), bis sie in der Aufklärung ganz in ein lehrhaftes Predigtschlußgebet aufgeht. In der → Agende Friedrich Wilhelms III. von Preußen 1822 folgt das Allgemeine Kirchengebet mit dem Vaterunser auf Präfation und Sanctus; beides steht aber nach dem Credo vor Predigtlied und Predigt; seit 1894 folgen Präfation, Sanctus und F.n der Predigt. Gegenwärtig ist in der Agende der VELKD in der Nachfolge W. → Löhes das Allgemeine Kirchengebet zwischen → Offertorium und Präfation eingeordnet. Die F.n für Getaufte, Getraute und Leidtragende werden heute meist den betreffenden Abkündigungen angefügt, seltener wird namentliche F. im Allgemeinen Gebet befürwortet. Man hat vorgeschlagen, die Gemeinde zwischen den F.n Liedstrophen singen zu lassen (Altmann), wie es auch in der Brüdergemeine üblich ist.

2. Der Liebeswille Gottes gegen alle Menschen wird in der Gemeinde zur Liebespflicht der F. Weite und Treue der F. kommen von dem, der am Kreuz für seine Feinde betete. In Christi Sinn gibt es keine Grenzen der F. Der F. im Gottesdienst aber sind Grenzen gesetzt, die nicht übersehen werden sollten. Die persönliche, häusliche F., die F. in Bibelstunden und Gemeindekreisen werden wohl vom Kirchengebet aufgenommen und umschlossen, aber sie sind durch das sonntägliche Gemeindegebet nicht zu ersetzen. Im Kirchengebet geht der Blick der betenden Gemeinde in die Weite, ohne sich in Allgemeinheiten zu verlieren. Die notwendige Konkretion darf das Kirchengebet nicht in eine Fülle von Einzelanliegen auflösen. Die heutige Gemeinde ist weder physisch noch psychisch in der Lage, langen Gebeten zu folgen. Die Form des Diakonischen Gebets kann heute wieder sehr hilfreich sein, wenn der überkommene Stil sorgfältig und kritisch abgewandelt wird. Es ist aber ernstlich zu beachten, daß die F.n nicht völlig den Lobpreis im Kirchengebet verdrängen. Namentliche F. innerhalb des Allgemeinen Kirchengebets ist kaum zu befürworten. Sie sollte ihren Platz im Zusammenhang mit den Abkündigungen finden. Gebetsstille nach den F.n im Allgemeinen Kirchengebet vor dessen Abschluß gibt Raum für persönliche F. Die Aufstellung namentlicher F.nlisten durch die Kirchenleitungen in Verfolgungszeiten (→ Bekennende Kirche) erhält ihre besondere Problematik dadurch, daß es Verhaftungen allein um des Glaubens willen heute selten gibt und daß die Begrenzung auf den Kreis der kirchlichen Mitarbeiter oder »unschuldig« Gefangener (EKG 138) schwer zu rechtfertigen ist. Die F. der Gemeinde sollte alle Gefangenen umfassen (wie auch in der Litanei der Brüdergemeine), auch und gerade die nach den geltenden Gesetzen schuldig gewordenen. So bedürfen auch die Kranken, die durch eigene Schuld krank geworden sind, der F. Die Weite der gottesdienstlichen F. schließt gewiß die gelegentliche Nennung einzelner, auch auf deren eigenen Wunsch, nicht aus; aber das geschehe in den Abkündigungen und in der Gebetsstille. Bei der F. für Kranke und Sterbende ist insbesondere zu beachten, daß sie durch äußere Zeichen (→ Salbung, → Handauflegung) nicht wirksamer gemacht werden kann als sie im Kirchengebet ist. Eine ständige oder namentliche F. für längst Verstorbene nimmt die Grenze nicht ernst, die Gott selbst mit dem Tode gesetzt hat. Hier sollte Luthers Nüchternheit Geltung behalten (WA 10/III, 409).

U. Altmann, F.n-(Schluß-)Gebete (Liturg. Blätter für Prediger u. Helfer, 2. Reihe, H. 1, 1926, 41f) – F. Hesse, Die F. im AT (Diss. Erlangen), 1949 (Lit.) – W. Tebbe, Grenzen der F. (DtPfrBl 52, 1952, 455–457) – O. Dibelius, Von unserer F. füreinander, o.J. – K. Weiss, Paulus – Priester der christl. Kultgemeinde (ThLZ 79, 1954, 355–364) – Leiturgia II, 356–415 (H.-L. Kulp). *H. Urner*

Fürbittengebet → Liturgik: III.

Fürsorgeerziehung. Die Ursprünge der F. in Deutschland, die hier allein berücksichtigt werden soll, liegen in der ersten Hälfte des 19.Jh.s. Voraus gingen die Bemühungen des → Pietismus und der → Aufklärung um die Erziehung der Waisen und der Armenkinder. Aber → Jugendfürsorge und F. verselbständigten sich, als erkannt wurde, daß die Verwahrlosung des Jugendlichen vor allem erzieherische Aufgaben stellte. Diese Anfänge der F. entwickelten sich aus ausschließlich privater Initiative: 1. in der süddeutschen neupietistischen Rettungshausbewegung (Chr.H.Zeller in Beuggen, mit Einwirkungen von → Pestalozzi her; → Rettungshäuser), einmündend in den großen Strom der → Inneren Mission, von → Wichern aus den Erfahrungen des Rauhen Hauses dann auch theoretisch begründet; 2. in der von freien Vereinen, Privatpersonen oder Gemeinden begonnenen Erziehungsarbeit an verwahrlosten Kindern in den Formen der Anstalts- oder Familienunterbringung, vornehmlich in den nord- und ostdeutschen Gebieten; 3. in der Ausgliederung von Sonderabteilungen für verwahrloste oder kriminelle Kinder und Jugendliche aus Armenerziehungsanstalten, Waisenhäusern und Gefängnissen und der schließlich erfolgten institutionellen Verselbständigung dieser Abteilungen (→ Erziehungsanstalten: I, 2, → Gefängniswesen: II, → Waisenfürsorge: I). Der Staat griff lediglich subsidiär, in Preußen auch in der Form von Regierungs-Zirkularen ein. Die gesetzliche Grundlage war, unter dem Einfluß des → Code Civil, mit dem Recht gegeben, straffällig Gewordene und an sich Strafmündige (die Strafmündigkeit setzte mit dem 12. Lebensjahr ein) ihres jugendlichen Alters wegen in besonderen Besserungs- und Rettungsanstalten unterzubringen; überdies ermöglichte schon das Allgemeine Preußische Landrecht, wirtschaftlich und sittlich vernachlässigte Kinder den Eltern zu entziehen. Der weitaus größte Teil der den Anstalten überwiesenen Zöglinge bestand aus Kindern, die, bevor sie das 12. Lebensjahr erreicht hatten, eine mit Strafe bedrohte Handlung begangen hatten.

Auf der in solchen Anstalten geleisteten Arbeit konnte die F. der folgenden Zeit aufbauen. Die mit dem Preußischen Zwangserziehungsgesetz 1878 geschaffenen rechtlichen Voraussetzungen leiteten eine neue Phase der Entwicklung ein. Es war jetzt gesetzlich vorgeschrieben, Kinder im Alter von 6-12 Jahren, wenn ihre Erziehung nicht auf andere Weise gesichert werden konnte, und 12-18jährige, wenn ihnen die Einsicht in das Strafbare ihrer Handlungen fehlte, in eine Erziehungsanstalt einzuweisen. Damit bedeutete Zwangserziehung - nach dem Willen des Gesetzgebers - nun nicht mehr Strafe, sondern zusätzliche, staatlich überwachte Erziehung. Die Auswirkungen waren bald zu spüren; die Anstalten füllten sich, und zahlreiche Neugründungen wurden erforderlich. Eine Hemmung bedeutete allerdings § 1666 des BGB (1900), der einen Eingriff in die Elternrechte nur dann zuließ, wenn ein Verschulden der Eltern nachzuweisen war für die Fälle, in denen es sich nicht um strafwürdige Vergehen, sondern lediglich um Verwahrlosungserscheinungen handelte. Aber in dem Preußischen F.sgesetz von 1901 und den entsprechenden Gesetzen anderer Länder wurden die gesetzlichen Grundlagen für eine fruchtbare Weiterentwicklung geschaffen. Mit ihnen wurde zugleich der Begriff F. als angemessene Bezeichnung des pädagogischen Aufgabenbereiches in die Fachsprache eingeführt. Neben dem elterlichen Verschulden an Verwahrlosungserscheinungen und dem Begehen strafbarer Handlungen wird in diesem Gesetz als dritte Voraussetzung einer Einweisung in die F. die »Unzulänglichkeit der erziehlichen Einwirkung der Eltern oder sonstiger Erzieher oder der Schule« genannt (§ 1). Damit war es möglich - unabhängig von der Schuldfrage allein auf eine festgestellte Verwahrlosung hin -, eine F. anzuordnen.

Der Kreis der erfaßten Kinder und Jugendlichen wurde daraufhin größer; die Vielfalt der möglichen Beweggründe zur Anordnung der F. zwang zur inneren Differenzierung der Erziehungsarbeit. Die Verwahrlosung wurde Gegenstand psychologischer, neuerdings auch soziologischer Forschung. Um die erzieherischen Methoden der Vielfalt der Verwahrlosungsursachen anpassen zu können, wurden von den F.sbehörden Beobachtungsheime eingerichtet. Neben den Pädagogen nahmen sich Kinderärzte und Psychiater der neuen Aufgaben an; die ersten heilpädagogischen Erziehungsanstalten entstanden. Durch die pädagogische Reformbewegung und die → Jugendbewegung drangen auch in die F. neue Erziehungsmethoden ein; man versuchte, die aus der Vergangenheit stammenden patriarchalischen und autoritären Formen pädagogischen Umgangs zu beseitigen, um die F. von der Idee einer freien Jugendgemeinschaft her zu gestalten und den Zwangscharakter soweit als möglich zurücktreten zu lassen. Auf diesen geschichtlichen Erfahrungen fußt das Jugendwohlfahrtsgesetz von 1924, welches der F. in allen deutschen Ländern bis heute ihre gesetzliche Grundlage bietet (§§ 62-76 JWG). Danach liegt in rechtlicher Hinsicht das Wesen der F. darin, daß sie eine unzureichende private Erziehung ersetzt durch eine Erziehung, »die vom Gericht angeordnet und von einer öffentlichen Behörde durchgeführt wird« (Riedel). Sie kann sowohl vom Vormundschaftsgericht nach dem JWG wie auch vom Jugendgericht, als »Erziehungsmaßregel« im Sinne des Jugendgerichtsgesetzes (JGG) von 1923, angeordnet werden und, je nach der Lage des Falles, als Familien- oder Anstaltserziehung auftreten. Sie ist, nach dem Scheitern aller anderen Möglichkeiten, die letzte reine Erziehungsmaßnahme und darf nur als solche angeordnet werden. Während im Zwangserziehungsgesetz von 1878 noch der generalpräventive Gesichtspunkt der Sicherung der → Gesellschaft eine entscheidende Rolle spielte, wird die F. jetzt als eine durch die Erziehungspflicht der Gesellschaft gebotene Erziehungshilfe verstanden. Unter den Anstalten, die die F. im Auftrage des Staates wahrnehmen, überwiegen nach wie vor die privaten, bei denen es sich in der Regel um konfessionelle handelt (→ Erziehungsanstalten: I. II).

Eine der F. verwandte Maßnahme ist die Schutzaufsicht. Sie dient nach § 56 JWG dazu, die Verwahrlosung zu verhüten. Das Ziel von Schutzaufsicht und F. ist dasselbe, nur die Mittel sind verschieden. Die Schutzaufsicht besteht in Schutz und Überwachung eines Minderjährigen, der im übrigen seine alte Umgebung nicht verläßt. Sie ist daher eine lediglich ergänzende Maßnahme, keine Ersatzerziehung und somit eine bedeutend mildere Form des Eingreifens. Sie ist entstanden im Anschluß an angelsächsische Vorbilder zunächst am Beginn des 20.Jh.s in Hamburg und Württemberg. 1918 wurde in Preußen den Vormundschaftsrichtern empfohlen, diese - später im JWG und JGG für das damalige Reichsgebiet geregelte - Maßnahme anzuwenden. Im JGG ist sie mit der F. zusammen als »Erziehungsmaßregel« bezeichnet. Die Durchführung der Schutzaufsicht - vom Vormundschafts- oder Jugendgericht angeordnet - geschieht mit Hilfe der sog. Schutzaufsichtshelfer(innen), die dem Jugendamt angehören.

Entscheidende Probleme wurden aber auch durch das JWG noch nicht gelöst. Immer noch ist die F. ein Gegenstand der Kritik. Die Ursachen liegen im wesentlichen darin, daß es sich bei der Anordnung der F. um eine Ermessensfrage handelt, daß sie weiterhin den Makel einer Zwangsmaßnahme trägt und daß schließlich das Verhältnis zur vorbeugenden Erziehungshilfe unzureichend geklärt blieb. Wenn nicht strafbare Handlungen vorliegen, ist jeder F.sbeschluß abhängig von der Bestimmung dessen, was unter Verwahrlosung zu verstehen sei. Dieser Begriff aber ist, da es sich um eine historisch stark veränderliche Größe handelt, nicht eindeutig zu begrenzen; seine Bestimmung wird mehr oder weniger immer im Ermessen der Gerichtsbehörde liegen; und immer wird es Fälle geben, für die eine so einschneidende Maßnahme wie die Anordnung von F. nur schwer zu verantworten ist. Zudem gefährdet der Zwangscharakter der F. die erzieherische Atmosphäre und erschwert bes. die notwendige Zusammenarbeit mit den beteiligten Eltern. Diese Schwierigkeiten erheischen daher eine Form der F., die die Mängel auf ein Minimum reduziert und zwischen ihr und anderen Erziehungsmaßnahmen keinen Bruch entstehen läßt. Man versucht daher heute, den Zwangscharakter schon im Einweisungsverfahren zu beseitigen und die F. in die Gesamtheit öffentlicher Erziehungsmaßnahmen einzugliedern. Der bisherige Kern, die angeordnete F., soll immer mehr zurücktreten zugunsten einer breit angelegten öffentlichen *Jugendhilfe*. Um das zu erreichen, wurde neben der F. als Länderregelung die freiwillige Erziehungshilfe (FEH) geschaffen (erstmalig bereits in der Hamburgischen Landesgesetzgebung von 1904), bis heute in den Ländern unterschiedlich gehandhabt, da eine bundeseinheitliche Regelung fehlt. Mit Hilfe der FEH können - auf Grund eines Vertrages zwischen Eltern und F.sbehörden ohne gerichtlichen Beschluß - Kinder und Jugendliche in die öffentliche Erziehung gegeben werden, um tieferen Schäden vorzubeugen. Die Zustimmung der Eltern, so fordert man, soll immer mehr als Regel angestrebt, der Gesichtspunkt ihres schuldhaften Verhaltens immer stärker außer acht gelassen werden. Um die Hemmungen und Schwierigkeiten zu beseitigen, bedürfte es aber neuer rechtlicher Grundlagen und Organisationsformen in der Anstaltserziehung, vor allem einer genaueren Differenzierung der Anstaltstypen, um so allmählich die Sonderstellung als Zwangsmaßnahme, die die F. bisher im Vergleich zu anderen Maßnahmen der Jugendhilfe charakterisierte, aufzuheben.

W.BACKHAUSEN-J.STEINWACHS-E.VOIGT, Die ev. Anstaltserziehung mit besonderer Berücksichtigung der F., 1922 - E.WENIGER, Die Gegensätze in der modernen F. (Die Erziehung 2, 1927, 261-276. 342-353) - HPäd V - C.J.KLUMKER, Vom Werden dt. Jugendfürsorge, 1931 - Schriftenreihe des Allg. F.stages NF, 1946ff - Hdb. der Heimerziehung, hg.v. FR.TROST, 1952ff - H.RIEDEL, Jugendwohlfahrtsgesetz, (1952) 1955² - G.POTRYKUS, Jugendwohlfahrtsgesetz. Kommentar, 1953. *E.Weniger*

Fürsorgewesen → Wohlfahrtspflege.

Fürstenberg, *Franz Frhr. v.* (1729-1810), * auf dem Familiensitz Herdringen bei Arnsberg, studierte in Köln und Salzburg und hielt sich kurz in Rom auf, 1750 Domkapitular in Paderborn. Vom Kölner Erzbischof 1763 zum münsterischen Minister berufen, brachte er nach preußischen Grundsätzen Ordnung in die Verwaltung des Fürstbistums (→ Münster: I). Vor allem galt seine Fürsorge dem Bildungswesen. F.s Schulreform erregte Aufsehen. Beim Aufbau der Volksschule unterstützte ihn B.H.Overberg. Mit Mitteln des aufgehobenen Jesuitenordens begründete F. 1773 in → Münster (: II) eine Universität, die trotz bescheidener Anfänge sich in schweren Zeiten durchsetzte. Als 1780 Erzherzog Max Franz zum Koadjutor gewählt wurde, erhielt der unterlegene Gegenkandidat F. die Entlassung. Er blieb fortan Generalvikar und bis 1805 Kurator der Universität. Kühl, besonnen, in der Welt der Aufklärung heimisch, wurde F. durch seine Freundschaft mit der Fürstin → Gallitzin zu empfindsamer Frömmigkeit geführt. Die Priesterweihe hat er sich nie erteilen lassen, obwohl er fest zur kath. Kirche stand. Die Gründe dafür sind nicht ganz klar. Im Hause Gallitzin ist F. sehr geschätzt worden, obwohl er in seinen späteren Jahren nicht mehr führend war. Während des allgemeinen Niedergangs erlebt der Katholizismus hier unter ev. Einflüssen eine innere Erneuerung. Dem Landshuter Kreis J.M. → Sailers in vielem verwandt, hat der münsterische Kreis dem 19.Jh. vorgearbeitet.

W.ESSER, F.v.F., dessen Leben u. Wirken nebst seinen Schriften über Erziehung u. Unterricht, 1842 - J.ESCH, F.v.F. Sein Leben u. seine Schriften, 1891 - J.BRÜHL, Die Tätigkeit des Ministers F.Frhr.v. F. auf dem Gebiet der inneren Politik des Fürstentums Münster (1763 bis 1780), 1905 - H.HARDEWIG, Die Tätigkeit des Frhr.F.v.F. für die Schulen des Fürstentums Münster, 1912 - A.SCHRÖDER, Overberg u. F. in ihrer Bedeutung für die geistige u. kulturelle Hebung der ländlichen Bevölkerung (Münsterische Beiträge zur Geschichtswissenschaft 15), 1937 - P.BRACHIN, Le cercle de Münster (1779-1806) et la penseé religieuse de F.L.Stolberg, Lyon-Paris 1952 - L.SCHEFFCZYK, F.L.v.Stolbergs »Gesch. der Religion Jesu Christi« (MThS I, 3), 1952 - E.MARQUARDT, F.v.F. als Staatsmann (Westfalen 31, 1953, 58-74) - E.REINHARD, Die Münsterische »Familia sacra«, 1953 - F., Fürstin Gallitzin u. ihr Kreis. Quellen u. Darstellungen, hg.v. E.TRUNZ (Westfalen 33, 1955, 1-108). - Weiteres → Gallitzin. *R.Stupperich*

Fulbert (ca 960-1028), * in Italien, einer der berühmtesten Theologen des 11.Jh.s, der große Erzieher seiner Zeitgenossen, Lehrer an der berühmten Schule von → *Chartres;* 1006 Bischof daselbst, Lehrer → Berengars und fast aller in dessen Abendmahlsstreit eingreifenden Theologen. Vertreter einer unter dem Einfluß von → Dionysius Areopagita stehenden neuplatonischen Philosophie. Gegenüber übertriebener Dialektik Vertreter einer auf Exegese der Schrift und der Väter gründenden positiven Theologie. Förderer der → Marienverehrung.

MPL 141. - A.CLERVAL, Les écoles de Chartres, 1895, 31ff. 58ff - DThC VI, 964ff - GRABMANN I, 215f - J.A.ENDRES, PhJ 25, 1912, 364-371 - DERS., BGPhMA 17, 2. 3, 1915, 21-25 - J.DEGHELLINCK, Le mouvement théologique du XIIe siècle, (Paris 1914) Brügge 1948², 41f. 48f. 74. 134 - MANITIUS II, 682ff - J.R.GEISELMANN, Eucharistielehre der Vorscholastik, 1926, 286ff - L.C.MACKINNEY, Bishop F. of Ch. (Isis 17, 1927, 285-300) - Ü II, 181ff. *J.R.Geiselmann*

Fulcher *von Chartres* (1059 bis nach 1127), zog als Kaplan 1095 zum 1. Kreuzzug (→ Kreuzzüge), erstürmte Jerusalem mit, wurde Kaplan des Königs Balduin I. und schrieb dort seit 1101 die Historia Hierosolymitana (hg.v. H.Hagenmeyer, 1913) über Vorstadien und Geschichte des Kreuzzugs und des Königreichs; sie schildert poetisch begeistert, doch zuverlässig und weithin selbständig Schwung und Schwierigkeiten der Kreuzfahrer, aber auch die exotische orientalische Welt, der F. sich gern assimilierte.

MANITIUS II, 428ff - WATTENBACH-HOLTZMANN 780f. *A.Borst*

Fulda, Benediktiner-Reichsabtei, 744 durch → Sturmi im Auftrag des Bonifatius gegründet, der hier beigesetzt wurde. 751 unterstellte Papst → Zacharias F. dem römischen Stuhl; reiche Schenkungen zwischen Nordsee und Bodensee, Rhein und Saale wurden F. zuteil. Hier war, vor allem unter → Hrabanus, die bedeutendste Klosterschule östlich des Rheins (→ Einhard, Rudolf von F., → Walahfrid Strabo, Servatus Lupus, → Otfrid von Weißenburg) mit einer reichen Bibliothek (Reste in Kassel und F.). Die Baukunst stand im 8. und 9.Jh. auf großer Höhe. 969 begegnet der Abt als Primas der Benediktineräbte in Germanien und Gallien, 1170 zuerst, seit 1289 dauernd als Reichsfürst, seit 1356 als Erzkanzler der Kaiserin. Der »Reformationsordnung« des Abtes Philipp Schenk zu Schweinsberg (1542) folgte die Gegenreformation unter Balthasar von Dernbach (1570-1606) mit Berufung der Jesuiten (1571), die 1584 ein päpstliches Seminar gründeten. 1630 schloß F. sich der → Bursfelder Kongregation an. Das 18.Jh. sah eine hervorragende Bautätigkeit, die Gründung einer Universität (1734, aufgehoben 1803; aus der Theologischen Fakultät entstand, mit dem bischöflichen Seminar verbunden, die Theologisch-Philosophische Hochschule) und die Erhebung zum Bistum (1752), das 1757 der Mainzer Kirchenprovinz unterstellt wurde. Nach der Säkularisation 1802 und einer Sedisvakanz 1814-28 entstand F. als Bistum wieder und wurde 1829 der Oberrheinischen Kirchenprovinz, 1929 dem neuen Metropolitanverband → Paderborn zugeteilt. Seit 1865 ist F. Tagungsort der jährlichen Bischofskonferenzen.

Die Bildung des Territoriums F. kam, nicht ohne Hemmungen durch den Gegensatz von Stift und Kapitel, im 15.Jh. im wesentlichen zum Abschluß. Die Ritterschaft wurde 1656 durch Vertrag als reichsunmittelbar anerkannt. Das Land fiel 1802 an den Prinzen von Nassau-Oranien, 1806-10 an Frankreich, 1810-13 an das Großherzogtum Frankfurt, 1816 an Hessen-Kassel, 1866 an Preußen. - Eine Siedlung an einem wichtigen Übergang über die F. bestand schon vor der Gründung des Klosters. Die neue Marktsiedlung (Marktrecht 1019 durch Heinrich II., »urbs« 1134) machte Abt Marquard nach 1150 durch Ummauerung und Erhebung zu einem selbständigen Gerichtsbezirk zur Stadt (civitas). Stadt und Stiftsgebiet wurden in der ersten Hälfte des 19.Jh.s vereinigt. - Weitere Klöster bei Dersch 52ff.

W.Dersch, Hess. Klosterbuch, (1915) 1940² (Qu. u. Lit.) - H. Beumann, Zur F.er Gesch. (Hess. Jb. f. Landesgesch. 1, 1951, 211 bis 217) - E.E.Stengel, Zur Frühgesch. der Reichsabtei F. Zugleich ein Lit.bericht (DA 9, 1952, 513-534). - Veröffentl. des F.er Gesch.s-vereins, seit 1899 - F.er Gesch.sblätter, seit 1902 - Quellen u. Abh. zur Gesch. der Abtei u. Diözese F., seit 1904 - Laufende Würdigung von Qu. u. Lit. im Hess. Jb. für Landesgesch., seit 1951. *F.Uhlhorn*

Fulgentius (467-533), * in Telepte, Prokurator in seiner Geburtsstadt, wird durch → Augustins Schriften für das Mönchsleben gewonnen. Wider seinen Willen wird er um 507 zum Bischof von Ruspe gewählt, kurz danach aber durch den Vandalenkönig Thrasamund mit 60 Bischöfen nach Sardinien verbannt, wo er sich seelsorgerlich und theologisch-literarisch betätigte. Die Verbannung erfuhr eine kurze Unterbrechung durch eine Disputation mit den Arianern in Karthago (515?). Als Verteidiger der augustinischen Gnadenlehre (→ Gnade: IV) wurde er Bekämpfer des südgallischen Semipelagianismus (→ Faustus von Reji) und des vandalischen Arianismus (→Vandalen). F. leugnete die unbefleckte Empfängnis der Maria. Seine Vita schrieb sein Schüler, der karthagische Diakon → Ferrandus. - Vgl. → Altchristliche Literaturgeschichte, 4b.

Werke: MPL 65. - Über F.: RE VI, 316ff; XXIII, 492 - PW VII/1, 1910, 214ff - H.v.Schubert, Gesch. der christl. Kirche im Früh-MA, 1921, 81ff - DThC VI, 968ff - Altaner⁵ 453ff. *W.Delius*

Fulko, Pfarrer von Neuilly bei Paris († 1201), wundertätiger, zorniger Volksprediger. Er rief 1192-96 die Dirnen zur Buße, 1199 die Ritter zum 4. Kreuzzug (→ Kreuzzüge) auf und riß in Frankreich Tausende mit in diesen Feldzug hinein.

A.Charasson, Un curé plébéien: F. de N., Paris 1904. *A.Borst*

Fuller, *Andrew* (1754-1815), * in Cambridgeshire, baptistischer Geistlicher, von 1782 bis zu seinem Tode Pastor zu Kettering, ein begabter Erweckungsprediger, Theologe und sehr geschätzter Berater der Pfarrer und Gemeinden, Mitbegründer und erster Sekretär der Baptist Missionary Society. → Spurgeon behauptete, er sei der größte Theologe seines Jh.s gewesen, und Laws meint, daß es F. zu verdanken sei, wenn der größte Teil der → Baptisten nicht auf ein Nebengleis geraten ist. Selbst Calvinist, kämpfte er gegen den Ultracalvinismus. Seine berühmteste Schrift, »The Gospel worthy of all Acceptation« (1785), übte einen großen Einfluß auf → Carey aus, dessen Arbeit F. mit ganzer Kraft unterstützte.

Complete Works, 5 Bde, (1838) 1857⁵. - Über F.: A.G.Fuller, A.F., 1882 - DNB XX, 309f - RE VI, 318ff - G.Laws, A.F., 1942 (Lit.). *P.Scott*

Funck, *Johann* (1518-66), * in einer Vorstadt Nürnbergs, 1539 Magister. Ev. Prediger in Wöhrd bei Nürnberg, während des Schmalkaldischen Krieges 1547 nach Preußen berufen, wo er bald Vertrauter des Herzogs → Albrecht von Preußen und Hofprediger in Königsberg wurde. Als Parteigänger A. → Osianders (osiandrisch gefärbtes Bekenntnis 1551) wurde F. von Gegnern Osianders und auch von politischen Gegnern scharf bekämpft. 1556 war er auf der Synode zu Riesenburg und wurde 1563 zum Widerruf seiner osiandrischen Ansichten gezwungen. Die Stände erreichten durch Beschwerde beim polnischen Lehnsherrn F.s Verurteilung und Enthauptung.

K.A.Hase, Herzog Albrecht v. Preußen u. sein Hofprediger, 1879 - RE VI, 320ff. *H.Laag*

Funcke, *Otto* (1836-1910), ev. Theologe und volkstümlicher Schriftsteller, zuletzt Inspektor der Inneren Mission in Bremen. Aus dem niederrheinischen Pietismus hervorgegangen und von J.T. → Beck beeinflußt, verbindet F. einen persönlichen, jeder systematischen Festlegung abholden Christusglauben mit Weltoffenheit und praktischem Christentum. Das »Jesus allein« bedeutet für ihn die Überwindung aller toten Orthodoxie und theologischen Rechthaberei (»Allianzchrist«). Das Alltägliche zum Abglanz und Gleichnis des Ewigen zu erheben, ist das Ziel des schriftstellerischen Schaffens von F., das sich durch seelsorgerliche Erfahrung, Menschenkenntnis, Schlagfertigkeit und Humor auszeichnet.

Vf. u.a.: Christl. Fragezeichen, 1867; Reisebilder u. Heimatklänge, 3 Bde, 1869/73; Die Welt des Glaubens, 1885; Wie man glücklich wird u. macht, 1897; Fußspuren des lebendigen Gottes in meinem Lebenswege, 2 Bde, 1898/1900; Alltagsfragen im Ewigkeitslicht, 1912 (posthum). Neuausg. verschiedener Bücher im Brunnen-Verlag, Gießen-Basel. - Über F.: RE XXIII, 492ff - CKL I, 633 - A.Pagel, O.F. (Zeugen des gegenwärtigen Gottes 16/17), (o.J.) 1954². *K.Dienst*

Fundamentalismus, religiöse Bewegung amerikanischen Ursprungs gegen den theologischen → Liberalismus (: IV) und die vom Evolutionsgedanken (→ Entwicklung: I) beherrschte moderne Wissenschaft. Der F. hat seinen Ursprung in verschiedenen Bibelkonferenzen der 70er Jahre des 19.Jh.s, als der christliche Glaube durch den → Darwinismus bedroht schien. Die Bewegung gewann bald an Boden. Ihre fünf Programmpunkte sind: Irrtumslosigkeit der Bibel, Jungfrauengeburt, stellvertretendes Sühnopfer, leibliche Auferstehung und Wiederkunft Christi. Die Schriftenreihe »The Fundamentals: A Testimony to the Truth« (1910-12, hg.v. A.C.Dixon und R.A.Torrey) half zur Breitenwirkung. Der Ausbau der Organisation wurde durch den 1. Weltkrieg nur vorübergehend unterbrochen. 1919 wurde die World's Christian Fundamentals Association gegründet, die ein Jahrzehnt lang der Hauptträger der Bewegung blieb. Neben ihr gab es noch Dutzende von regionalen, auf einzelne Kirchen und besondere Ziele beschränkte fundamentalistische Gruppen. Viele bedeutende Erweckungsprediger gehörten dem F. an, so die Baptisten W.B.Riley, J.R. Straton und J.F.Norris; ebenso der als demokratischer Präsidentschaftskandidat dreimal geschlagene presbyterianische Laie W.J.Bryan (Beteiligung an dem sog. »Affen-Prozeß« von Dayton, Tennessee, 1925, in dem der Lehrer Scopes wegen der Behandlung der Abstammungslehre im Schulunterricht bestraft wurde).

Obwohl verschiedentlich Professoren der Geologie und Biologie unter Druck gesetzt oder zur Aufgabe ihres Amtes gezwungen und in einigen Staaten im Süden der USA Gesetze gegen die Evolutionslehre erlassen wurden, war dies doch nicht die Hauptabsicht des F. Der Hauptkampf spielte sich innerhalb der → Denominationen ab. Bes. unter den → Baptisten, → Presbyterianern und → Disciples of Christ kam es zu erbitterten Auseinandersetzungen über die Besetzung der Missionsausschüsse und die Verwendung von Geldern, die Grundsätze der Publizistik, den Inhalt des Unterrichtsmaterials und die Rechtgläubigkeit der theologischen Fakultäten. In einzelnen Fällen kam es zur Gründung von konservativen »Gegen-Seminaren«. In den 90er Jahren verurteilte die presbyterianische Kirche des Nordens drei ihrer bedeutendsten

Gelehrten wegen Irrlehre: C.A.Briggs, A.C.McGiffert und Pr.Smith. Um 1906 trennte sich eine Gruppe streng konservativer »Kirchen Christi« von den Disciples. 1936 bildete sich die Orthodox Presbyterian Church. 1951 trennte sich nach langem Streit die Conservative Baptist Association von der American (Northern) Baptist Convention (→ Baptisten: I, 2b). Der F. hat auch zur Bildung zahlloser kleiner Sekten geführt, in denen die Lehren von der Heiligung und der Wiederkunft Christi oft eine bedeutende Rolle spielen. Die Einführung der Revised Standard Version (→ Bibelübersetzungen: V, 2b) rief 1952 den Protest der Fundamentalisten hervor. Ebenso lehnt der F. die → ökumenische Bewegung ab wegen angeblich kommunistischer und katholisierender Tendenzen (1948 Gründung des → International Council of Christian Churches als Gegenschlag gegen die Weltkirchenkonferenz von Amsterdam).

Der F. ist ein komplexes Gebilde, das man weder allein aus ökonomischen und politischen Gründen noch aus dem Gegensatz von städtischer Intelligenz und ländlicher Unbildung oder von Nord und Süd erklären kann. Diese Faktoren wirkten alle mit; charakteristisch aber ist eine doktrinäre Abneigung gegen Methoden und Ergebnisse der Naturwissenschaft und historischen Forschung. Der F. ist keine selbständige Bewegung mit eigener Lehre, sondern eine heftige, aber schlecht informierte Protestbewegung gegen den extremen und militanten Liberalismus. Im Unterschied zu anderen konservativen christlichen Bewegungen hat der F. keinen eigenen Ausgangspunkt, sondern ist eher eine Reaktion gegen eine wirkliche oder vermeintliche Gefährdung des christlichen Glaubens.

Fundamentalism versus Modernism (Dokumente), hg.v. E.C. VANDERLAAN, New York 1925 - J.G.MACHEN, What is faith?, New York 1925 (konservativ) - W.B.RILEY, Inspiration or Evolution?, Cleveland 1926 (fundamentalistisch) - M.SHIPLEY, The War on modern Science, New York-London 1927 (liberal) - S.G.COLE, The History of Fundamentalism, New York 1931 - C.E.TULGA, The Foreign Missions Controversy in the Northern Baptist Convention 1919-49, Chicago 1950 - E.A.WHITE, Science and Religion in American thought, Stanford u. Oxford 1952 - N.F.FURNISS, The Fundamentalist Controversy 1918-31, New Haven 1954 (grundlegend) - O.W.HEICK, Amerikan. Theol. in Gesch. u. Gegenwart, 1954, 95ff - P.A.CARTER, Decline and Revival of the Social Gospel, Ithaca, N.Y. 1956 - Evolution and Religion, hg.v. G.KENNEDY, Boston 1957.

S.E.Ahlstrom

Funk, *Franz Xaver* (12.10.1840 bis 24.2.1907), kath. Kirchenhistoriker, * in Abtsgmünd, † in Tübingen, begann als Repetent am Tübinger Wilhelmstift (1866-70) mit moraltheologischen Arbeiten (Zins und Wucher, 1868; Geschichte des kirchlichen Zinsverbots, 1876), wurde Mitarbeiter von Bischof → Hefele bei der Vorbereitung des → Vatikanums und 1870 sein Nachfolger auf dem Tübinger Lehrstuhl. F. wandte sich der Patrologie und Archäologie zu und setzte als hervorragender Forscher und Editor die Tradition der kath. Tübinger Schule fort.

Vf. u.a.: Opera Patrum Apostolicorum, 2 Bde, (1878/81) 1901²; kl. Textausg.: Die Apostol. Väter, (1901) 1906² (I, neubearb. v. K. → BIHLMEYER, 1924; I³ v. W.SCHNEEMELCHER, 1956); Die Echtheit der Ignatianischen Briefe, 1883; Lehrbuch der KG, (1886) 3 Bde, 1907⁵ (6.-11. Aufl. bearb. v. K.BIHLMEYER, 12.-14. Aufl. 1955 bearb. v. H.TÜCHLE, mehrfach übersetzt); Doctrina XII Apostolorum, 1887; Die Apostol. Konstitutionen, 1891; Das achte Buch der Apostol. Konstitutionen, 1893; Kirchengeschichtl. Abh.en u. Unters.en, 3 Bde, 1897-1907 (meist aus ThQ, deren Mit-Hg. F. seit 1875 war); Das Testament Unseres Herrn u. verwandte Schriften, 1901; Didascalia et Constitutiones Apostolorum, 2 Bde, 1905. - Über F.: RHE 8, 1907, 620-623 - A.KOCH, Erinnerungen an F.X.F. (ThQ 90, 1908, 95-137).

Ernst Wolf

2. *Philipp* (1884-1937), * Wasseralfingen, † Freiburg/Br., kath. Theologe, Publizist und Historiker. Studierte unter dem Einfluß der deutschen Klassik (Goethe, Hölderlin) und der kath. Jugendbewegung seit 1903 in Tübingen, trat 1907/08 mit mehreren Freunden aus dem Rottenburger Priesterseminar aus, da er es aus Gewissensgründen nicht vermochte, Priester zu werden. F. war seitdem publizistisch tätig und stand in der ausgehenden Modernismuskrise als Hg. der modernistischen Zeitschrift »Das Neue Jh.« (seit 1910) in der vordersten Front der antiultramontanen Reformkatholiken (→ Reformkatholizismus). F. wollte kath., aber nicht »römisch« sein. Nach dem Abklingen des Modernismusstreites, überhaupt infolge der Verschiebung der geistigen Ebene im Weltkrieg, vertrat er im München der Nachkriegszeit als Mitarbeiter am »Hochland« einen mehr »konservativen« Katholizismus. Nach seiner Habilitation in München 1926 wurde er Prof. an der Staatl. Akademie → Braunsberg, 1929 Ordinarius für Geschichte in Freiburg/Br., seit 1930 Hg. des HJ. Als Historiker wandte er sich besonders der abendländischen Frömmigkeitsgeschichte und der Geistesgeschichte des 19.Jh.s zu.

Vf. neben einer großen Zahl kleinerer Arbeiten u.a.: Ignatius v. Loyola (Klassiker der Religion 6), 1913; Von der Kirche des Geistes, 1913; Von der Aufklärung zur Romantik, 1926. - Über F.: H.FINKE, Nachruf auf F. im Jahresbericht der Görres-Ges. 1936, 124ff - J. SPÖRL, Ph.F. zum Gedächtnis (HJ 57, 1937, 1-15) - A.HAGEN, Gestalten aus dem Schwäb. Katholizismus III, 1954, 244ff - EC V, 1808.

G.Maron

Furcht

1. Sekundäre F. - 2. Primäre F., Scheu - 3. F. und Schuldgefühl - 4. Auswege

Nur über die physischen Begleiterscheinungen der F. sind die Psychologen einig: Erblassen, erröten, Herzklopfen, beben, trockene Kehle usw. In der psychischen Bestimmung der F. gehen sie auseinander, und über das Verhältnis von F. und Religion haben die meisten nichts zu sagen. Wir unterscheiden mit → Kierkegaard und Ribot zwischen

1. Der *sekundären* F., welche objektiv bestimmt ist, bewußt und rationell. Sie tritt auf als die Folge der Antizipation irgendeines Übels, also nach der Erfahrung. Mit der Religion hat sie nur gelegentlich und im uneigentlichen Sinne etwas zu tun. So wenn sie sich verbindet mit einer rationellen Auffassung von Schuld und Strafe und der Mensch die Höllenqualen sich ausmalt, ebenso wie der schuldbewußte Schulknabe die Strafe, die seiner wartet.

2. Der *primären* F., welche nicht notwendigerweise objektiv bestimmt ist, instinktiv, unbewußt und ohne Zusammenhang mit einem rationalen Sachverhalt, und welche vor jeder Erfahrung da ist. F. der Art ist die Angst des Kindes vor dem Hund, von dessen Gefährlichkeit es nichts weiß, die F. des heranwachsenden Knaben vor dem Sexuellen, eben weil er davon nichts versteht, das Grauen in einem dunklen Walde, nicht weil Räuber kommen könnten, sondern weil es unheimlich ist. Diese F. ist nicht, wie die sekundäre, ohne weiteres ein zu überwindendes Übel, eine Störung. Sie kann ein positiver Wert sein. Mit der → Religion steht sie in innigem Zusammenhang, wie schon aus dem griechischen Ausdruck δεισιδαιμονία und noch deutlicher aus der at. Bezeichnung für Religion überhaupt, »F. *Gottes*«, hervorgeht. Es geht nicht an, die → Gottesfurcht als etwas ganz anderes von der F. überhaupt zu scheiden. In der at. F. Gottes lebt immer noch etwas weiter von der instinktiven, unmotivierbaren F., die bisweilen auch ganz unverhüllt an den Tag tritt: so in dem Schrecken Jahwes, der vor Israel hergeht Ex 23, 27 (vgl. Jes 8, 13: »Lasset Jahwe eure F. und euren Schrecken sein«). Auch mit Beziehung auf Jesus ist nicht bloß das Staunen, sondern die F. noch da (vgl. Mk 10, 32).

Dennoch ist dem berühmten »Primus in orbe deos fecit timor« nicht rückhaltlos zuzustimmen (Statius, Theb. III, 661). Das Urgefühl der primären F., die ihrerseits mit der → Angst nahe verbunden sein kann, aber doch davon zu unterscheiden ist, soll erstens gründlich von der sekundären getrennt werden, zweitens aber ist das Urgefühl vielmehr ein zwischen Abstoßung und Anziehung, zwischen F. und Liebe schwankendes. Hier berührt sich Kierkegaard mit Rudolf → Otto. Im unbestimmten Urgefühl spaltet sich das → Numinose nach zwei Seiten: dem mysterium tremendum und dem fascinans. F. kann mit Unlust, kann aber auch mit Lust verbunden sein (→ Tiefenpsychologie). Sie kann sich nahezu völlig in Schrecken auflösen: die F. der Primitiven vor den Toten und Dämonen nähert sich diesem Schrecken. Sie kann aber auch immer mehr in Vertrauen übergehen. Natürlich kann hier von F. eigentlich nicht mehr geredet werden und brauchen wir ein neues Wort. Es gibt ein englisches, das von Marett vorgeschlagene Awe, ein deutsches, das von R.Otto geprägte *Scheu*. F. und Liebe müssen dann als die zwei Pole der mit dem Gott-Mensch-Verhältnis gegebenen Spannung angesehen werden. In der Mitte steht die Scheu. Sie ist eine »sympathetische Antipathie und eine antipathetische Sympathie« (Kierkegaard). In Scheu ist immer ein wenn auch noch so schwaches Element der Liebe, ein wenn auch noch so verfeinertes Gefühl des Schrecks. In F. und Vertrauen fand auch → Söderblom das religiöse Grundgefühl, dessen Korrelat das → Heilige ist. Die religiösen Vorstellungen ändern sich, es gibt aber keine, in der die Scheu völlig fehlte. Ribot will das »Primus in orbe« usw nur gelten lassen, wenn in der Abstoßung ein Moment der Anziehung erkannt wird, und Marett läßt mit Recht den timor Verwunderung, Bewunderung, Interesse, Ehrfurcht, sogar Liebe einschließen. Nur so ist zu verstehen, daß dann Gott fürchten, ihn lieben und ihm dienen (Dtn 10, 12) als verwandte Begriffe auftreten (vgl. die → Ambivalenz der Haßliebe). Das religiöse Moment in der Scheu aber ist gegeben mit ihrer Unerklärlichkeit und Unzurückführbarkeit einerseits, mit ihrer sich auf die Totalität des Lebens erstreckenden Unbeschränktheit anderseits (→ Erlebnis).

3. Die Scheu hängt eng zusammen, zwar nicht mit der sekundären F. vor Strafe, wohl aber mit dem irrationellen Bewußtsein, der *Schuld* (→ Sünde und Schuld: I; → Angst). Der die Scheu auslösende Gegenstand ist den Primitiven → tabu, heilig. Ihm gegenüber herrscht ein Gefühl der Unreinheit, dann der Unzulänglichkeit, schließlich der Schuld vor. Die F. vor den Folgen des Vergehens hat damit nichts zu schaffen: überhaupt ist nicht von Vergehen die Rede, sondern von Sünde, dh Vergehen dem Unberechenbaren, dann dem endlos Erhabenen gegenüber. Alle die Gefühle der schuldigen F. verdichten sich in der Christenheit zur grandiosen Konzeption des jüngsten Gerichts (vgl. Dies irae).

4. Dem von der F. Ergriffenen stehen *zwei Wege* offen. Entweder er wird sie los, indem er sich selbst zum Übermenschen bzw. zum Gott macht. → Herakles ist das große Beispiel, der Helios bedroht und Hades F. einjagt und sich selbst die Göttlichkeit nimmt. Und auch in seinem Prototyp, dem Märchenhelden, der ohne Erfolg auszieht, das Fürchten zu lernen, im starken Hans, der den Teufel verprügelt, lebt etwas von diesem übermütigen Verabschieden aller und jeder Scheu. – Die andere Möglichkeit ist der → Glaube, dem die Scheu nie ganz fehlt, den aber der Schreck verlassen hat. Der wird nicht erreicht, sondern gegeben. Und es gibt zwar einen verständlichen Zusammenhang, aber keine psychische Kontinuität zwischen der F. und diesem Glauben, der sich, in den tiefen Worten Kierkegaards, »ewig jung aus dem Todesaugenblick der Angst entwickelt«.

TH.RIBOT, La Psychologie des Sentiments, (1896) 1917[10] - JewEnc V, 354 (Fear of God) - ERE II, 276f (Awe); V, 797ff (Fear) - R.R. MARETT, The Threshold of Religion, (1909) 1914[2] - W.MCDOUGALL, An Outline of Psychology, (1923) 1926[3] - R.SANDER, F. u. Liebe im paläst. Judentum, 1935 - PW 20/1, 309ff (Phobos als mythol. Gestalt) - BAUER, WB 1565ff - EKL I, 1408f - VAN DER LEEUW § 68 - P.RADIN, Primitive Religion, Its Nature and Origin, New York (1937) 1957, Kap. 1. - Vgl. die Lit. zu → Angst (Kierkegaard).

† *G.van der Leeuw (C.-M.Edsman)*

Fußkuß. Zur → Proskynese, die antike Herrscher von Untertanen und Besiegten fordern, gehört häufig der F. Auch christliche Kaiser verlangen ihn. Die staatliche Anerkennung der Kirche im 4.Jh. führt dazu, daß die den hohen Beamten zukommenden Ehrenrechte den Bischöfen eingeräumt werden. Und »weil der Bischof von Rom der kaiserlichen Majestät selbst gleichgeordnet wurde, hat er, wie der Kaiser, Anspruch auf... Kniefall und F.« (Klauser). Da im MA Lehnseid und F. geradezu synonym sind, ist der F., den ein Kaiser dem Papst erweist, politisch hochbedeutsam. – Noch heute fordert der Papst bei feierlichen Audienzen den F. von den Gläubigen; außerdem ist er in der Liturgie der Papstmesse den Subdiakonen (vor der Epistellesung) und dem Diakon (vor der Evangelienlesung) vorgeschrieben. Da der Papst als vicarius Christi und als successor Petri angesehen wird, wird der F. mit Lk 7, 38 und Apg 10, 25 biblisch zu begründen versucht. Der F., der übrigens auch der Statue des Petrus in Rom erwiesen wird, gehört zur liturgischen → Fußwaschung.

KL IV, 2143 - RGG[3] II, 841 - LThK IV, 247 - TH.KLAUSER, Abendländische Liturgiegesch., 1949, 12f. *E.Hertzsch*

Fußspuren kommen in verschiedenen Teilen der Erde schon auf vorgeschichtlichen Denkmälern vor (→ Dolmen, → Felsenzeichnungen). Die Forschung hat sie als Darstellungen der Fußtritte eines Menschen oder Gottes erklärt, die eine Besitzergreifung veranschaulichen wollen. Oder man will die eingehauene bzw. gemalte Fußsohle als eine Überführung der göttlichen → Fruchtbarkeit verstehen, als eine mythische Handlung, die vielleicht von einem menschlichen Repräsentanten im → Kultus wiederholt worden ist. Jedenfalls sind → Mythen von Göttern, Heiligenlegenden und → Sagen von übernatürlichen Wesen oder berühmten Menschen in aller Welt mit solchen F. verknüpft worden. In der Felsvertiefung auf Adam's Peak (Ceylon) sieht der Buddhist Buddhas, der Shivaverehrer Shivas, der Muslim Adams und der Christ des hl. Thomas F. Votivsteine mit F., sowohl aus vorchristlicher wie aus christlicher Zeit bekannt, sollen wahrscheinlich eine glückliche Heimreise der Pilger verbürgen (→ Gelübde). Die Legende von den »Herrgottstritten« in dem Fels, von dem aus die Himmelfahrt Jesu Christi stattfand, gehört zum mittelalterlichen Erzählgut. Andere Herrgottstritte sind berühmte → Wallfahrts-Orte geworden (röm. San Sebastiano, Santa Maria della Piante mit der Domine-Quo-Vadis-Legende; schwäb. Rosenstein). Der altchristliche Nachfolgegedanke (vgl. Mt 19, 27ff; 1Petr 2, 21) ist früh mit den mythischen F. Christi verbunden worden: die Fußstapfen des Herrn sind wie eingerammte Pfähle in den Wasserwogen stehengeblieben und stellen den einzigen, unzerstörbaren Weg dar, auf dem die Gläubigen durch die Wogen des Todes hinüberschreiten können (OdSal 39; vgl. Ps 77, 20). F. der Götter und Heiligen, in denen Blumen sprießen, sind ein weitverbreitetes Mythen- und Legendenmotiv. Die fruchtbarmachenden F. Gottes sind über Ps 65, 12 in das Kirchenlied eingegangen: »Umkröne das Jahr mit deiner Hand, Mit deinen Fußstapfen dünge das Land« (N.Hermann). – In der Magie werden F. bes. für Schadenzauber benutzt, wie sie auch ein Orakelmittel sind.

Dr. Aigremont, Fuß- u. Schuh-Symbolik u. Erotik, 1909 - ERE I, 87f - J. Charpentier, Hl. Fußabdrücke in Indien (Ostasiat. Zs. 7, 1918/19, 1-30. 179-200) - RGG² II, 841f - HWDA III, 240ff - ThW III, 405ff - G. Landtman, Fotspårets magi (Budkavlen [Åbo] 15, 1936, 57-65) - S. Thompson, Motif-Index of Folk-Lit. I-VI, Kopenhagen (1932/36) 1955/58² (Reg.: Footprints) - J. de Vries, Altgerm. Religionsgesch. I. II, (1935/37) 1956/57², 105. 125f. 292 - M. Guarducci, Le Impronte del »Quo Vadis« e monumenti affini, figurati ed efigrafici (Atti della Pontificia Acad. Rom. di Archeologia, Ser. III, Rendiconti 19, 1942/43, 305-344) - M. Eliade, Les sept pas du Bouddha (Pro Regno, pro Sanctuario, Festschr. G. van der Leeuw, Nijkerk 1950, 169-175) - K. Galling, Der Gott Karmel (BHTh 16 [Alt-Festschr.], 1953, 105-125) - C.W.M. Verhoeven, Symboliek van de voet (Diss. Nijmegen), 1956 (Lit.). *C.-M.Edsman*

Fußwaschung. Weil im alten Orient das Barfußgehen eine F. vor den Mahlzeiten nötig machte, galt es allgemein als Pflicht der Höflichkeit, dem Gast Wasser für die F. zu bringen (zB Gen 18, 4; Lk 7, 44). Anderen die Füße zu waschen, galt als Sklavenarbeit. Wenn Jesus nach Joh 13, 1ff die F. bei seinen Jüngern vornimmt, gibt er ihnen damit ein Beispiel rückhaltloser Dienstbereitschaft, durch die er zugleich seine Messianität geheimnisvoll offenbart. Sein Vorbild galt als »mandatum«; so heißt deshalb auch der liturgische Akt, der heute noch am → *Gründonnerstag* in kath. und orth. Kathedralkirchen und Klöstern vom Bischof an 12 (oder 13) Armen bzw. vom Abt an den Mönchen vollzogen wird, während → Antiphonen aus Joh 13 gesungen werden. Auch der Papst und kath. Fürsten übten diesen Brauch, der, wie u.a. 1Tim 5, 10, Augustins Brief an Januarius (MPL 33, 220) und der Beschluß der Synode zu Toledo von 496 beweisen, seine Wurzeln schon in der alten Kirche hat. Während Luther die liturgische F. als Verführung zur Heuchelei ablehnt (WA 52, 216ff), fordern sie die Täufer, bes. die Mennoniten, anfangs auch die Anglikanische Kirche, später die Brüdergemeine, in der die F. bis 1818 Sitte war. Die F. begegnet vorübergehend auch als Stück der Taufliturgie im Zusammenhang mit dem Anlegen des weißen Taufkleides (seit dem 4.Jh. in Mailand, Afrika, Gallien, nicht in Rom und Spanien). Wahrscheinlich wirkt hierbei indirekt Ex 30, 17-21 nach, wo den israelitischen Priestern kultische F.en vorgeschrieben werden (Ex 30, 17-21 ist auch zur Deutung der dunklen Stelle Joh 13, 8-10 heranzuziehen!). Die F. wird jedenfalls im MA (zB von → Bernhard von Clairvaux in seiner Rede De coena Domini) nicht nur als ein Beweis der demütigen Dienstbereitschaft, sondern auch als »Sakrament zur Vergebung der täglichen Sünden« angesehen; noch in der Brüdergemeine hieß sie die »kleine Taufe«.

RE VI, 324f - RGG² II, 842 - LThK IV, 248 - Bibl. Reallex. I, 1938², 584 (kath.) - ThW IV, 945f - Rietschel-Graff 551 - A. Schott, Römisches Meßbuch, 1952¹², 372 - Th. Schäfer, Die F. im monast. Brauchtum u. in der lat. Liturgie (Texte u. Arbeiten I, 47), 1956. *E.Hertzsch*

G

Gabe. »Die einzige G. ist ein Teil deines Selbstes. Du mußt für mich bluten. Darum bringt der Dichter sein Gedicht, der Schäfer sein Lamm, der Bauer Korn, der Bergmann einen Edelstein... Eine G. muß, um echt zu sein, das Fließen des Gebers zu mir hin, entsprechend meinem Hinfließen zu ihm, sein.« Diese Worte R.W. → Emersons werden von M.Mauss und G. van der → Leeuw als gute Charakteristik aufgenommen. Während Mauss hierbei vor allem die → Naturvölker im Auge hat, wendet sich van der Leeuw mit diesem Zitat gegen den do-ut-des-Gedanken als hauptsächliche Erklärung der → Opfer-G. V. → Grønbech statuiert für die Germanen, Joh. → Pedersen für die alten Israeliten, daß die G. keinen Eigenwert besitzt, sondern vor allem eine seelische Verbundenheit (→ Bund) ausdrückt. Die Gegen-G. bedeutet Annahme und Stärkung der hergestellten → Gemeinschaft. Hier ist die → Mana-Theorie einem besseren Verständnis der Sache zugute gekommen. - Die G. begründet eine neue Gemeinschaft (zB → Ehe [Braut- und Morgen-G.], → Freundschaft und → Gastfreundschaft), sie stärkt und erweitert die Familien-, → Stamm- und Sippengemeinschaft bei entscheidenden Momenten im Leben des einzelnen oder der Gruppe. G.n gehören somit zu allen → »Rites de passage« (→ Geburt, Heirat, → Begräbnis) und zu den großen → Festen, wie auch in der modernen Gesellschaft Geschenke bei Gastbesuchen oder zu bestimmten Anlässen (→ Taufe, → Konfirmation, Verlobung, → Weihnachten oder → Neujahr) immer noch mehr oder weniger selbstverständlich sind. - Auch wenn die G. den erwähnten Grundcharakter hat, darf man nicht den berechnenden Gedanken an einen Austausch übersehen, der in mittelalterlichen Gesetzen sogar rechtlich festgelegt ist. Auf Island konnte der Geber beim Tode des Empfängers zurückfordern, wenn eine G. im Wert von 12 Öre oder mehr noch keine Gegen-G. von wenigstens dem halben Wert zur Folge hatte, vorausgesetzt daß die erste G. nicht selbst eine Erwiderung darstellte (Grágás I, 247). Den verschwenderischen Krönungs-G.n der Fürsten im MA - vgl. den Wettkampf der Verschwendung unter den nordwestamerikanischen Indianern, das potlatch-System - entsprechen die Jahresschenkungen an Könige und Herrscher. Auch zwischen Lehnsherren und Vasallen hat ein gegenseitiges G.nverhältnis bestanden, wobei pflichtmäßige und freiwillige Schenkung oft schwer zu unterscheiden sind. Wie beim Priestereinkommen ist Sitte oft Rechtsbrauch geworden. Schon Homer kann nicht verstehen, warum Glaukos seine goldene Rüstung gegen die kupferne des Diomedes austauschen will, und erklärt diese Handlung als Folge eines zufälligen Schwachsinns (Il. 6, 232ff). Im heutigen japanischen Dorfleben ist das System der G.n und Gegen-G.n genau geregelt. - Die doppelte Geisteshaltung im Geben spiegelt sich in den Tugenden der Freigebigkeit, Barmherzigkeit und Wohltätigkeit wider (→ Armenpflege, → Liebestätigkeit), die als religiöse Pflicht oft den Lohngedanken zur Folge haben. Dasselbe gilt für die G. im Gottesverhältnis. - Vgl. → Ersatzgaben, → Erstlinge, → Geld, → Handel, → Liebe, → Opfer.

PW V, 1533ff. 1580ff. 1598ff - ERE VI, 197ff - Joh. Pedersen, Israel I-IV, Kopenhagen 1920-34 (engl. 1926-47) - RGG² II, 843f - HWDA III, 716ff - ThW II, 168ff - ESS VI, 657ff - V. Grønbech, Kultur u. Religion der Germanen I. II, (1937/39) 1955⁵ - J.F. Embree, Suye Mura, a Japanese Village (Diss. Chicago), 1939, 153ff - K.v. Amira-Cl.v. Schwerin, Rechtsarchäologie (Dt. Ahnenerbe, Reihe B: Abt. Arb. zur Indogerm.-Dt. Rechtsgesch. Bd 2), 1943, 75f - SDF II, 882 (potlatch; Lit.) - M. Mauss, Sociologie et anthropologie, Paris 1950 - V. Magnien, L'habitude des cadeaux chez les Grecs anciens (Ann. Toulouse 1952, 39-49) - van der Leeuw 393ff. *C.-M.Edsman*

Gabler, *Johann Philipp,* * 4.6.1753 in Frankfurt/M., † 17.2.1826 in Jena, wo er 1772-78 u.a. bei J.G. → Eichhorn und → Griesbach studiert und - nach seiner Tätigkeit in → Altdorf (1785-1804) - als Prof. der Theologie gelehrt hatte. In dem Altdorfer Programm 1787 trat er für grundsätzliche Trennung der normativen, dh streng historisch-individuellen → Biblischen Theologie (: II, 1; → Bibelwissenschaft: I, 1d; II, 3) von der Dogmatik ein. G. wandte mit Eichhorn den Mythosbegriff Chr.G. Heynes auf das AT an - → Mythos (psychologisch-genetisch) ist Denkart der »Kindheit der Welt« - und behauptete in Anlehnung an → Lessing einen Erziehungsprozeß mit »verschiedenen Religionsökonomien« der einen, unveränderlichen Wahrheit; die neuen Ansätze (Weiterbildung durch → Ammon, G.L. → Bauer, → De Wette) wurden zT durch die übliche rationalistische Wundererklärung eingeengt.

J.G.Eichhorns Urgesch. mit Einl. u. Anm.en hg.v. J.Ph.G., 3 Tle, 1790-93 (Nachtrag 1795); Exeget., dogmat. u. hist. Beiträge in mehreren v. G. hg. »Journalen« (18 Bde, 1798-1811); Kleinere theol. Schriften, hg.v. TH.A. u. J.G.GABLER, 2 Tle, 1831. - Über G.: G. FRANK, Gesch. d. prot. Theol. III, 1875, 349f - ADB VIII, 294ff - RE VI, 326f (Bibliogr.) - CHR.HARTLICH-W.SACHS, Der Ursprung d. Mythosbegriffs in der mod. Bibelwiss., 1952 - K.HEUSSI, Gesch. d. Theol. Fak. zu Jena, 1954 - HIRSCH V - H.-J.KRAUS, Gesch. d. hist.-krit. Erforschung des AT..., 1956 (s. jeweils Reg.). *E.H.Pältz*

Gabriel, Name (wohl »Gott hat sich stark gezeigt« [Noth, Pers 190], aber auch gedeutet als »Mann Gottes« [vgl. Dan 8, 15f] oder »Starker Gottes« [vgl. äthHen 40, 9; Num r. 2, 137c]) eines Engels. G. begegnet erstmals in Dan 8, 15ff; 9, 21ff (wohl auch 10, 4ff; 12, 6) als Interpret der von Daniel geschauten Visionen (→ Danielbuch, 7). In der spätjüd. Literatur rechnet G. zusammen mit → Michael und → Raphael regelmäßig zur Klasse der höchsten Engel (Thronengel oder Erzengel), deren Zahl (meist 4 oder 7) und Zusammensetzung im übrigen schwankt (→ Geister: II); an Rang wird er meist nur von Michael übertroffen, seine Funktionen sind mannigfaltig: 1QM 9, 15f; 1Q19bis fr. 2, 4 (DJD I, 152); äthHen 9, 1; 10, 9 (Strafengel); 20,7 (»über das Paradies, die Schlangen und die Keruben«); 40, 6 (Fürbitte). 9 (»über alle Kräfte gesetzt«); 54, 6; slHen 21, 3. 5; 24, 1 (zur Linken Gottes); zahlreiche rabbinische Belege, zB bPes 118 a/b (»Fürst des Feuers«); Num r. 2, 137c (Platz »vor Gott[es Angesicht]«). Im NT kündigt G., »der vor Gott steht«, die Geburt des Täufers (Lk 1, 19) und Jesu (1, 26) an, eine Funktion, die bei G. sonst nicht nachzuweisen ist, statt dessen nach bBM 86b (Isaak) von Michael wahrgenommen wird, nach Josephus ant. 5, 8 § 276ff (Simson) von einem anonymen Engel. Zur Verehrung G.s in der Kirche vgl. → Engel: I, zur Darstellung in der Kunst → Engel: II, 2. - Auch im Islam spielt G. (ğibrīl) eine bedeutende Rolle als Übermittler der göttlichen Offenbarungen an → Muhammed (bes. Sure 2, 97).

BILL. II, 89ff - BOUSSET, Rel. 325ff (bes. 328) - S.A.HORODETZKY, Michael und G. (MGWJ 72, 1928, 499-506) - UJE IV, 488 - BAUER, WB⁵ 295. *C.-H.Hunzinger*

Gabriel Severus (1541-1616), * in Monembasia (Peloponnes), Student in Padua, 1573 Priester der griech. Gemeinde in Venedig; als solcher führte er seit 1577 den Titel eines Metropoliten von Philadelphia in Lydien, seit 1591 eines Exarchen über die griech.-orth. Gemeinden Venetiens, Dalmatiens, schließlich ganz Italiens; † auf einer Visitationsreise in Dalmatien. Als Polemiker gegen den nachtridentinischen Katholizismus verteidigte er die Besonderheiten seiner Kirche gegen → Bellarmini und → Possevino und entwickelte die Sakramentenlehre. Durch R. → Simon, der kleinere Schriften von ihm und Stücke aus größeren in lat. Übersetzung herausgab, vermittelte G. dem Abendland Kenntnisse über die neuere Theologie des christlichen Ostens.

Hauptwerk: Ekthesis (von den 3 Teilen nur der 1. gedruckt, Konstantinopel 1627). - R.SIMON, Fides Ecclesiae orientalis, Paris 1671 - E.LEGRAND, Bibliogr. hellénique des XVe et XVIe siècles (Paris 1885 ff), Bd II, passim; du XVIIe siècle (Paris 1894 ff), Bd II, passim - PH.MEYER, Die theol. Litt. der griech. Kirche im 16. Jh., 1899, 78 ff - DThC VI, 977 ff. *W.Maurer*

Gabrieli, 1. *Andrea* (1510-86), ital. Komponist, * Venedig, † ebd, Schüler von A.Willaert, seit 1566 Organist an der Markuskirche in Venedig, bedeutender Meister der ital. Vokalpolyphonie.

Werke: Cantiones sacrae (Motetten), Messen, Psalmen, Orgelwerke, Madrigale, Chöre zu Ödipus tyrannus. - Vgl. Lit. zu 2.

2. *Giovanni* (1557-1612), ital. Komponist, Neffe und Schüler von 1, war 1575-79 Mitglied der Münchener Hofkapelle (unter O.di → Lasso) und seit 1586 Organist der Markuskirche in Venedig. G. ist das Haupt der älteren venezianischen Schule. In seinen oft mehrchörig angelegten Kirchenwerken verbindet sich breitflächige Klangsinnlichkeit mit differenzierter Feingliedrigkeit und hoher Ausdruckskraft. Seine vielstimmigen Konzerte und Sonaten bedeuten den Beginn der selbständigen Instrumentalmusik. Nachdrücklich wirkte G. als Lehrer; sein bedeutendster Schüler wurde H. → Schütz.

Hauptwerke: Ecclesiasticae cantiones, 4-6stimmig, 1589; Sacrae sinfoniae, 6-19stimmig, für Gesang oder Instrumente, 2 Bde, 1597 u. 1615; Canzoni e Sonate, 3-22stimmig, 1615. - G.s frühere Sammlungen enthalten auch Werke von A.G.: Concerti, 6-15stimmig, 1587; Madrigale, 5stimmig, 1589; Intonationi d'organo, 1593; Ricercari per l'organo, 1595. - Ausg.: G.G., Opera omnia, ed. D.ARNOLD, Rom 1956 ff - L.TORCHI, L'arte musicale Italiana II. III, 1898 (Neudr. 1927) - Istitutioni e Monumenti dell'arte musicale Italiana I: A. e G.G. e la musica strumentale in San Marco, hg.v. G.BENVENUTI, Mailand 1932 - 3 Motetten hg.v. H.BESSELER (in: Das Chorwerk, hg.v. F.BLUME, H. 10), 1931. - Über A. u. G.G.: C.v.WINTERFELD, Joh.G. u. sein Zeitalter, 3 Bde, 1834 - MGG VI, 1185ff. *S.Hermelink*

Gähnen. Unter den Naturvölkern und den alten Kulturvölkern wie im noch lebenden Volksglauben ist das G. mit verschiedenen Seelenvorstellungen verbunden. Teils meint man, daß die → Seele durch den offenen Mund entfliehen kann, teils fürchtet man, daß ein fremdes Wesen eindringt (→ Besessenheit). Vorsichtsmaßnahmen und schützende bzw. abwehrende → Formeln erscheinen deshalb notwendig, deren Ausgestaltung oder Inhalt je nach dem betreffenden Kultur- und Religionsgebiet wechselt. G. und Müdigkeit ist in den altnordischen Sagas ein Zeichen dafür, daß sich etwas Fremdes und Feindliches der davon betroffenen Person naht. So wird Suanr schläfrig und gähnt, als er die Seelen-, Doppelgänger- und Schutzgeister (fylgiur) der heranrückenden Feinde wahrnimmt (Niála 12, vgl. 62). Wen der Zauber seiðr trifft, gähnt, wenn er von der Seele (hugr, vqrðr oder fylgia) der vqlva angefochten wird. Das G. ist immer noch im schwedischen Volksglauben ein → Omen: der durch G. Angekündigte muß, wie es jetzt heißt, sehr reich werden, was man wohl so verstehen darf, daß er eine starke, glückreiche Seele hat, die sich schon in einiger Entfernung kundtut oder seinem Besitzer vorangeht (varsel). - Vgl. → Aberglaube, 3, → Niesen.

ERE XII, 829f - P.SAINTYVES, L'éternuement et le bâillement dans la magie, l'ethnographie et le folklore médical, Paris 1921 - HWDA III, 253ff - D.STRÖMBÄCK, Sejd (Diss. Uppsala), 1935, 152ff - ST. THOMPSON, Motif-Index of Folk-Literature I-VI, (1932-36) 1955-58² (Reg.: Yawns) - J.DE VRIES, Altgerm. Religionsgesch. I. II, (1935/37) 1956/57² (Reg.). *C.-M.Edsman*

Gagarin, Fürst *Ivan Sergeevič* SJ (Jean Xavier), einer der bedeutendsten russischen Konvertiten zum Katholizismus im 19.Jh., * 1.8.1814 in Moskau, † 19.7.1882 in Paris. G. entstammte dem russischen Hochadel; er stand nach hervorragender Ausbildung in diplomatischem Dienst. Am 19.4.1842 konvertierte er in Paris in der Privatkapelle der berühmten russischen Konvertitin Madame Sophie Swetchine (Svečina) zum Katholizismus und trat am 12.8.1843 in den Jesuitenorden ein. Er arbeitete von nun an wissenschaftlich und publizistisch für den Anschluß der russischen Kirche an Rom. Seine Arbeiten wurden auch in Rußland beachtet.

Vf. u.a.: Les starovères, l'église russe et le pape, Paris 1857; La Russie sera-t-elle catholique?, Paris 1857. Gab 1862 die Werke →Tschaadajevs heraus. - Über G.: BACKER-SOMMERVOGEL III, 1098 ff - DThC VI, 988f - L.BERG, Russ. Convertitenbilder, 1926.

L.Müller

Galaterbrief

1. Die galatischen Gemeinden - 2. Die galatische Front - 3. Inhalt und Grundgedanken des G.s - 4. Historische und theologische Bedeutung

1. Der G., der heute - von kritischen Hypothesen gegenüber einzelnen kleineren Abschnitten abgesehen (vgl. Warner) - in seinem ganzen Umfang als unanzweifelbar echter Paulusbrief gilt, ist im Unterschied von allen anderen paulinischen Gemeindebriefen nicht an eine Einzelgemeinde, sondern an eine - wohl nahe zusammengehörige - Gruppe von *Gemeinden* gerichtet (aber vgl. noch 1Kor 1, 2; 2Kor 1, 1 sowie → Epheserbrief, 6). Hinsichtlich der geographischen Lokalisierung hat sich bis heute aber noch keine einheitliche Meinung innerhalb der Forschung gebildet. Großen Anklang findet noch immer die schon im 18.Jh. auftauchende, dann bes. von W.M.Ramsay und Th.Zahn begründete Annahme, daß die Adressaten des G.s in jenen Gemeinden des südlichen → Kleinasien (vgl. dort Karte) zu suchen seien, die → Paulus mit Barnabas auf der sog. 1. Missionsreise gründete (Apg 13, 48f; 14, 1. 7. 21) und die er noch dreimal wieder besuchte (14, 21ff; 16, 1ff; 18, 23; 19, 1): Derbe, Lystra, Ikonium in Lykaonien und Antiochien in Pisidien. Sie gehörten seit 37 vChr zum Reich des letzten galatischen Königs Amyntas und seit 25 vChr zu der daraus gebildeten römischen Provinz Galatia, waren also zZ des Paulus schon nahezu 100 Jahre »galatisches Gebiet«. Einerseits liegt die Vermutung zweifellos nahe, daß die Gegenmission, die den Spuren des Paulus folgte, zuerst in dieses sein frühes Missionsgebiet einbrach und daß er bes. leidenschaftlich um diese Gemeindegruppe kämpfte. Andererseits spricht gegen die Entstehung größerer Gemeinden im eigentlichen Galatien u.a. das noch Jh.e währende Vorherrschen der keltischen Dialekte und das späte Auftauchen von Zeugnissen für den Bestand der Kirche in Galatien. Dennoch ist es wahrscheinlicher, daß die Gemeinden des G.s in der Landschaft Galatien im Norden von Innerkleinasien lagen und daß sie von Paulus selbst (vgl. Gal 4, 19. 11) bei seinen Reisen durch dieses Gebiet gegründet wurden (Apg 16, 6; 18, 23). Lukas ist der erste Zeuge dafür, daß die Kirche das Altertums, ebenso wie der sonst bezeugte vorherrschende Sprachgebrauch, die Namen »Galatien«, »galatisch« mit jener Landschaft verband, die seit dem 3.Jh. vChr von keltischen Stämmen besiedelt war, aber auch in der Kaiserzeit immer noch beträchtliche Teile der vorkeltischen Bevölkerung umschloß. Durch dieses altchristliche Verständnis wird auch die These gestützt, daß Paulus mit seiner Anrede in Gal 3, 1 nur die eigentlichen Galater meinen konnte. Die Bevölkerung war schon seit dem 3.Jh. vChr mehr und mehr hellenisiert worden und verstand darum, ebenso wie die gleichfalls zweisprachigen Lykaonier (vgl. Apg 14, 11. 14-18), Griechisch, und daß es dort auch zwischen dem 1. und 4.Jh. Christen gab, beweist das Eindringen des → Montanismus in jene Gebiete (Eusebius, h.e. V, 16, 4).

2. Der G. erweist sich vom ersten Vers an als ein *Kampfbrief*. Leidenschaftlich in Abwehr und Angriff wie etwa auch 2Kor 10-13; Phil 3, 1ff, wendet er sich gegen ungenannte Gegner (vgl. 1, 7; 4, 17; 5, 10), die in den Gemeinden erstaunlich rasch (1, 6; vgl. 3, 1; 4, 10) eine Gegenbewegung gegen Paulus und seine Botschaft in Gang gebracht hatten. Dieser sieht sich in seiner apostolischen Autorität in Frage gestellt und, was noch schwerer wiegt, sein Evangelium in Gefahr, durch »ein anderes Evangelium« (1, 6), das in Wirklichkeit ein verkehrtes Evangelium ist (1, 7), verdrängt zu werden. Seine Verteidigung gilt beidem als Einheit (vgl. 1, 1 mit 1, 11). Wer sind die Gegner? Kaum Judaisten von derselben Art, wie sie in Jerusalem (2, 4f; vgl. Apg 15, 5) und Antiochien (2, 12; vgl. Apg 15, 1) gegen Paulus und seine Heidenmission aufgetreten waren, etwa gar mit Jakobus oder Petrus als spiritus rector im Hintergrund. Sie sind zwar vermutlich auch jüdischer Herkunft (vgl. 1, 14; 2, 14) und fordern wie jene die Beschneidung der Heidenchristen (6, 12 u.o.); auch bestimmte kultische Festzeiten gehörten zu ihrem Programm (4, 10), aber, wie es scheint, nicht das ganze Gesetz (6, 13; 5, 3). Trotzdem sieht Paulus den entscheidenden Gegensatz in ihrer Gesetzlichkeit (vgl. 2, 16; 3, 10ff; 4, 21; 5, 4). Daneben lassen sich aber auch gnostische Züge bei ihnen feststellen: ihr Festkalender, der durch das Rechnen mit schicksalsbestimmenden Mächten bedingt ist (vgl. 4, 3. 8f mit Kol 2, 16-23), vielleicht auch ihr Apostelbegriff: der echte, gottunmittelbare Apostel garantiert die Echtheit des Evangeliums. Dagegen ist der Schluß (aus den Bemerkungen des Paulus über ihre »fleischliche Art«, vgl. 3, 3; 6, 8. 12f) auf libertinistische Zuchtlosigkeit unwahrscheinlich, da sich Paulus dagegen zweifellos viel deutlicher gewandt hätte (vgl. zB Jud 8. 10. 13. 16). Man wird also mit einer sektiererischen judenchristlichen Bewegung zu rechnen haben, die gnostisch gefärbt, aber doch in der Hauptsache gesetzlich bestimmt war. Für Paulus bedeutet sie Verfälschung des Evangeliums (1, 7) und Zerbrechen der kirchlichen Einheit (4, 17); darum sein Anathema (1, 8f).

3. Das Ringen des Paulus um den rechten Glaubensstand der galatischen Gemeinden und zugleich damit um die Anerkennung seiner apostolischen Autorität vollzieht sich in drei Kreisen: a) in einem geschichtlichen Überblick über seinen Weg, die Herkunft seines Apostolats und seiner Botschaft und seinen Kampf für die Geltung seines gesetzesfreien Evangeliums in Jerusalem und Antiochien (1, 10 - 2, 21), b) in einer grundsätzlichen Darlegung über das heilsgeschichtliche Verhältnis von Gesetz und Verheißung, von Judentum und Christentum (3, 1 - 5, 12), c) in einer Entfaltung des neuen Ethos ev. → Freiheit (: I), die dennoch Bindung aus der Liebe ist (5, 13 - 6, 10). - Die theologischen Gedanken des G.s sind aus dem Frontkampf geboren. Es ist jedoch wahrscheinlich, daß oft geläufige Formulierungen aus der Missions- und Gemeindepredigt des Paulus mit einströmten. Jedenfalls bietet der G. trotz seines polemischen Charakters eine große Zahl von allgemein und bleibend gültigen Aussagen; um nur einige zu nennen: Gegenüber der gesetzlichen Verfälschung der christlichen Botschaft faßt Paulus das wahre Evangelium in dem einen Begriff »Glauben« zusammen (zB 3, 23. 25); die rechten Christen sind die aus dem Glauben Lebenden (3, 7. 9; vgl. dagegen 2, 12; 3, 10; Röm 4, 14). Gegenüber der gesetzlichen Bindung stellt er die ev. Freiheit ans Licht (5, 1. 13), die er mit dem ebenso heilsgeschichtlich wie persönlich-soteriologisch konzipierten Bild von

Sklaven und Söhnen erläutert (vgl. 4, 1-9). Gegenüber einer falschen Bewertung fleischlicher Dinge wie der Beschneidung (vgl. 6, 13) verkündet er den → Geist (: IV, 2) als die entscheidende Gabe Gottes (3, 2. 14; 4, 6) und als Kraft des neuen Lebens (5, 25). Gegenüber einer Konzeption der Heilsgeschichte, die das Heidentum in das Judentum einmünden läßt, entfaltet er eine heilsgeschichtliche Sicht, in der alle Linien in Christus enden und in der Christustaufe erfüllt werden (3, 26ff). Juden wie Heiden standen unter den eng verbundenen Größen dieses Äons (1, 4), den Weltelementen und dem Gesetz (4, 3. 5. 9). Das → Gesetz (: IV) hat allerdings seine bestimmte heilsgeschichtliche Funktion innerhalb der großen Linie von Verheißung und Erfüllung (3, 8ff. 17-25) und im Rahmen der zwei Bünde (4, 24) und findet sogar im Evangelium eine Fortsetzung als Gesetz Christi (6, 2).

4. Die *Bedeutung* des G.s ruht auf seinem Doppelcharakter als historisches und als Glaubensdokument: a) Paulus zeichnet mit ausdrücklicher Versicherung seiner Glaubwürdigkeit (1, 20) eine Skizze seines Lebens bis über das Apostelkonzil hinaus; insbesondere hebt er sein Verhältnis zur Urgemeinde und deren Führung hervor (1, 18f. 22f; 2, 1ff). Sein Bericht gibt die Möglichkeit zur Kontrolle und Korrektur der parallellaufenden Darstellung der Apg, namentlich bei den Hauptereignissen seiner Bekehrung (1, 15ff) und des Apostelkonzils (2, 2 bis 10). Darüber hinaus macht der G. u.a. wichtige Angaben über das Wirken des Paulus in Galatien, insbesondere über seine Krankheit, die sich jedoch danach nicht sicher bestimmen läßt (4, 14f; vgl. 6, 17; 2Kor 12, 7). Er zeigt ferner beispielhaft, wie Paulus in seiner Verkündigung sowohl mit rabbinischen (zB 4, 22ff) wie mit hellenistischen Mitteln und Ausdrucksformen (zB 4, 25; 3, 1) arbeitet. - b) Paulus bezeugt ebenso grundsätzlich wie persönlich (vgl. bes. 2, 15-21; 5, 2f) das sola fide empfangene Heil in Gestalt der eschatologischen Güter der Rechtfertigung (2, 16 u.a.) und des Hl.Geistes (3, 2) und damit das Ende der gesetzlichen Wege des Judentums und des Heidentums in der Gottesfamilie der durch Christus Befreiten (3, 26ff). Mit diesem Dokument absoluter Gewißheit über die eigene Sendung und die Wahrheit seiner Botschaft hat Paulus den entscheidenden Schritt getan für die Ausbreitung des Christentums als Weltreligion und eine der wichtigsten Waffen geschmiedet für den der Kirche immer wieder aufgegebenen Kampf gegen eine gesetzliche Verengung und Verfälschung in allen Bereichen ihres Lebens.

Kommentare: A.Oepke (ThHK IX), (1937) 1957^{2} - G.Duncan (Moffatt, NTC), 1948^{6} - H.Schlier (MeyerK VII^{11}), 1952 (dazu E.Dinkler in VF 1953/55, 175-183) - P.Bonnard (Commentaire du NT), 1952 - H.N.Ridderbos (New London Commentary on the NT), 1953. - Lit.: W.M.Ramsay, The Church in the Roman Empire, (1893) 1894^{3}, 79ff - Th.Zahn, EinlNT I, (1897) 1924^{3}, 123ff - PW VII, 1912, 519ff - W.Schanze, Der G., (1918) 1919^{2} - W.Lütgert, Gesetz u. Geist (BFChTh 22, 6), 1919 - A.Fridrichsen, Die Apologie des Paulus in Gal 1 (in: L.Brun-A.Fridrichsen, Paulus u. die Urgemeinde, 1921, 53-76) - J.H.Ropes, The Singular Problem of the Epistle to the Galatians (Harvard Theol. Studies 14), 1929 - W.Michaelis, Judaist. Heidenchristen (ZNW 30, 1931, 83-89) - D.Warner, Galatians 2, 3-8 as an Interpolation (ET 62, 1950/51, 380) - C.H.Buck, The Date of Galatians (JBL 70, 1951, 113-122) - B.Reicke, The Law and this World According to Paul (ebd 259-276) - K.Stendahl, Das Gesetz als Wächter bis auf Christus (SEÅ 18/19, 1953/54, 161-173; schwed.) - W.Schmithals, Die Häretiker in Galatien (ZNW 47, 1956, 25-67) - E.Klostermann, Zur Apologie des Paulus Gal 1, 10 - 2, 21 (WZ Halle 6, 1957, 763-766). *G.Stählin*

Zur *Auslegungsgeschichte* (s. auch → Schriftauslegung: IV; → Paulusbriefe):

Quellen: 4.Jh.: Euseb v. Emesa (ed. K.Staab, Pauluskommentare aus der griech. Kirche [NTA 15], 1933, 46ff) - Marius Victorinus (MPL 8). - 5.Jh.: Chrysostomus (MPG 61) - Severian v. Gabala (ed. K.Staab, aaO 298ff) - Hieronymus (MPL 26) - Augustin (MPL 35) - Gennadius I. v. Konstantinopel (MPG 85; ed. K.Staab, aaO 419f). - 9.Jh.: Photius (ed. K.Staab, aaO 604ff) - Claudius v. Turin (MPL 104). - 16.Jh.: Luther (WA 2; 40/I. II; 57) - Joh.Bugenhagen, Nürnberg 1525 - Calvin (CR 50 u. 51) - Hieronymus Seripando, Antwerpen 1567 - Adam Sasbout, Köln 1568. - 17.Jh.: Joh.Crell, Amsterdam 1656 - Franz Gomarus, Amsterdam 1664.

Lit.: J.A.Möhler, Hieronymus u. Augustinus im Streit über Gal 2, 14 (Ges. Aufs. I, hg.v. J.Döllinger, 1839, 1-18) - F.Overbeck, Die Auffassung des Streites des Paulus mit dem Petrus bei den Kirchenvätern, 1877 - E.Malfatti, Una controversia tra S.Agostino e S.Girolamo: il conflitto di Antiochia (Scuola Catt. 49, 1921, 321-338. 402-426) - P.Auvray, S.Jérôme et S.Augustin. La controverse au sujet de l'incident d'Antioche (RSR 29, 1939, 594-610) - G.Simard, La querelle de deux saints. Saint Jérôme et saint Augustin (Revue de l'Université d'Ottawa 12, 1942, 15-38; zu Gal 2, 11ff) - W.B.West, Ante-Nicene Exegesis of Romans and Galatians, Los Angeles 1943 - J.M.Bover, Un texto de S.Pablo (Gal 4, 4f) interpretado por S.Ireneo (Estudios Eclesiásticos 17, 1943, 148-181) - S.Zedda, L'adozione a figli di Dio e lo Spirito santo. Storia dell'interpretazione e teologia mistica di Gal 4, 6, Rom 1952. *W.Werbeck*

Galen, 1. *Christoph Bernhard von* (1606-78), seit 1650 Bischof von → Münster, regierte absolutistisch und erweiterte seine Macht durch ständige Kriege. Er unterwarf die nach Reichsunmittelbarkeit strebende Stadt Münster, gewann für sein Fürstbistum einige Grenzgebiete und sicherte ihm das Niederstift. Mit Leidenschaft beteiligte er sich an politischen Unternehmungen und führte Kriege in Holland, Frankreich, Ungarn. Im Volk war der »Kanonenbischof« unbeliebt, da er das Land in Schulden stürzte. G. wirkte im Geiste der schroffen → Gegenreformation, bevorzugte die Jesuiten, förderte neue Klostergründungen und trachtete danach, den Protestantismus restlos auszurotten. Der Dienst an der kath. Kirche galt ihm mehr als die Erhaltung des Friedens.

E.Minn, Lebensbeschreibung d. Fürstb. Ch.B.v.G. (Diss. Münster), 1907 - J.Schmidlin, Ch.B.v.G. u. die Diözese Münster (Westfalen 2, 1910, 1-17) - Th.Bading, Die innere Politik Ch.B.s v. G. (Westfäl. Zs. 69, 1913, 179-303) - H.Pfeiffer, Ch.B.v.G. in seinem Verhältnis zu Kaiser u. Reich (ebd 90, 1934, 1-32) - H.Börsting, Gesch. des Bistums Münster, 1951 - E.Marquardt, Ch.B.v.G., Fürstb. v. Münster, 1951 - F.Brune, D. Ringen um eine ev. Kirche im Münsterlande, 1953, 158ff - W.Kohl, Grundzüge der Politik Ch. B.s v.G. 1650-1678 (Westfalen 34, 1956, 103-132). *R.Stupperich*

2. *Clemens August Graf v.*, Kardinal (16.3.1878 bis 22.3. 1946), * Burg Dinklage/Oldbg., † Münster. Seit 1890 vor allem im Jesuitengymnasium Feldkirch in Österreich erzogen, studierte G. Theologie (Freiburg/Schw. 1897/98, Innsbruck 1898-1903), wurde entgegen seiner ursprünglichen Neigung zum Ordensmann 1904 Weltpriester und war bis 1906 Domvikar in Münster, 1906-29 Kaplan, Kurat und Pfarrer in Berlin, seit 1929 Pfarrer an St.Lamberti in Münster. Als Bischof von Münster (1933-46; 1946 Kardinal) wurde dieser unerschrockene Edelmann, der mit Leidenschaft für Recht und Gerechtigkeit und gegen jede Staatsvergötzung kämpfte, immer mehr zur zentralen Gestalt des kath. Widerstandes gegen das nationalsozialistische Regime (vor allem durch seine 3 berühmten und weit verbreiteten Predigten von 1941). Von starkem vaterländischen Gefühl, trug er schwer am Zusammenbruch Deutschlands und wandte sich auch gegen Ausschreitungen der Besatzungsmächte. G. war eine herbe und schlichte Natur, voller Humor und von einer kindlichen, streng kirchlichen Frömmigkeit, die Biblisches und Marianisches gleicherweise umgriff. 1957 wurde in Münster der Informativprozeß für die Seligsprechung G.s eröffnet.

H.Portmann, Bischof Graf v.G. spricht, 1946 - Ders., Der Bischof v. Münster. Das Echo eines Kampfes f. Gottesrecht u. Menschenrecht, 1946 - Ders., Dokumente um den Bischof v. Münster, 2 Bde, 1948. - Über G.: H.Portmann, Kard.v.G., (1948) 1957$^{5-6}$ (engl.

London 1957) - EC V, 1864 - M.BIERBAUM, Nicht Lob nicht Furcht. Das Leben d. Kard. v.G. nach unveröff. Briefen u. Dokumenten, (1955) 1958³ (Lit.). *G.Maron*

Galfried → Geoffrey.

Galiläa (vgl. Karte bei → Palästina), das nördliche Drittel des Westjordanlandes, steigt im Dschermak zu 1199 m Höhe auf und sinkt am See Genezareth bis 208 m unter den Meeresspiegel. Der Name G. (gᵉlîl haggōjîm Jes 8, 23) stammt wohl aus der vorisraelitischen Zeit (Alt). Bei der Landnahme (→ Israel: I) wurde G. Sitz der →Stämme Naphthali (Osten), Sebulon (Mitte) und Asser (Westen); dazu kamen Dan hoch im Norden und Issakar in der Ebene Jesreel. Für einen Teil der Stämme war der → Tabor gemeinsames Heiligtum. Die Überlieferung weiß von zusammengeballtem Widerstand in der Frühgeschichte (Jabin und Sisera, Jos 11; Ri 4f) und auch sonst von mancherlei Auseinandersetzungen mit der vorgefundenen Bevölkerung (Gen 49, 14f; Ri 1, 27-33). Dennoch galten die Stämme als fester Bestandteil schon der Amphiktyonie, so daß eine ihrer Städte geradezu »Mutter in Israel« heißen konnte (2Sam 20, 19). 733 fiel G. mit der Ebene Jesreel Ayssrien zu und wurde zur Provinz magidu (= → Megiddo; vgl. Jes 8, 23 und Alt II, 211). Die Bevölkerung blieb überwiegend jüdisch, aber ohne Eigenrechte; die Herrenschicht wechselte je nach der Großmacht. Die Judaisierung durch die Hasmonäer betraf (nach Josephus, Ant. XIII, § 318) wesentlich die »Ituräer«. Gleichwohl galten die Bewohner G.s (auch im NT!) als Juden minderen Ranges. G., wichtigster Schauplatz der Wirksamkeit Jesu, gehörte von 4 vChr bis 39 nChr zum Reich des → Herodes Antipas, der Sepphoris zur Hauptstadt machte. Nach dem Tode des Agrippa (44) unterstand es der römischen Verwaltung. Im jüdischen Krieg (66-70) lag in G. das erste Zentrum des Aufstandes, bei dem → Josephus eine wichtige Rolle spielte. Später war G., vor allem → Tiberias, Sitz rabbinischer Gelehrsamkeit. Das Christentum hat das Land nicht so durchdrungen, wie die Bischofslisten der vorislamischen Zeit es vermuten lassen; wohl aber hat der Islam später das Gros der Bevölkerung aufgesogen. Heute gehört G. ganz zum Staat → Israel (: III) mit arabisch gebliebenen Enklaven (u.a. Nazareth).

Außer den Geschichten → Israels vgl. A.ALT, Die Bistümer der alten Kirche Palästinas (PJ 29, 1933, 67-88) - DERS., Galiläische Probleme (PJ 33-36, 1937-40 = ALT II, 363-435) - DERS., Die Stätten des Wirkens Jesu (BBLAK 68, 1949, 51-72 = ALT II, 436-455). *H.W.Hertzberg*

Galilei, *Galileo* (1564-1642), Sohn des Komponisten und Musiktheoretikers Vincenzo G., 1589 Prof. der Mathematik in Pisa, 1592 in Padua, 1610 Mathematicus primarius und Philosophus Cosimos II. von Toskana und der Universität Florenz. G. ist durch seine physikalischen und astronomischen Entdeckungen und die methodische Grundlegung der mathematischen → Naturwissenschaften ebenso berühmt geworden wie durch den Inquisitionsprozeß (→ Inquisition), bei dem das römische Officium ihn zwang, dem kopernikanischen Weltbild abzuschwören (1633).

G.s Forschungen über die Wurfbewegung und den freien Fall führten ihn zu einer allgemeinen Theorie der Ortsbewegung. In ihr kommt die schon im Spät-MA (Nikolaus von Oresme) beginnende Suche nach der Gesetzlichkeit der Naturvorgänge ans Ziel. Die wahren Ursachen der Dinge sind nicht wiederum Dinge, nicht Substanzen, sondern die Gesetze, die in der Natur walten (→ Naturgesetze). Die Natur spricht die Sprache der Sinne, der Zusammenhang ihrer Aussagen ist aber nicht ein logischer – wie die spekulative Naturphilosophie des Spätaristotelismus (→ Aristotelismus) lehrte –, sondern ein mathematischer. Die Naturerkenntnis hat nur eine Quelle: die sinnliche Gegebenheit und mathematische Analyse der Naturerscheinungen selbst. G. stellt sie als ein zweifaches Verfahren dar: das Gesetz muß als eine Beziehung von Größen zur Erklärung des Beobachteten (metodo compositivo) im voraus entworfen und dann im Experiment, durch messende Zergliederung des Einzelvorgangs (metodo risolutivo) nachgeprüft und bestätigt werden. Die Gesetzmäßigkeit des Einzelfalles ist allgemeingültig. Das Revolutionäre des neuen Wissenschaftsideals war die Ausschaltung der teleologischen Naturdeutung (→ Teleologie) und der Herrschaft der scholastisch-aristotelischen Philosophie über die Physik. G. und seine Anhänger waren sich der Reichweite dieser Neuerung bewußt, ebenso aber seine Gegner. Auf dem Gebiet der Physik kam der Widerstreit kaum zum Ausdruck, wohl aber in der Astronomie (vgl. →Astrologie, 2c), wo die Konsequenzen für das →Weltbild (: IV) der Zeit offen zutage lagen. G. gelang eine Reihe entscheidender astronomischer Entdeckungen (u.a. mit Hilfe eines selbstgebauten Fernrohrs), die - wie auch die Gesetze der Ortsbewegung - eine mittelbare Bestätigung für des → Kopernikus Lehren »De revolutionibus orbium coelestium« (1543) ergaben. Vor allem die Auffindung der Jupitermonde wirkte dahin. Die Analogie zwischen Erde und Jupiter machte wahrscheinlich, daß auch die Erde ein Himmelskörper unter anderen sei. - Die später immer als echte Krisis empfundene geistesgeschichtliche Lage der Zeit veranlaßte 1616 die Indexkongregation (→ Index), die beiden Sätze, daß die Sonne der Mittelpunkt der Welt sei und daß die Erde sich bewege, als der Hl. Schrift widersprechend zu verurteilen, das Werk des Kopernikus zu »suspendieren« (aufgehoben 1757) und G. zur Einsicht der Irrigkeit solcher Lehren zu vermahnen. Die Wirkung von G.s »Dialogo sopra i due massimi sistemi del mondo« (1632) führte zu dem Inquisitionsprozeß von 1633 (s.o.). G. konnte - ständig unter Aufsicht gehalten - seine Forschungen fortsetzen. Der indizierte »Dialog« wurde 1822 freigegeben. Dieses Werk und die späteren »Discorsi e dimostrazioni matematichi intorno a due nuove scienze« (1638), die die theoretische Grundlegung der neuzeitlichen Physik darstellen, begründen G.s überragende Stellung in der Wissenschaftsgeschichte.

Opere, prima edizione completa ed. E.ALBÈRI, 16 Bde, Florenz 1842-56 - Le opere di G., Edizione Nazionale ed. A.FAVARO, 20 Bde, Florenz 1890-1909. - Bibliogr.: A.FAVARO, Bibliografia Galileiana, (Rom 1896) Venedig 1942² (ed. G.FAVARO) - S.VISMARA, Bibliografia galileiana (Nel terzo centenario... [s.u.] 407-426). - Über G.: E. WOHLWILL, G. u. sein Kampf für die copernicanische Lehre I. II, 1909/29 - F.WIESER, G. als Philosoph, 1919 - L.OLSCHKI, G. u. seine Zeit, 1927 - E.CASSIRER, Wahrheitsbegriff u. Wahrheitsproblem bei G. (Scientia 62, 1937, 121-130 [41-48]. 185-193 [69-76]) - F.SHERWOOD TAYLOR, G. and the freedom of thought, London 1938 - A. KOYRÉ, Études Galiléennes I-III, Paris 1939 - DERS., La loi de la chute des corps, Descartes et G., Paris 1939 - S.MILANO, I grandi promotori del metodo sperimentale, Leonardo d.V., G.G., Trani 1942 - Nel terzo centenario della morte di G.G., Saggi e conferenze (Pubbl. dell'Univ. Catt. del Sacro Cuore, Scienze Storiche 20), Mailand 1942 - F.DESSAUER, Der Fall G. u. wir, (1943) 1949² - K.ULMER, Die Wandlung des naturwiss. Denkens zu Beginn der Neuzeit bei G. (Symposion, Jb. f. Philos. 2, 1949, 293-348) - A.MAIER, Die Vorläufer G.s im 14.Jh., Rom 1949 - A.GUZZO, G. (Filosofia 4, 1953, 405 bis 450). *W.Stache*

Gallien, seit → Caesars Feldzügen (58-51 vChr) bis zum Rhein römische Provinz, von Augustus, abgesehen von der schon am Ende des 2.Jh.s vChr eroberten Provence (Provincia Romana) unter senatorischer Verwaltung, in drei Provinzen unter kaiserlichen Statthaltern geteilt: Aquitania (Südwesten bis zur Loire), Gallia Lugdunensis mit der Hauptstadt → Lyon, im Norden Gallia Belgica, während das linksrheinische Gebiet als → Germanien unter besondere Verwaltung kam. Die Reformen unter → Diokletian und → Konstantin ersetzten die alte Ordnung durch eine neue Unterteilung in 17 Provinzen, die bis 1791 die Grundlage der kirchlichen Einteilung bildete. Seit dem Ende des 1.Jh.s nChr machte die Romanisierung rasche Fortschritte. Das Lateinische verdrängte von den Städten aus Schritt für Schritt das Keltische; auf dem Lande war es vor allem die christliche Mission (Martin, s.u.), die ihm zum Siege verhalf. Der Abschluß dieser Entwicklung fällt praktisch mit dem Untergang des römischen Reiches in G. zusammen (Eindringen der → Franken, → Burgunder, West- → Goten u.a.; Sieg Chlodwigs über den Statthalter Syagrius 486). – Die ersten Christengemeinden in G. werden in der zweiten Hälfte des 2.Jh.s in Lyon und Vienne (Christenverfolgung von 177: Euseb h.e. V, 1, 2; Bischofsamt des → Irenäus, † ca 200) bezeugt. Nach → Gregor von Tours (hist. Franc. I, 28) wurden um die Mitte des 3.Jh.s 7 Glaubensboten von Rom nach G. geschickt, darunter Trophimus nach Arles, Saturninus nach Toulouse und → Dionysius, der erste Bischof von Paris. Die Synode von → Arles 314 zählte 33 Bischöfe. Dagegen ist in Aquitanien, aber auch im Innern und im Norden des Landes noch alles still. Im mittleren G. hat → Martin von Tours das keltische Heidentum weithin mit Gewalt gebrochen. Er gründete in Ligugé bei Poitiers um 380 das erste Mönchskloster, → Honoratus von Arles um 410 ein zweites in Lerinum und Johannes → Cassianus in Marseille ein Mönchs- und Nonnenkloster. Um die gleiche Zeit setzte sich, wenigstens im Süden des Landes, die Metropolitanverfassung durch (→ Arles), im Norden fehlten noch lange Provinzialverbände und die feste Abgrenzung der Bistümer. Das innere Leben der Kirche im 4. und 5.Jh. war bewegt und gehemmt durch die Lehrstreitigkeiten, in die das Land hineingezogen wurde. Im → arianischen Streit standen die gallischen Bischöfe von Anfang an auf der Seite der Athanasianer, die auf der Synode von Arles 353 siegten und in → Hilarius von Poitiers einen erfolgreichen Vorkämpfer fanden. Im Streit um → Pelagius trat der Widerspruch gegen Augustins Gedanken schon zu dessen Lebzeiten auf (in Marseille Joh.Cassianus und → Vincentius von Lerinum). In Süd-G. blieb die Theologie der Massilienser (erst im MA Semipelagianer genannt; → Pelagianismus) herrschend, im 5.Jh. glänzend vertreten durch → Faustus von Reji. Der Umschwung zugunsten des Augustinismus erfolgte später, als → Cäsarius von Arles und → Felix IV. von Rom auf der Synode von Orange 529 die Verurteilung der massiliensischen Anschauungen durchsetzten. – Hatte das Vordringen der westgermanischen Stämme gegen die alten römischen Provinzen zunächst die fast völlige Ausrottung des Christentums oder doch den Kampf gegen die kath. Kirche zur Folge gehabt (→ Goten: Westgoten), so brachte Chlodwigs Übertritt zum Katholizismus und seine Verbindung mit Römertum und Kirche die endgültige Durchsetzung des kath. Christentums (→ Franken, → Frankreich: I).

Außer der Lit. zu → Frankreich: I: L.Duchesne, Fastes épiscopaux de l'ancienne Gaule, 3 Bde, 1907-15 – C.Jullian, Histoire de la Gaule, Bd 6-8, Paris 1920-28 – E.Griffe, La Gaule chrétienne à l'époque romaine I. II, Paris-Toulouse 1947/57 – R.Louis, Les Églises d'Auxerre (Autessiodurum christianum), Paris 1952.

† E.Lachenmann (H.I.Marrou)

Gallikanische Meßliturgie → Gottesdienst: V B, 1 a.

Gallikanischer Gesang ist der Choral der merowingischen Kirche, am nächsten dem spanischen und → ambrosianischen Gesang verwandt, nur äußerst bruchstückhaft überliefert, seit er von den Karolingern (zuerst 752) durch den → gregorianischen Choral ersetzt wurde. Doch war er wahrscheinlich schon vorher mit italienischen oder orientalischen Elementen durchsetzt und hatte, da Gallien eine zentrale kirchliche Spitze fehlte, eine einheitliche Gestalt höchstens in der → Messe (: IV) gewonnen. Diese enthielt folgende Gesänge: eine einleitende → Antiphon (vgl. den gregorianischen → Introitus), das Trishagion (in der röm. Liturgie am Karfreitag gesungen; → Liturgik: III), das → Kyrie, das Canticum Zachariae (→ Cantica), dann nach je einer Lektion das Canticum trium puerorum, ein → Responsorium und vor und nach dem Evangelium eine Prozessionsantiphon ante evangelium (eine Vorstufe zu dem Konduktus beim Herbeitragen des Evangeliars) und ein → Halleluja (, 2) sowie die Preces (eine ausgestaltete Litanei). Alsdann folgen der Sonus (vgl. → Offertorium) und Halleluja, → Sanctus, eine Antiphon ad Confractionem (wie im ambrosianischen Gesang) und das Trecanum (Antiphon = Communion). Im Gegensatz zur röm. Liturgie überwiegen die gleichbleibenden Texte. Anderseits erlauben die Prozessionen, Litaneien und Kehrreime eine größere Anteilnahme des Volkes. Bei der Dürftigkeit des erhaltenen Materials läßt sich über die besondere Art der Musik wenig aussagen. Wahrscheinlich hat die Rhythmik in ihr eine größere Rolle gespielt und tonal eine andere pentatonische Reihe die Musik gefärbt. Trotz des klanglosen Endes ist der g.G. bedeutungsvoll durch seine Auswirkungen auf die mittelalterliche Musik.

A.Gastoué, Le chant gallican (Revue du chant grégorien 41-43, 1937-39) – MGG IV, 1299ff – DACL VI, 310ff – New Oxford History of Music II, 1954, 72ff.

E.Jammers

Gallikanismus

1. Entstehungsursachen – 2. Historischer Verlauf – 3. Hauptrepräsentanten – 4. Kirchenkonzeption – 5. Staatskonzeption – 6. Gesinnungsverwandte – 7. Nachwirkungen

1. G. ist die Selbstbezeichnung des französischen kath. Staatskirchentums vom Spät-MA bis zur Revolution (→ Frankreich: I). *Entstehungsursachen* waren: Nationales Empfinden, das sich im Zusammenhalt gegen Kaiser, Papst und englische Eroberer manifestiert; absolutistisches Interesse an der Verwendung der Kirche als Regierungsinstrument im Kampfe gegen Außenmächte und Feudale; Bischofsinteresse an Unabhängigkeit vom Papst und an einem über ihm stehenden Konzil (→ Episkopalismus); religiöse Untergrabung der Papstkirche durch dualistische → Katharer und eine arme Kirche fordernde → Waldenser; der → Nominalismus, der die Realität der »universalia« leugnet, dadurch eine Betonung von Realität und Wert des Partikularen und hiermit auch der innerkirchlichen Sondergruppen bedeutet; schließlich der Einfluß des kaiserlichen und englischen Antipapalismus. Diese Motive sind im historischen Verlauf – im wechselvollen Miteinander und Gegeneinander – immer wirksam gewesen.

2. Ausgelöst wird die Entwicklung durch die Rückkehr → Urbans V. nach Rom (1378) und durch das daraus entstehende Schisma. Wenn der in Avignon (Papstresidenz 1309-77) residierende Papst an Einfluß verliert und unfähig wird, eine für Frankreich vorteilhafte Politik zu betreiben, wird er fallengelassen; man will lieber kirchliche Angelegenheiten unabhängig vom Papst regeln und erläßt entsprechende Erklärungen (1407 die Ordonnanzen von Paris; 1438 die Pragmatische Sanktion von Bourges; 1594 die 83 Artikel der Libertés de l'Eglise gallikane des Pierre Pithou), in denen auch Tendenzen des Konziliarismus (→ Kirchenverfassung: IV) und des Episkopalismus zu Worte kommen. Auch die »Declaratio Cleri Gallicani« Bossuets (1682), die Richtschnur für Monarchen, Klerus und Beamte bis zur Revolution,

ist ein Zeichen päpstlicher Ohnmacht. Erst das erneute Erstarken des päpstlichen Zentralismus im 19.Jh. (→ Papsttum: III) beendet den G.

3. *Hauptrepräsentanten* sind: Verteidiger Philipps des Schönen (Wilhelm von Nogaret, Pierre Dubois u.a.), die Konzilstheoretiker (zB → Marsilius von Padua, → Ockham, → Petrus von Ailly, → Gerson), Kanonisten wie Dupuy und → Richer, am Pariser Parlament bes. → Pithou, Bischöfe wie De → Marca und → Bossuet sowie vereinzelte Jesuiten.

4. Nach Ausmerzung der von Marsilius vertretenen Forderung einer demokratischen und besitzlosen *Kirche* wird ein dreifacher G., ein episkopaler, parlamentarischer und königlicher (so Hanotaux) verwirklicht. Der bischofsaristokratische Katholizismus anerkennt zwar den Ehrenvorrang des Papstes, der aber für Stellenbesetzung, Bücherverbot, Glaubensentscheidungen und Finanzen in Frankreich nur begrenzte Verfügungsgewalt hat.

5. Der franz. König soll Papst, Kaiser und Feudalen gegenüber unumschränkt sein: dies der Sinn der »souveraineté«, die im Kampf gegen jene drei Gegner erstritten wird; als ihr Inhaber entsteht, gleichfalls unter Ausmerzung des von Marsilius betonten demokratischen Elements, eine absolutistische Regierung, getragen vom Stadtbürgertum und einem juristisch geschulten Beamtentum, der »Noblesse de robe«, die vor allem in den »Parlements«, den obersten Gerichtshöfen, den G. hochhält. Dabei anerkennen sie aber alle, einschließlich des Extremisten Bossuet, die Theorien vom → Natur- und → Menschenrecht sowie vom gesellschaftsgründenden Vertrag der vorher staatslosen Menschen, dh also ein individualistisches Element, das, durch den Nominalismus infiltriert, im Kampf gegen Papstansprüche verwandt worden war.

6. Als *Gesinnungsverwandte* sieht man im Kampf gegen die papalistischen → Jesuiten kontemplative und geschichtsforschende → Mauriner und → Oratorianer an, aber nur zeitweilig den → Jansenismus, der dem Absolutismus der Krone (→ Regalien) widersprach.

7. *Nachwirkungen* finden sich in anderwärtigem Staatskirchentum (→ Kirche und Staat) und → Episkopalismus (→ Emser Kongreß, → Hontheim, Scip. de → Ricci, → Sarpi, → Werkmeister, → Wessenberg). Folgenschwerer sind die theologisch-philosophische Unterbauung des neuzeitlichen Souveränitätsbegriffs sowie die unabgerissene Kontinuität und Übermittlung naturrechtlicher Elemente durch Staatskirchentum und »Parlamente« an die Aufklärung. Ein Zerfall der staatskirchlichen Einheitskultur wird dadurch eingeleitet und der Revolution und dem Liberalismus der Weg gebahnt. Obwohl der G. seit dem → Vatikanum 1870 endgültig verworfen wurde und sich der Katholizismus in Frankreich offiziell von ihm distanziert hat, wirken in der modernen französischen Literatur starke gallikanische Elemente nach (L. → Bloy, M.Barrès, Ch.Péguy, E.Psichari), ebenso in säkularisierter Gestalt in der Action française (Ch. → Maurras). Er findet sein Symbol im Kult der Nationalheiligen, der → Jeanne d'Arc, und wird bei J. → Maritain, H.Massis und G.Valois zum Ausdruck der französischen Zivilisationsidee schlechthin. Bei P. → Claudel verbindet er sich mit einem ausgesprochenen Antiprotestantismus (→ Renouveau Catholique).

Sammlungen alter Qu.: Traitez des droits et libertés de l'Eglise Gallicane, hg.v. P.Dupuy, Paris 1639 - Preuves des libertés de l'Egl. Gall., hg.v. P.Dupuy, ebd 1639 - M.Goldast, Monarchia Sancti Romani Imperii, 1688 - H.v.d.Hardt, Magnum oecumenicum Concilium Constantiense, 7 Bde, 1697-1742. - Über die Anfänge des G. vgl. ALKGMA 4-7 - V.Martin, Le Gallicanisme et la réforme catholique, 1919 - Ders., Le Gallicanisme et le clergé de France, 1929 - Ders., Les origines du Gallicanisme, 2 Bde, 1938/39 - K.Schleyer, Anfänge des G. im 13.Jh. (Hist. Studien 314), 1937 - G.Mollat, Les origines du Gallicanisme parlementaire (RHE 43, 1948, 90-147). - Biogr. u. bibliogr. Details bei J.F.v.Schulte, Die Gesch. der Qu. u. Lit. des Canonischen Rechts II. III, 1877/80. - Ferner: P.Honigsheim, Zur Soziologie der mittelalterl. Scholastik (Hauptprobleme der Soziol., hg.v. M.Palyi, II, 1923, 173-218) - Ders., Soziol. des realist. u. des nominalist. Denkens (Versuche zu einer Soziol. des Wissens, hg.v. M.Scheler, 1924, 308-322) - Ders., Le Gallicanisme précurseur du 18e siècle (Archives de Philosophie du droit 9), 1939 (Lit.) - G.Hanotaux, Sur les chemins de l'histoire I (Théorie du Gallicanisme), Paris 1924 - RGG² II, 852f (Lit.) - J.Wilhelm, Das Fortleben des G. in der franz. Lit. der Gegenwart, 1933 - C.Epting, Das franz. Sendungsbewußtsein im 19. u. 20.Jh., 1952 - Catholicisme IV, 1731ff.

P.Honigsheim

Gallio-Inschrift heißt die Wiedergabe eines Erlasses des Kaisers Claudius an die Stadt Delphi auf einer Marmortafel, deren Fragmente 1905 veröffentlicht wurden. Auf ihr erscheint als amtierender Prokonsul von Achaia L.Iunius Gallio, der auch sonst bekannte Bruder → Senecas. In seine Amtszeit fällt nach Apg 18, 12 der Aufenthalt des → Paulus in Korinth auf der sog. Zweiten Missionsreise. Die Amtszeit Gallios wird durch die Inschrift bestimmt, und somit ergibt sich ein Anschluß der relativen Chronologie des Paulus an die allgemeine Zeitrechnung - darin besteht der Wert der G. Doch lassen ihre Angaben einen gewissen Spielraum für die einjährige Regierung Gallios zu: man schwankt daher bei dieser zwischen Frühjahr 51/52 oder - wohl weniger wahrscheinlich - 52/53 (→ Christentum: I, 6).

A.Deissmann, Paulus, (1911) 1925², 205ff - W.Dittenberger, Sylloge Inscriptionum Graecarum II, 1917³, Nr. 801 D (vgl. Suppl. Epigr. Graecum III, 1927, 389) - Dict. de la Bible, Suppl. II, 1934, 355ff - E.Groag, Die röm. Reichsbeamten von Achaia bis auf Diokletian, Wien 1939, 32ff - P.Lemerle, Philippes et la Macédoine Orientale, Paris 1945, 18f (Lit.) - E.Haenchen, Die Apg (MeyerK III¹⁰), 1956, 60ff (Lit.).

W.Eltester

Gallitzin, *Amalia Fürstin von,* geb. von Schmettau (1748-1806), in ihrer Jugend von aufklärerischer Lektüre beeinflußt, heiratete 1768 den russischen Gesandten im Haag, Fürsten G., einen Freund der Enzyklopädisten. Da das gesellschaftliche Leben sie innerlich leer ließ, zog sie sich in ein Bauernhaus zurück, um unter dem Einfluß der Ideen → Rousseaus der Erziehung ihrer Kinder und ihrer eigenen Bildung zu leben. Dabei wurde Franz → Hemsterhuis ihr Freund und Lehrer. Von der Schulreform des Generalvikars Franz v. → Fürstenberg angezogen, siedelte sie 1779 nach Münster über. Um A.v.G. und Fürstenberg sammelten sich bedeutende Persönlichkeiten, deren geistlicher Mentor B.H.Overberg war. Hier fand sie langsam zum kath. Glauben zurück, wobei ihr J.G. → Hamann, der sein letztes Lebensjahr in dem Münsterer Kreis verbrachte, in seiner christlichen Existenz vorbildlich wurde. In der »familia sacra«, die u.a. mit F.H.Jacobi, Claudius und Goethe freundschaftlich verbunden war, konvertierte 1800 F.L. → Stolberg. Bei dem Kreis um A.v.G. und Fürstenberg, der als eine Parallele zur → Erweckungsbewegung für die Erneuerung des deutschen Katholizismus bedeutsam wurde, handelt es sich geistesgeschichtlich um einen eigentümlichen Übergang von Aufklärung und Empfindsamkeit zu Romantik und Restauration.

Mittheilungen aus dem Tagebuch u. Briefwechsel der Fürstin A.v. G., 1868; Briefwechsel u. Tagebücher der Fürstin A.v.G., 3 Bde, 1874/76 (zu den Hss. vgl. E.Trunz in: Westfalen 33, 1955, 1-6). - Über A.v.G.: J.Galland, Die Fürstin A.v.G. u. ihre Freunde, 1880 - P.Brachin, Le cercle de Münster (1779-1806) et la pensée religieuse de F.L.Stolberg, Lyon u. Paris 1952 (Lit.) - F.Blanke, Hamann u. die Fürstin G. (ThLZ 77, 1952, 601-608 = Hamann-Studien, Zürich 1956, 113ff; Lit.) - E.Reinhard, Die Münsterische »Familia sacra«, 1953 (Lit.) - K.Gründer, Hamann in Münster (Westfalen 33, 1955, 74-91) - W.Bruford, Fürstin G. u. Goethe, 1957.

M.Rohkrämer

Gallus, 1. *der Heilige,* * um 555 in Irland, † am 16.10. 650 (nach Blanke). Er begleitete → Columban d.J. auf das Festland, trennte sich in Bregenz von ihm und gründete 612 an der Stelle des späteren Klosters → St.Gallen (→ 11 F 5) eine Mönchsniederlassung.

Viten: MG SS rer. Merov. IV, 229-337. - F.BLANKE, Columban u. G., 1940 - DERS., Die letzten Lebensjahre des hl. G. (NSR NF 9, 1941/42, 494-503) - L.KILGER, Die Quellen zum Leben der hl. Kolumban u. G. (ZSKG 36, 1942, 107-120) - E.G.RÜSCH, G. u. der Bär, 1950 - Sankt-G. Gedenkbuch, 1952. *R.Pfister*

2. *Nikolaus,* * um 1516 in Köthen, † 1570 in Wildbad (Schwarzwald). 1530 Student in Wittenberg, 1540 Lehrer in Mansfeld, 1543 Diakonus in Regensburg, geht 1548 wegen des → Interims. Nach kurzem Dienst in Wittenberg 1549 Pfarrer in Magdeburg, wo er in engste Kampfgemeinschaft mit → Flacius trat. 1553 Pfarrer und Sup. in Regensburg. Besondere Bedeutung hatte G. durch seine eifrige Fürsorge für die Evangelischen Österreichs.

RE VI, 361 ff; XXIII, 497f - L.THEOBALD, Einiges über die Lebensschicksale des G. während seiner Regensburger Superintendenturzeit (ZBKG 19, 1949, 69-77; 20, 1950, 100) - DERS., Die Reformationsgesch. der Reichsstadt Regensburg II, 1951. *Matth.Simon*

Gamaliel (Gämlî'el), Name mehrerer hervorragender rabbinischer Gelehrter, bes.:

1. *Rabban G. der Alte,* ca 25-50 nChr in Jerusalem wirkend, wahrscheinlich Nachkomme (Sohn oder Enkel?) → Hillels, jedenfalls »aus sehr angesehener Familie« (Josephus vita 38 § 190 f), Pharisäer und Wahrer Hillelschen Erbes. Dank des vorwiegend anonymen Charakters der älteren Tradition ist uns nur wenig unter dem Namen G.s überliefert. Sein hohes Ansehen zeigt jedoch Soṭa 9, 15: »Seit Rabban G. der Alte gestorben ist, hat die Ehrfurcht vor dem Gesetz aufgehört, und Reinheit und Enthaltsamkeit sind dahin.« G. ist also Apg 5, 34 richtig gekennzeichnet, wenngleich die Schilderung seines Eintretens für die Apostel keinen historischen Wert besitzt. Die Nachricht Apg 22, 3, → Paulus sei Schüler G.s gewesen, bleibt unkontrollierbar, verdient aber doch stärkeres Vertrauen, da eine rabbinische Schulung bei Paulus unverkennbar ist. - Die spätere christliche Legende läßt G. Christ werden (Pseudo-Clement. Rec. 1, 65 ff).

2. *Rabban G. II.,* Enkel von 1 (vgl. bes. bSchab 115 a, bei Bill. II, 527), als Nachfolger des → Jochanan ben Zakkai ca 80-110 nChr Leiter (naśî') des nach dem Untergang Jerusalems und seines Synhedriums i.J. 70 begründeten Lehrhauses von *Jabne* (Jamnia) und von entscheidender Bedeutung für die innere Neuordnung des → Judentums (: I). Unter seiner Autorität werden Kanon und Konsonantentext des AT endgültig fixiert (→ Bibel: I B, 2; → Text: I), zahlreiche halachische Streitfragen durch Mehrheitsbeschluß, meist zugunsten der Überlieferung → Hillels, entschieden sowie die endgültige Ausschließung der Judenchristen (→ Judenchristentum: I) vollzogen durch die Einfügung der birkät hä-mînîm (Verfluchung der »Nazaräer« und anderer Häretiker) in das → Schmone 'Esre (vgl. Joh 9, 22; 12, 42; 16, 2).

W.BACHER, Die Agada der Tannaiten I, (1884) 1903², 73 ff (zu 2) - SCHÜRER II, 429 ff. 435 ff - STRACK, Einl. 120. 122 f - BILL. II, 527. 636 ff (zu 1) - UJE IV, 506 ff. *C.-H.Hunzinger*

Gambold, *John* (1711-71), erster Bischof der Brüdergemeine (→ Brüderunität: II) in England, Liederdichter, * Puncheston (Pembrokeshire), † Haverfordwest (Wales), eine mystisch-poetische weiche Natur. Nach seiner Studienzeit in Oxford (Christ Church), wo er in engste Gemeinschaft mit John und Charles → Wesley trat, wirkte er 1735-38 als anglikanischer Pfarrer in Stanton Harcourt b. Oxford und empfing 1738 einen tiefen Eindruck vom Grafen → Zinzendorf, den er in England als Dolmetscher begleitete. G. neigte mehr zu den Herrnhutern und brach 1741 mit John Wesley. Spätere Versöhnungsversuche schlugen fehl, und der Verlust G.s nahm Wesley gegen Zinzendorf ein. 1749 schlug G. Zinzendorf die Errichtung eines anglikanischen Tropus der Brüdergemeine vor und fand die Einwilligung des anglikanischen Bischofs Wilson von Sodor und Man. Auf der Brüdersynode von Marienborn 1764 spielte G. eine wesentliche Rolle. Seit 1768 lebte er in Haverfordwest, wo er eine Schule gegründet hatte. Er gehört zu den wenigen Engländern im 18.Jh., die Luther lasen.

Vf.: Maxims of Count Zinzendorf, 1751; Hymns, 2 Bde, 1754; The Reasonableness and Extent of Religious Reverence, 1756; A short Summary of Christian Doctrine, (1765) 1767²; The Martyrdom of Ignatius, a Tragedy (ed. B. LA TROBE), (1773) 1852³. - The Works of J.G., (1789) 1823³ (mit Biogr.). - Mitarbeiter an: Moravian Collections of Hymns, 1748-52, u. an den Acta Fratrum Unitatis in Anglia, 1749. - Mit-Hg.: The Works of F.Bacon, 5 Bde, 1765 (mit W.BOWYER). - Über G.: B. LA TROBE, Life of J.G., 1789 - D.BENHAM, Life and Labours of the Rev. J.G., 1865 - L.TYERMAN, The Oxford Methodists, 1873, 155 ff - DNB (Neudr. 1949/50) VII, 836 f - M.SCHMIDT, John Wesley I, 1953, 85 ff. 199 ff - C.W.TOWLSON, Moravian and Methodist, 1957, passim. *M.Schmidt*

Gândhî, *Mohandâs Karamcand* (2.10.1869 bis 30.1. 1948), * in Porbandar auf der Kathiavad-Halbinsel an der Westküste Indiens in einer der Kaufmannskaste angehörenden Familie; Vater wie Großvater waren jedoch Minister kleiner Fürstenstaaten. † in Delhi als Opfer des Attentates eines Hindu-Extremisten, der vor allem G.s Versöhnungspolitik zwischen Hindus und Mohammedanern beanstandete. - G. war die führende Kraft im Kampf des indischen Volkes um die Unabhängigkeit vom britischen Kolonialismus, sozialer und religiöser Reformer in seinem eigenen Volk, zugleich wirksamste Potenz des östlichen Erwachens überhaupt. Durch seine ethisch-religiös fundierte Politik der Gewaltlosigkeit, die ihn bis zur Selbstaufopferung führte, stellte er die »orthodoxe Methode der Gewalt« im Raume der Politik in Theorie und Praxis so radikal in Frage wie kein anderer in der Neuzeit und wurde damit zum unüberhörbaren Mahner des menschlichen Gewissens, bes. im Blick auf einen modernen Militarismus, der mit seinen Methoden der Massenvernichtung nach G. »die nackte Wahrheit der Gewalt« enthüllt. G. will als repräsentativ normative Gestalt verstanden sein. Die Gewaltlosigkeit oder ahinsâ, die »das Gesetz unserer Gattung ist, wie Gewalt das Gesetz des Wilden«, ist ihm grundbestimmender Zug in einem zu verwirklichenden neuen Bilde des Menschseins.

G.s Lebenswerk hat vier großen Einsätzen gegolten. Zwei Jahrzehnte führte er zunächst den Kampf um die bürgerliche und menschliche Anerkennung der als Kontraktarbeiter nach Südafrika eingewanderten Inder. Eine Handelsfirma seiner Heimatstadt schickte ihn, der in England Rechtswissenschaften studiert hatte, zur Erledigung eines Rechtsfalles dorthin. Dieser Kampf endete mit einem Sieg. Die von den Indern am meisten beanstandeten Gesetze wurden aufgehoben. Die Apartheitspolitik der Neuzeit bringt allerdings eine im Sinne G.s völlig rückläufige Bewegung. - Sein zweites Lebensziel suchte beharrlich die »Hindu-Muslim-Einheit« zu verwirklichen, endete aber in Fehlschlag und Bruderkrieg. Der Unabhängigkeitstag des 15.8.1947 besiegelte zugleich mit der unvermeidlichen Aufrichtung eines hinduistischen Hindustân und eines mohammedanischen Pâkistân den endgültigen Bruch (→ Indien: I). - G.s dritte Lebensaufgabe war der Rehabilitierung der Kastenlosen oder Unberührbaren gewidmet, die mehr als den vierten Teil der Hindugesellschaft ausmachen (→ Kaste: I. II). Als Genie sozialer Menschenliebe, als

Bruder der Ausgestoßenen erschütterte er erstarrte Vorurteile, als Politiker aber mußte er je länger je mehr die Orthodoxie »schonen«, um die unberührbaren Massen zuletzt zu enttäuschen. – Sein Haupteinsatz galt der Erringung der Freiheit, und doch wurde dessen geschichtliche Erfüllung »die größte Tragik seines Lebens«, denn das Prinzip der Gewaltlosigkeit findet nicht die ihm selbstverständliche Anerkennung.

Die Quellen der ahinsâ G.s sind in seinem eigenen Milieu zu suchen, in dem entscheidenden Vorbild der Mutter, dem Einfluß des → Jinismus, in bestimmenden Jugenderlebnissen, so daß später die Bibel, → Tolstoj, → Rousseau, → Ruskin und Thoreau eine geprägte eigene Haltung nur »bestätigten«. Die früher beliebte christliche Übermalung des G.-Bildes hat sich als unhaltbar erwiesen. Seine »neue Ordnung« der Gewaltlosigkeit und der entsprechenden »rechten Mittel« will zwar »niemals« Kompromisse eingehen; jedoch nötigten ihn seine aktive Unterstützung Englands im Buren- wie im ersten Weltkrieg, die Massenvernichtung eingeführter Waren im Zuge der Non-Cooperation Bewegung 1921/22, seine Befürwortung der militärischen Annexion Kâshmîrs 1947, Massenstreiks, Fasten als politisches Druckmittel usw ständig zum Paktieren mit physischer Gewalt wie moralischem Zwang. Gewaltlosigkeit ist »Idee«, »Ideal«, die »Gerade Euklids«, der keine konkrete Linie entsprechen kann, um immer auf sie bezogen zu bleiben.

G. war strikter Gegner der christlichen Mission und vertrat die Überlegenheit der indischen Kultur sowie den Universalitätsanspruch des → Hinduismus (: I) als des umfassendsten Religionsgebildes. Sein Gottesgedanke (»Die Wahrheit ist Gott«) blieb theoretisch blaß.

G.s Werke sind sämtlich im Navajivan Publishing House, Ahmedabad erschienen (1927ff). – Über G.: R.ROLLAND, M.G., 1923 – J.J.DOKE, G. in Südafrika, 1925 – W.E.MÜHLMANN, M.G., der Mann, sein Werk u. seine Wirkung, 1950 – L.FISCHER, Das Leben des M.G., 1951 – O.WOLFF, Mahatma u. Christus, 1955 – DERS., Indiens Beitrag zum neuen Menschenbild, 1957 (Lit.). *O.Wolff*

Gandulf († nicht vor 1185), Theologe und Kanonist (Prof.?) in Bologna, schrieb ein weitgehend, doch nicht ausschließlich von → Petrus Lombardus abhängiges Sentenzenwerk und eine (nur aus Zitaten bekannte) → Glosse zum Dekret des → Gratian.

Magistri Gandulphi Bononiensis Sententiarum libri IV, hg.v. J.v. WALTER, Wien-Breslau 1924. – GRABMANN II, 389ff – DThC VI, 1142ff; IX, 2156f – J.DE GHELLINCK, Le mouvement théologique du XIIe siècle, (Paris 1914) Brügge 1948^2, 297ff (Lit.) – Ü II, 276. 711 (Lit.) – DDC V, 934 – A.M.LANDGRAF, Einführung in die Gesch. der theol. Lit. der Frühscholastik, 1948, 101f – LANDGRAF, passim – FEINE 250f – Catholicisme IV, 1744f – EC V, 1931. *M.A.Schmidt*

Gansfort, *Wessel* (1419–89), aus Groningen, zählt zu den sog. Vorreformatoren. G. ist der friesische Familien-(Heimat-)Name, W. der Taufname; der Vorname Johannes ist ihm entweder infolge von Verwechslung mit Joh. → Ruchrat von Wesel irrtümlich beigelegt worden oder sein Beiname als → Bruder vom gemeinsamen Leben in Zwolle. G. lernte in der dortigen Brüder-Schule, erfuhr den Einfluß der Imitatio Christi (→ Thomas a Kempis), studierte in Köln (1449) und Heidelberg (1456), weilte seit 1458 in Paris, um 1470 in Rom; er lernte Griechisch und Hebräisch, auch Chaldäisch und Arabisch, las → Bernhard von Clairvaux, → Augustin, → Dionysius Areopagita und → Plato, wurde entschiedener Nominalist (→ Nominalismus), wirkte auf → Reuchlin und kehrte erst um 1478 in die Heimat zurück, wo er sich im Klarissinnen-Kloster in Groningen und im devoten Kloster → Agnetenberg bei Zwolle ganz der Wissenschaft und der devoten Frömmigkeit widmete. Als Theologe und devoter Mystiker bleibt G. im Rahmen des kirchlichen Dogmas mit seinen Spekulationen über Gott, das absolute und notwendige Sein, über Trinität, über Welt, Menschenseele, Sünde, Menschwerdung und über die Erlösung durch das sich herabsenkende göttliche und in Christus, in Maria und in den Engeln erlösende Sein. Dabei wird er kritisch in seinen Erörterungen über die Unfehlbarkeit der Päpste und der Konzile, über die Jurisdiktionsgewalt der Kirche, über den Ablaß und bes. über das Fegfeuer (»magister contradictionum«). Der Weitgereiste kritisierte nach 30 Jahren die → Scholastik wie den Frühhumanismus. Luthers Würdigung G.s als eines »Zeugen der Wahrheit« ist reformationsgeschichtlich erklärlich, sachlich-theologisch aber unzutreffend und höchstens frömmigkeitsgeschichtlich verständlich. Luther hat die kirchengeschichtliche Insel dieser »neuen Innigkeit« in G. und später bei den Herforder Brüdern entdeckt und deren nichtphilosophisch-theologische, sondern fromme Eigenart begrüßt, übersah jedoch, daß G. im Grunde kein reformatorischer Geist war. Andererseits zeigt G., wie weit ein wissenschaftlich gebildeter Geist der Devotio moderna innerhalb der kath. Religion ohne eigene biblische Position gelangen konnte. Erst G.s geistige Jünger (zB → Bommelius und → Rode) haben als »ev.« Pfarrer im Dienst am Wort den Weg in die Reformation gefunden.

RGG^2 II, 857f – M.VAN RHIJN, Studiën over W.G. en zijn tijd, Utrecht 1933 – H.J.J.WACHTERS, W.G., Nijmegen 1940. *E.Barnikol*

Gapon, *Jurij Apollonowitsch,* russischer Priester, * um 1873, Bauernsohn aus der Ukraine. Früh unter → Tolstojs Einfluß, in St.Petersburg als erfolgreicher Gefängnispriester und begabter Redner bei Hofe bekannt. Seit 1902 begann er, angesichts der sozialistischen Agitation die Arbeiter der Hauptstadt zusammenzuschließen, um auf legalem Wege soziale Reformen durchzusetzen. Die radikale Minderheit unter den Arbeitern nutzte kräftig die neue Chance öffentlicher Propaganda. Doch waren es maßvoll konstitutionelle Forderungen, die G. an der Spitze eines Zuges von 200000 Menschen (mit Ikonen und Kaiserbildern) dem Zaren am 9.1.1905 überreichen wollte. Truppen unterdrückten rücksichtslos diese Demonstration (blutiger Sonntag). Das Band zwischen Zar und Volk schien durchschnitten, die Revolution brach aus. Mit sozialdemokratischer Hilfe entwich G. ins Ausland, kehrte nach Amnestie zurück, knüpfte undurchsichtige Beziehungen zur Regierung an und wurde auf Anstiften des – später als Polizeispitzel entlarvten – Sozialrevolutionärs Azev Ende April 1906 in einem verlassenen Landhaus erhängt.

Über G.: G.POLONSKIJ, Der Priester J.G., 1905 – J.GAPON, Iz moej žizni, hg.v. A.ŠILOV, Leningrad 1925 (Autobiogr.) – M.GORKIJ, Der 9.Jan. 1905, 1926 (dt. v. E.BOEHME) – W.C.ASKEW, An American view of the Bloody Sunday (Russian Review 11, 1952, 35–37; Bibliogr., Qu.) – E.SARKISYANZ, Rußland u. der Messianismus des Orients, 1955, 31f. 162f. *P.Scheibert*

Garampi, *Guiseppe Conte,* Gelehrter und päpstlicher Diplomat, * 29. 10.1725 in Rimini, † 4.5.1792 in Rom. Schüler → Muratoris, unternahm G. als Präfekt des Vatikanischen Archivs (1751) und des Archivs der Engelsburg (1759) die noch heute grundlegende Katalogisierung der Bestände (124 Bände). Eine darauf aufbauende, mit einem Stab von Gelehrten vorbereitete Geschichte sämtlicher Bistümer blieb unveröffentlicht. 1755 erschienen die »Memorie ecclesiastiche appartementi all' istorie e al culto della B.Clara di Rimini«, 1766 die »Saggi di asservazioni sul valore della antiche monete pontificie« (unvollendet). – 1761 vertrat G. die Kurie auf dem Augsburger Friedenskongreß zum Abschluß des Siebenjährigen Krieges, 1764 begleitete er den Nuntius Oddi zur

Wahl und Krönung → Josephs II., 1772 war er Nuntius in Polen, 1776 in Wien und suchte auf der Linie → Benedikts XIV. dem → Josephinismus und → Febronianismus gegenüber zu vermitteln, obwohl er selbst → Hontheim als Autor des »Febronius« ermittelt und literarisch bekämpft hatte. Bischof von Montefiascone und Corneto wurde er 1785 Kardinal.

Über G.: I.PH.DENGEL, Nuntius G. in Preußisch-Schlesien u. Sachsen 1776 (QFIAB 5, 1903, 223-268) - DERS., Die polit. u. kirchl. Tätigkeit des J.G. in Deutschland 1761-63, Rom 1905 - L.TOTH, Zwei Berichte des Wiener Nuntius G. über die kirchl. Verhältnisse um 1776 (RQ 34, 1926, 330-354) - v.PASTOR XVI - LThK IV, 287f - EC V, 1932f. *Ernst Wolf*

Garasse, *François* (1584-1631), franz. Jesuit, * in Angoulême, populärer Kanzelredner, wurde berühmt und berüchtigt durch seine überaus gehässigen und groben Streitschriften gegen Protestanten (zB → Du Moulin), Gallikaner und Vertreter freigeistigen und skeptischen Denkens innerhalb der kath. Kirche (P. → Charron u.a.). Seine »Somme théologique« (1625) brachte ihn in Konflikt mit der Sorbonne sowie mit J. → Duvergier, dem Vorkämpfer des → Jansenismus.

Vf. ferner u.a.: Elixir calvinisticum, 1615; Le Rabelais réformé, 1619; La doctrine curieuse des beaux esprits, 1623. - Über G.: DThC VI, 1153f - LThK IV, 288f (Lit.) - J.-E.D'ANGERS, Sénèque et le stoïcisme dans l'oeuvre de F.G. (Revue de l'Université d'Ottawa 24, 1954, 280-298). *H.R.Guggisberg*

Gardiner, 1. *Robert Hallowell* (1855-1924), stud. jur. an der Harvard-Universität, seit 1880 Rechtsanwalt in Boston, war Glied der → Protestantischen Episkopalkirche der USA. Von 1904-10 war er Präsident der St.Andreas-Bruderschaft; 1904 wurde er Mitglied des Generalkonvents, 1910 Sekretär des Verfassungsausschusses seiner Kirche. Sein Bemühen galt bes. der Einheit der Kirche. So wurde er 1908 bei der Gründung des Federal Council of the Churches of Christ in America in dessen Exekutivausschuß gewählt und arbeitete seit 1910 für die Bewegung für »Glauben und Kirchenverfassung« (→ Ökumenische Bewegung, 2). Auch während des 1. Weltkrieges hörten seine Bemühungen um kirchliche Einheit und internationale Verständigung nicht auf. »Einheit der Kirche« bedeutet für ihn aber nur echte organische Einheit, die nicht durch Kompromisse zu erreichen ist. Alle Kirchen, einschließlich der römischen, hoffte er zur Teilnahme an der für die ganze ökumenische Bewegung wichtigen Vorbereitungskonferenz für Faith and Order, die 1920 in Genf zusammentreten sollte, zu bewegen. Die Konferenz war die entscheidende Vorläuferin der Ersten Weltkirchenkonferenz für Glauben und Kirchenverfassung (Lausanne 1927). Mitten in den Vorarbeiten starb G., »die edelste Erscheinung, die die amerikanische Christenheit hervorgebracht hat«.

Vf. u.a.: Aufsätze zur Einigungsbewegung, bes.: L'union des églises et l'initiative américaine de la World Conference (IKZ 6, 1916, H. 1); La World Conference et le Protestantisme américain (IKZ 7, 1917, H. 1); Les églises orientales et la World Conference (IKZ 9, 1919, H. 3); vgl. auch IKZ 14, 1924, H. 1. - Über G. vgl. die Jahrgänge 1910-28 der Zeitschr. Die Eiche - RGG² II, 859 (Lit.) - H. SASSE, Die Weltkonferenz für Glauben u. Kirchenverfassung, 1929, Reg. - R.ROUSE-S.C.NEILL, Gesch. der Ökumen. Bewegung 1517 bis 1948 II, 1958, bes. Kap. IX. *H.H.Harms*

2. *Stephen* (1483 [?] bis 1555), englischer Theologe und Politiker der Reformationszeit, zuletzt Bischof von Winchester. Nach seinem Studium in Cambridge (Trinity Hall), das bes. dem weltlichen und geistlichen Recht galt, wurde er Sekretär des Kardinals → Wolsey, ging 1528 als Gesandter in der Ehescheidungssache Heinrichs VIII. nach Rom, wo er die Einsetzung einer neuen Kommission erreichte. 1529 wurde er Archidiakon in Norfolk, 1531 Bischof von Winchester. Nach seiner Trennung von Rom verteidigte er 1535 in »De vera obedientia« das ursprüngliche göttliche Recht der weltlichen Obrigkeit auf Gehorsam, verbreitete aber in romtreuen Kreisen das Gerücht, er habe dieses Buch unter königlichem Druck verfaßt. Er blieb stärker dem alten Glauben verbunden als → Cranmer und Thomas → Cromwell und riet vom Bündnis mit dem Schmalkaldischen Bunde ab. 1535 war er Gesandter in Frankreich, 1539 und 1541 in Deutschland, 1540 Kanzler der Universität Cambridge. Sein Widerstreben gegen Neuerungen in der Kirche brachte ihn 1549-50 und 1551-53 in den Tower und kostete ihn 1551 sein Bistum. Durch Mary (1553-58) wurde er wiedereingesetzt und zum Lordkanzler erhoben. 1554 sorgte er für die Wiedereinführung der Ketzerverbrennung.

DNB (Neudr. 1949/50) VII, 859ff - PH.HUGHES, The Reformation in England I, 1950 (kath.) - T.M.PARKER, The English Reformation to 1558, 1950. *M.Schmidt*

Garizim (868 m), gegenüber dem Ebal, dem Berg des Fluches, und unmittelbar südlich → Sichem (tell balata) gelegen, ist seit alters als heiliger → Berg bekannt (Dtn 11, 29; 27, 12f; vgl. Joh 4, 20), was auch durch die Bezeichnung »Nabel der Erde« (des Landes? vgl. Caspari) Ri 9, 37 bestätigt wird; auch daß er mit → Sinai, → Tabor und Ölberg (→ Jerusalem: I) den Namen dschebel eṭ-ṭur (= Fels, hebr. ṣûr) trägt, weist in die gleiche Richtung. Die Samaritaner werden im Recht sein, in Dtn 27, 4 statt »Ebal« (so MT, wie Jos 8, 30) »G.« zu lesen. Um den Berg sammelten sich schon früh biblische Einzeltraditionen (vgl. Hertzberg). Der Tempel auf dem G., vermutlich (Alt) im 4.Jh. vChr entstanden, wurde durch Joh.Hyrkanos i.J. 128 vChr zerstört. Kaiser Zeno erbaute im 5.Jh. die oktogonale, mit Apsis und Narthex versehene, der Maria-Theotokos geweihte Kirche, die aber, wie die von Justinian um sie errichtete Festung, durch die Kalifen des 8. und 9.Jh.s zerstört wurde. Für die Samaritaner blieb die Heiligkeit des Ortes bis heute (vgl. Lit.) erhalten. Den Christen ist der G. wichtig als Anknüpfungsort für eines der universalsten Jesusworte (Joh 4, 24).

E.ROBINSON, Bibl. Researches in Palestine III, 1841, 96ff - H.W. HERTZBERG, Die Tradition in Palästina (PJ 22, 1926, 84-104) - DERS., Zum samaritanischen Passah (Rendtorff-Festschr., 1958, 130-136) - J.JEREMIAS, Die Passahfeier der Samaritaner, 1932 - W.CASPARI, ṭabur (ZDMG 86, 1932, 49-65) - F.-M.ABEL, Géographie de la Palestine I², Paris 1933, 360ff - A.ALT, Zur Gesch. der Grenze zwischen Judäa u. Samaria (PJ 31, 1935, 94-111 = ALT II, 346-362) - A.M.SCHNEIDER, Röm. u. byzantin. Bauten auf dem G. (ZDPV 68, 1951, 211-234) - S.BÜLOW, Der Berg des Fluches (ebd 73, 1957, 100-107). *H.W.Hertzberg*

Garnier, 1. *Jean* (1612-81), * Paris, † Bologna auf einer Ordensreise nach Rom, SJ, bedeutender Patrologe, lehrte ab 1643 in Clermont-Ferrand Literatur und Philosophie, seit 1653 in Paris am Collège Clermont Theologie. Er gab die Werke des → Julian von Eclanum (1648), des → Marius Mercator (1673, MPL 48) und des → Theodoret (Schlußband der Ausgabe des J. → Sirmond 1684, MPG 84) sowie den → Liber diurnus (1680, MPL 19) mit einer Abhandlung über die causa Honorii (→ Honorius I.) heraus.

BACKER-SOMMERVOGEL III, 1228ff - HN IV, 490ff - DThC VI, 1160ff (Bibliogr.) - EC V, 1945.

2. *Julien* (1670-1725), * Conneré (Sarthe), † Charenton, OSB, → Mauriner, Freund und Mitarbeiter → Mabillons. Edierte die Werke → Basilius des Großen (1721f, MPG 29-32).

HN IV, 1148f. 1453 - DThC VI, 1163. *H.Liebing*

Garve, *Karl Bernhard* (1763–1841), * in Jeinsen bei Hannover. Entsprechend der kirchlichen Stellung der Eltern in herrnhutischen Anstalten erzogen, war G. während seiner Studienzeit am Brüder-Seminar in Barby zeitweilig mit Schleiermacher zusammen. Dem nach Niesky verlegten Seminar diente er 1789–97 als »Dozent der historischen und philosophischen Wissenschaften«, von seinen Hörern gefeiert, aber ohnmächtig gegen den unkritischen Studienbetrieb, dessen Opfer er schließlich wurde. Nach seiner Abberufung war er in Zeist Unitäts-Archivar, dann Prediger verschiedener Brüdergemeinen, u.a. auch in Berlin, wo er sich (1810–16) durch aufopfernden Kampf gegen die Kriegsnöte bes. verdient machte. Einen Ruf nach Leipzig als Prof. der schönen Literatur hat er abgelehnt. Seine Zeit als klassizistischer, gedankenreicher Dichter von Kirchenliedern, die Schleiermacher bes. schätzte, ist heute – mindestens außerhalb der Brüdergemeine – vorüber.

RGG² II, 861 (Lit.). *W.Jannasch*

Garvie, *Alfred Ernest* (1861–1945), kongregationalistischer Theologe, * Zyrardow (Polen), wurde nach Studium in Edinburgh, Glasgow und Oxford Pastor in Macduff und Montrose. Seit 1903 wirkte er in London als Prof. der Religionsphilosophie in den Hackney und New Seminaren (Prinzipal 1924–33). Trotz seines akademischen Amtes widmete sich G. stets auch den Interessen der Kirche. Er veröffentlichte eine Reihe wichtiger theologischer Bücher zum Thema des Evangeliums in der modernen Welt. 1920 war er Vorsitzender der kongregationalistischen Union von England und Wales und 1924 des Free Church Federal Council. Auch in der → ökumenischen Bewegung war G. führend.

Vf. u.a.: The Ritschlian Theology, 1899; Studies in the Inner Life of Jesus, 1907; The Christian Doctrine of the Godhead, 1925; The Christian Ideal for Human Society, 1930; The Christian Belief in God, 1932. *P.Scott*

Gasparin, *Graf Agénor de* (1810–71), französischer Politiker und Schriftsteller, * in Orange. Als Abgeordneter in der Kammer (1842–46) kämpfte er für Abschaffung der Sklaverei und verteidigte den Protestantismus. Da die Ref. Generalsynode von 1848 die Forderung nach einer allgemeinverbindlichen Glaubensformel abgelehnt hatte, gründete G. zusammen mit Fr. → Monod und dem Grafen Delaborde 1849 die Union des églises évangéliques de France. G. arbeitete an deren Zeitschrift »Archives du Christianisme« mit und schrieb zahlreiche Artikel, in denen er bes. seine Theorie von der Verbalinspiration (ausführliche Darstellung in: Les écoles du doute et l'école de la foi, 1853) gegenüber der von ihm befehdeten Straßburger »Revue« verteidigte.

Vf. u.a.: Esclavage et traité, 1838; Christianisme et paganisme, 2 Bde, 1846/50; La famille, 1865 (dt. 1870). – Über G.: A.Naville, Le comte A.de G., 1871 – F.Lichtenberger, Encycl. des Sciences religieuses V, 1878, 415ff – Th.Borel, Le comte A de G., 1879. *J.Roth*

Gasparri, *Pietro* (1852–1934), bedeutender kath. Kanonist und Diplomat, 1907 Kardinal, 1914–30 Kardinalstaatssekretär, maßgebend an dem Zustandekommen des → Codex iuris canonici, dessen Vorrede er verfaßt hat, und der Lateranverträge von 1929 beteiligt. In seiner Bedeutung für die kirchliche Rechtsgeschichte kann er mit dem großen mittelalterlichen Kanonisten → Raimund von Peñaforte verglichen werden (Stutz).

Vf. u.a.: Catechismus Catholicus, 1930. – Hg.: Codicis iuris canonici fontes, 6 Bde, 1923–32. – Über G.: U.Stutz, Der Geist des Codex iuris canonici, 1918 – F.Ritter v.Lama, Papst u. Kurie in ihrer Politik nach dem Weltkrieg, 1925 – RGG² II, 862 – F.M.Taliani, Vita del cardinale G., Mailand 1938 – EC V, 1953ff (Bibliogr., Lit.) – Feine 639ff. 674f. *H.Liermann*

Gassendi (oder Gassend), *Pierre* (1592–1655), franz. Philosoph, nach Theologiestudium 1616 Stiftsherr zu Digne, 1617–23 Prof. in Aix, wandte sich vom → Aristotelismus ab (Exercitationes paradoxicae adversus Aristoteleos, 1624), ging den Problemen der neuen Naturforschung nach, nahm an ihren Streitfragen tätigen Anteil und wurde, weltgewandt und gescheit, der bedeutendste Philosoph unter den Gelehrten und der größte Gelehrte unter den Philosophen seiner Zeit – wie P. → Bayle ihn charakterisiert hat –, aber ohne hier wie dort ein führender Geist zu sein. Sein wichtigstes kritisches Werk sind die Einwände zu den »Meditationes« des → Descartes (1642) und die gegen dessen Erwiderung erneuerten Dubitationes et Instantiae (1644) – neben → Hobbes' Kritik die erste große Auseinandersetzung zwischen Empirismus und Rationalismus. G.s empiristische Grundhaltung führte ihn zur Wiederbelebung der Philosophie → Epikurs und des Atomismus (→ Atom, 1). 1645–48 war G. Prof. für Mathematik am Collège Royal zu Paris, gab nach langem Zögern seine Epikur-Studien heraus (1647, 1649) und schloß nach deren Erfolg sein vielfältiges Werk mit der systematischen Darstellung der eigenen philosophischen Anschauungen ab (Syntagma philosophicum, posthum als Bd I. II der Opera, Lyon 1658). In der Logik stellt G. die Lehre vom rechten Vorstellen (de simplici rerum imaginatione) der vom Urteil und vom Schluß voran und fügt diesen die Lehre von der Erkenntnisordnung (de methodo) an. Seine Erkenntnistheorie stützt sich auf die atomistische Naturphilosophie, in der er Epikur mit den Grundlehren des Christentums in Einklang zu bringen versucht. Er anerkennt zwei Stämme möglicher Erkenntnis, sensus (idola) und intellectus (praenotiones) – entsprechend einer leiblichen und einer geistigen Seele –, aber mit deutlichem Vorrang der sinnlichen Anschauung. Der Einfluß Epikurs prägt auch G.s Ethik, die das in sich selbst erstrebenswerte Ziel des Lebens im Glück und die Tugend als den Habitus der glücksfähigen Selbstbestimmung sieht, aber den Rahmen der scholastischen Tugendlehre sonst nicht überschreitet.

Opera ed. M. de Montmort, 6 Bde, Lyon 1658 (mit Biogr. v. S.Sorbière); ed. H.L.H.Monmorius, 6 Bde, Florenz 1727. – Über G.: Ü III, 169ff. 649 (Lit.) – C.Marwan, Die Wiederaufnahme der griech. Atomistik durch P.G. (Diss. Breslau), 1935 – P.Humbert, L'œuvre astronomique de G., 1936 – R.Pintard, Descartes et G. (Congrès Descartes, Travaux du IXe Congr. Int. de Philos., ed. R. Bayer, II, 1937, 115–122) – G.Hess, Pierre G. Der franz. Späthumanismus u. das Problem von Wissen u. Glauben, 1939 – B.Rochot, Les travaux de G. sur Épicure et sur l'atomisme, Paris 1944. *W.Stache*

Gaßner, *Johann Joseph*, kath. Geistlicher, * 22.8.1727 in Braz (Vorarlberg), † 4.4.1779 in Pondorf a.d.D. Seit 1758 Pfarrer zu Klösterle, erregte er mit Heilungen durch Exorzismus Aufsehen. Aus Ellwangen, wohin er deswegen 1775 berufen wurde und wo zahlreiche Kranke zusammenströmten, mußte er, von dem Theatiner F. Sterzinger als Schwindler angegriffen, auf kirchliche Weisung 1777 nach dem entlegenen Pondorf gehen. Ein Reskript Josephs II. gegen den Hexenglauben setzte auch seiner schriftstellerischen und exorzistischen Tätigkeit ein Ende. → Semler nahm in seinen Studien über das Dämonische gegen ihn Stellung, während → Lavater ihn als Wundermann hoch schätzte.

Vf.: Nützlicher Unterricht wider d. Teufel zu streiten, 1774 (zahlr. Neudr. unter d. Titel: Weise, fromm u. gesund zu leben, nützl. Unterricht, 1787¹²); Antwort auf die Anm.en, welche in dem Münchener Intelligenzblatt vom 16.11. wider seine Gründe u. Weise zu exorzieren gemacht worden, (1774) 1775³; Tägl. Ermahnungen an alle Christgläubigen, (1775) 1775²; Staatsbibl. Bamberg, Hs. E IV 22: Die Heilungen des Pfarrers G. durch Exorzismen mit versch. Urkunden, 1775/79. – Über G.: F.Sterzinger, Die aufgedeckten G.schen Wunderkuren, (1774) 1776² – J.J.Semler, Samml. v. Briefen u. Aufs. über die G.schen u. ... Geisterbeschwörungen, 2 Bde, 1775/76 - EuG I/54, 1852, 213ff (Lit.) - J.A.ZIMMERMANN, J.J.G., 1879 - L.GERNHARDT, Teufelsbeschwörer J.J.G. (Münchener med. Wochenschrift 74, 1927, 1512f). *H.Hohlwein*

Gastfreundschaft. Auf der primitiven Kulturstufe wird der → Fremde (: I) als Feind betrachtet; das Land außerhalb der Stammesgrenzen ist ein dämonisches Unland. Man fürchtet bes. die magischen Kräfte des Fremden, weil man ihre Art nicht kennt. Trotzdem muß man irgendwelche Beziehungen zu den Fremden haben (Reisen; → Handel: I). Magier eines andern Volkes werden oft hoch geschätzt, weil man ihnen unbekannte Kräfte zuschreibt. So entsteht das Bedürfnis, den Fremden innerhalb des → Stammes einen Aufenthalt zu gewähren, aber sie gleichzeitig auch zu »neutralisieren«. Dazu dient die G., die dem Fremden nicht nur einen gewissen Status geben, sondern ihn vielmehr - wenn auch vorübergehend - dem Stamm einverleiben will. Der Fremde wird als Sippenmitglied betrachtet, hat einen beschränkten Anteil an Kult und Rechtspflege und genießt unter den Rechten der Angehörigen sogar das Recht der → Blutrache. Austausch von → Gaben ist der symbolhafte Ausdruck für die Stiftung dieser zeitweiligen Sippengemeinschaft (Brot und Salz, dh Speisegemeinschaft; die Frauen). Wie weit die G. gehen kann, beweisen noch heute die Sitten der orientalischen Völker; für die Germanen vgl. Caesar, De Bello Gall. VI, 23 und Tacitus, Germania c. 21. Das AT hat für den Gast, der seßhaft wird, besondere Ordnungen (→ Fremde: II). Ein Name wie Zeus Xenios beweist, daß die G. unter den Schutz eines Gottes gestellt und ihre Verletzung als Frevel gewertet wird (vgl. Gen 19, 5ff; Ri 19, 15ff). In den isländischen Sagas zeigt sich die G. noch voll entwickelt, während die spätere Beschränkung des Gastrechtes auf drei Tage eine Erinnerung an die uralte Abneigung gegen den Fremden bewahrt.

J.GRIMM, Dt. Rechtsaltertümer I, (1828) 1899[4], 551ff - RIA I, 346ff - R.BRIFFAULT, The Mothers III, London 1927, passim - ThW V, 16ff. *J.de Vries*

Gasthausmission

1. Geschichte - 2. Aufgabenstellung - 3. Arbeitsformen

1. Die G. entstand in den ev. Auslandsgemeinden Cannes (1872, »Kellnerpfarrer« Hermann Schmidt), Genf (1882) und London (1888), wo sich Pfarrer oder CVJM veranlaßt sahen, deutsche Kellner, die meist im Rahmen ihrer Berufsausbildung im Auslande tätig waren, zu betreuen. 1897 entstand, angeregt durch den Kellner Fr. Bayn, in Frankfurt/M. der »Christliche Kellnerbund« sowie das »Komitee zur Pflege christlichen Lebens im Kellnerstande« (seit 1906: »Internationaler Christlicher Kellnerbund«, ICKB), das die rasch wachsende Arbeit im In- und Auslande zusammenfaßte. 1914 wirkten 29 Berufsarbeiter und bestanden 16 Heime, davon 7 im Auslande. Der 1. Weltkrieg hat diese Arbeit schwer getroffen. Sie konstituierte sich 1920 unter O.Eismann neu als »Christlicher Bund für Gasthausangestellte« (CBfG), seit 1933 »Christliche G.«. Die Tätigkeit kam 1942 fast ganz zum Erliegen, wurde jedoch seit 1947 wieder begonnen, wenn auch alle Heime verlorengegangen sind.

2. Die *Aufgabenstellung* hat sich mehrfach verschoben. Zunächst ging es um die missionarische Durchdringung des Kellnernachwuchses, wobei die »Rettung« des einzelnen im Vordergrunde stand. Seit 1920 steckte man sich das Ziel der christlichen Beeinflussung des gesamten Gewerbestandes mit allen seinen Mitarbeitern. Heute bemüht man sich in erster Linie um die seelsorgerliche und missionarische Betreuung des Berufsstandes, der durch seine besonderen Lebensbedingungen von der Teilnahme am Leben der Kirchengemeinde in der Regel ausgeschlossen ist.

3. Die *Arbeitsformen* haben sich der wechselnden Zielsetzung entsprechend gewandelt. Ursprünglich hatte man die Lebensformen des Jungmännervereins verwendet: Vereine, Tages- und Wohnheime, Schriftenmission (1897: »Kellnerfreund«, seit 1920 »Der Bote«). Bald wurde soziale Betreuung durch Stellenvermittlung und Schaffung von Depositenkassen notwendig. Seit 1920 dehnte die G. ihre Arbeit auch auf die älteren und die weiblichen Angestellten aus, wendete sich der Familienfürsorge zu, schuf eigene Betriebe (»Horeska« mit 7 Betrieben) und sorgte für Fortbildungsmöglichkeiten. Die Schriftenmission, verbunden mit reger Freizeit- und Konferenzarbeit, steht zZ im Vordergrunde der praktischen Tätigkeit der G.

Das Evangelium im Gastgewerbe. D. Arbeit u. die Gesch. der Pflege christl. Lebens im Gastgewerbe, 1930 - W.KOPPE u. F.SCHÄFER, Blicke in Gottes Werkstatt. Otto Eismann u. d. christl. G., 1952 - EKL I, 1430. *K.Janssen*

Gattungen → Formen und Gattungen: I. II.

Gaudentius († nach 406), Bischof von Brescia (vor 397), gelehrt und beredt. Als Kleriker bereiste er den Orient, wobei er vielleicht → Chrysostomus kennenlernte (ca 385). G. war einer der Legaten, welche auf Befehl Kaiser Honorius I. und im Auftrag Papst → Innocenz I. i.J. 406 nach Konstantinopel gingen, um die Aufhebung der Verbannung des Chrysostomus zu erreichen. Von G. sind 21 Predigten erhalten.

CSEL 68 (Bibliogr.) - MPG 52, 715ff. - RE IV, 377f - DThC VI, 1166 - ALTANER[5] 332. *W.Delius*

Gauger, *Joseph* (1866-1939), * in Winnenden (Württ.), † in Elberfeld. Nach kurzer pastoraler Tätigkeit 1898 Inspektor und seit 1907 Direktor der → Evangelischen Gesellschaft für Deutschland. G. suchte die Kräfte des neuen Pietismus auch für die Landeskirchen fruchtbar zu machen. Als Leiter ausgedehnter schriftenmissionarischer Tätigkeit nahm er vor allem in »Licht und Leben« und in den »Gotthardbriefen« mit journalistischer Schärfe gegen Zungenbewegung und kirchlichen Liberalismus (Fall → Jatho) und für Bekenntnisschule und eine entschiedene Glaubensgrundlage der ev. Kirche Stellung. Im Kampf für die → Bekennende Kirche und gegen die → deutsch-christliche Bewegung überlebte er nur kurz das Verbot von »Licht und Leben« (1938).

Vf. u.a.: Direktor Ziegler, ein Erzieher von Gottes Gnaden, (1909) 1910[2]; Vom Abendland ins Morgenland, 1927. - Hg. des Andachtsbuches »Licht u. Kraft für den Tag«, 1905-38; »Licht u. Leben«, 1906-34 u. anderer Blätter der Schriftenmission; Ev. Psalter, 1914 u.ö. - Über G.: S. u. J.GAUGER, J.G., 1950. *K.Halaski*

Gaume, *Jean Joseph,* kath. Theologe, * 5.6.1802 in Fuans (Dep. Doubs), † 19.11.1879 in Paris, 1827 Prof. der Dogmatik am Großen Seminar in Nevers, Generalvikar in Nevers (1843-52), später in Reims und Montauban, 1854 apostolischer Protonotar. G. war ein ultraklerikaler Gegner der klassischen Bildung und suchte an den Gymnasien die Lektüre der Kirchenväter einzuführen. Das hatte einen heftigen Streit mit → Dupanloup u.a. zur Folge, der 1853 durch → Pius IX. zugunsten einer offiziellen Auswahl heidnischer Klassiker entschieden wurde. G. setzte aber seine für den Schulgebrauch hg. »Bibliothèque des classiques chrétiens« (30 Bde, Paris 1852-55) fort und ließ 2 Bde »Poètes et prosateurs profanes complètement expurgés« erscheinen (1857). Seine Erstkommunikantenbriefe (»Le grand jour approche«) von 1836 erreichten bis 1911 insgesamt 47 Auflagen;

ebenso erfolgreich war sein »Catéchisme de persévérance« (8 Bde, [1838] 1889[13], Auszug 1913[41]).

Vf. überaus zahlreiche Schriften, u.a.: Du catholicisme dans l'éducation, (1835) 1850[2]; Le manuel des confesseurs, (1837) 1880[11] (dt. 1861[2]); Les Trois Rome, 4 Bde, (1848) 1876[4] (dt. 1870); Le ver rongeur des sociétés modernes, 1851 (dt.: Nagender Wurm der Gegenwart oder das Heidentum in der Erziehung, 1852); Lettres sur le paganisme dans l'éducation, 1852; La Révolution, 12 Bde, 1856-59 (dt.: Tl. 1-6, 1856f); Traité du Saint Esprit, 2 Bde, (1864) 1869f[2]; Pie IX et les études classiques, 1875; La question des classiques, 1892. - Über G.: DThC VI, 1168ff (Lit.) - LThK IV, 303 - EC V, 1964f.

Ernst Wolf

Gaussen, *Louis* (1790-1863), Genfer ref. Theologe, als Student und junger Pfarrer Anhänger des damaligen Rationalismus. Eindringendes Bibelstudium und schwere Schicksalsschläge führten ihn jedoch zur extremen Orthodoxie, so daß er in seinem Hauptwerk »Theopneustie« (1840, neubearb. 1842) auch mit Entschiedenheit die wörtliche Inspiration der Schrift verteidigt. Dies brachte G. in Konflikt mit den Genfer Kirchenbehörden. 1831 wurde er von der Vénérable Compagnie des Pasteurs seines Amtes enthoben, was ihn zur Abfassung mehrerer polemischer Briefe und Denkschriften veranlaßte. 1834 übernahm er den dogmatischen Lehrstuhl an der von ihm mitbegründeten Theologischen Schule der → Evangelischen Gesellschaft (, 1). Ein Teil seiner Predigten erschien 1837-47, außerdem eine Anzahl katechetischer Entwürfe, an denen er während seiner letzten Lebensjahre gearbeitet hatte.

Über G.: E. u. E. Haag, La France Protestante V, 1855, 238f - H.v.d.Goltz, Die ref. Kirche Genfs im 19.Jh., 1862 - F.Lichtenberger, Encycl. des Sciences religieuses V, 1878, 442f - L.Maury, Le réveil religieux dans l'Eglise Réformée à Genève et en France, 1892 - F.C.Hugon, L.G. et l'époque du Réveil, 1897 - RE VI, 382ff.

R.Voeltzel

Gavazzi, *Alessandro* (1809-89), * Bologna, † Rom, ehem. Barnabitenpater, Mitbegründer der »Chiesa libera cristiana in Italia« (auch »Chiesa evangelica d'Italia«; → Italien). G. wurde 1826 Barnabit, später Prof. der Rhetorik in Neapel. In der ersten, liberalen Periode → Pius' IX. trat er, von diesem zunächst begünstigt, als religiös-politischer Agitator hervor, wandte sich aber immer mehr der nationalen ital. Einigungsbewegung zu und kämpfte von da her gegen den Papst (und Österreich). Nach der Einnahme Roms durch die Franzosen 1849 ging er nach England, wurde evangelisch (1850) und Leiter der Londoner ital. ev. Gemeinde. 1860 wurde er Feldkaplan Garibaldis, bis er sich der »Chiesa libera« anschloß, um deren Festigung und organisatorischen Zusammenschluß eifrig bemüht (Konstituierung 1870 in Mailand). Bis zu seinem Lebensende stand er als Präsident und theologischer Lehrer an ihrer Spitze. G. war von hinreißender Beredtsamkeit, doch führte ihn sein glühender Nationalismus gelegentlich zu einer falschen »politischen Predigt« (zB Parallelisierung von Christus und Garibaldi!).

Vf. u.a.: My recollections of the last Popes, London 1858; Il papato e l'Italia, Rom 1862; A scheme for Church and Union in Italy, London 1865. - Über G.: RGG[1] II, 1138f; RGG[2] II, 866 - EC V, 1968 (Bibliogr., Lit.).

G.Maron

Gaza, arab. ghazze (heute ca 40000 Einwohner), 5 km von der Küste Südpalästinas entfernt (Zentrum des sog. G.-Streifens), seit 1948 ägyptisch, war im Altertum ein bedeutender Handelsplatz und Grenzfestung. Im Siedlungsbereich der Anakiter gelegen (Jos 11, 21f; ZÄS 63, 1927, 21f), wurde G. im 16.Jh. vChr ägyptisch und erhielt von Thutmosis III. und später von Sethos I. je einen besonderen (Festungs-)Namen. ZZ Ramses' III. bestand in G. ein Amonstempel. Der ins 12.Jh. vChr zu setzende Übergang der Stadt in den Herrschaftsbereich der → Philister erfolgte wohl in friedlicher Einigung (Alt). G. war in der → Pentapolis der philistäischen Stadtstaaten führend. Dem Vasallenverhältnis gegenüber Israel (→ David) folgte ein Nebeneinander, wobei Spannungen nicht ausblieben (Am 1, 6ff). Der unter Hanunu von G. opponierende Stadtstaat wird 734 von Tiglatpileser III. (neuer Text: Alt II, 150) und zum 2. Male von Sargon 720 unterworfen, bleibt jedoch selbständiger Tributärstaat und erhält für seine Treue durch Sanherib 701 Teile Judäas (→ Hiskia). Zeitweilig ägyptenhörig (Jer 47, 5; Herodot II, 159), erlebt das als Handelsplatz der Araber wichtige G. in persischer Zeit eine erste Hochblüte (vgl. Herodot III, 88. 91; eigene Münzen seit etwa 400). Nach Belagerung durch → Alexander d.Gr. mit einem eigenen Hafen (Maiumas Gazae) neugegründet, ist G. ptolemäisch und bleibt auch noch unter ptolemäisch-hellenistischem Kultureinfluß (Grabepigramm: Mitt. des Archäol. Instituts, Athen. Abtlg. 57, 1932, 64ff = 3./2.Jh. vChr), als es 198 seleukidisch wurde. Im 2.Jh. zeitweilig von den → Makkabäern bedroht, wurde G. von Pompeius zur freien Stadt erklärt (Ära von G.: 61 vChr). Da in ghazze eine systematische Grabung nicht möglich ist, kann man den genauen Bereich des »neuen G.« nicht näher festlegen. G. hatte im 4.Jh. (?) einen eigenen Monats-Kalender. Die zweite große Blütezeit G.s, das erst gegen 400 christlich wurde, ist u.a. an der weit gerühmten Rhetorenschule (zB → Prokop von G.) zu erkennen. Die islamische Periode beginnt 635 nChr.

K.B.Stark, G. u. die philistäische Küste, 1852 - M.A.Meyer, History of the city of G., New York 1907 - Schürer II, 84ff - PW VII, 1912, 880ff - BRL 172ff - Alt I, 216-230; II, 66-75. 150-162. 242 bis 249.

K.Galling

Ġazzālī, *Abū Ḥāmid Muḥammad Ibn Muḥ.al-Ġ.* (dh *Spinner, Weber*), * 451/1059 zu Ṭūs in Chorasan, † 505/1111 ebd. Mit den äußeren Hauptstationen seines Lebens (Studium in Nīšāpūr; Prof. in Bagdad; wandernder Derwisch; vita contemplativa an verschiedenen Orten, zuletzt wieder in seiner Geburtsstadt) decken sich ungefähr die auch in einer Autobiographie (»Die Rettung aus dem Irrtum«) beschriebenen Stadien seiner geistigen Entwicklung: Ablehnung der Autoritätsgläubigkeit; skeptische Auseinandersetzung mit den philosophischen und juristischen Systemen seiner Zeit; schwere religiöse Krise; ekstatische Erfahrung und theoretische Durchdringung des mystischen Erkennens. Man hat sie mutatis mutandis mit derjenigen → Augustins verglichen. Wie dieser erarbeitet Ġ. viele seiner Positionen in Streitschriften: zB *für* die zuvor von al-Aš'arī entwickelte Dogmatik und *gegen* Ismailiten und Libertinisten. Sein um 1095 beendetes Buch über die Unstimmigkeit der Philosophen rief die Erwiderung des → Averroes hervor. Durch seine Begründung der Unzulänglichkeit metaphysischer Induktion und die Universalität seines intuitiven Denkeinsatzes beim vorgegebenen Gottesbilde wird Ġ. zum größten Theologen des → Islam (: I); doch erreicht er die erstrebte Eigenständigkeit der Theologie nicht ganz, sondern bleibt zusammen mit seinen Gegnern in der Seelenlehre innerhalb derselben, letztlich hellenistischen Tradition und in der Schöpfungslehre innerhalb der ersten kantischen → Antinomie. Sein berechtigtes Bewußtsein, ein Glaubenserneuerer zu sein, wie er zu jeder Jh.wende erwartet wurde, dokumentiert der Titel seines Hauptwerkes Iḥyā' 'Ulūm ad-Dīn »Neubelebung der Religionswissenschaften«; hier arbeitet er namentlich die von Erstarrung bedrohte islamische Pflichtenlehre konsequent bis zur Ausbildung eines wirklichen Gewissensbegriffes durch und vertieft die Lehre von den auf die Welt bezogenen göttlichen Attributen (schaffend, allmächtig, richtend, frei wollend, liebend usw) soweit, daß die Gegensätze zwischen → Mystik (: I. II) und sunnitischer Orthodoxie fortan überwunden blieben. - Vgl. → Islamische Philosophie.

Bibliogr. v. P.J.DEMENASCE in BEStPh H. 6, 1948. - HIsl 140ff (Lit.) - UJE IV, 596 - ÜW II, 310ff. 722 - GAL I, 420ff - GALS I, 744ff - A.TH.VAN LEEUWEN, G. als Apologeet van de Islam, 1947 - W.M. WATT, The Authenticity of the Works Attributed to al-G. (JRAS 1952, 24-45) - DERS., The Faith and Practice of al-G., 1953 - S.VAN DEN BERGH, Averroes' Tahafut al-Tahafut, 2 Bde, 1954 (engl. übers. u. erkl.) - G.H.BOUSQUET, G., Ihya Ouloum ed-Din, 1955 (Analyse et Index, franz.) - S.WILZER, Unters.en zu G.s Kitab at-Tauba (Buch der Buße) (Islam 32, 1957, 237-309).
C.Colpe

Gebeno, Prior im Zisterzienserkloster Eberbach, stellte 1220-24 aus Werken → Hildegards von Bingen und aus eigener Spekulation Weissagungen der nächsten Zukunft zusammen, die im Spät-MA weit verbreitet waren.

J.B.PITRA, Analecta sacra VIII, 1882. - H.HEIMPEL, Ein Bruchstück von Stoffsammlungen Dietrichs v. Niem (NAG 1951, 4, 75-97).
A.Borst

Gebet

I. Gebet und Gebetssitten, religionsgeschichtlich - II. Im AT - III. Im Judentum - IV. Im NT - V. Kirchengeschichtlich - VI. Dogmatisch. - Zur Ergänzung vgl. → Anbetung: I-III, → Bittgänge, → Formeln: I. II, → Gebetbücher, → Gesten: I. II, → Gottesdienst: I-VI

I. Gebet und Gebetssitten, religionsgeschichtlich

1. G. und Zauberspruch - 2. Primitive Religionen - 3. Antike Religionen - 4. Mystische Erlösungsreligionen - 5. Prophetische Offenbarungsreligionen - 6. G.ssitten

1. Das G. hat eine lange Geschichte in der Entwicklung der Menschheit durchlaufen, dabei aber viele Elemente ihrer Frühzeit bis heute bewahrt. Dem primitiven G. läuft parallel der → *Zauberspruch,* der aus einer naiven Wunschäußerung hervorgeht. Obgleich das G. als Hinwendung zu einem irgendwie persönlich vorgestellten höheren Wesen von dem gebetlosen Zauberspruch phänomenologisch verschieden ist, kommt es motivationspsychologisch aus derselben Wurzel und vermischt sich beständig mit dem Zauberwort (→ Wort), so wie sich auch in dem das G. begleitenden → Opfer die Vorstellung einer Erfreuung und Umstimmung der höheren Wesen durch die Gabendarbringung mit der Idee einer selbstwirksamen Zauberhandlung (Ähnlichkeits- oder Kontaktzauber) ständig kreuzt. Charakteristische Formen dieser Vermischung sind die Namensanrufung der höheren Wesen (→ Namenglaube), → Segen, Fluch und → Eid (dieser als bedingte Selbstverfluchung); die Stellung des Menschen gegenüber jenen Wesen ist in den drei letzten Formen keine Front-, sondern eine Schrägstellung (Er-Form statt Du-Form). Eine andere Art der Vermischung liegt bei jenem G. vor, das aus einer Ausdrucksform des persönlichen Gottesumgangs zu einer magischen Formel geworden ist, welche entweder automatisch den menschlichen Wunsch verwirklicht oder das göttliche Wesen zu seiner Verwirklichung zwingt. Obwohl die Theorie, nach welcher das G. unmittelbar aus dem Zauberwort hervorgegangen sei, ebenso unwahrscheinlich ist wie die andere, nach welcher der Fehlschlag der → Magie den Menschen zum Anruf höherer Wesen geführt hat, ist das Problem der Priorität des G.s oder des Zauberspruchs bis heute nicht gelöst.

2. Die G.sanrufung des *primitiven Menschen* richtet sich an die verschiedensten Numina, an die Toten (→ Totenverehrung), an die → Naturgottheiten, an die Tätigkeits- und Patrongottheiten, an ein im → Himmel lokalisiertes höchstes Wesen (Urvater, → Urheber, → Hochgottglaube) oder an eine mit der → Erde verbundene → Muttergottheit (»große Mutter«). Auch hier muß die Frage der Priorität offenbleiben. Auf primitiver Stufe wurden jene Formen des G.sgestus (s. 6a) und der G.ssprache geschaffen, die sich unverändert auch auf den höchsten Stufen erhalten haben, so die Anrufung »Herr«, »Herrin«, »König«, »Königin«, »Vater« (→ Vatername), »Mutter« und die Formeln »komm«, »erhöre mich«, »erbarme dich«, »hilf mir« usw. Bei den kulturarmen Völkern zeigt die G.sbitte einen naiven Egoismus und Eudämonismus sowie einen dinglichen Realismus. Zugleich aber künden sich schon hier reinere Formen des G.es an: → Anbetung, Dank als feierliche Anerkennung Gottes, Aussprache der Zuversicht und Ergebung.

3. In den großen *antiken Kulturreligionen* lebt der primitive G.stypus fort, jedoch mehr verbreitert als vertieft. Dies gilt insbesondere hinsichtlich der Vermengung von G. und Zauber. Charakteristisch hierfür ist Rigveda 6, 51, 8: »Die Anbetung (namas) hat über sie (die Götter) Macht, die Anbetung bittet sie herbei, die Anbetung hält fest den Himmel und das andere. Anbetung den Göttern! Die Anbetung hat Macht über sie, auch getane Sünde bitte ich durch Anbetung ab.« In der chinesischen Reichsreligion (→ China: II) zeigt das G. eine zeremoniöse Steifheit, in der → römischen Religion eine juridische Nüchternheit. In der → germanischen Religion hat das Zauberwort das Übergewicht über das G. In der → vedischen und brahmanischen Religion geht das G. aus der urwüchsigen Lobpreisung und Bitte in den Formelbesitz der Priesterkaste über. Sowohl die altmexikanische (→ Mexiko: I) wie die sumerisch-babylonische (→ Babylonien: II, 13), die ägyptische (→ Ägypten: II) und die → griechische Religion besitzen eine ziemlich ähnliche reiche und kunstvolle Hymnenpoesie, welche sowohl kollektiv-liturgischen wie individuell-magischen Zwecken dient. Die Hymnodie förderte nicht nur die monotheistische Tendenz (→ Henotheismus, → Monotheismus: I), sondern erhob sich auch zur Naturpoesie (Sonnenhymnen des Königs → Amenophis IV.). In der griechischen Religion rang sich das G. zu immer höherer sittlicher Reinheit empor und gipfelte in der Bitte um die klassische καλοκἀγαθία. Das griechische philosophische Denken schritt zu einer umfassenden rationalen Kritik des im primitiven G. sich auswirkenden → Eudämonismus und → Anthropomorphismus fort und schuf ein geistig-sittliches G.sideal.

4. In einer anderen Weise gelangten die *mystischen* → *Erlösungsreligionen* zu einer Umbildung und Vergeistigung des G.s. a) In der *indischen* → Mystik (: II) tritt an die Stelle des G.s weithin die gebetlose Versenkung, die durch die Psychotechnik des → Yoga mittels Körperhaltung, Atmung und geistiger Konzentration stufenförmig sich vervollkommnet. Sie führt in den → Upanishaden zur Erkenntnis der Identität des Seelengrundes (→ âtman) mit der Allgottheit (brahman), im alten → Buddhismus zur Erkenntnis der »heiligen Wahrheiten« und zur Erlangung des »sichtbaren → Nirvâna«. Der unpersönlichen Versenkungskunst tritt in der Bhakti (gläubigen und liebenden Hingabe an einen persönlichen Heilandgott) eine innige G.sfrömmigkeit gegenüber, die sich mit der personalen christlichen Gottesmystik eng berührt (→ Bhakti: I. II). Sie richtet sich im → Hinduismus auf die in verschiedenen Gestalten erscheinende Erlösergottheit (→ Vishnu, → Krishna, → Shiva, → Kâlî), im Buddhismus auf → Buddhas und Bodhisattvas. In Bitte und Dank drücken sich hier die Hoffnung auf Sündenvergebung und die Sehnsucht nach Liebeseinigung aus. Diese persönliche G.sfrömmigkeit verbindet sich mit der unpersönlichen Versenkung in mehrfachen Spielarten; im monistischen Vedânta dient sie als Vor-

stufe zur impersonalen Identitäts- und Alleinheitsmystik. - b) In der *hellenistischen* Mystik, die, vorbereitet durch die Orphik (→ Orpheus) und die platonische Philosophie, in den synkretistischen → Mysterien-Kulten, in der hermetischen Weisheit (→ Hermetica) und im → Neuplatonismus erscheint, führt das G. in stufenförmigem Aufstieg der Seele aus der vergänglichen Welt zur Einigung mit dem Unvergänglichen. Diese findet ihren Ausdruck in ähnlichen Identitätsformeln wie in der indischen Mystik. - c) In Buß-, Preis- und Dank-G.en spiegelt sich die dualistisch-gnostische Eigenart des → Manichäismus.

5. Den Gegenpol zur mystischen G.sfrömmigkeit bilden die geschichtlich mit der primitiven G.sfrömmigkeit zusammenhängenden *Prophetenreligionen,* wie sie außerhalb des Judentums (→ Gebet: II. III) und Christentums (→ Gebet: IV. V) im zoroastrischen Mazdaismus (→ Iran: II) und im Islam sich finden.

a) In den Gâtha des → Avesta, welche die prophetische Erfahrung → Zarathustras widerspiegeln, erscheint das G. als schlichte Freundesaussprache des Propheten mit dem allweisen Gott. Dieser spontane G.sumgang tritt in der späteren mazdayasnischen Gesetzesreligion ganz zurück hinter der regelmäßigen Rezitation ethischer Formeln, die als Erfüllung des göttlichen Gesetzes und als verdienstliches Werk gilt.

b) Das G. im → Islam (: I) ist durch das jüdische und christliche Beten bestimmt. Der Gottesumgang der israelitischen Propheten lebt im freien G. (du'a) → Muhammeds und seiner Anhänger auf. Das tägliche Pflicht-G. des Judentums fand eine Neugestaltung im gesetzlichen G. (ṣalāt), das in Zeit, Gestus und Wort streng gebunden ist. Das in der Moschee am Freitag und an Festtagen stattfindende liturgische G. ist lediglich das gemeinsam verrichtete Pflicht-G. Zu diesem prophetischen und gesetzlichen Beten tritt im → Sufismus eine reiche und tiefe mystisch-kontemplative G.sweise, die dem G. der christlichen und hinduistischen Gottesmystik eng verwandt ist und Einflüsse von beiden Seiten aufweist. Die Einsicht in den Gnadencharakter des G.s ist bes. kraftvoll von dem persischen Dichter Ǧelāl-ed-dīn-Rūmī (1207-73) ausgesprochen worden.

6. Das tägliche, insbesondere das gemeinsame G. vollzieht sich nach festen *Regeln,* die hinsichtlich des Wortes, der Zeit, der Körper- und Händehaltung und der Rede genau festgelegt sind (→ Formeln: I, → Gesten).

a) Aus der Bindung der höheren Wesen an bestimmte Orte folgt deren Anrufung an ihren einzelnen Wohnstätten oder in der *Blickrichtung* auf sie. Man betet zu den Toten an ihren Gräbern oder vor den sie darstellenden Ahnentafeln, zu den Naturgottheiten auf → Bergen, in Wäldern, am Meer, zu den Gestirn- und Himmelsgottheiten unter Aufheben der Augen und Hände. Während man ursprünglich unter freiem Himmel betete, ging man nach der Errichtung von besonderen Gotteshäusern (Fetischhütten, → Tempeln) dazu über, vornehmlich an diesen Stätten zu beten und zu ihnen von weither zu pilgern (→ Wallfahrt). So beteten die Römer nach dem Jupitertempel auf dem Kapitol gewandt, die Muslime nach der Ka'aba in Mekka, wobei ihnen als Hilfsmittel der G.srichtung (ḳibla) die G.snische (miḥrāb) der Moschee dient. Die Verknüpfung der Gottheit mit der aufgehenden Sonne bedingte die Wendung nach Osten beim G. und Kult (→ Orientation).

b) Regelmäßige *G.szeiten* sind Sonnenaufgang und -untergang, der Wechsel der Mondphasen (→ Mond) und → Jahreszeiten, Saat und Ernte und die übrigen kultischen → Feste (: I).

c) Die gewöhnlichste *Körperhaltung* beim Beten und bei der → Anbetung sind das Aufrechtstehen, Verbeugen des Oberkörpers, Knien, Hocken, welch letzteres in Indien zur Meditationshaltung geworden ist, und das vollständige Sich-zur-Erde-Niederwerfen (→ Proskynese). Im islamischen Pflicht-G., dessen Bezeichnung vom Krümmen des Rückens (ṣalāt) sich ableitet, findet ein Wechsel der verschiedenen G.sstellungen statt. Die am meisten gebräuchlichen Händehaltungen beim G. sind das Erheben oder Ausbreiten beider Arme, wobei die Handflächen meist der angerufenen Gottheit zugekehrt sind, bisweilen auch das Erheben einer Hand (šu-il-la, »Handerheben«: ein sumerischer Ausdruck für G.). Daneben findet sich das Halten einer Hand über dem Kopf, das Kreuzen der Hände auf dem Rücken oder der Brust, das Herablassen beider Arme. Als Zeichen der Freude dient das Händeklatschen, als Bezeugung der Demut das Klopfen an Brust oder Stirn, während das Beklopfen des Erdbodens der Anrufung der Toten (→ Totenverehrung) oder der Mutter → Erde dient. Mit dem Falten der Hände, dem verbreitetsten G.sgestus in Indien und Ostasien, ist verwandt das Ineinanderlegen und Verschlingen der Hände, das in zahlreichen Varianten im indischen → Yoga erscheint. Sehr gebräuchlich sind beim G. das Umkreisen (→ Umgang), Umfangen, Berühren, Streicheln und Küssen des heiligen Gegenstandes, Götterbildes oder → Altars (→ Kuß), welch letzteres vielfach durch die bloße Kußhand ersetzt ist. Die Entblößung des Oberkörpers und die Barfüßigkeit beim G. sind als Reste sakraler → Nacktheit aufzufassen. Beim G. anderer Völker herrscht die gegenteilige Sitte der Verhüllung des Hauptes, des Mundes oder der Hände. Die G.ssitten hängen zumeist mit den Grußsitten zusammen, weshalb auch die Bezeichnungen für Anbetung in gleicher Weise auf menschliche und göttliche Wesen angewandt werden. Ihr Ursinn ist wohl apotropäisch aufzufassen. Doch kommt in ihnen neben der Abwehr des fremden Tabu auch die Bezeugung der Friedlichkeit und Wehrlosigkeit zum Ausdruck.

Die enge Verwandtschaft außerchristlicher und christlicher G.sformen hat immer wieder christliche Theologen in Erstaunen gesetzt. Selbst ein dem Heidentum so feindlich gegenüberstehender christlicher Apologet wie → Tertullian brach angesichts der in der ganzen Menschheit zum Himmel emporgehobenen Hände in den Ruf aus: O testimonium animae naturaliter christianae!

Allgemein: C.F.Staeudlin, Gesch. der Vorstellungen u. Lehren vom G., 1824 - Max Müller, On Ancient prayer (Semitic Studies in Memory of Alex.Kohut, 1897, 1-41) - F.Heiler, Das G. Eine religionsgeschichtl. u. religionspsycholog. Untersuchung, (1918) 1923⁵ - ERE X, 154ff - HWDA III, 346ff - van der Leeuw 480ff. - Zu 1: L.R.Farnell, The Evolution of Prayer (The Evolution of Religion, London 1905, 163-231) - R.R.Marett, From Spell to Prayer (The Treshold of Religion, London 1909, 33-84). - Zu 2: UdG - G.A. Reichard, Prayer: the Compulsive Word (Monographs of the American Ethnol. Soc. 7), New York 1944 - EC IX, 1930ff. - Zu 3: H.Zimmern, Babylonische Hymnen u. G.e (AO 7, 3), 1905 - G.van derLeeuw, Antieke Roep- en klageliederen, Den Haag 1942 - E. Ebeling, Die akkadische G.sserie »Handerhebung« (Veröffentl. d. Instituts f. Orientforschung 20), 1953 - A.Falkenstein u. W.v.Soden, Sumerische u. akkadische Hymnen u. G.e, 1953. - E.v.Lasaulx, Die G.e der Griechen u. Römer, 1842 (= E.v.Lasaulx, Studien des klass. Altertums, 1854, 137-158) - C.Ausfeld, De Graecorum precationibus quaestiones (Jb.er f. klass. Philologie Suppl. Bd 28, 1903, 503-547) - H.Schmidt, Veteres philosophi quomodo iudicaverint de precibus (RVV IV, 1), 1907 - G.Appel, De Romanorum precationibus (RVV VII, 2), 1909 - Th.Schermann, Spätgriech. Zauber- u. Volks-G.e (Diss. München), 1919 - F.Schwenn, G. u. Opfer. Studien zum griech. Kultus (Religionswissenschaftl. Bibliothek 8), 1927 - O. Weinreich, G. u. Wunder, 1929 - K.Keyssner, Gottesvorstellung u. Lebensauffassung im griech. Hymnus (Würzburger Studien zur Altertumswiss. 2), 1932 - P.Pelleriti, La preghiera nell'epica latina, 1934 - K.v.Fritz, Greek Prayers (RR 10, 1945/46, 5-39) - RÄRG 204ff. - Zu 4a: F.Heiler, Die buddhist. Versenkung, (1918) 1922² - C.A.F.Rhys Davids, Dhyâna in Early Buddhism (Indian Historical Quarterly 3, Calcutta 1927, 689-715) - G.C.Lounsbery, La méditation bouddhistique, Paris 1947 - E.CONZE, Buddhist meditation, London 1956. - Zu 4b: A.DIETERICH, Eine Mithrasliturgie, 1903. - Zu 4c: W.RADLOFF, Chuastanit. Das Buß-G. der Manichäer, 1909 - W.HENNING, Ein manichäisches Bet- u. Beichtbuch (AAB 1936, 16), 1937. - Zu 5a: J.J.MODI, The religious ceremonies and customs of the Parsees, Bombay (1922) 1937², 320ff. - Zu 5b: I.GOLDZIHER, Zauberelemente im islam. G. (Oriental. Studien, Th.Nöldeke gewidmet I, 1906, 303-329) - M.GRÜNERT, Das G. im Islam, 1911 - E.MITTWOCH, Zur Entstehungsgesch. des islam. G.s u. Kultus (AAB 1913, 2) - A.J. WENSINCK, Animismus u. Dämonenglaube im Hintergrund des jüd. u. islam. G.s (Der Islam 4, 1913, 219-235) - HIsl 324f (Kibla). 498ff (Miḥrāb). 636ff (Ṣalāt) - A.SCHIMMEL, Some aspects of mystical prayer in Islam (The world of Islam NS II/2, 1952, 112-125). - Zu 6: E.VOULLIÈME, Quomodo veteres adoraverint, 1887 - F.HEILER, Die Körperhaltung beim G. (Oriental. Studien, F.Hommel zum 60.Geb. gewidmet II, 1918, 168-177) - ST.LANGDON, Gesture in Sumerian and Babylonian prayer (JRAS 1919, 513-556) - J.J.MODI, Some Prayer-gestures of the Babylonians and Assyrians. Their Parallels among the ancient Iranians and modern Parsees (Journal of the Bombay Branch of the Royal Asiatic Soc. 25, 1917/21, 504-528) - F.DÖLGER, Sol salutis, (1920) 1925² - TH.OHM, Die G.sgebärden der Völker, Leiden 1948.

F.Heiler

II. Im AT

1. Begriff und Termini - 2. Ort, Zeit und Gesten - 3. Hauptzüge - 4. Arten des außerkultischen G.s - 5. Das gottesdienstliche G. der Psalmen - 6. Das Prosa-G. der späteren Zeit - 7. Das G. in den Texten von Qumran

1. In der Frühzeit gibt es im AT noch keinen allgemeinen *Begriff* für beten bzw. G. zu Gott; man sagt einfach: rufen, flehen, loben u.a.m. - Ausdrücke, die eine bestimmte Art des Betens meinen, gibt es im AT in Fülle: Verben der Reaktion wie schreien, weinen, jubeln, Verben des Fragens und Suchens, des Klagens, Flehens und Bittens, des Lobens, des fürbittenden Eintretens, endlich besondere G.shandlungen wie → Gelübde, Sündenbekenntnis. Einige dieser spezifischen Begriffe haben dann die allgemeine Bedeutung »beten« bekommen.

2. Von den frühesten Schriften des AT bis zu den Apokryphen begegnet nebeneinander das Beten am Heiligtum und an beliebigen profanen *Orten*. Entsprechendes gilt für die *Zeit* des Betens. Die Tage des Festes sind auch besondere Tage des Betens (1Sam 1); daneben wird von G.en im Alltag berichtet. Später treten der feste Ort und die feste Zeit stärker hervor: in der Wendung des Betenden nach Jerusalem (1Kön 8, 44; Dan 6, 11), in den täglichen G.szeiten (Dan 6, 11). - Die *Körperhaltung* beim Beten ist verschieden. Das stehende Beten ist für die nt. Zeit bezeugt, für die at. Zeit wahrscheinlich (1Sam 1). Häufiger jedoch ist das Niederfallen, die Proskynese. Dabei läßt sich der Betende auf die Knie nieder (vgl. 1Kön 8, 54; Jes 45, 23), legt seine Hände auf die Erde und berührt mit dem Gesicht den Boden. Es ist die Gebärde der völligen Unterwerfung (der Ritus begegnet heute im → Islam). Sie gehört nicht nur zum G., sondern zu jedem Hintreten vor Jahwe. Nicht alle Arten des G.s wurden in diesem Ritus vollzogen. Das Preisen Gottes wie der Dank ist in zu Boden gebeugter Haltung kaum denkbar. - Die Hände wurden beim G. »gen Himmel ausgebreitet« (1Kön 8, 54). Das Händeausstrecken kann Gebärde des Flehens (Klgl 2, 19) oder des Sich-Hinwendens zu Gott (Ex 9, 29; Ps 28, 2; 1Kön 8, 22) sein. Erinnerung an magische Wirkung des G.s zeigen Ex 17, 8ff, wo die Wirkung des G.s mit dem Sinken der Hände des Betenden nachläßt, und das Recken der Lanze gegen den Feind Jos 8, 18. Eigentliche G.smagie fehlt im AT.

3. So weit unsere Quellen zurückreichen, gibt es nebeneinander das Beten Einzelner und einer → Gemeinschaft (: II). In der Frühzeit gehört der einzelne so fest zur Gruppe, daß seine persönlichen Anliegen hinter denen der Gruppe zurücktreten; aber auch sie kommen zu Wort, zB im Flehen der kinderlosen Frau um ein Kind. In der Spätzeit trat das Beten des einzelnen in den Vordergrund, ohne jedoch das G. der Gemeinde zu verdrängen. Ein besonderes G. ist das des Mittlers (des Führers, Königs, Priesters, Propheten). Jedes hat seine eigenen Formen und seine eigene Geschichte. - Alles Beten richtet sich ausnahmslos an Jahwe. Den Betenden genügt das bloße Anrufen des Namens Jahwes, er bedarf keiner Ausschmückung. Erst spät wird die G.sanrede durch lobende Prädikate erweitert. Jahwe kann ohne Vermittlung angerufen werden; nur ganz selten und spät wird ein himmlischer Vermittler des G.s erwähnt. - Niemals enthält ein G. im AT die Aufzählung einer Reihe von G.sanliegen. Es sind nicht Anliegen im Sinn von Gegenständen, die den Menschen zum Beten bringen, sondern Ereignisse. Trifft ihn eine Not, so schüttet er sein Herz vor Gott aus; alle große Freude, die ihn erfüllt, trägt er zu Gott zurück. - Jedes echte G. ist Handlung und Wort zugleich. Das G. im AT ist niemals nur Ausdruck von Gedanken und Gefühlen, es ist ein Vorgang zwischen Mensch und Gott, bei dem etwas geschieht. Eine Handlung wird daher das G. nicht erst durch einen hinzutretenden Kultakt. Kultisches und außerkultisches G. gab es in Israel stets nebeneinander; in dem, worum sie flehen bzw. wofür sie loben, stehen sie einander nahe, unterschieden sind sie in der Form. Das außerkultische G. ist zumeist kurz und in ungebundener Form. Das kultische G. ist Komposition aus mehreren Motiven in gebundener Form. Als »agendarisches Formular« kann es von vielen und immer wieder gesprochen werden.

4. Das Rufen zu Gott hat im AT eine Fülle von Möglichkeiten. Nicht alles Reden von Menschen zu Gott kann als G. bezeichnet werden, zB nicht das reine Zwiegespräch zwischen Gott und Mensch. Daneben gibt es ein Reden zu Gott, das wir als Vorform des G.s bezeichnen können. Drei Kreise solcher Worte heben sich heraus: a) Das *Befragen Gottes:* Der Heerführer im → Krieg (: II) fragt Jahwe, ob er aufbrechen, angreifen, verfolgen soll oder nicht. Die Antwort wird durch das Orakel vermittelt (1Sam 23, 9ff). Gott wird gefragt, wen er für einen besonderen Auftrag bestimmt hat (Omen; Gen 24, 12ff; Ri 6, 36ff). Lastet eine ungesühnte Schuld auf dem Volk, so wird Gott gefragt, wer der Schuldige ist (Ordal, → Gottesurteil: II; Jos 7; 1Sam 14, 41f). Alle drei Formen der Gottesbefragung gibt es nur in der frühen Zeit. Später wird aus der Frage die Bitte. - b) Das *Anrufen Gottes* im Zusammenhang des Gerichtsvorganges (→ Gerichtsverfassung). In besonderen Fällen wird an Gott als Richter appelliert (Gen 16, 5; Ri 11, 27), er wird als Zeuge angerufen (1Sam 12, 3ff) oder man schwört bei ihm (1Sam 14, 44; Ps 7, 4-6). Auch diese Formen gehen abgewandelt in das G. ein. - c) Das Eintreten eines Mittlers bei Gott *(Fürbitte)*. Die Fürbitte ist ursprünglich das lösende Wort eines Machtbegabten (vgl. die Fürbitte Moses für Pharao, Ex 7ff). In der Frühzeit begegnet die Interzession eines Gottesmannes zur Abwendung einer Not (Kinderlosigkeit Gen 25, 21; Krankheit 1Kön 17, 20) oder zur Sühnung einer Schuld (Ex 32, 30ff; Num 21, 4ff). Solche sühnende Interzession kann mit einem Opfer verbunden sein (1Sam 7, 6; Hi 42, 8). Sie kann auch für einzelne geschehen (Num 12, 13). In späterer Zeit tritt die Fürbitte gerade da ein, wo von einem Verhängnis auch Gerechte getroffen werden könnten (Gen 18, 22-33; Num 16, 22). Die Fürbitte als Amt der → Propheten wird von Amos, (Jesaja), Jeremia, Ezechiel berichtet. Hier tritt der schärfste Bruch in ihrer Geschichte ein: Gott schlägt den Propheten die Fürbitte ab (Amos: die Visionen; Ez 9, 8; 11, 13) oder verbietet sie (Jer 7, 16; 11, 14). Andererseits zeigt Jeremia den von Gottes → Gericht Getroffenen eine neue Möglichkeit der Fürbitte: sie sollen für das Heil des Landes bitten, in dem sie im Exil sind (Jer 29, 7). In nachexilischer Zeit geht

die Fürbitte in das Amt des Priesters über (Sach 3, 9); die Sühnung bekommt ihr Schwergewicht im Sühnopfer, an die Stelle des irdischen kann ein himmlischer Fürbitter treten (Sach 3). Daneben führt eine Linie von der Interzession in die Verkündigung vom → Knecht Jahwes bei Deuterojesaja, vor allem zu Jes 53. – d) Die eigentlichen Redeformen des G.s sind Klage und Bitte mit ihren Nebenformen und diesen gegenüber das Gotteslob (→ Formen: I). *Klagen* eines einzelnen, wie sie aus menschlicher Not erwachsen (Gen 4, 13f; 25, 22; Ri 15, 18; Jer 20, 18), sind insofern nicht G. in unserm Sinn, als die Hinwendung zu Gott nicht immer ausgesprochen ist; doch zeigt Ri 15, 18, daß eine solche bloße Klage ein wirkliches G. sein kann. – Aus einer Volksnot erhebt sich die Klage des Volkes im Mund eines einzelnen (Jos 7, 7ff; Ri 6, 13) oder als pluralische Klage (Ri 21, 3; Dtn 1, 27). Sie ist vorwiegend Anklage Gottes, Klage, die sich gegen Gott richtet. Das gilt auch für die Klage des Mittlers, bes. die des Mose unter der Last seines Amtes zwischen Gott und Volk (Ex 5, 22; 32, 11ff; Num 14, 13ff), ähnlich die Klage Josuas (7, 7ff). Diese Linie setzt sich bei den Propheten fort (1Kön 19, 4: Elia; Ez 9, 8; vor allem Jer 11; 12; 15; 18; 20). In den frühen geschichtlichen Texten ist die Klage neben dem Lobruf das häufigste G.; in ihr findet das Ringen um Gottes gütige Zuwendung, das Sich-Halten an den zornigen Gott, bis er sich erbarme, seinen Ausdruck. – e) Die einfache *Bitte,* der kurze Stoßseufzer: »Ach Herr, hilf doch!« (Ps 118, 25; Num 12, 13; 2Sam 15, 31), als Wunsch (Gen 43, 13; Ri 13, 8) oder zweigliedrig (Ri 16, 28; Gen 24, 12), ist der Hilferuf eines Menschen in Not. Durch Hinzufügungen wie Begründung, Apposition, Ausdruck der Demut, Erinnerung an Gottes früheres Tun kann er zum G. erweitert werden (Ri 16, 28; Gen 32, 10-13; 2Kön 19, 14ff). – f) Das *Sündenbekenntnis* (→ Bekenntnis: II). Ein Vergehen des Volkes wie der Frevel eines einzelnen kann nur beseitigt werden, wenn der Täter ihn eingesteht und damit Gott die Ehre gibt (Jos 7, 19). Dasselbe Wort bezeichnet das Bekennen der Sünde wie das preisende Anerkennen Gottes. Die hohe Bedeutung des Sündenbekenntnisses zeigt sich beim Eingestehen einer Sünde durch den König (2Sam 24, 10; 12, 13). Dann wird das Sündenbekenntnis mit der Bitte um Errettung verbunden (Ri 10, 10ff; 1Sam 12, 10). So geht es als ein Bestandteil in den Klagepsalm ein. Erst im nachexilischen Buß-G. wird das Sündenbekenntnis zum beherrschenden Motiv des G.s (Esr 9; Dan 9). – Das → *Gelübde* (: II) »ist ein durch ein Versprechen verstärktes Bitt-G.« (Wendel). – g) Der *Vergeltungswunsch:* Gott möge dem Frevler seiner Tat entsprechend vergelten (2Sam 3, 39; 1Kön 2, 23; Jer 18, 18ff). Hinter ihm steht der Fluch (→ Segen und Fluch: II), abgeschwächt zum Fluchwunsch (Hi 3). Er hat seine Bedeutung für die Klagepsalmen in den Bitten um Vergeltung an den Feinden bekommen. – Der Vergeltungswunsch kann durch einen Segenswunsch komplementiert werden: dem gegen die Feinde gerichteten wird ein Wunsch für den Beter angefügt (1Sam 25, 26; Jer 17, 18); häufig am Schluß von Psalmen (Ri 5, 31). – h) Nur dadurch, daß der Segen schon früh zum *Segenswunsch* abgewandelt wurde, erhielt er eine Verbindung zum G. – i) Als Ausdruck der *Ergebenheit* begegnet der Satz: »Jahwe aber tue, was ihm wohlgefällt« (Ri 10, 15; 2Sam 10, 12). Er entspricht der 3. Bitte des → Vaterunsers und ist Bejahung Gottes auch in seinem fremden Werk (vgl. bes. Ps 73; Hi 19). – k) Das *Gotteslob,* der Gegenpol des Klagens und Bittens, ragt über das, was wir G. nennen, hinaus. Unter den G.sworten, die in geschichtlichen Texten begegnen, ist das häufigste der Lobruf in den zwei Teilen: »Gelobt (sei) Gott!« und dem diesen Lobruf begründenden Satz von einer Tat Gottes, die dieses Lob auslöste (Gen 9, 26; 24, 27; Ex 15, 1; 18, 10; 1Sam 25, 32. 39). In all diesen Sätzen handelt es sich um berichtendes Lob; es sind – wie wir sagen würden – kurze Dank-G.e. Ein die Majestät oder Güte Gottes beschreibendes Lob begegnet in geschichtlichen Texten nicht. Der Lobruf erwächst unmittelbar aus dem Erfahren einer helfenden Tat Gottes mitten im Alltag (1Sam 25, 32), hierin dem Stoßseufzer entsprechend. Klage wie Lob haben ihre Wurzel dort, wo ein Mensch oder eine Menschengemeinschaft von einer richtenden oder helfenden Tat Gottes betroffen wird und diesem Tun Gottes antwortet. – Außer im Lobruf findet das Gotteslob vielfachen Ausdruck: im Niederfallen vor Gott ohne Worte (Gen 24, 52) oder im bloßen Anrufen des Gottesnamens; in der Namengebung (ein großer Teil der israelitischen Personennamen sind Lobnamen; Gen 29, 32), im Aufrichten eines Gedenkzeichens (1Sam 4, 12), im Erzählen von Gottes Taten in der Weitergabe an die Kinder, dann in der Geschichtstradition überhaupt.

5. Die *Psalmen* sind zum großen Teil G.e, aber sie sind auch Lieder oder Dichtungen. Die gebundene Redeform und die Komposition aus mehreren Grundformen des G.s charakterisieren sie. Diese kehren fast alle als Teile des Psalms wieder: Klage und Bitte und dazugehörige Motive wie Unschuldsbeteuerung und Sündenbekenntnis, das Zurückblicken auf Gottes frühere Heilstaten und Verheißungen, der Vergeltungs- und Doppelwunsch, das Gelübde. Die verschiedenen (reinen und Misch-) Gattungen des Psalters sind unter → Psalmen: I behandelt. Das Zusammengehören von außerkultischem und kultischem G. zeigt sich auch, wo in den geschichtlichen Büchern eine der dort handelnden Personen einen Psalm als G. spricht (1Sam 2; 2Sam 22; Jon 2; Ex 15), oder in den Klagen Jeremias, die in der Form den Klagepsalmen entsprechen, dabei aber G. im stärksten Sinn des Wortes sind. – Der Psalter enthält auch Psalmengattungen, die gar nicht G. sind: die Liturgie und die Weisheitspsalmen.

6. Die G.e der *nachexilischen Zeit,* wie sie bes. im chronistischen Werk und in den nachkanonischen Schriften begegnen (1Kön 8; 2Chr 20, 6-12; Neh 1, 4-11; 9; Esr 9; Dan 9; 3Makk 2; 6; Jdt 9; Tob 3, 1-6; 9, 9-12; 13; Sir 23, 1-6), unterscheiden sich von den frühen Prosa-G.en vor allem durch große Breite und Wortreichtum; von den Psalmen durch die Prosa und die Auflösung der festen Psalmformen. Oft muten sie eher wie Reden an (1Kön 8). Viele vereinigen in sich Lob und Bitte (bzw. Klage); meist ist die Anrede an Gott durch Gotteslob erweitert (2Chr 20, 6; Neh 1, 5). Oft enthalten sie einen breiten Rückblick auf Gottes Heilstaten und des Volkes Ungehorsam (Neh 9; Esr 9). Alle diese G.e lassen den großen Abstand erkennen, in dem sich das Volk jetzt Gott gegenüber fühlt. Daher der tiefe Ernst des Sündenbekenntnisses, die zögernde, zaghafte Bitte, die Betonung der eigenen Ohnmacht und Geringfügigkeit; daher das völlige Verstummen der Anklage Gottes, an deren Stelle das Eingeständnis tritt, daß Gott gerecht gehandelt habe mit allen seinen Gerichten über Israel (Dan 9, 13f). – Die G.e des → Tobitbuches lassen die gleiche unmittelbare Kraft des G.s wie etwa in Gen 24 bis hinein in das Leben der jüdischen Familien in der Diaspora spüren. Unter vielen Anfechtungen hält hier ein frommer Mann am Gott seiner Väter fest, fleht zu ihm aus schwerer Bedrängnis und lobt voller Freude den barmherzigen Gott, der wunderbar half.

7. Für die Geschichte des G.s ist die Sammlung der Hôdajôt in den *Texten von* →*Qumran* (, 4) die wichtigste Weiterführung. Den hier gefundenen Liedern oder Psalmen liegt die Form des berichtenden Lobpsalms (Dankpsalms) zugrunde. Diese alte G.sform ist weitergeführt in Richtung auf die Meditation. Es begegnen hier noch

die meisten Grundformen des G.s, wie sie sich durch das ganze AT hinziehen; aber das Meditative, Abstrahierende und manchmal Spekulative wird bei starker Auflösung der alten Formen beherrschend. Dazu spielt deutlich erkennbar in der Formung dieser G.e der Charakter der Gruppe, das hervorgehobene Ich (des Meisters?), die Front gegen die Gegner der Gruppe eine Rolle. Die Hôdajôt zeigen einen überraschenden Reichtum meditativen G.s und eine eigenständige Weiterführung des Gotteslobes in der Gruppe, der sie zugehören.

RGG² II, 875ff (ältere Lit.) - A.Wendel, Das freie Laien-G. im vorexil. Israel, 1931 - ThW II, 782ff - Joh.Pedersen, Israel, its life and culture III-IV, Kopenhagen 1940, 448ff u. passim - N.Johansson, Parakletoi, Vorstellungen von Fürsprechern . . ., Lund 1940 - P.A.H.deBoer, De vorbeede in het OT (OTS 3), 1943 - N.B. Johnson, Prayer in the Apocrypha and Pseudepigrapha (JBL Monogr. Ser. 3), 1948 - F.Hesse, Die Fürbitte im AT (Diss.Erlangen), 1951 - C.Westermann, Das Loben Gottes in d. Psalmen, 1954 - Ders., Struktur u. Gesch. d. Klage im AT (ZAW 66, 1954, 44-80) - D.R.Ap-Thomas, Notes on some terms relating to prayer (VT 6, 1956, 225-241) - Ders., Some notes on the OT-attitude to prayer (SJTh 9, 1956, 422-429) - EKL I, 1433ff. *C.Westermann*

III. Im Judentum

Die rabbinischen Quellen gründen ihre Aussage über das G. auf die at. Vorbilder (→ Gebet: II). Das G. beruht auf dem Bewußtsein der Abhängigkeit des Menschen von Gott für alle seine Bedürfnisse und auf der Dankbarkeit für deren Gewährung, aber auch auf der Versenkung in Gottes Wesen und Wirken. Beten heißt die Not der Seele aussprechen, aber auch mit Gott um die Erfüllung des Anliegens ringen. Wie das → Opfer wird es als Gnadenmittel geschätzt, oft sogar höher gewertet. Aber der Mensch soll es nicht durch Mißbrauch zur leeren Form werden lassen. Zum G. gehört kawwana, dh Konzentration des Herzens, würdige Haltung (meist stehend mit niedergeschlagenen oder nach oben gerichteten Augen) und die rechte Gesinnung. Länge und Wortlaut sind unwesentlich. Neben den festen G.sformeln (→ Schma, → Schmone ʿEsre, Berakôt) sollte man jeden Tag ein neues G. sprechen. Grundlagen des G.s sind Gottvertrauen und Erhörungsgewißheit trotz Glaubensproben.

Die Spannung im G.sleben entsteht durch das an Ordnungen gebundene Gemeinde-G. Im alten Judentum folgten auf das Gemeinde-G. die individuellen Tāḥanûnîm (flehentliche Bitten), aber je fester das Gefüge des Gemeindegottesdienstes wurde (→ Gottesdienst: III), desto stärker wurde die Gefahr, daß das G.sleben durch die starre Form erdrückt würde. Dies wurde durch die religiöse Kraft, die im Volke lebte, und bes. durch Mystiker verhütet, die für die Erneuerung des G.slebens eintraten. Dichter wie Salomo ibn Gabirol (→ Avicebron) u.a. schufen vorbildliche G.e, die Gemeingut wurden. Der Ethiker Baḥja ibn Pakuda charakterisiert in seinen »Herzenspflichten« das G.: »Unser Ziel beim G. ist kein anderes, als daß die Seele sich in der Richtung auf Gott verzehrt, daß sie vor ihm in Niedrigkeit versinkt, indem sie sich gleichzeitig zum Schöpfer erhebt, ihm Preis und Dank darbringt und, was sie beschwert, auf ihn wirft.« Im Zohar, dem Hauptwerk der jüd.-mittelalterlichen →Mystik (: III), heißt es: »Was der zündende Funke für den Brennstoff bedeutet, das leistet das G. für die Erhebung des Menschen zur Welt des Lichts.« Der Begründer des → Chassidismus hat den größten Nachdruck auf das G. gelegt, das die »Loslösung der Seele vom Körper und ihren Flug in die Welt der göttlichen Gnade zu bewirken hat«. Auch die Führer der mehr rationalistischen Bewegungen wie S.R. → Hirsch und A. → Geiger sind beide für die Erneuerung und Verinnerlichung des G.slebens eingetreten.

An G.ssitten kennt das Judentum G.szeiten, G.srichtung und G.skleidung. Die *Zeiten* sind die der biblisch-nachexilischen Zeit: Morgen, Nachmittag (9. Stunde, Apg 3, 1) und Abend. Zur Erleichterung wurden die letzteren vor die Dämmerung zusammengelegt. An Sabbaten und Festen wird im Anschluß an das Morgen-G. ein altes Mittags-G. als Zusatz-G. verrichtet. Am Versöhnungstag gibt es außerdem noch ein Schluß-G. (Vesper), wie es im Tempel beim Schließen der Tore üblich war. Die Synagogen sind nach dem Tempelplatz ausgerichtet, und auch im Einzel-G. wird das Schmone ʿEsre mit dem Gesicht dorthin gesprochen. Zur *G.skleidung* gehören der G.smantel (ṭallît, ein viereckiges Umschlagstuch aus Wolle oder Seide mit Quasten [ṣîṣijjôt Num 15, 38; κράσπεδα Mt 23, 5] an den Ecken), ursprünglich ein Bestandteil der Männerkleidung, und der G.sriemen (tefillîn), der nach Vorschrift von Männern an Wochentagen beim Morgen-G. um den linken Arm und die Stirn gelegt wird. Die schwarzen Riemen sind an einem schwarzen Ledergehäuse befestigt, das von jeher die vier Abschnitte Ex 13, 1-10. 11-16 und Dtn 6, 4-9; 11, 13-21 auf Pergament enthält. Das »Binden als Zeichen« mag ursprünglich wörtlich ausgeführt worden sein, später wurde es nach Ex 13, 9 bildlich aufgefaßt. Die Bezeichnung φυλακτήρια (Mt 23, 5) zeigt, daß damals viele sie als Schutzmittel auffaßten, und auch der Talmud nennt die tefillîn neben Amuletten. Man trug sie den ganzen Tag, später nur beim G. Schon im MA wurde über ihre Vernachlässigung geklagt. Entgegen Einwänden in der Neuzeit wurde ihre Verwendung als Symbole der Anerkennung Gottes als Gesetzgeber beibehalten. Während die Mischna (Sôṭā VII, 1) jede Sprache für das G., selbst für die Hauptstücke der Liturgie erlaubt, war trotz Übersetzungen in der Neuzeit Hebräisch die G.ssprache, und erst seit dem letzten Jh. nehmen in der Galuth die Landessprachen einen größeren Raum im G. der Gottesdienste ein.

Ursprünglich waren schriftliche Vorlagen für das G. nicht gestattet, und sogar Stücke aus dem AT mußten als G. frei vorgetragen werden; aber schon seit langem sind die G.e des Jahreszyklus im sogenannten Māḥzôr niedergelegt, der in vielen stark abweichenden Ausgaben existiert, von dem sich aber nur der sefardische und der aschkenasische Brauch (Minhag) durchgesetzt haben. Die ursprünglich mehr für den Privatgebrauch bestimmten G.ssammlungen nennt man Siddûr. Auch die G.-bücher der → Karäer, die anfänglich nur Psalmen und Zusammensetzungen at. Stellen enthielten, wurden schon früh durch synagogale Dichtungen bereichert.

I.Elbogen, Der jüd. Gottesdienst, 1923 - G.F.Moore, Judaism II, 1927 - EJud VII, 121ff - E.Munk, The World of Prayer, 1954 - L. Jacobs, Jewish Prayer, 1955. *† I.Elbogen (E.L.Rapp)*

IV. Im NT

1. Die Neuartigkeit des urchristlichen G.s - 2. Paulus - 3. Jesus - 4. Die spätere Epoche der nt. Zeit

1. Die urchristlichen Gemeinden verstanden ihr G.sleben als etwas Neues, in dieser Weise noch nie Dagewesenes. Irgendwelches Streben nach möglichst originellen G.sformen lag ihnen freilich fern, sie schirmten sich auch nicht gegen den Nachhall der G.e früherer Epochen - etwa gar der des AT (→ Gebet: II) - grundsätzlich ab; wer aus dem Judentum kam, hat gewiß auch weiterhin die jüdischen Pflicht-G.e (→ Gebet: III) in gleichem Ernst und in unveränderter Form gebetet. Neu war die den G.en zugrunde liegende Gewißheit: Mit der Auferweckung Jesu »durch Gott den Vater« (Gal 1, 1) ist das alle bisherigen Zeiten umfassende »Alte« vergangen, die entscheidende Grenze zum »Neuen« bereits überschrit-

ten (2Kor 5, 17) und das ersehnte endgültige Eingreifen Gottes in eine nahe Zukunft gerückt. Die unmittelbarsten und ältesten Zeugnisse darüber, wie diese Gewißheit sich im G.sleben auswirkte, sind in den Briefen des Paulus enthalten.

2. a) Als kennzeichnend ist ein Satz zu beachten, der, zur Stützung eines andersartigen Gedankengangs, das G.sthema nur beiläufig streift, von dem *Paulus* also angenommen hat, daß sein Inhalt allgemein anerkannt werde: 2Kor 1, 20. Es handelt sich um das von der Synagoge übernommene Schlußwort → Amen, durch das man sich ein vorgesprochenes G. zu eigen machte. Dies Amen wird zwar »durch uns« gesprochen, aber zugleich auch »durch Christus«. Sähe der zum Mitbeten bereite Christ sich nicht zu diesem Amen jeweils »durch Christus« ermächtigt, so würde er schweigen. Nicht nur für den Heidenchristen war also das Amen etwas Neues, es wurde auch für den jüdisch erzogenen Christen - selbst wenn er den Sachverhalt vielleicht weniger klar sah als Paulus - zu etwas anderem, als es vorher gewesen war. So wie hier von dem bestätigenden Amen, so konnte nun anderwärts (Röm 1, 8; 5, 11; 7, 25) auch vom ganzen G. im gleichen Sinne gesagt werden, daß es »durch Christus« erfolge. Dort, wo Paulus explizit auf das Werden des G.s eingeht (Röm 8, 15. 26f), ist der Sache nach das gleiche gemeint: Zu einem Beten, das in vollem Sinne Beten wäre, fehlt dem Menschen, auch dem durch Christus erneuerten Menschen, letztlich die Befähigung; solange er noch, auf den göttlichen Vollendungsakt harrend, »seufzt« (Röm 8, 23), ist er an sich noch nicht Gesprächspartner des Vaters im Himmel. Natürlich kann er das Wort »Vater« über die Lippen bringen; Gott aber in dem Sinne als Vater anzurufen, in dem er wirklich Vater ist, dazu gibt jeweils nur der aus der Christuspredigt empfangene (Gal 3, 2) Gottesgeist (→ Geist: IV) die Möglichkeit: er nimmt sich der noch bestehenden menschlichen Schwachheit an. Insofern ist jedes echte G. pneumatisches, inspiriertes G.

b) Innerhalb der durch diese Geistesleitung gesetzten Grenzen aber betet der Gläubige in voller → *Freiheit* (: I). Er wird zwar nicht von den menschlichen Voraussetzungen des G.s, von der Vorbereitung und Sammlung befreit (1Kor 7, 5); die Begegnung mit dem Vater erfolgt jedoch ohne die Schranken, die den schuldig gewordenen Menschen von ihm trennen (Jes 59, 2), ja auch ohne die Schranken, die der unvollkommenen menschlichen Rede gesetzt sind. Ekstatisches Beten (→ Mystik: IV) hat dann mit wahnsinnsnahen Rauschzuständen (1Kor 14, 23) nichts gemein; vor Gott darf alles schlechthin frei ausströmen. Übersteigerung und ein Zeichen nicht für höchste Freiheit, sondern für einen Verlust an Freiheit wäre es jedoch, wenn der Beter nicht mehr willens und fähig bliebe, in die Hörweite der Gemeinde (1Kor 14, 19) zurückzukehren und das soeben noch Unsagbare dennoch in allgemeinverständliche Rede zu übertragen (2Kor 5, 13). Die Gemeinde bedarf des gemeinsamen G.s; es gehört zu der Freiheit gerade des bes. begnadeten Beters, daß er brüderlich neben dem schwachen Beter (1Kor 14, 16) stehen und ihm nach besten menschlichen Kräften den Weg zu seinem Amen freimachen kann.

c) Zum *G.sinhalt* konnte demnach alles werden, was den Beter bewegte. Bei Paulus handelte es sich durchweg um die Möglichkeiten und Wirklichkeiten seines Missionsweges, die er jederzeit sehr realistisch abwog und doch »unablässig« (Röm 1, 9; 1Thess 1, 2) vor Gott brachte. Ein beträchtlicher Teil seiner Tag- und Nachtstunden wird ausschließlich dem G. vorbehalten gewesen sein, der Fürbitte (Röm 10, 1; Phil 1, 9; Kol 1, 9), dem Lobpreis und der Anbetung (Röm 1, 25; 9, 55; 11, 33ff; 2Kor 11, 31; Gal 1, 5; Phil 4, 20), vor allem dem grenzenlosen Dank (Röm 6, 17; 7, 25; 1Kor 1, 14; 14, 18; 15, 57; 2Kor 2, 14; 8, 16; 9, 15; vgl. 1Thess 3, 8) für das, was bereits geschehen war. Dank-G.e bilden meist den Eingang seiner Briefe, aber der Dank an dieser Stelle konnte auch fehlen (Gal 1; vgl. 2Kor 1); wes das Herz beim Schreiben nicht voll war, des ging der Mund nicht über. Paulus erbat sich oft die Fürbitte der Brüder (Röm 15, 30ff; 2Kor 1, 11; Phil 1, 19; 1Thess 5, 25; Phlm 22); als persönliches Bitt-G. ist die dreimalige Bitte um Befreiung aus leiblicher Not (2Kor 12, 8) bekannt. Gewichen ist diese Not damals nicht; Erhörung bedeutete für den Beter aber gerade die ihm erteilte abweisende Antwort: »es genügt für dich meine Gnade«. Denn so mannigfach die Bitten vordergründig auch sein mochten, letztlich zielten sie doch alle auf diese Gnade.

d) Die *Gemeinden* wußten andererseits natürlich auch von Bitten, die im vordergründigen Sinn Erhörung fanden, vielfach wohl vermittelt durch die manchem einzelnen Christen gegebenen charismatischen Kräfte (1Kor 12, 9). Die Charismatiker haben dabei jedenfalls den Namen (→ Namenglaube: III) Jesu angerufen; darum ist es zu verstehen, daß Bitten um Befreiung aus einzelnen irdischen Nöten auch unmittelbar an den Herrn gerichtet wurden (2Kor 12, 8), ebenso Bitten um die in der →Parusie erfolgende Befreiung aus den letzten Nöten (→Maranatha, 1Kor 16, 22; Apk 22, 20). Der Hilfsbedürftige wandte sich an den erhöhten Herrn so, wie sich einst manch einer an den irdischen Jesus gewandt hatte (→ Wunder: IV). In dieser Hinsicht bestand eine Kontinuität mit der vorösterlichen Zeit, doch wurde dadurch die Kontinuität mit dem AT nicht aufgehoben; das G. blieb monotheistisch.

e) Nicht jeder einfache Christ betete so wie Paulus, und es hätte nicht jeder so zum G. aufrufen (Röm 12, 12; Phil 4, 6; 1Thess 5, 16) oder so über das G. Rechenschaft geben können. Da jedoch die griechisch redenden Gemeinden von den in vieler Hinsicht anders empfindenden, aramäisch redenden manches G.swort (Abba [→ Vatername: III] als Anrede an den Vater Röm 8, 15; Gal 4, 6; Maranatha) übernommen haben und da es weder zwischen diesen Gruppen noch sonst zu innerchristlichen Auseinandersetzungen über das G. gekommen ist, darf das aus den Paulusbriefen entnommene Bild in weitem Maß als bezeichnend für das gesamte zeitgenössische Christentum gelten.

3. *Jesus* hat nach der Erinnerung der Gemeinden nicht nur ein offenes Ohr für die Bitten Bedrängter gehabt, er hat vielmehr auch durch Weisung (Mk 14, 38 par; Mt 6, 5ff; 7, 9-11 par u.a.), Erhörungsverheißung (Mk 11, 23f) und Bildrede (Lk 18, 9ff) eindringlich zu unbeirrtem G. ermutigt. Wer das → Vaterunser betete, der sah sich nicht so sehr durch die G.skraft der Apostel oder Brüder, sondern durch den dem Kreuz entgegengehenden Meister selbst angeleitet. Es hatte sich der Erinnerung auch eingeprägt, wie ihm die Unterordnung der eigenen G.swünsche unter Gottes Gnadenwillen jederzeit feststand (Mk 14, 34f par, auch Mk 15, 34 par) und daß der eigenartige Anruf Abba (Mk 14, 36, vgl. aber auch Mt 6, 9 par) in gewissem Grade einen Einblick in das Geheimnis seines G.s zum Vater gestattete, in das »von ihm selbst verkündigte und gelebte Gottesverhältnis« (ThW I, 5f). Wenn die Gemeinden sich das G. Jesu vergegenwärtigten, haben sie dies Geheimnis geachtet. Daß die Herzen dabei andererseits doch voll von der »durch« den Herrn gewirkten eigenen G.serfahrung waren, zeigt die Verschiedenheit der Linienführung in den Evangelien. Die Kirche versteht das dort gezeichnete Bild vom G. Jesu mit Recht als letztlich einheitlich; dabei braucht aber nicht übersehen zu werden, daß gerade die späteren

Überlieferungsschichten – die johanneische (Joh 11, 41ff; 12, 27f; 17), jedoch nicht nur sie (Mt 11, 25f par; Lk 22, 42; 23, 34. 46) – an Konkretem manches bieten, das den früheren gefehlt haben mag. Die Authentiefrage ist bei keinem dieser G.sworte belanglos. Wenn die Forschung auf diesem Gebiet heute wohl oft durch ihre Zurückhaltung enttäuscht, so hängt das mit der Zurückhaltung zusammen, die sich auch unter den biblischen Zeugen jeder in seiner Weise auferlegt hat.

4. In den *späteren Schriften,* die manchen Einblick in die mehr persönliche (Apg 4, 24–30; Jak 1, 5f; 4, 3; 5, 13–18; 1Joh 3, 21f) und die gottesdienstliche (1Tim 2, 1–10; Apk 5, 9–14; 11, 17f; 15, 13f u.ö.) G.spraxis gewähren, behält das christliche G. als G. »in Geist und Wahrheit« (Joh 4, 23) seine Einzigartigkeit. Es erinnert an 2Kor 12, 7ff, wenn der Gläubige »im Namen Jesu« beten (Joh 14, 13; 15, 16; 16, 24–26) darf und im gleichen Namen Erhörung finden wird (Joh 16, 23). Die Gemeinde weiß um die bleibende Fürbitte ihres Herrn und um das G. »in den Tagen seines Fleisches« (Hebr 5, 7). Er hört den, der ihn unmittelbar anruft (Apg 7, 60). Joh 14, 13 wird gesagt, daß der erhöhte Herr selbst die erbetene Gabe gibt, jedoch so, »daß der Vater in dem Sohn verherrlicht wird«. – G.smagie kennt das NT ebensowenig wie Eidesmagie (→ Eid: III).

A.Schlatter, Die Gesch. des Christus, 1923, 249ff – R.Bultmann, Jesus, (1926) 1951², 151ff – Ders., NT (Reg.) – J.Jeremias, Das G.sleben Jesu (ZNW 25, 1926, 123–140) – O.Bauernfeind, Die Fürbitte angesichts der Sünde zum Tode (Festschr. f. Victor Schultze, 1931, 43–54) – H.Greeven, G. u. Eschatologie im NT, 1931 – ThW II, 801ff – G.Harder, Paulus u. das G., 1936 – E.Lohmeyer, Das Vaterunser, (1946) 1953² – O.Michel, Der Brief an die Römer (MeyerK IV¹⁰), 1955, 165ff – A.Ditzel, Die Gründe der Erhörungsgewißheit nach dem NT (Diss. Mainz), 1955 (Masch.; Lit.) – EKL I, 1436ff – O. Zänker, Das hohepriesterl. G. (Joh 17), 1956. *O.Bauernfeind*

V. Kirchengeschichtlich

1. Allgemeines zur Geschichte des G.s – 2. Der religionsgeschichtliche Vergleich – 3. Kriterien der Beurteilung – 4. Die großen Wandlungen in der Geschichte des christlichen G.s – 5. Das liturgische Beten im Wandel des Gottesdienstes. – Zu den Fragen der G.sgestaltung im heutigen ev. Gottesdienst s. → Gottesdienst: VI.

1. Für die Geschichte des christlichen G.s ist es kennzeichnend, daß einerseits viele G.e mit großer Beharrlichkeit festgehalten und in der Form wenig verändert werden, andererseits ein großer Wandel der G.e stattfindet. Das Beten der Kirche ist aufzufassen als ein geschichtlicher Vorgang. Das wirkliche Geschehen in der Kirche Jesu Christi innerhalb der allgemeinen Geschichte, auch der Religionsgeschichte, wäre leichter zu erhellen, wenn es möglich wäre, um dies ihr Beten im positiven und im negativen Sinne mehr zu wissen. Das Beten der Kirche *geschieht* nicht nur innerhalb der Geschichte der Kirche »als Verkehr des Christen mit Gott« (W. → Herrmann), sondern es *macht* Geschichte. Der Beter hat die Intention, daß wirklich etwas geschehe. Dabei steht das G. aber in einer doppelten Gefahr: Es kann einmal zur Zauberformel werden, wie in manchen apokryphen Schriften. Die Grenze zwischen Zauberformel und G. ist nicht leicht zu finden; auch das christliche G. kennt eine Art von Beschwörung Gottes, wie etwa das urchristliche → Maranatha, das nicht nur heißt: »Der Herr möge kommen« oder »Der Herr kommt«, sondern das als ein beschwörender G.sruf der Gemeinde verstanden werden muß, der das Kommen des Herrn herbeiführen soll (vgl. 1Kor 16, 22; Apk 22, 20; Did 10,6; Kulp 362 Anm. 9). Das G. kann andererseits spiritualisiert werden. Schon bei den Kirchenvätern ist das geschehen: es dient vornehmlich der Verbindung mit Gott. Das ist aber nur zT richtig (vgl. Ps 22, 2).

Das Gepräge des christlichen G.s ist von kaum zu überbietender und überschaubarer Mannigfaltigkeit. Es kann streng formuliertes G. in der gottesdienstlichen Ordnung der Gemeinde sein. Es kann durchaus in der Linie nt. Aussage ein subjektives G. sein und höchst individuelle Aussage eines einzelnen (zB die Confessiones → Augustins). Zur Orientierung über die Geschichte des G.s bedarf es einiger entscheidender Gesichtspunkte. Wer von der Geschichte des G.s spricht, erkennt an, daß es sich wandelt. Diese geschichtliche Wandlung hat nach Aussage der G.e selbst ihre Ursache im Handeln Gottes, das ein heilsgeschichtliches Handeln des geoffenbarten Gottes sowohl an der Gesamtheit der Christenheit wie ein Handeln desselben Gottes am einzelnen ist. Man wird an allen großen Wendepunkten des G.slebens der Kirche (s. 4) etwas davon erfahren, daß das G. bezeugt: »Der Herr hat Großes an mir getan«. Allerdings ist zu beachten, daß es sowohl eine Wandlung des christlichen G.s geben kann, die eine Entartung darstellt, wie eine andere, die eine »Reformation« ist. Man kann nicht neutral beurteilen, was geschehen ist. – Der andere geschichtlich wichtige Faktor ist die jeweilige Situation des einzelnen wie der Gemeinschaft, durch die dann Form und Inhalt des G.s bestimmt werden.

Die Quellen für die Geschichte des G.s sind erhaltene Niederschriften von G.en. Diese Niederschriften geschahen schon sehr früh zum Zweck ihrer Verwendung im Gottesdienst der christlichen Gemeinde (s. 5). Es ist freilich nicht sicher, wieweit solche Formulare eine nennenswerte Bedeutung für den Gottesdienst bekommen haben. Sie sind oft der Vorschlag eines einzelnen, der von den Gemeinden nicht aufgegriffen wurde. Niederschriften von G.en finden sich weiter in Erbauungsschriften (1Clem) oder etwa im Zusammenhang niedergeschriebener Predigten (Origenes). Es gehört zum bekenntnishaften Charakter des Betens, daß solche G.e dargeboten werden, und sie stellen dann oft ein wesentliches Stück der Kirchengeschichte dar. Ferner müssen hier die → Gebetbücher genannt werden, teils solche für den gottesdienstlichen Gebrauch, teils solche für das G. des einzelnen und dann in der Absicht geschrieben, daß die Gemeinde Christi, wenigstens in bestimmten Bereichen, sich auch im häuslichen G. unsichtbar vereinige. Nicht zu unterschätzende Quellen für die Geschichte des Betens der Kirche sind schließlich die theologischen und erbaulichen Betrachtungen über das G., häufig im Zusammenhang mit einer Erklärung des Vaterunsers (vgl. für die alte Kirche zB die Schriften des → Clemens von Alexandrien, des → Origenes, → Tertullians, → Cyprians, Augustins Brief an die Witwe Proba, später etwa Luthers verschiedene Vaterunser-Auslegungen einschließlich der Katechismen). Aufs Ganze gesehen wird deutlich, wie dürftig eine Darstellung des wirklich geschehenen Betens der Kirche ausfallen und wie umstritten die Deutung und Bedeutung der verschiedenen uns überkommenen geschichtlichen Zeugnisse notwendig bleiben muß. Man wird sich damit begnügen müssen, die großen Wandlungen des G.s darzustellen und Vermutungen über deren Wirkungen auszusprechen.

2. *Der religionsgeschichtliche Vergleich* lehrt, daß die G.e wenigstens der sog. Hochreligionen weithin eine besondere, einander verwandte Sprache gebrauchen (→ Gebet: I). Wenn von den Anfängen der Kirche an immer wieder versichert wird, daß die Christen anders beten als die Nichtchristen, und zwar, wie es meist heißt, »aus dem Herzen«, »als Kinder zu ihrem lieben Vater«, so ist damit die besondere Art christlichen Glaubens an Gott gemeint (vgl. die schönen Stellen bei Tertullian, Apologeticum 30, 9. 13; De oratione 22, 1). Bei zwei Arten von G.en treten die religionsgeschichtlichen Zusam-

menhänge bes. zutage, wenn diese Zusammenhänge hier auch nicht im einzelnen aufzuzeigen sind: beim ekstatisch-meditativen G. und beim mechanistischen G., das die gleichen Formeln stets wiederholt.

3. Die *Kriterien,* die der Geschichte des christlichen G.s, seiner Gestalt und seinem Inhalt entnommen werden können, sind folgende: a) Es ist subjektive Aussage im eminenten Sinn des Wortes, nicht Zauberformel, daher → Bekenntnis und Opfer (Hingabe). - b) Es ist zugleich immer G. der Gemeinschaft derer, die Jesus zum Herrn haben. - c) Es hat Kontinuität, dh es ist das G. der einen beständig bleibenden Kirche des Glaubens im Sinne der hl. Schrift. - d) Es ist zugleich im Blick auf den immer neuen Anspruch Gottes und sein fortdauerndes Handeln durch die »viva vox evangelii« immer in der Wandlung, dh in der »Reformation« begriffen. - e) Es unterliegt zugleich einem immanenten geschichtlichen Prozeß. Es gibt Frühstadien seiner Gestalt, klassische Durchformungen und Differenzierungen, endlich Erstarrungen in einer formalen Vollendung, die lange nachwirken, wenn es niemandem geschenkt wird, Neues in neu gültiger Weise auszudrücken.

4. Von Anfang an ist ein Element der Spannung im Beten dadurch gegeben, daß die zu Christus Bekehrten aus Juden und Heiden herkommen. Neben judenchristlichen Formen (zB Tisch-G.e der Did und gewisse Formen des Eucharistie-G.s) stehen jüdisch-hellenistische G.e (1Clem) und rein hellenistische mit bestimmten doxologischen Prägungen. Gewisse Arten von G.en sind von Anfang an da, auch wenn sie nicht immer formell voneinander getrennt zu sein brauchen: In einfachen *Bitt-G.en,* bestimmt für einzelne oder die versammelte Gemeinde, bittet man um irdische Dinge, bes. aber, wie das etwa Origenes ausdrückt, um »das Große«, die »himmlischen Güter«. Diese Bezeichnungen zeigen schon einen charakteristischen Unterschied vom urchristlichen G. Die dort alles überragende Bitte um die → Parusie Christi (vgl. das → Maranatha der Did) tritt zurück. Es entwickelt sich schnell eine bestimmte Form unter dem Einfluß jüdischen Tages- und Tisch-G.es und der Vaterunserbitten. Von früh an scheint maßgeblich, daß man Gott selbst und nur in besonderen Fällen Christus anredet, und zwar in der Weise, daß man daran die Bitte anfügt und mit einem weiteren Satz des Treuebekenntnisses oder des Gelübdes dieses Bitt-G. abschließt, vielleicht auch noch einen kurzen, der Gemeinde zufallenden Lobpreis anhängt, wenn das G. von einem Vorbeter gesprochen wird. Dies G. geschieht dann zumeist ausdrücklich »im Namen Jesu Christi«. Eine Häufung der Bitten wird vermieden; jedoch entspricht es jüdischer wie hellenistischer Weise, dem G.sanliegen verschiedene synonyme Wendungen zu geben. Zum Fürbitten-G. (über seine Geschichte vgl. → Fürbitte, 1) sei hier nur gesagt, daß von Anfang an stets angestrebt wird, nicht nur für Personen und ihre einzelnen Nöte, sondern für die Gesamtheit der Gemeinden, ja für alle Menschen zu beten. Die Fürbitte wird als ein für das Heil der Welt notwendiger Dienst verstanden, den die Gemeinde durch die Kraft des Geistes Gottes leisten kann. Das wird bes. auch bei der Fürbitte für die zumeist heidnische Obrigkeit deutlich (vgl. Justin, Apol. I, 65; vgl. auch 1Clem 61 und dazu E.v.d.Goltz 205f). Der Träger der Fürbitte ist die Gemeinde der getauften Christen. - Die Form des *Dank-G.s* mag im Einzelfall sehr frei gewesen sein. Als Eucharistie-G. (s. 5) nimmt es eine bestimmte Gestalt an. Einerseits ist die Eucharistie bestimmt durch jüdische Dank-G.e für das Heilswirken Gottes: von der Schöpfung über die Erwählung des Gottesvolkes bis zu seiner Führung in das verheißene Land (vgl. zB Neh 9, 6ff). Zum andern wird gedankt für die Menschwerdung, den Opfertod und die Auferstehung und Erhöhung Christi. Zwischen jenem at. und dem nt. Stück steht das Trishagios (→ Liturgik: III). Nach dem Dank für die Heilstaten Christi folgen die Einsetzungsworte. Die Zeugnisse der alten Kirche legen bes. gegenüber heidnischer Religiosität Wert darauf zu betonen, daß das G. eine freie, durch den Geist Gottes bestimmte Äußerung ist (vgl. v.d.Goltz 177ff. 208). Eine neue gründliche Untersuchung hätte festzustellen, was man damals unter »frei« verstand. Das G. war Gemeingut der Gemeinde (vgl. Apg 4, 24-30; Eph 3, 14-21; s. Kulp 363ff), jedoch hatten die Pneumatiker besondere Vorrechte: man sollte sie im G. so lange sprechen lassen, wie der hl. Geist es ihnen befahl (Justin, Apol. I, 67). Es ist fraglich, ob diese G.e im Sinne moderner Subjektivität und Individualität als frei zu bezeichnen sind. Vermutlich bestanden sie aus einzelnen Kernsätzen, die gerade beim Lobpreis in immer neuer Variation wiederkehrten und es auch der Gemeinde ermöglichten, sie durch Bittrufe und Doxologien zu bestätigen. Wenn etwa nach den frühesten Quellen nur der Gedankengang eines Eucharistie-G.s, nicht aber sein genauer Wortlaut angegeben wird, so könnte dies dadurch verursacht sein, daß die sog. Inhaltsangabe in Wirklichkeit eine stichwortartige Anweisung sein sollte, wobei dann alsbald die verschiedenen Wendungen des G.s als geprägte Form dem Beter zur Verfügung standen. Neben bekenntnisartigen Formulierungen finden sich meditative Elemente, etwa in der Häufung der Beschreibung göttlicher Herrlichkeit des Vaters Jesu Christi. Älteste Formen christlichen G.s sind neben den Tauf-G.en auch solche für die Toten, dann die Litaneien, die in nächster Nähe zu den Fürbitten-G.en stehen, schließlich noch verschiedenartige Weihe-G.e, die über den Kranken und verschiedenen Charismatikern gesprochen wurden.

Seit dem 2.Jh. beginnt eine für die Kirche der christlichen → Gnosis (: III) kennzeichnende Veränderung des G.s. Einerseits sehen wir die Kirchenväter, gleichsam als Erben der Pneumatiker, selbstverfaßte G.e sprechen, andererseits gerät das Beten in den Bannkreis der Mysterienreligionen und der G.sdisziplin des werdenden Mönchtums. Das G. der → Mysterien-Religion verbindet eine Handlung mit G.sformeln, auf deren genaue Wiedergabe es ankommt. Das mönchische → Stundengebet wird immer mehr ein abzuleistendes Pensum. Die Kleriker werden nun mehr und mehr die Träger des G.s, die sachverständigen Vorbeter. Ihr geweihter Stand ermöglicht es ihnen, die Aufgabe zu erfüllen, sich der Menschen und ihrer einzelnen Nöte als Vertreter der kirchlichen Heilsanstalt im G. anzunehmen (G.e für Kranke, Verstorbene, Reisende, gute Ernte usw). Daneben gibt es eine G.sübung für die Laien. Man merkt daran die veränderte Situation einer von Heiden überfluteten Kirche, die in G.svorlagen für die Laien ein Erziehungsmittel zum christlichen Glauben sieht. Das G. soll hier die Aufgabe erfüllen, die aus dem Heidentum und seinen sinnlichen Kulten herkommenden Menschen zum Glauben an einen unsichtbaren Gott und seine Gnadengaben hinzuführen. - Noch lebt hier und da die eschatologische, also auf die endzeitliche Offenbarung Christi gerichtete Haltung, gerade auch im G., fort (→ Quartadezimaner). Aber die Kirche ist selbst in der Verfolgung in Ost und West schon darauf gerüstet und nach der staatlichen Anerkennung sofort dazu bereit, im sichtbar vollzogenen Mysterium den eigentlichen Kern ihres Glaubens zu sehen. Die G.e dieses 4., für die → Liturgie (: III) in Ost und West entscheidenden Jh.s verbinden sich mit einem reichen Zeremoniell, das den eigentlichen Wert des G.s zurücktreten läßt. Entsprechend dem Ausbau der hierarchischen Ordnung bilden sich kirchliche Zentren, die auch für das gottesdienstliche G. führend werden (vgl. Baumstark, Vom geschichtlichen Werden 37ff).

Der dritte große Wandel ist ein allmählicher, Jh.e währender Prozeß nach den Katastrophen der Völkerwanderung. Die Zentren christlichen Glaubens sind jetzt einige Großstädte und Klöster mit großem Landbesitz und mit Schulen. Gerade auch im germanischen Missionsgebiet tritt die Aktivität der Gemeinde am Gottesdienst zurück. Das Beichtinstitut (→ Bußwesen: II, 2), die örtlich bestimmte → Heiligen- und die → Marienverehrung werden ausgebaut. Alles dies gibt dem G. auch dort, wo es nicht besonderen Veränderungen unterliegt, noch stärker den Charakter einer offiziellen Veranstaltung, der das Volk nur beiwohnt. Seit dem Jahr 1000 etwa werden dem Volk nun geradezu G.sübungen auferlegt, die jedenfalls nach außen hin den Charakter einer bedenklichen Mechanisierung an sich tragen (→Rosenkranz-G.e). Die Geschichte der Erneuerung des G.s hat ihr Schwergewicht in den Orden und ordensmäßigen Vereinigungen. Während die Reform innerhalb des → Benediktinerordens die letzte formale Durchformung des im Westen gewachsenen, freilich letztlich auf einzelne zurückgehenden Meß- und Stunden-G.s bringt, zieht mit den → Zisterziensern (→ Bernhard von Clairvaux) als neue G.sweise die → Meditation in die Kirche ein, die über die Grenzen des Ordens hinauswirkt und deren Wesen die anbetende Versenkung ist. Das G. bekommt eine neue glühende Sprache (Hhld), sein Inhalt ist die Passions-, die Sakraments- und die Trinitätsmystik. Das G. wird jetzt eine Einübung in die Selbstertötung und die mystische Selbstaufgabe, wobei paradoxerweise nun gerade das Ich des Beters eine größere Rolle spielt als je zuvor. Im übrigen ist das G. dieser Zeit bestimmt durch die Situation einer Kirche, die in einer gewaltigen Entfaltung nach innen und außen einen Apparat ausbaut, durch den die ihr anvertrauten Heilsgaben von der → Absolution und vom → Ablaß an bis zu jeder Art Weihung auf alle mögliche Weise unter entsprechenden G.en dem Nichtkleriker zugewendet werden. In dieser Zeit des Hoch- und Spät-MA entsteht, bedingt durch den wachsenden kirchlichen Apparat, jene Unsicherheit, die fragt, ob man wirklich auf diese Weise gerettet sei. Die → Mystik (: VI) des Hoch-MA drängt nach Verinnerlichung, nach der subjektiven Hingabe des einzelnen und persönlicher Intensität des G.s; weitverbreitet ist das sog. Gertrudenbüchlein, eine G.ssammlung der großen Nonnen → Gertrud d.Gr., → Mechthild von Hackeborn und → Mechthild von Magdeburg. Aber gerade damit entrinnt die Kirche nicht dem sie schon offiziell beherrschenden Begriff der Leistung und des → Verdienstes (: IV). Man kann dieses G., das in vieler Beziehung an Kraft und Innigkeit von tiefer Nachwirkung gewesen ist (→ Eckehart, → Tauler, → Thomas a Kempis), als eine neue Art mönchisch-asketischer Abkehr von der Welt charakterisieren. Für das offizielle G. der Kirche, das mehr und mehr erstarrt, ist vor allen Dingen im Westen das Absterben des allgemeinen Kirchen-G.s in der Messe und sein Ersatz im Kanon durch Fürbitte für einzelne Personen, für die Lebenden, die Toten usw festzustellen.

Die Wandlung, die das G. in den reformatorischen Gemeinden des 16.Jh.s erfährt, hat ihren betonten Ausgangspunkt in der Erkenntnis, es komme alles darauf an, daß der Mensch weiß, was Gott an ihm getan hat (Rechtfertigungsglaube). Diese Erkenntnis ist für den einzelnen so notwendig wie für die Gemeinden. Daraus entspringt die Forderung, daß der einzelne mit der Gemeinde und die Gemeinde als ganze miteinander wieder beten lernen muß. Alles, was nicht Antwort des Glaubens auf die Tat Gottes ist, wird aus dem G. ausgemerzt. Das Bestreben aller Reformatoren geht dahin, die Gemeinde wie den einzelnen in diesem Sinn recht beten zu lehren. Das kann nur geschehen im engsten Zusammenhang mit dem → Wort Gottes (: III) und seiner Bezeugung in der → Predigt (: I), u.U. auch in der biblischen Vorlesung. Daher stammen die hervorragenden lateinischen G.e, mit denen → Calvin seine Kollegs in Genf zu beschließen pflegte. Es wird nicht als Verfälschung des G.s als eines echten Sprechens mit Gott angesehen, daß in den reformatorischen Formularen, also Gottesdienstordnungen, aber auch den → Gebetbüchern, die didaktische Aufgabe als bes. wichtig angesehen wird. So sehr betont wird, daß diese G.e aufs einfachste zugerichtet seien, erscheinen sie uns rückblickend doch als G.e, die auch dem einfachen Mann ein hohes Maß christlicher Erkenntnis zumuten (vgl. die deutschen Kollekten Luthers, → Althamers, Veit → Dietrichs und des → Mathesius). Das hängt gewiß damit zusammen, daß die paulinische Rechtfertigungslehre im reformatorischen Glauben eine entscheidende Rolle spielt (→ Rechtfertigung: II). Äußerlich gesehen ist es für die damalige Situation bedeutsam, daß man nunmehr G.e drucken und damit in einem Maße unter die Leute bringen kann, wie das in den Zeiten handgeschriebener G.bücher nicht möglich war. Die lokale Zersplitterung der reformatorischen Bewegung, aber auch die Betonung des allgemeinen → Priestertums und der Bedeutung der Hauskirche neben dem offiziellen → Gottesdienst (: V B, 2a) haben zur Folge, daß neben den gottesdienstlichen Kirchenordnungen die G.bücher in zunehmendem Maße bis weit ins 18.Jh. hinein an Bedeutung gewinnen. Die wichtigsten sind neben den Evangelienkollekten von Veit Dietrich und denen des Mathesius die früheren Kollekten- und G.ssammlungen, die keineswegs nur dem öffentlichen Gottesdienst dienen sollen, zB → Otters »Betbüchlein für allerlei gemein Anliegen« (1537), das niederdeutsche »Bedeboeck« (Magdeburg 1542; vgl. dazu Gudstjeneste-Kollekterne, Bringstrup 1953), ferner des Celius »Wie ein Christ Gott täglich danken, seine Sünde beichten und beten soll« (1548) oder des Pangratius »Hausbuch oder kurze Summarien und Gebetlein mit einer neuen Reihe von Epistelkollekten« (1572). Auch das Betbüchlein des Breslauers Esaias Heidenreich sei als originelle Leistung erwähnt. Das G., das wir hier vorfinden, ist im Zusammenhang mit den seit Luthers Tagen verbreiteten → Postillen von der biblischen Verkündigung stark bestimmt. Im Blick auf die verschiedenen Situationen im Leben des einzelnen Christen wird das G. in einer bald beängstigenden Weise spezialisiert. Mit dem fortschreitenden 16.Jh. wird von den Verfassern dieser Bücher die reiche Tradition auch der kath. Vergangenheit immer stärker aufgenommen. »Die Geschichte der Entwicklung der ev. G.sliteratur in der zweiten Hälfte des Reformations-Jh.s bezeichnet den organischen Prozeß eines immer stärkeren Einströmens mittelalterlicher Mystik, unter zunehmender Abhängigkeit von der römischen G.sliteratur und fortgesetzter Zurückdrängung ev. Sonderguts« (Paul Althaus d.Ä.; vgl. auch → Gebetbücher). Wegen ihrer Nachwirkung auf agendarische G.e der späteren Kirchenordnungen bedürfen die beiden G.- und Erbauungsbücher des viel umhergetriebenen Siegfried Scherertz mit sog. Festtags-G.en besonderer Erwähnung (Lüneburg 1626 und 1630), ferner das 1632 erschienene G.buch des Georg Zeämann. Weiteste Verbreitung finden die G.bücher des Michael Cubach (später von Christian → Scriver erheblich vermehrt), ebenso eine Sammlung des jüngeren → Olearius (, 2) und endlich das bis fast in die Gegenwart gebrauchte G.buch von Joh.Friedr. → Starck. Das Reformationszeitalter verlangt zwar im Sinne der alten Christenheit vor allen Dingen eine persönliche echte und aufrichtige G.sweise. Das hindert aber nicht, daß man schon im Kampf mit dem Schwärmertum vor dem sog. freien G. warnt. Neben ganz kurzen G.en finden wir jetzt kaum vorstellbar weitschweifige und lehrhafte Auslassungen, die teils auf den didaktischen Nebenzweck dieser G.e, teils auf die barocke Redefreudigkeit der Zeit zurückzuführen sind.

Die im 18.Jh. erfolgende Veränderung des G.s war vorbereitet durch die → Exerzitien-Frömmigkeit des Ignatius von → Loyola. Die Eigentümlichkeit dieses Betens war die theologisch immer mehr verfeinerte Selbstkontrolle, verbunden mit einem auch von der Psychologie her zu verstehenden, nicht immer biblisch gebundenen Durchmeditieren der am Menschen geschehenen Heilsvorgänge und der Bilder aus der übersinnlichen Welt. Dabei werden die mystischen Meditationen früherer Zeit gebraucht. Das subjektive Bekehrungserlebnis bekommt sowohl im Katholizismus wie im Protestantismus eine alles überragende Bedeutung, obschon gerade der frühe → Pietismus dabei auf orthodoxe Bibelgläubigkeit besonderen Wert legt. Jetzt erst gibt es ein sog. »freies G.« im Sinne einer persönlichen originellen Ergießung des Herzens. Zu nennen sind die auch formell höchst eigenartigen G.e → Ötingers sowie das in seiner Kürze und theologischen Sauberkeit großartige G.buch von J.A. → Bengel. → Zinzendorfs, des Lutheraners, von Anklängen an Liturgie und Kirchenlied durchzogene und gleichzeitig unnachahmlich persönliche G.e spotten in ihrer kindlichen Herzlichkeit jeder verallgemeinernden Beschreibung. → Schleiermachers und → Hamanns freies Beten hat vielleicht in dieser G.sart auch historisch seine Wurzeln. – Mit dem → Rationalismus (: II) hat der Pietismus weithin eine stark modisch gefärbte und wortreiche Sprache gemein. Die G.e werden oft zur rhetorischen Leistung. Fehlt dem G. des Rationalismus jene Selbsterschütterung, die die Gewissenserforschung und der Kampf um das Bekehrungserlebnis beim Pietismus auslöst, so hat es doch wenigstens in seinen besten Vertretern eine gewisse Art von Fröhlichkeit des vertrauenden Glaubens an die Vorsehung, die doch auch ein biblisches Element ist. Pietismus und Rationalismus zerstörten das Ansehen der gottesdienstlich festgelegten und geprägten Gestalt des G.s; aber die Gemeinden hielten weithin daran fest.

Das G. im Zeitalter der vielgelästerten liturgischen Restauration im 19. bis zum Anfang des 20.Jh.s muß als eine Rückbesinnung angesichts eines schier unaufhaltbaren Chaos verstanden werden. Die Träger dieser Wandlung sind einzelne führende Männer der Regionalkirchen, die den → Gottesdienst (: V B, 2b) im Zeitalter nach der französischen Revolution wieder zum offiziellen Mittelpunkt eines kirchlich geordneten Lebens machen wollen, ferner vor allem Männer der jungen → Inneren Mission und ihrer Ausbildungsanstalten (→ Neuendettelsau). Diese Restauration hat eine sehr starke Wirkung bis in die jüngste Zeit. Es darf aber nicht übersehen werden, daß gerade für das Beten in der Christenheit die individuelle Mentalität des modernen Menschen eine entscheidende Rolle spielt. Daß der einzelne als Subjekt auch im öffentlichen G. vor seinem Gott steht, war schon immer eines der Kennzeichen des G.s; aber nun wird das so verstanden, daß der einzelne mit betontem Bewußtsein als besonderes Individuum betet. Ein solches G. kann im Grunde von keinem anderen als der einen bestimmten Person gebetet werden. Die Folge dieser Entwicklung ist einerseits eine nicht mehr übersehbare Buntheit aller möglichen Arten auch gedruckter G.e, andererseits die wachsende Schwierigkeit, zu einem einheitlichen Beten zu kommen. Es wäre dringend notwendig, diese Epoche, deren Quellen nicht leicht aufzufinden sind, gründlich zu untersuchen. Der Individualismus, der damals übrigens auch in der kath. Kirche eine Rolle spielt (vgl. J.M. → Sailer, G.e des Christen, 1803; eine besondere Art höchst eindrucksvoller, aber auch eigenwilliger G.sweise findet sich bei Kardinal J.H. → Newman), beherrschte auch die Theologie im 19.Jh. Das fest formulierte G. und die freie, ja weithin improvisierte G.sweise klaffen so stark auseinander, daß jene erstere, durch Jh.e hindurch gepflegte Art vielfach als unecht verworfen wird. Das gilt sowohl für die Kreise der Erweckung wie für die Männer der → »Christlichen Welt«. Für die Zeiten der → Erweckung (: I) gilt es geradezu als Ausweis lebendigen Christentums, daß »frei« gebetet wird, und zwar »in Gemeinschaft«. Es beten nicht mehr alle dasselbe, sondern die betende Gemeinschaft wird zu einer Art von Orchester verschiedener Betender. Hier liegen die Wurzeln für die Vielzahl von Privatagenden, die unfreiwillig die Fortsetzung der so andersartigen rationalistischen Privatagenden sind (s. P.Graff), und des weit verbreiteten Brauches, daß der einzelne Pfarrer aus verschiedenen Quellen für jeden Gottesdienst geeignet erscheinende Stücke, zumal G.e, aussucht und nach Belieben redigiert. Daneben wird nun allerdings in der Sichtung des Erbes liturgischer G.e das Gefühl für die gute Form und inhaltliche Kraft älterer G.e neu geweckt. – Das große Problem, das zB J.Smend in seinem Kirchenbuch für ev. Gemeinden ([1906] 1910²) und wiederum der preußische Agenden-Entwurf von 1931, ferner solche Werke wie die von Altmann und Arper-Zillessen (1914ff) zu lösen versuchen, ist die sprachliche Modernisierung. Einen der besten und doch nicht sehr weit wirksamen Versuche machte H. → Bezzel (vgl. die Bezzel-G.e, hg.v. O.Dietz, 1934). Der Stil der alten G.e ist schwer zu verändern. Auch die neuesten Agendenversuche (→ Agende, 3) stehen ähnlich wie die Bibelrevision (→ Bibel: VI) vor einer fast unlösbaren Aufgabe. Zudem dringt immer stärker in den durch Jt.e über die Reformationszeit hinweg erhaltenen G.scharakter ein anderer aus dem Westen vor mit seinem bes. dem Hymnus nahestehenden Stil und seiner meditativen G.shaltung. Die ältere Restauration eines → Löhe und anderer (→ Höfling und Lortzing) hat nur mit größter Zurückhaltung Änderungen versucht. Das gleiche gilt für die deutsch-ref. Kirchen in dem 1941 erschienenen, von Albertz und Wolf herausgegebenen Kirchenbuch, während die moderne ref. Neufassung nicht immer überzeugt.

5. Obwohl im vorhergehenden das gottesdienstliche G. weithin in die Geschichte der großen Wandlungen des christlichen G.s überhaupt einbezogen ist, muß abschließend noch über das *liturgische Beten im Wandel des Gottesdienstes* gehandelt werden. Die Bezeichnung »liturgisch« soll hier dazu dienen, eine klare Abgrenzung zwischen den freier gestalteten gottesdienstlichen Stücken und den wörtlich festgelegten Texten zu schaffen. Die Gemeinde als ganze braucht eine *Ordnung*. Diese Ordnung bekommt eine sakrale, ja geradezu rechtliche Bedeutung, dh sie wird in ihren Texten und dazwischenstehenden Rubriken wörtlich festgelegt und verbindlich gemacht. Die Entwicklung verläuft folgendermaßen: Im Anfang ist das G. wesentliche Aufgabe der Gemeinde, mit dem sie alles Handeln im Gottesdienst begleitet. Allmählich kehrt sich im Osten wie im Westen das Verhältnis um. Das G. spricht der Priester für sich allein, während die Gemeinde gegenüber den priesterlichen Aktionen die Rolle der andächtig Zuschauenden übernimmt. – Von den fixierten G.en bei der östlichen Eucharistie hat die zunächst als Bitte um den Hl. Geist gemeinte Epiklese (→ Liturgik: III) bald konsekratorischen Charakter erhalten. Die sog. Anamnese (→ Liturgik: III), die sich unmittelbar an die

Einsetzungsworte anschließt, ist gewissermaßen Legitimation des priesterlichen Tuns, und ihr Text erhält dadurch immer mehr autoritativen Charakter, bei dem jede versehentliche oder willkürliche Änderung die Wirksamkeit des Opfers in Frage stellt. – Die großen Liturgien des 4.Jh.s (→ Liturgie: III) lassen die pompöse Entfaltung des Zeremoniells von zumeist lobpreisenden G.en begleitet sein. Dagegen tritt im Westen der Charakter des Dank-G.s erheblich zurück, während sich eine Kette von Opferannahme-G.n mit zT subtilen Beschreibungen der Untadeligkeit des Opfers findet, welche nach altrömischer Auffassung die Gottheit zwingen, dies Opfer anzunehmen (vgl. Kulp 370). Der Unterschied zwischen östlicher und westlicher Liturgie, gerade auch im Blick auf die G.e, besteht darin, daß der Westen, vom Kanon abgesehen, eine stärkere Abwechslung im Anschluß an das sich bildende → Kirchenjahr und den Ausbau der → Heiligenverehrung hat. Hier entstehen die sog. »orationes«, die Höhepunkte einzelner kultischer Akte darstellen, also des Einzuges, der Kollekte, des Opferganges, der Opferdarbringung nach der Kommunion und im Zusammenhang mit der Entlassung der Gemeinde durch den Bischof (vgl. Kulp passim). – Im Zuge der westlichen Tradition kennt auch die Reformation kein Eucharistie-G. wie die Ostkirche. Luther will G. und Abendmahl trennen (vgl. Vajta; Kulp 401f). Zu den Einsetzungsworten bringen dem römischen Kanon entsprechende G.e nur die Messe von Kaspar Kantz (Kulp 401), die Wormser Messe (P.Brunner in »Kosmos und Ekklesia« 1953, 106–162) und die pfalz-neuburgische Kirchenordnung von 1543 (vgl. P.Brunner, Leiturgia I, 351f). Wohl aber enthalten die bayrische und einige andere Agenden des 19.Jh.s vor den Einsetzungsworten Vorbereitungs-G.e zur würdigen Teilnahme am Abendmahl. Nach dem Vorgang der Berneuchener (→ Berneuchen) hat P.Brunner (Leiturgia I) und ihm nachfolgend die neue luth. Agende den Versuch gemacht, eine neue Epiklese und Anamnese im Anschluß an Hippolyt zu formulieren, denen der konsekratorische Charakter fehlen soll.

Unter den fixierten G.en ist das Fürbitten-G. oder Gemeinde-G. von besonderer, allgemeinchristlicher Bedeutung. »Der liturgische Ort des Gemeinde-G.s war mit der Ausbildung des Gottesdienstes zur Katechumenen- und Gläubigenmesse jene Stelle, an der der Wortgottesdienst in den Sakramentsgottesdienst übergeht und diejenigen entlassen wurden, die zum Abendmahl nicht zugelassen waren« (Kulp 366f). Diese Einordnung gab dem Fürbitten-G. eine besondere Bedeutung und die Möglichkeit einer durch die verschiedenen Entlassungsakte sinnvollen Gliederung. Gleichsam selbst in der Pforte zwischen Welt und Gemeinde stehend, betete die Gemeinde als die dazu berufene für die Welt, ehe sie sich in der Feier des Herrenmahles ganz ihrem Herrn zuwandte (Const.Ap. VIII, 10: »Keiner, der nicht berechtigt ist, trete hinzu. Wir alle, die wir gläubig sind: Laßt uns die Knie beugen…, laßt uns bitten für den Frieden und den Wohlstand der Welt und der heiligen Kirche…«). Die Verbindung dieses G.s mit dem Akt des Auseinandertretens der Gemeinde im eigentlichen und engeren Sinn und derer, die aus Gründen der Kirchenzucht oder als Taufanwärter an dieser Stelle den Gottesdienst verließen, machte der Gemeinde bes. klar, daß sie eine in der Welt eigene Größe, aber auch für die Welt da war. Das in den reformatorischen Kirchen gebräuchliche Fürbitten-G. konnte diese Eindrücklichkeit des ostkirchlichen Gemeinde-G.s nach Lage der Dinge nicht mehr haben; jedoch wird das zumeist ziemlich umfangreiche Fürbitten-G. zB nach der Dreiständelehre geordnet. Rom hat ursprünglich das Fürbitten-G. am Eingang des Gottesdienstes. Später hat es das große Fürbitten-G. nur noch am Karfreitag in der sog. diakonischen Form, dh der Diakon fordert auf, für dies oder jenes jetzt knieend zu beten; danach fordert er die Gemeinde auf, sich zu erheben, während der Bischof am Altar in einer kurzen Kollekte das G. aller zusammenfaßt. Fürbitten-G.e besonderer Art sind die schon erwähnten, liturgisch nicht einheitlich eingeordneten Litaneien mit den Zwischenrufen der Gemeinde. Im Raum der altspanischen Kirche nimmt dieses Bitt-G. für die Kirche, den König und das Volk die Form eines Buß-G.s an (Exhomologese), das monatlich einmal gehalten wird. – Nur kurz sei erwähnt, daß die alten Tauf-G.e einerseits Fürbitten der Gemeinde für die Täuflinge sind, andererseits durch die Nähe zu den Exorzismen leicht den Charakter beschwörender Formeln annehmen. Außerdem sind diese G.e oft gefüllt mit at. typologischen Erinnerungen. – Eine strengere Ordnung bekommen auch die Beicht-G.e als Vorbereitungs-G.e vor der Messe und später in den reformatorischen Kirchen als allgemeine Beichte und als sog. → »offene Schuld« (zB Döbersche Messe, 1522).

E.Frhr.v.d.Goltz, Das G. in der ältesten Christenheit, 1901 – A. Baumstark, Die Messe im Morgenland, 1906 – Ders., Vom geschichtl. Werden der Liturgie, 1923 – P.Graff, Gesch. der Auflösung der alten gottesdienstl. Formen in der ev. Kirche Deutschlands bis zum Eintritt der Aufklärung u. des Rationalismus I, (1921) 1937²; II, 1939 – H.Lietzmann, Messe u. Herrenmahl (AKG 8), 1926 – P.Althaus d.Ä., Forschungen zur ev. G.slit., 1927 – O.Riethmüller, Mit Gott wirken. Friedrich Christoph Oetingers G.e, 1934 – J.M.Nielen, G. u. Gottesdienst im NT, 1937 – J.A.Jungmann, Missarum sollemnia I. II, (1948) 1952³ – Th.Klauser, Abendländ. Liturgiegesch., 1949 – Rietschel-Graff – V.Vajta, Die Theol. des Gottesdienstes bei Luther, Lund 1952 – Leiturgia Iff, 1954ff, bes. II, 355–415 (H.-L.Kulp) – L.Vischer, Das G. in der alten Kirche (EvTh 17, 1957, 531–546) – L.Fendt, Einführung in die Liturgiewissenschaft, 1958 – W.Ludwig, Herz u. Herz vereint zusammen. G.e des Grafen Zinzendorf, 1958.

H.-L.Kulp

VI. Dogmatisch

1. Grundlegendes – 2. Rechtfertigung und G. – 3. Bitt-G. und G.serhörung – 4. Lobpreis und Dank – 5. G. und Tat

1. Gegenstand dogmatischer Besinnung ist das G. insofern, als die religionsgeschichtliche und biblische Dokumentation (→ Gebet: I. II. IV) oder auch eine philosophische Begründung für das christliche Verständnis des G.s nicht ausreicht. Die Lehre vom G. ist für die Reformatoren ein »Kernstück der Theologie« (de Quervain). »Beten ist allein des Glaubens Werk«, sagt Luther. »Was ist der Glaube anders als eitel G.? Denn er versieht sich göttlicher Gnaden ohne Unterlaß. Versieht er sich aber ihrer, so begehrt er ihrer von ganzem Herzen. Und das Begehren ist eigentlich das rechte G.« (WA 45, 681, 12; 8, 360, 29ff). Nach Calvin ist das G. die »vornehmste Übung des Glaubens«, durch das wir alle Tage Gottes Gaben ergreifen. – In solcher Zuordnung zum → Glauben (: V) bedingt die Bedeutung des G.s einen eigenen Ort im dogmatischen System. Bisher ist das G. vielfach der Lehre vom Weltregiment Gottes untergeordnet oder in der Ethik als »Bekenntnis« im Sinne »der Ergebung in Gottes Willen« (Elert) und als ein »Element des Gehorsams«, nämlich als »die intimste und kräftigste Form der christlichen Tat« (K.Barth) behandelt worden. Die grundsätzliche Bedeutung des G.s, wie K.Heim, R. Hermann, E.Hirsch, F.Ménégoz sie auch betonten, rechtfertigt die dogmatische Begründung eines »locus de oratione« (H.Benckert), von der aus der theologische Sinn des Betens in allen seinen Bezügen zum christlichen Glauben und Handeln sichtbar gemacht werden kann.

Der gemeinsame Grund von Glaube und G. ist die Gegenwart Gottes in Christus, in der Gott mit den Menschen redet, erhört und Antwort gibt. Ob laut oder innerlich im Sinn, ob einzeln oder gemeinsam gebetet: das G. soll immer »Rede des Mundes und ein Sinnen des Herzens *vor Gott*« sein (Ps 19, 15). Darum muß man etwa mit Luther sagen: »Ohne das G. des Herzens ist das G. der Lippen ein unnützes Gemurmel« (unter Hinweis auf 1Kor 14, 15: WA 5, 584, 14). Aber als ein *Reden des Herzens mit Gott,* durch welches alles gute Sinnen und Trachten kommt, ist das G. das eigentliche gute Werk und vom heiligen → Geist (: VI) gewirkt. Voraussetzung solchen Redens ist das Hören auf Gottes Reden. Gottes → Wort (: IV) ist das zuerst ergangene und ergehende Wort, und das G. ist Antwort darauf. Es gibt kein rechtes Beten ohne Leben des G.s aus Gottes Wort. Beten aus Gottes Wort ist kein Monolog, sondern Dialog und Ausdruck der Gemeinschaft, die Gott mit sich schenkt (vgl. Jer 29, 12f). Die im Glauben ergriffene Gegenwärtigkeit Gottes bestimmt Art und Inhalt der G.e und gibt die in Mt 21, 22; Mk 11, 24 verheißene Gewißheit, gehört und erhört zu werden. In diesem Sinne formt J.A. → Bengel das Bild: »Glaube und G. verhalten sich gegeneinander wie das Feuer und die Flamme.«

Das Sprechen mit → Gott (: VI) im G. hat verschiedene Gestalt. Der *Art* nach kann es Lobpreis und Dank, Bekenntnis und Buße, Bitte und Fürbitte und wieder Dank und Lob sein. Dem *Inhalt* nach möchte alles Gegenstand des G.s werden. Man soll »um alles und für alle beten« (Luther; vgl. Phil 4, 6; Eph 6, 18; 1Tim 2, 1ff). Der *Form* nach gehört zum G. nicht die Fülle der Worte (Mt 6, 7). Die G.süberlieferung und die geschriebenen → Gebetbücher, mit denen uns die liturgischen G.e verbinden (→ Gebet: V, 5), dürfen nicht das freie G. verdrängen. Sie sollen »entzünden und unterweisen«; aber das G. muß frei aus dem Herzen gehen und selbst Worte machen, nach denen »das Herz brennt«. Luther versteht unter G. nicht allein das mündliche G., sondern alles, »was die Seele in Gottes Wort schafft: zu hören, zu reden, zu dichten, zu betrachten usw« (WA 17/II, 49, 18; 10/I, 1, 435, 8ff). Der *Zeit* nach kennt das G. keine Grenze (Lk 18, 1ff; 1Thess 5, 17; Röm 12, 12 u.ö.). Es verlangt wohl Ordnung und Regel, kann im Sinn aber zwischen und unter dem Tun geschehen. Soweit es aus einzelnen G.sakten besteht, gilt Luthers Weisung: Kurz soll man beten, aber oft und stark (WA 32, 418, 18). Das bewirkt ein G. »ohne Unterlaß« (WA 45, 541, 27ff). »Wo ein Christ ist, da ist eigentlich der hl. Geist, der da nichts anderes tut als immerdar beten« (ebd; vgl. Röm 8, 26f). Auch der unmittelbare Zusammenhang des G.s mit dem Gottesdienst im weitesten Verständnis (Röm 12, 1) begründet den Gedanken eines anhaltenden G.s, zwar nicht so sehr als liturgisch gestaltete Rede, aber als glaubendes Gerichtetsein auf Gott in Christus. – Haben die Reformatoren das G. als den rechten, höchsten und köstlichsten Gottesdienst bezeichnet, so kommt schließlich der *Kraft* des G.s der versammelten Gemeinde eine besondere Bedeutung zu (vgl. Mt 18, 19f; Apg 4, 24ff. 31; WA 6, 238f; 49, 593, 23ff).

2. Der untrennbare Zusammenhang von G. und Glaube kommt am deutlichsten in der → *Rechtfertigung* (: III) als dem Grund christlichen Glaubens zum Vorschein. Die Verbindung von Rechtfertigung und G. gilt sowohl für die Begründung des G.s wie für den Vollzug der Rechtfertigung. Diese Verbindung läßt sich an Luthers Auslegung von Röm 3 zeigen und auf Augustins Gedanken nach Röm 10, »der Mensch würde Gott nicht suchen, wenn er ihn nicht schon gefunden hätte«, zurückführen: »Der rechtfertigende Gott selbst ist bei Luther die Norm für das Beten«, dh das G. ist in der Rechtfertigung verankert, »weil Gottes Offenbarung die Voraussetzung alles Betens, so wie das Gefundenhaben die Ermöglichung des Suchens, ist« (R.Hermann, 1926, 19f; vgl. WA 56, 263ff). Das G. gründet danach im Gefundenwerden. Auch seinen Begriff von Gott findet das G. aus der Rechtfertigung. Ihre Grundvoraussetzung ist die betende Anerkennung der alleinigen Gerechtigkeit Gottes. Luther zieht daher Ps 51, 6 (zitiert in Röm 3, 4) als das entscheidende G.swort häufig heran. Diese Anerkennung ist betende Antwort auf die geschichtlich-persönliche Anrede des allein gerechten und doch barmherzigen Gottes (vgl. WA 56, 265, 31ff). Das G. ist die Erweckung der Selbsterkenntnis des »Kranken« und des »Schülers«, wie Luther den Menschen vor Gott sieht. – Erscheint das G. zunächst als → Bekenntnis (: V) und → Buße, so bekommt es im Blick auf den rechtfertigenden Gott den Sinn der Bitte; denn Gottes → Gerechtigkeit (: IV) ist auf das Erbitten gestellt und wird einzig im G. zu eigen. → Gewißheit um unsere Gerechtigkeit haben wir nur, wenn wir – dh im G. – auf Gott in Christus sehen. Von da aus gibt es kein anderes Verhältnis zu Gott als das des G.s. Eben darin setzen wir alles auf Christus, und das umfaßt die Mitteilung der Gerechtigkeit an den Sünder und ist der tragende Grund für alles weitere Flehen zu Gott. Nun wissen wir mit der Rechtfertigung unser Sein als Sünder aber nicht aufgehoben. Die neue Gerechtigkeit (→ Gnade: V) bleibt verbunden mit unserer unvollkommenen Selbst- und Sündenerkenntnis. Hier ist immer wieder Bekennen, Bitten und Empfangen nötig. Somit wird das G. von der neuen Gerechtigkeit nie abgelöst; vielmehr bleibt die Rechtfertigung stets in Vollzug, und zwar im G.

3. Aus dem Zusammenhang von Rechtfertigung und G. ergibt sich das Erfordernis und die Begründung des *Bitt-G.s.* Es ist die Mitte allen Betens. Entsprechend seinem ursprünglichen Sinn ist G. Bitte, die von Gott geboten ist. Das → Vaterunser, an das sich die christliche Erklärung des G.s anschließt, ist vor allem Bitt-G. und enthält die Hauptanliegen christlichen Betens. Vom »uns« des Vaterunsers mündet jedes Bitt-G. in die → *Fürbitte:* für andere, für einzelne, für alle und für alles. Die stellvertretende Stimme der Beter rechnet Gott an (Gen 18, 16ff; Mk 13, 20; 1Kor 7, 14).

Alle Bitten und jede Not sollen und dürfen vor Gott gebracht werden! Wie verhält sich das zur Frage der *Erhörbarkeit* der G.e? – Das ernstliche G. *hat* die Verheißung der Erhörung, aber sie vollzieht sich mit der Ergebung des Sinnes in Gottes Willen und Weisheit, oft durch die scheinbare Nichterhörung hindurch (vgl. WA 56, 375; 5, 608, 33ff). Zudem bestimmt im G. die Gemeinschaft, die Gott mit sich schenkt, Richtung und Art unserer G.e, wie schon in den Verheißungen und in dem, was uns Gottes Wort sagt, Begründung und Zuversicht des Bitt-G.s liegen. Gott tut dem Glauben in Erhörung der G.e durch seine Erfüllung der Bitten die Augen auf für seine Wege und seinen göttlichen Willen. – »Wesen und Natur des G.s ist nichts anderes als Erhebung des Gemüts oder Herzens zu Gott« (WA 2, 85, 9). Man soll aber Gott nicht versuchen mit Bestimmen von Stunde, Maß, Person, Weise, gewissem Ziel oder Stätte der Erhörung, aber auch nicht zweifeln, sondern Gott im G. das Herz nur stille halten, damit er »Gewisses hineingeben« kann (WA 19, 212, 30ff; 2, 127, 6ff).

Ebenso gewiß, wie er Gott für wahrhaftig hält und glaubt, darf ein Christ der Erhörung seines G.s gewiß sein; wenn er bittet, muß er sich aber auch prüfen, ob er glaubt, daß er erhört werde (Hebr 11, 6; Jak 1, 6), und nicht eigenmächtig das *Wie* der Erhörung bestimmen wollen. Sonst wäre hier von Luther her der Begriff des Zauberns anzuführen, was Kant in kritischer Erörterung der G.serhörung »Fetischmachen« nennt. Auch → Schleiermacher wendet sich gegen »jede magische Vorstellung von der G.serhörung«, kennt jedoch Erhörung »im Namen Jesu« (Der christl. Glaube § 146f). Er legt aber den Akzent so stark auf die Unwandelbarkeit von Gottes »Willen und Ratschluß« und auf die Wandlung des Sinnes in Gottes Willen hinein, daß wenig Raum ist für die persönliche Erhörung des Bitt-G.s; bei Kant kommt diese überhaupt nicht in Frage. Erst W.Herrmann und M.Kähler haben wieder die Macht des G.s unter dem Gedanken der → Gotteskindschaft theologisch begründet. Freilich soll die Ergebung in den hl. Willen des Vaters die Voraussetzung allen Bittens sein und durch das G. immer hindurchtönen; aber die Ergebung kann nicht der Zweck des Bittens sein. Wenn Gott zu bitten gestattet, ja gebietet, dann will er sich auch erbitten lassen, will er mit uns verkehren von Person zu Person »im Namen Jesu« und leben in der Wechselwirkung mit seinen Kindern (vgl. Joh 14, 9-26; 16, 23f. 26). »Gott will lieber alle unehrerbietigen Bitten niederfallen lassen, alle kindischen Bitten überhören, als daß er das Bitten untersagte und die kindliche Zuversicht der Erhörung mindern ließe« (Kähler). Diese Zuversicht drückt K. Barth so aus: »Die eine große göttliche Gabe und Erhörung ist *Jesus Christus*«; weil Gott dem Menschen in Christus *»so nahe tritt«*, geht solchem Bitten die Erhörung »sachlich voran«. - G.serhörung steht unter Jesu Wirken. Jesu G. für die Seinen (Joh 17) nimmt alle G.e in seine Fürsprache und rückt sie unter die Vergebung: Dieselbe Bitte, die das G. eines Sünders ist, wird zum G. des Geistes, der »Abba, lieber Vater!« (Röm 8, 15) ruft durch Jesus Christus, unsern Herrn.

4. *Lobpreis und Dank* gehören zur betenden Anrede Gottes. Das Vaterunser schickt in der Anrede den Dank dafür voraus, daß Gott uns als Vater naht, und mündet in den Lobpreis der → Anbetung. Lobpreis und Dank hängen sachlich aufs engste mit der Bitte zusammen. Eine Bitte, die nicht im Dank dafür wurzelt, daß Gott im G. Gemeinschaft mit sich gewährt, und nicht seiner Herrlichkeit und Gerechtigkeit im Lobpreis recht gibt und des Menschen Selbstlob vernichtet, hätte nicht wirklich Gott selbst gesucht. Lobpreis und Dank sind Ausdruck der rechten Herzensstellung im G. zu Gott als dem Herrn in seiner Majestät und in seiner erbarmenden Liebe in Jesus Christus. Beide kommen aus der rechten Herzensstellung des einzelnen Beters, drängen aber zum gemeinsamen G. in der sich immer wieder sammelnden und auch in der Zerstreuung durch das G. allezeit verbundenen *einen* Gemeinde des betenden Herrn (Joh 17, 20f; Hebr 7, 25).

5. Das G. ist der unmittelbarste Umgang mit Gott und steht als solches im Mittelpunkt der Wechselbeziehung von Glaube und Werk (→ Ethik). Daher sind *G. und Tat* keine Gegensätze, sondern jedes echte G. hat direkten Einfluß auf das Leben des Beters und sein ganzes Tun. Es ist zentral in den Dienst des göttlichen Wirkens am einzelnen, an Gemeinde und Welt gestellt. Das korrelative Verhältnis von Glaube und Werk erhält seine Wirklichkeit im G., durch das der neue Mensch im Glauben und in der Tat lebt. Das im Glauben tätige neue Leben ist im Beginn (mit dem betenden »Du hast recht« von Ps 51, 6) wie im Fortschreiten ans G. geknüpft (vgl. WA 56, 226ff; 38, 358ff). Gott wirkt - in Christus seine Gerechtigkeit mitteilend - rechtes Bitten in uns und über das G. den rechten Weg unseres Tuns.

Von Luther vgl. bes. die Katechismen, die »Auslegung des Vaterunsers« (1518/19; WA 2) sowie »Eine einfältige Weise zu beten...« (1535; WA 38) - Calvin, Inst. III, 20. - Ferner außer den Lehrbüchern der → Dogmatik (bes. v. A.SCHLATTER, P.ALTHAUS) und → Ethik (bes. v. TH.HAERING, K. → HEIM, W.ELERT, N.H.SØE, H.THIELICKE): W.WIENER, Das G., historisch, dogmatisch, ethisch, liturgisch u. pastoraltheol. betrachtet, 1885 - W.HERRMANN, Der Verkehr des Christen mit Gott, (1886) 1921[7] - M.KÄHLER, Berechtigung u. Zuversichtlichkeit des Bitt-G.s, 1888 (= Dogmat. Zeitfragen II, 1908[2], 234-276) - RE VI, 386ff - H.E.FOSDICK, The Meaning of Prayer, New York (1915) 1946[3] - E.HIRSCH, Der Sinn des G.s, (1921) 1928[2] - H.MULERT, G.serhörung, Freiheitsglaube, Gottesglaube, 1921 - F.MÉNÉGOZ, Le problème de la prière. Principe d'une revision de la méthode théologique, Strasbourg-Paris (1925) 1932[2] - K.HEIM, Das G. als philosoph. Problem (Glaube u. Leben, 1925, 603-647; neu bearb. in: Leben aus dem Glauben, 1932, 99-126) - R.HERMANN, Das Verhältnis von Rechtfertigung u. G. nach Luthers Auslegung von Röm 3 in der Römerbriefvorlesung, 1926 - DERS., Luthers These »Gerecht u. Sünder zugleich«, 1930, 289ff - W.v.LOEWENICH, G. u. Kreuz (LML 9, 1927, 3-13) - RGG[2] I, 325f; II, 894ff - C.STANGE, Die Bedeutung des G.s f. d. Gotteserkenntnis, 1933 - R.WAGNER, Luthers Gedanken über das G. (LML 20, 1938, 7-14. 46-64) - H.THIELICKE, Das Amt des Beters. Theol. Besinnung über das Wesen des G.s, 1940 - DERS., Über die stellvertretende Fürbitte (DtPfrBl 46, 1942, 193f) - DERS., Das G., das die Welt umspannt, (1945) 1956[6] - M.SCHMAUS, Kath. Dogmatik III/2, (1940) 1956[5], 399ff (kath. Lit.) - H.PREUSS, Martin Luther. Der Christenmensch, 1942, 189ff - G.A.BUTTRICK, Prayer, New York 1942 - A. DEQUERVAIN, Das G., Zürich 1948 - BARTH, KD III/3, § 49, 4; III/4, § 53, 3; IV/2, 797ff - BThH 151ff - H.BEINTKER, Die Überwindung der Anfechtung bei Luther, 1954 - Leiturgia I, 256ff (P.BRUNNER); II, 356ff (H.L.KULP); III, 329f (Reg.) - H.BENCKERT, Das G. als Gegenstand der Dogmatik (EvTh 15, 1955, 535-552) - J.D.SCHMIDT, Die Bedeutung der Worte »Durch Jesum Christum unseren Herrn« am Ende der Kollektengebete (Gedenkschr. f. W.Elert, 1955, 320 bis 334) - EKL I, 1443ff - G.BASSARAK, G. für die Welt (ZdZ 11, 1957, 322-325). *H.Beintker*

Gebetbücher des Früh- und Hoch-MA enthalten zumeist den lateinischen oder deutschen Text der → Messe. Als handgeschriebene, oft mit künstlerischen Initialen geschmückte waren sie äußerst kostbar und wurden in den Klöstern angefertigt. Von 1480 an gaben die Buchdrucker sog. → Plenarien (Evangelienbuoch, Hortulus Animae und ähnliche Titel), dh (oft sehr mangelhafte) Übersetzungen der wichtigsten Meßstücke heraus. Althaus erwähnt einen Ulmer Druck von 1486 und einen Straßburger Druck von 1498. Am verbreitetsten waren wohl die Ausgaben von Christophorus Flurheym und Friedrich → Nausea. Die letztgenannten Arbeiten aus dem 16.Jh. sind ungleich sorgfältiger als die früheren. - Die reformatorische Kritik betraf nicht nur die Form, sondern auch den Inhalt derartiger G. Luthers eigenes Betbüchlein von 1522 (zu einem vorangehenden handschriftlichen Gebetbuch s. Lit.) enthält keine Gebetsformulare, sondern besteht in einer Erklärung der drei Katechismushauptstücke, an denen das Volk beten lernen soll. Später treten Psalmen und nt. geeignete Stücke hinzu. So sind auch die G. von Brunfels (1528), Schmaltzing (1527) und Link (1529) mit Paraphrasen von Psalmen und anderen Bibelstellen durchsetzt. Hierbei steht die Auffassung im Hintergrund, daß der Christ vor allem anhand der Hl. Schrift beten lernen soll. → Spalatin hat schon 1522 aus Luthers Schriften Gebete zusammengestellt, und andere sind ihm darin gefolgt. Die übrigen G. der ersten Jahrzehnte der Reformation zielen auf das Leben des Christen außerhalb des Gottesdienstes. Viele davon sind für die Jugend bestimmt. Für Erwachsene überwiegen G. für Kranke und Sterbende. Als wesentliche seien genannt: Heinrich Odenbach, »Ein Trostbüchlein für Sterbende«, Straßburg 1530; »Feuerzeug christlicher Andacht«, Nürnberg 1537. Das vielleicht beste dieser Bücher ist das des Straßburgers Jakob → Otter (→ Gebet: V, 4). Überragend und umfassend ist das Leipziger »Betbüchlein für allerlei gemein Anliegen« von 1543 und das Buch des Celius (→ Gebet: V, 4). Stark verbreitet war das Gebetbuch Philipp Kegels, zuerst 1592 erschienen, ferner »Die geistliche Wasserquelle« von Basilius Förtsch und die G. Johann → Gerhards. Die 1536 und 1539 erschienenen G. der Anhänger → Schwenckfelds knüpfen an mittelalterliche Vorbilder an (→ Passional). Zu dem originellen Gebetbuch von Scherertz und über ev. G. der späteren Zeit vgl. → Gebet: V, 4. Von neueren Haus- und G.n sei das von W.Lotz herausgegebene »Christliche Hausbuch« erwähnt ([1941] 1951³), ferner das 1955 im Furche-Verlag erschienene, von H. Greifenstein u.a. herausgegebene »Allgemeine Ev. Gebetbuch«, das vor allem in den ev. Studentengemeinden verbreitet ist. - Zum Ganzen s. → Erbauungsliteratur.

Außer der Lit. zu → Erbauungsliteratur u. → Gebet: V vgl.: F. Cohrs, Hortulus animae evangelisch (1520), das älteste ev. Gebetbuch in Faksimile, mit Nachwort, o.J. - Gebetbuch, enthaltend... Gebete ... Luthers, Melanchthons, Bugenhagens, Mathesius', Habermanns, Arnds u.a., hg.v. ev. Bücherverein, 1849 - O.Dietz, Luther-Agende. Ein Kirchenbuch aus Luthers Schrifttum, 1928 (enthält viele Luther-Gebete). *H.-L.Kulp*

Gebetsmeinung. G.en sind vom Papst approbierte, monatlich wechselnde Gebetsanliegen der röm.-kath. Kirche. Sie rufen die Gläubigen zur Aufopferung ihrer Gebete für die je besonderen Nöte der Kirche auf und beziehen sich auf die Kirche im allgemeinen und auf die Mission im besonderen. Die G.en sind entstanden in dem von dem franz. Jesuiten Gautrelet 1844 begründeten *Gebetsapostolat,* auch Herz-Jesu-Gebetsverein genannt. Ursprünglich allein bestimmt für die Studenten der jesuitischen Ordensschulen (Scholastiker), gewann der Gebetsapostolat bald weite Verbreitung, die auch durch Pius IX. und Leo XIII. gefördert wurde. In Deutschland wurde er durch den Würzburger Katholikentag von 1864 beheimatet. Die Leitung der Organisation hat der Jesuitengeneral; sie zählt heute 35 Mill. Mitglieder in 135 000 Gruppen; ihre verschiedenen Zeitschriften geben die monatlichen G.en bekannt. Das Beten nach der Meinung ist nur zu verstehen von der Auffassung des Gebets als Opfer und verdienstliches Werk her. Der Beter bietet den Genugtuungswert des Gebetes als eines guten Werkes für Anliegen der Kirche dar. Seit Jan. 1954 veröffentlicht die Herder-Korrespondenz erläuternde Betrachtungen zur jeweiligen G. In der Volksfrömmigkeit werden bei Todesfällen von den Hinterbliebenen Leute beauftragt, Rosenkränze (→ Rosenkranz) für die Toten nach der Meinung der Auftraggeber zu beten.

H.Ramière, L'Apostolat de la prière, 1906⁸ - P.A.Steinen, Handbüchlein des Gebetsapostolats, 1928 - F.Beringer, Die Ablässe, ihr Wesen u. Gebrauch II, 1930¹⁵, 136ff - HerKorr, seit 1954, Index s.v. Gebetsintention - MdKI 8, 1957, 101f. *W.Sucker*

Gebhard *Truchseß* von Waldburg (1547-1601), nach Studien in Dillingen, Ingolstadt und Löwen 1561 Kanonikus, 1568 Kapitular, 1577-83 als G. II. Erzbischof und Kurfürst von Köln (sein Gegenkandidat Ernst von Bayern focht in langem Prozeß in Rom die Wahl vergeblich an). 1578 erhielt G. die Priesterweihe, legte die → Professio fidei Tridentinae ab und gebärdete sich durchaus im kath. Sinne. Der Einfluß der politisch agilen ref. Wetterauer Grafen und sein Liebesverhältnis mit der Stiftsdame Agnes von Mansfeld brachten einen Umschwung. Im Dez. 1582 trat G. zum Protestantismus über, erklärte beide Konfessionen als gleichberechtigt, heiratete 1583 und wollte seine Lande weiterhin als weltlicher Fürst regieren. Die dem entgegenstehenden Gesetze (die Goldene Bulle, den »Geistlichen Vorbehalt« von 1555 [→ Augsburger Religionsfriede], die Kölner Erblandesvereinigung von 1550 und den tridentinischen Gehorsamseid) focht er an und mobilisierte seine Truppen und kurpfälzische Hilfe. 1583 wurde er exkommuniziert, das Domkapitel wählte seinen Rivalen Ernst von Bayern und erwirkte bayrische und spanische Truppenhilfe. Der für die → Gegenreformation (, 4) siegreiche »Kölnische Krieg« verwüstete das Erzstift und das Herzogtum Westfalen und mündete schließlich in den spanisch-niederländischen Krieg ein. G. floh 1584 in die Niederlande und siedelte 1589 nach Straßburg über, wo er als prot. Domdechant starb.

M.Lossen, Gesch. des Kölnischen Kriegs I. II, 1882/97 - J.Hansen, Der Informativprozeß De vita et moribus des Kölner Erzb. G.Tr. (Mitt. d. Kölner Stadtarchivs 20, 1891, 39-66) - Nuntiaturberichte aus Deutschland III, 1. 2, bearb.v. J.Hansen, 1892/94 - A.Hoeynck, Die Truchsessischen Religionswirren u. die Folgezeit bis 1590 mit bes. Rücksicht auf das Herzogtum Westfalen (Zs. f. vaterl. Gesch. u. Altertumskunde 52, 1894, II, 1-76; 53, 1895, II, 1-76) - Quellen u. Forschungen auf dem Gebiet der Gesch. IV, 1: Die Kölner Nuntiatur, bearb.v. St.Ehses u. A.Meister, 1895 - G.Wolf, Aus Kurköln im 16.Jh. (Hist. Studien 51), 1905 - T.Legge, Flug- u. Streitschriften der Reformationszeit in Westfalen (RGST 58/59), 1933, 21ff. 94ff. *J.F.G.Goeters*

Gebhardi, *Brandanus Henricus* (1657-1729), Prof. für orientalische Sprachen in Greifswald, seit 1686 dort auch ao. Prof. für Theologie. Seit 1699 vertrat er den Standpunkt → Speners in seinen Vorlesungen. Unter seinem Einfluß wurden mehrere Professoren gleicher Haltung nach Greifswald berufen. So trug G. wesentlich dazu bei, daß der Pietismus seinen Einzug in die Universität → Greifswald hielt.

ADB VIII, 481f - H.Lother, Pietist. Streitigkeiten in Greifswald, 1925. *H.Laag*

Gebhardt, *Karl Eduard v.* (1838-1917), Maler, * in St.Johann (Estland), † in München, Schüler von W.Sohn, Akademie-Prof. in Düsseldorf. Viel erörtert wurde sein Ideal der Erneuerung christlicher → Malerei (: V) im Geiste eines (gemäßigten) Realismus. Um die Gegenwart Christi glaubhaft zu machen, stellte G. die nt. Gestalten in Gewändern von heute dar; nur Jesus selbst behielt ein Idealkostüm (→ Christusbild, 2e). In der gründlichen Charakteristik suchte der nationalbewußte Protestant den Ausdruck des Deutschen. Der Zeichnung gab G. vor der Farbe den Vorzug. Hauptwerke: »Das Abendmahl« (1870), »Die Kreuzigung« (1872), Wandbilder im Kloster Loccum (1884-91).

A.Rosenberg, E.v.G., 1899. *G.F.Hartlaub*

Gebildete und Kirche

1. Ursprung und Wesen des Verhältnisses - 2. Synthesen und Zerwürfnisse - 3. Neue Ansätze und Aufgaben

1. *Ursprung und Eigenart* des Verhältnisses zwischen G.n und Kirche werden weithin durch die Begegnung des christlichen Glaubens mit dem Griechentum bestimmt. Der das Abendland bestimmende Bildungsgedanke ist von den Griechen ausgebildet. → Bildung ist Selbst- und Weltgestaltung auf Grund von Selbst- und Welterkenntnis. Durch sie wird die Barbarei gebannt, die Stadt (der Staat) gegründet und erhalten, Kultur hervorgebracht und gepflegt, Wissenschaft betrieben, das Kunstwerk geschaffen, Geschichte verstanden und überliefert, in dem allen der Mensch erzogen und geformt. Bildung verleiht Freiheit und Sicherheit innerhalb der Grenzen von Ordnung und waltendem Gesetz. Dem Guten, Wahren und Schönen verstehend verbunden und verpflichtet lebt der G. sinnvoll und kann in Schönheit sterben. Wo immer G. und Kirche einander begegnen, da treffen sich die beiden großen Traditionsströme Griechentum und Christentum. Der Niederschlag erster Begegnung findet sich bereits im NT. Mt 11, 25f und 1Kor 1, 26ff wird zwar der Weg der → Weisheit und der Erkenntnis als *Heilsweg* (→ Gnosis) radikal ausgeschlossen. Es wird aber nicht die griechische Bildung an sich entwertet. Führt sie nicht zum Heil, das Gott allein schenkt, so wird doch das Verstehen des G.n durch den Gott des Heils in Dienst genommen. Solche Indienstnahme gebildeten Verstehens durch und für den Glauben ist Theologie. In ihrer Weise geschah sie schon in der altchristlichen Kirche (→ Antike

und Christentum). So kommt es, daß sich innerhalb der Kirche Bildung und Glaube niemals gegenseitig ausgeschlossen haben. Theologie als kirchliche Wissenschaft ist immer das Geschäft von G.n gewesen, die den Glauben in verantwortlicher Begrifflichkeit entfalten. Dennoch steckt in dem Selbstverständnis der G.n dauernd der Hang zur Selbsterlösung durch den Erkenntnisweg. Demgegenüber ist der Glaube immer wieder versucht, entweder selbst zu einer Weltanschauung (→ Weltbild) für G. zu werden oder sich der Rechenschaft im Verstehen zu entziehen oder aber in einem System prinzipiell festgelegter Zuständigkeiten die Unruhe zu beseitigen, die der Glaube den G.n und die G.n der Kirche unaufhörlich bereiten müssen. Die Problematik zwischen G.n und Kirche muß immer wieder von der Wurzel her gelöst werden, im Leben des einzelnen wie für ganze Generationen.

2. *Synthesen und Zerwürfnisse* zwischen G.n und Kirche hat es von Anfang an gegeben. Sind unter den ersten Christen im Bereich des griechischen Geistes jedenfalls »nicht viele« G. gewesen, so ist doch vor allem die Theologie des → Paulus ein Beweis dafür, wie sehr er in seiner Begrifflichkeit und Argumentation den Griechen ein Grieche ist. Gleichwohl bedeutet dies keine Rechtfertigung der gebildeten Christen aus ihrer Bildung heraus. Man kann hier eher von Zerwürfnissen sprechen, die gerade die korinthischen Gnostiker der Einigkeit der Gemeinde im Glauben und in der Liebe bereitet haben. In der Auseinandersetzung übernimmt Paulus vielfach die Begrifflichkeit und das Denken seiner gebildeten Gegner, um sie zu überwinden. - Von einer Synthese muß im kath. MA die Rede sein. Hier ist die Kirche zugleich Mittlerin des Heiles *und* Hort aller Bildung. Das Griechentum - wie die → Scholastik es verstand - ist hier geradezu das der Theologie vorgegebene Fundament der kirchlichen Lehre. Durch den → Humanismus und die → Renaissance bahnt sich dann dasjenige Zerwürfnis zwischen G.n und Kirche an, das bis heute nicht überwunden ist. Hier versteht der G. seinen Bildungsweg als Heilsweg. Er wird autark gegenüber dem Glauben. Es geht zwar nicht an, die Reformation als eine Frucht des Humanismus anzusehen. Aber doch bestreitet gerade sie ihren Kampf in wesentlichen Stücken mit den Mitteln der gebildeten Humanisten ihrer Zeit. Mit eben diesen Mitteln kämpft freilich Luther *gegen* den gebildeten → Erasmus für die Reinheit des christlichen Glaubens. Die Neuzeit erst kennt vollends den der Kirche gegenüber emanzipierten G.n. Für ihn wird die Unvereinbarkeit des Glaubens der Kirche mit dem eigenen Weg der Selbst- und Weltbemächtigung durch Wissenschaft, Kunst und Technik praktische Überzeugung. Der aufgeklärte G. ist Idealist oder Materialist und Atheist. Er macht sich seine eigene Religion zurecht, seine Privat- und Geheim- oder seine Anti-Religion. Er mißversteht den christlichen Glauben als Weltanschauung und übernimmt oder verwirft aus ihr bestimmte Elemente. Ihren Ausdruck findet diese Entfremdung bisweilen im Kirchenaustritt, meist jedoch in der »Unkirchlichkeit« der G.n, einer Indifferenz und Ablehnung, die die Kirche für erledigt, jedenfalls einer besonderen Entscheidung nicht mehr für wert hält (→ Christentum: IV A).

3. *Neue Ansätze* der Begegnung zwischen G.n und christlichem Zeugnis legen sich in dem Maße nahe, in dem der autarke Glaube an die Heilsmacht von Bildung und Wissenschaft in ein heilloses Ohnmachtsbewußtsein, in Skepsis und → Nihilismus umschlägt. Die Katastrophen unmittelbar vergangener und gefürchteter künftiger Kriege und ihrer technischen Vernichtungsmöglichkeiten haben die Bildungsgläubigkeit schwer erschüttert. Viele G. fragen nun wieder nach dem christlichen Erbe, von dem sie - trotz allem - nie ganz loskommen konnten. Und auch die Kirche selbst sieht sich angesichts des Verhängnisses der Neuzeit zu kritischer Selbstbesinnung auf ihren eigentlichen Auftrag gerufen. Im Zusammenhang damit steht ein durch den → Kirchenkampf in Deutschland mitgeformtes, verändertes Bild von Kirche und Theologie, das viele G. aufmerken läßt. In den kirchlichen → Akademien (: II), den → Kirchentagen, den → Studentengemeinden sind Begegnungsmöglichkeiten geschaffen, an denen sich hervorragende G. unserer Zeit, bes. auch Naturwissenschaftler, beteiligen. Es zeigt sich in all diesen neuen Ansätzen, die auch für die kath. Kirche gelten, daß der christliche Glaube um der G.n willen einer gebildeten Theologie bedarf, die einer eingebildeten Selbsterlösung wie auch einer Verzweiflung mit guten Gründen wehrt, die aber auch das Griechentum und die Bildung nicht aus Glaubenshochmut verachtet. Der Verfall der Bildung ist der Verfall der abendländischen → Kultur. Ohne die heilsame Beunruhigung durch den christlichen Glauben aber gibt es für die G.n der Neuzeit keine Hoffnung.

Die Kirche heute schuldet auch den G.n das Evangelium, aber sie darf es ihnen zuliebe weder modifizieren noch verkürzen. Umgekehrt haben die vom Evangelium erfaßten G.n eine besondere Verantwortung in der Gesamtkirche wie in der Einzelgemeinde. Nicht das Evangelium wird dabei dann der Kritik der der Kirche zugewandten G.n unterliegen, wohl aber die Art seiner Verkündigung, ihre Beziehungslosigkeit zum modernen Dasein sowie die archaisierenden Formen in der Gottesdienstgestaltung, in der Predigtsprache und im kirchlichen Gemeinschaftsleben. Dem oft noch dem kirchlichen Einmann-System verhafteten Gemeindepfarrer könnten diese G.n so zum nicht immer bequemen, aber hilfreichen Mahner werden; die Kirchenkritik des Arbeiters (→ Arbeiter: II), die nicht selten mit Halbbildung gepaart ist, können gerade sie klären helfen.

F.E.D.SCHLEIERMACHER, Über die Religion, Reden an die G.n unter ihren Verächtern, (1799) 1831[4] - K.V.ZASTROW-TH.STEINMANN, Die Geheimreligion der G.n, 1913 - RGG[2] II, 907ff - K.BARTH, Die Theol. u. der heutige Mensch (ZZ 7, 1930, 374-396) - DERS., Evangelium u. Bildung (ThSt [B] 2), 1938 - BARTH, PrTh - K.JASPERS, Die geistige Situation der Zeit, 1931 - DERS., Der philosoph. Glaube, (1948) 1951[3] - DERS. u. R.BULTMANN, Die Frage der Entmythologisierung, 1954 - G.MERZ, Kirchl. Verkündigung u. moderne Bildung, 1931 - K.HEIM, Der ev. Glaube u. das Denken der Gegenwart, 6 Bde, (1932-52) 1953-57[2-6] - H.W.BARTSCH (Hg.), Kerygma u. Mythos I, (1948) 1954[3] - H.THIELICKE, Fragen des Christentums an die moderne Welt, 1948 - W.KAMLAH, Der Mensch in der Profanität, 1949 - D. BONHOEFFER, Widerstand u. Ergebung, (1951) 1955[6] - BULTMANN II - F.GOGARTEN, Verhängnis u. Hoffnung der Neuzeit, 1953 - DERS., Entmythologisierung u. Kirche, (1953) 1954[2] - DERS., Was ist Christentum? (KVR 35), 1956 - E.FUCHS, Hermeneutik, 1954 - H.DIEM, Gott u. die Metaphysik (ThSt [B] 47), 1956 - K.H.DESCHNER, Was halten sie vom Christentum?, 1957. - Kath. Zs.en u. Lit.: StZ - Hochland (beide mit Lit.) - H.URS V.BALTHASAR, Schleifung der Bastionen. Von der Kirche in dieser Zeit (Der Christ heute II, 9), (1952) 1953[2] - V.SCHURR, Seelsorge in einer neuen Welt, 1952 - ST.GRÜN, Verkündigung in der Glaubenskrise der Zeit, 1956. *G.Harbsmeier*

Gebot → Gesetz: VII.

Gebühren, *kirchliche,* umfassen außer den → Stolgebühren im kath. Kirchenrecht noch andere hoheitlich festgelegte Abgaben (→ Finanzwesen: I, 2a): die G. für die Inanspruchnahme der freiwilligen oder streitigen kirchlichen → Gerichtsbarkeit (: I) und für die Durchführung päpstlicher → Reskripte. Diese G. müssen vom Episkopat der Provinz festgelegt und, außer den G. für die streitige Gerichtsbarkeit, vom Hl. Stuhl genehmigt werden (c. 1507 CIC).

EICHMANN-MÖRSDORF II, 475f - DDC V, 875ff. *H.Barion*

Geburt, *religionsgeschichtlich.* Die G. ist überall und vielleicht am meisten bei den sog. primitiven Völkern von allerlei Vorstellungen und Riten umgeben worden. Die religiöse Spekulation hat vielerorts den G.svorgang in die Mythologie und Kosmogonie (→ Schöpfung: I) eingeführt, speziell in den archaischen Agrarkulturen (vgl. → Feste: I, → Fruchtbarkeit).

1. Die Vorstellungen vom Kinde *vor der G.* fallen mit denen der → Schwangerschaft zusammen. Im allgemeinen weiß man, daß ein Zusammenhang zwischen sexueller Gemeinschaft und G. besteht, deutet ihn aber nicht im Sinne von Ursache und Wirkung. Daher gibt es Völker (zB in Australien und Melanesien), die, von den kulturellen und sozialen Anforderungen der Gesellschaft veranlaßt, die physiologische Vaterschaft verleugnen, um die vererbten Ideen von → Totemismus und → Wiedergeburt aufrechterhalten zu können (vgl. → Jungfrauengeburt). – Aber auch wo die Abkunft von menschlichen Eltern angenommen wird, kommt der Gedanke einer übernatürlichen Abstammung vor, nämlich der → Seele oder der Seelen. Die Jakuten, Dolganen und Golden in Sibirien glauben, daß die Schamanen (→ Schamanismus) einen großen Seelenbaum im Himmel aufsuchen, um die → Seelenvögel von dort auf die Erde herabzuholen und sie den Frauen einzusetzen, damit sie Kinder gebären. Oder die Körperseele dringt mit der Empfängnis, die Freiseele aber mit der G. in den Menschen ein (Nordamerika). Diese → Präexistenz-Lehre ist in der Hochkultur, bes. im Abendland, weiter ausgebildet worden. Bisweilen glaubt man, daß die Seele – gewöhnlich die Freiseele – erst einige Tage oder (wie bei den → Eskimo) einige Jahre nach der G. des Menschen in ihm wirksam wird.

2. Viele → Tabu-Verordnungen *vor und unmittelbar nach der G.* beziehen sich auf das Wohlergehen des Kindes, der Wöchnerin oder anderer Leute. Dahin gehört auch die Sitte des Männerkindbettes (Couvade). Der Vater liegt während der letzten Tage der Schwangerschaft oder in den ersten Tagen nach der G. des Kindes im Bett, verzichtet auf gewisse Speisen und Getränke u.a.m. An manchen Orten ist Tätigkeitsenthaltung – ohne Couvade – das Wesentliche. Auch bei Völkern der Hochkultur (zB Basken, Korsen und Albaniern) sind diese Sitten bekannt. Die ursprünglichen Motive sind problematisch. Seit → Bachofen und Tylor (→ Animismus) hat man darüber oft spekuliert: Durch die Wesensgemeinschaft der Familie können gewisse Handlungen des Vaters dem schwachen Kind schaden; oder der Vater trägt durch Nachahmung der Entbindung zu einem glücklichen Ausgang des G.sprozesses bei. – Die Sitte, die Gebärende manchmal 30 bis 40 Tage in eine dafür geeignete Hütte einzusperren, hängt mit der → Menstruation des Weibes zusammen: ihr → Blut gilt bes. bei dieser Gelegenheit als unrein und gefährlich (→ Rein und unrein: I).

3. Der *Augenblick der G.* ist von magischen Gebräuchen umgeben. Die → Frau vermeidet oder vollzieht gewisse Handlungen, um eine leichte G. zu erreichen, trägt auch schützende → Amulette. Die alten Nordländer sprachen Zauberrunen und sangen Galder (Zauberlieder), und vielerorts hinderte man durch Schließen der Türen und Verstopfen der Schlüssellöcher die → Geister am Hereinkommen. Nordeurasische und andere Völker glauben an G.sgöttinnen, die der Mutter und dem Kinde Schutz und Hilfe liefern. – → Omina sind auch an das neugeborene Kind angeknüpft: ist die Embryonalhaut bewahrt, wird das Kind glücklich oder glückbringend (»Glückshaube«; vgl. die »Sieghaube« in nordischen Ländern); liegt eine Mißgeburt vor, gibt man daran (wie im alten Babylonien) einem Unglückstag schuld, betrachtet das Kind auch als Dämon und tötet es. Bei → Zwillings-G.en hat man entweder an ein böses → Schicksal gedacht und dann den einen oder beide Zwillinge getötet, oder man hat den Neugeborenen mächtige, übernatürliche Kräfte zugeschrieben oder sie sogar als Götter aufgefaßt. – Gleich nach der G. wurde vielfach im Vorderen Orient und in Europa ein G.s- oder → Lebensbaum gepflanzt. Das Kind wurde auf die → Erde gelegt, damit ihm Gesundheit erhalten bleibe. Die Nachgeburt hat man in die Erde versteckt, damit kein → Zauberer sie gegen das Kind verwenden könne. Die Nabelschnur diente zuweilen als Talisman.

4. *Nach der G.* wird die Mutter durch → Einsegnung gereinigt (in Europa zT mit Kirchgang verbunden) und das Kind in die soziale Gemeinschaft aufgenommen. Dieser Vorgang wird oft durch feierliche Zeremonien gekennzeichnet und im Zusammenhang mit der Namengebung vorgenommen (→ Namenglaube: I). – Vgl. → Geburtstag, → Kind.

ERE II, 635ff – RLV IV, 185ff; VIII, 22ff – RGG² II, 910ff – HWDA III, 406ff – B.Nyberg, Kind u. Erde (Diss. Helsingfors), 1931 – E.Pelkonen, Über volkstümliche G.shilfe in Finnland (Diss. Helsingfors), 1931 – J.S.Møller, Moder og Barn i Dansk Folkeoverlevering, Kopenhagen 1940 – R.Beitl, Der Kinderbaum. Brauchtum u. Glauben um Mutter u. Kind, 1942 – H.Granqvist, Birth and Childhood among the Arabs, Helsingfors 1947 – Dies., Child Problems among the Arabs, Helsingfors 1950 (Reg.: Birth) – RÄRG 208f – W.Schmidt, Gebräuche des Ehemannes bei Schwangerschaft u. G., Wien 1954 – G.Ränk, Lapp Female Deities of the Madderakka Group (Studia Septentrionalia 6, Oslo 1955, 7–79) – ThW V, 824ff (Lit.) – S.Paulson, Die primitiven Seelenvorstellungen der nordeuras. Völker (Diss. Stockholm), 1958 (Reg.).

Å.Hultkrantz

Geburtenregelung

1. Definition – 2. Indikationen – 3. Methoden – 4. Geschichtliches – 5. Staat und G. – 6. Kirche und G.

1. Unter G. (Birth-Control) versteht man die Regulierung der Kinderzahl und der Geburtenfolge innerhalb einer fruchtbaren Ehe. Nur selten handelt es sich um eine Geburtenförderung, zumeist um eine Geburtenbeschränkung (Antikonzeption, Kontrazeption).

2. Eine Geburtenbeschränkung kann erfolgen, wenn Gesundheit oder Leben der Mutter durch Eintritt einer Schwangerschaft gefährdet werden (medizinische Indikation), wenn ernstere Gefahren einer erblichen Belastung bestehen (eugenische Indikation) oder wenn soziale Notstände vorliegen (soziale Indikation).

3. a) *Maßnahmen ohne Anwendung* chemischer oder mechanischer Mittel (non applicance methods) sind einmal völlige Enthaltsamkeit, ferner *temporäre* Enthaltsamkeit während der Ovulation, deren Eintritt von der individuellen Eigenart des mensuellen Zyklus abhängig ist und bestimmt werden kann (Knaus-Ogino). Schon 1883 hat der kath. Arzt Cappelmann auf zyklische Schwankungen der Fruchtbarkeit hingewiesen (observatio temporum, Zeitenwahl). Beim *Coitus interruptus,* der am häufigsten verwendeten Methode der Kontrazeption, wird die Beiwohnung vor der dann extravaginal erfolgenden Ejakulation unterbrochen. Die Ansichten über mögliche Schädigungen sind geteilt. Der *Coitus reservatus* ist ein verlängerter Geschlechtsverkehr unter Vermeidung einer Ejakulation (Mazdaznan-Coitus, Karezza) und wird zB in der 1848 von J.H.Noyes gegründeten Oneida-Community geübt. – b) *Maßnahmen unter Anwendung* chemischer und mechanischer Mittel (applicance methods) sind ein Kondom oder Präservativ, ein vom Mann verwendetes, relativ sicheres Schutzmittel aus dünnem Gummi (die Kombination mit chemischen Mitteln erhöht die Sicherheit der Methode), und das Pessar, eine von der Frau gebrauchte Schutzkappe, die

den Halskanal der Gebärmutter von der Scheide trennt. – Chemische Mittel und Scheidenspülungen werden oft kombiniert mit den in die Scheide eingelegten Pessaren und Tampons, bei deren Verwendung die Berücksichtigung des Ovulationstermins angeraten wird. – *Operative Maßnahmen,* die in einer Sterilisierung der Frau oder des Mannes bestehen, kommen als Methode einer permanenten Kontrazeption in den verschiedenen Ländern in unterschiedlicher Häufigkeit zur Anwendung (→ Eugenik).

4. Von den Ägyptern, Arabern, Juden und Indern sind Aufzeichnungen über die Möglichkeiten einer G. erhalten. Als bedeutendster Gynäkologe des Altertums empfiehlt der im Anfang des 2.Jh.s nChr in Rom tätige griechische Arzt Soranos von Ephesus zur Empfängnisverhütung mit verschiedenen Substanzen getränkte Scheidentampons. Das MA fördert die G. nicht. – Im 19.Jh. treten die Bestrebungen der Kontrazeption, bes. in England, verstärkt in Erscheinung. Um dem Anwachsen der Bevölkerung zu steuern, empfiehlt Th.R. → Malthus 1798 die Spätehe als Methode der G. 1878 wird in Amsterdam von A.Jakobs – in Form eines Ambulatoriums – die erste Birth-Control-Clinic eingerichtet. Zu Beginn des 20.Jh.s strebt der Neomalthusianismus (→ Bevölkerungspolitik, 2) eine Einschränkung der Bevölkerungszunahme durch Anwendung empfängnisverhütender Mittel und eine bedingte Zulassung der → Schwangerschaftsunterbrechung an. Margaret Sanger ist die bekannteste Vorkämpferin der Birth-Control-Bewegung. Seit 1948 besteht »The International Planned Parenthood Federation«, der heute etwa 20 Staaten, darunter in Deutschland der Arbeitskreis »Bewußte Elternschaft« (1952) angehören. Die Einrichtung von Birth-Control-Kliniken nimmt in vielen Staaten ständig zu.

5. In der BRD besteht hinsichtlich der empfängnisverhütenden Maßnahmen Rechtsunsicherheit; Mitteldeutschland steht der Empfängnisverhütung ablehnend gegenüber. – In einigen Staaten sind kontrazeptive Mittel gesetzlich verboten, in anderen allein aus medizinischer Indikation erlaubt. In USA, Kanada und Norwegen besteht ein Verbot, ohne daß jedoch eine Verfolgung vorgenommen wird. Die meisten Staaten Europas und Asiens haben keine die G. verbietenden Gesetze.

6. a) Bei den im einzelnen differierenden *ev. Kirchen* ist eine gewisse einheitliche Grundansicht zu erkennen: Eine G. ist nur dann gerechtfertigt, wenn »eine klar empfundene sittliche Verpflichtung zur Beschränkung oder Vermeidung der Elternschaft besteht«. In der Botschaft der → Lambeth-Konferenz von 1930 wird ein »Gebrauch empfängnisverhütender Methoden aus Gründen des Selbstschutzes, der Genußsucht oder bloßer Bequemlichkeit« scharf verurteilt. Im amerikanischen Bundeskirchenrat entschied sich die überwiegende Mehrheit für eine »sorgfältige und beschränkte Anwendung empfängnisverhütender Mittel«. Wird die Notwendigkeit einer G. bejaht, so steht nach ev. Ansicht »die Berechnung empfängnisfreier Tage grundsätzlich nicht auf einem ethisch höheren Standort als die Anwendung mechanischer Mittel« (»Die innere Mission«, 1950, H. 6). – b) Die Einstellung der *kath. Kirche* geht klar hervor aus der Enzyklika Pius' XI. »Casti connubii« (31.12.1930), in der jede Empfängnisverhütung grundsätzlich abgelehnt wird. Abweichend von der Lehre Augustins ist den kath. Christen die temporäre Enthaltsamkeit im Prinzip nicht verboten, aber »die Zeitenwahl (observatio temporum) muß zur Voraussetzung ihres Erlaubtseins stets auf ein ernstes, ausreichendes und sicheres moralisches Motiv gegründet sein« (Pius XII., 29.10.1951). – In anderen Religionen ist die G. teils erlaubt (Islam), teils nicht ausdrücklich verboten (zB Buddhismus).

H.Knaus, Die Physiologie der Zeugung des Menschen, Wien (1934) 1953^{4} – N.E.Nimes, Medical History of Contraception, Baltimore 1936 – E.Lewis-Fanning, Report on an Enquiry into Family Limitation... (Papers of the Royal Commission on Population I), London 1949 – A.Niedermeyer, Kompendium der Pastoralmedizin, Wien 1953 – G.K.Döring, Die Bestimmung der fruchtbaren u. unfruchtbaren Tage der Frau mit Hilfe der Körpertemperatur, (1954) 1957^{3} – H.Gesenius, Empfängnisverhütung (L.Seitz-A.I.Amreich, Biologie u. Pathologie des Weibes III, 1955^{2}, 513–575) – P.Henshaw, Adaptive Human Fertility, New York 1955. – Internationales Bulletin: News of Population and Birth-Control, seit 1952.

H.W.Vasterling

Geburtstag (ἡμέρα γενέθλιος, natalis dies, natalitium). Im Altertum war die Feier des G.s ursprünglich religiös begründet. Der G. galt als das Fest des Lebensbegleiters (Genius), um dessen Gunst man sich durch Gebete, Weinspenden, Weihrauchopfer und dgl. bemühte. Gen 40, 20 berichtet vom Geburts- (= Krönungs-)Fest des Pharao, Mt 14, 6 von dem des Herodes. → Philo, manche → Mysterien-Kulte und die spätplatonische Philosophie lehnten die Feier des G.s ab. Unter ihrem Einfluß verwarfen auch → Origenes und die von ihm abhängigen Kirchenväter die Begehung des G.s. Die mit den drei großen Kappadoziern begründete, vom Verfasser der »Quaestiones veteris et novi Testamenti« (→ Ambrosiaster), von Petrus → Chrysologus u.a. weitergeführte Korrektur der unbiblischen Leibfeindlichkeit des Origenes fand ihre Krönung in der in das Gelasianum Vetus (→ Sakramentare) und die Junggelasiana übergegangenen Missa in natale genuinum (Texte bei Dürig 41ff), deren Gebete die unverfälschte biblische Schöpfungstheologie widerspiegeln. Seit der Reform des Missale Romanum durch → Pius V. wird in der kath. → Liturgie (: III) ausschließlich der Todestag der Märtyrer und Heiligen als dies natalis für den Himmel gefeiert (→ Anniversarien). Der maßgebliche Grund für diese schon in frühchristlicher Zeit nachweisbare Gepflogenheit dürfte nicht in biblisch-dogmatischen, sondern in praktisch-apologetischen Gesichtspunkten zu suchen sein. Im späten MA, vor allem aber in der Reformationszeit wurde in kath. Gegenden die Feier des G.s vielfach durch die Feier des Namenstages verdrängt, dh durch die Feier des dies natalis des Heiligen, nach dem man benannt ist.

W.Schmidt, G. im Altertum, 1908 – W.Dürig, G. u. Namenstag, 1954.

W.Dürig

Gedicke, *Lambert* (1683–1736), ev. Theologe und Hymnologe, Feldpropst und Inspektor der preußischen Militärgeistlichkeit. Von Joachim → Lange, Frhr. v. → Canstein und A.H. → Francke beeinflußt, verband G. den Halleschen Pietismus mit einem bekenntnistreuen Luthertum. Sein auf den ersten Artikel konzentriertes Vertrauenslied »Wie Gott mich führt, so will ich gehn« (EKG 302) steht den Liedern Paul → Gerhardts (bes. EKG 294) nahe. Es wurde 1711 in die 2. Aufl. des → Porstschen Berliner Gesangbuches, 1714 in das Gesangbuch von → Freylinghausen aufgenommen und fand bald weiteste Verbreitung. – G. gab ferner das erste Preußische Militärgesangbuch heraus.

Koch IV, 414f – W.Nelle, Unsere Kirchenliederdichter, 1905. 321f – RGG^{2} II, 913 – Joh.Kulp, Liederkunde, 1931, 179 – Ders., L.G. (DtPfrBl 40, 1936, 103f) – W.Lueken, Hdb. zum EKG II/1, 1957, 223ff.

K.Dienst

Geduld. Wie der lat. Begriff patientia meint auch das deutsche Wort G. seinem Wortstamme entsprechend die Haltung der Leidensbereitschaft, die sich in der Annahme und im Ertragen des Leidens äußert, während das in LXX und NT häufig gebrauchte griech. Äquivalent einen vornehmlich aktiven Sinn hat. Schon die griech. Ethik rühmt die Standhaftigkeit, die Ausdauer (ὑπομένειν/ὑπομονή) in Gefahren, Mühen und Leiden als das Kennzeichen des Tapferen (ἀνδρεῖος), der den Widrigkeiten nicht feige entflieht, sondern sie mannhaft besteht (Aristoteles Eth. Nic. III, 10; II, 2). Die → Stoa überträgt dieses Tapferkeitsideal in umfassendem Sinn auf den Weisen überhaupt. Im gelassenen Ertragen des Schicksals erweist er unerschrocken und unverwirrt von Leidenschaften die wahre → Freiheit und bewahrt sein eigentliches vernünftiges Wesen siegreich gegenüber allem Fremden. So wird die G. als Übung der Seelenstärke verstanden (Musonius Rufus p. 25, 12ff Hense), als göttliche Kraft, die den Geist des Weisen zu einem animus magnus et sacer macht (Seneca ep. 41). Dieses Verständnis der G. erhält sich auch in der späteren christlichen Ethik. Noch → Thomas von Aquino bestimmt sie als pars fortitudinis quasi potentialis und definiert: patientia est virtus, per quam bonum rationis conservetur contra tristitiam, ne scilicet ratio tristitiae succumbat (S.Th.2/II q. 136 a. 4 bzw. 1). Auch →Calvin redet von der G. unter ausdrücklicher Beziehung auf Gedanken des Seneca (Inst. III, 8, 4. 10f).

Doch ist das eigentlich biblisch-christliche Verständnis der G. wesentlich von andern Motiven bestimmt und nicht an der Natur des Menschen orientiert, sondern an seinem Verhältnis zu Gott, der übermächtig den Frommen bedrängt (Hiob!) und ihm die unmittelbare Erfahrung des Heils im Leiden versagt, um seine Glaubenstreue und seine Hoffnung, die an der endlichen Hilfe Gottes nicht irre wird, zu erproben. Zusammen mit anderen Märtyrern gilt Hiob in seiner demütigen Unterwerfung (Hi 1, 21 u.ö., vgl. Ps 39, 10) auch Jak 5, 11 als Vorbild des Dulders. Wesentlich ist dabei für AT und NT, daß der Ausgang des Leidens, wenn auch noch verborgen, bei Gott gewiß ist (Röm 8, 28). Anders als im griech. Verständnis gehört darum hier zur G. das Moment der auf Gott und seine Zukunft gerichteten Hoffnung. Sie bezeichnet das unbeirrte Warten auf Gott. G. wird daher vor allem im NT, oft synonym oder verbunden mit → Glaube (: III) und → Hoffnung (: II), zu einem Zentralbegriff eschatologischer Haltung (Lk 21, 19; Röm 15, 4; 2Kor 1, 6; 6, 4; 1Thess 1, 3; 2Thess 1, 4; 3, 5; Hebr 10, 35f; 12, 1; Jak 1, 2-4; 2Petr 1, 6; Apk 2, 19; 13, 10; 14, 12 u.a.); sie ist begründet in der Gewißheit, daß es in der Gemeinschaft und → Nachfolge Christi auch für die Glaubenden nur den Weg des Kreuzes geben kann und also das, was für die natürliche Erfahrung dem Glauben widerspricht, ihm in Wahrheit entspricht (1Petr 4, 12). Dieser Trost durchzieht die ganze Apk (13, 10 u.ö.), hier vor allem auf die extreme Situation des Martyriums bezogen. Doch wird von Paulus die Existenz des Christen überhaupt in diesem Lichte gesehen, sofern der Glaube gehalten ist, nicht die Liebe Gottes an den eigenen Lebenserfahrungen, sondern umgekehrt diese an der Liebe Gottes in Christus zu messen (Röm 8, 35-39). So kann Paulus die Trübsale geradezu zum Gegenstand des Rühmens machen, weil sie G., Bewährung und Hoffnung bewirken (Röm 5, 3f, vgl. Jak 1, 27). Mit Recht hat →Kierkegaard wiederholt die G., die »ebenso sehr handelnd ist wie leidend und ebenso sehr leidend wie handelnd«, in ihrer Beziehung zu Glaube, Hoffnung und Liebe beschrieben und unvergleichlich ihr Wesen zur Sprache gebracht, sehr wohl unter Aufnahme dessen, was die alltägliche Erfahrung über die G. weiß, und doch ihren letzten Glaubenssinn, ihre Bedeutung für das Verhältnis zu Gott und Welt, Ewigkeit und Zeitlichkeit entfaltend und darum auch in leidenschaftlicher Abwehr einer »schäbigen Verständigkeit«, die die Lust um ihrer bloßen Vergänglichkeit willen im Ekel preisgibt und es für das Klüglichste hält, weder kalt noch warm zu sein. Er hat damit zugleich zum Ausdruck gebracht, daß die G. des Glaubens den Menschen nicht in die Ruhe führt, in der er sich selbst bewahrt, sondern in die Unruhe, durch die er das Leben gewinnt.

S.Kierkegaard, Erbauliche Reden, GesW übers. v. E.Hirsch, 7.-9. Abt., 1956, 57ff. 95ff. 119ff - RE VI, 410f - P.Barth, Die Stoa, (1903) 1922³⁻⁴, 119ff - A.Schlatter, Die christl. Ethik, 1914, Reg. - O.Schilling, Grundriß der Moraltheologie. (1929) 1949², 103f - C.Spicq. Patientia (RSPhTh 19, 1930, 95-106) - A.M.Festugière, ὑπομονή dans la tradition Grecque (RechSR 30, 1931, 477-486) - ThW IV, 585ff - C.Feckes, Die Lehre vom christl. Vollkommenheitsstreben, 1949, 337ff.
G.Bornkamm

Geer, *Laurens de* (1614-66), * Dordrecht, † Osterby (Schweden). Die niederländische Familie de G. erwarb Erzgruben in Schweden (Finspong) und gehörte zu den Hauptlieferanten von Waffen für den 30jährigen Krieg. - Der Vater Lodewijk de G. († 1652) förderte, durch seine Freundschaft mit→Comenius veranlaßt, slawische Bibelübersetzungen. Der Sohn wurde der große Gönner der mystischen → Spiritualisten in den Niederlanden, bes. → Hoburgs, Comenius' und → Duries, unterstützte aber auch Notleidende in der Pfalz und anderswo.

P.de Witt, Un patricien au 17me siècle, Louis de G., 1885 - E.W. Dahlgren, Louis de G. 1587-1652, 1923 - G.van der Sman, Een patricier-koopman van Amsterdam uit de 17e eeuw, Lodewijk de G., baron van Finspong en Leufsta, 1934 - NNBW X, 275ff.
M.Schmidt

Gefährdetenfürsorge

1. Begriff - 2. Geschichte der G.: a) Im Altertum und MA - b)Von 1500-1800 - c) Seit 1800 - 3. Gesetzliche Grundlagen - 4. Methodik der G. - 5. Gegenwartsprobleme

1. G. sucht der spezifischen Bedrohung des erwachsenen Menschen in sittlich-sexueller Hinsicht zu begegnen. Sie umfaßt vorbeugende und heilende Hilfsmaßnahmen für erwachsene Personen, die sich einer solchen Gefährdung aus eigener Kraft nicht erwehren können oder wollen. Dabei schließt sie aber die Hilfe für sexuell verwahrloste und bereits der → Prostitution (: II) verfallene Menschen beiderlei Geschlechtes in sich ein. Gefährdete im jugendlichen Alter fallen in den Bereich der → Jugendfürsorge.

2. a) Jesu Beurteilung der Dirnen (Mt 21, 31f) hat sich im Laufe der Kirchengeschichte immer wieder in den Bestrebungen der G. ausgewirkt. Außer vorbeugenden Maßnahmen wie dem Verbote des Mädchenhandels sind uns Asyle für gefallene Mädchen seit dem 4.Jh. bekannt (u.a. Basilius d.Gr. und Justinians »Haus der Buße« in Konstantinopel). Auch gewährte man Prostituierten Aussteuern für die Verheiratung. Da die Kirche jedoch die antike Anschauung von der Unentbehrlichkeit der Prostitution übernahm, beschränkte man sich während des gesamten Altertums und MA auf Rettungsversuche für einzelne Opfer dieser Einrichtung. Zunächst dienten die Spitäler bei Gelegenheit auch diesem Zwecke. Erst im 13.Jh. stiftete Rudolf von Worms den Orden der Reuerinnen der Hl. Magdalena (1215; → Magdalenenorden), der sich bemühte, die Prostituierten für die vita religiosa im Kloster zu gewinnen. Der Orden hatte um 1300 bereits etwa 50 Klöster, gelangte aber nicht zu befriedigenden Arbeitsergebnissen, so daß die Klöster ihrer ursprünglichen Aufgabe immer mehr entfremdet wurden. Ein ähnliches Schicksal haben schließlich auch die neuen Orden des 14.Jh.s gehabt, die ihre Häuser als Übergangsheime in das bürgerliche Leben gestalteten (u.a. Sorores de Poenitentia, Heinrich von Hohenberg, Straßburg 1303). Trotz reicher Stiftungen, öffentlicher Privilegierungen und großzügiger Förderung auch von kirchlicher Seite wandte man sich bald von der undankbaren Aufgabe ab.

b) Um 1500 vollzog sich eine grundsätzliche Wendung in der Beurteilung der Prostitution. Die Bekämpfung der damals auftretenden Syphilis und die neuen geistigen Bewegungen des Humanismus und der Reformation haben dabei zusammengewirkt. Man betrachtete fortan die Prostitution nicht mehr als unentbehrlich, sondern gewann Einsicht in ihre gesundheitlichen und sittlichen Gefahren. Die Reformatoren haben ihre Abschaffung gefordert und wenigstens vorübergehend auch erreicht. In der kath. Kirche entstanden weitere Orden, die sich des Notstandes annahmen, angeregt u.a. von Ignatius von → Loyola und → Vincentius a Paulo. Die großen Kriege des 17.Jh.s und die ihnen folgende Welle der Entchristlichung im 18.Jh. haben aber diese Ansätze nicht fruchtbar werden lassen. Das 18.Jh. gilt geradezu als der geschichtliche Höhepunkt der Prostitution und der öffentlichen Unsittlichkeit, ohne daß, von Polizeimaßnahmen abgesehen, erhebliche Gegenkräfte hervortraten.

c) Erst die → Erweckungsbewegungen, die nach den Napoleonischen Kriegen in beiden Kirchen einsetzten, führten zu einem bis heute fortwirkenden neuen Aufbruch der G. Auf kath. Seite war die Stiftung der Klöster zum → Guten Hirten (1829) epochemachend. Gegen Ende des Jh.s entstand als neuer Typ das mehr weltoffene kath. *Fürsorgeheim.* Auf ev. Seite hatte man unter staatskirchlichen Verhältnissen seit der Reformation die Aufgabe meist den staatlichen Organen überlassen, die durch Zucht- und Arbeitshäuser zu wirken suchten. Unter englischem Einfluß wandte man sich jetzt der Aufgabe der G. zu. Nach einem ersten Anlauf in Hamburg (1821) schuf Theodor → Fliedner im Rahmen der Fürsorge für entlassene weibliche Strafgefangene 1833 ein Übergangsheim in → Kaiserswerth. Vorbildlich wirkte jedoch erst das von dem niederländischen Pastor O. G. → Heldring gegründete Asyl in Steenbeck (1848). Als weitere Heimtypen traten im Laufe des Jh.s Versorgungshäuser für uneheliche Mütter und Kinder (Berta Lungstrass, Bonn 1873), Zufluchtshäuser (P.Heinersdorff, Elberfeld 1882) und Frauenheime (P.Isermeyer, Himmelsthür bei Hildesheim 1884) hinzu. Der Centralausschuß für die → Innere Mission hat sich seit 1851 immer wieder um die Schaffung von ausreichenden gesetzlichen Grundlagen für die G. bemüht.

Der Gedanke der Vorbeugung und damit der *offenen Fürsorge* gewann erst gegen Ende des Jh.s Boden. Auf kath. Seite entstand der Kath. Mädchenschutzbund (1895) und der Kath. Fürsorgeverein (Agnes Neuhaus, 1899). Sehr viel früher begann die ev. Arbeit auf diesem Gebiete: 1877 entstand der deutsche Nationalverein der Freundinnen junger Mädchen, 1885 der Westdeutsche Sittlichkeitsverein, 1890 der Deutsche Sittlichkeitsbund vom Weißen Kreuz. Aber auch die → Bahnhofsmission, die →Stadtmissionen, die →Mitternachtsmission (1911) und die → Frauenverbände nahmen an der offenen G. von Anfang an aktiv teil. Ihre Arbeit wurde 1921 in der Ev. Konferenz für G. zusammengefaßt. Seit 1923 entstanden auch behördliche Einrichtungen wie die Weibliche Polizei sowie die Pflegeämter. Die Internationale Abolitionistische Föderation ist in Deutschland seit 1903 wirksam.

3. Die *gesetzlichen Grundlagen* der G. sind in Deutschland noch immer unzureichend. Außer den §§ 180 und 361 StGB und §§ 1631, 1666 und 1838 BGB sind sie im wesentlichen in den sozialhygienischen und sozialfürsorgerischen Bestimmungen des »Gesetzes zur Bekämpfung der Geschlechtskrankheiten« (GBG, 1927) und den dazu erlassenen Ausführungsbestimmungen der Länder enthalten. Ein Fürsorgegesetz, das die G. zur Pflichtaufgabe der öffentlichen Fürsorge erhebt, und ein Bewahrungsgesetz sind dringend erwünscht.

4. »Die G. ist Erziehungsfürsorge an erwachsenen Menschen« (Scheuner). Wie alle Erziehungsarbeit verfährt sie in erster Linie weckend, aufbauend, stärkend. Nicht nur die rechtliche Lage, sondern auch das innere Gesetz dieser Erziehungsarbeit fordert die Gewinnung des zu Betreuenden zum Partner an der Aufbauarbeit, die geleistet werden muß, um sein Leben auf neue Grundlagen zu stellen. An den Erzieher werden hier besonders hohe Anforderungen gestellt. Die tiefste Hilfe, die er gewähren kann, liegt nicht so sehr in dem, was er tut, sondern in dem, was er ist. Dies schließt jedoch die Forderung nach einer (meist fürsorgerischen) Ausbildung, seelsorgerliche Erfahrung und Reife der Persönlichkeit in sich ein. Für die Heime der G. ist grundsätzlich zu fordern, daß sie auf der Grundlage voller Freiwilligkeit der zu Betreuenden wirken, ihnen seelsorgerlich und beratend entgegentreten, aber auch eine angemessene Berufsausbildung gewähren, wo dies notwendig ist. Psychologische und psychiatrische Beratung muß gewährleistet sein. Sport, Spiel, Gymnastik und eine liebevolle warme Heimatmosphäre sollen die oft verhärteten Gemüter auflockern, es muß aber auch Raum für Stille und Besinnung bleiben. Deswegen ist Unterbringung in Einzelzimmern üblich.

5. *In der Gegenwart* ist anscheinend der Höhepunkt der sexuellen Entordnung bereits erreicht, möglicherweise auch schon überschritten. Trotzdem sind eine Fülle von schwierigen Sonderfragen zu beantworten, unter denen die »Besatzungsmädchen« und die unehelichen Mütter farbiger Kinder besonders zu nennen sind. Dringlich ist unter diesen Umständen die Schaffung einer zureichenden rechtlichen und finanziellen Grundlage der G. Sie müßte Pflichtaufgabe der behördlichen und der freien → Wohlfahrtspflege werden. Vor allem aber bleibt ein neuer Impuls zu wünschen, der die Aufgabe der G. wieder kräftig bejaht und das Verantwortungsbewußtsein der Gesellschaft belebt.

A. Pappritz-Berlin, Einführung in das Studium der Prostitutionsfrage, 1919 - E. Scheuner, Die G., 1930 (Lit.) - LPäd (F) II, 250ff (Lit.).

K. Janssen

Gefängniswesen

I. Rechtlich - II. Gefangenenfürsorge - Gefangenenseelsorge

I. Rechtlich

1. Strafanstalten - 2. Vollzug

Gefängnis (= G.), ursprünglich die abstrakte Gefangenschaft bezeichnend, ist konkret und rechtsbegrifflich ein umschlossener, gesicherter Raum, wo Personen auf Grund obrigkeitlicher Anordnung zwangsweise festgehalten und damit des Grundrechts der persönlichen Freiheit beraubt werden. Im folgenden ist ausschließlich vom G. in der BRD die Rede.

1. Die *justiziellen* G.anstalten gliedern sich in Untersuchungs-G.se und Straf-G.se, diese wiederum nach der Art der Freiheitsstrafe, die in ihnen kraft Richterspruchs vollzogen wird. Organisatorisch sind Untersuchungs- und Straf-G.se aber oft verbunden, und zwar in den Gerichts-G.sen, die sowohl für die vom Richter verhängte Untersuchungshaft als auch für die Verbüßung der (immer mehr in Abnahme kommenden) kurzen G.strafen sowie der Haftstrafen bestimmt sind.

Die *selbständigen,* in der Regel jetzt unmittelbar den Justizministerien der Länder unterstehenden Straf-G.se sind, entsprechend den in ihnen zu verbüßenden Strafarten, die unter hauptamtlichen Direktoren stehenden Zuchthäuser (meist schonend den Namen »Landesstrafanstalten« führend) und (Landes-)G.anstalten im engeren Sinne, beide nach männlichen und weiblichen Insassen getrennt. (Für die »Einschließung« als »custodia honesta« anstelle der früheren Festungshaft [§ 17 StGB] sollen besondere Anstalten eingerichtet werden, aber diese Strafart spielt praktisch keine Rolle: 1955 erfolgte nur eine einzige Verurteilung dieser Art!) In den Zuchthäusern darf keine andere Strafart vollzogen werden. Doch pflegen bei der erfreulich niedrigen Kriminalität des weiblichen Geschlechts Frauen-Zuchthäuser und -G.se unter einem Dach zu sein. Einigen Zuchthäusern sind besondere Abteilungen für den Vollzug der *Sicherungsverwahrung* angegliedert, die an sich keine Freiheitsstrafe im Sinne des StGB ist, sondern als eine »Maßregel der Sicherung und Besserung« gilt (§ 42a Ziff. 4). Praktisch läuft sie aber auf das gleiche hinaus und wird auch als Strafe von den so »Gemaßregelten« empfunden, zumal sie sich unmittelbar an die Verbüßung der Zuchthausstrafe anzuschließen hat. - Für kranke Gefangene, die nicht in den Strafanstaltslazaretten behandelt werden können, insbesondere an offener Tuberkulose leidende, gibt es einige besondere geschlossene Gefangenen-Krankenanstalten, die bei den Insassen, auch wegen der hier erleichterten Fluchtmöglichkeiten, beliebt sind. Erst recht bestehen in der Regel Fluchtgefahr und Fluchtmöglichkeiten in den (staatlichen oder kommunalen) psychiatrischen Kliniken und Heilanstalten, wo geistig erkrankte Gefangene sowie geisteskranke Verbrecher, die wegen strafrechtlicher Unzurechnungsfähigkeit gar nicht verurteilt werden konnten, untergebracht werden. - Eine Sonderstellung unter den Landes-G.sen nehmen die von § 92 Jugendgerichtsgesetz vorgeschriebenen Jugendstrafanstalten ein, bei denen der Vollzug der »Jugendstrafe« ganz unter dem Erziehungsgedanken stehen soll. Gegen Jugendliche gibt es als minder schwere Freiheitsentziehung noch den Freizeitarrest und den Jugendarrest; beide werden in der Regel in Arrestanstalten vollzogen, zu denen meist frühere Amtsgerichts-G.se benutzt werden und die unter der Leitung eines Jugendrichters stehen.

2. *»Vollzug der Freiheitsstrafe«* nennt der Jurist das, was in den Strafanstalten mit den Gefangenen geschieht. Man sollte meinen, daß er gesetzlich genauso minutiös geregelt und mit Rechtsgarantien umgeben sei, wie es die Voraussetzungen sind, unter denen ein Staatsbürger nach StGB und StPO vom Gericht zu einer Kriminalstrafe verurteilt werden kann. Denn in der Strafanstalt, von der freien Welt abgeschieden, verwirklicht sich ja nun erst an der Person des Verurteilten, was es heißt, zu G. oder gar zu lebenslänglichem Zuchthaus rechtskräftig verurteilt zu sein. Die Verwirklichung des Strafurteils durch seinen Vollzug ist aber merkwürdigerweise immer noch nur obenhin in einigen, noch dazu praktisch wenig brauchbaren Bestimmungen des StGB geregelt. Die Zuchthausstrafe soll entehrend sein. Deshalb wurden die »Zuchthäusler« früher geschoren und mußten geduzt werden. In der richtigen Erkenntnis, daß ihnen durch solche Behandlung das letzte Ehrgefühl genommen wird, ist diese Bestimmung seit 1919 abgeschafft. Jetzt sucht das StGB (außer der Rechtsfolge des § 31/II, wonach die Verurteilung zu Zuchthaus die dauernde Unfähigkeit zur Bekleidung öffentlicher Ämter von Rechts wegen zur Folge hat) den Unterschied zur G.strafe in der Hauptsache durch verschiedene Vorschriften über die Arbeit zu konstruieren: Die Zuchthausgefangenen *müssen* zur Arbeit angehalten werden, die zu G.strafe Verurteilten dagegen *können* es, und zwar »in einer ihren Fertigkeiten und Verhältnissen angemessenen Weise«. Diese müssen nur dann solche Arbeit erhalten, wenn sie es *verlangen*. Als ob nicht *jeder* Gefangene arbeiten möchte! Nichts ist ja im Regelfall schlimmer für ihn, als zur Untätigkeit verdammt zu sein. Deshalb kann ja auch jedem Gefangenen als empfindliche Disziplinarstrafe die Arbeit zeitweilig entzogen werden! Das StGB hat verkannt, daß die Arbeit im G. ein überaus wichtiges Erziehungsmittel ist. - Von den - illusorischen - Bestimmungen über die Arbeit abgesehen, enthält das StGB wenig Vorschriften über die Verwirklichung der Freiheitsstrafen in der Strafanstalt. So wäre diese so besonders wichtige Materie des → Strafrechts dem verwaltungsmäßigen Ermessen der Länder ausgeliefert, wenn diese nicht - zuerst (sehr unvollkommen) 1897 und dann (recht zukunftsträchtig) 1923 - Vollzugsgrundsätze vereinbart hätten. Die »Verreichlichung« der Justiz ermöglichte i.J. 1940 reichseinheitliche Vollzugsvorschriften, die, etwas »entnazifiziert«, noch heute befolgt werden und auf Grund derer bald nach 1945 in den Ländern der BRD weit übereinstimmende, in vielen Einzelheiten aber doch abweichende Strafvollzugsordnungen erlassen worden sind. Das schon seit 1871 geforderte Strafvollzugs*gesetz*, zu dem 1926 sehr verheißungsvolle Ansätze gemacht wurden, kommt vielleicht endlich, wenn das neue, auch schon so lange geforderte StGB geschaffen sein wird. Die vielen jetzt geltenden Ordnungen (reine *»Verwaltungs«*-, nicht *Rechts*verordnungen) enthalten die Forderung der erziehlichen Behandlung, der Resozialisierung der Gefangenen, aber doch noch recht unvollkommen. - Gesetzesparagraphen garantieren noch keinen guten, sinnvollen und sozialpädagogisch erfolgreichen Strafvollzug. Entscheidend ist und bleibt immer, in wessen Hand in den Strafanstalten die Vollzugsarbeit liegt, also die Beamtenfrage.

L. Frede-M. Grünhut, Reform des Strafvollzugs, 1927 - HdR II, 1927, 213 ff (L. Frede) - E. Bumke, Dt. G.wesen, 1928 - W. Mittermaier, G.kunde, 1954. *L. Frede*

II. Gefangenenfürsorge

1. Geschichte der Gefangenenfürsorge und -seelsorge - 2. Aufgaben und Arbeitsformen der Gefangenenfürsorge (= Gf.)

1. *Geschichtlich* gehören Gf. und Gefangenenseelsorge (→ Gefängniswesen: III) eng zusammen. Die Alte Kirche rechnete nach Mt 25, 36 die Sorge für Gefangene zu den Werken der Barmherzigkeit. Mahnungen, sich der Gefangenen aller Art, also neben den um des Glaubens willen Verfolgten auch der Schuld- und Kriegsgefangenen anzunehmen, finden sich bereits sehr früh, etwa bei → Ignatius von Antiochien und in den → Apostolischen Konstitutionen. Die Humanisierung der Behandlung von Gefangenen wird ein Anliegen bereits der Alten Kirche. Entsprechende kaiserliche Erlasse (409) und Beschlüsse von Synoden (zB der Synode von Orleans 549) sind bekannt. Die seelsorgerliche und fürsorgerische Betreuung der Gefangenen wird den Bischöfen eingeschärft. Jedoch sind diese Ansätze in den stürmischen Jh.en der Völkerwanderungszeit weithin verkümmert. - Im MA wandte sich die Teilnahme der Kirche wohl sehr intensiv dem Los der Pilger und Kreuzfahrer zu, die in Kriegsgefangenschaft gerieten. Dagegen regten sich Ansätze zu einer intensiveren Sorge um die Gefangenen in den eigenen Gefängnissen erst relativ spät. Immerhin entstanden (bes. in Italien) einige → Bruderschaften (: II), die sich diese Aufgabe stellten. Einzelnen von ihnen wurde auch die Verwaltung und Beaufsichtigung von Gefängnissen übertragen. Aus dem späten MA sind auch, bes. aus den Niederlanden, Ansätze zu einer Ausgestaltung der Gefangenenseelsorge festzustellen, die von den Stadtverwaltungen ausgingen.

Die → Kirchenordnungen (: II) der Reformationszeit haben diese Ansätze aufgenommen und ausgebaut. Regelmäßige und fleißige Seelsorge durch Besuche und Sakramentsverwaltung gehört hier zu den Amtspflichten der Stadtgeistlichen. Auch auf kath. Seite sind ähnliche Bemühungen zu nennen. Besondere Anregungen gaben u.a. Karl → Borromäus und → Vincentius a Paulo, der sich der Galeerensträflinge annahm.

Im modernen Sinne wurden die Aufgaben der Gf. und Gefangenenseelsorge erst gestellt, als die Freiheitsstrafe als Mittel der Rechtspflege ihre heutige Stellung gewann. Den Anstoß zu dieser Entwicklung gaben die Zuchthäuser (= Erziehungshäuser), die in einigen ref. Städten der Niederlande seit dem Ende des 16.Jh.s entwickelt wurden (Amsterdam 1595). Schon ihr Name deutet an, daß man den Rechtsbrecher nicht nur als Objekt einer Bestrafung, sondern als erziehungsbedürftig und -fähig ansehen gelernt hatte. Deutschland hat diese Entwicklung erst sehr spät aufgenommen und blieb auf die westlichen Anregungen angewiesen. Bes. die Schriften John Howards (1726-90) und das vorbildliche Wirken Elisabeth → Frys am Frauengefängnis in Newgate wurden auch in Deutschland bekannt und fanden Nachfolge. N.H.Julius las und schrieb seit 1826 in Berlin über Gefängniskunde. Er forderte in zahlreichen Schriften, vor allem auf amerikanischen Erfahrungen fußend, eine Gefängnisreform. Theodor → Fliedner, der auf seinen Englandreisen persönliche Beziehungen zu den englischen Gefängnisreformern angeknüpft hatte, gab mit der Gründung der Rheinisch-Westfälischen Gefängnisgesellschaft (1826) das Vorbild für eine große Zahl ähnlicher Gründungen. Vor allem aber nahm sich J.H. →Wichern, der während seines Studiums N.H.Julius kennengelernt hatte, dieser Fragen nachdrücklich an. Ihm ist es vor allem zu danken, daß die Gefängnisreform, wenn auch sehr bruchstückhaft und unzulänglich, schließlich zustande kam. Als Referent im Preußischen Innenministerium (seit 1856) setzte er endgültig durch, daß auch in Deutschland neben das Prinzip der Vergeltung und Abschreckung das der Fürsorge und der Erziehung des Rechtsbrechers trat. Allerdings vermochte er noch nicht seinen Gedanken durchzusetzen, daß das Vollzugspersonal sozialpädagogisch geschult und befähigt sein müsse. Sein Versuch, speziell ausgebildete »Brüder« (Diakone) als Vollzugsbeamte in die Strafanstalten zu entsenden, ist zunächst gescheitert. Wohl aber wurde er später in der Form aufgenommen, daß die → Innere Mission durch Jahrzehnte hindurch die Ausbildung von Aufseherinnen für Frauengefängnisse übernahm. In den sonstigen Strafanstalten blieb noch lange der Militäranwärter tätig. Dennoch hat Wicherns Wirken es erreicht, daß die innere Organisation des Strafvollzuges wesentlich verbessert und insbesondere Gf. und Gefangenenseelsorge überall eingeführt wurden. Aus den Bestrebungen verschiedenster Kräfte gingen schließlich Neuordnungen des Strafvollzuges hervor, die 1897 und 1923 in entsprechenden Vereinbarungen der deutschen Staats- bzw. Landesregierungen ihren Niederschlag fanden. Die Differenzierung des Strafvollzuges, vor allem die Sonderbetreuung jugendlicher Straffälliger, die Einführung der Einzelhaft, dazu die Schaffung der Jugendgerichtshilfe und der sozialen Gerichtshilfe, endlich die Einrichtung der Probation (Bewährungshilfe) rundeten in den letzten Jahrzehnten das System der institutionellen Gf. ab.

2. Das Anliegen Fliedners war es, »Religion, Gerechtigkeit und Menschenliebe in den Strafanstalten heimisch zu machen«. Damit lenkte man nur zu dem ursprünglichen pädagogischen Anliegen zurück, das in der Einrichtung der Freiheitsstrafe als solcher bereits enthalten war. Die Gf. hat damit von Anfang an einen Erziehungsauftrag. Es war das besondere Anliegen der → Erwekkungsbewegung, diesen Auftrag durch ein enges Zusammenwirken von Staat und Kirche bei dem Strafvollzug durchzuführen. Leitend für sie war die Überzeugung: »Die Gefangenenwelt ist nicht etwas Isoliertes, die Not ist eine gemeinsame, aber auch die Sünde und die Schuld an ihr« (Wichern). - Von hier aus wird das Menschenbild zu betrachten sein, das für die Aufgaben der Gf. maßgebend ist. Lange sah man eine angebliche kriminelle Veranlagung als eigentliche Ursache der Kriminalität an. Daneben behauptete sich immer wieder eine Milieutheorie, die in ungünstigen sozialen Verhältnissen, in Verführung und Verlockung die eigentlichen Ursachen der Kriminalität sah. In ihrer einseitigen Überspitzung sind beide Theorien heute überwunden. Auch der Verbrecher ist Mensch und nicht nur Opfer einer Veranlagung oder Umwelt. Seine Straftat wurzelt in der Regel in einem komplexen Vorgang, an dem er als verantwortliche Person keineswegs unbeteiligt ist, an dem aber seine Veranlagung und erst recht seine Umwelt ebenfalls beteiligt sind. Persönliche Schuld als Einzeltat- und als Lebensführungsschuld sowie Kollektivschuld der Gesellschaft, die verführend oder wenigstens durch ihre Unfähigkeit, den bedrohten Menschen auf geordneter Bahn zu erhalten, an der Strafschuld mit beteiligt war, liegen dabei eng ineinander und sind nach heutiger Anschauung niemals klar voneinander zu sondern. Alles kommt darauf an, dem besonderen und einmaligen Menschen gerecht zu werden, der als Rechtsbrecher jedenfalls nicht nur persönlich schuldig geworden ist, sondern auch sein Teil an der Schuld seiner Lebensgemeinschaft trägt. Eine möglichst weitgehende Individualisierung des fürsorgerisch-pädagogischen Bezuges zum Straffälligen ist darum grundsätzlich zu fordern.

Die Gf. geleitet, soweit möglich, den Straffälligen bereits von dem Augenblick an, in dem er angeklagt wird. In der Form der Gerichtshilfe ermittelt sie die persönlichen und sozialen Lebensbedingungen des Angeklagten und stellt dem Richter das Ergebnis ihrer Nachforschungen als Material für die Beurteilung der Persönlichkeit und der Umwelt zur Verfügung. Ihre Helfer bleiben auch nach einer Verurteilung während der Strafverbüßung mit dem Schützling in Verbindung und übernehmen auch, falls nötig, die Entlassenenfürsorge. Während des Strafvollzuges liegt der Schwerpunkt der Gf. in der Arbeits- und Berufserziehung, aber auch in der geistigen und seelischen Vertiefung und Fortbildung sowie der Fürsorge für die Familie des Gefangenen. Sie umfaßt also in der Hauptsache Berufsfürsorge, Bildungsfürsorge und Familienfürsorge (→ Familie: V). Eine besondere Aufgabe besteht in der Vorbereitung der Entlassung und der Rückführung des Gefangenen in das bürgerliche Leben. Dieses Stück der Gf. bietet häufig besondere Schwierigkeiten und bedarf sehr sorgfältiger und völlig individueller Handhabung.

Lit. s. → Gefängniswesen: III. *K.Janssen*

III. Gefangenenseelsorge

In der Gefangenenseelsorge (= Gs.; zum Geschichtlichen vgl. → Gefängniswesen: II, 1) kommt die Solidarität der Christenheit mit ihren straffällig gewordenen Gliedern zu klarem Ausdruck. Sie ist darin begründet, daß die Solidarität der Schuld vor Gott auch den Rechtsbrecher umfaßt. Der bürgerlich Unbescholtene und der Straffällige sind in gleicher Weise auf die in Christus geschenkte Gnade Gottes angewiesen. Die Freiheitsstrafe vollzieht zwar einen zeitweiligen Ausschluß des Bestraften aus der bürgerlichen Gesellschaft, nicht aber aus der Beziehung Gottes zu ihm und darum auch nicht aus der Gemeinschaft der Kirche. Ein Menschenbild grundsätzlich besonderer Art wirkt sich in der Gs. aus.

Zielsetzung und Methodik der Gs. haben seit ihrer Neubegründung im 19.Jh. eine Reihe grundsätzlicher Wandlungen durchlaufen. Zunächst führten die neupietistischen Motive der → Erweckungsbewegung dazu, daß man das Ziel in der Vermittlung des Sündengefühls und des Rettungserlebnisses sah. Als Mittel trat die methodische psychologisch orientierte Beeinflussung hervor.

→ Wichern urteilte nüchterner. Zwar legte auch er Wert auf die Weckung des Gewissens und auf die Vermittlung der Schuldeinsicht; aber er sah doch als Mittel der Seelsorge in der Hauptsache den Gottesdienst mit Verkündigung und Sakrament an. Heute ist nach Überwindung des kulturprot. Persönlichkeitsideals, das sich bei der Gs. zeitweilig als Zielsetzung in der Neuformung der Lebensgrundsätze des Menschen niederschlug, die Beschreibung des Zieles wie der Methode zurückhaltender geworden. Es kann nur darum gehen, dem bedrängten und tief aufgewühlten Menschen mitmenschlich zu begegnen und ihm das Heil in Christus anzubieten. Trifft Gott in seinem Wort als Gesetz und Evangelium wirklich den Gefangenen, so wird er das → Gewissen wecken und stärken, die Achtung vor seinen und den menschlichen Ordnungen hervorrufen und so dazu helfen, daß der Gefangene sein oft sehr schweres Los bejaht und aus Gottes Hand hinnimmt, damit aber im Glauben zu tragen vermag. – Die Gs. stößt bei ihren Bemühungen auf Menschen in bes. schwerer exzeptioneller Situation, die gewiß individuell immer wieder anders erfahren wird, aber doch eine Reihe verschiedener typischer Momente aufweist. Die starken seelischen Belastungen vor und nach dem Strafantritt, die völlig neuen und ungewohnten Lebensbedingungen in der Strafanstalt selbst führen zu sehr erheblichen Veränderungen der Psyche, die von der Gs. aufgefangen werden müssen.

Träger der Gs. ist in der Regel ein staatlich angestellter *Gefängnispfarrer*. Gewiß sind die Forderungen nie ganz verstummt, daß die Gs. der zuständigen Kirchengemeinde und ihren Pfarrern übertragen werden solle. In der Tat kann sich die Unterstellung des Seelsorgers unter die staatlichen Organe der Rechtspflege in der Seelsorge negativ auswirken. Andererseits ist aber zuzugeben, daß die Eigenart der Aufgabe und ihr überörtlicher Charakter zu stark hervortreten, als daß man hier auf Theologen verzichten könnte, die sich hauptamtlich und speziell diesem Dienst zugewendet haben. In erhöhtem Maße gilt dies für Frauengefängnisse, wo die → Vikarin oder die Pfarrfrau ein bes. wichtiges Arbeitsfeld findet.

Als Mittel der Gs. treten Gottesdienst, Predigt, Sakrament, christliche Unterweisung und Einzelseelsorge hervor. Die enge Zusammenarbeit mit der Gefangenenfürsorge (→ Gefängniswesen: II) ist selbstverständliche Pflicht, da Leib- und Seelsorge sich nach christlichem Verständnis nicht trennen lassen.

J. Howard, The state of the prisons in England and Wales, 1777 – K. Krohne, Lehrbuch der Gefängniskunde, 1889 – J. H. Wichern, Ges. Schriften IV, 1905 – G. v. Rohden, Probleme der Gefangenenfürsorge (Studien zur prakt. Theol. 2), 1908 – G. Jacobi, Der Mensch u. seine soziale Schuld, 1926 – E. Berggrav, Die Seele des Gefangenen. Erfahrungen u. Beobachtungen aus der Strafanstalt, 1929 – H. Fichtner, Grundprobleme der Gefangenendiakonie. Wegweisung in der Wissenschaft vom ev. Gefängnisdienst, 1950 – LPäd (F) III, 72ff (Lit.) – H. Dombois, Mensch u. Strafe, 1957. *K. Janssen*

Gefäße, *liturgische* (vasa sacra), stehen im Dienst sakramentaler und ritueller Handlungen. Die *Gestalt* l.r G. ist den Formgesetzen des Stilwandels unterworfen. Nach reformatorischem Verständnis sind l.G. zunächst Hilfsmittel zur Ausrichtung kirchlicher Handlungen. Die Bedeutung der Gefäßform als Sinngestalt hat sich jedoch darüber hinaus bewahrt (Luther, Löhe, Koch). Die Auszeichnung l.r G. geschieht vor allem durch kostbares Material, kunsthandwerkliche Gestaltung, Inschrift und Sinnzeichen (signaculum). Übertriebene Schmuckformen werden als unangemessen empfunden (→ Kunstgewerbe: II). – Der *Kelch* (calix) besteht aus der Schale (cuppa), die vollrunde bis eiförmige Gestalt hat. Der Fuß (pes) hat etwa die Ausladung der Kuppa. Der Kelch liegt mit dem Knauf (nodus) in der Hand und muß sich leicht drehen lassen. In der alten Kirche wurden Kelche aus Holz und Glas, seit dem 3. Jh. auch aus Gold und Silber verwendet. Die Innenseite der Kuppa wird gern vergoldet. Zinn ist neuerdings wieder in Gebrauch gekommen. Edelmetallimitationen (Neusilber) und Legierungen sollten ganz vermieden werden. Seit dem 9. bis ins 18. Jh. wurden bisweilen Trinkröhrchen (fistulae) benutzt. – Für das Brot ist seit alters der *Hostienteller* (patena; orth.: diskos) in Gebrauch. Die flache Schale, über die nur ein kleiner Rand ragt, wird der Kuppa des Kelches angepaßt. Auch die Patene trägt das signaculum. Für die Aufbewahrung des Brotes dienen im kath. Ritus seit früher Zeit verschiedene l.G., deren Gestalt der Bezeichnung zu entnehmen ist (capsa, suspensio, columba, turris, turricula, custodia, ciborium, tabernaculum). Zur Ausstellung bes. am → Fronleichnamsfest dient die Monstranz. – Im ev. Gottesdienst wird das Brot in der *Hostiendose* (pyxis) aufbewahrt, ebenso ist ein Speisekelch mit Deckel (ciborium) in Gebrauch. Zum Nachschenken des Weines steht auf dem → Altar (: III) die *Weinkanne*. Diese passen sich in Material und Form dem Kelch und der Patene an. – Der Taufhandlung dienen *Taufbecken* und *Taufkanne*. An den Vollzug der → Taufe (: V. VI) durch Untertauchen erinnern noch die Taufbrunnen (fons, Fünte) des MA aus Stein oder Erz in der Form eines großen Kelches, Kessels oder Fasses, häufig mit Deckel. Seit dem 15. Jh. sind reich verzierte Taufschalen aus Messing verbreitet. Für die heute geübte Taufhandlung genügt ein Taufbecken, das ein volles Schöpfen gewährleistet. Becken und Rand können mit Symbol oder Sinnspruch ausgezeichnet sein. Als Material kommt für die Taufgeräte neben Silber und Zinn auch Messing, Bronze, Kupfer, Stein, Glas und Keramik in Betracht. – Zu den l.n G.n im weiteren Sinne gehören im kath. und orth. Ritus der Reliquienbehälter (ostiarium; → Reliquiar), Wasser- und Weinkännchen (→ Ampulle), Rauchfaß (thuribulum) und Schiffchen (navicula), Wasch-G. (lavabo, aquamanile; orth.: zeon und teston), G. für heilige Öle (orth.: myrodochion, kanion), schließlich das Weihwasserbecken. Für den ev. Gottesdienst sind zu nennen: *Blumenvasen* aus Ton, Glas, Keramik, Metall; *Opferschalen, -beutel* und *-büchsen* (aus verschiedenen Materialien), die eine würdige, aber schlichte Form haben sollten. – Vgl. auch → Altargeräte.

H. Bergner, Hdb. der kirchl. Kunstaltertümer in Deutschland, 1905, 320ff – RGG² II, 923ff (Lit.) – J. Braun, Das christl. Altargerät, 1932 – R. Koch, Das Kirchengerät im ev. Gottesdienst, 1935³ – W. Löhe, Vom Schmuck der heiligen Orte, 1949 – Rietschel-Graff 116ff – A. Rickert, Handwerk, Gerät u. Technik (Ev. Kirchenbautagung Rummelsberg, 1951, 18–26) – Chr. Mahrenholz, Liturg. Gegenstände u. Geräte, 1951, 11ff – G. Schiller, Ausstattung des Kirchenraumes, 1953, 11ff – Leiturgia I, 328f (P. Brunner). 424f (G. Langmaack). *Chr. Rietschel*

Gefühl. Die alte Lust-Unlust-*Einteilung* der G.e hat sich nicht aufrechterhalten lassen; sehr oft ist in einem G. Lust oder Unlust (→ Tiefenpsychologie) gar nicht nachzuweisen, wie etwa bei Verwunderung, Dankbarkeit, Achtung, Verehrung (nach Rohracher). Noch häufiger sind G.e von Lust oder Unlust durchsetzt, ohne indessen hierdurch ihre Charakteristik zu erhalten. W. → Wundt schlug drei Dimensionen vor: Lust-Unlust, Spannung-Lösung, Erregung-Beruhigung; aber Th. Lipps und F. Krueger machten alsbald deutlich, daß es eine »unendliche« Vielfalt menschlicher G.e gebe, deren Mannigfaltigkeit in diesen drei Dimensionen nicht faßbar ist. Diese Unübersehbarkeit der G.e wird wiederum beschränkt durch den wichtigen Nachweis McDougalls, daß G.e in engstem Zusammenhang zu den grundlegenden Bedürfnissen und Antrieben des Menschen stehen.

Das Klassifizierungsproblem bleibt indessen immer noch äußerst schwierig; in neuester Zeit hat sich auch die Faktorenanalyse (Burt, Catell, Ekman) an dieser Frage beteiligt.

In formaler Hinsicht unterscheidet man gewöhnlich: Sensorische G.stöne (zB unangenehm, bitter), Anmutungen (zB heitere Landschaft), Körper-G.e (zB Frische, Müdigkeit), G.e im engeren Sinne (zB Liebe), Stimmungen (zB Traurigkeit), Affekte (zB Wut). Eine umfassende, phänomenologisch gewonnene Übersicht ist Ph.Lersch zu verdanken; er ordnet die G.e nach der Systematik der Antriebserlebnisse (»Hätten wir keine Triebe und Strebungen, dann hätten wir auch keine G.sregungen«).

Entstehungsbedingungen und Veränderungen der G.e: In den ersten Lebensjahren sind es vor allem Reifungsprozesse, die eine erstaunlich schnelle Differenzierung des G.slebens bedingen (Bridges, Ch.Bühler). Zu einer undifferenzierten Erregung treten nacheinander erkennbar hinzu: negative Erregung, positive Erregung, Wut, Ekel, → Angst, Befriedigung, Zuneigung zu Erwachsenen, zu Kindern u.ä. Im ganzen ist die erste Lebensphase stark emotional akzentuiert (Kroh), die Welt hat für das Kind »physiognomischen« Charakter. Neben Reifungsprozessen spielen zunehmend Lernprozesse eine wichtige Rolle. Durch bloße Wiederholung von Situationen oder Handlungen entsteht u.a. das G. der Vertrautheit; bei Wiederholung von gefühlsbedingten Situationen ergibt sich Gewöhnung (positive Verschiebung) oder Sättigung (negative Verschiebung). Reize, Signale, Dinge, Situationen, Ereignisse, die wiederholt von G.serlebnissen begleitet sind, werden mit G.svalenzen belegt (bedingte G.sreaktion, emotionale Objektion, Lernen von G. zB im traditionellen Speiseabscheu). Hiermit bildet sich die Grundlage für die sog. »sekundären« Belohnungen oder Bestrafungen. Im Zusammenhang damit können sich »sekundäre« Antriebe entwickeln – so werden Ängste auf diese Weise erlernt (vgl. Mowrer, Jersild). Bei starken G.s- bzw. Schockwirkungen kommt es unter gewissen Bedingungen zur Entstehung eines emotionalen »Traumas« bzw. »Komplexes«. Bes. eingehend hat man die Bedingungen von Phobien und Verhaltensänderungen in der sog. »experimentellen Neurose« untersucht (Masserman u.a.). Sehr wichtig ist für viele Persönlichkeitsprobleme, daß erworbene G.sreaktionen (Ängste usw) sehr viel länger wirksam bleiben, »behalten« werden, als entsprechende intellektuelle Verbindungen. Wir vergessen auf der vegetativen Ebene sehr viel schwerer als auf der noetischen, so daß eine G.sreaktion gegen »bessere« Einsicht erhalten bleiben kann. Insgesamt erwirbt der Mensch im Lauf der Entwicklung eine (typologisch wohl verschiedenartige) mannigfaltige und reiche G.sbesetzung der Welt.

Auswirkungen der G.e sind: Veränderungen in der Wahrnehmung (zB »social perception«), im Gedächtnisbereich (besseres, schlechteres, modifiziertes Behalten), im Denkverlauf (starke und spezifische Störungen bei Affekten), im Handlungsverlauf (Mobilisierung und bzw. oder akute wie chronische Störung) usw. Als *körperliche Begleiterscheinungen oder Komponenten der G.e* sind neben dem Wechsel des allgemeinen (mimischen usw) Ausdrucks viele (im einzelnen gut untersuchte) somatische Veränderungen beobachtbar, die zumeist vom vegetativen (autonomen) Nervensystem abhängig sind.

Einigen theoretischen Auffassungen zufolge sind G.e: eine Klasse selbständiger Erlebnisse; Zuständlichkeiten des Ich (Lipps); Erlebnisse des Bewußtseintotals (Cornelius, Krüger); Rückempfindungen körperlicher (zB vasomotorischer) Veränderungen (James-Lange). Nach ihrer Rolle im seelischen Haushalt involvieren sie u.a.: Anzeige von Schädlich und Nützlich; Störung psychischer Abläufe; Notstandsmobilisierung von Energien; Aktivierung und Regulierung des Handelns. Neurologisch-physiologisch beruhen sie wahrscheinlich auf der Erregung hypothalamischer Funktionen (Arnold, Lindsley).

Ch.Buehler, Kindheit u. Jugend, 1928 - O.Kroh, Die Psychologie des Grundschulkindes, 1928 - K.M.B.Bridges, Social and emotional development of the preschool child, London 1931 - Fel.Krüger, Das Wesen der G.e, 1937 - W.McDougall, Aufbaukräfte der Seele, 1937 - C.Burt, The factors of the mind, London 1940 - J.H. Masserman, Behavior and Neurosis, Chicago 1943 - A.T.Jersild, Child Psychology, London 1947 - Th.Young, Emotion in Man and Animal, New York 1948 - H.O.Mowrer, Learning Theory and Personality Dynamics, New York 1950 - M.L.Reymert, Feelings and Emotions, New York 1950 - Ph.Lersch, Aufbau der Person, 1951 - S.S.Stevens, Handbook of Experimental Psychology, New York 1951 - H.Rohracher, Einführung in die Psychologie, 1953 - R.B.Cattel, Personality and motivation structure and measurement, New York 1957. † K.Wilde

Gegenreformation

1. Der Begriff G. - 2. Die kath. Reform - 3. Anfänge der G. - 4. Die Entscheidungen der Jahre 1555-63 - 5. Die G. in Deutschland - 6. Die G. und die europäische Politik - 7. Ausklang - 8. Gesamtwürdigung

1. Der *Begriff* G. erhält seinen Sinn von dem Begriff → Reformation. Dieses Wort wird im 16.Jh. nicht nur wie vom Konziliarismus (→ Kirchenverfassung: IV) auf die Kirche angewandt, sondern bezeichnet auch die obrigkeitlichen Ordnungsmaßnahmen im inneren Leben des Territoriums. Dementsprechend sind G.en bei dem Göttinger Juristen Pütter (1776) politische Rekatholisierungsmaßnahmen einzelner Landesherren; in diesem Sinne redet → Ranke noch 1854 von »antireformatorischen Bestrebungen«. 1843 aber – in den Schlußsätzen seiner »Deutschen Geschichte im Zeitalter der Reformation« – spricht er vom *Zeitalter* der G. und verwendet den Begriff zur Kennzeichnung der mit 1555 beginnenden Periode europäischer Geschichte. G. hat schon bei ihm nicht nur einen antithetischen, politischen Sinn, sondern von vornherein auch eine positive religiöse Bedeutung; die alte Kirche schreitet zum Widerstand, weil sie »neue Energie« durch »Umwandlung in Leben und Verfassung« gewonnen hat. In diesem doppelten Sinne als »kath. Reform« und als aktive und aggressive »Selbstbehauptung der Kirche im Kampfe gegen den Protestantismus« (Jedin) halten wir den Rankeschen Begriff der G. fest, verdient er auch nicht die manchmal von röm.-kath. Seite gegen ihn vorgebrachte Beargwöhnung (er rechtfertige Luthers angebliche »Reformation« und lasse die Rekatholisierung als eine nur negativ zu wertende Reaktion erscheinen). In der Prägnanz seiner Doppelaussage übertrifft der Begriff G. andere Überschriften für das Zeitalter von 1555-1648 (1689) (vgl. Lit.); sie sind entweder blasser als der Begriff G. oder heben einzelne seiner Elemente zu sehr heraus.

Das *Verhältnis* der beiden Elemente wird gewöhnlich so dargestellt, daß das positive – die kath. Reform – als die Ursache des reaktionären Momentes – der Rekatholisierung – angesehen wird. Aber man kann nicht sagen, was hier Ursache, was Wirkung ist. Mag man auch die geschichtsbildende Kraft des werdenden absolutistischen Staates und seine Einwirkung auf die Kirche hoch einschätzen (vgl. 8), so beherrscht die Wechselwirkung zwischen dem religiösen und dem politischen Element jedenfalls das Zeitalter.

Der Begriff einer »inneren (innerdeutschen) G.«, der bei Theologen (W.Koepp) und Literarhistorikern (P. Hankamer) aufgekommen ist, muß abgewiesen werden. Man bezeichnet damit eine Reaktionsbewegung, die sich um die Wende vom 16. zum 17.Jh. nicht so sehr gegen Luther selbst wie gegen die Verbürgerlichung seiner

Kirche erhob, dabei auf Kräfte der spätmittelalterlichen und der zeitgenössischen kath. → Mystik (: VI) zurückgriff und in gewissen Strömungen des → Pietismus sich fortsetzte. Die Bezeichnung G. führt insofern irre, als diese Bewegung sich selbst - wie bei J. → Arnd - mit Luther, vor allem dem jüngeren, eins wußte, tatsächlich auch - zum mindesten in einer produktiven Umbildung seiner Gedanken wie bei Jakob → Böhme - von ihm abhängig und von der zeitgenössischen kath. G. - von Einzelfällen wie bei J.Scheffler (→ Angelus Silesius) abgesehen - bewußt geschieden war.

2. In den Anfängen der G. vor 1555 ist die *kath. Reform* von der in theologischer Polemik und in kirchenpolitischen und politischen Maßnahmen wirksamen G. deutlich zu unterscheiden.

Die kath. Reform beginnt schon *vor* 1517. Nachdem die Reformation des Hauptes der Kirche in der konziliaren Ära gescheitert war, erstrebt man eine Selbstreform der Glieder, entfesselt also eine Erneuerungsbewegung, die, von einzelnen religiösen Zentren ausgehend, von unten nach oben fortschreiten sollte. Die Bewegung ist weder ausgelöst durch den Gegensatz gegen die mit der Renaissance einsetzende Verweltlichung der Kirche noch durch die Abwehr der Reformation Luthers. In ihr werden vielmehr die Formen und Inhalte mittelalterlicher Devotion zeitgemäß weiterentwickelt.

a) Das formale Element ist am stärksten wirksam im *Observantismus* der Klosterreformen. Von den Reformkongregationen von → Bursfelde, → Melk und → Windesheim wirkt letztere durch ihre Verbindung mit der Devotio moderna (→ Brüder vom gemeinsamen Leben) in die neue Zeit und deren bürgerliche Frömmigkeit hinüber. Die italienischen Benediktiner nehmen an der humanistischen Bewegung ihres Landes teil; in den nordischen Ländern blüht die Mystik bei den aus ihnen hervorgegangenen → Kartäusern. Die strikte Observanz der → Franziskaner hat in Spanien unter der Führung des großen Kardinals → Ximénez positive Früchte getragen; in Italien ging aus ihr der Orden der → Kapuziner hervor, die neben den Jesuiten an der Durchführung der G. hervorragenden Anteil hatten.

b) Eine gewisse Ungeklärtheit, ja *Zweideutigkeit* der von der Devotio moderna ausgehenden kath. Reformation darf nicht übersehen werden. Wertvolle Elemente von ihr mündeten ein in Luthers Reformation; die Entwicklung zur G. ist also nicht von Anfang an vorgezeichnet. Man muß vielmehr stärker, als es die kath. Kirchengeschichtsschreibung heute tut, die *Wende* hervorheben, die für die kath. Reform, sogar in den romanischen Ländern, durch Luthers Reformation eingetreten ist. Überall sind luth. Anregungen wirksam geworden und haben in der kath. Reform eine Scheidung herbeigeführt, die zT erst kurz vor oder nach 1555 eingetreten ist, die Bewegung zersplittert und sie, soweit sie innerhalb der kath. Kirche fortwirkte, inhaltlich verengt hat. Diese Anfälligkeit der kath. Reform für Luthers Gedanken ist geschichtlich noch nicht ausreichend gewürdigt; je nach dem Ergebnis wird man das Urteil über Luthers Stellung zu Vor- und Umwelt sowie über den religiösen Gehalt der G. fällen müssen.

c) Die Devotio moderna ist ohne merkbare Grenzscheide in den *christlichen → Humanismus* übergegangen, wie an vielen biographischen Beispielen, bes. dem des → Erasmus, klar erkennbar ist. Was bedeutet dieser Vorgang für den Charakter der kath. Reform und damit auch der G.? Daß beide nicht ohne den Einfluß des Humanismus zu denken sind, ist unbestreitbar, ebensosehr aber auch, daß bis zum Ende der 20er Jahre des 16.Jh.s die kath. Reform die humanistische Theologie unbefangen auch inhaltlich und erst später - argwöhnisch und unter Widerständen - nur noch formal in sich aufnahm. Die humanistischen Inhalte werden zu derselben Zeit und unter denselben Umständen wie die luth. Anregungen aus der kath. Reform ausgeschieden. Sie ist dadurch selbst wesentlich verändert worden. Der Humanismus hat damit seine Einheit verloren; nur kümmerlich hat er sich in den verschiedenen Konfessionskirchen - einschließlich der des nachtridentinischen Katholizismus - behauptet.

Mit dem Humanismus hängen aufs engste die Reformerkreise zusammen, die man nach dem Vorgang von Imbart de la Tour unter dem Namen »Evangelismus« zusammenfassen kann. Es handelt sich um die Anhänger des christlichen Humanismus, die zunächst mit einer lebendigen mystischen Frömmigkeit und in aufrichtiger Bereitschaft für alles Neue zwischen den Fronten von Reformation und beginnender G. stehen. Einzelne von ihnen wie → Faber Stapulensis und andere Glieder des Kreises von Meaux in Frankreich, → Occhino, → Vermigli und → Vergerio in Italien, Fürst → Georg von Anhalt und viele Erasmusschüler in den fürstlichen Kanzleien Deutschlands stießen früher oder später durch zum Kirchentum der Reformation. Andere wieder wurden Märtyrer eines erneuerten Katholizismus wie Thomas → Morus und John → Fisher in England oder Vorkämpfer der G. wie Johann → Gropper in den Rheinlanden und sein Bruder Kaspar, der spätere Nuntius in Nordwestdeutschland, oder bereiteten die G. vor wie → Contarini und sein Reformerkreis in Italien. Auch hier wieder muß festgestellt werden, daß die kath. Reform so lange in sich ungeklärt blieb, als sie nicht einer festen kirchlichen Leitung unterworfen und den zentralen Interessen des Papsttums dienstbar gemacht war; als das geschah, hatte freilich die »Selbstreform der Glieder« auch das Haupt der Kirche ergriffen.

d) Dieses Ziel ist von der kath. Reform in → *Italien* schließlich erreicht worden. Ihre Kraft bewährte sie in der Bildung neuer Ordensgemeinschaften, die wie das schon 1494 in Vicenza entstandene und von Filippo → Neri ausgebaute Oratorium der göttlichen Liebe die Verbindung zwischen einer weltfreudigen, warmen mystischen Frömmigkeit und der humanistischen Bildungsbewegung herstellten, zugleich aber auch wie → Somasker, → Theatiner und → Barnabiten die sozialen Nöte erkannten und in Predigt und Unterricht dem Volke dienten. Daß diese Gründungen fast ganz von Laien ausgingen, ist ein Zeichen für die tiefen Wurzeln der Reform in Italien. Schon unter Papst → Hadrian VI., der in seiner Person die besten Reformkräfte der Niederlande und Spaniens verkörperte, schien sie die Kurie zu erfassen. Aber erst unter → Paul III. gelingt das und zwar mit genuin italienischen Kräften. Unter ihm gelangen Männer wie Contarini, Carafa, → Pole, → Sadolet, → Morone in das Kardinalskollegium und werden die Reformen des → Trienter Konzils vorbereitet. Die Zentralisation der → Inquisition in Rom (1542) gibt dem Kardinal Carafa (→ Paul IV.) die Möglichkeit, die kath. Reform mit den Mitteln der Gewalt durchzusetzen. Und wenn sie auch innerhalb der kurialen Verwaltung noch über das Tridentinum hinaus um die Durchsetzung ihrer Ideale zu ringen hatte, so hat sie doch mit → Pius V. die höchste Spitze der Kirche erreicht und sich so endgültig mit der G. verbunden.

e) Daß das geschehen konnte, ist vor allem eine Folge der Reform in → *Spanien*. Im → Jesuitenorden hat sie nicht nur ihren höchsten Ausdruck gefunden, sondern auch die Verbindung mit italienischer Reform und Kurie gewonnen. Erst in der Verschmelzung beider Bewegungen kommt die kath. Reform zur Vollendung. Und trotz aller Spannungen, die der Stolz und der Herrschaftswille der Spanier immer wieder hervorriefen, kann man nicht von einer »Hispanisierung« der römischen Kirche in der G. reden. Dabei reicht die kath. Reform Spaniens fraglos in größere geistig-religiöse Tiefen als die Italiens. Spanien hat in den Jesuiten den diszipliniertesten Orden der G. hervorgebracht; hier ist auch die Heimat der quietistischen Mystik (→ Quietismus), die von der hl. → Therese von Avila und → Johannes vom Kreuz aus über Italien und Frankreich hin alle Länder Europas erobert und religiöse und kulturelle Wirkungen weit über den Kreis hinaus ausgelöst hat, den die G. mit ihrer Gewalt zu erfüllen vermochte. Die Umsetzung aktiver menschlicher Willenskräfte in mystische Erfahrung und die Umsetzung mystischer Erfahrung in menschliche Aktivität, wie sie hier geübt wurden, machen das Geheimnis der G. aus.

3. Die Bemühungen zur *Bekämpfung Luthers,* die unmittelbar in die eigentliche G. überleiten, haben sich erst spät die religiösen Impulse der kath. Reform zu eigen gemacht. Männer wie → Eck, → Cochlaeus, → Fabri, → Nausea, die »vier Evangelisten« des Nuntius → Aleander, sind genau wie dieser selbst wohl mehr oder weniger tief vom Humanismus berührt, nicht aber von einer erneuerten Frömmigkeit. Die gegenreformatorische *Kontroverstheologie* kann sich nur mühsam daran gewöhnen, auf den scholastischen Formalismus zu verzichten und aus Schrift und Kirchenvätern die kath. Wahrheit positiv darzustellen. Die formalistische Art, wie die Zensuren der Universitäten Köln, Löwen und Paris, aber auch die Bulle »Exsurge domine« oder Ecks 404 Artikel »Ketzereien« aus dem Zusammenhang der reformatorischen Schriften gerissen und angehäuft haben, ist erst in den tridentinischen Dekreten durch positive Lehraussagen überwunden worden.

Die *kirchenpolitischen* und *politischen* Maßnahmen, die seit 1520 schlagartig gegen → Luther einsetzten (Bannandrohungsbulle und Wormser Edikt), sind fast wirkungslos verpufft; nur in den niederländischen Besitzungen und den Erblanden der Habsburger, gelegentlich auch in Bayern, setzt schon früh eine blutige G. ein. Den Versuchen, das kath. Landesfürstentum im Dessauer oder Regensburger Bund (1524) zur Durchführung der G. zusammenzufassen, ist kein dauernder Erfolg beschieden. Dem Kaiser lassen die Rücksichten auf den Papst, Frankreich und den Türken, die Interessen des vom Zerfall bedrohten deutschen Reiches und der auseinanderstrebenden habsburgischen Universalmonarchie den Plan eines allgemeinen Konzils oder eines deutschen Nationalkonzils wünschenswert erscheinen. Bis das Augsburger → Interim und die Durchführung des päpstlichen Konzils von Trient diese Pläne ad absurdum führten, haben die Vermittlungsvorschläge des Erasmus und seiner Schüler freies Feld. Erst das Konzil zieht von römischer Seite aus den endgültigen Trennungsstrich; und die durch den Kampf um das Interim aufgeschreckten Lutheraner bejahen die vollzogene Spaltung teils mit Leidenschaft, teils mit Trauer. Erst indem luth. Reformation und kath. Reform zu sich selbst kommen, ist Raum für die G.

4. Hierfür fallen in der Zeit von 1555-63 die maßgebenden politischen und kirchlichen *Entscheidungen.* Der → Augsburger Religionsfriede hatte zwar ein momentanes Gleichgewicht der Konfessionen reichsrechtlich festgelegt, konnte es aber nicht für die Dauer stabilisieren und barg in seinen unklaren Kompromissen die Keime späterer Konflikte (über das Reformationsrecht der Städte, zB in → Aachen; über den Reichstagssitz für weltliche Administratoren geistlicher Fürstentümer wie → Magdeburg; über die Gültigkeit des geistlichen Vorbehalts, vgl. → Gebhard Truchseß von Waldburg in Köln, → Straßburg: I), die schließlich zum Ausbruch des Dreißigjährigen Krieges (→ Deutschland: I, 2b) führten. Dabei schuf die Annäherung zwischen Österreich und Bayern, die seit 1563 eine mehr als 200jährige Entfremdung beseitigte, die politische Grundlage für die G. In der Weltpolitik beendete der Friede von Cateau-Cambrésis (1559) den langen Krieg zwischen Spanien und Frankreich, machte in beiden Ländern die gegenreformatorischen Kräfte frei zum innerpolitischen Einsatz, schaltete Italien als weltpolitischen Faktor aus und unterwarf es - mit dem → Papsttum (: III) - ganz dem spanischen Einfluß.

Der im ganzen unglückliche Pontifikat Pauls IV. macht noch einmal den Zwiespalt zwischen kath. Reform und politischem Papsttum offenbar - unter → Pius IV. wird er nur in der Person des Nepoten Karl → Borromäus überwunden -, bis dann der Abschluß des Tridentinum die Zentralisierung aller geistigen und kirchenpolitischen Kräfte in Rom herbeiführt (→ Römische Kollegien; → Index der verbotenen Bücher; Einsetzung ständiger → Nuntien in Deutschland). Für die Theologie bedeutet das Konzil zugleich Ergebnis und Ursache einer Erneuerung, die ohne die humanistische Reform der Bibelwissenschaft und der Patrologie nicht zu denken ist, aber zunächst den mittelalterlichen Schulen der thomistischen Dominikaner (→ Franz von Vitoria und seine Schule in Salamanca), der scotistischen Franziskaner (Luk. Wadding) und der vermittelnden Richtung der Jesuiten (→ Laynez, → Salmeron, → Suarez) zugute kam.

5. Auf diesen politischen und geistigen Grundlagen erhebt sich nun der Bau der G. *In → Deutschland* (: I, 2b) setzt sie 1563 in → Bayern (, 2b) unter Herzog Albrecht V. ein, zunächst im Zeichen einer antiständischen Politik zur Schuldendeckung und einer Gebietsabrundung zuungunsten des benachbarten reichsfreien Adels. Aber indem mit Hilfe der Jesuiten eine fürstliche Visitation des Landes durchgeführt und 1570 eine zentrale Kirchenbehörde geschaffen wird, wiederholen sich - mutatis mutandis - die Vorgänge, die in den luth. Landeskirchen zur Bildung des → Landesherrlichen Kirchenregiments geführt haben - eine Entwicklung, die typisch ist für den Territorialismus der G. in Deutschland und für den Zerfall der bischöflichen Diözesen. Auch wo geistliche Landesherren die G. durchführen (wie schon seit 1565 der sich auf Bayern stützende Erzbischof von → Salzburg, vorbildlich aber für alle anderen Bischöfe Julius → Echter von Mespelbrunn in Würzburg), müssen sie sich im großen und ganzen auf ihr Territorium beschränken; am frühesten und unter gewaltsamer Unterwerfung von Ritterschaft und Städten geschieht das in der Reichsabtei → Fulda (seit 1570) und im mainzischen Eichsfelde (seit 1574; → Mainz: I). Am Niederrhein sind die konfessionellen Verhältnisse infolge der Schwäche der territorialen Gewalten abhängig vom Stand des niederländischen Befreiungskrieges, wird also die G. durch spanische Truppen durchgeführt, auch nachdem der durchaus weltlich gesinnte Bayernherzog Ernst seit 1581 zu seinen bisherigen Bistümern → Freising und → Hildesheim noch → Lüttich, → Köln und → Münster hinzugewonnen hatte und somit → München als Zentrale der deutschen G. in Köln einen Ableger gewann. Damit war der Sieg der G. auch in → Osnabrück und → Paderborn ebenso wie in den kleineren Gebieten von Rietberg und Büren, teilweise auch in den Grafschaften Manderscheid und Sayn entschieden. Unter der Ägide des habsburgischen Kaiserhauses bilden sich im Westen und Süden Deutschlands zwei geschlossene gegenreformatorische Blöcke.

Bedeutsam für diese Entwicklung sind die Krisen und die schließliche Konsolidierung der österreichischen

Lande. Unter Rudolf II. und seinem Bruder Matthias wird der Konvertit → Klesl Führer der G. (→ Tschernembl); noch stärker als anderswo ist in → Österreich der Kampf der G. zugleich ein Kampf gegen die Landstände. Der oberösterreichische Bauernaufstand (1595/97) richtet sich freilich sowohl gegen ev. wie kath. Grundherren, hat also primär soziale Ursachen, wird aber zugleich der Anlaß einer rücksichtslos durchgeführten G., die 1625/26 nach einem erneuten Aufstand noch ein blutiges Nachspiel fand. In Innerösterreich (Steiermark, Kärnten, Krain) führt eine habsburgische Nebenlinie, die 1619 mit Ferdinand II. die Kaiserkrone erlangte, seit der umstrittenen Brucker Religionspazifikation von 1578 die G. rücksichtslos durch. Die Niederlage, die der zum König von Böhmen gewählte Pfälzer Kurfürst Friedrich V. am Weißen Berge erlitt (8.11.1620), leitet dort die G. ein, die mit ihren Massenaustreibungen, ihrer völligen sozialen Umschichtung und ihrer gewaltsamen Rekatholisierung dem Lande das Gepräge gibt. Hier wird beispielhaft deutlich, welche Ziele die G. im Dreißigjährigen Kriege verfolgte. Nachdem sich in der bayrisch gewordenen Oberpfalz das böhmische Geschehen wiederholt hatte, enthüllte das Restitutionsedikt vom 6.3.1629 jene Ziele für ganz Deutschland und führte eben damit auch den Umschwung herbei, der den blutigen Religionskrieg immer mehr zum »reinen Machtkampf der großen Nationalstaaten des modernen Europas« (G. Ritter) auf deutschem Boden werden ließ.

6. So mündet die deutsche G. ein in die *europäische Politik*. Auch hier ist die G. nur *ein* politisches Moment unter vielen, treibend nur, insofern sich ihr Für und Wider am leichtesten zur Massenpropaganda verwenden ließ, hemmend, wo sie wie lange Zeit in Frankreich die nationale Geschlossenheit des Staates störte, immer nur ein Mittel zum Zweck. Der aber ist für die westeuropäischen Nationalstaaten gegeben mit der Herrschaft über den Atlantik, dh mit der unbehinderten Ausnützung der handelspolitischen und kolonisatorischen Möglichkeiten, die die Entdeckung der neuen Erdteile bot. In rücksichtsloser Abwehr aller gegenreformatorischen Einbrüche in → England (: I, 3; unter Königin Elisabeth haben 185 Katholiken den Tod gefunden) hat das Inselreich in diesem Ringen den Sieg erlangt. Es hat den Untergang der spanischen Armada vom 29.7.1588 als einen Triumph über die G. gefeiert und damit die Gründung seines Kolonialreiches religiös verklärt. – Das Freiheitsstreben der → *Niederlande* (: I) ist sicherlich von Philipp II. und Herzog Alba im Zeichen der G. bekämpft worden, und die Masse der calvinistischen Bevölkerung hat konfessionell entsprechend reagiert. Immer aber hat es in der politisch und geistig maßgebenden Schicht Hollands Männer gegeben, die den Freiheitskampf nicht als Religionskrieg führten und die in Anknüpfung an den im Lande bes. heimischen Humanismus allem religiösen Fanatismus zum Trotz früh die Forderung der → Toleranz zu verwirklichen trachteten. – Solche Kreise der »Politiker« gab es auch in → Frankreich (: I, 5; → L'Hôpital), sie vermochten sich aber in den blutigen Greueln des konfessionellen Bürgerkrieges nicht durchzusetzen. Die Konversion Heinrichs IV. und das von ihm erlassene Toleranzedikt von Nantes (1598) haben den schließlichen Sieg der G. in Frankreich nicht verhindern können. Die beiden großen Kardinäle → Richelieu und → Mazarin haben sich der G. nicht in der Außenpolitik, wohl aber dazu bedient, um den calvinistischen Staat im Staate zu vernichten und ein innerlich geschlossenes Frankreich im Kampf um die europäische Vorherrschaft wettbewerbsfähig zu machen. Als Ludwig XIV. dann mit der Aufhebung des Ediktes von Nantes (1685) den Bogen überspannte, hat Frankreich den Sieg der G. teuer bezahlen müssen (→ Aufklärung: III, 2b). – Auf einem Nebenschauplatz spielt sich der Kampf um den Ostseeraum ab. Auch in → *Polen* sollte die G. unter den Königen Stephan Báthory (1576–86) und Sigismund III. (1587–1632) zunächst der Einheit des vom Zerfall bedrohten Staatswesens dienen: die Nichtkatholiken wurden politisch entrechtet, die Polonisierung der Ruthenen durch die Union von Brest (1596) kirchlich sanktioniert. In → *Schweden* mißlang der Versuch König Johanns III., nach seiner Konversion das Land zur kath. Kirche herüberzuziehen. Trotzdem versuchte sein Sohn Sigismund III. von Polen, Schweden unter dem Segen Roms mit Polen zu vereinigen. Sigismunds Bruder Karl, Herzog von Södermannland, organisierte die luth. Abwehr auf der Nationalsynode von Uppsala (1593) und nahm schließlich 1604 die Königswürde an. Unter seinem Sohne → Gustav Adolf gewann Schweden die Herrschaft über die Ostsee und wurde die prot. Vormacht gegen die G.

7. Seit dem → Westfälischen Frieden von 1648 scheint die Kraft der G. gebrochen; nicht nur die Weltpolitik, auch die deutsche Territorialpolitik steht kaum noch unter ihrem Zeichen. Immerhin haben die sie tragenden Kräfte religiöser Reform den Katholizismus weiterhin bestimmt, die → Aufklärung (: III, 6) überdauert und im 19.Jh. eine Wiederbelebung erfahren. Die innerpolitische Wirkung der G. darf nicht unterschätzt werden. Bis zur Französischen Revolution bleiben alle kath. Mächte Europas in ihrer inneren Verwaltung an die Prinzipien der G. gebunden; wie das Schicksal der Reformen → Josephs II. zeigt, vermochten sich die Gegenkräfte der Aufklärung zunächst nicht durchzusetzen. In Frankreich beweisen die Hugenottenvertreibungen und die Kriege der → Camisarden die ungebrochene Macht der G.; auch die Schicksale des österreichischen Geheimprotestantismus und der → Salzburger Emigranten geben dafür Zeugnis.

8. Eine *Gesamtwürdigung* muß von der Frage ausgehen, ob in der G. die sie tragende kath. Reform mit ihren Anliegen zur Erfüllung gekommen ist. Auch abgesehen von der Beschränkung jener Reform, die durch den Zusammenstoß mit Reformation und Humanismus eintrat (vgl. 2b. c), ist jenes Ziel tatsächlich nicht ganz erreicht worden. Der nachtridentinische → Katholizismus (: I) wurde eine Konfessionskirche neben andern. Äußerlich betrachtet wurde überall die hochmittelalterliche Adelskirche wiederhergestellt. Die Mißbräuche, die mit dieser feudalen Bindung gegeben waren, konnten nicht überwunden werden; die humanistische Kritik blieb ohne Erfolg. Die »Selbstreform der Glieder« war doch nicht von unten nach oben fortgeschritten. Vielmehr mußte die G. von den herrschenden Mächten in Staat und Kirche dem Volke aufgezwungen werden – in zahlreichen Fällen mit brutaler Gewalt! Man muß sehr ernsthaft fragen, wieviel an der volkstümlichen barocken Heiligen-, Reliquien- und Wunderfrömmigkeit genuin christlich ist. Man wird sich auch der Erkenntnis nicht verschließen können, daß die Kunst subtiler Seelenzergliederung in der romanischen Mystik – höfischer Kultur so nahe stehend – in Deutschland ebensowenig volkstümlich werden konnte wie der von jener Frömmigkeit gestärkte herrscherliche Wille. Gewiß gibt es auch im ev. Territorialstaat den Zwiespalt zwischen spätmittelalterlicher Volks- und fürstlicher Renaissancekultur. Aber er überträgt sich im geistlichen Polizeistaat der G. auf die innersten Bezirke des religiösen Lebens und wirkt bei jedem Konfessionswechsel erst recht verhängnisvoll. Mit der Bindung der G. an den werdenden absolutistischen Staat – sowohl in seiner mehr patriarchalischen Form im deutschen und italienischen Kleinstaat wie in seiner büro-

kratischen Form in Spanien und Frankreich – ist zwar ihr äußerer Triumph, zugleich aber auch das Zeichen einer gewissen religiösen Schwäche und die Ursache späterer Abwanderung der Massen von der Kirche gegeben.

Doch das sind Schatten, geworfen von einem großen Licht. Gemessen am MA ist der Fortschritt groß. Trotz aller Politisierung repräsentieren Papst und Hierarchie wie einst nach dem Sieg der cluniazensischen Reform (→ Cluny) wieder eine geistliche Macht, unterstellen sich selbst wieder Ansprüchen geistlicher Art. Die noch immer feudalisierte Kirche ist mehr denn je zuvor eine Kirche der Seelsorge geworden, die auch ihre geringen und schwachen Glieder hegend umfängt. Und sie wird zugleich eine universale Missionskirche, die die Stunde der großen Entdeckungen nutzt und unmenschliche Härten absolutistischer Kolonialmethoden protestierend und erziehend überwindet. In seelsorgerlicher Mission und missionierender Seelsorge erweist die Kirche der G. ihre Freiheit von den Mächten dieser Welt. In ihrer universalen Weite und ihrem Rückgriff auf die Mystik von MA und Renaissance bewahrt sie zugleich ein die streitenden Konfessionen übergreifendes Moment, etwa in einer Gestalt wie der des Jesuiten Friedrich von → Spee. Ihre Geschichtsschreibung dient nicht nur der Selbstverherrlichung, sondern enthält bei einem Manne wie Caesar → Baronius auch romkritische Züge. Ihre → Patristik hat auch altkirchliche Ideale – etwa im Blick auf Gemeindefrömmigkeit und Bischofsamt – wieder lebendig werden lassen. In der Bibelkritik gewährte ihr Traditionsprinzip eine relative Freiheit. Im → Kirchenlied (: I) bringt sie im Gegensatz zum ev. Choral das gefühlsbetonte Andachtslied hervor, das sich bis ins Ekstatische hinein zu steigern trachtet und seit dem Pietismus auch die ev. Kirche erobert. Und wenn die G. auch die Kunst des → Barock (: I) nicht geschaffen hat, so hat sie sie sich doch angeeignet, gefördert und zum Ausdruck eines Triumphes gemacht, der, in der Menschenverherrlichung unglaubwürdig, doch von jedem Christen anerkannt wird, wenn er den Sieg Christi über Tod und Vergänglichkeit bezeugt.

Außer der Lit. zu → Jesuiten u. → Tridentinisches Konzil: L.v. Ranke, Dt. Gesch. im Zeitalter der Reformation (GA der Dt. Akademie, hg.v. P.Joachimsen, V), (1843) 1925 – Ders., Über die Epochen der neueren Gesch., hg.v. A.Dove, (1854) 1906 – A.Elkan, Entstehung u. Entwicklung des Begriffs G. (HZ 112, 1914, 473–493) – W.Weisbach, Der Barock als Kunst der G., 1921 – E.Gothein, Reformation u. G. (Schriften zur Kulturgesch. der Renaissance, Reformation u. G. 2), 1924 – P.Hankamer, Dt.G. u. dt.Barock. Die dt. Lit. im Zeitraum des 17.Jh.s, (1935) 1947² – J.v.Walter, Die Gesch. des Christentums II, (1935) 1939² – H.Gumbel, Dt. Kultur im Zeitalter der Mystik bis zur G. (Hdb. der dt. Kulturgesch., hg.v. H.Kindermann, I), 1936 – K.Eder, Glaubensspaltung u. Landstände in Österreich ob der Enns, 1936 – Ders., Die Kirche im Zeitalter des konfessionellen Absolutismus (KG, hg.v. P.Kirsch, III/2), 1949 – Ders., Die kath. Erneuerung (Historia Mundi VII: Der Übergang zur Moderne, Bern 1957, 114–160) – J.Paul, Die G. (Hdb. der dt. Gesch., hg.v. A.O.Meyer, II), 1937 – J.Lortz, Die Reformation in Deutschland I. II, 1939 – K.Brandi, Dt. Reformation und G. II: G. u. Religionskriege, o.J. (1942) – G.Ritter, Die Weltwirkung der Reformation, o.J. (1942) – Ders., Die Neugestaltung Europas im 16.Jh., 1950 – H.Jedin, Kath. Reformation oder G.? Ein Versuch zur Klärung der Begriffe, Luzern 1946 – Ders., Gesch. des Konzils von Trient, bisher 2 Bde, 1949ff – J.Bühler, Dt. Gesch. IV: Das Barockzeitalter, 1950 – F.Hartung, Dt. Gesch. im Zeitalter der Reformation, der G. u. des Dreißigjährigen Krieges (SG 1105), 1951 – G.Schreiber, Der Barock u. das Tridentinum (Ders., Das Weltkonzil von Trient I, 1951, 381–425) – J.Oswald, Die tridentinische Reform in Altbayern (ebd II, 1951, 1–37) – L.Petry, Die G. in Deutschland, 1952 – O.Brunner, Das konfessionelle Zeitalter (P.Rassow, Dt. Gesch. im Überblick, 1953, 284–316) – W.Kaegi, Humanist. Kontinuität im konfessionellen Zeitalter, Basel 1954 – E.W.Zeeden, Das Zeitalter der Glaubenskämpfe 1555–1648 (B.Gebhardt, Hdb. der dt. Gesch. II, 1955⁸, 105–202) – Ders., Zeitalter der europ. Glaubenskämpfe, G. u. kath. Reform, ein Forschungsbericht (Saeculum 7, 1956, 321–368; Lit.) – Ders., Grundlagen u. Wege der Konfessionsbildung in Deutschland im Zeitalter der Glaubenskämpfe (HZ 185, 1958, 249–299) – H.Rössler, Europa im Zeitalter von Renaissance, Reformation u. G., 1956 – G.Mecenseffy, Gesch. des Protestantismus in Österreich, 1956.

W.Maurer

Geheimbünde kultischen Charakters sind in der Alten und Neuen Welt nachweisbar und zeigen zT in weit voneinander entfernten Teilen der Erde so auffallende strukturelle Übereinstimmungen, daß polygenetische Entwicklung aus analogen psychischen Urphänomenen – neben nicht grundsätzlich auszuschließender Wirkung historischer Ausbreitung – erwogen werden muß (→ Phänomenologie der Religion).

Kultisch wird man solche G. nennen dürfen, bei denen Institutionen wesentlich sind, durch die der → Bund sich an höhere, numinose, dämonische oder göttliche Mächte gebunden fühlt. Solche Institutionen sind der Gebrauch von → Masken, durch die Götter, Dämonen oder Verstorbene repräsentiert werden, → Opfer, heilige → Mahlzeiten, durch die eine kultische Gemeinschaft mit numinosen Mächten gestiftet und erneuert wird, → Initiationsriten, die den Neulingen eine sakrale → Weihe erteilen, sehr häufig durch fiktive Tötung und → Wiedergeburt zu neuem, höherem, wesentlicherem Leben, oft verbunden mit Verleihung eines neuen Namens, Einweihung in die Sakrallehren des Bundes, Verleihung einer höheren sozialen Würde. Kultische Kommunikation des Initianden mit geheiligten Elementarmächten (so → Wasser, → Feuer, → Fruchtbarkeits-Mächten) ist mit solcher Wiederbelebung häufig verbunden. Auch viele Riten, die die Funktion von Mut- oder Kraftproben haben, zielen gleichzeitig auf solche Kommunikationen. Oft wird symbolisch dargestellt, daß die Initianden von einem Ungeheuer verschlungen und wieder ausgespien oder neu geboren werden (→ Drache). – Die Verbindung, die viele G. mit den Toten suchen (→ Totenverehrung), wird nicht nur durch Opfer angestrebt, sondern vielfach durch Maskierungen, durch die sich die Maskenträger mit den Toten identifizieren, oft in dämonischer → Ekstase. Zahlreiche Mythen (→ Mythos: II) und → Sagen vom Erscheinen Verstorbener sind auf solche »Verwandlungskulte« zurückzuführen (→ Kultgeschichtliche Methode: I). Auch andere Hierophanien, die in Sagen und Mythen ihre Reflexe zeigen, hängen mit solchen → Verwandlungs-Kulten zusammen. Der Bund strebt an, mit jenen Mächten verbunden zu sein, sie in seiner Gemeinschaft zu haben. Als mythischer Bundes-Herr oder mythischer Stifter und Patron kann ein Gott verehrt werden, wohl auch eine apotheosierte historische Person. – Wo Rangstufen innerhalb des Bundes vorhanden sind, haben diese häufig verschiedene → Symbole (zB Tier-Symbole), Masken, → Tanz-Formen, auch eigene Initiationsriten für jede Stufe. Wohl die meisten G. sind nur Männern vorbehalten. Kultische Weiberbünde sind den Männerbünden weithin nachgebildet. – Der Geheimcharakter (→ Arkandisziplin, 1) kann sich, Außenstehenden gegenüber, auf die Existenz des Bundes als solche erstrecken oder auf die Identität der Mitglieder oder auf die Riten, Lehren und Zwecke des Bundes. Insofern sind die Grenzen zwischen geheimen und nicht geheimen Bünden fließend. Ein geheimnisvoller Charakter kann Bundesriten noch eigen sein, wenn der Bund seinen sozialen Geheimcharakter schon verloren hat, aber noch esoterische Gemeinschaftsüberlieferungen und -bräuche pflegt (wie zB Handwerkerverbände, die aus alten Gilden stammen). – Morphologische Vergleiche zeigen bei den Gebräuchen vieler geschichtlicher Verbände, daß sie zumindest ursprünglich kultischen Sinn hatten oder aber Verbänden ursprünglich kultischer Art nachgeformt wurden, entweder noch auf deren kultischer Entwicklungsstufe oder aber in einem Stadium kultischer Entleerung, in dem von den Kultbräuchen nur mehr die äußeren Formen weitergeführt wurden. Wieweit solche Gemeinschaftsformen noch kultisches Leben besitzen oder einer kultischen Entleerung anheimgefallen sind, muß in jedem einzelnen Fall geprüft werden. Solche im Ursprung kultischen Bräuche – Scheintötung, feierliche → Haar- oder Bartschur, (oft fiktive) Zahnexzision, Feuer-, Wasser-, Fruchtbarkeitsriten, Kultmähler, rituelle Maskierungen u.a.m. – zeigen zB auch europäische Gilden, Jungmannschaften, bäuerliche, bürgerliche, kriegerische und adlige Verbände u.v.a. – Die historischen Beziehungen sind zT noch sehr dunkel, so auch bei den auffallenden Übereinstimmungen zwischen germanischen und japanischen Formen der G. Deutlich aber sind schon jetzt die kultisch-religiösen Ursprünge ihrer wesentlichen Lebensformen.

H.Schurtz, Altersklassen u. Männerbünde, 1902 – H.Webster, Primitive Secret Societies, New York (1908) 1932² – A.van Gennep, Les rites de passage, Paris 1909 – ERE XI, 287ff (Lit.) – R.Thurnwald, Die menschl.Gesellschaft II,1932 – O.Höfler, Kultische G. der Germanen I, 1934 – A.Slawik, Kultische G. der Japaner u. Germanen (WBKL 4, 1936, 675-764) – E.Hildebrand, Die G. Afrikas als Problem der Religionswissenschaft, 1937 – W.-E.Peuckert, Geheimkulte, 1951 – J.Haekel, Initiationen u. G. an der Nordwestküste Nordamerikas (Mitteil. d. Anthropol. Ges. in Wien 83, 1954, 167-190) – B.Lindskog, African Leopard Men, Uppsala 1954 (Lit.) – van der Leeuw 285ff – M.Eliade, Das Heilige u. das Profane, 1957, 108ff (Lit.).

O.Höfler

Gehorsam

1. Religionsgeschichtlich – 2. Pädagogisch-ethisch – 3. Religion und G.

1. Die Forderung des G.s, auf älteren Stufen der Religiosität häufig nicht ausdrücklich betont, ist indirekt auch ohne formuliertes Gebot vorhanden. Sie ist fast ausschließlich Angelegenheit des → Kultus und der kultischen Sitte.

a) G. findet sich als *individuelle religiöse Äußerung* auf den Anruf durch das → »Heilige«. Der Mensch erfüllt spontan eine ihm bewußte Verpflichtung in den verschiedensten rituellen → Observanzen. G.sleistungen können aber auch Folge einer ausgesprochenen göttlichen Forderung sein. Der Mensch wird auf seine Beziehung zur Gottheit als Kind, Untertan oder Sklave verwiesen. Er gehorcht fremdem Willen.

b) Wichtiger noch ist die Rolle des G.s als *Äußerung des religiösen Gemeinschaftslebens*. Das religionssoziologische Phänomen der hl. → Gemeinschaften, der Gruppenbindungen setzt die G.sforderung zunächst ebenfalls unausgesprochen voraus. Der G.szwang des ungeschriebenen oder formulierten Gruppengesetzes wirkt sich vor allem bei der Beteiligung an Ritualhandlungen aus. Freiwilliger und ausdrücklich geforderter G. liegen ungeschieden beieinander. Es sind vor allem → Opfer und rituelle Verzichtleistungen aller Art, → Askese, kultische Selbstpreisgabe, Hergabe von Werten und sonstige Handlungen im Interesse der religiösen Gruppe, die verlangt werden können. Je strenger vorhandene Ritualvorschriften, Satzungen und Dogmen oder die Geltung religiöser und hierarchischer Autoritäten und ihrer Willenskundgebungen, desto stärker die direkte oder indirekte G.sforderung. Insbesondere die gesetzlich geformten Religionen wie das → Judentum, der → Islam, das Mormonentum der USA (→ Mormonen) und nomistische Richtungen des Christentums betonen den G.sgedanken als Antwort auf das göttliche Gesetz.

c) Die letzte Konsequenz der Idee ist in der religionssoziologischen Besonderheit des → *Mönchtums, Ordens-* und → *Kloster-Wesens* anzutreffen. Der Gedanke des kindlichen G.s spielt wegen des geistlichen Kindschaftsverhältnisses der Religiosen zu ihren Oberen eine große Rolle. Parallel geht eine G.sforderung, die aus dem Meister-Schüler-Verhältnis zu erklären ist, das wir schon in Alt-Indien finden. In den buddhistischen Klöstern der verschiedenen Observanzen wird der G. allenthalben ebenso geübt wie in den islamischen Derwischorden und im christlichen Mönchtum.

J.Loosen, Gestaltwandel im relig. G.sideal (Zs. f. Aszese u. Mystik 24, 1951, 196-209) – H.Holstein, Le mystère de l'obéissance (Études, fondée en 1856..., T. 278, 86, Paris 1953, 145-157) – La vie spirituelle, Supplément, No. 26, Paris 1953 (Sonder-H. »Obéissance religieuse et pouvoir des supérieurs«; darin wichtig: A.M.Henry OP, Obéissance commune et obéissance religieuse, S. 249-282) – Geist u. Leben (Zs. f. Aszese u. Mystik 29, 1956, H. 1; Sonder-H. über den relig. G.).

K.Goldammer

2. Auf dem Gebiet der *Ethik und Pädagogik* ist Phänomen und Bedeutung des G.s seit → Rousseau, → Kant, → Fichte und → Schleiermacher weithin verdeckt worden durch den Gedanken der Selbstverantwortung und der → Freiheit (: II). Im Zusammenhang damit tritt auch die sinnliche Vorstellung, die dem Wort »G.« zugrunde liegt – der Mensch ist *hörendes* Wesen – fast völlig zurück hinter Ausdrücken, die dem Bereich des Sehens entstammen. Das Leitbild der → Ethik ist die autonome → Persönlichkeit; die → Erziehung (: I) hat die Aufgabe, den Menschen zu einer solchen zu »bilden«. Der Erzieher ist der Bildner, der Gestalter der selbstverantwortlichen Persönlichkeit. Er ist Künstler, der aus seinem edlen Material, dem lebendigen Menschen, das bildet, was er anlagemäßig schon ist. In diesem Rahmen ist für echtes Verständnis von G. kein Raum. In ethischer Hinsicht erscheint G. als Heteronomie, in pädagogischer Hinsicht tritt die Bedeutung der Worthaftigkeit des Menschen zurück hinter seiner Rolle als Bildungsobjekt. Nur in vorläufiger und bedingter Weise kann hier der G. gewürdigt werden. Er ist vorläufig wichtig und unentbehrlich, insofern der Mensch nicht von vornherein autonome Persönlichkeit ist, sondern erst zu ihr entwickelt werden muß. In diesem Stadium der Unentwickeltheit, der Kindheit, ist der G. ein unentbehrliches Mittel für die Erziehung zur Freiheit, und in dieser Hinsicht wird er etwa bei Fichte und Schleiermacher sehr hoch eingeschätzt: »Für Kinder gibt es keine andere Sittlichkeit als den G.« (Schleiermacher, Ethik). Aber auch auf der Ebene der erreichten Selbstverantwortlichkeit kann hier G. nicht völlig entbehrt werden, insofern es gemeinsame Ordnungen aller Art gibt, denen der einzelne sich unterordnen muß. Die Bedingung, unter die solcher soziale G. gestellt wird, ist dann in der Regel die, daß er freiwillig sein muß und daß die Autoritäten, denen er geschuldet wird, durch freiheitliche → Entscheidung eingesetzt sind. In keinem der beiden Fälle aber wird G. echt, dh aus dem Wesen des Menschen heraus als zum Wesen des Menschen gehörig verstanden. Im ersten Fall ist er nur anfänglich unentbehrliches technisches Mittel. Im zweiten Fall wird er zwar als dauernd unentbehrlich anerkannt, aber aus der G.sbindung wird eine Klugheitsregel gemacht, die der vernünftige Mensch aus Zweckmäßigkeitsgründen einhält. Die Folgen eines fehlenden echten Verständnisses von G. innerhalb dieser autonomistischen Auffassung zeigen sich heute in verschiedener Weise, aber letztlich in allen Bereichen des Menschseins gleichmäßig. Die überbeanspruchte Freiheit und Selbstverantwortung beginnt umzuschlagen in einen Kollektivismus, in dem es weder echte Freiheit noch echte → Verantwortung mehr gibt, so daß die nötige Ordnung nur noch durch Gewalt in verschiedener Dosierung aufrechterhalten werden kann. Wenn diese gefährliche Lage noch gemeistert werden soll, dann wird es unumgänglich sein, sich im ethischen und pädagogischen Be-

reich um ein vertieftes Verständnis von G. und → Autorität zu bemühen. Das wird nur durchführbar sein im Rahmen einer anderen anthropologischen Sicht mit folgenden Grundzügen, die sich in der neuen Besinnung auf Wort und → Sprache abzeichnen: Hier ist der Mensch wesentlich worthaftes Wesen im Hören und im Antworten auf das Gehörte. Seine Ursituation ist nicht die eines sich selbst bestimmenden isolierten Punktwesens, sondern die des Stehens in einem unaufheblichen Ur-Gegenüber. Ge-hor-sam ist dann Urdatum des Menschseins. Im Gegenüber, in Wort und Antwort und in diesem Sinn in Verantwortung vollzieht und erfüllt der Mensch sein Menschsein. Im Gegensatz zu der idealistischen Sicht, in der G. aus Ur-Freiheit verstanden werden soll, wird es gelten, Freiheit allererst im Horizont des G.s zu verstehen. Dann erscheint Handeln im G. nicht als Handeln im Zwang, sondern als Ursprung alles Handelns in Freiheit.

3. Dieselben Einflüsse, die auf das Verständnis von G. im ethischen und pädagogischen Bereich einwirkten, waren gleichzeitig auch wirksam in bezug auf die Würdigung des G.s im *religiösen Bereich,* sowohl außerhalb wie innerhalb des Christentums. Im außerchristlichen Bereich, in dem alle politische Bindung ursprünglich Bindung an magisch-religiöse Mächte ist, vollzieht sich mit der Durchsetzung des Nationalismus, der in Fichtes Freiheitslehre wurzelt, eine fortschreitende Auflösung dieser Bindung und eine Diskreditierung von G. und Autorität. Sowohl die magischen wie die religiösen G.sbindungen werden zunehmend zersetzt, und sobald diese Zersetzung ein bestimmtes Maß erreicht hat, erfolgt der Umschlag in den Kollektivismus, auch bei Völkern mit alter magisch-religiöser Gemeinschaftskultur (China).

Auch innerhalb des Christentums hat der Autonomiegedanke weithin das Verständnis von G. verdeckt. Doch hat, vor allem unter dem Einfluß der → dialektischen Theologie, sich die Überzeugung wieder gefestigt, daß es nicht möglich ist, christlich G. im Horizont von Ur-Freiheit zu verstehen. In der Tat hat ja im Bereich des christlichen Glaubens der Gedanke des G.s schlechthin Mittelpunktsbedeutung. Gott schafft die Welt und den Menschen durch sein → Wort (: IV), der Mensch ist als worthaftes Wesen zum G. gegenüber Gottes Wort bestimmt. Deshalb hat auch das Verfehlen dieser Bestimmung, die → Sünde, den Charakter des Ungehorsams. Auch der Weg des Heils ist von Anfang bis zum Ende auf G. gegründet. Gott gibt das → Gesetz auf G. hin. Der Weg Christi als des Erlösers ist der Weg des G.s. Seine Erfüllung des Vaterwillens im G. bis zum Tod (Phil 2, 8) schafft das Heil für den Menschen. Es wird ihm zu eigen, indem er aufgenommen wird in den G. Christi. So ist der → Glaube, in dem dies geschieht, selbst G. (Röm 1, 5; 16, 26). Und schließlich ist das eschatologische Heil die ewige Verwirklichung der G.shaltung vor Gott. Denn Dank und Lobpreis Gottes ist der Inhalt der Seligkeit; Dank und Lobpreis aber (Apk 4) ist nichts anderes als die Haltung des vollkommenen G.s. So erweist sich der G. als Mittelpunkts- und Schlüsselgedanke der ganzen christlichen Botschaft. Zugleich ist in ihr der G.sgedanke zu seinem höchsten Sinn verklärt. Verschwunden ist jede Spur von Zwangscharakter des G.s, vielmehr ist - im vollen Gegensatz zu dem Versuch, G. aus Freiheit abzuleiten - die »herrliche Freiheit der Kinder Gottes« (Röm 8, 21) die Frucht des freien G.s Christi.

F. Gogarten, Wider die Ächtung der Autorität, (1931) 1932² - ThW I, 216ff - R. Gyllenberg, Glaube u. G. (ZSTh 4, 1937, 547-566) - D. Bonhoeffer, Nachfolge, (1937) 1955⁵ - H. Dörries, Gottes-G. u. Menschen-G. bei Luther (ARG 39, 1942, 47-84) - M. Picard, Der Mensch u. das Wort, 1955 - EKL I, 1463ff. - Vgl. auch die Lit. zu → Autorität.

F. K. Schumann

Geibel, *Johannes* (1776-1853), ref. Theologe aus Hanau, 1797 Vikar und bald Pastor der ref. Gemeinde in Lübeck, als Prediger einer biblisch gegründeten Erweckungsfrömmigkeit von tiefgehender Bedeutung für die ganze Stadt. Um so leichter gelang es ihm, für seine Gemeinde die Reste einengender Unfreiheit zu beseitigen, unter der die Reformierten im luth. Lübeck zu leiden hatten. Zu seiner Volkstümlichkeit trug die im besetzten → Lübeck (: II) nicht gefahrlose Teilnahme an der Erhebung von 1813 bei. - In größerem kirchengeschichtlichem Rahmen gesehen gehört G. zu den ref. Erweckungspredigern, die im Anfang des 19. Jh.s den Rationalismus im ev. Deutschland überwinden halfen.

Vf. u.a.: Prüfet alles u. behaltet das Gute, Reden für Freiheit u. Wahrheit, 1818; Wiederherstellung der ersten christl. Gemeinde, von Philaletes, (1840) 1842². - Über G.: RE VI, 423ff. *W. Jannasch*

Geiger, *Abraham* (1810-74), zuletzt Rabbiner und Dozent in Berlin. Sein reiches Schrifttum erstreckt sich auf fast alle Gebiete der jüd. Wissenschaft. Theologisch war er erst radikaler, später gemäßigter Reformer, der das Judentum nach dem Vorbild der Kirche lediglich als Religionsgemeinschaft ansah und die Tradition nicht als die von Gott stammende mechanisch überlieferte Lehre, sondern als »den innerlich fortwirkenden, schöpferischen, umgestaltenden Geist, wie er im Judentum erweckt worden, zum Ausdruck gelangt ist und fortlebt«. Der Prophetismus ist ihm der religiöse Höhepunkt des jüd. Genius.

L. Geiger, A.G., Leben u. Lebenswerk, 1910 (Bibliogr.) - EJud VII, 157ff. *E. L. Rapp*

Geijer, *Erik Gustaf* (1783-1847), schwedischer Historiker, Philosoph, Dichter. Früh beeinflußt von → Kant und dem Gleichheitsideal der → Aufklärung, vertrat G. unter dem Einfluß von Edmund Burke († 1797) und dem deutschen → Idealismus (Schelling, Fichte, Hegel) eine religiöse Geschichts- und Gesellschaftsauffassung mit Kritik am → Rationalismus (Über falsche und wahre Aufklärung, 1811). Originell ist seine religiöse Persönlichkeitsphilosophie, die auch auf die Christologie angewandt wird (Thorild, 1820). Empfindlich für Zeitströmungen gab G. unter dem Eindruck der europäischen Umwälzungen, des Industrialismus und der amerikanischen Gesellschaftsentwicklung seinen politischen Konservativismus und Hegelianismus auf. Christliche Verankerung, nationales Gefühl und eine historisch progressive Auffassung machten aus ihm nach seinem »Abfall« (1838) einen Vertreter des christlichen → Liberalismus, der einen bedeutenden Einfluß auf die schwedische Kultur- und Gesellschaftsentwicklung des 19. Jh.s ausübte. Die Vorlesungen »Die Geschichte der Menschheit« (1842, gedr. 1856) geben seine Auffassung von der Geschichte als christlicher Heilsgeschichte und Vervollkommnung der Persönlichkeit wieder. Als Historiker (Prof. in Uppsala 1817-46) führte er zum Sieg der modernen Geschichtsschreibung in → Schweden. Dabei trat bei ihm die Geschichtsphilosophie zugunsten der empirischen Forschung zurück.

Vf. u.a.: Svenska folkets historia, 3 Teile, 1832-36; Samlade skrifter (GesW), 13 Bde, 1923-31. - Über G.: R. Gustafsson, E.G.G. som kristen personlighetsfilosof, 1935 - C.A. Hessler, G. som politiker I. II, 1937/47 - E. Rodhe, G. och samhället, 1942 - E. Norberg, G.s väg från romantik till realism, 1944 - J. Landquist, G., 1954.

S. Göransson

Geiler, *Johannes* (1445-1510), * zu Schaffhausen, kritischer Volksredner und Sittenprediger. Erzogen in *Kaysersberg* (Oberelsaß), bezog er 1460 die Universität Freiburg, an der er als Magister seit 1465 über Aristoteles und Grammatik las, bis er als Dekan 1470 resignierte, um in Basel seit Mai 1471 Theologie zu studieren, von → Gerson bleibend bestimmt. 1476 kehrte er als Doktor der Theologie nach Freiburg zurück, seit 1478 als Prediger am Straßburger Münster. Freimütig kritisierte er Mißstände der zähen Volkssitte und der Kirche, auch den Rat, dem er 21 Reformforderungen übergab. Aber in all seinen volkstümlichen und oft drastisch-humorvollen Predigten blieb G. kath.-mittelalterlich; er exegesierte im Banne der Kirchenväter und kritisierte den aufblühenden → Humanismus, fürchtete die Lektüre der heidnischen Poeten, empfahl die Ablässe und gute Werke. Am Ende seines Lebens verzweifelte G. an der allgemeinen Reform der Christenheit. Seine Schriften sind fast alle von anderen publiziert, sachlich aber zuverlässig. Andererseits folgt G., wie neuerdings erwiesen, oft wörtlich seinen lateinischen Vorlagen. Papst Paul IV. hat 1559 sämtliche Werke G.s, der nie die Kirche als Institution angriff, auf den → Index gesetzt.

J.M.B.Clauss, Krit. Übersicht der Schriften über G.v.K. (HJ 31, 1910, 487-519) - E.Röder v. Diersburg, Komik u. Humor bei G.v.K. (Germanist. Studien 9), 1921 - L.Pfleger, Der Franziskaner Joh. Pauli u. seine Ausgaben G.scher Predigten (Archiv f. Elsäss. KG 3, 1928, 47-96) - Ders., Zur handschriftl. Überlieferung G.scher Predigttexte (ebd 6, 1931, 195-205) - Ders., G.v.K.: »Von den zwölf schefflin«. Eine unbekannte Predigt (ebd 206-216) - Ders., »Von den XV Aest.« Eine unbekannte Predigt G.s v.K. (ebd 10, 1935, 139-151) - F.Landmann, Die unbefleckte Empfängnis Mariä in der Predigt zweier Straßburger Dominikaner u. G.s v.K. (ebd 6, 1931, 189-194) - A.Vonlanthen, G.s Seelenparadies im Verhältnis zur Vorlage (ebd 229-324) - F.X.Zacher, J.G.v.K. (Relig. Quellenschr. 74), 1931 - VerfLex II, 1936, 8 ff (Lit.); V, 1955, 251 - E.Breitenstein, Die Quellen der G.v.K. zugeschriebenen Eneis (Archiv f. Elsäss. KG 13, 1938, 149-202). *E.Barnikol*

Geismar, *Eduard* (1871-1939), dänischer Theologe, seit 1921 Prof. für Ethik und Religionsphilosophie an der Universität Kopenhagen. Während eines Studienaufenthaltes in Deutschland übte R.Eucken einen beträchtlichen Einfluß auf sein Denken aus. G.s eigentlicher Einsatz bestand jedoch in der Aktualisierung der Gedanken S. → Kierkegaards, die er in der theologischen und philosophischen Debatte der zwanziger Jahre zur Geltung brachte. Das Feuer seiner Begeisterung übertrug sich auf viele akademische Zeitgenossen, sein Einfluß in diesen Kreisen Dänemarks war damals erheblich. Später stieß er bei den →Tidehverv-Theologen, die seine Kierkegaardauslegung angriffen, auf starken Widerstand.

Vf. u.a.: Kristendom og Udvikling, 1903; Religionsfilosofi, (1924) 1930^{2}; S.Kierkegaard, 2 Bde, 1926/28 (dt. 1929); Etik, 1926; Luthersk Troslaere, 1932. - Über G.: RGG^{2} II, 938 (Lit.). *K.E.Løgstrup*

Geissel, *Johannes v.,* Kardinal (1796-1864), * Gimmeldingen/Pfalz, † Köln. Großgeworden in den Anschauungen der strengen Mainzer Schule, wurde G. 1837 Bischof von Speyer, 1841 bei der Beilegung des → Kölner Kirchenstreites Koadjutor und 1845 Nachfolger des Kölner Erzbischofs → Droste-Vischering, 1850 Kardinal. G. war ein gewiegter Kirchenpolitiker, eng mit der Kurie verbunden und als bestimmender Kopf des deutschen Episkopats erfolgreicher Vertreter der kath. Kirche gegenüber dem Staat. Er berief und leitete 1848 die Versammlung der deutschen Bischöfe in Würzburg. Als Erzbischof sorgte er für die völlige Beseitigung des Hermesianismus (G. → Hermes) in → Bonn, berief Orden und förderte Klosterniederlassungen, Volksmissionen und Priesterexerzitien. Die → Marienverehrung erfuhr durch ihn nach 1854 eine mächtige Belebung. G. trat auch als Dichter hervor.

Schriften u. Reden, hg.v. K.Th.Dumont, 4 Bde, (1869ff) 1876^{2}. - Über G.: O.Pfülf SJ, Kard. J.v.G., 2 Bde, 1895/96 - A.Beck, Die Kirchenpolitik d. Erzbisch. J.v.G. (Diss. Gießen), 1905 - LThK IV, 343f - EC V, 1979f. *G.Maron*

Geist

I. Religionsgeschichtlich - II. Geist und Geistesgaben im AT - III. Geist und Geistesgaben im Judentum - IV. Geist und Geistesgaben im NT - V. Heiliger Geist, dogmengeschichtlich - VI. Heiliger Geist, dogmatisch - VII. Geist, philosophisch - VIII. Heiliger Geist in der Kunst. - Vgl. auch → Anthropologie, → Fleisch und Geist, → Geist und Buchstabe, → Leib und Seele, → Mensch, → Seele, → Trinität: I-V

I. Religionsgeschichtlich

1. Wortgeschichte - 2. G. und Seele - 3. Außerchristliche G.begriffe

1. Das deutsche Wort G., das sich im Gesamtbereich des Westgermanischen findet (aber nicht im Nordgermanischen; dänisch gast »Gespenst« ist vielleicht dem ostfries. gâst = dt. G. entlehnt), war seiner Form nach im Laufe der deutschen Sprachgeschichte nur geringen Veränderungen unterworfen. Dafür ist sein Bedeutungsumfang überaus weit und seine Bedeutungsgeschichte verwickelt. G. bezeichnet einerseits den *Träger des Lebens.* Als solcher steht er im Gegensatz zu »Fleisch« usw (→ Fleisch und Geist), dafür teilweise im Austausch mit → »Seele«; er ist schlechthin »Lebenskraft« oder (im Anschluß an Ciceros vitalis spiritus) »Lebens-G.« (gern als Plural gefaßt); mundartlich bedeutet G. »Lebhaftigkeit« und unter Einfluß von franz. esprit »Witz«; mit attributiver Bestimmung bezeichnet es den Träger des G.es (»unruhiger G.«, »fanatischer G.« usw). Seit dem 18.Jh. spricht man auch vom G. einer Gemeinschaft (»Volks-G.«, »Korps-G.«, »G. der Griechen«, »G. des MA« usw). Anderseits wird G. konkret für *nichtkörperliche Wesen* gebraucht: »Heiliger G.«, »abgeschiedene G.er«, »Polter-G.« usw, »G. der Bosheit« usw, »G. der Elemente«. Die Alchimisten (→ Alchemie) suchten aus leblosen Stoffen »G.« zu gewinnen - so stand G. auch für Quintessenz. Die Bedeutung des Wortes wurde, in ständiger Fühlung mit der Sprache der Bibel, von Antike und Christentum entlehnt (griech. πνεῦμα, lat. spiritus, letztlich auch hebr. rû^{a}ḥ; → Geist: II-IV) und auf der Strecke durch franz. esprit modifiziert (s. o.). Die antiken Wörter bedeuten zunächst »Atem«, »Hauch«, »Wind« (zum Wind als Seelenträger sowie Lebens- und Fruchtbarkeitsprinzip vgl. H.Leisegang, RGG^{2} II, 939; weiteres bei S.Morenz, Aus Antike und Orient, 1950, 64ff) und haben dem deutschen Wort diese Bedeutung verliehen (Übersetzung von Joh 3, 8: »der G. geistet wo er will«). Eine alte Auffassung, wonach G. selbst ursprünglich »Atem« usw bedeutet habe, ist dagegen unhaltbar. Altindische und avestische Entsprechungen (héḍa, zaēman) führen vielmehr auf »Regsamkeit«, »Angeregtheit« (Trübner III, 68).

2. Da G. teilweise bedeutungsgleich mit (dem seinerseits komplexen Begriff) »Seele« ist (s. 1), muß man sich vor harter terminologischer Grenzziehung hüten. Wir begnügen uns mit einer Besinnung auf das historische Werden einer anthropologischen Dreiteilung (Leib; Seele; G.; vgl. →Anthropologie: III, 1d), der gegenüber eine Zweiteilung (später vorwiegend in der Gruppierung Leib; Seele/G.) bis heute lebendig blieb. Nach Vorformen bei → Plato und → Aristoteles findet sich die erste echte (zugleich kosmisch und anthropologisch gefaßte) Dreiteilung bei Xenokrates (339-314), dem zweiten Leiter der Akademie (νοῦς, ψυχή, σῶμα). Da auch die ψυχή (im Vorgang eines »zweiten Todes«) stirbt, rücken hier → Leib und Seele nahe zusammen und treten dem unsterblichen (zur Wiedergeburt fähigen) G. (νοῦς) gegenüber. Nachhaltige Wirkung gewann die Dreiheit durch die (mittlere) → Stoa, in der freilich terminologische Varianten offenblieben (λόγος und νοῦς für G., πνεῦμα und ψυχή für Seele); auch hier stehen Leib und Seele eng beisammen (die Seele ist materiell und dehnt sich in einer κρᾶσις δι᾽ὅλων durch den ganzen Körper aus; vgl. noch 1Kor 15, 44: σῶμα ψυχικόν gegenüber

σῶμα πνευματικόν, wobei πνεῦμα jetzt G. bedeutet) und treten dem G. (als Teil der Weltvernunft) gegenüber, der erst den Menschen vom Tier scheidet und ihn zu einem sittlich verantwortlichen, sprachbegabten Wesen macht. Daß dann im christlich bestimmten Sprachbereich »Seele« (oft austauschbar mit G.) und »Leib« auseinanderrückten, scheint nicht zuletzt die Wirkung biblischer Formulierungen wie Mt 10, 28 zu sein (daneben ist auch die G. und Seele sondernde Dreiteilung biblisch: 1Thess 5, 23).

3. Historisches Wachstum und Bedeutungsweite des Wortes G., dazu die Unbestimmtheit seiner Grenze gegenüber »Seele«, verbieten es, ähnliche oder ähnlich scheinende Begriffe außerchristlicher Kulturen unbedacht mit »G.« zu identifizieren und zu übersetzen. Denn hier fehlen die Lebenszusammenhänge, in denen hebräische, griechische und lateinische Wörter mit Entsprechungen in abendländischen Sprachen verbunden sind. Solche Begriffe gibt es überall in der Welt. Sie sind zunächst monographisch zu klären (wie das zB wiederholt für den ägyptischen Ka geschah: zuletzt U.Schweitzer, Das Wesen des Ka im Diesseits und Jenseits der alten Ägypter, 1956) und bleiben ihrer Eigenbegrifflichkeit wegen in der Regel am besten unübersetzt. Wichtig ist festzustellen, ob und wie sie von ihren tragenden Völkern selbst in andere Sprachen oder eigene jüngere Sprachstufen übersetzt worden sind; in günstigen Fällen kann man alte Übertragungen in die klassischen Sprachen finden und damit Anschluß an unsere Terminologie suchen. Daß man aber auch dabei Treffsicherheit nicht immer erwarten darf, zeigt das Beispiel des ägyptischen Ka (→ Ägypten: II): Das Wort wird im (jungen) Demotischen durch *š'j* »Schicksal« wiedergegeben, dieses wiederum mit ἀγαθὸς δαίμων ins Griechische übersetzt. Aber weder ist *š'j* an sich schon ἀγαθὸς δαίμων noch gar Ka nach den reichen Selbstzeugnissen ägyptischer Texte mit *š'j* »Schicksal« in der Wurzel erfaßt oder sachlich erschöpft (Schweitzer, aaO 19; Material in ZÄS 49, 1911, 126f). Näher ins Zentrum trifft die Entsprechung von Ka mit Personalsuffix im ägyptischen und bloßem Pronomen (αὐτός) im griechischen Text des Dekretes von Kanopus (34). – In Ägypten kommen neben dem Ka (Zeugungskraft, Lebensprinzip usw) vor allem Ba (etwa »Seele«; von Horapollon [I, 7] mit ψυχή treffend wiedergegeben) und Ach (vorzugsweise »seliger Verstorbener«, daneben »niedere Gottheit«) in Betracht. Sie decken alle ein Stück des deutschen G., umgreifen aber (Ka) zT auch wieder mehr. In Indien existiert ein umfassender Begriff für G. nicht (→ Âtman ist »Seele«, »Selbst«; wie hebr. næpæš auch als Reflexivum gebraucht!); es gibt aber eine Anzahl differenzierter anthropologischer Termini, darunter die »Atemkräfte« (prâṇa) als Lebensprinzip. In China wird das (schon früh bezeugte und noch gebräuchliche) Wort für G. aus zwei bedeutungsverwandten Worten komponiert: tsing (etwa »Feinststoff«, ein amorphes materielles Prinzip) und shen (»G.«; zunächst ein nichtmenschliches, unsichtbares Wesen, dann aber auch anthropologische Potenz). Daneben stehen eigene Begriffe für »Gespenst« (kuei), »Hauchseele« (hun; »sterben« = »hun-Seele abschneiden«), »Körperseele« (p'oh), »Kraft« (ling; im Sinne von → Mana gebraucht) u.a.m. (→ China: II, 1c). Begriffe der schriftlosen Völker endlich, wie (melanesisch) Mana und (indianisch) Orenda, streifen wohl das weite Bedeutungsfeld von G., decken es aber keinesfalls und bekräftigen unsere Warnung vor unbedachter Harmonisierung.

H.Kees, Totenglauben u. Jenseitsvorstellungen der alten Ägypter, (1926) 1956² – RGG³ II, 938ff (Lit.) – Trübners Dt. WB, hg.v. A. Götze, III, 1939, 68ff – R.B.Onians, The Origins of European Thought about the Body, the Mind, the Soul, the World, Time and Fate. New Interpretations of Greek, Roman and Kindred Evidence, also of Some Basic Jewish and Christian Beliefs, Cambridge 1951 – E.Frauwallner, Gesch. der indischen Philosophie I, 1953 – Å.Hultkrantz, Conceptions of the Soul among North American Indians (Diss. Stockholm), 1953 (Lit.) – ThW VI, 333ff (πνεῦμα im Griechischen).

S.Morenz

II. Geist und Geistesgaben im AT

Das hebräische Wort rûªḥ, das wir mit G. übersetzen, kommt 378mal im AT vor, und zwar als Bezeichnung anscheinend ziemlich verschiedener Begriffe. Die Grundbedeutung ist Wind, bewegte Luft, Hauch (so auch Gen 1, 2; Galling). Der G. wird also wie zB im Griechischen (πνεῦμα) und Lateinischen (anima) auch im Hebräischen ursprünglich nach dem Hauch benannt. Als Wind ist rûªḥ auch die Luft, die eingeatmet wird, der Odem, ohne den es kein Leben geben kann. Im AT ist der G. oder Odem indessen nicht wie in der griechischen Philosophie (→ Geist: VII) als ein höheres, ewiges Prinzip zu verstehen. Der lebendig machende G. gehört auch der Tierwelt (Gen 6, 17). Hier ist rûªḥ mit næpæš (meist mit »Seele« übersetzt) fast synonym. Als eine Regel gilt, daß die verschiedenen Funktionen des menschlichen Seins im AT begriffsmäßig nicht streng unterschieden werden. Die trichotomische Formel G., Seele und Leib ist hier nicht verwendbar.

Als Lebensprinzip ist die rûªḥ ihrem Körper nicht inhärent, sondern Gottes Eigentum. Die Geschöpfe leben von ihr, sterben aber, wenn Gott sie entzieht (Ps 104, 29f; Hi 34, 14f). Als anthropologischer und psychologischer Terminus bezeichnet rûªḥ viel eher etwas Dynamisches als etwas Konkretes. Der Lebens-G. der Geschöpfe wird nicht als ein Stoff, sondern als eine Kraftwirkung Gottes verstanden (Ez 37, 5. 6. 9; Gen 6, 17; 7, 15. 22). Als eine von Gott ausgehende Kraft oder Eingebung macht sich der G. in Erscheinungen kenntlich, die eine Erhöhung der natürlichen Lebenskraft bedeuten. Menschen werden vom G. überfallen und zu außerordentlichen Leistungen befähigt. Dieser charismatische G. ist ein konstituierender Faktor der Jahwereligion und tritt in vielfältiger Gestalt hervor: als kriegerische und prophetische Inspiration, aber auch als Eingebung der Sänger und der Weisen. Eine gewisse Spannung zwischen → Amt (: I) und charismatischer Vollmacht charakterisiert das alte Israel, obwohl wir nicht imstande sind, dieses Spannungsverhältnis im einzelnen zu verfolgen. Da sowohl Amt wie Charisma legitime Repräsentanten von Jahwes Gegenwart und Macht waren, war eine Verabsolutierung der einen oder der anderen in Israel verwehrt. – Von den verschiedenen nationalen Befreiergestalten wird im alten Israel erzählt, daß sie vom G. Jahwes erfaßt und mit Kraft zu Heldentaten ausgerüstet wurden (Ri 3, 10; 6, 34; 13, 25; 14, 6. 19; 15, 14; → Richterbuch). In ähnlicher Weise wird → Saul zu einem anderen Menschen gemacht (1Sam 10, 6). Vom G. Jahwes erfaßt gewinnt er den Befreiungskampf gegen die Philister (1Sam 11, 6). Mit neuer Kraft äußert sich die charismatische Seite des Jahweglaubens bei den → Propheten (: II; vgl. auch → Elisa, 3). Seine eigentliche Stelle als neuschaffende Lebensmacht hat der G. in der prophetischen Heilserwartung gefunden. Der messianische König wird als bevorzugter G.esträger geschildert (Jes 11, 1ff). Die Wirkung des G.es tritt bei ihm nicht in besonderen Ereignissen auf, sondern als dauernder G.besitz, ein sittlicher und religiöser Charakter. Auch der → Knecht Jahwes bei Dtjes hat an Gottes G. Anteil (Jes 42, 1ff). Als G.esträger wird er das Gottesrecht zu den Völkern tragen. Aber nicht nur die charismatischen Heilsgestalten, sondern das ganze Volk wird an Gottes G. Anteil bekommen und durch ihn erneuert werden (Jes 44, 3; Ez 36, 27; vgl. auch Jes 63, 14; Sach 4, 6; Neh 9, 20).

Auch außerhalb der Prophetie ist das Charismatische dem nachexilischen Israel nicht fremd. Das chronistische Geschichtswerk (→ Chronikbücher) läßt erkennen, daß das Levitentum (→ Levi) eine Inspiration durch Jahwes G. für sich in Anspruch nahm (2Chr 20, 14). Bes. wichtig ist 1Chr 25, 1, wo der Chronist den Tempelsängerdienst als eine Betätigung des prophetischen Gottes-G.es betrachtet (Johnson). Die → Priesterschrift redet von dem G. der Weisheit, mit dem Jahwe die Erbauer der Stiftshütte erfüllt hat (Ex 28, 3; 31, 3). – Damit hängt zusammen, daß auch die Weisen als Pneumatiker angesehen werden. Die → Weisheit wird als eine charismatische Begnadigung verstanden (1Kön 3, 28). Die weisheitliche Wahrheit wird von Elihu als eine »Einhauchung Schaddajs« bezeichnet (Hi 32, 8), und Eliphas beruft sich auf göttliche Inspirationen (Hi 4, 12ff). Bei den Aussagen der Weisheit über die Weltschöpfung ist später sogar die Weisheit an die Stelle des G.es getreten (Weish 1, 6; 7, 22; 12, 1).

Auch der israelitischen Rechtsprechung (→ Gerichtsverfassung in Israel) ist eine charismatische Vollmacht eigen, was eine Stabilisierung und Verobjektivierung des Rechts verhindert hat.

Das AT kennt auch den *bösen* G. Als Jahwes G. von Saul weicht, wird er von einem bösen G. gequält. Obwohl nicht Gottes G., ist auch dieser von Jahwe gesandt. Jesaja spricht von einem G. »des Tiefschlafs«, den Jahwe über das Volk ausgegossen hat (29, 10). In ähnlicher Weise kann der prophetische G. als ein Lügen-G. auftreten, der zur Bosheit verführt (1Kön 22, 21ff). Gott verfügt auch über den G. des Bösen, der im Dienst seines Zornes steht. Diese Stellen verwehren es, Jahwe dämonistische Züge zuzuschreiben. Die Exklusivität des at. Gottesglaubens (→ Gott: II) steht einfach unter dem Zwang, auch das Böse in letzter Instanz auf Jahwe als den einzigen Gott zurückzuführen. Diese böse G.esmacht, die dem strafenden Gott unterstellt ist, hat später in der Gestalt Satans (→ Teufel: II) eine selbständigere Funktion und sogar ihre eigene Personifikation bekommen: eine zwar subordinierte, aber während dieser Weltzeit doch selbständig wirkende Größe. Hinter der Satansvorstellung liegt eine immer stärkere Ethisierung und Transzendierung des Wesens Gottes, die nicht erlaubt, Gott als Urheber des Bösen zu betrachten.

Vgl. außer den at. Theologien: J. KÖBERLE, Natur u. G. nach der Auffassung des AT, 1901 – P. VOLZ, Der G. Gottes u. die verwandten Erscheinungen im AT u. im anschließenden Judentum, 1910 – P. VAN IMSCHOOT, L'action de l'esprit de Jahvé dans l'AT (RSPhTh 23, 1934, 553–587) – DERS., L'esprit de Jahvé, source de vie, dans l'AT (RB 44, 1935, 481–501) – DERS., Sagesse et esprit dans l'AT (RB 47, 1938, 23–49) – A.R. JOHNSON, The cultic prophet in the Ancient Israel, Cardiff 1944 – H.W. ROBINSON, Inspiration and Revelation in the OT, Oxford 1946 – ROB. KOCH, G. u. Messias. Beitr. z. bibl. TheolAT, Wien 1950 – K. GALLING, Der Charakter der Chaosschilderung in Gen 1, 2 (ZThK 47, 1950, 145–157).

G. Gerleman

III. Geist und Geistesgaben im Judentum

Wie im AT (→ Geist: II) hat rûaḥ auch im nachbiblischen Schrifttum einen umfassenden Bedeutungsbereich: Wind, Engel, verstorbener Mensch. Wichtiger ist, daß der G. wie im AT als das Gott gehörige Lebensprinzip verstanden wird, das von Gott eingehaucht oder ausgeliehen wird (Weish 15, 11. 16). Ziemlich früh hat sich eine dualistische Anthropologie herausgebildet, die zwischen → Fleisch und Geist (: I) scharf unterscheidet und dem G. Unsterblichkeit (Jub 23, 26–31; äthHen 39, 4ff), später (2. Jh. nChr) auch Präexistenz zuschreibt.

Als Gottes Besitz wirkt der G. in vielfältiger Weise. Er offenbart sich als ein G. der Weisheit und kann sogar mit der → Weisheit identifiziert werden (Weish 7, 22ff). Vor allem aber ist er nach rabbinischer Anschauung ein G. der Prophetie. Nicht nur die Propheten, sondern auch die anderen at. Gestalten haben unter Einfluß eines prophetischen Charisma gehandelt und geredet. – Die G.esbegnadigung ist ein Hauptkennzeichen der erwarteten Heilszeit. Im Besonderen wird der G. auf dem ersehnten Hersteller des kommenden Friedensreiches ruhen, dem → Messias (: II). Stärke, Weisheit und Macht gehören zur G.esausrüstung des Messias (PsSal 17, 37; TestLev 18). Auch der → Menschensohn (: I) verdankt dem G. seine übernatürliche Ausrüstung (äthHen 49, 3; 62, 2). Ebensowenig wie im AT ist aber im Judentum der G. den charismatischen Heilsgestalten vorbehalten, sondern wird als gegenwärtig wirksame Lebensmacht in der Gemeinde eine große Rolle spielen. Er wird den Willen des Menschen verwandeln und zur sittlichen Erkenntnis führen (Test XII; Philo). Der Rabbinismus hat die G.esbegabung vor allem als den Lohn eines gerechten Lebens verstanden, nicht als Ursache, obwohl der G. natürlich den Menschen zu einem fortgesetzten frommen Leben inspiriert.

Daß Gottes G. nicht nur ein Charisma des Außerordentlichen, sondern auch das des ethisch Guten ist, hat im Judentum zu einem sittlichen → Dualismus (: II, 2) geführt. In den Schriften von → Qumran und ihnen verwandten Texten findet sich die Vorstellung von den zwei Geistern, die um den Menschen kämpfen. Dem G. des Lichtes oder der Erkenntnis steht der G. der Finsternis (1QS III, 18f; IV, 23ff; Dam 5, 18) gegenüber. Beide Geister sind von Gott geschaffen (1QS III, 25; Test XII). Der Dualismus ist also nicht absolut, nur relativ. Auch die bösen → Geister (: II) sind gewissermaßen im Weltregiment Gottes eingeordnet, und zwar als von Gott beauftragte Vollstrecker der göttlichen Strafe (Jub 10, 7–11).

J. ABELSON, The Immanence of God in Rabbinical Lit., London 1912 – BOUSSET, Rel. – H. PARZEN, The Ruach hakadosch in Tannaitic Literature (JQR 20, 1929/30, 51–76) – S. MOWINCKEL, Die Vorstellungen des Spätjudentums vom Hl. G. als Fürsprecher u. der johann. Paraklet (ZAW 32, 1933, 97–130) – P. VOLZ, Die Eschatologie der jüd. Gemeinde im nt. Zeitalter nach den Quellen der rabbin., apokalypt. u. apokryphen Lit. dargestellt, 1934 – J. BONSIRVEN, Le Judaïsme palestinien au temps de Jésus-Christ I, Paris 1934 – A. LAURENTIN, Le Pneuma dans la Doctrine de Philon (AnLov II, 24), 1951.

G. Gerleman

IV. Geist und Geistesgaben im NT

1. Grundanschauungen – 2. Der G. nach Paulus – 3. Die Charismen – 4. Der G. nach Lukas – 5. Der G. nach Johannes

1. Auch im NT meint G. zuweilen den Lufthauch, den Engel oder Dämon, das Gespenst, den Abgeschiedenen, die Lebenskraft oder Seele, den Sinn und das Selbst des Menschen nach Wollen und Bewußtsein, zumeist jedoch den G. Gottes, der als heilig vom G. des Menschen schroff unterschieden wird. Da die Bibel Gott konstitutiv als Mächtigen sieht, ist im NT G. Offenbarung seiner sich schenkenden, aber nicht verfügbaren Macht. Nur 1Kor 2, 11 ist G. griechisch das Selbstbewußtsein. Die darauf ruhende idealistische Interpretation zerschlug → Gunkel, der die Gemeindefrömmigkeit ihrer Umwelt einordnete und so G. als Kraft des Wunders und der Ekstase bestimmte. Animistische und dynamistische Anschauung ergänzen sich, ohne daß saubere Scheidung der Traditionen möglich wäre. Personalität im Sinne der Trinitätslehre schreibt das NT dem G. nirgends zu, auch nicht in den triadischen Formeln Mt 28, 19; 2Kor 13, 13; 1Petr 1, 2 u.a., in denen er Medium göttlichen Handelns ist. At.-jüdische Tradition spricht von den 7 Geistern Gottes (Apk 1, 4 u.ö.), vom G. bestimmter Eigenschaften und Vorgänge (zB 2Tim 1, 7; Röm 11, 8) und erblickt im G. bes. die Kraft der Prophetie (zB Apk 19, 10;

Mk 13, 11) und des Martyriums (1Petr 4, 14). Diese Kraft erfüllt zumal den → Gottesdienst (1Kor 12ff), äußert sich in Inspiration der → Liturgie und übt mit der oratio infusa Interzession für die, welche anders nicht angemessen beten würden (Röm 8, 26). Lästerung des G.es ist unvergebbar, weil der im irdischen Jesus noch verborgene Gott in der Gemeinde und ihrer Mission so offenkundig handelt (Mk 3, 29 par). - Die hellenistische Gemeinde betont stärker, daß die Kraft des G.es in Doxa, also himmlischer Lichtsubstanz, ihr Substrat hat und deshalb menschliche Natur zu affizieren vermag. So ist Pneuma der Stoff des Auferstehungsleibes (1Kor 15, 35ff), Gegenstand und Gabe der Abendmahlselemente (1Kor 10, 3ff). Die Gnostiker von 1Kor 15 rühmen sich wie die von 2Tim 2, 18 bereits real erfahrener Auferstehung in der Taufe und feiern so die Eucharistie als Mahl der Seligen (1Kor 11, 17ff), während Paulus vom unangemessenen Abendmahlsempfang leibliche Schädigung und Tod ableitet (1Kor 11, 30) und die → Taufe (: II) in den Christusleib eingliedern läßt. Mk 5, 28ff; 6, 56; Apg 5, 15; 19, 12 erzählen von Übertragung heilender Kraft, offensichtlich des G.es, und leiblich wird der G. auch bei der Taufe Jesu und zu Pfingsten sichtbar. Es kennzeichnet freilich das NT, daß der magische Naturalismus im allgemeinen verdrängt ist. 1Petr 3, 21 protestiert sogar gegen ein derartiges Verständnis der Taufe. Auch bei den relativ seltenen Ausnahmen geht es letztlich darum, den G. als jene Macht zu zeichnen, die total den Menschen ergreift und so Existenzwandlung bewirkt. Als G. wird diese Macht bezeichnet, sofern sie auf den Menschen bezogen, ihm erfahrbar und mindestens als für ihn bedeutsam verständlich wird. In seinem stets mitgegebenen Herrschaftsanspruch auf den Menschen liegt denn auch die Möglichkeit, ihn wie im AT als Träger göttlicher Offenbarung im Wort, als Anrede zu begreifen. Von da aus muß dann jede mystische Deutung ebenso wie die liberalistische Psychologie abgewiesen werden, welche den G. eine Gesinnung oder die Kraft der Innerlichkeit sein läßt.

Merkmal der urchristlichen Anschauung ist, daß der G. als eschatologische Gabe gilt (Hebr 6, 4f), mit welcher die ganze Gemeinde und jedes ihrer Glieder gesegnet ist (Mk 1, 8; Apg 2, 17ff; Röm 8; → Eschatologie: IV, 4). Seine Ausgießung vergewissert des Anbruchs der Endzeit, wie er Unterpfand, Angeld und Siegel der Vollendung ist (Röm 8, 23; 2Kor 1, 22; 5, 5; Eph 1, 13; 4, 30). Sinnvoll wird durch seinen Empfang so auch die eschatologische Neuschöpfung des einzelnen Christenlebens begründet (Joh 3, 5; Tit 3, 5), da dieser durchweg mit der Taufe verbunden ist. Daraus sollte folgen, daß der G. das ganze Christenleben regiert. Doch hat man sich vor Paulus weder letztlich von enthusiastischer Anschauung zu lösen noch die Frage der Anthropologie zu durchdenken vermocht. Es kommt darum nicht zum Ausgleich der beiden Ansichten, daß zwar die Gemeinde und jeder Christ den G. besitze, dieser Besitz sich jedoch vorzugsweise in den Versammlungen und durch Wundertäter, Propheten, Bekenner äußere. So treten von Anfang an besondere Pneumatiker aus der übrigen Gemeinde heraus. In ihren Händen liegt außerhalb Jerusalems, wo sich früh ein Presbyterium gebildet haben dürfte, weithin die Gestaltung des Gottesdienstes, die Gemeindeleitung, die Pflege der Tradition und wohl auch die Entwicklung eines Absolution und Fluch umfassenden charismatischen Rechtes.

Theologisch nicht durchreflektiert ist zunächst auch das Verhältnis der G.lehre zur Christologie. Zweifellos hat →Jesus sich als G.träger verstanden, mit dessen Dämonenaustreibungen die Gottesherrschaft anbricht (Mt 12, 28 par). Um so mehr fällt auf, daß mindestens Markus und Matthäus ihn zwar als Gottesmann, aber nur selten als Pneumatiker schildern. Die Erfahrung des Erhöhten als Geber des G.es überschattet offenbar ebenso wie der Messiasglaube das Bild des irdischen Jesus. Umgekehrt wird Prophetie im Namen des Erhöhten in Jesu Leben zurückgetragen. Das Problem erwächst, seit wann Jesus den G. besessen habe. Antwortet älteste Tradition wie in Röm 1, 4 mit dem Blick auf die Inthronisation, so ist schon vor Markus die Taufe als G.verleihung verstanden und bei Matthäus und Lukas unter hellenistischem Einfluß die Zeugung Jesu auf die Kraft des G.es zurückgeführt (→ Jungfrauengeburt: II).

Ungeklärt behauptet sich endlich die Anschauung, daß → Wunder (: IV) und G.esgaben göttliche Legitimation darstellen (zB Hebr 2, 4), neben dem Wissen um die Realität dämonischen und antichristlichen G.es. - Die jüdische Lehre von der Inspiration der Schrift wird auch darin übernommen, daß die Schrift streng eschatologisch und als Verheißung des Messias gedeutet wird (zB 1Kor 10, 11).

2. Die Auseinandersetzung mit dem Schwärmertum drängt *Paulus* zur systematischen Lösung der offenen Fragen, die im Zeichen der entschlossen christologischen Orientierung der G.lehre steht. Die Gabe, die als solche G. Gottes bleibt (zB 1Kor 2, 10ff), ist nicht als unpersönliche Kraft vom Geber ablösbar, sondern gibt diesen selbst. 2Kor 3, 17 mag Erläuterung des Zitates in V. 16 und nicht Identitätsaussage sein. Doch laufen die Wendungen »im G.« und »in Christus« bzw. »der G. und Christus in uns« parallel, wird vom G. Christi (Röm 8, 9), des Sohnes (Gal 4, 6), des Herrn (2Kor 3, 18), vom Sinn Christi (1Kor 2, 16) gesprochen. Nach 1Kor 10, 4 ist Christus der geistliche Felsen. Ihn übereignet das Sakrament mit dem G., so daß man ihn anzieht und er fortan in uns lebt (Röm 8, 10; Gal 2, 20), wie die → Auferstehung (: V) Ebenbildlichkeit mit ihm schenkt (1Kor 15, 49; Phil 3, 21). Denn Christus ist nach 1Kor 15, 45 selber lebendigmachender G. Das heißt, daß der G. die irdische praesentia des erhöhten Herrn ist. Im G. manifestiert sich genauer der Auferstandene mit seiner Auferstehungsmacht, die mehr ist als nur Kraft der Ekstase und des Wunders, nämlich nach der Welt greift und die neue Schöpfung heraufführt. So gliedert der G. in den weltweiten Christusleib ein, ist er selber die Einheit des aus den Trägern der G.esgaben sich zusammensetzenden Leibes (1Kor 12) und wirkt schließlich Totenauferstehung. Die Doppelung präsentischer und futurischer → Eschatologie (: IV, 5) bei Paulus wurzelt darin, daß der G. hier die Macht des Angriffes der Gnade auf die Welt ist, die bereits jetzt ewiges Leben schenkt (Röm 5-8) und deren Ziel doch bleibt, daß alles Christus untertan werde (1Kor 15, 28). Anthropologisch folgt daraus die Spannung zwischen Indikativ und Imperativ in der paulinischen Paränese. Von hier aus erklärt sich auch das merkwürdige, jeder idealistischen Interpretation widersprechende Faktum, daß der G. nach Paulus sich in der Eucharistie mit leiblicher Realität und bei Verachtung mit leiblicher Bedrohung gibt, daß die Taufe als G.verleihung uns mit dem Leibe in den keineswegs bildlich verstandenen Christusleib eingliedert, nur so neue Existenz und jenes in der Hingabe unserer Leiber bestehende pneumatische Opfer (Röm 12, 1f) begründet, daß unser Leib wie der Christi Tempel des G.es heißt (1Kor 3, 16; 6, 19) und das Werk des G.es sich in der Auferstehungsleiblichkeit vollendet, die, durchaus substanzhaft vorgestellt, ihr Merkmal doch in der Freiheit von der Anfechtung hat (Röm 8, 23). Nur im Bereich der Leiblichkeit gibt es echte Kommunikation, sei es unter einer Herrschaft oder im Dienst der Liebe, darum auch nur dort wirkliche Anfechtung, Bewährung und Überwindung.

In unserm Leibe bemächtigt sich der zum Kosmokrator bestimmte Herr unserer ungeteilten Existenz und jenes Stückes Welt, das wir selber sind. Weil er sich nicht mit Innerlichkeit zufriedengibt, kann man nicht ihm und der Hure zugleich anhangen (1Kor 6, 13ff). Weil er die Welt will, schafft er die neue Schöpfung des Christusleibes, die Welt im Zeichen der Auferstehungsmacht des G.es ist. Paulinischer Realismus sagt, daß G. sich nur im Leiblichen verwirklicht und sein Trachten (Röm 8, 6) auf die Unterwerfung der Welt geht. Die paulinische Anthropologie ist deshalb die Tiefendimension der paulinischen Kosmologie und Eschatologie. → Fleisch und Geist (: II) sind nach Gal 5, 17 ja weltbewegende Mächte. Ihre Antithese entspricht darum der von → Geist und Buchstabe, Gnade und Gesetz, neuem und altem Bund, Freiheit und Knechtschaft (2Kor 3; Gal 4, 23ff). Der Dualismus stellt heraus, daß Existenz durch den jeweiligen Herrn bestimmt wird und jeder in die Äonenwende hineingerufen ist, welche den Herrschaftswechsel zwischen G. der Welt (1Kor 2, 12) und Christus markiert. Ist der Mensch in seiner Weltverfallenheit Fleisch, so geht der G. in ihn ein, um ihn radikal sich selbst und der Welt, der eigenen Gerechtigkeit und Weisheit, der Furcht und dem Eigenruhm zu entziehen und ihn auf das extra nos der → Gnade (: III), unter seinen wahren Herrn und damit in die wiederhergestellte Kindschaft als → Freiheit (: I) von Sünde, Gesetz, Tod und Angst, in Freude, Frieden und Leben zu stellen (Röm 8; 14, 17). Weil die Gabe des G.es in Wirklichkeit einzig der Herr ist, steht Christenleben unter der Norm des G.es (Röm 8, 13f; Gal 5, 25), vollzieht es sich im Gehorsam (Röm 7, 6) und in der Liebe als der Erfüllung des Willens Gottes (Röm 8, 4; 13, 10) bzw. des geistlichen Gesetzes (Röm 7, 14). Weil umgekehrt der Herr die Gabe ist, lebt und überwindet der Christ aus der Liebe Gottes (Röm 5, 5; 8, 31ff). – Nicht prinzipiell geklärt ist das Verhältnis von G. und Wort, was wohl mit der engen Beziehung von G. und Leiblichkeit zusammenhängt. Die Macht des Auferstandenen ist zwar nicht wie die der Götzen stumm (1Kor 12, 2), sondern bezeugt sich für den Glauben (Gal 3, 2. 5. 14), schenkt Offenbarung (1Kor 2, 10ff) und bestimmt dadurch die Art des Glaubens (2Kor 4, 13). So redet der G. aus der Schrift und macht sie zur Verheißung (Gal 3, 14), wie in 2Kor 3 die Offenbarung des G.es mit der des Evangeliums identifiziert und der des Gesetzes entgegengestellt wird, das, als verfügbare und zur Leistung aufrufende Tradition mißverstanden, tötender Buchstabe ist. Doch wird damit mehr das Sein im G. als ständiges Offensein für Gottes Willen charakterisiert. Man hat diesen nicht konservierbar und sicher, sondern gefährdet (1Kor 10, 5ff), darum nur in der Beschneidung des Herzens (Röm 2, 29; 7, 6), also im Glauben als Angewiesensein auf den sich offenbarenden Gott.

3. Nicht nur jüdischem Traditionalismus und Nomismus, sondern auch hellenistischem Enthusiasmus gegenüber muß die G.lehre abgeschirmt werden. Auch dieser wiegt sich in Sicherheit, sofern er G. als unverlierbaren habitus, die G.esgaben mirakelhaft und als Ausweis des Göttlichen versteht. Die Gemeinde wird nun zum Schauplatz übernatürlicher Kräfte und Begabungen, die Gehorsam und Liebe ersticken. Durch Paulus wird das Problem der G.esgaben grundsätzlich entdeckt. Er beantwortet es, indem er den wohl in der Diasporasynagoge gelegentlich, aber unterminologisch gebrauchten Begriff *Charisma* in die theologische Sprache einführt und damit die herrschende Anschauung von den G.esgaben zu verdrängen sucht. Auch für ihn ist Charisma noch Gabe und Kraft des neuen Äons, aber nicht mehr in Beschränkung auf den Bereich der Ekstase und des Mirakels. Es ist vielmehr die Individuation, der spezifische Anteil der jedem Christen mit der Taufe gegebenen Gnade und, da Gabe stets verpflichtet, der G. lebendig macht, Christus Gehorsam begründet, zugleich spezifischer Anteil an der Diakonie (1Kor 12, 4ff). Die Charismenlehre des Paulus verkündet das allgemeine Priestertum aller Gläubigen in der nova oboedientia, wie die Bindung des G.es an das Wort den Glauben für die Zukunft Gottes freihält und in die Anfechtung als Stätte der Bewährung stellt. Jeder Christ hat wie den G. (Röm 8, 9) so auch sein besonderes Charisma, und zwar als seine konkrete → Berufung (1Kor 7, 7. 17). Wo so Uniformität, Neid und Überheblichkeit fallen, ist gegenseitiger Dienst in der Liebe als der inneren (1Kor 13; Kol 3, 14) und dem Christusleib als der äußeren Einheit der Charismen (1Kor 12, 12ff) möglich. Die in den Charismentafeln Röm 12, 6ff; 1Kor 12, 6ff. 28ff erkennbaren Unterschiede der Bedeutung und Wertschätzung machen doch kein Charisma für den gemeinsamen Zweck der Gemeindeerbauung überflüssig. Mangelnde Gleichheit ermöglicht vielmehr die Bewährung der nach Gal 3, 27ff vorgegebenen Einheit. Umgekehrt gibt es kein Privileg des ministerium verbi divini, das, der ganzen Gemeinde befohlen, von allen Energien des G.es (1Kor 12, 6) und Kräften des Christus mit je ihrem Dienst ausgeübt wird (1Petr 2, 9). Wie Paulus weder → Ordination (: II) noch Presbyterium kennt, so auch nicht das die Institution repräsentierende → Amt (: IV, 3). Selbst der → Apostel steht in der Reihe der Charismatiker, durch seinen Auftrag ausgezeichnet, aber einzig mit der Autorität seines Dienstes begabt. Die ständige Prüfung der Geister bleibt Aufgabe der Gemeinde (1Kor 12, 10; 14, 32). Denn jedes Charisma kann mißbraucht werden und wird es, wenn es nicht allein dem Herrn und der Liebe dient. Es gibt nicht das an und für sich Heilige, wie es umgekehrt nicht das an und für sich Profane gibt (Röm 14). Nicht zufällig folgt in Röm 12 auf die Gemeindefunktionen unter dem Oberbegriff des Charismatischen eine Charakteristik ethischen Verhaltens. In der eschatologischen Gemeinde ist alles durch die Entscheidung für oder gegen Christus qualifiziert. Es gibt nicht mehr das Feld der Neutralität und darum auch nicht mehr den heiligen Bezirk der Antike. Die Omnipotenz und Ubiquität Christi erfüllt in den Charismen die Welt (Eph 4, 7ff). Der Bereich des Charismatischen endet jedoch dort, wo G.esgaben nicht mehr radikal als Möglichkeiten des Dienens vom Angriff der Gnade auf die Welt her verstanden werden. – Die Folgezeit hat diese Anschauung, die ihr Fassungsvermögen und ihre Opferbereitschaft überforderte, nur in den Deuteropaulinen und im 1Petr annähernd festgehalten. In 1Tim 4, 14; 2Tim 1, 6 bezeichnet Charisma bereits die »Amtsgnade« des ordinierten Apostelschülers, bei Lukas fehlt sogar der Begriff, den der Frühkatholizismus erneut enthusiastisch deutet.

4. Heilsgeschichtliche Betrachtungsweise bestimmt wie die ganze Theologie so auch die G.lehre des *Lukas*. In der inspirierten Schrift hat Gottes Ratschluß seinen Plan mit der Geschichte festgelegt, so daß das ursprünglich apokalyptische »es muß geschehen« nun die Notwendigkeit der Schrifterfüllung anzeigt (Lk 22, 37; 24, 44; Apg 1, 16). Unter dem Zwang eines Müssens, in dem sich Gottes Führung bekundet, steht auch das Leben Jesu (zB Lk 2, 49; 4, 43) wie später der Kirche (zB Apg 1, 21; 14, 22). Prophetischer G. oder, häufig bei Lukas damit wechselnd, ein Engel läßt solche Führung erkennen (zB Lk 1, 41ff. 67ff; 10, 21; 12, 12; Apg 8, 29ff; 20, 23; 27, 24) und ihr folgen (zB Apg 13, 4; 16, 6f). Dem entspricht, daß Jesus den G. bleibend besaß (Lk 4, 1. 14. 18; Apg 10, 38) und die Kirche ihn seit Pfingsten besitzt: G. ist hier stets sich selbst bezeugende Macht des göttlichen Heilsplanes. – Damit verbindet sich eine zweite Linie.

Auch Lukas koordiniert grundsätzlich Taufe und G.-empfang. Um so mehr fällt die im NT singuläre Bemerkung Apg 8, 16 auf, daß die Täuflinge des Philippus »nur getauft« waren und den G. erst durch apostolische Handauflegung empfingen. Die → Handauflegung des Paulus vermittelt genauso den Johannesjüngern den G. (Apg 19, 6). Bei der ersten Heidenbekehrung folgt G.-ausgießung der apostolischen Predigt (Apg 10, 44), und die Taufe muß die göttliche Entscheidung irdisch bestätigen. Hierhin gehört endlich, daß nach Apg 8, 13. 18ff → Simon Magus die Vollmacht der G.verleihung durch Handauflegung erkaufen will, obgleich völlig unklar bleibt, was er damit beginnen will. Sinnvoll wird das alles nur, wenn man bei den Lesern der Apg die Anschauung vom G. als der göttlichen Vollmacht voraussetzt, welche Anteil an der Una Sancta gibt, allein in ihr verwaltet und nur von den Aposteln, deren anerkannten Emissären und Nachfolgern gespendet wird. Wird der G. also wie bei Paulus der → Kirche (: II) zugeordnet, so ist diese hier doch Heilsanstalt mit Ämtern, Privilegien und Kompetenzen. Der G. hat sie zu Pfingsten konstituiert, mit weltweitem Missionsauftrag versehen und ist als ihre Vollmacht in sie als seinen heiligen Raum eingegangen. Wer sie betrügt, vergeht sich an ihm und wird von ihm gerichtet (Apg 5). Wie er ihr Amt einsetzt (Apg 20, 28), durch sie kirchenrechtliche Dekrete erläßt (Apg 15, 28), Aufträge erteilt (zB Apg 6, 6; 13, 2), sich an ihre Ordination bindet (ebd), so legitimiert er ihr Zeugnis (Apg 5, 32). Die auffällig vielen Wunder und Ekstasen der Apg dienen eben diesem Zweck: Gott greift immer wieder unmittelbar und mit ungewöhnlichen Vorgängen in die Geschichte seiner Kirche ein und bestätigt sie damit als Organ seines Willens. Umgekehrt sind solche Vorgänge nur in diesem Raum legitimiert, jenseits davon jedoch dämonischer Art. Das Bild rundet sich mit der Erkenntnis, daß die G.lehre des Lukas anders als die des Paulus letztlich weder anthropologische noch christologische Funktion hat. Hier begründet der G. nicht mehr als Auferstehungsmacht den täglichen Wandel des einzelnen Christen. Wenn Lk 11, 13 zur Bitte um ihn anhält, so dürfte er als Träger jener besonderen Eigenschaften des Glaubens, der Weisheit und Freude gelten, von denen Apg 6, 3ff; 11, 24; 13, 52 sprechen. Und indem Jesus den G. den Seinen nur verheißt (Apg 1, 5ff), wird deutlich, daß bei Lukas die Ekklesiologie die Christologie eigenständig fortsetzt: Die Zeit des G.es ist die Zeit der verfaßten und missionierenden Kirche, der G. selber die Kraft der heilsgeschichtlichen Kontinuität und Teleologie.

5. Nur von solcher Entwicklung aus läßt sich auch die *johanneische* Anschauung einordnen. Man vermißt hier zunächst bestimmte Anschauungen: Wird der G.empfang mit der Taufe verbunden (Joh 3, 5; 1Joh 5, 8), so liegt darauf doch kein Ton im Ganzen, in welchem das Wort, nicht das Sakrament den G. als Kraft der Wiedergeburt entbindet. Gar nicht wird der G. auf die zukünftige Auferstehung und darum auch nicht auf die Leiblichkeit bezogen. Wie christliche Ethik nicht von ihm her begründet wird, so spielen auch die G.esgaben oder Charismen keine Rolle. Die Sentenz Joh 3, 34c polemisiert sogar gegen die jüdische Anschauung einer individuell bemessenen G.esgabe. Mindestens direkt wird die G.lehre auch nicht an der ohnehin nicht explizit entfalteten Ekklesiologie orientiert, obgleich der G. der Zeit der Kirche gehört. Denn wenn Jesus ihn auch selber besaß (Joh 1, 33), so spendet ihn doch erst der Verklärte (Joh 7, 39; 20, 22). Die Betonung der Inspiration der Schrift tritt merkwürdig zurück. Eine Bindung des G.es an das Amt wird sogar offensichtlich bestritten: Alle Gläubigen haben die Salbung empfangen (1Joh 2, 20. 27). Die Apostel sind in Joh 20, 22 nur Repräsentanten der Gemeinde, weshalb sie denn auch im Schatten des Lieblingsjüngers stehen. Solche ungewöhnliche Reduktion läßt alles Gewicht darauf fallen, daß der G. die Kraft der christlichen Verkündigung ist. Als himmlisch und wunderwirkend kennzeichnen sie die radikalem Dualismus entnommenen Sentenzen Joh 3, 6; 6, 63 mit ihrer Antithese von G. und Fleisch als dem Göttlichen und dem nur Irdischen. Das dem Irdischen unmögliche Wunder, Wiedergeburt und Glauben und damit ewiges Leben zu schaffen, wirkt der G. durch das Offenbarungswort. Als G. der Wahrheit (Joh 14, 17; 15, 26; 16, 13; 1Joh 4, 6) führt er in alle Wahrheit (Joh 16, 13) und ist sie selbst (1Joh 4, 6), weil sie die himmlische Wirklichkeit ist, welche die im irdischen Trug Verstrickten befreit (Joh 8, 32). Der geistliche Gottesdienst muß nach Joh 4, 23 dieser Wirklichkeit entsprechen: Er hat sich statt an irgendeinem Kult allein an der eschatologischen Offenbarung des Wortes zu orientieren. Dieses Wort ist nicht durch Menschen gesetzt und ihnen verfügbar. Man kann es nicht wie die Juden in der Lehre der Väter, also in religiöser Tradition einschließen und festhalten. Gott ist G. (Joh 4, 24), dh Kommunikation mit ihm gibt es nur durch seine wunderbare und eschatologische Selbstmitteilung, die nach Joh 16, 8ff stets zugleich Welt und Menschen richtet. Als Zeugnis, in dem Gott sich selbst bezeugt (1Joh 5, 6ff), schafft allein der G. die eigene Erkenntnis (1Joh 3, 24; 4, 13) und die Fähigkeit, die Geister zu unterscheiden (1Joh 4, 1ff), wie es dem Doketismus gegenüber notwendig wird. Verhält es sich jedoch so, dann muß das Problem der Kontinuität christlicher Verkündigung oder, anthropologisch gesprochen, das des Bleibens in der Wahrheit erörtert werden, wie es in den Parakletsprüchen der Abschiedsreden geschieht. Ist umstritten, ob man das Motiv des Parakleten aus der gnostischen Tradition des Helfers oder der jüdischen vom Fürsprecher abzuleiten hat, so sind die vielleicht zT schon übernommenen Aussagen doch in sich klar: Auch die Jünger erfahren wie die Welt und immer neu die Distanz zu ihrem erhöhten Herrn (Joh 13, 33; 16, 16ff). Die Situation des Glaubens ist die Anfechtung, zurückgelassen zu werden. Dem entspricht, daß christliche Lehre grundsätzlich unabgeschlossen bleibt. Man kann die Überwindung der Anfechtung in der konkreten Situation nicht kraft dogmatischer Tradition vorwegnehmen. Man kann auch nicht aus der Tradition der verba ipsissima leben wollen. Jesus muß immer neu präsent werden. Das geschieht im Kommen des Parakleten, der Jesu Botschaft erinnernd aufgreift, nichts anderes verkündigt und Jesus verklärt, wie er von ihm gesandt wird (Joh 14, 16ff. 26; 15, 26; 16, 7-15). Umgekehrt wird es doch nicht Jesus selbst, sondern der andere Paraklet (Joh 14, 16) sein, der auch die von Jesus noch nicht offenbarte Wahrheit erschließt (Joh 16, 12f), sie nämlich in die nie vorwegnehmbare zukünftige Situation hineinsagt. Gedacht wird mit solcher Dialektik offensichtlich an den G. der Prophetie, in welcher der erhöhte Herr sich stets neu bezeugt und christliche Verkündigung sich wie im Evangelium aktualisiert. Darin wird Jesus selber ewig bei den Seinen bleiben (Joh 14, 16. 18). Mit dieser Identifizierung des G.es als der Kraft des im Wort sich selbst bezeugenden Christus hat Johannes sich kritisch vom aufkommenden Frühkatholizismus abgesetzt und das bei Paulus noch offene Problem höchst eigenwillig gelöst.

H. Gunkel, Die Wirkungen des hl. G.es, (1888) 1909³ - F. Büchsel, Der G. Gottes im NT, 1926 - H.v. Baer, Der hl. G. in den Lukasschriften, 1926 - E. Fuchs, Christus u. der G. bei Paulus (UNT 23), 1932 - F. Grau, Der nt. Begriff Charisma, seine Gesch. u. seine Theol. (Diss. Tübingen), 1946 (Masch.) - E. Schweizer, Das Leben des Herrn in der Gemeinde u. in ihren Diensten (AThANT 8), 1946 - ThW VI,

387ff (Lit.) - C.K.Barrett, The Holy Spirit and the Gospel Tradition, London 1947 - H.v.Campenhausen, Kirchliches Amt u. geistl. Vollmacht in den ersten drei Jh.en (BHTh 14), 1953 - Bultmann, NT - H.Conzelmann, Die Mitte der Zeit (BHTh 17), (1954) 1957².

E.Käsemann

V. Heiliger Geist, dogmengeschichtlich

1. Bis zum Konzil von Nicäa - 2. Die Homousie des G.es - 3. Das Filioque - 4. Mittelalter (Westen) - 5. Reformation - 6. Seit der Reformation

1. Der als Wesen Gottes überhaupt verstandene oder auch von Gott (Vater) unterschiedene göttliche G. bezeichnet bei den *Apostolischen Vätern* (→ Altchristliche Literaturgeschichte, 2) oft die göttliche, präexistente Seite Christi (→ Christologie: II, 1b). Dem neben dem Vater und dem Sohn genannten Hl.G. werden von ihnen (wie auch später) bes. gerne zugeschrieben: die Inspiration der Propheten und Apostel, die Erbauung der Gemeinde in ihrer christusförmigen Einheit (→ Kirche: III), zu der die Sakramente ebensosehr wie die Amtsträger, bes. die → Bischöfe, gehören, und die im Martyrium gipfelnde Christusnachfolge (→ Ignatius). Für die → *Apologeten* des 2.Jh.s erschöpft sich Gottes Handeln mit der Welt weitgehend im Hervortreten des auf Christus bezogenen → Logos; darum wissen sie (bes. → Justin) wenig über den Hl.G. (abgesehen etwa von seinem prophetischen Wirken im AT) zu sagen. Gleichwohl bemühen sie sich (→ Apostolikum: I, 2), ihm einen Platz in der göttlichen τρίας zuzuweisen. Dieses Wort findet sich zuerst bei → Theophilus von Antiochia, der mitunter den Hl.G. als die neben dem Logos waltende σοφία (nach Spr 8, 27ff) versteht, also mehr als eine Potenz denn als eine bloße Kraft Gottes (wie → Tatian). In solchen Anschauungen, zu denen noch allerlei Sondervorstellungen wie die von einem weiblichen Hl.G. zB im → Hebräerevangelium kommen, spiegelt sich die noch tastende → Christologie (: II) und → Trinitätslehre (: III) wider, denen gegenüber die Frage nach dem Wesen und dem Wirken des G.es (Pneumatologie) noch kein selbständiges Thema ist. Dieses Stadium ist auch bei → *Irenäus* noch nicht überwunden, der dem G.begriff der → Gnosis gegenüber (einer ins Materielle abgesunkenen und aus ihm wieder zu befreienden G.substanz) das heilsökonomische Wirken des Hl.G.es betont: In den Propheten verbürgt der G. die Einheit beider Testamente; unsern Leib macht er zum Tempel Gottes; der Welt bringt er die eschatologische Erneuerung und Vollendung. Die gleiche ökonomische Betrachtungsweise bei → Hippolyt, der die »Gnade des Hl.G.es« eine τρίτη οἰκονομία nennt, und → Tertullian, der ebenso klar die Trinität wie die Unterordnung des Hl.G.es unter Vater und Sohn ausdrückt, setzt sich deutlich dem Monarchianismus (→ Christologie: II, 2c) entgegen, während im → Montanismus nur ihre extreme Seite erscheint. Die Frage ist, ob der als vollendende Potenz einer göttlichen Selbstentfaltung verstandene Hl.G. mehr hierarchisch, ethisch oder ekstatisch verfügbar gedacht wird. → *Origenes*, der auf die Unsicherheit der bestehenden Lehre hinweist, ordnet den Hl.G. der göttlichen Sphäre zu, weist ihm aber als einem durch den Logos »Gewordenen« (κτίσμα) die niedrigste Stelle in der Trinität zu. Solcher Subordinatianismus läßt in der extremen Form des → Arius und auch bei solchen Origenisten wie → Eusebius von Cäsarea den Hl.G. zum Geschöpf werden. Das → Nicänische Symbol (wie schon früher das sog. Romanum; → Apostolikum: I, 3) geht über die Feststellung des Glaubens an den Hl.G. (und seiner Mitwirkung bei der Inkarnation) nicht hinaus.

2. Auch bei den Nicänern herrscht noch Unsicherheit. → Marcellus von Ancyra behauptet die Gottheit des Hl. G.es auf Kosten seiner hypostatischen Selbständigkeit. Die Angst vor dem hier zutage tretenden Sabellianismus (→ Christologie: II, 2c) und die Unsicherheit der Tradition hält viele davon ab, direkt von der Gottheit oder gar Homousie des Hl.G.es zu sprechen, zB → Cyrill von Jerusalem (der freilich gerade die hypostatische Selbständigkeit des Hl.G.es betont), aber auch das Bekenntnis von → Konstantinopel 381 und → *Basilius d.Gr.*, welcher sich aber der Sache nach mit den beiden Gregor dem → *Athanasius* anschließt, der sich seit ca 359 (Briefe an Serapion) und bes. auf der Synode von Alexandrien (362) zur Homousie des Hl.G.es bekennt (→ Arianischer Streit, 4). Indem auch er dem Hl.G. das gleiche Verhältnis zum Sohn wie diesem zum Vater zuschreibt, will er gerade jede Subordination in der Trinität als unmöglich erweisen. Wäre der Hl.G. ein Geschöpf, so hätten wir keine Gemeinschaft mit Gott, so würde er uns nicht der υἱοποίησις vergewissern. In gleicher Weise zeigen die Kappadozier die Inkonsequenz der Pneumatomachen (Makedonianer) auf, welche die dem Sohn zuerkannte Gottheit dem Hl.G. absprechen. Sein »Ausgehen« (ἐκπόρευσις) *aus* dem Vater *durch* den Sohn (oder seine ἔκπεμψις vom Sohn) ist seine innertrinitarische ἰδιότης (→ Gregor von Nazianz), die ihm eigene Ursprungsrelation (dieser Gesichtspunkt bes. ausgebildet bei → Gregor von Nyssa; → Trinität: III).

3. Das Ausgehen des Hl.G.es vom Vater *und* vom Sohn (processus a Patre Filioque, bei → Epiphanius, → Didymus und → Hilarius von Poitiers annähernd, bei → Ambrosius direkt ausgesprochen) ist zunächst nur ein vereinfachender Ausdruck der bisherigen Anschauung, liegt jedoch der westlichen, eher von der Einheit als von der Dreiheit ausgehenden Sicht der Trinität näher und wird von → *Augustin* spekulativ begründet: er sucht den Hl.G. als gegenseitige »Liebe« des Vaters und des Sohnes oder als beider »Geschenk« zu verstehen. Papst → Leo I., die Synode zu Toledo 446/47 und das → athanasianische Symbol bekennen sich zum »Filioque«, das im Bekenntnis des Westgotenkönigs (→ Spanien) Rekkared (589) dem → Nicaeno-Constantinopolitanum eingefügt wird. Die griechische Kirche aber bleibt mit → Johannes Damaszenus bei der alten Lehre stehen. Streitigkeiten deswegen entstehen erst seit der Zeit → Karls d.Gr., der, von seinen Theologen unterstützt (Libri Carolini; → Alkuin, De processione Spiritus), auf die allgemeine Einfügung des Filioque in das Symbol dringt, wogegen die Päpste, obwohl lehrmäßig einverstanden, bis 1014 ihren Widerstand nicht aufgeben. Seit 867 (→ Photius) aber spielt dieser Punkt eine Rolle im Bruch mit → Byzanz (→ Orthodoxe Kirche: II, → Einigungsbestrebungen: I, 3, → Bessarion). Abgesehen von der hier zutage tretenden verschiedenen Auffassung des Traditionsprinzips haben die vielen Streitschriften auf beiden Seiten das pneumatologische Problem mehr zur Rechtfertigung ihres vorgegebenen Standpunktes benützt (beide Seiten sehen auf ihre Weise die Gottheit des Hl.G.es am besten geschützt) als die damit zusammenhängenden Fragen der Christologie und der Anschauung von → Gott (: V; → Trinität) herausgearbeitet.

4. Während die griechische Gnadentheologie (bes. bei → Cyrill von Alexandrien) mehr am Einwohnen des Hl. G.es in den Gläubigen (»Vergottung«) als an dessen Wirkungen interessiert ist, hat Augustins energisches Reden von der → Gnade Gottes (: IV) ihren Schatten auf die weitere Entwicklung der Pneumatologie im Westen geworfen. Wie Hl.G. als »donum«, das zugleich der Geber ist, außerhalb der immanenten Trinitätslehre von seinen Wirkungen (Gaben) zu unterscheiden sei, bleibt weithin unklar. Das Werk des Hl.G.es in der Kirche, den Sakramenten und im Leben des einzelnen wird in der → *Scholastik* als mitgeteilte, habituelle, eingegossene (infusa),

geschaffene Gnade verstanden. Als → Petrus Lombardus diese (insofern sie der in Liebe tätige Glaube ist [vgl. Gal 5, 6]) mit der ungeschaffenen Gnade, dh dem Hl.G., identifiziert, findet er kaum Anhang. Das Nebeneinander einer »persönlich«-trinitarischen Gotteslehre und einer »dynamistischen« Gnadenlehre kann weder so noch durch die G.spekulationen eines → Joachim von Flore (→ Spiritualen) noch durch die Lehren → Ockhams überwunden werden. Die spätmittelalterliche → Mystik (: VI) versteht den Hl.G. eher als Ziel denn als Voraussetzung der von ihr erstrebten Gottesunmittelbarkeit.

5. Nach → *Luther* aber ist es Gottes persönliche Gegenwart im Hl.G., von der es abhängt, daß Christus wirklich im → Glauben (: IV) gegenwärtig ist. In Gottes Gnade gehören das »äußere Werk« Christi und das »innere Werk« des Hl.G.es so zusammen, daß wir keine Gabe Gottes außerhalb des Glaubens als *der* Gabe des Hl. G.es (in welcher der Geber selbst gegenwärtig ist) zu unserem Heil haben können, daß aber auch kein Walten des Hl.G.es zu erwarten ist als mit der und durch die äußere Vergegenwärtigung Christi im Wort und Sakrament. Darum ist es nichts mit der angeblichen Geistesunmittelbarkeit der »Schwärmer«, die sich unabhängig von den Gnadenmitteln Gott mit einem gesetzlich oder symbolisch mißverstandenen Christus vergegenwärtigen will (→ Täufer, → Müntzer, → Karlstadt, Seb. → Franck, → Schwenckfeld). Ebenso erwächst nach → Calvin (: II, 2. 4. 7) wahrer Glaube mit Früchten der → Heiligung aus der Bezeugung und Wirksamkeit Christi durch den Hl.G., dh aus dem Wort *mit* dem »Zeugnis des Hl.G.es«. So will das reformatorische Denken ausschließen, daß man die Gegenwart Christi und die des Hl.G.es gegeneinander ausspiele. Wie leicht es dennoch dazu kommt, zeigen die unterschiedlichen Standpunkte der Reformatoren in der Lehre vom → Abendmahl (: II, 3), aber auch gewisse Spannungen zB in der Lehre von der → Inspiration (: II) und Autorität der Schrift.

6. In der schon bei → Melanchthon einsetzenden Systematisierung der → Heilsordnung, in den altprot. Streitigkeiten über den → Synergismus usw wird die unüberwundene vorreformatorische Problematik schon deutlicher gesehen. Mit Recht sagt → Quenstedt, daß der Hl.G. von seinen Gaben und Wirkungen ebensosehr zu unterscheiden wie nicht zu trennen sei (Theol. didactopolemica I, 562). Aber was bedeutet es dann, wenn der Hl.G. als eine der »Ursachen« des Heils verstanden wird, dessen verschiedene »munera« und »actiones« (in der »unio mystica« sich vollendend) auch als verschiedene »status hominis« erklärt werden können? Der → Pietismus dringt energisch auf »Früchte des G.es« in der Bekehrung und Heiligung. Doch die Frage bleibt, ob man für »etwas«, das man von Gott bekommen (oder dann auch für Gott leisten) möchte, nun gerade den Hl.G. in Anspruch nehmen muß. Das Verhältnis zwischen dem Hl.G. und den durch ihn zu vermittelnden Wirkungen sowie auch zwischen dem Hl.G. und Christus wird schließlich doch nicht in einem klaren Gegensatz zu dem verstanden, was in der Nachfolge Seb.Francks und Schwenckfelds bei → Weigel, → Böhme, → Angelus Silesius mit der »inneren Erleuchtung des G.es« gemeint ist. Die Antwort auf die Frage, was ein (historisch, symbolisch oder erlebnismäßig-mystisch verstandener) Christus ohne den Hl.G. oder ein (als Gotteskraft, »etwas Göttliches« aufgefaßter) G. ohne Christus dem Menschen sein könnte, gibt schließlich die → Aufklärung, die, Christus moralistisch deutend und den Hl.G. immer mehr als das Vernunftlicht verstehend - wenn nicht eliminierend - und damit den Antitrinitarismus des 16.Jh.s fortsetzend (→ Servet, → Sozini), für die trinitarische Person des Hl.G.es kein Verständnis mehr hat. Nach der Überwindung der Aufklärung durch den → Idealismus (mit seinem tieferen G.begriff) und neuen Vorstößen des Pietismus (→ Erweckungsbewegung, → Methodismus) sucht die neuere Theologie (seit → Schleiermacher) den Hl.G. aus den besonderen Voraussetzungen des »Verkehrs des Christen mit Gott« (W. → Herrmann) zu verstehen. Solange es sich dabei um die Frage handelt, wie die »geschichtliche Voraussetzung unserer Frömmigkeit«, Christus, sich zu unseren allgemeinen menschlichen Voraussetzungen verhalte, muß der Begriff des Hl.G.es, sofern überhaupt verwendet, in einem konkurrierenden Gegenüber zu Christus uns erklären, was den Menschen zum gottgewollten Leben fähig mache. So erscheint der Hl.G. etwa als die dem göttlichen Wesen entsprechende ethische Selbstbestimmung (→ Ritschl), als die »unmittelbare religiöse Produktivität des einzelnen« (→ Troeltsch), als das transzendierende Moment menschlichen Selbstverständnisses (→ Bultmann) oder auch schlicht als die »christliche Erfahrung« (Christian experience), der »lebendige Christus« usw. So kann man sich wohl auf den Hl.G. berufen, aber auch ihn durch jenes angeblich Gemeinte ersetzen oder ihn durch jenes sichern (und so ihn entweder als »mythologischen« Ausdruck für jenes eigentlich Gemeinte oder aber als christliche Gegebenheit verstehen). Die Frage stellt sich, ob zu solchen mannigfachen Wegen, die Erkenntnis des Hl.G.es von der seiner wirklichen oder angeblichen Werke, Manifestationen oder Äquivalente her zu erschließen (und ebenso mannigfaltig die Christologie zu erklären und zu begrenzen), das Unfehlbarkeitsdogma des → Vatikanums eine echte Alternative ist, welche der im Hl.G. geglaubten Selbsterschließung Gottes (K. → Barth) eine gegen alle Geisteswillkür gerichtete Spitze zu geben sucht. Wenn hier die ökumenischen Verhandlungen nicht abbrechen sollen, dann ist das nur im Rahmen einer Pneumatologie möglich, in der die Frage aufgerollt werden muß, was denn die in den christologischen und trinitarischen Dogmen einigen Bekenntnisse getrennt hat. Die Lehre vom Hl.G. muß dann in Entsprechung, nicht in Konkurrenz zur Christologie treten.

Vgl. zum Ganzen: die Lehrbücher der → Dogmengeschichte, → Christologie: II, → Geist und Buchstabe, → Gnade Gottes: IV, → Trinität: III (bes. auch für die Lit.); zum Einzelnen s. → Abaelard. - Textsammlung: S.Tromp, De Spiritu Sancto anima corporis mystici I. II, Rom 1932. - K.A.Kahnis, Die Lehre vom hl.G.e I, 1847 - J.Langen, Die trinitar. Lehrdifferenz zwischen der abendländ. u. der morgenländ. Kirche, 1876 - H.B.Swete, On the History of the Procession of the Holy Spirit, London 1876 - Ders., The Holy Spirit in the Ancient Church, London 1912 - G.Smeaton, The Doctrine of the Holy Spirit, Edinburgh (1882) 1889² - K.F.Noesgen, Gesch. der Lehre vom hl. G.e, 1899 - T.Schermann, Die Gottheit des hl.G.es nach den griech. Vätern des 4.Jh.s (StrThS IV, 4/5), 1901 - DThC II, 1910ff; IV, 1754ff; V, 692ff. 2309ff; XVI, 1030ff. 1254ff (Lit.) - Holl I, 420-467 - S.Hirsch, Die Vorstellung von einem weibl. pneuma hagion (Diss. Berlin), 1926 - RGG² II, 949ff - E. Schott, Fleisch u. G. nach Luthers Lehre, 1928 - H.Watkin-Jones, The Holy Spirit from Arminius to Wesley, London 1929 - LThK III, 1039f; IV, 348ff - H.Bornkamm, Äußerer u. innerer Mensch bei Luther u. den Spiritualisten (Imago Dei, Festschr. G.Krüger, 1932, 85-109) - J.B.Wolf, Commentationes in S.Cyrilli Alexandrini de Spiritu Sancto doctrinam, 1934 - J.Kraus, Gedanken über den Hl.G. bei Johannes Kassian (Zs. f. Aszese u. Mystik 13, 1938, 165-183) - R.Prenter, Spiritus Creator, studier i Luthers theologi, Kopenhagen 1944; dt.: FGLP 10, 6, 1954 - H.Rahner, Erd-G. u. Himmels-G. in der patrist. Lit. (ErJb 13, 1945, 237-276) - G.Verbeke, L'évolution de la doctrine du Pneuma du stoïcisme à S.Augustin. Etude philosophique, 1945 - P.Galtier, Le Saint Esprit en nous d'après les Pères grecs (AnGreg 35), Rom 1946 - G.F.Nuttall, The Holy Spirit in Puritan Faith and Experience, Oxford 1946 - K.D.Schmidt, Luthers Lehre vom Hl.G. (Schrift u. Tradition, Festschr. S.Schöffel, 1950, 145-164) - EC IV, 1862ff; V, 1298f; XI, 1146ff - PW XXI, 1066ff - G.W.H. Lampe, The Seal of the Spirit, London 1951, 97ff - Landgraf I/1, 220ff; IV/1, 13 ff - J.M.Robinson, Das Problem des Hl.G.es bei Wilhelm Herrmann (Diss. Basel), 1952 - T.Rüsch, Die Entstehung der Lehre vom Hl.G. bei Ignatius ..., Theophilus ... u. Irenäus ... (SDGSTh 2), 1952 - Catholicisme III, 1026ff; IV, 482ff. 1279ff - G.S.HENDRY, The Holy Spirit in Christian Theology, Philadelphia o.J. - DSp III, 1579ff - H.DÖRRIES, De spiritu sancto. Der Beitrag des Basilius zum Abschluß des trinitar. Dogmas, 1956 - W.BETZ, Die frühdt. spiritus-Übersetzungen u. die Anfänge des Wortes G. (LuM 1957, H. 20, 48-55) - W.KRECK, Wort u. G. bei Calvin (Festschr. G. Dehn, 1957, 167-181) - W.KRUSCHE, Das Wirken des Hl. G.es nach Calvin, 1957 - EKL II, 69ff - H.SAMSON, Die Kirche als Grundbegriff der theol. Ethik Schleiermachers, 1958, 46ff. *M.A.Schmidt*

VI. Heiliger Geist, dogmatisch

1. Hl.G. als Sein Gottes - 2. Hl.G. als Kraft des Wortes - 3. Hl.G. als Freiheit des Menschen

1. Auch nichtchristliche Religionen und die Philosophie sprechen vom G. (→ Geist: I. VII). Mit den Religionen hat das Christentum den Begriff des G.es als übersinnlicher Macht und mit der Philosophie den Begriff des G.es als des Zentrums aller idealen Normen gemein. Mit dem Wort »heilig« wird dies Verständnis jedoch durch das Spezifische der Christusoffenbarung qualifiziert. Als Hl.G. ist G. Gottes in seiner freien Offenbarung sich den Menschen schenkende Person, die über alle »Geister« erhaben ist und jede humane »Geistigkeit« transzendiert. Im trinitarischen Gottesglauben (→ Trinität: IV) wurzelt mithin das christliche Verständnis des G.es. Als Hl.G. ist Gott primär die personale Einheit des verborgenen Vaters, des Schöpfers, mit dem Sohne Jesus Christus, dem Versöhner. Der G. ist also das Prinzip der geschichtlichen Offenbarung (→ Offenbarung: VI). Das besagt, daß nichts Geschichtliches an sich »offenbarungsmächtig« ist. Nur weil Gott als G. sich in und durch ein bestimmtes Geschehen dem Menschen zuwendet, geschieht Offenbarung in der Geschichte. Andererseits gibt es in der geschichtlichen Wirklichkeit nichts, das nicht Mittel für die personale Zuwendung Gottes im G. werden kann. Der Hl.G. bedient sich nicht vorzugsweise »geistiger« Gehalte. Auch »dingliche« Gegebenheiten vermitteln das Wirken des G.es, was für die Lehre von den → Sakramenten von Wichtigkeit sein dürfte, wobei aber keineswegs, wie oft angenommen wird, die personale Art der Beziehung Gottes zum Menschen eingeschränkt ist. Das trinitarische Verständnis des G.es ist hier von großem Belang. Der G. geht vom Vater und vom Sohne aus (Nicänisches Symbol). Das vom Vater durch den Sohn Geschaffene gehört der personalen Beziehung beider an, ist im G. geschaffen und kann deshalb auch das personale Verhältnis zwischen Gott und Mensch tragen. Zwar offenbart sich Gott nur im Sohne. Der G. geht also »vom Sohne aus«, dh die personale Zuwendung Gottes zum Menschen im G. geschieht in einer Geschichte, deren Mittelpunkt der Sohn Jesus Christus ist, der biblischen Offenbarungsgeschichte. Das Evangelium von Jesus Christus ist daher der Träger des G.es, was nicht aus-, sondern einschließt, daß das Evangelium sich der ganzen geschaffenen Wirklichkeit bedient, um den Menschen in der totalen Breite seiner Existenz anzureden. Denn die ganze Wirklichkeit ist vom Vater durch den Sohn im G. geschaffen und somit »geistig«. Der G. geht indessen nicht vom Sohne allein aus, sondern vom Vater *und* vom Sohne (→ Geist: V, 3); das besagt, daß der G. neben seinem offenbarenden auch ein verborgenes Wirken hat, das allein dem Sohne direkt, dem Menschen nur indirekt zugewandt ist. Auch die »Natur« und die »Profangeschichte« sind dem Wirken des G.es geöffnet. Die geheimnisvolle Einheit des Vaters und des Sohnes im G. schließt die verborgene Einheit von Schöpfung und Erlösung ein. Wegen der Einheit des offenbarenden und des verborgenen Wirkens Gottes in der Person des G.es kann die rettende Geschichte Gottes in die verlorene Geschichte der sündigen Menschheit ganz eingehen und diese wieder zurück zu Gott lenken. In dieser Perspektive zeigen uns das AT und NT Gottes Geistsein. Im AT (→ Geist: II) ist Gott als G. wirksam durch Wort und Tat in den erwählten Gottesmännern, Richtern, Königen und Propheten. Im NT (→ Geist: IV) ruht der G. über dem Messias und ist über sein Volk ausgegossen worden. Wo Menschen in der Geschichte, deren Mittelpunkt Jesus Christus ist, im alten wie im neuen Bunde, als Zeugen Gottes im G. handeln und reden, ist Gott den Menschen in eigener Person zugewandt, ganz unsichtbar (durch sichtbare Mittel) und unbedingt mächtig (auf jede Gewaltausübung verzichtend).

2. Weil Gott als G. sich dem Menschen als Person schenkt, ist das *Wort* (→ Wort Gottes: IV) das eigentlichste Ausdrucksmittel des G.es. Im sakramentalen Gotteswort und im sakrifiziellen Menschenwort begegnen sich Gott und die Menschen als Personen, sie reden einander an im G. Das Wort des G.es ist deshalb »lebendiges Wort« (→ Grundtvig), dh von Person zu Person gesprochenes Anredewort. Das Wort des G.es »lebt« in der → Kirche (: IV). Die Kirche, das Bundesvolk Gottes, ist der Ort, wo der G. ausgegossen worden ist. Das Wort des G.es nimmt hier die Gestalt der sakramentalen Rede an als Taufe (Joh 3, 5; Tit 3, 5; 1Kor 12, 13), Predigt (2Kor 3, 3-8) und Abendmahl (1Kor 12, 3) und der sakrifiziellen Rede als Gebet, Bekenntnis und Lobgesang (Eph 5, 18-21). Der christliche Gottesdienst geschieht im G. (Joh 4, 24; 1Kor 12, 3). Das Wort des G.es ist immer Zeugnis von Jesus Christus; als »Tröster« oder »Advokat« (Paraklet) zeugt der G. im Wort des Evangeliums von Christus (Joh 14, 26; 15, 26; 16, 14). Weil das Wort des G.es Zeugnis von Christus ist, fußt es als ein von Menschen gesprochenes Wort auf dem Zeugnis der → Bibel (: III). - Als grundlegendes Offenbarungszeugnis ist die Bibel vom G. inspiriert (→ Inspiration: III), dh die Geschichte, von der sie zeugt, ist im G. geschehen und ihr Zeugnis in dem Sinne vom G. eingegeben. Das lebendige Wort des G.es ist aber nie eine bloße Wiederholung des biblischen Zeugnisses, es ist originales, gegenwärtiges Zeugnis. Aber weil sein Inhalt das unveränderliche Zeugnis von Jesus Christus ist, stimmt es in der Substanz mit dem Zeugnis der Bibel überein und muß sich deshalb ihr gegenüber legitimieren. »Daran sollt ihr den G. Gottes erkennen: ein jeglicher G., der da bekennt, daß Jesus Christus ist in das Fleisch gekommen, der ist von Gott« (1Joh 4, 2). Es hieße aber einer vereinseitigten prot. »Worttheologie« unberechtigterweise Vorschub leisten, wollte man vergessen, daß das sakrifizielle Wort des G.es auch alle »kräftigen Taten« und »Früchte des G.es« im Leben der Gemeinde, bis zur Gabe der wunderbaren Heilung (1Kor 12, 1-31), einschließt. Auch in den Taten, die durch Charismatiker (Geistbegabte) vollzogen werden, zeugt der G. von Jesus Christus. In dem freien Wirken der Gaben des G.es liegt an sich keine »Schwärmerei«. Diese kann sich auch breit machen, wo man nur redet. Entscheidend ist nur, daß in dem allen das Bekenntnis zum Herrsein Jesu Christi laut wird (1Kor 12, 3). Einer Verengung des Begriffes des Wortes des G.es gegenüber, wonach der G. nur durch Reden wirken kann, muß an die apostolische Mahnung erinnert werden: »Das Reich Gottes steht nicht in Worten, sondern in Kraft« (1Kor 4, 20). Eine »falsche« Kirche des Wortes sollte sich mahnen lassen: »Den G. dämpfet nicht, die Weissagung verachtet nicht; prüfet aber alles, und das Gute behaltet« (1Thess 5, 19-21). Der G. wirkt nie ohne Gaben (Charismen; → Geist: IV, 3).

3. Im Worte redet Gott als G. den Menschen an und gibt sich dadurch selbst als Person dem Menschen als Person. Im G. ist das Verhältnis Gottes zum Menschen ein personales: Beziehung zwischen einem »Ich« und

einem »Du«. Das meint aber, daß der G. Gottes seine Macht über den Menschen in dem G. des Menschen ausübt, dh indem das Wort des G.es sich »an aller Menschen Gewissen vor Gott beweist« (2Kor 4, 2). Es liegt in der personalen Art des Wirkens des G.es beschlossen, daß er nur in der *Freiheit des Menschen* seine Macht geltend machen kann. »Denn der Herr ist der G.; wo aber der G. des Herrn ist, da ist Freiheit« (2Kor 3, 17). Daher die erstaunliche Ermahnung, den G. zu prüfen (1Joh 4, 1-2), ihn nicht zu »dämpfen« (1Thess 5, 19) oder ihn nicht zu »betrüben« (Eph 4, 30). Daher auch die Ausdrucksweise: der G. gibt Zeugnis unserm G. (Röm 8, 16). Als G. verzichtet Gott auf jede Gewalt. Nur in Freiheit kann er überführen. Dadurch ist jede heidnische G.auffassung ausgeschlossen, nach der der G. in der Ekstase den Menschen »besetzt« und ihn unter Ausschaltung seiner Freiheit automatisch überführt. Mögen auch am Rande des biblischen Offenbarungszeugnisses hie und da ekstatische Phänomene auftauchen (1Sam 10, 10; 1Kön 18, 46; 1 Kor 14, 2), so ist es doch unzweifelhaft, daß der G. Gottes prinzipiell personal aufgefaßt wird. So kann Saul den G. wegen Ungehorsam verlieren (1Sam 15, 26; 16, 14), und Paulus verwirft kompromißlos ekstatische Erlebnisse der Korinther, in denen sogar Christus verflucht werden könnte (1Kor 12, 3)! Aber dadurch ist auch jeder Versuch, den Menschen zum Glauben an das Wort zu zwingen, von der Schwertmission bis zur modernen Propagandatechnik ausgeschlossen. Nur freiwillig kann der Mensch glauben und lieben. Unter den Gaben des G.es nennt Paulus als die größten eben Glaube, Hoffnung und Liebe, die personalen Haltungen, die nur in Freiheit möglich sind. Diese Freiheit, an die die Macht des G.es sich wendet, macht das geistige Wesen des Menschen aus, sein Geistsein oder seine »Gottebenbildlichkeit« (→ Anthropologie: IV). Das bedeutet aber nicht, daß »der freie Wille« des Menschen (→ Willensfreiheit) mit Gottes G. »zusammenwirken« kann und muß (→ Synergismus). Denn die Freiheit des Menschen ist nicht eine autonome Selbstverfügungsgewalt, in der der Mensch als Partner Gott selbständig gegenübertreten könnte, sondern eine Freiheit des Kindes (→ Gotteskindschaft: II), zu der der Mensch durch den G. Gottes befreit wird (Röm 8, 15). Die Macht des göttlichen G.es über den Menschen und die freie Selbsthingabe des Menschen an Gott im Glauben und in der Liebe sind beide nur wirklich im G. Der G. übt nur Macht aus, wo der Mensch sich frei entscheidet. Der Mensch hat nur Möglichkeit, sich frei zu entscheiden, wo der G. Gottes ihn »bezwingt«. Dies ist das Paradox des G.es, wodurch es unmöglich wird, das Verhältnis der göttlichen Gnade zur menschlichen Freiheit in einer Terminologie zu beschreiben, die aus der Naturerkenntnis stammt, etwa als »Zusammenwirken« zweier »Ursachen«. Die Gnade Gottes und der Wille des Menschen »verursachen« nicht zusammen das Heil des Menschen, sondern G. schenkt allein das Heil dem Menschen – in Freiheit. Für die ganze Tätigkeit der Kirche ist das Verständnis der Freiheit des G.es von außerordentlicher Bedeutung. Es wird sowohl das Verhältnis der Kirche zum Staat als auch die ganze missionarische Tätigkeit der Kirche bestimmen. Denn um des G.es willen muß die Kirche auf jede Anwendung von Gewalt verzichten. Das Verständnis der Freiheit des G.es ist aber auch für die Konzeption der → Ethik fundamental. Weil → Liebe (: IV) als Frucht des G.es (Gal 5, 22) nur in Freiheit möglich ist, bedeutet der G. als Prinzip der Ethik, daß jede Gesetzesethik unmöglich wird. Durch den G. Gottes wird der Mensch zur vollen personalen Existenz im Verhältnis zu Gott erhoben. Er lebt als Kind aus der Gnade seines Vaters. Damit lebt er aber zugleich auch in der personalen Beziehung zu seinem Mitmenschen, als Bruder unter Brüdern. Und das bestimmt die ganze Auffassung des ethischen Lebens. Es wäre aber falsch, die Ethik des G.es als eine enge personalistische Ethik zu fassen, in der es keinen Raum gäbe für das Verhältnis des Menschen zu den »Dingen«, zu seiner Welt. Eben weil der G. vom Vater und vom Sohne ausgeht und so die ganze Welt »geistig« ist und das Personverhältnis zwischen dem Vater und dem Sohne mitträgt, gehören auch die »Dinge« mit zur personalen Beziehung des Menschen zu Gott und zum Nächsten. Sie gehen alle in diese Beziehung ein, oder besser: sie sind durch die Schöpfung Gottes schon in sie einbezogen. Es ist ein wesentliches Element jeder Ethik des G.es, daß sie dem Menschen die Augen dafür zu öffnen versucht, daß die ganze Welt des Menschen mit ihren »unpersönlichen« »Dingen« und Sachen »geistig« ist, dh mit zur echten Personexistenz gehört. Die Personalität, die aus der Ethik des G.es folgt (Bonhoeffer: »Personal«- und »Sach«-Ethos), ist keine »weltlose« und »sachindifferente« Personalität wie in gewissen Erscheinungen des modernen Existentialismus. Sie trennt nicht G. und Leib, Individuum und Gesellschaft, die Religion und die Natur, die Welt der Werte und die Welt der Dinge, sie vereint das alles. Der G. Gottes eint, wo die sich selbst behauptende → »Autonomie« des Menschen trennt.

R.H.Grützmacher, Wort u. G., 1902 - Ch.Gore, The Holy Spirit and the Church, 1924 - E.Schaeder, Das G.problem der Theol., 1924 - Ders., Die G.frage in der neueren Theol. (ZSTh 3, 1926, 424-460) - C.E.Raven, The Creator Spirit, 1927 - K. u. H.Barth, Zur Lehre vom Hl.G., 1930 - Barth, KD I/1, § 12; IV/1, § 62f; IV/2, § 67f - E.Brunner, Vom Werk des Hl.G.es, 1935 - L.Aalen, Testimonium Spiritus Sancti som teologisk »prinsipp«, 1938; dt.: ZSTh 15, 1938, 248-315 - O.H.Nebe, Deus Spiritus Sanctus, 1939 - F.W. Dillistone, The Holy Spirit in the life of the Church, 1946 - Th. Haug, Die Wirklichkeit des Hl.G.es heute, (1947) 1948² - P.Althaus, Die christl. Wahrheit, (II, 1948) 1952³, § 48 - Th.Preiss, Das innere Zeugnis des Hl.G.es, 1948 - D.Bonhoeffer, Ethik, (1949) 1956³, 250ff - R.Prenter, Le Saint Esprit et le renouveau de l'Eglise, 1949 - Ders., Skabelse og Genløsning, (1951/53) 1955², § 35 - J.E.Fison, The blessing of the Holy Spirit, 1950 - H.Vogel, Gott in Christo, 1951, Kap. 8.

R.Prenter

VII. Geist, philosophisch

1. Begriff des G.es - 2. G. in der antiken und mittelalterlichen Philosophie - 3. G. in der neuzeitlichen Philosophie - 4. Der objektive G. und die gegenwärtige G.problematik

1. G. ist im Verlauf der Philosophiegeschichte auf so verschiedenartige Weise zu bestimmen versucht worden, daß es unmöglich ist, eine einfache Definition vom Wesen des G.es zu geben. Dies hängt damit zusammen, daß der G. (nach heutiger Auffassung) eine wesenhafte Beziehung zur → Geschichte (: III) hat und daher in allen seinen Erscheinungsformen selbst dem geschichtlichen Wandel unterworfen ist. Überdies ist G. einer der Grundbegriffe des philosophischen Denkens und kann schon deswegen nicht eindeutig definiert werden; denn jeder Grundbegriff empfängt seinen Inhalt immer nur aus der konkreten Fülle dessen, für das er den Grund bildet. – Gleichwohl lassen sich einige gemeinsame Merkmale angeben, die für fast alle philosophischen Lehren vom G. charakteristisch sind: a) G. ist ein korrelativer Begriff, dh er steht immer im Gegensatz zu einem anderen Begriff: Materie, Natur, Sinnlichkeit, Trieb, Wille, Körper, Leben, Seele, Buchstabe, Fleisch usw. Dabei hängt der Inhalt des G.begriffs wesentlich vom Inhalt seines jeweiligen Gegenbegriffs ab. Unterscheiden bzw. Sich-unterscheiden gehört daher immer zum G. – b) In jedem metaphysischen Entwurf (→ Metaphysik), dh in jedem Versuch, die Gesamtheit aller Dinge in einer Rangordnung von einem höchsten Seienden her zu denken, wird die höchste Stufe dieser Rangordnung als G. bestimmt. Gleichgültig ist in diesem Zusammenhang, ob es sich

dabei um ein einzelnes Seiendes oder um die Grundverfassung eines Bereichs von (geistigen) Dingen handelt. Daher die theologische Relevanz des G.begriffs: auch die → natürliche Theologie bestimmt Gott fast immer als G. – c) G. hat immer eine besondere Beziehung zum Menschen, und zwar auch dann, wenn er nicht als höchstes Vermögen der menschlichen Natur bestimmt wird. Dabei wird jedoch fast nie der G. vom Menschen aus, sondern immer der Mensch vom G. als seiner höchsten Seinsmöglichkeit aus verstanden. – d) Zum G. gehören → Vernunft und → Denken. Vernunft ist aber nicht nur logische Vernunft, sondern umfaßt auch den Bereich des Sittlichen, und im Begriff des Denkens wurde schon frühzeitig der Begriff des Lebens mitgedacht.

2. Ein genaues Äquivalent zum deutschen Wort G. gibt es im Griechischen nicht. Der Grieche spricht dort, wo wir von G. sprechen, von νοῦς, λόγος oder πνεῦμα, gelegentlich auch von ψυχή. Dabei ist immer zu berücksichtigen, daß die griechischen Wörter andererseits auch Bedeutungen haben, die das deutsche Wort G. nicht hat. – Anaxagoras gilt gewöhnlich im Anschluß an eine Platostelle (Phaid. 97b) als der für die frühe → griechische Philosophie wichtigste Denker, der dem G. (νοῦς) einen Ort unter den Prinzipien (ἀρχαί) einräumte. In seinem kosmogonischen Entwurf ist es der νοῦς, der die anfangs ungeordneten Elementarteile sondert, in Bewegung setzt und dadurch den geordneten Kosmos entstehen läßt. Plato weist an dieser Stelle den G.begriff des Anaxagoras jedoch als unangemessen zurück, da für Anaxagoras der νοῦς nur eine unvernünftige Bewegungsursache sei. Die eigentliche G.philosophie des frühen Griechentums ist daher nicht die des Anaxagoras, sondern die der Eleaten (→ Parmenides). Der G. steht hier hinsichtlich seiner spezifischen Seinsweise, des Denkens (νοεῖν) im Blick. Bei Parmenides wird jedoch das → Sein überhaupt von der spezifischen Seinsweise des G.es her als νοεῖν verstanden (fr. Nr. 3). Auch → Heraklit denkt das Seiende im ganzen von einem Geistigen, nämlich vom λόγος aus. Für → Plato nimmt der G. unter den Erkenntnisweisen der Seele die höchste Stufe ein, er ist gleichsam das Auge der Seele (ὄμμα τῆς ψυχῆς), durch welches diese die ewigen Urbilder (Ideen) erblickt, die ihrerseits immer der Seele zugeordnet bleiben. So gehört zum G. ein ganzer Seinsbereich geistiger Wesenheiten. In engem Zusammenhang hiermit steht die Unsterblichkeitsproblematik: Der G. kann Dinge nur erkennen, weil er schon in einem vorweltlichen Leben die Ideen unmittelbar geschaut hat. Erkenntnis wird damit als Wiedererinnerung bestimmt. Dies ist jedoch nur eine mythische Erklärung, die → Aristoteles, der seine Lehre in ständiger Auseinandersetzung mit Plato aufbaut, nicht gelten läßt. Er analysiert die Struktur des menschlichen G.es und betont bes. das Angewiesensein des G.es auf die sinnliche → Wahrnehmung. Das Wesen des G.es besteht darin, daß er alles, was er denken kann, der Potenz nach selbst *ist*. So ist er nichts in sich Ruhendes, sondern immer außerhalb seiner selbst bei den Dingen und denkt dadurch, daß er etwas anderes (nämlich die Dinge) denkt, zugleich sich selbst. Da er einerseits immer auf die sinnliche Wahrnehmung angewiesen bleibt und andererseits – als »Ort der Ideen« – vom Körper unabhängig, unsterblich und ewig sein soll, ergeben sich Widersprüche, die Aristoteles nicht auflösen konnte und die auch später noch Gegenstand von Schulstreitigkeiten waren. Auch das Wesen Gottes, des Ursprungs aller Bewegung, wird bei Aristoteles als reiner G., der sich selbst denkt und sich dabei im Zustand vollendeter Glückseligkeit befindet, bestimmt. Bleibt bei Aristoteles die Frage nach dem Zusammenhang von menschlichem und göttlichem G. noch offen, so versucht die → Stoa, den menschlichen G. als Ausfluß eines allgemeinen Welt-G.es (πνεῦμα) zu verstehen, der alle Dinge durchdringt und zu einem Ganzen macht. → Plotin nimmt platonische sowie aristotelische Ansätze wieder auf und bestimmt den G. (νοῦς) als die nächst dem Einen (ἕν) oberste Wesenheit. Er betont bes. die Einfachheit des G.es gegenüber der Gegliedertheit der Seele, doch hat der G. immer schon die Andersheit an sich, da er nicht ohne das von ihm Gedachte zu bestehen vermag.

Die christliche Philosophie des MA arbeitet keine wesentlich neue Auffassung vom G. heraus, weil sie bei der spekulativen Behandlung der theologischen Problematik zunächst auf die neuplatonische, später vor allem auf die aristotelische G.lehre zurückgreift, die jedoch nun im Rahmen der Schöpfungstheologie steht. So herrscht eine fundamentale Differenz zwischen dem ungeschaffenen (Gott) und dem geschaffenen (menschlicher G., Engel) G.

3. Die Entwicklung der *neuzeitlichen* G.lehren ist dadurch charakterisiert, daß in ihnen G. in zunehmendem Maße als → *Bewußtsein* verstanden wird, ein Moment, das den antiken Lehren vom G., die mehr seine Substantialität betonen, zwar nicht verborgen war, aber doch nie im Mittelpunkt der Erörterungen stand. So handelt es sich bei der neuzeitlichen Subjektivierung des G.es zugleich um eine Entdinglichung. Die grundsätzliche Verschiedenheit des G.es gegenüber allen Dingen wird dabei bes. herausgearbeitet, wobei schließlich der nicht mehr gegenständlich, sondern als subjektive Aktualität verstandene G. unter ganz verschiedenen Namen zum begründenden *Ursprung* aller Dinge wird. Die wichtigsten Stationen dieser Entwicklung sind: → Nikolaus von Kues (mens), → Descartes (res cogitans), → Leibniz (Monade), → Kant (transzendentales Bewußtsein), → Fichte (Ich).

4. Nur von diesen einseitig subjektiven G.auffassungen aus betrachtet kann die Rede vom *objektiven G.* widersprüchlich erscheinen. Man versteht darunter diejenigen geistigen Phänomene, die nicht unmittelbar von einem subjektiven Bewußtsein abhängen und ebensowenig aus ihm abgeleitet werden können, ohne daß ihnen jedoch deswegen geringere Realität zukäme. Objektiver G. ist das, was einem Volk, einer Epoche (»Zeit-G.«) oder einer bestimmten Gruppe gemeinsam ist: Recht, Gesellschaft, Staat, Geschichte, Moral, Sittlichkeit, Sprache und Kultur sind Gestalten des objektiven G.es. Er muß sich zwar immer in Individuen repräsentieren, läßt sich jedoch nicht auf sie reduzieren. Die *substantielle* Auffassung des *objektiven G.es* kommt dem antiken G.-begriff ziemlich nahe; seine Anwendung auf soziale und historische Phänomene ist jedoch typisch neuzeitlich. Vorläufer dieser Lehre in der Staatstheorie sind Montesquieu (»G. der Gesetze«) und → Rousseau (allgemeiner Wille als Träger des staatlichen Lebens). Erste große systematische Ausarbeitung ist → Herders Lehre vom Volks-G. als dem Träger der überpersönlichen geschichtlichen Entwicklung (in analoger Weise nimmt Herder einen Sprach-G. an). Bei → Hegel steht die Lehre vom objektiven G. im Zusammenhang einer allgemeinen Metaphysik des G.es: Das Geistige ist für Hegel das allein Wirkliche. Dabei ist G. für Hegel jedoch kein leerer Allgemeinbegriff, sondern bezeichnet eine ganz bestimmte Struktur: die ständige dialektische Bewegung des Sichentgegensetzens und Sich-versöhnens, die sich auf jeder Stufe in immer wieder anderer Weise vollzieht. Zum G. gehört wesenhaft Auseinandersetzung, in der er sich auch selbst ständig wandelt, bis er die höchste Stufe seiner Entwicklung, nämlich die vollkommene Durchsichtigkeit seiner selbst, das »absolute Wissen« erreicht hat, das alle Stufen, die zu ihm führten, in sich enthält.

Seine Lehre vom objektiven G. und hier vor allem die Herausarbeitung der notwendigen Beziehung zwischen G. und Geschichte blieb der historisch wirkungsvollste Teil von Hegels Philosophie. In ähnlichem Sinne bemüht sich → Dilthey um eine Theorie der → Geisteswissenschaften. Der Verzicht auf die Ansetzung eines absoluten Wissens führt dazu, daß bei Dilthey der Begriff G. noch näher an den Begriff des Lebens heranrückt, als dies schon bei Hegel der Fall war. Die Fortführer der Gedankengänge Diltheys, deren bedeutendster → Heidegger ist, haben freilich auf das Wort G. selbst meist verzichtet. Dies hängt damit zusammen, daß es der materialistischen und biologischen Popularphilosophie des ausgehenden 19. und des beginnenden 20.Jh.s sowie den Irrationalisten (→ Klages) - meist durch absichtliche Verzeichnung und Verflachung geistiger Phänomene - gelungen war, den Begriff des G.es in Mißkredit zu bringen. Daher werden heute, wenn man nicht ausdrücklich oder der Sache nach auf ältere, antike oder mittelalterliche G.auffassungen zurückgreift (→ Neuthomismus, → Scheler, N. → Hartmann), die alten Probleme der Philosophie des G.es meist unter anderen Titeln wie → »Dasein« oder »Existenz« (→ Existenzphilosophie) abgehandelt. Dabei wird bes. die *Endlichkeit* des G.es betont. Wenn damit de facto auch ein Verzicht auf den traditionellen theologischen Horizont des G.problems verbunden ist, so eröffnet sich andererseits ein neuer Zugang zum Problem der menschlichen → Freiheit: zwar gehört es zum G., daß er um sich selbst weiß, frei ist er jedoch nur dadurch, daß er in jedem Augenblick mehr ist, als er von sich selbst weiß.

J. u. W.GRIMM (Hg.), Dt. WB IV/1, 1897, 2623ff (R.v.HILDEBRANDT; Sonderabdr. hg.v. E.ROTHACKER, 1928) - N.HARTMANN, Das Problem des geistigen Seins, 1933 - J.RITTER, Mundus intelligibilis, 1937 - M.MÜLLER, G. u. Sein, 1940 - K.-H.VOLKMANN-SCHLUCK, Plotin als Interpret der Ontologie Platos, (1941) 1957² - W.SZILASI, Macht u. Ohnmacht des G.es, 1946 - M.SCHELER, Die Stellung des Menschen im Kosmos, 1947 - J.STENZEL, Zur Entwicklung des G.begriffs in der griech. Philosophie (in: Kleine Schriften zur griech. Philosophie, 1956, 127-150) - W.CRAMER, Grundlegung zu einer Theorie des G.es, 1957.

W.Wieland

VIII. Heiliger Geist in der Kunst

1. Der Hl.G. als Taube - 2. Der Hl.G. als »Zungen von Feuer« - 3. Der Hl.G. als Lichtglanz. - Vgl. Bildtafel 12 vor Sp. 417

1. Die Sinnbilder des Hl. G.es sind die → Taube, die »Zungen von Feuer« und Lichterscheinungen wie Strahlen, Wolken, Lichtkreise, Nimben. Alle Symbole werden einzeln wie auch in Verbindung miteinander dargestellt (ähnlich bei Augustin und Gregor d.Gr.). - Für die *Taube* bei der Taufe Jesu (Mk 1, 10 par) gilt den Kirchenvätern (zB Gregor von Antiochien, → Cyrill von Jerusalem) die Taube Noahs (Gen 8, 8-12) als Vorbild. - Auf frühen Taufbildern (Hypogäum der Lucina; Sakramentskapelle der Kallistuskatakombe, Rom; beide 3.Jh.) ist die Taube nicht nur Symbol des Hl.G.es, sondern wird unter gnostischem Einfluß auch als Personifikation des Logos betrachtet. Erst nach → Nicäa wird die Taube eindeutig zum Symbol des Hl. G.es. Nach der Beschreibung des → Paulinus von Nola (403) stellte das Apsismosaik der Felixbasilika von Nola (s. Taf. 12 Abb. 1) die → Trinität (: V) dar: Aus der Hand Gottes kommt die Taube des Hl.G.es zu dem → Lamm auf dem Paradiesesberg. Sie ist Botin zwischen Himmel und Erde. - Seit dem Lateranmosaik (um 320) ist die Taube als Sinnbild der »Erleuchtung« Lichtträgerin. Sie findet sich in allen Bildern biblischer Ereignisse, die vom Wirken und von der Gegenwart des Hl.G.es berichten: *Taufe Christi* (zB Evangeliar aus dem Bamberger Domschatz, Ende 9.Jh.; s. Taf. 12 Abb. 2); *Verkündigung* (Mosaik S.Maria Maggiore, Rom, 1. Hälfte 5.Jh.); *Pfingsten* (zB Perikopenbuch, 1. Viertel 11.Jh.; s. Taf. 12 Abb. 3); seltener: *Geburt und Heimsuchung;* vereinzelt: *Kreuzigung.* Auf dem zerstörten *Schöpfungsmosaik* San Paolo fuori (Rom, um 400) war die Taube mit dem Lamm neben Gottvater dargestellt; im Mosaik der Kuppel von S.Marco (Venedig) schwebt sie »über den Wassern« (Gen 1, 2; s. auch Taf. 5 Abb. 4). - In ihrer Bedeutung als *Inspirationssymbol des Hl.G.es* ist die Taube mit Kultgerät und Kirchenraum seit dem frühen Christentum bis in die Gegenwart eng verbunden: In der *Etimasia* schwebt sie über dem Evangelium auf dem Thron (Hagia Sophia, Hauptpforte, 6.Jh.; Koimesiskirche, Nicäa, 8.Jh.). In der ältesten *Liturgie* wird bei der *Weihe des Taufwassers* und in der *Eucharistie* der Logos im Bild der Taube angerufen. Über den Altären und Taufbecken hängen seit dem 6.Jh. goldene Tauben. Bei der Wandlung wurden sie dreimal bewegt zum Zeichen der Ankunft des Hl.G.es im Sakrament. *Eucharistische Gefäße in Taubengestalt* sind seit dem 9.Jh. nachweisbar, *Tauben-* → *Reliquiare* seit dem 11.Jh. *Taufbecken* (Hildesheimer Dom, um 1250) und *Kanzeln* (hier unter Berufung auf das Pauluswort Apg 20, 28) haben bis heute noch vielfach das Bild der Taube. In Barockkirchen steht die Taube im Licht des *Glorienfensters* über dem Hauptaltar, in St. Peter (Rom) über der Cathedra Petri. - *Legenden* berichten von der Berufung eines Papstes oder Bischofs durch die Taube des Hl.G.es (zB Gregor d.Gr. nach dem Bericht des Paulus Diakonus [MPL 75, 57]; s. Taf. 11 Abb. 4). Auf Luther übertragen findet sich diese Vorstellung im Relief von Peter Dell d.Ä., 1548 (Berlin).

2. Nach Apg 2, 3 erscheint beim Pfingstwunder der Hl.G. in *»Zungen von Feuer«.* Doch haben schon frühe Pfingstbilder Feuerzungen *und* Taube (zB Rabulacodex). Taube *und* Strahlen hat eine Öl- → Ampulle aus Monza (6.Jh.). Pfingstbilder, die nur das Lichtwunder bringen, sind seltener. Auf dem Tympanon von Vézelay sind es Strahlen, die von den Händen Christi auf die Häupter der Jünger fallen. - Vgl. auch Taf. bei → Malerei: VI (Abb. von G.Meistermann).

3. Als reiner *Lichtglanz* wird der Hl.G. am häufigsten im → Nimbus und in der Mandorla symbolisiert; ferner als Licht- (Dreifaltigkeitsvision der → Hildegard von Bingen) oder Flammenkreise (zu Häupten der Evangelisten im Evangeliar Ottos III.). In Barockkirchen wird das durch die Kuppelöffnung einflutende Himmelslicht zum Sinnbild des Hl.G.es. - Eine Personifikation des Hl. G.es kommt nur in Darstellungen der → Trinität vor. Die mit der Trinität verbundenen Bildtypen: Schmerzensmann (s. Taf. 8 Abb. 2), Gnadenstuhl (s. Taf. 12 Abb. 4), Eucharistie (Genter Altar, Disputà; s. Taf. 8 Abb. 1), Marienkrönung, »Ratschluß Gottes« haben als Symbol des Hl.G.es die Taube.

L.SCHREYER, Bildnis des Hl.G.es, 1940 - W.BRAUNFELS, Die hl. Dreifaltigkeit, 1954 (Lit.). - Vgl. auch die Lit. zu → Taube u. → Trinität: V.

M.-D.Beck

Geist und Buchstabe

1. Paulus - 2. Origenes, Augustin, MA - 3. Reformatorische Theologie und Spiritualismus - 4. Neuzeit - 5. Ergebnis

1. Die im NT nur 2Kor 3, 6; Röm 2, 29; 7, 6 begegnende Antithese γράμμα - πνεῦμα ist eine paulinische Prägung, der außer dem Begriff πνεῦμα (→ Geist: IV) auch die Bezeichnung des mosaischen Gesetzes bzw. des AT im ganzen als (ἱερὰ) γράμματα vorgegeben war (fast nur im Plural, während *Paulus* um der Entsprechung zu πνεῦμα willen den Singular setzt). Dagegen beruht die Erklärung von »B. des Gesetzes« (der rabbinischen Wendung für »buchstäbliches« - der Grieche sagt »wörtliches« - Verständnis) und von »rûaḥ mišpaṭ« (Jes 4, 4; 28, 6) als

verschärfter Ausdrucksweise für die übliche rhetorisch-hermeneutische Terminologie πρὸς ῥητόν – πρὸς διάνοιαν (B.Cohen) auf einer Fehlinterpretation der paulinischen Antithese. Diese meint nicht die formale Differenz verschiedener Verstehensweisen, sondern in Anlehnung an Jer 31, 31ff; Ez 11, 19; 36, 26 die Verschiedenheit des alten und neuen Bundes (→ Bund: II, 2b), die bestimmt ist durch das geschriebene Gesetz auf der einen und durch das Wirken des G.es auf der andern Seite (vgl. das spätere jüdische und christliche Verständnis von → Pfingsten). γράμμα ist also nicht formal mit »B.« zu übersetzen, sondern mit → »Gesetz« (: IV) unter dem Aspekt seines »Gesetztseins«, seiner Ohnmacht (Röm 8, 2), ja tötenden Wirkung (Röm 7, 7ff; 2Kor 3, 6), während der G. das lebenschaffende »Prinzip« selbst ist. Wie das γράμμα »Moses in Aktion« ist, so das πνεῦμα »Christus in Aktion« (2Kor 3, 17). Jenes ist ein Vergehendes (2Kor 3, 7. 11. 13. 14), sein Wesen ist die Macht der Vergangenheit (Röm 7, 6), dieses ist das Bleibende und wesenhaft Zukünftige (2Kor 3, 11; Röm 7, 6).

Es geht also um eine offenbarungsgeschichtlich-eschatologische Relation, nicht um die allgemeine Struktur von G. als Inhalt bzw. forma des Geschriebenen. Trotzdem redet die paulinische Antithese nicht einfach von Gesetz und G. als verschiedenen Offenbarungsinhalten, sondern charakterisiert mit der verschiedenen Weise des Gegebenseins eine Differenz des Effekts und greift damit in das Verstehensproblem ein. Die Unterscheidung von G.u.B. verbindet sich mit der Verschiedenheit des Urteils Gottes und der Menschen, des Verborgenen und des Vorfindlichen, des am »Herzen« und des am »Fleisch« sich Vollziehenden (Röm 2, 25ff). Darum ist im alten Bund die Begegnung mit der δόξα Gottes verhindert durch eine »Decke«. Denn das geschriebene Gesetz vermag nicht das Herz zu ändern, während der G. das umwandelnde Geschehen und Vernehmen der göttlichen Selbstmitteilung ist. Dieser Aspekt des Verstehensproblems ist bestimmt durch das biblische Verständnis von → Wort und → Wahrheit, das nach der *Erfüllung* des Gesagten fragt, im Unterschied zur griechischen Frage nach dem *Sinngehalt* des Gesagten. Die Antithese G.u.B. betrifft also bei Paulus das in der Offenbarung selbst implizierte umfassende Verstehensproblem, nicht jedoch unmittelbar das im engeren Sinne hermeneutische Problem. Auf die Frage der Auslegung des AT gibt Paulus durch diese Antithese keine direkte Antwort. Eine solche wäre samt dem Unterschied von Gesetz (γράμμα) und Schrift (γραφή) dem sonstigen Befund zu entnehmen (→ Schriftauslegung: III). Doch sind in der doppelten Relation des Evangeliums zu Gesetz (Moses) und Verheißung (Abraham) hermeneutische Konsequenzen angelegt (→ Typologie: II). Der Gedanke an ein geschriebenes NT – die neue »Schrift« ist die Gemeinde (2Kor 3, 3), die Christen stehen jetzt da, wo Moses seinen Ort hatte (2Kor 3, 16. 18) – liegt Paulus völlig fern und damit auch die Verschiebung der Antithese G.u.B. in den neuen Bund. Zwar besteht auch beim Evangelium die Möglichkeit des Nichtverstehens, des Verdecktseins und der tötenden Wirkung (2Kor 2, 15f; 4, 3f), doch als rätselhafte Ausnahme, nicht wie beim Gesetz, das, obwohl πνευματικός (Röm 7, 12. 14), doch wesenhaft nicht das Leben zu geben vermag (Gal 3, 21).

Die weitverzweigte und problemreiche Geschichte des Verständnisses und der Verwendung dieser paulinischen Antithese hat noch keine umfassende Darstellung gefunden. Die Aufgabe würde sich nicht nur auf eine Auslegungsgeschichte der betr. Stellen (bes. 2Kor 3, 6) beschränken, sondern in begriffs- und problemgeschichtliche Zusammenhänge führen, die zT den paulinischen terminologischen Ursprung vergessen lassen. Die Distanz zu Paulus (→ Eschatologie: V, 1) zwang ohnehin zu einer gewissen Transponierung seiner Antithese. Außerdem drängte die von ihm selbst nicht direkt behandelte Frage der hermeneutischen Relevanz der Entgegensetzung von altem und neuem Bund, von Gesetz und G. nach Beantwortung, und zwar nicht nur für die Schriftauslegung, sondern für die Frage des Verstehens im weitesten Sinne.

2. In der alten Kirche und im MA strebt das Verständnis von G.u.B. auseinander in die Interpretationen als hermeneutische (buchstäblicher – geistiger Schriftsinn) und als heilsökonomische Formel (Gesetz – G., AT – NT; B.Schneider: »formalistic - realistic interpretation«).

a) Als erster interpretiert → *Origenes* die paulinische Antithese auf das darin implizierte hermeneutische Problem hin, jedoch in platonisierender Paulusdeutung und fragwürdiger Kombination mit der vor allem durch → Philo vermittelten allegorischen Methode (→ Allegorie: I). Schon bei Philo wird das Verhältnis von wörtlicher und allegorischer Auslegung als das Verhältnis von Körper und Seele verstanden (darum auch die hermeneutische Terminologie ἐν φανερῷ – ἐν ἀποκρύφῳ, ῥητά – νοητά), was zur Anknüpfung an entsprechende paulinische Begrifflichkeit einlädt. Origenes deutet darum (zur Auslegung von 2Kor 3, 6 vgl. De princ. I, 1, 2 [GCS 5, 18]; c. Cels. VI, 70; VII, 20 [GCS 3, 140. 171f]) littera = corporalia = αἰσθητὴ ἐκδοχή, spiritus = intellectualia = νοητὴ ἐκδοχή. Die trichotomische Orientierung des Schriftsinns ist nur eine Modifikation innerhalb dieses grundlegenden Schemas. Mit Paulus verglichen, wird hier aus der heilsökonomisch-eschatologischen Wende eine ontologische und noologische Stufenfolge. Die paulinische Antithese wird zur Offenbarungsstruktur (des alten wie des neuen Bundes) und deckt sich mit der allegorischen Struktur der Wirklichkeit und des Verstehens überhaupt. Die Schärfe der Antithese wird zu pädagogischen Graden abgeschwächt, die littera occidens zur littera mortua variiert, das von Paulus als das Vergangene Bezeichnete als das Vergängliche schlechthin interpretiert. Statt um Gesetz und G. geht es jetzt um Schrift (Wort) und G. Nicht die Frage der Erfüllung, sondern die Unzulänglichkeit des Wortes und die Befreiung des G.es aus dem B.n, die Transzendierung des B.n ist jetzt das eigentliche Problem. Reine Formalisierung von G.u.B. ist dies insofern nicht, als die der jüdisch-historischen und der gnostisch-mythischen Auslegung entgegengestellte Allegorese in Origenes' theo-ontologischer Gesamtanschauung verwurzelt ist. Darum ist hier die Auffassung von G.u.B. als hermeneutischer Formel nicht ohne soteriologischen Einschlag. Die Erhebung zum geistigen, allegorischen Sinn ist Existenzwandlung. Auch wird das Geschichtliche nicht einfach abgestoßen, jedoch wie die littera überhaupt als Sprungbrett zur Partizipation an den übergeschichtlichen πνευματικά verwendet.

b) Während die origenistische Interpretation von G.u.B. (bes. zu 2Kor 3, 6) u.a. von → Athanasius, → Gregor von Nyssa und → Cyrill von Alexandrien geteilt wird, repräsentiert vor allem → *Augustin* die schon vor und neben ihm (→ Tertullian, → Ambrosiaster, → Pelagius, → Chrysostomus) vertretene heilsökonomische Auffassung von G.u.B. Zwar hat die von → Ambrosius vorgetragene origenistische Deutung von 2Kor 3, 6 bei Augustins Bekehrung eine Rolle gespielt (Conf. VI, 3-5 [CSEL 33, 116ff]) und wird auch De doctr. christ. III, 9 (MPL 34, 68f) zur Abwehr buchstäblicher Deutung figurativer Redeweise herangezogen. Aber ganz überwiegend vertritt Augustin auch sonst die in der Schrift De spiritu et littera entfaltete Paulusinterpretation: Littera ist das Gesetz (Dekalog), das nicht wegen mißverstandener figurativer Redeweise, sondern der Sünde wegen tötet, während der spiritus vivificans nicht allegorisches Verstehen, sondern die das Herz ändernde Gnade ist. Doch läßt Augustin die origenistische Auffassung unverbunden daneben stehen (De spir. et litt. 4, 6; 5, 7 [CSEL 60, 158f]), ohne seine eigene Deutung von G.u.B. auf die hermeneutischen Konsequenzen hin zu entfalten (trotz Einführung dieser Terminologie in die 3. Regel des → Ticonius, De doctr. christ. III, 46 [MPL 34, 83]). Augustins Differenz zu Origenes betr. G.u.B. hängt aber indirekt mit der Abweichung von dessen hermeneutischem Ansatz zusammen. Zwar wird das Schema eines doppelten Schriftsinns beibehalten, doch ist der sensus litteralis die Regel, der sensus spiritualis (mysticus) die Ausnahme. Nicht die ontologische Differenz von Körperlichem und Geistigem, sondern die (davon nicht notwendig scharf unterschiedene) Differenz des Sprachgeschehens (signum - res) ist die Basis von Augustins Hermeneutik und gestattet strengere Orientierung an Wortlaut und Geschichte. Entsprechend ist der scopus der Schrift nicht das Geistige schlechthin, sondern Glaube und Liebe. Doch bleibt sowohl Augustins Hermeneutik wie sein Verständnis von G.u.B. in Affinität zum neuplatonischen Denken.

c) Das durch Augustin nicht verwehrte Nebeneinander von G.u.B. als hermeneutischer und als heilsökonomischer Formel bestimmt die *mittelalterliche* Tradition (vgl. die origenistische Ergänzung zur 3. Regel des Ticonius bei → Isidor von Sevilla, Sent. I, 19 [MPL 83, 582]). Einerseits verlagert sich freilich der Schwerpunkt in das origenistische Begriffsverständnis. Die augustinische Auffassung findet sich relativ selten in der Tradition, und auch dann vermischt mit der origenistischen (zB Jacobus → Perez von Valencia, Pss-Kommentar tract. III c. 2 reg. 5; Joh. Altenstaig, Vocabularius theologiae s.v. Scriptura vet. test.). Andererseits aber weicht man von der origenistischen Konzeption ab durch die starke positive Wertung des sensus litteralis (zB → Hugo von St. Victor, MPL 175, 13f), die heilsökonomische Orientierung des dreifachen sensus spiritualis (→ Thomas, S. th. I q. 1 a. 10) sowie den Gedanken eines doppelten sensus litteralis (historicus – propheticus; → Nikolaus von Lyra, → Paulus von Burgos u.a.). Die hermeneutische Verwendung der Begriffe G.u.B. verrät zunehmende Unsicherheit. Daneben läuft ein in seiner Kontinuität und seinen Ausstrahlungen schwer zu verfolgender Traditionsstrom, der mit existentiellem Pathos in dem Gegensatz von G.u.B. (B. = Fleisch, 2Kor 3, 6; Joh 6, 63) denkt. Nach → Joachim von Flore bringt das Zeitalter des hl. G.es den spirituales die spiritualis intelligentia, die aus der littera des AT (Juden) und der littera des NT (römische Kirche) hervorgeht (Liber concord. II, 7).

3. Mit der *Reformation* beginnt eine Phase leidenschaftlicher Auseinandersetzung um G.u.B. Es kommen darin letzte theologische Prinzipienfragen um Glauben und Verstehen zum Austrag. Auffallend ist die unvergleichliche Intensität, mit der → Luther in der 1. Pss-Vorlesung von dem Begriffspaar Gebrauch macht. Es wird ihm zum Instrument, um der Verstehensfrage unter dem Worte Gottes an die Wurzel zu gehen. Ohne deutliches Bewußtsein der Differenz zwischen Origenes und Augustin verschmelzen für ihn das theologische Sachproblem und das hermeneutische Problem zur Einheit: wie das Wort Gottes als Evangelium zu seinem Ziel kommt. Darum ist littera = lex irae, spiritus = verbum gratiae. Und zwar: spiritus latet in littera. Darum: spiritum a littera discernere facit theologum. Das ist eine hermeneutische Aufgabe, deckt sich aber nicht mit dem herkömmlichen doppelten Schriftsinn (vgl. bes. WA 3, 11f. 254ff. 456f). Seit der Lektüre von Augustin, De spir. et litt. (1515) nimmt er scharf gegen die (vergröberte) origenistische zugunsten der (zum Hermeneutischen hin vertieften) augustinischen Position Stellung (WA 56, 67. 336ff; 1, 106; 57 (Gal), 95f; 2, 550ff; 5, 644ff; 7, 647ff), zunächst in antirömischer, dann auch in antischwärmerischer Front (ASm III, 8). Damit tritt der Gebrauch der Unterscheidung von G.u.B. bei Luther zurück. Der recht verstandene sensus litteralis ist spiritualis, nämlich die Unterscheidung von Gesetz und Evangelium (→ Gesetz: V), die nun klarer als die von G.u.B. die Bindung des G.es an das verbum externum zum Ausdruck bringt.

Dagegen bleibt die Antithese von G.u.B. in den zum *Spiritualismus* (→ Spiritualisten) hin tendierenden Nebenströmungen der Reformation hoch im Kurs. → Karlstadt, der erst der augustinischen, dann stärker der origenistischen Deutung folgte, durchlief darin eine Luther entgegengesetzte Entwicklungsrichtung. Schärfer noch wurde der Gegensatz zu Luther, sobald das Verhältnis von G.u.B. als das von äußerem (scriptum oder vocale) und innerem (vom äußeren unabhängigen) Wort, von Kreatürlichem und Göttlichem, von Mittelbarkeit und Unmittelbarkeit gedeutet wurde (in verschiedener Weise bei → Müntzer, → Schwenckfeld, Seb. → Franck u.a., weniger radikal im Einflußbereich des → Erasmus). Demgegenüber entfaltete Luther seinen worthaften, geschichtlichen G.begriff. Im einzelnen überschneiden sich freilich die Begriffsnuancen und Problemschichten in sehr komplizierter Weise. In den Auseinandersetzungen fehlt es nicht an gegenseitigen Mißverständnissen und vermittelnden Positionen. Interessant dafür sind die ausführlichen Darlegungen Franz → Lamberts von Avignon zum Thema: littera ist schlechthin alles Geschaffene, spiritus das Verstehen der Wirklichkeit im Lichte des Willens Gottes. Die Weite des Horizonts erinnert an Origenes, aber gegen die Allegorese wird scharf polemisiert. Spiritualistische Tendenzen sind ebensowenig zu verkennen wie eine gewisse Verwandtschaft mit Luther.

Ablehnung der origenistischen und Zustimmung zur augustinischen Deutung sind der luth. und ref. Lehrtradition gemeinsam. → Melanchthon hat seit 1535 einen Abschnitt De spiritu et littera seinen Loci eingefügt und dadurch in der beginnenden luth. Orthodoxie zu ausführlichen Erörterungen darüber angeregt (vgl. die Klassifizierung verschiedener Deutungsmöglichkeiten bei → Flacius). Die Tendenz zur Gleichsetzung mit zwei doctrinae (charakteristisch die Formulierung bei J. → Andreä, daß der spiritus sanctus per litteram legis occidit et per litteram Euangelii vivificat) bedeutet eine Verengung gegenüber Luther. Lehrreich ist dafür der letztlich das Verhältnis von G.u.B. betreffende Rahtmannsche Streit (→ Rahtmann). Die differierende Auffassung ref. Theologie (→ Calvin, Inst. II, 7, 2; 11, 7; Kommentar zu 2Kor 3, 6 [CR 50, 39ff]; vgl. ferner Conf. helv. post. XIII), die unter G.u.B. vornehmlich die Differenz der effectus der einen doctrina und Christus als anima legis, als spiritus litteram per se mortiferam vivificans versteht, befindet sich bei sorgfältiger Analyse der Fragestellungen und Formeln nicht in direktem Gegensatz zur luth. Position.

4. Abgesehen von dem Fortwirken früherer Auffassungen und den Bemühungen um deren historische Erhellung (einschließlich der Paulusexegese) hat die Theologie der *Neuzeit* keine bemerkenswerten neuen systematischen Verarbeitungen des Problems G.u.B. hervorgebracht. Statt dessen wirkt die paulinische Antithese nun in weiter Streuung in die allgemeine Geistesgeschichte hinüber: bes. in die → Sprachphilosophie (→ Hamann), die → Ästhetik und die allgemeine → Hermeneutik (→ Fichte u.a.). »Die Lehre vom G.u.B.n ist... auch darum so interessant, weil sie die Philosophie mit der Philologie in Berührung setzen kann« (Fr. Schlegel, Athe-

näumsfragment 93). Darüber hinaus ist die Unterscheidung G.u.B. beteiligt an der Auffassung vom Chiffre-Charakter der → Wirklichkeit, der die Entzifferung und Interpretation auf den verborgenen G. hin zur Aufgabe macht. Die aus platonischem Symbolismus entstandene und im MA verbreitete Idee vom »Buch der Natur« (zB → Raimund von Sabunde, Liber naturae sive creaturarum) ist bei Fr.Lambert von Avignon ausdrücklich mit der Lehre von G.u.B. verbunden und hat zusammen mit der Signatura-Lehre des → Paracelsus über J. → Arnd (4. Buch vom Wahren Christentum: Liber naturae) und J. → Böhme (De signatura rerum) auf die Philosophie der Neuzeit vielfältig eingewirkt.

5. Die Antithese G.u.B. samt ihrer Interpretationsgeschichte fordert als umfassender Problembegriff dazu heraus, die Lehre vom Worte Gottes in Unterscheidung von Gesetz und Evangelium so zu durchdenken, daß damit in eins das hermeneutische Problem bedacht wird in dessen Verzahnung mit dem Problem der Sprache, der Geschichte und der Ontologie.

Allgemein: Vgl. außer der Lit. zu → Geist: IV. V, → Gesetz: V, → Hermeneutik: Dict. de la Bible IV, 294ff. 1369ff; V, 1609ff. 1858 - E.AUERBACH, Figura (Arch. Romanicum 22, 1938, 436-489 = Neue Dantestudien, Istanbul 1944, 11-71).

Zu 1: Kommentare zum → Römerbrief u. 2. → Korintherbrief - C.SIEGFRIED, Philo v. Alex. als Ausleger des AT, 1875 - W.BACHER, Die älteste Terminologie der jüd. Schriftauslegung, 1899 - R.HIRZEL, Ἄγραφος νόμος (AGL 20, 1900) - P.HEINISCH, Der Einfluß Philos auf die älteste christl. Exegese, 1908 - J.GÖTTSBERGER, Die Hülle des Moses nach Ex 34 u. 2Kor 3 (BZ 16, 1924, 1-17) - H.WINDISCH, Der 2Kor (MeyerK VI[9]), 1924, 109ff - E.STEIN, Die alleg. Exegese des Philo v.Alex. (BZAW 51), 1929 - O.MICHEL, Paulus u. seine Bibel, 1929 - H.LIESE, De spiritu et littera (2Kor 3, 4-11) (VD 11, 1931, 225-229) - ThW I, 761ff; VI, 413ff - E.-B.ALLO, St.Paul Seconde Épître aux Corinthiens, Paris (1937) 1956[2], 107ff - L.GOPPELT, Typos, 1939 - J.BONSIRVEN, Exégèse Rabbinique et Exégèse Paulinienne, Paris 1939 - ROMUALDUS OFM, Christus de levend makende geest (De antithese πνεῦμα-γράμμα bij Sint Paulus) (StC 17, 1941, 18-32) - H.A.WOLFSON, Philo I. II, Cambridge/Mass. 1947 - W.D.DAVIES, Paul and Rabbinic Judaism, London 1948 - K.PRÜMM, Israels Kehr zum G. - 2Kor 3, 17a im Verständnis der Erstleser (ZKTh 72, 1950, 385-442) - DERS., Gal u. 2Kor - ein lehrgehaltl. Vergleich (Bibl 31, 1950, 27-72) - DERS., Röm 1-11 u. 2Kor 3 (ebd 164-203) - DERS., Die kath. Auslegung v. 2Kor 3, 17a in den letzten vier Jahrzehnten nach ihren Hauptrichtungen (ebd 316-345. 459-482; 32, 1951, 1-24) - B.SCHNEIDER, Dominus autem Spiritus est, Rom 1951 - DERS., The Meaning of St.Paul's antithesis »The Letter and the Spirit« (CBQ 15, 1953, 163-207; im I. Tl auslegungsgesch. Material, Lit.) - J.LEIPOLDT-S.MORENZ, Hl. Schriften, 1953 - B.COHEN, Letter and Spirit in Jewish and Roman Law (Mordecai M.Kaplan Jubilee Volume, New York 1953, 109-135) - DERS., Note on Letter and Spirit in the NT (HThR 47, 1954, 197-203) - E.KAMLAH, B.u.G. Die Bedeutung dieser Antithese für die at. Exegese des Apostels Paulus (EvTh 14, 1954, 276-282) - RAC II, 688ff - R.M.GRANT, The Letter and the Spirit, London 1957 (behandelt den Problemzusammenhang von der frühen griech. Dichtung bis zu Origenes) - S.SCHULZ, Die Decke des Moses. Unters.en zu einer vorpaulin. Überlieferung in 2Kor 3, 17-18 (ZNW 49, 1958, 1-30).

Zu 2a: J.DANIÉLOU, Origène, Paris 1948 - K.PRÜMM, Der Abschnitt über die Doxa des Apostolats 2Kor 3, 1- 4, 6 in der Deutung des hl. Joh.Chrysost. (Bibl 30, 1949, 161-196. 377-400) - H.DE LUBAC, Histoire et Esprit. L'intelligence de l'Écriture d'après Origène, Paris 1950 - K.H.SCHELKLE, Auslegung als Symbolverständnis (ThQ 131, 1952, 129-151) - R.GÖGLER, Die christolog. u. heilstheol. Grundlage der Bibelexegese des Origenes (ThQ 136, 1956, 1-13).

Zu 2b: AUGUSTINUS, De spiritu et littera (a. 412) (MPL 44; CSEL 60) - H.KARPP, Schrift u. G. bei Tertullian (BFChTh 47), 1955 - P. BRUNNER, Charismatische u. methodische Schriftauslegung nach Augustins Prolog zu De doctr. christ. (KuD 1, 1955, 59-69. 85-103) - G.STRAUSS, Schriftgebrauch, Schriftauslegung u. Schriftbeweis bei Augustin (BGH 1), 1958.

Zu 2c: B.SMALLEY, The Study of the Bible in the Middle Ages, Oxford (1940) 1952[2] - P.C.SPICQ, Esquisse d'une Histoire de l'Exégèse Latine au Moyen Age, Paris 1944 - W.WERBECK, Jacobus Perez v.Valencia. Unters.en zu seinem Pss-Komm. (Diss. Zürich), 1958.

Zu 3: A.BODENSTEIN (KARLSTADT), Pro divinae gratiae defensione. Sanctissimi Augustini De spiritu et litt. liber, 1517-19 (s.u. bei E.KÄHLER) - DERS., De legis litt. sive carne et spiritu, 1521 - FR.LAMBERT AVENIONENSIS, Commentarii de Prophetia, Eruditione et Linguis, deque Litt. et Spiritu, 1526 - PH.MELANCHTHON, Loci praecipui theol., 1559 (CR 21, 930-934; Werke in Auswahl II/2, 616-621: De Spiritu et Litt.) - M.FLACIUS ILL., Clavis Scripturae Sacrae, 1567 (I. pars s.v. spiritus V) - J.ANDREAE, Disputatio de spiritu et litt., 1575 - L.HUTTER, Loci communes theol., 1619 (Loc. 29: De spiritu et litt.) - J.H.MARONIER, Het Inwendig Woord, Amsterdam 1890 - A.HEGLER, G.u. Schrift bei Seb.Franck, 1892 - H.BARGE, Über eine vergessene Schrift Karlstadts (ThStKr 74, 1901, 522-533) - R.H.GRÜTZMACHER, Wort u. G., 1902 - P.HANKAMER, Die Sprache, ihr Begriff u. ihre Deutung im 16. u. 17.Jh., 1927 - E.SCHOTT, Fleisch u. G. nach Luthers Lehre, 1928 - H.BORNKAMM, Äußeres u. inneres Wort in der reformatorischen Theologie (In: Vom Worte Gottes, Bericht über den 3. dt. Theologentag, 1931, 30-45) - G.EBELING, Ev. Evangelienauslegung. Eine Unters. zu Luthers Hermeneutik (FGLP 10, 1), 1942 - DERS., Die Anfänge von Luthers Hermeneutik (ZThK 48, 1951, 172-230) - DERS., Luthers Auslegung des 44. (45.) Psalms (in: Lutherforschung heute. Referate u. Berichte des 1. Intern. Lutherforschungskongresses Aarhus, hg.v. V.VAJTA, 1958, 32-48) - R.PRENTER, Spiritus Creator. Studier i Luthers theologi, Kopenhagen 1944; dt.: FGLP 10, 6, 1954- E.KÄHLER, Karlstadt u. Augustin. Der Kommentar des Andr.Bodenstein v. Karlstadt zu Augustins Schrift De spiritu et litt. Einführung u. Text (HM 19), 1952 - M.DE CASTRO, La antítesis paulina entre la letra y el espiritu en la traducción y comentario de Juan de Valdés (Röm 2, 29 y 7, 6) (Estudios Bíblicos 13, Madrid 1954, 167-183; Referat in IZBG 3, 1954/55, 109) - W.WISWEDEL, Zum »Problem inneres u. äußeres Wort« bei den Täufern des 16.Jh.s (ARG 46. 1955, 1-19) - W.KRUSCHE, Das Wirken des hl.G.es nach Calvin, 1957 - W.KRECK, Wort u. G. bei Calvin (Festschr. f. G.Dehn, 1957, 167-181).

Zu 4: J.G.FICHTE, Über G. u. B. in der Philosophie, 1794 (Werke hg.v. I.H.FICHTE, Bd 8, 1846, 270-300) - DERS., Die Grundzüge des gegenwärtigen Zeitalters, 1806, 7. Vorl. (Werke hg.v. F.MEDICUS, Bd 4, 1908) - R.UNGER, Hamanns Sprachtheorie im Zusammenhange seines Denkens, 1905 - F.BLANKE, Gottessprache u. Menschensprache bei J.G.Hamann (ThBl 9, 1930, 201-215 = Hamannstudien, Zürich 1956, 83-97) - W.KAYSER, Die Natursprachenlehre J.Böhmes u. ihre Grundlagen (Euphorion 31, 1930, 521-562) - E.METZKE, J.G.Hamanns Stellung in der Philosophie des 18.Jh.s (SGK 1934) - M.KOMMERELL, G.u.B. der Dichtung. Goethe-Kleist-Hölderlin, (1940) 1942[2] - E. FRANK, Philosophical Understanding and Religious Truth, New York 1945; dt. 1949, Kap. VI: B.u.G. - E.R.CURTIUS, Europ. Lit. u. lat. MA, (1948) 1954[2] (Kap. 16: Das Buch als Symbol).

G.Ebeling

Geist, Orden vom Hl., von einer Anzahl Orden und Kongregationen der kath. Kirche geführter Name.

1. Von den unter dieser Bezeichnung errichteten Genossenschaften bestehen heute: a) *Priester vom Hl.G.* (Monfortani), 1703 mit dem damaligen Haupthaus in St.-Laurent-sur-Sèvre (Dep. Vendée) von dem in der Bretagne geborenen Weltpriester und Volksmissionar Marie Grignion de Montfort (1673-1716) gegründet, um den Tendenzen der Aufklärung entgegenzuwirken; nach ihrem Organisator René Mulot volkstümlich »Les Mulotistes« genannt. Nach der französischen Revolution wiedererrichtet, verläßt die Kongregation infolge des »Vereinsgesetzes« von 1901 Frankreich und gründet Missionen in Kolumbien sowie 5 Niederlassungen in Dänemark mit einem Kollegium in Roskilde, das von den ebenfalls von Grignion hergeleiteten »Töchtern der Weisheit« (Filles de la Sagesse) geleitet wird. 1903 folgen Gründungen auf Island (Reykjavik), dann 1922 in Mozambique, 1932 in Belgisch-Kongo und in jüngerer Zeit auf Madagaskar und Borneo. - b) *Missionare vom Hl.G.* (Missionarii Sancti Spiritus; MSSp) bzw. *Kongregation vom Hl.G. und vom unbefleckten Herzen Mariä* (Congrégation du St.Esprit et du St.Coeur de Marie; CSSp), auch Väter vom Hl.G. (Pères du St.Esprit) oder nach ihrer Ordenstracht »Schwarze Väter« (Pères Noirs) genannt, sind eine besonders um die Negermission in Afrika und Amerika verdiente Missionsgesellschaft. Sie entstand 1848 aus einer Zusammenlegung der 1703 von Claude France Poullart des Places in Paris begründeten

Genossenschaft vom Hl.G. mit der 1841 von Maria Paul Libermann gegründeten *Kongregation vom unbefleckten Herzen Mariä.* Feste, regelmäßige Provinzen wurden nacheinander in Frankreich, Deutschland, Portugal, USA, Belgien, Holland, England, Kanada, Polen und in der Schweiz gegründet. Da Mitte des 19.Jh.s in Afrika noch keine missionarischen Kongregationen bestanden, hatten die Missionare vom Hl.G. vor allem in Westafrika bei Beginn ihrer Arbeit freies Feld. Sie gründeten die ersten apostolischen Vikariate in Ostafrika (Sansibar) und drangen nach Zentralafrika (Kongo und Angola) vor. Das Entstehen weiterer Missionsgesellschaften setzte jedoch der alleinigen Arbeit ein Ende und führte zu einer Neuverteilung der Gebiete. Die Kongregation ist heute eine Genossenschaft päpstlichen Rechtes mit einfachen Gelübden, zusammengesetzt aus Priestern und Brüdern. Die Provinzen sind strikt an die zentrale Macht des Generaloberen gebunden, der auf 12 Jahre gewählt wird und seinerseits die Oberen ernennt. Die Kongregation hat zZ mehr als 4200 religiöse Professen, unter ihnen 33 Bischöfe; sie ist eingeteilt in 11 Provinzen, 34 Missionsdistrikte und mehr als 350 Gemeinschaften oder Niederlassungen. Außerdem hat sie die Direktion des französischen Seminars in Rom. – c) *Töchter vom Hl.G.* (Soeurs blanches), 1706 in Plérin (Bretagne) für Kranken- und Waisenfürsorge gegründet. Das Mutterhaus befindet sich in St.-Brieuc (Bretagne), zahlreiche Niederlassungen bestehen in Frankreich, ferner in Belgien, in den Niederlanden und den USA. – d) *Schwestern der Hl.Herzen Jesu und Mariä vom Hl.G.,* 1805 in Tours zur Führung von Armenschulen als weibliche Kongregation von Abbé Guépin gestiftet. – e) *Schwestern vom Hl.G.,* gegründet 1857 zur Armen- wie Krankenpflege und sonstigen karitativen Aufgaben. Mutterhaus in Marienhof bei Koblenz. – f) *Kongregation der Dienerinnen des Hl.G.es von der ewigen Anbetung* (Steyler Anbetungsschwestern) und *Missionsgenossenschaft der Dienerinnen des Hl.G.es* (Steyler Missionsschwestern): Selbständige, mit der »Gesellschaft des Göttlichen Wortes« von Steyl (SVD) verbundene Frauengenossenschaften, die 1889 bzw. 1896 von dem Gründer der Gesellschaft, Arnold Janssen in Steyl, zum Zweck der Glaubensverbreitung gestiftet wurden und ihre Generalmutterhäuser dortselbst haben. – g) *Polnische Schwestern vom Hl.G.* mit dem Mutterhaus in Westvien (Pa., USA). – h) *Dienerinnen des Hl.G.es und Mariens der Unbefleckten,* 1888 in San Antonio (Texas, USA) für die Betreuung von Negern und Indianern errichtet.

2. Untergegangen sind von den im MA errichteten Ordensgenossenschaften vom Hl.G.: a) der 1198 in Südfrankreich vom Grafensohn Guido zu Montpellier gestiftete *Hospitalorden vom Hl.G.* (Brüder oder Chorherren vom Hl.G.), der 1204 das bekannte Spital »Santo Spirito in Sassia« übertragen erhielt. In seiner Verbindung breitete sich die *Erzbruderschaft Santo Spirito in Sassia* während des MA in ganz Europa aus. Die letzten Niederlassungen des Ordens gingen Mitte des 18.Jh.s in Frankreich ein. – b) Gleich diesen widmen sich dem Krankendienst die deshalb auch *Hospitaliterinnen vom Hl.G.* genannten *Chorfrauen vom Hl.G.,* deren erste Niederlassungen Anfang des 13.Jh.s in Frankreich entstanden. Wie die Hospitaliter vom Hl.G. legen sie außer den drei gewöhnlichen Gelübden ein viertes ab: den Armen dienen zu wollen. Als Hl.G.schwestern oder Hospitaliterinnen vom Hl.G. bezeichnen sich oft auch die an außerhalb des Hl. G.-Ordens entstandenen Hospitälern tätigen Frauen. – c) *Kongregation vom Hl.G. zu Venedig,* etwa 1430 von dem venetianischen Augustinerchorherren Andreas Bondimero (1460–64 Patriarch von Venedig) gestiftet und 1556, ohne besondere Bedeutung erlangt zu haben, von Alexander VII. aufgehoben. – Außer den oben genannten Ordensgenossenschaften gab es ferner Ritterorden vom Hl.G., zB den französischen Orden *du St.Esprit* (1578 bis 1831). Heute existieren außerdem in verschiedenen Ländern *Bruderschaften* bzw. *Erzbruderschaften* vom Hl.G., u.a. die aus der (von Grignion de Montfort angeregten) Brüderschaft vom Hl.G. hervorgegangene religiöse Laienkongregation der *Brüder vom Hl. Gabriel* (Frères de l'instruction chrétienne de St.-Gabriel), Mutterhaus in Brüssel-Etterbeck.

Zu 1a: RE VI, 458 – Heimbucher II, 416f. 633 – P.Eykeler, De Heilige Montfort Louis-Marie Grignion, Apostolisch Missionaris Stichter van de Paters Montfortanen (Gezelschap Van Maria) en van de Dochters der Wijsheid, 1947 – M.Th.Le Moign-Klipffel, Les Filles de la Sagesse, Paris 1947 – Escobar II, 1065ff – Anuário Católico de Portugal, Lisboa 1957, 492. – Zu 1b: RE VI, 459 – H.Le Floch, La Congrégation du Saint-Esprit, Paris 1926 – LThK IV, 352 – Heimbucher II, 377ff – G.Goyau, La Congrégation du Saint-Esprit, Paris 1937 – M.Briault, Le vénérable Père F.-M.-P. Libermann, Paris 1946 – EC IV, 293f – Escobar II, 1051ff – Anuário Católico de Portugal, Lisboa 1957, 490ff. – Zu 1c: RE VI, 458 – Heimbucher II, 409 – LThK IV, 352. – Zu 1d-h: RE VI, 458f – Heimbucher II, 409f – LThK IV, 352f. – Zu 2a-c: RE VI, 459f – S.Reicke, Das Spital u. sein Recht im MA I (KRA 111/112), 1932, 166ff – LThK IV, 352f – Heimbucher I, 417ff. 459. 429.

W.Göbell

Geister, Dämonen, Engel

I. Religionsgeschichtlich – II. Im AT, Judentum und NT. – Zur christlichen Engellehre und -verehrung vgl. → Engel: I–III; vgl. ferner → Dämonen, → Geist, → Götterbote, → Teufel

I. Religionsgeschichtlich

Die *Welt der G.* ist so vielgestaltig und mannigfaltig wie die der Religionen überhaupt: »Sie bedecken die Erde wie Gras«, sagt ein babylonischer Text. Sie bilden ein Zwischenreich zwischen Menschen und Göttern, wobei freilich der Mensch in die Reihen der G. übergehen, Götter aus G.n entstehen können, wenn sich die zunächst noch undifferenziert erscheinenden Mächte stärker personifizieren. Es gibt Tier- (→ Tierkult), → Feuer-, Luft-, → Erd- und → Wasser-, Baum- (→ Bäume und Pflanzen) und → Berg-, → Stein- und → Stern-G. Bald sind sie eine unbestimmte → Macht, die teils eher als die eigentlichen Götter, teils neben diesen angebetet wurde, bald eine unheimliche Größe mit eigenem Namen. Dann stellt man sie sich manchmal in Familien und Hierarchien vor und spricht von einem G.fürsten, einer G.mutter. – Neben den Natur-G.n (→ Naturdienst, → Naturgottheiten, → Naturmythologie) stehen die Toten- und Ahnengeister (→ Totenverehrung: I), aus deren Verehrung der → Animismus alle religiösen Erscheinungen erklären wollte. Solche G. werden von der Familie verehrt, welche durch ihre über den Tod hinaus wirksame Macht Hilfe und Schutz erhofft (»Der Vater ist ein großer Schatz, selbst wenn er tot ist«, Ewe) oder versucht, durch Opfer und Gebete das durch die vom Leib gelösten Kräfte drohende Unheil zu bannen.

Die *Vorstellung der D.* mag sich zT aus diesen schauerlichen Toten-G.n entwickelt haben, vor deren Wiederkehr man Grauen empfand. In allen als D. bezeichneten Wesen ist »der Schrecken der Macht, der unberechenbaren Gewalt« (van der Leeuw) verkörpert. Daß ihr Tun dem menschlichen Willen unzugänglich und unbegreiflich ist, zeigt sich daran, daß ihnen Willkür und die Unfähigkeit zur Vollendung ihrer Werke zugeschrieben wird. Sie erscheinen dem Menschen meist in schwer zugänglichen Gebieten, die sich der Bebauung entziehen: im Bergland (wie Rübezahl), in der Wüste (wie die arabische ghūl), als Unterirdische, Erdmännchen, Trolle, doch auch als liebliche Elfen. Das unheimliche Element des Wassers ist bes. von dämonischen Wesen (Nixen, Nöck, aber auch Klabautermann) beherrscht. Einsame

Mühlen, Brunnen und vor allem die den Menschen in Verwirrung führenden → Kreuzwege, die tückischen Moore werden von ihnen bevölkert; sie erscheinen zur unheimlichen Zeit: in der unbestimmten Dämmerung, in der Finsternis der winterlichen Mitternacht (wie die Wilde Jagd), im Brüten der Mittagshitze (Pan). D. können – wohl aus Traumerlebnissen abzuleiten – auf des Menschen Brust als Alp oder Nachtmahr sitzen und ihn quälen, oder, in Gestalt der incubi und succubi, verdrängte sexuelle Mächtigkeit personifizieren. – Ihr Aussehen ist wechselnd. Um den Menschen zu narren, zeigen sie sich als Tiere (Fuchs- und Schlangen-G., die ġhūl als Widder; auch der Werwolf gehört hierher); sie können aber auch eine ihnen eigene gräßliche Gestalt haben, zT mit abscheulichen Mißbildungen, wofür es in der bildenden Kunst von gotischen Wasserspeiern bis zu ostasiatischen Tempeln reichliche Beispiele gibt (Mischwesen). Manchmal werden sie, wie im Judentum, als haarige Wesen vorgestellt. – Fast immer wird → Krankheit als von D. bewirkt angesehen. Sie saugen dem Menschen das → Blut aus, schicken ihm Kopfschmerzen und andere Leiden. Schon sumerisch-akkadische → Beschwörungen zählen Namen und Art der (hier oft siebenfach auftretenden) Krankheits-D. auf. Insbesondere ist der Glaube an eine kindermordende, die Wöchnerin heimsuchende Dämonin (babyl. labartu, griech. λάμια) in fast allen frühen Kulturen verbreitet. Geisteskrankheit gilt allerorts als Werk der D.; so bedeutet arabisch maǧnūn »verrückt« eigentlich »vom ǧinn besessen«.

Die Vorstellung der ǧinn ist aus dem vorislamischen Heidentum in den → Islam (: I) übernommen worden. Die ǧinnen sind G., denen die heidnischen Wahrsager und Dichter ihre Weisheit verdanken (mancher kennt seinen Dämon sogar bei Namen); sie gelten als feurige oder luftige Wesen und können durch Annahme des Islam Erlösung finden. Die Möglichkeit einer Ehe mit ǧinnen wird im Gesetz eingeräumt. Man nimmt, ähnlich wie in → Babylonien (: II, 8), Siebenergruppen bzw. sieben ǧinn-Fürsten an; von ihnen zu unterscheiden ist der als zār bezeichnete Krankheitsdämon.

Nach indischer und buddhistischer Anschauung sind auch G. und D. dem Gesetz der → Wiedergeburt (: I) unterworfen. Religionsgeschichtlich wichtig ist die Degradierung von Göttern zu dämonischen Wesen, wenn eine neue Religion der vorhandenen siegreich gegenübertritt. So werden die Götter der Nichtisraeliten als D. erklärt; der persische Begriff ahura, das gute Gottwesen, bezeichnet in Indien als asura die D. Umgekehrt wird der altarische Götterbegriff der daevas in Iran zu devas, bösen G.n, die von dem Frommen zu bekämpfen sind und neben denen die femininen drūg, Lügen-G., stehen; sie bilden die Heere des Bösen, die Saat der Dunkelheit (→ Iran: II). Andererseits haftet manchen Göttern noch die Spur ihrer dämonischen Herkunft an.

Die griechische Religion, die eine Unzahl von Nymphen, Dryaden, Nixen und anderen Natur-G.n kannte und die unheimlichen Mächte auch in Gruppen wie den bluträchenden Erinyen zusammengefaßt hat, steht in ihrer Definition des δαίμων Anschauungen wie dem altarabischen ǧinn, dem römischen genius (Schutzgeist des Mannes) und der ihm für die Frau entsprechenden juno nahe. »Der Charakter des Menschen ist sein Dämon«, sagt Heraklit, und der Begriff ist in der Folge am klarsten bei Sokrates empfunden als die treibende, aber nicht mit der Logik faßbare innere Stimme, was schon dem Begriff des persönlichen E.s nahesteht.

Ist in den D. einerseits die auf den Menschen einwirkende, aber nicht zu fassende unheimliche Macht als solche, andererseits auch die vom Menschen ausgehende böse Macht (wie in den Toten-G.n oder in der Magie) empfunden, so sieht man in den E.wesen einmal die Ausstrahlung des Göttlichen mit all seinen Eigenheiten, zum anderen die personifizierten guten Seelenpotenzen, die Schutzkräfte des Menschen. Ein Beispiel dieser Doppelheit gibt der Zoroastrismus mit den → Amesha Spentas, den wirkenden guten Kräften und ausgesandten Energien Ahuramazdās (→ Ormazd), andererseits in den → Fravaschis als den geistigen Doppelgängern aller Wesen – eine Entwicklung aus dem Begriff der nach außen projizierten → Seele, die als Schutzgeist wirkt. Iran kann als Heimat der E.vorstellung im engeren Sinne angesehen werden.

Vor allem das Judentum, das Christentum (→ Geister: II, → Engel: I) und der Islam haben die E.vorstellung ausgebildet. Der hebräische und arabische mal'ak ist, wie der griechische ἄγγελος, der »Bote«, »Gesandte«, in dem sich etwas von Gottes Macht offenbart und der später als selbständiger Träger von Gottes Botschaft zum Menschen tritt, um auf Erden Gottes Befehle auszuführen (→ Götterbote). Während der Satan (= Ankläger) im Buche Hiob noch als Glied in Jahwes himmlischem Hofstaat Gottes Willen vollstreckt, tritt er nach persisch-dualistischer Auffassung als ausgesprochener Feind Gottes hervor (→ Ahriman, → Teufel).

Vom Judentum sind die Erzengelnamen in das Christentum und den Islam übergegangen und, im islamischen Bereich, in phantastischer Zahl vermehrt worden. E.kräfte, die schon fast ins Dämonische abgleiten, werden dort in zahllosen Beschwörungen mit ihren auf -il gebildeten phantasievollen Namen aufgerufen, mit Tagen (→ Tagewählerei), Sternen, → Metallen usw verbunden. – Im Islam sind die E.vorstellungen bes. ausgebildet. Neben den lobpreisenden E.n stehen die vier E.-wesen, welche den göttlichen Thron tragen, ferner die in sieben Himmeln angeordneten E., die 19 Höllen-E. usw. Zwei E. sind dem Menschen zugeordnet, um seine guten und bösen Taten aufzuschreiben. Zwei andere, Munkar und Nakīr, werden ihn im Grabe nach seinem Glauben fragen und bei negativer Antwort peinigen, nachdem zunächst der Todes-E. ʿAzraīl, der 40 000-flügige, ihm die Seele entrissen hat. Am Jüngsten Tag wird Isrāfīl die Posaune blasen, nachdem er als erster – denn auch die E. müssen sterben – auferweckt sein wird. Dem Menschen stehen, im islamischen wie im christlichen Bereich, Schutz-E. zur Seite (Hermas spricht von zwei Schutz-E.n, der Koran [Sure 6, 61] von den ḥafaẓa).

Ob die Substanz der E. Licht, materieloses Feuer, ätherischer Geist oder Luft ist, ob sie ein besonderes Geschlecht haben (typisch hierfür Muhammeds Verwahrung gegen die »Töchter Allahs«) und unfehlbar sind, wie weit sich ihr Wissen erstreckt, ob sie vollkommener sind als der Mensch, ist Gegenstand häufiger Diskussionen gewesen. Man pflegt den E.n nur so viel Wissen zuzuschreiben, wie Gott ihnen offenbart. Die Frage der Vollkommenheit wird zwar im allgemeinen hinsichtlich der Vollkommenheit des Gehorsams und der gottesdienstlichen Handlungen bejaht, aber grundsätzlich verneint, da die E. keine Entwicklungsmöglichkeit haben und nicht, wie der Mensch, aus Gnade gewürdigt werden, am göttlichen Leben oder an der visio beatifica teilzunehmen. Bezeichnend ist das Ḥadīth, in welchem Muhammed das Wort in den Mund gelegt wird, er erlebe Stunden der Gottesnähe, in welchen selbst für Gabriel kein Raum mehr sei; dh der Mensch kann Gott näherkommen als selbst der vollkommenste E.

Als Gestaltung des göttlichen Willens in seiner erhaben-furchtbaren Ausprägung (Todes-E., Straf-E.) und mehr noch seiner schützenden Gnade sind die → Engel (: II) immer wieder in der christlichen Kunst dargestellt worden. Auch die islamische → Kunst (: II I) kennt unter dem Einfluß Irans einige E.bilder. Ihre gestaltete Lieblichkeit und Erhabenheit drückt den Kontrast zu den unförmigen, besser noch: gestaltlosen Mächten, den D., treffend aus.

Allgemein: ERE IV, 565ff (Lit.) - EJud VI, 626ff - HWDA II, 140ff; III, 472ff - ThW II, 1ff - G.Dumézil, Naissance d'archanges, Paris 1945 - Ad.E.Jensen, Mythos u. Kult bei Naturvölkern, 1951, 368ff - E.Brunius-Nilsson, ΔΑΙΜΟΝΙΕ: An Inquiry into a Mode of Apostrophe in Old Greek Literature (Diss. Uppsala), 1955 (Lit.) - RDK III, 1016ff. - Speziell für den Islam: W.Eickmann, Die Angelologie u. Dämonologie des Korans im Vergleich zu der E.- u. G.lehre der Hl. Schrift, 1908 - EI[1] I, 1091ff; III, 209ff - E.Littmann, Arab. G.beschwörungen aus Ägypten, 1950 - E.Zbinden, Die Djinn des Islam u. der altoriental. G.glaube, 1953 (Lit.). - Phänomenologisch: van der Leeuw 77ff. 141ff. *A.Schimmel*

II. Im AT, Judentum und NT

1. Allgemeines - 2. D. im AT - 3. E. im AT - 4. Judentum - 5. NT

1. D. werden im AT nur selten erwähnt, und auch die E. spielen keine bes. wichtige Rolle. Opfer an D. und Wahrsagerei durch G. (Toten-G.) waren verpönt (vgl. u.a. Lev 17, 7; Dtn 18, 10f). Wenn auch das Vorhandensein von D. nie geleugnet wird, erscheinen sie als dem echten Jahwismus wesensfremd. Krankheit und Unglück werden auf Jahwe zurückgeführt, so daß man in seinem Wesen mit Recht etwas »Dämonisches«, dh Unheimliches und Schreckenerregendes sehen kann. Die Grenze zwischen D. und E.n ist fließend: dieselben Wesen können im Auftrag Jahwes sowohl Gutes als Böses anrichten.

Der E.- und D.glaube des AT ist verschiedenen Ursprungs: es gibt Reste altkanaanäischen Volksglaubens, verblaßte Gottheiten sind als Diener Jahwes eingereiht, fremde Götter sind zu D. degradiert worden, und schließlich ist Einfluß babylonischer (und später iranischer) Vorstellungen spürbar.

2. Die wichtigsten im AT genannten D. sind folgende: die *śe'îrîm*, bocksgestaltige Feld-G. (Jes 13, 21; 34, 12), denen man opferte (Lev 17, 7; 2Kön 23, 8). - Die *šedîm* (Dtn 32, 17; Ps 106, 37) genannten D. (= bab.-assyrisch šēdu) erklärt LXX (Ps 91, 6) als einen Mittagsdämon. Auch Pest und Seuche gelten in Ps 91, 6 als D. - *'Aza'zæl* ist ein in der Wüste hausender Dämon, der als Empfänger des → Sündenbocks gilt, später eine Art → Teufel (: II). - *Lilit* ist ein weiblicher Dämon der Einöde (Jes 34, 14). Mit dem babyl. Sturmdämon Lilitu identisch, wird sie aber später sekundär mit läjil, Nacht, zusammengestellt und als Nachtdämon aufgefaßt. - Weitere D.bezeichnungen begegnen in Jes 13, 21f; 34, 14; Spr 30, 15; Hi 33, 22; 2Chr 20, 22.

3. Unheilbringende Wesen werden als von Jahwe gesandt zuweilen auch E., dh »Boten« Gottes genannt, wie zB der Würg-E. (mal'ak mäšḥît 2Sam 14, 16, nur mäšḥît Ex 12, 23; vgl. der E. Jahwes 2Kön 19, 35) und die Unglücks-E. (Ps 78, 49). Ähnliches gilt vom »bösen Geist (Jahwes)« (Ri 9, 23f; 1Sam 16, 14), ferner von dem Lügengeist in 2Kön 22, 21ff. - E. kennt das AT vor allem als Glieder des himmlischen Hofstaats Jahwes (oft degradierte kanaanäische Gottheiten), die auch Gottsöhne, Göttliche (b^e^ne 'elîm), Heilige, Starke, Helden usw genannt werden. - Eine besondere Eigenart kommt den Keruben und den Saraphen zu. Die *Keruben* (Cherubim) erscheinen als geflügelte Mischwesen von Menschen und Tier (Ez 1; 10, 19; 11, 22). Nach Gen 3, 24 verwehrt ein Kerub den Zutritt zum → Paradies, nach Ps 18, 11 fährt Jahwe auf einem Kerub reitend vom Himmel herab, und nach Ex 25, 18ff; 37, 7ff hatte die → Lade zwei Keruben wie auch das Allerheiligste im → Tempel (: II). Der Name ist babyl. kuribu (wohl nicht karūbu, Beter); Darstellungen von geflügelten Mischwesen finden sich häufig in der babyl.-assyr. (→ Babylonien: II, 8) und nordsyrischen Kunst (BRL 382ff). - Die *Saraphen* (Seraphim; Jes 6, 2) im Hofstaat Jahwes haben 6 Flügel (nordsyrisches Relief: BRL 384). In Num 21, 4ff bezeichnet das Wort śaraf (fliegende) Schlangen oder Schlangen-D. (→ Eherne Schlange). Der Name ist hebräisch und bedeutet: brennend bzw. (den Übeltäter) verbrennend. - Eine Sonderstellung nimmt der *E. Jahwes* (mäl'äk jähwæ̅) ein; er ist eine fast hypostatische (→ Hypostasen) Erscheinungsform Jahwes, wie denn auch die Darstellung selten klar zwischen Jahwe und dem ihn vertretenden E. scheidet. - Bei → Sacharja begegnet ein E. als Offenbarungsmittler (angelus interpres: Sach 1, 9. 11ff; 2, 3 usw; vgl. schon Ez 40, 3). Eine besondere Funktion hat der Fürsprecher-E. (Hi 33, 23).

4. Im späteren *Judentum* erfährt der Glaube an E. und D. einen unerhörten Aufschwung. Das hängt vor allem mit einer Verschiebung im Gottesbegriff zusammen (→ Gott: III): Teils brauchte man jetzt Mittelwesen, um das Wirken des immer transzendenter aufgefaßten Jahwe an die Menschen zu vermitteln, teils wollte man böse Wirkungen nicht dem erhabenen, guten Gotte zuschreiben.

a) Die *E.lehre* des Judentums wird erst in der späthellenistischen Zeit voll ausgestaltet. In den → Pseudepigraphen (und großenteils auch in → Qumran) finden wir eine große Anzahl von E.n, auch Gottessöhne, Heilige, G., das Heer des Himmels usw genannt. Sie werden bald als menschengestaltig mit Flügeln und leuchtenden Kleidern, bald als unsichtbare »G.« beschrieben. Eine Verbindung mit den Sternen wird in der Bezeichnung »Wächter« oder »Wachende« gefunden; man kennt auch Elementar-G., die Wind, Feuer, Wasser usw vorstehen (äthHen 60, 11-21; Jub 2, 2 u.ö.), und Schutz-E. sowohl für einzelne als für ganze Völker, zB → Michael als E. des jüdischen Volkes (Dan 10, 13. 21 in Weiterführung von Stellen wie Dtn 4, 19; 17, 3; 32, 8 und LXX zu 32, 8). - Aus der Schar der E. treten als besondere Gruppe die *Erz-E.* hervor, deren Individualität klarer ausgeprägt ist; sie sind bald 7 (oder 6; wie die → Amesha Spenta), bald 4 (Michael, → Raphael, → Gabriel, → Uriel). Auch sonst werden verschiedene Klassen von E.n erwähnt: Kräfte, Herrschaften, Fürsten, Mächte, Thron(-E.) usw (äthHen 61, 10; slHen 20; s.u. 5). - Ein ausdrückliches Verbot von E.*verehrung* begegnet in der Mischna (Lueken).

b) Die dualistische Tendenz führt gleichzeitig zu einer reicheren Ausgestaltung der *Dämonologie*. Die ganze Welt ist von D. erfüllt, die unter einem mit verschiedenen Namen bezeichneten Fürsten stehen (Satan, Mastema, → Belial, Azazel usw; → Teufel: II). Über das Entstehen und die Herkunft der D. wird viel spekuliert; nicht selten greift man dabei auf Gen 6, 1-4 zurück, indem die D. als Nachkommen jener gefallenen E. (die selbst gefesselt ihre Strafe erwarten) betrachtet werden (äthHen 15, 8 bis 16, 4; Jub 4, 22; 5, 1ff). Nach rabbinischer Anschauung sind die D. von Gott am Ende des sechsten Tages geschaffen; als der Sabbat einbrach, konnte er ihnen keinen Körper schaffen, und sie sind nur G. geblieben. - Als *Bezeichnungen* für D. werden vor allem δαιμόνια, δαίμονες (hebr. śe'îrîm, šedîm) und πνεύματα (hebr. rûḥôt, rûḥîm) gebraucht, wobei die letzteren oft als böse oder unreine G. (ruaḥ ra'ā bzw. bîš oder ṭum'ā) gekennzeichnet werden. Bisweilen werden sie auch E. Satans genannt. Im rabbinischen Schrifttum finden sich auch Bezeichnungen wie mazzîqîn (Schädiger, Plage-G.), m^e^ḥabb^e^lîn (Zerstörer) und p^e^ga'în (Angreifer). Außerdem sind individuelle D. bekannt, wie zB → Asmodis und Qætæb im rabbinischen Schrifttum. - Die *Hauptfunktion* der D. besteht nach den Pseudepigraphen vor allem darin, die Menschen zu Sünden zu verführen; sie sind also von einem ethischen Gesichtspunkt aus betrachtet. In den Test XII finden sich sogar einzelne Sünden als böse G. oder Trug-G. personifiziert (TestRub 2, 1; 3, 3ff nennt sieben solcher G.). Nur gelegentlich bringen sie Unglück oder sind mit Zauberei und dgl. verbunden (äthHen 15, 11; 69, 12; slHen 10, 4; Dam 14, 5). Auch in den Qumran-Schriften ist der Gegensatz zwischen den zwei G.n bzw. ihren G.scharen ein vorwiegend ethischer. Im rabbinischen Schrifttum dagegen ist die Aufgabe der D., den Menschen Schaden an Leib und Leben zuzufügen, indem sie u.a. Krankheiten verursachen; von verführenden G.n ist nur selten die Rede. - Diesem reich ausgestalteten D.glauben entspricht natürlich eine mannigfache Zauberpraxis (Exorzismus, Amulette usw). Theologisch bedeutsam wurde die Vorstellung von einem geordneten Reich des Bösen, das der Herrschaft Gottes feindlich gegenübersteht und in welchem die D. als Diener oder E. Satans auftreten.

5. *Im NT* werden die jüdischen Anschauungen von E.n und D. als selbstverständlich übernommen (so auch von den gefallenen E.n in 1Petr 3, 19f; 2Petr 2, 4; Jud 6); nur tritt der Gegensatz zwischen dem → Reich Gottes und dem Reich des Bösen durch die Erscheinung Christi noch schärfer zutage (1Joh 3, 8).

a) In den Evangelien begegnen *E.erscheinungen* abgesehen von den Kindheits- und Auferstehungsgeschichten nur selten (Versuchung, Gethsemane); E. werden auch Christus bei der → Parusie begleiten (Mt 13, 49; 16, 27 par; 25, 31). Dieser Zug wird in Apk weiter ausgebildet. - Paulus kennt verschiedene Klassen von E.n (Fürsten, Mächte Röm 8, 38f; 1Kor 15, 24; vgl. auch zB Kol 1, 16; Eph 1, 21, wo sie aber eher als kosmische Mächte aufgefaßt sind). Mehrmals wird die absolute Erhabenheit des verherrlichten Christus über alle E.mächte betont (Eph 1, 20f; Phil 2, 9ff; so auch Hebr 1-2). In Kol 1, 15ff; 2, 18 wird gegen E.verehrung (gnostischer Art) polemisiert. - Schutz-E. werden Mt 18, 10; Apg 12, 15 erwähnt.

b) Die D. werden vor allem δαιμόνια und πνεύματα (ἀκάθαρτα, πονηρά) genannt. Sie stehen im Dienst Satans (Eph 6, 12). Christus treibt die bösen oder unreinen G. aus den Besessenen aus und leitet damit den Angriff auf das Satansreich ein (Mk 3, 23-27 par); es handelt sich aber hier nicht um verführende D., sondern um die schädigenden D. des Volksglaubens. Sonst ist fast immer von G.n und D. als religiös-ethisch schädlichen Mächten die Rede. - Durch Jesu Tod und Auferstehung sind die dämonischen Mächte grundsätzlich überwunden (Gal 1, 4; 4, 9; Kol 2, 15). Aber noch sind sie am Werk, um die Gläubigen zu bedrohen (Eph 6, 12; 1Joh 4, 1), und für die letzte Zeit erwartet man eine neue Kraftentfaltung der D. (1Tim 4, 1; Apk 16, 13f). Aber vor dem Vertrauen auf Gottes Liebe weicht die D.furcht (Röm 8, 38f).

Allgemein: ThW I, 72ff; II, 1ff; VI, 373f. 394 - E.LANGTON, The ministries of the angelic powers, 1937 - DERS., Essentials of demonology, 1949 (Lit.). - Zu 2 u. 3: H.DUHM, Die bösen G. im AT, 1904 - A.JIRKU, Die D. u. ihre Abwehr im AT, 1912 - P.VOLZ, Das Dämonische in Jahwe, 1924 - H.KAUPEL, Die D. im AT, 1930 - J.RYBINSKI, Der Mal'ak Jahwe, 1930 - F.STIER, Gott u. sein E. im AT, 1934 - A.R. JOHNSON, The one and the many in the Israelite conception of God, 1942 - G.W.HEIDT, Angelology of the OT, 1949. - Zu 4 u. 5: W. LUEKEN, Michael, 1898 - M.DIBELIUS, Die G.erwelt im Glauben des Paulus, 1909 - G.KURZE, Der E.- u. Teufelsglaube des Apostels Paulus, 1915 - BOUSSET, Rel. 320ff - BILL. IV, 501ff - E.PETERSON, Das Buch von den E.n, 1935 - BO REICKE, The disobedient spirits and Christian baptism, 1946 - B.NOACK, Satanás u. Sotería. Unters.en zur nt. Dämonologie, 1948 - H.BIETENHARD, Die himml. Welt im Urchristentum u. Spätjudentum, 1951 - F.NÖTSCHER, Geist u. G. in den Texten von Qumran (Mélanges bibliques A.Robert, 1957, 305-315).

H.Ringgren

Geistestaufe. Das Urereignis, auf das sich die G. bezieht, ist die »Ausgießung« des Geistes an Pfingsten. In der apostolischen Zeit wurde immer wieder im Gefolge von Predigt, Gebet oder Handauflegung der Geistesempfang erlebt (so Apg 4, 31; 8, 14ff; 10, 44; → Geist: IV), der häufig (nicht immer) mit außerordentlichen Erscheinungen, bes. der → Zungenrede (Apg 10, 46; 19, 6; 1Kor 14), verbunden war. Diese Phänomene wiederholten sich auch in der späteren Kirchengeschichte (zB → Montanismus, → Quäker, Herrnhuter [→ Brüderunität: II], Große Erweckung in den → Vereinigten Staaten [: I], Anfänge der → Katholisch-apostolischen Bewegung). Waren sie hier spontane Erscheinungen, die sich wieder verloren, so machte die → Pfingstbewegung die G. zu einem systematisch gepflegten Zentralpunkt ihrer Frömmigkeit und Theologie. Die sich durch die Zungenrede ausweisende G. zu erleben und in dem durch sie geschaffenen Stand zu bleiben, muß das Hochziel des Gläubigen sein. So ist jede pfingstlerische Evangelisationsversammlung darauf ausgerichtet, Apg 2 zu wiederholen und die Geistesgaben, vor allem Wunderheilung und Weissagung, zu praktizieren. Es wurde eine förmliche »revival technique« entwickelt - vom exerzitienähnlichen »Trachten« nach dem Geist mit Fasten, Dauergebeten, angespanntem Warten bis zu den massenpsychologischen Methoden, die Versammlungsatmosphäre für ekstatische Ausbrüche reif zu machen. Was im NT das Außerordentliche gewesen war, wurde nun zum Normalen, das als Überwältigung Empfundene zur Frucht einer Leistung, die Personalität und Souveränität des Hl. Geistes zur übernatürlichen Kraft, die man braucht und herbeiholen kann, um die Qualität des Heilsstands zu erhöhen. Damit verbunden ist eine Geringschätzung des kirchlichen Taufsakraments.

Vgl. die Lit. zu → Pfingstbewegung. Bes.: D.GEE, Concerning spiritual gifts, 1926; dt.: Über die geistl. Gaben, 1948 - DERS., Pentecost, Springfield 1932; dt.: Pfingsten, 1948 - DERS., Gottes Gnade und Kraft für heute, 1948 - W.SKIBSTEDT, Åndens dåp i bibelens Lys, o.J.; dt.: Die G. im Lichte der Bibel, 1946 - CHR.RÖCKLE, Die G. in Lehre u. Leben, (1947) 1948³ - K.HIPP, Die G., 1948 - P.GERICKE, Christl. Vollkommenheit u. Geisteserlebnisse, 1950. - Kritisch: B.KÜHN, Was ist's mit der G.?, o.J. - M.FISCHER, Der Kampf um die G., 1950.

K.Hutten

Geisteswissenschaften

1. Wortgeschichte - 2. Begriff - 3. Die Aufgabe - 4. Ihre Lösung durch Dilthey - 5. Neukantianismus - 6. Existenzphilosophie

1. Das *Wort* G. (Übersetzung von »moral science« oder »social science«) hat sich als zusammenfassende Benennung für die historisch-philologischen Wissenschaften im 19.Jh. eingebürgert. Eine besondere Rolle spielte dabei die Übersetzung von John Stuart → Mills »System der deduktiven und induktiven Logik« (1843) durch Schiel (1862²). Dort wurde die Anwendung der induktiven Logik auf geschichtliche und gesellschaftliche Phänomene als eine bloße Frage der Beschaffung der nötigen Daten angesehen und die »Ungenauigkeit« der G. mit der Unsicherheit der meteorologischen Wissenschaft in Vergleich gesetzt. Wenn Schiel von »G.« spricht, so hatte dies Wort für ihn einen induktiven Klang. Die Analogie zu den → Naturwissenschaften, deren Spezialisierung das 19.Jh. beherrscht, deutet sich schon in der Pluralform an.

2. Insofern knüpft der *Begriff* der G. nicht nur äußerlich an die Tradition der englischen → Aufklärung (: I) an. Im Grunde ist es das Programm → Bacons und → Humes, das Mill ausführte, nämlich die Anwendung der wissenschaftlichen Methoden auf die sozialen Phänomene und die Erforschung ihrer Gesetzmäßigkeiten. Im Gegensatz dazu umfaßt der Begriff nach deutschem Sprachgebrauch sämtliche Wissenschaften, die nicht Naturwissenschaften sind (mit Ausnahme der Mathematik), also alle, die in der theologischen, juristischen und philosophischen (d.i. philologisch-historischen) Fakultät ge-

pflegt werden. Was diese verschiedenen Wissenschaften (vom Marxismus »Gesellschaftswissenschaften« genannt) vereint, ist nicht so sehr die Analogie zu den Naturwissenschaften, sondern der Gegensatz zu diesen, da sie auf historische Einmaligkeiten und nicht nur auf Gesetzmäßigkeiten gerichtet sind. Es ist der Geist der historischen Schule, der die philosophische Besinnung über die Einheit der G. im 19.Jh. beherrschte. – Was über den Gegensatz zu den Naturwissenschaften hinaus die Einheit dieser Wissenschaftsformen positiv ausmacht, war die Frage. Schon das Wort enthielt außer dem induktiven Klang einen Bezug auf die deutsche idealistische Philosophie des Geistes (→ Idealismus: II), insbesondere auf → Hegel. Die Aufgabe einer theoretischen Legitimierung der G., die im 19. Jh. in Angriff genommen zu einem Bewußtsein ihrer methodischen Eigenart führte, ist zwar aus der vom Geist der Romantik gespeisten »historischen« Schule (→ Savigny, → Ranke), und das heißt aus der Kritik an Hegel und dessen begrifflicher Konstruktion der Weltgeschichte erwachsen. Aber so sehr das Selbstbewußtsein der G. den Erfahrungsstandpunkt gegen solche spekulative Vermessenheit zur Geltung brachte, der Sache nach baute sie doch auf dem von Hegel spekulativ entfalteten Gegensatz der Begriffe Natur und Geist auf, wie Erich Rothacker gezeigt hat. (Die Bedeutung der Heidelberger Romantik für die Entstehung der »historischen Schule« hat A.Baeumler in seiner bedeutenden Einleitung zum Werk → Bachofens gewürdigt.) – Inhaltlich gesehen gingen den G. die vom Humanismus bes. geförderten Disziplinen der Grammatik (Philologie) und der Rhetorik voraus. – Seit im 17.Jh. eine neue Methodik naturwissenschaftlicher Forschung entwickelt wurde, mußte sich nun das Nachdenken über den Wissenschaftscharakter der humanistischen Fächer um die Abhebung von dieser neuen Methodik bemühen. So hat etwa → Pascal den »Esprit de finesse« dem »Esprit géométrique« gegenübergestellt und G.B. → Vico (»De nostri temporis studiorum ratione«) die alte Tradition der Rhetorik gegen die neue »Critica« der cartesianischen Wissenschaft verteidigt. Diese Abgrenzungen gegen die moderne Wissenschaft und ihre Methodenidee wurden freilich nicht primär den G. zuliebe unternommen, sondern um der Erziehung und → Bildung willen, die eine Sache des sensus communis bleibt, auch wenn die Wissenschaft in der Erforschung der Natur neue methodische Wege geht. Im Pietismus (zB bei → Oetinger) finden sich ähnliche Bestrebungen gegenüber der rationalistischen Metaphysik.

3. Die abschließende philosophische Legitimation der modernen Naturwissenschaft, die durch → Kants »Kritik der reinen Vernunft« erfolgte, bestimmte ihrerseits die Bemühungen um die entsprechende Grundlegung der G. 1843 hatte der Historiker Johann Gustav Droysen einen Kant gefordert, der in einem kategorischen Imperativ der Geschichte die lebendigen Quellen nachweise, denen das geschichtliche Streben der Menschheit entströmt. »Es gibt wohl kein wissenschaftliches Gebiet, das so entfernt ist, theoretisch gerechtfertigt, umgrenzt und gegliedert zu sein, als die Geschichte.« Droysen erwartet, »daß der tiefer erfaßte Begriff der Geschichte der Gravitationspunkt sein wird, in dem jetzt das wüste Schwanken der G. Stetigkeit und die Möglichkeit weiteren Fortschritts zu gewinnen mag«. Droysens einflußreiche Vorlesungen über »Historik« geben dann selbst den Umriß einer Wissenschaftslehre des geschichtlichen Verstehens. Es ist also die historische Schule, aus deren lebendiger Selbstanschauung die erste grundsätzliche Reflexion auf die Einheit und Eigenheit der G. erfolgt. Doch hat A.Baeumler (s. Lit.) gezeigt, wie das Problem der Erkenntnis des Individualen schon durch die → Ästhetik des 18.Jh.s (Baumgarten, Kant) gestellt wurde.

4. Die wichtigste Klärung der Grundlagen der G. wird *Wilhelm* → *Dilthey* verdankt. Neben die Kritik der reinen Vernunft will er eine Kritik der historischen Vernunft stellen. Insbesondere hat durch ihn der Gegensatz von »erklären« und »verstehen« seine erkenntnistheoretische Durcharbeitung erfahren. Als Kritiker der mit konstruktiven Begriffen arbeitenden »erklärenden Psychologie« entwickelte er die Idee einer geisteswissenschaftlichen Psychologie, die allen G. als die gemeinsame Grundlage dienen sollte. – Diese Psychologie gründete sich auf den Begriff des Erlebnisses. → Erlebnis (: II) aber ist durch Innesein charakterisiert. In ihm bildet sich die Einheit der Bedeutung, aber nicht als eine Resultante mechanischer Ursachen. Vielmehr hat der Erlebniszusammenhang und alles, was sich von dieser Grundlage aus dem Verständnis eröffnet, den logischen Charakter der »Struktur«, dh eines teleologischen Zusammenhangs, den man nicht erklären, sondern nur in seiner immanenten Gesetzlichkeit beschreiben und verstehen kann. »Der Aufbau der geschichtlichen Welt in den G.« (Dilthey, Bd 7) machte den nie ganz vollendeten Versuch, auf dieser Grundlage eine Theorie des geisteswissenschaftlichen Verstehens zu errichten. Der Ausgangspunkt vom Begriff des Erlebnisses und der in ihm sich bildenden Bedeutung gibt dabei dem Phänomen der Autobiographie eine bevorzugte Stellung (vgl. Misch): Die Bedeutung der eigenen Erlebnisse stellt sich erst der rückblickenden Besinnung so dar, wie sie wirklich ist. Von diesem Grundschema aus wird auch die erkenntnistheoretische Möglichkeit der Biographie deutlich. Dagegen bleibt es ein schwieriges Problem, wie die objektiven Bedeutungszusammenhänge verständlich sein sollen, die niemand als solche erlebt hat und die doch das eigentliche Wesen der Geschichte darstellen. Dilthey mußte daher von der psychologischen Grundlegung der G. weg auf eine hermeneutische Begründung hindrängen (→ Hermeneutik), für die ihn → Husserls phänomenologische Kritik am Psychologismus (Logische Untersuchungen I, 1901) mit den nötigen begrifflichen Mitteln versehen hatte. Diese hermeneutische Grundlegung der G. ist unvollendet geblieben. In seiner Nachfolge sind seine Ideen vor allem von der geisteswissenschaftlichen Pädagogik (→ Spranger, → Nohl, → Litt) und der Geschichtsphilosophie (vor allem durch Misch, Freyer und Rothacker; → Geschichte: III) weiterentwickelt worden. Einen großen Auftrieb erfuhr die Wirkung Diltheys durch die Ausgabe der systematisch wichtigsten Bde (5-8) in den 20er Jahren und des Briefwechsels zwischen Dilthey und dem Grafen York von Wartenburg (1923). Der Letztgenannte, ein bodenständiger Lutheraner, durchschaute die Schwächen der liberalen Historie klarer als Dilthey selbst; auf ihn hat sich bes. → Heidegger berufen, mit Recht, wie die Abhandlung des Grafen York »Bewußtseinsstellung und Geschichte« (1957, aus dem Nachlaß) zeigt.

5. Gleichzeitig mit Dilthey erstrebte auch der → *Neukantianismus* eine Ausweitung der transzendentalen Fragestellung Kants auf die erkenntnistheoretische Grundlegung der G. Während die Marburger Schule in der Rechtswissenschaft die Logik der G. sah (H. → Cohen), erforschte die Südwestdeutsche Schule (W.Windelband, H. → Rickert, bes. in »Die Grenzen der naturwissenschaftlichen Begriffsbildung«, 1896ff) nach kantischem Vorbild das Zustandekommen des Gegenstandes der Erkenntnis, um in dieser allgemeinen Fragestellung dem Gegenstand der geisteswissenschaftlichen Erkenntnis seinen Ort anzuweisen. Rickert suchte die Frage zu beantworten, wie etwas zur historischen Tatsache wird. Er definierte die historische Tatsache durch die Beziehung, die

dieselbe auf das System der Werte besitzt. So wurde es die Unterscheidung von Tatsache und Wert, die, aus der Ideenlehre Kants vom südwestdeutschen Neukantianismus entwickelt, den G. ihre methodische Einheit durch den Bezug auf das System der Kulturwerte verlieh. Rikkert nannte daher die G. geradezu → »Kulturwissenschaften«. Dieser südwestdeutschen → Wertphilosophie standen auch der große Soziologe Max → Weber und der Theologe Ernst → Troeltsch nahe - sie wurde von bestimmendem Einfluß für die Ausstrahlung des Neukantianismus auf die gesamte Kulturwelt.

6. In der weiteren Entfaltung der neukantianischen Philosophie trat immer mehr der Hegelsche Begriff des Geistes hervor (vgl. Windelbands berühmte Hegel-Rede von 1910). So stellt Ernst Cassirers »Philosophie der symbolischen Formen« (3 Bde, 1923-29) eine Fortentwicklung der transzendentalen Methode dar, die eine neue Dimension geisteswissenschaftlicher Besinnung erschließen sollte, indem sie den Begriff der transzendentalen Subjektivität nach der Richtung des objektiven Geistes hin ausweitet. Auch N. → Hartmanns Untersuchungen zur Grundlegung der Geschichtsphilosophie und der G. (»Das Problem des geistigen Seins«, 1933) knüpfen an Hegelsche Einsichten an. Durch die Entwicklung des Neukantianismus über sich selbst hinaus vollzog sich zugleich eine systematische Annäherung an Diltheys Lebensphilosophie, die ebenfalls in ihrer späteren Entwicklung immer mehr in die Nähe Hegels geraten war. So wurde der Weg für eine radikalisierte Besinnung frei, die die Grenzen des neukantianischen Methodengedankens endgültig durchbrach. Es ist das Verdienst der sog. → Existenzphilosophie, diesen Durchbruch vollzogen zu haben. Ihr hatte die Phänomenologie Husserls vorgearbeitet, sofern dieselbe gegen alle theoretischen Konstruktionen die Phänomene - und damit auch die vorwissenschaftliche Erfahrung - zur Geltung brachte. Zwar setzte sie sich als strenge Wissenschaft gegen alle Weltanschauungsphilosophie in prinzipiellen Gegensatz (vgl. Husserls Logos-Aufsatz von 1911), aber Husserls eigenes Denken galt, wie wir heute auf Grund der Nachlaßausgabe deutlich sehen, in weitem Umfange der Aufgabe der Klärung der geisteswissenschaftlichen Grundbegriffe. - Vor allem aber führte die kritische Fortentwicklung der Husserlschen Phänomenologie durch den jungen Heidegger und die Vertiefung der durch Dilthey betriebenen Typologie der Weltanschauungen durch → Jaspers die G. in das Zentrum der gegenwärtigen philosophischen Problematik. Es ist dafür bezeichnend, daß Heidegger an Dilthey ebenso ausdrücklich anknüpfte wie an Husserl und daß er seine transzendentale Analytik des → Daseins (Sein und Zeit, §§ 9 ff) auf den Begriff der Hermeneutik und der Interpretation gründete. Erst hier wurde die Kritik an den Grundlagen des Neukantianismus radikal. Der Begriff der Wahrnehmung, die Unterscheidung von Tatsache und Wert, der Begriff der transzendentalen Subjektivität, die Husserls Phänomenologie noch festgehalten hatte, erwiesen sich selbst als metaphysische Konstruktionen, denen Heidegger die Abhängigkeit von der griechischen Substanzmetaphysik nachwies. Diese selbst wurde von ihm grundsätzlich destruiert, indem er die → Geschichtlichkeit der menschlichen Existenz zum ontologischen Thema machte und Sein als Zeit zu denken versuchte. Damit war der Vorrang der G. innerhalb der zeitgenössischen Problematik der Philosophie gesichert. Mit dieser immanenten Entwicklungstendenz der philosophischen Forschung verschmolz sich die von → Nietzsche am Christentum und an allen idealistischen Verzögerern des → Nihilismus (Kant und andere »Schleiermacher«) geübte Kritik und verlieh der Zeit zwischen den beiden Weltkriegen eine Spannung, durch die die G. ein unmittelbares philosophisches Gewicht erhielten. Wie der Fortschrittsgedanke (→ Fortschritt) im allgemeinen Kulturbewußtsein damals der Auflösung verfiel (O. → Spengler), so fand auch das bisherige Bewußtsein des Fortschritts historischer Erkenntnis an vielen Punkten seine kritische Begrenzung, etwa durch den → Neuhumanismus (W.Jaeger), vor allem aber durch die sog. → dialektische Theologie (→ Barth, → Gogarten, → Bultmann u.a.). Diese Strömungen vereinigten sich mit der Philosophie in der Kritik an den liberalen Idealen des Neukantianismus und an der sog. Geistesgeschichte. Da gleichzeitig von der modernen → Logik aus immer mehr Mathematik (Logistik, Semantik) in die Philosophie eindrang, hat sich die systematische Einheit der Philosophie in zwei methodisch gegeneinander scharf abgesetzte Tendenzen gespalten, von denen die eine an der mathematischen Logik orientiert, die andere auf die geisteswissenschaftliche Hermeneutik gegründet ist.

Außer den Werken von W. → Dilthey: W.Windelband, Gesch. u. Naturwissenschaft, 1900 - G.Misch, Gesch. der Autobiographie I. II, 1907/55 - H.Rickert, Der Gegenstand der Erkenntnis (Einführung in die Transzendentalphilosophie), 1915 - Ders., Die Grenzen der naturwissenschaftl. Begriffsbildung, 1921 - K.Jaspers, Psychologie der Weltanschauungen, 1919 - Ders., Philosophie, 3 Bde, 1932 - E.Rothacker, Einl. in die G., 1920 - Ders., Logik u. Systematik der G. (HPh II), 1926 - Ders., Geschichtsphilosophie (HPh IV), 1934 - Ders., Die dogmat. Denkformen in den G. u. das Problem des Historismus, 1954 - A.Baeumler, Kants Kritik der Urteilskraft. Ihre Gesch. u. Systematik, 1923 - Ders., Der Mythos von Orient u. Okzident, (1926) 1956[2] - H.Freyer, Theorie des objektiven Geistes, 1923 - M.Heidegger, Sein u. Zeit, (1927) 1957[7] - F.Kaufmann, Die Philosophie des Grafen Paul York v. Wartenburg, 1928 - H. Astholz, Das Problem »Gesch.« untersucht bei J.G.Droysen (Hist. Studien, H. 231), 1933 - J.G.Droysen, Historik. Vorlesungen über Enzyklopädie u. Methodologie der Gesch., hg.v. R.Hübner, 1937 - E.Husserl, Ideen zu einer reinen Phänomenologie u. phänomenolog. Philosophie, 2. Buch (Husserliana IV), Haag 1952 - Ders., Die Krisis der europ. Wissenschaften u. die transzendentale Phänomenologie, Haag 1954. *H.G.Gadamer*

Gelasianum → Sakramentare.

Gelasius I., *Papst* 1.3.492 bis 19.11.496, in Rom geborener Afrikaner, Heiliger (Tag: 21.11.). G. setzte die anti-monophysitische Politik seines Vorgängers → Felix III. fort, bekämpfte Manichäer, Pelagianer und acacianisches Schisma (→ Acacius, 3) und betonte schroff den römischen Primat gegenüber Konstantinopel und Kaiser Anastasius: der Jurisdiktionsprimat komme nur Rom zu. Kirche und Staat seien zwei gleichberechtigte göttliche Gewalten und jede auf ihrem Gebiet selbständig. Das Decretum Gelasianum de libris recipiendis et non recipiendis enthält älteres, im 6.Jh. redigiertes Gut, das nicht von G. stammt. Im Sacramentarium Gelasianum und im Sacramentarium Leonianum (→ Sakramentare) finden sich von G. stammende liturgische Stücke. Außer zahlreichen Briefen sind nur 6 dogmatische Traktate erhalten.

RGG[2] II, 968 - LThK IV, 356f - Caspar II, 44ff - Haller I, 229ff - Seppelt I, 223ff - B.Capelle, Messes du pape S.G. dans le Sacramentaire léonien (RBén 56, 1944/45, 12-31) - Ders., L'oeuvre liturgique de S.G. (JThS NS 2, 1951, 129-144) - F.Dvornik, Pope G. and Emperor Anastasius I (ByZ 44, 1951, 111-116) - C.Coebergh, Le pape s. G. auteur de plusieurs messes et préfaces du soi-disant Sacram. Léonien (SE 4, 1952, 46-102) - W.Ensslin, Auctoritas u. Potestas (HJ 74, 1954, 661-668) - Altaner[3] 426f. *H.U.Delius*

II., *Papst* 24.1.1118 bis 28.1.1119, Johannes Caietani aus Gaeta, Schüler Alberichs und Desiderius' in → Montecassino und Abt daselbst, Kardinal und Kanzler unter → Urban II. und → Paschalis II. Nach seiner Wahl zum Papst von den Frangipani gefangen, aber vom Volk befreit, floh er beim Marsch Heinrichs V. auf Rom nach Gaeta, bannte den Kaiser und seinen Gegenpapst → Gregor (VIII.) und hielt dann eine Synode in Vienne. G. starb vor Eröffnung des Konzils von Reims. Zeugen seiner gelehrten (auch griechischen?) Studien sind Heiligenleben und Papstbriefsammlung, »Register«, Kunstprosa.

MPL 163, 91ff - DUCHESNE, LP II, 311ff - WATTERICH II, 91ff. - C.GAETANO, Vita del pontifice G. II., 1802 - A.BRACKMANN, NA 37, 1912, 615-621 - G.CAETANI, Domus Caetana I/1, 1927, 23 - P. PALUMBO, Lo Scisma del 1130, 1942, Reg. - O.ENGELS, HJ 76, 1957, 118-133; Lit. *F.Bock*

Gelasius, 1. *von Cäsarea,* Neffe → Cyrills von Jerusalem, schrieb auf dessen Wunsch eine Fortsetzung der KG des → Eusebius (bis zum Jahre 395). Da G. im Sept. 400 nicht mehr lebte, kann er die erst 402 begonnene KG → Rufins nicht benutzt haben. Das Werk, mehr Dichtung als Wahrheit bietend, hat vielleicht gerade deshalb großen Einfluß ausgeübt. Ausgeschrieben haben es Rufin, → Gelasius von Cyzicus, der Verfasser der Vita Metrophanis, Georgios Monachos; auch → Sokrates (, 2) hat in der 1. Fassung seiner KG manches wörtlich übernommen. Infolgedessen ist das Werk auf weite Strecken rekonstruierbar. Von einem katechetischen Werk, ähnlich den Katechesen Cyrills von Jerusalem, haben sich einige Fragmente erhalten.

Fragmente bei F.DIEKAMP, Analecta Patristica, Rom 1938, 42ff. - F.SCHEIDWEILER, KG des G. v. Kaisareia (ByZ 46, 1953, 277-301; Lit.) - DERS., ByZ 48, 1955, 162-164; 49, 1956, 2-6; 50, 1957, 74-98 - E.HONIGMANN in: Bulletin de l'Académie royale de Belgique 40, 1954, 122-161. *F.Scheidweiler*

2. *von Cyzicus,* Sohn eines Presbyters, verfaßte in Bithynien um 475 eine KG, die aber nur ein Mosaik aus → Eusebius, → Sokrates, → Theodoret, → Rufin und → Gelasius von Cäsarea ist. Er nennt als Quellen auch einen Presbyter Johannes (= G. von Cäs.?) und einen Pergamentkodex, der dem Bischof Dalmatius von Cyzicus gehört habe, beide nicht nachweisbar. Sein Verhältnis zu → Athanasius und Eusebius' Vita Const. bedarf der Klärung. Das Buch ist »die umfangreichste Quellensammlung zur Geschichte des ersten nicänischen Concils und der Anfänge des arianischen Streites«, wichtig wegen der eingestreuten Urkunden und Briefe, aber unvollendet und in seiner Glaubwürdigkeit noch immer umstritten.

Ausg.: GCS 28, 1918 (G.LOESCHCKE-M.HEINEMANN; NB wird vorbereitet). - Lit.: G.LOESCHCKE, Das Syntagma des G. Cyz. (Rhein Mus 60, 1905, 594-613; 61, 1906, 34-77) - A.GLAS, Die KG des G.v. Kais. (Byzant. Archiv 6), 1914 - H.G.OPITZ, Unters.en zur Überlieferung der Schriften des Athanasius, 1935, 4. 31. 74 - L.PARMENTIER-F.SCHEIDWEILER, Theodoret, KG (GCS 44), 1954², XIXf - F.SCHEIDWEILER, vgl. Lit. zu 1. *M.Heinemann*

Gelassenheit *in der kath. Mystik.* Einer der charakteristischen Zustände der Mystiker ist der »leid- und freudlose Gleichmut« als Voraussetzung zur höchsten mystischen Erleuchtung, so schon im indischen → Yoga und → Buddhismus (: I). In der personalen Gottesmystik wird dieser zur Hingabe des eigenen Willens an den Gnade und Erlösung schenkenden Gott und findet seinen Ausdruck im Gebet der Ergebung und der Selbstopferung. Die indische → Bhakti (→ Rāmānuja) bezeichnet diesen Zustand als tyāga (völliges Sichlassen) und prapatti (fromme Ergebung). Die östliche Mönchsmystik (→ Mönchtum: II) übernahm die stoischen Ideale der ἀταραξία und ἀπάθεια. Auch die abendländische → Mystik (: VI) preist den Zustand der sancta indifferentia; aber entsprechend ihrer personalen Gottbezogenheit betont sie die Hingabe des menschlichen Willens an den göttlichen. Die mittelalterliche deutsche Mystik hat dafür den Terminus G. geprägt. Meister → Eckehart erklärt dessen Doppelbedeutung: der »gelassene« Mensch ist jener, der einerseits »sich selbst und alle diese Welt gelassen hat« und der anderseits »sich Gott gelassen hat«, wobei dieses »Sich Gott lassen« mit der Gotteinigung (→ unio mystica) zusammenfällt. Bei → Tauler hat die G. bisweilen die Bedeutung der Gleichgültigkeit, zumeist aber der Hingabe an Gott, des Gehorsams, der Leidensbereitschaft; der gelassene Mensch ist der Edle, Gerechte, Christus »vor allen Menschen der Allergelassenste«. → Seuse faßt die G. als »Aufgeben seines freien Willens« und ein »Sich Gott lassen«; ein »gelassener Mensch muß entbildet werden von der Kreatur, gebildet mit Christo und überbildet mit der Gottheit«. Die → »Deutsche Theologie« betont die Universalität der G.: »Wer sich Gott gänzlich lassen will und gehorsam will sein, der muß allen Dingen gelassen und gehorsam sein in leidender Weise« (c. 46). Bei Luther ist die G. gleichbedeutend mit dem unbedingten Vertrauen auf Gottes Beistand im Kampf mit Sünde, Tod und Teufel (vgl. in dem Lied »Gott der Vater wohn uns bei« [EKG 109]: »dir uns lassen ganz und gar«). Den Gipfel der G. sieht die Mystik in der resignatio ad infernum, der Bereitschaft, nach Gottes Willen selbst die Höllenstrafen auf sich zu nehmen (so → Jan von Ruysbroek, Zierde der geistlichen Hochzeit II, 29). Die G. wird zum Teil als völlige Passivität aufgefaßt und (so schon von → Franz von Assisi, sodann von Ignatius von → Loyola) mit dem Bild des willenlosen Leichnams veranschaulicht, das zuerst in der islamisch-sufitischen Mystik (→ Sufismus) gebraucht wurde. Die Idee der deutschen Mystik von der G. drang in die spanische Mystik ein (→ Molinos), von dort in die französische, bei Mme → Guyon in wörtlicher Übersetzung (délaissement total entre les mains de Dieu), wobei die G. mit der vollkommenen »Indifferenz« in eins gesetzt wird. Die Verurteilung des passiven → Quietismus durch Rom trug zur Verbreitung dieses Ideals in mystischen Kreisen des Protestantismus (→ Poiret, → Tersteegen) bei.

Dt. Mystiker des 14.Jh.s, hg.v. F.PFEIFFER, II: Meister Eckhart, 1914 (bes. Predigt 96) - Predigten Taulers, hg.v. F.VETTER, 1910 (s. Wortverz.) - Heinrich Seuse, Dt. Schriften, hg.v. A.BIHLMEYER, 1907 (s. Glossar) - Mme DE LA MOTHE-GUYON, Moyen court et très facile de faire oraison, 1704 - H.HEPPE, Gesch. der quietistischen Mystik in der kath. Kirche, 1875 - J. u. W.GRIMM, Dt. WB, bearb.v. R.HILDEBRAND u. H.WUNDERLICH, IV/1. 2, 1897, 2864ff - E.UNDERHILL, Mysticism, (1911) 1926¹¹, rev. Ausg. 1930; dt. 1928 - H.BREMOND, Histoire littéraire du sentiment religieux en France, 11 Bde, Paris 1916-36 - P.POURRAT, La spiritualité chrétienne, 4 Bde, Paris (1921 bis 1928) rev. Ausg. 1947 - A.LANGEN, Der Wortschatz d. dt. Pietismus, 1954 - J.L.GORÉ, La notion d'indifférence chez Fénelon et ses sources, Paris 1956. *F.Heiler*

Geld

I. Religionsgeschichtlich - II. Volkswirtschaftlich - III. Soziologisch - IV. Sozialethisch

I. Religionsgeschichtlich

Bei → Naturvölkern spielt der Austausch von Wertgegenständen zwischen Verwandten und Freunden, bei Jugendweihen, Wechselheiraten, Bündnissen, Friedensschlüssen usw eine hervorragende Rolle. Derartige Gegenstände sind entweder von ökonomischem Nutzwert (erbeutetes Wild, Waffen, Beilklingen, Pflanzengift, Feldfrüchte, Zuchttiere usw), oder ihr Anblick und Besitz sind ästhetisch lustbetont und sozial prestigehaltig (schöne Steine, Perlen, Muscheln, Matten, Prunkwaffen, Schmuckgegenstände verschiedenster Art: sog. »Juwelen-G.«). Zur Keimform des G.es wird ein solcher *dinglicher Wertträger* dadurch, daß er durch konventionellen Gebrauch in seiner Bedeutung reduziert wird auf die *primäre Funktion*: gemeinsamer, gängiger symbolischer Nenner zu sein für eine große Anzahl von anderen Gütern; ebenso muß sich zwischen ihm und diesen eine annähernd feste Wertproportion herausbilden. - Ein zweiter Weg zur Entstehung des G.es führt über die Konventionalisierung bestimmter Wertgegenstände als Pfänder. In den primitiven Wirtschaftsgesellschaften der Wildbeuter, Bodenbauer und Viehzüchter bleiben neben dieser primären Funktion des »gemeinsamen Nenners« die genetisch älteren Konsum-, Nutz-, Schmuck- und Prestigefunktionen als *sekundäre Funktionen* fast stets bestehen; aus diesem Grunde wird man das »primitive G.« besser als Vor- oder Früh-G. bezeichnen, noch nicht als G. im eigentlichen Sinne. Die Reduktion auf die idealtypisch reine und alleinige »ökonomische Funktion« setzt erst auf höheren Zivilisationsstufen ein. Hingegen sind Thesaurierung, Reichtumsbildung und Kapitalisierung schon bei höheren Naturvölkern zu finden.

Die Ursprünge des G.es sind mithin soziologisch zu deuten. Religiöse Motive spielen keine ausschlaggebende Rolle dabei, wohl aber glaubt man - vor allem beim »Juwelen-G.« - an eine magische Wirkungskraft. - Die früher von B.Laum (»Heiliges G.«, 1924; Art. »G.« RGG² II, 970f) entwickelte Anschauung einer sakralen Entstehung des G.es aus der Opferpraxis wirft Licht auf die Hortungsvorgänge in bestimmten antiken Kulturen, ist aber als generelle Theorie vom Ursprung des G.es nicht haltbar. - Vgl. → Handel, → Münze.

G.Thilenius, Primitives G. (Archiv f. Anthropologie 18, 1920, 1-33) - R.Thurnwald, Ein vorkapitalist. Wirtschaftssystem in Buin: Ein Beitrag zur Kenntnis primitiver Wirtschaft u. von Früh-G. (ARSP 31, 1937, 1-37) - W.Gerloff, Die Entstehung des G.es u. die Anfänge des G.wesens, (1940) 1947³ (dazu R.Thurnwald in: JbNSt 152, 1940, 352-357) - P.Einzig, Primitive Money in its Ethnological, Historical and Economical Aspects, London 1948 - A.H.Quiggin, Primitive Money: The Beginnings of Currency, London 1949 - W. Nippold, Die Anfänge des Eigentums bei den Naturvölkern u. die Entstehung des Privateigentums, 's-Gravenhage 1954.

W.E.Mühlmann

II. Volkswirtschaftlich

1. Wesen und Funktionen des G.es - 2. Arten des G.es: a) Definitives G. - b) Provisorisches G. - 3. Das Problem der G.schöpfung: a) Möglichkeiten und Grenzen der G.schöpfung - b) Inflation - c) Kontraktion (Deflation)

1. In der neuzeitlichen Industriewirtschaft, in der arbeitsteilig gegliederte Unternehmungen und Haushalte durch Einkommensbildung und regelmäßige Warenkäufe miteinander verbunden sind (→ Wirtschaft: I. II), kann das G. nicht mehr als »allgemeines Tauschmittel« begriffen werden. Es ist überhaupt kein Gegenstand, den man in seinem sachlichen So-sein betrachten könnte. Man kann es nur als Ausdrucksform, ja als eine Funktion des wirtschaftlichen Zusammenwirkens und Zusammenlebens ansehen; verbindet es doch die einzelnen wirtschaftlichen Gebilde, die Haushalte und die Unternehmungen in eigentümlicher Weise zu einer überpersönlichen Einheit, die wir Volkswirtschaft nennen. G. kann also seinem wirtschaftlichen Wesen nach nicht als eine Sache - weder von seiner äußeren Gestalt, von seinem Stoffe her, noch von seiner rechtlichen Bedeutung aus - begrifflich bestimmt werden, sondern - als eine Ausdrucksform wirtschaftlichen Zusammenwirkens - nur von seinen einzelwirtschaftlichen und gesamtwirtschaftlichen Funktionen aus.

Das wirtschaftliche Zusammenwirken der Haushalte, Unternehmungen und öffentlichen Körperschaften ist in einer neuzeitlichen Volkswirtschaft in doppelter Weise auf das G. angewiesen: Im Verkehr zwischen den wirtschaftlichen Gebilden dient das G. als Ausdruck allgemeiner wirtschaftlicher Verfügungsmacht, die nicht auf besondere Gegenstände gerichtet ist, sondern schlechthin größenhaft gelten soll. Wer es besitzt, hat die Möglichkeit, wirtschaftlich frei zu entscheiden. In diesem Sinne wird das G. auch als »allgemeine und adresselose Anweisung auf die Entnahme wirtschaftlicher Güter aus dem Sozialprodukt« bezeichnet. - Innerhalb der wirtschaftlichen Gebilde, der Haushalte, Unternehmungen und öffentlichen Körperschaften ermöglicht das G., alle - sachlich höchst verschiedenartigen - wirtschaftlichen Erwägungen und Vorgänge rechnerisch zu erfassen und so geistig zu durchdringen. Erst dadurch wird eine auf den Gesamtzusammenhang der wirtschaftlichen Leistungen in der Volkswirtschaft bezogene »Rationalisierung« der betrieblichen Vorgänge möglich.

Diese Überlegungen erschließen den Weg, die wichtigsten Funktionen des G.es herauszuarbeiten: a) Das G. dient als *Zahlungsmittel* und ermöglicht so dauernde wirtschaftliche Beziehungen zwischen den einzelnen wirtschaftlichen Gebilden auf der Grundlage regelmäßiger Einkommenszurechnung in den Unternehmungen und öffentlichen Körperschaften und regelmäßiger Warenkäufe durch Unternehmungen, öffentliche Körperschaften und Haushalte, die auch psychologisch etwas anderes darstellen als Tauschhandlungen. - b) Das G. dient als *Recheneinheit* und ermöglicht so die alle inneren Vorgänge durchdringende Wirtschaftsrechnung in Haushalten, Unternehmungen und öffentlichen Körperschaften. Der Gebrauch einer von allen Wirtschaftseinheiten anerkannten Recheneinheit begründet Preisbildung als gesellschaftlichen Vorgang, durch den die Preise (→ Wert und Preis) ein für alle Menschen verbindlicher und verständlicher Ausdruck wirtschaftlicher Erwägungen werden. Die wirtschaftlichen Erwägungen lassen sich nun in den einzelnen Gebilden sinnvoll aufeinander abstimmen. So kann die unternehmungsweise betriebene, arbeitsteilig gegliederte Industriewirtschaft nur als G.wirtschaft gedacht werden.

Als G. im neuzeitlichen Sinne sind demnach diejenigen Erscheinungen anzusehen, die - auf Einheiten der Preisrechnung lautend - Zahlungsfunktionen mit rechtlicher Verbindlichkeit erfüllen können. Aus welchen Stoffen diese G.zeichen bestehen und wie sie wirtschaftlich geschaffen werden, ist für den Begriff des G.es unerheblich. Wesentlich ist allein der Gedanke, allgemeine wirtschaftliche Verfügungsmacht in abgezogenen Recheneinheiten darzustellen. Unter den Bedingungen neuzeitlicher Wirtschaftsführung kann eine gesellschaftliche Verständigung über den gemeinsamen Gebrauch einer Recheneinheit nur unter Mitwirkung des Staates herbeigeführt werden. Das G.wesen ist also ein Gebiet staatlicher Gesetzgebung. Diese Tatsache erklärt, daß die Recheneinheiten und die mit ihnen benannten Zahlungsmittel heute im allgemeinen nationalwirtschaftlich bestimmt sind.

2. Im Anschluß an G.F.Knapp können die *Erscheinungsformen des G.es* sowohl nach dem Annahmezwang (obligatorisches und fakultatives G.) als auch nach der Einlösbarkeit (definitives und provisorisches G.) unterschieden werden. Die zuletzt genannte Einteilung, die für die Frage nach der wirtschaftlichen Wertbewegung wichtig ist, soll der folgenden Darstellung der *G.arten* zugrunde gelegt werden.

a) *Definitive G.arten: Sach-G.* entsteht dadurch, daß eine besondere Ware auf Grund ihrer stofflichen Eigenschaften allgemeine Annahme finden kann und so zum Zahlungsmittel wird, zB das Gold. Als Stoff ist dieses Sach-G. zugleich Ware. Seiner wirtschaftlichen Funktion nach hört es aber auf, kaufbare Ware zu sein, wenn es im Sinne neuzeitlicher Wirtschaftsführung zu G. wird, allen Waren als Zahlungsmittel und dh als spezifische Nichtware gegenübertritt. Dazu ist Prägung notwendig. Weil vollwertige Münzen ihre wirtschaftliche Daseinsform und damit auch ihre wirtschaftliche Funktion jederzeit wechseln können – vollwertiges Gold-G. kann eingeschmolzen, Barren- oder Schmuckgold kann zu Münzen geschlagen werden –, muß der Wert einer durch eine bestimmte Menge des G.stoffes dargestellten G.einheit stets dem Marktwert derselben Menge des als Ware gehandelten G.stoffes gleich sein. Diese Tatsache wurde früher auch im inneren Zahlungsverkehr einer Volkswirtschaft für wichtig gehalten. Sach-G. kommt im inneren G.umlauf neuzeitlicher Volkswirtschaften kaum noch vor. – *Zeichen-G.* wird durch ein Zeichen, das öffentlich-rechtlichen Schutz genießt, durch einen Stempel aus der Masse der übrigen Güter gleichen Stoffes herausgelöst und zum Träger allgemeiner Verfügungsmacht erhoben. Das Zeichen begründet den G.charakter ohne Rücksicht auf die warenmäßige Bedeutung des Stoffes, aus dem dieses G. besteht. Der Stoff des G.zeichens ist für seine G.funktion unerheblich. Zu definitivem G. werden solche Zeichen, wenn sie als gesetzliche Zahlungsmittel in keine andere G.art eingelöst zu werden brauchen. Nur der Staat kann Zeichen-G. schaffen. Es wird auch als autonomes G. bezeichnet (Forstmann). In den Verkehr gelangen solche vom Staat geschaffenen G.zeichen dadurch, daß staatliche Kassen Zahlungen leisten. Die Ausgabe von Zeichen-G. steht daher meistens mit einem Defizit im Staatshaushalt in Verbindung. – *Kredit-G.* entsteht durch ein Kreditgeschäft. Als Kreditgeber treten dabei Banken auf, die das Recht haben, Noten auszugeben. Kredit-G. sind nicht einlösbare Banknoten, die im Wege bankmäßiger Kreditgewährungen – hauptsächlich im Wege des Wechseldiskontgeschäftes – in den Verkehr gelangen. Weil neuzeitliche Industriewirtschaften nur dann wachsen, den Umfang ihrer Leistungen nur dann steigern können, wenn irgend jemand sich verschuldet, entspricht bankmäßig geschaffenes Kredit-G. am besten den Bedingungen industriellen Wirtschaftens. So ist es zu verstehen, daß von Zentralnotenbanken ausgegebenes Kredit-G. heute die häufigste G.art bildet. Man muß jedoch beachten, daß es G.arten geben kann, die der Form nach als Kredit-G. erscheinen, der Sache nach aber als Zeichen-G. angesehen werden müssen. Das ist immer dann der Fall, wenn der Staat die Notenbank so unter seine Macht stellt, daß er Schatzwechsel in jedem Betrage bei der Notenbank diskontieren kann, um den Ausgleich seines Haushaltes herbeizuführen.

b) *Provisorisches G.* Wirtschaftlich können alle provisorischen G.arten als »Anweisungen« auf definitives G. aufgefaßt werden, in das sie eingelöst werden. Nach der Art der Entstehung können unterschieden werden: *Staatliches G. provisorischer Natur,* das wirtschaftlich in jedem Falle als eine Anweisung auf eine Staatskasse anzusehen ist, auch wenn diese Tatsache rechtlich nicht besonders zum Ausdruck gebracht wird. Dabei sind zwei Arten denkbar: *Scheide-G.*, das dazu dient, kleine Beträge darzustellen. Gleichgültig ist, aus welchen Stoffen diese G.-zeichen bestehen. Aus praktischen Erwägungen wird meist eine billige Metallegierung gewählt. Die Einlösbarkeit der Scheidemünzen wird dadurch gesichert, daß die umlaufende Menge gesetzlich begrenzt wird. Geschieht das nicht, so gerät der Finanzminister u.U. in die Versuchung, den Scheidemünzenumlauf über Gebühr auszudehnen, weil er dann den »Münzgewinn« (den Unterschied zwischen dem Nennwert der Münzen und ihrem Stoffwert) als Einnahme in den Haushaltsplan einstellen kann. – Ferner kämen in Betracht *Staatskassenscheine,* die jederzeit in definitives G. eingelöst werden können. Solche G.scheine gibt es gegenwärtig in Deutschland nicht. – Außer dem staatlichen G. kennt man *Bank-G.*, das Forderungen gegen eine Bank begründet, und zwar einmal als *Banknoten,* die jederzeit in definitives G. eingelöst werden können. Sie gelten auch rechtlich als Forderungspapiere, auch wenn sie als gesetzliches Zahlungsmittel obligatorisches G. darstellen. Das kam in der früher üblichen Banknotenbeschriftung zum Ausdruck: »20 Mark zahlt die Reichsbankhauptkasse dem Einlieferer gegen diese Banknote«. Heute ist die Banknote als Kredit-G. selbst definitives G. geworden. Der Text lautet nur noch: »Banknote über 20 DM«. – Eine andere Form des Bank-G.es ist das *Kassenführungsguthaben* bei einer Notenbank, bei Postscheckämtern und Geschäftsbanken. Vor etwa 70 Jahren galten Bankkonten noch als eine besondere Form der Kapitalanlage. Heute sind sie als täglich fällige Verbindlichkeiten eines Bankinstitutes zu Bestandteilen der Kasse eines Bankgläubigers geworden, über die mittels Scheck oder Überweisung verfügt werden kann. Solche Kassenführungsguthaben, die bargeldlos umgesetzt werden, bezeichnet man auch als »Buch-G.«. Geldtheoretisch besteht zwischen Guthaben bei einer Notenbank und bei Postscheckämtern auf der einen Seite und Guthaben bei Geschäftsbanken auf der anderen Seite ein Unterschied. Die erste Gruppe kann dem baren Zentralbank-G., den Banknoten gleichgestellt werden. Ihre Einlösung in bares Zentralbank-G. ist unproblematisch. Da Guthaben bei Geschäftsbanken auch im Wege des bankmäßigen Kredites geschaffen werden können, gibt es bei Geschäftsbanken – im Gegensatz zu den Postscheckämtern, die nur dem Zahlungsverkehr dienen – ein besonderes Liquiditätsproblem.

3. a) In neuzeitlichen Volkswirtschaften wird der größte Teil der G.menge durch bankmäßige Kreditgewährung *geschaffen.* Wichtig ist also die Frage, in welchem Ausmaß Notenbanken Zahlungsmittel im Wege der Kreditgewährung bereitstellen können. Früher war man der Auffassung, daß die Fähigkeit der Notenbanken, Kredite zu gewähren, durch die vorhandenen Reserven an geldlich verwertbarem Edelmetall sachlich begrenzt sei. Die Banknoten galten also nur als ein Ersatz für Gold, dessen Gewinnung als ein eindeutiger Ausdruck der allgemeinen wirtschaftlichen Leistung angesehen wurde. Nun hat man erkannt, daß das Wesen des G.es nicht im Sachlichen, sondern in seiner gesellschaftlichen Funktion zu finden ist. Das hatte zur Folge, die Frage der G.schöpfung von besonderen dinglichen Vorstellungen, die immer nur Einzeltatbestände des wirtschaftlichen Lebens betreffen, zu lösen und sie mit den wirtschaftlichen Entwicklungsmöglichkeiten überhaupt zu verbinden. In seiner Lehre vom »volkswirtschaftlichen Kreditfonds« hat Nöll v.d.Nahmer den Gedanken entwickelt, daß die einzige Quelle, »aus der die Kaufkraft fließt, die die Banken im Wege der Kreditgewährung der Volkswirtschaft zusätzlich zur Verfügung stellen können«, »die Reserven an Arbeitskraft und die für die einheimische Produktion erforderlichen Rohstoffe« seien. Aufgabe der Zentralnotenbank ist es, die so umschriebenen Entwicklungsmöglichkeiten der Volkswirtschaft festzustellen. Dazu genügt nicht, die Entwicklung des allgemeinen Preisstandes zu beachten. Natürlich steigen die Preise, wenn die G.schöpfung die Entwicklungsmöglichkeiten der wirtschaftlichen Leistungskräfte übersteigt. Um solche Anspannungen rechtzeitig zu erkennen, muß die Notenbank die Aufgliederung des Einkommenstromes auf Verbrauch und Ersparnis und die Einteilung des Güterstromes in Verbrauchsgüter und Anlagegüter verfolgen. Sie muß also darauf achten, daß das den Bedingungen wirtschaftlichen Gleichgewichtes entsprechende und insofern »richtige« Verhältnis von »Verbrauch« und »Kapitalanlage« gewahrt bleibt, das anschaulich als das Verhältnis der wirtschaftlichen Entfaltung von Haushaltungen und Unternehmungen gedeutet werden kann.

Der rechnerische Zusammenhang von G.schöpfung und G.vernichtung kann nach dem Vorbild E.Schneiders bilanzmäßig dargestellt werden. Man erkennt dann, unter welchen Antrieben es bei den gegebenen Wirkungsmöglichkeiten der Notenbank zu Kreditausweitungen und damit zu »Bilanzverlängerungen« im Kreditsystem kommt und unter welchen Antrieben sich die entgegengesetzte Entwicklung vollzieht. Diese Untersuchungen zeigen deutlich, wie wichtig es ist, exakt zu erforschen, wie sich die Maßnahmen moderner Notenbankpolitik auswirken. Die Notenbanken wenden heute nicht nur das klassische Mittel der Diskontpolitik an, sie operieren am »offenen Markt«, dh sie kaufen und verkaufen festverzinsliche Wertpapiere und Schatzwechsel, um auf das volkswirtschaftliche Verhältnis von Kassenhaltung und Kapitalanlage einzuwirken, und sie beeinflussen durch die Veränderung der »Mindestreservesätze«, die von Geschäftsbanken bei der Notenbank gehalten werden müssen, unmittelbar den Umfang der von den Geschäftsbanken gewährten Kredite. Die G.schöpfung in den richtigen Grenzen zu halten, gehört zu den schwierigsten Aufgaben der → Wirtschaftspolitik. Die Verantwortung der Notenbank kann nicht überschätzt werden. Unrichtige G.schöpfung führt zu schweren Störungen der Volkswirtschaft.

b) *Inflation* ist jede Vermehrung der wirksamen G.-menge, die über die Möglichkeit, die Leistungsfähigkeit der Volkswirtschaft zu steigern, hinausgeht und deshalb den allgemeinen Preisstand erhöht. Wird die Preissteigerung durch Preiskontrolle und staatliche Zuteilung der wichtigsten Erzeugnisse unterbunden, spricht man von »zurückgestauter Inflation«, die in einem »G.überhang« sichtbar wird. Falsch ist es, die Ausgabe »ungedeckter« Banknoten Inflation zu nennen. Entscheidend ist die Menge der ausgegebenen Banknoten, nicht die Art, wie sie bankmäßig gedeckt werden. Will jedoch ein Land die Freiheit des zwischenstaatlichen Güteraustausches und damit die Konvertierbarkeit der Währung aufrechterhalten, so wird die Notenbank ihre Politik so einrichten müssen, daß sie stets eine angemessene Reserve an international verfügbaren liquiden Mitteln (Gold und Devisen) zur Verfügung hat. Der Goldbestand einer Notenbank besitzt keine wertbegründende Kraft, er hat funktionale Bedeutung; sichert er doch die Zahlungsbereitschaft gegenüber dem Ausland.

Inflationen können dadurch entstehen, daß durch ordentliche Einnahmen nicht gedeckte Staatsausgaben mit Hilfe von Notenbankkrediten bezahlt werden, oder dadurch, daß die Notenbank an die unternehmungsweise betriebene Wirtschaft allzu weitherzig Kredite gibt. Die Auffassung, daß Inflationen nur über den öffentlichen Haushalt entstehen können, ist irrig. Inflationen entstehen, wenn die volkswirtschaftliche Einkommenssumme über die Möglichkeit, die produktiven Kräfte zu entwickeln, gesteigert wird. Solche Einkommenssteigerungen sind häufig die Folge unausgeglichener Ansprüche machtvoller sozialer Gruppen an das Sozialprodukt. Gröbste Verzerrungen im Preisgefüge und fehlerhafte Ausrichtungen der Produktionsleistungen sind die Folge. Im sozialen Aufbau des Volkes treten schwere Erschütterungen ein. Sachwertbesitzer können bedeutende Gewinne machen, während die in langfristigen Schuldtiteln angelegten Vermögen vernichtet werden. Die fortdauernde Preissteigerung untergräbt überkommene sittliche Wertungen. Bei »zurückgestauter Inflation« kommt es schließlich zu einer funktionalen Spaltung der Wirtschaft in einen »gebundenen« Wirtschaftskreislauf, in dem neben das G. als allgemeine Anweisung auf die Entnahme von Gütern besondere Anweisungen in Gestalt von Lebensmittelkarten, Bezugscheinen u.dgl. treten, und einen »schwarzen« Wirtschaftskreislauf, in dem ganz andere Preisverhältnisse maßgebend sind. An eine sinnvolle Entfaltung der Wirtschaft und an eine Festigung der sittlichen Wertmaßstäbe im Wirtschaftsleben ist bei solcher Aufspaltung nicht zu denken. Zur Schaffung geordneter Verhältnisse ist die Wiederherstellung der Funktionsfähigkeit des G.es auf dem Wege einer Währungsreform notwendig.

c) Unter dem allgemein üblichen Wort *»Deflation«* (anschaulicher und sprachlich besser wäre es, *»Kontraktion«* zu sagen) versteht man eine Verknappung der wirtschaftlich wirksamen G.menge unter den Betrag, der notwendig ist, um einen bestimmten Preisstand bei voller Entfaltung der produktiven Kräfte zu halten. Eine solche Unterversorgung der Volkswirtschaft mit G. tritt ein, wenn die Gewinnerwartungen der Unternehmer unter den Zinssätzen liegen, die die Geschäftsbanken und die Notenbank fordern. Ein solcher Widerspruch zwischen den Investitionsneigungen der Unternehmer und den Kreditbedingungen des Bankensystems, der nicht ohne weiteres durch eine Senkung der Bankzinsen behoben werden kann, wirkt einkommenmindernd und preisdrückend. Die Nachfrage nach Waren, insbesondere nach Anlagegütern geht zurück. Arbeiter werden entlassen, Konkurse und Vergleichsverfahren nehmen zu, weil alte Kapitalverpflichtungen dem Nennwert nach gleichgeblieben sind, obwohl die Preise allgemein sinken. Die kontraktorisch bedingte Lähmung der Wirtschaft führt ebenfalls zu schweren Belastungen. Unter ihnen ist die Massenarbeitslosigkeit die sittlich und politisch gefährlichste (→ Arbeitslosigkeit, → Wirtschaftsphasen).

G. ist als Funktion des wirtschaftlichen Zusammenwirkens Ausdruck der Einordnung der einzelnen Wirtschaftszweige, Gruppen und Schichten und des Staates in die Gemeinschaft. Die Stabilität seines Wertes ist ein Zeichen des Verantwortungsbewußtseins aller dieser Gruppen, die der Notenbank ihre Aufgabe erleichtern, erschweren oder gar unmöglich machen können.

K.Knies, G. u. Credit, 1. Abt.: Das G., (1873) Neudr. 1931 - G.F. Knapp, Staatl. Theorie des G.es, (1905) 1923^{4} - L.v.Mises, Theorie des G.es u. der Umlaufsmittel, (1912) 1924^{2} - J.M.Keynes, Vom G.e, 1932 - Ders., Allg. Theorie der Beschäftigung, des Zinses u. des G.es, (1936) Neudr. 1952 - R.Nöll v.d.Nahmer, Der volkswirtschaftl. Kreditfonds, 1934 - K.Föhl, G.schöpfung u. Wirtschaftskreislauf, (1936) Neudr. 1955 - E.Lukas, Aufgaben des G.es, 1937 - A.Forstmann, Volkswirtschaftl. Theorie des G.es I. II, 1943/55 - Ders., G. u. Kredit, 2 Bde, 1952 - S.Wendt, G. u. Währung, 1947 - Ders., Die Entwicklung des dt. G.wesens, 1950 - R.Stucken, G. u. Kredit, 1949 - Ders., Dt. G.- u. Kreditpolitik 1914-1953, 1953 - W.Gerloff, Gesellschaftl. Theorie des G.es, 1950 - E Schneider, Einführung in die Wirtschaftstheorie III: G., Kredit, Volkseinkommen u. Beschäftigung, (1952) 1953^{2} - W.Andreae, G. u. G.schöpfung, 1953 - R.Gaettens, Inflationen, 1955 - H.Rittershausen, Bankpolitik, 1956.

S.Wendt

III. Soziologisch

1. Das G. ist eine Grundbedingung der arbeitsteiligen Tauschwirtschaft. Bei der Verwendung von G. tritt an die Stelle des Direkttauschs Ware - Ware die Vermittlung der Güterbewegungen durch ein Medium, das als Tauschmittel und Wertmaßstab dient: Ware - G. - Ware. Hierdurch wird eine fast unbegrenzte Ausdehnung und Rationalisierung der Tauschvorgänge ermöglicht. Als »Liquidationsmittel der Teilung der Arbeit« (Rodbertus) wird das G. zu einem Hauptinstrument der Vergesellschaftung der einzelnen Wirtschaftssubjekte bei gleichzeitiger Ausweitung ihres individuellen Verfügungsspielraums. Die Tauschhandlung muß nicht mehr unmittelbar und sofort zwischen dem Anbieter und dem Nachfrager nach Gütern vollzogen werden, sondern kann an anderer Stelle und zu anderer Zeit beendet werden.

2. Die *Entwicklung des G.es* spiegelt seine wachsende Funktionalisierung wider. An die Stelle der »dritten Ware«, ursprünglich ein qualitativ und quantitativ leicht bestimmbares Wirtschaftsgut (Vieh, Eisenstäbe, Salz, Leder usw), das nebenher mannigfaltigen sozialen Zwekken dienen kann (Repräsentation: Schmuck-G., Hort-G.; Kultus und Rechtspflege: Opfer-G., Wer-G.), tritt die reine Rechengröße (am ausgeprägtesten als Papier-G. und Giral-G.). Die wirtschaftliche Bedeutung des G.es wird dann nicht mehr durch seinen Eigenwert als begehrtes Gut (bes. bei der Verwendung von Edelmetallen) bestimmt, sondern lediglich durch die Kaufkraft, die es repräsentiert (→ Sozialgeschichte, → Wirtschaftsgeschichte), und seine Funktion als Liquiditätsträger.

Bemerkenswert ist, daß an der Entstehung des modernen G.wesens soziale Grenzschichten der Bevölkerung in hohem Maße beteiligt gewesen sind. Der → Handel (: III) mit G. lag bei vielen Völkern ganz in der Hand der Fremden (reisende Händler), bestimmter ethnischer Minderheiten (Juden) oder in sich abgeschlossener Eliten (Patrizier). Der esoterische Charakter, den der Umgang mit G. in einer noch vorwiegend durch den Naturaltausch gekennzeichneten Wirtschaft hatte, in der nur wenige, meist Luxusgüter, gegen G. getauscht wurden, blieb auch unter modernen Bedingungen an ihm haften und erklärt manche psychologische Besonderheiten der Einstellung zum G.

3. Die *sozialen Wirkungen des G.es* sind äußerst mannigfaltig. Immer handelt es sich hierbei um Wechselbeziehungen zwischen den Funktionen des G.es und der jeweiligen Gesellschaftsordnung. So sehr die G.verfassung Ausdruck einer bestimmten Wirtschafts- und Gesellschaftsform ist, so sehr erweist sie sich auch als Mittel zu deren Umwandlung.

Als wohl wichtigste Wirkung des G.es ist die Funktionalisierung und → Rationalisierung der Wirtschaftsvorgänge anzuführen. Bei der Verwendung von G. tritt an die Stelle des sachgebundenen Direkttauschs die marktabhängige, oft abstrakte Wertebewegung. Da G. fast unbeschränkt verwertbar ist, wird es zum »absoluten Mittel«, in dem sich alle Zwecke verkörpern können. Durch seinen Gebrauch werden alle Güter zur vergleichbaren Ware und verlieren im Tauschakt ihre Qualität zugunsten einer rein quantitativen Einschätzung: »Alles hat seinen Preis«. Der vor allem bei den Naturvölkern und Völkern auf früher Entwicklungsstufe sichtbare soziale Charakter der Güterbewegungen wird zum rational abgewickelten »Geschäft«. Das G. schafft auch eine formale → Gleichheit der Wirtschaftssubjekte im Tauschverkehr. Es hebt die Standesunterschiede auf: Dem G. sieht man nicht an, woher es kommt. Persönliche Werte und die Motive der Zahlung werden im Zahlungsvorgang nicht sichtbar. Der Güteraustausch wird allmählich von allem sozialen Beiwerk befreit und auf seine rein wirtschaftliche Funktion reduziert, aber dadurch gerade bes. wirksam gestaltet.

Das G. trägt unablässig zur Differenzierung der → Gesellschaft bei. Es ermöglicht die Herausbildung von zahlreichen Mittlerfunktionen zwischen Produzent und Verbraucher. Schon Aristoteles hat darauf hingewiesen (Politik I, 9), daß die Entstehung des G.es mit der Bildung des Kaufmannsstands und damit einer hauptsächlich durch Erwerbsstreben motivierten sozialen Schicht einhergeht. Wichtig für die soziale Bedeutung des G.es ist auch sein Symbolcharakter. Es verkörpert alle Sachwerte und ihre soziale Geltung. Dadurch kann sein Erwerb zum Selbstzweck werden, denn er bedeutet den Gewinn reiner Verfügungsmacht. Auch der Tausch wird hierdurch in vielen Fällen zum Selbstzweck und von der durch ihn auslösbaren Güterbewegung getrennt. Das zeigt sich am deutlichsten bei bestimmten Börsenoperationen (Spekulation). Eine hohe G.summe kann auch zum Symbol für qualitative Merkmale werden: Eine Ware wird als qualitativ gut beurteilt, weil sie viel gekostet hat; das Ansehen eines Individuums bestimmt sich nach seinem G.verdienst und seiner Kreditwürdigkeit. Dieses ständige Umschlagen von Quantität in Qualität und umgekehrt wird durch das G. bewirkt.

Schließlich muß noch auf die Rolle des G.es als Herrschaftsinstrument hingewiesen werden. Es ist in der modernen → Wirtschaft ein wesentliches Mittel der Besitzverteilung. Ein G.vermögen verleiht eine viel größere soziale Unabhängigkeit als der Sachbesitz und wird durch seine fast unbegrenzten Einsatzmöglichkeiten zu einem wichtigen Kontrollmittel wirtschaftlicher und politischer → Macht. Dadurch, daß G. den ungebundenen, absoluten Besitz (→ Eigentum: III) ermöglicht, wird es selbst zum Symbol der kapitalistischen Erwerbsgesellschaft. Hierin – nicht nur in seinen wirtschaftlichen Funktionen als Tauschmittel und Zinsträger – liegt auch der Ansatzpunkt der Sozialreformer (→ Sozialreform), die die Abschaffung des G.es oder die weitgehende Beschränkung seiner Funktionen forderten (Cabet, → Saint-Simon, Fourier, Weitling u.a.).

Das G. ist wesentlicher Faktor bei der zunehmenden Dynamisierung der Wirtschaftsvorgänge, indem es den Gütertransfer erleichtert und den Einsatz wirtschaftlicher Mittel über räumliche und zeitliche Grenzen hinweg ermöglicht. Auch bei der sozialen Dynamisierung, die mit der Umwandlung der Feudalgesellschaft (→ Feudalismus) in die moderne Wirtschaftsgesellschaft (→ Kapitalismus) einhergeht, hat das G. eine überragende Rolle gespielt, indem es als Emanzipationsinstrument sozial gebundener Schichten diente (zB Ablösung der Leibeigenschaft durch G.zahlungen, Ämterkauf, Kauf von Adelspatenten). Auch in der Gegenwart ist diese Funktion spürbar. Manche → Frau zieht den G.erwerb der Hausarbeit vor, denn »wer G. verdient, kann mitreden« (→ Emanzipation).

So zeigt sich, daß das G. nicht nur in seinen wirtschaftlichen, sondern auch in seinen sozialen Funktionen ein konstituierendes Element der modernen pluralistischen Erwerbsgesellschaft ist, deren Entfaltung ohne die Funktionsfähigkeit des G.es und seiner Institutionen nicht möglich wäre. Wie in der modernen Gesellschaft die persönliche → Freiheit durch den allgemeinen Konsensus hinsichtlich der Einhaltung formaler sozialer »Spielregeln« gewährleistet ist, so wird das Marktverhalten der Wirtschaftssubjekte durch das Medium des G.es auch bei Diskrepanz der individuellen Zielsetzungen in Richtung auf den Nutzenausgleich formal integriert.

G. Simmel, Philosophie des G.es, (1900) 1920[3] - B. Laum, Heiliges G. Eine histor. Unters. über den sakralen Ursprung des G.es, 1924 - R. Lewinsohn (Morus), Das G. in der Politik, 1930 - W. Gerloff, Die Entstehung des G.es u. die Anfänge des G.wesens, (1940) 1947[3] - Ders., G. u. Gesellschaft, 1952.

F. Fürstenberg

IV. Sozialethisch

1. Der einzelne und das G. – 2. Der Staat und das G. – 3. Der Christ und das G.

Wie bei allen gesellschaftlichen Institutionen gibt es auch beim G. bestimmte Versuchlichkeiten. Verantwortliches Denken und Handeln setzt voraus, daß man die hier liegenden Gefährdungen erkennt.

1. Im Verhältnis des *einzelnen* zum G. kann das Problem einmal darin bestehen, wie der Mensch G. erwirbt. Wenn der (körperlich oder geistig) schwer arbeitende Mensch die Empfindung haben muß, daß sehr viel mühelosere Arbeit weit besser entgolten wird, dann kann das (auch dort, wo Einkommens- und Vermögensunterschiede

nicht prinzipiell abgelehnt werden) ernste Folgen für die Frage nach dem Sinn der → Arbeit haben, zumal wenn diese Ungleichheiten von Verschwendung und Luxus auf der einen, Elend und Armut auf der anderen Seite begleitet werden. - Ein Problem kann ferner sein, welche Rolle das G. im Denken des Menschen einnimmt, welche Faszination, welche Macht das G. über ihn hat, ob er nichts anderes im Sinn hat als »G. zu verdienen«, ob jemand sein Herz an diese Dinge hängt, ob er sich in der Jagd und Hast danach verzehrt und in der Vorstellung lebt, für G. sei alles käuflich. Das meint Jesus (in Mt 6, 24) mit »Mammonsdienst«. - Damit hängt eng zusammen, wie jemand mit dem G. umgeht, ob er dabei nur an sich denkt, was sich sowohl im Geiz als auch in Verschwendung und Leichtfertigkeit äußern kann, oder ob er mit dem G. (auch über den Rahmen seiner nächsten Angehörigen hinaus) Gutes stiftet. - Das wiederum setzt ein bestimmtes Empfinden für → Wert und Wertlosigkeit voraus, bei dem Überlieferungen eine große Rolle spielen. Derartige Traditionen im Umgang mit dem G. können indessen abreißen. Dies kann in Zeiten des Mangels der Fall sein, in denen das G. nur eingeschränkte Bedeutung hat und der Kaufkraftüberhang sich irgendwelche Auswege sucht. Das kann auch der Fall sein, wenn nach Zeiten ausgesprochenen Mangels plötzlich große Güterfülle eintritt, bes. wenn eine verlockende → Werbung hinzukommt, Anschaffungen durch Teilzahlungen leicht gemacht werden usw. Dann gehen die Maßstäbe dafür, was wertvoll, was wirklich notwendiger Nachholbedarf und was rechnerisch vertretbar ist, leicht verloren, zumal bei Menschen ohne Erfahrung im Umgang mit G., in der Einteilung von G., in Fragen der Haushaltführung usw.

2. Auch wenn das G. geschichtlich nicht ein Geschöpf des *Staates* ist, ist die Bedeutung einer guten Ordnung des G.wesens für das gesellschaftliche Zusammenleben unverkennbar (→ Geld: II. III). Die Unstabilität des G.es kann (vor allem, wenn G.- und Sachwerte sehr unterschiedlich davon betroffen werden) sozial höchst unerfreuliche Vermögensumschichtungen zur Folge haben, die in ihrer Wirkung weit über das Materielle hinausgehen. Zweifel an der Redlichkeit staatlicher Führung, Mißmut und Gleichgültigkeit gegenüber staatlichen Maßnahmen, Erlahmen der inneren Bereitschaft zu Selbsthilfe und Selbstverantwortung, Zunahme versorgungsstaatlichen Denkens können die Folge sein. In dem Maß, wie durch unstabile Währungsverhältnisse der Ansatz für den einzelnen verlorengeht, für schwere Zeiten vorzusorgen, für die Ausbildung der Kinder oder für das Alter Ersparnisse zu machen, kann im Zusammenhang damit eine wirtschaftlich wie sozialethisch unerfreuliche Steigerung der Verbrauchsneigung um sich greifen. Man lebt »in den Tag hinein«. Die Bemühungen um Stabilität der Währung haben auch eine erhebliche Bedeutung für die Frage nach dem Sinn der Arbeit.

3. Es gibt eine Reihe praktischer Maßnahmen und Vorschläge, dieses Ziel zu erreichen, die hier nicht im einzelnen darzustellen sind. Ihr sozialethisches Anliegen ist unverkennbar. Wie alle gesellschaftlichen Institutionen soll auch das G. dem Menschen dienen. Das wird durch äußere Maßnahmen allein nie möglich sein, so gewiß eine gute Ordnung des G.wesens viele Versuchlichkeiten mildern kann. Schutz gegen Mißbrauch und gegen eine Entartung zum »Mammonsdienst« setzt eine gewissenhafte und weite Beachtung biblischer Aspekte voraus: G. ist in biblischer Sicht nicht an sich böse. Aber die Bibel warnt vor der Vergötzung des G.es, vor G.gier, vor den Gefahren des → Reichtums, vor der Vorstellung, mit G. alles kaufen zu können, und zeigt den Weg, wie Menschen von solcher Versuchung frei werden. Der »bürgerliche« Glaube an die → Freiheit durch das G. (bürgerliche Freiheit = Verfügungsgewalt über G., G. als beinahe einziger Maßstab für den Wert der Arbeit, Unterbewertung geistiger Arbeit u.a.) und der alte sozialistische Glaube an die Befreiung von der Macht des G.es (→ Macht: IV) in einer erdachten Zukunftsgesellschaft sind innerweltliche Heilslehren. Freiheit vom Glauben an das G. und zum rechten Gebrauch von G. setzt indessen eine wirkliche Distanz vom G. voraus, die innerweltlich nicht zu gewinnen ist.

O. Nell-Breuning-H. Sacher, WB d. Politik, 1949, 223 ff - Joh. Messner, Das Naturrecht II, Wien 1950, 660 ff - W. Weddigen, Wirtschaftsethik, 1951, 60 ff - S. Wendt-E. Thier, Was machen die Menschen mit dem G.? (Kirche im Volk 10), 1954 - ESL 385 ff. 392 ff. 420 ff. 539 ff - J. Ellul, L'homme et l'argent, Paris 1954 - F. Delekat, Der Christ und das G. (ThEx NF 57), 1957. *F. Karrenberg*

Gelehrsamkeit. In der Religion spielt zu allen Zeiten das Wissen eine Rolle. Träger dieses religiösen Wissens können → Medizinmänner, Priester (→ Priestertum: I), Schriftgelehrte, → Geheimbünde von Initiierten oder Angehörige gnostischer Sekten (→ Gnosis: I) sein. Bereits auf primitivreligiöser Stufe können wir von einer G. sprechen, die Ausdruck magischen Denkens ist, aber vielfach die Wurzel der modernen Naturwissenschaften darstellt. Bei den Reifezeremonien der Naturvölker (→ Beschneidung, → Initiationsriten, → Pubertät) wird ein besonderes Wissen vermittelt. Im alten → Indien konzentrierte sich die priesterliche G. der Brahmanenkaste auf die Kenntnis der heiligen → Opfer-Formeln, durch die sie übermenschliche → Macht zu erlangen glaubte (→ Vedische und brahmanische Religion). Ausgangsgebiet der weitverbreiteten, auf dem Wissen um einen vermeintlichen Kausalnexus zwischen Omina (→ Omen) und menschlichem → Schicksal beruhenden Vorzeichenschau scheint → Babylonien (: II) gewesen zu sein; ebenfalls war dort die → Astrologie beheimatet, die auf der Annahme einer Analogie zwischen dem Geschehen im → Makrokosmos und Mikrokosmos fußte. Theoretische Einsicht in religiöse Vorstellungen bahnt sich auf einer Stufe an, die als »vorwissenschaftliche Wissenschaft« (H. Oldenberg) bezeichnet worden ist; sie ist durch die indischen Brâhmana-Texte gekennzeichnet, die nach der »Verbindung« (*bandhu*), dh nach den weltlenkenden Kausalitäten suchen, sowie durch die Sargtexte in → Ägypten (: II) und die Aussprüche der Vorsokratiker. Ausschließlich als erkenntnismäßige Einsicht in das Wesen der Welt gibt sich der ursprüngliche → Buddhismus (: I). - In besonderer Weise ist G. mit dem religiösen Gebrauch der Schrift verbunden. Die geheimnisvolle Kunst des Schreibens wird als Machtmittel verstanden; nach chinesischer Vorstellung heulten die Dämonen, als die Schreibkunst erfunden wurde. Auf dem Boden der frühen Kulturen umstrahlt den Schreiber ein nahezu sakraler Nimbus. Spezielle Bedeutung besitzt die Schrift in den Buchreligionen. In ihnen erstreckt sich die gelehrte Tätigkeit an den heiligen → Schriften auf Bewahrung der Tradition, Kanonsbildung, Quellenscheidung, Studium der Ursprache, zT Anfertigung von verbindlichen Übersetzungen, und auf Auslegung. Auf dem Boden der interpretatorischen G. der Exegese vollzieht sich die Fixierung religiös verbindlicher → Lehre, die ihrerseits die Umdeutung der heiligen Schriften unterbinden soll. - Vgl. → Weltbild: I, → Wort.

J. Burnet, Die Anfänge der griech. Philosophie, 1913 - H. Oldenberg, Vorwissenschaftl. Wissenschaft. Die Weltanschauung der Brâhmana-Texte, 1919 - H. Winckler, Die babylon. Geisteskultur, 1919 - F. Dornseiff, Das Alphabet in Mystik u. Magie, 1922 - J. Wach, Zur Hermeneutik hl. Schriften (ThStKr 102, 1930, 280-290) - H. Webster, Primitive Secret Societies, New York 1932 - A. E. Jensen, Beschneidung u. Reifezeremonien bei Naturvölkern, 1933 - A. Bertholet, Die Macht der Schrift in Glauben u. Aberglauben (AAB

1948, 1), 1949 - J.LEIPOLDT, Zur Gesch. der Auslegung (ThLZ 75, 1950, 229-234) - DERS. u. S.MORENZ, Hl. Schriften. Betrachtungen zur Religionsgesch. der antiken Mittelmeerwelt, 1953 - W.E.PEUKKERT, Geheimkulte, 1951 - E.OTTO, Sprüche auf altägypt. Särgen (ZDMG 102, 1952, 187-200) - G.LANCZKOWSKI, Hl. Schriften. Inhalt, Textgestalt u. Überlieferung, 1956 - VAN DER LEEUW §§ 64. 72. 84. *G.Lanczkowski*

Gellert, *Christian Fürchtegott,* * 4.7.1715 in Hainichen/Sa., † 13.12.1769 in Leipzig, deutscher Dichter der Aufklärungszeit, entstammt als fünftes von 13 Geschwistern einer obersächsischen Pfarrersfamilie. Nach dem Besuch der Fürstenschule St.Afra in Meißen studierte er ab 1734 in Leipzig Theologie. Seine kränkliche Konstitution und innere Scheu hielten ihn vom Beruf des Pfarrers zurück. 1743 wurde er Magister der Philosophie, 1751 ao. Prof. der Poesie und Beredsamkeit. Durch seine Schriften und Lehren legte er »das Fundament der deutschen sittlichen Kultur« (Goethe). In der urbanen Atmosphäre des kleinpariserischen Leipzig entfaltete sich G.s Sprachtalent zu vielseitiger Wirkung: 1746/47 erschienen seine »Fabeln und Erzählungen«, die seinen Ruhm in aller Welt begründeten; zugleich wurde er der Schöpfer des obersächsischen rührenden Lustspiels (Die Betschwester, 1745; Das Los in der Lotterie, 1746; Die zärtlichen Schwestern, Die kranke Frau, 1747) nach dem Vorbild der »comédie larmoyante«; unter englischem Einfluß schuf er 1747/48 in dem »Leben der schwedischen Gräfin von G.« den ersten deutschen moralischen Roman. Stil- und geschmacksbildend für die bürgerliche Gesellschaftskultur seiner Zeit wurde seine 1751 erschienene Mustersammlung »Briefe, nebst einer praktischen Abhandlung über den guten Geschmack in Briefen«. Vielleicht am nachhaltigsten hat er als Kirchenlieddichter gewirkt (→ Kirchenlied: I, → Gesangbuch: I, → Dichtung und Religion, 2); 1757 erschienen seine »Geistlichen Lieder und Oden«, die auch in kath. Kreisen verbreitet waren. In G. erweicht sich der strenge Rationalismus der → Aufklärung (: II, 7) zur moralisierenden Tugendlehre und verbindet sich mit einer aus pietistischen Quellen genährten modischen → Empfindsamkeit. »An G., die Tugend und die Religion glauben, ist bei unserm Publiko eins« (Goethe).

Sämtl. Werke, 10 Bde, 1769-74. - Über G.: KURT MAY, Das Weltbild in G.s Dichtung, 1928 - E.WERTH, Unters.en zu G.s geistl. Oden u. Liedern (Diss. Breslau), 1936. *M.Greiner*

Gellért (*Gerhard*), *der Heilige,* * ca 980 in Venedig, Mönch in San Giorgio, kam als Jerusalempilger ca 1015 nach Ungarn, wird der Lehrer des Königssohns Emerich, dann Eremit im Bakonyer Wald, endlich 1030 erster Bischof von Cenad im Banat, machte sich um die Mission in → Ungarn verdient. † als Märtyrer 24.9.1046 am Blocksberg (Budapest), 1083 kanonisiert.

Vf.: Deliberatio supra hymnum trium puerorum, ed. J.BATTHIANY, 1790, u. einige verlorene Kommentare. - Legenda (2 Fassungen) ed. E.MADZSAR (Scriptores rerum Hungaricarum II, 1938, 461-506; Lit.). - Über G.: J.KARÁCSONYI, Leben u. Werke des hl.G., Budapest (1887) 1925² (ung.) - MANITIUS II, 74ff - C.JUHÁSZ, G.d. Hl., Bischof v. Maroschburg (Studien u. Mitt. z. Gesch. d. Benedictiner-Ordens 48, 1930, 1-36) - F.IBRÁNYI, Die Theol. G.s, Budapest (St.Stefan Gedenkbuch 1938; ung.) - E.IVÁNKA, Das Problem der griech. Bildung bei G. (SA Budapest 1942; ung.).

H.Zimmermann

Gelübde

I. Religionsgeschichtlich - II. Im AT und Judentum - III. Im NT - IV. Im Katholizismus - V. Im Protestantismus

I. Religionsgeschichtlich

Ein G. ist ein in feierlicher Form abgelegtes, vielfach auch durch einen → Eid bekräftigtes Versprechen etwas zu tun, wofür eine bestimmte Gegenleistung erwartet wird. Häufig wird einer Gottheit eine → Gabe gegeben oder in Aussicht gestellt in der Hoffnung, durch sie eine gute Ernte, Nachkommenschaft, Genesung, Erfolg im Kampf oder sonstige Hilfe zu erhalten. Die zahlreichen Votivgaben in Tempeln und Kirchen legen Zeugnis ab von der Allgemeinheit des Gebrauchs bei den verschiedensten Völkern. Bei den Römern waren Kollektiv-G. sehr verbreitet, welche ein Heer oder das ganze Volk binden sollten, um den Sieg in einer Schlacht oder das Wohl des Staates zu erreichen (Chant II, 456).

Ist in diesen Fällen das G. an die Erfüllung einer gewissen konkreten Bedingung geknüpft, so werden andererseits auch G. abgelegt, die nicht auf einer derartigen speziellen Vereinbarung beruhen. Es handelt sich dann darum, daß sich der Mensch zu einer besonderen religiösen Leistung (→ Fasten, Ausführung einer → Wallfahrt, Beobachtung von → Keuschheit) verpflichtet in der Hoffnung, sich dadurch moralisch zu läutern, eine Schuld (→ Sünde: I) zu sühnen (→ Sühne), eine günstige → Wiedergeburt oder jenseitigen Lohn zu erhalten. Eine Sonderform der letztgenannten Art von G.n stellen die Verpflichtungen dar, die beim Eintritt in eine Gemeinde, einen → Geheimbund, ein besonderes Lebensstadium oder einen Mönchsorden (→ Mönchtum: I) übernommen werden. Der Bruch eines solchen G.s soll eine Bestrafung durch die angerufene Gottheit zur Folge haben. In den atheistischen Religionen wie dem → Jinismus und → Buddhismus wirkt sich die Verfehlung durch die Vergeltungskausalität des → Karma in der Gestaltung der nächsten Existenz negativ aus. Im Mahâyâna-Buddhismus (→ Buddhismus: I, 7) spielt das »Bodhisattva«-G. eine ausschlaggebende Rolle. Der Gläubige übernimmt dadurch die Verpflichtung, in diesem Leben und in künftigen Wiedergeburten nach der Erleuchtung (bodhi) zu streben, um schließlich ein → Buddha zu werden und als ein solcher allen Lebewesen zur → Erlösung zu verhelfen. Auf das besondere G. des Buddha Amitâbha (→ Amida; Chant I, 388) gründet sich die Heilserwartung großer Sekten in China und Japan.

ERE XII, 641. 644ff; XIII, 634 - HWDA III, 626ff - R.KRISS, Die Volkskunde der altbayrischen Gnadenstätten III, 1956, 127ff. 236ff - VAN DER LEEUW 465ff. - Vgl. auch die Lit. zu → Opfer, → Wallfahrt.

H.v.Glasenapp

II. Im AT und Judentum

1. Im AT - 2. Im Judentum

1. Seinem *Wesen* nach ein bedingtes Versprechen, fand das G. in der israelitisch-jüdischen Religion gemäß ihrem Charakter als → Bund (: II) geeigneten Boden. Im Vertragswesen des menschlichen Zusammenlebens zumal des Stammes mag es Entsprechungen gehabt haben. Der übliche hebr. *Terminus* ist nædær, griech. εὐχή; 'issār nur vom Enthaltungs-G. und nur in Num 30, in der Verbindung nædær 'issār = Enthaltungs-G. im Talmud, und šebuat 'issār = Enthaltungseid in Talmud und Qumran (1QS V, 8). Der ursprüngliche *Wortlaut* weist die zwei Bestandteile »Bedingung« und »Versprechen« auf, so Gen 28, 20ff; Num 21, 2; Ri 11, 30ff; 1Sam 1, 11; nachbiblisch bleibt meist nur der zweite. Neben freien gab es formulierte G.: Ps 54; 56; 61 u.a. Als *Ort* der Erfüllung kam der Tempel bei Opfern (Ps 107; 116) und bei Liedern als vergeistigten G.-Objekten (Ps 22, 26; 50, 14; 61, 9 u.a.) in Frage. Von den beiden *Arten* des »positiven« = Leistungs-, und des »negativen« = Verzichts-G.s kennt das AT fast nur die erste (doch vgl. Ps 132, 3ff). Beide können sich auf Gegenstände (auch Menschen, Dtn 23, 19 »Geweihte«) wie Tätigkeiten erstrecken. Die *Anlässe* zu G.n waren verschieden wie die individuellen und sozialen Nöte. Angesichts der hohen *Wertung* der G. und des Vertrauens in sie (Ps 61, 6; 56, 12f) möchte man

ihre gewissenhafte Erfüllung als üblich ansehen (2Sam 15, 8); wird doch auch »G. bezahlen (müssen)« fast wie ein Terminus für die Gewißheit der Gebetserhörung verwandt (Ps 65, 2; 76, 12; ähnlich Hi 22, 27). Doch spricht dagegen, daß die Einhaltung eingeschärft werden mußte (Dtn 23, 22; Pred 5, 3f). - Die → *Propheten* haben die G. als solche nicht abgelehnt; »G. bezahlen« bleibt auch für sie (Hos 14, 3; ähnlich Nah 2, 1) Ausdruck der Gewißheit. Getadelt wird lediglich betrügerische Gesinnung beim Abstatten (Mal 1, 14) oder Adressierung an Götzen (Jer 44, 25). - Das *Deuteronomium* rubriziert ebenfalls G.-Opfer einfach mit anderen (12, 6. 11. 17); nur anstößige G.-Objekte werden abgelehnt (23, 19). Aus 23, 22ff scheint die Tendenz zur Eindämmung ersichtlich. - Auch die → *Priesterschrift* schärft strenge Einhaltung ein (Num 30, 2f), macht aber andererseits Angaben über die Beträge bei der Erstattung von (selbst-)gelobten Personen in Geld (Lev 27, 2ff), die bereits ein Abbröckeln an der Unbedingtheit des göttlichen Anspruchs auf Erfüllung bedeuten. Erst recht gilt das für die Unterstellung der Frauen-G. unter die Genehmigungspflicht der Väter und Gatten (Num 30, 4ff gegen 1Sam 1, 23).

2. Im *Judentum* der Antike und des MA begegnen die G. im wesentlichen als kommentierte Gesetzesmaterie. Erziehung zu strenger Handhabung und Warnung vor G.n - gelegentlich (so Spr 20, 25; bNed 22 a; 77 b) gar in Gestalt von Verwerfung als Sünde - gehen Hand in Hand (Sir 22, 27; 18, 21f; Ned 2, 5). Doch scheint die Volkspraxis dadurch wenig beeinflußt worden zu sein. Humane Gesichtspunkte in der Beurteilung kamen ihr entgegen, wie sie von Philo (De spec. leg. II, 16) und Josephus (Bell.Jud. II, § 313) vertreten wurden und in der talmudischen Absteckung der Verbotsbereiche zugunsten der Gelobenden, erst recht in der Möglichkeit der Auflösung übereilter G. durch Gelehrte, sich geltend machten (Ned 9; Chag 1, 8 u.a.). Der fromme Charakter verblaßte, auch wenn einschneidende Wirkungen im Sozialleben blieben. Weithin wurden die G. zu beteuernden Formeln profanisiert; sie begegnen als Abschreckungsmittel für Diebe (Ned 3, 4), als Drohmittel für die Ehefrau (bNed 23a), als Anreiz im Handel (Ned 3, 1). Auch Maßnahmen der »Kirchenzucht« (pGem Ned 2, 5) mögen wenig geändert haben. Der Terminus »Qorban« war sogar Nichtjuden vertraut (Josephus, C.Ap. I, § 167). In gaonäischer Zeit (7.-11.Jh. nChr; → Judentum: II) wurde gelegentlich die gesamte gelehrte Beschäftigung mit der G.-Materie verboten (Sepher ha Pardes 26d). Doch weist das in dieser Zeit aufkommende Kol-Nidrei-Gebet (eine Gemeinde-Absolution für bereute G. eines Jahres) auf ernste Wertung in der Volksmeinung. Im MA rät → Maimonides von G.n ab und schätzt sie nur als Selbsterziehungsmittel (Mischne Tora 6).

Vgl. → Askese: II, → Bann, → Eid: II, → Nasiräer.

L. Loew, Die Dispensation von Gelöbnissen (Ges. Schriften III), 1893 - RE VI, 485ff - I. Bernfeld, Eid u. G. nach Talmud u. Schulchen Aruch, 1924 - I. Gold, Das G. nach Bibel u. Talmud, 1926 - Z. Taubes, Die Auflösung des G.s (MGWJ 73, 1929, 33-46) - A. Wendel, Das israelitisch-jüdische G., 1931 - W. Eichrodt, TheolAT I, (1933) 1957[5], 86f - LThK IV, 361f - BL 543 - F. Horst, Der Eid im AT (EvTh 17, 1957, 366-384). † *A. Wendel*

III. Im NT

Das G. in seinen verschiedenen Formen wird im NT wiederholt als fest eingebürgerter Brauch des Judentums erwähnt bzw. vorausgesetzt (zB Lk 21, 5: Weihgaben zur Ausschmückung des Tempels; Apg 21, 23: Nasiräats-G.; Apg 23, 12. 14. 21: Entsagungs-G.; Mk 7, 9ff par: Versagungs-G. in Form der fiktiven Weihung). Jesus übt schärfste Kritik an den Mißbräuchen, die sich im nachbiblischen Judentum auf dem Gebiet des → Gelübdes (: II, 2) herausgebildet hatten. Er bekämpft die kasuistische Unterscheidung zwischen gültigen und ungültigen G.- und Schwurformeln als Mißbrauch der Anrufung Gottes und Verleitung zur Unwahrhaftigkeit (Mt 5, 33ff; 23, 16ff) und sieht in der Möglichkeit, sich durch ein (keine Verpflichtung einschließendes) Versagungs-G. der Unterhaltspflicht gegenüber den Eltern zu entziehen, eine empörende Verletzung des 4. Gebotes (Mk 7, 9ff par). Seinerseits überbietet er die at. Weisung, G. nicht zu verletzen (Mt 5, 33), durch die Forderung einer absoluten Wahrhaftigkeit, die auf alle Schwurformeln verzichtet (→ Eid: III, 1); die Beispiele, die er nennt (5, 34ff), zeigen, daß er dabei auch G.-Formeln im Auge hat. Doch hat Jesus, falls Lk 22, 16-18 par als Verzichterklärung zu verstehen ist, das G. als solches nicht verworfen, wofür auch die Haltung der Urgemeinde spricht. Denn sie hat sicher das Nasiräats-G. geübt (Apg 21, 23ff), und die spätere judenchristliche Überlieferung hat den Herrenbruder → Jakobus als lebenslänglichen Nasiräer geschildert (Hegesipp bei Euseb, h.e. II, 23, 5); wahrscheinlich ist auch Lk 1, 15 (lebenslänglicher Verzicht → Johannes' des Täufers auf Weingenuß) so gemeint. Auch Paulus hat nach Apg 18, 18 (wo schwerlich Aquila Subjekt ist) ein Nasiräats-G. abgelegt; der äußere Anlaß könnte etwa die Absicht gewesen sein, der korinthischen Gemeinde die Unwiderruflichkeit seines Entschlusses zur Abreise vor Augen zu führen. Daß Paulus solche Entsagungs-G. nicht grundsätzlich abgelehnt hat, zeigt 1Kor 8, 13, wo er erklärt, daß er bereit wäre, lebenslänglich auf Fleischgenuß zu verzichten, wenn er dadurch einem Bruder Anstoß ersparte.

Bill. I, 333ff. 711ff. 931f; II, 80ff. 747ff. 755ff. 767 - ThW II, 775 - J. Jeremias, Die Abendmahlsworte Jesu, (1935) 1949[2], 118ff - K.G. Kuhn, Sifre zu Numeri (Rabbin. Texte II/2), 1954/55, 692 - E. Haenchen, Die Apg (MeyerK III[11]), 1957, 547ff. *J. Jeremias*

IV. Im Katholizismus

Nach kath. Lehre ist das G. ein außerordentlicher Akt der Gottesverehrung, und zwar gemäß der klassischen, in c. 1307 CIC übernommenen Definition ein Gott gemachtes wohlerwogenes und freies Versprechen, durch das sich der Gelobende zur Leistung eines sittlichen Werkes verpflichtet, das entweder in sich überpflichtmäßig ist (→ Evangelische Räte) oder eine pflichtmäßige Handlung, zB die Meidung von Unzuchtsünden, mit einer zusätzlichen und insofern freiwilligen gleichgerichteten Verpflichtung verbindet. Das G. ist ein Akt der → Askese (: V), auf ein »besseres«, dh über das Pflichtmäßige hinausreichende Gut (bonum melius) gerichtet. Der Bruch eines G.s ist grundsätzlich eine Todsünde, kann aber bei geringfügiger Verletzung eines G.s oder bei G.n, deren Gegenstand in sich nur geringfügig ist, eine läßliche Sünde sein. - Neben auf die Person bezogenen G.n gibt es Sach- (Real-)G.; sie setzen die Verfügungsgewalt über die Sache voraus. Alle G. erlangen kirchliche Öffentlichkeit nur dann, wenn sie namens der Kirche von einem zuständigen kirchlichen Oberen angenommen werden; andernfalls sind sie private G. Öffentliche G. sind im heutigen Kirchenrecht nur die Kloster-G. (→ Kloster: III). Soweit sie die Kraft haben, entgegenstehende Handlungen, zB eine Ehe, nicht nur moralisch unerlaubt, sondern auch rechtlich unwirksam zu machen, heißen sie feierliche G.; alle anderen sind einfache G. Feierliche G. sind hauptsächlich die Profeß-G. der eigentlichen Klosterorden. Die feierlichen G. sind ein trennendes Ehehindernis, solche einfachen G., deren Inhalt mit den Ehepflichten nicht vereinbar sind, ein aufschiebendes (→ Ehe: VI, 2d).

Soweit die G.-Verpflichtung nicht durch innere Gründe, zB durch Ablauf der Geltungsdauer (zeitliche G. im Gegensatz zu ewigen) aufhört, kann sie nicht vom Gelobenden, sondern nur durch Nichtigerklärung oder Dispens seitens anderer Berechtigter beendet werden. Zur Nichtigerklärung ist jeder befugt, der gegenüber dem Gelobenden die sog. Hausgewalt (Potestas dominativa) hat, dem also der Gelobende persönlich zu gehorchen verpflichtet ist: Eltern können die G. ihrer minderjährigen Kinder, mindestens vor der Geschlechtsreife, Klosterobere die G. ihrer Untergebenen für nichtig erklären. Dispensgewalt bei reservierten privaten G.n – es sind die beiden G. der vollkommenen und ständigen Keuschheit und des Eintritts in einen eigentlichen Klosterorden, soweit sie unbedingt und nach vollendetem 18. Lebensjahr abgelegt wurden – hat nur der Hl. Stuhl; im übrigen steht die Dispensgewalt jeweils für ihre Untergebenen den Ortsordinarien, den Oberen exemter Klerikalorden und denen zu, die vom Hl. Stuhl entsprechende Vollmacht erhalten haben. Als Dispens gilt auch die Umwandlung eines G.s in ein minder vollkommenes, während die Umwandlung in ein gleich gutes oder besseres G. dem Gelobenden freisteht.

cc. 1307-1315 CIC – Lehrbücher der kath. → Moraltheologie u. des kath. → Kirchenrechts. *H.Barion*

V. Im Protestantismus

Sowohl → Luthers berühmte Kampfschrift »Die Mönchs-G.« (De votis monasticis) als auch die Art. XXVII der CA und AC sind gegen das → Mönchtum überhaupt gerichtet und setzen nur bei der G.frage an. Aber es wird klargestellt, daß jedes G. mit verdienstlichem Charakter sittlich unmöglich ist, ebenso jede Begründung für ein G., die darauf hinausläuft, daß die christliche Vollkommenheit in der Darbringung pflichtiger oder gar überpflichtiger Leistungen besteht. Aber nicht erst die AC, sondern bereits Luther deutet die Möglichkeit von G.n an, die lediglich der leiblichen Übung dienen und dann → Adiaphora sind. In der Tat kann es dienlich sein, sich zur Erfüllung einer allgemeinen Christenpflicht feierlich in Freiheit zu bekennen (Tauf- bzw. Konfirmations-G.; → Taufe, → Konfirmation). Sittlich möglich ist auch eine zeitliche Verpflichtung zu besonderen Übungen (Fasten, Verzichte), aber schwerlich ein ewiges G. (→ Armut: III).

L. Wiese, Von G.n in ev. Sinn, 1861. – Von den modernen ev. Lehrbüchern der → Ethik vgl. bes. A.D. Müller, 1937, 185f. *F.Lau*

Gemeinde

I. Begrifflich – II. Rechtlich – III. Soziologisch – IV. Gemeindeaufbau und Gemeindepflege – V. Gemeindeaufbau in der Mission

I. Begrifflich

1. Begriff – 2. Begriffsproblematik – 3. Biblische Begründung – 4. Begriffsgeschichte – 5. Ergebnis

1. Die christliche G. ist die durch Gottes Schöpferrede in das welthafte Dasein gerufene Versammlung von Menschen, die sich durch Jesus Christus im Hl. Geist zum Dienst aneinander und zur Sendung an die Welt erwählt wissen. Zwei Wesenselemente begründen den *Begriff:* der versammelnde Aufruf Gottes (→ Wort Gottes) und die den Ruf verwirklichende Antwort (→ Glaube) der Sichversammelnden. Beide Elemente – das theologische (convocatio) und das morphologische (contio) – sind einander nicht im Verhältnis von Ursache und Wirkung, sondern von → Wahrheit und → Wirklichkeit zugeordnet. Im Ereignis des göttlichen Rufes und der menschlichen Antwort gewinnt die G. greifbare Gestalt. Im Zusammenfall beider wird der Begriff G. gesetzt.

2. Die *Problematik* des Begriffs G. ergibt sich aus der Spannung zwischen *Begriff* und *Bezeichnung:* Einmal lassen sich die Begriffsmerkmale gesondert ausdrücken (zB im AT: qahal und ʿedā). Sodann kann der *eine* Begriff ἐκκλησία durch verschiedene gleichwertige Wörter austauschweise umrissen werden (zB dt.: G. und Kirche); umgekehrt kann *eine* Bezeichnung verschiedene ungleichwertige Begriffsinhalte meinen (s. 4). Schließlich können neue geschichtliche Lagen dazu nötigen, den ursprünglichen Sinn durch Anreicherung oder Verkümmerung abzuwandeln. So hat sich in der Neuzeit die morphologische Unterscheidung von Kirche = Gesamt-G. und G. = Einzel-G. entgegen dem NT (→ Amt: II, 2) durchgesetzt und die historische Forschung beeinflußt. Daneben wird gegenwärtig die Bildung neuer Begriffe wie »Para-G.« (Gegensatz: Orts-G.) bzw. »kategoriale G.« (Gegensatz: parochiale G.) usw erörtert (Wendland 220ff). Abzusehen ist von der Übertragung des G.begriffs auf säkularisierte Gemeinschaftsformen (RGG² II, 984). Die Klärung des Begriffs läßt sich methodisch nicht aus seinen variablen Bezeichnungen gewinnen, sondern aus seiner im AT und NT vorgezeichneten »Richtung«, die die Begriffsgeschichte auszulegen sucht.

3. Im *AT* tritt die G. zuerst als sakraler Verband der → Stämme Israels in Erscheinung, dh als Gottes- und Volks-G. zugleich. Ausgegrenzt aus der Völkerwelt (→ Erwählung: I), sammelt sich die Amphiktyonie »Israel« unter charismatischen Führern (→ Amt: I) um das zentrale Heiligtum der → Lade Jahwes. Ihr gesamtes Dasein untersteht dem apodiktischen Rechtsanspruch Gottes, der keinen profanen oder neutralen Bereich kennt und die Scheidung zwischen geistlichem und weltlichem Dasein unterbindet (Alt). Zur Selbstbezeichnung der G. dienen die beiden bedeutungsverschiedenen Wörter qahal und ʿedā (Rost). Das geschichtlich wandelbare *qahal* meint den »Aufruf« der Männer zu Kultfeier, Gerichtssitzung oder Kriegszug. Durch das Dtn wird das Wort »G. Jahwes« (zuerst Mi 2, 5) theologisiert: die Mannschaft (ʿăm) Jahwes (Dtn 23, 2ff) wurde am »Tag des Aufgebots« (Dtn 9, 10), an dem Jahwe am Sinai den → Bund (: II) mit Israel schloß, zur »G. Jahwes«, zum »Aufgebot Israels« (Dtn 31, 30; 1Kön 8, 14). Zunächst Männer-G., umfaßt sie später Frauen (Jer 44, 15) und auch Kinder (Neh 10, 1). – Das Wort *ʿedā*, eine spätere Prägung der → Priesterschrift, bezeichnet die um das heilige → Zelt sich scharende G. und wird anachronistisch auf die G. des ersten Passa (→ Feste: II, 3) in Ägypten übertragen. ʿedā meint die Volks-, Rechts- oder Kult-G. in ihrem Versammeltsein, soweit es durch bestimmten Ort, festgesetzte Zeit, gegebene Lage bedingt ist. Als kultisch reine Gottes-G. gliedert sie sich unter Moses Führung in Stämme, Sippen und Vaterhäuser, die durch Amtsträger (Fürsten, Älteste, Häupter) geleitet werden. Mit dem Exil war die bisherige Form der Glaubens- *und* Volks-G. in die Vielzahl religiöser Einzel-G.n auseinandergebrochen. Die kultische Reorganisation unter → Esra machte die Zugehörigkeit zur G. nicht von objektiven Kriterien (Dtn 23), sondern von der subjektiven Stellungnahme zum absolut verstandenen »Gesetz« abhängig. – Im → *Judentum* (: I) betont ʿedā die organisierte G. (hebrSir). In der jüd. → Diaspora (: I) bildet sich die Orts-G., neben dem Tempel durch das Lehrhaus gekennzeichnet, zur → Synagoge als Heilsanstalt. Die LXX übersetzt qahal meist mit ἐκκλησία, ʿedā überwiegend mit dem unpolitischen συναγωγή. – In den Spannungen zwischen partikularen und universalen Tendenzen formt sich in der → Apokalyptik (: II) der neue Begriff der *eschatologischen G.* aus. Unter Einschmelzung altisraelitischer Elemente wird »Israel« zur endzeitlichen Heils-G.

der Frommen, die als »Rest« (Am 5, 15; Jes 7, 3) dem Gericht entrinnt, als »Gemeinschaft der Heiligen« bereits jetzt im Himmel besteht (äthHen 39, 4ff) und mit dem → Menschensohn bzw. dem → Messias in den letzten Tagen offenbar wird. Bezeichnend für diese reine Glaubens-G. wird die reale Schicksalsverbundenheit zwischen Heilbringer und Heilsgefährten. In der Bildung von *Sonder-G.n* wie der Damaskus-Sekte (→ Damaskusschrift) oder des Ordens von → Qumran (→ Essener) verbinden sich Institution und Geist, Hierarchie und Ritus mit pneumatischer Inbrunst und ethischem Radikalismus. Indem die at. Überlieferung im Rahmen einer militanten → Heilsgeschichte (→ Heilsratschluß) ausgelegt und vergegenwärtigt wird (→Allegorie, →Typologie), weiß sich die »G. des neuen Bundes« inmitten des allgemeinen Abfalls zur Treue aufgerufen: als der geistliche Heerbann vom Sinai (Dtn). Dabei wird entweder (Dam)ʿedā als (unpolitische) Selbstbezeichnung bevorzugt oder (Qumran) es werden herkömmliche Namen benutzt (qahal, ʿedā) bzw. neu qualifiziert wie »G.« (jăḥăd = Gesamt, Einigkeit), »Versammlung« (ʿeṣā = Rat), »die Vielen« (harābbîm: vgl. Jes 52, 13 - 53, 12) oder nur »Bund« (b^erît). - Das *NT* (→ Christentum: I) erneuert den Begriff G. (→Kirche: II) grundlegend, indem es die apokalyptische Erwartung des Offenbarers, der das zerstreute Israel sammelt, vom at. Gottesvolk-Gedanken (Dtn) her versteht und auf Jesus bezieht. Der Doppelcharakter der at. G. als der G. *Gottes* in der *Welt* wird durch die apokalyptische Antithetik (→ Dualismus: II) verschärft, sofern die G. selbst zum neuen → Aion (, 2) gehört, aber innerhalb der veraltenden Welt in Ordnungen charismatischen Rechts existiert (→ Gemeinde: II, 2). Ihre Ausgrenzung aus der Welt begründet ihre Ausschließlichkeit gegenüber anderen Kulten. Das NT kennt keinen Gegensatz zwischen Orts- und Gesamt-G. Die Gesamt-G. ist weder die Summe der Einzel-G.n noch die »Idee«, die in der Einzel-G. »erscheint«: also zeitlich und sachlich weder »nach« noch »vor« ihr. Im Erklingen des → Kerygma formiert sich, von Zahl, Ort und Umständen grundsätzlich unabhängig, in und mit *den* G.n (pl.) jeweils *die* G. (sing.). Bereits die Ur-G. eignet sich als die messianische G. der Endzeit den Titel des at. »Aufgebots« an, das durch die »Zwölf« (→ Apostel) als die »eschatologischen Regenten« repräsentiert wird (Bultmann). Die palästinensische wie die hellenistische G. bezeichnet sich als ἐκκλησία, dh als die Schar der Erwählten, die der → Geist (: IV) als bleibende Macht durchwaltet. Der vielschichtige Gehalt dieses einzigartigen Wortes entfaltet sich in einer Fülle anschaulicher Selbstbezeichnungen (E. Stauffer, Die TheolNT, [1941] 1948⁴, § 38). Paulus übernimmt die Formel »G. Gottes« (1Kor 10, 32; 11, 22; 15, 9; Gal 1, 13) aus dem AT (Rost) und verbindet sie mit der pneumatologischen (gnostischen?) Vorstellung vom »Leib Christi« (1Kor 12). Als »Israel Gottes« (Gal 6, 16; → Israel im NT), als »neuer → Bund« (: III, 2b; 1Kor 11, 25) ist die G. Rechtsnachfolgerin des at. Gottesvolkes, jedoch zugleich die durch Kreuz und Auferstehung Jesu Christi neugeschaffene Gotteswirklichkeit, die sich in der Gleichung »in Christus = im Geiste = in der G. sein« ausspricht und, in Abweisung des Sektentyps, ihren Zusammenschluß aus Juden und Heiden bedeutet. Auch wenn man die Ausdrücke Theokratie, Christokratie (Schweizer), Pneumatokratie (Dahl) als unscharf vermeidet (Bultmann), wird man das christologische bzw. pneumatologische Moment für die nt. G. in allen Gestalten für bestimmend halten. Das geistliche Element nimmt je das welthafte in Dienst: *Gottes Tat*, dh der Ruf des Christus und die im Geist erfolgende Antwort des Menschen, konstituiert die konkrete G. in ihrem Sakrales und Profanes umgreifenden Sein.

4. Die historische Entwicklung läßt die »G.« als Orts-G. und die → »Kirche« (: III) als Verband dieser G.n früh auseinandertreten. Bedeutungsvoller freilich ist die *Morphologisierung* des ursprünglich theologisch bestimmten G.begriffs in den Formen der *Verrechtlichung* (alte Kirche und MA) und der *Vergesellschaftung* (MA und Neuzeit). - a) Aus schon im NT vorliegenden Ansätzen (Früh-→ Katholizismus: I) verhiesigt sich die eschatologische G. zur sakramental-rechtlichen Heilsanstalt. In ihrem hierarchisch gegliederten Kosmos treten Weltliches und Geistliches, → Klerus und Laien einander gegenüber. Im urchristlichen G.begriff bisher verwahrte spiritualistische Motive geraten zur Kirche in Spannung: zT sie belebend und verinnerlichend, zT sie beunruhigend und gefährdend. Der Kritik, die im hohen und späten MA von → Spiritualisten und Konziliaristen (→ Kirchenverfassung: IV) an der Kirche geübt wird, liegt ein je verschieden betonter revolutionärer bzw. reformerischer G.begriff zugrunde. - Die → *Reformation* bedeutet die Wiedergeburt der Kirche aus dem Geist der G.: Gottes Wort und Gottes Volk gehören wesenhaft zusammen (WA 50, 629) und fordern die Sammlung der Glaubens- und Liebes-G. (ecclesiola *in* ecclesia). Luthers Abneigung gegen das Wort »Kirche« im Unterschied zur »G.« (besser: »Christenheit«) ist bekannt. Seine Übersetzung der Bibel benutzt es nie für G.; die des AT meist für heidnische Heiligtümer. Die reformatorischen → Kirchenordnungen (: II) sind grundsätzlich G.ordnungen. - b) Ein *zweiter Morphologisierungsprozeß* läßt jedoch die ev. Ansätze sich nicht voll auswirken. Während im Luthertum die Entwicklung zur → Landeskirche (→ Landesherrliches Kirchenregiment) den G.gedanken fesselt, bleibt dieser auf ref. Boden (Bucer, Calvin) wirksam, wird aber in Auseinandersetzung mit der anbrechenden Moderne zT stark *soziologisiert*. In der angelsächsischen Welt droht der spirituelle G.begriff den der Kirche aufzuzehren (→ Puritaner, → Kongregationalisten). Der → Pietismus (→ Brüderunität: II) versucht noch einmal die Kirche geistlich und organisatorisch von der G. her zu prägen, ehe die Aufklärung diese zum religiösen Verein entleert. Im 19.Jh. vermag die romantisierende Theologie des Neu- → Luthertums (: II) und der → Erweckung (: I) die reformatorische Grundeinsicht kaum durchzuklären. Immerhin gehen fruchtbare Antriebe von Schleiermacher, Ritschl, Kähler, Schlatter u.a. (→ Systematische Theologie: II A) aus, die die Einseitigkeiten der → Hochkirchlichen und der → Gemeinschaftsbewegung vermeiden. Die verschiedenen Leitbilder der → Volkskirche, → Bekenntniskirche, → Freikirche werden von dem durch das Synodalprinzip (→ Synode) formalisierten G.begriff weder gewandelt noch erschüttert. Die Proklamierung des 20.Jh.s zum »Jh. der Kirche« neutralisiert den G.begriff vollends. Erst im Kampf der → Bekennenden Kirche begegnen sich G. und Theologie. - c) Die *gegenwärtige* systematische Theologie ist im Zuge der → Ökumenischen Bewegung wie der kirchlichen → Einigungsbestrebungen (: V) stärker an der Wirklichkeit der → Kirche (: IV) als an der Wahrheit des G.begriffs orientiert (vgl. jedoch → Haushalterschaft). Allerdings sucht Wehrung die Kirche von der G. her und Althaus die G. als Modus der Kirche (neben dem des Amts) zu bestimmen. Barth erklärt Kirche wie G. »dynamisch« als »Ereignis einer Versammlung« und warnt vor dem institutionellen Verständnis jener (»Einrichtung«) wie dem soziologischen dieser (»Gesellschaft«). Den Begriff G. mittels eines »Helvetizismus« (»Bürger-G.«) metaphorisch auf den Staat ausdehnend, ist er an einer Begriffsklärung ausdrücklich uninteressiert. Dagegen arbeitet E.Brunner das Begriffsproblem scharf heraus und sieht in der nt. G. als »reiner Persongemeinschaft« die

Krisis der Kirche als Institution. Jedoch vermag seine Personalisierung weit weniger als Barths Aktualisierung die theologische Relevanz der konkreten Innerweltlichkeit der G. (die Indienstnahme der Morphologie durch die Theologie) geltend zu machen.

5. »Kirche« und »G.« haben im Verlauf der Geschichte ihre Begriffsinhalte weitgehend vertauscht und in der Neuzeit die Ausgleichung ihrer theologischen Unterschiede durch Abgleiten ins Morphologische verdeckt. Der *Vorzug des G.begriffs* gegenüber dem der Kirche leuchtet ein. Er ermöglicht es, folgende Sachverhalte klarer herauszuheben: a) den Zusammenhang zwischen AT, nachbiblischem Judentum und Urchristentum; b) den geistlichen Charakter des nt. Begriffs ἐκκλησία in seiner Realität, Totalität und Universalität; c) die G. als zentralen Haftpunkt der reformatorischen Grunderkenntnisse und Denkstrukturen; d) die Verbindung der »vertikalen« Gemeinschaft zwischen Mensch und Gott mit der »horizontalen« Bruderschaft der Glieder untereinander; e) die christologisch begründete Einheit von geistlichem und weltlichem Dasein und die Indienstnahme der Wirklichkeit der Welt durch die Wahrheit Gottes. – Unangebracht wäre ein Purismus, der den Begriff Kirche zugunsten des der G. striche. Fehlentwicklungen lassen sich nicht durch terminologische Entscheidungen rückgängig machen. Wohl aber läßt sich der Begriff Kirche durch den der G. inhaltlich füllen. Statt ihn biblizistisch zu korrigieren, gilt es, ihn aus dem Gesamt der biblischen Verkündigung neu zu entwickeln und auszulegen. Der wesentliche Gehalt der »G.« dürfte in dem liegen, was Luther auf Grund von Röm 3, 4 in scharfer Abgrenzung gegen jeden → Synergismus die »passive → Rechtfertigung« (: II) nennt (WA 56, 212ff): die G. ist das »Volk«, das dem Gott, dessen Wahrheit »in sich selbst« siegreich ist, »in seinen Worten und Werken« recht gibt und dadurch das ihm zugesprochene Heil und Leben empfängt. Als die Versammlung der gerechtfertigten Sünder ist die G. die Integration der Kirche.

Außer der Lit. zu → Kirche und den Lehrbüchern der TheolAT u. NT, der DG u. Dogmatik: J.GRIMM, Dt. WB IV/1, 2, 1897, 3220ff – RE VI, 499ff – E.TROELTSCH, Ges. Schriften I, (1912) 1923³ – RGG² II, 983f – P.VOLZ, Die Eschatologie der jüd. G. im nt. Zeitalter, 1934 (bes. § 44) – ThW III, 502ff; IV, 29ff – L.ROST, Die Vorstufen von Kirche u. Synagoge im AT (BWANT 4, 24), 1938 – O.MICHEL, Das Zeugnis des NT von der G. (FRLANT NF 39), 1941 – N.A.DAHL, Das Volk Gottes (SNVAO II, 2), 1941 – G.WEHRUNG, Kirche nach ev. Verständnis, 1947 – K.BARTH, Die lebendige G. u. die freie Gnade (ThEx NF 9), 1947 – DERS., KD IV/1, § 62; IV/2, § 67 – P.ALTHAUS, Die christl. Wahrheit, (II, 1948) 1958⁴, § 51 – A.OEPKE, Das neue Volk Gottes, 1950 – E.BRUNNER, Das Mißverständnis der Kirche, 1951 – E.SCHWEIZER, Geist u. G. im NT u. heute (ThEx NF 32), 1952 – H.-D.WENDLAND, Die Kirche in der mod. Gesellschaft, (1956) 1958² – EKL I, 1470ff; II, 608ff. *G.Gloege*

II. Rechtlich

1. Grundsätzliches – 2. Biblischer Ursprung – 3. Geschichtliches – 4. Die positiv-rechtliche Ordnung der G. – 5. Verhältnis zum Staat. – Vgl. auch → Kirche: II, → Kirchenverfassung: I, → Schlüsselgewalt: I. II

1. Der kirchenrechtliche Begriff der G. ist vom staats- (auch staats*kirchen*-)rechtlichen unterschieden, weil er, als Begriff der *inner*kirchlichen Verfassung (»Grundordnung«), *theologisch* begründet und begrenzt sein muß, auch da, wo → Gemeinde (: III) im politisch-soziologischen Sinn historisch (»institutionell«) in Erscheinung tritt. Daraus ergibt sich eine dialektische Beziehung zwischen G. einerseits und den ihr korrespondierenden Begriffen → Kirche, → Amt und → Staat andererseits. Die Möglichkeit von Konflikten besteht, aber auch die ihres Ausgleichs. Vollkommene Harmonie zwischen G. und Amt, G. und Kirche, G. und Staat ist zwar unerreichbar, ihre notwendige Bezogenheit aber ist unleugbar und als »Einheit *in* der Unterschiedenheit« zu begreifen.

a) *G. und Kirche* bleiben aufeinander angewiesen, einander zugeordnet. Freilich besteht rechtlich zwischen ihnen keine *Identität*. Wohl baut sich die Ordnung jeder Kirche in (aus) »ihren« G.n auf, aber weder darf jede G. sich als Kirche frei von gesamtheitlicher Ordnung konstituieren (etwa: im Bekenntnis abweichen, neue Ämter schaffen) noch darf jede (Konfessions-)Kirche sich als Inbegriff der G. Christi behaupten (etwa: sich »ihren« G.n substituieren, für sie handeln oder deren Zuständigkeit an sich ziehen). – Zwischen G. und Kirche besteht auch keine *Intoleranz*. Wohl sind sie unterschiedene Ordnungsbereiche, aber weder ist *nur* die G. »eigentlich« Kirche und gilt das sog. »G.prinzip«, wonach Kirche nur Verwaltungsgemeinschaft, Summe der G.n oder ihre »Dachorganisation« bedeutet, noch ist *nur* die Kirche »eigentlich« G. und gilt das sog. »Kirchenprinzip«, wonach G. nur Verwaltungsbezirk ist und ihre Ämter (auch das Pfarramt) allein solche der Kirche sind. – Schließlich besteht zwischen G. und Kirche keine *Indifferenz* oder Neutralität. Wohl haben beide teilweise ungleiche Ordnungsaufgaben, aber weder ist G. erst außerhalb (getrennt von) der Kirche »richtige« (wirkliche) G. (Typus der sog. »Frei-G.«) noch Kirche ohne G. (Typus der hierarchischen Anstaltskirche), reformatorischer Lehre gemäß.

b) Auch *G. und Amt* sind stets wechselseitig einander fordernd und sich zugeordnet. Deshalb besteht zwischen ihnen auch rechtlich kein *Verhältnis der Einschließlichkeit*. Gewiß bedarf jede G. des Amts und kann es (in reformatorischer Sicht) kein Amt ohne G. (auch kein »amten«: etwa Predigt in leerer Kirche oder Alleinkommunion des Pfarrers) geben; aber weder darf das Amt sich anmaßen, alle Funktionen gemeindlichen Lebens zu reglementieren (»verbeamten«), noch ist die G. als solche allein für alle Amtsaufgaben zuständig. – Ferner besteht kein *Verhältnis der Ausschließlichkeit*. Wohl sind G. und Amt funktionell verschieden und (in gewissem Sinn) entgegengesetzt, aber sie dürfen einander nicht vorgreifen (etwa unter Berufung auf das fragwürdige Argument der »Priorität«). Weder darf die G. das Amt als einen »Diener« auffassen (denn die Anstellung, Beaufsichtigung, Entlassung auch des gewählten Pfarrers steht der Kirche zu) noch darf das Amt sich zum Herrn der G. aufwerfen (etwa mit der formalistischen Begründung: der Pfarrer sei kein »Organ« der G.). – Es besteht auch kein *Verhältnis der Unbeteiligtheit*. Zwar haben Amt und G. teilweise ungleiche Ordnungsaufgaben, aber diese stehen nicht beziehungslos nebeneinander. Eine amtlose G. wäre ebenso unbiblisch wie ein gemeindeloses Amt. Rechte und Pflichten zwischen G. und Amt lassen sich wohl ausgliedern, aber nicht restlos aufteilen.

c) Selbst *G. und Staat* (»Christen-G. und Bürger-G.« [K.Barth]) stehen in unaufhebbarer, unwillkürlicher Zuordnung und wechselseitiger Verantwortung. Darum gibt es auch hier rechtlich keine *Identität*. Wohl steht die Ordnung jeder G. (sie sei Orts- oder Anstalts-G.) *in* der soziologischen und politischen (kommunalen wie staatlichen) Ordnung des sozialen Ganzen, aber weder darf sich die Christen-G. als Bürger-G. verstehen oder wie eine Bürger-G. verhalten (etwa: politischen Leitungsanspruch erheben, aus kirchlichen Aufgaben oder Ämtern politische [Vor-]Rechte ableiten oder ihre Glieder auf ein politisches [soziales oder kommunales] Programm verpflichten) noch darf die Bürger-G. sich als Christen-G. formieren oder »als« Christen-G. handeln (etwa in Ausrichtung der G. auf politische Ideologien, Ableitung kirchlicher [Vor-]Rechte aus politischen Ämtern [Aufgaben], Verpflichtung der G.- oder Staatsbürger auf ein religiöses Bekenntnis). - Ebenso gibt es keine *Intoleranz* (Bekämpfung), wobei entweder die Bürger-G. aus politischen Gründen die Christen-G. ablehnt (unterdrückt) und direkt oder indirekt ihres rechtlichen Eigenlebens beraubt oder die Christen-G. die Bürger-G. ablehnt bzw. negiert, weil diese eine von der G. (Kirche) nicht gebilligte - etwa: »traditions«widrige - politische Linie verfolgt. - Endlich gibt es keine *Indifferenz* (Uninteressiertheit), wobei Christen-G. und Bürger-G. völlig isoliert nebeneinander zu leben versuchen. Das führt zur Verantwortungslosigkeit der politischen G. gegenüber der kirchlichen (übersteigerte »Trennung von → Kirche und Staat«) oder der Christen-G. gegenüber der politischen G. (übersteigerte religiöse »Neutralität«). Auch die G. muß den → »Öffentlichkeitsauftrag« der Kirche mit ausrichten, sie ganz besonders.

2. *Biblischer Ursprung* des G.rechts ist die *Verfassung der Jünger-G.*

a) Von Christus selbst gesammelt, stellt sie exemplarisch sein Reich dar, denn → Reich Gottes ist, wo Christus der *Herr* (der Meister, das Haupt) ist (Mt 23, 10; Joh 13, 13). Das bildet den Wesensgrund jeglicher G.ordnung: die *»Christokratie«*. Christus gründete und ordnete die G. durch → *Berufung* (→ Erwählung) zur → Nachfolge (bisweilen mit besonderem Auftrag: so die »Zwölf«, die »Siebzig« Mk 6, 7; Lk 10, 1ff). Autoritativ (theonom) berief der Herr - oft sogar Widerstrebende (Mk 1, 17ff; Mt 4, 21ff; 22, 14; Lk 6, 13), nicht immer von sich aus dazu Gewillte (Lk 9, 32ff). Er nahm auf und an (Mt 8, 22) oder auch nicht (Mt 8, 19f); es gab zwar ein »Weggehen« (durch Versagen, Flucht oder Verrat), aber keinen »Austritt« kraft eigenen Willens (Joh 6, 66). Zeichen der Berufung zur (Lebens-)Gemeinschaft mit Christus ist deshalb seither die → Taufe; darum bedurfte (später) jede G.verfassung einer *Taufordnung*. Weil die Taufe objektiv die Gliedschaft in der G. (Kirche) begründet, kann es kirchenrechtlich keinen gültigen Austritt aus der G. geben. - Die G. ist ferner in Christi *Vollmacht* gegründet: der Verkündigungsauftrag ihres Herrn machte die Jünger zu »Aposteln«, ihnen gab er mit dem Missionsbefehl das »Schlüsselamt« (Mt 16, 19; 18, 18; 23, 14). Hieraus folgten Sonderaufgaben (»Dienste«) mit geordneter »Arbeitsteilung«: so gab es schon im Jüngerkreis einen »Haushalter« (Joh 13, 29). Die Ausgesandten mußten neue Jünger erst durch Kerygma und Charisma gewinnen, dann durch Leiten und Lehren die Hinzugewonnenen halten: so wurzeln Lehramt, Hirtenamt und Priesteramt schon in der Jünger-G. Kernstück des → Apostolats war (und blieb) aber die Predigt (Verkündigung des Evangeliums). Deshalb ist als Grundelement jeder G.verfassung die *Predigtordnung* gefordert. Paulus hat sie mit näherer Weisung ausgestaltet, wo er die verschiedenen »Gaben« in rechte Ordnung zu bringen trachtete (1Kor 12). - G. entsteht schließlich durch *Versammlung:* Die Jünger, vom Herrn unterwiesen, bildeten einen Dienstverband, eine Korporation um den Herrn (bleibend) Gescharter, eine (die *erste*) »G.« im Dienste des Herrn; deshalb war ihre Ordnung »Gottesdienstordnung« (vgl. Mk 14, 26). Zeichen der Versammlung im und zum Dienste Gottes (in und mit Christus) war und blieb die von ihm gestiftete Eucharistie (→ Abendmahl: I). Darum bedurfte (später) jede G.verfassung einer *Abendmahlsordnung*. Schon Paulus hat für sie die nähere Weisung gegeben (1Kor 11, 17ff u.a.).

b) Nicht von sich aus, sondern als die (von Christus) Erwählten bildete der Jüngerkreis eine Gemeinschaft von Gleichen (Mt 18, 1ff; 23, 4 u.a.). Somit folgt *Bruderschaft* als zweites constituens jeder G.verfassung *aus* der Christokratie. Diese wesensnotwendige Zweiseitigkeit der Ordnung der Ur-G. ist nicht zu verwechseln mit dem Unterschied von »genossenschaftlichem« und »herrschaftlichem« Organisationsprinzip (G.Holstein). Christokratie hat nichts mit »monarchischem« (»autoritärem«) politischem Denken gemein und Bruderschaft nichts mit »demokratischem« (»liberalem«). Ordnung der G. hat keinerlei Vorbild oder Analogon in den politischen Verfassungsstrukturen (»unter euch soll es nicht also sein«, Lk 22, 26). - → *Bekenntnis* (: II) war die Antwort der Jünger-G. auf die Berufung durch ihren Herrn (Mt 16, 16), es konstituierte ihre Ordnung als die einer Bekenntnisgemeinschaft (Mt 16, 18; Joh 6, 68f). Daraus folgt: es muß jede G.ordnung auf dem Bekenntnis ruhen, selbst Bekenntnisakt (»bekennendes Kirchenrecht«) sein. - *Buße* (→ Bußwesen: II, 1) bereitete das Bekenntnis vor, in der Umkehr (μετάνοια) bewährte es sich. So ist G. als Bußgemeinschaft der (ständigen) Selbstprüfung ihrer Ordnung an der Hl. Schrift verfaßt, muß immer zur Selbsterneuerung »unter dem Wort« bereit sein. Ihre Ordnung kann nie perfekt und definitiv für die Kirche und niemals imperativ für die Welt, wohl aber exemplifikativ für beide sein. - *Weisung* des Herrn gab der Jünger-G. die einmalig-unvergleichbare Ordnung, zwar nicht außerhalb der »Welt«, aber andersartig. Deshalb ging ihre Bindung an die Gemeinschaft mit Christus allen sonstigen Ordnungen vor und gab diese auch für die Ordnung des alltäglichen (Sozial-)Lebens verpflichtende Direktiven: etwa für die → Ehe (Mt 19, 12ff), für die → Familie (Mt 19, 13ff), für das → Eigentum (Mt 19, 16ff u.a.).

3. a) *Geschichtlich* gewann die G.ordnung erstmals in den Apostel-G.n des 1. und 2.Jh.s Gestalt. Sie zeigt einen zwiefachen Ansatz, einmal als *jerusalemitische* G.ordnung, deren Verfaßtheit aus Apg 2, 32 deutlich wird: sie lebten »beständig« (in fester Ordnung), nach »der Apostel Lehre« (geleitet von geistlicher Autorität, Apg 1, 15ff; Gal 2, 9), gemäß synagogaler und urgemeindlicher Tradition (Apg 2, 46), nach einheitlicher Lebensnorm (Did 1, 1-6), »im Brotbrechen« und »im Gebet« (Ordnung des Gottesdienstes) und »in Gemeinschaft« (Ordnung des Nächstenrechts = »Liebesordnung«) mit wechselseitiger G.diakonie (Apg 4, 32f, vgl. 2, 44f). - Der andere Ansatz ist die *missionarische* G.ordnung, wie sie sich in Kleinasien und Griechenland entfaltet hat und aus den Past (sowie der Did) deutlich wird. Dabei erscheint G. als »Einzel-« (Orts-)G. selbständig (»autonom«) gegenüber andern, aber unter der Autorität von → »Aposteln« gegründet, von → »Propheten« und »Lehrern« geleitet. Ihre rechtliche Ordnung war gemischt aus autochthonen, judaistischen und dem griechisch-römischen Provinzial-(Volks-)Recht entstammenden Bräuchen und Normen. Früh entstanden zwischen diesen »freien« G.n mehr oder minder feste Bündnisse (Verbände), geistlich zusammengehalten durch die paulinische Lehre vom »Leib Christi«. In diesen G.n entstanden Ämter, zu deren Wahrnehmung anfänglich (nur) die Erstbekehrten berufen erschienen (1Kor 16, 15). Als Voraussetzung dafür galt: Anerkennung durch die G. (Gestattung: 1Thess 5, 19ff; Prüfung: Apk 2, 2. 15. 20; Ernennung: Apg 6, 2ff; Aufnahme: Did 3, 12) oder Einweisung in die G. (durch den Hl. Geist: Apg 13, 1f; durch Apostel oder Apostelschüler: Apg 14, 23; 20, 28; 1Kor 12, 28ff; 1Tim; Kritikverbot und Annahmepflicht: Did 3, 11, 4ff) oder Wahl durch die G. (Bischöfe und Diakone: Did 3, 15, 1; Bestätigung durch Weihehandlung [→ Handauflegung]: Apg 6, 6; 8, 17; 1Tim 4, 14 u.a.). Auch wo die Übernahme von Ämtern freiwillig war (1Kor 16, 15), verstand man sie als unablehnbaren Dienst (1Thess 5, 12), der alle Träger untereinander verpflichtete (1Kor 12, 25f). Der Funktion in der G. nach unterschied man »Bischöfe« (ἐπίσκοποι = Aufseher): einzeln oder kolle-

gial, bei denen man gewisse persönliche Qualifikationen (1Tim 2, 3-7) voraussetzte. Ihre Aufgabe (»weiden«, »hirten« [ποιμαίνειν] der G.: Apg 20, 28) war die äußere Ordnung der Gottesdienste (Did 3, 15), Gabenverwaltung und Leitung der Eucharistie. Sie waren also nicht nur »Administrativbeamte«. Neben ihnen standen »Älteste« (πρεσβύτεροι) in (unbestimmter) Mehrzahl (1Tim 4, 14), von gleicher Qualifikation wie jene. Sie übten »Wortverwaltung« (verkündigten und lehrten: 1Tim 5, 20), beteten über den Kranken (Jak 5, 14), hielten Versammlung (ἐκκλησία) ab (Apg 15, 3), berieten sich (Apg 11, 30; 22, 23) und leiteten mit den »Bischöfen« das Abendmahl (Apk 4, 4). »Helfer« (διάκονοι; fast immer mit den »Bischöfen« zusammen genannt: Phil 1, 1; 1Tim 3, 8) gab es bei der Abendmahlsfeier und für die Armenpflege (Apg 6, 1ff); sie mußten Probezeit (1Tim 3, 10) und Prüfungen (Did 3, 15, 1) ableisten, standen in Qualifikation (1Tim 3) und Ehren (Did 3, 15, 2) den »Bischöfen« gleich, in anderem erschienen sie diesen und den »Ältesten« untergeordnet (Apg 6, 3; 1Tim 3, 13).

b) Mit der Entstehung der *Bischofskirche* (→ Bischof: I, 2) schwand die Bedeutung der G. als selbständiger Korporation, obwohl anfangs die Bischöfe noch von der G. (später von der Gesamtheit des »Klerus«) gewählt und vom Presbyterium bestätigt wurden. Nach 500 nChr erscheint die G. nur noch als »Parochie« (Einwohner eines Pfarr-[Kirch-]Sprengels). Regional freilich bestand noch vielfach das Recht der G., bei Pfarrstellenbesetzung (formell) befragt zu werden. Die Ausbildung des »Eigenkirchenwesens« (→ Eigenkirche) auf fränkischem Reichsboden bedingte vom 7.Jh. nChr an zwar verstärkten Einfluß von »Laien« bei der G.leitung und G.verwaltung, aber nur des Grundherrn, nicht der G. als Ganzem! Daraus hat sich später das → »Patronat« (Schutz- und Präsentationsrecht des Eigentümers von Kirchenbauten [Grundstücken]) entwickelt und bis zur Gegenwart hin erhalten.

c) Seltsamerweise wirkte sich die von den *Reformatoren* kontroverstheologisch so stark betonte Lehre vom »Allgemeinen → Priestertum« gemeinderechtlich nur im Sinne einer Umstellung vom Gegensatz → »Klerus und Laien« auf den von »Amt und G.« aus. Trotz → *Luthers* Schrift »Daß eine christliche Versammlung oder G. Recht und Macht habe, alle Lehre zu urteilen und Lehrer zu berufen, ein- und abzusetzen, Grund und Ursache in der Hl. Schrift« (1523) und seiner auf G.autonomie zielenden Richtlinien für die Gottesdienstordnung hat sich das Pfarrwahlrecht in der luth. Kirche nur örtlich entwickelt (die Synode von Homberg in Hessen verlangte 1526 für die G.n freie Ämterwahl und von Ältesten ausgeübte Kirchenzucht; ähnlich tat es die Hallesche Kirchenordnung vom selben Jahr). Auch das anfangs zugelassene »votum negativum« der G. gegen einen vom → landesherrlichen Kirchenregiment eingesetzten Pfarrer kam nicht zu breiterer Auswirkung. Nur in den »Kastenordnungen« gab es seit 1523 (Leissnig) Ansätze zu selbständiger G.-Vermögensverwaltung. - Auch → *Zwinglis* Reformation erkannte der G. als solcher (»Kilchhöre«) keine Autonomie zu: die Reformationsgesetzgebung - auch die Neuordnung des Gottesdienstes - ging vom Rat der Stadt Zürich, also vom politischen Souverän, aus. In Bern begründete W. → Musculus sogar ein reines Staatskirchentum. Nur die seit 1526 gebildete Einrichtung des »Sittengerichts« gab den G.-Ältesten einen Raum eigenverantwortlicher Tätigkeit. - → *Calvin* in Genf hat zwar durch die »Ordonnances Ecclésiastiques« von 1541 und im Katechismus von 1542 die ref. Grundordnung der vier Urämter (pasteurs, docteurs, anciens, diacres) festgelegt. Damit war ein entscheidender Schritt zur theologisch-biblisch begründeten G.ordnung getan. Er hat sich aber juristisch (infolge Calvins autoritärer Auslegung seiner Stellung als Reformator, ähnlich dem Zwinglischen Selbstverständnis als »Prophet«) nur örtlich voll auswirken können. Infolge seines Festhaltens am römischen Anstaltsbegriff der Kirche, den Calvin auf die G. übertrug, und seiner hierdurch bedingten strengen Ablehnung der freien Pfarrwahl (sogar des »votum negativum«) durch die G. und der (seit 1559) gebilligten straffen Überordnung der Synoden (»Leitungs-G.«) über die Orts-G. ist es im Raum des Calvinismus auch nicht zu reiner G.verfassung gekommen. Erst in den deutschen ref. G.n am Niederrhein hat die Bedrückung durch ihre Territorialherren zu echter autonomer G.bildung (»Kirche unter dem Kreuz«) geführt. Dagegen blieb in Kurpfalz, wo es seit 1571 Älteste gab, und erst recht später in Brandenburg auch die ref. G.verfassung »obrigkeitlich«, dh als Verwaltungsbezirk landesherrlichen Kirchenregiments gestaltet.

d) Im *17.Jh.* versuchte der → *Pietismus* (→ Spener, → Francke) den starren Konsistorialismus im luth. Raum durch Belebung des G.gedankens zu brechen, erzielte jedoch nur auf dem begrenzten Feld der »Brüdergemeine« (→ Zinzendorf) einen späten Erfolg im 18.Jh. Der überall herrschend gewordene, dem staatsrechtlichen System des fürstlichen Absolutismus angepaßte, ja nachgebildete kirchenrechtliche → »Territorialismus« sah in der G. nur ein Herrschaftsobjekt der Superintendenten und Konsistorien.

e) In Konsequenz der vom (klassischen) → *Naturrecht* entfalteten Korporationslehre hätte sich im *18.Jh.* durch das »Kollegialsystem« (→ Kollegialismus; → Pfaff, → Mosheim u.a.), welches das obrigkeitliche Kirchenregiment als »Mandat« der G. auffaßte, ein neuer Ansatz zu echter G.verfassung ergeben können, blieb aber ohne praktischen Einfluß. Zwar hat → Pufendorf (obwohl »Territorialist«) die völlige Einverleibung der »Kirchengewalt« in die Staatsgewalt, wie sie → Hobbes und → Spinoza »naturrechtlich« begründet hatten, nicht gelehrt, vielmehr, wie → Grotius, Übergriffe der Staatsgewalt von ihrem → »ius circa sacra« aus in die der G. verbliebenen »iura in sacra« (→ ius in sacra) verwehren wollen, aber doch, wie auch J.H. → Böhmer, der G. nur »geistliche« Rechte belassen; immerhin hat Pufendorf ihre Selbstorganisation (ohne Suprematie des »Amtes«) als naturrechtliche Forderung begründet und damit auf die Verfassungsbildung im nordamerikanischen Kongregationalismus (→ Kongregationalisten; J.Wise) befruchtend gewirkt.

f) Im *19.Jh.* hat sich dann der G.gedanke - theologisch von dem auf ref. Boden erwachsenen »Presbyterial«- und »Synodal«-System angeregt - auch im Bereich des Luthertums stärker entwickelt. Freilich geriet dieser theologische Ursprung bald in Vergessenheit, und maßgebend wurden die nur scheinbar damit korrespondierenden politischen Reformideen des »Konstitutionalismus« und der »Gewaltenteilung«. Die G., als »Kirchenvolk« verstanden, brauche, so hieß es, »Repräsentation« gegenüber der »Kirchenregierung« und deshalb ein Presbyterium sowie Bezirks- und Provinzial-Synoden, hervorgegangen aus allgemeiner Wahl; diese → »Synoden« stellte man dann den »regierenden« Kirchenleitungen als ausschließliche »Gesetzgebungs«organe entgegen und gab (entsprechend) den G.kirchenräten und -ausschüssen das (alleinige) Satzungsrecht für die G. (so noch die Verfassung der vereinigten ev.-prot. Landeskirche Badens von 1919, §§ 11, 22 [7], 38-39). Vorbildlich für diese Art von G.verfassung wurde die rheinisch-westfälische KO von 1835, deren Formulierungen von der »Kirche der altpreußischen Union«, der damals größten deutschen Landeskirche, übernommen wurden (1873/76

Kirchen-G.- und Synodal-Ordnungen). Ihr folgten die Verfassungen der anderen Landeskirchen.

g) Das 20.*Jh.* brachte zunächst mit der Trennung von → Kirche und Staat (Art. 137 WRV) eine *Zunahme innerkirchlicher Verfassungsbildung*. Auch auf dem Gebiet des G.rechts (neue Landeskirchenverfassungen seit 1919) wurde der Autonomiegedanke durch die *Bildung größerer G.organe* (Kirchen-G.ausschüsse) unterstrichen. Diese als »Kontrollorgane« für die örtlichen Presbyterien gedachten, oft Hunderte von Mitgliedern zählenden Gremien bewährten sich indessen schlecht (Schwerfälligkeit, Unsachlichkeit, »Reden zum Fenster hinaus« waren ihnen immanente Gefahren). In vielen G.n erlahmte der Wille zu aktiver Selbstgestaltung der Ordnung und erlosch das Gefühl für deren Notwendigkeit. Auch der an sich nützliche Kampf der »Jungreformatorischen Bewegung« (→ Kirchenkampf) gegen Bürokratisierung, Juridifizierung und Formalisierung des G.lebens wirkte sich – von der herrschend gewordenen Lehre R. → Sohms vom »Widerspruch des Kirchenrechts mit der Kirche« unterstützt – in Richtung auf zunehmende Gleichgültigkeit vieler, gerade auch der geistlich aktivsten, G.glieder in Rechts- und Verfassungsfragen aus. Erst im Widerstand gegen die Unterdrückung des kirchlichen und gemeindlichen Eigenlebens während der Diktatur der »Deutschen Christen« unter dem Schutz des nationalsozialistischen Staates erwachte und erstarkte wieder das Bewußtsein für Wesen und Wert eigenständiger Rechtsorganisation der G. Die »Bekennenden G.n« (→ Bekennende Kirche) gelangten im Kampf gegen die Rechtszerstörung durch die damaligen kirchlichen Machthaber zu einer theologischen Vertiefung und rechtstheoretischen Neubesinnung des G.gedankens im Kirchenrecht. Schon die Erklärung der Bekenntnissynode der Ev. Kirche der altpreußischen Union vom 28.5.1934 sah im Zusammenschluß der bekenntnistreuen G.n zu freien Synoden die »rechtmäßige Kirche« (I) und stellte ihre Befugnis fest, *»Notorgane«* zu bilden (IV, 3). Die Bekenntnissynode der DEK in Dahlem vom Okt. 1934 unterstrich dies und beschloß (II, 2a), aus den bekenntnistreuen G.gliedern örtliche → »Bruderräte« und aus diesen »Kreisbruderräte« zu bilden. Auch der im selben Jahr berufene »Reichsbruderrat« war (selbst als er auf 30 Mitglieder anwuchs) immer noch eine Art von »G.organ« (neben der »Vorläufigen Kirchenleitung«) im reformatorischen Sinn einer »Leitungs-G.«. Der führende Jurist der Bekennenden Kirche, Reichsgerichtsrat Flor, formulierte den dafür rechtstheologisch grundlegenden Gedanken: »Es ist ein im Grundsatz des Allgemeinen Priestertums wurzelndes Recht der G., das zugleich auch eine Pflicht in sich schließt, dafür zu sorgen, daß die Übereinstimmung zwischen dem formalen Recht und dem Bekenntnis überall... wiederhergestellt wird« (Kirche und Recht, 1934). Ebenda heißt es weiter: »Die Dahlemer Synode hat als berufene *Vertreterin der G.* dieses Recht wahrgenommen und diese Pflicht erfüllt.« Auf dem so gelegten Boden entwickelte die Verfassungskammer der Bekennenden Kirche 1936 Rechtsgrundsätze für die G.-wahlen. Diese wurden nach 1945 fast in allen Landeskirchen durch Einführung neuer Wahlordnungen für die gemeindlichen Organe realisiert und dabei die Forderung einer Stärkung der rechtlichen Position des Ältestenamts bes. berücksichtigt (→ Kirchenwahlen).

4. Die *positiv-rechtliche Ordnung der G.* stellt sich gegenwärtig verschieden dar.

a) Die *röm.-kath. Kirche* kennt die Bezeichnung »G.« (außer im Steuerrecht) nicht. Die Sache ist in CIC cc. 216 und 451-470 geregelt: Indem jeder Getaufte kraft Wohnsitzes in der Diözese auch Glied einer Pfarrei ist, gehört er zum *Pfarrvolk* der Pfarrei (paroecia). Ihm darf sich kein Zugehöriger entziehen (»Pfarrzwang«); sog. »Personal-G.n« bilden seltene Ausnahmen. Für gewisse sprachliche (nationale) Minderheiten sind regional eigene Pfarreien eingerichtet, auch gibt es Anstaltspfarreien und Militärpfarreien (c. 1427). Aus den (in der Zugehörigkeit zur Pfarrei gründenden) Rechten (und Pflichten) der »Laien« auf Unterricht, Seelsorge, Teilnahme am Gottesdienst, Empfang der Sakramente und Sakramentalien ergibt sich die Möglichkeit zu selbständiger Betätigung von »Laien« im Rahmen der »missio canonica«: Mitwirkung bei der Ausübung kirchlicher Hirtengewalt im Religionsunterricht, in der Vermögensverwaltung und bei der Besetzung einzelner Amtsstellen; aber auch innerhalb der kirchlichen Vereinsbildung (c. 684f) und in der → »Katholischen Aktion«.

b) Für die *EKD und ihre Gliedkirchen* gilt: α) Das G.-recht regeln die Gliedkirchen, die *Grundordnung (GO) der EKD* kennt nur wenige die G. betreffende Bestimmungen. Art. 1 GO spricht von der »Bekenntnisgrundlage der G.« nur im Sinne der Beachtung der bekenntnismäßig bestimmten Rechtsgestalt konfessionell verschiedener G.n innerhalb von verwaltungs-unierten Kirchen. Art. 10 GO bestätigt der EKD die (bereits von der DEK innegehabte) Gesetzgebungsbefugnis im Rahmen der Diaspora-Arbeit für → Auslandsgemeinden (: I, 4; Gesetz vom 18.3.1954); Art. 17 deklariert (etwas unbestimmt): »Die EKD trägt die Verantwortung für die G.n und G.glieder außerhalb Deutschlands«, dh soweit sie deutschen Ursprungs und deutschsprachig sind. Eine direkte (freilich nur »Soll«-)Vorschrift der EKD für *alle* G.n findet sich im Art. 25 GO, der die G.n zur Fürbitte für die Synode der EKD bei ihren Tagungen verpflichtet. – β) Die *G.organe* sind in den Verfassungen (Grundordnungen) der Gliedkirchen verschieden geregelt: Fast überall besteht heute nur *ein* zentrales Satzungs- und Verwaltungs-Organ: der *Kirchen-G.rat* (G.kirchenrat); er ist in größeren G.en auf dem Weg der Geschäftsordnung meist arbeitsteilig gegliedert in Fachausschüsse (Finanzausschuß, Kultusausschuß, Schulausschuß usw). Größere (Stadt-)G.n kennen als untere Organe die Sprengelräte (Ältestenkreise), bestehend aus dem (Sprengel-)Pfarrer und einem nach der Seelenzahl der G. größeren oder kleineren Ältestenkreis. Die oft verfassungsrechtlich vorgesehene *G.versammlung* hat sich institutionell leider erst wenig entwickelt und infolge der Indolenz vieler G.glieder praktisch kaum durchgesetzt. Naturgemäß finden sich *mehr* (und mit wirksameren Rechten gegenüber der Kirchenleitung ausgestattete) G.organe im ref. Bereich, doch teilweise auch in unierten Gliedkirchen der EKD. So besitzt Hessen-Nassau einen *Kirchen-G.vorstand,* eine *Kirchen-G.vertretung,* einen *»Rat des geistlichen Dienstes«* und eine *G.versammlung* als verfassungsmäßig notwendige G.organe und kennt (Art. 35) sogar ein Recht bekenntnisgebundenen Widerspruchs der G. gegen Kirchengesetze. Berlin-Brandenburg und Provinz Sachsen haben einen *»G.beirat«* aus Personen, die sich aktiv-leitend in der G. betätigen. Ein sehr vielfältig ausgestaltetes G.organrecht haben auch die sog. »freien christlichen G.n« in Deutschland entwickelt (Baptisten, Methodisten, Kongregationalisten), woraus Verbände gemeindlicher Art wie der »Bund freier ev. G.n in Deutschland« (1922) und der »Bund Ev.-Freikirchlicher G.n« (1941) hervorgegangen sind (→ Freikirche). – Neben den *Aufgaben* der Kultus-, Schul-, Fürsorge-, Vermögens-Verwaltung stehen den leitenden G.organen rechtlich zu: die Entscheidung über Aufnahme von Konvertiten, die Wiederaufnahme Ausgetretener und die Besetzung gemeindlicher Dienststellen (Kantoren, Chorleiter, G.verwaltungsbeamte usw), ferner die Vorbereitung, Durchführung und Prüfung der G.wahlen. Mehr *geistliche* Aufgaben, wie Hausbesuche, Unterstützung des Pfarrers bei gottesdienstlichen Aufgaben, Besprechung örtlicher und allgemeiner Fragen des gemeindlichen und kirchlichen Lebens, sind (auch) den Sprengelräten aufgetragen. - *Gewählt* werden die G.organe von den G.gliedern. Das aktive → Wahlrecht setzt Taufe, Konfirmation, Volljährigkeit, Stehen in der kirchlichen Gemeinschaft und ihren Ordnungen voraus (formell auch die Eintragung in eine Wählerliste); das passive verlangt außerdem noch gewisse persönliche Qualifikationen. Aufgegeben ist das früher herrschende System unmittelbarer und allgemeiner Wahlen auch der synodalen Organe der Gliedkirchen durch das »Kirchenvolk« (die Gesamtheit der stimmberechtigten G.glieder); statt dessen gilt das »Filtersystem«, wonach die Kirchen-G.räte von den Sprengelräten, die Bezirkssynoden von den Kirchen-G.räten, die Landessynoden von den Bezirkssynoden gewählt werden. Dem Vorteil, auf diese Weise gemeindlich und kirchlich erfahrene Persönlichkeiten in den »oberen« Organen zu haben, steht der Nachteil eines nur engen Auswahlkreises und der Ämterhäufung in derselben Person entgegen. - γ) An *Arten* der G. unterscheidet man *räumlich:* einfache und zusammengesetzte (zur Befriedigung gemeinsamer Bedürfnisse verbundene) oder geteilte (durch Satzung in Sprengel aufgegliederte) G.n; *historisch:* Mutter- und Tochter- (Filial-) G., wobei letztere kein volles Eigenleben als G. führt (gemeinsamer Pfarrer, keine eigenen Register usw; → Filial); *sachlich:* Orts-G.n (Quasi-Gebietskörperschaft) und Personal-G.n (nicht Wohnsitz, sondern Zugehörigkeit zu einem Personenkreis [zB Diakonisse] entscheidet) oder auch → Anstaltsgemeinden (»Haus-G.«, zB Klinik-G.). - δ) Die *Rechtsstellung der G.glieder* ist verschieden: nur (aber auch alle) recht (trinitarisch) Getauften sind der G.gliedschaft fähig, diese tritt in den deutschen Landeskirchen automatisch mit dem Zuzug (Wohnsitz) ein; nur Konfirmierte haben Recht zur Teilnahme am Abendmahl und Patenrecht (Übertritt ersetzt die Konfirmation); das Wahlrecht bestimmt sich nach den einzelnen Wahlordnungen. - ε) Eine Sonderstellung besitzen die → *Studentengemeinden* als Personal-G. (nicht Anstalts-G., zu denen als »Universitäts-G.« alle Glieder der akademischen Korporation gehören). Sie sind mit eigenen Organen (Vertrauensstudenten) und (landeskirchlich bestelltem) Studentenpfarrer versehen.

5. Im *Verhältnis zum Staat* genießen die Orts- und (viele) Anstalts-G.n die Rechte von → »Körperschaften des öffentlichen Rechts«. Sie besitzen nicht nur zivilrechtlich eigene Rechtspersonalität, sondern (unabgeleitete, originäre) Satzungs-Autonomie. Neben der G. als Vermögensträgerin findet man juristische Personen im Gebietsrahmen der G. in Form von selbständigen Stiftungen (Baufonds, Armenkassen u.ä.), geregelt nach Anstaltsrecht. Sprengel-G.n haben (meist) keine eigene Rechtspersönlichkeit im körperschaftlichen, oft aber im zivilrechtlichen Sinn. Die »Freien G.n« stehen vielfach unter Vereinsrecht.

Zu 1 u. 2: R.SOHM, Kirchenrecht I, 1892 - RE VI, 499ff; XXIII, 502ff (Lit.) - RGG² II, 984ff (Lit.) - G.GLOEGE, Reich Gottes u. Kirche im NT, 1929 - O.LINTON, Das Problem der Urkirche in der neueren Forschung, 1932 (Lit.) - ERIK WOLF, Bekennendes Kirchenrecht (Rechtsgedanke u. bibl. Weisung, 1948, 65-94) - DERS., Zur Rechtsgestalt der Kirche (»Bekennende Kirche«, Festg. f. M.Niemöller, 1952, 254-261) - O.WEBER, Versammelte G., 1949 - E.BRUNNER, Das Mißverständnis der Kirche, 1951 - W.HILDEBRANDT, Das G.prinzip der christl. Kirche, 1951, bes. 159ff - M.GEIGER, Wesen u. Aufgabe kirchl. Ordnung, 1954 - M.SCHOCH, Ev. Kirchenrecht u. biblische Weisung, 1954, 34ff - K.BARTH, Die Ordnung der G., 1955. - Zu 3: L.RICHTER, Gesch. der ev. Kirchenverfassung in Deutschland, 1851 - K.HOLL, Luther u. das landesherrl. Kirchenregiment, 1911 (= HOLL I, 326-380) - G.HOLSTEIN, Die Grundlagen des ev. Kirchenrechts, 1928 - J.BOHATEC, Calvin u. das Recht, 1934 - DERS., Calvins Lehre von Staat u. Kirche, 1937 - H.BÖHM-O.DIBELIUS, Zur Neugestaltung der Kirche, 1936 - H.HOLSTEIN, Zur Neuordnung der ev. Kirche, 1937 - FEINE - H.LILJE, Die Lehre der Zwölf Apostel, eine Kirchenordnung des 1. christl. Jh.s, 1956. - Zu 4 u. 5: LIERMANN 153ff. 241ff. 305f - H.LIERMANN, Die kirchl. Mitgliedschaft (ZevKR 4, 1955, 382-399) - A.ERLER, Kirchenrecht, (1949) 1957², 134ff - EICHMANN-MÖRSDORF I, 183ff. 541f - O.KÜHN, Die Neugestaltung des gemeindl. Wahlrechts in der Ev.-Luth. Kirche in Oldenburg nach 1945 (ZevKR 4, 1955, 196-200) - EKL I, 1473ff; II, 834ff.

Erik Wolf

III. Soziologisch

1. Aufgaben der G.soziologie - 2. Methode - 3. Ergebnisse - 4. Möglichkeiten zur Änderung

1. Zwischen christlicher G. und sog. Bürger-G. bestehen zu allen Zeiten mehr oder minder intensive Beziehungen. Sie sind Gegenstand der G.soziologie, deren *Ziel* ist: Hilfe für G.arbeit (»Missionssituation Europa«), Ermittlung der Milieueinflüsse auf die G., Prüfung der Möglichkeiten des Einflusses der christlichen G. auf das Sozialgefüge, endlich Erforschung der Gründe für fehlende Kontakte und bestehende Spannungen.

2. Die *Methode* besteht in der Auswertung von Statistiken und behördlichen Erhebungen sowie in der Durchführung eigener Untersuchungen über berufliche und soziale Schichtung, über das Leben und die Wirkmöglichkeit der (bes.: Groß-)Pfarreien, der G.kreise und kirchlichen Körperschaften. Dazu dienen auch Befragungen nach bestimmten Arbeitsplänen, wobei Zahl und Auswahl der Fragen sowie der Mitarbeiter wichtig sind.

3. a) Nach ihrer *äußeren Struktur* lassen sich die *Ergebnisse* nur schwer verallgemeinern. Bemerkenswert ist - wenngleich heute meist ohne direkte Ablehnung der Kirche (»Traditionschristentum«; → Bürgertum: II; → Gebildete und Kirche) - der geringe Kirchenbesuch und die geringe Kenntnis der Bibel und des Standes der theologischen Forschung. Die Bedeutung der ständischen Unterschiede (Adel, Patronatswesen; → Stand) und der Klassenunterschiede (→ Klasse) für die Stellung zur Kirche ist gegen früher zurückgegangen, aber alte ideologische Vorstellungen wirken noch nach, zB der weißen gegenüber schwarzen Christen oder der Kirchen- oder Gemeinschaftschristen gegenüber Sozialisten und umgekehrt. In großstädtischen und industriellen Verhältnissen spiegelt sich die Labilität der Bevölkerungsbewegung (→ Arbeiter: II). Es gibt zwar G.n, die ihre alte Struktur einigermaßen bewahrt haben, aber selbst in den → Dörfern, zumal den stadt- und industrienahen, haben sich die sozialen Verhältnisse wesentlich verändert, zT auch bedingt durch Zuzug von Vertriebenen und Flüchtlingen. In G.körperschaften und den sog. »Kern-G.n« überwiegt das mittelständische Bürgertum die »Intellektuellen« weit, und der Anteil vor allem der sozialistischen Arbeiterschaft (→ Arbeiter: II) ist auch in Industriegegenden relativ viel zu gering. Nach Berufen setzen sich die Presbyterien in der EKD folgendermaßen zusammen (Stand 1.1.1955): Bauern und Landwirte 37,3% (zT erheblich höher: Bayern, Oberhessen, Oldenburg), selbständige Handel- und Gewerbetreibende 16%, Arbeiter und Handwerker 14,3% (Saargebiet bis zu 37%), Beamte 13%, Angestellte 11%. Der Anteil von Kleinbürgertum und Arbeiterschaft in den höheren kirchlichen Gremien ist durch Jahrzehnte gleichbleibend niedrig. Die Vertriebenen sind in den Presbyterien mit 9,7% vertreten (Nordrhein 13, 6%, bei 19,2% Flüchtlingsanteil an der Bevölkerung), doch weisen einzelne Landeskirchen und Kirchenkreise höhere Zahlen aus. Altersmäßige Zusammensetzung in der EKD: 39,7% über 61 J., 48,3% 46-60 J., 12% bis 45 J. Mit wenigen Ausnahmen ist auch der Anteil der Frauen in den Gemeindevertretungen klein (EKD: 4,6%), trotz der Gleichbe-

rechtigung der Frau und trotz ihres großen Anteils (auch der Arbeiterfrauen) an G.leben, Gottesdienst und Vereinswesen.

b) *Die innere Struktur der G.* ergibt sich zT aus der skizzierten »Milieuverengung«. Das zeigt auch die relativ geringe Verbreitung des kirchlichen Schrifttums zu Fragen der öffentlichen Verantwortung (bes. zu politischen und sozialen Fragen) und die niedrige Besucherzahl von G.kreisen, die sich mit solchen Fragen beschäftigen. Die reiche sozialethische Literatur ist auf G.ebene (auch in in der durchschnittlichen G.predigt) noch unbekannt. Geistliche Gründe treten hinzu: Distanzierung von »weltlichen« Dingen, ein frommes Laissez-faire, die Abkapselung der Gruppen und Vereine, nachlassender Missionseifer, ein (nicht nur prot.) »Individualismus« und als Folge davon die »Privatisierung« des christlichen Lebens. Diesen Individualismus fördern in der Laienschaft auch verschiedenartige Umwelteinflüsse: starke berufliche Inanspruchnahme, Einfluß von → Arbeitszeit und Freizeit, erhöhtes bürgerliches Behagen bis in die Kreise der Arbeiterschaft, wenig Interesse und Verständnis für übergemeindliche und untraditionelle Aufgaben und (zB ökumenische) Fragen in den G.n. Es besteht vor allem wenig Bereitschaft zu persönlichem Engagement. Das zeigt sich auch in der geringen aktiven Beteiligung (bes. der ev. Christen) am politischen Leben. In den Presbyterien werden überwiegend - anders zT in der DDR - äußere Fragen (Finanzfragen, Baufragen), weniger (wie etwa in der Zeit des Nationalsozialismus) geistliche Fragen behandelt. Ein Grund dafür ist in der mangelhaften geistlichen Zurüstung und Unterweisung der Laienschaft für ihren Dienst zu suchen.

4. *Möglichkeiten zur Änderung* sind: a) Die Ev. →Akademien, die Arbeit unter Akademikern (→ Akademikervereinigungen), die → Kirchentage u.ä. versuchen, die Milieuverengung zu durchbrechen, den geistigen und geistlichen Horizont zu erweitern. Wesentliches Ziel ist es, die Laien zu aktivieren. b) Verkleinert man die G.n (was freilich oft durch Pfarrermangel erschwert wird), so könnten sie vielleicht lebendiger werden. Eine verstärkte Nachbarschaftsbewegung und ein Neugliedern der G.arbeit (→Haushalterschaft) könnten ebenfalls dienlich sein. Dazu wird c) eine andere Schwerpunktbildung auf Kosten der bestehenden (Kraft und Zeit des Pfarrers oft über Gebühr in Anspruch nehmenden) alten G.kreise vorgeschlagen. d) Der größeren Kontaktpflege zur Arbeiterschaft dienen die Aktionsgemeinschaft für Arbeiterfragen, das Arbeiterwerk, zT die Ev. →Arbeiterbewegung, die Einrichtung der Industriepfarrämter, der Sozialsekretäre, der Sozialseminare sowie Kurse für bestimmte Wirtschaftszweige, zB Bergbau, Textil u.ä. Dagegen ist die viel diskutierte Bildung von »Para-G.n« (abgesehen von dem unmöglichen Namen) offenbar sehr schwierig. Inzwischen wächst aber in der jüngeren Generation der Theologen- und Laienschaft das Verständnis für gemeindesoziologische Fragen.

B.Gustafsson, Kirchl. Leben u. Gesellschaftsklassen in Schweden um 1880 (Samlingar och studier till Svensk Kyrkohistoria 22), Stockholm 1950 (schwed.) - Y.Daniel, Aspects de la pratique religieuse à Paris, Paris 1952 - ESL 401ff - W.Brepohl, Sozialprobleme u. Kirchen (Soziale Welt 5, 1954, 193-196) - L.Neundorfer, Einige Grunddaten zur Struktur der kath. Kirche in Deutschland (ebd 197-209) - E.H.Jüres, Gott in Frankreich (ebd 210-217) - H.Wiedemann, Das soziolog. Institut »Kerk en Wereld« in Utrecht (ebd 218-224) - W.W. Sweet, Der Weg des Glaubens in den USA, o.J. - G.Wurzbacher-R. Pflaum, Das Dorf im Spannungsfeld industrieller Entwicklung, 1954 - K.v.Bismarck, Die christl. G. im Strukturwandel der Gesellschaft (Kirche im Volk 16), (1955) 1957² - Ders., Kirche u. Gesellschaft in soziolog. Sicht (ZEE 1, 1957, 17-30) - E.Rudolph, Strukturwandel eines Dorfes, 1955 - E.z.Nieden, G. nach dem Gottesdienst, 1955 - N.Greinacher, Soziologie der Pfarrei, 1955 (kath.; Lit.) - Amtsblatt der EKD, Stat. Beilage Nr. 17 vom 15.10.1956 - J.H.Fichter, Die gesellschaftl. Struktur der städt. Pfarrei, 1956 (kath.; Lit.) - Ders., Soziologie der Pfarrgruppen, 1958 (kath.) - E.Pin, Pratique religieuse et classes sociales dans une paroisse urbaine Saint-Pothin à Lyon, Paris 1956 - H.-D.Wendland, Die Kirche in der modernen Gesellschaft, 1956 - F. u. V.v.Hammerstein, Verantwortliche G. in Amerika, 1957 - G.Neumann, Die Religionssoziologie der Flüchtlinge (Soziale Welt 8, 1957, 114-128) - H.-H.Schrey, Die künftige Gestalt der Religionssoziologie (ZEE 1, 1957, 271-278) - H.Storck, Die Zeit drängt, 1957 - T.Rendtorff, Die soziale Struktur der G., 1958 - Ders., Kirchen-G. u. Kern-G. (Kirche in der Zeit 13, 1958, 109-113).

F.Karrenberg

IV. Gemeindeaufbau und Gemeindepflege

1. Sinn und Ziel des G.aufbaus ist die G., die vom Gottesdienst her lebt (→ Erbauung). In volkskirchlichen Verhältnissen ist die G., die sich um Wort und Sakrament sammelt, im Verhältnis zur Gesamt-G. oft klein. Beim G.aufbau richtet sich der Blick aber nicht nur auf die sog. Kern-G., sondern vor allem auch auf die Draußenstehenden. Auf Grund des Tauf- und Missionsbefehls sind *alle* in die versammelte G. zu rufen. Die Gesamt-G. muß Gottesdienst-G. sein und werden. Das ist nicht nur durch Organisation zu erreichen; abwegig wäre jedenfalls eine immer mehr spezialisierte und intensivierte Betreuung der G. durch einzelne, als amtliche Kräfte tätige Personen. Für den G.aufbau kommt dem *G.gottesdienst* die Hauptaufgabe zu. Nicht nur der Pfarrer und sein Mitarbeiterkreis, sondern die gesamte gottesdienstliche G. ist Träger des Aufbaus der Gesamt-G. Zur Ausrichtung dieses Dienstes bedarf die Gottesdienst-G. einer besonderen Zurüstung durch die Verkündigung und damit verbunden auch neuer Formen des gemeindlichen Lebens.

2. In der missionarischen Situation der Kirche ist bei der Gestaltung des *Gottesdienstes* auf die Entkirchlichten zu achten. Der G.gottesdienst muß weithin Missionsverkündigung sein. In ihrer Sprache muß die →Predigt (: II) die Fernstehenden erreichen; die liturgischen Formulare sind auf ihre Verständlichkeit für den Nichteingeweihten hin zu überprüfen. Die Zeit für den G.gottesdienst muß so gewählt werden, daß ihn viele besuchen können. - Soll es zur Sammlung der G. kommen, so muß im Gottesdienst deutlich werden, daß sich die ganze G. versammelt hat. Der Gottesdienst muß dergestalt bis hin zur Auswahl und zum Stil der Abkündigungen gemeindegemäß sein. Konfirmanden, Eltern u.a. sollten gelegentlich angesprochen und auf diese Weise in die Gesamt-G. hineingenommen werden. Wo mehrere Prediger die gleiche Kanzel miteinander teilen, muß ihre Verkündigung so »abgestimmt« sein, daß sie nicht zerstreut, sondern sammelt. Um die Einheit der G. zu unterstreichen, können die Pfarrer im Gottesdienst zusammenwirken (zB bei der Austeilung des Abendmahls). - In der Abkündigung und der Art der Sammlung der Kollekte im Gottesdienst soll die G. immer wieder daran erinnert werden, daß die Diakonie neben Liturgie und Predigt ein Grundelement ihres gottesdienstlichen Lebens darstellt. - Um die gesamte gottesdienstliche G. am G.aufbau zu beteiligen, muß ihre Bereitschaft zum Dienst geweckt werden. Das geschieht primär in der Verkündigung des Gottesdienstes. Der G. ist zu bezeugen: Christus ist als der Herr der Welt das Haupt der G., und er selber baut seine G.; G.sein bedeutet nicht nur Christusgemeinschaft, sondern zugleich Bruderschaft; die G. ist Salz und Licht für die Welt; ihr sind von Christus mannigfache Gaben »zum Werk des Dienstes« (Eph 4, 12) gegeben; sie ist - trotz ihrer Kleinheit und Schwäche - instandgesetzt, als

»königliches Priestertum« (1Petr 2, 9) in der Welt zu wirken.

3. Soll die G. den Weg zu gegenseitigem Dienst und zu einem gemeinsamen Handeln beim G.aufbau finden, so müssen die Mammut-G.n in übersichtliche G.bezirke von ca 2-3000 Gliedern mit einer zentralen Versammlungsstätte (→ Gemeindezentrum) aufgeteilt werden. Nur so ist es möglich, daß die G. sich auch *nach dem Gottesdienst* sammelt. Als Gesamt-G. kommt sie zusammen bei Missionsfesten und Tischgemeinschaften, auf G.abenden und auf der in den meisten neueren Kirchenordnungen vorgesehenen »G.versammlung«. Überall soll die gegenseitige Aussprache über Fragen der G. möglich sein. Als gegliederte G. ist sie beieinander in ihren Ständen. Die Jugend-, Männer- und Frauenkreise helfen den G.gliedern durch die gemeinsame Bemühung um eine biblische Sicht der Alltagsfragen, aus dem Glauben zu leben. Den »offenen« Kreisen ist heute gegenüber den alten Vereinsformen der Vorzug zu geben, da sie auch Menschen ansprechen, die nur gelegentlich Kontakt zur G. haben. Die verschiedenen »Werke« sind offen für die Probleme der modernen Gesellschaft. Ihre Gefahren liegen oft in der unverbindlichen Art der Zugehörigkeit und im Zurückgedrängtwerden der Laien zugunsten der Theologen. – Um die Aufgaben des G.aufbaus in die Hand der G. zu legen, ist anzustreben, daß die Jugendarbeit von älteren Jugendlichen, die Altenbetreuung und die Besuche bei den Taufmüttern von der Frauenhilfe, die Seelsorge am Arbeitsplatz vom Männerwerk durchgeführt werden. Der diakonische Dienst muß ein Anliegen der ganzen G. sein. Die Ältesten übernehmen bei dem Besuch der Häuser die Sonderfälle.

4. Der G.aufbau, verstanden als Sammlung, Zurüstung und Sendung der G., hat bewährte alte Formen des G.lebens zu pflegen, wenn sie der Erbauung der G. (1Kor 14, 26) dienen, sie umzubauen oder durch neue Formen zu ersetzen, wenn sie die Aufgabe der Erbauung nicht mehr erfüllen (→ Haushalterschaft). Dazu als Fragen und Hinweise: Welche besondere Aufgabe hat die traditionelle Bibelstunde neben der Arbeit der »Werke«? Wo und wie erfolgt die notwendige Ausrüstung der G. mit biblischer Lehre? Als dienlich erweist sich ein Mitarbeiterkreis, der Gottesdienst und Predigt mit dem Pfarrer vorbereitend trägt wie in Nachbesprechung beurteilen hilft und so die Verkündigung wirksam macht. Wichtig wäre ein Konfirmandenunterricht für Erwachsene. Die Konfirmandenelternarbeit bietet gute Ansätze. Auf Konfirmandenelternabenden können Eltern wieder an das ev. Glaubensgut und an das Leben in der G. herangeführt werden. – Neuhinzugezogene sind dankbar für eine persönliche Begrüßung (zB Begrüßungsschreiben der G., verbunden mit einer Einladung ins Pfarrhaus). Für die Sammlung der G. ist die Ausgabe eines monatlichen G.zettels oder -briefes notwendig, der G.nachrichten und kurze Auslegungen des G.pfarrers bringt. – Die Leitung der G. sollte bemüht sein, daß kirchliche Blätter in der G. Verbreitung finden.

5. Neben den Orts-G.n stehen heute Sonder-G.n (zB → Studenten-, Gefängnisgemeinden; → Gefängniswesen: III). Sie erfassen vorübergehend bestimmte Gruppen von Menschen, die zT in ihren Orts-G.n nicht zum Gottesdienst kamen. Sie erfüllen eine wichtige missionarische Aufgabe. Doch bleibt der Vorrang der Orts-G., da sich dort *alle* zum Leib Christi zusammenfügen lassen. – Kirchentagsbewegung (→ Kirchentag), Ev. → Akademien (: II), kirchliche → Presse- und → Rundfunk-Arbeit, → Evangelisation usw sind für den G.aufbau von Bedeutung, wenn sie in ihrer Arbeit auf das innere und äußere Wachsen der konkreten Orts-G. hinzielen. – Wenn G.n nicht bei sich selber stehenbleiben, sondern ihre Verpflichtung zum Dienst an anderen G.n erkennen und praktizieren, geschieht ein G.aufbau zum Nutzen und zur Erbauung der ganzen Kirche.

E. Sulze, Die Ev. G., (1891) 1912² - A. Keller, Amerik. Christentum - heute, 1943 - O. Bruder, Lebendige G.n, 1947 - E.F.v. Rabenau, Die G., 1948 - K.v. Eickstedt, Christus unter Internierten, 1949 - O. Weber, Versammelte G., 1949 - W. Niesel, Um Verkündigung u. Ordnung der Kirche, 1949 - E. zur Nieden, Die G. nach dem Gottesdienst, 1955.

W. Rott

V. Gemeindeaufbau in der Mission

Jede G. ist ein Ergebnis des Missionsdienstes und Antwort auf die Verkündigung; denn G.gründung ist mit der → Bekehrung (: V) des Nichtchristen und durch die → Taufe (: VIII) gegeben, wodurch der sich Entscheidende in die Gemeinschaft der Christen aufgenommen wird. Die Taufe hat darum in nichtchristlicher Umgebung starken Bekenntnischarakter. Sie ist das Nein zur alten Religion und damit auch zum Volk, soweit es Religionsgemeinschaft ist. Zugleich wird der Getaufte in die Gemeinschaft der Getauften eingereiht und unterstellt sich damit dem Herrn der G. Einen ähnlichen gemeindebauenden Charakter hat das → Abendmahl (: VII), das die Getauften zu einer Lebensgemeinschaft unter und mit dem Herrn verbindet. Obwohl sich G.aufbau auf klare Entscheidungen gründet, steht er doch unter vielen Spannungen.

1. Die G. als Ergebnis der Verkündigung ist immer durch die kirchliche Tradition des Gründers bestimmt. Die Organisation der G. in der Mission erfolgte meist nach heimatkirchlichem Vorbild, oft wurde sogar das Vereinswesen übertragen. Dadurch wurde die G. ein Fremdkörper im Volk. Um sie vor heidnischer Bedrohung zu schützen, wurden nach dem Vorbild John → Eliots eigene Christendörfer angelegt und für sie eine christliche Lebensordnung festgesetzt. Wo die Christen wie in Südafrika auf dem Missionsland angesiedelt wurden, war der Missionar nicht nur Seelsorger, sondern auch weltlicher Vorgesetzter. Die Missionen des Pietismus strebten bewußt nach dem Vorbild → Zinzendorfs eine Auswahl-G. an. G. sollte jedoch um ihrer missionarischen Existenz willen bewußt im Volke gelassen werden.

2. G. kann nicht in einen luftleeren Raum gegründet werden. Das Volk ist ihr Lebensraum, der Raum ihrer Verkündigung und ihres Dienstes. Aus dieser Verbindung ergibt es sich, daß die Christen notwendigerweise viele Sitten ihres Volkes beibehalten und oft auch nach der überkommenen Mentalität das Evangelium verstehen und anwenden. Das war vor allem dort der Fall, wo G.aufbau ohne genügende missionarische Führung bei Gruppenbewegungen vollzogen werden mußte. Ein bezeichnendes Beispiel dafür sind die G.n unter den Bergstämmen Formosas. Da die G. im Heidentum kein Vorbild hat, kann der G.aufbau nicht Heidenchristen allein überlassen werden. Weil die Existenzform der G. exklusiv sein muß, erfährt sie von den heidnischen Gemeinschaftsformen stärksten Widerstand. Der Klan in China, die → Kaste in Indien, die gliedhafte Schicksalsgemeinschaft der Primitiven stellen einerseits dem G.aufbau starken Widerstand entgegen, beeinflussen aber andererseits als heidnische Vorformen auch das Verständnis der christlichen G.

3. Von hier aus ergibt sich auch die Verklammerung mit dem einheimischen Volkstum. Es besteht die Gefahr, daß Organisation und Leben der G. diesem angepaßt werden. G. → Warneck, Chr. → Keyßer und Bruno → Gutmann haben die Schonung des Volkstums einseitig betont, um die G. bodenständig zu machen. Wichtig ist, daß das im gliedhaft verbundenen Menschen vorhandene

Gemeinschaftsgefühl christlich ausgewertet wird. In diesem müssen auch die Ämter der G. verantwortungsvoll verankert sein. Wo aber vorchristliche Führungsämter wie bei den Batak oder in Ostafrika in die G. übernommen wurden, sind die spezifisch christlichen Ämter zu kurz gekommen. Die Gefahr der Überwucherung durch das Volkstum ist vor allem dort gegeben, wo es nicht gelang, die Auseinandersetzung mit ihm von der G. her zu vollziehen. So bilden heute → Beschneidung (: II), Initiation und Polygamie (→ Frau: VI) in Afrika, der Ahnendienst im ostasiatischen Raum (→ China: II, 1c; III) für die Christen große Probleme. Auch eine verchristlichte Sitte (Adat bei den Batak) ist keine eigentliche Lösung. Es besteht immer die Versuchung zB bei Kirchenzuchtsfällen u.a., nicht nach dem Evangelium, sondern in erster Linie nach der Sitte zu handeln. Die Gefahr eines gewissen Synkretismus ist um so größer, wenn die Entscheidungen bereits eine Reaktion gegen zu starke westliche Einflüsse darstellen. Sie kann nur dort überwunden werden, wo wie in → Neuguinea die G. als Trägerin des Evangeliums auch das Volksleben bestimmt.

4. Das westliche Leitbild ist nicht allein durch die oft vorhandene patriarchalische Stellung des Missionars gegeben, sondern auch durch den Einfluß der westlichen Zivilisation auf das Volk. Da diese oft durch ungläubige Vertreter vermittelt wird und den Geist des Materialismus mit sich bringt, wird das Evangelium aus dem Zentrum des G.lebens gerückt und der Fortschritt zum Maßstab gemacht. Die Zivilisation wirkt darum auflösend auf die G. Diese muß einen Zweifrontenkrieg führen, gegen das Alte und gegen das Neue. Es gibt heute kaum eine G. in den → Jungen Kirchen, die nicht von dieser Problemstellung betroffen ist.

5. Da der → Nationalismus (: II) heute ohne Frage alle jungen Völker erfaßt hat, ist es die Schicksalsfrage jeder G., ob es ihr gelingt, einen Beitrag zum Leben des Volkes und seiner Kultur zu leisten. Sie ist heute nahezu überall dem Vorwurf der Untreue dem Volk gegenüber und der Fremdheit ausgesetzt. Würde sie sich den nationalen Wünschen öffnen, würde sie untergehen. Ihre einzige Hilfe ist darum, daß sie nach den Ordnungen des Evangeliums lebt und so durch ihr Dasein eine Befruchtung ihres Volkes darstellt. Wo das versucht wird, wird sie eine soziale Größe, die führend in ihrer Umgebung wirkt.

6. Diese Stellung erhält die G. dadurch, daß sie sich von Gott in den Dienst nehmen läßt und so eine »Einbruchsstelle des Hl. Geistes« (Freytag) wird. Wo die Menschen sich in dieser Weise ansprechen lassen, ist oft bereits vor der Taufe gemeindemäßiges Handeln vorhanden. Die Gläubigen und später die Getauften werden zum werbenden Mittelpunkt. Bei den → Gruppenbekehrungen unter den Karenen (→ Burma) und in → Indien, bei der Bibelbewegung in → Korea, bei den Gottesjünglingen in → Kamerun und heute in → Äthiopien und Formosa (→ Taiwan) sind die durch spontane Ausbreitung entstandenen G.n durch ihr Dasein der Anziehungspunkt. Sie entscheiden durch ihr an das Wort Gottes gebundenes Gewissen und überwinden auf diese Weise den Widerstand der heidnischen Volksgenossen. Diese G.n haben oft sehr wenig Organisation. Es hat sich jedoch erwiesen, daß eine G. ohne das → Amt (: IV) nicht sein kann. Dieses ist jedoch nicht damit gegeben, daß Ämter übertragen werden, die für die Heimatkirchen konstitutiv sind. Grundsatz sollte sein, daß kein Amt eingeführt wird, für das nicht Aufgaben vorliegen. Die Ämter müssen aus der G. hervorwachsen, denn eigener Gewissensentscheid erfordert auch immer eigenen Gehorsam und die Möglichkeit, diesen auszuleben. Schon K. → Graul hat erkannt, daß sich die Gaben des Geistes nur dort entfalten, wo die G.n eigene Aufgaben und Ämter bekommen. Das G.amt muß daher entfaltet werden. Als wichtig haben sich die Ältesten, G.mütter, Bibelfrauen und Jugendwarte erwiesen. Diese Ämter dienen der seelsorgerlichen Führung der G. und sollen dafür sorgen, daß der Wille Gottes in der G. geschieht. Die Ämter dürfen aber nicht zur Auflösung der G. in einzelne Kreise beitragen, sondern sollen den Gesamtwillen der G. stärken. In vielen G.n hat sich das Amt der Katechisten und Evangelisten als förderndfür den G.aufbau erwiesen, bes. dort, wo die Ausbreitung als G.aufgabe erkannt wurde. Bei den Bataks und in Neuguinea wurden auch die Lehrer für die G.-führung verantwortlich gemacht. Wichtig ist, daß diese Ämter sich der G.versammlung verantwortlich wissen und von ihr getragen werden. B.Gutmann dagegen legt den Nachdruck auf eine organische Gliederung der G. in Patenschaften, Schildschaften, Nachbarschaften, Altersklassen, um den Gliedern gegenseitigen Halt und Geborgenheit zu geben. Nur wenige haben begriffen, daß die Ausbreitung des Evangeliums eines der wichtigsten Mittel zum G.aufbau ist, weil sich die G. dadurch unter Gott stellt und sich dem Volke konfrontiert. Einfluß und Leben der G. ist von der rechten einheimischen Führerschaft abhängig, deren Ausbildung meist sehr spät in Angriff genommen wurde.

Zum eigenen Entscheid und Gehorsam Gott gegenüber gehört es auch, daß die G. ihre Amtsträger selbst versorgt und durch ihr Opfer unabhängig wird. Diesem Zweck sollten auch die von Henry Venn (1796-1873) und Rufus Anderson (1796-1880) aufgestellten Kennzeichen dienen, daß eine G. »selfsupporting«, »selfpropagating« und »selfgoverning« sein müsse. Ersterer wollte der selbständigen G. die Mitverantwortung innerhalb der Synode einer einheimischen Kirchenprovinz im »church council system« vermitteln. Letzterer erstrebte als Kongregationalist die Unabhängigkeit der lokalen G. von der Mission. Der Presbyterianer John L.Nevius (1829-93) verlangte volle Selbständigkeit der G. von der Gründung an. Durch den sog. »Lords acre plan« kann jedes G.glied durch seiner Hände Arbeit etwas für den Unterhalt der G. verdienen. Dadurch wurden die Jungen Kirchen in Asien stark beeinflußt. Merle → Davis wies nach, daß äußere Unabhängigkeit und inneres Leben einander bedingen. Die G. muß darum auch eine soziale Größe sein. Am glücklichsten wurden diese Fragen zB in Südafrika durch die Brüdergemeine gelöst, die den G.n in dem Maße eigene Verantwortung übertrug, als sie die sozialen Voraussetzungen dazu geschaffen hatten. Erfahrungen in der Südsee beweisen, daß eine zu frühe Verselbständigung der G. genauso schädlich sein kann wie zu lange Bevormundung. Jede G. wird sich in dem Maße als selbständig erweisen, als sie an das Wort Gottes gebunden ist. Dadurch wird sie auch die Probleme lösen, die in ihrem Leben und in dem Zusammenleben mit dem Volk gegeben sind. Sie muß das Ziel haben, jedes ihrer Glieder zum Dienst zu befähigen und durch die Leitung des Geistes in ihrem Dasein Christus zu bezeugen. Sie ist immer die »universal church in its local setting« (Konferenz des → Internationalen Missions-Rates, Willingen 1952) und muß sich als solche in ihrer Umwelt beweisen.

R.Anderson, Outlines of Missionary Policy, Boston 1856 - J.Warneck, Paulus im Lichte der heutigen Heidenmission, 1922 - Ders., Das Wunder der G. Jesu in dieser Welt, 1947 - B.Gutmann, G.aufbau aus dem Evangelium, 1925 - W.Freytag, Die junge Christenheit im Umbruch des Ostens, 1938 - J.M.Davis, New Buildings on Old Foundations, New York 1947 - G.F.Vicedom, Kirche in der Entscheidung, 1949 - Chr.Keysser, Eine Papua-G., 1950 - R.Allen, Missionary Methods: St.Paul's Or Ours?, London 1952 - D.A.Mac Gavran, The Bridges of God, London 1955 - P.Beyerhaus, Die Selbständigkeit der jungen Kirchen als missionarisches Problem, 1956.

G.F.Vicedom

Gemeindehelferin ist wohl der jüngste der rechtlich geordneten kirchlichen Frauenberufe in der EKD. M. Schian kannte 1930 (s. Lit.) im wesentlichen nur die Pfarrgehilfin, unter der er die theologisch voll ausgebildete → Vikarin verstand. Heute bezeichnet Pfarrgehilfin eine besonderer Ausbildung entbehrende Hilfskraft des Pfarrers, während G. eine kirchenrechtlich geschützte Dienstbezeichnung ist, die daher nur die führen dürfen, die eine entsprechende Ausbildung (mit kirchlicher Abschlußprüfung) nachweisen. Diese soll sie befähigen, in selbständiger Zuordnung zum Pfarramt dem Aufbau und der Pflege der Gemeinde zu dienen. – G.nen tauchen zuerst in der Zeit nach dem 1. Weltkrieg auf. Die gegenüber früher innerhalb der einzelnen Gemeinden vielfach erheblich verminderte Zahl der Pfarrstellen auf der einen, die durch kirchliche Jugendarbeit und innergemeindliche Gruppenbildung (→ Gruppenarbeit) herbeigeführte Spezialisierung der kirchlichen Arbeit auf der anderen Seite haben dazu geführt, daß der Dienst der G. in kurzer Zeit in mittleren und großen Gemeinden unentbehrlich geworden ist, so daß das Angebot an G.nen der Nachfrage vielfach nicht genügt. – Die Ausbildung erfolgt auf Seminaren, die zT mit anderen kirchlichen Werken und Schulen (zB Diakonissenhäusern oder Missionsschulen) verbunden sind, zT als völlig selbständige »Bibelschulen« bestehen; die Mehrzahl der 16 deutschen Anstalten sind in der BRD, einige auch in Mitteldeutschland. Die mittlere Reife und das vollendete 20. Lebensjahr werden für den Eintritt vorausgesetzt; vorher ein diakonisches Jahr abzuleisten, ist sehr erwünscht. Im Mittelpunkt der mindestens drei theoretische und ein praktisches Halbjahr umfassenden Ausbildung stehen die biblischen Fächer; außerdem wird, je nach der Eigenprägung der verschiedenen Bibelschulen, in Glaubenslehre, Kirchengeschichte, Katechetik, Sozialkunde, Musik u.a. unterrichtet. Manche G.nen sind zusätzlich in Krankenpflege oder Kirchenmusik voll ausgebildet. Während die anderen weiblichen Arbeitskräfte der Gemeinden (Gemeindeschwestern, Fürsorgerinnen, Kindergärtnerinnen usw) einen begrenzten Arbeitskreis haben, nimmt der Dienst der G. innerhalb der Gemeinde »am meisten teil an der Vielfalt der pfarramtlichen Dienste«. Hausbesuche und Arbeit an Kindern, Jugend und Frauen stehen voran; Konfirmandenunterricht soll die G. nur in Vertretung, kirchliche Unterweisung in der Schule oder Berufsschule nur kraft besonderen Auftrags erteilen. Zur Ordnung des Dienstes der G. hat die EKD 1954 Richtlinien aufgestellt; ihnen entsprechen Verordnungen und Gesetze der Landeskirchen. Dienstvertrag und Dienstanweisung, tarifliche Besoldung (in der Regel nach TOA VII), Freizeit und Urlaub, in den die Teilnahme an beruflichen Fortbildungstagungen nicht einzurechnen ist, sind geregelt. Die G.nen der Kirchengebiete werden unter einer Vertrauens-G. zusammengefaßt und von ihr betreut. Doch ist ihre Hilfe oder die des jeweiligen Kirchenvorstandes, der den Arbeitgeber der G. darstellt, nicht so entscheidend für eine ertragreiche Arbeit wie eine von Takt und menschlich-christlichem Verständnis getragene Stellung von Pfarrer und G. zueinander.

RGG[3] IV, 1145ff (M.SCHIAN) – A.PAULSEN, Die G. heute (Der Dienst der Frau in den Ämtern der Kirche 2), 1957. *W.Jannasch*

Gemeindekirchenbewegung → Community Church.

Gemeindetag. Der deutsche ev. G., 1910 von August → Stock und Martin → Schian als »Konferenz für ev. Gemeindearbeit« gegründet, 1916 neu benannt, knüpfte an Gedanken von Emil → Sulze an. Er erstrebte durch häufige Tagungen, umfassendes Schrifttum und planvolle Gemeindearbeit der von ihm angeregten Pfarrer, bei der bes. der Gemeindeaufbau (→ Gemeinde: IV), die Aktivierung der »Laien« und die Weckung eines allgemeinen kirchlichen Verantwortungsbewußtseins im Vordergrund standen, kraftvolle Lebendigkeit der ev. Gemeinden in Stadt und Land. Seit dem Dritten Reich aus der Öffentlichkeit verschwunden, wirkt er durch die von ihm geleistete Arbeit (1500 Mitglieder) nicht nur im Leben einzelner Gemeinden noch nach, sondern vor allem in allgemein-kirchlichen Bestrebungen der jüngsten Zeit (Ev. → Kirchentag).

RGG[2] II, 994f (Lit.) – EKL I, 1482. *W.Jannasch*

Gemeindeverfassung des Judentums in der römischen Zeit

1. In der hellenistisch-römischen Zeit stand an der Spitze der Judenschaft das Synedrium, das bis 70 nChr vom → Hohenpriester geleitet wurde, sich aus Oberpriestern, Ältesten und Schriftgelehrten zusammensetzte und sich in Jerusalem versammelte. Nach der Zerstörung der heiligen Stadt bildete sich ein neues Synedrium in Jabne (Jamnia), das nun ausschließlich Schriftgelehrte zu seinen Gliedern zählte. In Nachahmung der obersten Behörde gab es in allen jüdischen Ortschaften kleine Synedrien, die die Belange der Einwohner regelten. Da die Römer den örtlichen Behörden weitgehende Selbstverwaltung zugestanden, konnten sich diese Einrichtungen im Anschluß an die demokratische Praxis der hellenistischen Städte ausbilden und Jahrhunderte lang bewähren. Auch in der → Diaspora (: I) wurden die jüdischen Gruppen und Gemeinden von Synedrien geleitet, deren Mitglieder meist durch Wahl bestimmt wurden. An der Spitze solches örtlichen Ältestenrates stand der Gerusiarch. Innerhalb der jüdischen Behörde gab es für die einzelnen Aufgabenbereiche zuständige Archonten. Die Wahl des Archonten erfolgte jährlich; wer zum 3. Mal wiedergewählt wurde, behielt das Amt lebenslänglich. Ein Schreiber diente als Gemeindesekretär. Die jüdische Religion genoß im Imperium Romanum den Schutz der religio licita. Daher durften die jüdischen Gemeinden ungehindert Versammlungen abhalten, sie durften Eigentum besitzen, eine eigene Almosenpflege einrichten, ihre Finanzen selbst verwalten, ihre eigene Rechtssprechung üben und jüdische Begräbnisplätze anlegen. Die Regelung aller dieser Angelegenheiten lag in den Händen des lokalen jüdischen Ortsvorstandes, dem meist sieben Mitglieder angehörten. In großen Städten – wie zB in Rom – gab es mehrere jüdische Gemeinden nebeneinander, die jede ihre eigene Gerusia und ihre eigenen Gemeindebeamten hatten, ohne daß diese in Rom einer gemeinsamen Oberbehörde unterstellt worden wären.

2. Von der bürgerlichen Gemeinde ist die *religiöse Gemeinde,* die mindestens zehn Männer als Glieder haben mußte, zu unterscheiden, obwohl beide Größen vielfach nahezu identisch sein konnten. In Ortschaften mit rein jüdischer Bevölkerung werden die äußeren Angelegenheiten, die die → Synagoge betrafen, auch vom Ortsvorstand geregelt worden sein. Wo dagegen die Bevölkerung gemischt war oder es mehrere Synagogen in einer Ortschaft gab, lag die Verwaltung der äußeren Synagogenangelegenheiten meist in Händen eines aus drei Mitgliedern bestehenden Vorstandes. An Synagogenbeamten gab es nur den Vorsteher der Synagoge und den Diener. Der Archisynagog, der aus den angesehensten Männern der Gemeinde gewählt wurde, war für die Leitung des Gottesdienstes verantwortlich und trug dafür Sorge, daß der Ablauf der Versammlung geregelt vor sich ging (vgl. Lk 13, 14). Er bestimmte diejenigen, die den Dienst des Vorbeters und des Vorlesers verrichten sollten, und forderte geeignet erscheinende Anwesende dazu auf, eine

Predigt zu halten (Apg 13, 15). Daß dieses Amt erblich sein konnte, zeigt die Theodotusinschrift von Jerusalem. Zur Durchführung seiner Aufgaben stand dem Archisynagogen der Synagogendiener zur Verfügung, der im → Gottesdienst (: III) die Schriftrolle holte und sie zur Aufbewahrung wieder fortbrachte (Lk 4, 20) und die vom Synagogenvorsteher für Gebet, Lesung und Predigt ausersehenen Gemeindeglieder zur Erfüllung ihres Dienstes aufzufordern hatte (Apg 13, 15). Auch die Unterweisung der Kinder ist oft dem Synagogendiener anvertraut worden. Alle gottesdienstlichen Verrichtungen wurden von Gemeindegliedern versehen. Priester und Schriftgelehrte hatten in der Synagoge kein besonderes Amt inne. Nur forderte man Gelehrte gern zur Predigt auf und bat einen Priester, im Gottesdienst den Priestersegen zu sprechen.

3. Eine straffere Ordnung als die jüdischen Gemeinden hatten die Gruppen von frommen Gläubigen, die sich im Gehorsam gegen das Gesetz enger zusammenschlossen. Unter ihnen ist vor allem die Gemeinde von → *Qumran* (= → Essener?) durch eine strenge Ordensregel ausgezeichnet. Wer in die »Ordnung der Gemeinde« (1QS I, 1. 16 u.ö.) eintreten wollte, konnte erst nach zweijähriger Bewährungszeit endgültig als volles Mitglied aufgenommen werden (1QS VI, 18-23). Die Gemeinde war in Klassen aufgeteilt. An der Spitze standen die Priester, nach ihnen kamen die Leviten und dann die große Menge (1QS I, 18f. 21f). In der Vollversammlung der Gemeinde wurden die Plätze der Rangordnung entsprechend eingenommen (1QS VI, 8f). Alljährlich wurde die Liste der Rangordnung überprüft und neu festgelegt (1QS V, 23f). Die ganze Gemeinschaft war in Gruppen gegliedert. An der Spitze einer Gruppe von mindestens zehn Männern stand jeweils ein Priester, der auch bei den gemeinsamen Mahlzeiten die Tischgebete sprach (1QS VI, 3-6). Die Mitglieder, die ihr persönliches Eigentum in die Gemeinde mit einbrachten (1QS I, 11f u.ö.), waren durch eine beim Eintritt übernommene eidliche Verpflichtung (1QS V, 8) eng zusammengeschlossen und von der Außenwelt abgesondert. Eine verwandte, wahrscheinlich etwas späterer Zeit entstammende Gemeindeordnung findet sich in der → Damaskusschrift, die ebenfalls eine streng geregelte Verfassung einer ordensähnlichen Gemeinschaft zeichnet. Deren Zusammenschluß ist ungleich fester gewesen als der der Synagogengemeinden, die mit einem geringen organisatorischen Aufwand ihre Versammlungen und Gottesdienste durchführten.

E.Schürer, Die G. der Juden in Rom, 1879 - Schürer II, 94ff. 497ff; III, 71ff - J.Juster, Les Juifs dans l'empire Romain I, 1914, 409ff - S.Krauss, Synagogale Altertümer, 1922, 102ff - Bousset, Rel. 171ff - G.F.Moore, Judaism I, 1927, 281ff - Bill. IV, 115ff. 145ff - EJud VII, 179ff - CIJ I, LXVIIIff - H.Zucker, Studien zur jüd. Selbstverwaltung im Altertum, 1936 - E.Stauffer, Jüdisches Erbe im urchristl. Kirchenrecht (ThLZ 77, 1952, 201-206) - B. Reicke, Die Verfassung der Urgemeinde im Lichte jüdischer Dokumente (ThZ 10, 1954, 95-112) - J.Daniélou, La communauté de Qumran et l'organisation de l'Église ancienne (RHPhR 35, 1955, 104-116). *E.Lohse*

Gemeindezentrum. Vor dem 1. Weltkrieg hat u.a. die Arbeit des »Ev. → Gemeindetages« dahin geführt, daß in großen Gemeinden neben den Kathedralkirchen »Gemeindehäuser« entstanden. In manchen Gegenden waren es »Vereinshäuser«, deren Träger nicht die Gemeinden, sondern christliche Vereine waren. Nach dem 1. Weltkrieg gingen Gemeinden dazu über, Kirchengebäude zu errichten, die einen großen Saal und kleinere Versammlungsräume umfaßten. Diese Art zu bauen trat nach dem 2. Weltkrieg ganz in den Vordergrund. Wo zerstörte Großkirchen aufgebaut wurden, verkleinerte man den Sakralraum und gewann so Raum für Unterrichts- und Versammlungsräume (zB Johanniskirche in Düsseldorf, Christuskirche in Koblenz). Wo man neu baute, errichtete man G.en: Kirche oder Gemeindehaus mit einem großen Kirchsaal, mit Unterrichtszimmern für die Unterweisung und Stuben für die Arbeit der »Werke«, und in Zuordnung zu dem Kirchengebäude unter einem Dach oder davon getrennt auf demselben Grundstück Kindergarten, Schwesternstation, Pfarrhaus und Gemeindeamt. Waren für die Entstehung von G.en weithin äußere Gründe maßgebend (zB Knappheit der finanziellen Mittel), so doch auch ein neues biblisches Verständnis dessen, was Gemeinde ist. Die → Gemeinde (: IV) braucht für ihre gottesdienstliche Versammlung ein »Gezelt« (Ps 27, 5), für ihr gemeinschaftliches Leben Stuben mit einer Teeküche, für ihren katechetischen Dienst zweckmäßige Einrichtungen, für ihre Mitarbeiter Wohnungen. Das klassische Land blühender G.en sind seit langem die USA, von wo aus Anregungen in viele Länder, in Europa vor allem nach Skandinavien hinüberwirkten. Gegenwärtig entstehen bes. in Finnland architektonisch und technisch vorbildlich eingerichtete G.en. Das G. bringt zum Ausdruck, daß die Gemeinde eine Lebensgemeinschaft ist und (bes. in den USA) die Fülle der »weltlichen« Interessen ihrer Glieder umgreift und pflegt. Als Mitte des gemeindlichen Lebens müssen in dem Mehrzweckbau des G.s Kanzel und Abendmahlstisch eine besondere Stellung einnehmen (→ Kirchenbau: V).

Kirche im Industriegebiet, hg. v. H.Bühler, 1954 - Kirchen u. Gemeindezentren (Architektur-Wettbewerbe 20), 1956. *W.Rott*

Gemeinschaft der Heiligen. Die Formel ist durch ihr Vorkommen als drittes Glied im dritten Artikel des sog. → Apostolikums wichtig geworden. Dessen Vorform, das Romanum, enthielt sie ebensowenig wie - mit einer Ausnahme - die älteren orientalischen Symbole. Zu allgemeiner Verwendung kam sie über Taufsymbole des gallisch-spanischen Bereichs, wo sie vom 5.Jh. ab auftaucht. Ihr Verständnis schwankt bis heute je nachdem, ob man sie als selbständiges Glied wertet oder als Zusatz zu »sancta ecclesia catholica« und je nach dem verschiedenen Inhalt, mit dem man die Begriffe sanctorum communio (so fast immer) verbindet. Sind sancti (ἅγιοι) gemeint oder sancta (ἅγια)? Wenn ersteres, sind die sancti die Glieder der irdischen Kirche oder die Vollendeten? Ist sancta zu verstehen, sind es dann die Sakramente überhaupt oder die Abendmahlselemente (→ Abendmahl: II, 1)? Und was heißt communio? G. zwischen Personen oder Teilhabe an einem Gut? Oder G. von Personen durch Teilhabe an einem Gut? Ist von G. für den Glaubenden in der Gegenwart oder in himmlischer Zukunft die Rede? Die Entscheidung über die ursprüngliche Bedeutung fällt vom Zusammenhang her: alle Glieder des Credo-Schlusses, einschließlich des Artikels von der Sündenvergebung, sprechen im besonderen von der Zukunft des Christen, seinem Verhältnis zu den novissima. - Im Zusammenhang mit einem genuin lateinischen Credo begegnet die Formel zuerst bei → Niketas von Remesiana (De symb. 10), um 400. Die Kirche selbst versteht Niketas als sanctorum omnium congregatio; als Heilige gelten ihm Patriarchen, Propheten, Apostel, Märtyrer und die übrigen Gerechten aller Zeiten, dazu die Engel jeder Stufe. Nach Kol 1, 20 folgt dann: »In dieser einen Kirche also glaubst du, du werdest die G.d.H. erlangen« (credis te communionem consecuturum esse sanctorum). Danach ist G. das erst in der Vollendung zu erwartende Heilsgut himmlischer G. mit den Heiligen. Das gleiche Verständnis wird hinter der Zusammenstellung der zwei (bzw. drei) eschatologischen

Heilsgüter stehen, die die älteste Bezeugung des Begriffs überhaupt enthält: das nur lateinisch erhaltene Credo, das vermutlich → Hieronymus während seines ostsyrischen Aufenthaltes 374/379 abgenötigt wurde: »Ich glaube an die Vergebung der Sünden in der hl. kath. Kirche, die G.d.H. (sanctorum communionem), die Auferstehung des Fleisches zum ewigen Leben.« Nur hier ist G. in einem östlichen Credo nachweisbar.

Außerhalb der Symbolliteratur ist die Formel selten und meist nicht eindeutig zu interpretieren: ein kaiserliches Reskript von 388 (cod. Theod. XVI, 5, 14) meint die jeweilige Gemeinde; can. 1 des Konzils von Nîmes (394/396) ist unverständlich; die donatistischen Texte (MPL 43, 835; 36, 379) sind doppelt deutbar, die einzige Augustinstelle (Serm. 52, 6; MPL 38, 357) desgleichen. Ob in dem Rundschreiben des Theophilus von Antiochien (401; CSEL 55, 150, 22) ursprünglich Suspension vom Vollzug der Eucharistie gemeint war (Elert), ist mehr als zweifelhaft. In den griechischen Texten sind die Worte bei Athanasius (MPG 25, 528 B) personal gemeint, bei Basilius (MPG 31, 1301 C) ist die Formel eucharistisch, bei Ps.-Basilius de bapt. I, 2, 17 (MPG 31, 1556 C) ist sie als die »G. mit den Heiligen im ewigen Leben« zu verstehen.

Die ältesten Symbolauslegungen setzen meist – mit Nuancen im einzelnen – die personale Deutung voraus; deren Übergewicht im Bereich der Symbole ist damit so stark, daß sie als die älteste und ursprünglichste angesehen werden muß, unbeschadet dessen, was unter communio bzw. κοινωνία oder sancti und sancta bzw. ἅγιοι und ἅγια sonst verstanden wird. – Auch im *MA* herrscht das personale Verständnis; freilich wird die Formel (zuerst in karolingischer Zeit) als Apposition zu sancta ecclesia catholica gefaßt, was zweifellos nicht ursprünglich ist. Vereinzelt findet sich auch das sächliche Verständnis. Luther verstand die Formel als Erklärung von »Kirche« im Sinne einer Gemeinde von Heiligen. Die calvinistischen Bekenntnisse sehen in ihr die Gemeinsamkeit der Gaben Gottes in Christus betont sowie die Aufgabe, sie dem anderen zugut zu nutzen.

G.L.Hahn, Bibliothek der Symbole, 1897³ - RE VI, 503ff - F. Kattenbusch, Das apostolische Symbol II, 1900, 927ff - J.P.Kirsch, Die Lehre von der G. im christl. Altertum (FChLDG I, 1), 1900, 214ff - F.Loofs, Symbolik I, 1902, 43ff - G.Morin, Un symbole inédit attribué à Saint Jérôme (RBén 21, 1904, 1-9) - A.E.Burn, Niceta of Remesiana, Cambridge 1905 - Seeberg, DG II, 465ff - RGG² II, 995f - W.Elert, Abendmahl u. Kirchengemeinschaft in der alten Kirche hauptsächlich des Ostens, 1954. *E.Kähler*

Gemeinschaft und Individuum

I. Religionsgeschichtlich - II. Im AT - III. Im NT - IV. Im Christentum. - Vgl. auch → Individual- und Sozialethik, → Gemeinde

I. Religionsgeschichtlich

1. Schriftlose Kulturen - 2. Altamerikanisch-indianische Hochkulturen - 3. Altasiatische Welt - 4. Griechisch-römische Antike - 5. Islam

Wenn hier die okzidental-neuzeitlichen Termini Individuum und Individualismus auf nichtchristliche Phänomene angewandt werden, so soll damit dies angedeutet werden: Innerhalb der betreffenden Gebilde wird der Gruppe nicht eine alles bestimmende Gewalt, vielmehr dem einzelnen die Berechtigung zugesprochen, wenigstens innerhalb gewisser Grenzen zwischen Möglichkeiten zu wählen und solcher Wertung entsprechend zu handeln. Das bedeutet also innerhalb der religiösen Sphäre, daß der einzelne nicht restlos durch Dogma, Sittenlehre, Organisation und Hierarchie einer primär religiösen Institution bestimmt wird.

1. Schon bei religiös unkomplizierten Gebilden findet man zwei – soziologisch betrachtet – antagonistisch wirkende Kräfte vor: Einerseits fühlt sich die Gruppe als eine jenseits aller Anzweiflung und Legitimierungsnotwendigkeit existierende Gegebenheit übermenschlicher Natur. Andererseits führen einzelne Menschen gewisse Handlungen aus, zB religiös-magische Prozeduren (→ Schamanismus, → Magie) oder erfolgreiche Kriegsleistungen, von denen andere Gruppenmitglieder glauben, kein sonstiger könne sie so vollbringen. Derartige Fähigkeiten verschaffen dann aber gerade wegen der Einzigartigkeit dem Betreffenden ein besonderes Ansehen.

2. In den altamerikanisch-indianischen Hochkulturen weisen weder Inkas noch Mayas noch Azteken Spuren religiöser Unabhängigkeit auf (→ Mexiko: I, → Peru).

3. Die altasiatische Welt produziert an mehreren Stellen der Frühzeit einen patriarchalischen Viehzüchternomadismus (→ Nomaden). Hier wird dann der Unabhängige zum Outlaw. Andererseits stellt die hier beginnende Teilung der → Arbeit einen Vorläufer der Bürokratie des Frühstaats dar. Zur Entstehung des letzteren trägt nämlich das Viehzüchternomadentum an mehreren Orten auf dem Wege einer Unterwerfung anderer Stämme bei. Im asiatischen Frühstaat sind nun aber auch mehrere Schriftreligionen verankert. Auch deshalb schon sind letztere mit einer Tendenz zur anti-personalistischen Schematisierung behaftet. Von jenen stellt der chinesische Konfuzianismus (→ China: II, 2b, → Konfuzius) eine staatlich-kirchliche Einheitskultur dar. Die Führenden sind auf Erhaltung der Ordnung und Fernhaltung des Religiös-Subjektiven bedacht. Mit Abwandlungen gilt dies auch von → Japan (: II), das früh von China beeinflußt wird. Die tolerierte chinesische Minoritätsreligion des → Taoismus dagegen kennt heilige Eremiten, deren Leben nicht durchrationalisiert ist, sowie Schüler, die sich in → Klöstern (: I) an verehrte einzelne Lehrer anschließen. → Indien (: II) ist recht eigentlich das Land der → Askese und → Mystik (: II) und überläßt dabei dem Individuum die Entscheidung darüber, ob bzw. welche asketischen oder mystischen Wege es begehen will. Askese wird dann insbesondere durch → Mahavira, der Weg der Mystik vornehmlich durch → Buddha rationalisiert. Doch verbleibt im → Jinismus, der Anhängerschaft des ersteren, wie auch in mehreren Zweigen des → Buddhismus (: I) der individuellen Entscheidung ein breiter Spielraum. Im nordbuddhistischen Mahâyânasystem dagegen entsteht eine anti-personalistische Hierarchie und Klosterdisziplin. → Babylonien (: II), stärker noch Assyrien und in geringerem Maße → Ägypten (: II) stellen bürokratisierte Einheitskulturen dar. Die zoroastrische persische Staatskirche (→ Iran, → Zarathustra) toleriert zwar gelegentlich die Religion von Unterworfenen, aber nur, um sie mit Hilfe von deren eigener Priesterschaft, deren anti-individualistische Macht dadurch erstarkt, zu beherrschen.

4. Bei den daseinsfrohen homerischen Seefahrerkönigen und Feudalen existiert das Problem der religiösen Persönlichkeit noch nicht. Die Stadtstaaten dagegen gestalten dank ihres Schiffsverkehrs und dauernden Kontakts mit heterogenen Kulturen eine vergleichende, kritische und letztlich respektlose Mentalität. Zumal der von außerstädtischer Grundrente lebende Stadtadlige hat Muße, sich zur Persönlichkeit zu entwickeln. Das manifestiert sich auch im Hinüberwechseln von der Ganzheitsmetaphysik einiger Vorsokratiker zur Lebenseinstellung von Kyrenaikern, Kynikern, Epikureern und Stoikern. Doch spielt sich dies zT schon im Römerreich ab. Hier hat man sich von ursprünglich naturalistischer Bauernreligion zu einem Nebeneinander konkurrierender Propheten und Magier mit ihren Kulten gewandelt. In letzteren wird man durch persönlichen Wil-

lensentschluß Mitglied, auch wenn dann gefordert wird, der Autorität gegenüber das Individuum auszulöschen. Gegen Ende des Römerreichs entfaltet sich aber die Individualität immer mehr.

5. Der → Islam erwuchs aus Viehzüchternomadismus, nahm früher und intensiver als das westliche Christentum neben Jüdischem und Christlichem auch Griechisches auf, schied dabei, gleichfalls früher, zwischen religiöser und nicht-religiöser Sphäre und ermöglichte hierdurch, wenigstens zeitweise, theologiefreie unabhängige Philosophen und unabhängige individuelle Mystiker.

Innerhalb der nichtchristlichen Religionen treffen wir an Typen religiöser Persönlichkeiten, welche gesellschaftlichen Gebilden gegenüber relativ unabhängig dastehen, insbesondere Magier, Mystiker, Asketen und Propheten an. Nachteilig für deren Erfolg ist vor allem jedes Staatskirchentum, es sei denn, daß jenes hier wie in jeder Bürokratie vorhandene rationalistische Element indirekt zur Entwicklung selbständiger Kritik, Philosophie und Religionswissenschaft führt. Förderlich dagegen ist das Vorhandensein von mehreren kleinräumigen politischen Gebilden nebeneinander sowie die Tolerierung von Magie, Mystik, → Sekte und Minoritätenreligion durch das dominierende Machtgebilde. – Vgl. → Lévy-Bruhl.

MAX WEBER, Ges. Aufsätze zur Religionssoziologie, 3 Bde, (1920/1921) 1922/23² (grundlegend) – H.BECKER u. H.E.BARNES, Social Thought from Lore to Science I, Washington (1938) 1952², Kap. I-V (Lit.) – J.M.YINGER, Religion in the Struggle for Power, Durham 1946, Kap. II – WACH, Relsoz. – DERS., Types of Religious Experience, Chicago 1951 – P.RADIN, Die relig. Erfahrung der Naturvölker (Albae Vigiliae NF 11), Zürich 1951 – P.HONIGSHEIM, Sociology of Religion: Complementary Analyses of Religious Institutions (H. BECKER u. A.BOSKOFF [Hg.], Modern Sociological Theory, New York 1957, 450-481; Lit.). – Über einzelne Kulturen: B.MALINOWSKI, Magic, Science and Religion, Garden City 1952. – L.BAUDIN, L'Empire socialiste des Inkas, Paris 1928 – S.G.MORLEY, The Ancient Maya, Stanford 1946. – M.GRANET, La Pensée Chinoise, Paris 1934, 420ff. 554ff – E.HERZFELD, Zoroaster and His World, Princeton 1947. – L. GERNET u. A.BOULANGER, Le génie Grec dans la religion, Paris 1932. – P.K.HITTI, The Arabs, Princeton 1943 – G.E.v.GRUENEBAUM, Medieval Islam, Chicago 1946. *P.Honigsheim*

II. Im AT

Grundlegend für die besondere Art und Weise, wie das AT die G. und das Individuum und die Beziehungen zwischen ihnen versteht, ist die Frage, wie Israel als Menschen-G. aufzufassen sei. In der at. Überlieferung wird »Israel« als Gesamtbezeichnung für die Gruppe der zwölf → Stämme benutzt, die sich erst nach der Einwanderung in Palästina konstituiert haben. Früher existierten diese Stämme oder Stämmegruppen nur als selbständige Einheiten, die, soweit unsere Nachrichten reichen, als Kleinviehnomaden lebten.

Dieser Zwölfstämmeverband ist keine politische, sondern eine sakrale Größe, eine Amphiktyonie, dh die Gesamtheit derer, die an einem gemeinsamen Zentralheiligtum zusammenkamen. Die Amphiktyonen waren einem Gottesgesetz unterworfen, das bei den Stämmeversammlungen vorgelesen wurde und auf das Israel sich in stets erneuten Bundesschlußakten verpflichtete (→ Bund: II). In dieser gemeinsamen Verpflichtung auf den Rechtswillen Jahwes liegt das für die altisraelitische Amphiktyonie Konstitutive. Das Sakrale, der Kult, die heiligen Ordnungen und Gesetze bildeten für diese G. die eigentliche Lebensbasis, von der her die Welt allein zu begreifen war (→ Gottesdienst: II). Diese »primitive Pansakralität« erlaubt nicht, daß wir von einem religiösen und einem säkularen Lebensgeist sprechen, die voneinander abgetrennt daliegen. Ein G.sleben der Menschen war erst durch die göttlichen, heilsamen Ordnungen möglich. Der einzelne wußte sich in eine vorausgegebene, göttliche Ordnung der Dinge eingeordnet und dieser Ordnung unterworfen. Ein von der G. isoliertes, auf sich selbst gestelltes Individuum kennt das alte Israel nicht. Die Handlungen des einzelnen waren nie ohne Bezug zum Ganzen, gemeinschaftsfördernd oder gemeinschaftswidrig.

Wie tief, ja fast somatisch der einzelne in der G. verflochten war, geht nicht zum wenigsten aus dem Bereich des Rechtslebens hervor (→ Gerichtsverfassung). Keine Verschuldung im politischen oder sozialen Leben konnte als eine Angelegenheit zwischen Gott und dem einzelnen Täter gelten, sondern wurde als gemeingefährlich empfunden, als eine unerträgliche Belastung und Bedrohung der G. Das Verbrechen der Männer aus Gibea löst spontan einen Ausrottungskrieg gegen den ganzen Stamm Benjamin aus, und an dieser Aktion haben »alle Stämme Israels« teil (Ri 19f). Durch einen Mord ist ein Unheil über die G. gekommen, und sie hat ein vitales Interesse daran, die Solidarität mit dem Missetäter aufzuheben (Dtn 21, 1-9). Noch deutlicher sieht man die stark kollektive Haftung des altisraelitischen Rechtsdenkens in der bis in die Königszeit hinein als Rechtsmittel anerkannten Blutrache, die nicht nur den einzelnen Täter, sondern die ganze G., zu der er gehört, als schuldig betrachtet (Jos 7, 24; 1Sam 22, 16; 2Sam 21, 5ff; Dtn 13, 13ff).

Diese kollektive Haftung hat den einzelnen lange verhindert, sich selbst zum Gegenstand einer Betrachtung zu machen oder die individuellen Schickungen als problematisch aufzufassen. Der geistig-seelischen Verfassung des alten Israeliten war es völlig fremd, die Lebensgestaltung des einzelnen als persönliche Widerfahrnisse zu verstehen, mit denen er sich auseinanderzusetzen hatte. Geburt und Tod, Krankheit und Leiden gelten in dieser patriarchalisch gebundenen Zeit in einer uns kaum vorstellbaren Weise als überpersönlich. Der Mensch war mit seinem ganzen Leben in Riten und heiligen Ordnungen geborgen. Nicht nur die Welt, sondern auch das Ich waren von diesen unverrückbaren Lebensordnungen geweiht und gehalten.

Mit der Staatenbildung (→ Israel: I) ist diese altisraelitische Geistigkeit in eine Krise geraten. Ohne die alte Institution des Zwölfstämmeverbandes zu beseitigen, brachte der neue Staatswille eine Wandlung des Volkskörpers: das Leben wird administrativ durchorganisiert und verbeamtet. Das kultische Leben wird gleichzeitig an einen neuen Mittelpunkt gebunden und in neuen Formen gestaltet. Das alles hat die geistig-kulturelle Struktur des alten Israel stark verändert. Das kollektiv-sakrale Lebensverständnis macht sich aus den altheiligen Ordnungen frei und wird weltlicher. In den großen Geschichtswerken dieser Epoche, der Geschichte von Davids Aufstieg (1Sam 16, 14 bis 2Sam 5, 25), der Geschichte von der Thronnachfolge Davids (2Sam 7; 9-20; 1Kön 1; 2) und dem Geschichtswerk des → Jahwisten, ist der eigentliche Gegenstand des Erzählens nicht das sakrale Geschehen. Diese Erzähler erfahren Jahwes Wirken nicht in einer heiligen Wunderwelt, sondern in der entmythisierten und profanen Alltagswelt, vor allem aber in dem menschlichen Herzen. Der Mensch tritt in einer ganz neuen Weise in den Mittelpunkt des Interesses. So stark ist die Aufmerksamkeit in diesen Erzählungen aus der frühen Königszeit auf das Menschliche gerichtet, daß man mit Recht von einem salomonischen Humanismus reden kann. Die Menschen, von denen hier gesprochen wird, sind nicht anonyme Glieder einer G., sondern werden in ihren ganz persönlichen Konflikten, Anfechtungen und Tröstungen porträtiert. Die Erzväter sind als Individuen meisterhaft geschildert. Der Erzähler interessiert sich nicht nur für die äußeren, häuslichen Alltagsverhältnisse ihrer Gestalten, sondern vor allem für die inneren, seelischen Vorgänge. Dieses Interesse an dem Humanum ist so stark, daß man bisweilen nur mit Mühe die theologische Dialektik der Erzählungen wahrnimmt (→ Geschichtsschreibung: I). Noch schärfer profiliert treten uns → David und die Menschen seiner Umgebung entgegen: der tragisch anmutende → Saul, die rivalisierenden Davidsöhne, die vielen Hofbeamten – alle sind mit schärfstem Realismus in ihrer individuellen Kompliziertheit gezeichnet.

Die ausgehende Königszeit hat eine schwere Krise über den alten Jahweglauben gebracht. Schon die Staatenbildung mit ihren veränderten Voraussetzungen auf dem politischen und sozialen Gebiet hat die patriarchalische Grundlage des religiösen Lebens stark erschüttert. Die Lösung aus der kollektiven Haftung und die Kultivierung des Menschen bedeutete jedoch an und für sich noch keine Belastung des Jahweglaubens. Im Gegenteil, Jahwes Allkausalität wurde hier erst recht klar und konsequent ins Auge gefaßt. War aber der einzelne einmal aus der schützenden Anonymität des Kollektivismus getreten und war er zum Gegenstand der Betrachtung und des Fragens gemacht worden, so war damit gegeben, daß er von den äußeren Geschehnissen in einer neuen Weise persönlich betroffen wurde. Die politischen Katastrophen um die Wende des 7. zum 6.Jh. vChr wurden vom einzelnen Menschen als eine persönliche Glaubensbelastung empfunden, die Jahwes Geschichtswalten fraglich machte. Den Zeitgenossen Jeremias und Ezechiels ist vor allem die überschneidende Wirkung des Bösen von einer Generation zur anderen unerträglich geworden: »Die Väter haben Herlinge gegessen, aber (erst) den Söhnen sind die Zähne stumpf geworden« (Jer 31, 29; Ez 18, 2; vgl. Klgl 5, 7). Die geistige Situation, die sich in dieser populären Formulierung des Satzes von den Sünden der Väter, die an den Kindern heimgesucht werden bis ins dritte und vierte Glied (Ex 34, 7), äußert, ist noch nicht die eines konsequenten Individualismus. Ein radikaler Individualismus kommt dagegen in Ezechiels Antwort zum Ausdruck, wo nicht von Generationen oder noch größeren Zusammenhängen gesprochen wird, sondern von dem einzelnen Menschen und seinem Leben. Jeder einzelne steht vor Jahwe für sich, ist mit seinem Leben ganz unmittelbar vor Jahwe gestellt (Ez 14, 12-20; 18, 5-32). Ezechiels Worte von der individuellen Schuld jedes einzelnen können wir nur dann recht verstehen, wenn wir sehen, daß er von Jahwes Heilswillen spricht: »Gott hat kein Wohlgefallen am Tode des Gottlosen, sondern daran, daß er sich bekehre und lebe« (18, 23. 32; 33, 11). Ezechiel zerschlägt den bequemen Schutz, den der einzelne hinter dem Kollektivismus finden wollte, und zeigt ihm gleichzeitig eine neue Möglichkeit, frei von allen überpersönlichen Verstrickungen und Fesseln ererbter Schuld sein Leben aufs neue im Gehorsam gegen Gott zu gestalten.

Die religiöse Krise macht sich aber auch in der veränderten Haltung zum → Gesetz (: II) bemerkbar. Früher waren, wie wir gesehen haben, der Kultus und die sakralen Ordnungen die allumfassende Lebensbasis sowohl für die Gemeinde wie für den einzelnen. Solange der einzelne sich in diese vorausgegebene, auf göttlicher Bestimmung ruhende G.sordnung eingeordnet wußte, konnte die Geltung der alten Gesetze nicht fraglich sein. Die sakrale Ordnung, an die der einzelne gebunden war, hatte einfach die Gültigkeit bestimmter Gesetze eingeschlossen, und das war genug, um die Forderung ihrer Beobachtung zu begründen. Jeder Gedanke an einen Lohn für die Unterordnung unter die Bestimmungen des Gesetzes war ausgeschlossen. Mit dem Wegfall dieser vorausgegebenen und von Gott begründeten G.sordnung trat eine neue Situation ein. Jetzt wurde der einzelne Mensch vom Gesetz angeredet. Statt der sakral bestimmten Gesamtheit wurde nun das einzelne Individuum für das Einhalten der Bestimmungen des Gesetzes verantwortlich. Konnte man die Gesetze nicht mehr in den Rahmen des Verhältnisses zwischen Gott und Volk einordnen, so blieb nur übrig, die Begründung ihrer Autorität in dem zeit- und geschichtslos bestehenden göttlichen Willen zu finden. Damit war aber dem einzelnen die Möglichkeit grundsätzlich gegeben, die Gesetzesforderungen anzuerkennen oder abzulehnen. Mit dieser Möglichkeit für den einzelnen, sein Handeln positiv oder negativ einzurichten, verbindet sich notwendigerweise der Gedanke an Lohn und Strafe, je nach dem praktischen Verhalten gegenüber dem Gesetz.

Die Fragen des einzelnen wurden immer eindringlicher: Was bedeutet das Heilsgeschehen im Leben des Individuums? Worin besteht sein Anteil an Jahwes Heilsgaben? Die Israel versprochenen Heilsgüter (Land, Ruhe vor den Feinden, Volksmehrung usw) bezogen sich auf die G. und konnten den einzelnen nicht befriedigen. Und wie sollte sich der einzelne schwere persönliche Schikkungen, in denen Jahwes Heilswille nicht mehr erkennbar war, zurechtlegen? Um diese Frage ringen die Klagelieder des einzelnen (→ Formen: I). Der jähe Stimmungsumschwung zB in Ps 6; 22; 28; 56; 69 weist ohne Zweifel auf ein priesterliches Heilsorakel hin, das dem Beter zugesprochen wird. In den Riten der kultfeiernden Gemeinde haben diese Psalmsänger Trost und Hilfe gefunden.

Als eine eigenartige Transformierung des kultischen Lebens, die dem einzelnen neue Wege zu einem persönlichen Gottesverhältnis eröffnet, ist die in dieser Zeit einsetzende Spiritualisierung vieler Kultusbegriffe zu verstehen. Wenn der Lobpreis ein Opfer genannt wird, das Gebet ein Weihrauch und das Heiligtum Asyl der Seele, ist für den einzelnen Menschen eine neue Möglichkeit zur Deutung und Aneignung des kultischen Lebensbereichs gefunden (Ps 16, 1; 61, 5; 141, 2; Dtn 10, 16; 30, 6; Jer 4, 4).

Gerade die »Klagelieder des einzelnen«, in denen der Beter in einer sehr persönlichen und innigen Weise seine Anfechtungen zur Darstellung bringt, sind aber phraseologisch merkwürdig konventionell und verwenden kultisch typisiertes Formelgut. Statt einer unmittelbaren Selbstdarstellung des Individuums findet man eine gewisse, ohne Zweifel beabsichtigte agendarische Verallgemeinerung und Schematisierung. Der Israelit ist im Kultus nicht mit seinen persönlichen Ergüssen hervorgetreten, sondern hat sich als ein Glied der Gemeinde verstanden.

In einer ganz anderen individualistischen Isolierung steht *Hiob* vor Gott (→ Hiobbuch). Sein Gott ist nicht der Führer der Heilsgeschichte, sondern der Herrscher der Schöpfung. Hiob hat den Zusammenhang hergebrachter sakraler Ordnungen verlassen und steht als nacktes Individuum in einer heilsgeschichtslosen Isolierung da. Sein Leiden kann nur eines bedeuten: den Schuldspruch Gottes über ihn. Da er trotz seines Leidens nicht zugeben kann, schwere Sünden begangen zu haben, wird ihm Gottes Macht und Freiheit bedrohend und menschenfeindlich (9, 11f; 13, 24f; 23, 15f). Wohl hat die spätere Zeit öfter von Jahwes Unbegreiflichkeit und Unerkennbarkeit gesprochen (Jer 23, 23f; Jes 40, 18. 25; 55, 8f; Spr 30, 1ff), aber im Verhältnis Hiobs zu Gott ist die Entfremdung derart gesteigert, daß man sogar von einer Dämonisierung des Gottesbildes reden kann (zB in 16, 7-17).

Die geschichtslose Isolierung des einzelnen, die sich im Buche Hiob findet, ist in der späteren Literatur in wachsendem Grade ein Kennzeichen für die Stellung des

Menschen Gott gegenüber geworden. Nicht nur der in den Klageliedern in seiner Not Schreiende, sondern auch der »Gerechte«, der seine Lust an der Willensoffenbarung Jahwes hat, ist ganz auf sich selbst und seine persönliche Existenz vor Gott gestellt, von allen anderen G.sverhältnissen gelöst, wie zB aus Ps 1; 73; 119 hervorgeht.

Immer häufiger werden in der späteren Zeit die emphatischen Vollkommenheitsaussagen des einzelnen, die Versicherungen, daß er »gerecht«, ṣăddîq ist und daß Jahwes Wille seine höchste Freude ist. Auf diese Weise hat sich ein paradigmatisches Bild »des Gerechten« herausgebildet, in dem der fromme Israelit sich unterbringt.

Die Lösung des einzelnen aus den sakralen Ordnungen und der Heilsgeschichte hat ihn in eine große Isoliertheit vor Gott gestellt. Die Beziehungen zwischen Gott und Mensch wurden dadurch auf eine sehr schmale Basis gestellt. Der geistige Jahweglaube, der wahrscheinlich in gewissen Weisheitskreisen bes. heimisch war, war in einer ganz neuen Weise ungeschützt, spröde, verwundbar. Wo das Wissen um Jahwes Wirken in der Geschichte nicht mehr lebendig ist, tritt die Gefahr einer gewissen religiösen Distanz zwischen Gott und dem einzelnen immer deutlicher hervor. Wo Jahwe dem Menschen ferngerückt ist und sein Walten als so verborgen aufgefaßt wird, daß man mit ihm in keinen Kontakt kommen kann, da ist der Zweifel nahe. In der besonderen Form der at. → Weisheit, die im → Predigerbuch vorliegt, finden wir die spezifisch israelitische Skepsis konsequent und grundsätzlich ausgesprochen. Nicht Jahwes Existenz und Macht wird hier in Frage gestellt, aber an seinem heilsamen und außerordentlichen Eingreifen in die Geschichte oder in das Leben des einzelnen wird gezweifelt.

M. Löhr, Sozialismus u. Individualismus im AT (BZAW 10), 1906 - J. Hempel, Gott u. Mensch im AT. Studie zur Gesch. der Frömmigkeit (BWANT III, 2), (1926) 1936² - Ders., Das Ethos des AT (BZAW 67), 1938 - J. Pedersen, Israel, its Life and Culture I-IV, Kopenhagen u. London 1926-40 - H.W. Robinson, The Hebrew Conception of Corporate Personality (Werden u. Wesen des AT [BZAW 66], 1936, 49-62) - A. Causse, Du groupe ethnique à la communauté. Le problème sociologique de la religion d'Israël (Études d'histoire et de philosophie religieuses 33), Paris 1937 - L. Rost, Die Vorstufen von Kirche u. Synagoge im AT. Eine wortgeschichtl. Unters. (BWANT IV, 24), 1938 - W. Eichrodt, TheolAT III, 1939 - Ders., Das Menschenverständnis des AT, Basel (1944) 1947² - Ders., Krisis der Gemeinschaft (Basler Universitätsreden 33), Basel 1953 - W. Zimmerli, Das Menschenbild des AT (ThEx NF 14), 1949 - A.R. Johnson, The Vitality of the Individual in the Thought of Ancient Israel, Cardiff 1949 - C. Ryder Smith, The Bible Doctrine of Man, London 1951 - J. de Fraine, Individu et société dans la religion de l'AT (Bibl 33, 1952, 324-355. 445-475) - L. Köhler, Der hebr. Mensch. Eine Skizze. Mit einem Anhang: Die hebr. Rechtsgemeinde, 1953 - F. Spadafora, Collettivismo e Individualismo nel Vecchio Testamento (Quaderni Esegetici 2), 1953 - E. Wright, The Biblical Doctrine of Man in Society (Ecumenical Biblical Studies 2), 1954 - H.H. Rowley, Individual and Community in the OT (ThToday 1955/56, H. 4) - M. Noth, Ges. Studien zum AT (ThB 6), 1957 - G.v. Rad, TheolAT I, 1957 - Th.C. Vriezen, TheolAT in Grundzügen, 1957.

G. Gerleman

III. Im NT

Die Frage nach G. und Individuum kann erst in einer soziologisch faßbaren Gruppe aufkommen. So gesehen scheinen die nt. Erzählungen von der urchristlichen Güter-G. und der Sünde von Ananias und Sapphira hierher zu gehören. Aber Apg 2, 42-47 zeichnet ein Idealbild der eschatologischen Gemeinde, und Apg 5, 1-11 zeichnet den Idealfall der Bestrafung der Sünde wider den hl. Geist. Eher tritt ein soziologisches Problem dieser Art am Rande des NT hervor, als die Kämpfe um das führende → Amt (: II) in der Gemeinde unvermeidlich geworden waren. Aber noch die doch wohl das monarchische Bischofsamt begünstigenden Past verstehen den leitenden Mann weniger unter einem soziologischen als unter einem charismatischen Gesichtspunkt: der Bischof soll die vor allem von der Häresie drohende Unordnung fernhalten, indem er der apostolischen Lehrtradition die Treue hält und Respekt verschafft. Das Individuum ist hier also der Häretiker.

Dennoch zeigt sich in anderer Weise im NT ein soziologisch beachtliches Gefälle, das zu unsrer Frage zurückzuführen scheint. Wie es höhere, weil der → Erbauung der Gemeinde selbst dienende, und diesen nachgestellte, nämlich dem einzelnen zugute kommende, weniger hohe Charismen gibt (1Kor 12, 28-31), so gibt es auch einen Rangunterschied zwischen »geistlichen« und anderen Gütern, wie Röm 15, 27 zeigt: die heidnischen Empfänger der von der Urgemeinde ausgegangenen geistlichen Gaben schulden ihr dafür materielle Unterstützung. Obwohl sich der Sinn der »Kollekte« des Paulus darin noch nicht erschöpft, ist es doch bezeichnend, daß auf diese Weise unbedenklich materielle Gemeindeverpflichtungen abverlangt und erfüllt werden. An diesem Punkt scheint sich der in den Past gültige Aspekt umzukehren, weil jetzt der die Verpflichtung geltend machende Apostel den die materielle Forderung erfüllenden Gemeinden wie auch der Empfängerin als der einzelne gegenübersteht. Die G. der Glaubenden ist in der Tat auch sonst merkwürdig materiell gebunden. Wie die Kollekte des Paulus einfach Gemeinschaftshilfe ist (Röm 15, 26), so soll man sich auch untereinander in der Gemeinde Hilfe gewähren (Hebr 13, 16; Röm 12, 13) und überhaupt fröhlich geben (2Kor 9, 7. 13; 8, 4), weil das der Geist (Phil 2, 1) des Glaubens (Phlm 6) und der Liebe verlangt (2Kor 13, 13). Die G. (1Kor 12, 12ff) besteht ja auf Grund des → Blutes Christi (: I) in der Einheit seines Leibes (1Kor 10, 16f); sie verwirklicht sich als Teilhabe an Christi Leiden (Phil 3, 10), also letztlich in der *Preisgabe* der sonst weltgebundenen Existenz (1Petr 4, 12f), wie sie das Vorbild Christi gebietet (1Petr 2, 21). Die Güter dieser Welt rücken mit unsrer Leiblichkeit sozusagen auf einen Punkt zusammen. Denn wie unser alter Leib mit einem neuen, herrlicheren Leibe vertauscht werden soll, so sind die innerweltlichen Güter überhaupt austauschbar geworden, so daß gerade die innerweltlichen Bindungen die dem Glauben geschenkte → Freiheit (: I) mitmachen müssen (1Kor 7, 29-31). Wie der Apostel den Gemeinden, so steht der einzelne Christ der Welt gegenüber, indem der Christ an der Welt ihren Charakter als Gottes Schöpfung bewährt, der Apostel von den Gemeinden deren Charakter als Gottes Volk oder Christi Eigentum unter Beweis gestellt sehen will. Die G. zeigt sich also an ihren materiellen Bezügen, der einzelne in dem Maß oder der Kraft seines Glaubens.

Aber die innerweltliche Bindung steckt auch im einzelnen selber. Er macht ja in seiner leiblich-weltlichen Existenz eine Geschichte mit, die nur ihn allein angeht, wie ihm sein → Gewissen zeigt. Das Gewissen sagt jedem einzelnen, wie er sich zu sich selbst verhalten hat (Röm 2, 14f). Dementsprechend mutet Paulus den Korinthern zu, daß sie ihn ihrerseits als einzelnen verstehen müssen, wenn sie nur beim Urteil über ihn ihr eigenes Gewissen befragen (2Kor 4, 2; vgl. mit 5, 11). Der → Glaube (: III) geht mit dem Gewissen, weil er von sich selber her weiß, was dem Andern als Glaube zumutbar und was ihm nicht zumutbar ist, wenn der Glaube nicht mitmachen kann (Röm 14, 22f; 1Kor 8 und 10). Von da aus wird das »gute« Gewissen gerade für die Glaubenden zur Norm ihres Verhaltens werden (1Tim 1, 5. 19 usw). Der Glaubende hat seine Freiheit materiell für die G. zu bewähren, aber er darf das ihm persönlich Mögliche nicht überrennen. Daraus entstehen zwei Probleme.

1. Die christliche G. darf sich weder in die Zustimmung bloß zur Tradition noch in einen Individualismus der privaten Frömmigkeit verlieren. Es gilt deshalb, die G. untereinander dadurch zu bewähren, daß alle das gleiche Wort zu bezeugen vermögen (1Joh 1, 1-4). Aber das können sie nur, wenn sie sich in ihrem Wandel durch das Jesus verkündigende Wort bestimmen lassen (1Joh 1, 6). Tun sie das, so stehen sie zugleich gegen sich selbst und bekennen sich miteinander als sündig (1Joh 1, 8). Der Glaubende gibt zu, daß er die Verkündigung nötig hatte (1Joh 1, 10). Aber wie ist die G. denn materiell durchführbar, wenn Sündenbekenntnis und guter Wandel einander die Waage halten müssen, der Glaube also Glaube bleiben und nicht zum Schauen werden soll?

2. Die christliche G. ist materiell offenbar nur so durchführbar, daß sich die Weisheit des Glaubens, durch das Gewissen belehrt, dazu entschließt, die Notwendigkeit des → *Gesetzes* (: IV) nicht nur um der Erkenntnis der Sünde willen, sondern auch um der besseren Durchführung der G. willen anzuerkennen (1Kor 7, 19). Deshalb beugt sich der Glaube auch unter die Obrigkeit und betet für sie. Das heißt aber, daß der Glaube bewußt darauf verzichtet, die G. der Glaubenden innerweltlich vollständig zu machen. Die Gemeinde bleibt eschatologisch, indem sie auch den Austausch zwischen ihren Gliedern von dem unsre Existenz selbst verwandelnden Handeln Gottes abhängig bleiben läßt. Daß der sündige Mensch um Jesu willen zum Glauben kommen kann, ist nur ein Anfang des einst alles in sich einbeziehenden göttlichen Handelns. Daraus wird in dem Augenblick, in welchem Christen auch das weltliche Regiment übernehmen sollen, die Frage entstehen, was dem Gewissen überlassen sein und was dem Gesetz überantwortet werden soll. Die ersten Anfänge der Gemeindedisziplin (vgl. etwa 1Kor 5 und 6) fassen dieses Problem noch nicht ins Auge, und die Past begnügen sich mit derjenigen Lösung, die der unter den Druck des heidnischen Staates geratenen Gemeinde gerade noch möglich war - mit dem Rekurs auf den moralischen Anspruch, wie ihn das bürgerliche Leben im Rechtsstaat geltend macht. Die Frage nach G. und Individuum enthüllt sich so vom NT her als die Frage nach den Beziehungen zwischen dem Glauben und dem Recht (Mk 12, 17 par).

Vgl. außer den Lehrbüchern der TheolNT u. der Lit. zu → Freiheit: I: R.Bultmann, Jesus, (1926) 1951, 80f. 92ff - A.N.Wilder, Eschatology and Ethics in the Teaching of Jesus, (1939) 1950² - L.H. Marshall, The Challenge of NT Ethics, 1947 - C.H.Dodd, Gospel and Law, 1951 - E.Fuchs, Was ist Theol.? (SgV 203/4), 1953, 40f - M.Dibelius-H.Conzelmann, Die Past (HNT 13), 1955³, passim - E.Haenchen, Die Apg (MeyerK III¹⁰), 1956, 195 ff. *E.Fuchs*

IV. Im Christentum

1. Begrifflich - 2. Im röm. Katholizismus - 3. Im ev. Christentum

1. G. nennt man gewöhnlich den Inbegriff sozialer Lebensformen, die zum Unterschied von → Gesellschaft und → Masse von einer inneren seelischen Verbundenheit der Gruppenmitglieder gekennzeichnet ist. Im folgenden wird aber das Wort G. ganz allgemein für soziale Relationen überhaupt gebraucht und der Versuch gemacht darzutun, wie diese Relationen nach verschiedenen religiösen Grundanschauungen oder Grunderlebnissen verschieden geformt werden.

2. Im großen gesehen finden sich im Christentum vornehmlich zwei - zwar nicht ganz gegensätzliche, aber doch sehr abweichende - Ausprägungen des G.sgedankens, die evangelische und die römisch-katholische.

Bezeichnend für die *röm.-kath.* Grundanschauung ist, daß sie die Lebensfragen des Menschen unter den Gesichtspunkt des *Wertes* stellt (→ Wertethik). Alles Streben des Menschen ist ein Suchen nach den ihm zukommenden Werten. Gott selbst wird in das Gebiet der Werte eingeführt und als deren höchster (→ Höchstes Gut) aufgefaßt, der vor nichts anderem zurückgestellt werden darf. Wenn auch die → Sünde eine Verkehrung der richtigen Wertordnung bedeutet, so daß der Mensch nicht mehr den für ihn höheren Wert dem geringeren vorzieht, so ist doch alles Suchen nach Werten letztlich ein Suchen nach Gott (bes. deutlich bei → Augustin).

Inwiefern ist nun der Mensch in seinem Wertstreben auf seine Mitmenschen, auf die G., angewiesen? Hier können wir eine Distinktion von → Thomas von Aquino auswerten. Dieser unterscheidet zwei verschiedene Wertarten, bona privata und bona communia. Ein bonum privatum ist ein Wert, der sich primär auf ein Individuum bezieht, an dem also der einzelne ohne jede G.sbezogenheit teilhaben kann. Werte dieser Art sind zB leibliche Gesundheit oder köstliche Speise. Ein bonum commune dagegen ist ein Wert, der primär einer G. irgendeiner Art angehört und an dem der einzelne nur teilhaben kann, insofern er mit dieser G. verbunden ist. Als Beispiele nennt Thomas die Werte, die einem Soldaten zukommen, sofern er Glied des Heeres, oder einem Bürger, sofern er Glied des Staates ist. Militärische Triumphe, nationale Symbole und Traditionen usw sind ja Werte, die keinen Sinn für den einzelnen als solchen haben, sondern nur insofern, als er sich als Glied einer Communio erkennt. Man könnte darum Werte dieser Art Communiowerte nennen im Unterschied zu Individualwerten, die schon für das isolierte Individuum einen Sinn haben.

Ehe wir diese Distinktion zur Klärung des kath. G.sdenkens weiter auswerten können, müssen wir eine prinzipielle Verschiedenheit in der Struktur des Werterlebnisses, die zuletzt auf → Plato und → Aristoteles zurückgeführt werden kann, in Betracht ziehen (→ Wertphilosophie). Nach Plato befinden sich die eigentlichen Werte außerhalb des Menschen, in der Ideenwelt. Das Streben nach diesen Werten bekommt dadurch eine Prägung von Hingabe, die bis zur Selbstpreisgabe gesteigert werden kann. Nach Aristoteles dagegen sind die Werte Bestandteile der eigenen Person des Wertstrebenden. Das für den Menschen Wertvolle besteht in der Aktualisierung seiner Potenzen, also etwa in der Entfaltung seiner Anlagen. Alle außerhalb des Menschen befindlichen - subjekttranszendenten - Werte sind nur Dienstwerte, Mittel zu dem subjektimmanenten Zweck. Das Wertstreben eines Menschen bekommt damit eine Prägung von Behauptung oder Vervollkommnung der eigenen Person.

Man könnte nun meinen, diese letztgenannte Art von Wertstreben müsse eine egoistisch-individualistische Haltung ohne tiefere G.sbezogenheit zur Folge haben. Das ist aber nicht der Fall und wird durch den Gedanken verhindert, daß der Mensch nicht ein selbstgenügsames, autarkes Wesen ist, sondern ein Wesen, das gemäß seiner Natur den Teil eines Größeren ausmacht. Dies ist der Sinn der von Thomas aufgenommenen aristotelischen Aussage, wonach der Mensch ein ζῷον πολιτικόν, ein animal politicum, ein Gesellschaftswesen ist. Man muß beachten, daß es sich hier nicht nur um eine Hilfsbedürftigkeit des einzelnen handelt, die ihn auf die anderen anweist. Die G. ist nicht nur Produzent einer Summe von Individualwerten, sondern Subjekt eines Wertes sui generis, eines Communiowertes. Das alte Gleichnis vom Körper und seinen Gliedern könnte ja sonst so gedeutet werden, als ob es sich nur um eine gegenseitige Hilfsbereitschaft handle. Das wäre aber ganz individualistisch gedacht und entspräche nicht dem Gedanken, der im aristotelisch-thomistischen »animal politicum« liegt, nämlich daß der einzelne wesensgemäß Teil einer Ganzheit ist, die nicht in die Summe ihrer Teile aufgeht, sondern eine neue Wesens- und Wertstruktur bildet. Dies bedeutet doch weder bei Aristoteles noch bei Thomas, daß die Ganzheit eine neue Person mit einem besonderen überindividuellen Bewußtsein ausmacht, wie es in der Zuspitzung dieser Gedankengänge in den organischen Gesellschaftstheorien der Romantik der Fall ist. Es bedeutet aber, daß die G. dem einzelnen wie das Ganze dem Teil übergeordnet ist. Wenn darum die Existenz der G. bedroht wird, muß der einzelne sein Leben dafür opfern in derselben Weise wie – mit einem thomistischen Vergleich – die Hand den tödlichen Hieb gegen den Körper abwehrt, auch wenn sie selbst verletzt oder gar abgehauen werden sollte. Die Realisierung des Individualwertes muß hinter der des Communiowertes zurückstehen. Denn »das allgemeine Wohl ist besser als das private Wohl eines einzelnen«, wie Thomas stets einschärft.

Wird aber dann nicht der einzelne völlig den übergeordneten Ganzheiten ausgeliefert? Der Staat zB könnte ja immer behaupten, daß seine Werte als Communiowerte wichtiger seien als alle Werte der Individuen. Wird dies nicht in eine Allmacht des Staates ausmünden?

Nun sind es aber nach thomistischer Betrachtung erstens nur die *rechtmäßigen* Communiowerte, die einen Vorrang vor den Individualwerten haben – die unrechtmäßigen sind ja überhaupt keine echten Werte. Zweitens aber, und das ist hier das prinzipiell Wichtige: Ein Communiowert ist einem Individualwert nur dann übergeordnet, wenn beide von derselben Art (eiusdem generis) sind. Es kann aber nicht verlangt werden, daß der einzelne für ein materielles bonum commune sein geistiges bonum privatum aufopfere. So könnte man zB nicht fordern, jemand solle die Jungfräulichkeit für die Ehe aufgeben, mit der Begründung, jene diene nur dem Besten des einzelnen, diese aber dem Besten der ganzen Gesellschaft. Denn es sind ja hier Werte verschiedenen Ranges: geistige und materielle. Der wichtigste hier in Betracht kommende Artunterschied der Werte ist der zwischen natürlich und übernatürlich. Die nur natürlichen Werte des Staates dürfen nicht den übernatürlichen Werten der Kirche vorangestellt werden.

Ist aber nun die übernatürliche Seligkeit, die in der Kirche realisiert wird, als ein bonum commune zu betrachten? Und ist vielleicht der alte Satz »extra ecclesiam nulla salus« thomistisch so zu interpretieren, daß die Kirche das primäre Subjekt für den Seligkeitswert darstellt, an dem der einzelne nur dann teilhaben kann, wenn er Glied dieser Kirche ist? Kath. Theologen neigen oft dazu, die Sache so zu sehen. Man hat zB auf die thomistische Auffassung von dem sakramentalen Charakter hingewiesen (→ Sakrament: I) und in dieser ein gliedschaffendes Prinzip sehen wollen, das der sonst individualistischen Bestimmung des Seligkeitszieles entgegenwirkt. Unbestreitbar richtig ist zwar, daß der sakramentale Charakter die Individuen aufeinander bezieht. Aber diese Bezogenheit ist nicht eine derartige, die das Verhältnis Teil-Ganzheit kennzeichnet. Der sakramentale Charakter ist nach Thomas »eine gewisse Teilhabe an dem priesterlichen Amt Christi«, dh ein Vermögen (potentia), die von Christus ausgehenden Kräfte entweder zu empfangen (potentia passiva) oder zu vermitteln (potentia activa). Jene bekommt der Mensch durch die Taufe, diese durch die Priesterweihe. Die Beziehungen, die hier zwischen den Gliedern der Kirche errichtet werden, sind also nur instrumental und konstituieren kein Teil-Ganzheitsverhältnis. Einer ist auf die anderen angewiesen, nicht um zusammen mit diesen eine Ganzheit zu bilden, sondern nur um das zu erhalten, was er sich selbst nicht verschaffen kann.

Zur Bestimmung der übernatürlichen Seligkeit als eines Communiowertes führt auch nicht der thomistische Gedanke, daß die Seligkeit, wie sie in Christus existiert, sich nicht in dem einzelnen Christen, sondern nur in der ganzen Kirche vollkommen manifestiert. Einen Communiowert kann nämlich der einzelne als solcher nicht mehr oder weniger vollkommen besitzen – in seiner Isoliertheit besitzt er ihn überhaupt nicht. So ist zB eine einzelne Linie kein unvollkommenes Dreieck, sie ist vielmehr gar kein Dreieck. Die Seligkeit ist nach Thomas im Prinzip ein Individualwert. Es ist nur so, daß die verschiedenen individuellen Seligkeitswerte erst zusammen alle Seiten der vollkommenen Seligkeit wiedergeben, wie die Schönheit in allen Werken der Kunst zum volleren Ausdruck kommt als in einem einzigen.

Einheit unter den Menschen entsteht aber nach thomistischer Anschauung nicht nur dadurch, daß die einzelnen eine Ganzheit bilden, sondern auch auf andere Weise, vor allem durch *Gleichheit*. Ein Mensch ist dem anderen in der menschlichen Wesensform gleich und ist in dieser mit ihm eins. Alle Einheit ist mit Liebe verbunden. Ebensowenig wie jemand aufhören kann, sich selbst zu lieben, sagt Thomas, ebensowenig kann er aufhören, den zu lieben, der mit ihm eins ist. Am nächsten in dieser Einheit stehen die Anverwandten, am fernsten die Feinde. Da aber auch diese trotz ihrer Bosheit nicht aufhören Menschen zu sein, besteht immerfort die Gleichheit und damit die Einheit, weshalb man sie insofern zu lieben hat.

Die auf der Grundlage der Einheit durch Gleichheit entstehende G. hat aber eine ganz andere Struktur als die auf dem Verhältnis von Teil-Ganzheit ruhende. In dieser liebt der einzelne natur- und pflichtgemäß das Ganze mehr als sich selbst und hat dafür seine eigene Existenz zu opfern. In jener bilden aber die durch Gleichheit Verbundenen kein übergeordnetes Subjekt für die betreffenden Werte, sondern der einzelne kann an ihnen unabhängig von der G. teilhaben. Darum verstößt der Mensch gegen die rechte Liebesordnung (ordo caritatis), wenn er hier die anderen lieben sollte wie sich selbst und die Realisierung seiner eigenen Werte preisgäbe für die seines Nächsten. Der subjektimmanente Ausgangspunkt in der Wertanschauung wird also hier konsequent festgehalten: Ein jeder strebt danach, zuerst seine eigene Existenz zu behalten und seine eigene Vollkommenheit zu verwirklichen. Die Überordnung der eigenen Werte über fremde Werte gilt aber – wie die Überordnung der Communiowerte über Individualwerte – nur von Werten desselben Ranges (eiusdem generis). Wer zB seine eigene Seligkeit für die seines Nächsten opfern wollte, der würde die Liebesordnung verletzen. Wer dagegen sein materielles Gut für das geistige Gut des Mitmenschen opfert, der tut ein gutes Werk.

Wenn statt der Subjektimmanenz die Subjekttranszendenz in der Wertauffassung vorherrscht, werden auch die G.sbindungen in vielem anders strukturiert. Augustin zB, der sehr deutlich von der platonischen Werttranszendenz beeinflußt ist, gründet die G.sbeziehungen zum Teil auf seine wichtige Distinktion zwischen *usus*, »Nutzen«, dh ein Streben, das auf Mittel- oder Dienstwerte gerichtet ist, und *fruitio*, »Genießen«, das nur auf den höchsten Wert, das summum bonum oder Gott gerichtet werden darf (→ Höchstes Gut). Der Mensch kann aber das höchste Gut nicht direkt und unvermittelt erlangen, sondern muß die Geschöpfe ausnützen als Wege und Beförderungsmittel. Zu diesen gehören auch die Mitmenschen, die folglich geliebt werden müssen, aber geliebt mit der Usus-Liebe, dh gewertet als Mittel, nicht als Ziel. Der Mensch, der geliebt wird, soll den Liebenden von sich zu Gott hinweisen. Die G. unter den

Menschen ist also hier eine instrumentale: sie hat Bedeutung als Weg zum Ziel.

Augustin kann Gott als summum bonum auch als commune bonum bezeichnen. Damit ist aber nicht gemeint, daß Gott ein Communiowert sei, sondern nur ein für alle gemeinsamer Wert. Wenn der Mensch Gott nicht als bonum commune, sondern als bonum privatum sucht, dh als einen Wert, den er nicht mit den anderen teilen will, dann erhebt er sein eigenes Selbst über seine Mitmenschen und ist folglich von der Grundsünde des Hochmuts (superbia) beherrscht. Er hat seine eigene Person und ihre excellentia an den Platz Gottes als letztes Ziel des Wertstrebens gerückt. Wenn die superbia ausgetilgt und Gott rechtmäßig geliebt wird, dann kommt der Mensch auch in die rechte G. mit seinen Mitmenschen, indem er diese nicht länger beneidet, sondern sich mit ihnen im einträchtigen Genießen des höchsten Gutes zusammenfindet.

3. Während der Wechsel von Subjektimmanenz zu Subjekttranszendenz im röm. Katholizismus eine gewisse Modifikation der G.sstruktur verursacht, wird diese Struktur durch die Veränderung der Grundanschauung selber im *ev. Christentum* radikal umgestaltet. Die Lebensfrage ist hier nicht unter den Aspekt des *Wertes*, sondern unter den des *Wortes* gestellt. Gott wird nicht als der Gott des Wertes, als der Höhepunkt der Wertstufe, als die Quintessenz aller denkbaren Wertfülle erlebt, sondern als der Gott des Wortes, der dem Menschen begegnet in Zorn oder Liebe, im Gesetz oder Evangelium (→ Wort Gottes: IV). Der unter Gottes Zorn und Liebe stehende Mensch befindet sich in einer anderen Lebenslage als der Mensch, der auf seinen höchsten Wert gerichtet ist. Jener lebt ganz von Gott her, dieser von sich aus – auch wenn dieses Von-sich-aus-leben zur Preisgabe des eigenen Selbst (zB in der sog. uninteressierten Liebe) führen sollte. (Wie der Versuch der kath. Theologie, das Von-sich-aus des Menschen aus einem Von-Gott-her metaphysisch herzuleiten, doch in existentieller Hinsicht nichts verändert, muß hier unausgeführt bleiben.) Jener lebt vom → Glauben (: V) allein, sola fide, dieser von einem Glauben, der nur als Vorbereitung der richtigen Werteinstellung dient, fide caritate formata. Jener lebt unter dem paradoxen Gegensatz von Zorn und Liebe, → Gesetz (: VI) und Evangelium, dieser unter dem nur relativen Gegensatz zwischen Wertnähe und Wertdistanz.

Nur unter Beachtung dieser Verschiebung der höchsten Kategorie des religiösen Lebens – von Wert zu Wort – ist der Unterschied zwischen röm.-kath. und ev. G.sdenken zu verstehen. Die Hauptfrage ist nicht mehr, wie der Mensch sich zu den Mitmenschen verhalten soll, um die Werte, und bes. den höchsten von diesen, zu erreichen. Die entscheidende Frage ist vielmehr, in welche Stellung zu seinen Mitmenschen er im Hören und Glauben des Wortes gebracht wird.

In seinem Wort begegnet Gott dem Menschen als der ihn ganz richtende und ihm ganz verzeihende. Was der Christ im Verhältnis zu Gott erlebt, wird für sein Verhältnis zu den Mitmenschen bestimmend. Da er selbst gerichtet worden ist, gebührt es ihm nicht, andere zu richten; da ihm selbst verziehen worden ist, muß er auch seinerseits verzeihen. Unter Gottes → Gericht (: IV) und → Gnade (: V) kann der Mensch nicht mehr auf sein Recht pochen, sondern nur alles tragen, dulden und vergeben. Diese grenzenlose → Liebe (: IV), die von seiten des Gläubigen alle Beziehungen zum Mitmenschen bestimmt, ist eine Konsequenz – obschon keine rein logische – aus der göttlichen Liebe: wer von Gott geliebt ist, muß selbst lieben. Wenn der Mensch seine Stellung zu Gott erwöge, würde auch die ihm gebührende Stellung zu seinen Mitmenschen von selbst eintreten (vgl. Mt 18, 32).

Diese ganz schlichten, mit der allumfassenden göttlichen Gnade zusammenhängenden Gedanken des NT werden von den Reformatoren, bes. von → Luther wieder lebendig gemacht. Darum nimmt man auch die Worte der Bergpredigt vom Darbieten der anderen Backe und vom Nicht-widerstehen des Übels ganz ernst. So kann Luther es als seine hervorragendste Tat bezeichnen, daß er eine Antwort gefunden habe auf die Frage, wie diese auf der grenzenlose Liebe ruhende G. mit den von Härte, Gesetz und Strafe geprägten Ordnungen der Welt vereinbar sei. Diese Frage kann nicht nur mit einem Hinweis auf Gottes Gesetz erledigt werden. Denn der vom Gesetz Verurteilte – und das ist erst recht der Gläubige – ist nicht geschickt, das Gesetz zu handhaben. Luther löst die Frage mit seiner Lehre von den beiden → Regimenten, wo er zwei verschiedene Rollen oder Handlungssituationen auseinanderhält. In gewissen Situationen steht nur das eigene Wohl des Christen auf dem Spiele, und dieser muß dann als »Christperson« sein Recht aufgeben, wie Gott selbst ihm gegenüber sein Recht aufgegeben hat. In anderen Fällen ist aber das Wohl anderer Menschen gefährdet, und der Christ hat dann von seiner persönlichen Unwürde abzusehen und im Namen Gottes, dh nur als dessen Werkzeug, als »Amtsperson«, die Rechte des Mitmenschen zu verteidigen und die Übeltäter zu strafen. Das Aufgeben des eigenen Rechtes und die Verteidigung des Rechtes der anderen können mit der einheitlichen Gesinnung der Liebe gut zusammenstehen. Es wird also hier nicht eine Doppelethik proklamiert, denn es bedeutet keine prinzipielle Doppelheit, daß verschiedene Situationen verschiedene Handlungen fordern.

Eine wichtige Frage ist, ob das Wort Gottes den Menschen als Individuum oder als Glied eines Ganzen trifft. Wie es gewisse moderne kath. Theologen gibt, die geneigt sind, den höchsten Wert als Communiowert aufzufassen, so gibt es auch moderne ev. Theologen, die das Wort Gottes als Communiowort verstehen wollen. Das Wort sollte dann primär an die Kirche, an das Volk Gottes als Ganzheit gerichtet sein und an den einzelnen nur, sofern er der Ganzheit angehört. Diese Anschauung dürfte allerdings sehr fraglich sein. Wenn – bes. in gewissen Perioden des Protestantismus, zB in der → Orthodoxie – der Kirche eine zentrale Stellung im Heilsgeschehen zuerkannt wird, so erklärt sich dies nicht daraus, daß das Wort an die Kirche als solche gerichtet ist, sondern daraus, daß das Wort durch die Funktionen der kirchlichen Ämter vermittelt oder übertragen wird. (Hier also eine Parallele zur thomistischen Anschauung vom sakramentalen Charakter, der auch nur eine Vermittlungs- oder Übertragungsfunktion hat, aber keinen Communiowert entstehen läßt.)

Verschiedene Tendenzen in der Auffassung von dem Verhältnis des einzelnen zur G., bes. zur Kirchen-G., rühren u.a. von verschiedenen Auffassungen von der Vermittlung oder Übertragung des Wortes her. Das Wort kann so stark an das kirchliche → Amt oder an den Buchstaben der Bibel (→ Biblizismus) gebunden werden, daß dem freien Walten des Geistes im Innern des einzelnen kein Raum bleibt, oder es kann umgekehrt (bei den → Spiritualisten) das nur im Inneren vernehmbare Wort des Geistes jede Bindung an das äußere auflösen. Für die Reformatoren dürfte zwischen dem Walten des Geistes in Kirche und Bibel einerseits, im Gewissen des einzelnen andererseits kein Gegensatz vorliegen. Wenn ein solcher einträte, wäre es ein Zeichen dafür, daß entweder die Kirche korrumpiert und die Bibel mißverstanden oder auch das Gewissen des einzelnen irregeleitet ist.

Daß die G. ihre höchste Normierung nicht vom Wert, sondern vom Wort erhält, bedeutet nicht eine Ausmusterung aller Wertgemeinschaften. Diese müssen nur den Forderungen des Wortes unterstellt werden. Wenn es so geschieht, können gewisse Momente des kath. G.sdenkens angenommen werden, um die G.sstruktur auch nach ev. Sicht klarzumachen.

F. Tönnies, G. u. Gesellschaft, (1887) 1953[8] - Th. Litt, Individuum u. G., (1919) 1926[3] - H. Hoffmann, Relig. Individualismus u. relig. G. im Christentum, 1928 - E. Kurz, Individuum u. G. beim hl. Thomas v. Aquin, 1932 - R. Linhardt, Die Sozialprinzipien des hl. Thomas v. Aquin, 1932 - F. Hofmann, Der Kirchenbegriff des hl. Augustinus, 1933 - W. Betcke, Luthers Sozialethik, 1934 - H. Olsson, Grundproblemet i Luthers socialetik, Lund 1934 - J. Burnaby, Amor Dei, London 1938 - C. H. Miron, The Problem of Altruism in the Philosophy of Saint Thomas, Washington 1939 - M. B. Koster, Ekklesiologie im Werden, 1940 - R. Johannesson, Person och gemenskap enligt luthersk och romerskkatolsk grundåskådning, Stockholm 1947 - W. Steinberg, Der Einzelne u. die G., 1951 - Elert, ML II - G. Hillerdal, Gehorsam gegen Gott u. Menschen, 1955.

R. Johannesson

Gemeinschaften, *religionsgeschichtlich*

1. Religionssoziologische Typen - 2. Strukturiertheit religiöser Haltungen - 3. Subsumierung religionsbezogener Gebilde unter religionssoziologische Typen

1. Religiöses Leben hat sich zu allen Zeiten mehr oder minder stark innerhalb von Gruppengebilden abgespielt, auch dasjenige des sich aus einer Gruppe lösenden Eremiten. Klassifiziert man die Gruppen, welche religionsorientiert sind und religiöse Funktionen ausüben, so findet man folgende: a) Unkomplizierte Gebilde, die sozusagen alle Funktionen ausüben - religiöse wie nichtreligiöse -, welche in komplizierteren Zivilisationen von mehreren Gebilden ausgeübt werden. b) Verbände, welche in traditioneller Wertlegung auf existierende oder geglaubte Blutsverwandtschaft verankert sind, zB Clan, Sippe (→ Stamm und Sippe) und Kleinfamilie. c) Gruppen, deren Religion als die Ausdrucksform eines besonderen, von den Nachbarn verschiedenen Volkstums aufgefaßt wird (→ Rasse: II). d) Gemeinschaften von Führern und Jüngern (→ Jüngerschaft), die an sie glauben. e) → Kirchen (: I) mit relativ großer Mitgliedschaft, Institutionalisiertheit und Selbständigkeit anderen Gebilden gegenüber. f) → Sekten mit verhältnismäßig geringer Mitgliederzahl und der Überzeugung, als vermeintliche Elite allein Wahrheit und rechten Weg zu kennen, und zwar oft im Kontrast zur Kultur der Umwelt. g) Kulte mit Geheimlehren und geistesaristokratischen Mitgliedern, welche oft der Umweltkultur, an der sie früher teilgehabt hatten, überdrüssig wurden (vgl. → Geheimbünde, → Gnosis, → Mysterien). h) Klubs geistesaristokratischer Intellektueller, die an der Grenze von Religion und Skepsis (→ Skeptizismus) stehen. i) Spezielle Verbände innerhalb von umfassenderen, zB Gemeinde, Priesterstand (→ Priestertum), Mystiker- und Asketengruppen, bes. in Form von → Klöstern mit kontemplativ lebenden bzw. pastorierenden Mönchen (→ Mönchtum: I). k) Föderationen von Kirchen oder Sekten, die vorher mehr oder minder selbständig waren.

2. Die nichtchristlichen religiösen Haltungen können je nach ihrer verschiedenen religionssoziologischen Strukturiertheit charakterisiert werden. In schriftlosen Kulturen übt die Gruppe insbesondere als Horde, deren Mitglieder sich blutsverwandt fühlen, sämtliche, auch religiöse Funktionen aus. Altamerikanisch-indianische Kulturen zeigen bei den Inkas weitgehende Einheit von Staat und Kirche (→ Peru), bei den Mayas organisiertes Priestertum (→ Mexiko: I). Der chinesische Konfuzianismus (→ China: II, 2b) legt als Staatsangelegenheit auf Ordnung, Tradition und Autorität Gewicht, und zwar auch innerhalb der Familie als einer Stelle der Religionspflege. Der inoffizielle → Taoismus ist Sekte und zieht mit seinem Klosterwesen die vermeintlichen Elitemenschen aus den Familienzusammenhängen heraus. Der japanische → Shintoismus ist feudal und dementsprechend auch religiös familienbejahend. Die indische Welt bejaht → Kontemplation, → Mystik (: II) und → Askese (: I). Von daher erklärt sich die in vor- und nachbuddhistischer Epoche neben Priesterkasten (→ Kaste: I), insbesondere aber in → Jinismus und → Buddhismus übliche Herauslösung aus der Familie sowie die Verknüpftheit von Führern und Jüngern. Mystiker- und Asketenklöster finden sich auch außerhalb Indiens im Hînayâna- und Mahâyânasystem, doch nimmt letzteres in China als geduldete Religion Züge der Sekte an. In den politischen Machtgebilden → Babylonien, Assyrien und Persien (→ Iran) herrscht das bürokratische Element auch in Gestalt organisierten Priestertums vor bei geringerer Bedeutung von Familie, Jüngerschaft und Asketengruppe. → Ägypten dagegen weist bei geringerer Zentralisierung auch Spezialkulte wie denjenigen des Osiris (→ Isis) auf. Die zahlreichen, nebeneinander existierenden griechischen Stadtstaaten entwickeln keine zentralisierte dominierende Orthodoxie und ermöglichen mit hierdurch dionysisches (→ Dionysos) und eleusinisches Sektentum, orphische Kulte (→ Orpheus) sowie die geistesaristokratischen Klubs der Kyrenaiker, Kyniker, Epikureer (→ Epikur) und Stoiker (→ Stoa). Analoges gilt vom späteren Römertum. Letzteres hatte als ursprüngliche Bauernreligion der → Familie (: I) eine wichtige Funktion in Gestalt der Hausfrömmigkeit zugesprochen, später aber neben der offiziellen Staatsreligion neupythagoreische (→ Neupythagoreer) und neuplatonische (→ Neuplatonismus) Kulte entwickelt, während der Versuch, aus letzterem eine Staatskirche zu bilden, fehlschlug. Das → Judentum zeigt ursprünglich eine Einheit von Volk und Religion nebst patriarchalischer Religionspflege in der Familie, dann prophetische Führer in Verbundenheit mit ihren Jüngern, später Sondergruppen innerhalb des Ganzen wie die → Pharisäer sowie die möglicherweise an der Grenze zwischen Sekte und Kult befindlichen → Essener; ferner sind hervorzuheben die im Exil entstandene Sekte der → Karäer und gelegentliche innerjüdische Sonderbewegungen wie die osteuropäischen Chassidim (→ Chassidismus). Der → Islam schließlich ist in den Anfängen eine um einen Meister gescharte Jüngergemeinde, dann in mehreren Reichen eine politisch-kirchliche Einheit und produziert innerhalb seiner Weiträumigkeit etliche Sekten (zB → Drusen) und innermohammedanische Bewegungen (zB → Wahhabiten).

3. Kombiniert man das bisher Gesagte, so lassen sich die nichtchristlichen, religionsbezogenen Gebilde unter folgende religionssoziologische Typen subsumieren: a) Zusammenfall der religiös orientierten mit ökonomischen, politischen und familiären Gebilden, zumal in der schriftlosen Horde. b) Starke Familienfunktionen in autoritativ-patriarchalischen Welten, insbesondere repräsentiert in Konfuzianismus und Altrom. c) Volksreligion im Judentum. d) Gemeinschaft von Führern und Jüngern, wenn das politische Gebilde nicht sehr stark ist, immer erneut exemplifiziert in Indien. e) Kirchen, oft eng verbunden mit dem Staat in Inkareich, Westasien und etlichen islamitischen Reichen. f) Sekten, wenn der Staat nicht totalitär ist, dementsprechend in China, Indien, Griechenland und Spätrom. g) Mysterienkulte unter analogen Verhältnissen an den beiden letztgenannten Stellen. h) Philosophische Klubs bei Zugespitztheit derartiger Situation, gleichfalls an den beiden zuletzt erwähnten Stellen. i) Spezielle kleinerzahlige Verbände, zwar sozusagen nirgendwo als relativ selbständige »Gemeinde«, wohl aber als distinguierter Priesterstand bei Mayas, Hindus, Westasiaten und Ägyptern, schließlich Mysti-

ker- und Asketengruppen insbesondere in Taoismus und Indien. k) Föderationen nirgendwo in Formen, die analogen christlichen an Wichtigkeit vergleichbar wären.

MAX WEBER, Wirtschaft u. Gesellschaft, (1920) 1956⁴, 122ff. 245ff - ThW III, 798ff - WACH, Relsoz. - VAN DER LEEUW 269ff - P. HONIGSHEIM, Religionssoziologie (Die Lehre von der Gesellschaft, hg.v. G.EISERMANN, 1958, 119-181). *P.Honigsheim*

Gemeinschaften, *altpietistische*. Die G. in Württemberg entstanden spontan; schon J.A. → Bengel hat sie gegenüber dem Kirchenregiment geschützt, vor Separation bewahrt und vor allem tief befruchtet. In der Aufklärungszeit haben sie das Evangelium überwintert. Durch die schwäbischen G. wurde 1819 die Brüdergemeinde → Korntal gegründet als Zufluchtsort der Altgläubigen, die dort die alte Agende und das noch nicht rationalistisch entstellte Gesangbuch gebrauchen durften. Ein Mutterboden war auf der schwäbischen Alb, wo seit der Mitte des 18.Jh.s das Schulhaus in Hülben ein geistlicher Mittelpunkt für die ganze Gegend wurde, später bes. durch Johannes Kullen (1827-1905). Die erste Landesbrüderkonferenz fand 1857 statt. Ein Führer aber erstand den G. in Rektor Chr. → Dietrich in Stuttgart. 1881 schlossen sie sich zusammen zum »Verband der altpietistischen G.«, der dem → Gnadauer Verband (→ Gemeinschaftsbewegung) angeschlossen ist, und gaben sich 1889 eine Gemeinschaftsordnung. Sie waren und blieben Laienbewegung; ihr Grundsatz hieß: »In der Kirche, mit der Kirche, aber nicht unter der Kirche«. Während sich anfangs Reisebrüder zum Besuch der Kreise im Reisedienst freimachten, ging man um 1900 zur Anstellung hauptamtlicher Gemeinschaftspfleger über (zZ 45 Berufsarbeiter). Monatsstunden und Brüderkonferenzen dienen der inneren Förderung. Von Elias Schrenk (1831 bis 1913) her wurde die Aufgabe der → Evangelisation ernstlich aufgenommen. Dem Verband gehören gegenwärtig 720 G. mit 66 Häusern an. Auf das Geistesgut waren von großem Einfluß die württembergischen Väter meist des 18.Jh.s, bes. F.C.Steinberger, K.H. → Rieger, M.F. → Roos, auch Ph.M. → Hahn und von der hahnischen Seite her Schulmeister J.G.Kolb. Häufig wird die »Stunde« nicht in einem Saal, sondern in einer Bauernstube gehalten. Gegenüber den neueren G. der von → Liebenzell ausgegangenen Bewegung (ca 1905) bewahrten die altpietistischen G. ihre Eigenart; von pfingstlerischem Geist, Perfektionismus und Bekehrungseifer hielten sie sich frei. Von den Hahnischen mit ihrer strengen Heiligungslehre unterscheidet sie die Betonung der Heilsgewißheit durch die in der Bekehrung erlebte Rechtfertigung aus Gnaden, wie sie schlicht in den vielgesungenen Liedern Ph.F. → Hillers zum Ausdruck kommt. - Im weiteren Sinn kann man dem Altpietismus solche süddeutschen Verbände zurechnen, die zT als Auswirkung von → Wicherns Arbeit entstanden: den Verein für Innere Mission Augsburgischen Bekenntnisses in Baden (gegr. 1849), den in Hessen (1886), ferner den Pfälzer Verein (1870). Baden hatte in Pfarrer A. → Henhöfer einen Prediger von weitreichendem Einfluß. In dem für sich gebliebenen »Badischen Verein« (450 Versammlungen) ragte die geistvolle Gestalt des langjährigen Leiters Pfarrer Böhmerle († 1927) hervor, in dessen Bibelheim Langensteinbach viele tiefere Gründung in der Schrift suchten; seine Unterscheidung von »Königreich« und »Leib bzw. Braut Christi« blieb freilich umstritten. - Zur westdeutschen Gruppe zählen: die auch literarisch hervortretende → Evangelische Gesellschaft für Deutschland in Wuppertal, der Herborn-Dillenburger Gemeinschaftspflege- und Erziehungsverein (gegr. 1863) und im Siegerland der Verein für Reisepredigt (70 Häuser).

CHR.KOLB, Die Anfänge d. Pietismus u. Separatismus in Württemberg (Württ. Vierteljahrsschr. f. Landesgesch. 9, 1900, 33-93. 368-412; 10, 1901, 201-251. 364-388; 11, 1902, 43-78) - DERS., Die Entwicklung der G. u. d. Wiedererwachen des Separatismus in Württ. 1743-1820 (ungedr. Ms.) - W.BUSCH, Aus einem schwäb. Dorfschulhause, 1906 - R.GEIGES, Joh.Conrad Lange u.d. Anfänge d. herrnhut. Gemeinschaftspflege in Württ. (ZBG 7, 1913, 1-65) - P. WURSTER, D. kirchl. Leben in Württ., 1919, §§ 36 u. 37 - RGG² II, 997f - F.FRITZ, Gesch. d. Stundenwesens im Amtsoberamt Stuttgart (Bl. f. württ. KG 26, 1922, 98-129) - DERS., Konventikel in Württemberg v. d. Reformationszeit bis z. Edikt v. 1743 (Bl. f. württ. KG 49, 1949, 99-154; 50, 1950, 65-121, 51, 1951, 78-137; 52, 1952, 28-65; 53, 1953, 82-130; 54, 1954, 75-122) - DERS., Altwürttemberg. Pietisten, 1950 - H.HERMELINK, Gesch. d. ev. Kirche in Württ., 1949, passim - Vätersegen, 1951. - Zs.en: Altpietistisches Gemeinschaftsblatt für Württ. - Gnadauer Gemeinschaftsblatt. *G.Lang*

Gemeinschaftsbewegung

1. Eigenart und Form - 2. Bisherige Entwicklung - 3. Verbreitung und Organisation in Deutschland - 4. Das Selbstverständnis der G. - 5. Die außerdeutsche G.

1. Die moderne Gestalt des → Pietismus wird im deutschen Sprachgebiet G. genannt. In einigen Teilen Deutschlands hatte sich der alte Pietismus bis ans Ende des 19.Jh.s erhalten (zB in Württemberg, im Siegerland und am Niederrhein). In der Mitte des 19.Jh.s erlebte Nordamerika und anschließend England große → Erweckungsbewegungen, die mit den Namen der Evangelisten → Finney und → Moody verbunden sind. Durch ihren Einfluß entstand auch in Deutschland, bes. im Norden, eine neue pietistische Bewegung; sie war, wie alle echten Erweckungsbewegungen, anfänglich ohne konfessionelle Prägung. Gemeinsame Kennzeichen innerkirchlicher wie freikirchlicher Gemeinschaften sind: a) Der Entscheidungscharakter der Verkündigung (evangelistisch). Der Glaube gilt als Gehorsamsentscheidung für den Gnadenruf des Evangeliums, die Buße vor allem als einmalige, endgültige Lebensentscheidung (→ Bekehrung: IV), die von der täglichen Bußhaltung des Glaubenden unterschieden wird. - b) Charakteristisch ist eine scharfe Unterscheidung zwischen Wiedergeborenen und Unwiedergeborenen. - c) Erstere werden zu gemeinsamer Bibelbetrachtung gesammelt, zu offenen oder (seltener) geschlossenen Gemeinschaften (die nur den nach Probezeit oder seelsorgerlicher Aussprache zugelassenen Mitgliedern zugänglich sind). - d) Viel Gewicht wird auf das → Gebet (: V), bes. auf die Gebetsgemeinschaft gelegt. - e) Vom Wiedergeborenen wird ein neuer Wandel in der → Nachfolge, ein radikaler Bruch mit den »weltlichen« Gewohnheiten erwartet (→ Heiligung: IV), wobei die → Adiaphora keine geringe Rolle spielen. Diese Seite der G. ist je nach Ort und Tradition wechselnd. - f) Das allgemeine → Priestertum wird stark betont. Von den Gläubigen wird nicht nur ein aktives Interesse (große Opferfreudigkeit) für alle Missionsarbeit erwartet, sondern auch bekenntnisfrohes Eintreten für den Glauben und tapferes Mitarbeiten an missionarischen Werken (Jugend- und Rettungsarbeit, Schriftenmission, Chorsingen, auch auf Straßen und Höfen). Je nach Begabung geschieht auch Wortdienst in Bibelkreisen und Versammlungen (sog. »Zeugnisse«). - g) In der Verkündigung wird die Bibel stark herangezogen, wobei neben der evangelistischen eine das Glaubensleben vertiefende seelsorgerliche Darbietung gesucht wird. Bes. betont werden die eschatologischen Fragen (Parusieerwartung Christi). Viele Werke der → Inneren Mission sind Früchte der G. (Diakonissenhäuser, Predigerschulen u.a.); nachweislich kommt aus den Kreisen der G. ein großer Teil des Nachwuchses der alten Diakonen- und Diakonissenanstalten. Mancherlei Standes- und Berufsorganisationen wurden gegründet, die im Sinne der G. missionarisch wirken (Christliche Vereine Junger Männer [CVJM],

Jugendbund für Entschiedenes Christentum [EC], Bund der Schüler-Bibelkreise [BK; → Jugendvereinigungen: I], Deutsche Christliche Studentenvereinigung [DCSV; → Akademikervereinigungen: I], Bund christlicher Kaufleute, Deutscher Christlicher Technikerbund, → Gasthausmission, Pfarrergebetsbund, Ev. Lehrerbünde, Vereinigung christlicher Postbeamten, Eisenbahner usw). Viele Arbeitszweige lösten sich mit der Zeit von der G. im engeren Sinn, behielten aber ihren missionarisch-werbenden Charakter und bekamen auf dem Boden der Gesamtkirche große Bedeutung (zB Ev. Studentengemeinden, Ev. Akademikerarbeit, Deutscher Ev. → Kirchentag). Theologisch beruft sich die G. auf Luthers Einleitung zur »Deutschen Messe«, in der er von einer dritten Form des Gottesdienstes spricht, die er von dem missionarisch ausgerichteten allgemeinen unterscheidet (WA 19, 75). Wie schon → Spener, beruft sich die G. auf dieses Wort Luthers und weiß sich trotz der → angelsächsischen Einflüsse als ein Kind der deutschen Reformation.

2. Wie die Erweckung nach den Freiheitskriegen die geschichtliche Verbindung mit dem alten Pietismus nicht verloren hatte, so ist die G. nicht ohne das Erbe der Väter zu verstehen. Schon → Wichern hatte das Ziel der → Evangelisation der Entkirchlichten durch geistlich gerüstete Laienkräfte ins Auge gefaßt. Als Begründer der G. sind vor allem Th. → Christlieb und J.v. → Oertzen zu nennen, die in ihren Gedanken und Bestrebungen beide maßgeblich von Wichern beeinflußt wurden. Sie gründeten 1884 zusammen mit Gleichgesinnten den Deutschen Evangelisationsverein, dessen Satzungen fast wörtlich die Wichernschen Ziele übernehmen. Die gleiche Wurzel hatte die schon 1848 im Rheinland gegründete → »Evangelische Gesellschaft für Deutschland«, die heute gleichfalls Trägerin der G. ist. Diese Bestrebungen fanden ihren Antrieb in der sog. → »Heiligungsbewegung«, die mit dem Namen R.P. → Smiths zusammenhängt. Er hatte mit seinen Freunden vom 29. 8. bis 7.9.1874 eine auch von deutschen Theologen (→ Wangemann, G. → Warneck, → Jellinghaus u.a.) besuchte Konferenz in Oxford abgehalten und anschließend in zahlreichen Städten Deutschlands und der Schweiz Vorträge über das Thema »Heiligung aus dem Glauben« gehalten, die viele kirchliche und altpietistische, von Wichern und → Stoecker geweckte Kreise anregten und sie für jene Heiligungsbewegung öffneten. In der Folge erstarkte das Gefühl der Verbundenheit derer, die »mit Ernst Christen sein« wollten. Die Notwendigkeit einer evangelistischen Arbeit innerhalb des eigenen Volkes, wie sie Wichern im Auge gehabt hatte, wurde nun weithin erkannt. Gegen alle gesetzliche Heiligung wurde Stellung genommen. Stoecker berief den Deutsch-Amerikaner F.v. → Schlümbach zur Evangelisation nach Berlin-Wedding. Infolge dieser Arbeit entstanden in Berlin der erste CVJM (Vorsitzender Forstmeister E.v. → Rothkirch) sowie die Michaelsgemeinschaft (Vorsitzender E. Graf → Pückler). Im Rheinland förderte Prof. Christlieb die Gedanken der Evangelisation und gründete mit andern die Evangelistenschule → Johanneum (1886). In Hamburg und Schleswig-Holstein wirkte v.Oertzen im gleichen Sinne. Im Osten Deutschlands (Pommern, Westpreußen, Ostpreußen, Posen) fand der Gedanke der Evangelisation und der Sammlung der Gläubigen aktive Träger in den Pastoren → Paul (Pommern), C.F.Blazejewski und Th.Krawielitzki (Westpreußen). Hier im Osten arbeiteten bereits die Boten der Pilgermission von St. → Chrischona, deren Inspektor Rappard einer der aktivsten Vertreter der Oxfordbewegung war, ebenso der → »Reichsbrüderbund«, gegründet von M.Blaich und Joh. → Seitz, der vom älteren → Blumhardt ausgegangen war. In Schlesien erstarkte die Bewegung schnell unter der Führung der Brüder Urban, des Predigers Edel u.a. In Württemberg war der Altpietismus unter Führung von Rektor → Dietrich den neuen Einflüssen bei aller abwartenden Zurückhaltung doch offen. Der eigentliche Anfänger der deutschen Evangelisationsarbeit war der schwäbische Missionar Elias Schrenk (1831-1913), der zuerst in Bern, dann in Frankfurt und schließlich in ganz Deutschland eine ausgedehnte evangelistische Arbeit entfaltete. Außer diesen Trägern der neuen Erweckungsbewegung muß noch Pfarrer O. → Stockmayer genannt werden, der, ein geborener Schwabe, in Hauptwil in der Schweiz ein Seelsorge- und Erholungsheim leitete. Bis zu seinem Tode (1917) war er einer der einflußreichsten Männer der G. Diese Erweckungsbewegung fand ihren Sammelpunkt in der Gnadauer Pfingstkonferenz, die sich 1888 zum ersten Mal in Gnadau bei Magdeburg sammelte. Glaubenskonferenzen sind seitdem ein besonderes Kennzeichen der G. Anfangs trat die Gnadauer Konferenz alle 2 Jahre zusammen; längst geschieht es alljährlich. Der Name blieb, als sie aus Raumgründen zuerst in Bad Elmen und in Schönebeck/Elbe, dann viele Jahre in Wernigerode und Halberstadt gehalten wurde; jetzt tagt sie in Frankfurt/Main. Auf Herbstkonferenzen mit wechselndem Tagungsort sammeln sich »Scharen ernster Christen« (Fleisch) zu gemeinsamer Besprechung von Glaubens- und Lehrfragen mit einleitenden Referaten. 1894 entstand aus der Konferenz ein »Deutsches Komitee für ev. Gemeinschaftspflege und Evangelisation«, aus dem 1897 der »Deutsche Verband für ev. Gemeinschaftspflege und Evangelisation« wurde, heute kurz → »Gnadauer Verband« genannt. Schon vorher hatten sich in fast allen deutschen Ländern und Provinzen Brüderräte der Gemeinschaften gebildet, die ihrerseits zu Glaubenskonferenzen für kleinere Gebiete einluden. Die Ausbreitung der G. geschah in den Jahrzehnten bis zur Jh.wende erstaunlich schnell. Zeitschriften, Evangelisationsblätter und vielfach aufgelegte Liedersammlungen unterstützten die Bewegung. Wenn auch viele landeskirchliche Pfarrer diese förderten und manche Kirchenregierung ihr freundlich gegenüberstand (zB Gen.-Sup. Joh.Hesekiel in Posen, † 1918), so war und ist die G. doch weithin eine Laienbewegung, die sich von den Organen der Landeskirchen unabhängig weiß. Schon Christlieb brachte ihre Stellung zur Kirche auf die einfache Formel: »In der Kirche, wenn möglich mit der Kirche, aber nicht unter der Kirche«; das bedeutet, daß die G. als freie Bewegung sich nicht den Befehlen der Kirchenregierungen beugt. Der Grundsatz von Rektor Dietrich: »Der Pietismus darf nicht die Kirche ersetzen, sondern muß sie ergänzen; die Kirche soll den Pietismus dulden und ihm Bewegungsfreiheit geben« führte freilich an vielen Orten zu Konflikten. Im Laufe der Geschichte haben sich auch Absplitterungen in die Freikirchen vollzogen (zB während des → Kirchenkampfes). Aufs Ganze gesehen hat aber die G. mit erstaunlicher Treue zur Landeskirche gehalten, obwohl sie nicht nur theologisch (etwa von der → dialektischen Theologie her), sondern noch viel mehr im kirchlichen Leben sowohl vom Liberalismus des beginnenden 20.Jh.s als auch vom → Konfessionalismus eine starke Gegnerschaft in der Kirche erfuhr. Diese wurde freilich bestärkt durch ernste Krisen, die die G. während jener Jahrzehnte durchmachen mußte. Daß sie diese Krisen überwand, ist ein Zeichen ihrer Echtheit. Hervorgerufen wurden die inneren Kämpfe u.a. durch einen verstärkten Einfluß der Theologie englischer Freikirchen, wie sie im Anfang der → Blankenburger Allianz zum Ausdruck kam. So wurde zB bei manchen Vertretern der G. nicht so sehr die Evangelisation aller als viel-

mehr die Sammlung einer Auswahlgemeinde zur Entrückung (»Überwinder«) das Ziel. Eine ähnliche, wenn auch theologisch anders begründete Beschränkung der Gemeinschaften hatte der schwäbische Pastor Böhmerle (Langensteinbach) im Sinn, der seit den 20er Jahren einen gesteigerten Einfluß auf die altpietistischen → Gemeinschaften Süddeutschlands hatte. J.Paul entwickelte daneben eine Heiligungslehre, die praktisch der Auffassung des Perfektionismus (→ Perfektionisten) nahekam, auch wenn er diesen abzulehnen suchte. Zu heftigen Kämpfen führte auch ein gesetzlicher → Fundamentalismus, der nur eine mechanische Verbalinspirationslehre anerkennen wollte. Missionsdirektor Joh. → Lepsius wurde in Blankenburg feierlich ausgeschlossen und auch Jellinghaus bekämpft, der ihn zu verteidigen suchte. – Als es im Anfang des Jh.s in → Wales (→ Roberts) zu der großen Erweckung kam, steigerte sich in manchen Gemeinschaften ein unnüchterner Enthusiasmus. Man wollte vielerorts mit seelischen Mitteln erzwingen, was nur durch Gottes Geist geweckt werden kann. Die Gebetsversammlungen wurden vielfach unordentlich, da das gleichzeitige laute Beten vieler geduldet wurde. Die schwerste Krise kam im Jahre 1907 mit dem Einbruch der sog. »Zungenbewegung«. Aus Amerika kam die Bewegung über Norwegen nach Hamburg und Kassel. Bes. hier fanden zuchtlose Versammlungen statt, so daß die Polizei eingreifen mußte. Erst nach einer Zeit unentschlossenen Abwartens kam es am 15.9.1909 zur sog. »Berliner Erklärung«, die von führenden Männern der G. unterschrieben wurde. In ihr wurde die → Pfingstbewegung mit ihrem Zungenreden und anderen schwärmerischen Kennzeichen als dämonisch (»Geist von unten«) verworfen und die Gemeinschaft mit den Brüdern und Kreisen, die an ihr festhielten (Paul, Edel usw), gelöst. Ein kleiner Kreis, der sich in diesem Kampf neutral halten wollte (zB → Modersohn, Krawielitzky), folgte später diesem Beispiel. Außer einigen Brüdern der Blankenburger Allianz (B.Kühn, v. → Viebahn) ist diese klare Grenzziehung Männern wie E.Buddeberg, W. → Michaelis, E. Graf Pückler und Elias Schrenk zu danken. Seit dieser Trennung vom Schwarmgeist hat die Bewegung sich in Nüchternheit weiterentwickelt und viel um klare Einsichten gerungen. Nach dem 1. Weltkrieg, dessen Folgen auch der G. wirtschaftlich und durch den Verlust der Arbeit in Posen und Westpreußen schwere Schädigungen brachte, setzte sich die Klärung fort. Unter dem Vorsitz von Pastor Michaelis wurden die Konferenzen des Gnadauer Verbandes zu echten Lehrkonferenzen. Eine Anzahl führender Gemeinschaftsleute beteiligte sich als Glieder der konstituierenden Kirchenversammlung aktiv am kirchlichen Neuaufbau nach den Jahren der Revolution (zB Hennes, Michaelis, Muntau, Pückler, → Siebel u.a.). Eine neue Krise bedrohte die G. durch den Nationalsozialismus. Die → Deutsch-christliche Bewegung drohte auch in den Vorstand des Gnadauer Verbandes zu dringen; vorübergehend wurde sogar ein »Führerprinzip« anerkannt. Doch gelang es Michaelis, den Gnadauer Vorstand zu einer eindeutigen Erklärung gegen die Irrlehre der sog. »Deutschen Christen« zu bewegen (12./13.12.1933), denen nur kleine Gruppen zufielen. Der → Bekennenden Kirche schlossen sich zwar viele Gemeinschaftsglieder an (so bes. im Rheinland und in Ostpreußen), der Gnadauer Verband als solcher dagegen schloß sich mit den anderen Werken der Inneren Mission in der Arbeitsgemeinschaft der missionarischen und diakonischen Werke unter der Führung von Pastor Fritz v. → Bodelschwingh zusammen. Nachdem Michaelis hochbetagt den Vorsitz niedergelegt hatte, wurde Direktor Pfarrer Hermann Haarbeck (Johanneum) Vorsitzender des Gnadauer Verbandes. Die Zahl der Pfarrer und Laien ist stark zugunsten der Gemeinschaftsprediger zurückgegangen, die aus den Predigerseminaren kamen. Die politische Teilung Deutschlands führte dazu, daß die G. in der DDR zum kirchlichen Gemeinschaftswerk wurde.

Die Wärme und Glut der ersten Generation ist vergangen. Wenn man von einer gewissen »Verkirchlichung« der G. spricht, so ist das nicht organisatorisch gemeint. Wohl aber kann man eine gewisse Verfestigung der eigenen Kreise feststellen, die zu Gemeinden unter der Führung ihrer Prediger geworden sind. Nach dem 2. Weltkrieg zeigt sich hie und da eine Überwindung der Müdigkeit. Die G. bleibt auf jeden Fall ein wichtiger Faktor im kirchlichen Leben Deutschlands. Aus ihrer Mitte kommen heute noch eine große Anzahl Bekenner in der Öffentlichkeit (Minister, Bundestagsabgeordnete, Industrieführer, Beamte und Professoren). Im Kriege und bes. in den Gefangenenlagern wurden Glieder der G. oft zu Kristallisationspunkten für Bibelkreise oder Lagergemeinden. Die Gefahr einer gewissen Erstarrung, angesichts des Generationswechsels nicht überraschend, wird innerhalb der G. selbst erkannt. Andererseits aber hat die Umschichtung der Bevölkerung durch Evakuierung, Flucht und Umsiedlung vielerorts zur Neubelebung oder auch Neugründung von Gemeinschaften geführt (zB im Rheinland, in Niedersachsen und Schleswig-Holstein). Immer noch finden wir in der G. eine beträchtliche Zahl eifriger Bibelleser. Der Opfersinn ist groß. Alte und neue Werke der Inneren und Äußeren Mission werden unterstützt, und in der Stille wird in alter Weise darum gerungen, Menschen für Jesus und seinen Dienst zu gewinnen. Obwohl der Pietismus vielfach theologisch diffamiert wird, darf keineswegs von seinem Untergang oder Aussterben geredet werden. In vielen Gegenden hat er eine blühende Jugendarbeit (EC). Oft hat er sich in jene Stille zurückgezogen, die einst dem alten Pietismus die Bezeichnung der »Stillen im Lande« gebracht hatte. Die literarische Arbeit der G. ist trotz Verschwindens der einst führenden Blätter (»Heilig dem Herrn«, »Auf der Warte« usw) wieder im Anwachsen. »Licht und Leben« (hg.v. Wilh.Busch-Essen) und »Glaube und Leben« (hg.v. Pastor H.Bruns-Marburg) haben einen weiten Leserkreis. Das eigentliche Organ des Gnadauer Verbandes ist das Gnadauer Gemeinschaftsblatt (Schriftleiter Direktor Herm. Haarbeck). Eine große Zahl evangelistischer Blätter (»Kraft und Licht«, »Nimm und Lies«, »Aufwärts« u.a.) kommen in großen Auflagen in die Häuser. Erweckungs- und Heiligungsliteratur ist auch nach dem 2. Weltkrieg in steigender Zahl verbreitet worden. Nach dem Zusammenbruch versuchte der Gnadauer Verband die Vielzahl der Liederbücher durch ein gemeinsames Gemeinschaftsliederbuch abzulösen. Wenn auch das Ziel nicht ganz erreicht wurde (die alten »Reichslieder« behielten ihren großen Freundeskreis), so hat sich in den meisten Gemeinschaften doch das neue Buch durchgesetzt (→ Gesangbuch). Das englische Liedgut ist auf einen Rest zusammengeschmolzen. Das deutsche geistliche Volkslied, der deutsche Choral und manche Neudichtung fand Raum im ev. Sängerbund, der die Gemeinschaftschöre vereint und auf seinen Tagungen schult. Hier hat auch die neue → Singbewegung einen gewissen Einfluß gefunden.

3. Was die *Verbreitung und Organisation der G. in Deutschland* betrifft, so haben sich zwar die meisten Gemeinschaftsverbände der Länder dem Gnadauer Verband angeschlossen, doch deckt sich dieser nicht ganz mit der G. in den Landeskirchen. In Württemberg und im benachbarten Baden behielten viele Gemeinschaften ihre Unabhängigkeit, zB die Michael Hahnischen Gemeinschaften und der kleinere Kreis der → Pregizerianer, des-

gleichen die Gemeinschaften des Augsburger Bekenntnisses in Baden. Dagegen gehören in Württemberg zum Gnadauer Verbande die Altpietistischen → Gemeinschaften, die Süddeutsche Vereinigung, der Württembergische Brüderbund und der Liebenzeller Gemeinschaftsverband (letzterer über die Grenzen Württembergs hinaus). In Württemberg haben auch die Bahnauer Brüder aus Ostpreußen ein neues Missionshaus (Predigerschule) in Unterweissach bei Backnang gebaut. Im Sinne der G. arbeiten auch die Schwestern des Aidlinger Diakonissenhauses (Gründerin Christa v. Viebahn). Außerdem bestehen eine Fülle von unabhängigen Gemeinschaften, deren Abgrenzung zur Pfingstbewegung fließend und schwer zu bestimmen ist, zumal sie sich vielfach untereinander heftig bekämpfen. Nach Bayern kam die G. verhältnismäßig spät. Der bayrische Gemeinschaftsverband geht auf das Wirken einiger zur Gemeinschaft haltender Pfarrer zurück (C. Eichhorn, F. Herbst). Daneben arbeitet in Bayern der Gemeinschaftsdiakonieverband (»Vandsburg«) von Gunzenhausen (»Hensoltshöhe«) aus, der eigene Gemeinschaften sammelt. In Baden gehört zum Gnadauer Verband der »Verein für Innere Mission« und in der Pfalz gleichfalls der »Verein der Inneren Mission«. In Hessen und Rheinhessen arbeiten der »Hessisch-Nassauische Gemeinschaftsverband«, der »Herborn-Dillenburger Verband« und der »Gemeinschaftsverband Rhein-Main-Gau«. In Hessen hat auch die Chrischona-Gemeinschaft für Evangelisations- und Gemeinschaftspflege seit langem eine ausgedehnte Arbeit mit vielen eigenen Vereinshäusern. Daneben bestehen selbständige Gemeinschaften des »Deutschen Gemeinschaftsdiakonieverbandes« (DGB Vandsburg) in Anlehnung an das große Diakonissenhaus Hebron in Marburg-Wehrda. Im Rheinland, wo der alte Pietismus die kirchlichen Gemeinden stark geprägt hatte, bildeten sich eigene Gemeinschaften verhältnismäßig spät und nicht so zahlreich. Sie sind im »Rheinischen Gemeinschaftsbund« vereinigt und durch Einströmen der Ostflüchtlinge verstärkt worden. Die → »Evangelische Gesellschaft für Deutschland« arbeitet über das Rheinland hinaus bis nach Westfalen, Hessen und der Pfalz. In Westfalen ist das Siegerland das klassische Land der Gemeinschaften geblieben. Außer in den ev. Jünglingsvereinen hat dort die G. ihre Stütze im »Verein für Reisepredigt«. Im übrigen Westfalen sind die Gemeinschaften im Westfälischen Gemeinschaftsverband zusammengeschlossen. Auch das seit der Erweckungszeit geistlich bewegte Lipper Land hat einen eigenen Gemeinschaftsverband. In Niedersachsen sind die Gemeinschaften erst in den letzten Jahrzehnten erstarkt. Hier wirkt sich die Zuwanderung aus dem Osten aus und stärkt den »Hannoverschen Gemeinschaftsverband«. Das ref. Ostfriesland hat seinen eigenen »Ostfriesischen Gemeinschaftsverband«. In Hamburg sammelt sich seit dem 2. Weltkrieg ein selbständiger »Arbeitskreis für Gnadau«. In Schleswig-Holstein wirkt der »Gemeinschaftsverein für Schleswig-Holstein«. In Berlin-West sind die Gemeinschaften im Berlin-Brandenburger Gemeinschaftsverband zusammengefaßt, nachdem jahrzehntelang 3 Verbände in der Stadt tätig waren. Dazu kommen noch die Gemeinschaften innerhalb der »Berliner Stadtmission«. In der DDR sind im Rahmen des »Ev. Kirchlichen Gemeinschaftswerkes« 6 Gemeinschaftsverbände tätig: Das Gemeinschaftswerk Berlin-Brandenburg, der Landesverband landeskirchlicher Gemeinschaften in Sachsen, der Gemeinschaftsbund für das Land Sachsen-Anhalt, der Thüringer Gemeinschaftsbund, der Mecklenburgische Gemeinschaftsverein und das Landeskirchliche Gemeinschaftswerk Mecklenburg-Ost, früher Pommern. Die Bessarabischen Gemeinschaftskreise haben in der BRD ihren eigenen an Gnadau angeschlossenen Gemeinschaftsverband. Über die Länder- und Verbandsgrenzen hinaus arbeiten auf dem Boden der G. im Westen der Deutsche Verband für Jugendbünde für Entschiedenes Christentum (EC), der Gnadauer Posaunendienst und der Ev. Sängerbund. Im Sinne der G. arbeitet auch der Deutsche Verein fürs Blaue Kreuz. Neben dem genannten Deutschen Gemeinschaftsdiakonieverband schlossen sich eine Anzahl Diakonissenhäuser, die aus der G. hervorgingen, zum »Bund deutscher Gemeinschaftsdiakonissenhäuser« zusammen; zZ bestehen 8 Häuser mit insgesamt rd 2000 Schwestern (→ Diakonie, 5). Die seminaristisch ausgebildeten Prediger und Stadtmissionare der G. sind in der Vereinigung von Reichsgottesarbeitern verbunden mit fast 1000 Mitgliedern. Die wichtigsten Ausbildungsstätten für sie sind: Die Evangelistenschule St. Chrischona (Basel-Land), das Johanneum in Wuppertal-Barmen, die Missionsschule in Unterweissach bei Backnang, das Predigerseminar Tabor in Marburg, die Missionsschule Liebenzell und für die DDR das Paulinum in Berlin-NO.

Die Zahl der dem Gnadauer Verbande angeschlossenen Gemeinschaften wird (nur für die BRD) mit etwa 6000 angegeben, so daß man bei einer Durchschnittszahl von 50 Gliedern auf eine Summe von 300 000 käme. Tatsächlich dürfte jedoch die Gesamtziffer noch höher sein, weil viele Gemeinschaften wesentlich größer sind. Die Kirche hat also auch in der Gegenwart mit einem nicht unerheblichen Kreis von Gliedern zu rechnen, die durch den neuen Pietismus bewegt sind, und darf auf ihre Mitarbeit zählen.

4. Will man den heutigen Stand der G. erkennen, so muß neben die Kenntnis ihrer Geschichte und Organisation die Beachtung ihres *Selbstverständnisses* treten. In den letzten Jahrzehnten hat sich die G. unter dem Einfluß der neuen reformatorischen Theologie auf die biblischen Grundlagen der Reformation besonnen, freilich unter starker Betonung ihres pietistischen Grundcharakters. In sieben Punkten sei dies deutlich gemacht (nach Haarbeck): a) Keine irdisch-menschliche Organisation ist identisch mit der Gemeinde Jesu Christi. Wahre Gemeinde ist vielmehr nur da, wo Jesus selbst die Menschen der Schar der Seinen einfügt. – b) Glied der Gemeinde wird ein Mensch, wenn Gottes Geist das Evangelium in seinem Herzen lebendig werden läßt, so daß er seinem Wirken gehorsam wird. Es geht um eine entschiedene Hinkehr zu Jesus und um Abkehr von der Sünde. Das bedeutet zugleich das Wunder der → Wiedergeburt (: III), weil Gott uns in Jesus die Vergebung und Gotteskindschaft anbietet. – c) Die → Bekehrung (: IV) ist nie ein Abschluß, sondern immer nur Anfang und darum unlöslich mit der → Heiligung (: IV) verbunden. Gottes Geist treibt immer neu zur Erkenntnis der Sünde, zur Buße und zu neuem Gehorsam. – d) Das Leben im Heilsstand ist ein Leben als Glied am Leibe Christi und darum nicht nur ein je und dann Ereignis werdendes Ergreifen der Gnade und eine je und dann geschenkte Gewißheit des Heils, sondern ein durch Jesu Treue kontinuierliches Erhaltenbleiben im Glauben, so daß wir trotz Sünde und Anfechtung des Heils gewiß sein dürfen. – e) Die Gemeinschaft der Gläubigen ist in Christus gegeben und wird Ereignis, wo Menschen ihren Glauben bekennen und sich unter dem Wort Gottes anbetend zusammenfinden. Solche Gemeinschaft weiß sich zum Dienst verpflichtet. – f) Der Gemeinde sind mancherlei Gaben geschenkt, und darum hat auch in den volkskirchlichen Gemeinden neben dem geordneten Amt das allgemeine → Priestertum der Gläubigen seine Aufgabe. – g) In ernstem Ringen und in freudiger Hoffnung auf die Erlösung wartet die Gemeinschaft auf den Tag der Wieder-

kunft Jesu, der die völlige Wiedervereinigung und Christi sichtbare Königsherrschaft bringen wird.

5. Über *die außerdeutsche G.* seien schließlich noch folgende Angaben gemacht: In *Österreich* arbeitet seit dem 1. Weltkrieg die österreichische Volksmission durch Schriftenmission, Straßenpredigt und Bibelstunden, seit 1945 allerdings in eingeschränktem Maße. Die Kärntner Gemeinschaften, die nicht ohne Wirkung der Treffener Anstalten entstanden, sind im Christlichen Missionsverein von Kärnten zusammengeschlossen. Eine Zeitlang bestand in Villach eine Bibelschule. Ein hohes Verdienst um die Gemeinschaft in Österreich hat die Süd-Ost-Europa-Mission (jetzt Geisweid Kr. Siegen). – In der *Schweiz* gründete C.F.Spittler einst die Pilgermission von St. → Chrischona. Unter Inspektor C.H.Rappard wurde diese Schule zur Pflanzstätte der modernen G. Über 150 Brüder arbeiten in den Schweizer Kantonen, davon fast die Hälfte in selbständigen Chrischona-Gemeinschaften. 1931 übernahm Chrischona das Bethel-Werk in Zürich (Markus Hauser) mit drei Kapellen. In Bern bekam die → Evangelische Gesellschaft von Genf (gegr. 1831) für die G. große Bedeutung, bes. seit dem Evangelisationsdienst von Elias Schrenk (1879-86). Es kam zu einer tiefgehenden Erweckungsbewegung. Die sog. »Landeskirchliche Gemeinschaft« spaltete sich unter dem Einfluß von J.Pauls Lehre ab; sie fand aber zu biblischer Nüchternheit zurück, so daß beide Zweige in Harmonie miteinander arbeiten. Dagegen löste sich der perfektionistische Ev. Brüderverein. Im Kanton Zürich wurde Männedorf (Jungfer Trudel, S. → Zeller) für die Gemeinschaftsarbeit wichtig. Ev. Gesellschaften entstanden weiter in Zürich, St.Gallen, Schaffhausen, Graubünden. Für die Erweckungsarbeit bedeutsam wurde das Blaue Kreuz (→ Rochat, A. → Bovet; → Suchten). In den 30er Jahren des 20.Jh.s wurde die Missionsschule in Beatenberg (Frau Dr. G.Wasserzug-Traeder) gegründet, die zwar keine eigenen Gemeinschaften bildet, aber im Sinne der Erweckungsbewegung arbeitet. Für Graubünden wurde die Kinderarbeit des »Gott-hilft-Werkes« (Vater Rupflin) bedeutsam, bes. seit 1931, als der »Gott-hilft-Dienst« zur Evangelisation angeschlossen wurde. – In *Dänemark* entstand 1861 der »Kirchliche Verein für Innere Mission«, der seitdem eine Gemeinschaftsarbeit auf dem Boden der luth. Landeskirche betreibt. Er stand lange unter Vorsitz von Pastor V.Beck-Oerslev. Der Verein hat das Ziel, durch Pastoren und Laienprediger Evangelisation zu treiben (etwa 150-200 Evangelisten). Dazu hält er etwa 70 Kolporteure, sammelt die Jugend und veranstaltet Missionsfeste (rd 3000 Missionshäuser). – In *Norwegen* gründeten 1868 die Anhänger → Hauges die Lutherstiftung, später »Norwegische luth. Gesellschaft für Innere Mission«, die sich ähnlich der dänischen Inneren Mission der Evangelisation, aber auch der Diakonissenarbeit annimmt. – In *Schweden* entstand 1856 durch → Rosenius die »Ev. Vaterlandsstiftung«, die auf kirchlichem Boden Erweckungsarbeit betrieb. In den 70er Jahren kam es zu einer Spaltung (→ Waldenström, → Ekman) und zur Gründung des »Svenska Missionsförbundet«, der zu einer großen freikirchlichen Organisation wurde, die mit eigenen Predigern und Missionsschulen unabhängige Gemeinden sammelt und eine umfangreiche Missionsarbeit betreibt (Kongo, früher China). – *Finnland* ist seit der ersten Hälfte des Jh.s pietistisch bewegt, vielleicht sind die ersten Erweckungsprediger von → Goßner in Petersburg beeinflußt worden. Trotz freikirchlicher Einflüsse ist die Bewegung meist auf kirchlichem Boden geblieben, wenn auch in mancherlei Richtungen gespalten. Seit dem 2. Weltkrieg sind neue Erweckungsherde entstanden. Die Bewegung erfaßte auch die Offizierskreise und drang in das Heer ein.

Chr.Dietrich-F.Brockes, Die Privat-Erbauungsgemeinschaften innerhalb der ev. Kirchen Deutschlands, 1903 - P.Fleisch, Die innere Entwicklung der dt. G., 1908 - Ders., Die moderne G. I. II, 1912/14 - RGG[1] II, 1264ff; RGG[2] II, 998ff (Lit.) - C.Tiesmeyer, Was jedermann von der christl. G. in Deutschland wissen muß, 1917 - L. Thimme, Kirche, Sekte u. G., 1925 - Ders., Im Kampf um die Kirche, 1930 - Gott allein die Ehre! Gedenkschr. zum 100jähr. Bestehen der Ev. Gesellschaft Bern, 1931 - W.Michaelis, Erkenntnisse u. Erfahrungen, (1939) 1949[2] - F.Veiel, Die Pilgermission St.Chrischona 1840-1940, 1940 (Festschr.) - W.A.Siebel, Aus dem Leben u. Wirken der Gnadauer Väter, 1948.

H.Brandenburg

Gemeinschaftsschule → Schule und Kirche.

Gemeinsinn. Der Ursprung des heute schillernden Begriffes G. liegt im Begriff des sensus communis. Ausgehend von der »allgemeinen und besonderen Empfindung« (κοινὴ καὶ ἰδία αἴσθησις; Aristoteles, de anima III, 425) bestimmt → Thomas von Aquino den sensus communis als »allgemeine Wurzel und Ursprung der äußeren Sinne« (S.Th. I q. 78 a. 4 ad 1. 2; q. 84 a. 8 ad 2; vgl. S. c. Gentiles II, 74), dh als für jeden der einzelnen Sinnesobjekte eigentümlichen Sinn, also erkenntnistheoretisch gesprochen etwa gleichbedeutend mit dem allgemeinen und gesunden Menschenverstand. In seiner Wertschätzung der Sprichwörter als Niederschlag von Logik, Moral und Weisheit in den äußeren Dingen verwendet Luther u.a. den Terminus »sensus communis« (WA 40/I, 293; 17/I, 377; 18, 784). – Erst im → Deismus wird der sensus communis als »common sense« zentral und in vielen Richtungen grundlegend für den Religionsbegriff wie für das Wesen der bürgerlichen Tugenden. Die Schottische Schule (u.a. Dugald Stewart) faßt »selbstevidente« Wahrheiten theoretischer und ethischer Art unter diesem einen Begriff zusammen. Eine Zuspitzung auf die → Ästhetik hat → Kant (Kritik der Urteilskraft §§ 20-23) unternommen. Das deutsche Wort G. hat einen wärmeren Ton als common sense, deutet mehr einen Gegensatz zB zu → Egoismus an und hat eine gewisse religiös-romantische Färbung. Es unterscheidet sich von der Konstruktion eines volonté general und eines Gesamtbewußtseins. In »völkischer« Verwendung bekam es einen Hauch von Verklärung zum → Absoluten. Das ging meistens nicht ab ohne Kurzschlüsse bezüglich der Frage der *Herkunft;* die Menschennatur schließe mit anderen Trieben (Gattungs- und Fortpflanzungstrieb usw) den Trieb zum Selbstschutz im Gefolge der Selbstbehauptung der Gemeinschaft oder der → Gesellschaft mit ein; die Kehrseite dieses Triebes sei der Opferwille, welcher sich im Zug des naturalistisch verstandenen G.s irrational einstellte. Utilitaristisch-propagandistisch abgewandelt bedeutet das: »Gemeinnutz geht vor Eigennutz«. Dabei liefen die von Tönnies eingeführten Unterscheidungen wie »Gemeinschaft« und »Gesellschaft«, »Wesenswille« und »Kürwille« durcheinander.

Aber beinahe überall war die ethische *Begründung* des G.s verwirrt. Wie der Versuch, den → Altruismus von einem fundamentalen Egoismus in seinen Differenzierungen herzuleiten, ist auch die naturalistische Ableitung des G.s abzulehnen. Und der G. ist nicht als sittlich höher zu bewerten, solange noch der Gedanke einer prästabilierten Harmonie zwischen dem eigenen und dem fremden Wohl, der eigenen und der gesellschaftlichen Wohlfahrt überwiegt (→ Eudämonismus). Echter G. lebt nur da, wo der Mensch die Gemeinschaft als einen hohen Wert *an sich* erkannt hat und sein Leben danach richtet. Die heutige akute Vertrauenskrisis, der fortwährend genährte Argwohn aller gegen fast alle Mitmenschen, ist ein Symptom der Verwilderung des G.s, das in einer krankhaften Einsamkeit wurzelt.

Eine Stärkung des G.s kann also nicht erwartet werden

von einer → Ethik, welche diese Gesinnung und dieses Gut als faktisch oder prinzipiell der Menschennatur *mitgegeben* darstellt, und zwar um so weniger, als die Bezirke, woran sie sich orientieren möchte (Ehe, Familie, Volk, Staat, Gesellschaft), schon in früheren Formen ihrer Auflösung keinen Grund für solche Erwartung abgeben. Neuere Philosophie und Theologie haben deshalb die Ethik des G.s (ohne die soziologischen Strukturen zu umgehen) in den Beziehungen von Persongemeinde und Gottesbegriff erörtert. Sowohl in der »Gemeinschaft« als in der »Gesellschaft« als Verband rationalen Handelns offenbart und bestätigt der Mensch sich selbst in der realen Schranke und Verschränkung von Ich und Du (→ Ich-du-Verhältnis). Kraft dieser Grundbeziehung ist die gesamte Geistigkeit des Menschen in den Bund hineingehoben; deswegen geht mit dem Verlust lebendiger Gottesgemeinschaft allmählich nach Art der hier wesensmäßig herrschenden Strukturen die Gemeinschaft und der darauf gerichtete G. verloren. Die Kollektiv-Gestalt als solche kann also der Einzelperson niemals übergeordnet sein, und der G. kann die ethische Führung nicht beanspruchen. Um zur Erfassung der ontisch-ethischen Grundbeziehungen der Personen in der Gemeinschaft und Gesellschaft durchzudringen, bedürfen wir mindestens der Ahnung einer ganz anderen Überlegenheit. Wie ich aber Gottes Ich erst kenne in der Offenbarung seiner Liebe, so auch den andern Menschen. Ein gemeinschaftliches Ethos, in dem der common sense und der G. den Raum ihrer Entfaltung finden würden, setzt die genannten Grundbeziehungen voraus. Ebenso sind »Wesenswille« und »Kürwille«, wenn auch als Beschreibung wichtig, nicht an sich normativ für das Handeln der einzelnen im rechten Verständnis des G.s. Hier hat der *Kirchenbegriff* einzusetzen (→ Kirche: IV). Nirgendwo kann G. so unerwartet stark und froh wachsen als da, wo die Erkenntnis der höchsten Einsamkeit des einzelnen in die (ihm offenbarte) Sünde die Erkenntnis weitester Gemeinschaft mit allen anderen einschließt. Da muß des Menschen Verhärtung, Zurückhaltung und Gleichgültigkeit gegenüber dem Gemeinwesen in allen ihren Gestalten ein Ende finden.

L.Schütz, Thomas-Lexikon, (1881) 1895^{2}, 741 - W.Wundt, Ethik, (1886) 1923/24^{5} - F.Tönnies, Gemeinschaft u. Gesellschaft, (1887) 1953^{8} - G.Simmel, Einl. in die Moralwissenschaft I, (1892) 1911^{3}, 92ff - P.Natorp, Sozialpädagogik, (1899) 1922^{5} - Ders., Sozialidealismus, (1920) 1922^{2} - E.Thiele, Luthers Sprichwörtersammlung, 1900 - E.Dühring, Soziale Rettung durch wirkliches Recht, 1907 - J.Th.Beysens, Allgemeine Zielkunde I, Leiden 1912, 138ff - A.Görland, Ethik als Kritik der Weltgesch., 1914, 358 - F.Ebner, Das Wort u. die geistigen Realitäten, 1921 - E.Stein, Individuum u. Gemeinschaft (Jb. f. Philosophie u. phänom. Forschung 5, 1922, 116–283) - M.Buber, Ich u. Du, 1923 - D.Bonhoeffer, Sanctorum communio, (1930) 1954^{2} - St.Anters, Scholast. Lexicon, Antwerpen 1937, 291.
K.H.Miskotte

Gemistos Plethon, *Georgios,* bedeutender neuplatonischer Philosoph, Gesetzgeber und Staatsmann, * um 1360 in Konstantinopel, † 1452 zu Mistra (Peloponnes), wo er fast 50 Jahre als Berater seines Fürsten (Theodoros II.) und als oberster Richter des Despotats Morea wirkte, das damals fast selbständige Sekundogenitur des Kaiserhauses war. G. hatte zwischen 1391 und 1400 aus Konstantinopel weichen müssen, da die Geistlichkeit an seinen Vorträgen Anstoß nahm, blieb aber mit dem Kaiser (Manuel II., 1391-1425) in fast freundschaftlicher Verbindung. In Mistra formte G. das Staatswesen in engem Anschluß an die Lehren → Platons. G. deutet Platon »eminent politisch« und erfaßt »den eigentlichen Grundzug und Leitgedanken des ganzen Philosophierens bei Platon kongenial« (H.G.Beck 101). G.s Relationen zur Tagespolitik, vor allem sein grundlegendes Werk über die Gesetze (νόμων συγγραφή), zeugen von seiner praktischen und gesetzgeberischen Tätigkeit. Dieses Buch enthielt kühne Bestimmungen: es sieht ein heidnisch-platonisches Priestertum, ja sogar eine Liturgie mit Gebeten und Hymnen an die griech. Götter vor. Ca 10 Jahre nach G.s Tode wurde es vom Patriarchen zu Konstantinopel, einem alten Gegner G.s, vernichtet; nur knappe Auszüge, die vorher veranstaltet waren, haben sich erhalten. In Mistra begründete G. eine Akademie, die für die Neubegründung der Akademie zu Florenz (→ Ficino) vorbildlich werden sollte. Er stand mit namhaften Humanisten Griechenlands und Italiens in fruchtbarer Verbindung. Sein Lebenswerk wurde zerstört, als Mistra 1460/61 in die Hand der Türken geriet und (fast zugleich) sein Hauptwerk der griech. Orthodoxie zum Opfer fiel. Jh.e hindurch war G. nur mehr kenntlich durch die Nachwirkungen, die er in Italien hervorrief: Auf seiner Reise zum Unions-Konzil von Ferrara und Florenz 1438/39 wurde er durch seine Vorträge, vor allem durch seine den Aristoteles scharf kritisierende Schrift περὶ ὧν ᾿Αριστοτέλης πρὸς Πλάτωνα διαφέρεται (de differentiis) Urheber einer lange anhaltenden Diskussion. Seine Vorträge gaben den Anstoß zur Gründung der Akademie zu Florenz, und er übte starken Einfluß auf den → Platonismus jener Humanisten-Generation aus. G. verschmolz unbedenklich nicht-platonisches Gut (zB den islamischen Schicksalsglauben [→ Islam: I]) mit platonischem. Neuplatoniker ist er vor allem darin, daß er die Symbolisierung der höchsten Begriffe in der Metaphysik (Sein, Akt, Potenz) mit Zeus, Poseidon, Hera usw erneuert. Er kommt dadurch zu einer Identität von Philosophie und Religion, da sich für ihn das Problem des Glaubens nicht stellt. Daher sind in seiner »Kirche« Philosoph und Priester eine und dieselbe Person.

Die älteren Ausg. abgedr. in MPG 160, 821ff. Krit. Ausg. nur von der Relation an den Fürsten Theodoros, hg.v. Sp.Lambros, Παλαιολόγεια καὶ Πελοποννησιακά IV, 1930, 113ff. 135. Krit. Neuausg. von »De differentiis« durch R.P.E.Felix in Vorbereitung. - Über G.: DThC XII, 1934, 2393ff - D.A.Zakythinos, Le despotat Grec de Morée I. II, 1932/53 - H.G.Beck, Vorsehung u. Vorherbestimmung in der theol. Lit. der Byzantiner (OrChr Analecta 114), 1937 - I.P.Mamalakis, G.G.-Pl., 1939 (griech.) - R. u. F.Masai, L'oeuvre de Georges G.Pléthon (Bulletin de l'Académie Royale de Belgique, classe des lettres 1956, 536-555) - F.Masai, Pléthon et le Platonisme de Mistra, 1956 (zZ wichtigstes Werk).
H.Dörrie

Generalbaß (ital. *basso continuo*), die Instrumentalbaßstimme eines Musikstücks mit Ziffern über oder unter den Noten, eine abgekürzte Notierungsweise der Harmoniefolge eines mehrstimmigen Tonsatzes (G.-Schrift) für die Hand des Begleiters (G.-Spielers), der den G. auf dem G.-Instrument (Orgel, Cembalo, Laute usw) improvisierend ausführt. Die Ziffern (Signatur) bedeuten die Intervalle in den verlangten Akkorden; einfache Dreiklänge bleiben unbezeichnet. - Der G. kam gegen 1600 in Italien als Hilfsmittel der Organisten beim Begleiten der Sängerkapelle auf, gewann aber bald elementare Bedeutung für die Komposition: die Musik des *G.-Zeitalters* (1600–1750) ist aus dem harmonischen Ablauf des G.es heraus konzipiert (→ Bach). In der Wiener Klassik wurde der G. entbehrlich, und die Fähigkeit des freien G.-Spiels ging allmählich verloren. Heute wird der G. in der Regel ausgesetzt.

H.Keller, Schule des G.-Spiels, (1931) 1955^{3} - MGG IV, 1708ff.
S.Hermelink

Generalsuperintendent. Das Amt des G.en gehört heute der Geschichte an. Es ist eine in der 2. Hälfte des 16.Jh.s einsetzende Weiterbildung des Amtes des → Superintendenten. In größeren Territorien war es für den Ausbau einer strafferen Ordnung des Kirchenwesens zweckmäßig, zwischen das Konsistorium und die Sup.en einen oder mehrere G.en zu stellen. Das geschah zuerst in Württemberg (Visitationsordnung 1553, KO 1559). Hier waren die G.en den »Spezial-Sup.en« übergeordnet. Nach der Braunschweigischen KO 1569 standen die G.en sogar wieder unter einem »Generalissimus«. In einzelnen kleineren Staaten mit ausgeprägtem Staatskirchentum gehörten sie in der konstitutionellen Zeit mit Ministerrang dem Staatsministerium an. Besondere Bedeutung hatte der G. in der Brandenburg-preußischen Kirchenverfassung (zuerst in der Brandenburgischen KO 1573 »Gemeiner Sup.«). Die allgemeine Einführung des Amtes in der altpreußischen Union erfolgte 1829. Hier hatte der G. in der Kirchenprovinz eine bischöfliche Stellung. Versuche, dem G.en die Amtsbezeichnung »Bischof« zu geben, scheiterten jedoch vor 1933. Heute sind die ehemaligen G.en in der Mehrzahl der Gliedkirchen der EKU zu Bischöfen geworden. - Vgl. → Prälat.

RE XIX, 168f - E.Sehling, Gesch. der prot. Kirchenverfassung, (1907) 1914², 28f - Friedberg 237f - A.v.Kirchenheim, Lehrb. des Kirchenrechts, (1910) 1911², 163f - RGG² II, 1011 - G.Holstein, Die Grundlagen des ev. Kirchenrechts, 1928, 325ff - Liermann 147. 170. 268ff. *H.Liermann*

Genesis, griech. und lat. Bezeichnung für das erste der fünf Bücher Moses im Blick auf den Inhalt der Anfangskapitel, die vom »Ursprung« der Welt und Menschheit handeln, während der jüdische Name »Am Anfang« (bᵉrešît) vom ersten Wort des ersten Kapitels abgeleitet wird. Die G. ist zwar Bestandteil eines aus mehreren Quellen zusammengesetzten Erzählungswerkes, das bis zum Tode des Mose (→ Pentateuch) bzw. bis zur Landnahme (Hexateuch) reicht, nach früheren Auffassungen auch noch darüber hinaus; doch kann sie insofern als abgerundet betrachtet werden, als sie zwei relativ abgeschlossene Einführungsabschnitte umfaßt, nämlich die Urgeschichte (c. 1-11) und die Vätergeschichte (c. 12 bis 50; → Abraham, → Isaak, → Jakob und seine Söhne, vor allem → Joseph). Während an den Hauptthemen der Urgeschichte (→ Schöpfung, → Sintflut, → Völkertafel) die Erzählung des → Jahwisten und die → Priesterschrift beteiligt sind, tritt in den Vätergeschichten das Werk des → Elohisten ergänzend hinzu (vor allem in den Abraham- und Josephgeschichten). Als besondere Einschaltungen sind c. 14 (Abraham und → Melchisedek) und der → Jakobsegen (c. 49, 1-28a) anzusehen.

Die nachwirkende Bedeutung der G. - abgesehen von der Tatsache, daß sie Bestandteil eines umfassender zu würdigenden, größeren Erzählungswerkes (→ Pentateuch) ist - liegt in der ausführlichen Entfaltung des sonst im AT nicht sonderlich vordergründigen Themas der Weltschöpfung und in der Gestalt Abrahams, dessen Wandel unter der göttlichen Verheißung vom NT paradigmatisch als ein Leben aus Glauben vorgeführt wird (Röm, Gal u.ö.).

Kommentare (vgl. ausführlicher bei O.Eissfeldt, EinlAT, 1956², 182): H.Gunkel, G., (1901) 1922⁵ (HK) - O.Procksch, Die G., (1913) 1924³ (KAT) - F.M.Böhl, G. I, (1923) 1930²; II, 1925 (TeU) - B.Jacob, Das erste Buch der Tora, G., 1934 - G.v.Rad, Das erste Buch Mose, 1949-53 (ATD 2-4; Bd 2: 1956⁴; Bd 3: 1956²) - R.de Vaux, G., 1951 (JerB) - H.Junker, G., 1952 (Echter-Bibel) - S.Driver, G., 1926-54¹² (WC) - W.Zimmerli, 1.Mos. 1-11, 1943 (Proph.). - Ferner: O.Eissfeldt, Die Genesis der G., 1958. *O.Plöger*

Zur *Auslegungsgeschichte* (s. auch → Schriftauslegung: IV; → Pentateuch):

Quellen: 3.Jh.: Hippolyt (ed. H.Achelis, GCS I, 2). - 5.Jh.: Chrysostomus (MPG 53 u. 54) - Theodor v. Mopsuestia (MPG 66, Fragmente) - Hieronymus (MPL 23) - Augustin (MPL 34; CSEL 28, 1) - Claudius Marius Victor (MPL 61; CSEL 16) - Gennadius I. v. Konstantinopel (MPG 85, Fragmente). - 8.Jh.: Beda Venerabilis (MPL 91) - Wicbodus (MPL 96 u. 113) - Alkuin (MPL 100). - 9.Jh.: Claudius v. Turin (MPL 50) - Angelom v. Luxeuil (MPL 115) - Remigius v. Auxerre (MPL 131). - 12.Jh.: Guibert v. Nogent (MPL 156). - 13.Jh.: Ps.-Thomas v. Aquin (Opera Bd 31, Paris 1876; vgl. RepBibl V, Nr. 8025). - 14.Jh.: Meister Eckhart (ed. K.Weiss, Meister Eckhart. Die lat. Werke I, Lfg. 1-3, 1938-54). - 16.Jh.: Luther (WA 14; 24; 42-44) - Zwingli (CR 13) - Ökolampad, Basel 1536 - Melanchthon (CR 13; nur Gen 1-6) - Ambrosius Catharinus, Rom 1551 (nur Gen 1-5) - A.Lippomano, Paris 1546 - Wolfgang Musculus, Basel 1554 - G.Hammer OP, Dillingen 1564 - Petrus Martyr Vermigli, Zürich 1569 - Johannes Wild, Köln 1573 - Georg F.Chemnitz, Straßburg 1584 - A.Martinengus, Padua 1597 - Johann Mercer, Genf 1598 - Benedictus Pererius SJ, 4 Bde, Rom 1589-98 - Ägidius Hunnius, Wittenberg 1608 (Opera Bd 3). - 17.Jh.: L.Ystella, Rom 1601 - Polykarp Leyser, Leipzig 1604ff - Laurentius v. Brindisi, Padua 1935 (Opera Bd 3) - David Pareus, Frankfurt 1609 - Benedikt F. Borbensis SJ, 3 Bde, Lyon 1618-27 - Henry Ainsworth, London 1626 - Jakobus de la Haye, Paris 1636 - Johann Gerhard, Jena 1637 - Andreas Rivetus, Rotterdam 1651 (Opera Bd 1) - J.E.Terser, Uppsala 1657 - Sebastian Schmidt, Straßburg 1697. - 18.Jh.: J.J.Duguet, 5 Bde, Paris 1732.

Zum *Hexaemeron:* 4.Jh.: Ps.-Eustathius v. Antiochien (MPG 18) - Basilius d.Gr. (MPG 29; ed. St.Giet, SC 26, 1950) - Gregor v. Nyssa (MPG 44) - Ambrosius (samt anderen Abhandlungen zur Gen: MPL 14; CSEL 32, 1. 2). - 5.Jh.: Severian v. Gabala (MPG 56). - 6.Jh.: Jakob v. Edessa (ed. I.B.Chabot u. A.Vaschalde, CSCO Script. Syri Series II, Bd 56, 1928). - 7.Jh.: Georg der Pisidier (MPG 92) - Anastasius Sinaita (MPG 89). - 8.Jh.: Ps.-Beda Venerabilis (MPL 93). - 12.Jh.: Honorius Augustodunensis (MPL 172) - Abaelard (MPL 178) - Ernaldus de Bonavalle (MPL 189) - Hugo v. Amiens (MPL 192). - 13.Jh.: Bonaventura (Opera Bd 5, Quaracchi 1891). - 14.Jh.: Ägidius Romanus, Rom 1555 - Bartholomäus Fiadoni de Lucca (ed. Masetti, Siena 1880). - 15.Jh.: Joh.Pico de Mirandula, Basel 1557.

Lit.: DThC VI, 1208ff. 2335ff - M.Rahner, Die hebr. Traditionen in den Werken des Hieronymus. Tl. 1: Die Quaestiones in Genesim, 1861 - C.Siegfried, Raschis Einfluß auf Nicolaus v. Lyra u. Luther in der Auslegung der G. (Archiv f. wiss. Erforschung des AT, hg.v. A.Merx, 1, 1869, 428-456; 2, 1870, 39-65) - A.Motais, L'école éclectique sur l'Hexaèmeron mosaïque (Annales de Philosophie Chrétienne 1885, 174-191. 286-301. 375-390; 1886, 65-78. 159-172) - B. Zimmels, Zur Gesch. der Exegese über den Vers Gen 49, 10 (Magazin f. d. Wiss. d. Judenthums 1892, 56-78) - A.Posnanski, Schiloh. Ein Beitrag zur Gesch. der Messiaslehre. I: Die Auslegung von Gen 49, 10 im Altertume bis zu Ende des MA, 1904 - N.Bonwetsch, Der Weissagungsbeweis aus Gen 49 in der ältesten Kirche (NKZ 20, 1909, 874 bis 889) - F.E.Robbins, The influence of Greek philosophy on the early commentaries on Gen (American Journal of Theology 1912, 218-240) - E.Minjon, Zur Gesch. der Auslegung des bibl. Schöpfungsberichtes (Der Katholik 92, 1912, Bd II, 128-135. 336-356. 404 bis 417; 93, 1913, Bd I, 344-364; 94, 1914, Bd I, 188-200) - A. Struker, Die Gottebenbildlichkeit des Menschen in der christl. Lit. der ersten zwei Jh.e. Ein Beitr. zur Gesch. der Exegese von Gen 1, 26, 1913 - K.Gronau, Poseidonios u. die jüd.-christl. G.-Exegese, 1914 - V.Aptowitzer, Kain u. Abel in der Agada, den Apokryphen, der hellenist., christl. u. muhammed. Lit., 1922 - Ders., Malkizedek (MGWJ 70, 1926, 93-113) - K.Smoróński, »Et spiritus Dei ferebatur super aquas« (Bibl 6, 1925, 140-156. 275-293. 361-395) - G.Bardy, Melchisedech dans la tradition patristique (RB 35, 1926, 496-509; 36, 1927, 25-45) - G.Wuttke, Melchisedech, der Priesterkönig von Salem (BZNW 5), 1927 - C.Baur, Chrysostomus in Genesim (ThQ 108, 1927, 221-232) - F.Zöpfl, Der Kommentar des Pseudo-Eustathios zum Hexaemeron (ATA 10, 5), 1927 - W. Völker, Das Abraham-Bild bei Philo, Origenes u. Ambrosius (ThStKr 103, 1931, 199-207) - F.Cavallera, Les »Quaestiones hebraicae in Genesim« de S.Jérôme et les »Quaestiones in Genesim« de S.Augustin (Miscell. Agost. II, Rom 1931, 359-372) - L.Drewniak, Die mariol. Deutung von Gen 3, 15 in der Väterzeit, 1934 - J.-M.Vosté, Cardinalis Caietanus S.Scripturae interpres, in V.T. praecipue in Hexaemeron (Angelicum 11, 1934, 445-513; 12, 1935, 305-332) - Ders., La table ethnographique de Gen 10 d'après Mar Išo'dad de Merw (Muséon 59, 1946, 319-332) - Ders., La bénédiction de Jacob d'après Mar Išo'dad de Merw (Bibl 29, 1948, 1-30) - Ders., Le Proto-Évangile selon l'exégèse de Mar Išo'dad de Merw (ebd 313-320) - G.E.Closen, Die Sünde der »Söhne Gottes« (Gen 6, 1-4), Rom 1937 - M.Simon, Melchisedech dans la polémique entre juifs et chrétiens et dans la légende (RHPhR 17, 1937, 58-93) - A. Landgraf, Die Stellungnahme der Frühscholastik zur Lüge der at. Patriarchen (Theol.-prakt. Quartalschr. 92, 1939, 13-32. 218-231) - G.M.Roschini, Sull' interpretazione patristica del protovangelo

(Marianum 7, 1944, 76-96; vgl. 8, 1946, 293-299) - J.P.MAHER, St. Augustine's Defense of the Hexaemeron against the Manicheans (CBQ 6, 1944, 289-298. 456-475; 7, 1945, 76-90. 206-222. 306-325) - R. GALDOS, Melquisedec en la patristica (Estudios Eclesiásticos 19, 1945, 221-246) - H.LENNERZ, Consensus Patrum in interpretatione mariologica Gen 3, 15? (Gregorianum 27, 1946, 300-318) - Y.LAURENT, Le caractère historique de Gen 2-3 dans l'exégèse française au tourant du XIXe siècle (EThL 23, 1947, 36-69) - G.VAJDA, Melchisédec dans la mythologie ismaélienne (JA 234, 1947, 173-183) - J.DANIÉLOU, La typologie d'Isaac dans le christianisme primitif (Bibl 28, 1947, 363 bis 393) - DERS., La typologie de la semaine au IVe siècle (RSR 35, 1948, 382-411) - DERS., Abraham dans la Tradition Chrétienne (Cahiers Sioniens 5, 1951, 160-179) - S.J.GRABOWSKI, Spiritus Dei in Gen 1, 2 according to St.Augustine (CBQ 10, 1948, 13-28) - ST. GIET, L'Hexaèmeron de S.Basile (Diss. Straßburg), 1948 - G.ZAMMIT, Principles of Hexaemeron Interpretation according to St.Thomas (Melita Theologica 1949, 5-16) - J.MADOZ, Hacia los orígenes de la interpretación mariológica del protoevangelio (Estudios Eclesiásticos 24, 1949, 291-305) - T.GALLUS, Interpretatio mariologica Protoevangelii tempore postpatristico usque ad Concilium Tridentinum, Rom 1949 - DERS., Interpr. mariol. Protoev. Posttridentina usque ad definitionem dogmaticam Immaculatae Conceptionis I (1545 bis 1660), Rom 1953; II (1661-1854), Rom 1954 - DERS., Principia exegetica S.Augustini ad Gen 3, 15 applicata (VD 32, 1954, 129-141) - DERS., Ad Epiphanii interpretationem mariologicam in Gen 3, 15 (VD 34, 1956, 272-279) - D.LERCH, Isaaks Opferung christlich gedeutet (BHTh 12), 1950 - V.G.BERTELLI, L'interpretazione mariologica del Protoevangelo negli esegeti e teologi dopo la Bolla »Ineffabilis Deus« di Pio IX (1854-1948) (Marianum 13, 1951, 257-291. 369 bis 395) - A.LEVENE, The Early Syrian Fathers on G., London 1951 - B.BOTTE, Abraham dans la Liturgie (Cahiers Sioniens 5, 1951, 180 bis 187) - P.-J.DE MENASCE, Traditions Juives sur Abraham (ebd 188 bis 195) - Y.MOUBARAC, Abraham en Islam (ebd 196-212) - P.MESNARD, Kierkegaard et l'Utilisation Existentielle de la Figure d'Abraham (ebd 213-232) - E.KÜNZLI, Zwingli als Ausleger von G. u. Ex (Diss. Zürich), 1951 (Teildruck in Zwingliana 9, 1950, 185-207. 253 bis 307) - P.BRATSIOTIS, Gen 1, 26 in der orth. Theol. (EvTh 11, 1951/52, 289-297) - J.MICHL, Der Weibessame (Gen 3, 15) in spätjüd. u. frühchristl. Auffassung (Bibl 33, 1952, 371-401. 476-505) - K.H.SCHELKLE, Auslegung als Symbolverständnis (ThQ 132, 1952, 129-151) - P.TERMES ROS, La formación de Eva en los Padres griegos hasta S.Juan Crisóstomo incl. (Misc. Bibl. B.Ubach, Montserrat 1953, 31-48) - B.SMALLEY, A Commentary on the Hexaemeron by Henry of Ghent (RThAM 20, 1953, 60-101) - O.GARCÍA DE LA FUENTE, Interpretación exegetica del G. en la Ciudad de Dios (La Ciudad de Dios 167, 1954, 353-400) - R.LAURENTIN, L'interprétation de Gen 3, 15 dans la tradition jusqu'au début du XIIIe siècle (Bull Soc. Franç. d'Et. Mariales 12, 1954, 77-156) - J.FINK, Noe der Gerechte in der frühchristl. Kunst (BAKultG 4), 1955 - H.RUSCHE, Die Gestalt des Melchisedek (MThZ 6, 1955, 230-252) - D.S.BAILEY, Homosexuality and the Western Christian Tradition, London 1955 (zu Gen 19, 6ff) - A.W.ARGYLE, Joseph the Patriarch in Patristic Teaching (ET 67, 1956, 199-201) - E.HILSCHER, Der bibl. Joseph in oriental. Literaturwerken (MIOr 4, 1956, 81-108) - M.METZGER, Die Paradieseserzählung (Gen 2, 4b - 3, 24). Die Gesch. ihrer Auslegung von J.Clericus bis W.M.L. de Wette (Diss. Bonn), 1957 - R.McL.WILSON, The Early History of the Exegesis of Gen 1, 26 (Studia Patristica I [TU 63], 1957, 420-437).

W.Werbeck

Genesius, römischer Schauspieler und Märtyrer unter → Diokletian, bekehrte sich nach einer lateinischen Legende des 5.Jh.s, als er einen schwerkranken Christen beim Empfang der Taufe parodierte, und wurde schließlich enthauptet. Obwohl meist identifiziert mit G. *von Arles,* der sich als Gerichtsschreiber (notarius) gegen die Christenprozesse empört haben soll, scheint die Gestalt des römischen mimus doch nicht rein legendär, sondern historisch zu sein. Nach dem einheitlichen Muster einer wohl aus dem Osten stammenden Schauspielerlegende gebildet, bot seine Passio den Stoff für mehrfache Bearbeitungen in romanischer Literatur.

AS Aug. V, 1868, 119ff (25.8.) - B. VON DER LAGE, Stud. z. G.-Legende I. II, 1898/99 - CH.VAN DE VORST, Une Passion inédite de S.Porphyre le mime (AnBoll 29, 1910, 258-275) - DACL VI, 1924, 903ff - AS Nov. II/2, 1931, 464f (Mart. Hieron.) - S.CAVALLIN, S.Genès le notaire (Eranos 43, 1945, 150-175) - Catholicisme IV, 1814f.

F.Paschke

Genf

I. Bistum - II. Universität

I. Bistum

Die erste Erwähnung eines Bischofs von G. datiert noch aus römischer Zeit (ca 400). Unter der Burgunderherrschaft (um 450) gehörte die Diözese zum Erzbistum Vienne. In der hochburgundischen Epoche (888-1032) lag der Graf als Repräsentant des Königs mit dem Bischof im Streit um die Vorherrschaft. Im Vertrag von Seyssel (1124) wurde der Bischof zum Fürstbischof erhoben und behielt diese Stellung bis zur Reformation. 1219 gelang es Bischof Haymo von Grandson, den Grafen von G. zu seinem Vasallen zu machen. 1387 erhielt die Stadt durch Bischof Adhemar Fabri ihre »Franchisen« (Bestätigung alter und Auflage neuer Rechte); auch sonst sind die Fürstbischöfe oft für ihre Belange eingetreten. Indessen konnte das aufstrebende Haus Savoyen schon 1266 in G. einen Hausmeier einsetzen. Um 1400 sind die Grafen völlig ausgeschaltet und ihre Ländereien von Savoyen annektiert. Der Bischof steht nun im Kampf mit dem neuen Herzogtum Savoyen (1416), das sein Gebiet von allen Seiten umschließt. Seit Ende des 15.Jh.s ist der G.er Bischofsstuhl mit gefügigen Anhängern des Herzogs besetzt. Als die G.er sich den Eidgenossen zuwandten, verließ der letzte Bischof, Pierre de la Baume, 1533 für immer die Stadt.

HBLS III, 1926, 436ff - RGG² II, 1012f - Des »Commentaires« de César aux »Enfants de Tell« 1814: 4 esquisses d'histoire de Genève (Beitr. von P.COLLART, P.-E.MARTIN, P.-F.GEISENDORF, J.-P.FERRIER), Genf 1942 - Histoire de Genève des origines à 1798, Genf 1951 (Lit.).

J.Courvoisier

II. Universität

Die seit 1541 geplante Schaffung von Kollegium und Akademie in G. stellte die Krönung des Werkes → Calvins dar. »Wir müssen uns um den Samen für künftige Zeiten kümmern, damit wir unsern Kindern nicht eine verödete Kirche hinterlassen; wir brauchen Schulen, um sie zu unterrichten, um sie aufs geistliche wie auch aufs weltliche Amt zuzurüsten« (Ord. eccles. von 1541). Das Jahr der Verkündigung der Leges academiae (1559), durch die die Institution ins Leben gerufen wurde, war für G. nach dem Frieden von Cateau Cambrésis (1559), der den Krieg zwischen Heinrich II. und Philipp II. beendete und die Ära der Religionskriege einleitete, ein Jahr großer Unsicherheit. Fünf Jahre später stand der alte Erbfeind, der Herzog von Savoyen, wiederum vor den Toren. Durch ihre exponierte Lage im südlichsten Zipfel der prot. Länder war die Stadt bes. bedroht. Aber die Hochschule hatte in der Folge einen gewaltigen Zulauf, der die pessimistischen Voraussagen derer Lügen strafte, die die Gründung damals für zu gefährlich hielten.

Calvin war in Bourges Schüler von Maturin Cordier gewesen und hatte während seines dreijährigen Aufenthalts in Straßburg (1539-41) die Schule des Johannes → Sturm näher kennengelernt. Von beiden angeregt, nahm er vor allem das Werk dieses bedeutenden Schulmannes zum Vorbild bei der Einrichtung eines nach Alters- und Wissensklassen eingeteilten Unterrichts in zwei Stufen: *Schola privata* oder Kollegium mit 7 Klassen, in denen nacheinander Französisch, Latein, Griechisch, Texterklärung, Dialektik und Rhetorik gelehrt wurden, und *Schola publica* mit den Fächern Theologie, Auslegung des AT und NT, Ethik und Philosophie (Artes: Physik oder Mathematik, Dialektik und Rhetorik). Die Vorlesungen begannen im Sommer um 6 Uhr, im Winter um 7 Uhr; der Samstag war den öffentlichen Disputationsübungen der Kandidaten (»proposants«) vorbehalten.

Von Anfang an erstreckte sich die Wirksamkeit der Akademie, an der neben Calvin Theodor → Beza als ihr erster Rektor lehrte, weit über die Grenzen G.s hinaus. Beim Tode Calvins zählte sie 1500 Schüler und Studenten, unter ihnen → Olevian, Florent Chrestien, den Erzieher Heinrichs IV., Marnix von St.Adelgonde, Thomas Bodley, den Begründer der Oxforder Bibliothek, John → Knox u.a. m. Die Ref. Akademien in Frankreich (Orange, → Saumur, → Sedan usw) und Schottland (St. Andrews, Edinburgh; → Schottland: III) sind Tochtergründungen. Die Universität → Heidelberg wurde nach G.er Vorbild reorganisiert.

Professoren und Studenten hielten sich angesichts der gefahrvollen äußeren Lage hervorragend; sie teilten ihre Zeit zwischen Studium, Schanzarbeit zur Befestigung der Stadt und Waffendienst. Der Herzog von Savoyen suchte die Stadt auszuhungern, mehrfach brach die Pest aus. Aus Geldmangel mußten 1586 sogar die Vorlesungen eingestellt werden, konnten aber dank der Opfer aller nach Jahresfrist wieder aufgenommen werden. Die Belagerung der Stadt war über das Materielle hinaus eine moralische. G. kämpfte für eine Idee. Hier liegt auch der Grund für die straffe militärische Disziplin, die sich bis in den Predigt- und Vorlesungsbesuch hinein bemerkbar machte und in großer Sittenstrenge ihren Ausdruck fand. Verstöße wurden hart geahndet, sogar mit dem Galgen. Trotzdem berichtet Florimont de Raemond, ein kath. Schriftsteller der Zeit, von der starken Anziehungskraft, die G. auf viele ausübte, und vergleicht die Freude der Studenten bei der Ankunft in G. mit der Freude Gottfrieds von Bouillon beim Anblick Jerusalems (Ch.Borgeaud, L'Académie de Calvin, 1900, 168).

Ziel der Akademie war in erster Linie die Heranbildung der Theologen und eines gebildeten Beamten- und Bürgerstandes auf dem Grunde der biblischen Offenbarung. Wenn der Schulbetrieb unter Beza in mancher Hinsicht eine andere Richtung nahm, so ist darin weniger eine Abweichung von der ursprünglichen Linie als vielmehr eine organische Entwicklung zu sehen. – Beza gab der Akademie die Form einer → Universität. Zwar blieb die Theologie weiterhin Hauptsache, aber daneben regte er die Schaffung von Lehrstühlen für Medizin, Rechtswissenschaft, Philologie an, die zT nur kurz bestanden und erst sehr viel später wieder auflebten. Von Heidelberg kam → Ramus, der große Aristotelesgegner, durfte jedoch in G. das »Organon« nicht angreifen. François Hotman lehrte Jurisprudenz und schrieb die meisten seiner Werke in G., darunter die berühmte »Franco-Gallia« (1573; → Revolution: II), die bereits den Geist des »Contrat Social« (→ Rousseau) atmet (Selbstbestimmungsrecht der Völker). → Scaliger las seit 1572 klassische Philologie und erklärte Cicero und Aristoteles; mit ihm erhielten die Humanisten neuen Auftrieb. Isaac → Casaubon, einer der besten Gräzisten der Zeit, lehrte seit 1587 Griechisch. Seiner Initiative verdankt die Bibliothek einen bedeutenden Zuwachs an Büchern und Handschriften. Während der letzten 30 Jahre des 16.Jh.s bedurfte es in besonderem Maße der festen Hand Bezas, um die Akademie trotz Hunger und Pest, Armut und äußerer Bedrohung durch den Herzog von Savoyen in ihrer Existenz zu sichern. Auf seinen Ruf hin verließen berühmte Gelehrte ihre einträglichen Stellungen, um in dem so gefährdeten G. zu lehren. Ihm ist es auch zu danken, daß die G.er Schule damals zum internationalen Kulturzentrum ersten Ranges aufstieg, dessen Ruhm sich weithin erstreckte.

Ein weniger ruhmvolles Bild bietet das 17.Jh. Die Theologie schwenkte ganz auf die Linie der starren calvinistischen → Orthodoxie ein; ihre Hauptvertreter waren → Diodati, Th. → Tronchin, F. → Turrettini, aufrechte Männer, deren Theologie freilich an der Situation ihrer Jugendzeit orientiert blieb und noch immer das Erinnerungsbild der belagerten Stadt mit sich trug. Die G.er Vertreter auf der → Dordrechter Synode (1618) waren entschiedene Anhänger der Prädestinationslehre des → Gomarus und vertraten damit eine Orthodoxie, die in der Unterzeichnung der von Turrettini und dem Zürcher → Heidegger entworfenen Formula Consensus Helvetica (1675) noch einmal ihre Bestätigung fand. An der Akademie machte sich in dieser ruhigeren Zeit eine gewisse Rivalität zwischen den meist reichen und vornehmen deutschen Studenten und den ärmeren Franzosen bemerkbar, auch lockerte sich allmählich die harte Zucht. Um die Jh.wende hielt auch der → Liberalismus in G. Einzug. Man ahnt ihn bereits bei einem Bénédict → Pictet, dem »letzten Orthodoxen« für die einen, dem »ersten Liberalen« für die andern. Erst der Philosoph J. Robert Chouet verhalf ihm jedoch endgültig zum Siege. Als Schüler → Descartes' hatte er in Saumur studiert und übernahm nach seiner Rückkehr den Unterricht in Philosophie. Als eifriger Leser → Bacons und → Gassendis hatte er seinen Schülern den Geschmack an experimenteller Forschung und induktiver Methode beigebracht. P. → Bayle zählte zu seinen Hörern und beschreibt die Experimente dieses Mannes. Ohne seinen Glauben aufzugeben, verstand es Chouet, sorgfältig zwischen der Theologie und seinem Lehrberuf zu scheiden. Nach 20jähriger Tätigkeit an der Akademie wurde er in die Regierung berufen. Nach Ansicht Borgeauds war Chouet der Schöpfer des G.s der Wissenschaft nach dem G. Calvins. Sein Schüler, der Theologe Jean Alph. → Turrettini, übernahm 1697 den Lehrstuhl für Kirchengeschichte. In engster Verbindung mit Sam. → Werenfels (Basel) und J.F. → Ostervald (Neuenburg) wurde er zum Vorkämpfer einer »vernünftigen Orthodoxie«, ließ endgültig die von den Studenten bisher geforderte Unterschrift unter das »Sic sentio«, ein konservatives Glaubensformular, fallen und richtete, mit der calvinistischen Scholastik brechend, die Theologie im Sinne des Liberalismus aus.

Das 18.Jh. sah glänzende Juristen an der Akademie. Seit 1720 wirkte J.J.Burlamaqui, der eigentliche Lehrmeister → Rousseaus (Principes du Droit naturel, 1747; Principes du Droit politique, 1751); durch ihn wurde G. zum einzigen Universitätsort französischer Zunge, an dem die → Naturrechts-Lehre vertreten war. Seine Werke dienten den Cambridger Professoren als Textgrundlage. Neben ihm zeichnete sich Charles Frédéric Necker, der Vater des nachmaligen Ministers Ludwigs XVI., als Lehrer des germanischen Rechts aus.

In den Naturwissenschaften schuf der Mont-Blanc-Bezwinger H.B.de Saussure die Grundlagen der Geologie und begründete die wissenschaftliche Meteorologie. Nach seiner Ernennung 1762 versah er nacheinander die Professur für Physik, Mathematik, Botanik, Logik, Moral und Metaphysik. Es war die Zeit der Verurteilung des »Émile« (1762), als in Rousseau und → Voltaire zwei Welten aufeinanderstießen; im Hintergrund stand der Kampf zwischen den demokratischen und aristokratischen Elementen G.s. Auch in der Akademie fand die Auseinandersetzung ihren Widerhall: Jacob Vernet († 1789), Theologe und damaliger Rektor, verfaßte anläßlich des berühmten Enzyklopädie-Artikels über G. von d' → Alembert eine Antwort an Voltaire, der das Theater in G. heimisch zu machen suchte. Man wünschte damals auch einen Lehrstuhl für Medizin und beabsichtigte Th. Tronchin, Voltaires Leibarzt, damit zu betrauen, der durch die Beobachtung der Naturgesetze in der Medizin als bedeutender Neuerer seines Faches galt. Aber das Mißtrauen seiner medizinischen Kollegen war stärker; Tronchin wurde lediglich Honorar-Prof. an der

Akademie, ohne daß es zur Errichtung des ordentlichen Lehrstuhls kam.

Mit der Zeit war die Akademie zur rein aristokratischen Institution geworden. Sie zählte zwar in ihren Reihen hervorragende Köpfe, aber volkstümlichere Elemente kamen nicht zur Geltung. Als G. 1796 überraschend von Frankreich annektiert wurde, wurde die Akademie samt der G.er Kirche von einer »Société économique« unterhalten. Sie behielt jedoch ihren eigentümlichen Charakter, selbst als sie 1804 den Titel »Kaiserliche Universität G.« erhielt und vier Jahre später kurzerhand der Kaiserlichen Université de France einverleibt wurde. Das Ende der franz. Annexion und der folgende Anschluß an die → Schweiz stellten, wenn auch nur vorübergehend, den früheren Zustand wieder her. Es war die Blütezeit der Naturwissenschaften. Étienne Dumont und A. de Candolle sind ihre bedeutendsten Vertreter, daneben Sismondi als Wirtschaftstheoretiker, Bellot und P.Rossi (später Prof. am Collège de France) als Juristen; auch der nachmalige General Dufour, der Mitbegründer des → Roten Kreuzes, der Schriftsteller Rodolphe Töpffer und D.Colladon gehörten zum G.er Lehrkörper.

Nach und nach übernahm der Staat die Kosten des Lehrbetriebs und wartete darauf, die Leitung der Akademie ganz zu übernehmen; tatsächlich lag diese bis 1834 bei der Compagnie des pasteurs, ging dann aber auf die staatliche Unterrichtskommission über. Diese Maßnahme erfolgte u.a., weil der 1815 konstituierte Kanton G. durch den Anschluß röm.-kath. Gebietsteile einen konfessionell gemischten Charakter erhalten hatte. Zum Zeitpunkt der Übernahme umfaßte die Akademie 4 Fakultäten: theologische, juristische, geistes- und naturwissenschaftliche. 1810 wurde ein naturhistorisches Museum eingeweiht, 1829 ein Observatorium. Nach einer Volkserhebung 1846 erfuhr die G.er Verfassung auf Betreiben J.Fazys eine Reihe von Änderungen. Auch die Akademie wurde in den Strudel der Ereignisse hineingerissen; 1848 kam sie endgültig unter Staatskontrolle. Die Regierung ernannte alle Professoren außer den Theologen, für die der Compagnie des pasteurs bis 1874 das Mitspracherecht zustand. 1872 erfolgte eine grundlegende Revision der Schulgesetzgebung mit einer Neuaufteilung des Gymnasiums in verschiedene Fachzweige, um eine bessere Vorbereitung auf die verschiedenen Fakultäten zu gewährleisten. Die Fakultäten selbst wurden schärfer gegeneinander abgegrenzt und einander vollkommen gleichgestellt. Im selben Jahr wurde die Akademie in eine Universität umgewandelt und bezog die neuerrichteten Universitätsgebäude. Die vom Gesetz vorgesehene medizinische Fakultät wurde 1876 eröffnet; sie erhielt 1881 durch Angliederung eine zahnmedizinische Abteilung. 1915 wurde aus dem Schoß der philosophischen und juristischen Fakultät die neue wirtschafts- und sozialwissenschaftliche Fakultät geschaffen. 1906 war das staatliche Kultusbudget aufgehoben worden, und die theologische Fakultät, deren Professoren seit 1874 ausschließlich vom Staat ernannt wurden, befand sich in einer etwas unglücklichen Lage. 1928 wurde sie als autonome Stiftung konstituiert und einem Stiftungsrat unterstellt, der mehrheitlich aus Vertretern der Kirche besteht und die Professoren ernennt. Obwohl weiterhin integrierender Bestandteil der Universität, ist sie in finanzieller Hinsicht von dieser unabhängig. So »kehrt die Mutter der Universität, nachdem sie alle modernen Disziplinen aus sich hat hervorgehen sehen, zur ursprünglichen Funktion zurück« (A.Malche).

Seit Beginn des 20.Jh.s hat sich die Universität G. rasch entwickelt. Sie zählt heute mehr als 2500 Studenten, von denen die G.er eine verschwindende Minderheit bilden (rd 480), ebenso die übrigen Schweizer (rd 620), während die überwiegende Mehrzahl Ausländer sind, was eine Reihe schwieriger Probleme aufwirft. Die Universität umfaßt heute 6 Fakultäten und 15 Institute und Fachschulen (Architektur-, Dolmetscher-, Pharmazeutenschule, Institute für Biologie, medizinische Chemie, Erziehungswissenschaften, Handelshochschule, Chemische und Physikalische Anstalt usw). Sie unterhält enge Beziehungen zu drei Instituten, die zwar einen eigenen Status besitzen, aber im Rahmen des Universitätsbetriebs mit ihr verbunden sind: das zwischen den beiden Kriegen gegründete Institut universitaire des hautes études internationales, das Centre universitaire d'études oecuméniques in Schloß Bossey b. Céligny (ein Gemeinschaftsunternehmen des Weltkirchenrats und der Universität) und das erst kürzlich gegründete Centre d'études industrielles. Der Lehrkörper umfaßt einschließlich der Privatdozenten etwa 400 Mitglieder. Die Ordinarien und Extraordinarien sind im »Senat« zusammengeschlossen; dessen Ausschuß (Rektor, Prorektor, Sekretär und die 6 Dekane) leitet die Geschicke der Universität.

Le Livre du recteur (1559–1859), 1860 (NB erscheint ab 1959) – CH.BORGEAUD, Histoire de l'Université de Genève, 3 Bde, 1900–09 – DERS., Historique des Facultés (1896–1914), 1914 – A.MALCHE, L'Université de Genève, 1933 (Überblick) – H.GRANDJEAN, L'instruction publique de la République et Canton de Genève (Archiv f. d. schweiz. Unterrichtswesen 42, 1956, 70–89) – P.E.MARTIN, Histoire de l'Université de Genève (1909–56), 1959 – DERS., Historique des Facultés (1914–56), 1959 – P.GEISENDORF, Histoire de l'Université de Genève, 1959.
J.Courvoisier

Genfer Katechismus werden zwei verschiedene Schriften → Calvins (: I, 2c β) genannt. Die eine, i.J. 1537 verfaßt, ist eine in Anlehnung an → Farels »Sommaire« (1525) zusammengestellte »Instruction et Confession de foy dont on use en l'Eglise de Genève«, ein Katechismus und Glaubensbekenntnis, worauf sich die Bürgerschaft Genfs eidlich verpflichten sollte. Calvin lehrt darin die Trinität nicht ausdrücklich, was u.a. zum Streit mit Caroli führte. – Der andere G.K. ist nach der Rückkehr Calvins aus Straßburg um die Jahreswende 1541/42 ebenfalls in franz. Sprache in Form von 373 Fragen und Antworten verfaßt. Entgegen seiner Institutio und → Luther hält Calvin dabei, wohl in Anlehnung an → Capitos »Kinderbericht« (1527/29), die Reihenfolge Glaube-Gesetz inne. Die Prädestinationslehre ist noch nicht entwickelt. Der lat. Text des Katechismus (zuerst 1545, ebenso der erste bekannte franz. Druck) erhielt in den ref. Kirchen das Ansehen einer → Bekenntnisschrift.

Franz. u. lat. Textausg.: CR Calvin VI, 1ff – BSRK 117ff – Le catéchisme de Genève (1542), ed. E.PFISTERER in: NIESEL, BS 1–46. – RE III, 661. 666 – M.BOEGNER, Les catéchismes de Calvin, 1905 – J.COURVOISIER, Les catéchismes de Genève et de Strasbourg (BSHPF 84, 1935, 105–121).
O.E.Strasser

Gengenbach, *Pamphilus* (ca 1480–1525), * und † in Basel, erfolgreicher Buchdrucker und vielseitiger Schriftsteller, zuerst eifriger Katholik, später ebenso eifriger Protestant. Seit 1509 verfaßte er kleine gereimte und prosaische Schriften politischen, satirischen wie moralischen Gehalts von kulturgeschichtlicher Bedeutung, zumal die Meister- und historischen Volkslieder sowie die Fastnachtspiele. Literarisch ist G. als frühster dramatischer Dichter des 16.Jh.s in deutscher Sprache bedeutsam. Bemerkenswert ist die Sammlung von Weingrüßen und -sagen und ein Verzeichnis rotwelscher Wörter der Gaunersprache (bei Goedeke 367ff). Im ganzen handelt es sich um Tendenzliteratur in gutem Sinn, zugleich um den Ausdruck ernster, braver Gesinnung.

Vf. bes.: Der welsch Fluß; Der Bundschuh; Zehn Alter; Gouchmatt; Nollhart. Ausg.: P.G., hg.v. K.GOEDEKE, 1856. – Über G.: ADB VIII, 566ff – S.SINGER, P.G. (Zs. f. dt. Altertum u. dt. Lit. 45,

1901, 153-177) - H.König, P.G. (Zs. f. dt. Philologie 37, 1905, 40-65. 207-252) - F.Stütz, Die Technik der kurzen Reimpaare des P.G. (Qu. u. Forsch. z. Sprach- u. Culturgesch. d. germ. Völker 117), 1912 - K.Lendi, D. Dichter P.G. (Sprache u. Dichtung 39), 1926 - W.Schein, Stilist. Unters.en zu den Werken P.G.s (Diss. Jena), 1927 - R.Raillard, P.G. u. d. Reformation (Diss. Zürich), 1936 - W. Kosch, Dt. Lit.-Lex. I, 1949², 629. *G.Bebermeyer*

Gennadius, 1. G. I., Patriarch *von Konstantinopel* 458-71, verfocht gegen den Monophysitismus die Lehre des Chalcedonense (→ Christologie: II, 4 d) und stand als Exeget der → antiochenischen Schule nahe. Nach → Gennadius von Massilia (De script. eccl. 90) verfaßte er viele Homilien und einen Kommentar zu Dan, nach Marcellinus Comes (Chron. ad a. 470) auch zu allen Paulusbriefen. Unter den in Katenen erhaltenen Fragmenten ragt die Erklärung zu Gen und Röm hervor.

MPG 85, 1611ff - K.Staab, Pauluskommentare aus der griech. Kirche (NTA 15), 1933, XXXVff. 352ff - F.Diekamp, Analecta Patristica, Rom 1938, 54ff. *K.Staab*

2. G. II. (Georgios Kurteses Scholarios; * ca 1405, † bald nach 1472), byzantinischer Theologe und Patriarch *von Konstantinopel* (1454-55 und noch zweimal zu unbestimmter Zeit), nahm als »Kath. Richter« und Sekretär des Kaisers am Konzil von Ferrara-Florenz (1438-39; → Reformkonzile) teil, zunächst als Freund der Union. Unter dem Einfluß des → Markus Eugenikus entschied er sich ca 1443 gegen sie und wurde nach dessen Tod (1445) Haupt der Gegenpartei. Mehmed der Eroberer bestellte ihn zum ersten Patriarchen der Turkokratia. - G. ist nicht nur ein bedeutender selbständiger Denker, sondern Kenner der → Patristik und scholastischen Theologie. Er übersetzte Werke des → Thomas von Aquino, → Gilbert Porreta und Petrus Hispanus (→ Johann XXI.) ins Griechische. Seine dogmatischen Schriften polemisieren für und gegen die Lateiner, gegen die Juden, gegen → Gemistos Plethon und für einen gemäßigten Palamismus (→ Gregor Palamas). Am bekanntesten ist sein Glaubensbekenntnis für Mehmed (→ Bekenntnisbildung, 2). Sein Beitrag zur praktischen Theologie umfaßt Homilien, Aporien zur Bibel, liturgische Dichtungen und Gelegenheitsschriften.

Krit. GA: L.Petit-X.A.Siderides-M.Jugie, Georges (Gennade) Scholarios, Oeuvres complètes, 8 Bde, Paris 1928-36. - Über G.: M.Jugie, Un thomiste à Byzance au XVe siècle (Echos d'Orient 23, 1924, 129-136) - Ders., Theol. dogm. orient. I, Paris 1926, 459ff - K.Bonis, Georgios Scholaris, Athen 1953 (griech.). *H.-G.Beck*

3. *von Massilia*, † 492/505, theologisch gebildeter Presbyter, Vertreter des Semipelagianismus (→ Pelagianismus), setzte des → Hieronymus »De viris illustribus« von 392-492/96 fort und schrieb Bücher gegen → Nestorius, → Eutyches und → Pelagius, die ebenso verloren sind wie seine Übersetzungen aus dem Griechischen. Sein »Liber de ecclesiasticis dogmatibus« ist auch in einer späteren anti-semipelagianischen Fassung erhalten. Der Schlußabschnitt aus »Gegen alle Häresien« ist wohl im »Lib. de eccl. dogm.« erhalten oder mit diesem identisch. Der »Tractatus de mille annis et de apocalypsi beati Joannis« befindet sich irrtümlich unter den Werken Augustins (MPL 35, 2417ff). Papst → Gelasius I. ist eine »Epistula de fide mea« gewidmet.

Ausg.: De vir. ill.: MPL 58, 1059ff - C.A.Bernoulli, 1895 - E.C. Richardson (TU 14, 1), 1896. - De eccl. dogm.: JThS 7, 1906, 78 bis 99; 8, 1907, 103-114 - MPL 58, 979ff (spät. Fassung). - RE VI, 513f - A.Feder, Der Semipelagianismus im Schriftstellerkatalog des G. (Schol. 2, 1927, 481-514) - Ders., Zusätze zum Augustinuskapitel des gennad. Schriftstellerkatalogs (ebd 3, 1928, 238-243) - Ders., Zusätze des gennad. Schriftstellerkatalogs (ebd 8, 1933, 380-399) - RGG² II, 1017 - LThK IV, 382 - Altaner⁵ 426f. *H.-U.Delius*

4. *von Nowgorod* († nach 1504), Archimandrit in Moskau, 1485 Erzbischof von Nowgorod, ließ kirchenslawische → Bibelübersetzungen (: V, 2 l) sammeln und zT neu herstellen (G.bibel), bekämpfte die Sekte der »Judaisten«, wurde 1504 durch Iwan III. abgesetzt.

RE III, 155f - RGG² II, 1017 - A.M.Ammann, Abriß der ostslawischen KG, 1950, 170ff (Lit.) - EC VI, 8 - W.K.Medlin, Moscow and East Rome, Genf 1952, 84f. *M.A.Schmidt*

Genossenschaften im Wirtschaftsleben

1. Wesen und Funktionen - 2. Arten und Aufbau - 3. Geschichte - 4. Volkswirtschaftliche und gesellschaftliche Bedeutung. - G. = Genossenschaft; g. = genossenschaftlich

1. Das heutige, differenzierte und durch machtvolle Verbände repräsentierte G.swesen hat sich seit der Mitte des 19.Jh.s aus kleinsten Anfängen heraus entwickelt. - G.en sind offene personale Wirtschaftsgesellschaften mit eigener Rechtspersönlichkeit. Rechte und Pflichten der Mitglieder sind an die Person gebunden. Jedes Mitglied hat grundsätzlich nur eine Stimme. Zum Unterschied von allen übrigen Wirtschaftsgesellschaften ist der Teilnehmerkreis der G.en offen. Jede Person, die sich in einer gleichartigen Interessenlage wie die Mitglieder befindet, kann sich normalerweise einer bereits bestehenden G. anschließen, aber auch der Austritt aus einer G. steht jedem Mitglied jederzeit frei. - Die G.en unterscheiden sich als Träger der Gesellschaftswirtschaft, was ihre Basis betrifft, sowohl von den Kapitalgesellschaften als auch von den öffentlichen Unternehmungen. Nicht die Bildung eines erwerbs- oder gemeinwirtschaftlichen Grundkapitals, sondern die stetige, freiwillige Zusammenarbeit zwischen privaten Personen stellt das Fundament der g. organisierten Wirtschaft dar. Die Aufbringung eines relativ bescheidenen Geschäftsanteils und die Übernahme einer Haftsumme (Nachschußpflicht) durch das Mitglied haben für die Gesellschaftsstruktur der G. nur subsidiäre Bedeutung, was jedoch nicht besagen soll, daß sie nicht von wesentlicher Bedeutung für die ökonomische Leistungsfähigkeit der G.en sind. - G.en bilden sich, indem eine Mehrzahl von Personen bestimmte wiederkehrende Funktionen, die sich aus ihrer eigenen Wirtschaft ergeben, aber von ihnen einzeln nicht rationell genug wahrgenommen werden können, durch einen gemeinsam errichteten und kontrollierten Wirtschaftsbetrieb ausführen lassen. Als Funktionen, die von Personalwirtschaften durch einen gemeinsamen → Betrieb (: I. II) ausgeführt werden können, kommen vor allem in Betracht: der Wareneinkauf, der Warenverkauf, die Abwicklung der Geld- und Kreditgeschäfte, die Weiterverarbeitung und -verwertung erzeugter Produkte, die Beschaffung von langlebigen Bedarfsgütern (zB Wohnungen) oder von Betriebsmitteln. - Die Vorteile, die sich Personalwirtschaften durch Kooperation verschaffen können, sind im allgemeinen beträchtlich. Die sich g. organisierenden Wirtschaftseinheiten erweitern ihre ökonomische Basis auf organische Weise, erschließen sich zusätzliche Einkommenschancen, verbessern ihre Position in der Marktwirtschaft und fassen in der Gesellschaftsunternehmungswirtschaft Fuß. Insbesondere können sie gegenüber den Machtorganisationen der kapitalistischen Gesellschaftsunternehmungswirtschaft durch Kooperation ein Gleichgewicht wiederherstellen, während sie ihnen als einzelne schlechthin unterlegen sind.

2. Je nach den Ansatzpunkten der g.en Betätigung haben wir drei *Arten* von G.en zu unterscheiden: die Erwerbs-, die Wirtschafts- und die Produktiv-G.en. Von der letztgenannten G.sart soll im folgenden abgesehen werden, da ihr in Deutschland nur eine ganz geringe Bedeutung zukommt. - Zu den sog. Wirtschafts-G.en zäh-

len die Konsum- (Verbraucher-) und Wohnungsbau-G.en. Sie schließen sich an Haushaltswirtschaften an. Die ersteren übernehmen für ihre Mitglieder die Beschaffung von Wirtschaftsgütern des täglichen Konsums unter möglichster Ausschaltung des Zwischenhandels, gegebenenfalls auf dem Wege der Eigenproduktion. Sie erfüllen, gestützt auf die Nachfrage ihrer Mitglieder, Funktionen des → Handels (: III) und gegebenenfalls der Produktion von Konsumgütern. Die Wohnungsbau-G.en befassen sich mit der gemeinsamen Erstellung von Wohnungen und Wohnhäusern, die an ihre Mitglieder mietweise, teils auch zu Eigentum, überlassen werden. - Die andere große Gruppe der G.en, die Erwerbs-G.en, dienen der Förderung selbständiger Erwerbswirtschaften. Sie setzen die Erwerbstätigkeit ihrer Mitgliederwirtschaften auf höherer Stufe in vielfacher Spezialisierung fort, sei es, daß sie für diese den Warenbezug, die Geld- und Kreditgeschäfte oder den Absatz einzelner oder mehrerer Produkte oder die Beschaffung von Betriebsmitteln oder die Weiterverarbeitung der Erzeugnisse in Großbetrieben übernehmen. - Die Erwerbs-G.en haben für die Landwirtschaft (→ Bauer), den gewerblichen → Mittelstand, den Einzelhandel und auch für die zahlreichen kleinen Verkehrs- und Binnenschiffahrtsbetriebe eine große Bedeutung erlangt. Ohne Auf- und Ausbau gemeinsamer G.sunternehmen wären große Teile unserer mittelständischen Wirtschaft, die sich der Form des Familienbetriebes bedienen, nicht lebensfähig geblieben. - Die g. organisierte Wirtschaft der verschiedenen, nicht selten in Konkurrenz miteinander stehenden Sparten erstreckt sich heute regelmäßig über mehrere Handels- und Produktionsstufen. Auf der untersten Stufe stehen die Personalwirtschaften, die Mitglieder und zugleich Kunden ihrer G. sind und ihren Betrieb bzw. Haushalt mit dem gemeinsamen G.sbetrieb abgestimmt haben. - Im Vergleich zu den Mitgliederwirtschaften sind die Einzel-G.en, wie sich aus ihrem Grundauftrag und ihrer Konstruktion ergibt, auf einer höheren, den Mitgliederwirtschaften jedoch unmittelbar vorgeordneten oder nachgeschalteten Wirtschaftsstufe tätig. Sie stellen, da sie stets auf der Mitwirkung zahlreicher Personen beruhen, Gesellschaftsunternehmen dar, bleiben aber, da sie ihrer Natur nach an einen personalen Wirkungsbereich und regelmäßigen Geschäftsverkehr mit ihren Mitgliedern gebunden sind, auf die Wahrnehmung von Funktionen, die sich in einem begrenzten regionalen Gebiet erfüllen lassen, beschränkt. Sie können sich nicht von der untersten Handels- und Produktionsstufe unserer Gesellschaftsunternehmungswirtschaft lösen. Weiterreichende markt- und produktionswirtschaftliche Aufgaben bleiben, auch wenn ihre Durchführung für die Mitgliederwirtschaften von existentieller Bedeutung ist, außerhalb ihres natürlichen Tätigkeitsbereiches. Sie bleiben ergänzungsbedürftig und, sofern sie diese Ergänzung nicht finden und erreichen, abhängig von kapitalistischen Unternehmungen, deren Interessen oft denen der Personalwirtschaften entgegenlaufen. Aus dieser Situation heraus kam es zur Bildung von G.en höherer Ordnung, von G.en durch G.en, m.a.W. von G.szentralen.

3. Die Wegbereiter des modernen G.swesens, zu denen J.H. → Pestalozzi (1746-1827), R. → Owen (1771 bis 1858), → Saint-Simon (1760-1825), Ch.Fourier (1772 bis 1837), V.A. → Huber (1800-69), H.Schulze-Delitzsch (1808-83) und F.W.Raiffeisen (1818-88) zu zählen sind, wollten den mit der Liberalisierung (→ Liberalismus: II) und Industrialisierung (→ Industrie: I) unseres Wirtschaftslebens in Existenznot geratenen Volksschichten, den Arbeitern, den Bauern, den kleinen Gewerbetreibenden usw helfen und eine sozialere Wirtschaftsordnung aufbauen. - Als erste moderne G. hat die 1844 in Rochdale bei Manchester gegründete »Rochdale Society« zu gelten. In ihr schlossen sich Arbeiter als Verbraucher zusammen. Sie hatten in ihrer Gesellschaft auch das ökonomisch so wichtige Prinzip der Verteilung des Überschusses nach dem Umsatz der Mitglieder (Rückvergütung!) eingeführt. Auf die Anwendung dieses Prinzips wird mit Recht die erfolgreiche Entwicklung der Rochdale Society und der nach ihrem Vorbild in England bald in großer Zahl entstandenen Konsum-G.en zurückgeführt. - In England wurde die G.sbewegung hauptsächlich von den Arbeitern getragen. Sie blieb daher lange Zeit auf die Entwicklung von Verbraucher- und von Produktiv-G.en beschränkt. In Deutschland entstanden zwar auch schon relativ früh solche Verbraucher-G.en, das Schwergewicht aber lag von Anfang an bei den G.en des gewerblichen und bäuerlichen Mittelstandes.

Dem gewerblichen G.swesen hat in Deutschland H. Schulze, Richter in Delitzsch und Abgeordneter der liberalen freisinnigen Partei in der Preußischen Nationalversammlung, später im Landtag und anschließend im Reichstag, zu einer zweckmäßigen, unverlierbaren Form und Gestalt verholfen. Für das landwirtschaftliche G.swesen leistete F.W.Raiffeisen, Landbürgermeister in verschiedenen Gemeinden des Westerwaldes, diese Pionierarbeit. Sowohl Schulze als auch Raiffeisen sammelten ihre entscheidenden praktischen Erfahrungen mit der Gründung sozialer Hilfsorganisationen in den schweren Jahren 1846-52. Doch erst als sie erkannten, daß nur die reine und konsequente Anwendung des Prinzips der Selbsthilfe in der Lage war, in den bedrängten Volksschichten diejenigen Fähigkeiten, Kräfte und Energien zu wecken, die es diesen ermöglichen, über den Aufbau gemeinschaftlicher Geschäftsbetriebe den Anschluß an die neuzeitliche Wirtschaftsentwicklung zu erlangen, gelang es ihnen, das moderne gewerbliche und landwirtschaftliche G.swesen Deutschlands zu kraftvollem Leben zu erwecken. - Die Jahrzehnte um die Jh.wende, vor allem die Zeit nach dem Erlaß des noch heute geltenden G.sgesetzes i.J.1889, brachten der deutschen G.sbewegung einen großen Aufschwung. Sie entwickelte sich auf den bereits erschlossenen Gebieten günstig weiter und faßte auf neuen Gebieten Fuß. Die Wirtschafts-G.en erhielten einen großen Mitgliederzugang; die Zahl der gewerblichen Waren-G.en nahm erheblich zu; die landwirtschaftlichen Produktions-G.en machten große Fortschritte. Insbesondere aber zeigte sich nunmehr, daß mit der Zahl und der Leistungsfähigkeit der Einzel-G.en auch die Zeit für den Auf- und Ausbau der G.en höherer Ordnung, der Zentralen, gekommen war. Mit dieser Entwicklung wurde die Frage der g.en Verbandsbildung akut. Von ihren ersten Anfängen an zeigten die G.en die Tendenz, sich zu großen Interessen-, Informations- und Prüfungsverbänden zusammenzuschließen. Doch wies die g.e Verbandsbildung lange Zeit keine klaren Linien auf. Nach 1890 kam es mit der zunehmenden Differenzierung des G.swesens und der Entstehung tieferer Interessengegensätze zu einer heillosen Verbandszersplitterung und zur Austragung mehrerer Systemstreite. Langsam setzten sich klarere Vorstellungen über einen sinnvollen konstruktiven Aufbau des g.en Verbandswesens durch. Die große Bereinigung des deutschen G.swesens erfolgte in den 20er und 30er Jahren. Es bildeten sich vier Sparten heraus. Die G.en des Gewerbes und Einzelhandels bildeten einen Spitzenverband: »Deutscher G.sverband (Schulze-Delitzsch) e.V.«; den zweiten Spitzenverband bildeten alle landwirtschaftlichen G.en: »Deutscher Raiffeisen Verband e.V.«. Die Konsum-G.en bildeten mit ihrem Zusammenschluß die dritte Sparte; ihr Spitzenverband ist der »Zentralverband deutscher Konsum-G.en e.V.«. Schließlich haben sich die Bau-G.en mit den gemeinnützigen Baugesellschaften zusammengeschlossen und einen eigenen einheitlichen Verband geschaffen, den »Gesamtverband gemeinnütziger Wohnungsunternehmen e.V.«. – Der so zustande gekommene Verbandsaufbau des vielgestaltigen deutschen G.swesens kann als sachgerecht und zweckmäßig bezeichnet werden. Gemeinsam haben die vier Spitzenverbände im sog. »Freien Ausschuß« sich ein gemeinsames Forum geschaffen, in dem sie von Fall zu Fall gemeinsame Interessen erörtern und klären.

4. Von der Stellung, die dem G.swesen in unserer Gesamtwirtschaft zukommt, ist die Erhaltung einer freiheitlichen Wirtschaftsordnung wesentlich abhängig. Eine freie → Wirtschaft muß, wenn sie nicht nur formal, sondern substantiell Freiheit aufweisen soll, auf einer möglichst großen Zahl selbständiger Personalwirtschaften (Erwerbswirtschaften und Haushalte) aufbauen können, die auch auf den Ablauf der Gesamtwirtschaft Einfluß nehmen können. Auf sich allein gestellt, »atomisiert«, sind die einzelnen Personalwirtschaften nicht nur leistungsschwach, sondern weitgehend zur Bedeutungslosigkeit, ja zum Untergang verurteilt. Noch ist der Bereich der Personalwirtschaften das Fundament unserer freien Gesamtwirtschaft. Er wird es nur bleiben, wenn die g.e Entwicklung mit der privat- und staatskapitalistischen Wirtschaft wenigstens Schritt halten kann und dabei selbst nicht entartet. – Was die Bedeutung der G.en für das Gesellschaftsleben (→ Gesellschaft) betrifft, so beruht sie darauf, daß sie der Entwurzelung und Entmündigung zahlloser Menschen und zugleich der Entpersönlichung (Entethisierung) der zwischenmenschlichen Wirtschafts- und Gesellschaftsbeziehungen, die eine jahrzehntelange kapitalistische Entwicklung bewirkt hat, entgegenarbeitet. Noch ist vielen Menschen Person-sein-können heute unmöglich. Person-sein-können ist an einen Bereich der wirtschaftlichen Selbständigkeit und Verantwortlichkeit des einzelnen, zugleich aber auch an eine Teilhabe des einzelnen am Daseinsganzen über die Zugehörigkeit zu echten Gemeinschaften gebunden. Beides umschließt die g.e Einstellung und Praxis. Die vielfach vorherrschende Auffassung, daß es unter den heutigen Produktions- und Lebensverhältnissen keine personalistische Daseinsordnung mehr geben könne, ist nicht begründet. Echte G.en sind in der Lage, das personale Ordnungs- und Gestaltungsprinzip auch in jenen Bereich der Wirtschaft hineinzutragen, in dem die Lösung der gestellten Aufgaben nicht nur die Zusammenarbeit einer Vielzahl von Menschen, sondern auch große Mittel erfordert.

E.Grünfeld, Das G.swesen, volkswirtschaftlich u. soziologisch betrachtet (Hdb. des G.swesens, hg.v. E.Grünfeld, I), 1928 – Ders., Art. »G.swesen« (HWB der Staatswissenschaften, ErgBd, 1929, 267-284) – G.Draheim, Die G. als Unternehmungstyp, 1952 – R. Henzler, G.swesen, 1952 – Ders., Die G. eine fördernde Betriebswirtschaft, 1957 – J.Back, Die aktuelle Situation des G.swesens, seine soziale, wirtschaftl. u. kulturelle Bedeutung (in: Aktuelle G.sprobleme, Bern 1953, 17-84) – Ders., Wo stehen die G.en heute? (Zs. für das gesamte G.swesen 4, 1954, 44-68) – Ders., Das G.swesen im Strukturwandel des Gesellschafts- u. Wirtschaftslebens (ebd 7, 1957, 263-291) – Ders., Der Standort der G.en im heutigen Wirtschafts- u. Gesellschaftsleben, Wien 1955 – Ders., Art. »G.sgesch.« (HWBW² II, 1957ff, 2191-2209) – H.Paulick, Das Recht der eingetragenen G., 1956. – Bibliogr. in: Zs. für das gesamte G.swesen 1ff, 1950ff.

J.M.Back

Genovefa, 1. *die Heilige,* gilt als Patronin von Paris, weil sie angeblich die Stadt 451 vor Attila rettete und eine Basilika zu Ehren des hl. →Dionysius (, 8) stiftete. Während des MA in ganz Frankreich verehrt, wurden 1793 ihre Reliquien verbrannt und ihre Kirche in Paris in das Pantheon umgewandelt. G.s Attribut ist die brennende Kerze, die ein Teufel auszulöschen versucht. In Deutschland findet sich ihre älteste Darstellung in einer Holzstatue des 15.Jh.s von Simon Lainberger in Altismonswald/Baden. Tag: 3.1.

AS Jan. I, 137ff – MG SS rer. Merov. III, 240ff – H.Lesêtre, Sainte G., Paris (1899) 1930[13] – K.Künstle, Vita sanctae Genovefae virginis, Parisiorum patronae, 1910 – A.D.Sertillanges, Sainte Geneviève (L'art et les Saints), Paris 1917 – Künstle II, 261ff – Braun, TA 280ff – Doyé I, 430.

2. *von Brabant,* angeblich die Gattin des Pfalzgrafen Siegfried von Brabant (um 750), die, fälschlich des Ehebruchs mit dem Haushofmeister Golo beschuldigt, nach 6jähriger Verbannung mit ihrem Kinde wieder zurückkehren durfte. Ihr Attribut ist die Hirschkuh, da nach der Legende Mutter und Kind einer solchen das Leben verdanken. Die Verehrung der nicht kanonisierten Heiligen ist im 8.Jh. nachweisbar; Hauptort ist Frauenkirch bei Maria Laach. Tag: 2.4. – Der sehr volkstümliche Stoff der G.-Legende wurde mehrfach als Drama (Tieck 1799, Maler Müller 1808, Hebbel 1843) und als Oper (R.Schumann 1848, B.Scholz 1875) bearbeitet.

B.Golz, Pfalzgräfin G. in der dt. Dichtung, 1897 – F.Görres, Neue Forschungen zur G.-Sage (Annalen d. Hist. Ver. f. d. Niederrhein 66, 1898, 1-39) – A.Müller, Die dramat. Bearbeitung d. G.-Legende (Progr. Muri 1902) – G.Kentenich, Die G.-Legende, 1927 – Doyé I, 430f.

H.Paulus

Gentilis *(Gentile), Valentino* (ca 1520–66), * in Cosenza (Calabrien), Humanist, schließt sich 1556 (1557?) in Genf der italienischen Flüchtlingsgemeinde an und wird vor allem unter dem Einfluß von → Gribaldi, der auch später sein Mentor bleibt, zum → Antitrinitarier. Humanistische Ablehnung der scholastischen Terminologie, bes. des Substanzbegriffes, und das Bewußtsein persönlicher Erleuchtung führen zur Kritik an der kirchlichen Trinitätslehre (→ Trinität: III) und zum Zusammenstoß mit den Genfer Behörden und → Calvin. Zum Widerruf gezwungen, wird G. trotzdem – mit Vollstreckungsaufschub – zum Tode verurteilt, nach kurzer Zeit freigelassen, flieht und beginnt – eidbrüchig – seine Polemik gegen Calvin von neuem (Antidota, 1559 gegen die eben erschienene letzte Auflage der Inst. [I, 13, §§ 20-29] gerichtet). Die polnischen »Tritheisten« (Gregor → Pauli) berufen sich auf ihn, polnische Synoden (Krakau Okt., Pinczow 4.11.1562) erklären sich gegen ihn. Von 1563 bis 1566 wirkt er selbst in Polen. Die Erneuerung des Parczower Edikts (1564) treibt ihn 1566 aus dem Lande. Über Mähren und Wien sucht er Zuflucht bei Gribaldi in Gex (Kanton Bern). Als er für eine internationale Disputation über die Trinitätslehre wirbt, wird er verhaftet, unter dem Druck → Bezas, → Bullingers und B. → Hallers zum Tode verurteilt und am 10.9.1566 enthauptet.

HBLS III, 475 – W.Niesel, Zum Genfer Prozeß gegen V.G. (ARG 26, 1929, 270-273) – Encicl. Italiana XVI, 1932, 581 – D.Cantimori, Ital. Häretiker der Spätrenaissance, 1939 (ital.); dt. v. W.Kaegi, 1949 – T.R.Castiglione, V.G. antitrinitario calabrese del XVI sec. (Archivio storico per la Calabria e Lucania 8, 1938, 109-128; 9, 1939, 41-54; 14, 1945, 101-114) – EC VI, 36.

W.Maurer

Gentleman. Der G. gehört als große Leistung englischer Menschenformung zu den bedeutenden Leitbildern bewältigten Daseins in der europäischen Kultur. Idee und Gestalt des G. stellen zugleich ein Charakteristikum des Engländertums dar, eine bestimmte Prägung innerer und äußerer Lebensformen. Er verkörpert ein Ideal der »manhood«. Besondere Bedeutung kommt der »selfrule« zu. – Urform ist das weltmännische Ideal des hochmittelalterlichen Ritterstandes, das bei G.Chaucer († 1400), dem kritischen und vertiefenden Darsteller ritterlichen Lebens und Denkens im englischen Bereich, durch den »gentil man« verkörpert wird (zunächst - seit etwa 1275 - »Mann edler Abkunft«, von Chaucer erstmals auch in ständisch-entschränkender, ethisch-wertender Bedeutung verwandt; doch kann W.Harrison [1534 bis 1593] auch erwähnen, daß zum »complete G.« ein Wappen gehöre). Der englische Humanismus (vgl. das Erziehungsprogramm von Th. → Morus, Elyot, Ascham) hat das ritterliche G.-Ideal geistig bereichert und zum aristokratisch-höfischen Ideal geformt (Einfluß von Castigliones »Il Cortegiano«, 1528, engl. Übers. 1561). Beispiele sublimer Verkörperung sind Sir Philip Sidney (1554-86) und die Gestalt des Kent in Shakespeares »Lear«. Platos Harmoniegedanken und des Aristoteles »Ethik« und »Politik« gewinnen bedeutsamen und dauernden pädagogischen Einfluß. → Aufklärung und puritanisches → Bürgertum prägen die adelig-bürgerliche Form des G. Verinnerlichung und Differenzierung unter gleichzeitig zunehmender sozialer Entgrenzung, vor allem im 19.Jh., sind Kennzeichen der weiteren Tradierung (bedeutendstes Dokument für jene Zeit: J.H. → Newmans Definition des G., 1852). Obwohl im 17.Jh. schon Erziehungsideal der Public Schools und Universitäten, hat der G. als pädagogisches Leitbild tiefgreifenden, bis heute reichenden Einfluß auf die Formung einer breiteren Führerschicht erst nach den Reformen der Public Schools durch Th.Arnold (Headmaster von Rugby 1828-42; Erziehungsziel: der »christian G.«) gewonnen. Das heute vielfach mit »citizenship« umschriebene Erziehungsideal aller Erziehungsstätten des Landes ist vom Ideal des G. beeinflußt. Auch die »Scout Laws« tragen Züge dieser Wertwelt. R.N.Coudenhove-Kalergis (* 1894) Paneuropa-Philosophie sah in dem urban und heroisch verstandenen G. den Träger einer europäischen Renaissance. - Das G.-Ideal prägte den Führertyp Englands. Sein »code of conduct« ist für die Elite - gleichgültig aus welcher Schicht sie kommt - verpflichtend geworden. Man hat ihn auch als »Mit-Führer« bezeichnet, weil ohne Führungsanspruch, wohl aber zum Führer erzogen. Sein Führertum ist »executive rather than intellectual«. Sich unter Verzicht auf geistig-seelische Durchdringung der Welt am praktisch Notwendigen orientierend, richtet er als Willens- und Tatmensch seine machtverwaltende Tatkraft im Rahmen eines gemeinsinnig-verantwortlichen Lebens auf Lebensmeisterung und Wirklichkeitsbewältigung. Trotz pragmatischer Welthaltung ist er sittlich gebundener Führer, dessen eher stoisch als christlich fundiertes Ethos charakterfest und pflichtbewußt macht und der Gerechtigkeit bzw. Billigkeit den höchsten Rang zumißt. - Standesideale anderer Nationen - der sich über den »chevalier« und »gentilhomme« entwickelnde »honnête homme« kommt dem G. am nächsten - mögen sittlich reicher und welthaltiger sein, doch konnten sie nie für eine ganze Nation verpflichtendes Leitbild werden. Weltanschaulich unbelastet, politisch nicht mißbraucht, hat das im G.-Ideal verdichtete Hochbild von Humanität - bei aller Einseitigkeit - in steigendem Maße volkserzieherische Kraft entfalten, immer wieder fruchtbare Spannung auslösen und dem englischen Leben Richtung geben können, nachdem es durch Jh.e in einem großen Assimilationsprozeß die Bildungsabsichten aller Perioden anzog und in sich aufsog.

A.Hoyler, G.-Ideal u. G.-Erziehung, 1933 - A.Eichler, Der G., 1943 - H.Pöttgen, Die geschichtl. Entwicklung des G.-Ideals (Die Neueren Sprachen NF 1, 1952, 71-81) - Ders., Das engl. G.-Ideal in der Gegenwart (ebd 424-431) - H.Nicolson, Good Behaviour, London 1955 (Neudruck); dt.: Vom Mandarin zum G., 1957.

H.Pöttgen

Genua, *Erzbistum.* Während die Diözese G. erst seit 381 sicher bezeugt ist, als Bischof Diogenes die Beschlüsse des Konzils von Aquileja unterzeichnete, war das Christentum in G. schon seit langem bekannt, wie zahlreiche christliche Sarkophage aus dem 3.Jh. beweisen. Als die → Langobarden Italien besetzten und Honoratus, der Bischof von Mailand, nach G. flüchtete, wurde er auch dort Bischof, und die beiden Diözesen blieben dann beinahe sicher bis 659 vereinigt. Durch die → Kreuzzüge und die Eroberung Korsikas wuchs die wirtschaftliche und politische Bedeutung G.s, so daß Innozenz II. die Stadt zur Metropole erhob mit den Suffragandiözesen Bobbio und Brugnato auf dem Festland und Accia, Mariana und Nebbio auf Korsika. Dazu kamen später Albenga (1159, endgültig 1213), Noli (1239) und weitere noch während des 19.Jh.s: Nizza (1815-62), Ventimiglia (1818), Tortona (1817), Luni-Sarzana (1820) und seit 1896 Chiavari. Die Erzdiözese G. umfaßt zZ (1957) 966 qkm mit 800 000 Einwohnern (davon 795 000 Katholiken), 662 Kirchen und 243 Pfarreien.

F.Ughelli-N.Coleti, Italia Sacra IV, Venedig 1719, 829ff - G.B. Semeria, Secoli cristiani della Liguria ossia storia della metropoli di Genova, 2 Bde, Turin 1843 - P.F.Kehr, Italia Pontificia VI/2, 1914, 258ff (Lit.) - F.Lanzoni, Le diocesi d'Italia II, Faenza 1927, 834ff - LThK IV, 388f (Lit.) - EC VI, 19ff (Lit.) - AnnPont 1957, 254.

R.Manselli

Geoffrey (*Galfried*) *von Monmouth*, † 1154 als Bischof von St.Asaph (Wales), ursprünglich vielleicht Benediktinermönch bei Monmouth, englischer Geschichtsschreiber, verfaßte eine »Historia Regum Britanniae« (endgültige Ausg. 1147). Er übersetzte die Prophezeiungen Merlins aus dem Kymrischen ins Lateinische und brachte so die Artussage in die abendländische Literatur. G. beeinflußte sämtliche englischen Chronisten bis zu Holinshed (*die* Quelle für → Shakespeare). Viele englische Dichter schöpften aus ihm ihre Stoffe.

Ausg. v. J.Cavellatus (J.Capellet), Paris (1508) 1517²; Heidelberg 1587³ (in: H.Commelinus, Rerum Brit. scriptores, 1-92). - Krit. Ausg.: Galfridi Monumetensis Historia Britonum, ed. J.A. Giles, London 1844. - Dt. Übers. v. San Marte (= A.Schulz), 1854; neuengl. Übers. v. A.Thompson, London 1718, u. v. J.A.Giles, London 1842; lat. u. engl. v. R.E.Jones, London u. New York 1929. - Über G.: E.K.Chambers, Arthur of Britain, London 1927 (bibliogr. erschöpfend) - J.S.P.Tatlock, The legendary history of Britain: G. of M.'s Historia Regum Britanniae and its early vernacular versions, Berkeley (Calif.) 1950.

M.Schmidt

Geographie, *wissenschaftsgeschichtlich*

1. Biblische G. - 2. Kirchliche G.

1. a) Erste Ansätze zu einer »gelehrten« Beschreibung Palästinas (→ Kanaan: I) und → Syriens liegen uns vor in dem um 1100 vChr verfaßten Onomastikon des Amenope, einer sachlich geordneten Aufzählung aller Wesen und Dinge, die »Ptah geschaffen und Thoth aufgezeichnet hat«; sie bietet etwa 20 Länder- und Ortsnamen von → Karkemisch im Norden bis → Gaza im Süden (s. Alt I, 231-245). Nicht der Belehrung, sondern kultischen und politischen Zwecken dienten die zT sehr viel älteren, umfangreicheren Namenreihen in den Ächtungstexten der ausgehenden 12. Dynastie (um 1800 vChr; s. A.Alt, ZDPV 64, 1941, 21-39) und in den Palästinalisten der Pharaonen des Neuen Reiches von Thutmosis III. bis Ramses III. (→ Ägypten: I; s. auch M. Noth, ZDPV 60, 1937 und 61, 1938). Diese Namenreihen stehen neben den ältesten Dichtungen und Erzählungen des AT, den Amarnabriefen (→ Amarna) und anderen altorientalischen Urkunden der historischen G. als Quellen für das 2.Jt. vChr zur Verfügung, für das 1.Jt. vChr neben dem AT und den → Makkabäerbüchern die Palästinaliste Schoschenks I., die Feldzugsberichte der Assyrerkönige und die gelegentlichen Mitteilungen, die

Pseudo-Skylax, Polybios und Strabon in ihren geographischen Werken auch über Palästina machen. Für die römisch-byzantinische Epoche haben wir als Quellen neben dem NT das reiche Material in den Werken des → Josephus und das weniger ergiebige im → Talmud, die Quarta Asiae Tabula des Claudius Ptolemaeus, die erhaltenen Reste der römischen Straßenkarten, das bes. wichtige Onomastikon des → Eusebius von Cäsarea, ein Verzeichnis biblischer Ortsnamen mit Angaben über die Lage, Größe und Bedeutung der Orte sowie die Mosaikkarte von → Mādebā. Für das MA liegen zahlreiche Pilger- und Kreuzfahrerschriften vor (zB Arculf, Burchardus und → Wilhelm von Tyrus). Ergiebigere und genauere Nachrichten zur Landeskunde Palästinas in diesem Zeitraum verdanken wir jedoch den islamischen Geographen el-Jaḳūbi, el-Iṣṭachri, Ibn Faḳīh, el-Mukadassi u.a.

b) Die wissenschaftliche Erforschung der G. Palästinas wurde erst eingeleitet durch die Forschungsreisenden des frühen 19.Jh.s, vor allem durch U.J.Seetzen, J.L.Burckhardt und E.Robinson. Um 1860 begann die planmäßige Aufnahme und Vermessung des Landes. V.H.Guérin beschrieb in seiner siebenbändigen »Description de la Palestine« (1868–80) die Städte, Dörfer und Ruinen des Westjordanlandes. Damals entstanden auch die Institute, die sich neben der archäologischen auch eine systematische geographische Erforschung und Vermessung des Landes zur Aufgabe machten: 1865 der Palestine Exploration Fund, der 1872–78 das Westjordanland kartographisch aufnehmen ließ (»Map of Western Palestine«, 26 Blatt im Maßstab 1:63 360 mit einer umfangreichen Landesbeschreibung »Survey of Western Palestine«), und 1877 der Deutsche Verein zur Erforschung Palästinas, in dessen Auftrag G.Schumacher 1896–1902 das nördliche Ostjordanland aufnahm (»Karte des Ostjordanlandes«, 10 Blatt 1:63 360 mit einer von C.Steuernagel hg. Landesbeschreibung »Der Adschlūn«, 1927). Auf Grund dieser Vorarbeiten und eigener Messungen stellte während des 1. Weltkrieges eine deutsche Vermessungsabteilung die später vom Reichsamt für Landesaufnahme veröffentlichte »Karte von Palästina« (39 Blatt 1:50 000 und 7 Blatt 1:25 000) her. Eine gute, jetzt im Handel erhältliche Karte der beiden Landesteile im Maßstab 1:250 000 ist auf Grund von Aufnahmen aus der englischen Mandatszeit angefertigt und 1949/50 in drei Blatt »The Hashemite Kingdom of Jordan« vom Department of Lands and Surveys of the Jordan und 1951 in drei Blatt »Israel« vom Survey of Israel herausgegeben worden. – An weiteren Institutionen, die Beiträge zur Erforschung der G. und antiken Topographie und Siedlungsgeschichte Palästinas geliefert haben und noch liefern, sind (mit Angabe ihrer Gründungsjahre) zu nennen: die École Biblique et Archéologique Française der Dominikaner 1890, die American School of Oriental Research 1900, das Deutsche Ev. Institut für Altertumswissenschaft des Hl. Landes 1902, das Archäologische Institut der Görres-Gesellschaft 1909, die British School of Archaeology 1919, die Palestine Oriental Society 1921, die Jewish Exploration Society, jetzt Israel Exploration Society, 1922 und die Hebräische Universität 1925.

Lit. bis 1927 in RGG² II, 1025f. – G.A.Smith, The Historical Geography of the Holy Land, (1894) 1931²⁵ – R.Koeppel, Palästina. Die Landschaft in Karten u. Bildern, 1930 – F.M.Abel, Géographie de la Palestine I. II, Paris 1933/38 – M.Noth, Die Welt des AT, (1940) 1956³, 1ff – G.E.Wright-F.V.Filson, The Westminster Historical Atlas to the Bible, London (1946) 1947² – E.de Vaumas, Le Liban. Étude de géographie physique, Paris 1954 – L.H.Grollenberg, Bildatlas zur Bibel, 1957. – M.Blanckenhorn, Bericht über die Fortschritte der geolog. Erforschung Palästinas von 1931–38 (ZDPV 62, 1939, 22–52) – H.Fischer, Gesch. der Kartographie von Palästina (ebd 169–189; 63, 1940, 1–111) – P.Thomsen, Neue Beiträge u. Funde zur Orts- u. Landeskunde von Syrien u. Palästina (ZDPV 65, 1942, 122–143). – Weitere wichtige Aufsätze in IEJ, PJ u. ZDPV. – Vollständige Bibliogr.: P.Thomsen, Die Palästina-Lit. V, 1938/39 (für die Jahre 1925–34); VI, 1956 (für die Jahre 1935–39). *A.Kuschke*

2. Als Seitenstück zur politischen G. fällt der *kirchlichen G.* die Beschreibung oder kartographische Darstellung der räumlichen Ausdehnung oder Gliederung kirchlicher Einrichtungen (Kirchenprovinzen, Diözesen, Landeskirchen, Pfarreien) zu; daneben bezieht sie in diese Aufgabe auch den Ablauf kirchengeschichtlicher Vorgänge (Mission, Reformation) und die Verbreitung der Religionen und Bekenntnisse sowie diejenige einzelner religiöser Erscheinungen (Heiligenverehrung, Patrozinien) ein. Auf geschichtliche Anliegen nicht minder als auf praktische Gegenwartszwecke ausgerichtet, steht sie in enger Berührung zur kirchlichen Verfassungs- und Kultgeschichte (→ Kirchenverfassung) wie zur kirchlichen → »Statistik«. Trotz einzelner im 18. und 19.Jh. unternommener Versuche systematischer Zusammenfassung ist die kirchliche G. nicht zum Range einer eigenen Disziplin aufgestiegen. Seit dem ausgehenden 19.Jh. hat sie aber eine Belebung und strengere wissenschaftliche Ausrichtung im Verbande der landschaftlichen historisch-geographischen und kulturgeographischen Forschung erfahren.

K.Heussi-H.Mulert, Atlas zur KG, (1905) 1937³ – DHGE 1ff, Paris 1912ff – C.Streit, Atlas hierarchicus, (1913) 1929² – G. Lüdtke-L.Mackensen, Dt. Kulturatlas II-V, 1928–38 – RGG² II, 1026 – G.Franz, Histor. Kartographie, 1955 – F. de Dainville, Cartes anciennes de l'église de France, Paris 1956. *J.Bauermann*

Georg, 1. *der Araberbischof* (um 640–724), seit 686 Oberhirt der damals noch christlichen Araberstämme im südl. Zweistromlande, war der bedeutendste monophysitische Kirchenschriftsteller seiner Zeit mit guter philosophischer Schulung und nüchternem Tatsachensinn. Er führte des → Jakob von Edessa Hexaëmeron zu Ende, übertrug das Organon des → Aristoteles ins Syrische, verfaßte gereimte Abhandlungen über die Sakramente (Taufe mit Salbung, Abendmahl, Myronweihe) und behandelte (auch in Briefen) patristische, exegetische, dogmatische, auch astronomische Fragen.

RE VI, 522ff – A.Baumstark, Gesch. der syr. Lit., 1922, 257f – Ders. in: Hdb. der Orientalistik, hg.v. B.Spuler, III/2-3, 1954, 192 (beides mit Verz. der Text-Ausg.n, Übers.en, Lit.). *B.Spuler*

2. G. III. der *Gottselige* (1507–53), seit 1530 (zusammen mit zwei Brüdern) regierender Fürst von Anhalt-Dessau, ist die einzige fürstliche Persönlichkeit geistlichen Standes (1518 Domherr von Merseburg, 1524/26 Dompropst von Magdeburg; 1548 noch Dompropst von Meißen), die in der Reformationszeit nach dem Bruch mit der alten Kirche das ev. Predigtamt übernahm. Zugleich als Landesfürst und geistlicher Oberherr (Archidiakonus) führte G. in dem noch altgläubigen Teil → Anhalts 1530 bis 1532 die Reformation ein. 1539ff wirkte er an der Reformation in → Brandenburg (: II) mit und auch bei den Religionsverhandlungen im Reich (Regensburger Religionsgespräch 1541). 1544 wurde er nicht nur, von Luther ordiniert, geistlicher Koadjutor des Administrators für das Bistum → Merseburg, sondern auch bestimmender Berater des Herzogs → Moritz bei der Gestaltung des Kirchenwesens im albertinischen → Sachsen. Theologisch Schüler sowohl Luthers als auch Melanchthons, verfolgte G. doch seine ganz eigene Linie. Sein Kirchenideal war das einer Kirche, die sich ganz zum sola fide und sola scriptura bekennt und doch, vor allem was die kirchlichen Bräuche betrifft, im »catholicus consensus« bleibt. Das sog. Leipziger → Interim, im wesentlichen G.s Werk, ist wenigstens in der Intention nicht als Ab-

schwächung des Augsburger Interim, sondern als Darstellung von G.s Kirchenideal und als Festlegung des albertinischen Sachsen auf den status quo der meisten Gemeinden gemeint. G.s reformatorische Linie hat für die am stärksten habsburggebundenen deutschen Territorien (Brandenburg, Sachsen albertinisch) den Übergang zum ev. Glauben ermöglicht. Das seelsorgerliche Charisma G.s, der die Merseburger Pfarrer zu regelmäßigen Pfarrersynoden versammelte, auch darüber hinaus selbst predigte, war so groß, daß sogar Luther sich dem Rate des fürstlichen Freundes (Wurzener Fehde!) beugen konnte. G.s Werke sind meist erweitert zum Druck gegebene Predigten (wider die falschen Propheten, über das Abendmahl usw).

Ausg.n der Werke: 1555, 1570 (lat.), 1577 usw. - J.Camerarius, Narratio de vita Georgii Principis Anhaltini, 1555; hg.v. W.Schubert, 1853 - F.Lau, G. III. v. Anhalt (1507-53), erster ev. »Bischof« von Merseburg (WZ Leipzig 3, 1953/54, 139-152; Lit.). *F.Lau*

3. *der Heilige,* war der Erzmärtyrer und → Nothelfer des Altertums und MA. Geschichtlich ist wohl die Überlieferung von einem hochgestellten Kriegsmann G. aus Kappadokien, der unter → Diokletian den Märtyrertod erleidet. Dagegen ist der Kampf mit dem Drachen und die Befreiung der ihm geopferten Königstochter legendäre Zutat des 11.Jh.s. Durch Anknüpfung der Heiligenlegende an die hl. Schrift (Gen 3, 15; Dan 14, 26; Apk 12, 7-9) wurde die Verehrung des Heiligen in Ost und West weitverbreitet (vgl. G.sminne, G.s-Ritterschaft, Georgi-Ritt). Die frühesten östlichen G.sbilder aus dem 10.Jh. zeigen den Heiligen als Krieger in byzantinischer Hoftracht und erst im 12.Jh. vereinzelt auch als Drachentöter zu Pferd. Im Westen wurde G. seit Beginn des MA als Märtyrer für den Glauben, aber erst seit dem 1.Kreuzzug als »Ritter St.G.« verehrt. Die abendländische Darstellungsweise zeigt - eng an die östliche angelehnt - bis ins 14.Jh. den Ritter, ohne Drachenkampf (vgl. Statue am Freiburger Münsterturm). Seit dem 15.Jh. kennt man ihn als den Triumphator (vgl. Mantegna, Venedig) und als den jugendlichen, hoch zu Roß mit dem Drachen kämpfenden Helden (vgl. Raffael, Louvre), als der er uns noch heute in den zahlreichen barocken Nothelfer-, auch G.skirchen Süddeutschlands begegnet. Seine Attribute sind das braune Pferd und der Drache. Er trägt mit seiner Ritterrüstung Lanze, Schwert, Schild und Banner. Tag: 23.4.

K.Sandkühler, D. Drachenkampf d. hl. G. in engl. Legende u. Dichtung (Diss. München), 1913 - W.F.Volbach, D. hl. G., 1917 - Künstle II, 236ff - RGG² II, 1028f (Lit.) - E.A.W.Budge, G. of Lydda, London 1930 - Doyé I, 432f - C.Erdmann, D. Entstehung d. Kreuzzugsgedankens, (1935) 1955², Kap. 9 - Braun, TA 283ff. *H.Paulus*

4. *von Laodicea* (ca 290 bis ca 360), * in Alexandrien, unter → Alexander von Alexandrien Presbyter, während des → arianischen Streites seines Amtes entsetzt, wurde um 335 auf Betreiben der Eusebianer Bischof von Laodicea ad mare. In seinem Bestreben, die bestehende dogmatische Kluft zu überbrücken, war er ein unbeugsamer Gegner des → Athanasius, mit → Basilius von Ancyra Führer der homöusianischen Partei, Freund des → Eusebius von Emesa, auf den er ein Enkomium hielt, und Wegbereiter der Versöhnungstheologie der drei großen Kappadozier. Man kann ihm Charakterlosigkeit nicht nachsagen. - Vgl. → Christologie: II, 3d.

RE VI, 539ff; XXIII, 552 - J.Gummerus, Die homöusianische Partei, 1900, 29ff - PW VII/1, 1910, 1225f - Bardenhewer III, 264f. *W.Völker*

5. *Herzog von Sachsen* (1500-39; * 1471), gen. der Bärtige. Dieser energische Gegner → Luthers war einer der tüchtigsten Territorialfürsten seiner Zeit, der sein Land ausgezeichnet verwaltete, in ungewöhnlich gutem Einvernehmen mit seinen Ständen lebte, dem Kaiser unbedingt untergeben war und stets gute Beziehungen zu Habsburg suchte, streng rechtlich gesinnt, sittlich sauber und katholisch fromm. Stark von → Erasmus beeinflußt und sich humanistischer Räte bedienend, reformierte er selbst die Kirche seines Landes, bes. die Klöster. Im Reiche machte er sich zum Sprecher für die → »Gravamina der deutschen Nation« (Wormser Reichstag 1521). Luther lehnte er von vornherein ab, und nach dessen Ächtung arbeitete er beim Reichsregiment in Nürnberg kräftig im Sinne der Durchführung des Wormser Edikts. In der literarischen Kontroverse, die von seinem Hof aus gegen Luther ins Werk gesetzt wurde (→ Emser, → Cochläus), griff er selbst zur Feder (→ Alvelt). Die Gründe der Gegnerschaft waren im wesentlichen religiöser Natur. 1539 mußte der kinderlos gewordene treue Bekenner des alten Glaubens sein innerlich längst dem neuen Glauben offenes Land seinem Bruder Heinrich und damit der Reformation überlassen.

Wirkliche Biogr. fehlt. - F.Gess, Akten u. Briefe z. Kirchenpol. Hzg. G.s v. Sachsen, 2 Bde, 1905/17 (für die Zeit 1517-27; Material weiterer Bde im Landeshauptarchiv Dresden) - H.v.Welck, G.d. Bärtige, Hzg. v. Sachsen, 1909 - O.A.Hecker, Religion u. Politik in d. letzten Lebensjahren Hzg. G.s des Bärt. v. Sachsen, 1912 - H. Becker, Hzg. G. v. Sachsen als kirchl. u. theol. Schriftst. (ARG 14, 1927, 161-269) - W.Goerlitz, Staat u. Stände unter den Herzögen Albrecht u. G., 1928 - G.Reichel, Hzg. G.d.B. u. Erasmus (Diss. Leipzig), 1947 - O.Vossler, Hzg. G.d.Bärtige u. seine Ablehnung Luthers (HZ 184, 1957, 272-291). *F.Lau*

George, *Stefan* (1868-1933), * in Büdesheim b. Bingen, † in Minusio, einer der bedeutendsten deutschen Dichter seiner Zeit. Katholisch erzogen, löste sich G. schon in früher Jugend vom christlichen Glauben. Ein schmerzliches Gefühl des Nichts und der Leere der Welt verbindet sich in ihm mit einem tiefen Sinn für das Kultische. Diese Spannung drückt sich im Frühwerk »Algabal« durch die »satanische« Verherrlichung des röm. Kaisers Heliogabalus aus. Während das Kreuz noch lange für die Menge »das Licht der Erde« bleiben soll, entfernt sich der Dichter immer mehr von einer Kirche, die die »freien nackten Leiber« der antiken Welt »streng gestaupt« hat. Bes. Luther und die »starren Sätze« der Reformation werden kritisiert. Um die Jh.wende gerät G. in den Bann der sog. »kosmischen« Kreise in München: Unter dem Einfluß des neuheidnischen Denkens bei A. → Schuler und L. → Klages, zT aber auch gegen deren Verherrlichung der chthonischen Kräfte, wird das Kommen eines neuen göttlichen Knaben verkündigt. In dem frühverstorbenen Maximilian Kronberger (1888-1904), den er unter dem Namen Maximin besingt, will G. den neuen Gott erkennen. Sein Leben und sein Tod werden im »Siebenten Ring« unter Verwendung christlicher Bilder dargestellt, zugleich aber auch in der Form eines Sonnenmythos. In den späteren Gedichten wandelt sich dann diese Gestalt: Der »Gott« Maximin, der der Welt ein »neues Heil« bringen sollte und mit dem sich der Dichter über den Tod hinaus in »geheimster Ehe« vereinte, wird nach und nach als »göttlicher Mensch« gedeutet, als »Darsteller einer allmächtigen Jugend« säkularisiert. Er ist nur noch der erste Vertreter einer Reihe »schöner Leiber«, die vom dichterischen Wort ins Leben gerufen werden. Die Aufgabe der Natur, der »großen Nährerin«, besteht darin, daß sie »den Leib vergottet und den Gott verleibt«, dh das Göttliche im Menschen immer wieder erscheinen läßt. Wenn sie aber diese Geburt des Gottes im Menschen nicht mehr vollzieht, müssen einige Erwählte die Gnade erzwingen, »die Hand ihr pressen, pakken ihre Flechte / daß sie ihr Werk willfährig wieder treibt«. Zugleich entwickelt G. in seinen letzten Gedichten einen religiösen Synkretismus: »Apollo lehnt geheim an Baldur«; »der an dem Baum des Heiles hing«, wirft »die Blässe blasser Seelen« ab und erscheint nach Jh.en der Trauer und der Nacht endlich in »des Bundes Fülle« als »der Christ im Tanz«. Hinter diesen gnostischen Bildern hat sich aber der religiöse Gehalt immer mehr verflüchtigt. Die religiöse Sprache, deren sich G. bedient, ist nur noch der symbolische Ausdruck einer rein diesseitig orientierten Weisheit und das dichterische Gewand seiner erzieherischen Absichten. – Um den Dichter G. sammelte sich seit der Jh.wende ein wechselnder Kreis (sog. George-Kreis) bedeutender Geister aus dem Bereich der Literatur und Wissenschaft, so einerseits u.a. der junge H.v. → Hofmannsthal, Wolfskehl, Bertram, H.v. Heiseler, Wolters und Gundolf, andererseits der Historiker E.Kantorowicz, der Literarhistoriker M.Kommerell, der Nationalökonom E.Salin und der Philosoph K.Hildebrand.

Hymnen, 1890; Pilgerfahrten, 1891; Algabal, 1892; Die Bücher der Hirten- u. Preisgedichte, der Sagen u. Sänge u. der hängenden Gärten, 1895; Das Jahr der Seele, 1897; Der Teppich des Lebens u. die Lieder von Traum u. Tod. Mit einem Vorspiel, 1899; Die Fibel, Auswahl erster Verse, 1901; Tage u. Taten, Aufzeichnungen u. Skizzen, (1903) 1925²; Der Siebente Ring, 1907; Der Stern des Bundes, 1914; Das neue Reich, 1928. – Übertragungen aus Baudelaire, (1891) 1901², Zeitgenössischen Dichtern, 1905, Dante, (1909) 1925⁴, Shakespeares Sonetten, 1909. – Briefwechsel zwischen G. u. Hofmannsthal, (1938) 1953². – Über G.: F.Gundolf, G., 1921 – F.Wolters, S.G. u. die Blätter für die Kunst, 1930 – E.Morwitz, Die Dichtung S.G.s, (1934) 1955² – E.Salin, Um S.G., (1948) 1954² – R.Boehringer, Mein Bild von S.G., 1951 – C.David, S.G., son Oeuvre poétique, Paris-Lyon 1952 – F.W.l'Ormeau, Die Christologie S.G.s (Castrum Peregrini 15, Amsterdam 1953, 7–139) – G.Schneider-Hermann, S.G. in seiner Dichtung, 1957. *C.David*

Georgien

I. Kirchengeschichte – II. Georgische christliche Literatur

I. Kirchengeschichte

1. G. (georg.: Sak'art'welo) wird heute im Norden vom Kamm des Kaukasus, im Westen vom Schwarzen Meer und im Osten von Aserbeidschan begrenzt; im Süden reicht G. bis zur türkisch-armenischen Grenze. Die Hauptstadt ist Tiflis (georg.: T'bilisi). Die Georgier (georg.: K'art'weli) sind in mehrere Stämme gespalten, die eigene Sitten und Ordnungen teilweise bis heute erhalten haben. In den Städten finden sich außer ihnen vor allem noch Russen und Armenier; dazu gab es in G. einige rein deutsche Ortschaften.

2. Die georg. *Sprache* gehört mit dem verwandten Mingrelischen, Lasischen, Svanischen und mehreren Dialekten zu der südkaukasischen Sprachgruppe, die nur in G. anzutreffen ist. Sie läßt sich bisher noch keiner größeren Sprachgruppe zuweisen; Hinweise auf Verwandtschaft mit anderen Sprachen (Urartäisch, Indogermanisch) sind noch zu wenig fundiert (→ Armenien: I, 1). Der Wortbestand der Sprache spiegelt die Geschichte des Volkes wider: Fremdwörter aus dem Arabischen, Armenischen, Persischen und Russischen in einem sonst überwiegend georg. Wortbestand, der sich trotz der politischen Abhängigkeit kräftig behauptet hat. Das Georgische kennt zwei Schriftarten. Das Ḫucuri (Priesterschrift), ursprünglich für die kirchliche Literatur benutzt, soll von → Mesrop (5.Jh.) eingeführt sein, ist aber älter und geht auf mehrere Vorbilder (griechisches und Awesta-Alphabet) zurück. Das Mḫedruli (Kriegerschrift) soll im 3.Jh. von dem König Parnavaz erfunden sein, ist aber sicher jünger; diese Schrift wird heute noch gebraucht.

3. Die *älteste Geschichte* G.s, insbesondere die Herkunft des Volkes, liegt völlig im Dunkel. Im griechisch-römischen Altertum wurde West-G. Kolchis und Ost-G. Iberien genannt (Strabo, Buch XI). Kolchis, das Küstengebiet am Schwarzen Meer, ist von den Griechen kolonisiert worden und zur Zeit des Pompeius unter römische Verwaltung gekommen. Das alte Iberien war, soweit überhaupt erschlossen, persisches Herrschafts- oder Einflußgebiet. Die älteste Hauptstadt des westlichen (lasischen) G. war Archaiopolis, des östlichen G. Mcḫeta. Die vorchristliche Religion der Georgier ist wenig bekannt. In den Berichten über die Christianisierung G.s hören wir von Götterbildern und sonstigen Idolen, von Tempeln und Kultstätten auf den Bergen. In Ost-G. hat sich diese Religion länger gehalten; vor allem bei den Gebirgsstämmen sind noch heute Reste des georg. Heidentums anzutreffen.

4. Die *Christianisierung G.s* beginnt schon in der 1. Hälfte des 4.Jh.s. Sie ist vermutlich in Etappen erfolgt, wie die Berichte von dem missionarischen Wirken der hl. Nino zur Zeit der Königin Mariam und von dem späteren Wirken der syrischen Mönche nahelegen. Dabei wird im Westen Byzanz und im Osten Antiochia und Jerusalem Ausgangspunkt der Missionierung gewesen sein. Um 350 war das Christentum griech.-orth. Prägung jedenfalls Staatsreligion geworden.

5. Das anachoretische → *Mönchtum* ist schon im 4.Jh. anzutreffen. Das könobitische Mönchtum findet erst im 5.Jh. durch syrische Mönche Eingang. Zur gleichen Zeit sind georg. Mönche in Palästina anzutreffen; in der Folgezeit kommt es in weiteren Ländern (vor allem auf dem Athos, Sinai, Cypern und in Bulgarien) zur Gründung georg. Klöster.

6. Auf dem Konzil zu → Ephesus 449 war G. vertreten, nicht auf dem von → Chalcedon 451. 505/06 hat G. zusammen mit → Armenien (: II) das monophysitische Bekenntnis angenommen, sich aber 594 wieder zum Chalcedonense bekannt. Unter König Heraklius I. wurde G. für kurze Zeit selbständig; bald darauf zogen die Araber als Herren G.s in Tiflis ein. Nach 680 wurde die georg. Kirche für autokephal erklärt. David der Erneuerer (1089–1125) befreite G. von Fremdherrschaft; es erlebte unter Georg III. (1154–84) und dessen Tochter Tamar (1184–1212) die größte Ausdehnung und Blüte. Ende des 13.Jh.s riß der Mongolensturm alles ein; und als 1424 G. in verschiedene König- und Fürstentümer zerfiel, begann die lange Märtyrerzeit G.s. König Heraklius II. (1761–98) schloß sich 1793 → Rußland an, um dort Hilfe zu finden. Obwohl Rußland der Kirche G.s die Selbständigkeit garantiert hatte, wurde 1810 der Patriarch Alexander III. zur Abdankung gezwungen und die Kirche in ein Exarchat umgewandelt, das seit 1817 nur mit Russen besetzt wurde. 1917 wurde die Kirche wieder selbständig, 1918 G. ein freier Staat, 1921 wieder von Rußland besetzt und von 1922–37 Glied der Transkaukasischen sozialistischen Sowjetrepublik; seit 1937 ist es selbständiger Gliedstaat. 1943 wird die Gemeinschaft mit der russischen Kirche wiederhergestellt (1944 an der Spitze ein Katholikos). 1953 wird vom Vatikan ein apostolischer Administrator für G. bestellt. Heute leben in G. 2 500 000 georg. Christen, 700 000 Mohammedaner und kleine Gruppen mit anderen Bekenntnissen.

F.Brasset, Histoire de la Géorgie depuis l'antiquité jusqu'au XIXe siècle, 7 Bde, St.Petersburg 1875 – G.Radde, Die Chews'uren u. ihr Land, 1878 – A.Leist, G., Natur, Sitten u. Bewohner, 1885 – Ders., Das georg. Volk, 1903 – PW XII, 1924, 1042f – H.Junker, Das Awestaalphabet u. Ursprung der armen. u. georg. Schrift, 1927 – G.Peradze, Die Anfänge des Mönchtums in G. (ZKG 46, 1927, 34 bis 75) – O.G.v.Wesendonk, Zur Gesch. G.s (Klio 21, 1927, 125–134) – A.Dirr, Einführung in das Studium der kaukasischen Sprachen, 1928 – R.Meckelein, Georg.-dt. WB, 1928 – Ders., Dt.-georg. WB, 2 Bde, 1937/43 – G. Deeters, Das kharthwelische Verbum, 1930 – F.Zorell, Grammatik zur altgeorg. Bibelübersetzung, Rom 1930 – G.Nioradze, Begräbnis- u. Totenkultus bei den Chewssuren, 1931 – W.E.D.Allen, A History of the Georgian People, London 1932 - H.VOGT, Esquisse d'une grammaire du géorgien moderne, Oslo 1936 - D.M.LANG, Lives and legends of the Georgian saints, London 1956. *K.F.Euler*

II. Georgische christliche Literatur

Schon bald nach der Christianisierung → Georgiens (: I, 4) im 4.Jh. entwickelte sich eine christliche Literatur in georg. Sprache, deren älteste Denkmäler (Ende des 5.Jh.s) eine von der klassischen Sprache etwas abweichende Form (ḫan-meti- bzw. hae-meti-Texte, nach den »überflüssigen« Verbalpräfixen ḫ bzw. h benannt) aufweisen. In der ältesten (»Orientalischen«) Periode steht die georg. Literatur in enger Verbindung zu → Armenien (: I, 4) und → Syrien (bis etwa 700). Die Abwendung von der armenischen Kirche und das Aufblühen zahlreicher georg. Klöster bewirkte das Vorherrschen einer nationalen Richtung (etwa 700–980) in der georg. Literatur, die nicht nur in G. selbst, sondern auch in Palästina (Mar Saba) und auf dem Sinai blühte. Darauf folgt, gleichzeitig mit dem politischen Aufschwung G.s, das »Goldene Zeitalter« (etwa 980–1250), gekennzeichnet durch eine enge und fruchtbare Verbindung mit der griechisch-byzantinischen Kultur, bes. in den Klöstern auf dem Berge → Athos und dem Schwarzen Berg bei Antiochien. Diese Epoche eröffnet der größte georg. Schriftsteller, Euthymius vom Athos († 1027), vielseitig gebildet und überaus tätig, auch als Übersetzer und Bearbeiter, gefolgt von Georg vom Athos († 1066), der neben zahlreichen Übersetzungen in Kirchenrecht, Liturgie und Hagiographie auch den textus receptus des georg. NT geschaffen hat. Ephräm der Kleine (um 1100) übertrug Schriften des → Johannes Damascenus und → Dionysius Areopagita, der universal gebildete Johann Petric'i (11./12.Jh.) übersetzte Werke des → Aristoteles, → Proklos und → Nemesius, während Arsen von Iqalt'o (11./12.Jh.) das theologische Sammelwerk »Dogmatikon« zusammenstellte. Seit der Mitte des 13.Jh.s bewirkten wiederholte Einfälle der Mongolen, Türken und Perser einen fast völligen Niedergang der georg. Literatur, dem erst (etwa von 1500–1800) unter dem Einfluß kath. Missionare und der russischen Kirche eine Epoche der Wiedergeburt (»Silbernes Zeitalter«) folgte, in dem bes. Sulḫan-Saba Orbeliani († 1725) und der Katholikos Anton I. († 1788) zu nennen sind.

Ein bedeutender Teil der georg. kirchlichen Literatur besteht aus *Übersetzungen* aus dem Armenischen und Griechischen. Neben der Bibel (→ Bibelübersetzungen: III, 2c) fanden auch zahlreiche Apokryphen früh Eingang in die georg. Literatur, wie zB der nur georgisch erhaltene Bericht über die Gründung der Kirche zu Lydda. Zum ältesten Bestand gehören ferner liturgische Texte: Lektionarfragmente (5./8.Jh.), Jerusalemer Kanonar (7./8.Jh.), verschiedene → Liturgien (: III; Jakobus-, Petrus-, Chrysostomus- und Basiliusliturgie [7./8.Jh.]) und mehrere Bearbeitungen des Euchologion (→ Gottesdienst: V A, 2). Bis zum 10.Jh. lag schon ein großer Teil der patristischen Literatur in Übersetzungen vor. Darunter haben sich auch einige Schriften → Hippolyts und Werke sonst wenig bekannter Autoren wie Timotheus von Jerusalem, Petrus von Jerusalem, Julius von Tabium und Gregor von Antiochien erhalten. Euthymius, Georg vom Athos, der Mönch Arsen (11./12.Jh.) und andere bearbeiteten poetische Texte wie → Oktoechos, Triodion (→ Gottesdienst: V A, 2) und den großen Kanon des Andreas von Kreta georgisch. Unter den zahlreichen hagiographischen Übersetzungen finden sich etwa 200 Heiligenleben in vormetaphrastischer Form.

In der georg. *Originalliteratur* nimmt die einheimische → Hagiographie nach Alter, Umfang und literarischem Wert eine bevorzugte Stellung ein. Noch aus dem 6.Jh. stammen die Vita der hl. Šušanik (von Jakob Curtaveli) und das Martyrium des hl. Eustathius von Mcḫet'a; aus dem 8.Jh. die Martyrien der Kinder von Kola und des hl. Abo von T'bilisi (von Johannes Sabinisdze). Später entstanden die Viten des Konstanti Kaḫay (9.Jh.), der hll. Gobron, Basilius von Zarzma, Gregor von Ḫandzt'a (von Georg Merčule) und der »13 syrischen Väter« (bearbeitet von Katholikos Arsen II., 10.Jh.) sowie die Lebensbeschreibungen der berühmten Athosmönche Johannes, Euthymius und Georg (11.Jh.). Auch die georg. Geschichtsschreibung ist bedeutend: Chroniken wie »Bekehrung G.s«, Diwan der Könige (um 1010), Geschichte der Bagratiden von Sumbat (um 1030), Geschichte der Königin Thamar (um 1210) führen von den legendären Anfängen bis zur Glanzzeit G.s unter Königin Thamar. Weitere Geschichtswerke sind in den »Georg. Annalen« zusammengefaßt: Geschichte der Könige, des Königs Vaḫtang Gorgasal (von Džuanšer, 8.Jh.?), des Königs der Könige (um 1125) und der Mongoleneinfälle (14. Jh.). Die kirchliche Hymnendichtung erlebte schon im 10.Jh. einen Höhepunkt mit Johannes Minčḫi auf dem Sinai, Johannes von Tbet'i und Michael Modrekili, einen zweiten im 12./13.Jh. mit Johannes von Anča, Johannes Šavt'eli und Katholikos Arsen Bulmaisimisdze. An kirchenrechtlichen Werken sind die Akten der Synode von Ruis-Urbnisi (1103), die »Katholikos-Kanones« (16.Jh.) u.a. erhalten und zT von König Vaḫtang VI. in sein Rechtsbuch aufgenommen worden.

Text-Ausg.en in PO, CSCO, Muséon, AnBoll. - Lit.: A.BAUMSTARK, Die christl. Lit.en des Orients II, 1911, 99ff - J.KARST, Littérature géorgienne chrétienne, Paris 1934 - C.TOUMANOFF, Medieval Georgian historical litterature (Traditio 1, 1943, 139–182; 5, 1947, 340–344) - M.TARCHNIŠVILI, Gesch. der kirchl. georg. Lit. (StT 185), Città del Vaticano 1955 (Lit.). *J.Aßfalg*

Gerasa, Stadt im Ostjordanland, anmutig gelegen in einem wohlbewässerten offenen Tal der ehemaligen Landschaft → Gilead. Überreste einer Ansiedlung der Bronzezeit sind auf dem südlichen Höhenrücken gefunden worden (BASOR 75, 1939). Der semitische Name von G. (= Weide, Trift) deutet auf eisenzeitlichen Ursprung und hat sich gegenüber dem Namen der hellenistischen Neugründung, Antiochia am Chrysorrhoas, im heutigen dscherasch erhalten. Die Neugründung geschah wahrscheinlich unter → Antiochus IV., durch den vielleicht ein privilegierter Tempel des Zeus Olympius an die Stelle eines älteren Baal-Heiligtums trat. Makedonier werden später unter den Einwohnern genannt. G. kam durch Alexander Jannäus (103–76 vChr) in jüdischen Besitz, erhielt von Pompeius 63 vChr (neue Ära!) Selbstverwaltung, stand aber unter Obhut des römischen Legaten in Syrien. Aus dieser Zeit stammt das jüdische Element der Bevölkerung, das sich bis ins 6.Jh. nChr dort erhielt und dessen spätere Synagoge (mit wichtigem Mosaikbild) unter Justinian in eine Kirche umgebaut wurde. - Unter römischer Vorherrschaft wurde G. Mitglied des Zehnstädtebundes (→ Dekapolis) und besaß eine Landschaft (Mk 5, 1), deren im einzelnen nicht bekannte Grenzen schwerlich bis an das Galiläische Meer gereicht haben (in Mk 5, 1; Lk 8, 26 ist Gadara zu lesen, vgl. Mt 8, 28). Inschriften weisen auf nabatäischen Einschlag (→ Nabatäer) und einen Kultus des Gottes Dusares in G. - Etwa aus neronischer Zeit stammt die neue Anlage der Stadt, deren rechtwinklig sich kreuzende Hauptstraßen (ein cardo und zwei decumani) dem Gelände kunstgerecht angepaßt sind und das Zeusheiligtum mit vorgesetztem offenen Platze (das sog. Forum) hervorheben. Die Straßenkreuzungen wurden später prunkvoll ausgestaltet. Ein Mauerring umzog die Stadt; südlich davon wurde unter Hadrian zum Gedenken an seinen Besuch (130 nChr) ein Triumphbogen aufgeführt. Die Glanzperiode der Stadt fiel jedoch in die Zeit der Antonine: Neubau der Säulenstraße, des Zeustempels, des der Artemis geweihten Stadtheiligtums mit mächtigen Propyläen und Zugängen. Dazu kamen noch u.a. ein Hippodrom, Bäder, Fontäne und zwei Theater. Zahlreiche Inschriften datieren die Bauten und bezeugen die Verehrung weiterer (arabischer u.a.) Gottheiten (vgl. → Ausgrabungen: III, 4; IV, 2). - In konstantinischer und bes. in justinianischer Zeit hatte G. als christliche Stadt eine wichtige Nachblüte. Seine Bischöfe nahmen an Synoden (Bosra 240 nChr) und Konzilen (Seleukia 359 und → Chalcedon 451) teil. Nicht weniger als elf Kirchen aus dem 5. und 6.Jh. sind durch Ausgrabungen bekannt, darunter Basiliken, Rund- und Quadratgebäude mit reichem Mosaikschmuck. Epiphanius berichtet (Panarion, Haer. 51, 30, 1-2) von der jährlichen Wiederholung des Kanawunders (Joh 2, 1ff) in der Quelle des Martyriums; diesbezügliche Installierungen wurden im Vorhof der aus dem 4.Jh. stammenden Hauptkirche G.s zutage gebracht. Die Kirche ersetzte das Heiligtum des arabisch-nabatäischen Gottes Dusares.

C.H.Kraeling, G., City of the Decapolis, New Haven 1938 (Lit.) - O.Eissfeldt, Tempel u. Kulte syrischer Städte in hellenist.-röm. Zeit (AO 40), 1941 (Nachtrag in OLZ 44, 1941, 433ff).

C.H.Kraeling

Gerberon, *Gabriel* (1628-1711), französischer → Mauriner, Anhänger des → Jansenismus, zeitweilig eingekerkert, lange in den Niederlanden lebend. Er kämpfte gegen → Probabilismus, jesuitische Marienverehrung, Attritionismus, dh die Lehre vom Genügen unvollkommener Reue zum Empfang des Bußsakraments (→ Bußwesen: II, 2b). Ferner bestritt er die These, Augustinismus und Jansenismus seien nicht dasselbe, sowie die Gleichsetzung des letzteren mit dem Calvinismus. Schließlich wandte er sich gegen Vergebung von Einkünften von Abteien an Weltgeistliche und gegen Ansprüche der Krone auf Besetzung kirchlicher Stellen (Regalienstreit).

Vf. u.a.: Flore de Ste-Foy (Pseudonym), Le miroir de la piété..., Bruxelles 1676; Défense de l'église Romaine contre les calomnies des Protestants, 1680/81; Conférence de Diodore et de Théotime..., Paris 1697; Mauguin Peninsulanus (Pseud.), Norisius... demonstratus, Rouen 1699; Histoire générale du Jansenisme, 3 Bde, Amsterdam 1700. - Über G.: R.P.Tassin, Gelehrtengesch. von St.Maur I, 1773, 517f (Bibliogr.). - Vgl. ferner die Lit. zu → Jansenismus.

P.Honigsheim

Gerbert, *Martin II.,* Fürstabt von St.Blasien (1720 bis 1793), * Horb a. Neckar, † St.Blasien. Bereits seit seinem zwölften Lebensjahr in St.Blasien im Schwarzwald, wurde G. dort Benediktiner (1736), nach seiner Priesterweihe (1744) Prof. und Bibliothekar im Kloster, 1764 Fürstabt der Abtei. G., »der deutsche → Mabillon«, war ein Mann von universalem wissenschaftlichem Interesse und umfassender Gelehrsamkeit, der sich auf ausgedehnten Reisen durch Deutschland, Frankreich und Italien (»Iter alemannicum«, [1765] 1773²; dt. v. J.L.Köhler, 1767) eine große Weite des Blickes erworben hatte. G. baute das Kloster nach einem Brande 1768 wieder auf und machte aus ihm eine weithin berühmte Gelehrtenakademie (Wiederaufnahme des Planes einer »Germania Sacra«). G. nahm eine vermittelnde Stellung zwischen → Episkopalismus und papalistischen Vorstellungen ein (»De communione potestatis ecclesiasticae inter summos ecclesiae principes, pontificem et episcopos«, 1761). Dem → Febronianismus (»Ecclesia militans...«, 1789) und → Jansenismus (»Jansenisticarum controversiarum... retractatio«, 1791) stand er kritisch gegenüber. G. verfaßte neben einer theologischen Prinzipienlehre (»Principia theologiae exegeticae«, 8 Bde, 1757ff) eine große Zahl von Werken zur Profan- und Kirchengeschichte (u.a.: »Scriptores ecclesiastici de musica sacra«, 3 Bde, 1784 [Neudr. 1905]; »Monumenta veteris liturgiae alemannicae«, 4 Bde, 1777ff). Gegenüber einer bloß scholastischen Behandlung theologischer Fragen stellte G. die → Patristik, vor allem aber die sog. Hilfswissenschaften, in den Vordergrund. Die Ereignisse seiner letzten Lebensjahre ließen immer stärker apokalyptische Gedanken in ihm hochkommen, denen er in anonym erschienenen Schriften Ausdruck verlieh.

Korrespondenz d. Fürstabtes M. II. G.v.St.Blasien, hg.v. G.Pfeilschifter, I. II, 1931/34 (Bibliogr.: I, XXVIIff); Briefe u. Akten d. Fürstabtes M. II. G...., bearb.v. W.Müller, I, 1957 (Lit.). - Über G.: J.Bader, Das ehem. Kloster St.Blasien u. seine Gelehrten-Akademie (Freib. Diöz. Archiv 8, 1874, 103-253) - Ders., Fürstabt M.G., 1875 - G.Pfeilschifter, Fürstabt M.G.v.St.B. (Vereinsschrift d. Görres-Ges. 1912/III, 38-72) - Ders., M.G. (Zs. f. d. Gesch. d. Oberrheins 62, 1913, 273-315) - Ders., Die St.Blasianische Germania sacra, ein Beitrag zur Historiographie d. 18.Jh.s, 1921 - DThC VI, 1294ff - H. Rahner, Fürstabt M.G. u. die Jesuiten (ZKTh 57, 1933, 438-442) - A.Deissler, Fürstabt M.G. u. d. theol. Methode, 1940 - A.Cleer, Fürstabt M.G. u. d. Streit um d. Verfassung d. röm.-kath. Kirche in d. 2. Hälfte d. 18.Jh.s (Phil. Diss. Münster), 1946 (Masch.) - EC VI, 94f.

G.Maron

Gerdtell, *Ludwig v.,* freireligiöser Schriftsteller, * 4.2. 1872 in Braunschweig, † in der Zeit des Nationalsozialismus (Jahr unbekannt). Zunächst baptistischer Wanderredner, später ausgeschlossen, vertrat er als »Urchrist« in Vorträgen und Schriften des ihm eng verbundenen »Diesseitsverlages« ein freigemeindliches, unitarisches, anabaptistisches, pazifistisch-internationales Christentum gegenüber dem aus der Reformation hervorgegangenen prot. Landeskirchentum.

Vf.: R.Euckens Christentum (Diss. Erlangen), (1908) 1909²; Brennende Fragen d. Weltanschauung für denkende moderne Menschen. Daraus: I: Ist das stellvertr. Sühnopfer Christi noch haltbar?, (1906) 1908³; II: Sind die Wunder d. Christentums geschichtswissenschaftlich genügend bezeugt?, (1906) 1908³; IV: Die Revolutionierung der Kirchen, (1921) 1924⁸; VI: Bejahte Jesus Christus Staat u. Krieg?, 1926. Hg.: Hist. Urkunden d. Täuferkirche I, 1923; Der moderne Urchrist, 1927-29. - Über G.: K.Haas, L.v.G. (DE 1913, 421-427).

H.Hohlwein

Gerechtigkeit Gottes

I. Religionsgeschichtlich - II. Im AT und Judentum - III. Im NT - IV. Dogmatisch. - G. = Gerechtigkeit; G.G. = Gerechtigkeit Gottes. - Vgl. auch → Gericht Gottes

I. Religionsgeschichtlich

Da der Begriff von Gottes G. notwendigerweise auf Religionen beschränkt ist, die die Gottheit ethisch und personal begreifen, soll hier vom → Buddhismus abgesehen werden, der trotz weiten ethischen Interesses G. von einer unpersönlichen Quelle herleitet. Ebenso kann der traditionelle → Shintoismus außer Betracht bleiben, der die Bedeutung von Göttern zwar anerkennt, sie aber nicht mit der Ethik in Verbindung bringt.

In → *Ägypten* (: II, 3) kannte man die Vorstellung eines Prinzips der → Ordnung in der Natur, des → Rechts und der Wahrheit unter Menschen, das man als Maat bezeichnete. Die frühesten Texte verbinden sie primär mit dem Sonnen-Gott Re; später aber schrieb man fast allen Göttern Maat zu und wußte, daß deren Verletzung bestraft werde. Eine ontologische Abhängigkeit von Maat wird angedeutet durch folgende Aussagen: Maat ist Schöpfung oder göttliche Tochter des Re, aber auch der Leib, die Nahrung oder das »schöne« → Wort des Gottes. Man identifizierte sie praktisch mit unvordenklichen sozialen Konventionen. Daher war die G. der ägyptischen Götter eine menschliche, zu der die menschliche Weisheit ein zuverlässiger Führer war.

Sumerische Dokumente weisen manchmal auf *me*, die Totalität der uranfänglichen Pläne der schaffenden Götter, womit sie die Natur, Funktion, Bestimmung und auch Verhaltensnorm jedes zu erschaffenden Dinges festgelegt hatten. Als ethisches Prinzip ist dieses bemerkenswerterweise nicht auf den Charakter der sumerischen Götter bezogen, können doch nach einem frühen mesopotamischen Mythos die göttlichen Wesen auch ethisch versagen. Eine klare, zusammenhängende Moraltheologie taucht erst in der Schamasch-Literatur des 2.Jt.s vChr auf sowie später in den Mardukhymnen. Diese Götter belohnen und bestrafen Tugend und Laster durch weltlichen Erfolg oder Leiden. Als man das Elend der offensichtlich Tugendhaften bemerkt, da weisen einige Hymnendichter darauf hin, daß göttliche und menschliche G. nicht miteinander zu vergleichen seien (ANET 435. 392).

Daß Allah der Gerechte (al-ʿAdl) ist, bezeugt für den Islam der → Koran, wo Allahs Forderung nach G. und seine endgültige Abrechnung mit den Widerstrebenden überall ausgesprochen werden. Oft wird die peinliche Redlichkeit seines Urteils betont (2, 286; 4, 44; 22, 10). Aber der Koran betont noch mehr Allahs unbeschränkte → Macht (: I). Auf diesem Element bauten die islamischen Juristen das → Prädestinations-Dogma auf. Andererseits versicherten spätere islamische Theologen, Allahs G. sei eine offenbarte Wahrheit, und wiesen darauf hin, daß eine Aussage sich in ihrer Bedeutung ändert, wenn sie nicht über den Menschen, sondern über Allah gemacht wird. So ist es *seine* G., die einige zur → Hölle sendet wegen Sünden, die er verordnete; er ist durch nichts gebunden und tut, was immer er will, gerecht (McCarthy 97ff).

Iranische und chinesische Religion bieten ferner umfangreiches religionsgeschichtliches Material (→ Iran: II, → China: II). Eine radikal theistische Ethik begegnet im →Hinduismus fast ausschließlich in der Vaishnava-Literatur. Die Gîtâ beruft → Vishnu zum Grund, Schützer und periodischen Wiederhersteller dharmas oder der G. (14, 27; 11, 18; 4, 8). → Râmânuja verkündigt, daß das oberste Wesen absolute Güte sei und sein Gefallen und Mißfallen das Wesen von gut und böse bestimmen (SBE 48, 1904, 354. 487ff. 770). – Vgl. → Gesetz, → Makrokosmos und Mikrokosmos, → Recht: II, → Theodizee: I.

ThW II, 180ff. 184ff – W.v.Soden, Religion u. Sittlichkeit nach den Anschauungen der Babylonier (ZDMG 89, 1935, 143-169) – ANET 387ff. 434ff – W.B.Kristensen, De dubbele Gerechtigheid (JAA 1950, 152-174) – RÄRG 430ff (Lit.) – R.J.McCarthy (Übers.), The Theology of al-Ashʿarī, 1953, 97ff u. passim – H.Vos, Θέμις (Diss. Utrecht), 1956 – M.P.Nilsson, Die Griechengötter u. die G. (HThR 50, 1957, 193-210).

N.J.Hein

II. Im AT und Judentum

1. Definiert man G. als »immerwährenden und gleichbleibenden Willen, jedem sein Recht zuzuteilen« (Ulpian, um 200 nChr), so würde diese Bestimmung, auf die at. Aussagen von ṣædæq und ṣ^e^daqā angewendet und insonderheit auf die G.G. zielend, Wesentliches davon nicht ins Licht bringen. Das AT bestimmt G. von der G.G. her. Diese aber ist wie Name, Heiligkeit, Glanz und Majestät Gottes ein aus Gottes Sphäre hervorgehendes und sich wirkend der Welt zuwendendes Handeln Gottes (Ps 48, 11; 89, 17; 97, 6). Darum spielt die G.G. ihre Rolle in den Theophanieschilderungen (Ps 50, 6; 85, 14; 96, 13; 98, 9; Hos 10, 12); sie ist die Stätte, auf der der Königsthron Gottes steht (Ps 89, 15; 97, 2), die Gottes Hand und Arm stärkende Kraft (Jes 59, 16; Ps 48, 11), sein Panzer (Jes 59, 17) und darum auch der Lendengurt des eschatologischen Heilskönigs als seines Repräsentanten (Jes 11, 5). Solche Königs-G., die auch den Ort der irdischen Kultgegenwart Gottes durchzieht (Jes 33, 5), darf schauen, zu wem sich Gott im Sakralprozeß bekennt (Mi 7, 9; vgl. Ps 17, 15), während Schuldige von ihrem Wirkungsbereich ferngehalten werden (Ps 69, 28). Menschen werden mit ihr bekleidet (Ps 132, 9. 16; Jes 61, 10), Könige mit ihr begabt (Ps 72, 1). Bis zur Personifikation (Ps 85, 11f) kann von solcher G. gesprochen werden. Doch ist es zur Abspaltung von der Wesenssphäre Jahwes und zur hypostatischen Verselbständigung im AT nicht gekommen. Anders in der Umwelt; so die ägyptische Maat (→ Ägypten: II, 2. 3), so das Paar Kettu und Mešaru im Akkadischen, Ṣdq und Yšr in → Ugarit, Misor und Sydyk nach → Philo von Byblos in Phönikien (vgl. auch innerhalb wie außerhalb des AT theophore Personennamen mit Ṣdq; → Namengebung).

2. Auf göttliche G. richtet sich Lob und → Bekenntnis (: II) in Israel (Ps 7, 18; 33, 1ff; 35, 28; 40, 11; 71, 16. 24; 145, 7), weil sie als heilvolle, rettende Gotteshilfe zu erfahren ist (Jes 45, 21; 51, 5f; 56, 1; 62, 1; 63, 1; Ps 24, 5; 65, 5 u.a.). Die Kette der »G.en Jahwes«, seiner Israel begründenden Heilstaten, sind altes (Ri 5, 11) und immer erneut in Erinnerung gerufenes (1Sam 12, 7; Mi 6, 5) Credo (vgl. auch Ps 78, 4). Feindwille muß an der G.G. zuschanden werden (Jes 41, 10f; 54, 17; Ps 129, 4f); so ruft nach ihr, wer Rettung ersehnt (Ps 71, 2; 143, 11; 119, 40). Nicht nur die → Gemeinschaft (: II) und der einzelne in ihr erfahren das helfende und fördernde Zurechtbringen aus der Kraft der G.G. (Jes 45, 24), auch der Natur kann solches auf Geordnetheit und Gedeihen gerichtete Walten zuteil werden (Hos 10, 12; Jo 2, 23; Jes 32, 15ff; 45, 8; 48, 18f; Jer 31, 23). G.G. ist somit ein tätiges Rechtheitswollen, das Natur und Gemeinschaft auf Segen (Ps 24, 5) und ungefährdeten Frieden (Ps 85, 10ff) hin ordnet, heilt und belebt (Mal 3, 20). Weil der rechtheitliche Königswille Gottes die rechtheitliche, die sach- wie willensgerechte Ordnung der Dinge (vgl. hierzu auch Lev 19, 36; Jes 61, 3; Ps 23, 3; Dtn 33, 19; Ps 4, 6; 51, 21) und Zustände will und wirkt, erweist er eindringlich Gottes Gemeinschaftstreue (ḥæsæd: Ps 85, 11; 103, 17; 145, 17; Hos 2, 21f; → Gnade Gottes: II) in ihrer Lauterkeit, Geradheit und Verläßlichkeit (Dtn 32, 4; Ps 33, 4f; 19, 10; 143, 1; 119, 142; Neh 9, 8).

3. Hilfe für »gerechte«, gedeihliche Geordnetheit Israels und der Welt überhaupt wider Störung, Beeinträchtigung, Gefährdung soll das Recht (mišpaṭ) sein. So finden sich G. und Recht häufig nebeneinander (Am 5, 24; Ps 36, 7; 72, 1; 103, 6), teils undifferenziert (Dtn 33, 21; Jes 58, 2), teils dahin unterschieden, daß G. Rechtsmächtigkeit ist, kraft der Entscheide gesetzt und durchgesetzt werden, Geordnetheit begründet und bewirkt wird, erklärte Rechte rechtmäßig und rechtsgültig werden. G. als Rechtsmächtigkeit eignet gerade Gott (Jes 26, 9; 42, 6; 45, 13; Hi 34, 17; Ps 119, 7. 62). Er, dem das Recht zugeordnet ist (Dtn 1, 17), tritt als Richter vor die Menschen (Gen 18, 25; Jes 33, 22; Ps 9, 9; 50, 6; 58, 12; 94, 2), und gerade er übt diese Funktion »rechtsmächtig« (Ps 9, 5; Jer 11, 20) aus und erweist sich (Jes 5, 16), seine heilsamen Entscheide (Zeph 3, 5; Ps 119, 75), Weisungen (Jes 42, 21) und Gebote (Ps 19, 10; 119, 7. 62) als »gerecht«. Wie ihm richterliche Überprüfung zusteht (Jer 11, 20), so rufen die in ihrem Recht Behinderten und Verkürzten ihn als Helfer an (Gen 16, 5; Ri 11, 27; 1Kön 8, 31f; Ps 103, 6). Gerade in verläßlicher, sozial ausgleichender Rechtshilfe (mêšarîm) will Gottes G. sich wohltuend und gemeinschaftstreu erweisen (Ps 9, 9; 98, 9; [96, 13;] 99, 4; Jes 45, 19). Überall (auch Jes 5, 16) ist G. eine Heilsgabe Gottes; von einer strafenden G. (Nötscher) kann man nirgendwo sprechen (Cazelles). Wo Gott nicht in G. waltet, herrscht sein Zorn (Dan 9, 16; vgl. auch → Hiobbuch).

4. Wie sich zu solcher göttlichen G. menschliches Gerechtsein verhält, zeigt unbefangen das rein juristische Verständnis von G. in Neh 2, 20 (vgl. 2Sam 19, 29; auch Spr 8, 18): eingereiht in Anteilhaben an der Bodennutzung und am Kult meint G. hier Eingliederung in einen Gemeinschaftsverband zur Teilhabe an dessen Rechten und Pflichten. So ist, da G. primär ein religiöser Begriff ist, »gerecht«, wer dem Heilsbereich göttlichen Rechtheitswirkens eingegliedert ist (Ps 1, 5; Jes 60, 21), hier Hilfe und Förderung erfährt (Jes 45, 24; Sach 9, 9) und hier sich in die Pflicht zu gemeinschaftsgerechtem Handeln gegen den → Bund (: II) setzenden Gott und die von diesem Bund Umschlossenen genommen weiß. Der Israelit, der im Kult der segnenden Nähe seines Gottes teilhaft werden will, hat an den »Toren der G.« (Ps 118, 19f; Jes 26, 2) den Huldigungseid zu sprechen und den ihm verkündeten Rechtswillen Gottes bekennend zu übernehmen (Ps 15; 24, 3ff; 119, 106; vgl. Ez 18, 5ff). Gott erkennt G. dem zu, der die verläßliche Rechtheit Gottes bekennt, indem er Gottes Zusagen ernst nimmt (Gen 15, 6), seiner Hilfe traut (Ps 32, 10f) und seine Weisungen achtet (Dtn 6, 25; Jes 51, 7; 56, 1 u.a.). Wer wider Beschuldigung und Anfeindung seine Sache im Sakralprozeß Gott anheimgibt, daß er des Beters Recht wie Licht herausgehen lasse (Ps 17, 1f; 37, 5f; Jes 62, 1; Jer 51, 10), kann deshalb für solche Bitte wie an Gottes G. (Ps 35, 24) so an die eigene (Ps 7, 9) erinnern. Diese Zugeordnetheit zeigt sich auch darin, daß Menschen aufgefordert werden, G. zu lernen, zu erkennen, zu tun, zu bewirken, nach ihr zu suchen und zu trachten, aber daß solche Pflicht ihnen zugewiesen wird, weil sie aus der Zuwendung heilvoller göttlicher G. leben dürfen (Jes 56, 1 u.ä.). Andererseits schwindet darum auch vor dem → Zorn Gottes (: II) menschliche G. dahin oder steht wie in Unrat getaucht da (Jes 54, 5; Hi 9, 30f). Dann bleibt, solange es keine causa iudicata ist, dem Menschen (dem einzelnen oder der Gemeinschaft) der Weg der aus Confessio und Doxologie bestehenden Exhomologese, um die Wiederzuerkennung von G. zu erbitten (Hi 5, 8ff; 8, 4ff; 33, 26f; Mi 7, 9; Klgl 1, 18). Hiob, der diesen Weg zu gehen abweist, erscheint deshalb seinen Freunden als vermessen, weil wer dem Zorn Gottes die eigene (bessere) G. entgegenwirft, Gott ins Unrecht abzudrängen sich unterfängt (Hi 4, 17; 32, 2). Doch bei aller Gefährlichkeit (9, 19ff) beharrt Hiob darauf, mit seiner Klagesache wider den zürnenden Gott an den »gerechten« zu appellieren (27, 6). Was anderwärts, gerade in Kreisen der → Weisheit, als freudig bejahter Lebenswert galt, das paradigmatische Bild des »Gerechten« (vgl. Ps 1; 119) zu übernehmen, einzuüben und daran sich zu bewähren, wird von Hiob in notvollster Angefochtenheit durchgehalten. Es wird damit auch gegen die Skepsis hinsichtlich des Zusammenhangs von G. und Heil (vgl. Pred 7, 15; 9, 1f) durchgehalten.

5. Wie die spätere Klage herausstellen kann, daß vor Gott nicht eigene G. gilt (Ps 143, 1; Hi 4, 17), sondern allein sein Erbarmen (Dan 9, 18; → Gnade Gottes: II), so bleibt in der nachbiblischen (PsSal 5, 1f; Jub 1, 15; 31, 25; 4Esr 8, 36) und rabbinischen Literatur Gottes G. eng mit seinem Erbarmen verbunden, und zuweilen wird solche G. (ṣ^{e}daqā) dem richterlichen Walten Gottes (dîn), das jedem gibt, was ihm zukommt, entgegengesetzt. G. als menschliches Tun wird, wie bereits Dan 4, 24 (Sir 7, 10; Tob 12, 9), als Erweis von Barmherzigkeit verengt zur Wohltätigkeit des Almosengebens. Solche Liebeswerke häufen neben anderen Geboterfüllungen Verdienste (zakût: die zur Rechtheit gehörende Reinheit) an. Um aber vor Gott gerecht zu sein, zumal im Endgericht, müssen die Verdienste die Übertretungen überwiegen.

E.Kautzsch, Über die Derivate des Stammes ṣdq im at. Sprachgebrauch, 1881 - H.Cremer, Die paulin. Rechtfertigungslehre im Zusammenhang ihrer geschichtl. Voraussetzungen, (1899) 1900², 11ff - F.Nötscher, Die G.G. bei den vorexil. Propheten (ATA VI, 1), 1915 - J.Pedersen, Israel I. II, (1920; dän.) 1926 (engl.), 336ff - A.Marmorstein, The old rabbinic doctrine of God, 1927 - W.W. Graf Baudissin, Kyrios als Gottesname im Judentum u. seine Stelle in d. Religionsgesch. III 1929, 398ff - K.H.Fahlgren, Ṣedaka nahestehende u. entgegengesetzte Begriffe im AT, 1932 - ThW II, 176ff - H.Cazelles, A propos de quelques textes difficiles relatifs à la justice de Dieu dans l'AT (RB 58, 1951, 169-188) - K.Koch, Ṣdq im AT (Theol. Diss. Heidelberg), 1953 (Masch.) - E.Jacob, Théologie de l'AT, 1955, 75ff (Lit.) - G.v.Rad, TheolAT I, 1957, 368ff - R.Mach, Der Zaddik in Talmud u. Midrasch, 1957. *F.Horst*

III. Im NT

Außerhalb der Briefe des Paulus und seiner Schüler ist im NT fast ausschließlich von der G. als dem rechten Verhalten des Menschen die Rede. Sie kann G.G. heißen, weil Gott allein bestimmt, was G. ist (Jak 1, 20; vgl. Mt 6, 33). Daß solche G. gerade dem zuteil wird, der sie nicht schon zu besitzen meint, sondern nach ihr hungert und dürstet, weiß Mt 5, 6. Daß Gott oder Christus als Richter amtet, ist durchweg vorausgesetzt oder verkündet, ohne daß der Begriff »G.G.« auftaucht (doch vgl. Apg 17, 31; Apk 19, 11; 2Tim 4, 8 klingt vielleicht Paulinisches nach). Der at. Gedanke vom Rechtsstreit zwischen Jahwe und der Welt, in dem sich Gottes → Gerechtigkeit (: II) erweist, lebt auch im NT weiter. 1Tim 3, 16 wird in einer geprägten Glaubensformel der Gemeinde die Auferstehung bzw. Erhöhung Jesu als Sieg im Rechtsprozeß verstanden: »als der Gerechte erwiesen im Geist«. Das JohEv ist durchzogen von dem Gedanken, daß Jesus, der Geist, die Jünger als Zeugen vor aller Welt Gottes G. aufweisen und für sie einstehen (16, 8-11; 17, 25; Preiss). Im Wirken Jesu vollzieht sich schon das eschatologische gerechte → Gericht Gottes (5, 27-30; 3, 18-21), dessen G. sich den ihre Sünden Bekennenden auch in der Vergebung zeigt (1Joh 1, 9). Etwas anders liegt die Verkündigung Jesu als des »Gerechten«, dem die Ungerechtigkeit der Menschen entgegentritt (Apg 3, 14; 7, 52; 22, 14).

Der Rechtsstreit Gottes mit der Welt und nicht die Sündennot des Individuums (dagegen vgl. Phil 3, 6) gibt wohl auch den Ansatz für das *paulinische* Denken (Röm 3, 4. 26). Freilich ist Gottes G. wie im AT nicht so sehr als seine Eigenschaft denn als sein Handeln, seine »Kraft« (Röm 1, 17) gesehen. Sie ist auch für Paulus die im Endgericht den Sünder strafende G. (Röm 2, 2-11). Wie kann Gott aber als gerechter Richter handeln, wenn er einerseits seinem Volk schon vor dem Gesetz die Verheißungen gegeben hat (Röm 9, 4; Gal 3, 15-18. 29), andererseits aber alle Menschen als Sünder verurteilen muß (Röm 3, 1-20)? In der Verurteilung *Jesu* hat Gott seine G. erwiesen (Röm 3, 21-26; 8, 3f), indem er die Sünde richtete. Aber er hat sie dem angerechnet, den Fluch dem auferlegt, der keine Sünde hatte (2Kor 5, 21; Gal 3, 13). So bedeutet die »Gabe der G.« G. für den Menschen das Leben (Röm 5, 17), und ihr Gegenteil bedeutet »Verurteilung« (2Kor 3, 9). Doch ist dies kein Tun »als ob« (dagegen Jak 2, 20-26). Gottes richterliche G. ist dadurch nicht angetastet. Auch für den Glaubenden erfolgt Gottes Gericht nach dem Werk eines jeden (1Kor 3, 13-15; 2Kor 5, 10; Gal 6, 4). Aber Paulus setzt nicht mehr den Plural, als könnte man gute oder böse Werke summieren. »Werk« ist nicht mehr Gesetzeswerk; es umfaßt die Ganzheit eines Menschenlebens. Dem Menschen wird »zur G. angerechnet«, daß er denkend, fühlend, handelnd nichts anderes tut als »glaubt«, dh *Gottes* gerechtes Handeln in Jesus Christus anerkennt, *ihm* recht gibt im Rechtsstreit (Röm 4, 3-5). Gerade darin besteht des

Menschen G., daß er die Aufrichtung aller eigenen G. aufgibt (Röm 10, 3-8). Sie wäre G. aus dem Gesetz, die das messbare Tun verlangt (Röm 10, 5), mit dem der Mensch sich vor Gott behauptet und sich damit gerade der G.G. in Jesus Christus verschließt. Lebt er aber aus der »G. von Gott her« (Phil 3, 9), dann wird er frei von aller Selbstbehauptung und damit frei zum Dienst der → Liebe (: III), die die wirkliche Erfüllung des → Gesetzes (: IV) ist (Röm 13, 10; Gal 5, 5f). So wird der Glaubende hineingenommen in Gottes eigene G., die ihn begnadet zum Glauben, dh zu dem Leben, das in der → Freiheit (: I) von allem Selbstruhm und in der Offenheit für den Nächsten Gott recht ist. So kann Paulus auch sagen, daß Christus selbst unsere G. geworden ist (1Kor 1, 30). G.G. heißt also nicht nur, daß Gott gerecht *ist*. Dies erweist sich im forensischen Akt, in dem Gott gerecht *handelt*, endgültig im jüngsten Gericht (Gal 5, 5), grundsätzlich aber schon im Kreuzestod Jesu (Röm 5, 9; nachklingend Tit 3, 5-7). In dieses Ereignis der geschehenen G.G. wird der Mensch hineingenommen im Geschenk des → Glaubens (Gal 2, 16-21), das ihm seine → Rechtfertigung schenkt und eben damit jenes gehorsame Leben in der Anerkennung der G.G., das vor Gott recht ist (Röm 6, 12-23). So lebt Christus fortan in ihm, weil er mit Christus gestorben und in den Leib des Auferstandenen eingefügt ist (Gal 2, 20; Röm 6, 1-11; 1Kor 12, 13). So aber bleibt Gott Gott (Röm 9, 14-16; 11, 32-36).

RGG³ II, 1040 (Lit.) - H.BRAUN, Gerichtsgedanke u. Rechtfertigungslehre bei Paulus, 1930 - F.V.FILSON, St.Paul's Conception of Recompense, 1931 - ThW II, 199ff (Lit.) - V.TAYLOR, Forgiveness and Reconciliation, 1941, 29ff - TH.PREISS, Die Rechtfertigung im johanneischen Denken (Hommage et Reconnaissance [Cahiers Théologiques de l'Actualité prot., hors-série 2], Neuchâtel-Paris 1946, 100-118; dt.: EvTh 16, 1956, 289-310) - BULTMANN, NT §§ 28-30 (Lit.) - A.DESCAMPS, Les justes et la justice dans les évangiles et le christianisme primitif hormis de la doctrine proprement paulinienne (Universitatis Catholici Lovanienses Diss. II, 43), Louvain 1950 - BAUER, WB 356f (Lit.) - H.H.WALZ u. H.-H.SCHREY, G. in bibl. Sicht, 1955 - EKL I, 1502f.

E.Schweizer

IV. Dogmatisch

1. Dogmengeschichtlich - 2. Systematisch

1. Der Begriff der G.G. wird in der Bibel mit demjenigen Handeln Gottes verbunden, durch das über Heil oder Unheil der Menschen die Entscheidung fällt (→ Gerechtigkeit Gottes: II. III). Und zwar erscheint im AT und NT die G.G. vornehmlich im Zusammenhang des *Heil*-Wirkens Gottes, auf das der Glaubende hofft. Ps 31, 2: »Herr, auf dich traue ich, laß mich nicht zu Schanden werden; errette mich durch deine G.« Röm 1, 17: im Evangelium »wird Gottes-G. offenbart aus Glauben zum Glauben«. Beide Stellen haben in den dogmatischen Auseinandersetzungen über das Verständnis der G.G. eine wesentliche Rolle gespielt.

Diese Auseinandersetzungen standen in der *vorreformatorischen Theologie* zunächst unter dem Schatten des G.sbegriffes der antiken Philosophie, vornehmlich in der Form, in der er von → Aristoteles ausgebildet war. Danach wird G. als Eigenschaft einer in richterlichem Amte waltenden Person verstanden. Sie wirkt sich aus als *ausgleichende* G. (iustitia commutativa): Verteilung umstrittener Güter nach gleichem Maß unter alle Beteiligten, und als *austeilende* G. (iust. distributiva): Belohnung von Verdiensten und Bestrafung von Übeltaten in strenger Entsprechung zu dem jeweils positiv bzw. negativ Geleisteten (Aristoteles, Nikom. Ethik V). In der theologischen Anwendung auf die G.G. wurde vor allem der Gedanke der iustitia distributiva wirksam. G. wurde dann verstanden als diejenige Eigenschaft Gottes, kraft deren er fähig und willens ist, auf das von Menschen Gewirkte je nachdem lohnend und strafend zu reagieren. In letzter Instanz, wenn auch nicht ausschließlich, mußte dabei an den Lohn ewigen Heiles und die Strafe ewiger Verdammnis für die Lebensleistung des Menschen im Ganzen gedacht werden. Unter der in der Theologie mindestens seit Augustin anerkannten Voraussetzung, daß die Menschen als Sünder eine das Heil in strengem Sinne verdienende Leistung überhaupt nicht erbringen können, hatte das zur Folge, daß die G.G. vor allem in die Beleuchtung vergeltender *Straf*-G. trat: würde Gott *nur* nach iustitia distributiva im strengen Sinn handeln, so konnte nur diese in Frage kommen. Die G.G. trat damit in gegensätzliche Spannung zu der *Barmherzigkeit* und Gnade, aus der Gott Heil gewährt. Biblische Aussagen wie die oben zitierten, in denen die G. als Heilskraft erscheint, mußten zum Problem werden.

Nun hatte zwar schon → Augustin im Zuge seiner Beschäftigung mit Paulus die Anwendung des philosophischen Begriffs der nach Maß vergeltenden G. auf die G.G. durchbrochen. Er hatte definiert: Iustitia Dei *non* qua iustus est Deus, sed quam dat homini Deus, ut iustus sit homo per Deum (MPL 35, 1607). Die Gottes-G. ist also nicht Eigenschaft, die Gott in sich selbst behält, um nach ihr den Sünder lediglich zu beurteilen bzw. zu verurteilen, sondern Eigenschaft, die Gott - und zwar aus reiner Gnade - dem Menschen mitteilt, um ihn gerecht zu *machen*. Diese und ähnliche Definitionen Augustins wurden in der mittelalterlichen Theologie zwar tradiert, aber sie konnten den Einfluß des Begriffs der nach Leistung vergeltenden G. nicht überwinden. In dem Maß, als dieser im Vordergrund stand, blieb man mit dem Problem des Verhältnisses von G. und Barmherzigkeit beschäftigt und fragte nach dem »Ausgleich« beider Eigenschaften in Gott selbst. Dieser Ausgleich konnte auf einem auch von Augustin zumindest offengelassenen Wege darin gesucht werden, daß Gott, nachdem er dem Menschen durch die Sakramente die Eigenschaft der G. mitteilt, kraft dieser nun in den Menschen hineingelegten Eigenschaften von ihm »Verdienste« erwarten darf, auf Grund deren er ihm im Endgericht nun wirklich auch im Sinn der belohnend-vergeltenden G. Heil zusprechen kann. Der Einfluß des Begriffes der vergeltenden G. konnte ferner dahin erweitert werden, daß schon das Eingehen des Menschen auf das Angebot der sakramentalen gerechtmachenden → Gnade (: IV) als ein gewisses → Verdienst (: IV) aufgefaßt wurde, dem diese Gnade und ihre Vollendung zu endgültigem Heile dann zwar als ein überschwänglicher, aber aus der Kategorie der nach Leistung vergeltenden G. doch nicht schlechterdings herausfallender Lohn zuteil wird. Daneben trat in der Scholastik noch ein andersgearteter Versuch zutage, G. und Barmherzigkeit Gottes in Zusammenhang zu bringen: G. wird verstanden als diejenige Eigenschaft Gottes, kraft deren er tut, was seinem eigenen Wesen als der Wirklichkeit höchster Güte gemäß und geziemend ist. Dazu gehört, daß er das Böse bestraft, aber auch, daß er den Schwachen und Sündern gegenüber Milde walten läßt. Er ist dies gleichsam sich selbst schuldig und wird damit seiner eigenen Größe und Güte gerecht. Dieser Begriff der G.G., in dem das Moment der strafenden Vergeltung von einem Moment barmherziger Güte gleichsam überhöht ist, ist u.a. bei → Anselm (Proslogion c. 10) und → Thomas hervorgetreten. Neben ihm wie neben dem augustinischen Begriff der G.G. blieb indessen das Verständnis der G. als vergeltend-belohnender Reaktion mehr oder weniger unausgeglichen stehen. - Erst → *Luther* hat es von seiner Römerbrief-Vorlesung an radikal durchbrochen, indem er die Erkenntnis Augustins nachvollzog: Gottes G. ist nicht eine Eigenschaft, nach der Gott in sich selbst *so* gerecht ist, daß er auf das vom Menschen Gebotene in Entsprechung reagiert, sondern die G., die Gott schenkt und wirkt, indem er sie den Sündern aus Gnade und ohne Rücksicht auf deren eigenes Aussehen zuspricht. Luther geht dabei darin über Augustin hinaus, daß er diese geschenkte G. nicht als eine dem Menschen nunmehr übereignete Eigenschaft durchreflektiert (so daß im Endgericht schließlich doch wieder das im Menschen Gegebene zum Grund der Entscheidung Gottes werden könnte). Er versteht vielmehr das Leben des Menschen in dieser G., ohne deren reale Wirkungen in Abrede zu stellen, ganz als ein ständiges Sich-selbst-empfangen aus der Zuwendung Gottes. Es ist Sein aus der Gegenwart Gottes und *darum* Leben in der G.

2. Damit war es möglich geworden, die biblischen Aussagen über die G.G. als *Heilsmacht* ungebrochen durch heterogene G.sbegriffe neu zu verstehen. Man kann diese Aussagen in der Tat nur verstehen, wenn man sich klar macht: Gottes-G. ist weder Eigenschaft, die Gott in sich selbst hat, noch auch Eigenschaft, die er dem Menschen mitteilt, so daß nun auch dieser sie in sich selbst hat im Gegenüber zu Gott. Sie ist vielmehr ein Wirken, durch das Gott zu sich selbst in ein Verhältnis setzt, und sie ist das Verhältnis selbst, das aus diesem Wirken entspringt. Gottes-G. ist die Wirklichkeitsmacht der Gemeinschaft, die Gott den Menschen mit sich selbst gewährt, in der er ihnen Lebensrecht gibt und es mit ihrem Leben recht macht. Die Eröffnung dieser Wirklichkeit ist keineswegs nachträgliches Reagieren Gottes auf menschliche Vorgegebenheiten und Leistungen, sondern aktives, schöpferisches Handeln, und zwar heilschaffendes Handeln. Sie ist ihrem Wesen nach das unbedingt Vorgegebene, aus dem alles rechte Menschsein erst entspringt.

Daß Gott dieses Heil dem *Sünder* gewährt, ist freilich nicht selbstverständlich. Es ist auch auf dem Wege jenes mittelalterlichen Begriffs der G.G. als der Eigenschaft, kraft deren Gott es seiner eigenen Größe und Güte schuldig ist, Milde zu üben, nicht zu postulieren. Denn → Sünde (: V. VI) heißt ja, daß der Mensch sich dem Leben in der Gemeinschaft mit Gott entzieht, sich selbst außerhalb des Raumes der sein Recht schaffenden G.G. stellt und sich sein eigenes Recht zu schaffen sucht: sei es in offener Auflehnung gegen Gottes Willen, sei es in einem Gehorsam, der sich als Leistung geltend machen, die »eigene G. aufrichten« will und damit sich in Gottlosigkeit verkehrt. Gottes-G. wird sich zwar auf alle Fälle als die allen Widerspruch vertilgende Wirklichkeit durchsetzen. Aber dies kann bedeuten, daß sie den Menchen, der sich ihrer heilschaffenden Kraft entzogen hat und sein eigenes Heil und Recht zu schaffen sucht, diesem seinem eigenen Weg überläßt und ihn daran sterben läßt. Wenn Gott dies tut, so ist das nicht ungerecht – die Bibel spricht in der Tat auch von den gerechten *Gerichten* Gottes. Das die Scholastik beschäftigende Problem der Spannung zwischen Gericht und Gnade ist also der Sache nach durchaus kein Scheinproblem. Aber seine Formulierung als Spannung zwischen G. und Gnade Gottes ist irreführend. Denn das → Gericht (: IV) ist nicht eigentlich die *Auswirkung* der G.G. (als ob diese wesenhaft vergeltende Straf-G. wäre), sondern vielmehr dies, daß die heilschaffende Gottes-G. sich dem Menschen, der sich ihr entzogen hat, ihrerseits *entzieht*, ihm fernbleibt, ihn seiner eigenen Ungerechtigkeit und deren Folge, dem Tode, *überläßt*. In diesem Zusammenhang wird in der Bibel im allgemeinen gerade nicht von der Wirksamkeit der Gottes-G., sondern von der des → *Zornes* Gottes gesprochen. Umgekehrt ist nach Röm 1, 17 gerade das Evangelium von Jesus Christus, der uns aus dem Zorn rettet (Röm 5, 9) und im Gericht für uns eintritt (Röm 8, 34), Offenbarung, dh siegreiche und heilschaffende Selbstdurchsetzung der Gottes-G. Über die Erkenntnis hinaus, daß Gott den Menschen als *Mensch* zum Leben in seiner G. ruft, ist hier noch mehr gesagt. In der Sendung Jesu Christi holt Gott den Menschen als *Sünder* in die Wirklichkeit der Gemeinschaft mit ihm zurück; nicht nur *ohne* dessen Leistung, sondern *gegen* dessen Schuld und Verfallensein an das Gericht. Gott läßt seine heilschaffende G. dem, der sich ihr entzogen hat, nicht fernbleiben, sondern sendet sie ihm nach in seine Entfremdung hinein. Er tritt damit seinem eigenen Zornesgericht entgegen. Die Selbstdurchsetzung der Gottes-G. wird zur → Rechtfertigung (: III), dh zur Gemeinschaftsannahme des Gott-losen durch Vergebung der Sünden. Dies ist keine Rechtfertigung der Sünde, denn sie wird im Kreuzestod Jesu gerichtet und abgetan. Aber dem Sünder ist es die Gewährung grundloser Begnadigung da, wo er dem Überlassenbleiben an den Todesbereich seiner Sünde verfallen war. Es ist dies auch nicht eine bloß nominelle Gerecht-sprechung, in der Gott auf das Wirksamwerden seiner G. in den Begnadigten verzichtete. Denn eben indem diese die grundlose Begnadigung sich widerfahren lassen, geben sie Gott die Ehre, daß er und nicht sie selbst ihre G. wirkt. Sie treten damit an den Ort, der Gott gegenüber ihr rechter Ort ist. Indem sie in der glaubenden Annahme der Begnadigung bleiben, bleiben sie in der Gemeinschaft der Gegenwart Gottes, und diese kann gestaltend in ihrem Leben wirksam werden.

M. Luther, Vorlesung über den Röm (WA 56; dt. Übers. von E. Ellwein in: Luthers Werke, Münchener Ausg., ErgBd II, 1957[4]). – Zum mittelalterl. Verständnis von G.G. u. seinem Verhältnis zu Luther: K. Holl, Die iustitia dei in der vorluth. Bibelauslegung des Abendlandes (Festg. f. A.v.Harnack, 1921, 73-92 = Holl III, 171 bis 188) – O. Tiililä, Das Strafleiden Christi, 1941 – H. Bornkamm, Iustitia Dei in der Scholastik u. bei Luther (ARG 39, 1942, 1-46). – Systematisch: Barth, KD II/1, § 30 – H.J. Iwand, Glaubens-G. nach Luthers Lehre, (1941) 1951[2] – P. Althaus, Die christl. Wahrheit, (II, 1948) 1958[4], § 26 – F. Gogarten, Die Verkündigung Jesu Christi, 1948, 311 ff – H. Vogel, Die G.G. u. die Faktizität des unschuldigen Leidens in der Gesch. (ThLZ 75, 1950, 263-270). – Vgl. ferner ESL 413 ff – EKL I, 1503 ff – Die Lit. zu → Gesetz: V. VI, → Rechtfertigung: II. III.

W. Joest

Gerechtigkeit des Menschen, *ethisch*

1. Auch in seiner Anwendung auf den Menschen ist das Wort G. mehrdeutig. Unter G. verstehen wir das, was der Mensch sein soll, in seiner ganzen Fülle. Mit der G., die bei uns besser sein soll als bei den Pharisäern und Schriftgelehrten (Mt 5, 17), ist nicht eine christliche Tugend neben anderen gemeint, sondern die Ganzheit des christlichen Lebens. Daneben aber gebraucht man in der christlichen → Ethik das Wort G. als Ausdruck für eine Haltung, die jedem das Seine läßt oder zuteilt oder wieder verschafft, und nimmt dabei den aristotelischen G.sbegriff mit den Unterscheidungen von genereller und partikulärer G., iustitia distributiva und commutativa, austeilender und ausgleichender G. auf. – Eine andere Unterscheidung, die namentlich im luth. Raum üblich wurde, ist die von iustitia evangelica und iustitia civilis. Die G. im Sinne der christlichen Vollkommenheit ist nur als göttliches Geschenk möglich, ja nur so, daß Gott den Glaubenden um Christi willen als gerecht ansieht (forensische G.; → Gerechtigkeit Gottes: IV). Auch die G. im engeren Sinne als »dem Nächsten das Seine geben« kann als radikale Forderung gemeint sein, als Nächstenliebe, und dann wird sie nur unter der Gnade und Verheißung Wirklichkeit. Iustitia civilis ist entweder das äußerliche Wohlverhalten ganz allgemein oder die Behandlung des anderen nach den äußeren Normen der Rechtlichkeit.

2. Von der äußerlichen G. im engeren Sinne des Wortes ist hier die Rede. So verstanden ist G. eine persönliche → Tugend. Ohne Menschen, die gerecht handeln wollen, ist G. überhaupt nicht möglich. Aber G. ist mehr

als persönliche Rechtlichkeit, ist eine → Norm, die in den zwischenmenschlichen Beziehungen und innerhalb der Gemeinschaftsformen objektiv gelten soll. Daher spricht man von gerechten und ungerechten Staaten, von gerechtem Gericht und gerechter Strafe, von gerechtem → Lohn und gerechten Preisen (→ Wert), von gerechter und ungerechter → Eigentums-Verteilung usw. Im Wesen der G. liegt es, daß ich als Mensch im Zusammenleben mit anderen Menschen nicht nur eine Pflicht zur G. habe, sondern auch einen Anspruch auf G. Erfahrene Ungerechtigkeit gibt dem Christen (vgl. Mt 5, 38-42) zwar nicht einfach ein Recht auf Gegenwehr, aber ein Recht auf Anklage (vgl. Joh 18, 23). Ja, der → Staat als Sachverwalter der G. hat G. u.U. unter Anwendung von Gewalt zu erhalten bzw. herzustellen.

3. G. bedeutet zunächst einmal Wahrung der Rechtsordnung und gewissenhafte, sorgfältige Anwendung derselben. Der gerechte Richter ist der nach dem (positiven) → Recht urteilende Richter, während der, der willkürlich entscheidet, ein ungerechter Richter ist. Wo der Grundsatz der Unverbrüchlichkeit des Rechtes gilt, spricht man von einer gerechten Staatsordnung. Solange man G. so versteht, gibt es kaum Probleme. Aber gerechte Preise oder gerechte Löhne lassen sich kaum von der positiven Rechtsordnung her bestimmen. Darüber hinaus ist G. eine Norm, an der sich auch die positive Rechtsordnung messen lassen muß. Oft genug haben staatliche Systeme im allgemeinen Urteil als ungerecht gegolten und sind ungerecht gewesen. Damit aber ergeben sich schwerste Probleme. G. ist eine Uridee, und sie weist hin auf eine Urordnung. Aber wie ist diese Urordnung nun zu fassen und zu formulieren? Die immer wieder versuchte Weise, die G.sidee zu begründen, ist der Rückgriff auf ein → Naturrecht. Aber welches ist die Naturordnung, die sich im Naturrecht ausdrückt? Ist die → Gleichheit aller Menschen ewige Ordnung und demgemäß gleiche Behandlung aller Menschen gerecht (→ Stoa)? Oder ist eine abgestufte Ordnung die Urordnung, im Sinne → Platos oder des indischen Kastenwesens (→ Kaste) oder anderswie verstanden? Je nach der Vorstellung von der Urordnung gilt die Zahlung gleichen Lohnes für alle als gerecht; oder es gilt als gerecht, daß der Kuli nur mit Kupfer bezahlt wird, wobei Ungerechtigkeit erst dann eintritt, wenn ihm die übliche Menge von Kupfermünzen verweigert wird. Aller Ruf nach G. ist auf eine ursprüngliche Ordnung bezogen. Aber ist die Annahme einer solchen nicht Wahn und Trug?

Die biblizistische Lösung des G.sproblems führt nicht weiter als die naturrechtliche. Auch die Bibel (in Frage kommt wohl überhaupt nur das AT) zeigt uns Ordnungen (nicht immer in der Verwirklichung, sondern in der prophetischen oder legislatorischen Verkündigung), die für eine bestimmte Zeit als gottgewollt gelten konnten. Es ist eine tiefe Erkenntnis der Reformatoren, daß sogar der → Dekalog, wo er konkret wird, der »Juden Sachsenspiegel« ist.

Was die Verwirklichung gerechter Lebensordnungen betrifft, so gibt es bestenfalls ein Fortschreiten von Schlechterem zum Besseren, also nur G. im relativen Sinn. Es gab Zeiten, da Abschaffung der → Sklaverei Utopie war, Milderung der Sklaverei aber Gebot der G. Und doch stehen Einzelmensch und Gemeinschaft (→ Gemeinschaft und Individuum: IV) immer unter der Forderung der Verwirklichung der G. Wo Christus nicht erkannt und geglaubt wird, bleibt keine andere Möglichkeit, als von dem angeborenen Wissen um G. aus und dem Instinkt für das, was jetzt gerechter ist als das Bestehende, der besseren G. Raum zu schaffen. Auch der Christ hat nüchtern die gegebenen Verhältnisse zu bedenken und in ihnen um das Recht des Menschen zu kämpfen. Aber er wird das als Christ nie zu versuchen wagen, ohne sich zugleich und vor allem unter Mt 6, 34 zu stellen und am ersten das Reich Gottes und seine G. zu suchen.

4. Der Christ steht unter dem Gebot der → Liebe (: IV), und nicht nur unter dem der G. Es ist richtig (E.Brunner), daß die Liebe nicht an der G. vorbeigehen darf, sondern über sie hinaus und durch sie hindurchgehen muß. Ferner ist es so, daß in den intimsten Gemeinschaftsbezügen, also in der → Ehe und in der → Familie, sich G. und Liebe leicht und beglückend zueinander gesellen. Aber insbesondere dort, wo G. praktiziert, also mittels Einsatz von Macht durchgesetzt werden muß, im Staat und bes. im → Strafrecht, treten G. und Liebe in schwere Spannung zueinander, die der Christ, der ein Amt der G. verwaltet, im Glauben zu tragen hat. Das Höchste an der christlichen Liebe ist das bedingungslose Vergeben; G. kann Verweigerung der Vergebung an den Bußfertigen bedeuten: um der G. willen muß ein Urteil vollstreckt werden. Die beiden → Regimente Gottes werden im Widereinander von Liebe und G. anschaulich. Der Dualismus der christlichen Ethik, der durch die Gebote der Liebe und der G. bezeichnet wird, ist in diesem Äon unaufhebbar. Er löst sich nur in der Hoffnung auf das Ende aller irdischen Dinge.

E.Brunner, G., 1943 - H.Coing, Die obersten Grundsätze des Rechts, 1948 - Erik Wolf, Rechtsged. u. bibl. Weisung, 1948 - H.E.Weber-Ernst Wolf, G. u. Freiheit, 1949 - G.Bergmann, Das Problem der G. bei H.Kutter u. E.Brunner, 1951 - W.Schönfeld, Über die G., 1952 - H.-H.Schrey, Die Bedeutung der bibl. Botschaft f. d. Welt des Rechts, 1952 - H.Kelsen, Was ist G.?, 1953 - J.Pieper, Was ist G.?, 1953 (kath.) - R.Bring, Den lutherska synen pa världen och det värdliga livet, 1953 - H.H.Walz-H.-H.Schrey, G. in bibl. Sicht, 1955 - E.Schott, Die zeitliche u. die ewige G., 1955 - P.Tillich, Liebe, Macht, G., 1956 - H.-D.Wendland, Die Kirche in der mod. Gesellsch., 1956 - R.Niebuhr, Love and Justice, 1957 - E.E.Schneider, Das Mysterium der G. (ThZ 13, 1957, 109-135). *F.Lau*

Gerhard, 1. *von Brogne* (bei Namur, † 959), gründete dort auf seinem Besitz ein Kloster, war als dessen Abt (spätestens 923, dann daneben auch von anderen Klöstern) die Seele der niederlothringischen und flandrischen Reform (→ Benediktiner); seit 1131 als Heiliger verehrt.

Qu.: AS Oct. II, 220ff - AnBoll 3, 1884, 29ff; 5, 1886, 385ff - MG SS XV, 646ff. - Über G.: DHGE X, 818ff - Wattenbach-Holtzmann 112. 133ff - E.de Moreau, Histoire de l'Église en Belgique II, Brüssel (1940) 1945², 142ff (Lit.) - VSB X, 58ff (Lit.) - Catholicisme IV, 1866f. *M.A.Schmidt*

2. G.Zerbolt von Zütphen → Zerbolt, G.v.Z.

Gerhard, *Johann* (1582-1637), luth. Theologe, der hervorragendste Vertreter der luth. → Orthodoxie, * in Quedlinburg, studierte erst kurz in Wittenberg Medizin, dann in Jena, Marburg und wieder in Jena Theologie und bekleidete lange Zeit praktische kirchliche Ämter (1606 Sup. in Heldburg bzw. Hildburghausen, 1615 Gen.-Sup. in Coburg). 1616 übernahm er eine theologische Professur in Jena, die er trotz zahlreicher ehrenvoller Berufungen nach auswärts bis zu seinem Tode behielt. Obschon G. sorgsam darauf bedacht war, seinen Ruf der Rechtgläubigkeit zu wahren, wirkte auf ihn zeitlebens der Einfluß von Joh. → Arnd, der in Quedlinburg sein geistlicher Vater gewesen war. G. zeigte eine starke Neigung zur Erbauungsschriftstellerei mit mystischem Einschlag (»Meditationes sacrae«, 1606, eines der Hauptwerke; → Erbauungsliteratur, 3) und vermied scharfe Polemik sogar gegenüber G. → Calixt (Besuch in Jena 1634). Das polemische Hauptwerk G.s, die »Confessio catholica« von 1634-37, ist gegen Rom gerichtet. Der Dogmatiker J.G., der insbesondere durch seine 9bändigen »Loci theologici« (1610-22) berühmt geworden ist (→ Dogmatik, 1b), stand stark unter dem Einfluß einer von Aristoteles bestimmten Metaphysik, die sich unter dem Einfluß → Melanchthons und der spanischen Spätscholastik an den philosophischen und theologischen Fakultäten der luth. Universitäten wieder ausgebreitet hatte (sog. Schulphilosophie; vgl. C. und J. → Martini, → Aristotelismus, 2e, → Orthodoxie). Von daher ist auch der Aufbau der »Loci« zu erklären: die reine Lokalmethode ist einer stärkeren systematischen Durchgliederung gewichen. Vorgelagert ist den eigentlichen dogmatischen Materien eine Lehre von der Hl. Schrift, die G. als alleinige und ausschließliche Quelle des christlichen Denkens gelten läßt. Der Zug G.s zum christlichen Leben hin, dem neben der Reinerhaltung der Lehre die Theologie auch zu dienen hat, kommt hinter jedem Lehrstück in dem Abschnitt »De usu« zum Ausdruck. G.s exegetisches Hauptwerk ist die »Harmonia Evangelistarum Chemnitio-Lyseriana a Joanni Gerhardo continuata et iusto commentario illustrata« (1626-27). G. verfaßte nicht nur 1615 für die koburgische Kirche eine Kirchenordnung, sondern widmete sich auch als akademischer Lehrer weiter kirchlichen Aufgaben. Er war führend bei sächsisch-thüringischen Theologenkonventen (Stellungnahmen im Streit um → Kenosis und Krypsis [→ Christologie: II, 7e] und im → Rahtmannschen Streit) und in der Mitarbeit an den Reformen, insbesondere an dem Bibelwerk → Ernsts des Frommen. Die Nachwirkung G.s war stark. 1863ff sind seine Loci (hg.v. Ed.Preuß) noch einmal verlegt worden.

Vf. ferner u.a.: Exercitium pietatis quotidianum quadripartitum, 1612; Methodus studii theologici, 1620; Disputationes isagogicae, 1634. - Ältere, noch heute wichtige Biographien von E.R.Fischer (1723) u. F.A.G.Tholuck, Lebenszeugen der luth. Kirche, 1859, 177ff. - E.Troeltsch, Vernunft u. Offenbarung bei J.G. u. Melanchthon, 1891 - RE VI, 554ff - R.Hupfeld, Die Ethik J.G.s, 1908 - Ritschl IV, passim - H.Leube, Die Reformideen in d. dt. luth. Kirche zZ der Orthodoxie, 1924 - F.Schenke, Der Kirchengedanke J.G.s u. seiner Zeit, 1931 - E.Uhl, Die Sozialethik J.G.s, 1932 - J.T. Mueller, J.G. als luth. Kirchenlehrer (Concordia theol. Monthly 8, 1937, 592-605) - W.Burkert, J.G. als Erbauungsschriftsteller (Diss. Breslau), 1939 - B.Hägglund, Die Hl. Schrift u. ihre Deutung in d. Theol. J.G.s, Lund 1951 - Elert, ML. *F.Lau*

Gerhardt, *Paul(us)* (12.3.1607 bis 27.5.1676), der bedeutendste ev. Liederdichter des 17.Jh.s, * in Gräfenhainichen, auf der Fürstenschule in Grimma erzogen, studierte 1628-42 Theologie in Wittenberg. 1643 siedelte er nach Berlin über und war bis 1651 Hauslehrer bei seinem späteren Schwiegervater A.Berthold. Mit 44 Jahren übernahm er sein erstes Amt als Propst in Mittenwalde. Das Berliner Geistliche Ministerium rühmte ihm »Fleiß und Eruditio« sowie »ehr- und friedliebendes Gemüt« nach. (Die späte Amtsübernahme mag durch Überfluß an Kandidaten und G.s unschlüssige Art, verbunden mit Skrupeln in bezug auf eine würdige Amtsführung, veranlaßt worden sein.) G. erlebte in Mittenwalde eine Zeit fast ungestörten Glückes und erster dichterischer Fruchtbarkeit. In seine zweite, mit dem Ruf an die Nicolaikirche beginnende Berliner Zeit (1657-69) fiel der Streit um die Erneuerung des kurfürstlichen Toleranzediktes (1662, 1664; → Brandenburg: II, 3), der 1666 zu G.s Amtsenthebung führte. G., der, wie zB die Bitte des Berliner Magistrats um Rücknahme der kurfürstlichen Entscheidung zeigt, in seiner Amtsführung mild und unpolemisch war, bewies sich in der Auseinandersetzung mit dem Kurfürsten als scharfblickender Theologe und als kluger, mit Wittenberg einiger Verfechter der → Konkordienformel; fest und gelassen, fern aller starren Rechthaberei, blieb er auch im Kampfe von untadeligen Formen. Die vom Kurfürsten gewährte Rückkehr ins Amt erschien seinem zarten Gewissen unmöglich, weil sie ihm grundsätzlich verwehrt hätte, die vom Bekenntnis verworfenen »Irrlehren« der Reformierten öffentlich abzulehnen. Lieber wollte er - gut lutherisch - der Stimme seines an Gottes Wort gebundenen Gewissens gehorchen und der Obrigkeit den Gehorsam im Leiden leisten. So ging er 1669 als Archidiakonus nach Lübben; seine Frau und vier Kinder hatte er vorher verloren. Einsam und wohl auch altersmüde lebte er dort mit seiner Schwägerin († 1674) und dem einen ihm verbliebenen Sohn. Sein Dichten war verstummt; doch sein Testament an den Sohn gestaltete er in hoher dichterischer Prosa.

Die ersten 18 Lieder G.s stehen in der 3. Aufl. (1647) von J. → Crügers »Praxis pietatis melica« (→ Gesangbuch: I, 2a); sie wiesen ihn sofort als Dichter von hohem Rang aus. Daß er sie nicht selbst herausgab und daß sie, wie alle seine geistlichen Gesänge, stets mit alten oder eigenen Weisen erschienen, zeigt, daß G. selbst, im Gegensatz zu vielen Barockdichtern (→ Barock: II), *keinen* Dichterruhm suchte, sondern auch in seinem Dichten nur Diener der Gemeinde sein wollte; so führte ihn seine Bescheidenheit auch als Dichter den Weg zwischen maßvollem Anspruch und bewußtem Verzicht, wie er ihn in seinem Christenleben überhaupt gegangen ist (vgl. das Mörikisch anmutende Lied »Zweierlei bitt ich von dir« [nach Spr 30, 7f]). Von der Kriegszeit reden diese Lieder nicht; alles persönliche Erleben ist zu überzeitlicher Allgemeinheit emporgehoben. Die folgenden Auflagen der »Praxis« zeigen, daß G. in den ruhigen Jahren in Mittenwalde und Berlin zur Höhe seines Liedschaffens gelangte; die 10. Aufl. (1661) verzeichnet 88 Lieder von ihm. J.G. → Ebeling brachte 120 Lieder, meist mit eigenen Melodien versehen, als »P.G.s Geistliche Andachten« heraus (1666f). Die Gesamtausgabe (s. Lit.) enthält 134 deutsche und 14 lateinische Gedichte. - Trotz dieses mäßigen Umfangs könnte man aus G.s »Liedern nahezu ein ... vollständiges Gesangbuch zusammenstellen« (Nelle), in dem »nur Lieder auf Epiphanias, Himmelfahrt, das Wort Gottes, die Kirche fehlen« würden. Quelle ist durchgängig und bei vielen Einzelliedern unmittelbar die Bibel, vor allem der Psalter, seltener andere (lateinische) Dichtungen, zB der Jubilus hymnus des A.v. → Löwenstern. Daß G. meist da am originellsten ist, wo er, in der Fülle ev. Glaubensgedanken lebend, aus der eigenen Erfahrung und Bilderwelt schöpft, zeigt der Gegensatz zwischen seinen oft nur Bereimungen darstellenden Psalmliedern und Gesängen wie »Ich steh an deiner Krippen hier«, »Auf, auf, mein Herz mit Freuden«, »Gib dich zufrieden und sei stille« oder »Geh aus, mein Herz, und suche Freud« (EKG 28, 86, 295, 371 u.a.m.). Als die erhellende Mitte seiner → Dichtung (, 2) wird man das dem Lutherschen »Nun freut euch, lieben Christen gmein« so nahestehende und zugleich den weiten zeitlichen und individuellen Abstand zeigende Rechtfertigungslied »Ist Gott für mich, so trete gleich alles wider mich«, mit Röm 8, 31-39 als sehr frei behandeltem Thema, bezeichnen dürfen. An ihm wird zugleich deutlich, wie das kirchliche Dogma zwar die bleibende Voraussetzung von G.s Liedern ist, sich aber unmittelbar in Glaubenserfahrung, Empfindung und Anschauung des Dichters umsetzt. Kennzeichnend für die Erlebnisspanne der Lieder ist vielfach der Gegensatz von Leben und Tod, der die reformatorische Polarität von Sünde und Gnade zwar nicht überbietet, aber vielen Liedern eine eschatologische Wendung vom »Hier« zum »Dort« verleiht. - Was einzelne Liedgattungen betrifft, so erreicht das längst eingebürgerte Passionslied bei G. einen Höhepunkt (EKG 62, 64). Das Vertrauenslied kommt bei ihm zur Vollendung (EKG 294). G.s Schöpfungslieder haben einen ländlich heiteren, fast idyllischen Einschlag: die Welt erscheint als Garten Gottes; das Sonnengleichnis macht die durchbrechende Gottesgnade in ihrer Fülle sagbar. - Formell ist G. durch die Schule von Opitz (→ Barock: II, 6) gegangen. Zur straffen Konzentration hat sie ihn allerdings nicht erzogen. Doch wird seine Freiheit gegenüber dem Barock nicht nur in seinen zahlreichen und schnell gemeindemäßig gewordenen originalen Strophenformen deutlich, sondern auch in seiner weitgehenden Unberührtheit von der Süßlichkeit, Sentimentalität und dem Schwulst der Zeitgenossen.

P.G.s Dichtungen u. Schriften hg.v. E.v.CRANACH-SICHART, 1957. - Über G.: H.SCHÖFFLER, Dt. Geistesleben zwischen Reformation u. Aufklärung, (1940) 1956² - K.BERGER, Barock u. Aufklärung im geistl. Lied, 1951 - W.LUEKEN, Lebensbilder der Liederdichter u. Melodisten (Hdb. zum EKG II/1), 1957, 188ff (Lit.) - I.RÖBBELEN, Theol. u. Frömmigkeit ... (FKDG 6), 1957, bes. 404ff.

W.Matthias (W.Jannasch)

Gerhoch (Gerhohus) *von Reichersberg* (1093 bis 27.6. 1169), Oberbayer aus Polling, in Freising und Hildesheim gebildet, wurde vor 1120 Domschullehrer in Augsburg. Da die → Kanoniker ohne »vita communis« lebten, die G. Inbegriff der Kirchenreform schien, trat er 1124 in das Augustiner-Chorherrenstift von Rottenbuch, 1132 in das von Reichersberg ein, dessen strenger, eifriger Propst er bis zum Tode blieb. Mit seinem Bruder und Nachfolger *Arno* (um 1100-75) bekämpfte er die Frühscholastiker → Abaelard, → Gilbert, → Petrus Lombardus und → Folmar. Den Autoritäten, u.a. → Johannes Damascenus, entlehnte er Lehren, die nicht dialektisch trennen sollten und die Göttlichkeit auch des Menschen Christus (→ Christologie: II, 6b) fast monophysitisch betonten. Trotzig und ungeschickt vertrat er diese Lehren brieflich, in umfangreichen Kommentaren und Traktaten, in endlosen Fehden und auf zahlreichen Reisen. Mit vielen Großen bekannt und verfeindet, focht er gegen die Verweltlichung der Kirche und das Schisma, in dem er zugunsten → Alexanders III. vermitteln wollte. Grüblerisch mahnte er, das Haus Gottes müsse wie einst wieder neu errichtet werden gegen falsche Priester und tyrannische Fürsten, die im Dienste des → Antichrist stünden. Zeit und Nachwelt rühmten G., ohne sein Gefüge von konservativer Dogmatik, Kirchenreform, Zeitkritik, Exegese und Geschichtstheologie aufzunehmen.

Werke: MPL 193-194; MG Lib. de lite III, 131ff; Opera inedita, hg.v. D. u. O. VAN DEN EYNDE, A.RIJMERSDAEL, P.CLASSEN, 2 Bde, 1955/56. - Über G.: E.MEUTHEN, Kirchenreform u. Geschichtstheol. bei G.v.R. (Diss. Köln), 1954 (Masch.) - A.GRAB, Der Kirchenbegriff des G.v.R. (Diss. Freiburg/Schw.), 1955 (Masch.) - D. VAN DEN EYNDE, L'oeuvre littéraire de G. de R., 1957 (Lit.). *A.Borst*

Gericht Gottes

I. Religionsgeschichtlich - II. Im AT und Judentum - III. Im NT - IV. Dogmatisch. - G. = Gericht, G.G. = Gericht Gottes. - Vgl. → Gerechtigkeit Gottes

I. Religionsgeschichtlich

1. Ägypten - 2. Griechenland und Rom - 3. Iran - 4. Islam - 5. Indien

1. *Ägyptische* Hinweise auf ein G. nach dem → Tode finden sich schon in den Pyramidentexten des frühen 3.Jt.s vChr. Eine deutliche Vorstellung vermitteln illustrierte Manuskripte des Totenbuches (bes. zum 125. Kapitel). Alle Menschen sind dem G. vor Osiris (→ Isis) in der Unterwelt unterworfen. Die Bilder (vgl. zB AOB 203; ANEP 639) zeigen Osiris in der Halle der Wahrheit thronend mit seinem Sohne → Horus, flankiert von 42 furchterregenden, richtenden Gottheiten, eine jede verantwortlich für die Aufdeckung einer bestimmten → Sünde. Neben einer großen Waage (von Anubis gehandhabt) steht der göttliche Schreiber Thot, um die Ergebnisse des Wiegens festzuhalten. Ein Ungeheuer mit Krokodilkopf wartet daneben, um jene zu verschlingen, die zu leicht erfunden wurden. Der von Maat geleitete Neuankömmling grüßt Osiris und leugnet seine Schuld. Indem er jede der 42 Gottheiten mit ihren Namen anredet, beteuert er seine Unschuld von der Sünde, die unter ihre Jurisdiktion fällt. Die Richter fordern Beweis durch die Waage. Anubis legt des Menschen Herz auf die eine Waagschale, die Feder der Wahrheit auf die andere. War das Herz, der Führer des Lebenden, der Wahrheit treu? Die Texte geben den Verstorbenen einen Zauber zur Hand: »O Herz, erhebe dich nicht wider mich als Zeuge!« Thot verkündet in diesem Fall, daß das Herz des Verstorbenen gerecht erfunden sei. Horus übergibt Osiris die gerechtfertigte Seele, die bittet, daß der Tod selbst zu einem Osiris gemacht werde und Segen, Wohnung und Gefolgschaft der großen Götter genieße (vgl. → Ägypten: II, 3).

2. Der *griechisch-römische* Glaube an ein G. beginnt offensichtlich mit den nachhomerischen → Mysterien-Religionen. Die ersten eindeutigen Zeugnisse finden sich bei → Platon (Gorgias 523ff; Phaidon 113; Staat X, 614ff): Der Tote muß dem Pfad der Toten bis zu der Stelle folgen, wo dieser sich teilt. Dort sitzen die Halbgötter Minos, Rhadamanthys und Aiakos, die Söhne des Zeus. Rhadamanthys richtet Seelen aus Europa, Aiakos jene von Asien; Minos entscheidet schwierige Fälle. Sie senden die Schuldigen links zum Tartarus (→ Hölle: I), aus dem die unheilbar Bösen niemals auftauchen. Jene, die ihre Verbrechen bereut haben, mögen eines Tages herauskommen, wenn ihre Verkläger es erlauben. Die Gerechten werden auf der Straße zur Rechten zu den Inseln der Seligen gesandt (→ Paradies, vgl. → Entrükkung), obgleich einige zuerst durchs Purgatorium (→ Fegfeuer) gehen müssen. Im »Staat« taucht als dritte Möglichkeit ein Weg der → Wiedergeburt zur Erde auf. - Die römische Literatur übernimmt einfach diese griechischen Ideen. Der Glaube an ein G. erlangte nie Einheitlichkeit oder universale Annahme in klassischer Zeit. - Vgl. auch → Etrusker.

3. Eschatologische Vorstellungen innerhalb des *iranischen* Schrifttums begegnen um 600 vChr in den Gathas; das spätere → Avesta und die Pehlewi-Bücher des 9.Jh.s nChr vervollständigen das Bild. In der Dämmerung des 4. Tages nach dem Tod muß die Seele durch die Luft zum Aufgang der Cinvatbrücke reisen, die sich über den Abgrund der Hölle spannt. Dort sitzen die Engel Srosh, Mihr und Rashn zu Gericht. Vohuman reicht das Buch der Taten des Toten dar. Rashn wiegt seine guten und bösen Taten ab. Der Ausschlag der Waagschalen bestimmt das Urteil. Wenn die gute Seele die → Brücke betritt, so wird sie ein breiter Weg zum Ort des besten Lebens führen. Er verengt sich zur Messerschneide für die Bösen, die kopfüber in die Hölle stürzen. Dort werden sie bis zur Auferstehung von → Ahriman und seinen Dämonen mit allerlei Übeln geplagt. Wenn sich das Welt-G. nähert, vereinigen der messianische Soshyans (av.: Saoshyant) und seine Gehilfen alle Seelen mit ihren Leibern und mustern sie vor → Ormazd (→ Auferstehung: II). Dieser weise Gott prüft die Aufzeichnungen über jeden und bestimmt sein Geschick in der endgültigen leiblichen → Vergeltung (: I). Die Bösen werden in die Hölle zurückgeworfen zur Folterung des Fleisches drei Tage und Nächte lang. Dann fällt der Stern- → Drache Gochihr und entzündet die Berge, und eine Flut geschmolzenen Metalls ergießt sich über die Erde und in die Hölle. Es ist so warm wie Milch für die Gerechten; aber es verbrennt und reinigt die Bösen. Alle verbliebenen Übel auf der Erde und in der Hölle werden verzehrt. Die Erde wird zum Paradiese. Soshyans spendet das Elixier der Un-

sterblichkeit den gereinigten Seelen, die in vollkommenen Leibern wohnen (→ Iran: II. III).

4. Den Anhängern des → *Islam,* die Allah fünfmal täglich als »König des G.stags« anrufen, ist das Welt-G. ein ebenso zentrales Ereignis wie für → Mohammed selbst. Sein Kommen ist gewiß, obgleich nur er die Zeit seines Kommens weiß (Koran 51, 5f; 79, 42ff). Ein Trompetenstoß läßt die Lebenden sterben, und ein zweiter wird die Toten aus ihren Gräbern führen (39, 68). An einem Ort der Versammlung wird die ganze Welt nach Rängen geordnet (20, 107; 18, 45f). Der Himmel wird zerstört (81, 10), sogar Kinder werden grau (73, 17). Einzeln müssen die Menschen vor Allah hintreten und das Buch ihrer Taten empfangen (69, 19ff; 81, 10). Engel (→ Geister: I) und sogar die Glieder ihrer eigenen Leiber werden gegen das Böse zeugen (50, 16ff; 24, 24). Auch gute Taten, die so leicht wie ein Senfkorn sind, werden mit gerechter Waage gewogen. Wessen gute Taten schwer sind, der geht zur Seligkeit ein, und wessen Taten leicht sind, der geht in die Grube des wütenden → Feuers (21, 47f; 101, 5ff).

5. *Indiens* Verständnis der Geschichte als endlos läßt keinen Raum für ein Welt-G. Selbst ein Zwischen-G. für Seelen auf der → Seelenwanderung ist überflüssig in indischen Systemen, die das nächste Leben bestimmt schon von der unpersönlichen Macht des → Karma. Aber populär-polytheistischer Hinduismus versteht den vedischen Yama, Herrscher der Totenreiche, als Richter, der das Gesetz des Karma handhabt. Yama bezeugt alle Taten eines Menschen; sein Sekretär Citragupta zeichnet sie auf. Wenn die Todesstunde kommt, schleppen Yamas Boten die Seele vor sein G. Yama sendet die Tugendhaften zu gesegneten Wohnungen, und die andern müssen in den Höllen bleiben, bis alle ihre Übeltaten in angemessenem Leiden gerächt sind (→ Hinduismus: I). – Vgl. → Eschatologie: I.

Zu 1: A.Erman, Die Religion der Ägypter, (1905) 1934³, 207ff – J.H.Breasted, The Dawn of Conscience, London 1933, 250ff – J. Spiegel, Die Idee vom Toten-G. in der ägypt. Religion (Leipz. Ägyptol. Studien 2), 1935 – J.Vandier, La religion égyptienne (Mana I, 1), Paris (1944) 1949², 125ff – RÄRG 334ff – S.Morenz, Rechts u. links im Toten-G. (ZÄS 82, 1957, 62-71). – Zu 2: L.Ruhl, De mortuorum iudicio (RVV II, 2), 1903 – PW XV, 1920ff. – Zu 3: C.Pavry, The Zoroastrian Doctrine of a Future Life, Oxford 1929 – M.N.Dhalla, History of Zoroastrianism, ebd 1938, 96ff. 278ff. 407ff – R.C.Zaehner, The Teachings of the Magi, London 1956, 131ff. – Zu 4: EI¹ II, 1048ff – HIsl 328ff. – Zu 5: A.Getty, The Gods of Northern Buddhism, Oxford 1914, 135ff – A.B.Keith, Indian Mythology, Boston 1917, 159ff – B.C.Law, Heaven and Hell in Buddhist Perspective, Calcutta 1925, 96ff – ChrRel III, 361f – S. Hummel, Zum Ursprung der Toten-G.s- u. Höllenvorstellungen bei den Tibetern (ZM 42, 1958, 48-55). *N.J.Hein*

II. Im AT und Judentum

1. G.G. im weiten Sinn meint alles Unheil wirkende Handeln von → Zorn Gottes (: II; → Eschatologie: II), das auf menschliches Freveln und Fehlen antwortet. Im engeren und eigentlichen Sinn aber will G.G. aussprechen, daß die Beziehung zwischen menschlicher Tat und Tatfolge dem willentlichen Eingreifen Gottes deshalb untersteht, weil sie ein in der Zuständigkeit Gottes liegender judikabler Sachverhalt ist. Zwischen beiden Redeweisen von G.G. liegt die recht häufige Verwendung von Rechtsbegriffen aus dem Bereich privatrechtlicher Deliktsahndung und außergerichtlicher Sachverfolgung, die gleichfalls jenes Eingreifen Gottes verdeutlichen sollen. So die gegen Personen außerhalb der eigenen Sphäre sich richtende Rache (zB Jer 15, 15; 51, 6. 36; Nah 1, 2; Ps 79, 10; 94, 1) oder die überprüfende und gegen Verschuldungen einschreitende Heimsuchung (zB 1Sam 15, 2; Am 3, 2; Ps 89, 33), ferner die von Gott vorgenommene Ausgleichsleistung oder Lohnzahlung (zB Dtn 32, 34f; Jes 34, 8; 65, 6f; Hos 9, 7; Ps 109, 20) u.dgl. Demgegenüber sind die Fälle einer von Gott ausgeübten bzw. in Anspruch genommenen Gerichtsbarkeit spärlicher vertreten, sofern man absieht von den (wie schon im Sumerischen und häufig im Akkadischen) von Menschen in mancherlei Not vorgebrachten Bitten, Gott wolle in ihrer Sache und zu ihren Gunsten »richten« und »entscheiden« (Gen 16, 5; 1Sam 24, 16; Ps 7, 9; 43, 1 u.a.). Auszuklammern ist auch die durch → Gottesurteil (: II) begehrte Täterermittlung und der Sakralprozeß überhaupt. Hinter allem lebt freilich als Voraussetzung, daß Gott auf Recht hält (zB Ps 7, 12; 9, 5; 75, 8; Jes 30, 18; Mi 7, 9; Hab 1, 13) und auf den Plan tritt, wo Menschen nach seiner Rechtshilfe rufen (Gen 4, 9ff; Ex 22, 8; Ps 68, 6 u.a.).

2. Die Propheten formen bisweilen Szenen eines vorgerichtlichen wie auch bereits gerichtlichen *Rechtsstreits,* den Jahwe mit Israel oder mit den Fremdvölkern bzw. deren Göttern führt. Dem Streitgegner hält Jahwe dann als Kläger bzw. Rügezeuge (Mi 1, 2; Mal 3, 5) die Beschuldigung vor (Hos 4, 1f; Jes 3, 13f; Mi 1, 2ff; Ps 82), sagt ihm bei vorgerichtlichen Vorhaltungen das Streitverfahren an (Jer 2, 5ff) oder bietet es an (Jes 43, 22ff). Oder aber er nennt das Prozeßthema und Zeugen und fordert zu Gegenbeweisen samt Zeugenbenennung auf (Jes 41, 21-23; 43, 8-13; 44, 6-8). Jahwe kann einem G. die Beschwerde über die unbotmäßigen Söhne vortragen (Jes 1, 2) oder in einem Feststellungsverfahren die Anerkennung erfolgter Leistungen wie auch der Rechtmäßigkeit nunmehriger Folgerungen fordern (Jes 5, 1ff; Mi 6, 1ff). Klage kann er durch Widerklage abweisen (Jer 2, 29), andererseits von sich aus auch Streitbeendigung anbieten (Jes 1, 18-20). Das Bild vom Rechtsstreit Jahwes wird niemals in extenso, sondern immer nur in seinen Kernmomenten, bes. der Anklage, vorgeführt. Wenn dabei bisweilen Jahwe sowohl als Rügezeuge wie zugleich als Urteilssprecher erscheint (zB in Ps 82), so hat das seinen rechtsgeschichtlichen Grund allein darin, daß hier die als so angemessen empfundene *außer*gerichtliche Ahndung Jahwes ein- und nachwirkte. Eine Kulthypothese allein hierauf zu erstellen, wäre verfehlt. Anders verhält es sich mit dem öfter begegnenden Sachverhalt (Am 1, 3 – 2, 16; Jes 3, 13f; Mi 1, 2ff), daß die Anklage gegen Israel bzw. seine führenden Stände in ein vorgegebenes Schema von Anklage gegen Fremdvölker eingebaut ist (Würthwein, Hesse). Zum Schema gehört offenbar auch, daß als feierliches Tribunal nicht nur die Völker der Erde angerufen werden, sondern ebenso Himmel und Erde (Jes 1, 2f; Mi 6, 1f; Ps 50; 76, 9; vgl. Jer 2, 12; Dtn 31, 28) bzw. als deren Grundfesten die Berge (Mi 6, 1). Dabei erweist sich Ps 50 als eine prophetisch beeinflußte Nachbildung. – Der Aussagenbereich vom → Königtum Gottes kommt auch hier zur Geltung. Jahwe richtet als König der ganzen Erde für alle Welt sein Königsrecht und sein G. auf (Ps 96-98; 75; 76; Jes 2, 2-4 = Mi 4, 1-4; vgl. auch [?] Jes 42, 4). Mit dem Ende der Königszeit treten die alten Bilder vom G.G. in den Hintergrund. Nur Dtjes spricht noch einmal vom Rechtsstreit Jahwes, gewöhnlich mit der von den Völkern geforderten Anerkennung von Jahwes Ausschließlichkeitsanspruch (Jes 41, 1-5. 21-29; 43, 8-13. 26; 44, 6-8). Gelegentlich erscheint das dem Verfahren im Gottesurteil entnommene Bild vom Zornesbecher, welchen Jahwe den Völkern bzw. Frevlern zu trinken gibt (Jer 25, 15ff; Ez 23, 31ff; Hab 2, 15f; Jes 51, 17). – Daß ein einzelner den Rechtsstreit mit Gott begehrt, wird zuerst im → Hiobbuch gesagt (9, 32), wie es umgekehrt auch spät und selten ausgesprochen wird, daß Gott mit den einzelnen ins G. geht (Ps 143, 2; Hi 22, 4).

3. In den Texten der exilisch-nachexilischen Zeit steht das Abstrafungs-G. im Vordergrund, wie es der imperiale Oberherr über niedergezwungene Aufrührer hält (vgl. 2Kön 25, 6; Jer 52, 9). Der Prophet Ezechiel spricht mehrfach von solchem Abstrafungs-G. am abtrünnigen Israel (Ez 5, 8. 10. 15; 11, 9; 14, 21; 28, 22. 26; 30, 19), bisweilen auch die Priesterschrift im Blick auf Israels Feinde (Ex 6, 6; 7, 4; Num 33, 4). Aber auch ohne den besonderen Terminus ist hinfort bes. im apokalyptischen Aspekt beim G.G. an die Abstrafung der opponierenden Rebellen gedacht. Als G.sort gilt gewöhnlich die nähere Umgebung von Jerusalem. Joel 4, 14 spricht von einem »Tal Jehosafat« (= Gott hält G.), sonst bildet die zum kosmischen Ort der Qual erhobene Gehenna (→ Hölle: II) den Strafort. Kriegerische Niederwerfung der Feinde geht dem G. voraus (Jes 63, 1ff; äthHen 90, 18; vgl. → Gog und Magog sowie Sib 3, 663ff), doch kann das G.G. auch als ein rein forensischer Akt beschrieben werden (Dan 7, 9-12; äthHen 10, 6. 12; Jub 5, 10 u.a.). Zu den Gottesfeinden, denen das G. gilt, können auch - bes. seit der Makkabäerzeit - die Abtrünnigen aus Israel gerechnet werden (PsSal 2, 10ff; 8, 8ff u.a.). Die Gemeinde von → Qumran sieht sich gegenüber der »Gemeinde der Bosheit«, aber sie ist der festen Zuversicht, daß das G.G. jene vernichtet und den »Söhnen des Lichts« das Heil zuwendet. (Vereinzelt ist auch von innerzeitlichen G.en die Rede: 1QH XII, 28ff; XV, 19f u.a.)

Analog der Weltweite der → Eschatologie (: II) hat auch das G.G. einen universalen Charakter. Es erstreckt sich nicht nur auf »die Könige der Erde«, sondern auch auf das »Heer in der Höhe droben« (Jes 24, 21; vgl. ferner äthHen 10, 6. 12; 18, 13ff). Auch die Toten werden in dieses Gottes-G. einbezogen (Dan 12, 2; PsSal 3, 11f; äthHen 51, 1-3 u.a.). - Aus griechisch-ägyptischem Prozeßrecht dürfte der Zug stammen, daß das G.G. auf Grund schriftlich vorliegender Klageakten geführt wird (Dan 7, 10; äthHen 89, 70f; vgl. daneben auch Ps 56, 9; 69, 29; 139, 16). Auch dringen mancherlei mythologische Züge ein (→ Hölle: II). Das Gottes-G. kennt nur zwei Strafen: Tod (äthHen 96, 6ff; 98, 10 u.a.) und lebenslängliches Gefängnis (Jes 24, 22; Dan 12, 2; äthHen 103, 5-8). Wo immer es in der eschatologischen (von Zeph 1, 2 an) und apokalyptischen Literatur um ein solches G.G. geht, ist dieses »das große ewige« (äthHen 91, 15), das G. »am jüngsten Tage« (4Esr 7, 70ff). Gott selber ist der Weltenrichter; nur in den Texten vom → Menschensohn (: I) im → Henochbuch (37-71) erscheint dieser als endzeitlicher Weltrichter. - Überall tritt der grundsätzliche Charakter des G.es heraus: Der Weltgott kämpft um die Durchsetzung seiner Heiligkeit; der abzustrafende Gegner, mit dem die → Sünde (: II) entmächtigt wird, hat widergöttliche Züge (zB Dan 11, 36ff; 4Esr 5, 6; → Belial). - Das Leben in der Erwartung dieses Gottes-G.es gewinnt seine Getrostheit allein aus dem Vertrauen, daß Gott aus seiner Treue um seiner Sache willen auch für die Seinen einsteht.

Außer der Lit. zu → Eschatologie: II: S.Mowinckel, Han som kommer, Kopenhagen 1951; engl.: He that cometh, Oxford 1956 - E.Würthwein, Der Ursprung der prophet. G.srede (ZThK 49, 1952, 1-16) - F.Hesse, Wurzelt die prophet. G.srede im israelit. Kult? (ZAW 65, 1953, 45-53) - F.Nötscher, Zur theol. Terminologie der Qumran-Texte (BBB 10), 1956, 158ff. *F.Horst*

III. Im NT

1. Der G.sgedanke ist im gesamten NT fester Bestandteil der Glaubensüberzeugung. Gott ist der Richter: vgl. die Wortgruppe κρίνειν (Mt 7, 2ff; Röm 2, 2ff; Apg 24, 25; Jak 2, 12; Joh 3, 17ff; Apk 14, 7 usw); er vollstreckt seine ὀργή (Röm 5, 9) am »Tage« (1Kor 3, 13) bzw. »Tage des Zornes« (Röm 2, 5) oder »G.s« (2Petr 2, 9). Das G. vollzieht sich nicht in der Weltgeschichte, sondern bedeutet deren Ende. Auch wo es in die Gegenwart verlegt ist (JohEv), ist es kein innerweltlicher Prozeß, sondern im selben Sinn eschatologischer Vorgang wie die Offenbarung überhaupt. Es ergeht über Lebende und Tote, setzt also den Gedanken der → Auferstehung (: V) voraus. Die Lehre von G. und Auferstehung gehört nach Hebr 6, 2 zur Elementarlehre.

Das G. kann als *Scheidung* vorgestellt sein (Mt 24, 40f; Gleichnisse vom Unkraut und Fischnetz, Mt 13, 24ff. 43ff). Das ewige Schicksal entscheidet sich an den »Früchten« (Mt 7, 16ff), an der Bereitschaft im Augenblick des Anbruches (Mt 25, 1ff). In anderer Modifikation findet sich die Vorstellung von einer augenblicklichen Scheidung bei Paulus (1Thess 4, 13ff): die Gläubigen werden beim Schall der Posaune zum erscheinenden Herrn entrückt und bilden offenbar das Forum des G.s (vgl. 1Kor 6, 2); dieses ist dann lediglich noch die Vollstreckung des → Zornes (: III) über die Ungläubigen (und wird als solche nicht weiter ausgemalt). Daneben findet sich - systematisch nicht ausgeglichen - die Erwartung einer G.sveranstaltung für *alle* einschließlich der Gläubigen (Mt 25, 1ff; Röm 2, 1ff; 14, 10; 2Kor 5, 10). Gerichtet wird nach den Werken (auch nach Paulus, s. 4). Es gilt der Maßstab der angemessenen Vergeltung (Mt 7, 2; Jak 2, 13).

2. In all dem ist das jüdische Substrat klar erkennbar (→ Gericht Gottes: II). Fragt man nach dem Neuen, spezifisch Christlichen, so ist zunächst zwischen → Eschatologie (: IV) Jesu und der Gemeinde zu unterscheiden. → *Jesus* übernimmt von → Johannes dem Täufer die Naherwartung von → Reich Gottes und G. Deren Nähe bedeutet nicht primär eine Aussage über den (noch ausstehenden) Zeitraum als solchen, sondern die Qualifizierung der eschatologischen Ankündigung als *Heils*botschaft. Die verheißene Zukunft erweist sich als heute schon wirksam. Der Gedanke an das G. und seine Künftigkeit bleibt; aber es aktualisiert sich als gegenwärtige Entscheidung, die unter dem Vorzeichen des Heils steht. Die radikale Entsicherung des Menschen (keine menschliche Befindlichkeit schützt mich vor Gott) wird zur Hoffnung für den Bußfertigen, zum Unheil für den, welcher sich auf seinen menschlichen Status verläßt (Mk 8, 35; Lk 13, 6ff; Mt 11, 20ff; 12, 41f; 8, 11ff). Die Scheidung ist eine ewige; aber das Verdammtsein wird (etwa über die Bemerkung vom Heulen und Zähneklappern hinaus) nicht ausgemalt (→ Ewiges Leben: III B, → Zorn: III). Unter dem Vorzeichen des Evangeliums wird Jesu Lohn- und Strafgedanke verständlich: der Lohn wird nicht vorausgehendes Motiv des Aufrufs, bleibt aber fester Bestandteil der Verheißung.

3. Ob Jesus mit dem Auftreten eines von Gott bestellten Richters, des → »Menschensohnes«, rechnete, ist umstritten (→ Eschatologie: IV, 3; → Jesus Christus). Für die *Gemeinde* nach Ostern steht fest, daß *Jesus* dieses Amt ausüben wird. Die Aussagen über Gott werden auf ihn übertragen (2Tim 4, 1; 1Petr 1, 5); für das Nebeneinander beider Aussagenreihen vgl. Röm 14, 10 mit 2Kor 5, 10; über den Ausgleich besinnt sich Lukas in Apg 10, 42; 17, 31. Künftigkeit, kosmischer Charakter und Nähe des G.s werden festgehalten (Röm 13, 12; Hebr 10, 25; Jak 5, 8; 1Petr 4, 7; Apk 1, 3). Der Heilsaspekt tritt hervor, wenn Jesus nicht nur der Richter, sondern der *Retter* heißt (1Thess 1, 9f; Phil 3, 20; Joh 3, 17). Trotzdem wird hier der Unterschied zwischen Predigt Jesu und Apokalyptik der Gemeinde sichtbar: die in dieser vorausgesetzte Grundbefindlichkeit ist die Angst. Jesus hatte diese im Ansatz überholt; aber die Gemeinde ist der Welt noch nicht entnommen und muß sich der Rettung ständig neu vergewissern (Joh 16, 33). Damit treibt der

G.sgedanke zur theologischen Besinnung über das Heilswerk wie über die Funktion der Kirche im Zwischenraum zwischen Auferstehung und G.

4. Wie das künftige Leben künftig bleibt (wir haben die Auferstehung noch vor uns), sich aber heute darstellt als die Freiheit des Glaubens, so ist bei *Paulus* die Künftigkeit des G.s vorausgesetzt, aber zugleich als qualifizierender Tatbestand des heutigen Seins in der Welt verstanden. Als Versöhnte (Röm 5) sind wir Hoffende (Röm 8), aber eben so noch nicht Gesicherte (auch nicht durch das Sakrament, 1Kor 10f). Denn das G. ergeht nach den Werken (Röm 2; 1Kor 5, 10). Rechtfertigung allein (!) aus Glauben und G. allein (!) nach Werken bilden einen in sich einheitlichen Gedanken.

5. Das → *Johannesevangelium* zeigt als Substrat die durchschnittliche Anschauung der Gemeinde, vollzieht nun aber einen Prozeß der theologischen Verarbeitung, in welcher die vorstelligen kosmologischen Elemente bis auf den Nullpunkt reduziert werden. *Zeitlich* beurteilt findet das G. der Welt *jetzt* statt, im Da-Sein der Offenbarung und der Entscheidung des Glaubens (Joh 3, 17ff; 5, 24f; 12, 31). Die Künftigkeit wird als existentialer Sachverhalt durchgehalten: das G. wird nicht innerweltlich anschaulich. Es vollzieht sich in nichts anderem als dem Hören und Glauben der unwelthaften Botschaft. Die Grenze gegen mystische In-Besitznahme des Heils wird gezogen: wir haben Christus als unseren Retter nicht hinter uns oder *in* uns, sondern ständig im Glauben *vor* uns; das Hinübergeschrittensein über das G. in das Leben ist kein Habitus, sondern die immer neu verkündete Wahrheit unseres Daseins in der Welt, in welcher wir Angst haben, die *er* überwunden hat (Joh 16, 33).

6. Die *weitere Entwicklung* ist bestimmt durch die Verschiebung des eschatologischen Aspekts unter dem Eindruck der Verzögerung der → Parusie. Nicht mehr die *Nähe* des G.s bestimmt das Denken, sondern seine Tatsächlichkeit, wie lange auch die Zeit bis dahin noch dauern möge. Dadurch wird einerseits die Besinnung über die Zwischenzeit Gegenstand des theologischen Interesses (Lukas); andererseits ist gerade durch die relative zeitliche Distanzierung ein neues Ausmalen der künftigen Ereignisse in Bildern möglich (Apk; ApkPetr).

Außer den Artikeln ᾅδης, γέεννα, ἡμέρα, κρίνειν usw, ὀργή, πῦρ im ThW: H.BRAUN, Gerichtsgedanke u. Rechtfertigungslehre bei Paulus, 1930 - A.SCHWEITZER, Die Mystik des Apostels Paulus, (1930) 1952² - E.KÄSEMANN, Sätze heiligen Rechtes im NT (NTS 1, 1955, 248-260) - J.JEREMIAS, Jesu Verheißung für die Völker, 1956 - J.A.T.ROBINSON, The Parable of the Sheep and Goats (NTS 2, 1956, 225-237) - DERS., Jesus and His Coming, 1957. - Vgl. ferner die Lit. zu → Auferstehung: V, → Eschatologie: IV, → Ewiges Leben: III B, → Zorn Gottes: III.

H.Conzelmann

IV. Dogmatisch

1. Begriffsbestimmung - 2. Das reale G.G. - 3. Das personale G.G. - 4. Das letzte G.G. - 5. Die Öffentlichkeit des G.es G.

1. G.G. bedeutet die Reaktion seiner → Gerechtigkeit (: IV) auf das persönliche Sein und Handeln der Menschen; Gott zieht sie zur Verantwortung, läßt sein Urteil über sie ergehen, in Anerkennung oder Verurteilung und in Lohn oder Strafe sich vollziehen. Im folgenden soll allein von der Reaktion auf das Böse die Rede sein (s. weiter → Vergeltung: VI). - In seinem Wider-Willen gegen das Böse (→ Zorn Gottes: IV) widersteht Gott ihm, indem er dem Ungehorsam mit Zerstörung des Lebens antwortet. Seine Gerechtigkeit wird der → Sünde (: VI) gegenüber wesensnotwendig Strafgerechtigkeit. Die Tatsache des G.es G. bezeugt, daß Gott an dem Recht seiner Liebe auf den Menschen festhält.

2. G.G. vollzieht sich sowohl *real*-objektiv wie *personal*, als Handeln sowohl *an* dem Menschen wie *mit* ihm im persönlichen Gegenüber. Das reale G. geschieht zunächst darin, daß Gott die Ordnung des Daseins, in die hinein er den Menschen geschaffen hat, an ihm sich auswirken läßt. Er »gibt hin« (Röm 1, 24) an die immanente Gesetzlichkeit des menschlichen Wesens, kraft deren der zu Gott geschaffene Mensch, wenn er sich ihm versagt, unentrinnbar den Götzen verfällt: irdischen Gütern, Werten, Ideologien und damit der Widernatur und Lüge seines Lebens; die Lösung von Gott führt zur Auflösung der sittlichen Bindungen und läßt daher auch das Gemeinschaftsleben erkranken. Gott straft damit, daß der sündige Mensch in seinem Sündigen gefangen bleibt, daß er sein muß, was er mit Willen ist (servum arbitrium); ferner damit, daß sein Böses geschichtlich wird, dh weiterwirkt sowohl individuell im eigenen Charakter und Lebensschicksal wie sozial in seiner Umwelt (»Reich der Sünde«). Das alles ist ein gesetzlicher Zusammenhang von Saat und Ernte (Gal 6, 7f) und als solcher empirisch unverkennbar. - Das reale G.G. ergeht auch in freien Akten, in »Schicksalsschlägen«. Nicht daß jedes Unglück als solches G.G. wäre. Es kann als väterliches Erziehen, als gnädige Berufung zu besonderer Bewährung des Christenstandes gemeint sein (Hebr 12, 5ff; Röm 5, 3f u.a.). Ob eine Schickung G. ist, läßt sich, da hier kein empirischer Zusammenhang von Grund und Folge besteht, an ihr nicht ablesen, sondern nur von dem zur Erkenntnis der Sünde erweckten → Gewissen in freier Zuordnung und Übernahme erkennen. - Darüber hinaus ist mit der Schrift (Ps 90, 7ff; Röm 6, 23) auch das Todeslos der Menschheit (→ Tod: IV) unbeschadet seiner »Natürlichkeit« als von Gott der Sünde zugeordnet zu verstehen. Dieses Urteil des Gewissens hat nicht im Sinn, die Sterblichkeit metaphysisch von dem Sündenfall herzuleiten, wie altes und neues gnostisches Denken will. Das Gewissen kann aber nicht umhin, den leiblichen Tod mit der Sünde zusammenzusehen und auf sie zu beziehen als Gestalt gewordenes Nein Gottes, ohne damit den Sinn des Sterbens erschöpfen zu wollen.

3. Das gesamte reale G.G. wird als solches erst innerhalb der Glaubens-Erkenntnis Gottes erkannt. Ohne sie kann man das Geschehen, in dem es ergeht, großenteils naturalistisch-atheistisch als Erweis der metaphysischen Unvollkommenheit und Ohnmacht des Menschenwesens, der blinden Zufälligkeit und Sinnlosigkeit der Schicksale, der Willkür einer feindseligen Macht auffassen. Erst in der Erfahrung des *personalen* G.es erkennt man das reale als solches. - In dem personalen hat das G.G. seine Mitte und Tiefe, nämlich in Gottes G.swort an das Gewissen, in dem Vernehmen seiner Anklage und seines Urteils, in der inneren Erfahrung des heiligen Nein, mit dem Gott den Sünder aus seiner Gemeinschaft verweist, sein »Antlitz verbirgt« (Jes 54, 8; Ps 27, 9 u.a.), ihn ausschließt aus dem wahrhaftigen Leben, zu dem der Mensch geschaffen ist. G.G. wird also zusammen mit der Sünde und Schuld erkannt, nicht erst unter dem Evangelium und dem in ihm beschlossenen Gebot (K.Barth), sondern schon unter dem in Gottes Gabe begründeten, dem Evangelium voraufgehenden → Gesetz (: VI). Ihre volle Tiefe gewinnt die Erkenntnis des G.es wie der Sünde freilich erst im Glauben an das Evangelium angesichts des Kreuzes Christi. Für das erweckte Gewissen ist G.G. dem Wesen nach unendlich. Allein das Wunder der vergebenden und erlösenden → Gnade (: V) setzt ihm die Grenze und verwandelt das heil-lose G. der Verstoßung in das heilsame G. der Berufung, Mittel in Gottes Hand, von der Sünde freizumachen. Im Glauben an Gottes Gnade in Jesus Christus ist der Mensch jenseits des verdammenden und zerstörenden G.es (Joh 3, 18; 5, 24) in der Hand des gnädigen lebenslangen G.es, mit dem Gott den alten Menschen der Sünde zu töten anhebt. Ohne das

Wunder der Gnade und seine Annahme im Glauben vollendet sich das G. zur »Hölle«: sie bedeutet endgültiges Gefangensein in der Sünde, waches Erfahren ihres Fluches, der Nichtigkeit, des verlorenen Lebens.

4. Das *gegenwärtige* G.G. weist über sich selbst hinaus. Es begründet die Erwartung des letzten G.es am »Jüngsten Tage« (→ Eschatologie: VI). Dieses wird endgültige *Entscheidung* und *Vergeltung* sein. Es wird nicht nur die im Glauben oder Unglauben an Christus schon jetzt vollzogene Entscheidung *offenbaren*, sondern selber letzte Entscheidung *sein*. Auch die Glaubenden haben in diesem Leben ihr Sündersein nie hinter sich, sondern immer wieder noch an sich und vor sich; so haben sie auch das G. nie zeitlich hinter sich, sondern als die stets neuen Sünder auch immer wieder noch vor sich, dürfen es aber immer wieder im Glauben an Christus unter sich lassen. Das gilt auch von dem Eingang in die Ewigkeit: auch hier muß der Glaube aus dem G.G. fliehen zu Jesus Christus, der »aus dem kommenden Zorne rettet« (1Thess 1, 10; Röm 5, 9). Das ist die letzte Entscheidung. Über die Frage, ob das letzte G. endgültige *Scheidung* innerhalb der Menschheit bringt, s. → Wiederbringung aller: II. - Auch Gottes jetziges *Vergelten* weist über sich hinaus. Das Auge der Menschen ist während ihres Lebens noch nicht voll geöffnet für ihr Versäumen und Verfehlen. Einmal wird das jetzt noch Verborgene offenbar werden. Das führt in bitteres Leiden der Selbsterkenntnis im Lichte Gottes. In ihm vollendet sich das Sterben, in das Gott die Sünder führt. Es darf aber nicht legalistisch-juristisch als »Abbüßen« verstanden werden, als wäre die Schuld endlich und meßbar. Die Schuld an Gott ist unendlich und entzieht sich jeder Bemessung. Nicht sein Abbüßen tut dem Sünder die Tür zum Paradies auf, sondern die freie Gnade, welche die Unendlichkeit des G.es durchbricht.

5. Das letzte G.G. wird ein *öffentliches* sein. Denn wir Menschen stehen in einem gemeinsamen Leben. Wir sündigen miteinander aus einem gemeinsamen Grundwillen (→ Sünde: VI), und unser Böses ist im »Reiche der Sünde« auf mannigfache Weise durcheinander bedingt und gewirkt. Wir tragen ein jeder Verantwortung füreinander und Mitschuld miteinander. Daher geht das G. über jeden alle an. Wir werden miteinander vor Gott offenbar und damit auch vor einander (1Kor 4, 5). So ist das G. über den einzelnen immer zugleich ein G. über die Gesamtheit und umgekehrt. Öffentlich wird das G. auch nach seiner positiven Seite sein, nämlich das Lob und der Lohn Gottes für das, was recht getan ist und von dem in dem gemeinsamen Leben alle, oft ohne darum zu wissen, leben.

Außer den Lehrbüchern der → Dogmatik: P. Althaus, Die letzten Dinge, (1922) 1956[6], 172ff - E. Hirsch, Das G.G. (ZSTh 1, 1923, 197 bis 226 = Schöpfung u. Sünde in der natürl.-gesch. Wirklichkeit d. einzelnen Menschen, 1931, 103ff) - RGG[2] II, 1050f - L. Pinomaa, Der Zorn Gottes in der Theol. Luthers, 1938 - H. Thielicke, G. u. Heimsuchung, 1949 = ThE II/1, 558ff. *P. Althaus*

Gerichtsbarkeit, *kirchliche*

I. In der kath. Kirche - II. In der ev. Kirche

I. In der kath. Kirche

1. Grundlagen - 2. Aufbau - 3. Unierte Orientalische Kirche - 4. Geschichtliches

1. Das Recht der k.G. ist der erste und praktisch der Hauptteil des gesamten Prozeßrechtes der lateinischen Kirche, zu dem im übrigen noch die Selig- und Heiligsprechungsprozesse (→ Heiligsprechung) und gewisse in mehr oder minder prozeßähnlicher Form oder als Prozeßersatz (→ Suspension) mögliche Verfahren gegen Kleriker gehören. Die k.G. definiert der CIC (c. 1552) als »die in gesetzmäßigen Formen vor einem kirchlichen Gericht sich vollziehende Untersuchung und Entscheidung eines Streites in einer Angelegenheit, für deren richterliche Behandlung die Kirche zuständig ist«. Das geltende kanonische Recht sieht also den Strafprozeß genau wie den streitigen als einen Rechtsstreit inter pares an.

Formeller Gegenstand dieses Verfahrens sind in der *streitigen* G. »die Geltendmachung oder Verteidigung von Rechten (kirchlicher) physischer oder moralischer Personen oder die Feststellung von Rechtstatbeständen, die diese Personen betreffen«, in der *Straf*gerichtsbarkeit kirchliche »Delikte im Hinblick auf die Verhängung oder Feststellung von Strafen«. Dieser k.G. unterliegen kraft eigenständigen, also göttlichen Rechtes, das zugleich jede (ohne kirchliche Zustimmung geübte) staatliche G. über die gleichen Fragen ausschließt (c. 1553): a) alle Rechtsfragen, die geistliche oder mit Geistlichem verknüpfte Sachen betreffen, also das gesamte Recht der Sakramente, des Kultus, der Lehre, des Kirchenvermögens und das kirchliche Kleriker- und Ämterrecht; b) alle Verletzungen kirchlicher Gesetze und überhaupt alle Handlungen, die und insoweit sie als Sünden zu beurteilen sind (hierzu ist freilich anzumerken, daß nach dem geltenden kirchlichen → Strafrecht [: III] Sünden, die nicht positives kirchliches Recht verletzen, auch nicht mit kirchlichen Strafen belegt werden können, so daß insoweit dieser göttlich-rechtliche Anspruch innerhalb des geltenden Kirchenrechts nur Programmsatz ist, dessen Durchführung eine völlige Umgestaltung der Grundsätze des kirchlichen Strafrechts verlangen würde); c) alle Prozesse gegen Personen, die das → Privilegium fori genießen.

Soweit eine solche Angelegenheit auch eine (von der Kirche anerkannte) staatliche Seite hat, zB bei Delikten, die auch staatliche Gesetze verletzen, besteht eine »gemischte« kirchliche und staatliche Zuständigkeit. Für diese Fälle gilt ein Präventionsrecht, wonach das zuerst mit der Sache befaßte Gericht, sei es kirchlich oder staatlich, sie auch durchführen soll. Jedoch schließt dieses Präventionsrecht die staatliche G. nicht aus. Es ist bei Zivilklagen nur eine Ordnungsvorschrift für den Kläger, der nicht vom kirchlichen zum staatlichen Gericht übergehen soll (c. 1554); bei gemischten Strafsachen soll das kirchliche Gericht sich in der Regel zurückhalten, wenn die vom weltlichen verhängte Strafe ausreichend erscheint (cc. 1933 § 3, 2223 § 3 n. 2), und kann in jedem Fall das weltliche Gericht auch einschreiten (c. 2198).

2. Träger der k.G. sind Papst und Bischöfe.

a) Der *Papst* unterliegt selbst weder der kirchlichen (c. 1556: »Der erste Bischofsstuhl wird von niemand gerichtet«) noch, als Souverän (c. 100 § 1), einer staatlichen G., kann aber seinerseits bei jedem kirchlichen Rechtsstreit als Richter eingreifen (c. 1557 § 3) und angerufen werden (c. 1569 § 1). Vorbehalten ist ihm persönlich die k.G. über die Staatsoberhäupter, ihre Kinder und die unmittelbar zu ihrer Nachfolge Berechtigten, über die Kardinäle und päpstlichen Legaten und, in Strafprozessen, über die Bischöfe (c. 1557 § 1). Im übrigen übt er seine G. durch die päpstlichen Gerichtshöfe der Rota und Signatura (→ Kurie) aus, neben denen für das innere → Forum die → Paenitentiarie steht. Schließlich ist für bestimmte Prozesse das Hl. Offizium (→ Kurie) zuständig. Dazu gehören: die Aburteilung von Glaubensdelikten; Eheprozesse, die das Privilegium Paulinum und Religions- oder Konfessions-Mischehen betreffen, und einige bes. schwere Sittlichkeitsdelikte bei Klerikern. Soweit bei diesen Sachen andere Gerichte tätig werden, müssen sie nach den Vorschriften des Hl. Offiziums verfahren.

b) Der *Bischof* wird in der Ausübung der k.G., soweit er sie nicht in Einzelfällen selbst wahrnimmt, durch einen

Offizial, der eine ordentliche G. besitzt, vertreten. Der Offizial muß immer bestellt werden; in großen Diözesen unterstützen ihn meist Vize-Offiziale. Außerdem fungieren als Richter mit übertragener Gewalt die von der Diözesansynode gewählten Synodalrichter; außerhalb der Synode vom Bischof bei Bedarf bestellte Richter heißen Prosynodalrichter. Zur Behörde des Offizials (Offizialat) gehören außerdem als Vertreter des kirchlichen Interesses in Zivilprozessen und der Anklage in Strafprozessen der Promotor iustitiae (Kirchenanwalt), als Verteidiger der sakramentalen Bindung in Weihe- und Eheprozessen der Defensor vinculi (Bandverteidiger), als Schriftführer einige Notare. Alle, außer den Notaren, müssen Priester sein. Das bischöfliche Gericht wird meist als Kollegialgericht tätig (Dreierkollegium, in bes. schweren Strafprozessen Fünferkollegium), wobei stets der Offizial oder ein Vize-Offizial den Vorsitz führt. Als Einzelrichter kann auch ein Synodalrichter fungieren.

c) Der gewöhnliche Instanzenzug in kirchlichen Prozessen geht vom Gericht desjenigen Bischofs, der nach den ausgedehnten Zuständigkeitsregeln angegangen werden muß oder kann, an das Gericht des Metropoliten; wenn dieser selbst erste Instanz ist, fungiert als zweite Instanz ein hierfür dauernd bestellter Suffraganbischof; wenn der Bischof erster Instanz nicht zu einer Kirchenprovinz gehört, ist ein ebenfalls für dauernd bestellter benachbarter Metropolit zweite Instanz. Als dritte und gegebenenfalls weitere Instanz fungiert die Rota, soweit nicht ein kirchliches Gericht innerhalb des betreffenden Gebietes (zB die spanische Rota) damit beauftragt ist. Der Weg zu den höheren Instanzen wird eröffnet durch die Appellation (Berufung).

In einigen Fällen (Zivilklagen gegen Bischöfe; Klagen gegen juristische Personen, die keinen übergeordneten Oberen außer dem Papst haben; Klagen, die der Papst an sich gezogen oder angenommen hat) ist die Rota schon als erste Instanz tätig und werden die weiteren Instanzen durch Turnus- (»Senats«-) Wechsel gebildet.

3. Für die *unierte Orientalische Kirche* (→ Unierte Kirchen) ist die k.G. nach dem Vorbild der Lateinischen Kirche geregelt. Hinzugefügt sind nur diejenigen Vorschriften, die wegen der relativen Selbständigkeit der von einem Patriarchen oder Erzbischof geleiteten Einzelkirchen notwendig sind.

4. Schon im NT (1Kor 6, 1-6; Mt 18, 15-18) zeigen sich deutliche Ansätze einer k.G. Die dafür kennzeichnende Verbindung ethischer und rechtlicher Beurteilung ist noch im CIC (vgl. 1) erhalten geblieben; die von Paulus so nachdrücklich verlangte Ausschaltung der weltlichen Gerichte für Streitigkeiten zwischen Christen hingegen, von ihm mit der Kluft zwischen christlicher Gemeinde und heidnischem Staat begründet, wurde mit der Verchristlichung des Staates seit → Konstantin eine auf das grundsätzliche Verhältnis von → Kirche und Staat bezogene Forderung. Sie ist niemals rein durchgesetzt worden und hat sich seit dem 5./6.Jh. allmählich auf die heutigen Grundsätze der Unterstellung geistlicher Angelegenheiten unter die k.G. und des Privilegium fori beschränkt. Träger der k.G. waren von Anfang an hauptsächlich die Bischöfe; daneben bestand bis ins MA hinein eine konziliare G., bes. für die Bischöfe, und entwickelte sich im MA die päpstliche G. für die ganze (Lateinische) Kirche. Eine Sonderbildung seit dem 9.Jh. war das → Send-Gericht. Der heutige kanonische Prozeß ist im wesentlichen schon im Hoch-MA vorgebildet und hat sich seit dem Tridentinum bis zu seiner Kodifizierung im CIC kaum mehr weiterentwickelt. Seitdem ist er durch verschiedene Prozeßordnungen, darunter bes. die Ordnung für den Eheprozeß, und durch das Prozeßrecht für die unierte Orientalische Kirche ergänzt worden.

Quellen: Lat. Kirche: cc. 1552–1998 CIC - Prozeßordnungen: bei nichtvollzogener Ehe (AAS 15, 1923, 389-436); Weiheprozeß (ebd 23, 1931, 457-492); für die Rota (ebd 26, 1934, 449-491); Eheprozeß (ebd 39, 1947, 155-163) - CIC Schemata, Lib. IV, De processibus, ed. F.Roberti, Vatikanstadt 1940. - Oriental. Kirche: De iudiciis pro Ecclesia Orientali (AAS 42, 1950, 5-120). - Lit.: E.Eichmann, Das Prozeßrecht des CIC, 1921 - F.Roberti, De processibus I, Rom (1926) 1956[4] - A.M.Koeniger, Die Eheprozeßordnung für die Diözesangerichte, 1937 - J.Wenner, Kirchl. Eheprozeßordnung, (1937) 1956[3] - M.Lega-V.Bartoccetti, Commentarius in Iudicia Ecclesiastica, 3 Bde, Rom (1938-41) 1950[2] - J.Torre, Processus matrimonialis, Neapel 1955 - DDC VI, 203ff - Lehrbücher des → Kirchenrechts. - Zur Gesch.: J.B.Sägmüller, Lehrbuch des kath. Kirchenrechts II, 1914[3], 311ff (Lit.) - Feine, Reg. s. v. G., Prozeß - Plöchl I, 88ff. 221ff. 374ff; II, 305ff.

H.Barion

II. In der ev. Kirche

1. Geschichtliches - 2. Grundlagen - 3. Ausgestaltung - 4. Verhältnis zur staatlichen G.

Die ev. Kirche kennt eine der kath. Kirche (→ Gerichtsbarkeit: I) vergleichbare umfassende und voll durchgebildete G. nicht. Neben der überall ausgebildeten Disziplinar-G. (→ Disziplinarrecht) hat eine Reihe von Landeskirchen und Zusammenschlüssen durch → Kirchenverfassung, Gesetz oder Verordnung Verfassungs-, Verwaltungs- oder Schiedsgerichte errichtet. Eine Sonderstellung nimmt das → Lehrzuchtverfahren ein.

1. In der *geschichtlichen Entwicklung* der k.G. der ev. Kirche spiegelt sich die Entwicklung des Verhältnisses von → Kirche und Staat wider. Die enge Anlehnung an die weltliche Obrigkeit schloß die Bildung einer eigenen k.G. lange Zeit aus. Nach der Reformation fielen zwar in den ev. Territorien den → Konsistorien Aufgaben der bisherigen geistlichen G. zu, doch gingen diese Rechtsprechungskompetenzen in der Folgezeit zunehmend auf die weltlichen Gerichte über oder es wurden gegen die Entscheidungen der Konsistorien Rechtsmittel an weltliche Gerichte gewährt. Die beginnende Verselbständigung der Kirche im 19.Jh. ließ diese Entwicklung zunächst unberührt; erst gegen Ende des Jh.s bildete sich eine eigene Disziplinar-G. für Geistliche heraus, die nach dem Fortfall des → landesherrlichen Kirchenregiments (1918/1920) auf Kirchenbeamte ausgedehnt wurde. Nunmehr entstanden in einigen Landeskirchen auch erste, auf unterschiedlichen Konzeptionen beruhende Ansätze einer kirchlichen Verfassungs- und Verwaltungs-G. Seit 1945 hat sich dieser Zug verstärkt; eine Mehrzahl der Landeskirchen sowie die VELKD und die EKU haben Verfassungsgerichte, die EKD einen Schiedsgerichtshof gebildet.

2. Bei der Suche nach den - nicht ausreichend geklärten - *Grundlagen* der heutigen kirchlichen Verfassungs-, Verwaltungs- und Schieds-G. ist von den *Wandlungen der sachlichen Gegebenheiten* innerhalb der Kirche selbst und in ihrem Verhältnis zur Welt auszugehen, namentlich von der Steigerung der kirchlichen Verwaltungsaufgaben und damit der Erhöhung der kirchlichen Verwaltungsintensität sowie von der vorangehenden oder gegenläufigen Entwicklung auf staatlicher Seite, die die Kirche zur Auseinandersetzung mit dem Problem des gerichtlichen Rechtsschutzes nötigt. Angesichts dieser Gegebenheiten erscheint die Einrichtung einer k.G. gerechtfertigt. Sie hat im Sinne eines diakonischen Dienstes der Aufrechterhaltung und Gewährleistung der Ordnung in der Kirche als der äußeren Grundlage ihres geistlichen Lebens und der Erhaltung ihrer Glaubwürdigkeit mit den Mitteln des Rechts zu dienen. Allerdings wird durch die Einführung unabhängiger Gerichte ein Element in

den kirchlichen Verfassungsaufbau getragen, welches unvermeidlich gewaltenteilende Wirkung hat und damit nicht nur die Stellung der Synode, sondern auch die Differenzierung und das Zusammenspiel der anderen kirchlichen Verfassungsfaktoren nicht unwesentlich beeinflußt.

3. Da die ev. Kirche in der *Ausgestaltung* ihrer G. nicht an bestimmte vorgegebene oder geschichtlich überkommene Grundsätze gebunden ist, kann sie sich in Aufbau, Verfassung und Verfahren ihrer Gerichte weitgehend an den gleichen Maßstäben orientieren wie das weltliche Recht, freilich mit der aus der Eigenart der Kirche folgenden Besonderheit, daß der kirchliche Richter an Schrift und Bekenntnis gebunden und ihm im Sinne seiner um der Eintracht willen aufgegebenen Ordnungsfunktion aufgegeben ist, stets auf eine gütliche Einigung der Beteiligten hinzuwirken. So lehnt sich die *Gerichtsverfassung* an das weltliche Vorbild an. Die Gerichte sind unabhängige, von den Organen der kirchlichen Gesetzgebung und Verwaltung getrennte Kollegialgerichte. Sie sind mit ehrenamtlichen Richtern besetzt, von denen in der Regel zumindest der Vorsitzende die Befähigung zum Richteramt besitzen muß. Die *Zuständigkeit* ist teils eine rein verwaltungsgerichtliche, teils sind verwaltungs- und verfassungsgerichtliche Zuständigkeiten kombiniert. Die verwaltungsgerichtliche Zuständigkeit ist in den westlichen Gliedkirchen der EKD durchweg eine umfassende (System der Generalklausel); in den östlichen Gliedkirchen ist sie überwiegend durch Aufzählung der Streitigkeiten, in denen die Kirchengerichte zu entscheiden haben, begrenzt (Enumerationssystem). Auch das *Verfahren* ist mit geringen Abweichungen dem der weltlichen Verwaltungsgerichte nachgebildet. In der Regel umfaßt es nur einen Rechtszug; doch können die Gerichte der VELKD und der EKU als Rechtsmittel-Instanz tätig werden, wenn dies in den Verwaltungsgerichtsgesetzen der Landeskirchen vorgesehen ist.

4. Soweit Verfassung und Verfahren der k.G. den Anforderungen des staatlichen Rechts entsprechen, schließt ihre Zuständigkeit in der BRD eine kraft weltlichen Rechts bestehende *Zuständigkeit der staatlichen Gerichte* in kirchlichen Angelegenheiten aus. Das gilt jedoch nur für Materien des kirchlichen Selbstbestimmungsrechts (→ Kirche und Staat) und nur für Streitigkeiten, in denen die Zuständigkeit des staatlichen Gerichts nicht spezialgesetzlich, sondern durch eine Generalklausel begründet ist.

LIERMANN 343ff - G.A.VISCHER, Kirchl. für staatl. Gerichte? (ELKZ 10, 1956, 21-25) - K.HESSE, Der Rechtsschutz durch staatl. Gerichte im kirchl. Bereich, 1956, 112ff - H.JOHNSEN, Nachprüfbarkeit kirchl. Rechtshandlungen durch staatl. Gerichte (Jur. Diss. Bonn), 1956 - H.MAURER, Die Verwaltungs-G. der ev. Kirche, 1958. *K.Hesse*

Gerichtsverfassung in Israel

1. Allgemeines - 2. Rechtsbereich - 3. Prozeßablauf - 4. Gefährdungen. - G. = Gericht. - Zur kirchlichen Gerichtsverfassung vgl. → Gerichtsbarkeit: I. II

1. Richten will schlichten, zum Recht helfen und zum Frieden bringen. Wo immer außergerichtliche Anspruchsreglung (Gen 13, 7ff; 21, 22ff; 31; Jes 1, 18f) nicht zu Erfüllung, Vergleich oder Vertrag führte, aber auch wo bei Begründung, Aufhebung oder Veränderung von Rechtsverhältnissen künftiger Anfechtung gewehrt werden soll (Ruth 4, 1ff; Jes 5, 3ff), wird das Verfahren vor G. erforderlich. Der Wille zur G.sbarkeit drängte mit der Zeit ehemalige Selbsthilfe der Sippenverbände und in gewissen Fällen auch der Familienhäupter zur Anspruchsverwirklichung zurück; er suchte vor allem die private Deliktsahndung der Rache einzudämmen (vgl. Ex 20, 13). Jede einer Person oder Gruppe vorsätzlich oder fahrlässig durch Schadenshandeln zugefügte Beeinträchtigung ihrer ideellen oder materiellen Lebensgüter soll im geregelten und anerkannten Verfahren unter Anwendung des vorhandenen Rechtsbrauchtums zum Ausgleich gebracht werden, um Rechtsstreit in Rechtsfrieden überzuführen. Die Wahrung des Gemeinschaftsfriedens kann einer Rechtsgemeinde auch den Entschluß abnötigen, einen heillosen Frevler gegen diesen Frieden von Leben und Heil der Gemeinschaft durch Ächtung oder Tötung (→ Todesstrafe: I, 1) abzutrennen. Gegen unbekannte Frevler sprach man den Fluch (Dtn 27, 15ff; Ri 17, 2; Sach 5, 3f).

2. Recht und Rechtsübung in Israel sind auf die von Haus aus unterschiedlichen, aber mit der Zeit verwachsenden Rechtsbereiche von Gentilverband, politischer Gemeinschaft (Stamm, Staat) und Sakralbund ausgerichtet. Im gentilen Rechtskreis (→ Familie: II, 1), in dem es »Lösepflicht« bei Blutrache, → Levirat und Grundstücksveräußerung an Sippenfremde (→ Eigentum: I, 1) gab, üben die »Häupter« bzw. »Ältesten« die Rechtsgewalt aus. Sie entscheiden die innerhalb dieses Rechtskreises aufkommenden Streitigkeiten und schreiten gegen gemeinschaftswidriges Handeln ihrer Glieder ein (2Sam 14). Sie übernehmen auch die Auseinandersetzung im Rechtsstreit mit fremden Sippen. Landnahme bildete den gentilen Rechtskreis zur lokalen Rechtsgemeinde um. Verwaltung wie Rechtspflege wird auch hier durch die Ältesten, zumal der führenden Sippe, wahrgenommen (Ruth 4, 1f; 1Kön 21, 8ff; Dtn 21, 18ff u.ä.). Bei den im Tor geführten Verhandlungen sind aber alle Vollbürger des Ortes teilnahme- und mitspracheberechtigt. In Jerusalem und wohl auch in den Königs- und Festungsstädten lag die G.sbarkeit in den Händen der Amtspersonen (šār; → Amt: I) als den politischen und zT auch militärischen (Ex 18, 21f; Dtn 1, 15) Repräsentanten. Ihnen waren in der späteren Königszeit Vollzugsbeamte beigegeben (Dtn 16, 18 u.a.). Ein der örtlichen Rechtsgemeinde über- und vorgeordnetes G. kennt Israel nicht. Wohl hatte der einzelne die Möglichkeit, gegen seine Sippe und Rechtsgemeinde den König um Rechtshilfe anzugehen (2Sam 12, 1ff; 14, 1ff; 15, 1ff; 2Kön 8, 1ff), wie in vorköniglicher Zeit einen mächtigen Stammführer. Denn die Sorge um das Recht gehörte zu den Königspflichten (Ps 72, 1f; Spr 29, 14; 2Sam 8, 15; 1Kön 3, 9; 7, 7; 2Kön 15, 5 u.a.). Dazu kommt, daß die Stellung des Jerusalemer Königs im Rechtsleben sich nicht nur auf das dem politischen und militärischen Führer zugestandene (1Sam 30, 24f) Anordnungsrecht (zB 1Kön 5, 27ff) beschränkte, sondern vor allem darin bestanden haben muß, daß hier das Amt, das vordem im Sakralbund der → Stämme Israels der → »Richter in Israel« innehatte, in Anspruch genommen und eingegliedert war. Darum erwartet man vom König neben der Rechtshilfe für die Bedrückten auch Entscheidungen in außerordentlichen Fällen, für die gerade er als charismatisch ausgerüstet galt (Spr 16, 10; 20, 8; 1Kön 3, 28). Das alles führte nun aber nicht zu einer Verstaatlichung des G.swesens. Der Ort, an dem sich ehedem für den Bereich des Sakralbundes Rechtsprechung und Rechtsbildung vollzog, waren einige bevorzugte Kultstätten (Ri 4, 4f; 1Sam 7, 15 - 8, 3; vgl. Ex 15, 25; Dtn 33, 8-11; Jos 24, 25f). Gesondert hiervon haben die Priester es allerdings allein mit dem Torarecht zu tun, mit dem Privilegrecht Jahwes und den Weisungen über → Heilig und Profan, → Rein und Unrein. Als Rechtshilfeinstanz werden sie ferner bei Eid und Ordal in Anspruch genommen. Nach dem Exil wuchs die Bedeutung der Priesterschaft auch für das Rechtsleben, zumal als der Hochpriester der eigentliche Repräsentant der Konfessionsgemeinde wurde. So bezeugt es der auf spätdeuteronomische Intentionen sich stützende Chronist

(Dtn 17, 8ff; 2Chr 19, 4ff), und von hieraus geht die Entwicklung weiter zu dem aus Priestern, Laien und Schreibern zusammengesetzten Ober-G. des → Sanhedrin mit dem Hochpriester als Vorsitzer.

3. Das israelitische G. hat keine Ermittlungsbehörde. Klage erhebt der Geschädigte oder der Zeuge einer Untat. Auch der Satan (bes. Sach 3, 1f; Hi 1-2; Ps 109, 6; → Teufel: II) ist nicht Ankläger - erst in nachbiblischer Zeit wird er das -, sondern Opponent. Beim Ertappen auf frischer Tat konnte es zur Ahndung im Affekt oder zur Tötung in Notwehr kommen. Klage und etwaige Gegenklage werden mündlich vorgebracht. Schriftliches Prozeßverfahren (Hi 31, 35) beruht auf späterem Einfluß von ägyptischem Prozeßrecht. Der Beschuldigte, der nicht geständig ist, bestreitet die Klage und fordert Beweise. Der Beweis wird geführt durch Zeugen, deren Mindestzahl bei Kapitalverbrechen zwei sein muß (Dtn 17, 6), oder durch Vorlage von Urkunden. Fehlen solche Beweismittel oder reichen sie nicht aus, so kann dem Beschuldigten der Reinigungseid (Ex 22, 10; Hi 31; → Eid: II, 1) oder die Schuldermittlung durch → Gottesurteil (: II; Num 5, 5ff; Dtn 17, 8ff; Ex 22, 8) auferlegt werden. Sind Täter und Tatbestand festgestellt, so spricht das Urteil aus, wer im Recht und wer im Unrecht ist. Mitauszusprechen war die vom Rechtsbrauchtum festgelegte Tatfolge (Sanktion oder Schadensausgleich). Bisweilen war über den Schadensausgleich zusätzlich zu verhandeln (vgl. Ex 21, 30). Urteilsbegründungen, dazu auch Streitbeendigungs- bzw. Unterwerfungserklärungen (vgl. Hi 40, 3-5; 42, 1-6) sowie etwaige Prozeßeide (→ Eid: II, 1) sollen dem Urteil die Anerkennung durch die Parteien sichern. In Strafsachen forderte man Anerkennung des Urteils durch Confessio und Doxologie (Jos 7, 19ff).

4. Von Richterbesoldung oder Prozeßgebühren hören wir nichts, aber von Klagen über Bestechlichkeit und Parteilichkeit und entsprechenden Mahnungen. Gemahnt werden ferner die Zeugen, sich nicht aus Bosheit oder Eingeschüchtertheit am »Gewalthandeln« mitschuldig zu machen (Ex 23, 1ff u.ä.). Im Tor soll das Recht aufgerichtet werden (Am 5, 15 u.ä.). Dabei soll auch die Sache der personae miserae (Witwen, Waisen, Besitzlose, Schutzbürger) nicht Not leiden. Denn Gott hat das Recht lieb (Ps 33, 5 u.a.), es ist ihm zugeordnet (Dtn 1, 17).

L.Köhler, Die hebr. Rechtsgemeinde, 1931 (=Der hebr. Mensch, 1953, 143-171) - A.Alt, Die Ursprünge des israelit. Rechts (BAL 86, 1), 1934 (= Alt I, 278-332) - B.Gemser, The Rîb-Pattern in Hebrew Mentality (VT Suppl. 3, 1955, 120-137) - F.Horst, Recht u. Religion im Bereich des AT (EvTh 16, 1956, 49-75) - EKL I, 1510ff - R. de Vaux, Les Institutions de l'AT I, 1958, 221ff (Lit.). - Zur Rechtsvergleichung: A.Walther, Das altbabyl. G.swesen (Leipz. Sem. Stud. VI, 4-6), 1917 - J.G.Lautner, Die richterl. Entscheidung u. die Streitbeendigung im altbabyl. Prozeßrechte (Leipz. rechtswiss. Stud. 3), 1922 - E.Seidl, Einführung in die ägypt. Rechtsgesch. bis zum Ende des Neuen Reiches I, (1939) 1951² - Ders., Ägypt. Rechtsgesch. der Saïten- u. Perserzeit, 1956 - A.Alt, Eine neue Provinz des Keilschriftrechts (WO 1, 1947, 78-92) - E.Gräf, Das Rechtswesen der heutigen Beduinen, 1952.

F.Horst

Gerlach, 1. *Leopold von* (1790-1861), stammte aus einer alt-preußischen Beamtenfamilie; der Vater war Oberbürgermeister von Berlin. Als Leutnant 1806 gefangengenommen, studierte G. zunächst Jura, trat jedoch 1813 wieder in die Armee ein, in der er allmählich bis zum Generalmajor aufstieg. Über die Christlich-deutsche Tischgesellschaft und deren Fortsetzung, der sog. »Maikäferei«, in deren Kreis auch die Wellen der Berliner → Erweckungsbewegung schlugen, bildete sich unter den Einflüssen der Staatsphilosophie K.L.Hallers und der Historischen Rechtsschule → Savignys G.s religiöses und politisches Weltbild, das sich den Ideen der Hl. → Allianz einfügte. Vorübergehend Adjutant des Prinzen Wilhelm, trat er bald dem Kronprinzen und späteren König Friedrich Wilhelm IV. näher, zu dessen engsten Ratgebern er zählte. Entschlossener Gegner der Revolution, gehörte er seit 1849 zur sog. »Kamarilla«, trat für enge Verbindung mit Österreich und Rußland ein und förderte die politische und kirchliche Reaktion. Sein Werk war die Berufung → Bismarcks zum Bundestagsgesandten, mit dem er jedoch bald in der Frage der Anerkennung Napoleons III. auseinandergeriet. Seine legitimistische Auffassung widersprach einer Realpolitik, wie sie Bismarck vertrat. Das Ausscheiden Friedrich Wilhelms IV. brachte das Ende seiner politischen Machtstellung am preußischen Hofe.

Denkwürdigkeiten aus d. Leben L.v.G.s, 2 Bde, 1891/92; Bismarcks Briefe an G., 1896 (GesW Bd 14); G.s Br. an Bismarck, 1912. - ADB IX, 9ff - G.Lüttke, Die polit. Anschauungen des Generals u. des Präsidenten v.G., 1907 - L.v.Keyserling, Studien zu den Entwicklungsjahren der Brüder v.G., 1913 - G.Ritter, Bismarck u. d. preuß. Konservativen, 1913 - F.Meinecke, Preußen u. Deutschland im 19.Jh., 1918 - W.Näf, D. Idee d. hl. Allianz bei L.v.G. (Zs. f. schweiz. Gesch. 11, 1931, 459-472).

2. *Ernst Ludwig* (1795-1877), Bruder von 1, hatte den Befreiungskrieg als Freiwilliger mit Auszeichnung und mehrmals verwundet mitgemacht und nach dem Studium der Rechte die juristische Beamtenlaufbahn eingeschlagen, die ihn bis zum Präsidenten des Oberlandesgerichts in Magdeburg führte. Geistig und religiös ist seine Entwicklung ähnlich wie die seines Bruders; doch ist er in der Begegnung mit der pietistischen Erweckung tiefer in die religiösen Fragestellungen eingedrungen, wobei der Einfluß seines Schwagers A.v. → Thadden-Trieglaff nicht zu übersehen ist. Dennoch hat er sich im Laufe der Zeit einem streng hierarchischen, orthodoxen Kirchenbegriff zugewandt, ohne dabei an innerer, persönlicher Frömmigkeit zu verlieren. Dieser entsprach wiederum ein bestimmtes konservatives, antiliberales politisches Denken, dessen der organisch-ständischen Staatsphilosophie der Romantik entnommene Leitbilder mit den Weisungen der hl. Schrift übereinstimmen sollten. Mit Fr.J. → Stahl vertrat E.L.G. die Forderung eines christlichen Staats, der »Reich und Staat aus Gottes Schöpfung und Geboten« sein sollte. So gehörte auch er zur engsten Umgebung Friedrich Wilhelms IV. und 1848 zu den Revolutionsgegnern. Er war Mitbegründer der Konservativen Partei und der Kreuzzeitung, an der er bis 1866 ständig mitgearbeitet hat. Mit seinem Bruder L. hat er auf den König eingewirkt, die vom → Frankfurter Parlament angebotene Kaiserkrone abzulehnen. Auf dem Wittenberger Kirchentag 1848 forderte er mit → Hengstenberg einen Bußtag zur Sühne für das ungehorsame Volk und eine offizielle Erklärung gegen die Revolution. Sein ursprünglich enges Verhältnis zu Bismarck kühlte sich immer mehr ab. Dessen Annexionspolitik hielt er die 10 Gebote entgegen, wie er auch Friedrichs II. Eroberungen mit einer Persiflage des preußischen Wahlspruchs »Suum cuique rapere« verurteilt hat. Völlig zum Bruch mit Bismarck kam es im → Kulturkampf. G. mußte sein Amt aufgeben und trat als Hospitant zum → Zentrum über. Er starb an den Folgen eines Verkehrsunfalls. Die religiöse und politische Tragik des doktrinär-konservativen Denkens des Altpreußentums ist an seiner Person besonders sichtbar geworden.

E.L.v.G., Aufzeichnungen aus meinem Leben u. Wirken, 2 Bde, 1903. - ADB IX, 16ff - E.Jedele, Die kirchenpolit. Ansch. des E.L.v. G., 1910 - M.Hesse, Die polit. Haltung L.v.G.s, 1913 - M.Wildgrube, Die polit. Theorien L.v.G.s, 1914 - F.Meinecke, Weltbürgertum u. Nationalstaat, 1928, 237ff - H.Witte, Vom Nachlaß L.v.G.s (AKult-G 140, 1942/43, 137-162) - H.J.Schoeps, Das andere Preußen, 1957.

3. *Otto* (1801-49), Bruder von 1 und 2, war ursprünglich Jurist, kam durch → Tholuck zur Erweckung und zur Theologie, wurde 1828 gegen Schleiermachers Widerstand PDoz., 1834 Pfarrer an der neuen, im Arbeiterviertel Berlins gelegenen Elisabethkirche, wo er durch Hausbesuche einen neuartigen Weg sozialer Seelsorge einschlug. Unter Friedrich Wilhelm IV. wurde er Konsistorialrat, Hofprediger und Honorar-Prof., veröffentlichte u.a. eine Auswahl von Luthers Werken und ein Bibelwerk. Früh kränkelnd, ist er an einer Gehirnentzündung gestorben.

ADB IX, 19ff - RE VI, 602f - E.L.v.G., Aufzeichnungen (s. Lit. zu 2), passim. *K.Kupisch*

4. *Peters* (Gerlacus Petri, 1378-1411), wohl der innerlichste Laien-Theologe aus dem Kreise der → Brüder vom gemeinsamen Leben. Einer wohlhabenden, devoten Familie aus Deventer entstammend, wurde G. der Lieblingsschüler des → Florentius. Dieser sandte vor 1400 den kurzsichtigen und schüchternen Jüngling in die Geborgenheit des → Windesheimer Klosters. Dort erlag G. schon nach wenigen Jahren einem Steinleiden. G. hinterließ 2 deutsche und 2 lateinische Schriften. Für sich als den Kleriker bonae voluntatis schrieb er vor 1403 die geistlichen Übungen seines »Breviloquium«, dessen Inhalt er zT in den beiden Mahnbriefen verdeutschte. Sein Hauptwerk ist das lateinische »Soliloquium«, eine Zusammenstellung von Konfessionen, Exerzitien, Gebeten und geistlichen Erfahrungen, deren Vernichtung der Sterbende vergeblich erbat; sein Freund Schutke sammelte und ordnete sie zu dem devoten Selbstgespräch der Seele vor Gott. »Sein Einfluß auf den Humanismus und durch diesen indirekt auf die deutsche bzw. schweizerische Reformation, seine Benutzung durch die Gegenreformation, den Jansenismus, die romanische quietistische Mystik und den deutschen Pietismus stempeln es zu einem der verbreitetsten und wirkungsvollsten Erbauungsbücher« (Gericke I, 3). »G. vertritt eine ausgeprägte Jesus-Logos-Mystik, wobei unsere Menschheit und seine Menschheit in seiner ›Gottheit‹ vollkommen untergeht...« (Gericke II, 122ff). Jesus bzw. das Wort ist der Bräutigam des Hhld, und zwar mehr als der Jesus in nobis denn als Jesus pro nobis, da ihm mit Gott identisch.

RGG² II, 1058f - W.GERICKE, Das Soliloquium des G.P.: Krit. Erst-Ausg. des Wolfenbüttler Textes u. Würdigung, 3 Bde (Theol. Habil.-Schrift Halle), 1941 (Photokopie; Lit.; I: Edition der Hs. H v.J. 1424; II: Würdigung; III: Kollation von H mit der verfälschten Ausg. von 1616-1849). *E.Barnikol*

Germanien, *altkirchlich.* Die beiden römischen Provinzen Germania superior und inferior, vor 90 nChr organisiert, umfaßten das linksrheinische Land von der Westschweiz, von Nordburgund, Elsaß, Pfalz, Worms und Mainz bis zum Niederrhein mit Holland und in die Ardennen. Hauptstädte waren → Mainz und → Köln. → Trier blieb belgisch, es wurde Hauptstadt → Galliens und im 3./4.Jh. mehrmals kaiserliche Residenz. In den ersten anderthalb Jh.en wissen wir nichts von Christen in G. Die erste sichere Nachricht liefert → Irenäus (Adv. Haer. 1, 10, 2 [Harvey 1, 92]), der von Kirchen in G. weiß. → Tertullian (Adv. Jud. 7 [CChr 2, 1354, 34]) führt unter den nichtrömischen Christus unterworfenen Ländern auch G. an. Beiden Notizen kann nichts Bestimmtes über Lage, Organisation, Zahl und Art der Gemeinden entnommen werden. Nach Fremersdorf sind in Köln die ältesten christlichen Spuren unter der Kirche St.Severin in die Mitte des 2.Jh.s zu datieren. Für das 3.Jh. fehlen verlässige gleichzeitige Nachrichten; doch schließt man aus einer Trierer Kirche, die um 326 mindestens 4000 Besucher faßte, auf eine ins 3.Jh. zurückreichende Gemeinde. Märtyrertradition besteht in Köln (St.Gereon [Memoria, Grabstein der Rudufula, Martyrol. Hier.] und St. Ursula [Clematiusinschrift]), in Trier mit Eucharius und Valerius, in Bonn mit Cassius und Florentius (Memoria zwischen 260-300, zwei Tische für Totenmahl, christliche Steinsärge), in Xanten der Viktorskult in einer spätrömischen Kapelle mit Doppelgrab aus den Jahren 361-363. Das 4.Jh. ist reicher an Zeugnissen: In Köln war Bischof Maternus, der an der Synode von Rom 313 und Arles 314 teilnahm. Von einer Trierer Doppelkirchenanlage, die jetzt auch freigelegt wurde, berichtet der dorthin verbannte → Athanasius (Ap. ad Const. 14f [MPG 25, 613 B]). Die Trierer Bischöfe Agroecius, Maximinus und Paulinus und der erste Bischof von Tongern, Servatius, waren Gegner der Arianer, deren Mission im 5.Jh. von den → Goten aus auch das südliche G. erreicht haben kann. In Mainz müssen die Christen nach einer Nachricht vom Jahre 368 für das öffentliche Leben viel bedeutet haben. Eine wahrscheinlich römische Kirche ist in Koblenz-Liebfrauen, eine kleine Gedächtniskirche in Speyer-St.German aufgedeckt worden. Nach den wohl historischen Namensangaben der sonst umstrittenen Kölner Synode 346 waren in Worms, Speyer und Kaiseraugst Bischöfe. Der Straßburger Bischof Amandus ist für 343 bezeugt. Vor dem Ende der Römerherrschaft (nach ca 400) war in den Städten der Sieg des Christentums gesichert und die kirchliche Organisation, wie heute anerkannt ist, durchgeführt. Auf dem Lande ging es langsamer. Das bestätigen auch zahlreiche Kleinfunde und Inschriften vom 4.Jh. ab: Aus Köln Erzeugnisse der Glasfabrikation, aus Bonn ein Messergriff mit Darstellung des → Guten Hirten; auch aus dem Elsaß und der Westschweiz gibt es solche Funde. Vom innerkirchlichen Leben sind bekannt: Liturgiefeier, neue Askese (Athanasius!), Märtyrerkult, Begräbnis, Totengedächtnismahl, Verchristlichung des Alltagslebens. → Salvians (De Gub. Dei [CSEL 8]) Tadel meint das ganze Römertum, ist aber stark rhetorisch und überheblich. Trotz aller Mängel hat sich eine bescheidene christliche Kontinuität verschiedentlich über die Völkerwanderung hinweg gehalten.

W.NEUSS, Die Anfänge des Christentums im Rheinland, (1923) 1933² - RGG² II, 1060f - J.ADAM, Ev. KG der elsäss. Territorien, 1928 - F.FREMERSDORF, Röm. u. fränk. Gräber bei der Severinkirche (Bonner Jb.er 138, 1933, 22-80) - L.PFLEGER, KG... Straßburgs, 1943 - W.BADER, D. christl. Archäol. in Deutschl. (Annalen des Hist. Vereins für den Niederrhein 144/45, 1946/47, 5-31) - DERS., Der Dom zu Xanten, 1956 - T.K.KEMPF, Die altchristl. Bischofskirche Triers (TThZ 56, 1947, 2-9. 33-37. 118-123. 182-189) - DERS., Frühchristl. Funde ... in Deutschland (Actes Ve Congr. Int. Arch. Chr., 1957, 61-72; Lit.) - H.BUETTNER, Frühes fränk. Christentum am Mittelrhein (Archiv für mittelrhein. KG 3, 1951, 9-55). *A.W.Ziegler*

Germanische Religion

1. Die Religion der vorgeschichtlichen Zeit - 2. Quellen für die spätere Zeit - 3. Religion und Staat - 4. Religion und Recht - 5. Religion und Krieg - 6. Öffentliche Kultfeste, Kultorte, Götterbilder, Umfahrten - 7. Häusliche Kulte - 8. Orakel und Frömmigkeit - 9. Germanische Götter

Von einer g.n R. im allgemeinen kann man schwer sprechen. Wie die politische Geschichte, so ist auch die Religionsgeschichte der einzelnen germanischen Völker verschiedene Wege gegangen. Auch stehen uns für die einzelnen Völker oder Völkergruppen sehr verschieden geartete Quellengruppen aus sehr verschiedenen Zeiten zur Verfügung. Hier kann nur in aller Kürze der Versuch gemacht werden, einige gemeinsame Züge herauszuheben, andererseits aber auch partikulare Besonderheiten als solche erkennen zu lassen.

1. Macht es die spärliche und fragmentarische Überlieferung schon schwer, ja fast unmöglich, eine Geschichte der g.n R. nach der Zeitwende zu schreiben, so bleibt *die*

Religion der vorgeschichtlichen Zeit für uns weithin im Dunkel. Gräber und Grabfunde, um die es sich in der Hauptsache handelt, lassen wenig mehr als gewisse Vorstellungen von dem Fortleben der Toten erkennen (→ Ausgrabungen: I, → Totenverehrung: I). Ein Wandel in den Bestattungsformen braucht nicht durch religiöse Gründe, auch nicht durch veränderte Seelenvorstellungen veranlaßt zu sein (→ Begräbnis: I). Die Grabbeigaben zeigen, daß man sich die Toten nicht als körperlose → »Seelen« oder Schatten, sondern als »lebende Leichname« mit körperlichen Bedürfnissen dachte. Die Verstorbenen - das scheint die älteste Vorstellung zu sein - gehen in Berge oder Hügel ein; nach isländischen Quellen wählte sich ein Mann oder eine Sippe einen bestimmten Hügel, um in ihn zu »versterben«. Auch die großen Steinmonumente (→ Dolmen) dienten als Sippengräber; ob mit ihnen Ahnenkult verbunden war, ist ungewiß. Auch wissen wir nicht, ob die Vorstellung von einer Unterwelt (altdt. helja, altnord. hel; → Hölle: I, → Tod: I) allgemein war oder wann sie aufkam. Himmlische Götterheime, von denen die Edda weiß, hat Dichterphantasie wohl erst zur Wikingerzeit unter christlichem Einfluß geschaffen; der Name des Kriegerparadieses Walhall scheint noch die alte Vorstellung von einem irdischen Sippenraum bewahrt zu haben. Daß die g.R. der Bronzezeit schon die Stufe eines wenn auch noch halb naturhaften → Polytheismus erreicht hatte, ist nach der Höhe der materiellen Kultur anzunehmen; Moor- und Brunnenfunde zeugen von Tier- und → Menschenopfern. Der Sinn der schwedischen Hällristningar (→ Felszeichnungen) ist schwer zu entziffern. Nicht alle brauchen einen religiösen Inhalt zu haben. War es der Zweck gewisser Ritzungen, die Kraft von Zauberbräuchen zur Stärkung der → Fruchtbarkeit gleichsam festzuhalten und zu mehren, so können wir aus ihnen etwas über magische Riten jener Epoche, aber wenig über ihre Religion entnehmen. Doch ist jene Deutung nur eine Hypothese unter anderen. Der im Acker gefundene »Sonnenwagen« von Trundholm (Dänemark), eine auf einem vom Pferd gezogenen Wagen stehende Scheibe, mag gleichfalls für magische Agrarkulte zeugen; aber einen Sonnenkult oder gar den Glauben an einen Sonnengott (→ Sonne) kann er ebensowenig beweisen wie rad- oder scheibenförmige Bilder auf den Felszeichnungen. Möglich, daß einige im Verhältnis zu andern Bildern übergroße menschliche Figuren auf jenen Ritzungen Götter darstellen sollen, doch bleibt dunkel, welche Vorstellungen sich mit ihnen verbanden, wie wir überhaupt über Inhalt und Charakter der bronzezeitlichen und früheisenzeitlichen Religion auf Vermutungen angewiesen sind. Sie mit Hilfe religionsvergleichender Schablonen oder durch Rückübertragung der späteren Formen und Vorstellungen in jene Zeiten aufhellen zu wollen, ist bedenklich.

2. Erst mit dem Zeitpunkt, wo antike Schriftsteller Licht über die politischen Zustände der Germanen zu breiten beginnen, werden auch die religiösen Verhältnisse allmählich für uns erkennbar. Allerdings stammen die meisten Angaben entweder von Fremden (griechischen, römischen Geschichtsschreibern) oder von mittelalterlichen Autoren, die von dem vergangenen Heidentum teils wenig mehr wußten, teils es durch die Brille ihrer christlichen Vorstellungen sahen. Auch → Island, wo die Quellen am reichlichsten fließen, hat uns zwar einen reichen Mythenschatz, aber - auch in den Sagas - nur wenig Kunde über das religiöse Leben der Nordleute bewahrt (vgl. → Edda). Für die lokalen Kulte der alten Götter und ihr Verhältnis zueinander sind die theophoren Ortsnamen - bes. Skandinaviens - eine wichtige Quelle.

3. Wie bei andern alten Völkern war auch bei den Germanen die Religion ein *Politikum* (→ Politik: III); sie bildete einen Teil der gesellschaftlich-staatlichen → Ordnung. Die religiöse Terminologie der heidnischen Germanen hat kein besonderes Wort für Religion; sie war mit eingeschlossen in den Begriffen Gesetz und Sitte. Die Götter galten als Schützer und Geber guter → Gaben. Die uns in altnordischen Texten erhaltene alte Kultformel (→ Formeln: I) »blóta til árs ok fríðar« besagt, daß man für ein fruchtbares Jahr und → Frieden opferte; »Frieden« aber schloß in sich die soziale und rechtliche Ordnung, die das Gemeinwesen zusammenband. Indem das öffentliche *Kultwesen* (→ Kultus) dem Zweck diente, die Gunst der höheren Mächte für die Erhaltung und das Gedeihen des Rechtsverbandes herbeizuziehen, bildete es gleichsam die Grundlage der politischen Existenz. Die von denen der Griechen und Römer mit ihren Stadtkulturen verschiedenen gesellschaftlich-politischen Verhältnisse der durchweg in bäuerlichen Zuständen lebenden germanischen Völker bedingten auch andere Formen des Kultwesens. Soviel wir sehen können, war bis zum Beginn des christlichen MA bei allen seßhaft gebliebenen germanischen Völkern, auch solchen mit einem König an der Spitze, das zentrale politische Organ das Thing, die Versammlung der freien Bauern; die Thinggemeinde aber war zugleich Kultgemeinde. Jeder - kleinere oder größere - Thingbezirk hatte seine zentrale Kultstätte (→ Heilige Stätten: I). Thing- und Kultstätte fielen entweder zusammen oder lagen doch dicht beieinander, und an die Kultveranstaltungen schlossen sich meistens Thingversammlungen an. Das Thing selbst wurde vor der Eröffnung durch eine mit → Gelübden und → Opfern verbundene feierliche Zeremonie unter den Schutz der Götter gestellt, der erhöhten Rechtsschutz für die Teilnehmer einschloß. Auf Island hieß dieser Akt Thingheiligung, und ihn hatte der Gode, der politische Leiter des Thingbezirks, zu vollziehen; er sollte dabei den mit dem → Blute des Opfertieres geröteten heiligen Ring am Arme tragen, der gewöhnlich auf dem → Altar-Platz des → Tempels lag. Was die nordischen Zeugnisse über die Stellung der Goden aussagen, stimmt zT zu Tacitus' Mitteilungen (Germania c. 7 und 10) über die Macht- und Rechtsbefugnisse der sacerdotes. In Norwegen standen dem Kultwesen in den kleineren Gemeinden die Goden und Hersen, im ganzen Lande der König vor; auch in Schweden ist es bis zum Ausgang der Heidenzeit so geblieben (→ Königtum, sakrales). Runeninschriften aus Schweden und Dänemark bestätigen die Verbindung von politischem und Kultamt auch für diese Länder. Eine Trennung der beiden Gewalten muß bei manchen südgermanischen Völkern früher oder später eingetreten sein. Tacitus stellt in einigen Berichten über öffentliche Kulte den Priester neben den König; bei den Burgundern, den Angelsachsen in England und wohl auch anderswo stand (zuerst gewiß vertretungsweise) dem König ein Oberpriester zur Seite. Wenn auch solche Kultbeauftragte meist den führenden Geschlechtern angehörten, so hat es doch eine besondere, vom Volk sich abtrennende Priesterkaste bei den Germanen nicht gegeben. Immer blieb das → Priestertum (: I) ein dem Staatswohl dienendes öffentliches Amt (sacerdos civitatis). Das durch den Kult mittels des sakralen Amtes vermittelte Heil, das durchaus aufs Diesseits gerichtet war, floß allen Thinggenossen zu. Daraus erklärt sich der nordische Begriff der Heiligkeit (→ Heilig: I), der weit über den rein religiösen Bereich in die gesellschaftliche Ordnung und das Rechtswesen hineingreift. Jeder Angehörige der Kult- und Rechtsgemeinschaft war »friedheilig«, dh er genoß den Schutz der Gesellschaft gemäß den in ihr geltenden Gesetzen. Der Geächtete war vom Thing und vom Kult

ausgeschlossen (vgl. Germ. c. 6). Auf der Verbindung des politischen mit dem Kultamt beruhte der Glaube, daß der politische Führer jeweils die Verantwortung für die salus publica trug. So begreift es sich, daß die Burgunder den König (nicht den Oberpriester) nach Niederlagen oder Mißernten absetzten. Aus England und Norwegen haben wir Berichte, daß, wenn unter den Königen, die das Christentum im Lande einführten, Mißwachs und Teuerung herrschte, das Volk dies dem → Zorn der Götter zuschrieb. Auch die Schweden sollen schlechte Jahre ihren Königen zur Last gelegt und sie, wenn sie es an den gebotenen Opfern fehlen ließen, in alter Zeit sogar getötet haben. Aus der öffentlich-rechtlichen Stellung des Kultwesens ergab sich andererseits für die Thinggenossen die Pflicht zur Teilnahme an den öffentlichen Kultveranstaltungen. Auf Grund ihrer politischen Mitbürgerschaft mußten in der Zeit des Glaubenswechsels auch Christen an den Opferfesten teilnehmen oder sich durch Geld auslösen. Die Annahme des Christentums bedeutete für die meisten germanischen Völker in erster Linie den Übergang zu einer neuen politisch-rechtlichen Ordnung. Den Versuch der norwegischen Könige Hakon und Olaf Tryggvason, die neue Religion einzuführen, wehrten die Bauern mit der Forderung ab, das »alte Gesetz« zu bewahren. Der heidnische Gesetzessprecher des isländischen Allthings befürwortete i.J. 1000 die Annahme des Christentums mit der Begründung, das ganze Land müsse *eine* Religion und ein Gesetz behalten, sonst zerstöre man den Frieden, und das hieß: den Staat.

4. Daß das *Rechtswesen* wie bei allen alten Völkern auch bei den Germanen ursprünglich auf religiöser Grundlage ruhte, ist wahrscheinlich, wenn es auch in unseren Quellen nur wenig hervortritt (→ Recht: II). Durch die »Heiligung« des Things wollte man sich gewiß der göttlichen Hilfe auch bei den gerichtlichen Entscheidungen versichern. Der Sitz des Gerichts (Gerichtsring) war auf Island von den »vébönd« (Weihe- oder Heiligtumsbanden) eingehegt, ursprünglich also auch wohl eine geweihte und unter besonderem Schutz stehende Stätte (→ Kreis). Auf den heiligen Altarring wurden – unter Anrufung der Götter – die Rechtseide geleistet, was möglicherweise die Erwartung einschloß, daß die Götter Eidbruch und Rechtsverletzung rächten (→ Eid: I). Auch Verträge beschwor man auf jenen Ring, doch gegebenenfalls auch auf andere Dinge (Schwert, eherner Stier). Ob es ein sakrales Strafrecht bei den Germanen gab und was es umfaßte, ist umstritten. Daß alle → Todesstrafen sakralen Charakter hatten (also Opfer waren), wie man gelehrt hat, läßt sich nicht beweisen. Die berühmte Stelle bei Tacitus (Germ. c. 7), nach welcher nur der Priester → Strafen verhängen durfte und über Leben und Tod zu entscheiden hatte, ist nicht eindeutig. Die Angabe in der additio zur lex Frisionum, daß der Verletzer eines Heiligtums den Göttern geopfert wurde, steht allein; zudem ist ihre Echtheit umstritten. Im altnordischen Recht steht auf Tempelschändung die Acht. Überhaupt kennt dieses die Todesstrafe nicht, und dafür, daß die Friedlosigkeit religiösen Sinn hatte, der Geächtete also wie der römische homo sacer den Göttern oder Unholden (gröm) preisgegeben werden sollte, gibt es keinen Anhalt. Wenn bei Rechtsverletzungen der Geschädigte den Zorn der Götter auf den Rechtsbrecher herabrief, so war dies eine Form der Verfluchung (→ Segen und Fluch: I), deren ethischen Gehalt man nicht überschätzen darf. Von dem Zorn der Götter ist in süd- und nordgermanischen Quellen auch sonst oft die Rede, jedoch nie im Zusammenhang mit Gericht und Todesstrafen.

5. Wie Sippenfehde und -prozeß, die auf dem Thinggericht entschieden wurden, so war auch der → *Krieg* in gewissem Sinne ein Rechtsgang und als eine Handlung der politischen Gemeinschaft in seinem Ablauf religiös bestimmt. Wie »til árs ok fríðar« (s. 3) wurde im Norden bei den Staatsopfern auch »til sigrs« (zum Siege) geopfert. Ob der Krieg eröffnet, ob eine Schlacht angenommen wurde, bestimmte der durch öffentliche → Orakel, Vorzeichen (→ Omen) oder → Weissagungen kundgetane Wille der Götter. Aus den Kultstätten nahm man heilige → Bilder und → Symbole (effigies et signa) mit in die Schlacht. Vor derselben wurden den Göttern Gelübde für den Sieg dargebracht und nach dem Siege Opfer gespendet. Solche Votivopfer waren auch die Opferungen der Kriegsgefangenen, über die zahlreiche antike und mittelalterliche Historiker von den verschiedensten germanischen Völkern berichten. Daß man zuweilen über Gefangene das → Los warf, ob sie zu töten seien, berichten Bekehrerviten übereinstimmend mit Caesar. Nach großen und entscheidenden Siegen (Arausio, Varusschlacht) gab man wohl auch die ganze kostbare Kriegsbeute den Göttern hin oder vergrub die Feldzeichen. Die gewöhnliche Todesart für die gefangenen Feinde, das Aufhängen, scheint als Opfer an Wodan gemeint gewesen zu sein, der im Norden auch der »Hängegott« hieß. Siegesfeiern waren mit Ehrungen für den Anführer und Totenfeiern für die Gefallenen verbunden.

6. In Friedenszeiten findet das religiöse Leben seinen Ausdruck in den *Kultfesten* (→ Feste: I), deren Charakter durch Art und Größe der politischen Gemeinschaften bestimmt wird, die zugleich Kultbezirke waren. Was die Gutasaga für Gotland angibt: »Das gesamte Land hatte ein höchstes Opfer mit Menschen, ... die kleineren Thinge hatten kleinere Opfer mit Vieh, Speise und Trunk«, läßt sich in allem Wesentlichen auf andere Länder übertragen. Der Festkalender (→ Heilige Zeiten: I) schloß sich, solange die Stämme seßhaft waren, an das bäuerliche Jahr an, das diesen Veranstaltungen auch ihren Sinn gab; die Hauptfeste wurden im Spätherbst bzw. zu Wintersbeginn, zur Mittwinterzeit (Mitte Januar) und im Spätfrühling bzw. zu Beginn des Sommers gefeiert; dazu kam vielleicht noch ein Mittsommerfest. Nach nordischen Berichten opferte man auf diesen Jahreskreisfesten für gutes Wachstum, Ernte und Frieden, gegen Sommeranfang auch für den Sieg. Hauptpunkte solcher Feste waren die Schlachtung der Opfertiere, unter denen das vornehmste das Pferd war, und das gemeinsame Kultmahl (→ Mahlzeiten: I). Die zum Opfern geeigneten Haustiere (nur solche wurden gewöhnlich verwendet) hießen ahd. zebar, ags. tífer (daher »Ungeziefer«). Das Blut der Opfertiere wurde in einem Opferkessel aufgefangen und mittels eines Wedels auf den Altar, die Tempelwände und die Kultgemeinde gesprengt. Zur Kultmahlzeit gehörte auch das Leeren der »Minnebecher« mit dem → Rausch-Trank (ursprünglich Met, später Bier); sie wurden einerseits den Göttern, andererseits den Verstorbenen mit feierlichen Formeln geweiht. Daß auch Gesänge und Tänze bei diesen Festen nicht gefehlt haben, geht aus kirchlichen Schriften und Erlassen hervor. Wenn diese sie als »unanständig« brandmarken, beweist das doch keine »orgiastischen Kulte«. Ob das Julfest mit dem Mittwinterfest zusammenfiel oder im Dezember gefeiert wurde, ist ungewiß; für einen Zusammenhang mit der Winter- → Sonnenwende gibt es kein sicheres Zeugnis. Die Bräuche, unter denen es gefeiert wurde, scheinen von denen der anderen Feste verschieden gewesen zu sein: im Norden hören wir von Gelübden, die man auf die Borsten des Julebers ablegte. Daß die Jul-Zeremonien mit dem Totenkult zusammenhingen oder mit Initiationsriten verknüpft waren, wird ohne ausreichenden Grund aus neueren Volksbräuchen gefolgert (→ Weihnachten). – Höhere Bedeutung als den Jahresfesten kam

dem jährlichen Landesfest zu, das ebenfalls im Frühjahr oder im Herbst stattfand. Außer von dem gotländischen haben wir Kenntnis von dem großen Fest der Schweden in Uppsala; auch das Kultfest, bei dem i.J. 4 nChr Germanicus auf seinem Feldzug gegen die Marsen die Feiernden überraschte, wird ein solches Stammesfest gewesen sein, vielleicht auch das in der Vita Columbani erwähnte Wodansopfer der Alemannen. Gewichtiger und feierlicher noch als solche Landesfeiern waren die Opferfeste der Kultverbände, zu denen sich mehrere Stämme oder Völker zusammenschlossen, wie zB das Fest der Semnonen (Germ. c. 39). Sie fanden nicht jährlich, sondern in größeren Perioden statt, in Schweden (nach → Adam von Bremen) und wohl auch in Dänemark (→ Thietmar von Merseburg) alle 9 Jahre. Auf ihnen wurde durch das gemeinsame Opfer der Bund der Stämme untereinander und zugleich der → Bund mit der gemeinsamen Gottheit besiegelt. In die gleiche Kategorie werden wir auch das Fest der Göttin Nerthus zu reihen haben, das (nach Germ. c. 40) sieben an der Ostsee wohnende Völker gemeinsam begingen. Wenn Tacitus auf Nerthus die interpretatio Romana »terra mater« (→ Erde, → Muttergottheiten) anwendet, so berechtigt das noch nicht, den von ihm geschilderten Kult als einen ἱερὸς γάμος (→ Ehe: I) und das Bad der Göttin als Lustration zu deuten (→ Reinigungen: I); für beides gibt der Text keinen Anhalt. Bemerkenswert ist der durch die südlichen und nordischen Berichte übereinstimmend bezeugte Umstand, daß nur auf den großen Landes- und Bundesfesten Menschenopfer dargebracht wurden; ob diese, wie Adam von Bremen und Thietmar von Merseburg andeuten, den Charakter von → Sühne-Opfern trugen oder ob dies nur eine interpretatio Christiana ist, läßt sich schwer entscheiden. Geopfert wurden, soviel wir sehen können, nur Gefangene und Sklaven, also Rechtlose. Ein Mitglied der Rechtsgemeinschaft, sofern es sich nicht durch eine Untat »unheilig« gemacht hatte, konnte nicht wohl geopfert werden. Was von Sohnesopfern gemeldet wird, ist Fabelei christlicher Autoren.

Alle Berichterstatter heben die schauerliche Feierlichkeit der Riten sowie die Heiligkeit der → Haine hervor, in denen sie stattfanden. Solche silvae sacrae werden auch sonst erwähnt. Wälder, → Berge, Plätze an heiligen → Bäumen, → Quellen oder → Steinen waren, soviel wir wissen, allgemein die *Kultorte* der Germanen, wenigstens ursprünglich. Opferungen wurden auf einem als Altar dienenden Steinhaufen vorgenommen (altdt. harug, altnord. hörgr). Tempel scheinen in Deutschland erst mit der Römerzeit aufgekommen zu sein, sind dann aber allgemein verbreitet. Das von Tacitus erwähnte templum der Tamfana braucht nicht ein Gebäude gewesen zu sein. Die Viten der Bekehrer ebenso wie die Sagas sind voll von Mitteilungen über Tempel und Heiligtümer bei den verschiedensten Stämmen. Der isländische Tempel (hof) scheint (vielleicht nach dem Vorbild der christlichen Kirchen) mit der gegeräumigen Festhalle einen halbrunden, den stallr (und die Götterbilder?) enthaltenden Anbau verbunden zu haben. Wenn Tacitus sagt (Germ. c. 9), den Germanen habe es ebenso widerstrebt, die Götter mit menschlichen Zügen abzubilden wie sie in Wänden einzuschließen, so trifft das im allgemeinen wohl zu. Abgesehen von vorgeschichtlichen primitiven Holzbildern oder kleinen Metallfiguren sind auch *Götterbilder* wohl erst unter fremdem Einfluß aufgekommen. Die Bilder auf den Votivsteinen beruhen auf römischer Sitte. Doch müssen später, wenn wir den Bekehrerviten und Sagas glauben dürfen, Idole im Norden wie im Süden überall im Zentrum der Heiligtümer gestanden haben. Eine anschauliche Schilderung von den drei im Tempel von Uppsala stehenden Götterbildern gibt Adam von Bremen; auch die Vita St.Galli läßt die Alemannen drei erzene Standbilder verehren. Nicht alle mittelalterlichen Angaben über Tempel und Idole sind jedoch glaubwürdig.

Mit den Frühlingsfesten waren öfter feierliche *Umfahrten* (→ Umgang) verbunden. Die Göttin Nerthus wurde auf einem von Kühen gezogenen und mit einem Tuch überdeckten Wagen, den ein Priester geleitete, über Land gefahren; ob unter dem Tuch das Bild der Göttin verborgen war oder diese nur anwesend geglaubt wurde, ist nicht deutlich. Gewisse Überlieferungen scheinen solche Umfahrten auch für Schweden zu bezeugen. Der Sinn dieses Ritus kann kein anderer gewesen sein als den durch das Opferfest erlangten Segen für gutes Jahr und Frieden dem Lande und Volke ringsum mitzuteilen.

7. Zu den periodischen Festen kamen außerordentliche, wie die schon erwähnten Feiern nach siegreich beendeten Kriegen oder aus anderen besonderen Anlässen. Natürlich gab es neben den öffentlichen, von den kleineren oder größeren politischen Gemeinschaften gemeinsam begangenen Kulten auch bei den Germanen *häusliche Feste und Kultriten,* die von → Familien oder Einzelpersonen begangen wurden; diesem Zweck dienten kleine »Opferhäuser«. Im Norden scheint das Opfer für die Disen (weibliche Schutz- oder → Schicksals-Gottheiten, die auch aus dem Althochdeutschen bekannt sind) als häuslicher Kult begangen worden zu sein. Die → Geburt eines Kindes bzw. seine mit der Namengebung verbundene Aufnahme in die Sippe war mit gewissen Zeremonien umgeben (→ Namenglaube); ob die in der Edda und einigen Sagas erwähnte → Wasserweihe schon altgermanisch oder erst eine Nachahmung der christlichen → Taufe war, ist ungewiß. Auch für Hochzeitsriten, die man aus einer Eddastelle und einer Runeninschrift hat erschließen wollen, fehlen eindeutige Zeugnisse, und diese können durch heutige magische Volksbräuche nicht ohne weiteres ersetzt werden; im wesentlichen war die Eheschließung ein Rechtsvertrag zwischen zwei Sippen (kein Kauf). Die Verstorbenen ehrte man durch ein feierliches Totenmahl (»Erbbier«) und gedachte ihrer auch an den öffentlichen Festen. Über einen eigentlichen Ahnenkult können wir aus der geschichtlichen Überlieferung nichts entnehmen, jedenfalls hat er bei den Germanen nicht die Bedeutung gehabt wie bei den Griechen und Römern.

8. Neben dem Opfer stand als zweites bedeutsames Kultphänomen das → *Orakel,* durch das man den Willen der Gottheit erforschte; bei allen wichtigen Fragen im öffentlichen wie im privaten Leben war beides miteinander verbunden. Das drückt sich in der altnord. Formel »fella blótspán«: »das Opferstäbchen (= Losstäbchen) werfen« aus. Über das Verfahren beim Losorakel macht Tacitus Germ. c. 10 genaue Angaben. Ob die notae, die man nach ihm auf die Stäbe ritzte, Runen waren, hängt davon ab, ob die Germanen zu seiner Zeit schon Runen hatten – was doch wahrscheinlich ist; jedenfalls waren es magische Zeichen. Wie bei den Opfern fungierte beim Orakel in öffentlichen Angelegenheiten der Kultwart (Häuptling oder Priester), in privaten der Haus- oder Sippenvorstand. Gleich den Römern nahmen die Germanen auch Vogelflug und Vogelstimmen als göttliche Zeichen; sie mußten gegebenenfalls den günstigen Ausfall eines Orakels bestätigen. Tacitus kennt als Vorzeichen auch das Wiehern im Kulthain gehaltener heiliger → Pferde, die als Vertraute der Götter galten. Wenn isländische Landnehmer nach Anrufung des Gottes Thor die Hochsitzpfeiler des Tempels oder der Halle mit dem Gelübde ins Meer warfen, sich dort ansiedeln zu wollen, wo sie ans Land trieben, so war auch dies eine Art Orakel,

das bekundet, welche Macht die Religion auch im privaten Leben war.

Ob man von einem persönlichen Verhältnis des heidnischen Germanen zu den Göttern sprechen kann oder ob sich ein solches erst in der Spätzeit unter christlichem Einfluß herausgebildet hat, ist schwer zu sagen. Der bedeutende isländische Skalde Egil Skallagrímsson klagt nach dem Tode seiner Söhne in einer stark gefühlsbetonten Strophe Odin an, ihm die Treue gebrochen zu haben. Der »Freundgottglaube«, von dem in den Sagas gelegentlich die Rede ist, scheint jedoch schon von den eigenen (christlichen) Vorstellungen der Verfasser gefärbt zu sein. In der Hauptsache war → »Religion« für den Germanen wie für den Griechen und Römer: an den Kultveranstaltungen teilnehmen und νομίζειν τοὺς θεοὺς οὓς ἡ πόλις νομίζει.

9. Ob es zu Beginn der historischen Zeit, als die Germanen noch in zahlreiche Völker und Stämme ohne gemeinsames politisches Band zerfielen, gemeingermanische, also von allen verehrte *Götter* gab, ist schwer auszumachen. Man nimmt es im allgemeinen an, weil Tacitus von drei Göttern spricht (Germ. c. 9), die die Germanen allgemein verehrten; aber es könnte sein, daß er die ihm bekannten Vorstellungen der den Römern am nächsten sitzenden Stämme verallgemeinert hat. Außer jenen Hauptgöttern nennt er mehrere Gottheiten, die nur von einzelnen Völkern oder Stammverbänden verehrt wurden, wie zB Tamfana (Marsen), Baduhenna (Friesen), Nerthus (Sueben), die Alcis (Naharnavalen; → Dioskuren). Die Votivsteine der Germania Romana nennen weitere Gottheiten solchen beschränkteren Kultbereichs. Für gemeingermanische Geltung einiger Gottheiten scheint zu sprechen, daß wenigstens zwei von ihnen – Wodan und Donar – in den späteren Quellen Deutschlands, Englands und Skandinaviens überall als Hauptgötter genannt werden. Theorien über Wanderung dieser Götter bleiben ungesicherte Vermutungen. Meist erscheinen beide in Verbindung mit einem dritten, dessen Name aber wechselt (Saxnōt, Fricco). Im allgemeinen pflegt man *Tíwaz (ahd. Zīu, altnord. Týr) als dritten Hauptgott zu betrachten. Die alte, hauptsächlich auf die Gleichung *Tíwaz = Zeus gestützte Ansicht, daß dieser ursprünglich der höchste Gott gewesen und als »Himmelsgott« verehrt worden sei, ist weder sachlich noch sprachlich begründet (→ Himmel). Von einem germanischen Himmelsgott weiß keine Quelle etwas, und etymologisch hängt *Tíwaz nicht mit Zeus und indisch dyāus, sondern mit dīvus, ind. dēva zusammen, wozu der altnord. Plural tívar (Götter) stimmt. Auch für Zīus Funktion als Gott des Rechts ist die in England gefundene Inschrift »Deo Marti Thingso« nur ein unsicherer Beweis, zumal da thingsus weder sprachlich klar noch inhaltlich eindeutig ist. Südische und nordische Berichte kennen ihn nur als Kriegsgott (Martis dies = Zīstac, Tuesday). Als solcher konkurriert schon früh mit ihm Wodan, auf den die interpretatio Mars (neben Mercur) gleichfalls angewendet wird, und im Norden ist Odin zur Wikingerzeit *der* Kriegsgott (wenn er auch selbst nicht kämpfend auftritt); Týr scheint damals keinen Kult mehr gehabt zu haben. Der Name Wodan – Odin hängt mit Wut im Sinne von Erregung (→ Ekstase) zusammen (Wodan id est furor). Der Gott lebt in (nordischen und deutschen) Mythen und Sagen als Führer des Wal, der Schlachttoten, und mit dieser Rolle hängt vielleicht seine Stellung als Herr des Zaubers (und der Runen) zusammen, aus der wieder der Gott der Dichtung erwachsen sein könnte. Er ist der Gott, dem die Krieger und die Skalden huldigen. Immer aber haftet ihm etwas Dunkles, Geheimnisvolles an; in der nordischen Heldensage verkörpert er oft die unberechenbare und trügerische Schicksalsmacht. – Die interpretatio Hercules (→ Herakles) für Donar läßt vermuten, daß dieser Gott in Deutschland um seiner Krafttaten willen verehrt wurde wie der nordische Thor, dem dort die Rolle des Beschützers der Bauern vor den sie bedrohenden → Riesen zufällt. Eine zweite interpretatio, Jupiter, weist mit anderen Indizien auf eine beherrschende Stellung Donars auch bei den Südgermanen, daneben vielleicht auf den → Gewitter- und Fruchtbarkeitsgott hin, als der auch Thor im Norden verehrt wurde. Er war nach allem, was wir aus den Sagas, aber auch aus den zahlreichen mit seinem Namen zusammengesetzten Orts- und Personennamen entnehmen können, in der Bauernkolonie Islands der bei weitem beliebteste Gott, während der Kult Odins dort ganz zurücktritt. Als die eigentlichen → Fruchtbarkeits- und darum Bauerngötter gelten im Norden die wohl in Schweden beheimateten Vanen: Njörd (dessen Namen mit dem der deutschen Nerthus identisch ist), Frey und Freyja (nicht zu verwechseln mit der deutschen Frija, Freia, altnord. Frigg), von denen bes. Frey auch in Norwegen und Island hohe Verehrung genoß. Ob Frey (= Herr) ursprünglich nur der Beiname eines anderen Gottes war, läßt sich nicht mehr erkennen. Loki, Baldr und Heimdall sind keine Kultgottheiten, sondern Gestalten der mythenschöpfenden Phantasie. Die Lucifergestalt Lokis umgibt ein merkwürdiges Zwielicht; bald erscheint er in den Eddamythen als Genosse und Helfer, bald als Widersacher der Asen. Baldrs Bild ist durch fremde, teils dem Christentum, teils vorderasiatischen Sagen entlehnte Züge zu einer lichten, aber völlig passiven, leidenden Gottheit ausgestaltet worden; doch ist er weder ein nordischer Heiland noch kann man ihn zu den »sterbenden und wiederauferstehenden Göttern« stellen (→ Auferstehung: I). Dagegen muß der Gott Ull, der in unseren Quellen nur noch ein blasser Schemen ist, nach Ausweis norwegischer und schwedischer Ortsnamen in Skandinavien einst einen Kult genossen haben, dem größere Bedeutung zukam.

K. Helm, Altgerm. Religionsgesch. I, 1913; II, 1.2, 1937/53 – J. de Vries, Altgerm. Religionsgesch., 2 Bde, (1935/37) 1956/57² (Lit.) – V. Grönbech, Kultur u. Religion der Germanen, 2 Bde, (1937/39) 1954⁵ – W. Baetke, Die Religion der Germanen in Quellenzeugnissen (1937) 1944³ – Ders., Das Heilige im Germanischen, 1942 – H. Schneider, Glauben (German. Altertumskunde, 1938, 222–305). – Weitere Lit. s. → Germanistik. *W. Baetke*

Germanisierung des Christentums bedeutete zunächst den bewußten Versuch, den christlichen Glauben germanischem Denken gemäß umzuwandeln bzw. dem anzupassen, was man unter germanischem Denken verstand. Der Ausdruck stammt von Arthur Bonus (1864 bis 1941). Er gab ihn zuerst 1896 seiner Schrift »Von Stöcker zu Naumann« als Untertitel bei (»Ein Wort zur G.d.Chr.«) und nahm ihn 1911 wieder auf (»Zur G.d. Chr.« = Zur religiösen Krisis I). Was man dann, nach Bonus, unter der G. verstand, war freilich sehr verschieden. In kirchlichen Kreisen galt Luther vielfach als »der größte Verdeutscher des Christentums«. Das »Typisch-Germanische in der Frömmigkeit Luthers« hat nach Paul Jaeger »den G.sprozeß grundsätzlich und entscheidend zum Durchbruch gebracht«; »die deutsche Reformation ist die akute G.d.Chr.« (RGG² II, 1070). *Was* bei Luther als typisch germanisch galt, war freilich sehr verschwommen: germanische Ehrlichkeit, Selbständigkeit und Treue werden genannt sowie die Freude am Licht. – In der Nachfolge de → Lagardes wurde Luther aber auch von vielen als Vertreter eines Fremdglaubens abgelehnt und das Germanische eher auf einer Linie der Innerlichkeit, der Mystik gesucht und → Eckehart auf den Thron erhoben – durchaus an Eckehart *und* an der germanischen Religion vorbei.

Diese mystische Richtung hat über die Vorstufe der → Deutsch-christlichen Bewegungen zu den verkrampften Versuchen der nationalsozialistischen Zeit geführt, eine »germanische« Form des Christentums in Deutschland heimisch zu machen. Sie endeten folgerichtig im außerkirchlichen »Deutschen Glauben« (→ Deutschgläubige Bewegungen) und sind mit dem nationalsozialistischen Regime fürs erste verschwunden.

Die Schrift von Arthur Bonus von 1911 veranlaßte H. → Boehmer, zum ersten Mal konsequent zu fragen, wie die Germanen das Christentum in der Zeit der Übernahme verstanden und die überkommene Form gemodelt haben. Er gab damit der Forschung einen kräftigen Impuls. Während A.v. → Harnack im Gegensatz zu R. → Seeberg noch gemeint hatte, man könne nicht von einer G.d.Chr. sprechen, so wie man von seiner Hellenisierung und Romanisierung reden müsse - dazu sei die Kirche in der Zeit der Germanenmission schon zu fest geformt gewesen -, hat Wilhelm Neuß auf Grund der neuen Arbeiten die Kirche des MA geradezu als »die germanische Zeit« der Kirche angesprochen. Solche G. ist auch historisch von vornherein vorauszusetzen. Ob die G. als eine bes. tiefe Erfassung des christlichen Glaubens zu gelten hat oder als seine Ethnisierung, kann nur am einzelnen Phänomen entschieden werden.

Es wurde also gefragt, ob geschichtlich feststellbare Anschauungen, Gewohnheiten, Eigenarten der Germanen, ihre Sprache oder Formelemente ihres Lebens im frühen MA die kirchliche Art zu denken, zu leben, zu feiern umgeformt haben. Dabei ist zu beachten:

1. Jede Übersetzung ist eine Übertragung. Die althochdeutsche Sprache hat Elemente aller missionierenden Gruppen in sich aufgenommen; sie sind auch zum großen Teil bis heute in unserer Kirchensprache lebendig, weithin als Lehnwörter (Christ, Kirche, Kelch, segnen usw) oder auch als Lehnübersetzungen (Gewissen aus conscientia, Gemeinde aus communio, Vorsehung aus providentia, barmherzig aus misericors [mit Vorschlagssilbe be-]). Wenn aber dominus durch druhtin wiedergegeben wurde, das das Herrsein nicht im Sinne des Sklavenbesitzers bezeichnet (auch ihn gab es in der germanischen Welt), sondern im Sinne des Gefolgschaftsführers, so mußte bei der tiefen Beziehung, die zwischen Führer und Mann bestand, die Auffassung vom Herrsein Christi davon beeinflußt werden. Tatsächlich wurde eine Geste des Gefolgschaftswesens, die der Kommendation, also das Händefalten, zur germanisch-christlichen Gebetshaltung. Und wenn »Buße« ursprünglich Ersatz des erlittenen Schadens bedeutet, so mußte die Wahl dieses Wortes für poenitentia den damit angesprochenen Gedankenkreis mitbestimmen.

2. Schon in germanischer Zeit ist in der Form des fulltrúi-Glaubens ein → Henotheismus entwickelt, und zwar ein Henotheismus des einzelnen, der Sippe oder auch des Stammes. Der Kult ist zugleich öffentlich-rechtliche Angelegenheit (→ Germanische Religion). So ist auch die christliche Kirche hier zunächst in landeskirchlichen Formen organisiert, und zwar in staatstheokratischer Ausprägung (H.v. Schubert).

3. Als fulltrúi, als Gott seines Vertrauens, aber wählt der Germane nun Christus, die einzig menschlich-konkret greifbare Person der Trinität, tritt in seinen Dienst (die Gebetshaltung) und erwartet von seiner Milde auch den der Gefolgschaftsleistung entsprechenden Lohn. Das bedeutet eine noch stärkere Ausprägung des Verdienstgedankens als in der Antike (→ Verdienst: IV). Wo aber, wie bei → Anselm von Canterbury, das Todesleiden Christi ganz als Satisfaktionsleistung im Sinne der Genugtuung für Gottes verletzte Ehre verstanden wird, ergibt sich die G. des Christusverständnisses von einer neuen Seite her; jede Einzelheit der anselmischen Ausformung ist von der germanischen Ehrauffassung her geprägt.

4. Die starke ständische Scheidung, die das germanische Leben durchzog, hat nicht nur die Hierarchie und sogar auch die Klöster jahrhundertelang bestimmt, sie hat auch die kirchliche Rechtsfindung (Losschwur des Freien, Gottesurteil des Unfreien auch im Sendgericht) sowie die Straffestsetzung beeinflußt (Bußzahlung der Freien, Körperstrafen für den Unfreien). J.Haller faßt darüber hinaus sogar das Papsttum als ein Stück G. auf.

5. Dingliche Leistung ersetzt für germanisches Empfinden persönliche Schuld. Auch die Kirche formte hier schon früh und dann in immer stärkerem Maße persönliche Bußverpflichtungen (Fasten, Wallfahrt) in dingliche Leistung um; der → Ablaß ist also ein Stück G.d. Chr. Und der germanische Brauch der Stellvertretung drang auch hier ein.

Das sind einige bemerkenswerte Beispiele der G.d.Chr. im frühen MA. Theoretisch ist natürlich denkbar, daß germanische Art auch noch über diese Zeit hinaus das kirchliche Leben geformt hat. Aber je stärker Germanentum und Christentum mit der Zeit eine Einheit geworden sind, desto weniger wird man neue geschichtliche Umformungen dieser einheitlichen Größe einfach auf germanische Eigenart zurückführen dürfen. Auf jeden Fall fehlen für die Folgezeit *exakte* Untersuchungen.

K.D.Schmidt, Das Christentum u. die althochdt. Sprache (German. Glaube u. Christentum, 1948, 85-112; zusammenfass. Bericht) - Ders., Die G. d.Chr. im frühen MA (ebd 66-84; Lit.) - Haller V, 414ff (= Nachwort v. H.Dannenbauer) - K.Hauck, Herrschaftszeichen eines Wodanist. Königtums (Jb. f. fränk. Landesgesch. 14, 1954, 9-66) - Ders., Lebensnormen u. Kultmythen in germ. Stammes- u. Herrschergenealogien (Saeculum 6, 1955, 186-223; Lit.) - H.D.Kahl, Papst Gregor d.Gr. u. die christl. Terminologie d. Angelsachsen (ZM 40, 1956, 93-111. 190-200). *K.D.Schmidt*

Germanistik, *religionskundlich.* Als Begründer der germanischen Religionswissenschaft hat J. → Grimm zu gelten. Seine 1835 veröffentlichte »Deutsche Mythologie« ist ein Werk, das auch später kaum überboten wurde. Er hat sich nicht auf die recht spärlichen Quellen zur germanischen Religion beschränkt, sondern die verschiedensten Sonderdisziplinen herangezogen: die Orts- und Personennamen, die Volksüberlieferungen und das ausgedehnte Gebiet des mittelalterlichen Schrifttums. In den letzten Jahrzehnten ist man in vielen Aspekten zu Jakob Grimm zurückgekehrt.

Im Zeitalter der → Romantik mit ihrer Begeisterung für das germanische Altertum wurden die volkskundlichen Überlieferungen gesammelt und durchforscht. Den Erfolg zeigen die Arbeiten von W. → Mannhardt über die Wald- und Feldkulte, die noch immer grundlegend für die agrarischen Riten geblieben sind (→ Akkerbau: I). Er knüpfte auch an Religionsformen der anderen indogermanischen Völker an; die neugeschaffene Sprachwissenschaft war vorangegangen, indem sie die Einheit und die Urquelle der indogermanischen Sprachen (→ Indogermanen) entdeckt hatte. Davon beeinflußt hat die Deutung der Götternamen eine große Rolle in der Beurteilung der religiösen Zusammenhänge gespielt. Gelehrte wie Max → Müller und Adalbert Kuhn (1812-81) haben dabei zwar weit übers Ziel hinausgeschossen, nach neuerer Ansicht aber manches Richtige gesehen. Während Müller eine Art Sonnenreligion rekonstruiert, hat Kuhn Sturm und Gewitter als die Urphänomene der Religion betrachtet. Diese Theorien haben zwar einen Wahrheitskern, aber wir würden dem Sachverhalt eher gerecht, wenn wir die Himmelsphänomene als Offenbarungsformen der Götter erblicken, die ihnen ihrem Charakter gemäß zugeordnet sind. Es wäre somit falsch, Wodan als einen ursprünglichen Sturmdämon zu betrachten (wozu der Vergleich mit altind. Vâta leicht führen konnte), obgleich der Sturm ein wesentlicher Teil seiner Persönlichkeit ist (→ Naturgottheiten, → Naturmythologie).

Einen neuen Impuls für die religionskundliche G. gab die → Ethnologie der → Naturvölker; mit ihr gewann man die Möglichkeit, primitive Vorstellungen mit denen der späteren Völker der Halb- und Vollkultur zu vergleichen. Hier war Edward Tylor (1832-1917) der Wegführer. Auch andere englische Forscher arbeiteten auf diesem Gebiete weiter, zB Andrew Lang (1844-1912), der sich bes. dem → Märchen und dem → Mythos zuwandte, und vor allem Sir J. → Frazer, der mit seinem großen Werk »The Golden Bough« das ethnologische Material für die Deutung antiker Religionsformen ausschöpfte. Obgleich → Animismus, → Präanimismus, Animatismus u.a. jetzt zu den veralteten Theorien gehören, wird man auch heute anerkennen, daß die höheren religiösen Formen nicht ohne eine fortwährende Berücksichtigung der primitiven Anschauungen richtig gewürdigt werden können.

Während die Wissenschaft der Romantik zu weitgreifenden, aber oft schwach unterbauten Synthesen neigte, wandte man sich im folgenden Zeitalter der Analyse zu und versuchte auf anderen Wegen zu einem Verständnis der germanischen Religion zu gelangen. Der norwegische Forscher Sophus Bugge (1833-1907) zeigte eine staunenswerte Gelehrsamkeit, Phantasie und eine haarscharfe Dialektik, andererseits eine gewisse Brüchigkeit in der Beweisführung, hat aber auf die Forschung äußerst anregend gewirkt. Seine Anschauung, daß die Mythen der beiden Edden (→ Edda) hauptsächlich auf christliche Vorstellungen und klassische Erzählungen zurückgehen sollten, wurde später von dem deutschen Forscher Elard Hugo Meyer (1837-1908) und dem finnischen Folkloristen Kaarle Krohn (1863-1933) fast ad absurdum geführt. Bei besonneneren Forschern wie Axel Olrik (1864-1917) und Franz Rolf Schröder (* 1893, Würzburg) wirkten sie noch teilweise verändert nach.

Für die kritische Haltung der Forschung im 19./20.Jh. ist das Werk von Karl Helm (* 1871, Marburg) charakteristisch. Eine → germanische Religion gibt es nach ihm eigentlich nicht; deshalb versucht Helm die nord-, west- und ostgermanischen Glaubensformen gesondert zu behandeln, ein an sich berechtigtes Verfahren, das aber nur zu Fragmenten führt. Der Hang zum Historismus führt zu oft fragwürdigen Konstruktionen. Das zeigt sich bes. deutlich in der Behandlung des Gottes Wodan. Helm sieht in Wodan eine ziemlich junge, vom Rheingebiet sich ausbreitende Gottheit, deren überragende Stellung im skandinavischen Pantheon die letzte Etappe der Wanderung seines Kultes sei. Einer solchen Auffassung leistete die aus der Ethnologie erwachsene Vorstellung Vorschub, daß die Götter aus älteren Dämonen hervorgegangen seien und daß wir bei den »primitiven« Germanen deshalb eigentlich nur an einen wenig entwickelten Dämonenglauben denken sollten. Es hat viele Jahrzehnte gedauert, ehe dieses Dogma überwunden wurde; heute wagt man wieder ein reichgegliedertes Göttersystem nicht ans Ende, sondern gerade an den Anfang zu stellen (→ Gott: I, → Hochgottglaube).

Ein Neuansatz der Forschung findet sich bei dem dänischen Forscher V. → Grønbech. Sein Bestreben war, das Gefühls- und Gedankenleben der Germanen zu erforschen und zu ermitteln, wie sie sich uns in ihrem täglichen Leben, in ihrem Verhalten zu Gesellschaft und Sippe (→ Stamm), dem → Schicksal und dem → Tode gegenüber zeigen. Dazu bietet sich Gelegenheit in den oft breiten Menschenschilderungen der isländischen Familiensagas, die Grønbech mit großer Einfühlungsgabe interpretierte. → Glück und → Ehre, → Friede und Sippe sind einige der Themen, die Grønbech ausführlich behandelt hat. Wurden auch seine Schlußfolgerungen vielfach angefochten, so läßt sich nicht bestreiten, daß er das Feld der Beobachtung des religiösen Lebens zum ersten Male bestellt hat.

Wie sehr die Ethnologie auch weiterhin eine Wegführerin für die germanische Religionsforschung blieb, zeigt sich noch in einer anderen Hinsicht. Der Amerikanist Konrad Theodor Preuß (1869-1938) hob nachdrücklich hervor, daß ein Mythos ohne einen dazugehörenden Ritus eine leere Schale ist (→ Kultgeschichtliche Methode: I). Dementsprechend fragte man nach den begleitenden germanischen Riten und kehrte auf den von Mannhardt eingeschlagenen Weg zurück. Daraus ergaben sich wertvolle Ergebnisse für die heidnischen Agrarkulte. Aber diese gehören zu dem besonderen Gebiet der Wanengötter, während die Asen, die doch als die Hauptgötter der kriegerischen Adelsschichten hervortreten, mit der Bestellung des Bodens nur wenig zu schaffen haben. Hier waren Tíwaz und Wodan die maßgebenden Göttergestalten, und sogar der gerne als bäuerlich betrachtete Donar war ein gewaltiger Krieger.

Die Bedeutung der → Initiationsriten war in der Ethnologie nachdrücklich hervorgehoben worden. Hatte das alte Germanentum etwas Ähnliches gekannt? Die Quellen berichten davon nur andeutend, aber der von Tacitus (Germ. c. 13 f) beschriebene comitatus läßt auf eine Reihe von Gemeinschaftsformen schließen, zu denen der Neophyt nach einer ausführlichen Prüfung Zutritt erlangte. Lily Weiser (* 1898, Oslo) hat hier bahnbrechend gearbeitet, später hat Otto Höfler (* 1901, Wien) ihre Forschungsergebnisse entscheidend weitergeführt. In seinem Werk (s. Lit.) legt er ein reiches Material vor, das beweisen will, daß es in der altgermanischen Zeit Jungmannschaften (→ Männerbund) gegeben hat, die zu kriegerischen Zwecken sich einem Führer verpflichteten und in die man nur nach schweren Prüfungen aufgenommen werden konnte. Diese Organisationen hatten einen kultischen Charakter; die Weihe an den Kriegsgott Wodan-Odin bildete den Mittelpunkt der Initiation. Der ganze Mythenkreis von Walhalla und den Einherjarn fand so seine Erklärung.

F.R.Schröder, der zunächst die Verbindungen mit hellenistischen und frühchristlichen Anschauungen durchforscht hatte, wandte sich 1941 bes. den agrarischen Kulten zu, und es gelang ihm nachzuweisen, in wie weite Fernen sie zurückverfolgt werden können. So gelangte er zur Auffassung, daß sich Asen- und Wanenreligion hauptsächlich als die Glaubensformen der Indogermanen bzw. des in Nordeuropa einheimischen, religionsgeschichtlich gänzlich unbekannten Megalithvolkes erklären ließen. Wenn wir die Richtigkeit dieser These dahingestellt sein lassen wollen, so läßt sich doch sagen, daß hier mit kühnem Wagemut die allzu engen Grenzen des Historismus des 19.Jh.s gesprengt wurden.

Der Norweger Magnus Olsen (* 1878, Oslo) hat sich bes. der Erforschung der in Skandinavien zahlreichen theophoren Ortsnamen zugewandt und in ihnen eine wichtige religionsgeschichtliche Hilfsquelle gefunden, durch die die Kultplätze und Wirkungskreise der verschiedenen Götter rekonstruiert werden können. Vieles bedarf einer Nachprüfung, da die Ortsnamen verschiedene Wurzeln haben können.

In seiner »Altgermanischen Religionsgeschichte« hat J.de Vries (* 1890, Utrecht) versucht, aus den germanischen Göttergestalten die indogermanischen Urformen zurückzugewinnen. Das führte zu einer scharfen Trennung zwischen den großen Göttern Týr, Odin, Thor und den Wanengöttern. Die Asengötter haben alle - in verschiedener Weise - etwas mit dem Kriege zu schaffen. Demgegenüber sind die Wanen ausschließlich Agrargötter. Der Mythos des Krieges zwischen Wanen und Asen ist nicht die Mythisierung irgendeines Kultkrieges, sondern ein echter Mythos.

Diese Ansätze zu einer neuen Betrachtung der germanischen Religion empfingen bald von anderer Seite ihre Bestätigung. Der französische Forscher G.Dumézil (* 1898, Paris) versuchte von neuem zu den Urformen der indogermanischen Religion zu gelangen. Aus dem funktionellen Denken der romanischen Soziologen heraus gelangte er zu folgendem System: Drei göttliche Funktionen entsprechen den drei Anteilen der indogermanischen Gesellschaft, die sich aus der Herrscherschicht, dem kriegerischen Adel und den Bauern zusammensetzte. Aber die oberste Schicht zeigte einen doppelten Aspekt: einen friedlichen, rechtlichen neben einem kriegerischen, magisch betonten, die aber zusammen eine Zweieinheit bilden. Mitra-Varuna heißen die beiden Aspekte im Indischen, Tíwaz-Wodan im Germanischen (→ Indogermanen). Man ersieht daraus, wie die germanischen Götter mit ihren indogermanischen Verwandten unmittelbar zusammenhängen. Thor, der eigentliche Gott der Krieger, steht ihnen gegenüber und ist ihnen doch auf merkwürdige Weise verwandt. Diese nicht unbestrittenen Ansichten bilden die Grundlage für die weitere Arbeit in der germanistischen Forschung. - Vgl. → Germanische Religion.

J.Grimm, Dt. Mythologie, (1835) 1876^{4} - A.Kuhn, Die Herabkunft des Feuers u. des Göttertranks, 1859 - W.Schwartz, Der Ursprung der Mythologie, dargelegt an griech. u. dt. Sage, 1860 - W. Mannhardt, Die Korndämonen, 1868 - Ders., Wald- u. Feldkulte I. II, (1875/77) 1904/05^{2} - S.Bugge, Studier over de nordiske Gude og Heltesagns Oprindelse, Kristiania 1880 - W.Golther, Hdb. der germ. Mythologie, 1895 - E.Mogk, German. Mythologie (Grundriß der german. Philologie I, hg.v. H.Paul, 1891, 982-1138; Neuaufl. 1898 u. Sonderdrucke) - P.D.Chantepie de la Saussaye, Geschiedenis van den godsdienst der Germanen, Haarlem 1900 - E.H. Meyer, German. Mythologie, 1903 - A.Thümmel, Der germ. Tempel (Diss. Leipzig), 1909 - V.Grønbech, Vor Folkeæt, 4 Bde, Kopenhagen (1909-12) 1955^{2}; dt. (1937/39) 1954^{5} - R.M.Meyer, Altgerm. Religionsgesch., 1910 - K.Helm, Altgerm. Religionsgesch. I-II/1. 2, 1913-53 - G.Neckel, Walhall. Studien über german. Jenseitsglauben, 1913 - Ders., Die Überlieferungen vom Gotte Balder, 1920 - M.Olsen, Hedenske Kultminder i norske Stedsnavne I, Oslo 1915 - K. Krohn, Skandinavisk Mytologi, Helsingfors 1922 - A.Olrik, Ragnarok, die Sagen vom Weltuntergang, 1922 - Ders. u. H.Ellekilde, Nordens Gudeverden I, Kopenhagen 1926-51 - F.R.Schröder, Germanentum u. Hellenismus, 1924 - Ders., Untersuchungen zur german. u. vergleichenden Religionsgesch., 2 Bde, 1941 - O.Almgren, Hällristningar och Kultbruk, Stockholm 1926, dt. 1934 - L. Weiser, Altgerm. Jünglingsweihen u. Männerbünde, 1927 - J.de Vries, The Problem of Loki, Helsinki 1933 - Ders., Altgerman. Religionsgesch., 2 Bde, (1935/37) 1956/57^{2} - O.Höfler, Kultische Geheimbünde der Germanen, 1934 - Ders., German. Sakralkönigtum, 1952 - G.Dumézil, Mythes et Dieux des Germains, Paris 1939 - Ders., Loki, Paris 1945 - ChrRel II, 267ff. *J.de Vries*

Germanos, 1. G. I., Patriarch *von Konstantinopel* (715 bis 729, † 733), Prinz aus dem Hause des Heraklius, zuerst Kleriker an der Hagia Sophia, dann Metropolit von Kyzikus und in hohem Alter Patriarch, wegen seines Widerstandes gegen die Bilderpolitik des Kaisers Leo III. (→ Bilder: III, 2) abgesetzt. Seinem Kampf gegen den Ikonoklasmus gelten eine Reihe von Briefen und eine ungedruckte Rede. Weitere Schriften befassen sich mit der Eschatologie des → Gregor von Nyssa (vgl. Photios, cod. 233) und Fragen der Vorsehung. Von den Homilien unter seinem Namen sind sieben oder neun echt; zumeist gelten sie Marienfesten. Ungesichert ist sein Anteil an der Kirchenpoesie und an der sog. Historia mystagogica.

Die meisten Werke in MPG 98 (die Historia myst. stark interpoliert!); Brief an Leo III. ebd 100, 1084f. - Über G.: DThC VI, 1300ff - J.Andreev, German i Tarasij, Sergiev Posad 1907 - V.Grumel, L'iconologie de s. Germain (Echos d'Orient 21. 1922, 165-175) - Ders., Regestes des Patriarches de Constantinople, Chalcedon 1932, Nr. 325-342 - G.Ostrogorsky in: Seminarium Kondakovianum 1, 1927, 35-48 - A.Ehrhard, Überlieferung u. Bestand der hagiograph. u. homilet. Lit. der griech. Kirche I/1 (TU 50), 1937, passim - Altaner^{5} 487 f (Lit.). *H.-G.Beck*

2. *Lukas Pantaleon* (Strenopoulos; 1872-1951), griech.-orth. Metropolit von Thyateira. * in Ost-Thrakien, absolvierte G. das Theologische Seminar Halki bei Konstantinopel, dem er seit 1905 als Prof., seit 1907 als Rektor angehörte. 1922 wurde er zum Exarchen des Patriarchats Konstantinopel für West- und Mitteleuropa mit Sitz in London ernannt. Der Ehrendoktor der Universitäten New York, Athen, London führte die gesamtorth. Delegationen auf den ökumenischen Konferenzen seit 1920, war seit 1948 einer der Präsidenten des Ökumenischen Rates (→ Ökumenische Bewegung, → Einigungsbestrebungen: III, 3a) und präsidierte 1950 der vom Ökumenischen Rat unter Mitwirkung des Kirchlichen Außenamtes der EKD einberufenen Konferenz orth. Exil-Kirchenführer in Darmstadt. An dem Moskauer Kirchenjubiläum vom Juli 1948 nahm er teil, ohne sich an den Resolutionen der Autokephalen Orth. Kirchen zu beteiligen, welche seinem ökumenischen Verständnis der »weiteren kirchlichen Einheit« nicht entsprachen, wonach »alle Kirchen selbst als Glieder den Einen Leib Christi bilden« (G.' Erklärung Stockholm 1925).

Vf. außer griech. Veröffentl. über ökum. u. anglikan. Fragen: Hippolyts philosoph. Anschauungen, 1904. - Nachruf in: »Sobornost«, London 1951, 403f. - Über G.: A.Keller, Erzb. F. (Ökumen. Profile, hg.v. G.Gloede, H. III/1), 1955. *Hildegard Schaeder*

Germanus *von Auxerre* (ca 378-445), * in Auxerre, bekleidete zunächst hohe Ämter im Staatsdienst, wurde um 418 Bischof. Von strenger Lebensführung, verbreitete er das Mönchswesen, unterwies den hl. → Patrick und besuchte ca 429-432 mit Lupus von Troyes, später (444) auch allein England, um dort die pelagianische Häresie zu bekämpfen. Von da ging er nach Ravenna, wo er sich für die Sache der Bretagne einsetzte. Seine vita schrieb Constantinus von Lyon (um 480).

MG SS VII, 1 (Vita). - W.Levison, NA 29, 1904, 97-175 - L.Duchesne, Fastes épiscopaux... II, 1910^{2}, 438f - S.Germain d'A. et son temps (Kongreß), Auxerre 1950, 89ff. 141ff u. passim - E.Griffe, L'Eglise des Gaules au Ve siècle, Paris 1957, 231ff - E.A.Thompson, AnBoll 75, 1957, 135-138 (Todesdatum) - P.Grosjean, ebd 158-185 (hl. Patrick). *B.Capelle*

Gerok, *Karl* (1815-90), ev. Theologe, Prälat und Oberhofprediger in Stuttgart, trat als Prediger, religiöser Lyriker und Hymnologe hervor. Von Romantik und Erweckung beeinflußt versuchte G., die hl. Schrift dem Menschen seiner Zeit in einer auch ästhetisch ansprechenden Form nahezubringen und so die Gegensätze von Christentum und moderner Kultur zu überbrücken.

Sammlungen von Predigten, Bibelstunden u. Gedichten (u.a. »Palmblätter«, 1856). - Über G.: ADB 49, 307 - RE VI, 608 - G. Gerok, K.G., 1892 - RGG^{1} II, 1340; RGG^{2} II, 1072f - Joh.Kulp, Liederkunde, 1931, 277 - Leiturgia II, 328f (A.Niebergall).

K.Dienst

Gerontologie. Solange es den Menschen gibt, hat er sich auch über seine Lebenserwartung Gedanken gemacht. Das → Leben ist jedes Menschen unmittelbarster Besitz. Mit ihm erstreckt sich sein Wesen in die Zeit, er ist selbst sein Leben. Der Mensch altert, und dies hat er primär als eine Bedrohung empfunden. Leben und Jugend rückten ihm seit je als die wichtigsten Göttergeschenke zusammen. Seine ältesten Mythen drücken die

Hoffnung eines langen, ja, eines → ewigen Lebens aus, wobei dieses Leben als ein Leben ewiger Jugend verstanden wird. Und es hat ihm auf seinem Wege durch die Jh.e nie an Ratschlägen gefehlt, wie er sein schnell enteilendes Leben festhalten, erneuern, gewinnen, kurz, vor dem Altern – und das heißt ihm: vor dem Vergehen – bewahren möchte. Aber der alte Mensch lebte ja in der Masse der Jüngeren mit und führte durch seine Existenz alle diese optimistischen Ratschläge ad absurdum. Die Geschichte des Menschengeschlechtes erwies, daß ein hohes und nach den säkularen Glücksvorstellungen erfreuliches Alter ein überaus seltenes Geschenk ist. Man weiß heute, daß es in der Steinzeit nur wenige Menschen über ein Lebensalter von 50 Jahren brachten. Ägypter und Griechen wurden im Durchschnitt nicht älter als 25 Jahre, und die Datierungen römischer Friedhöfe ergeben kein anderes Bild.

In den fortgeschrittenen Ländern der Erde ist der Mensch jedoch in den letzten hundert Jahren vor eine ganz neue Situation gestellt worden: plötzlich wird sein Leben, befreit von früher tödlichen Gefahren, immer länger. Bis zur Mitte des 19.Jh.s war die Kurve der mittleren Lebenserwartung bei vielen Schwankungen auf 35 hinaufgeklettert, seit 1880 schnellt sie sprungartig hoch. Zu diesem Vorgang gibt es keinen Vergleich in der Menschengeschichte. Die Völker sind erklärlicherweise bis heute der veränderten Situation noch nicht Herr geworden, ja, zumeist wurde sie noch gar nicht erkannt. Mehr als 63% der Menschen werden heute in Deutschland über 60 Jahre alt. Die USA rechnen für die nächste Zeit mit einer durchschnittlichen Lebenserwartung von 75 Jahren. Andererseits hat sich die Zahl der Hundertjährigen nicht vergrößert. Trotz aller Versuche in dieser Richtung blieb jener Satz der → Biologie in Kraft, der von der Konstanz der Lebenszeit aller Lebewesen spricht. Wie den meisten großen Säugetieren der Erde ist dem Menschen die fünf- bis sechsfache Dauer seines Wachstums als Lebenszeit beschieden, er kann nicht älter als 120 Jahre alt werden, weil er mit 20 Jahren ausgewachsen ist. – Das neue Faktum ist nicht die übermäßige Verlängerung einzelnen Lebens, sondern die gleichmäßige Verlängerung vieler Menschenleben. Und dadurch erst ist der alte Mensch plötzlich zu einem nicht mehr zu vernachlässigenden Faktor der Gesellschaft, ihrer Wirtschaft und ihres Geisteslebens geworden. Von daher hat sich in den Jahren nach 1945 eine neue Wissenschaft, die G., die Altersforschung, mit ihrer Tochterwissenschaft, der Geriatrie, der Altersheilkunde, entwickelt.

Die G. hat zunächst die bisherigen Theorien medizinischer Begründung des Alterns außer Kraft gesetzt. Wir wissen heute, daß schon das Kind Alterserscheinungen hat. Das Altern ist keineswegs ein Fehler der Natur. Vielmehr vollzieht sich das Leben des Menschen als die Ausprägung seiner körperlichen und geistigen Eigenschaften eben nur in dem Vorgang, der uns als Altern erscheint, ja, ist angelegt auf diesen Vorgang, nämlich als die fortschreitende Abnahme des Möglichen und die ständige Zunahme des Verwirklichten in jeder unserer einzelnen Zellen wie in unserm ganzen seelisch-geistigen Haushalt. Vom Beginn unseres Daseins an nimmt das Unbestimmte in uns ab und das Festgelegte in uns zu. Das Altern des Menschen ist nicht nur ein biologisches, sondern auch ein geistiges Urphänomen und nicht lediglich am Organismus, sondern nur aus unserm ganzen geschaffenen Wesen erklärbar. Gerade jeder Gebrauch unserer Freiheit, jeder Entschluß verengt auch unsern Weg. Er enthält mit dem Positivum einer stärkeren Ausprägung das Negativum einer Verarmung. Altern heißt vor allem fixiert sein. Die G. zielt auf eine sachgemäße Beurteilung dieser Vorgänge und eine dementsprechende Wertung und Behandlung des alten Menschen. Sie wird es ermöglichen, das biologische Alter des Menschen zu bestimmen, das mit seinem Kalenderalter keineswegs zusammenfällt. Das wird u.a. zum Verzicht auf die unsinnige schematische Festsetzung des Pensionsalters in der wirtschaftenden Gesellschaft führen.

Unterstützt von einem neuen Zweig der Heilkunde, der die Alterskrankheiten bekämpft und manche von ihnen als vorzeitige Todesursache heute schon ausgeschaltet hat, bringt die G. den alten Menschen zur Ehre, erkennt seinen Wert und begründet seine Bedeutung in der → Gesellschaft. Diese Gesellschaft, deren Altersaufbau sich im graphischen Schema immer mehr aus der noch vor hundert Jahren gültigen Gestalt einer kurzen Pyramide in die eines hochgestreckten Dreiecks und heute eindeutig zur Urnenform verwandelt hat, ist immer noch merkwürdig blind für diese jedes ihrer Glieder angehenden Erkenntnisse. Das zeitgenössische Lebensideal jugendlicher Sportlichkeit überwuchert das Denken, obwohl längst auf zwei Kinder unter 15 Jahren ein alter Mensch von über 65 kommt und wir es noch erleben werden, daß die Jugendlichen und die Alten zwei gleich große Gruppen in den Kulturvölkern sein werden. Diese Unfähigkeit, das Älterwerden zu bejahen, steht im Mißverhältnis zum exakten Nachweis der G., die eine ausgedehnte Begründung der besonderen Schöpferkraft des alten Menschen geliefert hat. Der alte Mensch ist vom Kollektivismus bedroht, im kommunistischen Bereich nicht weniger als in den USA, und seinen verzweifelten Sorgen des Alterns unter der Backfisch-Schminke. In einer Zeit, die dem alten Menschen physisch neue Lebensräume erobert hat, sie ihm aber geistig verweigert, ist G. notwendige Besinnung auf eine medizinisch lange mißkannte Realität. Die Wirkungen dieser Wissenschaft auf Alterspsychologie und Altenfürsorge setzen gerade erst ein und sind noch gar nicht abzusehen. Schon jetzt ist aber zu sagen, daß sie das Bild des Menschen in unserer Zeit (→ Anthropologie: I, 4) maßgeblich beeinflußt und ihm auf ihrem Felde und in ihrer Weise jene biblische Würde wiedergegeben hat, die unsere technische Welt den Alten und Ältesten raubt.

A.Carrel, Man – the unknown, 1932; dt. 1955 – Ch.Bühler, Der menschl. Lebenslauf als psychologisches Problem, 1933 – G.Venzmer, Alt werden u. jung bleiben, 1937 – P.Herre, Schöpferisches Alter, 1939 – A.L.Vischer, Seelische Wandlungen beim alternden Menschen, 1948 – Ders., Das Alter als Schicksal u. Erfüllung, 1955 – Veröffentlichungen der Internationalen Gesellschaft für G., seit 1950 – R.Guardini, Die Lebensalter, o. J. – Th.Bovet, Weg u. Sinn, Führung durch die Lebensalter, 1955 – Nachrichtendienst des Dt. Vereins für öffentl. u. private Fürsorge 1955, 7; 1956, 12 – E.Stern, Der Mensch in der zweiten Lebenshälfte, 1955 – L.Zarncke, Das Alter als Aufgabe, 1957 – J.Chr.Hampe, Das »Jh. der alten Menschen« (ZdZ 11, 1957, 130–135).

J.Chr.Hampe

Gerretsen, *Jan Hendrik* (1867–1923), seit 1891 Pfarrer der holländischen Kirche (1900 in Den Haag), Hofprediger. Durch sein Buch »Liturgie« (1911) wurde er einer der Väter der liturgischen Bewegung in der Nederlandse Hervormde Kerk. Sein grübelnder Geist verwarf die materielle Welt als Schöpfung Gottes, erklärte sie aus einem Fehler in der ursprünglich geschaffenen ethischen Welt (Ethische Richtung, → Niederlande: II) und vertrat von der Auferstehung Jesu Christi her einen Realismus des erlösten Seins. Auf diese »realistische« Weise versuchte er die Rechtfertigungslehre und die Christologie neu zu begründen. Er trat öffentlich ein für die Bibelkritik und hat bis in die Gegenwart Einfluß auf die holländische Theologie. U.a. war G. van der → Leeuw sein Schüler.

Vf. u.a.: Florentius Radewijns, 1891; Micronius, 1895; Rechtvaardigmaking, 1905; De Schriftcritiek, 1906; Christologie, 1911. – Über G.: RGG[3] II, 1073.

A.A.van Ruler

Gerritsz (Yserman), *Lubbert* (1534-1612), * in Amersfoort, Weber, schloß sich um 1556 den Täufern (→ Mennoniten) an und floh in der Verfolgungszeit 1559 nach Hoorn, wo Dirk Philips ihn zum Ältesten ordinierte. Bei den Streitigkeiten zwischen »Friesen« und »Flamen« und zwischen Milderen und Strengeren in beiden Gruppen trat er 1589 in Amsterdam an die Spitze der freieren »jungen« Friesen, die er 1591 bzw. 1593 mit den ebenfalls freieren »Hochdeutschen« und »Waterländern« einte. Mit Hans de Ries verfaßte er das waterländische Glaubensbekenntnis von 1610. Sendbriefe sandte er u.a. nach Emden und nach Preußen.

Mennonit. Lexikon II, 1937, 83f - BWGN III, 227ff - NNBW VIII, 506f - WINKLER-PRINS Encyclopedie IX, Amsterdam-Brüssel 1950[6], 417 - Mennonite Encyclopedia II, 1956, 505. *E.Crous*

Gerson, *Johannes* (Jean Charlier aus Gerson bei Rethel, Diöz. Reims), einflußreicher Theologe, Reformer und Kirchenpolitiker, gen. »Doctor christianissimus«, * 14.12.1363, † 12.7.1429. Sohn eines Bauern, seit 1377 Student in Paris, 1392 Dr. theol., 1395 Prof. und Kanzler der Sorbonne (→ Paris: II) als Nachfolger seines Lehrers → Petrus von Ailli. Wie dieser war G. Nominalist (→ Nominalismus); doch galt ihm scholastische Spekulation weniger als praktische Theologie, Seelsorge und Mystik in den Bahnen kirchlicher Tradition und Ordnung. Er bekämpfte mystischen und visionären Überschwang selbst bei → Jan van Ruysbroek und → Birgitta, erst recht → Aberglauben, → Magie und → Astrologie. Durch Studienreformen, in Vorlesungen und Traktaten drängte er auf theologische Bewährung, Erfahrung und Wirkung im religiösen Leben (Predigt, Buße, Beichte), da Offenbarung und Glaube das Wissen und Denken ergänzen müßten. Nur Liebe und mystische Versenkung könnten die Kluft zwischen dem unergründlichen Gotteswillen und menschlicher Erkenntnis überbrücken. Im Schisma wollte G. als Wortführer der Pariser Universität versöhnlich wirken, fand aber keinen Ausweg, als das die Kirche repräsentierende, potentiell unfehlbare Konzil über das strittige → Papsttum (: II, 2) entscheiden zu lassen. Die Lehre von der Überordnung des Konzils über den Papst, den es notfalls absetzen könne, brachte G. auf dem Konstanzer Konzil 1417 zur Geltung (→ Reformkonzile), wo er auch gegen → Hus wirkte. Sein hohes Ansehen schwand, als er - in die Feindschaft zwischen Burgund und Orléans verstrickt - das Konzil zur Verurteilung der Lehre Jean Petits nötigen wollte, daß → Tyrannenmord erlaubt sei. Er wagte sich nicht nach Paris zurück, ging 1418/19 nach Bayern und Österreich, dann nach Lyon, wo er bis zu seinem Tod noch viele Traktate schrieb.

Beste Ausgabe der Werke G.s von L.E. → DUPIN, 5 Bde, Antwerpen 1706. - Über G.: J.B.SCHWAB, J.G., 1858 - J.STELZENBERGER, Die Mystik des J.G., 1928 - J.L.CONNOLLY, J.G., reformer and mystic, Löwen 1928 - W.DRESS, Die Theologie G.s, 1931 - K.SCHÄFER, Die Staatslehre des J.G. (Phil. Diss. Köln), 1935 - A.COMBES, Essai sur la critique de Ruysbroeck par G., 2 Bde, Paris 1945/48 - P.GLORIEUX, RThAM 18, 1951, 238-307; 22, 1955, 95-109; 23, 1956, 88-113 - M. LIEBERMAN, Gersoniana (Romania 78, 1957, 1-36. 145-181) - DERS., Chronologie Gersonienne (ebd 433-462). *H.Grundmann*

Gertrud, 1. *von Hackeborn* (ca 1232-92), seit 1251 Äbtissin des den Zisterziensern nahestehenden Benediktinerinnenklosters Rodersdorf, das 1258 nach Helfta bei Eisleben verlegt wurde und unter G.s auf verinnerlichte Ordenszucht wie auf Pflege der Wissenschaften bedachten Leitung seine Blütezeit mit den Mystikerinnen → Mechthild von Hackeborn (ihrer Schwester), → Gertrud d.Gr. und → Mechthild von Magdeburg erlebte.

LThK IV, 444 - EC VI, 194. - Weiteres s. 2.

2. *die Große, von Helfta* (1256-1302). Seit ihrem 5. Jahr dort von → Gertrud von Hackeborn erzogen, entschloß sie sich Advent 1280 zu einem kontemplativen Leben in der Art → Bernhards von Clairvaux und erlebte Erscheinungen Christi, die sich meist im Rahmen des liturgischen Lebens ereigneten und ihr die fast nie aussetzende Gewißheit seiner Gegenwart gaben. Insbesondere der Andacht zum → Herzen Jesu den Weg bereitend, übte G. einen großen Einfluß auf die → Mystik (: VI) und → Erbauungsliteratur (, 2) bes. seit dem 16.Jh. aus, seit 1606 als Heilige verehrt.

Werke: Legatus divinae pietatis (nur Buch II von G. selbst verf.); Exercitia spiritualia; Liber specialis gratiae (Offenbarungen der → Mechthild v. Magdeburg, von G. u. einer andern Nonne niedergeschrieben). - GA: Revelationes Gertrudianae ac Mechtildianae, 2 Bde, Poitiers-Paris 1875/77. - Andere Ausg.n u. Übers.en: s. W. OEHL, Dt. Mystikerbriefe des MA, 1931, 240ff; O.L.KAPSNER, A Benedictine Bibliography, Author Part, Collegeville/Minnesota 1950, 148f - The Exercises of St.Gertrude, Westminster/Maryland 1956. - Über G.: RE VI, 617f; XXIII, 557 - DThC VI, 1332ff - G. LEDOS, Sainte Gertrude, Paris (1901) 1916[6]; dt. 1904 - R.MEDICI, Questioni critiche intorno a S.Gertrude la Grande (Rivista Storica Benedettina 15, Rom 1924, 256-263) - M.GRABMANN, Mittelalterl. Geistesleben I, 1926, 471ff - RGG[2] II, 1074f - LThK IV, 443f - VerfLex II, 43f (Lit.) - W.LAMPEN, St.Gertrudis de Grote, Hilversum 1939 - EC VI, 192f - VSB XI, 520ff (Lit.) - Catholicisme IV, 1896ff. *M.A.Schmidt*

3. *von Nivelles,* Heilige (etwa 626-659), Tochter des Pippin von Landen, trat unter Verzicht auf eine glänzende Heirat in das von ihrer Mutter Iduberga gestiftete Kloster Nivelles (Brabant) ein, dessen Äbtissin sie 652 wurde. Im Früh-MA wurde sie in Niederdeutschland hochverehrt. Der Volksglaube hat Züge der altgermanischen Freya auf G. übertragen; zB durfte an ihrem Festtag (17.3.) nicht gesponnen werden, damit Ratten und Mäuse nicht Rocken und Spule zernagen. G. ist Patronin der Reisenden und fahrenden Gesellen, die ihr manch guten Trunk darbringen (»Gertrudenminne«), auch der Gärtner.

Vita: MG SS rer. Merov. II, 447ff - BHL 521ff - Annales Soc. archéol. Nivelles III, 1892, 323ff - E.LEMKE in: Brandenburgia 12, 1903/04, 445-467 - Folklore Brabançon IV, Brüssel 1925, 205ff - Cimbria 1926, 112ff - HWDA III, 699ff - KÜNSTLE II, 280f - BRAUN, TA 294ff. *O.Rühle*

Gervasius und Protasius, zwei unbekannte Märtyrer, angeblich der neronischen Zeit, deren riesige Gebeine von → Ambrosius am 19.6.386 unter dem Fußboden der Felixkirche in Mailand gehoben wurden, um sie zur Einweihung der »ambrosianischen« Basilika überführen zu können. Patrone Mailands.

Lit. s. → Ambrosius. Außerdem: AS Jun. IV, 683 - BRAUN, TA 298f - DACL VI, 1232ff. *H.v.Campenhausen*

Gesandtschaften beim Heiligen Stuhl sind die von einer Reihe von Staaten unterhaltenen diplomatischen Vertretungen beim Papst. Der Hl. Stuhl beansprucht unter Berufung auf das göttliche Recht ebenso wie das aktive Gesandtschaftsrecht (→ Legat) auch das passive. Völkerrechtlich war es so lange selbstverständlich, als der Papst Souverän des → Kirchenstaates war, ist aber auch nach dessen Verlust (1870) unbestritten geblieben und seither in seinem Charakter als geistliches, nicht weltliches Recht erst ganz deutlich geworden. Seit 1929 ist es durch den Staatsvertrag mit Italien (Art. 12 Abs. 1. 2; Art. 19) für das ital. Staatsgebiet positiv-rechtlich dahin geregelt, daß unabhängig von dem Bestehen diplomatischer Beziehungen zwischen dem entsendenden Staat und Italien für diese Gesandten und für ihre Amtssitze auf ital. Boden die völkerrechtlich üblichen diplomatischen Immunitäten gelten. Die ständigen Gesandten beim Hl. Stuhl bilden ein eigenes diplomatisches Korps. - Ständige G. beim Hl. Stuhl seitens der kath. Staaten finden sich seit dem 16.Jh. Im 19.Jh. traten auch prot. Staaten hinzu. Seit dem 1. Weltkrieg hat sich der Kreis der vertretenen Staaten ohne Rücksicht auf ihren eigenen religiösen Status stark erweitert, anderseits seit dem 2. Weltkrieg durch das Ausscheiden der Volksdemokratien auch verengert. Der Hl. Stuhl nimmt auch ständige G. solcher Staaten an, die ihm ihrerseits die Entsendung eines → Nuntius verweigern, zB Großbritanniens. Anfang 1958 bestanden folgende Botschaften oder G.: Ägypten, Äthiopien, Argentinien, Belgien, Bolivien, Brasilien, Chile, China (Exil-Regierung), Deutschland (BRD), Dominikanische Republik, Ekuador, El Salvador, Finnland, Frankreich, Großbritannien, Guatemala, Haiti, Honduras, Indien, Indonesien, Iran, Irland, Italien, Japan, Kolumbien, Kostarika, Kuba, Libanon, Liberia, Litauen (Exil-Regierung), Luxemburg, Malteser-Orden, Monaco, Nikaragua, Niederlande, Österreich, Pakistan, Panama, Paraguay, Peru, Philippinen, Polen (Exil-Regierung), Portugal, San Marino, Spanien, Syrien, Uruguay, Venezuela. Einige Gesandte (zB Finnland, Indien) üben ihr Amt neben der Vertretung bei einem anderen europäischen Staat aus.

A.Wynen, Die päpstl. Diplomatie, 1922 - M.Bendiscioli, La politica della Santa Sede, 1939 - P.Brezzi, La diplomazia Pontificia, 1942 - R.A.Graham, The Rise of the double diplomatic Corps in Rome 1870-1875, 1951 (Lit.) - A.Hudal, Die österreich. Vatikanbotschaft 1806-1918, 1952 - F.Hanus, Die preuß. Vatikangesandtschaft 1747-1920, 1954 - AnnPont 1958. - Vgl. ferner die Lehrbücher des → Völkerrechts u. die Lit. zu → Kurie. *H.Barion*

Gesangbuch

I. Geschichte und gegenwärtiger Bestand - II. Musikhistorisch - III. Gesangbuchausstattung - IV. Im Gottesdienst - V. Im Unterricht. - Vgl. → Kirchenlied

I. Geschichte und gegenwärtiger Bestand

1. Allgemeines; Reformationszeit - 2. Das G. in Orthodoxie, Pietismus und Aufklärung - 3. Das G. im 19. und 20. Jh. - 4. Das heutige ausländische G. - 5. Das kath. G. im heutigen Deutschland - 6. Das G. in den jungen Kirchen

1. a) Unter G. versteht man heute in der ev. wie kath. Kirche Liederbücher, die vor allem für den Gebrauch der Gemeinde im Gottesdienst bestimmt sind. Der Name hat sich erst im 18.Jh. allgemein durchgesetzt, die Sache war im wesentlichen seit der Reformation da. Vorläufer des G.s sind weniger die für den Chorgebrauch bestimmten lateinischen Liedersammlungen des MA als handschriftliche Liederbüchlein aus den Kreisen von Bruder- und Schwesternschaften (Liederbuch der Anna von Köln, um 1500; Wienhäuser Liederbuch). Nur die naturgemäß selteneren Chor-G.er und → Kantionale stehen in gewissem Zusammenhang mit den liturgischen Singebüchern des MA. Die (zunächst wenig umfangreichen) G.er, die unter verschiedenen Titeln erschienen und deren Bezeichnungen in der Barockzeit immer mannigfaltiger und bildreicher wurden, waren lange Zeit meist Unternehmen der Verleger oder Drucker, bekamen aber zB durch die Mitarbeit der Reformatoren (Vorreden) einen halbamtlichen Charakter; sehr selten nur waren sie ausdrücklich für den Bereich einer Kirche bestimmt.

b) Die Geschichte des G.s entspricht der Geschichte des reformatorischen → Kirchenliedes (: I), das zunächst in Einblattdrucken verbreitet wurde und durch Zusammenfassung in kleinen Heften und Büchern vor dem Zersingen durch das überaus sangesfrohe, die Kirchenlieder auch außerhalb des Gotteshauses singende Volk bewahrt werden konnte. Über der Reinerhaltung der gedruckten Texte wachte zB Luther durch Mahnung an die Drucker. Daß die zumeist auswendig singende Gemeinde den Text bisweilen mißverstand, war schwer zu verhindern. Da die Lieder, sobald sie in den Gemeindegebrauch übergegangen waren, gleichsam als dem ursprünglichen Urheber entzogenes Gemeineigentum galten, spielte die Rücksicht auf den philologisch-historisch treuen Originaltext von Anfang an – längst vor der Aufklärung (s. 2c) - keine entscheidende Rolle. Waren doch → Luthers, dann Joh. → Heermanns, P. → Gerhardts u.a. Lieder zT schon freie Umgestaltung altkirchlichen und mittelalterlichen Gutes.

c) Schon vor den reformatorischen G.ern gab es *nichtkath. G.er.* Ein tschechisches Brüder-G. mit rd 90 Liedern war 1501 erschienen; ihm folgten bei den Böhmischen Brüdern (→ Brüderunität: I) wie bei den Utraquisten und bei kleineren Gruppen weitere tschechische G.-Drucke. Da die Besuche Joh. → Horns (Jan Roh) und Michael → Weißes bei Luther in die für den deutschen Gemeindegesang entscheidenden Jahre 1522-24 fielen, sind Anregungen von dieser Seite für entsprechende Gestaltungen auf deutschem ev. Boden nicht zu bezweifeln. - Grundlegend für die luth. G.-Geschichte ist das Wittenberger »Geistliche Gesangbüchlein« von 1524 (Chor-G.), zu dem Luther die sog. »Erste G.-Vorrede« schrieb und dessen musikalische Gestaltung - es erschien in Chorstimmheften - hauptsächlich Joh. → Walther besorgt haben dürfte (32 deutsche, 5 lat. Lieder). Das sog. Wittenberger »Achtliederbuch« (»Etlich christlich Lieder, Lobgesang und Psalm, dem reinen Wort Gottes gemäß...«) war nur eine verlegerische Zusammenfassung der vorher als Einblattdrucke verbreiteten ältesten Lutherlieder. Ihm ähneln die beiden (viel umfangreicheren) Erfurter »Enchiridien« (→ Enchiridion), das Färbefaß-Enchiridion und das Schwarze-Horn-Enchiridion mit je 25 Liedern. Da bes. die Wittenberger G.er vielfältig nachgeahmt wurden, erhielten ihre Lieder (hauptsächlich von Luther, daneben von → Speratus, J. → Jonas, Elisabeth → Cruciger) sofort einen gleichsam kanonischen Rang. Der neuerdings wieder aufgetauchte Erfurter Druck von 1525 (»Etliche christliche Gesänge und Psalmen, welche vor bei dem Enchiridion nicht gewest sind...«) und die weiterhin in Wittenberg (Enchiridion 1526 bei Hans Luft; Geistliche Lieder 1528 [?] bei Hans Weiß, mit zweiter Vorrede Luthers gegen Liederänderungen und Zusätze), Erfurt (bei Joh. Lörsfeld), Zwickau (1525, 1528²), Breslau (1525) und Nürnberg (1525, 1527²; mit Psalmliedern von Hans → Sachs) erschienenen G.er zeigen die große Nachfrage nach dem neuen Liedergut. Die Rostocker G.er von 1525 und 1531 (mit Vorreden von J. → Slüter), in denen die beiden berühmt gewordenen, 1522 in Braunschweig gedichteten Lieder von Nik. → Decius (EKG 55. 131) stehen, eröffnen die eigenständige niederdeutsche G.-Geschichte, in die auch die ersten »amtlichen« Kirchen-G.er (»Kurz Ordnung des Kirchendiensts...« für Riga 1530 u.ö. bis 1545) hineingehören. Im Rahmen der Wittenberger G.-Geschichte ist das G. von Joseph Klug von 1529 (verloren), das öfter wieder aufgelegt wurde, bes. wichtig, für die G.-Geschichte überhaupt Michael Weißes erstes deutsches G. der Böhmischen Brüder (»Ein Neu Gesengbüchlein«, Jungbunzlau 1531), das, den anderen weit voraus, bereits eine Anordnung der Lieder nach inhaltlichen Gesichtspunkten kennt und (auch damals keineswegs allgemein üblich) vor fast allen Liedern die Noten bringt. Von Leipziger Drucken sei das Enchiridion Michael Blums (1529?), in dem Luthers »Ein feste Burg« zuerst bezeugt ist, und das G. von 1539 (Valten Schumann; 1540², 1542³), in dem zuerst »Vom Himmel hoch« und »Vater unser im Himmelreich« stehen, erwähnt. Das G. von Hof (1527), früher → Löner zugeschrieben, stammt weder aus Hof noch aus Löners Feder, sondern (gedruckt in Königsberg) von einem einzigen, offenbar mit Luther eng verbunden gewesenen Autor, der nicht, wie F. → Spitta vermutete, mit Herzog → Albrecht von Preußen identisch ist (Mitteilung S.Fornaçon). Eine eigene G.-Geschichte hat *Straßburg*, wo man zwar früh die Brüderlieder herausgab, aber in den eigenen G.ern eine streng liturgisch-biblizistische Haltung pflegte (»Deutsch Kirchenamt«, 1525; »Psalmen, Gebet und Kirchenübung«, 1526), sich jedoch später durch Konstanzer (Joh. → Zwick, »Gesangbüchle«, [1536] 1540²) und täuferische Einflüsse bereichern ließ. Der Straßburger »Neu gesang psalter« von 1538 trennt den vollständigen gereimten Psalter eines ersten Teils von den »an viel Orten gesungenen« geistlichen Liedern des zweiten, womit er den Rhein entlang bis in die Niederlande hin Schule machte. Bes. hervorzuheben ist das großformatige Straßburger G. von 1541 (1558-60²) mit → Bucers Vorrede (Chorgebrauch, → Gesangbuch: III, 1). – *Luthers* Bemühungen um das G. gipfelten in der von Valentin Babst gedruckten Prachtausgabe der »Geistlichen Lieder« (Leipzig 1545), einer umfangreichen Erweiterung des Klugschen G.s (1535³, 1543⁴) mit insgesamt 124 Liedern. Die berühmte (dritte) Vorrede hebt voll herzhafter Freude die werbende Kraft des ev. Liedes heraus. Das Buch selbst ist im übrigen ein Beweis dafür, daß Luther sich, wie schon früher, der außerwittenbergischen Liederdichtung nicht verschloß: außer Liedern von Michael Weiße bringt es u.a. solche von Hans Sachs, Lazarus → Spengler, Konrad → Huber, Paul Speratus und Joh. → Agricola über den ältesten Wittenberger Bestand hinaus. – Luthers Sammlung der Begräbnislieder von 1542 und seine heute in ihrem zweiten Teil selbst zum Gemeindelied gewordene gereimte »Vorrede auf alle gute G.er« (1538; 1543: »Die beste Zeit im Jahr ist mein«) seien kurz erwähnt.

d) Auch im *ev. werdenden Ausland* tritt das G. meist schon mit den Anfängen der Reformation als Träger neuer häuslicher Andacht und ev. Gottesdienstes hervor, so in *Skandinavien* in der kleinen schwedischen Liedersammlung Olavus → Petris 1526, in Claus Nordensöns dänischem »Malmö-G.« 1528, im schwedischen G. von Laurentius → Petri 1567 und in dem lange gebrauchten »Dänischen G.« von Hans Thomissön 1569. Das erste *ungarische* G. von Joh. → Honter und Valentin → Wagner ist geradezu eine Übersetzung des Babstschen G.s. Auch die *niederdeutschen G.er* sind im wesentlichen Übersetzungen der mittel- und oberdeutschen Kirchenlieder, soweit nicht einzelne Kirchenmänner wie Harmen → Bonnus oder Nik.Decius niederdeutsch dichteten oder wie Hermann Wepse († nach 1596; vgl. EKG 248) sogar G.er mit überwiegend eigenen niederdeutschen Liedern herausgaben.

e) *Calvin* hatte die Anregung zur Einführung ev. Gemeindegesangs nicht erst in Straßburg empfangen; reichen doch die Anfänge des Genfer Psalters bis ins Jahr 1532 zurück, als → Marot biblische Psalmen in französische Reime zu bringen begann, vermutlich von Calvin beeinflußt. Dieser gab dann 13 der Marotschen Bereimungen samt 8 eigenen Dichtungen in einer Straßburger Sammlung »Aulcuns Pseaulmes et Cantiques, mys en chant« heraus (1539). Das 1562 vollendete französische Psalmenbuch mit *allen* Psalmen (49 von Marot, 101 von → Beza), das auch ins Holländische (1566; → Utenhove, → Dathenus), Deutsche (1573; → Lobwasser), Englische (Old Version; schottische offizielle Ausgabe 1565), Ungarische und andere Sprachen (insgesamt 22) übersetzt worden ist, wurde *das* calvinistische G. Im Gegensatz zum luth. Brauch wurde schon durch die große Strophenzahl der Genfer Psalmen die Benutzung des G.s im Gottesdienst durch die Gemeindeglieder notwendig; tatsächlich wird fast jedermann einen Psalter besessen haben, wie die 63 Ausgaben des Genfer Psalters in der kurzen Zeit 1562-65 zeigen. Der in den ersten ref. G.ern noch festzustellende Zusammenhang mit der Wittenberger, der böhmischen und der Straßburger Überlieferung war nunmehr bewußt und völlig aufgegeben. Erst viel später kam es zu einer neuen Begegnung der beiden großen Liederströme. – In den Kreisen der prot. Sekten wurde, der Kleinheit und Armut der Gemeinden entsprechend, das Liedgut oft nur handschriftlich überliefert; doch sind auch zahlreiche gedruckte G.er bekannt. Das früheste aus Täuferkreisen ist wohl das »Geistliche Liederbuch« des David → Joris (1529-36). Schon vor dem Straßburger Gesamtpsalter von 1538 brachten die Taufgesinnten von Augsburg und Umgebung mehrere ähnliche Werke heraus. Ein späteres G. dieser Richtung ist der wiederaufgefundene »Ausbund« von 1564 (1583²).

f) Die ev. G.er haben in den Reformationsländern entsprechende *kath.* veranlaßt. Wie auf die ev. Singebewegung mancherorts (Naumburg, Frankfurt/M.) eine kath. antwortete, so sollten im Buchdruck die kath. G.er der werbenden Wirkung der ev. entgegentreten. Wie jene boten sie nicht nur vorreformatorische Lieder (lat. und deutsche) und eigene Neudichtungen (Seb. → Brant, → Witzel u.a.), sondern übernahmen auch, teils original, teils überarbeitet, ev. Gesänge. In unseren Zeitraum gehören Michael Vehes »Neu Gesangbüchlein« (Leipzig 1537) mit 52 und Johann Leisentritts »Geistliche Lieder und Psalmen« (ebd 1567 u.ö.) mit 250 Liedern. → Ulenbergs »Psalmen Davids in allerlei deutschen Gesangreimen gebracht« (1582) sind nicht gegen den ref. Psalter gerichtet, dessen Melodien er nachahmt, sondern gegen die luth. Psalmdichtung mit ihrer angeblich zu großen Abweichung vom biblischen Text. Die erste Psalmenumdichtung auf holländischem Boden, die »Souterliedekens« des Willem van Zuylen van Nijefelt (1540; 33 Aufl.), wurde von den Katholiken mitgebraucht.

2. a) Die *Orthodoxie* ist in Sachen des G.s, ihren sonstigen Einheitsbestrebungen zum Trotz, ebenso mannigfaltig wie die Reformationszeit. Dem Calvinismus mit seinem einheitlichen Psalter steht eine Fülle luth. G.er gegenüber. Die Einheit lag *hier* nicht in den Büchern, sondern in der festgelegten Reihe kanonischer, dh den jeweiligen Sonn- und Festtagstexten zugeordneter Kirchenlieder. Die Dichter neuer Lieder waren sich daher dessen bewußt, nicht für den Gottesdienst, sondern für das »Hauskirchlein« (Joh.Heermann) zu schaffen; die Neigung zum Ich-Lied wurde dadurch verstärkt, aber die Aufnahme neuerer Dichtungen in die G.er nicht verhindert, da diese meist noch immer Privatunternehmungen, nicht solche der Kirchenbehörden waren. Auch fürstliche Privilegien oder Empfehlungen bzw. das Votum einer theologischen Fakultät änderten nichts daran.

Noch die klassischen Dichter des Dreißigjährigen Krieges kamen durch Privat-G.er in die Herzen und Häuser (→ Gesenius' und Denickes Hannoversches G. von 1646; Joh. → Crügers »Praxis pietatis melica«, 1644 bis 1736 in 44 Aufl. erschienen; Christoph Runges G. von 1653 u.a.). Aber nachdem Joh.Heermann, P.Gerhardt, Joh. → Rist, Joh.Franck, Mich. → Schirmer u.a. in den *Häusern* der Gemeinde bodenständig geworden waren, konnte auch die Rücksicht auf »D. Luthers Gesänge und die er ihm gefallen lassen, in den Kirchen zu singen«, das neue Lied nicht länger von den *Kirchen* fernhalten. Mit dem ständig wachsenden Liederschatz wuchs auch die Notwendigkeit von Kirchen-G.ern, die ein wortgetreues Singen sichern sollten. Klagte man auch lange über das als Neuerung empfundene Mitbringen von G.ern in den Gottesdienst, so wurde schließlich doch die Schaffung *amtlicher* G.er selbstverständlich. Die Anfänge dazu führen im Hessischen bis in den Beginn des

17.Jh.s. → Ernst der Fromme schuf 1660 für Gotha das einheitliche »Geistliche Gesangbüchlein«. Joh.Friedr. →Mayer, von dem das Hamburger G. von 1700 stammte, wurde 1703 mit der Abfassung eines G.s für Pommern beauftragt. In Schweden wurde 1698 das von J. → Svedberg u.a. verfaßte »G. von 1695« für alle Kirchen eingeführt. In Dänemark gewann das von Th. → Kingo (1699) eine herrschende Stellung. Schon durch die Geschlossenheit der G.-Bereiche war »nach wie vor die starke Berücksichtigung der lokalen bodenständigen Dichtung und die differenzierende Gestaltung des G.s als Heimatbuch gegeben«.

b) Der *Pietismus* hat als Gegner der Memoriermethode und eines allzuleicht gedankenlos werdenden Auswendigsingens die Umwandlung des G.s zum Kirchenbuch in der Gemeinde vollendet. Andererseits gab er mit seinen neuen Liedern den Anstoß, die alten G.er weiter umzugestalten oder neue zu schaffen. Obwohl an vielen Orten die G.er der orth. Tradition treublieben (so Wittenberg 1672, 1713 und 1719), konnten doch die neuen pietistischen G.er jene älteren weithin verdrängen, auch wenn sie, wie Crügers Praxis seit 1702, immer mehr → Angelus Silesius, → Spener, A.H. → Francke, Rodigast, J.C. → Schade, ja selbst G. → Arnold, J.W. → Petersen u.a. aufnahmen. Das erste klassische deutsche pietistische G. ist das »Geistreiche G.« → Freylinghausens von 1704 (1705²), dem 1714 sein »Neues Geistreiches G.« (1719²) folgte, 1718 ein oft gedruckter und nachgedruckter Auszug aus beiden, 1741 das von G.A. → Francke herausgegebene »Vollständige Freylinghausensche G.« (1771²), mit 1582 Liedern eine der reichhaltigsten pietistischen Sammlungen. - Joh. → Porst wich mit seiner Berliner Sammlung »Geistlicher und lieblicher Lieder« (anonym 1708 oder 1709, 1713² unter seinem Namen) noch stärker von den bisherigen G.ern ab und fand über Brandenburg hinaus, wo er die Crügersche Praxis (trotz ihrer Vorrede Speners) schnell verdrängte, in anderen preußischen Provinzen (Sachsen, Pommern, Schlesien, Posen, Ostpreußen) bis tief ins 19.Jh. weite Verbreitung, ja erlebte in einer 1855 von J.F.Bachmann veranstalteten Neuausgabe noch bis 1905 weitere Auflagen. - G.→Tersteegens G. für die ref. Rheinlande von 1736 (1804⁷) wirkte ähnlich stark. Doch war hier das ältere Gut geradezu radikal ausgeschieden; unter insgesamt 672 Liedern war Luther nur mit 2, Gerhardt mit 10, dagegen Angelus Silesius mit 50 Liedern vertreten! Es entspricht dem Hinauswachsen → Zinzendorfs und seiner Gemeinde über den Pietismus, daß das erstmals 1735 mit 1000 Liedern erschienene »G. der Gemeine Herrn-Huth« trotz der nachwirkenden altbrüderischen Überlieferung, trotz mystischer und pietistischer Lieder, trotz der Fülle eigenständiger, namentlich auch Zinzendorfscher Gesänge die allgemeine ev. Dichtung sehr stark berücksichtigte, obwohl es sich doch wie die vorhergehenden Zinzendorfschen G.er (Berthelsdorfer G. 1725, 1726², 1731³ [sog. Marchisches G.]) eng an das Freylinghausensche G. anlehnte. Erst in den späteren Anhängen und Zugaben und den Singstunden-G.ern wie dem aus der Gesamtüberlieferung schöpfenden »G. zum Gebrauch der ev. Brüdergemeinen« (1778 von Chr. → Gregor hg.), das, in verkleinerter Gestalt, bis 1927 im wesentlichen maßgebend blieb, ist das Herrnhutische mit Dreivierteln des Gesamtbestandes beherrschend; gleichwohl hat Gregors G. bei der G.-Erneuerung des 19.Jh.s (A.Knapp u.a.; s. 3a) eine bedeutsame Rolle gespielt. Übrigens hat schon Zinzendorf mit seinem nicht für den Gemeindegebrauch bestimmten sog. Londoner G. von 1753, das 2861 Lieder aller Kirchen und Zeiten umfaßte, eine für damals gewaltige hymnologische, aus ökumenischem Denken geborene Leistung vollbracht. - Die Herrnhuter G.er erschienen auch in zahlreichen englischen, holländischen, dänischen, französischen, tschechischen u.a. Ausgaben. Durchaus eigenständig waren unter den *ausländischen* G.ern das *dänische* von Erik → Pontoppidan, dem u.a. H.A. → Brorsons Dichtung das Gepräge gab, und die *englischen* Liedersammlungen des Methodismus, in denen John → Wesleys Übersetzungen Zinzendorfscher und Tersteegenscher Lieder und Charles→Wesleys Gedichte für alle späteren englischen und schottischen G.er wertvollstes Material darboten.

Im *Calvinismus* drängte sich die Liederdichtung dieser Zeit mit kraftvoller Stärke an die älteren Psalmenumdichtungen (s. 1e) heran und suchte so den G.schatz zu erweitern. Dem in der zweiten Hälfte des 17.Jh.s sprachlich modernisierten französischen Psalter wurden die von B. → Pictet auf Psalmenmelodien gedichteten Festlieder hinzugefügt. Das englisch-schottische Psalmbuch erhielt 1703 unter Sanktion der Königin Anna einen Anhang von »Chorälen«; nach seinem Erscheinen haben außer der oben erwähnten methodistischen Dichtung vor allem kongregationalistische Hymnen und geistliche Gesänge von Isaak Watts, → Doddridge u.a. die Entwicklung in derselben Richtung gefördert. Kennzeichnend für die Zeit ist ferner die Tendenz, den überkommenen ref. Liederschatz stilistisch zu redigieren. Dem auf französischem Boden sprachlich modernisierten Psalter Valentin Conrarts entspricht in Holland die staatlich geförderte Psalmenumdichtung von 1775, die fast überall den Dathenus verdrängte. In England und Schottland waren schon im 17.Jh. die von der → Westminster-Synode befürwortete neue metrische Psalmenübertragung von Francis Rous bzw. die darauf beruhende neue schottische Psalmenparaphrase, die seitdem in Schottland gilt, und die 1696 unter der Sanktion Wilhelms von Oranien veröffentlichte New Version an die Stelle der sprachlich und dichterisch nicht mehr zulänglichen Old Version getreten. Ähnliche Bestrebungen machten sich auch auf deutschem Boden geltend, und zwar nicht nur im ref. Bereich; sie hatten sich hier dank der Opitzschen Grundsätze auch im Luthertum durchgesetzt (so bei Gesenius und Denicke [s. 2a], im holsteinischen G. des General-Sup. v.Stöcken, Rendsburg 1681, der die alten Texte und die in »reinerer Poesie« nebeneinanderstellte, auch bei Freylinghausen, Porst, Zinzendorf und in J.J. → Rambachs »Haus-G.« von 1735). Wo man nicht änderte, fügte man wenigstens, wie heute im EKG, bei schwierigen Textwörtern erklärende Anmerkungen hinzu, ein Beweis, daß das betr. Wort in seiner philologisch treuen Form nicht mehr lebendig war. In deutschsprachigen ref. Gemeinden Deutschlands wie der Schweiz wurde vielfach die »Neue Übersetzung der Psalmen Davids« des Baslers J.J.Spreng (1741, 1766²) aufgenommen; der Psalter von Cornelius → Becker (1600 u.ö.), der die Lobwassersche Übersetzung und die französischen Melodien verdrängen sollte, ist tatsächlich nur in Dresden dank der Sätze von H. → Schütz über dessen Lebenszeit hinaus gebraucht worden.

c) War die »G.verbesserung« der *Aufklärung* nichts schlechthin Neues, so bedeutet diese Zeit doch zweifellos den tiefsten Einschnitt in der bisherigen G.-Geschichte, und zwar sowohl was die Aufnahme neuerer Dichter wie die Änderungen am alten Liederschatz betrifft. Privatsammlungen gingen voran; → Klopstocks »Geistliche Lieder« von 1758 mit ihrem Anhang von 31 »Veränderten Liedern« wurden führend (Nachfolger zB J.A.Schlegel, Sammlung geistlicher Gesänge, 1766ff; Lappenberg, 50 alte und bekannte Kirchenlieder in die neue Mundart übersetzt, 1769; W.Lau, Beitrag zu veränderten Kirchengesängen, nach jetziger Poesie und Mundart umgeändert, 1780; u.a.). Bei den Umdichtungen wirkten sich zunächst die veränderten ästhetischen, sprachlichen und reimbessernden Tendenzen aus, die von Gottsched (→ Aufklärung: II, 5) und seiner schulmeisterlichen Dichtkunst wie von Klopstock und seinem Willen zu kunstvollerem Schwung inspiriert waren, daneben die apologetische Absicht, durch Anschluß an die Bildungssprache »die Würde des Gottesdienstes zu wahren« und ihn freigeistigem Gespött zu entziehen. *Inhaltliche* Änderungen sollten die aufklärerische Frömmigkeit zur Alleinherrschaft bringen; die Fähigkeit, sich historisch einzufühlen, ging freilich den Verbesserern völlig ab.

Den Privatsammlungen folgten die ev. Kirchen-G.er, die seit etwa 1760 in wenigen Jahrzehnten Deutschland förmlich überschwemmten. Vorbildlich wurden die beiden ältesten, das luth. Berliner G. von → Diterich (»Lieder für den öffentlichen Gottesdienst«), als Anhang zu Porst gedacht, und → Zollikofers ref. »Neues G.« (Leipzig 1766, 1767²). Das Myliussche »G. zum gottesdienstlichen Gebrauch in den Kgl. Preußischen Landen« (1780), ebenfalls von Diterich, wurde spätestens seit Anfang 1783 durch königlichen Befehl überall obligatorisch gemacht (s.u.). Von ungezählten ähnlichen sei wenigstens J.A. → Cramers holsteinisches G. (1780) und - noch stärker rationalistisch - das von Breslau (1801, das dort neben das Burgsche trat) genannt. Ihnen allen galt später der besondere Zorn der Männer der Restaurationszeit (s. 3a). Wo man konservativer verfuhr, höchstens (wie G. → Herder, Weimar 1795) behutsam änderte oder sich an ältere eingeführte G.er anlehnte (wie Königsberg 1801 u.ö. an die von → Rogall oder → Quandt), mußte man doch mindestens in Anhängen moderne Dichtung bringen. Andererseits widerstanden altgläubige Gemeinden den neuen G.ern und der Berücksichtigung von »Komödienschreibern« wie → Gellert u.a., wie viele Beispiele von »G.-Revolten« aus allen Gegenden lehren; so mußte zB in Preußen die zwangsweise Einführung des G.s von 1780 (s.o.) widerrufen werden. Auch der literarische Kampf gegen die Neuerer setzte nicht erst im 19.Jh. ein. Schon Herder mahnte in den Briefen über das Studium der Theologie (IV, 1780), dem »Veränderungskitzel« zu widerstehen. Auch → Hamanns ironischer Rat, die Bibel ebenfalls nach dem Wörterbuch W.A. → Tellers zu modernisieren, galt der G.verwässerung der Zeitgenossen. Und → Lavaters (»Zweites Fünfzig christlicher Lieder«, 1776) »Verzeichnis von wünschbaren Liedern« wie seine Bitte an alle dichterischen Talente von Klopstock, Wieland, Goethe abwärts, an dem notwendigen neuen prot. G. mitzuarbeiten, spiegelt fraglos das Bedürfnis der neuen religiösen Stimmung wider, das in der aufklärerischen G.arbeit zum Ausdruck gekommen war, aber auch die Unzufriedenheit mit der Art seiner Erfüllung.

Die aufklärerische G.bewegung überschritt Volks- und Konfessionsgrenzen, wie im *nichtdeutschen Luthertum* das dänische, von Klopstock und Gellert her beeinflußte Guldbergsche G. (hg.v. Staatsminister O.Höegh-Guldberg, 1778) oder das fortgeschrittenere »Ev. christliche G.« Balles (1798) zeigen. Im deutschen *Katholizismus* ist auf H.Lindenborns »Neues Gott und dem Lamm geheiligtes Kirchen- und Haus-G.« von 1741 mit seiner »Reineren Sprache«, »Neuen Singweise« und seinen moralisierenden Neudichtungen hinzuweisen, sodann auf J.F.Kohlbrenners »Hl. Gesang zum Gottesdienste in der röm.-kath. Kirche« von 1777, bes. aber auf das »G. zum Gebrauche der Herzoglich Wirtembergischen kath. Hofkapelle« (1784) von M.v.Werkmeister. G.er wie das Mainzer (hg.v. F.X.Thurin, 1787), Würzburger (1800), Konstanzer (1812), das reichhaltige und weitverbreitete Heroldsche (»Der Hl. Gesang«, 1803 u.ö.), »das fast zur Hälfte aus rationalistischen prot. Liedern bestand«, und vor allem das dreibändige G. des K.A.v.Mastiaux (München 1810/11) zeigen die erstaunliche Verwischung der dogmatischen und konfessionellen Grenzen. Wie Gellerts Lieder auf ev. Seite, haben sich auch auf kath. Seite rationalistische Gesänge (zB »Tauet Himmel den Gerechten«, »Gott vor deinem Angesichte«) bis heute allgemein erhalten.

3. a) Die »Restauration des ev. Kirchenliedes« ging, zT unter behördlichem Gegendruck, im *19.Jh.* nur langsam vonstatten. Die Anfänge zwar lassen sich bis um die Jh.wende zurückverfolgen. Doch war es erst die → Erweckungsbewegung, die die »G.snot« allgemein empfinden ließ. Wie sie zu beheben sei, darin waren sich freilich Theoretiker wie Praktiker keineswegs einig. Daß die alten Lieder (bis zum Beginn des 18.Jh.s) stärker zu berücksichtigen seien, stand zwar fest, aber unentschieden war die Frage, ob man zwischen unbedingter Originaltreue oder behutsamen Änderungen wählen solle; das Urteil schwankte bis in die Gegenwart. Eine zweite umstrittene Frage war die *Berücksichtigung der neueren Dichtung*. Die landeskirchlichen G.er zeigten hier steigendes Entgegenkommen, während zB die Altlutheraner (»Christliches Kirchen- und Haus-G.«, hg.v. H.G.Crome, [1856] 1875³) die Lieder der Herrnhuter und der Aufklärer, aber auch die der neueren Zeit ausschieden und erst im G. von 1898 unter weitgehendem Verzicht auf das Lied des 18.Jh.s neuere Dichter bis hin zu A. →Knapp, Ph. →Spitta, G. →Knak mit berücksichtigten. Die Diskussion über die Aufnahme der neueren Dichtung in das G. blieb in lebhaftem Fluß. Ein neues Problem schuf die Aufnahme des *geistlichen → Volksliedes,* das, seit etwa 1770 als besonderer Zweig geistlicher Dichtung neben dem strenger kirchlichen Lied anerkannt, seit 1880 in den meisten G.ern, vielfach in Form eines Anhangs, zu finden ist. Die hier vorliegende Problematik geht in Wirklichkeit bis in die Anfänge des ev. G.s zurück, das die einmal kanonisierte Form des (ja zT aus dem Volkslied stammenden) Gemeindegesangs aus dem lebendigen Strom des Volkslieds gelöst hatte, gleich einem künstlich von einem Wildbach abgezweigten und kanalisierten Wasserarm. - Viel verhandelt wurde auch die Frage des *Einheits-G.es.* E.M. → Arndt (»Von dem Wort und dem Kirchenliede«, 1819) hat nicht nur ein unbestreitbares Verdienst um die Wiederentdeckung der alten, ursprünglichen Lieder; er trat auch kräftig für ein National-G., sogar »für alle Christen ohne Unterschied des Bekenntnisses«, ein. Männer wie K.v. → Raumer (1831), → Bunsen (1833), R. → Stier (1835), → Vilmar (1838), Elsner (Berliner »Geistlicher Liederschatz«, 1832), A.Knapp (»Ev. Liederschatz«, 1837), J.P.Lange (»Ev. Kirchenliederbuch«, 1843) u.a. schufen einheitliche und umfangreiche Privatsammlungen. Das wertvollste Überlieferungsgut faßte die Eisenacher Kirchenkonferenz in ihrem »Deutschen Ev. G. in 150 Kernliedern« (alle aus der Zeit vor 1750) zusammen (1853, 1855²); wichtige Gegenentwürfe dazu lieferten J.Geffcken (Allgemeines ev. G., 1853) und Ph. → Wackernagel (Kleines G., 1860). Gegenüber der ersehnten Einheit des ev. Kirchengesangs blieb aber die kirchlich-offizielle G.reform des 19.Jh.s im Verzicht auf ein Einheits-G. und im Dringen auf Beachtung der territorialen Überlieferung fest: Ziel war das einheitliche *Landes-G.* Tatsächlich rückte dieses an die Stelle der vielen lokalen G.er (bisweilen 30, 50, ja 75 innerhalb einer Kirche!) und diente nicht nur der Vereinheitlichung des Kirchengesangs, sondern auch der Kirchengebiete überhaupt. In Preußen, wo 1780 (s. 2c) der erste Versuch eines einheitlichen Landes-G.s gescheitert war, traten jetzt vereinheitlichend an seine Stelle die Provinzial-G.er.

b) Nach ihrer Haltung gegenüber den genannten

grundsätzlichen Fragen scheidet man die seit 1829 (Neues Berliner »G. zum gottesdienstlichen Gebrauch für ev. Gemeinden«) erschienenen Reform-G.er in solche halber oder ganzer Reform. Das zu den ersteren gehörende Berliner G. (Anhang dazu 1852) war das Werk einer von der Berliner Kreissynode 1818 eingesetzten Kommission (→ Ribbeck, → Schleiermacher, K. → Ritschl, → Theremin u.a.); sein Erscheinen löste eine rege Diskussion aus (Schleiermacher, K.v.Raumer, Bunsen, Claus → Harms u.a.), bedeutete aber zweifellos einen wesentlichen Fortschritt über das rationalistische G. hinaus. Mit → Novalis u.a. zog bereits zeitgenössische Dichtung ins G. ein; freilich waren die älteren Lieder textlich noch sehr scharf zurechtgestutzt, »um nichts stehen zu lassen, was vielen ... zu Störung und Anstoß gereicht«. Dem Berliner G. folgten nach dem rheinisch-westfälischen G. (1834) bis 1886 zahlreiche andere. Doch gehörten die seit 1881 erschienenen G.er zum großen Teil der Gruppe der strengeren Reform an, die schon 1854 von Bayern begonnen worden war. Mehrere G.er dieser Art (Hessen-Kassel 1889, Sachsen-Altenburg 1900, Braunschweig 1904, Pfalz 1905) lösten erst jetzt, mit mehr als einem halben Jh. Verspätung, die rationalistischen G.er ab. Das von F. → Spitta betreute G. von Elsaß-Lothringen (1899) verdient einschließlich seiner Ausstattung (→ Gesangbuch: III) durch seine Liedauswahl, vor allem seine starke Bevorzugung der heimatlichen Überlieferung, besondere Erwähnung.

Lit. s. 5. † *L.Zscharnack (W.Jannasch)*

c) Zusammenfassung, wenn auch nicht Krönung der G.-Arbeit des 19.Jh.s war der Auftrag, den der Deutsche Ev. → Kirchenausschuß 1909 den Hymnologen Wilh. → Nelle, Jul. → Smend und Wilh. Tümpel erteilte, ein G. für die Deutschen im Ausland und in den Schutzgebieten zu schaffen. Es erschien 1915 mit 342 Texten und 162 Melodien; der Anhang mit 45 Texten und 37 Melodien enthielt fast nur geistliche Volkslieder. In zahlreichen Landeskirchen wurde der Hauptteil zum Einheits-G., obwohl Text- und Melodiegestaltung sowie Liederauswahl schon damals Kritik hervorriefen. Lübeck hatte das ganze Buch 1917 unverändert übernommen; weitere acht Kirchengebiete schufen sich aus diesem *Deutschen Ev. G.* (DEG) eigene G.er: Frankfurt/M. 1928, Thüringen 1928, die Ostgebiete 1929, ref. Nordwestdeutschland 1929, die nördlichsten Landeskirchen als G.-Gemeinschaft 1930, Rheinland-Westfalen 1930, Sachsen-Anhalt 1931, Brandenburg-Pommern 1931. Jede Ausgabe erhielt ein oder zwei Anhänge mit dem Sondergut des betr. Gebietes bzw. mit geistlichen Volksliedern. Das ref. G. begann mit dem Genfer Psalter. Das DEG ist, gemessen an den Bestrebungen des 19.Jh.s, ein strenges Reform-G., gemessen an den neuen Tendenzen seiner Zeit ein Kompromiß zwischen radikaler G.-reform und rückläufigen Bewegungen. Gerade als es erschien, begann die auf Walther Hensel und Fritz → Jöde zurückgehende → Singbewegung auf die ev. Kirche überzugreifen. Konrad Ameln, Otto Riethmüller († 1938), Alfred Stier und Wilhelm Thomas wurden mit ihren Büchern (»Das Morgenlied«, »Das Abendlied«, »Das Quempas-Heft«, »Ein neues Lied«) Wegbereiter neuen Singens. Weisen des MA, der Reformation, der Böhmischen Brüder und des Genfer Psalters erstanden in altem Glanz. Die ev. Jugend bemächtigte sich dieses Gutes, wobei sich solche Lieder am wirksamsten zeigten, die eine nur für sie verwendete Weise hatten. Später änderte sich auch die Lage der ev. Kirche: nach 1933 wurde sie durch die Verfolgung im Dritten Reich in eine der Urkirche wie der Reformation verwandte Lage versetzt und gewann als im Leiden singende Kirche Zugang zum Lied des 16.Jh.s. Demgegenüber konnten behördliche Gunst und hervorragende künstlerische Ausstattung den G.versuchen der → Deutsch-christlichen Bewegung in Thüringen (»Großer Gott, wir loben dich«) und in Bremen (»Lieder der kommenden Kirche«) als künstlichen Konstruktionen und Rückgriffen auf typisch rationalistische Methoden nicht zum Siege verhelfen.

Obwohl viele große Kirchen (s.o.) noch nicht einmal ein ganzes Jahrzehnt ihre neuen, auf dem DEG aufgebauten G.er hatten, begann 1938 der Verband ev. Kirchenchöre Deutschlands ein neues G. vorzubereiten. Ein Ausschuß, dem u.a. Walter Blankenburg, Christhard Mahrenholz, Ferdinand Schmidt und Richard Spree angehörten, hatte rd 300 Lieder auszuwählen; gleichzeitig wurden gründliche hymnologische Unterlagen geschaffen. Der zweite Weltkrieg unterbrach diese Arbeit. Doch konnte schon 1947 das *G. für die Ev. Christenheit* (GEC) der Synode von Treysa vorgelegt werden, die es mit seinen 335 Texten und 218 Melodien (davon nur 97 gegenüber dem DEG neu, aber zT in den landeskirchlichen Teilen schon vorhanden) empfahl. Da man wichtige Lieder des Pietismus sowie auch der Gegenwart vermißte, wurde das GEC überarbeitet. Das neue Werk erschien im März 1950 als *Ev. Kirchen-G., Stammteil* (EKG) mit 394 Texten und 236 Melodien, von denen 135 mit dem DEG und 78 mit dem GEC übereinstimmten. Die Singbewegung erntete damit reiche Frucht; allerdings bedeuten die vielen bisher nicht verwendeten, zumeist nur einmal vorkommenden Weisen eine große Aufgabe für den Durchschnitt der Gemeinden. Die Textauswahl bevorzugt Lieder, die seit 1524 den Kern ev. Gemeindegesangs bilden oder besondere liturgische Bedeutung haben; etwas zurückgedrängt wurden individualistische und nur »erbauliche« Lieder sowie allzu blasse »Pastorendichtungen« des 19.Jh.s. Texte wie Weisen beließ man - nach mancher Urteil allzu abhängig von philologischen Erwägungen - möglichst originalgetreu; man strich lieber eine Strophe, als daß man sie verbesserte. - Durch Verbindung des Stammteils des EKG mit landeskirchlichen »Zweiten Teilen« oder »Anhängen« sind folgende Hauptformen des EKG entstanden oder in Vorbereitung: Niedersachsen mit luth. Freikirchen, Bremen, Nord-G., Mecklenburg, Thüringen, Brandenburg, Sachsen-Anhalt mit ref. Gemeinden des Ostens, Sachsen, Kurhessen-Waldeck, Pfalz, Baden, Württemberg und Bayern (über Österreich s. 4). Bewußt ablehnend bleibt ref. Nordwestdeutschland. In Rheinland-Westfalen ist die Entscheidung noch nicht gefallen. Ein *selbständiges* »Luth. Kirchen-G.« erschien in Uelzen 1956. - Die Anhänge des EKG gehen in Zahl und Auswahl der Lieder stark auseinander: vor 1600 entstandene Lieder, aber auch zahlreiche geistliche Volkslieder fehlen. Vielerorts bedeutet das EKG eine Revolution des Kirchengesangs. Allerdings läßt der Impuls der Singbewegung nach. Wo aber das Gemeindelied unveräußerlicher Teil des Gottesdienstes ist, sieht man im EKG ein treffliches Arbeitsmaterial, das man sich mit Fleiß und Liebe aneignet.

Lit. s. 5. *S.Fornaçon*

4. *Im Ausland* machten sich auf dem Gebiet des *ev.* G.s (im dortigen *Katholizismus* ist der kirchliche Volksgesang in der Landessprache nur wenig entwickelt) seit dem Anfang des 19.Jh.s ähnliche Tendenzen bemerkbar wie die oben geschilderten (s. 3a). Restauration und Erweckung beeinflußten auch dort die Geschichte des G.s. Doch ist textlich wie musikalisch der Hang zu philologischer Genauigkeit hinsichtlich der Originale nie so weit entwickelt worden wie auf deutschem Boden. Was die einzelnen kontinentalen Länder betrifft, so benutzen die

luth. Gemeinden *Österreichs* noch heute ihr G. von 1921, während die wenigen ref. Gemeinden sich verschiedener ausländischer G.er bedienen; die Generalsynode von 1956 hat für beide Konfessionen das EKG mit eigenem Anhang angenommen. Man hofft es 1959 einzuführen. – In der deutschsprachigen *Schweiz* war man seit 1941 auf dem Weg zum Einheits-G., indem man in allen Kantonen den Gemeinden einen sog. »Probeband« zur Benutzung übergab, der 1952 durch das »G. der ev.-ref. Kirchen der deutschen Schweiz« abgelöst wurde; es hält in seinen 389 Liedern eine gute Mitte zwischen radikaler Reform und Rücksicht auf die heutige Gemeinde und geht in der Aufnahme neuester deutscher Dichtungen, aber beispielsweise auch Zinzendorfs, weiter als das EKG. In der französisch sprechenden Schweiz wird seit 1937 eine Neuausgabe des »Psautier romand« benutzt. Der Plan, zusammen mit den Protestanten *Frankreichs* ein gemeinsames G. einzuführen, wird diskutiert. Dort ist seit 1938 als gemeinsames ev. G. »Louange et Prière« im Gebrauch; seinen Grundbestand bilden die Psalmen; im übrigen enthält es viele Gesänge aus dem 19.Jh. Daneben gibt es ein 1954 ganz neu gestaltetes Kinder-G. (»Cantique des Écoles du Dimanche«). – Die ev. Gemeinden in *Elsaß* und *Lothringen* haben ihre Sonderüberlieferung (s. 3 a) festgehalten und 1952 ein eigenes G. herausgegeben, das – außer durch seine Ausstattung – im ökumenischen Sinne dadurch vorbildlich ist, daß es einen französischen Teil mit dem freilich weit umfangreicheren deutschen verbindet (→ Gesangbuch: III, 4). – In *Holland* hat die kleine Ev.-Luthersche Kerk seit 1955 ein neues G. Die »Psalmen en Gezangen...« der Hervormde Kerk von 1938 haben charakteristischerweise mehr Kirchenlieder als die Gereformeerde Kerk in *ihren* »Psalmen en Gezangen«. – In *Dänemark* ist das »Salmebog« von 1897 i.J. 1953 revidiert und erneuert worden, wobei sehr entgegengesetzte Tendenzen zur Geltung kamen: Lieder englisch-amerikanischer Herkunft stehen neben den auf ihre ursprüngliche Fassung zurückgeführten älteren Kirchenliedern; neu traten Gesänge von → Grundtvig, norwegische und schwedische Kirchenlieder und einige neue Dichtungen des Dänen A.L.Aastrup hinzu. – In *Norwegen,* wo die Gemeinden das Recht zur Wahl des G.s haben und wo auch hinsichtlich des Kirchengesangs das offizielle Nebeneinander zweier »Sprachen« (»bokmål« und »nynorsk«) wichtig ist, sind zZ zwei G.er, das sog. »Landstads reviderte salmebok« von 1924 (in »bokmål«) und das »Nynorsk salmebok« von 1925 autorisiert, ersteres mit 886, letzteres mit 911 Liedern, von denen jeweils etwa 200 in der anderen Sprache verfaßt sind. »Landstad« wird von etwa 87% der Bevölkerung gebraucht; der dänische Einschlag ist groß. Übersetzungen von Liedern Luthers (15) und P.Gerhardts (14) finden sich neben solchen aus dem Zeitalter der Orthodoxie und der späteren deutschen Kirchenliederdichtung; M.B.Landstad (1802–80), ein wirklich bedeutender Liederdichter, ist stark vertreten. – In *Schweden,* das ein einheitliches G. hat, kamen die neuere Liederdichtung J.A. → Eklunds u.a., in *Finnland* die Dichtungen von Runeberg, → Topelius u.a. den G.ern zugute. – Zu den G.ern in den angelsächsischen Ländern vgl. → Kirchenlied: I.

Lit. s. 5.

5. Auf *kath.* Seite setzte sich die Reaktion auf die Aufklärung im Kirchenlied nur langsam durch. Bes. gelobt wird Heinrich Bone mit seinem G. »Kantate« (1847, 1905[10]). Außer den aufklärerischen wurden auch die prot. Lieder weithin verdrängt, dagegen neuerer kath. Dichtung Raum gegeben. Spürbar war für das G. die Konkurrenz des → Gregorianischen Gesangs (Programm des Cäcilienvereins [→ Cäcilienfeste]; Pius' X. Motu proprio vom 22.11.1903). Heute ist auf kath. Seite in Deutschland das Streben nach einem Einheits-G. sehr ausgeprägt; doch ist man, abgesehen von der Feststellung bestimmter »Einheitslieder« (seit 1909) über die gegenseitige textliche und musikalische Annäherung der Diözesan-G.er noch nicht hinausgekommen. Lieder ev. Herkunft sind wieder häufiger geworden (→ Gesangbuch: V, 1).

W.Jannasch

Außer den Geschichten des → Kirchenlieds vgl. RGG[1] III, 1294ff (ausführl. Bibliogr. auch territorialgeschichtl. Art); RGG[2] II, 1076ff (L.ZSCHARNACK) – RE X, 420ff; XXIII, 763f – CKL I, 692ff – LThK V, 1008ff (Lit.) – MGG IV, 1649ff. 1876ff – EKL I, 1532ff. – PH.WAKKERNAGEL, Bibliogr. zur Gesch. des dt. Kirchenliedes, 1855 – A.FISCHER-W.TÜMPEL, Das dt. ev. Kirchenlied des 17.Jh.s VI, 1916 (Bibliogr.). – W.LUCKE, Die Lieder Luthers (WA 35), 1923 (309ff Bibliogr. der ältesten ev. G.er) – O.DIETZ, Martin Luther, Geistl. Lieder (= Münchner Lutherausg. III), 1940 – H.PETRICH, Unser G., 1924 – J.SMEND, Das ev. Lied von 1524 (SVRG 134), 1924 – P.GRAFF, Gesch. der Auflösung der alten gottesdienstl. Formen in der ev. Kirche Deutschlands I, (1921) 1937[2]; II, 1939 – R.FRHR.V.LILIENCRON, Liturgisch-musikal. Gesch. der ev. Gottesdienste v. 1523–1700, 1893 – J.TH.MÜLLER, Hymnologisches Hdb. zum G. der Brüdergemeine, 1916 – P. STURM, Das ev. G. der Aufklärung, 1923 – I.RÖBBELEN, Theologie u. Frömmigkeit im dt. ev.-luth. G. des 17. u. frühen 18.Jh.s (FKDG 6), 1957 – J.PLATH, Aufgaben u. Richtlinien der neuesten G.reform, 1927. – Zum niederdt. G.: J.GEFFCKEN, Die hamburg. Niedersächsischen G.er des 16.Jh.s, 1857 – C.BORCHLING-B.CLAUSSEN, Niederdt. Bibliogr. I. II, 1936/38. – Neuere Territorial-Lit.: E.BREDEREK, Gesch. der schleswig-holst. G.er, 1919–22 – W.HOLLWEG, Gesch. der ev. G.er vom Niederrhein, 1923 – R.FÜHRER, Die G.er der Stadt Königsberg, 1927 – W.JANNASCH, Gesch. des luth. Gottesdienstes in Lübeck 1522 bis 1633, 1928 – K.DIENST, Gesch. des luth. Gottesdienstes der Freien Reichsstadt Frankfurt a.M. (Diss. Mainz), 1956. – P.GABRIEL, Das dt. ev. Kirchenlied von Martin Luther bis zur Gegenwart, (1934) 1951[2]. – Zum EKG: O.SÖHNGEN, Die Zukunft des G.s, 1949 – DERS., Die Anhänge zum EKG (Der Kirchenmusiker 3, 1952, 1–6) – CHR.MAHRENHOLZ, Das EKG, 1950 – S.FORNAÇON, Die Anhänge des EKG (Der Kirchenmusiker 5, 1954, 82–89) – DERS., Das neue G. der Reformierten in Ostdeutschland (Musik u. Gottesdienst 8, Zürich 1954, 52–55). – HDEKM, bes. III/1 – Hdb. zum EKG, bes. II/1, 1957. – Zum Liederbestand um 1930: F.J.ARNOLD, Pforte zum hl. Lied. Wegweiser ins ev. G., 1931. – Zu 4: F.BOVET, Histoire du Psautier des églises réformées, 1872 – J.JULIAN, Dictionary of Hymnology, (1892) 1924[3] – RGG[1] III, 1317ff – Mennonit. Lexikon II, 1926, 86ff – G.FELLERER, Das dt. Kirchenlied im Ausland, 1935 (kath.). – Zu 5: J.MÜLLER, Der kirchl. Volksgesang, 1930 – J.OVERATH, Das dt. Kirchenlied (in: Hdb. der kath. Kirchenmusik, hg.v. H.LEMACHER u. G.FELLERER, 1949, 276–282) – K.H.HODES, Wann u. was singen wir in der hl. Messe? (Musik u. Altar 4, 1951/52, 153–156. 187–189). – Vgl. auch die Lit. zu → Gesangbuch: III.

W.Jannasch († L.Zscharnack) – S.Fornaçon

6. Das Lied der Gemeinde hat in der ev. Mission und den aus ihr erwachsenen → jungen Kirchen zentrale Bedeutung, zugleich aber auch als Lied der eingeborenen Gemeinde seine besondere Problematik. Beides macht die Geschichte des G.s in den jungen Kirchen deutlich. An ihren Anfängen steht der Wille der Missionare, dem gesungenen Wort, und zwar im Unterschied von den nichtchristlichen Kultfeiern dem Gemeinde-, nicht dem Einzelgesang, seinen legitimen Anteil an der Verkündigung zu geben. Ihm verdankt das erste ev. Missions-G. mit dem Titel: »Ein G. von 48 geistlichen Liedern, welche die zu Tranquebar neu gesammelte Jerusalemsgemeinde singet« seine Entstehung (1715). Übersetzer der dem dänischen G. entnommenen Choräle war B. → Ziegenbalg, der mit ihrer Übersetzung noch vor seiner Übertragung des NT ins Tamulische begonnen hatte. Seitdem ist die Zahl der G.er, die von Missionaren ihren Gemeinden gegeben und von den jungen Kirchen übernommen bzw. neu geschaffen wurden, unübersehbar geworden. – Übersehbar sind die Fakten und Tendenzen ihrer inhaltlichen Gestaltung. Unterstützt von jungen Christen, fügten viele Missionare ihren Liedübertragungen – oft sehr freien Wiedergaben der Origi-

nale - eigene Lieder nach Melodien ihrer Heimatkirchen und -länder hinzu. Zu dieser Übermittlung des Liedguts der alten Kirchen trat mit der Zeit, von den Missionaren gefördert, die Liedschöpfung eingeborener Pfarrer, Lehrer und anderer Helfer. Nur selten verwandte man dabei Stücke aus einheimischer Literatur oder überlieferte Liedformen, und zwar aus Scheu vor heidnischer Traditionsgebundenheit, die auch die jungen Gemeinden zur Übernahme einheimischer Melodien weniger bereit sein ließ als manche Missionare. Je mehr die jungen Kirchen, bes. nach 1945, ihre Selbständigkeit erlangt haben, desto stärker regen sich in ihnen Kräfte, die neue Worte und Weisen für das Singen der Gemeinden schaffen. 1954 zB hat die Neufassung des immerhin erst 23 Jahre alten japanischen G.s 155 veraltete Choräle durch 117 moderne ersetzt und dabei vor allem japanische christliche Lieder bevorzugt. Das ist eine gesunde Entwicklung, die sich auch anderswo anbahnt. Sie wird die jungen Kirchen, ihre Theologen und auch - nunmehr als ihre Berater - die Missionare noch vor viele liturgische Probleme stellen, für deren Behandlung letztlich maßgebend ist, ob das neue Lied an der Verkündigung der Christusbotschaft in der Gemeinde und durch die Gemeinde teilhat. Diese Entwicklung wird neben dem neuen Lied in den G.ern vieles vom Besten bewahren, was die Missionare den jungen Kirchen einst aus dem Liedgut der alten Christenheit vermittelt haben, und wird so die G.er der jungen Kirchen zu eindrucksvollen Zeugnissen der Ökumene machen.

G.Rosenkranz, Das Lied der Kirche in der Welt, 1951 - W.Tegethoff, Das Kirchenlied bei den Negern (ZM 40, 1956, 112-122).
G.Rosenkranz

II. Musikhistorisch

Bis zur Mitte des 18.Jh.s ist die überwiegende Mehrzahl der ev. G.er mit Noten versehen, jedoch waren diese im luth. Bereich während des 16.Jh.s nur vereinzelt und auch während des 17. nur zT für die Hand der Gemeinde, sondern für Kantor, Küster und Pfarrer sowie u.U. für den Chor bestimmt. Die Bezeichnung G. ist dementsprechend nicht auf Ausgaben in Oktav- und Duodezformat beschränkt, sondern findet auch bei Quart- und Foliodrucken (letztere für das Chorpult bestimmt, vgl. zB das mit einer Vorrede von M. → Bucer versehene Straßburger G. von 1541, → Gesangbuch: I, 1 c) Anwendung. Ja, es gab auch mehrstimmige G.ausgaben, sei es in Form von Stimmbüchern (so das berühmte »Wittenbergisch deutsch Geistlich Gesangbüchlein« von J. → Walter [5 Aufl. von 1524-51] mit zumeist polyphonen Sätzen) oder von Oktavausgaben (so zB M. → Vulpius' »Ein schön geistliches G....« von 1609, J.H. → Scheins »Cantional oder G....« von 1627 u.ö. und das »Neu Leipziger G.« des G.Vopelius von 1682) oder schließlich in Form von Foliodrucken für das Chorpult (so C.W.Briegels »Das große Cantional oder Kirchen-G.«, Darmstadt 1687). Alle diese Ausgaben des 17.Jh.s enthalten vornehmlich homophone Kantionalsätze, bei deren Wiedergabe durch den → Chor die Gemeinde mitsingen konnte und sollte. G.er mit Noten für die Hand der Gemeinde hatten von Anfang an die Böhmischen Brüder (→ Brüderunität: I; von ihnen wurde am Vorabend der Reformation wohl überhaupt der Begriff G. im heutigen Sinn geprägt), die Oberdeutschen (vgl. vor allem das Konstanzer »Nüw gsangbüchle«, 1. Aufl. wohl um 1533/34) und bes. die Calvinisten mit dem Genfer Liedspalter. Dazu gehören auch dessen zahlreiche vierstimmigen Ausgaben, bes. die in einfachster Form bearbeiteten von Cl. → Goudimel (1565 u.ö.) und von Cl. le Jeune (ab 1601); denn diese waren nicht für den Chor, freilich zunächst überhaupt nicht für den Gottesdienst, sondern für das mehrstimmige häusliche Singen bestimmt. Sie fanden jedoch so große Verbreitung, daß im Laufe des 16.Jh.s mancherorts daraus vierstimmiger Gemeindegesang erwuchs, der seinerseits nun wieder die Herausgabe weiterer entsprechender Gemeinde-G.er veranlaßte. Vierstimmige G.ausgaben sind seitdem in der ref. Schweiz und auch im calvinistischen Frankreich bis zur Gegenwart mindestens für einen Teil der Lieder üblich geblieben. Im luth. Bereich beginnt mit dem Eindringen des Erbauungsliedes in die G.er während der ersten Hälfte des 17.Jh.s für diese auch ein neuer musikgeschichtlicher Abschnitt, indem den Melodien zum Zwecke der Begleitung auf einem Tasteninstrument bei der häuslichen Andacht eine bezifferte → Generalbaß-Stimme beigegeben wurde. Frühestes derartiges G. ist wahrscheinlich J. → Crügers »Neues vollkömmliches G.« von 1640, die 1. Aufl. seiner »Praxis pietatis melica«. Von diesem Zeitpunkt ab erscheinen nach und nach die meisten luth. G.er, jedoch auch die einflußreichsten pietistischen G.er (zB das von J.A. → Freylinghausen, Halle 1704 u.ö.), ferner auch ref. G.er mit Melodie und Generalbaß. Von besonderer Bedeutung war das sog. Schemelli'sche G. von 1736, für das J.S. → Bach eine Anzahl bezifferter Baßstimmen schrieb. Viele dieser G.-ausgaben dienten dann zunächst auch für die im Laufe des 17.Jh.s mehr und mehr aufkommende Gemeindegesangbegleitung durch die → Orgel. Jedoch treffen wir am Ende dieses Jh.s bereits (oft nur handschriftlich angelegte) → Choralbücher an mit ebenfalls nur Melodien und bezifferten Baßstimmen. Das früheste gedruckte von Daniel Speer (Stuttgart 1692) trägt den bezeichnenden Titel »Choral-G.«. Die Choralbücher fanden im Laufe der ersten Hälfte des 18.Jh.s dann so rasche Verbreitung, daß dadurch die Beigabe von Noten in den Gemeinde-G.ern (vor allem durch den Pietismus war nun auch im Luthertum das G. zum Buch der Kirchgänger geworden) überflüssig erschien. Von jetzt ab enthalten die neu erscheinenden luth. und in Deutschland zumeist auch die ref. G.er daher nur noch in den seltensten Fällen Noten, so daß die Choralbücher nunmehr die Quellen für das Melodiengut des Gemeindegesangs darstellen. Indessen wurde vor allem in den ref. Gemeinden der Schweiz und Frankreichs der vierstimmige Gemeindegesang weithin beibehalten, so daß hier die Entwicklung entsprechend anders verlief. Erst vom späteren 19.Jh. ab begegnen wir dank der Bemühungen der liturgisch-kirchenmusikalischen Restaurationsbestrebungen in Deutschland (→ Gottesdienst: VI, → Musik: V. VI) wieder G.ern mit einstimmigen Liedweisen. Heute ist die Beifügung von Noten im G.druck längst wieder zur völligen Selbstverständlichkeit geworden, hinter der der allgemein höhere musikalische Bildungsstand der Gemeinden und dessen ständige Förderung um des rechten gottesdienstlichen Singens willen als treibendes Motiv stehen.

J.Zahn, Die Melodien des dt. ev. Kirchenlieds VI, 1893 - MGG II, 1800ff (J.Crüger); IV, 465ff (Gemeindegesang) - Chr.Mahrenholz, Das ev. Kirchen-G., 1950.
W.Blankenburg

III. Gesangbuchausstattung

1. 16. Jh. - 2. 17.-19. Jh. - 3. Neuere Zeit - 4. Gegenwart

1. Schon die ersten ev. Liederbücher (→ Gesangbuch: I, 1 b) tragen künstlerischen Schmuck: das Achtliederbuch und das → Enchiridion in ihren Ausgaben verschiedener Herkunft verwenden *vorhandene* Titelleisten; *eigenen* Schmuck erhielt das Wittenberger Chor-G. von 1524 durch Lukas → Cranach: spielende und singende Engel; Initiale vor jedem Notensatz; alles in kraftvoller Schwabacher Letter fortlaufend gedruckt. *Luther* läßt schon in

seiner ersten G.-Vorrede, die neben der Musik von »allen« Künsten spricht, die besondere Absicht erkennen, die dann die Vorrede zu dem schönsten G. kleinen Formates, dem Bapstschen (Leipzig 1545), ausdrücklich ausspricht, das »zum Glauben reizende« Zusammenwirken des »guten« Inhalts mit der »angenehmen« und »lustigen« äußeren Gestalt. Das Buch, ein Gegenstück zu den besten Ausgaben des Hortulus animae, mit Fraktur und Antiqua wechselnd, bringt ganzseitige biblische Bilder von schlichter Volksmäßigkeit - einzelnes von entzückender Innigkeit und Anmut -, um das Evangelium gegenüber den Heiligenbildern zu veranschaulichen; jede Seite hat eine (sechzehnfach wechselnde) Umrahmung. Kein Wunder, daß dies schöne Buch überaus häufig in Leipzig und sonst neu- und nachgedruckt, sein Schmuck nachgeschnitten wurde. - *Wittenberg* hatte vor allem in dem »musicae typographus« Georg → Rhau (Rhaw) einen ausgezeichneten Liederdrucker; seine mustergültigen G.er (darunter verschiedene Wiederholungen des Chorbuches von 1524) bringen geschlossene, auch ornamentierte Sätze und verwenden Wappen, Porträts und Siegelbilder des Landesherrn und der Reformatoren. Das auch plattdeutsch erschienene G. von 1560 (kleinoktav, bei »Georg Rawen Erben«) ist in der reichen Art des Bapstschen gehalten, mit kleineren Bildholzschnitten vor den Liedern; das von Leisentritt (Bautzen 1564) verfaßte kath. war ihm völlig nachgebildet. Unter den im G.-druck führenden deutschen Städten steht *Straßburg* voran: das alle anderen hier gedruckten G.er weit überbietende G. → Bucers (Großfolio, 1541 von Messerschmidt hergestellt) ist die monumentalste Leistung des G.druckes überhaupt (einziges Exemplar Kirchenbibliothek Isny, 32×48 cm), ein Seitenstück zu den schönsten Antiphonarien, denen es auch in seiner Abzweckung entspricht. Das dreimal wiederkehrende Kopfstück (die Musik im Himmel, im AT und im NT) hat Hans Baldung gezeichnet. Rot- und Schwarzdruck wechseln in mächtigsten Ausmaßen; rote Notenlinien geben den frohen Untergrund. Die zweite Ausgabe von 1560 mit prächtigen Vignetten steht kaum zurück. Daneben wurden auch noch Pracht-G.er in großen Formaten in Straßburg *geschrieben*, wohl ebenfalls zum Chorgebrauch. Fast nur G.er der *böhmischen und mährischen Brüder* (→ Brüderunität: I) lassen sich mit diesen mächtigen Werken vergleichen. Schon ihr inhaltlich so wichtiges erstes deutsches G. von Michael → Weiße ist nach seiner Ausstattung (Drucker Georg Wilmschwerer in Jungbunzlau, 1531) eine vortreffliche Leistung, mit reichlichem Notendruck, größeren und kleineren Initialen, einer schon 1523 von den Brüdern gebrauchten Titelumrahmung und eindrucksvoller Schlußvignette. Das tschechische G. von 1541, in Prag, und das deutsche von 1566, in Eibenschitz in Mähren gedruckt, bringen eine Fülle verschiedenartiger, zT halbseitiger kunstvoller Initialen, Titelumrahmungen und biblischer Bilder. Auch in Deutschland gedruckte Brüder-G.er haben Bildschmuck (Straßburg 1535 mit geigenspielendem Schwan auf dem Titel, Nürnberg 1545 mit vielen figürlichen Holzschnitten). Irgendwelche Zier findet sich fast in allen G.ern der Zeit, reichere, auch Wappenschmuck, zB in *Nürnberg*, wo auch der künstlerische Einzeldruck von Liedern bes. blühte, einfachere im Westen, zB in Frankfurt und am Rhein. Im Bonner Gesangbüchlein 1561 findet sich das aus vorreformatorischer Zeit übernommene Bild des mit der Harfe knieenden David. In Westeuropa folgt man gewöhnlich strengerem ref. Brauch.

2. Das regelmäßig, harmonisch und kräftig durchgebildete Letter-, Satz- und Seitenbild des 16.Jh.s wandelt sich in der *Folgezeit*. Vielfach läßt sich zunächst auch in krauseren Formen noch gute Übung spüren, zB im tschechischen G. 1615, dem schönsten der Brüderunität, und in dem großen Straßburger von 1616; anders ist es schon in Philipp → Nicolais »Vier schönen geistlichen Liedern«, Hamburg 1614. Das Material wird allmählich schlechter, und der Schmuck zieht sich vielfach schon auf die Titel - öfters sind es mehrere - zurück; häufig wird das → Lutherbild verwandt. Das *Lehrhaft-Gelehrte* setzt sich vom Ende des 16.Jh.s an verstärkt fort, ebenso das sich jetzt in volle mystische Darstellungen weiterbildende *Symbolische*. Das *Persönliche* macht sich im Porträt der geistlichen Dichter geltend. Auch *gottesdienstliche* Vorgänge und Stätten werden dargestellt. Der häusliche Gebrauch des G.s findet seinen Ausdruck, zB in den bei Stern in Lüneburg gedruckten »musikalischen« Andachts- und Liederbüchern von Joh. → Rist (1656, 1659, 1660). Landesherrliche Embleme, zB die des Großen Kurfürsten, unmittelbar unter Gottes Auge gestellt, werden im → Lobwasser-Psalter (Berlin 1658) neben die Verbildlichung des Gesanges gesetzt. Der Blüte der Kirchenmusik im 17.Jh. entsprechen Darstellungen aus diesem Lebensbereich: in → Eccard-Stobäus' Geistlichen Liedern (Danzig 1634) sind die Komponisten abgebildet. In → Becker-Schütz' Geistreichem G. (Dresden 1676) bringt Conrad in sorgfältigster Arbeit einen großen Kupferstich, der die Dresdener Hofkapelle mit dem Chor um Heinrich → Schütz zeigt. Der »Leipziger Kirchenstaat« (mit der »Unfehlbaren Engelfreude«) zeigt Ansichten der Thomaskirche und ihrer Musiker. Das *Symbolisch-Allegorische* hat in dem kath. »Lust- und Arzneigarten des königlichen Propheten Davids« (Regensburg 1675) eine reiche, das ganze Buch durchziehende Durchbildung gefunden.

Im 18.Jh. traf die ungünstigste allgemeine Veränderung das Notenbild durch die modernisierte Form der Typen, so zB in Schemellis berühmtem Musikalischen G. 1736 mit Bachs Sätzen (Breitkopf und Härtel). Symbolischer Schmuck des Titels setzt sich fort; Dynastisch-Obrigkeitliches macht sich stärker als bisher in fürstlichen Porträts geltend (Friedrich d.Gr. im Berliner G. von 1754; Karl-August im schmucklos dürftigen Weimarer G. → Herders von 1795). Schöne Beispiele von Städtebildern bringt das Lübecker G. von 1759 und das Neue Straßburger von 1770. Musik-Symbolisches und -Realistisches klingt weiter (Dekachord der Harfe im Lobwasser-Psalter, Berlin 1709; irdisches und himmlisches Konzert im »Singenden Mund eines gläubigen Christen«, Nürnber 1752). Der *Pietismus* führte in den Titeln auch neue Motive universalistischer und eschatologischer Art herauf: Das G. von → Freylinghausen 1714 zeigt das Lamm auf dem Berge, dazu Lobgesang im Himmel und auf Erden, darunter die Weltkugel. Die Weltabgewandtheit der Bewegung spürt man in fortschreitender Verringerung des Materials und der Typen. Doch sind die Titelblätter, meist in Rot- und Schwarzdruck, noch vortrefflich. Das Format ist, wie schon im 17.Jh., bisweilen länglich, der Druck dann oft einspaltig. Der Innenschmuck beschränkt sich auf einige Kopfleisten und Initialen, beides nicht selten in kleinlicher typographischer Ziermanier, und auf Vignetten, von denen viele ebenso geistvoll wie von graziösem Schwunge bewegt sind; häufig drücken sich noch religiöse, bes. Jesusmotive aus. Die *Brüder-G.er* sind bereits *völlig* notenlos. Schon das Herrnhuter von 1735 bringt auf dem Titel einen theologisch höchst interessanten Stich mit Sprüchen: die das Lamm zwischen den sieben Leuchtern anbetende obere und irdische Gemeinde, sonst nur wenige Vignetten (ebenso 1737²). Der »Anhang der übrigen Brüderlieder seit 1749« verbunden mit dem »Zweyten Anhang bis 1754« (1760) zeigt in seinem entzückenden Zusammenklang von Einband, bunt gemustertem Vorsatz, Kopfleisten, Initialen und Vignetten von rokokohafter Zierlichkeit, daß Herrnhut nicht auf dem Wege des Pietismus stehengeblieben ist. Allerlei Schmuck allgemeinerer Art setzt sich auch in den G.ern des *Rationalismus* fort, ein letzter Rest künstlerischer Ausstattung, während der praktische Realismus dieser Richtung den Materialien und der Brauchbarkeit in Papier und klarem Druck wieder volles Recht gibt. – Einen im allgemeinen gleichen Charakter hatte die G.ausstattung der von Deutschland auch in den Drucktypen abhängigen *benachbarten* Länder, auch in slawischen Kirchen, ja bis hin nach *Nordamerika,* wo ein luth. G. auf dem Titel die Lutherfigur der Marienkirche in Halle bringt. Die Schmucklosigkeit wird auch im Ausland bald ganz allgemein; doch hält sich vereinzelt eine bessere Type.

Die hohe Wertschätzung des G.s zeigte sich bis in die Anfänge des 19.Jh.s durchgehend in den *Einbänden.* In allen in Frage kommenden Sammlungen gehören sie zu den mannigfachsten und kostbarsten Werken, durch Material und Technik der Buchkunst ausgezeichnet (nicht selten Edelmetalldecken; kunstvoll ziselierter Schnitt). Selbst bei ganz einfachen Einbänden hat das G. im 18.Jh. durch kräftiges buntes Vorsatzpapier ein farbig lebhaftes Gepräge. Sinnvolle Embleme sind nicht selten. Erst das 19.Jh. wird in allem eine Zeit völliger Verödung (und im Einband Verkitschung) der G.ausstattung.

3. a) Das Jahr 1899 brachte einen ersten Anfang des *Neuen:* Das an sich sehr nüchterne, übrigens durchgehend benotete und verszeilig gedruckte elsaß-lothringische G. erhielt ein von C.Spindler geschaffenes, in Zweifarbendruck ausgeführtes Titelblatt, in der Umrahmung ein Bild des Lobes Gottes im Lied an den historischen Stätten der Reformation im Lande darstellend, und ein in Schrift und Holzschnitten einheitlich gestaltetes zweiseitiges Vorwort. 1902 erschien eine kleinere Schmuckausgabe, von der Type (Neudeutsch) bis zu den Vorsatzpapieren und den vielfältigen Einbänden aus der *einen* Künstlerhand Otto Hupps hervorgegangen. Eine farbige Ausgabe folgte 1908; die Motive waren teils symbolisch, teils der Reformationsgeschichte des Landes entnommen. Auch die Neuausgabe des größeren Formats (1908) war, in Offenbacher Schwabacher gedruckt, von C. Spindler einheitlich gestaltet worden. Den Straßburger Mustern schlossen sich, nicht immer in gleicher Einheitlichkeit und mit gleichem Gelingen, die begonnene Neuformung der Notenschrift nur zu einem Teil fortsetzend, andere G.er an, zB Frankfurt 1906 mit Buchschmuck von → Steinhausen, Schleswig-Holstein 1909, in O.Hupps »Liturgisch« gedruckt und von ihm reich verziert, Sachsen (luth.) 1910, von R.Schäfer gestaltet, Schlesien 1911 mit wenigem ornamentalem Schmuck von Stassen, Hessen 1915, das in Schul- und Schmuckausgaben von Gengnagel bes. gelungen ist, und manche andere, die gleichfalls eine Wende in der G.ausstattung zeigen.

b) Unter den mehrteiligen *Ausgaben mit dem DEG* (→ Gesangbuch: I, 3 c) *als Stamm* zeichnete sich sofort das erste (Frankfurt 1927), von Rud. → Koch unter Beibehaltung verschiedener Bilder von Steinhausen (s. 3 a) gestaltet, in Druck, Satzanordnung und Einband durch seine Einheitlichkeit und Originalität aus. Wenig später kam *Thüringen,* von W.Tiemann zeichnerisch und graphisch betreut (Kleistfraktur), mit allen Vorzügen des Versdrucks der Strophen. Rheinland-Westfalen brachte 1930 ein ganz auf Schmuck verzichtendes, aber in der Druckgestaltung (Dürerfraktur) ansprechendes G. heraus (Vorsatz und Einband von W.Poetter). Eine äußerst eindrucksvolle Leistung war das norddeutsche Einheits-G. von 1930, das ebenfalls auf jeden Schmuck verzichtete, aber durch die bis ins Kleinste durchdachte Buchgestaltung von Johannes Schulz (Type: Wertherfraktur) als Kunstwerk wirkte, und das die beteiligten Kirchen durch sorgfältig gewählte Originaleinbände für die verschiedenen Preislagen und Papierstärken gegen private Kitscheinbände zu schützen suchten. Unter den anderen G.ern ähnlicher Art ist bes. das der Provinz Sachsen schon um der heimatkirchlichen Bezogenheit seines Bildschmuckes willen zu nennen. Auch das Ost-G. (o.J.) in seiner einheitlichen Ausstattung mit Kopfleisten, Vignetten und Bildern ist hier zu erwähnen, während das von Brandenburg-Pommern (1931) die Höhe der anderen nicht erreichte. – Einen besonderen Typ vertritt das im Gedächtnisjahr 1927 herausgegebene *G. der Brüdergemeine,* das nach wie vor auf Noten verzichtete, aber in Einband, Vorsatz, sparsamer Bildausstattung und beziehungsreichen durchgehenden Kopfzierleisten – es überwiegt das Senfkornmotiv, schon vom Einband an (Gestalter des Ganzen Josua L.Gampp) – einen eigentümlich verinnerlichten Zusammenklang von Form und Inhalt ergibt, zu dem die Huppfraktur nicht wenig beiträgt.

† *J.Ficker (W.Jannasch)*

4. Die Mehrzahl der auf der Grundlage des DEG geschaffenen G.er wurde durch die *Einführung des EKG* nach sehr kurzer Lebensdauer antiquiert, was bei nicht wenigen gerade auch im Blick auf die Ausstattung zu bedauern ist. Die als Vorlage gedachte Stammausgabe (Bärenreiter, 1950), mit ihrer Peter-Jessen-Schrift von Rud. Koch und der Paul-Koch-Notenschrift sehr geschlossen wirkend, ist ihrem künstlerischen Wert nach in den Kirchenausgaben nicht überall erreicht worden. Hervorzuheben ist die Ausgabe für Baden (1951) in altdeutschen Choralnoten und Alter Schwabacher, der Johannes Boehland trotz Verzicht auf jeden Schmuck eine sehr ansprechende und schmucke Gestalt gegeben hat (Einband von Christian Rietschel). Ähnliches gilt von dem eigenständigen »Luth. Kirchen-G.« der freikirchlichen Lutheraner (Ülzen 1956) mit gutem Noten- und Satzbild, das sich (wie 1927 Thüringen) durch Versdruck der Strophen auszeichnet. Ganz eigene Wege geht das ebenfalls nicht zweiteilige »Ev. Gesang- und Gebetbuch für Soldaten« (Gesamtherstellung Bärenreiter, 1957), in Taschenformat und mit Antiqua-Lettern, im Liedteil mit sparsamem Schmuck von Kurt Wolf, im Gebetsteil mit biblischen Bildern von Paul Sinkwitz. – Auch das »G. der ev. ref. Kirchen der deutschen Schweiz« ist zunächst in einer sehr klaren und schönen Antiqua erschienen (1952), bringt – wie Baden – den Liedanfang jeweils als Überschrift und macht trotz Verzichts auf jeden Schmuck einen überaus festlichen Eindruck; nur die älteren Lieder sind einstimmig benotet, alle übrigen haben vierstimmigen Satz. – Das neue G. für Elsaß und Lothringen (1952) scheint am stärksten unter den deutschsprachigen G.ern (nur ein erster, 84seitiger Teil ist französisch) die Tradition von F. → Spitta und Joh. → Ficker (s. 3 a) fortzuführen (bildhafter und symbolischer Schmuck, sinnvoll verwendeter Rotdruck, Anschluß an die heimische Überlieferung; Gestalter K.Grimmer und E.H.Cordier). – Es ist zu hoffen, daß in Deutschland selbst der Ausstattung des EKG in seinen verschiedenen Ausgaben weiterhin eine den geldlichen Möglichkeiten der Kirchen entsprechende Fürsorge zuteil wird; das G. als »das eigentliche religiöse Volksbuch« (Ficker) verdient und braucht sie.

F.HUBERT, Die Straßburger liturg. Ordnungen im Zeitalter der Reformation, 1900 – JOH.FICKER, Kirchliche Druckwerke, 1912 – DERS., Martin Bucer, 1917 – Festg. f. H.Escher, 1927 – RGG² II, 1088ff (Lit. bleibend wichtig für die Gesch. der Erneuerungsbewegung der G.ausstattung) – O.SÖHNGEN, Die Zukunft des G.s, o.J. (1949) – DERS., Das neue ev. G. als künstlerische Aufgabe, 1951 – MGG IV, 1888 (hier in der Lit. die wichtige Liste der Faksimiledrucke der oben [s. 1] erwähnten alten G.er; zu ergänzen: Michael

Weißes G. von 1531[2], hg.v. K. AMELN; Etliche Christl. Gesenge u. Psalmen..., Erfurt 1525, hg.v. R. JAUERNIG) - JLH 1ff, 1955ff.

W. Jannasch

IV. Im Gottesdienst

1. Über das ev. G. bzw. seine einzelnen Lieder hat die Gemeinde selber nur vorübergehend - in den Anfangsjahren der Reformation - frei verfügt, als sie sie im Gottesdienst nach eigenem Gutdünken anstimmte (→ Lübeck: II). Die Kirchenordnungen haben sofort das gemeindliche Singen geregelt und jede Unordnung bekämpft. Jedenfalls in luth. Gemeinden traten teils ständig wiederkehrende Gesänge an die Stelle liturgischer Stücke (Gloria-Lieder, Glaubenslied, »Fredesang«), teils stimmte der Pfarrer der Gemeinde an passender Stelle einen Gesang an, teils wurden bestimmte Lieder während der Austeilung des Abendmahles üblich. Die Verantwortung für das Singen trug der Pfarrer; die Gemeinde sang auswendig; das G. war für sie keine geschriebene oder gedruckte Größe, sie besaß es in Kopf und Herz. Als die ungeheuer gewachsene Zahl der Lieder ein Auswendigsingen immer unmöglicher machte, ergab sich (etwa um die Wende vom 17. zum 18. Jh.) die Notwendigkeit, statt der vielen, zT sehr umfangreichen Privat-G.er amtliche G.er herauszugeben, was wiederum die Einführung von Nummerntafeln zur Folge hatte. Die reichen Möglichkeiten, die sich jetzt für Abwechslung im Gesang ergaben, bedeuteten natürlich eine Erschütterung des alten Liederkanons. - Gegen Änderungen der G.er, an deren gottesdienstlichen Gebrauch die Gemeinden sich schnell gewöhnt hatten und der zweifellos zu einem sinnvolleren (weil textgemäßeren) Singen führte, wurden sie sehr empfindlich, bes. wenn solche Änderungen, wie im → Rationalismus, mit einer Ummodelung, ja Beseitigung des alten Liederbestandes verbunden waren.

2. Die heutige Situation ist dadurch gekennzeichnet, daß große Kirchengebiete sich einheitliche G.er geschaffen haben, die den Gebrauch eines einmal gekauften Buches auch bei einem Umzug der Gemeindeglieder in ein anderes Kirchengebiet möglich machen. In der Schweiz gilt das für alle Kantonalkirchen, in Deutschland überall dort, wo das EKG eingeführt ist (→ Gesangbuch: I, 3 c), wenigstens für dessen sog. Stammteil, mit dem verglichen die landeskirchlichen Zweiten Teile nur verhältnismäßig kurz sind. Auch ihre teilweise Nebeneinanderbenutzung könnte, da sie zT übereinstimmen, durch Herausgabe synoptischer einklebbarer Tabellen sehr erleichtert werden. - Eine Kirchenverdrossenheit aus Ärger über ein fremdes G. braucht es also in Zukunft nicht mehr zu geben. Wie die Gemeinden sich überraschend schnell mit dem neuen Buch abgefunden haben (vielleicht, weil seine Einführung in eine noch autoritär stark beeinflußte Zeit fiel), so sollten sich auch die Pfarrer, bei aller Kritik, auf die es mit Recht oder Unrecht stößt, mit der Tatsache seines Daseins abfinden und die Fülle des Guten, das es bietet, für den ev. Gottesdienst nutzen. Stellt es doch eine nunmehr vorhandene gottesdienstliche Einheit dar, und zwar gerade in dem Bereich unserer Gottesdienste, auf den die Gemeinde bes. starken Wert legt.

3. Eine souveräne und umfassende Kenntnis des EKG oder des sonst in seiner Gemeinde gebrauchten G.s muß von jedem Gemeindepfarrer wie Kirchenmusiker nach der textlichen wie musikalischen Seite hin unter entsprechender Verteilung der Schwergewichte unbedingt gefordert werden. Da aber kein G., so viel nachgesungenes Bibelwort es auch enthält, ein kanonisches Buch ist, wird der Pfarrer für den Gebrauch im → Gottesdienst von vornherein alle Lieder grundsätzlich ausklammern, die er aus ernsthaften theologischen oder sprachlichen Gründen seiner Gemeinde nicht in den Mund legen kann. Auf der anderen Seite wird er - möglichst beraten durch seinen Kirchenmusiker - die Lieder ausscheiden müssen, die um ihrer Melodie willen nicht oder *noch* nicht in seiner Gemeinde singbar sind, wobei ein Plan zur Aneignung neuer Melodien, auf Jahre verteilt, aufgestellt werden sollte. - Daß das Ansagen von Lied- und Strophennummern in einem liturgisch geordneten Gottesdienst unschön und schulmäßig wirkt, sollte der Pfarrer frühzeitig lernen und sich der Nummerntafeln bedienen bzw. für solche sorgen, die genügend Platz für Lied- und Strophennummern bieten. Wieweit sich die (nichtamtlich) wieder »eingeführten« kanonischen Lieder für die einzelnen Sonn- und Festtage, für die man weder mit »Wochenlied« noch mit »Graduallied« bisher einen passenden und gemeindegemäßen Namen gefunden hat, als Fortschritt in unserer Benutzung des G.s auswirken werden - sie kommen ernsthaft nur für liturgisch gebundene Gemeinden mit Perikopenordnung in Frage -, muß die Zukunft lehren. Sie sind nicht Eingangslieder, sondern stehen als Gesänge zu den Perikopen zwischen den beiden Schriftlesungen, oder, wo nur *eine* solche vorhanden ist, vor dem Glaubensbekenntnis. Daß *jede* Stelle im Gang der Liturgie, an der die Gemeinde singt, ihre *besondere* sachliche Bedeutung hat, wird zu wenig beachtet. Die leidige Unsitte, das gleiche Lied, auf verschiedene Stellen verteilt, in *einem* Gottesdienst durchsingen zu lassen, müßte endgültig verschwinden! Der Eingang fordert seine besonderen Lieder, für die sich die verschiedensten Rubriken des G.s darbieten. Wo das Glaubenslied nicht unmittelbar der Predigt vorangeht, sollte ein Lied gesungen werden, das um die Gabe des Wortes bittet oder auf die Predigt zwar vorbereitend hinführt, aber sie, die ja der Gemeinde noch gar nicht bekannt ist, nicht vorwegnimmt. Besondere Sorgfalt erfordert die Auswahl des Predigtnachliedes; hier soll die Antwort der Gemeinde auf das gehörte Wort gegeben werden. Es wird ein Zufall sein, wenn das wirklich mit einer oder einigen Strophen des vor der Predigt gesungenen Liedes geschehen kann. Wird nach dem Friedenswunsch, der den Predigtauftritt abschließt, gesungen, so erinnere man sich daran, daß → Bugenhagen hier ausdrücklich den »Fredesang« (EKG 139) vorschrieb, an den wir uns wenigstens inhaltlich binden sollten. Wird während der Austeilung des Abendmahls gesungen (wobei nicht die seit Jahrzehnten außer Brauch gekommenen Strophenzwischenspiele wieder auftauchen sollten!), so bedenke der Pfarrer, daß das → Abendmahl (: V) auch frohe, feiernde Danksagung der Gemeinde ist. Nach dem Segen kann legitimerweise statt des dreifachen Amens der Gemeinde nur eine unserer Amen-Strophen Platz finden. Ein Gesang unmittelbar vor dem Segen kann nur entweder den Abendmahlsdank enthalten oder nach einem Predigtgottesdienst - Lob und Bitte zusammenfassend - auf den Segen hinführen; das Amt der Verkündigung hat die Gemeinde gerade hier *nicht* mehr auszurichten. - Strenge Regel sollte es sein, daß jeder Gottesdienst einen reichen Wechsel an Melodien bringt. Daß der im EKG so gründlich berücksichtigte → Wechselgesang praktisch so wenig durchgeführt wird, beruht teils auf Unkenntnis der in ihm liegenden belebenden Kräfte, teils auf Bequemlichkeit oder Angst. Nichts davon ist entschuldbar, wenn es uns wirklich um Gemeinden geht, denen ihr Lied Ausdruck und Hilfe für gegenseitige Auferbauung ist. Daß in Gemeinden, die nicht nur den normalen Gottesdienst haben, sondern ab und an aus Schriftlesung und Lied gestaltete liturgische Feiern (→ Gottesdienst: VI), das G. in *besonderer* Weise ausgeschöpft werden kann, bedarf keines Hinweises. - Fraglich ist es, ob bei Morgen- und Abendandachten die entsprechenden Lieder genügend berücksichtigt werden, ob umgekehrt bei kasuellen Got-

tesdiensten das große ev. Verkündigungslied ausreichend zur Geltung kommt. – Auch wo es landeskirchlich nicht angeordnet ist, empfiehlt es sich, daß der Pfarrer eine Statistik über die im Lauf des Jahres gesungenen Lieder führt, nicht nur zur Selbstkontrolle gegenüber den Einseitigkeiten seines theologischen, literarischen und musikalischen Geschmacks, sondern auch, um der sich leicht in *ihren* Wünschen mißachtet fühlenden Gemeinde Rechenschaft geben zu können. – Der Sangeserziehung der Gemeinde wie dem erfrischenden Wechsel im gottesdienstlichen Geschehen dient es, wenn ab und an im Gottesdienst aus dem G. ohne Orgelbegleitung gesungen wird. Gemeindesingstunden, die zur Einübung im G. dienen sollen, gebe man nach Möglichkeit, in freier Anlehnung an die Singstunden der Brüdergemeine (→ Brüderunität: II), liturgischen Charakter. Die Hilfe des Kirchenchors zur Stärkung des Gemeindegesangs sollte nicht verschmäht werden. Den Organisten ermutige man zu einem Orgelspiel, das in seinen Präludien weitgehend den Weisen des G.s dient und als Begleitung die singende Gemeinde ohne tötende Lautstärke stützt und (trotz J.S.Bach!) nicht verwirrt!

RGG² II, 1093ff – Hdb. zum EKG, hg.v. CHR.MAHRENHOLZ u. O.SÖHNGEN, bisher Bd I/1, (1953) 1956²; Bd II/1. 2, 1957.

W.Jannasch

V. Im Unterricht

1. Zur Geschichte – 2. Moderne Auffassungen und Methoden – 3. Neue Möglichkeiten

1. Eine *Geschichte* des ev. G.s im Unterricht ist kaum möglich, weil das G. als amtliches Kirchenbuch eine späte Erscheinung ist (→ Gesangbuch: I). Auch hätte es angesichts der rein mechanischen Art des → *Katechismus-Unterrichts,* wie sie zB Luther vorschwebte, kaum eine andere Form der Unterweisung im Kirchenlied geben können. Die wenigen wirklich gesungenen Gemeindelieder lernten die Kinder ohnehin mit der singenden Gemeinde rasch, sicher mit allen Hörfehlern der Erwachsenen. Dagegen war beim *Chorgesang* von Anfang an, wie Luthers Vorrede zum Waltherschen G. (1524) zeigt, bes. an die Jugend gedacht, an der sich die erziehliche Macht des geistlichen Liedes bewähren sollte, und der Raum, den zB nach → Bugenhagens Kirchenordnungen täglicher Gesangsunterricht und Singen der Lateinschüler in den Kirchen einnahm, beweist, daß die reformatorischen Wünsche verwirklicht wurden. Die in der *Gemeinde* mitsingende Jugend berücksichtigt einzigartig das Weißesche G. der unterrichtlich auch sonst so eifrigen Böhmischen Brüder (→ Brüderunität: I), das als erstes im heutigen Sinne rubriziertes G. einen besonderen Teil »Sönderliche Geseng für die Kinder« hat und anschließend ganz modern auf andere für die Kinder in Betracht kommende Gesänge aus dem G. (Katechismuslieder) hinweist. An Katharina → Zells Straßburger Liederhefte aus diesem G. sei erinnert. Daß → Zinzendorf ein Kinder-G. herausgab, das nach Singstundenart nur einzelne Liedstrophen zusammenfügte, ist angesichts des Zusammenhangs der Herrnhuter Gemeine mit der alten Unität und vor allem bei Zinzendorfs hoher Bewertung des Gemeindegesangs begreiflich. Auch der hier geübte »Unterricht im G.« war rein praktischer Art; die bis ins 20.Jh. üblichen sog. Versviertelstunden in den herrnhutischen Schulen dienten der auf den Gottesdienst abzielenden, nur kurz erklärten gedächtnismäßigen Aneignung von Einzelstrophen. – Die Liedkatechese als regelmäßiger Unterrichtsstoff tritt allgemein erst seit der Mitte des 19.Jh.s auf; die Erneuerung der amtlichen G.er ging ihr voraus. Die dabei zumeist (bis in die Gegenwart) angewandte Methode der Herbart-Zillerschen Formalstufen (→ Pädagogik: I) konnte u.U., von einem begabten Pädagogen geübt, zu einer wirklichen »Aneignung« der Lieder führen; das sollte bei aller berechtigten Kritik an dieser Methode nicht geleugnet werden. Die Behandlung der Lieder im Gesangsunterricht war und ist selbstverständlich. Ein dafür bestimmtes überkonfessionelles Liederbuch (Mainz 1958) zeigt das gleichmäßige Interesse ev. wie kath. Kirchenleitungen an einer solchen Einführung in das christliche Liedergut.

2. Die *moderne* unterrichtliche Behandlung des G.s lehnt die »zerklärende« Methode ab. Alle Bemühungen um das G. im Unterricht haben heute die Tendenz, dem Kinde die Freude am Lied nicht zu zerstören und es ihm durch eine möglichst unstarre, vielgestaltige Methode immer lieber zu machen. Diese Absicht muß auch bei Männern wie F. → Niebergall und R. → Kabisch anerkannt werden, obwohl sie, der Neigung ihrer Zeit entsprechend, der psychologischen Einfühlung zuviel zutrauten und sogar erfundene, nicht nur der Geschichte nachgezeichnete Stimmungsbilder als Hinführung zum Lied für möglich hielten (F.Lehmensick). Doch ist die Ehrfurcht vor der den einzelnen weit überragenden Größe eines echten Gemeindeliedes, das darum gar nicht in jeder Einzelheit vom Kinde »verstanden« werden muß, auch bei ihnen durchaus vorhanden. Auf das gemeinsame Singen der Lieder legt Niebergall, auf ihre unterrichtliche Verbindung mit dem Kirchenjahr Kabisch großen Wert. Des letzteren Satz: »Die Dichtung selber muß immer als letzte, schöne Gabe, wie eine Freude, wie eine Befreiung beschert werden«, gilt noch heute. – Eger (RGG² II, 1095ff) legt mit Recht auf die *Auswahl* der zu behandelnden Lieder großen Wert und betont dabei als Maßstab den notwendigen Zusammenklang der dichterischen Gestaltung mit dem Moment des Offenbarungsgemäßen und Zeugnishaften. Daß die Lieder auch nach dem Gesichtspunkt der Einführung der Kinder in das gottesdienstliche Leben auszuwählen sind, ist ihm unerläßlich. Er fordert ebenso wie die zuvor Genannten einen Kanon auswendig zu lernender Lieder, wobei im Unterricht eine verständnisvolle Hilfe geboten werden soll. Vielleicht ziehen kirchliche Lehrpläne heute, trotz vieler entmutigender Erfahrungen, die Grenzen dieses Kanons zu weit. Er sollte, entsprechend den landeskirchlichen und gemeindlichen Besonderheiten, elastisch gehandhabt werden; auch dürfte man in Kirche und Schule nie vergessen, daß erst die Treue im regelmäßigen Wiederholen das Memorieren sinnvoll macht. – Im übrigen haben zweifellos die Neubesinnung in der ev. Theologie, die Ergebnisse des → Kirchenkampfes und die durch beide bedingte Tatsache, daß der frühere Religionsunterricht der Schule heute als → kirchliche Unterweisung (auch rechtlich anerkannte) Sache der Kirchen ist, die Stellung des G.s als Kirchenbuch in der Schule gefestigt. Schon M.Rang betonte 1939 die »gottesdienstliche Haltung« und die »Andachtsformen« im Religionsunterricht und damit die Wichtigkeit des kirchlichen Liedes in der Schule. H.Kittel wertet das G. gleichzeitig als Gebetbuch wie als Singebuch in der heutigen »Ev. Unterweisung« und erhofft sich von dieser Erkenntnis »immer gelehrigere Schüler des G.s«. – Unter dem Oberbegriff »christliche Unterweisung« wenden Rinderknecht und Zeller dem → Kirchenlied im Sinne der »betrachtenden Dichtungen« ihre Aufmerksamkeit zu; vielleicht wird man sagen dürfen, daß, was heute in einem modernen Zweig der Literaturwissenschaft als Interpretation von Gedichten entwickelt wird, in den für die Schule notwendigen Grenzen auch auf das G. angewandt werden sollte, vorausgesetzt, daß die »Sache«, um die es im G. wie in jedem echten Kirchenlied geht, nicht menschlichem Auslegen unterworfen ist. Wie sehr unter *dieser* Voraussetzung die verschiedensten Methoden (auch ver-

gangener Zeiten) für das G. im Unterricht fruchtbar gemacht werden können, zeigen die eingehenden Erwägungen von A.Burkert zum Kirchenlied.

3. Je mehr das G. für große Kirchengebiete einheitlich geworden und damit vermutlich für längere Zeit festgelegt ist, desto mehr eignet es sich dazu, auch *als Ganzes* unterrichtlich ausgewertet zu werden, sowohl in der ev. Unterweisung in der Schule wie in der → Konfirmandenunterweisung. Nicht nur wird das einzelne Kirchenlied, wie schon bisher, als »Anschlußstoff« zu biblischen Texten hinzutreten; das G. selbst wird als kirchliches Gegenstück zur Bibel verstanden werden müssen, sei es, daß es selbst der Gemeinde »gesungenes Gotteswort« in den Mund legt, sei es, daß es sie im biblischen Sinne beten und bekennen, bitten und loben, sich bescheiden und vertrauen lehrt. Diese Sicht wird *auch* zu einer kritischen Betrachtung und Beurteilung des G.inhaltes führen können, und Lehrer mit reicher Unterrichtserfahrung werden nicht die schlechtesten Ratgeber künftiger G.reformen sein. Der *Konfirmandenunterricht* wird bes. die Aufgabe einer liebevollen Einführung in das G. und seinen Gebrauch haben, wobei Dinge der Liturgie, des Gotteshauses, des kirchlichen Brauchtums mit erörtert werden können; beim Katechismusunterricht sollten die Katechismuslieder des G.s nicht übersehen werden. - Bes. hilfreich kann das G. für die christliche Unterweisung in der *höheren Schule* sein. Als Quellen- und Arbeitsbuch für selbständige Schüler wird es noch längst nicht genügend ausgeschöpft, zumal wenn man seine geschichtlichen Anhänge hinzunimmt. All dies setzt freilich Lehrer und Pfarrer voraus, die selber im G. zu Hause sind und aus einer Fülle eigener Begegnungen und Erlebnisse mit ihm unterrichten können.

RGG² II, 1095ff (Lit.) - H.J.Rinderknecht-K.Zeller, Kleine Methodik christl. Unterweisung, (1936) 1953³ - H.Kittel, Vom Religionsunterricht zur Ev. Unterweisung, (1947) 1949² - W.Matthias, Kunst und Offenbarung im Kirchenlied (Diss. Göttingen), 1949 (Masch.) - A.Burkert, Methodik des kirchl. Unterrichts, 1951, 72f. 114ff - O.Haendler, Grundriß der Prakt. Theol., 1957, bes. 165ff - W.Lueken, Lebensbilder der Liederdichter und Melodisten (Hdb. zum EKG II/1), 1957. *W.Jannasch*

Geschichte und Geschichtsauffassung

I. Im AT - II. Das christliche Geschichtsverständnis - III. Geschichtsphilosophie. - Vgl. → Apokalyptik, → Eschatologie, → Geschichtlichkeit, → Geschichtsschreibung, biblische, → Heilsgeschichte

I. Im AT

Dem AT ist ein unserem Sprachgebrauch entsprechendes Wort für G. nicht geläufig, aber das, was wir G. nennen, ist ihm nicht fremd; es ist jedoch von vornherein als ein von Gott kommendes Geschehen, als ein Raten und Planen Gottes, unter dem Aspekt des Glaubens aufgefaßt worden, weshalb ihm eine teleologische, auf ein bestimmtes Ziel führende Blickrichtung eigentümlich ist. Dieses Ziel ist nicht von den Anfängen an klar erkannt und formuliert worden, sondern es bleibt - weil mit einer durch den Glauben an ein göttliches Handeln vorgenommenen Deutung der Geschehnisse verbunden - durchaus wandelbar und von der Situation und dem daraus erwachsenen Selbstverständnis des Glaubenden abhängig. Ein solches Selbstverständnis ist also nicht dem autonomen Denken des Menschen entsprungen, sondern als Deutung von Zusammenhängen, die als von Gott gewirkt geglaubt wurden, zugleich immer Glaubenszeugnis, so daß beides zusammengehört: der Glaube, daß alles Geschehen von Gott kommt, und die teleologisch akzentuierte Deutung des Geschehens in Übereinstimmung mit dem Selbstverständnis des Glaubenden; denn niemals ist, soweit wir sehen können, in Israel eine Geschichtsauffassung vorgetragen worden, in der unter Absehen von Israel das Geschehen in der Menschheit noch als relevant empfunden worden wäre.

Läßt sich anhand der at. Überlieferung eine vorherrschende Hauptlinie at. Geschichtsauffassung vorweisen, so scheint sie - im weitesten Sinne - durch das Element des »Prophetischen« geprägt worden zu sein. Wenn etwa in einer volkstümlichen Prophetenerzählung, gewiß in prophetischen Kreisen entstanden, ein israelitischer König den Begleiter des Propheten Elisa auffordert, von den großen Taten → Elisas zu berichten (2Kön 8, 4), so spiegelt sich darin die Auffassung wider, daß in den Worten und Taten prophetischer »Gottesmänner« das Handeln Gottes an Israel und darüber hinaus an der mit Israel verbundenen Menschheit seinen Niederschlag gefunden hat. Was hier in volkstümlicher Form unter sehr engem Gesichtswinkel erkennbar ist, ist bereits früher in einer umfassenden Konzeption vom Geschichtswerk des → Jahwisten vorgetragen worden. Die vorisraelitische, einst einheitliche, dann aber durch eigene Schuld von Gott zerschlagene Menschheit wird in Israel einen neuen Mittelpunkt finden, der die verlorengegangene Einheit wiederherstellen wird, wie es in der programmatischen Verheißung an Abraham angekündigt wird (Gen 12, 1-3). Mag auch die Erzählung des Jahwisten mit der sog. Landnahme (→ Israel: I) ihr Ende gefunden haben, als die Voraussetzung gegeben war, daß der vorher locker zusammengefügte sakrale → Stämme-Verband auf eigenem Boden zu einem Volk zusammenwachsen konnte, so ist doch bezeichnend, daß nach erfolgter Staatenbildung (→ Königtum in Israel) eine solche weltweite Konzeption wie die des Jahwisten überhaupt erst möglich war und Israel seine neue Existenz im Kreise anderer Völker von seinem Gottesglauben her (→ Gott: II) zu deuten unternahm. Nun erst ist das möglich, was wir unter Vorbehalt → »Geschichtsschreibung« (: I) nennen können. Mögen auch die damals entstandenen kleineren Erzählungswerke (G. vom Aufstieg Davids, Thronfolgeerzählung) noch nicht im eigentlichen Sinne die Bezeichnung einer Geschichtsschreibung verdienen, da sie noch zu sehr an personalen oder familiären Problemen orientiert sind, so ordnen sie sich doch bereits mit ihren Teilzielen, wie es zur Errichtung bzw. zum Fortbestand des Königtums gekommen ist, jener Hauptlinie insofern ein, als Israel Teilabschnitte seines geschichtlichen Werdeganges von seinem Gottesglauben her zu deuten beginnt. So ist es begreiflich, daß die Deutung der geschichtlichen Ereignisse durch die großen Vertreter der »klassischen« Prophetie (→ Propheten: II) die staatliche Existenz Israels voraussetzte, ja erst in dem Augenblick ein schärferes Profil erhielt, als nach einer längeren Stagnation das Vordringen altorientalischer Großmächte die Existenz Israels bedrohte und so sein Selbstverständnis unsicher zu werden begann, so daß anstelle einer aus dem Glauben erwachsenen Deutung der geschichtlichen Begebenheiten der Weg des politischen Paktierens mit den miteinander rivalisierenden Großmächten empfehlenswerter erscheinen mußte. Schon → Amos hatte im Zusammenhang mit seiner Berufung zum Propheten Gott als die Ursache alles Geschehens verkündigt (3, 4-8) und zwar an dem Erwählungshandeln Gottes als des Herrn der Völkerwelt (9, 7) festgehalten, es aber insofern gegen Israel gerichtet, als das diese → Erwählung (: I) nicht in rechter Weise in Rechnung stellende Verhalten des Volkes, vor allem seiner führenden Kreise, sich in der Form eines Strafgerichtes auswirken werde (3, 1f). Schärfer noch kann → Jesaja geradezu von einem fremdartigen Tun Gottes reden (28, 21), das jedoch dem Israel rechter Art, das im Stillehalten und Hoffen auf Gott seine Stärke hat (30, 15), nicht das endgültige Ende bringen wird, wie er auch den spöttischen Anwürfen seiner Widersacher, der

Heilige in Israel möge doch seinen Plan beschleunigen, damit man seiner ansichtig werde (5, 19), die gelassene Zuversicht entgegenstellt, daß Gottes Rat wunderbar ist und zu einem herrlichen Ziele führt (28, 29). Dieses Ziel, eine restitutio in integrum (paradigmatisch an Jerusalem verdeutlicht: 1, 21-26), wird gewiß erst durch eine völlige Umgestaltung des zu einem Rest geläuterten Israel erreicht werden, zugleich aber die Bedeutung Israels sichern, wie es die großen Verheißungen ankündigen (8, 23b - 9, 6; 11, 1-9; 2, 2-4), mögen sie nun von Jesaja selbst oder von seinen Anhängern formuliert worden sein. Man könnte dieses Ziel, hier nur an der Botschaft Jesajas entfaltet und bei den anderen Propheten durchaus abgewandelt, eschatologisch nennen, wenn man unter einer solchen eschatologischen Geschichtsauffassung die Vollendung der Welt und ihrer Völker mit Israel im Mittelpunkt versteht (→ Eschatologie: II). Schwieriger ist es, für die Zeit vor der Staatenbildung (Richterzeit) Hinweise auf eine bestimmte Geschichtsauffassung zu geben. Die Existenzform eines sakralen Stämmeverbandes vermittelte nur geringe Anregungen, ein Selbstverständnis zu entwickeln, dem eine bestimmte Geschichtsauffassung zu entnehmen wäre. Doch wird es an wenn auch geringen Ansätzen nicht gefehlt haben. Israel bzw. das, was damals als Israel zu gelten hat, besaß schon ein eigenes, zwar zerrissenes Territorium und mußte in einer anders gearteten Umwelt Erfahrungen machen, die es bei besonderen Anlässen über die primär kultisch geprägte Gemeinsamkeit in einen speziell politisch-geschichtlichen Bereich hinausführte. Was sich anhand des Deboraliedes (Ri 5) oder des alten Kernes der → Gideon-Erzählungen ermitteln läßt, scheint in der Abwehr feindlicher Übergriffe und in der Sicherung des eigenen Besitzes zu liegen und wurde ebenfalls schon als ein von Gott gelenktes Geschehen gedeutet. Nimmt man hinzu, was allerdings aus sehr später Sicht dem Israel der ausgehenden Richterzeit als Tadel vorgehalten wird, daß es während der gefährlichen Philisterkämpfe, unzufrieden mit der charismatischen Führung → Samuels, einen König begehrte, wie ihn die anderen Völker hatten, so läßt sich erkennen, daß jene Zeit zunehmend stärker von dem gärenden Drängen erfüllt war, über die kultisch-sakrale Lebensform hinaus zu einer staatlich-politischen Gemeinschaft zu gelangen und darin das zunächst liegende Ziel zu sehen, auf das die Ansätze eines geschichtlichen Bewußtseins drängten, ein Ziel, das nicht um jeden Preis erreicht werden wollte. Denn der als Nachtrag zu den Gideonerzählungen berichtete Versuch Abimeleks, mit Hilfe einer Symbiose zwischen Israeliten und Kanaanäern zu einem Königtum zu gelangen, ist wohl schon sehr früh als falscher Weg beurteilt worden (Ri 9). Wie es dann doch auf Umwegen durch das gnädige Führen Gottes zur staatlichen Existenzform des sakralen Stämmeverbandes kam, nimmt bekanntlich in der Überlieferung von Samuel, → Saul und → David einen breiten Raum ein. Nach dem Verlust der staatlichen Eigenständigkeit prägte zunächst noch die restaurative Hoffnung der prophetischen → Eschatologie (: II, 2b-d) die Geschichtsauffassung des zerschlagenen Volkes (Dtjes, Haggai, Sacharja). Doch die unter beherrschendem Einfluß der → Priesterschrift vorgenommene Gründung der jüdischen Gemeinde, die sich u.a. als Erfüllung der prophetischen Resterwartung betrachten durfte (→ Esra, → Nehemia), drängte die eschatologische Hoffnung mehr und mehr in den Hintergrund, da in einer Theokratie der bestimmende Einfluß einer eschatologischen Erwartung als heterogen empfunden werden mußte, wie denn auch im chronistischen Geschichtswerk (→ Chronikbücher) eine Eschatologie nicht mehr greifbar ist. Doch scheinen bestimmte Kreise, die sich in den meist eschatologischen Ergänzungen der Prophetenbücher zu Worte melden, dabei aber durchaus theokratisch denken, die Hoffnung auf eine eschatologische Wende festgehalten und unter Verwendung fremder Einflüsse in immer stärker werdender Gegnerschaft zur uneschatologischen Haltung der offiziellen Theokratie die Umwandlung der älteren Eschatologie zur apokalyptisch-dualistischen Zukunftsschau (→ Apokalyptik: II) vollzogen zu haben. Demzufolge betrachtete sich das eschatologische Israel als Bestandteil der himmlischen Gottesherrschaft und erwartete eine entsprechende Realisierung, während es des Glaubens lebte, daß das Wesen dieser Welt vergeht (→ Danielbuch). Mit dieser doppelten Geschichtsauffassung einer theokratisch-uneschatologischen und einer theokratisch-eschatologischen (apokalyptischen) Richtung werden wir beim Ausgang der at. Zeit zu rechnen haben. Näheres über das apokalyptische Geschichtsverständnis des antiken Judentums s. → Apokalyptik: II, → Eschatologie: III.

Vgl. außer der Lit. zu → Geschichtsschreibung: I u. den TheolAT: J. Hempel, AT u. G., 1930 - Ders., Glaube, Mythos u. G. im AT (ZAW 65, 1953, 109-167) - A. Weiser, Glaube u. G., 1931 - O. Eissfeldt, Geschichtliches u. Übergeschichtliches im AT, 1947 - M. Noth, Das Geschichtsverständnis der at. Apokalyptik, 1954 - R.C. Dentan, The Idea of History in the Ancient Near East, 1955 - W. Eichrodt, Heilserfahrung u. Zeitverständnis im AT (ThZ 12, 1956, 103-125) - O. Plöger, Theokratie u. Eschatologie, 1959. *O. Plöger*

II. Das christliche Geschichtsverständnis

A. Neutestamentlich - B. Kirchengeschichtlich - C. Dogmatisch

II A. Neutestamentlich

1. Fragestellung - 2. Jesus - 3. Paulus - 4. Synoptiker und Hebr - 5. Johannes - 6. Parusieverzögerung und G. in nachapostolischer Zeit - 7. Zusammenfassung: Die Geschichtlichkeit des Menschen

1. Wie im AT und Judentum (→ Geschichte: I), so fehlt auch im NT ein unserem Begriff G. entsprechender. Das dem Substantiv ἱστορία entsprechende Verb ἱστορεῖν bzw. ἱστορῆσαι begegnet in Gal 1, 18 und Apg 17, 23 (Cod. D*) nur im ursprünglichen Sinne: Besuchen zum Kennenlernen. Andere Substantiva, zB οἰκονομία (Eph 1, 10; 3, 9; Kol 1, 25), αἰών (Eph 2, 7; 1Kor 10, 11) oder auch καιροί (vgl. bes. 1Tim 2, 6), decken sich nicht mit unserem Begriff G. Die im NT vorliegende Geschichtsauffassung ist nirgends explizit greifbar, aber in anderen gedanklichen Äußerungen implizit gegeben, etwa in der → Christologie (: I), stärker in der Sicht des Menschen, für den Jesus Christus das entscheidende Ereignis ist, oder bes. in der → Eschatologie (: IV). Daraus folgt, daß die Geschichtsauffassung nur durch nuancierende Interpretation gewonnen werden kann.

2. Die Geschichtsauffassung des NT steht bei allem Neuen in der Tradition des AT und des Judentums, bes. der jüdischen → Apokalyptik (: II). Der Schreiber des 4Esr (4, 33) fragt ungeduldig: »Wie lange noch?«; die Gemeinde von → Qumran weiß sich als »letzte Generation« (1QpHab II, 1). Steht auch die *Verkündigung Jesu* in dieser Linie, so fehlen ihr doch gerade die spekulativ apokalyptischen Züge. Es geht nicht um Berechnung der Zeiten und Beobachtung von Zeichen (Lk 17, 20f), auch findet sich keine Ausmalung des Gerichts. Es geht vielmehr um den Menschen als einzelnen angesichts der Nähe der Gottesherrschaft (→ Reich Gottes: I). Die Gewißheit der Nähe prägt Verheißung und Drohung und zielt auf des Menschen Umkehr zu Gottes Gebot, das in seiner radikalen Auslegung wie ein neues Gesetz erscheint (→ Bergpredigt: I). Der at. Gottesgedanke ist dabei radikalisiert. → Gott (: IV) ist der Schöpfer des Alls und als Gott Abrahams, Isaaks, Jakobs (Mk 12, 26) auch Herr über die Welt und ihre G. Wie im Großen, so

handelt er im Kleinen: Kein Sperling fällt zur Erde ohne des Vaters Wille (vgl. Mt 10, 29; Lk 12, 25). Im Unterschied zum AT wird nicht mehr die G. Israels als *der* Ort der Offenbarung Gottes aufgenommen, ist auch nicht mehr von einer innerweltlichen Heilszukunft im Sinne von Jes und Dtjes die Rede oder gar von einer Restitution des Hauses Davids im Sinne des → Schmone ʿEsre. Das Heil ist ganz auf den Anbruch der Gottesherrschaft bezogen und es gilt nicht nur Israel, sondern auch den Heiden (Lk 13, 28ff). So stark in der eschatologischen Verkündigung auch die Zukunft betont ist, so ist doch sofort ein Urteil über die Gegenwart mitgefällt. Jetzt ist Entscheidungszeit. Die Gegenwart des Menschen ist durch die Zukunft in Frage gestellt. Das neue Gesetz Jesu enthält zugleich ein Urteil über die Vergangenheit: Der Mensch ist böse (Mt 7, 11), er gehört zum »ehebrecherischen und sündigen Geschlecht« (Mk 8, 38; vgl. Mt 12, 39. 41f. 45). Die Vergangenheit ist eine Zeit des Ungehorsams vor Gott, weil der Mensch Gottes Gesetz zur Selbstsicherung oder auch Nichtbeachtung der unbegrenzten Forderung mißbraucht hat. - Die Formulierung πεπλήρωται ὁ καιρὸς καὶ ἤγγικεν ἡ βασιλεία τοῦ θεοῦ (Mk 1, 15) schneidet zugleich jede Reflexion über ein Weitergehen der G. im prägnanten Sinne ab. Denn da das Eschaton als Heil nicht als geschichtlicher Prozeß kommt, sondern allein Gottes Geschenk ist (vgl. das αὐτομάτη Mk 4, 28 und die → Gleichnisse der Saat), so ist der Zukunft der Charakter eines im menschlichen Wirken sich vollziehenden Gestaltens der Welt genommen. Und da Jesus auch nicht eine → Kirche (: II) zu gründen beabsichtigte (Mt 16, 16-18 ist Gemeindebildung), selbst die Jünger nicht als eine Kontinuität sichernde und Tradition begründende Vorgestaltung der Kirche angesehen werden dürfen, so kann von historischer Zukunft nicht die Rede sein. Vielmehr ist die in der Gottesherrschaft kommende Zukunft supranaturaler Art (Mk 12, 25) und nicht nur ein alle natürlichen Grenzen der Völker sprengendes Geschehen (Mt 8, 11f; Lk 13, 28ff), sondern zugleich das Ende der G. überhaupt. Will man hier von einer Geschichtsauffassung sprechen, so besteht sie paradoxerweise darin, daß das Ende der G. und damit zugleich die Erlösung des Menschen von den Fesseln der G. proklamiert wird.

3. Wie hat die christliche Gemeinde nach Kreuzigung und Auferstehung Jesu diese Sicht bewahrt? Wenden wir uns → *Paulus* zu: Die Ankunft der Gottesherrschaft ist durch Gottes Handeln im Ostergeschehen noch näher gerückt. Der Verkündiger Jesus wird zum Verkündigten, er wird als Christus, Gottes → Sohn (: II) und als Herr geglaubt und bekannt. In seiner Erscheinung wird das Ende des alten und der Beginn des neuen → Bundes (: II) gesehen (Gal 4, 4f; 2Kor 5, 17). Dh für Paulus aber nicht, daß nun in Christus die Mitte eines Zeitenablaufs und einer G. zu erblicken sei! Vielmehr ist in Christus das Ende des → Gesetzes (: IV), nämlich im Sinne einer menschlichen Bemächtigung zur Gestaltung der Welt, und damit der G. gegeben (Röm 10, 4). Die Gegenwart ist für den Glaubenden eine Zeit des Heils, die Prophetie (Dtjes 49, 8) im »Jetzt« erfüllt (2Kor 6, 2), in Christus ist der Mensch eine »neue Schöpfung« (2Kor 5, 17); für ihn haben νόμος und κόσμος ihre dämonische Macht verloren, weil er in Christus der Sünde abgestorben ist (Röm 6). - So deutlich bei Paulus diese Vergegenwärtigung des eschatologischen Geschehens ist, so steht doch daneben die apokalyptische Sicht: noch ist der neue Äon nicht angebrochen, noch ist diese Welt auch für den Glaubenden eine täglich ihn angreifende Gegebenheit und ist das Haben des Heils ein Hoffen, das sich erst mit der →Parusie und allgemeinen → Auferstehung (: V) erfüllen wird. An jüdische Apokalyptik knüpfen 1Thess 4, 16f; 1Kor 15, 51f; 2Kor 5, 10 an, ebenso auch Röm 13, 12: »Die Nacht ist vorgeschritten, der Tag ist genaht«. - Beide Konzeptionen führen bei Paulus nicht zu einer Spannung, sondern sind theologisch ausbalanciert durch die gleiche Betonung des Habens wie des Noch-nicht-Habens des Heils (Phil 3, 12), sie sind zusammengehalten durch seine Lehre vom → Geist (: IV, 2). Die Vergegenwärtigung des eschatologischen Geschehens zeigt sich zwar in einer Antizipierung der Zukunft, führt aber nicht zu einer gnostischen Verabsolutierung der Gegenwart des Heils und damit zu einer Entgeschichtlichung des Glaubens. Die Kirche als Israel Gottes (Gal 6, 16; → Israel im NT) ist nicht eine geschichtslose Neugründung, sondern steht zum alten Bunde Israels in einem von Gott selbst gesetzten Verhältnis, das durch das Denkschema von Weissagung und Erfüllung oder auch der → Typologie begrifflich zu fassen versucht wird (Röm 9-11), wobei das historische und das eschatologische Israel ebenso verbunden wie geschieden werden. Geschichtliche Kontinuität und die durch Christus gegebene Diskontinuität von historischem Israel und neuem Gottesvolk in der Kirche werden in gleicher Weise betont (Röm 11, 17-24). Doch ist das Verhältnis der Kirche zum AT nicht verstanden als G. im Sinne eines einsichtigen Zusammenhanges von Ursache und Folge, sondern als neuschaffendes Handeln Gottes. - Sieht man von dem weithin durch Apologie ausgelösten Ringen mit der Frage nach dem Sinn des alten Bundes ab, so ist für Paulus die G. primär ein anthropologisches Problem. Es ist darin gegeben, daß der an Christus Glaubende weiterhin in der Welt zu leben hat. Die Begegnung von κόσμος und πίστις erfordert ein tägliches Ringen um den wahren Gehorsam des Glaubens (1Kor 9, 24ff; Phil 3, 12ff). Die Geistgabe und das Sein in Christus sind nie verfügbarer Besitz. Dies wird treffend deutlich in der paulinischen Dialektik von Indikativ und Imperativ, die das Wesentliche seiner Geschichtsauffassung zeigt, nämlich in der Entdeckung, daß der Mensch eine geschichtliche Existenz ist (s. 7). Damit wird sowohl die Historisierung der apokalyptischen Eschatologie wie die Entgeschichtlichung der → Gnosis (: II) überwunden.

4. a) Die Aufgabe der *Synoptiker,* die Überlieferung der Gemeinde von Leben und Verkündigung Jesu zu einem Evangelium zu gestalten (→ Evangelien, synoptische), erforderte Weitergabe der Botschaft Jesu und Interpretation auf Grund des Osterglaubens. Im Zusammenhang mit der sich fortentwickelnden Christologie wandelt sich das Verstehen der βασιλεία und kommt in dieser Wandlung das Geschichtsverständnis zum Ausdruck. Lassen wir unentschieden, was je und je als übernommene Gemeindesicht und was als Theologie des Evangelisten selbst zu gelten hat, so ergibt sich: *Markus* versucht den bei Paulus zu erkennenden Bruch, der im Osterereignis liegt, zu überwinden und die Kontinuität zwischen dem historischen Jesus und dem Christus des Glaubens durch die Einführung des Motivs des Messiasgeheimnisses zu gewährleisten (Conzelmann). An einer Verwurzelung der Geschehnisse in der G. des AT ist er uninteressiert. Neu ist vor allem die apokalyptische Beantwortung der durch das Ausbleiben der Parusie entstandenen Fragen (Mk 13, 5-27). Im Gegensatz zu Lk 17, 20f werden Zeichen des Endes genannt: Ein ganzes Drama muß zuvor geschehen, allen Völkern zuerst das Evangelium verkündet werden (Mk 13, 10). Die Naherwartung ist also bereits im Wanken, so daß Zeit und G. zum Problem werden und die Spekulation einsetzt. - *Matthäus* geht noch einen Schritt weiter: in der Einbeziehung der Vorgeschichte Jesu und Geburtserzählung führt er eine Art Geschichtsbeweis, dem auch die oft gebrauchte Formulierung dient: »Dies alles ist geschehen,

auf daß erfüllet werde...« (Mt 1, 22; 2, 17; 8, 17; 13, 35; 21, 4; 27, 9). Die zahlreichen Schriftzitate weisen auf ein Interesse an der Kontinuität mit dem alten Bunde hin. Die Mt 16, 18; 18, 17 erstmals begegnende Kirche ist zwar noch von der Gottesherrschaft unterschieden, zeigt aber bereits ein Rechnen mit längerer Dauer von G. Entsprechend ist die Absicht, die Zweifel an der Parusie (Mt 24, 28; 25, 1-13) durch eine verstärkte Gerichtspredigt zu überwinden. - Eine noch wesentlich entwickeltere heilsgeschichtliche Betrachtungsweise führt *Lukas* ein; er ist überhaupt der einzige Schriftsteller, der eine durchdachte Geschichtsauffassung vertritt. In seinem Zweibücherwerk arbeitet er erstmals mit einer Gliederung der G. in Epochen, nämlich der G. Israels, Jesu von Nazareth, der Apostel und der Kirche. Die Abfolge wird als Notwendigkeit der Schrifterfüllung gesehen (Lk 22, 37; 24, 44; Apg 1, 16). Wie die Naherwartung der Gottesherrschaft preisgegeben und die Parusie zum Theologumenon wird, so wird auch die Zeit Jesu zu einer »historischen« Größe, auf die man zurückblickt und die man zum Gegenstand der → Geschichtsschreibung (: II) macht. Die Zeit der Apostel ist abgeschlossen, und die Kirche ist bereits von Irrlehre bedroht (Apg 20, 29f). Diese Kirche ist zwar noch nicht Institution, aber auch nicht mehr eschatologische Gemeinde, sondern historisches Phänomen. Sie besitzt den Geist seit Pfingsten und verwaltet ihn. In allem drückt sich eine Geschichtsauffassung aus, die als heilsgeschichtliche bald zur Norm wird und die die Eschatologie als Schlußkapitel eines noch lange dauernden Ablaufs der Zeit versteht. Der Missionsgedanke, der bei Markus anklang (13, 10), bei Matthäus als Auftrag des Auferstandenen erschien (28, 18-20), wird nun bei Lukas zum heimlichen Motiv seines Werkes (Lk 24, 47; Apg 1, 8): Das Evangelium muß vor der Parusie in alle Welt getragen werden. Und eben darum wird vor der Naherwartung gewarnt (Lk 21, 8) und das Christsein in der Kirche in Welt und G. eingebettet.

b) Heilsgeschichtlich ist auch die Geschichtsauffassung des → *Hebräerbriefes*. Der Anfechtung der angesprochenen Gemeinde begegnet der Verfasser einerseits durch die Mahnung, an der »Hoffnung des Bekenntnisses« festzuhalten (10, 23), anderseits durch eine Erhellung der heilsgeschichtlichen Situation. Der Nachdruck liegt dabei auf der Betonung der Gegenwart als einem eschatologisch qualifizierten Jetzt. Gottes Reden zu uns in Christus geschah »am Ende dieser Tage« (1, 2), seine Inkarnation ist zugleich »Abschluß der Weltzeiten« (9, 26). Aber dieses Jetzt ist bereits problematisch geworden durch den Weiterlauf der G. Darum die Ermahnung zum Vertrauen, das große Belohnung erfahren wird (10, 35), zur Geduld, denn der Kommende wird nicht lange ausbleiben (10, 36f). So gewiß der Glaube von Abel bis in die Makkabäerzeit seine Bewährung angesichts des Todes zeigte, so gewiß steht am Ende dieser Zeit, freilich nach Abbruch der Welt, also jenseits der G. im Himmel, das »Vaterland« (11, 14. 16), die von Gott erbaute und festgegründete Stadt (11, 10. 16; 13, 14) bereit. Bis dahin ist der Kampf (12, 1; ἀγών) verordnet und ist die Christenheit als Gottesvolk auf der Wanderschaft, geführt vom πρόδρομος (6, 20) und ἀρχηγὸς τῆς πίστεως (12, 1f). Im Unterschied zu Lukas ist die Heils-G. mehr Hintergrund, von dem sich als eigentliches Thema der Mensch als Christ und zwar als Fremdling auf Erden (11, 13) und in der Wanderschaft zur »zukünftigen Stadt« (13, 14) abhebt.

5. Die Geschichtlichkeit des Christusereignisses und die Geschichtlichkeit des Menschen - losgelöst von aller naiven Zeitperspektive - sind als Thema von → *Johannesevangelium* und → *Johannesbriefen* zu fassen. Vergangenheit und Zukunft sind in Christus und ebenso im glaubenden Menschen zur Einheit geworden. Damit rückt der Akzent wieder auf das Jetzt der Gegenwart (als κρίσις!). Die Zukunft bringt nichts entscheidend Neues mehr, das Endgeschehen ist in der Entscheidung des Glaubens oder Unglaubens schon da (Joh 3, 18f; 5, 24f; 11, 25f; 12, 31). Diese in sich geschlossene Sicht - von einigen Brechungen der Einheitlichkeit durch eine kirchliche Bearbeitung abgesehen - ist verknüpft mit einer → Christologie (: I, 4), die in Jesus das in die Welt gekommene Wort Gottes sieht und in diesem Geschehen wie in der Rückkehr des Sohnes aus der Welt zurück zum Vater das entscheidende eschatologische Ereignis als schon geschehen glaubt. Darum sagt Jesus: ich kam (ἦλθον 9, 39) zum Gericht. Und darum ist die Gegenwart nicht von einem noch ausstehenden Enddrama geprägt, nicht auf einen heilsgeschichtlichen Prozeß hin angelegt, sondern innerhalb der Welt-G. jeweiliger καιρός. M.a.W.: G. wird hier zu einer existentialen Kategorie. Damit ist die der jüdischen Apokalyptik entnommene Denkweise preisgegeben; es entfällt auch das Ringen um eine theologische Einordnung der G. Israels, es erübrigt sich ebenfalls, die Mission als heilsgeschichtliche Notwendigkeit vor einem apokalyptischen Finale zu betonen. Mit Recht hat man die johanneische Geschichtsauffassung als »letzten Protest urchristlicher Anschauung gegen den beginnenden Frühkatholizismus« bezeichnet (Käsemann).

6. In dem Maße, wie sich die Eschatologie der nt. Schriften auf die Frage nach dem Eintritt der → Parusie konzentriert, wird auch die Geschichtsauffassung nur noch in der Stellung zur Welt greifbar. Oft ist das Ausbleiben der Parusie ohne Anfechtung hingenommen worden, zuweilen hat man das heilsgeschichtliche Denken mit einem kosmisch-gnostischen verbunden (Eph 2, 14f) und einer Verwechslung von Natur- und Geschichtsgeschehen Raum gegeben (Kol 1, 15ff; 1Tim 3, 16). Die Eingliederung der christlichen Kirche als bleibender historischer Größe in die Welt beginnt. Die Fragen der Ethik (Eph 4, 1-24 als erste grundsätzliche Fassung), des Sakraments, der Kirchenordnung (Past) und der Mission nehmen breiteren Raum ein und bezeugen eben auch darin die zunehmende Ent-eschatologisierung, die schließlich innerhalb des Kanons im 2Petr mit voller Deutlichkeit einen Niederschlag findet. Der Zweifel gegen die eschatologische Botschaft weist auf die Kontinuität der G. (3, 4). Die Antwort verweist auf die Relativität menschlicher Zeitrechnung (3, 8). Man bekennt praktisch, daß sich die Parusie zunächst nicht ereignen wird. Die → Johannesoffenbarung, an sich ein Zeugnis lebendiger eschatologischer Erwartung, nimmt die jüdische Vorstellung eines 1000jährigen Zwischenreiches auf (20, 7ff; → Chiliasmus); der 2Thess verwertet die jüdische Idee eines Widersachers und einer Rebellion vor dem Endsieg. Erfahrungen einer verfolgten Kirche werden als Argument für einen eschatologischen Kalender genutzt. - In allem wird aber deutlich, daß der Übergang langsam vor sich ging. Eine für alle Bücher des NT bestimmbare chronologische Entwicklung läßt sich nicht fixieren. Nur ein Zug wird deutlich: Erst das Ausbleiben der Parusie führt zur Erkenntnis der G. als Problem, weil eben die G. selbst eine empirische Widerlegung der lehrhaft repetierten Naherwartung gab und zur theologischen Reflexion über die G. zwang.

7. Versucht man nach der Differenzierung *zusammenzufassen*, so ist zunächst zu erkennen, daß die Verkündigung Jesu in ihrer nachösterlichen Interpretation zwei Typen von Eschatologie und Auffassung der G. in der Literatur des NT ergeben hat, die beide in der Lehre Jesu angelegt sind: einerseits die Sicht der G. als Ablauf von Geschehnissen, sich kristallisierend in Jesus Christus und kulminierend im Endgericht (Synoptiker, Apg, Hebr, kath. Briefe ohne Johannesbriefe, Apk); anderseits die

Vergegenwärtigung der Zukunft im Jetzt des Glaubenden, der eine καινὴ κτίσις schon ist, für den in der G. der Welt nichts Entscheidendes mehr geschieht (JohEv und -briefe). Paulus nimmt eine Sonderstellung ein, da er, bei aller Zugehörigkeit zum zweiten Typus, doch den ersten unbetont mit aufnimmt. Daß hierbei die erste Sicht die der jüdischen Apokalyptik ist, modifiziert durch die Abzielung auf Jesus Christus (mit Verschiebung der »Mitte« nach rückwärts; O.Cullmann), ist deutlich. Neu und spezifisch christlich ist aber die zweite Konzeption, bei der sich die Auffassung der G. darin wandelt, daß G. nicht mehr als chronologisches, kosmologisches oder gar metaphysisches Phänomen in den Blick kommt, sondern als anthropologische Größe erscheint in dem Sinne, daß es um die paradoxe Existenz des Menschen im Glauben an Christus geht. Die Tatsache, daß der Christ, als eine »neue Schöpfung« entweltlicht, noch weiter in der Welt lebt, daß der vom Tode ins Leben hinübergeschrittene Getaufte noch in einer Zeit des Sterbens lebt, äußert sich in der Dialektik von Indikativ und Imperativ und führt zur Erkenntnis der *Geschichtlichkeit des Menschen*, die sich in der Begegnung des Christen mit der Welt aktualisiert. – Fällt somit im NT ein Beurteilen der G. von außen – im Sinne von Historie – fort, so bleibt dennoch ein Beurteilen der G. als einem je und je neuen Geschehen innerhalb des Zeitablaufs vom Menschen unter dem Glauben. Er sieht die Vergangenheit dort, wo noch nicht der Glaube an Christus und damit das Heil ist, wo also der Mensch im Ungehorsam lebt und damit im Äon des Todes. Und Gegenwart beginnt dort, wo der Mensch sich von Christus her versteht und befreit weiß. Das heißt aber, daß Vergangenheit und Gegenwart nicht historische, sondern soteriologische Größen sind. Sie lösen sich nicht grundsätzlich ab als objektive Zeitspannen, sondern bestehen nebeneinander, solange sich Menschen dem Glauben an Christus verschließen und damit den vergangenen Äon des Todes neben dem neuen des Lebens existent sein lassen. Gewiß ist diese Geschichtsauffassung wesentlich auf Paulus und Johannes beschränkt und war nur so lange fortwirkend, als sich die Kirche als Gemeinde der Endzeit verstand. Daß sie in der nachapostolischen Zeit von der heilsgeschichtlichen Konzeption verdrängt wurde, sollte nicht verkennen lassen, daß die eigentliche Leistung des Urchristentums in der Herausstellung der Geschichtlichkeit des Menschen besteht. Damit wurde nicht nur das zyklische Geschichtsdenken der Griechen überwunden, sondern zugleich auch ein eigenständiger Weg zwischen der apokalyptischen Dramatisierung und der gnostischen Verneinung der G. gefunden.

Vgl. die Lit. zu → Eschatologie: IV u. → Geschichtsschreibung: II. Ferner: G.Schrenk, Die Geschichtsanschauung des Paulus (Jb. d. Theol. Schule Bethel 3, 1932, 59-86) – O.Bauernfeind, Die Geschichtsauffassung des Urchristentums (ZSTh 15, 1938, 347-378) – C.H.Dodd, History and the Gospel, 1938 – R.Bultmann, Heils-G. u. G. (ThLZ 73, 1948, 659-666) – Ders., Der Mensch zwischen den Zeiten nach dem NT (Man in God's Design, 1952, 39-59) – E.Fuchs, Christus das Ende der G. (EvTh 8, 1948/49, 447-461) – Th.Preiss, The Vision on History in the NT (JR 30, 1950, 157-170) – J.Daniélou, The Conception of History in the Christian Tradition (ebd 171 bis 179) – G.Quispel, Zeit u. G. im antiken Christentum (ErJb 20, 1951, 115-140) – M.Rissi, Zeit u. G. in der Offenbarung des Joh. (AThANT 22), 1952 – L.Goppelt, Heilsoffenbarung u. G. nach der Offenbarung Johannis (ThLZ 77, 1952, 513-522) – J.Munck, Paulus u. die Heils-G. (Acta Jutlandica 26, 1; Teol. Ser. 6), 1954 – Ders., Christus u. Israel (ebd 28, 3; Teol. Ser. 7), 1956 – R.L.P.Milburn, Early Christian Interpretations of History, 1954; dt. 1956 – E.Dinkler, The Idea of History in Early Christianity (The Idea of H. in the Ancient Near East, 1955, 171-214) – Ders., Prädestination bei Paulus (Festschr. G.Dehn, 1957, 81-102) – T.A.Burkill, St.Mark's Philosophy of History (NTS 3, 1956/57, 142-148) – D.J.Selby, Changing Ideas in NT Eschatology (HThR 50, 1957, 21-36) – D.Roessler, Gesetz u. G. Unters.en zur Theol. der jüd. Apokalyptik u. der pharisäischen Orthodoxie (Diss. Heidelberg), 1957 – H.Köster, G. u. Kultus im JohEv u. bei Ignatius v.Ant. (ZThK 54, 1957, 56-69) – H.Conzelmann, Gegenwart u. Zukunft in der synopt. Tradition (ebd 277-296).

Erich Dinkler

II B. Kirchengeschichtlich

1. Anfänge des christlichen Geschichtsdenkens – 2. Heilsgeschichtliche Typen – 3. Verborgenheit Gottes in der G.

1. Von Anfang an schließt jede »biblische« Gesamtanschauung auch eine Auslegung der G. ein: Die christliche Zeitrechnung (→ Chronologie: IV), das typologische Denken (→ Typologie), das sich bis zum Eintritt der Neuzeit auch in Kunst und Recht manifestiert, der Gedanke des »Heilsplanes« Gottes usw. Dementsprechend sind noch vor dem eigentlichen Einsetzen einer Geschichtstheologie und Geschichtsphilosophie in der Theologie des → Irenäus Ansätze des Künftigen wahrzunehmen. Seine Entwicklung des Traditionsprinzips (Adv. Haer. III; → Tradition: VI), seine in heilsgeschichtlichen Kategorien entfaltete → Christologie (: II, 2b) und → Mariologie und die den → Chiliasmus vertretende → Eschatologie (: V, 2c α) zeigen die Motive, aus denen sich eine Geschichtstheologie entwickeln kann. Auch die frühe Kirchengeschichtsschreibung (→ Kirchengeschichte: I) ist ohne ein wenn auch noch so latentes Gesamtverständnis der G. nicht zu denken. Als Bausteine desselben sind zu nennen: das Interesse der Kirche an ihrer eigenen G., das schon seit → Hegesipp gilt, dann der Versuch, die G. der Kirche an die → Heilsgeschichte anzuschließen und die → Kirche (: III) selbst als Volk Gottes zu verstehen, was für → Eusebius von Cäsarea eine Leitidee darstellt. Weiter der Gegensatz dieses Volkes gegen die Welt bzw. gegen den Staat und das sichtbare Lenken und Eingreifen Gottes in den Gang der Kirchen-G. Schließlich können alle frühen Formen des Chiliasmus als ein Versuch, die christliche Hoffnung ins Geschichtsbild einzuzeichnen, verstanden werden.

2. Den ersten großen und weithin nachwirkenden Geschichtsentwurf verdanken wir → Augustin: Welt und Zeit sind geschaffen, eine Philosophie der Zeit (Conf. XI bis XIII) trägt das Gesamtbild; die G. hat ein Thema, nämlich den Kampf zwischen civitas Dei und civitas diaboli; die Kirchen-G. ist die »Wanderschaft« (peregrinatio) der Gläubigen in dieser Welt. Augustins Schüler → Orosius füllt in seinen »Historiarum libri VII« (418) das Schema mit Tatsachen, macht Glück und Unglück zu Kriterien der Epochen und verrät schon Einsicht in die Relativität des Geschichtlichen. – Von den Tagen des Eusebius an empfinden dann die alten Kirchengeschichtsschreiber das Bedürfnis, die selbsterlebte G. biblisch zu deuten. → Otto von Freising sinnt nach über den Aufstieg und Abstieg menschlichen Wesens in der G. Im MA verstärkt sich das alte Motiv, die aufeinanderfolgenden Reiche und Epochen in biblischen Schemata zu fassen, wodurch die Heils-G. zur Grundform christlichen Geschichtsverständnisses wird. So müssen die Tage des Schöpfungswerkes als Epochenschema dienen; wir befinden uns dann in der dem 6. Tagewerk entsprechenden Epoche. Immer ist für diese heilsgeschichtlichen Schemata der Versuch einer Bezeichnung des eigenen Standortes im Schema wesentlich. Bei → Hugo von St. Victor wird die G. im danielischen Monarchienbild begriffen, während → Rupert von Deutz die Ausfaltung der Trinität als das Geheimnis der Weltalter verstehen lehrt. Ihm folgt → Joachim von Flore, dessen Lehre von den drei Zeitaltern insofern eine prophetisch-enthusiastische Wendung einschließt, als er sich an der Schwelle des zukünftigen Zeitalters des Hl. Geistes weiß. Es folgen dann bis in die Neuzeit (→ Fichte) Dreierschemata zur

Deutung der eigenen und der bevorstehenden Zeitalter. – Die ältere heilsgeschichtliche Theologie tritt für Jh.e in den Schatten des vorwaltenden → Platonismus und → Aristotelismus, bis sie in der neuen heilsgeschichtlichen Theologie unter Wiederaufnahme älterer Motive eine beherrschende Rolle übernimmt. Von →Coccejus her (→Bund: IV) ist der prot. →Biblizismus (→ Bengel, J.Chr.K.v. → Hofmann) wesentlich durch diesen Lehrtypus geprägt. Gemeinsam ist dieser Geschichtsanschauung, daß Gottes Walten und Plan in der G. erkennbar ist. Das hat nicht verhindern können, daß sich das selbst nur noch der Vernunft verpflichtete Denken der Neuzeit im biblischen Schema der drei Zeitalter begriffen hat (G. → Vico, A. → Comte).

3. Neben dem Glauben an die Erkennbarkeit des göttlichen Planes geht aber ein anderer Strang christlichen Geschichtsdenkens einher, nach dem der Glaube gerade vor dem sich in der G. verbergenden Gott steht. Nach → Luther ist die G. »Gottes Mummerei«. Der Deus absconditus hat sein Spiel in der G. Unter solchen Voraussetzungen erlahmt das Interesse an der Geschichtstheologie. Soviel später →Lessing zu einer kritischen Betrachtung geschichtlicher Quellen beigetragen hat, so war doch gerade er davon überzeugt, daß die Vernunftwahrheiten, zu denen er im Sinne seines Zeitalters die Glaubenserkenntnis rechnete, nicht durch die G. vermittelt würden. Stellt → Hegel noch einen letzten großen Versuch dar, die G. als eine Manifestation ebenso Gottes wie der Vernunft zu begreifen, so wird in der humanistischen Skepsis des goetheschen Zeitalters gegen solche spekulativen Entwürfe, in der Verehrung des individuellen geschichtlichen Lebens, in der Anerkennung des Eigenrechtes der Individualität vor Gott (→ Ranke) ein Weiterwirken der Haltung Luthers zu erblicken sein. Schließlich hat Søren → Kierkegaard die Verhüllung Gottes in der G. dadurch unterstrichen, daß er die Offenbarung Gottes in seinem Inkognito und die Indirektheit seiner Mitteilung für den eigentlichen Ausweis des christlichen Glaubens an Gott ansah. Dies bedeutete für Kierkegaard keine Abkehr von der G. Vielmehr macht es für ihn das göttliche Paradox aus, daß Gott nur in der G. begegnet, in der er doch verborgen ist.

G.Schrenk, Gottesreich u. Bund im älteren Protestantismus, vornehmlich bei Coccejus (BFChTh II, 5), 1927 - M.Doerne, Die Religion in Herders Geschichtsphilosophie, 1927 - RGG^{2} II, 1098ff - A.Dempf, Sacrum Imperium. Geschichts- u. Staatsphilosophie des MA u. d. politischen Renaissance, (1929) 1954^{2} - G.Weth, Die Heils-G., 1931 - J.Thyssen, G. der Geschichtsphilosophie, 1936 - W.Kamlah, (Christentum u. Selbstbehauptung, 1940) Christentum u. Geschichtlichkeit, 1951^{2} - R.G.Collingwood, The Idea of History, 1946; dt.: Philosophie der G., 1955 - R.Stadelmann (Hg.), Große Geschichtsdenker, 1949 - H.W.Krumwiede, Glaube u. G. in der Theologie Luthers (FKDG 2), 1952 - K.A.Schoendorf, Die Geschichtstheologie des Orosius, 1952 - K.Löwith, Welt-G. u. Heilsgeschehen, (1953) 1956^{3} - F.Gogarten, Das abendländ. Geschichtsdenken (ZThK 51, 1954, 270-360) - C.Hinrichs, Ranke u. die Geschichtstheol. der Goethezeit, 1954 - H.Berger, Calvins Geschichtsauffassung (SDGSTh 6), 1955 - Rod.Schmidt, Aetates mundi. Die Weltalter als Gliederungsprinzip der G. (ZKG 67, 1955/56, 288-317) - E.Fülling, G. als Offenbarung. Studien zur Frage Historismus u. Glaube von Herder bis Troeltsch (Studien der Luther-Akademie NF 4), 1956 - S.Holm, Søren Kierkegaards Geschichtsphilosophie, 1956 - EKL I, 1538ff - R.Bultmann, G. u. Eschatologie, 1958. - Vgl. auch die Lit. zu → Geschichte: II A, → Geschichtsschreibung: II, → Kirchengeschichte: I.

W.Trillhaas

II C. Dogmatisch

1. Geschichtsmetaphysische Kategorien - 2. G. als Begegnung - 3. G. als Geschehenszusammenhang - 4. Glaube und G. - 5. Offenbarungsqualität der G.

Das »königliche Thema« der G. ist mit der christlichen → Offenbarung (: VI) so eng verbunden, daß die Frage nach der → Absolutheit des Christentums zum spezifischen Geheimthema der dogmatischen Debatte werden konnte. Die im Fluß befindlichen Fragen der → Zeit, → Eschatologie, → Uroffenbarung, → Theodizee, historischen Methodik, Geschichtsphilosophie (→Geschichte: III), des → Historismus, → Determinismus, Kulturenverfalls und der Spannung zwischen historischer und dogmatischer Forschung durchdringen offen und geheim das Thema in vielfach verschlungener, hier nicht darstellbarer Weise. – Die Dogmatik hat angesichts der G. die Frage nach der Wahrheit = Wirklichkeit zu stellen. Sie fragt, wie → Gott (: VI) wirklich ist, wie Natur, Mensch und G. wirklich sind. Daß es *»die«* Natur, *»den«* Menschen, *»die«* G. wirklich gibt, ist damit zugleich in Frage gestellt.

1. Der *erste Akt* der dogmatischen *Wahrheitsfindung* besteht in der Ent-bergung (ἀ-λήθεια) der G., deren Wirklichkeit hinter menschlichen Metaphysizierungen und Hypostasen verborgen ist. Folgende *Kategorien* (Denk-, Seins- und Verhaltenszwänge) aus der großen anthropologischen → Kategorien-Tafel beherrschen insgeheim die moderne Debatte um die G.: die Kategorie der Identität = Punktualität = Existenz = Präsentik. Unter sie fallen Mystik, Urbuddhismus, Existentialismus, die in je spezifischer »purificatio« (Diastase) G. *auslöschen.* – Sodann die Kategorie der Impersonalität = Raum = Ästhetik = Unendlichkeit. Unter sie fallen Brahmanismus, frühantike Seinsmetaphysik, spätantiker Panentheismus, die je spezifisch G. *aufsaugen.* – Und schließlich die Kategorie der Personalität = Zeit = Ethos = Ewigkeit. Unter sie fällt → Zarathustras Konzeption der G., über der sich schließlich die universale Hypostase des Zrvan akarna, der numinosen »unerschaffenen Geschichtszeit« erhebt, die Gottheit mit dem Löwenhaupt, von der Schlange der schwingenden Zeitkurve umwunden. Diese Kategorie *verdrängt* die Wirklichkeit der G. Unter die gleichen Strukturen fallen die drei großen Hypostasen der griech.-abendländischen Geschichtszeit: der in existentieller Entscheidung zu gewinnende punktuelle καιρός (der bei der Stirnlocke zu packende griech. Gott oder die philosophische Zeitsattel-Idee); die von der kosmischen Gestirnkonstellation raumhaft bedingte ἐποχή; der fressende lineare χρόνος. Wenn theologischerseits (über »kairos« s.u.) für »Religion wie Philosophie« ein geschichtlicher und ein ungeschichtlicher Typ der Geschichtsdeutung zur alternativ ausschließenden Wahl gestellt werden – »diese Wahl heißt Entscheidung für oder gegen das Christentum« (P. → Tillich) – oder es auf Grund der dogmatischen Kette Personalität – Welt (= zwischenmenschliche Beziehungen) – Gesetz (= Ambivalenz von Moral und Urethos) – Geschichtlichkeit die Aufgabe der Theologie sein soll, »die Geschichtlichkeit der Offenbarung zu wahren, die darin besteht, daß sich in dieser nichts als G. ereignet« (Fr.Gogarten), so ist mindestens formal die Kategorie des Zrvan oder des »temps duré« (H.Bergson) nicht fern. – Die gleiche Gefahr droht überall, wo die Offenbarung mit einer »linearen«, »temporären«, »chronologischen«, »mathematischen« Zeit und (→ Heils-)Geschichte integriert oder identifiziert wird, »Eschatologie« oder → »Ewigkeit« als verlängerte bzw. endlose Sinuskurve vorgestellt werden. Die *angelsächsische Dogmatik* ist von ihrem Ansatz (»realized eschatology«) her bes. empfindlich gegenüber dieser Gefahr in Theologiegeschichte und Moderne. Sie unterstellt – nicht immer kritisch – der Entwicklung von Kant bis Hegel und bes. dem (oft mißhandelten) Historismus den Glauben, »daß G. Christus selbst ist«, der geistigen Gegenwart in Ost und West die Überzeugung, daß »geschichtliche Entwicklung Erlösung ist« (R.Niebuhr), der kontinentalen Theologie die Veranstaltung eines »theologischen München« mit den

Geistern von Tübingen als Diktatoren (D.M.Mackinnon). – Die Gefahr ist offensichtlich *nicht* gebannt, die anthropologische Kategorientafel nicht verlassen, wenn die (erste) punktuelle Kategorie dagegen eingesetzt wird, wie es in angelsächsischer »crisis«, kierkegaardistischer »Gleichzeitigkeit«, eschatologischer »Präsentik«, philosophischer Kairos- (Zeitsattel-)Idee, »existentieller Zeit«, frühdialektischer »Indifferenz« (Tillich) oder »Urgeschichte« (vgl. die Selbstkritik K.Barths, KD II/1, 716f), mystischer »Mitte der Zeit«, religiösem »Betroffen-« oder »Gestelltsein« im punctum mathematicum oder »Engagement am Nullpunkt« (A.Weber) geschieht. – Die Gefahr ist weiter nicht gebannt, wenn die innere Raumstruktur der zweiten Kategorie den hypostasierten Fluß der G. stoppt, wie es in den Stockwerken der → Scholastik, des Supernaturalismus (→ Naturalismus: I), → Fundamentalismus, den Räumen der Kultik und Jenseitseschatologie, den Zyklen der röm. Ontologie und der Universal-Liturgik geschieht. – Die Gefahr ist wohl auch dort nicht beseitigt, wo ein *Spannungsverhältnis,* wie etwa Futurik – Präsentik (viele Variationen in Geschichtsinterpretation, Reich-Gottes-Lehre und Eschatologie), oder ein prot.-geschichtsphilosophisches *Alternieren* zwischen »Aktion und Besinnung« (Th.Litt) gegen den »Dämon« der Vergänglichkeit (C.H.Ratschow) eingesetzt werden.

2. Ist die Gefahr »ent-borgen«, daß metaphysizierte Kategorien an Stelle der Wirklichkeit von Zeit, G., End- und Heils-G. treten können, so kann im *zweiten Akt* die *Wahrheit* der G. als ᾽æmûnā, als Begegnungsgewißheit sich aussetzenden Radikalvertrauens, widerfahren. Sie widerfährt in ganzheitlicher Begegnung mit der biblischen kondeszendierenden → Transzendenz, angesichts derer sich philosophische Synonyme (K.Jaspers) als inhaltlich schlechthin unangemessen erweisen (H.Barth u.a.). – So richtig es ist, daß unter dieser hereintretenden Transzendenz die beiden ersten der genannten Kategorien gesprengt werden und Befreiung zur G. geschieht (Augustins Spott über die, die »auf dem Rade gehen«, de civ. XII, 17; Paganismus-Besiegung durch Kraft der G.; Ch.Cochrane), so wenig ist einfach »durch Christus aus der mythischen Welt die geschichtliche entstanden« (Gogarten), »geschichtliche Existenz« (M.Heidegger), legitime »Säkularisation«, marx-leninsche Metaphysik, westlicher Progressivismus geworden. Die lineare dritte Kategorie ist anthropologisch (ethnologisch, religions- und altgeschichtlich) schon immer (latent) vorgegeben. Als persische hat sie die biblische → Apokalyptik befruchtet und mittels der kategorial (iranisch) interpretierten Bibel geschichtlich gewirkt (vgl. → Joachim von Flore oder → Kants – von ihm selbst so genannten – »Chiliasmus«). Aber sie ist an sich und als solche genauso a-christlich (»letzte Religion der Gebildeten«; B. → Croce) wie die in der Antike nur teilweise nachzuweisende Zyklus-G.

Mit Recht sagt E.C.Rust, daß die biblische Begegnungszeit nur unphilosophisch (a-kategorial), im »historical myth« umschrieben werden könne. Die (u.a. das johanneische Schrifttum ausklammernde) Vorstellung von einer linear-temporären Heilszeit (O.Cullmann) wird u.a. von J.Marsh, Th.Boman, C.H.Ratschow, K. Galling angegriffen und die *radikal durch ihren Inhalt bestimmte* (weder zyklische noch spiralige, punktuelle oder lineare) biblische *Real-Zeit* herausgearbeitet. In ihr können Zeiten zusammenfallen, »kontrahieren« (Galling), wenn ihr Inhalt der gleiche ist: die alle chronologischen Schranken sprengende Einheit von AT und NT ist durch die biblische Realgeschichtlichkeit vorgegeben (→ Geschichte: I. II A). Inhalt der biblischen Real-G. ist die in, mit und unter dem Weltgeschehen andringende kondeszendierende »Herrlichkeit« Gottes, unter der kategoriale G. (jeder Kategorie) zerfällt, um »G.« als unmittelbarstes Handeln Gottes an und mit dem Menschen zu offenbaren. Hier verwandeln sich die großen Hypostasen: der καιρός im NT zur streng durch Gott bestimmten *Zeitgabe* in Gnade und Gericht; an Stelle der ἐποχή bestimmt das Gestirn der göttlichen Doxa die Epochen der »großen Taten Gottes«; der tötende χρόνος versinkt unter dem »Komm!« des Gottesgeistes (Apk 22, 17). Die theologischen Dubletten des säkularen Existentialismus, der Restauration und der Zukunftsdialektik (in denen sich Präsens, Perfektum und Futurum wechselseitig aufzehren) unterliegen von hier aus dem Gericht. – Daß wir uns hinter *»der«* Kategorien-G. verbergen, ist Schuld, Sünde, Angst (WA 19, 214ff). Wer nach Luther sich dem unerträglichen geschichtlichen Abyssus der Finsternis, »in der alles verschlungen wird« (WA 5, 65), wirklich aussetzt, sich aufgibt, sich selbst entstürzt, empfängt die neue Doxa-G., die mit ihm handelt: »Nicht das Werk, das du erwählst, nicht das Leiden, das du erdenkest, sondern das dir wider dein Erwählen, Denken, Begierden zukommt, da folge« – »zum Herrn, zum Herrn und sonst nirgend hin...« (WA 18, 489; 19, 222f). – So entsteht Doxa-G. am brennenden Busch (Ex 3, 1ff), im Sinai-Bund (Ex 19) in der prophetischen (geschichts-realen, nicht-platonischen) Bewegung – ein heils- und endgeschichtliches Bewegtwerden, aus der Kondeszendenz her zur Transzendenz hin, eine nicht vergleichbare, nie vorwegzunehmende, bezogene Aufgebrochenheit. Die biblischen Tangentenbegriffe Umkehr, Vergebung, Glaube, Leben, Freiheit tangieren sie. Schöpfungsrealismus und Realismus dieser neuen G. sind eines und dasselbe. Gott qualifiziert unsere »verlorene Zeit« als *seine* Zeit (O.Weber). In der Christologie der G. pflegt Christus als Bild Gottes, als Urbild »geschichtlicher Existenz«, als Symbol christlicher Theodizee (s.u.) in den Blick zu treten. Hierzu ist wohl zu sagen, daß das Widerfahren jener Transzendenz, die als Inszendenz (G.Stammler) begegnet, Christus *ist* (1Kor 10, 4; vgl. J.G. → Hamanns geoffenbarte G. als »Anthropomorphose Gottes«). In Inkarnation, Wort und Sakrament wird er die »frohmachende Wirklichkeit« (Joh 1, 17). In der uferlosen Irrealität unserer natürlichen kategorialen Relationen (vgl. → Pascal) übereignet er Realgeschichtlichkeit. In seinem Reich überlagern sich in inhaltsbestimmter Real-G. (s.o.) die Äonen des Regierens und Erscheinens. Als zielgebende, einzig legitime Epochengestalt (s.u.) der gesamten Weltepoche kommt er uns über den Abgrund des Geschehens hinweg entgegen.

3. Zum *dritten Akt* der geschichtlichen Wirklichkeitsgewinnung gehört das »Tun« der ᾽æmæt (Wahrheit). Wo sich die bezogene Aufgebrochenheit der Doxa-G. ereignet, kann sie nicht in »privater (›geraubter‹) Existenz« (W.Kamlah) verharren, sondern geschieht zur Gemeinde Gottes hin, in der das »selbstverständliche Offenbarsein der göttlichen Weltherrschaft« »möglich und wirklich« wird (K.Barth). Hier wird offenbar, daß Gott die Großen des Weltgeschehens als »Larven« benutzt, mit seiner Maiestas hinter dem »Mummenschanz« der G. steht, mit den Seinen »spielt« (Spr 8, 31; Ps 4, 7), dünke es sie gleich »bitterer Tod« (WA 44, 466ff. 475). In paradoxem »Nebeneinander« (H.J.Iwand) erfahren und *bestehen* die Seinen sein Wirken »per contentionem et antithesin« und »sub contrario absconditum« (WA 18, 782; 46, 392. 376, 31ff); das »Dennoch« ihrer Doxologie bezeugt ihre Realgeschichtlichkeit.

Die Frage nach dem »Sinn der G.« und ihrer Theodizee kann nur in der (iranischen) dualistischen, linearen (dritten) Kategorie kategorial und adäquat beantwortet werden – unter allen anderen Kategorien muß ihr weltflüchtig ausgewichen oder sie »engagement«-trotzig verdrängt werden. Wo der Mensch von der neuen Realwirklichkeit bewegt wird, tut er die Wahrheit so, daß sich ihm beide Fragen in die eine *Frage nach dem Heil* verwandeln, das nur durch Untergang hindurch zu gewinnen ist und zu dem Kreuz und Auferstehung den Zugang auftun. – »Tun der Wahrheit« ist auch das Wesen des *Eschaton:* die nach allen *Dimensionen* offene gottbezogene Hingabe weiß sich nach *allen* Dimensionen in das Herrsein Gottes eingebettet. Die ringenden, sich überschneidenden »tangentialen« Bilder und Ausdrucksmittel der biblischen Verfasser mühen sich in versagender Sprache, das unsere Kategorien zerbrechende, uneingegrenzte letzte »Für-uns« Gottes zu verkünden. Der jeweilige apriorische Absolutheitsanspruch der sich dogmatisch bekämpfenden, glatten Typen der präsentischen, jenseitigen und futurischen Eschatologie leitet sich dagegen zweifellos aus der Tatsache her, daß es sich um strukturreine Gerinnungen um die drei oben herangezogenen Kategorien der menschlichen Kategorientafel handelt.

4. Auf vielen anthropologischen Ebenen verstellen sündhaft (titanisch, pharisäisch, ekstatisch, hörig, depressiv) zahllose Kategorien, Geschichtsmythen, Hypostasen, Ideologien, Utopien, Leitbilder, Illusionen, Dezisionen, Programme, illegitime Epochengestalten und -bilder, Geschichts-»Gesetze« und Schein-Analogien den Blick auf den realen Geschehenszusammenhang, den Gottes vis actuosissima entgegenführt. Restaurativ, existentialistisch, revolutionär zehren sich die Dimensionen der Linearzeit (Vergangenheit, Gegenwart, Zukunft) gegenseitig auf; unablässig werden primitive geschichtsphilosophische Muster – Kreis, Spirale, Aufstieg, Abstieg, Peripetie, Wellenlinie, Pendelschlag, dialektischer Dreischritt, pflanzenhafte μορφή – mit atomhaft isolierten, historischen Mosaiksteinchen ausgelegt. Objektiver und subjektiver (»historische Bewußtseinsreflexion«) Geschichtsaspekt erheben sich hypostatisch gegeneinander; → Hegels »werdender Gott« verschmilzt beide Relationen: der wissende Geschichtsdeuter wirkt in höchstem Sinne. Diese »gespenstische« (H.Schelsky) Welt mythischer Mächte (στοιχεῖα) wird durch Transzendenz wie Agape des sich offenbarenden Gottes vernichtet (Ex 20, 3; Eph 1, 20f): allein hier unter dem entmythisierenden Glanz von kabôd und Doxa, und nicht durch eine einfache Identifikation mit linearem Parsismus, entsteht die unauflösliche Bindung zwischen christlichem Glauben und echter Historik, der Möglichkeit, den Geschichtszusammenhang prophetisch nüchtern, demaskiert, wahrzunehmen und danach zu verfahren.

5. Die Frage der *Offenbarungsqualität* der G. als G. wird sich von hier aus wohl über die traditionellen Alternativ-Fronten von Uroffenbarung und Christozentrik hinausentwickeln dürfen. Die Wirklichkeit der Geschichtsbegegnung zeigt offenbar eine *dreifache Möglichkeit der Entbergung* (ἀ-λήθεια): Zum *ersten* das »harte und entschlossene« (Fr.Meinecke) Verzichtenkönnen auf Sinnfassaden (s.o.) vor dem Rand des historischen Abyssus – das radikale »anerkennende« Haltmachen vor dem Flammensaum der Doxa, der (neutrischen) θειότης und δύναμις (Röm 1, 20; vgl. Weish 13). Zum *zweiten* die at. und zum *dritten* die christologische Geschichtsoffenbarung. Der »Übergang« von einer zur anderen Ent-bergung ist wohl nicht quantitativ (»Fünklein« der Luth. Bekenntnisschriften) und vielleicht auch nicht »qualitativ« (O.Weber) aufzufassen, sondern als ganzheitliches »Heraussterben« (Dtn 5, 25; Apg 9, 8) und jenes Erwecktwerden, das bereits in Gottes Geschichtshandeln stellt: »Wo der Christ glaubt, gehorcht und betet..., da befinden wir uns mitten im Regierungssitz, mitten im Geheimnis, im Sinne des ganzen Weltgeschehens« (K.Barth).

H.Bergson, Sur les données immédiates de la conscience, 1888 – R.Unger, Hamann, (1911) 1925^2 – Th.Lessing, G. als Sinngebung des Sinnlosen, (1919) 1927^4 – P.Althaus, Die letzten Dinge, (1922) 1956^6 – M.Heidegger, Sein u. Zeit I, (1927) 1957^7 – H.W.Schmidt, Zeit u. Ewigkeit, 1927 – A.Dempf, Sacrum imperium, 1929 – K.Galling, Die G. als Wort Gottes (ThBl 8, 1929, 169–172) – Ders., Bibl. Sinndeutung der G. (EvTh 1948/49, 307–319) – H.Lilje, Luthers Geschichtsanschauung, 1932 – E.Schlink, Die Frage d. Erkennbarkeit göttl. Handelns in d. G. (EvTh 1, 1934, 257–277) – W. Kamlah, Apokalypse u. Geschichtstheologie, 1935 – Ders., Christentum u. [Selbstbehauptung bzw.] Geschichtlichkeit, [1940 bzw.] 1951^2 – H.Thielicke, G. u. Existenz, 1935 – A.Weber, Kultur-G. als Kultursoziologie, 1935 – A.Köberle, D. Ev. u. d. Rätsel d. G., 1936 – F.Meinecke, Entstehung d. Historismus, (1936) 1946^2 – Th.Litt, Prot. Geschichtsbewußtsein, 1939 – F.K.Schumann, Gestalt u. G., 1941 – J.Huizinga, Im Banne d. G., 1943 – Ch.N.Cochrane, Christianity and Classical Culture, 1944 – E.Auerbach, Mimesis, 1946 – O.Cullmann, Christus u. d. Zeit, (1946) 1948^2 – J.Konrad, Schicksal u. Gott, 1947 – G.Krüger, Die G. im Denken d. Gegenwart, 1947 – E.C.Rust, The Christian Understanding of History, 1947 – Th.Steinmann, Zur Frage nach dem Sinn d. G. (ThZ 3, 1947, 289 bis 303) – H.Butterfield, Christianity and History, 1947 – H.J.Baden, Der Sinn der G., 1948 – K.Jaspers, Der philos. Glaube, 1948 – Ders., Vom Ursprung u. Ziel d. G., 1949 – A.J. Toynbee, A Study of History, 10 Bde, 1948–54 – P.Tillich, The Protestant Era, Chikago 1948; dt.: Der Protestantismus, Prinzip u. Wirklichkeit, 1950, 33ff – B.da Croce, Filosofia e storiografia, 1949 – Ders., Filosofia, poesia, storia, 1952 – R.G.Collingwood, The Idea of History, 1949 – F. Delekat, Der gegenw. Christus, 1949 – E.Laslowski, G. aus dem Glauben, 1949 (kath.) – M.Eliade, Le mythe de l'éternel retour, 1949 – R.Niebuhr, Faith and History, 1949 – J.Baillie, The Belief in Progress, 1950 – H.Barth, K.Jaspers über Glaube u. G. (ThZ 6, 1950, 434–460) – G.Ebeling, Die Bedeutung d. hist.-krit. Methode (ZThK 47, 1950, 1–46) – Ders., Die Geschichtlichkeit der Kirche u. ihrer Verkündigung als theol. Problem (SgV 207/08), 1954 – D.M.Makkinnon, History and Faith (SJTh 4, 1951, 415–420) – Th.Boman, Das hebr. Denken im Vergleich mit dem griech., (1952) 1954^2 – C.Diano, Forma ed evento, 1952 – F.Gogarten, Der Mensch zwischen Gott u. Welt, (1952) 1956^2 (u. andere Schriften → Gogartens) – G.P.Gooch, History and historians in the 19th cent., 1952 – E.Jenni, Das Wort olām (ZAW 64, 1952, 197–248; 65, 1953, 1–35) – O.Weber, Die Treue Gottes u. die Kontinuität der menschl. Existenz (EvTh, Sonder-H. f. E.Wolf, 1952, 131–143) – Ders., Grundlagen der Dogmatik I, 1955 – J.Marsh, The Fulness of Time, 1952 – C.Fabro, La storiografia nel pensiero cristiano, 1953 – I.Fetscher, Die Entstehung d. dialekt. Materialismus als metaphys. Weltanschauung (ZThK 50, 1953, 181–206) – E.Fülling, Der Historismus in christl. Sicht (ZSTh 22, 1953, 274–292) – K.Löwith, Welt-G. u. Heilsgeschehen, 1953 – E.Fuchs, Gesetz, Vernunft u. G. (ZThK 51, 1954, 251–269) – C.H. Ratschow, Anmerkungen zur theol. Auffassung d. Zeitproblems (ebd 360–387) – H.W.Schmidt, Der hl. Geist u. d. Problem d. G. (ZSTh 24, 1955, 194–206) – H.Schelsky, Die skeptische Generation, 1957 – G.Stammler, Was ist eigentlich ein Naturgesetz? (KuD 3, 1957, 1–22). – Vgl. auch die Lit. zu → Geschichte: II A. B sowie zu → Geschichtsschreibung: II.

W.Philipp

III. Geschichtsphilosophie

1. Begriffsbestimmung – 2. Das Wesen der G. – 3. Theorie der geschichtlichen Erkenntnis – 4. Das metaphysische Grundproblem der Zeitlichkeit

1. Das griechische Wort ἱστορίη bezeichnet das Wissen, das einer aus eigener Wahrnehmung, zB als Augenzeuge, erworben hat, und von da aus alles Wissen, das indirekt auf Wahrnehmung und Augenzeugenschaft zurückgeht. Historie ist daher ursprünglich Welterkenntnis im Gegensatz zu der eigentlichen → Wissenschaft (ἐπιστήμη), die durch die Mathematik repräsentiert ist, dh durch ein Wissen, das aus allgemeinen Gründen bewiesen ist. Der Begriff von Historie, der im Altertum gilt, beruht also auf einer Wissensart und ist kein Gegenstandsbegriff. Das in solchem Wissen Gewußte umfaßt nicht allein das, was wir G. nennen, sondern zB auch die Kunde von Pflanzen, Tieren, Meeren usw (von → Aristoteles bis Plinius heißt diese »historia naturalis«). Nun stellt aber innerhalb dieses weiten Bereichs das, was wir G. nennen, insofern ein ausgezeichnetes Gebiet dar, als

im Vergleich zu dem Tier- und Pflanzenreich die Geschicke der Menschen und Völker ein so unregelmäßiges und wechselvolles Geschehen sind, daß die Kunde davon kaum Wissenschaft heißen kann. So gehört das Tun des Historikers, das »Zusammenschreiben« der Kunde, für das antike Bewußtsein in der Tat nicht zur Wissenschaft (vgl. → Sextus Empiricus, adv. Mathematicos I, 12, 254: die G. sei eine ἀμέθοδος ὕλη). Aristoteles erklärt in einem berühmten Vergleich die Poesie für philosophischer als die Historie, weil sie das Allgemeine und nicht das Einzelne zum Gegenstand hat. Auch fällt auf, daß das Wort meist im Plural vorkommt, wenn das Werk eines Historikers bezeichnet werden soll. Es sind eben erzählte G.n (res gestae) und nicht die Einheit der G. Das deutsche Wort G. hat darüber hinaus einen charakteristischen Doppelsinn. Es meint sowohl die geschehene G. als auch das Wissen von ihr, ein Zusammenhang, der offenbar nicht zufällig ist. Schon → Hegel hat darauf hingewiesen, daß erst mit der schriftlichen Überlieferung im eigentlichen Sinne G. beginnt. Offenbar gehört zum Wesen von G., gewußt, dh im Gedächtnis bewahrt zu werden.

Daß »die G.« zum Gegenstand der Erkenntnis wird, setzt aber auf alle Fälle voraus, daß sie als eine Einheit gedacht ist. Diese Einheit kann eine inhaltliche sein, und dann heißt das, daß sich die Geschicke der Menschheit zur Einheit eines verständlichen Zusammenhangs ordnen lassen. So ist in der jüdisch-christlichen Überlieferung das Wissen von der G. Geschichts*theologie*. Erst als das Produkt eines Säkularisationsprozesses, der diese christliche Theologie der G. auflöst, entsteht der moderne Begriff einer Philosophie der G. Von → Voltaire bis Hegel und → Comte ist damit stets das gemeint, was wir heute eine materiale Geschichtsphilosophie nennen würden, und dh die Erkenntnis eines einheitlichen Sinnes in aller menschlichen G. Nachdem aber die modernen Erfahrungswissenschaften von der G. jede Philosophie der G. als → Metaphysik kritisierten, erhielt der Begriff Geschichtsphilosophie einen neuen Sinn. Er meint nun den »Aufbau der geschichtlichen Welt in den → Geisteswissenschaften«, die Methodologie und *Theorie der historischen Erkenntnis*. Geschichtsphilosophie ist damit vorwiegend eine formale Disziplin geworden, wenngleich die inhaltlichen Versuche, in dem Chaos der Welt-G. Notwendigkeit und Vernunft zu entdecken, nicht ganz aufhören (→ Spengler, Toynbee u.a.).

2. Es ist aber nicht nur die christliche Theologie und die Philosophie, in denen *das Wesen der G.* erscheint. Vor aller Philosophie und Wissenschaft enthalten vielmehr alle *Religionen* einen geschichtsphilosophischen Aspekt, sofern sie die eigene Gegenwart im Lichte einer mythischen Überlieferung deuten. Die religiöse Überlieferung hat gegenüber der auf den → Logos gegründeten Wissenschaft mit der Historie etwas Entscheidendes gemeinsam. Auch der Mythos erzählt wie der Augenzeuge von einem einmaligen Geschehen und kennt keine andere Bestätigung als die Autorität des Zeugen selber. Insofern liegt in aller mythischen Überlieferung eine Art historischen Bewußtseins. Auch die Rede von den unhistorischen Griechen ist von da aus gesehen abwegig. Vielmehr zeigt die Kontinuität der mythischen und geschichtlichen Überlieferung, kraft deren die Griechen überall das Bekannte des → Mythos sehen, die ungeheure Dichte ihres Geschichtsbewußtseins. Das dritte Buch von → Platos Gesetzen zeigt mythische und geschichtliche Kunde von der Vergangenheit in unmittelbarer Einheit. Derartiges dürfte für alle mythische Religiosität gelten. In diesem Sinne kann man von einer chinesischen oder ägyptischen Philosophie der G. mit ebensolchem Rechte sprechen wie von der israelitischen oder griechischen. Allein auf die Entstehung der Philosophie der G. haben nur die letzteren eingewirkt.

a) *Die klassische Antike* ist vor allem für die wissenschaftstheoretische Seite des Problems von entscheidender Bedeutung geworden. Denn das wissenschaftliche Bewußtsein der modernen Historie sah in den antiken Historikern seine eigenen Vorläufer, und insbesondere stellte Thukydides ein so imponierendes Analogon zur modernen »kritischen Historie« dar, daß man die Andersartigkeit seiner Geschichtsauffassung darüber fast vergessen konnte. Indessen, die politische Einheit des griechischen Denkens ist nicht der Staat, sondern die Polis. Ihre Verfassung ist auf die größere Ordnung des Weltenbaus bezogen. Die Wohlordnung der politischen Dinge folgt dem Vorbild der Natur. So wird auch in den geschichtlichen Ereignissen, die der Historiker aufbewahrt, das Bleibende gesucht, das sich überall wiederholen kann, weil es in der Natur des Menschen liegt, mag dieses nun moralisch verstanden werden als der nie ausbleibende Ausgleich von Verblendung und Sühne (Herodot) oder als das Gesetz von Machtanstieg und Machtverfall, das ein naturhaftes Geschehen ist (Thukydides). In jedem Falle sind die Wahrheiten, die der Historiker in der G. erkennt, in der Natur begründet. Die G. bietet nur die Beispiele, an denen der einsichtige Mensch lernen kann. Man kann das eine pragmatische Geschichtsauffassung nennen, und diese ist im Grunde bis ins 18.Jh. hinein herrschend geblieben. Ihr Kern ist die Skepsis (→ Skeptizismus), die die hochfliegenden Pläne und vermessenen Illusionen der Handelnden überall durch die G. widerlegt sieht. Der Weise wird eine solche Skepsis in sein eigenes Lebensbewußtsein aufnehmen und wie Scipio vor den Trümmern Karthagos der Hinfälligkeit alles Menschlichen eingedenk sein (Polybios). – Selbst das geschichtliche Bewußtsein, das den zur Weltmacht aufsteigenden römischen Staat erfüllt und das ganz auf die Bewahrung der Überlieferung der eigenen Familie und der ewigen Stadt gegründet ist, ordnet sich der Großartigkeit dieser geschichtlichen Skepsis unter. Die Ursachen für die Größe und den Untergang des römischen Reiches, denen die späteren Historiker und Philosophen der G. nachfragen (→ Montesquieu, → Gibbon), bestätigen nur am extrem Großen die Hinfälligkeit aller geschichtlichen Größe.

b) Demgegenüber bedeutet die *israelitische* Geschichtsauffassung (→ Geschichte: I), wie sie im AT einen differenzierten Niederschlag gefunden hat, etwas grundsätzlich anderes. Denn das Bewußtsein der → Erwählung (: I) verleiht Israels Geschichtsauffassung schon bald ein über die Gegenwart hinauszielendes Moment. Sie ist futurisch-eschatologisch (→ Eschatologie: II). Die G. wird als Abfolge göttlicher Heilstaten verstanden, die allein durch die menschliche Verfehlung und den göttlichen Zorn ihre furchtbaren Unterbrechungen erfährt und im »Ende der Zeiten« kulminiert. Die G. gewinnt ihre Einheit ganz von der Eschatologie her. Es gibt jedoch auch für die apokalyptische Geschichtsauffassung des antiken Judentums (→ Eschatologie: III) keine Welt-G., sondern alles wird auf das »Volk der Heiligen des Höchsten« bezogen (→ Danielbuch). – Während im *NT* nebeneinander die eschatologisch-apokalyptische, die lineare (heilsgeschichtliche) und die existentielle Geschichtsauffassung stehen (→ Geschichte: II A), setzt sich im nachapostolischen Christentum mit dem Zurücktreten der »Naherwartung« der heilsgeschichtliche Aspekt vollends durch, der analog dem universalen Missionsanspruch das Weltganze auch im geschichtlichen Sinne umspannte (→ Geschichte: II B). Insofern hat erst das Christentum den Raum geöffnet, in dem sich G. als Welt-G. denken läßt. Es zieht dabei die ökumenische

Tendenz des römischen Reichsbewußtseins an sich und begründet in der Erwartung des → Reiches Gottes eine ins Unsichtbare und Unerkennbare verlaufende → Heilsgeschichte, die der Welt-G. ihren christlichen Sinn sichert. So wird durch das Christentum zuerst eine Theologie der G. geschaffen, und erst auf dieser Basis konnte dann in späteren Jh.en der Säkularisationsprozeß einsetzen, der von innerweltlichen Enderwartungen her in der G. einen einheitlichen Sinn sucht (→ Säkularismus). Der Zusammenhang von Welt-G. und Heilsgeschehen (K. Löwith) ist selber ein weltgeschichtlicher Zusammenhang, durch den erst Welt-G. möglich wird und auf den sich die Idee einer Welt-G. im Grunde begrenzt.

c) Die Säkularisierung der christlichen Enderwartung führt zum Fortschrittsgedanken (→ Fortschritt). Er ist nicht denkbar ohne den Bezug auf einen idealen Endzustand, dem sich das Geschehen der G. annähert. Insofern ist der Perfektionsglaube der → Aufklärung die notwendige Voraussetzung einer Philosophie der G. Die Geschichtsphilosophie des 19.Jh.s, soweit sie eine inhaltliche Geschichtsphilosophie sein will, wie das etwa bei Hegel oder Comte der Fall ist, führt das geschichtsphilosophische Anliegen der Aufklärung im Grunde fort.

Die *Entstehung des historischen Bewußtseins,* die vor allem durch J.G. → Herder heraufgeführt wurde, hat freilich die Aufgabe grundsätzlich verändert. Schon → Vico, dessen großartige Ahnungen dem deutschen 18.Jh. freilich unbekannt geblieben sind, hatte sich der verweltlichten Eschatologie des Aufklärungsdenkens entgegengestellt und antike Anschauungen vom Kreislauf des Geschehens erneuert. Seine Erweckung der unmittelbaren Größe und Kraft der Urzeit ist wie ein Vorklang romantischer Umspiegelung der Aufklärung, sofern der Fortschritt mehr als ein Verlust und eine Schwächung erscheint denn als ein Gewinn. Der naive Perfektionsglaube der Aufklärung wird auch von Herder mit den Mitteln des Pyrrhonismus, dh des nach Pyrrhon von Elis (300 vChr) benannten Skeptizismus, zerstört, aber er kann dennoch nicht völlig aufgegeben werden. So kommt in Herders »Ideen zur Philosophie der G. der Menschheit« etwas Zweideutiges und Zwiespältiges. Sein genialer Sinn für die Individualität der Völker und Zeiten, sein Spürvermögen für die wahren geschichtlichen Kräfte tritt in Konflikt mit dem theoretischen Bedürfnis, in dem großen Gang Gottes durch die G. dennoch etwas Sinnvolles zu erkennen. Herder findet den Ausgleich zwischen diesen Spannungen in dem Begriff der → Humanität. Humanität ist ihm sowohl ein natürlicher Kraftbegriff als auch ein echtes Ideal, zu dem sich die Menschheit hinbewegt. Die Briefe »zur Beförderung der Humanität« bedeuten daher nicht einfach einen Rückfall in die Aufklärung. Immerhin verraten sie ein ungelöstes Problem. - Schon → Kant hat in der Kritik der Herderschen Ideen die Aufgabe exponiert, an deren Lösung → Schiller, → Fichte und Hegel vor allem tätig waren. Hegels Philosophie der Welt-G. bringt das von Herder angeschlagene Motiv zur vollen Entfaltung. Es ist kein inhaltlicher Begriff von Vollkommenheit mehr, auf den die Welt-G. hin orientiert ist, keine moralische Vervollkommnung - das ist seit → Rousseaus Kritik unmöglich geworden -, sondern es ist das formale Bewußtsein der Freiheit, in dem sich für den deutschen → Idealismus (: I) der Begriff der Humanität, dh die Bestimmung des Menschen, erfüllt. Der Fortschritt der Welt-G. ist ein Fortschritt im Bewußtsein der Freiheit. »Die Orientalen wissen es nicht, daß der Geist oder der Mensch als solcher an sich frei ist, weil sie es nicht wissen, sind sie es nicht. Sie wissen nur, daß Einer frei ist. In den Griechen und Römern ist das Wissen, daß Einige frei sind, und erst im Christentum ist zum Bewußtsein gekommen, daß der Mensch als Mensch frei ist.« Hegels Schema der Welt-G. erfüllt dergestalt die formale Bedingung, von einem Endzustand her das Ganze der G. zu denken, nämlich von dem vollendeten Bewußtsein des Menschen von sich selbst her. Zugleich vermeidet er es aber, die Vergangenheit der G. zum bloßen Mittel für die Herbeiführung dieses Endzustandes herabzudrücken. Vielmehr bleibt die Wahrheit der G. in der Wahrheit des absoluten Wissens aufgehoben, ja, sie ist sein eigentlicher Inhalt. Gegenüber aller früheren Theologie oder Philosophie der G. ist dies die erste und einzige Metaphysik der G., die es gegeben hat. Denn nur hier ist die G. die Erscheinung des Wesens selbst.

Es ist daher kein Zufall, daß die Kritik an der metaphysischen Konstruktion Hegels, die von der historischen Schule geübt worden ist, keine nur negative war. Teilte sie doch mit Hegel die Überzeugung, daß das Wesen geschichtlich erscheinen muß. Sie ging nur darin noch über Hegel hinaus, daß sie der Philosophie die Kompetenz abstritt, dies Wesen unmittelbar zu erkennen. Das Wesen kann nur geschichtlich erscheinen. Es ist diese gegen alle naturrechtlichen Begriffe gerichtete Kritik, die → Dilthey als die universale Wahrheit der historischen Schule zu Begriff gebracht hat. Damit wurde freilich die Idee einer »Welt-G.«, die die Einheit der Welt-G. voraussetzt, zu einer unlösbaren Frage. Wenn es keinen Maßstab gibt, unter dem die Mannigfaltigkeit geschichtlicher Erscheinungen und Ereignisse auf die Einheit eines Zieles hin bezogen werden kann, dann fällt die Welt-G. selbst auseinander. → Rankes später Versuch, das Ganze seiner geschichtlichen Forschungen in einer Welt-G. zusammenzufassen, stand zwar noch unter der Leitidee der endlichen Ausbreitung der germanisch-romanischen Völkerkultur über den ganzen Erdball und enthielt auch noch eine theologische Pointe: die Wiederherstellung der Unmittelbarkeit des Menschen zu Gott. Aber ein wirklicher Ausgleich zwischen Zufall und Notwendigkeit lag in seiner Darstellung schon nicht mehr. Die »Mär der Welt-G.«, die Ranke erzählen möchte, hat eine Art von dichterischer Präsenz. Nicht nur, daß alle Epochen gleich unmittelbar zu Gott sind, sie sind auch alle Manifestationen des einen göttlichen Lebens, in das sich der Historiker hingebungsvoll versenkt. Ranke lehnt jede apriorische Konstruktion der Welt-G. ab. Eine Philosophie der G. wäre ihm eine Auflösung der eigentlichen Wirklichkeit der G. in einen Zusammenhang von blassen Ideen. Das Geheimnis der G. aber ist, daß Ideen Macht haben. Wie das geschieht, wie sich zwischen Bedeutung und Kraft ein Lebensband stiftet, das hat Dilthey als den entscheidenden Gedanken der historischen Schule zu formulieren gesucht. Aber es liegt wohl in der Natur der Sache, daß nicht nur bei Ranke, sondern auch bei Dilthey selbst der Begriff der Kraft gegenüber dem der Bedeutung dennoch zurücktritt. Auch J.G.Droysens großartige Intuition einer »Theologie der G.«, die den → Hellenismus (G. des Hellenismus, 1833-43) als die providentielle Vermittlung zwischen klassischer Antike und christlicher Moderne deutet, scheut zwar vor aller Ideen-G. wie vor einem reinen Doketismus zurück; nur in der Aktivität des Strebens, des Willens, der »rastlosen Tätigkeit«, also nur - wie bei Fichte - im Widerstand wird die Wirklichkeit des Wirklichen erfahren. Die Idee der Welt-G. wird damit aber zu einem bloßen methodischen Postulat, das jede geschichtliche Einzelerkenntnis begrenzt und ergänzt. Vollends bei dem skeptischen Jakob → Burckhardt ist das letzte Einheitsband der G. nur noch die Kontinuität der Kultur, deren Bedrohung durch eine neue Barbarei er schon ahnte. Was seither an weltgeschichtlichen Versuchen hervorgetreten ist, neigt dazu, neue organisatorische Prinzipien, etwa die

→ Kulturkreislehre, an die Stelle der Universal-G. treten zu lassen.

3. Insofern ist es innerlich begründet, daß eine inhaltlich verstandene Philosophie der G. nach Hegel und Comte der Kritik verfielen und daß Geschichtsphilosophie die formale Struktur der G. und die Bedingungen geschichtlicher Erkenntnis zum Gegenstand machte. Der erste bedeutende Versuch einer solchen Geschichtsphilosophie ist J.G.Droysens »Historik« (1868). Hier wird die von Kant aufgeworfene Frage nach den Bedingungen der Möglichkeit der Erfahrung auf die G. angewandt, indem Droysen fragt: Wie wird aus Geschäften G.? Sein Versuch ist von grundlegender Bedeutung, sofern er Hegels Gegenüberstellung von Natur und G. bzw. Geist festhält. Denn damit wird die Analogie zur Physik, die seit dem 17.Jh. die Idee einer Wissenschaft vom menschlichen Geist beherrscht hatte (→ Hume, Reid), im Prinzip überwunden. Es ist die systematische Leistung der kritischen Philosophie Kants, die hier fruchtbar wird. Seiner Begrenzung der → Kausalität und überhaupt des Kategoriengebrauchs auf Gegenstände möglicher Erfahrung entsprach auf der anderen Seite die Freigabe des Denkens in Freiheitsbegriffen. Dabei war für ihn der Dualismus der Kausalität aus Natur und aus Freiheit ein radikaler und unüberbrückbarer. Die Begründung des Freiheitsgedankens auf die sittliche → Autonomie, dh auf die Majestät des Sittengesetzes, trennte die Metaphysik der Sitten grundsätzlich von der Metaphysik der Natur ab, um jede Verunreinigung der praktischen Willensbestimmung durch natürliche Triebfedern und Neigungen auszuschalten. Aber dieser unversöhnte Dualismus der Kantischen Freiheitsphilosophie forderte die Vermittlungsversuche geradezu heraus, und schon Schillers Idee der ästhetischen Erziehung des Menschengeschlechts sah in dem Übergang vom »Sinnengefühl« zum »Sittengefühl« nicht nur (wie Kant) eine pädagogische Aufgabe, sondern die eigentliche Wirklichkeit des Menschen. Hegels Kritik am Kantischen Dualismus vollends, seine scharfsichtig-böse Hervorhebung der Unmoralität des Sollens, schuf der geschichtlichen Wirklichkeit des Menschen Raum, ohne ihn doch in die Kausalität der Natur zu verstricken. Auch neuere Hegelianer wie → Croce und der scharfsinnige Collingwood haben die Eigenart des historischen Prozesses gegenüber den Naturprozessen siegreich verteidigt. Zwar hat die neuere englische → Naturphilosophie (→ Whitehead, Alexander) den Prozeßcharakter alles natürlichen Seins erwiesen und damit den Gegensatz zwischen Natur und G. abgeschwächt. Aber der historische Prozeß bleibt doch auf das Sichwissen des Menschen bezogen und stellt sich nur in ihm her. Auch die Erneuerer der Kantischen Philosophie konnten hier anknüpfen und die Grenzen der naturwissenschaftlichen Begriffsbildung aufweisen (Windelband, → Rickert, aber auch Dilthey, Gottl u.a.). Sie gaben damit dem Geist der historischen Schule, dem die deutsche Geschichtsschreibung treu geblieben war, seine Legitimation, teils auf wertphilosophischer, teils auf lebensphilosophischer Basis. Unter den begrifflichen Mitteln, mit denen die historische Forschung arbeitet, wurde nun vor allem der Begriff des Typus (Max → Weber: »Idealtypische Konstruktion«), der Struktur (Dilthey) und des Stils (Rothacker) genauer analysiert. Eine führende Stellung im geschichtsphilosophischen Denken der Gegenwart hat aber vor allem der Begriff der Situation gewonnen. Im Begriff der Situation liegt ein Moment der Endlichkeit und der geschichtlichen Bedingtheit, dessen Anerkennung das ganze Problem der geschichtlichen Erkenntnis modifizieren muß. Der Sinn aller wissenschaftlichen Methodik scheint doch darin zu liegen, die menschliche Erkenntnis über jede Situationsbedingtheit hinauszuheben. Was die Wissenschaft erkennt, soll für jedermann gelten und muß verifizierbar sein. Die Veranstaltung des Experimentes soll gerade das leisten. Wenn dagegen in der geschichtlichen Erkenntnis der Begriff der Situation bestimmende Bedeutung erhält, so kann das nicht nur bedeuten, daß eine derartig anonyme Objektivität, wie sie die Naturwissenschaft besitzt, unerreichbar ist, sondern es hat auch einen positiven Sinn. Jede Situation hat ihren Horizont, und die Weise, wie sich die Dinge von einer Situation aus darstellen, ist nicht beliebig, sondern hat im Gegenteil eine erhöhte Verbindlichkeit. Die Perspektiven, unter denen sich die Dinge zeigen, sind nicht Begrenzungen der Sicht, sondern gehören selbst der geschichtlichen Wirklichkeit an. Geschehen und Verstehen sind nicht im Gegenüber eines Objektes und eines Subjekts, sondern bilden die eine Wirklichkeit der G. Hier findet → Nietzsches universaler Perspektivismus eine höchst legitime Anwendung, die freilich in sich selbst dazu nötigt, den Subjektivismus des Willens zur Macht als eine verzweifelte Übersteigerung zu erkennen. So hat → Jaspers Nietzsche abgemildert, während → Heidegger in seinen späteren Arbeiten das Machtdenken als die konsequente Zuspitzung des abendländischen Geschichtsganges deutet.

4. *Das metaphysische Grundproblem der G.*, das sich im Begriff der Situation zusammenzieht, ist aber das Problem der → Zeit. Es stellt sich im Gegensatze der zyklischen Verlaufsform der Natur und der linearen Zukunftsgerichtetheit der G. Beide Zeitbegriffe sind in jeder Geschichtsauffassung wirksam. Die Zukunftsrichtung ist allem menschlichen Planen und Entwerfen eigen – in Hoffnung haben auch die Griechen gelebt –, umgekehrt ist die Erfahrung der G. eben die, daß eine kreisende Notwendigkeit, die dem Wechsel der Jahreszeiten ähnelt, über dem Erfolg des menschlichen Planens waltet. Diese Spannung in dem Problem der Zeit hat sich im Gegensatze zweier Geschichtsauffassungen zugespitzt, von denen die eine wesentlich durch die Antike, die andere durch die Neuzeit repräsentiert wird. G. ist für die Antike im wesentlichen Verfalls-G. Das Vollkommene steht am Anfang, und das Herausgefallensein aus der vollkommenen Ordnung der Natur bestimmt das Wesen der menschlichen G. So hat die religiöse Überlieferung etwa in der Lehre vom goldenen Zeitalter berichtet, so denkt aber auch die Philosophie, wenn sie die wahre Ordnung des Seins und den idealen Staat an den Anfang stellt, um Abweichung und Verfall von da aus zu verstehen (Plato). G. ist die bloße Zufälligkeit gegenüber der vernünftigen Wahrheit, die sich in der Natur und in der menschlichen Gestaltung (τέχνη) offenbart. – Demgegenüber bedeutet das Christentum die Wendung zu jenem anderen Extrem, wonach Zeit Zukunft ist und jeder Augenblick sein Schwergewicht und seinen unverlierbaren einmaligen Sinn durch die Menschwerdung Gottes empfangen hat. Im Gedanken der Inkarnation wird hier nicht wie in der heidnischen → Theophanie der Augenblick der göttlichen Gegenwart als ein Akt der Erleuchtung verstanden, sondern es wird die wirkliche Menschwerdung Gottes, dh sein Eingehen in die Zeitlichkeit, gedacht. Damit wird dem philosophischen Denken eine Aufgabe gestellt, für die die griechische Philosophie keine rechten Mittel bereithielt. Denn jetzt ist gefordert, in dem Kontingenten (→ Kontingenz) und Einmaligen das bleibende Wahre zu suchen. Dann aber ist G. nicht mehr eine Privation von Dauer, sondern der eschatologische Augenblick, in dem Christus geglaubt oder verraten wird.

Beide Auffassungen stellen Extreme dar, die erst durch ihre Begrenzung wahr werden. So ist es bezeichnend, daß Hesiod die Lehre vom goldenen Zeitalter und den sich daran anschließenden Verfall nicht eindeutig durchführt, sondern, nach dem silbernen und ehernen Zeitalter und bevor die volle Verwüstung des eisernen Zeitalters beginnt, das bessere Zeitalter der → Heroen einschaltet (Hesiod, Erga 109 ff). Im Blick auf diese heroische Vergangenheit, die dem Verfall Einhalt gebot, soll offenbar auch dem gegenwärtigen Menschen eine Umkehr möglich sein. Auch die religiösen Lehren von der → Seelenwanderung durch immer wiederkehrende Einkörperungen schließen die Erlösung aus dem Kreislauf der Geburten durch die wahre Erkenntnis ein. Und noch die Philosophie, die sich des Abstandes von der mythischen Überlieferung bewußt ist, versteht sich selber und ihre Vorgeschichte teleologisch. Die Wahrheit, die sie erkennt, mag die Wiedergewinnung alter Weisheit sein (Aristoteles, Met. XI, 8), aber es ist eine vergessene Weisheit, die sie auf ihrem eigenen neuen Wege allein erkennt. J. Burckhardt (Griechische Kultur-G. II, Abschnitt 4) betont, daß in der Erkundung der Zukunft, dh aber in dem Glauben an eine vorbestimmte und voraussagbare Zukunft für uns etwas Widersinniges liegt. Der Widersinn liegt aber nicht so sehr darin, daß der Mensch sich durch eine solche Vorherbestimmung der Zukunft in seinem Freiheitsbewußtsein negiert sieht, als im Gegenteil darin, daß auch die Erkundung der Zukunft durch den Seher und Zeichendeuter dem planenden und handelnden Menschen dient. Er befragt seine Zukunft, die angeblich bestimmt ist, um dieselbe auf die Befragung hin doch erst durch sein Handeln zu bestimmen. Das kann sich bis zu der tragischen Ironie zuspitzen, dergestalt daß einer sich, wie König Ödipus, in sein tragisches Geschick verstrickt, gerade weil er ihm entfliehen will. Es ist nicht etwa Unglaube oder an sich schuldhaft, daß einer in dieser Weise einen Orakelspruch von sich abzuwenden sucht. → Sokrates gelangt bei dem Versuch, das Orakel, das ihn als den Weisesten erklärt hatte, zu widerlegen, zur Einsicht in die wahrhaft »menschliche Weisheit« der docta ignorantia (Apol. 27). Es ist der unendliche Abstand zwischen dem menschlichen und dem göttlichen Wissen, den zu erkennen weise ist. Der Weise läßt auch den Orakelglauben - wie alles religiöse Herkommen - gelten. Aber es liegt darin eine unaufhebbare Zweideutigkeit, die sich in allem menschlichen Selbstbewußtsein gegenüber der Macht der G. wiederholt. Auch der christliche Glaube ist in ähnliche Paradoxien eingespannt, da der Glaube an die göttliche Vorsehung (→ Prädestination: IV) das Problem der menschlichen → Freiheit zu einem unauflösbaren Dunkel macht. - Selbst das säkularisierte Bewußtsein der Neuzeit bleibt in das gleiche Problem verstrickt. In den innerweltlichen Eschatologien des 19.Jh.s und der Gegenwart wird die zwangsläufige Notwendigkeit, auf die die G. hinführt, mit der Verantwortlichkeit des einzelnen unbeirrt zusammengedacht. Ja, die Erfahrung der G. wird gerade für ein Bewußtsein, das seiner Freiheit inne ist und die planvolle Gestaltung der Zukunft als seine Aufgabe sieht, zur schrecklichsten Beirrung. Die Inkommensurabilität von Sein und Sichwissen macht offenbar die grundlegende Endlichkeit und → Geschichtlichkeit des Daseins aus. Ihr hatte Hegels olympische Lehre von der »List der Vernunft«, die das Individuum zu ihren Zwecken gebraucht, Rechnung getragen. Die Erfahrung des Scheiterns aller geschichtlichen Voraussicht wie aller metaphysischen Deutung der G. ist von Hegel für das handelnde Individuum klar erkannt worden. Wenn das philosophische Bewußtsein sich über diese Schranken sollte erheben können, wäre das aber eine Art Selbstvergottung und nicht minder heillos wie die skeptische Selbstzerstörung. Auch das Unbehagen an der G. (Goethe) oder der Glaube an die ewige Wiederkunft des Gleichen (Nietzsche) haben nur eine dialektische Wahrheit innerhalb eines Bewußtseins, das sich endlich und geschichtlich weiß.

J.G.Droysen, Historik, (1868) hg.v. R.Hübner, 1943^2 - F.Gottl, Die Grenzen der G., 1904 - P.E.Geiger, Das Wort G., 1908 - B.Snell, Die Ausdrücke für den Begriff des Wissens in der vorplatonischen Philosophie, 1924 - E.Spranger, Die Kulturzyklentheorie u. das Problem des Kulturverfalls, 1926 - W.Dilthey, Ges. Schriften III. VII, 1927 - G.Masur, Geschehen u. G. (AKultG 19, 1929, 183-209) - F. Kaufmann, Geschichtsphilosophie der Gegenwart (Philosoph. Forschungsberichte 10), 1931 - G.Rohr, Platons Stellung zur G., 1931 - E.Rothacker, Geschichtsphilosophie (HPh), 1934 - O.F.Bollnow, Dilthey, 1936 - F.Meinecke, Die Entstehung des Historismus, 2 Bde, 1936 - K.Löwith, Von Hegel zu Nietzsche, (1941) 1953^3 - Ders., Welt-G. u. Heilsgeschehen, (1953) 1956^3 - H.-G.Gadamer, Volk u. G. im Denken Herders, 1942 - D.Henrich, Die Wissenschaftslehre bei Max Weber, 1952 - C.Hinrichs, Ranke u. die Geschichtstheologie der Goethezeit, 1954 - G.Krüger, Grundfragen der Philosophie (G., Wahrheit, Wissenschaft), 1958.

H.-G.Gadamer

Geschichtlichkeit. Das Wort G. meint ursprünglich den Gegensatz zur Sage (zB G. der Auferstehung), ist also ein von der kritischen Historie geprägter Begriff, sein Gegenbegriff ist Ungeschichtlichkeit. Als *philosophischer Terminus* hat der Begriff aber einen anderen Sinn. Er meint die geschichtliche Seinsweise des menschlichen Geistes und ist in diesem Sinne zuerst von → Dilthey und Graf York gebraucht worden, die die geschichtliche Grundstellung des Menschen gegen alle metaphysische Dogmatik hervorkehrten. Dilthey berief sich vor allem auf → Fichte, weil in dessen Grundlegung der Philosophie durch die »Tathandlung« die Substanzmetaphysik der griechischen Tradition grundsätzlich überwunden sei. »In der angestrengten Versenkung des Ich in sich findet es sich nicht als Substanz, Sein, Gegebenheit, sondern als Leben, Tätigkeit, Energie« (VII, 157); geschichtliche Begriffe können daher nur Lebensbegriffe sein, »Kategorien der Lebendigkeit«. »Geschichte ist nur das Leben, aufgefaßt unter dem Gesichtspunkt des Ganzen der Menschheit, das einen Zusammenhang bildet« (VII, 256). Dieser Zusammenhang aber ist ein Wirkungszusammenhang; die Bänder, die ihn zur Einheit binden, sind nicht nur Bedeutung, sondern Kraft. Insofern hängt der Begriff der G. mit dem → Historismus und dem Problem des historischen Relativismus zusammen, das insbesondere das spätere Denken Diltheys und das von Ernst → Troeltsch in Atem hielt. - Wie ist angesichts der G. alles menschlichen → Seins und → Erkennens der Objektivitätsanspruch der Wissenschaft zu rechtfertigen? Der Ausweg der Typologie, den Dilthey selbst beschritten hat, kann nicht befriedigen, denn das wissenschaftliche Bewußtsein, das eine solche Typologie denkt und erkennt, hat sich über die eigene G. selbst schon erhoben. Diltheys Typologie ist sich dessen auch bewußt, sofern sie die Mehrseitigkeit des Lebens abbilden will. G. wird bei Dilthey - wie auch von Georg Simmel - im Gegensatz gegen die im Begriff der Wißbarkeit gelegene Identitäts- und Beharrungsforderung verstanden. Selbst im Begriff der Grenzsituation der G., durch den K. → Jaspers die menschliche Existenz gegen alle gegenständliche Wißbarkeit abhebt, ist der Gegensatz zum »zwingenden Wissen« festgehalten. Doch öffnet sich damit zugleich eine Erkenntnismöglichkeit eigener Art, die Jaspers Existenzerhellung nennt, in deren Lichte die Chiffren der Transzendenz lesbar werden.

Die volle Bedeutung des Begriffs der G. wird aber erst dort erreicht, wo er nicht mehr als ein Gegenbegriff gegen das Immerseiende gedacht wird, sondern als die umfassende Seinsweise der menschlichen Existenz, die auch noch die Erkenntnis des Immerseienden als eine menschliche Existenzform in sich begreift. In diesem

Sinne verstand → Husserl die Aufgabe der konstitutiven Phänomenologie als Herleitung aller Objektgeltung aus der absoluten »Historizität« des transzendentalen → Bewußtseins. Das war eine Radikalisierung der transzendentalen Fragestellung → Kants. Die absolute G. des Bewußtseinsstromes ist die Seinsweise des transzendentalen Ich. Nicht minder radikal, aber von der bewußtseinsphilosophischen Basis der Husserlschen Phänomenologie ins Ontologische gewendet, begegnet der Begriff G. bei → Heidegger. Hier wird G. als die radikale Zeitlichkeit des menschlichen Daseins zum umfassenden Horizont für die Seinsfrage überhaupt. G. steht hier nicht im Gegensatz zum Immerseienden oder zur Objektgeltung. Vielmehr wird das Immerseiende als Vorhandensein aus der grundlegenden G. des Daseins überhaupt erst verstanden. Die Grundverfassung der G. beruht nicht darauf, daß das menschliche → Dasein eine Geschichte hat, sondern umgekehrt beruht alle Geschichte auf der primären Zeitlichkeit und G. des Daseins. Das ontologische Problem der Geschichte nennt daher Heidegger ein existentiales. »Das Sein des Daseins wurde als Sorge umgrenzt. Sorge gründet in der Zeitlichkeit. Im Umkreis dieser müssen wir sonach ein Geschehen aufsuchen, das die Existenz als geschichtliche bestimmt.« Es ist die Zukünftigkeit, das Sein zum Tode, dh die Endlichkeit der Zeitlichkeit, in der Heidegger den verborgenen Grund der G. des Daseins sieht. Die radikale ontologische Fragestellung verändert die Problemlage von Grund aus, an der sich die Theorie der → Geschichte (: III) bisher versucht hatte. Jetzt ist die Frage nicht mehr die, wie sich das einzelne Erlebnis in die Abfolge eines Erlebniszusammenhanges einbettet und wie aus solchem »Zusammenhang des Lebens« der Zusammenhang der Geschichte verständlich wird. Das ist vielmehr eine uneigentliche G. des Daseins, die die Zerstreuung und den Unzusammenhang voraussetzt und so zu der Frage nach einem zu stiftenden Zusammenhang des Daseins gelangt. Demgegenüber ist eigentliche G. die »vorlaufende Entschlossenheit«, in der sich das Dasein zu sich selbst entschieden hat. »Die Entschlossenheit, in der das Dasein auf sich selbst zurückkommt, erschließt die jeweiligen faktischen Möglichkeiten des eigentlichen Existierens *aus dem Erbe*, das sie als geworfene *übernimmt*.« So ist in ihr Überlieferung als »Wiederholung« einer überkommenen Existenzmöglichkeit. Der Zusammenhang der Weltgeschichte entspringt in der G. des Daseins, sofern Dasein In-der-Welt-Sein ist. Das Geschehen der Geschichte ist Geschehen des In-der-Welt-Sein. Auf diesem ontologischen Grunde kann überhaupt erst die Frage gestellt werden, wie Historie als Wissenschaft möglich ist. Insofern gibt es hier kein Problem des Relativismus mehr, da die G. des Daseins nicht im Gegensatz zur Ungeschichtlichkeit oder Übergeschichtlichkeit gedacht wird, sondern als der Ursprungsboden aller dieser Begriffe selbst. Dieser transzendentalen Analytik des Daseins (in »Sein und Zeit«) ist vor allem R. → Bultmann gefolgt, um den Gegensatz von historischer und dogmatischer Fragestellung in der Theologie zu überwinden. Indessen hat die innere Entfaltung der Seinsfrage, die Heidegger in »Sein und Zeit« begann, die Orientierung am Seinsverständnis des menschlichen Daseins und damit die »transzendentale« Fragestellung später grundsätzlich überschritten. Das »Da-Sein im Menschen« wird nun als ein Seinsgeschehen aus der Seinsgeschichte verstanden. Damit wird der Begriff der G. nicht mehr auf das menschliche Dasein, sondern auf das Sein selbst bezogen, und dem entspricht, daß das Wort G. verschwindet und durch andere Begriffe (Geschick und »Geschicklichkeit«) ersetzt wird.

Außer der Lit. zu → Geschichte: III: G. Simmel, Die Probleme der Geschichtsphilosophie, (1892) 1923⁵ - E. Troeltsch, Ges. Schriften III, 1922 - M. Heidegger, Sein u. Zeit, (1927) 1957⁷ - Ders., Holzwege, 1950 - Ders., Vorträge u. Aufsätze, 1954 - K. Jaspers, Philosophie II, 1932 - E. Husserl, Erfahrung u. Urteil, 1948 - Ders., Cartesianische Meditationen, hg.v. S. Strasser (Husserliana I), Haag 1950 - Ders., Ideen zu einer reinen Phänomenologie u. phänomenologischen Philosophie, hg.v. W. u. M. Biemel (Husserliana III-V), ebd 1950/52 - R. Bultmann, Geschichte u. Eschatologie, 1958. *H.-G. Gadamer*

Geschichtsschreibung, *biblische*

I. Im AT - II. Im NT. - Vgl. → Geschichte und Geschichtsauffassung: I. II A

I. Im AT

1. G. im allgemeinen - 2. Der altorientalische Hintergrund - 3. Anfänge der G. in Israel - 4. Die Werke der G. in Israel - 5. Verwandte Erscheinungen

1. Im Unterschied von den volkstümlichen und ursprünglich mündlich gepflegten Gattungen der → Sage und Legende als Weisen der Weitergabe von Überlieferungen über geschichtliche Ereignisse und Personen ist die G. eine *literarische* Gattung, die in stärker reflektierter Art über geschichtliche Vorgänge berichtet. Ihre Werke sind von Anfang an aufgeschrieben gewesen. Sie setzt damit nicht nur die Kunst des Schreibens und Lesens voraus, die in Israel von Anfang an nicht unbekannt gewesen ist, sondern auch ein Vermögen literarischer Gestaltung, das auch in Israel erst im Laufe einer nicht mehr genau bestimmbaren Entfaltung der allgemeinen Kultur ausgebildet worden sein dürfte. Das Anliegen der G. ist es, einen bestimmten, vom Geschichtsschreiber gewählten, mehr oder weniger begrenzten Ausschnitt aus dem geschichtlichen Leben so darzustellen, daß der Leser auch noch in einer späteren Zeit erfährt, was sich ereignet hat. Freilich ist die Grenze zwischen Sage und Legende auf der einen und G. auf der anderen Seite nicht scharf zu ziehen, vor allem nicht in einem Fall wie dem des alten Israel, dessen gesamte Überlieferungshinterlassenschaft nur in dem einen großen Sammelwerk des AT erhalten ist, in dem die verschiedenen Gattungen ungeschieden nebeneinander stehen und erst nachträglich formgeschichtlich analysiert und getrennt werden müssen (→ Formen: I). Auch die ehedem mündlich weitergegebenen Sagen und Legenden sind im AT nur im Rahmen literarischer Zusammenfassungen auf uns gekommen, die meist unter irgendeinem übergeordneten Gesichtspunkt stehen und damit den Werken der G. nahe kommen; und andrerseits hat sich die G. gewiß mündlicher Erzählungen als Erkenntnisquellen bedient. Immerhin ist es in der Regel den Überlieferungseinheiten des AT noch anzusehen, ob sie aus volkstümlichen Erzählungen herstammen oder von vornherein literarisch konzipiert worden sind. Außerdem haben es Sagen und Legenden vorwiegend mit Einzelereignissen und Einzelepisoden aus dem Leben geschichtlicher Gestalten zu tun, während die G., auch wenn sie nur ein sehr begrenztes Thema behandelt, jeweils eine bestimmte als sachlich geschlossen angesehene Ereignisfolge zum Gegenstand hat. Die G. setzt damit die Fähigkeit voraus, geschichtliche Zusammenhänge, seien sie auch zeitlich und räumlich noch so begrenzt, zu erkennen und darzustellen. Nach ihrer Intention sind die Gattungen nicht voneinander zu unterscheiden; denn auch die Sagen und Legenden wollen ebenso wie die G. Mitteilungen über reale geschichtliche Ereignisse weitergeben, und zwar über solche, die von bleibender und allgemeiner Bedeutung waren.

2. Die *altorientalische Welt* mit ihrem großen Reichtum an schriftlichen Aufzeichnungen hat eigentliche Werke der G. nicht hervorgebracht. Sie hat zwar eine ungeheure Fülle von geschichtlichen Nachrichten hinterlassen. Aber sie ist dabei doch kaum über das Stadium der einfachen listenmäßigen Nebeneinanderstellung von

Notizen geschichtlichen Inhalts hinausgelangt. Sie hat damit im wesentlichen nur das Rohmaterial für eine G. dargeboten, bis zu der selbst sie nicht gelangt ist. Das gilt für die zahlreichen altorientalischen Königsinschriften, die zum Ruhm des jeweiligen Herrschers meist in chronologischer Folge nach Regierungsjahren geordnet die siegreichen Feldzüge aufzählen oder seine Bauten aufführen. Das gilt auch für die Königslisten, die mehr oder weniger lange Zeiträume überblicken, und für chronikartige Werke, die zu einem bestimmten Gegenstand die zugehörigen Ereignisse in zeitlicher Folge zusammenstellen. Daneben gibt es auch vereinzelt den Typus romanhafter Geschichtserzählungen aus der Vergangenheit, die jedoch kaum mit der Absicht verfaßt worden sind, wirklich Geschehenes zu erzählen. Endlich sind altorientalische Schilderungen des Wechsels von Unheils- und Heilszeiten überliefert, die aber am mythischen Kreislaufschema interessiert sind und nicht an der Darstellung geschichtlicher Vorgänge. Aus diesem Rahmen fällt auch das hethitische Schrifttum nicht heraus, obwohl in hethitischen Königsannalen und in den historischen Einleitungen hethitischer Staatsverträge ein Verständnis für geschichtliche Zusammenhänge erkennbar wird, das nahe an eigentliche G. heranführt (→ Hethiter).

3. Auch in *Israel* hat es in Verbindung mit der politischen und staatlichen Ordnung das Element der listenmäßigen Zusammenfassung geschichtlicher Tatbestände und Vorgänge gegeben. An den Königshöfen sind Listen der obersten königlichen Beamten (2Sam 8, 16-18; 20, 23-26; 1Kön 4, 2-6. 7-19) und der Mitglieder des kriegerischen Königsgefolges (2Sam 23, 8-39) geführt worden und ebenso Königsannalen, die dann zusammengearbeitet worden sind zu »dem Buch der Salomo-Geschichte« (1Kön 11, 41) und zu »dem Buch der Tagesereignisse der Könige von Israel bzw. Juda« (1Kön 14, 19 u.ö. bzw. 1Kön 14, 29 u.ö.). Wahrscheinlich schon in vorköniglicher Zeit ist ein listenmäßiges Verzeichnis der Kulturlandgebiete der einzelnen israelitischen Stämme aufgeschrieben worden, das in sekundärer Verarbeitung in Jos 13-19 erhalten ist. Aber schwerlich ist aus diesen und anderen ähnlichen Zusammenstellungen die G. in Israel erwachsen, auch wenn die G. sie dann als Material aufgenommen hat. Die G. in Israel scheint ihre Wurzel nicht im offiziellen Bereich zu haben und jedenfalls nicht in offiziellem Auftrag gepflegt worden zu sein, auch wenn sie von Königen und Staaten handelt und sich offizieller Aufzeichnungen als Quellen bedient. Königsinschriften hat es in auffälligem Unterschied von der ganzen altorientalischen Welt in Israel offenbar nicht gegeben; jedenfalls ist nichts dieser Art bisher bekanntgeworden. Wenn anscheinend die G. in Israel mit dem Beginn der Königszeit aufgekommen ist, so nicht deswegen, weil sie durch Könige veranlaßt worden wäre, sondern weil in dieser Zeit das geistige Niveau erreicht war, das eine literarische G. ermöglichte. In dieser Hinsicht geht die G. parallel der literarischen und theologischen Gestaltung des im Pentateuch enthaltenen Überlieferungsgutes, die in derselben Zeit begonnen zu haben scheint (→ Pentateuch); und es entsteht die Frage, ob nicht auch eine sachliche Beziehung zwischen beiden Erscheinungen anzunehmen ist, wobei allerdings die Frage der Priorität sehr schwer zu beantworten ist. Es könnte sein, daß die nach einer langen Überlieferungsvorgeschichte erfolgte literarisch-theologische Fixierung der fundamentalen Geschichtstraditionen Israels dazu angeregt hat, auch der Zeitgeschichte die Aufmerksamkeit zuzuwenden; denn die G. Israels hat als Zeit-G. begonnen. Jedenfalls war die G. in Israel von Anfang an nicht an den geschichtlichen Vorgängen als solchen interessiert, sondern am Wirken Gottes in der → Geschichte (: I), auch wenn sie die Art des geschichtlichen Handelns Gottes in ganz anderer Weise sieht, als es die alten Überlieferungen über die Vor- und Frühgeschichte Israels getan hatten. Letztlich sind die Wurzeln der G. in dem durch seine Gotteserfahrung und seinen Glauben geprägten besonderen Geschichtsbewußtsein Israels zu suchen. Damit ist auch zu erklären, daß im Unterschied zur altorientalischen Welt in Israel überhaupt eine G. entstanden ist, und zwar eine nicht politisch-staatlich inspirierte G. In welchen Kreisen Israels die G. aufgekommen und gepflegt worden ist, ist nicht mehr zu ermitteln, zumal die Werke der G. wie die gesamte erzählende Literatur des AT anonym überliefert worden sind.

4. Sogleich die frühesten uns bekannten *Werke der G. in Israel* zeigen einen erstaunlich hohen Grad der Vollendung sowohl hinsichtlich der offenbar sachgemäßen Einsicht in die wesentlichen Elemente eines bestimmten Geschichtsverlaufs wie auch hinsichtlich der Kunst der lebendigen Darstellung. Es handelt sich um zwei Werke, die vom Königtum → Davids handeln, nämlich um die Geschichte vom Aufstieg Davids in 1Sam 16, 14 bis 2Sam 5, 25 und um die Geschichte der Wirren um die Thronnachfolge Davids in 2Sam 7; 9-20 und 1Kön 1; 2. Beide Werke sind von einem echt historischen Thema beherrscht und führen zu einem konkreten historischen Ziel hin; beide Werke wissen das Miteinander und Gegeneinander von Personen und Interessen deutlich und verständlich zu machen; und beide Werke zeigen mit großer Zurückhaltung, aber doch unzweideutig, im Hintergrund des menschlichen Handelns das letztlich entscheidende Wirken Gottes, das erstere, indem es am Anfang und am Schluß (1Sam 16, 18; 2Sam 5, 10) die gewichtige Aussage macht, daß »Jahwe mit ihm (David) war«, das letztere, indem es an einem entscheidenden Wendepunkt des Geschehens den Entschluß eines Menschen unmittelbar durch Jahwe bewirkt sein läßt (2Sam 17, 14). Beide Werke dürften auf einer noch mehr oder weniger unmittelbaren Kenntnis beruhen und ziemlich kurz nach den geschilderten Ereignissen verfaßt worden sein, das erstere noch zur Zeit Davids oder Salomos, das letztere in salomonischer oder unmittelbar nachsalomonischer Zeit. Neben diesen großen Werken stehen kleinere, so die Geschichtserzählung von Ri 9, die nach ihrer Schlußbemerkung zeigen will, wie Gott die bösen Absichten Abimelechs und der Sichemiten gestraft und den Fluch Jothams wahrgemacht hat, oder die Erzählung von der Ausrottung der Dynastie → Omris und ihres Baalkultes durch die Revolution → Jehus in 2Kön 9; 10. Schließlich ist die G. in Israel zu umfassenden, auf Grund literarischer Quellen gearbeiteten Geschichtswerken über große Teile der Gesamtgeschichte Israels fortgeschritten, wie sie im → deuteronomistischen Geschichtswerk und im chronistischen Geschichtswerk (→ Chronikbücher) vorliegen. In sie sind die genannten älteren Werke der Zeit-G. als wörtlich eingearbeitete Quellen aufgenommen worden. Eine Nachblüte hat die israelitische G. in der Darstellung des Kampfes und Sieges der hasmonäischen Familie in 1Makk (→ Makkabäerbücher) erlebt.

5. Der G. *verwandt,* aber doch eine Gattung für sich ist das biographische Schrifttum. Die »Memoiren« → Nehemias sind ein im Ich-Stil formulierter Rechenschaftsbericht über die amtliche Statthaltertätigkeit in Jerusalem und als solcher von großem historischem Wert. Eine bedeutende Rolle spielt das biographische Element vor allem in der Prophetenüberlieferung. Neben Notizen und kurzen Erzählungen über Erfahrungen und Geschicke von Propheten haben wir vor allem die detaillierte Erzählung über das Erleben → Jeremias im letzten Abschnitt seiner Wirksamkeit in Jer 26; 36; 27-29; 37-45, die nach Jer 45 von der Hand des Prophetenschülers Ba-

ruch stammt, also ausnahmsweise einen namentlich bekannten Verfasser hat. Dazu treten zahlreiche kurze selbstbiographische Angaben in der Prophetenliteratur über Visionen und Auditionen u.ä. Bei alledem ist wohl im allgemeinen an schriftliche Aufzeichnungen zu denken. Hingegen sind die zahlreichen Legenden über Propheten der vorklassischen Zeit gewiß zunächst mündlich weitererzählt und erst nachträglich zu sekundären »Biographien« zusammengestellt und aufgeschrieben worden (vgl. bes. die Überlieferungen über → Elia und → Elisa).

L.Rost, Die Überlieferung von der Thronnachfolge Davids, 1926 - RGG² II, 1112ff (Lit.) - H.G.Güterbock, Die histor. Tradition u. ihre literarische Gestaltung bei Babyloniern u. Hethitern bis 1200 (ZA 42, 1934, 1-91; 44, 1938, 45-149) - G.v.Rad, Der Anfang der G. im AT (AKultG 32, 1944, 1-42) - Ders., TheolAT I, 1957, 56ff. 306ff - E.Fascher, Antike G. als Beitrag zum Verständnis der Geschichte (ThLZ 77, 1952, 641-652). *M.Noth*

II. Im NT

1. Naherwartung und G. - 2. Heilsgeschichte und Geschichte - 3. G. in Evangelien und Apg

1. Die eschatologische *Naherwartung* scheint in der ältesten Gemeinde jedes tiefere Interesse für Vergangenheit und Gegenwart auszuschließen. In der Tat kennt das Urchristentum keine eigentliche G. mit historischer und biographischer Abzweckung und Methode, wie sie bereits im Altertum geübt wurde. Daraus darf nicht geschlossen werden, daß ihm überhaupt der Gedanke an Mitteilung bestimmter Ereignisse der Vergangenheit und ihrer Zusammenhänge ferngelegen hätte. In Wahrheit verkündet die Gemeinde von Anfang an ein *zeitliches Geschehen der unmittelbaren Vergangenheit,* das für sie das Heil bedeutet. Damit ist die Voraussetzung gegeben für die besondere Art der Berichterstattung, mit der wir es im NT zu tun haben. Seit Ostern ist die Hoffnung der Jünger auf ein bald eintretendes Ende an das Leben und Sterben eines in der Geschichte erschienenen Menschen und an die auf seinen Tod folgenden Ereignisse gebunden, die sie als seine leibliche Auferstehung und damit als die schon erfolgte Überwindung des Todes verstehen. Sie sehen in diesem Geschehen zugleich den entscheidenden Höhepunkt eines weiter zurückreichenden göttlichen Heilsgeschehens: der at. Israelsgeschichte. Auf den Glauben an die geschehene Erfüllung ist nunmehr die Naherwartung gegründet. Zwar kommt das erhoffte → Reich nicht kontinuierlich, sondern plötzlich, von Gott her, aber es bereitet keineswegs einem sinnlosen, sondern einem planvollen, wenn auch durch menschliche Sünde und Unheil gekennzeichneten göttlichen Geschehen ein Ende. So kennt das urchristliche Denken bereits auf der Stufe der mündlichen Fixierung von Evangelienüberlieferung eine - allerdings noch nicht gleichmäßig ausgezogene - heilsgeschichtliche Linie. Auf ihr hat auch die Gegenwart der Gemeinde ihren Platz, freilich zunächst nur als Epilog zum Leben Jesu. Immerhin ist mit dieser Einordnung bereits der Ansatz zu einer im NT sichtbaren Weiterentwicklung gegeben. Auf der Einbeziehung der Gegenwart der Gemeinde in die → Heilsgeschichte beruht jedenfalls das charakteristische Bewußtsein der ersten Christen, als Hauptbeteiligte zwischen der schon geschlagenen Entscheidungsschlacht und dem noch ausstehenden Endsieg zu stehen.

2. In ihrem Zentrum, dem Leben Jesu, gehört die Heilsgeschichte der *Geschichte* an - zwar gerade nicht als *Heils*zusammenhang, wohl aber als Abfolge von Einzelereignissen. In der Geschichte Israels als der unmittelbaren Vorbereitung und der Geschichte der Gemeinde als der Verlängerung des Lebens Jesu ist sie zwar ebenfalls der historischen Erfassung weithin zugänglich. Trotzdem muß sich der Bericht über dieses Mittelstück doch von aller anderen G. unterscheiden, insofern er implizit nach vorwärts mit einem Endgeschehen, nach rückwärts mit einem Urgeschehen verbunden erscheint, deren Elemente mythischer Herkunft sind. Für die urchristliche wie schon für die jüdische Geschichtsschau (→ Geschichte: I. II A) besteht kein Unterschied zwischen Geschichte und historisch unkontrollierbarem Ur- und Endgeschehen: Adam gehört auf die gleiche Ebene wie Jesus von Nazareth, und der Stammbaum Jesu kann ohne Bedenken auf Adam zurückgeführt werden (Lk 3, 23ff). Freilich ist der → Mythos (: IV) seiner mythischen Substanz entkleidet, er ist gleichsam historisiert, indem er in den gleichen zeitlichen Heilszusammenhang wie jenes historisch kontrollierbare Mittelstück gestellt wird. An der Gestalt Adams ist das Wesentliche, daß *nach* ihm in der Zeit ein zweiter Adam kommt (1Kor 15, 45).

Es entsteht somit keine eigentliche G., sondern Verkündigung einer *prophetisch geschauten* Geschichte, deren Zusammenhang nicht immanent historisch, sondern offenbarungsmäßig zu bestimmen ist. Dabei sind Ur- und Endgeschichte *nur* Prophetie, das dazwischenliegende Stück Prophetie, die sich weithin auf historisch kontrollierbare Tatsachen bezieht. Daraus ergeben sich für die Darstellung der in den historischen Bereich fallenden Ereignisse folgende Eigentümlichkeiten, die diese gegen alle andere G. wie auch alle Geschichtsphilosophie abgrenzen: a) Aus dem zu berichtenden Geschehen werden nur solche Einzelzüge herausgegriffen, die der prophetischen Deutung dienen. - b) Faktisches Geschehen und Deutung werden nicht unterschieden. Neben Aussagen, die Gegenstand historischer Diskussion sein können, etwa der vom leeren Grab und von Visionserfahrungen, steht völlig gleichwertig die Deutung: Christus ist leiblich auferstanden und erschienen. - c) Es werden Elemente in die Erzählung aufgenommen, die überhaupt keine historisch kontrollierbare Grundlage besitzen, jedoch der prophetischen Gesamtschau dienen.

Die Anknüpfung an Daten der Profangeschichte erscheint im NT daher nur am Rande; Namen wie → Herodes, Augustus, Tiberius, Pontius → Pilatus, → Gallio, → Felix, → Festus, Agrippa werden vor allem im Zusammenhang mit der Verfolgung der Gemeinde genannt. Anderseits sind in allem empirischen Geschehen unsichtbare Engelmächte am Werk, denn Heilsgeschichte steht ja mit kosmischem Geschehen in enger Verbindung. Von hier aus kann es zu einer Wertung zeitgenössischer Ereignisse kommen, aber auch wiederum nicht im historischen Sinn, sondern etwa so, wie in der → Johannesapokalypse historische Elemente mit mythologischen Motiven heilsgeschichtlich verbunden werden, oder wie nach 1Kor 2, 8 Herodes und Pilatus als ausführende Organe der Archonten erscheinen.

3. Der zentralen Stellung des Lebens Jesu (→ Jesus Christus) im urchristlichen Denken entspricht es, daß die früheste Verkündigung zur Fixierung einer Evangelienüberlieferung geführt hat (→ Evangelien, formgeschichtlich). Den Grundstock bilden *Einzelerzählungen,* die unter bestimmtem heilsgeschichtlichem Gesichtswinkel von der mündlichen Tradition ausgewählt und geformt und dann von den Evangelisten verbunden worden sind. Diese formgeschichtliche Erkenntnis läßt zunächst nach dem jeweiligen Anteil des Glaubensinteresses der Gemeinde an der Entstehung der Überlieferung fragen, darf aber nicht vergessen lassen, daß ihr Gegenstand die *Geschichte Jesu* ist, und daß sie deshalb vom modernen Historiker - unter Berücksichtigung jenes Ursprungs - als Quelle für deren Rekonstruktion benutzt werden kann (→ Evangelien, synoptische).

Die heilsgeschichtliche Verbindung zum AT einerseits, zur Gegenwart der Gemeinde anderseits bildet vielfach geradezu das Motiv der Formung von Evangelientradition und Evangelium. Für das MtEv ist die Verknüpfung mit dem AT eines der Hauptanliegen. Das MkEv zeigt im Leben Jesu stärker die Beziehung zu den von Jesus besiegten dämonischen Mächten auf. Der Verfasser des JohEv scheint zunächst die Heilsgeschichte abzustreifen. In der Tat treten hier →Eschatologie (: IV) und Naherwartung zurück. Dafür aber sieht er in der Beziehung des Lebens Jesu zur Gegenwart der Kirche geradezu ein Hauptziel seiner Darstellung: er will in einer viel bewußteren Zusammenschau als die Synoptiker die Identität des historischen Jesus mit dem erhöhten Kyrios demonstrieren.

Von G. im Sinne antiker Historiographie sind wir in diesen Evangelien weit entfernt. Nur Lukas mit seinem zweibändigen Werk scheint eine Ausnahme zu bilden. Von den Formgeschichtlern ist zwar (im Anschluß an Franz → Overbeck) auch für die Lukas-Schriften der Geschichtscharakter stark in Frage gestellt worden. Demgegenüber wird in neuester Zeit Lukas geradezu als der erste Kirchenhistoriker gewertet, der unter Aufgabe der ursprünglichen eschatologischen Einstellung ein *historisches* Interesse für die Zeit der Kirche zeige. In der Tat bemüht sich Lukas stärker als die übrigen Evangelisten um »historische« Methode; der im Stil antiker Vorreden gehaltene Prolog seines Evangeliums (Lk 1, 1-4), sein Bemühen um Periodisierung und präzise Datierung usw beweisen dies. Auch ist er tatsächlich viel stärker an der Zeit der Kirche interessiert, mit deren längerer Dauer gerechnet wird. So gewinnt die Zeit der Kirche an Ausdehnung und läßt Raum für eine eigene ihr gewidmete Darstellung. Immerhin bleibt auch hier der heilsgeschichtliche Charakter erhalten. Das historische Streben bezieht sich nur auf die Methode, nicht auf das Ziel: die »Sicherheit« (Lk 1, 4), die Lukas dem Theophilus vermitteln will, ist die seines *Heils*. Was er in seiner → Apostelgeschichte darstellen möchte, sind weniger Gründung und Entwicklung der Kirche als vielmehr das Wirken des hl. Geistes, das schon vor ihm als zeichenhafte Vorwegnahme des Endes gilt.

M.Dibelius, Die Formgesch. d. Ev., (1919) 1933² - Ders., Aufsätze z. Apg, hg.v. H.Greeven, (1951) 1954² - R.Bultmann, Gesch. d. synopt. Tradition, (1921) 1957³ - Ders., NTS 1, 1954, 5-16 - K.L.Schmidt, Die Stellung der Evv. in der allg. Lit.-Gesch. (»Eucharisterion«, H.Gunkel dargebr., II, 1923, 50-134) - Deissmann, LvO 208ff - RGG² II, 1115ff - H.-D.Wendland, Geschichtsanschauung u. Geschichtsbewußtsein im NT, 1938 - G.Delling, Das Zeitverständnis des NT, 1940 - O.Cullmann, Christus u. d. Zeit, (1946) 1948² - R.Morgenthaler, Die lukanische G. als Zeugnis (AThANT 14/15), 1948 - E.Käsemann, Das Problem des hist. Jesus (ZThK 51, 1954, 125-153) - H.Conzelmann, Die Mitte der Zeit. Studien z. Theol. d. Lukas (BHTh 17), (1954) 1957² - W.Marxsen, Der Evangelist Markus (FRLANT 67), 1956, bes. 77ff - J.M.Robinson, Das Geschichtsverständnis des MkEv (AThANT 30), 1956. *O.Cullmann*

Geschlechtertrennung in der Kirche. Wie der herodianische → Tempel (: II) mit seinem Frauenvorhof eine G. im Kult kannte, so saßen auch in der antiken → Synagoge die Frauen von den Männern geschieden und haben wohl vielfach ihren Platz auf Emporen gehabt (Schürer II, 521). Auf die urchristlichen Versammlungen kann sich diese Zurücksetzung der Frau unmöglich übertragen haben. Die in den → Apostolischen Konstitutionen (II, 57) angeordnete G. (mit gesonderten Eingängen in das Kirchengebäude), die früh Sitte geworden zu sein scheint und bis in weitere Untergruppen (Verheiratete - Unverheiratete usw) durchgeführt wurde, hängt wohl ursprünglich mit der im NT (zB Eph 5 f) zu beobachtenden seelsorgerlichen Aufgliederung der Gemeinden zusammen. Später wurde das Motiv der Schicklichkeit und des Anstandes maßgebend; Chrysostomus kennt eine Trennung der Geschlechter durch eine regelrechte Scheidewand, und Augustin hebt die der Ehrbarkeit entsprechende Sonderung von Mann und Frau in der christlichen Versammlung hervor. Sie dürfte das ganze MA hindurch üblich gewesen sein, wobei die Südseite der Kirchen für die Männer, die Nordseite für die Frauen bestimmt war. Nach c. 1262 CIC soll die alte Sitte der G. weiterhin beachtet werden, womit, jedenfalls in Deutschland, die kath. Wirklichkeit kaum übereinstimmt. - Luther sah für die Spendung des Abendmahls die G. durchaus vor. Auch im ev. Predigtgottesdienst wird sie weithin gegolten haben und hat sich, bes. auf dem Lande, zT bis in die Gegenwart erhalten. Noch häufiger wird sie beim Abendmahl, hier bisweilen rigoros, gehandhabt. - Die Brüdergemeine mit ihren auf das NT zurückgeführten »Chören« kam zu einer strengen G. innerhalb der Gesamtgemeinde, die dann auch zu Sondergottesdiensten der Gruppen führte. - G. bei Kindern und Gemeindejugend, soweit sie geschlossen am Gottesdienst teilnehmen, erscheint aus erzieherischen und gemeindlichen Gründen auch heute sinnvoll, kaum dagegen eine Wiederbelebung oder Neueinführung der allgemeinen G. Beim Abendmahl sollte mindestens das Beisammenbleiben von Ehegatten und Familiengliedern als selbstverständlich gelten. *W.Jannasch*

Geschlechtliches. In den urtümlichen Gesellschaften der Wildbeuter (→ Naturvölker) bedingen die biologisch-konstitutionellen Unterschiede zwischen Mann und Weib eine *geschlechtliche Arbeitsteilung:* der Mann wirkt als → Jäger und Fänger sowie als Beschützer der Frau und ihrer Kinder gegen auswärtige Feinde, die → Frau als Sammlerin und Hüterin der Kleinkinder. Die spätere sozialhistorische Entwicklung hält sich nicht an diese biologisch mitbestimmte Spezialisierung, sie differenziert vielmehr die wirtschaftlichen und sozialen Rollen nach anderen Prinzipien. - Die *sexualethischen* Auffassungen über geschlechtsspezifisch schickliches Verhalten sind von Anfang an überwiegend kulturell gesteuert: Angriffslust und Zurückhaltung, die Formen der Werbung, der konventionelle Ausdruck des Schamgefühls usw sind nicht festgelegte männliche oder weibliche »Eigenschaften«, sondern Prägungen auf Grund kultureller Verhaltensmuster. Daher können die in *unserer* Gesellschaft geltenden sexualethischen Normen nicht ohne weiteres bei der Deutung des Verhaltens in fremden Kulturen zugrunde gelegt werden. - Im *Weltbild* der Naturvölker und alten Völker spielt G. eine große Rolle. Häufig ist die Vorstellung von einem geschlechtlich noch undifferenzierten, also potentiell doppelgeschlechtigen und daher ikonographisch oft androgyn gebildeten Urwesen oder Ahnen der Menschheit (→ Chaos, → Schöpfung: I, → Urheber, → Urstand). Gegen J.Winthuis (»Das Zweigeschlechterwesen bei den Australiern und anderen Völkern«, 1928; u.a. Schriften) soll hervorgehoben werden: Die Bisexualitätsideen manifestieren sich viel stärker und häufiger als bei Naturvölkern in den Kosmologien (→ Weltbild: I) der alten und jüngeren Völker des Ostens, zB im chinesischen → Taoismus (Yin und Yang), im tantrisch-tibetischen Schaktismus (Yab und Yum) usw. Sexualkategorien und -symbole durchziehen in den verschiedensten Gestaltungsformen und wechselnder Prägnanz das Denken und Handeln der Völker (→ Erde, → Fruchtbarkeit). In einigen *Sprachen,* den sog. »Genus-Sprachen« (indogermanische, semitohamitische u.a.) wird geradezu eine geschlechtliche Zweiteilung der Welt manifestiert durch das grammatische Geschlecht; die den Genussprachen gegenüberstehenden »Klassensprachen« weisen andererseits darauf hin, daß diese Dichotomisierung der Welt sich nicht überall von selbst verstanden hat. Von ganzen männlich oder weiblich bestimmten »Kulturen« sollte man also nicht sprechen. – Im *sozialen* Leben der Naturvölker zeugen → Initiations- und → Pubertäts-Riten als → Rites de passage dafür, wie stark G. die Phantasie des »naiven« Menschen beschäftigt. Dasselbe gilt für die typologisch hiermit verwandten antiken und vorderasiatischen → Mysterien-Kulte, in denen allerdings eine rationalistische sexuelle Systematisierung oft sehr weit getrieben ist (vgl. → Gnosis).

J.J.M.deGroot, Universismus, 1918 - R.Thurnwald, Die menschl. Gesellschaft II, 1932 - L.Frobenius, Schicksalskunde, 1938 - M.Mead, Male and Female, New York 1949; dt. 1955 - C.S.Ford-F.A.Beach, Patterns of Sexual Behavior, ebd 1951; dt. 1954 - H.Zimmer, Philosophies of India, ebd 1951 - H.Baumann, Das doppelte Geschlecht, 1955.

W.E.Mühlmann

Geschlossene Zeit → Zeiten, kirchliche.

Geselligkeit

1. Voraussetzungen der G. - 2. Geschichtliche Entwicklung der G.sformen - 3. G. in der industriellen Gesellschaft

1. G. finden wir überall dort, wo die Pflege sozialer Kontakte zum Selbstzweck wird und ein entsprechendes Verhalten begründet. Ihren Ursprung hat sie in dem Bedürfnis des Menschen, in einem der Notwendigkeit des Alltags enthobenen sozialen Rahmen sich selbst noch einmal in Freiheit zu bestätigen. Als »Spielform der Vergesellschaftung« (Simmel) ist die G. zugleich auch Abbild und Ausdruck der → Gesellschaft und ihrer schöpferischen Fähigkeiten, die im Erfindungsreichtum hinsichtlich der G.sformen und im Inhaltsreichtum der sozialen Kontakte zum Ausdruck kommen und zusammen den G.sstil einer Epoche realisieren.

Die subjektive Voraussetzung jeder G. ist ein Mindestmaß an Muße und Selbstbeherrschung. Ein nur arbeitsorientiertes Bewußtsein oder ein stark affektbetontes Verhalten hemmen die harmonische Entwicklung der G. Die objektive Voraussetzung der G. besteht vor allem in einer sozialen Schicht, deren Glieder durch ein Mindestmaß an gemeinsamer Erziehung und Umwelterfahrung einander angeglichen sind.

Diese Voraussetzungen waren bis weit in die Neuzeit vor allem in den jeweiligen gesellschaftlichen Führungsschichten gegeben, in denen deshalb auch die G. bes. gepflegt wurde und wesentliche kulturtragende Funktionen übernahm. Immer bot sich aber zugleich die Gefahr zunehmender Verfeinerung und damit der Veräußerlichung einerseits und die Gefahr des Sittenverfalls andererseits. Oft hat die Entartung der G. den Untergang der tragenden Gesellschaftsschicht angezeigt.

2. Schon in der Antike finden wir in den Symposien, die philosophische Unterhaltung mit rauschhafter Sinnlichkeit verbanden, eine ausgeprägte Form der G., die allerdings im wesentlichen auf die Männerwelt begrenzt war. Sie wurde in der Renaissance von den italienischen Fürstenhöfen neu übernommen. In Petrons »Gastmahl des Trimalchio« ist auch die Entartungsform dieser G. meisterhaft beschrieben. – Die G. der Adelsgesellschaft des MA hat in den Gegenpolen der weltlichen Turniere, des Minnesangs und der darin zum Ausdruck kommenden Lebensform der »Ritterlichkeit« sowie der klösterlichen Kunst- und Wissenspflege mit dazu beigetragen, ein abendländisches Kulturbewußtsein zu schaffen (→ Europa: I). – Mit dem Zeitalter der Entdeckungen und der Reformation beginnt eine zunehmende Differenzierung der G.sformen in dem Maße, in dem die verschiedenen europäischen Regionen auch ein politisches Eigenleben entwickeln und in dem die nichtfeudalen Bevölkerungsschichten an Eigengewicht gewinnen. Stärker rückt nun auch die → Frau (: III B, 3) in den Mittelpunkt der G. Zunächst ist Italien tonangebend, und der erste G.skodex, der »Cortegiano« des Grafen Castiglione (1528), findet ebenso wie seine rasch folgenden Nachahmungen weiteste Verbreitung in allen Teilen Europas. Den Höhepunkt spätfeudaler G. bringt jedoch das französische Hofleben, insbesondere unter Ludwig XIV., in dem aber zugleich eine weitgehende Erstarrung im Zeremoniell und der leeren Form die mangelnde Lebensnähe, den sozialen Funktionsverlust ihrer Repräsentanten offenbart. – In der Folgezeit findet eine fortschreitende Individualisierung und Verbürgerlichung der G.sformen statt. Das Intime und Ungezwungene wird der öffentlich-steifen Repräsentanz vorgezogen. In den Pariser Salons kurz vor der französischen Revolution kommt die geistige Vitalität des aufstrebenden »dritten Standes« deutlich zum Ausdruck, der hier ein Ventil für die Denklust schafft, die in dem ausgehenden absolutistischen Staat keine reale Betätigung mehr findet (Trautwein). – Die neue bürgerliche G. drückt die gewandelte sozialethische Grundhaltung aus, die sich mit dem Übergang zur modernen Arbeitsgesellschaft ausprägt. Die G. dient vor allem der Auflockerung und Entspannung nach der Arbeit, wie schon die Tabakskollegien (Friedrich Wilhelm I.) ankündigen. Daneben erhält sie aber auch unter dem Einfluß des → Pietismus einen erbaulichen Grundzug. Der Familienkreis, der Klub in seinen kontinentalen Formen der »Mittwochsgesellschaften« oder der »Stammtische« und der Verein werden Zentren der G., für deren äußere Form immer mehr das englische Vorbild verbindlich wird (zB Fünfuhrtee). – Die → Romantik bringt noch einmal einen Höhepunkt der G.skultur, deren Mittelpunkt die Berliner Salons (Rahel Varnhagen, Henriette Hertz) werden, in denen u.a. die Brüder v.Humboldt, Fichte, Schleiermacher, Tieck, die Brüder v.Schlegel, Gentz, v.Chamisso und v.Fouqué verkehrten und sublimste Gesprächskunst übten. Daneben zeigt sich in wachsendem Maße eine deutliche Demokratisierungstendenz der G. Weite Bevölkerungskreise suchen oft im Anschluß an die nachgeahmte nächsthöhere Sozialschicht und gefühlsbetonte Werte wie »Gemütlichkeit« und »Stimmung« ihre eigene G.sform. Auf dem Lande hatte hier das ev. → Pfarrhaus großen stilbildenden Einfluß. Von besonderer Bedeutung wurden auch neben vielen anderen Arten des Zusammenschlusses die Gesangvereine (in der exklusiveren norddeutschen Form der »Liedertafeln« nach Zelters Vorbild und in den von Nägeli gestifteten volkstümlicheren süddeutschen »Liederkränzen«). Nebenzwecke (Heiratsmarkt, Geschäftsvermittlung) und bewußt erstrebte Publikumswirkung gefährden immer wieder den reinen G.scharakter dieser Vereinsgründungen.

3. Mit der fortschreitenden Ausprägung der industriellen Gesellschaft werden auch die herkömmlichen G.sformen fragwürdig, wenn nicht von einem allgemeinen Verfall der G. überhaupt gesprochen werden muß. Dem immer totaler werdenden Kräfteeinsatz in der → Arbeitszeit entspricht die totale Entspannung in der Freizeit. Die im Rahmen der → Sitte frei improvisierte G., die Selbstausdruck der aktiv werdenden Teilnehmer ist, wird immer häufiger abgelöst durch den im Vergnügungsbetrieb einmündenden Zeitvertreib, der nur passive Beteiligung, oft in der Form der Triebenthemmung, zuläßt (→ Fernsehen, → Film, → Sport). Sozialpsychologisch läßt sich diese Entwicklung mit dem Bedürfnis nach starken Kontrastwirkungen erklären, die Bewußtsein und Unterbewußtsein von den Erlebnissen der Arbeitswelt entlasten (→ Arbeit: I). Die fehlende Eigenleistung wird nun durch den Kauf von Dienstleistungen ersetzt, wodurch die Voraussetzungen für das Entstehen einer umfangreichen Vergnügungsindustrie geschaffen werden.

Der Schritt vom Unterhaltungskünstler zur Unterhaltungsmaschine ist Merkmal der industriellen G., die damit auch zur beliebig verfügbaren Ware wird (zB Tonband statt Hauskonzert). Sie gerät in die Gefahr, zur organisierten Schaustellung für ein rein rezeptives Publikum zu entarten, in die auch immer stärker wirtschaftliche Zweckelemente eindringen (zB das Konkurrenzprinzip und Erwerbsstreben bei Quizsendungen mit Preisaufgaben).

Der eigentliche Sinn der G.: die Wiederherstellung der Menschlichkeit aus ihrer Gefährdung im zweckhaften Rollenspiel des Alltags und ihre Pflege in den kulturfördernden Formen gegenseitiger Rücksichtnahme und Anregung, kann angesichts dieser Gefahren nur durch bewußte Förderung neuer G.szentren erhalten bleiben. Entsprechende Maßnahmen werden mit fortschreitender Diskussion des Freizeitproblems akut. Wenn aber G. auch ein Minimum an Organisation voraussetzt, so kann sie doch nur in spontan gewollten sozialen Beziehungen auf die Dauer gedeihen. – Vgl. → Spiel.

F. SCHLEIERMACHER, Versuch einer Theorie des geselligen Betragens, 1799 (hg. v. H. NOHL in: Werke II [Philos. Bibl. 137], 1913, 3-31) – O. BIE, Der gesellschaftl. Verkehr, o. J. – A. v. GLEICHEN-RUSSWURM, Gesch. der europ. G., 6 Bde, 1909-21 – G. SIMMEL, Soziologie der G. (Verhandl. des 1. dt. Soziologentages, 1911, 1-16) – H. STAUDINGER, Individuum u. Gemeinschaft in der Kulturorganisation des Vereins, 1913 – S. TRAUTWEIN, Gesellschaft u. G. in Vergangenheit u. Gegenwart, 1919 – V. GRAF BLÜCHER, Freizeit in der industriellen Gesellschaft, 1956 – H. NICOLSON, Vom Mandarin zum Gentleman, 1957, 251 ff.

F. Fürstenberg

Gesellschaft

1. Wandlungen des G.sbegriffs – 2. G. als Erkenntnisobjekt – 3. G.sformen

1. Ursprünglich war G. ein am räumlichen Beisammensein orientierter Begriff. Erst mit dem wachsenden Einfluß bürgerlicher Lebensformen (→ Bürgertum) verbanden sich mit ihm sozialphilosophische Vorstellungen über das Zusammenleben der Menschen und seine Formen. Anstelle des mit spätfeudalen Ordnungsideologien (→ Ideologie) belasteten Begriffs des → Staates verwendete man den weniger traditionsgebundenen Begriff der G., zunächst im Sinne der ganzen gesitteten Menschheit (so in der englischen Aufklärungsphilosophie und bei den französischen → Enzyklopädisten; → Aufklärung: I). Die theologisch sanktionierten sozialen Leitbilder wurden hierbei gleichzeitig durch ein säkulares, naturrechtlich verankertes Vertragsdenken abgelöst (→ Hobbes, → Rousseau u.a.). Im 19. Jh. wurde der G.sbegriff gerade auch im Hinblick auf die in der französischen Revolution erfolgte politische → Emanzipation des Bürgertums immer stärker auf die bürgerliche G. angewendet, die den absolutistischen → Feudalismus abgelöst hatte (so zB bei → Comte). Immer deutlicher wird auch begrifflich nun die Trennung von Staat und G. vollzogen (L. v. Stein), eine Grundvoraussetzung der liberalen G.sphilosophie (→ Liberalismus). Mit dieser Eingrenzung des G.sbegriffs auf eine historisch fixierte Situation setzt zugleich auch die G.skritik ein, die sich gegen den nun zutage tretenden ideologischen Hintergrund des bürgerlichen G.sdenkens richtet. Während sozialkonservativen Kreisen die G. mehr und mehr als reiner Zweckverband ohne eine sittlich verpflichtende, integrierende Leitidee erscheint, dem ein organisches G.sdenken gegenübergestellt werden muß (→ Konservativismus), erscheint den Sozialisten und bes. den Marxisten die G. als Kampfplatz der Gruppen- (bzw. Klassen-)antagonismen (→ Sozialismus, → Marxismus). So prägt die jeweilige Einstellung zur historisch gegebenen und empirisch erlebten G.sform deutlich den Inhalt des von einer Person oder Gruppe akzeptierten G.sbegriffs.

2. Mit dem Entstehen der → Soziologie als der eigentlichen Wissenschaft von der G. wird auch der G.sbegriff erstmals von seinem normativen Gehalt abgelöst. Eine derartige Befreiung von den ideologiebelasteten G.svorstellungen des 19. Jh.s ist unabdingbare Voraussetzung für die systematische Erforschung dessen, was die Menschen als G. tatsächlich erfahren. In der Soziologie bezeichnet also G. die empirisch nachweisbare Tatsache sozialen Zusammenlebens. Nicht das Wesen der G. interessiert, sondern ihre Erscheinungsweise. »Die G. muß in und zwischen den Menschen, nicht ›über‹ ihnen gesucht werden« (Geiger). Aber auch in der streng wissenschaftlichen Analyse machen sich unterschiedliche Grundpositionen bemerkbar, die dem verwendeten G.sbegriff eine spezifische Tönung geben. Während für die einen die bewußtseinsbildenden Institutionen (→ Durkheim) oder ein überindividuell bestehendes organisches Gefüge (Schäffle) Ansatzpunkte des Denkens bilden, sehen die anderen G. vor allem als System kontinuierlicher Wechselwirkungen zwischen Individuen (Simmel) oder als Summe sozialer Gruppierungen. So ist die Sichtweise, mit der man an die Analyse des Erkenntnisobjekts G. herangeht, schon teilweise bestimmend für die Richtung der Ergebnisse.

3. Neben der gegenwartsorientierten Erforschung der zwischenmenschlichen Zusammenhänge, die die G. konstituieren, wird auch die historisch-soziologische Analyse der verschiedenen *G.sformen* betrieben. Diese unterscheiden sich sowohl nach der Art, wie die Elemente der Sozialstruktur (Personen, Gruppen, Institutionen) miteinander verbunden sind, als auch nach dem Ausmaß ihrer Integration zu einem spannungsreichen oder spannungsarmen System sozialer Verhaltensweisen. – Charakteristisch für die frühen Stadien der sozialen Entwicklung ist eine relativ große Einheitlichkeit des sozialen Gefüges. Der Mensch nimmt ohne größere persönliche Vorbehalte am sozialen Leben teil und identifiziert sich mit ihm. In der griechischen »polis« haben wir diesen Tatbestand, der die verschiedenen Institutionen von G., Staat und Religion zu einem untrennbaren Ganzen verbindet. Demgegenüber ist der orbis Romanus stoischer Prägung, der die ganze bekannte zivilisierte Menschheit umfassen soll, vor allem ein rechtlich sanktioniertes Ordnungsgefüge, das den nun hervortretenden Dualismus von öffentlichen Pflichten und privaten Rechten umschließt. Durch den Einfluß des Christentums erhält dieser private Raum einen transzendentalen Bezugspunkt, den die Kirche als Glaubensträger symbolisiert und repräsentiert. Er wird dem säkularen Anspruch des Staates gegenübergestellt. So wandelt sich der spätantike Dualismus zwischen Person und Allgemeinheit in das Spannungsverhältnis Staat – Kirche um. Im MA wird dieses durch die hierarchische Vorstellung einer stufenweise aufsteigenden Rangordnung vom rein Sinnlich-Weltlichen zum rein Transzendentalen gemildert, die im Denken → Thomas von Aquinos ihre gültige Ausprägung findet. Hierdurch wird wieder die Synthese aller sozialen Wechselbeziehungen zu einer einheitlichen G.sform erreicht. Erst mit dem Zerfall des Feudalismus, der mit dem Zerfall des als Gottesstaat interpretierten Heiligen Römischen Reiches in rasch entstehende Nationalstaaten einhergeht, entstehen wieder soziale Gegenpositionen, die zur Dynamisierung der G. beitragen. Gegenüber den immer mehr als fremd empfundenen Institutionen des Staates und der kath. Kirche dringen die »natürlichen« Rechte des Individuums stärker ins Bewußtsein. Parsons wies darauf hin, daß unter dem Einfluß der Reformation das normbildende Zentrum der G., das das Christentum vom Staat auf die Kirche verlagert hatte, nun von der Kirche auf das Individuum als letzte, im Gehorsam Gottes stehende Entscheidungsinstanz delegiert wird. Die ge-

sellschaftsformenden Normvorstellungen werden in der Folgezeit weitgehend säkularisiert. Allmählich bildet sich dabei das liberale G.sbild heraus, für das die »ungesellige Geselligkeit« unabhängiger, durch die Tauschvorgänge formal verbundener Individuen typisch wird. Vor dem Primat der klassischen Wirtschafts-G. (→ Kapitalismus, → Individualismus) tritt der Staat in die Nachtwächterrolle und die Kirche in die Position einer moralischen Anstalt zurück. Doch bleibt diese Entwicklung nicht ohne Gegenkräfte. Mit den antiindividualistischen Bewegungen des 19.Jh.s bahnt sich der Übergang zu einer G.sform an, die mit den Prinzipien der durch → Solidarität veredelten persönlichen → Freiheit bei formaler → Gleichheit der Chancen für Lebensgestaltung und -sicherung einen neuen Ausgleich zwischen dem Anspruch der Institutionen und den Interessenlagen der Individuen anstrebt.

Außer der Lit. zu → Soziologie: G.Simmel, Soziologie, 1908 - Soziolog. Lesestücke II: Begriff der G. in der dt. Sozialphilosophie, 1926 - HWS 201 ff (Th.Geiger) - T.Parsons, Society (Encyclopedia of the Social Sciences XIV, 1934, 225 ff) - Soziologie, hg.v. R.König (Fischer Lexikon X), 1958, 96 ff. *F.Fürstenberg*

Gesellschaft der Freunde → Quäker.

Gesellschaft für evangelische Theologie, sucht den lebendigen Zusammenhang zwischen theologischer Wissenschaft und kirchlicher Verkündigung zu pflegen. Sie wurde auf Einladung eines Kreises von Theologen und Laien der → Bekennenden Kirche nach Vorträgen von J. → Schniewind (Der Verkündigungscharakter der Theologie) und Ernst Wolf (Protestantismus oder Theologie) im Febr. 1940 in Berlin gegründet »zur Förderung der Theologie im Sinn der Reformation und im Dienst an der ev. Kirche«. In ihr sammelten sich unter Leitung von J.Beckmann, M.Fischer, H.v. → Soden und E.Wolf und unter Mithilfe mehrerer Sektionsleiter Theologen und Laien zu zahlreichen kleineren Arbeitstagungen und größeren Konferenzen, wobei in den Themengruppen Hermeneutik, Kontroverstheologie, Naturrecht und Kirchenrecht Arbeiten aufgegriffen wurden, die zT nach 1945 von den neu entstandenen Ev. → Akademien (: II) unabhängig weitergeführt wurden. Zugleich wurde die wissenschaftliche Weiterarbeit der Mitglieder durch Bücher- und Publikationshilfe gefördert. Der Theologische Jahresbericht »Verkündigung und Forschung« (1940, 1941, dann wieder seit 1947, bis 1958 insgesamt 8 Bde) hat während des Krieges ebenso wie nach 1945 zahlreichen Pfarrern die Fühlungnahme mit der theologischen Literatur über die Trennung durch Heeresdienst und Zonengrenze hinweg ermöglicht. Mitgliederbestand 1958 rd 1000; Sitz der G. ist Göttingen. Der Vorstand wurde nach 1945 unter beibehaltenem Vorsitz von E. Wolf ergänzt und erweitert. Auf einer Tagung der G. hielt R. → Bultmann erstmals seinen grundlegenden Vortrag zur → Entmythologisierung des NT.

Weitere Publikationen: Festg. J.Schniewind, 1943 (vervielfältigt); Festschr. R.Bultmann, 1944, gedr. 1949; Sammlung zur Entmythologisierungsdebatte, aufgenommen in Kerygma u. Mythos I, 1948; Ev. Selbstprüfung, 1947. *Ernst Wolf*

Gesellschaft Jesu → Jesuiten.

Gesellschaften für christlich-jüdische Zusammenarbeit (Councils of Christians and Jews, CJA) sind Arbeitsgemeinschaften zwischen Juden, Katholiken und Protestanten, die nicht nur Gruppenvorurteilen nationaler, rassischer und religiöser Art entgegenwirken (Bekämpfung des → Antisemitismus), sondern auch insofern ein positives Verständnis zwischen Juden und Christen anbahnen wollen, als bedacht werden soll, daß »ein und derselbe Gott durch das AT und das NT zu uns allen spricht« (so die erste der 10 Seelisberger Thesen, die 1947 bei einem internationalen Treffen der verschiedenen Landesgruppen festgelegt wurden). Die Arbeit der CJA gestaltet sich in Bekämpfung von Rassenvorurteilen durch Veröffentlichungen, Vorträge, Filme usw, aber auch durch Vorstelligwerden bei den Regierungen hinsichtlich bestimmter Notfragen. Die erste nationale Gruppe wurde 1942 in England durch Erzbischof William → Temple begründet und entfaltet eine rege Arbeit in Aufklärung der Jugend und Neugestaltung des Religionsunterrichtes. 1955 trat Kardinal → Griffins mit den kath. Mitgliedern unter dem Vorwurf des »religiösen Indifferentismus« aus. Präsident ist der Erzbischof von Canterbury; Organ: »Common Ground«. - Nach dem Kriege wurden in den verschiedenen Ländern analoge Gesellschaften begründet: 1946 in der Schweiz (mit 4 Gruppen; Organ: »Christlich-jüdisches Forum«), 1948 in Deutschland, wo inzwischen ungefähr 23 im Koordinierungsrat zusammengefaßte Gruppen und viele eigene Organe bestehen (bes. »Freiburger Rundbrief«, Gertrud Luckner). 1954 wurde in Saarbrücken eine Gesellschaft mit ausgesprochen kulturell-erzieherischen Tendenzen begründet, die seit dem Anschluß in den deutschen Koordinierungsrat aufgenommen wurde. In Frankreich und Italien entstanden um 1950 eigene Gesellschaften: die Amitié Judéo-Chrétienne (mit gleichnamigem Organ) mit 4 Gruppen, unter dem Patronat von Kardinal Feltin u.a.; in Italien eine aktive Gesellschaft in Florenz (Organ: »Bollettino d'Informazioni«). Zu erwähnen sind noch in Frankreich die »Cahiers Sioniens«. In Wien wurde 1955 eine Gesellschaft zur Bekämpfung des Antisemitismus begründet. Bislang fehlt eine internationale Dachorganisation. Internationale Begegnungen wurden in Seelisberg, Oxford, Freiburg (Schweiz), Straßburg und Saarbrükken abgehalten, das erste *theologische* Gespräch in Basel (27.-29. 5. 1958). Die selbständige Struktur der einzelnen Gesellschaften, die oft durch politische Faktoren bedingt ist (namentlich seit der Begründung des Staates → Israel [: III]), hemmt jedoch eine rege internationale Zusammenarbeit. Ein in Saarbrücken (1955) begründetes »Centre de liaison« beschränkt sich auf gegenseitige Informationen bezüglich der Arbeit einzelner Landesgruppen. Eine bibliographische Forschungsstelle befindet sich in Darmstadt. *H. van Oyen*

Gesellschaftsformen → Gesellschaft, 3.

Gesenius, 1. *Justus* (1601-73), Pastorensohn aus Esbeck (Kr. Alfeld), nach Studium in Helmstedt (bei G. → Calixt) und Jena theologisch im Sinne eines milden, die Heiligung betonenden Luthertums lehrend, seit 1629 Pastor an St.Magni in Braunschweig, 1636 von Herzog Georg in das Konsistorium des Fürstentums Calenberg-Göttingen berufen. Seit 1642 in → Hannover erster Hofprediger und Superintendens Generalissimus, hat er vor allem die Jugenderziehung in seiner Landeskirche nachhaltig gefördert bei Visitationen, durch seinen Katechismus (»Katechismusfragen«, 1639) und durch seine für Haus und Schule bestimmten »Biblischen Historien« (1656). Für das gottesdienstliche Leben bedeutungsvoll wurde sein zusammen mit David Denicke herausgegebenes → Gesangbuch (1646, 1657), bemerkenswert u.a. dadurch, daß es auch Umdichtungen älterer Lieder brachte. Von G. selbst stammt das Passionslied »Wenn meine Sünd' mich kränken« (EKG 61). Aus den von G. veröffentlichten Predigtsammlungen sind u.a. erwähnenswert die »Zwölf Regentenpredigten« (1654), in denen er »die ganze Lehre von Obrigkeit und Untertanen« behandelte. In seinem letzten, durch die Konversion des

Herzogs Johann Friedrich veranlaßten Werk erörterte er unter dem Namen Timotheus Friedlieb die Frage: »Warum willst du nicht röm.-kath. werden, wie deine Vorfahren waren?« (1669/74).

ADB IX, 87f - E.BRATKE, J.G., 1883 - RE VI, 622ff - R.STEINMETZ, Die Gen.-Sup.en v.Calenberg (Zs. f. nieders. KG 13, 1908, 93-107). *Ph.Meyer*

2. *Wilhelm* (3.2.1786 bis 23.10.1842), * in Nordhausen, seit 1810 Prof. für Theologie in Halle, wo er nach außerordentlich erfolgreicher akademischer Tätigkeit starb. G. ist der Begründer einer exakt wissenschaftlichen semitischen → Epigraphik (: I, 2) und hat durch seine zT noch heute - in neubearbeiteter Form - benutzten Werke zur hebr. Sprache und Grammatik deren Kenntnis wesentlich gefördert. Wegen seines Rationalismus wurde er (mit → Wegscheider) 1830 von Ludw.v. → Gerlach in → Hengstenbergs Ev. Kirchenzeitung in unwürdiger Form angegriffen, aber von dem Kultusminister → Altenstein gedeckt (→ Halle).

Vf. außer einem Komm. zu Jes (2 Tle, 1820/21): Hebr.-dt. HWB über die Schriften des AT... mit Einschluß der geograph. Namen u. der chald. Wörter..., 1810/12; als dessen »editio altera«: Thesaurus philologicus criticus linguae hebraeae et chaldaeae Vet. Test., 3 Bde, 1829-58 (voll. v. E.RÖDIGER); Neues hebr.-dt. HWB über die Schriften des AT, 1815, später: Hebr. u. aram. (bis 1882[9]: chald.) HWB über das AT, (1823[2]) 1915[16] (bearb.v. F.BUHL) = 1921[17] (unv. Neudr. 1954; Neuaufl. durch R.MEYER in Vorbereitung); Hebr. Grammatik, (1813) 1909[28] (bearb.v. E.KAUTZSCH), 1918/29[29] (bearb. v. G.BERGSTRÄSSER); Ausführliches grammat.-krit. Lehrgebäude der hebr. Sprache mit Vergleichung der verwandten Dialecte, 2 Bde, 1817; Scripturae linguaeque Phoeniciae Monumenta quae supersunt..., 3 Tle, 1837. - Über G.: RE VI, 624ff - E.F.MILLER, The Influence of G. on Hebrew Lexicography, New York 1927 - O.EISSFELDT, Von den Anfängen der phöniz. Epigraphik. Nach einem bisher unveröff. Brief v. W.G. (HM 5), 1948 - H.-J.KRAUS, Gesch. der hist.-krit. Erforschung des AT, 1956, 151f u.ö. *E.Kutsch*

Gesetz

I. Religionsgeschichtlich - II. Im AT - III. Im Judentum - IV. Im NT - V. Gesetz und Evangelium, dogmengeschichtlich - VI. Gesetz und Evangelium, dogmatisch - VII. Ethisch. - Vgl. auch → Naturgesetze, → Normen

I. Religionsgeschichtlich

G. ist eine vom menschlichen Geist in seiner äußeren oder inneren Welt tatsächlich oder angeblich vorgefundene → Ordnung der Dinge. In der Religionsgeschichte kommen als Geltungsbereich eines G.es vorwiegend in Frage: die Natur, die Moral, das → Recht (: II), das soziale Leben und der → Ritus. Die von den verschiedenen Glaubensformen entwickelten Vorstellungen über die Geltung von G.en sind sehr verschiedenartig. Während sie in der aus der Erfahrung abstrahierten Vorstellung, daß sich ein Natur-G. auswirkt in dem Lauf der → Sterne, in dem Abwärtsfließen des → Wassers usw übereinstimmen, bestehen hinsichtlich der Annahme eines gesetzmäßigen Einflusses der Gestirne auf das → Schicksal des einzelnen bei babylonischen, indischen und chinesischen Astrologen (→ Astrologie) weitgehende Unterschiede. Die spezielle Lehre der chinesischen Geomantie (Feng-shui) von einem gesetzmäßigen Einwirken des Kosmos auf den Wohnraum ist den meisten anderen Völkern unbekannt. Zwar betrachten alle Hochreligionen Verstöße gegen die Grundnormen des Gemeinschaftslebens wie Lügen, Stehlen, Morden und Ehebrechen als eine Verletzung des Sitten-G.es; andererseits verbieten manche das Töten von Tieren, während andere das Hinschlachten von Menschen für Opferzwecke als gesetzliche Pflicht ansahen (zB Azteken; → Menschenopfer: I). Die rechtlichen Vorschriften über → Ehe, Erbschaft usw variieren bei den einzelnen Völkern ebenso stark wie die sozialen Anschauungen über Kastenwesen (→ Kaste: I), → Sklaverei usw. Am stärksten differieren die Meinungen über die Kultbräuche, Zeremonien, Speisegebote, Weiheriten und andere Verrichtungen, die das Heil im Diesseits oder im Jenseits sichern sollen. Schon ein griechischer Sophist hat die Unvereinbarkeit der → Bestattungs-Bräuche der Menschen seiner Zeit hervorgehoben, wenn er schreibt: »Die Massageten hauen ihre Eltern nieder und verzehren sie, und als schönstes Grab gilt in den Kindern begraben zu liegen; wenn jemand in Hellas das täte, so würde er aus dem Lande gejagt und müßte elend umkommen, weil er Häßliches, Furchtbares täte« (W.Kranz, Vorsokratische Denker, 1939, 183). Gleichwohl werden alle diese gegensätzlichen Anschauungen, Gebräuche und Praktiken auf göttliche G.e oder heilige Überlieferungen zurückgeführt, die letzten Endes in der allgemeinen Weltordnung ihren Grund haben sollen. Denn in den älteren Zeiten werden Natur-G.e, moralische, rechtliche und soziale Vorschriften und sakrale oder rituelle Bräuche noch nicht voneinander geschieden. Das G.buch des Manu enthält zB nebeneinander Darlegungen über die zyklisch aufeinanderfolgenden Zeitalter (→ Apokalyptik: I, → Weltperioden) und über die → Vergeltung (: I) guter und böser Taten, Sittenregeln, Rechtslehren, Vorschriften über die Pflichten der Kasten und Anweisungen über → Opfer und → Reinigungen. Alle → Normen tragen noch einen religiösen Charakter, sie sind nur verschiedene Ausdrucksformen eines all-beherrschenden Prinzips, das den Kosmos gleicherweise regiert wie das Tun des Menschen.

Die Anschauung, daß in der Welt bestimmte G.e wirksam sind, findet sich schon bei Primitiven; denn die Annahme einer gesetzmäßigen Verknüpfung von Ursachen und Wirkungen ist die instinktmäßig empfundene Voraussetzung aller magischen Handlungen (→ Magie) und → Tabu-Regeln. Konkretere Gestalt gewinnt die Vorstellung von einem Natur und Sitte lenkenden Welt-G. bei Indern und Chinesen (ind. rita, dharma; chines. tao). Die Buddhisten und Jainas, die Konfuzianer und Taoisten sehen in diesem ein der Welt seit jeher immanentes ewiges Prinzip, das keinen Ursprung und kein Ende hat. Demgegenüber führen andere Religionen alle G.e auf einen oder mehrere → »Urheber« zurück. Die Anschauung, daß *ein* höchstes Wesen der Welt ihre Ordnungen gab, findet sich schon bei manchen Primitiven (→ Hochgottglaube). In den verschiedenen monotheistischen Religionen wird dem ewigen Weltenherrn → Schöpfung und Einrichtung des Alls, die Verkündung sittlicher Normen, rechtlicher und sozialer Vorschriften und die Einsetzung bestimmter Riten zugeschrieben; zugleich wacht er als strenger Richter über die Einhaltung der von ihm erlassenen G.e. Das Verhältnis, in dem Gott zu der von ihm geschaffenen Ordnung steht, wird verschieden bestimmt. Im → Islam waltet die Anschauung vor, daß Allah als souveräner Herrscher mit völliger Willkür regiert. Wenn von Natur-G.en gesprochen wird, so bedeutet dies nur eine Feststellung über die beobachteten Gewohnheiten Gottes; Allah kann sein Verhalten aber jederzeit ändern. Andere Religionen lehren, daß Gott durch seinen Willen mit der von ihm geschaffenen kosmischen und moralischen Ordnung stets in völligem Einklang steht. Manche Hindus vertreten die Meinung, daß auch Gott auf das G. der automatischen → Vergeltung (: I) aller Taten (→ Karma) Rücksicht zu nehmen hat und dessen Lauf nicht ändern kann.

Als Quelle des menschlichen Wissens über das G. in seinen verschiedenen Ausprägungen wird von den schriftlosen Völkern die Überlieferung der Altvorderen angeführt. Bei den Hochreligionen kommt es zu einer

Kodifizierung des G.es, das jetzt als auf göttlicher Offenbarung beruhend angesehen wird und in heiligen Büchern niedergelegt ist. Bisweilen werden die heiligen → Schriften Verfassern zugeschrieben, die eine übermenschliche Kenntnis der Welt-G.e besessen haben sollen, wie die → Buddhas und Tîrthankaras oder die heiligen Kaiser und Weisen Chinas. Mitunter hat die Hochschätzung des in Texten niedergelegten G.es zu einer kultischen Verehrung der heiligen Schriften geführt, wie bei den → Sikhs und der buddhistischen Nichiren-Sekte Japans.

Das Verhältnis der Bekenner der verschiedenen Glaubensformen zum überlieferten G. ist sehr mannigfach; während bei den sog. »G.esreligionen« wie Judentum, Parsismus (→ Iran: III) und Islam das G. als so heilig gilt, daß eine unbedingte Befolgung seiner Vorschriften von *allen* Gläubigen gefordert wird, schreibt der → Hinduismus den Angehörigen verschiedener Kasten verschiedene Pflichten und Riten vor, überläßt es aber dem einzelnen, sein metaphysisches → Weltbild (: I) und sein Verhältnis zu den überirdischen Mächten nach seinen individuellen Bedürfnissen zu gestalten. Hindu-Asketen höchsten Ranges sind an die rituellen und sozialen G.e nicht mehr gebunden, weil sie über den für den Durchschnittsmenschen geltenden Ordnungen stehen.

ERE VII, 805ff - ThW IV, 1016ff - G.Mensching, Gut u. Böse im Glauben der Völker, (1941) 1950² - Eliade §§ 140ff - A.E.Jensen, Mythos u. Kult bei Naturvölkern, 1951 - W.F.Otto, G., Urbild u. Mythos, 1951 - H.v.Glasenapp, Die fünf großen Religionen I. II, (1952) 1957² - van der Leeuw 508f - W.Schilling, Recht u. Religion, 1957.
H.v.Glasenapp

II. Im AT

1. Begriff - 2. Bestand - 3. Voraussetzungen und Sinn

1. Das hebr. *Wort* tôrā (Etymologie umstritten), das häufigste Äquivalent für G., bezeichnet spätestens seit dem 2.Jh. vChr (Prolog zu Sir), wahrscheinlich aber schon viel früher, den gesamten → Pentateuch. Ursprünglich wurde es für die mündlich erteilte Einzelweisung des Priesters in kultischen, rechtlichen und sittlichen Fragen (Dtn 33, 10; 17, 11; Jer 18, 18) gebraucht (→ Tora). Ein bedeutsamer Wandel im Gebrauch von tôrā tritt, vorbereitet bei Hos (4, 6; 8, 1), im Dtn ein, das nicht nur die Einzelweisung (17, 11), sondern die gesamte G.gebung als »diese tôrā« (17, 19; 27, 3; 28, 61 u.ö.) bezeichnet. »Die gesamte Willensoffenbarung Jahwes an Israel wird hier das erste Mal trotz ihrer vielfältigen Inhalte als Einheit verstanden« (v.Rad). Von hier aus wird die schließliche Ausweitung des Begriffes auf den ganzen Pentateuch verständlich. Obwohl er ein Erzählungswerk mit eingeschalteten G.en verschiedener Art und Herkunft darstellt, sah das Judentum seinen sachlichen Mittelpunkt und wichtigsten Inhalt im einheitlich verstandenen G. Daß diese Bezeichnung im NT nicht nur übernommen, sondern an einigen Stellen auf das ganze AT ausgedehnt wurde (Joh 10, 34; 12, 34; 15, 25; Röm 3, 19; 1Kor 14, 21), wurde für die christliche Anschauung vom AT, bes. im Luthertum, bis in die Gegenwart von Bedeutung.

2. Die skizzierte Ausweitung des Begriffes tôrā bringt es mit sich, daß er jetzt von ihm ursprünglich unterschiedene Gattungen wie »Worte« (dᵉbarîm), Sätze für die Rechtsprechung (mišpaṭîm, »Entscheide«), Vorschriften (ḥuqqîm), Befehle (miṣwôt), Rituale, priesterliches Berufswissen u.a. einschließt. Das G. ist im AT also eine sehr komplexe Größe: ius und fas, zivil-, straf-, prozeß-, kult- und ritenrechtliche Bestimmungen finden sich beieinander. Bei dieser Sachlage ist es von grundsätzlicher Wichtigkeit, zwischen den nach Herkunft und Zweck verschiedenen »apodiktischen« und »kasuistischen« G.en (A.Alt) zu unterscheiden und von beiden die »Kult-G.e« abzuheben.

a) Die *apodiktischen G.e*, in verschiedenen Formulierungen geprägt, sprechen kategorische Prohibitive aus. Die wichtigsten Bezeugungen sind: der → Dekalog (Ex 20, 2ff; Dtn 5, 6ff); der »sichemitische Dodekalog« (Dtn 27, 15ff); die Reihe Lev 19, 13-18; die »todeswürdigen Verbrechen« (Ex 21, 12. 15-17 u.a.); kürzere Reihen finden sich verschiedentlich, u.a. im Dtn. Ohne Parallele in den altorientalischen G.eskorpora, sind sie als genuin israelitisch anzusprechen; ihre Ursprünge reichen wohl in die Wüstenzeit zurück, wenn auch Datierungen im einzelnen schwer möglich sind (→ Dekalog). Die Zusammenfassung in - entweder möglichst umfassende (zB Dekalog) oder ein spezielles Gebiet (zB Unzucht, Lev 18) behandelnde - Reihen erklärt sich aus dem kultischen Vortrag vor der Jahwegemeinde (Jos 24; Dtn 27; 31, 9-13), durch den Israel immer neu dem Gotteswillen unterstellt wird. Es handelt sich also in einem besonderen Sinne um die G.e des zur Verehrung Jahwes zusammengeschlossenen Stämmebundes. Zumeist negativ formuliert, können diese G.e kein Gottesverhältnis begründen, setzen es vielmehr voraus. Sie stecken eine Grenze ab, um den Abfall von Jahwe zu verhindern, legen aber nicht konkret-kasuistisch ein bestimmtes positives Verhalten fest. Sie gehen nicht von einem Ideal aus, sondern von den jeweils aus der geschichtlichen Situation erwachsenden Gefährdungen des Gottesverhältnisses in der Religion wie im Alltagsleben. Man kann fragen, on das Wort G. für sie angemessen ist.

b) In den *»kasuistischen« G.en* liegen die für das Zusammenleben und bes. für die Rechtsprechung im »Tor« (→ Gerichtsverfassung) unentbehrlichen Bestimmungen vor. Hauptzeugen sind die konditional gefaßten »Entscheide« (mišpaṭîm) des →Bundesbuches (Ex 21, 1 - 22, 16) und Teile des Dtn. Form und Inhalt weisen auf außerisraelitischen Ursprung; er ist in dem kanaanäischen, von der altorientalischen Rechtskultur bestimmten Recht zu suchen. Die früh erfolgte Übernahme verband sich mit bedeutsamen Umwandlungen. Die zB gegenüber dem Kodex → Hammurabi beobachtete stärkere religiöse Bindung, die Rechtsgleichheit vor dem G., der humane Zug im Sklavenrecht und in der Beschränkung der Todesstrafe dürften auf israelitischen Geist zurückzuführen sein. Israel sah auch in diesen profanen G.en Forderungen Jahwes und stellte sie damit grundsätzlich dem apodiktischen Gottesrecht gleich.

c) Die vor allem in Lev und Num überlieferten *kultischen G.e* (→ Heiligkeitsgesetz) sind zum großen Teil als Rituale (Lev 1-5) und Dienstanweisungen für den internen Gebrauch der Priester wie für ihre Laienbelehrungen zu beurteilen. Sie handeln von den → Opfern und ihrem Vollzug, von reinen und unreinen Tieren (→ Rein und unrein), vom Verhalten bei → Aussatz u.ä. Aus der vorexilischen Tempelpraxis stammend, liegen ihnen vielfach uralte Ordnungen, teilweise nichtisraelitischer Herkunft (auch Taburegeln) zugrunde, deren Sinn im Lauf der Zeit nicht mehr begriffen wurde und die darum bes. leicht einer äußeren Gesetzlichkeit Vorschub leisteten. Jahwe tritt denn auch in ihnen stärker als souveräner G.geber hervor als in den anderen G.en.

3. M.Noth hat gezeigt, daß die at. G.e wie sonstige G.e ihrerseits eine bestimmte Ordnung bereits voraussetzen und auf sie bezogen sind. Bezeichnenderweise ist dies nicht die staatliche Ordnung, sondern der israelitische Zwölfstämmeverband (→ Stämme), dessen Fundament der am Sinai konstituierte → Bund (: II) zwischen Gott und Volk bildet. Dieses Bundesverhältnis unversehrt zu erhalten, ist ein zentrales Anliegen der G.e, am deutlichsten sichtbar in den Prohibitiven der apodiktischen G.e.

Aber auch die kasuistischen G.e erhalten eine Bedeutung für das Gottesverhältnis, die ihnen von Haus aus nicht eignete. Dtn und Heiligkeitsgesetz (Lev 17-26) betonen die Abgrenzung des Gottesvolkes von seiner Umwelt als leitendes Prinzip, weil sie aus langer Erfahrung um die Gefährdung durch das Kanaanäertum wissen. So hat die vorexilische Zeit, der die meisten G.e entstammen, das G. nicht als Mittel zur Schaffung des Gottesvolkes oder als Glaubensgrundlage verstanden. Doch hat die Nichtachtung der G.e ein starkes Gewicht: sie kommt nach Auffassung der → Propheten (: II C) der Aufsage der von Gott gewährten Gemeinschaft gleich und führt deshalb zur Aufhebung des Bundes von seiten Jahwes. Erst ein neuer Bund mit einem in das Herz geschriebenen Gottes-G. wird die zerbrochene Gemeinschaft wiederherstellen (Jer 31, 31ff).

Das Ende des Stämmebundes in den Ereignissen des 8.-6.Jh.s vChr beraubte die G.e der ihnen vorgegebenen Ordnung. Sie verloren den Kontakt mit dem Leben, in dem sie bis dahin standen und von dem immer neue Formulierungen zeugten. Die Reorganisation der Gemeinde durch → Esra (um 400) auf Grund des nun im wesentlichen endgültig fixierten G.es machte dieses schließlich ganz zur Grundlage des Gottesverhältnisses. Es tritt aus seiner dienenden Funktion heraus und wird zu einer selbständigen Autorität, an der sich die Zugehörigkeit zur Gemeinde und die Gottwohlgefälligkeit (Jes 56, 1-8) wie das Gedeihen des Menschen entscheidet (Ps 1; 37). Es wird zum G. im theologischen Sinne. Die ehemals bei den Bundesfesten verkündeten G.e, die dem Gottesvolk seinen Weg durch die Gefährdungen seiner Welt absteckten, waren in sich verständlich. Die ein für allemal festgelegten, von der geschichtlichen Entwicklung isolierten G.e bedürfen des Nachsinnens (Ps 1, 2; 119, 94. 97), wohl auch deshalb, weil man anfängt, in ihnen Antworten auf neue, ihrem Ursprung unbekannte Fragen zu suchen. Das G. wird ein Gegenstand der Verehrung, den man in hymnischen Versen besingt (Ps 19 B). Fast endlos handelt Ps 119 vom G. und der Liebe zu ihm in dem Bewußtsein: »die dein G. lieben, haben Heil die Fülle, es trifft sie kein Unfall« (V. 165). Der Weg zu Gott und zum Heil geht über das G. Damit sind schon im AT die Anfänge des für das Judentum charakteristischen Nomismus gegeben (→ Gesetz: III).

Allgemein: RGG² II, 1125ff - ThW IV, 1029ff - SBU II, 3ff - EinlAT von O.Eissfeldt (1956²) u. A.Weiser (1957⁴) - TheolAT von L.Köhler (1953³), W.Eichrodt (I, 1957⁵) u. G.v.Rad (I, 1957). - Ferner: A.Alt, Die Ursprünge d. israelit. Rechts (BAL 86, 1), 1934 (= Alt I, 278-332) - J.Begrich, Die priesterliche Thora (BZAW 66, 1936, 63-88) - G.v.Rad, Das formgeschichtl. Problem des Hexateuch (BWANT IV, 26), 1938 - M.Noth, Die G.e im Pentateuch (SGK 17, 2), 1940 (= Ges. Stud. z. AT [ThB 6], 1957, 9-141) - G.Östborn, Tora in the OT, 1945 - K.Rabast, Das apodikt. Recht im Dtn u. im Heiligkeitsgesetz, 1949 - E.Würthwein in: ZAW 62, 1949/50, 40-52 - H.J.Kraus, Freude an Gottes G. (EvTh 10, 1950/51, 337-351) - Ders., Prophet. Verkündigung des Rechts in Israel (ThSt[B] 51), 1957 - F.Baumgärtel, Verheißung, 1952 - R.Rendtorff, Die G.e in d. Priesterschrift (FRLANT NF 44), 1954 - F.Horst, Recht u. Religion im Bereich d. AT (EvTh 16, 1956, 49-75).

E.Würthwein

III. Im Judentum

1. Begriff des G.es - 2. G. als Gabe Gottes - 3. G. und die Heiden - 4. Radikalismus - 5. Ewigkeit des G.es

1. Unter dem G. (hebr. tôrā) versteht das Judentum den geoffenbarten Willen Gottes, wie er im → Pentateuch aufgezeichnet wurde und in der Lehre der Tradition erläutert wird. Das G. wird nicht nur als eine aus der Vergangenheit überlieferte Größe verehrt, sondern es wird als die die Gegenwart des Gottesvolkes bestimmende Weisung Gottes gehorsam befolgt. Da aber die überlieferten Vorschriften des mosaischen G.es vielfach nur allgemeine Bestimmungen enthielten oder nur wenige konkrete Anweisungen darboten, mußte von den Schriftgelehrten die aktuelle Weisung des G.es erhoben und begründet werden, zB: Was ist am Sabbat verboten, was erlaubt? Wie ist das Passafest zu halten? Welche Vorschriften sind bei Eheschließung und Ehescheidung zu beachten? Was gilt über Rein und Unrein? Die Gültigkeit der in der Tradition entfalteten G.esvorschriften, die später in → Mischna und → Talmud schriftlich festgehalten wurden, mußte dadurch nachgewiesen werden, daß man sie exegetisch am Pentateuch zu begründen und aus diesem zu deduzieren suchte. Damit erlangte die Tradition dieselbe Autorität wie das geschriebene G., denn beide wurden darauf zurückgeführt, daß sie Mose von Gott am Sinai übergeben worden seien. In dem schriftlich überlieferten und in dem mündlich weitergegebenen G. wird daher der eine übereinstimmende Gotteswille laut.

2. Das am Sinai geoffenbarte G. ist nach Überzeugung der Rabbinen schon vor der Entstehung der Welt von Gott geschaffen worden und als präexistente Größe daher mit einzigartiger Würde ausgezeichnet. Da der Gott Israels seinen Willen allein im G. kundgegeben hat, kann der Mensch nur in seinem Verhältnis zum G. sein Verhältnis zu Gott finden und ordnen. Daraus folgt, daß das Leben des Juden vollständig vom G. geregelt und bestimmt ist. Die Befolgung des Beschneidungsgebotes, die peinliche Beobachtung der Sabbatvorschriften sowie die Innehaltung der Speise- und Reinheits-G.e erinnern den Juden unablässig daran, daß Israel von seinem Gott erwählt wurde und ihm daher unbedingten Gehorsam schuldig ist. Das G. regelt schlechterdings alles, was im Ablauf des Tages zu geschehen hat, schreibt Art und Weise der täglichen Verrichtungen, des → Gebetes (: III) und → Gottesdienstes (: III) vor und läßt keinen möglicherweise eintretenden Fall außer Betracht. In sorgsam ausgeklügelter → Kasuistik (: II), die ständig in feinere Verästelungen hinein weitergetrieben wird, sind Vorschriften für alle Lebenslagen gegeben. Dabei ist stets vorausgesetzt, daß das G. erfüllbar sei und seine Gebote vom Menschen eingehalten werden können. Der Hinweis auf das Vorbild der Väter - vor allem Abraham und Mose - zeigt, daß der Gerechte das G. in allem zu befolgen vermag. Ihm wird dafür göttlicher Lohn zuteil, er wird der → Auferstehung (: IV) der Toten gewürdigt werden und in das Leben der zukünftigen Welt eingehen. Daher ist die Übergabe des G.es an Israel ein Akt der Liebe Gottes, denn er hat seinem Volk dadurch die Möglichkeit gegeben, gute Werke zu vollbringen, sich Verdienste zu erwerben und die Gerechtigkeit zu erlangen. Darum bedeutet das G. Leben, und ohne das G. gibt es kein Leben.

3. Der Gehorsam gegen die göttlichen Weisungen, vor allem das Sabbatgebot und die Reinheits- und Speisevorschriften, bedingte eine Trennung zwischen Juden und Heiden auch im täglichen Zusammenleben. Um die göttlichen Gebote befolgen zu können, weigerten sich die Juden, im römischen Heer als Soldaten zu dienen, und erhielten das Zugeständnis, daß sie vom Kriegsdienst befreit wurden. Auch in der → Diaspora blieb sich der gesetzestreue Jude daher ständig dessen bewußt, daß er Glied des aus allen Völkern ausgesonderten Gottesvolkes war (→ Erwählung: I, 5).

Auf der anderen Seite bemühte man sich im hellenistischen Judentum darum, das jüdische G. auch der nichtgläubigen Umwelt wenigstens so weit verständlich zu machen, daß man auf Achtung und Duldung rechnen konnte. Man versuchte, das G. als die wahre Weisheit hinzustellen, durch dessen Erfüllung der Mensch Vernunft beweise. Mose wurde als Lehrer der Tugend charakterisiert, von dem später auch die griechischen Philosophen gelernt hätten. Durch derartige apologetische Bemühungen - wie sie zB im → Aristeasbrief, bei → Philo und → Josephus vorliegen - wurde tatsächlich bei manchen Griechen der Eindruck erweckt, als wären die Juden ein Volk von Philosophen. Aber solche Erfolge wurden durch Verflachung des G.es zu einem Moralkodex, allegorische Interpretationen und Konzessionen an die griechische Philosophie erkauft. Trotz dieser Versuche blieb sich aber das hellenistische Judentum mit den Brüdern in Palästina darin einig, daß Israels Sein und Bestand allein auf dem G. seines Gottes gründet.

4. Da in der Praxis das G. von vielen Juden nicht ernst genug befolgt wurde, schlossen sich Gruppen frommer Gläubiger fester zusammen, um die Vorschriften des G.es peinlich genau zu beobachten. So sonderten sich die → Pharisäer vom Volk, das das G. nicht kennt (= 'ām-ha-'āræṣ, vgl. Joh 7, 49), ab und verpflichteten sich freiwillig zur Befolgung der priesterlichen Reinheitsvorschriften und der Zehntgebote. Im Gehorsam gegen das G. suchten sie das wahre Gottesvolk darzustellen, das der messianischen Zeit entgegenhofft. Über die Forderungen der Pharisäer gingen die → Essener bzw. die Gemeinde von → Qumran (, 4) in ihrem Verständnis des G.es noch wesentlich hinaus. Von jedem Glied der Ordensgemeinschaft wurde verlangt, daß alle Gebote Gottes gehalten würden (1QS III, 8; V, 7. 20. 22 u.ö.). In den vielen Vorschriften wurde der *eine* Gotteswille vernommen, dem der Mensch ungeteilt gehorsam sein muß. Er kann nicht mehr Verschuldungen gegen Verdienste aufwiegen, sondern ist total von Gottes G. gefordert, damit die reine Gemeinde für die Heilszeit bereit sei.

5. Das G., das von Gott schon vor Grundlegung der Welt geschaffen wurde, ist von ewiger Gültigkeit. Propheten und Schriften werden aufhören, aber die fünf Bücher des G.es nicht, sagt R.Jochanan († 279 nChr). Gott selbst studiert täglich die ersten Stunden des Tages im G. Und wenn der → Messias kommt, so wird er nicht etwa ein neues G. bringen, sondern er wird mit den Seinen im G. forschen und diesem universale Geltung und Anerkennung verschaffen. Allein durch das G. kann daher der Mensch Gemeinschaft mit Gott gewinnen und erfahren. Denn »wenn zwei dasitzen und sie beschäftigen sich mit den Worten des G.es, so wohnt die Schekhina (= Gott) unter ihnen« (Abot III, 2).

SCHÜRER II, 545ff - BOUSSET, Rel. 119ff - G.F.MOORE, Judaism I, 1927, 251ff - EJud VII, 355ff - J.BONSIRVEN, Le Judaïsme au Temps de Jésus-Christ I, 1934, 247ff - DERS., Le Judaïsme Palestinien au Temps de Jésus-Christ, 1950, 77ff - W.G.KÜMMEL, Jesus u. der jüd. Traditionsgedanke (ZNW 33, 1934, 105-130) - ThW IV, 1040ff (Lit. ebd 1016f) - W.D.DAVIES, Tora in the Messianic Age and the Age to come, 1952 - H.BRAUN, Beobachtungen zur Tora-Verschärfung im häret. Judentum (ThLZ 79, 1954, 347-352) - DERS., Spätjüd.-häret. u. frühchristl. Radikalismus I (BHTh 24/I), 1957.

E.Lohse

IV. Im NT

1. Jesus - 2. Urgemeinde - 3. Paulus - 4. Andere nt. Schriften

1. Das Bekenntnis zu Jesus schloß eine Ignorierung des G.es ebenso wie eine rückhaltlose Bejahung im Sinne der jüdischen Autoritäten (→ Gesetz: III) aus; zwischen diesen Extremen liegen die verschiedenen Ausprägungen des nt. G.esverständnisses. *Jesus* konnte der jüdischen G.espraxis die im Wortlaut des G.es kundgetane Gottesforderung entgegenstellen (Mk 7, 6-13 par); er hat darüber hinaus aber auch an den im G. selbst enthaltenen Kompromiß mit der menschlichen »Herzenshärtigkeit« (Mk 10, 5 par) seinen kritischen Maßstab angelegt: Gottes Wille kennt solchen Kompromiß in Wahrheit nicht. Was Gott fordert, hat Jesus in eigener Vollmacht (→ Bergpredigt: I) sowohl durch radikale Vertiefung gesetzlicher Weisungen (Mt 5, 21. 27) wie andererseits auch im Gegensatz zu solchen (Mt 5, 31. 33. 38. 43) aufgezeigt. Voraussetzung für das Hören des Gotteswillens war ihm der Verzicht auf eigene Geltung vor Gott (Lk 6, 20f par; 18, 9-14). Jesu Lebensführung war im ganzen konservativ, »unter dem G.« (Gal 4, 1), doch trat auf verschiedenen wesentlichen Gebieten (Sabbatruhe: Mk 2, 23 - 3, 6 par; Joh 5, 9; 9, 14; Tempelkult: Mk 11, 15-17 par; 14, 57f par; Reinheit: Mk 7, 1-23 par) ein Gegensatz zwischen dem jüdischen G.esgehorsam und seinem Gehorsam offen zutage (→ Feste: III; → Rein und Unrein: III).

2. Wenn die nachösterliche *Gemeinde* den Gekreuzigten, von seinem vermeintlich gesetzestreuen Volk Verstoßenen als den Messias dieses Volkes anerkannte, so bejahte sie damit implizit das G.esverständnis Jesu, ohne daß dieses damit gleich zu einem gesonderten theologischen Problem geworden wäre. Der Gedanke, daß man während der kurzen Frist bis zur → Parusie nicht mehr ebenso unter dem G. leben würde wie Jesus, lag den Christen - abgesehen vielleicht von dem Kreis um Stephanus (Apg 6ff) - jedenfalls fern. Wahrscheinlich waren wachsame Gegner die ersten, die in einem derartigen Leben unter dem G. bei gleichzeitiger Anerkennung des Rechtens Gekreuzigten als Messias einen unerträglichen Widerspruch und somit eine tödliche Gefahr für die Geltung des G.es sahen: weil hier in Wirklichkeit der Messias das Leben bestimmte und das G. somit zu einem Stück Vergangenheit herabsinken mußte. Die Leidenschaft, mit der ein Paulus gegen die Gemeinde vorging (Gal 1, 13f), läßt sich nur aus dieser Erkenntnis erklären, und die Erkenntnis, die der Jude Paulus gewonnen hatte, blieb - nunmehr mit entgegengesetztem Vorzeichen - auch dem Christen Paulus.

3. Das G. ist für den Christen → *Paulus* heilig und gut (Röm 7, 12. 16). Wer dem unerbittlichen Ernst des im G. enthüllten Gotteswillens auswiche, würde Christus nicht verstehen (Röm 1, 16 - 3, 20); in seiner wahren Bedeutung wird das G. erst jetzt erkannt und »aufgerichtet« (Röm 3, 31). Aber Christus ist zugleich sein »Ende« (Röm 10, 4), es wird ein Stück Vergangenheit, der entscheidenden Glaubensverheißung Gottes (Röm 4; Gal 3, 6-16) an Alter nicht ebenbürtig (Gal 3, 17), der Zeit der Erfüllung andererseits nicht mehr entsprechend, ein Zwischenglied zwischen beiden (Röm 5, 20), dessen Ursprung nicht auf Gott selbst, sondern nur auf vermittelnde Engel zurückgeht (Gal 3, 19). Wer einmal geglaubt hatte, Jesus sei durch den Kreuzestod als Pseudomessias, als ein von Gott Verfluchter erwiesen, der mußte erkennen, daß in Wahrheit das noch von keinem Menschen erfüllte G. selbst ein Fluch war, den Jesus schuldlos auf sich lud, um die Gläubigen davon zu befreien (Gal 3, 10-14). Das G. war ein »Pädagog« auf Christus hin, aber nicht mehr als ein Pädagog (Gal 3, 24). - Sobald sich innerhalb der christlichen Gemeinde Stimmen dieser Art geltend machten, wurde die G.esfrage natürlich zum expliziten theologischen Problem. Paulus ist vielfach weder theologisch verstanden (Jak 2, 14-26) noch auch nur gefühlsmäßig anerkannt worden, namentlich nicht in der jerusalemischen Muttergemeinde. Diese Gegensätzlichkeit wog um so schwerer, als für die zur Gemeinde strebenden Nichtjuden die Frage nach dem G. zugleich eine hochaktuelle Missionsfrage war. Der Gläubige nichtjüdischer Herkunft sollte nach der Auffassung des Paulus zwar für den unerbittlichen Ernst des G.es offen sein; würde er sich aber für seine Person dem G. - und damit der → Beschneidung - unterstellen, so käme das einer Absage an Christus als dem »Ende« des G.es gleich (Röm 10, 4; Gal 5, 2-4). Für viele palästinensische Christen, die ja wie Jesus unter dem G. blieben, war es jedoch

selbstverständlich, daß der Weg zum Messias des jüdischen Volkes über die Eingliederung in dieses Volk führe; eine volle Gemeinschaft mit einem dem G. nicht unterstellten Gläubigen schien ihnen unvollziehbar zu sein. Das → Apostelkonzil (Gal 2, 1-10; Apg 15) unterschied zwischen dem Bleiben unter dem G. und dem Eintritt in die G.esgemeinschaft: das Bleiben wurde nicht zum Problem, der Eintritt aber sollte nicht gefordert werden. Diese missionarische Lösung war es, durch die die Gefahr des Auseinanderbrechens (Gal 2, 2) an der G.esfrage überwunden wurde, wenn auch die Durchführung der Tischgemeinschaft zu weiteren durch das G. bedingten Auseinandersetzungen (Gal 2, 11-21) und zu Zwischenlösungen (Apg 15, 28) geführt hat, und wenn sich abgesehen davon auch erneut streng gesetzliche Strömungen (→ Galaterbrief) geltend machten oder von anderer Seite - jedenfalls unter gnostischem (→ Gnosis: II) Einfluß - der Ernst des G.es mißachtet wurde.

4. Die Aussagen der → Pastoralbriefe über das G. unterscheiden sich von denen der Gemeindebriefe nur durch die manchmal überraschend einfache Formulierung (1Tim 1, 8f). Für den → Jakobusbrief ist die Frage nach dem Verhältnis von Glauben (→ Glaube: III) und Werken aktuell, sie wird jedoch nicht vom G. her beantwortet. Der 1, 25; 2, 13 genannte Zusammenhang von G. und → Freiheit (: I) wird je nach dem Gesamtverständnis des Jak verschieden gedeutet. Das JohEv und Hebr schauen aus schon beträchtlich gewordener Entfernung auf das »G. des Mose« (Joh 7, 23) bzw. auf die Schwäche und Nutzlosigkeit des G.es (Hebr 7, 18) zurück, weder hier noch dort wird jedoch die bleibende Bedeutung des G.es für den Christen verkannt: Es legt von Jesus Zeugnis ab (Joh 5, 39), es bietet für das Verständnis des hohepriesterlichen Wirkens Jesu die unentbehrliche Anleitung (Hebr 5, 1-10; 7, 1 - 10, 18).

R. Bultmann, Jesus, (1926) 1951² - G. Eichholz, Glaube u. Liebe im 1Joh (EvTh 4, 1937, 411-437) - Chr. Maurer, Die G.eslehre des Paulus, 1941 - ThW IV, 1051ff - W. Joest, G. u. Freiheit, 1951 - G. Bornkamm, Das Ende des G.es (BEvTh 16), 1952 - Ders., Jesus, 1956, 88ff - H.-D. Wendland, G. u. Geist (SThKAB 6), 1952 - H. Schlier, Der Brief an die Galater (MeyerK VII¹¹), 1952, 98ff - O. Michel, Der Brief an die Römer (MeyerK IV¹⁰), 1955, 140ff - EKL I, 1663f - W. Schmithals, Die Gnosis in Korinth (FRLANT NF 48), 1956 - Ders., Die Häretiker in Galatien (ZNW 47, 1956, 25-67) - H. Braun, Spätjüd.-häret. u. frühchristl. Radikalismus I. II (BHTh 24), 1957 - E. Lotz, Der Brief an die Galater, 1957, 71 ff. *O. Bauernfeind*

V. Gesetz und Evangelium, dogmengeschichtlich

1. Der Ansatz bei Paulus - 2. Frühchristliche Synthese - 3. Marcions Protest (Diastase) - 4. Die augustinisch gebrochene Synthese des Katholizismus - 5. Luthers Dialektik von G. u. E. - 6. Orthodoxe Systematisierung der »Lehre« - 7. Erneuerung der Problemstellung. - E. = Evangelium, G. = Gesetz

Das mit der Formel G.u.E. im allgemeinen gestellte dogmatische Problem zeigt in seinen dogmengeschichtlich wichtigen Lösungsversuchen dort, wo es sich nicht bloß um die Ordnung einer Stufenfolge der Heilsgeschichte oder des individuellen Weges zum Heil handelt - etwa im Schema Augustins: ante legem, sub lege, sub gratia, in pace (Ench. 31, 118; Expos. quarundam propos. ex epist. ad Rom. 13-18, MPL 35, 2056f) -, sondern um die Frage der Zuordnung und Unterscheidung bzw. der Verbindung und Trennung von G.u.E. als Mittel und Wege des Heilshandelns Gottes, alle drei Möglichkeiten einer zunächst formalen Bestimmung des Verhältnisses zwischen G.u.E.: Synthese, Diastase, Dialektik.

1. Alle drei beziehen sich ebenso wie jene heilsgeschichtlichen Schemata auf das NT und vor allem auf *Paulus*. Bei ihm (→ Gesetz: IV, 3) hat das Problem jedoch vorwiegend die Gestalt: G. und Christus, wobei trotz des scharfen Gegensatzes beider als Wege zur »Gerechtigkeit« Christus doch zugleich insofern Ende des G.es ist (Röm 10, 4), als er auch die Erfüllung des G.es darstellt und prinzipiell ermöglicht (Röm 3, 31ff; 8, 4) und eben damit die neue Heilszeit heraufführt, in der Gottes im G. offenbarter Wille im Glauben durch die Liebe, und nicht in Werken des G.es, sein Ziel erreicht; denn Christus hat, für uns zur Sünde gemacht (2Kor 5, 21), den Fluch des G.es (Röm 7, 7ff; 4, 15) überwunden (Röm 8, 3) und so durch das »G. des Geistes und Lebens« vom »G. der Sünde und des Todes« befreit (Röm 8, 2). Dem entspricht der individuelle Heilsweg vom »Fleisch« zum »Geist« (Röm 7, 5f; Gal 5, 18). Christus ist Ende des G.es als des Heilsweges, auf dem der Mensch versucht, seine eigene Gerechtigkeit aufzurichten; aber als Forderung Gottes bleibt es gleichwohl »heilig« (Röm 7, 14), in Christus gültig. Beides bestimmt die Dialektik des G.u.E. übergeordneten paulinischen Freiheitsverständnisses (→ Freiheit: I) - und damit seiner Auffassung von G.u.E. -, für das das »G. Christi« (Gal 6, 2) die Forderung der Liebe ist, nicht als Leistung, sondern als Tat der Freiheit, in der sich Glaube und Hoffnung auswirken und bewähren. Dem stehen die Verkennung des G.es durch die Juden und sein entsprechender Mißbrauch gegenüber (Röm 9, 30 - 10, 4).

2. Dieses G.esverständnis hat im nomistischen Mißverständnis der nt. Paraklese in der frühen Christenheit bald wieder in Richtung auf eine *Synthese* von G.u.E. Raum gewonnen. Die neue Botschaft brachte zu wenig Gebote. In Anknüpfung an Formulierungen wie »G. Christi« (Gal 6, 2), »vollkommenes G. der Freiheit« (Jak 1, 25) zusammen mit dem »neuen Gebot« von Joh 13, 34 und ähnlichen Wendungen sowie mit Neuformulierungen von Gebotszusammenstellungen wie Mt 22, 35ff par für das »Doppelgebot der Liebe«, entsprechend Mt 7, 12 für die sog. → Goldene Regel (und ebenso Did 1, 2), wie im sog. Aposteldekret (Apg 15, 20. 29, samt Goldener Regel in D) und in den sog. Haustafeln (Eph 5, 22ff; Kol 3, 18ff; 1Tim 2, 8ff; 6, 1ff; Tit 2, 1ff; 1Petr 2, 13ff; 1Clem 1, 3; Did 4, 9ff) sowie in Laster- und Tugendkatalogen (Kol 3, 5ff. 12ff; Eph 4, 2ff; 2Petr 1, 5ff) entwickelte sich alsbald die Vorstellung von dem »neuen G. unseres Herrn Jesus Christus« (Barn 2, 6), vom G. des Weges zum Leben (Herm sim V, 6, 3), von Christus als dem neuen G.geber (Justin). Das neue G. ist das durch Christus wieder aufgedeckte alte Vernunft-G. (Justin Apol. I, 46; Dial. 47), das auch in einem Geflecht von Evangelien- und at. Zitaten in Moralkatechismen (→ Apostellehre, → Barnabasbrief) im einzelnen durch Aufnahme jüdischen und hellenistischen Gutes ausgestaltet wurde. Die damit zT gewahrte sachliche Kontinuität des paränetischen Gebotsinhaltes von at. G. und nt. Paraklese sozusagen neben und in dem E. ist als Sonderproblem gewiß zu beachten und spielt in der jüngsten theologischen Diskussion der Frage G.u.E. (Schlink, Joest) eine gewisse Rolle. Das AT wird in erheblichem Umfang als »Schrift« beansprucht, so von einem frühchristlichen Moralismus neu rezipiert und mit der Tradition von Herrenworten in dem Sinn verbunden, daß die »neue Religion« eben als »neues G.« gepredigt werden kann, gewiß »ohne Joch des Zwanges« (Barn 2, 6), aber in einleuchtender Rationalisierung des Ethos (vgl. Did 3, 2ff mit Mt 5, 21f), die dem Leistungsgedanken, dem Vergeltungsschema und der Verdienstlehre Raum schaffen und damit einem neuen sittlichen Ideal: »Wer in demütigem Sinn und stetiger Sanftmut, ohne daß es ihn gereut, die von Gott erlassenen Rechtsordnungen und Vorschriften erfüllt, der wird zugesellt und eingerechnet werden in die Zahl der durch Jesus Christus Erretteten« (1Clem 58, 2); das entspricht dem 1Clem 13, 1 zitierten »Herrenwort«: »Wie ihr tut, so wird euch getan werden« und begegnet ganz

rechnerisch zB Polyk 6, 2 sowie, bereits mit dem Gedanken überpflichtiger Leistungen verknüpft, Herm sim V, 3, 3. Schon Did 6, 2 deutet sich die »doppelte Ethik« an, das Tragen des »ganzen Joches des Herrn« und das Handeln nach subjektiver Fähigkeit. Damit verbindet sich der Ansatz zu einer meritorischen Askese und zu einem entsprechenden Martyrium (Herm vis III, 2, 1), alles freilich noch in der Klammer einer betonten eschatologischen Erwartung: »Lasset uns nun die Gerechtigkeit tun, damit wir fürs Ende gerettet werden« (2Clem 19, 3). Sie ist das Vorzeichen der frühchristlichen Synthese von G.u.E. und hat deren raschen und kräftigen Aufbau fraglos gefördert. Das eindrucksvollste Zeugnis dafür ist der sittliche Rigorismus im Gefolge des Enthusiasmus der »neuen Prophetie« (→ Montanismus).

3. Um so überraschender ist der Protest → *Marcions*, dessen heftige Bekämpfung sich nicht zuletzt von der moralistischen Synthese von G.u.E. her begreifen läßt, obwohl im Marcionitismus selbst diese Synthese mit anderer Motivation (zB bei der Askese der Ehelosigkeit) praktisch weiterlebt. Marcion hat Röm 10, 4 mit Gal 3, 19ff interpretiert und von da aus die »separatio legis et evangelii« (Tertullian, Adv. Marc. 1, 19) bis zur schroffen Gegenüberstellung des »gerechten« Gottes des AT und Schöpfers dieser schlechten materiellen Welt gegen den unbekannten, fremden, guten, »besseren« Gott der schlechthinnigen Liebe nach der Regel von Lk 6, 43 durchgeführt. Er hat von da aus die jüdische »Gesetzlichkeit« aus der nt. Überlieferung kritisch auszumerzen versucht, um so das reine E. des Paulus wiederherzustellen. Auf dem Hintergrund einer radikalen Kritik des AT und seines Gottes erstrahlt das E. als ein unvergleichliches Wunder. Dem Vergeltungsschema, der Furchtreligion des G.es, dem verstockten Gerechten des AT, der Kleinlichkeit des Schöpfers stellt Marcion den Universalismus und die bedingungslose Verheißung der Seligpreisungen gegenüber. Richten ist nicht ein Akt des Göttlichen. Indem Marcion die paulinische Dialektik von G.u.E. zur dualistischen *Diastase* vereinseitigte, hat er, entgegen seiner eigenen Meinung, Paulus nicht weitergeführt; hier hat auch der wiederholt versuchte Vergleich Marcions mit Luther seine Grenze. Die Kirche seiner Zeit hat zT gegen ihn und seine Gegenkirche die frühchristliche Synthese im Zusammenhang mit einer fortschreitenden Einrichtung in der Welt zu einer prinzipiellen Umformung der Botschaft des E.s zur christlichen Religion ausgebaut.

4. Charakteristisch dafür ist → Tertullian, dessen »Richterstuhl-E.« die christlich tradierte Einheit von Gerechtigkeit und Liebe Gottes gegen Marcion juristisch-apologetisch bis zu der Konsequenz zu erstreiten sucht, daß auch die Auferstehung des Fleisches als sittliches Postulat um der Rechenschaft im Jüngsten Gericht willen begründet wird. Er hat das E. als die »lex proprie nostra« (De monogamia 8) der Christen im Sinne einer das Rechtsverhältnis zwischen Gott und Mensch regelnden Verdienstlehre entfaltet (→ Verdienst: IV). Gott gibt der Willensfreiheit des Menschen durch sein G. (das Natur-G., das G. des AT und durch das jenes Natur-G. wiederaufdeckende neue G.) die Chance, durch satisfaktorische Leistungen sich merita, sowohl geschuldete wie nicht geschuldete Verdienste unter Voraussetzung der → Taufe (: III) zu erwerben. Diese ist ihrerseits bereits Lohn voraufgegangener Bußleistung, legt strenge Verpflichtung auf und wirkt auch als spiritualer Gnadenbeistand für die durch die → Sünde (: V) geschwächte Natur. Buße als dem Zorn Gottes zuvorkommende Selbstbestrafung (De paen. 9) rückt in die Mitte des Christenlebens, dessen fundamentum der timor ist (De cult. fem. II, 1; → Bußwesen: II, 1d). Daß hier asketische Forderungen eine große Rolle spielen, ist für Tertullian nicht erst Folge seiner Konversion zum Montanismus; diese bringt allerdings in das Ganze seines Christentumsverständnisses eine spürbare moralistische Radikalisierung. Selig macht nicht die innere Kraft des Glaubens allein, sondern die aus ihr folgende Erfüllung des G.es. – Damit hat das in spezifischem Sinne abendländisch-kath. Verständnis des Christentums sein grundlegendes Schema erhalten, sofern die → Rechtfertigung (: II) grundsätzlich mit der dem Prinzip nach perfektionistischen religiös-sittlichen → Heiligung in ihren verschiedenen Stufen zusammenfällt. Auch → Augustin hat daran im Grunde nichts geändert, obwohl für ihn lex und gratia bzw. freier Wille und Erwählung insofern in ein neues Verhältnis zueinander gesetzt werden, als Augustin antipelagianisch einem sowohl tertullianischen wie auch »griechischen« Moralismus des sittlich eigenständigen Menschen die »Übermacht« der → Gnade (: IV) entgegenhält. So sehr Christus als sacramentum betont wird, im augustinischen Christus-exemplum steckt doch auch die hier maßgebende Grundvorstellung vom Christus-legislator, so wie er bei Tertullian als der Lehrer die nova lex bringt. Gleichwohl hat Augustin die paulinische Dialektik von G.u.E. schon vor der Auseinandersetzung mit den Pelagianern abermals entdeckt und innerhalb der kath. Synthese zur Geltung zu bringen versucht. G.u.E. sind miteinander verbundene, aber zugleich in ihrer Wirkung grundverschiedene Weisen der Begegnung zwischen Gotteswillen und menschlicher »Freiheit«. Im G. begegnet Gottes Wille als zuletzt der Sündenohnmacht überführende Forderung, in Christus als zur wahren Freiheit befreiende göttliche Liebe und Gnade, die die G.eserfüllung so ermöglicht, daß unsere merita immer zuletzt Gottes munera sind. »Lex data, ut gratia quaereretur, gratia data, ut lex impletur« (De spir. et lit. 34; Ep. 145, 3), das umschreibt das sachliche Verhältnis von G. und Gnade im Rahmen der oben (s. Einl.) genannten Lebensbewegung durch die Stadien der Heilsgeschichte. Das G. ist bei Augustin einerseits Natur- bzw. Vernunft-G., andererseits das Gebot des AT. Es wirkt nur äußerlich, dh als Buchstabe, und seine Strafandrohung führt zur Furcht, die als timor damnationis den Weg zur Bekehrung öffnet, dem Menschen seine Sünde zeigt und als timor legis das Verlangen nach der Gnade weckt. Augustin hat aber später dem keine reale Wirkung zuerkannt, sondern alles Geschehen der Bewegung zum Heil ausschließlich der Gnade zugeschrieben. Daher gewinnen unter den äußeren Zusprachen, mit denen Gott seine Berufung verbindet, die evangelicae cohortationes den Vorrang vor den mandata legis (De spir. et lit. 34, 60). An die Stelle des »fac quod iubeo« des G.es tritt das »da quod iubes« des Glaubens (ebd 13, 22). Die dem Glauben geschenkte G.eserfüllung macht den realen Vollzug der zunehmenden Rechtfertigung durch die Werke des mit der caritas inspirierten guten Willens aus. – Die Entscheidung der Synode von Karthago 418 gegen Pelagius und ihre Bestätigung durch Zosimus von Rom haben zwar den → Pelagianismus abgeriegelt, aber dadurch nicht den Augustinismus in seiner letzten Konsequenz zur »Kirchenlehre« gemacht. Das MA konnte ihn innerhalb der tertullianischen Synthese von G.u.E., dh im Licht der nova lex und im Blick auf den Christus-legislator wieder stärker – gewiß unter dem allgemeinen Vorbehalt des »nichts ohne die (sakramentale) Gnade« – im Sinne einer nomistisch-meritorischen Auffassung des E.s mit Rücksicht auf den Menschen als sittlich verantwortliche Person vor Gott umdeuten, unter Einschluß verschiedener Vollkommenheitsstufen und des Schemas von → Evangelischen Räten und Geboten. G.u.E. tritt als dogmatisches Problem in den Variationen dieser augustinisch »gebrochenen« Synthesen im Rahmen einer auch recht-

lich ausgestalteten Verdienstlehre ziemlich zurück. Das E. wird überwiegend als G. gepredigt.

5. Die Unterscheidung von G.u.E. als eine »sehr hohe, die höchste Kunst in der Christenheit« (WA 36, 9) ist bei → Luther (: II) und in der Reformation sachlich bezogen sowohl auf die Rechtfertigungslehre wie auf das Schriftprinzip und steht mit beidem in ganz unmittelbarem Zusammenhang mit der entscheidenden Frage nach der rechten Christusverkündigung in Predigt und Seelsorge. Die Anfänge der Unterscheidung knüpfen bei Luther an Augustin (De spir. et lit.) an und übertragen zunächst das Verhältnis von »innerem« und »äußerem« Wort auf E.u.G. Dabei hat Luther Augustins Schema von lex und gratia (s. 4) vertieft, indem er dem Korrelationsverhältnis von promissio (bzw. E.) und fides dasjenige von lex und peccatum korrespondierend zur Seite stellt. Die Unterscheidung von G.u.E. ist für Luther wichtig sowohl zur Abwehr der scholastischen Vergesetzlichung des E.s vom Christus-legislator her wie gegenüber den Schwärmern (→ Spiritualisten, → Täufer) und ihrer Verkehrung eines spiritualisierten G.es zum E. In beiden Fällen wird das E. von dem Christus für uns gelöst und das → Wort Gottes (: IV) in eigenwillige Verfügung des Menschen genommen. Auf das Wort Gottes bezogen bestimmen G.u.E. die zwei »Teile« der Schrift: die praecepta, die den Menschen seiner sündigen Ohnmacht überführen und darum altes Testament heißen und sind, ohne mit dem AT einfach identisch zu sein, und die promissa, die die fides Christi herbeiführen, die geben, was die Gebote fordern, und darum neues Testament heißen und sind, wiederum ohne mit dem NT schlechthin zusammenzufallen. Die Einheit des Wortes Gottes im Zeugnis der Hl. Schrift stellt die Unterscheidung von G.u.E. zugleich in die sichernden Schranken der chalcedonensischen Formel: ungetrennt und ungeteilt - unvermischt und unverwandelt (→ Christologie: II, 4d). Dabei erscheint das E. jedoch als der »Herr« des G.es, sofern es »natürlich Recht nicht aufhebt, sondern befestigt als Gottes Ordnung und Geschöpf« (WA 50, 633). Diese Bestätigung des G.es durch das E. gilt dem G. sowohl als Gebot, sofern Christus die Erfüllung des G.es schenkt, als auch dem G. als »G.«, sofern sich E.u.G. zueinander verhalten wie opus proprium und opus alienum Gottes, wie vivificatio und (für diese in Dienst genommene) mortificatio im »dialektischen« Handeln Gottes, das tötet, um lebendig zu machen, das in Anfechtung stürzt, um aus ihr zu retten. Dieses Handeln begründet bei Luther sowohl die Unterscheidung wie die Aufeinanderfolge von G.u.E., obwohl es das E. ist, das den sog. zweiten Gebrauch des G.es neben dem usus civilis begründet, nämlich den usus theologicus oder paedagogicus (bzw. elenchticus). Der vielumstrittene tertius usus legis, den weder Luther noch die luth. → Bekenntnisschriften vertreten, knüpft in einer vom reformatorischen Ansatz abweichenden Weise an das Problem der ev. Erfüllung des G.es an und birgt die Gefahr der Rückkehr zur kath. Synthese.

G. im strengen Sinne ist für Luther immer lex non impleta, lex accusans. Im G. ist die theologische Interpretation des faktischen Menschseins, der Wirklichkeit des gefallenen Menschen beschlossen. Die Predigt des G.es deckt so das Wesen des verlorenen Menschen auf und führt als Predigt des Wortes, also in der Umklammerung durch die Predigt des E.s zu dem von der Rechtfertigung her allein legitimen »zweiten« Brauch des G.es: »Evangelium facit ex lege paedagogum in Christum« (WA 39/I, 446). Das bezeichnet die Mitte des Lutherschen Verständnisses des Problems G.u.E.; denn es geht hier darum, den Menschen zur Erkenntnis seines Sünderseins und der Unmöglichkeit seiner Selbsterlösung zu führen. In Luthers eigener Predigt erfolgt das nicht von einem vom E. unabhängigen G. aus, sondern gerade vom Innersten des E.s her. Auch die mit der Predigt des usus theologicus stets verbundene Predigt des usus civilis geschieht bei Luther »nicht unabhängig vom eigentlichen Inhalt der E.sverkündigung« (Heintze 259). Auch das G. im weltlichen Regiment steht im Dienst des geistlichen Regiments Christi. Luthers Predigt ist in ihrem Vollzug gekennzeichnet durch das Ineinander von G.u.E. Eine »absolute« E.spredigt ist für Luther Ausdruck angemaßter Sicherheit. Hier liegt das Motiv seiner scharfen Wendung gegen die Antinomer (→ Agricola, 1). Die Unterscheidung von G.u.E. kann andererseits den praktischen Predigtvollzug nicht formal bestimmen, weil es bei ihr um die Dialektik in Gottes eigenem Handeln geht, die der Mensch nicht nachvollziehen kann. Die Predigt bezeugt nur Gottes Handeln in Christus.

Die Unterscheidung von G.u.E. ebenso wie ihr unauflösliches Beieinander sind maßgebend für die rechte Unterscheidung von Rechtfertigung und Heiligung, von geistlichem und weltlichem → Regiment, ohne daß man diese Unterscheidungen mit ihr formal parallelisieren dürfte. Hier zeigt die Lehre von G.u.E. ihre normative Funktion in reformatorischer Theologie überhaupt, aber sie darf nicht zum theologischen Prinzip gemacht werden, von dem aus neue Unterscheidungslehren zwischen den prot. Hauptbekenntnissen konstruiert werden könnten, zumal → Calvin (: II, 3) hier von Luther nicht grundsätzlich abweicht, obwohl bei ihm das G. »im« E. eine größere Rolle spielt.

6. Einen ersten Ansatz zur *Systematisierung* scheint die FC zu bieten, sowohl mit der einseitigen Betonung des »discrimen legis et evangelii« gegenüber jeder Vermischung als auch mit der Festlegung der Begriffe: G. ist göttliche Lehre, die darlegt, was recht ist, und die die Sünde und den Unglauben straft; E. lehrt, daß der Mensch glauben soll, daß er bei Gott Vergebung der Sünden um Christi willen erlange (V). Im Hintergrund steht der jüngere → antinomistische Streit, nicht mehr um G.u.E. in der Frage der Bekehrung, sondern im Fragenkreis des tertius usus legis, dh im Anschluß an → Melanchthon bei der Frage nach der Bedeutung des G.es für den Gerechten (VI). Auf der einen Seite wird die E.spredigt zur Buße als »fremdes« Werk des E.s von seiner Trostpredigt unterschieden und die wirksame Predigt des G.es von seiner geistlichen Auslegung durch Christus abhängig gemacht. Auf der anderen Seite wird ein tertius usus legis als Norm für das Leben des neuen Menschen gelehrt. Das E. wird dadurch zum G.; aber für den Wiedergeborenen gilt, sofern er noch alter Mensch ist, nach der FC das G. weiter in seinem ersten und zweiten Brauch, so daß hier nur uneigentlich von einem tertius usus gesprochen wird, unter Beiseiteschiebung seines melanchthonischen, auf den Pietismus tendierenden Verständnisses. → Gute Werke sind nicht Bedingung des Heils, sondern Frucht des Glaubens (IV). → Calvins (: II, 3) Verständnis des tertius usus als usus in renatis und zugleich als praecipuus usus steht mithin der FC näher als Melanchthon.

Die in der luth. → Orthodoxie wachsende Verstrikkung der Rechtfertigungslehre in den Nomismus führt trotz Festhalten an manchen Stücken des genuin reformatorischen Erbes zu einer Rationalisierung des Systems, bei der G.u.E. mit Vernunft und Offenbarung gleichgesetzt zu werden drohen. G. als Vernunfterkenntnis, Wertung des E.s als Wiederherstellung der durch den Fall verdunkelten Gotteserkenntnis, das Begreifen Gottes im Licht der lex naturae (→ Naturrecht: II), die als Abbild von Gottes Heiligkeit und Gerechtigkeit verstanden wird, alles das läßt den Unterschied zwischen E. als geistlicher Erkenntnis und der rationalen G.eserkenntnis zu einem nur graduellen werden. Die Offenbarung wird notwendig infolge der Unfähigkeit der menschlichen Vernunft zu voller G.eserkenntnis. Damit beginnt das Problem von G.u.E. samt der ihm eigenen Spannung als solches in der nachreformatorischen Theologiegeschichte mehr und mehr zu verblassen.

7. Im allgemeinen wacht es wieder zusammen mit der Neuentdeckung der Rechtfertigungslehre nach dem ersten Weltkrieg auf. Schon vorher hatte Th. → Harnack in Auseinandersetzung mit A. → Ritschl und seiner Auffassung der Liebe als dem Grundzug göttlichen Wesens versucht, das Problem monographisch für Luther darzustellen (Luthers Theologie I, 1862), und hatte der »Vater der → Missouri-Synode«, C.F.W.Walther, 1878/85 das Thema G.u.E. in Vorlesungen ausführlich behandelt (Die rechte Unterscheidung von G.u.E., St.Louis 1897, Neudr. 1946). Akut wurde es im Zusammenhang mit dem Aufkommen einer theologischen Lehre vom Volksnomos als Gottes-G. zu Beginn des → Kirchenkampfes 1933. In dieser Lage hat Karl → Barth 1935 ohne direkte Polemik gegen Luther und das Luthertum in seiner Schrift »E.u.G.« (ThEx 32; NF 50, 1956) das Problem theologisch neu gestellt und formuliert und damit zugleich auf luth. Seite eine Schematisierung und Konfessionalisierung der »Lehre von G.u.E.« ausgelöst. Sie ist zum Hauptstück der innerreformatorischen Kontroverstheologie geworden, deren Schärfe der Protest des Ansbacher Ratschlags gegen → Barmen 1934 signalisiert. Ihr Extrem stellt der neuluth., »fast mythologische« (Steck) Dualismus von G.u.E. als der »zwei Worte« Gottes, die einander im Anspruch auf die ganze Menschheit widerstreiten, bei W. → Elert (Der christliche Glaube, 1940, IV) und seinen Schülern dar. Seine Motive sind von denjenigen Marcions nicht sehr weit entfernt (Wundercharakter des E.s). Im Zusammenhang damit steht eine entsprechende Fassung der Lehre von den beiden Reichen und die Betonung der Eigengesetzlichkeit der natürlichen Ordnungen; darauf und auf Grundfragen der theologischen → Anthropologie (: III) richtet sich das Interesse an dem Problem G.u.E. heute im besonderen. Im Blick auf die Geschichte der interkonfessionellen Auseinandersetzung ist allerdings die Betonung von G.u.E. als hervorragendes Unterscheidungsmerkmal zwischen luth. und ref. eine Neuerung, die »aus der bisherigen Tradition der luth. Kirche nicht ohne weiteres abzuleiten ist« (Heintze). Das 16.Jh. kennt es nicht, die orthodoxe Polemik des 17.Jh.s kaum; formell taucht es bei M. → Schneckenburger (Vergleichende Darstellung des luth. und ref. Lehrbegriffs, 1855) auf, zusammen mit der Betonung ref. »Gesetzlichkeit«, aber ohne kirchentrennende Bedeutung. So groß die Gefahr voreiliger schematischer Konstruktion dieser neuen »Unterscheidungslehre« ist, so offen ist zZ noch die theologische Diskussion des mit G.u.E. gestellten Problems (→ Gesetz: VI). Allerdings droht immer noch die Gefahr der auf ein theologisches Prinzip tendierenden Schematisierung der Formel G.u.E. und der Entleerung ihres theologischen Gehalts zum bloßen Schlagwort.

Außer den TheolNT, den Lehr- u. Handbüchern der DG u. Theologiegesch., ferner RE I, 585ff; VI, 632ff u. EKL I, 1555ff: E.Troeltsch, Vernunft u. Offenbarung bei J.Gerhard u. Melanchthon, 1891 - P.Tschackert, Die Entstehung der luth. u. der ref. Kirchenlehre, 1910 - M.Kliefoth, G. u. E. in der altluth. Dogmatik (NKZ 36, 1925, 213 bis 244) - C.Stange, Die Heilsbedeutung des G.es (Stud. z. Theol. Luthers I, 1928, 53-74) - K.Thieme, Das E. in der Form des Gebotes (ChuW 8, 1932, 334-356) - H.J.Iwand, Die Predigt des G.es (EvTh 1, 1934, 55-78) - Ders., Jenseits von G.u.E.? (ThBl 14, 1935, 65-80) - Ders., Glaubensgerechtigkeit nach Luthers Lehre (ThEx 75), (1941) 1951^2 - G.Merz, G. Gottes u. Volksnomos bei M.Luther (LuJ 16, 1934, 51-82) - Herm.Diem, E.u.G. oder G.u.E.? (EvTh 3, 1936, 361 bis 370) - Ders., Luthers Predigt in den zwei Reichen (ThEx NF 6), 1947 - O.Wolff, G.u.E. (EvTh 3, 1936, 136-156) - Ders., Die Haupttypen der neueren Lutherdeutung, 1938 - E.Schlink, G.u.E. (ThEx 53), 1937 - Ders., G. und Paraklese (Antwort, Festschr. f. K.Barth, 1956, 323-335) - Har.Diem, Luthers Lehre von den zwei Reichen. Ein Beitr. zum Problem G.u.E. (BhEvTh 5), 1938 - E.Wolf, G.u.E. in Luthers Auseinandersetzung mit den Schwärmern (EvTh 5, 1938, 96-109) - Ders., Luthers Erbe? (ebd 6, 1946/47, 82-114) - Ders., Politia Christi (Peregrinatio, 1954, 214-242) - K.Mittring, G.u.E. im NT (EvTh 6, 1938, 428-442) - R.Bultmann-H.Schlier, Christus des G.es Ende (BhEvTh 1), 1939 - H.E.Weber, Reformation, Orthodoxie u. Rationalismus I/2, 1940 - R.Bring, G.u.E. u. der dritte Brauch des G.es in der luth. Theol. (Schr. d. Luther-Agricola-Ges. 1, Helsinki 1943, 43-97) - Ders., Luthers Lehre von G.u.E. als der Beitr. der luth. Theol. für die Ökumene (LuJ 24, 1957, 1-30) - H.Asmussen, G.u.E. Das Verhalten der Kirche gegenüber Volk u. Staat, 1948 - W.Elert, Zwischen Gnade u. Ungnade. Abwandlung des Themas G.u.E., 1948 - Ders., Das christl. Ethos, 1948 - K.G.Steck, Fragen an das Luthertum (ThEx NF 13), 1948 - O.Hof, Luthers Lehre von G.u.E. (ELKZ 3, 1949, 132-135. 148-151. 165-168) - E.Kinder, Gottes Gebot u. Gottes Gnade im Wort vom Kreuz. Prolegomena zur Lehre von G.u.E. (Kirchl. theol. Hefte VII), 1949 - G.Ebeling, Zur Lehre vom triplex usus legis in der reformator. Theol. (ThLZ 75, 1950, 235-246) - W.Joest, G. u. Freiheit. Das Problem des tertius usus legis bei Luther..., (1951) 1956^2 (Lit.) - Ders., Das Verhältnis der Unterscheidung der beiden Regimente zu der Unterscheidung von G.u.E. (Dank an P.Althaus, 1958, 79-97) - Thielicke, ThE I - P.Althaus, Gebot u. G., 1952 - P.Schempp, G.u.E. (ZThK 49, 1952, 60-85) - G.Bornkamm, Das Ende des G.es, Paulusstudien (BEvTh 16), 1952 - L.Haikola, G.u.E. bei M.Flacius Ill. (StTh Lundensia 1), 1952 - V.E.Hasler, G.u.E. in der Alten Kirche bis Origenes. Eine auslegungsgeschichtl. Unters., 1953 - Th.Schober, Das Verhältnis von G.u.E. nach dem Verständnis der Altref. Theol. u. dem Verständnis Luthers (ELKZ 7, 1953, 273-277) - E.Hirsch, G.u.E. in Luthers Predigten (Luther 25, 1954, 49-60) - H.Gerdes, Luthers Auseinandersetzung mit den Schwärmern über das rechte christl. Verständnis des at. G.es (Diss. Göttingen), 1954 - E.Sommerlath, G.u.E. (Luthertum 17), 1955 - H.Gollwitzer, Zur Einheit von G.u.E. (Antwort, Festschr. f. K.Barth, 1956, 287-309) - G.Wingren, E.u.G. (ebd 310-322) - H.Vogel, G.u.E., 38 Thesen (KuD 2, 1956, 73-75) - H.Østergaard-Nielsen, Scriptura sacra et viva vox. Eine Lutherstudie (FGLP X, 10), 1957 - G.Heintze, Luthers Predigt von G.u.E. (ebd X, 11), 1958 (Lit.) - R.Schultz, G.u.E. in der luth. Theol. des 19.Jh.s (Arb. z. Gesch. u. Theol. d. Luthertums 4), 1958.

Ernst Wolf

VI. Gesetz und Evangelium, dogmatisch

1. Das Problem - 2. Übereinstimmungen in der gegenwärtigen Diskussion - 3. Diskussion der Auffassung K.Barths. - E. = Evangelium, G. = Gesetz

1. Mit dem *Thema* »G.u.E.« ist ein Gegensatz und eine Zusammengehörigkeit zugleich bezeichnet: der Gegensatz zweier Ordnungen des Verhältnisses zwischen Gott und Mensch, und doch zugleich ihre Zusammengehörigkeit, sofern die Ordnung des G.es in Gottes Ratschluß auf ihre Aufhebung in der Ordnung des E.s hin ausgerichtet ist. In diesem Sinn jedenfalls tritt das Thema »G.u.E.« innerhalb des NT vor allem bei Paulus hervor (→ Gesetz: V, 1) und wird es an Brennpunkten der Geschichte christlicher Theologie, so von Augustin und später von den Reformatoren, vor allem von Luther, wieder aufgenommen (→ Gesetz: V, 4. 5). Während es im 19.Jh. auch in ev. Theologie kaum verhandelt wurde, ist es seit dem theologischen Umbruch der 20er Jahre wieder im Vordergrund der theologischen Besinnung und zugleich einer ihrer umstrittensten Gegenstände. Umstritten ist heute vor allem die Frage, in welchem Sinn überhaupt von einem Gegensatz zwischen G.u.E. geredet werden darf und ob die Zusammengehörigkeit von beidem von Gott her nicht viel eher als Einheit eines Ineinanderliegenden denn als Zuordnung eines Gegensätzlichen verstanden werden muß. Dies letztere wird vor allem von K. → Barth seit seinem berühmten Vortrag »E.u.G.« geltend gemacht, allerdings nicht ohne den Widerspruch solcher Theologen, die im Anschluß an Luther stärker an der gegensätzlichen Unterscheidung von G.u.E. festhalten.

2. a) *Übereinstimmung* besteht in der gegenwärtigen Diskussion zunächst darin, daß die Entgegensetzung von G.u.E. dann sinnvoll und notwendig ist, wenn mit ihr der Gegensatz von G.*esreligion* und Leben aus dem Glauben an das Evangelium gemeint ist. Unter »G.esreligion« soll dabei keineswegs nur eine Religiosität unter eigenmächtig von Menschen erfundenen religiösen → Gesetzen (: I), die mit dem wahren Willen Gottes nichts zu tun haben, verstanden werden. Auch die wirklichen Gebote Gottes (ja selbst das Liebesgebot) können zum Element von G.esreligion gemacht werden. Das geschieht dann, wenn der Mensch diese Gebote als Aufforderungen versteht, aus seiner eigenen Kraft religiöse und sittliche Leistungen zu vollbringen und sich mit diesen Leistungen einen Anspruch auf Gottes Wohlgefallen und ein moralisches Selbstbewußtsein vor allem den »Gottlosen« gegenüber zu sichern (Selbstrechtfertigung, »die eigene Gerechtigkeit aufrichten«). G.esreligion in diesem Sinn hat Jesus bei den Pharisäern (vgl. Lk 18, 1-14) und Paulus am Judentum seiner Zeit (vgl. Röm 9, 30 - 10, 4) gesehen, sie ist aber auch inmitten der Christenheit aller Konfessionen immer wieder möglich und akut. In ihr liegt verborgen, wenn auch nicht immer bewußt und ausgesprochen, ein Verständnis von → Gott (: V. VI) und Mensch (→ Anthropologie: III. IV), wonach der Mensch Gott als eigenständiger Partner gegenübersteht, der sich Gott nach einem berechenbaren Verhältnis gegenseitiger Leistung und Reaktion verpflichten kann. Im tiefsten Grund ist dies Leugnung der Gottheit Gottes, weil Leugnung der Freiheit seiner Gnade als des einen Grundes, aus dem der Mensch allein leben kann, und damit gleichbedeutend: der Wille des Menschen, im Innersten, nämlich in der Gründung seiner sittlichen Existenz, sein eigener Schöpfer zu sein. Das »gute Werk«, das aus solcher Haltung geschieht, ist (auch wenn es dem Tatbestand nach dem Tun des Willens Gottes gleichsehen sollte) seiner echten »Sachlichkeit« als Zuwendung der Liebe zum Nächsten aus Dank und Liebe gegen Gott entfremdet und zu einem Tun im Interesse der eigenen Sicherung und Selbstdarstellung verkehrt. Es kann eben damit kein Werk der Liebe und somit nicht in Wahrheit Tun des Willens Gottes sein.

Solcher G.esreligion ist nun das E. von Jesus Christus total entgegengesetzt. Denn in ihm wird offenbar, daß kein Mensch aus seinen Leistungen vor Gott bestehen *kann* (→ Rechtfertigung: III). Das gilt nicht nur für den offensichtlich »Gottlosen«, sondern auch für den G.esfrommen, gerade *indem* er sich in der Eitelkeit seiner religiösen Selbstdarstellung verstrickt und damit der Liebe fern bleibt, die des G.es Erfüllung ist. Im E. wird aber auch offenbar, daß kein Mensch aus seiner eigenen Leistung vor Gott bestehen *soll* und *muß*. Denn in der Sendung Jesu offenbart sich Gott als der Gott, der in freier → Gnade (: V) und aus seiner unergründlichen Liebe zu den Menschen, die ihm nichts Liebenswertes bieten können, Sünde vergibt und Leben schenkt (→ Gotteskindschaft: II). Er offenbart sich als der, der uns aus seiner eigenen Willenssetzung heraus und nicht aus einer Feststellung unseres moralischen Persönlichkeitswertes »gerecht spricht«, dh uns ihm recht sein und in seiner Gemeinschaft leben läßt. Damit werden *wir* als die offenbar, die überhaupt nur von Gnade leben können, von ihr aber auch leben dürfen. Diese Gnade ist Wirklichkeit in Jesus Christus, der in seiner Person die Zuwendung Gottes zu uns und seine Gegenwart bei uns ist. Das E. ist also Ruf aus der G.esreligion und ihrem Willen religiöser Selbstbegründung heraus zum → *Glauben* (: V), dh zum Sichhalten an den gegenwärtigen Christus und darin zum Verzicht auf das eigene Bestehen-wollen und zur Selbstpreisgabe an die Gnade und Liebe Gottes, die uns allein Grund und Halt geben kann. In diesem Sinn zunächst - darin dürften alle Partner der gegenwärtigen Auseinandersetzung über G.u.E. übereinstimmen - ist das E. Ende des G.es. Von einer Zusammengehörigkeit von G.u.E. allerdings kann in diesem Sinn - wenn nämlich unter der G.esordnung lediglich die menschliche G.esreligion verstanden wird - noch gar nicht geredet werden.

b) Übereinstimmung besteht auf der andern Seite darin, daß das G. keineswegs in dem Sinne vom E. getrennt und ihm entgegengesetzt werden darf, als ob Gott im Zeichen des E.s auf die Erfüllung dessen, was das G. seinem eigentlichen Inhalt nach besagt, verzichtete. Zwar wird solche Erfüllung als Leistung des *Menschen* durch das E. durchgestrichen. Als Werk der Gnade *Gottes* in und mit uns aber wird sie gerade hier erst zu Stand und Wesen gebracht. Der Glaube selbst, zu dem uns das E. Erlaubnis und Befehl gibt, ist ja die Einkehr des Menschen an seinen rechten Ort vor Gott, und zwar durch Gottes Zugreifen selbst. Im Gehalten-sein von der Gnade ist er Befreiung von dem Willen, sich - sei es durch Übertretung oder durch »gesetzliche« Leistung der Gebote - das Lebensrecht gegenüber Gott selbst zu nehmen und zu sichern. Gerade damit ist er Befreiung zu der Liebe, die des G.es Erfüllung ist, in Kraft der Liebe Gottes, die uns der tiefen »Unsachlichkeit« unserer Selbstsorge enthebt und so auch die Begegnung der → Liebe (: IV) von Mensch zu Mensch freigibt. Dies alles ruht aber auf der Voraussetzung der Gegenwart Jesu Christi, in dem Gottes Zuwendung und Liebe zu uns Wirklichkeit ist und mit dem wir durch das E. zusammengesprochen und im Glauben verbunden werden. So darf man auch sagen: das E. bedeutet darum nicht Verzicht, sondern Verwirklichung des Willens des G.es Gottes in uns, weil das E. Kommen und Gegenwart Jesu Christi ist und weil Christus bei dem, der ihm glaubt, mit der Kraft der zur Liebe befreienden Gottes-Liebe *wirksam* gegenwärtig ist.

c) Weitgehende Übereinstimmung besteht auch darin, daß über dem Hervorgehen von Liebe und neuem Gehorsam aus dem Glauben an das E. eine Begegnung mit dem *Gebot* Gottes, das uns im Wort jeweils konkret zu solchem Gehorsam beruft, nicht einfach aufhört (daß also auch in diesem Sinn das E. nicht ohne G. ist). Zwar beginnen hier die im gegenwärtigen Gespräch umstrittenen Fragen: Bedarf die Liebe des Gebotes, bedarf der im Glauben aus der Wirklichkeit der Liebe Gottes Lebende der äußeren Vorschrift? Luther hob bekanntlich oft und stark einen im höheren Sinne »naturhaften« Charakter der Werke des Glaubens hervor: im Unterschied zu der G.esfrömmigkeit kommen sie aus freiem Willen und geschehen mit der Selbstverständlichkeit des aus der Verbundenheit mit Christus quellenden Lebens. Von da aus kamen und kommen manche luth. Theologen zur Ablehnung des sog. tertius usus legis (→ Gesetz: V), dh einer Funktion des G.es, in der es auch dem Glauben ausgesprochene Weisung für sein Tun geben muß.

Demgegenüber ist aber zu beachten, daß im NT, gerade auch bei Paulus, durchaus auch den Glaubenden als solchen konkrete Weisungen gegeben werden. Diese wollen freilich nicht als starre G.esregeln, sondern als auf die jeweilige Situation bezogene Richtpunkte für das Tun der Liebe als des einen G.eswillens verstanden werden. Sie wollen vor allem nicht als »G.« in dem Sinne verstanden sein, daß der Mensch durch ihre Erfüllung erst sein Heil und seine Rechtfertigung vor Gott erwerben muß. Denn sie werden ja gegeben auf Grund der Verkündigung der aus Gnade schon geschenkten Heilsgemeinschaft mit Gott in Christus. Sie sind nicht Forderung dessen, was wir auf unser Heil *hin* vollbringen *müssen*, sondern Zuspruch und Aufweisung dessen, was wir aus unserm Heil *heraus* vollbringen *dürfen*, ja was Gott selbst durch uns vollbringen will und wird. Das Tun des Guten ist ein Geschenk, und das konkrete Gebot, das unter dem Zeichen des E.s begegnet, ist Aufforderung zum Wahrnehmen und Aufnehmen dieses Geschenkes. (Gerade deshalb kann man freilich fragen, ob es zweckmäßig ist, hier noch von einem usus *legis* zu sprechen; doch hängt die Beantwortung dieser Frage an einer Verständigung darüber, was man jeweils unter »G.« verstehen will.) Daß auch dem Glaubenden solche Aufforderung begegnet, muß recht verstanden der an sich wesentlichen Einsicht Luthers von der aus freiem Willen strömenden Selbstverständlichkeit der Liebe nicht widersprechen. Denn da das Verhältnis des Menschen zu Gott auch in der Heilsgemeinschaft nicht naturhaftes oder mystisches Einssein wird, sondern personales Gegenüber bleibt, widerspricht es der Spontaneität des aus dieser Gemeinschaft fließenden Gehorsams nicht, sondern entspricht ihr vielmehr, daß der Wille Gottes mir auch dann so begegnet, daß ich ihn wirklich als einen mir *begegnenden* Willen hören und ihm mein eigenes Ja entgegenbringen kann. Die Freiheit des Glaubens von gesetzlichem Statut ist nicht instinkthaftes Getriebenwerden von göttlichen Kräften, sondern freudiges, aus innerster Bereitschaft kommendes Ja zu Gottes Willen. Auch in dieser Hinsicht besteht also kein Gegensatz von G.u. E. – wenn nämlich unter »G.« solches dem Glauben begegnende Gebot verstanden wird.

3. a) Vor allem aus den beiden letzten (s. 2b. c) Erwägungen heraus ist nun die *These K.Barths* zu verstehen: G.u.E. seien von *Gott* her überhaupt nicht einander entgegengesetzt, sondern gehörten undialektisch zusammen; und zwar so, daß das E. der Sache nach voransteht als der tragende Grund und das Vorzeichen des G.es. Der die luth. Theologie weithin prägenden dialektischen Entgegensetzung von G.u.E. stellt Barth, in umgekehrter Reihenfolge, die Synthese gegenüber: E.u.G. Das G. ist dabei ganz in dem vorher (s. 2c) entwickelten Sinn verstanden als gnädiger, aber jeweils ganz konkreter Zuspruch des Tuns, zu dem ich durch das E. befreit und geführt werde (nicht: »du mußt«, *damit* ich dir gnädig werde, sondern: »du wirst« und darfst, *weil* ich dir gnädig bin). Nur dieses von der zuvorkommenden Gnade getragene und als tröstliche Erlaubnis verstandene, freilich auch als unbedingte Beanspruchung ernst zu nehmende G. sei in Wahrheit *Gottes* G. Was hingegen dem E. entgegenstehe und an ihm sein Ende finde, sei wirklich nur jene menschliche G.esfrömmigkeit, die Gottes G. gerade mißdeutet und verfälscht, indem sie es als eine Forderung zu Leistungen versteht, mit denen sich der Mensch Rechtfertigung vor Gott erst erwerben soll. Nicht Gott, sondern der Mensch reißt also G.u.E. auseinander, und das, was *er* nun aus dem G. macht, ist allerdings dem E. entgegengesetzt. Das Thema des Paulus, Augustins und Luthers: G. gegen E. wäre demnach so zu interpretieren: Vom Menschen mißdeutetes und mißbrauchtes G. – wir können auch sagen: menschliche Gesetzlichkeit – gegen das E. und in ihm eingeschlossen auch gegen Gottes wirkliches G. Dieses letztere aber allezeit in Einheit mit dem E.

b) Das Recht der These »E.u.G.« in dem, was sie *positiv* vertritt: der von der Gnade in Christus getragene neue Gehorsam, das neue Verstehen des Gebotes als Beanspruchung zu dem von Gott selbst geschenkten Tun, sollte nicht bestritten werden. Fraglicher ist die *negative Seite* der These Barths: das dem E. entgegenstehende und an ihm endende G. sei nicht Gottes wirkliches, sondern vom Menschen »gesetzlich« mißverstandenes G. Zweifellos ist das, was vom E. überwunden wird, *auch* menschliche G.esreligion, und zweifellos ist Gottes G., wenn es von ihr als Ermöglichung von Leistungen der Selbstrechtfertigung verstanden wird, verkannt. Aber ist hier *nur* eine falsche menschliche Auffassung des G.es im Spiel? Gibt es nicht auch von Gott her ein G. – besser vielleicht: eine Wirkweise und Funktion seines G.es, der das E. entgegentritt und die in Christus zu Ende kommt? Paulus hat nicht nur menschliche Mißdeutung, sondern offenbar eine von Gott her wirksame (und gerade vom G.esmenschen so gar nicht erkannte) Macht im Auge, wenn er das tötende γράμμα (mit seinem »in Herrlichkeit« geschehenden »Dienst des Todes«) dem lebenschaffenden πνεῦμα gegenüberstellt (2Kor 3, 6; → Geist und Buchstabe, 1), wenn er vom G. sagt: es spreche dem Täter der Gebote und nur ihm das Leben zu und stelle den unter den Fluch, der nicht in allem bleibt, was geschrieben steht (Gal 3, 10ff). Er bezeichnet einen wirklichen Durchbruch durch diese Wirksamkeit des G.es, wenn er von Christus sagt: er habe den Fluch des G.es von uns weggenommen, indem er selbst für uns zum Verfluchten wurde (Gal 3, 13), und: die Anklageschrift des G.es gegen uns sei nun an das Kreuz geheftet (Kol 2, 14), dh an ihm erledigt und wider uns unwirksam gemacht. Man wird sicherlich aus solchen Aussagen nicht den Schluß ziehen dürfen, es sei Gottes erster Wille und der zuerst gegebene Sinn seines Gebotes, daß der Mensch durch dessen Erfüllung seine Rechtfertigung selbst erwerben soll, und erst infolge des Versagens des Menschen habe Gott einen neuen Weg der Gnade beschritten. Der Wille zur Selbstrechtfertigung aus eigener Leistung war und ist niemals das eigentlich von Gott Gebotene. Aber um den paulinischen Aussagen voll gerecht zu werden, wird man doch sagen müssen: *an* diesem Eigenwillen des Menschen und ihm entgegen gewinnt nun auch Gottes wirkliches G. eine Gestalt, in der es nicht mehr gnädiger Zuspruch und Anspruch für ein aus der Heilsgegenwart geschenktes Tun sein kann. (Auch Barth deutet in »E. u.G.« diesen Gedanken an, ohne ihn aber systematisch in seine Gesamtkonzeption hineinzunehmen.) Indem das G. dem aus der Gemeinschaft mit Gott gefallenen Menschen gegenüber seinen Anspruch aufrechterhält – diesen Anspruch, der nur *in* der Gemeinschaft mit Gott und aus der Kraft Gottes selbst erfüllt werden könnte –, wird es zur Markierung des zwischen Gott und Mensch bestehenden Abgrundes, zur Aussage dessen, was der Mensch sein sollte, aber nicht ist, und damit zur Ansage des Gerichtes. Es gibt ihm so gerade nicht die Möglichkeit, sich selbst zu rechtfertigen, wohl aber zieht es ihn zur Rechenschaft. Und dies bedeutet, daß es den Sünder über seinem Wesen und seinen Werken mit dem Todesgericht ewiger Verwerfung bedroht. Dieser Todesdrohung des G.es tritt im E. von Jesus Christus aber nun wirklich ein Neues entgegen, an dem das G. in *diesem* Sinn zu Ende kommt. Nicht als ob die Todesdrohung des G.es nun für gegenstandslos erklärt würde. Aber das zum Fluch gewordene G., das den *Sünder* über seiner Sünde dem ewigen Tode zuspricht, kommt im Sterben des *Sündlosen* zur Vollstreckung, damit die Sünder nicht *an* ihrer Sünde in ewigen Tod hineinsterben müssen, sondern *aus* ihrer Sünde gnädig heraussterben dürfen in neu geschenkte Gemeinschaft mit Gott. Im E. tritt Gott also nicht nur dem Wahn menschlicher G.es- und Leistungsreligion entgegen, sondern er tritt auch dem Verdammungsurteil entgegen, zu dem sein eigenes G. über dem Menschen werden mußte, der sich dem Sein in der Gemeinschaft mit Gott entzog. Erst indem dem diesem Urteil Verfallenen *wider* dieses Urteil das Sein in der Gemeinschaft mit Gott neu geschenkt wird, kann das G. für ihn zurückverwandelt werden in den Zuspruch und Anspruch, der aus der Voraussetzung der Gnade ergeht. So hat sowohl die Entgegensetzung G./E. als auch die

Zusammenordnung E./G. ihren notwendigen Ort in der Theologie; man kann das eine nicht sagen, ohne auch das andere gesagt zu haben.

Außer der Lit. zu → Gesetz: V: C.F.W.WALTHER, Die rechte Unterscheidung von G.u.E., St.Louis 1897; Neudr. 1946 - R.HERMANN, Das Verhältnis v. Rechtfertigung u. Gebet, 1926 - DERS., Willensfreiheit u. gute Werke, 1928 - K.BARTH, E.u.G. (ThEx 32), 1935; Neudr.: ThEx NF 50, 1956 - R.BRING, Das Verhältnis v. Glauben u. Werken in d. luth. Theol., 1955 - EKL I, 1562ff - F. BRUNSTÄD, G.u.E. (Ges. Aufs., 1957, 181-192) - W.BERGE, G.u.E. in der neueren Theol., 1958 - L.HAIKOLA, Usus legis (UUÅ 1958, 3). - Neuester röm.-kath. Beitr. zum Thema: G.SÖHNGEN, G.u.E. Ihre analoge Einheit theologisch, philosophisch, staatsbürgerlich, 1957.

W.Joest

VII. Gesetz, ethisch

1. Daß für den Christen »in concreto« und für sein sittliches Leben das G. eine bleibende Bedeutung hat und daß der christlichen Gemeinde immer wieder das G. verkündigt werden muß, ist, jedenfalls seit Luthers Tod, in der ev. → Ethik und in der ev. → Homiletik und → Katechetik niemals strittig gewesen. Bekanntlich hat → Melanchthon regelrecht eine Lehre von einem dritten Gebrauch des G.es, einem tertius usus legis, entwickelt (→ Gesetz: V). Sie ist in die Lehre des Luthertums aufgenommen worden (FC VI). In die luth. Katechismen gehört der Dekalog. → Calvin hat die Lehre vom dritten Gebrauch des G.es übernommen, und durch ihn ist im Reformiertentum der usus tertius zum praecipuus usus legis geworden. Daß das G., durch das Evangelium in seiner Bindekraft befestigt, gerade für den Christen bestimmt ist und ihm in vorzüglicher Weise gilt, kommt darin zum Ausdruck, daß der → Heidelberger Katechismus den Dekalog in seinem dritten Teile bringt, der »Von des Menschen Dankbarkeit« überschrieben ist. → Luther sieht den gerechtfertigten Christen als simul iustus simul peccator bzw. partim iustus partim peccator an (→ Rechtfertigung: II). Weil der Christ in concreto immer noch Sünder und, obwohl die culpa der Erbsünde (→ Sünde: V) durch die → Taufe (: III) getilgt ist, die concupiscentia (scholastisch gesprochen die poena der Erbsünde) in ihm noch Wirklichkeit ist (nicht nur ein Rest, ein fomes peccati originalis), kann er nicht leben, ohne daß ihm laufend das G. gepredigt wird und er sich immer wieder unter das G. stellt. Auch der sog. Antinomismus (→ Antinomistische Streitigkeiten), der sich nach Luthers Tod im Gnesioluthertum (1556) wieder geregt hat, hat die bleibende Bedeutung des G.es für den Christen schwerlich in Frage stellen wollen. Eine ev. Ethik, die eine bleibende Bedeutung des G.es für den Christen, wie er empirisch existiert, in Abrede stellte, wäre illegitim.

Der Christ steht zunächst einmal unter den öffentlichen G.en, nicht nur, weil er sich ihnen nicht entziehen kann, sondern auch, weil sie ihn innerlich binden (1Petr 2, 11); er ordnet sich den G.en und Befehlen des Staates unter, gleich als wären es Gottes Gebote und Anordnungen, sofern er nicht um der clausula Petri willen (Apg 5, 29) widerstehen muß. Auch in der Gestalt, in der am augenfälligsten in Erscheinung tritt, daß das G. der durch die Welt und den Sündenfall der Menschen alterierte Wille Gottes und darüber hinaus menschlichem Mißbrauch und menschlicher Verkehrung ausgesetzt ist, muß es der Christ für sich gelten lassen und, sofern er Amtsperson ist, es mit durchsetzen. - Der Christ in concreto steht immer in der → Anfechtung, und die kommt von außen und von innen: von außen, insofern eine Ethik der Selbstbehauptung, des Herrenmenschentums, der Lustbefriedigung laut verkündet wird und auch um den Christen wirbt; von innen, insofern die Triebe der Selbstsucht und der bösen Lust noch nicht tot sind. Darum muß der Christ sich unter das G. als Verkündigung stellen und sich seine Verbote und Gebote immer neu sagen lassen. - Schließlich gilt auch für den empirischen Christen das G. in seinem zweiten Gebrauch: es erinnert ihn daran, daß er unter dem Fluche und der Anklage stünde, wenn er nicht eben der Gerechtfertigte wäre, und es ermahnt ihn dadurch, im Glauben nicht lässig zu werden.

2. Die Frage ist nun aber, ob das G. nur insofern eine bleibende Bedeutung für den Christen hat, als er auch noch alter Mensch, noch Sünder ist, während er als »iustus«, als neuer Mensch, in der Freiheit steht und des G.es ledig ist. - Ledig vom G. ist er als neue Kreatur Gottes, insofern das G. ihn nicht mehr verklagen kann (→ Gesetz: VI). Das muß auch ethisch relevant werden, wenn nicht die Verheißung des Friedens und der Freiheit der Kinder Gottes praktisch gegenstandslos werden soll. Ein sittliches Leben unter der Furcht wäre kein christliches Leben; und darin, daß die Furcht gebannt ist, manifestiert sich sichtbar, daß der Christ als in Christus Gerechter den Sünder in sich nicht beseitigt, aber besiegt hat. - Frei ist der Christ nicht nur vom G. als Verkläger und Richter, sondern auch vom G. als Satzung. Das Evangelium macht frei von jeder geschriebenen Satzung, auch wenn sie in der Bibel geschrieben ist, sofern es durch die Liebe geboten ist, die Satzung beiseite zu tun. Diese → Freiheit (: II) vom G. als Satzung gehört zu den innersten Motiven von Luthers ganzer Sicht des christlichen Lebens und hat das NT auf ihrer Seite. In der Aufnahme dieses Motives waren die Antinomisten die treuesten Gefolgsleute Luthers. Anders gewendet: Das Evangelium deckt den innersten Sinn des G.es auf - das »vornehmste Gebot« des alten G.es war schon das der Gottes- und Nächstenliebe - und nimmt ihm damit doch seinen Charakter als Satzung, als G. - So wird das christliche Leben nicht unter die Leitung des G.es, sondern des → Geistes (: VI) gestellt. Was unter dem G. Forderung war, ist für den vom G. Erlösten Gabe und Frucht des Geistes. Das neue Leben ist Geschenk, sowohl als ganzes als auch mit all dem, was ihm im einzelnen eigen ist.

3. Nach dem Gesagten hat das G. wohl eine bleibende Bedeutung für den Christen in seinem empirischen Sein, insofern er als Christ noch alter Mensch ist; als Christ, in seinem eschatologischen Bezug, ist er vom G. frei und lebt im Geiste und in der Freiheit des Geistes. Ist damit wirklich das Problem erledigt? Sind die Paränesen des NT, die »milden Vermahnungen«, dann das Wort für den Christen, sofern er das in Wahrheit noch nicht ist? Ist die merkwürdige Verschlingung von Indikativ und Imperativ in der nt. Paränese Ausdruck des Sachverhaltes, den Luther mit der Formel vom doppelten simul bezeichnet hat? Dann gälte für den Christen als neuen Menschen doch nur der Indikativ. - Oder ist es so, daß auch in der echten vita Christiana, im Geist und unter der Gnade, es der Wille *Gottes* ist, der erfüllt wird? M.a.W.: Bleibt nicht auch im Leben unter der Gnade und in der Gerechtigkeit, die die meine geworden ist, Gott der Herr, der gebietet, und ich der, dem geboten wird und der nicht seinen, sondern Gottes Willen tut? Bleibt der Gerechtfertigte nicht immer der, der nach Gottes Willen zu *fragen* hat? Gewiß hilft ihm in den schwersten ethischen Konflikten das G. als Satzung am allerwenigsten; er hat nur das Gebot der Liebe als das eine G. Aber im ethischen Wagnis darf es doch nur sein Absehen sein, *Gottes* Willen zu erfüllen. In der Ausweglosigkeit kann es ihm zum Troste werden, wenn er sich schlicht an das Gebot Gottes hält. An der Tatsache, daß wir als Christen regelmäßig die dritte Vaterunserbitte beten, wird unübersehbar deutlich, daß das G. für den Christen als Christen, nicht nur, sofern er alter Mensch ist, eine bleibende Bedeutung hat.

C.Stange, Die Heilsbedeutung des G.es (Studien zur Theol. Luthers I, 1928, 53-74) - A.Köberle, Rechtfertigung u. Heiligung, (1929) 1938[4] - K.Thieme, Das Ev. in der Form des Gebotes (ChuW 8, 1932, 334-356) - E.Brunner, Das Gebot u. die Ordnungen, (1932) 1939[3] - Thielicke, ThE I, Nr. 552-689 u. passim - P.Althaus, Gebot u. G., 1952 - H.Østergaard-Nielsen, Scriptura sacra et viva vox. Eine Lutherstudie (FGLP 10, 10), 1957 - W.Berge, G. u. Evangelium in d. neueren Theol., 1958 - L.Haikola, Usus legis, 1958.

F.Lau

Gesetzgebung, *kirchenmusikalische* (in der kath. Kirche). Als → Musik einer Gemeinschaft bedarf die Kirchenmusik der G., um so mehr, je umfassender die Gemeinschaft ist. Diese Gesetze sind in den Kirchenordnungen, insbesondere den → Agenden, oder den → Konstitutionen der Bistümer oder Orden enthalten. Bei der G. für die kath. Gesamtkirche ist zu unterscheiden zwischen den Vorschriften, die die musikalische Ordnung im Zusammenhang mit der → Liturgie (: IV) regeln, und der allgemeinen G. Die Kodifizierung der Gesänge erfolgte allmählich im Laufe des 1. christlichen Jt.s. Die allgemeine G. wird in dem Augenblick notwendig, wo die kirchliche Musik in Gegensatz zur außerkirchlichen gerät. Hierhin gehören die Synoden des 6./7.Jh.s (→ Konzile), die über die aus dem Heidentum stammenden Hymnen entschieden. Rein musikalisch war das Verbot einer gewissen Mehrstimmigkeit durch Papst → Johannes XXII. (1322). In der Neuzeit ist der Abstand zwischen dem überkommenen Gesang der kath. Kirche, dem → gregorianischen Gesang, und der zeitgenössischen Musik so groß geworden, daß eine umfängliche G. notwendig wurde. Es sind das »Motuproprio« (1907), die »Constitutio Apostolica« (1928) und die Enzyklika »Musicae sacra disciplina« (1955). Durch sie wird die lateinische, einstimmige, rein vokale Gregorianik als bevorzugte Kirchenmusik festgelegt, neben die andere nur unter gewissen Voraussetzungen der Haltung, des Wertes, der Verständlichkeit treten können. Die Volkssprache ist zugelassen, jedoch nicht für den offiziellen Gottesdienst. Die Instrumente - nur in Auswahl - müssen dem Worte dienstbar bleiben.

Kirchenmusikal. G. Die Erlasse Pius X., Pius XI. u. Pius XII. über Liturgie u. Kirchenmusik, 1956[5]. *E.Jammers*

Gesetzgebung, *kirchliche*

1. In der röm.-kath. Kirche - 2. In der ev. Kirche

Rechtsgrund und Anwendungsbereich der G. im Sinne autonomer Rechtsetzung der Kirche für ihren Bereich hängen maßgeblich von dem Selbstverständnis der verfaßten Kirche, insbesondere von der Eigenständigkeit ihres Wesens und ihrer Ordnung (→ Kirche: VI, → Kirchenrecht: I, → Kirchenverfassung) und von dem Verhältnis von → Kirche und Staat ab. In diesen Kriterien liegt zugleich die unterschiedliche rechtstheologische Verankerung der G. in der röm.-kath. und in der ev. Kirche begründet.

1. In der *röm.-kath. Kirche,* in der Heilsvermittlung und Rechtsordnung unlösbar verbunden sind und kraft apostolischer → Sukzession Christus als legislator in der Kirchenleitung der von ihm auserwählten Diener fortwirkt, ist die potestas legislativa Bestandteil des kirchenobrigkeitlichen Hirtenamtes in der hierarchia iurisdictionis. Sie ist mit der Weihegewalt (potestas ordinis) materiell und personell eng verknüpft. Die G. ist Funktion des geistlichen Amtes im hierarchischen Gefüge der Kirche. G. üben die Träger oberhirtlicher Gewalt (Ordinarii, CIC c. 198) aus: a) Als oberster Hirte der Kirche hat der Papst den räumlich und persönlich unbeschränkten und sachlich nur an das positive und natürliche göttliche Recht gebundenen G.sprimat (CIC c. 218). Er übt G. in der Form der → Bulle (constitutiones Apostolicae) oder in Briefform (Motu proprio) aus. Von den Organen der römischen → Kurie nehmen an der päpstlichen Jurisdiktionsgewalt im gesamtkirchlichen Bereich und unter der Voraussetzung päpstlicher Sanktion die Kardinalskongregationen (cc. 246f) durch den Erlaß von Aus- und Durchführungsbestimmungen zum CIC (institutiones), seltener von allgemeinen Gesetzen (decreta generalia), sowie die Kardinalskommission für die authentische Auslegung des CIC durch den Erlaß von responsa teil. Auch die Beschlüsse des für die Gesamtkirche zuständigen Allgemeinen → Konzils bedürfen der päpstlichen Sanktion und Promulgation (cc. 222 § 2; 227). Die vom Hl. Stuhl erlassenen Gesetze werden in dem seit 1909 erscheinenden päpstlichen Amtsblatt, den Acta Apostolicae Sedis, veröffentlicht (c. 9). - b) Innerhalb der Ämterhierarchie auf einer zweiten, unter dem obersten Hirtenamt des Papstes stehenden Stufe des göttlichen Rechts hat der Episkopat eine ordentliche und von päpstlicher Sanktion und Promulgation unabhängige → Jurisdiktions-Gewalt: so als Oberhirten für ihre Gebietskörperschaften die Bischöfe (c. 335) und Quasibischöfe (→ apostolische Vikare und Präfekten c. 294 § 1, apostolische Administratoren c. 315, gefreite Äbte und Prälaten c. 232 § 1). Die Diözesansynode als Vertretung des Diözesanklerus ist nur Beratungsorgan für den → Bischof (: II). Für die Personalkörperschaften der klösterlichen Verbände, soweit sie von der Jurisdiktionsgewalt der Ortsoberhirten exemt sind, liegt die G. bei den höheren Oberen als persönlichen Oberhirten. In diesem Zusammenhang ist auch die G. der exemten Militärbischöfe zu erwähnen. Sachlich ist die Rechtsetzung der Oberhirten an das ius divinum und die übergeordneten Normen des päpstlichen und konziliarischen Gesetzesrechts gebunden. - c) Synodale Organe der teilkirchlichen G. sind das Plenarkonzil für den Bereich mehrerer Kirchenprovinzen (Nationalkonzil) und das Provinzialkonzil der Kirchenprovinz. Die G.sgewalt dieser Organe ist nicht aus der Jurisdiktion der versammelten Oberhirten, sondern aus der obersten Hirtengewalt des Papstes abgeleitet. - d) Durch Satzungen können autonome Körperschaften wie Dom- und Stiftskapitel (c. 140), klösterliche Verbände (c. 489), kirchliche Hochschulen (c. 1376 § 2) und kirchliche Vereine (c. 689 § 1) in den durch das allgemeine und partikulare Kirchenrecht gezogenen Grenzen ihre inneren Angelegenheiten regeln. Diese statuta oder constitutiones bedürfen der Bestätigung durch den Papst oder den zuständigen Oberhirten.

2. In der *ev. Kirche* wird die G. von der Reformation bis zur Staatsumwälzung i.J. 1918 maßgeblich von dem → landesherrlichen Kirchenregiment und dem Staatskirchentum (→ Kirche und Staat) bestimmt: a) Das Erbe des im → Augsburger Religionsfrieden von 1555 suspendierten Kirchenregiments der kath. Bischöfe über die augsburgischen Religionsverwandten trat der ev. Landesherr als summus episcopus (→ Episkopalismus) für sein Territorium an. Kraft der ihm anvertrauten custodia utriusque tabulae hatte er dabei nicht nur für die äußere Ordnung der Kirche, sondern auch für die Reinerhaltung der ev. Lehre zu sorgen. Die vorwiegend im 16. und 17.Jh. von den ev. Obrigkeiten erlassenen → Kirchenordnungen (: II) behandeln außer der Kirchenverfassung insbesondere auch die → Kirchenzucht, die Ordnung des → Gottesdienstes und in Gestalt dogmatisch belehrender Unterweisungen die Lehre. Der kirchenleitenden Aufsicht über Pfarrer und Gemeinde dienen landesherrliche Visitationsordnungen (bedeutsam die von → Melanchthon entworfene sächsische Visitationsordnung von 1528). - b) Im absolutistischen Staat geht die Unterscheidung zwischen dem Bischofsamt des Landesherrn als des praecipuum membrum ecclesiae und

seiner weltlichen Regierungsgewalt verloren. Die kirchliche G. des Landesherrn ist staatliche Rechtsetzung für die Kirche als Staatsanstalt. - c) Der um die Mitte des 19.Jh.s einsetzende Prozeß der Loslösung der ev. Kirche vom Staat zeigt sich für die G. in der an ref. Kirchenordnungen (Rheinisch-Westfälische KO von 1835) orientierten, im übrigen aber vom konstitutionellen Staatsdenken beeinflußten Synodalverfassung der Kirche. Mit Einführung der → Synoden beginnt die Entwicklung eigener G. der Kirche. Die in den Synoden beschlossenen Gesetze bedurften zu ihrer Wirksamkeit noch der staatlichen Genehmigung. Erst der Wegfall des landesherrlichen Kirchenregiments durch die Staatsumwälzung i.J. 1918 und die in der WRV (Art. 137 I) ausgesprochene Trennung von Staat und Kirche haben die Landeskirchen auch in der G. vom Staat unabhängig gemacht. - d) Die in Ausübung der kirchlichen Rechtsetzungsgewalt nach 1919 in mehr oder weniger enger Anlehnung an die demokratisch-parlamentarische Staatsform geschaffenen Kirchenverfassungen haben die Synoden (Landes-, Generalsynode, Landeskirchentag) als G.sorgane beibehalten und weiter ausgebaut. Hierbei ist schon in den Kirchenverfassungen der Weimarer Zeit das Gewaltenteilungsprinzip im Verhältnis zwischen G. und Kirchenverwaltung (Konsistorium, Landeskirchenrat, Oberkirchenrat) dadurch aufgelockert worden, daß man vielfach ein beide Elemente zusammenfassendes synodalkonsistoriales Kirchenleitungsorgan (Kirchenregierung) einführte oder mit dem → Konsistorium einen ständigen Synodalausschuß koordinierte. Diese Organe besitzen - abgesehen von dem Erlaß von Rechtsverordnungen kraft kirchengesetzlicher Delegation - vielfach die Zuständigkeit der Ersatz- und Notgesetzgebung, was schon im Hinblick auf die längeren Pausen zwischen den einzelnen Sitzungsperioden der Landessynode praktisch bedeutsam ist. Die endgültige Rechtsgeltung dieser G.sakte hängt von der nachträglichen Billigung durch die Landessynode ab. - Zur Regelung ihrer internen Angelegenheiten besitzen neben anderen kirchlichen Körperschaften die Kirchengemeinden, die wie die Landeskirchen als → Körperschaften des öffentlichen Rechts selbständige Rechtspersonen sind, im Rahmen der gesamtkirchlichen Ordnung Rechtsetzungsbefugnis, die in Form von Satzungen durch den Kirchengemeinderat ausgeübt wird. - e) Nach 1945 hat die G. insonderheit die Neuordnung der Landeskirchen durch Verabschiedung von Grundordnungen (→ Kirchenverfassung: VI) zum Gegenstand gehabt, in denen die im → Kirchenkampf gewonnene Erkenntnis von der Bekenntnisbezogenheit des Kirchenrechts und der Begründung kirchlicher Autonomie im Verkündigungsauftrag der Kirche ihren Niederschlag gefunden haben: Das → Bekenntnis (: VII), selbst der G. entzogen, hat für die G. und ihre Gegenstände zugleich legitimierende, begrenzende und richtungweisende Funktion. - Als Gliedkirchen der → Evangelischen Kirche in Deutschland (: I) tragen die Landeskirchen auch bei ihrer G. Verantwortung für die Gemeinschaft unter den Gliedkirchen. Die Rechtsetzung der Gliedkirchen darf dem gesamtkirchlichen Recht nicht widersprechen (Art. 2 Grundordnung). Zur Prüfung dieses Tatbestandes haben die Gliedkirchen ihre Gesetze spätestens mit der Verkündung dem Rat der EKD vorzulegen, auf dessen Einspruch hin die Gesetze abgeändert werden müssen (Art. 12 GO). Die EKD besitzt für ihre eigenen Angelegenheiten (Durchführung ihrer GO, Dienstrecht ihrer Amtsträger usw) entsprechend der landeskirchlichen Autonomie Rechtsetzungsbefugnis. Die EKD hat weiter die Aufgabe, dahin zu wirken, daß die Gliedkirchen in den wesentlichen Fragen des kirchlichen Lebens und Handelns, soweit nicht ihr Bekenntnis entgegensteht, nach übereinstimmenden Grundsätzen verfahren. Zur Erfüllung dieser Aufgabe besitzt die EKD ein - wenn auch eingeschränktes - G.srecht mit Wirkung für die Gliedkirchen (Art. 10 GO). Für Sachgebiete, die im Bereich der Deutschen Ev. Kirche bereits einheitlich geregelt waren, kann die Synode als G.sorgan der EKD Gesetze ohne weitere Mitwirkung der Gliedkirchen erlassen. Im übrigen hängt die G. jedoch von dem Einverständnis der beteiligten Gliedkirchen ab. Die gesamtkirchliche Rechtsetzung darf das Bekenntnis der Gliedkirchen nicht verletzen (Art. 2 Abs. 2 GO). Werden in der Synode der EKD bei der Beratung eines gesamtkirchlichen Gesetzes vom Bekenntnis her Bedenken erhoben, so versammeln sich die Angehörigen des Bekenntnisses zu einem Konvent. Bestätigt dieser die Bedenken, so kann die Synode nicht gegen die Stellungnahme des Bekenntniskonvents entscheiden. - Eine noch größere, konfessionell bestimmte, Einheitlichkeit ihrer Ordnungen, als es innerhalb des Kirchenbundes der EKD möglich ist, strebt der Zusammenschluß luth. Kirchen in der VELKD an (Art. 4 der Verf. der VELKD). Die Gesetze und Rechtsordnungen der VELKD gehen den Gesetzen ihrer Gliedkirchen vor (ebd Art. 6).

3. Über das Verhältnis der kirchlichen G. zur staatlichen und des kirchlichen Rechts zum staatlichen Recht vgl. → Kirche und Staat.

Vgl. die Lehrbücher des kath. u. ev. → Kirchenrechts. *G. Wendt*

Gesetzgebungsrecht, *liturgisches*

1. Kath. Kirche - 2. Ev. Kirche

1. Beim l.G. geht es um die Frage, wer die Gestalt des christlichen Gottesdienstes und der sog. Amtshandlungen zu bestimmen, wer die Einhaltung eingeführter Ordnungen zu verantworten hat. Nach dem 1Kor stand das l.G. der Gemeinde zu, aber Paulus warnte vor Unordnung und erinnerte an die überkommenen Bindungen (zB 1Kor 11, 23ff). In der Did und bei → Justin treten Ordnungsvorschriften und Formeln stärker hervor. Aber noch bei → Ignatius ringen ein *bischöflicher* und ein *häuslicher* Gottesdienst miteinander um ihr Daseinsrecht. Allmählich kommt es zum l.G. der monarchischen Bischöfe (Fendt, Liturgiewissenschaft 14), das im Endergebnis auf die Synoden und → Konzile übergeht (Nicäa c. 18; Laodicea cc. 15-19). Wie lange sich daneben ein gewisses l.G. einzelner Gemeinden oder Bischöfe, ja liturgisch isolierter Kirchengebiete halten konnte, ist schwer zu sagen. Selbst die liturgischen Eigentümlichkeiten der Patriarchate innerhalb der Ostkirche gingen schließlich in einer noch heute bestehenden Einheit auf, in der sich die alten großen → Liturgien (: III) im wesentlichen nur im Wortlaut unterscheiden. Diese feste Vereinheitlichung war bereits Folge des Caesaropapismus: Der oströmische Kaiser war zum Inhaber auch des l.G.s geworden. Entsprechend hat Wladimir d.Gr. 987 die byzantinische Liturgie auf Rußland übertragen; die Frage eines nicht politisch gebundenen l.G.s hat es dort offenbar niemals gegeben. - Lehrreicherweise geht auch im *Abendland,* wo manche Kirchengebiete (Spanien, Gallien, Irland, Mailand) sich l.G. und eigene Gestaltung der Liturgie bewahrt hatten, ihre Vereinheitlichung und damit die Verlagerung des l.G.s nach der höchsten Spitze hin von einem Politiker, → Karl d.Gr., aus (fränkische Liturgiereform mit Hilfe des dem Kaiser von Hadrian I. 784 übersandten Sakramentars). Doch zeigt die Liturgiegeschichte des MA (→ Gottesdienst: V B, 1) auch manche Freiheit im einzelnen. Auch der vorübergehende Sieg des konziliaren Gedankens konnte nicht hindern, daß sich die Bischöfe in ihren Diözesen ein gewisses l.G. bis in die Reformationszeit wahrten; an ihm waren auch die

→ Domkapitel, bes. ihre »Theologen«, beteiligt. Die röm.-kath. Reform auf diesem Gebiet führte indes folgerichtig dahin, daß dem Papst das l.G. für die ganze Kirche zufiel (Tridentinum, Sess. XXV), der es seinerseits in der Regel an die Sacra Congregatio Rituum subdelegierte (Sixtus V., 1588; kanonische Fundierung CIC cc. 235. 357. 1257); den Bischöfen steht nur noch die Überwachung der Liturgie zu (c. 1261).

2. In der *ev. Kirche* hat → Luther in der »Formula Missae« (1523) der Gemeinde das l.G. zugesprochen und das der Obrigkeit abgelehnt. Auch in der »Deutschen Messe« blieb manches der Entscheidung des Gemeindepfarrers überlassen; doch trat Luther hier bereits, unbeschadet der christlichen Freiheit, dafür ein, daß »in einer jeglichen Herrschaft der Gottesdienst auf einerlei Weise ginge«. Daraus erwuchs bald das l.G. der Landesherren (vgl. die → Kirchenordnungen [: II] des 16./17.Jh.s). Im 18.Jh. herrschte hinsichtlich des l.G.s große Willkür. Der Rückschlag ging von Preußen aus, wo Friedrich Wilhelm III. als Summepiskopus das l.G. an sich nahm (→ Agende). Der → Agendenstreit und der Übergang des l.G.s auf die neu erstehenden Synoden bedürfen noch näherer Untersuchung, ebenso die des l.G.s auf ref. Seite. Hier war → Zwingli mit seinen liturgischen Entwürfen gegenüber der weltlichen Obrigkeit nicht durchgedrungen, während im Calvinismus das l.G. der Gemeinden, bes. derer »unter dem Kreuz«, in Kraft blieb. Die → anglikanische Kirche (: I) ist noch heute vom l.G. des englischen Parlaments abhängig (→ Common Prayer Book). – Da in Deutschland 1918 das → landesherrliche Kirchenregiment endete, *scheint* dort das l.G. der Kirchenleitungen und Synoden unbestritten zu sein. Dieser Schein trügt. Hatte sich bis zum → Kirchenkampf das l.G. der Einzelgemeinden – in Wirklichkeit zumeist eine usurpierte pfarrherrliche Willkür – erneut stark ausgeprägt, so ist seitdem, zumal nach 1945, zunehmend eine illegale liturgische Machtausübung liturgischer Konferenzen und nichtamtlicher innerkirchlicher Zusammenschlüsse festzustellen (→ Berneuchen; in geringerem Maße: → Kirchliche Arbeit von Alpirsbach; → Hochkirchliche Bewegung [: II]). Weder das l.G. der Kirchen noch der Gemeinden ist geklärt und gesichert. Auch eine rechtlich fundierte ev. Fortentwicklung der Liturgie in einzelnen gottesdienstlich bes. lebendigen und schöpferischen Gemeinden, wie einst in Herrnhut (→ Brüderunität: II), ist nicht gegeben. Das l.G. ist mithin eine wichtige, nach Klärung rufende kirchliche, theologische und rechtliche Aufgabe für die gegenwärtigen ev. Kirchen in Deutschland.

J.H.Boehmer, Ius Ecclesiasticum III, 1736, 1ff – E.Förster, Die Entstehung der Preuß. Landeskirche, 1905 – F.Heiler, Das Gebet, (1918) 1923[5] – L.Fendt, Der luth. Gottesdienst des 16.Jh.s, 1923 – Ders., Einführung in die Liturgiewissenschaft, 1958 – L.Eisenhofer, Hdb. d. kath. Liturgik I, (1932) 1941[2].

F.Schmidt-Clausing (W.Jannasch)

Gesinnungsethik (G. = Gesinnung) nennt man den Aspekt der → Ethik, der die sittliche Qualität einer Handlung nach der Übereinstimmung mit der Gewissensüberzeugung (→ Gewissen) des Handelnden ermißt. Die Motivschicht bekommt in der G.sethik primäre Bedeutung der Tat- oder Erfolgsschicht gegenüber. Sowohl das antike wie das biblische Ethos enthalten Phänomene, die in die Richtung einer G.sethik weisen: in jenem die Forderung, aus echter Selbsterkenntnis (Pindar, → Sokrates, → Plato) oder in Übereinstimmung mit der »Natur« (→ Stoa) zu handeln. In diesem stehen für G. Begriffe wie »Herz«, Glaube, Vertrauen, Treue, Liebe zur Verfügung. In »autonomem« Sinn werden diese begriffen, insofern sie in malam partem gebraucht werden, als Selbstverschuldung (Gen 6, 5 = 8, 21; Mt 5, 28; 12, 34; 15, 19; Joh 13, 2), während das »gute Herz« im Glauben verankert und deshalb eher »theonom« gedacht wird (Mt 6, 21; Lk 8, 15; Röm 2, 15; Gal 4, 6). In der frühchristlichen Kirche wurde infolge der Bußpraxis (→ Bußwesen: II) die Aufmerksamkeit völlig auf die Tatschicht gelenkt (Unterschied zwischen peccata mortalia und venialia). Erst im frühen MA wurde, dank der immer mehr sich einbürgernden Privatbeichte (→ Bußwesen: II, 2a) die Frage nach der inneren G. entscheidend, aus der heraus man handelte. Man griff dabei auf den schon von → Augustin geprägten Begriff der intentio, der Absicht oder Motivschicht der sittlichen Entscheidung zurück. Hier hat → Abaelard mit seiner extremen Betonung der G. neu eingesetzt. Das Gutsein einer Handlung entscheidet sich nach Abaelard ausschließlich an der Frage, ob man in Übereinstimmung mit dem Gewissen gehandelt hat. Wer objektiv gesehen falsch handelt, handelt nicht schlecht, falls er sich nach seiner Überzeugung entschied (Beispiel: die Kreuzigung Christi durch die Juden). Die Frage nach einem objektiven Maßstab der Sittlichkeit war damit jedoch sehr problematisch geworden, war es doch denkbar, daß die gute Absicht schlechte Mittel wählt (Mord). Während in der franziskanischen Theologie der Begriff der stark vom Willen und Affekt geprägten Synteresis die Aufmerksamkeit der zu läuternden G. wach hielt (→ Bonaventura), lenkten die Dominikaner die Problematik mehr auf den zu erreichenden guten Zweck, der objektiv sein soll (→ Thomas von Aquino). Die G. schien in der Ethik → Luthers wieder zu neuen Ehren zu kommen, indem die freie Gewissensentscheidung von ihm betont wurde (K. → Holl); eine mehr christologische Interpretation seiner Lehre kann jedoch bei Luther keine G.sethik feststellen (J.Heckel u.a.). Sowohl in der späteren englischen (→ Shaftesbury, F.Hutcheson: »moral sense«, »character«) wie in der deutschen Ethik (→ Kant, → Fichte, → Scheler, N. → Hartmann, → Jaspers: → Kategorischer Imperativ, absolutes Ich, Person, Wert, Existenz) bekommt die G. erhöhte Bedeutung. Bes. Kant lobt die gute G., die vom Erfolg abzusehen wagt und bloß aus »Achtung vor dem Gesetz« zum Handeln nötigt. Sie muß allerdings »durch freie Willkür« angenommen sein, sonst darf sie nicht zugerechnet werden. Kant übersieht jedoch den Erfolg nicht ganz, indem er ein Handeln erwartet, dessen Maxime von der Art sein muß, daß diese zur allgemeinen Gesetzgebung werden kann, dh daß sie die Humanität befördert. Aus dieser Dialektik zwischen Absicht und Zweck hat sich in der idealistischen Philosophie dann die → Wertethik entwickelt. – In der *Theologie* wird die G.sethik teils positiv gewertet (W. → Herrmann, E. → Troeltsch, G.Wünsch, F. → Gogarten), teils wird sie als streitig mit der Botschaft der Begnadung in Christus abgelehnt (K. → Barth, A.de Quervain, H.Thielicke). Auch für den zwischen »altem« und »neuem« Äon stehenden Christgläubigen bleibt die kritische Frage nach der Einheit mit sich selbst als Konformität mit Christus eine nie zur Ruhe kommende Paraklese.

E.Troeltsch, Grundprobleme der Ethik (Ges.Schr. II, [1913] 1922[2], 552-672) – M.Scheler, Formalismus in der Ethik, 1927 – A. Pfänder, Zur Psychologie der G.en, 1930 – M.Müller, Ethik u. Recht in der Lehre von der Verantwortlichkeit, 1932 – O.Dürr, Probleme der G.sbildung, 1950 – H.Reiner, Pflicht u. Neigung, 1951 – Ders., G.sethik u. Erfolgsethik (ARSP 40, 1953, 520-533).

H.van Oyen

Gesten

1. Religionsgeschichtlich – 2. Im christlichen Gottesdienst. – Vgl. auch → Gebet

1. Die *Geschichte der religiösen G.* ist voller Dunkelheiten. Aber die religiösen Gebärden sind wohl älter als die Zauber-G. – so wie die Gebetsworte älter als die → Zau-

bersprüche (vgl. R.R.Marret, From Spell to Prayer, London 1909) – und die sichtbaren Gebetsworte älter als die hörbaren (vgl. → Gebet: I). »Das erste Wort war die Gebärde« (Leeuw). Auf alle Fälle ist die religiöse Gestik so alt und universal wie die Religion und gibt es keine Religion und Religiosität ohne Gebärden. Überall drängt das Innere zum Ausdruck und soll Gestik das Innenleben, die Andacht und die Sammlung fördern oder sogar höhere Wesen bewegen, ehren und erfreuen. Oft genug helfen Gebärden, Religionen zu verbreiten. Im Christentum spricht man mit Recht vom »Apostolat des Antlitzes«. Hin und wieder sind Bewegungen aufgekommen, welche die religiöse Gestik verwarfen oder verspotteten. Aber in den meisten Religionen werden sie geliebt und geschätzt. Selbst Gegner kommen praktisch nicht ohne G. aus.

Der *Umfang* des Sprechens in G. war und ist verschieden. Bei den Anhängern der Stammesreligionen begegnen wir vielen und ausdrucksvollen Gebets- und Opfergebärden. Der »Primitive« drückt sein Inneres mehr durch Tänze (→ Tanz: I) als durch → Worte aus. Ähnliches gilt von den Shintoisten, Konfuzianern, Hindu (mudrā, āsana) und Moslem (ṣalāt). Selbst die Versenkungsfrömmigkeit des → Buddhismus hat ihre Gebärden. AT und NT kennen die Geste bei → Gebet (: II. IV) und → Opfer (: II. III), ebenso das Christentum des MA. In der Neuzeit wandte man sich nicht selten gegen die G. Gestenfeindlich war der Rationalismus und Intellektualismus; Gestalt und Formen waren verdächtig. Man fürchtete Veräußerlichung, Werkheiligkeit oder Magie. Neuerdings ist eine Wendung zu beobachten.

In den religiösen G. herrscht keine so große *Mannigfaltigkeit* wie in den Gebets- und Opferworten. Die Dinge liegen hier ähnlich wie in der Gebärden- und Lautsprache überhaupt. Immer noch besteht in diesem Bereich eine gewisse *Einheit*. Es gibt religiöse G., die alle Menschen verstehen und in fast allen Religionen zu finden sind, etwa das Niederfallen (→ Proskynese). Nicht wenige mögen aus der Urzeit stammen. Anderseits sind aber doch *Unterschiede* von Mensch zu Mensch, Volk zu Volk und Religion zu Religion. Oft genug gelangen in den religiösen G. Eigentümlichkeiten und sogar Wesenszüge von Menschen, Völkern und Rassen zum Vorschein. Das Verhalten des Buddhisten zB bei der Versenkung läßt auf seine innersten Auffassungen und Vorgänge schließen (wie das äußere Auge nicht zu Gott erhoben wird, so auch nicht das innere; es gibt keinen Gott, der erlösen könnte). Deswegen verdient die Gestik, mehr zur Deutung der Religionen und der Frömmigkeit herangezogen zu werden. Äußeres läßt auf Inneres schließen, nicht bloß umgekehrt.

F.HEILER, Das Gebet, (1918) 1923[5], 98ff – DERS., Die Körperhaltung beim Gebet (Oriental. Studien, F.Hommel zum 60. Geb. gewidmet II, 1918, 168–177) – HWDA III, 328ff – TH.OHM, Die Gebetsgebärden der Völker u. das Christentum, Leiden 1948 (Lit.) – RÄRG 204ff – S.EITREM, Die G.sprache – Abwehr oder Kontakt? (Geras Keramopoullou..., 1954, 598–608) – VAN DER LEEUW 382ff. – Vgl. auch die Lit. zu → Gebet: I, 6. *Th.Ohm*

2. G. als Ausdrucksmittel des Psychischen sind dem *christlichen Gottesdienst* ebenso eigen wie dem AT und anderen Religionen (s. 1). Jesus selbst hat sich ihrer bedient (zB Mk 10, 16; Lk 4, 16. 20). In der kath. Kirche kommt es im Laufe der Jh.e zu Anweisungen, die jegliche zeremonielle Bewegung umschreiben und in den nachtridentinischen Büchern des Missale, Rituale usw (→ Liturgie: III) zur strengen Verpflichtung werden (CIC cc. 818. 2378). Dazu gehören: Stehen, Sitzen, Knien, → Kniebeugung, → Proskynese, Pochen an die Brust, → Handauflegung, → Kreuzeszeichen, Händefalten, Inklinationen u.a.m. – Die Reformation hat nicht grundsätzlich mit allen G. gebrochen, sondern nur das beseitigt, was dem reformatorischen Anliegen im Wege stand. Nicht nur Luther (zB WAB 4, 411ff), sondern selbst Zwingli (CR 2, 20. 690. 704; 4, 597. 603) ließen G. bestehen. Auch die Aufklärung und die Kabinettsordres Friedrich Wilhelms I. betr. Abschaffung des »Puppenwerks« der luth. Zeremonien vermochten nicht alle G. zu beseitigen. Die → Agenden Friedrich Wilhelms III. enthalten Anweisungen für G. (Altarwendung, auch bei den Einsetzungsworten, Knien der Gemeinde usw). Seit dem 1. Weltkriege kommt eine neuerwachte Symbolfreudigkeit (→ Hochkirchliche Bewegung: II, → Berneuchen) dem Gebrauch der G. in luth. Kirchen und Gemeinden innerhalb der ev. Kirche zugute (»Anweisung« in der Agende für ev. luth. Kirchen und Gemeinden I, 1955, 11–21 und anderwärts; Entwurf der Agende für die Ev. Kirche der Altpreußischen Union I, 1953, 17). – Grundsätzlich sollten die G. innerhalb der gleichen Kirchengemeinde sowohl vom Liturgen wie den Gemeindegliedern nach gründlichen Erwägungen einheitlich gehandhabt und nie ohne solche geändert werden. Sinnvoll sind nur solche G., die der Gemeinde verständlich sind; G., die ihr den Eindruck erwecken, als werde mit ihrem Gebrauch eine andere ev. oder christliche Konfession eingeführt, sind nur nach klärender Belehrung vertretbar. – Über G. in der Predigt vgl. → Predigt: II.

R.GUARDINI, Von hl. Zeichen, 1927 – O.J.MEHL, Das liturg. Verhalten, 1927 – L.EISENHOFER, Hdb. der kath. Liturgik I, (1932) 1941[2] – W.LURTZ, Ritus u. Rubriken der hl. Messe, (1936) 1952[3] – RIETSCHEL-GRAFF. *F.Schmidt-Clausing*

Gethsemane → Jerusalem: III.

Geulincx, *Arnold* (1624–69), niederländischer Philosoph, wurde 1646 Prof. in Löwen, verlor diese Stellung 1656, trat zur calvinischen Konfession über, erhielt danach in Leiden die Lehrerlaubnis, 1662 eine Lektorenstelle und 1665 eine Professur, starb mit 45 Jahren an der Pest. Seine Hauptwerke sind die Ethik (1665) und die postum herausgegebene Metaphysik (1691). – G. suchte, wie auch andere Cartesianer (J.Clauberg, L. de la Forge, G. de Cordemoy), das Vermittelnde zwischen den beiden Substanzen der Metaphysik des → Descartes im direkten Einwirken Gottes. Sinnesempfindung und Willensakt sind nicht die wahre Ursache (→ Kausalität), sondern nur der Anlaß (causa occasionalis) dessen, was sie anscheinend bewirken; denn: quod nescis, quomodo fiat, id non facis. Gott allein schafft, wo der Anlaß besteht, die Wirkung (metaphysischer → *Okkasionalismus*). Daher ist der Mensch in der rechten Erkenntnis mit Gott verbunden. Die Vernunft ist lex et imago Dei im menschlichen Geist. – Demgemäß ist → Tugend die Liebe zur Vernunft. Ihr entspringt der Fleiß, der auf die Vernunft hört, und dessen Frucht, die Weisheit; ihm folgt der Gehorsam nach, der das Gebot der Vernunft ausführt, und dessen Frucht, die Freiheit; diesen steht die Gerechtigkeit bei, führt zu Reinheit und Vollkommenheit und erreicht sie im Maß; die Tugend erfüllt sich in der Demut, die ihre früheren Erscheinungen in sich faßt und zur Vollendung bringt. Die Demut ist die erkennende Ergebenheit in Gottes Fügung, die nichts für sich will, sondern die → Pflicht übernimmt. Von den Kardinaltugenden ist bei G. nur die Gerechtigkeit übriggeblieben; vor allem die Klugheit ist – als nur auf die Mittel des Handelns gerichtet – ausgeschieden. G.s Ethik will rein rational sein, stützt sich nur auf seine metaphysische Grundanschauung und stimmt, wie er sagt, mit dem christlichen Glauben überein.

Opera philosophica I–III, ed. J.P.N.LAND, Haag 1891–93. – Über G.: Ü III, 262ff. 663 (Lit.) – K.NAGEL, Das Substanzproblem bei A.G.

(Diss. Köln), 1930 - G.HOFFMANN, Das Gottesproblem bei G. u. Malebranche (Diss. Bonn), 1931 - P.HAUSMANN, Das Freiheitsproblem in der Metaphysik u. Ethik bei G. (Diss. Bonn), 1934 - K.DÜRR, Die mathemat. Logik des A.G. (Journal of Unified Science, Erkenntnis 9, Haag 1940, 361-368) - H.J.DE VLEESCHAUWER, A.G. (Algemeen Nederlands Tijdschrift voor Wijsbegeerte en Psychologie 35, Assen 1941, 12-21) - G.SCHMITZ, Mystische Wurzeln der G.schen Philosophie (Diss. Bonn), 1944 - DERS., G. u. die Bewegung des Pur Amour (ZRGG 3, 1951, 209-219). *W.Stache*

Geusen hießen ursprünglich die niederländischen Edelleute, die gegen die spanische Gewaltherrschaft und die kath. Glaubensverfolgungen protestierten (→ Niederlande: I). Bei der Einreichung ihrer Bittschrift an Margaretha von Parma (1566) scheint Barlaymont spöttisch gesagt zu haben: »Voilà des beaux gueux« (Bettler); sofort nahmen die Edelleute diese Bezeichnung als Ehrennamen an (Vivent les gueux!) und wählten als Kennzeichen den G.pfennig mit Randschrift: »en tout fidelles au roy jusques à porter la besasse« (Bettelnapf). Bald wurde der Name übernommen von allen Freiheitskämpfern. Anfänglich gab es kath. »gueux d'état«, die nur politische Reform wünschten, sich aber nach dem Bildersturm (1566) zurückzogen, sowie »gueux de religion«, bes. Calvinisten, die neben Spanien auch den Katholizismus bekämpften. Ihre Kampf- und Trostlieder wurden als »G.lieder« auf Flugblättern verbreitet und nachher in kleinen Büchern gesammelt (viele Auflagen von 1574 bis 1667); auch das »Wilhelmus«, das niederländische Nationallied, gehört dazu. »Wasser-G.« hießen Flüchtlinge, die als Seeräuber lebten, das Land plünderten, auch Städte von den Spaniern eroberten (Den Briel, 1572) und sich dann in den Dienst Wilhelms von Oranien stellten. Man sprach auch von »Busch-G.«, meist räuberischen Banden in Flandern.

L.P.GACHARD, Sur l'origine du nom de Gueux (Etudes et notices historiques, 1890, 130-141) - P.J.BLOK, De Watergeuzen in Engeland, 1568-72 (Bijdragen voor Vaderl. Gesch. III/9, 1896, 226-263) - E.T. KUIPER-P.LEENDERTZ, Het Geuzenliedboek naar de oude drukken, 2 Bde, 1924/25 - J.D.M.CORNELISSEN, Waarom zij Geuzen werden genoemd, 1936. *W.F.Dankbaar*

Gewerbe → Betrieb, → Handwerk, → Industrie.

Gewerkschaften

I. Geschichtlich - II. Sozialpolitische Funktion in der Gegenwart - III. Christliche Gewerkschaften. - G. = Gewerkschaft

I. Geschichtlich

1. Vor der Gewährung des Koalitionsrechts - 2. Bis zum Ende des Sozialistengesetzes - 3. Aufstieg bis 1918 - 4. Die G.en in der Weimarer Republik

G.en sind dauernde Interessenorganisationen von Arbeitnehmern (→ Sozialpartner), die als Gegenspieler der Arbeitgeber unter Bereitschaft zum → Arbeitskampf auf Arbeitsbedingungen (→ Arbeiter: I), → Sozialpolitik und Wirtschaftsordnung (→Wirtschaft) im Interesse der durch sie repräsentierten Sozialschicht einwirken wollen. Auch diejenigen Arbeitnehmer, denen durch die Rechtsordnung der Arbeitskampf verwehrt ist, die aber die Notwendigkeit kämpferischer allgemeiner Arbeitnehmersolidarität bejahen, sehen in den G.en ihre Interessenorganisation.

1. Vor der Industrialisierung gab es - wie in anderen Ländern - auch in Deutschland Versuche, abhängige Arbeiter in Organisationen zusammenzufassen. Die Reichszunftordnung von 1731 und die ihr entsprechende Gesetzgebung der absolutistischen Territorialstaaten verboten derartige Zusammenschlüsse. In der Frühzeit der Industrialisierung (→ Industrie: I. II) hielt die Gesetzgebung aus mehrfachen Gründen daran fest: Die liberale → Ideologie, die Gewerbefreiheit und Vertragsfreiheit durchsetzte, verstand sie als lediglich individuelle Vertragsfreiheit und stand daher zunächst der Anerkennung kollektiver Zusammenschlüsse entgegen. Darüber hinaus mußte der Obrigkeitsstaat in notwendig demokratisch organisierten gewerkschaftsähnlichen Verbänden eine Gefährdung seiner Struktur erblicken. Daher wurden zB der Versuch der Leipziger Buchdrucker i.J. 1845, eine tarifvertragsähnliche Vereinbarung mit ihren Arbeitgebern herbeizuführen, und der Maurer-Streik in den Hansestädten und Schleswig-Holstein im selben Jahre durch einen Beschluß des Deutschen Bundes beantwortet, der seine Mitgliedstaaten zum Verbot von Arbeiterkoalitionen verpflichtete. Die preußische Gewerbe-Ordnung von 1845, die Gesinde-Ordnung von 1854 und das Berg-Gesetz von 1860 bzw. 1865 haben daran festgehalten. Die März-Revolution des Jahres 1848 konnte diese Lage nur vorübergehend durchbrechen. Der Beschluß des Bundestages des Deutschen Bundes vom 13.7.1854 wiederholte auf Antrag des preußischen Gesandten v. Bismarck das Verbot von Arbeiterkoalitionen.

2. Diese Stellungnahme der Rechtsordnung verhinderte die Entstehung wirksamer permanenter Arbeiterkoalitionen. Die Nichtgewährung des Koalitionsrechts widersprach jedoch sichtlich der Struktur der sich nunmehr ständig ausdehnenden industriellen Produktionsweise. So war die Strafandrohung für Teilnahme an gewerkschaftlichen Vereinigungen in England bereits 1824 aufgehoben worden. Nach dem Ende der Reaktionsperiode lockerte sich das Koalitionsverbot allmählich auch in Deutschland. Die Gewerbeordnung des industriereichen Sachsen hob es 1861 im industriellen Bereich auf. Die Gewerbeordnung des Norddeutschen Bundes folgte 1869 diesem Beispiel, enthielt aber durch die Klaglosigkeitsklausel des § 152 Abs. 2 und die Strafandrohungen des § 153 die Möglichkeit, gewerkschaftliche Organisationen der industriellen Arbeiter staatlich zu bekämpfen. So wurde das erwachende Selbstbewußtsein der neuen Sozialschicht der Arbeiterklasse (→ Klasse) zunächst in politische Kanäle geleitet. Ferdinand → Lassalle, der durch Gründung des »Allgemeinen Deutschen Arbeitervereins« die ersten Versuche dieser Art geistig bestimmte, wurde durch sein Dogma vom »ehernen Lohngesetz« daran gehindert, Sinn und Funktion gewerkschaftlicher Organisationen zu erkennen, und suchte die Betätigung der Arbeiterklasse auf den politischen Kampf um die Demokratisierung des → Wahlrechts zu beschränken. Erst der wachsende Einfluß der »Internationalen Arbeiter-Assoziation«, die 1864 in London unter Führung von Karl → Marx gegründet worden war, ließ gewerkschaftliches Denken in die geistige Vorhut der → Arbeiterbewegung (, 1) eindringen. Nach ihrer Auffassung waren die von ihr propagierten »Gewerkvereine« nicht nur das Mittel, den Übergriffen des → Kapitals entgegenzuwirken, sondern auch der Brennpunkt der Organisation der Arbeiterklasse im Interesse ihrer beständigen → Emanzipation. Diese These wurde 1868 vom 5. Verbandstag der Arbeiterbildungsvereine übernommen, die sich - zunächst mit der Aufgabe begründet, die industriellen Arbeiter in die Gefolgschaft des → Liberalismus zu bringen - inzwischen zu Trägern des Selbstbewußtseins der Arbeiter entwickelt hatten. Das von August → Bebel verfaßte Musterstatut für deutsche Gewerksgenossenschaften sah Streik- und Maßregelungsunterstützung, aber auch Kranken- und Invalidenkassen vor. Entgegen ihrer eigenen Theorie waren nun auch die Anhänger Lassalles gezwungen, den G.sgedanken anzuerkennen. - Im Gegensatz zu diesen politisch sozialistisch bestimmten Versuchen zur gewerkschaftlichen Organisation suchte nun auch der Liberalismus

sich der neuen Situation anzupassen: Ende Okt. 1868 erschien das von Dr. Max Hirsch verfaßte Musterstatut, das nach dem Vorbild der in dieser Entwicklungsphase für ihr eigenes Bewußtsein unpolitischen Trade-Unions in England »unpolitische« G.en gründen wollte und »die Organisierung des sozialen Krieges« durch die Sozialisten ablehnte. Ihm sekundierten Politiker der Fortschrittspartei wie H.Schulze-Delitzsch und Franz Duncker. Die 1869 erfolgte Gründung der *Hirsch-Dunckerschen Gewerksvereine* unter liberaler Führung auf der einen Seite, der mit den beiden damaligen sozialistischen Parteien kombinierten Verbände auf der anderen Seite leitete die politisch-weltanschauliche Spaltung der deutschen G.sbewegung ein, die das deutsche G.swesen bis 1933 bestimmt hat. Nach der Vereinigung der beiden sozialistischen Parteien i.J. 1875 verhinderte das Sozialistengesetz (1878) den zentralen Zusammenschluß und die Entfaltung der sozialistischen G.sbewegung, während gleichzeitig der politische Einfluß der → Sozialdemokratie auf die industrielle Arbeiterschaft ständig anstieg. Auch der Versuch, die Arbeiter durch den in der kaiserlichen Botschaft von 1881 angekündigten Aufbau der → Sozialversicherung (1881–84) von dem Gedanken ihrer geistigen, politischen und gewerkschaftlichen Selbständigkeit zu lösen, konnte diese Entwicklung nicht verhindern. Die weitgehende Illegalisierung der sozialistischen G.en bewirkte, daß die unmittelbare Vertretung sozialer Interessen der Arbeiter gegenüber ihren sozialen Gegenspielern in Form spontaner Massenstreiks erfolgte (Bergarbeiterstreik 1889).

3. Das Ende des Sozialistengesetzes (1890) machte den Zusammenschluß der (sozialistischen) *freien G.en* unter einer *Generalkommission* möglich, die unter Führung Carl Legiens (1861–1920) in ihrem Organisationsplan (25.4.1891) die Bildung von *Zentralverbänden* (grundsätzlich auf Grund des Prinzips der *Berufszugehörigkeit*) vorsah. Dem widersprachen die Anhänger des Gedankens der Autonomie der lokalen Organisationen, aus denen sich die *syndikalistische* Richtung der (seit 1919) *»Freien Arbeiterunion«* entwickelte, die jedoch niemals Masseneinfluß erlangt hat. Der Aufbau der Zentralverbände war trotz der erheblichen Machtstellung ihrer Vorstände auf Wahrung des demokratischen Strukturprinzips abgestellt: Ihr Organisationsgefüge führte von Zahlstellen über Ortsvereine und Bezirke (bzw. Gaue) zu den zentralen Verbandsorganen bei Wahrung des Prinzips der Wahl der Vertrauensleute und Funktionäre in allen Organisationsstufen. Der Verbandstag als höchstes Organ wählte den Verbandsvorstand, dem meist ein Beirat zur Seite stand. Der Streik wurde von der Zustimmung einer qualifizierten Mehrheit der Mitglieder in Urabstimmungen abhängig gemacht. Die Mitgliederzahlen stiegen von 200 000 i.J. 1892 in 20 Jahren auf 2,5 Mill. 1899 beschloß der G.skongreß in Frankfurt, den Abschluß von *Kollektivverträgen* der G.en mit Unternehmern oder Unternehmerverbänden zur Regelung der Lohn- und Arbeitsbedingungen *(Tarifverträge)* zu betreiben. Trotz anfänglich erheblichen Widerstandes der Arbeitgeber - die Schwerindustrie lehnte bis 1918 die Anerkennung der G.en als Verhandlungspartner ab - galten 1907 bereits 5000 Tarifabkommen für fast 1 Mill., 1913 für 2 Mill. Beschäftigte. - Neben den freien G.en bestand die Hirsch-Dunckersche Richtung weiter, die es 1913 auf rd 110 000 Mitglieder brachte. Durch den Bergarbeiterstreik von 1889 veranlaßt, anerkannte auch sie die Waffe des Streiks. - Als bedeutsamer Konkurrent traten gegenüber den freien G.en die *christlichen* → *Gewerkschaften* (: III) in Erscheinung, deren Entstehung weitgehend durch jenen Bergarbeiterstreik bestimmt wurde. Sie konnten sich auf die kirchlich-kath. Arbeiterschichten und diejenigen zahlenmäßig unbedeutenden, aber koalitionswilligen kirchlich-prot. Arbeitergruppen stützen, die monarchisch-obrigkeitsstaatlich dachten und die Zielsetzung der politischen Demokratie ablehnten. Der Widerstand des hohen kath. Klerus gegen kampfwillige Arbeitnehmerkoalitionen, der bis zur Enzyklika → »Rerum novarum« (1891) die sozialen Überlegungen der Kirche beherrscht hat, sich aber gleichzeitig aus der Ablehnung des interkonfessionellen Charakters der christlichen G.en erklärte, konnte nur durch die Hilfsstellung der preußischen und der Reichsregierung so weit überwunden werden, daß die Enzyklika »Singulari quadam« (1912) christliche G.en tolerierte. Dadurch wurde die politische Identifikation der christlichen G.en mit obrigkeitsstaatlichem Denken verstärkt. Noch lag jene weitere Demokratisierung der kath. Soziallehre in weiter Ferne, die - durch die sozialrevolutionären Folgen des ersten Weltkriegs und die beginnende Weltwirtschaftskrise ermöglicht - 1931 in »Quadragesimo anno« erfolgte. 1913 erfaßten die christlichen G.en etwa 340 000 Arbeiter.

Seit der Debatte über den politischen Massenstreik, die im Anschluß an die erste russische Revolution und während der Auseinandersetzungen um die preußische Wahlrechtsfrage in der sozialistischen G.sbewegung einsetzte, zeigte sich immer deutlicher, daß die einflußreiche *Bürokratie* der hauptamtlich tätigen Funktionäre der G.sbewegung verständlicherweise die Legalität der institutionellen Existenz höher einschätzte als ein großer Teil der Mitgliedschaft. Der patriotische Rausch im August 1914 konnte diesen Widerspruch zeitweilig überdecken. Die Integration der G.en in die Kriegsmaschine des Reiches durch die Politik des »Burgfriedens«, die → Arbeitskämpfe ausschloß, wurde zunächst auch von den Massen der Mitglieder gebilligt. Die ernährungswirtschaftliche und ökonomische Belastung der Arbeitnehmer und die immer deutlichere Enthüllung der annektionistischen Ziele der Kriegsführung führten jedoch bald zu einer Entfremdung zwischen der G.sführung und der Meinungsbildung unten, die ihren Ausdruck in spontanen Streikbewegungen fand (Mai 1916 bis Jan. 1918). Die Mitwirkung der G.sführung beim Aufbau der Kriegsfürsorge und am Hilfsdienstpflicht-Gesetz (1916) wurde von großen Teilen der Mitgliedschaft und der nichtorganisierten Arbeiter mißbilligt, obwohl dies Gesetz eine Reihe sozialpolitischer Konzessionen (Anerkennung der G.en als Vertreter der Arbeitnehmerinteressen, Arbeitnehmerausschüsse in den Betrieben, Errichtung von paritätischen Schlichtungsorganen) gebracht hatte. Dieser Widerspruch entlud sich zuletzt in der Revolution gegen den bereits parlamentarisierten früheren Obrigkeitsstaat.

4. Der Sieg der demokratischen Revolution ließ die Mitgliederzahlen aller G.srichtungen (am stärksten der freien und der christlichen) stark ansteigen. Er machte darüber hinaus die gewerkschaftliche Erfassung der → *Angestellten* und → *Beamten* sozialpsychologisch und rechtlich möglich, so daß auch frühere Angestelltenverbände nichtgewerkschaftlichen Charakters gewerkschaftliche Kampfformen übernahmen. Organisatorisch wurde der lockere Verband der Generalkommission unter Führung Theodor Leiparts in den Allgemeinen Deutschen G.sbund (ADGB) umgewandelt, neben den die Arbeitsgemeinschaft freier Angestelltenverbände (AFA) und der Allgemeine Deutsche Beamtenbund als freigewerkschaftliche Organisationszentralen traten. Bei den Arbeiter-G.en blieb das eindeutige zahlenmäßige Übergewicht der freien G.en erhalten. Der AFA gegenüber entstand bei den Angestellten-G.en ein Übergewicht der im Gesamtverband Deutscher Angestell-

ten-G.en (Gedag) zusammengefaßten, dem von Stegerwald geleiteten christlichen DGB zugeordneten Verbände, die aber nicht wie die Arbeiter-G.en der Majorität nach kath., sondern »national« bestimmt waren, und der im G.sbund der Angestellten (GdA) zusammengefaßten, mit der Hirsch-Dunckerschen Richtung kooperierenden Organisationen. Nachdem seit 1921 feststand, daß den Beamten auch weiterhin das Streikrecht vorenthalten blieb, wandte sich die große Mehrheit der Beamtenschaft dem einer kämpferischen Arbeitnehmersolidarität nicht verpflichteten Deutschen Beamtenbund (DBB) zu. Die Revolution brachte den G.en in der *Tarifvertragsverordnung* vom 23.12.1918 die Grundlagen jenes kollektiven → Arbeitsrechtes, das dann durch das soziale Grundrechtssystem der Weimarer Verfassung ergänzt wurde, wie auch die rechtliche Anerkennung des *Acht-Stunden-Tages*. Der innergewerkschaftliche Kampf in den freien G.en um das Arbeitsgemeinschaftsabkommen mit den Arbeitgebern vom 15.11.1918, die Probleme des Räte-Systems und der → Sozialisierung verknüpften sich innerhalb der freien G.en mit den Auseinandersetzungen der politischen → Parteien (SPD, USP, KPD). Organisatorisch wurde das Problem der Überleitung vom Berufsverband in den Industrieverband zwar gestellt, aber nicht gelöst. Nach der Umwandlung der Weimarer Demokratie in eine bürgerliche Republik - deren gemeinsame (mit Ausschluß der christlichen G.en) Verteidigung durch den politischen Massenstreik gegen den Kapp-Putsch der G.sbewegung gelang - zeigte sich, daß Erfolge und aktuelle Zielsetzungen sich auf Lohnfragen und sozialpolitische Probleme (Betriebsrätegesetz 1920, Arbeitsgerichtsgesetz und Arbeitslosenversicherungsgesetz 1926/27) beschränkten, aber in jeder Krisenperiode in Frage gestellt wurden (Inflation 1923 und Wirtschaftskrise ab 1930), weil wirtschaftsstrukturelle Probleme nicht gelöst worden waren. Der ADGB ließ zwar im Referat Fritz Naphtalis auf seinem Breslauer Kongreß 1927 über die Demokratisierung der Wirtschaft und in seinem anti-inflationistischen Wirtschaftsförderungsprogramm vom 13.4.1932 erkennen, daß er diese Fragen sah, fand aber keinen Weg, seine theoretische Einsicht in praktisches Handeln umzusetzen. So wurden die G.en unfähig, auch nur die politische Form der bürgerlichen Demokratie gegen den Staatsstreich der autoritären Präsidentschaftsdiktatur zu schützen, die am 20.7.1932 die preußische demokratische Regierung stürzte, und den Triumph der dezisionistisch-totalitären Diktatur des → Nationalsozialismus abzuwenden, die von ihren sozialen Gegenspielern gefördert wurde, um die Institution der G.sbewegung zu zerstören. Der Versuch der G.szentralen aller Richtungen (mit einziger Ausnahme der AFA), sich - entgegen dem Willen ihrer Mitglieder - in das nationalsozialistische Herrschaftsgefüge einzuordnen, mußte unter diesen Umständen scheitern. Das Dritte Reich organisierte nach der Gleichschaltungsaktion des 2.5.1933 die Deutsche Arbeitsfront (DAF) mit der Zielsetzung, jede eigenständige Bewegung der Arbeitnehmer unmöglich zu machen.

Lit. s. → Gewerkschaften: II. *W. Abendroth*

II. Sozialpolitische Funktion in der Gegenwart

1. Organisation - 2. Die G.en als Arbeitsmarktpartei - 3. Die G.en als Träger sozialer und wirtschaftlicher Mitbestimmungsrechte - 4. Die G.en als Träger von Bildungsinteressen - 5. Gewerkschaftliche Organisationen neben dem DGB - 6. Internationale Organisationen

1. Auf Grund der Erfahrungen von 1932 und 1933 stand die Neugründung der G.en nach 1945 beiderseits der Elbe unter dem Vorzeichen der Überwindung der weltanschaulichen Spaltung und der Transformation des berufsgewerkschaftlichen in das industriegewerkschaftliche Prinzip. In der *sowjetischen Besatzungszone* siegte der Gedanke des einheitlichen Zentralverbandes (*Freier Deutscher G.sbund*, FDGB), der in Untergliederungen - nach industriegewerkschaftlichen Differenzierungsvorstellungen - zerfällt. Im Zuge der totalitären Entwicklungstendenzen im Gebiet der heutigen DDR nach Ausbruch des kalten Krieges wurde der FDGB entsprechend umgestaltet und hat dadurch seine Kontakte mit den westdeutschen G.en eingebüßt. - In *Westdeutschland* wurden - zuerst im regionalen, dann im zonalen Bereich - in einem einheitlichen G.sbund föderierte weltanschaulich und parteipolitisch neutrale Industrie-G.en gebildet, die sich nach Gründung der BRD auf dem Münchener Kongreß vom 12.-14.10.1949 zum *Deutschen G.sbund* (DGB) zusammenschlossen. Die 16 selbständigen Industrie-G.en des DGB umfassen zZ ca 6,2 Mill. Mitglieder und wollen sowohl Arbeiter als auch Angestellte und Beamte organisieren. In den meisten Verbänden überwiegen die Arbeiter, in einigen der Struktur ihres Arbeitsbereichs nach die Angestellten (zB Handel, Banken und Versicherungen), in einigen die Beamten (zB Erziehung und Wissenschaft), in wenigen besteht ein Gleichgewichtsverhältnis (zB Öffentliche Dienste, Transport und Verkehr und G. der Eisenbahner Deutschlands). Der demokratische Organisationsaufbau und das Prinzip der demokratischen Entscheidung mit qualifizierter Mehrheit über Arbeitskampfmaßnahmen wurde nach dem Vorbild der früheren freigewerkschaftlichen Bewegung gestaltet. Die - unvermeidlich - erhebliche Stärke des hauptberuflich tätigen Funktionärapparates, kombiniert mit dem Problem der Integration hauptberuflicher gewerkschaftlicher Repräsentation in Sozialversicherung und Mitbestimmung (Arbeitsdirektoren, zT auch Akkumulation von Aufsichtsratsvertretungen in einer Hand) und gewerkschaftlich geführten Unternehmungen (zB gemeinwirtschaftliche Banken), führt zu Spannungen zwischen bürokratischer Willensbildung und Ideologie und demokratischer Entscheidungsfreiheit der durch die Organisation repräsentierten Mitgliedschaft. Sie sind jedoch nicht unüberwindbar, wie der 2. Bundeskongreß des DGB 1952 und die Bemühungen der (weitaus stärksten) Industrie-G. Metall um den Aufbau eines (ehrenamtlichen) Betriebsvertrauensleute-Körpers zeigen.

2. Die Ausgangsfunktion der G.en, das Monopol der Arbeitgeber zur Vergebung der Arbeitsplätze durch kollektiven Zusammenschluß der Arbeitnehmer auszugleichen und dadurch die Arbeitsbedingungen - einschließlich der Lohn- und Gehaltshöhe (→ Lohn) und der Dauer der → Arbeitszeit - mitbestimmen zu können, steht nach wie vor im Zentrum der gewerkschaftlichen Arbeit. Das Tarifvertragsgesetz (→ Arbeitsrecht, 2c) hat den G.en das ausschließliche Recht zum Abschluß von Tarifverträgen zugeschoben und dadurch Versuchen ihrer sozialen Gegenspieler vorgebaut, die G.en durch Gründung »wirtschaftsfriedlicher« Verbände wie vor 1933 auszuschalten. Das klassische gewerkschaftliche Kampfmittel der kollektiven Arbeitseinstellung, der *Streik*, hat seine frühere Bedeutung behalten; seine Anwendung ist nunmehr grundsätzlich von einer 75-prozentigen Majorität in einer Urabstimmung der von ihm betroffenen G.smitglieder abhängig.

3. Da die G.en nicht nur die Interessen der im Arbeitsprozeß befindlichen, sondern auch der durch Krankheit an der Verwertung ihrer Arbeitskraft behinderten und der durch → Arbeitslosigkeit, Invalidität oder Alter vorübergehend oder dauernd aus dem Arbeitsprozeß ausgeschiedenen Arbeitnehmer vertreten, sind sie zur Repräsentation der Interessen der Versicherten in den *Selbst-*

verwaltungsorganen der → Sozialversicherung berufen und darauf angewiesen, für deren umfassende Befugnisse und demokratischen Aufbau einzutreten (vgl. dazu die sozialpolitischen Grundsätze des Münchener Gründungskongresses des DGB). Sie haben jedoch bisher nicht erreichen können, daß - zB in der Krankenversicherung - den Versicherten auch nur das gleiche Maß an Einfluß wieder zugestanden wurde, das sie vor 1933 gehabt haben (→ Sicherheit).

Die Erfahrungen der Entwicklung vor 1933, die deutlich machten, daß sozialpolitische Erfolge in Krisenperioden durch das wirtschaftliche Leitungsmonopol partikularer, tendenziell monopolistischer kapitalistischer Planungsblöcke vernichtet wurden und gleichzeitig mit dem demokratischen Rechtsstaat die Existenz der gewerkschaftlichen Bewegung ausgelöscht werden konnte, ließen den Münchener Gründungskongreß des DGB in seinen wirtschaftspolitischen Grundsätzen einstimmig (mit Einschluß der früheren christlichen Gewerkschaftler und derjenigen, die politisch der CDU angehörten) eine bewußte, demokratisch kontrollierte Planung und *Lenkung der → Wirtschaft* (unter Ablehnung zwangswirtschaftlicher Gedankengänge) und Überführung der Schlüsselindustrien in *gemeinwirtschaftliche* Formen (→ Sozialisierung) sowie Kontrolle der privatwirtschaftlichen Machtpositionen durch Einführung *wirtschaftsdemokratischer Institutionen* fordern. Diese Forderungen wurden nur in äußerst eingeschränktem Maße durch das *Mitbestimmungsgesetz* (→ Mitbestimmung), das *Betriebsverfassungsgesetz* und das *Personalvertretungsgesetz* (für den öffentlichen Dienst) verwirklicht. Die erstrebte Veränderung der wirtschaftlichen Machtverhältnisse und Beseitigung des politischen Einflusses, der von wirtschaftlichen Machtpositionen ausgeht, ist ausgeblieben. Da sich inzwischen unter dem Einfluß der Machtverschiebungen im gesellschaftlichen System der BRD und ihrer parteipolitischen Fixierung ein Teil der der CDU verbundenen gewerkschaftlichen Funktionäre von den Vorstellungen des Münchener Programms entfernt hat, entsteht durch das Festhalten der Majorität der DGB-Mitglieder an diesen Zielsetzungen gelegentlich der Schein der Durchbrechung des Grundsatzes der *parteipolitischen Neutralität,* der nach Struktur und Ausgangspunkt der G.sbewegung immer wieder durch das Prinzip der auf Erhaltung und Verwirklichung politischer, sozialer und wirtschaftlicher *Demokratie* gerichteten *Aktivität* balanciert werden muß. Die Industrie-G. Bergbau hat auf ihrem Verbandstag 1958 den Ausdruck parteipolitische »Neutralität« durch den klareren Terminus »Unabhängigkeit« ersetzt.

4. In einer Gesellschaft, in der 75% der erwerbstätigen Bevölkerung abhängige Arbeit leisten, kann die politische und soziale Demokratie nur funktionieren, wenn ein relativ hohes Bildungsniveau erzielt werden kann. Es ist kein Zufall, daß die Entstehung der deutschen G.sbewegung durch die Tätigkeit von Arbeiterbildungsvereinen vorbereitet wurde. Daher haben sich die G.en - aktuell durch die Vorarbeit der G. Erziehung und Wissenschaft (GEW) vorbereitet - in zunehmendem Maße bewußt der Einflußnahme auf die Organisation der Volksbildung angenommen (→ Volksbildungswesen). Sie ringen durch das Ziel der *40-Stundenwoche* um die für kulturelle Zwecke erforderliche Freizeit. Ihre Aufgaben zwingen sie darüber hinaus, durch die Schulung ihrer Funktionäre, gegenwärtiger und künftiger Mitglieder von Betriebsvertretungen und Arbeits- und Sozialrichter, die ehrenamtliche Aufgaben gemäß dem Arbeitsgerichtsgesetz und Sozialgerichtsgesetz wahrzunehmen haben, sowie durch die gewerkschaftliche Presse selbständige Volksbildungsarbeit zu leisten. Diesem Zweck dienen verschiedene wissenschaftliche Ausbildungsstätten (Sozialakademie Dortmund, Akademie der Arbeit Frankfurt/M., Akademie für Gemeinwirtschaft Hamburg) und wissenschaftliche Zeitschriften (Gewerkschaftliche Monatshefte, Arbeit und Recht, Soziale Sicherheit, Mitteilungen des Wirtschaftswissenschaftlichen Instituts der G.en [WWI] usw).

5. Ein großer Teil der → Angestellten und der → Beamten hat sich - durch ständische Traditionen veranlaßt - dem industriegewerkschaftlichen Prinzip, die Arbeitnehmer ohne Rücksicht auf ihre Rechtsstellung zusammenzufassen, nicht unterworfen. Die führende Angestellten-G., die *DAG*, erkennt jedoch im übrigen die gewerkschaftlichen Prinzipien an. Wenn sie auch mitgliedermäßig weniger Angestellte erfassen konnte als insgesamt die Industrie-G.en des DGB (ca 350 000 gegenüber ca 615 000), so hat sie doch in den bisherigen Sozialversicherungswahlen bewiesen, daß sie über das Vertrauen der Majorität der Angestellten verfügt. Ein großer Teil der Beamten ist in den Verbänden des *Deutschen Beamtenbundes* (DBB) zusammengefaßt, der - da die Beamten kein Streikrecht besitzen - auch den Gedanken der kämpferischen Arbeitnehmersolidarität ablehnt. Einige kleinere Angestelltenverbände (zB Verband weiblicher Angestellten) spielen ebenso wie die Gründungsversuche neuer christlicher → Gewerkschaften (: III; CGD) nur eine unerhebliche Rolle.

6. Der DGB gehört dem Internationalen Bund freier G.en an (Sitz in Brüssel), der (außer in Frankreich und Italien) die stärksten G.en der industriell entwickelten Länder der sog. westlichen Welt umfaßt. Der FDGB der DDR ist dem meist kommunistisch geführten Welt-G.sbund angeschlossen.

Kongreßprotokolle des DGB, 1947ff - Gewerkschaftl. Monatshefte, 1950ff - Die Quelle (Funktionärorgan des DGB), 1950ff - Soziale Sicherheit, 1952ff. - ADOLF WEBER, Der Kampf zwischen Kapital u. Arbeit, (1910) 1954[6] - G.HARTMANN, 50 Jahre dt. Gewerkvereine (Hirsch-Duncker), 1918 - S.NESTRIEPKE, Die G.sbewegung, 3 Bde, (1921/22) 1922-25[3] - TH.CASSAU, Die G.sbewegung, (1925) 1930[2] - C.ZWING, Gesch. der freien G.en, 1926 - Internat. HWB des G.swesens, 2 Bde, hg.v. L.HEYDE, 1932 - L.PRELLER, Sozialpolitik in der Weimarer Republik, 1949 - G.BRIEFS, Zwischen Kapitalismus u. Syndikalismus, 1952 - J.DEUTZ, August Stegerwald, 1952 - F.KLENNER, Die österreich. G.en, 2 Bde, Wien 1953 - W. ABENDROTH, Die dt. G.en, (1954) 1955[2] - F.J.FURTWÄNGLER, ÖTV. Die Gesch. einer G., 1955 - DERS., Die G.en, 1956 - G.TRIESCH, Die Macht der Funktionäre, 1956 - H.J.VARAIN, Freie G.en, Sozialdemokratie u. Staat, 1956 - F.OPEL, Der Dt. Metallarbeiter-Verband, 1957 - H.-G.SCHUMANN, Nationalsozialismus u. G.sbewegung, 1958 - G.DREWES, Die G.en in der Verwaltungsordnung, 1958.

W.Abendroth

III. Christliche Gewerkschaften

1. Geschichtliches - 2. Gegenwärtige Lage

1. Der gedankliche Ursprung der Bildung der christl. G.en wird → Wicherns »Assoziationen« zugeschrieben. Insofern mit Recht, als die christlichen »Assoziationen der Hilfsbedürftigen selbst« zur Bekämpfung der sozialistischen Idee von der Verbrüderung der Arbeiter als Selbsthilfe vorgeschlagen werden (Denkschrift, 1. Ausg. 1849, 138). Insofern jedoch zu Unrecht, als das Modell dieser »Assoziationen« von Arbeitgebern mit Arbeitnehmern eher einer gelben als einer christl. G. entspricht. Die ersten Gewerkvereine von 1894 zeigen zunächst eine mehr »nationale«, antisozialistische als christliche Tendenz. 1899 trat ihr erster Kongreß als christl. G. in Mainz zusammen und schuf die erste allgemeine Rechtsform. Die G.en sollen interkonfessionell, unpolitisch und von versöhnlichem Geiste getragen sein, der Ausstand ist nur ein letztes Mittel! Von kath. Seite wurde die Interkonfessionalität kritisiert (Pastorale vom 9.8.1900) und berufliche Fachabteilungsgruppen innerhalb der kath. Arbeitervereine (→ Arbeiterbewegung, 3) gefordert. - Die

Vorsitzenden der Berliner ev. Arbeitervereine, Tischendorfer und Pastor Philipps, wandten sich schon damals gegen die Trennung der Christen von ihren übrigen Berufsgenossen. Mit sozialpolitisch wirksamen, zT erst nach 1918 bzw. nach 1945 realisierten Beschlüssen (zB allgemeine Zentrale Unterstützungskasse, 1901; 9stündiger Maximalarbeitstag für Arbeiterinnen, Aufhebung des Koalitionsverbots für Landarbeiter, 1902; Zentralbüro für Arbeiterversicherung, 1903; reichsgesetzliche Arbeitslosenversicherung, Arbeitsnachweis 1904) setzten sich die christl.G.en in beiden Kirchen durch. Zögernde Zustimmung erfolgte in der Enzyklika Singulari quadam vom 24.9.1912, nach der der Katholik neben der christl.G. zugleich einem kath. Arbeiterverein angehören soll. In enger Verbindung mit den konfessionellen Arbeitervereinen entwickelten sich die christl.G.en bis zu ihrer Auflösung am 24.6.1933 durch den Nationalsozialismus bis zu einer Mitgliederzahl von über 1 Mill., dazu 300 000 Angehörige des Deutschnationalen Handlungsgehilfenverbandes (DHV). Als Richtungs-G. sammelte sie diejenigen christlichen Kreise, die den nationalen Gedanken im Gegensatz zur internationalen → Solidarität vertraten. Sie sah die Arbeiterschaft nicht als → Klasse, sondern als → Stand; statt horizontaler Schichtung wurde vertikale organische Gliederung erstrebt. So entspricht es der kath. Soziallehre (Stegerwald, Joos, Th.Brauer) und der Weltanschauung der überwiegend kath. Mitglieder. Neben den brennenden weltanschaulichen Motiven brachte die sozialpolitische Situation so viele gemeinsame Aufgaben, daß, bes. auf ev. Seite, schon früh der Wunsch nach Vereinigung mit den andern Richtungs-G.en ausgesprochen wurde. So schon in W.Schneemelchers (→Evangelisch-sozial) Zeitschrift »Evangelisch-Sozial« (1906, 110): »Es liegt in der christl.G.sbewegung die... große Gefahr, daß alle christlichen Kräfte den... bedeutungsvollsten Organisationen... entzogen werden, daß... die große Arbeitermasse dadurch dem Christentum immer mehr entfremdet wird. Es bleibt deshalb vom christlichen Standpunkt aus eine einheitliche, religiös völlig neutrale G.sbewegung für die Zukunft das erstrebenswerte Ziel.« – Erreicht wurde dieses Ziel erst durch die gemeinsame Verfolgung seit 1933, der die Führerschaft beider Lager zum Opfer fiel (Märtyrer der christl.G. sind u.a.: Prälat Dr. O.Müller, Nikolaus Groß, Bernhard Letterhaus, Franz Leuninger, Heinrich Körner; vom DHV Max Habermann). Die überlebenden Führer der christl.G. (Carl Arnold, Jakob Kaiser, Reimar Mager, Joh.Albers) entschlossen sich – im gemeinsamen Kerker mit den alten »Freien« G.sführern – für die Aufgabe der Richtungs-G. und zur Bildung einer gemeinsamen Einheits-G. Daher ging die christl.G., soweit sie Arbeiter-G. war, 1949 bei dessen Gründung im Deutschen G.sbund (DGB; → Gewerkschaften: II) auf. Der DHV dagegen schloß sich, wie die Mehrzahl der Angestelltengruppen, nicht der Einheits-G. ein.

2. Die *gegenwärtige Lage* ist durch die Entwicklung der prot. Theologie mitbedingt, die das kath.-naturrechtliche und das aus der bürgerlichen Romantik des 19.Jh.s überkommene konservative Ordnungsbild durch ein von der empirischen → Soziologie geprägtes ersetzt hat. Weltanschauliche Richtungs-G.en setzen → Ideologien voraus, die im Protestantismus nicht mehr kräftig sind. Die Amsterdamer Weltkirchenkonferenz (1948) spricht mit dem Sozialpolitiker Ludwig Heyde nur noch von »glaubwürdigen Ordnungen«. Unter dieser nüchternen Voraussetzung konnten sich die alten Richtungs-G.en unter Hintanstellung ihrer sozialistischen oder konservativen Ideologie zusammenfinden. Gegen den Versuch (1955), mit internationalen Mitteln wieder eine Richtungs-G. (Christl.G.sbund Deutschlands, CGD) einzuführen, wandte sich die Ev. Aktionsgemeinschaft für Arbeiterfragen mit einer Reihe von Kirchenführern in der BRD. Auch der Rat der EKD warnte am 15.12.1956 in seiner Entschließung: Die ev. Kirche »sieht die Entwicklung, die zur Gründung einer christl.G. geführt hat, mit Besorgnis an. Die tätige Mitarbeit ev. Christen im Deutschen G.sbund (DGB) ist ein notwendiges Zeichen der gemeinsamen Verantwortung, die jeder Christ mit allen anderen Gliedern seines Standes und seines Volkes für die Verwirklichung sozialer Gerechtigkeit zu übernehmen hat. Die Zusammenarbeit in den bestehenden G.en ist ein wichtiger Beitrag zur Überwindung der Entfremdung, die in der Vergangenheit zwischen Kirche und Arbeiterschaft enstanden war... Nach unserer Meinung ist ein geduldiges Ringen um Beseitigung von Mißverständnissen und Hindernissen, die eine wirkungsvolle Mitarbeit christlicher Gruppen im Deutschen G.sbund (DGB) erschwert haben, zu empfehlen. Wir haben Bedenken gegen die Wahl des Namens ›christlich‹ für die neue G.sorganisation.« – Dem trotzdem gegründeten CGD gehören weniger Arbeiter als Angestellte an, überwiegend kath. Konfession. Als offizielles Organ erscheint monatlich in Dortmund »Die Neue Front, Deutsche G.szeitung«. Der CGD ist Mitglied des Internationalen Bundes Christl.G.en (IBCG) in Brüssel, der in Italien, Belgien, Frankreich, Saar, Schweiz, Holland eigene Landesgruppen besitzt. In diesen Ländern hatte sich die alte Tradition der Richtungs-G.en ungebrochen fortsetzen können. Dem IBCG (5 177 000 Mitglieder) ist der »Bund der afrikanischen gläubigen Arbeiter« angeschlossen, dem auch Mohammedaner und Fetischisten angehören. In Österreich hat die Einheits-G. Fraktionen innerhalb der G. gebildet, darunter eine christliche. – Für die Arbeit der ev. Kirche hat diese Gründung und ihre Ablehnung eine vertrauensvollere Zusammenarbeit mit den im DGB zusammengefaßten Arbeitern gebracht und zum ersten Male in breiteren Schichten den Glauben an die Arbeiterfeindlichkeit und Staats- und Unternehmerhörigkeit der Kirche zerstört. Die starken politischen Spannungen im DGB haben zur fraktionsartigen Gründung der überwiegend kath. »christlichen Kollegenschaft im DGB« geführt, die als Minderheit darum besorgt ist, daß die Einheits-G. ihre Unabhängigkeit bewahrt und nicht ihrerseits »politische Richtungs-G.« wird und dem Trend der derzeitigen Oppositionspartei verfällt. – Vgl. →Evangelisch-sozial, →Katholisch-sozial.

TH.BRAUER, G. u. Volkswirtschaft, (1912) 1922² – TH.BÖHME, Die christlich-nationale G., 1930 – K.V.BISMARCK, Christen in der Entscheidung (Die Mitarbeit 4, 1955 Nr. 8, 1-5) – E.THIER, Gewerkschaftl. Theorie u. ev. Sozialethik (ebd 5, 1956 Nr. 1, 1-10) – K.H. SCHÜRMANN, Zur Vorgesch. der christl. G.en, 1958. *H.Poelchau*

Gewissen

1. Zur Entwicklung des G.sbegriffs – 2. G. in der Bibel – 3. G. in der Dogmengeschichte – 4. G. in reformatorischer Theologie – 5. Philosophischer G.s-Apriorismus – 6. G.slehren des Evolutionismus – 7. G. in der prot. Theologie – 8. G. in der Existenzphilosophie – 9. Das Problem der theologischen G.slehre

1. Die durchschnittliche Bestimmung des G.s als »Bewußtsein des Pflichtgemäßen, des Sein-Sollenden bzw. von dessen Gegenteil« knüpft nicht so sehr an das G. als ein Phänomen des → Bewußtseins an als vielmehr an die die Entwicklung des G.sbegriffs tragenden Beschreibungen. Der Ausdruck G. ist Übersetzung von συνείδησις, lat. conscientia. Das deutsche Wort geht im heutigen Sprachgebrauch wesentlich auf Luther zurück, aber schon die gotische Bibelübersetzung (→ Ulfilas) gibt συνείδησις mit »gahugds« wieder; »hugjan« bedeutet denken, meinen, gesinnt sein. Die Vorsilbe »ga« hat gleich dem griech. συν, lat. »con« auch im ahd. »gawi-

zani« (→ Notkers Psalmenübersetzung) und mhd. femininen (!) »gewizzen« eher eine soziative als eine perfektive Funktion (in deren Sinn zB Schopenhauer G. von »gewiß« ableitet). Bis auf Luther kann G. auch ganz allgemein Bewußtsein meinen, neben und vor dem »Mit-wissen«, freilich nicht als Mitwissen mit Gott, sondern mit der Handlung oder mit sich selbst im Sinn des sich seiner selbst vergewissernden und sich selbst beurteilenden Selbstbewußtseins. Gleichwohl vermag die Etymologie der Ausdrücke den G.sbegriff selbst nicht zureichend zu erhellen. Er ist als solcher zunächst Produkt späthellenischer Philosophie, eher der epikureischen als der stoischen, in der συνείδησις vielfach einfachhin Bewußtsein bezeichnet, so wie beim ersten Vorkommen des Wortes bei Demokrit (fr. 297 D) und in seiner Verwendung in der Volks- und Rechtssprache.

Das G.sphänomen ist lange vor dem Aufkommen des Begriffs nachweisbar. Nach ägyptischen Quellen wird es als individuelles und soziales G. »im Herzen« erfahren, sowohl als anklagende kritische Instanz wie als »Hinhören«. Dem entspricht leb als Herz oder G. im AT (zB 1Sam 24, 6), in dem man den ʾêmăt jăhwǣ, den Schrekken Jahwes erlebt, mit dem Ohr versteht. – In der griech. Tragödie werden mythische Figuren in psychische Vorgänge umgedacht, die Erinyen als böses, die Eumeniden als gutes G., aber noch ohne faßbare Annäherung an einen Begriff des G.s, der auch Sokrates, Platon und Aristoteles fremd ist, zumal das mit dem G. verbundene Konfliktselement dem sittlichen Ideal widerstreitet. Erst die spätantike Philosophie entwickelt den G.sbegriff zusammen mit der mehr volkstümlichen Vorstellung von der Gottesstimme im Menschen oder von dem G. als »Interpret« Gottes (Philo), vor allem im Sinn der Anklage des Menschen gegen sein eigenes moralisches Handeln. Die jüngere → Stoa faßt das G. als »Wächter« des Menschen, als »Gott in ihm«; das führt zu einer betont religiösen Deutung: »Es wohnt in uns ein heiliger Geist, ein Beobachter und Wächter alles Guten und Bösen an uns« (Seneca, ep. 41, 1). → Philo hat entsprechend die Vorstellung vom G. als einem Gerichtshof entwickelt, zugleich mit einer stärkeren positiven Einschätzung des mahnenden G.s. Das lat. conscientia macht etwa gleichzeitig die Wandlung vom allgemeinen Bewußtsein zum ethischen G. durch (Cicero, Seneca), wobei »gutes G.« viel häufiger vorkommt als bei den Griechen.

2. Die LXX hingegen verwenden den Ausdruck συνείδησις nur selten (Weish 17, 11; Pred 10, 20; Sir 42, 18) für măddāʿ (5mal das Verbum), während er im NT bei Paulus (18mal), im Hebr (5mal) und im 1Petr (3mal) begegnet, offensichtlich aus der Sprache der zeitgenössischen Popularphilosophie, dazu in einer Variante zu Joh 8, 9 und 2mal im Munde des Paulus in Apg (das Verbum in Apg und 1Kor 2, 4). An Röm 2, 15, wo das G. die »(ungriechische) eschatologische Funktion der bestätigenden Vergegenwärtigung« des Gesetzes Gottes, und zwar im Blick auf sein Gericht (G.Bornkamm), hat, knüpft die spätere kath. G.sontologie an, zusammen mit dem Naturrechtsgedanken. Es ist aber fraglich, ob G. in Röm 2 so gemeint ist oder auch als »Selbstverständnis der ungläubigen Existenz«, dem die eigene Fragwürdigkeit bereits als »Vorverständnis« bewußt ist (Bultmann). Jedenfalls meint G. bei Paulus ein Wissen um Gut und Böse und um das entsprechende Verhalten sowohl im Sinn eines Sollens wie eines Sichverfehlthabens innerhalb des Wissens um ein Daß der Forderung einer transzendenten Instanz unter bemerkenswertem Einschluß der Möglichkeit des Irrens im Was. Von seiner Instanz her ist das G. im positiven wie negativen Urteil schlechthin gültig. Sofern sich im G. der Gehorsam gegen Gott vollzieht, hat der Mensch im G. seine Freiheit (1Kor 10, 29). Es ist das an Gott gebundene G., identisch mit dem Glauben oder dem Hl. Geist. Das bestimmt dann auch die Unterscheidung von befreitem und »schwachem« G. (1Kor 8, 7ff; 10, 23ff), stark bzw. schwach im Glauben (Röm 14, 1). Für den Christen fällt das Urteil des G.s mit dem Glauben zusammen; beiden eignet das Moment des »wissenden Urteils« (Bultmann). Die Formel »gutes G.« findet sich aber bezeichnenderweise nicht in den echten Paulinen, sondern in einer stärker hellenistisch bestimmten literarischen Schicht des NT, dürfte also der griech. Popularphilosophie näher stehen und nicht eine dem Christentum eigentümliche »neue Wendung des Begriffs« (RGG² II, 1165) darstellen. Eine »biblische Lehre vom G.« ist aber aus den Aussagen des NT und AT nicht zu gewinnen.

3. Dementsprechend tritt auch der G.sbegriff in der frühchristlichen Literatur wieder stärker zurück. → Origenes identifiziert G. in seiner Auslegung von Röm 2, 15 mit dem Geist Gottes bzw. der mahnenden und strafenden Wächterstimme. Auch → Tertullian weiß um ein der Seele eingestiftetes G. Bei → Chrysostomus taucht der stoische G.sbegriff wieder häufiger auf samt der Gefahr des Mißverständnisses im Sinn der Selbsterlösung bzw. des Pantheismus. → Augustin schildert zwar das psychische Phänomen des G.s eingehend als mentis tribunal, als angefochtenes, als gutes und böses G., aber im Blick auf die Pelagianer entwickelt er keine theologische G.slehre, vielmehr lehnt er ihre »naturalis sanctitas« im G. ab. Seine Gnadenlehre klammert also das Interesse am G. deutlich ein. Erst das MA entwickelt in der Scholastik seit → Abaelard und vor allem → Alexander von Hales eine G.sontologie, zT bestimmt durch eine mit der Ausgestaltung der Beichtbuße (→ Bußwesen: II, 2a) zusammenhängende G.sethik. Kennzeichnend für beides ist die Trennung des auf eine Verschreibung von συνείδησις in einer Glosse des Ezechielkommentars (zu 1, 4ff) des Hieronymus zurückgehenden, bereits von → Petrus Lombardus (II d. 39, 2) definierten neuen Begriffs der Synteresis (Synderesis) von demjenigen der conscientia. *Synteresis* ist ein im Sinn des durch den Sündenfall nicht verderbten Restes gefaßtes natürliches Seelenvermögen der ständigen vernünftigen und willensmäßigen Neigung zum Guten, den übernatürlichen ewigen Werten zugewandt, in der spätmittelalterlichen Mystik (bes. bei Meister → Eckehart) mit dem Seelenfünklein, dem göttlichen Seelengrund, der »Spitze des Geistes«, gleichgesetzt. Sie ist bei den einen mehr der Vernunft (→ Thomas von Aquino, → Duns Scotus), bei den anderen mehr dem Willen (→ Bonaventura) zugeordnet, überall in enger Verbindung mit dem Naturgesetz. Für Thomas ist die Synteresis die sittliche Ur- und Grundgewißheit, der »naturhaft verfügbare Selbstbesitz der ersten Wahrheiten über das Handeln, die die natürlichen Prinzipien des Naturrechts darstellen« (Quaest. de veritate 16, 1), eine ursprunghaft praktische, irrtumsfreie und unwandelbare Grunderkenntnis, eine auf früherer Erkenntnis des Guten im allgemeinen aufruhende Urneigung zum Guten. Ihre Aufgabe ist das »remurmurare malo et inclinare ad bonum«; daher ist sie ohne Sünde als der unbewegliche Grund des veränderlichen Handelns. Die *conscientia* hingegen regelt nach durchschnittlicher Auffassung, dem Irrtum ausgesetzt, aber gleichwohl unabdingbar verpflichtend, die praktische Anwendung der Antriebe und Prinzipien der Synteresis. Die kath. → Moraltheologie hat dieses Grundschema festgehalten. G. ist die mittelbare »Stimme Gottes«, daher absolut verpflichtend, auch im Fall des unüberwindlichen irrenden G.s. Es vertritt als nachfolgendes G. Gott als Richter, als vorangehendes und begleitendes G. Gott als sittlichen Gesetzgeber. G.sbildung ist »Steigerung des moralischen Wis-

sens bis zur Vollhöhe christlicher Lebensweisheit und Lebensklugheit« (LThK IV, 478).

4. Die Synteresislehre hat → *Luther* in der bei → Gerson und anderen begegnenden mystischen Umformung kennengelernt und um ihrer anthropologischen Konsequenzen willen im Sinn seiner Auffassung des Rechtfertigungswiderfahrnisses bald bekämpft, nachdem er sich zunächst noch des Ausdrucks bedient hatte. Er will nichts wissen von einer durch die Gnade erfolgenden Umformung eines guten Wesenskerns des Menschen als der Verbindungsstelle des »alten« und des »neuen« Menschen in dessen Sein, auch nichts von einem G. als dem positiven Empfangsorgan für die Offenbarung im Sinn des »Selbstverständnisses des Ich vor Gott«. Seine Religion ist keine »G.sreligion« (Holl). Vielmehr ist für ihn G. der Ort, an dem der Glaube den Kampf gegen den Versuch des sittlich-religiösen Menschen durchficht, im Ethischen das Gottesverhältnis in eigene Verfügung zu bekommen. G. ist für Luther nicht primär Bewußtseinsphänomen oder Gegenstand einer Seelenmetaphysik, sondern es wird beschrieben in den existentiellen Korrelationen zu Gesetz, Tod, Satan einerseits, Wort, Christus, Geist andererseits. Es bezeichnet den Menschen in seinem Dasein unter der Gewalt der Anfechtungsmächte und der Gewalt des Wortes; unter jenen Mächten *wird* das »blöde, verzagte, erschrockene, furchtsame, schuldige« G., »in Christus« *wird* das befreite, getröstete, mutige, gute G., das identisch ist mit dem Glaubensgeschenk der Sündenvergebung und Christusförmigkeit, das den Menschen dem Fluch des Gesetzes entnimmt. Es kämpft stets in der Angefochtenheit (→ Anfechtung) mit dem bösen G., der »Bestie«, und ruft Gott als Verteidiger gegen das eigene verklagende »Herz« an. Das christliche G. hat nur die eine Voraussetzung: Christus, der das Gesetz überwunden hat. Es ist eine transmoralische und letztinstanzliche Größe, weil es mit dem Glauben zusammenfällt. Die auch in den luth. Bekenntnisschriften verwendete Formel »mit Gott und G.« stellt nicht zwei Instanzen nebeneinander, sondern meint das in Gott geborgene G. des Christen gegenüber der Welt und der eigenen Gesetzlichkeit. Das getröstete G. ist nach reformatorischer Auffassung nichts anderes als ein anderer Nenner für das erkennende und vertrauende Glaubensverhältnis zu Gott auf Grund seines neuschöpferischen Wortes. Daneben kennt Luther - im Anschluß an 1Tim 1 (WA 36, 362ff) - auch ein »gutes G.« vor den Leuten, dh das zu erstrebende Bewußtsein bürgerlichen Wohlverhaltens. Zentraler Auftrag der Evangeliumspredigt ist die Unterweisung der G. zur Freiheit gegenüber dem Zwang autoritärer Gesetzlichkeit. Christus allein ist der Herr des guten G.s, das in ev. Freiheit von der »fremden Gerechtigkeit« Gottes lebt und in keiner Hinsicht »autonom« ist. → Calvin denkt ähnlich, betont aber stärker den Zweck des nicht befreiten G.s, den Menschen vor Gottes Gesetz unentschuldbar zu machen. Auch für → Zwingli fallen gutes G. und rechter Glaube zusammen. - War das von der Sünde bedrängte G. Ausgangspunkt der Reformation und hat auch Luther sich deutlich bei der Forderung ev. Unterweisung der G. zur Freiheit gegen jede Erzwingung des Glaubens gewandt und im Zusammenhang damit gegen die Einmischung der Obrigkeit in geistliche Dinge, so trifft doch weder die kath. These zu, daß die Reformation durch ihr »G.sprinzip« die revolutionären → Emanzipations-Tendenzen der Neuzeit ausgelöst habe, noch die aufklärerisch-neuprot., daß die Reformation mit der → Schriftauslegung (: IV) »nach eigenem G.« zugleich auch die G.sfreiheit (→ Freiheit: II) als ein individuelles Menschenrecht und als Glaubensrelativismus proklamiert habe. Vielmehr sind die Wurzeln der modernen, mit Glaubens- und Kultusfreiheit geschichtlich entstandenen Freiheitsrechte im Bereich der reformationszeitlichen → Spiritualisten und zT der → Täufer zu suchen.

5. Sowohl das hier sich bekundende Interesse am Ich des religiösen Menschen sowie entsprechende Motive der nachtridentinischen kath. Theologie (→ Molina) legen den Grund zur idealistischen Persönlichkeitsauffassung der Moderne (→ Persönlichkeit) und zum Verständnis des G.s als »Tiefenperson«. Die Aufklärungsphilosophie (→ Aufklärung: I) hat daher Elemente der scholastischen G.slehre erneuert. Bei → Kant taucht auch das alte Bild vom G. als Gerichtshof auf, wobei die Gottheit zur »idealischen Person« wird, »welche die Vernunft sich selber schafft« (Metaphysik der Sitten), und wo das G., sehr verengt, als urteilende Kontrollinstanz für das Verhältnis von Handeln und Sittengesetz erscheint, das »gewissenhaft« untersucht werden muß. Das G. kann nicht irren, entsprechend der Unfehlbarkeit des → kategorischen Imperativs. Es kann lediglich jene Kontrolle unterlassen, aber es vollzieht keine eigentliche G.sentscheidung mit dem Risiko der Verfehlung. Der apriorische G.sbegriff wird völlig formalisiert: »Das G. ist ein Bewußtsein, das für sich selbst Pflicht ist.« Kant bleibt bei der Forderung der → Autonomie gewissensmäßigen Handelns zur Verwirklichung allgemeiner ethischer Prinzipien stehen, auch mit der Konsequenz lebensfeindlicher Selbstgerechtigkeit. - → Fichte hingegen erneuert die Synteresislehre in mystischer Fassung, wenn für ihn das G. »Orakel aus der ewigen Welt« ist, »Organ« der Wahrheitserkenntnis. - Bei → Hegel begegnet die Unterscheidung eines subjektiven, irrtumsfähigen »formellen« G.s von dem »wahrhaften« G., das inhaltlich durch das Gesetz des wahrhaft Guten (zuletzt durch den Staat) bestimmt ist, dessen Verletzung sich als das »böse« G. manifestiert, das den Verbrecher auf seine Strafe als »Ergänzung« hindrängt (Grundlinien der Philosophie des Rechts § 137). - Für N. → Hartmann ist das G. nur die »Grundform des primären Wertbewußtseins«, das aus der idealen Wertewelt stammt.

6. Neben dem moralistisch-idealistischen Verständnis des G.s als eines transzendentalen Vermögens stehen in der Neuzeit naturalistische und soziologische G.stheorien, die das G., insbesondere das schlechte G., mit dem Triebleben in Verbindung bringen oder es zur Stimme des Gesamtwillens der auf Selbsterhaltung tendierenden Gesellschaft machen oder als Produkt der Erziehung begreifen (A. Bain, zT auch H. Pestalozzi, → Darwin, P. Rée, H. → Spencer u.a.) und schließlich als Erkrankungserscheinung des durch die Gesellschaft domestizierten Menschen, der die ursprünglichen vitalen Instinkte verdrängt hat (F. → Nietzsche, Genealogie der Moral). Analog hat S. → Freud das G. als Schuldgefühl in der angstvollen Spannung zwischen Ich und dem durch Eros und Todestrieb aufgebauten Ich-Ideal bzw. Es interpretiert. Das G. ist also eine entwicklungsfähige naturhafte oder erworbene Anlage.

7. Die prot. Theologie des 19. Jh.s hat das G.sproblem vielfach erörtert. → Schleiermacher unterscheidet ein individuelles, irrtumsfähiges G. von dem G. als Wirksamkeit des Gemeingeistes, als dessen Organismus die Kirche mit der »christlichen Sitte« die Norm des G.s ist, das als »Sein Gottes in uns« beurteilt wird. Schleiermacher kann so von einem »G. des Volkes« oder von einem »ev. G.« reden. Als Bewußtsein menschlicher Unfähigkeit, der Sünde, hält das G. »bei der Erlösung fest«. Andere suchen philosophische, psychologische und »biblische« G.slehre zu kombinieren und psychische Phänomene theologisch auszulegen (so faßt zB A. E. Biedermann das G. als »Prozeß im menschlichen Geistesleben« und bestimmt diesen als »Wechselprozeß zwischen endlichem und absolutem Geist, dh zwischen dem Menschen

und Gott«, gegenüber der Fassung des G.s nur als Akt des sittlichen Selbstbewußtseins). Oder sie konzentrieren sich auf den Versuch, aus Röm 2, 15 die biblische G.slehre zu gewinnen, bis hin zu M. → Kählers Feststellung, daß dies aussichtslos sei. Zwischen Überlastung des G.sbegriffs und seiner Bagatellisierung bewegen sich diese theologischen Erwägungen in einer Fülle von Definitionsversuchen bis an die Grenze der Resignation (R. → Rothe). Fast überall zeigt sich weniger der Anschluß an die G.slehre des Evolutionismus und der Empiristen überhaupt als vielmehr die Bindung durch eine moralistische oder idealistische → Anthropologie (: III, 4), die zugleich das Unheimliche der zwischen Selbstrechtfertigung und Selbstanschuldigung hin und herbewegten Stimme des G.s beseitigt.

8. Daher führt die zT indirekte G.sanalyse der → *Existenzphilosophie* heute ungleich tiefer, sofern sie am G. das Schuldigsein des → Daseins aufdeckt, das der von dem Sichverlieren an das »Man« in die Freiheit auf dem Grund des Nichts zurückgerufene Mensch im Akt seiner Setzung übernehmen muß, um dem Anspruch des Sollens gegen das Sosein zu genügen, auf die Gefahr des Sichverfehlens hin. Eben darin ist das G. zuletzt Aufdeckung des Schuldigwerdens in der Situation der → Angst vor dem In-der-Welt-Sein. Damit sind Gedanken → Kierkegaards aus dem »Begriff der Angst« vor dem Nichts, dem → Schicksal, der Schuld für die Daseinsanalyse des Menschen weitergeführt, aber auch umgebogen, die zugleich Versuche begünstigen, das paulinische oder reformatorische G.sverständnis in Richtung auf die im G. erfolgte Aufdeckung letzter metaphysischer Zusammenhänge philosophisch legitim auszulegen.

9. Eine *theologische Lehre vom G.* kann diesem Problem nur im Rahmen einer theologischen → Anthropologie (: IV) gerecht werden. Es genügt nicht, Ergebnisse einer Phänomenologie des G.s – so wichtig sie für die Seelsorge sind – oder ihrer philosophischen Interpretation aufzugreifen und theologisch zu deuten und etwa von der These auszugehen, G. sei ein »Urfaktum in der menschlichen Geistesanlage, das daher stets formal in der gleichen Weise in dem Bewußtsein der Menschen wirksam gewesen ist und noch heute ist« (RGG² II, 1169). Es als »Stimme Gottes« zu verstehen wäre eine untheologische Rationalisierung ebenso wie die kath. Fassung des G.s als eines intakt gebliebenen Moments der menschlichen Natur. Gemeinsam ist einer theologischen G.slehre mit der G.sphänomenologie und der idealistischen G.sauffassung die Tatsache der Selbstwidersprüchlichkeit des Menschen im G., der Spannung zwischen einem Anspruch des Sollens und dem So-Sein; ferner die Tatsache eines Bindungsgefühls überhaupt. Gemeinsam ist formal mit dem G.sidealismus auch die Letztinstanzlichkeit des G.s und seine Transzendenz gegenüber der → Erfahrung. Gegen den Idealismus und zT auch gegen die pragmatische Interpretation des G.s aus soziologischen oder utilitaristischen Erfahrungsursprüngen oder aus einer Triebanalyse ist für eine theologische G.slehre aber die Transmoralität des G.s grundlegend. Sie ist die wesentliche Entdeckung der Reformation auf Grund einer schonungslosen Analyse des existenzmäßig erlebten und durchlittenen Phänomens des G.s als Selbstaussprache des »alten«, gottfeindlichen Menschen der Selbstgerechtigkeit unter dem → Gesetz, und zwar in der dem Glauben zugehörigen Erkenntnis, daß das natürliche G. Bollwerk des Menschen in seiner Selbstbehauptung gegen Gott ist. Das gute G., welches nicht »die christliche Sittlichkeit«, sondern der → Glaube dem Menschen gewährt (vgl. 1Petr 3, 21, Taufe und G.!), verhält sich zum natürlichen G. nicht als Vollendung einer schöpfungsmäßigen Existenzvoraussetzung mit Einschluß der »praktischen Vernunft«, sondern wie Neuschöpfung zur Vernichtung des vom Gesetz regierten »moralischen« G.s vor Gott. Das christliche G. ist also nicht das Ergebnis seelischer Kämpfe, sondern es hat die Überwindung des Gesetzes durch Christus zur Voraussetzung. Das G. ist – im Unterschied zu seiner existenzphilosophischen Interpretation – *Antwort.* Daraus folgt, daß das G., so wie das Wesen des Menschen vor Gott überhaupt, nicht Besitz des sich selbst erfahrenden Menschen, sondern *Aufgabe* ist. Nicht eine Aufgabe, die der Mensch von sich aus bewältigen könnte, sondern Aufgabe des Glaubensgehorsams, der allein das Problem der praktischen Vernunft in der Existenz des gefallenen Menschen von dem nunmehr erfüllbar gewordenen Gebot Gottes her zu lösen vermag. Das Gesetz wendet sich an das G. und es wird als Drohung und Vollzug göttlichen Gerichts in gewisser Weise »dadurch unentrinnbar..., daß es unser eigenes moralisches Urteil zum bestätigenden Vollzugsorgan hat« (RGG² II, 1167); aber diese zur Verzweiflung führende Selbstverurteilung tritt dennoch nicht unter Gottes Urteil, sondern neben es und sucht sich seiner zu bemächtigen. Dadurch bleibt das G. im Zwiespalt von Selbstanschuldigung und Selbstrechtfertigung, bleibt unerlöstes G. Unter dem Wunder der → Sündenvergebung, wenn Gott das G. mit sich versöhnt und das G. dessen überführt, daß sich der Mensch als ganzer Gott schuldet, nicht nur einzelnes schuldig ist, wird der Widerstand im G. überwunden. Dieses ist daran gerade nicht als »subjektive Vorbereitung für den Glauben« mitbeteiligt, vielmehr nimmt das transmoralische, das »befreite« G. immer wieder das moralische G. in sich auf und überwindet es im Geschehen der mortificatio sui, des täglichen Sterbens des alten Adam. Dh aber, daß die theologische Behandlung des G.sproblems bei dessen Einreihung in die theologische Anthropologie das Sein des im Glauben zur Einheit mit sich selbst geführten Menschen unter Gesetz und Evangelium, Evangelium und Gesetz interpretiert und von da aus das G. als Bewußtseinsphänomen unter Abweisung jeder Seelenmetaphysik (Synteresis) und jeden Moralisierungsversuchs zu deuten vermag. An die Stelle idealistischer Autonomie des G.s tritt der Glaubensgehorsam, der in Verantwortung für den Nächsten vor Gott auch frei ist zur Übernahme der mit dem Handeln verbundenen Schuld im Bereich der Solidarität der Mitmenschlichkeit. Der Appell an das G. ist auch hier zuletzt die beschwörende Anfrage, ob der Mensch eben wirklicher Mensch vor Gott werden, sein oder bleiben wolle oder ob er sich selbst verliere an ein »Man« oder »Es« oder ob er sich pervertiere in dämonischer Selbstpreisgabe – die totale Suspendierung des G.s! – an die bindungslose Selbstdurchsetzung seiner innerweltlichen Wünsche und Möglichkeiten.

M. Kähler, Das G., 1878 – RE VI, 646ff (Ders.) – W. Schmid, Das G., 1889 – H. Appel, Die Lehre der Scholastiker von der Synteresis, 1891 – A. Ritschl, Über das G. (Ges. Aufs. II, 1896, 177–203) – R. Seeberg, G. u. G.sbildung, 1896 – RGG² II, 1164ff (Ders.) – G. Rost, Das G. u. das sittl. Grundgesetz, 1906 – V. Cathrein, G. u. G.sbildung, 1906 – R. Steinmetz, Das G. bei Paulus, 1911 – O. Renz, Die Synteresis nach dem Hl. Thomas (BGPhMA X), 1911 – H. Böhlig, Das G. bei Seneca u. Paulus (ThStKr 86, 1914, 1–24) – M. Scheler, Vom Ewigen im Menschen I, 1921 – F. Tillmann, Zur Gesch. des Begriffs G. bis zu den paulin. Briefen (Festschr. S. Merkle, 1922, 336 bis 347) – J. Kühn, Toleranz u. Offenbarung, 1923 – H. G. Stoker, Das G., 1925 – F. Zucker, Syneidesis-Conscientia (Jenaer akad. Reden 6), 1928 – L. F. Anderson, Die Seele u. das G., 1929 – G. Jacob, Der G.sbegriff in der Theol. Luthers, 1929 – Th. Siegfried, Luther u. Kant. Ein geistesgesch. Vergleich im Anschluß an den G.sbegriff, 1930 – P. Häberlin, Über das G., 1930 – R. Bultmann, Das Problem der »natürl. Theol.« (Bultmann I, 294–312) – Ders., NT 212ff – W. Bremi, Was ist das G.?, 1934 – Y. Alanen, Das G. bei Luther (Annales Academiae Scient. Fennicae 47, 3), 1934 – G. Jung, Syneidesis, Conscientia, Bewußtsein (Arch. f. d. ges. Psych. 89, 1934, 525–540) –

N.HARTMANN, Ethik, 1935 - V.GLONDYS, Das G. als Erkenntnisquelle (ZSTh 13, 1936, 652-681) - E.BRUNNER, Der Mensch im Widerspruch, (1937) 1941³ - H.EKLUND, Das G. in der Auffassung des mod. Menschen (ZSTh 14, 1937, 197-224) - M.LAROS, Das christl. G. in der Entscheidung, 1940 - H.HOFFMANN, Reformation u. G.sfreiheit (ARG 37, 1940, 170-185) - N.H.SØE, Kristelig Etik, (1942) 1951³; dt. 1957², §§ 5ff - V.E.v.FRANKL, Der unbewußte Gott, 1948 - M. POHLENZ, Die Stoa, 1948/49 - D.BONHOEFFER, Ethik, (1949) 1956³, 186ff - H.WELZEL, Vom irrenden G. (Recht u. Staat in Gesch. u. Gegenw. 145), 1949 - ERIK WOLF, Griech. Rechtsdenker I, 1950 - J.H.BREADSTED, Die Geburt des G.s, 1950 - P.TILLICH, Der Protestantismus. Prinzip u. Wirklichkeit, 1950, 181ff - G.BORNKAMM, Die Offenbarung des Zornes Gottes (Röm 1-3) (Das Ende des Gesetzes [BEvTh 16], 1952, 9-33) - R.GUARDINI, Das Gute, das G. u. die Sammlung, 1952 - W.TRILLHAAS, Die innere Welt. Religionspsychologie, 1953, 70ff - H.ZULLIGER, Umgang mit dem kindl. G., 1953 - E.HIRSCH, Lutherstudien I (Drei Kap. zu Luthers Lehre vom G.), 1954 - ERNST WOLF, Vom Problem des G.s in reformator. Sicht (Peregrinatio, 1954, 81-112) - DERS., Von der Freiheit des G.s (Kirche in d. Zeit 13, 1958, 73-77) - G.SIEWERTH, Thomas von Aquin. Die menschl. Willensfreiheit (Texte), 1954 - J.CARUSO, Person u. G., ein tiefenpsychol. Beitr. zur G.slehre (Jb. f. Psychol. u. Psychotherapie 2, 1954, 341-353) - H.KUHN, Begegnung mit dem Sein. Meditationen zur Metaphysik des G.s, 1954 - M.DIBELIUS-H.CONZELMANN, Die Past (HNT 13), 1955³, 16f (Exkurs zu 1Tim 1, 5) - C.A.PIERCE, Conscience in the NT, 1955 - B.REICKE, Syneidesis in Röm 2, 15 (ThZ 12, 1956, 157-161) - H.J.SCHOLLER, Die Freiheit des G.s (Schriften zum Öff. Recht 2), 1958 - H.SAMSON, Die Kirche als Grundbegriff der Theol. Ethik Schleiermachers, 1958, 85ff - THIELICKE, ThE I², 481ff. - Ferner die Lehrbücher u. Grundrisse der theol. → Ethik u. der → Moraltheologie. Kath. Zusammenfassung: LThK IV, 476ff.

Ernst Wolf

Gewissener (*Conscientiarii*), durch den 1674 in Jena und Altorf auftretenden, aus Oldenswort (Eiderstedt, Schleswig) gebürtigen Kandidaten der Theologie *Matthias Knutsen* geprägte Bezeichnung Gleichgesinnter. Dieser Freigeist ruft durch seine an beiden Orten verbreiteten atheistischen Schriften Aufsehen hervor. Ausgehend von den allgemeinen ethischen Grundlagen von → Pufendorfs Naturrecht und durch eigene Erlebnisse bestimmt, erkennt er nur die durch Vernunft und Gewissen bestimmten Pflichten an, verwirft die Bibel und lehnt die Kirche ab; die weltliche Obrigkeit wird als etwas zu Wissen und Gewissen erst Hinzukommendes angesehen. – Die Behauptung von der großen Verbreitung der G. durch Knutsen ist wohl nicht so sehr als Übertreibung anzusehen, sondern dürfte eher in der Weise eines überall vertretenen, als Scheinchristentum maskierten → Atheismus (: II) verstanden werden. Sein Auftreten gehört in die Entstehungsgeschichte der → Aufklärung hinein.

JOH.MUSÄUS, Ablehnung der ausgesprengten abscheulichen Verleumdung, ob wäre in Jena eine neue Secte der sog. G. entstanden..., (1674) 1675² - H.ROSSEL, Matthias Knuzen (ThStKr 17, 1844, 969 bis 990) - RE VI, 654 - F.MAUTHNER, Der Atheismus u. seine Gesch. im Abendlande III, 1922, 161ff - H.LEUBE, Die Bekämpfung des Atheismus in der dt. luth. Kirche des 17.Jh.s (ZKG NF 6, 1924, 227 bis 244, bes. 232f) - LThK VI, 67f - HIRSCH II, 304f. *W.Göbell*

Gewißheit

1. G. und Wahrheit - 2. Wissenschaftliche G. - 3. Christliche Glaubens-G.: a) Grund - b) Wahrheitsanspruch - c) Theologische G.sgrade - d) Heils-G.

1. Jede G. beruht auf einem Fürwahrhalten; G. ist immer *Wahrheits-G.* Ohne Wahrheitsanspruch wäre G. gegenstandslos; sie müßte sich alsbald in nichts auflösen. Wenn der Wahrheitsanspruch ins Wanken gerät, wird G. von Zweifel und Un-G. verdrängt. Allerdings bleibt zu fragen, ob die vermeintliche → Wahrheit, auf die sich G. jeweils bezieht, einer kritischen Prüfung standhält. G., die von dieser Frage unberührt ist, wäre naiv zu nennen. G., die der kritischen Frage ausweicht oder sich ihr gegenüber verhärtet, entartet in subjektivistische Willkür und Fanatismus: Die bedrohte oder bereits verlorene G. wird durch krampfhafte Willensanspannung festgehalten. Echte G. wird sich daher, sobald erst begründete Zweifel an dem Fürwahrgehaltenen laut geworden sind, in Frage stellen und u.U. berichtigen lassen. – Im Blick auf die Wahrheitsbezogenheit der G. unterscheidet → Kant zwischen Meinen, Wissen und Glauben. Diese sind nach ihm subjektive Stufen der Überzeugung. Von der Überzeugung, die auf objektiven Gründen beruht und daher mitteilbar ist, unterscheidet er die trügerische Überredung, die fälschlich subjektive Gründe für objektiv hält: Überredung wird bei dem scheiternden Versuch, sie mitzuteilen, und durch Aufdeckung ihrer nur subjektiven Gründe als Schein entlarvt. Das Meinen (→ Meinung) dagegen ist »ein mit Bewußtsein sowohl subjektiv als objektiv unzureichendes Fürwahrhalten«. Nur unter zwei Voraussetzungen ist es erlaubt zu meinen: a) es muß ein Wissen vorhanden sein, mit dem das Meinen verknüpft ist; b) das Gesetz dieser Verknüpfung (das sich auf die Erfahrung bezieht) muß deutlich sein. In der reinen Mathematik zB oder in den Grundsatzfragen der Sittlichkeit ist das Meinen verpönt, weil hier apriori, also nicht auf Grund der Erfahrung, geurteilt wird. Dagegen werden Meinungen in allen der Erfahrung verhafteten Wissensgebieten unentbehrlich sein. Da das Meinen mit dem Wissen verknüpft ist und zum Wissen tendiert, können wir sagen: Meinen ist ein Fürwahrhalten minderen Grades als Wissen, eine Vorstufe der G. im Bereich des Wissens. – Vom Wissen als dem sowohl subjektiv wie objektiv zureichenden Fürwahrhalten unterscheidet Kant nun aber noch Glauben als subjektiv zureichendes und zugleich objektiv unzureichendes Fürwahrhalten. Der pragmatische und der doktrinale Glaube dringen nicht bis zur G. vor, sondern bleiben (Kant weist auf das Wetten hin) in einer letzten Unsicherheit befangen. Der moralische Glaube dagegen schließt die zwar nicht logische, aber moralische G. Gottes ein, die sich nur als Bekenntnis aussprechen läßt. Nicht: es ist moralisch gewiß, daß ein Gott sei, sondern: ich bin moralisch gewiß, daß... Zweifellos ist hiermit von Kant Grundlegendes zum G.sproblem gesagt, wenn auch seine Deutung der Glaubens-G. als moralischer G. (zumal in der Durchführung) nicht befriedigen kann.

2. *Wissenschaftliche G.*, die kritisch geläutertste Form der G. des Wissens, ist zwingende G. Sie ist für den, der zu denken imstande ist, unausweichlich im Unterschied zur Glaubens-G., die nicht rational zwingend, sondern im Gewissen überführend ist. Zwingende G. nötigt verstandesmäßige Zustimmung ab, fordert aber nicht wie die Glaubens-G. Hingabe des ganzen Menschen. Ob und wie ich von dem zwingend Erkannten in meinem Leben Gebrauch machen soll, läßt sich mit zwingender G. nicht ausmachen; hier treten Glaube und Gewissen in ihre Rechte. – Wissenschaftliche G. gründet sich auf Beobachtung und Berechnung der Wirklichkeit; wissenschaftliche Wahrheit ist Übereinstimmung der Erkenntnis (→ Erkennen) mit der → Wirklichkeit. Diese Übereinstimmung ist, aufs Ganze gesehen, immer nur annäherungsweise erreichbar. Daher ist wissenschaftliche G. gradweise abgestuft. Den höchsten G.sgrad haben die Wissenschaften, die am meisten auf Konstruktion und Berechnung beruhen: Mathematik und mathematische → Naturwissenschaft. Hier ist die Wahrheitskontrolle am leichtesten durchzuführen und sind Irrtümer am schnellsten aufgedeckt. Allerdings ist man hier auch am weitesten von der empirischen Wirklichkeit entfernt. Sobald die Beobachtung stärker ins Spiel kommt, mehren sich auch die Fehlerquellen. Durch fortschreitende Verbesserung der Beobachtungsmittel und -methoden werden immer wieder für unumstößlich gehaltene Ergebnisse der Naturforschung berichtigt. Die wissenschaftliche G. steht also unter einem letzten Vorbehalt, weil sie

sich für den Fortschritt der Erkenntnis offenhält. Immerhin ist die Naturwissenschaft infolge ihres Prinzips, die Wirklichkeit auf Quantitätsverhältnisse zu reduzieren, in der Lage, ihre Ergebnisse exakt rechnerisch auszudrücken, und zwar mit einer Genauigkeit, die die Fehlergrenze mitberechnet. Die naturwissenschaftliche G. hat dadurch eine relativ feste Grundlage. – Sehr viel verwickelter ist die G.sfrage in der Geschichtswissenschaft. Geschichtliche Ereignisse und Zusammenhänge zutreffend zu erkennen, ist eine Aufgabe, die nicht annähernd in der Weise formalisiert werden kann wie mathematische und naturwissenschaftliche Forschung. Darum beeinflußt in der Geschichtswissenschaft die Sicht des Forschers die Ergebnisse in erheblich höherem Maß als in der Naturwissenschaft. In der Regel kann nur von historischer (rechnerisch nicht ausdrückbarer) Wahrscheinlichkeit, nicht von G. die Rede sein, wobei allerdings zwischen gesicherten Forschungsergebnissen und bloßen Vermutungen ein weiter Abstand ist. – Eine eigenartige Stellung nimmt die → Philosophie (: I) ein: Einerseits erörtert sie die Grundlagen aller Wissenschaft, anderseits faßt sie die Ergebnisse aller Einzelwissenschaften zu einer einheitlichen »Weltanschauung« zusammen. Aber eben als Grund- und Gesamtwissenschaft gerät die Philosophie an die Grenzen aller Wissenschaft, und es wird fraglich, ob sie selber Wissenschaft ist. Während Kant am Wissenschaftscharakter der Philosophie festhielt, allerdings indem er den Dualismus von Wissen und Glauben in ihr verankerte, weist heute M. → Heidegger mit Entschiedenheit der Philosophie ihren Platz jenseits der Wissenschaft an: in den Wissenschaften einschließlich der → Metaphysik gehe es um G., in der das menschliche Vorstellen und Herstellen seiner selbst sicher wird, der Philosophie dagegen falle die Aufgabe zu, an das anfängliche Wesen der Wahrheit zu erinnern. In den Wissenschaften werde nach »Richtigkeit« gefragt, in der Philosophie nach »Unverborgenheit« als dem Grundzug des Seienden. Der Mensch müsse, bevor er spricht, erst vom Sein sich wieder ansprechen lassen (vgl. hierzu auch → Apriorismus und Empirismus, → Erkenntnistheorie, → Fiktionalismus, → Idealismus, → Phänomenologie, → Positivismus, → Realismus, → Relativismus, → Skeptizismus).

3. Der *Christ* lebt der G., daß die Offenbarung Gottes in Jesus Christus die ihn richtende und rettende Wahrheit ist. »Glaube ist eine lebendige verwegene Zuversicht auf Gottes Gnade, so gewiß, daß er tausendmal drüber stürbe« (Luther, WADB 7, 10, 167f), wie denn in der Tat immer wieder Märtyrer den christlichen Glauben mit dem Tode besiegelt haben.

a) Worauf *gründet* sich diese G.? Daß sie nicht nach Art wissenschaftlicher G. bewiesen werden kann, sondern durch den Hl. → Geist (: VI) gewirkt wird, ist gemeinchristliche Lehre. Aber darüber gehen die Meinungen auseinander, ob und inwieweit der Mensch die Glaubenswahrheiten auch aus eigener Vernunft erkennen kann. Das *röm.-kath. Lehramt* hat im → Vatikanum entschieden: »Der eine wahre Gott, unser Schöpfer und Herr, kann mit dem natürlichen Licht der menschlichen Vernunft aus den geschaffenen Dingen mit Sicherheit erkannt werden« (Denz. 1806; neu eingeschärft durch die Enzyklika »Humani generis«, Denz. 2317. 2320). Es wurde abgelehnt, die Worte »mit Sicherheit erkannt werden« durch »bewiesen werden« zu ersetzen oder zu ergänzen, aber sachlich ist der Unterschied zwischen beiden Ausdrücken nicht groß; die röm.-kath. Theologen vertreten daher in der Regel die Beweisbarkeit Gottes. Die Frage, wie das, was bereits bewiesen ist (das Dasein Gottes), auch noch geglaubt werden kann, läßt sich dahin beantworten, daß der Glaube sich in einer andern Weise auf die Wahrheit bezieht als das Wissen, insofern er sich auf die Offenbarungsautorität stützt und durch den Hl. Geist gewirkt ist. Erst der Glaube ist »heilsverdienstlich«. Immerhin leugnen einige kath. Theologen, daß die Existenz Gottes auch von denen geglaubt werden kann und muß, die evidente Einsicht in die → Gottesbeweise haben; → Thomas von Aquino zB scheint ein evidentes Wissen von Gott mit dem Glauben an Gott für unvereinbar zu halten.

Die *ev. Theologie* steht seit Kant zu den Gottesbeweisen überwiegend kritisch. Damit ist aber die Frage nach einem vor- und außerchristlichen Wissen um Gott nicht erledigt. Nach → Schleiermacher ist die Beziehung auf Gott im unmittelbaren Selbstbewußtsein als Bewußtsein der schlechthinnigen Abhängigkeit enthalten. Dieses allgemein menschliche Gottesbewußtsein kommt in den verschiedenen Religionen mehr oder weniger getrübt zum Ausdruck. Das Christentum ist zwar die höchste Religion, aber auch die andern Religionen enthalten in abgestufter Weise Wahrheit. – Hatte schon Schleiermacher im Blick auf Jesu Offenbarungs- und Hoheitsanspruch gesagt: »... keine Gottheit kann gewisser sein als die, welche so sich selbst setzt« (Reden[1] 303), so unternahmen andere darüber hinaus den Versuch, die Gottes-G. ausschließlich auf die Christusoffenbarung zu gründen (→ Offenbarung: VI). Er findet sich bei einem Teil der Freunde und Schüler A. → Ritschls und seit dem 1. Weltkrieg bes. bei K. → Barth, der damit die Linie seines Marburger Lehrers W. → Herrmann weiterführt. Auch K. → Heim und sein Schüler H. Engelland gehören hierher. Gegenüber dieser »christologischen Engführung« haben vor allem A. → Schlatter und P. → Althaus die Lehre von der »allgemeinen« Offenbarung (→ Uroffenbarung) umfassend vertreten. In der Tat wird das Wort: »Ohne Jesus wäre ich Atheist« (J. Gottschick) zwar als Geständnis eines in christlicher Umgebung aufgewachsenen Theologen sein gutes Recht haben, aber als allgemeingültige theologische Aussage vor dem Zeugnis der Bibel und den Tatsachen der Religionsgeschichte nicht bestehen können. – Aber so wichtig auch die Vorfrage nach einer außerchristlichen Gotteserkenntnis ist, so lautet doch die Hauptfrage: Worauf gründet der Christusglaube seine G.? Denn darin sind sich alle Theologen von Schleiermacher bis Barth einig, daß christlicher Gottesglaube immer Christusglaube ist. Nach röm.-kath. Auffassung stützt sich der → Glaube (: IV. V) auf das unfehlbare kirchliche Lehramt, das die mit den Aposteln abgeschlossene, in Schrift und Tradition vorliegende Offenbarung autoritativ interpretiert; nach evangelischer auf die Hl. Schrift, die dem Glaubenden durch das → testimonium spiritus sancti internum beglaubigt wird.

Die ev. Lehre von der Glaubens-G. ist in der nachschleiermacherschen Theologie unter dem Eindruck der Bibelkritik in verschiedener Weise ausgeformt und abgewandelt worden. Die → Erlanger Schule (→ Hofmann, → Frank) begründete die Glaubens-G. auf die Selbst-G. des Wiedergeborenen. Dieser Erlanger »Subjektivismus« ist freilich dadurch gemildert, daß in das Bewußtsein des Wiedergeborenen auch das Wort Gottes als wirkender Faktor hineingehört, aber als Antwort auf die G.sfrage kann er nicht befriedigen. Soll sich der Glaube in der Anfechtung auf seine eigene Gläubigkeit stützen, um sich durch sie das Wort Gottes gewiß machen zu lassen? Muß der Glaube nicht viel entschiedener auf Gott in seinem Wort sehen anstatt auf das eigene neue Ich? – Darum versucht W. Herrmann auf andere Weise die Glaubens-G. der Schrift gegenüber zu verselbständigen. Nach ihm bedarf der Glaube geschichtlicher Tatsachen, und diese bieten sich ihm, von aller Kritik nicht anfechtbar, in dem »inneren Leben Jesu« dar. Hier findet der Glaube seinen

Grund, während im übrigen die dogmatisch wichtigen Schriftaussagen (zB auch die Auferstehung) unter die Glaubensgedanken zu rechnen sind. Jedoch unterliegt diese Lehre vom Glaubensgrund einem doppelten Bedenken: einmal vom Glauben her, der sich auf den Gekreuzigten und Auferstandenen richtet; sodann von der Bibelkritik her, die vor dem »inneren Leben Jesu« nicht haltmacht. – Erheblich radikaler ist der Lösungsversuch K.Heims. Heim will im Anschluß an die Ich-Auffassung der deutschen Mystik und des deutschen Idealismus jenseits der gegenständlichen Erfahrung einen nichtgegenständlichen Welthintergrund, jenseits der Zeitlichkeit ein zweites nichtzeitliches Sein nachweisen, das sich innerhalb der Erfahrungswelt dadurch kundtut, daß es unbedingte Geltung hat und behält, während alles andre Sein durch den Zeitablauf relativiert wird. In Jesu Anspruch auf sittliche und religiöse Vollmacht sieht er dieses Nichtgegenständliche; durch Jesus sei darum unsere Gottes-G. vermittelt. Heims Position hat zwei Schwächen: die philosophische Auswertung des Nichtgegenständlichen ist so kaum haltbar, und die philosophische Argumentation erweist bestenfalls die Möglichkeit von G. überhaupt. Es bleibt also angesichts außer- und antichristlicher G.sansprüche die Frage, worauf der Christusglaube seine G. gründet. – Die rechte Antwort wird nicht umhin können, die Bedeutung der Hl. Schrift für die Vergewisserung des Glaubens zu betonen. Es genügt nicht, mit Schleiermachers berühmten § 128 zu sagen: »Das Ansehen der hl. Schrift kann nicht den Glauben an Christus begründen, vielmehr muß dieser schon vorausgesetzt werden, um der hl. Schrift ein besonderes Ansehn einzuräumen«. Die hl. Schrift ist mehr als nur Erbauungsbuch. »Der Christ ist sich bewußt, in ihr das authentische Zeugnis der Offenbarung vor sich zu haben, und ist auch des andern sich bewußt, daß dies Urteil für seinen Christenstand grundlegliche Bedeutung habe« (L. Ihmels). Ev. Glaube vollendet sich in der G. um die Schrift, so daß er auf dem »es steht geschrieben« beruht.

b) Welcher *Wahrheitsanspruch* verbindet sich mit der christlichen Glaubens-G.? Christlicher Glaube spricht seine G. als → Bekenntnis (: V) aus: Ich glaube an Gott, den Vater, den... Darin kommt zum Ausdruck, daß die Glaubenswahrheit der tragende Grund meiner Existenz geworden ist. Zweifel oder Leugnung wären nicht nur Irrtum, sondern auch Unwahrheit, Abkehr von Gott. Aber christlicher Glaube bleibt nicht beim persönlichen Bekennen stehen, sondern geht vom »Ich bin gewiß« weiter zum »Es ist gewiß«. Christus ist die Wahrheit nicht nur für mich, sondern für die ganze Welt. Dieser Ausschließlichkeitsanspruch hat dem Christentum immer wieder den Vorwurf der Intoleranz eingetragen, heute bes. von seiten der Religionen Ostasiens und von der → Existenzphilosophie (Jaspers). Darf man denn mit der Unbedingtheit der Glaubens-G. zugleich auch ihre Allgemeingültigkeit behaupten? Man kann im Glauben doch nur für sich selbst gewiß sein, nicht für andere. – Dieser Einwand verkennt, daß die Wahrheit, die der Glaube ergreift, die Offenbarung der Sünderliebe Gottes in Christus ist. Die Offenbarungswahrheit hat zwar nicht die Allgemeingültigkeit einer vermeintlich überzeitlichen Idee (Vernunftwahrheit) oder einer wissenschaftlichen Einsicht auf Grund von Erfahrung und Berechnung, wohl aber die Geltung eines Faktums für die, die es angeht. So weit die von Gott abgefallene Menschheit reicht, so weit erstreckt sich auch der Wahrheitsanspruch der christlichen Glaubens-G.

c) Die röm.-kath. Theologie entwickelt von ihrem Glaubensverständnis aus die Lehre von den *theologischen G.sgraden*. Der kath. Glaube stützt sich zunächst auf das unfehlbare → Lehramt (regula fidei proxima). Dieses verkündigt aber nicht alle Wahrheiten mit derselben Sicherheit. Daher stuft sich die kath. Glaubens-G. ab. Zwar tragen alle formell offenbarten Wahrheiten den höchsten G.sgrad (de fide divina) und sind mindestens einschlußweise (→ fides implicita) zu glauben; aber erst durch die unfehlbare Lehrverkündigung werden sie zu formellen Dogmen (de fide divina et catholica), deren Bestreitung häretisch ist. Ist eine Wahrheit höchst wahrscheinlich offenbart, so ist sie fidei proxima, ihr Gegenteil sententia haeresi oder mindestens errori proxima. Wahrheiten, die nicht formell offenbart sind, über die sich jedoch die Kirche endgültig geäußert hat, sind Kath. Wahrheiten (de fide ecclesiastica: unfehlbar gewiß, aber nicht Dogmen); ihr Gegenteil ist error in fide ecclesiastica. Einen geringeren G.sgrad (theologice certum) haben die theologisch sicheren Wahrheiten, über die das Lehramt sich noch nicht endgültig geäußert hat. Auch ihnen gebührt immerhin innere und äußere theologische Zustimmung. Theologisch begründete Ansichten schließlich, die unter Billigung der Kirche seit langem öffentlich gelehrt werden, sind sententia communis; ihnen ohne beachtenswerte Gründe zu widersprechen, gilt vielen als verwegen. – Auch nach ev. Anschauung haben die verschiedenen theologischen Aussagen nicht das gleiche Gewicht, aber die Lehre von den G.sgraden beruht auf einer gesetzlichen Fehlinterpretation des Glaubens. Sie betrachtet den Glauben in Analogie zu andern Werken als eine Gott und der Kirche geschuldete Einzelleistung, deren Umfang und Grenzen durch die G.sgrade jeweils festgelegt sind. Das Verständnis des Glaubens als Hingabe des ganzen Menschen an Gottes Vaterliebe in Christus geht darüber verloren.

d) Ev. Glaubens-G. ist *Heils-G.* Das römische Lehramt verwirft die Heils-G. Man müsse immer ungewiß sein, ob die vorweisbaren Verdienste nach Gottes Urteil zur Rechtfertigung ausreichen. (Ev.: man muß gewiß sein, daß sie nicht ausreichen.) Nur auf Grund einer Privatoffenbarung könne jemand, so zB der Schächer, seines Heiles gewiß sein. Die ev. Heils-G. gründet sich ganz auf Gottes Liebesoffenbarung und gar nicht auf die eigene Gläubigkeit und Heiligkeit. Auf sich selbst gesehen, bekennt sich der Glaubende vielmehr immer als der Vergebung bedürftig und des Heiles unwürdig. Doch solches Bekenntnis bedeutet nicht ein Sichabfinden mit der Sünde; im Gegenteil sieht sich der seines Gottes gewisse Glaube in ein neues Leben des freudigen Gehorsams und der Überwindung der Sünde hineingestellt. Erlahmt der Kampf gegen die Sünde, so entartet die Heils-G. zur Sicherheit und muß zur Furcht gerufen werden. Darum kann die Heils-G. wie der Glaube überhaupt nicht als ruhender Besitz betrachtet, sondern muß im → Gebet (: VI) immer neu empfangen werden. – Heils-G. ist zugleich Erwählungs-G. Gott hat die Seinen erwählt (Röm 8, 29); nicht wir ihn, sondern er uns. Der → Erwählung (: III) kann man ebenfalls nur im Glauben an Gottes Wort und im Gebet gewiß werden. Bedenklich ist es, von seinen guten Werken auf sein Erwähltsein zurückschließen zu wollen (syllogismus practicus), anstatt sich im Glauben an Christus zu halten. – Ev. Heils-G. spricht im Glauben mit Paulus: »Ich bin gewiß, daß weder Tod noch Leben, weder Engel noch Herrscher, weder Gegenwärtiges noch Zukünftiges noch Gewalten, weder Höhe noch Tiefe noch eine andere Schöpfung uns von der Liebe Gottes zu scheiden vermag, die in Christus Jesus ist, unserm Herrn« (Röm 8, 38f).

Vgl. außer den Philosophiegeschichten und philosophischen Systemen, den Lehrbüchern der → Dogmengeschichte und → Dogmatik: R.Hermann, Zum Problem: G. u. Wissen in der Religion (ZSTh 3, 1926, 248–297) – RGG² II, 1169ff (Lit.) – F.K.Schumann, Der Gottesgedanke u. der Zerfall der Moderne, 1929 – F.Gogarten, Wahr-

heit u. G. (ZZ 8, 1930, 96-119) - E.SCHOTT, Das Problem der Glaubens-G. in Auseinandersetzung mit K.Heim erörtert, 1931 - H. ENGELLAND, Die G. um Gott u. der neuere Biblizismus, 1933 - K. JASPERS, Philosoph. Logik I. Von der Wahrheit, 1947 - H.LAMPARTER, Glaubens-G., Heils-G., Erwählungs-G. (Für Arbeit u. Besinnung 5, 1951, 290-298. 309-320) - A.SCHAFF, Zu einigen Fragen der marxist. Theorie der Wahrheit, 1954 (marxistisch) - M.KELLER-HÜSCHEMENGER, Das Problem der G. bei J.Chr.K.v.Hofmann im Rahmen der »Erlanger Schule« (Gedenkschr. f. D.W.Elert, 1955, 288-295) - EKL II, 89ff.
E.Schott

Gewitter. Die frühere Forschung hat sich in evolutionistischer Weise (→ Religion: III) den Ursprung des Gottesglaubens so vorgestellt, daß bes. das Erlebnis der aufrührerischen Natur die Frage des erschrockenen Menschen nach der dahinterstehenden Ursache oder übernatürlichen → Macht geweckt habe (Max → Müller wird diese Theorie fälschlich vorgeworfen, → Germanistik, → Naturmythologie). Diese Macht habe allmählich persönliche Gestalt gewonnen, und verschiedene Sondergötter hätten sich in der Person des → Himmels-Gottes vereinigt, so daß dieser die Gewalt über Blitz, Donner und G. bekam (vgl. RGG² II, 1175ff). Auch mehr oder weniger unabhängig von den Theorien W. → Schmidts über den → Urmonotheismus besteht heute die entgegengesetzte Tendenz, so daß der G.gott als eine Absplitterung oder Spezialisierung eines ursprünglichen Hochgottes (→Hochgottglaube) angesehen wird. Selbst wenn man von Spekulationen in der einen oder anderen Richtung absieht, besteht doch die Möglichkeit, unter den Himmelsgöttern phänomenologisch verschiedene Typen zu unterscheiden. Unter diesen machen die aktiven → Fruchtbarkeits-, G.-, → Regen- oder Sturmgötter, die auch über Blitz und Donner walten, eine besondere Gruppe aus. Dazu gehören zB die vorderorientalischen Götter → Baal und → Hadad. Desgleichen ist der Hauptgott der → Hethiter (: II) ein G.gott gewesen. Da sich der Stier als ein selbstverständliches → Symbol der strotzenden Kraft und Fruchtbarkeit den Rinderzüchtern dargeboten hat, hat der G.gott in diesen Gebieten seine Gestalt bekommen (→ Stierdienst). Unter seinen Attributen hat man die → Doppelaxt als Symbol des Donnerkeiles wiederfinden wollen, vielleicht aber zu Unrecht. Im → Hinduismus ist Indra der am meisten ausgeprägte G.gott, in der → germanischen Religion Thor (vgl. die Artikel über die einzelnen Religionen: → Altaische Religion, → Baltische Religion usw, ferner → Weltbild: I, → Wetter).

B.BELPAIRE, Le folklore de la foudre en Chine sous la dynastie des T'ang (Le Muséon 52, 1939, 163-172) - ELIADE § 26 (Lit.) - H.LOMMEL, Blitz u. Donner im Rigveda (Oriens 8, 1955, 258-283).
C.-M.Edsman

Gewohnheitsrecht ist innerhalb des *kath.* → *Kirchenrechts* formell als selbständige Rechtsschicht neben dem Gesetzesrecht anerkannt, tritt jedoch praktisch hinter diesem völlig zurück, weil die Voraussetzungen für seine Entstehung es eng an den gesetzesfreien Raum und an den Gesetzgeber binden. Die *inneren Voraussetzungen* des G.es sind: Vernünftigkeit (es darf weder gegen das göttliche Recht noch gegen ausdrückliche gesetzliche Verwerfung entgegenstehender Gewohnheiten verstoßen, während der Verstoß gegen geltendes Recht als solcher die Vernünftigkeit nicht ausschließt); Verpflichtungswille der die entsprechende Gewohnheit übenden Gemeinschaft (diese muß sich über den außer- oder widergesetzlichen Charakter der Gewohnheit klar sein; Gewohnheiten, die tatsächlich oder vermeintlich einem bestehenden Gesetz entsprechen, begründen kein G.). Die *äußeren Voraussetzungen* sind: eine »passiv gesetzfähige Gemeinschaft« (der Begriff ist ungeklärt; sicher gehören dazu die Diözesen und gleichgestellte oder höhere Territorialbereiche, exemte Klostergenossenschaften, autonome kirchliche Körperschaften); eine ausreichende Dauer der Gewohnheit (40 Jahre bzw. 100 Jahre, soweit entgegenstehende Gewohnheiten für die Zukunft verboten sind); die Zustimmung des zuständigen kirchlichen Oberen, die so lange als erteilt gilt, als der Obere die Gewohnheit nicht ausdrücklich verwirft. G. wird aufgehoben durch entgegengesetztes G. oder Gesetzesrecht.

cc. 25-30 CIC - DDC IV, 731ff (Lit.). - Vgl. die Lehrbücher des → Kirchenrechts.
H.Barion

Geyer, 1. *Bernhard,* kath. Theologe, * 3.2.1880 in Alme (Westfalen), 1914 PDoz. in Bonn, 1921 o. Prof. der Dogmatik in Breslau, 1927 in Bonn, bekannt durch seine Forschungen zur Scholastik, in späteren Jahren insbesondere zum Schrifttum → Alberts d.Gr. Leiter des 1931 von Kard. Erzbischof Schulte von Köln begründeten Albertus-Magnus-Instituts in Bonn zur Herausgabe der Werke des Albertus Magnus.

Vf. u.a.: Die Sententiae divinitatis, ein Sentenzenbuch der Gilbertschen Schule, 1909; Peter Abaelards philosoph. Schriften, 3 Teile, 1919-27; Der Begriff der scholast. Theol. (Festschr. f. A.Dyroff, 1926, 112-125); Albertus Magnus (in: Die großen Deutschen I, 1956, 201-216). Hg.: F.UEBERWEG, Grundriß der Gesch. der Philosophie II: Gesch. d. patrist. u. scholast. Philosophie, 1928[11]; mehrere Schriften des Alb.Magnus in Bd 28 (1951) u. Bd 12 (1955) der neuen GA. - Festschr. für B.G.: Studia Albertina, hg.v. H.OSTLENDER, 1952.
P.Simon

2. *Christian* (1862-1929), 1887-95 Pfarrer in Altdorf und Nördlingen, dann Seminarpräfekt in Bayreuth, wurde 1902 als Hauptprediger an die Sebalduskirche in Nürnberg berufen, wo er in enge Arbeitsgemeinschaft mit Fr. → Rittelmeyer trat. Beide Männer trafen sich in einer hervorragenden Gabe der Predigt und in der Stellung zu den theologischen und kulturellen Problemen der Zeit. Im Unterschied zur Mehrheit der bayerischen Pfarrer bejahten sie die kritische Theologie und neigten zur freisinnigen Forderung einer Reform in Kirche, Staat und Gesellschaft. Eine Bewegung um sie entstand erst, als sie ihre Predigten erscheinen ließen (Gott und die Seele, 1906; Leben aus Gott, 1911) und 1910 das Monatsblatt »Christentum und Gegenwart« gründeten (bis 1923). Unterdessen hatte sich Rittelmeyer → Steiner zugewandt und später die Leitung der → Christengemeinschaft übernommen. G., »ein Genie der Empfänglichkeit«, schien ihm zunächst zu folgen, wandte sich dann aber entschlossen ab. Je mehr man ihm gegenüber den Weg zu Gott als einen Weg der Heiligung pries, auf dem die → Anthroposophie der entscheidende Fortschritt für unsere Zeit sei, um so mehr betonte er die Vergebung als das große Geschenk Gottes. Er stand gerade während seines letzten Jahrzehnts im kirchlichen Leben ohne die geringste Absicht, eine eigene Losung auszugeben oder eine Schule zu gründen, obwohl er viel Kritik bei sich trug.

Selbstbiogr.: Heiteres u. Ernstes aus meinem Leben, 1929. - Chr.G. zum Gedächtnis, 1930.
G.Merz

Gezelius, 1. *Johannes* der Ältere (1615-90), finnischer ev. Theologe, * in Schweden, bezog die Universität in → Dorpat, wo er Prof. wurde. Eine Zeitlang war er Pfarrer in Dalarna und wurde 1660 General-Sup. von Livland, für das er eine sehr bedeutsame Kirchenordnung ausarbeitete. Seit 1664 Bischof von → Åbo, war er einer der tatkräftigsten orth. Kirchenlehrer in → Finnland (: I, 2); er setzte das Werk von Rothovius fort. Theologisch folgte G. in vielem Joh. → Gerhard. Er sorgte für Ausbildung der Pfarrer (Examen ordinandorum), veröffentlichte akademische Lehrbücher (u.a. Encyclopaedia synoptica) und machte sich um die Entwicklung des

Schulwesens (Methodus informandi) und den Volksunterricht verdient, für den er einen Katechismus herausgab. Das Leben der Diözese wurde durch kirchliche Vorschriften geregelt (Perbreves commonitiones, 1673). Der Vertiefung des geistlichen Lebens diente sein großes Bibelwerk, das von seinem Sohn und Enkel 1711-28 fortgesetzt wurde.

2. *Johannes* der Jüngere (1647-1718), Sohn von 1, * in Dorpat. Auf einer Studienreise (1670) besuchte er holländische und englische Exegeten und in Frankfurt → Spener. Als Sup. von Narva (1681) betätigte er sich erfolgreich unter der finnischen Bevölkerung Ingermanlands. 1690 wurde er Nachfolger des Vaters, in dessen Geist er weiterwirkte, und bekämpfte die ersten Vertreter des Pietismus in Finnland.

3. *Johannes* Nepos (1686-1733), Sohn von 2, * in Narva, wurde 1710 Prof. in Åbo, 1721 erster Bischof der nach Borgå verlegten östlichen Diözese Finnlands, deren kirchliches Leben er wieder aufbaute. Er gründete ein Gymnasium in Borgå.

J.J.Tengström, J.Gezellii den äldres minne, 1825 - Ders., Gezelii den yngres minne, 1833 - O.Grotenfelt, J.G.Nepos, 1908 - A. Lehtonen, Die livländische Kirchenordnung des J.G., Helsinki 1931.

W.A.Schmidt

Gfrörer, *August Friedrich,* Konvertit, Historiker romantischer Prägung (1803-61), * Calw, † Karlsbad. G. besuchte seit 1817 das ev. Seminar in Blaubeuren, studierte seit 1821 in Tübingen Philosophie und, völlig gegen seine Neigung, ev. Theologie. Seine eigentliche Weltanschauung wurde eine romantische Reichsschwärmerei. Nach dem Examen 1825 zunächst auf Reisen, wurde G. Repetent am Tübinger Stift, Stadtvikar und seit 1830 Bibliothekar in Stuttgart. Nach Untersuchungen über → Philo und die Umwelt des NT verfaßte G. eine große Zahl weitausholender und stoffreicher historischer Werke. Von seinem Reichsgedanken her übte er schärfste Kritik an Gustav Adolf, der nach der deutschen Kaiserkrone gestrebt habe. Nicht zuletzt deswegen wurde G. 1846 Geschichts-Prof. in Freiburg/Br. Auf dem → Frankfurter Parlament 1848 trat er für den großdeutschen Gedanken ein. Die immer stärker hervortretende Sympathie für das kath. MA führte ihn zur Konversion (1853). G. befaßte sich auch mit der Frage der Wiedervereinigung der christlichen Konfessionen, deren Spaltung er als Hinderungsgrund für die Führungsrolle Deutschlands in Europa ansah, und wollte den Papst bewegen, in 7 Punkten den rückkehrenden Protestanten entgegenzukommen.

Vf. u.a.: Gesch. Gustav Adolfs, 2 Bde, (1835) 1863[4] (hg.v. O. Klopp); Papst Gregorius VII. u. s. Zeitalter, 7 Bde, 1859-61. - Über G.: RGG[2] II, 1179 - LThK IV, 485 (Lit.) - EC VI, 292f - A.Hagen, Gestalten aus d. schwäb. Kath. III, 1954, 7ff.

G.Maron

Ghana ist seit 6.3.1957 der erste Staat Afrikas südlich der Sahara, der von europäischer Kolonialverwaltung unabhängig geworden ist. Er besteht aus der Goldküste (→ 2 B 2) und dem britischen Mandatsgebiet von → Togo. Die rd 5 Mill. Einwohner leben je zur Hälfte im Süden und Norden des Landes, während das große Mittelgebiet nur sehr schwach bevölkert ist. Nach neuester Schätzung sind etwa 17 v.H. Christen, ebensoviele Mohammedaner und der Rest Heiden.

Von Missionsversuchen portugiesischer Priester im 15.Jh. ist nichts, von denen einzelner holländischer, britischer und dänischer Geistlicher in den folgenden wenig bekannt. Ein Versuch der Brüdergemeine (→ Brüderunität: II, 6) ab 1737 scheiterte am Tod aller Missionare. - Die neuere Missionsarbeit begann mit dem Einsatz der → Basler Mission. Der einzige Überlebende der Arbeit von 1826-38 im dänischen Gebiet war A.Riis. Seit 1843 wurde die Arbeit mit der Ansiedlung christlicher Kolonisten aus Westindien begonnen. In die Zeit bis 1917 fiel die Schaffung einer reichen Kirchen- und Schulliteratur und die Übersetzung der Bibel ins Ga durch J. Zimmermann und ins Twi durch J.G.Christaller, der zugleich der Begründer der Sudansprachforschung wurde. Besondere Aufmerksamkeit wurde der Erziehung, auch der Mädchen, gewidmet und schon 1848 das Seminar in Akropong gegründet. Mit Dr. R.Fisch begann 1885 die → ärztliche Mission. 1917 wurden alle Basler Missionare weggeführt, und die Schottische Freikirche übernahm die Beratung der schon 1926 selbständig gewordenen Presbyterian Church. Von 1925 an arbeiteten auch wieder Basler Missionare, hauptsächlich in der Inlands-Pionierarbeit, der ärztlichen Mission, der neugegründeten Frauenarbeit, der theologischen Ausbildung und der Revision bzw. Neuübersetzung der Twi-Bibel in zwei Mundarten. Nach dem 2. Weltkrieg wurde die Arbeit auch in den Nordterritorien gemeinsam mit der Kirche aufgenommen, nachdem ein erster Versuch in Nordtogo durch den 1. Weltkrieg unterbrochen worden war. Die Zahl der Glieder (1948) beträgt 100 511.

In Togo ging aus der Arbeit der → Norddeutschen Missionsgesellschaft (Bremen) die Ewe Presbyterian Church hervor, die dank ihrer deutschen Missionare (J. → Spieth und D. Westermann) eine Bibelübersetzung und eine gute Kirchen- und Schulliteratur hat. Zahl der Glieder (1948): 42 993. - Von den übrigen ev. Kirchen ist die methodistische die größte des Landes. Die Missionsarbeit begann 1835. Die erste vollständige Bibel erschien 1948 in der Fante-Sprache. In der theologischen Ausbildung und anderen wichtigen Aufgaben arbeiten heute Methodisten und Presbyterianer zusammen. Zahl der Glieder (1948): 144 775. - Die Church of England, die aus der seit 1909 einsetzenden Arbeit der Society for the Propagation of the Gospel (→ Anglikanische Kirche: II) hervorgegangen ist, zählte (1948) 34 406 Glieder. - Von den zahlreichen anderen Gruppen, zu denen auch die Baptisten, die Heilsarmee, die Adventisten und die Zeugen Jehovas gehören, sind nur noch die African Methodist Episcopal Zion Church zu nennen mit 6062 Gliedern (1948) und die amerikanische Assembly of God Mission in den Nordterritorien mit 3217 Gliedern.

Die röm.-kath. Kirche begann ihre Arbeit 1879 und hat seit 1901 ein Apostolisches Vikariat. Mit 309 390 Gliedern (1948) ist sie die größte Kirche G.s und verfügt mit etwa 300 weißen Ordensleuten und Priestern über die weitaus größte Zahl an Missionaren. - Der → Islam macht fast ohne Einsatz eigentlicher Missionare im Norden erhebliche, im Süden dagegen nur geringere Fortschritte unter der heidnischen Bevölkerung. Genaue Angaben fehlen. Die moderne Ahmadiyya-Bewegung (→ Islam: I) dagegen arbeitet mit christlicher Mission analogen Mitteln und zählte 1948 schon 22 572 Mitglieder bes. im Süden, im Vergleich zu nur 3110 i.J. 1931. - In den Stammesreligionen überwuchern Magie und Hexenglaube mehr und mehr das religiöse Leben; aber auch einzelne Naturgottheiten haben erneut an Bedeutung gewonnen.

W.Schlatter, Gesch. der Basler Mission III, 1916 - J.Richter, Gesch. der ev. Mission in Afrika, 1922 - K.Hartenstein, Anibue, 1932 - The Gold Coast Handbook, 1937 - E.L.Rapp, Das Schulwesen auf der Goldküste, 1940 - W.Ringwald, Die Religion der Akanstämme u. das Problem ihrer Bekehrung, 1952 - Ders., Experiment Goldküste (EMZ 12, 1955, 1-18. 40-48. 72-83) - R.M.Wiltgen, Gold Coast Mission History, Techny (Ill.) 1956 (kath.) - K.Nkrumah, G., New York 1957.

E.L.Rapp

Ghibellinen (aus »Waiblingen« [Württ.] umgeformt, wonach die Salier sich nannten) und *Guelfen* entstanden als Parteinamen in Deutschland wohl aus dem staufisch-welfischen Gegensatz im 12.Jh. und wurden 1212/18 während des Doppelkönigtums → Friedrichs II. und Ottos IV. nach → Italien übertragen. In → Florenz zuerst um 1240 so genannt, waren die Gh. seit den letzten Jahren Friedrichs II. die Anhänger des Kaisertums, die Guelfen die der Kirche. Von Florenz aus verbreiteten sich die Namen weiter, schließlich ohne ihre frühere Bedeutung, wurden aber als Parteinamen trotz päpstlicher und weltlicher Verbote bis ins 17.Jh. verwandt.

LThK IV, 486 - K.STENZEL, Waiblingen in der dt. Gesch., 1936 (Lit.) - EC VI, 1222ff (Lit.). *E.Maschke*

Gibbon, *Edward* (27.4.1737 bis 16.1.1794), * Putney b. London, † London. Als Student in Oxford ließ sich G. durch den Widerspruch gegen die Schrift des Deisten G. → Middleton »A free Inquiry into the miraculous Powers...« (1748) und durch → Bossuets »Histoire des Variations des Eglises protestantes« (1688) dem Katholizismus in die Arme treiben (1753). Ein Aufenthalt in Lausanne, das seine zweite Heimat wurde, brachte ihn unter dem Einfluß des Calvinisten Pavillard 1754 zur franz.-ref. Kirche. 1754-58 begeisterte er sich in der Schweiz für die politische Freiheit der Kantonsrepubliken, 1759 kehrte er nach London zurück, wurde Offizier (bis 1770) und besuchte 1763/65 Paris und Italien. 1774 wurde er zum Prof. der Alten Geschichte in der Royal Academy gewählt. G.s Bedeutung knüpft sich an seine vielbewunderte »History of the Decline and Fall of the Roman Empire« (6 Bde, 1776-88), das Meisterwerk der Aufklärungshistorie, in dem deistisch-voltairianisch das Frühchristentum als Aberglaube für den Untergang der Antike verantwortlich gemacht wurde (→ Deismus: III, 4) - eine Anschauung, die → Friedrich d.Gr. begeistert aufgriff.

Ausg.n der »History« v. H.H.MILMAN, (1839) 1845²; v. W.SMITH, (1854) 1872²; die beste v. J.B.BURY, (1896-1900) 1909-13². Übers.en: dt. (1801) 1805/06² (v. F.A.W.WENCK, C.G.SCHREITER, C.D.BECK), franz. 1800, ital. 1779-86 u. 1820-24, ung. 1868/69. - Miscellaneous Works ed. Lord SHEFFIELD, (1796) 1814² - The Autobiographies of E.G. ed. J.MURRAY, 1896 - Private Letters of E.G. ed. R.E.PROTHERO, 1896 - The Letters of E.G. ed. J.E.NORTON, 3 Bde, 1956. - Über G.: H.H.MILMAN, The Life of E.G., (1839) 1840² - G.M.YOUNG, G., 1932 - F.MEINECKE, Die Entstehung des Historismus I, (1936) 1946² - D.M.LOW, E.G., 1937 - ODCC 556. *M.Schmidt*

Gibeon. Die einander benachbarten, aristokratisch verfaßten kanaanäischen Stadtstaaten G., Beeroth, Kephira und Kirjath-Jearim (nw. von Jerusalem) hatten es im Zeitalter der Landnahme → Israels (: I) verstanden, sich durch Eingehen eines Vertragsverhältnisses mit dem Stamme Benjamin einen Rest ihrer Selbständigkeit zu sichern (Jos 9). Eine Koalition von Stadtkönigen des Berglandes, die sich gegen diese Verletzung der kanaanäischen Solidarität richtete, wurde von den zu Hilfe gerufenen Israeliten geschlagen (Jos 10). Später hat David durch seine Entscheidung in der Blutracheangelegenheit der Gibeoniten mit dem Hause Sauls deren besondere Rechtsstellung ausdrücklich anerkannt (2Sam 21, 1-14). Die überraschend hohe Bedeutung der »großen Opferhöhe« von G. zZ Salomos (1Kön 3, 4ff) ist noch nicht befriedigend erklärt.

Lit. bis 1937 in BRL 193ff; dort gute Übersicht über die Diskussion der Lokalisierungsprobleme. - J.B.PRITCHARD, The Water System of G. (BA 19, 1956, 66-75: G. = ed-dschîb, 10 km nw. von Jerusalem) - DERS., Discovery of the Biblical G. (Bulletin of the Univ. Museum of Philadelphia 21, 1957, 3-26). - Vgl. aber auch A.ALT, Neue Erwägungen über die Lage von ... G. (ZDPV 69, 1953, 1-27) - M. NOTH, ZDPV 73, 1957, 7-14 - K.ELLIGER, ebd 125-132; Taf. 1. *A.Kuschke*

Giberti, *Gian Matteo* (1495-1543), * Palermo, † Verona, seit 1524 Bischof von Verona, Freund und Berater → Clemens' VII. und → Pauls III. G. begünstigte 1526 die Liga von Cognac, wurde 1527 mit dem Papst gefangengenommen und hatte auch bei späteren politischen Bemühungen (Friedensvermittlung zwischen → Karl V. und Frankreich 1537, Rückgewinnung Englands für die römische Kirche) nur Mißerfolge. Seine ganze Arbeitskraft widmete er seit 1528 seiner Diözese. Die Erlasse G.s (Constitutiones, 1542 gedruckt) zeigen den Einfluß seines Freundeskreises (→ Cajetan von Tiene, Caraffa [→ Paul IV.], → Contarini, → Pole, → Sadoleto). Sie wurden Vorbild für die Reformdekrete des → Tridentinischen Konzils. 1536 arbeitete G. am Consilium de emendanda ecclesia mit. In Verona gründete er eine Akademie, deren Kirchenväterausgaben er in eigener Presse drucken ließ.

Opera, hg.v. P. u. G.BALLERINI, Verona 1733. - Über G.: LThK IV, 490f (Lit.) - EC VI, 384 (Lit.) - H.JEDIN, Il tipo ideale di vescovo secondo la Riforma cattolica, Brescia 1950, 38ff. *H.Liebing*

Gibson, *Edmund* (1669-1748), * Bampton, Westmoreland, † Bath, trat 1686 ins Queen's College in Oxford ein, wurde 1698 Hilfsgeistlicher bei Erzbischof Thomas Tenison und Bibliothekar des Lambeth Palace, 1703 Pfarrer in Lambeth. Als Schützling Tenisons kämpfte er für ihn in dem Verfassungsstreit zwischen dem Erzbischof und der Convocation der Pfarrer. Daraus erwuchs sein Werk »Synodus Anglicana or the Constitution and Proceedings of an English Convocation« (1702; Neuaufl. von E.Cardwell, 1854). Er entwickelte sich zum größten Kirchenrechtslehrer des Anglikanismus (»Codex Iuris Ecclesiastici Anglicani«, [1713] 1761²). G. wurde 1716 Bischof von Lincoln, 1720 von London. Den erzbischöflichen Stuhl von Canterbury lehnte er 1747 ab. Energisch trat er gegen Sittenlosigkeit am Hofe und im Volke auf, bekämpfte den → Deismus (: III) und warnte zugleich vor der »übertriebenen« Frömmigkeit der → Methodisten. Mit dem Staatsmann Robert Walpole in engstem Einvernehmen, ließ er sich die kirchliche Versorgung der Kolonien angelegen sein. Seine Hirtenbriefe und Ermahnungen zu christlichem Familienleben (»Family Devotion«, [1720] 1750¹⁸, 1828³⁶) waren weit verbreitet. - Vgl. → Broad Church Party.

N.SYKES, E.G. A Study in Politics and Religion in the 18th Century, 1926 - DNB (Neudr. 1949/50) VII, 1153f. *M.Schmidt*

Gichtel, *Johann Georg,* * 14.5.1638 Regensburg, † 21.1.1710 Amsterdam. Der hochbegabte Jüngling zeigte früh visionäre Züge. Das Klosterleben seiner Vaterstadt erweckte in ihm Neigung zur Selbstverleugnung. Nach dem Studium von Theologie, Geschichte und Jurisprudenz in Straßburg befreundete er sich 1664 als Rechtsanwalt in Regensburg mit J.v. → Welz und begleitete ihn nach den Niederlanden, um an seinem Missionswerk teilzunehmen, blieb aber dann zur Werbung in der Heimat zurück. Der Anschluß an F. → Breckling in Zwolle machte ihn zum mystischen → Spiritualisten und unerbittlichen Kirchenkritiker, der das Luthertum im Sinne des innerlichen Gottesdienstes reformieren wollte. Daher wurde er als Ketzer verhaftet und schließlich aus Regensburg ausgewiesen. Seine zahlreichen Wanderungen führten ihn 1667 nach Zwolle zu Breckling zurück, mit dem er sich in den Streitigkeiten seiner Gemeinde überwarf. G. wurde in Amsterdam Haupt eines Kreises kirchenloser Christen, die den inneren Gottesdienst des stummen Gebets, der Visionen und der Askese pflegten. 1682 veranstaltete er die erste Gesamtausgabe der Schriften Jakob → Böhmes und war zeitweilig mit G. → Arnold befreundet. In den Mittelpunkt rückte er das Verlöbnis des geistlichen Menschen mit der jungfräulichen Sophia und dementsprechend die

Ehelosigkeit, die den Wiedergeborenen zum Selbstopfer für verlorene Seelen befähige (Röm 9, 3). Böhmes Anschauung vom Zorne Gottes übernahm er nicht, jedoch seine Kosmologie. So erhielt G.s Frömmigkeit etwas Weiches und Verspieltes. Kleine Kreise von Anhängern sammelten sich in Amsterdam, Hamburg, Altona, Berlin, Magdeburg, Nordhausen unter dem Namen der »Engelsbrüder«, in Hamburg und Altona von Joh.Otto Glüsing geführt.

Theosoph. Sendschreiben hg.v. G.Arnold, 2 Bde, 1701 - Theosophia practica hg.v. J.W.Überfeld, 1722. - Über G.: A.v.Harless, Jakob Böhme u. die Alchymisten, 1882 (Anhang) - C.B.Hylkema, Réformateurs II, 1902, 409ff - E.Seeberg, Gottfr. Arnold, 1923, 364ff - E.Benz, Der vollkommene Mensch bei Jak.Böhme, 1937 - F.Tanner, Die Ehe im Pietismus, 1952. *M.Schmidt*

Gide, *André* (22.11.1869 bis 21.2.1951), * in Paris. Sein Vater, der Jurist Paul G. (der Volkswirtschaftler Charles G. war dessen Bruder), stammt aus dem Languedoc, seine Mutter aus der Normandie. Beide Eltern waren Calvinisten. Die Erziehung, die seit dem Tod des Vaters (1880) ganz in den Händen der Mutter lag, war puritanisch-fromm. Sie findet ihre kritische Spiegelung in den Werken »Les Cahiers d'André Walter« (1891), »La Porte étroite« (1909), »La Symphonie Pastorale« (1919); eine Auseinandersetzung mit ihr erfolgt im »Immoraliste« (1901), der transponierten Darstellung des Konfliktes, der für G. begonnen hatte, als er 23jährig seine homosexuellen Neigungen entdeckte. Nach dem Tode der Mutter (1895) heiratete G. seine Kusine Madeleine Rondeaux und lebte dann in Cuverville (Normandie) oder in Paris; größere Reisen führten ihn mehrmals nach Afrika, Griechenland und Rußland. Seit 1911 leitete er die Zeitschrift »Nouvelle Revue Française«, zu deren Kreis → Claudel, Rivière, Schlumberger, Martin du Gard, Cocteau, Proust gehörten und die damit die weitaus beste literarische Zeitschrift war. Literarischen Erfolg erzielte G. erst 1909 mit der »Porte étroite«; seine vorher veröffentlichten Werke waren wenig beachtet worden (1904 erschien eine deutsche Übersetzung des »Immoraliste«; 1907 übersetzte → Rilke die »Rückkehr des verlorenen Sohnes«). Danach veröffentlichte G. (außer literarkritischen Abhandlungen) »Les Caves du Vatican« (1914), »La Symphonie Pastorale« (1919), »Les Faux-Monnayeurs« (1925) und den autobiographischen Roman »Si le grain ne meurt...«, dem seit 1934 die Veröffentlichung seines »Journal« folgte. Nach dem zweiten Weltkrieg, den G. in Tunis verlebte, ließ er 1947 »Thésée« und 1950 »Ainsi soit-il« erscheinen, nach seinem Tode wurden als Ergänzung zu seinen autobiographischen Schriften (»Et nunc manet in te...«) die Seiten seines Journals veröffentlicht, die das Verhältnis zu seiner Frau betreffen. Innerhalb dieses vielseitigen literarischen Werkes (Erzählungen, Romane, Abhandlungen, Reiseberichte, kritische Schriften) dürften die autobiographischen Mitteilungen am bedeutendsten sein - überraschend bei einem Autor, der gesagt hat, es komme darauf an, von der Welt der Kunst zu sprechen, da sie nur durch das Sprechen existiere. Die Konflikte aber, in die sich G. gestellt sieht, sind in ihrem Ineinander von religiöser Forderung und Sexualität (und dieser besonderen Form der Sexualität) so groß, daß er immer wieder, wirklich bis zu seinem Tode, von ihnen spricht. - 1948 erhielt G. den Nobelpreis für Literatur; 1952 wurden seine sämtlichen Werke auf den → Index gesetzt.

GA: 15 Bde, Paris 1932-39. - Ausg.n des Briefwechsels: Mit F. Jammes, ebd 1948; mit P.Claudel, ebd 1949; mit R.M.Rilke, ebd 1952; mit P.Valéry, ebd 1955. - Über G.: P.Souday, A.G., Paris 1927 - Ch.du Bos, Dialogue avec A.G., ebd 1929 - Klaus Mann, A.G., Zürich 1949 - R.Martin du Gard, Notes sur A.G. 1913-1951, Paris 1951 - Hommage à A.G. (Sonder-H. der Nouvelle Revue Française, Nov. 1951; mit Beitr. u.a. v. Th.Mann, E.R.Curtius, H. Hesse) - E.R.Curtius, Franz. Geist im 20.Jh., 1952 - L.Pierre-Quint, A.G., Paris 1952 - G.Brée, A.G. l'insaisissable Protée, ebd 1953 - P. Lafille, A.G. romancier, ebd 1954. *R.Falke*

Gideon, ein Abiesriter aus Ophra in Manasse, einer der sog. »großen → Richter« (Ri 6-8). Das Bild von G. hat sich in der Überlieferung gewandelt. Im ältesten Teil der G.-Erzählung ist G. der Stammesheld, der an zwei Midianiter-»Königen« die Blutrache vollzieht (8, 10a α. 11f. 18-21a. b α) sowie nach einer hier eingeschalteten Anekdote die Städte Sukkot und Penuel züchtigt (8, 4-9. 13-17) und mit dessen Namen außerdem die Heiligtumslegende von → Ophra verbunden ist (6, 11a... 19-24). Die jüngere Legende (mit historischem Kern?) sieht in G. den Retter »Israels« (vgl. auch 6, 34f) aus midianitischer Gefahr. Der Sieg über das Midianiterlager wird aber letztlich von Jahwe bewirkt, der G. berufen (6, 11b-18) und der zur Vermeidung israelitischer Selbstüberschätzung die Zahl der Kämpfer auf 300 reduziert hat (7, 1-11. 13-22). - Hinzu kommen einige Einzelzüge: G.s Zaudern (7, 10ff) wird sekundär in 6, 36-40 noch unterstrichen. Andererseits wird der Erfolg durch erweiterte Angaben über die Feinde in 6, 33 (vgl. 7, 12; 8, 10a β. b; 6, 3ff) vergrößert. Die in die Notiz von der Herstellung eines → Ephod in Ophra (8, 21b β. 24-27a α) eingefügte Angabe, G. habe das ihm angebotene erbliche Königtum abgelehnt (8, 22f), ist historisch nicht mehr greifbar, während die zwischen 7, 22 und 8, 4 eingeschaltete Anekdote von dem Aufgebot der Ephraimiten eine in der Frühzeit durchaus denkbare Rivalität zwischen Manasse und Ephraim widerspiegelt (vgl. Gen 48, 13-20; Ri 12, 1-6). Daß für G. auch der Name *Jerubbaal* überliefert ist (7, 1; 1Sam 12, 11; vgl. die Namensätiologie in Ri 6, 25-32), erklärt sich doch wohl aus einer (schon früh erfolgten) Identifizierung G.s mit Jerubbaal, dem Vater des Abimelech (vgl. bes. 8, 29. 35 vor 9, 1ff; anders zB Täubler), der ebenfalls aus Ophra stammte. - Die Gesamt-Erzählung von G. als dem Befreier Israels aus anhaltender Bedrängnis durch die von der Wüste her einfallenden midianitischen Kamelnomaden (vgl. 6, 2-6a) wurde in das → deuteronomistische Geschichtswerk aufgenommen (→ Richterbuch) und ist in Jes 9, 3; 10, 26; Ps 83, 10. 12 herangezogen.

Außer der Lit. zum → Richterbuch: M.Buber, Das Königtum Gottes, (1932) 1956³, 3ff (Der G.spruch) - L.Alonso-Schökel, Heros Gedeon (VD 32, 1954, 3-20. 65-76) - C.A.Keller, Über einige at. Heiligtumslegenden I (ZAW 67, 1955, 141-168), 156ff - E. Kutsch, G.s Berufung u. Altarbau Jdc 6, 11-24 (ThLZ 81, 1956, 75 bis 84; Lit.) - D.Daube, G.s Few (JJS 7, 1956, 155-161) - C.F. Whitley, The Sources of the G. Stories (VT 7, 1957, 157-164) - E.Täubler, Bibl. Studien, 1958, 253-275: G. u. Abimelech. *E.Kutsch*

Gieseler, *Johann Karl Ludwig*, * 3.3.1792 in Petershagen (Westfalen), † 8.7.1854 als Prof. der Theol. in → Göttingen. Nach der Rückkehr aus den Freiheitskriegen war G. Gymnasiallehrer, 1819 Prof. in Bonn, lehrte seit 1831 als Nachfolger G.J. → Plancks in Göttingen KG, DG und Dogmatik und entfaltete eine wissenschaftlich-organisatorische, kirchliche und soziale Wirksamkeit. In der Evangelienforschung vertrat G. die Priorität der zT zum Typus verfestigten mündlichen Überlieferung (Traditionshypothese; → Evangelien, synoptische, 1b). 1827 Mitbegründer der ThStKr, des Organs der → Vermittlungstheologie, der G. - bei stärkerer Wahrung der Kontinuität mit der historisch-kritischen Forschung des → Rationalismus bzw. Supranaturalismus - angehörte (G. trat für Union und Lehrfreiheit ein; von → Hengstenberg angefeindet). Sein »Lehrbuch der KG«, von der pragmatischen Kirchengeschichtsschreibung (→ Kirchengeschichte: I), in der Quellendarbietung von

→ Tillemont und J.T.L.Danz angeregt, steht auf der Höhe der Kirchengeschichtsschreibung seiner Zeit und wurde von → Hase und → Baur geschätzt. – Vgl. → Dogmengeschichte, 1.

Vf. u.a.: Lehrbuch der KG, 3 Bde in 8 Tlen, (1824ff) I, 1844f⁴; II/1. 2, 1847f⁴; II/3, 1849²; posthum IV. V (mit Biogr.). VI (= DG, 1855), hg.v. E.R.Redepenning, 1855ff (engl. u. franz. Übers.). – Über G.: F.C.Baur, Die Epochen der kirchl. Geschichtschreibung, 1852, 232ff – ADB IX, 163ff – RE VI, 663f (Bibliogr.) – E.Fascher, Die formgeschichtl. Methode (BZNW 2), 1924, 23ff – Hirsch V, 52 – Hermelink I. III (s. Reg.). *E.H.Pältz*

Gießen, *Universität*

1. Im 17.Jh. – 2. Bis zum Beginn des 19.Jh.s – 3. Im 19.Jh. – 4. Vom Ende des 19.Jh.s bis zum 2. Weltkrieg – 5. Seit 1945 – 6. Kath.-theol. Fakultät

1. Am 7.10.1607 wurde die Universität G. (Ludoviciana) mit 300 Studenten feierlich eröffnet. In vier Fakultäten (theologische, juristische, medizinische, philosophische) lehrten 18 Professoren. Erster Rektor war der berühmte Jurist Gothofredus Antonii. Mit der Gründung dieser Universität war Hessen-Darmstadt auf dem Gebiet des Hochschulwesens selbständig geworden. Ihr gingen politische und kirchliche Streitigkeiten voraus, die zum Bruch zwischen Hessen-Kassel und Hessen-Darmstadt geführt hatten (→ Hessen: I). Landgraf → Philipp hatte 1527 die erste ev. Universität für Hessen in → Marburg gestiftet. In seinem Testament hatte er bestimmt, daß seine vier Söhne die Landesuniversität aufrechterhalten sollten. Besonderen Wert legte das Testament dabei auf die Erhaltung der Religion (Augsburgische Konfession). 1605 führte Philipps Enkel Moritz in Hessen-Kassel die »Verbesserungspunkte« ein. Dagegen erhob sich in Oberhessen, bes. in Marburg, Widerstand. Gegner der Verbesserungspunkte waren die beiden Theologieprofessoren Joh. → Winckelmann und Balth. → Mentzer, daneben Sup. Heinr. → Leuchter und Archidiakonus Konrad Dieterich. Moritz drohte mit Entlassung. Sein Bruder Ludwig V. (Marburg) ließ ihnen durch Sup. Jeremias Vietor (G.) Schutz und Beistand anbieten. Am 22.7.1605 erhielten die vier luth. Theologen ihre Entlassung; in Marburg zogen calvinistische Professoren ein. Am 29.7.1605 schlug Vietor vor, in G. eine Universität mit vier Fakultäten zu gründen und – falls das kaiserliche Promotionsprivilegium nicht zu erhalten wäre – als Gymnasium illustre zu bezeichnen. Gleichzeitig äußerte sich auch der Darmstädter Sup. Joh.Angelus. Er ist der geistige Vater der G.er Universitätsgründung. Am 8.8.1605 erteilte die Darmstädter Regierung den Auftrag, die vertriebenen Marburger Theologen in Schutz zu nehmen. Mentzer wurde der Organisator der neuen Schule in G. Am 10.10.1605 wurde das Gymnasium illustre mit 70 Schülern in zwei Fakultäten (theologische, philosophische) in G. feierlich eröffnet. Winckelmann und Mentzer bildeten von Anfang an die theol. Fakultät. Um das Gymnasium zur Universität zu erheben, wurden die beiden fehlenden Fakultäten ins Leben gerufen und die Berechtigung, akademische Grade zu verleihen, nach langwierigen Verhandlungen (9./19.5.1607) von Kaiser Rudolf erwirkt. Die junge Universität erlangte schnell einen glänzenden Ruf: G. war die Hochburg der luth. Orthodoxie. Seit 1616 führte der dogmatische Streit innerhalb der Fakultät zwischen Balth.Mentzer und seinem Schwiegersohn J. → Feurborn einerseits und Joh.Winckelmann und Joh.Gisenius andererseits über die Ubiquität zur Kontroverse mit den Tübinger Theologen (→ Kenosis-Streit) und fand im ganzen luth. Deutschland Beachtung. Als 1624 die G.er Lehrweise für orthodox erklärt wurde, war Landgraf Ludwig V. stolz auf seine Universität, der die Rechtgläubigkeit zuerkannt war. Obwohl sie durch Pest und Kriegswirren in den ersten Jahren ihres Bestehens viel Not zu ertragen hatte, entwickelte sie sich stetig, so daß zu Beginn des Dreißigjährigen Krieges etwa 400 Studenten in G. waren. Neben der theol. Fakultät erlangte die juristische hervorragende Bedeutung. Diese glänzende Entfaltung wurde 1623 jäh unterbrochen: durch das Urteil im Marburger Erbstreit erhielt Ludwig V. Marburg, mußte aber – nach dem Revers von 1607 – die Universität G. nach Marburg verlegen. Am 25.5.1624 endete der erste Abschnitt der G.er Universitätsgeschichte. Winckelmann und Mentzer siedelten wieder nach Marburg über. Die G.er luth. Lehrweise wurde von Marburg übernommen. Zwei Ereignisse gaben der Universitätsgeschichte eine neue Richtung: 1626 folgte auf Ludwig V. sein Sohn Georg II., 1627 übernahm Landgraf Wilhelm nach der Abdankung seines Vaters Moritz die Regierung in Kassel. Im Hauptvertrag vom 24.9.1627 zwischen den neuen Regenten fiel die Universität Marburg an Darmstadt. Die Universität blühte auf. Aber nach Wilhelms Tod (1638) erzwang die Landgräfin-Witwe Amalie Elisabeth am 7.9.1649 die Teilung der Universität und schloß am 19.2.1650 den Universitätsvertrag mit Hessen-Darmstadt, in dem Marburg als ref. und G. als luth. Universität erklärt wurden. Am 5.5.1650 wurde die alma mater Ludoviciana in G. feierlich wiedereröffnet. Justus Feurborn, der einzige unter den Professoren, der schon in der alten G.er Universität ein Lehramt innegehabt hatte, wurde Rektor. Wieder wurde Hessen-Darmstadt, das nicht die → Konkordienformel eingeführt hatte, zum Hort der luth. Orthodoxie. Meno Hannecken und Peter → Haberkorn wehrten jede Form von »Synkretismus« ab und galten als die treuen Wächter des reinen Luthertums. Mit Philipp Ludwig → Hannecken, der 1693 G. verließ, büßte die Universität ihre führende Stellung in der luth. Theologie ein.

2. Vom Ende des 17. bis zum Anfang des 19.Jh.s herrschten in G. Pietismus und Rationalismus. In dieser Zeit verlor die theol. Fakultät ihre Vorrangstellung unter den deutschen theol. Fakultäten und innerhalb der G.er Universität. Mit der von → Spener betriebenen Berufung von Joh.Heinr. → May zum Prof. der Theologie begann der Pietismus an der Universität. Sup. Ph.L. Hannecken wandte sich scharf gegen Mays Privatversammlungen. Damit war der »G.er Pietistenstreit« eröffnet, der viele Jahre hindurch die Landgrafschaft in Atem hielt. Sieger blieb May, der nach Hanneckens Weggang in Joh.Christoph Bilefeld einen Mitstreiter erhielt. G. war – vor → Halle – die erste pietistische Universität. Während May still und vornehm arbeitete, reizte Bilefeld durch schneidend scharfe Reden die Gegner. Seine Schüler verschärften die Lage. Die ganze Universität wurde in den Streit mit hineingezogen. May und Bilefeld standen als Pietisten gegen alle anderen Professoren. Wortführer der Gegner waren Heinrich Phasian, Gregor Nitzsch, Philipp Schlosser (Philosoph) und Balthasar Mentzer II. (Mathematiker). Am 4.11.1695 erging gegen diese »verwegenen Verbrecher« das Urteil: Phasian und Nitzsch wurden suspendiert, Schlosser und Mentzer abgesetzt. Der Pietismus hatte endgültig G. erobert; aber nur Joh.Jak. → Rambach, der von 1731–35 hier wirkte, erlangte überragende Bedeutung. Der Rationalismus verbreitete sich in der zweiten Hälfte des 18.Jh.s von Idstein/Taunus her über Frankfurt/M., erfuhr aber an der Universität G. keine selbständige Ausprägung. Die Rationalisten wollten die praktische Ausbildung der Geistlichen vorantreiben. Joh.Christoph Friedrich Schulz (1771–76) und K.Friedr. → Bahrdt (1771–75) arbeiteten seit 1771 an der Schaffung eines Predigerseminars nach dem Vorbild von → Göttingen. Es wurde 1773 mit Schulz als Leiter eröffnet. Lehrstreitigkeiten gegen Schulz und

Bahrdt setzten bereits i.J. 1776 dieser Arbeit ein Ende. Die Geschichte der theol. Fakultät und der ganzen Universität im 18.Jh. zeigt einen gewaltigen Rückgang der Arbeit. Auch die Kriegswirren hatten dem Universitätsbetrieb großen Schaden zugefügt. Nur die juristische Fakultät kann aus diesem Zeitabschnitt große Erfolge berichten als Verdienst von Karl Ludw.Wilh.v.Grolmann (1775-1829) und des umstrittenen Aug.Friedr.Wilh. Crome (1753-1833). Bedeutung gewannen die neuen Einrichtungen der Universität: am 23.4.1777 wurde die ökonomische (5.) Fakultät gestiftet, in der seit 1778 auch Tierheilkunde gelehrt wurde. Sie ging nach dem Abgang von Joh.Aug.Schlettwein (1785) zwar wieder ein; aber die in ihr zusammengefaßten Fächer wurden (mit Ausnahme der Tierheilkunde) von der philosophischen (4.) Fakultät übernommen. Je mehr die theol. Fakultät in G. an Bedeutung einbüßte, um so mehr verlagerte sich der Schwerpunkt wissenschaftlicher Betätigung auf die Seite der Naturwissenschaften.

3. Weltruf erlangte die alma mater Ludoviciana durch das Wirken des Chemikers Justus Frhr. v. Liebig (1824 bis 1851). Daneben entfalteten sich Veterinärmedizin, landwirtschaftlicher Unterricht und Forstwissenschaft. 1830 wurde erstmals über »physikalische Chemie« gelesen, seit 1831 stellte man regelmäßig meteorologische Beobachtungen im Botanischen Garten an. Am 22.8. 1900 erfolgte die Teilung der medizinischen Fakultät in die medizinische Fakultät im engeren Sinne und in das veterinärmedizinische Kollegium. Im 19.Jh. bildeten sich neue Formen studentischen Gemeinschaftslebens heraus. Am 29.3.1814 gingen mit den freiwilligen Jägern 130 G.er Studenten zum Kriegsschauplatz ab, an der Spitze der o. Prof. für griechische Literatur und Archäologie, Friedr.Gottl.Welcker. Nach der Rückkehr aus dem Feldzug bildeten diese Studenten »Landsmannschaften«, unter denen die »Constantia« und die »Hassia« die bedeutendsten waren. Aus der deutschen Gesellschaft entstand der »Germanenbund«, der seit Herbst 1815 von seinen Gegnern Bund der »Schwarzen« genannt wurde. Im Dez. 1816 entstand die »christlich-teutsche Burschenschaft«. Auf Veranlassung der G.er »Schwarzen« bildeten sich an anderen Universitäten innerhalb der Burschenschaft engere Vereine mit dem Ziel, den G.er Ehrenspiegel anzunehmen. Zwischen 1834 und 1839 wurden die Verbindungen wieder aufgelöst. Am 25.7.1839 stürmten die Studenten den Karzer und befreiten die Gefangenen. Die unerwartete Folge war die Aufhebung des Verbindungsverbots. Seit 1840 gründeten sich ehemalige Verbindungen neu, andere kamen hinzu, und am 8.12.1847 erhielt der allgewaltige Universitätskanzler J.T.B.v.Linde als Gegner der Selbstverwaltung der Universität, der akademischen Lehrfreiheit und jeder Vereinigung unter den Studenten seine Entlassung.

4. Mit der Berufung Bernh.Wilh.Stades am 1.10.1875 auf den Lehrstuhl für AT begann für die theol. Fakultät in G. eine neue Zeit. In den Jahren von 1878-82 führte er die »Reorganisation der theol. Fakultät« durch. Folgende Professoren kamen nach G.: Friedr.Wilh.Kattenbusch (1.10.1878), Emil Schürer (1.10.1878), Adolf (v.) →Harnack (2.1.1879) und Joh.Gottschick (1.10.1882). Mit der Berufung von Gottschick wurde zugleich die 5. theol. Professur (Prakt. Theol.) in G. wieder ins Leben gerufen. Die Fakultät der »Jungen« bestand damit aus Schülern oder Freunden Albr. → Ritschls. Der Fakultät gelang es, sich bald einen hervorragenden Namen in der wissenschaftlichen Welt zu sichern. Namentlich die at. Wissenschaft fand in G. eine Pflegestätte. Während 1878 in G. nur 15 Theologen studierten, war die theol. Fakultät 1885 mit 105 die stärkste Fakultät an der Universität. Auch Ausländer kamen zum Theologiestudium nach G. Bis zur Aufhebung der theol. Fakultät (1945) waren die Lehrstühle in folgender Weise besetzt: AT: B.Stade (1875-1906), H. →Gunkel (1907-20), G.Hölscher (1921), H.Schmidt (1921-28), W.Baumgartner (1928-30) und W.Rudolph (1930-45). - NT: E.Schürer (1878-90), W. Baldensperger (1890-1916), W. → Bousset (1916-20), R. → Bultmann (1920-21), K.L. → Schmidt (1921-25) und G.Bertram (1925-45). - KG: A.Harnack (1879-86), K. → Müller (1886-91), G. → Krüger (1891-1927), H. Bornkamm (1928-34), Vertretung 1935-38, E.Vogelsang (1938-45). - Syst.Theol.: F. → Kattenbusch (1878 bis 1904), S.Eck (1904-20), E.W.Mayer (1920-25), H. Frick (1926-29), F.K.Schumann (1929-32), E.Haenchen (1933-39), Vertretung 1939-45. - Prakt.Theol.: J.Gottschick (1882-92), M.Reischle (1892-95), H.A.Köstlin (1895-1901), P. → Drews (1901-08), M. → Schian (1908 bis 1924), H.Frick (1925), L. → Cordier (1926-39), Vertretung 1940-45. - Die höchste Besucherzahl hatte die theol. Fakultät im Winter 1932/33 mit 255 Studenten. Die Zahl sank im Sommer 1938 auf 34. Neben der theol. Fakultät entfalteten alle anderen Fakultäten einen regen wissenschaftlichen Betrieb. Mit 2470 Studenten im Sommer 1919 wurde die höchste Besucherzahl erreicht. Im Sommer 1939 waren es nur noch 604. Im Dez. 1944 wurden durch Bombenangriffe etwa 60% aller Universitäts-Kliniken und -Institute zerstört oder beschädigt. Im Sommer 1945 riet der Rektor den Angehörigen der Universität, sich außerhalb G.s nach einer Beschäftigung umzusehen.

5. Rektor und Vertrauensrat betrieben alsbald die Wiedereröffnung der Universität. Die Regierung in Darmstadt lehnte jedoch ab. Ende März 1946 tagte in Wiesbaden - auf Anordnung des amerikanischen Universitätsoffiziers - ein Planungsausschuß, der bestimmte, daß G. bei der Wiedereröffnung im wesentlichen auf Landwirtschaft und Veterinärmedizin beschränkt bleiben solle. Am 16.5.1946 begann das erste Semester der »Hochschule für Bodenkultur und Veterinärmedizin« mit einer Fakultät für Veterinärwissenschaft und einer solchen für Landwirtschaftswissenschaft. Die Landwirtschaftliche Fakultät entwickelte sich gut. Die Zahl der Studierenden stieg von 104 im Sommer 1946 bis zu 328 im Sommer 1949. Die Zahl der Studenten an der Hochschule ist für 1948 mit 830 angegeben. Von 1947 an bildeten sich wieder die früheren studentischen Verbindungen. Die Errichtung der »Justus Liebig-Hochschule« zu G. erfolgte am 11.9.1950 mit naturwissenschaftlicher, landwirtschaftlicher, veterinärmedizinischer Fakultät, der Akademie für medizinische Forschung und Fortbildung und der allgemeinen Abteilung. Zur 350-Jahrfeier der Universitätsgründung erhielt die Hochschule am 2.7. 1957 den Namen »Justus Liebig-Universität« (1220 Studenten im Sommer 1958). Die theol. Fakultät ist nicht wieder eröffnet worden.

Magister F.CH.LAUKHARDS Leben u. Schicksale, von ihm selbst beschrieben, 2 Bde, o.J. - H.HESSE, Das erste Jh. der theol. Fakultät in G., 1858 - H.HEPPE, KG beider Hessen II, 1876, 54ff - B.STADE, Die Reorganisation der theol. Fakultät zu G. in den Jahren 1878 bis 1882, 1894 - Die Univ. G. von 1607 bis 1907. Festschr. zur dritten Jh.feier, 2 Bde, 1907 - J.R.DIEDERICHS-K.BADER, Beitr. zur Gesch. der Universitäten Mainz u. G., 1907 - G.LEHNERT, Gesch. der Univ. G., 1907 - W.DIEHL, Zur Gesch. des theol. Fakultätsexamens in G. (nebst Kandidatenbuch von 1650 bis 1870) (Archiv f. hessische Gesch. u. Altertumskunde NF 9, 1913, 65-133) - Ludwigs-Univ., Justus Liebig-Hochschule 1607-1957. Festschr. zur 350-Jahrfeier, 1957 (ohne Beitrag zur Gesch. der theol. Fakultät). *H.Steitz*

6. Als »ein Werk des Staatskirchentums«, wenn auch unter Zustimmung des »Landesbischofs« Burg von Mainz, wurde im Nov. 1830 in G. eine *kath.-theol. Fakultät* eröffnet. Ihr Besuch war obligatorisch für die ersten zwei

Studienjahre aller kath. Theologiestudenten des Großherzogtums Hessen. Nach dem Scheitern eines ähnlichen Planes für Kurhessen und Nassau in → Marburg war G. 1838-48 auch Landesuniversität für die nassauischen kath. Theologen. Dieser Studienzwang garantierte der Fakultät eine stattliche Anzahl von Studenten (Höchstzahl 80 i.J. 1848).

Die bedeutendsten Mitglieder des Lehrkörpers, Joh.v. → Kuhn und Fr.A. → Staudenmaier, waren nur ziemlich kurz in G. (1830-37). Ihnen folgte kein bedeutender kath. Theologe mehr. Seit 1834 gab die Fakultät eine wissenschaftliche Zeitschrift heraus, die »Jahrbücher für Theologie und Christliche Philosophie«. - Hemmschuh für eine breitere Entfaltung war von Anfang an → Mainz, vor allem nachdem der wegen antireformatorischer Polemik entsetzte Prof. K.Riffel von dort aus gegen G. arbeitete. Statt eines Mitglieds der Fakultät (Leop. Schmid) wurde im Frühjahr 1850 → Ketteler Bischof von Mainz. Er nahm den Kampf gegen G. sofort energisch auf, machte sich die verbreitete Klage über »die üblen Sitten der von G. kommenden Studenten« und das kath. Vorurteil gegen die ev. Stadt und Universität zu eigen und bereitete mit Eifer die Wiedereröffnung der Mainzer bischöflichen Lehranstalt vor, welche unter Außerachtlassung des staatlichen Einspruchs am 1.5.1851 auch erfolgte. Da das nachgiebige Ministerium → Dalwigk nichts Entscheidendes dagegen unternahm, gelang es Ketteler, die Fakultät mattzusetzen (sie hatte seit Sommer 1851 keine Hörer mehr) und 1859 tatsächlich zum Erliegen zu bringen, ohne daß sie jemals rechtskräftig aufgelöst worden wäre.

A.Lutterbeck, Gesch. d. kath.-theol. Fakultät zu G., 1860 - W. Köhler, Die kath.-theol. Fakultät in G. (Ludoviciana 1907, Nr. 6, 85-87) - F.Vigener, Die kath.-theol. Fakultät in G. u. ihr Ende (Mitt. d. oberhess. Geschichtsvereins NF 24, 1922, 28-96) - Ders., Ketteler, 1924, 139f. 179ff - St.Lösch, Die kath.-theol. Fakultäten zu Tübingen u.G. (ThQ 108, 1927, 159-208) - A.Schuchert, Die kath.-theol. Fakultät an d. Univ. G. (Jb. f. d. Bistum Mainz 1, 1946, 64 ff).

G.Maron

Gifford-Lectures sind auf Grund einer Stiftung des schottischen Richters Adam Gifford (1820-87) für weitere Kreise eingerichtete Vorlesungen an den Universitäten Glasgow, Edinburgh, St. Andrews und Aberdeen zur Förderung der »natürlichen Theologie im weitesten Sinne dieses Ausdrucks«. Sie umfaßt »die Erkenntnis Gottes, des Unendlichen, des Alls, der ersten und einzigen Ursache, ... die Erkenntnis der Beziehungen der Menschen und des ganzen Universums zu Gott, die Erkenntnis des Wesens und der Grundlage der Ethik und Moral«. Die Professoren sollen ihren Gegenstand »ohne Bezug oder Verlaß auf irgendwelche angenommene, spezielle, ausnahmsweise oder sog. wunderbare Offenbarung« behandeln, sondern ihn ebenso wie Chemie oder Astronomie betrachten. Sie können auch Agnostiker oder Freidenker sein, nur daß sie »fähige, achtbare Männer und wahre Denker sind, die lauter die Wahrheit lieben und mit Ernst sie zu erforschen trachten«. - Bedeutende G. haben u.a. F.Max → Müller, Andrew Lang, C.P. → Tiele, W.James, Sir J. → Frazer, W. → Temple, N. → Söderblom, R. → Niebuhr, K. → Barth (!), E. → Brunner, R. → Bultmann gehalten.

Ein Auszug aus dem Testament Giffords bei F.Max Müller, Natürliche Religion, 1890, VII ff; vgl. auch von demselben die einleitende Vorlesung über Giffords Vermächtnis, ebd 1-24. *C.M.Schröder*

Gifftheil, *Ludwig Friedrich* (1595-1661), politisch-apokalyptischer Publizist. Sohn eines württembergischen Pfarrers, ursprünglich Anhänger → Schwenckfelds, 1624 des Landes verwiesen, führte ein unstetes, viel verfolgtes Leben in Deutschland und Holland. Mit dem Familienerbteil heftigen Eigensinns verband sich bei ihm der Eifer für ein spiritualistisches, praktisches Christentum und leidenschaftlicher Pazifismus. G. sandte seine Flugschriften an sämtliche Mächte des Dreißigjährigen Krieges, dessen Leiden er als Feldscher kennengelernt hatte und eindrucksvoll schildert und dessen politische Phasen er kaiserfeindlich, aber keiner Partei sich anschließend scharf beobachtet. Als der »Kriegsfürst Michael« (Dan 12), der neue David, verkündet er der Zeit, die für ihn die Züge der vierten Monarchie Daniels (Dan 2 und 7) trägt, das hereinbrechende Gericht. Er hat → Betke, → Breckling u.a. Kritiker der Kirche und die englischen → Quintomonarchisten beeinflußt.

RE VI, 664; XXIII, 560 - Chr.Kolb, Blätter f. Württ. KG 4, 1900, 75-82 - E.Eylenstein, ZKG 41, 1922, 1-62 - E.Benz, ZKG 53, 1934, 505-517 - A.Schleiff, Die Selbstkritik der luth. Kirchen im 17.Jh., 1937 - F.Friz, Blätter f. Württ. KG 44, 1940, 90-105; 49, 1949, 135 bis 143.

H.Bornkamm

Gilbert *Porreta* (de la Porrée, Porretanus, * ca 1080 in Poitiers, † 1154 ebd), studierte in → Chartres und Laon (unter → Anselm und Radulf von Laon), lehrte in Chartres (als Kanzler) und Paris und wurde 1142 Bischof von Poitiers. Außer (unedierten) Kommentaren zu den Pss und zu den Paulusbriefen sind von ihm solche zu den vier theologischen Traktaten des → Boethius erhalten, in denen er einerseits die → Artes liberales für die Theologie fruchtbar machen, anderseits dem besonderen Gegenstand der Theologie gerecht werden will (entsprechend seinem Prinzip, die den verschiedenen Wissenschaften eigentümlichen »rationes« nicht zu vermengen). Angriffe bes. von der Partei des → Bernhard von Clairvaux und kirchliche Untersuchung von vier beanstandeten Lehrpunkten ergaben anläßlich des Konzils von Reims (1148) nur, daß → Eugen III. verbot, zwischen Gott und Gottheit (divinitas) zu unterscheiden, was G. aber nur in »rationeller«, sprachlogischer Hinsicht getan hatte. Die sich ihm anschließende Schule (Gilbertiner, Porretaner; zB → Nikolaus von Amiens, → Otto von Freising, der Kardinal Laborans, → Simon von Tournai, → Alanus ab Insulis, Radulfus Ardens) war in der zweiten Hälfte des 12.Jh.s sehr verbreitet und ist neuerdings der Gegenstand zahlreicher dogmengeschichtlicher Untersuchungen geworden (bes. durch A.M.Landgraf). - Vgl. → Christologie: II, 6b.

MPL 64, 1247ff. - Krit. Ausg. von N.M.Haring, Studies and Texts I, Toronto 1955, 23-98 (Kommentare I u. II); Traditio 9, New York 1953, 177-211 (Komm. III); AHDL 21, 1954, 241-357 (Komm. IV). - Über G.: DThC VI, 1350ff - Manitius III, 210ff - LThK IV, 495f - A.M.Landgraf, Einführung in die Gesch. der theol. Lit. der Frühscholastik, 1948, 79ff (Schule G.s; Lit.) - M.E.Williams, The Teaching of G.P. on the Trinity (AnGreg 56), Rom 1951 (Lit.) - Landgraf, passim - S.Vanni Rovighi, La filosofia di Gilberto Porretano (Miscellanea del Centro di Studi Medievali I, Mailand 1956, 1-64) - M.A.Schmidt, Gottheit u. Trinität nach dem Kommentar des G.P. zu Boethius, De Trinitate (Studia Philosophica Suppl. 7), 1956 - EF II, 728ff - N.M.Haring, Petrus Lombardus u. die Sprachlogik in der Trinitätslehre der Porretanerschule (Miscellanea Lombardiana, Novara 1957, 113-127) - Ders., Sprachlog. u. philos. Voraussetzungen zum Verständnis der Christologie G.s v. Poitiers (Scholastik 32, 1957, 373-398). *M.A.Schmidt*

Gilbertiner, englischer → Doppelorden, um 1135 von *Gilbert von Sempringham* (ca 1083-1189; 1202 heiliggesprochen) als Kloster für arme Mädchen gestiftet, 1146 von Eugen III. bestätigt. Die Nonnen lebten in strenger Klausur nach der → Benediktinerregel; zur geistlichen Führung der Schwestern schuf Gilbert Chorherrenstifte, in denen die durch Zusätze aus der Zisterzienserregel vermehrte → Augustinerregel galt. Der Vorsteher der Chorherren leitete als Generalmagister den Gesamtorden autoritär. Durch seine Tätigkeit in Armen- und Krankenpflege war der Orden in England sehr volkstümlich. Bei seiner Aufhebung im Klostersturm unter Heinrich VIII. (1536) umfaßte er 25 Häuser.

HELYOT II, 188ff - RE VI, 664f - BHL 526ff - R.S.GRAHAM, St. Gilbert of S. and the Gilbertines, London 1901 - HEIMBUCHER I, 417.
O.Rühle

Gildas, der Weise (500–570), gebildeter Brite, wurde mit seiner vor 547 verfaßten, im Gegenstande → Salvian von Marseille verwandten Klage- und Anklageschrift »De excidio et conquestu Britanniae ac flebili castigatione in reges, principes et sacerdotes« zum frühesten christlichen Geschichtsschreiber Britanniens und zum Gewährsmann für die britische Rückschau → Bedas; weitere ihm zugeschriebene Schriften sind teils zweifelhaft oder wenigstens überarbeitet, teils unecht.

Ausg. v. TH.MOMMSEN, MG AA XIII, 1898, 81ff. - Über G.: H. WILLIAMS, Commentary on works of G., 1900 - MANITIUS I, 208ff; II, 798 - EBrit X[14], 346 - EC VI, 394f (Lit.). *F.Flaskamp*

Gilead, Name einer ostjordanischen Ortschaft (Ri 10, 17; Hos 6, 8), deren Überreste zusammen mit dem alten Namen in der heutigen chirbet dschel'ad (zwischen es-salṭ und dem Jabbok) erhalten sind, sowie eines Berges (Gen 31, 21ff), der mit dem nnw. von chirbet dschel'ad sich erstreckenden Bergzug zu identifizieren sein wird und auf dem die heilige Stätte Mizpe-G. (Ri 10, 17; 11, 29; vgl. Gen 31, 49) gelegen hat, für die die Ruine von el-mischrefe in Frage kommt. Das in der westlichen Nachbarschaft, in der heutigen arḍ el-'arḍe, gelegene israelitische Siedlungsgebiet wird als Land G. bezeichnet (Num 32, 1 u.ö.); seine Bewohner nannte man Gileaditen (Ri 11, 1 u.ö). Der Landschaftsname G. wurde sekundär, aber schon früh auf weitere Teile des israelitischen Kulturlandbesitzes östlich des Jordans ausgedehnt, vor allem auf den ganzen gebirgigen Mittelteil (vgl. die Namen der Städte Jabes-G. 1Sam 11, 1ff u.ö. und Ramoth-G. 1Kön 4, 13 u.ö., die am Nordrand des 'adschlūn-Gebirges gelegen haben, sowie Dtn 3, 10 u.ö.). Schließlich konnte mit G. das ganze israelitisch besiedelte Ostjordanland bezeichnet werden (Dtn 34, 1; → Basan). Das Land G. zeichnete sich aus durch seine Bewaldung (vgl. Jer 22, 6) und durch das Vorhandensein heilkräftiger Pflanzen (Gen 37, 25; Jer 8, 22; 46, 11).

R.DE VAUX, RB 47, 1938, 398-425 - DERS., Vivre et Penser 1, 1941, 16-47 - M.NOTH, PJ 37, 1941, 50-101 - DERS., ZDPV 73, 1957, 28-44. *M.Noth*

Gilgal, hebr. hag-gilgal, »der (Stein)kreis«. Der Ort ist nach Jos 4, 19 »an der östlichen Flurgrenze von → Jericho« zu suchen; doch ist eine genauere Lokalisierung im Nordosten von Jericho bis jetzt nicht gesichert. Außer diesem G. kennt die biblische Überlieferung kein anderes (gegen E.Sellin, G., 1917). Die Traditionen von der Errichtung der zwölf Steine in Anwesenheit der → Lade Jahwes (Jos 4, 8. 11a. 20) und von der Theophanie (Jos 5, 13-15) legen die Vermutung nahe, daß die zunächst nur benjaminitische Kultstätte zu G. schon um 1100 vChr den Rang eines zentralen Heiligtums der → Stämme Israels gewonnen hat. Jedoch begegnet die Hypothese, daß »Jos 3 und 4 als Kultlegende eines (in G. begangenen) Festes der Herausführung aus Ägypten und der Landnahme anzusehen« ist (H.J.Kraus), zu großen Schwierigkeiten (vgl. M.Noth, Das Buch Josua [HAT I, 7], 1953², 33). Zur Zeit → Sauls ist G. jedenfalls *das* Nationalheiligtum Israels gewesen (1Sam 11, 15) und scheint auch unter → David noch nicht viel von seiner Bedeutung eingebüßt zu haben (2Sam 19, 41ff). Erst nach der Reichstrennung wurde G. vorübergehend von → Bethel überflügelt. Als dann unter den Omriden (→ Omri) ein breiter Strom phönikischer Kulteinflüsse ins Nordreich einbrach, scheint G. ein Zentrum der von → Elia und → Elisa inspirierten prophetischen Widerstandsbewegung gewesen (2Kön 2, 1; 4, 38) und mit deren Sieg in der Revolution → Jehus wieder zu hohem Ansehen gelangt zu sein. Die leidenschaftlichen Drohworte der Propheten Amos (4, 4; 5, 5) und Hosea (4, 15; 9, 15; 12, 12) gegen die »trügerische Heilssicherheit«, die an den »nationalen Weihestätten« (Galling) Bethel und G. erzeugt und gepflegt wurde, lassen die mächtige Anziehungskraft ahnen, die G. als Wallfahrtsort um die Mitte des 8.Jh.s vChr noch ausübte und höchstwahrscheinlich bis zum Untergang des Reiches Israel ausgeübt hat. - Die literarisch mehrfach bezeugte Existenz eines Dodekalithon in »Galgala« zeigt das Fortleben der G.-Tradition in der byzantinischen und frühmittelalterlichen Kirche.

Lit. bis 1937 in BRL 198. - F.M.ABEL, Géographie de la Palestine II, Paris 1938, 336ff - K.GALLING, ZDPV 66, 1943, 141-155; 67, 1944, 21-25. 34-43 - F.M.ABEL, »Galgala qui est aussi le Dodécalithon« (Bibliothèque de la Faculté Cath. de Théol. de Lyon 5, 1950, 29-34) - A.GEORGE, Les Récits de G. en Josué (ebd 169-186) - H.J.KRAUS, G., ein Beitrag zur Kultusgesch. Israels (VT 1, 1951, 181-199). - Lit. zu den Lokalisierungsproblemen von G. in OLZ 52, 1957, 243f.
A.Kuschke

Gilgamesch war nach sumerisch-babylonischer Mythologie (→ Babylonien: II, 14) ein Halbgott, der in der Urzeit Kullaba, die Schwesterstadt von Uruk (Erech, → 3 E 5), beherrschte. Er galt als ein Heros, dem man Uruks gewaltigen Mauerbau zuschrieb, und auch (wie → Tammuz) als ein Fürst und Richter im Totenreich. Das Heldenepos, das von ihm und seinem Freund Enkidu handelt, ist mit seinen allgemein menschlichen Zügen die größte poetische Schöpfung aus vorhomerischer Zeit. Es zeugt sowohl von der Freude am heroischen Lebensideal als von der Vergänglichkeit des Menschenlebens und der Unvermeidlichkeit des → Todes. Der ursprünglich um 1900 vChr aufgezeichnete sumerische Liederzyklus (durch S.N.Kramer aus Tafelbruchstücken, meist aus Nippur, großenteils rekonstruiert) unterscheidet sich von der ersten akkadischen epischen Bearbeitung (um 1750 vChr) außer durch die Sprache durch Eintönigkeit der Form und stärkere mythische Färbung. Bruchstücke der akkadischen Dichtung tauchen immer neu auf. Selbst auf dem Hügel von → Megiddo ergab 1955 ein Zufallsfund die untere Ecke (mit 36 Zeilen) einer großen Tafel (ursprünglich 4 Kolumnen mit etwa 200 Zeilen, noch vor der Amarnazeit um 1500 aufgezeichnet). Dieser Fund beweist die Kenntnis und Verbreitung der Dichtung und ihrer Motive schon im vorisraelitischen Kanaan. Aus derselben Periode stammen Bruchstücke in hethitischer und hurritischer Sprache, die in Chattuschasch (heute Boǧazköy) gefunden sind und weitere Ausstrahlung bezeugen.

Vollständiger (trotz noch mancher Lücke) kennen wir die jüngere (akkad.) Dichtung mit ihren 12 Tafeln oder Gesängen (urspr. ca 3000 Verse). Literarische Beziehungen zum Tukulti-ninurta-Epos machen es wahrscheinlich, daß das Heldenepos damals (um 1230) zum »Ritterepos« mit dem Thema der Lebenssuche umgearbeitet wurde. Hier fällt aller Nachdruck auf Heldenmut und Kampf, auf den Gegensatz zwischen Natur und Kultur und auf die allmähliche Läuterung des Helden. Der eingeschaltete Bericht seines Ahnen Uta-napischtim (XI, 8-196) von der → Sintflut (: I) erinnert an Gen 6-9 (→ Babylonien: III, 3). - Tragischer Wendepunkt im Epos ist die Kränkung der Göttin Ischtar (VI). Ergreifend sind die Totenklage (VII) und Todesangst (VIII) des G. nach dem Verlust des Freundes sowie der Verlust des mit unendlicher Mühe erlangten Lebenskrautes (Verjüngungskrautes; → Lebensbaum: I), das die Schlange ihm raubt (XI, 287f). Im letzten Gesang (XII, einem Anhang) beschwört G. den Schatten des Freundes und erfährt von diesem die unerbittliche Satzung des Totenreiches.

Text u. Umschrift: R.C.THOMPSON, The Epic of Gilgamish, Oxford 1930. - Übertragungen (Auswahl): Dt.: A.UNGNAD, 1911 (Komm. v. H.GRESSMANN) - E.EBELING, AOT I, 150ff - A.SCHOTT, 1934 (Reclam). - Amerik.: A.HEIDEL, Chicago 1947 - E.SPEISER, ANET² 72ff. 514f. - Franz.: G.CONTENAU, 1939. - Niederländ.: F.M.TH. DE LIAGRE BÖHL, Amsterdam (1941) 1958³ (dt. Bearb. in Vorbereitung). - Schwed.: K.TALLQVIST, Stockholm 1945. - Tschechisch: L.MATOUŠ, Prag 1958. - Zum sumerischen Zyklus vgl. ANET 44ff - H.RANKE in: ZA NF 15, 1950, 45-49 - F.M.TH.DE LIAGRE BÖHL, Das Problem des ewigen Lebens im Zyklus u. Epos des G. (Opera Minora, Groningen 1953, 234-262; Lit.). - J.J.STAMM, Das G.-Epos u. seine Vorgesch. (Asiat. Studien 6, 1952, 9-29). - Für P.JENSEN vgl. → Babylonien: III, 1, → Panbabylonismus.

F.M.Th. de Liagre Böhl

Gilson, *Etienne,* Erforscher patristischer und scholastischer Philosophie und mittelalterlichen Geisteslebens, Mitglied der Académie française. * 13.6.1884 zu Paris, 1913-19 Prof. in Lille, 1919-21 in Straßburg, 1921-32 in Paris, 1926-29 wechselweise auch an der Harvard-Universität; veranlaßte 1929 die Gründung des Institute of Mediaeval Studies in Toronto. - G.s Forschung gilt bes. dem Augustinismus des MA. Er lehnt die thomistische wie auch die ontologistische Deutung → Augustins ab und betont im Augustinismus Offenbarung als Lichtquelle für die Vernunft; Gott ist uns wegen der Innerlichkeit des Denkens bekannter als die Körper. Den Zusammenhang mittelalterlicher Theologie und Philosophie sieht er im Sinne des anselmischen Credo ut intelligam. Die thomistische Philosophie betrachtet G. nicht als reine Wesensphilosophie, sondern hält die Orientierung am Dasein (esse) bei → Thomas von Aquino für entscheidend. Für die Geistesgeschichte des MA sind seine Arbeiten über Abaelard, Dante und Descartes beachtenswert.

Vf. u.a.: Le Thomisme, Paris (1919) 1947⁵; La philosophie au moyen âge, (1922) 1947², dt. (1936) 1954³; La philosophie de St.Bonaventure, (1924) 1953³, dt. 1929; St.Thomas d'Aquin, 1925, dt. 1930; Introduction à l'étude de St.Augustin, 1929, dt. 1930; Etudes sur le rôle de la pensée médiévale dans la formation du système cartésien, (1930) 1951²; L'esprit de la philosophie médiévale, (1932) 1948², dt. 1950; Gesch. d. christl. Philosophie (mit PH.BÖHNER), (1937) 1954³; Héloïse et Abélard, (1938) 1948², dt. 1955; Dante et la philosophie, (1939) 1953², dt. 1953; L'être et l'essence, 1948; Jean Duns Scot, 1952. - Über G.: J.MARITAIN u.a., E.G., 1949 (Lit.).

G.Schmücker

Gioberti, *Vincenzo* (1801-52), Philosoph und Politiker aus Piemont, * in Turin, kath. Geistlicher, wegen seiner liberalen Einstellung lange Zeit im Exil in Paris und Brüssel, † in Paris. Seine Philosophie erinnert sowohl an → Gregor von Nyssa als an → Johannes Scotus Eriugena. Das Sein offenbart sich in der Intuition, und weil das Seiende sich dem Verstand zu erkennen gibt, kann dieser es erfassen: zwischen dem Geist und dem Seienden besteht eine unmittelbare Beziehung, die durch die philosophische Reflexion hergestellt wird. Von einem ähnlichen ontologischen Verständnis her will G. die ganze moderne Philosophie verurteilen, die nach ihm vom Psychologismus befallen ist und zum Skeptizismus führen muß. Durch die Reflexion erkennen wir, daß dieses Seiende Ursache des Existierenden ist, welches ist, insoweit das Seiende es uns enthüllt. So gelangt G. zu der idealen Formel: »L'Ente crea l'esistente«: das Seiende (Gegenstand der Theologie und Philosophie) schafft (Gegenstand der Logik, Mathematik und Moral) das Existierende (Gegenstand der Naturwissenschaften). Wenn also die Moral menschliche Schöpfung ist, ebenso wie sie göttliche Schöpfung ist, muß der Mensch als Existierendes seine Rückkehr zum Seienden, seinem Schöpfer, verwirklichen. Deshalb die zweite Formel: das Existierende kehrt zum Seienden zurück (das Natürliche muß sich dem Übernatürlichen zuwenden). Fortschreiten heißt, in der Tradition und Offenbarung gegründet sein: das ist der Gedanke seines Hauptwerks »Introduzione allo studio della filosofia« (1840), der in »Il primato morale e civile degli Italiani« (1843) seinen politischen Niederschlag fand. Für G. ist es Aufgabe der Italiener, die Kultur (das Existierende) zur Rückkehr zur kath. Tradition (dem Seienden) zu bringen. Italien soll sich zu einem Staatenbund unter Führung des Papstes zusammenschließen. Die Jesuiten bekämpften G., da er einen evolutionistischen Traditionsbegriff zu vertreten schien, eine Vorstufe des Modernismus (→ Reformkatholizismus; »Il gesuita moderno«, 1846). Nach dem Scheitern des neoguelfischen Einigungsversuchs änderte er seine politische Einstellung, wies in seinem »Rinnovamento civile in Italia« (1851) Piemont die Führerrolle im Kampf um die italienische Einheit zu und kämpfte nun vor allem für eine Reform des Katholizismus.

Opere edite e inedite di V.G. Rom-Mailand 1938ff. - A.BRUERS, G., Rom 1924. - Idealist. Darstellungen: G.GENTILE, Mazzini e G., Pisa 1898 - DERS., La filosofia italiana nelle sue relazioni con la filosofia europea, Bari 1908 - G.SAITTA, G., Mailand 1952. - Spiritualist. Darstellungen: F.PALHORIES, G., Paris 1929 - G.BONAFEDE, V.G., Palermo 1941 - L.STEFANINI, G., Mailand 1947 (bes. wichtig).

R.Jouvenal

Giotto *di Bondone,* ital. Maler und Architekt, * vermutlich 1266 in Colle di Vespignano b. Florenz, † 8.1. 1337 in Florenz. G. war der Erneuerer der italienischen Malerei an der Wende vom 13. zum 14.Jh. Sein Stil vereint florentinische, römische und byzantinische Elemente, dazu kommt seit etwa 1300 der Einfluß der französischen Gotik. Mit seiner monumentalen, zugleich allgemeinverständlichen, leicht übertragbaren Formensprache hat G. weit über seine eigene Epoche hinaus gewirkt.

G.s Hauptwerk ist der Freskenzyklus in der Arena-Kapelle, Padua (Leben Marias, Leben Christi, Weltgericht; um 1305). Umstritten ist G.s Tätigkeit in S.Francesco in Assisi, doch neigt man heute überwiegend dazu, die Fresken der Franziskuslegende in der dortigen Oberkirche (mit Ausnahme der ersten und der drei letzten Szenen) als Werk der Frühzeit G.s (vor 1300) zu betrachten. Unter G.s Leitung entstanden dort vermutlich auch die vier Kirchenväter am sog. »Doktorengewölbe« und einige der Passionsszenen. Alle diese Fresken repräsentieren den Stil der Frühzeit G.s, wenn auch zT nur in abgeblaßter Form (Beteiligung von Gehilfen). Die jüngeren Fresken in der Unterkirche von S.Francesco sind nur als Werkstattarbeiten zu betrachten. - Um 1300 malte G. in Rom ein Fresko in der Benediktionsloggia des Laterans (»Bonifaz VIII. verkündet das Kirchenjubiläum«; zerstört bis auf ein Fragment, das sich heute im Inneren der Basilika befindet). Vermutlich aus derselben Zeit stammt das Mosaik der »Navicella« (Christus wandelt auf dem Meere; heute in der Vorhalle von St.Peter). - Als Spätwerke gelten die Fresken in der Peruzzi-Kapelle (Santa Croce, Florenz; Szenen aus dem Leben Johannis des Täufers und des Evangelisten) sowie (wohl von einem Schüler stammend) die der Bardi-Kapelle ebd (Szenen der Franziskuslegende, nach 1317). Von den Tafelbildern aus G.s Werkstatt sind nur sehr wenige eigenhändige Arbeiten. Noch vor 1300 dürfte das große, auf Holz gemalte Kruzifix in Santa Maria Novella (Florenz) entstanden sein, das neuerdings wieder - nicht unbestritten - als eigenhändiges Frühwerk G.s gilt. Ein kleineres Kruzifix aus der Arena-Kapelle befindet sich heute im Museo Civico (Padua). Bald nach den Paduaner Fresken ist das große Madonnenbild aus der

Kirche Ognissanti in Florenz zu datieren (heute Uffizien). Drei mit G.s Namen signierte Altarwerke (Bologna, Pinakothek; Rom, Vatikanische Pinakothek; Paris, Louvre) sind sämtlich nur Werkstattarbeiten.

G. schuf einen erzählerischen Stil von großer dramatischer Kraft und Tiefe der Empfindung, indem er seine monumentalen, statuarisch wirkenden Figuren in einen klar begrenzten, überschaubaren Bildraum hineinstellte. Die zumeist verhaltene, sparsame Gebärdensprache wird in ihrer Wirkung verstärkt durch den ausdrucksvollen Rhythmus des Bildaufbaus. Ebenso feinfühlig und durchdacht ist die Abfolge und Gliederung der Bilderzyklen in Assisi und Padua, in denen sich G. als einer der größten Erzähler der christlichen Kunst erweist. Seine Darstellung des Lebens Christi (→ Christusbild, 2d) ist in ihrer erhabenen Würde und eindringlichen Dramatik unübertroffen in der gesamten abendländischen Malerei.

M.G.Zimmermann, G. u. die Kunst Italiens im MA I, 1899 - H.Thode, G., (1899) 1926[3] - F.Rintelen, G. u. die G.-Apokryphen, Basel (1912) 1923[2] - O.Sirén, G. and some of his Followers I. II, Cambridge 1917 - E.Rosenthal, G. in der mittelalterl. Geistesentwicklung, 1924 - C.H.Weigelt, G., 1925 - B.Kleinschmidt, Die Basilika San Francesco in Assisi I. II, 1926 - J.Gy.-Wilde, G.-Studien (Wiener Jb. f. Kunstgesch. 7, 1930, 45-94) - R.Salvini, G. Bibliografia, Rom 1938 - Th.Hetzer, G., 1941 - R.Oertel, Wende der G.-Forschung (Zs. f. Kunstgesch. 11, 1943/44, 1-27; Lit.) - P. Toesca, G., 1945 - U.Schlegel, Zum Bildprogramm der Arenakapelle (Zs. f. Kunstgesch. 20, 1957, 125-146). *R.Oertel*

Gladstone, *William Ewart,* * 29.12.1809 in Liverpool, † 19.5.1898 in Hawarden (North Wales), britischer Staatsmann (4mal Prime Minister 1869-94) und Theologe aus Neigung, gehörte zunächst der konservativen, seit etwa 1850 der liberalen Partei an. In seiner kirchenpolitischen Stellung von Th. → Chalmers angeregt, tendierte G. in seiner Frühzeit auf eine Theokratie, in welcher die Kirche das Gewissen des Staates sein sollte (The State in its Relations with the Church, [1839] 1841[4]). Diese Überzeugung führte ihn auch in die Nähe der → Hochkirchlichen (Oxford-)Bewegung (: I) und schied ihn vom staatskirchlichen Liberalismus; Chr. → Wordsworth warf ihm Übereinstimmung mit dem römischen Katholizismus vor. Durch solche Kritik beeindruckt (vgl. Church Principles, 1841) ging G. allmählich zum Liberalismus über und gab dieser Bewegung einen neuen christlichen Inhalt unter dem Leitmotiv der unbestechlichen Gerechtigkeit, die die Freiheit des einzelnen und der Völker achtete. G. wurde zum Vorkämpfer für die liberale Lösung der irischen Frage und hob dort 1869 die bevorrechtigte Stellung der Kirche von England auf (→ Irland: II). 1876 trat er gegen die Türken für die Bulgaren, 1896 für die Armenier ein. Die Beschlüsse des → Vatikanum bekämpfte er als Gefährdung der Untertanentreue (The Vatican Decrees in their bearing to civil allegiance, 1875) und pflegte u.a. Beziehungen mit → Döllinger. In den kirchlichen Kämpfen, die der Ritualismus der Oxfordbewegung hervorrief, befürwortete er die größtmögliche innere Freiheit der Kirche, die - durchaus in G.s Sinne - der Oxfordbewegung zugute kam. Auch schaffte er 1868 die allgemeine Kirchensteuer, 1871 den Nachweis der anglikanischen Kirchenzugehörigkeit an den Universitäten Oxford, Cambridge und Durham ab. Mit alledem nahm er die genau entgegengesetzte Haltung zu seinem politischen Antipoden Benjamin Disraeli, Lord Beaconsfield (1804-81) ein, der die Kirche von England als soziologische Größe achtete und unversehrt ließ, ohne von ihren Dogmen berührt zu sein. G. wurde dagegen ein eindrucksvoller Vertreter des christlichen Staatsmanns unter neuzeitlichen Bedingungen.

Vf. außerdem u.a.: The impregnable Rock of Holy Scripture. A Commentary on the Psalter, 1895; Studies subsidiary to the Works of Bishop Butler, 1896. - Qu. zur Biogr.: W.E.G., A Chapter of Autobiography, 1868 (irische Frage) - Ders., Gleanings of Past Years, 7 Bde, 1879 - Correspondence on Church and Religion of W.E.G. Selected and arranged by D.C.Lathbury, 1910 - Correspondence of Lord H.J. Temple Palmerston with Mr. G. 1851-65, 1928 - The Political Correspondence of W.E.G. and Lord Granville 1868-78, ed. A.Ramm, 2 Bde, 1952. - Über G.: J.Morley, Life of G., 3 Bde, 1903 - Anonym, In the Evening of his Days. A Study of Mr. G. in Retirement..., 1896 - O.Burdett, W.E.G., 1927 - R. Craemer, G. als christl. Staatsmann, 1930 - G.T.Garratt, The two Mr. G.s, 1936 - E.Eyck, G., 1938 - DNB (Neudr. 1949/50) XXII, 705ff - Ph.Magnus, G., 1954 - U.Heuss-Burckhardt, G. u. das Problem der Staatskirche (Diss. Zürich), 1957. *M.Schmidt*

Glasgow, *Erzbistum.* Im 6.Jh. war G. (→ 10 D 3) ein blühender Mittelpunkt der keltischen Kirche; die Gründung des Bischofssitzes wird mit der Überlieferung dem hl. Kentigern (Mungo) um 543 zugeschrieben. Im frühen 12.Jh. kam eine Hierarchie nach römischem Vorbild nach → Schottland (: I), und David, Prinz von Cumbria, ordnete den Bischofssitz von G. zwischen 1115 und 1121 von neuem. 1492 wurde G. Erzbistum mit den vier Suffraganbistümern Dunblane, Dunkeld (→ 10 D 2), Galloway und Argyll, bis die Reformation in Schottland 1560 den letzten Erzbischof James Beaton († 1603) zur Flucht nach Paris zwang. 1827 wurde G. der Sitz eines der drei Apostolischen Vikare für Schottland. 1878 wurde auch der röm.-kath. Erzbischofssitz in direkter Abhängigkeit vom Hl. Stuhl wiederhergestellt, doch ohne Suffraganbistümer. 1947 wurde er mit zwei zugeordneten Bistümern Motherwell und Paisley zur Provinz erhoben. - Zur Universität G. s. → Schottland: III.

Registrum Episcopatus Glasguensis, ed. Cosmo Innes, 2 Bde, Edinburgh 1843 - LThK IV, 516f - EC VI, 867f - The Western Catholic Calendar for the Province of G., Glasgow 1957 - K.Jackson, Some Early Lives of St.Kentigern (in: Studies in the Early British Church, ed. N.K.Chadwick, Cambridge 1958, Kap. VI). *M.Chibnall*

Glasmalerei

1. Technik der G. - 2. Geschichte der G.

1. G. im engeren Sinne ist die Herstellung farbiger Kirchenfenster mit figürlichen, architektonischen oder ornamentalen Darstellungen. Bereits die frühest erhaltenen G.en zeigen eine vollkommen fertig ausgebildete *Technik:* das Bild wird aus einzelnen, mit Hilfe eines heißen Eisens abgesprengten und formgerecht gekröselten Glasstücken, die entweder in Masse oder durch entsprechend dünne, verschiedene Überfänge gefärbt sind, mittels gehobelter Bleiruten mosaikartig zusammengesetzt. Das Bleirutennetz gibt gleichzeitig die Hauptkonturen des Bildes an. Die feinere Binnenzeichnung wird mit Schwarzlot, einem leicht schmelzbaren Bleiglas, auf der Bildvorderseite aufgetragen und eingebrannt. Flächenhafte Halbtöne in Gesicht, Händen und Gewand werden durch transparente Schwarzlotüberzüge auf der Bildrückseite erzielt. Durch verschiedene Ausschliffe, bes. bei Überfanggläsern und Ausradierungen, läßt sich eine weitere Helligkeits- und Farbnuancierung erreichen. Um 1300 tritt als einzige Glasurfarbe das Silbergelb hinzu, das bes. bei Haar, Nimbus, Gewandborten und heraldischen Teilen Verwendung findet. Im 15.Jh. wird Silbergelb mitunter auch bei blauen Teilen hinterlegt, so daß die Farbe grün entsteht. Im Spät-MA erfreuen sich kompliziert gekröselte Glasstücke und Farbausschliffe besonderer Beliebtheit. In der → Renaissance (: II, 1), bes. aber im → Manierismus und → Barock (: I) bevorzugt man die von der venezianischen Hohl-G. übernommene Emailliertechnik, die es gestattet, ein Glasbild ähnlich wie ein Tafelbild aufzubauen (Kabinettscheibe). Hierbei erübrigt sich weitgehend das Bleirutennetz. Während sich das 19.Jh. unter Wiederaufnahme und Weiterbil-

dung der mittelalterlichen Technik um die Wiederbelebung dieses Kunstzweiges bemühte, blieb es dem 20.Jh. vorbehalten, durch Erfindung zahlreicher neuer Techniken der G. eine hervorragende Stellung innerhalb der modernen Sakralkunst zu geben: Verwendung von stark schlieren- und blasenhaltigem und mit Schwarzlot angewischtem »Echtantikglas«, Glasbausteintechnik, Betonverglasung, Lichtstegtechnik, transparentes Glasmosaik, Ätz- und Schliffarbeiten u.a.m.

2. Die *Geschichte* der G. ist aufs engste mit der Geschichte der Architektur verbunden (→ Kirchenbau); denn das Kirchenfenster hat eine heterogene Aufgabe zu erfüllen. Es besitzt nicht nur darstellerische Funktion im Sinne der → Armenbibel, worauf mittelalterliche Autoren ausdrücklich verweisen, sondern ist zugleich durchscheinender Wandverschluß. Eine unseren G.en analoge Vorform gab es bereits in den frühchristlichen Kirchen des Orients, Ravennas und Roms, sei es in Form von Steinrelief-Füllungen, geschliffenen Alabastertäfelchen, oder mittels polierter Hölzer netzartig zusammengesetzter Farbverglasungen. Die Geschichte der abendländischen G. wird aber erst mit dem 12.Jh. greifbar, da sich aus den früheren Jh.en nur Splitter und kleinere Fragmente erhalten haben, die den historischen Werdegang der G. nicht erkennen lassen. Sicher ist aber, wie aus zahlreichen literarischen Quellen hervorgeht, daß schon ab 4.Jh. Kirchen mit Fensterverglasungen ausgestattet waren. Die aus dem 13.Jh. stammenden und aus völlig unregelmäßigen Stücken zusammengesetzten Ornamentgrisaillen des Zisterzienserklosters Heiligenkreuz mögen vielleicht Frühformen abendländischer G. widerspiegeln. Reste eines umfangreichen Fensterzyklus von alttestamentlichen Gestalten haben sich in den 5 Prophetenfenstern (nach 1100) des Augsburger Doms erhalten. In dem Kopf aus Weißenburg »lebt noch die übermäßige geistige Spannung der spätottonischen Zeit«. Die wenigen erhaltenen frühromanischen Scheiben aus Neuweiler (Elsaß) und Flums (Schweiz) erweisen sich ebenso wie die Augsburger Propheten in ihrem klaren und strengen Aufbau als Meisterwerke der Monumentalkunst. Bindeglied zwischen Architektur und figürlicher Darstellung bildet ein das Figurenfeld umlaufendes Ornamentband. Der vorherrschend kühle Farbklang grün-rot-gelb unterstreicht das Gefühl des jenseitig Entrücktseins. Während in Deutschland die G.en zunächst nur lückenhaft erhalten sind, läßt sich in Frankreich die Entwicklung bis zur Spätgotik kontinuierlich ablesen. Unter Abt Suger von St. Denis entsteht in der ersten Hälfte des 12.Jh.s ein Glasfensterzyklus, von dem einzelne Teile noch erhalten sind. Die Darstellungen sind in Medaillons hineinkomponiert und stellen in typologischer Absicht (→ Typologie) neben den Stammbaum Jesse und die 7 Gaben des Hl. Geistes Szenen aus der Mosesgeschichte und den Wagen Amminadabs (Hhld 6, 11). Die Kongruenz zwischen AT und NT kommt darin zum Ausdruck, daß der Apostel Paulus eine Mühle dreht, zu der die Propheten Säcke herbeitragen. In Chartres sind aus der Zeit von 1090 bis 1180 für den Dom 11 große Fensterstiftungen bezeugt. Die 3 erhaltenen, um 1160 entstandenen gewaltigen Westfenster lassen erkennen, daß mit der Schule von Chartres eine Glasmalerwerkstatt tätig war, die auf dem Kontinent nicht ihresgleichen hatte. In direktem Schulzusammenhang, wohl unmittelbar von St. Denis ausgehend, entstehen 1159 die Fenster in York, anschließend Le Mans, Bourges, Vendôme und Angers. In teppichhaften Fenstern mit dem Hauptfarbakkord blau-rot sind dramatisch bewegte Figuren und Szenen in ein Gespinst von Pflanzen und Blattwerk verwoben. Die mystische Farbenglut wie die »Transparenz« schlechthin ist Ausgangspunkt für die Spekulation mittelalterlicher Symbolik geworden (vgl. hierzu W.Schoene, Über das Licht in der Malerei, 1951, 37ff). Die Blütezeit der G. bricht aber erst im folgenden Jh. an, als »die Gotik der Wand immer mehr an tragender und stützender Funktion nahm«. Die Fensteröffnungen werden größer, oftmals wird die gesamte Fläche zwischen den Pfeilern von einer gläsernen Bildwand ausgefüllt. Mit den Kathedralen Chartres, Bourges, Sens, Ste. Chapelle, Paris, Soissons, Le Mans, Reims, Angers, Amiens (vgl. Abb. bei → Malerei und Plastik: II) und Beauvais ist Frankreich das führende Land der G. geworden. Es folgen England (hier das meiste durch den Bildersturm der Reformation [→ Kunst: IV] zerstört) und Deutschland. In Italien und allen übrigen europäischen Ländern konnte die G. nie recht Fuß fassen. Im Vergleich zu Frankreich besitzt Deutschland in seinen berühmten Bauwerken Worms, Speyer, Mainz, Bamberg, Trier, Limburg u.a. keinen Fensterschmuck mehr, und in den Domen Köln, Naumburg, Meißen, Ulm u.a. ist die optische Wirkung nicht mehr die einer diaphanen Bildwand, da der ursprüngliche Bestand weitgehend dezimiert ist. Angeregt durch die großen französischen Vorbilder und in Auseinandersetzung mit dem neuen Formgut entstehen in der ersten Hälfte des 13.Jh.s in Straßburg und Freiburg Teile der Münsterverglasung. In den noch spätromanisch wirkenden Fenstern St.Kunibert (Köln) läßt sich deutlich der Wandel von der traditionellen »monumentalen« zur »textilen«, in Vielpaßmedaillons aufgegliederten Flächenauffassung verfolgen. Mit den herrlichen G.en des 13.Jh.s von Marburg, Neukloster, Bücken, Erfurt, Merseburg, Meißen, Naumburg, Frankfurt, Mönchen-Gladbach und Eßlingen strebt die deutsche G. ihrem Höhepunkt zu. Im 14. und 15.Jh. hat sie die französische G. eingeholt (Köln, Freiburg, Regensburg, Ulm, Marburg, Straßburg, Xanten, Altenberg, Straubing, Erfurt, Nürnberg, Münnerstadt, Rothenburg, Stendal u.a.). Was an innerer Größe und Monumentalität verlorengeht, wird durch intimere Wirkung ersetzt. Über den Figurenzyklen erheben sich jetzt riesige, phantastische Baldachinaufbauten als Abbild des himmlischen Jerusalem. Der flächenhafte Hintergrund besteht aus stark farbiger Ornamentik, Grisaille (Kölner Dom, Obergaden), meistens wird er aber von einem dichten, ausradierten Rankengewebe übersponnen. In der zweiten Hälfte des 14.Jh.s setzt innerhalb der Architekturdarstellung eine Verräumlichung ein (Wien, Königsfelden, Böhmen, Erfurt, Nürnberg), die einen völlig neuen Bildaufbau nach sich zieht. Seit der Mitte des 15.Jh.s werden figürliche Darstellungen in die Tiefe gestaffelt, womit der flächenhafte Charakter der G. durchbrochen ist. Die G. folgt nun mit Abstand der rasch im Aufschwung begriffenen Tafelmalerei und gibt nach und nach eng zu ihrem Wesen gehörende Eigenheiten auf. In der Renaissance wird dem allgemeinen Bedürfnis nach Helligkeit im Kirchenraum Rechnung getragen. Die Farben werden lichter. Der Hintergrund ist oftmals ganz weiß gehalten; auch füllen die G.en nur selten noch die gesamte Fensterbahn. Der enge Zusammenhang mit der Architektur wird zugunsten eines unstatischen, oft sogar schwebenden Bildaufbaus gelöst. Die Hauptthemen sind jetzt rein weltlicher oder dekorativer Art. Religiöse Motive werden in die obersten Regionen des Fensters abgedrängt. Bedeutende Künstler liefern Entwürfe und Kartonzeichnungen, nach denen der Glasmaler arbeitet: Peter Hemmel von Andlau, A. → Dürer, H. → Holbein, H. von Kulmbach, H.Baldung Grien u.a. Dem Barock hat die G. nie viel bedeutet. Das Farbfenster als Mittler zwischen Diesseits und Jenseits hat seine ursprüngliche Bedeutung verloren. Im → Klassizismus gibt es keine G.en. Mit Eifer vorangetriebene Wiederbelebungsversuche des

19.Jh.s im Sinne der Neo-Gotik (→Malerei: V) und →Romanik konnten kaum neue Impulse vermitteln. Die mittelalterliche Farbenharmonie und der klare Aufbau im Bleiriß sind aber nicht wieder erreicht worden. Aufdringliche Farbigkeit und süßlich weiche Auffassung herrschen vielfach vor. Erst die Besinnung auf die liturgische Bestimmung des Kirchenraumes und der damit engstens verbundene Gesinnungswandel innerhalb der Architektur unseres Jh.s hat das Erwachen einer neuzeitlichen G. bewirkt. Als angewandte, expressive Monumentalkunst ist die G. nie in Extreme verfallen, wie sie für die Malerei des 20.Jh.s charakteristisch sind. Auf dem Gebiet der G. haben sich u.a. → Thorn-Prikker, Pechstein, → Schmidt-Rottluff, → Meistermann, → Rouault, →Manessier (vgl. Abb. bei →Malerei: VI) und Fernand Léger betätigt. – Problematisch und indifferent sind die Lösungen und Lösungsversuche ausgefallen, bei denen es galt, mittelalterliche Dome mit modernen G.en auszustatten: Aachen, Augsburg, Erfurt, Frankfurt, Köln, Marburg, Merseburg, Nürnberg, Ulm, Wetzlar. Harmonisch und überzeugend gegenwartsnah dagegen wirkt das Zusammengehen moderner Architektur und G., gerade auch in der Abkehr von der konventionellen, gegenständlichen Darstellung. Schwerelos, wie gläserne Teppiche hängen die G.en zwischen den Stahlbetonrippen der ganz zum Fenster gewordenen Wand. In dieser Bildarchitektur werden abstrakte, sinnlich nicht mehr konkret faßbare Themen wie etwa Glaube, Hoffnung, Liebe, Gebet, Offenbarung, Wirken des Hl. Geistes zur modernen Wirklichkeit. Die unbewußte Teilhabe am religiösen Erlebnis vermittelt G.Meistermanns abstrakte G. in Berlin, Schweinfurt (vgl. Abb. bei → Malerei und Plastik: VI), Köln, Nürnberg. Die Kirche von R.Schwarz, St.Anna in Düren, verdeutlicht die gegenseitige Durchdringung von G. und Architektur (Lebensbaum). Die großartige Sakralwirkung farbiger Glasbausteinwände demonstriert E.Eiermann in der Pforzheimer Matthäuskirche. Wände aus formgerechten farbigen Gußgläsern, direkt in den Beton eingelassen, finden sich zahlreich in Frankreich, Beispiele in Hamburg und Köln. Neue Wirkungen erzielt J.Hutton, Neuseeland, Coventry, mit Schliffarbeiten. Die Synthese von natürlichem und farbigem Licht bringen die jüngst entstandenen Glasintarsien von Unger, Wien. Eine geheimnisvolle Wunderwelt lichter Ornamentik mit eingebundenen Symbolen verbindet Sakralraum mit Parklandschaft in Maria Königin, Köln. Ähnliche Monumentallösungen bringen H.Stokker, Solothurn, und G.Böhm, Neuß. In einem langen Fensterband der Kirche von Audincourt bringt Fernand Léger eine additive Reihung der Leidenswerkzeuge Christi von stark sachlichem Gehalt (vgl. Abb. bei → Malerei: VI). Seine abstrakten Schöpfungen sind ungewöhnlich spannungsgeladen und ausdrucksstark. In den stark raumbezogenen, gläsernen Ornamentvorhängen der Rosenkranzkapelle von Vence benutzt → Matisse den Gegensatz von opak und transparent zur bewußten Staffelung der Effekte. Rein landschaftsbezogen ist die Fensterlösung der gläsernen Wayfarers-Kirche am Pazifischen Ozean. Frei in die Wand gestreute Fenster, gleich Sternen am Himmel, bringt Le Courbusier in der Wallfahrerkirche Notre dame du haut in Ronchamp (→ Kirchenbau: V). Die unrationelle Konstruktion der in sich geschwungenen Fensterwand unterstützt den auf Transzendenz ausgerichteten Lichteinfall. Flächenhaftigkeit, tektonischer Aufbau und ganzheitliche Lösung der G. im Architekturverband, die seit der Renaissance verloren gegangen waren, sind in unserem Jh. in neuer Form wiedergewonnen worden. Die G. ist heute führendes Gestaltungsmittel im Sakralbau.

H.Oidtmann, Die rhein. G.en vom 12.-16.Jh. I. II, 1912/29 – M.T.Engels, Zur Problematik der mittelalterl. G., 1937 – J.L.Fischer, Hdb. d. G., 1937 – H.Zbinden, Farbfenster großer Kathedralen, Laupen (Bern) 1951 – H.Wentzel, Meisterwerke d. G., (1951) 1954² – L.Grodecki, Vitraux de France du XIe au XVIe siècle, Paris 1953. – In Bearbeitung unter dem Patronat der Union académique internationale als Gemeinschaftswerk aller beteiligten Länder das ca 80 Bde umfassende »Corpus vitrearum medii aevi«, davon bereits erschienen: E.J.Beer, Schweiz I, 12. bis Anfang 14.Jh., 1956 – H. Wentzel, Deutschland I, Schwaben I, 1958 – E.Frodl-Kraft, Österreich I, Wien 1958.
G.Frenzel

Glassius, *Salomo* (1593–1656), * Sondershausen/Thür., Student in Jena, 1621 Prof. für Hebräisch in Jena, 1625 Sup. in Sondershausen, 1638 Nachfolger Johann → Gerhards in Jena, seit 1640 Gen.-Sup. in Gotha. Sein wichtigstes wissenschaftliches Werk »Philologia Sacra« (1623ff) erweist ihn als bedeutenden Philologen und Hermeneuten sowie als echten Schüler Gerhards. G. ist, beeinflußt von Johann → Arnd, ein Feind des theologischen Lehrgezänks. In den Streitigkeiten um Georg → Calixt stellte er ein sachlich-mildes »Bedenken«. Sein praktisches und organisatorisches Können bewährte er als kirchlicher Mitarbeiter → Ernsts des Frommen. Als Visitator und Verfasser des in die »Landesordnungen« übernommenen »Visitationsschlusses« vom 18.8.1645, als Bearbeiter des »Informationswerks« und der für Pfarrer und Lehrer hierzu erforderlichen katechetischen Literatur, als Verfasser erbaulicher Schriften für häusliche Andachten, von exegetisch-homiletischen Schriften und als Mitarbeiter – nach Gerhards Tod als Leiter – des »Weimarischen Bibelwerks« hat G. seiner Landeskirche für lange Zeit seinen Geist aufgeprägt.

Vf. u.a.: Prophetischer Spruch-Postill, 4 Tle, 1642/47/54; Bedenken über die unter etlichen... chursächs. u. helmstedt. Theologen entstandenen Streitigkeiten, (1662) 1731² hg.v. Adam Lebr. Müller (mit Vita u. Lit.). – Über G.: ADB IX, 671ff – RE VI, 671ff; XXIII, 560 – Fr.Waas, Die Generalvisitation 1641–45 (ZVThG NF 19–22, 1909–15, passim) – RGG² II, 1199.
R.Jauernig

Glaube

I. Religionsgeschichtlich – II. Im AT – III. Im NT – IV. Dogmengeschichtlich – V. Dogmatisch

I. Religionsgeschichtlich

Es gilt fast als Selbstverständlichkeit, den Begriff des G.ns in der Religionsgeschichte für die Haltung zu verwenden, die der Mensch gleich in welcher Religion vor seiner Gottheit einnimmt (W. → Wundt, E.Lehmann, N. → Söderblom). Jedenfalls meint man, den G.nsbegriff auf bestimmte religiöse Strukturen (zB die »prophetische G.nsreligion«, G.Mensching), die man in allen Religionen erhebt, anwenden zu können; oder man meint doch wenigstens als G. einen der möglichen Wege zur → Erlösung (: I) bezeichnen zu können, der neben dem »Erkenntnis«- und dem »Tat«-Weg eine quer durch alle Religionen erhebbare Eigenart religiösen Verhaltens kennzeichnet (G.Rosenkranz, J.Wach, R.Otto, N. Micklem). Im Blickpunkt dieser Erörterungen steht der Mensch und sein Verhalten, seine innersubjektive Reaktion auf die Gottheit oder der Vorgang der Aneignung ihrer Manifestation. Es geht im wesentlichen also um eine religionspsychologische Kennzeichnung, um die Darstellung des »Innenlebens des religiösen Menschen« (K.Beth). In diesem Sinne kann van der Leeuw feststellen, daß der G. kein möglicher Gegenstand der Phänomenologie sei.

Die Bearbeitung des G.ns in der angezeigten Weise hat Erhebliches gefördert. Aber es ist zu fragen, ob der G. als »religiöses Verhalten« psychologischer Artung zureichend beschrieben ist. Jedenfalls scheint Empfinden und Verhalten des glaubenden Menschen, abgesehen von seinem Gegenstande (obiectum), nicht zureichend charakterisierbar zu sein. G. ist so tief von seinem Gegenstande als subiectum her bewegt und bestimmt, daß er in seiner Eigenart wie großen Verschiedenheit gerade erst in der korrelativen Sicht auf diesen Gegenstand hervortritt. Wird die konkrete Eigenart des G.ns von seinem Gegenstande her sichtbar gemacht, so stellen sich die Fragen: Kann man das, was den Bantu angesichts seiner Toten (→ Totenverehrung: I) bewegt, G. nennen, wenn man die → bhakti des → Vishnu-Verehrers so bezeichnen will? Kann man das îmān des sunnitischen Mohammedaners (→ Islam: I) mit G. übersetzen, wenn man den vertrauensvollen Selbst-Verzicht der → Amida-Verehrung des Jodo-Shinshu als G. wiedergeben will? Und zumal ist zu fragen, ob man die auf die stets subjektnahe »Idealität« der Gottheit gerichtete Haltung des Menschen der außerchristlichen Religionen G. nennen darf, wenn man G. heißt, worin der Christ sich Jesus von Nazareth im Modus des »mein Herr und mein Gott« zugewendet weiß. – Diese Erwägungen machen auf folgendes aufmerksam: Einerseits wird man sich nicht verhehlen können, daß eine unkritische Anwendung des G.nsbegriffes im religionsgeschichtlichen Vergleich Uniformitäten religionspsychologischer Art hervortreten läßt, die die konkreten Sachverhalte der Einzel-Religion verzeichnen. Andererseits wird man nicht verkennen, daß eine Beschränkung des G.nsbegriffes zB auf das Christentum und seine Eigenart (oder auf die semitischen Religionen) Analogien verdecken würde, die das Selbstverständnis auch des Christentums zu erhellen vermögen. Diese beiden Grenzüberlegungen weisen auf einen kritischen Gebrauch des G.nsbegriffes hin. Die Krisis besteht darin, daß die Verhaltens-Analogie an der meist sehr tiefen Unterschiedenheit des G.nsgegenstandes so erhellt wird, daß die Modifikationen als »Unterschiede an einer Einheit« erkennbar werden, daß die Einheit aber als nur in der Modifikation möglich hervortritt. Die derart nur analogice auszumachende G.nshaltung läßt sich dreifach erheben:

1. G. ist nur als Relation und niemals nur innersubjektiv erfaßbar. Seine Eigenart ist durch den G.nsgegenstand als subiectum geprägt, das sich manifestativ oder inspirativ kundmacht. Aber dieser Gegenstand des G.ns ist als solcher nicht demonstrierbar. Seine Macht ist ohne G. nicht greifbar. Jede rituelle Praktik setzt G. als betroffene Überzeugtheit von Dasein und Potenz des G.nsgegenstandes voraus. In Hinsicht solcher Voraussetzung ist der G. kein möglicher Gegenstand der Phänomenologie. Zu dieser Eigenart des G.ns, Relation auf einen nicht demonstrierbaren Gegenstand zu sein, gehört es, daß ihm widersprochen werden kann und daß – schon im Bereich der sog. primitiven Kulturen – der G. einen sich rational begreifenden Antipoden hervortreibt, der den G.n und seine Gegenstände nicht anerkennt. Von diesem Antipoden – also vom Unglauben (→ Atheismus: I) aus – wird der G. und der ihm relationale Gegenstand als irrational gekennzeichnet. Dem Selbstverständnis des G.ns entspricht diese Kennzeichnung nicht. Wenn man sagt, die irrationale Relation kennzeichne den G.n, so sieht man vom Unglauben aus. – 2. Das spezifisch religiöse Empfinden und Verhalten des Menschen in allen Religionen, der G., ist inhaltlich als Trost und Halt, als Gehaltenheit in Lebens-, Welt- und Dämonen- → Angst zu beschreiben. Diese Gehaltenheit sieht dem G.n gemäß sehr verschieden aus, wie ihre Ausdrucksgestalten zB im → Gebet erweisen. Aber das Moment der »Bewältigung der metaphysischen Angst« (O. → Spengler) fehlt grundsätzlich in keiner Religion. Um das Moment der Gehaltenheit sammeln sich die verschiedenartigsten G.nsgestalten wie das îmān des Mohammedaners, die bhakti der → Bhagavadgîtâ usw. – 3. Der G. als Halt am nicht demonstrierbaren subiectum zeigt sich in allen Religionen in Auseinandersetzung mit dem, was wir das Werk oder das → Verdienst (: I) oder die Gesetzesfrömmigkeit (→ Gesetz: I) nennen. Ob wir dabei an die Auseinandersetzung der Charidschiten (→ Islam: I), an die Kämpfe der Vishnu-Verehrer, an die Konzile des 10.Jh.s im → Lamaismus oder an entsprechende Problemstellungen unter sog. primitiven Völkern denken, bleibt sich gleich. Man hat auf Grund dieser Tatsache mit großem Recht von einem religionsgeschichtlichen »Urphänomen«, dem »kath.-prot. Zwiespalt« gesprochen (H. Frick). Die Gegenstellung von G. und → Werke durchzieht die Religionen trotz der tiefen Unterschiede des G. zu nennenden Trost-Momentes. An dieser Gegenstellung gerade ist der G. immer wieder zu sich selbst im Sinne des nicht demonstrierbaren erwacht. – Die drei Kennzeichnungen des G.ns können am deutlichsten von ihrem Gegensatz aus entfaltet werden: dem demonstrierbaren Wissen, der sachunbeziehbaren Angst und dem verdienstvollen Werk. Was in den Religionen G. genannt werden kann, ist jedenfalls in diesen drei Gegenstellungen erfaßbar. Die formale Abstraktheit dieser drei Kennzeichnungen erweist, wie stark der G. auf seine »wesentliche« Füllung von seinem subiectum her angewiesen ist. Wie die → Religion nur an und in den Religionen zu erheben ist, so ist der G. nur an den Gottheiten und ihrer Eigenart (→ Gott: I) aufweisbar. An den Gottheiten aber faltet sich der G. in die tiefen Unterschiede auseinander, die ihn prägende Gestalt gewinnen lassen. – Vgl. → Bekenntnis: I, → Erlebnis: I, → Furcht, → Gehorsam: I, → Gottesfurcht, → Heilig: I, → Hochgottglaube, → Numinos.

CHANT – K.BETH, Frömmigkeit der Mystik u. des G.ns, 1927 – H. FRICK, Vergleichende Religionswissenschaft, 1928 – R.OTTO, Das Gefühl des Überweltlichen, 1932 – N.SÖDERBLOM, Der lebendige Gott, 1942 – G.MENSCHING, Allg. Religionsgesch., 1949 – P.RADIN, Die religiöse Erfahrung der Naturvölker, 1951 – G.ROSENKRANZ, Ev. Religionskunde, 1951 – WACH, Relsoz. – N.MICKLEM, Was ist Religion?, 1952 – VAN DER LEEUW, Reg. *C.H.Ratschow*

II. Im AT

Der Begriff »G.« im AT kann nicht von einer bestimmten Wortprägung her entfaltet werden. Das AT hat kein Substantivum für »G.«, es sagt das, was wir mit G. meinen, mit mannigfaltigen Ausdrucksformen, in deren Zusammenklang die Sache transparent wird.

Im AT wird → Gott (: II) begriffen als personhafter, sittlich heischender, tätiger Wille. Dieser Wille ist gerichtet auf das Volk Israel, das er auf sich hin geschaffen hat (Jes 5, 1ff): Ihr sollt mein Volk sein, und ich will euer Gott sein. In dieser Relation begreift Israel seine Existenz und aus diesem seinem Selbstverständnis lebt es sein Gottesverhältnis, dh von daher »glaubt« es. G. ist gewiß für das AT Haltung im Angesicht Gottes, aber Haltung im Sinne des Ergriffenseins durch Gott (Passivität) *und* zugleich des willentlich-tätigen Aufgeschlossenseins gegenüber dem andringenden Willen Gottes (Aktivität).

Das Ergriffensein Israels vollzieht sich nach at. Verständnis im → Bund (: II), den Jahwe seinem Volk am Sinai gewährt hat. Da der Bund nicht ein individuelles Gottesverhältnis gründet, sondern das des Volkes, ist G. nach at. Verständnis zunächst einmal Haltung nicht des einzelnen, sondern Haltung des Volkes: die Treue des Volkes zum Bund ist der »G.«. *Treue* kann der G. nur sein, wenn er *Vertrauen* auf die unantastbare Verheißung ist, die Gott mit der Gewährung des Bundes auf sein Volk gelegt hat (dokumentiert in Gen 15, 6, wo nicht auf das persönliche Gottesverhältnis des Stammvaters abgezielt ist, sondern auf die unverbrüchliche Zusage Gottes an Israel, und wo Vertrauen auf diese Zusage als Haltung des – im Stammvater sich darstellenden – wahren Israel gezeichnet ist). Treue kann der G. andererseits nur sein, wenn in ihm auch die *Furcht* vor der Unerbittlichkeit Gottes lebendig ist (→ Gottesfurcht: II), die Gottes Bundesgeschenk hinsichtlich seines Willensanspruchs in sich beschließt. Treue, Vertrauen und Furcht Israels bewähren sich im *Gehorsam gegen die Bundesordnung,* die sich darstellt in der politisch-sozial-kultisch geordneten Gemeinschaft. In diesem Gehorsam aller Glieder des Volkes wird der G. Israels gelebt. So das ältere Israel.

Mit dem Eintritt in das Kulturland gerät der alte Bund in einen Zersetzungsprozeß. Das bisherige soziale (Stammes-)Gefüge lockert sich und löst sich schließlich auf. Das Volk wird ungehorsam dadurch, daß es von Jahwe »hinweghurt« (→ Hosea), dh in Verkennung des Wesens und des Willens Gottes, aus dem heraus er Israel auf sich hin gesetzt hat, aus eigenem Willen und aus eigener Kraft seine Existenz glaubt sichern zu können durch äußere kultische Leistung, durch wirtschaftliche Kraftentfaltung unter Verleugnung der sozialen Bindungen, durch Verlaß auf die im Königtum und seinem Bestreben der Selbstbehauptung und in seinen gegenüber der Gefährdung Israels betriebenen politischen Praktiken gegebene Garantie (Hos 13, 4ff). Die Propheten des 8.Jh.s konfrontieren das auf solche Weise bundbrüchige Volk mit dem hl. Gott, der es einst auf sich hin gesetzt hat. Sie fordern Rückkehr in das echte Gottesverhältnis, sie rücken dem Volk die Verheißung und den → Zorn Gottes vor Augen, um zur Entscheidung zu zwingen, zur Einsicht in die eigene *Ohnmacht,* in das *Schuldiggewordensein* auf sozialem Gebiet, in die *Gottlosigkeit* des kultischen Eiferns. Die Selbstherrlichkeit ist G.nslosigkeit (Jes 7, 1ff; 28, 15ff). Die Propheten fordern G. im Sinne der inneren Umkehr, der *Buße.* Nur in der Buße liegt die Stärke (Jes 30, 15), die Festigkeit (Hab 2, 4). Die Entscheidung muß der *einzelne* vollziehen in Furcht vor und im Vertrauen auf den hl. Gott, in Demut und im Wagnis des G.ns. Die Existenz war bisher gesichert durch den Gehorsam gegenüber der Bundesordnung. Nachdem diese zerbrochen ist, kann die Existenz, unter Verzicht auf gewährleistete Sicherheit, nur gründen auf die trotz allem letztlich sichere Treue Gottes zu seinem Volk, die auf die Treue der willentlichen Aufgeschlossenheit seinem sittlichen Anspruch gegenüber antwortet mit der Vergebung des Unglaubens (Jes 1, 18). G. wird *Zuversicht* und in diesem Sinne *Gewißheit.* Israel muß sich jetzt dem »Heiligen Israels« stellen (Am 4, 12), der jetzt (Naherwartung!) seinen Willen an seinem ungetreuen Volk wahr macht und das an seinem Volk vollendet, was er mit der Schöpfung Israels gemeint und was er im geschichtlichen Tun, in schwerem Zufassen züchtigend (Jes 1, 4ff) und in liebender Fürsorge werbend (Jes 5, 1ff), um des Endzieles willen gewirkt hat: Die Lebensgemeinschaft mit ihm wird jetzt, gegen allen Augenschein, zur Wirklichkeit. Der unabwendbare Gerichtsvollzug (→ Gericht: II) ist die Bürgschaft dafür, daß Gott sein Volk für alle Ewigkeit zu sich zieht in der Endvollendung des »neuen Bundes« (Hos 2, 21; Jer 31, 31ff). Der Glaubende, dh der, der in solchem Begreifen in Buße sich dem Willen Gottes unterwirft, lebt der *Gewißheit,* daß ihn im Gericht der barmherzige Gott zu sich holt (geschichtlich-eschatologische Bestimmtheit des G.ns).

Die *Grundkomponenten* des G.ns werden auf der prophetischen Stufe ganz klar (sie sind die des biblischen G.ns überhaupt!): *Vertrauen* und *Furcht* und auch hier *Gehorsam,* aber Gehorsam nun im Sinne der *Gewißheit* des durch Gottes vergebende Barmherzigkeit faktischen *persönlichen Gottesverhältnisses,* das in der Tatsache des anbrechenden Gottesreiches (im AT: Endvollendung Israels; → Eschatologie: II) verbürgt ist.

Als in diesem Sinne »auf den Herrn Harrende« (Jes 40, 31; 49, 23) gehen die Frommen Israels durch die Schwere der Katastrophe von 587 und der anschließenden Gefangenschaft. Buße (Ez) und überschwängliche Gewißheit um die Nähe des Gottesreiches (Dtjes): dieser »G.« trägt hindurch. Aber er wird enttäuscht. Wohl kehrt man zum Zion zurück, aber Gottes Kommen verzieht. In diese Ausweglosigkeit kommt als mahnender Trost der entschiedene Rückruf an die Quelle, aus der Israel seine Existenz von Gott empfing: der Rückruf zur Ordnung des alten Bundes, zum alten kultischen Ideal (Hag, Sach, der priesterliche Gesetzgeber in Weiterführung ezechielischer Gedanken), zum alten ethisch-sozialen Ideal (Esr, Neh; die Gesamttora als Grundlage der äußeren und inneren Volksordnung); dies alles als Neuanbahnung des Weges zur Realisierung des in der Schöpfung Israels gemeinten Gottesverhältnisses. G. wird nun wieder *Gehorsam* gegen die (neu entfaltete) Bundesordnung, und aus diesem G.n lebt die nachexilische Gemeinde ihr Leben. Ungehorsam gegen die Tora ist Unglaube (»Nomismus«).

Jedoch, bei aller Verabsolutierung des → Gesetzes (: II) und bei aller gesetzlich bestimmten Glaubenshaltung, in diesem »Gehorsam« sind doch jene Grundkomponenten lebendig. Im kultischen Bereich tritt neben der *Furcht* in den Mittelpunkt das *Vertrauen* auf den versöhnenden Gott. Und das Gesetz wird erfüllt in der absoluten *Gewißheit,* daß Gott in ihm den Weg zur Lebensgemeinschaft mit sich verbürgt für den, der seinem Wollen mit »fleischernem Herzen« entgegenkommt. Der G. antwortet im gesetzlichen Gehorsamstun auf den Anruf Gottes, der die Willens- und Bußhaltung meint. G. ist nicht ein bloß kasuistisches Erfüllen gesetzlicher Vorschriften, sondern willentliche Hingabe des Herzens, ist tätige Gesamthaltung des Menschen (Ps 19, 8ff), die getragen ist von der *Zuversicht* auf Gottes Barmherzigkeit, von der *Gewißheit* der vergebenden → Gnade Gottes (: II; vgl. die Pss), auch seines Kommens in seinem ewigen Reich (vgl. Dan). Freilich beginnen die Wege sich zu trennen: die Erstarrung im Nomismus, G. wird zur Gerechtigkeit aus den Werken; der andere Weg aber bleibt in Nachfolge der Prophetie offen: die »Unschuld der Hände« versagt, aber die Treue Gottes hält fest bei der Hand (Ps 73; Joh 3, 6; 4, 24).

Außer den at. Theologien: L.Bach, Der G. nach den Anschauungen des AT (BFChTh 4, H. 6, 1900, 1-96) – J.Boehmer, Der G. u. Jesaja (ZAW 41, 1923, 84–93) – J.Hempel, Gott u. Mensch im AT (BWANT III, 2), (1926) 1936², 4ff. 233ff – J.Pedersen, Israel, its life and culture I, 1926, 336ff – RGG² II, 1200f – W.A.Irwin, Truth in Ancient Israel (JR 9, 1929, 357-388) – A.Weiser, G. u. Gesch. im AT (BWANT IV, 4), 1931 – Ders., G. im AT (Festschr. f. G.Beer, 1935, 88-99) – H.W.Heidland, Die Anrechnung des G.ns zur Gerechtigkeit (BWANT IV, 18), 1936 – G.v.Rad, Das formgeschichtl. Problem des Hexateuch (ebd 26), 1938, 3ff – Ders., Die Anrechnung des G.ns zur Gerechtigkeit (ThLZ 76, 1951, 129-132) – E.Würthwein, Jesaja 7, 1-9 (Die Theol. als Glaubenswagnis, Festschr. f. K. Heim, 1954, 47-63) – H.H.Rowley, The faith of Israel: aspects of OT thought, London 1956 – ThW VI, 182ff – EKL I, 1580f.

F.Baumgärtel

III. Im NT

1. In der religiösen Umwelt des NT – 2. Jesus von Nazareth – 3. Der G. an Jesus in seiner Unausgelegtheit: a) Sein Inhalt – b) Seine Betätigung – c) Der Verschlüsselungscharakter des unausgelegten G.ns – 4. Der G. an Jesus in seiner Ausgelegtheit: a) Paulus – b) Johannes

1. a) Nicht schon im klassischen Griechentum, sondern erst im *Hellenismus* gewinnt der G. religiöse Bedeutung. → Plutarch, die → Neupythagoräer und Neu-

platoniker (→ Neuplatonismus), Mysterienreligionen (→ Mysterien) und Hermetik (→ Hermetica), aber auch der niedere Zauber (→ Zauberbücher) handhaben seine Terminologie. Die Propaganda der religiös bewegten Epoche fordert G.n, »die Götter bedürfen des G.ns« (Apollonius, Brief 33). Die literarische Kritik bekämpft am G.n die Theurgie und → Mantik (Lukian) oder die Götterfurcht (Plutarch). Inhalt dieses G.ns ist das Fürwahrhalten der Existenz von Gottheiten, das Rechnen mit ihrem hilfreichen Eingreifen, die Erwartung übermenschlicher Fähigkeiten für die θεῖοι ἄνδρες, das Überzeugtsein von der Unsterblichkeit und Göttlichkeit der Seele, das Sichverpflichtetwissen zu tugendhaftem Leben. Vergeltung und Gericht seitens der Gottheit gehören hier keineswegs selbstverständlich zum Inhalt des G.ns. Die religiöse und ethische Existenz des Menschen wird durch den so verstandenen G.n nicht im entferntesten problematisiert.

b) Intensiv redet das palästinensische und hellenistische *Judentum* vom G.n. Die formalen Elemente des G.ns – fürwahrhalten, treusein und gehorchen, hoffen, warten und vertrauen – entstammen dem AT (→ Glaube: II), sind aber typisch modifiziert. Der fürwahrhaltende G. hebt gerade in der jüdisch-hellenistischen Propaganda das monotheistische Bekenntnis als wesentlichen Inhalt heraus (zB Sib 3, 584–594). Der G. richtet sich nicht mehr auf Gottes Heilshandeln in der Vergangenheit, Gegenwart und Zukunft des Volkes, sondern wird G. an das Gesetz (zB Sir 35, 24). Es geht ihm in seiner apokalyptischen wie rabbinischen (zB Abot) Form daher ausdrücklich um die Betonung der Vergeltung im → Gericht Gottes. So ist der Gehorsam des jüdischen Glaubenden speziell Gesetzesgehorsam (→ Gesetz: III). Die G.nstreue hält bekennend und betend (Sir 2, 6. 10) und sich ins Leiden schickend (→ Akiba) den Gehorsam durch angesichts der Theodizeefrage (PsSal, 4Esr), im Martyrium (Makk-Texte) und in den erwarteten Enddrangsalen (→ Apokalyptik: II). Auf die erlösenden Ereignisse des Enddramas, wo der »G. zur Blüte gelangen wird« (4Esr 6, 28), richtet sich nun immer ausschließlicher die Hoffnung des Glaubenden. In diesem vielschichtigen Sinne ist der G., oft absolut gebraucht, im Judentum zum Terminus für die rechte Frömmigkeit, Abraham zum Muster des G.ns geworden. Dieser G. schließt treue Gesetzesbeobachtung ein, ja bildet ein wesentliches Stück von ihr, wie 4Esr denn auch von »Werken oder G.« (9, 7) sowie von »Werken und G.« (13, 23) als dem Weg der Heilserlangung redet. Auch der Sekte von → Qumran liegen Toragehorsam und Verfolgungsmühsal und Treue zum rechten Lehrer auf der gleichen Linie (1QpHab VIII, 1–3). Weil der G. selber Leistung ist, durchmißt dies in ihm enthaltene Vertrauen und die ihm innewohnende Heilsgewißheit die verschiedensten Grade etwa von der anspruchsvollen Selbsteinschätzung Simon ben Jochais (b. Sukka 45b) über die zurückhaltende Selbstbeurteilung der »Mittelmäßigen« bis zur desolaten Stimmung im 4Esr und in der Legende vom Weinen → Jochanans in der Todesstunde. Der G. ist → »Verdienst« (: II) geworden. → Philo zieht diese Linie jüdischen G.nsverständnisses dann philosophisch aus: ist bei ihm der Inhalt des G.ns bestimmt durch die platonische Abkehr von der Sinnenwelt, wobei der G. als ein Teilziel auf dem Heilsweg aber überhöht wird von der Ekstase, so wird der Leistungscharakter des G.ns nun stoisch beschrieben als das »Werk einer großen und olympischen Vernunft« (Quis rer. div. her. 93).

2. *Jesus von Nazareth* (→ Jesus Christus) verschärft die Tora und ihre jüdische Auslegung und zerbricht, Gottes souveränes Schenken betätigend, gleichwohl den frommen Anspruch des Menschen. Aber einen eigenen G.nsbegriff hat dieser neue Inhalt zunächst nicht hervorgebracht; schon gar nicht in der Schicht der alten echten Jesusworte, aber weithin auch nicht auf der Ebene der synoptischen Gemeindebildungen. G. kann das Fürwahrhalten falscher eschatologischer Parolen (Mk 13, 21 par) genannt werden, er ist Gehorsam gegenüber der Täuferpredigt (Mk 11, 31 par; Mt 21, 32). Bes. häufig erwartet der G. als hoffendes Vertrauen von Jesus den Willen und die Fähigkeit zu wunderhaftem Helfen (Mk 2, 5 par; 4, 40 par; 5, 34 par; 10, 52 par u.ö.); ja der G. schließt nicht bloß das Sorgen um Nahrung und Kleidung aus (Mt 6, 30 par), sondern vollbringt selber, wenn nur senfkorngroß, als Gebets-G. (Mk 11, 22–24 par) → Wunder (Mt 17, 20 par). Selten dagegen ist es der G., der die durch Jesus zugesprochene Vergebung (Mk 2, 5 par; Lk 7, 50) entgegennimmt. In all diesen Bezügen geht der Inhalt des G.ns, der in diesen meist sekundären Bildungen von Jesus verlangt, durch ihn ermutigt und ihm entgegengebracht wird, nicht über das übliche jüdische Niveau hinaus; so ist die im NT nur synoptisch belegte Redeweise von den Kleingläubigen (Mt 6, 30 par; 8, 26; 14, 31; 16, 8) rabbinisch (Bill. I, 438f). Lediglich wenn die Gemeinde die Priester und Theologen als der Täuferpredigt gegenüber ungläubig (Mk 11, 31 par), die Zöllner und Huren als gläubig (Mt 21, 32) bezeichnet, wird die durch Jesus gebrachte Umkehrung wenigstens andeutungsweise faßbar: G. ist nun die gehorsame Anerkenntnis des restlosen Angewiesenseins auf Gott in dem Sinne, daß der religiös Deklassierte das Unverdiente empfängt. Aber für den G.nsbegriff sichtbar gemacht ist diese Umkehrung noch nicht.

An einigen wenigen synoptischen Stellen ist ausdrücklich vom G.n an Jesus (Mt 18, 6; 27, 42), an das Evangelium (Mk 1, 15), an die Auferstehung Jesu (Lk 24, 25; Mk 16, 13f), von der Verbindung zwischen G. und → Taufe (Mk 16, 16), von den Glaubenden als den Christen (Lk 8, 12f; Mk 16, 17) die Rede. Nicht nur der Fundort mancher dieser Stellen in den Ostergeschichten, auch die synoptische Vergleichung etwa zwischen »den Glaubenden« (Mk 9, 42) und den »an Jesus Glaubenden« (Mt 18, 6) sowie die Einbringung des G.ns in Texte, deren synoptische Parallelen den G.n nicht erwähnen (etwa Lk 8, 12f; 22, 67), machen deutlich: der explizite christologische Bezug des G.ns gehört nicht in die älteste Traditionsschicht, sondern ist vom Oster-G.n her der Tradition erst hinzugewachsen. Jesus von Nazareth hat den G.n an sich selbst als den Heilsträger weder gefordert noch entgegengenommen. Hier bedeutet der Oster-G. einen Wandel.

3. a) Im *Oster-G.n* bekennt die Gemeinde, deren Entstehung eben mit der Entstehung dieses G.ns zusammenfällt (→ Christentum: I), Jesus als den entscheidenden Heilsträger. Gott hat den Kyrios Jesus von den Toten auferweckt (Röm 4, 24; 10, 9; 1Thess 1, 10; 1Kor 15, 11); dieser Kyrios starb wegen unserer Sünden (Röm 4, 25; 1Kor 15, 3); er tritt am baldigen Weltende auf als der, der seine Gläubigen vom eschatologischen Zorn errettet (1Thess 1, 10); Jesus starb und ist auferstanden (1Thess 4, 14). All diese, was den Wortlaut anlangt, verschiedenen Formulierungen, deren Geprägtheit zT in die vorpaulinische Zeit verweist, besagen das gleiche: Jesu Tod und Auferstehung sind die Einleitung des mit seinem baldigen Kommen zu erwartenden Endheils. Solch G. kann auch abgekürzt heißen G. an Jesus als an den Christus (Mk 8, 29), als an den Gottessohn (Mt 16, 16), G. an den Kyrios Jesus (Apg 16, 31). Die Synoptiker (→ Evangelien, synoptische) lassen den irdischen Jesus von dieser seiner Heilsbedeutung noch in gestufter Zurückhaltung (Markus verdeckter, Matthäus und Lukas immerhin offener) reden, so daß die unchristologische

Art der ältesten synoptischen Schicht noch spürbar ist (s. 2). Der johanneische Jesus (→ Johannesevangelium) spricht sozusagen ausschließlich vom G.n als dem G.n »an ihn«; glauben heißt im johanneischen Kreis: damit rechnen, daß Jesus (als Mensch) der Christus, der Gottessohn (1Joh 5, 1. 5) ist. Nur seltener treten im NT neben diese ausgesprochen christologischen Inhalte solche allgemeinerer jüdischer Art: G. an die Existenz Gottes (Hebr 11, 6; Jak 2, 19), im Unterschied zum Polytheismus (1Thess 1, 9), G. an die künftige Vergeltung (Hebr 11, 6).

b) Die Terminologie des G.ns bezeichnet das Gewinnen und das Durchhalten solcher G.nsüberzeugung. Das *Gewinnen* des G.ns wird häufig durch den Aorist des Verbums (zB Apg 4, 4; bes. oft als Missionsterminus in der Apg, in Verbindung mit der Taufe) ausgedrückt. Die Christen treten in die Gemeinde ein, indem sie der Botschaft von Jesu Heilsbedeutung glauben und sich taufen lassen (Hebr 10, 22). Das Durchhalten des G.ns spricht sich in einer Fülle von Wendungen aus. Die »Tür« (als Ermöglichung) des G.ns (Apg 14, 27), das »Schwachsein« (Röm 4, 19) und »Festwerden« (Apg 16, 5) im G.n, das »Feststehen« (Röm 11, 20) im G.n, die »Fülle« (Hebr 10, 22) des G.ns, das »Reichsein« (2Kor 8, 7) an G.n, – in alledem zeigt sich das verschiedene »Maß des G.ns« (Röm 12, 3) an. Der G. betätigt sich und hat sein »Werk« (1Thess 1, 3), wobei der G. gern mit der → Liebe (: III) zusammengenommen wird (zB Eph 3, 17). Der johanneische Schriftenkreis vermeidet die Benutzung des Substantivs nahezu vollständig.

Solch auf den Heilsträger bezogener G. begreift unter sich die verschiedenen, schon in AT und Judentum vorgegebenen (s. 1 b) *Betätigungsarten*. Natürlich ist er Fürwahrhalten der Existenz Gottes, des Endgerichts und der verschiedenen christologischen Aussagen, die die eschatologische Heilsbedeutung Jesu anzeigen. Der G. ist Gehorsam und Treue, wie sich aus den Wendungen vom »Gehorchen« gegenüber dem G.n (Apg 6, 7), vom »Bleiben im G.n« (1Tim 2, 15), vom »Bewahren« (2Tim 4, 7) und »Nicht-verleugnen« (Apk 2, 13) des G.ns, von den »Werken« des G.ns (Jak 2, 20–26) ergibt. Bes. → Paulus betont den G.n als G.nsgehorsam (Röm 1, 5), das Glauben als Gehorchen gegenüber der Wahrheit (Gal 5, 6. 7); aber auch für das JohEv ist der Unglaube Ungehorsam (Joh 3, 36). Der G. enthält in sich das Hoffen und Warten, weil die → Parusie (1Thess 1, 10), die Totenerwekkung (Röm 4, 17–19; darum kann → Abraham G.nsvorbild sein!) noch aussteht und weil er so im Nichtsehen leben muß (2Kor 5, 7). So bedarf er der Bewährung (Jak 1, 3; 1Petr 1, 7) und geht Hand in Hand mit Geduld (Apk 13, 10) und Langmut (Hebr 6, 12). Bes. der Hebr (11) beschreibt den G.n als treues Warten; nur ist im Hebr solch Warten weniger (wie in der Apokalyptik) auf das künftige Inerscheinungtreten als vielmehr (hellenistisch-dualistisch) auf die grundsätzliche innerweltliche Unsichtbarkeit der G.nsinhalte ausgerichtet. Der G. ist schließlich Vertrauen auf Gott und auf sein in Christus geschehenes Handeln (Röm 4, 3). Solch Vertrauen wirkt sich aus (Gal 5, 6) im Wandel (zB Röm 14, 23; Jak 2, 22) und im Reden (2Kor 4, 13) des Glaubenden; speziell im Gebets-G.n (zB Jak 1, 6; s. auch o. 2) und in der Fähigkeit, »im Namen Jesu« (explizit und unexplizit) helfende Taten zu tun (Apg 3, 16; 14, 9; 1Kor 12, 9; s. auch o. 2). Je weiter mit fortschreitender Zeit das Glauben zu einer christlichen Selbstverständlichkeit wird, um so mehr muß die Unerläßlichkeit der Ehrlichkeit im G.n – nun moralisierend – betont werden: der G. soll ohne Heuchelei sein (1Tim 1, 5), er geht Hand in Hand mit einem guten Gewissen (1Tim 1, 19). Ähnlich betont Jak, in Auseinandersetzung mit einem falsch verstandenen Paulinismus, daß der G. durch Werke ergänzt werden müsse (Jak 2, 20–26).

Das Substantiv »G.« kann, neben der Betätigung des G.ns, auch seinen *Inhalt*, das Geglaubte, bezeichnen. Schon Paulus kennt den G.n als Norm und Prinzip (zB Röm 3, 27): der G. wird gepredigt (Gal 1, 23), er bildet den Inhalt der Predigt (Röm 10, 8; Gal 3, 2. 5), die zu einem bestimmten Zeitpunkt auftritt (Gal 3, 23). Die folgende Zeit hebt am G.nsinhalt dann immer stärker die Einheit (Eph 4, 5; Tit 1, 4) und die lehrmäßige Formuliertheit (zB 1Tim 4, 6; Tit 1, 13) heraus, den »hochheiligen G.n« (Jud 20), der »ein für allemal den Heiligen überliefert worden ist« (Jud 3).

c) Gemeinchristlich ist also der Inhalt des G.ns samt seiner zunehmenden Explikation und Formuliertheit, gemeinchristlich auch das Lebendige seiner Betätigung. Das Neue gegenüber dem at.-jüdischen Erbe ist deutlich sichtbar: nicht die Geschichte eines Volkes wird als Gottes Heilstat gedeutet; das Heil, und zwar das Endheil, das den Weltlauf abschließt, gilt als geschehen in einem Menschen, der, nach dem Maßstab des Augenscheins, also welthaft geurteilt, gescheitert ist und den Verbrechertod starb. Was meint dieser G.? Diese Frage, also der Versuch, hinter die jeweiligen christologischen Formulierungen zurückzugehen, ist unerläßlich. Denn die → Auferstehung Jesu (: I) und die christologischen Formulierungen stellen ja doch die Art und Weise dar, wie sich dieser G. – sehr variabel, was das Faktische und die christologischen Vorstellungen anlangt – ausspricht. Diese Inhalte meinen also etwas über ihre explizite Formulierung hinaus; sie wollen als *Verschlüsselung* genommen werden. Auch der mit dem G.n an Jesus verbundene End-G. erwies sich, was die Nähe des Endes, das Weltbildmäßige anlangt, als Irrtum und erfuhr deswegen gleichwohl keine wesentliche Erschütterung; auch er meint also etwas über seine explizite Formulierung hinaus, auch er ist als Verschlüsselung zu nehmen. Dem entspricht es, daß der G. an Jesus, was die grammatische Formulierung (s. ThW VI, 211) und auch den Inhalt (s. ThW VI, 476) anlangt, selten als ein Verhältnis zur Person Jesu gefaßt ist, sondern allermeist auf das durch Jesus vollbrachte Heil abhebt. Die christologischen Inhalte stellen ebenso wie die → Eschatologie (: IV) eine Verschlüsselung dar.

Eine Verschlüsselung wofür? Die Empfänger der ersten Ostervisionen können mit dem Bekenntnis, daß Jesus lebt und der demnächst kommende → Messias, also der Bringer des Endheils ist, nur gemeint haben: all das, was Jesus von Nazareth lehrte und erwies, der gesteigerte Ernst der Forderung Gottes und damit paradox verbunden die unerhörte Offenheit für die religiös Deklassierten, die Durchstreichung des frommen Anspruchs an Gott und die restlose Abhängigkeit des Menschen vor Gott, *all das gilt*. Die Naheschatologie signalisiert die Nachdrücklichkeit dieses Geltens. Es gilt trotz der Katastrophe des Kreuzes erst recht. Es gilt nicht als ein neuer Gottesgedanke, sondern als ein immer neues Geschehen. Die christologische Verschlüsselung – dh nach dem Ja zur Botschaft des Irdischen (s. 2) nun der G. an Jesus – wehrt von diesem Neuen das Mißverständnis ab, als handele es sich um eine Idee, und sichert den Geschehnischarakter des Neuen. Es bleibt aber noch undeutlich und ist noch nicht durchreflektiert, wie das durch Jesus gebrachte Neue sich auswirkt für das jüdische Verständnis der Tora als des Heilsweges und für den G.n an die Offenbarung überhaupt. So gibt es nicht nur in der älteren nachösterlichen Zeit, die wir aus Mangel an Quellen nur sehr ungefähr beurteilen können, sondern gerade auch noch neben und nach Paulus und Johannes, die beide den G.n in einer sehr ausgelegten Form bringen (s. 4), naive oder auch gezielte Formulierungen, in welchen Bewahren der Gebote und G. an Jesus (Apk 14, 12), G. und Werke

(Jak 2, 20-16; 1Clem 31, 2), Bejahung Gottes und Umkehr angesichts des erweckten Weltenrichters Christus (Apg 17, 23-31), also allgemeine und in Jesus geschehene Offenbarung, unreflektiert nebeneinanderstehen.

4. Diese Unausgelegtheit des G.ns ist bei *Paulus und Johannes* einer durchreflektierten theologischen Explikation gewichen.

a) Nicht die bereits bedachten Formulierungen des G.nsinhaltes (s. 3a) und die Ausdrucksweisen für die Bewegtheit des G.ns bei → *Paulus* (s. 3b) sollen hier zu Worte kommen, sondern das, was Paulus über jenen gemeinchristlichen Besitz hinaus als Lehre vom G.n vorträgt. Der G. ist der Weg, der das eschatologische Heil, die → Gerechtigkeit Gottes (: III), erlangt. Als Heilsweg steht er im Gegensatz zu den vom → Gesetz (: IV) geforderten Werken (Röm 3, 28; Gal 2, 16) und zu deren Tun (Röm 4, 4f; Gal 3, 12). Das bedeutet nicht, daß die Tora etwas Verkehrtes forderte; auch nicht, daß das Aktivsein als solches beim Menschen ausgeschaltet werden sollte. Getroffen soll vielmehr werden die zuversichtliche Selbsteinschätzung, in der der Mensch mittels der Werke, aber auch mittels seiner kultischen Prärogative (Phil 3, 4-6) oder seiner Weisheit (1Kor 1, 17ff) das Heil zu gewinnen meint; also das Rühmen, das dem Tun des Rechten und Frommen unausweichlich anhaftet (Röm 3, 27; 4, 2-4; 1Kor 1, 29; Phil 3, 3-10). Das Ja zum G.n bedeutet mithin primär die gehorsame Anerkenntnis und Erkenntnis, daß die Werke nicht zum Heile führen sollen (Röm 4, 14), freilich, wie vom G.n her einsichtig wird, auch nicht können (Röm 1, 18 - 3, 20). G. ist gehorsamer Verzicht auf den Heilsweg der Werke. Er ist freilich nur von Gott her möglich. Er lebt so sehr von der Verkündigung des Christusgeschehens (Röm 10, 17; 1Thess 2, 13), daß als Gegensatz zu den Werken die G.n fordernde und weckende Predigt (Gal 3, 2. 5), als Gegensatz zum Ungehorsam der Empfang der Erbarmung Gottes (Röm 11, 30-32) genannt, daß das »aus dem G.n« mit »gemäß der Gnade« kommentiert werden kann (Röm 4, 16). Dieser Verweis auf das den G.n tragende Christusgeschehen kann zwar auch starr auf Formeln insistieren (1Kor 15, 2. 14. 17); im Blick darauf gelten dann unsere obigen (s. 3c) Erwägungen. Jedenfalls ist diese Starrheit bei Paulus nicht durchgeführt. Sorglose Formulierungen (zB 2Kor 13, 4) wie der ganze Aufriß von Röm 1-3 zeigen vielmehr: Paulus meint im Ernst mit G. nicht eine vor dem G.n als Ruhmverzicht vorausgehende Annahme einer Christologie; er leitet zum G.n an Christus vielmehr so an, daß er den Menschen in die eben dargestellte Selbstbeurteilung hineinführt. Das Ja zu Christus als Nein zum Selbstruhm ist daher Entscheidung: die Entscheidung dafür, sich vor Gott als radikal Beschenkten zu verstehen. Von daher, »aus dem G.n«, fließt der Wandel, die Aktivität: die Liebe (Gal 5, 6), die jeweils rechte Entscheidung (Röm 14, 23), die gesamte Existenz, die beim Christen als geistgewirkt gilt (Gal 3, 2; → Geist: IV). Solch Heil ist als Gabe der Endzeit gegenwärtig (Röm 1, 17; 3, 21; 5, 1. 2). Diese pointierte Ausgelegtheit, die Paulus nicht aus der Tradition über den historischen Jesus geschöpft hat, der Ausschluß der Werke als Heilsweg und die Gegenwärtigkeit des Endheils, machen die antijüdische Ausrichtung dieser Lehre vom G.n aus. Freilich ist das Endheil, wenngleich im Anbruch besessen, nicht voller gegenwärtiger Besitz; Gerechtigkeit (Röm 10, 10; Gal 5, 5), Errettung (Röm 10, 9) und Leben (Röm 6, 8) bleiben gleichwohl künftige Güter und werden vom G.n erhofft (s. o. 3b). G. ist Indirektheit, ist noch nicht Schauen (2Kor 5, 7; trotz 1Kor 13, 13); das Gericht nach den Werken ist in ihm nicht vorweggenommen. Das ist die anti-enthusiastische Ausrichtung des G.ns.

b) Auch für *Johannes* ist der G. Gehorsam (Joh 3, 36), auch für ihn schließt der G. den rechten Wandel ein. Er gehört mit der Liebe zusammen (1Joh 3, 23), er ist die Weltbesiegung (1Joh 5, 4), das Bewahren der Gebote (Joh 15, 10), ja die Fortführung der Werke Jesu (Joh 14, 12). Seine undoktrinäre Lebendigkeit gewinnt der G. gerade bei Johannes dadurch, daß G.n und Erkennen gleichgesetzt (Joh 7, 17), daß das G.n dem Erkennen aber auch zeitlich vor- (Joh 6, 69; 8, 31f; 10, 38) oder nachgeordnet (Joh 17, 8; 16, 30; 1Joh 4, 16) werden kann: das G.n enthält also das Erkennen in sich und klärt sich weiter zum Erkennen hin, ohne daß aber G.n und Erkennen als Anfang und Ziel, als niedere und höhere Stufe verstanden werden dürfen. Den Inhalt des G.ns bildet das Jesusgeschehen. Die bei Johannes typische Ausdrucksweise für diesen Inhalt ist der G. an den Vater, der Jesus gesandt hat (Joh 5, 24; 10, 37f; 11, 42; vgl. 7, 16f), und an Jesus als den Sohn Gottes, den Gesandten (Joh 5, 38; 6, 29; 8, 45f; 12, 44; 14, 1. 10f; 16, 27. 30; 17, 8. 21), der des Vaters Wort sagt und des Vaters Werke tut. In den eben genannten Stellen wird das »trauen« (mit dem Dativ) promiscue gebraucht mit »glauben an« bzw. »glauben daß«: Johannes unterstreicht nun betont die Identität des Trauens auf Jesus und des expliziten christologischen G.ns und blendet durch diese Darstellung den expliziten christologischen G.n in die Zeit der vita Jesu zurück. Daß gerade der Mensch Jesus als Heilsträger geglaubt werden muß, ist das betonte antignostische Anliegen speziell des 1Joh (4, 1-3; 5, 1. 5). Solch G. an Jesus ist nicht das unter einem sacrificium intellectus zu vollziehende Ja zu einer metaphysischen Unkontrollierbarkeit (s.o. die Gleichordnung von G. und Erkennen), sondern schließt eine bestimmte Art, sich selber zu verstehen, ein: der Glaubende verzichtet auf die Ehrsucht (Joh 5, 44), er anerkennt seine Blindheit (Joh 9, 38f. 41), er gewinnt das glaubende Verstehen im gehorsamen Einsatz seiner Existenz (Joh 7, 17). Freilich ist der G. Gottes Geschenk; der Vater muß den zu Jesus Kommenden »ziehen« (Joh 6, 44f; 10, 26; 12, 39). Aber der Entscheidungscharakter des G.ns ist damit nicht im mindesten aufgehoben. Denn der G. entsteht an dem Wort (bzw. den Worten: Joh 4, 39. 41. 42. 50; 5, 24. 47; 8, 31; 10, 25; 12, 36), an den Werken (Joh 5, 36-38; 10, 38; 14, 11) und »Zeichen« (Joh 11, 47f; 12, 37) Jesu und an dem Wort der »Zeugen« (Joh 17, 20; 19, 35). Dabei wollen die Zeichen als Hinweise genommen werden, die sich also gerade nicht in ihrer Wunderhaftigkeit erschöpfen (Joh 6, 26). Der reine Wunder-G. dagegen ist unvollkommener, vorläufiger G. (Joh 1, 50; 2, 11. 23-25; 4, 48; 7, 31; 20, 29). Welche Entscheidung kommt nun in diesem johanneischen G.n an Jesus zum Austrag? Nicht die paulinische, gemäß welcher der Glaubende auf die Tora als Heilsweg verzichtet. Der Glaubende der johanneischen Schriften verzichtet im G.n an Jesus, der das wahre Leben gibt und ist (Joh 3, 15f. 36; 5, 24; 6, 44. 47; 11, 25f; 20, 31; 6, 35; 7, 38), darauf, das menschliche Bild über Gott und Offenbarung bei der Beurteilung Jesu maßgeblich sein zu lassen; der Glaubende übt sich ein (vgl. o. die Bewegung von G.n und Erkennen), das Leben nicht in der Gegebenheit und Vorfindlichkeit zu suchen. So verstehen die Glaubenden sich als Gottgezeugte (Joh 1, 13; 1Joh 5, 1), als Gottes Kinder (Joh 1, 12), als Lichtsöhne (Joh 12, 36). Sie meinen damit keine weltflüchtige asketische Haltung (Joh 17, 15), sondern ein Begründetsein des Heils nicht aus dem Vorfindlichen und aus dem Selbst. Demzufolge verfehlt der Unglaube gegenüber Jesus nicht bloß Jesus, sondern Gott und das Heil (Joh 5, 37f); der Unglaube verhaftet den Menschen in der Finsternis (Joh 12, 36) und im Tod (Joh 8, 24), er ist Sünde (Joh 16, 9). G. und Unglaube sind also in eminentem

Sinne letztgültige Stellungnahme; so sehr letztgültig, daß in dieser Stellungnahme das geschieht, was das gemeinchristliche Dogma mit Auferstehung und Annahme oder Verwerfung im Endgericht meint (Joh 11, 25; 3, 18; 5, 24; → Auferstehung: V). Gleichwohl wird der G. auch bei Johannes nicht zum Erkennen (s.o.), sondern bedarf betont des Absehens vom Augenschein (Joh 11, 15. 40; 20, 29) und der immer neuen Bewährung in der Bedrängnis (Joh 16, 31 f) und in der Spannung, aus der ihn das Eintreffen des Geglaubten (Joh 4, 53; 13, 19; 14, 29) nur zeitweilig entläßt. Auch Johannes ist anti-enthusiastisch: der G. wird nicht zur enthusiastischen Schau.

Die explizite → Christologie, bes. die johanneische Konzeption von Jesus als dem Verkünder dieser Christologie, wurde in der weiteren Entwicklung bereitwillig übernommen. Die paulinische und johanneische Ausgelegtheit dieses christologischen G.ns dagegen blieb in der Folgezeit, aufs Ganze gesehen, ausgesprochen wirkungsschwach (vgl. K.H.Schelkle, Paulus, Lehrer der Väter, 1956, passim).

Bill. III, 1926, 186 ff - RGG² II, 1201 ff - A.Meyer, Das Rätsel des Jakobusbriefes, 1930, 123 ff - M.Lackmann, Sola fide, 1949 - M.Buber, Zwei G.nsweisen, 1950 - Bultmann, NT §§ 35-37. 49 f. 55. 58 - O.Michel, Der Brief an die Römer (MeyerK IV¹⁰), 1955, 45 ff - ThW VI, 174 ff (R.Bultmann; Lit.) - O.Cullmann, Die Christologie des NT, (1957) 1958², 297 ff - O.Kuss, Der Römerbrief, 1957, 131 ff - H.Braun, Der Sinn der nt. Christologie (ZThK 54, 1957, 341-377) - G.Ebeling, Jesus u. G. (ZThK 55, 1958, 64-110).

H.Braun

IV. Dogmengeschichtlich

1. Alte Kirche vor Augustin - 2. Augustin - 3. Das Mittelalter - 4. Luther - 5. Weitere Entwicklung

In der Geschichte des christlichen Denkens über den G.nsbegriff haben mannigfache ernst zu nehmende Probleme allmählich zu Verschiebungen und Bereicherungen des Begriffs geführt, wobei der G. seine zentrale biblische Bedeutung einbüßte. Die Reformation kann man in diesem Zusammenhang als einen Versuch verstehen, die ursprüngliche biblische Bestimmtheit des G.ns wieder zur Geltung zu bringen.

1. Die Hauptursache der Verschiebungen wird darin zu suchen sein, daß die *alte Kirche* sich in ihrem Sprachgebrauch an ihre Umgebung anschloß; der G. wurde zu einer Weise der Wahrheitserkenntnis. Schon bei den Apostolischen Vätern ist G. hauptsächlich das gehorsame Fürwahrhalten einer Reihe heiliger Überlieferungen. In Jesus Christus ist uns die Wahrheit als die wahre Lehre oder als die wahre Wirklichkeit erschlossen. Der G. kann auch mehr ethisch aufgefaßt werden: im Evangelium haben wir die wahren Gebote Gottes oder auch die wahre Kraft zum tugendhaften Leben empfangen. Oder auch eschatologisch: der G. ist Hoffnung auf Lohn, Vertrauen, daß Gott hält, was er verspricht. Bei → Ignatius hat der Begriff eine mehr mystische Färbung: Christus ist selber der vollkommene G., der G. ist Anfang des ewigen Lebens. G. und Liebe als Einheit sind Gott. Der G. ist jedenfalls eine pneumatische Realität. Auch die traditionellen, moralistischen und intellektuellen Elemente stehen in einem pneumatischen Zusammenhang. - Bei → Clemens von Alexandrien und → Origenes hat dieses pneumatische Verständnis nach dem Vorgang einiger Gnostiker zur dogmenhistorisch überaus wichtigen Unterscheidung zwischen πίστις und γνῶσις geführt. Der G. ist eine Hinnahme der Offenbarung in buchstäblichem Verständnis, in Gehorsam gegenüber der Autorität. Er genügt den Einfältigen zum Heil. Er ist auch allgemein notwendig: ohne den G.n und die Offenbarung kann man sich nicht (vernünftig) mit der Wahrheit beschäftigen, weil sie sonst nicht gegenwärtig wäre. Man soll aber nicht dabei stehen bleiben, sondern nach dem Licht der Vernunft im Überlieferten suchen. Dann erst wird auch die vollkommene Liebe im Herzen entfacht. Das führt zur wahren Praxis in einem reinen Leben. Der Pneumatiker kann in der Kirche so eine führende Rolle spielen. Er ist auch ein Helfer für die Mitmenschen. Darum soll man in einem ständigen Bemühen von der πίστις δοξαστική zur πίστις ἐπιστημονική weiterschreiten. - → Irenäus und die übrigen altkath. Väter betonen stärker die besondere Art des G.ns. Er ist eine innere Hinnahme im Menschen, die der Art der sie erregenden göttlichen Offenbarungswirkungen gemäß ist. Im G.n erkennt und anerkennt der Mensch Gott, gewinnt eine Lebensgemeinschaft mit ihm und unterwirft sich mit der Tat seines Lebens seinem Gebot.

Im allgemeinen kann man sagen, daß das Christentum vor Augustin den G.n einerseits gewissermaßen mystisch auffaßt als Erleuchtung des Verstandes und als geistliche Erkenntnis der himmlischen Dinge in Verbundenheit mit Christus und der Gottheit selbst, andererseits aber auch stark intellektualisiert und moralisiert als Anerkennung der christlichen Lehre, des göttlichen Gesetzes und als Fürwahrhalten der Verheißungen. Ohne die guten Werke kann man sich selbstverständlich den G.n nicht denken. Das heißt aber nicht, daß man allgemein pelagianisch (→ Pelagianismus) lehrte, als wäre der G. nur die freie Tat des menschlichen Willens.

2. Demgegenüber hat →*Augustin* (: II) im christlichen G.nsbegriff einige tiefgreifende Umwälzungen bewirkt. Das liegt in vier Eigentümlichkeiten seines Geistes begründet: in seiner tiefen Skepsis, in der er an der unmittelbaren rationalen Evidenz der Wahrheit verzweifelt; in seiner großen Sehnsucht nach Leben, Glück und Realität, in der er sich mit der lehrhaften Gestalt der Wahrheit nicht zufrieden geben kann; in seiner Einsicht in die Verdorbenheit der menschlichen Natur, welche ein Werk Gottes im Innern des Menschen notwendig macht, und in seinem Gefühl für die gemeinschaftliche und geschichtliche Art des Menschseins, auch in bezug auf → Sünde (: V) und → Gnade (: IV). Die Umwälzungen sind auf diesem Hintergrund folgendermaßen zu skizzieren: a) Als nächstes Objekt des G.ns wird das evangelische Bild Christi, dh Gottes humanitas in ihm, in das Zentrum gerückt, es kommt aus den hl. Schriften zu uns. b) Die historische, kath. Kirche als Gemeinschaft der Gerechtigkeit und Liebe und als Mutter des G.ns übt auf den Menschen eine Autorität aus, welche ihm den Realitätsgehalt der erlösenden Wahrheit verbürgt. c) Die Predigt der Kirche und ihre doctrina bekommen die Bedeutung der vocatio, in der Gott in seiner Gnade die Inhalte des G.ns dem menschlichen Geist zuführt, damit er den Menschen auf diese Weise aus seiner Bindung an sich selbst und die Welt herauslöst. d) In, durch und zusammen mit dieser vocatio findet die inspiratio fidei als Werk Gottes statt. Augustin zögert, die → Prädestination (: III) mit runden Worten hierauf anzuwenden; jedenfalls betont er immer, daß diese inspiratio fidei auf den menschlichen Willen wirkt. e) Der G. besteht darum im demütigen und sehnsüchtigen Willen und Gebet, das zu haben, was Gott nach seinem Wort in Gebot und Verheißung geben will; er ist eine Haltung des Herzens und ein Prozeß des Lebens. In diesem Sinne meint Augustin: »cum assensione cogitare, consensio volentis est«. f) Obwohl man einerseits sagen kann, daß diese G.nshaltung die ständige Grundlage des ganzen inneren Heilsprozesses ist und bleibt, muß man andererseits auch festhalten, daß der G. als solcher nicht mehr als das initium salutis sei; der G. wächst und entwickelt sich zur Liebe, welche gleichfalls von Gott inspiriert wird. g) Diese caritas führt zur Schauung der ewigen Wahrheit, welche Gott selber

ist. Darin findet der G. sein endgültiges Ziel und seine Erfüllung. Dies ist Augustins Intellektualisierung des G.nsbegriffes in einer höchsten Verfeinerung.

3. Dieses augustinische Erbe ging in seiner schillernden Kompliziertheit auf *das MA* über, beherrschte einerseits jahrhundertelang die theologischen Bemühungen, rief aber andererseits auch nach Erläuterung und Vereinfachung.

Seit → Gregor d.Gr. ist der G. zunächst vor allem der G. der → Kirche (: III), welche als eine göttliche internationale Anstalt mit einer uralten, ehrwürdigen → Tradition das göttliche Heil und die göttliche Wahrheit für die jungen Völker vertritt. Er ist nicht nur im → Apostolikum, sondern nun auch im → athanasianischen Symbol zusammengefaßt und ist weiter in der Hl. Schrift, in den Konzilsbeschlüssen, bei den Vätern und beim römischen Bischof zu finden. In der → Taufe wird der G. empfangen als erste Wirkung der Gnade. Dieser Empfang setzt Demut voraus. Insofern ist der G. etwas Verdienstliches (→ Verdienst: IV). Der Mensch soll sich Gott unterwerfen und auf ihn vertrauen. – Die überlieferte Wahrheit ist Speise für die Seele. Im 10. bis 12.Jh. (→ Anselm, → Hugo von St. Viktor, → Wilhelm von St. Thierry) macht man mit dieser Vorstellung Ernst und fragt man nach der subjektiven Realisierung des G.ns. Man betont die Notwendigkeit der persönlichen, willensmäßigen Bekehrung. In der gehorsamen Unterwerfung unter die Autorität gibt man sich den ewigen Realitäten der Gnade hin, um sie in ihrer reinigenden Kraft und Süßigkeit im Herzen zu erfahren und in einem geheiligten Leben zu bewähren. So strebt man nach Gott, liebt ihn und seine Wahrheit und versteht sie in ihrer inneren Notwendigkeit. Dies alles zusammen (Autorität, demütiger Gehorsam, Erfahrung, Reinheit, innere Vernünftigkeit der Sache) ist die eigentümliche ratio des G.ns. – Im 13.Jh. (→ Wilhelm von Auxerre, → Alexander von Hales, → Thomas) kam die aristotelische Philosophie zu dieser augustinisch-platonisch verstandenen biblisch-kirchlichen Überlieferung hinzu. Das schuf neue Probleme. Vor allem kam es nun darauf an, die Eigenständigkeit und Gewißheit der G.nserkenntnis gegenüber der Philosophie zu wahren. So betont man nun die Übernatürlichkeit der göttlichen Wahrheit und Offenbarung. Der G. gilt als eingegossener habitus, dh als eine Erleuchtung des Geistes, welche unmittelbar von der Wahrheit ausgeht, den Geist zur Unterwerfung und zur Liebe treibt und zur Erkenntnis befähigt. Diese prima veritas wird aber in der biblischen und kirchlichen Lehre gefunden. Die zufälligen Geschichtswahrheiten werden nahezu symbolisch verstanden und zugleich in einem kirchlichen Positivismus hingenommen. Die fides infusa als habitus ist der eigentliche G., dem absolute Gewißheit eignet. Davon wird die fides acquisita unterschieden als Überzeugung von der Wahrheit, zu der der Mensch psychologisch-natürlich auf rationalem Wege gelangen kann (Beweis von der Autorität oder von den Wundern her). Je mehr die fides infusa als habitus des Intellekts verstanden wird, desto mehr muß auch die Notwendigkeit betont werden: die eingegossene Gnade formiert die ganze Seele in der Liebe (fides caritate formata). Diese Konzentration auf den erleuchteten Intellekt, der die offenbarte Lehre der inspirierten biblischen Schriftsteller annimmt, hat namentlich Thomas vollzogen. – Bei → Duns Scotus und → Ockham ändert sich die Lage aufs neue. Man spricht der natürlichen, philosophischen Erkenntnis göttlicher Dinge alle Gewißheit ab. Man versteht die fides infusa nicht mehr nur als Steigerung des Erkenntnisvermögens auf übernatürlichem Gebiet. Man betont jetzt das Gewißheitsgefühl, das den Menschen erfüllt. Mit den kirchlichen Ordnungen sind auch die kirchlichen Lehren von Gott gesetzt; sie ermöglichen dem Menschen die Realisierung seiner Bestimmung (die Seligkeit). Dieses Gewißheitsgefühl ist nur von der fides infusa her zu verstehen. Der eingegossene G., der zur Bejahung alles Geoffenbarten strebt, wird in vielen Akten der fides acquisita aktualisiert.

4. Mit seinem »neuen Dogma« von der fides apprehensiva oder amplectens hat → *Luther* (: II) in der Geschichte des Problems Epoche gemacht. Die Reformation hat auch in dieser Hinsicht auf den biblischen Sprachgebrauch zurückgegriffen und den G.n als das Band der Seele mit Christus verstanden, als Organ der Gemeinschaft mit dem lebendigen Gott. Der G. wurde damit ganz in den soteriologischen Zusammenhang verwiesen: es geht nicht mehr um die Wahrheit, um die Erkenntnis der intelligiblen Welt, sondern um das Heil des Menschen und darin um die Ehre Gottes. Das Heil wird auch nicht mehr als Umformung des zeitlichen Menschen zum übernatürlichen Leben verstanden, sondern als Vergebung der Schuld des sündigen Menschen. Diese erreicht uns als Christusverkündigung in der Hl. Schrift und in der Predigt der Kirche. Die Barmherzigkeit Gottes im Evangelium ist der Gegenstand und der Inhalt des G.ns. Dadurch kann der einzelne Mensch seiner Errettung aus jeder Verlorenheit gewiß sein. Im G.n und nur in ihm (sola fide) hat er die ganze Seligkeit auf einmal. Der G. ist nur Instrument, durch das der vernehmende Mensch das richterliche und gnädige Urteil Gottes empfängt. Er ist kein Werk des Menschen, nicht einmal seine Antwort. Aber indem Gott seine → Rechtfertigung (: II) am Menschen vollzieht, urteilt der Mensch in Sündenbekenntnis, → Gebet (: V. VI) und G.nsbekenntnis (→ Bekenntnis: V) mit Gott und rechtfertigt seinerseits Gott. Darum ist der G. auch die Erneuerung des Menschen, seines Herzens und seines Lebens.

5. Der G. ist also zentral als fiducia verstanden. Aber weil sein Gegenstand der barmherzige Gott im historischen Christus ist, konnte man nicht umhin, doch auch wieder ein Erkenntnismoment mit aufzunehmen. Die notitia oder cognitio wurde namentlich von → Calvin (: II) betont und gegen den Gedanken der → fides implicita verfochten. Sobald man sich vergegenwärtigte, daß das Dogma für die Kirche und ihre Predigt und für den Menschen und seinen G.n unumgänglich ist, wurde man genötigt, auch das Moment des assensus in den G.nsbegriff aufzunehmen. Um die Unterscheidung zwischen der → fides historica als fides mortua und der fides viva als fides salvifica hat man sich auf luth. und namentlich auch auf ref. Seite sehr bemüht. Schwierig war auch die Frage nach dem Verhältnis zwischen dem Heilsmoment, in dem der G. die ganze Seligkeit ergreift, und der totalen Lebenszeit, auf die der G. sich erstreckt. In diesem Zusammenhang entstand auch immer wieder die Frage nach dem Verhältnis zwischen dem G.n einerseits und der → Liebe und der → Hoffnung andererseits. Die größten Schwierigkeiten erwuchsen jedoch aus der Einsicht, daß der G. sich selbst nur als Gabe Gottes verstehen kann. Diese Gabe ist das Werk des Hl. → Geistes in dem einzelnen Menschen. Das führte auf das für die reformatorische Kirche und Theologie entscheidende Problem der → Prädestination (: III) als pneumatologische Frage.

Bevor man in der Lage war, dieses Problem in einer allseitig entwickelten, trinitarisch-pneumatologischen Theologie anzugehen, kam die → Aufklärung (: III) hoch. Auf die verschiedenste Weise hat man seitdem den G.nsbegriff gefaßt: als Gehorsam und Nachfolge, als Erkenntnis der göttlichen Dinge, als Gefühl und Gleichförmigkeit mit dem Bilde Christi, als Mut zum göttlichen Endzweck der Welt, als Zutrauen zum Leben der Persönlichkeit usw.

Bezeichnend für die neuzeitliche Auffassung des G.ns war die Betonung seines reinen Zuständlichkeitscharakters. Inzwischen hat sich unter dem Einfluß Karl → Barths wieder ein radikaler Umschlag vollzogen: man unterstreicht – einseitig – seinen Gegenständlichkeitscharakter; der G. besteht in Objektbezogenheit und lebt von seinem Gegenstand.

Außer den Lehrbüchern der → Dogmengeschichte, bes. v. A.v. Harnack u. R.Seeberg, vgl. S.P.Dee, Het geloofsbegrip van Calvijn, Kampen 1918 – G.Ljunggren, Zur Gesch. der christl. Heilsgewißheit, 1920 – R.Prenter, Spiritus Creator. Studier i Luthers theologi, Kopenhagen 1944; dt.: FGLP 10, 6, 1954 – Barth, KD IV/1, 826ff – U.Neuenschwander, G., 1957. – Vgl. auch die Lit. zu → Glaube: V.

A.A.van Ruler

V. Dogmatisch

1. Der G. und sein Gegenüber – 2. G.nsgrund und G.nsgedanken – 3. Der G.nsakt – 4. Rechtfertigung und Leben im G.n

1. Christlicher G. ist das dem offenbarenden Handeln Gottes gemäße menschliche Verhalten. Er hat zur Voraussetzung, daß Gott uns zugut gehandelt hat und handelt. Er ist die positive, Gott recht gebende Antwort auf dieses Handeln. Christlicher G. wird mißverstanden, wenn er als menschliche Haltung, als frommer Gemütszustand, als numinoses Gefühl oder auch als Seinsweise der Existenz bestimmt wird unter Absehen von seinem *Gegenüber,* das ihn begründet und trägt. G. ist stets G. »an«, er trägt intentionalen Charakter. – Religionsphilosophische und religionspsychologische Betrachtung versucht den G.n, abgesehen von der Bezogenheit auf sein bestimmtes Gegenüber, als anthropologisches, psychologisches, soziologisches, ideelles oder existentiales Phänomen zu verstehen und zu anderen geistigen Verhaltensweisen des Menschen und ihren Objektivationen in Beziehung zu setzen. Solche Erkenntnisse sind in mancher Hinsicht wertvoll, denn der G. hat auch eine anthropologische Seite. Aber sie dürfen nicht der Ausgangspunkt für das christliche Verständnis des G.ns sein. – Darf G. nicht abgesehen von seinem Gegenüber verstanden werden, so darf umgekehrt dieses Gegenüber auch nicht einfach als G.nsgegenstand von seiner lebendigen Erfahrung isoliert und verobjektiviert werden. Ist die fides *qua* creditur in der fides *quae* creditur begründet, so bildet andererseits die fides qua creditur den Zugang zur fides quae creditur. Das Subjekt-Objekt-Schema ist ungeeignet, das Beziehungsverhältnis von G.n und Geglaubtem auszudrücken, weil es die Besonderheit des Gegenübers in seiner Überlegenheit, Unverfügbarkeit und in seinem Anspruchscharakter verdeckt und der existentiellen Art des G.ns nicht gerecht wird. Streng genommen müßte vom G.ns»gegenstand« und vom G.nsakt zugleich gesprochen werden. Der diskursive Charakter des → Denkens nötigt dazu, nacheinander davon zu sprechen. Es empfiehlt sich dabei, vom G.nsgegenstand auszugehen, weil er die Voraussetzung und der bleibende Beziehungspunkt des G.nsaktes ist. Der Versuch, vom G.nsakt den G.nsgegenstand zu gewinnen, führt leicht zur Verkennung des G.ns wie des G.nsgegenstandes. Doch liegen in der einen wie in der anderen Reihenfolge Gefahren, in der einen die einer falschen Verobjektivierung, in der anderen die einer falschen Subjektivierung des G.ns.

Gegenstand des G.ns sind nach ev. Verständnis nicht irgendwelche Lehren, Lehrsätze oder Dogmen (→ Dogma: II, 4), auch nicht irgendwelche Berichte, die man fürwahrhalten muß. Lehr-G. und → fides historica entsprechen dem kath., aber nicht dem ev. G.nsverständnis. Lehr-G. führt zum Autoritäts-G.n und zur → fides implicita, welche wie in der kath. Kirche die volle Einsicht in die G.nswahrheit dem kirchlichen → Lehramt (: I) überläßt; oder er führt wie in der altprot. → Orthodoxie zum Theologen-G.n, denn die Theologen sind allein noch in der Lage, die rechte Lehre in allen ihren Einzelheiten zu übersehen. Er führt zur Intellektualisierung des G.ns und zu einer besonderen Form der Werkgerechtigkeit, wenn man sich die überkommenen dogmatischen Lehren durch Entschluß aneignen will. Das dabei gebrachte sacrificium intellectus ist nur scheinbar echter G.nsgehorsam. Krampfhaftes Fürwahrhalten ist selbstgemachter G. Selbstgemachter G. aber widerspricht dem Wesen des G.ns. Der G. verfehlt sich auch, wenn er sich zumutet, die historische Glaubwürdigkeit von Berichten gegen die Einsicht historisch-kritischer Forschung sichern zu können. – In der gegenwärtigen ev. Theologie wird als das den G.n erzeugende und tragende Gegenüber gewöhnlich die → Offenbarung (: VI) oder das → Wort Gottes (: IV) genannt, wofür man sich auf Luther beruft. Das ist jedoch nur mit Vorbehalt richtig. Es gibt *Offenbarung Gottes,* welcher nicht der G. entspricht, sondern die zur Gottesfeindschaft und Verzweiflung treibt. Es ist die Offenbarung des → Zornes Gottes (: IV), in der der Mensch das Urteil über sein gottloses Wesen erfährt. Gott offenbart sich auch im → Gesetz (: VI), das den Menschen richtet und verdammt. An diesen Gott kann man nicht glauben, es sei denn er spreche noch sein anderes Wort, das Evangelium. Im G.n geschieht gerade die Überwindung der Zornesoffenbarung Gottes durch Ergreifen der Heilsoffenbarung. Der G. flieht vom zornigen Gott zum gnädigen Gott, vom Gott des Gesetzes zum Gott des Evangeliums. Die Offenbarung des Zornes Gottes ist keine Selbsttäuschung des Menschen, sondern eine Wirklichkeit. Sie ist Voraussetzung für den G.n, aber nicht seine tragende Kraft. Wenn man einfach Offenbarung und G. einander zuordnet, so werden die Dialektik der zweifachen Offenbarung Gottes und das Wesen des G.ns verkannt. – Dasselbe gilt von der Zuordnung von *Wort Gottes* und G. Gewiß, diese läßt sich vielfältig aus dem reformatorischen Schrifttum – auch aus Luther – und aus dem NT belegen. Sieht man aber genau zu, so wird bei → Luther dem G.n nicht einfach das Wort, sondern das Evangelium, der fides die promissio zugeordnet. Der Begriff des Wortes Gottes, wie auch der der Offenbarung, ist zunächst ein formaler Begriff, unter dem sehr Verschiedenes verstanden werden kann. Eine orthodox-biblizistische Auffassung, für die das Wort Gottes mit der hl. Schrift nahezu identisch ist, kann sich dieses Begriffs genauso bedienen wie eine Theologie der radikalen → Entmythologisierung. Letztere vermag durch einseitige Betonung der Unverfügbarkeit und Nichtausweichbarkeit des Wortes seine inhaltliche Bestimmung eigentümlich in der Schwebe zu lassen. Der G. lebt aber nicht schon davon, »daß« Gott geredet hat und redet, sondern von dem, »was« Gott redet. Da Gottes Wort im Menschenwort der apostolischen und kirchlichen Zeugen begegnet, kann der G. nicht darauf verzichten, nach dem Wort im Wort zu fragen. Er kann sich nicht an die zeit- und umweltgebundenen Ausdrucksformen des nt. → Kerygmas binden lassen.

Man hat den Schwierigkeiten, das Wort Gottes als das eigentliche Gegenüber, als den zeugenden und tragenden Grund des G.ns zu bezeichnen, durch eine *personale Fassung* des Gegenübers entgehen wollen. Christlicher G. ist zwar nicht nur, aber doch im Entscheidenden Christus-G. Nicht an sich selbst will das Kerygma den G. binden, sondern an Christus, von dem es Zeugnis ablegt. Bes. energisch hat in letzter Zeit E.Brunner betont, daß christliche Offenbarung nicht Wort-Offenbarung, sondern Person-Offenbarung ist. Dementsprechend handele es sich beim G.n nicht bloß »um ein Wortverhältnis, sondern um ein Personverhältnis, nicht mehr um ein ›es Glauben‹, sondern um ein ihm Vertrauen, zu ihm Kommen, mit ihm Verbundensein, sich ihm Hingeben. Offenbarung und G. hat... den Charakter der Person-begegnung, der Person-gemeinschaft« (Dogmatik I, 30). Das Wort habe, wenigstens im NT, nur noch dienende Funktion. Nur durch diese personale Fassung des G.nsverhältnisses lasse sich die gefährliche Intellektualisierung des G.nsbegriffs überwinden, das Abgleiten des G.ns an das Wort in das Fürwahrhalten geoffenbarter Lehre vermeiden. - So ansprechend diese Fassung des G.nsverhältnisses auf den ersten Blick ist, so problematisch ist sie doch auch. Es fragt sich nämlich, ob eine Ich-Du-Begegnung mit der Person Jesu Christi überhaupt möglich ist. Christus kann uns nicht wie ein mitmenschliches Du begegnen; der historische Jesus gehört der Vergangenheit an, wir kennen ihn allein durch das Medium der Überlieferung der Evangelien, welche nur bestimmte Züge seines Wesens, seiner Wirksamkeit und seiner Verkündigung unter einem besonderen Aspekt als bedeutsam herausstellt. Mit dem erhöhten Herrn aber ist eine unmittelbare Ich-Du-Begegnung deshalb nicht möglich, weil er dem Bereich, in dem eine solche Begegnung stattfinden kann, nicht mehr angehört. Auch der pietistische Umgang mit dem Heiland dürfte dem, was der Christus-G. eigentlich meint, schwerlich entsprechen, ebensowenig das Überwältigtwerden von der religiös-sittlichen Hoheit und Würde der Person Jesu, wie es die → Ritschlianer vertraten. Gewiß ist christlicher G. Christus-G., aber nicht eigentlich als Ich-Du-Verhältnis zu seiner Person, sondern als G. an eine bestimmte, gottgewollte Funktion dieser Person. Seine Funktion besteht darin, Bringer und Träger des Heiles Gottes zu sein. Als der Gottgesandte weist er seinerseits wieder zurück auf das Wesen, den Willen und das Wirken dessen, der ihn gesandt hat. G. darf darum im Entscheidenden als Gottes-G. bestimmt werden, freilich als G. an den Gott, der sich in Christus geoffenbart und durch Christus an uns gehandelt hat. Gottes sich offenbarendes Handeln ist dabei nicht auf das Handeln in und durch Christus beschränkt. Es vollzieht sich zB auch in seinem Schöpfungswalten, und so gewiß der hier sich Offenbarende sein eigentliches Wesen mehr verhüllt als enthüllt, so ist seine uns meinende Liebe auch hier nicht ganz verborgen, sondern in mancherlei Erweisen offenbar. Der eigentliche Erweis seiner Liebe vollzieht sich allerdings in Jesus Christus, der deshalb der Inhalt des Evangeliums ist, von dem der G. lebt. Ob Christus dabei nur als der Erkenntnisgrund oder auch als der Realgrund der Liebe Gottes zu verstehen ist, hängt davon ab, wie die → Versöhnung zu denken ist. Auf jeden Fall darf Christus auch als Erkenntnisgrund der Liebe Gottes nicht so verstanden werden, daß die Dialektik von Zorn und Liebe Gottes zur Scheindialektik wird.

Die eingangs aufgestellte Definition: Christlicher G. ist das dem offenbarenden Handeln Gottes gemäße menschliche Verhalten, kann nunmehr, was den G.nsgegenstand anbetrifft, genauer dahin bestimmt werden, daß dieses Handeln zwar nicht nur, aber doch vornehmlich in der *Sendung Jesu Christi* sich vollzieht. Das Kerygma ist die Interpretation dieser Sendung. Christus eröffnet den Zugang zum Herzen Gottes. Im Kerygma haben wir den Zugang zu Christus. Daß G. G. ans Wort ist, ist dann richtig, wenn man sich der vermittelnden Funktion des Wortes bewußt bleibt. Und der G. an Christus ist dann recht verstanden, wenn man an ihn als den Mittler zu Gott glaubt. Die vermittelnde Funktion des Wortes macht es nicht möglich, das Geschehen des Wortes, den Vollzug der Verkündigung einfach mit dem Heilsgeschehen zu identifizieren. Sie gibt Freiheit auch zum kritischen Hören des Kerygmas. In der Erkenntnis der mittlerischen Funktion Christi liegt der Ansatz zu einer → Christologie (: III), welche primär am »Werke« Christi, besser am Tun Gottes durch ihn an uns orientiert ist, während sie sich bei den Aussagen über das Sein Christi abgesehen von dieser seiner mittlerischen Funktion Zurückhaltung auferlegt. Was Gott in Christus durch das Wort offenbart, läßt sich dahin zusammenfassen, daß er uns, den Sündern, gnädig ist, uns unsere Sünde vergibt, Gemeinschaft mit sich gewährt und Leben schenkt. Diese Zuwendung seiner Liebe ist der Kern des Evangeliums, der frohen Botschaft. Das darf allerdings nicht so verstanden werden, als sei Vergebung der einzige Inhalt des G.ns, als sei G. nur Vergebungs-G. Gottes Wesen und Wirken ist reicher und tiefer, erhabener und majestätischer, als daß es sich auf seine sündenvergebende Barmherzigkeit beschränken ließe. Aber das Zentrum des offenbarenden Handelns Gottes ist die → Sündenvergebung und das Schenken der neuen → Gerechtigkeit. Darum ist der G. in seinem Kern Rechtfertigungs-G. (→ Rechtfertigung: III). - Der G. an den Gott, der die Sünde vergibt und Gerechtigkeit und neues Leben schenkt, impliziert ein *bestimmtes Selbstverständnis des Menschen,* eine Selbstbeurteilung, die dem Urteil Gottes recht gibt, nämlich daß wir Sünder sind und in all unseren Gedanken, Worten und Werken vor Gott in keiner Weise bestehen können, daß wir allein aus der → Gnade Gottes (: V) vor ihm zu leben vermögen. Selbstbeurteilung ist etwas, was schon dem Menschen als Menschen eigentümlich ist, sie gehört zu seiner Existenz. Ernsthaftes Menschentum kennt nicht nur ein Kreaturgefühl, in dem es sich abhängig weiß von einer höheren Macht, sondern es weiß auch um Schuld. Aber um den letzten Ernst der Schuld (→ Sünde: VI), um ihre Nichtkompensierbarkeit durch gute Werke, um ihre Unaufhebbarkeit aus eigener Kraft weiß nur der G., der Gottes Vergebung empfängt und sich vor ihm als Sünder bekennt. Daß der Christ an seine Sünde glaubt, auch wenn sie ihm nicht im einzelnen und als Ganzes erkennbar ist, ist der letzte Ausdruck eines Selbstverständnisses, das jede Selbstschätzung und jeden Anspruch preisgibt, Gott allein die Ehre gibt und das richtende und rettende Urteil ihm überläßt.

2. Gottes rettendes und zugleich richtendes Handeln, das im Christusgeschehen offenbar und durch das Kerygma vermittelt wird, ist der eigentliche *Grund des G.ns.* Von diesem G.nsgrund können *G.nsgedanken* unterschieden werden, welche mit dem G.nsgrunde in einem mehr oder weniger engen Zusammenhang stehen. Das Christusgeschehen muß ausgesagt und dem Menschen zugesprochen werden. Um es auszusagen, bedient sich das urchristliche Kerygma zeit- und umweltgebundener, auch mythologischer Vorstellungen (→ Mythos: IV). Voraussetzungen und Konsequenzen des Christusgeschehens werden in spekulativer Weise erfaßt. Christologische Dogmen (→ Christologie: II) sollen es gegen Verfälschungen sichern. Auch die Selbstbeurteilung des Menschen unterliegt ausdeutender Interpretation, indem die Schwere, Unentrinnbarkeit und Totalität der Sünde auf einen menschheitlichen Urfall zurückgeführt wird. Die Reformatoren haben alle Spekulationen abgelehnt, welche über die in der hl. Schrift enthaltene G.nserkenntnis hinausgehen. Die in der kath. Kirche auf spekulativem Wege entwickelte → Mariologie zB ist im Bereich der ev. Theologie unmöglich. Das christologische Dogma hingegen hat die reformatorische Theologie rezipiert, allerdings unter der Voraussetzung, daß es dem Christusverständnis des NT entspricht. Gegenüber dem spätmittelalterlichen Dogmen- und Lehrbestand bedeutet die Reformation Reduktion, Konzentration, Orientierung der beibehaltenen Dogmen an der Mitte der Schrift, aber auch Belebung der religiösen Werte des Dogmas. In der neueren prot. Theologie ist nicht nur der Unter-

schied des nt. Christuszeugnisses von der altkirchlichen Christologie bewußt geworden, sondern in steigendem Maße wurde problematisch, wie weit der G. jener Vorstellungen bedarf und an sie gebunden bleiben muß, mit denen das NT die Bedeutsamkeit des Christusgeschehens zum Ausdruck gebracht hat. Die Vorstellungen von der → Präexistenz Christi, der Menschwerdung, der → Jungfrauengeburt, der metaphysischen Gottessohnschaft, dem stellvertretenden Sühnetod, von der → Auferstehung, → Himmelfahrt und Wiederkunft Christi (→ Eschatologie: VI, 4a) wurden Gegenstand der theologischen Diskussion. Die reformatorische Erkenntnis, daß wahrer Christus-G. nicht im Fürwahrhalten von christologischen Lehren, sondern in der heilsamen Erkenntnis der Bedeutsamkeit Christi für uns besteht, wurde kritisch geltend gemacht gegen die traditionelle kirchliche, aber auch gegen die biblische Christologie. Die Frage, ob man dem »pro me« eine solche kritische Funktion gegenüber der überkommenen Christologie zugestehen darf, steht heute sowohl grundsätzlich zur Diskussion, wie es auch im einzelnen umstritten ist, was alles von den überkommenen christologischen Vorstellungen mit Hilfe des pro me existentiell, dh in echter G.nsüberzeugung angeeignet werden kann und wie das zu geschehen hat. Daß die Richtung auf das pro me nicht einfach verwerflich sei, gibt auch K.Barth zu (KD IV/1, 844f). Es sei ein Katalysator, um zu erkennen, ob das, was man zu bekennen scheint, nicht doch so etwas wie eine abstrakte Theorie ist. Aber es dürfe nicht systematisiert und dann selber zum systematischen Prinzip erhoben und als solches verwendet werden. – Nun ist unbestreitbar, daß die vorgegebenen christologischen Erkenntnisse über das hinausgehen, was der G. sich existentiell anzueignen vermag. Allerdings sind die Möglichkeiten der Aneignung auch individuell verschieden. Zeit, Umwelt und geistige Heimat der Gläubigen spielen dabei eine nicht unerhebliche Rolle. Die Diskrepanz zwischen vorgegebenen Erkenntnissen und existentieller Aneignung darf nicht nur so bewertet werden, daß man betont, die christliche Wahrheit bleibe in ihrem ganzen Reichtum immer dem überlegen, was der Mensch oder auch die Menschen einer bestimmten Epoche von ihr zu erfassen und aufzunehmen vermögen, so gewiß eben Gott größer ist als unser Herz. Sondern die Diskrepanz muß auch so verstanden werden, daß der G. aus der lebendigen Begegnung mit Gott und Christus heraus *sichten* darf unter den überkommenen christologischen Erkenntnissen, auch denen des nt. Kerygmas. Denn diese sind nicht nur göttliche Weisheit, sondern auch menschliche, zeit- und umweltbedingte Ausdrucksformen für die Bedeutsamkeit des Christusgeschehens, sie sind auch durchaus nicht alle erwachsen aus der lebendigen Begegnung mit dem Herrn, sondern sie sind auch Erzeugnisse einer frommen Spekulation und Phantasie und einer im Mythologischen haftenden Denkweise. Der Verzicht auf solch eine kritische Funktion des G.ns muß notwendig zum blinden Autoritäts-G.n führen, der nicht nur dem ev. G.nsverständnis widerspricht, sondern auch der Freiheit, zu der Christus uns befreit hat. Wird Christus in seiner Funktion gesehen, Gott als den zu offenbaren, der den Sünder in barmherziger Liebe annimmt, liegt hier der eigentliche Grund des G.ns, dann fragt es sich eben, ob es hierzu auch noch der Vorstellung vom präexistenten, vom Himmel gekommenen Gottmenschen bedarf, der von der Jungfrau Maria geboren wurde; ob nicht die Gestalt und die Wirksamkeit des irdischen und des von Gott zu Ostern erhöhten Herrn genügt, ob in ihr nicht seine gottgewollte Funktion hinreichend in Erscheinung tritt. Jedenfalls liegt die erfahrene Begegnung mit diesem Herrn, dem irdischen, gekreuzigten und auferstandenen auch dem ursprünglichen apostolischen Christuszeugnis zugrunde. Der himmlische Ursprung dieses Herrn hingegen liegt außerhalb auch aller apostolischen Erfahrung. Er ist ein G.nsgedanke. Über die Notwendigkeit, ihn zu denken, jedenfalls ihn so zu denken, wie ihn die nt. Zeugen und die dogmatische Tradition der Kirche, übrigens keineswegs einhellig, gedacht haben, kann man verschiedener Meinung sein. Und selbst wenn man überzeugt ist, daß dieser Gedanke gedacht werden muß, um der Funktion Christi gerecht zu werden, dann muß man sich bewußt bleiben, daß solch ein Gedanke nicht in derselben Weise entstanden ist wie die Erkenntnis des geschichtlichen und erhöhten Herrn. »Wir haben mit diesem Gedanken… die unmittelbaren Aussagen des G.ns an Jesus überschritten. Er ist der erste Satz christologischer Theorie« (Althaus, Die christl. Wahrheit 438). Gewiß soll die Bedeutung nicht verkannt werden, die die Vorstellung »Gott ward Mensch« zu allen Zeiten gehabt hat. Ob sie in der Form des klassischen Inkarnationsdogmas heute noch nachvollzogen und ob die Anerkennung dieses Dogmas als conditio sine qua non vom G.n gefordert werden kann, ist meines Erachtens fraglich. Die G.nserkenntnis Jesu Christi bezieht sich nicht auf alle Einzelheiten einer dogmatischen Christologie. Sie lebt von den Grundzügen seines Wesens, seiner Wirksamkeit und seines Geschicks einschließlich der Bestätigung, die Gott zu Ostern seiner Wirksamkeit hat zuteil werden lassen. In diesen Grundzügen wird der Wille und das Handeln Gottes an uns Menschen sichtbar. Zwar impliziert jeder G., wenn auch noch so keimhaft, ein theologisches Wissen. Er ist nicht G. an einen gestaltlosen Christus, an ein konturenloses, der geschichtlichen Konkretheit entbehrendes Christusgeschehen. Er erkennt Gottes Handeln in einer ihn betreffenden geschichtlichen Wirklichkeit. Wäre das nicht der Fall, dann wäre er nicht G. »an«, sondern doch nur ein sich selbst genügendes frommes Gefühl, das bei aller Intensität unbestimmt bleibt. Aber das in jedem G.n enthaltene theologische Wissen ist, so gewiß hier fließende Übergänge bestehen, noch etwas anderes als seine Ausarbeitung mit Hilfe der Reflexion, der Spekulation und des vorgegebenen Stoffes einer mythologischen, dogmatischen oder kirchlichen Tradition. Die theologische Reflexion hat seit jeher die Tendenz, sich gegenüber dem G.n und dem in ihm beschlossenen Erkennen zu verselbständigen. Sie hat im Laufe der Zeit eine eigene geistige Welt aufgebaut, in der eigene Gesetze des Denkens und Argumentierens gelten, die mit denen der G.nserkenntnis nicht ohne weiteres identisch sind. Es hieße den G.n überfordern und in seinem Wesen bedrohen, wenn man die Anerkennung dieser Welt von ihm fordern wollte. Es ist nicht angebracht, die hier vorliegenden Probleme einfach dadurch gegenstandslos zu machen, daß man den nur bildhaften, symbolischen, chiffrehaften Charakter dieser Welt hervorhebt. Gewiß, jede G.nserkenntnis, die unmittelbare wie die theologisch reflektierte, trägt bildhafte Züge. Aber man darf hier nicht alles nur als bildhaft ansehen, sonst wird die Wahrheitsfrage beiseite geschoben und alles wird zur Mythologie. Theologische Erkenntnis kann nicht darauf verzichten, unmißverständlich zu sagen, was bei aller von ihr gebrauchten bildhaften Ausdrucksweise wahr sein soll und was nur den Wert unverbindlicher und darum auch jederzeit auswechselbarer Bilder haben soll. Sie hat Theologie von Mythologie zu unterscheiden.

Die Unterscheidung von G.nsgrund und G.nsgedanken hat Bedeutung für die *Frage nach dem Werden des G.ns*, für die Frage nach dem, was uns eigentlich den G.n abgewinnt. Wenn hier auch jede Einseitigkeit und jeder Methodismus vermieden werden muß, so wird man doch sagen dürfen, daß Gottes Handeln in Jesus Christus der

Grund des G.ns ist, der ihn erzeugt, trägt und hält, während die G.nsgedanken und theologischen bzw. christologischen Explikationen diese grundlegende Bedeutung nicht haben. Das Wunder des G.ns wird auf jeden Fall dann mißverstanden, wenn man einfach auf das geheimnisvolle Wirken des hl. Geistes hinweist und ihm die Kraft zuschreibt, an sich Unannehmbares annehmbar zu machen. Der hl. → Geist (: VI) ist kein rätselhafter supranaturaler Influxus, durch den wir gleichsam hinter unserem Rücken zum G.n bewegt werden. Wenn Luther die Wirksamkeit des Geistes ans Wort band, dann brachte er damit richtig zum Ausdruck, daß es der »Inhalt« des Evangeliums ist, welcher den Menschen zum G.n überwindet. Wird das G.nsgut so gefaßt, daß es nicht den Charakter des Evangeliums hat, dann kann auch nicht wirklich G. an ihm entstehen. Die Reformatoren meinten, daß vor allem die erschrockenen Gewissen das Evangelium recht erfassen. Der selbstsichere Mensch, der sich nicht selbst zur Frage geworden ist, versteht das Evangelium nicht. Das heißt nicht, daß von der existentiellen Erfahrung der Fragwürdigkeit des Daseins ein selbstverständlicher und direkter Weg zur Anerkennung des Evangeliums führt. Es gibt eine Verschlossenheit gerade in der eigenen Fragwürdigkeit. Es besagt auch nicht, daß nicht das Evangelium selbst die Fragwürdigkeit erst aufdecken, also als Gesetz wirken kann. Warum es dem Evangelium gelingt, die Verschlossenheit des einen aufzubrechen, die des anderen nicht, warum es bei einem Menschen heute trifft und morgen leer zurückkommt, das ist Geheimnis. Der Glaubende weiß, daß er seinen G.n nicht sich selbst verdankt, weder seinem Streben noch seiner Reue und Verzweiflung. Würde er ihn sich selbst verdanken, dann stünde er selbst noch im Mittelpunkt, aus dem ihn das »allein aus Gnaden« des Evangeliums gerade herauswerfen will. Sofern mit dem Wunder des hl. Geistes diese Unverfügbarkeit des G.ns, diese Unmöglichkeit, ihn selbst zu schaffen oder sich auf ihn zu präparieren gemeint ist, besteht diese Redeweise zu Recht.

3. So gewiß G. Geschenk ist, geweckt und getragen durch sein Gegenüber, so gewiß ist er auch mein G. Als *Akt und Verhalten des Menschen* hat er seinen anthropologischen Ort. Doch kommt kein einzelner seelischer Bereich allein als anthropologischer Ort in Frage, weder das → Gefühl noch der Verstand (→ Vernunft) noch der → Wille oder das → Gewissen. Der Wille darf bestenfalls als bevorzugter, aber nicht als »der« seelische Ort des G.ns gelten. Der G. nimmt alle geistig-seelischen Kräfte des Menschen in Anspruch. Auch das Herz darf nicht dem Intellekt entgegengesetzt werden, sondern Herz bezeichnet das Zentrum der Person. Treffend ist es, die Existenz, in der der Mensch zu sich selbst, zu seiner Eigentlichkeit kommt, als den Ort des G.ns zu bezeichnen (Neuenschwander 14), aber nur, wenn festgehalten wird, daß nicht die Existenz als solche, sondern die Existenz in ihrer Beziehung auf Gott gemeint ist. Die Inanspruchnahme der verschiedenen Seelenvermögen durch den G.n entspricht den verschiedenen Momenten seines Wesens. Er hat die Unmittelbarkeit des Gefühls und Empfindens, die Klarheit und Bewußtheit des Verstandes, die Entschiedenheit und Tatbereitschaft des Wollens, die Unbedingtheit des Gewissens. Die ausschließliche Bevorzugung eines Seelenvermögens vor den anderen führt zur Verzerrung des G.nsbegriffs. Die einseitige Bevorzugung des Verstandes intellektualisiert ihn. Die Bevorzugung des Gefühls läßt ihn sentimental oder ästhetisch werden und leistet seiner Psychologisierung Vorschub. Die Bevorzugung des Willens und Gewissens hat die Tendenz zum Moralismus. → Scholastik und → Orthodoxie liefern Beispiele für die erste, → Pietismus, → Romantik und → Schleiermacher für die zweite, → Kant und → Ritschl für die dritte Gefahr. In der gegenwärtigen Theologie hat die Perhorreszierung des *Gefühls* zur Verkürzung des G.nsbegriffs geführt. Gefühle der Ergriffenheit, der Ehrfurcht, der Andacht, der Kreatürlichkeit, der Nichtigkeit, der Dankbarkeit, der Seligkeit haben aber durchaus ihr gutes Recht, sofern sie nur im Gegenüber des G.ns begründet sind. Warum soll der G. Gott und Christus gegenüber nichts empfinden? Ist er auch von der mystischen Frömmigkeit dadurch geschieden, daß diese im Einswerden mit dem göttlichen Urgrund das Gegenüber des G.ns aufheben will und den G.n entpersönlicht (→ Mystik: IX), so enthält der G. doch auch mystische Elemente. - Mit Recht wird in der gegenwärtigen Theologie hervorgehoben, daß der G. auch ein → *Erkennen* (, 3) ist, nicht nur eine Gefühlsbewegung oder ein Willensakt. Meint G. Wahrheit, dann muß er auch erkennen. Lebt er von einer geschichtlichen Wirklichkeit, dann muß er um sie wissen. Das dem G.n implizite Selbstverständnis enthält ebenfalls Erkenntnis. Unwissenheit, Kritiklosigkeit und Scheu vor der Wahrheit sind dem G.n genauso wenig angemessen wie die Flucht vor dem Zu-sich-selbst-Kommen. Es gibt nicht nur ein Erkennen im G.n und aus G.n, sondern auch ein Erkennen, das dem G.n vorangeht, und zwar sowohl was den G.nsgegenstand als auch was das Selbstverständnis anbetrifft. Die Geschichte Jesu und der Bericht von ihr, die ein wesentlicher Bestandteil des G.nsgegenstandes sind, stehen der wahrnehmenden Erkenntnis offen. Sowohl der christliche Unterricht wie der historische Zweig der Theologie leiten zu dieser Wahrnehmung an, offenbar doch in der Erwartung, daß diese Wahrnehmung auch für den G.n von Belang ist. Das Selbstverständnis hat nicht die Form der Wahrnehmung, sondern der Selbstbeurteilung. Auch hier ist es nicht so, daß eine Selbstbeurteilung nur im G.n möglich ist, bzw. daß jede dem G.n vorangehende Selbstbeurteilung falsch ist. Es gibt Erkenntnis von Schuld und Sünde, welche Anlaß wird, das Gnadenangebot im G.n zu ergreifen. Die ganze Tiefe der Verlorenheit wird allerdings erst im G.n offenbar, in dem sie bereits überwunden ist. G. setzt Erkennen voraus, er eröffnet aber auch ein neues Erkennen. Wer Christus eigentlich ist, was seine Geschichte bedeutet, erkennt erst der G., indem er diese Bedeutung als seine Existenz betreffend anerkennt. Der G. entfaltet diese Bedeutung. Doch darf diese Entfaltung nicht zur spekulativen Gnosis werden. Durch strenge Orientierung an dem uns in Christus geschenkten Heil kann der spekulative Abweg vermieden werden. - Die klassische ev. Theologie bevorzugte den Begriff des → Vertrauens zur Kennzeichnung des G.nsaktes, während sich heute die Begriffe des → *Gehorsams* und des *Wagnisses* in den Vordergrund geschoben haben. Für Luther, dem der zornige Gott, der den Sünder verdammt, eine Wirklichkeit war, lag im Begriff des Vertrauens Wagnis und Mut, das Wagnis, sich vom zornigen Gott zum Gott des Evangeliums zu flüchten. Es fehlte dem Vertrauen weder die Anerkennung des Geheimnisses, der verborgenen Majestät Gottes, noch der Hinweis auf die Not, die im G.n überwunden wird und doch stets lebendig bleibt, noch fehlte das Moment der Paradoxie; denn daß Gott den Sünder zugleich verwirft und in Gnaden annimmt, ist wahrhaft paradox. Wo allerdings Gott nur als liebender Vater verstanden wird, da wird der Begriff des Vertrauens ungeeignet, das Wesen des G.ns auszudrücken. Der Begriff des Gehorsams schließt zwar jede, den Abstand zwischen Gott und Mensch vergessende Vertraulichkeit aus, nimmt aber leicht den Sinn der fraglosen Unterwerfung an. Verwendet man ihn, dann muß jedenfalls hervorgehoben werden, daß es sich um den freien, über-

zeugten Gehorsam des im Gewissen überwundenen Menschen handelt. Das Wagnis des G.ns ist nicht richtig verstanden, wenn man es als Sprung ins Ungewisse beschreibt und in der Grundlosigkeit des G.ns sein wahres Wesen zu finden meint. So gewiß der G. nicht Sicherheit (securitas) verleiht, so wenig ist er einfach radikale Entsicherung der Existenz. Das Wagnis des G.ns darf nicht in die Nähe des existenzphilosophischen Wagnisses auf das »Nichts« geraten. Es war eine Grunderkenntnis der Reformatoren, daß G. → Gewißheit schenkt, weil Gott in seiner Gnadenzusage wahrhaftig und treu ist. Von daher bekämpften sie die kath. Kooperation von Gnade und guten Werken, die keine Gewißheit geben kann, sondern nur selbstsichere Pharisäer oder ruhelose Herzen erzeugt, die vergebens Werk auf Werk häufen. - Die Bestimmung des G.ns als Gehorsam hebt zwar die Rezeptivität des G.ns hervor, wird aber seiner *Spontaneität* nicht gerecht. Luther traute es dem G.n zu, neue Dekaloge zu machen, die besser sind als die des Mose, und alles recht zu beurteilen (WA 39/I, 47, 25ff). In der im G.n begründeten → Freiheit (: II) der Kinder Gottes wurzelt nicht nur die Freiheit in den sittlichen Entscheidungen, sondern auch die Freiheit, dem G.n neuen Ausdruck zu verleihen in Hymnen, Bekenntnissen, G.nsgedanken, theologischen Entwürfen. Hier wurzelt zutiefst auch die Freiheit zur theologischen Kritik nicht nur an der Überlieferung der Kirche, sondern auch an der Botschaft der hl. Schrift (→ Bibel: III, 5). Ja selbst dem Willen und den Fügungen Gottes hat Luther in bestimmten Situationen Trotz zu bieten gewagt. Das Wagnis solcher ev. Freiheit lebt allerdings in der Gewißheit der Vergebung der Sünden.

4. In einer Beziehung ist der G. rein rezeptiv, nämlich als *rechtfertigender* G. Der Mensch wird nicht gerechtfertigt, *weil* er glaubt, sondern *indem* er glaubt. Wäre der G. Bedingung oder Mitbedingung der → Rechtfertigung (: III), dann wäre er als Werk verstanden, das - verglichen mit anderen Leistungen der Frömmigkeit - dann gar als leichteres Werk erscheinen könnte. Gott rechtfertigt den Sünder allein aus Gnaden. Hier haben die Worte »bedingungslos«, »grundlos« ihren Sinn. Es würde der Gottheit Gottes und dem Geschenkcharakter der Gnade widersprechen, wollte der Mensch seinen G.n als Bedingung der Rechtfertigung darbringen. Er kann sich die → Gerechtigkeit (: IV) nur schenken lassen. Dieses Sich-schenken-lassen, in dem der Mensch sich mit all seinem Vermögen und allen seinen Leistungen preisgibt, ist der G. Er ist, wie die altprot. Dogmatiker zutreffend sagten, ὄργανον ληπτικόν. - Die geschenkte Gerechtigkeit geht nicht in den Besitz des Menschen über, so daß er nun über sie verfügt, sie muß immer von neuem im G.n ergriffen werden. Das gibt dem G. seine *Bewegtheit*. In den Akten des Ergreifens ist er lebendig. Immer neu muß er sich durchsetzen gegen Unglauben und Zweifel, gegen → Anfechtung durch die Sünde, gegen Sorge und Selbstsicherheit, die Gott vergißt, gegen die Angst vor dem Leben mit seiner Verantwortung und gegen die Angst vor dem Tode. Wohl gibt es ein Stehen und Beharren im G.n, aber eben nur so, daß ich den G.n immer neu vollziehe und in den verschiedenen Lebenslagen neu bewähre. Es gibt auch ein Wachsen im G.n, bes. in Kreuz, Anfechtung und Widerwärtigkeit, aber mit dem G.n wächst auch die Erkenntnis der Sünde und der eigenen Ohnmacht, das Bewußtsein, ganz und gar auf Gottes Gnade angewiesen zu sein. - Die Lebendigkeit und Echtheit des G.ns erweist sich darin, daß er *neues Leben gebiert*. Die Reformatoren, welche die → guten Werke als Bedingung der Rechtfertigung verwarfen, nannten einen G.n ohne Werke toten G.n. Sittlicher Ernst, sowohl was die → Heiligung (: IV) des eigenen Lebens wie die → Verantwortung für den Nächsten und die uns zugeordneten Gemeinschaften anbetrifft, unterscheidet den wahren G.n vom falschen. Das neue Leben und die guten Werke sind nicht nur eine Frucht des G.ns, sondern gehören zu seinem Vollzug, in ihnen bewährt und übt sich der G. Gott läßt neues Leben an anderen sichtbar werden zur Stärkung unseres G.ns. Wir sind nicht berufen, in allen Manifestationen des neuen Lebens den Wurm zu entdecken. Aber auch im eigenen Dasein darf das neue Leben hie und da zeichenhaft sichtbar werden zur Stärkung des G.ns (WA 32, 423, 12ff; 39/I, 292f; AC IV, 276; SD XI, 73; Calvin, Inst. III, 14, 18f). Das neue Leben ist also nicht nur Gegenstand des G.ns, sondern es ist auch gelegentlich, in all seiner Unvollkommenheit und Bruchstückhaftigkeit, *erfahrbar*. Die heute vielfach übliche Bestreitung seiner Erfahrbarkeit ist einseitig. → Kierkegaard hat über einen G.n gespottet, der so verborgen ist, daß man den Verdacht bekommen könne, er sei überhaupt nicht da. G. ist auch sonst nicht bar jeder Erfahrung. Luther hat von der Freude, dem Frieden, dem Trost, der Seligkeit gesprochen, welche der Glaubende im Herzen und Gewissen fühlt, erfährt und empfindet. Der G. kann durch solche Erfahrung gestärkt, aber nicht auf sie gegründet werden. Vollends unmöglich ist der Aufbau einer ganzen Theologie auf die Erfahrung (→ Erfahrungstheologie). Der G. gründet sich auf das Evangelium, und in der Anfechtung hat er nichts als das Evangelium, an das er ohne, ja gegen alles Erfahren und Empfinden glaubt. - G. schließt → *Hoffnung* (: III) in sich. Das in Christus geschenkte Heil Gottes ist dem G.n gegenwärtig und doch verborgen. Verborgen, nur hie und da zeichenhaft aufleuchtend und bruchstückhaft ist das neue Leben. Der G. wartet auf die Zeit, wo es nicht mehr heißen wird: semper peccator et iustus, sondern iustus in re.

Da der G. dem Bereiche dieses Äon zugeordnet ist, in dem Gott und seine Wahrheit noch nicht geschaut werden, sondern auch in der Offenbarung noch verborgen sind, ist er immer wieder *vom → Zweifel bedroht*. Man kann existentiellen und intellektuellen Zweifel unterscheiden. Existentieller Zweifel ist die Anfechtung, ob Gottes Gnadenzusage auch mir gilt. Er ist der Gegensatz zur Heilsgewißheit. Aus ihm kann nur der G. befreien, der es wagt, trotz der Erfahrung der Verborgenheit und Furchtbarkeit Gottes an seine Gnade zu glauben. Da der G. aber auch mit weltbildlichen Elementen und mit innerweltlichen Institutionen verknüpft ist, bedeutet ein Wandel des Weltbildes oder eine Krisis der Institutionen auch für ihn Beunruhigung und Zweifel. Die Erkenntnisse der modernen → Naturwissenschaft, Geschichtswissenschaft und → Religionswissenschaft, die Wandlungen der politischen, gesellschaftlichen und sozialen Verhältnisse haben für den G.n immer wieder Krisen verursacht. Sie können nur in voller Wahrhaftigkeit und intellektueller Redlichkeit gegenüber den Erkenntnissen der weltlichen Wissenschaften überwunden werden, unter Zurückweisung eventueller weltanschaulicher Ansprüche von dieser Seite.

W.HERRMANN, Der Verkehr des Christen mit Gott, (1886) 1921⁷ - DERS., Ges. Aufsätze, hg.v. F.W.SCHMIDT, 1923, bes. 1-25. 189-355 - M.REISCHLE, Der Streit über die Begründung des G.ns auf den geschichtl. Jesus Christus (ZThK 7, 1897, 171-264) - RE VI, 674ff (O. KIRN) - L.IHMELS, Die Bedeutung des Autoritäts-G.ns, 1902 - RGG¹ II, 1437ff (E.TROELTSCH); RGG² II, 1212ff (F.W.SCHMIDT; Lit.) - K.HEIM, G.nsgewißheit, (1916) 1923³ - H.STEPHAN, G.nslehre, (1921) 1941³, §§ 5-8 - E.BRUNNER, Erlebnis, Erkenntnis u. G., (1921) 1933⁴·⁵ - DERS., Wahrheit als Begegnung, 1938 - DERS., Offenbarung u. Vernunft, 1941 - DERS., Die christl. Lehre von Gott. Dogmatik I, (1946) 1953², Kap. 5 u. 10 - F.GOGARTEN, Von G.n u. Offenbarung, 1923 - DERS., Ich glaube an den dreieinigen Gott, 1926 - DERS., Entmythologisierung u. Kirche, (1953) 1954² - DERS., Die Wirklichkeit des G.ns, 1957 - P.ALTHAUS, Theol. des G.ns (ZSTh 2, 1925,

281-322) - DERS., Grundriß der Dogmatik I, (1929) 1947³, § 12; II, (1932) 1949³, § 44 - DERS., Die christl. Wahrheit, (2 Bde, 1947/48) 1952³, §§ 3. 42. 61. 65. 66 - E.KREBS, Wesen u. Werden des G.ns, 1926 (kath.) - K.BARTH, Dogmatik I Prolegomena, 1927, §§ 7. 19 - DERS., KD I/1, 1932, § 6, 3. 4, 206ff; IV/1, 1953, § 63, 826ff - H.E.WEBER, Der G. u. das Wort (ZSTh 9, 1932, 339-356. 502-521) - G.WEHRUNG, Gesch. u. G., 1933 - DERS., Fides specialis (ThLZ 77, 1952, 193-200) - BULTMANN I, bes. 85-113; II, 1-19 - H.ASMUSSEN, Sola fide, das ist lutherisch (ThEx 49), 1937 - E.STAKEMEIER, G. u. Rechtfertigung, 1937 (kath.) - R.GYLLENBERG, G. u. Gehorsam (ZSTh 14, 1937, 547-566) - W.ELERT, Der christl. G., (1940) 1956³, §§ 20. 83 - R.AUBERT, Le problème de l'acte de foi, (1945) 1950² (kath.) - P.TILLICH, Der Protestantismus, Prinzip u. Wirklichkeit, 1950, Kap. 5 (gläubiger Realismus) - H.VOGEL, Gott in Christo, (1951) 1954², Kap. 3 - H.GRASS, G.nsgrund u. G.nsgedanken (ThLZ 79, 1954, 439-446) - O.WEBER, Grundlagen der Dogmatik I, 1955, 12ff. 214ff. 366ff. 510ff. 582ff - EKL I, 1593ff (P.JACOBS) - U.NEUENSCHWANDER, G., eine Besinnung über Wesen u. Begriff des G.ns, 1957 - C.H.RATSCHOW, Der angefochtene G., 1957 - G.EBELING, Was heißt G.n? (SgV 216), 1958. *H.Graß*

Glaubensanstalten werden solche Missions- oder Liebeswerke genannt, die grundsätzlich auf Bitten um Geldgaben verzichten und im Glauben von Gott ihren Unterhalt erwarten (zB Georg → Müller in Bristol, → China-Inland-Mission, »Friedenshort« von Mutter Eva von → Thiele-Winckler). Als Mahnruf zum Glauben sowie als Warnung vor der Überschätzung materieller Werte haben sie Bedeutung. *H.Brandenburg*

Glaubensbekenntnis im Gottesdienst → Bekenntnis: VI, 4.

Glaubensfreiheit → Religionsfreiheit.

Glaubenslehre → Dogmatik.

Glaubensmission → Mission: III.

Gleichberechtigung, *in der Kirche*. Die Frage der G. in der Kirche betrifft als *Rechtsproblem* die Geltung des Grundsatzes der G. kraft für die Kirche verbindlichen weltlichen Rechts und seine Geltung kraft kirchlichen Rechts.

1. Im *weltlichen* Recht ist die G. Auswirkung des allgemeinen Gleichheitssatzes (→ Gleichheit). Zumeist konkretisieren die Verfassungen diesen Grundsatz durch das ausdrückliche Verbot bestimmter, dem Rechtsbewußtsein auf seiner jeweiligen geschichtlichen Stufe bes. unerträglicher Differenzierungen; von besonderer Bedeutung für die Gegenwart ist die Normierung und Realisierung der G. von Mann und Frau.

Der allgemeine Gleichheitssatz und damit der Grundsatz der G. sind als konstituierende Grundsätze der Gesamtrechtsordnung »für alle geltendes Gesetz« (→ Kirche und Staat) und damit in der BRD für die Kirchen verbindlich. Das bedeutet nicht, daß der Grundsatz der G. mechanisch und ohne Rücksicht auf die auch von der weltlichen Rechtsordnung anerkannte und vorausgesetzte Unterschiedlichkeit der kirchlichen Verhältnisse vom staatlichen auf den kirchlichen Bereich übertragen werden dürfte. Wo solche Unterschiede bestehen, verlangen sie auch eine unterschiedliche rechtliche Behandlung. Jedoch sind auch den Kirchen Differenzierungen verboten, die sich unter keinem denkbaren kirchlichen Gesichtspunkt rechtfertigen lassen.

2. Die Frage, ob G. unabhängig davon ein Rechtsgrundsatz des *kirchlichen* Rechts ist, ist für die kath. Kirche zu verneinen. Für die Kirchen der Reformation ist die Grundlage einer Antwort in dem Satz vom allgemeinen → Priestertum zu suchen. Die durch die Taufe in gleicher Weise in den Leib Christi Berufenen sind durch ihren priesterlichen Charakter auch in die gleichen Rechte berufen. Grundsätzlich können daher keine Stufungen der kirchlichen Mitgliedschaft bestehen und sind Stufungen des kirchlichen Wahlrechts (→ Kirchenwahlen) problematisch. Die Stufung der Ämter und Funktionen enthält demgegenüber nur Ausformungen dieses gleichen Mitgliedschaftsrechts.

Zur G. im allgemeinen Sinne vgl. → Emanzipation, 2, → Frau: V, 1. 2, → Gleichheit. *K.Hesse*

Gleichheit

1. Begriffliche Differenzierungen - 2. Geschichte der G.sidee - 3. Soziologie des G.sproblems

1. Der Inhalt des sozialen G.sbegriffs ist abhängig von seinem jeweiligen Bezugsobjekt. Die Vorstellung einer prinzipiellen Gleichwertigkeit aller Menschen, auf deren Grundlage allgemeingültige → Menschenrechte postuliert werden, mündet in der Regel in formale Gleichberechtigungsforderungen aus. Gegenüber dieser individualistischen Bestimmung des G.sbegriffs hebt sich die Vorstellung von einer radikalen materiellen G. ab, die zur Forderung nach Einebnung aller sozialen Unterschiede verwendet wird und in der Praxis zu kollektivistischen Nivellierungstendenzen führt. Je nach der Verwendung des einen oder anderen Begriffsinhalts bestimmt sich die Ebene der Verwirklichung der G.sidee.

2. In der antiken Welt mit ihrer scharfen Abgrenzung gegen die Barbaren und der Institution der → Sklaverei (vgl. des Aristoteles Äußerung über die natürliche Bestimmung der Menschen zum Dienen oder zum Herrschen) waren G.svorstellungen weitgehend unbekannt. Erst die von der → Stoa beeinflußte Ausweitung der Grundsätze des römischen Rechts zum ius gentium und die Ableitung eines ius naturale (→ Naturrecht) zeigen Ansätze zu der Auffassung von einer grundsätzlichen Gleichartigkeit der Menschen, die später bis zur Formulierung und Durchsetzung der Menschenrechte fortgewirkt hat. - Im Christentum entsteht durch die Vorstellung, daß alle Menschen als Glaubende vor Gott gleich sind (zB Gal 3, 28) und durch ihre Sündigkeit der Erlösung bedürfen, eine neue, radikale G.sidee. Diese in den Totentanzdarstellungen des MA auch bildlich treffend zum Ausdruck kommende Auffassung erleichtert die Hinnahme der als gottgewollt empfundenen irdischen Ungleichheit. Doch wird das hierarchische Gesellschaftsbild des MA (→ Gesellschaft), dem als Ziel ein soziales Gleichgewicht zwischen den ungleich privilegierten → Ständen zugrunde liegt, gerade aus dem religiösen Raum her häufig durch Häretiker und → Sekten in Frage gestellt, die die transzendentale G.sidee auch im rein säkularen Raum vollstrecken wollten. Den Gegenpol hierzu bildeten die Vertreter der später im Calvinismus wirksamen Prädestinationsvorstellungen mit der Annahme einer prinzipiellen Unüberwindbarkeit der Ungleichheiten auch im rein religiösen Bereich. - Mit dem Zerfall des Spätfeudalismus (→ Feudalismus, → Revolution) wandelt sich die G.sproblematik grundlegend. Die traditionellen hierarchischen Ideen werden von dem die politische und soziale Gleichberechtigung erstrebenden → Bürgertum (: I) abgelehnt und durch naturrechtlich verankerte Vorstellungen von einer ursprünglichen G. der Menschen im Naturzustand (vgl. → Rousseaus berühmten »Discours sur les arts et les sciences«, 1750) ersetzt, die durch Anerkennung des Volkswillens auf einer höheren Ebene wiederhergestellt werden soll. Die herkömmlichen sozialen Unterschiede werden als Herrschaftsinstrumente und soziale Vorurteile enthüllt. Auf der Grundlage unveräußerlicher Menschenrechte wird die G. aller vor dem Gesetz gefordert, das Ausdruck des Gesamtwillens sein soll. Die damit verbundene Forderung nach politischer G. ist identisch mit dem Herrschaftsanspruch des dritten Standes, ihre

Verwirklichung die Grundlage bürgerlicher → Freiheit. Auf wirtschaftlichem Gebiet sollen Vertrags- und Gewerbefreiheit die G. der Chancen garantieren. Die Verwirklichung dieser gesellschaftlichen »égalité des conditions« läßt sich aber nicht durch einen Akt der Gesetzgebung verwirklichen, sondern setzt einen gesellschaftlichen Emanzipationsprozeß (→ Emanzipation) größten Ausmaßes voraus, der zum Abbau hierarchischer Gliederungen in allen Sozialbereichen führt. Im Verlauf dieses Prozesses gerät jedoch die G.sforderung in Konflikt mit der Forderung nach individueller Freiheit. Alexis de Tocqueville (1805-59), der als einer der ersten die weitreichenden Konsequenzen eines an der G.sidee orientierten Sozialbewußtseins erkannte und analysierte, hat darauf hingewiesen, daß die radikale Verwirklichung der G. einerseits die Gefahr der Anarchie (→ Anarchismus), andererseits den Despotismus heraufbeschwört, je nachdem, ob im Spannungsbereich zwischen G. und Freiheit die erstere der letzteren oder umgekehrt geopfert wird. - Die vor allem am Problem des → Eigentums (: III) zutage tretende Unmöglichkeit, auf der Basis eines die individuelle Freiheit absolut setzenden → Liberalismus die sozialen Ungleichheiten abzuschwächen, hat entscheidend zum Entstehen des → Sozialismus beigetragen (erstmals sichtbar in Babeufs »Verschwörung der Gleichen«, 1796). Im Verlauf der Auseinandersetzungen mit der sozialen Wirklichkeit haben sich auch hier gegenüber utopistischen Ideen einer absoluten Gleichmacherei die Auffassungen durchgesetzt, die materielle Gleichberechtigung auf bestimmte Grundbedürfnisse der Menschen beschränken, im übrigen aber nur eine formale Gleichwertigkeit annehmen (→ Kommunismus). In den modernen Industriegesellschaften ist diese durch den weitgehenden Abbau der Standes- und Bildungsprivilegien, durch Einführung des allgemeinen → Wahlrechts und der Rechts-G. sowie durch wirtschaftliche Mitbestimmungsformen (→ Mitbestimmung) und teilweise → Sozialisierung auf wichtigen Sozialsektoren verwirklicht.

3. Aus soziologischer Sicht stellt sich das G.sproblem als Frage nach der Möglichkeit einer tragbaren sozialen Rangordnung dar, in der die Hierarchisierung auf ein Mindestmaß beschränkt ist. Da jede Gesellschaft jedoch wesentlich durch Funktionsdifferenzierung konstituiert wird, diese aber unweigerlich zu Statusunterschieden führt, werden in fortgeschrittenen gesellschaftlichen Verhältnissen immer Spannungen zwischen über- und untergeordneten Sozialschichten auftreten (→ Klasse, → Macht: IV). Ihr Ausmaß hängt nicht nur von den objektiven Gegebenheiten, sondern auch vom subjektiven Distanzempfinden ab. Unter diesem sozialpsychologischen Gesichtspunkt erscheint das G.sproblem als notwendiger Ausgleich überhöhter sozialer Niveauunterschiede. Da eine totale Nivellierung unmöglich ist, gehen die Auseinandersetzungen nicht so sehr um die Ungleichheiten in der Rangordnung an sich, sondern um die Kriterien der Einstufung. Die Frage nach der G. verdichtet sich in realen Sozialbeziehungen zur Frage nach dem Aspekt, unter dem die Individuen qualitativ gleichrangig erscheinen, nach ihrem quantitativen gesellschaftlichen Beitrag aber verschieden eingestuft werden können. In der industriellen Gesellschaft ist dieser Aspekt die wirtschaftlich meßbare Leistung: »Die G. besteht darin, daß an gleichem Maßstab, der Arbeit, gemessen wird« (Karl Marx). Daß hier die G.sidee als Sozialprinzip einer Korrektur bedarf, ist angesichts des Problems der sozialen → Sicherheit für unverschuldet Leistungsschwache oder -unfähige offensichtlich (→ Solidarität). - Bei qualitativer G. der Individuen entscheiden also die quantitativen Verhältnisse. Im politischen Bereich entsteht hieraus das Mehrheitsprinzip, das das Autoritätsprinzip ablöst. Die weitverbreiteten Expertenregimes und Anzeichen charismatischen Führertums zeigen allerdings auch hier die Schwierigkeiten der Realisierung von G.spostulaten. Immer wieder entstehen auf der Basis zunächst gleichrangiger Sozialhandlungen Differenzierungen, die die Geltung des G.sprinzips in Frage stellen. Als normative Idee kann es nur Teilbereiche der sozialen Wirklichkeit erfassen, als empirisches Faktum ist es durch die Instabilität einer radikalen materiellen G. eingeschränkt.

J.J.Rousseau, Discours sur l'origine et les fondements de l'inégalité parmi les hommes, 1754 - G.Roffenstein, Das soziolog. Problem der G. (G.Schmollers Jb. f. Gesetzgebung 45, 1921, 67-119) - O.Mainzer, G. vor dem Gesetz, Gerechtigkeit u. Recht, 1929 - S. Landshut, Kritik der Soziologie. Freiheit u. G. als Ursprungsprobleme der Soziologie, 1929 - Encyclopedia of the Social Sciences V, 1954[11], 574ff (C.Brinton) - A.de Tocqueville, Das Zeitalter der G. Eine Auswahl aus dem Gesamtwerk, hg.v. S.Landshut, 1954 - E. Werner, Pauperes Christi. Studien zur sozialrelig. Bewegung im Zeitalter des Reformpapsttums, 1956. *F.Fürstenberg*

Gleichnis und Parabel

I. Religionsgeschichtlich - II. In der Bibel - III. In Predigt und Unterricht

I. Religionsgeschichtlich

G.se und Parabeln gehören zur allgemeinen und bes. zur religiösen Bildersprache, wo sie sich zur Veranschaulichung der übersinnlichen Wirklichkeit gut eignen. Sie sind deshalb ein natürliches Stilmittel in der volkstümlichen Predigt und Literatur aller Religionen. G. ist ein erweiterter Vergleich und hat im Unterschied zur Metapher eigenes Leben und eine gewisse Selbständigkeit gewonnen. Die Bild- und Sachseite decken sich nicht wie in der → Allegorie, sondern als wesentliches Moment gilt der Vergleich, das sog. tertium comparationis. Metapher (»Frühling des Lebens« für Jugendzeit) und Allegorie setzen das Bild *statt* der Sache, Vergleich (»klug wie die Schlangen«) und G. *neben* die Sache. Die Parabel ist ein zur Erzählung erweitertes G., die → Fabel schließlich eine durch den Inhalt bedingte Sonderart der Parabel, indem das Bild aus dem Tier- oder Pflanzenleben genommen wird.

Als Ausdrucksform der prophetischen → Offenbarung (: I) und der → Mystik (: II) berühren sich G. und Parabel mit dem → Mythos (: II), der, obgleich er als unmittelbare göttliche Wirklichkeit und nicht als Vergleich verstanden werden will, doch als G. aufgefaßt werden kann (vgl. auch → Symbole: I, → Symbolismus). Die Übergänge zwischen den verschiedenen Formen der Bildersprache sind überhaupt fließend, wie die einzelnen Bezeichnungen sowohl im allgemeinen Sprachgebrauch wie in der Wissenschaft nicht eindeutig benützt werden. Das G. als Andeutung von Geheimnissen, die nur dem Eingeweihten zugänglich sind, gehört somit zur → Arkandisziplin und zum → Orakel-Wesen, wie das Sprachtabu Metaphern verlangt (→ Euphemismus).

G. und Parabel sind durch eine epische Darstellungsweise begünstigt worden. Die homerischen G.se (182 ausgeführte in der Ilias, 39 in der Odyssee) sind meist dem Hirten- und Jägerleben entnommen und führen ein eigenes, vom Waffenlärm geschiedenes Leben. Nicht Veranschaulichung, sondern Ausruhen ist ihr Zweck, und deshalb spielt das tertium comparationis bei Homer keine Hauptrolle. Bei Pindar sind die Bilder viel kürzer und mit der Sache selbst stärker verwoben, so daß sie den Metaphern näher kommen. Dasselbe gilt für Aischylos und Sophokles. - Außerhalb des Judentums, des Christentums (→ Gleichnis: II) und des Islam haben sich G. und Parabel bes. im Buddhismus großer Popularität erfreut und sind durch die buddhistisch beeinflußte orientalische Erzählungsliteratur auch in die → Märchen, → Sagen und Legenden (: I) Europas eingedrungen. Die Nichtigkeit der Sinnengenüsse wird im Majjhimanikâya 54 mit einem kahlen, fleischlosen Knochen verglichen, der vom Fleischer einem verhungerten Hund zugeworfen wird, ohne seinen Hunger stillen zu können. Wie ein Raubvogel sich auf ein Stück Fleisch stürzt und andere Vögel über ihn herfallen und ihn übel zurichten, so entsteht nur Leid und Übel aus den Sinnengenüssen.

H.Fränkel, Die homerischen G.se, 1921 - H.Pongs, Das Bild in der Dichtung I. II, 1927/39 - RGG² II, 1238 - W.Schmid-O.Stählin, Gesch. der griech. Lit. I, 1-2 (HAW VII/1, 1-2), 1929-34 (Reg.) - W.Bedell-Stanford, Greek Metaphor, Oxford 1936 - C.F.P. Stutterheim, Het begrip metaphoor (Diss. Amsterdam), 1941 - T. Sabbagh, La Métaphore dans le Coran, Paris 1943 - P.Louis, Les Métaphores de Platon, Paris 1945 - E.R.Curtius, Europäische Lit. u. lat. MA, Bern (1948) 1954² - RAC II, 341ff (Lit.) - M.Foss, Symbol and Metaphor in Human Experience, Princeton 1949 - J. Gonda, Remarks on Similes in Sanskrit Lit., Leiden 1949 - R.C. Delamotte, The Characteristics of Mystical Experience revealed by the Figures of Speech in the Mathnawí of Jalálu'ddín Rúmí (Diss. Yale), 1953 - H.-J.Newiger, Metapher u. Allegorie. Studien zu Aristophanes, 1957.
C.-M.Edsman

II. In der Bibel

1. Im AT - 2. Im Judentum - 3. Im NT

1. Das hebr. Nomen *mašal* bezeichnet alle Aussprüche, die einen Vergleich enthalten, so das Sprichwort, das oft Vergleiche enthält (1Sam 24, 14), die Spottrede, die jemanden als nicht nachahmenswertes Beispiel hinstellt (Jes 14, 4; Hab 2, 6), den Orakelspruch, der rätselhaft und geheimnisvoll ist (Num 23f) und den Weisheitsspruch mit seinen häufigen Vergleichen (zB Spr 25, 11 bis 13; 15, 16; 16, 8). Ferner bezeichnet mašal die Allegorie (Ez 17) oder die Deutung einer symbolischen Handlung (Ez 24, 3), jedoch niemals (vielleicht zufällig) die G.erzählung.

Eigentliches G. ist der von der bloßen Bildrede zu unterscheidende bildhafte *Vergleich*. Er soll die Eigenart einer Person, eines Gegenstandes oder Geschehens hervorheben, indem aus einem anderen Vorstellungs- oder Lebensgebiet vergleichend etwas herangezogen wird. Am deutlichsten nimmt dies der Wie-Vergleich vor (Jes 16, 2; Hos 6, 9; Spr 11, 22), der weiter ausgeführt werden kann (Hos 7, 11f). In der poetischen Sprache fehlt oft das »wie«, wenn der Zusammenhang es zuläßt (Jes 40, 7; Am 3, 8; Spr 25, 14). Manchmal fallen Vergleich und Sache konkret und realistisch zusammen (Am 7, 1-6), meist aber ist der Vergleich symbolisch auf die Sache zu deuten (Jer 24: Feigen; Sach 4: Ölbäume). Stets werden farbige und einprägsame Bilder, nicht aber blasse Begriffe für die Vergleiche verwendet. Außer Rede und Erzählung ist das visionäre Erleben der älteren Prophetie gleichnishaft; erst die Visionen Sacharjas sind von der → Allegorie (: II) bestimmt. Schließlich kann das Tun des Menschen gleichnishaft vorgenommen werden und symbolische Bedeutung haben (Beispiele: Fohrer 14).

Als ausgeführtes G. begegnet im AT 5mal die *G.erzählung* oder *Parabel*. So zeigt Natan dem David, wie verwerflich er an Uria gehandelt hat (2Sam 12), und legt die weise Frau aus Tekoa ihm die Begnadigung Absaloms nahe (2Sam 14). Ein unbekannter Prophet verurteilt mittels eines durch sein Aussehen glaubwürdig gemachten G.es den König von Israel wegen der Freilassung des Aramäerkönigs (1Kön 20, 39-43). In diesen Fällen ist das G. wie die → Fabel, die daher auf es eingewirkt hat, die Waffe des Schwachen gegenüber dem Mächtigen. Und wie die Fabel erhält es einen drohenden oder ironischen Ton, wenn der Mächtige es gegenüber dem Kleinen anwendet. So wendet Jesaja das liebesliedartige Weinberglied in fortschreitender Enthüllung zu einer Unheilsdrohung (Jes 5, 1-7) und erklärt seine gewandelte Einstellung gegenüber Assur in einem Diskussionswort mit dem Hinweis auf die von Gott gewollten Änderungen in der Tätigkeit des Bauern (Jes 28, 23-29).

Häufiger findet sich im AT die *G.handlung (symbolische Handlung)*. Von den 32 berichteten prophetischen Handlungen ist anzunehmen, daß sie tatsächlich, bewußt und absichtlich-zweckhaft ausgeführt worden sind. Wie die Parabeln Jesajas sind sie eine eigene Form der prophetischen Verkündigung, da die Deutung fehlen (1Kön 19, 19-21; Jes 7, 3), nur für den Propheten bestimmt (Ez 4) oder die Handlung unter Ausschluß der Öffentlichkeit ausgeführt sein kann (Jer 13, 1-11; 51, 59-64). In der späteren Prophetie wird die symbolische Handlung gelegentlich nur als Redeform benutzt, um die Wirkungsmächtigkeit des Wortes zu betonen; dann nähert sie sich wieder dem gleichnishaften Erleben (Jer 25, 15-29; Ez 2, 8 - 3, 3).

Zu mašal: ThW V, 744ff (Lit.) - A.R.Johnson, Mašal (VT Suppl. 3, 1955, 162-169). - Zum G.: E.König, Stilistik, Rhetorik, Poetik in Bezug auf die bibl. Lit., 1900 - C.E.Macartney, The Parables of the OT, (1916) Grand Rapids 1955² - J.Hempel, Jahwe-G.se der isr. Propheten (ZAW 42, 1924, 74-104) - F.Häussermann, Wortempfang u. Symbol in der at. Prophetie (BZAW 58), 1932. - Zur symb. Handlung: A.van den Born, De symbolische handelingen der Oud-Testamentische profeten, Utrecht-Nijmegen 1935 - Ders., Profetie metterdaad, Roermond-Maaseik 1947 - G.Fohrer, Die Gattung der Berichte über symbol. Handlungen der Propheten (ZAW 64, 1952, 101-120) - Ders., Die symbol. Handlungen der Propheten (AThANT 25), Zürich 1953 (Lit.).
G.Fohrer

2. G., hebr. mašal, aram. mätla, umfaßt die sinnbildliche Rede im weitesten Sinne: einfachen Vergleich und ausgeführtes Exempel, Parabel, Fabel, Allegorie, Symbol, Sprichwort, Sentenz. Einleitungsformeln sind u.a.: »Ich will dir ein G. erzählen: womit ist die Sache zu vergleichen?«; oder: »wie es bei den Leuten zugeht«; oder auch: »das gleicht einem (irdischen) König«. Die meisten *rabbinischen* G.e sind echte G.e, aber auch die Allegorie ist nicht selten. Schon im 1.Jh. nChr gibt es dôrᵉšê rᵉšûmôt »Ausleger von Angedeutetem«, d.i. wohl Allegoriker (Ber. 24a u.ö.). Je mehr die Tora zum »Geheimnis« (misterîn, μυστήριον) wird (Qumran-Texte: raz), desto mehr Allegorese. Dazu regen an: Homonyme (zB ṣᵉbî »Herrlichkeit« [Jer 3, 19] = »Hirsch« [Giṭṭîn 57a]), Doppelsinn, Wortspiel, benachbarte Worte im Bibeltext, Gleichklang, zB ḥiṭṭa »Weizen« und ḥᵃṭat »Sünde« (Ber. 61a), wajjibæn »(er) erbaute (aus Adams Rippe)« (Gen 2, 22) = hitbônen »er erwog (woraus Eva zu erschaffen sei)« (Midr. Gen R. 18); ṣûr »Fels« (1Sam 2, 2) als ṣâjjar »Maler« (Midr. Gen R. 1, 9). Bes. Eigennamen unterliegen solcher Deutung. Ganze Bücher (Hhld, Hi) werden nicht bipᵉšaṭ »im einfachen Wortsinn«, sondern bᵉmašal »allegorisch« aufgefaßt. - Im hellenistischen Judentum triumphiert die → Allegorie (→ Philo). Sie verleiht dort dem Glauben wissenschaftlichen Anstrich. Im jüdischen MA setzen Religionsphilosophen (Gabirol, → Maimonides) die Allegorese fort. - Nach rabbinischer Theorie ist das G. ein Teil der → Haggada. Als sein Urheber gilt Salomo (vgl. 1Kön 5, 12). Die Rabbinen warnen vor Unterschätzung des G.es, die wegen seiner vulgären Herkunft, aber auch wegen Gefährdung des Wortverständnisses der Bibel nahelag. Mit dem G. »erfaßt man die Worte der Tora, wie ein König mittels eines geringen Lampendochtes eine im Palast verlorene Perle findet« (Midr. Gen R. 22) oder wie einer mit einer wertlosen Garnrolle durch ein Labyrinth gelangt (Midr. Hhld R. 1, 8). Freude am Bildhaften, aber auch Mangel an Mythos und Sakrament im Judentum begünstigen das G.: noch die Maggîdîm des → Chassidismus im 18.Jh. schwelgen in G.en. Im Unterschied von den G.en der Evangelien

(s. 3) dient das rabbinische G. nicht nur dem praktischen Leben, sondern auch der rabbinischen Theorie. Literarisch ist es eine Stilform des → Midrasch, sein Sitz im Leben ist die Homilie der Schriftgelehrten, sein Zweck ist pädagogisch. Oft besitzen wir mehrere Überlieferungen eines G.es. Verkürzte G.e finden sich in Sprichwörtern. G.e werden gerne assoziativ aneinandergereiht (zB Midr. Hhld R. 28 unter ᵉgôz »Nuß«). Traditionell erstarrte G.e sind manchmal schief durch mitgeschleppte Fehler. Manche G.e verraten ausländischen Ursprung und hohes Alter, zB das G. vom Lahmen und Blinden Sanh. 91a (buddhistisch), die Fabel vom Löwen und Kranich Midr. Gen R. 64. Im MA strömen Zuflüsse aus indischen, persischen, griechischen und arabischen Quellen. - Die Bilder des G.es entstammen dem ländlichen, kaufmännischen und behördlichen Leben; letzteres spiegelt sich namentlich in den sog. Königs-G.en, die das Verhältnis zur römischen und persischen Obrigkeit zeigen.

W. Bacher, Agada der Tannaiten II, 1890, 57ff - C.G. Montefiore in: JQR 3, 1902, 625 - I. Ziegler, Die Königs-G.e des Midrasch, 1903 - P. Fiebig, Altjüd. G.e u. die G.e Jesu, 1904 - I. Levi in: REJ 60, 1918, 24-47 - M.J. Bin Gorion, Der Born Judas IV, 1919, passim - M. Gaster, The Exempla of the Rabbis, 1924 - A. Feldmann, The Parables and Similes of the Rabbis, 1927 - G. Boström, Paronomasi i den äldre hebr. Maschallit., 1928 (schwed.) - Bill. I, 653f; III, 446ff.

E.L. Dietrich

3. Das Wort G. (παραβολή, im JohEv παροιμία) kann in der *nt. Terminologie* den weiten Sinn des at. *māšal* haben (s. 1): prägnante, irgendwie bildhafte Formulierung eines in sich geschlossenen Gedankens, zB auch ein Sprichwort (Lk 4, 23; 6, 39; Mk 7, 15). Im allgemeinen wird das Wort nur verwendet, wo eine Geschehnisfolge bildhaft geschildert wird. In der nt. Forschung wird zT G. und Parabel unterschieden: man spricht von G., wo ein regelmäßiger Vorgang, von Parabel (oder G.erzählung), wo eine erdichtete Geschichte als Bildhälfte dient. - Wichtiger für die formkritische *Klassifizierung* ist die Art des Bildgebrauches. In der → Allegorie (: II) dienen Metaphern als poetische oder mysteriöse Bezeichnungen der gemeinten Personen und Sachen. Für G. und Parabel im engeren Sinne dagegen ist charakteristisch, daß zwei Phänomene miteinander verglichen werden, wobei ein aus der Bildhälfte gewonnenes Urteil auf den gemeinten Sachverhalt zu übertragen ist. Die Form kann die einer Vergleichung sein (zB Mt 7, 24-27; 11, 16-19) oder derjenigen eines kurzen Bildwortes nahestehen (Mt 24, 43f; Lk 12, 58f); zT ist eine Folgerung a minori beabsichtigt (Mt 7, 9-11; Lk 11, 5-8; 16, 1-8; 18, 1-8). Nicht bildhaft, sondern exemplifizierend sind Sprüche wie Lk 14, 7-11. 12-14 und sog. Beispielerzählungen wie »der barmherzige Samariter« (Lk 10, 30-37; vgl. 12, 16-21; 16, 19-31; 18, 9-14). Die Grenzen zwischen den Kategorien sind fließend. Wo Mischformen vorliegen, hat man zu fragen, ob sie ursprünglich oder sekundär entstanden sind. Die Einheit von Bild und Sache im mythischen Denken ist erst allmählich durch eine reinliche Scheidung abgelöst worden und wirkt in religiöser Symbolsprache nach. Andererseits wird ein überliefertes G. leicht allegorisch gedeutet und umgestaltet.

Stil und Bilderwert der *G.se Jesu* tragen die Merkmale ihres palästinischen Ursprungs. Den ihnen verwandten, oft komplizierten jüdischen G.sen (s. 2) gegenüber zeigen sie Einfachheit und Lebensfrische. Als Stilmittel werden oft Parallelismus und Kontrastwirkung verwendet; dabei liegt das Schwergewicht auf dem zuletzt genannten Fall (zB Mk 4, 3-8; Mt 20, 1-16). Neben alltäglichen Ereignissen können außergewöhnliche oder gar anstößige (Lk 16, 1-8) erzählt werden. Die Anwendung kann schon durch eine einleitende Vergleichsformel angegeben sein, oder sie folgt am Schluß in der Form einer Vergleichung (zB Lk 15, 7. 10), einer Aufforderung (Mk 13, 35; Lk 10, 37) oder eines Lehrsatzes (Mt 20, 16; 22, 14; vgl. Mk 12, 10f). Einleitende und abschließende Fragen machen bes. deutlich, daß ein G. die Hörer zum eigenen Urteil auffordert (zB Mt 21, 31; Mk 4, 30; 12, 9; Lk 7, 42). Die Anwendung kann aber auch unausgesprochen bleiben und nur aus dem Zusammenhang hervorgehen (Lk 13, 6-9; 15, 11-32). Eine ausführliche Deutung findet sich in zwei Fällen (Mk 4, 14-20; Mt 13, 36-43).

In der *Überlieferung* sind die Bilder mit größerer Treue als Einrahmung und Deutung festgehalten worden, wie schon ein synoptischer Vergleich zeigt (zB Lk 15, 1-7 und Mt 18, 10-14). Aus den G.sen, deren eindrucksvolle Bildersprache jetzt zu heiliger Tradition wird, haben die Gemeinden in neuen Situationen neue Belehrung holen können. Um dieser kirchlichen Anwendung willen hat man die G.se allegorisch interpretiert, was zT auf die Wiedergabe der Erzählungen selbst einwirkte (zB Mt 22, 1-14; Lk 14, 16-24 oder Mt 25, 14-30; Lk 19, 12-27). - Im einzelnen gehen die Urteile der Forscher auseinander; zT bestreitet man nicht nur die Ursprünglichkeit der Deutungen (Mk 4, 14-20; Mt 13, 36-43), sondern auch die Herkunft einiger G.se von Jesus (etwa Mk 12, 1-12; Mt 25, 1-13). Im allgemeinen besteht jedoch darüber Einigkeit, daß der Grundbestand der G.se zu den am zuverlässigsten überlieferten Worten Jesu gehört.

Nach der sog. *Gleichnistheorie des MkEv* wirken die G.se Verstockung der Außenstehenden (Mk 4, 11f. 33f; vgl. Mt 13, 10-17; Lk 8, 9f). Der in Mk 4, 11f benutzte Einzelspruch hatte wohl etwa den Sinn, daß das Wirken Jesu nur den Glaubenden zur Offenbarung wurde, den übrigen aber rätselhaft - *nur* G. - blieb und dadurch zum Ärgernis und Gericht wurde. Dem Evangelisten dient der Unterschied zwischen öffentlicher G.rede und esoterischer Deutung zur Veranschaulichung des Charakters der Lehre Jesu als geheimer Offenbarung (Messiasgeheimnis im MkEv; → Evangelien, synoptische, 2b). Eine Theorie über Form und Gattung der G.se (→ Formen: II) wird dagegen nicht beabsichtigt sein.

In der *Geschichte der Auslegung* wurde die allegorische Deutung vorherrschend und führte im Laufe der Jh.e oft zu gequälten Interpretationen. Das Verdienst, damit aufgeräumt zu haben, kommt - nach B. → Weiß u.a. - vor allem Ad. → Jülicher zu, dessen Werk die Grundlage der modernen G.forschung geblieben ist. Durch größere Berücksichtigung des jüdischen Hintergrundes sind allerdings gewisse Einseitigkeiten bei Jülicher korrigiert worden. Auch ein »echtes« G. kann an traditionelle Metaphern anknüpfen (Vater und Kind, Herr und Sklave, Mahl im Gottesreich, Ernte am Weltende). Bilder aus dem AT werden neu beleuchtet (Mk 4, 29-32; 12, 1). Bild und Sache können einander an mehreren Punkten entsprechen. Bei alledem kommt es aber auf ein *tertium comparationis* an, denn - darin scheint Jülicher recht zu behalten - die G.se wollen nicht nur illustrieren, sondern überzeugen. Argumentativen Charakter haben sie freilich nicht als rationale Beweise religiöser Wahrheiten, sondern als Mittel der Predigt, der Debatte und des Unterrichts. Über Jülichers Deutung, die das liberale → Jesusbild widerspiegelt, sucht die neuere Forschung (bes. C.H. → Dodd und J. Jeremias) hinauszukommen; man will die G.se in die Situation des Wirkens Jesu hineinstellen und von seiner Verkündigung der »realisierten« oder »sich realisierenden« Eschatologie aus verstehen.

Die *Botschaft* der G.se ist das → Reich Gottes (: I) und die Umkehr. Die Wachstums-G.se (Mk 4; Mt 13) besagen, daß allem Augenschein zum Trotz das Wirken Jesu der verborgene Anbruch des Reiches ist, die der Ernte vorausgehende Zeit der Aussaat und des Wachsens. Sein Verhalten gegenüber den Sündern verteidigt Jesus durch den Hinweis auf die Freude über das Finden des Verlorenen: so freut sich Gott (Lk 15). Um das Thema »Sünder« und »Gerechte« kreisen viele G.se; sie lassen sich alle als Antwort Jesu an seine Kritiker verstehen (Mt 11, 16–19; 13, 47–50; 20, 1–16; 21, 28–31; Lk 7, 41f; 14, 15–24; 18, 9–14; vgl. Mk 12, 1–12). Den Hilflosen wird Erhörung ihres Gebets zugesagt (Mt 7, 9–11; Lk 11, 5–8; 18, 2–8). Andere G.se machen den Bußruf dringend: Reichtum vergeht (Lk 12, 16–20; vgl. 16, 19–31), das Gericht steht bevor (Lk 12, 58f; 13, 6–9; 16, 1–8; 19, 12–27), um des Himmelreiches willen ist alles hinzugeben (Mt 13, 44–46), mit halben Maßnahmen ist nichts gewonnen (Mt 7, 24–27; Lk 11, 24–26; 14, 28–33). Auch die zum Wachen mahnenden G.se könnten als Weck- und Bußruf gesprochen sein (Mt 24, 42 – 25, 11; Mk 13, 33–37; Lk 12, 35–48). Warnung und Weisung an die Jünger werden jedoch von Anfang an zu den Themen der G.se gehört haben (zB Mt 18, 23–35). Im einzelnen bleibt freilich manches unsicher. Ein Gesamtverständnis ergibt sich nur im Zusammenhang mit dem, was auch sonst von der Botschaft, dem Verhalten und dem Kreuzesweg Jesu zu erheben ist.

Die *Evangelisten* geben die G.se je in ihrer Weise wieder. Markus geht es um das Mysterium des Gottesreiches (s.o.). Matthäus wertet die G.se für den kirchlichen Unterricht aus, unter Betonung des auch den Christen bevorstehenden Gerichts. Lukas interessiert sich für historische Einrahmung und erbauliche Anwendung; nur er bringt zB die Beispielerzählungen. – Das *JohEv* kann die Worte Jesu in ihrer Gesamtheit als G.se (bzw. Sprichwörter) bezeichnen (16, 25). Damit wird weniger die Form als der Inhalt der Worte charakterisiert: sie sind geheimnisvolle, nur im Glauben an den Erhöhten zu ergreifende Offenbarung. Einige Bildworte und kurze G.se finden sich 3, 29; 4, 37; 11, 9f; 12, 24; 13, 16; 16, 21f. Die Hirtenrede ist teilweise im Stil des echten G.ses gehalten (10, 1–5. 11–13), enthält aber auch metaphorische Elemente. Die entscheidende Aussage »Ich bin der gute Hirte« ist nicht eigentlich bildliche Rede; Jesus wird vielmehr bezeichnet als derjenige, dem der Name »guter Hirte« mit Recht zukommt. Ähnliches gilt für die Bilderrede vom wahren Weinstock (Joh 15). – Die Bilderwelt des *Paulus* ist weitgehend dem städtischen Leben entnommen (zB Athletik, Militärwesen) und nicht nur vom AT, sondern auch von der popularphilosophischen Diatribe beeinflußt. Vergleiche, allegorische und eigentliche Rede gehen zT ineinander über. Nicht bildhafte Anschaulichkeit, sondern theologischer Gehalt ist für das paulinische G. bezeichnend (zB Röm 7, 1–4; 11, 16–24; 1Kor 9, 24f; 12, 12–27; 14, 7–9; 15, 36–38). – Der *Hebr* findet im AT »G. auf die gegenwärtige Zeit« (9, 9; 11, 19; → Typologie: II). Zu erwähnen sind schließlich noch die Bildworte des Jak (1, 11; 3, 3–5. 11f) und aus nachkanonischer Literatur die G.se und Parabeln des → Hermas.

A. Jülicher, Die G.reden Jesu I, (1888) 1899²; II, 1899 – R. Bultmann, Die Gesch. der synopt. Tradition (FRLANT NF 12), (1921) 1957³ – C.H. Dodd, The Parables of the Kingdom, (1935) 1936² – B.T.D. Smith, The Parables of the Synoptic Gospels, 1937 – W. Straub, Die Bildersprache des Paulus, 1937 – E. Schweizer, EGO EIMI… (FRLANT NF 38), 1939 – M. Hermaniuk, La parabole évangélique, 1947 – J. Jeremias, Die G.se Jesu, (1947) 1956⁴ (Lit.) – N.A. Dahl, The Parables of Growth (StTh 5, 1951, 133–166) – W. Michaelis, Die G.se Jesu, 1956.

N.A.Dahl

III. In Predigt und Unterricht

Nach der Ablösung der traditionellen dogmatisch-allegorischen Auslegung durch eine historisch und psychologisch orientierte Hermeneutik verstand man die G.se zunächst als Quellen, aus denen man die Entwicklung des Innenlebens Jesu, seine »undogmatische« Gotteserkenntnis und das sittliche Ideal einer allgemeinen Menschenliebe am unmittelbarsten ableiten konnte. Das Ergebnis war ein Bestand von verfügbaren und allgemeingültigen religiös-sittlichen Wahrheiten, die in einem innergeschichtlichen Wachstums- und Entwicklungsprozeß die Welt fortschreitend durchdringen sollten. Diese Interpretation hat die Predigt und den Unterricht lange Zeit nachhaltig bestimmt, erwies sich dann aber als unvereinbar mit dem eschatologischen Charakter der nt. Verkündigung und den Ergebnissen der formgeschichtlichen Forschung (→ Gleichnis: II, 3).

Auch die G.se Jesu können nur in ihrem ursprünglichen Kontext, dh im Zusammenhang mit der Gesamtverkündigung des NT interpretiert werden. Wo sie von dem Hereinbrechen der eschatologischen Gottesherrschaft reden, verkündigen sie Christus als den, der in der Vollmacht des Vaters handelt. In ihm ist die verborgene Herrlichkeit des Reiches gegenwärtig, und er selbst ist es, der die Schuldigen und Rechtlosen zur endzeitlichen Reichsgemeinde sammelt. Die G.se sind darum nicht weniger Christuszeugnis als die gesamte nt. Botschaft.

In ihrer überlieferten Form ist die Verkündigung des vorösterlichen Jesus mit dem christologischen Glaubenszeugnis der nachösterlichen Gemeinde zu einer Einheit verschmolzen. Die jeweilige Situation der Gemeinde mit ihrer Problematik führte zu neuer Aktualisierung der Bildrede und damit zu einem zweiten »Sitz im Leben« in der Gemeindeunterweisung. Die G.se wurden nicht einfach wiederholt, sondern in Predigt und Unterricht neu ausgelegt. Auch in dieser Gestalt wurden sie als die Selbstbezeugung des auferstandenen Christus an seine Gemeinde durch das pneumatisch-prophetische Wort verstanden.

Es kann deshalb heute nicht die Aufgabe der *Predigt* sein, hinter die Interpretation der Gemeinde um jeden Preis nach der historischen Urgestalt eines G.ses zurückzufragen. Sie kann es vielmehr als ihre legitime Aufgabe ansehen, eine G.perikope so zu übernehmen, wie sie in der verkündigenden Auslegung durch den Evangelisten vorliegt (Parusie-G.se). Umgekehrt braucht sie aber auch die faktische Unverfügbarkeit der historischen Urgestalt der G.se nicht zur hermeneutischen Doktrin zu erheben. Sie wird vielmehr die verschiedenen Stufen der durch die Formgeschichte herausgearbeiteten Verkündigungssituationen zu berücksichtigen haben. Es muß dann rechtzeitig eine Entscheidung darüber getroffen werden, ob der Prediger die Interpretation des Evangelisten, der Urgemeinde oder die im Einzelfall vielleicht noch erkennbare Situation Jesu seiner Auslegung zugrunde legen will. Auch wo verschiedene formgeschichtliche Stufen homiletisch nebeneinander ausgewertet werden sollen, müssen sie doch zuvor exegetisch klar gegeneinander abgehoben werden.

Parabeln und Allegorien müssen jeweils stilgerecht ausgelegt werden. Die einzelnen Metaphern einer Allegorie sind Zug um Zug zu deuten (zB Mt 13, 19–23. 37–43; 21, 33–44; 22, 2–10; 25, 1–13 [?]). Die Parabel hat nur eine Spitze, auf die das tertium comparationis hinweist. Jede wahllose und willkürliche Allegorisierung ist zu vermeiden. Andererseits muß aber gesehen werden, daß die Mehrzahl der Parabeln mit Metaphern durchsetzt ist, deren Bedeutung schon durch die biblische Tradition fixiert ist und die die Auslegung nicht übergehen darf (zB Herr-Knecht, Saat-Ernte, Weinberg, Festmahl u.a.). Es kommt darauf an, die besondere und zentrale kerygmatische Anrede eines G.ses so eindeutig und nachdrücklich als möglich herauszuarbeiten, zugleich aber die Mannigfaltigkeit der Einzelzüge und Beziehungen nicht einem monotonen Purismus aufzuopfern.

Für die Arbeit am Text der G.se können folgende Fragen hilfreich sein: Ist die Bildhälfte geklärt? Ist die Sachhälfte eindeutig und klar? Wie lautet das tertium comparationis? Welche Metaphern sind für die Auslegung wichtig? Was ist über die geschichtliche Situation zu ermitteln, in die hinein das G. gesprochen ist, und wie ist sie auszuwerten? Was sagt das G. als seelsorgerliche Anrede, als prophetische Verkündigung? Wo sind Kontraste zu erkennen? Wo liegt der Widerspruch zum wirklichen Leben? In welchem Satz wird die eigentliche Spitze des G.ses sichtbar? Wie lautet der Skopus? Ist die Perikope als Zeugnis des sich selbst verkündigenden Christus verstanden?

Die Behandlung im *Unterricht* muß auf die Altersstufe der Schüler Rücksicht nehmen. In der Unterstufe der Volksschule können die G.se nur als einfache »Geschichten« erzählt werden (Lk 10, 30-35; 15, 4-6; 15, 11-24). Als wirkliche G.se kann man sie erst behandeln, wenn die Abstraktionsfähigkeit entwickelt ist, also etwa vom 12. Lebensjahre an. In den Abschlußklassen der Volksschule und in der höheren Schule können sie dann in gemeinsamer Arbeit am Text und im Unterrichtsgespräch interpretiert werden. Der eigentliche neuralgische Punkt im Unterricht bleibt noch längere Zeit der für das Kind bes. schwierige Übergang vom Bild zur Sache. Auf diesen Punkt muß die methodische Behandlung ihre besondere Aufmerksamkeit konzentrieren. Auch der Aufbau einer Stundeneinheit wird dadurch mitbestimmt werden. Nicht die verführerische Buntheit der Bildhälfte, sondern die kerygmatische Anrede muß im Mittelpunkt stehen. Dafür ist, soweit möglich, die unmittelbare Situationsbezogenheit der G.rede fruchtbar zu machen.

Vgl. die Lit. zu → Predigt: II, → Kirchliche Unterweisung: II. - Ferner: O.EBERHARD, Die G.frage, 1907 (Lit.) - TH.HECKEL, Zur Methodik des ev. Religionsunterrichtes, 1928 - H.WERDERMANN, Jesu G.se im Unterricht, 1939 - J.JEREMIAS, Die G.se Jesu, (1947) 1956[4] - K.FRÖR (Hg.), Theol. im Dienst des Unterrichts, 1950 - DERS. (Hg.), Der kirchl. Unterricht an der Volksschule I-VIII, (1951 bis 1954) 1954-58[2] - E.IMOBERSTEG, Das Kommen Gottes, Zürich 1950 - H.THIELICKE, Das Bilderbuch Gottes, 1957. *K.Frör*

Glinz, *Gustav Adolf,* Schweizer ref. Pfarrer, * 22.8. 1877 in St.Antoni (Kanton Freiburg), † 24.4.1933 in Zürich, Schüler → Harnacks, O.Pfleiderers und W. → Herrmanns, zuerst Vertreter der Schleiermacherschen Theologie und Mitarbeiter der Schweizer Reformpartei, gelangte durch den Einfluß → Blumhardts und → Schlatters zu einem Biblizismus, schließlich durch Beschäftigung mit → Löhe zu einer hochkirchlich-sakramentalen Theologie. Seit 1922 Vorsteher der »kirchlichen Abteilung« des Schweizer Diakonievereins (Zentrum in Rüschlikon), welcher die Gesamtheit der Kirchen in einer Ecclesiola darzustellen sucht. 1926 Vorsitzender des »Hochkirchlich-ökumenischen Bundes«, 1927 der »Hochkirchlichen Vereinigung« (→ Hochkirchliche Bewegung: II). Gab 1930 sein Pfarramt in Müllheim/Thurgau auf, siedelte nach Rüschlikon über und empfing von einem gallikanischen Bischof die Bischofsweihe.

Vf. Aufsätze in »Una Sancta«, hg.v. A.V.MARTIN, 1925-27, teils Betrachtungen im Anschluß an die Feste des Kirchenjahres, teils Erörterungen theol. Grundfragen, u.a.: Vom ewigen Recht der Kirche u. seinen notwendigen Grenzen (ebd 2, 1926, 353-369); Kath. Geisteshaltung u. Theol. der Krisis (ebd 3, 1927, 167-185). - Über G.: F.HEILER, G.A.G. (Hochkirche 15, 1933, 109-112). *F.Heiler*

Glocken

I. Geschichtlich - II. Musik- und kunstgeschichtlich - III. Praktisch-theologisch - IV. Kirchenrechtlich. - G. = Glocke

I. Geschichtlich

1. Entwicklung - 2. Verwendung

1. Die aus Metall gefertigte G. (als Nachfahre der Fruchtschale mit Rasselkörper bzw. der mit dem Klöppel angeschlagenen Holztrommel) findet sich schon in früher Zeit überall, wo man Metall zu bearbeiten versteht. Die Heimat der *gegossenen* G. ist Asien, speziell China (um 1000 vChr). Bes. durch die als gute Erzgießer bekannten Kelten wurde die (zunächst nur kleine, mit der Hand geschwungene) G. über Vorderasien in den Mittelmeerraum, nach Gallien und zu den britischen Inseln gebracht. Von Asien kam die G. auch nach Rußland, dem ehedem glockenreichsten Lande der Welt, von dort nach Skandinavien, Island, Schottland und Irland. Auf dieser nördlichen Wanderung sind anscheinend die ersten größeren G.n entwickelt, die am festen Ort aufgehängt und durch einen Hammer oder (bei schwingender G.) durch einen Klöppel zum Klingen gebracht werden. Auf dem Boden der christlichen Kirche wurde zunächst in den Benediktinerklöstern die sog. *Theophilus*-G. gegossen (8.-11.Jh.; Beispiel: Lullus-G. in Hersfeld, 1059), die zu der *Bienenkorb*- und der *Zuckerhut*-G. fortgebildet wurde. Seit dem 12./13.Jh. geht die Gießkunst auf bürgerliche Gießer über, die auch andere kirchliche und profane Bronzen (Taufbecken, Kronleuchter u.ä.), seit dem 15.Jh. auch Geschütze herstellen. Von der Mitte des 13.Jh.s an entsteht die Groß-G. mit mehr als 1,50 m Durchmesser. Seit dieser Zeit nimmt die G. das bis heute allgemein herrschende tulpenförmige (sog. gotische) Profil an.

2. Die G. ist ihrer ursprünglichen *Verwendung* nach ein *Signal*instrument zu häuslichen und öffentlichen Zwecken (Wecken der Sklaven, Beginn der Mahlzeit, Öffnen der Bäder, des Marktes u.dgl.), und sie ist es in ihrer Kleinform bis auf den heutigen Tag geblieben (Uhr-, Tür-G., G. des Versammlungsleiters usw). Solche Verwendung wurde im MA auch auf die große G. übertragen, deren Besitz (»Bann-G.«) ein auch gegenüber der Kirche eifersüchtig gehütetes Privileg der Städte war: die Rats-, Werk-, Bier-, Zins-, Gerichts-, Blut-, Armensünder-, Sturm-G. usw. Im *religiösen* Gebrauch wird die G. zunächst wohl zu *apotropäisch-exorzistischen* Zwecken verwandt: Die G. bei Leichenbegängnissen und als Grabbeigabe, bei Krankheiten (China), die G.n am Gewand des Hohenpriesters, wenn er das Allerheiligste betritt, »auf daß er nicht sterbe« (Ex 28, 35), gehören genauso in diese Reihe wie die G. am Hals des Rindes (ursprünglich des Opfertieres), die den Kindern umgehängte G., gegen die noch Chrysostomus predigt, die Wetter-G. (»fulgura frango«) und wahrscheinlich auch die Meßschelle. Daraus entwickelte sich *epikletisches,* im abgeschwächten Sinne auch *devotionales* Brauchtum. Die Schelle über dem Shintō-Schrein der Japaner, die G.nräder, die seit dem 10.Jh. in den europäischen Kirchen von Rußland bis Spanien an Festtagen »ad maioris excitationem devotionis« gedreht werden und aus denen der Zimbelstern der → Orgel hervorging, das → Sanctus-Läuten u.ä. gehören hierher. Der *invitatorische* Gebrauch der G. zu religiösen Zwecken (»vivos voco«), der u.a. in den Bacchusmysterien bezeugt ist, stellt im Grunde, als Rückkehr zur außerkultischen G.nverwendung, einen Säkularisationsprozeß dar. Es ist bezeichnend, daß die christliche Kirche, die die G. wegen ihres Gebrauchs in den heidnischen Kulten zunächst verworfen hatte (vgl. das verächtliche Wort des Apostels Paulus 1Kor 13!), bei der Übernahme der G. an den invitatorischen Brauch anknüpft. Die G. findet sich zuerst in den Klöstern des Orients, um den Konvent zum Gottesdienst und zu anderen monastischen Versammlungen zusammenzurufen; der Brauch wandert durch den Norden Europas nach Irland und kam von dort nach Gallien, Nordafrika und Italien (6.Jh.). Wohl wegen des im gallisch-spanischen

Raum noch mitverbreiteten heidnisch-apotropäischen Gebrauchs der G. entwickelte sich dort im 8.Jh. ein der Taufe angenähertes, noch heute in der römischen Kirche gebrauchtes Weiheritual mit → Exorzismus, Abwaschung mit Wasser, Salbung und Namengebung. Der invitatorische Brauch der G. (Ruf zum Gottesdienst) setzte sich auch außerhalb der Klöster allgemein durch, so daß zB der → Islam die G. als spezifisch christliches Instrument ansah. Die invitatorische Verwendung wurde ergänzt durch eine *signifikative* (zB beim Wandlungsläuten); in dieser Weise wurde die G. auch dort verwendet, wo gar kein Gottesdienst mehr stattfindet, sondern nur allgemein zum Gebet aufgerufen wird: Morgenläuten, Abendläuten, Läuten der Scheide-G. freitags zur Todesstunde Jesu, Mittagsläuten zum Gebet gegen die Türken (Papst → Calixt III., 1455), → Angelusläuten usw. Die *Reformation* übernahm nur den invitatorisch-signifikativen Brauch, wobei das signifikative Moment gelegentlich seines eigentlichen Inhalts als Ruf zum Gebet entkleidet und als »Ehrung« Lebender (Hochzeitsgeläut, Siegesgeläut, Auszeichnung politischer Gedenktage usw) oder Toter (Gedenkläuten an die Gefallenen usw) verstanden worden ist.

Lit. → Glocken: III. *Chr.Mahrenholz*

II. Musik- und kunstgeschichtlich

1. Klang - 2. Material - 3. Schmuck und Inschrift

1. Die G. ist ein aus Metall gefertigtes kelchförmiges Gefäß mit klingendem Rand und stummem Scheitel, das im Gebrauch der westlichen Kirchen geläutet, dh gependelt und durch einen im Inneren befestigten schwingenden Klöppel zum Tönen gebracht wird. In Asien und in den orth. Kirchen wird die G. nicht geläutet, sondern nur angeschlagen. - Für den *Klang* der G. sind zwei Momente wesentlich: a) der beim Anprall des Klöppels an der G.nwandung auftretende, durchdringend starke und glänzend helle, aber rasch verklingende *Schlagton;* b) die Vielzahl der dem G.nkörper eigenen, meist lange nachsummenden *Teiltöne,* die nicht nur beim Anschlag der G., sondern auch durch Resonanz beim Ansingen oder Anspielen entstehen und einzeln zum Klingen gebracht werden können. Bei den frühen G.n ist der Schlagton vielfach rauh und in der Tonhöhe kaum bestimmbar. Aber sowohl in China wie in den mittelalterlichen Klöstern (8.-11.Jh.) wurden G.nspiele hergestellt, bei denen der Schlagton der einzelnen G. in seiner Tonhöhe festlag. Doch wirkten hier die zumeist unharmonischen Teiltöne noch stark dissonant, bis es der Gießkunst der Gotik seit dem 14.Jh. gelang, die tieferliegenden Teiltöne im Sinne eines harmonischen Aufbaues zu ordnen und in ein konsonantes Verhältnis zum Schlagton zu bringen; darum gilt die Klanggestaltung der gotischen G. noch heute als Norm. Bei ihr hat zB eine G. mit dem Schlagton c′ die Teiltonreihe c^0 c′ es′ g′ c^2 e^2 g^2 ... Schlagton und Summton-Hintergrund der Teiltöne bilden zusammen den Wohllaut, den wir beim Anhören einer G. empfinden. Dieser Wohllaut wird noch gesteigert, wenn die G. geläutet, dh in Schwingungen versetzt wird, und der Hörer den Summton-Hintergrund gemäß dem durch das Pendeln der G. verursachten sog. Dopplereffekt wellenmäßig auf- und absteigend wahrnimmt.

2. Als *G.nmaterial* wird (neben den genieteten G.n aus Bronze- oder Eisenblech in der Frühzeit und im MA, die noch heute in den Kuh-G.n erhalten sind) fast allgemein Bronze (78% Kupfer, 22% Zinn) verwandt, in neuerer Zeit auch Stahl (Bochumer Verein seit 1852), Gußeisen (bereits im 17.Jh. erprobt) sowie Zink-, Silikat- und Aluminiumlegierungen, gelegentlich auch Porzellan. Doch schafft die Bronze immer noch die klanglich besten Bedingungen für das rechte Verhältnis von Schlagton und Summtonharmonie. Bei anderen Werkstoffen ist entweder die Dämpfung der Summtöne so groß, daß diese nicht bis zum nächsten Klöppelanschlag durchhalten und die G. dann kurzatmig klingt, oder der Schlagton ist zu grell, oder die G. verlangt, um klanglich einigermaßen zu bestehen, ein nicht unerheblich höheres Gewicht als die Bronze-G.

3. Obwohl die G. in erster Linie ein Musikinstrument ist, wird sie - gleicherweise wie andere Bronzen - mit Verzierungen und Inschriften *geschmückt* (→ Kunstgewerbe: II; Beispiel aus früher Zeit: eine mit reichen mythologischen Darstellungen versehene asiatische Bronze-G. aus dem 9.Jh. vChr im Vorderasiatischen Museum, Berlin). Gegenüber den chinesischen, asiatischen, vorderasiatischen und ägyptischen → Glocken (: I), die als Schmuck dämonische Gestalten, Tiere und Pflanzen zeigen, ist die im kirchlichen Gebrauch stehende abendländische G. anfangs ohne künstlerische Ausgestaltung. Es ist charakteristisch, daß die kirchliche G. als ersten Schmuck (vom 10.Jh. an) das Schriftband zeigt, insbesondere den Spruch »O rex gloriae veni cum pace«, seit Einführung des → Angelusläutens auch das → Ave Maria. Daneben oder statt dessen weisen die G.n das Gußjahr oder den Namen der G., des Gießers bzw. des Stifters auf. Ornamente, Münz- und Medaillenabdrücke, Wappen, Hausmarken, Meisterzeichen usw teilen die G.n mit den außerkirchlichen Bronzen. Die vier Evangelistennamen haben wahrscheinlich apotropäische Bedeutung, ebenso die gelegentlich eingegossenen, nach den vier Himmelsrichtungen weisenden Weihekreuze oder die Wallfahrtszeichen, die die Heilkräfte des Wallfahrtsortes auf den Bereich, in dem die G. gehört wird, übertragen. Figürliche Darstellungen (insbesondere die Kreuzigung, Maria, die Apostel, Michael, Georg, der Ortsheilige) treten erst nach den Schriftzeichen auf. Die G.nzier wurde weiterhin immer reicher, bis sie im → Barock (: I) in vollplastischer Darstellung die ganze Oberfläche der G. in Anspruch nahm. Später wurde dieser jeweils durch zeitgenössische Bildhauer, Maler oder Goldschmiede geschaffene Schmuck mehr und mehr schablonenmäßig gehandhabt. Erst in neuerer Zeit hat man mit gutem Erfolg versucht, die G. in ihrer äußeren Gestaltung und Ausstattung als ein geschlossenes Kunstwerk zu formen. Das hat eine Einschränkung der Verzierungen, insbesondere auch des Schriftbildes mit sich gebracht, zumal allzu reicher Schmuck den Klang ungünstig beeinflußt.

Lit. → Glocken: III. *Chr.Mahrenholz*

III. Praktisch-theologisch

Hinsichtlich der G.n-Beschaffung, -Ergänzung, -Pflege und des G.ngebrauchs ist folgendes zu bedenken:

1. Wenn man auch mit *einer* G. als Rufzeichen zum Gottesdienst auskommt, so dient es doch dem gottesdienstlichen Leben, wenn man durch einen abwechslungsreichen Gebrauch *mehrerer* G.n die einzelnen Gottesdienste und Handlungen charakteristisch voneinander abheben kann. In der Regel sollte jede Pfarrkirche über drei G.n verfügen; doch kann die Zahl je nach den Verhältnissen bis auf neun erhöht werden. Eine Vermehrung der G.n ist bei Neubeschaffung und Ergänzung finanziell möglich, wenn man von dem ungesunden Streben nach möglichst großen G.n abgeht und die kleinere G. als musikalisch vollwertiges Instrument achten lernt. Das Dreigeläut c′ es′ ges′ (4380 kg) ist schwerer und teurer als das mit seiner größten G. nur einen Ganzton höher liegende Fünfergeläut d′ f′ g′ a′ c^2 (3900 kg).

2. Das *Geläut* ist die Vereinigung mehrerer G.n mit ungleich hohen Schlagtönen zu einer Disposition, die mög-

lichst verschiedenartige, musikalisch brauchbare Zusammenklänge mehrerer oder aller G.n ergibt. Der alte Streit zwischen den Vertretern des *harmonischen* und denen des *melodischen* Geläutes ist gegenstandslos bei Verwendung der *pentatonischen* (aus großen Sekunden und kleinen Terzen zusammengesetzten) Skala, zB d′ f′ g′ a′ c² d², die zwischen Schlagtonfolge und Teiltonharmonie einen guten Ausgleich schafft. Ein Geläut aus zwei G.n auf c′ hat dann die Disposition c′ d′ oder c′ es′, ein Dreiergeläut die Disposition c′ es′ f′ oder c′ d′ f′ oder c′ d′ e′ usw. Ein im Kern pentatonisches Geläut bietet die besten Möglichkeiten zu Gruppenbildungen mehrerer G.n und damit zu charakteristisch verschiedenen Schlagtonfolgen.

3. Wo es irgend angeht, entscheide man sich aus den oben (→ Glocken: II) genannten Gründen für Bronze als Material. Durchmesser und Gewicht der G. liegen für eine bestimmte Tonhöhe nicht absolut fest, sondern sind von dem verwendeten Profil abhängig. Die Wahl des Profils hängt zT von einem etwa vorhandenen, zu ergänzenden Geläut ab. Angebote mit den leichtesten G.ngewichten scheide man wegen der klanglichen Minderwertigkeit von vornherein aus. Die gegossene G. ist vor dem Aufhängen durch einen amtlich bestellten G.n-Sachberater zu prüfen.

4. Die *G.nstube* muß für den Schall der G. hoch liegen und ausreichend große, wetterdicht zu schließende Luken haben. Die G. soll um einer gesunden Klanggebung willen im sog. *geraden Joch* aufgehängt werden, bei dem der Drehpunkt unmittelbar über der G.nhaube liegt. Wenn man wegen der Größe der dabei zu bewegenden Masse oder aus Platzmangel oder statischen Gründen das sog. gekröpfte (gestelzte) Joch verwendet, schwingt die G. nicht mehr, sondern schaukelt um ihre eigene Mitte; der Dopplereffekt fällt weitgehend aus, der Klang wird starr.

5. Es empfiehlt sich dringend, die Verwendung der einzelnen G., der G.ngruppen und des Gesamtgeläutes in einer verbindlichen *Läuteordnung* festzulegen. Als Richtlinien für eine Läuteordnung können gelten: a) Ein Vierergeläut mit den G.n d f g b ergibt neben dem Einzelgeläut jeder der 4 G.n folgende Gruppen: df, fg, gb, (dg), (fb), dfg, fgb, (dfb), (dgb), dfgb, insgesamt 14 Möglichkeiten, die es auf die einzelnen Anlässe zu verteilen gilt. Dem Gemeindegottesdienst gebührt stets die größere Zahl der G.n, im vorliegenden Falle also 3; für den Hauptgottesdienst wird man die tiefere, für sonstige Gemeindegottesdienste die höhere Dreiergruppe wählen. Kindergottesdienst, Betstunde, Mette, Vesper, Wochenschlußandacht werden mit je 2, Kasualhandlungen in der Regel mit einer G. angezeigt. Das volle Geläut (4 G.n) wird nur an Festtagen verwandt. – b) Die gleiche G.ngruppe kann für verschiedene Anlässe durch das *Vorläuten* unterschieden werden: vor dem Beginn des Geläutes der Gruppe erklingt in der Regel die kleinste, gelegentlich aber auch die größte G. etwa $^1/_4$ bis $^1/_2$ Minute allein. Stattdessen kann auch mit 3×3 Schlägen zum Gebet aufgerufen werden. Auf diesem Wege differenziert man auch beim Vorhandensein von nur 2 G.n das Geläut für die einzelnen Anlässe. – c) Dem Vorgeläut entspricht (etwa an Bußtagen, bei Passionsgottesdiensten u.a.) der *Nachschlag*, bei dem nach dem Läuten die größte beteiligte G. mit 3×3 Schlägen angeschlagen wird. – d) Dem *Gebetsläuten* sei mehr Aufmerksamkeit geschenkt. Bei der Taufe im Hauptgottesdienst erklingt während des Taufvollzugs die Tauf-G. Das Morgen- und Abendgebet kann durch entsprechenden G.ngebrauch in das Bewußtsein der Gemeinde zurückgerufen werden. – e) Ein reicherer G.ngebrauch verlangt die Beschränkung der einzelnen Pulse auf je etwa 5 Minuten, insbesondere auch bei Kasualien. Nur der Hauptgottesdienst hat das Recht und den Anspruch auf ein ausgedehnteres Geläut bis zu 10 Minuten.

6. Statt des *Läutens mit der Hand*, das, richtig geübt, klanglich das beste und für die G. schonendste ist, müssen heute vielfach elektrische Läutemaschinen eintreten. Beim Läuten mit der Hand darf der Glöckner nur solche Hilfskräfte heranziehen, die mit dem richtigen Läuten voll vertraut sind.

7. Das Geläut bedarf der steten *Wartung* und Pflege. Jährlich einmal sollte es (am besten durch den G.ngießer, sonst durch einen von ihm eingewiesenen Handwerker) geprüft werden. Klangliche Veränderungen an der G. deuten auf eine innere Beschädigung (Sprung); in vielen Fällen kann der Schaden durch Schweißung behoben werden.

8. Eine *Weihe* neubeschaffter G.n kann in der ev. Kirche nur die Bedeutung einer Widmung zu kirchlichem Gebrauch (dedicatio) haben, im Unterschied zur römischen consecratio. Formulare dafür sind in den meisten neueren Agenden enthalten. – Die Bezeichnung der G. nach ihrer Funktion (Dominica, Bet-, Tauf-, Mittags-, Vesper-G. u.a.) oder mit Namen (Johannes-, Gloria-, Friedens-G. u. dgl.) ist auch in der ev. Kirche vielfach üblich.

THEOPHILUS Presbyter, Diversarum artium schedula, in Ausw. neu hg., übers. u. erl. v. W.THEOBALD, Technik des Kunsthandwerks im 10.Jh., 1933 – H.OTTE, G.nkunde, (1858) 1884² – ERE VI, 313 ff – K.WALTER, G.nkunde, 1913 – DERS., Kleine G.nkunde, 1916 – J. BIEHLE, Wesen, Wertung u. liturg. Gebrauch der G.n, 1916 – C. SACHS, Hdb. d. Musikinstrumentenkunde, 1920 – P.GRIESBACHER, G.nmusik, 1927 (Nachtrag 1929) – HWDA III, 868 ff – TH.FEHN, Kleine G.nkunde, 1947 – CH.MAHRENHOLZ, G.nkunde, 1948 – DERS. u. F.SEVERIN, Das Schicksal der dt. Kirchen-G., 1952 – MGG V, 267 ff (Lit.) – H.ROLLI, Kirchengeläut, 1950 – F.SCHILLING, Unsere G.n, 1955 – W.ELLERHORST, Hdb. der G.nkunde (hg.v. G.KLAUS), 1957.

Chr.Mahrenholz

IV. Kirchenrechtlich

Das Recht, G.n im gottesdienstlichen Gebäude anzubringen und zu kultischen Zwecken zu läuten, steht in Deutschland nach altem Herkommen den christlichen Kirchen zu. Die rechtliche Regelung der die Kirchen-G.n betreffenden Angelegenheiten unterliegt dabei heute im Hinblick auf die verfassungsrechtliche Garantie der kirchlichen Selbstverwaltung (→ Kirche und Staat) ausschließlich der Zuständigkeit der einzelnen Kirchen. Unabhängig von der Frage des Eigentums an den Kirchen-G.n und am Kirchengebäude werden die G.n mit ihrer Übernahme in den Gebrauch der Kirchengemeinden und mit ihrer Indienststellung (Weihe) aus dem allgemeinen Rechtsverkehr ausgesondert und der weltlichen Rechtskompetenz entzogen. Insbesondere haben über das Geläut der G.n heute allein die kirchlichen Stellen zu bestimmen; dem widersprechende frühere staatliche Rechtssätze besitzen keine Gültigkeit mehr. Die einzelnen *ev.* Landeskirchen haben rechtliche Anordnungen bezüglich des G.nwesens erlassen (vgl. im einzelnen die jährliche »Rechtsquellennachweisung« im Amtsblatt der EKD); eine eingehende G.nordnung gaben sich die Ev. Kirche der Kirchenprovinz Sachsen am 2.11.1955 und die Ev. Kirche im Rheinland am 9.12. 1955. Der gottesdienstliche Gebrauch der G.n erfolgt im übrigen auf Grund des Herkommens oder gemäß besonderer liturgischer Geläuteordnungen der Kirchengemeinden, wobei für alle Gemeinden der VELKD seit dem 15.5.1956 eine einheitliche Läuteordnung besteht. – Für außerkirchliche Zwecke wird das Läuten der Kirchen-G.n allgemein nur in Katastrophenfällen (zur Warnung der Bevölkerung, zur Herbeirufung von Hilfe usw) gestattet. – Die Regelung des G.nrechts der *kath.* Kirche findet sich in c. 1169 CIC.

S.Reicke

Glondys, *Viktor* (1882–1949), * in Biala (Schlesien), war ursprünglich röm.-kath. Als Philosophiestudent in Graz vom Rechtfertigungsglauben Luthers erfaßt, konvertierte er (1903), unabhängig von der → Los-von-Rom-Bewegung. 1907 trat er in der Bukowina ins geistliche Amt und habilitierte sich als Stadtpfarrer von Czernowitz (1912) für Philosophie (1919). Seine starke Wirkung als Prediger und akademischer Lehrer trug ihm 1922 den Ruf ins Stadtpfarramt von → Kronstadt (→ Siebenbürgen) ein. Seit 1932 Bischof der ev. Landeskirche Augsburgischen Bekenntnisses in → Rumänien, betrieb er energisch deren Verteidigung und innere Erneuerung in gefährdeter Lage. 1941 politischen Spannungen weichend, schuf sich der kraftvolle systematische Denker in der Hermannstädter Gesellschaft der Lutherakademie ein Wirkungsfeld. G. war leitendes Mitglied mehrerer ökumenischer Gremien.

Vf. u.a.: Einführung in die Erkenntnistheorie I, 1923; Zur Problematik des christl. Gottesglaubens, Hermannstadt 1929; Auf ewigem Grunde. Predigten, ebd 1933 - Zahlr. Aufsätze in Kirchl. Blätter (ebd), ZSTh, Ev. Diaspora usw. *P.Philippi*

Gloria, der Hymnus angelicus, die große → Doxologie, anknüpfend an den Engelgesang (Lk 2, 14). Der Text, im MA → Hilarius von Poitiers zugeschrieben, besteht aus Akklamationen. Er schloß ursprünglich nach einem alten Lobgebet mit Vers 4, später (4.Jh.?) wurde ein Bittgebet hinzugefügt, und auch dieses erlebte noch Veränderungen: Es wurde aus einem Gebet an Gottvater zu einem solchen an den Sohn. Gesungen wurde das G. ursprünglich im Morgen- und Abendoffizium (→ Stundengebet), so heute im → ambrosianischen Gesang. Römisch war die Einführung in die → Messe (: IV), doch wurde es anfangs nur von den Bischöfen angestimmt, von den Priestern nur am Ostertage. Auch gegenwärtig wird es nicht an allen Sonntagen gesungen: nicht im Advent, der Fasten- und Vorfastenzeit. Die musikalische Form des Offiziumsgesanges war ein Ziergesang; in der Messe wurde es vom Volke gesungen und war zuerst psalmodisch einfach. Im MA wurden neue Melodien verfaßt, auch entstanden Tropen. Heute gehört das G. mit den stilistisch verwandten Gesängen → Kyrie usw zur komponierten Missa. - Vgl. → Liturgik: IV.

Älteste Quellen: Codex Alexandrinus (→Bibelhandschriften : II) - Die → Apostolischen Konstitutionen - Antiphonar von Bangor (H.Bradshaw Society 4. 10), 1893-95. - Lit.: P.WAGNER, Einführung in die gregor. Melodien I-III, (1895) 1911-21³ - W.STAPELMANN, Der Hymnus Angelicus, 1948 - B.CAPELLE, Le Texte du »Gloria in Excelsis« (RHE 14, 1949, 439-457) - MGG IV, 302ff - Leiturgia II, 23 ff. *E.Jammers*

Glossa Ordinaria ist der Standardkommentar des MA zur Bibel (→ Schriftauslegung: IV), ein seit etwa der Mitte des 12.Jh.s in Schulen und Universitäten fest eingeführter Text. Es handelt sich um eine Sammlung von Exzerpten aus lat. und einigen griech. Vätern (in Übersetzung) sowie aus Autoren des Früh-MA, ferner um gelegentliche Erläuterungen der Kompilatoren selbst. All dies ist in Form von Marginal- und Interlinearglossen zum Bibeltext angeordnet. Anordnung und Anzahl der Glossen wurden allmählich vereinheitlicht; die Hss. weisen noch zahlreiche Abweichungen auf. Dasselbe gilt für die Zuweisung an die Autoren: einige Glossen sind mit dem Verfassernamen bezeichnet, bei anderen fehlt er. Die Exegeten des MA bis hin zu Luther zitierten die G.O. als ihre Hauptautorität und legten sie bisweilen sogar als Ergänzungstext zur Bibel aus, wobei sie die einzelne Glosse unter Berücksichtigung des ursprünglichen Textzusammenhanges erklärten und den oft geänderten Wortlaut verglichen. - Die G.O. wurde im frühen 12.Jh. durch → Anselm von Laon im Verein mit seinem Bruder Radulph und mehreren Schülern zusammengestellt. Vermutlich benutzten und bearbeiteten sie dabei ältere Kompilationen; denn es war bereits allgemein üblich, die Hl. Schrift mittels glossierter Abschriften oder Katenen (→ Catenae) zu lehren und zu studieren. Viele solcher älteren Rand- und Zeilenglossen sind erhalten geblieben; man schrieb sie jedoch nicht mehr ab, nachdem die G.O. durch einen bis heute undurchsichtigen Vorgang als Standardwerk anerkannt war. → Petrus Lombardus erweiterte den anselmischen Text der G.O. zu den Pss und Paulusbriefen zur sog. Magna Glossatura, die dann der kürzeren Version dieser für die Lehre des MA wichtigsten Bibelteile vorgezogen wurde. - Zur G.O. im juristischen Bereich vgl. H.Kantorowicz bei Smalley 52ff und s. → Glosse, 2.

Eine neuzeitl., krit. Edition der G.O., auch von Teilen, fehlt. Unter irriger Zuweisung an → Walafrid Strabo als Verf. wurde sie vom Ende des 15. bis zum Ende des 17.Jh.s häufig ediert, meist zusammen mit den Postillen des → Nikolaus v. Lyra und den Additiones des → Paulus v. Burgos. Die Edition in MPL 113. 114 ist fehlerhaft, diejenige der Magna Glossatura (MPL 191. 192) jedoch immer noch brauchbar. - Lit.: B.SMALLEY, The Study of the Bible in the Middle Ages, Oxford (1940) 1952² - C.SPICQ, Esquisse d'une hist. de l'exégèse latine au moyen âge, Paris 1944 - D.VAN DEN EYNDE, Literary Note on the Earliest Scholastic Commentarii in Psalmos (Franciscan Studies 14, 1954, 121-154) - M.B.DE VAUX SAINT-CYR, Les deux commentaires d'Etienne Langton sur Isaïe (Rev. de science philosophique et théologique 39, 1955, 228-236) - Z.ALSZEGHY, Nova Creatura (AnGreg 81), Rom 1956. *B.Smalley*

Glosse

1. Wissenschaftsgeschichtlich - 2. Kirchenrechtlich

1. Aus dem Griechischen stammend (γλῶσσα), bedeutet G. ursprünglich soviel wie »Zunge«, dunkles und schwerverständliches Wort. Solche Worte wurden in der Antike - zB für die Homerlektüre - gesammelt und erläutert, wodurch der Begriff G. langsam den Sinn von »Erläuterung« bekam. Mit der Ausbreitung des Christentums entstanden auch Bibelglossare. Das älteste ist das des Hesychius von Alexandrien (5.Jh.). Ihm folgen eine große Reihe von Bibelglossaren bis ins 16.Jh. (bes. die → Glossa Ordinaria).

LOEWE-GOETZ, Corpus glossariorum latinorum II-VII, 1888-1903 - Eine Zusammenstellung der glossae sacrae u.a. von S.A.NABER, 1865. - Weiteres s. LThK IV, 538ff (Lit.).

2. Wie die Bibel und das Corpus Iuris Civilis wurden auch die Rechtsbücher der Kirche mittels Interlinear- oder Marginal-G.n (kurze Wort- und Sacherklärungen) erläutert. Wie in anderen Bereichen, so hatten auch hier die Glossatoren starken Einfluß auf die Praxis: »Quidquid non agnoscit glossa, non agnoscit curia«, dh nur der glossierte Text ist für das Gericht maßgebend. Aus den G.n der Vorgänger bildete Tancredus zu Anfang des 13.Jh.s einen Einheitstext, die sog. Glossa ordinaria, die in unveränderter Form späteren handschriftlichen oder gedruckten Gesetzen hinzugefügt wurde.

ST.KUTTNER, Repertorium der Kanonistik I, 1937, 59ff - FEINE 247. 257. *A.Erler*

Glück. Wenn ein Mensch G. hat, so bedeutet das, daß seine Unternehmungen gelingen, daß sein irdischer Besitz sich vermehrt, daß er bei Jagd oder Fischfang (→ Jäger und Jagdriten) große Beute heimbringt, daß → Krankheiten seine Familie und sein Vieh nicht heimsuchen u.a.m. Der Mensch, der so vom G. gesegnet wird, verdankt es nach primitiver Anschauung nicht bloß einem launenhaften → Zufall oder gnädigen Gottheiten, sondern er besitzt eine gewisse Veranlagung, die ihn zu glücklichem Erfolg befähigt. Man könnte es eine innere Potenz nennen, die manchmal nicht einmal rein persönlich ihm selbst, sondern seiner ganzen Sippe (→ Stamm) eignet. Zuweilen kann das G. sich in einer Gestalt offenbaren, etwa als eine geistige G.bringerin, die dann oft mit Seelengestalten (→ Seelen) zusammenfließt.

In der nordgermanischen Religion verwendet man dafür gerne das Wort »heill«, in dem ein religiöser Grundton mitschwingt. Wenn etwa ein Isländer einem Angehörigen seinen Namen (→ Namenglaube) überträgt, dann bedeutet das, daß er auch dessen »heilir« teilhaftig werden soll. Hier spricht der Sippengedanke deutlich mit; das G. ist dem Menschen sippenmäßig angeboren.

Deshalb ist das G. in einer menschlichen Gesellschaft abgestuft. Es hat einen anderen Inhalt für den König, den Krieger oder den Bauern. Letzterer erwartet reiche Ernte und guten Ertrag seines Viehs; er denkt an rein materielle Dinge. Der Krieger wünscht G. im Kampf: Treffsicherheit seiner Waffen, Unverwundbarkeit und Sieg. Das kann sich auch wieder materialisieren; das G. ist dann etwa mit einer bestimmten Waffe oder mit einem Hemd verbunden. Hier liegt der Gedanke an magische Kräftigung sehr nahe (→ Magie). Das Königsheil ist das größte und umfassendste. Es strahlt über das ganze Volk aus und ist auf allen Lebensgebieten wirksam. Der heilvolle König schafft seinem Volk Frieden und → Fruchtbarkeit, aber ebenso Sieg im Krieg. Man hört manchmal, daß bei primitiven Völkern der König abgesetzt oder sogar getötet wird, wenn man zu verspüren meint, daß seine Heilskraft im Schwinden begriffen ist (→ Königtum, sakrales). Das zeigt sich im öffentlichen Leben des Stammes und im privaten Leben der Untertanen. So wurde der König der Burgunder bei Mißerfolg im → Kriege oder bei Mißernte abgesetzt. Eine schwedische Sage berichtet von einem König, der nach vieljährigen Mißernten geopfert wurde. Der heilvolle König aber bewirkte, daß die Ernten reichen Ertrag lieferten, die Fjorde von Fischen und die Wälder von Wild wimmelten, daß die Herden sich vervielfältigten und die Frauen fruchtbar waren. Ein solcher Fürst war der norwegische König Halfdan der Schwarze; nach seinem Tode stritten vier Landesteile um seinen Leichnam, von dem schließlich jeder ein Viertel bekam. Der Körper des Königs behielt seine G.skraft (vgl. → Germanische Religion, 3).

Zu viel G. ist aber auch gefährlich. Der primitive Mensch findet das unheimlich und glaubt in diesem Fall nicht mehr an ein dem Menschen anhaftendes natürliches G., sondern an magische Wirkungen, die dann auch den Mitmenschen schaden können. Hohes Alter ist ein zweifelhaftes G.; man fürchtet den Greis, der sich nur so lange am Leben erhalten hat, weil er die Lebenskraft junger Menschen durch Zauberkraft ausgesogen und sich einverleibt hat.

Am G. haftet also immer etwas, das Staunen erregt. Man sucht es zu erklären und findet mancherlei Deutungen. Die natürlichste ist das angeborene Heil, das einem aus der Sippe zufließt. Aber die Götter haben auch die → Macht (: I), segensreich zu wirken, und dann teilen sie dem Menschen das G. zu. Daneben findet sich aber auch der Gedanke an eine Macht, die neben den Göttern waltet, wie die griechische τύχη oder die römische fortuna (→ Schicksal). - Vgl. → Eudämonismus, → Hedonismus.

V. Grønbech, Vor Folkeæt i Oldtiden I-IV, Kopenhagen (1909 bis 1912) 1955². dt. (1937-39) 1954⁵ - HWDA III, 879 ff - ThW IV, 365 ff - PW 2. R. VII/2, 1643 ff - H. Erkell, Augustus, Felicitas, Fortuna. Lat. Wortstudien (Diss. Gothenburg), 1952. *J. de Vries*

Glück, *Ernst* (1652-1705), * zu Wettin im Magdeburgischen, † in Moskau, kam 1673 nach Livland, kehrte nach Sprachstudien bei Edzardi in Hamburg 1680 hierher zurück und wurde Pastor, dann Propst in Marienburg. Gefördert durch Joh. → Fischer, übersetzte er die Bibel ins Lettische (NT 1685, AT 1688; → Baltische Länder, 4; → Bibelübersetzungen: V, 2fα). Im Nordischen Kriege geriet G. in russische Gefangenschaft, erhielt 1703 dank der Fürsprache Katharinas I., die in seinem Hause aufgewachsen war, die Freiheit und gründete in Moskau ein Gymnasium im Stil der Ritterakademien der Zeit, das erst nach seinem Tode verfiel. G., der schon die kirchenslawische Bibel ins Russische übertragen hatte (das Manuskript ging verloren), übersetzte in Moskau Lehrbücher für den Unterricht, auch für den des Zarewitsch Alexej, dazu den luth. Katechismus. Er stand im Briefwechsel mit → Spener und → Francke.

J. F. v. d. Recke-K. E. Napiersky, Allg. Schriftsteller- u. Gelehrten-Lexicon der Provinzen Liev-, Ehst- u. Kurland II, 1828, 68 ff (Bibliogr.) - W. Kliutschewskij, Gesch. Rußlands IV, 1926, 259 ff - G. v. Rauch, Die Universität Dorpat u. d. Eindringen der frühen Aufklärung in Livland, 1943. *G. v. Rauch*

Gnadauer Verband ist die abgekürzte Bezeichnung für den »Deutschen Verband für Gemeinschaftspflege und Evangelisation«, der innerhalb der ev. Kirche christliche Gemeinschaften fördern und Leben aus Gott wekken will. Er steht auf dem Boden der Hl. Schrift und der reformatorischen Bekenntnisse. Der Verband ist der Zusammenschluß der unter der Leitung von Brüderräten vereinigten meisten innerkirchlichen Gemeinschaften Deutschlands. Das sind zZ (1957) 35 Landes- und Provinzialverbände mit über 6000 Gemeinschaftskreisen. (Für die Namen der einzelnen Verbände und die Mitgliederzahlen vgl. → Gemeinschaftsbewegung, 2. 3.) Neben etwa 1000 Berufsarbeitern dienen über 6000 Brüder aus allen Ständen mit dem Wort des Evangeliums. Die Zahl der regelmäßigen Teilnehmer übersteigt in der BRD 300 000. Der Verband entstand aus der »G. Pfingstkonferenz«, die sich 1888 in Gnadau bei Magdeburg zu gemeinsamer Besprechung von Glaubensfragen sammelte. Diese Konferenzen wiederholten sich alle 2 Jahre, später alljährlich. Aus Raumgründen wurde der Ort der Zusammenkünfte oft gewechselt (Wernigerode, Halberstadt, zZ Frankfurt/M.); der Name aber blieb. 1894 entstand aus der Konferenz ein »Deutsches Komitee für ev. Gemeinschaftspflege und Evangelisation«, seit 1897 G.V. genannt. Vorläufer des Verbandes war der durch Prof. Th. → Christlieb 1882 gegründete »Deutsche Evangelisationsverein«. Vorsitzender des G.V.es waren Ed. Graf v. → Pückler (bis 1906), Pastor W. → Michaelis (bis 1910), Direktor Th. → Haarbeck (1910-19), Direktor Herm. Haarbeck (seit 1953). Der Verband betreibt seit 1927 in Brasilien eine selbständige Evangelisations- und Gemeinschaftsarbeit in seinem Sinne. In der DDR besteht das Ev.-Kirchliche G. Gemeinschaftswerk.

Monatsschrift: G. Gemeinschaftsblatt, seit 1921. - Im übrigen vgl. die Lit. zu → Gemeinschaftsbewegung. *H. Brandenburg*

Gnade Gottes

I. Religionsgeschichtlich - II. Im AT und Judentum - III. Im NT - IV. Dogmengeschichtlich - V. Dogmatisch. - Vgl. zB auch → Erlösung, → Gott, → Prädestination, → Rechtfertigung, → Sündenvergebung, → Versöhnung

I. Religionsgeschichtlich

1. Islam - 2. Hinduismus - 3. Buddhismus

Allgemein bedeutet G. Gottes die göttliche Hilfe für den Menschen. Hier soll aber nur die Idee der Freigebigkeit behandelt werden, die die → Erlösung als des Menschen höchstes Ziel ermöglicht.

1. Im → *Islam* (: I) bezeichnet der → Koran Allah oft als den Barmherzigen, Vergebenden, Milden u.ä. und spricht von seiner G., auf Grund deren er den Menschen die → Offenbarung, die Glaubenskraft, die → Sünden-

vergebung und die Erlösung selbst gegeben hat. Andererseits aber (7, 177 u.ö.) schafft Allah einige Menschen für die → Hölle und gibt ihnen ein ungläubiges Herz. Ein derartiges → Prädestinations-Dogma begrenzt den Begriff von Allahs G. Als alleiniger Urheber der guten Taten ist Allah einerseits ganz G.; als Urheber der Verdammung ist er nicht gnädig im universalen Sinn (Mac Donald 295, McCarthy 99).

2. Im → *Hinduismus* (: I) findet sich in den alten Vaishnava- und Shaiva-Liedern der Glaube, daß ein Eingriff des Gottes der Sekte entscheidend für die Erlösung sei. In den Gedichten des Shaiva Apparsvâmi begegnet sogar der in Indien seltene Gedanke, daß G. zuvorkommend und bedingungslos sei (Kingsbury 47, Otto 43ff). Die bleibende Frage der → Vishnu-Verehrer war, ob der Gott seine G. nur denen erweise, die die religiösen Vorschriften praktizieren, oder auch denen, die ihre Ohnmacht bekennen und seine G. suchen. Die → Bhagavadgîtâ bezeugt eine gespaltene Haltung. Im allgemeinen betont sie konservativ die Notwendigkeit der Gebotserfüllung, die zur G. und zu Gott führt. Aber in 18, 66 heißt es: »Indem du alle religiösen Verpflichtungen abschaffst, komme zu mir als deiner alleinigen Zuflucht; ich werde dich von allen Sünden befreien ...« In dieser Tradition verbreiteten die Âlvâr und die frühe Shrî Vaishnava âcârya eine Religion der prapatti oder der Zuflucht zur göttlichen Barmherzigkeit. Der gesellschaftlich-orthodoxe → Râmânuja lehrte, daß Gottes Eingriff denen gilt, die ihre Devotion in Arbeit und Gottesdienst beweisen (van Buitenen 24ff). Obgleich das Gesetz des → karma gültig ist, kann Gottes G. den Menschen retten, weil karma allein Gottes Mißfallen über böse Taten ausdrückt. Wenn Gott am Gottesdienst des Gläubigen Gefallen hat, dann hört sein Mißfallen und damit das karma des Menschen auf. - Eine Gruppe von Râmânujas Anhängern betonte die Tamulische Hymnologie und erneuerte die Lehre der allgenugsamen G. Pillai Lokâcârya (1264 bis 1327[?]) ist Advokat für ihre Tengalai- (Katzengriff-) Lehren, wonach wie beim Jungen, das von der Mutterkatze getragen wird, allein Übergabe der Weg zur Sicherheit ist. Pillai lehrte, daß, da der Mensch schwach und unwissend ist und nichts ist oder hat, was nicht schon Gottes ist, alle Versuche anmaßend seien, menschliche Werke, Wissen und Devotion mit ihm einzutauschen. Der Weise spricht zu Gott: »Ich traue dir, Herr!« Diese Übergabe ist keine positive menschliche Handlung, die die Rettung erwirbt, sondern eine Beseitigung aller Hemmnisse, die es Gott erlaubt, dem Menschen seine Sünden zu vergeben. Fortan bangt der Mensch nicht mehr um seine Errettung. - Die entgegengesetzte Vadagalai- (Affengriff-)Schule, deren großer Theologe Vedânta Deshika (1269-1369) ist, lehrt, die rettende G. komme nur nach ehrlichem Bemühen, die Tugenden und Übungen des → bhakti-Weges zu befolgen. Doch ist prapatti ein zweiter Heilsweg, offen für jene, die auf dem bhakti-Weg fehlen. Sie mögen Zuflucht nehmen zur G. Gottes. Die durch die G. Befreiten müssen jedoch den Befehlen der Shâstra gehorchen.

3. Der → *Buddhismus* (: I) kannte ursprünglich keine Rettung durch einen Gott, aber das Auftreten des Prinzips der Übertragung von Verdiensten im Mahâyâna öffnete den Weg für Botschaften der Erlösung durch »Heilige«, die einen Überschuß guter Werke haben. Die größte dieser Bewegungen ist die »Reines Land«-Schule, die sich auf den → Buddha (, 6) Amitâbha (→ Amida) konzentriert. Im etwa zZ Jesu vorliegenden Sukhâvatîvyûha (SBE XLIX) steht die Legende vom Mönch Dharmâkara, der zum Buddha Amitâbha wird und denen Verdienste zuteilt, die seinen Namen vertrauensvoll anrufen. - Die Patriarchen der Amida-Religion klagten, daß die Menschen dieses entarteten Weltzeitalters selten oder niemals die Kraft haben, sich selber zu erlösen (Shunjō 340f, Haas 141). Der einzige Schritt für den heutigen Menschen sei, das Vertrauen auf die eigene Kraft (jiriki) preiszugeben und in tariki (»die Kraft eines anderen«, nämlich Amida) Zuflucht zu nehmen. - Der japanische Begründer Hônen Shônin (1133 bis 1212) führte in seine Jodo-Sekte die Übung der inbrünstigen, lebenslangen Amida-Anrufung (nembutsu) ein. Diese überträgt aus Amidas Schatz das Verdienst, das allein einem sündigen Menschen Rettung bringen kann. Menschen haben in sich selbst nur eine kleine Wurzel des Guten; doch sind sie eines kleinen Verdienstes fähig und sollen dieses dem Schatz zufügen, der das Paradies Amidas gewähren soll (Shunjō 419 ff. 495). - Shinran Shônin (1173-1262), der Gründer der Shin-Sekte, leugnet, daß der Mensch selbst irgendeines Verdienstes fähig sei (Haas 124f). Es wäre anmaßend anzunehmen, das Rezitieren Tausender Anrufungen vergrößere das Verdienst. Amidas einzige Forderung ist eine einmalige Glaubensverpflichtung für alle Zeit, erfüllbar in *einer* herzlichen Anrufung. Nicht einmal der Glaube ist ein → Verdienst des Menschen, denn er entsteht durch Amidas zuvorkommende G. Sie bringt dem Gläubigen sofort das ganze Verdienst, das zur Rettung nötig ist. Danach mag er Gottesdienst und gute Werke als bloße Ausdrücke der Dankbarkeit und Freude tun. Shinran schaffte, um aller Werkgerechtigkeit zu begegnen, das → Mönchtum und Vegetariertum in seiner Sekte ab und führte ein eheliches → Priestertum ein. - Zur christlichen Beurteilung des Amida-Buddhismus vgl. → Amida: II.

Zu 1: D.B.MacDonald, Development of Muslim Theology, 1903 - EI[1] I, 316ff; EI[2] I, 418ff (s. v. Allah) - R.J.McCarthy (Übers.), The Theology of al-Ashʿari, 1953. - Zu 2: A.Govindacarya (Übers.), The Artha-Pancaka of Pillai Lokacarya (JRAS 1910, 565-597) - Ders. (Übers.), The Astadasa-Bhedas (ebd 1103 bis 1112) - V.Rangachari, The Successors of Ramanuja and the Growth of Sectarianism among the Śri-Vaishnavas (Journal of the Bombay Branch of the Royal Asiatic Society 24, 1915-17, 102-136) - R.Otto, Vischnu-Narayana, (1917) 1923[2] - Ders., Die G.nreligion Indiens u. das Christentum, 1930 - F.Kingsbury-G.E.Phillips, Hymns of the Tamil Saivite Saints, 1921 - J.S.M.Hooper, Hymns of the Ālvārs, 1929 - K.Rangachari, The Śri Vaishnava Brahmans, 1931 - S.N.Dasgupta, The History of Indian Philosophy III, 1940, 374ff - J.A.B.van Buitenen, Rāmānuja on the Bhagavadgita, 1953 - Vedantadeśika (Übers. M.R.Rajagopala Ayyangar), Srimad Rahasyatrayasara, 1956. - Zu 3: H.Haas, Amida Buddha Unsere Zuflucht, 1910 - Shunjō (Übers. H.H.Coates-R.Ishizuka), Hônen the Buddhist Saint, (1925) 1930[2] - L.Wieger, Amidisme chinois et japonais, 1928 - Sir Ch.Eliot, Japanese Buddhism, 1935 - D.T.Suzuki, A Miscellany on the Shin Teaching of Buddhism, 1949.

N.J.Hein

II. Im AT und Judentum

1. Das Hebräische besitzt mehrere Wörter, die im Deutschen traditionell mit G. wiedergegeben werden, ohne daß sie sich alle mit dem Sinn dieses Wortes völlig decken. - a) *Ḥen* (Gunst) wird gebraucht, wo eine einseitige Gunst erwiesen oder erbeten wird, ohne daß eine Verpflichtung oder ein Anspruch vorliegt. So findet David Gunst bei Saul (1Sam 16, 22), der Flüchtling Hadad beim Pharao (1Kön 11, 19), Noah und Mose bei Jahwe (Gen 6, 8; Ex 33, 12. 16). Um Gunst bittet der Beter, der sich ganz auf Gottes G. angewiesen weiß (Ps 4, 2; 6, 3 u.ö.). - b) *Raḥ^{a}mîm* (Erbarmen), stärker affektgeladen, setzt ursprünglich eine Verbundenheit zwischen Gewährendem und Empfänger voraus. Erbarmen üben die Eltern gegen das Kind (1Kön 3, 26; Jes 49, 15; Hos 1, 6; Ps 103, 13), der Bruder gegen den Bruder (Gen 43, 30). Hier liegt der Begriff »Liebe« nahe. Doch wird die Wurzel rḥm schließlich auch da gebraucht, wo eine innere Verbundenheit nicht vorausgesetzt werden kann, zB vom großmütigen Verhalten des Feindes (1Kön 8, 50;

Ps 106, 46 u.ö.). Wo von Jahwes Erbarmen gegen Israel die Rede ist, ist seine liebende Verbundenheit deutlich eingeschlossen (Jes 49, 13. 15; 54, 7; Jer 30, 18; 31, 20; Neh 9, 19. 27f. 31). - c) Noch stärker gemeinschaftsbezogen ist der Begriff *ḥæsæd*, der meist, aber nur unzureichend, mit G. wiedergegeben wird. Unter Menschen bezeichnet ḥæsæd ein Verhalten, wie es diejenigen voneinander erwarten und fordern, die durch feste Bande verbunden sind: als Familienglieder (Gen 20, 13; 47, 29), Verwandte (Gen 24, 49; Ruth 3, 10), Gastfreunde (Jos 2, 12), Bundesgenossen (1Sam 20, 8; 2Sam 9, 1. 3. 7) usw. Da alle solche Verhältnisse als Bünde aufgefaßt werden können, kann man sagen: »ḥæsæd macht den eigentlichen Gegenstand einer b^e^rît (Bund) aus und kann fast als ihr Inhalt bezeichnet werden« (Glueck). Gemeinschaftstreue - nicht nur als Gefühl, sondern durch die Tat zu erweisen - trifft etwa den Sinn von ḥæsæd (im folgenden durch Treue umschrieben). - Auch der → Bund (: II) zwischen Jahwe und Israel ist von gegenseitiger Treue bestimmt. Treue gegen Jahwe - und damit auch im menschlichen Miteinander - wird von Israel gefordert (Hos 6, 6; Mi 6, 8 u.ö.). Und Treue charakterisiert das Handeln des göttlichen Bundesherrn, wie dies die an vielen Stellen aufgenommene Selbstprädikation Jahwes in Ex 34, 6 (vgl. Ps 86, 15; 103, 8 u.ö.) zum Ausdruck bringt. Sie erweist sich in seiner Führung (Ex 15, 13), in seinem Segen und seiner Bewahrung in allen Lebensbereichen (Dtn 7, 12ff), in Erlösung aus Bedrängnis (Ps 44, 27; 106, 45), in Sündenvergebung (Num 14, 19; Ps 103, 10f), in der Wiederaufnahme nach dem Gericht (Jes 54, 8) und anderen Heilstaten. Der enge Zusammenhang von Bund und Treue wird durch den Gebrauch beider Begriffe nebeneinander bestätigt (Dtn 7, 12; Ps 106, 45 u.ö.). So ist Treue keine »freie«, spontane G. Sofern sie jedoch auf Jahwes *»gnädiger* Selbstbindung« (Hempel) im Bund beruht, nimmt sie an dem G.ncharakter des Bundes teil. Indem Jahwe Treue verheißt und übt, bekennt er sich zur ursprünglichen G.ntat des Bundes. So gewinnt ḥæsæd (Treue) indirekt den Sinn von *verläßlicher,* weil auf Gottes Verheißung beruhender, G. Das Gnadenhafte der göttlichen Gemeinschaftstreue wird da bes. deutlich, wo sie auf dem Hintergrund der menschlichen Bundbrüchigkeit verkündet wird (zB Jer 3, 12; Hos 2, 21; Neh 9, 17). Dabei nähert sich ḥæsæd dem Begriff raḥ^a^mîm (Erbarmen) und wird vielfach in Parallele mit ihm gesetzt (Jes 63, 7; Hos 2, 21; Jer 16, 5; Ps 25, 6; 103, 4; Klgl 3, 22 u.ö.). - d) Ähnlich wie ḥæsæd kann auch der Begriff ṣædæq, ṣ^e^daqā (→ Gerechtigkeit: II), der ebenfalls gemeinschaftstreues Handeln meint, den Sinn von G. gewinnen, so Hos 2, 21 (mit ḥæsæd und raḥ^a^mîm) und bes. bei Dtjes (42, 6. 21; 45, 13; vgl. KBL s. v. ṣædæq).

2. Wie der Bundesglaube für das AT konstitutiv ist, so durchzieht auch der Glaube an Gottes G. das ganze AT. Die Heilstaten Jahwes gelten als Ausdruck seiner Bundestreue. Dem → Jahwisten ist es ein besonderes Anliegen, neben dem Mächtigwerden der Sünde das Walten der göttlichen G. zu zeigen (Gen 2-11; 18, 23-33); Abraham wird berufen, damit in ihm alle Völker gesegnet werden (Gen 12, 1-3). Freilich ist Gott frei in der Zuwendung seiner G. (Ex 33, 18f), und die Verantwortung des erwählten Volkes wird durch die G. nicht aufgehoben. Dies betonen die klassischen → Propheten (Am 3, 2), bei denen die Aussagen über Gottes G. hinter der Gerichtspredigt zurücktreten. Am 5, 15 kommt, selbst für den Fall einer Umkehr, über das »Vielleicht ist Jahwe gnädig« nicht hinaus. Ein ergreifender Zwiespalt zwischen dem richtenden und gnädigen Gott kennzeichnet die Botschaft → Hoseas (11, 8f). Das → Gericht (: II) wird durch die G. nicht aufgehoben, ja es besteht gerade darin, daß sie - vorübergehend - entzogen wird (Hos 1, 6; Jer 13, 14; 16, 5; 21, 7). Erst dem durch das Gericht hindurch gegangenen Volk wird sie wieder zuteil werden (Hos 2, 21). Ähnlich verkündet → Jeremia neben dem Gericht für seine judäischen Zeitgenossen G. für das längst deportierte Nordreich (Jer 3, 12; 31, 2f, vgl. Rudolph zSt). Im Exil tritt die Botschaft von dem in G. an seinem Bund festhaltenden Gott machtvoll hervor (Ez 39, 25 ff; Jes 40 ff u.ö.). Dabei läßt Dtjes die G. nicht auf Israel beschränkt sein: Alle Völker sollen am Heil teilhaben (Jes 42, 1ff; 49, 1ff). - Am häufigsten wird die G. Gottes in den Psalmen erwähnt. Der Preis der Bundestreue Jahwes hängt wohl eng mit der Verkündigung der Heilsgeschichte im Kult zusammen (Ps 136), während im Bittgebet mit dem Hinweis auf Gottes G. an die Verbundenheit zwischen Gott und dem Beter erinnert wird, aus der dieser die Zuversicht der Erhörung schöpft (Ps 6, 5; 25, 6f; 119, 149; 143, 12).

3. Gerechtigkeit und G. bestimmen das Gottesbild des antiken *Judentums.* Dabei dominiert normalerweise, bes. in den Apokryphen und Pseudepigraphen, die gerechte Vergeltung; auf G. dürfen nur die Gerechten hoffen (Sir 2, 7; 18, 14; 34, 14ff; PsSal 2, 33ff; 6, 9; 10, 2ff; 16, 15). Doch ist daneben in der tannaitischen Literatur auch der Glaube an Gottes G. gegen den *Sünder* bezeugt: seine Strafe wird aufgeschoben oder gemildert, gute Gaben werden ihm zuteil, vor allem aber wird ihm vergeben, wenn er umkehrt. Doch kann man der G. Gottes nur bis zum Tode teilhaftig werden. Im letzten Gericht entscheidet allein seine strenge Gerechtigkeit.

Allgemein außer den TheolAT: RGG² II, 1254f - ThW II, 475ff. - Ferner: I. Elbogen, ḥsd, Verpflichtung, Verheißung, Bekräftigung (Oriental Studies, ded. to P.Haupt, 1926, 43-46) - N. Glueck, Das Wort ḥesed... (BZAW 47), 1927 - K.H. Fahlgren, Ṣ^e^daka (Diss. Uppsala), 1932 - W.F. Lofthouse, Ḥen and Ḥesed in the OT (ZAW 51, 1933, 29-35) - J.A. Montgomery, Hebrew Hesed and Greek Charis (HThR 32, 1939, 97-102) - N.H. Snaith, The distinctive Ideas of the OT, (1944) 1955⁶ - H.J. Stoebe, Die Bedeutung des Wortes ḤÄSÄD im AT (VT 2, 1952, 244-254) - A.R. Johnson, Hesed and Hāsîd (Interpretationes ad VT pertinentes S.Mowinckel, 1955, 100-112). - Zu 3: Bousset, Rel. 382ff - E. Sjöberg, Gott u. die Sünder im palästinischen Judentum (BWANT IV, 27), 1939.

E. Würthwein

III. Im NT

1. Jesus - 2. Paulus und seine Nachfolger - 3. Nachpaulinische Schriften

1. Im NT wird der Begriff G. mit neuem Inhalt gefüllt. In *Jesu* eigenem Munde findet sich zwar das Wort G. (χάρις) nicht; aber alles, was er sagt und tut, ist Veranschaulichung und Verkörperung der neuen, einzigartigen G.G. Wo bei seinen Aposteln, bes. Paulus, die Verkündigung von der G. steht, steht bei ihm die Botschaft vom → Reich Gottes (Manson 41); denn dieses wird errichtet in einem souveränen G.nakt Gottes (vgl. Lk 12, 32; 2, 14; Mt 18, 14) gegenüber den Unwürdigen (Lk 13, 1-5; Mt 7, 12; 12, 34), Hoffnungslosen (Mk 10, 26f) und Verlorenen (vgl. Lk 15, 4ff. 8ff). Auch einige von Jesu größten Gleichnissen bezeugen dieselbe Herrlichkeit der G.G. (Mt 18, 27; Lk 10, 30ff; 13, 6ff; 15, 11ff). Diese ist auch (wie bei Paulus, s. 2) Quelle und Kraft für ein neues Leben (vgl. Lk 13, 8; 7, 47; 19, 8f).

2. Bei *Paulus* und seinen Nachfolgern wird die G.G. zu einem theologischen Kardinalbegriff (Bonnetain 1001: Pauli Theologie = charitozentrisch). Wie er seine eigene Grunderfahrung in dem einen Begriff G. zusammenfassen kann (Gal 1, 15; 1Kor 15, 10; Röm 1, 5; vgl. 1Tim 1, 13f), so sieht er das Schicksal »aller« durch die G.G. bestimmt: mitten in der verlorenen Welt von Röm 1, 18 - 3, 20 ist der gekreuzigte Christus als »G.nthron« aufgerichtet (Röm 3, 24f). Der G.nwille und -plan Gottes ist durchweg an Christus gebunden (vgl.

zB Röm 5, 2; Eph 2, 5; 2Tim 1, 9; 2, 1), auch dort, wo der für Paulus bezeichnende absolute Gebrauch vorliegt (zB Röm 5, 20f; Phil 1, 7; Kol 4, 18 u.ö.). Diese absolute G. ist die persönliche G.nmacht Gottes, die in Christus in die Welt kam und in ihm den neuen Äon heraufführte (2Kor 6, 1f); und zwar wird die G.G. an Christus nicht nur darin offenbar, daß er, der kein Geltenwollen kannte, zum Herrn erhöht wurde (vgl. Bultmann II, 154), sondern vor allem darin, daß er, der Gottes Majestät besaß, darauf verzichtete und sich erniedrigte bis zum Verbrechertod (Phil 2, 6–11), um die Welt unter die Allmacht der G. zu stellen; m.a.W.: Christus ist nicht nur Urbild, Offenbarungsort und Werkzeug der G., sondern auch ihr bleibender Träger und Geber. Darum kann Paulus zugleich mit der G.G. (Gal 1, 6; Röm 5, 15; 2Thess 1, 12; vgl. 1, 2 u.ö.) oder auch allein (2Kor 8, 9; 12, 9; bes. in Briefschlüssen: 1Thess 5, 28 u.ö.; vgl. 2Kor 13, 13) von der G. Christi sprechen. Auch der Geist ist Spender der G. insofern, als die Geistesgaben (1Kor 12, 1; 14, 1; → Geist: IV, 3) auch G.ngaben heißen können (12, 4 u.ö.; vgl. auch Röm 1, 11; Hebr 10, 29; Jak 4, 5f). Der Begriff G. umschließt (mehr als »Barmherzigkeit« = ἔλεος, vgl. Lk 6, 36; Mt 18, 33; 5, 7, freilich auch Hebr 4, 16 u.a.) ebenso die Vorstellung der Macht wie die des Erbarmens (vgl. Mt 9, 6. 8). Als G. des Herrn (1Tim 1, 14; Tit 3, 15 Hs. D; vgl. 2Kor 12, 8f; auch Apg 14, 3; 20, 32) ist sie souverän, ebenso frei gegenüber allen Ansprüchen der Menschen auf Grund von Werken (Röm 11, 6; Eph 2, 8f; Tit 3, 5) und Verdienst (Röm 4, 4; geschenkweise: Röm 3, 24; vgl. 5, 15–17; Eph 2, 8) wie gegenüber aller Schuld. Der G.nweg des Evangeliums schließt den Rechtsweg des Gesetzes aus (Röm 6, 14; Gal 5, 4 u.a.); das → Gesetz (: IV) setzt lediglich die Alleinherrschaft der Sünde ins Licht, damit diese durch die der G. abgelöst werde (aus G. allein, Röm 5, 20f; vgl. Gal 3, 22ff). Wie hier erscheint die G. auch sonst (Röm 6, 14; Tit 2, 11; Hebr 4, 16) als eine persönliche Macht, und zwar – wie Christus größer ist als Adam – gegenüber der Sünde als Übermacht (vgl. Röm 5, 15. 17. 20; 2Kor 9, 14 u.ä.), vor allem darin (Grundmann), daß sie auf das Heil aller zielt (Röm 5, 15. 18. 19; 3, 24; 11, 32; Tit 2, 11; Hebr 2, 9). Doch ist dieser Universalismus der G. durch zwei Prinzipien qualifiziert: einmal das der Wahl (→ Prädestination: II; vgl. Röm 11, 5; 9, 15ff): die Gläubigen sind Erwählte der G. (vgl. bes. Eph 1, 4–9. 11f; 2Tim 1, 9), bes. Paulus selbst (vgl. Gal 1, 15; 1Kor 15, 10 u.a.), der als Urbild der G.nwahl gilt (1Tim 1, 16). Ferner korrespondiert die Wahl der G. mit der Freiheit des Menschen, sie anzunehmen (vgl. Röm 5, 17; 2Kor 6, 1), dh zu glauben. G. und → Glaube (: III) sind engste Korrelatbegriffe (zB Röm 4, 16; Eph 2, 8): die G.G. ist ebenso das, was der Glaube annimmt, wie das, was im Glauben wirksam wird. G. und Glaube bilden eine unauflösbare, den neuen Heilsstand begründende Einheit (vgl. 1Tim 1, 14; 1Kor 15, 10): wie im Glauben Gerechtigkeit, Heiligkeit, Liebe, Geist, die an sich Gott allein zugehören, dem Menschen zu eigen werden, so auch die G.; sie ist nicht nur schenkende G.nmacht, sondern auch geschenkte G.nkraft (1Kor 15, 10; 2Kor 12, 9; s.u.). Sie ist geradezu der neue dem Christen gegebene Lebensbereich (vgl. die lokalen Ausdrucksformen: Röm 6, 14; 5, 2; 1Petr 5, 12; Gal 5, 4), die ganze in Christus geschenkte Heilswirklichkeit (vgl. 1Kor 2, 12; 1, 4; Röm 5, 17; Phil 1, 7; Kol 1, 6). Aber ähnlich wie Rettung, Gerechtigkeit, Leben ist auch die im Glauben jetzt empfangene G. eine vorweggenommene eschatologische Größe: die Begnadigung im → Gericht (vgl. 1Tim 1, 18; auch Mt 5, 7; Jud 21) und die Begnadigung mit dem himmlischen Erbe (Tit 3, 7), dem → ewigen Leben (ebd; Röm 6, 23; 1Petr 3, 7; Jud 21). Ja, G. ist eben die Wunderkraft, die schon jetzt die Wirklichkeit der Letzten Dinge schafft, also schon jetzt die »Eschatologie erfüllt« (vgl. 1Kor 2, 12 mit V. 9 und 1, 30). – Wie im geistlichen Leben überhaupt (vgl. 2Kor 10, 15; Kol 1, 10; Phil 1, 25 u.a.) gibt es auch in der G. ein Wachsen (vgl. 2Tim 2, 1; 2Petr 3, 18; Joh 1, 16) sowie verschiedene Stufen (Eph 4, 7; Röm 12, 6 wie im Glauben V. 3); denn die eine »in vielfachen Farben leuchtende« G. (1Petr 4, 10; 3, 7 Hss. A u.a.) entfaltet sich in der Mannigfaltigkeit der G.ngaben (vgl. Röm 12, 6; 2Kor 9, 8) wie auch in einer Fülle verschiedener G.nerfahrungen (vgl. 2Kor 1, 15; Röm 1, 11; Eph 4, 29) und G.nwirkungen (zB 2Kor 8, 7; 9, 8. 14). Paulus als dem Erwählten der G. (s.o.) ist eine sonderliche »G. gegeben« (Gal 2, 9; Röm 12, 3 u.ö.). Er kennt auch eine G. des Leidens, an der auch seine Gemeinden teilhaben (Phil 1, 7; vgl. V. 29; 1Petr 2, 19f), wie denn der 1Petr (4, 10) auch sie als Träger verschiedener G.ngaben Verwalter der G.G. nennt und wie auch bei Paulus eine besondere Leistung der Gemeinden, die Kollekte für Jerusalem, nur eine besondere G. heißt (vgl. 2Kor 8, 19. 1. 4. 6f). Stets aber sind auch diese besonderen »G.n« – das NT kennt nur einen Plural von G.ngabe (χάρισμα), aber nicht von G. (anders LXX, 1Clem 23, 1 usw) – von Paulus als Ausstrahlungen der einen G.G. in Christus verstanden (vgl. bes. 1Kor 1, 4 mit V. 5ff).

3. Die *nachpaulinischen Schriften* entwickeln die G.ngedanken des Paulus weiter, bes. die Linie der G. als Kraft (vgl. 2Tim 2, 1; Hebr 13, 9; 4, 16) und als Heilsstand (1Petr 5, 12), der auch vertan (Jud 4) und verscherzt werden kann (Hebr 12, 15; vgl. 2Kor 6, 1). In den *Past* (2Tim 1, 9f; Tit 2, 11, vgl. 3, 4) erscheint die G.G. als eines der seit Uranfang verborgenen, in der Epiphanie Christi offenbarten Geheimnisse, beschrieben in der Terminologie des Kaiserkultes. Im *1Petr* heißt G. u.a. auf seiten der Christen die gottgeschenkte, Gott wohlgefällige Haltung der Leidensbereitschaft (2, 19f), auf seiten Gottes die liebevolle Gunst, die der Demut antwortet (5, 5; vgl. Jak 4, 6 = Spr 3, 34 LXX). In bes. mannigfacher Gestalt erscheint die G.G. bei *Lukas:* als die erwählende Gunst (Lk 1, 30, vgl. V. 58; Apg 7, 46), das Wohlgefallen, das auf Jesus (Lk 2, 40; vgl. V. 52) und den Christen (Apg 4, 33) ruht, die besondere G.nkraft einiger Christuszeugen (6, 8; 18, 27), die solche Zeugen tragende und führende Gotteskraft (14, 26; 15, 40), das G.nwirken Gottes in den Gemeinden (11, 23. 2 Hs. D), das gesamte Gottesheil (13, 43; 14, 3; 20, 32. 24, vielleicht auch Lk 4, 22). Auch bei *Johannes* steht die G. ähnlich wie bei Paulus in Briefzuschrift und -schluß als die göttliche G.nwirklichkeit (2Joh 3; Apk 1, 4; 22, 21), im gleichen Sinn aber auch im Prolog des JohEv (1, 14. 16f): G. ist hier nicht eine Art von heilbringendem Fluidum (Wetter 158), sondern dasselbe wie Leben (V. 4) und Licht (V. 9); denn V. 17 steht die G. wie bei Paulus im Gegensatz zum Gesetz. Die G. von V. 16 aber ist die G.ngabe, die persönliche Gemeinschaft stiftet, gebunden an die Vergebung (vgl. 1Joh 2, 2) und den Glauben (vgl. Joh 3, 16. 36; 20, 31 u.a.). Johannes spricht wohl deshalb seltener von der G. als Paulus, weil Jesus es nicht getan hatte (s. 1) und weil die → Liebe bei Johannes die G. einschließt (vgl. 3, 16; 13, 1 u.a.).

G.P. Wetter, Charis, 1913 - ERE VI, 364f - H. Townsend, The Doctrine of the Grace in the Synoptic Gospels, 1919 - P. Rousselot, La grâce d'après St. Jean et d'après St. Paul (RSR 18, 1928, 87–108) - RGG² II, 1255ff - J. Moffatt, Grace in the NT, 1931 - W. Manson, Grace in the NT (in: W.T. Whitley [Hg.], The Doctrine of Grace, 1932, 33–60) - R. Winkler, Die G. im NT (ZSTh 10, 1933, 642–680) - R. Homann, Die G. in den synopt. Evangelien (ebd 11, 1934, 328 bis 348) - ThW II, 480ff (R. Bultmann) - Ders., G. u. Freiheit (Glaube u. Gesch., Festschr. f. Gogarten, 1948, 7–20 = Bultmann II, 149–161) - Ders., NT 277ff. 283ff - Dict. de la Bible Suppl.-Bd III,

701 ff (P. BONNETAIN) - G. WEHRUNG, G. im Recht u. im Evangelium (ZSTh 21, 1950, 40–49) - C. R. SMITH, The Bible Doctrine of Grace, 1956 - W. GRUNDMANN, Die Übermacht der G. (NovTest 2, 1957, 50–72).

G. Stählin

IV. Dogmengeschichtlich

1. Alte Kirche: a) Der Osten - b) Der Westen - 2. Scholastische G.nlehre - 3. G.nlehre der Reformatoren - 4. G.nlehre des Tridentinum

1. a) Das deutsche Wort G. ist germanischen Stammes, geht von einer Grundbedeutung »sich neigen« aus und empfing seine wichtigste Sinnbestimmung als Entsprechung des lat. gratia. - Der Begriff G. hat von seiner auch bei Paulus (→ Gnade: III) spürbaren hellenistisch-orientalischen Komponente her die Tendenz, formal sich hypostatisch zu verselbständigen. Inhaltlich hat ihn Paulus stark an den personal-juridischen Bereich gebunden. Zwischen diesen beiden Polen schwankt und entfaltet sich die G.nlehre. Der *Osten* hat keine der lat.-abendländischen G.nlehre entsprechende Vorstellung entwickelt. Die apostolischen Väter (→ Altchristliche Literaturgeschichte, 2) zeigen durchweg noch keine spezifische Bedeutung des Begriffs, auch keine nennenswerte Wirkung der paulinischen Antithesen; allenfalls → Ignatius weist die Tendenz auf, das neue Gesetz als G.ngabe zu verstehen. Dem entspricht es, daß → Justin und nach ihm → Clemens und → Origenes die heilbringende Erkenntnis Gottes und Christi als G.ngabe kennzeichnen. Auch → Irenäus sieht den planvollen Ablauf des sich mehrenden und vollendenden Heils als Geschichte zunehmender Erkenntnis, die durch die G. vermittelt wird.

b) Für die *abendländische* G.nlehre bedeutete → *Tertullian* Entscheidendes. Seinem auch für die → Trinität (: III) geltenden substanzhaften Seinsbegriff entsprechend ist die G. substanzhaft gefaßt. Im Urstand ermöglichte sie dem Menschen volle Gotteserkenntnis, die er im Fall einbüßte; in der Taufe erlangt er sie aber wieder zurück. Voraussetzung ist die Buße, als deren Frucht G. erlangt wird. Sie ist fortschreitend wirkend gedacht, der Natur überlegen wie Unveränderliches dem Wandelbaren. Inhaltlich meint G. auch bei Tertullian Gottes Huld, vom versöhnten Zorn gewährt, in der Offenbarung eines gesteigerten Gesetzes manifestiert; ihre formale Struktur überließ aber den Bereich der personalen Relation einem Denken im Schema von Beleidigung und Genugtuung (→ Verdienst: IV).

Zum Zentralbegriff abendländischer Theologie des MA wurde G. durch → *Augustin* (: II, 3). Darum ist die Dogmengeschichte der G.nlehre im Grunde eine Geschichte der Stellung von Theologie und Kirche zu ihm. Er selbst hat im Laufe seiner Entwicklung in zunehmendem Maße das menschliche Heil auf Gott allein zurückgeführt. Die anfänglich in der Abwehr des → Manichäismus noch behauptete Freiheit und damit Verantwortlichkeit des Willens gegenüber dem Angebot der G. wird zur schuldwirkenden Freiheit zum Bösen reduziert. Der ganze Weg zum Heil wird als Heilungsprozeß verstanden und der G. zugeschrieben. Diese Ausschließlichkeit ist denkbar geworden durch die neuplatonische Gleichsetzung von jeglichem Guten mit dem höchsten Gut (→ Neuplatonismus); sachlich entscheidend ist das sich wachsend vertiefende Eindringen in die paulinische Theologie. Dabei beziehen sich die G.nwirkungen fast ausschließlich auf den menschlichen Willen. Die differenzierenden Aussagen über die G. sind dementsprechend fast durchweg psychologischer Art. Das im Urstand vorhandene adiutorium gratiae, mit Hilfe dessen Adam die → Sünde (: V) nicht zu wollen vermochte, ging durch den Fall verloren (→ Anthropologie: III, 2 a). Nun kommt dem Nichtwollenden die Barmherzigkeit Gottes zuvor, damit er will; dem Wollenden folgt sie, damit er nicht vergebens will; die G. ist also - nach späteren Formulierungen - praeveniens und subsequens, im Blick auf die Entstehung des Wollens operans, im Blick auf das Wirken cooperans. Die zuvorkommende G. vollzieht sich als Berufung, ihr antwortet der wiederum als Gabe Gottes geltende → Glaube (: IV), der zur ebenfalls eingegossenen Liebe erhöht und vollendet wird. Die scheinbare Eigenständigkeit des zu gutem Werk erweckten Willens ist begründet in seiner Annahme zur Mitwirkung. Darum kann von Verdiensten des Menschen gesprochen werden, aber sie sind ihrerseits dennoch G.ngabe, wie auch ihr Lohn, das ewige Leben. Das im Ablauf des christlichen Lebens letzte Problem, das Ausharren beim Guten oder in Christus bis zum Ende, wird als Gabe der Beharrlichkeit (donum perseverantiae) verstanden. Sie ist der eigentliche Inhalt der praedestinatio sanctorum (→ Prädestination: III). Sie wäre nur als Erfahrung aufweisbar, darum kann niemand ihrer letztlich gewiß sein. Von einer gratia irresistibilis redet Augustin dagegen weder mit diesem Wort noch der Sache nach; er spricht an den gern dafür in Anspruch genommenen Stellen (zB de corr. et gr. 8, 17; 12, 38) lediglich von einem durch die G. unüberwindlich gewordenen Willen. Die G. wird nicht durch Wort und Sakrament vermittelt, sondern sie wirkt beiden parallel als innerliche G. auf den inneren Menschen. Dem entspricht es, daß der inkarnierte Christus Modell und Mittler der G. und Prädestination, jedoch nicht ihr Ursprung ist. Die Übermittlung der G. wird als Eingießung vorgestellt, sie ist nicht nur Sündenvergebung, vielmehr Mitteilung neuen, göttlichen Seins. - Diese Ausformung hat Augustins G.nlehre im *pelagianischen Streit* erfahren. → Pelagius und den Seinen erschien die Leugnung der → Willensfreiheit als Manichäismus, als Lästerung der von Gott bleibend gut erschaffenen Natur, der eigentlichen G.ngabe Gottes. Durch je eigene Sünde und schlechtes Beispiel der Umwelt verdorben, bedarf der Mensch zur Erlangung des Heils der Mithilfe der als G. bezeichneten Gabe Gottes im Gesetz, in Lehre und Beispiel Christi. Darüber hinaus galt auch die Taufe dem Pelagius als G.; doch stellt sie sofort die volle Entscheidungsfreiheit wieder her, die lediglich der rechten Belehrung bedarf. - Der → Pelagianismus wird in der lat. Kirche mit dem Konzil von Karthago i.J. 418, im Osten durch das von Ephesus 431 verworfen, ohne daß damit die Positionen Augustins im Westen volle Anerkennung gefunden hätten, im Osten auch nur verstanden worden wären. Selbst → Hieronymus war in der G.nlehre für ein »sowohl-als-auch«. Karthago rezipierte die kirchlich brauchbaren Positionen Augustins, vor allem die Notwendigkeit der Kindertaufe um der Erbsünde willen (→ Taufe: III), ferner die Fortdauer des G.nbeistandes zur Vermeidung der Sünde. Die pädagogisch bedenklichen Aussagen, die völlige Unfähigkeit des Menschen, sich von sich aus für das Gute zu entscheiden, die Begründung der G.nwahl in Gottes alleinigem Tun, nicht im vorausgewußten menschlichen Verdienst verschwieg es. Dem entsprach es, daß die noch zu Augustins Lebzeiten in Südgallien beginnende Auseinandersetzung mit seiner G.nlehre zu ihrer (erst Ende des 16. Jh.s so benannten) semipelagianischen Abschwächung führte: die Zuwendung zum Angebot der G. ist Sache des Willens, desgleichen die Nutzung des G.nbeistandes im weiteren Heilsprozeß; doch bleibt das reale Heil von der G. abhängig.

Die relativ stärkste Rezeption genuin augustinischer Sätze vollzog die unter maßgeblichem Einfluß des → Cäsarius von Arles stehende *Synode von Orange* (Arausio, 529). Sie sah im auf sich selbst gestellten Menschen nur Lüge und Sünde, ließ den Wunsch nach Reinigung bereits Wirkung der G. sein, erst recht alles weitere positiv zu wertende Verhalten, vom Glauben bis zur Demut. Eine Prädestination zum Bösen (malum) anathematisierte sie – zu Recht, denn auch Augustin hat sie nicht gelehrt (praedestinatio ad poenam ist etwas anderes) –, rückte aber den Empfang der die Freiheit des Willens und damit rechtes Handeln ermöglichenden G. mit der Taufe eng zusammen.

Bei → *Gregor d.Gr.* ist zwar noch von gratia praeveniens und operans die Rede, aber sie erweckt doch den Willen zu belohnbarer Eigenständigkeit. Auch bei ihm sind Taufe und G.nmitteilung stark angenähert; darüber hinaus führte die sakramentale Parallelisierung von himmlischem und irdischem Opfer Christi dazu, daß die G. als von Christus erworben, in der Kirche wirksam und von ihr verwaltet verstanden wurde.

2. Die Lehre der *Scholastik* zeigt die G. bei erheblichen Nuancen im einzelnen deutlich als Hypostase. Das wurde zumal in der Auseinandersetzung mit → Petrus Lombardus deutlich, dessen Gleichsetzung von G., caritas und Hl. → Geist (: V, 4) schließlich abgelehnt wurde. In der Frühscholastik werden als Voraussetzung für den G.nempfang gegenüber dem Urstand freilich geminderte natürliche Schöpfungsgaben angenommen, verbunden mit allgemein zugänglichen G.nwirkungen Gottes (gratia gratis data), zu denen vor allem die Funktionen der Kirche gehören, bes. die Unterweisung samt ihren Wirkungen. Der angemessene Gebrauch (de congruo) dieser G. ist verdienstlich und disponiert den Menschen zum Empfang der sakramental vermittelten und als Liebe qualifizierten eigentlichen G., die die für die volle Gemeinschaft mit Gott erforderliche Qualität bewirkt (gratia gratum faciens), den Menschen rechtfertigt, dh faktisch heiligt. Damit ist der Mensch so verändert, daß vollgültige, belohnbare Verdienste (de condigno) möglich sind. Vorgestellt wird das Ganze im aristotelischen Schema der Qualitätsveränderung der Seele und ihrer Kräfte durch Vermittlung angemessener Form: die stufenförmig gesehenen G.n bewirken stufenweise Gestaltvollendung. – → *Thomas von Aquino* hat zwar mit den überkommenen Begriffen gearbeitet, aber den G.ncharakter der G. so stark betont, daß beim Beginn der Begnadung des Menschen die G. allein den freien Willen zur Hinwendung zu Gott veranlaßt. Dementsprechend kennt er nur uneigentliche Verdienste; vollgültig sind sie dies nur, sofern sie Wirkungen Gottes sind. – Der kontingente Charakter des Handelns Gottes bei → *Duns Scotus* wirkt sich auch in der G.nlehre aus. Zwar verdient die unvollkommene Reue (attritio; → Bußwesen: II, 2b) bereits den Empfang der gerechtmachenden G., aber diese Wirkung ist in Gottes freier Akzeptation, nicht eigentlich im menschlichen Verdienst begründet. Innerhalb der von Gott gesetzten Ordnung bleibt dem als frei geltenden menschlichen Willen weitgehende eigenständige Wirkungsmöglichkeit, so bereits bei der Vorbereitung zum Empfang der sakramentalen G. Erst recht wirkt der eingegossene G.nhabitus mit dem Willen zusammen, indem er diesen anregt und seine Art und Weise bestimmt. – Diese Lösung von G. und Wille, wie sie Duns bereits vollzog, vollendet sich im *Nominalismus* (→ Ockham, → Biel). Weil der Wille frei ist, ist die Sünde nicht ererbter Zustand, sondern je eigene Tat. Dementsprechend liegt das Hauptgewicht bei der Erfassung der G. nicht mehr darin, daß ein eigentlich nicht vorhandener schlechter Habitus durch einen guten ersetzt wird, sondern auf der G. als Sündenvergebung, freilich im Sinne eines Strafnachlasses. Augustinische Gegenwirkungen (→ Gregor von Rimini) wurden bes. in den Anfängen der Wittenberger Reformation spürbar.

3. Die Ausgleichsversuche zwischen bedingungsloser G. und menschlicher Disposition lehnte → *Luther* (: II) ab. Er sah auf seiten des Menschen vielmehr lediglich Widerstand gegen die G., den alleinigen Grund zur Begnadung dagegen in der ewigen G.nwahl. Das hat er vor allem in De servo arbitrio (1525; → Erasmus) zum Ausdruck gebracht. Inhaltlich ist G. Gottes Huld (favor), die in ihrem personalen Charakter keine menschliche Eigenschaft, nicht zur restituierten oder überhöhten Natur werden kann. Christus selbst ist Gottes G. für uns. Die Wirklichkeit der G. Gottes im menschlichen Leben ist exklusiv in der Gabe des Glaubens an den in Wort und Sakrament sich darbietenden Christus für uns Gegenwart; sie auf eine forensische Gerechterklärung zu beschränken, heißt jedoch, Gottes G. in Christus von Gott dem Hl. Geist trennen.

Luthers streng prädestinatianisches Denken wurde durch den 1527 zuerst erkennbaren Versuch → *Melanchthons*, den freien Willen an der Bekehrung zustimmend oder doch nicht widerstrebend beteiligt sein zu lassen, erweicht. Doch schloß die → Konkordienformel die Auseinandersetzung mit der Erklärung ab, daß der gefallene Mensch völlig unfähig sei, sich auf die G. und ihren Empfang vorzubereiten oder bei ihr zu verharren. Die Unwiderstehlichkeit der G. lehnte sie freilich ab, ebenso die luth. → Orthodoxie, die sogar die Annahme und das Verharren bei der G. vom Willen abhängig machte, sie überhaupt wieder von Gott selbst unterschied. – Auch für → *Calvin* ist Gottes G. Jesus Christus selbst; sie wird uns zuteil ohne jede Voraussetzung unsererseits, als Folge der ewigen Erwählung in Christus. Verbunden mit spiritualistischen, aus Augustin stammenden Traditionen hat die Verselbständigung der G.nwahl in der ref. Orthodoxie zu einer Lockerung des Zusammenhangs von äußerlichen → Gnadenmitteln und wirksamer innerer Berufung geführt.

4. Die Antwort des → Tridentinischen Konzils auf die reformatorische G.nlehre verwirft zwar rein pelagianische Anschauungen, zugleich aber das ausschließliche Verständnis von Gottes G. als Huld. Freilich hatte es als reformatorisch nur eine imputative Rechtfertigungslehre vor Augen. Es lehrt die unverdiente Berufungs-G., die der Mensch jedoch ablehnen kann, und ist an der frei verantwortlichen, doch nicht verdienstlichen Beteiligung des Menschen bei der Vorbereitung zur frei gewollten Annahme der rechtfertigenden, dh vor allem heiligmachenden G. interessiert. Von hier aus konnte zwar die Wiederbelebung des radikalen Augustinismus im → Jansenismus verworfen werden; der Streit zwischen Molinisten (L. → Molina) und Thomisten (→ Báñez) zeigte aber, daß das Verhältnis von G. und freiem Willen nicht wirklich geklärt war. Im Interesse des Molinismus an der freien Willenszustimmung gegenüber der G. kündigte sich bereits die dann radikal pelagianisch lehrende Aufklärung an.

Vgl. außer den → Dogmengeschichten: RE VI, 717ff – N.Bonwetsch, Zur Gesch. des Begriffs G. in der alten Kirche (Festg. A.v. Harnack, 1921, 93–101) – K.Holl, Augustins innere Entwicklung (AAB 1922, 4 = Holl III, 54–116) – Mich.Müller, Freiheit. Über Autonomie u. G. von Paulus bis Clemens v. Alex. (ZNW 25, 1926, 177–236) – J.Auer, Die Entwicklung der G.nlehre in der Hochscholastik I. II, 1942/51 – A.Niebergall, Augustins Anschauung von der G., 1951 – Landgraf I. II – R.Prenter, Spiritus creator (FGLP 10, 6), 1954 – E.Wolf, Sola gratia? (Peregrinatio, 1954, 113–134) – EKL I, 1607ff – G.Nygren, The Augustinian Conception of Grace (Studia Patristica II [TU 64], 1957, 258–269). *E.Kähler*

V. Dogmatisch

Mit Recht beginnt E.Brunner in RGG[2] diesen Artikel mit dem Satz: »G.... ist der Zentralbegriff der christlichbiblischen Gotteserkenntnis«, und fügt an späterer Stelle hinzu, »daß G. kein einzelnes Moment des Glaubens, kein besonderer ›locus‹ innerhalb der christlichen Lehre sein kann. Vielmehr ist sie der entscheidende, alles bestimmende Gesichtspunkt für jede christliche Glaubensaussage.« In dieser Richtung soll hier die Realität der G. nach allgemeiner Erläuterung des Begriffes durch die wesentlichen Momente der Geschichte Gottes mit den Menschen hindurch verfolgt werden.

1. a) In der Sprache des christlichen Glaubens und im Sprachgebrauch der Theologie wird G. im eigentlichen Sinn nur von Gott ausgesagt. Die G. Gottes ist seine huldvolle und liebende Zuwendung zu der persönlichen Kreatur, zum Menschen. (Gegenüber der unpersönlichen Kreatur spricht man besser von Gottes »Wohlgefallen«, da G. und Gnädig-sein ausgesprochen ein persönliches und persönliche Antwort heischendes Verhalten bezeichnet.) Wenn im Anschluß an die von den Reformatoren gebrauchte Gleichung gratia = favor (→ Gnade: IV, 3) in der prot. Theologie oft gesagt wurde, G. sei die »Gesinnung« Gottes gegen uns, so ist das nur bedingt richtig, sofern dadurch ein sachhaftes Verständnis der G. als einer übernatürlichen, in den Menschen übertragbaren Wesenskraft abgewehrt werden soll. Im ganzen aber ist jene Gleichung zu blaß. G. ist mehr als Gesinnung Gottes, nämlich: seine Herbeilassung zum Sein mit dem Menschen, die Tatsache, daß er selbst sich zur Gemeinschaft schenkt, seine wirksame, die Existenz des Menschen tragende und gestaltende Gegenwart. Stets ist die G. im eigentlichen Sinn → Gott (: VI) selbst in seinem wirkenden Für-uns-Dasein, niemals ein geschaffenes und Geschöpfen inhärierendes Gut. Solche Güter, sofern sie aus der G. Gottes herkommen, sind vielmehr als G.*ngaben* (Charismata) zu bezeichnen, wobei die Kategorie eines »Inhärierens« in den damit Begnadeten immer noch unangemessen bleibt. Die röm.-kath. Unterscheidung einer gratia creata von der Zuwendung Gottes selbst als der gratia increata muß abgelehnt werden.

b) Zur näheren Bestimmung ist zu sagen: Es ist der G. wesentlich, daß sie aus der *Freiheit* Gottes kommt. Sie ist freie Herablassung, in der Gott allein der majestätisch Gewährende und in keiner Weise der Abhängige und Bedürftige ist. In der Gemeinschaft, die durch die G. geschaffen wird, hat Gott die, denen er gnädig wird, nicht nötig, um Gott zu sein; sie aber haben Gottes G. ganz und gar nötig, um überhaupt zu sein. Indem man also die G. als das Wesen betont, in dem Gott von uns erkannt sein will: Gott ist Liebe, kann man das in rechter Weise doch nur, indem man zugleich von der Aseität Gottes redet: Gott ist, der er ist. Er ist es auch ohne uns, aber er *will* es nicht ohne uns sein. – Es ist der G. wesentlich, daß sie *ungeschuldete* Zuwendung ist. Sie ist grundsätzlich das, was nicht verdient und erworben, sondern nur als unverdientes Geschenk empfangen werden kann. Der in der röm.-kath. Heilslehre einfließende Gedanke, es könne durch menschliches Verhalten (wenn auch nur mit Hilfe schon empfangener G.) weitere G. verdient werden, erscheint von daher mit dem Wesen der G. selbst unvereinbar. Das einzige der G. entsprechende Verhalten des Menschen ist der → Glaube (: V), der das nackte Annehmen der G. ist, aber eben deshalb sich selbst nicht als Verdienst, sondern wiederum nur als Geschenk der G. verstehen kann. – Es ist der G. wesentlich, daß sie ein *unteilbar Ganzes* ist. Dies ist darin begründet, daß G. nichts anderes ist als die liebende Zuwendung und Gegenwart Gottes selbst. Als solche kann sie nicht mehr oder weniger gegeben sein, sondern nur entweder gegeben sein oder nicht gegeben sein. Von daher ist die in der kath. Theologie vorkommende Redeweise von verschiedenen »G.n« und von Mehrung oder Minderung der G. abzulehnen. Diese Redeweise hat ein gewisses Recht, wenn sie die G.*ngaben* meint, die allerdings verschieden sind und auch in verschiedener Intensität der betr. »Begabung« vorhanden sein mögen; jedoch nicht so, daß die G. selbst, aus der sie gegeben werden, dabei verschiedene Grade hätte. – Es ist der G. wesentlich, daß sie *alleinwirksam ist*. Dies bedeutet nicht, daß der Mensch ihr gegenüber zur be-handelten Sache würde. Vielmehr macht Gott den, dem er sich zur Gemeinschaft zuwendet, lebendig zum Leben in seiner Liebe. Aber das Wirken, das daraus entspringt, ist ein *In*-Wirken *in* der G., nicht ein *Mit*-Wirken *mit* der G., so daß es ihr als kausierender Faktor zur Seite geordnet werden könnte. Von daher ist die Unterscheidung von gratia operans und cooperans (→ Gnade: IV, 1 b) abzulehnen.

2. a) Daß Gott der ist, der er ist, und der keines andern bedarf, um zu sein, doch nicht sein will ohne die Kreatur, ist grundlegender Erweis seiner G. Gott verwirklicht seine Liebeszuwendung, indem er Geschöpfe, denen er sich zuwenden will, überhaupt erst ins Sein ruft und im Sein erhält. In einem sehr weiten Sinn darf gesagt werden: Alles Seiende ist »von Gottes G.« und wird im Sein gehalten nur dadurch, daß Gott ihm schaffend-erhaltend zugewandt bleibt. Die Sätze der dogmatischen Tradition von der creatio ex nihilo und von der creatio continua (→ Schöpfung: IV) weisen darauf hin, sofern creatio ex nihilo besagt: es gibt kein gleichursprüngliches und aus sich selbst bestehendes Sein neben Gott, und creatio continua: alles Bleiben im Sein ist nicht ein Bestehenbleiben aus sich selbst und Ruhen in sich selbst, sondern Getragenwerden im Akt der Zuwendung Gottes.

Im eigentlichen Sinn ist der *Mensch* (→ Anthropologie: IV) der aus Gottes G. Geschaffene. Denn inmitten aller Kreatur ist er geschaffen, um die Zuwendung Gottes als Gewährung der *Gemeinschaft* mit Gott zu empfangen. Seine wesentliche Bestimmung ist, antwortend in dieser Gemeinschaft zu leben, indem er in Glauben, Liebe, Gehorsam und Anbetung Gott als *seinen* Gott, sich selbst als den ganz von Gottes Zuwendung Getragenen bekennt. Die Personalität, die den Menschen kennzeichnet, bedeutet nicht Berufung zu einem in sich selbst zentrierten und aus sich selbst mächtigen Wesen, sondern die Berufung, das radikale Abhängen von Gott, das der Mensch mit aller Kreatur teilt, in der Weise persönlicher Anheimgabe und vertrauenden Sich-bergens in der G. Gottes zu durchleben. Indem Gott den Menschen in dieser antwortenden Gemeinschaft mit sich selbst haben will, will er ihn zu dem Ziel ewigen Bleibens in dieser Gemeinschaft bringen. Die G., aus und zu der Gott den Menschen schafft, schließt ein, daß er ihn zu → ewigem Leben (: IV) hin schafft. Darin hat die gnädige Selbstzuwendung Gottes ihre Ganzheit und Treue.

Die Bestimmung des Menschen zu vollkommener Gottesgemeinschaft in Glauben, Liebe und Hoffnung kann in ev. Theologie nicht als eine Hinzugabe verstanden werden, die die natürliche Geschöpflichkeit des Menschen überhöht. Sie ist vielmehr die gründende Bestimmung des Menschseins überhaupt. Alle natürlichen Kräfte sind gegeben, um in dieser Bestimmung eingesetzt zu werden. Sie werden nicht nur einer Überhöhung entkleidet, sondern in ihrem »natürlichen«, dh dem Willen des Schöpfers gemäßen Sinn verkehrt, wenn sie der G.ngegenwart Gottes entfremdet werden und aus dem glaubenden Hängen an Gott heraustreten.

b) Sünde ist in ihrer Wurzel der Abfall von der Bestimmung, ganz aus Gottes G. zu sein und in ihrem glaubenden Empfangen zu leben (→ Sünde: VI). Sie ist Alleinseinwollen des Menschen mit sich selbst und der Welt, das sowohl die Gestalt eines hörigen Verfallens an die kreatürlichen Mächte als auch die eines eigenmächtigen Selbständigkeitswahnes annehmen kann. In beidem kann der Mensch aus der Struktur seiner Bestimmung, von der G. dessen zu leben, an den oder an das er glaubt, nicht heraustreten. Denn er hängt nun entweder an den vergötzten Dingen und Gewalten der Welt oder an dem vergötzten Phantom seiner selbst – die wirklich in sich ruhende Selbständigkeit, die allein Gott zukommt, bleibt ihm verwehrt. Indem er an dem hängt, was nicht Gott ist, lebt er in radikalem *Widerspruch* zu Gott und zu seinem eigenen Wesen, durch Gottes G. zu sein. Er lebt »von Gnaden« dessen, was ihn nicht tragen und bewahren, sondern nur verderben kann. Das Ziel ewiger Gemeinschaft mit Gott wird verkehrt zu einem Hineilen auf Nichtigkeit und Vernichtung. Denn man kann nur aus G. zum Bleiben in der G., oder aus sich selbst und der Welt zum Tode leben.

Dieser Widerspruch steht unter dem → Gericht (: IV), mit dem Gott den Menschen, der so lebt, verwirft und ihn an das Zunichte-werden im ewigen Tode preisgibt. Man darf von der G. Gottes nicht reden, ohne von dem verwerfenden Gericht zu reden, das dem gilt, der das Leben aus der G. verwirft. Die G. darf nicht verwechselt werden mit einer zornlosen Güte, die über den Widerspruch hinwegsieht und die gerade darum nicht G. wäre, weil mit ihr Gott den Menschen nicht ernst nähme und ihn nicht wahrhaft zur Gemeinschaft im Ja seines Glaubens beanspruchte.

c) Wir alle finden uns in diesem Widerspruch vor, sind also solche, die die G., aus der und zu der wir geschaffen sind, verwirkt haben und dem verwerfenden Gericht verfallen sind. Die Rückkehr in das Zusammensein mit Gott in seiner G. kann es für uns nur geben durch Begnadigung im eigentlichen Sinn, dh dadurch, daß Gott das verwerfende Urteil durchbricht und uns von neuem seine liebende Gegenwart schenkt. Davon redet das Evangelium von Jesus Christus, die »Predigt von der Versöhnung«. Indem die G. zur → *Versöhnung* (: VI) wird, geht sie denen, die durch sie geschaffen und von ihr gefallen sind, »heimsuchend« nach und wird ihnen eben dort von neuem gegenwärtig, wo sie diese Gegenwart verwirkt haben und unter der Verwerfung stehen. Die Freiheit der G. leuchtet hier in einer neuen und tieferen Weise auf. Erweist sich diese Freiheit in der G. Gottes des Schöpfers darin, daß der Gott, der zu seiner Gottheit des Menschen nicht bedarf, dennoch nicht ohne den Menschen sein will, so erweist sich die Freiheit der G. Gottes des Versöhners darin, daß der Gott, der den Widerspruch des Menschen gegen ihn um seiner Gottheit willen verwirft, nun dennoch begnadigend seinen → Zorn (: IV) durchbricht. So wird auch das Ungeschuldete der G. noch tiefer sichtbar: sollen wir schon als Geschöpfe von der G. leben, die wir nicht erwerben und verdienen, so sollen wir nun als die Sünder aus G. leben dürfen da, wo wir gnadenloses Gericht verdient haben.

Die G. Gottes des Versöhners ist in Jesus Christus Ereignis geworden. Jesus hat diese G. nicht nur verkündigt, sondern er ist sie in seiner Person. Er selbst ist die versöhnende Gegenwart Gottes. Indem er zu den Sündern kam und ihnen sich selbst zur Gemeinschaft schenkte, ist Gott ihnen begnadigend gegenwärtig geworden. Indem er in seinem Sterben das Verwerfungsgericht über alle Sünde auf sich nahm, hat Gott selbst dieses Gericht von denen weggenommen, die ihm verfallen waren. Indem er als der Auferweckte den Seinen wirksam gegenwärtig ist, schenkt Gott selbst ihnen neues Leben aus seiner G.ngegenwart hin zum ewigen Leben. Das Kommen, Sterben und Auferstehen Jesu Christi ist also der Tatvollzug der Rechtfertigung der Sünder aus G., weil in ihm die Neuzuwendung Gottes zu den Menschen im Durchbruch durch das verwerfende Gericht konkret Ereignis wurde.

Aber diese Gottestat in der Sendung Jesu will zur Anerkennung kommen in uns selbst, weil die G.nzuwendung Gottes aus ihrem eigensten Wesen als Gewährung von Gemeinschaft heraus das Ja des Glaubens sucht, der von dieser G. lebt. Darum muß das Evangelium von der → Rechtfertigung (: III) des Sünders in Jesus Christus verkündigt werden in aller Welt und durch alle Zeit. Indem uns durch diese Verkündigung das, was in Christus geschehen ist, als für uns gültig zugesprochen wird, werden wir mit dem lebendigen Christus selbst zusammengesprochen. Unsere Begnadigung ist dies, daß Christus als der Träger unserer Schuld und Wirker unseres neuen Lebens mit uns ist und uns aus dem tödlichen Alleinsein mit uns selbst und der Welt herausholt zu ewigem Leben. Indem er mit uns ist, ist Gott mit uns.

d) Die Begnadigung durch das gerechtsprechende Urteil, das uns mit Christus zusammenspricht, ist *wirksame* G. Sie entlastet nicht nur von der Schuld der Sünde, sondern befreit auch aus der Macht der Sünde und schafft ein neues Leben im → Gehorsam gegen Gott. Wenngleich dieses neue Leben erst durch unsern Tod hindurch vollendet und von allem erlöst wird, was ihm in uns selbst widerspricht, so wirkt die rechtfertigende G. doch jetzt schon ein Anfangen in ihm, ein Kämpfen des Geistes gegen das »Fleisch« in denen, die ihr glauben. Man kann in keinem Augenblick die Rechtfertigung aus G. von dieser ihrer Lebenswirkung abstrahieren. Denn das rechtfertigende Urteil ist Schöpferwort, mit dem Gott eine neue Wirklichkeit in Geltung setzt, um sie heraufzuführen, und mit der er der Sünde ihr Geltungsrecht abspricht, um sie zunichte zu machen. Christus, dessen Gegenwart bei uns das gerechtsprechende Urteil Gottes in Person ist, ist wirkend gegenwärtig. Das neue Leben aus der G. ist selbst nichts anderes als Leben im Zusammensein mit Gott kraft der Gegenwart Christi, denn die G. ist nicht ein »etwas«, sondern dies, daß Gott selbst in Christus mit uns ist. Er ist aber mit uns in der Kraft seiner Liebe, die uns umfaßt und uns in sich selbst zu Liebenden und die Sünde Hassenden macht.

Über dieses Eingehören der → *Heiligung* (: IV) in die rechtfertigende Kraft der G. besteht zwischen röm.-kath. und reformatorischer Theologie kein Streit, wenn diese letztere recht verstanden wird und sich selbst recht versteht. Ein wesentlicher Unterschied besteht dagegen in der Zuordnung der Momente der Gerechtsprechung und der Heiligung zueinander, und sodann im Verständnis der Heiligungs-G. selbst. Während im kath. System die den Menschen wandelnde und gerechtmachende Wirkung der G. dem gerechtsprechenden Urteil logisch vorgängig gedacht wird, hält reformatorische Theologie umgekehrt daran fest, daß Gottes Begnadigungsurteil, das über das Heil des Menschen entscheidet, allem Wirklichwerden des neuen Lebens in ihm vorhergeht. Gott spricht nicht gerecht, weil und sofern er gerecht gemacht hat, sondern weil er den *Sünder* gerecht spricht, macht er ihn auch sich recht. Nur in diesem Verständnis des Zusammenhanges kann die G. als unverdiente Begnadigung des dem Gericht Verfallenen ungebrochen zum Ausdruck gebracht werden. Nur so kann vor allem das Heilsvertrauen des Menschen ungebrochen im Anblick des Begnadigungswillens Gottes festgehalten werden. Wir sollen Gewißheit des Heiles suchen im gerechtsprechenden Wort Gottes und dh zugleich: in dem allem unserm neuen Sein und Werden vorausgegebenen Sein Christi mit uns; nicht aber – wie das durch die Zuordnung der Momente im kath. System insinuiert sein kann – in der Reflexion auf den Stand unserer Heiligung. – Die heiligende Wirkung der G. selbst wird in röm.-kath. Lehre verstanden als ein in den Menschen sakramental hineingesenkter übernatürlicher Wertcharakter (gratia creata, habitualis), der in gewissem Sinn eine Eigenschaft des Menschen wird, jedenfalls ein »Aussehen« des Menschen gegenüber Gott darstellt. Zugleich wird sie verstanden als eine potentielle Begabung, mit der wir »mitwirken« sollen, indem wir sie in → guten Werken aktualisieren. Durch solche Aktualisierung sollen wir eine Befestigung und Mehrung der eingesenkten G. »verdienen«. Ohne das reale Wirken der G. im Menschen zu leugnen, kann reformatorische Theologie von dieser Wirklichkeit doch nicht in den Kategorien einer dem Menschen zuteil gewordenen Begabung und eines verdienstlichen Auswirkens dieser Begabung reden. Für sie ist die heiligende G. nicht etwas – wie immer durch das Verdienst Christi freigesetzt – im Menschen Geschaffenes, sondern die schöpferische, neuschaffende Gegenwart Gottes, Christi, des Hl. Geistes selbst. Was den »begnadeten« Menschen wirksam von dem unversöhnten Sünder unterscheidet, ist nicht etwas, was er »ist«, sondern daß Christus mit ihm ist (→ Christologie: III). Darum können auch die Werke des neuen Gehorsams nicht als Werke des Menschen *mit* der G. verstanden werden, die zu einem endgültigen G.nakt Gottes in kausierenden Bezug treten. Sie können nur als das Wirken des gegenwärtigen Christus, des → Geistes (: VI) angesprochen werden, in dem der Mensch mitgenommen wird, ja dessen Werkzeug zu sein er beschenkt wird, ohne doch darauf als auf *sein* Mit-Wirken reflektieren zu wollen und zu können. Nur in dieser Sicht kann streng zur Geltung kommen, daß das neue Leben aus der Versöhnungs-G. die Rückholung in den Ur-Stand geschöpflicher Bestimmung des Menschen ist: nämlich der im bejahend-empfangenden Bedürfen Gottes Lebende zu sein.

Allgemein: RGG² II, 1261ff – LThK IV, 542ff – EKL I, 1612ff. – Lehrbücher der Dogmatik, ev.: BARTH, KD II/1, §§ 28-31; IV/1, §§ 58. 61 – W.ELERT, Der christl. Glaube, (1940) 1956³, §§ 42. 83 – E.BRUNNER, Die christl. Lehre von Gott. Dogmatik I, 1946, Kap. 13-15. 22 – P.ALTHAUS, Die christl. Wahrheit, (I. II, 1947/48) 1958⁴, §§ 25. 26. 61 – H.VOGEL, Gott in Christo, 1951, bes. 346ff. 915ff. – Kath.: M.J.SCHEEBEN, Hdb. der kath. Dogmatik, (III/2, 1887) 6. Buch: G.nlehre, 1957³ (Ges. Schriften VII, hg.v. H.SCHAUF) – F. DIEKAMP, Kath. Dogmatik nach den Grundsätzen des Hl. Thomas II, (1917²) hg.v. K.JÜSSEN, 1952¹⁰, 420ff – M.SCHMAUS, Kath. Dogmatik III/2, 1951³·⁴. – Monographien, ev.: E.BRUNNER, Natur u. G., (1934) 1935² – R.BULTMANN, G. u. Freiheit (Festschr. f. Gogarten, 1948, 7-20 = BULTMANN II, 149-161). – Kath.: M.J.SCHEEBEN, Natur u. G., (1861) hg.v. M.GRABMANN, 1949⁴ (Ges. Schriften I) – R.GUARDINI, Freiheit, G., Schicksal, 1948 – G.SÖHNGEN, Gesetz u. Evangelium, 1957. – Vgl. ferner die Lit. zu → Heiligung: IV, → Gesetz: VI, → Rechtfertigung: III u.a.

W.Joest

Gnadenbilder (auch Statuen) sind Darstellungen göttlicher Geheimnisse oder hl. Personen, von deren Verehrung die kath. → Volksfrömmigkeit (: I) Gebetserhörungen und Heilungen erwartet und die als »wundertätige Bilder« (imagines thaumaturgicae) angesprochen werden. Vornehmlich handelt es sich dabei um → Marienbilder, deren Wegbereiter die Zisterzienser und Prämonstratenser waren: so die G. in den Wallfahrtsorten → Altötting, → Beuron, → Czenstochau, → Einsiedeln, Fatima, → Kevelaer, → Lourdes, → Mariazell, Wartha. Der Glaube an G. scheint ein Postulat menschlicher Frömmigkeit zu sein (Euseb h.e. VII, 14). Aus der Bilderverehrung (→ Bilder: III), die frühzeitig Bild und Person verbindet, erwuchs im → Asklepios-Kult der Glaube an das wundertätige Bild. Bekannt sind ägyptische Bildprozessionen und in der griechischen Antike das Salben der Bilder und Statuen, das Anbringen von Bitt- und Erhörungstafeln und die Krönung von Bildern (→ Bilder: I).

Nach anfänglicher Bildlosigkeit in der alten Kirche wurde die Definition des 2. Konzils von → Nicäa (787), bestätigt durch das 4. Konzil von Konstantinopel (869/870), die dogmatische und terminologische Grundlegung für die Bilderverehrung, die zugleich den G.n den Weg sicherte. Von der Verehrung zum Wunderglauben war nur noch ein kleiner Schritt. Den Grundsatz, daß die einem Bild erwiesene Ehre dem Urbild gilt (imaginis enim honor ad primitivum transit: et qui adorat imaginem, adorat in ea depicti substantiam; Denz. 302), nimmt das Tridentinum (Sess. XXV; Denz. 986) unter Berufung auf das 2. Konzil von Nicäa auf (→ Kunst: IV). In der Vorreformationszeit stand das Pilgern zu den (an Zahl wachsenden) G.n kaum dem überschwenglichen Bilderkult im Orient und der im Abendland geübten Sammlung von → Reliquien nach. Die Reformation nahm gegen Reliquien und G. Stellung. In seinen Invokavitpredigten von 1522 (WA 10/III, 28) sagt Luther, »daß man Bilder haben und machen mag, aber anbeten sollen wir sie nicht, und wenn man sie anbetet, so sollte man sie zerreißen und abtun«. Ähnlich drückt es Zwingli in seiner »Fidei ratio« aus (Schuler-Schultheß IV, 15). Calvin verwirft unter Berufung auf Ex 20, 4 die Bilder grundsätzlich – mit offensichtlicher Wendung gegen Luther (Inst. I, 11, 4; 3). Mit der reformatorischen Ablehnung der Anbetung war das Gnadenbild als solches verurteilt. Tridentinische Definition und Gegenreformation ließen es aber in ungeahnter Fülle wiederaufleben. »Um 1700 hat jede kleinere kath. Landschaft ihren mit religiöser Heimatliebe umhegten Wallfahrtsort: selbst Nachbildungen von G.n, womöglich mit dem Urbild berührt, wurden zur Verehrung aufgestellt« (LThK X, 738). Obwohl das Tridentinum vor Mißbräuchen gewarnt hatte (Denz. 988), kommt die kath. Kirche der Volksfrömmigkeit entgegen, indem sie Kirchen mit G.n zur Basilika erhebt und G. krönt. Auch im CIC (cc. 1276ff) hat der Bilderkult seinen Niederschlag gefunden. – Selten tritt das Vorhandensein einer dreifachen kath. Theologie – der wissenschaftlichen, der kirchlichen und der populären – so augenscheinlich zutage wie bei den G.n. Während die wissenschaftliche Dogmatik eindeutig zum Ausdruck bringt, daß zwischen dem Gnadenbild und der Gebetserhörung kein Kausalzusammenhang besteht, und lediglich das durch das Gnadenbild gesteigerte Vertrauen des Betenden betont, ist die papal-ekklesiastische Theologie zu Zugeständnissen an die Volksfrömmigkeit bereit.

M.HARTIG, Stätten der Gnade, 1947 – W.SCHÖNE u.a., Das Gottesbild im Abendland, 1957. – Vgl. die Lit. bei → Marienerscheinungen, → Wallfahrt: II.

F.Schmidt-Clausing

Gnadenmittel. Von G.n (media salutis) zu reden, hat nur einen Sinn, wenn man sich dessen bewußt ist, daß die christliche Heilswirklichkeit eine vermittelte ist. Im Gegensatz zu aller unmittelbaren Religiosität ist christlicher → Glaube (: V) Glaube an den Mittler Jesus Christus. Sein Handeln ist mittlerisches Eintreten für die Schuld der Menschen. So hat Christus, um das von ihm erworbene Heil den Menschen zuzueignen, sich wiederum der Mittel bedient. – Wir verstehen unter G.n von Christus gesetzte Mittel, in denen das Heil Gottes in irdischer Einhüllung dem Menschen zuerteilt wird. Sie sind daher nur von der Inkarnation Christi her zu deuten. Zu diesen G.n rechnen wir daher nicht Ereignisse und Lebensführungen, die in einem allgemeinen Sinn Segen in sich schließen, auch nicht den Glauben als ein »G.« des Nehmens von seiten des Menschen (Orthodoxie), sondern nur die vom Herrn der Kirche eingesetzten Mittel: das → Wort Gottes, die → Taufe, die → Absolution und das → Abendmahl. – Wenn für die luth. Kirche diese Mittel media salutis sind, an die die Erlangung des Heils gebunden ist, so kommt ihnen nach ref. Anschauung nicht dasselbe Gewicht zu: Gott hat sie zwar geordnet, aber er ist frei, wie weit er sich ihrer bedient. Sie gelten hier überhaupt nur den von Gott zum Heil Prädestinierten. Die Schwärmer alter und neuer Prägung bestreiten vollends, daß Gott durch äußerliche Mittel wirke. Wenn mit diesen Anschauungen die Freiheit Gottes gewahrt werden soll, so liegt darin zwar eine Wahrheit, es ist aber vergessen, daß Gott auch die Freiheit hat, sich zu binden, und daß er dies in barmherziger Herablassung getan hat. In der luth. Kirche werden die G. als exhibitiv verstanden; sie sind nicht nur »Bezeugungen der Gnade« (K.Barth), sondern bergen die Heilsgabe Gottes in sich und verleihen sie als »instrumenta« (CA V). Für den Glauben kommt ihnen damit entscheidende Bedeutung zu. Gott ist zwar überall gegenwärtig, aber, wie Luther einmal sagt: nirgends kann ich ihn fassen; weil ich sündig bin, entzieht er sich mir, und ich müßte mir an ihm die Hand verbrennen, wenn ich ihn greifen wollte. Hier aber in den G.n schenkt er seine gnädige Gegenwart, da man ihn fassen und halten kann. – So vermitteln die G. die Gegenwart Christi für die Zeit der Kirche und überwinden die Zeit, indem sie sie zur Gegenwart machen. Sie tun das aber so, daß sie mit äußeren Mitteln und Zeichen das Heilsgut nahebringen, und halten so dem Glauben die wichtige Wahrheit lebendig, daß unser Heil nicht aus unserem Inneren kommt, sondern – eine ernste und zugleich beglückende Wirklichkeit – von außen, von dem Eingreifen Gottes her. »Non dat interna, nisi per externa« (Luther). – Wichtig ist, daß die G. nicht nur den einzelnen mit Christus und so mit Gott verbinden, sondern daß sie vor allem die Kirche gründen und erhalten. Das Wort und die Absolution bringen die Gemeinde zusammen (Apg 2, 37 ff); durch *einen* Geist sind wir alle zu einem Leib (das ist die Kirche) getauft (1 Kor 12, 13); indem wir den Leib Christi essen, werden wir selbst ein Leib und werden Kirche. Die G. sind daher kirchenkonstitutiv; ohne die G. gibt es keine Kirche.

H.Schmid, Die Dogmatik der ev.-luth. Kirche, (1843) 1893⁷, 366 ff – G.C.A.v.Harless-Th.Harnack, Die kirchl.-religiöse Bedeutung der reinen Lehre von den G.n, 1869 – F.H.R.Frank, Über die Lebensmacht der G. im Sinne luth. Lehre (NKZ 1, 1890, 733–760) – F.A.B. Nitzsch, Lehrbuch der ev. Dogmatik II, (1892) bearb. v. H.Stephan 1912³, 638 ff – RE VI, 723 ff – M.Kähler, Die Sakramente als Gnadenmittel, 1903 – RGG² II, 1269 f – E.Sommerlath, Sakrament u. Gegenwart, 1930 – H.Asmussen, Das Sakrament, 1948 – Chr.E. Luthardt-R.Jelke, Kompendium der Dogmatik, 1948¹⁶, 357 ff – E.Ellwein, Die göttl. Wirklichkeit des Sakraments, 1951.

E.Sommerlath

Gnadenstuhl → Trinität: V.

Gnapheus, *Wilhelm* (de Volder, 1493[?]–1568), niederländischer Humanist, mit Cornelis → Hoen, Hinne → Rode u.a. der biblischen Richtung in den → Niederlanden angehörig. G. floh 1531 nach Elbing, wurde Schulleiter und kam 1543 nach Königsberg, wo er als Schulrektor und Prof. der Philosophie, zeitweilig auch der Exegese, amtierte. 1547 wurde er wegen Lehrdifferenzen mit luth. Kollegen abgesetzt und exkommuniziert und ging nach Ostfriesland. Durch sein Spiel vom Verlorenen Sohn (»Acolastus«) wurde G. der Begründer des neulat. Schuldramas, das mit biblischen Stoffen reformatorische Gedanken wirksam werden ließ. Von seinen pädagogischen, erbaulichen und historischen Schriften sind der Bericht über den Tod des ersten nordniederländischen Märtyrers Jan de Bakker und ein Lobgedicht auf Emden hervorzuheben.

H.Holstein, Die Reformation im Spiegelbilde der dramat. Lit. des 16.Jh.s, 1886 – J.Reitsma-J.Lindeboom, Geschiedenis van de Hervorming ... der Nederland, (1893) 1949⁵, 36 f – Bibliotheca reformatoria neerlandica I, 1903, 137 ff – NNBW III, 1914, 471 (Lit.).

J.Weerda

Gnesen, *Erzbistum* (→ 7 L 3), wurde i.J. 1000 von Kaiser Otto III. und Papst Silvester II. mit den Suffraganen → Kolberg, → Breslau und → Krakau geschaffen. Gaudentius (Radim), der Bruder des hl. → Adalbert (, 2), eröffnete (1000–06) die Reihe der Erzbischöfe. Nach dem Tode des Missionsbischofs Unger (1002) wurde das Bistum → Posen G. unterstellt, im 11. und 12.Jh. ferner die Bistümer → Leslau (Włocławek), → Plozk und → Lebus. Die Ansprüche auf → Wollin-Kammin, → Kulm und → Ermland ließen sich nicht durchsetzen. Mit der Christianisierung Litauens (→ Baltische Länder, 1) dehnte sich die Metropolitangewalt auf die Bistümer → Wilna, Samogitien (Żmudź) und Łuck aus. – Seit 1416 besaßen die Erzbischöfe von G. die Privilegien eines Primas von Polen und Litauen. Im 16.Jh. erhielten sie das Krönungsrecht, seit 1573 während der Regierungsvakanzen das Reichsverweseramt. Jan VI. Łaski (1510–31) versuchte durch Provinzialsynoden kirchliche Mißstände abzustellen. Einige Nachfolger, bes. Jakob IV. Uchański (1562–81), zeigten Sympathien für die Protestanten. Seit Stanisław I. Karnkowski (1581–1603) stellten sie sich aber bewußt auf die Seite der Gegenreformation. – Durch die Teilungen → Polens büßte das Erzbistum G. mehr als dreiviertel seines bisherigen Umfanges ein. Durch eine Zirkumskriptionsbulle wurde Posen 1821 zum Erzbistum erhoben und mit G. durch Personalunion verbunden. Kulm blieb das einzige Suffraganbistum. In den Spannungen zwischen der preußischen Kirchenpolitik und den Erzbischöfen kam es zu offenen Konflikten unter M.v. → Dunin (1831–42), M.H.Graf → Ledochówski (1866–85) und F.O.Stablewski (1890–1906). Im polnischen Konkordat vom 10.2.1925 wurde die Verbindung von G. und Posen zu einer Kirchenprovinz beibehalten. Ihr wurden die Bistümer Chełmno und Włocławek eingegliedert. Am 1.1.1946 wurde Posen wieder als Bistum verselbständigt. Augustyn Kardinal Hlond leitete die Kirchenprovinz G. als Metropolit von 1926–48; 1946 übernahm er außerdem das Erzbistum → Warschau. Die Personalunion blieb auch unter seinem Nachfolger Stefan Kardinal Wyszyński seit 1948 bestehen. – 1957 umfaßte die Diözese G. 718 375 Gläubige, 276 Pfarreien, 395 Welt- und 51 Ordenspriester, 11 Niederlassungen männlicher Orden mit 49 und 79 Niederlassungen weiblicher Orden mit 718 Mitgliedern.

J.Korytkowski, Arcybiskupi gnieźnieńscy, prymasowie i metropolici polscy od roku 1000 aż do roku 1821, 5 Bde, Posen 1887–92 – Ders., Brevis descriptio historico-geographica ecclesiarum archidioecesis Gnesnensis et Posnaniensis, G. 1888 – W.J.Rzadkowski, Gniezno jako stolica prymasów polskich, G. 1926 – K.Völker, KG Polens, 1930 – Z.Szostkiewicz, Katalog biskupów ob. łac. przedrozbiorowej Polski (in: Sacrum Poloniae Millennium I, Rom 1954, 390–608) – AnnPont 1958, 248. 388.

B.Stasiewski

Gnosis

I. Religionsgeschichtlich – II. Gnosis und NT – III. Christlicher Gnostizismus, dogmengeschichtlich. – G. = Gnosis, G.er = Gnostiker, g. = gnostisch

I. Religionsgeschichtlich

1. Begrifflich – 2. G. im engeren Sinne: a) Abgrenzung – b) Phänomenologie – c) Theologie – 3. Geschichte

1. Bei der G. (Erkenntnis; γνῶσις) ist das → Erkennen nicht nur ein gedankliches Erfassen im Sinne der → Erkenntnistheorie, sondern zugleich ein Schauen oder Einswerden mit dem Gegenstand der Erkenntnis. Dieser ist Gott (→ Theosophie) und bzw. oder die von ihm ausgehenden (mit ihm identischen) Zwecke und → Gesetze der Welt und des menschlichen Lebens (→ Wahrheit). Sie zu wissen, bedeutet Sein und Handeln in ihnen und damit letztlich, in Abstimmung auf das vorausgesetzte Welt- und Menschenbild, → Erlösung (: I. V). – In die-

sem allgemeinen Sinne haben viele geistige Systeme eine g.e Komponente (→ Mystik: I. III–VI, → Idealismus: II, → Jüdische Philosophie, → Sufismus), namentlich in → Indien (: II). Als g. muß man auch die Grundlage aller jener Versuche charakterisieren, welche die Einheit aller Religionen sowie die von Philosophie und Religion proklamieren (→ Philosophie: II B, → Anthroposophie, → Christengemeinschaft). Hier ist G. ein Ausdruck des allgemein menschlichen Bedürfnisses nach der Einheit von Glauben und Wissen; Mensch, Gott, Erde und Kosmos; kreatürlichem Sein und ethischem Sollen; historischen Erscheinungen und allgemeiner Gültigkeit. Insofern ist G. ein elementares religiöses Verhalten, das seine Tiefe in der schmerzenden Empfindung des Auseinanderfallens jener Pole verrät, die es zur Einheit zusammenführen möchte. Das → Theodizee-Problem wird dualistisch gelöst.

2. a) Mit *G. im engeren Sinne* bezeichnet man eine religiöse Bewegung der Spätantike, die nicht mehr als die jeweils kontinuierliche Fortsetzung der in den Mittelmeerländern, in Mesopotamien und Iran originären Religionen verstanden werden kann, sondern ihnen allen gegenüber etwas im zentralen religiösen Impuls Neues darstellt. Doch reichen auch zahllose ältere Überlieferungen (→ Antike und Orient), die seit → Alexander d.Gr. miteinander verschmolzen (→ Hellenismus, → Synkretismus), mannigfach in die G. hinein. Lassen sich Geschichte und Verknüpfung von Einzelmotiven oft philologisch ermitteln, so ist doch die Entstehung der eigentlichen G. nicht erklärbar. Auch ihre zeitliche Eingrenzung ist problematisch.

b) Zur G. im engeren Sinne gehört ein *remythisiertes* oder mythologisches (nicht aber originär mythisches) *Welt- und Menschenbild*. Es spiegelt sich in der Begriffsgewinnung und -behandlung wider: Man durchdenkt eine Sache und ihre Eigenschaften, eine Substanz und ihre Akzidentien, einen Vorgang und seine Aspekte, eine Person und ihre Tätigkeiten nicht in ihren funktionalen Verhältnissen zueinander, sondern vergegenständlicht sie zu → Hypostasen und stellt sich die letzteren als von den ersteren naturhaft erzeugt vor (→ Emanation). So können Begriffe sogar zu Göttern werden (zB → Aion). Doch geht diese Art von Begrifflichkeit immer wieder auch ins Abstrakte über, namentlich wo ihre Träger stärker der → griechisch-römischen Philosophie verpflichtet sind (→ Numenius, → Plotin). Die Begriffsspaltungen, als die sich die der logischen Analyse entsprechenden Operationen vielfach darstellen, können auch wieder rückgängig gemacht werden; g.-theologische Spekulation vollzieht sich im wesentlichen in solchen Identifikationen, in denen Tiefsinn und Banalität ineinander umschlagen. Vielfach werden in die Hypostasenspekulation naturhaft oder historisch vorgegebene Dinge übernommen und in einer zwischen Materialität und Spiritualität liegenden Seinsweise weitergedacht: Kosmos (→ Schöpfung: I), → Sterne und → Elemente, Pflanzen (→ Bäume) und Tiere (→ Schlange), → Geister, Dämonen und Engel (: I. II). Deshalb ist eine g.e Lehre mehr oder weniger auch Kosmologie (→ Weltbild), → Astrologie und Pneumatologie, ja sogar »Physik«, »Botanik«, »Zoologie« und vor allem → Alchemie.

Der Anspruch der G.er, Wiederhersteller der »Urreligion« zu sein, hat ein Moment historischer Wahrheit in der Tatsache für sich, daß in den letzten Jh.en vChr wie in allen Spätzeiten gemein-archaische Denkstrukturen wieder aufleben, freilich in einer von der G. nicht bemerkten, durch ihr eigenes »wissenschaftliches« Interesse daran verursachten Mediatisierung. Denn zur G. gehört auch der Wunsch nach Legitimation durch das Uralte, das man in griechischen und orientalischen Urkunden (→ Zauberbücher, → Schriften) sowie in Buchstaben- (→ Alphabet) und → Zahlensymbolik (: I) wiederzufinden suchte. Deshalb sind g.e Lehren häufig in der Form von Allegoresen (→ Allegorie: I), Buchstaben- und Zahlenspekulationen niedergelegt. Die Methode ist abhängig von der Mythen(um)deutung der → Stoa, jedoch mit umgekehrter Zielrichtung: wurde dort alles Nichtbegriffliche emendiert, so wurde es hier hineingelegt. Neben die Auslegung wirklich alter trat die Abfassung für alt ausgegebener (geoffenbarter) Schriften. Sie wurden durch geheime Unterweisung (→ Arkandisziplin, 1) weiterüberliefert und dem stufenweise zu immer höherer Erkenntnis fortschreitenden G.er nach und nach durch → Weihen (: I) erschlossen, daneben durch Sakramente verstärkt, so daß er im Leben wie nach dem Tode magisch auf die (Geister der) Welt einwirken konnte (→ Magie). Die oft als → Geheimbünde und nach dem Vorbild der → Mysterien organisierten g.en Gemeinden sind den Stufen der erreichten Erkenntnis entsprechend hierarchisch gegliedert (Psychiker, Pneumatiker). Historisch sind solche Gemeinden und die Ethik ihrer Mitglieder am besten in der christlichen → Gnosis (: III; vgl. auch → Manichäismus) faßbar.

c) Aus den g.en Lehren, welche die verschiedensten überkommenen Terminologien in den Dienst einer üppigen spekulativen Phantasie nehmen (s. die Einzelartikel), lassen sich die folgenden wesentlichen Grundgedanken abstrahieren. Der *soteriologische Impuls* der G. gilt der die Eigentlichkeit des Menschen konstituierenden geistigen Wesenheit, die auch als oberster Seelenteil von anderen abgegrenzt werden kann, sowie der Wesenheit, die dieselbe Rolle im Kosmos spielt und manchmal als die oberste Gottheit selbst, manchmal als ihr schaffender oder erlösender Wille ausgeprägt erscheint. Diese Wesenheit wird durch wechselnde Begriffe wiedergegeben (lat. anima, sensus, spiritus; griech. und kopt. εἰκών, λόγος, νοῦς, πνεῦμα, σοφία, seltener ψυχή; hebr. und entsprechend aram. rûaḥ, ḥåkmā; parth. grīw, manuhmed; syr. auch nafšā, maḥšaḇtā und in der Symbolsprache des Perlenliedes margānīṯā; bildlich Samen, Lichtfunken; vgl. sanskr. → Âtman) und in der modernen Forschung oft irreführend als → Seele, besser als Kern oder Selbst (→ Geist: I. II) interpretiert. Ein solches ist auch der → Urmensch, der primär kein spiritualisierter Protoplast oder Prototyp, sondern als oberer bzw. innerer Anthropos aus der → Makrokosmos-Mikrokosmos-Vorstellung abstrahiert ist. – Das *zentrale Theologumenon* ist die Verworfenheit der vom Selbst durchwalteten diesseitigen Welt, als deren deutlichster Beweis die Materialität der Erde und des menschlichen Körpers gilt, und zugleich die geoffenbarte Identität ihres Selbst mit seinem jenseitigen Teil, die den vorgnostischen Selbst-Spekulationen (→ Stoa, → Philo) selbstverständlich war. Das gute lichte Selbst ist in der bösen finsteren Welt gefangen und hat seine Heimat im Himmel (→ Licht und Finsternis, → Dualismus: I). Der Mensch betet kraft seines Selbst um dessen Erlösung zu eben dem Selbst, das im Jenseits ist, oder dieses erleuchtet das, was im Menschen schon vorhanden war, und ermöglicht ihm dadurch die G. Auf dem Grunde jener Identität ist das Selbst somit ein → Erlöser (: I), der erlöst werden muß, salvator salvandus (polemische Konsequenz Augustins, Contra Faustum II, 5 [CSEL 25, 258]).

Der ausgebildete *Erlösermythos* erklärt zusätzlich, wie das Selbst in die materielle und fleischliche Welt geriet und wie es wieder daraus befreit wird. Hier ist der eigentliche Erlöser (zT mit Hypostasen neben sich) eine gegenüber dem gefallenen Selbst hypostatisch verselbständigte fremde Person und mit ihm nur noch durch Konsubstantialität verbunden. Er erreicht herabsteigend das

Selbst des Menschen (das beim Verworfenen oder Hyliker fehlt) durch den erweckenden *Ruf* und bringt ihn damit zur gleichzeitigen Erkenntnis seiner selbst und Gottes; die Erlösung wird dann vom G.er auf ethischen Wegen weiter verwirklicht. Die g.en Systeme sind als Ausgestaltungen dieses Rufes gedacht, dh als geoffenbarte Lehren, die zu kennen Erlösung als Befreiung vom → Schicksal, als Vergottung zu Lebzeiten oder auch als Himmelsreise der »Seele« (nach dem Tode) mit sich bringt. Da die Erkenntnis über Herkunft, Wesen und Erlösung des Menschen bzw. seines Selbst aber auch die Geschichte der Welt, der Menschheit und des Erlösers, der als universales Selbst das Schicksal der Welt von ihrer Erschaffung bis zu ihrem Ende miterleidet, umfassen muß, sind in den g.en Systemen auch die oben (s. b) genannten Dinge mit erstaunlicher synthetischer Kraft zusammengeordnet. Hierhin gehört die (moderne!) vielfach ungenau gebrauchte Formel »erlöster Erlöser« (salvator salvatus): Sie kommt erst in der Architektonik sehr entwickelter g.er Systeme zustande, in der Gottheiten, die als Erlöser der »Seele« auftreten, in einer früheren Phase des kosmogonischen Prozesses selbst erlöst wurden oder an seinem Ende zugleich mit der »Seele« wieder emporgefahren und damit erlöst sind.

3. Die Hypothesen, die über die Wesensbestimmungen hinaus von den in oder vor dem Synkretismus liegenden Überlieferungen aus den *Ursprung* der g.en Religiosität aufzuhellen versuchen, stellen die verschiedensten Möglichkeiten heraus: Die G. ist Umdeutung des Urchristentums in hellenistischen Denkformen (Kirchenväter, → Harnack, Burkitt und stärker synkretistisch → Baur), ist Orientalisierung des Christentums (→ Mosheim), Hellenisierung der altorientalischen Religionen (Schaeder), Entartung der griechischen Philosophie (Leisegang), eine die ganze Mittelmeerwelt beeinflussende, in einem Erlösungsmysterium zentrierte Form altiranischer Religion (→ Reitzenstein, Widengren und mit Betonung babylonischer Elemente → Bousset) oder eine mythologisch-dualistische Abart eines synkretistischen Judentums (Quispel, Schoeps, zT Nock). - Faszinierende Deutungen der G. als eines allgemein-religiösen Phänomens sind in den Kategorien der Existenzphilosophie M. → Heideggers (→ Bultmann, Jonas) und der Tiefenpsychologie C.G. → Jungs (Eranos-Kreis in Ascona) unternommen worden. - Die Fülle der aus älterer Zeit wirksamen Motive macht auch die *historisch-geographische Einordnung* der G. bis heute unmöglich. An verschiedenen Stellen (→ Samaria, → Phrygien, Nordmesopotamien, Unterägypten) können unabhängig voneinander verschiedene Typen von G. entstanden sein, die zunächst die jeweiligen geographisch begrenzten Überlieferungen stärker hervortreten ließen und sich erst sekundär beeinflußten. So dürften in verschiedenen Graden und Kombinationen für das Zustandekommen von G. unentbehrlich gewesen sein: Weltbild und Esoterik der → Apokalyptik (: I. II) einschließlich der → Eschatologie (: I-III); der Kult-→ Mythos (: II) der → Mysterien; der Wissensbegriff der Sekte von → Qumran (, 4); orphisch-pythagoreische → Seelenwanderungs-Lehre (: I; vgl. → Orpheus, → Pythagoreer); die platonische, sich zum → Neuplatonismus entwickelnde Metaphysik; die aristotelische, aber schon durch → Symbolismus beeinträchtigte Logik und Entelechienlehre (→ Aristoteles, 3); aus dem Iran mindestens die Spekulation über sowohl in der göttlichen wie in der menschlichen Sphäre wirkende geistige Kräfte (→ Amesha Spenta; doch steht auch iranische Einwirkung schon auf einzelne der bisher genannten Dinge zur Debatte, → Iran: VII); die christliche Lehre vom jenseitigen Erlösungsruf und einem im Jenseits bleibenden, aber sich im sündigen Diesseits ans Kreuz gebenden Gott. Ihre volle, auch den Erlösermythos umfassende Entfaltung erreicht die → Gnosis (: III) erst im christlichen Bereich (anders zB Haenchen). Die eigentliche Erlösergestalt ist ohne den doketisch gedeuteten Christus nicht verständlich (mit Kretschmar, Quispel, Schweizer; für vorchristliche Erlösergestalt: Bultmann, Käsemann, Schlier). Teils selbständig, teils in Kontakt und teils in latenter Auseinandersetzung mit der christlichen G. geht nebenher die (uneinheitliche) Gnostisierung der jüdischen Taufsekten (→ Mandäer), der ägyptisch-hellenistischen Auslegungen autochthonen (→ Isis und Osiris), zT jüdischen (→ Poimandres) und anderen Traditionsgutes (→ Hermetica), der synkretistisch versetzten → Attis-Mythen (→ Ophiten und Naassener) sowie der → Sympathie-Lehre der sog. Chaldäischen Orakel, auf der die Theologie des → Synesius beruht. Die gesamte G. erreicht Höhepunkt und Vollendung im → Manichäismus.

Quellen in RGL 1 (Avesta), 4 (Griechen), 5 (Römer u. Synkretismus), 10 (Ägypten), 7 (Jainas), 9 (Vedismus u. Brahmanismus), 11 u. 15 (älterer u. Mahâyâna-Buddhismus), 14 (Hinduismus). - J.L.v. Mosheim, De Rebus Christianorum ante Constantinum Commentarii, 1753 - F.C.Baur, Die christl. G., 1835 - M.Friedländer, Der vorchristl. jüd. Gnostizismus, 1898 - Alles von R. → Reitzenstein seit Poimandres, 1904 - W.Bousset, Hauptprobleme der G., 1907 - Harnack, DG I, 243ff - E.Norden, Agnostos Theos, (1913) 1956[4] - H.Leisegang, Die G., (1924) 1955[4] - H.H.Schaeder, Die islam. Lehre vom vollkommenen Menschen (ZDMG 79, 1925, 192-268) - Ders., Der Orient u. das griech. Erbe (Die Antike 4, 1928, 226-265) - R.Reitzenstein-H.H.Schaeder, Studien zum antiken Synkretismus aus Iran u. Griechenland, 1926 - F.C.Burkitt, Church and G., Cambridge 1932 - ErJb 1ff, 1933ff - ThW I, 688ff (R.Bultmann) - H.Jonas, G. u. spätantiker Geist I, (1934; dazu A.D.Nock, Gnomon 12, 1936, 605-612) 1954[2]; II/1, 1954 - K.Kerényi, Mythologie u. G., 1942 - F.Meier, Vom Wesen der islam. Mystik, 1943 - C.G.Jung, Psychologie u. Alchemie, 1944 - G.Widengren, Mesopotamian Elements in Manichaeism (UUÅ 1946, 3) - Ders., Der iranische Hintergrund der G. (ZRGG 4, 1952, 97-114) - M.P.Nilsson, Gesch. der griech. Religion II, 1950 - G.Quispel, G. als Weltreligion, 1951 - Ders., Der g.e Anthropos u. die jüd. Tradition (ErJb 22, 1953, 195 bis 234) - E.Haenchen, Gab es eine vorchristl. G.? (ZThK 49, 1952, 316-349) - E.Frauwallner, Gesch. der ind. Philosophie I, 1953 - G.Kretschmar, Zur religionsgesch. Einordnung der G. (EvTh 13, 1953, 354-361) - E.Schweizer, Erniedrigung u. Erhöhung bei Jesus u. seinen Nachfolgern (AThANT 28), 1955 - W.Foerster, Das Wesen der G. (Welt als Gesch. 15, 1955, 100-114) - K.Schubert, Die Religion des nachbibl. Judentums, 1955 - G.Walther, Phänomenologie der Mystik, 1955 - G.Scholem, Die jüd. Mystik, 1957 - J. Duchesne-Guillemin, The Western Response to Zoroaster, Oxford 1958. - Vgl. ferner die Lit. zu → Gnosis: II, → Dualismus: I.

C.Colpe

II. Gnosis und NT

1. Paulus - 2. Synoptische Evangelien - 3. JohEv - 4. Apg - 5. Kol - 6. Eph - 7. Hebr - 8. Past - 9. Jud - 10. Apk - 11. Johannesbriefe

Das NT bezeugt zwei verschiedene (zeitlich sich überschneidende) Epochen im Verhältnis zur G. In der ersten verwertet man bestimmte g.e Begriffe und Vorstellungen, bekämpft aber ein weiteres Vordringen der G. In der zweiten betrachtet man die G. schlechthin als Irrlehre und verbietet die Auseinandersetzung mit ihr.

1. Der Apostel → *Paulus* kommt nicht mit der Begrifflichkeit der eschatologischen Zukunftserwartung (→ Eschatologie: IV) aus. Seine Lehre vom Fall der Schöpfung (Röm 8, 19-22) und Adams (Röm 5, 12-17), vom Gegensatz der ψυχικοί und πνευματικοί (1Kor 2, 14f; 15, 21. 44-49), von φῶς und σκότος (Röm 13, 11-13; 1Thess 5, 4-6) und den dämonischen Beherrschern dieses Äons (1Kor 2, 6-8; 2Kor 4, 4) und der Gefahr der Ehe (1Kor 7, 32-34. 38) zeigen der → Gnosis (: I) verwandte Züge. Seine Lehre vom → Erlöser (: II, 4a) berührt sich mit der g.en, indem sie Jesus als unerkannt (1Kor 2, 8) herabgekommenes und auferstanden zu Gott zurückgekehrtes himmlisches Wesen darstellt

(2Kor 8, 9; Phil 2, 6-11). An die g.en Vorstellungen vom → Urmenschen und Erlöser erinnert die Lehre von der Verbundenheit der Christen mit Christus und miteinander im σῶμα Χριστοῦ (1Kor 12, 12-27; Röm 12, 4f; vgl. das häufige ἐν Χριστῷ) und vom Gegenbild des »übergreifenden« Adam (Röm 5, 12-14; 1Kor 15, 22. 48f). Auch die G. beanspruchte eine übervölkische Heilsgemeinschaft zu sein, wie es die vom jüdischen Gesetz befreiten Gemeinden des Paulus sind (Gal 3, 28; 1Kor 12, 13). Die allein vom Geist regierten Christen = Pneumatiker (1Kor 3, 16; Röm 8, 9) sehen den g.en πνευματικοί ähnlich, zumal Paulus ihre völlige Neuschöpfung (2Kor 3, 18) und ihren Anteil an der δόξα (2Kor 3, 18) behauptet.

Paulus bekämpft die G.er in Korinth (→ Korintherbriefe), weil sie die zukünftige Auferstehung des Leibes leugnen zugunsten der gegenwärtigen im Geist (1Kor 15, 29-32; 2Kor 5, 1-5; er hat die g.e Lehre zunächst mißverstanden wegen ungenügender Information) und sich bereits vollkommen dünken (1Kor 4, 8). Als Zeichen dieser Vollendung schätzen sie das ekstatische Zungenreden (1Kor 12, 3; 13, 1; 14, 2-19; → Geist: IV) über alles (ekstatische Prophetinnen treten auf: 1Kor 11, 5), verlangen sie vom Pneumatiker imponierendes Auftreten (2Kor 10, 10), kein Nachgeben gegenüber den »Schwachen« (1Kor 10, 23-31); sie sind stolz auf ihre G. (1Kor 8, 1-3). Dieser Überschätzung der Jetztvollendung gegenüber betont Paulus das »noch nicht« (1Kor 3, 12), entwickelt die Lehre vom σῶμα πνευματικόν (1Kor 15, 35-54) und hebt hervor, daß sich das πνεῦμα in der Liebe (1Kor 13) und dem Ertragen der Leiden (2Kor 4, 7-18) bekundet.

2. In den *synoptischen* → *Evangelien* klingt nur Mt 11, 27; Lk 10, 22 g., wo Jesus wie ein g.er Erlöser spricht: »Alles ist mir übergeben von meinem Vater. Und niemand weiß, wer der Sohn ist, als nur der Vater, und wer der Vater ist, als nur der Sohn und wem es der Sohn offenbaren will.«

3. Das → *Johannesevangelium* nähert sich der G. am stärksten, indem es das eschatologische Geschehen in das Jetzt verlegt: das Glauben des Wortes Jesu ist die wahre Totenauferstehung (5, 24f; 11, 25f). Jesus wird als von Gott gekommenes (1, 18; 3, 13; 6, 33f u.ö.) und (im Kreuzestod) wieder zu Gott erhöhtes (12, 23 u.ö.) göttliches Wesen (1, 1ff), das der Vater gesandt hat (10, 36 u.ö.), wie der g.e »Gesandte« dargestellt. Er ist ihm um so ähnlicher, als sein Werk nur in seiner Verkündigung des unsichtbaren Vaters (1, 18; 14, 9) in Wort und Tat besteht, dessen Worte er redet (3, 34; 14, 10 u.ö.). Nur die, welche Gott in Jesus erkennen (6, 69; 10, 38; 14, 7 u.ö.), werden gerettet (6, 44 u.ö.) - dem entspricht, daß die G. die Rettung an das Erkennen Gottes bindet, das den Pneumatikern vorbehalten ist. Der auch in den Gegensätzen von Licht-Finsternis (1, 5 u.ö.), Wahrheit-Lüge (8, 44), oben-unten (8, 23), »von Gott« - »vom Teufel« (8, 42-44) zum Ausdruck kommende → Dualismus (: II, 3) ist der G. vertraut. - Dagegen weiß Johannes nichts vom Fall göttlicher Seelenteile in die Materie und von planetarischen Zwingherren: der → Logos (: II) ist Schöpfungsmittler (1, 3). Den »Fürsten dieser Welt« erwähnen zwar 12, 31; 14, 30; 16, 11; aber konkret wird die Macht der Finsternis innerhalb des Kosmos in den ungläubigen Juden. Vor allem aber unterscheidet zweierlei Johannes von der G.: einmal bindet er das Heil an das Wort des historischen Menschen Jesus von Nazareth und nicht an eine mythische Gestalt, die nur den Gewissensruf verkörpert; ferner verkündet Jesus (der ja Gottes Worte redet!) nicht die Identität eines Seelenfunkens mit Gott, so daß Gottes- und Selbsterkenntnis identisch würden, sondern den gnädigen Gott: »Ich bin das Licht der Welt« (8, 12), »Ich bin das Brot des Lebens« (6, 48 usw; vgl. auch 3, 16). Den g.en Schlüsselbegriff γνῶσις benutzt Johannes nie.

4. Nach der Apostelzeit verschärft sich der Gegensatz zur G., obwohl sie sich noch in den Gemeinden hält. Der Verfasser der → *Apostelgeschichte* gibt → Simon Magus 8, 10 den (nicht ganz verstandenen) g.en Titel »große Kraft« und läßt 20, 29f erkennen, daß die außer- und innerkirchliche G. bedrohlich wird.

5. Der → *Kolosserbrief* setzt wahrscheinlich eine judenchristliche G. voraus, die zwar Christus das Erlösungswerk zuspricht, aber die Verehrung der mit ihm das Pleroma bildenden (vgl. 1, 19; 2, 9f) Elementarmächte (στοιχεῖα τοῦ κόσμου 2, 8. 20) fordert: bestimmte Tage und Speisen werden tabu (2, 16-23). Sie deutet die Beschneidung als symbolisch-reales »Ausziehen des Fleischesleibes« (vgl. 2, 11) und verlangt sie darum (Schmithals versteht auch die galatischen Irrlehrer als solche G.er). Demgegenüber weist Kol nach: a) Christus ist als εἰκὼν τοῦ θεοῦ τοῦ ἀοράτου auch Schöpfungsmittler und schon damit allen Mächten übergeordnet, b) die → Taufe gibt Anteil am Sterben Jesu: sein ans Kreuz genagelter Fleischesleib ist der alte Mensch und damit Herrschaftsgebiet der Elementar- und Sternenmächte und (als dem Gesetz unterworfene σάρξ) der Schuldschein gegen uns. Indem Christus diesen Leib »auszieht«, werden die στοιχεῖα entmächtigt (2, 11-15). Hier und in 1, 17 wird die g.e Vorstellung vom Erlöser als dem mit dem Kosmos identischen → Urmenschen benutzt, aber verchristlicht.

6. Der → *Epheserbrief* setzt diese Verkirchlichung fort, auch an den Aussagen des Kol: Der g.e Gedanke der Scheidewand, die den Aufstieg der Seelen zum Pleroma hindert, wird 2, 14-16 zum von Christus beseitigten μεσότοιχον zwischen Juden und Heiden. In 4, 8-10 wird die g.e Lehre von Niederfahrt und Aufstieg des Erlösers erkennbar, der 2, 15 als »neuer Mensch«, 4, 13 als ἀνὴρ τέλειος = Urmensch erscheint. Auch die Aussagen über Christus als Haupt des Leibes (4, 3f. 12; 5, 23) zeigen Spuren der g.en ἄνθρωπος-Lehre. Verwandt mit g.en Vorstellungen sind die Aussagen über die Kirche als himmlischen Bau (2, 20-22) und ihre Beziehung zur Weisheit (3, 8-10).

7. Diese Verkirchlichung g.en Gutes beobachten wir auch im → *Hebräerbrief*, am deutlichsten im Gegensatz von νήπιοι und τέλειοι 5, 14 und in der Ineinssetzung von καταπέτασμα 10, 20 (das wie μεσότοιχον Eph 2, 14 gedeutet wird) mit dem Fleischesleib Jesu.

8. Die → *Pastoralbriefe* gehen (abgesehen von 1Tim 4, 3; 2Tim 2, 18) nicht mehr auf die g.e (1Tim 6, 20) Irrlehre (Tit 3, 10!) ein, sondern verbieten die Auseinandersetzung damit (1Tim 6, 20; 2Tim 2, 16; Tit 3, 9), da sie nur zu nutzlosem Streit führe (1Tim 1, 4 u.ö.) und sogar zur Ausbreitung der Irrlehre beitrage (2Tim 2, 16f). Dafür wird einfach die kirchliche Lehre als die »gesunde« hingestellt (1Tim 1, 10; 2Tim 4, 3; Tit 1, 9 u.ö.). Widerspruch gegen sie verstößt gegen die Wahrheit (2Tim 2, 18), den Verstand (νοῦς: 1Tim 6, 5; 2Tim 3, 8; Tit 1, 15), das Gewissen (1Tim 1, 19; 4, 2; Tit 1, 15). Die Irrlehrer sind also Betrüger (2Tim 3, 13), heuchlerische Lügner (1Tim 4, 2); sie handeln aus Gewinnsucht (1Tim 6, 5). Unter diesen Umständen wird der Inhalt der Irrlehre nur noch gelegentlich angedeutet: Nach 2Tim 2, 18 ist die Auferstehung schon geschehen (vgl. oben unter 1 die korinthische Irrlehre!); nach 1Tim 4, 3 soll man sich der Ehe und gewisser Speisen enthalten; 1Tim 5, 23 deutet auf ein g.es Weinverbot hin. All das hängt zusammen: die Auferstehung betrifft nach der g.en Irrlehre nur den Geist, nicht den Leib, der vielmehr zum materiellen, gottfremden Kosmos gehört. Die Bindung an diesen leiblichen Bereich wird darum nach Möglich-

keit eingeschränkt. Weil das Geschlecht nur zur leiblichen Existenz gehört, lassen die G.er Frauen als Lehrer zu (1Tim 2, 12 richtet sich dagegen). Tit 1, 10ff; 3, 9, aber auch 1Tim 1, 7; 4, 3 lassen auf g.e Judenchristen schließen, die nicht ohne Erfolg, bes. bei Frauen, werben. Die μῦθοι (1Tim 1, 4; 4, 7; 2Tim 4, 4) werden Tit 1, 14 ausdrücklich Ἰουδαϊκοί genannt. Sie und die γενεαλογίαι (ἀπέραντοι 1Tim 1, 4) Tit 3, 9 werden g.e Ableitungen der Pleroma-Mächte im Stil von Irenäus haer. I, 30, 5 sein und ohne Beziehung zu tôl^{e}dôt 1QS III, 13, 19; IV, 15 = »Ursprünge«. Tit 3, 10 ordnet Exkommunikation eines αἱρετικὸς ἄνθρωπος nach zweimaliger Ermahnung an.

9. Der in den 2. → *Petrusbrief* aufgenommene → *Judasbrief* polemisiert gegen in die Gemeinde eingedrungene G.er, welche die Engelmächte verachten und sich darüber erhaben dünken (V. 8); sie werden in Umkehrung ihres Anspruchs ψυχικοί genannt (V. 19). Moralische Vorwürfe und Gerichtsandrohung unter Verwendung at. τύποι (u.a. Bileam, V. 11) ersetzen die Widerlegung der g.en Lehre.

10. Die Sendschreiben der → *Johannesapokalypse* wenden sich in 2, 2. 6. 14-16. 20-24 gegen eine g.e Irrlehre, welche »die Tiefen des Satans zu erkennen« beansprucht (2, 24). Diese → »Nikolaiten« (2, 6. 15) - als ihre at. Vorbilder sind Bileam (2, 14) und Isebel (2, 20) genannt - halten sich in den Gemeinden von Pergamon (2, 14) und Thyatira (2, 20-24), wo eine Prophetin sie leitet (2, 20). In Ephesus hat man die g.en Apostel (vgl. 3Joh 5f. 10) abgewiesen (2, 2). Der Vorwurf der πορνεία (2, 14. 20-23) wird auf g.en Libertinismus zielen.

11. Das Verhältnis des 1. → *Johannesbriefes* zur G. ist schwer zu bestimmen, weil die Einheitlichkeit des Briefes umstritten ist. Die These, eine vorchristliche g.e Vorlage sei bearbeitet aufgenommen (Bultmann), haben Braun, Käsemann und Nauck - in verschiedener Weise - korrigiert. Jedenfalls liegt die Annahme näher, daß der Verfasser christlich-g.e Vorstellungen übernommen, aber verkirchlicht hat. Bes. deutlich wird das an 3, 9: »Jeder aus Gott Gezeugte tut keine Sünde, weil sein Same in ihm bleibt.« Solche Verkirchlichung g.en Gutes aber schließt den Kampf gegen G.er nicht aus, der vielmehr offensichtlich in 2, 18-27; 4, 1-6; 5, 1. 5-8, wahrscheinlich aber darüber hinaus, zunächst unmerklich, in der Paränese geführt wird. Die g.en Irrlehrer behaupteten, daß sich der Gottessohn vor dem Kreuzestod von dem Menschen Jesus getrennt habe (5, 6): hätte sich das göttliche Christuswesen ganz mit dem Menschen Jesus geeint, so wäre es nach der g.en Voraussetzung selbst der bösen materiellen Welt verfallen gewesen. Die Irrlehrer erkannten die Logik des Briefes, daß mit »Jesus Christus« auch der Vater verlorengehe (2, 23), freilich nicht an, sondern behaupteten, »den Vater zu haben« (2, 23), der für sie durch die antidoketische Lehre gerade mit in die Materie hineingezogen wurde. So hielten sie sich für echte Christen, obwohl sie anscheinend die Gemeinde verließen (2, 19). Wahrscheinlich glaubten sie, dank des Geistes jenseits der Sünde zu stehen, »im Lichte zu sein« (2, 9); das ließ sie gegen das Liebesgebot gleichgültig werden (2, 9; 5, 1).

Käsemanns These, daß Diotrephes (3Joh 9f) gegen den Verfasser der drei Briefe (und seine Anhänger) mit Exkommunikation vorging, weil er in ihm einen G.er sah, verdient Beachtung und ist angesichts der Übernahme g.en Gutes nicht unwahrscheinlich.

Warum lehnt man nun die G. so scharf ab? Ihr Nein zur leibhaften Welt zerreißt den Erlöser und stellt die Offenbarung in Frage, und ihr zu Libertinismus oder Askese neigender ekstatischer Geist wird einer Kirche unheimlich, die lieber ihrer → Tradition (: V; später ihrem → Amt [: II, 4]) vertraut und sich mit der Welt und deren Ordnungen abzufinden begonnen hat.

Vgl. außer den Kommentaren zu den nt. Schriften: W.Lütgert, Freiheitspredigt u. Schwarmgeister in Korinth, 1908 - R.Bultmann, Analyse des 1Joh (Festg. f. A.Jülicher, 1927, 138-158) - Ders., Das Urchristentum im Rahmen der antiken Religionen, (1949) 1954^{2} - Ders., Die kirchl. Redaktion des 1Joh (In memoriam E.Lohmeyer, 1951, 189-201) - Ders., NT - H.Schlier, Die Erlösung des Menschen in urchristl. u. g.er Verkündigung (ThBl 7, 1928, 189-197) - Ders., Christus u. die Kirche im Eph (BHTh 6), 1930 - E.Käsemann, Leib u. Leib Christi (BHTh 9), 1933 - Ders., Das wandernde Gottesvolk (FRLANT NF 37), (1939) 1957^{2} - Ders., Ketzer u. Zeuge (ZThK 48, 1951, 292-311) - W.Bauer, Rechtgläubigkeit u. Ketzerei im ältesten Christentum (BHTh 10), 1934 - Dict. de la Bible, Suppl.-Bd III, 1938, 659ff - E.Schweizer, EGO EIMI (FRLANT NF 38), 1939 - Ph.Vielhauer, Oikodome, 1939 - L.Cerfaux, La gnose, essai théologique manqué (Irenikon 17, 1940, 3-20) - K.Stürmer, Judentum, Griechentum u. G. (ThLZ 73, 1948, 581-592) - J.Dupont, G. La connaissance religieuse dans les épîtres de Saint Paul, 1949 - H.Braun, Literaranalyse u. theol. Schichtung im 1Joh (ZThK 48, 1951, 262 bis 292) - G.Bornkamm, Die Häresie des Kol (Das Ende des Gesetzes, 1952, 139-156) - E.Haenchen, Gab es eine vorchristl. G.? (ZThK 49, 1952, 316-349) - H.Becker, Die Reden des JohEv u. der Stil der g.en Offenbarungsrede (FRLANT NF 50), 1956 - W.Schmithals, Die G. in Korinth (ebd 48), 1956 - Ders., Die Häretiker in Galatien (ZNW 47, 1956, 25-67) - H.J.Schoeps, Urgemeinde, Judenchristentum, G., 1956 - W.Nauck, Die Tradition u. der Charakter des 1Joh (WUNT 3), 1957 - G.Quispel, Het Johannesevangelie en de G. (NedThT 11, 1957, 173-203).

E.Haenchen

III. Christlicher Gnostizismus, dogmengeschichtlich

1. Christliche und allgemeine G. - 2. Ursprung und Eigenart - 3. Westliche, bes. ägyptische G. - 4. Östliche G. - 5. G. und großkirchliche Theologie

1. Die Begriffe »christliche G.« oder »Gnostizismus« dienen als zusammenfassende Bezeichnung für sehr verschiedenartige Lehren und Gemeinschaftsbildungen der ersten Jh.e nChr, in deren Mittelpunkt Christus als der Offenbarer des bis dahin teilweise oder völlig unbekannten obersten Gottes steht. Er brachte den Menschen Erkenntnis des Ursprunges und Zieles ihrer selbst und der Welt; und diese G. ist für die, die sie annehmen, → Erlösung (: IV, 2) von der Gefangenschaft durch die Wirklichkeit der materiellen Welt und des eigenen Körpers samt den Mächten, die beides geschaffen haben. Der enge Zusammenhang dieser Anschauungen mit der allgemeinen (→ Gnosis: I) und philosophischen (s. 3a) G. ist gar nicht zu bezweifeln; das geschichtliche Verhältnis der Lehrtraditionen zueinander ist aber umstritten. Das ist einmal eine Folge der Quellenlage: auch heute verfügen wir nur über wenige Originalschriften der G.er, meist sind wir auf polemische Referate der Kirchenväter angewiesen; schon dadurch läßt sich die Geschichte der G. schwer übersehen. Dazu kommt, daß der Begriff G. in der allgemeinen Religionsgeschichte nicht einhellig gebraucht wird; nimmt man zB die (von Jonas aufgewiesene) g.e Daseinshaltung (→ Gnosis: I, 3) als Maßstab, so fällt ein großer Teil der nach üblicher Terminologie nicht-g.en Antike, des Urchristentums samt der jüdischen → Apokalyptik (: II) unter diesen Oberbegriff und die christliche G. ist einfach ein Teil der allgemeinen G. Geht man dagegen von der Gestalt des g.en Erlösers und der Struktur g.er Mythen aus - was im Hinblick auf die christliche G. sachgemäßer ist -, so ergibt sich das methodische Problem: Wieweit ist es erlaubt, später in eindeutig g.em Zusammenhang vorkommende Motive bereits in frühen Texten als Bruchstücke eines noch älteren g.en Systems zu deuten? Es ist oft schwer zu entscheiden, ob eine bestimmte frühchristliche Schrift tatsächlich g. oder von der G. beeinflußt ist oder nicht. Die philosophische G. Alexandriens schließlich hat für die Geschichte der

christlichen G. zweifellos entscheidende Bedeutung gehabt, für ihren Ursprung aber kaum.

2. a) Trotz dieser Unsicherheiten kann aber nicht bestritten werden, daß es ursprünglich nichtchristliche G. gab, bei den Simonianern (→ Simon Magus) und vielleicht auch bei den Johannesjüngern. Andererseits hat aber die G. erst in den christlichen und nachchristlichen Systemen ihren prägnantesten Ausdruck gefunden. Nur hier ist der g.e Erlöser als Offenbarer bleibend konstitutiv; bei den Simonianern fällt er mit dem obersten Gott zusammen und kann später ausgeschieden werden. Da nun ein ursprünglicher, älterer g.er Erlösermythos, der von Christen, Simonianern (und vielleicht Johannesjüngern) je auf ihren Meister nach dessen Tod bezogen und dadurch umgebildet worden wäre, bis jetzt nicht nachgewiesen ist (anders Bultmann, Haenchen u.a.), spricht alles dafür, daß die gemeinsame Grundlage des jüdisch-synkretistischen Milieus, der g.en Daseinshaltung und des spätantiken → Weltbildes (: I D) es ermöglicht hat, Weg und Botschaft Jesu, Simons (und vielleicht des Täufers) in verwandter Weise zu interpretieren. Die christliche G. ist eine der ältesten Formen christlicher Theologie überhaupt und setzte anscheinend an der Deutung des Kreuzes an (1Kor 2, 8); hier zerbrach ihr die Einheit von Schöpfung, Gesetz, Erwählung Israels und der Erlösung durch Christus (in der judenchristlichen G. der → Pseudo-Clementinen wird nur die Einheit des Gesetzes und der Geschichte Israels aufgespalten).

b) Dem Ursprung der christlichen G. in jüdisch(-synkretistischem) Milieu entspricht es, daß ihre ältesten bekannten oder erschließbaren Formen wie andere christliche Theologien weithin mit jüdischem Material arbeiteten (Häretiker des Kol, der Past [→ Gnosis: II], der Ignatianen, → Satornil, → Cerdo u.a. bis hin zum Apokryphon des Johannes), es allerdings völlig umwerteten und daraus etwas Eigenes, den g.en Mythos schufen. Das Weltregiment der Engelmächte in den Planetensphären (vgl. → Apokalyptik) ist jetzt eine gottfeindliche Zwischenmacht, Christus hat es durch seine Auffahrt gebrochen und dadurch den zu ihm gehörenden Seelen den Weg in die himmlische Urheimat geöffnet. Dem korrespondieren die Vorstellung vom verborgenen Abstieg des → Erlösers durch die Planetensphären (in Umbildung und Weiterführung apokalyptischer und später gemeinchristlicher → Präexistenz-Aussagen) und Lehren von der Entstehung der Welt und des Menschen, die an jüdische Traditionen von der Beteiligung der Engel an der Schöpfung anknüpfen, jetzt aber darin Ungehorsam oder Unwissen sehen (Simonianer, Satornil u.a.). Der → Dualismus ist zunächst nicht radikal, Gott bleibt der Ursprung der Weltentstehung, aber die → Schöpfung entgleitet ihm. Auf ihn kann deshalb das eigentliche Ich des Menschen (Seele, Pneuma, das g.e »Selbst«) zurückgeführt werden. Im g.en Mythos war offenbar von vornherein eine letzte Identität von Gott, Erlöser und Selbst angelegt, auch wenn sie erst später bewußt und deutlich ausgesprochen wird. Sie führt zu einer fast physikalischen Soteriologie der Entmischung: Ziel ist die Heimkehr des g.en Selbst zu seinem Ursprung. Damit fällt die alte apokalyptische → Eschatologie samt der Auferstehungserwartung, die jetzt auf das Zur-Gnosis-kommen bezogen wird und deshalb für den G.er der Gegenwart und nicht der Zukunft angehört. Zugleich scheiden sich damit verschiedene Menschenklassen: die Pneumatiker, die »Erwählten«, deren Selbst erlöst wird, und die anderen, die »Hyliker«, die keinen göttlichen Funken, also nichts Erlösbares in sich tragen. Aber dieser Seinsunterschied offenbart sich eben nur in der Entscheidung für oder gegen die g.e Heilslehre. Hier zeigt sich auch, daß die G. ursprünglich einen von den → Mysterien-Religionen verschiedenen Ansatz hatte: Der Mensch hat nicht eigentlich auf Grund von Kulthandlungen am Schicksal des Erlösers teil, sondern das Selbst des G.ers findet durch die vom Erlöser verliehene G. aus eigener Kraft den Weg. Folge der Entfremdung zwischen Selbst und Welt ist meist auch eine doketische → Christologie (: I. II, 2b); der Erlöser durfte nicht so in die Materie verstrickt sein, daß er einen realen menschlichen, leidensfähigen Leib gehabt hätte.

c) Auch die G.er beriefen sich auf das AT (vgl. Ign Phld 8, 2), bes. die Gen. Schöpfung und Erwählung Israels gehören auch für sie zusammen, nun aber negativ gewertet; Jahwe wird zum Demiurg an der Spitze der Engel. Auch im 2. und 3. Jh. wird die Autorität und Inspiration des AT von → Marcion abgesehen eigentlich nicht bestritten. Man hört in ihm nur verschiedene Stimmen, neben der des obersten Gottes auch die des Demiurgen oder anderer Mächte (Apokr. Joh., → Ptolemäus' Lehrbrief an Flora, vgl. die Theorie der »Gefälschten Perikopen« der Ps.-Clementinen). Oft wertet die g.e Exegese dabei radikal um und sieht dann in der Paradieses-Schlange oder Kain die Träger der wahren Erkenntnis (→ Ophiten, → Kainiten). Je mehr sich die G. aber als die Überbietung aller innerweltlichen Antithesen verstehen lernt, desto klarer erkennt sie sich in Seth wieder, dem 3. Adamssohn nach Kain und Abel (Apokr. Joh., → Sethianer). Diese Auslegungen werden meist schematisch dem Auferstandenen in den Mund gelegt. Später sind auch G.er an der Produktion von Evangelien und Apostelschriften beteiligt (→ Apokryphen: II). Schließlich übernahm die G. weithin die kanonischen Evangelien, exegesierte sie aber nach ihren Methoden.

d) Die typische Gemeinschaftsform der G. ist im allgemeinen die »Schule« (anders im Osten, s. 3), dh kleine um einen Lehrer gescharte Gemeinden, in denen Frauen offenbar eine große Rolle spielten, ähnlich wie in der frühchristlichen Prophetie. Analog der Berufung auf Seth verstanden sie sich als das 3. Geschlecht jenseits von Juden und Heiden (→ Petruskerygma); ähnlich die Simonianer als Überbietung von Judentum und Christentum. In diesen Schulen wurden die exegetischen und sonstigen Traditionen esoterisch weitergegeben (→ Arkandisziplin), für die man sich auf Herrenjünger oder -jüngerinnen (bes. gern auf Frauen wie Maria Magdalena) oder Apostelschüler und Propheten berief. Die judenchristliche G. kann an der Gültigkeit des (gereinigten) Gesetzes festhalten (Ps.-Clementinen); sonst sind die G.er Antinomisten, da Gesetz und Schöpfung zusammengesehen werden. Die Folge ist meist eine mehr oder weniger radikale → Askese (: IV, 5; gegen Gen 1, 28), gelegentlich wohl auch sexueller Libertinismus; sicher ist dieser aber erst später bezeugt (→ Borborianer).

e) Zwischen christlicher G., nicht-christlicher G. und nicht-g.em Christentum lassen sich von Anfang an wechselseitige Einwirkungen erkennen. Dazu traten entsprechend dem Ursprungsmilieu Elementenspekulation und magische Praktiken, die der Seele nach dem Tode den Durchgang durch die Planetensphären ermöglichen sollten. Die G. ist die dem → Synkretismus am weitesten geöffnete Form des Urchristentums. Sie verbreitete sich von Palästina-Syrien aus bald nach Kleinasien (→ Cerinth), → Ägypten (: IV), Rom und dem übrigen Mittelmeergebiet, aber auch nach Osten. Dabei treten die Unterschiede zwischen westlicher und östlicher G. immer deutlicher heraus.

3. Im 2. Jh. gerät die griechisch-christliche Theologie in Nachfolge des hellenistischen Judentums weithin in den Bannkreis des mittleren → Platonismus und sucht in der → Apologetik (: II) die eigene Wahrheit mit Autoritäten zu decken, die auch den Heiden gültig sind. Da-

durch verlagert sich ihre Problematik von der Soteriologie stark auf die Gotteslehre (→ Gott: V) und Kosmologie (→ Schöpfung: IV). Dies alles trifft auch für die christliche G. zu, bes. in Ägypten.

a) Seit der frühen Kaiserzeit war → *Alexandrien* das Zentrum einer Erneuerung der platonischen Schulphilosophie, in der die Skepsis dadurch überwunden wurde, daß man die Erkenntnis des Transzendenten auf himmlische Erleuchtung, insofern also Offenbarung zurückführte. Der νοῦς des Menschen wird aus einem eigenständigen Erkenntnis-Organ zum Organ für den Empfang der → Offenbarung, ja zur himmlischen Gabe an den Wissenden, die ihm den Weg zum Himmel öffnet. Philosophie wird ein Heilsweg in Analogie zu den Mysterienreligionen, deren Begriffe spiritualisiert in die philosophische Sprache eingehen, so aber wieder auf die Kulte zurückwirken. Diese Offenbarungslehren werden als Schultradition weitergegeben; als ihre Quelle gelten autoritative Schriften der Frühzeit. Das führt einerseits zum → Eklektizismus, andererseits zum Zwang immer neuer Interpretation. Diese »philosophische G.« steht deutlich unter der Einwirkung des hellenistischen Judentums und wird sicher zuerst bei → Philo greifbar; am klarsten ausgeprägt ist sie in den hermetischen Schriften (seit dem 2.Jh., vielleicht stellenweise schon christlicher Einfluß; → Hermetica), den Chaldäischen Orakeln und → Numenius und führt schließlich zum → Neuplatonismus.

b) Seit dem 2.Jh., vielleicht auch schon früher, hat diese philosophische G. begonnen, Begriffe und Denkformen der christlichen G. zu prägen. Die g.en Schulen treten dadurch in Analogie zu Philosophenschulen und Mysterienvereinen. Die wichtigste Folge ist die Möglichkeit zu einem neuen Verständnis der g.en Mythen. Jetzt wird philosophisch über die Entfaltung der Gottheit zum Pleroma spekuliert (Irenäus, adv. haer. I, 11, 3 u.a.), das nun dem κόσμος νοητός entspricht. Νοῦς wird die geläufigste Bezeichnung für das g.e »Selbst«. Die Gestalten des Mythos verlieren ihren Realitätscharakter und können zu bloßen Symbolen werden. Die Wahrheit ist nur noch im Bilde aussagbar, und Mythenbildung wird eine Form der Theologie (so bes. bei → Valentin).

c) Neben diese Spiritualisierungstendenz tritt die synkretistische Vergröberung. Auch die christliche G. beruft sich nun auf außerchristliche Offenbarung. Philosophische Texte, Homer und Mysterienmythen werden nach der an der Bibel erprobten Hermeneutik allegorisch interpretiert (→ Allegorie: I), dh sie werden nicht wie in der → Stoa und der philonischen Bibelexegese entmythisiert, sondern belegen gerade den g.en Mythos (Naassener, Baruch-Buch Justins u.a.). In der so entstehenden vulgären G. ist es sogar möglich, daß eine Mysteriengottheit zur Offenbarergestalt christlicher G.er wird (→ Karpokrates). Auch sakramentale Praktiken werden übernommen.

d) Dagegen setzt schon in der 1. Hälfte des 2.Jh.s eine Gegenbewegung ein: die großen Systeme des → Basilides und → Valentin greifen auf die gemeinchristliche Tradition zurück. Basilides schreibt sogar die sich von unten nach oben entfaltende Schöpfung dem wahren Gott zu, kennt dafür aber keinen Fall mehr. Valentin geht vom Sophia-Mythos aus (→ Weisheit), der in Ägypten am stärksten verbreiteten Form der G. (→ Barbelo-Gnostiker). Er sieht in der Sophia aber nicht mehr nur das Symbol von Fall und Erlösung der Seele oder der Welt zur Kirche, sondern auch der menschlichen Weisheit, die am Kreuz zuschanden wird (Quispel). Die G. wird bei diesen Alexandrinern fast zur Theologie einer christlichen Bildungswelt oberhalb des schlichten Glaubens der »Psychiker«, für die nun auch in beiden Systemen Raum geschaffen wird. Die nächsten Generationen gehen teils den Weg zur vulgären G. zurück, teils schließen sie sich noch enger an die gemeinchristliche Theologie an. Hier entstehen dann die ersten großen Evangelienkommentare (Basilides, → Herakleon). Schließlich vollziehen die großkirchlichen Lehrer → Clemens und → Origenes für die Gebildeten das Werk einer Heimholung der g.en Tradition. Nur die vulgäre G. lebt bei den → Kopten noch länger fort (zB → Pistis Sophia). Ein gutes Beispiel für den hier im 3./4.Jh. verbreiteten hemmungslosen Synkretismus zwischen christlicher, nichtchristlicher und philosophischer G. gibt die um 1946 bei Nag Hammadi aufgedeckte koptisch-g.e Bibliothek.

4. Demgegenüber hat die *östliche* G. wesentliche Besonderheiten aufzuweisen. Einmal ist hier stärker, doch ebenfalls nicht ausschließlich, der Anthropos-Mythos verbreitet (schon → Satornil), der formal an jüdische Adam-Spekulationen anknüpfen mag (Quispel), dahinter aber an allgemein-orientalische → Urmensch-Vorstellungen. Auch das christologische Schema des »wahren Propheten« in der judenchristlichen G. der → Elkesaiten und hinter den Ps.-Clementinen gehört in diesen Zusammenhang. Wichtiger ist, daß hier g.es und nicht-g.es Christentum viel länger unscheidbar ineinander lagen als im Westen (vgl. etwa → Salomo-Oden und die alten Apostelakten). → Tatian und → Bardesanes galten hier noch lange als Kirchenväter und nicht als Häretiker. Umgekehrt gibt es hier dann auch eine G., die sich nicht als »Schule«, sondern als »Kirche« versteht. Das gilt schon für → Marcion, der zwar Kleinasiat war (doch → Kleinasien gehört im 2.Jh. eng mit → Syrien zusammen), dessen Kirche aber vor allem im Osten Wurzel faßte. Bei den → Mandäern und durch → Mani wird die G. zur eigenen Religion, die ihre jüdischen und christlichen Ursprünge hinter sich läßt. Jetzt erst wird der g.e Mythos radikal-dualistisch (iranischer Einfluß) und gewinnt zugleich seine prägnanteste Form.

5. Die christliche G. war von ihren Anfängen an umstritten; Paulus, die Past, Johannes setzten sich mit ihr auseinander (→ Gnosis: II), später → Ignatius und → Justin. In der Krise nach dem Ausgang des apostolischen Zeitalters war die G. mit ihrem Zerreißen der Einheit Gottes, der Trennung von Schöpfung und Erlösung, der Preisgabe der Geschichte und ihrem hemmungslosen Synkretismus zur tödlichen Gefahr für die Kirche geworden. Dennoch kam es erst spät im 2.Jh. zur Scheidung. Heidnische (→ Celsus, → Porphyrius, → Plotin) und jüdische Polemiker rechnen die G.er noch lange zu den Christen. Erst die Sammlung der nicht-g.en Gemeinden zur Großkirche um den nt. Kanon (bei den lateinischen Vätern auch die »regula«) als die echte, abgeschlossene, öffentlich zugängliche apostolische Tradition gegen deren immer neue Interpretation und alle Esoterik (→ Irenäus, → Tertullian, → Bibel: II B, 2. 3) leitete die Trennung zwischen Orthodoxie und G. ein. Verstanden haben die kirchlichen Häresiologen wie Irenäus, Tertullian, → Hippolyt, → Epiphanius ihre Gegner aber nicht, schon weil sie deren erkenntnistheoretischen Skeptizismus und die daraus folgende Methode (s. 3b) nicht teilten. Anders war es in Alexandrien (→ Alexandrinische Theologie). Hier standen Clemens und Origenes selbst in der Tradition der philosophischen G. und konnten deshalb die theologischen Probleme ihrer Gegner aufnehmen. Im lateinischen Westen scheint die philosophische G. noch bei → Lactantius (Wlosok) und → Konstantin (Kraft) nachzuwirken. In den großen Verfolgungen mögen G.er und Orthodoxe oft näher zusammengerückt sein (für Rom glaubt das Carcopino archäologisch nachweisen zu können). Die Ketzergesetzgebung des christlichen Reiches vollendete den Sieg der Großkirche. – Die

Entscheidungen des anti-g.en Kampfes sind für die Kirche grundlegend; doch sind einige der durch die G. gestellten Fragen gleichwohl bis heute nicht zur Ruhe gekommen, etwa die Frage nach Struktur und Wirklichkeitsbezug der dogmatischen Aussage, nach dem Verhältnis von Offenbarung und Überlieferung und nach einer der Bibel angemessenen → Hermeneutik.

Qu.: Die Fragmente der griech. G.er bei A.HARNACK, Gesch. der altchristl. Lit. I, 1893, 143ff; das Wichtigste bei W.VÖLKER, Qu. zur Gesch. der christl. G. (SQS NF 5), 1932; dt. Übers. in H.LEISEGANG, Die G., (1924) 1955⁴. - G.e Texte in kopt. Übers.: Evangelium Veritatis, ed. M.MALININE-H.-CH.PUECH-G.QUISPEL, 1956 - Evangelium nach Maria, Apokryphon des Johannes, Sophia Jesu Christi ed. W. TILL, Die g.en Schriften des kopt. Pap. Berol. 8502 (TU 60), 1955 - Pistis Sophia ed. C.SCHMIDT, Kopenhagen 1925 - Die beiden Bücher des Jeû, unbek. alt-g.es Werk, ed. DERS., G.e Schriften in kopt. Sprache aus dem Cod. Brucianus (TU 8, 1-2), 1892. Diese 3 Schriften dt.: Kopt.-g.e Schriften I, hg.v. C.SCHMIDT (GCS 13), 1905; 2. Aufl. hg. v. W.TILL (GCS 45), 1954. - Zu dem Fund von Nag Hammadi allgemein: J.-E.MÉNARD, Les manuscrits de Nag Hammadi, étude bibliographique (BiOr 13, 1956, 2-6) - Photogr. Ausg.: Coptic Gnostic Papyri in the Coptic Museum of Old Cairo I, ed. P.LABIB, Kairo 1957. - Speziell zum »Codex Jung«: H.-CH.-PUECH-G.QUISPEL, Les écrits gnostiques du Codex Jung (VigChr 8, 1954, 1-51) - DIES., Le quatrième écrit gnostique du Codex Jung (ebd 9, 1955, 65-102). - Zu den antihäret. Schriften der Kirchenväter vgl. die Spezialartikel. - Lit.: Außer der Lit. zu → Gnosis: I. II u. bei den Spezialartikeln vgl.: E.DEFAYE, Gnostiques et Gnosticisme. Etude critique des documents de Gnosticisme Chrétien aux IIe et IIIe siècles, (1913) 1925² - RGG³ II, 1276ff - G.QUISPEL, Philo u. die altchristl. Häresie (ThZ 5, 1949, 429-436) - DERS., Der g.e Anthropos u. die jüd. Tradition (ErJb 22, 1954, 195-234) - W.TILL, Die G. in Ägypten (La Parola del passato 12, 1949, 232-250) - H.KRAFT, G.es Gemeinschaftsleben (Theol. Diss. Heidelberg), 1950 (Masch.; vgl. ThLZ 75, 1950, 628) - DERS., Gab es einen G.er Karpokrates? (ThZ 8, 1952, 434-443) - DERS., ΟΜΟΟΥCΙΟC (ZKG 66, 1955, 1-24) - E.HAENCHEN, Das Buch Baruch. Ein Beitr. z. Problem der christl. G. (ZThK 50, 1953, 123-158) - R.M.GRANT, The earliest Christian Gnosticism (ChH 22, 1953, 81-98) - W.H.C.FREND, The gnostic sects and the Roman Empire (JEH 5, 1954, 25-37) - H.SCHLIER, Das Denken der frühchristl. G. (Nt. Studien f. R.Bultmann [BZNW 21], 1954, 67-82) - R.MCL.WILSON, Gnostic origins (VigChr 9, 1955, 193-211) - DERS., Gnostic origins again (ebd 11, 1957, 93-110) - H.A.WOLFSON, The philosophy of the Church Fathers I, 1956, 495ff - J.CARCOPINO, De Pythagore aux Apôtres, 1956 - EKL I, 1610ff - R.M.GRANT, The letter and the Spirit, 1957 - A.WLOSOK, Lactanz u. die philos. G. Unters.en zu Gesch. u. Terminologie der g.en Erlösungsvorstellung (Phil. Diss. Heidelberg), 1957 (Masch.) - G.STREKKER, Das Judenchristentum in den Pseudoklementinen (TU 70), 1958. - Weiteres bei ALTANER⁵ 110ff. *G.Kretschmar*

Goa, portugiesische Kolonie mit 235 000 kath. Einwohnern (37% der Bevölkerung) an der Westküste Indiens, die heute die Aufhebung des Kolonialstatuts erstrebt (vgl. Karte bei → Indien). Alt-G. auf der Insel Tissuar, wo → Xavier in der Kirche Bom Jesus bestattet ist, ist eine malariaverseuchte Ruinenstadt. - 1511 von Albuquerque endgültig erobert, wurde G. als Suffragan von Funchal *Bistum* mit der Jurisdiktion über alle, auch künftigen Besitzungen Portugals vom Kap der Guten Hoffnung bis Japan. Seit 1558 *Erzbistum,* umfaßte es die Suffragane Kotschin und Malakka, zu denen 1576 Macao, 1588 Funay, 1600 Angamale, 1606 Mailapur, 1612 die Prälatur Mozambique und 1690 die Bistümer Peking und Nanking kamen (vgl. Karte bei → Japan). Von 1557-1774 wütete die Inquisition in G. Die Bekehrung der höheren Kasten, bes. der Brahmanen, wurde erzwungen, oft mit Gewalt. Um 1600 soll G. christlich gewesen sein. Auch als Portugal das weite Gebiet unter der Jurisdiktion G.s nicht mehr zu missionieren vermochte, behauptete es seine Ansprüche gegenüber Rom, das der Behinderung der Mission entgegenwirkte. Es kam 1838 zum »goanesischen Schisma«, das 1886 dadurch beendet wurde, daß portugiesische und päpstliche Mission nebeneinander bestehen blieben. Der Erzbischof von G. erhielt den Titel eines *Patriarchen* von Ostindien. 1928 hob ein Abkommen zwischen Lissabon und dem Vatikan die doppelte Jurisdiktion durch Teilung der Interessensphären auf. 1950 wurde der portugiesische Patronat auf die Grenzen der Kolonie beschränkt.

L.CONTZEN, G. im Wandel d. Jh.e, 1902 - J.RICHTER, Indische Missionsgesch., (1906) 1924² - A.JANN, Die kath. Missionen in Indien, China u. Japan, 1915 - AAS 20, 1928, 130-132. 247f - Kath. Missionen 1928, 209; 1951, 25f. 139-142; 1953, 187f; 1955, 141-144 - LThK IV, 558f - A.C.G.DA SILVA CORREIRA, História da colonização portuguesa na India, 3 Bde, Lissabon 1948-51 - A.BAIÃO, A Inquisição de G., Lissabon 1949 - EC VI, 882f (Lit.) - E.MARINI, G., Fribourg 1957. *G.Rosenkranz*

Goar, 1. *der Heilige* († um 575), Priester aus vornehmem aquitanischem Geschlecht, baute unter dem Frankenkönig Childebert I. (511-58) an der Stelle des heutigen Städtchens St.G. am Rhein eine Zelle, trieb Heidenmission und bewirtete die Rheinschiffer. Ins Reich der Legende gehört die Erzählung, daß er wegen seines Verkehrs mit den heidnischen Schiffern bei dem Trierer Bischof Rusticus (der übrigens historisch nicht sicher nachweisbar ist) angeklagt worden sei und sich durch Wundertaten gerechtfertigt habe. Im 8.Jh. kam G.s Zelle an das Kloster Prüm; seit dem Ende des 11.Jh.s war St.G. ein Chorherrenstift, das 1527 durch den Landgrafen von Hessen säkularisiert wurde.

Vita: AS Jul. II, 333ff - MG SS XV, 361ff - MG SS rer. Merov. IV, 402ff - RE VI, 738 - BRAUN, TA 299f. *O.Rühle*

2. *Jacques* (1601-54), * in Paris, trat in den Dominikanerorden ein und erhielt die Erlaubnis, sich in Griechenland aufzuhalten, um seine Kenntnis der griech. Sprache zu vervollkommnen (1631 in Chios). Hier bildete er sich nicht nur zu einem bedeutenden Kenner der griech. Liturgie heran, sondern seine umfassenden Kenntnisse ließen ihn auch geeignet erscheinen, neben Fr.Combéfis, Ph.Labbe u.a. am Pariser Corpus der byzantinischen Geschichtsschreiber mitzuarbeiten. 1637 wurde G. Prior von St.-Sixte und ging 1642 nach Paris, wohin er nach einem kurzen Aufenthalt in Rom (1643) i.J. 1644 zurückkehrte. 1653 wurde er Generalvikar seines Ordens. Seine Arbeiten sollten dem Ziele der Union der griech. Kirche mit Rom dienen. G.s noch heute unentbehrliches Euchologion (→ Gottesdienst: V A, 2) enthält Handlungen und Gebete der Sakramente und Riten der griech. Kirche. Der russische Liturgieforscher A.A. Dmitrijevskij wollte es umgearbeitet neu herausgeben.

DACL VI/1, 1368ff. *K.Onasch*

Gobel, *Jean-Baptiste* (1727-94), franz. Bischof der Revolutionsära, * in Thann (Elsaß), gründete als Bischof von Lydda (1772) und Titularbischof von Basel ein franz. Teilbistum im Oberelsaß. Im Streit um die → Constitution civile du clergé stand er auf der Seite der radikalen »Konstitutionellen« und leistete als einer der ersten Geistlichen den Bürgereid (→ Frankreich: I, 7). 1791 zum Bischof von Paris ernannt, empfahl er u.a. den Klerikern die Priesterehe. In einer Schausitzung des Nationalkonvents (7.11.1793) legte er sein Bischofsamt zugunsten der neuen Vernunftreligion öffentlich nieder. 10 seiner Vikare folgten diesem Beispiel, das auch im Klerus Schule machte. Drei Tage darauf nahm er in Notre-Dame am Fest zu Ehren der Göttin Vernunft teil. Seine Haltung stand in schroffem Gegensatz zu der des konstitutionellen Bischofs von Blois, H. → Grégoire. Als sich die revolutionären Prinzipien weiter entwickelten, entging auch G. nicht dem Schafott.

A.MATHIEZ, Contributions à l'hist. relig. de la Révol. française, 1907 - P.PISANI, L'Eglise de Paris et la Révolution I. II, 1908/09 - A.AULARD, Le culte de la Raison et le culte de l'Etre suprême 1793 bis 1794, 1909 - G.GAUTHEROT, G., évêque constitutionnel de Paris, 1911 - A.LATREILLE, L'Eglise cathol. et la Révolution française I. II, 1946/50 - J.CALMETTE, Les Révolutions, 1952. *R.Voeltzel*

Goblinus († 1386), Bauernsohn aus Großscheuern, 1349 Pfarrer von Schellenberg, dann von Großau (alles bei Hermannstadt/Sibiu in → Siebenbürgen), wird 1376 von Papst → Gregor XI. zum Bischof von Siebenbürgen (Alba Julia, Weißenburg) ernannt und war der einzige Deutsche (Siebenbürger Sachse) unter den dortigen kath. Bischöfen während des MA. G. war Vertrauensmann des ungarischen Königs in Transsilvanien, setzte sich aber ebenso tatkräftig für seine Landsleute ein. Bes. wichtig war seine Mitwirkung bei der Festsetzung der Hermannstädter Zunftordnung von 1376.

ADB IX, 301f - F.TEUTSCH, Gesch. der ev. Kirche in Siebenbürgen I, Hermannstadt/Siebenbürgen 1921. *H.Zimmermann*

Goch, *Johann Pupper von* → Pupper, J.v.G.

Godesberger Erklärung → Kirchenkampf.

Godet, *Frédéric* (25.10.1812 bis 29.10.1900), ref. Theologe, * und † in Neuchâtel, 1836-50 Vikar des Bezirks Val-de-Ruz, dazwischen 1838-44 Kaplan des preußischen Königs und Lehrer des Prinzen Friedrich Wilhelm, späteren Kaisers Friedrich III. 1851-66 war er Pastor in Neuchâtel, gleichzeitig Prof. der at. und nt. Exegese an der Fakultät der früheren Neuchâteler Kirche, 1873-87 Prof. der nt. Exegese an der Fakultät der Eglise évangélique indépendante, an deren Gestaltung er sich aktiv beteiligte. G. war einer der großen ref. Theologen des 19. Jh.s; sein Einfluß reichte weit über das französische Sprachgebiet hinaus, bes. durch seine vielfach übersetzten Kommentare. Von der Inspirationslehre und dem Buchstabenglauben ebenso entfernt wie vom Liberalismus und Rationalismus, wurde der exakte Wissenschaftler zum Zeugen der biblischen Wahrheit von der Offenbarung der vollen Gottheit und Menschheit Jesu Christi.

Vf. u.a.: Histoire de la Réformation et du Refuge dans le pays de Neuchâtel, 1859; Conférences apologétiques, 1869; Etudes bibliques AT, (1873) 1900[6]; Etudes bibliques NT, (1874) 1899[6]; Introduction au NT, 2 Bde, 1893-1904. Kommentare zum JohEv ([2 Bde, 1864] 3 Bde, 1901[4]), LkEv (2 Bde, 1871), Röm (2 Bde, 1879), 1 Kor (2 Bde, 1886). - Vollst. Bibliogr. in: Livre d'Or de Belles-Lettres, Neuchâtel 1909. - Über G.: PH.E.GODET, F.G., 1913. *E.Terrisse*

Goebel, *Max* (1811-57), * in Solingen, † in Koblenz. Aus ref.-pietistischem Hause stammend, erfuhr G. seine theologische und kirchliche Prägung durch K.I. → Nitzsch in Bonn, dessen Erbe in der Redaktion der »Bonner Monatsschrift für die ev. Kirche der Rheinprovinz und Westfalens« er durch Eintreten für die Union und die presbyterial-synodale Verfassung antrat. Krankheit ließ ihn 1842 das Pfarramt in Siegburg aufgeben. Seine noch heute wertvollen historischen Studien wurden für die Erforschung des → Pietismus bahnbrechend und befruchteten das Selbstverständnis des rheinischen Protestantismus.

Vf. u.a.: Die religiöse Eigentümlichkeit der luth. u. der ref. Kirche, 1837 (Neuausg. 1907); Gesch. des christl. Lebens in der rhein.-westfäl. ev. Kirche I-III, 1849-60 (unvollendet). - Über G.: J.F.G. GOETERS, M.G. (Monatshefte f. ev. KG des Rheinlandes 8, 1959, 1 ff). *J.F.G.Goeters*

Göhre, *Paul* (18.4.1864 bis 6.6.1928), ev. Theologe, * in Wurzen, † in Buchholz b. Ratzeburg, Sohn eines Gerichtsexpedienten. G. zeigte schon als Student der Theologie Verständnis und Herz für die sozialen Fragen seiner Zeit. Dabei kam er immer mehr in Gegensatz zu dem von ihm erwählten Pfarrerstand, dem die Verbindung »Thron und Altar« selbstverständlich erschien und der die sozialen Mängel nicht sah oder wahrhaben wollte. G. wirkte von 1880-90 als Hilfsredakteur bei der → Christlichen Welt. Die Not in Kreisen der Heimarbeiter in Schönbach erregte sein Gewissen; so entschloß er sich - in der damaligen Zeit etwas Einzigartiges -, als cand. theol. in Chemnitz 3 Monate in einer Fabrik zu arbeiten. Sein Buch darüber machte ihn bekannt. Von 1891-94 war G. Generalsekretär des Ev.-Sozialen Kongresses (→ Evangelisch-sozial, → Christlich-sozial, 2b). Hier erarbeitete er 1894, zusammen mit Max → Weber, auf Grund von rd 1000 Fragebogen eine aufsehenerregende Untersuchung über die Lage der ostdeutschen Landarbeiter. 1894-97 war er Pfarrer in einer überwiegend von »kleinen Leuten« bewohnten Gemeinde in Frankfurt/O. und beschäftigte sich hier und später mit mannigfaltiger sozialer Arbeit (zB Gründung einer gemeinnützigen Baugenossenschaft, Eintreten für Konsum-Vereine). Seit 1890 nahm er sich der neuen ev. Arbeitervereine (→ Arbeiterbewegung) an. G. gehörte mit Fr. → Naumann zu den Mitbegründern des Nationalsozialen Vereins, in welchem er, bes. im Gegensatz zu R. → Sohm, den linken Flügel repräsentierte. Differenzen infolge der proletarischen Orientierung G.s (bes. nach der »Zuchthaus-Rede« Wilhelms II.) führten zu seinem Austritt. Als das neue Jh. begann, waren er und Chr. → Blumhardt der SPD beigetreten. G. hatte dabei in Sachsen seine Kämpfe mit den Radikalen und Atheisten. Seit 1903 in Mittweida, dann, nach Auseinandersetzungen mit der Parteileitung, in Zschopau, wurde G. in den Reichstag gewählt. Nach der Revolution machte man ihn, wohl auch wegen seiner temperamentvollen Betriebsamkeit, zum Unterstaatssekretär im Preußischen Kriegsministerium; 1919-23 kehrte er in ursprünglichere Bahnen zurück und bearbeitete als Staatssekretär im Preußischen Staatsministerium u.a. auch religiöse Angelegenheiten.

1901 hatte das Berliner Konsistorium gegen den schon länger beurlaubten G. ein Disziplinarverfahren eröffnet, worauf dieser auf die Rechte eines Geistlichen verzichtete, aber Anhänger der »Religion Jesu« bleiben wollte. 1906 brach G. zusammen mit seiner Frau vollständig mit der Kirche und forderte zum Massenaustritt auf. Gegen Ende seines Lebens stand G. vor der Frage seines Buches: »Der unbekannte Gott«. Man findet dort - nach viel schärferen früheren Äußerungen vor allem gegen alles Dogmatische - den stoischen Schlußsatz: »Liebe ist nicht mehr das Höchste in der neuen Religion, sondern die gelassene Entschlossenheit.« Achtunggebietend sind das christliche Leitmotiv des jungen Mannes wie auch seine spätere, alle Falschheit verabscheuende persönlich-kämpferische Offenheit.

Vf.: Drei Monate Fabrikarbeiter, 1891 (24 Tsd.); Berichte über d. Verhandl. d. Ev. Sozial. Kongr. 1891-94; Die Ev. Soziale Bewegung, 1896; Aufs. in den Zs.en: Wahrheit 1896/97, Hilfe 1898, Zukunft 1900ff; Wie ein Pfarrer Sozialdemokrat wurde, 1900 (üb. 350 Tsd.); Kirche im 19. Jh., 1902; Aufsätze in den Sozialist. Monatsheften 1902: D. relig. Problem des Sozialismus; Materialismus u. Religion; Christentum u. materialist. Gesch.s-Auffassung; 1904: Kampf um d. Schule; Schule, Kirche, Arbeiter, 1906; Das Warenhaus, 1907; Die neueste Kirchenaustrittsbewegung, 1909; Die dt. Arbeiterkonsumvereine, 1910; Der unbekannte Gott, 1919 (13 Tsd.); Deutschlands weltpolit. Zukunft, 1925. - Über G.: W.WENCK, Gesch. der Nationalsozialen, 1905, 51ff - K.VORLÄNDER, Sozialdem. Pfarrer (Archiv f. Sozialwiss. u. Sozialpolitik 30, 1910, 462-482) - H.DIERKES, D. ev. soziale Bewegung u. d. sozialdemokr. Arbeiter 1896-1914 (Diss. Freiburg), 1949, 79ff. *G.J.Neumann*

Göller, *Emil,* kath. Theologe, * 25.1.1874 in Berolzheim, † 29.4.1933 in Freiburg i.Br., 1900-09 Mitglied des Historischen Instituts der → Görres-Gesellschaft und des Preußischen Historischen Instituts in Rom, 1909-17 Prof. des Kirchenrechts, seit 1917 der KG in Freiburg, 1924 päpstlicher Hausprälat. G.s Hauptleistung ist die Erforschung der kirchlichen und kurialen Verfassungs- und Finanzgeschichte. Mit-Hg. von RQ und seit 1922 der Abhandlungen zur Oberrheinischen KG.

Vf. u.a.: Mitt. u. Unters.en über das päpstl. Register- u. Kanzleiwesen im 14.Jh., 1904; Der Liber taxarum der päpstl. Kammer, 1905; Die päpstl. Pönitentiarie von ihrem Ursprung bis zu ihrer Umgestaltung unter Pius V., 2 Bde, 1907/11; Repertorium Germanicum I, 1916; Die Einnahmen der apostol. Kammer unter Benedikt XII., 1920; Aus der Camera apostolica der Schismapäpste, 1925. - Über G.: H.FINKE, E.G. (HJ 53, 1933, 277-279). *Ernst Wolf*

Görres, *Joseph von* (1839), kath. Gelehrter und Begründer der modernen politischen Publizistik, * 25.1. 1776 in Koblenz, † 29.1.1848 in München. Sohn eines Holzhändlers, sympathisierte G. als Gymnasiast mit dem Geist der französischen Aufklärung und dem Freiheitsideal der Revolution, wandte sich aber angesichts der von ihm als erfolglosem Unterhändler auch in Paris erfahrenen politischen Wirklichkeit von ihr ab. Er wurde Lehrer der Naturwissenschaft an der Koblenzer Sekundarschule, ehelichte die geistig verwandte Katharina v. Lassaulx und entwickelte unter dem Einfluß → Herders in »Glauben und Wissen« 1805 die Idee einer Urreligion. 1806 habilitierte er sich in Heidelberg, las über Naturphilosophie, Literatur und Ästhetik und schloß sich dem Kreis der Romantiker an, befreundet mit A.v.Arnim und Cl. → Brentano, der bei ihm die Liebe zum deutschen Volkstum und zum MA weckte (»Die teutschen Volksbücher«, 1807), während er im Umgang mit Fr. Creuzer das Mythische entdeckte (»Mythengeschichte der asiatischen Welt«, 2 Bde, 1810). G. konnte sich aber in Heidelberg gegen den Rationalismus nicht durchsetzen und kehrte schon 1808 auf seine Stelle nach Koblenz zurück und damit zu seinem politischen Interesse, das er sowohl programmatisch - er entwirft eine überkonfessionelle und übernationale Kirche als politisches Ideal - wie gegen das napoleonische Joch und die Reaktion literarisch entfaltete. 1814 begann G. den »Rheinischen Merkur« herauszugeben, den Napoleon als »fünfte Macht« bezeichnete. Sein Eintreten für freiheitliche ständische Verfassung führte 1816 zum Verbot durch die preußische Zensur, nachdem Bayern, Baden und Württemberg vorangegangen waren. Die Flugschrift »Teutschland und die Revolution« (1819) gegen Absolutismus und Polizeistaat nötigte G. zu hastiger Flucht nach Straßburg. Gneisenau war vergeblich für ihn eingetreten. Durch deutsche Spione überwacht, von den Franzosen begrüßt, wandte er sich hier und in Bern wieder wissenschaftlichen Arbeiten zu (Übersetzung des Schah Nameh, 2 Bde, 1820) und näherte sich schrittweise der kath. Kirche (»Europa und die Revolution«, 1821). Die Reaktion erklärte seine Gedanken von Freiheit und Einheit Deutschlands für eine Grille (Fr. Gentz). 1827 berief Ludwig I. auf → Sailers Betreiben und gegen preußischen Einspruch G. auf eine Geschichtsprofessur nach München, wo sich ein Kreis reformerischer kath. Gebildeter, darunter auch I.v. → Döllinger, um ihn sammelte (Zeitschrift »Eos«, 1828-32). G. griff lebhaft in die politischen und kirchenpolitischen Kämpfe ein, mit seinem »Athanasius« 1838 in den → Kölner Kirchenstreit, 1848 in den Streit um den Hl. → Rock in Trier, vor allem mit den von ihm angeregten »Historisch-politischen Blättern« (1838-1923). Sein Name blieb in Preußen verpönt, aber aufs engste mit der Erneuerung des → Katholizismus in Deutschland verbunden, weniger auf Grund seiner wissenschaftlichen Leistung (»Christliche Mystik«, 4 Bde, 1836-42; 5 Bde, 1879/80; beeinflußt durch A. → Günther) als vielmehr durch seine Publizistik, die seinem rheinischen Temperament, seiner feurigen Sprachgewalt und seiner aufrechten, wahrheitsliebenden Entschlossenheit mehr entsprach.

Ges. Schriften hg.v. MARIE G.: Polit. Schr., 6 Bde, 1854-60; Briefwechsel, 3 Bde, 1858/74 - Krit. Ausg. der → Görres-Gesellschaft, 1926ff. - Über G.: RE VI, 744ff - R.REISSE, Die weltanschaul. Entwicklung des jungen G., 1926 - G.KALLEN, J.G. u. der dt. Idealismus, 1926 - G.-Festschr., 1926 - CH.RIELER, G.' sozialphilos. Anschauungen (Diss. Leipzig), 1927 - F.BORINSKI, G. u. die dt. Parteibildung, 1927 - H.HABERSACK, J.v.G., 1931 - LThK IV, 582ff (Lit.) - F.HIRTH, Der junge G., 1948 - H.MÜLLER, Die Idee der Universalkirche bei J.G., 1950 - R.SAITSCHICK, J.G. u. die abendländ. Kultur, 1953 (Bibliogr. u. Lit.). *Ernst Wolf*

Görres-Gesellschaft zur Pflege der Wissenschaft im kath. Deutschland, 1876 aus Anlaß des 100. Geburtstags von J. → Görres auf dem 24. Deutschen Katholikentag gegründet, Sitz in Bonn, fördert wissenschaftliche Forschung und Nachwuchs. Sie gliedert sich unter Ausschluß der Theologie in Sektionen (Geschichte, Rechts- und Staatswissenschaft, Sozial- und Wirtschaftswissenschaft, Philosophie, Kunstwissenschaften, Musikgeschichte, Altertumswissenschaft, Orientalistik, Volkskunde, Naturwissenschaft und Technik), besitzt Institute in Rom (Historisches Institut 1888), Madrid und Jerusalem sowie zahlreiche Publikationsorgane (HJ 77, 1958; PhJ 67, 1958; RQ 53, 1958; Span. Forschungen; OrChr; Collectanea Hierosolymitana; StL 1926-32^5, 1957ff^6; Kunstwiss. Jb.; Literaturwiss.Jb.; Kirchenmusikal.Jb. 42, 1958; Jb. für Psychologie und Psychotherapie 6, 1958) und große Editionsunternehmungen (Acta Concilii Tridentini [→ Tridentinisches Konzil]; Ges. Schriften von J.Görres). Über den Stand der Leistung unterrichten Jahresversammlung und Jahresbericht. 1941-48 war die G.-G. suspendiert. Zu ihren Präsidenten gehörten G.v. Hertling (1876ff), H.v.Grauert (1919ff), H. → Finke (1924ff); zZ H.Peters; kirchlicher Protektor ist zZ der Kölner Erzbischof Kard. Frings.

H.CARDAUNS, Die G.-G., 1901 - LThK IV, 585. *Ernst Wolf*

Görz (*Gorizia*), Erzbistum im Nordosten Italiens mit den 1828 vereinigten Suffraganbistümern → Triest-Capo d'Istria. Der größte Teil gehört seit 1947 politisch zu → Jugoslawien und hat deshalb einen Apostolischen Administrator »ad nutum Sanctae Sedis«. Die Grenzdiözese zwischen Österreichern, Italienern und Slowenen hat eine wechselvolle Geschichte hinter sich. Um den Streitigkeiten zwischen Österreich und der Republik Venedig ein Ende zu machen, wurden 1749 zunächst die österreichischen Gebietsteile zu einem Apostolischen Vikariat zusammengefaßt und nach Aufhebung der alten übergreifenden Kirchenprovinz → Aquileja 1751 zu einem Erzbistum mit den Suffraganen → Trient, Triest, Como und Pedena erhoben. Im Zusammenhang mit den Reformen → Josephs II. erfolgte eine völlige Neuordnung: das Erzbistum kam nach → Laibach, der widerstrebende Bischof wurde abgesetzt und statt G. wurde 1788 Gradisca Bistum. Bereits 1797 kam das Bistum nach G. zurück (seitdem offizieller Titel »G. und Gradisca«), 1830 auch das Erzbistum. Mit den Suffraganbistümern Laibach, Parenzo-Pola, Triest-Capo d'Istria und Veglia bildete es im alten Österreich bis zur Aufteilung 1919 die Illyrische Kirchenprovinz.

RGG^2 II, 1289 - LThK IV, 586f (Lit.) - EC VI, 932 (Lit.) - AnnPont 1958, 249 (statist. Angaben). *G.Maron*

Goes, 1. *Albrecht,* * 22.3.1908 in Langenbeutingen/Württemberg, Pfarrer und Dichter, entstammt einer schwäbischen Pfarrersfamilie. Neben dem Studium der Theologie (Berlin, Schöntal/Jagst, Urach, Tübingen) entfaltete G. schon frühzeitig eine literarische und journalistische Tätigkeit (ständiger Mitarbeiter an der »Frankfurter Zeitung«). 1938 Pfarrer in Gebersheim bei Leonberg, seit 1955 vorwiegend literarisch tätig, lebt in Stuttgart. – G. ist auch als Dichter »immer im Amt« (E.K. Münz). Auch das dichterische Wort, das ihm auf vielfältige Weise zu Gebote steht, stellt er in den unmittelbaren Dienst am Nächsten. Darum liegen ihm die großen literarischen Formen (Roman und Drama) ferner. Seine dichterische Kraft wird gespeist aus der Verantwortung für den Mitmenschen, sie entwickelt sich gleichsam aus dem Gespräch »von Mensch zu Mensch« und erfüllt sich im Laienspiel und in der → Lyrik, in der essayistischen Betrachtung und wohl am stärksten in der novellistischen Erzählung. Bei G.s tiefer Musikalität liegt der Vergleich mit dem großen schwäbischen Landsmann →Mörike nahe; doch ist G. weltoffener und menschennäher, er ist gleichsam ein Heimkehrer aus »Orplid«.

Laienspiele: Die Hirtin, 1934; Die Roggenfuhre, 1936; Vergebung, 1938; Der Zaungast, 1939; Der Weg zum Stall, 1940. - Lyrik: Gedichte 1930-1950, 1950. - Novellen: Unruhige Nacht, 1950; Das Brandopfer, 1954. - Essays: Die guten Gefährten, 1942; Der Mensch von unterwegs, 1949; Unsere letzte Stunde, 1951; Von Mensch zu Mensch, 1952; Freude am Gedicht, 12 Deutungen, 1952; Vertrauen in das Wort, 1953; Über das Gespräch, 1954; Erfüllter Augenblick, Auswahlband, 1955; Ruf u. Echo, Aufzeichnung 1951-55, 1956; Genesis, Zwölf Bilddeutungen, 1957; Hagar am Brunnen, Dreißig Predigten, 1958. - Über G.: E.K.Münz in: Christl. Dichter der Gegenwart, 1955, 415-425. *M.Greiner*

2. *Damiano de* (1502-74), portugiesischer Humanist und Geschichtsschreiber. Bereits als Knabe im Dienste des Königshauses, gewinnt G. später auf dienstlichen und privaten Reisen fast mit allen bedeutenden Männern seiner Zeit Kontakt, u.a. mit Luther, Melanchthon, Erasmus und Dürer. In Italien lernt er Ignatius von → Loyola kennen. Ein Amt als Erzieher des portugiesischen Kronprinzen konnte G. nicht übernehmen, da ihn S. → Rodriguez, zunächst erfolglos, bei der →Inquisition als Ketzer verklagt hatte. 1548 übernimmt G. die Leitung des Archivs Tôrre de Tombo in Lissabon. Rodriguez verklagt ihn erneut, aber erst als G. im Auftrage Heinrichs des Seefahrers die Geschichte von dessen Vater König Manuel geschrieben hatte, sorgten seine Feinde am Hofe für die Durchführung des Prozesses. 1571 wird er als Anhänger Luthers gefangen gesetzt. 1572 zu lebenslänglichem Gefängnis verurteilt, scheint er Anfang 1574 frei zu sein; denn er stirbt auf dem Weg zum Kloster Alcobaça.

Vf. u.a.: Commentarii rerum gestarum in India, 1539; Deploratio Lappianae gentis, 1541; Fides, religio moresque Aetiopum, 1544; Pro Hispania defensio, 1544; Urbis Lovaniensis obsidio, 1546; Urbis Ulyssiponis descriptio, 1554; Crônica de D.Manuel, 4 Bde, 1566/67; Crônica do Principe D.João, 1567. - Über G.: M.Bataillon, O cosmopolitismo de D. da G., Lissabon 1939. *L.Thomas*

Göschel, *Karl Friedrich* (7.10.1784 bis 22.9.1861), luth. Kirchenjurist, * Langensalza (Thür.). 1806 Rechtsanwalt, seit 1818 Oberlandesgerichtsrat in Naumburg/S., seit 1834 im Justizministerium in Berlin, 1845 Mitglied des Preußischen Staatsrats und Konsistorialpräsident in Magdeburg. Aus diesem Amte mußte er infolge der Revolution 1848 fliehen, ging nach Berlin und starb in Naumburg. – Nach seiner Bekehrung bemühte er sich, die Hegelsche Philosophie und das Christentum zu einer »christlichen Philosophie« zu verbinden in der Hoffnung, die »spekulative Philosophie könne in ihrem Fortgang an Licht und Bestimmtheit gewinnen, wenn sie sich entschiedener an Gottes Wort anschlösse«. Im Kampf um das Luthertum erwirkte er die »Generalkonzession« zur staatlichen Anerkennung des Altluthertums (→ Luthertum: III) in Schlesien und die Sammlung der verschiedenen luth. Provinzialvereine zum »Luth. Zentralverein« (1848).

Vf. u.a.: Cäcilius u. Octavius oder Gespräche über die vornehmten Einwendungen gegen die christl. Wahrheit, 1828; Aphorismen über Nichtwissen u. absolutes Wissen im Verhältnis zum christl. Glaubensbekenntnis, 1829. - Über G.: RE VI, 748ff - Hermelink I, 339. 436; II, 374. *H.Hohlwein*

Goethe, *Johann Wolfgang von* (28.8.1749 bis 22.3.1832)

1. Vieldeutbarkeit - 2. G.s religiöse Entwicklung - 3. Die christliche Rede als poetische Chiffre - 4. Deus sive natura - 5. Gott und Mensch - 6. Das Böse und das Dämonische - 7. Ethos; Kunst; Religion - 8. Christentum; Kirchen - 9. Unsterblichkeit

1. Kein Dichter hat die Religion der → Gebildeten so entscheidend geprägt wie G. Das freigeistige 19.Jh. pries in ihm den Religionsverächter und großen Heiden. D.F. → Strauß und E. → Haeckel berufen sich auf G. Der liberale Kulturprotestantismus sah im Dichter des »Faust« einen modernen Christen, während die neoklassischen Ausleger G.s Religion als eine neue Offenbarung des weltimmanenten Göttlichen und G. als Begründer einer vom Christlichen völlig gelösten »Weltfrömmigkeit«, ja eines neuen Heidentums preisen (Gundolf, Korff, Hildebrandt). Heute bemüht sich die Forschung um eine reinliche Scheidung zwischen christlichem Erbe und humanistischem Glauben. – Allgemein ist zu sagen: G. war immer in erster Linie Dichter und Naturforscher, nicht Philosoph oder Theologe. Seine ästhetisch-sensitive Veranlagung zieht symbolische Aussage begrifflicher Fixierung vor. Darum ist im Grunde der Streit um G.s Pantheismus oder Panentheismus müßig. Seine Autorität als Dichter hat eine Verabsolutierung auch seiner religiösen Aussagen zur Folge gehabt, gegen die er sich selbst am Ende seines Lebens gewehrt hat: »Jüngling merke dir in Zeiten, / Wenn sich Geist und Sinn erhöht: / Daß die Muse zu *begleiten,* / Doch zu *leiten* nicht versteht.«

Die Schwierigkeit, G.s Gedanken zu den Grundfragen des Lebens zusammenzufassen, liegt zT in äußeren Gründen, in der Fülle des überlieferten Stoffs aus allen Perioden seines langen Lebens; in der Verschiedenheit der Aussageweisen: privateste Äußerungen hier, symbolisch-verschlüsselte, poetische Einkleidungen dort. Die inneren Gründe aber liegen im Dichter selbst und in der Welt, wie er sie sieht. Bei den mannigfaltigen Richtungen seines Wesens könne er nicht an *einer* Denkweise genug haben, als Dichter sei er Polytheist, als Naturwissenschaftler Pantheist und als sittliche Persönlichkeit Monotheist (an Jacobi, 6.1.1813). Von jeher hat es ihm »Spaß gemacht, Versteckens zu spielen«. Dazu kommt eine ausgesprochene Scheu, sich über religiöse Fragen zu äußern, und leicht wird der Ernst ironisch überspielt. Der tiefste Grund von G.s Vieldeutbarkeit aber liegt in der Welt, wie G. sie sieht. Der Weltstoff ist zu reich, als daß mit *einer* Aussage die ganze Wahrheit sich fassen lasse: sie ist der *ganzen* Menschheit vorbehalten, und der Dichter fühlt sich in gewisser Beziehung als Repräsentant der ganzen Menschheit, deren Existenzerfahrungen er poetisch ausspricht. So stehen negierende, prometheische, mephistophelische Äußerungen (»Prometheus«) neben solchen tiefer Frömmigkeit (»Ganymed«, »Grenzen der Menschheit«), und es wäre falsch, ihn auf eine festlegen zu wollen. Die G.sche Konzilianz, die ein schroffes Entweder-Oder vermeidet und keine Tragik im absoluten Sinn zuläßt, entspringt aus seiner Überzeugung vom metaphysischen Grund der Welt selbst. Die Trennung zwischen Licht und Finsternis, die mit dem »Es werde« des Schöpfers einbrach, wird versöhnt: »Da erschuf er Morgenröte / ... Sie entwickelte dem Trüben / Ein erklingend Farbenspiel. / Und nun konnte wieder lieben / Was erst auseinanderfiel« (»Wiederfinden«). Die großen Gegensätze des Daseins sind *polar, nicht antithetisch* aufeinander bezogen: »Wem es nicht zu Kopf will, daß Geist und Materie, Seele und Körper, Gedanke und Ausdehnung ... die notwendigen Doppelingredienzien des Universums waren, sind und sein werden, die beide... zusammen wohl als Stellvertreter Gottes angesehen werden können, – der hätte das Denken längst aufgeben... sollen« (an Knebel, 8.4.1812).

2. Das reichsstädtische → Frankfurt (: I) der G.zeit ist lutherisch. Die Reformierten stellen eine wirtschaftlich und kulturell einflußreiche Schicht dar, sind aber, ebenso wie die Katholiken, vom Regiment ausgeschlossen. G.s Vater ist, wie seine Bibliothek ausweist, religiös aufgeschlossen; G.s Mutter, bibelfest, von »alttestamentlichem Gottvertrauen« erfüllt, zum Kreise der Erweckten des Pfarrers → Fresenius gehörend, läßt jedweden Glauben und jedwede Lebensweise gelten. Die Kinder werden luth. erzogen, verrichten kniend ihr Morgengebet, erhalten bei einem »guten, alten, schwachen Geistlichen«, dem Beichtvater des Hauses, Religionsunterricht, ohne daß Beichte und Abendmahl tiefere Eindrücke hinterlassen. Der Knabe schreibt »Poetische Gedanken über die Höllenfahrt Jesu Christi«, fühlt sich von der Poesie des AT angezogen, verfaßt ein Epos über den ägyptischen Joseph, Bruchstücke eines »Belsazar«, geistliche Oden und Gedichte. In »Dichtung und Wahrheit« stellt G. seine religiöse Entwicklung vereinfachend nach dem Schema der allgemeinen Religionsentwicklung der Menschheit dar, beginnend mit der Stufe der »natürlichen«, fortschreitend zur »geoffenbarten« Religion, endend bei der spiritualistischen Gottesverehrung ohne Bild, die dem Wechselgespräch »mit der Natur in unserem Busen« entspringt und sich in erhabenen »riesenhaften« Gefühlen darlebt. In Leipzig, wo der Student mit der → Aufklärung (: I. II) bekannt wird, lösen sich die schwachen Bande mit der Kirche vollends. Am Ende der Leipziger Zeit und während der Krankheit und Genesung im Elternhaus kommt G. mit der neuplatonischen Gedankenwelt und mit dem → Pietismus in näheren Kontakt (→ Klettenberg). Durch die Aufklärung, aber vor allem die Lektüre von G. → Arnolds »Kirchen- und Ketzerhistorie« prägt sich sein spiritualistisches Bild von der Kirche und der Entwicklung des Christentums, das er als fortschreitenden Abfall vom Ursprünglich-Reinen ansieht. In der Brüdergemeine fesselt ihn das »Ursprüngliche«; er erlebt eine echte Erweckung (»Mich hat der Heiland endlich erhascht«; an Langer, 17.1.1769). Grund der baldigen Trennung vom Pietismus, ja vom christlichen Fundament überhaupt ist seine Auffassung von der heilen Natur des Menschen, von Sünde, Gnade und Erlösung: sein »Pelagianismus«. »Mit vieler Behaglichkeit« bildet er sich seine eigene Religion. – Entscheidendes Ereignis wird für G. die Begegnung mit → Herder. In den Jahren 1771–75 erhält seine klassisch-humane Weltsicht die Form, die in ihrer Grundstruktur bis zum Tode bleibt. Religiöse Dramenentwürfe (»Mahomet«, 1773; Problem des religiösen Genies) und »Der Ewige Jude« (1774, Problem des wiederkehrenden Christus) bleiben unausgeführt. Voller christlicher Reminiszenzen ist der »Götz« (1774), ebenso der »Faust« (1774–1831). Eine letzte Klärung der Christusfrage fordert ihm die bohrende Eindringlichkeit → Lavaters ab. Sein Bekenntnis 1782 an den Freund-Feind, er sei ein dezidierter Nichtchrist, müssen wir als bewußt gesetzten Schlußpunkt einer jahrelangen Auseinandersetzung ernst nehmen. Die »Klassische Wendung« ist als gewollte Rückkehr zur heidnischen Antike gedacht. Der Mensch und sein Bestehen in der Welt, sein selbsterrungenes Heil stehen im Mittelpunkt, so in den Hauptwerken dieser Zeit, von der »Iphigenie« (1779–87) bis zu »Wilhelm Meisters Lehr-Wanderjahren« (1777–1827). Im Alter mildert sich sein Urteil gegenüber dem Christentum. Er anerkennt das geschichtliche Faktum einer vom Christentum geprägten Sittlichkeit und bekennt sich letztlich zu einem religiösen Synkretismus (Hypsistarierbrief an Boisserée, 22.3.1831).

3. Die → »Empfindsamkeit«, der »heilige« Enthusiasmus bemächtigt sich des pietistischen Vokabulars; der christliche Wortschatz wird in einem tiefen Umwandlungsprozeß G.s dichterischer Sprache eingeschmolzen und Ausdruck seiner neuen Genie-, Natur- und Eros-Religion, wobei sich immer ein Rest an christlicher Substanz dem Umschmelzungsprozeß entzieht. In einer Entwicklung, die sich seit der Barocklyrik (→ Barock: II) verfolgen läßt, wird das Wort »heilig« aus seinem Bezug zum Außerweltlich-Numinosen herausgelöst. Ihren Höhepunkt findet diese Entwicklung im → »Sturm und Drang« des jungen G. Er hält »Andacht litur g'scher Lektion im heiligen Homer« (»Künstlers Morgenlied«). Das Gott trotzende, titanisch aufbegehrende Herz wird zum »heilig glühend' Herz«. Mit inniger Seele fällt er dem Bruder um den Hals: »Moses! Prophet! Evangelist! Apostel, Spinoza oder Machiavell!« (an Lavater, 26.4.1774). Die Sprache der Bibel, der Sakramentenspendung, christliche Jenseitsbilder werden seit Straßburg Ausdruck seines ins Absolute gesteigerten Liebes- und Naturgefühls (Lottebriefe, »Von deutscher Baukunst«, »Werther«). Das Genie ist der »Gesalbte Gottes«, der »Heilige«, vor dessen Werk er anbetend verharrt. Die religiöse Sprache, die sich sinnlicher Zeichen als Chiffren übernatürlichen Geschehens bedient, wird nun umgekehrt ihres *religiösen* Gefühlsgehalts wegen, der mitschwingt und noch allgemein verstanden wird, bewußt zur Intensivierung des Ausdrucks seiner Ergriffenheit verwandt. Die Geliebte ist wie das Genie Offenbarung der Gottheit, Engel, Heilige. In sinnlich-übersinnlichem Eros wird der Mensch geheiligt. Das geht bis zur blasphemischen Verkehrung: »Wie ich mich selbst anbete, seitdem sie mich liebt.« Werther erleidet seine Passion bis zum Ruf Christi am Kreuze »Mein Gott...«. Die christliche Sprechweise ist also poetische Chiffre einer ins Absolute gesteigerten, religiös empfundenen »schwellenden Lebenswonne«, die fühlend sich auch dem Wesen nähert, »das alles in sich und durch sich hervorbringt«. Das gilt bis zur Vision des »kath.« Himmels mit Maria als »Göttin« in Faust II, 5.

4. Neuplatonismus (→ Shaftesbury), Renaissancephilosophie (Giordano → Bruno), Aufklärungsphilosophie (→ Lessing), nicht zuletzt der große Anreger Herder haben G.s Weltbild beeinflußt. G. selbst hat sich ausdrücklich als Jünger → Spinozas bekannt: »Sei mir gegrüßt, großer, ja heiliger Benedictus«. Er preist ihn »theissimum, ja christianissimum« (an Jacobi, 9.6.1785). Spinozas Alleinheitsidee, die ihn die Natur als göttlich, Gott in der Natur anschauen ließ, kam G.s dichterischer Weltschau entgegen und besänftigte seinen jugendlichen Titanismus. – G.s Gottesvorstellung bedient sich vieler Namen; anfänglich trägt sie heraklitische, vitaldynamische Züge, später mehr platonische, klassisch-antike, immer bleibt sie durchtränkt mit christlichen Vorstellungen vom Schöpfer- und Vatergott, vom Allerneuerer, Spiritus sanctus (Übersetzung von Veni Creator Spiritus, 1820). Zwei Anschauungen aber bekämpfte er zeitlebens leidenschaftlich: die Entgöttlichung der Natur im → Rationalismus, → Materialismus und → Deismus (mit Herder) sowie die Annahme eines in völliger Transzendenz existierenden Geistgottes (gegen → Jacobis Glaubensphilosophie und dessen Ansicht, die Natur verberge Gott). Im Irdischen ist das Göttliche geheimnisvoll offenbar, anschaubar »in herbis et lapidibus« (in Pflanzen und Steinen). »Ihm ziemt's, die Welt im Innern zu bewegen, / Natur in sich, sich in Natur zu hegen.« Göttliche Liebeskraft durchwaltet die Welt, gleichzeitig Geist-Formkraft, in ewiger Metamorphose gestaltend und um-

gestaltend: Idee und Liebe. Das Wort der → Areopagrede: »In ihm leben, weben wir und sind wir« (Apg 17, 28) wird von G. immer wieder variiert auf Gott oder die Natur angewandt. – Das »göttliche« Leben vollzieht sich unter polaren Bewegungen der Anziehung und Abstoßung: »Das Geeinte zu entzweien, das Entzweite zu einigen ist das Leben der Natur; dies ist die ewige Systole und Diastole, die ewige Synkrisis und Diakrisis, das Ein- und Ausatmen der Welt, in der wir leben, weben und sind« (»Entwurf zur Farbenlehre«, 5. Abt., 739). In einer Steigerung transzendiert die jeweilige Bewegung (Farbenlehre: Rot aus Gelb und Blau). In Spiralen nach oben geht der allgemeine Zug der Liebesbewegung. »Die Spiraltendenz... wollen wir als das eigentlich produzierende Lebensprinzip ansehen« (Aufsatz: »Über die Spiraltendenz«, 1831; poetisch in der Himmelfahrt Fausts dargestellt). Die ewige All-Liebe ist aber auch All-Weisheit, ja »der Verstand und die Vernunft selber« (zu Eckermann, 23.2.1831), gleichzeitig aber ein »Ungeheures«, »personifiziert... als Schöpfer und Erhalter, welchen anzubeten, zu verehren und zu preisen wir auf alle Weise aufgefordert sind« (Aufsatz: »Bildungstrieb«, 1820). Das ist das Grundkonzept, mag es der Dichter spinozistisch, polytheistisch oder monotheistisch formulieren: es bleibt immer ein Rest des Unerforschlichen, »das ungeheure Geheimnis, das sich im stetigen Erschaffen und Zerstören an den Tag gibt«. Vom persönlichen Gott redet G. im allgemeinen nur poetisch.

5. »Im Innern ist ein Universum auch.« »Hier in meinem Herzen ist / Das Allerheiligste.« Der Makrokosmos spiegelt sich im Mikrokosmos des Menschen, und wie jener begreift dieser die Gegensätze von Licht und Finsternis in sich. »Gott und Satan, Himmel und Hölle – was sind diese Begriffe anders als Konzepte, die der Mensch von seiner eigenen Natur hat?« (an Lavater, 9.4.1781). Für den klassischen G. ist der Titanismus der Frühzeit überwunden. Unmittelbares Ergreifen des Absoluten ist Hybris und führt zur Selbstzerstörung. Das Ewige ist in der Zeit aufgehoben. Das Reich des Menschen ist die bunte Welt des »farbigen Abglanzes«. Die Farben, Leiden und Taten des Lichts, gebrochen in der Trübung des Hiesigen, sind Abglanz göttlichen Lichts, das direkt zu schauen dem Menschen verwehrt ist. »Und seines Geistes höchster Feuerflug hat schon am Gleichnis, hat am Bild genug.« Der Mensch ist gottunmittelbar in der *Intention*, in der Welt ist er auf vermittelnde »Offenbarung« angewiesen: die sich tausendfältig offenbarende Natur, das »warme Herz«, die »Genies« (hier auch Christus), geliebte Frauengestalten, die Werke der Kunst. – Im Reiche des Anorganisch-Organischen steht der Mensch an höchster Stelle. In ihm wird die Natur sich ihrer selbst bewußt. »Freue dich, höchstes Geschöpf der Natur! Du fühlst dich fähig, / Ihr den höchsten Gedanken, zu dem sie schaffend sich aufschwang, / Nachzudenken« (»Metamorphose der Tiere«). Insofern ist der Mensch *mehr* als Natur: er allein darf lohnen, strafen, »heilen und retten«, er ahnt die »höheren Wesen«, verehrt die »Unsterblichen« (»Das Göttliche«). – Wie das Lebendige zum Licht, so strebt das Herz – beweglichstes, erschütterlichstes Produkt der Schöpfung – zur Wahrheit (»Der Granit«). – Der Menschen Schauenskraft erfaßt die Vielfalt der Gestalten und dringt bis zu den Urbildern, *Urphänomenen* vor, der Grenze, an der G. das Unerforschliche verehrend verharrt.

6. Für den Naturidealismus G.s (und Herders) gibt es *das Böse* nur als Privation des Guten. In der Shakespearerede (1771) heißt es: »Das was wir böse nennen, ist nur die andere Seite vom Guten, die so notwendig zu seiner Existenz und in das Ganze gehört als Zona Torrida brennen und Lappland einfrieren muß, daß es einen gemäßigten Himmelsstrich gebe.« In den Lavaterbriefen bekennt G., er wolle gut und böse sein »wie die Natur«. Im Faustprolog gesteht der Herr dem Satan, er habe seinesgleichen nie gehaßt. Trotz tiefer Einblicke in den Abgrund des Bösen und die schauerliche Möglichkeit der Verneinung, wie es die Gestalt Mephistos verrät, ist G. aber empört über Kant, daß er seinen Philosophenmantel »freventlich mit dem Schandfleck des radikalen Bösen beschlabbert« habe (an Herder, 7.6.1793). Wenn die Natur gut und böse ist, stehen Universum und Mensch unter der Notwendigkeit von Gut und Böse. Schuld ist Verhängnis. »Ihr laßt den Armen schuldig werden, dann überlaßt ihr ihn der Pein.« Die Heilkraft der Natur schenkt Vergessen, Gesundung (Faust nach der Gretchentragödie). Vor seinem Tod läßt Faust der Schuld keinen Zutritt, und seine »Erlösung« wird nicht von Glaube, Reue, Buße abhängig gemacht. – Eine die »moralische Weltordnung« durchkreuzende Macht nennt G. das *Dämonische*, ein Ungeheuerliches, Unfaßbares, weder göttlich noch teuflisch noch menschlich, am furchtbarsten in bestimmten Menschen hervortretend, durch nichts zu überwinden als durch das Universum selbst, woraus jener ungeheure Spruch entstanden sein möge: »Nemo contra deum nisi deus ipse« (eine Kraft also, die letztlich doch im Göttlichen selbst wurzeln muß).

7. Niemand kann seinem Daimon entfliehen, und doch stellt jeder Tag dem Menschen seine Aufgabe. G. wird nicht müde, auf die »Forderung des Tages« zu verweisen, und wird hierin zum Vorbild bürgerlicher Tüchtigkeit. »Dem Tüchtigen ist diese Welt nicht stumm.« *Hier* ist sein Reich zu wirken, da die Gegenwart des Ewigen in der Zeitlichkeit des Augenblicks aufgehoben ist. Seine »Frömmigkeit« besteht gerade darin, auf direkte – metaphysische – Einsicht in eine Transzendenz zu verzichten. »Wie unendlich wird die Welt, wenn man sich nur einmal recht ans Endliche halten mag.« Das Vergängliche empfängt Dauer durch Gestaltung, Form. Der Mensch ist Selbstgestalter seines Glückes, das er mit »Entschiedenheit« und »Folge« verwirklicht. Im Glück solcher »Weltsinnigkeit« bedient sich G. in Rom des Bibelworts vom zwölfjährigen Jesus: »So lebe ich denn glücklich, weil ich in dem bin was meines Vaters ist.« Sein Weltsinn wendet sich gegen die christlichen Vertröstungen und falsche Askese, da sie das Irdische entwerten. Statt Askese fordert G. »produktive Resignation«, Entsagung. Die gesunde und schöne Natur hat, wie Schiller kritisch interpretierend zum »Wilhelm Meister« sagt, »Selbständigkeit, Unendlichkeit in sich«, sie brauche daher »keine Moral – Sie hätten ebensogut auch hinzusetzen können, sie braucht keine Gottheit, keine Unsterblichkeit, um sich zu stützen und zu halten« (Brief vom 6.7.1796). Denn »der gute Mensch in seinem dunklen Drange ist sich des rechten Weges wohl bewußt.« Von *Natur* aus kann er die »Humanität« – Zweck der Menschennatur – verwirklichen, sein Heil erwirken, ohne auf ein Jenseits zu schielen. Die »reine Menschlichkeit« Iphigeniens löst den Fluch des Geschlechts. »Gedenke zu leben«, sagt der Abbé bei der Bestattung Mignons. »Schwerer Dienste tägliche Bewahrung / Sonst bedarf es keiner Offenbarung« (»Vermächtnis altpersischen Glaubens«). Im Winckelmannaufsatz entwirft G. am Bilde des verehrten Deutschrömers sein ideales Menschenbild: Verkörperung der gesunden, antiken Natur des Menschen, die nur mit einem heidnischen Sinn vereinbar sei. Ziel aller Welt ist der Mensch, in höchster Steigerung der *schöne* Mensch. Sich haltend an das Nächste, Wahre, Wirkliche verewigt er die Gegenwart. Vertrauen auf sich selbst, Wirken in der Gegenwart, reine Verehrung der Götter als Ahnherren, sie gleichsam nur als Kunstwerke bewundernd, Schicksalsergebenheit,

Nachruhm, – alles das bringt einen von der Natur selbst beabsichtigten Zustand, unverwüstliche Gesundheit hervor. Auf diesem Naturgipfel stehend bringt der Mensch wiederum eine neue Natur in einem neuen Gipfel hervor: die *Kunst*. Als ideale Wirklichkeit richtet der Mensch sie vor der Welt auf, der Natur Dauer, höchste Wirkung, Vergötterung verleihend. Im 6. Brief von »Der Sammler und die Seinigen« heißt es weiterführend: »Das Göttliche, das wir freilich nicht kennen würden, wenn es der Mensch nicht fühlte und selbst hervorbrächte.« Eine »alte Sage« berichte: »Lasset uns den Menschen machen.« Der Mensch sage daher mit vollem Recht: »Lasset uns Götter machen, Bilder, die uns gleich seien.« Dies geschieht, indem er den höchsten Augenblick, die »herrliche Lage«, in der er sich verehrend und anbetend befindet, durch die *Schönheit* fixiert. – So schafft sich der Mensch ein Reich des »Humanum«, das aber stets vom ἄπειρον, den Kräften des Chaotisch-Dunklen, Elementaren, Unterirdischen, der »Mütter« bedroht ist, und es ist die »klassische« Aufgabe des Helden, diese zu bannen, den Raum des »Humanum« zu sichern. – »Welche *Religion* ich bekenne? Keine von allen / Die du mir nennst. Und warum keine? Aus Religion.« In der Divanzeit, am 21.4.1819, schreibt G. folgendes Schema nieder: »Auf / Glaube Liebe Hoffnung / ruht des gottbegünstigten Menschen / Religion Kunst Wissenschaft / diese nähren und befriedigen / das Bedürfnis / anzubeten hervorzubringen zu schauen / Alle drei sind eins / Von Anfang und am Ende / Wenngleich in der Mitte getrennt.« Der Dichter lebt also in der Mittelzeit der Trennung und erhofft eine neue Einheit. Als Dichter steht er in gewisser Weise noch in der Einheit. G. hat verschiedentlich, am ausführlichsten in den »Wanderjahren«, ein Schema der Religionsentwicklung gegeben: 1. Poetisches Stadium (Mythosentstehung, AT); 2. theologisches Stadium (Monotheismus); 3. philosophisches Stadium (Umdeutung der Religion, positive Aufklärung); 4. prosaisches Stadium (negative Aufklärung); 5. völlige Verwirrung (Synkretismus, Aberglaube). Im Endstadium ist ein Neubeginn nur durch eine Durchdringung von unten auf, neue Inspiration, »Humanisieren« möglich, indem sich »begünstigte« Menschen den positiven Gehalt, das »alte Wahre« der früheren Stufen aneignen. Der Dichter steht dem Propheten nahe: die älteste und ursprünglichste Offenbarung Gottes an die Menschheit: Sprache, Poesie, Religion, sucht er in neuer Einheit zu binden (»West-östlicher Divan«). – Wahre Religion duldet weder Gesetz noch Lehre. Es gibt nur eine Gemeinschaft der *Herzen*, keine sich als echte Entfaltung des Ursprünglich-Reinen in der Geschichte darstellende *Kirche*. – Kern aller echten Religion ist die *Ehrfurcht:* Ehrfurcht vor den Mächten *über* uns, uns *gleich* und *unter* uns. Als Krönung dieser Trias betrachtet G. die Ehrfurcht der Menschen *vor sich selbst*. Mit der zweiten Ehrfurcht ist die »philosophische Religion« gemeint, die den Menschen in die Mitte des Weltalls stellt. Der Philosoph »lebt im kosmischen Sinn allein in der Wahrheit«. Christus gilt hier als der »Weise im höchsten Sinn«. Die dritte, oberste, geheimste, »christliche« Stufe: Ehrfurcht vor den Mächten der Mutter Erde, zielt dahin, Leid und Tod als göttlich, ja Sünde und Verbrechen als »Fördernisse des Heiligen zu verehren und liebzugewinnen«. Hier wird das ἄπειρον selbst Gegenstand religiöser Verehrung. Ein »Christentum« in diesem Sinn bezeichnet G. »als ein Letztes, wozu die Menschheit gelangen konnte und mußte«. Im »Heiligtum« sind die verschiedenen Stufen durch Bildfolgen illustriert. Die Passionsdarstellungen Christi sind verschleiert, da es der Dichter für eine »verdammenswürdige Frechheit« hält, den leidenden Heiligen am Kreuz zu zeigen. Die christliche Leidreligion wird nur »ausstattungsweise«, wenn sich ein solches Bedürfnis regen sollte, vermittelt. Beim »Wanderer« unterbleibt die Einweihung. Ehrfurcht vor sich selbst, als Krönung und Zusammenfassung der Drei, besteht darin, »daß der Mensch sich selbst für das Beste halten darf, was Gott und die Natur hervorgebracht haben«. »Drei in Eins«, das ist G.s Deutung der Trinität, und die Oberen weisen Wilhelm ausdrücklich darauf hin, dieses Bekenntnis werde im Credo von einem großen Teil der Welt ausgesprochen, wenn auch unbewußt.

8. Die Geschichte der Kirche ist ein »Produkt des Irrtums und der Gewalt«. *Christentum* so, wie es sich selbst versteht, beruht letztlich »auf den edelsten Täuschungen und auf der zartesten Verwechslung des Subjektiven und Objektiven« (so bei der »Schönen Seele«). In der Auseinandersetzung mit Lavater fühlt sich G. gedrängt, »auch den unsrigen [Glauben] als einen ehernen bestehenden Fels der Menschheit wiederholt zu zeigen, den Du und eine ganze Christenheit mit den Wogen Eures Meeres vielleicht einmal übersprudeln, aber weder überströmen noch in seinen Teilen erschüttern könnt« (wohl gegen 1Kor 10, 1). In den mittleren Jahren schließt G. in seine bis zum Haß gesteigerte Abneigung gegen das Christentum auch Christus mit ein: »Jeglichen Schwärmer schlagt mir ans Kreuz im dreißigsten Jahre...« Vier Dinge sind ihm wie Gift und Schlange zuwider: »Rauch des Tabaks, Wanzen, Knoblauch und Christ« (so in der Handschrift). Die Briefe aus Italien, aber auch spätere Briefe an gute Freunde bringen viele Beispiele. Gedichte wie »Die Braut von Corinth«, »Die erste Walpurgisnacht«, »Vermächtnis altpersischen Glaubens«, »Groß ist die Diana der Epheser« sprechen eine deutliche Sprache. Beim letzteren verweist G. selbst auf Apg 19, 39 (statt richtig 19, 23 ff, Paulus in Ephesus). Als sein Freund Graf Reinhard um einen Kommentar bittet, antwortet G., der Hinweis auf die Quelle sei wohl Kommentar genug (29.1.1812). Kurz: »Was vom Christentum gilt, gilt von den Stoikern: Freien / Menschen geziemt es nicht, Christ oder Stoiker sein.« Später im »Divan« klingt es wieder milder. Wie schon im »Brief des Pastors« heißt es jetzt: »Jesus fühlte rein und dachte / Nur den einen Gott im Stillen; / Wer ihn selbst zum Gotte machte, / kränkte seinen heil'gen Willen«, während ihm auch jetzt noch das Kreuz Abraxas = der Inbegriff des Abgeschmackten ist. Immer hat G. die *Bibel* geschätzt, allerdings als ein poetisches Buch, dem so viel Offenbarungscharakter zukommt wie jedem Sprachwerk. Das »Wort des Menschen« ist ihm »Gottes Wort, es mögens Pfaffen oder Huren gesammelt und zum Canon gerollt« haben (an Pfenninger, 26.4.1774). Im Alter preist er die Bibel als »Offenbarung des höchsten Prinzips der Sittlichkeit«, so wie die Sonne »Offenbarung des Höchsten« ist (zu Eckermann, 11.3.1832). G. hat sich immer als *Protestant* gefühlt, aber doch wohl nur als »Protestierenden« (»Dem 31. Okt. 1817«). »Unter uns gesagt, ist an der ganzen Sache nichts interessant als Luthers Charakter« (an Knebel, 22.8.1817). Eine von Zelter angeregte Kantate zum Reformationsjubiläum bleibt im Schema stecken. – In mancher Beziehung ist G. der Wiederentdecker der *kath.* Welt vor den Romantikern (Faust, die erstaunliche Darstellung der Sakramente im 7. Buch von »Dichtung und Wahrheit«, die »heilige« Ottilie in den »Wahlverwandtschaften«). F.Muckermann weist auf eine Verwandtschaft der goetheschen Geistesstruktur mit dem Katholischen hin (kein Bruch zwischen transzendentem und immanentem Gott, synergistisches Mitwirken des Menschen bei der Erlösung, Sakramentsdeutung). Trotzdem lebt für G. der Katholizismus »in den düsteren Regionen, wo die Transsubstantiation pp. hauset«. Der Kirche samt ihren Dogmen, ihrer Hierarchie, ihrer religiösen Wirklichkeit steht

er in völliger Fremdheit gegenüber (vgl. Briefe aus Italien). Über die Konvertiten unter seinen Bekannten ist er empört. Er billigt die Ausfälle von J.H.Voß gegen → Stolbergs Konversion, gegen dessen »Rückschritt in jenes alte von unseren Vätern mit Kraft bekämpfte, seelenbedrückende Wesen« (Rezension zu Voßens Gedichten, 1804). Dagegen gebe es keine Toleranz. Ähnlich heftig reagierte er gegen F. → Schlegels Konversion und gegen das »mystische Wesen« von Zacharias → Werner. → Schellings Berufung nach Jena (1816) lehnt G. wegen dessen Kryptokatholizismus ab, obgleich er dessen Naturphilosophie zutiefst verbunden war.

9. Sicher ist es nicht ohne abgründige Ironie gestaltet, daß Faust, dem nach »drüben« die Aussicht verrannt ist, ein neues Leben im »Drüben« beginnen muß. Doch nach G.s Glauben greift die »ewig produktive Natur« in der Umgestaltung alles Lebendigen über den Tod hinaus. »Denn wenn ich bis an mein Ende rastlos fortwirke, so ist die Natur verpflichtet, mir eine andere Form des Daseins anzuweisen« (zu Eckermann, 4.2.1829). In »seliger Sehnsucht« verbrennt der Schmetterling in der Flamme der Kerze: wer das »Stirb und Werde« nicht begreift, ist nur ein »trüber Gast auf der dunklen Erde«. Allerdings hat nur die »Persönlichkeit« Anspruch auf persönliche *Unsterblichkeit:* die Mächtigkeit der Monas, Anziehungskraft der Entelechie ist entscheidend. Kleine, unbedeutende »Ameisenmonaden« – wie die Dienerinnen der Helena – werden in neuen Verbindungen ihre Individualität einbüßen (Gespräch mit Falk, 25.1.1813). Die Unsterblichkeit ist ein Postulat, wir können sie nicht entbehren (Gedicht: »Du hast Unsterblichkeit im Sinn«). Sie gründet sich auf G.s Vertrauen in die Natur, nicht auf eine christliche Hoffnung.

Ältere Lit. bei K.Goedeke, Grundriß zur Gesch. der dt. Dichtung IV/2, 1910² – G.-Hdb. I–III, (1916–18) 1951ff² – R.Buchwald, G. Bücher von ihm u. über ihn. NB v. R.Sierks, 1951 – H.Pyritz, G.-Bibliogr., 1955ff. – Neuausg.n v. G.s Werken u. Schriften über G., hg.v. der Dt. Bücherei Leipzig, 1956. – Zusammenfassende Besprechung der einschlägigen Lit. bei E.Lüders, G. u. das Gebet (Diss. Göttingen), 1950 (Masch.). – Neuere, auch Zs.en-Lit. bei J.Körner, Bibliograph. Hdb. des dt. Schrifttums, 1949³ – Bibliogr. der dt. Lit.-Wiss. I, bearb.v. H.W.Eppelsheimer, 1945–53, 1957; II, bearb.v. C.Köttelwesch, 1954–56, 1958. – Einzelnes: W.Lütgert, Die Religion des dt. Idealismus u. ihr Ende, 4 Bde, 1922–40 – H.v.Schubert, G.s relig. Jugendentwicklung, 1925 – K.Aner, Theologie der Lessingzeit, 1929 – F.Muckermann, G., 1931 – E.Franz, G. als relig. Denker, 1932 – F.Weinhandl, Die Metaphysik G.s, 1932 – E.Seeberg, G.s Stellung zur Religion, 1932 – W.Bienert, G.s pietistisch-humanist. Privatchristentum, 1935 – I.Papmehl-Rüttenauer, Das Wort »Heilig« in der dt. Dichtersprache von Pyra bis zum jungen Herder, 1937 – H.Schöffler, Die Leiden des jungen Werther, 1938 – K.Hildebrandt, G., 1941 – W.Flitner, G. im Spätwerk, (1947) 1957² – G. Schaeder, Gott u. Welt, 1947 – R.H.Grützmacher, Die Religionen in der Anschauung G.s, 1950 – L.Bieber, Die relig. Entwicklung des jungen G. (Diss. Münster), 1954 – A.E.Hohler, Das Heilige in der Dichtung. Klopstock, der junge G. (Diss. Zürich), 1954 – H.J. Schrimpf, Das Weltbild des späten G., 1956. – Aufsätze: K.Galling, G. als theol. Schriftsteller (EvTh 1948/49, 529–545) – P.Meinhold, Der junge G. u. die Gesch. des Christentums (Saeculum 1, 1950, 196–227) – Ders., G.s Begegnung mit dem Katholizismus in Italien (ebd 2, 1951, 173–224) – Ders., G.s Deutung der Religionsgesch. (ebd 4, 1953, 165–200) – F.Götting, Die Christusfrage in der Freundschaft zwischen G. u. Lavater (Goethe 19, 1957, 28–49). *F.Götting*

Götterbote. Es gibt G.n verschiedener Kategorien, die mindestens teilweise die verschiedenen Auffassungen von der Gottheit und ihrer Beziehung zur Menschheit widerspiegeln. Diese Boten (zu unterscheiden von Tieren oder gar leblosen Gegenständen, die gelegentlich als Warnzeichen oder dergleichen dienen) können entweder selber göttlich sein (zB der griechische Hermes) oder übernatürliche Wesen niedrigeren Ranges (wie die Engel des Judentums) oder bloß Menschen, Propheten oder Seher. Da die beiden letzten Typen an anderer Stelle behandelt werden (→ Geister: I. II, → Propheten), so handelt es sich hier hauptsächlich um den ersten Typ.

Bei den Griechen war Hermes der G. par excellence: Bote der Götter, bes. des Zeus, und Schutzherr der Reisenden und Herolde. Eine vielleicht frühere Auffassung des G.n bietet sich bei Iris, die in der Ilias und gelegentlich auch später das Amt des G.n innehat, das von der Odyssee an gewöhnlich dem Hermes zukommt. Im Unterschied zu Hermes ist jedoch Iris – wenn sie überhaupt als Individuum gedacht ist – die durchscheinende Verkörperung einer Naturerscheinung, des → Regenbogens. Als eine stets untergeordnete Gestalt erfährt sie nur selten kultische Verehrung und scheint auf der Grenze zwischen »Gott« und »Engel« zu stehen. Die Götter konnten auch, wie es im Epos oft vorkommt, direkt eingreifen oder durch andre Vermittlung (→ Mittler: I) mit den Menschen verkehren. So sendet Hera Athene aus, um Achill zu beraten (Il. 1, 194ff). Durch → Träume (Il. 2, 1ff), Vogelflug (→ Omen; Il. 8, 247ff) oder begnadete Seher (Il. 7, 44–45) treten die Götter mit den Menschen in Verbindung. – Verändert wurde das alles durch eine transzendente Gottesauffassung, und mit Plato erscheint der neue Gedanke, daß alle Vermittlung zwischen Menschen und Göttern durch Dämonen geschieht (Symp. 202 E – 203 A). Von da aus war es in der Folgezeit kein großer Schritt mehr bis zu der Angleichung oder Identifizierung der griechischen Dämonen mit den Engeln orientalischer Kulte, seien sie heidnischen, jüdischen oder christlichen Ursprungs.

P.Raingeard, Hermès psychagogue, 1935 – M.P.Nilsson, Gesch. der griech. Religion I, (1941) 1955² (Reg.: Hermes u.a.) – K.Kerényi, Hermes der Seelenführer (Albae Vigiliae 1), 1942 – L.Deroy, La sandale ailée et l'origine hittite du dieu Hermès (Athenaeum NS 30, 1952, 59–84). *F.R.Walton*

Göttingen, *Universität*

1. Allgemein – 2. Theologische Fakultät

1. In der deutschen Universitätsgeschichte bedeuten die Gründungen von → Halle (1694) und G. (1737) den Durchbruch zur modernen → Universität. Halle war modern als Staatsanstalt; G. war zwar bedingt durch ein staatliches Motiv, die Erhebung → Hannovers zum Kurfürstentum, vermöge deren das Land sich nun auch eine Universität schuldig war, wuchs aber doch in den seit der Übersiedelung der Dynastie nach England (1714) sozusagen staatsfreien Raum der hannoverschen Adelsrepublik hinein und erwarb zT dadurch seinen eigentümlichen Charakter. Halle gewann seine Bedeutung als der Ort entschiedener und beherrschender Geistesrichtungen der → Aufklärung und des → Pietismus. G. hat nie den Stempel einer bestimmten geistigen Bewegung getragen; es hat in der ihm von vornherein gewährten, von überkommenen kirchlichen und drohenden staatlichen Bindungen freien Eigengesetzlichkeit wissenschaftlichen Lebens unvermerkt die Freiheit von Forschung und Lehre gewonnen, die die Humboldtsche Universitätsgründung (→ Berlin) dann in beinahe revolutionärer Durchsetzung des neuen Geistes ausdrücklich zum Prinzip erhob. Ohne spürbaren Übergang ist G. aus der akademischen Körperschaft kraft barocken Privilegs zur autonomen Universität kraft anerkannter unregulierbarer geistiger Spontaneität geworden. – Diese Eigenart und der in der zweiten Hälfte des 18.Jh.s in Deutschland unbestrittene Vorrang G.s sind vor allem das Werk des Gründers und jahrzehntelangen Betreuers, des Ministers G.A.Frhr.v.Münchhausen (1688–1770).

Nach einer – immerhin durch die großen Namen von A.v. → Haller, J.M.Gesner und → Mosheim bezeichneten – Periode des Anlaufs trat die Universität mit der

Mitte des Jh.s in ihre erste Blütezeit ein. Als Ort besonderer Pflege des Reichsstaatsrechts, überhaupt des öffentlichen Rechts und der für den diplomatischen und höheren Verwaltungsdienst qualifizierenden staatswissenschaftlichen und historischen Fächer (J.St.Pütter, G. Achenwall, G.L.Böhmer, G.F.v.Martens, J.H.G.Justi, A.L.v.Schlözer, J.Chr.Gatterer, L.T.→Spittler) wurde G. die vornehme Universität des hohen und niederen Adels, durch J.D. →Michaelis und Chr.G.Heyne ein Vorort der philologischen Studien, im naturwissenschaftlichen Bereich insbesondere durch G.Chr.Lichtenberg, Tob. Mayer, J.F.Blumenbach namhaft. Nach stillerer Zeit unter dem Druck der französischen Revolution, der Revolutionskriege und der Zugehörigkeit zum Königreich Westfalen (1807-13), in die auch von der Humboldtschen Ära keine wesentlichen Antriebe herüberwirkten, brachten die 20er Jahre mit einer Reihe bedeutender Berufungen eine neue Periode großer Ansätze und Hoffnungen. Sie wird zT bezeichnet durch die Namen der »Göttinger Sieben«: F.Chr.Dahlmann, die Brüder → Grimm, G.G.Gervinus, W.Albrecht, H.G.A. → Ewald, W.Weber; neben ihnen vor allem C.F.Gauß, Otfried Müller, → Herbart, → Lücke, unter den Juristen bedeutend noch immer G.Hugo und der - bald wieder ausgeschiedene - jüngere → Eichhorn (, 4). G. stand nun nach den Maßstäben des in neuem Sinne »wissenschaftlichen« Jh.s wieder in erster Reihe. Die Entlassung der »Sieben« im Zusammenhang des Staatsstreichs von 1837 warf die Universität weit über den unmittelbaren Schaden dieser Verluste hinaus zurück. Im einzelnen ist auch die folgende Zeit nicht ohne große, ja größte Namen: C.F.Gauß, F.Wöhler, B.Riemann, J. Henle, G.Waitz, H. → Lotze. Aber erst die neuen Möglichkeiten großstaatlicher Hochschulpolitik seit 1866 konnten ihr zu neuer Geltung im ganzen verhelfen. Auf ihnen beruht der Anstieg der folgenden Jahrzehnte: zur Weltgeltung im mathematisch-naturwissenschaftlichen Bereich, zunächst repräsentiert durch die Mathematiker Klein und Hilbert, aber auch in der philosophischen Fakultät: → Wilamowitz, → Lagarde, → Wellhausen, F. Leo, J.Wackernagel, E. → Schwartz, unter den Juristen R.v.Ihering. Die Zeit um den ersten Weltkrieg ist die Zeit neuer Bewegungen, vertreten zB durch den Philosophen und Pädagogen H. → Nohl. Der Einbruch des Dritten Reiches traf G. bes. schwer: von den Trägern seines Ansehens in der Welt wurden M.Born und J. Franck, E.Landau und R.Courant verdrängt (neben denen von den Gebliebenen etwa L.Prandtl, G.Tammann und A.Windaus zu nennen wären), und die Herrschaft der Unberufenen war während der zwölf Jahre drückender als anderswo. Der Zusammenbruch führte u.a. den Philosophen Nik. → Hartmann in den Lehrkörper, O.Hahn, W.Heisenberg und M.v.Laue in die Göttinger Zentrale der Max-Planck-Gesellschaft.

Keine von den Universitäten, die das Gesamtbild der deutschen akademischen Welt wesentlich mitbestimmt haben, hat so durchgehend von ihrer Stiftung bis heute eine bestimmte geistige Eigenart besessen, festgehalten und gepflegt wie G. Durch allen Wechsel der Persönlichkeiten und alle Schwankungen der Wissenschaftsgeschichte hat sie die spröde Wesensart ihres antispekulativen, antidogmatischen, ja geradezu unphilosophischen Geistes festgehalten, im Sinne der strengen, stoffgerechten historisch-philologischen wie mathematisch-naturwissenschaftlichen Methode und darauf beruhender geschlossener Wissenschaftlichkeit, nicht ohne Sinn für vernünftig-praktische Fruchtbarkeit. Darum haben Kreise von spezifischer »Geistigkeit« sich zwar oft aus der Universität entwickelt, aber dann nur in losem Zusammenhang mit ihr bestanden, vom Hainbund bis zum Kreise H.Nohls. Man hat diese Art auf → Leibniz und auf englischen Einfluß zurückgeführt, ohne Grund. Die Georgia Augusta hat dies ihr Wesensgesetz durch die einzigartige Gründungsleistung Münchhausens überkommen und hat es mit einer allerdings erstaunlichen Zähigkeit festgehalten.

2. Der Charakter der *theologischen Fakultät* war und ist durch diesen geistigen Gesamtcharakter der Universität nicht durchweg bestimmt. Ihren verhältnismäßigen Anteil an der besonderen, der allgemeinen Universitätsgeschichte vorauseilenden Freiheit der Georgia Augusta hat sie aber stets gehabt: sie stand von vornherein nur unter elastischer luth. Bekenntnisbindung, und die Landeskinder waren nicht an sie gebunden. In den anderen Fakultäten war man allerdings von vornherein noch freier, und deshalb gehörte die einzigartig stolze Reihe der Alttestamentler und Orientalisten von Michaelis über → Eichhorn (, 3), Ewald, Lagarde zu Wellhausen zur philosophischen Fakultät, bis 1914 der ältere at. Lehrstuhl in die theologische Fakultät verlegt wurde.

Münchhausens Grundmaxime, »daß die Theologische Fakultät weder mit solchen Männern zu besetzen, deren Lehren zum Atheismo und Naturalismo leiten oder auch die Articulos fundamentales religionis evangelicae anfechten und den Enthusiasmum einführen, noch daß nach G. solche Theologi zu berufen, welche ein ev. Papsttum behaupten, ihr ganzes Systema andern aufdringen, diejenigen so in gewissen das Fundamentum fidei nicht concernierenden quaestionibus mit ihnen kein gleiches Sentiment führen, verketzern, und die Libertatem conscientiae samt der Toleranz als unleidentlich ansehen, woraus nichts als unnötiger Streit und innerliche Unruhe zu entstehen pflegt«, ist nur scheinbar das mehr negative Programm einer Konflikte vermeidenden mittleren Linie. Es ist vielmehr das theologische, kirchliche, politische Programm des Calixtinismus (→ Calixt), das damals schon seit einem Jh. das des welfischen Hauses war und es blieb; es ist nicht ohne Absicht, wenn noch in den Verhandlungen über A. → Ritschls Berufung nach G. dieser gelegentlich als Calixtiner bezeichnet wird, und es war sachlich angemessen, daß es in den Anfangszeiten der Fakultät gelang, neben einer Reihe Unbedeutender den letzten großen Calixtiner → Mosheim für seine letzten Lebensjahre (1747-55) von Helmstedt nach G. zu ziehen. Die nächste Berufung von Rang war die des jüngeren → Walch (, 1; in G. 1750-84) als Kirchenhistoriker. Die Berufung → Herders mißlang zweimal (1775 und 1788), und beide Male spielte eine gewisse Sorge um den Ruf der Rechtgläubigkeit der Fakultät eine Rolle.

Der Rationalismus übernahm erst mit dem Kirchenhistoriker G.J. → Planck (in G. 1784-1833) die Führung in der Fakultät. Ihm schloß sich 1790 sein systematisch und historisch arbeitender schwäbischer Landsmann → Stäudlin an. Eine an sich vortreffliche Besetzung der Fakultät, die sich aber mit dem neuen Jh. unvermeidlich immer mehr der Forderung einer neuen Zeit entfremdete, auch dadurch isoliert war, daß kein weiterer Ordinarius vorhanden war und die exegetischen Fächer, im AT grundsätzlich, im NT tatsächlich der philosophischen Fakultät überlassen waren. So bedeutete der Eintritt → Lückes, dieser »johanneischen Gestalt«, und damit einer von → Schleiermacher bestimmten Theologie, als Nachfolger Stäudlins den Beginn einer neuen Ära der Fakultät (1827). 1831 trat → Gieseler für Planck ein, 1845 F.A.E.Ehrenfeuchter († 1878) für prakt. Theol., um bald für längere Zeit die Führung in der Fakultät zu übernehmen und zugleich in den Vorarbeiten für den neuen landeskirchlichen Katechismus und in maßgebender Mitarbeit in der verfassunggebenden Vorsynode von

1863 ein näheres Verhältnis der Fakultät zur Landeskirche zu begründen. Von 1853-61 gehörte I.A.Dorner als Systematiker der Fakultät an, 1855-81 der Liturgiker → Schoeberlein. Ein besonderer Verlust war der Übergang → Uhlhorns in den Kirchendienst, drei Jahre nach seiner Habilitation (PDoz. 1852-55). Er hätte die führende Persönlichkeit der Fakultät in der Folgezeit werden können. So wurde es Ritschl in dem Vierteljahrhundert seiner Zugehörigkeit (1864-89), bezeichnenderweise in früh begründeter Vertrauensbeziehung zu Uhlhorn. Man hat diese Zeit als den Glanzpunkt der Fakultätsgeschichte bezeichnet, in der niemand jemals eine vergleichbare wissenschaftliche, kirchliche, akademische Wirkung geübt hatte. Ritschl war der erste Göttinger Theologe, um den sich eine eigentliche theologische Schule bildete, die dann, vor allem in H.Schultz, Th. Haering, M.Reischle, F. → Kattenbusch, auch eine Reihe von Göttinger Lehrstühlen besetzte. Durch ihn trat die Fakultät stärker als jemals in der allgemeinen KG hervor. Sie tat es eine Generation später noch einmal, als sich auf jener älteren Grundlage in ihr aus einer Anzahl von Jüngeren der Kreis der → religionsgeschichtlichen Schule entwickelte (J. → Weiß, H. → Gunkel, W. → Bousset, W. → Wrede, E. → Troeltsch, A. → Rahlfs, W. → Heitmüller). In ihren Göttinger Jahren zT von starker akademischer Wirkung, haben sie aber fast alle G. früh verlassen und den Charakter der Fakultät nicht entscheidend bestimmt.

Auf diesen Charakter wirkte neben den theologisch-wissenschaftlichen Richtungen das Verhältnis zur Landeskirche ein. Die konfessionelle Bewegung des 19.Jh.s und das zunehmende Selbstbewußtsein der Landeskirche stellten immer entschiedenere Forderungen an die Bekenntnishaltung der Fakultät. Auf einen Angriff der Bremen-Verdener Pfarrerschaft gegen die Unionshaltung der Fakultät von 1853 antwortete die Fakultät mit einer vielumstrittenen »Denkschrift zum Schutz der ev. Lehrfreiheit der ev. Fakultäten« von 1854, die sich auf die begrenzte symbolische Bindung, vor allem aber auf die Lehrfreiheit und auf die von der Gründung her bestimmte Linie der Fakultät berief. In einer Wandlung, wie sie gleichzeitig auch Uhlhorn vollzog, schritt sie 1860 in einer zweiten Denkschrift zu entschiedener Anerkennung der geschichtlich-kirchlichen Bekenntnislage fort, gleichzeitig mit dem Brückenschlag zur Landeskirche, den Ehrenfeuchters Wirksamkeit bedeutete. Trotzdem dauerte die Spannung fort und wirkte sich in gelegentlichen Protestresolutionen der Landessynode gegen Ritschl und seine Schule wie gegen die junge akademische Generation um 1900 aus. Vermittelnd wirkte Uhlhorn und wirkten die Berufungen von K.Knoke (in G. 1882-1920) für prakt. und von P.Althaus d.Ä. (in G. 1897-1912) für syst. Theol. In ihrer ursprünglichen Linie lag es, wenn die Fakultät ihren alten Widerstand gegen die Eingliederung ref. Theologie in ihren Lehrplan und gar ihren Personalbestand seit der Mitte des 19.Jh.s mit der Gefahr konfessionalisierender Rückwirkung auf ihren Gesamtcharakter begründete, um ihn nach dem ersten Weltkriege schließlich aufzugeben (ref. Honorarprofessur K. → Barth 1921-25, Lehrauftrag H.Duhm 1925-34, ordentliche Professur O.Weber 1934).

Das bewegte Gesamtbild der Fakultät im 20.Jh. entzieht sich zusammenfassender Darstellung, so daß hier nur eine Übersicht der Besetzung der ordentlichen Professuren möglich ist (die genauen Einzelangaben bei Joh.Meyer). AT (erst seit 1914 in der Fakultät): A. → Bertholet, Joh.Hempel, F.Baumgärtel, G.v. → Rad, W.Zimmerli; daneben A.Rahlfs, später K.Galling. - NT: E. → Schürer, E.Kühl, Fr.Spitta, W. → Bauer, G.Bornkamm, E.Käsemann; daneben W.Bousset, W. Bauer, Joh.Behm, Joach.Jeremias. - KG: H. → Reuter, P.Tschackert, C. → Mirbt, H.Dörries; daneben J.Wagenmann, G.N. → Bonwetsch, E. → Hirsch, M.Gerhardt, E.Wolf. - Syst. Theol.: A.Ritschl, Th.Haering, M. Reischle, P.Althaus d.Ä., C.Stange, F. → Gogarten, E. Wolf; daneben H.Schultz, F.Kattenbusch, A.Titius, G. Wobbermin, E.Hirsch, H.J.Iwand, W.Trillhaas. - Prakt. Theol.: K.Knoke, Joh.Meyer, W.Birnbaum, W.Trillhaas, M.Doerne.

Von Einrichtungen der Fakultät seien genannt: Repetentenkollegium 1765, Ephorat 1800, Theologisches Stift 1857, Theologisches Seminar 1878, Theologisches Sprachenkonvikt (G.Uhlhorn-Konvikt) 1931.

J.St.Pütter, Versuch einer akadem. Gelehrten-Gesch. von der Georg-Augustus-Universität zu G., mit Forts.en v. F.Saalfeld u. G.H.Oesterley, 1765-1838 - E.Brandes, Über den gegenwärtigen Zustand der Univ. G. (Hannov. Magazin 1802, 161-456) - E.F.Rössler, Die Gründung der Univ. G., 1855 - W.Erman-E.Horn, Bibliogr. der dt. Universitäten II, 1904, 253ff - Vorarbeiten zur Gesch. der Göttinger Univ. u. Bibliothek, hg.v. Universitätsbund G., Bd 1-25, 1924-37 - RGG² II, 1295ff - M.Arnim, Corpus academicum Gottingense, 1930 - Die Matrikel der Georg-August-Univ. zu G. 1734 bis 1837, hg.v. G.v.Selle (Veröffentlichungen der Hist. Kommission für Hannover, Oldenburg, Braunschweig, Schaumburg-Lippe u. Bremen IX), 1937 - Gesch. der Göttinger Univ.-Bibliothek, hg.v. K.J.Hartmann u. H.Füchsel, 1937 - W.Buff, Gerlach Adolph Frhr. v. Münchhausen als Gründer der Univ. G., 1937 - Joh.Meyer, Gesch. der Göttinger theol. Fakultät (ZGNKG 42, 1937, 7-107; Lit.) - G.v. Selle, Die Georg-August-Univ. zu G. 1737-1937, 1937 - Ders., Über das Göttingische in G. (Zs. f. Bibliothekswesen, Bh. 75, 1950, 283 bis 287) - R.Smend, Die Göttinger Sieben, (1951) 1958² (auch in: R. Smend, Staatsrechtl. Abh.en, 1955, 391-410) - Ders., Die Göttinger Univ. u. ihre Umwelt (Mitt.en des Universitätsbundes G., Sonder-H.), 1953 (auch in: Staatsrechtl. Abh.en, 1955, 440-461). *R.Smend*

Götzendienst im AT. Wo eine Gottheit von einer Kultgemeinschaft ausschließliche Verehrung fordert, gilt jede Beteiligung an einem andern Kult als G. und damit als schädliches, verabscheuenswürdiges Unternehmen. Der Ausdruck kann allein die Beteiligung der *eigenen* Kultgenossen an fremder Gottesverehrung meinen (während sie für die Glieder einer anderen Gemeinschaft als selbstverständlich hingenommen wird); es kann aber auch (auf einer späteren Stufe) *jeder* Kult einer anderen Gottheit als G. beurteilt werden. Im zweiten Fall wird den Numina zwar nicht unbedingt ihr Dasein, wohl aber ihre göttliche Würde abgesprochen.

Die Religionen des *Alten Orients* standen fremden Gottheiten und Kulten in der Regel duldsam, ja aufnahmebereit gegenüber. Ausnahmen bilden die Reform Echnatons (→ Amenophis IV.) in Ägypten und das Verbot des Xerxes in Persien (unter Einfluß → Zarathustras?), die daiva (Götter, Götzen) zu verehren (ANET 317, 1ff).

Seit Gründung der Amphiktyonie (→ Stämme Israels) wußte *Israel* um Jahwes Anspruch auf Alleinverehrung. Vielleicht galt vorher gleiches in → Sichem von dem »Gott → Jakobs« (Gen 28, 21; 35, 1-4; vgl. Alt I, 79-88). Und die Gruppe, die am Sinai den Gott → Jahwe kennengelernt hat, hat wahrscheinlich schon um die Einzigartigkeit seines → Bundes (: II) gewußt und um den »Eifer«, mit dem Jahwe jede Hingabe an andere Gottheiten verfolgt. Sicher greifbar wird die Wendung gegen G. aber erst beim *»Landtag von Sichem«* (Jos 24), wo der Bund mit Jahwe eine Abrenuntiationshandlung voraussetzt (Nachwirkung hethitischer Staatsverträge, die eine absolute Bindung an den Großkönig fordern?; vgl. G.E. Mendenhall, BA 17, 1954, 50-76). Dabei wird ausdrücklich gesagt, daß die Nachbarvölker wie einst die eigenen Väter »anderen Göttern« dienen (ein Wort für »Götze« kennt die frühe Zeit noch nicht, der göttliche Rang wird also nicht bestritten).

Nach der Landnahme lernt Israel die Götter des Kulturlandes kennen und setzt sie weithin mit Jahwe in eins (bes. → El). Einer unbegrenzten Gleichsetzung aber war ein Riegel vorgeschoben durch das Verbot fremder Gottesverehrung im sakralen Recht (Ex 20, 3; 23, 13 u.ö.), aber auch durch die Abwehr von Gottesbildern (Ex 20, 4f. 23; Dtn 27, 15; → Bilder: II) und Zauberhandlungen (Ex 22, 17); ausgeschlossen war ebenso der Totenkult und die damit verbundene Wahrsagerei (der Totengeist als »Gott« 1Sam 28, 13). Das alltägliche Leben scheint dem kultischen Gebot weithin nicht entsprochen zu haben, in vielen Sippen gab es Hausnumina, die man vielleicht nicht als Götter betrachtete (selbst im Hause Davids 1Sam 19, 13!).

Erst in der *Königszeit* kam es zur Auseinandersetzung über den G., veranlaßt durch die Neigung vieler Israeliten, den kanaanäischen Fruchtbarkeitsgott → Baal zu verehren. Er wird zunächst unbedenklich mit Jahwe gleichgesetzt (vgl. die Personennamen bei den Söhnen Sauls und Davids 2Sam 2, 8; 5, 16 text. emend.). Doch schon die Erzählung Num 25, 1ff (J) verpönt die Teilnahme an einer bestimmten Ausprägung des Baalkultes. – Als in Nordisrael → Ahab ein besonderes Heiligtum für den Baal von Tyrus einrichtet, erwacht der leidenschaftliche Protest eines → *Elia*, daß Jahwe und sein Bund »verlassen« sei (1Kön 18, 18; 19, 10. 14). Ebenso empört ist er darüber, daß der Baal Sebub von Ekron befragt wird (2Kön 1). Auch von → *Elisa* wird berichtet, daß er sich gegen den G. gewendet hat; er scheint den Anstoß zur Revolution des → Jehu gegeben zu haben, der mit dem Haus Ahab auch die Verehrung des tyrischen Baal hinwegfegte (2Kön 9f). – Aus Prophetenkreisen jener Zeit wird der Spruch 1Sam 15, 23 stammen, der zeigt, daß auch die Kleingötter (→ Teraphim) nun als unvereinbar mit Jahwes Anspruch gelten.

Ein Jh. später erreicht der Kampf gegen den G. unter → *Hosea* einen neuen Höhepunkt. Er sieht Jahwes Ausschließlichkeit nicht nur dort verletzt, wo ausländische Götter verehrt werden im Lande, sondern auch, wo die einheimischen Baale mit Jahwe gleichgesetzt werden. Damit wird ein seit Jh.en bestehender Synkretismus angegriffen. Aller Jahwekult, der von Fruchtbarkeitsriten und -symbolen begleitet ist, bricht die Ehe zwischen Gott und Volk, ist »Hurerei«. Aus eigenem Gold und Silber hat das Volk Gottesbilder geschaffen, denen das Prädikat »Gott« aber nicht zukommt (8, 4. 6; 13, 2–4; 14, 4). Die Folge des Baaldienstes ist Unreinheit und Tod (6, 10; 13, 1).

Durch die assyrische Oberhoheit waren die *judäischen Könige* des 7.Jh.s gezwungen, dem assyrischen Staatskult für das »Himmelsheer« in Jerusalem Raum zu geben. In Verbindung damit scheinen auch einheimische Afterkulte unter → Manasse wieder lebendig geworden zu sein (2Kön 21, 1–18; vgl. Jer 2f; 7, 29ff). Erst als der assyrische Druck geringer wurde, konnte → Josia (politische und) religiöse Reformen durchführen. Indem Jerusalem zur einzig legitimen Kultstätte erklärt wird, soll jeder G. künftig ausgeschlossen sein. Nach Josias Tod gibt es zwar einen Rückschlag (vgl. Ez 8), aber nach dem Zusammenbruch von 587 werden die Ideen der Reform neu wirksam. Im → Deuteronomistischen Geschichtswerk wird die Unheilsgeschichte Israels am Leitfaden eines zunehmenden G.es entfaltet. Merkwürdigerweise gilt die Verehrung des Himmelsheeres durch andere Völker als legitim (Dtn 4, 19f).

In der Zeit des Exils nimmt Dtjes (→ Jesajabuch, 2) zum G. Stellung. In seinen Streitgesprächen stellt er den Göttern und ihren Verehrern den Anspruch Jahwes, einziger Gott zu sein, gegenüber; Beweismittel sind Jahwes Weissagungen (41, 21ff; 44, 6f u.ö.). Die Götzen sind eitel und nichtig, unfähig, Gutes oder selbst Böses zu tun (41, 23). Die bevorstehende eschatologische Wende wird den Völkern die Augen öffnen und sie zu dem wahren Gott führen.

Israel hat die Wirklichkeit der Götter wohl nie geleugnet. Auch da, wo sie als Werk menschlicher Hände angeprangert werden, sind sie nicht »nichts«. Selbst dort, wo sie als nichtig gelten, wirken sie als solche auf den Menschen (Jer 2, 5; Jes 41, 24b). Um der »nichtenden« Wirkung willen entbrennt Jahwes »Zorn« oder »Eifer« bei jedem G. Gelegentlich wird vom Untergang oder Sterben der Götter gesprochen (Ps 82, 7; Jes 2, 18. 20; 24, 21ff; Lev 26, 30). Entscheidend aber ist, daß ihnen in Israel sehr bald der *Rang* eines Gottes streitig gemacht wird. Es gibt nur einen Gott, alle Götzen sind ihm gegenüber ohnmächtig und darum weder des Vertrauens noch der Furcht der Menschen wert (2Kön 5, 15; 19, 15ff; Jes 43, 11; Ps 96, 5).

Das *Judentum* hat das Erbe des AT übernommen. Je mehr man die Gottheiten anderer Völker kennenlernt, desto erhabener fühlt man sich über allen G., was sich gelegentlich in sehr rational gefärbtem Spott äußert (vgl. Jes 44, 9–20 [sekundär], die apokryphen Erzählungen vom → Bel und → Drachen zu Babel, ferner Weish 13). Gleichzeitig aber steigt wieder der Rang der Götzen; sie werden zu Dämonen (→ Geister: II), vor denen sich die Menschen zu fürchten haben (äthHen 19, 1; 99, 7; Jub 11, 4f vgl. 1Kor 10, 20; Dan 10, 13ff).

O. Eissfeldt, Gott u. Götzen im AT (ThStKr 103, 1931, 151–160) – B. Balscheit, Alter u. Aufkommen des Monotheismus in der israelit. Religion (BZAW 69), 1938 – E. Fascher, Gott u. die Götter (ThLZ 81, 1956, 279–308). *K. Koch*

Goeze, *Johan(n) Melchior,* * 16.10.1717 in Halberstadt, † 19.5.1786 in Hamburg. Nach dem Studium in Jena und Halle (S.J. → Baumgarten) 1741 Adjunkt, 1744 Diakonus in Aschersleben, 1750 Pastor in Magdeburg, 1755 Hauptpastor und 1760–70 luth. Senior in Hamburg. G.s Festhalten an der Inspirationslehre (→ Inspiration: II) ist die Voraussetzung seiner Abwehr einer spiritualistisch-deistischen → Hermeneutik (Bestreitung der Lessingschen [→ Lessing] Scheidung von Geist und Buchstabe): »Der Buchstabe ist der Geist und die Bibel ist die Religion« (im Unterschied zur apostolischen Zeit mußten »die Schriften ... in die Stelle des mündlichen Unterrichts treten«). G. berief sich auf die symbolischen Bücher, mißbilligte die pietistischen Streitigkeiten (»Die gute Sache des wahren Religionseifers«, 1770) und trat für → Spener und die Mission ein. Doch zeitigte G.s Orthodoxie – trotz Unterscheidung von dogmatisch Fundamentalem und Nichtfundamentalem – unerbittliche Auseinandersetzungen, u.a. 1764 gegen → Basedow, 1765–69 Verteidigung der Complutensischen → Polyglotte gegen → Semler. In Hamburg wandte sich G. 1766 gegen ref. Gottesdienst, 1768–70 im Theaterstreit gegen J.L.Schlosser (»Über die Unsittlichkeit der heutigen Schaubühne«, 1770), 1770 gegen J.G.Alberti, 1773 gegen → Bahrdt, 1777–80 im Fragmentenstreit gegen → Reimarus und Lessing; 1780 lehnte er (u.a. gegen G. Th.Strobel) ausdrücklich Melanchthon (CA variata) und den Philippismus ab, 1781 die Heterodoxie von Leß. – Die geschichtliche Faktizität betonend, verwarf er die Gleichsetzung von christlichen Glaubenswahrheiten mit notwendigen Vernunftwahrheiten. Anerkannt wird die theologische Gelehrsamkeit G.s (u.a. »Versuch einer Historie der gedruckten niedersächsischen Bibeln«, 1775), umstritten ist sein weithin durch gegnerische Polemik festgelegtes Charakterbild.

Bibliogr.: J.G. Meusel, Lexikon der von 1750–1800 verst. Schriftsteller IV, 1804, 263ff – Lex. d. Hamburg. Schriftsteller II/4, 1854, 515ff. – G.s Streitschriften gegen Lessing neu hg.v. E. Schmidt, 1893

– Über G. (vgl. G.E.Lessings Sämtl. Schriften, hg.v. K.LACHMANN-F.MUNCKER, Bd 23, 1924³, Reg. s. v. G.): F.L.HOFFMANN, G. als Bibelsammler u. Bibliograph, 1852 – G.R.RÖPE, J.M.G., eine Rettung, 1860 – A.BODEN, Lessing u. G., 1862 – ADB IX, 524ff – E. SCHMIDT, Lessing, 2 Bde, (1884/86) 1923⁴ – RE VI, 757ff – GG³ IV/1, 324f (Lit.) – K.ANER, D. Theol. d. Lessingzeit, 1929 – HIRSCH IV – W.PHILIPP, Das Werden der Aufklärung (FSThR 3), 1957 (sämtl. s. Reg.). *E.H.Pältz*

Goffiné, *Leonhard,* kath. Erbauungsschriftsteller, * 6. 12.1648 in Köln, † 11.8.1719 in Oberstein/Nahe, trat 1669 bei den Prämonstratensern ein und wirkte als Pfarrer in verschiedenen trierischen Orten. Seine 1687 vollendete, 1690 in Mainz erschienene, bis heute oft aufgelegte, übersetzte und bearbeitete (→ Florentini, → Allioli u.a.) »Hauspostill oder Christ-Cath. Unterrichtungen von allen Sonn- und Feyr-Tagen des gantzen Jahrs« behandelt in Frage und Antwort die sonntäglichen Episteln und Evangelien (→ Erbauungsliteratur, 2).

Vf. außerdem: Auslegung der Regel des hl. Augustin, 1692; Trostbuch in Trübsalen, 1695; Cibus animae matutinalis, 1705; Erklärung des Catechismi Petri Canisii, 1712; Lehre Christi, 1715; Praxes sacrae seu modus explicandi caeremonias per annum, 1719. – Über G.: LThK IV, 564. – Bibliogr.: JÖCHER II, 1514. *Ernst Wolf*

Gog und Magog. G., aus dem »Land des M.«, ist im endgeschichtlichen Heilsdrama des → Ezechielbuches (38f) der Repräsentant und Führer der gottfeindlichen Völkerwelt: Nachdem Jahwe selber die Leitung seines im Gericht leidenden Volkes übernommen (Ez 34), den derzeitigen Okkupanten des hl. Landes bestraft (35), diesem aber reichen Segen verliehen hat (36), wird er das gesamte Israel neu schaffen und es vereint in seinem Lande wohnen lassen (37). Hierauf wird er (»nach vielen Tagen, am Ende der Jahre«: 38, 8) G., den Großfürsten von Mešek (südl. des Schwarzen Meeres) und Tubal, aus dem »äußersten Norden« hervorlocken und gegen das hl. Land heranführen (38, 1–9). Viele Völker werden G. unterstützen; unter diesen: Gomer (= Kimmerier), Togarma (= Armenien) und nach 38, 5 (vielleicht Glosse) Persien, Äthiopien und Puṭ (= Libyen). Der verblendete G. wird auf reiche Beute hoffen (38, 10–13); in Wirklichkeit aber ist sein Zug gegen das friedliche Israel nichts anderes als ein Offenbarungshandeln Jahwes für die Völker (38, 14–16) und bereits von den Propheten vorausgesagt (38, 17). Im hl. Lande wird Jahwe den G. unter gewaltigen Naturerscheinungen (38, 18–23) vollständig vernichten (39, 1–8). Die Rüstungen der Gefallenen werden dem Volke Gottes 7 Jahre lang als Feuerholz dienen (39, 9–10); ihre Leichen wird man während 7 Monaten begraben (39, 11–16); gleichzeitig tun sich Vögel und Tiere daran gütlich (39, 17–20).

Literarisch sind diese Kapitel häufig und in mannigfaltiger Weise zerlegt worden: man hat entweder zwei Rezensionen herausgearbeitet oder mit umfangreichen Nachträgen und Glossen gerechnet. Diesen Versuchen gegenüber ist jedoch an der wesentlichen Einheit der Weissagung festzuhalten. Hebräischer Darstellungsweise entsprechend werden in scharf gezeichneten, sich oft unverbunden folgenden Bildern oder Worten die verschiedenen Aspekte des Geschehens hervorgehoben, bald in direkter Anrede an G., bald in visionärer Schilderung. Widersprüche entstehen dabei nicht; wo man solche hat finden wollen, handelt es sich um verschiedene Seiten der Sache, deren Nebeneinander zudem oft schon durch Traditionen vorgegeben war (so wird G. zwar von Gott gelockt, während er andererseits das Opfer seines eigenen Hochmutes wird; Gott selber bringt G. zu Fall, gleichzeitig ereignen sich Naturkatastrophen und vernichten sich die Feinde selber; während 7 Monaten begräbt man Leichen, und unterdessen halten natürlich Vögel und Tiere ihren Festschmaus). Die Kapitel bilden also eine Einheit; höchstens ist mit einigen unbedeutenden Glossen zu rechnen. – In der Regel werden die G.-Kapitel als nach-ezechielischer Nachtrag verstanden. Die Diktion ist jedoch so stark ezechielisch und der Inhalt (letzte Demonstration der souveränen Macht und Gerechtigkeit Gottes vor den Völkern) fügt sich so glatt dem endzeitlichen Drama der Kap. 34ff ein, daß die Verfasserfrage belanglos wird.

Der *Stoff* der Weissagung ist – abgesehen von der Person des G. – sicher älter als Ezechiel (38, 17!) und scheint, wie die endzeitliche Heilsdramatik überhaupt, in Zusammenhang mit dem alten Heilskultus, dh mit bestimmten Riten und liturgischen Äußerungen des vorexilisch-israelitischen Herbstfestes (→ Feste: II, 4 c) zu stehen: Die »Völker« (im AT oft im »Norden« lokalisiert) wenden sich feindlich gegen den Wohnort des Gottes Israels, um dann bestraft bzw. in ihre Schranken gewiesen zu werden (vgl. Ps 2; 46; 68; 74; 79 usw; ferner Jes 10, 28ff; 29, 5ff; 37, 22–29; Mi 4, 11ff usw). – Den traditionellen Stoff hat der Verfasser der Vision mit dem *Namen* G. verknüpft. Dieser ist im AT vor Ezechiel nicht mit Sicherheit zu belegen. Vermutlich handelt es sich weder um eine mythische (etwa den babylonischen Gott Gaga oder eine Chaosgestalt) noch um eine symbolische (etwa = sumerisch gug, »Finsternis«) Figur, sondern um eine historische Persönlichkeit: entweder um einen noch nicht identifizierten Zeitgenossen des Propheten oder um den Lyderkönig Gyges (Mitte 7.Jh.). »Das Land M.« ist eine von diesem Namen abgeleitete künstliche Bildung: »Gebiet des G.« (M. findet sich noch Gen 10, 2; 1Chr 1, 5, zusammen mit andern Namen aus Ez 38).

Das grammatisch nicht ohne weiteres klare »Land des M.« (38, 2; vgl. 39, 6) hat in der jüdischen Tradition zur Annahme eines *Königs M.* geführt, der sehr oft neben G. erscheint. In dieser Form auch in Apk 20, 7ff: Nach Ablauf des 1000jährigen Reiches wird der Satan den »G. und M.« zum Zug gegen die »geliebte Stadt« anstiften, wo sie insgesamt durch Feuer zugrunde gehen.

Schon im alten Judentum und immer wieder in der Kirchengeschichte bis in die neueste Zeit ist G. mit jeweiligen zeitgenössischen antichristlichen Mächten identifiziert worden, so zB mit den Türken, mit Napoleon I. oder mit Adolf Hitler.

Vgl. die Kommentare zum → Ezechielbuch, zB G.FOHRER (HAT I, 13), 1955. – Ferner: BILL. III, 831ff – H.GRESSMANN, Der Messias (FRLANT NF 26), 1929, 184ff – ThW I, 790ff – H.BIETENHARD, Das tausendjährige Reich, (1944) 1955² – G.FOHRER, Die Hauptprobleme des Buches Ezechiel (BZAW 72), 1952, 195f (Lit.) – S.MOWINCKEL, He That Cometh, Oxford 1956, 145ff – E.ROHLAND, Die Bedeutung der Erwählungstraditionen Israels für die Eschatologie der at. Propheten (Diss. Heidelberg), 1956, 198f – C.KUHL, Zum Stand der Hesekiel-Forschung (ThR NF 24, 1957, [1–53] 28–31; Lit.). *C.A.Keller*

Gogarten, *Friedrich,* ev. Theologe, * 13.1.1887 in Dortmund, 1917 Pfarrer in Stelzendorf (Thüringen), 1925 in Dorndorf a.d.S. und PDoz. für Systematische Theologie in Jena, 1931 o. Prof. in Breslau, seit 1935 in Göttingen. – Die theologische Arbeit G.s kann in methodischer Hinsicht darin gesehen werden, daß G. unablässig als theologischer Vollzieher philosophischer Entwürfe auftritt. Er handelt hierbei sowohl abwehrend (zB gegenüber dem → Idealismus und → Troeltsch) als auch aufnehmend (zB bei → Grisebach und → Heidegger). Das dabei bewegende Motiv ist die Frage, wieweit diese Entwürfe zur Aussageform der Wahrheit des Evangeliums werden können. Mit der Auseinandersetzung mit → Fichte beginnt G. und steht gegenwärtig in der Rezeption Heideggers. Der Maßstab dieser formalen Problematik ist für G. die Wahrheit des Evangeliums, wie sie sich ihm aus seinem Lutherverständnis erschließt. Dies Lutherverständnis, das in der Auseinandersetzung mit K. → Holl (Holl III, 244-253) sichtbar wird, ist zentral gekennzeichnet durch den Versuch, Glauben und Rechtfertigung des Christen in ihrer nur göttlichen Möglichkeit gegenüber jedem menschlichen und kirchlichen Übergriff festzuhalten, wie durch die Beobachtung, daß für Luther das Weltliche weltlich und vernünftig bewältigt sein wolle. In der »politischen Ethik« ist dies Nebeneinander bereits unter dem Stichwort Gesetz und Evangelium (→ Gesetz: VI) gefaßt. Hiermit ist das Thema angeschlagen, das G. bis in die Veröffentlichungen der letzten Jahre festhält. Dies Thema von der rechten Weltlichkeit der Welt (→ Säkularismus: I) wird in der Auseinandersetzung mit Troeltsch schon als Frage nach der »wirklichen Geschichte« gesehen. Die Thematik, die in den 20er Jahren im Modell des »Ich-Du« (→ Ich-Du-Verhältnis) oder des »Vom-andern-her-sein« angeschlagen wird, worin das »konkrete Du« und das Wort Gottes sich gegenseitig erläutern, findet sich bei den späteren Veröffentlichungen in den Schemata von → Person, → Verantwortung und Wortlichkeit des Wortes wieder. Die Intention der früheren Jahre wird durch alle äußeren Wandlungen der Begriffsmittel wie der theologischen Richtungen hindurch kraftvoll festgehalten und durch die Begriffsmittel der existentialen Analytik hervorragend zur Präzision gebracht. Nach G. ist es des Glaubens eigentlichste Aufgabe, »die Freiheit für Gott und um ihretwillen die religiöse Entmächtigung der Welt und ihres Gesetzes zu bewahren«. - Vgl. → Christentum: IV A, 4; V, 1 d δ; → Christologie: III, 1 b; → Dialektische Theologie; → Dogmatik, 3 b; → Existenztheologie.

Vf. u.a.: Fichte als relig. Denker, 1914; Religion weither, 1917; Die relig. Entscheidung, (1921) 1924²; Von Glauben u. Offenbarung, 1923; Ich glaube an den dreieinigen Gott, 1926; Polit. Ethik, 1932; Gericht oder Skepsis, 1937; Weltanschauung u. Glaube, 1937; Die Verkündigung Jesu Christi, 1948; Die Kirche in der Welt, 1948; Der Mensch zwischen Gott u. Welt, (1952) 1956²; Entmythologisierung u. Kirche, (1953) 1954²; Verhängnis u. Hoffnung der Neuzeit, 1953; Was ist Christentum? (KVR 35), 1956; Die Wirklichkeit des Glaubens, 1957. *C.H.Ratschow*

Gogh, *Vincent van* (30.3.1853 bis 29.7.1890), holländischer Maler, * in Groot-Zundert (Nordbrabant), wuchs in einem ländlichen Pfarrhaus auf; auch unter seinen Vorfahren waren Geistliche. Doch bestanden auch Beziehungen zur Kunst: mehrere Oheime waren Kunsthändler, Mauve, der Maler, war Vincents Vetter. Diese Polarität hat die Entwicklung mitbestimmt. Nach unbefriedigender Tätigkeit im Kunsthandel und dem Versuch eines theologischen Vorstudiums wurde G. als Evangelist ausgebildet und lebte 1878/79 unter den Grubenarbeitern der Borinage; doch bewirkte ein übersteigerter Wille, sich aufzuopfern, bald seine Rückberufung. Erst jetzt fand er endlich zum Malerberuf. Dabei lag ihm die Bauern- und Armeleutemalerei am nächsten; → Millets Vorbild übersetzte er als Zeichner in seinen mehr proletarischen Stil. Doch auch Landschaft und Stadt wurden ihm wegen der melancholischen Stimmung und um der perspektivischen Probleme willen zum Motiv. Nach Studien an der Brüsseler Akademie flüchtete er wieder ins Elternhaus (Etten), bildete sich dann (bis Sept. 1883) in Den Haag bei Mauve in der Öltechnik weiter, machte sich aber durch das Zusammenleben mit einer Dirne unmöglich. Auf den kurzen Aufenthalt in dem Kleinbauerndorf Drenthe folgte die produktive Arbeit in Nuenen (Ende 1883-85): meist nach Bauern und Webern als Modell, oft mit gefalteten Händen. Das Gemälde der »Kartoffelesser« bildet das non plus ultra dieser düsteren Kunstweise, Vorstufe des Umschwungs. Nachdem er in Antwerpen Bekanntschaft mit japanischen Holzschnitten gemacht hatte, wagte er den Sprung nach Paris zu seinem Bruder Theo, der dort Kunsthändler war, und damit in ein großstädtisches, religiös indifferentes Ateliermilieu der impressionistischen und nachimpressionistischen Richtungen (→ Impressionismus: I). Unter ihrem Einfluß entstanden mehr als 200 Bilder, bald schon in modernster Hellfarbigkeit und Pinseltechnik. Dieser Umstülpungsprozeß vom Nordischen ins Mittelmeerische, von der Erdentiefe ins Sonnenhafte vollendete sich aber erst in der Provence (seit Febr. 1888). In Arles entstand - trotz pathologischer Krisen (tätlicher Konflikt mit Paul Gauguin, mit dem er sich eine Gemeinschaftskunst erträumt hatte, Selbstverstümmelung, Krankenhaus) - das Gros jener Ölbilder und Rohrfederzeichnungen, mit denen v.G. die Kunstwelt erschüttern sollte, damals noch meist unverstanden und unverkäuflich. Der schöpferische furor brach auch in der Anstalt von Saint Rémy nicht ab, wo die Kopien nach Reproduktionen alter Meister entstanden; auch nicht, als der Bruder ihn zu dem kunsterfahrenen Arzt Dr. Gachet nach Auvers sur Oise hatte transportieren müssen - bis Vincent nach einem neuen Anfall seinem Leben ein Ende machte. - Abgesehen von jenen Kopien hat v.G. nichts aus der Bibel und Heiligenlegende behandelt; er beschränkte sich auf Landschaften, Stilleben, Bildnisse, darunter die ergreifenden Selbstporträts. Doch blieb der religiöse Zug erhalten, jetzt mehr in einem ekstatischen Aufgehen in der Natur, die er - obschon stets vor dem Motiv im Freien malend - mit einer schon expressionistischen (→ Expressionismus: I) Übersteigerung ins Fließende, Wirbelnde und Feurige verwandelte. Sonne und Landschaft wurden ihm zu einer panentheistischen Zeichensprache.

V.G.s erstaunliche Briefe werfen auch ein Licht auf seine besondere Gläubigkeit, die bisweilen gnostische Züge annimmt (→ Häresie: II; vgl. Taf. 8 Abb. 3). Die Erneuerung der christlichen → Malerei (: V) blieb stets sein Ideal, wenn er sie auch vorläufig nur im menschlichen und naturhaften Reflex zu verwirklichen wagte.

Neueste Lit.-Zusammenstellung (einschl. Brief-Ausgaben) im Katalog der Münchener v.G.-Ausstellung (1956) sowie bei J. Rewald, Von v. G. zu Gauguin, 1957. *G.F.Hartlaub*

Gogol'-Janovskij, *Nikolaj Vasiljevič* (1809-52), * in Soročincy, † in Moskau, russ. Prosadichter aus ukrainischem Landadel. Nach Besuch des Gymnasiums in Nežin versuchte sich G. in Petersburg als Behördenangestellter, Lehrer und schließlich, gefördert u.a. durch Žukovskij und Puškin, als Adjunkt-Prof. für Geschichte an der Universität Petersburg. In all diesen Ämtern scheiterte er bald. 1836-48 lebte er in Rom, wallfahrtete anschließend nach Jerusalem und verbrachte, geistig zerrüttet, seine letzten Lebensjahre in Moskau. - G. steht in der Mitte zwischen → Romantik und → Realismus, wobei jene überwiegt. Im Erzählband »Abende auf dem Vorwerk bei Dikan'ka« (1831/32) läßt er in heiter-romantischer Weise Landschaft, Lebensart und Sagengut seiner Heimat erstehen. »Mirgorod« (1835), gleichfalls in der Ukraine spielend, weist dagegen weithin eine Stilhaltung auf, die bereits der Sammlung »Arabesken« (1835) eigentümlich ist: eine Mischung von Realistik und Phantastik, eine zeitweise Verlagerung der Handlung und Erlebnisebene ins Irreale, ja Spukhafte. E.T.A. → Hoffmann war hier Vorbild. Die in den »Arabesken« enthaltenen Petersburger Novellen, dazu »Der Mantel« haben als Schauplatz die Großstadt, als Helden sozial bedrängte Kleinbürger. Die meisterliche Komödie »Der Revisor« (1834/1835) und G.s Hauptwerk, der Schelmenroman »Die toten Seelen« (1. Teil 1835 begonnen, 1842 gedr.), sind geniale Satiren auf menschliche Schwächen und Laster. G. bedient sich realistischer Stilmittel; doch wählt und gruppiert er die Einzelzüge derart, daß nicht eigentlich die äußere Wirklichkeit, wohl aber Wesen und innere Wahrheit sichtbar werden; diese »trifft« er auch dort, wo er – meist humorvoll – übertreibt und karikiert. – G. zielt primär auf das Psychologische und Ethische. Die dämonischen Kräfte, die in seinen Frühwerken von außen drohen, sind später durch den Teufel im Menschen selbst ersetzt. G. meint damit weniger das abgründig Böse als den Dämon seelischer Stumpfheit. Diese zu überwinden, bieten die staatliche Ordnung Rußlands und die Lehre der orth. Kirche alle Möglichkeiten. G. wurde so zu einem frühen Kritiker des → Liberalismus und insofern zum Vorgänger → Dostojevskijs. Er zerbrach, als seine Schaffenskraft erlahmte. Es war ihm nicht gegeben, seine Zielsetzungen künstlerisch positiv zu formen; statt dessen wurde er zum Prediger und zum Apologeten von Staat und Kirche (»Briefwechsel mit Freunden«, 1847). Den Zweifeln an seiner Würdigkeit und Fähigkeit und den Anfeindungen russ. Intellektueller war er nicht gewachsen. Kurz vor seinem Tode vernichtete er nebst anderen Manuskripten den 2. Teil der »Toten Seelen«.

Sämtl. Werke, hg.v. N.Tichonravov u. W.Schönrock, 8 Bde, 1889 u. 1897 (russ.) – Sämtl. Werke, hg.v. d. Akad. d. Wiss. d. Sowjetunion, 1937ff (russ.) – Werke, hg.v. J.v.Guenther, 5 Bde, 1952. Briefe: GA v. W.Schönrock, 4 Bde, 1902 (russ.). – Über G.: D. Merežkovskij, G., sein Werk, sein Leben u. seine Religion, 1914 – G. Gesemann, Grundlagen einer Charakterologie G.s (Jb. f. Charakterologie 1, 1924, 49–88) – V.Vinogradov, Studien über den Stil G.s, 1926 (russ.) – M.Gorlin, N.V.G. u. E.Th.A.Hoffmann, 1933 – Materialien u. Unters.en (Lit.), hg.v. V.Hippius, 1936 (russ.) – H.Jilek, Das Weltbild N.W.G.s (Zs. f. dt. Geisteswiss. 1, 1938, 162–176) – M. u. R.Hofmann, G. Sa vie, son oeuvre, 1946 – V.Setschkareff, N.V.G., Leben u. Schaffen, 1953 – W.Kasack, Die Technik d. Personendarstellung bei N.V.G., 1957.

F.W.Neumann

Goguel, *Maurice* (1888–1950), * in Paris, wurde 1906 Prof. für NT an der freien prot. Fakultät → Paris (: III). 1927–48 hatte er den Lehrstuhl A. → Loisys an der Ecole pratique des Hautes Etudes inne, später verbunden mit einem Lehrauftrag an der philosophischen Fakultät der Sorbonne. Die Erforschung des Urchristentums, ursprünglich als Basis für eine prot. Dogmatik gedacht, wurde bald Hauptziel seiner Arbeiten. In Frankreich und darüber hinaus wurde er vor allem bekannt durch sein Eingreifen in die durch P.L.Couchouds Bestreitung der historischen Existenz Jesu ausgelöste Debatte. Seine Arbeiten zeigen ihn als einen der hervorragendsten Vertreter der historisch-kritischen Forschung. Unnötigen Hypothesen abhold, ablehnend gegenüber den Konsequenzen der formgeschichtlichen (→ Evangelien, formgeschichtlich) wie der → religionsgeschichtlichen Schule, pflegte er vor allem die literarhistorische Methode. Von seinem durch A. → Ritschl und W. → Herrmann beeinflußten theologischen Standpunkt aus kam nt. Theologie für ihn nur als historischer Ausdruck des religiösen Bewußtseins in Betracht.

Vf. u.a.: W.Herrmann et le problème religieux actuel, 1905; L'Eucharistie des origines à Justin Martyr, 1910; Introduction au NT, 5 Bde, 1922–26 (fehlen kath. Briefe u. Apk); Jésus de Nazareth, Mythe ou Histoire?, 1925; Au seuil de l'Evangile, Jean-Baptiste, 1928; La Vie de Jésus, (1932) 1950² unter dem Titel: Jésus (dt. 1934); La foi à la résurrection de Jésus-Christ dans le christianisme primitif, 1933; La Naissance du Christianisme, (1946) 1955²; L'Eglise primitive, 1947. – Vollst. Bibliogr. bis 1946: CN 10, 1946. – Über G.: O. Cullmann in: Annuaire 1955/56 de l'Ecole prat. des Hautes Etudes, 1955, 28–35.

O.Cullmann

Goldene Regel

1. Religionsgeschichtlich – 2. Im NT

1. Nach einer islamischen Tradition verpflichtete → Muhammed den Gläubigen, »allen Menschen zu tun, wie du wünschst, daß man dir tue, und die Handlung für andere zu verschmähen, die du für dich selbst verschmähst« (A.M.Suhrawardy, The Sayings of Muhammad, New York 1941, 72). Speziell die negative Wendung findet sich in vielen Kulturen und Religionen – eine jeweils wohl spontan formulierte Spruchweisheit (Philippidis). »Was du nicht willst, das man dir tue, das tue auch nicht anderen« heißt es in der konfuzianischen Literatur (u.a. Lun Yü 15, 23; Li Chi 39, 23 [SBE XXVIII]). Ähnliches sagen Tob 4, 15; Arist 207; Sir 31 (34), 15, das bei Diogenes Laertius I, 36 dem Thales zugeschriebene Wort (H.Diels-W.Kranz, Die Fragmente der Vorsokratiker I, 1951⁶, 71), ferner Isokrates (Nicocles oder die Cypern 61), → Seneca (47. Brief), das zoroastrische Dâdistân-î Dînîk 94, 5 (SBE XVIII), das buddhistische Dhammapada 10, 129f (SBE X Pt. I) und Udânavarga (übers. v. W.W.Rockhill, London 1892), das jinistische (→ Jinismus) Yogashâstra 2, 20 des Hemacandras (Bibl. Ind. 142, Calcutta 1907, 198) sowie das Mahâbhârata 12, 9248f und 5, 1517f; 13, 5571f, wo die Regel auch »die Summe der Pflicht« genannt wird. – Daß die negative Formel letztlich »positiv« verwirklicht werden soll, betont → Konfuzius (Li Chi 28, 1, 33) nicht anders als Isokrates (Familie: Demonicus 14; Politik: An Nicocles 24, Panegyricus 81). In Indien empfiehlt Guru Angad den → Sikhs: »Behandle andere, wie du selbst behandelt werden möchtest« (M.A.Macauliffe, The Sikh Religion II, Oxford 1909, 29; vgl. ebd VI, 205 [Nânak] und jinistische Wendungen in SBE XLV, 306f. 314). Der Buddhist Shântideva (übers.v. L.D.Barnett, London 1909, 88) schreibt: »Ich muß anderen Güte erweisen, denn sie sind wie ich Kreaturen« und denkt sich die Identifizierung des Selbst mit anderen auf Grund der allgemeinen Nichtexistenz aller Leiber in der Leere. Nânaks (s.o.) Regel beruht auf einem pluralistischen Pantheismus. Einige Hindu gründen sie auf die Einheit aller im universalen Selbst (Bhagavan Das, The Essential Unity of all Religions, Madras [1932] 1939², 306).

G.B.King, The »Negative« Golden Rule (JR 8, 1928, 268–279) – L.J.Philippidis, Die G.R., religionsgeschichtl. unters., 1929 – Ders., Religionswissenschaftl. Forschungsberichte über die G.R., Athen 1933 (Lit.).

N.J.Hein

2. Zur Zeit Jesu war die G.R. eine weit verbreitete, sprichwörtliche Klugheitsregel. Aus dem Griechentum war sie vom hellenistischen Judentum als Zusammenfassung des moralischen Pflichtenkreises übernommen worden (Arist 207; Tob 4, 15 BA; Philo, Hypothetica I bei Euseb, Praep. ev. VIII, 7, 6) und von dort bereits in vorchristlicher Zeit nach Palästina gelangt. Hier bezeichnete → Hillel (um 20 vChr) im Gespräch mit einem übertrittswilligen Heiden die G.R. als die Summe der Tora: »Was dir verhaßt ist, tue keinem anderen. Das ist das ganze Gesetz. Alles andere ist nur Kommentar dazu« (bSchab 31a). Hillel benutzt offensichtlich die stoische Lehre vom ἄγραφος νόμος (vgl. Röm 2, 14), wenn er die G.R. für das göttliche Urgesetz erklärt. – Jesus hat die G.R. übernommen (Mt 7, 12; Lk 6, 31), nach dem Mt-Ev mit dem an Hillel erinnernden Zusatz: »Das ist Gesetz und Propheten«. Doch unterscheidet er sich von Hillel dadurch, daß er die positive Fassung wählt: »(Alles [wohl Mt-Zusatz]) was ihr wollt, daß euch die Menschen tun, eben das sollt auch ihr ihnen tun.« Während die negative Fassung die Schädigung des Nächsten verbietet, fordert die positive Fassung auf, ihm Hilfe und Förderung zu erweisen. In der positiven Formulierung ist die G.R. nicht mehr bloße Klugheitsregel, sondern praktische Anleitung für die Liebesübung. – Die sekundäre Ausformung, die das Aposteldekret in der westlichen Überlieferung erfahren hat, schließt mit der G.R. in der negativen Fassung (Apg 15, 20. 29, jedoch 21, 25

fehlend); hier ist also nicht das Wort Jesu, sondern die zeitgenössische Maxime übernommen.

BILL. I, 459f. 907 - I.HEINEMANN, Die Lehre vom ungeschriebenen Gesetz im jüd. Schrifttum (HUCA 4, 1927, 149-171) - A.SCHLATTER, Der Evangelist Matthäus, 1929, 246ff. *J.Jeremias*

Goldenes Kalb, herkömmliche, aber falsche (ʿēgæl = Jungstier) Bezeichnung der von → Jerobeam I. nach der Reichstrennung in den israelitischen Staatsheiligtümern von → Bethel und Dan aufgestellten goldenen oder mit Blattgold überzogenen Stierbilder (1Kön 12, 26ff; → Bilder: II, 1). Die Erzählung vom g.K. bzw. ihre jetzt vorliegende Fassung (Ex 32) setzt diese kultpolitische Maßnahme Jerobeams I. voraus, brandmarkt sie als frevelhafte Wiederholung jenes Urabfalls, der sich im Augenblick der für Israel grundlegenden Offenbarung Gottes am Sinai ereignet habe, und kündigt ihren Initiatoren die göttliche Strafe an (Noth). - Ob man sich die Stierbilder Jerobeams als Piedestal des absichtlich nicht dargestellten Gottes (Obbink), in Analogie zur → Lade Jahwes als leeren Thron des unsichtbaren Gottes (Albright u.a.) oder als stierbekrönte Standarte (Eißfeldt) vorzustellen hat, ist bei dem gegenwärtigen Stand unserer Kenntnisse kaum zu entscheiden. Nicht zu bezweifeln aber ist, daß es sich hier um ein legitimes Kultsymbol handelte, freilich nicht so, daß man Jahwe in dem Stierbild unmittelbar verkörpert sah; vielmehr »ist der Stier Attribut der Gottheit« (Galling). Der Stier ist »Inbegriff der Fruchtbarkeit« (L.Köhler, RGG² II, 1305) und daneben Symbol der kriegerischen Kraft. Instruktiv ist das Stierbild von tell el-aschʿari: ein menschengestaltiges Wesen mit Stierkopf und Schwert, wohl eine Darstellung des aramäischen Typus des Wetter- und Kriegsgottes Hadad-Rimmon (Galling). Es liegt näher, an einen Einfluß aus diesem Bereich als von Ägypten zu denken.

L.MALTEN, Der Stier im Kult u. mythischen Bild (JdI 1928, 90) - H.T.OBBINK, Jahwebilder (ZAW 47, 1929, 264-274) - BRL 202ff - E.OTTO, Beiträge z. Gesch. d. Stierkulte in Ägypten, 1938 - W.F. ALBRIGHT, From the Stone Age to Christianity, (1940) 1946²; dt. 1949, 266. 298f - O.EISSFELDT, Lade u. Stierbild (ZAW 58, 1940/41, 199-215) - A.H.KAN, Juppiter Dolichenus, Leiden 1943, bes. Kap. I - NOTH, ÜPent 157ff - K.GALLING, Das Stierbild von tell el-aschʿari (ZDPV 69, 1953, 186f, Tf. 6) - G.v.RAD, TheolAT I, 1957, 215. - Weiteres s. Lit. zu → Bilder: II. *A.Kuschke*

Goldenes Zeitalter → Aion, → Apokalyptik: I, → Saeculum, → Weltperioden.

Goldgläser (fondi d'oro) sind Glasgefäße, deren Boden ein Goldblättchen schmückt, das zwischen zwei zusammengeschmolzenen Glasscheiben liegt und auf dem Bilder und Texte eingeritzt oder gemalt wurden. Sie wurden für Trinkbecher und liturgische Schalen (Exemplar Disch), aber auch als Kennmarke an Katakombengräbern verwandt. Die Goldblattechnik diente ferner der Porträtdarstellung (G.von Brescia). Die Frage, ob sie hier oder in der Glasmanufaktur entstanden ist, verbindet sich mit der stilgeschichtlichen Problematik, ob ein einheitliches Zentrum (Alexandrien) oder eine Vielheit provinzieller Werkstätten (daneben: Syrien, Griechenland, Rom, Köln) mit eigenem Stil anzunehmen ist. - Die Gräberfunde deuten auf eine sepulkrale Funktion der G., wobei die Segensformel πίε ζήσῃς dem Verstorbenen gilt. In der profanen Urform πίνε, ζήσῃς wurde die Formel für Trinkbecher, in der christianisierten Gestalt vielleicht auch an Bechern der → Agapen verwandt. In den christlichen Totenmahlen, die den Verstorbenen als anwesend betrachteten, erhielt sie eine akklamatorische Bedeutung. Die Verdrängung der privaten Refrigerien durch den Märtyrerkult machte die Märtyrer und Heiligen zum Gegenstand der Akklamation, auch auf den G.n. Dem entspricht der ikonographische Wandel von einer soteriologischen Thematik (at. Rettungsszenen; nt. Wunder) zu den Heiligenporträts. - Zahlreiche jüdische Beispiele beweisen, daß die devotionale Verwendung der G. durch die Christen eine Vorstufe im antiken Judentum gehabt hat. Die G. hören mit dem 5./6.Jh. auf.

R.GARRUCCI, Vetri ornati di figure in oro, (1858) 1864² - H.VOPEL, Die altchristl. G., 1899. NB u. photogr. Aufnahme des Materials (über 500 G.) ist dringendes Bedürfnis. - C.ALBIZZATI, Vetri dorati etc (RM 29, 1914, 240-259; zur Technik u. zu den G.n v. Brescia) - W.NEUSS, Ikonogr. Studien III (Zs. f. christl. Kunst 29, 1916, 72-79; Ex. Disch) - DACL V, 1857ff; XIV, 1024ff; XV, 2972ff - LThK IV, 568f - M.SCHWABE-A.REIFENBERG, Ein jüd. Goldglas mit Sepulcralinschrift aus Rom (RivAC 12, 1935, 341-346) - DIES., Ein unbekanntes jüd. Goldglas (ebd 15, 1938, 319-329; dazu vgl. A.FERRUA, ebd 26, 1950, 224-227) - G.MAZZOTTI in: Felix Ravenna 58, 1952, 72-78 (G. v. Brescia) - E.R.GOODENOUGH, Jewish Symbols II, 1953, 108ff - RAC II, 52f. *C.Andresen*

Goldküste → Ghana.

Goldschmiedekunst → Kunstgewerbe: II.

Goldziher, *Ignaz* (eigentlich Isaak Jehuda; 1850 bis 1921), der Begründer der → Islamforschung im eigentlichen Sinne (neben Ch.Snouck Hurgronje und C.H. Becker), * Stuhlweißenburg (Ungarn), 1872 Dozent, 1894 o. Prof. in Ofenpest und zugleich 1876-1905 Sekretär der israelitischen Gemeinde dort; bereiste 1873/74 den Nahen Osten. Anfänglich an jüdischer Religionsgeschichte interessiert, wandte er sich der Islamforschung zu und wies nach, daß das in den islamischen Traditions- (Hadith-) Sammlungen niedergelegte Material ein Spiegelbild der theologisch-philosophischen Richtungskämpfe bis etwa 900 nChr sei und nur von hier aus richtig eingeschätzt werden könne; der echte Kern dieser Überlieferung sei sehr beschränkt.

Vf. u.a.: Studien über Tanchûm Jerûschalmi, 1871; Der Mythos bei den Hebräern..., 1876; Mohammed. Studien, 2 Bde, 1889/90; Abh.en zur arab. Philologie, 2 Bde, 1896/99; Vorlesungen über den Islam, (1910) 1925² (mit Bild); Die Richtungen der islam. Koranauslegung, (1920) 1952². - Über G.: EJud VII, 498ff - JüdLex II, 1199f - I.G. Memorial Vol. I, Jerusalem 1948. *B.Spuler*

Golgatha → Jerusalem: III, → Grab, Heiliges.

Goliath → Philister.

Goltz, 1. *Eduard Frhr. von der* (31.7.1870 bis 7.2.1939), ev. Theologe, * Langenbruck als Sohn von 2, † Greifswald. G. war zuerst Pfarrer, dann PDoz. in Berlin und wurde 1906 Direktor des Predigerseminars Wittenburg (Westpreußen), 1912 o. Prof. für Prakt. Theol. in Greifswald. In seiner wissenschaftlichen Arbeit suchte er die geschichtlichen Grundlagen für die Prakt. Theol. zu erweitern. Seit 1925 auch Konsistorialrat im Ev. Konsistorium Stettin, wirkte er in allen synodalen Stufen der Kirche, von 1929-33 auch im preußischen Kirchensenat am Verfassungsleben der Kirche mit, wobei er, der → Evangelischen Vereinigung zugehörig, scharf zwischen empirischer Kirche und ewigem Reich Gottes unterschied.

Vf. u.a.: Ignatius v. Antiochien als Christ u. Theologe, 1894; Das Gebet in der ältesten Christenheit, 1901; Der Dienst der Frau in der christl. Kirche, (1905) 1914²; Tischgebete u. Abendmahlsgebete in der altchristl. u. in der griech. Kirche (TU 29, 2b), 1905; Christentum u. Leben, Ges. Aufs., 5 Tle, 1926; Die ev. Theol. Ihr jetziger Stand u. ihre Aufgaben 5: Die Prakt. Theol., 1930. - Über G.: W.BÜLCK, E.v.d.G. Akad. Gedenkrede, 1939.

2. *Hermann Frhr. von der,* ev. Theologe, * 17.3.1835 Düsseldorf, † 25.7.1906 Berlin. Einem altpreußischen Adelsgeschlecht entstammend, wurde G. nach Hausleh-

rertätigkeit und Studienaufenthalt in Genf 1861 preußischer Gesandtschaftsprediger in Rom, 1865 ao., 1870 o. Prof. in Basel, 1873 in Bonn. 1876 wurde er nach Berlin berufen als Propst zu St.Petri, Honorar-Prof. und Mitglied des Ev. Oberkirchenrates, dessen Geistlicher Vizepräsident er von 1892 bis zu seinem Tode war. Theologisch durch v. → Hofmann und → Beck bestimmt, suchte er in allen seinen Ämtern »das Reich Gottes in der Welt verwirklichen zu helfen«, ohne dabei die geschichtlichen Gegebenheiten zu verkennen. Dabei sollten theologische Wissenschaft und praktisch-kirchliche Arbeit wechselseitig aufeinander bezogen sein. G.' kirchenpolitisches Handeln galt der Entfaltung und Pflege lebendiger Gemeinden. Ihr dienten seine Mitarbeit am Militärgesangbuch, an der Revision des luth. Katechismustextes, an der luth. Bibelübersetzung, der preußischen → Agende, einer neuen Perikopenreihe, der Pflege und dem Anschluß der deutschen → Auslandsgemeinden (: I). Von der inneren Anerkennung der → Union her ist seine Mitarbeit an der → Kirchenverfassung (: VI) von 1869-78 bestimmt. In den zahlreichen Lehrstreitigkeiten seiner Zeit sucht er bei eindeutiger Wahrung der christlichen Grundwahrheiten Raum für »eine freie, der modernen Weltansicht und den Grundsätzen der historischen Methode entsprechende Bewegung der Theologie und Lehre« zu bewahren. Gegenüber freikirchlichen Auflösungsbestrebungen bemüht er sich, »Reifen um die Landeskirchen zu schlagen« und das kirchliche Parteiwesen zu beschränken. Unter seiner führenden Mitarbeit entstand die → Evangelische Vereinigung; in der Eisenacher Konferenz und im Deutschen Ev. → Kirchenausschuß arbeitete er auch maßgebend an der Einigung des deutschen Protestantismus mit.

Vf. u.a.: Die ref. Kirche Genfs im 19.Jh. oder der Individualismus der Erweckung in seinem Verhältnis zum christl. Staat der Reformation, 1862 (auch franz.); Die relig. Gegensätze der Gegenwart verglichen mit denen der Reformationszeit, 1870; Die christl. Grundwahrheiten oder die allg. Prinzipien der christl. Dogmatik, 1873; Die Grenzen der Lehrfreiheit in Theol. u. Kirche, 1873; Unionsgesinnung als Bedingung für die positive Lösung der Aufgaben, welche der ev. Kirche in Deutschland gegenwärtig gestellt sind, 1881. - Über G.: RE XXIII, 568ff - Aus der Werdezeit von H.v.d.G., Studentenbriefe (ZKG 44, 1925, 282-290. 429-459) - P.GENNRICH-E.v.D.GOLTZ, H.v.d.G., Ein Lebensbild, 1935 (Lit.) - P.GENNRICH, H.v.d.G. u. die Kirchenpolitik des Oberkirchenrates (DtPfrBl 42, 1938, 804-806).

H.Hohlwein

Golubinskij, *Evgenij Evstigneevič* (1834-1912), russ. Kirchenhistoriker, seit 1860 Prof. an der Moskauer Geistlichen Akademie. Sein Hauptwerk ist die vierbändige, bis zur Mitte des 16.Jh.s fortgeführte »Geschichte der russ. Kirche« (Moskau 1880-1916, russ.). Das in manchen Einzelheiten überholte, aber im ganzen bis heute gültige Werk übertrifft alle früheren Darstellungen der russ. Kirchengeschichte durch ein völlig selbständiges und kritisches Verhältnis zu den Quellen. *L.Müller*

Gomarus, *Franciscus,* niederländischer ref. Theologe (1563-1641), * Brügge, studierte in Straßburg unter Joh. → Sturm, in Neustadt unter Fr. → Junius, → Ursinus und → Zanchius sowie in Oxford und Cambridge. Er war Pastor der niederländischen Gemeinde in Frankfurt/M. und wurde 1594 als Prof. der Theologie nach Leiden berufen. Dort war er der Gegner des → Arminius, dessen Ernennung er sich schon widersetzt hatte. 1604 ließen die beiden Professoren von ihren Schülern entgegengesetzte Thesen über die → Prädestination (: III) verteidigen, wodurch der Zwist sich unter Studenten und Pfarrern ausbreitete, auch nach dem Tode des Arminius (1609). Nach G. hat Gott durch sein Dekret von Ewigkeit einige Menschen zum Glauben und zum ewigen Leben auserwählt, andere zu ihrer Verdorbenheit und Verdammnis prädestiniert. Durch die Forderung der »Gomaristen«, der Konflikt solle auf einer Nationalsynode entschieden werden, wurde die Regierung in den Streit hineingezogen. Verschiedene Konferenzen zwischen → Arminianern und Gomaristen (seit 1611 Remonstranten und Contra-Remonstranten genannt), sogar vor dem Hohen Rate, blieben erfolglos. Aus Protest gegen die geplante Berufung des Conrad → Vorstius nach Leiden nahm G. seinen Abschied, wurde Prediger und Dozent an der theologischen Schule in Middelburg (1611), in Saumur (1615) und schließlich Prof. in → Groningen (1618). Als Mitglied der → Dordrechter Nationalsynode (1618-19) gehörte er zu den Anhängern des strengen Supralapsarismus, dessen Durchführung er aber nicht erzwingen konnte; ebensowenig gelang ihm dies auf einer Provinzialsynode in Groningen. Als Revisor für die Übersetzung des AT und als Dogmatiker und Exeget des NT hat er viele Verdienste. G., »der Hammer der Arminianer«, war ein strenger, logischer Verteidiger des orthodoxen calvinistischen Systems. Er ließ sich, obwohl er im Grunde dem Streit abgeneigt war, immer wieder dazu treiben.

Opera theologica omnia, Amsterdam (1644) 1664². - Über G.: A. EEKHOF, De Theol. Faculteit te Leiden in de 17de eeuw, Utrecht 1921 - G.P.VAN ITTERZON, F.G., 1929 - BWGN III, 285ff.

W.F.Dankbaar

Gompe, *Nikolaus* (1524/25-95), ev. Theologe, * in Rauenthal/Rheingau, † in Wiesbaden, studierte in Marburg und Wittenberg, 1546 Pfarrer in Erbenheim bei Wiesbaden. Da er seine Amtsbrüder zur Standhaftigkeit gegen das → Interim (1548) ermunterte, wurde er von seinem Amt vertrieben. Nach vorübergehendem Aufenthalt in Straßburg, Heidelberg und Wittenberg wurde er auf Empfehlung Melanchthons Diakonus in Freienwalde/Pommern. Als Hofprediger (seit 1553) bei Graf Philipp I. (1511-58) von Nassau-Idstein in Wiesbaden baute er das zerrüttete Kirchenwesen wieder auf und arbeitete im Einvernehmen mit den Weilburger Predigern nach dem Muster der Nürnbergischen eine Kirchenordnung aus (1553 eingeführt), deren Grundzüge in die von Nassau-Saarbrücken übergegangen sind. 1564 Pfarrer in Wiesbaden, 1577 Inspektor in der Herrschaft Wiesbaden, wo er mit Geschick die kirchlichen Angelegenheiten leitete.

A.NEBE, Zur Gesch. d. ev. Kirche in Nassau, 3. Abt (in: Denkschr. d. herz. nass. ev.-theol. Seminars zu Herborn für die Jahre 1865-66, 11f. 16-23) - K.MENZEL, Gesch. v. Nassau I, 1879, 592. 608. 614; II, 1884, 20f. 50. *H.Steitz*

Gonesius (*Goniądzki*), *Petrus* (1525-81), polnischer → Antitrinitarier eigenwilliger Prägung, betonte → Stancarus gegenüber die Selbständigkeit des Sohnes, Gregor → Pauli gegenüber die Präexistenz des Logos. G. verwarf die Kindertaufe, den Schwertdienst und die Annahme obrigkeitlicher Ämter durch Christen. Auf Beschluß der Synode von Secemin (1556) zur Verantwortung nach Wittenberg gesandt, aber von Melanchthon abgewiesen, wurde er aus der kleinpolnischen ref. Kirche als Dytheist ausgeschlossen. Der arianische Magnat Jan Kiszka berief ihn als Prediger nach Węgrów.

RE VI, 764ff - M.WAJSBLUM, Dyteisci Malopolscy (Reformacya w Polsce V, 1928, 42f) - K.VÖLKER, KG Polens, 1930, 188ff. - Vgl. A.STARKE, Zur Reformationsgesch. Polens (ThLZ 79, 1954, 595-602).

E.Peschke

Gonzaga, *Giulia* (1513-66), 13jährig mit Vespasiano Colonna verheiratet, mit 15 Jahren verwitwet und Herrin über den Familienbesitz. Als besonders schön gepriesen, blieb sie jedoch Witwe und lebte sittlich tadelfrei. 1535 verlegte sie ihren Wohnsitz von Fondi nach Neapel.

Hier verstärkte sich ihr Kontakt mit Juan de →Valdes, der ihr 4 Werke widmete. Obwohl sie sich an den gewohnten Formen kirchlichen Lebens beteiligte, war doch das Entscheidende ihres Glaubens das »sola fide«. Seit 1536 wohnte sie mit päpstlicher Erlaubnis in einem Nonnenkloster. Sie stand im Briefwechsel mit Ferrante G., V. → Colonna, → Seripando u.a., ab 1555 auch mit → Carnesecchi. Schon lange der Häresie verdächtigt, bewahrte sie unter Pius V. nur der Tod vor dem Zugriff der Inquisition.

RGG² II, 1309 - H.Jedin, G.Seripando, 2 Bde, 1937 - A.Perconti, G.G. ed il movimento valdesiano in Italia nel sec. XVI (Studium. Rivista di vita e di cultura 49, 1953, 169-179) - B.Nicolini, G.G. e la crisi del valdesianesimo (Atti della Accademia pontaniana, NS 5, 1952-55, 187-208). *Gerh.Müller*

Goodspeed, *Edgar Johnson,* * 23.10.1871, hatte von 1898-1937 verschiedene Ämter an der Fakultät der Universität Chicago inne und war von 1923-37 Direktor der nt. Abteilung. Zuerst beschäftigte er sich mit semitischen Sprachen, dann mit griechischer Paläographie und nt. Textkritik (Einfluß von C.R. → Gregory). G. ist in den USA bes. durch seine Übersetzung des NT (1923) und der Apokryphen (1938) bekannt (→ Bibelübersetzungen: V, 2b). Wertvoll sind sein Index Patristicus (1907) und Index Apologeticus (1912). Er war Mitglied der Standardbibelkommission, die die Revised Standard Version des NT schuf (1946). - Vgl. → Bibelwissenschaft: II, 6 c.

Autobiogr.: As I remember, 1953. *B.M.Metzger*

Gooszen, *Maurits Albrecht* (1837-1916), ref. Theologe. Der »ev.« oder Groninger Richtung (→ Groninger Schule) angehörig (Mitbegründer und Redakteur von »Geloof en Vrijheid«, 1867-89), war G. seit 1861 Pfarrer in der Nederlandse Hervormde Kerk, seit 1878 »kirchlicher« Prof. der Dogmatik, der Geschichte der Nederlandse Hervormde Kerk und der Missionskunde zu Leiden. Sein besonderes Interesse galt der Dogmengeschichte des frühen ref. Protestantismus. Formell an H. → Heppe erinnernd, stellte er die These auf, daß neben Luther und der intellektualistisch-spekulativen Denkweise namentlich Calvins ein »tertium genus reformationis« biblisch-soteriologischer und praktisch-ethischer Richtung bestanden habe, das, an → Bullinger orientiert, in dem → Heidelberger Katechismus seinen Ausdruck gefunden habe. Diese These mag einen Wahrheitsgehalt aufweisen; sie ist aber nicht rein historisch, sondern konfessionell gefärbt und wurde zB von A. → Lang abgelehnt.

Vf. u.a.: De Heidelbergsche Catechismus, 1890; De Heidelbergsche Catechismus en het boekje van de breking des broods, 1892. - Über G.: BWGN III, 303ff (Lit.) - RGG² II, 1310. *S. van der Linde*

Gorčakov, *Michail Ivanovič* (1838-1911), war Priester der russ. orth. Kirche und von 1868 bis zu seinem Tode Kirchenrechtslehrer an der Universität Petersburg. In seiner Jugend als Psalmensänger an der orth. Kirche in Stuttgart angestellt, konnte er in Tübingen, Heidelberg, und Straßburg studieren (auch ev. Theologie) und kam so in Berührung mit dem Geistesleben des Westens. Zahlreiche Arbeiten lassen G. als den bedeutendsten Kirchenrechtslehrer seiner Kirche erscheinen. Seine westlichen Ideen aufgeschlossene Geisteshaltung ist nicht ohne Kritik geblieben, hat aber die russische Kirchenrechtswissenschaft um die Wende des 19. und 20.Jh.s entscheidend gefördert.

RGG¹ II, 1525f; RGG² II, 1310 - Polnyj prawoslawnyj bogoslowskij enzyklopedičeskij slowar, Petersburg 1913, 664. *H.Liermann*

Gordon, 1. *Charles William* (Pseudonym: Ralph Connor; 1860-1937), * in Glengarry (Ontario, Kanada), † in Winnipeg. Studierte in Toronto an Universität und Knox College (presbyterianisch), arbeitete 1890-93 als Wanderprediger bei Holzfällern in den Rocky Mountains, war seit 1894 Pfarrer in Winnipeg, 1909 Vizepräsident des »Council for Social Service« in Kanada und der British and Foreign Bible Society, 1915 Feldgeistlicher im kanadischen Heer, 1917-19 Vertreter der kanadischen Regierung in USA und England, 1920 Vorsitzender des »Council of Industry« der Provinz Manitoba, 1921 Moderator der presbyterianischen Kirche in Kanada. Fruchtbarer belletristischer Schriftsteller und typischer Vertreter des Ideals des lebensnahen Geistlichen in angelsächsischen Kirchen der Jh.wende.

Autobiogr. mit vollst. Bibliogr. in: Who was Who III, 1929-40, London 1941, 280.

2. *George Angier* (1853-1929), 1884-1927 kongregationalistischer Geistlicher der Old South Church, Boston (Mass.), Universitäts-Prediger in Yale und andern Neu-England-Universitäten. In Harvard, wo er studiert hatte, wirkte G. 1886-90 und 1906-09 als Universitäts-Prediger. - Theologisch war er ein Rationalist mit starken trinitarischen Tendenzen. Sein Einfluß auf die christliche Gesellschaft der Neu-England-Staaten war tief und weitreichend.

Vf. u.a.: The Witness to Immortality in Literature, Philosophy and Life, 1893; Immortality and the New Theodicy, 1897; The New Epoch of Faith, 1901; Ultimate Conceptions of Faith, 1903; Through Man to God, 1906; Religion and Miracle, 1909; Revelation and the Ideal, 1913; Aspects of the Infinite Mystery, 1916; Humanism in New England Theology, 1920; My Education and Religion, 1925 (Selbstbiogr.); Unto Victory, 1927. - Über G.: DAB VII, London 1931, 419f. *A.Ehrhardt*

Gore, *Charles,* * 22.1.1853 in Wimbledon, † 17.1.1932 in London, führender anglikanischer Bischof. Nach Ausbildung in Harrow und im Balliol College in Oxford 1878 Priester und 1880 Vice-Principal des kirchlichen Cuddesdon College bei Oxford, 1884 Bibliothekar der neu errichteten Pusey Memorial Library in Oxford, 1902 Bischof von Worcester, 1905 von Birmingham, 1911 von Oxford. Seine neuartige Interpretation anglokath. Theologie (→ Anglokatholizismus) bejahte historisch-kritische Bibelwissenschaft und die Umgestaltung des sozialen Lebensgefüges durch die Industrialisierung. Dieser von der älteren Generation heftig angefeindete »Modernismus« ruhte auf einer Theologie der Inkarnation als Kenosis Gottes. Die von G. hg. Aufsatzsammlung »Lux Mundi« (1889) machte Epoche (→ England: II, 4). Seit 1892 arbeitete er energisch am Ausbau des klösterlichen Lebens in der Kirche von England mit, um beispielgebend die moderne soziale Wirrnis lösen zu helfen. 1892-1901 war er Leiter der Priestergemeinschaft Mirfield Community. Nach seinem Rücktritt vom Bischofsamt (1919) wurde er Prof. am King's College in London (1924-28 Dean). G. war an allen wichtigen kirchlichen Entscheidungen beteiligt, vielfach in liberalem Sinne, auch an den röm.-kath.-anglikanischen Gesprächen unter Leitung des Erzbischofs → Mercier in Mecheln (1925) und auf der COPEC-Konferenz (1924; → Christlich-sozial, 2a). In seinem Buch »The Ministry of the Christian Church« ([1888] 1900⁴; 1919⁵: »The Church and the Ministry«) gab er die klassische anglikanische Verteidigung der apostolischen → Sukzession. Von daher war er Gegner der anglikanisch-freikirchlichen Union in Südindien.

Vf. außerdem: Roman Catholic Claims, 1888; The Incarnation of the Son of God (Bampton Lectures), 1891; Dissertations on Subjects connected with the Incarnation, 1895; The Body of Christ: An Enquiry into the Institution and Doctrine of Holy Communion, (1901) 1907⁴; The Basis of Anglican Fellowship, 1914; Trilogie: Belief in God (1921), Belief in Christ (1922), The Holy Spirit and the Church (1924); The Reconstruction of Belief; 1926; Church and Society, 1928; Jesus of Nazareth, 1929; The Philosophy of the Good Life (Gifford Lectures), 1930. Hg.: The New Commentary on the Holy Scripture, 1928ff. - Über G.: W.R.INGE, Bishop G. and the Church of England, 1908 (2. Aufl. in: Outspoken Essays, 1919) - G.GROSSE, Ch.G., 1932 - G.K.A.BELL, Randall Davidson I. II, 1935, passim - G.L.PRESTIGE, Life of Ch.G., 1935 - H.H.HENSON, Retrospect of an unimportant Life I. II, (1942/43) 1950⁴, passim - DNB 1931-40, 1949 (Neudr. 1950), 349ff. *M.Schmidt*

Gorham, *George Cornelius* (1787-1857), anglikanischer Geistlicher. Als ihn der Lord Chancellor 1847 zum Pfarrer von Brampford-Speke vorschlug, war G. bereits als Vertreter der »Low Church« bekannt und mit seinem Diözesan-Bischof, Henry Phillpots von Exeter, zerfallen. Dieser weigerte sich, ihm die Gemeinde anzuvertrauen, weil er die Lehre von der Wiedergeburt in der Taufe leugnete. Der Streit kam vor das geistliche Gericht. Der »Court of Arches« entschied für den Bischof, aber der (königliche) »Privy Council« stieß die Entscheidung um, und G. empfing die Institution durch den Erzbischof von Canterbury, gegen Bischof Phillpots' Protest. - In seiner Entscheidung für G. erklärte der »Privy Council« es für zulässig, das anglikanische Taufformular in dem Sinne auszulegen, daß Wiedergeburt durch die Taufe von der rechten Gesinnung des Täuflings abhänge. Das war aber nicht G.s Lehre, die vielmehr calvinistisch gefärbt war. Seit Veröffentlichung von E.B. → Puseys Schriften zur Taufe (1836) wurde der Gegenstand viel erörtert, und der »G.-Fall« verursachte eine leidenschaftliche Fehde (über 60 zeitgenössische Schriften), ausgehend von der Erneuerung der Theologie des Sakraments durch die →Hochkirchliche Bewegung (: I).

J.C.S.NIAS, G. and the Bishop of Exeter, London 1951 (Bibliogr., Lit.). *D.Carter*

Gor'kij, *Maksim* (1868-1936), Pseudonym für *Aleksej Peškov,* * in Nižnij Novgorod, dem jetzigen Gor'kij, † in Gorki b. Moskau, russ. Schriftsteller. G., aus einer Handwerkerfamilie stammend, wanderte als Gelegenheitsarbeiter durch Rußland und bildete sich, gefördert durch Korolenko und angeregt durch die Werke franz. und russ. Romantiker und Realisten, autodidaktisch weiter. Früh wurde er Marxist, reiste 1906 nach Amerika und lebte 1907-13 auf Capri, 1913-21 in Rußland, 1921-28 in Sorrent, dann in Moskau. - 1892 erschien seine erste Erzählung »Makar Cudra«. Am bekanntesten wurde sein Drama »Nachtasyl« (1902, russ. Titel »Am Boden«), 1903 von Reinhardt in Berlin aufgeführt. G. ist Rationalist und Naturalist mit klassenkämpferischer Tendenz, Misanthrop und Pessimist. Seine Menschen, Proletarier und Kleinbürger, bleiben hoffnungslose Produkte ihres Milieus, sie sind sich selbst genug und verschmähen soziales Mitgefühl. Menschendarstellung und Naturschilderung sind eindrucksstark, dagegen mangelt es G. an künstlerischer Bändigung, Konzentration und Kompositionsstrenge. Als Kritiker und Mentor jüngerer Sowjetliteraten trat er, nicht ohne Erfolg, für die Tradition und Kontinuität der russ. Literatur ein.

Werke: Meine Kindheit, 1913 (russ.); Unter Fremden, 1917 (russ.); Meine Hochschulen, 1923 (russ.); GesW, übers. v. A.SCHOLZ u.a., 8 Bde, 1923; GesW, hg.v. d. Akad. d. Wiss. d. Sowjetunion, 30 Bde, 1949-56 (russ.); Die Mutter, dramat. durch BRECHT, 1951. - Über G.: H.LEHBERT, Maxim G., 1905 - K.CUKOVSKIJ, Die zwei Seelen G.s, 1924 (russ.) - N.PIKSANOV, G. als Dichter, 1940 (russ.) - I.GRUZDEV, G., 1948 (russ.). *F.W.Neumann*

Gorze, Stadt 18 km sw. Metz (→ 11 E 4), bis zum Ende des 16.Jh.s befestigter Sitz der gleichnamigen Benediktinerabtei, im 10./11.Jh. Ausgangspunkt der von → Cluny nicht ableitbaren G.r Reform. - Als Eigenkloster 749 gegründet, vom Stifter, Bischof → Chrodegang von Metz 756 dem Bistum übertragen. 765 Erwerb der Gorgoniusreliquien. Der Zustrom an Schenkungen schuf Streubesitz bis nach Straßburg und Worms (25 Dörfer, 45 Pfarreien, Teilrechte in über 99 Gemeinden). Nach kurzer Frühblüte (761 Reform in Gengenbach, 765 Besiedlung von Lorsch) folgte ab 825 die erste Kommende, die 933 unter Bischof Adalbero I. (929-962) einen Neubeginn erforderte. Im Goldenen Zeitalter (933 bis 1147) übertrug die *Gorzia mater* (MG SS III, 511) ihre Formung auf etwa 170 Gemeinschaften. Die Bibliothek stand keiner zeitgenössischen nach (vgl. Morin). Aus der blühenden Schule kamen Erzbischof Adalbero von Reims († 989), Bischof Adalbero II. von Metz († 1005), der Kanzler Heribert († 1021), Bischof Herrand von Halberstadt († 1102). Unter Abt Heinrich d. Guten (1055-93) erfolgte die bauliche Ausgestaltung. Zur Pauluskapelle von 762 trat 1065 St.Nikolaus im Hospital, 1068 St. Peter, 1077 St.Stephan (Volkskirche). Mit dem Kardinalabt Theodewin († 1147) schloß die Glanzepoche. Seit 1466 zweite Kommende. Um das Jesuitenkolleg in Pont-à-Mousson zu dotieren, betrieb der Kommendatar Kardinal Karl I. Guise († 1574) die Aufhebung, die am 5.12. 1572 von Rom verfügt, aber erst am 22.3.1580 vollzogen wurde. - Die *G.r Reform* pflegte vorwiegend überlieferte monastische Werte (Traditionsmönchtum) im deutschen Raum (Reichsmönchtum), dessen Klöster sie durch Totenbund, Regula und eigene Consuetudo in gemeinschaftlichem Empfinden zusammenband. Sie beharrte auf der Stufe föderalistischer Observanz, hielt an der vorcluniazensischen Libertasforderung und am älteren Privilegienrecht fest, blieb weithin im Rahmen des Diözesans und der eigenkirchlichen Idee, konservierte Dekanie, anianische (→ Benedikt, 1) Tracht, das ältere Konverseninstitut und eine beispielhafte Kulturfreudigkeit. Die Haltung im Investiturstreit war nicht einheitlich. Die Junggorzer und die Gruppe von Verdun standen unter dem Einfluß Clunys (Mischobservanzen). Eintrittspforte in das Reich war St.Maximin in Trier. Die G.r Reform dauerte fast 2 Jh.e und war noch i.J. 1400 in Fuldaer Kreisen lebendig.

EUGÈNE MARTIN, L'Université de Pont-à-Mousson (1572-1768), Paris 1891 - F.CHAUSSIER, L'Abbaye de G., Metz 1894 - G.MORIN, Le catalogue des mss . . . de G. (RBén 22, 1905, 1-14) - LThK IV, 587 (Lit.) - EC VI, 934ff - K.HALLINGER, G.-Kluny, 2 Bde (Studia Anselmiana 22-25), Rom 1951 - DERS. in: Archiv f. mittelrhein. KG 9, 1957, 9-32. *K.Hallinger*

Gosen → Pithom.

Goßner, *Johannes Evangelista* (1773-1858), * von fromm-kath. Eltern in Hausen (Bayern), nach Studium in Dillingen und Ingolstadt 1796 Priester, war überzeugter Rationalist, bis er als Kaplan in Neuburg 1797 zum lebendigen Christusglauben kam. Den Anstoß dazu gab die von M. → Boos und Bischof → Sailer geführte Erweckungsbewegung. 1802 brachte ein geistliches Gericht G. in eine Priesterstrafanstalt. 1803 wurde Augsburg, die damalige Wirkungsstätte G.s, zu Bayern geschlagen, unter dessen von Frankreich beeinflußter Regierung G. noch 16 Jahre das Evangelium frei verkündigen durfte (1803-11 als Pfarrer in Dirlewang und bis 1819 als Benefiziat in München). Durch jesuitischen Einfluß vertrieben, ging G. über Düsseldorf auf einen Ruf Zar Alexanders I. nach Petersburg (1820-24). Hier stand G. auf der Höhe seines Wirkens. 1825 forderte Fürst Metternich die Ausweisung des »Revolutionärs« G. auch aus Rußland. Danach war G. heimatlos als Reise- und »Stubenprediger« in Hamburg, Leipzig und auf den Gütern des preußischen Adels in Schlesien und Pommern tätig. Um wieder ein Gemeindeamt zu haben, trat er 1826 in Königshain (Schlesien) zur ev. Kirche über und wurde 1829 Pfarrer an der Böhmisch-luth. Bethlehemsgemeinde in Berlin. Hier entfaltete er seine vielseitige Tätigkeit in der Inneren und Äußeren Mission (→ Brandenburg: II, 5): Gründung der ersten Kinder-Warte-Anstalt 1834, der → Goßner-Mission 1836, des Elisabeth-Krankenhauses 1837. G.s seelsorgerliche Gabe führte ihn mit schlichten und höchstgestellten Menschen zusammen. Weltbekannt wurde G. durch sein erweckliches Schrifttum: das drastische »Herzbüchlein« 1812 (in 26 Sprachen übersetzt), das »Schatzkästchen« 1825 (7 Übersetzungen), den Kommentar zum NT u.a.m. Sein Schrifttum wie sein Leben waren von einem Glauben geprägt, der »durch Zinzendorf vermittelter luth. Glaube« (Holsten) war.

J. Gummerus, J.G., 1831 (finn.) - H. Dalton, J.G., (1873) 1898[3] - H. Lokies, J.G., (1936) 1956[2] - W. Holsten, J.Ev.G., 1949 (Lit.).

H. Lokies

Goßner-Kirche → Indien: IV.

Goßnersche Missionsgesellschaft, eine Gründung J.E. → Goßners, der schon als kath. Priester den Leiter der → Christentumsgesellschaft in Basel vertrat, von Petersburg aus die finnische Erweckungs- und Missionsbewegung stärkte und in Berlin vorübergehend Komiteemitglied der → Berliner Mission war. Seit 1834 gab er das Missionsblatt »Die Biene auf dem Missionsfelde« heraus; er war der erste, der Diakonissen aussandte. Eine eigene G.M. entstand, als 6 junge Leute G. baten, als Missionshandwerker ausgesandt zu werden (12.12.1836). Die erste Missionarsabordnung ging 1837 nach Australien, jedoch erst 1842 konstituierte sich die G.M. in Berlin (durch königliche Kabinettsorder als Körperschaft mit verliehenem Recht). Nach 100 Jahren waren insgesamt 288 Missionare ausgesandt: Australien, Neuguinea, Südsee, Indonesien (in Zusammenarbeit mit dem Holländer J.L. Heldring), Indien, Afrika und Amerika (hier zum Dienst an den Auslandsdeutschen). Seit dem 1. Weltkrieg, in dem zuletzt die Ganges-Mission auf nichtdeutsche Missionen überging, betreut die G.M. nur noch die Mission unter den Ureinwohnern Indiens (»Adivasi«; früher »Kols« genannt) auf der Hochfläche westlich von Kalkutta. Hier ist als erste in allen deutschen Missionsgebieten eine große selbständige Kirche entstanden: die Ev.-luth. Goßnerkirche von Chotanagpur und Assam (10.7.1919). Die Zusammenarbeit zwischen der G.M. und der Goßnerkirche in → Indien (: IV) ist so vereinbart, daß die G.M. Missionare und Mittel für Sonderaufgaben zur Verfügung stellt (Ausbildung von indischen Pastoren und Missionaren, Gemeindehelferinnen und Religionslehrerinnen, Pioniermission im Industriegebiet und ärztliche Mission). Seit dem 2. Weltkrieg setzt die G.M. trotz des Verlustes ihres östlichen Heimatgebietes die Arbeit im Geiste Goßners fort: im Bereich der DDR durch Wohnwagenarbeit, Zeltmission, ökumenische Arbeitslager, in Berlin durch ihren Einsatz im katechetischen Dienst und in der BRD durch das neue Goßnerhaus in Mainz-Kastel mit seiner → Industriemission.

Außer der Lit. zu → Goßner vgl. Jul. Richter, Indische Missionsgesch., 1924.

H. Lokies

Goten

1. Allgemein - 2. West-G. - 3. Ost-G.

1. Die G. sind nach neuerer Auffassung ein Teil der Nordgermanen und stammen wohl aus Südschweden (Götland). Um Christi Geburt saßen sie an der Weichselmündung; seit dem Ende des 2. Jh.s wanderten sie an die südrussische Schwarzmeerküste. Dort bildeten sich zwei Gruppen, die Ost- und West-G. (Mitte 3. Jh.). Letztere dehnten sich Ende des 3. Jh.s nach Rumänien nördlich der Donau aus. Seit 332 waren sie foederati des Imperiums. Das Christentum war bei den G. schon 325 (auf der Krim) verbreitet; denn auf dem Konzil von → Nicäa unterschreibt ein Bischof von »Gothien«. Um 347-349 wirkte der vielleicht kath. gotische Bischof Goddas. Weit wichtiger als er ist → Wulfila, der trotz zeitweiliger Verfolgung die West-G. für eine gotisch-arianische Kirche mit gotischer Kultsprache und Bibel gewann. Als 381 die Reichskirche zum orthodoxen Bekenntnis zurückkehrte (→ Konstantinopel, → Arianischer Streit), hielten die G. am »arianischen« Christentum fest und vermittelten es zahlreichen germanischen Stämmen, die dadurch auch religiös von der orthodoxen Reichsbevölkerung scharf geschieden wurden.

2. Die *West-G.* ließen sich infolge des hunnischen Druckes 376 von Kaiser Valens ins Reichsgebiet aufnehmen, schlugen ihn aber 378 bei Adrianopel vernichtend (→ Imperium Romanum). Dann zogen sie plündernd durch den Balkan und Griechenland. Unter König Alarich drangen sie in Italien ein; 410 eroberten und plünderten sie Rom unter Schonung von Kirchen und Menschen. Nach Alarichs Tod (410) wurden sie 418 in Südgallien zwischen Loire und Garonne als foederati angesiedelt, machten sich aber bald unabhängig und dehnten ihr Reich nach Spanien aus. Obwohl Eheverbot und konfessioneller Unterschied G. und Provinzialen trennten, begann im Westgotenreich die Verschmelzung römischer und germanischer Lebens- und Rechtsformen. So zeigt König Eurichs (460-485) Gesetz nach Form und Inhalt starken römischen Einfluß. Doch blieb ein Teil der Romanen, bes. des hohen Klerus, der fremden Ketzerherrschaft feind, was zu Spannungen und Verfolgungen führte. 507 griff der kath. Frankenkönig Chlodwig die West-G. angeblich wegen ihres Irrglaubens an. Alarich II. fiel bei Voullié, Südgallien ging größtenteils verloren, Toledo wurde Hauptstadt des Reiches. König Rekkared trat 586 zum Katholizismus über, die G. folgten ohne Widerstand. Staat und Kirche verbanden sich eng, König und Reichskonzile leiteten beide. Die G. und Provinzialen begannen zu verschmelzen. Nach zeitweiliger kultureller Blüte (→ Isidor von Sevilla, → Martin von Braga) geriet das Reich nicht zuletzt wegen des übermächtigen Einflusses der Kirche in Verfall. Es erlag 711 einem Beutezug der Araber (→ Islam). Nur im äußersten Nordwesten hielten sich unabhängige Gebiete, von denen später die Reconquista ausgehen konnte (→ Spanien).

3. Die *Ost-G.* kamen um 375 für 80 Jahre unter hunnische Oberhoheit. 455 in Pannonien als Föderaten angesiedelt, standen sie in wechselnden Beziehungen zu Byzanz, bis sie 489 im Auftrag des Kaisers unter Theoderich d.Gr. nach Italien zogen und König Odoakar beseitigten (493). Theoderich errichtete nun ein mächtiges Reich, das den Romanen gegenüber auf kaiserlichem Auftrag, den Germanen gegenüber auf Theoderichs Königtum beruhte. Durch Eheverbot, Konfession und die Trennung von Zivil- und Militärgewalt streng voneinander geschieden, sollten Römer und G. doch zum gemeinsamen Besten zusammenwirken. Doch war der Ausgleich auf die Dauer unmöglich. Als die dogmatischen Spannungen zwischen Rom und → Byzanz (: II, 1) beigelegt waren, trat der Gegensatz einer nationalrömischen Partei gegen die Herrschaft der G. offen zutage. Die Hinrichtung des → Boethius kennzeichnet das Scheitern der Politik Theoderichs. Zehn Jahre nach dessen Tod (526) begann → Justinian die Rückeroberung Italiens, die nach blutigem Kampf mit dem Untergang der Ostgotenherrschaft endete (555).

F.DAHN, Die Könige der Germanen II-VI, 1861-71 (bes. V. VI [West-G.] noch unersetzt) - A.ZIEGLER, Church and State in Visigothic Spain (Diss. Washington), 1930 - L.SCHMIDT, Die Ostgermanen, (1933) 1941 (Neudr. mit Lit.-Nachträgen) - W.STACH, Die geschichtl. Bedeutung der westgot. Reichsgründung (HV 30, 1935/1936, 417-445) - K.F.STROHECKER, Eurich, König der West-G., 1937 - K.D.SCHMIDT, Die Bekehrung der Germanen zum Christentum I, 1939 - H.E.GIESECKE, Die Ostgermanen u. der Arianismus, 1939 (vgl. DLZ 61, 1940, 772-776; ThRv 39, 1940, 63) - G.MÜLLER-KUALES, Die G. (in: Vorgesch. der dt. Stämme, hg.v. H.REINERTH, III), 1940 - W.ENSSLIN, Theoderich d.Gr., 1947 - E.C.G.OXENSTIERNA, Die Urheimat der G., Stockholm 1948 - H.HELBLING, G. u. Wandalen, Zürich 1954 - E.SCHWARZ, German. Stammeskunde, 1956 (Lit.) - I Goti in Occidente. Problemi. 29 marzo - 5 aprile 1955 (Settimane di Studio del Centro Italiano di Studi sull' Alto Medievo 3), Spoleto 1956 (wichtige Einzel-Abh.en, Lit.) - H.ROSENFELD, Ost- u. West-G. (Welt als Gesch. 17, 1957, 245-258).

R.Buchner

Gotik

1. Begriff - 2.Wesen: a) Technisch-konstruktiv - b) Formal-ästhetisch - c) Sinnbildlich - 3. Herkunft. - Vgl. → Kirchenbau: III, → Malerei und Plastik: II samt Tafeln

1. »G.«, als *Sammelbegriff* auf bauliche und bildnerische Leistungen des Hoch-MA angewendet, bedeutet die Kennzeichnung einer bestimmten Kunstsprache und dient gleichzeitig zur Abgrenzung dieser Epoche abendländischen Sakralstils gegenüber den benachbarten Stilabschnitten der → Romanik und → Renaissance (: II). Im übertragenen Sinne eines Zeit- und Kulturstils umfaßt G. die geistige und materielle Einheit der 2. Hälfte des MA (12.-15.Jh.). Weiter wird der Begriff auf die Ideen und geistig-künstlerischen Prinzipien bezogen, als deren Gestaltwerdung die historische G. zu begreifen ist. In stilpsychologischer Interpretation gibt sich das auf Ausdruckssteigerung gerichtete Kunstwollen der »geheimen G.«, einer der »innersten Konstitution der nordischen Menschheit verwurzelten zeitlosen Rasseerscheinung«, zu erkennen (Worringer).

2. Die Bezeichnung »gotisch« (maniera gotica), von G. Vasari (1511-74) in die Literatur eingeführt und gleichbedeutend mit »barbarisch« auf die Bauweise nördlich der Alpen angewendet, wurde von den Romantikern (→ Romantik) im Sinne einer hohen Bewertung der mittelalterlichen Kunst (Goethe, Von deutscher Baukunst, 1771) wieder aufgenommen. Die romantische Wesensdeutung der G., eingeleitet durch F. → Schlegel (1804) und J.B.d'Agincourt (1789), führte zu weithin anerkannten Ergebnissen. Die Romantiker und die nachfolgende Generation (F.Kugler, 1842; F.Mertens und C. Schnaase, 1843) gelangten zu einer Gesamtauffassung der G. als einer »Synthese von Natur, Geist und Religion«, als einer »Einheit weitgespanntester Antithesen« und als des »Inbegriffs der christlichen Kunst«, in der »das Mystische als die Art gotischer Gottbezogenheit in die Totalität des gotischen Baues... eingewoben« ist (Kugler).

a) Aus dem struktiven Charakter der Architektur der französischen Kathedralen des 12. und 13.Jh.s (→ Kirchenbau: III) auf die technische Bauidee als das spezifisch »Gotische« zu schließen, hatte der Positivismus des 19.Jh.s unternommen. In zahlreichen, zu einer umfassenden Denkmalkenntnis führenden Einzeluntersuchungen wandte sich die systematisch-rationale Betrachtungsweise vornehmlich der Entstehung und Entwicklung der Gewölbekonstruktion zu und begründete damit die Theorie von dem konstruktiven Wesen der G. (E.Viollet-le-Duc, 1854; G.Dehio, 1884; H.Lefèvre-Pontalis, 1894). Die Diskussion über das stilbestimmende Bauelement der Kreuzrippe ist vor allem innerhalb der französischen Forschung noch nicht abgeschlossen (Pol Abraham, 1934; H.Focillon, 1938).

b) Daß die »künstlerische Aufgabe der G. im Grunde eine zweiteilige«, dh »nach dem Maße einer einseitig idealistischen und einer einseitig statischen Berechnung gestaltet« ist, haben schon die Romantiker erkannt. Die ästhetische Wertung der architektonisch-funktionsbedingten Formen erweitert die »gotische Denkform« zur künstlerischen, die sich in einer neuen Auffassung des Raumes kundgibt. Über dem Nachweis des ästhetisch bedingten Verhältnisses zwischen der Wandgliederung (der normannischen Kirchen des 11.Jh.s) und dem Kreuzrippengewölbe (E.Gall, 1915) gelangt die neuere Forschung zur Erkenntnis der beiden konstitutiven Ideen gotischer Raumgestaltung: der »diaphanen Wand« als Grenze des Rauminneren (H.Jantzen) und des »Baldachin«-Systems (H.Sedlmayr). Im Zusammenwirken mit den formalen Merkmalen des Vertikalismus als Raumproportion wie als Gliederungsprinzip, dem Eindruck der Schwerelosigkeit infolge der nach außen verlegten Stützpunkte (Strebewerk) und der Bedeutung des farbigen Lichts wird die G. als »malerisch-bewegter« Raumstil charakterisiert.

c) Doch läßt sich die G. als Ergebnis rein formaler Entwicklung nicht vollständig erfassen. Die Wendung zur geistesgeschichtlichen Betrachtungsweise hat M. Dvořák herbeigeführt, indem er das künstlerische Geschehen der G. aus den gleichzeitigen religiösen und philosophischen Strömungen abzuleiten versuchte und in der Spiritualität der christlichen Weltanschauung ihr Wesen begründete. Über die zeitlich-räumliche Gleichordnung und die gemeinsame geistig-seelische Grundhaltung hinausgehend, ist wiederholt der gotische Baugedanke mit dem System der → Scholastik und mit der → Mystik in ursächlichen Zusammenhang gebracht worden, zuletzt durch E.Panofsky, der selbst den historischen Stilablauf der G. nach Gesetzen scholastischer Logik gegliedert wissen will. Wie die Parallelen auch immer lauten mögen: ein Vergleich scholastischen Denkens mit gotischem Bauen kann sich nur auf das rationale, im Konstruktiven wirksam gewordene Element der Bauidee beziehen. Bedeutungsvoll jedoch ist die Frage, in welcher Weise der gotische Sakralbau das neue geistig-sinnliche, vom Verlangen nach Gottesnähe und der Vergegenwärtigung des göttlichen Geheimnisses getragene Verhältnis des damaligen Menschen zur Überwelt widerspiegelt. »Die G. führt eine neue Epoche der Verbildlichung aller im Geiste geschauten Zusammenhänge herauf, indem sie sich des Symbolismus und der Allegorie in weitestem Umfang bedient« (Jantzen). Das von den Theologen des MA geübte Deutungsverfahren betraf sowohl das Kirchengebäude selbst wie auch einzelne Bauteile und vor allem den bildkünstlerischen Schmuck (→ Malerei und Plastik: II). Doch ist dabei nicht ganz leicht zu unterscheiden, ob diese Symbolik spekulativer oder »erlebter« Art war, inwieweit bautraditionelles und symbolisches Denken zusammenwirkten und ob »die allegorische Interpretation formale Folgen« gehabt hat, indem »die Form sich zum Abbild der unterschobenen Bedeutung« umgestaltete (von G.Bandmann bejaht). Die sichtbare Kirche deutet auf die unsichtbare. H.Sedlmayr wendet den Begriff der Abbildlichkeit der Architektur auf die Kathedrale an, geht damit über die schon der altchristlichen Kunst geläufige anagogische Auffassung des Sakralbaues als Darstellung des himmlischen Jerusalem (Apk 21, 2ff; → Kirchenbau: I) hinaus und sieht im gotischen Kultbau das anschaulich gegebene »Abbild« der in einer »poetischen Vision« geschauten Gottesstadt. Diese nicht unwidersprochen gebliebene These scheint weniger in den Zeugnissen der geistlichen Dichtung des MA als vielmehr in den beiden, den Neubau von St. Denis beschreibenden Traktaten des Abtes Suger (1081 bis 1151) ihre Bestätigung zu finden. O.v.Simson hingegen sucht die Voraussetzungen und damit auch die

Rechtfertigung für die Abbildlichkeit in den metaphysisch-kosmologischen Vorstellungen der Schule von → Chartres und den arithmetisch-musikalischen Spekulationen des Augustinismus von Clairvaux: Kunst ist Abbild des von den Gesetzen der Arithmetik durchwalteten Kosmos. In diesem Sinn muß auch die »Mathematik« sowohl als Stileigentümlichkeit wie auch als Entstehungsgrund der G. aufgefaßt werden, denn die für das Gotische charakteristische Übereinstimmung des konstruktiven Gefüges mit dem ästhetischen Eindruck beruht auf dem geometrischen Prinzip, das auch der gotischen Baupraxis zugrunde liegt. Mit dieser neu gewonnenen Einsicht in den innigen Zusammenhang von Funktionalismus und sinnbildlicher Bedeutung, von Architektur und Metaphysik liefert die geisteswissenschaftliche Untersuchung des gotischen Problems einen wesentlichen Beitrag wenn nicht zur Frage der Herkunft der G., so doch zur Frage nach der Entstehung der Kathedrale.

3. Im allgemeinen wird der *Ursprung der G.* auf eine dreifache Wurzel zurückgeführt: den nordgermanischen Stab- oder Mastenbau als Ausdruck des gleichen struktiven Baugedankens, die schöpferische Auseinandersetzung der nordischen Kunstgesinnung mit südlichen (antik-römischen) Bau- und Bildformen (K.Bauch; J. Strzygowski, 1926) und das neuerdings wieder geltend gemachte Nachwirken keltischen Volksgeistes (L. Gonse, 1890; H.Sedlmayr). Im besonderen bedeutet der erste Sakralbau des neuen Stils (St.Denis 1140) die künstlerische Verwirklichung und Gestaltung kosmologisch-ästhetischer Ideen, als deren hervorragender Träger der Abt und Bauherr von St. Denis, Suger, der »geistige Schöpfer der G.«, gilt. Außerdem dürfen im Zusammenhang mit dem politischen Wirken dieses Mannes auch jene dem französischen National- und Königsbewußtsein entspringenden Kräfte und Machtfaktoren nicht unberücksichtigt bleiben, die den Stil der Kathedralen des französischen Kronlandes zum abendländischen Universalstil entwickelt haben.

G.Dehio-G.v.Bezold, Die kirchl. Baukunst des Abendlandes, 1892-1901 - W.Worringer, Formprobleme der G., 1911 - M.Dvořák, Idealismus u. Naturalismus in der got. Skulptur u. Malerei, 1918 - E.Gall, Die got. Baukunst in Frankreich u. Deutschland, (1925) 2.Aufl.o.J. - E.Mâle, L'Art religieux du XIIIe siècle en France, 1925 - Ders., L'Art religieux du XIIe siècle en France, 1928 - H. Focillon, Art d'Occident, 1938 - W.Gross, Die abendländ. Architektur um 1300, 1938 - K.Bauch, Über die Herkunft der G. (Freiburger Wiss. Ges., H. 27), 1939 - H.Sedlmayr, Die Entstehung der Kathedrale, 1950 - E.Panofsky, Gothic Architecture and Scholasticism, 1951 - G.Bandmann, Mittelalterl. Architektur als Bedeutungsträger, 1951 - O.v.Simson, The Gothic Cathedral, 1956 - H.Jantzen, Kunst der G., 1957. *F.Wolf*

Gott

I. Religionsgeschichtlich - II. In Israel - III. Im nachbiblischen Judentum - IV. Im NT - V. Theologiegeschichtlich - VI. Dogmatisch - VII. Philosophisch. - Vgl. ergänzend → Absolute, → Atheismus, →Autonomie und Theonomie, →Deismus, →Eigenschaften Gottes, → Gerechtigkeit Gottes, → Gericht Gottes, → Glaube, → Gnade Gottes, →Gottesbeweise, →Gottesfurcht, →Gotteslästerung, →Heilig, → Herrlichkeit Gottes, → Henotheismus, → Hochgottglaube, → Monotheismus und Polytheismus, → Panentheismus, → Pantheismus, →Theismus, → Transzendenz und Immanenz, →Trinität, → Unbedingte, → Zorn Gottes u.a.m.

I. Religionsgeschichtlich

1. Begriff - 2. Theorien zur Entwicklungsgeschichte der G.esidee - 3. Formen des personalistischen G.esglaubens - 4. Phänomenologie des G.esbildes - 5. Wesen, Stellung und Funktion in der Religionsgeschichte

1. Der *Begriff* G. ist heute in religionsgeschichtlicher Sicht uneinheitlich geworden. Seit einigen Jahrzehnten haben sich Tendenzen zu seiner Entpersönlichung allgemein ausgewirkt. Gleichzeitig ging die religionsgeschichtliche Aufdeckung der verschiedenartigen Bestandteile und Aspekte der G.esidee als Form des → Heiligen vor sich. Die persönliche, besser gesagt: gestalthafte, G.esvorstellung, dh der sog. → Theismus, um den es sich hier im wesentlichen handelt, wurde als geschichtlich relativ spät erkannt. Dem widersprechen allerdings andere Theorien, da die Spätentwicklung des personalen G.esgedankens nicht unbestritten geblieben ist.

2. Die *Theorien zur Entwicklung und Geschichte der G.esidee* hängen aufs engste mit denen zur → Religionsgeschichte als ganzer zusammen. Zu scheiden sind die *Evolutions-* und die *Dekadenz- oder Depravationstheorien*. Die evolutionistischen Anschauungen entsprechen dem wissenschaftlichen Geschichtsbild des 19.Jh.s und nehmen in verschiedener Weise die Entwicklung des G.esgedankens aus primitiv-religiösen Vorstellungen an. Diese im Grunde schon im antiken → Euhemerismus vorgebildete entwicklungsgeschichtliche Ansicht findet sich in umfassender Gestaltung bei →Söderblom. Demgegenüber setzt die Dekadenztheorie einen ursprünglichen Ein- und → Hochgottglauben (→ Urmonotheismus) voraus, der dann zu niederen Formen abgesunken sein soll (Hauptvertreter: W. → Schmidt und der → Anthropos-Kreis). Exakt ist der in geschichtlichem Dunkel liegende Entwicklungsgang des G.esglaubens nicht zu ergründen. Vieles spricht für die evolutionistischen Hypothesen. Das schließt nicht aus, daß schon früh persönliche G.heiten mit monotheistischen oder wenigstens monolatrischen Zügen vorgestellt werden (→ Monotheismus, → Monolatrie). Auch die → Urheber-Gestalten weisen in diese Richtung.

3. Der personalistische Glaube an gestalthafte G.er tritt in *verschiedenen Formen* auf. Über dem Polydämonismus erhebt sich der *Polytheismus* (→ Monotheismus), der eine Reihe großer G.er entweder ranggleich oder in gestufter Würde zusammenschließt. Wesentlich ist, daß grundsätzlich alle G.heiten gleichfähige potentielle Kultempfänger sind. Demgegenüber schiebt sich in dem der Monolatrie verwandten sog. → *Henotheismus* eine einzelne G.heit in den Vordergrund. Es handelt sich de facto um eine Erscheinungsform des Polytheismus, die auf den *Monotheismus* hinweist, in dem nur eine einzige G.heit anerkannt wird, zu der gelegentlich allerdings auch andere oder ehemalige G.er in irgendeiner Beziehung stehen können, wie auch sonst Restbestände des Polytheismus dort zuweilen fortleben. Ein radikal konsequenter Monotheismus, stets auf der Folie des Polytheismus zu denken, hat sich nur in wenigen Religionen durchgesetzt. Das persönliche G.esbild verblaßt im → *Panentheismus* und verschwimmt vollends im → *Pantheismus,* die beide aber den theistischen G.esgedanken voraussetzen. Hier erlischt allmählich der G.esglaube im strengeren Sinne.

4. Die *Phänomenologie* des personhaft geprägten G.esbildes ist außerordentlich reichhaltig.

a) Die *Gestalt* der G.heit ist zumeist der organischen Natur entnommen: phyto-, therio- (→ Tierkult) und anthropomorph. Die Entwicklungstendenz geht zur Menschengestalt (→ Anthropomorphismus), die einem naheliegenden Bedürfnis entspricht. Pflanzen- und Tiergestalt drücken das Andersartige, aber auch besondere Kräfte und Fähigkeiten des Göttlichen aus. Daher sind mächtige, unheimliche oder überlegene Tiere ebenso beliebt wie nützliche oder wichtige Pflanzen, aber auch sonst auffallende Gebilde (Kolibri in → Mexiko; Blumen-G.er). In Spätzeiten begegnen sie als Relikte oder Archaismen (zB ausgehende Antike). Mischformen (zB Tier-Menschen- oder Menschen-Pflanzen-Zwitter) und → Monstra (Federschlange in Mexiko, diverse → Drachen) sind geläufig. Auch andere Naturgestalten kommen vor, oft in Formen, die der Menschengestalt oder Teilen von ihr ähneln (Pfeiler, Säule, Kugel) bzw. zu ihr hin entwickelt werden können (→ Sonne, → Mond). Gestaltwandel bzw. Doppelgestalt ist möglich: die Kuhgöttin Hathor als Baumgöttin der Sykomore; → Horus als Falke und Sonne.

b) Nicht minder wichtig ist das *Geschlecht der G.heit,* das natürlich fast nur bei therio- und anthropomorphen G.ern Bedeutung erhält. Ursprünglich zweigeschlechtige, androgyne G.heiten oder geschlechtsneutrale Wesen sind zwar nicht als Frühstufe exakt erweisbar, aber teilweise wahrscheinlich. Zumindest haben wir hier eine interessante Nebenlinie der Entwicklung vor uns. Im allgemeinen treten die G.er geschlechtlich differenziert auf. Nur noch einzelne behalten verblassende doppelgeschlechtige Züge bei. Gewisse große Bereiche der Verteilung sind erkenntlich: das Himmlische, Lichthafte, Männliche gehören ebenso zusammen wie das Erdhafte, Dunkle, Weibliche. Lebensalter und Funktionen der Geschlechter charakterisieren die G.er: Jüngling, Mann, Vater, Greis, Krieger, Jäger usw; Jungfrau, Mutter, Matrone, Greisin. Das göttliche Kind steht dem androgynen Zustand näher. Später kommt es zu Inversionen: Das Wesen der G.heiten schlägt ins Gegenteil um; mütterliche und jungfräuliche Erd- und Fruchtbarkeitsgöttinnen werden zu Vernichterinnen, Todes- und Höllengottheiten, männliche G.er zu erdverbundenen Fruchtbarkeitsherren. Ja, die G.heit kann ihr Geschlecht ändern bzw. ist geschlechtlich und funktional ambivalent (→ Ambivalenz), wie zuweilen im alten Vorderen Orient oder im fernöstlichen Mahâyâna-→ Buddhismus (: I, 7; Bodhisattva/Kuan-yin).

c) Viele G.heiten stehen in Beziehung zu einzelnen *Naturgewalten* (→ Naturgottheiten), die bei gewissen G.ergruppen eng mit dem Werden persönlicher G.er verbunden sind. Meteorologische Erscheinungen wie der Sturm, das → Gewitter, insbesondere der Blitz, das himmlische → Feuer, der → Regen, die Wolken, die → Winde, die Morgenröte, die → Nacht gehören hierher. Der → Himmel selbst und die → Erde treten als G.-heiten auf, ebenso Flüsse und Gewässer, das → Wasser überhaupt, das irdische Feuer, die geologischen Formationen usw. Die gesamte Elementarwelt (→ Elemente) wird zu G.ergestalten in Beziehung gebracht. Gleich wichtig sind die → Sterne in ihrer Mannigfaltigkeit. Naturkampf wird zum Bilde des G.erkampfes, dem freilich meist kultische Veränderungen zugrunde liegen.

d) Die gestalthaften G.heiten haben auch – analog der menschlichen Gesellschaft – ihre *sozialen Aspekte und Beziehungen,* ja bilden einen ganzen politischen und gesellschaftlichen Kosmos: Staat, Sippe, Familie, Liebes- und Freundespaare, Kampf- und Arbeitsgruppen, Fest- und Mahlgemeinschaften, die miteinander und deren Mitglieder untereinander und mit den Menschen in die verschiedensten Berührungen treten. Die soziale und politische Hauptform ist der meist patriarchalisch gegliederte G.erstaat, oft aus verschiedenen Gruppierungen historisch und kultisch-mythologisch zusammengewachsen. Im → Pantheon tritt die Königsidee hervor. Die Beziehungen werden u.a. hergestellt durch Heiraten und Familienbande, durch Kriege, Verträge, Bündnisse u.a. politische Akte. Historische Hintergründe sind häufig. Die Kunst, Dichtung, Mythologie (→ Mythos) und → Theologie tragen zum Ausbau und zur Differenzierung der G.erbeziehungen bei.

e) Auch sonst sind die *Gruppierungen der G.er* wichtig. Sie werden gern nach Zahlenschemen (→ Zahlensymbolik) vorgenommen. Das G.erpaar ergibt die Zweier-, die Familie von Vater, Mutter und Kind die Dreiergruppe. Neben den Dyaden und Triaden sind fast alle kleineren Zahlen vertreten, etwa die Neun (griech. Musen, ägypt. G.ersystem von Memphis-Heliopolis), die Elf (Indien), die Zwölf (griech.-röm. G.ersystem), Dreiunddreißig (Indien; vgl. Chant II, 58). Teilweise entstehen die Gruppen durch (meist funktionale) Aufspaltung von einzelnen oder durch Vereinigung von mehreren G.heiten, teilweise aber auch durch innere Differenzierung. Neben den Zusammenordnungen gibt es Gegenüberstellungen (→ Dualismus).

f) Die *Funktionen der G.heiten* werden nicht nur durch ihre Natur, sondern auch durch ihnen zugewiesene Aufgabengebiete, bes. im menschlichen Sozialleben, bestimmt. Das ist vor allem im systematisierten Pantheon der Fall. Das Haus- und Familienleben (→ Geburt, → Liebe, → Ehe, → Geschlechtliches, → Herd, Gesundheit, → Krankheit, → Tod) steht ebenso wie die Berufe (→ Beruf: II) und die ihnen dienenden Örtlichkeiten unter ihrem oft spezialisierten Schutz (Tutelar-G.heiten, sog. Augenblicksgötter, → Sondergötter). Der Ertrag des Sammelns und der Jagd (→ Jäger), die → Fruchtbarkeit der Herden und Äcker, → Handel und Handwerk, geistige Arbeit und die → Kunst, das Kultleben (→ Kultus), Personen und Akte des → Krieges werden ebenso wie Orte (→ Lokalgötter), → Stämme, Nationen und Reiche unter Schutzgottheiten gestellt. Aus Volksgöttern werden schließlich Universal- oder Weltgötter (→ Universalismus). Der Monotheismus schließt die Vielzahl der Funktionen in *einer* Person zusammen.

g) Das *Werden und Vergehen der G.er* (→ Auferstehung: I) gehört zu ihrem Wesen, obwohl sie an sich unsterblich sind und später auch möglichst anfanglos oder sehr alt gedacht werden. Der Mythos hat das in verschiedener Weise in Ursprungs- und Endmythen (→ Theogonie, → Eschatologie) zum Ausdruck gebracht. So wie sie entstehen, vergehen sie, durch Verschmelzung oder Aufgehen in anderen G.heiten, durch Abstraktion, Kultschwund und reguläres Aussterben. Funktionswandel und Funktionsübertragung spielen dabei oft eine Rolle. Auch Rangerhöhung und -erniedrigung sind als Zwischenstufen zu beobachten. Einflußreich darauf ist der Kult und seine Geschichte.

h) In der Entwicklung des G.esglaubens vor allem in den höheren Kulturen sind Züge zur *Versachlichung und Entpersönlichung* häufig. Eigenschaften der G.er werden zunächst personal verselbständigt, zB Nike-Victoria zu Pallas-Minerva u.a. G.ern, die Clementia der röm. Kaiser; Abstracta und Begriffe werden als G.er hypostasiert (→ Hypostasen), so etwa in der → römischen Religion Concordia, Pax, Providentia u.a., wie schon in den altarischen göttlichen Rechts- und Ordnungsbegriffen (etwa Mitra, Ṛta) oder im indischen Opferspruch Brahma. Die personalen G.er werden sogar unter solch ein abstraktes Schicksalswesen (Moira bei → Homer; röm. Fatum; → germanische Religion, Alt- → Babylonien; → Schicksal: I) gestellt. Zur Verbegrifflichung des G.esgedankens gehört auch die Ausbildung von G.esattributen wie → Leben, Güte, Allmacht (→ Macht), Allwissenheit, → Gerechtigkeit, → Vorsehung, die sich allmählich vollzieht. Andererseits hängt damit die Auflösung des personalen G.esglaubens oder die Abwertung der mythologischen G.er zusammen.

i) Hand in Hand damit geht die *Versittlichung der G.er,* die aus elementaren Machtfaktoren mehr und mehr zu Hütern und Vertretern von → Ordnungen, → Recht, → Gesetz und Moral werden. So werden sie zu Richtern (→ Gericht: I), bes. die G.er von Unterwelt und → Tod, aber auch die Himmelsgötter. Die Geltung dieses Anspruches wird in den Universalreligionen erweitert. Gestalten von → Erlösern unterstreichen ihn.

5. Ob mit Versachlichung und Versittlichung ein Endzustand in der Entwicklung des personalen G.esglaubens erreicht ist, kann nicht allgemein geklärt werden. Rückwendungen zur Anschaulichkeit und Unberechenbarkeit der mythischen G.esvorstellung finden immer wieder statt. Andererseits wird der G.esbegriff weiter objektivierend abstrahiert und subjektivistisch psychologisiert oder pantheistisch mystifiziert. Der G.esgedanke ist etwas Lebendiges und Lebensvolles. Deshalb ist es auch schwer, *Wesen, Stellung und Funktion des G.esglaubens in der Religionsgeschichte* näher zu bestimmen. So wie es für geschichtliche Erkenntnis klar ist, daß die G.esidee nicht das entscheidende Kriterium der → Religion überhaupt ist, so deutlich ist doch ihre überragende historische Rolle, vor allem in den höheren Religionen. Das Verlangen nach einem persönlichen G.esbilde, nach einem göttlichen »Du«, hat sich immer wieder durchgesetzt, wohl weil es einer zutiefst menschlichen Anlage entspricht. Es wird aber, wie die geschichtliche Erfahrung beweist, immer dort strittig werden, wo gewachsene Religion, Formen der → Mystik und philosophisch geprägter Weltanschauung, Theologie und Religionsphilosophie miteinander ins Gespräch treten.

A.Hillebrandt, Vedische Mythologie, (1891-1902) 1927-29² - UdG - N.Söderblom, Das Werden des G.esglaubens, (1916) 1926² - Ders., Der lebendige G. im Zeugnis der Religionsgesch., 1942 - R. Otto, Das Heilige, (1917) 1947²⁶⁻²⁸ - Ders., G.heit u. G.heiten der Arier, 1932 - H.Jacobi, Die Entwicklung der G.esidee bei den Indern u. deren Beweise für das Dasein G.es, 1923 - H.Usener, G.ernamen, (1929) 1948³ - W.F.Otto, Die G.er Griechenlands, (1929) 1956⁴ - HWDA III, 941ff - A.Bertholet, G.erspaltung u. G.ervereinigung, 1933 - Ders., Das Geschlecht der G.heit, 1934 - J.Winthuis, Mythos u. Kult der Steinzeit, 1935 - G.Widengren, Hochgottglaube im alten Iran, Uppsala-Leipzig 1938 - H.Kees, Der G.erglaube im alten Ägypten, (1941) 1956² - G.Dumézil, Les dieux Indo-Européens, Paris 1952 - H.v.Glasenapp, Buddhismus u. G.esidee, 1954 - K.L. Bellon, Der Sinn der Frage nach dem Ursprung der G.esidee (ZM 38, 1954, 318-328) - R.Pettazzoni, L'onniscienza di Dio, Torino 1955 - van der Leeuw.

K.Goldammer

II. In Israel

1. G.esglaube der Patriarchen - 2. Jahweglaube der vorkanaanäischen Frühzeit - 3. Die Bedeutung der Landnahme - 4. Die Bedeutung der Staatenbildung - 5. Die Verkündigung der klassischen Propheten - 6. Exil und nachexilische Zeit

1. Die *Rekonstruktion des G.esglaubens der Hebräer vor Mose* gehört zu den schwierigsten Aufgaben der at. Religionsgeschichte. Zwingende Ergebnisse sind noch nicht erreicht. Zwei Tatsachen können als feststehend gelten: a) Die vormosaischen Ahnen Israels waren keine Jahweverehrer (Ex 3, 1ff; 6, 1ff; vgl. auch Jos 24, 2. 14f). b) Das G.esbild, das die Erzählungen von Gen 12ff zeichnen, unterscheidet sich weithin von dem des Jahwe vom Sinai. Ist dieser voll Leidenschaft und Eifer, seine Nähe gefährlich, seine Offenbarung mit verheerenden Naturerscheinungen verbunden, so jener friedlich, gütig, väterlich, universaler, nicht exklusiv. Liegt dem eine historische Erinnerung zugrunde oder handelt es sich um eine »idealisierende Darstellung« (Baudissin)? Man ist heute geneigt, die Frage im ersten Sinn zu entscheiden und die Erzählungen der Gen mit aller Vorsicht für die Rekonstruktion einer älteren Religionsstufe heranzuziehen. Da die später unter dem Namen »Israel« verbundenen → Stämme zu verschiedenen Zeiten zur Jahweverehrung kamen, ist jedoch nicht sicher zu entscheiden, was an den in der Gen erhaltenen Vorstellungen wirklich vormosaisch und was Erbgut jener Stämme ist, die sich erst in Kanaan dem Jahweglauben anschlossen.

Zwei G.estypen treten hervor: der »G. der Väter« (Alt) und der G. → El. Der *Väter-G.* trägt keinen Eigennamen, sondern wird als G. dessen bezeichnet, dem er zuerst erschien und der seinen Kult begründete (zB »G. Abrahams«, »G. Nahors«, Gen 31, 53). Die Verbundenheit mit einer Verehrergruppe, für die er sorgt, die er geleitet, der er Land und große Nachkommenschaft verheißt, ist charakteristisch, während naturhafte Züge (etwa Ortsgebundenheit) fehlen. - Der G. *El* wird unter verschiedenen Bezeichnungen an verschiedenen Orten verehrt. Handelt es sich dabei um naturhafte Lokalgottheiten (Baudissin, Gunkel, Alt u.a.)? Nachdem El durch die Texte von → Ugarit als überragende G.heit des dortigen Pantheon erwiesen ist, dürfte es wahrscheinlicher sein, daß es sich bei den mit verschiedenen Orten verbundenen El-G.heiten um Erscheinungsformen dieses universalen G.es handelt. - Während Alt die Vätergötter bis zur Übernahme des Jahweglaubens verehrt sein läßt, hält Eißfeldt ihre Verdrängung durch den El-Kult für wahrscheinlich; Gemser wiederum, der nur mit *einem* Väter-G. rechnet, möchte unter den verschiedenen Benennungen dieselbe G.heit, nur nach ihren Relationen und Erscheinungsformen unterschieden, verstehen. - Eine Spannung zwischen El und → Jahwe wie etwa zwischen → Baal und Jahwe läßt sich nicht beobachten, vielmehr scheint der El-Glaube weithin im Jahweglauben aufgenommen worden zu sein (Gen 33, 20) und ihm wichtige Züge zugebracht zu haben: neben Kultformen u.ä. die Vorstellung des Weltschöpfers und des Königs über die Götter (s.u.). Da dem Vätergottglauben mit dem Jahweglauben die Verbundenheit des G.es mit einer Gruppe und deren Erleben gemeinsam ist, kann man in jenem in besonderer Weise eine Vorbereitung auf diesen sehen.

2. a) Die Geschichte des israelitischen G.esglaubens ist Jh.e hindurch bestimmt durch die Auseinandersetzung des aus der Wüste mitgebrachten Jahweglaubens mit den in Kanaan und seinen Nachbarländern herrschenden Vorstellungen. So muß der Versuch gewagt werden, den *Jahweglauben der vorkanaanäischen Frühzeit* in seinen Grundlinien zu bestimmen, so verwickelt die Frage nach dem »mosaischen« Glauben auch ist. Nach dem AT hat er seinen Ursprung und seinen Grund in dem entscheidenden Erlebnis der Rettung aus Ägypen (Ex 3ff; Hos 12, 10; Ez 20, 5 u.ö.). Es ist wahrscheinlich, daß Jahwe schon früher von den → Kenitern verehrt und sein Name von ihnen entlehnt wurde. Wichtig ist jedoch nicht diese kenitische Vorgeschichte des Jahweglaubens, von der wir im übrigen kaum etwas wissen, sondern das, was in Israel daraus wurde.

b) Von Anfang an hat der Jahweglaube ein bes. enges Verhältnis zur → Geschichte (: I) gehabt. Sie gilt als eigentliches Herrschaftsgebiet G.es, dort tut sich sein Wirken kund; und zwar nicht nur in wunderhaften Einzeltaten, sondern in kontinuierlichem Wirken nach einem Plan. Das schließt den personhaften Charakter Jahwes ein: Er ist nicht blind waltende Naturmacht - so gewiß er die Natur für seine Zwecke gebrauchen kann -, sondern bewußt wirkender Wille.

c) Jahwe handelt an einer menschlichen Gruppe, erwählt sie zu seinem Volk (Ex 19, 5f) und schließt mit ihr einen → Bund (: II). Der Glaube, in allen Bereichen seiner Existenz unter dem Schutz und der Fürsorge, unter dem Anspruch und im Dienst dieses G.es zu stehen, ist der Grundzug israelitischen Selbstverständnisses. Dieser Glaube ruft Israel immer wieder aus der Welt heraus, mit der vielfältige Kräfte es zu verbinden streben. Dies wird eine der Ursachen jener inneren Konflikte, die Israels Weg durch die Geschichte begleiten. Jede Entscheidung, die es trifft - auch in ganz »weltlichen« Fragen - wird von jener Grundlage her primär zu einer Glaubensentscheidung.

d) Die Initiative in den Ereignissen der Frühzeit wird ganz Jahwe zugeschrieben; »das ist dann geradezu ein

Grundzug des israelitischen Glaubens geworden« (Hempel, Gott und Mensch 2).

e) Im »Bund« – zunächst mit einer kleineren Gruppe am Sinai, später mit den zwölf Stämmen – setzt Jahwe Gemeinschaft zwischen sich und Israel. Sie besteht also nicht von jeher und beruht nicht auf einer natürlichen Gegebenheit. Sie steht damit in Parallele zu personhaften Verhältnissen, und personhaftes Verhalten kennzeichnet – oder soll es wenigstens – beide Partner (→ Gnade: II).

f) Das wird dadurch bes. deutlich, daß die von G. gewährte Gemeinschaft ihre Folgerungen für Kultus und Ethos hat. Es gibt – eine Besonderheit innerhalb der altorientalischen Religionswelt! – die Möglichkeit des Abfalls, und das Gottesrecht (→ Gesetz: II) fordert die Meidung von Taten, die einen solchen Abfall bedeuten. Dabei ist charakteristisch, daß nicht nur die Verehrung fremder Götter als Abfall gewertet wird (→ Götzendienst im AT), sondern auch Vergehen im Bereich des Gemeinschaftslebens. Glaube und Ethos sind eng miteinander verbunden, jedoch so, daß dem → Glauben (: II) primäre Bedeutung zukommt.

g) Unter den Verboten Jahwes steht das der Verehrung anderer G.wesen an erster Stelle: Jahwe ist ein exklusiver, intoleranter G. Das schließt noch nicht den → Monotheismus (: II) ein. Von einem solchen darf man in der Frühzeit kaum sprechen (anders Albright u.a.). Aber auch die Meinung, man habe die Existenz anderer G.er gelten lassen, nur eben für Israel nur mit dem einen gerechnet (→ Henotheismus), wird der Einzigartigkeit Jahwes nicht gerecht. Er handelt, als seien die ägyptischen G.er nicht da; vor seiner Übermächtigkeit werden sie bedeutungslos. Man kann in solchen Zügen (mit Rowley) einen Keim sehen, der sich später, als es galt, sich praktisch und theoretisch mit der Existenz anderer G.er auseinanderzusetzen, zu der Proklamation Jahwes als *des* G.es (1Kön 18, 39) und zu dem theoretischen Monotheismus eines Dtjes entfalten konnte (s. 6d).

h) Jahwe handelt in und an Ägypten, im Vertrauen auf seine Führung brechen die Stämme von → Kadesch nach Kanaan auf. Er ist kein beschränkter Lokal-G., wie die Verbindung mit dem Sinai/Horeb vermuten lassen könnte, er geht mit seinem Volke. Er ist freilich auch kein universaler G. Aber der Keim zum Universalismus ist vorhanden und wird sich entfalten, wenn seine Stunde gekommen ist.

i) Das geschichtliche Eingreifen Jahwes zur Rettung Israels hat das Vertrauen zu ihm begründet. Da es aber auf nichts als auf G.es Handeln und Verheißen beruht, ist jede Vertraulichkeit ausgeschlossen. Ein ganz starkes Abstandsgefühl, die Furcht vor Jahwe, ist ebenso »ein religiöses Grundgefühl des alten Israel« (Hempel) wie das Verbundenheitsgefühl (→ Gottesfurcht: II).

k) Die Furcht vor Jahwe ist um so lebendiger, als sich in seinem Wesen durchaus befremdliche Züge finden. Man hat geradezu von dem »Dämonischen« in Jahwe gesprochen. Eifersucht, die ihn seine Ehre mit keinem anderen teilen läßt, → Zorn (: II), der vernichtend dreinfährt, finden sich bei ihm. Doch dürfen solche Züge nicht überbetont und verselbständigt werden. Sie sind weithin Ausfluß der Ganz-Andersartigkeit, der Irrationalität Jahwes.

l) Nach M. Buber bedeutet der Bund am Sinai »seinem positiven Gehalt nach, daß die wandernden Stämme JHWH ›auf Weltzeit und Ewigkeit‹ zu ihrem König annehmen; seinem negativen Gehalt nach bedeutet er, daß kein Mensch König der Söhne Israels heißen soll«. Doch ist diese frühe Ansetzung des Gedankens vom → »Königtum Gottes« umstritten. Das oben unter c) Erwähnte weist der Sache nach auf eine Königsstellung Jahwes hin, doch ist die Bezeichnung König für Jahwe erst später und in ursprünglich anderem Sinne belegt (s. 3d).

3. a) Die Verpflanzung des Jahweglaubens der Wüste auf den Boden der alten kanaanäischen Mischkultur stellte ihn in den folgenden Jh.en immer wieder vor Probleme, die ihn aufs schwerste gefährdeten und ihn zur äußeren und inneren Entfaltung, Ausweitung und Bewährung zwangen. Der Festkult des in → Sichem begründeten sakralen Zwölfstämmebundes (Jos 24) mit der aus der Wüste mitgebrachten → Lade als zentralem Kultobjekt hielt den Glauben an den in der Geschichte seines Volkes handelnden und es zu einem Leben des Gehorsams fordernden G. lebendig. Seine Hilfe erlebte man in den heiligen Kriegen (→ Krieg: II), die der Bund bei besonderen Gefahren führte (Ri 4f).

b) Durfte man aber von ihm auch die Fruchtbarkeit des Bodens erwarten, die für das bäuerliche Leben, das man nun führte, unentbehrlich war? Oder hatte man sich dazu an die G.er des Landes, vor allem an Baal, zu wenden, zum mindesten aber die im Lande üblichen Kultformen zu beachten? Eine die ganze Geschichte bis zum Exil begleitende Auseinandersetzung hebt an, bei der es darum geht, für Jahwe das Gebiet der Fruchtbarkeit zu erobern, ohne ihn selbst zum Baal zu machen. Zwar schloß die Bundesgewährung auch dies ein, daß Israel auf keinem Gebiet, mit dem es im Lauf seiner Geschichte in Berührung kam, eines anderen G.es bedurfte. Aber zunächst führte der Weg in eine weit- und tiefgehende Kanaanisierung der Jahwereligion, die durch die Übernahme kanaanäischer Heiligtümer entscheidend gefördert wurde. Kultformen, die dem echten Jahweglauben ein Greuel waren, wurden auf Jahwe übertragen, bes. an den Höhenheiligtümern der einzelnen Ortschaften, wo die von der einheimischen Bevölkerung übernommenen Bauernfeste mit ihren ausgedehnten Riten gefeiert wurden (→ Heilige Stätten: II).

c) Aber die Gefahr ruft auch die bewahrenden Kräfte auf den Plan. Schon das → Bundesbuch wendet sich mit Nachdruck gegen die Verehrung fremder G.er (Ex 20, 23; 22, 19; 23, 13), gegen Bilderdienst (20, 23; → Bilder: II), gegen Altäre nach kanaanäischem Vorbild (20, 24ff; → Altar: II), Zauberei und fremdkultische Riten (23, 19. 18b). Auch bei dem Verbot unreiner Tiere (Lev 11; Dtn 14; → Rein und unrein: II) handelt es sich ursprünglich darum, die Teilnahme an einem Fremdgottkult zu verhindern. So entläßt der Kult an dem zentralen Jahweheiligtum die Wallfahrer mit ernsten Warnungen, wenn sie in die Heimat mit ihren Gefährdungen und unklaren kultischen Verhältnissen zurückkehren.

d) Die Frage des Verhältnisses Jahwes zu den Göttern des kanaanäischen Pantheon (→ Kanaan: III) scheint (nach einer ansprechenden These Alts) schon in der vorstaatlichen Zeit in der Weise beantwortet worden zu sein, daß man Jahwe, unter dem formalen Einfluß der altorientalischen G.erhierarchien, als dem »großen König über die G.er« (Ps 95, 3) die absolute Herrschaft über sie zusprach und sie zu bloßen »G.ersöhnen« (Ps 29, 1 u.ö.) degradierte, »so daß nicht ein einziger neben ihm als göttliches Wesen mit eigenem Namen, eigenem Willen, eigenem Lebensbereich, geschweige denn mit dem Anspruch auf eigene gesonderte Verehrung bestehen bleiben konnte« (Alt I, 354).

4. a) Vor eine neue Lage sieht sich der Jahweglaube mit der *Staatenbildung* gestellt. Politisch, kulturell und religiös bedeutet das → Königtum einen großen Schritt in die Völkerwelt, Bereicherung wie Gefährdung des Jahweglaubens zugleich. – Ideologisch und kultisch hat sich der Jahweglaube das neue Königtum verhältnismäßig leicht eingeordnet. Durch Übernahme zahlreicher Elemente der altorientalischen Königsideologie wird es mit einer sakralen Würde umgeben, die ihren stärksten Ausdruck in der Bezeichnung des Königs als Sohn und Ge-

salbter Jahwes und im Davidsbund findet. Aber der Anspruch des Glaubens, das ganze Leben des G.esvolkes zu durchdringen und zu gestalten, stößt in den komplizierteren, vielfach von außen beeinflußten Verhältnissen auf wachsenden Widerstand, weil Staat und Wirtschaft eine Eigengesetzlichkeit entwickeln, die dem G.eswillen immer weniger Raum läßt.

b) In Jerusalem, das → David durch die Überführung der Lade zum Mittelpunkt des amphiktyonischen Jahwekultes macht, begegnen sich Jahwe und El ʿeljôn, der höchste G. des vorisraelitischen Jerusalemer Pantheon (Gen 14, 18f). Durch die Identifizierung beider G.esgestalten (Ps 7, 18; 47, 3; 91, 1f) wird Jahwe zum Schöpfer Himmels und der Erde, auf den man den Mythos vom Chaoskampf überträgt (Ps 46, 2ff; 93), und zum König, der auf dem G.esberg Zion thront. »Der Gefahr einer Überfremdung des Jahweglaubens begegnete man dadurch, daß die Auszugs-, Sinai- und Ladetradition mit Jerusalem verknüpft wurde. Jahwe ʿeljon blieb der G. der Heilsgeschichte« (H.Schmid, ZAW 67, 1955, 197).

c) Im salomonischen → Tempel (: II) wurden Staatsheiligtum und amphiktyonisches Heiligtum aufs engste miteinander verbunden. Mit einer Fülle kosmologischer Symbole aus der altorientalischen Religionswelt ausgestattet und mit königlichen Beamten als Priestern, ist er zugleich Wohnstätte für Jahwe und für die Anbeter ein Ort der Geborgenheit und Sicherheit. Aber ist es noch der Jahwe vom Sinai, der Wege-G. der Wüste, der hier verehrt wird? Die Überlieferung gibt keine klare Antwort. Neben der tiefen Frömmigkeit vieler → Psalmen, die ihren Ursprung in den Tempelgottesdiensten haben, stehen die Berichte über heidnische Bräuche, die sich nicht allein, wie der Einzug der babylonisch-assyrischen G.erwelt, aus politischer Abhängigkeit erklären lassen (1Kön 15, 12ff; 2Kön 18, 4; 23, 3ff). Die Reform → Josias hat nur vorübergehend Abhilfe zu schaffen vermocht (Jer 7, 16ff; Ez 8). – Noch schlimmer waren die Zustände im Nordreich, wo der israelitisch-kanaanäische Gegensatz seit David zu einem innerstaatlichen geworden war. Die kultischen Maßnahmen → Jerobeams I., wie immer sie gemeint waren, leisteten der Kanaanisierung Vorschub. Symptomatisch ist die Errichtung eines offiziellen Heiligtums für den tyrischen Baal in der Hauptstadt Samaria unter der Dynastie Omri (1Kön 16, 32).

d) Nimmt man dazu die Emanzipation vom alten G.eswillen, die sich auf politischem, militärischem, wirtschaftlichem und sozialem Gebiet vollzog und die offenbar macht, daß der Bundesgedanke für die führenden Kreise keine verpflichtende Kraft mehr besaß, so muß man der at. Tradition, die in der Einführung des Königtums eine Angleichung an den »Brauch der Völker« (1Sam 8, 5) sieht und von Anfang an eine Spannung zwischen G.eswillen und Königswillen konstatiert, ein Recht zugestehen.

5. a) So haben die Jh.e in Kanaan zu einer Gefährdung und Verfälschung des Jahweglaubens und zur Auflösung der Einheit des Lebens in der Bindung an G. geführt. Das Bewußtsein der unmittelbaren Gegenwart des hl. G.es und der Verantwortlichkeit vor ihm war weithin geschwunden. Jahwe war zu einem harmlosen Volks- und National-G. neben anderen G.ern geworden, mit dessen Wohlwollen man rechnete, den man aber in den Entscheidungen des öffentlichen und privaten Lebens nicht als entscheidenden Faktor in Ansatz brachte. Die Verkündigung seiner Heilstaten wie seiner Forderungen hatte im Kult ihren Ort (→ Gottesdienst: II), konnte aber das Leben nicht bestimmen. Zuzeiten werden es nur kleine, unbedeutende Kreise gewesen sein, die den Jahweglauben in seiner alten, strengen und reinen Form festhielten.

b) In dieser Lage wurde es für seine weitere Geschichte entscheidend, daß ihm – nach Vorläufern wie → Elia u.a. – in den klassischen → *Propheten* (: II) des 8. bis 6.Jh.s vChr neue, von leidenschaftlichem Eifer erfüllte Vorkämpfer entstanden, die auf dem so viel weiter gewordenen Hintergrund ihrer Zeitgeschichte Wesen und Wirklichkeit ihres G.es entfalteten. Ihnen war es nicht um ein neues G.esbild oder Ethos zu tun, sondern darum, daß der alte G., der Israel erwählt und verpflichtet hatte, in seiner Verheißung wie in seiner Forderung unbedingt ernst genommen werde. Um diesen G. aber wissen sie nicht nur durch die Tradition, sondern aus eigenem unmittelbaren Erleben. Gewaltsam und unwiderstehlich hat er in ihr Leben eingegriffen, so daß alles andere daneben Gewicht und Bedeutung verlor (→ Berufung: II). Dieses G.eserlebnis ist konstitutiv für ihre eigenen Aussagen über G. und erfüllt sie mit einer Dynamik, die jede rationale Systematik sprengt.

c) Die Botschaft vom *kommenden* G. steht im Mittelpunkt ihrer Verkündigung (→ Eschatologie: II). Daß sein Kommen → Gericht bedeutet, ist ihnen unmittelbar, nicht durch rationale Überlegung gewiß. Er kommt als der Heilige (Jes 1, 4; 5, 16; 6, 3; Hos 11, 9 u.ö.) zu einem Volk, das ihn nicht heilig gehalten, sich seinem Herrschaftsanspruch in Ungehorsam verweigert hat. So erweist er sich als heilig in seinem Gericht (Jes 5, 16). Alles Hohe und Ragende, alles, was selbst etwas vor ihm sein will, schlägt er nieder (Jes 2, 12ff). Nicht einzelne Vergehen werden damit geahndet, sondern vor ihm wird das ganze widergöttliche, in Untreue, Ungehorsam, Undankbarkeit verharrende Wesen seines Volkes aufgedeckt. So kommt die bisherige Geschichte Israels mit Jahwe zu einem Ende, die Bundesgemeinschaft, vom menschlichen Partner verwirkt, wird aufgehoben. Diese Gerichtssituation ist unbedingt, kein »frommes« Handeln kann sie aufhalten. Die Fürbitte hat keinen Raum mehr (Am 7, 7ff; Jer 14, 11; 15, 1); G. hat sich entzogen und läßt sich weder durch Opfer noch Gebet erreichen (Hos 5, 6; Am 5, 21ff; Jes 1, 10ff). Kein menschlich kluges Unternehmen kann helfen, weil hinter aller Bedrohung G. selber als *der* Feind seines Volkes steht (Hos 5, 12ff; Jes 8, 13f). So wandelt sich der Begriff des »gerechten« G.es. Jahwe ist nicht gerecht, indem er zu seinem Bund steht – wie es älterer Anschauung entsprach, die wir auch als die unter den Zeitgenossen der Propheten gängige voraussetzen müssen –, sondern indem er die Sünde straft. Daß er G. ist, erweist sich im Gericht. Erst jenseits des Gerichtes wird es neues Heil, einen »neuen Bund« geben (Jer 31, 31ff).

d) In betonter Weise sehen die Propheten das Gericht Jahwes an seinem Volk im Zusammenhang mit den großen weltgeschichtlichen Ereignissen ihrer Zeit. Den genuin israelitischen Glauben, daß Jahwe sich in der Geschichte seines Volkes offenbart, führen sie mit innerer Logik weiter zur Verkündigung Jahwes als des Herrn der Weltgeschichte. Er gebraucht Assur als Rute seines Grimms (Jes 10, 5) und überträgt als Schöpfer und Herr der Welt die Weltherrschaft, wem er will (Jer 27, 5). Sie wagen die für antikes Denken paradoxe Aussage, daß der Niedergang Israels nicht die Schwäche, sondern die Größe seines G.es, Jahwes Weltüberlegenheit und Heiligkeit bezeugt, und führen damit den G.esglauben zu echtem Universalismus.

e) Das kommende Gericht als verdient – und in diesem Sinne als »gerechtes« Handeln des personhaften Bundes-G.es, dessen → Erwählung nicht Sicherung, sondern Verpflichtung bedeutet (Am 3, 2) – zu erweisen, war den Propheten ein entscheidendes Anliegen, wie die rationalen, auf die Verfehlungen Israels hinweisenden Begründungen ihrer Drohworte zeigen. Dadurch wird sichtbar, was sie unter Leben vor G. verstehen: Erfüllung der alten Forderungen des G.esrechts (→ Gesetz: II) im rechtlichen, sozialen, wirtschaftlichen Bereich; alleinige Verehrung Jahwes in den seinem hl. Wesen entsprechenden, nicht baalisierten Formen; Fragen nach seinem Willen in allen Betätigungen, auch im politischen Bereich (Jes 30, 1ff; 31, 1ff); sich gründen auf die von ihm gewährte Bundesgemeinschaft und Erwählung und die damit gegebenen Verheißungen, was Jesaja in dem Wort »glauben« zusammenfaßt (Jes 7, 9; 28, 16); kurz: seine Berufung zum G.esvolk ganz ernst nehmen und das darin eingeschlossene Besonders-gestellt-sein unter den Völkern bejahen. Unter Ablehnung jeder Eigengesetzlichkeit auf irgendeinem Gebiet menschlichen Handelns wird die Bindung des gesamten Lebens an Jahwe und seinen Willen so tief und umfassend herausgearbeitet wie nie zuvor. Nur wo auf G.es Wesens- und Willensoffenbarung durch personhaftes Verhalten in Glaube, Liebe, Gehorsam geantwortet wird, gibt es Gemeinschaft mit ihm. So gewinnen die alten Traditionen durch die Verbindung mit dem prophetischen G.eserlebnis eine neue Aktualität und einzigartige Zuspitzung.

f) In ihrer Verkündigung eines tief eingreifenden Gerichts stehen die klassischen Propheten der breiten Bewegung der *Heilspropheten* gegenüber, die im Volk offenbar ein starkes Echo gefunden haben, von deren Verkündigung im AT jedoch, weil durch die Ereignisse als »Trug und Tünche« (Klgl 2, 14) erwiesen, relativ wenig erhalten ist. Auch sie gehen vom Bundesgedanken aus, sehen aber in ihm einseitig nur das verheißende Moment. Sie sind deshalb gewiß, daß G. bald zugunsten seines Volkes eingreifen wird (vgl. Nah, Hab; Jer 28; Ez 13). G.es Bundestreue, nicht seine Heiligkeit, die allem Unheiligen zur Bedrohung wird, bestimmt ihr G.esbild.

g) Mit den Gerichtspropheten verwandt und doch wieder charakteristisch von ihnen unterschieden ist die Bewegung, die im → Deuteronomium ihren Niederschlag gefunden hat. Die Aufspaltung der einen G.esgestalt in dem Jahwekult der vielen Heiligtümer ist als Wurzel der Verwilderung erkannt. Darum: Jahwe ist *ein* Jahwe (6, 4) und darf nur an dem einen, von ihm erwählten Ort verehrt werden. In grundloser Liebe hat er an Israel gehandelt; so soll Israel ihn wieder lieben, indem es sein Gesetz hält und alles kanaanäische Wesen entschlossen abwehrt.

6. a) Der Zusammenbruch von 587 erschütterte in manchen Kreisen den Jahweglauben tief (Jer 44, 16ff). Für seine Zukunft entscheidend wurden jene Volksteile, die durch das Festhalten am väterlichen Glauben davor bewahrt wurden, mit der Eigenstaatlichkeit die Sonderexistenz unter den Völkern überhaupt zu verlieren. Vom prophetischen Erbe bestimmt, deuten sie den Zusammenbruch als Gericht Jahwes über Israels Ungehorsam (→ Klagelieder, → Deuteronomistisches Geschichtswerk). Darin ist der Aufruf eingeschlossen, sich von den Sünden der Vergangenheit frei zu machen und umzukehren zum Gehorsam gegen den Willen Jahwes. – Das Wort der Propheten deutete aber nicht nur das Erlebte; es sprach auch von einem künftigen Heilshandeln G.es, von einem neuen Bund und der künftigen Herrlichkeit des Zion. Solche Worte weckten die Hoffnung und stärkten den Glauben an die weitere Gemeinschaft Jahwes mit seinem Volk.

b) Von besonderen Problemen bedrängt waren die im → Exil Weilenden. Im unreinen Land von Jahwe getrennt erhob sich für sie die Frage, ob die Geschichte Jahwes mit ihnen zu einem Ende gekommen sei. Ez 1 gibt eine Antwort: Jahwe kommt zu den Exilierten, dh er hält in Treue zu seinem Volk. »Die besondere Bindung zu seinem erwählten Heiligtum in Jerusalem ist nicht geleugnet, aber über dieser Selbstbindung ist... eine souveräne Freiheit des Erscheinens, wann und wo er will, auch über dem unreinen Lande der Toten (37, 1ff), sichtbar gemacht« (W.Zimmerli, Ezechiel [BK XIII], 1955, 84). Ein Kult im heidnischen Land ist freilich – abgesehen vielleicht von Klagefeiern – nicht möglich, und so gewinnen → Sabbat und → Beschneidung als »Bekenntnis zum alten Glauben und als Absonderung von der fremden Umgebung« (Noth) eine Bedeutung, die ihnen früher nicht eignete.

c) Dem in der Fremde nach der Heimat sich sehnenden Volk verkündet die → Priesterschrift die ewige Gültigkeit des von Jahwe errichteten Bundes und der damit verbundenen Landverheißung. So bildet sie ein »tröstendes und mahnendes Zeugnis von dem wundermächtig-überlegenen, herrlich-huldvollen G. der Verheißung, dem Herrn der Weltgeschichte und in Sonderheit der Geschichte Israels...« (K.Elliger, ZThK 49, 1952, 143).

d) Gegenüber den vielfältigen Zweifeln und Versuchungen, wie sie der Aufenthalt im Lande fremder G.er mit sich brachte, wurde sich der at. G.esglaube in der Verkündigung des Dtjes (→ Jesajabuch, 2) seines Wesens und seiner Eigenart mit besonderer Klarheit und Begeisterung bewußt. Jahwe steht zu Bund und Erwählung (Jes 41, 8f; 44, 2); er kommt zum Heil seines Volkes, zu einem neuen Exodus (40, 3ff u.ö.). Als Schöpfer der Welt (40, 12ff; 45, 12) und universaler Lenker der Geschichte (46, 9ff u.ö.) ist er unvergleichlich (40, 18), der »Erste und der Letzte«, außer dem kein G. ist (44, 6). Die Heiden dagegen verehren ohnmächtiges Machwerk von Menschenhand (40, 18ff; 41, 6ff). Sein Handeln an Israel zielt letzten Endes auch auf das Heil der Völker ab (45, 6. 22ff). Hier ist der in der Mosezeit gelegte Keim des Monotheismus und Universalismus voll entfaltet.

e) Durch den Wiederaufbau des Tempels wird das *nachexilische* Israel zur »großen Kultgemeinde dieses Heiligtums« (Noth). Ihren geistigen Mittelpunkt erhält sie in dem Gesetz, das → Esra als »Gesetz G.es« und »Gesetz des (persischen) Königs« (Esr 7, 26) nach Jerusalem brachte. Dadurch, daß dieses Gesetz für das G.-Mensch-Verhältnis konstitutiv wird, gewinnt der Glaube eine neue Gestalt. Was immer man auf Grund der Tradition über G. zu sagen weiß – das, was Bewußtsein und Leben der Gläubigen bestimmt, ist dies, daß er der souveräne Geber des ein für allemal festliegenden Gesetzes ist und daß sich an diesem die Zugehörigkeit zur G.esgemeinde und das Geschick des Menschen entscheidet. Aus dem lebendigen, je und je in das Geschehen eingreifenden Bundes-G. der Frühzeit und der Propheten wird ein erhabener, jenseitiger Richter. Das Diesseits aber sieht man erfüllt von Zwischenwesen guter und böser Art. – Bei allem Wissen um die Widergöttlichkeit menschlicher Strebungen war den Propheten eine dualistische Welt- und Geschichtsdeutung fremd geblieben. Jes 45, 7 wird sie noch kräftig abgewehrt. Bei Dan bahnt sie sich an: die Weltmächte, dem chaotischen Urmeer entstammend, sind widergöttlich. In naher Zukunft aber werden sie durch die G.esherrschaft abgelöst werden (Dan 7). Die → Apokalyptik (: II) hat diesen Glauben weiter entwickelt.

Zum G.esglauben der Weisheitsliteratur (Spr, Hi, Pred) vgl. → Weisheit.

Außer den at. Theologien, den Darstellungen der Geschichte → Israels (bes. NOTH, GI) u. der Lit. zu → Baal, → El, → Elohim, → Jahwe: J.HEMPEL, Gott u. Mensch im AT (BWANT III, 2), (1926) 1936² – DERS., AT u. Religionsgesch. (ThLZ 81, 1956, 259-280; Lit.) – J.PEDERSEN, Israel, its Life and Culture I. II, 1926; III. IV, 1934 – A.ALT, Der G. der Väter (BWANT III, 12), 1929 (= ALT I, 1-78) –

A.WEISER, Glaube u. Gesch. im AT (BWANT IV, 4), 1931 - DERS., Psalmen (ATD 14), 1955⁴, 14ff - M.BUBER, Das Königtum Gottes, (1932) 1956³ - DERS., Moses, (1948) 1952² - DERS., Der Glaube der Propheten, 1950 - P.VOLZ, Mose u. sein Werk, 1932 - DERS., Die Prophetengestalten des AT, 1938 - E.SELLIN, Israelitisch-jüd. Religionsgesch., 1933 - J.LINDBLOM, Israels religion in gammeltestamentlig tid, 1935 – A.LODS, La Religion d'Israel, 2 Bde, 1935/39 - W.OESTERLEY-T.H.ROBINSON, Hebrew Religion. Its Origin and Development, 1937 - B.BALSCHEIT, Alter u. Aufkommen des at. Monotheismus in der isr. Religion (BZAW 69), 1938 - M.NOTH, Die Gesetze im Pentateuch (SGK 17, 2), 1940 (= Ges. Studien zum AT, 1957, 9–141) – W.F.ALBRIGHT, From the Stone Age to Christianity, (1940) 1946²; dt. 1949 - DERS., Archaeology and the Religion of Israel, (1942) 1946²; dt.: Die Religion Israels im Lichte der archäolog. Ausgrabungen, 1956 - I.ENGNELL, SBU 1, 1948, 673-685 - H.H.ROWLEY, From Joseph to Joshua (Schweich Lectures 1948), 1950 - DERS., The Faith of Israel, 1956 (Lit.) - DERS., Mose u. der Monotheismus (ZAW 69, 1957, 1-21) - J.MUILENBERG, The History of Religion of Israel (IntB I, 1952, 292-348) - G.E.WRIGHT, The Faith of Israel (ebd 341–389) - E. AUERBACH, Moses, 1953 - W.EICHRODT, Religionsgesch. Israels (Historia Mundi II, 1953, 377-448; Lit.) - A.R.JOHNSON, Sacral Kingship in Ancient Israel, 1955 - E.VOEGELIN, Israel and Revelation (Order and History I), 1956 - B.GEMSER, God in Genesis (OTS 12, 1958, 1-21) - DERS., Vragen rondom de patriarchenreligie, 1958.

E.Würthwein

III. Im nachbiblischen Judentum

Die einseitige Orientierung des Glaubens an der Zukunft und noch mehr an der Vergangenheit erhöht das Wissen um den Abstand zwischen G. und Menschen, was dem *Rabbinismus* bewußt ist: anfangs, sagt Rab Huna (275 nChr), redete G. von der Bundeslade herab, dann wohnte er im Tempel, zuletzt erfüllte er Himmel und Erde (Sanh. 7a). Doch verstummt auch nicht das Zeugnis der Nähe: bald faßt ihn die Welt nicht, bald redet er zum Menschen aus seinem Haupthaar (Midr. Gen R. 4, 4). Die gesteigerte Scheu, auch magische Angst zeigt sich in Verhaltenheit der Rede: man spricht *vor* G. statt *zu* ihm, man sagt nicht: G. wolle..., sondern: es sei Wille vor ihm...; man gebraucht *Ersatznamen:* der Name →Jahwe, der šem hamᵉpôraš (Joma 6, 2; Sanh. 7, 5; dh wohl: der besondere Name, vgl. Sifre Num § 143), wird nur beim Priestersegen und am Versöhnungstag vom Hohenpriester ausgesprochen, mit verstellten Buchstaben oder abgekürzt geschrieben und ᵃdônaj (LXX: κύριος) »Herr« gelesen; auch dies wird bald, etwa zZ Jesu, durch šamăjim (»Himmel«) ersetzt (lat. coelicoli = Juden), daher mălkût šamăjim »Königtum G.es«. Selbst → Elohim »G.« wird vermieden oder verändert. Im 2.Jh. nChr überwiegt die Bezeichnung »der Heilige, gepriesen sei er«. Andere Ersatznamen sind: »Herr der Welt«, »König der Könige der Könige« und »auf dessen Wort die Welt entstand«; bes. hămmaqôm »der Ort«, schon in der LXX (Ex 24, 10: τόπος) zur Vermeidung der → *Anthropomorphismen.* Die LXX, die Targume (→ Bibelübersetzungen: I. III, 1) und die Rabbinen suchen sie in verschiedenem Grade zu mildern, zB die Rabbinen durch Zusatz von »gleichsam« (Ber. 32a u.ö.). Der Streit darum geht durchs ganze MA (Baḥja: Notbehelf; → Jehuda ben Samuel bejaht sie). Seltenere Ersatznamen sind »der Eine«, »Ich und er« (Sukk. 4, 5; nach rabbinischer Deutung: Israel und G., im Leiden verbunden; falls nicht zu lesen ist: ʾᵃdônaj jăhwæ). In den → Qumran-Texten heißt Gott El (wie im MA), auch Hûa-ha 1QS (= hûa jăhwæ ʾælôhîm). Als Reaktion auf den starren → Monotheismus erscheinen die → *Hypostasen:* die šᵉkîna, das »Wohnen« G.es, dh seine Gegenwart im Tempel (nach Ex 24, 16); bat-qôl, die »Himmelsstimme«, die die einstige Prophetie ersetzen soll (Sanh. 11a) und bei besonderen Gelegenheiten ertönt; rûᵃḥ hăqqôdæš, der hl. Geist, mêmra, maʾᵃmar, der Logos und die Tora selbst als himmlische → Weisheit (vgl. Spr 8, 30; Midr. Gen R. 1). - *Spekulationen* über G. sind bei den Rabbinen verpönt; der Mensch soll sich mit dem ihm Zugänglichen begnügen (Ḥag. 12. 13a). Trotzdem regen die Religionsgespräche mit Nichtjuden, Gnostikern u.a. die späteren Tannaiten zu Fragen an: Wo ist G.es Sitz? Rabban Gamliel stellt als Gegenfrage: Wo ist der Sitz der Seele (Jalq. Šim. zu Ex 33, 20)? Ist G. Anhängsel der Welt oder umgekehrt (Jose b. Ḥalafta, 145 nChr)? Ist G. die Wohnung der Welt oder die Welt Wohnung G.es (R.Isaak, 175 nChr)? Gemäß Ex 33, 21; Ps 90, 1 werden beide Fragen im zweiten Sinne gelöst (Midr. Gen R. 68). Letztlich bleibt G.eserkenntnis wesentlich *Erkenntnis der Tora,* in der sich sein Wille kundtut: der G.esbegriff ist voluntaristisch. G. erkennen heißt ihn als Schöpfer und Richter bekennen (Ab. 4, 20; Elʿazar haq Qappar, 175 nChr). Die beiden *Haupteigenschaften* G.es, die Eigenschaft des Rechts und die Eigenschaft des Erbarmens, halten sich die Waage: durch ihre paradoxe Mischung besteht die Welt (Midr. Gen R. 12). In Ex 34, 6f finden die Rabbinen die 13 göttlichen Eigenschaften zusammengefaßt. G. ist anders als die Menschen: er freut sich, besiegt zu werden, sorgt für die Schlange, die er doch verflucht hat, lockt den Menschen von den Wegen des Todes zu denjenigen des Lebens (Pes. 119a u.ö.), sieht auf das Niedrige (Soṭa 5a). Von ihm lernen seine Kinder (Sukk. 30a), er wird ethisches Vorbild mit der Forderung der imitatio Dei, einer wohl ursprünglich makro-mikrokosmischen Vorstellung. Die vorbildliche Bescheidenheit (Demut) G.es (Meg. 31a; R.Jochanan, 265 nChr, auf Grund von Dtn 10, 17 u.a.) steigert sich sogar zur passio Dei: G. leidet um Israel und mit ihm (Ber. 3a u.ö.), ist erlösungsbedürftig und betet bei sich selbst um Erbarmen (Ber. 7a); der Dornstrauch Ex 3, 2ff deutet auf seinen Schmerz (Midr. Ex R. 2). Ihre extremste Form ist die Lehre von der Selbstbeschränkung G.es zugunsten der Geschöpfe (→ Philo, → Kabbala, → Chassidismus). Von → Gottesbeweisen findet sich vornehmlich der kosmologische: das Kleid setzt den Weber voraus u.ä. (zurückgeführt auf → Akiba). Die Schöpfung gilt in erster Linie dem Menschen. Ihm bleibt unfaßbar, wie G. die Welt leitet (Midr.Teh. 25). G. trägt die ganze Welt, auch Kain, der ihn als Urheber des Bösen beschuldigt (Midr. Gen R. 22). Seine Langmut gegen die Gottlosen, seine Barmherzigkeit gegen seine Kinder überdauert selbst seinen Zorn (Pes. 87b). Der Nomismus durchbricht freilich vielfach das Bewußtsein der Abhängigkeit durch das Verhältnis der Gegenseitigkeit: wer für G. eintritt, für den tritt G. ein (Pes. dᵉ R.Kahana 12); tust du G.es Willen, so tut er dir den deinigen (Ab. 2, 4; R.Gamliel, 205 nChr.). Im → Gleichnis (: II, 2) erscheint G. als der patriarchalische König, der für die Seinen sorgt, zuweilen auch Gehilfe des Menschen ist (Joma 22b). Die Königsherrschaft G.es (→Reich Gottes: I), jetzt noch verborgen, wird dereinst als vollendete Theokratie oder unumschränkte Anerkennung der Tora unter Mitwirkung der Frommen zugunsten Israels hervortreten.

Im hellenistisch bestimmten Judentum verbindet sich der jüdische G.esbegriff mit platonischer und stoischer Philosophie; εἱμαρμένη (Schicksal; Josephus), πρόνοια (Vorsehung), sogar Zeus (Arist 16) sind dort Namen für G. Er schafft die Welt aus nichts (Philo, 2Makk 7, 28) oder aus anfangloser Materie. Ähnlich wird in der → jüdischen Religionsphilosophie des MA und der Neuzeit der G.esglaube, dessen biblischer Gehalt im allgemeinen intakt bleibt, mit den jeweiligen philosophischen Systemen (→ Aristotelismus, → Neuplatonismus, zuletzt Kantianismus) verbunden. Die Kabbala und der Chassidismus lehren einen → Panentheismus; in der Kabbala ist G. der Ên-Sôph (das Unendliche, ἄπειρον) mit 10 aus ihm emanierenden Sephîrôt. Selbst in → Spinozas pantheistischem amor intellectualis Dei als der höchsten Form der G.eserkenntnis schimmert noch ein Rest altjüdischer Frömmigkeit hindurch.

ERE VI, 295ff - S.SCHECHTER, Some Aspects of Rabbinic Theology, 1909 - J.ABELSOHN, The Immanence of God in Rabbinic Lit., 1912 - H.J.WICKS, The Doctrine of God in the Jewish Apocrypha and Apocalyptic Lit., 1915 - A.MARMORSTEIN in: HUCA 1, 1924, 467-499 - DERS., The Old Rabbinic Doctrine of God I. II, 1927/37 - I.ABRAHAMS, The Glory of God, 1925 - W.W.GRAF BAUDISSIN, Kyrios als G.esname im Judentum, 4 Bde, 1926-29 - BOUSSET, Rel. 302ff - G.F. MOORE, Judaism I, 1927, 230 - S.ALEXANDER, Space, Time and Deity, 1927 - A.DESCAMPS, La Justice de Dieu dans la Bible grecque (Studia Hellenistica 5, 1948, 68-92) - H.BRAUN, Vom Erbarmen G.es über den Gerechten. Zur Theol. der PsSal (ZNW 43, 1950/51, 1-54) - M.BUBER, Eclipse of God, 1952 - I.EPSTEIN, The Faith of Judaism, 1954, 134ff - E.L.DIETRICH, Die rabbin. Kritik an G. (ZRGG 7, 1955, 193-224) - G.SCHOLEM, Schöpfung aus G. u. Selbstbeschränkung G.es (ErJb 25, 1957, 87-120) - SHAUL ESH, Der Heilige (er sei gepriesen), 1957.

E.L.Dietrich

IV. Im NT

1. Bindung an die Person Jesu - 2. Jesu G.-Vater-Glaube - 3. Der Kampf um die Herrschaft G.es - 4. G. der Vater des Herrn Jesu Christi - 5. Grenzen

1. Wie Israels Glaube »grundsätzlich geschichtstheologisch fundiert« war (v.Rad), so auch der Glaube der christlichen Urgemeinde, aber nicht deshalb, weil er aus einer G.eslehre Jesu später hervorwuchs, sondern weil dieser Verkündiger der kommenden G.esherrschaft trotz aller Anknüpfung an das AT und die jüdische → Apokalyptik (: II) sowie an → Johannes den Täufer sich als den G.esgesandten verstand, der den Willen dieses G.es mit Vollmacht verkündete und deutete. Die G.esvorstellung des NT ist so eng mit Person, Lehre und Werk Jesu Christi verknüpft, daß man trotz kritischer Analyse der einzelnen urchristlichen Traditionsschichten die Grenzen zwischen Theologie und Christologie schwer ziehen kann (→ Christologie: I, bes. 6). Jesu G. ist nicht ein neuer G., sondern der G. der Väter, wie sich aus Gesprächen Jesu mit Gegnern und Suchenden deutlich ergibt (Mk 12, 29; 12, 26f). Wer das Bekenntnis zu diesem *einen* G. im Sinne von Dtn 6, 4 ablegt und dazu das Gebot der Nächstenliebe von Lev 19, 18 befolgt, ist damit »nicht fern vom Reich G.es«, hat aber an ihm so wenig teil wie Johannes der Täufer. Damit wird klar, daß die Herrschaft G.es auf Erden noch keine Wirklichkeit ist, sondern erst verwirklicht werden muß, und daß die Zeit, mit dieser Verwirklichung zu beginnen, jetzt gekommen ist. Man kann also den G.esglauben Jesu nur im Zusammenhang mit der Verkündigung vom kommenden → Reich Gottes (: I) und im Vertrauen zu seiner Vollmacht verstehen (→ Jesus Christus). Diese Vollmacht besteht gleicherweise in Lehre und Taten, vornehmlich Dämonenaustreibungen und andern Krankenheilungen, und ist für die Zeitgenossen vom ersten Augenblick seines Auftretens an deutlich (Mk 1, 27; Mt 7, 29; Lk 24, 19; Joh 5, 27; 10, 18). Sie erkennen den grundsätzlichen Unterschied seines Wirkens von dem der Schriftgelehrten, welchen Johannes (10, 41) auf den Täufer ausdehnt. Der G.esglaube ist also keine von der Person Jesu ablösbare Lehre, die sich jeder aneignen kann, sondern stellt den Gläubigen in eine Gemeinschaft hinein, zu der Jesus Weg, Wahrheit und Leben ist (Joh 14, 6).

2. Das besondere Verhältnis Jesu zu G. ist durch den Begriff des Vaters ausgedrückt, und wir stoßen traditionsgeschichtlich gesehen auf Urgestein, wenn wir bei seinen Gebeten beginnen. In Mk 14, 36 ist nicht nur das Wort Abba (»Vater«; für das Judentum in religiöser Rede ungewöhnlich) als Wort für G. verwendet, welches sonst die Kinder für ihren irdischen Vater zu verwenden pflegen, sondern hier ist zugleich von der Allmacht dieses Vaters die Rede, welche der Täufer (Mk 3, 8) schon hervorhebt und später Paulus (Röm 4, 21; 8, 31) und das JohEv (10, 29f) ebenso betonen. Bei Paulus begegnet diese Gebetsanrede Röm 8, 15; Gal 4, 6 und ist bei ihm ein pneumatisch bewirkter Anruf, der die → Freiheit (: I) der G.eskinder von Furcht und Knechtschaft ausdrückt und → Gotteskindschaft (: I) als ein durch Sohnesgeist gewirktes Geschenk offenbart. Das ist doch mehr als bloße »liturgische Erinnerung« (ThW I, 5). G. ohne diesen Geist vertraulich als Vater anzureden, dessen Namen die Frommen der Zeit scheu und ehrfürchtig umschreiben, wäre ohne diesen → Geist (: IV) anmaßlich. Jesus selbst empfing ihn ja bei der Taufe (Mk 3, 17 par). Wenn das JohEv am häufigsten das Vater-Sohn-Verhältnis zwischen G. und Jesus hervorhebt - etwa 80mal verwendet es dieses Wort absolut gegenüber den wenigen Fällen in den Synoptikern (Mt 11, 27 = Lk 10, 22; Mt 24, 36 = Mk 13, 32; Mt 28, 19) -, so betont es auch entsprechend den Besitz des Geistes als dauernd (Joh 1, 33). In Mt 23, 9 wird die jüdische Sitte, seinen Lehrer Vater zu nennen, schroff abgelehnt mit dem Hinweis, daß G. allein diesen Namen verdiene. Man darf daher mit gutem Grund auch diejenigen Stellen heranziehen, in welchen statt des aramäischen Lehnwortes Abba das griechische πατήρ verwendet wird (Mt 11, 26f; Joh 5, 36; Lk 11, 2; 23, 34. 36; Joh 11, 41; 17, 5 u.ö.). Jesus redete nicht nur G. als seinen Vater an, sondern gab auch seinen Jüngern die Erlaubnis, ihn so zu nennen (Mt 6, 9, vgl. 6, 6. 18. 26 u.ö.). Dem entspricht, daß er nach nt. Überlieferung das Wort G. (θεός) unbefangen benutzt und alle Umschreibungen nach Mt 5, 34f; 23, 16ff als unnütz und zwecklos verbietet. Es ist kein Zufall, daß neben dem → Vaterunser auch in Bildreden und Gleichnissen (vgl. zB Lk 15, 11ff) G. als der Vater angeredet wird. Damit ist er für Jesus und seine Jünger der nahe G. geworden, welcher nicht durch Engel oder Zwischenwesen mit der Welt verkehrt, sondern als Schöpfer und Erhalter sich ständig um seine Kreatur kümmert (Mt 6, 26-32; 10, 29-31). - Vgl. → Vatername: III.

3. Wenn Jesus gleichwohl von der im Anbruch befindlichen Herrschaft G.es redet, wenn er seine Jünger beten lehrt, daß dieses Vaters Wille im Himmel und auf Erden geschehen möge (Mt 6, 10), so geschieht das wegen der Gegenwirkung des Satans (→ Teufel: II), dessen Sturz vom Himmel Jesus gesehen hat (Lk 10, 18) und dessen widergöttliche Wirkungen auf Erden er bekämpft (Lk 11, 20). Die Beschuldigung seiner Gegner, daß er diese Wunder im Auftrage des Satans verrichte (Mk 3, 22ff), ist daher widersinnig. Seine Heilungen sind auch keine Taten reiner Humanität, wie sie heidnischen Wanderphilosophen und Wundertätern eigen sind, sondern dienen der Ausbreitung der Herrschaft G.es (→ Wunder: IV). Die neue, von Jesus herbeigeführte und an seine Person geknüpfte Verbindung mit G. ist keine Lehre, die sich jeder aneignen kann, sie fordert vielmehr klare Entscheidung gegenüber den Mächten der Welt. Wie sich Jesus in der Stunde der Versuchung entschied (Mt 4 par), muß es auch der Gläubige tun. Kompromisse mit Mächten dieser Welt wie dem Mammon (Mt 6, 24, vgl. Mk 10, 21; Lk 12, 19ff) verbietet Jesus, und Paulus dehnt dieses Verbot in der Heidenmission sinngemäß auf Götzenopfer aus (1Kor 10, 21), da die Götzen ernst zu nehmende gottwidrige Mächte sind, mit denen man jeden Kontakt vermeiden muß.

Die Strenge der Forderung, wie sie bes. in den Nachfolgesprächen zum Ausdruck kommt (Mt 8, 19-22; Lk 9, 57-60; 14, 25ff; → Nachfolge Christi: I), verhütet, daß all und jeder in diese neue G.esgemeinde eintritt. Sie erscheint in der Welt daher als die kleine Herde, die sich der vom Vater geschenkten Herrschaft getrösten soll (Lk 12, 33). Doch ist es bezeichnend, daß Jesus niemals von Israel als dem G.esvolk ausdrücklich spricht. Seine neue G.esgemeinde besteht aus einzelnen, die sich zu ihm und seinem Vater bekennen. Das JohEv steigert diesen Gedanken zur Ausschließlichkeit. Bei der Einheit von Vater und Sohn (10, 30) kann der Weg zum Vater nur über den Sohn gehen (14, 6). Wer ihn nicht geht, gehört dem Vater der Lüge an (8, 41-44).

4. Tod und Kreuzigung Jesu haben diesen Vaterglauben nicht zu zerbrechen vermocht. Da sich G. durch die → Auferstehung Christi (: I) zu seiner Person und Lehre machtvoll bekannte, legitimierte er nicht nur die Notwendigkeit der Leiden des Sohnes, sondern auch dessen Überzeugung, daß sein G. nicht ein G. von Toten, sondern von Lebenden ist (Mk 12, 27). Bestätigen die Missionsreden der Apg die durch G.es Machttat erfolgte Erweckung Jesu von den Toten (Apg 2, 22f. 32 u.ö.), der nun als der Auferstandene den Befehl zur Weltmission gibt (Mt 28, 19; Apg 1, 8), so wird nun aus dem Vater-G. Jesu der G. und Vater unseres Herrn Jesu Christi (2Kor 1, 3; Eph 1, 3; 1Petr 1, 3), der durch das Opfer des in die Welt gesandten Sohnes seine Liebe offenbarte (Joh 3, 16) und eine neue → Gerechtigkeit (: III) aus Glauben schenkte (Röm 3, 21f). Wer daher diesen Weg der neuen Gerechtigkeit nicht beschreitet, hat G. nicht in rechter Weise erkannt, und sein Eifern um ihn ist falsch (Röm 10, 2-4). Das → Bekenntnis (: III) zu diesem G. kann nur ein solches sein, das die Erweckung Jesu von den Toten als heilbringende Tat bekennt (Röm 10, 9). Daß dieser G. machtvoll alle widrigen Mächte der Welt niederringen wird, ist gemeinsame Überzeugung der ersten Christen (1Kor 15, 20-28; 2Thess 2, 5-12; Apk 21). Das durch den auferstandenen und erhöhten Christus zu vollziehende Weltgericht, an dem seine Gläubigen teilnehmen sollen (1Kor 6, 2), wird den endgültigen Sieg über Satan und Tod bringen, und damit wird G. alles in allem sein, wenn Christus die ihm verliehene Vollmacht ihm wieder zu Füßen legt.

5. Eine Grenzsituation, die an gnostische Spekulationen oder philosophischen Pantheismus gemahnt, könnte in Formulierungen wie 1Kor 12, 6; Apg 17, 28 oder Röm 11, 36 gegeben sein. Indessen schaltet hier eschatologische Erwartung jede spekulative Metaphysik aus; ist doch Röm 11, 36 nicht ohne 11, 32 zu verstehen und verbietet in 1Kor 8, 6 wie Hebr 2, 10 die Mittlerschaft Christi jeden Pantheismus. Auch Apg 17, 28 ist nicht ohne 17, 30-32 zu denken. – Die Urchristenheit spekuliert nicht über G., sie definiert auch seine Eigenschaften nicht. Trotz vereinzelter Anwendung mystisch klingender, gnostischer oder pantheistischer Formeln bleibt die dynamisch-eschatologische Grundauffassung erhalten. Diese wirkt sich gerade in Röm 9–11 an dem Rätsel Israel aus, sie empfindet die Auferstehung und das Weltgericht als ein Geheimnis, sie weiß auch trotz aller Offenbarung in Christus gerade durch ihn selbst, daß G.es Wille letztlich unerforschlich bleibt (Mk 13, 32; Apg 1, 7; 1Thess 5, 2).

RGG² II, 1371ff (H.Weinel) - ThW I, 4ff; III, 91ff; V, 981ff - TheolNT v. P.Feine ([1910] 1951⁸), E.Stauffer ([1941] 1948⁴), R. Bultmann ([1953] 1954²). - Zu »Abba« vgl. J.Jeremias, ZNW 45, 1954, 131f. *E.Fascher*

V. Theologiegeschichtlich

1. Biblischer und philosophischer G.esgedanke - 2. Erste terminologische Berührungen - 3. Methodische Aneignung bei den Apologeten - 4. Antignostische Väter - 5. Alexandrinische Theologie - 6. Vom arianischen Streit bis Dionysius Areopagita - 7. Augustin und Boethius - 8. Petrus Damiani und Anselm von Canterbury - 9. Von der Schule von Chartres zur Hochscholastik - 10. Thomas von Aquino - 11. Spät-MA - 12. Luther - 13. Melanchthon, Zwingli, Calvin - 14. Orthodoxe Dogmatik - 15. Wandlung der G.esvorstellung zu Beginn der Neuzeit - 16. Kant - 17. Deutscher Idealismus und Schleiermacher - 18. Theologische Auseinandersetzung mit dem Idealismus - 19. Seit A.Ritschl

1. Die theologische Frage nach dem Wesen G.es in und über seinem Handeln entsprach, wenngleich sie erst in der Begegnung mit dem Hellenismus ihre spezifische Prägung erhielt, der Richtung des doxologischen Elements der biblischen Überlieferungen (→ Gott: VI), und Ansätze zu Wesensaussagen waren in biblischen Worten über G.es Einheit, Allmacht, Ewigkeit usw schon vorgegeben. Diese Ansätze auszubauen, wurde durch die Begegnung des jüdischen und dann des christlichen Glaubens mit der hellenistischen Geisteswelt nötig: Hier konnte der G. Israels seinem Anspruch gemäß als der eine G. aller Menschen behauptet werden, wenn sein Wesen ihn als den »wahren« G. auswies, in dem Sinne, in welchem die Philosophie seit ihren Anfängen die Frage nach der wahren Gestalt des Göttlichen gestellt hatte (→ Gott: VII). Zur Verbindung mit dem biblischen G.eszeugnis bot sich der philosophische G.esbegriff an durch seine monotheistische Tendenz und durch den Zug zur Transzendenz, der den G.esgedanken des → Platonismus und → Neuplatonismus im Unterschied zu dem der → Stoa auszeichnete. Für die christliche Theologie brachte diese Verbindung jedoch auch schwere Gefahren mit sich, da die Philosophie ihren G.esbegriff im Rückschluß von der Welt auf deren vorauszusetzenden Ursprung konstruierte, was zwar der Eigenart altgriechischen G.esverständnisses, nicht aber der Freiheit des biblischen G.es der Welt gegenüber entsprach. Dieser ist gewiß Ursprung der Welt, aber die Weise, wie er das ist, wird entscheidend dadurch bestimmt, daß sein Wesen in dieser Funktion nicht aufgeht. Die damit gestellte Aufgabe einer bis zur Wurzel dringenden Umgestaltung, die doch den philosophischen G.esgedanken nicht einfach zur Seite schiebt, sondern der Frage nach dem wahren G. gedanklich standhält und sie zu einer echten Erfüllung bringt, wurde von der altkirchlichen Theologie nur teilweise bewältigt. Zwar hat die christliche Theologie, weil sie in einem einzelnen geschichtlichen Ereignis die Entscheidung über das Heil erblickte, nicht wie → Philo die biblischen Zeugnisse als bloß symbolischen, wenn auch angemessensten Ausdruck metaphysischer Wahrheiten verstehen können, sondern mußte die Metaphysik der → Heilsgeschichte einordnen. Dabei wurde jedoch die kritische Umschmelzung des philosophischen G.esbegriffs nicht so gründlich vollzogen, daß er aufgehört hätte, ein Fremdkörper zu sein. Die unausgeglichene Spannung eines am philosophischen Rückschlußverfahren orientierten Begriffs vom Wesen G.es zu den biblischen Zeugnissen von seinem kontingent geschichtlichen Handeln mußte bes. scharf im Verständnis der G.heit Christi zum Ausdruck kommen, je mehr man sich bemühte, die Einheit Jesu mit G. aus jenem griechischen G.esbegriff verständlich zu machen, wie es bei der Bildung der Trinitäts- und Inkarnationstheorien geschah: Sobald das Interesse des Glaubens an der Einheit des Menschen Jesus mit G. konsequent zur Geltung gebracht wurde, mußten die metaphysischen Begründungszusammenhänge doch durchbrochen werden. Umgekehrt blieben die vom allgemeinen G.esbegriff her sich ergebenden Konsequenzen immer die Hauptgefahr für das Verständnis von → Trinität (: III) und Inkarnation. So unumgänglich und theologisch legitim die Rezeption des philosophischen G.esbegriffs war (gegen Harnack), so verhängnisvoll wirkte es sich aus, daß die Aneignung nicht kritisch genug erfolgte.

2. Schon die jüdisch-hellenistische Mission fand sich im Kampf gegen den polytheistischen Volksglauben in einer gewissen Übereinstimmung mit dem → Monotheismus (: III) der Philosophie. Auch im NT (→ Gott: IV) begegnen Anklänge an die philosophische Theologie,

zB an stoische natürliche Theologie (Apg 17, 26f, gebrochener Röm 1, 19f), sowie negative Bezeichnungen G.es als unsichtbar, unvergänglich (Röm 1, 20ff; 1Tim 1, 17) und der Gedanke seiner Unerforschlichkeit (Röm 11, 33ff). Im 2.Jh. mehrten sich die »negativen« Prädikate. So nannte → Ignatius den in Christus sichtbaren und leidensfähigen G. zeitlos, unsichtbar, ungreifbar, leidensunfähig (IgnPol 3, 2). Das gnostische Prädikat »ungezeugt« (IgnEph 7, 2) und das philosophische »ungeworden« bzw. »ursachlos« (Kerygma Petri 2) wurden als gleichbedeutend empfunden (G.L.Prestige). Bei Hermas heißt G. dazu noch unwandelbar (Herm mand I, 1) und im → Petruskerygma (2) unbegreiflich. Stoische Vorstellungen wie die wohltätige Vorsehung des Demiurgen und seine Gegenwart in der Schöpfung werden schon im 1Clem breit ausgeführt (20, auch 24, 5). All das bedeutete aber mehr eine gelegentliche Anknüpfung an philosophische Gedanken, noch nicht ihre methodische Übernahme und konsequente Anwendung. Beides, im jüdischen Hellenismus bereits bei Philo in großem Maßstab verwirklicht, setzte in der christlichen Theologie erst seit den Apologeten ein.

3. Die → *Apologeten* des 2.Jh.s bemühten sich zu zeigen, daß der christliche Glaube das Göttliche im höchsten und reinsten Sinne auffasse. Der eine, ewige G., der die Welt geschaffen hat, ist unsichtbar und unberührbar, seine Gestalt unaussprechlich. Der stoisch-pantheistische Gedanke, daß G. und Materie sich gegenseitig durchdringen, wurde abgewiesen und G. als unkörperlicher, raumloser Geist verstanden; ähnlich hatte schon Philo das biblische Zeugnis, daß G. keinem Geschöpf vergleichbar sei, durch den philosophischen Begriff der Unkörperlichkeit wiedergegeben. Die als positives Äquivalent der Unkörperlichkeit G. zugeschriebene Geistigkeit wurde jedoch nicht sorgfältig genug vom geist-leiblichen → Dualismus (: I, 4) der griechischen Anthropologie freigehalten, wenngleich → Tatian eine Abgrenzung versucht hat. Die Jenseitigkeit G.es geriet durch die Verbindung mit dem platonischen Dualismus in Gefahr, ihren radikalen Sinn zu verlieren.

Die Orientierung der Apologeten am philosophischen Rückschlußverfahren kam bes. in der Übernahme der sog. → Gottesbeweise zum Ausdruck, die aus der Beschaffenheit der Welt auf die ihres vorauszusetzenden Ursprungs schließen. Als ἀρχή muß G. ferner unveränderlich sein, da alles Veränderliche einen Ursprung seiner Veränderung voraussetzt und somit nicht selbst letzter Ursprung sein kann. Dieser Gedanke hat in der Folgezeit das theologische Verständnis von G.es geschichtlichem Handeln in kaum überschätzbarem Ausmaß behindert und den Anstoß zu jeder Neuerung im Verhältnis des Menschen zu G. auf seiten des Menschen suchen lassen (Theopaschitismus, → Christologie: II, 3b. 4c. 5b, → Pelagianismus, Satisfaktionslehre, gratia creata). Bei den meisten Apologeten begegnet auch der aus der Unveränderlichkeit folgende und schon Philo geläufige Begriff der Einfachheit G.es. Er besagt, daß jede Zusammensetzung (damit aber streng genommen jede reale Verschiedenheit) in G. ausgeschlossen ist, weil jede Zusammensetzung auflösbar und also mit Veränderlichkeit behaftet wäre. Die weitere, von Philo gezogene und unter den Bedingungen des Universalienrealismus unvermeidliche Folgerung, daß G. gänzlich eigenschaftslos (ἄποιος) ist, weil der Besitz von Eigenschaften eine Zusammensetzung aus Substanz und Akzidens voraussetzt, ist in der christlichen Theologie erst durch → Clemens von Alexandrien eingebürgert und noch von → Origenes bekämpft worden.

Solche nicht eingeschmolzenen Elemente des philosophischen G.esgedankens führten zu Umdeutungen biblischer G.esbezeichnungen. Die Ewigkeit G.es schillert schon bei Ignatius zwischen Gleichzeitigkeit zu aller Zeit und Zeitlosigkeit. Seine Liebe wurde mit dem platonischen Begriff des Guten verknüpft, wie schon im 1Clem mit dem stoischen des allgemeinen Wohlwollens (»ohne Zorn«: 19, 3; Aristides 1, 6), und gewann so mehr kosmologischen als personalen Charakter. Die → Gerechtigkeit Gottes wurde seit → Justin im Sinne der griechischen »austeilenden« (distributiven) Gerechtigkeit (→ Aristoteles, 3d), durch die G. als Richter jedem nach Verdienst zuteilt, verstanden. Der biblische Zusammenhang der Gerechtigkeit mit der Treue G.es zu seinem Bund und seinen Verheißungen geriet dadurch aus dem Blick. - Trotz solcher Verkürzungen ist jedoch die mit der Jenseitigkeit des biblischen G.es verbundene allmächtige Freiheit entgegen der Tendenz des philosophischen G.esbegriffs von der frühchristlichen Theologie überall wenigstens im Prinzip gewahrt worden, bes. im Zusammenhang mit dem Auferstehungsglauben und mit der seit → Tatian und → Theophilus sich durchsetzenden These der creatio ex nihilo (→ Schöpfung: IV) sowie im Hinblick auf das Motiv des Schöpfungsaktes.

Das Verhältnis G.es zur Welt ist von den Apologeten, obwohl sie seine → Transzendenz gegen die Stoa betonten, im Sinne der Allgegenwart der stoischen Vorsehungslehre gedacht worden, im Gegensatz zu der von → Epikur den Göttern wegen ihrer Unwandelbarkeit zugeschriebenen Unbekümmertheit um das Irdisch-Veränderliche. Wie Philo dachten die Apologeten das Verhältnis G.es zur Welt als vermittelt durch den → Logos (: I), der alle Urbilder der Geschöpfe in sich enthält.

4. Die *antignostischen Väter* verteidigten die Einheit des Erlöser-G.es mit dem Schöpfer gegen die → Gnosis (: III), die den Weltschöpfer vom höchsten G. schied, indem sie ihn dem letzteren entweder unterordnete (so die Valentinianer) oder dualistisch entgegensetzte (→ Cerinth, → Marcion). → Irenäus machte die Einzigkeit des Ursprungs, seine Einfachheit und die daraus folgende Andersartigkeit gegen die gnostischen Emanationslehren geltend. Daß G. seiner Größe nach (wegen seiner Einfachheit) unbegreiflich ist, hinderte Irenäus nicht daran, ihm alles Vollkommene in höchster Steigerung zuzuschreiben. Faßbar und verständlich wird G. uns aber nur durch seine in Christus offenbarte Liebe. → Tertullian hat gegen Marcion die Einheit von Gerechtigkeit und Güte in einem und demselben G. verteidigt. G.es Wille, der sich durch die Erschaffung des freien menschlichen Willens selbst beschränkt hat, zielte von Anfang an auf das Heil der Menschen. Die Anlage zur G.eserkenntnis gehört zur Natur der menschlichen Seele (ähnlich schon Philo und Justin). Obwohl Tertullian der Philosophie keine konstruktive Bedeutung für die Theologie zugestand, konnte er sich unter dem Einfluß der Stoa den göttlichen Geist, obschon er unsichtbar ist, nur körperhaft vorstellen.

5. Die → *alexandrinische Theologie* hat den philonisch-platonischen G.esbegriff als Maßstab für die begriffliche Gestaltung aller Glaubensgehalte angewendet. Der Weltlauf erschien als ein von G.es vollkommener Güte durch seine Vorsehung geleiteter Erziehungsprozeß zur Vergeistigung und Vergottung der Menschheit. → Clemens hielt die Verwendung der philosophischen G.eslehre für um so weniger problematisch, als die Philosophen seiner Überzeugung nach ihre tiefsten Einsichten über G. den Juden entlehnt haben (so schon das hellenistische Judentum). Eine Ahnung von G.es Existenz als Ursprung und Ziel der Welt ist den Seelen aller Menschen eingepflanzt. Dagegen bleibt sein Wesen unbekannt. Geschöpfliche Vollkommenheiten können zwar analog von G. als ihrem Urheber ausgesagt werden, doch solche Aussagen haben

eigentlich nur negativen Sinn. Clemens folgt der These des mittleren Platonismus, daß G. über allen Kategorien, sogar jenseits des Seins und der Einheit zu denken ist. Die negative G.eserkenntnis hat er (wie schon Albinos) zur Methode stufenweiser Abstraktion fortgebildet. Trotz dieses geschlossenen G.esbegriffes hat Clemens die Schöpfung als freien Willensakt G.es, als Ausdruck seiner Güte, die nicht aus innerer Notwendigkeit, sondern frei sich mitteilt, verstanden.

Gegen → Celsus begründete → Origenes die Einzigkeit G.es aus der einheitlichen Harmonie des Kosmos. Er betonte bes. die immaterielle Geistigkeit G.es. Ihr ist unser Geist verwandt. So können wir dessen Eigenschaften auf G. übertragen. Freilich sind sie bei G. in höherer, unsere Fassungskraft übersteigender Vollkommenheit verwirklicht. Die Vollkommenheit G.es schließt alle Leidenschaften und insbesondere den Zorn von ihm aus. Zu ihr gehört auch, daß G.es Allmacht durch seine Güte und Weisheit begrenzt, nicht schrankenlos ist, weil sonst G. sich selbst nicht erkennen könnte. Der Gedanke der Unendlichkeit G.es war dem griechischen Empfinden des Origenes also fremd. Trotzdem suchte er, die allmächtige Freiheit G.es als Voraussetzung der Inkarnation zu wahren. Sein Schüler → Gregor Thaumaturgos ging in der Betonung der Freiheit G.es so weit, daß G. auch Eigenschaften seines eigenen Wesens wie die Apathie ablegen kann.

6. Die These des Origenes, daß die Begrenztheit zur Vollkommenheit G.es gehöre, setzte sich nicht durch. Vielmehr gewann der der klassischen Philosophie fremde Gedanke einer nicht bloß negativen, gestaltlosen, sondern positiven Unendlichkeit göttlicher Wesensfülle (Plotin) im → Arianischen Streit grundsätzliche Bedeutung, als → Gregor von Nazianz, → Basilius und → Gregor von Nyssa gegen → Eunomius' Behauptung, das Wesen G.es sei durch den Begriff der Ungewordenheit erschöpfend erkennbar, auf die Unendlichkeit als einziges Maß des göttlichen Wesens verwiesen. Dementsprechend betonten sie den negativen Charakter aller G.esbezeichnungen. Bei Gregor von Nyssa gewann das neuplatonische Schema des Ausgangs der Seele von G. und der Rückkehr zu ihm durch die seiner Übervernünftigkeit entsprechende ekstatische Schau beherrschende Bedeutung. → Dionysius Areopagita hat im Anschluß an → Proklos das Verhältnis von G. und Mensch durch einen die ganze Weltordnung umfassenden Kausalprozeß gedeutet. Die Mannigfaltigkeit des Seienden ist aus dem überwesentlichen Einen als reichgestufte Hierarchie hervorgegangen. Das göttliche Seinslicht ist noch in den entferntesten, niedersten Stufen der Schöpfung gegenwärtig und verbindet sie durch Erleuchtung mit dem Ursprung, freilich nicht unmittelbar, sondern durch Einfügung in die mit G. verbundene Welt- und Heilsordnung. Die Allgegenwart G.es in seiner Schöpfung wird dabei gelegentlich in pantheistisch klingenden Wendungen ausgesprochen. Die über Gregor von Nyssa auf Albinos zurückgehende Theorie von den drei einander ergänzenden Wegen der G.eserkenntnis (Eminenz, Negation, Kausalität) ist von Dionysius breit entwickelt worden.

7. Im *Abendland* hatte schon seit Tertullian der Wille G.es zentrale Bedeutung für die G.esvorstellung. Der neuplatonische G.esbegriff wurde von → Viktorin und → Augustin dadurch modifiziert, daß die Problematik der Unbegreiflichkeit G.es hinter der seines Willens zurücktrat. Damit traten auch die ontologischen Erwägungen über das Verhältnis von G. und Welt hinter den Problemen der göttlichen Erwählung zurück. Zu seiner Bevorzugung des Willens glaubte sich *Augustin* nicht nur durch die Schrift, sondern auch rational, durch die Analogie der Seele zu G., berechtigt. Er war sich freilich der Inadäquatheit der so entstehenden Vorstellungen von G. bewußt. G. ist auch für ihn jenseits aller Kategorien, über der Scheidung von Substanz und Akzidens. Deshalb zog er zur Bezeichnung des Wesens G.es den Begriff der Essenz dem der Substanz vor. Ein theoretischer Ausgleich zwischen der Unbegreiflichkeit G.es und der dominierenden Vorstellung von G. als Wille ist bei Augustin nicht erfolgt. Die Willensvorstellung gestattete es aber, die biblischen Zeugnisse von G.es kontingentem Handeln mit dem platonischen G.esbegriff zu verbinden. In Gestalt der vorzeitlichen, die Weltordnung bestimmenden → Prädestination (: III) blieb freilich das Kausalschema maßgebend für das Verhältnis zwischen G. und Geschöpf. Vor allem der abstrakte Begriff der Unveränderlichkeit G.es gab der Prädestination eine von Augustin nicht beabsichtigte deterministische Note. – Neben Augustin übte → *Boethius* tiefen Einfluß auf die G.eslehre des MA aus. Für seinen im Kern neuplatonischen, aber mit aristotelischen Begriffsmitteln streng formulierten G.esbegriff ist die Bezeichnung G.es als reine → Form (weil alles andere von ihm das Sein empfängt) charakteristisch. Die scholastischen Auseinandersetzungen über G.es Vorherwissen und menschliche Freiheit wurden mit durch Boethius angeregt.

8. Eine der ersten Monographien, in denen sich im 11. Jh. der neue Aufschwung des geistigen Lebens durch den Streit zwischen Dialektikern und Antidialektikern äußerte, war die Schrift des → Petrus Damiani über die Allmacht G.es, die nach Damiani nicht an die Regeln der → Dialektik gebunden ist und sogar das Vergangene ungeschehen machen kann. Dagegen hat → Anselm von Canterbury geltend gemacht, daß G.es Wille von seiner Weisheit und Gerechtigkeit nicht zu trennen sei, immer das Schicklichste wolle und das einmal Beschlossene nicht wieder umstoßen könne. G.es Wille und Vorherwissen legen dem Geschehen keinen Zwang auf. Im übrigen schließt sich Anselms G.esbegriff Augustin an. In seinem Verhältnis zu seinen Geschöpfen ist G. der freie Herr, der einen unveräußerlichen Rechtsanspruch auf sein Geschöpf hat. Die Spannung in G. selbst zwischen seiner Gerechtigkeit und seinem Heilsbeschluß begründet den Ablauf der Heilsgeschichte (→ Christologie: II, 6c). Die G.esbeweise bereicherte Anselm um das sog. ontologische Argument.

9. Die augustinischen psychologischen Analogien blieben für die G.esvorstellung im 12. Jh. weithin maßgebend. Doch wandte sich → *Gilbert Porreta* von der psychologischen Konstruktion ab und entwarf im Anschluß an Boethius eine begrifflich strengere G.eslehre. G. ist der Vernunft als absolute Einheit im Gegensatz zur geschöpflichen Vielheit zugänglich. Dagegen bleibt die Dreiheit G.es (→ Trinität: III) der Vernunft verborgen und ist auch nach ihrer Offenbarung nur notdürftig durch Analogien zu erhellen. Von → Eigenschaften Gottes kann nur durch Übertragung der Verhältnisse aus dem Bereich geschöpflicher Vielheit auf G. und darum nur ganz inadäquat geredet werden. Als höchste Einheit ist G. das → Sein selbst. Er ist reine Form; denn alle Dinge existieren nur durch »äußerliche«, dh ihnen nicht wesensnotwendig zukommende Teilhabe an G. – Gilberts Ansatz zu einer begrifflich strengen G.eslehre wurde in der *Schule von* → *Chartres* weiterentwickelt. Seit Thierry († um 1150) wurden neuplatonische Motive des durch → Johannes Scotus vermittelten Areopagiten wirksam. Dabei zeigte sich zum erstenmal der für die kirchliche Theologie bedrohliche Charakter des streng durchgeführten neuplatonischen Kausalsystems. Im Gegensatz zu Gilbert wurde die innergöttliche und bei Thierry sogar auch die kreatürliche Vielheit mit Hilfe pythagoreischer Zahlenspekulation als Selbstentfaltung des einen göttlichen

Wesens erklärt, damit die Dreiheit nicht als etwas dem einen G. Äußerliches erscheine (Konzil zu Reims 1148). Allgemein galt G. als das Sein aller Dinge. Die hier angelegte Tendenz zum »Pantheismus« scheint um 1200 zu einer Krise der gesamten Theologie geführt zu haben, die in der Verurteilung des → Amalrich von Bène 1210 zum Ausbruch kam. Gegen die Bezeichnung G.es als »Form« der Geschöpfe hatte wegen ihrer pantheistischen Mißverständlichkeit schon → Robert von Melun in der Mitte des 12.Jh.s Einspruch erhoben. Der Verzicht auf sie und die Betonung des agnostischen Elementes im Neuplatonismus durch den orthodoxen Porretanismus (Alanus) reichte nicht aus, die pantheistische Gefahr zu bannen.

Die Identität von göttlichem und geschöpflichem Sein, die beim neuplatonischen Schema der Seinsteilgabe der Ursache an die Wirkungen unentrinnbar war, vermied Philipp von Grève († 1236) dadurch, daß er seine G.eslehre mit aristotelischen Begriffen teleologisch entwickelte, unter dem Leitgedanken, daß G. das höchste Gut für das Geschöpf sei. Die hierdurch vorbereitete Übernahme des averroistischen Analogiebegriffs schien es der Hochscholastik zu gestatten, die Seinsverschiedenheit zwischen G. und Geschöpf auch unter dem Gesichtspunkt der Ursprungsbeziehung durchweg aufrechtzuerhalten, ohne daß man wie → Maimonides auf die Möglichkeit positiver Aussagen über G. durch Übertragung von den Wirkungen auf die Ursache hätte verzichten müssen. Was im Modus der Vielheit von G. ausgesagt wird, ist im Modus der Einheit in ihm verwirklicht. Unter diesem Vorbehalt sah sich die Hochscholastik in der Lage, die als Eigenschaften G.es überlieferten Vollkommenheiten zu einer den Reichtum der göttlichen Wesensstruktur spiegelnden Vorstellung zusammenzusetzen. Besondere Aufmerksamkeit fand das Ineinander von Intellekt und Wille. Die Systeme psychologischer Beziehungen in G. konnten entweder dem Intellekt (Thomas) oder dem Willen (Duns Scotus) die entscheidende Funktion zuschreiben. Auf diese Weise wurden differenzierte Vorstellungen von G. als geistiger Persönlichkeit ausgebildet.

10. Ein bes. klar durchgeformtes Beispiel hochscholastischer G.eslehre bietet → *Thomas von Aquino*. Im Gegensatz zur augustinisch-franziskanischen Tradition nahm Thomas kein dem Menschen angeborenes, unmittelbares Wissen von G. an. Nur mittelbar, durch Rückschluß von den geschaffenen Dingen her, vermag der Mensch G.es Existenz zu erkennen. Den ontologischen G.esbeweis Anselms lehnte Thomas daher ab. Die von ihm selbst vorgetragenen fünf Beweise (S.Th. I q. 2) gehen alle von der empirischen Ordnung der Dinge aus. Sie schließen von der Bewegung auf einen ersten Beweger, von der Kette der Wirkursachen auf ein erstes Glied, vom zufällig Daseienden auf ein notwendig, aus sich Seiendes, von den Rangunterschieden der Dinge auf ein Vollkommenstes, von der Weltordnung auf einen Weltlenker. Dabei ist stets vorausgesetzt, es könne keine unendliche Ursachenreihe geben. Das wichtigste Resultat ist der Begriff der als reiner Akt zu verstehenden ersten Ursache. Von diesem Ergebnis ausgehend und auf Grund der → Analogie zwischen G. und Schöpfung hat Thomas via eminentiae, negationis und causalitatis eine Reihe von Eigenschaften, deren unterschiedlicher Inhalt in G. eins ist, abgeleitet, indem geschöpfliche Unvollkommenheiten von G. verneint und geschöpfliche Vollkommenheiten von G. in höchster Steigerung ausgesagt werden. Als reiner Akt ist G. einfach, und daraus leitet Thomas auch die Formel Avicennas ab, daß G. »ipsum esse subsistens« sei. Ferner ist G. vollkommen, unendlich, unveränderlich, höchste Einheit, gut, allgegenwärtig, ewig. Als reiner Akt ist G. Intellekt, und als solcher enthält er alle Ideen. Erster Gegenstand seines Erkennens ist er selbst, so daß er als Einheit von Subjekt und Objekt die Wahrheit ist. Aus G.es Geistigkeit folgt, daß er lebt und will. Letztes Ziel seines Willens ist G. selbst, aber seine Güte drängt ihn, auch anderes ins Sein zu rufen. Insofern hat G. alles Seiende geliebt, aber in verschiedenen, den Stufen des Seins entsprechenden Graden. Die Liebe G.es äußert sich in den Formen der Gerechtigkeit und Barmherzigkeit. Beide sind im Wirken G.es immer miteinander verbunden. G.es Intellekt und Wille wirken zusammen als Vorsehung und Prädestination, durch die G. den ganzen Weltlauf als eine festgefügte Ordnung von Mitteln auf sich selbst als den Endzweck seines Wollens hinordnet. Damit hat Thomas unter dem aristotelischen Leitbegriff des zielstrebigen Willens die Konzeption des Dionysius von der Bewegung des Alls von G. zu G. erneuert. Nach außen wird G.es Wille durch seine Macht wirksam. Im Besitz aller seiner Vollkommenheiten besteht die Seligkeit G.es. Von dem Bereich natürlicher G.eserkenntnis schied Thomas mit Gilbert die → Trinität, die nur durch Offenbarung zugänglich ist. Dennoch erläuterte er die trinitarischen Aussagen in der Weise Augustins an psychologischen Verhältnissen, im Anschluß an die vorangehenden Darlegungen über Intellekt und Willen G.es, so daß ein faktisch von hier aus auch die trinitarischen Aussagen umgreifender Zusammenhang der ganzen G.eslehre besteht.

11. a) Bei → Duns Scotus verband sich die augustinisch-franziskanische Bevorzugung des Willens mit einem neuen Verständnis der göttlichen Macht in ihrem Verhältnis zur Weltordnung, welches im Gegensatz gegen das deterministische, die Freiheit G.es wie des Menschen verkennende Weltbild des → Averroismus entstanden war. Während bei Thomas die Weltordnung als geschlossener Entwurf aus G.es praktischem Intellekt hervorgeht, bietet nach Duns G.es Intellekt seinem Willen eine Fülle bloßer Möglichkeiten dar. Aus ihnen wählt der Wille einige aus, indem er jede für sich akzeptiert und sie erst nachträglich zu einer Weltordnung verbindet. Jedes dieser Glieder kann G. durch seine absolute Macht, die freilich nie ohne seine Weisheit und Liebe wirkt, gegen ein anderes vertauschen. Die faktische Ordnung der Welt ist so in keinem Punkt in sich notwendig und beruht in jedem ihrer Glieder ganz auf G.es freier Akzeptation. Praktisch hat sich der Mensch aber an die nun einmal gewählte und als göttlicher Beschluß offenbarte Ordnung zu halten. – Der Personalismus der göttlichen Akzeptation bei Duns läßt die neue, im Hintergrund der christlichen Heilsordnung aufsteigende Unmittelbarkeit G.es zum Menschen erkennen, die im Gegensatz zum Averroismus und trotz aller Wucherungen kirchlicher Heilsvermittlung für das G.esverständnis des Spät-MA charakteristisch wurde.

b) Der scotische Personalismus wirkte durch → Ockham fort. Dessen konzeptualistisches Verständnis der Erkenntnis beseitigte nun aber mit der Analogie zwischen G. und Welt auch die Möglichkeit einer Psychologie G.es im Sinne der Hochscholastik. Wir erkennen zwar die Notwendigkeit einer ersten Ursache zur Erhaltung der Welt. Diese muß aber nicht mit G. identisch, sie könnte auch ein Himmelskörper sein. Ferner kann die Einzigkeit G.es von der natürlichen Vernunft nicht streng bewiesen werden, ebensowenig G.es Unendlichkeit, Allmacht und die meisten andern Eigenschaften. Die Welt- und Heilsordnung im Begriff G.es systematisch zu begründen, ist selbst mit Hilfe der Offenbarung nicht möglich, da vielmehr jedes ihrer Glieder auf einer freien Setzung der absoluten Macht G.es beruht. Die Theologie muß den offenbaren G.eswillen in seiner unableitbaren Positivität stehen lassen.

c) Die aus der Distanzierung von G. und Welt im Ockhamismus sich ergebende Verselbständigung der Welt rief eine u.a. von → Thomas Bradwardina getragene, augustinische Reaktion hervor. Bradwardina war mit Duns und der Ockhamschule darin gegen den Averroismus einig, daß die Theologie G. nicht nur als fernes Prinzip eines in sich geschlossenen Weltzusammenhangs, dessen Einzelzüge der freien Verfügung G.es entzogen wären, denken kann. Aber der Akzeptationsbegriff der Ockhamschule setzte den essentiellen Bestand des zu Akzeptierenden immer schon voraus. Infolge der weitgehenden Beschränkung des G.esgedankens auf die Offenbarung ergab sich so eine empirische Autonomie des natürlichen Geschehens. Lediglich seine Heilswirksamkeit ist von G.es spezieller Akzeptation abhängig. Demgegenüber sah Bradwardina das natürliche wie das Heilsgeschen in jedem Zug durch G.es unmittelbares Eingreifen nicht nur akzeptiert, sondern konstituiert. Von seinem hochscholastischen G.esbegriff her beschrieb er das Wirken G.es in mehr kausaler, zu deterministischen Konsequenzen drängender Weise. Aus der heilsentscheidenden Bedeutung der unmittelbaren göttlichen Selbsttätigkeit ergab sich jedoch eine gewisse Entwertung des äußeren Vollzuges der Gnadenmittel.

d) Die G.esvorstellung der Analogiemetaphysik wurde nicht nur durch die Kritik des Ockhamismus bedroht, sondern auch durch einen von der Schule → Alberts d.Gr. ausgehenden, radikalen Neuplatonismus untergraben. Gegen Duns, der mit → Averroes G. als ein Seiendes verstand, hat Meister → Eckehart über die These Avicennas und (eingeschränkt) des Thomas, daß G. der actus essendi sei, hinausgehend G. als reines → Denken bezeichnet. Er ist, gerade indem er über die Sphäre des innerweltlich Seienden hinausliegt, deren Grund. Mit dieser Unerreichbarkeit G.es von unten her verband Eckehart – gut neuplatonisch – den nur scheinbar entgegengesetzten Gedanken, daß von G. her gesehen alles Wirkliche in G. ist, so daß G. allein das Sein ist. Die Gedanken Eckeharts wirkten nicht nur in der deutschen → Mystik (: VI), sondern wurden auch von → Nikolaus von Kues aufgenommen. Der Kusaner verstand ähnlich wie im 12.Jh. Thierry von Chartres (s. 9) G. als complicatio alles Wirklichen, das in ihm kraft der coincidentia oppositorum in eins zusammenfällt, und umgekehrt die geschöpflichen Dinge als explicatio G.es. Aber seine mathematischen Gleichnisse für die G.-Welt-Beziehung ermöglichten es ihm, im Unterschied zur gesamten neuplatonischen Tradition (auch zu Eckehart) auf die Ideen als zwischen der göttlichen Einheit und der Vielheit der Welt vermittelnde Instanz zu verzichten. Der neuplatonische Doppelaspekt der von G. zur Welt reichenden Seinsgemeinschaft auf der einen, Unerkennbarkeit G.es von der Welt her auf der andern Seite, der beim Kusaner so scharf betont wurde, verblaßt im italienischen Renaissanceplatonismus und ist bei → Bruno jener G. und Welt undialektisch verbindenden Gleichartigkeit des Seins, die für das neuzeitliche Wirklichkeitsverständnis charakteristisch wurde, gewichen.

12. Das G.esverständnis → *Luthers* (: II) ist gekennzeichnet durch die Spannung zwischen dem jedes Geschehen unfehlbar lenkenden G., der aber von aller uns faßbaren Wirklichkeit gänzlich verschieden ist, und dem in Christus als väterliche Liebe offenbaren, ganz in unsere Lebenswirklichkeit eingegangenen G. (Deus absconditus und revelatus). Luthers Gedanke des in seiner nackten Majestät unzugänglichen G.es berührt sich in mancher Hinsicht mit Ockhamismus, Augustinismus und Mystik, stellt aber in seiner Radikalität ein Neues dar. Die Berührung geht zurück auf die im Spät-MA am Rande der kirchlichen Heilsordnung aufgebrochene, auch von Luther geteilte Erfahrung, daß der Mensch unmittelbar der unbekannten Macht G.es ausgeliefert und auf sie allein letztlich angewiesen ist. Luthers Verständnis von der Allwirksamkeit dieses verborgenen G.es berührt sich mit Bradwardina. Die Kreaturen sind G.es »Mummenschanz und Puppenspiel«: Er selbst ist verborgen in ihnen am Werk und lenkt ihren Weg unwiderstehlich, wenn auch ohne sie zu zwingen und ihnen ihre Verantwortlichkeit zu nehmen. Und doch war das Kausalschema für Luther nicht wie für Bradwardina der das Verhältnis G.es zum Menschen beherrschende und erklärende Leitgedanke. Luther verwarf solche die Welt aus der göttlichen Majestät erklärenden Spekulationen als theologia gloriae. Er hielt mit dem Ockhamismus G.es Wesen für der natürlichen Vernunft unerkennbar und verstand G. als den frei über sein Geschöpf verfügenden, an kein Gesetz gebundenen, in seiner Entscheidung unergründlichen Willen. Die damit verbundene Not des Menschen vor G. war für Luther nicht durch das bloße Vorhandensein der kirchlichen Heilsordnung überwunden. Er konnte aber auch nicht mit der Mystik die Verborgenheit G.es durch den Gedanken einer vorgegebenen, überrationalen, in der Ekstase erlebten Seinseinheit mit G. verharmlosen. Er hat den Gegensatz zwischen der Lebenswirklichkeit menschlicher Selbsterfahrung und der ihr unentrinnbaren Wirklichkeit G.es nicht nur ohne spekulative Überbrückung festgehalten, sondern ihn in seiner durch die Sünde unheilbaren Tiefe gesehen. Nur das seinem Wesen nach auf das Unsichtbare bezogene Vertrauen könnte den Menschen mit dem wesenhaft unsichtbaren G. verbinden. Doch der Sünder, für den der heilige G. ein verzehrendes Feuer ist, vermag von sich aus dem in seinen Werken manifesten, im → Gewissen gebietenden Unsichtbaren nicht zu vertrauen und ergeht sich statt dessen in Spekulationen über die göttliche Majestät, die zu Zerrbildern G.es führen und den gewissenhaften Menschen in Verzweiflung stürzen. Aber G. lockt den Menschen zum Vertrauen mit Verheißungen, durch die er sich selbst dem Menschen verspricht und die in Christus kulminieren. In ihm ist G. offenbar als der »glühende Backofen« der Liebe. Und doch bleibt er auch in Christus für die autonome Vernunft sub contrario verborgen, seine Kraft und Herrlichkeit unter der Niedrigkeit und Schande des Kreuzes (theologia crucis), seine Liebe unter dem → Zorn. Offenbar ist G. auch in Christus nur für den → Glauben, der an der Verheißung hängend sich an das Unsichtbare wagt. Von hier aus vermag der Glaube auch dem im Weltgeschehen unbegreiflich wirkenden G. und dem in der → Anfechtung gegenwärtigen Richter standzuhalten, indem er sich auf die → Gerechtigkeit Gottes, d.i. die Treue G.es zu seinen Verheißungen (so hat Luther späterhin den Begriff der Unveränderlichkeit G.es vergeschichtlicht!) verläßt und so im Glauben der Einheit G.es, der Einheit des verborgenen mit dem offenbaren G. gewiß ist. Schauen werden wir diese Einheit erst am Ende der Tage.

13. Luther hat sein G.esverständnis nicht systematisch und in Auseinandersetzung mit dem traditionellen G.esbegriff entfaltet. Diese Aufgabe ließ sich auf die Dauer nicht, wie es → *Melanchthon* noch in den Loci 1521 tat, zugunsten einer Konzentration auf anthropologische und soteriologische Aussagen abweisen. Die Begründung dafür: G. werde in seiner Majestät besser angebetet als erforscht, setzt schließlich selbst ein bestimmtes G.esverständnis voraus, das der Explikation bedarf. Bei den Versuchen zur Lösung dieser Aufgabe gelang es jedoch nicht, die neuartige, spannungsvolle G.esanschauung Luthers zu angemessenem begrifflich-systematischem Ausdruck zu bringen. Zu mächtig war die traditionelle Begrifflichkeit, bes. das Schema der Kausalerklärung der Welt von G.

her. Letzteres war auch von Luther nicht ausdrücklich in Frage gestellt worden. Vielmehr bediente sich sein eigener Ansatz zu einem systematischen G.esbegriff in »De servo arbitrio« wenigstens ein Stück weit des augustinistischen → Determinismus, der doch der Weite seines G.esgedankens nicht gerecht werden konnte, dessen konsequente Durchführung Luther vielmehr als theologia gloriae verwerfen mußte.

a) Melanchthon stellte in den späteren Ausgaben seiner Loci wieder einen Abschnitt über G. an die Spitze. Die einzelnen Aussagen leitete er zwar aus der Schrift ab, da die natürliche G.eserkenntnis durch die Sünde wenn auch nicht ausgelöscht, so doch verdunkelt sei und von G.es Versöhnungswillen nichts wisse. Aber der so gewonnene G.esbegriff stimmt mit dem scholastischen weithin überein. Als Modell des Verhältnisses G.es zur Welt diente Melanchthon das Kausalschema, freilich nicht im Sinne der Alleinwirksamkeit G.es, sondern – aus Sorge um die Abwehr eines »stoischen« Determinismus – mehr im Sinne eines Zusammenwirkens von G. und Geschöpf. Alles Reden von G.es Taten und Verheißungen geschieht in diesem Rahmen. Zur nachträglichen Bestätigung des biblischen G.eszeugnisses wurden auch die G.esbeweise in die Loci aufgenommen. Anklänge an Luthers Aussagen über die Verborgenheit G.es blieben daneben ohne systematische Durchschlagskraft.

b) Zwingli und Calvin haben ein kraftvoll theozentrisches System entworfen, aber um den Preis einer ungebrochenen Übernahme des augustinisch-deterministischen Kausalmodells für das G.esverhältnis. Die augustinische Allwirksamkeit G.es hat → *Zwingli* mit dem stoischen Vorsehungsgedanken verbunden. Seine neuplatonisch geprägten Aussagen über G. als das Sein der Geschöpfe streifen manchmal den »Pantheismus«. Doch bleibt G. in seiner Geistigkeit von den körperlich-irdischen Dingen streng geschieden.

c) Hinsichtlich der unaufhebbaren Verschiedenheit G.es von den körperlich-irdischen Dingen stimmte → *Calvin* mit Zwingli überein (→ Christologie: II, 7c). Dagegen fehlte ihm Zwinglis Interesse an der Seinsverbundenheit von G. und Geschöpf. G. ist ganz als majestätischer Wille gedacht. Selbstverherrlichung ist der letzte Zweck seines Wirkens. Seine Ehre manifestiert sich nicht nur durch erwählende und erlösende Liebe, sondern auch durch Verwerfung und strafende Gerechtigkeit. Das kausale Schema, das von der Prädestinationslehre her den Systemzusammenhang bestimmt, tritt im Gesamtbild der theologischen Aussagen Calvins hinter der bes. im Bundesgedanken zum Ausdruck gekommenen personalen G.esauffassung zurück. Die durch die Sünde verdunkelte natürliche Kenntnis von G. hat auch nach Calvin keinen selbständigen Erkenntniswert, sondern bedarf der Läuterung durch die Offenbarung in Christus.

14. Die *orthodoxe Dogmatik* (→ Orthodoxie) des 17.Jh.s machte sich im Zusammenhang mit der Wiederbelebung der aristotelischen Metaphysik im Protestantismus und unter dem Einfluß der kath. Barockscholastik (→ Suarez) auf ref. wie auf luth. Seite die G.eslehre der Hochscholastik weitgehend wieder zu eigen, obwohl die methodische Forderung nach Ableitung aller Aussagen aus der Schrift bestehen blieb. Der Glaubenssatz vom Dasein G.es kann nachträglich durch natürliche Erkenntnis bestätigt werden. Der Begriff G.es als unendliches geistiges Wesen hat wie alle andern Aussagen über G. nur analoge Geltung. G.es einheitliches Wesen wird wegen unserer Unfähigkeit, einen adäquaten G.esbegriff zu bilden, durch eine Vielzahl von Eigenschaften bezeichnet. Die am Leitfaden der »drei Wege« des Areopagiten von den einzelnen Dogmatikern in sehr verschiedener Zahl und Anordnung gebildeten Eigenschaftsbegriffe wurden eingeteilt in negative und positive, immanente und transzendente, absolute und relative, je nachdem, ob sie G. in sich oder in seinem Verhältnis zur Welt bezeichnen. Die ref. Einteilung in mitteilbare und nicht mitteilbare Eigenschaften richtete sich gegen die luth. Auffassung der Idiomenkommunikation (→ Christologie: II, 7e). In G.es Wissen unterschied man mit der Scholastik zwischen notwendigem (mit G.es Wesen gesetztem) und freiem Wissen, dessen Objekt durch einen freien Willensakt G.es geschaffen ist. Die Theorie des Jesuiten → Molina von einem mittleren, bedingten Wissen wurde meist abgelehnt. G. will nur sich selbst notwendig, alles andere frei. Außer offenbartem und verborgenem, absolutem und geordnetem Willen G.es unterschieden die Lutheraner mit der Scholastik zwischen dem der Voraussicht der menschlichen Entscheidung vorangehenden und dem ihr nachfolgenden Willen. Diese Unterscheidung wurde von den Reformierten ebenso abgelehnt wie der Begriff eines nur bedingt wirksamen göttlichen Willens. Das hängt mit dem prädestinatianischen System der Reformierten gegenüber dem Indeterminismus der Lutheraner zusammen.

15. Obwohl nicht nur in der theologischen G.eslehre, sondern auch in der Schulphilosophie die Formeln des scholastischen G.esbegriffs noch bis tief ins 18.Jh. und darüber hinaus bewahrt wurden, war seit Beginn der Neuzeit eine tiefgehende Wandlung der G.esvorstellungen im Gang. Die Andersartigkeit G.es gegenüber der Schöpfung und bes. dem menschlichen Geiste verblaßte. Nikolaus von Kues, der zum erstenmal Renaissanceplatonismus und mathematisches Weltverständnis verbunden hatte und die → Welt als Abbild der Unendlichkeit G.es auffaßte, war sich der Andersartigkeit G.es noch scharf bewußt gewesen. Nicht nur bei der pantheisierenden Auflösung der spannungsreichen neuplatonischen Ontologie durch Bruno und dann wieder in → Spinozas Lehre von der göttlichen Weltsubstanz ging dieses Bewußtsein verloren. Das Selbstgefühl der mathematischen Naturwissenschaft, die Gedanken des Schöpfers nachzudenken (→ Kepler), setzte die vollkommene Mathematik als Inhalt des göttlichen Denkens und damit eine qualitative Verwandtschaft des göttlichen mit dem menschlichen Geiste voraus. Darum konnte → Descartes die Unveränderlichkeit der → Naturgesetze so direkt als Ausdruck der Unveränderlichkeit G.es verstehen. Darum konnte er auch ähnlich wie → Newton G. als vollkommenen Ingenieur vorstellen, der die Welt als mechanisches Kunstwerk, das wie eine Uhr ohne die Notwendigkeit weiterer Eingriffe funktioniert, ins Dasein gesetzt hat. Man spürt die Nähe des → Deismus (: III). Aber auch der allgemeine Vorsehungsglaube der → Aufklärung (: I. III) erbaute sich weniger an den außerordentlichen Eingriffen G.es in den Weltlauf (→ Okkasionalismus) als vielmehr an dessen eherner Gesetzmäßigkeit. Mit der dominierenden Rolle dieses Vorsehungsglaubens für das G.esverständnis hängt es wiederum zusammen, daß die Liebe G.es als allgemeines Wohlwollen, nicht als konkret geschichtliche Zuwendung und daher nicht mit der Kehrseite des Zornes verstanden, letzterer vielmehr als ein G.es unwürdiger Anthropomorphismus verworfen wurde (→ Dippel). Daß G. im gleichen Sinne Geist ist wie die menschliche, speziell die mathematische Vernunft, ist von → Leibniz ausdrücklich ausgesprochen worden, und → Wolff scheint das bei seiner Modernisierung des G.esbegriffs der Schulphilosophie als selbstverständlich vorausgesetzt zu haben. Damit war auch das alte Problem, ob er das vollkommenste Seiende oder das Sein selbst ist, stillschweigend im ersteren Sinne entschieden. Daß ein solches Verständnis der wesenhaften Geistigkeit G.es es für die Theologie mindestens nahe-

legte, auch ihren sonstigen Stoff nach seiner Vernunftgemäßheit zu beurteilen, liegt auf der Hand.

16. Eine neue Wendung in der Geschichte des G.esverständnisses kam mit der kritischen Philosophie zum Durchbruch: die Begründung des philosophischen G.esgedankens auf die menschliche Subjektivität. Sie war neben den auf die Ordnung der Welt sich stützenden Argumenten schon seit Augustin bekannt, und schon Descartes hatte die G.esgewißheit nicht mehr aus der Ordnung der äußeren Natur, sondern nur aus der Selbstgewißheit des Denkenden gewonnen. Aber erst → *Kant*, dem die ref. Theologie J.F. → Stapfers den Gedanken der Erhabenheit G.es vermittelte, machte durch seine Kritik der überlieferten → Gottesbeweise jede Begründung des G.esgedankens aus der Welterfahrung unmöglich. Andererseits zeigte er, der Mensch müsse die Existenz G.es voraussetzen, um sich in seiner moralischen Bestimmung sinnvoll verstehen zu können: Nur ein heiliges, allwissendes und allmächtiges Wesen kann die moralische Würdigkeit jedes Menschen beurteilen und den Weltlauf so einrichten, daß ein jeder die seiner Würdigkeit entsprechende Glückseligkeit empfängt. Daß die G.esgewißheit nicht aus der Welterfahrung, sondern nur aus der Subjektivität des Menschen begründet werden kann, weil diese so beschaffen ist, daß sie einen G. voraussetzen muß, hat sich nach Kant weithin durchgesetzt. Selbst → Hegel, der die traditionellen G.esbeweise rehabilitierte, fand die G.esgewißheit in der zum Unendlichen sich erhebenden Subjektivität begründet. Kants Einengung ihrer Basis auf die *moralische* Subjektivität hat nicht immer so allgemeine Anerkennung gefunden.

17. a) Kants Auffassung vom Wesen G.es kam der mit dem Vorsehungsglauben der Aufklärung verbundenen G.esvorstellung entgegen und bürgerte sich wohl auch deshalb so schnell in der Theologie des → Rationalismus (: I. II) wie des Supranaturalismus ein. → Fichte hat gerade hier einen unhaltbaren Anthropomorphismus erblickt. Die Unendlichkeit G.es ist mit seiner Personhaftigkeit nicht vereinbar. Mit dieser gegenüber einer ungeschichtlich-abstrakten G.esvorstellung nach Analogie der geistigen Persönlichkeit des Menschen durchaus berechtigten Kritik entfesselte Fichte den sog. → Atheismusstreit. Unter dessen Eindruck verzichtete → Schleiermacher 1799 in seinen »Reden« auf den G.esbegriff und deutete die Religion primär als ein Verhältnis zum Universum. Seit etwa 1800 haben Fichte, Schleiermacher, Schelling und Hegel die ontologische Angewiesenheit des Menschen auf G., den Ausgangspunkt der G.esgewißheit, in dem bei Kant ungelöst gebliebenen Geheimnis der Übereinstimmung von Subjektivem und Objektivem, Idealem und Realem gefunden. Diese Übereinstimmung, eine letzte Einheit, muß der Mensch im Denken wie im Handeln ständig voraussetzen. Aber ist diese Einheit des absoluten Seins begrifflicher Erfassung fähig? → Schelling machte sie kurzerhand zum Ausgangspunkt eines mythologisch-spekulativen Prozesses, der das → Absolute in die Welt des Idealen und Realen entfaltet. Fichte erkannte zwar, daß jene Einheit, weil sie Subjekt und Objekt umgreift, selbst nicht objektivierbar ist, verwechselte sie aber in seiner Lehre vom absoluten Ich mit dem → Subjekt und Objekt umgreifenden → Bewußtsein. Hegel verstand die Einheit des Idealen mit dem Realen als die unendliche Aufgabe des Geistes in seiner Geschichte, sah aber darum den → Geist (: VII) selbst als das allumfassende, absolute Sein an. So gelangte auch er zu einer spekulativen Deutung des Weltprozesses. G. war ihm nicht bloße Substanz, sondern der absolute Geist in seiner »trinitarischen« Urbewegung der Selbstentzweiung und Versöhnung, die auch den (vom innergöttlichen Leben unterschiedenen!) Weltprozeß und das Offenbarungsgeschehen erklärt. Der Philosoph erhebt den religiösen G.esgedanken aus der beschränkten Form der Vorstellung in die adäquate des dialektischen Begriffs.

b) Schleiermacher stellte kritisch fest, daß Ideales und Reales im Bereich der Erfahrung nie umfassend und endgültig verbunden sind, so daß ihre Einheit, die wir unumgänglich voraussetzen müssen, für das Denken unendliches Problem bleibt und auf keinen abschließenden Begriff gebracht werden kann. Schleiermacher ist nicht wie die andern großen Idealisten der von der Aufklärungsphilosophie her stimmungsmäßig, vom bewußtseinsphilosophischen Ansatz her systematisch naheliegenden Identifizierung G.es mit einem Geistprinzip erlegen, sondern hat seine Nichtobjektivierbarkeit und also Unbegreiflichkeit festgehalten. Er hat jedoch die Möglichkeit von Aussagen über diesen G. nun nicht etwa als Theologe aus einem tieferen Verständnis der Offenbarungsgeschichte zu begründen gesucht – hier war Hegel ein Stück weit auf der besseren Spur! –, sondern hat auch seinerseits eine formalontologische Lösung konstruiert. Er meinte, eine Analogie zu jener unfaßbaren Einheit des Idealen und Realen in der Einheit des Bewußtseins aufweisen zu können und somit Aussagen über G. als Aussagen über die im unmittelbaren Selbstbewußtsein erlebte Abhängigkeitsbeziehung der Bewußtseinseinheit zur allbegründenden absoluten Einheit machen zu können. Das fromme Selbstbewußtsein besteht nun aber eigentlich nur in der Negation schlechthinniger Freiheit. Erst indem diese Negation positiv als schlechthinnige Abhängigkeit gedeutet wird, ergibt sich die Vorstellung G.es als des Woher dieser Abhängigkeit. Daher sind alle Aussagen über G. indirekt und inadäquat. Sie bezeichnen nicht etwas in G.es Wesen, sondern nur etwas in der Weise, wie wir das Abhängigkeitsgefühl auf einen vorgestellten Gegenstand beziehen. Da mit dem Begriff Abhängigkeit die Vorstellung von einer Art Kausalverhältnis gegeben ist, konnte Schleiermacher eine Fülle von Aussagen der alten G.eslehre, die aus dem Rückschluß von der Wirkung auf die Ursache hervorgegangen waren, in seinem Sinne umdeuten. Doch ist die gesamte G.eslehre der Dogmatik sekundär im Vergleich zu den direkten Aussagen über das fromme Selbstbewußtsein und streng genommen entbehrlich. Da das fromme Selbstbewußtsein nur in der besonderen Ausprägung individueller historischer Religionen vorkommt (beim Christentum in der Bestimmung durch den Gegensatz von Sünde und Gnade), setzen Aussagen über G. immer den Boden einer positiven Religion voraus. Die sog. natürliche Theologie ist pure Abstraktion.

18. Der G.esgedanke des transzendentalen Idealismus fand in der spekulativen Theologie Gefolgschaft, stieß aber auf zunehmendes Mißtrauen, seit der junge → Tholuck ihn des Pantheismus beschuldigt und zur Verteidigung der Transzendenz und Persönlichkeit G.es gegen diese Gefahr – auch im Interesse der freien Selbstbestimmung des Menschen (!) – aufgerufen hatte. Hegel selbst hat 1827 (Vorrede zur 2. Auflage der Enzyklopädie) den Vorwurf des Pantheismus zurückgewiesen und in seiner Religionsphilosophie einen der Kritik Fichtes von 1799 nicht mehr ausgesetzten Begriff der Persönlichkeit G.es begründet. Und doch schien die Entwicklung des theologischen Linkshegelianismus bei D.Fr. → Strauß mit seiner pantheistischen Tendenz und Bestreitung der Personhaftigkeit G.es – der letzteren stimmte auch A.E.Biedermann zu – den Verdacht zu bestätigen. L. → Feuerbachs Deutung der G.esvorstellung als durch Umsetzung der Vorstellung in den Begriff aufzuklärende, imaginäre Hypostasierung des dem Menschen eigenen unendlichen Wesens übertraf die schlimmsten Befürchtungen. Aber

die theologische Auseinandersetzung mit dem G.esgedanken des Deutschen → Idealismus (: II) vermochte dessen denkerische Tiefe nicht zu erreichen. Man stützte sich neben dem supranaturalistisch korrigierten Kant auf → Jacobi und → Fries zur Begründung der Existenz eines persönlichen G.es aus der »Ahndung«. Schleiermacher wurde, da selbst pantheistischer Neigungen verdächtig, nur vorsichtig benutzt. Doch seine äußerlich übernommene Methode ließ die → Vermittlungstheologie auch in der G.eslehre zur Entdeckung so mancher traditionellen Lehre im christlichen Bewußtsein gelangen. Über dieses Verfahren hinaus suchte die → Erlanger Schule neben R. → Rothe und I.A.Dorner Anlehnung beim spätidealistischen Theismus, wie er von Ch.W.Weiße ausgebildet, von dessen Schüler → Lotze bewahrt, vor allem aber von Schellings Spätphilosophie (deren spekulative Gedankengänge an J. → Böhme anknüpfen) vertreten worden ist.

19. Als nach dem Zusammenbruch des Deutschen Idealismus der Bereich des Welterkennens zur Domäne des naturwissenschaftlichen Positivismus wurde und die Philosophie sich in Anlehnung an Kant auf → Erkenntnistheorie und → Ethik zurückzog, schränkte A. → Ritschl die Basis des G.esgedankens wieder auf das Ethische ein. Jede ontologische Begründung und Fassung des G.esbegriffs und damit das meiste der überlieferten G.eslehre gab er als im Grunde irreligiöse »Metaphysik« und »natürliche Theologie« preis. G.eserkenntnis durch den Glauben bedeutete für Ritschl (im Anschluß an Kant und Lotze), daß der Mensch, um seiner geistigen und vor allem sittlichen Bestimmung zur Überlegenheit über die Natur gewiß zu sein, einen geistigen, persönlichen Weltschöpfer glauben muß, der den Weltlauf auf die Herrschaft des Geistes über die Natur und auf die vollendete sittliche Gemeinschaft der Menschen (→ Reich Gottes: III) hingeordnet hat. Insofern G. so den sittlichen Selbstzweck des Menschen in seinen eigenen Selbstzweck aufgenommen hat, ist er Liebe. Die Parallelität dieser Vorstellung mit dem Vorsehungs-G. der Aufklärung zeigt sich am deutlichsten an Ritschls Widerwillen gegen den → Zorn Gottes (: IV).

Gegen die Einengung des G.esgedankens und der gesamten Theologie auf die sittliche Existenz des Menschen wandten sich → Schlatter, → Schaeder und W.Lütgert. Sie betonten die selbständige Bedeutung der göttlichen Majestät als Schöpfer der Natur und des Menschen sowie als Lenker der Geschichte, ohne allerdings die hinsichtlich der Wiederaufnahme der metaphysischen Problematik und der Auseinandersetzung mit dem naturwissenschaftlichen Positivismus bestehenden Probleme lösen zu können.

Nach Ritschl zeigte sich ein gewisser Verfall der systematischen Strenge der theologischen G.eslehre darin, daß die Fassung des G.esbegriffs mit ihren unvermeidlichen philosophischen Voraussetzungen sowie die Möglichkeit von Aussagen über G. nicht mehr radikal durchdacht wurden. Man begnügte sich damit, den G.esgedanken als »religiöses → Apriori« (→ Troeltsch u.a.) oder in der Glaubenserfahrung bzw. als Inhalt der Offenbarung vorzufinden, und betrachtete es geradezu als einen Vorzug, daß der Glaube mit seinen Aussagen über einen persönlichen G. und dessen Eigenschaften ganz auf sich gestellt und vom theoretischen Daseinsverständnis gelöst wurde (so J.Kaftan, aber auch M.Kähler u.a.). Die neue Aufmerksamkeit auf Differenzen des biblischen vom traditionellen ontologischen G.esgedanken (H. → Cremer) konnte ein wertvolles Korrektiv sein. Mit der Isolierung des G.esgedankens vom Verständnis der Gesamtwirklichkeit aber mußte ein Sinnverlust eintreten, der den G.esgedanken in seiner Verbindlichkeit für alle Menschen gefährdete.

Die Unhaltbarkeit des ethischen → Jesusbildes und die allgemeine Auflösung des moralischen Bewußtseins (→ Nietzsche) bewirkten seit W. → Herrmann den Übergang von der ethischen Begründung der G.esgewißheit zur personalen, eine weitere Verengung der Basis. Diese Entwicklung verband sich in der durch den ersten Weltkrieg hervorgerufenen geistigen und politischen Erschütterung zT mit dem neuen Bewußtsein von der Verborgenheit G.es, das bes. durch die → dialektische Theologie – anknüpfend an → Kierkegaard und H. → Cohen –, aber auch in der gleichzeitigen Lutherforschung und → Phänomenologie der Religion zum Ausdruck kam. – Vgl. → Gott: VI, 2, → Dialektische Theologie.

Allgemein: RE VI, 786ff - DThC IV, 1152ff - RGG² II, 1377ff (jeweils Lit.) - Lehrbücher der → Dogmengeschichte - HIRSCH I-V - Ü I-IV - E.GILSON-TH.BÖHNER, Geschichte d. christl. Philos., (1937) 1954³. Vgl. die Gesamtdarstellungen einzelner Epochen. - Einzelnes: R.ROCHOLL, Der christl. G.esbegriff, 1900 - A.GÖRLAND, Der G.esbegriff bei Leibniz, 1907 - J.KLEIN, Der G.esbegriff des J. Duns Scotus, 1913 - R.GARRIGOU-LAGRANGE, Dieu, son existence et sa nature, Paris (1915) 1951¹¹ - H.HEIMSOETH, Die sechs großen Themen der abendl. Metaphysik, (1922) 1954³ - M.T.L.PENIDO in: Revue Neo-scolastique de Philosophie 26, 1924, 137-163 (Maimonides) - W.LÜTTGE, Die Dialektik der G.esidee in der Theol. d. Gegenwart, 1925 - G.AULÉN, Den kristna Gudsbilden, 1927; dt.: Das christl. G.esbild in Vergangenheit u. Gegenwart, 1930 - F.K. SCHUMANN, Der G.esgedanke u. d. Zerfall d. Moderne, 1929 - HAL KOCH, Pronoia u. Paideusis. Studien über Origenes u. sein Verhältnis zum Platonismus, 1932 - G.L.PRESTIGE, God in Patristic Thought, London (1936) 1952² - M.H.VICAIRE, RSPhTh 27, 1937, 449-482 (Schule v. Chartres) - TH.E.SCHLENKER, D. Lehre v. d. göttl. Namen in d. Summa Alex.v.Hales, 1938 - A.DAHL, Augustin u. Plotin, Lund 1945 (Lit.) - M.D.CHENU, Introduction à l'étude de S.Thomas d'Aquin, Paris 1950 (Lit.) - E.GILSON, J.D.Scot, Introd. à ses positions fondamentales, Paris 1952 (Lit.) - E.A.DOWEY, The Knowledge of God in Calvin's Theology, New York 1952 - TH.L. PARKER, The Doctrine of the Knowledge of God. A Study in the Theology of John Calvin, London 1952 - G.W.LOCHER, Die Theol. Zwinglis im Lichte seiner Christologie, 1.Tl: Die G.eslehre, 1952 - E.SCHMIDT, Hegels Lehre von G., 1952 - J.DILLENBERGER, God Hidden and Revealed, Philadelphia 1953 - W.JAEGER, Die Theol. der frühen griech. Denker, 1953 (dazu: Gn 27, 1955, 305ff) - O. SEMMELROTH in: Schol. 28, 1953, 481-503 (Dionysius) - L.RICHTER, Immanenz u. Transzendenz im nachreformatorischen G.esbild, 1954 - W.SCHULZ, Die Vollendung des dt. Idealismus in der Spätphilos. Schellings, 1955 - DERS., Der G. der neuzeitl. Metaphysik, 1957 - N.HARING in: AHDL 30, 1955, 157-169 (Thierry) - M.A. SCHMIDT, Gottheit u. Trinität nach dem Kommentar d. Gilbert Porreta zu Boethius De Trinitate, 1956 - H.HOMMEL, Schöpfer u. Erhalter. Studien zum Problem Christentum u. Antike, 1956 - W.RITZEL, Fichtes Religionsphilos., 1956 - H.BANDT, Luthers Lehre vom verborgenen G. (ThA 8), 1958 - H.REDMANN, Kants G.esgedanke innerhalb der vorkrit. Periode (Diss. Berlin), 1958 (Masch.) - W.PANNENBERG, Die dogmat. Problematik der Aneignung des philos. G.esbegriffs in der frühchristl. Theol. (in: ZKG 70, 1959; Lit.). - Weitere Lit. bei den Einzelartikeln.

W.Pannenberg

VI. Dogmatisch

1. Eine Darlegung der dogmatischen Aussagen über G. ist nicht möglich ohne den Einsatz beim Glauben an G. und ohne die Berücksichtigung der verschiedenen Formen, in denen dieser Glaube sich ausspricht.

Der *Glaube* an G. entsteht noch nicht auf Grund der Werke seiner Schöpfung. Zwar bezeugt sich G. durch die Schöpfung allen Menschen, damit sie ihm die Ehre geben, aber die Antwort der Menschen ist in der Mannigfaltigkeit ihrer Religionen und Philosophien faktisch eine Verkennung G.es. Die Vorstellungen der → natürlichen Religion hat G. durch sein erwählendes und gebietendes Wort an Israel durchbrochen. Durch seine geschichtlichen Taten an Israel hat sich → Gott (: II) als der eine Herr und Retter geoffenbart und den Weg des Glaubens erschlossen. Und doch gründet christlicher Glaube auch nicht auf diesen Taten als solchen, sondern auf der Erfüllung, die G. der Verheißung und dem Gesetz des Alten Bundes gegeben hat – eine Erfüllung, durch die er die Erwartungen Israels in souveräner Weise nicht nur überbot, sondern auch widerlegte. Der Glaube hat seinen Grund in der geschichtlichen Heilstat G.es in Jesus Christus, bes. in der → Auferstehung Jesu von den Toten. Sie ist die Machttat G.es schlechthin. Durch sie hat er Jesu Botschaft von dem himmlischen Vater und der hereinbrechenden G.esherrschaft bestätigt. Durch sie hat er Jesus als den Christus, den → Sohn Gottes (: IV), den Herrn, und seinen Tod am Kreuz als Tat der göttlichen Liebe zur Welt geoffenbart. Durch diese Heilstat wurden die geschichtlichen Urkunden der at. Offenbarung neu erschlossen und wurde es auch möglich, die Selbstbezeugung G.es in den Werken seiner Schöpfung in Wahrheit zu erkennen. Dergestalt sind der Glaube an G. und der Glaube an Jesus Christus (→ Christologie: III) ein und derselbe Glaube.

Der Glaube an G. wird laut in mannigfachen *Formen der Aussage*. Einmal in der Anrede G.es in den verschiedenen Gestalten des → Gebetes (: IV): im Namen Jesu wird G. als Du angeredet, und zwar ist in der Kirche von Anfang an nicht nur G. der Vater, sondern auch der erhöhte Christus angerufen worden. – Andererseits wird der Glaube laut in der Anrede der Mitmenschen, denen die Heilstat G.es in Christus bezeugt und die zur Buße, zum Glauben und zu neuem Wandel gerufen werden. – Die verschiedenen Formen der Anrede G.es und der Mitmenschen sind konzentriert im → Bekenntnis (: V), das vor G. und den Menschen abgelegt wird. Es ist in seiner Wurzel Christusbekenntnis. Indem der geschichtliche Jesus als der verheißene und gekommene Christus, als der Gottessohn und mit dem at. G.esnamen als Herr bekannt wird, ist das Christusbekenntnis zugleich Bekenntnis G.es. Keine dieser Aussagen in Bekenntnis, Gebet und Zeugnis hat die Struktur einer theoretischen Aussage »über« G.

Der Glaube an G. gründet auf seiner freien, ein für allemal geschehenen Heilstat. In Gebet und Verkündigung geht es unter Berufung auf sie um G.es gegenwärtiges und zukünftiges Heilshandeln, das immer neu erfleht und mit dem immer neu als Kraft des Evangeliums gerechnet wird. Jede Erhörung des Gebets und jede Bekehrung durch die Verkündigung ist G.es freie Tat. In Anerkennung dieser göttlichen Freiheit ist der Glaube gewiß, daß G. nicht willkürlich, sondern als derselbe weiterhandelt, als der er sich in Jesus Christus ein für allemal geoffenbart hat. → Glaube (: V) ist immer zugleich Vertrauen auf die Treue G.es, der das in Jesus Christus an der Welt Begonnene vollenden bzw. das in Jesus Christus an der Welt Vollbrachte offenbar machen will. Indem der Glaube am Christusnamen, an Christi Auftrag und Verheißung hängt, vertraut er jedoch nicht nur auf G.es stetiges Handeln, sondern er erkennt in diesem Handeln zugleich G. selbst, der von Ewigkeit zu Ewigkeit, der *in, vor* und *nach* seinen Taten ein und derselbe ist. Der Glaube an G. ist nicht nur Glaube an die freie, in Christus sich ereignende Tat seines Liebens, Rechtfertigens, Lebendigmachens usw, sondern auf Grund dieser Tat die Gewißheit, daß G. von Ewigkeit zu Ewigkeit in seiner herrlichen Freiheit die Liebe, die Gerechtigkeit, das Leben usw *ist*. Er hat sich nicht nur als Vater geoffenbart, sondern er *ist* der ewige Vater. Er hat Jesus nicht nur als den Sohn eingesetzt, sondern als den *ewigen* Sohn geoffenbart. Die Voraussetzung aller Aussagen über G. ist der Glaube, daß der offenbare G. und G. selbst ein und derselbe G. ist, daß G. nicht in einer unerkennbaren Jenseitigkeit geblieben ist und daß die → Offenbarung (: VI) nicht nur auf diese Jenseitigkeit hinweist, sondern daß die Fülle der G.heit in Jesus Christus erschienen ist. Das Geheimnis G.es ist geoffenbart. Zwar hört es damit nicht auf, Geheimnis zu sein. Vielmehr ist es gerade *als* Geheimnis geoffenbart. Aber dieses Geheimnis G.es ist Jesus Christus, »den wir gehört, gesehen, betastet haben« (1Joh 1, 1ff). In der Verborgenheit dieses Gekreuzigten und in der historischen Fragwürdigkeit eben dieses Auferstandenen ist G. dem Glauben offenbar als der, der er von Ewigkeit zu Ewigkeit ist.

Wenngleich der Glaube an G. in Akten menschlichen Wagens, Gehorchens, Ringens, Sichanklammerns und Flehens zum Ausdruck kommt, ist der Glaubende gewiß, daß sein Bekenntnis, Gebet und Zeugnis nicht eigene Tat, sondern Wirken des Hl. → Geistes (: VI) ist. Glaube an G. geschieht im Erschlossenwerden des Menschen für Christus durch den Hl. Geist, der zugleich dem Menschen begegnender Herr und im Menschen wirkende Kraft ist. Im »Namen des Vaters und des Sohnes und des Hl. Geistes« ist so die Erkenntnis G.es begründet und sind die Aussagen des Glaubens über G. inhaltlich zusammengefaßt.

2. Welches sind die Aussagen des *Dogmas* über G.? Wir fragen damit nach den Aussagen, die die Kirche in ihrer Antwort auf die geschichtliche Heilstat G.es in Jesus Christus als Consensus der Glaubenden formuliert und als verpflichtend verkündigt hat. Es sind die Aussagen des trinitarischen Dogmas, die – abgesehen von dem filioque (→ Geist: V, 3) – in der östlichen und westlichen und hier wiederum in der römischen Kirche und in den Kirchen der Reformation in gemeinsamer Geltung stehen und auch den Hintergrund bilden für die Basis des Weltkirchenrats (→ Ökumenische Bewegung): »Christus, unser G. und Retter.«

Das Dogma von der → Trinität (: III. IV) ist erwachsen in der Entfaltung der christologischen Bekenntnisse (→ Christologie: II). Indem Jesus als der Christus, als der Sohn Gottes, als der Herr bekannt wurde, wurde damit implizit von Anfang an zugleich G. der Vater und der eine Herr bekannt. Die Entfaltung des Christusbekenntnisses erfolgte dann in der expliziten Voranstellung von Aussagen über G. den Vater, den Schöpfer, und weiterhin in nachgestellten Aussagen über den Hl. Geist, der in der Kirche wirkt. Diese Entfaltung geschah in den altchristlichen Bekenntnissen (→ Bekenntnisbildung, 1), in deren Aussagen es nicht nur um die Taten G.es in der Schöpfung, der Erlösung und der heiligenden Neuschöpfung geht, auch nicht nur um G. als den, der väterlich handelt, um Jesus, der den Sohnesnamen trägt, und um den Geist, der in der Kirche wirkt. Sie bekennen darüber hinaus G. den ewigen Vater, der nicht erst Vater geworden ist durch die Erschaffung der Welt oder die Verkündigung Jesu, ferner den ewigen Sohn, der nicht geschaffen ist, sondern durch den G. die Welt geschaffen hat, und den Hl. Geist, der mit dem Vater und dem Sohn wesenseins und darum mit dem Vater und dem Sohn anzubeten ist. Auf Grund der geschichtlichen Heilstat G.es in Christus und in Anerkennung der großen Taten G.es am Anfang und am Ende der Geschichte werden hier somit Seinsaussagen über G. den Vater, den Sohn und den Hl. Geist gemacht – Aussagen nicht nur über ein trinitarisches Handeln G.es in der Geschichte, sondern über die die Geschichte umgreifende Wesenseinheit des Vaters, des Sohnes und des Hl. Geistes, also über die ewige immanente Trinität.

Zugleich ist festzustellen, daß sich die Aussagen des Dogmas über G. auf die trinitarischen Aussagen beschränken. Weder in den altkirchlichen noch in den reformatorischen Bekenntnissen begegnet eine selbständige

Definition des göttlichen Wesens neben den trinitarischen Aussagen, vielmehr sind die Begriffe des Wesens, wie auch der Substanz, der Person und der Zahl lediglich für das Bekenntnis des einen Namens des Vaters, des Sohnes und des Hl. Geistes in Dienst genommen und hierbei tiefgreifend verändert. Im trinitarischen Dogma findet sich *keine* Aufzählung der göttlichen Eigenschaften, keine Definition des Begriffs der Eigenschaft und ihres Verhältnisses zum Wesen, auch keinerlei Ableitung bestimmter göttlicher Eigenschaften aus anderen oder aus dem göttlichen Wesen oder aus der Trinität. Die wenigen Eigenschaftsaussagen dienen vielmehr dem Bekenntnis der göttlichen Personen (zB allmächtig, heilig) und bes. dem Bekenntnis ihrer Wesenseinheit. So ruht das Interesse des → Athanasianischen Symbols trotz seiner Aneinanderreihung mehrerer Eigenschaften nicht auf deren eigener Bestimmung, sondern in immer neuen hymnisch klingenden Wendungen auf der einen und gleichen Herrlichkeit der unterschiedenen drei Personen. Über die trinitarischen Aussagen hinaus sind in der Christenheit nur noch am Rande weitere Aussagen über G. dogmatisiert worden, zB im Westen die wichtige Entscheidung des Konzils von Reims 1148 (Denz. 389ff) und später die Definitionen des → Vatikanums (ebd 1782ff. 1801ff).

Die Aussagen der *Theologie* (oder, wie man sich seit dem 17.Jh. auszudrücken beginnt: der Dogmatik) über G. gehen wesensgemäß viel weiter als die des Dogmas. Nicht im altkirchlichen Dogma, wohl aber in der Theologiegeschichte ist G.es Wesen definiert und sind die → Eigenschaften Gottes systematisch behandelt und in ihrem Verhältnis zu seinem Wesen und zur Trinität näher bestimmt worden. Dabei wurden die Eigenschaften weithin von den allgemeinen Voraussetzungen des menschlichen Geistes und seiner Umwelterfahrung abgeleitet (bes. mittels der tres viae des → Dionysius Areopagita), und G.es Wesen wurde unter Benutzung vorgegebener philosophischer Begriffe weithin neutrisch definiert (summum esse, summum bonum, actus purus usw [→ Gott: VII]). Die theologischen Wesens- und Eigenschaftsaussagen wurden somit weitgehend unabhängig von G.es Heilstat und ohne Zusammenhang mit den trinitarischen Aussagen gewonnen. Es ergab sich ein Aufbau der G.eslehre, worin auf Grund natürlicher Erkenntnis zunächst von G.es Existenz, sodann von G.es Wesen und Eigenschaften und erst danach auf Grund der geschichtlichen Offenbarung von der Trinität gehandelt wurde. Trotz des Protestes der franziskanischen Theologie des Spät-MA und vollends der Reformatoren gegen die natürliche Theologie haben die altprot. Dogmatiker im allgemeinen den thomistischen Aufbau der G.eslehre festgehalten. So kann in der Tat die Geschichte des G.esbegriffs im Christentum (→ Gott: V) weithin unter Absehen von den trinitarischen Aussagen dargestellt werden. Mit dieser Aufnahme metaphysischen Denkens vollzog sich zugleich eine tiefgreifende Strukturveränderung der Aussagen. Waren die trinitarischen Aussagen des → Apostolikums und → Nicäno-Konstantinopolitanums gottesdienstliche Bekenntnisse, so traten nun in der Dogmatik an ihre Stelle allgemeine Aussagen, in denen sich das menschliche Denken theoretisch, nämlich abgesehen von seinem geschichtlichen Getroffensein durch das Wort vom Kreuz, »über« G. aussprach und in Gefahr kam, einen Standort einzunehmen, von dem es G. und Welt zu überblicken und einander begrifflich zuordnen zu können meinte.

Wenngleich keine Kirche eine umfassende G.eslehre dogmatisiert hat, blieb diese theologische Entwicklung nicht ohne Rückwirkungen auf das Verständnis des Dogmas selbst. Das metaphysische Verständnis von G.es Wesen und Eigenschaften mußte schon früh zu Schwierigkeiten für das Verständnis von G.es geschichtlicher Heilstat führen. Ist G. wesenhaft leidensunfähig, wie konnte G.es Sohn am Kreuz sterben (theopaschitischer Streit, → Christologie: II, 5b)? Ist G. wesenhaft unendlich, muß dann nicht in der Geschichte Jesu von Fall zu Fall zwischen den Auswirkungen seiner göttlichen und seiner menschlichen Natur unterschieden werden? Will man aber demgegenüber die Einheit des geschichtlichen Jesus in seinem Werden, Beten, Wirken und Leiden festhalten, muß dann nicht mit einem Verzicht des G.essohnes auf göttliche Wesenseigenschaften bei seiner Menschwerdung gerechnet werden (kenotischer Streit des 19.Jh.s, → Kenosis: II)? Ist G. wesenhaft unveränderlich, wie kann er dann in seinem geschichtlichen Handeln sowohl begnadigen als auch richten, wie kann ihn ein bereits gefaßter Entschluß gereuen? In derartigen Fragen deutet sich schon früh ein Gegensatz zwischen theologischen Wesensaussagen und der Anerkennung des göttlichen Handelns in der Geschichte an. – Die Kritik, die sich dann mit dem Erwachen des geschichtlichen Denkens im 18.Jh. zunehmend gegen die Zweinaturenlehre wandte (→ Christologie: II, 8), richtete sich auch gegen die mit ihr zusammenhängende Trinitätslehre. Um ihrer mittelalterlichen und altprot. Verklammerung mit der metaphysischen G.eslehre willen erschien sie als Bestandteil einer natur- und geschichtswissenschaftlich überholten Philosophie und wurde weithin nicht mehr als Bekenntnisaussage verstanden. Die Abneigung gegen metaphysische Aussagen in der Theologie wurde zu einer Scheu gegen Aussagen über G. selbst. So beschränkte sich → Schleiermachers G.eslehre auf Aussagen der religiösen Erfahrung, → Ritschl auf Aussagen über G.es ethische Forderung und sein Wirken in der Geschichte. Für die unter dem Einfluß des → Neukantianismus stehenden neuprot. Dogmatiker um 1900 wurde charakteristisch eine große Dürftigkeit der G.eslehre in Beschränkung auf wenige Aussagen über G.es meist modalistisch verstandenes trinitarisches Wirken in der Geschichte, wobei die Eigenschaftsaussagen nur sein Wirken bezeichnen (vgl. zB die Dogmatiken von W. → Herrmann, H. Stephan, E. → Troeltsch). Wie über das → Ding an sich, so schienen auch über G. an sich keine Aussagen mehr möglich. In letzter Konsequenz dieses erkenntniskritischen Ansatzes scheint ein Reden von G. möglich »nur als ein Reden von uns« (R. → Bultmann). Erst in der G.eslehre der Dogmatik von K. → Barth und dann auch der von H. → Vogel erfolgte eine kräftige Gegenbewegung.

3. Zum Verständnis der theologischen Aussagen über G. selbst in ihrem Verhältnis zu denen über G.es Taten in der Geschichte ist es notwendig, nicht nur den Inhalt, sondern auch die Struktur der theologischen Aussage zu berücksichtigen. – Innerhalb der Mannigfaltigkeit der Formen, in denen der Glaube an G. sich ausspricht, ist hier bes. die *Doxologie* von Bedeutung. In dieser Form des Gebetes wird nichts von G. erbeten, sondern wird G. angebetet und wird G. nicht als Du angeredet, sondern als Er gepriesen. In der Doxologie wird G.es Heilstat weithin nicht explizit erwähnt, sondern G. wird angebetet als der, der »von Ewigkeit zu Ewigkeit«, als »der Erste und der Letzte«, der in, vor und nach seinen Taten derselbe Heilige, Mächtige, Herrliche, Weise usw ist. Dabei tritt das anbetende Ich des Menschen eigentümlich zurück; die Grundform der Doxologie lautet nicht: G., ich verherrliche dich, sondern: G. ist herrlich. G. selbst ist in der Doxologie ein und alles. Die doxologischen Aussagen wirken eigentümlich »objektiv«, und doch sind sie eminent existentiell, da der Glaubende, gerade indem er von sich, seinen Nöten und Wünschen schweigt, sich G. als Lobopfer darbringt. So stellen sich in der Doxologie Seins-, Wesens- und Eigen-

schaftsaussagen ein, in denen G.es ewige, alle Geschichte umgreifende Selbigkeit gepriesen wird. Wenngleich doxologische Aussagen, vom Akt der → Anbetung losgelöst, leicht mit metaphysischen Aussagen verwechselt werden können und in der Geschichte der Theologie auch zum Einfallstor metaphysischer Aussagen geworden sind, sind sie doch von diesen grundsätzlich unterschieden! Sie sind nicht theoretische Aussagen »über« G., sondern auf seiner Heilstat gründend, anbetende Aussagen: G. ist G.! Das doxologische Moment ist in der Entfaltung des Christusbekenntnisses zum trinitarischen Dogma bes. wirksam gewesen. Es tritt nicht nur in den christologischen Aussagen des Nicäno-Konstantinopolitanums und in seiner Verpflichtung zur Anbetung des Hl. Geistes mit dem Vater und dem Sohne, sondern auch in der hymnischen Struktur der trinitarischen Aussagen des Athanasianums hervor.

Auch dann, wenn die Doxologie G.es Wirken an uns nicht erwähnt, ist sie mit diesem unablösbar verbunden. Sie gründet auf G.es geschichtlicher Heilstat und preist eben diesen G., der an uns in der Geschichte handelt, als den, der derselbe ist von Ewigkeit zu Ewigkeit. Nicht als ob G. durch die Doxologie zu einem Seienden gemacht würde, vielmehr wird in der Doxologie die in allen Aussagen des Glaubens enthaltene Anerkennung von G.es Freiheit und Treue zur expliziten Aussage gebracht. Im Unterschied zu metaphysischen Aussagen gründen die doxologischen also nicht auf dem menschlichen Geist und seiner Umweltserfahrung im allgemeinen, sondern auf Kreuz und Auferstehung Jesu Christi und auf den Taten G.es des Schöpfers und des Vollenders, deren Erkenntnis im Glauben an Jesus Christus erschlossen ist. Sie steigen nicht von allgemein Gegebenem auf den Wegen der Negation, der Steigerung und der Kausalität rückschließend auf zu Aussagen über G., sondern sie preisen den in Christus offenbaren G. als G. selbst. Dabei ist das Verhältnis zwischen Doxologie und Erkenntnis der geschichtlichen Heilstat ein unumkehrbares. Die Doxologie ist eine letzte Aussage, sie gründet auf der Botschaft von G.es Heilstat. Sie darf nicht mit einer allgemeinen Prämisse verwechselt werden, aus der G.es kontingente Heilstat zwingend abgeleitet und erklärt werden könnte. Der Eindruck eines Gegensatzes aber zwischen theologischen Seins-, Wesens- und Eigenschaftsaussagen und den Aussagen über G.es geschichtliches Handeln beruht auf einer Verwechslung von Doxologie und Metaphysik.

Die Heilstat G.es in Christus ist endgültig. Die apostolische Überlieferung der Geschichte Jesu ist darum abgeschlossen. Die doxologische Antwort auf diese Heilstat aber erfolgt in fortschreitender Entfaltung in der Geschichte der gottesdienstlichen Gemeinde: Hat G. den Menschen Jesus als den Christus, den G.essohn, den Herrn geoffenbart, so wird nicht nur G. der Vater, sondern auch der Sohn angerufen, und Jesus Christus wird nicht nur angerufen, sondern als der ewige Christus, Sohn und Herr, gepriesen. Hat G. den Hl. Geist gegeben, der in uns den Vater und den Sohn bezeugt und uns als Herr begegnet, so wird nicht nur G. der Vater und der Sohn, sondern auch der Hl. Geist angerufen, herbeigefleht und als ewiger Herr gepriesen. Auf Grund der geschichtlichen Heilstat haben sich in der alten Kirche mit innerer Notwendigkeit Seinsaussagen über G. den Vater, den Sohn und den Hl. Geist ergeben, in denen Vater, Sohn und Geist als der eine Herr und dieser eine Herr als ewige Gemeinschaft von Vater, Sohn und Geist gepriesen wird. Immer wird der Glaube an Jesus Christus zu trinitarischen Aussagen fortschreiten (ob unter der Verwendung der Begriffe Substanz, Person und der Dreizahl oder in anderer Begrifflichkeit) und in den ewigen unumkehrbaren Beziehungen zwischen dem Vater und dem Sohn und dem Hl. Geist das Geheimnis der göttlichen Lebensfülle des einen Herrn ehren.

Zugleich erkennt der Glaube in G.es Heilstat nicht nur eine barmherzige Gesinnung, eine gnädige Zuwendung, eine lebendige Tat, für die er dankt und die er immer neu erbittet, sondern Zukunft und Vergangenheit umgreifend preist er G. als den, der von Ewigkeit zu Ewigkeit Gnade, Barmherzigkeit und Leben ist. Auch dieser Lobpreis schreitet entfaltend voran. Er kann sich nicht mit wenigen Eigenschaften begnügen, sondern drängt nach einer Fülle der Aussagen, die die in Christus erschienene Herrlichkeit G.es preist. Jede Eigenschaftsaussage bezeugt auf andere Weise das Ganze der göttlichen Herrlichkeit. Aber auch, wenn jede Aussage über G.es Wesenseigenschaften Aussage über seine Vollkommenheit ist, können wir die eine göttliche Vollkommenheit nur in einer Vielzahl von Aussagen über seine Vollkommenheiten (= Eigenschaften) angemessen bekennen.

Das in der Doxologie enthaltene Moment des Lobopfers bedeutet hierbei die Forderung, daß der Glaubende nicht nur sein eigenes Vorverständnis, sondern auch die Spitzenbegriffe seiner religiösen und philosophischen Umwelt im Lobpreis zum Opfer bringt. Der Lobpreis ist zugleich missionarischer Hereinbruch in die Welt. Entscheidend ist freilich hierbei, ob diese Begriffe auch wirklich der göttlichen Heilstat dienend zum Opfer gebracht werden, wie es in der Entwicklung der Trinitätslehre in tiefgreifender Umdeutung der in Dienst genommenen philosophischen Begriffe geschehen ist. Aber es haben sich in der christlichen Geschichte fremde G.esvorstellungen und -begriffe auch ungebrochen durchgesetzt, die dann die Bezeugung der christlichen Heilstat verdunkelten. Dies gilt bes. von dem Verständnis der Eigenschaften G.es, wie es sich auf den »drei Wegen« ergibt. G.es Allmacht ist nicht nur das Gegenteil, die Überhöhung und der Grund der empirischen Wirklichkeit; in all diesen Aussagen bliebe sie noch von ihr abhängig. In der Ohnmacht des geschichtlichen Christus aber erkennen wir G.es Allmacht als so schlechthin aller Macht überlegen, daß G. allmächtig ist auch im welthaften Gegenteil. So bliebe auch G.es Ewigkeit, verstanden als anfangs- und endlose Zeit oder auch als Zeitlosigkeit, noch abhängig von unserer Zeit. Aber G. ist schlechthin der Herr über diese Zeit, so daß er der Ewige ist auch in der zeitlichen Endlichkeit des Menschen Jesus. Auch G.es Allgegenwart erkennen wir im Glauben an Christus nicht nur als Überräumlichkeit oder räumliche Allausgedehntheit, sondern als G.es schlechthinniges Herrsein über den Raum. Er wurde in dem räumlich umrissenen Menschen Jesus in seiner Fülle gegenwärtig, so daß, wer diesen Menschen sieht, den allgegenwärtigen Vater sieht.

Schließlich ist für die doxologische Aussage kennzeichnend, daß sie, abgesehen von der Begründung in G.es Heilstat, keine Begründung und Ableitung enthält. So stehen die Eigenschaftsaussagen ohne Über- und Unterordnung nebeneinander. Mit jeder wird in anderer Weise das Ganze des göttlichen Wesens gepriesen. Sein, Wesen und Eigenschaften des dreieinigen G.es sind identisch.

4. Aber auch wenn die Aussagen über G.es Sein, Wesen und Eigenschaften von der Struktur der Doxologie her verstanden werden, ist der Weg von G.es geschichtlichem Handeln zu Aussagen über ihn selbst keineswegs selbstverständlich. Wie die Einheit von Vater, Sohn und Hl. Geist ist auch die Einheit des göttlichen Wesens in der Vielzahl seiner Eigenschaften ein immer neu aufgegebenes Problem. Jesus hat die G.esherrschaft nicht nur als Erlösung, sondern auch als Gericht angekündigt (→ Reich Gottes: I). Jesu Tod am Kreuz ist nicht nur die Offenbarung der göttlichen Liebe, sondern auch des göttlichen → Gerichts (: IV). G. ist nicht nur der Erwählende,

sondern auch der Verwerfende, nicht nur der Lebendigmachende, sondern auch der Tötende. G. begegnet uns in seiner Heiligkeit in widerspruchsvoller Weise: als der ganz andere, absolut Freie, – als der Zurückweisende, Sünden Aufdeckende, Verdammende und Verzehrende und als der an sich Ziehende, Vergebende, Lebendigmachende, Liebende. Die Einheit dieser drei Momente ist gerade nicht selbstverständlich. Nicht nur das AT, sondern auch das NT spricht von G.es → Liebe *und* von G.es Zorn, und nirgends ist G.es Zorn so furchtbar geoffenbart wie in der Gottverlassenheit Jesu am Kreuz. G.es Allmacht begegnet uns in Einheit mit G.es Liebe und in Einheit mit G.es Zorn; denn als der Allmächtige regiert G. alles Geschehen: kein Unrecht, kein Leiden, keine Katastrophe wäre möglich ohne G. Was ist denn nun G.es Wesen? Muß nicht auf Grund seines Wortes und seines geschichtlichen Handelns auch G.es Zorn als sein Wesen gelehrt werden? Aber ist G. nicht schlechthin verborgen, wenn man sowohl von seiner Liebe als auch von seinem Zorn als seinem ewigen Wesen spricht?

Die Gegensätze in G.es geschichtlicher Offenbarung, bes. der Gegensatz zwischen G.es Gericht und → Gnade (: V), → Zorn (: IV) und Liebe sind in der Geschichte der Dogmatik innerhalb der G.eslehre nur selten voll zur Geltung gebracht worden. Zwar wurde mit Recht das marcionitische (→ Marcion) Auseinanderfallen der Einheit G.es in einen richtenden und einen gnädigen G. immer wieder abgelehnt. Aber der Gegensatz zwischen Liebe und Zorn desselben G.es wurde weithin als Anthropomorphismus übergangen oder auf eine bloße Spannung zwischen G.es → Gerechtigkeit (: IV, 1) und Gnade reduziert, wobei man weder dem Gegensatz zwischen G.es Richten und Begnadigen noch dem biblischen Verständnis der heilbringenden Gerechtigkeit gerecht wurde. Das ungeschichtlich-metaphysische Verständnis der göttlichen Wesenseigenschaften und ihrer Einheit ließ so den Menschen in der geschichtlichen Existenz seines von G. Getroffenseins weithin im Stich. Die Lehre von G.es Wesen und Eigenschaften schien weithin nur theoretisch und blieb für den Kampf des Glaubens bedeutungslos. – Die Reformatoren haben den Unterschied zwischen G.es Zorn und G.es Liebe in aller Schärfe herausgestellt. Sie haben G.es Zorn weder als ewiges Wesen verstanden noch geleugnet, noch haben sie G.es Zorn und G.es Liebe metaphysisch-ungeschichtlich gleichgesetzt. Allein in dem gekreuzigten Christus sind Gericht und Gnade, Zorn und Liebe identisch. Sein Gerichtetsein ist unsere Gerechtigkeit, seine Verlassenheit ist unsere Annahme. Die Erkenntnis der Liebe G.es geschieht somit nur im Durchbruch durch die Erfahrung des Zornes G.es, indem wir seinem Gericht über uns rechtgeben und in dem für uns gerichteten Christus die → Gnade (: V) empfangen. Im Glauben an Christus haben so die Reformatoren G.es Rechtfertigen, Begnadigen, Lieben als sein »eigentliches«, sein Richten, Strafen, Zürnen als sein »uneigentliches« Werk bezeichnet. Entsprechend hat die G.eslehre G.es Liebe, aber nicht seinen Zorn als G.es Wesen zu lehren, wenngleich er uns in der Geschichte als Zürnender und als Liebender begegnet. G. ist ewige Liebe, aber obschon er zürnt, ist er nicht ewiger Zorn. Diese Aussage kann nur standhalten, wenn sie in Anerkennung des göttlichen Zornes, und zwar im Glauben an den gekreuzigten Christus, gemacht wird. Aber in diesem Glauben darf dann G.es Zürnen als Antreiben seiner Liebe zur Buße und zum Glauben, ja darf selbst der ewige G.eszorn, der über dem bleibt, der den Glauben verweigert, als das verbrennende Feuer der verschmähten göttlichen Liebe verstanden werden.

Haben die theologischen Seins-, Wesens- und Eigenschaftsaussagen ihre Wurzel in der Doxologie, so darf hierbei also nicht vergessen werden, daß eine isolierte Doxologie uns Menschen in unserer geschichtlichen Existenz unmöglich ist. Unsere Anbetung kann nicht der Lobpreis der Vollendeten sein, die G. schauen, sondern sie ist in jedem Fall ein Lobpreis aus der Tiefe. Nur im Zusammenhang mit allen anderen Aussagen des Glaubenden, nur unter Seufzen, Flehen, Danken, nur unter Bezeugen, Mahnen, Warnen, nur im Bekenntnis unserer Sünde und der geschichtlichen Heilstat können wir recht von G. reden als von dem, der er von Ewigkeit zu Ewigkeit in seiner Selbigkeit ist. Die Aussagen über G. selbst sind der Kirche somit nur in Anerkennung seiner Gerichte und in immer neuem Sichanklammern an das Evangelium möglich. Sie sind in immer neuem Durchbruch des Glaubens nur als letztes Wort möglich. Es war ein Mangel der altprot. Dogmatik, daß sie die reformatorische Unterscheidung von G.es Zorn und Liebe zwar in dem Lehrstück von → Gesetz (: V) und Evangelium, aber nicht in der G.eslehre verarbeitet hat.

5. Das theologische (dogmatische) Denken hat den elementaren Aussagen des Glaubens, dem Bekenntnis und Zeugnis, aber auch dem Gebet und der Anbetung zu dienen. Die dogmatische Lehre von G. kann diese Antworten nicht ersetzen, wohl aber hat sie sie systematisch zu klären und vor Irrtümern zu warnen. So hat die G.eslehre – wie alle Formen der Antwort des Glaubens – einzusetzen bei der geschichtlichen Heilstat und den geschichtlich offenbaren G. als G. selbst zu lehren. Sie hat in all ihren Aussagen darüber zu wachen, daß über G. selbst keine Aussagen gemacht werden, die nicht in der Offenbarung begründet und Aussagen über den offenbaren G. sind. – Die Lehre von G. muß sich ihres Standortes in dieser Welt bewußt bleiben. Als theologia viatorum hat sie den Durchbruch durch den Widerspruch zu vollziehen, in dem uns G. in der → Geschichte (: II C) begegnet, und hierbei die Transzendenzbegriffe der religiösen und philosophischen Umwelt zerbrechend und umformend in Dienst zu nehmen. In dieser immer neu zu vollziehenden Indienstnahme der Spitzenbegriffe der Umwelt vollzieht sich die Geschichte der G.eslehre. – Sie hat die doxologische Aussage als letzte Aussage anzuerkennen. Sie darf nicht über sie hinaus oder hinter sie zurück. Jeder Begriff, mit dem man hier über G. mehr sagen wollte (zB die Definition G.es als causa sui), würde die Erkenntnis von G.es ewiger Wahrheit in Frage stellen. Sie hat nachzusinnen über die ewigen Relationen des Vaters, Sohnes und Hl. Geistes; aber sie kann sie nicht weiter ableiten. Sie hat nachzusinnen über G.es Vollkommenheiten, aber auch diese kann sie nicht aus dahinter- und darüberliegenden Seinsaussagen ableiten, da jede Eigenschaftsaussage G. selbst in seiner unteilbaren Herrlichkeit bezeugt. Sie hat die Vollkommenheit des einen G.es in der Gemeinschaft des Vaters, des Sohnes und des Hl. Geistes und somit die Dreieinigkeit als vollkommene Lebensfülle zu bezeugen. – Die Lehre von G. kann die Vielheit der Aussagen, in denen auf Grund der geschichtlichen Heilstat G.es ewige Wirklichkeit anerkannt und gepriesen wird, nicht durch eine einzige Wesensdefinition ersetzen. Jede derartige begriffliche Konzentration, sei sie einfach (zB »der Seiende«), sei sie komplementär (zB »der Freie in der Liebe«), kann nur als Hinweis auf eine Fülle von vielen Wesensaussagen verstanden werden, die nicht verschwiegen werden dürfen und von denen eine jede wiederum G. selbst bezeugt. – Die Lehre von G. dem Einen ist nur im Nacheinander menschlicher Aussagen möglich. In der *noetischen* Folge geht die Lehre von den Taten G.es der Lehre von G. selbst und in ihr wiederum die Lehre von der Trinität der Lehre von seinen Vollkommenheiten voraus. *Ontisch* aber ist die ewige Herrlichkeit G.es die Voraussetzung für die

Folge seiner Taten. In jedem Fall aber hat die G.eslehre der Bezeugung des in der geschichtlichen Heilstat geoffenbarten einen Namens des Vaters, des Sohnes und des Hl. Geistes zu dienen.

Vgl. außer den Lehrbüchern der → Dogmatik von P.ALTHAUS, K.BARTH, E.BRUNNER, W.ELERT, M.SCHMAUS (kath. Lit.), P.TILLICH, H.VOGEL: RE IV, 733ff; VI, 779ff (Lit.) - CHR.ANDROUTSOS, Dogmatik der orth. anatol. Kirche, Athen (1907) 1956², 32ff (griech.) - R.BULTMANN, Welchen Sinn hat es, von G. zu reden? (ThBl 4, 1925, 129-135 = BULTMANN I, 26-37) - F.GOGARTEN, Ich glaube an den dreieinigen G., 1926 - RGG² II, 1387ff (Lit.) - F.K. SCHUMANN, Der G.esgedanke u. der Zerfall der Moderne, 1929 - G.AULÉN, Das christl. G.esbild in Vergangenheit u. Gegenwart, 1930 - A.NYGREN, Eros u. Agape I. II, (schwed. [1930/36] 1947/48²·³) dt. 1930/37 - LThK IV, 599ff (Lit.) - G.WINGREN, Teologiens metodfråga, Lund 1954; dt. 1957 - G.GLOEGE, Der theol. Personalismus als dogmat. Problem (KuD 1, 1955, 23-41) - E.SCHLINK, Die Struktur der dogmat. Aussage als ökumenisches Problem (ebd 3, 1957, 251-306). - Weitere Lit. s. → Eigenschaften Gottes, → Trinität: IV. *E.Schlink*

VII. Philosophisch

1. In der antiken Philosophie - 2. In der Philosophie der Patristik und Scholastik - 3. In der neuzeitlichen Philosophie - 4. In der Philosophie der Gegenwart

1. Das mythische Ursprungsverständnis alles Bestehenden wandelte sich mit dem Beginn des philosophischen Denkens in die Frage nach dem Urprinzip (ἀρχή), dessen Bestimmung in mannigfacher Weise versucht wurde (→ Griechisch-römische Philosophie). Anaximander charakterisiert es als das Grenzenlose (ἄπειρον) und verstand es in einem solch eminenten Sinne als Ursprung schlechthin, daß er es mit den Namen auszeichnete, welche die Geschichte der Philosophie in der Zukunft dem → Absoluten zuerkennen sollte. Er nannte es auch das Göttliche, τὸ θεῖον. → Xenophanes bestimmte den Urgrund als das mit Erkennen und Denken begabte All-Eine, das er G. nannte. Er durchschaute auch schon, daß jeder ausgeführte Gedanke von G. unvermeidlich anthropomorph ist. Wenn er G. nicht nur als objektives gegenständliches Sein faßte, sondern als Subjekt und Ich verstand, so überschritt dieser G.esbegriff trotz seines Universalismus doch nicht das im philosophischen Denken geforderte Prinzip des Ursprungs. Auch »das Göttliche« in der Philosophie → Platons ist als ein unpersönliches weltimmanent wirksames Prinzip verstanden, das auf die griechische G.erwelt hingeordnet bleibt und in allen persönlichen G.heiten sich nur als untergeordnete Konkretisierung darstellt. Die Philosophie des → Aristoteles gipfelt als eine → Metaphysik des Geistes im unbewegten Beweger, der als der separate νοῦς das höchste Prinzip und als solches das Absolute und Göttliche ist. Der → Neuplatonismus versuchte im Ureinen (Ἕν) den Ursprung als das Transzendente schlechthin zu fixieren und es als solches trotz seiner → Emanation festzuhalten. Das statuierte Prinzip des Ursprungs wird allgemein nicht personal verstanden, auch da nicht, wo man es, wie vielfach in der → Stoa, in der Anrede personifiziert. Die antike Philosophie ist nicht zu einem reinen → Monotheismus vorgedrungen.

2. Wie nahe es liegen mußte, den theistischen G.esbegriff der Offenbarung mit der vorliegenden Spekulation über das Urprinzip zu verbinden, sobald das Judentum bzw. Christentum sich mit der antiken Geisteswelt auseinanderzusetzen gezwungen sah, beweist die Philosophie → Philos ebenso wie die der ersten christlichen Schriftsteller. So verstand schon der Apologet → Aristides das Christentum als *die* Philosophie, er entwarf seinen entschiedenen Monotheismus an Hand aristotelischer Philosopheme und erklärte G. als die absolute Form. Philo hatte die Konkordanz das at. G.esbegriffes mit dem der griechischen Philosophie, speziell Platons, im Anschluß an das biblische ἐγώ εἰμι ὁ ὤν (Ex 3, 14) darzutun versucht. Die Transzendenz und Spiritualität G.es gegenüber der Hyle (→ Materie) versuchte er durch den Begriff des → Logos zu überbrücken. Aber G. ist für ihn nicht bloß das höchste Sein der Erkenntnis, wie in der griechischen Philosophie, obwohl er ἄποιος, ἄρρητος und ἀκατάληπτος ist, vielmehr erschließt er sich nur dem Willen. Nur wer sich selbst verliert, vermag G. im Glauben zu gewinnen. Der angestammte Glaube an den lebendigen G. des AT durchbricht den Seinspanzer der philosophischen Spekulation Philos. Diese wurde das Vorbild für die G.eslehre der neuplatonischen und mehr noch der christlichen Philosophen. In den Fußstapfen seiner religionsphilosophischen Seinsspekulation gehen ebenso die späteren jüdischen Philosophen wie zB M. → Maimonides und sein entschiedener Gegner H. → Cohen. Der erstere entwickelte an der Selbstbezeichnung G.es seinen im Anschluß an → Farabi und → Avicenna entworfenen peripatetischen, der zweite seinen zur absoluten Einzigkeit gesteigerten idealistischen Begriff des Seins G.es. Das dynamische Element im G.esbegriff Philos, das dem G. des AT gerecht zu werden versuchte und das auch in der späteren jüdischen Attributenlehre sich erhielt, trat seit dem 4.Jh. in der christlichen Metaphysik des absoluten Seins, für das Ex 3, 14 der selbstverständliche Ausgangspunkt aller Spekulationen war, entsprechend dem Eindringen des → Aristotelismus mehr und mehr zugunsten einer statischen Seinsauffassung zurück. Infolgedessen konvergierten der G. der Offenbarung und der G. der Metaphysik entsprechend der Intellektualisierung innerhalb der christlichen Doktrin mehr und mehr zueinander und kamen schließlich zur Dekkung. - Die Art, wie das philosophische Denken innerhalb des Christentums die statuierte Identität von Urprinzip und G. als das absolute Sein mit Attributen auszustatten unternahm, findet sich am ausgeprägtesten und systematisiert in neuplatonischer Form bei → Dionysius Areopagita, aristotelisch bei → Thomas von Aquino. Bei beiden ist es grundsätzlich die Weise der bejahenden, verneinenden und symbolischen Aussagen über G. Aber der erste Weg, der vom Absoluten selbst ausgeht, garantiert nicht einmal die schlichte Bejahung der Einheit G.es, da G. als überwesentliche Einzigkeit über aller Einheit und Vielheit steht. Dieser Weg mündet alsbald in den zweiten, der von den Geschöpfen zu G. aufsteigt, um das von ihm zu verneinen, was die Endlichkeit des Geschaffenen ausmacht. Die symbolische Prädikation liegt angeblich zwischen den beiden anderen Weisen der G.eserkenntnis, in Wirklichkeit jedoch lassen alle drei sich auf ein Prinzip zurückführen. Jede Prädizierung wird wie in → Plotins Charakterisierung des Ἕν vorgenommen, um dann wegen ihrer Unangemessenheit negiert oder eingeschränkt zu werden. Es ist eine Weise des theologisch-philosophischen Symbolismus, der im Augustinismus (→ Augustin: II, 5) trinitarische Form annahm und im hohen MA in die Seinsspekulation der → analogia entis einmünden sollte. Aber das Endziel dieses im Neuplatonismus gründenden theologisch ausgerichteten spekulativen Philosophierens ist das mystische Schweigen, das in der → Ekstase zum Einssein mit G. führt und in dem das kosmische Denken der Griechen sich im Christentum behauptet (→ Mystik). - Im verchristlichten Aristotelismus des Thomas wandelte sich die Methode der G.eserkenntnis entsprechend der andersartigen philosophischen Voraussetzungen, blieb aber im Prinzip die gleiche wie bei Dionysius und den patristischen Denkern. G. ist actus purus, reine Aktualität, das ipsum esse, in dem Wesen und Dasein zusammenfallen. Das besagt m.a.W.: Gott allein ist »ens a se« (Aseität). In G. als dem esse perfectissimum ist die actualitas omnium rerum et etiam ipsarum formarum (S. th. I q. 4 a. 1 ad 3). Jegliches Sein

ist daher ursprünglich in G. (S.c. gent. I, 34). Aber einen eigentlichen Begriff vermag der Mensch von G. nicht zu bilden: Deus non est in genere et differentia. G. und die Schöpfung kommen zwar im Sein überein, sind aber trotzdem abgrundtief verschieden. Alle Aussagen über G. sind vielmehr analogischer Natur. Vorgenommen werden sie mit Hilfe der Attributions- und Proportionalitätsanalogie, die in ihrer Möglichkeit und Tragweite aber bei Thomas und erst recht bei den Thomisten (→ Thomismus) umstritten ist. In Wirklichkeit ist die thomistische G.esspekulation die Projektion der Metaphysik des endlichen auf das unendliche Sein, wobei versucht wird, für das zu entwerfende Kategoriensystem des Absoluten die Begriffe so zu ordnen, daß sie sich trotz ihrer Ausweitung nicht widersprechen. Der Begriff des actus purus als solcher impliziert daher die gesamte thomistische → Ontologie. Diese gibt in höchst abstrakter und formaler Fassung mit den Mitteln der aristotelischen Philosophie eine gleichwertige Antwort auf die Frage sowohl nach dem Absoluten als auch der Entfaltung des außergöttlichen Seins von seinem Ursprung her, wie sie auch Philo und die Neuplatoniker gegeben hatten. Nur das Dasein, nicht aber das Wiesein vermag nach ihr der Mensch von G. zu erkennen. Für die unaufhebbare Dunkelheit unserer G.eserkenntnis rekurriert Thomas auf → Johannes Damascenus, der in der biblischen Bezeichnung »qui est« (Ex 3, 14) zwar quoddam pelagus substantiae infinitum, aber doch den eigentlichen Namen für G. erkennt. Das hier wirksame philosophische Motiv ist das gleiche wie in der Seinsspekulation des → Duns Scotus. Weil jede Hinzufügung zu dem »qui est« auch einen weiteren Mangel besagt, ist diese Selbstbezeichnung G.es die schlechthin exemplarische. Die sich auf G. hin bewegende Erkenntnis »negiert daher von ihm zuerst alles Körperliche«, sagt Thomas, »und danach ebenso alles Geistige, wie es sich in den Geschöpfen findet. Alsdann verbleibt in unserem Intellekt lediglich, *daß er ist* und nichts darüber hinaus: unde est in quadam confusione. Zuletzt aber nehmen wir auch dieses Sein selbst, so wie es in den Geschöpfen sich vorfindet, von ihm weg; et tunc remanet in quadam tenebra ignorantiae, secundum quam ignorantiam, quantum ad statum viae pertinet, optime Deo coniungimur, ut dicit Dionysius, et haec est quaedam caligo, in qua Deus habitare dicitur« (In I Sent. d. 8 q. 1 a. 1). Auch die philosophische G.eslehre des Thomas mündet in die Mystik. Seine spekulative Seinsmetaphysik des Absoluten ist nicht überboten worden. Zwar steigerte Duns Scotus sie noch mit Hilfe seines Begriffs des univoken Seins, aber bei ihm schon melden sich angesichts der wachsenden Gefahren des nicht verchristlichten Aristotelismus arabischer Prägung die religiösen Bedenken augustinisch-franziskanischen Philosophierens gegenüber dieser peripatetischen Konstruktion des G.esbegriffs an. Auch engt er die philosophischen Erkenntnismöglichkeiten des Wesens G.es ein, und → Ockham bestreitet schlechthin die Möglichkeit einer Metaphysik des Absoluten. Bei ihm zeigt sich in der potentia Dei absoluta und ordinata ein G.esverständnis, das von vornherein die rationale G.eserkenntnis der Vergangenheit überwindet, da der positive Wille G.es philosophischer Erkenntnis nicht zugänglich ist. Doch hatten schon gegen Ende des 12.Jh.s die als Irrlehren abgewiesenen Thesen des → David von Dinant, der G. als überkategoriales potentiales Sein (materia prima) ansah, und des → Amalrich von Bena, der G. als die universale Form aller Dinge bestimmte – die also zwei korrelative Grenzbegriffe peripatetischen Denkens hypostasierten –, die Problematik aller Seinsmetaphysik des Absoluten und damit seiner begrifflichen Fixierung grell beleuchtet.

3. In seiner Fassung des G.esbegriffs setzte → Nikolaus von Kues an die Stelle der Vergleichbarkeit des absoluten mit dem kontingenten Sein, deren Verknüpfung im Eidetischen ins Wanken geraten war, eine Einheitsmetaphysik in Verbindung mit dem Prinzip des Subjektiven in der Erkenntnis. Der einsehende Mensch ist zu seiner Einsicht durch einen unauslotbaren Grund ermächtigt, dessen Transzendenz ein wenn auch schattenhaftes Bild des Menschen ist und umgekehrt. Um den Ursprung zu denken, muß die Vernunft den Verstand transzendieren, und im Denken der über alle Gegensätze liegenden Einheit entdeckt sie in sich das Prinzip der coincidentia oppositorum, mit dessen Hilfe Nikolaus, über die Erkenntnis der Vergangenheit hinausgehend, im Denken des Menschen die Offenbarung des Absoluten begreift. Der Entwurf von Begriffen durch den Menschen ist analog der schöpferischen Tätigkeit G.es, die Existenzen setzt. Im Rückgang von der durch den Neuplatonismus getragenen Seinsspekulation der Vergangenheit zu einem ursprünglicheren Verständnis Platons gewinnt er ein entsubstantialisiertes G.esverständnis. Implikation und Explikation von entworfenem System und Bestimmung des Absoluten sind primär auf die Korrelation von G. und Mensch hingeordnet. G. ist als die einfachste Einheit, die alles schlechthin in sich eingefaltet enthält, überkategorial, nur symbolisches Denken weist anhand der docta ignorantia zu ihm den Weg, an dessen Ende im mystischen Dunkel das bildlose Schauen des Unsichtbaren steht. → Descartes sprach G. die Funktion zu, das menschliche → Erkennen in seiner Richtigkeit zu garantieren, und so gewann er auf Grund des Beweises der Existenz G.es die metaphysische Basis für die Möglichkeit der modernen → Naturwissenschaften. Er bestimmte die dem Menschen eingeborene Idee G.es wie → Anselm von Canterbury in neuplatonischer Weise als das ens summe perfectum, das im Anschluß an → Spinoza bezeichnenderweise zum ens realissimum umgeprägt wurde. In → Kants Philosophie wurde die eidetische Sphäre zur formalen Voraussetzung des die Konstitution der Erscheinungswelt leistenden Subjektiven, und die damit gezogene Grenze für menschliches Erkennen verweist jede G.eserkenntnis aus der Wissenschaft in die Sphäre des Glaubens, dh für Kant in den Bereich der Ethik. Das entscheidende Offenbarungsmotiv für die Erkenntnis der Wahrheit G.es kommt nunmehr säkularisiert und ins Ethische nivelliert wieder zur Geltung, und die Gleichsetzung G.es mit der Idee des Ethischen blieb nicht aus. Damit waren die philosophischen Aussagen über G. von den Tautologien der Seinsontologie und der Koinzidenz der Wesensattribute grundsätzlich befreit. Der Mensch kann nur in menschlichen Begriffen von G. sprechen, den unentbehrlichen »*Schematism der Analogie* (zur Erläuterung)« in einen »*Schematism der Objektsbestimmung* (zur Erweiterung unseres Erkenntnisses) zu verwandeln ist *Anthropomorphism*« (ed. Cassirer VI, 206). – Die Philosophie → Hegels erneuerte die Identität des philosophischen und religiösen Gedankens und begriff, die moderne Subjektivität in der kopernikanischen Wendung radikalisierend, das Absolute als die einsichtige Konstitution seiner selbst. Die Dialektik des philosophischen Gedankens der Neuzeit ist im Rückgang vom Sein in die Subjektivität zur Enthüllung des Absoluten und dh der Darstellung G.es geworden, »wie er in seinem ewigen Wesen vor der Erschaffung der Natur« – was natürlich nicht zeitlich verstanden werden darf – »und eines endlichen Geistes ist« (Logik, Einl.). G. ist als Idee der höchste Begriff, als abstrakt-konkrete Persönlichkeit der absolute → Geist (: VII), und wenn sich Hegel zur Bestätigung am Schluß der »Encyklopädie« auf Aristoteles (Metaph. XII, 7) beruft, so ergibt sich auf Grund der Differenz in den Voraussetzungen aus der Identität der

Konklusion die Unmöglichkeit eines philosophischen G.esbegriffs. Als Funktion des Systems partizipiert dieser an dessen Voraussetzungen und ihrer Relativität.

4. Der philosophische Gedanke vermochte als Metaphysik des zum absoluten → Sein gesteigerten Seienden ebensowenig wie als radikalisierte Subjektivität des sich konstituierenden Absoluten Aussagen über G. zu gewinnen, die mehr gewesen wären als die willkürliche und die Grenzen menschlichen Erkennens übersteigende Projektion des am Endlichen gewonnenen Kategoriensystems ins Unendliche. Als Philosophie eines auch das Absolute in ihr Denken einbeziehenden Systems verlor sie ihre Glaubwürdigkeit, und → Dilthey bemühte sich, die geschichtliche Relativität aller metaphysischen Systeme aufzuweisen, während N. → Hartmann alles standpunktliche Systemdenken durch das aporetische Problemdenken begrenzt wissen wollte. In heutiger Philosophie zeigt sich das Wissen um die Begrenztheit und Endlichkeit menschlichen Denkens darin, daß dieses mit innerer Notwendigkeit zwar auch sich dem Problem des Transzendenten stellt, aber der Tatsache sich bewußt bleibt, daß es die Frage nach dem Grunde des Geheimnisses der Fraglichkeit der Welt nicht direkt und nicht indirekt zu beantworten vermag. Heutige Philosophie muß eine Sprache finden, »die unmittelbar aus der Selbstauslegung der philosophischen Grunderfahrung erwächst und die sich nicht in Begriffen begreift, sondern denkend auf das Geheimnis und auf seinen Grund hindeutet« (Weischedel). In der Philosophie von → Jaspers meint die Transzendenz das transzendente An-sich-Sein eines nur im Symbol zu Bezeichnenden, die Philosophie → Heideggers dagegen bleibt angesichts der Gefahr, den G. der Philosophen oder der Offenbarung mit dem Seienden oder dem Sein zu verwechseln, auch einer solchen Antwort gegenüber völlig offen. Die Frage der Identifikation des im philosophischen Denken geforderten Prinzips des Ursprungs, dh des G.es der griechischen Philosophie mit dem »qui est« der Offenbarung, ist wieder so gestellt, wie sie sich der theologischen Philosophie der Kirchenväter darbot. Augustin hatte die Antwort nicht aus der Philosophie, sondern aus dem Glauben gegeben. → Scheler hielt die Identität des philosophischen ens a se mit dem persönlichen G. der Religion nur in einem religiösen Akt für möglich. Die definitive Antwort auf die Frage nach dem G. der Philosophen enthält → Pascals »Memorial«. Ein philosophischer G.esbegriff ist unmöglich.

Vgl. → Absolute, → Gottesbeweise, → Gott: V.

Vgl. außer den Hand- u. Lehrbüchern der → Religionsphilosophie u. → Dogmatik die Lit. zu → Gottesbeweise u. → Gott: V. Ferner: H.Cohen, Die Religion der Vernunft aus den Quellen des Judentums, (1919) 1929² - M.Scheler, Vom Ewigen im Menschen, 1921 - K. Fröhlich, Studien zur Frage nach der Realität des Göttlichen in der neuesten dt. Religionsphilosophie (Abh.en zur Philosophie u. Psychologie der Religion 6/7), 1925 - S.Ucko, Der G.esbegriff in der Philosophie H.Cohens, 1929 - H.J.A.Nolte, Het Godsbegrip bij Aristoteles (Diss. Nimwegen), 1940 - F.Solmsen, Platos Theology, New York 1942 - G.Dulckeit, Die Idee G.es im Geiste der Philosophie Hegels, 1947 - W.Ritzel, Fichtes Religionsphilosophie, 1956 - W.Schulz, Der G. der neuzeitl. Metaphysik, 1957 - C.Nink, Philos. G.eslehre, 1958 - C.J.de Vogel, Antike Seinsphilosophie u. Christentum im Wandel der Jh.e (in: Festg. Lortz I, 1958, 527-548). *J.Klein*

Gottebenbildlichkeit → Anthropologie: IV.

Gottesbeweise

1. Das Problem - 2. Die G.e in der Geschichte - 3. Grundsätzliches. - G. = Gottesbeweis

1. Es gibt kein alle Menschen berührendes Philosophem, das in den verschiedenen Formen, in denen es auftritt, so umstritten wäre wie das von der Möglichkeit von Beweisen für die Existenz Gottes. Weithin wird die Beweisbarkeit Gottes mit der gleichen Entschiedenheit abgelehnt, mit der andere sie behaupten. (Von diesem Philosophem ist aber die These wohl zu unterscheiden, alle echt philosophisch fundierten Voraussetzungen spekulativen Denkens und alle wirklich philosophisch begründeten Gesamtanschauungen seien vereinbar mit dem Glauben an einen persönlich verstandenen Gott.) - Die traditionellen G.e (der ontologische, kosmologische, teleologische und moralische G.) gehören zum eisernen Bestand der vorkantischen → Metaphysik und finden sich heute noch in allen Darstellungen der Metaphysik scholastischer Prägung und den entsprechenden Lehrbüchern der Fundamentaltheologie. Der Grund für diesen eigenartigen Tatbestand ist kein primär philosophischer, sondern er ist im kath. → Dogma (: II, 3) gelegen. Das → Vatikanum statuiert, »daß Gott, der Ursprung und das Ziel aller Dinge, mit Hilfe des natürlichen Lichtes der menschlichen Vernunft aus den geschaffenen Dingen mit Sicherheit erkannt werden kann«, und der → Antimodernisteneid interpretiert verschärfend dahin, »daß er, wie die Ursache aus den Wirkungen, mit Sicherheit erkannt und daher auch bewiesen werden kann«. Jeder Katholik, auch der philosophierende, muß die Beweisbarkeit der Existenz Gottes mit den Mitteln der Vernunft für wahr halten, er ist auf Grund seines Glaubens überzeugt, daß die Wissenschaft die Existenz Gottes beweisen kann, ja er weiß es mit größerer Sicherheit als irgendeine bloß wissenschaftlich erwiesene Wahrheit. Von diesem Gesichtspunkt, also von einem absolut feststehenden Ergebnis muß er ausgehen, wenn er die Frage der Erkennbarkeit Gottes philosophisch sich zum Vorwurf nimmt. Er darf ihr nicht mit einem echten, sondern nur mit dem methodischen Zweifel begegnen. Das erklärt die Situation hinsichtlich der Frage der Beweisbarkeit der Existenz Gottes in der philosophischen Literatur und ist für ihre Beurteilung unerläßlich. Im Katholizismus besteht infolge dieser dogmatischen Lage eine eigenartige Verlegenheit, der man auf Grund des theoretischen Objektivismus vielfach mit dem Argument begegnet, das Dogma spreche nur von der an sich möglichen Beweisbarkeit, womit die Annahme vereinbar sei, daß nicht nur die G.e den einzelnen nicht notwendig zu überzeugen brauchten; auch sei nicht gesagt, daß der Beweis ein einziges Mal tatsächlich geliefert worden sei oder wirklich geliefert werden könne. Das ist eine frustratio des Dogmas, und eine solche Interpretation kann nur als Zeichen der Größe der Verlegenheit des philosophischen Denkens gegenüber dem klaren Wortlaut des Dogmas gewertet werden. Es ist ein Versuch, in den unkontrollierbaren Objektivismus eines Denkens an sich auszuweichen, was aber schon von → Thomas von Aquino gerade für das ontologische Argument zurückgewiesen wurde. Die darin sich kundtuende Problematik der G.e und ihr Anspruch läßt sich nur historisch verstehen.

2. a) Die von den → Apologeten in der Auseinandersetzung mit der geistigen Situation ihrer Zeit und vor allem im Hinblick auf die philosophische Fragestellung der Griechen aufgestellte These: das Christentum ist *die* Wahrheit, bedingte die monotheistische Interpretation der antiken Philosophie (→ Gott: VII) mit Hilfe des hermeneutischen Prinzips vom λόγος σπερματικός. Damit war grundsätzlich die Gottesfrage im Sinne hellenistischen Philosophierens gestellt, in dem mit der ursprünglichen Suche nach der Weisheit das wissenschaftliche Denken sich verbunden hatte. Die Gefahr ihres Verständnisses und ihrer Beantwortung nicht im biblischen und auch nicht im Sinne ursprünglich philosophischen Fragens, sondern im Sinne einer sekundären wissenschaftlichen Problematik ließ sich nicht ausschalten. Die unterschiedliche Art, nach der Wahrheit zu fragen, wie

sie sich in der hl. Schrift im Gegensatz zur griechischen Fragestellung vorfand, beleuchtet gerade hinsichtlich der Gotteserkenntnis Apg 17, 23ff ebenso wie Röm 1, 19; 2, 14-16. Die altchristlichen Schriftsteller hoben das griechische ἀρχή-Denken in der Weise von der geoffenbarten Wahrheit ab, daß sie seine Vereinbarkeit mit dem christlichen Monotheismus der Offenbarung aufzeigten. In seiner aristotelisch bestimmten Weltschau definierte der Apologet → Aristides allerdings Gott schon als absolute Form. Nach → Athenagoras sind fast alle Philosophen, die über das Weltprinzip geschrieben haben, sich einig darüber, daß die Gottheit nur *eine* sein kann. Aber er weist mit allen christlichen Schriftstellern der Zeit auf die Notwendigkeit der Bestätigung einer solchen Erkenntnis durch Gott selber hin: bei Gott muß man Belehrungen über Gott holen. Das betonte → Theophilus noch stärker, dazu aber die Notwendigkeit eines sündenreinen Herzens. Athenagoras gibt auch schon einen selbständigen Beweis für die Existenz Gottes von einer eigenartigen topologischen Dialektik. Der Antignostiker → Irenäus, der noch stärker die Notwendigkeit der Offenbarung betont, warnt vor den spitzfindigen Untersuchungen der Gnostiker hinsichtlich der Gotteserkenntnis und verweist bes. auf Glaube und Liebe gegenüber Gott. Nach → Clemens von Alexandrien ist das Wissen um die Existenz Gottes in die Seelen gelegt, und → Origenes hält es gar nicht für notwendig, Beweise für die Existenz Gottes zu geben, wohl aber für seine Einzigkeit. Man kann die Stellungnahme der Kirchenväter dahin präzisieren: sie sahen den Erweis der Vernünftigkeit der Annahme des offenbarten Gottesglaubens im Zusammenhang der geistigen Auseinandersetzung mit der Umwelt, und sie erblickten vor allem in der ethischen und religiösen Disposition eine dafür notwendige Voraussetzung. – Diese Einstellung deckt auch → Augustins »credo ut intelligam«. Die in diesem von ihm selbst zuerst formulierten Satz angelegte → Dialektik des theologisch-philosophischen Denkens war durch seine Illuminationslehre gebunden (→ Erleuchtung, 3). Zumal hinsichtlich der Gotteserkenntnis verwehrt dieser sein platonischer → Apriorismus, der in der Theologie erst voll seine Möglichkeiten entfaltet, einen Beweis der Existenz Gottes im Sinne einer wie immer verstandenen profanen Wissenschaft. Gott ist die unangezweifelte Voraussetzung des Glaubens. Der Übergang von den die individuelle Vernunft bindenden wissenschaftlich erfaßbaren unwandelbaren Wahrheiten zu der personalen Wahrheit Gottes ist die abrundende Systematik dessen, der seine im Glauben gründende Gotteserfahrung in sein Denken hineinnimmt. Ein Gleiches gilt hinsichtlich der mehrfach bei Augustin sich findenden Erörterung des Gottesworts Ex 3, 14 (vgl. zB De lib. arb. II, 39). – Diese Weise, den Glauben durch die Einordnung philosophischer Erkenntnisse intelligibel zu machen, hielt sich bis ins hohe MA. Es ist die Zeit der Vorherrschaft eines neuplatonisch-christlichen Denkens, das mit dem Programm des »credo ut intelligam« auch die augustinische Stellungnahme zum Gottesproblem übernahm, es aber schon epigonenhaft rationalisierte. Bei Augustin finden sich außer dem Beweis aus der Wahrheit für die Existenz Gottes auch schon die grundsätzlich in einem gleichen Denken gründenden Voraussetzungen für die späteren Induktionen aus den Vollkommenheitsstufen, aus der Teleologie und aus der Kontingenz der Welt und ebenso die Ansätze zum Beweis auf Grund der ethischen Verpflichtung und dem Streben nach Glückseligkeit. Sie alle sind hypostasierte und personifizierte Abstraktionen aus den Grundprinzipien platonischen und neuplatonischen Philosophierens, die ein geschlossenes Systemdenken trägt und die später weiter ausgestaltet wurden. Geistesgeschichtlich am bezeichnendsten für das zum Absoluten aufsteigende und dieses mit dem Gott der Offenbarung identifizierende philosophisch-theologische Denken ist der augustinische trinitarische Symbolismus. Wie weit er trug, ersieht man am dreiteiligen und deshalb auf ein dreifaches Prinzip zurückweisenden Substanzbegriff des → Nikolaus von Amiens: materia, forma, compago! Peripatetisches Denken setzte diesem Symbolismus ein Ende; dessen philosophische Begründung stand und fiel mit seinem neuplatonischen Kausalitätsverständnis.

b) Der im Abendland immer wirksam gebliebene Geist aristotelischen Philosophierens mußte mit der stärker werdenden Verselbständigung des philosophischen Gedankens auf das zentrale systematische Problem des Verhältnisses von → Antike und Christentum treffen: die Identifizierung von philosophischer ἀρχή mit dem Gott der Offenbarung. Ihre gläubige Hinnahme, die einer lebendigen Auseinandersetzung mit dem antiken Philosophieren längst enthoben war, hatte dahin geführt, daß alles Denken der Zeit mit der Voraussetzung eines absoluten und kontingenten Seins wie mit einem selbstverständlichen Axiom nicht nur theologische, sondern ebenso philosophische Probleme anging. Diese unterirdische Problematik trat mit innerer Konsequenz im Zusammenhang mit den Beweisen für das Dasein Gottes ans Licht und führte zu einer Erörterung des Verhältnisses von → Wesen und → Dasein. Deutlich sichtbar wird sie zuerst im argumentum Anselmi, dem von Kant so genannten ontologischen G. → Anselms Beweise im Monologion nehmen in ihren verschiedenen Fassungen ausnahmslos ihre Stringenz von der Voraussetzung, daß das → Sein eine Vollkommenheit ist und Grade der Perfektion aufweist, die sich nach dem Maß der Teilhabe an der Vollkommenheit des absoluten Seins erklären. Daß Anselm den Existenzbegriff der späteren Scholastik nicht kennt, geht aus der Parallele von lux-lucere-lucens und essentia-esse-ens eindeutig hervor (Monol. c. 6). Anselms Denken ist wie überhaupt das seiner Zeit von dem Prinzip getragen, daß das in einem logischen System begrifflich Geforderte auch in rerum natura vorhanden sein muß. Dieses im → Platonismus gründende Denken schaut Idee und Realität in eins, versinnlicht sich das so Geschaute an der aus der Emanationslehre (→ Emanation) stammenden Stufenordnung und sieht auf Grund der Illuminationstheorie mit ihrem Zusammenblick von Lichtquell, Leuchten und belichtetem Gegenstand auch den Zusammenhang von Denken, Gedachtem und Denkgegenstand als eine Einheit, die eine Trennung von objektiv und subjektiv, von Sein und vorgestelltem Sein gar nicht aufkommen läßt. Die methexis (»Teilhabe«) beherrscht dieses Denken, und die Verbindung von Denken und Sein besteht, wofern es sich um wirkliches → Denken, um das intelligere im spezifischen Sinne handelt. Aus diesen platonisch-neuplatonischen Motivationen heraus erklärt sich die für Anselm gegebene Beweiskraft des ontologischen Arguments. Die Frage der Existenz im Sinne des Gegensatzes essentia-existentia wurde erst akut, als das christliche Denken sich der Tragweite der philosophischen Problematik der Erschaffung der Welt aus dem Nichts bewußt wurde (→ Schöpfung: IV). Anselm sollte mit dieser Frage in nächste Berührung kommen, ohne sie schon deutlich zu sehen. Sein Denken treibt ihn im Proömium des Proslogion – selbstverständlich auf der Basis der für ihn allein möglichen »fides quaerens intellectum« – zu dem Bekenntnis, er habe ein Argument gesucht, »das außer seiner selbst keines weiteren bedürfe und allein für den Erweis der tatsächlichen Existenz Gottes ausreiche«. Das besagt einen Gegensatz zu den theologisch explikativen Beweisen des Monologion. Anstelle der bisher gebrachten vielfältig miteinander verbundenen Argumente will er jetzt ohne jede spezielle Voraussetzung und also ohne jeden Offenbarungsgehalt in seiner Argumentation auskommen, und das macht ihn zum Philosophen. Er bestätigt dies ausdrücklich: »Dank sei Dir..., denn was ich früher durch Dein Geschenk geglaubt habe, ist nun durch Deine Erleuchtung so einsichtig geworden, daß ich diese Einsicht nicht verlieren kann, selbst wenn ich an Dein Dasein nicht glauben wollte« (c. 4). Daran ändert nichts, daß er selber nicht beachtet, wie er mit dem Ziel seiner Argumentation die bisherige Theologie überschreitet und sich in der Philosophie ansiedelt. Noch viel weniger sieht er den epochalen Wendepunkt in der Geistesgeschichte des abendländischen Christentums, den seine Tat bezeichnet. Er folgt der Konsequenz des Prinzips der Väter. Daß in ihm die Philosophie ihr Eigenrecht zu erkämpfen versuchte, konnte er unmöglich sehen, er stand in der Gebundenheit der Ontologie seiner Zeit. Die berühmte Formulierung: Gott ist das, »über das hinaus nichts Größeres gedacht werden kann« (quo nihil maius cogitari possit), ist ein neutraler Begriff gegenüber den sonst für Gott gebräuchlichen Bezeichnungen, der aber alles in sich begreifen soll, was immer man unter anderen Aspekten von ihm auszusagen vermag. Anselm streicht von Gott alles weg, abgesehen davon, daß er als der besagte gedacht wird. Als solcher *muß* er aber gedacht werden und daher auch existieren. Die Schlüssigkeit ergibt sich auf Grund der schon erwähnten als geltend angenommenen Voraussetzungen des Zusammenhangs von Idee als οὔτως ὄν und Sein der Erscheinung und ihren Weiterungen. – Dieses argumentum Anselmi enthält die Substanz *aller* G.e, sei es ausdrücklich, sei es implizit (→ Dasein, 1). Es wurde lange nicht beachtet, Thomas von Aquino lehnte es ab, → Duns Scotus erkannte es an, wie überhaupt die Vertreter augustinischer Geistesrichtung. Duns »kolorierte« es aber durch den Nachweis der Widerspruchslosigkeit des Seins »quo maius cogitari nihil possit« als esse quidditativum, für das er dann das esse existentiae subtil deduziert. – → Descartes reduzierte die schulmäßig erarbeitete gesamte scholastische Philosophie auf dieses eine Prinzip, ohne sich der Abhängigkeit von der Vergangenheit bewußt zu sein. Seine G.e bezeichnen einen ähnlichen Wendepunkt in der Geschichte der Philosophie wie Anselms argumentum. Nur sind sie nicht ein Indiz für ein von der Theologie sich emanzipierendes Denken, vielmehr haben sie sich inzwischen zur Basis für die Philosophie schlechthin entwickelt. Sein G. in der III. Meditation ist in seinem »ontologischen« Charakter allerdings nicht leicht zu durchschauen, weil er die neuplatonische Stufenordnung in die Vorstellungen (ideae) verlegt und unter diesem Aspekt von mehr oder weniger Realität spricht und zudem ihre kausale Verursachung annimmt, ohne irgendeine Rechtfertigung für die Verwendung des Kausalbegriffs zu geben. Der Schnitt zwischen der Stufenordnung in den Vorstellungen und den ihnen korrespondierenden Gegenständen, den die → Kausalität wie bei → Ockham überbrückt, ändert nichts an dem von Descartes in seiner Weise neuplatonisch umrankten Schluß Anselms. Sein G. in der V. Meditation »koloriert« Anselms Denkmittel insofern, als er sich mit Hilfe der Parallele von Relationen an mathematischen Gegenständen gegen den sophistischen Schein der Behauptung abzuschirmen versucht, daß man Gott nur als existierend denken könne, während wir doch bei allen anderen Dingen die existentia von der essentia unterscheiden. – Daß → Leibniz für den ontologischen G. eintritt, ist eine Konsequenz des Ansatzes seines Systems. Auch er glaubt mit Duns Scotus der Schlüssigkeit des Anselmschen Gedankenganges eine wesentliche Ergänzung mit dem Hinweis auf die Notwendigkeit des Nachweises der Widerspruchsfreiheit des Gottesbegriffes geben zu müssen. Aber was soll an Widerspruch bleiben, wo die Identität von Wesen und Dasein nur als eine der Weisen erfunden wurde, um die Differenzierung des überhaupt Seienden verständlich zu machen, und die Koinzidenz der Attribute nur die Verallgemeinerung der besagten Identität des statuierten Begriffs ist! – Was → Hegel betrifft, so gilt, daß ein Zweifel an seinem ontologischen G. nichts anderes besagt als die Infragestellung seines Systems. Das Argument ist das seiner Philosophie des absoluten Geistes homogenste; aber wichtiger ist zu sehen, welchen Schritt es von Anselm über Descartes getan hat: seine Dialektik hat Mensch und Welt in die Identifikationen hineingenommen.

c) In der kath. philosophischen und theologischen Literatur gelten die fünf Wege des Thomas von Aquino als klassische Beweise für die Existenz Gottes, und man spielt sie als Dokument kritischen Denkens gegen den ontologischen G. aus, auf dessen Apologetik man aber trotzdem auch immer wieder stößt. Es dürfte jedoch nicht schwer sein, die geistesgeschichtlich bedingten und für heutiges Denken unannehmbaren Voraussetzungen der G.e des Thomas aufzuweisen und bis in die letzte ὑπόθεσις zu verfolgen, die sich mit der des Anselmschen Argumentes deckt. Von Anselm bis zu Thomas hatte die Klärung des Verhältnisses von essentia und existentia bedeutende Fortschritte gemacht. Aber die Verfestigung des antiken Denkens innerhalb des Christlichen zeigt sich in aller Deutlichkeit bes. darin, daß diese Entwicklung auf den wachsenden Einfluß arabischer Denker zurückgeht (→ Islamische Philosophie). Bei den Arabern war die griechische Philosophie auf einen entschiedenen Monotheismus gestoßen und nicht umgekehrt wie im Christentum, wo die Kombination von platonischem und aristotelischem Denken infolgedessen in der antiken Wesensphilosophie stecken blieb, wie zB noch der Stufenbeweis des Thomas und ebenso sein Kausalverständnis eindeutig beweisen. Obgleich das letztere sich vom → Neuplatonismus emanzipierte, gibt es nur als essentielle Ursachenordnung die Möglichkeit, anhand ihrer Hierarchie einen Aufstieg zu Gott vorzunehmen. Die Stufenordnung des Seins ist sozusagen dynamisiert. Eine essentielle Kausalordnung ist aber nicht nur nicht nachweisbar, ganz abgesehen davon, daß die neuplatonische petitio principii damit nicht beseitigt wäre. Das ist nur ein Beispiel für den Effekt dogmatisch aufgezwungener philosophischer Bemühungen, die ad minimum an Thomas sich auszurichten gehalten sind. Seine fünf Wege sind *ein* Weg, der in der unbewiesenen Voraussetzung der Identität von Wesen und Dasein in Gott gründet. Die Argumentation des Thomas ist aber geistesgeschichtlich vor allem insofern verständlich, als die eindeutige Ablösung der Existenz von der aristotelischen Form auch bei ihm noch nicht voll erreicht ist. Man kann daher mit Recht sagen, daß es philosophisch gesehen fruchtbarer und wertvoller ist, die Systematik der mittelalterlichen G.e nicht als solche, sondern als die Problematik des Begriffs der → Kontingenz aufzufassen. Theologische Interessen ließen diese Problematik zurücktreten. In der Freude über die Beweismöglichkeit des Glaubensfundamentes fehlte der kritische Blick für die Möglichkeit der Zurückführung aller in den einzelnen G.en verwendeten Prinzipien auf eine einzige Voraussetzung, die Anselm als eine philosophische glaubte formuliert zu haben. Thomas rezipierte die Philosophie der Alten, der Araber und Juden unter dem Gesichtspunkt der Verwendbarkeit für den Beweis der fundamenta fidei.

3. In der »Kritik der reinen Vernunft« hat → Kant die Unhaltbarkeit der G.e in aller Schärfe aufgewiesen und

sie insgesamt auf das ontologische Argument und dieses auf sein Wahrheitsmoment zurückgeführt. Das letztere besagt: wenn überhaupt etwas existiert, muß auch etwas absolut Notwendiges existieren. Damit enthüllt sich die Frage der G.e als das philosophische Problem des Bestehens von absolutem und kontingentem Sein, und sie ihrerseits impliziert die Frage nach dem Recht der Identifikation des im philosophischen Denken geforderten → Absoluten mit dem Gott der Offenbarung und der Anwendung des platonischen Prinzips in der Vielfalt seiner Formen auf die Relation zwischen ihm und dem Kontingenten. Die Beantwortung dieser durch die Verbindung von antiker Philosophie und christlicher Wahrheit in geistesgeschichtlich bedingter Weise gelösten Frage entzieht sich menschlichem Denken. Denn es besteht keine Möglichkeit darzutun, daß nicht die Erscheinungswelt in ihrer Gesamtheit selbst das Absolute ist; auch stehen uns keine Kriterien zur Beurteilung der Frage zur Verfügung, ob nicht Entwicklung als solche oder auch die sog. Unvollkommenheit bzw. Endlichkeit der Welt in Wirklichkeit zu dem gehört, was man das vollkommenste Wesen zu nennen gewohnt ist. Der im Anschluß an die Beweise für das Dasein Gottes gegebene und von ihnen in seiner Struktur abhängige Gottesbegriff ist ein Reflex der Voraussetzungen der Systeme, von denen aus argumentiert wird (→ Gott: VII), ist eine Spiegelung des philosophischen Gedankens im Interesse der menschlichen Existenz. Wer aber die Konklusion von dem ein spekulatives System abschließenden Begriff auf ein ens a se gelten läßt, vermag dieses doch nicht mit philosophischen Mitteln zu einer Person zu steigern. Der Grenzbegriff philosophischen Denkens schlechthin und der imaginäre Mittelpunkt menschlicher spekulativer Systeme ist ein Unbegriff, sobald er als Erklärung für den Ursprung genommen wird. G.e zwingen Gott in die Sphäre menschlicher Wissenschaft. Reduziert man sie auf ihren Kern, so besagen sie: nach der generellen Überzeugung im Bereich des Theismus und dem ihm korrespondierenden philosophischen Denken widerspricht menschliche Erfahrung und philosophisches Erkennen nicht der Annahme des Gottes der Offenbarung.

Vgl. außer RGG² II, 1321ff (Lit.), der Lit. zu → Absolute, → Gott: VII, den Handbüchern der → Apologetik (: III. V), Fundamentaltheologie u. → Dogmatik: E.ROLFES, Die G.e bei Thomas v. Aquin u. Aristoteles, (1898) 1927² - G.GRUNWALD, Gesch. der G.e im MA bis zum Ausgang der Hochscholastik (BGPhMA VI, 3), 1907 - C.BAEUMKER, Witelo, ein Philosoph u. Naturforscher des 13.Jh.s (ebd III, 2), 1908 - J.HESSEN, Der augustinische G., 1920 - F.SCHULTE, Die G.e in der neueren dt. Philosophie unter Ausschluß der kath. Lit. von 1865-1915, 1920 - L.FAULHABER, Wissenschaftl. Gotteserkenntnis u. Kausalität (Abh.en z. Philos. u. Psychol. d. Religion 2), 1922 - DERS., Die drei Wege der Gotteserkenntnis u. der wissenschaftl. Gottesbegriff (ebd 5), 1924 - F.SAWICKI, Die G.e, 1926 - Probleme der Gotteserkenntnis (Veröffentl. d. kath. Instituts f. Philos. II, 3), 1928 (mit Beitr. v. A.DYROFF, A.ELFES, C.FECKES, J.GREDT, A.SCHNEIDER, G. SÖHNGEN) - F.BRENTANO, Vom Dasein Gottes, hg. v. A.KASTIL, 1929 - J.MAUSBACH, Dasein u. Wesen Gottes, 1929/30 - E.SEITERICH, Die G.e bei Franz Brentano (Diss. Freiburg i. Br.), 1936 - E.GILSON, God and Philosophy, New Haven u. London 1940 - P.SIMON, Zur natürl. Gotteserkenntnis, 1940 - G.SIEGMUND, Naturordnung als Quelle der Gotteserkenntnis. Neubegründung des teleologischen G.es, 1941 - R.KRONER, How do we know God?, New York 1943 - P.LECOUR, Dieu et les dieux. Dieu existe-t-il?, Bordeaux 1945 - J.L. SPRINGER, Argumentum ontologicum (Diss. Groningen), 1946 - K. THIEME, Fides quaerens intellectum (in: Gott u. die Gesch., 1948, 49-65; Lit.) - B.SCHULER, Die Gotteslehre als Grundwiss., 1950. - Ferner die Werke G. → Marcels. *J.Klein*

Gottesbild → Trinität: V.

Gottesdienst

I. Religionsgeschichtlich - II. Im AT - III. Synagogaler Gottesdienst - IV. Im NT - V. Geschichte des christlichen Gottesdienstes - VI. Reform und Neuordnung des ev. Gottesdienstes. - Ergänzend vgl. außer den im Text genannten Einzelartikeln vor allem → Agende, → Altar, → Anbetung, → Drama, religionsgeschichtlich, → Feste und Feiern, → Gebet, → Gesten, → Heilige Stätten, → Heilige Zeiten, → Kontemplation, → Kultus, religionsgeschichtlich, → Liturgie, → Liturgik, → Messe, → Opfer, → Priestertum, → Proskynese, → Prozession, → Ritualbücher, → Schriften, heilige, → Schweigen, → Tanz: I, → Tempel, → Wallfahrt und Wallfahrtsorte, → Weihgeschenke, → Weihrauch, → Zungenreden

I. Religionsgeschichtlich

G. ist Übersetzung von lat. cultus und dessen biblischen Entsprechungen. Eine begriffliche Unterscheidung zwischen G. und → Kultus war dabei nicht beabsichtigt, ist auch kaum möglich. Will man - wie hier - unterscheiden, so empfiehlt es sich, G. als den im geschlossenen Raum stattfindenden Gemeindekultus des einen Gottes zu bestimmen, wobei Wortverkündigung bzw. Schriftlesung und -auslegung neben Lobgesang und Danksagung einen wichtigen Platz einnehmen. Es kommen dann hauptsächlich Judentum, Christentum und → Islam (: I) - nebst Abzweigungen - in Betracht. Insofern ist G. ein engerer Begriff als Kultus. - Andererseits wird G. der weitere Begriff, wenn unter Umständen, an gewisse Verbindungen zwischen Kultus und Ethos (→ Gottesdienst: II, 3b; → Kultus, 6) anknüpfend, auch das Halten der göttlichen Gebote und andere religiöse, nicht spezifisch kultische Leistungen als G. betrachtet werden können. Das bahnt sich schon im AT an und kommt im NT klar zum Ausdruck, wenn die christliche Bruderliebe (→ Liebe) mit den Worten θυσία, λατρεία, θρησκία bezeichnet wird (Röm 12, 1; Jak 1, 27); vgl. auch die luth. Auffassung der Berufsethik als G. (→ Beruf: III, 3). - Vgl. → Gottesdienst: II-IV, → Kultus. *S.Mowinckel*

II. Im AT

1. Allgemeines - 2. G. in der Frühzeit Israels - 3. G. in der Königszeit - 4. Kultreformen - 5. Einfluß des Nomismus

1. *Phänomenologisch* ist der G. des AT unter den → Kultus im religionsgeschichtlichen Sinne einzureihen. Sowohl der alte weltanschauliche Hintergrund als alle für den Kultus überhaupt wesentlichen Züge desselben finden sich auch hier, wenn sie auch ihre besondere Form und ihren Sinn durch die Gesamtstruktur der at. Religion erhalten. Den Vorstellungen des → Mana, Orenda, Tondi usw entspricht das at. qadôš »heilig«, unter dem Gesichtspunkt des Lebenfördernden auch bᵉrakā »Segen«. Auch für die alten Israeliten zerfiel die Welt in eine Sphäre des → »Reinen« und des »Unreinen«, des → Segens und des Fluches, des Landes und des Unlandes (der Wüste), des Lebens und des Todes. Leben und Segen mußten im Kampf gegen böse Mächte behauptet und gewonnen werden. Die Erneuerung ihrer Welt - sowohl der Kleinwelt der von Kleinvieh und Weiden abhängigen Halbnomaden als der Welt der von Ackerboden, Regen und Sonne abhängigen Bauern und Städter, allmählich auch des Kosmos - mußte durch den machtwirkenden hl., von den Vätern ererbten, letzten Endes von der Gottheit selbst stammenden und offenbarten Kultus (ᵃbodā) »erarbeitet« (ʿabād) und gewonnen werden. Auch der at. G. hat seine hl. Stätten (maqôm), hl. → Bäume, → Haine und → Quellen, Altäre (→ Altar: II), → Tempel (: II), Gottessymbole (→ Lade, → Ascheren, Masseben), seine hl. Personen (→ Priestertum [: II], → Levi und Leviten, → Nasiräer, → Propheten [: II]), seine hl. Zeiten (→ Feste [: II], Neumonde, → Sabbat), seine Rituale mit blutigen und unblutigen → Opfern, Libationen, Worten, → Gebeten und → Psalmen, seine hl. Tänze (2Sam 6, 14; Ps 42, 5; 150, 4), Prozessionen und → Reinigungen gehabt.

2. a) Von dem G. der *vormosaischen* Halbnomaden wissen wir sehr wenig. Verehrung anderer göttlicher Wesen

(ʾelîm) kam gewiß vor: die vorhandenen Spuren von Ahnenkult (→ Totenverehrung: II) stammen wohl aus dieser Zeit. Jedenfalls scheint die Gegend um → Kadesch mit ihren Quellen ein von mehreren Stämmen besuchter Kultort und → Jahwe der dort verehrte Gott, aus *diesem* Grunde der »Gott der Väter« der Israeliten, gewesen zu sein. Das »Fest Jahwes« (Ex 5, 1) war das Passafest (→ Feste: II, 3) zur Sicherung des Gedeihens des Kleinviehs. Mit dem Passaopfer verbanden sich sowohl sakramentale (machtvermehrende) als apotropäische Vorstellungen (Blutbestreichung der Türpfosten). Die Vorstellung von der Stärkung und Erneuerung des → Bundes (: II) sowohl zwischen den Stammesgliedern als zwischen diesen und der Gottheit wird sich mit dem Opfer verbunden haben. An der »Rechtsquelle« wurden wohl Streitigkeiten geschlichtet, → Orakel und Ordal (→ Gottesurteil: II) erteilt. – Alt scheinen auch die Mondfeiern gewesen zu sein (→ Feste: II, 2).

b) Die Wahrscheinlichkeit spricht dafür, daß die ausschließliche Verehrung Jahwes als Gottes des »offiziellen« Bundes-G.es, als Gott des als Kultgemeinde auftretenden Stämmebundes (Volkes), in den unter → *Mose* stattfindenden Bundesschluß der gegen Kanaan auf brechenden Stämme einging. Über etwaige neue Kultordnungen haben sich keine originalen Traditionen erhalten; sie sind auch nicht wahrscheinlich. Die verschiedenen → Dekaloge sind alle später.

c) In → *Kanaan* (: III) übernahm Israel allmählich die dort einheimischen drei agrarischen *Jahresfeste:* Massot, (Sieben-)Wochenfest und Herbstfest, die anfänglich auch von den daran teilnehmenden israelitischen Bauern wohl als Feste der »Herren des Ackerbodens« (baʿalê haʾadamā Hi 31, 39), als »Baal-Tage« (Hos 2, 15) aufgefaßt wurden. Daneben ist aber früh ein jährliches, Jahwe geltendes Bundesfest der israelitischen Stämme, sei es in → Sichem, sei es in → Silo, gefeiert worden. Da das *Herbstfest* um die Zeit der Jahreswende, in Kanaan zugleich das Neujahrsfest, im AT als »Jahwes Fest«, als »*das* Fest« gilt, so wird das Bundesfest schon früh mit jenem kombiniert worden sein, wie auch die beiden anderen allmählich Jahwefeste wurden. Das Passa fiel zeitlich mit den Massot zusammen und wurde mit diesen kombiniert (Näheres → Feste: II).

Einerseits wurden so die Riten und Vorstellungen der kanaanäischen *Fruchtbarkeitskulte* in den Jahwekult aufgenommen, wobei dieser stets der Gefahr der Baalisierung ausgesetzt war. Jahwe bekam sein »Haus«. *Tempel* – ohne Zweifel nach kanaanäischen Mustern, wie es von dem Tempel in Jerusalem bezeugt ist – wurden errichtet. Auch das Jahwesymbol, die → Lade Jahwes, die vielleicht sogar ein Jahwebild enthalten hat, scheint nach (ägyptisch-)kanaanäischem Vorbild entstanden zu sein. Im salomonischen Tempelbezirk war auch → Aschera oder → Astarte kultisch vertreten, wie Jahwe weitgehend mit dem → Baal, bes. dem Himmels-Baal, identifiziert wurde. – Schon in der Richterzeit mögen Psalmen nach kanaanäischer Kulttradition und Stilmuster in den Jahwekult ihren Weg gefunden haben – davon zeugt wohl die Nachahmung des Hymnenstils im → Deboraliede. Im Jerusalemer G. war das gewiß von Anfang an der Fall.

d) Andererseits blieb der amphiktyonische Jahwekult ein Hort der *alten Traditionen* aus der Kadesch- und Mosezeit, die auch durch den nationalen Gegensatz zu den Eingeborenen lebendig erhalten wurden. So konnte sich der geschichtliche Charakter der Jahwereligion auswirken: das Hervortreten und Handeln Jahwes in geschichtlichen Tatsachen, der Bund als eine geschichtliche Heilstat, Jahwe als der Herr der → Geschichte (: I), nicht an den Boden Kanaans gebunden, nicht mit dem Naturleben identifizierbar, kein sterbender und auferstehender Gott (→ Auferstehung: I), sondern »der lebendige Gott«, »der heilige Gott, der nicht stirbt« (Hab 1, 12).

e) Wichtig wurde hier die *Religionspolitik* → *Davids:* die Gründung des Jahwekultes in Jerusalem, die Überführung der Lade, die bewußte Identifizierung von Jahwe und → El ʿEljon, die Verknüpfung von altisraelitischer und jerusalemischer Kulttradition. Es zeigte sich, daß der Synkretismus nicht nur vom Übel war; als Himmelsherr, Schöpfergott, El, El ʿEljon wurde Jahwes Bild mit wesentlichen, religiös wertvollen Zügen bereichert. Hierher gehört auch die Vorstellung von Jahwe als König (→ Königtum Gottes im AT) und von seiner Epiphanie im Festkult als einer Thronbesteigung des siegreichen Königs. – So war der Same einer Reaktion gegen den unter → Salomo noch weiter gehenden Synkretismus gelegt: Jahwes Andersartigkeit, die bald eine bildliche Darstellung ausschloß (→ Bilder: II), und seine absolute Überlegenheit über alle Götter und Mächte.

3. a) Im *G. des Jerusalemer Tempels* kam die Eigenart der at. Religion und des Gottesbildes derselben (s. 2d. e) zum Ausdruck, bes. in den Riten und Vorstellungen des Herbst- und Neujahrsfestes (Laubhüttenfestes), des »Festes Jahwes«, *des* Festes schlechthin. Mit diesem verband sich die Vorstellung von seiner Epiphanie, seinem »Kommen«, die an einen besonderen Tag des Festes, den »*Tag Jahwes*« geknüpft war (noch in Am 5, 18ff ist der Sinn des Tages als eines Kultfesttages deutlich). Im Feste wiederholten sich nicht nur die Schöpfung von Welt und Segen, der Sieg über die Chaosmächte, Urmeer und Drache, sondern auch die geschichtlichen Heilstaten, die »Rettung« aus Ägypten, das Schilfseewunder, die Bundesschließung, die Eroberung des Landes, die Erwählung Davids und der »ewige Bund« mit seinem Haus, die Grundlegung des Heiligtums (Ex 15, 18; Ps 93), Jahwes »idealer« Sieg über alle geschichtlichen und potentiellen Feinde Israels (vgl. Ps 46; 48). Neben dem Schöpfungsmythos wird der ganze Exodustraditionskomplex der → Mythos des Festes. Die erneuerte Thronbesteigung Jahwes (s. 2e) wurde ein Höhepunkt des Herbst- und Neujahrsfestes – so und nicht anders ist der Ausdruck »Jahwes Thronbesteigungsfest« gemeint (vgl. → Mythos: III, 2).

Mit der Bundeserneuerung und den Sinaitraditionen treten auch die Bundesbedingungen, Jahwes Gebote, in den Gesichtskreis und bereichern das kultische Drama. Indem der Kultprophet Jahwes gnädige Verheißungen bei seinem Kommen verkündet, verkündet und unterstreicht er auch die Bundesgebote, bes. die Exklusivität Jahwes, aber auch die ethischen Gebote (vgl. Ps 81; 95). Diese treten auch als »Zutrittsbedingungen« auf und bilden eine Szene der Festprozession (Ps 24; 15).

Dies alles und mehr tritt in dem *Kultdrama* hervor, bes. in den Festprozessionen über die *via sacra* (Ps 84, 6; vgl. Jes 35, 8) zum Tempel hinauf, mit ihren wechselnden Chören und symbolischen Riten. Die wiederholte Überführung der Lade wird in dem dramatischen Spiel aufgeführt, in dem der König in der Rolle Davids auftritt (Ps 132); eine dramatische Szene vor dem Tempeltor (Ps 24) erinnert an den Durchzug und den Rundgang um den Altar (Ps 118), an einen Rundgang um die Stadt (Ps 48); auf (symbolische) Darstellungen des Kampfes und Sieges Jahwes wird angespielt in Ps 46, 9: »Kommt und *seht* die Wundertaten Jahwes«, und 48, 9: »Wie wir es gehört hatten, so haben wir es (jetzt) gesehen«. Im Festzuge symbolisiert die → Lade Jahwes persönliche Anwesenheit; nach dem Einzug weilt er im Tempel »auf den Lobgesängen Israels thronend« (Ps 22, 4), von den Wolken des Räucheraltarfeuers vor profanen Augen verhüllt, gelegentlich aber dem »geöffneten« Auge des in Anbetung versunkenen Propheten sichtbar (Jes 6). Hymnen begrüßen den erschienenen Gott der Schöpfung und der Geschichte, den Spender alles Segens; Gebete steigen zu ihm hinauf. Durch die schlimmen Erfahrungen der Geschichte werden Sündenbewußtsein und Sündenbekenntnis vertieft: wenn die harte Wirklichkeit nicht den Verheißungen des Festes entspricht, so ist die Treulosigkeit des Volkes selbst daran schuld (Ps 81; 95). Die göttliche Initiative wird betont (vgl. die → Erwählung): die Opfer und Riten sind die von Jahwe gnädig gestifteten Mittel zur Sühne und Reinigung. Andererseits wird in der Erhöhung der Ehre Jahwes ein Hauptzweck des G.es gesehen, vgl. die Hymnen (→ Formen: I). Das hat schon recht früh zu dem Aufkommen eines *täglichen G.es* (2Kön 3, 20; 15, 15) mit beigetragen.

b) In den Tempelkreisen wird allmählich auch eine Tendenz zur *Spiritualisierung* der Riten des G.es bemerkbar: die Opfer sind Symbole des dankbaren oder des zerknickten Herzens; Dank- und Bußpsalmen werden auf Kosten des Opfers betont (Ps 40; 50; 51; 69), diese aber nicht dadurch verworfen. In Verbindung mit dem Bundeserneuerungs-G. erhalten die Verkündigung und Betonung der göttlichen Gebote ihren festen Platz im G. (vgl. Ps 24; 15; 81; 95). Das Halten der Gebote kommt neben anderen nichtkultischen Leistungen in den Begriff des G.es mit hinein (Neh 3, 5; Ex 13, 5). »Dienen« kann, ebenso wie »fürchten«, das ganze religiöse Verhältnis bezeichnen (Dtn 4, 19; 6, 14; Mal 3, 14; Hi 36, 11). - Diese schon in den → Psalmen (: I) der Königszeit zutage tretende Tempelfrömmigkeit ist eine Voraussetzung der Verkündigung der Reform- und Gerichtspropheten (→ Propheten: II) und ihrer scharfen Worte gegen die Veräußerlichung des G.es.

4. Die antikanaanäische Reaktion äußert sich auch in den wiederholten *Kultreformen*, die von den Königen Asa, → Hiskia und → Josia berichtet werden. Die politische und geistige Überlegenheit Jerusalems als Erbe des amphiktyonischen Zentrums hat bald die anderen Kultstätten in den Schatten gestellt, die nordisraelitischen in Dan und → Bethel mit ihren Stierbildern als direkt illegitim hervortreten lassen. Zwar weist 2Kön 23, 8 in Überhöhung von Dtn 18, 6 darauf hin, daß die Kultreform des Königs Josia (vgl. auch → Deuteronomium) auf eine Zentralisierung aller G.e in Jerusalem tendierte; aber man kann angesichts von Ps 74, 8, wo neben der Zerstörung des Tempels auch von anderen Kultstätten (moʿadim) im Lande die Rede ist, fragen, ob es damals zu dieser Zentralisierung gekommen ist, die erst in frühnachexilischer Zeit deutlich erkennbar ist. Dafür, daß im → Exil die → Synagogen oder ein synagogenähnlicher G. aufgekommen wären, liegt kein Beweis vor. Im Gegenteil ist der Jahwetempel in → Elephantine mit seiner Beibehaltung der alten G.tradition bezeugt, wie auch in Esr 8, 17 eine Jahwekultstätte in Babylonien höchstwahrscheinlich vorausgesetzt ist. Die Zentrierung des Tempel-G.es auf Jerusalem gehörte zweifellos in das Programm der geistigen Führer der *frühnachexilischen* Gemeinde (→ Judentum: I), als deren »Konstitutionsbuch« das Deuteronomium am besten zu erklären ist (so auch Hölscher). - Sonst bedeutete die Restauration die Wiederaufnahme des alten G.es möglichst nach den alten Traditionen, wenn auch selbstverständlich mit vielen Modifikationen. Beim Opfer tritt, wie die → Priesterschrift zeigt, der Sühnecharakter immer mehr in den Vordergrund. Zugleich aber galt das Bestehen des gottgewollten G.es als ein Zeichen dafür, daß Gott seinen Bund und sein Volk nicht vergessen hatte, und als eine Garantie für Israels künftige Wiederherstellung.

5. Mit der Herrschaft des Gesetzes kam auch der G. unter den Gesichtspunkt des *Nomismus*. Für den lebendigen Kultus hat ein Mann wie → Jesus Sirach kein rechtes Verständnis mehr; die Opfer usw sollen dargebracht werden »um des Gebotes willen«. Das kann sowohl zu Versteinerung wie zu völliger Spiritualisierung führen (letzteres für → Philo typisch) - eine Voraussetzung des Aufkommens des synagogalen → Gottesdienstes (: III). Das Gleichnis vom Pharisäer und Zöllner zeigt aber, daß der Tempel in den Augen des Frommen das »Gebetshaus« blieb, wohin er bei den drei täglichen Gebetszeiten auch mit seinen persönlichen Anliegen vor Gott zu treten pflegte, wenn er Gelegenheit dazu hatte.

Außer den betr. Abschnitten in den at. Religionsgeschichten u. Theologien von R.Smend, K.Marti, B.Stade-A.Bertholet, G. Hölscher, E.Sellin, A.Lods, W.Eichrodt u.a.: S.Mowinckel I-IV - Ders., Offersang og Sangoffer, Oslo 1951 - Ders., Religion u. Kultus, 1953 - G.Quell, Das kult. Problem der Psalmen (BWAT NF 11), 1926 - J.Pedersen, Israel III-IV, Kopenhagen 1934 (dän.); engl.: Israel, its Life and Culture III-IV, 1940 - Fl.Hvidberg, Graad og Latter i Det gamle Testamente, Kopenhagen 1938 (vgl. ZAW 57, 1939, 150-152) - H.-J.Kraus, Die Königsherrschaft Gottes im AT (BHTh 13), 1951 - F.Dumermuth, Zur deuteronomischen Kulttheol. u. ihren Voraussetzungen (ZAW 70, 1958, 59-98). *S.Mowinckel*

III. Synagogaler Gottesdienst

1. Entstehung und Inhalt des jüdischen G.es - 2. Wochentagsgebete; Festgebete; Schriftlesung - 3. Äußere Form des G.es - 4. Geschichtliche Entwicklung - 5. Häuslicher G. - Vgl. auch → Gebet: III, → Musik: IV

1. a) Im babylonischen → Exil fanden religiöse Versammlungen ohne den gewohnten Kultus statt. Nach der Rückkehr entstand beim Tempel in Jerusalem die Einrichtung der »Standmannschaften«, dh eine wöchentlich wechselnde Abordnung von Nichtpriestern vertrat das Volk beim Opferdienst und kam viermal täglich zum → Gebet (: III) zusammen. Morgen- und Abendgebete als Gewohnheit einzelner Frommer traten hinzu, um die Einrichtung eines ständigen G.es zu schaffen. Ort und Zeit der Entstehung des neben dem Tempel bestehenden Instituts der → Synagoge lassen sich bislang noch nicht näher festlegen.

Den *Inhalt* der gottesdienstlichen Versammlungen bildeten ursprünglich das gemeinsame → Bekenntnis (: II, 3) und die gemeinsamen Erinnerungen Israels; sie wurden durch die *Verlesung* von Texten aus der Tora (dem Pentateuch), zB der Schöpfungsgeschichte, dem Dekalog, den Bileamsprüchen und dem noch heute im Gebet vorherrschenden »Höre Israel« (Dtn 6, 4; → Schma) gepflegt. Für die Feste und anderen ausgezeichneten Tage gab es eigene Abschnitte der Bibel. *Hymnen* umrahmten die Texte, später auch Bitten. Der Stil des *Gebets* wurde die bᵉrakā, die Benediktion oder Eulogie, dh eine hymnische Form des Gebets; selbst Bitten beginnen und enden mit dem Hymnus. Seine Grundform - »Gepriesen seist du, Herr« oder erweitert »Gepriesen seist du, Herr, unser Gott, König der Welt« - findet sich in direkter Anrede im AT nur an den jungen Stellen Ps 119, 12 und 1Chr 29, 10. Die Überlieferung führt die Hymnen und Bitten, die Weihegebete für Eingang und Ausgang des Sabbats auf »die Männer der großen Versammlung (Synagoge)« zurück (Kuenen, Moore). Die Schilderung, die der (zweite) Chronist von der Gesetzesvorlesung durch → Esra in Neh 8, 1-12 gibt, läßt deutlich Züge des Synagogen-G.es erkennen (vgl. K.Galling, ATD zSt), so daß dieser zur Zeit der Vollendung des chronistischen Werkes (→ Chronikbücher) bereits in den Grundzügen ausgebildet gewesen sein muß. Im NT (vgl. Lk 4, 16ff) und in der → Mischna wird überall seine volle Ausbildung vorausgesetzt.

b) Die sich im 2. und 1.Jh. vChr absondernden Gruppen hielten ihre eigenen G.e. So kamen die → Essener nach Philos Bericht (Quod omnis probus lib. 81f) am Sabbat in ihren Synagogen zusammen und setzten sich der Rangordnung entsprechend nieder, um Schriftlesungen zu hören und Belehrungen zu empfangen. Die Schriften von → Qumran und Josephus bezeugen darüber hinaus, daß die Essener täglich bei Sonnenaufgang und -untergang das Lob Gottes angestimmt, täglich Schriftlesungen gehalten haben (1QS X, 1ff; Josephus, Bell.Jud. 2, 128) und sich an jedem Tag zu einem gemeinsamen Kultmahl zusammenfanden (1QS VI, 1ff; Josephus, Bell.Jud. 2, 129ff). Die den Essenern verwandte Gemeinschaft der → Therapeuten, die als Einsiedler lebten, kamen am Sabbat zusammen, um dem Vortrag eines Ältesten zu folgen (Philo, de vit. cont. 30f), und hoben jeden siebenten Sabbat durch G. und gemeinsame Mahlfeier bes. hervor (ebd 65ff). Nach dem jüdischen Kriege und der Zerstörung Jerusalems 70 nChr endete nicht nur der Tempelkultus, sondern auch das Leben der essenischen Gemeinschaften, so daß von nun an der Synagogen-G. die einzige Form jüdischen G.es wurde.

2. a) Als erstes Stück des jüdischen G.es ist *das Gebet der drei täglichen Gebetszeiten* (Morgen-, Mittags- und Abendgebet) herauszuheben; ein viertes Gebet, das zur Zeit des Schließens der Tempeltore in Jerusalem, etwa der → Vesper entsprechend, gebetet wurde, ist früh außer Übung gekommen und nur noch am Versöhnungstage erhalten. Morgen- und Abendgebet enthalten das → *Schma* (Dtn 6, 4-9; 11, 13-21 und Num 15, 37-41), alle vier Gebete die tᵉpillā. Diese ist unter dem Namen → *Schmone ʿEsre* (Achtzehn-Gebet) bekannt und wird zuerst leise gesprochen (mit Ausnahme des Abendgebetes), dann durch den Vorbeter laut wiederholt und von der Gemeinde Satz für Satz mit → Amen beantwortet. Bei der Wiederholung wird in das dritte Stück, »Heiligung des göttlichen Namens«, die qᵉdušā (Heiligung) eingeschaltet, die im Anschluß an Jes 6, 3; Ez 3, 12b und Ps 146, 10 eine dramatisch belebte Schilderung der Huldigung Gottes durch die Engelchöre gibt. Sie findet sich auch im ersten Hymnus vor dem Schma, und die Meinungen gehen darüber auseinander, ob sie nicht dort ursprünglich ist und den Jubelgesang der himmlischen Scharen beim Erwachen des Morgens ausdrücken wollte. Gegen Ende des Gebetes wird der → *aaronitische Segen* gesprochen. Es folgen Gebete des Flehens (Dan 9, 3), Bitten um Gnade und Sündenvergebung. Ursprünglich war dies ein stilles, dem Belieben des einzelnen überlassenes Privatgebet, erhielt aber später einen festen Wortlaut. Das Morgengebet erhielt außerdem noch Erweiterungen dadurch, daß ihm *Psalmen* sowie *Benediktionen* für besondere Gelegenheiten vorangestellt wurden. Zum Abschluß des ganzen Gebets oder wichtiger Teile desselben dient das *qăddiš* (= er ist heilig), ein eschatologischer Hymnus, der in der Bitte um Herbeiführung des Gottesreiches eine Glorifizierung des göttlichen Namens, eine Art Magnifikat, enthält, daher auch oft mit dem → Vaterunser verglichen wurde (vgl. Bill. I, 408ff). Bei seiner liturgischen Verwendung wurde dem qăddiš eine Bitte um Erhörung der Gebete und der Abschiedsgruß an die Gemeinde hinzugefügt. Auf dem Wege einer im einzelnen unbekannten Entwicklung wurde das qăddiš auch ein Gebet für Trauernde, das Söhne elf Monate nach dem Tode des Vaters oder der Mutter und alljährlich an deren Todestag beim öffentlichen G. sprechen.

b) Die *Sabbat- und Festgebete* sind ihrem Aufbau nach die gleichen wie die der Wochentage, nur daß die Gedanken des Ruhe- oder Feiertags in ihnen zum Ausdruck kommen müssen. Das geschieht zunächst im Achtzehn-Gebet, das zu einem *»Siebengebet«* verkürzt wird. An die Stelle der Bitten tritt ein Gebet, *»Heiligung des Tages«*, das mit einer hymnischen Einleitung beginnt, in eine Bibelstelle ausläuft und in die Bitte »Habe Wohlgefallen an unserm Ruhetag, heilige uns durch Deine Gebote, reinige unser Herz, Dir zu dienen in Wahrheit« mündet. Eine Eigentümlichkeit dieser Tage ist das *»musap-Gebet«*, das nur aus der tᵉpillā besteht, das einzige Gebet, das sich ausdrücklich als Ersatz für das Opfer ausgibt bzw. die Bitte um Wiederherstellung des Opferdienstes ausspricht.

Die *Gebete der drei Wallfahrtsfeste* (Passa am 15.-22. Nisan, Wochenfest am 5. und 6. Siwan, Laubhütten am 15.-23. Tischri) gleichen im Aufbau völlig denen des Sabbats. An den Wallfahrtsfesten wird aber hinter dem Morgengebet das Hallel (Ps 113-118) gelesen. - Eine besondere Gruppe in der Reihe der → Feste (: II) sind die »ehrfurchtgebietenden«: das *Neujahrsfest* am 1. und 2. Tischri und der *Versöhnungstag* am 10. Tischri. Neujahr als »Tag der Weltschöpfung« ist zugleich der Tag der Anerkennung des Gottesreiches sowie der Tag des Gottesgerichts, dh der Anerkennung der sittlichen Verantwortung vor dem himmlischen König; die »zehn Tage der Umkehr« vom 1.-10. Tischri münden in den Versöhnungstag, da das Gottesgericht sich vollendet und der Mensch vor Gott Versöhnung finden soll. Der Gedanke des Gottesreiches und die Bitte um seine Herbeiführung ist in die tᵉpillā beider Feste aufgenommen. Das musap-Gebet für Neujahr ist sogar zu einem »Neungebet« erweitert, das die Anerkennung Gottes als Weltenkönig, als Weltenrichter und als Weltengesetzgeber ausspricht. Für den Versöhnungstag ist das *Sündenbekenntnis* charakteristisch; ursprünglich einfach und allgemein gehalten, ist es mit der Zeit außerordentlich wortreich und ins einzelne gehend geworden. Der Aufbau der Gebete ist derselbe wie sonst im Jahre, nur daß außer musap auch das Abendgebet hinzutritt. Einen Höhepunkt des musap bildet die poetische Schilderung des Sühneaktes des Hohenpriesters im Tempel zu Jerusalem, die von zahlreichen Dichtern aller Zeiten bis auf die Gegenwart bearbeitet, überdies mit erhebenden Melodien ausgestattet worden ist. Erwähnt sei auch das »kol nidrê« (= alle Gelübde), das dem Abendgebet am Rüsttag des Versöhnungstages vorangeht. Es bezweckt die Auflösung aller → Gelübde (: II), die jemand für sein persönliches Verhalten getan hat, bezieht sich aber nicht auf Eide oder irgendwelche Verpflichtungen gegenüber anderen. - Zwischen den Wochen- und Festtagen steht der *Neumondstag;* einst war er selbst ein Feiertag, davon ist nur übriggeblieben, daß er das Hallel und das musap-Gebet hat. Andere besondere Tage werden nur mit kurzen Einschaltungen bedacht, so *Purim* und die Fasttage. Das Tempelweihfest (ḥᵃnukka) ist außerdem durch das Hallel ausgezeichnet.

c) Zum Gebet tritt die *Belehrung*. Sie knüpft an *Lesungen aus den heiligen Schriften* an. Eine Lesung aus der *Tora* findet am Montag und Donnerstag, den beiden Markttagen, sowie am Sabbat, den Festen und allen ausgezeichneten Tagen (mit besonderen Abschnitten) statt. Am Sabbat wird fortlaufend der ganze Pentateuch gelesen, am Montag und Donnerstag der Beginn des folgenden Wochenabschnitts (sidra). In alter Zeit dauerte in Palästina der Zyklus für die Lesung des ganzen Pentateuchs drei Jahre; er war in 153, für Schaltjahre in 167 Perikopen eingeteilt. In Babylonien hingegen wurde der Zyklus in einem Jahr beendet und der Pentateuch in 54 Perikopen (Paraschen) eingeteilt. Je eine Benediktion geht der Lesung voran und folgt ihr. In alter Zeit wurde Vers um Vers mündlich in die aramäische Landessprache übertragen (Targum; vgl. Neh 8, 1-12). Noch im MA fand dies an den Wallfahrtsfesten statt; allmählich trat es vollständig zurück. Die Beendigung des Zyklus und der Beginn des neuen findet am letzten Tage des Laubhüttenfestes statt; man nennt daher diesen »śimḥāt tôrā«, die Freude an der Tora. Durch feierliche, von Gesängen begleitete Umzüge mit den Tora-Rollen, durch naive Gesänge wird dieser Tag als Freudenfest gekennzeichnet; Kinder nehmen in hervorragendem Maße an ihm teil. – Auf die Lesung der Tora folgt an Sabbaten und Feiertagen sowie an Fasttagen die der *Propheten* (Haphtaren). Es werden passende Stücke ausgewählt, die viel kürzer sind als die Perikopen aus dem Pentateuch. Auch werden sie nicht aus den altertümlichen, unpunktierten Rollen gelesen, sondern aus gedruckten Büchern – all das deutet darauf hin, daß dem Prophetenkanon nicht die gleiche Dignität eignete wie der Tora, und daß dieser zwar vom offiziellen Judentum akzeptiert, aber seinerseits erst von bes. eschatologisch interessierten Kreisen – nach Esra und vor 190 (Sir 48f) – »propagiert« wurde. Auch hier folgte dem hebräischen Text eine oft sehr ausführliche Übertragung. Beliebt waren Stücke eschatologischen Inhalts. Hagiographen wurden in alter Zeit außer dem → Estherbuch am Purim nicht verlesen. Später folgten die andern → Megilloth, zuerst wahrscheinlich die Klagelieder am 9. Ab, dann die andern drei an den drei Wallfahrtsfesten.

Bei der Schriftlesung berücksichtigte man gegebenenfalls die besondere Situation eines in Frage kommenden Laien. So wurde ein Ehemann, der das erste Mal nach der Hochzeit den Sabbat-G. besuchte, feierlich zur Tora gerufen. Ein Knabe, der das 13. Lebensjahr vollendet hatte und damit religionsmündig geworden war, las als bär miṣwā (= Sohn der Pflicht; vgl. Abot V, 21) selbst ein Stück aus der Tora oder den »Propheten« vor und empfing dabei den Segen (ein auch gegenwärtig geübter Brauch). An die Lesung und Übertragung knüpfte eine *freie Auslegung* an, woraus sich die *Predigt* entwickelt hat. Die Paraphrasen und freien Homilien biblischer Texte nahmen in alter Zeit den ganzen Sabbat fast bis zum Einbruch der Nacht in Anspruch.

3. *Die Stätte des G.es* nannte man mit einem griechischen Wort → Synagoge, was eigentlich »Gemeinde« bedeutet. Zur gottesdienstlichen Gemeinde ist ein »minjan« erforderlich, dh die Zahl von zehn männlichen Personen, die religionsmündig sind. Träger des G.es ist der Vorbeter, der šᵉliāḥ ṣibbur, Beauftragter der Gemeinde, heißt. Wie alle Funktionen der Synagoge ist auch diese jedem zugänglich, der dazu befähigt ist. Als man in steigendem Maße kunstvollen Gesang (→ Musik: IV) forderte, wurde es notwendig, einen ständigen Beamten mit dieser Funktion zu betrauen, der den Namen ḥäzzan (= Kantor) erhielt. Die Gemeinde beteiligt sich am Gebet mit Responsionen und symbolischen Handlungen. – Gebetet wird mit bedecktem Haupt. Beim Morgengebet wird ein Gebetsmantel (ṭällit) mit den Schaufäden (ṣiṣit) getragen. An den Wochentagen kommen auch die Gebetsriemen (→ Gebet: III) hinzu; der Vorbeter trägt den Gebetsmantel bei jedem Gebet. Das »Ausheben« der Tora aus dem für sie bestimmten Schrein (→ Synagoge) und das »Einheben« nach der Lesung erfolgt in feierlicher Prozession. Am Neujahrsfest und dem Versöhnungstage fällt die Gemeinde bei markanten Stellen zur Erde nieder. Als Symbole aus dem alten Tempelkultus haben sich das Blasen des Schofar (Horn) zu Neujahr, der »Feststrauß« (Lulab) am Hüttenfest (bestehend aus Palme, Weide, Myrthe) und ʼætrog (eine Zitrusfrucht) am 7. Tage, dem »großen Hosianna«, erhalten. Sie sind auf Abbildungen oft neben dem Leuchter dargestellt (vgl. Taf. 9 Abb. 1 bei → Dura-Europos: II; → Katakomben: II). – Zur Einweihung des Sabbats wird ein Segen über den Wein gesprochen, der freilich in erster Linie für den Familientisch bestimmt ist.

4. Schriftliche Vorlagen für die Gebete zu benutzen, war bis in die ersten nachchristlichen Jh.e verboten. Nur die Disposition der einzelnen Stücke, nicht aber der Wortlaut war festgelegt. Dennoch hat sich allmählich ein bestimmter Text herausgebildet, der mit kleinen Abweichungen in der Stilisierung noch heute allen Juden der Welt vorliegt. Daher heißen diese Gebete »Stammgebete«. Sie sind etwa vom 6.Jh. an niedergeschrieben worden; ihre Sammlung heißt »siddur«, dh »Ordnung« der Gebete. Rabbinische Autoritäten legten Wert auf Innehaltung der vorgeschriebenen Ordnung und Beobachtung der sich allmählich bildenden lokalen Gebräuche.

Der Gefahr, daß auf diesem Wege das Gebet zur liturgischen Formel erstarrte, begegneten die innerlich gerichteten Kreise, die in allen Epochen vorhanden, zeitweise sogar von ausschlaggebendem Einfluß gewesen sind. Aus ihren Reihen stammt die häufige Betonung der Zionshoffnung, die Schilderung der Gottesverehrung durch die himmlischen Scharen schon in den Stammgebeten. Aus ihren Reihen gingen die »päjṭanim« (aram. = Dichter; griech. ποιητής) hervor, die das Gebet durch eingeschaltete Dichtungen (»piuṭim«) ergänzten und zahlreiche Anrufungen, Schilderungen der göttlichen Allmacht und der Himmelschöre, Gegenüberstellungen von Himmlischem und Irdischem schufen. Zu diesen erbaulichen gesellten sich didaktische Dichtungen halachischen und haggadischen Inhalts, ausgedehnte Bereicherungen der Gebetsliteratur, deren Verwendung freigestellt war und durch die dem G. starke Beweglichkeit und viel Abwechslung verliehen wurde.

Durch diese Beigaben erhielt das Gebetbuch in den einzelnen Ländern eine verschiedene Gestalt. Man unterscheidet, um nur die zwei wichtigsten heutigen Abweichungen zu nennen, den Ritus der ʼäškᵉnazim (das sind die europäischen und aus [Ost]-Europa ausgewanderten Juden) und der sᵉphārdim, dh der Nachkommen der aus Spanien und Portugal geflüchteten Juden, deren Agende auch von den seit alter Zeit im Orient eingesessenen Juden angenommen worden ist. – Die Zusammenstellung von Stammgebeten und piuṭim nebst den zugehörigen Vorschriften nannte man »māḥzor« (= Zyklus).

Im Laufe der geschichtlichen Entwicklung erhielt der G. durch die Zutaten und Ergänzungen nicht nur ein buntes Gepräge, sondern auch eine unerträgliche Länge. Seit dem Ende des 18.Jh.s machte sich daher eine *Reformbewegung* geltend (→ Judentum: III). Die der Aufklärung Zugewandten fühlten sich durch die unruhige, oft würdelose Art des G.es abgestoßen; sie forderten eine ästhetische Ausgestaltung, bei der ihnen hauptsächlich der prot. G. maßgebend war, und übernahmen von dort Chorgesang und Orgelbegleitung. Die Länge des G.es gab auch Anhängern der Überlieferung zu denken; ein wirklicher Eingriff in die Stammgebete wurde aber nur von den Reformern gewagt. Seit der Emanzipation wurden gewisse aus dem MA stammende Klagen über Fremdheit und Druck beanstandet, das Hebräische als Gebetssprache kritisiert und gegen die Anschauung vom persönlichen Messias Einspruch erhoben. Endlich wurde aus rationalistischen Motiven die Beseitigung der Gebete um leibliche Auferstehung, Wiederherstellung des Opferdienstes und um die Zukunftshoffnungen gefordert. Überhaupt machte sich im 19.Jh. eine neue Auffassung vom G. geltend, auch hinsichtlich der Beteiligung der Frau am G. – Die Reformbewegung führte vielfach zur Spaltung der Gemeinden in einen »liberalen« und einen »traditionstreuen« Teil. Ihre weiteste Ausbildung in Europa fand sie in der jüdischen Reformgemeinde in Berlin (1845), wo aus dem Bestreben heraus, eine deutsch-jüdische »Kirche« zu bilden, die meisten charakteristischen Zeichen der alten Synagoge beseitigt wurden. In manchen Dingen gingen die Reformgemeinden Amerikas noch weiter, da ihr Leitmotiv Beseitigung aller orientalischen Anklänge war. Seit der Jh.wende trat der Rationalismus zurück, historische Selbstbesinnung begünstigte eine Richtung, die bewußt an die jüdische Tradition anknüpfte. In und nach den schweren Verfolgungen, die das Judentum in Europa erfuhr, wandten sich die überlebenden Gruppen, soweit sie dem Glauben der Väter treu blieben, wieder stärker den traditionsgebundenen Formen des G.es zu.

5. *Der häusliche G.* kann sich viel freier und ursprünglicher halten. Hier hat es zu allen Zeiten das *freie Gebet* gegeben, das, an keine Vorschrift gebunden, nur der Eingebung des Herzens folgt. Seitdem das → Psalterbuch vorhanden ist, ist es die Zuflucht der wahren Frommen geblieben, und sie haben im Laufe der Jt.e zahlreiche andere Gebete geschaffen; manches, das ursprünglich nur dem häuslichen G. angehörte, ging später in den öffentlichen G. über. Außer diesen Gebeten gibt es verschiedenartige Gelegenheiten für den häuslichen G., die an bestimmte Zeiten oder Einrichtungen geknüpft sind. Dazu gehören vor allem die *Tischgebete* vor und nach der Mahlzeit. Bes. feierlich ist seit alter Zeit der Eingang des Sabbats und der Feste mit seinem Weihegebet (qidduš) ausgestaltet. Auch die häusliche Feier des Passa-Abends, der sedær (= Ordnung) mit seiner Verbindung von Erzählung, Dichtung und Gebet sowie das Anzünden der ḥ^a^nukkā-Lichter gehört hierher. Ebenso werden wichtige Lebensabschnitte durch mehr oder minder ausgeprägte gottesdienstliche Feiern ausgezeichnet, so Geburt und → Beschneidung, Religionsmündigkeit, Verlobung und Hochzeit. Bei einem Todesfall wird während der Trauerwoche der Gemeinde-G. im Hause der Leidtragenden gehalten. Außerdem gibt es auch individuelle Gelegenheiten für häusliche G.e, zB die Einweihung eines neuen Hauses, die Weihung einer Tora-Rolle, die Beendigung eines Talmudtraktats usw. Sehr viele dieser häuslichen Veranstaltungen haben durch volkstümliche Anschauungen der Umgebung ihr Gepräge erhalten.

A.KUENEN, Über die Männer der großen Synagoge (Gesammelte Abhandlungen, 1894, 125-160) - RE VII, 7ff - SCHÜRER II, 526ff - I. ELBOGEN, Der jüd. G. in seiner geschichtl. Entwicklung, (1913) 1931³ (Lit.) - BOUSSET, Rel. 171ff - E.SCHUBERT-CHRISTALLER, Der G. in der Synagoge, sein Aufbau u. sein Sinn, mit ausgewählten Gebeten, 1927 - G.F.MOORE, Judaism in the first Centuries of the Christian Era I, 1927, 31ff. 281ff - BILL. IV, 153ff (8. Exkurs: Der altjüd. Synagogen-G.) - A.J.SCHECHTER, Studies in Jewish Worship, 1930 - DERS., Lectures on Jewish Liturgy, 1933 - M.ZULAY, Zur Liturgie der babylonischen Juden, 1933 - K.GALLING, Erwägungen zur antiken Synagoge (ZDPV 72, 1956, 163-178) - TH.C.VRIEZEN, Der Nahe Osten in der Brandung, 1958, 103ff. *† I.Elbogen (E.Lohse)*

IV. Im NT

1. Jesus - 2. Apostelzeit - 3. Bedeutung

1. Das Bild, das die Evangelien von der Stellung *Jesu* zum G. geben, ist gekennzeichnet durch Kontinuität und Neuansatz. Auf der einen Seite steht seine loyale Teilnahme am jüdischen Kultus in Synagoge und Tempel, auf der anderen Seite seine Hinweise auf die sich nahende Ablösung des bestehenden G.es durch den vollkommenen G. (Sabbatkonflikte, Tempelreinigung, Drohworte gegen den Tempel). Das Passamahl, im Kreise der Zwölf als Repräsentanten des wahren Israel vollzogen, erhält, auf den Tod Jesu ausgerichtet, einen neuen, heilsgeschichtlichen Inhalt (→ Abendmahl: I).

2. Der G. in der *Apostelzeit* zeichnet sich einerseits durch inhaltlich deutlich bestimmte Ansätze, andererseits durch den Mangel an fest ausgeprägten Formen aus. Diese Tatsache stellt die Forschung vor methodologische Schwierigkeiten, die sich nur teilweise durch eine von den besser greifbaren Befunden in der alten Kirche rückläufig verfahrende Analyse überwinden lassen. In ihren Grundformen seit den Anfängen der Urgemeinde vorhanden sind die beiden Brennpunkte des primär gemeinschaftlichen G.es, der Initiationsritus der → Taufe (: II) und das Kernstück des regelmäßig gefeierten G.es, das Herrenmahl (→ Abendmahl: I). Wohl nicht anfänglich einem besonderen »Wort-G.« (Bauer) angehörend, sondern schon ursprünglich mit der Mahlfeier verbunden (so Cullmann) sind weitere Bestandteile des G.es: Schriftlesung, Auslegung, → Bekenntnis (: III), → Gebet (: IV), Gesang. Diese werden ihrer Art nach aus der Synagoge übernommen, erhalten jedoch ihre Eigenart dadurch, daß zu den Lesungen aus dem AT die »Worte und Taten Jesu« treten, die verkündende Auslegung in der Verlängerung der Predigt Jesu vom Reich Gottes steht, das Bekenntnis christozentrisch ist, die Gebete im Namen Jesu (→ Namenglaube: III) gesprochen werden und die gesungenen Psalmen und Hymnen teils als überkommene christologisch gedeutet, teils neu geschaffen werden. Zahlreiche Spuren von Doxologien, Hymnen, Bekenntnis- und Gebetsformeln (→ Formeln: II) zeugen von den Anfängen gottesdienstlicher Formen. Von intensiver Inspiration getragene Bestandteile des G.es sind prophetische Rede und Zungenreden (1Kor 11; 14). - Zeitpunkt des G.es sind vorwiegend der Abend, die Nacht und der frühe Morgen nach dem Sabbattag, was zur Entwicklung des → Sonntags führt. Der Außenwelt und den Nichtgläubigen entzogener Ort des G.es sind Privathäuser (Apg), doch haben Nichtchristen zu Teilen des G.es Zutritt (1Kor 14, 23). Zur Struktur und Funktion des G.es gehört das → Amt (: II). Der gemeinschaftliche G. liegt dem »geistigen G.« (Röm 12, 1) des einzelnen Christen zugrunde.

3. Die Schriften des NT zeugen, meist jedoch indirekt, von der *Bedeutung* des G.es als religiöser Lebens- und Denkform im Urchristentum. Den diesbezüglichen Vorstellungen und Ausdrücken liegen Terminologie und Symbolik des AT und des jüdischen Kultus zugrunde. Lehrreiche Parallelen, jedoch mit bedeutsamen Unterschieden, finden sich in den Schriften der Sekte von → Qumran. Bezeichnend für die *Ideologie* des nt. G.es sind der Kirchengedanke (→ Kirche: II) sowie der Glaube an die Gegenwart des erhöhten Christus und an den Besitz des endzeitlichen → Geistes (: IV; Anbetung »in Geist und Wahrheit«, Joh 4, 23). Im NT läßt sich die Problematik nicht in den Gegensatz »kultisch-nichtkultisch« fassen. Blickpunkt des G.es ist die Heilstat Christi; diese wird in der urchristlichen Reflexion immer bewußter mit Hilfe von kultischen Begriffen bestimmt: Opfer, Dienst, Tempelbau, Priestertum. Ihrerseits ermöglicht sie das Heilsgeschehen im G., und somit ist Christus in einer dem nt. Denken eigentümlichen Weise nicht nur Objekt, sondern gleichzeitig Subjekt des G.es, dies auch unter dem Gesichtspunkt, daß der G. in der eschatologischen Ausrichtung des Glaubens als Antizipation des endzeitlichen oder als Abbild des himmlischen G.es aufgefaßt wird. Im G. verwirklicht sich ferner nicht nur die Gemeinschaft mit Christus und durch Christus mit Gott, sondern auch, in gegenseitigem Dienen, der Christen untereinander, was eine enge Verbindung von Kultus und Ethik zur Folge hat. - Der G. »in Christus« ist exklusiv. So ist die Lösung vom jüdischen G. (zB Beschneidung, Sabbat, Tempel, Synagoge) folgerichtig (Paulus, Hebr, JohEv). Noch schärfer abweisend sind die Aussagen über »heidnische« Kulte (Paulus, Apg, Apk).

W.BAUER, Der Wort-G. der ältesten Christen, 1930 - A.M.RAMSEY, The Gospel and the Catholic Church, (1936) 1956² - J.M.NIELEN, Gebet u. G. im NT, 1937 - E.LOHMEYER, Kultus u. Evangelium, 1942 - C.W.DUGMORE, The Influence of the Synagogue upon the divine office, 1944 - O.CULLMANN, Urchristentum u. G. (AThANT 3), (1944) 1956³ - L.S.THORNTON, The common life in the Body of Christ, 1944 - J.L.KOOLE, Liturgie en ambt in de apostolische kerk, 1949 - A.COLE, The new Temple, 1950 - W.HAHN, G. u. Opfer Christi, 1951 - G.DELLING, Der G. im NT, 1952 - R.STÄHLIN, Die Gesch. des christl. G.es v. d. Urkirche bis z. Gegenw. (Leiturgia I, 1-81) - PH. SEIDENSTICKER, Lebendiges Opfer (Röm 12, 1) (NTA 20, 1-3), 1954.

H. Riesenfeld

V. Geschichte des christlichen Gottesdienstes

A. Der Osten - B. Der Westen - C. In den jungen Kirchen

V A. Der Osten

1. Alte Kirche: a) Ansätze - b) Die vornicänische Zeit - c) Wandlungen seit dem 4.Jh. - 2. Die orth. Kirche von ca 600 bis zur Gegenwart: a) Eucharistie: α) Geschichte - β) Aufbau - γ) Weltanschauung - b) Die Eucharistie im orth. G. - Ergänzend vgl. bes. → Liturgie: III, → Liturgik: III (liturgiewissenschaftliche Begriffe), → Messe: I

1. a) Für die *frühe Kirche* war der at. Opferdienst abgetan, und der heidnische Kult galt als Abgötterei und Aberglaube. Auch wenn sie früh gelernt hatte, ihre Gebete in Erfüllung von Mal 1, 11 als das rechte Opfer und antithetisch als den wahren G. anzusehen, blieb sie doch für ihre Umwelt eine kultfeindliche und deshalb gottlose Gemeinschaft. Auch sie selbst hatte zunächst für ihre vielgestaltigen Versammlungen keinen gemeinsamen Namen (oft einfach ἐκκλησία, von der es auch heißt: συνάγεται εἰς τὸ αὐτό, daher später σύναξις, »Versammlung«, lat. collecta; das gleichstämmige συναγωγή wird wohl des jüdischen Klanges wegen wieder aufgegeben) und als Ansatz zu einer Theologie des G.es nur das Wissen um die Gegenwart Christi bei ihren Zusammenkünften (bes. Mt 18, 20; Did 4, 1). Für deren Ordnung lassen sich für die älteste Zeit (→ Gottesdienst: IV) ganz verschiedene Ansätze nachweisen: ein mehr charismatischer Typ in den paulinischen Gemeinden; der Anschluß an die hellenistische Synagoge (1Clem) oder das östliche Judentum (Did); und zumindest in der → Gnosis (: III) auch Aufnahme paganer Kultformen.

b) α) Ein neues Bild ergibt sich aus den - neben gelegentlichen Hinweisen einzelner Kirchenväter - wichtigsten Quellen für die *vornicänische Zeit*, den frühen »apostolischen« → Kirchenordnungen (: I), die sämtlich teils direkt aus Syrien stammen (schon Did, Ende 1.Jh. [→ Apostellehre]; → Didaskalia, Mitte 3.Jh.), teils indirekt von östlichen Traditionen bestimmt sind (»Apostolische Tradition« → Hippolyts, Ende 2.Jh.). Auch sie kennen nach Struktur, Häufigkeit und Teilnehmerkreis ganz verschiedene G.e: für die ganze Gemeinde das sonntägliche Herrenmahl (schon Did 14; → Abendmahl: II, 1a; IV, 1), das jährliche Passa-Fasten und die Vigil in der Osternacht (Hipp., Didask.); daneben Lehrversammlungen am Morgen (Hipp., vgl. Did 4, 1f); → Agapen einzelner Gemeindekreise, dh meist jetzt Stiftung einer Armenmahlzeit (Hipp., Didask.), gelegentlich (?) verbunden mit einer Danksagung für das Licht (nur am Sabbatabend? Hipp.); Katechumenen-G.e und die → Taufe (: V), wohl noch ohne zwingende Bindung an eine bestimmte Zeit des Jahres (Did, Hipp., Didask.); → Ordinationen (: V) vor der ganzen Gemeinde (Did, Hipp.); Sonderversammlungen der Kleriker (Dienstbesprechungen? Hipp.). Dabei nehmen Gebetstexte und liturgische Ordnungen teilweise bis in den Wortlaut hinein jüdisches Gut östlicher Herkunft auf: Die Eucharistiegebete (bei Did und Hipp. verschieden) zeigen deutlich die Herkunft aus den jüdischen Tisch-Benediktionen (→ Abendmahl: IV); die dreiteilige Taufordnung (im Osten: Salbung, Tauchbad, Kommunion [so Didask.]; im Westen: Tauchbad, Handauflegung, Kommunion [so Hipp.]) entstammt vielleicht essenischer Praxis (Nauck); im Bischofsweihegebet Hippolyts kehrt ein Stück der Dienstanweisung für den Aufseher (m^ebaqqer) der → Damaskusschrift wieder (Nauck); die täglichen G.e weisen wohl auf das synagogale Morgen- und Abendgebet zurück (Dugmore); die Ansätze des → Kirchenjahres stehen im Zusammenhang mit dem jüdischen Festkalender, die synagogalen Perikopen für Passa (→ Ostern) und → Pfingsten sind in Syrien von der Kirche übernommen; die zwei Fasttage der Did (8, 1), die späteren Stationstage (→ Kirchenjahr), werden dem → Fasten der Pharisäer am 3. und 5. Wochentag entgegengestellt. Und auch G.formen ohne jüdisches Vorbild wie die Ostervigil (Baumstark) stammen aus dem Osten (nach B. Lohse schon aus Jerusalem). Die jüdische Vorlage ist aber in jedem Fall entscheidend verwandelt: Das eucharistische Mahl wird auf die durch die »Deuteworte« des Abendmahls Jesu hervorgehobenen Elemente Brot und Wein beschränkt und hört dadurch auf, eine Mahlzeit zu sein; bei der Taufe wird der Vollzug auf den »Namen« Christi oder der Trinität so entscheidend, daß das volle Tauchbad entfallen kann (so schon Did 7, 3; nach v. Campenhausen auch Joh 13, 9f); die Christen beten nicht mehr nach Jerusalem, sondern nach Osten gewandt, von wo sie die Wiederkunft Christi erwarten (Peterson); bei den Morgen-G.en tritt die Lehrverkündigung, also die → Predigt, stärker hervor als die Lesungen (Did 4, 1f; Hipp. S. 61f ed. Dix); Passa und Pfingsten werden von Tod und Auferstehung Jesu bzw. Himmelfahrt und Geistausgießung her verstanden. Solche umdeutende Rezeption ist also auch Gegenbildung. Beispiele dafür gibt es im Osten, wo der Kontakt mit dem Judentum noch länger nicht völlig abreißt, auch aus späterer Zeit.

β) Von diesen Ordnungen führt ein gerader Weg zu den festen Liturgien der nachnicänischen Zeit (→ Liturgie: III). Manches davon mag schon seit früher Zeit gemeinchristlicher Brauch gewesen sein (zB der Sonntag als Herrentag), aber schon die Existenz (besser: die Verbreitung) täglicher G.e in apostolischer Zeit ist heute umstritten, und anderes war zumindest im Westen ursprünglich unbekannt (zB Ostern und Pfingsten). Seit der Mitte des 2.Jh.s setzten sich anscheinend feste Formen aus ursprünglich nur syrisch-palästinensischer liturgischer Tradition über Kleinasien in der Gesamtkirche durch, zugleich mit der Konzentration der Kirche um das NT und der Abstoßung der Gnosis, und verdrängten dadurch die anderen, nun problematisch gewordenen Ansätze der apostolischen und nachapostolischen Zeit. Es bleibt zwar eine weitgehende lokale Differenziertheit ebenso wie die liturgische Freiheit des einzelnen Bischofs. Aber es gibt jetzt gemeinsame Grundstrukturen der G.e in der ganzen orthodoxen Christenheit.

γ) Die verschiedenen genannten Formen haben sich früh gegenseitig beeinflußt oder sind miteinander verschmolzen. Zentraler G. der vornicänischen Zeit ist die Taufe (bezeichnenderweise ist in → Dura-Europos nur das Baptisterium ausgemalt; s. Taf. 10 Abb. 2), sie wird auf die wichtigste Zeit des Kirchenjahres gelegt und mit der Oster-Vigil verbunden; die → Fastenzeit wird so gleichzeitig zur Vorbereitungszeit der Katechumenen. Als Gedächtnis der Taufe erfährt der Christ die sonntägliche → Messe (Justin, ap. I, 67, natürlich noch ohne diesen Namen), dh die Zusammenfassung des Lese- und Lehr-G.es mit dem Herrenmahl, das den Schluß der Taufe gebildet hatte. Für Hippolyt ist auch das Sichbekreuzigen Tauf-Anamnese (S. 119 ed. Hauler)! In den Schulen Alexandriens und Cäsareas gewinnen die Wochen-G.e eine neue Bedeutung: → Origenes hat an den Stationstagen regelmäßig, bisweilen täglich gepredigt. Daneben kommen neue G.e auf für → Begräbnis (: III, 1), Eheschließung (zB Tertullian, ad ux. II, 9) und Buße (→ Bußwesen: II, 1d. e).

δ) Neben diesem nun kirchlich geordneten und geschützten Kern gab es aber andere, stärker der nichtchristlichen Umwelt verhaftete gottesdienstliche Bräuche, bes. im Totenkult. Aus dem 3.Jh. gibt es archäologische Belege für die Sitte, Gedächtnismahle an den Gräbern zu halten (refrigerium) oder - anscheinend statt dessen - auch die Eucharistie (schon griech. ActJoh 72; Didask. S. 143 übers. Achelis-Flemming). Dieselbe Form hatten die Anfänge des → Märtyrer-Kultes (wohl schon im 2. Jh.), nur konnte hier von vornherein die Gemeinde die Stelle der Angehörigen vertreten. Die Grenze zwischen »kirchlichem« und »privatem« Kult wurde fließend. Neben den Märtyrergräbern gab es in Palästina auch andere, meist vorher schon den Juden heilige Stätten (Grabar), an denen sich nun gegen Ende unseres Zeitraumes auch Christen zu G.en versammelten.

ε) Als Räume für den G. dienten im Anfang Privathäuser, im 3. Jh. gab es schon eigene kirchliche Gebäude. In der in Dura-Europos ausgegrabenen Hauskirche waren anscheinend für die verschiedenen G.e (Taufe, Messe, Agapen?) jeweils eigene Räume eingerichtet. Über Gräbern und anderen heiligen Orten begann man kleine Kapellen (Martyrien) zu bauen. Auch später waren → Basilika (mit Annexgebäuden), → Baptisterium und → Martyrion meist räumlich geschieden; kombinierte G.e bedingten daher Prozessionen.

c) Die Ausbildung großer, zentral gelenkter Kirchengebiete seit dem 4. Jh. (→ Kirchenverfassung: II) trieb die Vereinheitlichung und Verfestigung der Liturgie weiter. Die Riten der Metropolen setzten sich auch in ihrem Hinterland durch, so die Meßordnung (griech.: Liturgie) von Alexandrien als Markus-Liturgie in Ägypten und die Jerusalemer Jakobus-Liturgie in weiten Teilen Syriens; bei der Basilius-Liturgie oder der ostsyrischen Liturgie des Addai und Mari (die u.a. im Ritus der unierten Chaldäer fortlebt) ist der Ursprungsort umstritten (zum einzelnen s. → Liturgie: III). Die Namen stammen allerdings meist erst aus späteren Jh.en. Schließlich erobert die Chrysostomos-Liturgie von Konstantinopel aus den ganzen orth. Osten (s. 2). Ein anderer Weg zur Kodifikation des G.es führte über die Aufnahme der älteren Kirchenordnungen in neue Rechtssammlungen, auf die nun die apostolische Autorität übergeht, von den → Apostolischen Konstitutionen des ausgehenden 4. Jh.s (darin die sog. Clementinische Liturgie) bis zu den späteren großen orientalischen Rechtskorpora. In den einzelnen Gemeinden war damit die Freiheit des Ortsbischofs beschränkt. Aber die Grundstruktur der Liturgie hätte sich nicht zu ändern brauchen. Daß es seit dem ausgehenden 4. und dem 5. Jh. doch zu einschneidenden Neuerungen, schließlich sogar zu einer völligen Wandlung des bisherigen G.es kam, hatte andere Ursachen: Die Entstehung des Mönchtums, der Massenzustrom zur Kirche im christlichen Reich und die dadurch vordringende Volksfrömmigkeit, ferner die Reaktion der Theologie.

α) Die Asketenvereine des 2. (?) und 3. Jh.s (Syrien: Liber graduum; Kleinasien: vgl. → Methodius), in mancher Hinsicht Vorläufer des → Mönchtums (: II), hatten wohl schon spiritualistische Sonder-G.e. Das Klostermönchtum erneuerte dann vor allem den täglichen G. durch die Ausbildung fester Gebetszeiten (→ Stundengebet). Rückwirkungen auf den Gemeinde-G. treten erst später auf.

β) Die Bauten → Konstantins in Palästina lockten Pilgerscharen aus allen Kirchengebieten an die → heiligen Stätten (: III) und machten Jerusalem zu einem der einflußreichsten Liturgie-Zentren. Die gehäuften Massen-G.e bes. der Karwoche und Osterzeit mit ihren → Prozessionen zu den zahlreichen Gedächtnisorten wollten den Weg Jesu dramatisch nachführen und leiteten damit eine bis dahin unbekannte Historisierung und zugleich Hypertrophie der Liturgie ein. - Zugleich mit den → Wallfahrten wuchs die Sucht nach → Reliquien (→ Ampullen, Kreuzpartikel, Tuchreliquien), die dann auch in der Heimat der Pilger verehrt wurden. In dieselbe Richtung drängte das Anwachsen des Märtyrerkultes. In Afrika (bes. im → Donatismus) und Mailand (→ Ambrosius) im 4., in Syrien vor allem im 5. Jh. (Lassus) dringt er von den Friedhöfen in die Kirchen (Translationen, Einbau von Märtyrerkapellen mit → Reliquiaren) und damit endgültig in den offiziellen G. ein, bald zur allgemeinen → Heiligenverehrung (: II) ausgeweitet. Damit war der Theologie eine neue Aufgabe gestellt.

γ) Die Gegenwart Christi im G. wurde - nach älteren Ansätzen und in unterschiedlicher Weise - im 3. Jh. vor allem als Teilhabe der Gemeinde am himmlischen G. der Engel verstanden. Dieser himmlische Hofstaat, zu dem nun auch die Märtyrer und Heiligen gehören, ist in theodosianischer Zeit - auch ikonographisch (→ Christusbild) - deutlich ein Gegenbild zum Kaiserhof, Christus wird zum Basileus. Gleichzeitig verbreitete sich, bes. durch die → Antiochenische Theologie, das Gefühl des Abstandes gegenüber dem himmlischen Christus. Seine Gegenwart wird zum schauer-erregenden Mysterium (→ Chrysostomus, 5. myst. Katechese → Cyrills [besser wohl des Johannes] von Jerusalem, → Theodor von Mopsuestia). Damit beginnt eine völlige Verwandlung des G.es: die Kommunikantenzahl sinkt (freilich auch aus anderen Gründen); die entscheidenden Orationen der → Messe werden zu Stillgebeten des Liturgen; der → Altar wird verhüllt, zunächst nur vor den Ungetauften, später vor der ganzen Gemeinde. Das Heilige sollte vor Profanierung geschützt werden, aber damit leben Sprache (schon → Clemens von Alexandrien, aber noch rein literarisch-antithetisch in Nachfolge der philosophischen → Gnosis [: III, 3 a]) und Strukturen der Mysterienkulte wieder auf (Höhepunkt: → Dionysius Areopagita), und den Heiligen, ihren Reliquien und dann bes. ihren → Bildern (: III) wächst nun erst recht eine Mittlerfunktion zu. Die Rezeption der ursprünglich gegenchristlichen Kulttheologie des → Neuplatonismus, die das irdische Bild am himmlischen Urbild teilhaben ließ, ermöglichte sogar eine theologische Rechtfertigung der Reliquien- und Bilderverehrung, aber damit auf die Dauer auch ihre Spiritualisierung. Und unter diesen Schalen blieb gerade so der alte vornicänische Kern auch geschützt. So ist die Umwandlung des altkirchlichen G.es im Osten zum byzantinischen G. (s. 2) Rezeption ursprünglich bekämpfter antiker Kultformen und -vorstellungen, insofern also Paganisierung; aber zugleich deren Umformung durch die Arbeit der griech. Theologie und damit eine Analogie zu der umdeutenden Aufnahme jüdischer Ordnungen in (vorwiegend) vornicänischer Zeit.

Qu.: F.E. Brightman, Liturgies Eastern and Western I, 1896 - J. Quasten, Monumenta eucharistica et liturgica vetustissima (Flor. Patr. VII), 1935/37 - J. Beckmann, Qu. zur Gesch. des christl. G.es, 1956. - Allgemein: Die einschlägigen Art. in DACL, 1907-53 - L. Duchesne, Origines du culte chrétien, (1889) 1925[5] - A. Baumstark, Die Messe im Morgenland, 1906 - Ders., Vom geschichtl. Werden der Liturgie (Ecclesia orans 10), 1923 - Ders., Liturgie Comparée, (1933) ed. B. Botte, 1953[3] - L. Eisenhofer, Grundriß der Liturgik, (1924) ed. J. Lechler, 1950[5] - Ders., Hdb. der kath. Liturgik, (1932/33) 1941[2] - J.A. Jungmann, Gewordene Liturgie, 1941 - G. Dix, The Shape of the Liturgy, (1945) 1952[2] - Rietschel-Graff - Leiturgia I ff - EKL I, 1671 ff - L. Fendt, Einführung in die Liturgiewissenschaft, 1958. - Im übrigen vgl. die Lit. zu → Abendmahl: IV, → Kirchenjahr, → Liturgie: III, → Messe: I, → Stundengebet, → Taufe: V. - Zu 1 b α): H. Frhr. v. Campenhausen, Zur Auslegung von Joh 13, 6-10 (ZNW 33, 1934, 259-271) - C.W. Dugmore, The influence of the Synagogue upon the divine Office, 1944 - E. Peterson, La croce e la preghiera verso oriente (EphLitur g 59, 1945, 52-68) - Ders., Die geschichtl. Bedeutung der jüd. Gebetsrichtung (ThZ 3, 1947, 1-15) - B. Lohse, Das Passafest der Quartadecimaner (BFChTh II, 54), 1953 - G. Kretschmar, Himmelfahrt u. Pfingsten (ZKG 65, 1955, 209-253) - W. Nauck, Die Tradition u. der Charakter des 1Joh

(WUNT 3), 1957 - DERS., Probleme des frühchristl. Amtsverständnisses (ZNW 48, 1957, 200-220) - A.BAUMSTARK, Nocturna Laus (Liturgiewiss. Quell. u. Forsch. 32), 1957. - Zu 1 b δ): TH.KLAUSER, Die Cathedra im Totenkult der heidnischen u. christl. Antike (Liturgiewiss. Forsch. 9), 1927 - A.M.SCHNEIDER, Refrigerium I (Diss. Freiburg), 1928 - A.GRABAR, Martyrium Iff, 1943/46 - A.STUIBER, Refrigerium interim (Theophaneia 11), 1957. - Zu 1 c β): J.LASSUS, Sanctuaires chrétiens de Syrie (Bibl. Arch. et Hist. 42), 1947 - B. KÖTTING, Peregrinatio religiosa, 1950 - G.KRETSCHMAR, Zur frühen Gesch. der Jerusalemer Liturgie (JLH 2, 1956, 22-46). - Zu 1 c γ): J.A.JUNGMANN, Die Stellung Christi im liturg. Gebet (Liturgiegesch. Forsch. 7/8), 1925 - E.PETERSON, Das Buch von den Engeln, (1935) 1955² (= Theol. Traktate, 1951, 323-407) - J.QUASTEN, Eucharist. Frömmigkeitsauffassungen des 4.Jh.s (Vom christl. Mysterium, Ges. Arbeiten z. Gedächtnis von O.Casel OSB, 1951, 66-75) - J.KOLLWITZ, Zur Frühgesch. der Bilderverehrung (RQ 48, 1953, 1-20 = Das Gottesbild im Abendland, 1957, 57-76) - G.FITTKAU, Der Begriff des Mysteriums bei Joh. Chrysostomus (Theophaneia 9), 1953 - W. ELERT, Der Ausgang der altkirchl. Christologie, 1957, bes. 165 ff - E.KÄHLER, Te Deum laudamus, 1958. - Zur »Mysterientheologie« vgl. die Lit. bei O. → Casel. *G.Kretschmar*

2. a) α) Vom 7.Jh. an (Araberinvasion, Verlust der orientalischen Nationalkirchen) beginnt die abschließende Entwicklung vom G. der alten Kirche zum einheitlichen Reichskultus. Im Chronikon Paschale Mitte des 7.Jh.s findet sich die erste Erwähnung der Präsanktifikantenliturgie. Im 10.-11.Jh. erobert die → Liturgie (: III) von Konstantinopel, die Chrysostomusliturgie, ihren Vorrang vor der des Basilius. Etwa vom 9.Jh. an ist der Ausbau der Prothesis (Vormesse) anzusetzen. Gleichzeitig setzt, verbunden mit den Namen des → Romanos, → Johannes Damascenus und → Andreas von Kreta, sowohl die diffizile Gestaltung als auch die Sakralisierung des altkirchlichen Hymnenapparates in die griech. Kultmusik ein. Die Eucharistie wird ein Mysteriendrama, das die Gemeinde mehr und mehr nur als passiver Zuschauer verfolgt. Alte, zT antikultische Traditionen werden in den monastischen G.en fortgesetzt, wie sie in den Typika (→ Typikon) vorliegen. Abgesehen von Sonderentwicklungen an einzelnen Stellen der Eucharistie unter den slawischen Völkern, vor allem in Rußland, kann mit den ersten Drucken im 15.Jh. der orth. Meß-G. als abgeschlossen angesehen werden. In → Symeon von Thessalonich erwuchs ihm ein trockener, in Nikolaus → Kabasilas ein mitreißender Interpret. Im 19.Jh. gab der russ. Dichter → Gogol eine Beschreibung des orth. G.es. Eine Sondergruppe nehmen die mit Rom unierten Riten ein (Melkiten, Ruthenen u.a., → Unierte Kirchen), vgl. auch → Basilianer. Rom hatte bereits vor den offiziellen Unionsbemühungen versucht, die griech. Liturgien in das Rahmenwerk der römischen → Messe (: II) einzubauen: die sog. Petrusliturgie. Ihre Herkunft und Einzelheiten ihres Aufbaus sind noch immer nicht restlos geklärt (vgl. Codrington, Čyževskyj, Vašica, Hanssens).

β) Die Vormesse oder *Prothesis* wird im gleichnamigen Raum hinter der → Bilderwand am Rüsttisch (→ Altar: III D) vollzogen. Ihre Handlungen sind zunächst die Diataxis mit Einkleidung der Liturgen und Waschung der Hände, sodann die Proskomidie, d.i. »Schlachtung« des Prosphora-Siegels (»Lamm«) mit einer Lanze, Mischung von Wasser mit Wein, Aufteilung der hl. Partikel, Räucherung und Entlassung. Die Aufteilung in Partikel geschieht mit 5 gesäuerten Broten (keine Azymen!). - Den Übergang zur *Katechumenenliturgie* bildet die Enarxis (Eröffnung), nach Kunze ein Überrest monastischen Vorrechtes, den G. eröffnen zu dürfen, und als Introitus Ps 51, 17. Während des gesamten Eucharistie-G.es begleitet der Diakon mit Ektenien die Stillgebete (secreta, Gebete, μυστικῶς gesprochen) des Liturgen. Ektenien und secreta werden abgelöst durch den Chor, wozu die letzteren am Schluß laut gesprochen werden. Bei actiones, wie etwa den Einzügen, an denen die Liturgen teilnehmen, singt der Chor die entsprechenden Hymnen. Während der Katechumenenliturgie wird im »kleinen Einzug« das Tetraevangelium vom Altar vor die Bilderwand getragen, der Gemeinde gezeigt und wieder zum Altar gebracht. Sowohl im Diakonruf: »Sophia! Aufrecht« als auch im → Troparion (Brightman 368) wird diese actio typologisch gedeutet: Im Tetraevangelium ist »der Sohn und Logos Gottes, seine enhypostasierte Sophia« (aus dem → Synaxarion des 25. März), der Gemeinde erschienen. So folgen jetzt die Lesungen aus Apostolos und Aprakosevangelium (Lektionare, nach den Festen bzw. Sonntagen eingeteilt). Die Gebete über Büßer u.a. der alten Kirche sind im Mysterien-G. auf die Katechumenen eingeschränkt. - *Die Liturgie der Gläubigen* wird mit der Entfaltung des Eileton (→ Altar: III) eröffnet. Es folgen Ektenie und zwei secreta. Der erste Teil des Cherubim-Hymnus führt zum »großen Einzug«, der die hl. Geräte von der → Prothesis zum Altar bringt. Proskomidie-Gebet, Friedenskuß und Glaubensbekenntnis mit dem Rest der → Arkandisziplin im Diakonruf: »Die Türen...« führen zum Herzstück der Eucharistie, zur Anaphora (Brightman 383ff): »Recht und würdig ...«; die Präfation (ursprünglich wohl ein charismatisches Freigebet), geteilt durch das Sanctus, geht über in die Einsetzungserzählung. Ihre Aktualisierung mit eschatologischem Ausblick, das »unde et memores« der römischen Messe, findet in der Anamnese statt. Es folgen das Offertorium und die → Epiklese. Letztere hatte in der alten Kirche konsekratorischen Charakter. Erst durch westliche Einflüsse im 16.-17.Jh. wurde dieser auf die Einsetzungsworte ausgedehnt. Die Epiklese *nach* der Einsetzung ist besonderes Traditionsgut der antiochenischen Kirche. Dem Höhepunkt, der Wandlungsepiklese, folgen die Wandlungsactio (μεταβαλών κτλ., Brightman 387) und Diptychengebete (wichtig für Fragen der Jurisdiktion) mit vorhergehender Interzession. Vaterunser, Elevation, Kommunion der Priester, danach der Gläubigen leiten über zur Schlußektenie und dem Antidoron oder der Eulogie (nichtkonsekriertes Brot, das ausgeteilt wird). Rückbringung der Geräte ohne Umzug in die Prothesis, Hymnen und Schlußgebete beenden den G. In der *Präsanktifikantenliturgie* wird das am Sonntag vorher konsekrierte Brot ausgeteilt. Sie wird an den a-liturgischen Tagen gehalten (Große Fastenzeit, außer Samstag, am Montag bis Mittwoch der Karwoche).

γ) Aus den at. Rezitationen zur Einkleidung (Brightman 354f) und aus zahlreichen Hymnen (Cherubim-Hymnus) ergibt sich die Vorstellung von dem Liturgen als Typos at. oder himmlischer Archetypen. Diese Vorstellung wurde erweitert durch das sakrale Weltbild des → Dionysius Areopagita: Das Sakrament des Urlichtes wird durch die ἐρωτικὴ κίνησις (kosmische Bewegung des göttlichen Eros, De div. nom. 4, 14) vermittels der himmlischen und kirchlichen Hierarchien weitergereicht. Eigentlicher Liturg ist der Bischof, der Priester nur, soweit er von diesem delegiert wird. In diese kosmische »Bewegung« ist der Gläubige schon durch Teilnahme an der Eucharistie miteinbezogen. Es entsteht ein Kultautomatismus, der unverändert mit kultisch »konservierter« Eschatologie durch die Jh.e geht. Dem entspricht auch das Bildersystem sowohl der → Bilderwand als auch der Sakraldekoration im Inneren und Äußeren der orth. Kirchen.

b) Das monastische → Stundengebet war auf die tägliche Eucharistiefeier ausgerichtet. Diese Sitte hat auf den stadtjerusalemischen G. eingewirkt. Die ursprüngliche Enarxis (s. 2 a β) mit ihren 3 Psalmenantiphonen (Brightman 310 ff) bildete nach Baumstark eine die Eucharistie vorbereitende Gebetshore, die später mit dem nach einer komplizierten Entwicklung sich herausbildenden Früh-

G. der griech. Kirche (Orthros) verschmolz, wobei die Enarxis ein reiner Übergangsmodus wurde (Brightman 362). Während die Klostertypika weithin diese alte Sitte bewahrten, legten die Stadtkirchen die Horen zusammen. So entstand die heute gültige Sitte, die Eucharistie zwischen Terz und Sext, praktisch eben im Orthros zu feiern, abgesehen von den Vesper-Vigilien zur Weihnacht und Epiphanie, wobei die Chrysostomusliturgie das ganze orth. Kirchenjahr beherrscht, während die des Basilius am 1.I. (seine Synaxis), am 25.XII. und 6.I. gehalten wird, außer Samstag und Sonntag in der Vigil, sowie an den Festen selbst, außer am Sonntag und Montag. Zahlreiche Stücke des Eucharistie-G.es sind variabel, zB die Troparien, der Cherubim-Hymnus, die Antiphonen und die Psalmversikeln (stichoi), vor allem in den Prokeimena (Brightman 371). Der Liturg findet den Text der drei gebräuchlichen Liturgien (Chrysostomus-, Basilius- und Präsanktifikantenliturgie) im Euchologion, das auch die Formulare für die Spendung der Sakramente, der Weine und der Segnung enthält. Die variablen Gebete und die Hymnen für den Chor sind für den Wochenzyklus nach Pfingsten im → Oktoechos verzeichnet, für das proprium de tempore sowie das proprium sanctorum in dem → Menaion und Triodion. Letzteres umschließt die Große Fastenzeit bis Ostersamstag, während das Blumentriodion oder Pentekostarion vom Ostersonntag bis zur Pfingstoktav reicht. Der Chor braucht noch das Psalterion (→ Psalterien) und das Hirmologion (→ Hirmos), um die Feier der Eucharistie im orth. G. vorschriftsmäßig zu vollziehen. So hat sich im Laufe der Zeit über den hymni, psalmi, antiphonae, lectiones und orationes des G.es der alten Kirche ein komplizierter und nur noch mystagogisch zu verstehender Kultus entwickelt. Welche Entfernung vom Gebet der monastischen Reform im 4.Jh.! Aus der Liturgie wurde ein Kultus, aus dem »Dienst« eine hierarchische Repräsentation, welche die Individualität des Liturgen zur reinen Kultfunktion, die Gemeinde aber zu völliger Passivität verurteilte. Immerhin kann man in der russ.-orth. Kirche das Bekenntnis und das Vaterunser von der Gemeinde sprechen hören. Ebenso ist es Sitte, die bekanntesten Hymnen leise mitzusingen. Damit aber befinden wir uns an der Grenze unserer Darstellung zur Konfessionskunde.

I. Dimitrijevskij, Histor., dogmat. u. sakrament. Erklärung zur Liturgie, Moskau 1807 (russ.) - J.Th. Franz, Die eucharist. Wandlung u. Epiklese der griech. u. oriental. Liturgien, 1879/80 - G.A. Swainson, The Greek Liturgies, Cambridge 1884 - L. Duchesne, Origines du culte chrétien, Paris (1889) 1925[5] - F.E. Brightman, Liturgies Eastern and Western I, Oxford 1896 - Ders., The Historia Mystagogica and other Greek commentaries on the Byzantine Liturgy (JThS 9, 1908, 248-276. 387-397) - R. Engdahl, Beitr. zur Kenntnis der byzantin. Liturgie, 1908 - I.A. Karabinov, Das eucharist. Gebet (Anaphora), Petersburg 1908 (russ.) - A. Baumstark, Festbrevier u. Kirchenjahr der syr. Jakobiten, 1910 - Ders., Vom gesch. Werden der Liturgie, 1923 - Ders., Denkmäler der Entstehungsgesch. des byzantin. Ritus (OrChr 24, 1927, 1-32) - Ders., Liturgie Comparée, Paris-Chevetogne (1939) 1953[3] (Lit.) - J. Höller, Die Epiklese der griech.-oriental. Liturgien, 1912 - DACL VI/1, 142 ff; VI/2, 1591 ff - DThC V/1, 194 ff - O. Casel, Zur Epiklese (JLW 3, 1923, 100-102; 4, 1924, 169-178) - H. Lietzmann, Messe u. Herrenmahl (AKG 8), (1926) 1955[3] - S. Salaville, La croyance grecque sur la forme de l'Eucharistie et l'Epiclèse (ByZ 30, 1929/30, 328-332) - Ders., An Introduction to the Studies of Eastern Liturgies, London 1938 - Ders., Liturgies Orientales I. II, Paris 1942 - I.M. Hanssens, Institutiones Liturgicae de Ritibus Orientalibus I-III, Rom 1930-32 - Ders., OrChrP 5, 1939, 103-150 (Petrusliturgie) - I.D. Stefanescu, L'Illustration des Liturgies dans l'Art de Byzance et de l'Orient (AIPh 1932/33, 21-77) - J. Quasten, Monumenta Eucharistica et Liturgica vetustissima, 1935-37 - H.W. Codrington, The Liturgy of Saint Peter, 1936 - W.H. Frere, The Anaphora or great eucharistic prayer, London 1938 - J. Vašica, Die slav. Liturgie des hl. Petrus (Byzantinoslavica 8, Prag 1939-46, 1-54; tschech.) - M. Jugie, De Forma Eucharistica. De Epiclesibus Eucharisticis, Rom 1943 - A. King, The Rites of Eastern Christendom, 2 Bde. Rom 1947 - R.P.E. Mercenier-Fr. Paris, La Prière des Eglises de Rite Byzantin I, Chevetogne 1947 - A. Raes, Introductio in Liturgiam Orientalem, Rom 1947 - G. Kunze, Lehre, G., Kirchenbau in ihren gegenseit. Beziehungen (VEGL 4), 1949 - B. Schultze, Zum Problem d. Epiklese... (OrChrP 15, 1949, 368-404) - E. Wellesz, A History of Byzantine Music and Hymnography, Oxford 1949 - A.I. Georgijevskij, Der G. der göttl. Liturgie, Moskau 1951 (russ.) - E. Giordani, Das mittelbyzant. Ausschmückungssystem (Jb. österr. Byzantin. Gesellsch. 1, 1951, 103-134) - D. Čyževskyj, Zur Frage der Liturgie des hl. Petrus (Slovo 2, Zagreb 1953, 37-41; russ.) - N. Denis-R. Boulet, Eucharistie ou la Messe, Paris 1953 - K.B. Ritter, Bemerkungen zur eucharist. Epiklese (Kosmos u. Ekklesia, 1953, 163-173) - Catholicisme IV, 302 - B. Botte, Problèmes de l'Anamnèse (JEH 5, 1954, 16-24) - M.G. H. Gelsinger, The Epiklesis in the Liturgy of St. Basil (East. Church Quart. 10, 1954, 243-248) - P. Trembelas, L'audition de l'Anaphore Eucharistique par le Peuple (L'Eglise et les Eglises II, Chevetogne 1955, 207-220) - J. Beckmann, Quellen zur Gesch. des christl. G.es, 1956 - D. Moraitis, La Messe des Présanctifiés (Actes IXe Congr. Intern. Et. Byz. II, Athen 1956, 220-228) - O. Strunk, The Byzantine Office at Hagia Sophia (DOP 9/10, 1956, 175-202). *K. Onasch*

V B. Der Westen

1. Röm.-kath. Kirche bis zur Gegenwart: a) Liturgien - b) Predigt - c) Kommunion - d) Stundengebet - e) Sakramente und Sakramentalien - f) Andachtswesen - g) Gemeindegesang - h) Liturgische Bewegung - i) Kath. G. und Kirchenrecht - 2. Der G. der ev. Kirchen: a) In der Reformationszeit: α) Bis 1526 - β) Die Kirchenordnungen - γ) Zwingli - δ) Calvin - b) Seit der Reformation - c) Die Freikirchen - d) Die Sekten. - Zum G. in den Jungen Kirchen vgl. → Gottesdienst: V C; zu den ev. liturgischen Bewegungen vgl. → Gottesdienst: VI.

1. Der G. der *röm.-kath. Kirche* ist nach ihrer Auffassung die Gesamtheit der von Christus und der Kirche angeordneten öffentlichen Gebete und Kulthandlungen, die von Amtsträgern in gesetzlich geordneten Formen vollzogen werden. Die durch die Christusgegenwart gewirkte liturgische Aktivität der Kirche hat ihr Zentrum in der → Messe (: II) als dem eigentlichen G.

a) In Rom herrschte im 4.Jh. noch ein »liturgischer Provinzialismus« (Fendt), aber aus diesem ist »die Messe« des Abendlandes hervorgegangen. Am Ende des 4.Jh.s ging Rom zum lat. G. über. Um die Wende des 5.Jh.s sind (nach Jungmann) bereits die Umrisse der röm. Messe im wesentlichen fertig. Doch finden wir bis ins MA im Abendland *verschiedene* Gestaltungen der Messe (vgl. Orient, → Gottesdienst: V A, 1). Zwei Familien heben sich voneinander ab: die *röm.-afrikanische* und die *gallische* Liturgie mit ihren vier Hauptformen des (im engeren Sinne) gallikanischen, keltischen, altspanischen (mozarabischen) und mailändischen (ambrosianischen) Ritus. Namentlich die im Frankenreich bis zu ihrer Verdrängung durch die röm. Messe im 8.Jh. geübte *gallikanische* Liturgie (zB Missale Gothicum) bildete einen selbständigen, von Rom verschiedenen Typ. Die Einführung der röm. Liturgie im Frankenreich (Pippin, Karl d.Gr.) führte zu ihrer Umgestaltung. Wichtige Quellen sind das fränkisch-röm. Gelasianum saec. VIII und das fränkisch-röm. (alkuinische) Gregorianum (→ Sakramentare). Aus diesem fränkisch-röm., gelasianisch-gregorianischen Liturgicum bildete sich der neue Grundtyp der röm.-fränkischen Messe (von Luykx »Rheinischer Meßordo« genannt; in St.Gallen entstanden). Dieser kam um 1000 nach Rom zurück und bestimmte hier die weitere Entwicklung der → Messe (: II), die 1570 unter Pius V. zum Einheitsmissale führte (Ausnahmen: Alte Orden, Mailand, Toledo, Braga, Lyon).

b) Für die *Predigt* bildete sich im fränkischen Raum im hohen MA *innerhalb* der Messe eine geschlossene Predigtliturgie (Pronaus) aus, die sich schließlich zu einem besonderen Predigt-G. verselbständigte. Seine Rechtsform war oft die der Prädikatur, dh einer besonderen Predigtstiftung (zuerst Amberg 1370; Heilbronn 1426).

Nach Surgant (Manuale curatorum, Straßburg 1506) nimmt er folgenden Verlauf: Lat. und deutsches Votum und Textverlesung, Anrufung des hl. Geistes, Predigt, Abkündigungen, Allgemeines Kirchengebet, Vaterunser und → Ave Maria, Apostolikum, Dekalog, → Offene Schuld mit Absolution, Schlußvotum. Sein liturgischer Ort war die Kanzel, seine Sprache deutsch. Dieser selbständige Predigt-G. war bes. in Süddeutschland (auch Frankfurt/M.) die Grundlage für den reformatorischen G. Die norddeutschen Ordnungen von → Bugenhagen bauten diesen Predigtauftritt in ihr Meßformular ein.

c) Um eine zu große Ausdehnung der Messe zu vermeiden, begann man im 13.Jh., die *Kommunion* auch außerhalb der Messe auszuteilen. Aus dieser Übung entwickelte sich die selbständige Kommunionfeier, die nach der kath. Agende von Mainz 1599 folgendermaßen verläuft: Vermahnung, Offene Schuld, Mt 8, 8, Austeilung, Gebet, Segen. Diese (deutsche) Gemeindefeier wurde in der Reformation bes. in Süddeutschland übernommen.

d) Das → *Stundengebet* (Breviergebet, Officium divinum, Horen) ist ein öffentliches, im Namen der Kirche von bes. dazu verpflichteten Gliedern verrichtetes Gebet, dessen Bestandteile im Brevier gesammelt sind. Das Brevier nahm eine der Messe analoge Entwicklung: das im Karolingerreich entstandene fränkisch-röm. Mischoffizium kehrte im 10.Jh. nach Rom zurück, von wo es in der Gestalt des (verkürzten) Kurialbreviers durch die Franziskaner verbreitet wurde und die Grundlage für das 1568 von Pius V. allgemein eingeführte Röm. Brevier abgab. Nach Pius X. griff Pius XII. die Brevierreform wieder auf, die bereits zu zwei Ergebnissen geführt hat: dem fakultativen Gebrauch der neuen Psalmenübersetzung (1945) und einer Rubrikenvereinfachung (1955). – Bereits im MA war das Brevier vorwiegend zu einer Angelegenheit des Klerus geworden. Die Teilnahme der Gemeinde beschränkte sich auf einzelne Horen. In der Gegenwart versucht man dem Brevier den Weg zu den Laien zu bahnen. Innerhalb der kath. Jugend gewannen Prim und Komplet (!) große Bedeutung. Pius XII. rät die Volksvesper bes. an. Die deutsche Sprache tritt in den Vordergrund.

e) Zum G. gehören ferner die → *Sakramente* und → *Sakramentalien,* die nach → Thomas von Aquino in Weihungen, Segnungen (u.a. die → Exsequien) und Beschwörungen eingeteilt sind. Taufe, Ehesakrament, Krankenölung und Begräbnis werden heute durch das 1949 genehmigte deutsche Ritual (Collectio Rituum) geregelt.

f) Innerhalb der kath. Frömmigkeit nimmt das *Andachtswesen* (vgl. auch → Litanei) eine hervorragende, nicht zu übersehende Stellung ein. Der Laie des MA war im G. nur Zuschauer bei der Feier der Priesterschaft, nicht Mithandelnder. Die → Volksfrömmigkeit (: I) lebte daher immer mehr aus den Andachten neben und außerhalb der Liturgie. Vor allem im Zeitalter der Gotik trat die Kommunion zugunsten des angeschauten Sakraments zurück. Das von der Messe losgelöste Sakrament des Altars rückte in den Vordergrund, was den gesamten *Aussetzungskult* im 14.Jh. nach sich zog: Messen vor ausgesetztem → Allerheiligsten, *Sakramentsandachten* und sakramentaler Segen (heute öffentliche und private Aussetzung). Eine besondere Art der Exposition ist das Vierzigstündige Gebet (vierzigstündige Aussetzung), das im 16.Jh. in Italien durch den Kapuziner Joseph von Fermo und in Deutschland durch die Jesuiten verbreitet wurde. – Im Volk wurde ferner das Stundengebet durch dem Volke bekannte Gebete ersetzt, vor allem durch das Apostolikum, das Vaterunser und das Ave Maria. – Die Betrachtung der Passion Christi ließ zusätzliche Andachtsformen neben dem offiziellen Brevier entstehen (zB das Offizium vom hl. Kreuz). Daraus entwickelten die Franziskaner die *Kreuzwegandacht* (→ Kreuzweg: II). Die Dominikaner machten den → *Rosenkranz* als Stundengebet des einfachen Mannes und als Marienpsalter im Volke heimisch. Bes. beliebt sind die der Verehrung Marias geweihten → *Maiandachten,* die sich vor allem im 19.Jh. von Rom aus verbreitet haben. Mit vielem Schmuck ausgestattet, besitzen sie einen starken poetischen Reiz. Eine stark subjektivistische Andacht ist die Ende des 12.Jh.s in Deutschland aufgekommene → *Herz-Jesu-Verehrung.* Die *Andacht zu den 14 Nothelfern* entstand im 15.Jh. in der oberen Maingegend (Pest). Auch die → *Prozessionen* und → *Wallfahrten* (→ Litanei) gehören in diesen Zusammenhang. – Demgegenüber erstrebt die Liturgische Bewegung (s. h) eine Rückwendung vom Individualismus zum alten Kultmysterium der ganzen Gemeinde.

g) Am Ende des MA wurden die liturgischen Texte der Messe ausschließlich vom → Chor gesungen. Sie durch Lieder des Volkes zu ersetzen wurde verboten. Dagegen herrschte der *Gemeindegesang* bei außerliturgischen Gelegenheiten (zB Prozessionen, Andachten) vor. Das deutsche Gemeindelied hatte ferner seinen Platz vor und nach der Predigt im selbständigen Predigtgottesdienst sowie in den geistlichen Spielen an den hohen Festen. Im ausgehenden 15.Jh. sickerte es allerdings auch in die Meßfeier ein, ohne jedoch wirklich Bestandteil der Messe zu werden (vgl. Leisen und → Sequenzen). Der Gemeindegesang der Reformation übte einen nachhaltigen Einfluß auf den kath. G. aus. Der Singefreudigkeit der Gemeinde *mußte* nun Rechnung getragen werden (vgl. Mainzer Cantual von 1605). Kennt das erste kath. → Gesangbuch (: I, 1 f) von M.Vehe (1537) deutsche Lieder nur bei stillen Messen, außerliturgischen Andachten und der Predigt (so auch Erzbischof Joh.Philipp von Mainz 1656), so geht aus den späteren Auflagen des Gesangbuches von J.Leisentritt hervor, daß Bischöfe den Volksgesang im Amt duldeten, wenn auch nur neben dem lat. Choralgesang. Das Gesangbuch von Münster 1677 gestattete deutsche Lieder im Amt sogar anstelle von Introitus, Gloria, Credo und Agnus, wie später in der »Deutschen Singmesse« (s. h). Die Aufnahme des Gemeindegesanges in den liturgischen G. war in den einzelnen Diözesen verschieden; jede hatte vom 17.Jh. an ihre eigenen offiziellen und privaten Gesangbücher. Im 19.Jh. wurde das deutsche Gemeindelied häufig wieder auf den außerliturgischen Bereich zurückgedrängt. So lehnte Rom noch 1894 den Volksgesang in der Landessprache »in allen Messen, welche feierlich oder einfach mit Gesang gehalten werden«, ab. Pius X. empfahl die Wiedereinführung des → gregorianischen Gesanges (: I) im Volk. Die Volkschoralbewegung (Abtei St.Joseph Gerleve) sucht die Kenntnis der gregorianischen Melodien zu vertiefen, um die aktive Teilnahme der Gemeinde am liturgischen Gesang innerhalb der missa cantata zu fordern. Daneben stehen heute die Arbeiten am Volksgesang in der Landessprache und seine Vereinheitlichung unbeschadet der von den einzelnen Diözesen gewahrten Eigenständigkeit (Gestaltung der Singmesse und der Betsingmesse) sowie die Fortführung des »Deutschen Hochamtes«. Wichtig sind ferner die Bemühungen um eine deutsche Gregorianik sowie um eine »Deutsche Choralik«. – Seit 1848 bemüht man sich um ein einheitliches Gesangbuch innerhalb der deutschen Diözesen. I.J. 1916 wurden 23, 1947 74 Einheitslieder eingeführt. Die Diözesangesangbücher der Gegenwart enthalten neben lokalen Liedern eine große Anzahl von gemeinsamen Liedern mit gleichen Melodien und Texten. Auch reformatorische Lieder finden Aufnahme.

h) Die in *allen* christlichen Kirchen heute lebendige *Liturgische Bewegung* hat in der kath. Kirche das Ziel, das liturgische Gut für die Gemeinde neu zu erschließen, ihr das Verständnis für das liturgische Handeln zu vermitteln und eine aktive Anteilnahme an ihm zu ermöglichen (bes. beim »Gemeinschaftsopfer« der Messe; → Abendmahl: II, 2e). Sie erstrebt die Überwindung des religiösen Individualismus durch den Anschluß des einzelnen an die objektive, gemeinsame, durch das sakramentale Priestertum vollzogene, von der ganzen Gemeinde mitgelebte Kulthandlung Christi und der Kirche (Casel). Bereits in der Aufklärung war die deutsche Sprache in der Messe gefordert worden. Die Belebung des kirchlichen Volksgesanges führte zur Ausbildung der *»Deutschen Singmesse«*, in der die lat. Propriums- und Ordinariumsgesänge durch deutsche Lieder ersetzt werden (zB Speyerer Gesangbuch von 1770). Trotz gegenteiliger Bestrebungen der kath. Restauration hat sich die deutsche Singmesse bis zur Gegenwart erhalten. In vielen Diözesen wird sie als sonntägliche missa cantata gebraucht: Der Priester trägt Orationen und Lesungen lat. vor, während sich das mitbetende Volk in den Gesängen (auch Gloria, Credo, Sanctus und Agnus) der deutschen Sprache bedient (am 24.12.1943 von Rom toleriert, am 29.4.1955 näher umschrieben). Als um 1900 das Verbot der Übersetzung des Meßbuches endgültig wegfiel, war der Weg für eine gemeinsam begangene Eucharistiefeier in Form der *Gemeinschaftsmesse* (missa recitata, missa dialogata) frei. Sie entstand um 1930 in Kreisen der Akademikerschaft und der studierenden Jugend. Ursprünglich von der stillen Messe ausgehend, einigte man sich später auf die sog. Hochamtsregel (das Hochamt bildet die Norm der Gemeinschaftsmesse): Das Volk betet laut die Stücke, die auf den Kirchenchor übergegangen waren, während die alten Scholagesänge, die Lesungen und die laut vorgetragenen Gebete des Priesters durch den Vorbeter in der Volkssprache zu sprechen sind. Diese Gemeinschaftsmesse legt sich also wie ein Überbau über den seit alters feststehenden Grundbau der missa lecta. Der Priester tritt im hörbaren Bestand der Meßfeier fast gänzlich zurück. Als wichtigste Abart der Gemeinschaftsmesse hat sich (seit 1933) durch Aufnahme geeigneter Stücke aus der deutschen Singmesse die sog. *Betsingmesse* ergeben, die vielerorts als sonntägliche Pfarrmesse gebraucht wird. – Auf die großzügige Neufassung des Nüchternheitsgebotes, die weitgehend Abendmessen ermöglicht (1957), sei hingewiesen, ebenso auf die Reform der österlichen Liturgie (1951/55). Neben der volksliturgischen Arbeit steht aber die Pflege der strengen röm. Liturgie. – Der Initiator der kath. Liturgischen Bewegung ist Abt → Guéranger von Solesmes. Zentren in Deutschland sind die Benediktinerklöster → Beuron (Übersetzung der Meßtexte durch A.Schott) und → Maria-Laach (I. → Herwegen, O. → Casel) sowie Klosterneuburg bei Wien (volksliturgischer Apostolat von Pius Parsch). Die 1947 von Pius XII. erlassene Enzyklika »Mediator Dei« nimmt das Anliegen der Liturgischen Bewegung auf und verweist sie zugleich in ihre Grenzen.

i) Der kath. G. wird weitgehend durch das → Kirchenrecht normiert (cc. 1255ff CIC). Dem Papst allein steht das Recht der Ordnung des G.es und der liturgischen Bücher zu (c. 1257 CIC). Daneben besitzen auch die Bischöfe ein (beschränktes) ius liturgicum (c. 1261 CIC): Die Einführung einzelner Reformen ist in ihr Ermessen gestellt. Universalkirchlicher und lokalkirchlicher G. verhalten sich wie konzentrische Kreise. Der übrige Kult ist privat.

Vgl. → Ambrosianischer Gesang, → Gregorianischer Gesang: I, → Kirchenlied: I, → Liturgie: III, → Messe: I. II, → Sakramentare.

J.Kempf-K.Faustmann, Hdb. der Liturgik, neu bearb. v. A.B. Gottron, (1886) 1950[6] – A.Baumstark, Vom geschichtl. Werden der Liturgie, 1923 – L.Eisenhofer, Grundriß der Liturgik des röm. Ritus, (1924) neu bearb. v. J.Lechner, 1953[6] (Lit.) – Ders., Hdb. der kath. Liturgik, 2 Bde, 1932/33 – M.Leitner, Hdb. des kath. Kirchenrechts, 1927 – J.A.Jungmann, Missarum sollemnia, 2 Bde, (1948) 1958[4] (Lit.) – Th.Klauser, Abendländ. Liturgiegesch., 1949 – MGG IV, 1636ff. 1680ff – Th.Bogler, Liturg. Erneuerung in aller Welt, 1950 – F.X.Arnold-B.Fischer (Hg.), Die Messe in der Glaubensverkündigung (Jungmann-Festschr.), (1950) 1953[2], bes. 309-375 – Rietschel-Graff (Lit.) – Leiturgia I, 1ff (R.Stählin); III, 1ff (E. Weismann). 99ff (H.Goltzen) – L.Fendt, Einführung in die Liturgiewiss., 1958 (Lit.).

K.Dienst

2. a) α) Die Geschichte des *ev. G.es* beginnt nicht erst mit der Deutschen → Messe (: III), sondern im Keim bereits vor 1517, mit → Luthers (: II) Erkenntnis der → Rechtfertigung (: II). Am Anfang steht nicht eine neue G.ordnung, sondern die Leugnung menschlichen Verdienstes in der Messe im Glauben an Gottes zuvorkommende Gnade. Dabei wird das Meßopfer zunächst nur umgedeutet in ein Lobopfer für Gottes Gabe. Die erste praktische Forderung ist 1520 die Austeilung in beiderlei Gestalt. Aber als → Karlstadt sie 1521 radikal erfüllte, ließ Luther 1522 wieder nur denen den Kelch reichen, die es ausdrücklich wünschten. Im Canon Missae sollten nur die Worte fallen, »die aufs Sacrificium lauten« (WA 10/II, 29). So hielt es sehr früh auch schon Johann → Heß in Breslau. Andere wie Urbanus → Rhegius oder Jakob Strauß empfahlen den Ausweg der geistlichen Kommunion. Johann → Schwebel von Pforzheim läßt auf der Ebernburg 1522 den Canon ganz weg, die Einsetzungsworte natürlich ausgenommen. Ein ev. Gebet anstelle des Canons zu lesen, wird vermutlich die Keimzelle für die deutsche Konventmesse des Priors Kaspar Kantz in Nördlingen 1522. Eine Abkündigung Luthers nach einer Katechismuspredigt am 11.3.1523, die Georg → Rörer überliefert hat, bezeichnet wohl den ersten direkten Eingriff in die gottesdienstliche Praxis von Wittenberg: in der Woche soll Messe nur gehalten werden, wenn es gewünscht wird, aber Mette (→ Stundengebet) und → Vesper werden zu Predigt-G.en für Klerus und Schüler. Wer sonst kann, mag dazu kommen. Die Begründung gibt die Schrift »Von Ordnung G.s in der Gemeine« (Pfingsten 1523): »Denn es ist alles zu tun um Gottes Wort, daß dasselbe im Schwang gehe... Es ist alles besser nachgelassen denn das Wort« (WA 12, 36f). Schon zu Ostern 1523 hatte Thomas → Müntzer in Alstedt eine deutsche ev. Messe gehalten. Sie ist so »gut lutherisch« (Fendt), daß es nicht unmöglich scheint, Müntzer habe durch Karlstadt bereits Luthers lateinisches Meßformular gekannt, ehe Luther es Ende des Jahres für Nikolaus → Hausmann in Zwickau drucken ließ: »Formula missae et communionis pro ecclesia Vittenbergensi«. Wenn etwas an Müntzers Messe revolutionär ist, dann ist es die deutsche Sprache. Vom Canon übernimmt er nur die Einsetzungsworte, aber in enger Anlehnung an die römische → Messe (: II), freilich in der Ausführung laut und vernehmlich für die Gemeinde. Außer den fünf Meßformularen hat Müntzer auch fünf deutsche »Kirchenämter« für die täglichen G.e verfaßt (für Advent, Weihnachten, Passionszeit, Ostern und Pfingsten). Luthers lateinische Messe will nichts anderes als ein Vorschlag sein (1524 hat er Hausmanns Gedanken eines liturgischen Konzils zur Festsetzung einheitlicher Zeremonien abgelehnt!). Die jeweiligen Introituspsalmen ganz zu singen, ist in der Formula nur ein Wunsch Luthers, die Predigt vor dem → Introitus nur eine Möglichkeit. Auffallend ist die Stellung des → Sanctus nach den Einsetzungsworten. Der → Embolismus fällt fort. Von dem Ganzen bleibt der Eindruck, Luther wolle an der hergebrachten Liturgie so wenig wie möglich ändern, um die neue Pre-

digt des Evangeliums um so mehr zur Geltung zu bringen. – Am Gründonnerstag 1523 hatte in Nürnberg der Augustinerprior Wolfgang Volprecht seinen Mönchen und Laienbrüdern und einigen Bürgern der Stadt den Laienkelch ausgeteilt. Von ihm wird die deutsche Konventmesse von Anfang Mai 1524 stammen, die den Sakramentsteil der Formula Luthers übernommen hat. Im Gebrauch war sie nur bis zur Übergabe des Klosters an den Rat (Apr. 1525). In den Gemeindekirchen Nürnbergs ist seit 5.6.1524 die ev. Messe lateinisch mit deutschen Lesungen und einer die Einsetzungsworte einschließenden deutschen Vermahnung gehalten worden. Andreas Döbers deutsche Messe vom Sept. 1524 war nur für Krankenkommunionen im Neuen Spital in Nürnberg bestimmt. Eine deutsche ev. Gemeindemesse hat Theobald Schwarz am 16.2.1524 in der Johanneskapelle des Straßburger Münsters gehalten. Hier folgt dem Händewaschen ein Fürbittengebet (→ Fürbitte, 1), das in die Einsetzungsworte mündet. Eine Beziehung zu der liturgischen Arbeit in Straßburg zeigt auch die deutsche Messe in Worms (Sommer 1524), die auf eine gereinigte lateinische Meßordnung von Nikolaus Maurus zurückgehen wird. Hier wird »die altchristliche Grundform der Abendmahls-Eulogie« sichtbar (P.Brunner). Überhaupt gehören alle Versuche dieser Jahre in einen inneren Zusammenhang mit Luthers Formula. Sie bewahren, soweit es die neue ev. Erkenntnis nur irgend zuläßt, den Gang, ja den Wortlaut der römischen Messe. »Die römische Opferdarbringung wird dabei ersetzt durch die Darbringung des Gebets« (P.Brunner). Luther selbst hat mit dem Entwurf einer deutschen Messe gezögert, einmal dem Radikalismus der Schwärmer (→ Täufer) gegenüber, aber auch angesichts der musikalischen Schwierigkeiten; hier hilft ihm Johann → Walther. Neujahr 1526 erschien die am 29.10.1525 in Wittenberg erprobte Ordnung, mit Noten und Vorrede. Die Grundgestalt der Messe ist noch stärker gestrafft. Die → Elevation wurde erst 1542 durch Bugenhagen in Wittenberg abgeschafft. Die Abendmahls-Eulogie wird zur Abendmahlsvermahnung, einer Vermahnung zum Gebet mit Paraphrase des Vaterunsers. Gebet und Lobpreis sind auch die deutschen Lieder der Gemeinde, die dem Entwurf Luthers besondere Bedeutung geben. Uniformität für alle ev. Gemeinden war aber weder beabsichtigt noch tatsächlich die Folge. Das zeigt zB die Ordnung von Johannes → Brenz in Schwäbisch-Hall (1526): die Aufforderung zu den allgemeinen Fürbitten geht hier statt einer Kollekte dem Evangelium voran. Eine Epistellesung fehlt.

β) Als nach 1530 die Ordnung ev. Gemeinden notwendig wurde, gehörte zu jeder → *Kirchenordnung* (: II) die Ordnung des G.es. Dafür ist die organisatorische Tätigkeit → Bugenhagens wichtig geworden. »Alles Singen und Lesen, das vor der Predigt geschieht in der Messe, können und wollen wir auch nicht besser machen als es bereits auf die Sonntage gemacht ist« (Braunschweig 1528). Das Vaterunser steht bei Bugenhagen zwischen Sanctus und Einsetzungsworten. Kommen keine Kommunikanten, so soll nach der Predigt gesungen werden: »die Präfation, das Sanctus, das deutsche Vaterunser, Christe, du Lamm, eine Deutsche Sonntagskollekte und der Letzte Segen« (→ Aaronitischer Segen). Bugenhagens G.ordnungen stehen im wesentlichen in der Nachfolge der Deutschen Messe Luthers, haben aber die Präfation und andere Eigentümlichkeiten; sie wirkten weit über die von ihm organisierten Kirchengebiete hinaus in Nord- und Mitteldeutschland nach. Auch die Wittenberger Kirchenordnung von 1533 weicht merkwürdigerweise von der Deutschen Messe ab. Die Brandenburg-Nürnbergische Kirchenordnung 1533 von → Osiander und Brenz kennt zwei lateinisch-deutsche Mischformen, die sich Luthers Formula (aber mit lectio continua) anschließen. Um des Volkes willen soll das »optisch-akustische Bild« der Messe gewahrt bleiben (Fendt). Als Unterscheidungszeichen der von Brandenburg-Nürnberg abhängigen G.ordnungen von dem Bugenhagen-Typus gilt, daß hier das Vaterunser Einsetzungsworte und Austeilung voneinander trennt. Das Zeremoniell und die Gestalt der römischen Messe bis zur → Inzensation des Altars hat am getreuesten Joachim II. im Berliner Dom-G. erhalten (1540). Am weitesten von der Meßordnung entfernt hat sich ein Typus (zB Frankfurt, Heilbronn), der vom mittelalterlichen Predigt-G. und der schon im MA üblichen Kommunion außerhalb der Messe herkommt, weil Prädikanten, die keine Messe hielten, Träger der Reformation waren und der Rat der Stadt ihnen keine Pfarrämter übertragen wollte. Mit der → Predigt (: I) den G. zu beginnen, hatte aber auch Luther schon vorgeschlagen.

γ) *Zwingli* war Priester in Zürich. Er hatte 1523 (»De canone missae epicheiresis«) lediglich eine Neufassung der Canongebete versucht, aber nicht die Billigung des Rats erhalten. Als der Rat 1525 die Messe abschaffte, setzte → Zwingli eine neue Ordnung an deren Stelle: »Action oder Brauch des Nachtmahls, Gedächtnis oder Danksagung Christi...«. Einige wenige liturgische Stücke der Messe werden zu einer kurzen Feier zusammengefügt. Die Lesungen sind 1Kor 11, 20-29 und Joh 6, 47-63, obwohl dann der Einsetzungsbericht aus 1Kor 11, 23-26 gelesen wird. Nach der Lesung von Joh 6 »küsse der Leser das Buch und spreche: Des sei Gott gelobt und gedankt. Der wolle nach seinem hl. Wort uns alle Sünde vergeben«. → Altar- oder Gemeindegesang kennt diese Ordnung nicht. »Diener« oder »Volk« *sprechen* gemeinsam. Die Ordnung des Predigt-G.es zeigt den Verlauf: Fürbittgebet mit Vaterunser, Lesung, Predigt, Gedächtnis der Verstorbenen, → Offene Schuld, Gebetlein um Verzeihung (1625). Eine spätere Ordnung fügt noch → Ave Maria (als Gedächtnis der Menschwerdung!), Dekalog, → Apostolikum (: II, 1c) und ein weiteres Vaterunser hinzu (Zürich 1535), womit die Herkunft aus dem mittelalterlichen Predigt-G. vollends erwiesen ist. Er wird jeden Sonntag gehalten, das Abendmahl viermal im Jahr. – Im Zusammenhang mit Zwingli steht die »Form und Gestalt« des Abendmahls von Johann → Ökolampad in Basel (1525), die auf der Kanzel mit Predigt, Vermahnung, Apostolikum, Bannung (ebenfalls ein Stück aus dem Predigt-G. des MA!), Fürbittgebet und Vaterunser beginnt und am Altartisch mit → Confiteor, Ps 130, → Absolution, Jes 53, Einsetzungsbericht mit zweitem Vaterunser, Vermahnung, Austeilung mit Verlesung der Passionsgeschichte, Entlassung zu Ende geführt wird. Diese Ordnungen haben nach Süddeutschland weitergewirkt, bis die Württembergische Kirchenordnung des Johannes Brenz 1553 einige luth. Elemente (Lieder, Perikopen, Haustafel, häufigere Abendmahlsfeier) hinzubrachte. Als nach Zwinglis Tod die schweizerische Reformation in Süddeutschland zum Stillstand kam, wurde für den luth. G. noch die Mecklenburgische Ordnung des Johannes → Aurifaber von 1552 maßgebend, eine einfache Messe mit »gemeinem Gebet« auf der Kanzel.

δ) *Calvin* ist in seiner G.ordnung von dem bestimmt, was er 1538-41 als Prediger der kleinen französischen Exulantengemeinde in Straßburg kennengelernt hatte (→ Calvin: I, 2 b. c). Ihre Ordnung wiederum war von der dortigen deutschen Gemeinde beeinflußt. Von dieser stammte »die bedeutendste Äußerung in Sachen des G.es, welche das Zeitalter der Reformation hervorgebracht hat« (Smend), nämlich: »Grund und Ursach aus göttlicher Schrift der Neuerungen an dem Nachtmahl des

Herrn...« von Martin → Bucer (1524). Zu Calvins Zeit war in Straßburg die Ordnung »Von des Herren Nachtmahl oder Mess und den Predigten« maßgebend (1526 bis 1561). Gepredigt wurden die Evangelien nach einer Lectio continua; im Münster war jeden Sonntag Abendmahl. Calvins Agende für die Straßburger Gemeinde wurde die Grundlage für den G. in Genf. Der tägliche Predigt-G. findet ganz auf der Kanzel statt, für den Sonntag sind die Gebete formuliert, der Predigt folgt ein langes Fürbittgebet. Sonntägliche Abendmahlsfeier konnte Calvin in Genf nicht durchsetzen. Am Tisch wird mit dem Apostolikum begonnen. Es folgen 1Kor 11, 23-29 und eine strenge Vermahnung, in der die Präfation zum Schluß anklingt. Die → Selbstkommunion des Ministers (1545) geht der Austeilung voran. Ps 138 wird gesungen. Dankgebet und Segen (Num 6) beschließen die Feier. Die Ordnungen stehen in Calvins Schrift »La forme des prières et chantz écclésiastiques avec la manière d'administrer les sacrements et consacrer le mariage selon la coustume de l'église ancienne« (1542; CR 34). In der Schweiz haben sich später Zwinglis und Calvins Formen vielfach vermischt. Die zerstreuten ref. Gemeinden am Rhein und in Westfalen folgen der auf Calvins Ordnung zurückgehenden kurpfälzischen Agende von 1563. Holland, Schottland und Frankreich richten sich nach der Ordnung, die Johannes → Laski 1550 für die nach England geflüchteten Niederländer entworfen hat. Die Tischgemeinschaft beginnt mit 1Kor 5, 7-8. Auf dem mit Leinen bedeckten Tisch stehen die Elemente in drei Zinnschüsseln und vier Gläsern und werden herumgereicht. Währenddessen wird von der Kanzel aus Joh 6 und 13-15 verlesen. - Vgl. →Common Prayer Book.

J.Smend, Die ev. dt. Messen bis zu Luthers Dt. Messe, 1896 (dazu W.Walther, ThLBl 17, 1896, 553f) - R.Günther, Brenzens Anschauung vom G. u. sein Einfluß auf die G.ordnung der luth. Kirchen Südwestdeutschlands (MGkK 6, 1901, 45-54. 84-92. 132-143) - Sehling - H.Waldenmaier, Die Entstehung der ev. G.ordnungen Süddeutschlands im Zeitalter der Reformation (SVRG 125/26), 1916 - L.Fendt, Der luth. G. des 16.Jh.s, 1923 - Ders., Einführung in die Liturgiewissenschaft, 1958, 187ff (Lit.) - A.Allwohn, G. u. Rechtfertigungsglaube, 1926 - W.Leeger, Bugenhagen als Liturgiker (Theol. Diss. Königsberg), 1926 - RGG² I, 145ff; II, 1338ff - W. Jannasch, Gesch. des luth. G.es in Lübeck (1522-1633), 1928 - S. Widding, Dansk Messe I. II, 1933 - Luther-Agende, hg.v. O.Dietz, 1938 - Kirchenbuch, hg.v. E.Wolf u. M.Albertz, 1941 - J.Schweizer, Zur Ordnung des G.es in den nach Gottes Wort ref. Gemeinden der deutschsprachigen Schweiz, 1944 - U.Altmann, Hilfsbuch zur Gesch. des christl. Kultus III, 1947 - O.J.Mehl, Thomas Müntzer als Liturgiker (ThLZ 76, 1951, 75-78) - Ders., Das »Vesperale et Matutinale« des Matthaeus Ludecus (1589) (ThLZ 80, 1955, 265-270) - Rietschel-Graff 340ff (Lit.) - E.Iserloh, Der Kampf um die Messe in den ersten Jahren der Auseinandersetzung mit Luther, 1952 - F. Schmidt-Clausing, Zwingli als Liturgiker (VEGL 7), 1952 - B. Klaus, Missa, 1952 (Mikrokopie) - Ders., Die Nürnberger Messe 1524 (JLH 1, 1955, 1-46) - V.Vajta, Die Theol. des G.es bei Luther, (1952) 1954² - P.Brunner, Die Wormser dt. Messe (Kosmos u. Ekklesia 1953, 106-162) - E.Weismann, Die Anfänge des ev. G.es in der Reichsstadt Heilbronn a.N. (Württ. Blätter für Kirchenmusik 21, 1954, 62-69) - Leiturgia I, 54-68 (Lit.) - E.Roth, Die Gesch. des G.es der Siebenbürger Sachsen, 1954 - Å.Andrén, Högmessa och nattvardsgång i reformationstidens svenska kyrkoliv (Samlingar och studier till svenska kyrkans historia 32), 1954 - K. Dienst, Gesch. des luth. G.es der freien Reichsstadt Frankfurt a.M. (Diss. Mainz), 1955 - J.Beckmann, Quellen zur Gesch. des christl. G.es, 1956, 121ff. 299ff (Lit.).

H.Urner

b) α) Die Geschichte des deutschen ev. G.es *seit der Reformation* wird heute zu Unrecht als eine »Geschichte der Auflösung der alten gottesdienstlichen Formen« angesehen. Tatsächlich bewahrten die ev. G.ordnungen, die sich in den einzelnen Kirchengebieten auf Grund der verschiedenen in der Reformationszeit entstandenen Vorbilder (s. 2a) durchgesetzt hatten, bis in die zweite Hälfte des 18.Jh.s eine zähe Lebenskraft. Veränderungen verursachte der Zuwachs an Gemeindeliedern, die neue Bedeutung der → Orgel und die sich wandelnde vokale Kirchenmusik (→ Musik: V), so daß freilich in bezug darauf der ev. G. im Verlauf dieser mehr als 200 Jahre jeweils sehr charakteristische Unterschiede zeigte (s. Moser). Jedoch blieb das Grundgefüge unverändert. Vergleicht man die einzelnen Ordnungen der zT nur einen kleinen Raum umfassenden städtischen oder territorialen Kirchengebilde miteinander, so fällt die bei aller Gleichheit der Grundtypen mannigfaltige Gestaltung der einzelnen liturgischen Stücke auf, wie sie sich bes. in den von der röm. Messe herkommenden Liturgien bemerkbar macht. Sie ist ohne Zweifel eine Folge der großen inneren Freiheit und Unbekümmertheit, ja vielleicht Gleichgültigkeit, mit der Luther den liturgischen Fragen gegenübergestanden hatte und in der ihm → Bugenhagen gefolgt war, von dem so weite norddeutsche Gebiete abhängig wurden. Nur die Kernfragen des neuen G.es waren durchdacht worden. Zahlreiche, keineswegs nur äußerliche Einzelheiten wurden der Entscheidung der Pastoren (»Bischöfe«) oder dem sich aus dem Fortschreiten der Zeit ergebenden Wandel überlassen, ohne sie grundsätzlich zu klären. Folgendes sei hier erwähnt: a) Nicht überall bildeten Predigt und Abendmahlsfeier im Sinn von Luthers »Deutscher Messe« eine Einheit (so zB nicht in Augsburg, wo schon 1537 und noch 1619 sich das Abendmahl nur einmal im Jahr der Predigt anschloß, ferner in Siebenbürgen und Braunschweig/Lüneburg). b) In manchen Kirchen hatte sich aus dem von Luther ganz gestrichenen → Confiteor ein allgemeines Sündenbekenntnis mit →Absolution entwickelt. c) Auch hinsichtlich des → Introitus finden sich die verschiedensten Möglichkeiten, wobei dem ersten Lied der Gemeinde keineswegs *immer* der Introituscharakter gewahrt blieb. d) Das → Kyrie wurde schon im 16.Jh. bisweilen in Verbindung mit einem vorangegangenen Beichtgebet (vgl. b) gebracht. Nach römischem Vorbild finden sich mancherlei lateinische und deutsche → de-tempore-Formen in erweiterter, liedartiger Gestalt (eine davon EKG 130). e) Auch das stellenweise noch lateinische → Gloria war sehr mannigfaltig; manchmal wurde es weggelassen, oft in der einen oder anderen Form von der Gemeinde (zB EKG 131) gesungen. f) Der Kollekte ging nicht immer die schon im 16.Jh. bisweilen mißverstandene Salutatio voraus; sie wurde meist gesungen. Stellenweise waren bis zu 3 Kollekten nacheinander erlaubt. Neben den von Luther aus der römischen → Messe (: II) übertragenen setzten sich auch die Evangelien-Kollekten Veit → Dietrichs und Andr. →Althamers durch. g) Epistel und Evangelium wurden nicht immer *gesungen*. Die dafür verwendeten → Perikopen, bes. die ev., diese von Luther nur widerwillig und nie mit der Absicht auf Zwang übernommenen trümmerhaften Bruchstücke einer alten, nichts weniger als systematisch aufgebauten Leseordnung, erlangten »nahezu kanonische Bedeutung« (F.Rendtorff). Sie galten »als ein Werk der Kirche und des in ihr waltenden Geistes«, »non sine spiritu sancto ortus est«. h) Auch die Gestaltung des → Graduale war äußerst mannigfaltig, doch kam fast stets neben dem Chor hier auch das Gemeindelied zur Geltung (»Hauptlied«, »de-tempore-Lied«). An dieser Stelle höchst merkwürdige Einfügungen, zB die Taufe der Kinder oder die → Litanei, sind zu erwähnen. i) Beim → Credo, das bisweilen erst der Predigt folgte, gab es mancherorts ein Nebeneinander des Nicänum in lateinischer *und* deutscher Sprache, oder es folgte das mittelalterlicher Tradition entstammende und nach dem Vorbild der »Deutschen Messe« vielerorts aufgenommene luth. Glaubenslied (EKG 132) auf das Nicänum. Auch konnte zwischen diesem und dem Apostolikum, ja sogar dem Athanasianum, u.U. nach bestimmten Vorschriften gewechselt werden. k) Im »Predigtauftritt« hielt sich lange, natürlich unter Wegfall charakteristischer kath. Stücke, das mittelalterliche Vorbild mit der → »offenen Schuld« nach der Predigt und der Verlesung von Katechismusteilen. Hier war auch die Stelle für ein in prosphonetischer Form gehaltenes Fürbittengebet (→ Fürbitte), das die Gemeinde mit dem Vaterunser beantwortete; auch die Litanei konnte hier (Braunschweig-Kalenberg 1569) Platz finden. l) Im Abendmahlsteil fehlte nach Luthers Vorbild oft die Präfation, wurde aber andernorts sogar lateinisch gesungen. (Bisweilen fehlte nicht sie, sondern das Abendmahl.) Gerade hier zeigte sich der Unterschied zwischen städtischen und ländlichen Formen, verständlicherweise, da liturgische Chöre in den Dörfern nicht zur Verfügung standen. Abendmahlsvermahnungen, sei es die der »Deutschen Messe«, sei es die Nürnberger »Exhortation«, hielten sich (ob die Präfation fehlte oder nicht) weithin, aber an verschiedenen Stellen. - Dasselbe gilt von dem hier lateinisch, dort deutsch gesungenen → Sanctus und Hosianna, das auch durch das sich freilich auf die Dauer nicht behauptende luth. »deutsche Sanctus« (EKG 135) ersetzt werden konnte. - Auch hinsichtlich des → Vaterunsers (es konnte vor oder nach den Einsetzungsworten stehen, vereinzelt auch lateinisch statt deutsch gesungen werden) gab es Unterschiede, ebenso beim → Agnus Dei, das sich vor, während oder nach der Distribution findet. Luthers Anordnung in der »Deutschen Messe«, diese für Brot und Wein zu trennen, findet sich in Kursachsen sogar noch 1580. - Um die in der »Deutschen Messe« übergangene, von Bugenhagen sogar abgelehnte Spendeformel gab es noch lange Uneinigkeit; Lübeck führte sie erst 1647 ein, mit der inzwischen durch den Kampf mit dem Kryptocalvinismus veranlaßten Betonung des *wahren* Leibes Christi. Als Schluß hatte sich fast allgemein der → aaronitische Segen (meist in der singularischen Form) eingebürgert.

β) In den süddeutschen und südwestdeutschen luth. Gebieten (und in den ref. Ländern auch außerhalb Deutschlands), wo die Form des mittelalterlichen Predigtauftritts (in Frankfurt/M. zB mit ausdrücklicher Billigung Luthers) maßgeblich geworden war, blieben die liturgischen Unterschiede erheblich geringer als in den bisher berücksichtigten ev. Gebieten. Zu ähnlich einfachen, zT ärmlichen G.formen kam man im Norden ungewollt für die Wochen-G.e, die ursprünglich vielerorts mit den von Luther und Bugenhagen übernommenen Metten und Vespern verbunden waren. Es rächte sich hier, daß die Anordnungen der Reformatoren für diese ev. Horen nicht eindeutig und verbindlich genug gewesen waren; das führte fast zwangsläufig (neben anderen Gründen, wie dem Versagen der Schülerchöre) zur allmählichen Entleerung und Auflösung der Horen im 17.Jh., von der zB die anglikanische Kirche mit ihrem den täglichen Morgen- und Abend-G. streng ordnenden → Common Prayer Book nicht betroffen wurde. So verloren die luth. Wochenpredigten fortlaufende oder auswählende Bibellesungen, wie sie in den erwähnten Horen selbstverständlich gewesen (vgl. G.Kunze, Leiturgia II, 164ff) und es in England geblieben waren. Hier könnte am ehesten von der »Auflösung der alten gottesdienstlichen Formen« gesprochen werden, wenn nicht die luth. Horen von Anfang an nur eine geringe (und nur für die Städte in Frage kommende) Bedeutung gehabt hätten.

γ) Die weitgehenden Störungen und Hemmungen des gottesdienstlichen Lebens, die der Dreißigjährige Krieg mit sich brachte, haben doch nicht verhindert, daß das 17.Jh. aufs Ganze gesehen das große Jh. der ev. Kirchenmusik wurde. Das ergab zwar für den G. eine Mehrung der ev. Verkündigung durch das in → Motetten, → Kantaten und → Passionen gesungene Gotteswort, eine Bereicherung der Abendmahlsfeier durch vielerlei Chorgesang während der Austeilung, aber auch eine Verlängerung der G.zeit, zumal die Singefreudigkeit der Gemeinden gegenüber den reformatorischen Anfängen und angesichts des ständig wachsenden Liedgutes nicht abgenommen hatte. So bedeuteten vermutlich Kirchenmusik und Gemeindegesang schon im letzten Drittel des Jh.s eine ernsthafte, wenn auch kaum bemerkte Gefahr für die Wertung der im engeren Sinn sog. »liturgischen Stücke«. Doch dachte man nicht daran, etwa die alten Liturgien aufzuheben; im Gegenteil wurden gerade jetzt im Zeichen der allgemeinen strengen Restauration überall die früheren Kirchenordnungen neu aufgelegt. Auch der *Pietismus* war für den Bestand des überlieferten G.es mehr der inneren Wirkung nach gefährlich als durch äußere Veränderungen. Für Magdeburg-Mansfeld erschien noch 1739, für Ulm 1747 eine gute Agende alten Stils. Zinzendorf gab in Amerika für die Lutheraner in Pennsylvanien eine ihrer Überlieferung entsprechende Liturgie heraus (zum G. der Brüdergemeine s. 2c). Natürlich wurde grundsätzlich vom Pietismus besonderer Wert auf die sog. »Erbaulichkeit« des G.es gelegt und dem »freien Gebet« erweckter Pfarrer weiter Raum gegeben; aber eine Anordnung wie die der Agende von Soest (1738), nach der es einem erweckten Pastor »freisteht, zu ändern was ihm gefällt«, blieb doch eine Ausnahme. Die denkwürdigste Wirkung des Pietismus auf den G. ist vielleicht die, daß sich jetzt das Gemeindelied vor der Predigt endgültig als »Hauptlied« durchsetzte, dazu bestimmt, auf den Inhalt der Predigt hinzuleiten; auch die Erschütterung der alten kanonischen Liederordnung für die einzelnen Sonn- und Festtage ist, wenn nicht eine Folge des Pietismus allein, so doch ein in seiner Zeit sich vollendendes Ergebnis der bisherigen Entwicklung (→ Gesangbuch: I, 2). Wie wenig man auch in der G.-geschichte zu verallgemeinernden Urteilen berechtigt ist, zeigt die Tatsache, daß J.S. → Bachs kirchenmusikalisches Wirken in Leipzig nur im Rahmen einer völlig unzerstörten luth. G.überlieferung zu verstehen ist.

δ) Was durch das Unterlassen grundsätzlicher Reformen im 17.Jh., durch das Übergewicht von Kirchenmusik und Gemeindegesang, endlich durch den Subjektivismus der Pietisten und ihren Hang zum außerkirchlichen Konventikelkult bereits entwertet worden war, wurde von der *Aufklärung*, der jedes Verständnis »für kirchliches Erbgut« fehlte, »im Sturm weggefegt« (F. Rendtorff). Daß ihr »Versuch schöpferischen Neubaus des G.es«, so kläglich er auch gescheitert ist, ein in seiner Art bewundernswertes Unternehmen war, sollte der Historiker nicht leugnen. Von der äußeren und inneren Gestaltung der damals gebauten Gotteshäuser (→ Kirchenbau: IV) über die nüchtern-lehrhaft-sentimentale Art der veränderten oder neugedichteten Kirchenlieder (→ Gesangbuch: I, 2; → Kirchenlied) und die »zeitgemäße Sprache« der neuen Agenden (→ Agende, 2; Adlers Agende 1796, Sächsisches Kirchenbuch 1812) bis hin zur Abschaffung der alten Meßgewänder und dem Auftreten der Prediger als wohlmeinender Lehrer des Volkes (→ Predigt: I) war das Werk der Aufklärung eine wirklich stilvolle Einheit; nur konnte sie leider die Herzen derer, die mehr als nüchterne Belehrung und sentimentale Erbauung suchten, nicht befriedigen. Die → Erweckungsbewegung nach den Befreiungskriegen bereitete den Boden für die von vielen ersehnte Reform des ev. G.es (→ Gottesdienst: VI).

Th. Kliefoth, Die ursprüngliche G.ordnung in den dt. Kirchen luth. Bekenntnisses, ihre Destruktion u. Reformation, 5 Bde, 1858 bis 1861 - H.A. Köstlin, Gesch. des christl. G.es, 1887 - H. Hering, Hülfsbuch zur Einführung in das liturg. Studium, 1888 - R.v.Li-

LIENCRON, Liturgisch musikal. Gesch. des ev. G.es 1523-1700, 1893 - SEHLING - CHR.KOLB, Die Gesch. des G.es in der ev. Kirche Württembergs, 1913 - F.RENDTORFF, Die Gesch. des G.es unter dem Gesichtspunkt der liturg. Erbfolge, 1914 - H.WALDENMAIER, Die Entstehung der ev. G.ordnung Süddeutschlands im Zeitalter der Reformation (SVRG 125f), 1916 - P.GRAFF, Gesch. der Auflösung der alten gottesdienstl. Formen in der ev. Kirche Deutschlands I, (1921) 1937^{2}; II, 1939 - L.FENDT, Der luth. G. des 16.Jh.s, 1923 - DERS., Einführung in die Liturgiewissenschaft, 1958 - H.J.MOSER, Die ev. Kirchenmusik in volkstümlichem Überblick, 1926 - W.JANNASCH, Gesch. des luth. G.es in Lübeck 1522-1633, 1928 - RGG^{2} II, 1340ff (F.RENDTORFF) - A.SCHERING, Joh.Seb.Bachs Leipziger Kirchenmusik, 1936 - H.BESCH, J.S.Bach, Frömmigkeit u. Glaube I, (1938) 1950^{2} - RIETSCHEL-GRAFF - E.ROTH, Die Gesch. des G.es der Siebenbürger Sachsen, 1954 - K. DIENST, Gesch. des luth. G.es der Freien Reichsstadt Frankfurt/M. (Diss. Mainz), 1955 - Leiturgia II (bes. 87-180: G.KUNZE, Die Lesungen). III - E.HERTZSCH, Die wirkliche Kirche, Kompendium der Prakt. Theol. I, Die Liturgie, 1956 - EKL I, 1676ff.

c) Unter *Freikirchen* (= F.) werden hier aus der Sicht deutscher Verhältnisse solche Kirchen verstanden, die, von den geschichtlich gewordenen Landeskirchen unabhängig, in Gemeindeordnung und G. eigenen, zT in ihrer ausländischen Geschichte begründeten, Überlieferungen folgen. Die *Alt-Lutheraner* (→ Luthertum: III) haben selbstverständlich keine eigene G.gestaltung entwickelt. In der *Brüdergemeine* (→ Brüderunität: II) wurde durch das anfängliche Nebeneinander der luth. Gemeinde in Berthelsdorf, in die Herrnhut eingepfarrt war, und der eigenen Versammlungen in Herrnhut selbst eine eigenständige Entwicklung neuer Formen möglich. Noch heute gibt es neben dem Predigt-G., in dem die Gemeinde im Gesang und dem zwischen ihr und dem Liturgen wechselnden Gebet der einst von Luther, dann von Zinzendorf umgestalteten → Litanei zu Worte kommt, verschiedene singstundenartige liturgische Versammlungen. Eine unter ihnen ist - der äußeren Form nach - das Abendmahl, bei dem die Gemeinde auf ihren Plätzen verbleibt und Brot und Wein herumgetragen werden. Vielfach, bes. bei festlichen Anlässen (zB am Ostermorgen), sind die schlichten Singstunden zu sog. »Liturgien« (mit Wechselgesang und Chorgesang) ausgestaltet (Liturgienbuch, Chr. → Gregor). Neben den Versammlungen für die Gesamtgemeinde gibt es solche für die Gruppen (Chöre). Namentlich als Wochen-G.e (Bibelstunden), aber auch am Sonntagabend, finden sich reine Wortversammlungen mit nur kurzem Gemeindegesang. Amtstracht gibt es zumeist nicht, abgesehen von den weißen Talaren, die beim Abendmahl, bei der (fast stets als Gemeinde-G. gestalteten) Taufe und bei Ordinationen getragen werden. Eine besondere Kirchentracht (»mährische« Hauben, weiße Abendmahlstücher) hat sich bis heute bei den Frauen erhalten. - Der *Methodismus* (→ Methodisten: I) übernahm, seinem Ursprung gemäß, für seine G.e das → Common Prayer Book, allerdings gekürzt. Aus seiner Begegnung mit der Brüdergemeine stammen die dort heute ebenfalls noch gehaltenen Liebesmahle. Das Abendmahl wird teils in enger Anlehnung an den englischen Ritus von 1662, teils in einer freieren Form gehalten; die Einsetzungsworte werden dabei stets vollständig rezitiert. Abend-G.e sind sehr beliebt; häufig ist freies Gebet. Auf Gemeinde- wie Chorgesang wird bes. Wert gelegt. Amtstracht ist unbekannt. - In den *Ev. Gemeinschaften* (→ Gemeinschaftsbewegung) findet sich hinsichtlich des G.es kein Nachklang der Messe, sondern nur schlichte Wortverkündigung, Gebet und gemeinsamer Gesang. Das Abendmahl wird meist vierteljährlich gehalten. Die am Altar knieenden Kommunikanten empfangen das gebrochene Brot und trinken aus einem Gemeinschaftskelch. Die gesamte Liturgie ist schlicht, an ref. Art erinnernd, eine Amtstracht fehlt. - Bei den → *Quäkern* gab es ursprünglich keine vorgebildeten Prediger. Die Gemeinde wartete im »Schweigenden Dienst«, bis der Geist einen der Versammelten zum Sprechen trieb. Neuerdings haben amerikanische Gemeinden Prediger in der Art anderer Kirchen. - Bei den → *Baptisten* herrscht eine »puritanisch-biblische« Gestaltung des G.es (Fendt); das Abendmahl wird als Gedächtnismahl gefeiert.

Hinsichtlich des Gemeindegesanges besteht zwischen den verschiedenen Formen des freikirchlichen G.es und dem der Landeskirchen weitgehende Gemeinsamkeit, die bis zu den reformatorischen Wurzeln des ev. Gemeindeliedes zurückreicht. Doch sind daneben die Sonderüberlieferungen der einzelnen F. nicht zu übersehen. Die Brüdergemeine hat dank Zinzendorfs luth. Herkunft und ihrer Zusammenhänge mit der alten → Brüderunität (: I) von Anfang an in Worten und Weisen die Verbindung mit beiden Quellen gewahrt, aber in noch weit reicherem Maße ihre eigene Liedertradition gepflegt. Der Methodismus zehrt bis heute von dem reichen Liedergut seiner Entstehungszeit, das die Botschaft von Sünde und Gnade immer neu variiert (→ Gesangbuch: I). Der in den → Reichsliedern zusammengefaßte Liedschatz der ev. Gemeinschaften enthält neben allgemeiner ev. Überlieferung vor allem pietistische Lieder, nicht wenige davon angelsächsischer Herkunft; in den Landeskirchen ist er in dieser Hinsicht namentlich für die Gestaltung von Bibelstunden und freieren Erbauungsversammlungen einflußreich geworden. Umgekehrt hat die Pflege des vorpietistischen Liedes auch auf die Gemeinschaften übergegriffen.

Für die Gestaltung des G.es im ganzen hat auf deutschem Boden von den F. wohl die Brüdergemeine trotz ihrer Kleinheit die größte Bedeutung gehabt und durch ihr Vorbild neuere landeskirchliche G.formen (Mitternachts-G. am Altjahrsabend, Feier der Todesstunde Jesu am Karfreitag und des Ostermorgens u.a.) angeregt. *Alle* F. aber stehen mit ihrem »puritanisch-biblischen« G.-charakter und der fast stets damit Hand in Hand gehenden Lebendigkeit ihres Gemeindelebens den von der heutigen liturgischen Bewegung (→ Gottesdienst: VI) erfaßten großen Kirchen als Mahnerinnen gegenüber, die Aussichten und Möglichkeiten einer rückwärts gerichteten G.reform nicht zu überschätzen. - Vgl. → Freikirche (Lit.).

E.KALB, Kirchen u. Sekten der Gegenwart, (1904) 1907^{2} - U. KUNZ, Viele Glieder, ein Leib. Das Buch der F., 1953 - MULERT-SCHOTT. - Zur Brüdergemeine s. → Brüderunität: II. - Zum Methodismus: M.SCHMIDT in: »Englandkunde«, 1955^{3}, (194-228) 218ff. - Zu den Ev. Gemeinschaften s. → Gemeinschaftsbewegung.

d) Noch weniger als bei den Freikirchen (s. c) läßt sich die G.gestaltung der → Sekten unter einen einheitlichen Gesichtspunkt bringen. Am merkwürdigsten ist die Kath.-Apostolische Kirche (→ Katholisch-Apostolische Gemeinden), die grundsätzlich aus allen christlichen Kirchen liturgisches Gut von jeher zusammenzutragen sich bemüht hat, sich aber bei der im Mittelpunkt ihres gottesdienstlichen Lebens stehenden »Hl. Eucharistie« vor allem an die abendländische Messe anschließt; der Kanon ist freilich gestrichen, die Konsekration erfolgt mit Epiklese und Einsetzungsworten, auf die Predigt, die oft durch eine Epistel und Evangelium auslegende Homilie vertreten wird, legt man keinen besonderen Wert. Die schlichten Versammlungen der → Darbysten zeichnen sich durch Gebet und Schriftauslegung aus, zu der einzelne, nicht studierte Brüder das Wort nehmen. Aus der Reihe der sonstigen, bei uns mit Sekten bezeichneten Gemeinschaften mit ihren meist schlichten Versammlungen hebt sich die → Christian Science durch ihren predigtlosen G. heraus, in dem Lesungen aus der kanonischen Schrift der Mrs. → Eddy und aus der Bibel im Mittelpunkt stehen. Da die → Christengemeinschaft seit 1951 im Bereich der EKD nicht mehr als streng christliche Gemeinschaft angesehen wird, kann ihr G. (im Mittelpunkt die »Menschenweihehandlung«) hier übergangen werden. – Ähnliches gilt von den → Zeugen Jehovas angesichts ihrer radikalen Kirchengegnerschaft, um so mehr, als abgesehen von ihren »wöchentlichen Dienstversammlungen« über ihre Abendmahlsfeier nichts in Erfahrung zu bringen ist. Vgl. im übrigen die einzelnen Artikel zu den verschiedenen Sekten.

HUTTEN. *W.Jannasch*

V C. In den jungen Kirchen

1. Vorgeschichte – 2. Geschichte des Problems – 3. Gegenwärtige Situation

1. In der durch die Missionare bestimmten Periode ihres Werdens ist der G. in den → jungen Kirchen der G. der Missionare. Der gelegentlich ausgesprochene Grundsatz, man könne nichts anderes bringen als was man selbst habe, gilt ihnen auch für die Formen des G.es. Daher wird vielfach die Ordnung des G.es und gottesdienstlichen Lebens derjenigen Kirche, der der jeweilige Missionar verbunden ist, problemlos aufs Missionsfeld verpflanzt. So wird zB noch heute in der aus der Arbeit der → Schleswig-holsteinischen Missionsgesellschaft hervorgegangenen Kirche in Indien die alte schleswig-holsteinische Agende gebraucht, in der Tamulenkirche (→ Leipziger Mission) die bayrische Agende, in den Kirchen anglikanischer Herkunft das → Common Prayer Book. Wo und soweit aber die Missionare in einer bestimmten Art von Pietismus zu den festen Ordnungen der Heimatkirche in einer gewissen Spannung standen, prägten sie mit eben dieser ihrer Art das Frömmigkeitsleben ihrer jungen Gemeinden, das seinerseits in entsprechenden Ordnungen mehr oder weniger feste Gestalt gewann; so hat zB das freie Gebet einen festen und wichtigen Platz in den G.en und im gottesdienstlichen Leben der jungen Kirchen bekommen. Es herrscht die – nicht immer bewußte – Überzeugung, daß wie die Kunstformen, so auch die G.formen »der alten christlichen Völker den übrigen Völkern gegenüber etwas relativ Vollkommenes« darstellen.

2. Zum Problem wird der G. in den jungen Kirchen nicht in erster Linie dadurch, daß aus dem »Missionsfeld« Kirchen erwachsen und selbständig werden, sondern einerseits durch den erwachenden → Nationalismus (: II), andererseits durch das Bewußtsein der missionarischen Verpflichtung der jungen Kirchen. Im Problem des G.es wird das Problem der Bodenständigkeit der jungen Kirchen in besonderem Maße konkret. Nachdem auf der Weltmissionskonferenz von Jerusalem 1928, bei der erstmals Vertreter der jungen Kirchen eine Rolle spielten, das Problem der Bodenständigkeit seine Dringlichkeit bekommen hatte, wurde auf der von Tambaram 1938 die Frage des G.es intensiv behandelt. Nachdem die Weltmissionskonferenz von Willingen 1952 in der Frage der Bodenständigkeit die Erkenntnis gewonnen hatte, daß Kirche nicht im Boden, sondern nur in Christus verwurzelt sein dürfe, daß sie jedoch zum Boden »in Beziehung gebracht« werden müsse, setzte erneut die Diskussion der G.frage ein, bes. in Ostasien unter Führung der indischen Kirchen. Die durch die Faith and Order-Kommission des Weltkirchenrats (→ Ökumenische Bewegung) ins Leben gerufene ostasiatische theologische Kommission widmete ihre erste Tagung in Bangalore der Frage des G.es, die hier zum ersten Male von offiziellen Vertretern der jungen Kirche diskutiert wurde.

3. Es ging in all den Bemühungen darum, daß die Kirche aus »geistlichen Kolonien des Westens« zu einer »Kolonie des Himmels« würde. Hatten zunächst schon die Missionare sich bemüht, die aus westlichen Kirchen übernommenen G.ordnungen den Bedürfnissen der jungen Kirchen anzupassen, so erhielten diese Bemühungen unaufschiebbare Dringlichkeit und ein neues Gesicht durch die Union junger Kirchen mit verschiedener gottesdienstlicher Tradition (das klassische Beispiel ist die Kirche von → Südindien und ihre Abendmahlsliturgie; → Einigungsbestrebungen: VII). Mit alledem war der doppelte Gesichtspunkt gegeben, unter dem das Problem des G.es zu sehen war: der der »Bodenständigkeit« und der der Ökumenizität (indigeneity und catholicity). In den → Unionen (: III) tut es not, sich nicht mit der Gestaltung einer G.ordnung aus liturgischem Gut der verschiedenen Mitgliedskirchen zu begnügen, sondern sie auf die einheimische Art, den »Boden«, zu beziehen; das Streben nach der »Bodenständigkeit« ist jedoch stets durch den Anschluß an die Ökumene zu begrenzen. Indem mit Recht Liturgie unter den Gesichtspunkt ihrer missionarischen Potenz gestellt und darum »Bodenständigkeit« erstrebt wird, wirkt gerade diese in Richtung auf eine recht verstandene Ökumene. Die Forderung der »Bodenständigkeit« wird einerseits mit der Lehre von der Inkarnation begründet, aber auch hin und wieder mit den religiösen Bedürfnissen des jeweiligen Volkes, die auch im christlichen G. zum Ausdruck gebracht bzw. befriedigt werden sollen. Je nachdem werden verschieden beantwortet Fragen wie die des Gebrauches indischer oder afrikanischer Musik und Musikinstrumente im G., die der Verwendung nichtchristlicher Gebete, soweit sie nicht entschieden widerchristliche Gedanken enthalten, die christlicher Ashrams in Indien, religiöser Tänze in Afrika und anderswo, die der Verwendung einheimischer sakraler Architektur, Skulptur und Malerei. Da jedes Element nichtchristlichen Lebens irgendwie durch nichtchristliche Religion geprägt ist, wird die Gefahr des → Synkretismus (: II) und das Eindringen etwa magischer Mißverständnisse christlicher Glaubensaussagen und Handlungen niemals von vornherein ausgeschlossen; was übernommen wird, kann nur durch Gottes Wort geheiligt werden; der einzige Schutz ist eine klare Verkündigung des Evangeliums. – Wichtiger als die viel verhandelte Frage des G.es im engeren Sinne erscheint im Raum der jungen Kirchen die Frage einer liturgischen Gestaltung des außergottesdienstlichen privaten und gemeinsamen Lebens. Schon in Tambaram wurden in derselben Abteilung wie der G. das christliche Haus und die Aufgaben der christlichen Familie behandelt, die angesichts des bisher von Religion völlig durchwirkten täglichen Lebens gar nicht hoch genug eingeschätzt werden können. Insbesondere scheint eine sehr ernste Besinnung darüber nötig, ob der Platz der sog. Übergangsriten, namentlich der → Totenverehrung (: III), in der Gemeinde leer bleiben oder wie er gefüllt werden soll.

J.RICHTER, Die Einwurzelung des Christentums in der Heidenwelt, 1906 – The Life of the Church (The Madras Series Vol. IV), London 1939, 1ff – H.GELZER, Zur neuen Liturgie der Basler Missionskirche in China (EMM NF 91, 1947, 18-29. 45-52) – A.STRECKEISEN, Das neue Kirchenbuch der Basler Missionskirche in Indien (ebd 36-45) – W.ZIMMER, Toten-Ehrung u. Toten-Verehrung in der christl. Gemeinde (ebd NF 93, 1949, 148-151) – G.F.VICEDOM, Die Liturgie der jungen Kirchen (EMZ NF 8, 1951, 129-141) – C.W.J.BOWLES, Worship and the Gospel (The Churchman 66, 1952, 20-26) – A. SCHÄFER, Liturgie der Wildnis (Die kath. Missionen, 1953, 143-146) – S.G.NIMAKO, The Christian and Funerals, Cape Coast 1954 – W. VAN BECKUM, Actuosa participatio missionarisch gesehen (LJ 4, 1954, 107-129) – J.HOFINGER, Liturg. Akkomodation in den Missionen (ebd 1-20) – DERS., Mission u. Liturgie (Die kath. Missionen, 1956, 163-167) – DERS. u. J.KELLNER, Der priesterlose Gemeinde-G. in den Missionen, 1956 – DIES., Liturg. Erneuerung in der Weltmission, 1957 – National Christian Council Review 75, 1955 (versch. Aufsätze). – Vgl. auch die Lit. zu → Abendmahl: VII, → Taufe: VIII.

W.Holsten

VI. Reform und Neuordnung des ev. Gottesdienstes

1. Die gottesdienstliche Reformbewegung im 19.Jh. - 2. Die »ältere liturgische Bewegung« - 3. Die gegenwärtige Neuordnung des ev. G.es

1. Der Neuaufbau eines geordneten, vor subjektivistischen Eingriffen gesicherten und an die alte, seit einem reichlichen halben Jh. zusammengebrochene Überlieferung wieder anknüpfenden ev. G.es in → Deutschland (: III, 4) ging nicht von einem Theologen, einer kirchlichen Körperschaft oder einem freien Arbeitskreis aus, sondern von einem unstudierten Kirchenglied, dem König und Soldaten Friedrich Wilhelm III., der dank seiner politischen Stellung die Macht besaß, seine Wünsche für die Neuordnung des G.es trotz theologischen Widerspruchs (→ Schleiermacher) in die Tat umzusetzen (→ Agendenstreit). Dieser Neuanfang in den preußischen Landen, der dann auf das ganze ev. Deutschland übergriff, dürfte in seiner Verbindung laienhafter Wünsche und politischer Möglichkeiten in der Liturgiegeschichte einzigartig sein. Jedenfalls ist das Zeitalter der liturgischen Reformen, in dem wir noch heute stehen, auf Jahrzehnte von diesem Neuanfang bestimmt worden. Die nur wenig aufgelockerte Verbindlichkeit und Uniformität der preußischen Liturgie, die der einzelnen Gemeinde und ihren Gliedern ein beruhigtes Wissen um das gab, was im G. Rechtens ist und zu geschehen hat, die historische und theologische Unbekümmertheit in nicht wenigen Einzelheiten, die Tatsache, daß nun für einen nach den Begriffen des 19.Jh.s immerhin weiten Raum eine Art von gottesdienstlichem Heimatgefühl für die eben freizügig gewordenen ev. Christen geschaffen war, dies alles ist das Werk des königlichen und soldatischen Liturgieschöpfers, der, obwohl selber ref., aus ahnungsvollem romantischem Gefühl heraus meinte, auf »Vater Luther« zurückgreifen zu müssen, und der wenigstens *darin* mit seinem großen theologischen Widersacher Schleiermacher übereinstimmte, daß es der ärgste Fehler in der Liturgie sei, »wenn sie modern ist«. Die schließlich 1826 für Brandenburg, Pommern, Schlesien, Sachsen, mit gewissen Einschränkungen auch für Rheinland und Westfalen eingeführte Preußische → Agende beendete das halbe Jh. aufklärerischer Liturgiezerstörung und bildete »eine gesunde Grundlage für die Neuordnung des gottesdienstlichen Lebens der ev. Kirche« (F.Rendtorff). Zweifellos hat das der theologischen Arbeit vorauseilende Werk des Königs die noch fehlende historische Grundlagenforschung auf dem Gebiet der Liturgiegeschichte (→ Liturgie: III), der → Hymnologie und der Kirchenmusik (→ Musik: V-VII) aufs stärkste angeregt. Das 19.Jh. mit den großen Sammelwerken, Geschichtsdarstellungen und sonstigen Hilfsbüchern, die auf diesen Gebieten erschienen sind, bildet die Voraussetzung für die heute mit verbesserten Methoden und Resultaten arbeitenden Fachwissenschaften, so wie die heutige Liturgiereform auf den Schultern der im vorigen Jh. versuchten oder durchgeführten steht. - In *Preußen* wurden schon in der Mitte des Jh.s manche Mängel der Agende von 1829 beseitigt, bes. die responsorischen Stücke der Liturgie statt auf Liturgen und Chor jetzt auf jenen und die Gemeinde verteilt; auch wurde der zweifellos »unklare Anfang des G.es« (Rietschel) dadurch geändert (ob gebessert?), daß man das → Kyrie, als Aneignung des → Confiteor seitens der Gemeinde, der Gnadenverkündigung mit dem nachfolgenden → Gloria unmittelbar voranstellte. Weitergehende Wünsche, die auf verschiedenen Synoden laut geworden waren, wurden erst durch die 1894 von der Generalsynode angenommene revidierte Agende erfüllt, die im wesentlichen einem Theologenentwurf (Mitarbeiter u.a.: v.d. → Goltz, → Kleinert, Hering, → Kögel) entsprach und 1895 zur Einführung kam. Charakteristisch für diese (vielfach recht gesetzlich gehandhabte) Agende ist, daß sie - wie die von 1829 - Präfation und → Sanctus im Schlußteil eines jeden G.es beließ, auch wenn das Abendmahl nicht gefeiert wurde, so daß dieses nach wie vor ein Anhängsel an den Sonntags-G. blieb. - Bes. gründlich war die liturgische Reformarbeit in *Bayern,* die, 1823 noch ohne klare Grundsätze begonnen, dank der theoretischen und praktischen Mitarbeit von Männern wie W. → Löhe, G.Kapp, F.v. → Boeckh u.a. auf dem Umwege über verschiedene Privatarbeiten und -agenden, deren sich das Oberkonsistorium fördernd annahm, 1879 zur »Agende für die ev. luth. Kirche in Bayern« führte. Daß nachträglich auch für die Neben-G.e (Vesperale von 1887) gesorgt wurde, sei bes. vermerkt. Auch hat wohl nirgends in deutschen ev. Gemeinden eine Reformagende des 19.Jh.s so stark Wurzeln geschlagen wie die bayrische. - In *Hannover,* das viele früher selbständige Kirchen mit eigenen, zT offiziell noch gültigen Ordnungen in sich vereinigte, wo aber seit Anfang des Jh.s die damals übliche liturgische Willkür geherrscht hatte, waren zunächst gründliche geschichtliche Vorarbeiten für eine zusammenfassende Neuordnung nötig (L.A.Petri, 1852). 1889 erschien als Privatarbeit die »Agende nach den Ordnungen der ev. luth. Kirche in der Provinz Hannover« von G. → Uhlhorn, der erst 1901 die amtliche Agende folgte, während im Königreich *Sachsen* eine vorläufige Regelung (1842) 1880 durch die endgültige, 1906 revidierte Agende abgelöst wurde. Ohne die in anderen Gebieten geleistete Reformarbeit unterschätzen zu wollen, die zB in *Mecklenburg-Schwerin* (→ Kliefoth) auch zu bedeutsamen kirchenmusikalischen Ergebnissen führte und in vielen deutschen Landeskirchen zwischen 1870 und 1900 unter Mitwirkung der Synoden neue Agenden zeitigte, sei in unserem Zusammenhang kurz auf die agendarischen Arbeiten und Kämpfe in *Baden* hingewiesen. Dort bestand das Problem bei der Reform des G.es darin, an verschiedenartige, teils ref. (Pfalz), teils luth. Überlieferungen anknüpfen zu müssen. So wurde das nach der Unionsagende von 1836 eingeführte »Kirchenbuch« von 1858 von einem Teil der Gemeinden als zu stark luth. empfunden und mußte 1877 durch eine Neuausgabe abgelöst werden, in der die älteren Formen abgeschwächt oder geändert waren. - Glücklicher sind die Kirchen gewesen, die sich lediglich auf die Herausgabe neuer → Gebetbücher für den G. beschränkten, wie das mit gutem Recht Württemberg tun konnte, weil dort die schlichte Ordnung des »Predigtauftritts« durch die Aufklärung nicht unterbrochen worden war. Das »Kirchenbuch für die ev. Kirche in Württemberg« von 1842 enthielt *nur* Gebete, fand aber dank seiner guten Zusammenstellung auch in anderen Landeskirchen, die sich noch keine neue liturgische Ordnung gegeben hatten, Aufnahme, ja amtliche Empfehlung, so in Oldenburg, Hessen-Darmstadt und Österreich. Erst nach 1900 brachte die ev. Kirche von Hessen-Darmstadt ein eigenes, sehr solide gearbeitetes Kirchenbuch heraus (I, 1904), das, darin ein neuer Typus, die *verschiedenen* Traditionen der einzelnen Kirchenteile dadurch zu vereinigen suchte, daß es *vier* gleichberechtigte Liturgien darbietet, für deren eine sich die einzelne Gemeinde zu entscheiden hat. Daß einzelne, meist kleinere Kirchen um 1900 im Zuge der nun doch schon rd 80 Jahre währenden Liturgiereform noch immer zu keiner eigenen amtlichen Regelung ihrer G.e gekommen waren und sich bestenfalls die Ergebnisse der Arbeit anderer zunutze machten, zeigt im übrigen, daß die Reformbewegung bereits in ein anderes Stadium eingetreten war: Ein neues Zeitalter der Privatagenden, das den Pfarrern in der Ausgestaltung ihrer Liturgien eine

oft weitgehende Freiheit ließ, war unversehens heraufgezogen.

2. Die Zeit um die Jh.wende ist die Zeit der sog. *»älteren liturgischen Bewegung«*. Unter den in Frage kommenden Zeitschriften ragte die von Julius → Smend und Friedrich → Spitta seit 1897 herausgegebene »Monatsschrift für G. und kirchliche Kunst« hervor, die von Anfang an nicht nur Probleme moderner G.gestaltung erörterte und entsprechende Liturgien, in den Anlagen auch moderne Kirchenmusik (→ Reger!) darbot, sondern auch wertvolles altes Gut der ev. Überlieferung wieder ans Licht zog, wie es zB H.v. → Schubert mit der Herausgabe der »ältesten ev. G.ordnung in Nürnberg« tat. Damit ging die ebenfalls durch Notenbeilagen unterstützte Wiederbelebung der alten Kirchenmusik (Heinrich → Schütz!) Hand in Hand. Daß diese modernen Liturgiebestrebungen nicht mit der alten, von der Geschichte gelösten Aufklärung gleichgesetzt werden dürfen, zeigte sich auch in der hymnologischen Arbeit des Kreises um Smend und Spitta (→ Gesangbuch: I, 3b; III, 3); namentlich dem letzteren kommt das besondere Verdienst zu, kostbare Stücke der reformatorischen Liedüberlieferung aus Süd- und Südwestdeutschland wieder lebendig gemacht zu haben. Smends »Kirchenbuch für ev. Gemeinden« (s. Lit.), zunächst für den Gebrauch in Elsaß-Lothringen bestimmt, spiegelt in den noch heute lesenswerten Einleitungen wie im gesamten Inhalt diese Tendenzen wider. Dem Werk als Ganzem ist es nicht so sehr um ein bestimmtes Liturgieschema zu tun, vielmehr will es für die einzelnen liturgischen Stücke, nach denen es geordnet ist, mustergültige Beispiele darbieten, aus denen sich dann der Benutzer den G. zusammenzustellen hat. Auch hier ist wieder überaus wertvolles reformatorisches, zumeist Straßburger Gut der Vergessenheit entrissen; neben ihm finden sich aus der modernen pfarramtlichen Praxis stammende Gebete usw; der böse Spott über die »Seufzerlein des Herrn Smend« wird angesichts einer Bindung an älteste, alte und moderne Vorbilder dem Unternehmen in keiner Weise gerecht. Tragender Grund ist eine den Gemeindecharakter des ev. G.es durchaus ernstnehmende, freilich den Gedanken der »Feier« im Sinne Schleiermachers und seiner Nachfolger allzu sehr in den Vordergrund stellende Auffassung vom Sinn liturgischen Handelns. Der normative Charakter des *göttlichen* Wortes tritt zB dadurch in den Hintergrund, daß liturgische Stücke (etwa »Eingangsworte« oder »Dankgebete«) oft aus zwei oder drei Bibelstellen zusammengesetzt sind. Andererseits ist nicht zu leugnen, daß die Bibel nachhaltig zur Geltung gebracht wird, etwa in den sechs, auch die sog. altkirchlichen → Perikopen verwertenden Perikopenreihen und bes. in den »liturgischen G.en« des zweiten Teils, in denen jeweils von Gemeinde- und Chorgesang beantwortete Schriftlesungen einer Ansprache vorangehen. – Der Weg zu *völlig* individualistischer Gestaltung des einzelnen G.es wurde in den verschiedenen Ausgaben des »ev. Kirchenbuchs« von R.Bürkner und K.Arper, später von Arper und A. Zillessen, beschritten. Hier waren jeweils fertige Liturgien (für die Festzeiten oder für einzelne Predigtthemen) nach einheitlichen Gesichtspunkten zusammengestellt, zumeist unter Verwertung moderner Gebetsformulierungen, so daß das in den Agenden dargebotene ältere Überlieferungsgut immer mehr in den Hintergrund trat, um so mehr, als die Benutzung solcher Kirchenbücher dem Pfarrer die liturgische Vorbereitung des G.es außerordentlich erleichterte. Die Vorstellung, der ev. G. müsse vom Eingangslied über die Predigt bis zum Fürbittengebet hin eine immer neu zu verwirklichende »liturgische Einheit« sein (Th.Voß, s. Lit.), wurde weithin herrschend, führte wohl auch einzelne dazu, Sonntag für Sonntag »ihre« Liturgie bis in den Wortlaut der Gebete hinein selbst zu gestalten. Immerhin blieb zumeist der Aufbau des Predigt-G.es und der Abendmahlsfeier in Übereinstimmung mit der landeskirchlich eingeführten Agende oder der gemeindlichen Überlieferung. Auch darf nicht übersehen werden, daß die moderne Sprachgestalt und der Wechsel in den Gebetsformularen, namentlich bei dem »großen Fürbittengebet«, gegenüber den Agenden mit ihrer oft archaistischen Sprache und ihren häufig stereotypen Gebeten von nicht wenigen Gemeindegliedern als fortschrittlich empfunden wurde.

3. Der Übergang zur *gegenwärtigen Reformbewegung* vollzog sich allmählich. Während R. → Otto mit seinen zT aus religionswissenschaftlichen Forschungen erwachsenen Sonderwünschen (Betonung der → Anbetung, »Schweigender Dienst«, neue Perikopenordnung) vielerorts noch als modern galt und durch seine »liturgischen Blätter« (1926–34) Einfluß ausübte und bes. in den Jahren nach dem ersten Weltkriege – zT unter dem Einfluß der → Jugendbewegung – kühne, oft ans Theatralische grenzende Feiergestaltungen gewagt wurden, hatte, aus verschiedenen Quellen gespeist, eine neue liturgische Reformbewegung begonnen. Sie hing teils mit dem von der Kirchengeschichte gewonnenen neuen Verständnis der Reformation und ihres G.es (K. → Holl) zusammen, teils mit der → dialektischen Theologie, die sich durch starke Betonung des »Wortes Gottes« zwangsläufig auch im G. auswirken mußte, teils mit der wenige Jahrzehnte zuvor von Spitta und Smend (s. 2) eingeleiteten neuen Wertung des → Gesangbuchs (: IV) und des → Kirchenliedes, seiner Worte wie seiner Weisen. Auch die sich immer mehr verstärkende → ökumenische Bewegung, die den Blick auf den G. der anderen christlichen Kirchen richten lehrte, spielte eine Rolle. Der Widerstand gegen die liturgischen Versuche der Deutschen Christen (→ Deutsch-christliche Bewegungen) in der Zeit des → Kirchenkampfes, überhaupt die durch ihn geförderte kirchliche Selbstbesinnung taten ein Weiteres. Gewisse romantische, wenn auch als solche von ihren Trägern nicht empfundene Stimmungen, wie sie in Zeiten vielfältiger Auflösung auch in der Kirche nicht selten sind, kamen nach dem zweiten Weltkriege hinzu. So steht die in der gesamten Christenheit der Welt heute festzustellende gottesdienstliche Reformbewegung in der ev. Kirche Deutschlands in besonderer Weise im Zeichen einer (verglichen mit der Zeit nach 1800) historisch und theologisch ausgezeichnet unterbauten, umfassenden Restauration, deren Förderern, gewitzigt durch die Erfahrungen der ersten Jahrzehnte unseres Jh.s, Mut und Wille zu wirklich *neuen* Wegen fehlt. Auf *ref.* Seite ist die Aufgabe verhältnismäßig einfach, da es nur darum gehen kann, den alten, schlichten Ordnungen der klassischen Zeit ihre Reinheit zu erhalten oder wiederzugewinnen und das überlieferte Gut an kirchlichen Gebeten, die infolge ihrer Länge oder ihres Sprachcharakters nicht mehr ohne weiteres brauchbar sind, der gegenwärtigen Gemeinde wieder zugänglich zu machen. Auf *luth.* Seite, wo die Erneuerungsbewegung teils von freien liturgischen Konferenzen, teils von bestimmten kirchlichen Arbeitsgruppen (→ Berneuchen, → Hochkirchliche Bewegung, → Kirchliche Arbeit von Alpirsbach), teils bereits von den Kirchen selbst getragen wird, scheint auf den ersten Blick das Bild verworrener zu sein. In Wirklichkeit geht es überall (mit gewissen Modifikationen, in denen sich die jeweiligen Besonderheiten äußern) um die Wiederherstellung einer sog. luth., im Vergleich zur »Deutschen Messe« des Reformators als archaisierend zu bezeichnenden ev. Messe-Form. Ein wirklicher Fortschritt ist (zB gegenüber 1829!) die Befreiung des → Kyrie und → Gloria von ihrer psychologisierenden

Verkoppelung mit → Sündenbekenntnis und → Absolution. Problematisch ist die grundsätzliche Verknüpfung des Predigt- und Abendmahlsteiles im Haupt-G., nicht weil sie (→ Abendmahl: V) liturgisch oder theologisch zu beanstanden wäre, sondern mit Rücksicht auf ihre regelmäßige Durchführbarkeit in der Gemeinde. Auch bei der Form der Gebete (namentlich bei den Kollekten spielt das Vorbild der Missa Romana eine große Rolle!) wird allzu wenig danach gefragt, wieweit die Gemeinde wirklich mitbeten kann. Trotz des nicht zu leugnenden Entscheidungsrechtes der Synoden mag es zweifelhaft erscheinen, ob die Macht der liturgiegestaltenden Theologen *heute* geringer ist als die Macht des liturgiefreudigen königlichen Laien *einst*. Am Ziel ihrer Reformbemühungen hinsichtlich des Haupt-G.es ist bisher die VELKD. Die EKU (Altpreußen), die 1931 einen amtlichen Agendenentwurf (noch unter Mitwirkung von J.Smend, s.o.) nicht zur Durchführung bringen konnte und in der nach dem Kriege einzelne Kirchenprovinzen sich (auf der Agende von 1895 beruhende) Übergangs-Agenden geschaffen haben, steht noch mitten in den Vorbereitungen zur endgültigen Gestaltung ihres G.es, die vermutlich verschiedene Möglichkeiten zur Wahl stellen wird. Wieder anderwärts (Hessen-Nassau) versucht man unter Umgehung der Synode eine stille G.reform, indem man sich – sachlich durchaus berechtigt – vor allem um die Neugestaltung der Gebete bemüht. Die von verschiedenen Seiten dargebotene Form eines reinen Predigt-G.es (ohne Rücksicht auf das Mess-Schema) scheint bisher leider wenig Gegenliebe zu finden. Die nur für besondere Gelegenheiten oder Feste gedachten »liturgischen Feiern«, deren Wert für die Gemeinden auch von luth. Seite (H.Kressel) hervorgehoben wird und die bes. für Abendandachten in Frage kommen, müssen zZ offenbar den Mißbrauch büßen, der in der Vergangenheit mit ihnen getrieben worden ist. Dafür spielt heute, wenn auch noch nicht in der Breite der Gemeinden, die Wiedergewinnung ev. Metten (→ Stundengebet) und → Vespern und damit einer erneuerten deutschen Gregorianik (→ Gregorianischer Gesang: II) eine nicht unwichtige Rolle (→ Nebengottesdienste). Aufs ganze gesehen ist m. E. die eigentliche Tiefe der mit der Reform und Neuordnung des ev. G.es verbundenen Probleme so lange noch *nicht* erreicht, als die Frage nach Gestalt und Inhalt der ev. Verkündigung und des gemeindlichen Betens nicht zur wahrhaft beunruhigenden Frage aller geworden ist, die eine wirkliche Reformation der Kirche ersehnen. – Vgl. → Liturgik: I. II, → Kantatengottesdienste.

F.SCHLEIERMACHER, Die prakt. Theol., hg.v. J.FRERICHS, 1850 – J.SMEND, Kirchenbuch für ev. Gemeinden I: G., (1906) 1924³; II: Handlungen, (1908) 1925² – TH.VOSS, Der G. als liturg. Einheit, 1915 – R.OTTO, Zur Erneuerung u. Ausgestaltung des G.es, 1925 – P.ALTHAUS, Das Wesen des ev. G.es, 1926 – RGG² II, 1344ff (Lit.) – H.ASMUSSEN, G.lehre I–III, 1936/37 – CKL I, 753ff (Lit.) – M.ALBERTZ-E.WOLF, Kirchenbuch (ref.), 1941 – W.JANNASCH, Heimkehr zur Messe – Rückkehr zur Gregorianik? (VF 1941, 119–162) – J.BECKMANN u.a., Der G. an Sonn- u. Feiertagen. Unters.en zur Kirchenagende I, 1 (Kirchenagende I, 2), 1949 – RIETSCHEL-GRAFF, bes. 383ff – Leiturgia I–III – EKL I, 1677f. 1687ff (Lit.). *W.Jannasch*

Gottesfreund. Die eigentliche Problematik der G.-schaft, die in der eigenwilligen Selbstbezeichnung verborgen liegt, hat noch keine erschöpfende Gesamtuntersuchung gefunden. Der Terminus ist vorchristlichen Ursprungs und geht in der Kirche auf gnostischen Einfluß zurück. In der »alexandrinischen Gnosis« bei → Clemens und → Origenes wird er verkirchlicht. Im vorchristlichen Altertum lehrt der → Platonismus G.schaft als Verähnlichung mit Gott. Der Kynismus folgert sie aus der von ihm betonten Gütergemeinschaft. Die → Stoa sieht in dem Weisen den G. Freilich protestieren dagegen Aristoteles (Eth. Nicom. VIII, 7, 4f) und vor allem der Epikuräer Philodem. Der Terminus begegnet später bei Maximus von Tyrus (um 155 nChr) und bei → Plotin. In der Kirche tragen der Märtyrer, der Asket, später auch der Heilige den Ehrennamen. Man deutet im AT Jes 41, 8 und Ex 33, 11 auf Freundschaft (vgl. Jak 2, 23), bes. für Abraham, aber auch für Moses und die Propheten. Philo hatte die at. Anklänge mit dem stoischen Ideal des G.es verschmolzen, was dann im 1Clem (10, 1; 17, 2), bei → Irenäus (Adv.haer. IV, 16, 2) und → Tertullian (Adv.Jud. 2) nachwirkt. Der »G.« begegnet noch im Islam (Sure 4, 124). Für das MA hat Egenter die Lehre von der G.schaft in der Scholastik und Mystik des 12. und 13.Jh.s im Anschluß an Grabmann zu schildern versucht. Kirchengeschichtlich begegnet der Terminus im 14.Jh. im Gegensatz zu den Weltfreunden als anmaßende Selbstbezeichnung mystischer Kreise, die sich, wie später Pietisten, als die »wahren Liebhaber« und als die »auserwählten G.e« fühlten. Neben → Eckehart, → Seuse und vor allem → Tauler, → Heinrich von Nördlingen und Margareta → Ebner ist der Straßburger Mystiker und Taulerschüler Rulman → Merswin bes. zu nennen (→ Mystik: VI). Die nicht kirchenfeindliche, aber pantheistische Bewegung der G.e beeinflußte viele Frauenklöster, zumal der Dominikaner, ferner west- und süddeutsche → Beginen-Häuser. In der prot.-kirchlichen Liedfrömmigkeit ist ein gewisser Gegenschlag erfolgt, was bes. in Paul → Gerhardts Lied deutlich wird. In den Vordergrund tritt nicht der Terminus G., sondern das Bekenntnis des Glaubenden: Gott mein Freund und Vater. Im → Pietismus wird dann, wie schon in der »Imitatio Christi« (→ Thomas a Kempis), Jesus der Seelenfreund, im Katholizismus Maria die amica (→ Marienverehrung: I). – Vgl. → Freundschaft: II.

RGG¹ II, 1586f; RGG² II, 1353f – M.DIBELIUS, Der Brief des Jakobus (MeyerK XV⁷), 1921, 153ff – DERS., Joh 15, 13 (Festg. f. Ad. Deißmann, 1927, 168–186 = Botschaft u. Gesch. I, 1953, 204–220) – E.PETERSON, Der G. (ZKG 42, 1923, 161–202) – R.EGENTER, G.schaft, 1928 – DERS., Die Idee der G.schaft im 14.Jh. (Grabmann-Festschr., 1935, 104–136) – J.P.A.ERNSTMAN, Οἰκεῖος, Ἑταῖρος, Ἐπιτήδειος, Φίλος (Diss. Utrecht), 1932 – F.DIRLMEIER, Θεοφιλία-φιλοθεία (Philologus 20, 1935, 57–77. 176–193) – H.NEUMARK, Die Verwendung griech. u. jüd. Motive in den Gedanken Philons über die Stellung Gottes zu seinen Freunden (Philos. Diss. Würzburg), 1937 – R.M.JONES, The flowering of mysticism. The friends of God in the XIVth Century, New York 1940 – A.WALZ, G.e um Margarete Ebner (HJ 72, 1953, 253–265). *E.Barnikol*

Gottesfriede (*Pax Dei*), kirchlich sanktionierte Friedensgebote und -einungen des 11./12.Jh.s zum Schutz der Kirchen, Straßen, Felder und der Wehrlosen: Kleriker, Frauen, Bauern, Kaufleute gegen die Adelsfehde. Wo die alte Sakralgeltung von Recht und → Friede versagte und seine staatliche Sanktionierung noch nicht gewährleistet war, sollte der G. den Kriegeradel für die christliche Friedens- und Rechtsidee gewinnen. Seit ca 990 wurde der G. auf Synoden Südwestfrankreichs unter Mitwirkung der Äbte von → Cluny geboten, Friedensbruch unter Kirchenstrafen gestellt, der Laienadel zur Waffenhilfe gegen Friedbrecher verpflichtet. Die Friedensbewegung griff bald nordwärts (1047 Normandie, 1063 Flandern, 1082/83 Lüttich und Köln) bis nach England, auch nach Spanien; um 1040 forderten französische Bischöfe und Äbte auch den Klerus Italiens zum Anschluß an den G.n auf. → Urban II. gebot 1095 zugleich mit dem Krieg gegen die Ungläubigen einen G.n für die Kreuzfahrer und alle Christen. Seit ca 1025 wurde der G. meist als »Waffenstillstand« (*Treuga Dei*) auf die Passionstage jeder Woche (Donnerstag/Freitag bis Sonntag/Montag) und die kirchlichen Festzeiten (Advent/Weihnacht, Fasten/Ostern) begrenzt. Im deutschen Reichsgebiet erließ Heinrich III. selbst Friedensgebote; seit → Heinrich IV. (Mainz 1085, 1103) wurden befristete Reichs-Landfrieden beschworen, die seit dem 12.Jh. überall den G.n ablösten.

A.KLUCKHOHN, Gesch. des G.ns, 1857 - L.HUBERTI, Studien zur Rechtsgesch. der G.n u. Landfrieden, 1892 - G.C.W.GÖRRIS, De denkbeelden over oorlog en de bemoeiingen voor vrede in de 11. eeuw, Nimwegen 1912 - L.C.MACKINNEY, The people and public opinion in the 11th cent. peace movement (Speculum 5, Cambridge/Massachusetts 1930, 181-206) - E.WOHLHAUPTER, Studien zur Rechtsgesch. der G.n u. Landfrieden in Spanien, 1933 - H.CONRAD, G. u. Heeresverfassung in d. Zeit der Kreuzzüge (ZSavRG, germ. 61, 1941, 71-126) - V.ACHTER, Über den Ursprung der G.n, 1955.

H.Grundmann

Gottesfurcht

I. Religionsgeschichtlich - II. Im AT - III. Im NT - IV. Dogmatisch

I. Religionsgeschichtlich

1. G., → Furcht und → Angst sind verwandte, aber doch zu unterscheidende Begriffe. Der Darstellung unter → Furcht ist folgendes hinzuzufügen. An R. → Ottos Erfassung der Scheu ist das Wichtigste, daß dieselbe nicht als bloß innersubjektive Erregung, sondern als ideographischer Hinweis auf die Gottheit gesehen wird. Der andere Aspekt der sachbeziehbaren G. betrifft die in bestimmten Niederschlägen religiöser Emotion auftretende Furcht vor bestimmten Gottesakten, zB als Tatfolgen. In dieser G. haben wir es auch nicht nur mit einem Zerfallsprodukt religiöser → Erfahrung zu tun, denn das Göttliche wird mit seiner Manifestation ja auch gegenständlich. Wo das nicht geschieht, da bleibt das Göttliche im Modus des Dämonischen. Der Dämon hat weder Namen noch Gestalt, »hört weder auf Bitten noch auf Flehen«. Die Dämonen (→ Geister: I) »sind wie die Windsbraut, die herumfährt«, und haben nicht Ort noch Stunde. Daher gibt es vor dem Dämon nur die »panische« Angst, die sich nicht zur G. konsolidieren läßt. Das Wort Varros zeigt den Unterschied: »A superstitioso timeri deos, a religioso autem tantum vereri ut parentes, non ut hostes« (zitiert bei Augustin, De civ. Dei VI, 9).

2. Die G. als Scheu, awe oder Angst gehört zu den Grunderfahrungen des Religiösen, von denen zu sagen ist, daß die Religionen nicht »aus« solchen Erfahrungen hervorgehen, daß sie sich aber nur »mit« denselben ereignen. Der Satz des Statius: »Primus in orbe deos fecit timor« (Theb. IV, 661) trifft also nicht zu. Der timor ist »Rückwirkung« (K.Kerényi). Die Scheu ergeht als Relation und wird daher nur an ihren Ausdrucksgestalten faßbar. Wir beobachten sie erstens in dem Wissen um die Heiligkeit des numen. Wir erfassen hier nur die Seite des tremendum des Abzuschirmenden. In diesem Wissen gründet das Anliegen der Tabuierungen (→ Tabu). Was zur Gottheit gehört (Statue, → Tempel, → Opfer, → Priester) und die ihr nahestehen (Häuptling, Geweihte von Mensch und Tier), stehen unter der »Gottesmeidung«. Aber noch direkter wirkt sich die Scheu an der Gottheit aus (→ Gott: I): Man darf sie nicht oder nicht immer nennen, bzw. die Gottheit wird als das ineffabile, das nicht zu Definierende postuliert. Die Scheu legt sich selbst aus, indem sie die Gottheit als unsagbaren Abgrund deklariert. Es gehört auch zur Selbstauslegung der Scheu, daß die Gottheit als das Negativum bezeichnet wird (vgl. → Mystik). »Te Kore« (Nicht) nennen die Maori die Urgottheit, und die → Upanishaden definieren: »Er ist → Âtman, der da heißt: Nein, nein!« Die Gottheit als das Nicht ist der Inbegriff dessen, was die Angst beängstet. Die Scheu hat also nichts mit mangelnder Welterkenntnis zu tun. Jedes aufklärerische Pathos in dieser Richtung war zum Scheitern verurteilt. - Wir beobachten die Scheu zweitens in dem Wissen des Menschen um die Verfallenheit seiner selbst. Der Angst wird der Mensch nur erfaßbar als das vom Grunde seiner Existenz her in Frage gestellte Wesen. So legt sich die Scheu am Selbstbewußten aus. Es bleibt sich gleich, ob sich dies Wissen Ausdruck verleiht im Postulat einer Ur-Schuld (Hainuwele-Mythos) oder in der Annahme von heterogenen Ingredienzien im Wesen des Menschen (→ Dionysos-Zagreus). Wie die Scheu an der Gottheit ihre Heiligkeit erfährt (→ Heilig: I), so sagt sie am Menschen seine wesenhafte Profanität aus. Ihr Ort ist die »wirkliche Polarisation von Heiligem und Profanem« (P.Radin). In ihr fließen »Abscheu und Ehrfurcht noch undifferenziert ineinander« (W. → Wundt). Dies Moment hält sich bis in die Hochreligionen durch und mutet zivilisiertes Empfinden wie ein Relikt aus archaischer Grobheit an.

3. G. als Scheu oder Angst treibt die → Begehung aus sich heraus. Der Mensch beängstet das Unsagbare. Aber er muß seinen »Umgang« suchen. Das »Befremden« wird zum »Begehen« (van der Leeuw). Im Begehen wird das hereindrohende Unsagbare seiner Anweisung gemäß - die Aufgabe des Inspiratus - mit Umsicht verehrt. Der »Umgang« mit dem Göttlichen (K.Kerényi) ereignet die Wiederholung. G. gestaltet ritisch und stellt sich darin ihrem Gegenüber. Ritische Gestaltung, räumlicher Umgang heißt potentielle Vorfindlichkeit. Der → Ritus lebt von der Scheu. Er kann richtig und falsch sein. An seiner Richtigkeit hängt das Leben. Am Ritus wird G. in neuer Form erweisbar: Befürchtung der Richtigkeit des Ritus und Gehorsamsfurcht in seiner Ausübung.

4. Damit, daß die Begehung Wirklichkeit wird, tritt die G. als sachbeziehbare Furcht in Erscheinung. Wir erheben ihre zwei Seiten: Befürchtung, den richtigen Ritus zu verfehlen, Befürchtung, den notwendigen Ritus nicht zu versäumen (→ Observanz). In dieser G. steckt also ein dogmatisch-religiöser Aspekt: die Richtigkeit des ritischen Vollzuges zu erkennen wie zu bewahren, und ein ethisch-religiöser Aspekt: den notwendigen → Gehorsam nicht zu versäumen. Das weite Feld der sowohl dogmatischen wie ethischen G. tut sich vor uns auf. Ihr Beziehungspunkt ist die ritische → Ordnung und deren mythischer Hintergrund oder das → Gesetz und seine Kundmachung. Die Religionen dienen der Erhebung des → Mythos bzw. der → Offenbarung wie der Einhaltung des Ritus bzw. des Gesetzes. Sie erhalten damit das Leben über dem Abgrunde der Angst. So sagte der Iglulik-Eskimo Aua zu Rasmussen: »Wir haben Angst... Und deshalb suchten unsere Väter, wie ihre Vorfahren sie es gelehrt hatten, sich ringsum mit all den Vorschriften und Gebräuchen zu schützen, die aus der Erfahrung und dem Wissen von Generationen gewachsen sind.« Aber die Religionen gehen in der Erhebung des Richtigen und in der Beachtung seiner Durchführung nicht auf. Es ist vielmehr entscheidend für sie, wieviel von jener Scheu auf dieser Ebene der Furcht lebendig bleibt. Zwei Wege haben sich aufgetan: Die furchtsame Achtung vor Richtigkeit und Durchführung des Ritus erstarrt zur mechanischen Ableistung des Überkommenen als Werk. Dies hat die großen sog. Reformationen herausgefordert. Ihr Bestreben ist es, über die Anwendung des richtigen Mythos hinaus, die G. wieder in jene Bereiche der unmittelbar angehenden Scheu zu vertiefen. Dogmatische Richtigkeit wie ethische Werkerei sehen sich überholt. Andrerseits: Die Lebensmöglichkeit, die die Einhaltung des richtigen Ritus bietet, wird durchbrochen vom erregten Aufschwung zur Unmittelbarkeit. Der Ekstatiker (→ Ekstase) zerreißt das Hergebrachte, begründet aber keine neue Mitteilbarkeit und zerreißt die Lebensmöglichkeit in der Ich-Einsamkeit seiner Erhebung. Beide Extreme sind ungangbar. In allen

Religionen erkennen wir daher vielmehr das Ringen um Scheu und G. als das Entscheidende. Der *Bestand* jeder Religion hängt an *der* G., die sich dem Durchführen des richtigen Ritus zugewandt weiß. Die *Wahrheit* jeder Religion aber hängt an *der* G., die sich quer durch alle durchführbaren Richtigkeiten hindurch dem Ineffabile ausgesetzt weiß.

A.Mosso, Die Furcht, 1889 - R.R.Marett, The Treshold of Religion, (1909) 1914² - F.Heiler, Das Gebet, (1918) 1923⁵ - K.Latte, Schuld u. Sünde in der griech. Religion, 1920 - N.Soederblom, Das Werden des Gottesglaubens, 1926 - O.Liebeck, Das Unbekannte u. die Angst, 1928 - B.Bamberger, Fear and Love of God (HUCA 6, 1929, 39-53) - G.Mensching, Die Idee der Sünde, 1931 - F.Buri, Angst u. Religion, 1939 - P.Radin, Die relig. Erfahrung der Naturvölker, 1951.

C.H.Ratschow

II. Im AT

Bei dem weiten Bereich, der im AT mit dem Begriff G. umschrieben wird, hat eine Darstellung seiner Verwendung im Grunde das ganze Gebiet des Gottesglaubens im AT (→ Gott: II) ins Auge zu fassen: Die Termini jir'at jāhwǣ (bzw. 'ælohîm) und jarê' jāhwǣ (bzw. 'ælohîm) werden in den Schriften des AT mannigfaltig verwendet. Um festzustellen, wieweit und wo im AT bei ihrem Gebrauch das Moment des Sich-Fürchtens und Erschreckens eine Rolle spielt, wird man auf die im Wechsel mit ihnen verwendeten Termini zu achten haben. Ebenso wird man ihren weiteren Gebrauch, im Sinne von Jahwe-Verehrung, nur durch die Beachtung des Kontextes, in dem sie begegnen, herausstellen können sowie unter Heranziehung der mit ihnen synonym gebrauchten Wendungen.

1. Das Korrelat zur Majestät und Heiligkeit Gottes auf seiten des Menschen ist das Erschrecken, das Sich-Fürchten. Dem entspricht im AT die Offenbarungsformel »Fürchte dich nicht« bzw. »Fürchtet euch nicht« (Gen 15, 1; 21, 17; 26, 24; Jos 8, 1; Ri 6, 23; vgl. Ex 14, 13; 20, 20; Dan 10, 12. 19; oft bei Dtjes, zB 41, 10. 13f; 43, 1.5). Dem entspricht auch das Erschrecken der zum Prophetenamt Berufenen (Jes 6, 5; Ez 1, 28; 3, 23 u.ö.; vgl. Ex 3, 6; Am 3, 8) und das Erschrecken, das die → Propheten (: II) über Israel bringen wollen durch ihre Gerichtsbotschaft (Jes 8, 13; Jer 5, 22; vgl. Jon 1, 10. 16; → Gericht: II). Von solchem Erschrecken vor der unnahbaren Heiligkeit Gottes künden auch die geschichtlichen Zeugnisse: Israel zittert vor Jahwes Gegenwart (Ex 20, 18f) und fürchtet sich vor seinem Zorn (1Sam 6, 20; 2Sam 6, 6-9; 2Kön 22, 11. 13; vgl. Dtn 9, 19; Ps 90, 11). So sind »heilig« und »furchtbar« Wechselbegriffe, die synonym verwendet werden können (Ex 3, 5f; 15, 11; Ps 111, 9; vgl. Gen 28, 17). Auch die alte Gottesbezeichnung innerhalb der Vätertradition »Schrecken Isaaks« (Gen 31, 42. 53) läßt noch etwas nachklingen vom Erschrecken vor dem → Numinosen (vgl. Alt 27ff), das man auch in einigen Komplexen der alten Tradition spüren kann, in denen das »Dämonische in Jahwe« (Volz) hindurchklingt (Gen 32, 25ff; Ex 4, 24ff). Noch in später Zeit begegnet uns die Formulierung »sich *vor* Jahwe fürchten« (Lev 19, 14. 32; 25, 17. 36. 43; Pred 3, 14; 8, 12).

Dennoch ist aufs Ganze gesehen → Furcht und Erschrecken vor Jahwe nicht in eins zu sehen mit dem Erschrecken vor den Göttern in den Religionen der Umwelt Israels. In Jahwe steht Israel *ein* Gott gegenüber; die Furcht vor ihm ist - das muß zunächst einmal gesehen werden - viel tiefer und weitreichender begründet. Zudem ist alle magische Beeinflussung Jahwes durch Zauberwesen und Kult grundsätzlich ausgeschaltet. Die neben bzw. unter Jahwe stehenden Dämonen (→ Geister: II) sind nicht so verstanden, daß man Schrecken und Übel der Welt auf sie zurückführen könnte. Jahwe ist der alleinige Herr Israels.

Andererseits hat sich dieser Gott Israel zugewendet, schließt mit ihm den → Bund (: II) und gibt ihm sein → Gesetz (: II); er erwartet von seinem Volk alleinige Verehrung, Vertrauen und Hingabe und sagt ihm seine Treue und → Gnade (: II) zu. Damit ist das Gottesverhältnis Israels ambivalent und die Furcht nur *eine* Komponente der Grundhaltung Israels gegenüber seinem Gott. Neben die Furcht vor Jahwe als dem Schöpfer und Richter (vgl. Gen 3, 10) tritt das Vertrauen zu ihm, die Hoffnung auf seine Barmherzigkeit, die Gewißheit, daß Jahwe Israel schließlich das Heil bringen wird. Das numinose Erschrecken wandelt sich immer mehr in die ehrfurchtvolle Scheu vor dem Gott des Bundes (Eichrodt), dem man mit Vertrauen, ja sogar mit → Liebe (Dtn 10, 12) begegnen darf, weil er selbst Furcht und Liebe fordert.

Dabei ist die G. freilich stets von dem Wissen um Jahwes Willen begleitet; Gott fürchten bedeutet: nach seinen Geboten leben, in seinen Wegen wandeln (Dtn 10, 12f; 17, 19; Jos 24, 14). Diese ethische Bestimmung der G. gilt im Blick auf Israeliten (Gen 42, 18; Ex 1, 17) und Nichtisraeliten (Gen 20, 11; vgl. Ex 9, 30). Sie wird in der Botschaft der Propheten allenthalben sichtbar und kommt in der → Weisheitsdichtung darin zum Ausdruck, daß sie G. und Meiden des Bösen zusammenordnet (Hi 1, 8; Spr 3, 7; 8, 13; 14, 2; 16, 6). G. gebührt daher auch dem Richter und Regenten (Ex 18, 21f; 2Sam 23, 3), und sie wird dem König der Heilszeit verheißen (Jes 11, 2; vgl. V. 4).

2. Der Begriff G. umschreibt im AT weithin einfach die rechte Verehrung Jahwes, wobei das Moment des Erschreckens zurücktritt. Diejenigen, die sich in Gehorsam und Vertrauen zu Jahwe halten, sind die »Gottesfürchtigen« bzw. - so meist - die »Jahwefürchtigen« (oft in den Psalmen; vgl. aber auch 1Kön 18, 3; 2Kön 4, 1; Spr 31, 30). In diesem Sinne können die Spr in der G. den »Anfang aller Weisheit« sehen (Spr 1, 7; 9, 10; 15, 33; vgl. Ps 111, 10; Hi 28, 28), wobei die sich in ihnen äußernde → Weisheit freilich nicht nur auf den Wandel des Menschen schaut, sondern auch seine rechte Selbsteinschätzung in der Begrenzung durch Jahwes Regiment einbezieht (Spr 16, 9; 19, 21; 21, 2. 30f; v.Rad 436ff). In Parallele zu »Jahwe fürchten« begegnet dann ihn »ehren« (Jes 29, 13; Mal 1, 6; Jes 25, 3 von den Städten der Heiden). In der gleichen Weise kann von fremden Göttern gesagt werden: »Fürchtet sie nicht« (Ri 6, 10; vgl. 2Kön 17 passim). Jona bezeichnet sich gegenüber Nichtisraeliten als einen »Jahwefürchtigen« (Jon 1, 9) und gibt damit gewissermaßen sein »Konfession« an. - Die rechte G. verbunden mit dem Vertrauen zu Gott hebt alle Furcht vor anderen Mächten auf (Ps 27, 1; 49, 6; 56, 4; 118, 6; vgl. Jes 57, 11).

L.Köhler, Die Offenbarungsformel »Fürchte dich nicht« (SThZ 36, 1919, 33-39) - P.Volz, Das Dämonische in Jahwe, 1924 - J.Hempel, Gott u. Mensch im AT (BWANT III, 2), (1926) 1936² - RGG² II, 1354f - A.Alt, Der Gott der Väter (BWANT III, 12), 1929 (= Alt I, 1-78) - W.Eichrodt, TheolAT III, (1939) 1948² - G.v. Rad, TheolAT I, 1957, 431ff. - Vgl. auch die Lit. zu → Gott: II.

J.Fichtner

III. Im NT

Im Unterschied zum AT, den at. Apokryphen und den apostolischen Vätern spricht das NT relativ selten von G. Φόβος τοῦ θεοῦ κτλ. kommt nur 5mal vor. Die verbale Wendung φοβεῖσθαι τὸν θεόν (ca 15mal) wird meistens erst in den späteren Schriften, vor allem in der Apk, zur Kennzeichnung des christlichen Glaubens verwendet. In der Apg werden die jüdischen Proselyten als »Gott Fürchtende« bezeichnet.

Dieser Sachverhalt wird von der Konkretheit der nt. Offenbarung her verständlich. Da Gott sich in Jesus Christus entscheidend als der Barmherzige und Treue offenbart, werden Vertrauen und gehorsame Liebe zur Grundstruktur des menschlichen Verhaltens zu Gott. Von da her ergibt sich ein scharfer Gegensatz zwischen dem vertrauensvollen Abba-Rufen und der furchterfüllten Existenz unter der vergangenen Herrschaft des → Gesetzes (: IV; Röm 8, 15). Nach 1Joh 4, 17 f treibt die in Christus begründete → Liebe (: III) die Furcht vor dem Gericht aus. Dadurch wird der Mensch frei zur völligen Preisgabe im Dienste des Nächsten. – Von diesem Ansatz aus sind auch die Stellen zu verstehen, welche die at. Linie fortführen. Wie im AT (→ Gottesfurcht: II) erregen die Heilstaten Gottes und Jesu bei den Menschen Furcht. Aber der viel stärkere Ton liegt auf der die anfängliche Furcht überwindenden Freude, so zB in der weihnachtlichen Engelsbotschaft Lk 2, 9 f. – Wo die G. als Strukturelement des Glaubens und als Motiv des Handelns erscheint, geschieht dies in einer eigentümlich indirekten Weise. Wenn Paulus die Heidenchristen zur Furcht aufruft, so meint er nicht die Angst vor Gott, sondern vor der Selbstsicherheit eines Glaubens, der die ergangene Barmherzigkeit Gottes nicht ernst nimmt und gerade dadurch sich von Gott *abwendet* (Röm 11, 20ff). In ähnlicher Weise sind Furcht und Zittern beim Wirken des eigenen Heils zu verstehen (Phil 2, 12f). Der Wandel in der Furcht (1Petr 1, 17ff) findet seine Begründung im Ernstnehmen der Erlösung durch Christus, außerhalb deren Gott nur als Richter begegnet. In ähnlicher Weise ist die Berufung auf die »Furcht Gottes bzw. Christi« bei der Ermahnung zur gegenseitigen Unterordnung im sozialen und politischen Bereich zu verstehen (Kol 3, 22; Eph 5, 21; 1Petr 2, 17f). Im Unterschied zur Furcht vor (ἀπό!) den Menschen hat es das echte Gott-Fürchten (Akkusativkonstruktion!) mit dem zu tun, der zwar Leib und Seele verderben *kann*, der aber hinter seinen Bekennern steht und diese gerade deshalb von aller Furcht befreit (Mt 10, 28-31 par). Somit ist die G. im NT nicht primär die Furcht davor, daß Gott sich dem Menschen in seinem Zorne zuwende, sondern davor, daß Gott sich in seiner dem Menschen zugewendeten Barmherzigkeit von ihm wieder abwende. G. ist der Schatten, den die Gottesliebe (als Liebe Gottes und als Liebe zu Gott) wirft.

W. Lütgert, Die Furcht Gottes (Theol. Studien, M. Kähler dargebr., 1905, 163-186) – Bultmann, NT 316f. 553f. *Chr. Maurer*

IV. Dogmatisch

1. Abendländischer Ansatz – 2. Weitere Entwicklung – 3. Reformatorische Wende

Während die östliche Theologie die G. paränetisch behandelt, begegnen in der abendländischen Entwicklung zwei Wege ihrer systematischen Bestimmung. Der eine Weg wird im MA ausgebildet und gibt die psychologische wie charismatische Grundlegung für die Beichte und das Sakrament der Buße ab. Der andere Weg wird in der Reformation beschritten und hat seine Voraussetzungen in dem neuen Verständnis der Buße (→ Bußwesen: II, 3) und des Verhältnisses von Gesetz und Evangelium (→ Gesetz: V, 5).

1. Für die erste Entwicklung ist die von → Augustin ausgebildete Unterscheidung zwischen »reiner« und »knechtischer« Furcht (timor castus und timor servilis) bedeutsam. Etwas vereinfachend kann man sagen: die Diskussion bewegt sich zwischen der Furcht Gottes, wie sie in Ps 19, 10 beschrieben ist: »Die lautere Furcht bleibt in Ewigkeit«, und 1Joh 4, 18: »Die Furcht, die durch die vollkommene Liebe ausgetrieben wird«. Diese Furcht heißt nach Röm 8, 15 die »knechtische Furcht«, »die im alten Menschen ihre Anlage hat«. Während jene »bleibende« Furcht auf die Gottesliebe bezogen und aus ihr abgeleitet wird, ist die knechtische Furcht einfach eine Furcht vor Strafe. Diese kann den Menschen nie von innen her gerecht machen. Das vermag allein die »kindliche Furcht« (timor filialis), die aus der reinen Gottesliebe stammt.

Fragt man, wie denn mit der Gottesliebe Furcht verbunden sein kann, so antworten die meisten mittelalterlichen Theologen von Augustin (zB in Ev. Jo. tr. 43, 7 zu Joh 8, 48ff) bis zu → Thomas von Aquino (S.Th. 1/II q. 43 a. 1), daß die Liebe die Ursache (causa) der Furcht sei, nicht etwa umgekehrt. Und zwar dürfte dieser bedeutsame Satz, der in der reformatorischen Furchtlehre nicht mehr anzutreffen ist (erst mit → Kierkegaards »Begriff der Angst« kommt diese Ableitung wieder auf), darin seinen Grund haben, daß die Gottesliebe als ein stets bedrohter, gefährdeter Besitz verstanden wird, wie ja auch Augustin und die Theologen des MA dieses Miteinander von → Liebe und → Furcht deutlich machen an der Angst der in reiner Liebe um ihren Mann bangenden Frau (coniunx casta) im Unterschied zu jener anderen (coniunx adultera), die aus Furcht vor dem Mann die äußere Treue hält (Augustin, in ep. Jo. tr. 9, 6). Dies Beispiel wird in die christliche Existenz verlegt, um den Unterschied herauszustellen zwischen der mit der Liebe bleibend verbundenen Furcht (des Verlassenwerdens durch den Geliebten) und jener anderen mit der echten Liebe unvereinbaren Furcht (des Entdeckt- und Gestraftwerdens vom nicht-geliebten, aber gesetzlichen Ehemann).

Wie kann Liebe mit Furcht verbunden sein? Es ist dies zunächst ein Ausdruck der Demut (humilitas). Man weiß, daß die Gottesgemeinschaft Gnade ist und diese das Gebot in sich schließt. So ist mit dem Besitz die Sorge um den Verlust gegeben. Auf der anderen Seite wurzelt diese Bestimmung der G. darin, daß Gott als Wert erscheint, als summum bonum, den zu verlieren wir ständig in Gefahr sind. So ist mit der Liebe zugleich das Moment der → Angst gesetzt, dh die Furcht ist abgeleitet aus einer immer als Möglichkeit am Rande des neuen Lebens auftauchenden Beraubung (daher wird Furcht als passio verstanden).

2. Durch das neue Verständnis der Glaubensgewißheit im reformatorischen Sinne mußte eine wesentliche Änderung eintreten. Die G. verlangt nach einer neuen Begründung. Diese ergibt sich aus der fiducia Dei (AC II, 23: »Wir nennen um der Verständlichkeit willen die Gaben selbst mit Namen: Gotteserkenntnis, G. und Vertrauen zu Gott«). Zuvor muß jedoch die sich im Laufe der Zeit entfaltende, höchst lehrreiche Entwicklung der knechtischen Furcht besprochen werden. Mehr und mehr wird der ursprüngliche Gegensatz zwischen ihr und der reinen bzw. kindlichen Furcht abgemildert und in einen Übergang verwandelt. Die knechtische Furcht wird zur unentbehrlichen Vorstufe für die rechte G. Denn, so argumentiert man, es ist etwas anderes, ob wir Furcht haben vor Menschen, »die den Leib töten, die Seele aber nicht können töten« (timor mundanus), oder ob wir den fürchten, »der Seele und Leib verderben kann zur Hölle« (Mt 10, 28). Es ist bes. → Petrus Lombardus, der mit seiner Normaldogmatik dieser Neufassung der G., also der positiven Bewertung der knechtischen Furcht, zum Siege verhilft. Die Furcht vor dem Strafgericht Gottes wird als Moment der Erziehung (consuetudo) maßgeblich. Die knechtische Furcht kann sich als Anfangsstadium (timor initialis) erweisen. Beim Tun des Rechten nimmt die Höllenangst ab und schwindet dahin, während die kindliche Furcht kräftiger wird und schließlich als der ständige

Begleiter übrigbleibt (Sent. III dist. 34). Bis heute beharrt die kath. Dogmatik auf diesem Stande, um die »unvollkommene Reue«, die »Furchtreue« (→ Beichte: I, 2), als »sittlich gut« und als »heilsame Vorbereitung auf die Rechtfertigung« gemäß Tridentinum Sess. XIV can. 15 anzuerkennen (F.Diekamp, Kath. Dogmatik III, 1932⁶, 252ff). Man unterscheidet ziemlich unglücklich zwischen »knechtischer« und »knechtlicher« Furcht. Darin hat sich seit der Verurteilung von Luthers Angriff auf die positive Wertung der Furchtreue im römischen Lehrsystem nichts geändert (Denz. 746. 915).

3. Gleichwohl wirft die erzieherische Würdigung, die die knechtische Furcht bzw. die Furcht vor der ewigen Verdammnis hier findet, eine echte Frage auf. Sie betrifft die Verbindung von G. und (metaphysischer) Vorstellung. Es scheint einleuchtend, daß es ethisch etwas anderes ist, ob die Strafe auf das gerechte Urteil eines ewigen Richters bezogen wird oder nur auf eine innerweltliche Vergeltung. So kann man es aus psychologischen und pädagogischen Gründen zwar verstehen, daß man den timor servilis als das Anheben der G. wertete, aber man muß gleichwohl bedenken, daß hier der Bruch eintritt, den wir als reformatorische Wendung in der abendländischen Kirche bezeichnen. Wie Luthers Resolutiones von 1518 deutlich zeigen, hat der → Ablaßstreit seine Wurzeln in der entscheidenden Wandlung, die das Phänomen der Furcht unter dem Einfluß der biblischen Theologie erfährt: »Wenn es jene Furcht nicht gäbe, so wäre weder Tod noch Hölle noch irgendeine andere Strafe bedrängend« (WA 1, 556, 23). Die Furcht hängt nicht an den objektiven, äußeren Gegebenheiten, sondern daß diese so oder auch anders auf uns wirken, hängt an der Stellung des Menschen zu Gott. Die Furcht bricht zwar angesichts des Todes auf, aber sie hat darin nicht ihre Wurzel. Sie hat ihre Wurzel in der Gottesferne des Gottlosen. Darum werden jetzt die Vorstellungen vom → Fegfeuer, von den Höllenstufen und -strafen (→ Hölle: IV) gleichgültig. Diese reflektierte Furcht als durch eine bestimmte Vorstellungswelt erzeugt und gleichzeitig temperiert, wird abgetragen, und der Mensch sieht sich der echten Furcht Gottes in ihrer unermeßlichen Realität konfrontiert (als bedeutsamstes Dokument solcher → Anfechtung vgl. aaO 557: Sed et ego novi hominem ...).

Dieser Furcht gegenüber hält das sorgsam ausgewogene System von Reue, Bekenntnis und Genugtuung (→ Bußwesen: II, 2b), in dem der von der Schuld überwältigte Mensch Zuflucht suchte, nicht stand. Der Einbruch der nicht »religiös« gedeuteten, der existentiellen Furcht Gottes ist so stark, daß alle derartigen Hilfen ihr gegenüber versagen. Die Reformation muß eine Zeit gewesen sein, in welcher der Ernst des → Gerichtes Gottes so groß und ausweglos auf dem Plan war, daß nichts dem Menschen helfen konnte und die Verharmlosung des timor servilis im Feuer des → Zornes Gottes wie Spinngewebe verbrannte (vgl. dazu → Melanchthons ständigen Bezug auf die terrores conscientiae). Es wird offenbar: es gibt keinen Übergang aus der knechtischen zur kindlichen Furcht (AC XII, 37. 38). Mit der falschen Furcht Gottes, eben der, die aus der Angst geboren ist, hängt auch die Flucht in die Werke zusammen, die die Haltlosigkeit dieser Position zwar verdeckt, aber nicht aufhebt. Kein menschliches, sondern allein »Gottes eigentliches Werk«, also Jesus Christus als der für uns gestorbene und auferstandene Herr ist dieser Furcht gewachsen. G. recht verstanden weiß also darum, daß nichts, was der Mensch an seinen eigensten Möglichkeiten hat, weder als Gesinnung noch als Tat, im Zorngericht Gottes Bestand hat. Luther prägt für diese Art der echten G. den Begriff einer Bewegung: »von Gott zu Gott fliehen«. Darin dürfte die Dialektik von Gesetz und Evangelium beschlossen sein. Die Reformatoren stellen aufs neue heraus, was schon das AT und Paulus aufs deutlichste sagen (Ps 139; Röm 2, 5ff; → Gottesfurcht: II. III), daß die Furcht vor Gott ein eschatologisches, durch säkulare oder auch kultische securitas verdecktes Phänomen ist, das ohne Zutun des Menschen aufbrechen und ihn vor eine ausweglose Situation stellen kann. Andererseits ist der Glaube, der aus der Gnade Gottes lebt, nie ohne Furcht Gottes. Aber auch hier ist das Kennzeichen das »allein«: Gott allein fürchten heißt Gott wahrhaft fürchten (GrKat 323). Die falsche, aus der Ungewißheit stammende servile Furcht liefert uns den unabsehbaren Möglichkeiten der Angst vor Gott aus, die wahre Furcht Gottes im Sinne von Jes 11, 2f; Ps 46, 3; 103, 11; 130, 4; Jer 1, 8 usw hat ihr Fundament in der Gewißheit, daß Gott lebt und daß er seiner Verheißung treu bleibt. Gott fürchten heißt ihn aus seinem Wort erkennen und seiner Gnade trauen. Insofern gehören metus Dei und fiducia Dei zusammen (vgl. 1. Gebot).

Es ist wichtig zu sehen, daß das biblisch-reformatorische Verständnis der G. ebenfalls wieder verlorengeht. Es wird ersetzt durch das Gegensatzpaar Lust-Unlust (→ Schleiermacher), Wert-Übel (→ Leibniz, → Ritschl). Wahrscheinlich liegt die Wurzel für diesen Verfall in der Gleichsetzung des Gebotes Gottes mit dem Vernunftgesetz. Der homo sapiens als Subjekt der praktischen Vernunft wird sein eigener Gesetzgeber und muß nun taub und blind werden für die Zeichen und Sprache des Zornes Gottes (Kreuz Christi) und die richtende, unsere Schuld offenbarende Macht seines Gesetzes. Der Mensch hat von sich aus das Gegenüber von Gott und sich selbst aufgehoben. Am Ende steht der vermessene Versuch, durch die Absolutsetzung menschlicher Freiheit die atavistischen Reste der lähmenden G. (δεισιδαιμονία), die in den Momenten geschichtlicher Krisen im Bewußtsein des Menschen auftreten, zu tilgen und ihn so zur befreienden Tat emporzureißen (J.P. → Sartre, Les mouches). G. aber hieße umgekehrt: Der Freiheit Gottes in der Offenbarung seines Willens Raum geben, so daß Gott ganz Gott und ganz unser Gott und Herr zu sein vermag.

S. Kierkegaard, Der Begriff der Angst, 1844, bes. Kap. 4. 5 (GesW, übers. v. E. Hirsch, Bd 11/12, 1952, 114ff) – F. Nietzsche, Morgenröte, 1880/81, Abschn. 72 (GesW X, 67ff) – Ders., Zur Genealogie der Moral, 1887, II, bes. Abschn. 16ff (ebd XV, 351ff) – A.W. Hunzinger, Lutherstudien II/1: Das Furchtproblem in der kath. Lehre von Augustin bis Luther, 1906 – M. Scheler, Vom Ewigen im Menschen, (1921) 1924², 29ff – H.G. Stoker, Das Gewissen, 1925 – M. Heidegger, Sein u. Zeit, (1927) 1957⁷, bes. §§ 30ff. *H.J. Iwand*

Gotteskasten, lutherischer → Martin-Luther-Bund.

Gotteskindschaft

I. Biblisch – II. Dogmatisch

I. Biblisch

1. AT – 2. Jesus – 3. Urchristentum

1. Im *AT* fehlt ein dem Begriff G. entsprechendes Wort, doch weist die schon früh überlieferte Szene Ex 4, 22f eine ausgeprägte G.svorstellung auf: das Volk Israel ist Gottes erstgeborener Sohn auf Grund einer Adoption, die keine sinnenfällige Ursache, aber eine sinnenfällige Folge hat; denn der Sohn ist Erbe eines irdischen Besitzes (1Sam 26, 19; Jer 12, 7-9). Daß Israel seine Kraft daran setzen mußte, diesen Besitz zu erwerben, ihn aufrechtzuerhalten und sich insoweit als Erbe zu bewähren, forderten die Verhältnisse; daß eine echte Bewährung als Erbe aber im Grunde die Bewährung als Sohn sein müsse, forderte in Krisenzeiten hier und da die prophetische Verkündigung. Nathan, der den König als »Sohn« bezeichnete (vgl. Ps 2, 7; 89, 27f), sah mangelnde Bewährung

voraus (2Sam 7, 14); Jes (1, 2. 4; 30, 1. 9) und Jer (3, 22), von denen alle einzelnen Glieder des Volkes als Kinder Gottes angesprochen wurden, stellten gleichzeitig fest, daß die G. nicht verwirklicht ist. Verwirklicht werden kann sie allein durch die entschlossene Umkehr zum Vater (Jer 31, 20f), auf dessen Adoption sich letztlich nur der berufen darf, der um ihre verborgene und dennoch offenbare Ursache weiß, um die erbarmende Liebe des Vaters (Hos 11, 1; Jer 31, 2). Nur bei dem wird der Vateranruf Gottes mehr als ein Lippenbekenntnis sein (Jer 3, 4), der für diese Liebe offen ist und sich deshalb vom Abfall fernhält oder doch reumütig zurückkehrt (Jer 3, 19). So durfte Jer rechte G. für eine kommende Heilszeit erhoffen und ankündigen; so hieß es bei und nach dem Ende des Exils: Die Rückkehr des Erben in sein Erbteil muß zugleich die Rückkehr des Sohnes zu dem Vater (Mal 1, 6; 2, 10) bedeuten, der seinen Kindern näher ist als jeder leibliche Vater (Jes 63, 8; vgl. 64, 7; Dtn 32, 6; Ps 103, 13). Durch den gemeinsamen Vater sind die Kinder miteinander verbunden (Mal 2, 10), und in ihr Blickfeld werden auch die Söhne und Töchter Gottes aus fernen Ländern gerückt (Jes 43, 6; 49, 6). Dies Bild der Gottesfamilie blieb zwar in der Literatur erhalten, es wurde aber zunächst wenig beherzigt, verschwand doch der ausdrückliche Anruf Gottes als Vater aus dem hebräischen AT dann wieder (→ Vatername: II); von Esras Zeit an lenkte das → Gesetz (: III) die Besinnung in andere Bahnen. – Die Aussagen späterer jüdischer Autoren wurden durch die hellenistische, kosmisch orientierte Vater-Kind-Auffassung mitbestimmt. In den außerkanonischen Schriften des AT bleibt Israel Gottes Sohn (Weish 5, 5; 18, 13; Sir 36, 17), und die Israeliten rufen Gott als Vater an (Weish 9, 4; Sir 51, 10); sie sind Gottes Kinder (Weish 9, 4. 7; 16, 10; 18, 4, vgl. 2Makk 7, 34) und werden es in der Endzeit (PsSal 17, 27; Jub 1, 24) bzw. nach ihrem Tode (Weish 5, 5) sein. Aber wo individuelle G. genannt wird, da beruht sie mehr auf dem gerechten Verhalten der Menschen (Weish 2, 18) als auf der Offenheit für den Vater.

2. War *Jesus* mit seinem Urteil über das → Gesetz (: IV) im Recht, so konnte die Freude an der Gesetzeserfüllung nicht mehr Ersatz für die prophetische Botschaft von der G. sein; war er mit seiner Verkündigung vom nahen → Reich Gottes (: I) im Recht, so ergab sich daraus eine veränderte Stellung zu allem Irdischen, auch zu dem irdischen Erbteil des Volkes Israel, das von Jesus nicht mehr »Sohn« genannt wird. »Das Land ererben« (Mt 5, 5) wurde gleichbedeutend mit »Kinder Gottes heißen« (Mt 5, 8). Die G. wurde nicht mehr von der Einsetzung Israels, sondern unmittelbar von dem Vater selbst (→ Gott: IV) abgeleitet, den Jesus vertraulicher anredete als üblich war (Abba; → Vatername: III) und über dessen Erbarmen er mehr sagen konnte als man aus dem AT entnahm. Voraussetzung für die G. ist allein das Wissen darum, daß dieser vergebenden Liebe ohne menschliche Vorleistung alle äußere (Mt 6, 25–34 par) und vollends alle innere (Lk 15, 11–33; 18, 10–14 u.ö.) Not anheimgestellt werden darf. Wem aber (durch die Anrede »euer Vater«, Mt 5, 16 u.ö.) die G. geschenkt und verheißen (Lk 20, 36) war, der hatte keiner der Forderungen Gottes ein »unmöglich« entgegenzuhalten (Mt 5, 44–48; vgl. Lk 18, 27). Sich nach dieser Botschaft richten bedeutete: die einzigartige Vollmacht Jesu sowie die Abzielung der gesamten väterlichen Führung des erstgeborenen Sohnes Israel auf Jesus hin anerkennen. Hat er sich je mit seinen Jüngern zu einem gemeinsamen »unser Vater« zusammengeschlossen? Die Botschaft von der G. führte zu der Frage nach der persönlichen G. Jesu (→ Christologie: I).

3. Paulus kann diese Frage dahin beantworten, daß Jesus der Erstgeborene unter vielen Brüdern ist (Röm 8, 29; vgl. Hebr 2, 10–18). Für die Sohnschaft Israels (Röm 9, 4) verwendet er das gleiche Wort wie für die G., die die Gläubigen erwarten dürfen (Röm 8, 23) und deren → Geist (: IV) sie schon empfangen haben (Röm 8, 15). Andererseits aber sieht er die Spannung zwischen der G. und der »Knechtschaft« unter dem Gesetz (ebd; vgl. Gal 4, 24; 5, 1), die für den Abba-Anruf an Gott (Röm 8, 15; Gal 4, 6) keinen Raum läßt – und vollends nicht für eine echte G. der glaubenden Heiden; diese sollen jedoch mit den glaubenden Juden eine Gottesfamilie bilden (Gal 3, 26–29) und in gleicher Weise an dem Erbe teilhaben (Röm 8, 17; Gal 4, 7; vgl. 1Petr 1, 4). Die paulinischen Schriften stellen das Werden der G. demnach als Adoption dar, die johanneischen dagegen als → Wiedergeburt (: II), als Zeugung aus Gott (1Joh 2, 29 u.ö.; Joh 3, 3ff; vgl. 1Petr 1, 3ff). Daß alle Menchen von Hause aus das Eigentum des göttlichen Logos sind (Joh 1, 11), ist unbestreitbar, ebenso aber auch, daß sie ihren Ursprung verleugnen bzw. sich selbst einen anderen Ursprung geben: aus der Welt (Joh 15, 18f; 1Joh 2, 16), aus dem Teufel (1Joh 3, 12); das gilt auch und gerade für die Juden (Joh 8, 41–44). Im Glauben an die Sendung, an den Namen Jesu (→ Namenglaube: III) gewinnt der Mensch die Möglichkeit, von diesem selbstgewählten Ursprung frei zu werden, er erhält die Vollmacht, in die G. einzutreten (Joh 1, 12). Die G. ist auf Erden verwirklicht, zugleich aber auf eine »noch nicht erschienene« Zukunft ausgerichtet (1Joh 3, 2), in der der Mensch Gott schauen (vgl. Mt 5, 8) und ihm deshalb gleich sein (vgl. Mt 5, 48) wird. Die Spannung, in der die G. in diesem Leben bleibt, tritt namentlich im 1Joh hervor: auch im Zustand der G. bedarf es der Warnung vor der Sünde (1Joh 2, 1), andererseits aber: wer aus Gott geboren ist, der kann nicht sündigen, weil der göttliche Same in ihm bleibt (1Joh 3, 9; vgl. 5, 18).

Bousset, Rel. 377ff – R. Gyllenberg, Gott der Vater im AT u. in der Predigt Jesu (StOr 1, 1926, 51–60) – JüdLex II, 1928, 1233ff – R. Bultmann, Jesus, (1926) 1951[2], 160ff – Ders., Das Evangelium des Johannes (MeyerK II[12]), 1957, bes. 34ff. 93ff (Lit.; ErgH.) – W. Grundmann, Die G. in der Gesch. Jesu u. ihre religionsgeschichtl. Voraussetzungen, 1938 – W. Twisselmann, Die G. der Christen nach dem NT (BFChTh 41, 1), 1939 – O. Procksch, TheolAT, 1950, 358f. 503ff – ThW V, 650ff. 677. 702 – BL 914f – G. Bornkamm, Jesus, 1956, 114ff.

O. Bauernfeind

II. Dogmatisch

1. Voraussetzungen – 2. Grundlegung, Wesensbestimmung und Tragweite der G. – 3. Wandlungen in Geschichte und Lehre der Kirche – 4. Die Situation der Gegenwart

1. Das christliche Zeugnis von der G. kann nur recht verstanden werden auf dem Hintergrund der Entzweiung, die zwischen dem Schöpfer und seinem Geschöpf Ereignis geworden ist (→ Sünde: VI). Der Widerspruch erscheint vom Menschen her als Flucht vor dem Vaterhaus (Lk 15, 11f), als ein Heraustreten aus dem ursprünglichen Sein in Liebe und Vertrauen, als der Wille zur Selbstbemeisterung des Lebens ohne Gott. Die Entzweiung steigert sich zur Feindschaft des Menschen wider Gott. Der Mensch ist nicht nur aversus a Deo, er ist adversus Deum. Nach biblischer Überzeugung steht nicht nur der Mensch gegen Gott, es steht auch Gott gegen die Kreatur auf Grund ihrer Abkehr und Empörung. Der Widerspruch Gottes gegen den Menschen äußert sich als → Zorn Gottes (: IV). Ohne diese Hintergründigkeit würde die Botschaft von der G. zur billigen religiösen Allgemeinwahrheit. Wer dagegen den breiten, trennenden Graben wahrgenommen hat, für den wird das Zeugnis von der G. zu einem Geschenk aus auswegloser Not. Es ist die Größe der at. Frömmigkeit, auf die Tatsache des Abstandes aufmerksam gemacht zu haben.

Durch die Verkündigung des Gesetzes, durch die Institution des Opferkultes wird die Wunde offengehalten und jeder voreilige Beruhigungsversuch verunmöglicht.

2. In der Liebe Jesu zu den Verlorenen, Gefallenen und Unwürdigen, die an keinerlei religiös-sittliche Voraussetzungen gebunden erscheint, wird eine neue, freie, grundlose Zuwendung Gottes zum Menschengeschlecht offenbar. Der Mensch wird als Kind angesprochen und angenommen, obwohl er verdient hätte, von Gott verstoßen zu werden. Die höchste Steigerung erfährt diese Zuwendung Gottes zur sündigen Kreatur im Kreuz Christi, in dem Gott sich selbst aufopfert, um den zweifelnden und verzweifelten Menschen seiner väterlich-göttlichen Liebe gewiß zu machen. Es ist das eigentliche Geheimnis der → Versöhnung (: VI), daß hier G. angeboten wird in einer Art und Weise, die den Riß der Entzweiung gleichzeitig bis zum Letzten enthüllt und das Angebot dadurch vor jeder verharmlosenden Entleerung schützt. Die Gabe der G. kann nicht verdient werden, sie kann nur als reines Gnadengeschenk im → Glauben (: V) angenommen werden. In der christlichen → Taufe (: IV) wird dem Menschen dieses irrationale Wunder der freien Gottesliebe zugesagt, im Empfang des → Abendmahls (: III) ihm stets aufs neue versichert und versiegelt.

Damit, daß die christliche Verkündigung die G. in den Mittelpunkt der Glaubensgewißheit stellt, wahrt sie den personalen Bezug der Gemeinschaftsverbundenheit zwischen Mensch und Gott gegenüber allen Verschwommenheiten und der Auflösung in ein mystisch-pantheistisches Identitätsverhältnis. Die G. schließt die Gewißheit der Vergebung der Sünden in sich, und doch ist ihr Inhalt reicher als die → Rechtfertigung (: III), für die der Schwerpunkt auf der Amnestie, auf der Beseitigung der Schuldanklage liegt. Die G. umfaßt neben der Entlastung des Gewissens das Bürgerrecht im Vaterhaus Gottes, die Freiheit und Freudigkeit zu einer durch nichts getrübten Lebensgemeinschaft coram Deo. Der Knecht wird zum Sohn, der um seine volle Würde weiß, er darf sich vertrauensvoll der göttlichen Führung überlassen und der Anwartschaft auf die ewigen Güter gewiß sein. Zugleich gehört zur G. die Bereitschaft, sich der erzieherischen Leitung Gottes zu unterstellen und dem neuen Kindesstand gemäß zu leben. So umfaßt die G. die Begnadigung und die Begnadung des Menschen, die Rechtfertigung und die → Heiligung (: IV), die Vergebungsgewißheit und den Willen zum neuen Gehorsam. Von besonderer Tragweite ist der Empfang der G. für das Leben des → Gebets (: VI), für den Umgang mit dem Nächsten und für die Bereitung zum Sterben. Die G. gibt uns das Recht und die Zuversicht, »wie die lieben Kinder mit dem lieben Vater« zu reden im unmittelbaren Gespräch des Herzens. Wer um die Berufung zum Vaterhaus Gottes weiß, kann nicht anders, als auch seine Mitmenschen als Mitberufene der ewigen Liebe anzusehen. Wider den Geist der Unversöhnlichkeit ist die persönliche Erfahrung der G. die stärkste Waffe (Kol 3, 13). Die christliche Verkündigung und Seelsorge kann nicht nur eine »Theologie des letzten Stündleins« sein. Und doch darf die reichsgeschichtliche Ausrichtung der christlichen Wahrheit nicht dazu führen, das heilsindividuelle Anliegen beiseite zu schieben. So gewiß der Mensch im Sterben nicht vertretbar ist, braucht er im Angesicht des Todes, da ihm die Nichtumkehrbarkeit der Zeit unabänderlich zum Bewußtsein kommt, den Halt der G., die ihm zusagt, daß er auch als der vom Weg Abgeirrte, als der Unwürdige und Unvollkommene bei Gott willkommen erwartet wird, daß das Festkleid für seinen Empfang schon bereitgelegt ist.

3. Die christliche Kirche hat die großartige und kühne Botschaft von der G., die dem Menschen als freies Geschenk im Glauben zuteil wird, nicht lange aufrechtzuerhalten vermocht. Schon bald begegnen wir in der frühchristlichen Literatur einer deutlich wahrnehmbaren Moralisierung dieser Botschaft. Die Braven, die Tüchtigen, die faktisch Gerechten erscheinen als die eigentlichen Träger des göttlichen Wohlgefallens. Um die gestörte Gottesordnung wiederherzustellen, müssen sich zur Taufgnade hinzu entsagungsvolle Verzichtleistungen und → gute Werke gesellen. Versöhnung von Gott her und menschliche Sühneleistungen ermöglichen dann zusammen den Empfang der G. Für die zarten und wachen Gewissen muß sich daraus eine Erschütterung der innersten Heilsgewißheit ergeben. Je weniger der Gläubige die G. zu fassen wagt, um so mehr gerät er in die Abhängigkeit kirchlicher Bevormundung, die das zu erlangende Gut nur dem gewährt und garantiert, der sich der kirchlich autoritären Führung in bedingungslosem Gehorsam unterwirft. Auch die mystische Frömmigkeit ist immer in der Gefahr, das Kleinod der G. zu verlieren. Wohl kennt die christliche → Mystik tiefe Erfahrungen der Gottesgemeinschaft im Angesicht Jesu Christi. Aber bei der Überbewertung der seelischen Qualität als Stimmung und Erhitzung der Gefühle gerät der Mensch in eine bedenkliche Abhängigkeit gegenüber seiner Subjektivität in dem unruhigen Auf und Ab psychischer Erregtheit. – Erst die Reformation hat es wieder gewagt, das Evangelium recht eigentlich als die Frohbotschaft von der freigeschenkten G. zu bezeugen: Diese G. ist keine Selbstverständlichkeit; denn der Mensch liegt ja von Natur gefangen unter den Mächten von Zorn und Dämonie. Darum bedarf es einer befreienden Tat Gottes in dem dramatischen Ereignis des Kreuzesgeschehens, um den Zugang zum Herzen Gottes wiederzuerlangen. Sowohl Luther wie Calvin rechnen durchaus mit der Möglichkeit, daß das frohmachende Ergreifen der G. von → Erlebnis und → Erfahrung begleitet sein kann. Aber diese seelische Seite im Vorgang der Vergewisserung kann doch niemals Grund und Maßstab unserer Zuversicht sein. Letztlich lebt der Mensch allein von dem geschenkweisen Angebot, das er mit den Händen eines Bettlers annehmen darf. Die altref. Theologie hat das Fundament der G. in den ewigen Erwählungsratschluß Gottes vor Grundlegung der Welt eingegründet (→ Prädestination: III). Da solche Erwählung aber ein göttliches Geheimnis ist und zugleich ja auch die Möglichkeit ewiger Verwerfung in sich beschließt, ergibt sich daraus eine spürbare Unruhe, wie man seiner G. wahrhaft gewiß werden soll. Die guten Werke vermögen nach ref. Lehre zwar niemals die G. zu begründen; gleichwohl sucht man sich durch das Tätigsein in guten Werken, ja schließlich sogar durch den Segen des Erfolgs zu bestätigen, daß man zu der Schar der Kinder Gottes gerechnet werden darf (syllogismus practicus). – Für das religiöse Bewußtsein der Neuzeit ist der Tatbestand charakteristisch geworden, daß die Entzweiung zwischen Mensch und Gott nicht mehr als abgrundtiefe Not gesehen wird. Das optimistische Lebensgefühl und der religiöse Fortschrittsglaube vermögen für das mysterium iniquitatis (Geheimnis des Widerspruchs) kein Verständnis mehr aufzubringen. Die G. als christlicher Wertgehalt wird zwar unverändert festgehalten, aber es bedarf zu ihrer Vergewisserung nicht mehr der Bindung an die Person Jesu, nicht mehr an sein Leben und erst recht nicht an seinen Tod. Die G. wird zu einer selbstverständlichen metaphysischen Wahrheit, die sich der Mensch selbst sagen kann. Jesus erscheint wohl noch als das Urbild lebendiger Gottessohnschaft, worin wir es ihm gleichtun dürfen (→ Fichte), oder er bringt uns die Nachricht, daß »der Vater, die Seele und der Bruder« als höchster Wertinhalt religiöser Überzeugung genügen

(→ Harnack). Aber die G. ist nicht mehr bezogen auf die durch Jesus Christus vollbrachte Erlösung. Hat Jesus nur noch paradigmatische Bedeutung für das Erfassen der G., dann ist es nur noch ein Schritt weiter zu der Einstellung, überhaupt keines Unterpfandes für die Realisierung der Gottesgemeinschaft zu bedürfen. So wird uns heute die griechische Frömmigkeit neu angeboten als die herrliche Erfahrung einer unmittelbaren Nähe der Gottheit. Bei → Rilke finden sich Äußerungen ausgeprägter Abneigung gegen die Heilsrolle, die Christus für die Beheimatung des Menschen bei Gott zukommen soll: »Wer ist denn dieser Christus, der sich in alles hineinmischt? Ich will mich nicht schlechtmachen lassen um Christi willen, sondern gut sein für Gott. Ich brauche niemanden, der mir Briefe an ihn aufsetzt.« Die steigende Sympathie des Abendlandes für die ostasiatischen → Erlösungsreligionen mag ebenfalls ihren Grund darin haben, daß dort die Trennung von Gott zwar als Torheit und Verblendung angesehen wird, aber nicht als Ausdruck schuldhafter Verkehrung. Es genügt der Akt der erlösenden Einsicht von der Identität zwischen Menschengeist und Gottesgeist. Wer den Traumcharakter aller trennenden Gegenüber-Verhältnisse erfaßt hat, darf die mystische Hochzeit feiern, indem das kleine Einzel-Ich im großen göttlichen Allwesen auf- und untergeht. Hier ist die → Ich-Du-Beziehung, die für das Verständnis der christlichen G. unaufgebbar ist, aufgehoben zugunsten einer unterschiedslosen All-Einheit.

4. Mit dem 1. Weltkrieg sind Optimismus und Fortschrittsglaube weithin zerbrochen. Der moderne Mensch leidet tief unter der Daseinsangst, wobei ihm jedoch die mittelalterliche Schuldangst sehr ferngerückt ist. Die → Angst vor dem Alt- und Krankwerden, die Angst vor den Atomwaffen oder einem frühen Verkehrstod hat die Frage nach der Zulassung bei Gott weit in den Hintergrund treten lassen. Darum muß die christliche Verkündigung und Seelsorge dem Menschen von heute einsichtig machen, daß zwischen Daseinsangst und unvergebener Schuld ein zwar tief verborgener, aber wesenhafter Zusammenhang besteht. Weil der Mensch um kein Zuhause bei Gott mehr weiß, darum fühlt er sich, vom Rätselrachen der Welt umfangen, allen kosmischen Gewalten hilflos preisgegeben. So werden die → Astrologie und der → Okkultismus für ungezählte Zeitgenossen zur Ersatzreligion, nachdem ihnen die Gewißheit der G. abhanden gekommen ist. Wer nicht am Herzen Gottes Ruhe findet, muß ruhelos durch die Welt irren und jeden Strohhalm ergreifen, der sich ihm als Schutzhilfe anzubieten scheint. Wer Gott zum Freunde hat, braucht sich nicht mehr zu fürchten vor den kosmischen Weltelementen. Wer sich von Gott geliebt weiß, lernt ihm vertrauen auch im Blick auf die irdischen Nöte des Daseins.

Die Erfahrung der G. auf dem Hintergrund der Entzweiung ist dem modernen Menschen darum so verschlossen, weil er die Situation des → Gesetzes (: VI. VII) und seiner Krisis nicht mehr kennt, was die Voraussetzung wäre, um sich nach dem Geschenk der G. verlangend auszustrecken. In allen großen Zeiten der Kirche hat das Gesetz solchen Dienst getan. Paulus bezeugt die G. auf dem Hintergrund der jüdischen Tora (→ Gotteskindschaft: I). Luthers Botschaft von der Aufnahme in die Zahl der Gotteskinder »um Christi willen« geht von der mittelalterlichen Werkfrömmigkeit aus, an der er selbst gescheitert war. Die → Erweckungsbewegung im 19.Jh. lebt von der sittlichen Bemühung im Ringen der idealistischen Philosophie. Der Ausfall an gesetzlicher Forderung und Anstrengung in unserer Zeit aber macht es der christlichen Verkündigung nahezu unmöglich, die G. zu bezeugen, ohne das Mißverständnis von der »billigen Gnade« aufkommen zu lassen. Für die Predigt der Gegenwart ergibt sich von da her die Aufgabe: wie kann Gott in Gebot und Gesetz neu verlebendigt werden?

Das Verständnis der G. wird dem Menschen unserer Tage bes. ferngerückt durch die grausame Vermassung, die das technische Industriezeitalter mit sich gebracht hat. Je mehr das Personbewußtsein schwindet, je mehr der einzelne sich nur noch empfindet wie ein vom Winde verwehtes Sandkorn, um so schwerer wird es ihm, die Gewißheit zu fassen, daß sein kleines vergängliches Leben von einem göttlichen Liebeswillen umfaßt sein soll. Darum dient heute jede humanistische Bemühung um Wahrheit, Wert und Würde des Menschen unmittelbar der christlichen Bezeugung der G., und es erscheint als durchaus abwegig, den philosophischen oder religiösen Humanismus von der christlichen Theologie her zu bekämpfen. Wenn auch wesentliche Unterschiede bestehen mögen, so sollte man sich doch klarmachen, daß die Anerkennung und Pflege des menschlichen Wertes der (nur allzu dünn gewordenen) Humusschicht gleicht, ohne die der Glaube an die G. nicht gedeihen kann. Im Zeitalter der Vermassung, der Entwertung der Persönlichkeit durch die Kollektivmächte muß die Menschwerdung des Logos und die Selbstaufopferung Gottes am Kreuz vor allem bezeugt werden als die Wertschätzung des Menschen vor Gott.

Vor allem aber wird alles darauf ankommen, daß diese Wahrheit nicht nur gesagt, sondern beispielhaft dargestellt wird. Das Zeugnis von der G. verpflichtet jeden einzelnen Christen und jede christliche Gemeinde zum vorbildlichen, brüderlichen Einsatz in Tat und Liebe. Es ist die Not des Protestantismus, daß er beim Heraufkommen des modernen Industriezeitalters die Botschaft von der G. zwar theologisch einwandfrei bezeugt hat, daß es damals aber versäumt worden ist, die aus der G. resultierende Bruderschaft und Mitmenschlichkeit ebenso lebendig darzustellen. Die Botschaft von → Wichern, → Stoecker und → Naumann war durchaus so gemeint, daß G. illustriert werden sollte durch die verantwortliche Haltung und Gestaltungskraft eines christlichen → Sozialismus. Damit, daß diese Aufgabe damals weithin versäumt wurde, mußte das Wort von der G. in der Arbeiterwelt unglaubwürdig werden. An der Stelle aber, wo das Unglück seinerzeit vor allem geschehen ist, muß heute darum in besonderer Weise neu gebaut werden (→ Arbeiter: II). Die praktische Bewährung der G. hat sich vor allem zu beweisen in dem entschlossenen Willen, für menschenwürdige Verhältnisse in den Gesellschaftsformen der Gegenwart zu kämpfen. Die dogmatische Bezeugung der G. hat nur dann Verheißung, Gehör zu finden, wenn sie ständig begleitet ist von dem individualethischen und sozialethischen Sichverhalten jedes einzelnen Christen und der Christenheit.

W.F.Otto, Die Götter Griechenlands, (1929) 1956[4] - G.Aulén, Das christl. Gottesbild, 1930 - Barth, KD I/2, 1938, § 18 - W.Elert, Der christl. Glaube, (1940) 1956[3], Kap. 16 - Hirsch IV, § 43.

A.Köberle

Gotteslästerung. Die G. (Blasphemie) ist nahezu so alt wie der religiöse Glaube, jedenfalls wie der Glaube an eine konkret vorgestellte Gottheit, da die Schmähung oder Verfluchung Gottes das Gegenüber eines »Du« voraussetzt. Verwünschungen des → Schicksals oder ähnlicher abstrakter Substitute für → Gott werden kaum als G. empfunden. Auf Frühstufen der Religiosität sind Beschimpfungen, Bedrohungen, Verhöhnungen der Gottheit bzw. des Gottesbildes nicht ungewöhnlich und werden nicht immer als G. gewertet, sind vielmehr natürlicher Ausfluß der naiven Beziehungen zur Gottheit. Sie können geradezu Stilform werden. Schmähungen Gottes kommen in diesem Sinne bis in das Christentum hinein vor (vgl. F.Heiler, Das Gebet, 1923⁵, 83 ff) und leben im volkstümlichen Fluchen – zumeist unbeabsichtigt – fort. Man muß dabei an die magische Bedeutung des Lästerns denken (vgl. A.Wuttke, Der deutsche Volksaberglaube, bearb. v. E.H.Meyer, 1925⁴, 219. 287). Erst in höheren Religionsformen wird die G. in Verbindung mit einem geläuterten Gottesbegriff entschieden verurteilt, ist aber dort scharf zu scheiden von der Gottlosigkeit (Asebie, → Atheismus), vom Gottesraub (→ Sakrileg) und von der Religionskritik. Ebenso bedürfen gewisse Formen der Parodie, der Posse und des Witzes über Götter, wie sie vor allem die Antike kennt, besonderer Beurteilung. Die G. wird häufig hart bestraft, oder aber sie zieht automatische → Strafe durch die beleidigte Gottheit nach sich (→ Gottesurteil). Das Problem taucht bei den Griechen immer wieder auf (vgl. M.P. Nilsson, Geschichte der griech. Religion II, 1950, 181 ff). Wo, wie in der Antike, Kultgemeinschaft und soziale bzw. politische Gemeinschaft sich decken oder nahestehen, ist G. gleichzeitig ein politisches Vergehen bzw. später ein strafrechtlicher Tatbestand, der durch die in neuerer Zeit (so im deutschen Strafrecht) viel umstrittenen »G.sparagraphen« (→ Religionsvergehen) zu erfassen gesucht wurde.

PW II/2, 1896, 1529 ff – W.Kahl, Religionsvergehen, 1906 – ERE II, 669 ff – HWDA III, 978 ff – G.D.Nokes, A History of the Crime of Blasphemy, London 1928 – K.Schlitt, Die Religionsvergehen, insbes. die G. (Jur. Diss. Bonn), 1928 – G.Webersinn, Die geschichtl. Entwicklung des G.sdelikts (Jur. Diss. Breslau), 1928 – E.Neumann, Die G. (Jur. Diss. Köln), 1929 – A.Thomä, G. u. Glaubensschutz (Jur. Diss. Tübingen), 1932 – ThW I, 620 – ESS II, 585 f – S.Eitrem, Kultsünden u. Gottesverleugner (SMSR 13, 1937, 244 f). *K.Goldammer*

Gottesmutter, Orden zur Verehrung der, für verschiedene Ordensgenossenschaften der kath. Kirche gebräuchlicher Name. 1. *Chorherren der Mutter Gottes am Hafen (Congregatio Portuensis),* im MA in Italien, Spanien und Deutschland weit verbreitete, jetzt nicht mehr bestehende Augustiner-Chorherrenkongregation. Die Regel, eine unter Zugrundelegung der → Augustinerregel erweiterte Chorherrenregel, wird 1117 durch Paschalis II. bestätigt. Ihr Verfasser ist Petrus de Honestis († 1119), Prior des am Hafen von Ravenna gelegenen Chorherrenstiftes Santa Maria. Betont wird in der von ihm in drei Büchern abgefaßten Regel bes. die Eigentumslosigkeit der Kanoniker. – 2. *Regularkleriker der Mutter Gottes (Clerici regulares Matris Dei),* nach ihrem Stifter, dem in Lucca geborenen Giovanni Leonardi (1543–1609) auch *Leonardini* genannt. Sie gehen hervor aus der von diesem 1574 in der Kirche S. Maria della Rosa in Lucca gegründeten Genossenschaft »Preti riformati della B. Vergine«, finden bald weiteren Zuspruch und gelangen 1580 in den Besitz der Kirche S. Maria Cortelandini in Lucca, an der sie sich 1583 als »Congregazione dei chierici secolari della B.V.« bzw. »Chierici Regolari della Madre di Dio« konstituieren. Ziel der Gründung ist die Heiligung der Mitglieder und die Unterrichtung armer Kinder. Durch die rege Tätigkeit des Stifters und die ihm von Gregor XIII. und dessen Nachfolgern zuteil werdende Förderung sowie durch seine Beziehungen zu → Baronius und Filippo → Neri findet die Gründung in Italien bald weite Verbreitung und wird 1593 von Clemens VIII. bestätigt sowie 1595 von der bischöflichen Gewalt eximiert. 1601 gelangte Leonardi in Rom in den Besitz der bis 1935 bestehenden Kirche S.Maria in Portico (später der hl. Galla geweiht), aus der das heutige Hauptkloster Santa Maria in Portico, der Sitz des Rector generalis der 1621 von Gregor XV. zum Orden erhobenen Kongregation hervorgeht. Viele Niederlassungen des sich bes. in Italien und auf Sizilien ausdehnenden Ordens gehen im 18. und 19.Jh. ein. Zu den außer dem römischen Hauptkloster bis 1934 bestehenden 5 weiteren Häusern, von denen sich 3 in Belgien (Dendermonde, Oudenaarde, Eecloo) befinden, treten 1937 Niederlassungen bei Foggia (Apulien), 1938 in Gallipoli (Apulien), 1946 in Tilcocco (Chile) sowie 1947 eine zweite Niederlassung bei Foggia und zwei weitere in Chile. Von den Mitgliedern des Ordens ist neben dem durch seine Koranübersetzung bedeutsamen Lodovico Marracci († 1700) vor allem Giovanni Domenico → Mansi, Verfasser der bekannten Konziliensammlung, erwähnenswert. – 3. *Regulierte arme Kleriker der Mutter Gottes der frommen Schulen (Regulares pauperes Matris Dei scholarum piarum),* → Piaristen. – 4. *Ordensfrauen von der G. (Congrégation* oder *Dames de la Mère de Dieu),* hervorgegangen aus einer der zahlreichen von Jean-Jacques → Olier zur Versorgung von Armen, Kranken und Waisen geschaffenen Vereinigungen. Während der französischen Revolution 1797 eingegangen, wird die Genossenschaft 1804 in Paris von Marguerite de Lézeau neu errichtet und erhält durch sie 1811 die Augustinerregel und die etwas abgeänderten Konstitutionen der → Salesianerinnen als Satzung. Vornehmlicher Zweck des Instituts wird die Erziehung von Waisenmädchen, seit 1810 bes. die von Napoleon I. übertragene Aufgabe der Ausbildung von Töchtern gefallener Offiziere und Ritter der Ehrenlegion. Die Bestätigung der Kongregation erfolgt 1869 durch Pius IX. Wegen der bestehenden Spannungen zwischen Staat und Kirche wird 1880 ihre Erziehungstätigkeit in Frankreich unterbunden, doch in einer in San Remo errichteten Anstalt fortgesetzt, die durch Papst Leo XIII. ihre besondere Unterstützung erfährt. Das Vereinsgesetz von 1901 bewirkt schließlich den endgültigen Verlust sämtlicher französischer Niederlassungen i.J. 1903. Doch wird die Arbeit der in Chor- und Laienschwestern unterteilten Ordensfrauen in den inzwischen in Ägypten (Kairo, Alexandrien, Gezireh), England (Clifton, Surbiton), San Remo und in Tournay (Belgien) geschaffenen Pensionaten weitergeführt. – 5. *Schwestern der unbefleckten Mutter Gottes,* 1838 in Veghel (Nordbrabant, Niederlande) errichtete Kongregation von Franziskaner-Tertiarinnen. – 6. *Arme Dienerinnen der G.* oder *Dienerinnen der Armen (Poor Servants of the Mother of God),* weibliche Genossenschaft für den Dienst an den Armen zur Leitung von Besserungsanstalten für Mädchen und für Krankenpflege, nach der Augustinerregel 1868 in London von Magdalena Taylor und der zum kath. Glauben übergetretenen Schriftstellerin Georgiana Fullerton begründet, 1885 von Leo XIII. anerkannt. Das Mutterhaus befindet sich in Rom, Filialhäuser bestehen in England und in Irland. – 7. *Dienerinnen der Mutter Gottes,* eine 1875 in Galizien mit dem Mutterhaus in Starawieś entstandene Kongregation mit ehemals zahlreichen Filialhäusern vor allem in den früheren ostpolnischen Gebieten, widmete sich bes. der Mädchenerziehung und der Fürsorge für hilfsbedürftige Personen. – 8. *Söhne der schmerzhaften Mutter Gottes (Congregatio fratrum doloristarum, Doloristen* oder *Söhne U.L.F. von den Schmerzen),* polnische Ordensgenossenschaft, die 1924 zur Kongregation päpstlichen Rechtes erhoben wurde.

Zu 1: Heimbucher I, 411 – LThK I, 814. – Zu 2: Heimbucher II, 113 f – LThK VIII, 727 – Escobar I, 783. – Zu 4: DThC XI, 963 ff – Heimbucher II, 513 – LThK VII, 398 – EC XI, 1540. – Zu 5: LThK IV, 134. – Zu 6: Heimbucher II, 546 – LThK I, 676 f. – Zu 7: Heimbucher I, 586. – Zu 8: LThK III, 378. – Vollständiges Verzeichnis der marianischen Orden u. Kongregationen bei G.M.Roschini, Summa Mariologiae II/3, Rom 1948 – Ders., La Madonna secondo la fede e la teologia IV, Rom 1954, 421 ff. *W.Göbell*

Gottesurteil

I. Rechtsgeschichtlich – II. In Israel

I. Rechtsgeschichtlich

Grundlage des G.s, das bei naturnahen Völkern im Rechtsleben seit je eine Rolle gespielt hat (die Bezeichnung Iudicium Dei in diesem Sinne erscheint bereits Ende des 5.Jh.s in der Lex Burgundionum), ist der Glaube an den Sieg des guten Rechts. Der ursprüngliche Rechtsgang bezweckt die Aufzeigung und Ausscheidung dessen, der Ungenosse geworden war: Friede beruht in der Ordnung, gegen die der Friedebrecher verstößt; so muß das Rechte siegen, wenn der Friedebrecher einem Friedewilligen auf Tod und Leben gegenübergestellt wird; er gilt als entartet und kann nicht siegen, mag er auch dem Gegner äußerlich überlegen erscheinen; im Gefühl seines Unrechts wird der Friedebrecher unsicher. Daher der Zweikampf (→ Duell) zur Austragung eines Streites. – Dem Kampf steht die Wortbegegnung im → Eid gleich, der eine bedingte Selbstverfluchung (→ Segen und Fluch) ist; auch hierbei handelt es sich um Einsatz der Persönlichkeit. – Wo Kampf oder Eid nicht in Frage kommen (beim Streit mit Ungenossen oder Kampfunfähigen, bei eigener Eidesunfähigkeit oder Helfermangel), muß das Recht durch G. im eigentlichen Sinne, dh durch Zuhilfenahme der Elemente offenbar werden (dahin gehören nicht das Losen [→ Los], das Psalterhängen u.dgl.: das sind → Orakel). Das entspringt der Überzeugung, daß, wer durch sein Unrecht die Ordnung der Gemeinschaft gestört hat, auch mit den das Leben tragenden Elementen in Unfrieden steht und deshalb, wenn er ihnen ausgesetzt wird, daran zerbrechen muß: die Natur des Menschen enthüllt dabei die Wahrheit durch die Elemente. Solche Elemente sind das → Feuer (Anfassen bzw. Begehen glühenden Eisens), das siedende Wasser (Hineinfassen; sog. Kesselfang) bzw. das Gewässer (Art des Untertauchens beim Gefesselten), das Gift (Gegentypus der geweihte Bissen) und das Blut des Erschlagenen, das beim Nahen des Untäters zu fließen anfängt (vgl. Hagen an der Bahre Siegfrieds). Der Schuldige, seiner Schuld bewußt, wagt nicht, sich ihnen zu stellen; dann können und sollen sie ihre Kraft an ihm nicht erweisen, er spricht sich selbst schuldig. Diesen Glauben hegen die Streiter und mit ihnen alle, die der Austragung des Rechtsstreits beiwohnen. Den Sieg im G. verbürgt ebenso wie beim Zweikampf die securitas, die innere Ruhe des Pröblings (so nach Berichten des 10. und 11.Jh.s). Die G.e verstoßen also nicht gegen die Natur. Später, in christlicher Zeit, sind es nicht mehr die Elemente, sondern es ist der eine übernatürliche Gott, der zum Sieg des Rechts eingreift. Das deckt sich mit der vorchristlichen Auffassung. Aber die offizielle Kirche, im Banne des römischen Rechtes lebend, das damals keine G.e mehr hatte, verkennt das Wesen des G.s und sieht in seinem Ausgang bald ein Wunder, dh einen Eingriff in die Natur, womit das Ganze auf ein falsches Geleise gerät. Weil das Berufen auf ein Wunder Versuchung Gottes ist, verbietet die Kirche die G.e (endgültige Verwerfung unter Gregor IX. durch Veröffentlichung der Dekretalen 1234). – Bis ins 13.Jh. hinein herrscht allgemein der Glaube, daß die G.e die sichere Wahrheit verschaffen, wie es auch aus allen Gegenden zahllose einwandfreie Berichte über durchgeführte G.e gibt. Dann kommt für Europa der Bruch. Mit zunehmender Rationalisierung schwinden Glaube und Furcht gegenüber den G.en, es kommt der → Aberglaube und mit ihm der Betrug. Dadurch verlieren die G.e ihre Bedeutung und werden fragwürdig, weshalb aufgeklärte Geister sie mehr und mehr bekämpften; die naturverbundenen Bauern dagegen hielten zähe an ihnen fest. Mit der Übernahme des römischen Rechts im späten MA endlich sinken die G.e völlig ab; man schiebt sie mehr und mehr den Rechtlosen und Landfremden zu, und am Ausgang der Entwicklung sind sie nur noch für die → Hexen da. Im ordentlichen Rechtsgang aber, der nun auf dem Geständnis beruhte, brauchte und brachte man die Folter.

ERE IX, 522ff – RGG² IV, 614ff (ältere Lit.) – HWDA III, 994ff – LThK IV, 614ff – W.Schilde, Orakel u. G.e in Afrika, 1941 – A. Erler, Der Ursprung der G.e (Paideuma 2, 1941/43, 44–65) – R. Dekkers, Les ordalies en droit romain (Rev. intern. des Droits de l'Antiquité 1, 1948, 55–78) – H.Nottarp, G., 1949 – Ders., G.studien (Bamberger Abh. u. Forsch. 2), 1956 (Lit.) – Ch.Leitmaier, Die Kirche u. die G.e (Wiener rechtsgesch. Arbeiten 2), Wien 1953.

H.Nottarp

II. In Israel

Auch in Israel kannte man – wie überhaupt im Alten Orient – zur Überführung bzw. Ermittlung eines Täters in Fällen, in denen Zeugen oder Beweismittel fehlten oder nicht ausreichten, G.e (*Ordale*), dh Verfahren, deren Ausgang als göttliche Entscheidung galt, weil man von der Gottheit, in Israel also von Jahwe, wußte, daß sie zu solcher Rechtshilfe bereit sei. Zwei nach Ableitung, Zweck und Methode zu unterscheidende Arten des Ordals sind im AT belegt. Aus der Orakelpraxis (→ Orakel) übernommen ist das *Losordal*. Mit seiner Hilfe wird ein unbekannter Täter aus einer gegebenen Personengruppe ermittelt. Dies geschieht entweder so, daß durch Alternativfragen an das Losorakel → »Urim und Tummim« der betreffende Personenkreis so lange eingeengt wird, bis das Orakel unter den beiden letzten Personen den Schuldigen bezeichnet (1Sam 14, 36ff). Oder aber es wird für jeden der in Frage Kommenden ein Los eingesetzt; derjenige, der (durch das Los, dh durch Jahwe; vgl. Jos 7, 14) »ergriffen« wird, ist der Täter (so wohl Jos 7, 14ff; vgl. auch die Ermittlung eines von Jahwe Erwählten in Num 17 und wohl auch in 1Sam 10, 17ff). Der Feststellung des Schuldigen folgt dessen Geständnis (Jos 7, 19ff; 1Sam 14, 43) und Bestrafung (Jos 7, 25; vgl. 1Sam 14, 44f). In einem verwandten Verfahren in Ägypten aus der Zeit der 19.–26. Dynastie »nickt der (Orakel-)Gott«, wenn zB beim Verlesen der Namen der Einwohner eines Dorfes der Dieb genannt wird. – Ausgangspunkt für das *Fluch-* oder *Probeordal*, das der Ermittlung von Schuld oder Unschuld eines Verdächtigen dient, ist der Reinigungseid (Ex 22, 7. 10; Lev 5, 21ff; → Eid: II, 1). Kraft der durch diesen Eid ausgesprochenen bedingten Selbstverfluchung trifft den Beklagten, falls er schuldig ist, ein nicht notwendig im Eid festgelegter Schaden. In gewissen Fällen kann an die Stelle des Reinigungseides das Probeordal treten (vgl. Ex 22, 8 neben 7. 10; Codex Hammurapi § 132 neben § 131). Die Schadensfolge ergibt sich hier aus der Art der Probe; ihr Ausbleiben gilt als Unschuldsbeweis. Das im mesopotamischen Raum, in Elam wie bei den Hethitern bezeugte Flußordal, bei dem der Angeklagte (oder die beiden Kontrahenten [?]) in den Fluß geworfen und das Überleben als Zeichen der Unschuld (Freigabe durch den Flußgott) gewertet wurde, konnte im Gebirgsland Palästinas kaum durchgeführt werden. Statt dessen wurde in Israel ein Trankordal geübt (Num 5, 12ff). Es ist verbunden mit einem Ordaleid, der die im Falle der Schuld zu erwartende Folge ausspricht (19f. 22); hier kommen – literarisch sekundär – ein Opferfluch (15a β. b. 18. 21. 25f. 27a) und die dingliche Übertragung beider Flüche auf das zu trinkende Wasser (23f) hinzu. – Während das Losordal in Anwesenheit des Orakelpriesters (vgl. 1Sam 14, 36) überall angewandt werden konnte, war das Trankordal an das Heiligtum gebunden (Num 5, 16–18). Gebete der Angeklagten vor dem Ordal hat H.Schmidt – kaum immer überzeugend – in einigen Psalmen herauszuarbeiten versucht. – Neben diesen beiden Arten des Ordals wird man Jahwes Erweis seines Gottseins in 1Kön 18 (vgl. bes. 21. 36. 39), ebenso die Bestätigung der Sonderstellung des Mose gegenüber Mirjam und Aaron in Num 12 (bes. 6-8) und Dathan und Abiram in Num 16 (bes. 28-30) sowie der des Aaron gegenüber Korah in Num 16 (bes. 5; vgl. Num 17) nur unter Ausweitung des Begriffes als »G.« bezeichnen können.

H.SCHMIDT, Das Gebet der Angeklagten im AT (BZAW 49), 1928 (dazu: H.GUNKEL-J.BEGRICH, Einl. in die Pss [HK II ErgBd], 1933, 252ff) - RGG² IV, 745ff - R.PRESS, Das Ordal im AT (ZAW 51, 1933, 121-140. 227-255; Lit.) - H.BIETENHARD, Soṭa (Die des Ehebruchs Verdächtige) (Die Mischna ... III, 6), 1956 - F.HORST, Der Eid im AT (EvTh 17, 1957, 366-384). - Zu altoriental. Parallelen: E.EBELING, Tod u. Leben nach den Vorstellungen der Babylonier I, 1931, 96ff - A.GOETZE, Kleinasien (HAW III, 1, 3, 3, 1), (1933) 1957², 116 - G.R.DRIVER-J.C.MILES, The Assyrian Laws, Oxford 1935, 86ff - DIES., The Babylonian Laws I, ebd 1952, 63ff - E.SEIDL, Einführung in die ägypt. Rechtsgesch. I (ÄF 10), (1939) 1951², 38f - M.SAN NICOLÒ, Babylon. Rechtsurkunden des ausgehenden 8. u. 7.Jh.s vChr I, 1951, 140ff. *E.Kutsch*

Gottfried, 1. *»Bruder G.«* (1373-1453; Familie und Heimat unbekannt), Laienprediger im Gebiet östlich von Münster, → Bruder vom gemeinsamen Leben. Ein Jahrzehnt war er im Fraterhaus Herford tätig, dessen Gründung er vorbereitet hatte (1426ff). Als Erstling und Erwecker der Kreise der Devoten trug er deren Traditionen und Tendenzen nach Hildesheim, wo 1440 eine Niederlassung zustande kam. In seinen deutschen Traktaten und durch seinen seelsorgerlichen Ernst bezeugte er das Ideal der Brüder vom gemeinsamen Leben, »nur nach dem Heil der Seele und der Seelen zu trachten, sich und andere ›zum Herrn hinzuwenden‹ und in frommer, alles tragender und leidender Demut ihm nachzufolgen«.

E.BARNIKOL, Studien zur Gesch. der Brüder vom gemeinsamen Leben, 1917, 77ff - H.NOTTARP, Die Brüder vom gemeinsamen Leben (ZSavRG 63, Kan. Abt. 32, 1943, 384-418, bes. 393f). *W.Rahe*

2. *von Auxerre* († nach 1188), ein Schüler → Abaelards, wurde um 1140 von → Bernhard von Clairvaux für die → Zisterzienser gewonnen und begleitete Bernhard als sein Notar auf vielen Reisen. Nach Bernhards Tode wurde er sein Biograph und Abt von Igny, 1162 von Clairvaux. Vielleicht auf Betreiben Ludwigs VII. dankte er 1165 ab, tauschte aber mit den folgenden Äbten von Clairvaux 1170 das Amt des Abts von Fossanuova bei Rom und 1176 von Hautecombe (Savoyen). Nur G.s hagiographische Werke sind gedruckt; ebenso einflußreich waren seine Predigten und Kommentare zu Hhld und Apk, die Geschichte und Geist des Zisterzienserordens lebendig widerspiegeln.

J.LECLERCQ, Les écrits de G. d'A. (RBén 62, 1952, 274-291; Lit.) - DERS., Analecta monastica II (Studia Anselmiana 31, Rom 1953, 174-201) - DERS., Études sur S. Bernard et le texte de ses écrits (Analecta sacri ordinis Cisterciensis 9/1), Rom 1953. *A.Borst*

3. *von Straßburg*, Verfasser der mittelhochdeutschen Dichtung von Tristan und Isolde (19 548 Verse in Reimpaaren, unvollendet), lebte um 1200 vermutlich am Straßburger Bischofshofe, jedenfalls in den gebildeten Kreisen der Stadt. Er war bürgerlicher Herkunft (»Meister«), besaß theologische Bildung und gute französische Sprachkenntnisse; vielleicht war er Geistlicher. Urkundliche Nachrichten fehlen; die Gleichsetzung mit Godefredus Zidelarius beruht auf einem Lesefehler. Wir sind allein auf sein Werk und auf Erwähnungen späterer Dichter (seiner Fortsetzer Ulrich von Türheim und Heinrich von Freiberg sowie → Rudolfs von Ems, Konrads von Würzburg und Ulrich Füetrers) angewiesen. Die Große Heidelberger Liederhandschrift weist G. irrtümlich 3 Lieder zu; doch war er der Verfasser zweier dort unter Ulrichs von Lichtenstein Namen verzeichneter Sprüche vom Gläsernen Glück und über Mein und Dein. Die Arbeit am Tristan fällt in das erste Jahrzehnt des 13.Jh.s. – Der Tristanstoff stammt aus der keltisch-romanischen Tristansage. G.s unmittelbare Quelle ist der bruchstückhaft erhaltene Roman des Thomas von Britanje (vor 1170 in England); auch den Tristrant des Deutschen Eilhard von Oberg (um 1170) hat er gekannt. Die von Thomas vollzogene Umwandlung des sagen- und märchenhaften Stoffes in einen höfischen Roman hat G. weitergeführt und darüber hinaus dem Liebesgedanken einen eigenen Gehalt gegeben. – Tristan, Neffe König Markes, wirbt für den Onkel um die schöne Isolde von Irland, beide verstricken sich aber schon vor der Vermählung in Liebe (Liebestrank) und setzen ihr Verhältnis auch später fort. Heimliche verbotene Liebe, Verdacht des Betrogenen, Entdeckung, Verweisung vom Hofe, Versöhnung und Rückkehr machen in mehrfacher Wiederholung den Inhalt der Erzählung aus. Tristan geht schließlich mit der zweiten Isolde (Isolde Weißhand) die Ehe ein, trennt sich wieder von ihr und stirbt durch einen Zufall (Verwechslung von weißem und schwarzem Segel); er wird mit Isolde im gleichen Grab bestattet, auf dem Rebe und Rose miteinander verschlungen wachsen. In G.s Fragment fehlt der Schluß. – G. hat das alte Märchenmotiv des magisch wirkenden Zaubertrankes ins Psychologische gewendet und mit der Vergeistigung der wechselseitigen Liebe den Minnegedanken der höfischen Epik verlassen. Er postuliert innerhalb der höfischen Gesellschaft eine besondere »Welt der edlen Herzen«, für die das Liebesleid nicht mehr bloßer Durchgang zur Freude ist, sondern konstitutives Merkmal der Liebe selbst (Prolog), deren Wesen also dialektisch erfaßt werden muß. G.s Sprache bevorzugt daher begriffliche Antithese (Polemik gegen → Wolfram), dialektische Umschreibung und das Wortspiel. Die strukturell verwandte → Mystik (: VI; → Bernhard von Clairvaux) hat ihm weitgehend die Vorbilder geliefert. Diese Beziehung und die Übertragung der Symbolik des Kirchengebäudes auf die Allegorie der Minnegrotte sind nicht als Ausdruck perverser Dämonisierung mystischer Gottesliebe (G.Weber) aufzufassen, sondern rein dichterisch als Analogien, die ebenso wie das Betrugsmotiv (Ehebruch, Gottesurteil) der Darstellung eines ganz neu gesehenen individualistischen Liebesbegriffes dienen. – Vgl. → Mittelalterliche Literatur: II.

Krit. Textausg. v. FRIEDR.RANKE, (1930) 1949². - Über G.: H.DE BOOR, Gesch. der dt. Lit. II, 1953, 127ff (Lit.) - G.WEBER, G.s v.Str. Tristan, 2 Bde, 1953 - VerfLex V, Nachträge, 1955, 271f (Lit.). *W.J.Schröder*

4. *von Vendôme* (* ca 1070 in Angers, † 1132 ebd), seit 1093 Abt in Vendôme, als Kardinal und Vorkämpfer des Papsttums häufig an der Kurie.

Vf. Predigten, für die Zeitgesch. wichtige Briefe u. Traktate über die Investiturfrage u.a. (MPL 157, 9ff; MG Libelli de lite II, 676ff) u. einen Kommentar zu Ps 1-50 (ungedruckt). - Über G.: L.COMPAIN, Étude sur Geoffrey de V., Paris 1891 - RE VII, 37f - DThC VI, 1229f - LThK IV, 621 - EC VI, 900 - Catholicisme IV, 1852f (Lit.; Genaueres über Editionen). *M.A.Schmidt*

Gotthelf, *Jeremias* (Pseudonym für Albert Bitzius), * 4.10.1797 in Murten, † 22.10.1854 in Lützelflüh. Sohn des zwinglianisch ref. Geistlichen Sigmund Fr. Bitzius (aus 3. Ehe), der, selbst ein begeisterter Verehrer → Pestalozzis und Vertreter der Aufklärungstheologie, an seinen Wirkungsstätten für den Ausbau der Volksschulen kämpfte. G. durchlief die Schulen seiner Heimatstadt Bern, wo er 1820 an der Akademie das theologische Examen bestand. 1821/22 studierte G. an der Universität Göttingen. Von 1820 bis zum Tode seines Vaters (1824) wirkt er als Vikar in der vom Vater betreuten Gemeinde

Utzenstorf im Unteremmental (Kt. Bern), dann bis Frühjahr 1829 als Vikar im nahen Herzogenbuchsee. Sein Wirken ist von Anfang an gekennzeichnet durch eine ausgesprochen kämpferische Haltung. Schulreformen im Geiste Pestalozzis stehen zunächst im Vordergrund. G. übt Kritik an der Ausbildung der Lehrkräfte und wirft den neu eingerichteten Lehrerbildungsstätten mangelnde Pflege der Religion vor. Schon 1825 bekämpft er die Überbewertung des materiellen Wissens, das sich auf Kosten der religiösen Ehrfurcht und einer demütigen Glaubenshaltung breit macht. Infolge seines leidenschaftlichen Temperaments überwirft er sich in einem Schulstreit mit dem Oberamtmann des Amtsbezirks und geht seiner Stelle verlustig (1828), wird aber durch Versetzung an die Heiliggeistkirche in Bern rehabilitiert, nimmt dort auf seiten der revolutionär vorgehenden liberalen Partei gegen die bernische Familienaristokratie der Regenerationszeit an den politischen Kämpfen teil, die im Zusammenhang mit der Julirevolution zum Sturz des bernischen Stadtregimentes führen, setzt sich für die Gleichstellung der Landbevölkerung ein, wird anfangs 1831 als Vikar nach Lützelflüh im mittleren Emmental abgeordnet, wo er am 9. März des folgenden Jahres zum Seelsorger ernannt wird, vermählt sich kurz darauf mit der Enkelin seines Vorgängers, Henriette Zeender, bleibt als pflichttreuer Seelsorger bis zu seinem Tode in der weitverzweigten Gemeinde, verwaltet neben andern Ämtern die Stelle eines Schulkommissärs (Schulinspektors) in seinem Schulbezirk und gehört zu den Gründern einer Armenerziehungsanstalt, die im Sinn und Geiste Pestalozzis erst in Sumiswald (Kt. Bern), dann auf der Schloßdomäne Trachselwald eingerichtet und von G. zeitlebens mit besonderer Liebe betreut wird.

Von seinen Parteigenossen als Hitzkopf auf die Seite gedrängt, wegen seiner theokratischen Anschauungen von den linksgerichteten radikalistischen Elementen, die die Oberhand gewinnen, mehr und mehr kaltgestellt, sucht G. mit Volksschriften im Sinne von Pestalozzis »Lienhard und Gertrud« auf die breiteren Schichten der Bevölkerung einzuwirken und sie von einseitig materialistischen Blickrichtungen abzubringen. In der Geschichte des Pflegekindes Jeremias Gotthelf stellt uns G. im »Bauernspiegel« (1836) die fundamentale Erziehungsaufgabe und die christliche Verantwortung vor Augen, indem er ein grausam-realistisches Gegenbild entwirft. Die christliche Menschenpflicht und die universale Verantwortung als Grund alles erzieherischen Wirkens stehen im Mittelpunkt von »Leiden und Freuden eines Schulmeisters« (1837). Der Mensch, im Gleichnis des Efeus gesehen, kann nur gedeihen in der mitmenschlichen Liebe, die von der Liebe zu Gott getragen werden muß. Es gibt für G. keine Erziehung ohne Gott, keinen Weg ohne Christi Mittlertum. »Das Höchste, was in des Menschen innere Welt treten kann, ist Gott; das Höchste, was der Mensch darstellen kann, ist Gott, zu der Kunst sind alle berufen, unseres Gottes Ebenbild aus uns treten zu lassen ins Leben hinein – das ist höchste Kunst« (»Armennot«, 1840). Alle Gestalten der Schriften G.s kreisen um diese religiöse Grundkonzeption der Gottnähe und der Gottferne. Not und Elend des Menschen liegen in der Hybris des Menschen begründet, in seinem Vertrauen auf die eigene Kraft; Heil und Glück in der echten und tiefen Demütigung vor Gott und in der Bereitschaft, sich zum Sühneopfer hinzugeben (vgl. zB die Meisternovelle »Die schwarze Spinne« und die beiden Uli-Romane). Es gibt dabei keine moralischen Rezepte. Vielmehr hat jeder Mensch mit unmittelbarster Wahrhaftigkeit den Weg zu gehen, der seinen Kräften und den ihm anvertrauten Pfunden entspricht. Wer dabei strebend sich bemüht, wird in irgendeiner Form die Gnade und die Barmherzigkeit Gottes finden. Christus erscheint bei G. weniger als göttliche Offenbarung denn als größter Lehrmeister, weniger als Gott denn als Menschensohn, in dessen Sein und Sterben die ewigen göttlichen Ideen auch den Unmündigen im Geiste geoffenbart sind (so in »Leiden und Freuden eines Schulmeisters«). Denn im Gegensatz zur Aufklärungstheologie, von der er herkommt, verwirft G. den reinen Idealismus. Der ideengläubige G. war selbst den idealistischen liberalen Ideen gefolgt, um später den Idealismus nur noch in seiner Bezogenheit zu Gott anzuerkennen. Gott aber steht über den Ideen und ist in seiner Größe dem Menschen nie ergreifbar. G. glaubt an einen im göttlichen Heilsplan liegenden Fortschritt der Menschheit, lehnt jedoch den Fortschrittsglauben seiner Zeit als materialistische Verirrung ab. Der Fortschritt kann auch nicht durch unmittelbare göttliche Offenbarungen erreicht werden, vielmehr braucht der Samen der Heilslehre »tausende von Jahren bis er aufgeht in seiner Fülle« (Schulmeisterroman; vgl. dazu die Gespräche des alten Pfarrers in »Anne Bäbi Jowäger«). Den antireligiösen Radikalismus und die kommunistische Lehre, die G. genau gekannt hat (vgl. vor allem »Jakobs des Handwerksgesellen Wanderungen durch die Schweiz«), bekämpfte er mit glühender Leidenschaft, während er, ohne selbst von seinem ref. Glauben abzuweichen, der kath. Konfession ein zunehmendes Verständnis entgegenbrachte.

Eine fundamentale Stellung innerhalb des Gemeinschaftslebens nimmt bei G. die *Familie* ein. Nach G. ist »das Haus der erste Tempel Gottes gewesen, der Hausvater der erste Priester« (»Geld und Geist«). Die Familie als zugleich natürliche und sakramentale Gemeinschaft ist Ausgang für jede höhere Form des Gemeinschaftslebens: »Und laßt euch nicht irren durch ödes Geschwätz unseliger Toren: es ist nicht der Staat, nicht die Schule, nicht irgend etwas des Lebens Fundament, sondern das Haus ist es.« »Nicht die Regenten regieren das Land, nicht die Lehrer bilden das Leben, sondern Hausvater und Hausmutter tun es. Nicht das öffentliche Leben in einem Lande ist die Hauptsache, sondern das häusliche Leben ist die Wurzel von allem ...« Bekannt vor allem ist das Wort G.s: »Im Hause muß beginnen, was leuchten soll im Vaterland« (»Eines Schweizers Wort an den schweizerischen Schützenverein«). Die gottesstaatlichen Ideen leuchten vor allem aus einem Satz der »Armennot« (1840): »Also hier werde angefangen: ein christliches Heer Soldaten und Beamteten, christliche Finanzen und christliche Schulen, höhere und niedere, eine christliche Justiz, eine christliche Politik, eine christliche Verwaltung, ein christliches Leben, das ist der Hauptschritt zur Bekämpfung des Notstandes, zur Bekehrung des Proletariats.« Ausdruck seiner religiösen Grundhaltung ist auch G.s Kritik an der Überbewertung des Staates, die er bereits vor 1850 als Ausgangspunkt katastrophaler historischer Auswirkungen erkannte. Wie Jakob → Burckhardt befürwortet er den Kleinstaat und bekämpft den Zentralismus, weil nur im Kleinstaat die Kraft im Einzelnen und nicht in der Masse liege.

Auch die Konfessionen und Religionen sind Stufen und Wandlungsformen des göttlichen Heilsplanes, der schon in der Geschichte der vorchristlichen Zeit sichtbar wird (vgl. »Der Druide«). Die tiefchristliche Glaubenshaltung und Ethik, die der allgemeinen Strömung zuwiderlief, bewirkten, daß G. mit den Jahren nicht nur im Religiösen, sondern auch im Politischen den konservativen Denkformen näher trat und seine einstigen Parteifreunde aufs schärfste bekämpfte. In manchen Romanen der Spätzeit (zB in »Zeitgeist und Berner Geist«) trat daher das kämpferische Element stark in den Vordergrund und beeinträchtigte deren dichterische Größe. Bei seiner ungeheuren Produktivität gelangen ihm aber auch in der späteren Zeit Werke von reiner dichterischer Kraft (»Käthi die Großmutter«, »Die Käserei in der Vehfreude«, »Das Erdbeeri Mareili«). Die Einmischung seines heimischen Dialektes erschwert die Lektüre, was zur Folge hat, daß G.s Werke noch längst nicht jene Verbreitung erfahren haben, die ihnen nach ihrem dichterischen, anthropologischen und religiösen Gehalt zukommt.

Sämtl. Werke in 24 Bden mit (bis jetzt) 12 ErgBden (inbegriffen 6 Brief-Bde), hg.v. R.HUNZIKER, H.BLOESCH u.a., Zürich 1911ff - F.VETTER, ErgBd zu J.G.s Schriften im Urtext, Bern 1898-1902 - W.MUSCHG, J.G.s Sämtl. Werke in 20 Bden, Basel 1950ff. - Über G.: C.MANUEL, J.G., (1861) Zürich 1921² - R.HUNZIKER, J.G., 1927 - W. MUSCHG, J.G., Geheimnisse des Erzählers, 1931 - DERS., J.G., Gedenkrede, Basel 1954 - H.BOLLER, Das Erlösungsproblem bei J.G., Turbenthal 1932 - K.GUGGISBERG, J.G., Christentum u. Leben, Zürich 1939 - DORIS SCHMIDT, Der natürliche Mensch, 1940 - K.FEHR, J.G.s Schwarze Spinne als christl. Mythos, Zürich 1942 - DERS., Das Bild des Menschen bei J.G., Frauenfeld 1953 - DERS., J.G. (Biogr.), Zürich 1954 - P.BAUMGARTNER, J.G.s Zeitgeist u. Berner Geist, Bern 1945 - J.AMSTUTZ, Was ist Verantwortung?, Bern 1947 - E.BUESS, J.G. Sein Gottes- u. Menschenverständnis, Zürich 1948 - H.KERN, Das Problem der sittlich-religiösen Erziehung, Pfäffikon 1952 - H.M. WAIDSON, J.G. An Introduction, Oxford 1953 - F.HUBER-RENFER, J.G. als Politiker (in: Führer zu G., Bern 1954, 136-153). *K.Fehr*

Gottschalk *der Sachse* (ca 803-869), schon 814 → Oblate (, 1) in Fulda, zeitweilig auf der Reichenau, 829 trotz Widerstand seines Abtes → Hrabanus Maurus von der Oblation gelöst, wurde nach wechselndem Aufenthalt im Raum von Reims vermutlich freiwillig Mönch in Orbais. Er predigte in Oberitalien über → Prädestination (: III), erregte Hrabans Widerspruch, wurde nach einer Missionsreise über den Balkan auf den Synoden von Mainz 848 und Quierzy 849 verurteilt und von → Hinkmar (, 2) in Hautvillers gefangengesetzt. Dies löste im Westfrankenreich einen heftigen Prädestinationsstreit aus. G. betonte, daß Gott den aus der verworfenen Welt frei und unabänderlich Erwählten das Heil schenke, und lehrte in Anlehnung an →Augustin (: II, 3) einen geschichtslosen partikulären Heilswillen Gottes, dh daß Christus keinen der am Ende Verworfenen, auch keinen getauften, *je* hat erlösen *wollen*. G. schrieb »De corpore et sanguine Domini« gegen → Paschasius Radbertus, »De trina Deitate« gegen Hinkmar, vertrat in »De origine animae« den Traduzianismus (→Anthropologie: III, 1c), verfaßte kunstvolle Lieder und grammatische Schriften.

C.LAMBOT, Oeuvres théologiques et grammaticales de Godescalc d'Orbais (Spicilegium Sacrum Lovaniense 20), Löwen 1945 - MG PL III, 724ff; IV, 934ff; VI, 86ff. - Über G.: E.DINKLER, G. der Sachse, 1936 - H.DÖRRIES, Sächsische G.-Fragen (JGNKG 48, 1950, 29-45) - J.GROSS, Die Erbsünde in der Theologie G.s des Sachsen (ZSTh 22, 1953, 352-361) - K.VIELHABER, G. der Sachse (Diss. Bonn), 1954 = Bonner Histor. Forschungen 5, 1956 (Lit.) - I.SCHRÖBLER, Glossen eines Germanisten zu G. von Orbais (Beitr. zur Gesch. d. dt. Sprache u. Lit. 77, 1955, 89-111) - M.MITTERAUER, G. der Sachse u. seine Gegner (Diss. Wien), 1956. *K.Vielhaber*

Gottvertrauen → Glaube.

Goudimel, *Claude* (?-1572), französischer Komponist, seit 1549 in Paris nachweisbar, 1557/58 in Metz, später in Lyon, seit seinem Metzer Aufenthalt der Reformation verbunden, als Opfer der Bartholomäusnacht vom Krankenbett weg ertränkt. Daß er in Rom eine Musikschule geleitet habe, deren Schüler → Palestrina u.a. gewesen seien, ist wie ein Aufenthalt in Genf unbeweisbar. Seine Chansons, Motetten und fünf Messen machen ihn zu einem sehr bedeutenden Komponisten der französischen Renaissance. In der Geschichte der ref. Kirchenmusik ist G. außerordentlich einflußreich geworden durch vielfältige Psalmenkompositionen, unter denen die wichtigste Arbeit der vierstimmige Satz »Note gegen Note« von 1564 ist. An der Melodienschöpfung des Genfer Psalters, an den er sich anschließt, ist G. unbeteiligt. In Deutschland wurden seine Sätze durch den Reimpsalter von A. → Lobwasser (1573) bekannt.

Moderne GA fehlt. - E.NIEVERGELT, Die Tonsätze der deutschschweizerischen ref. Kirchengesangbücher im 17.Jh., Zürich 1944, 23ff u.ö. - La musique religieuse française de ses origines à nos jours, hg.v. A.MACHABEY (La Revue musicale 222), Paris 1953/54, 153 - H.HASPER, Calvijns beginsel voor den zang in den eeredienst I, 's Gravenhage 1955, Reg. - MGG V, 584ff (Lit.). *J.Weerda*

Gouge, 1. *Thomas*, * 29.9.1609 in London, † 29.10. 1681 ebd, Sohn von 2, erwarb sich seit 1638 als Pfarrer von St.Sepulchre's in London einen großen Ruf durch katechetische Tätigkeit und Armenfürsorge. In der Revolution wandte er sich gegen das Verfahren gegen Karl I. Als vermögenden Mann traf ihn die Entlassung aus dem Pfarramt bei der Restauration der Stuarts 1662 nicht bes. hart; er konnte sogar andere entlassene Pfarrer unterstützen. Durch die Lektüre von Joseph → Alleines Leben wurde er 1672 zur Evangelisation in → Wales angeregt, wo er predigte, Schulen gründete und Erbauungsschriften verteilte.

Collected Works, 1706. Daraus bes.: Christian Directions, 1664; A Word to Sinners and a Word to Saints, 1672; The Surest and Safest Way of Thriving, 1673; The Principles of Christian Religion, 1676. - Über G.: S.CLARKE, Lives of Eminent Persons I, 1683 - DNB (Neudr. 1949/50) VIII, 269ff.

2. *William*, * 25. 12. 1578 in Stratford-le-Bow, † 12. 12.1653 in London, zeichnete sich im King's College in Cambridge als Verteidiger des →Ramus aus, 1602 Dozent für Logik, außerdem Hebraist. Seit 1608 in London, begründete den Charakter des Puritanismus (→ Puritaner) als einer Predigtbewegung. 1621 erregte er durch die Herausgabe des chiliastischen Buches von Sir Henry Finch »The World's Great Restauration« das Mißfallen Jakobs I. und der leitenden anglikanischen Theologen (→ Laud), weil darin eine jüdische Weltherrschaft angedeutet schien. Während der Großen Revolution (→England: I, 4) wurde G. das eifrigste Mitglied der Westminster Assembly 1643-48, wirkte bei der Aufstellung des Glaubensbekenntnisses mit und hielt die presbyterianische Verfassung für die einzig gottgewollte.

Vf. Erbauungsschriften, u.a.: Domestical Duties, 1626²; The Whole Armour of God, (1619) 1627². Ferner: Commentary on the Epistle to the Hebrews, 1655 (Neuaufl. 1856, 3 Bde, mit Biogr. v. TH.GOUGE). - Über G.: S.CLARKE, A Collection of the Lives of 10 Eminent Divines, 1662 - DERS., Lives of 32 English Divines, 1677 - CH.L.POWELL, English Domestic Relations 1487-1653, 1917, passim - L.L.SCHÜCKING, Die Familie im Puritanismus, 1929, passim - DNB (Neudr. 1949/50) VIII, 271ff. *M.Schmidt*

Goulart, *Simon* (1543-1628), ref. Theologe, * zu Senlis, kam 1566 nach Genf. Zunächst erhielt er eine Pfarrstelle auf dem Lande, 1571 in der Stadt selbst. Während kürzerer Perioden wirkte er auch in einigen französischen Gemeinden. Nach dem Tode → Bezas stand er mehrere Jahre der Compagnie des Pasteurs vor. Außerdem entfaltete er eine vielseitige gelehrte Tätigkeit als Geschichtsschreiber der Hugenottenkriege sowie als Dichter, Übersetzer und Herausgeber.

Vf. u.a.: Mémoires de l'Estat de France sous Charles IX, 3 Bde, 1578; Recueil des choses mémorables advenues sous la Ligue, 6 Bde, 1590-99. - Über G.: L.C.JONES, S.G., 1917 - P.-E.MARTIN u.a., Histoire de Genève des origines à 1798, 1951 - E.DROZ, S.G. éditeur de musique (Bibliothèque d'Humanisme et Renaissance 14, 1952, 266-276). *H.R.Guggisberg*

Gounelle, *Elie-Joël* (1865-1950), franz. Theologe, * in Sauve (Gard), nach Studium in Montauban Pfarrer in Alès, Roubaix (1896) und Paris (Chapelle du Nord,

1907), während des 1. Weltkrieges Feldprediger, 1919 Pfarrer in St.-Etienne, im Ruhestand seit 1940 in Ganges (Hérault). - G.s Interesse wandte sich bes. den sozialen Fragen zu. Er galt bald als einer der Hauptvertreter der christlich-sozialen Bewegung in Frankreich (→ Christlich-sozial). 1910-45 redigierte er deren Zeitschrift »Christianisme social« (begr. 1887 von G.Chastand; NF 1919ff mit Unterbrechung während des Krieges 1940-45). Daneben war G. einer der Vorkämpfer der → Ökumenischen Bewegung (, 1. 2); als franz. Delegierter nahm er mehrfach an deren Konferenzen teil, stand jedoch der Bewegung für Leben und Arbeit näher als der für Glaube und Kirchenverfassung.

Vf. u.a.: L'agnosticisme de H.Spencer et le christianisme, 1889; La révélation et la raison, essai de dogmatique solidariste, o.J.; Les principes religieux essentiels du christianisme social, 1900; Le mouvement des fraternités, 1911; L'inspiration fondamentale du christianisme social, 1922; Les églises et les questions économiques et industrielles, 1925. *J.Roth*

Grab. Der Ort der Toten ist bei allen Kulturen der Erde ein heiliger Platz. An ihm entfaltet sich das Erlebnis des → Numinosen. → Tod und → Geburt sind für den Menschen die beiden großen Geheimnisse des Lebens. Das G. ist der Ort, an dem er sich seiner Hilflosigkeit gegenüber der Macht bewußt wird, der er unterworfen ist. Der Neandertaler, der Mensch der letzten Warmzeit und der ersten Hälfte der letzten Eiszeit (150 000-50 000 vChr), hat für die Toten G.er errichtet. Die (zwischen 1908 und 1924) am besten beobachteten Gräber sind La Chapelle-aux-Saints (Corrèze), Le Moustier (Dordogne), La Ferrassie (Dordogne), La Quina (Charente) und Kiik-Koba (Krim). Immer sind dem Toten die Werkzeuge mitgegeben, auch Nahrungsmittel und Schmuck. Es muß also die Vorstellung von einem Fortleben bestanden haben, genau wie bei dem Typus Mensch, der auf den Neandertaler folgt, dem Menschen von Crô Magnon (50 000-10 000 vChr). Für diese Periode sind die G.er aus Crô Magnon (Dordogne), La Madeleine (Dordogne), Grimaldi bei Mentone, Solutré (Saône-et-Loire), Předmost und Brünn (Mähren) sowie Oberkassel bei Bonn kennzeichnend. Der Mensch der Altsteinzeit scheint nach den vielen Opferfunden zu urteilen auch eine Gottesvorstellung gehabt zu haben. → Opfer sind bes. gut beobachtet worden für den Neandertaler in Wildkirchli und Wildemannlisloch bei St. Gallen, Schweiz, und für den Menschen von Crô Magnon in Ahrensburg bei Hamburg. Es handelt sich vielleicht um einen → Hochgottglauben, auf den Schöpfer des Menschen und der Tiere gerichtet, wie er noch heute bei allen → Jäger-Völkern lebt. Das G. könnte somit als Rückgabe des Menschen an den Urgott, den Schöpfer gedeutet werden. - In der Nacheiszeit (10 000-3000 vChr) kommt die → Totenverehrung auf. Eine eigenartige Form davon (vgl. → Kannibalismus, → Kopfjagd) vertreten die Schädelbestattungen (zB Ofnet-Höhle bei Nördlingen mit 33 Schädeln; vgl. auch → Jericho). Daneben bestehen auch die Körperbestattungen; im Neolithikum (2500-1000 vChr in Mittel- und Nordeuropa) werden sie bes. bedeutungsvoll in der Megalithkultur. Wirtschaftsgrundlage dieser Periode ist der Ackerbau im Süden, die Viehzucht im Norden. Der → Ackerbau (: I) entwickelt als tragende Kraft des religiösen Erlebens den Gedanken der → Fruchtbarkeit, der Großen Mutter, der Ahnen. Den Toten werden größere und dauerndere Häuser gebaut als den Lebenden, denn die Toten, die Ahnen, sind die Träger des Lebens und der Fruchtbarkeit (→ Totenverehrung: I). Die → Dolmen, die Ganggräber, die Steinkisten in Palästina, Nordafrika, Spanien, Frankreich, England, Holland, Skandinavien und Norddeutschland sind Ausdruck dieses Denkens. Die Erinnerung an diesen Sinn des G.es ist immer erhalten geblieben. Manche der G.er sind durch christliche Kreuze oder durch Kapellen gebannt worden, an vielen werden heute noch insgeheim abergläubische Kulte der Fruchtbarkeit für Menschen und Felder vollzogen. In manchen G.ern findet sich das Seelenloch, so daß der Geist der Toten aus- und eingehen kann. Bei den etruskischen (→ Etrusker) G.kammern ist oft der Schacht erhalten, der die Lebenden mit den Toten verbindet; in ihm wurde das Opfer den Toten zugeführt. Nach dem Neolithikum verliert das G. an dieser tragenden Bedeutung, in der Latènezeit (450 vChr bis 50 nChr) erst werden wieder so große G.bauten errichtet wie in dem Neolithikum. - Vgl. → Altar: I, 3 c, → Begräbnis: I.

RLV IV/2, 449ff - E.SPROCKHOFF, Die nordische Megalithkultur, 1938 - HERB.KÜHN, Das Erwachen d. Menschheit, (1954) 1958⁵ - DERS., Der Aufstieg d. Menschheit, (1955) 1957³ - M.BOULE-H.V. VALLOIS, Fossile Menschen, 1954 - J.MARINGER, Vorgeschichtl. Religion, 1956 (Reg.). *Herbert Kühn*

Grab, Heiliges

1. Christlich-archäologisch - 2. Kunstgeschichtlich

1. Weder die synoptischen Angaben (Mt 27, 60; Mk 15, 46; Lk 23, 53) noch die johanneische Notiz über die Nähe des G.es zu Golgatha (Joh 19, 41) konnten die ersten Pilgergenerationen (→ Melito von Sardes u.a.) an das G. Jesu führen, da die Umgestaltung → Jerusalems (: II) zur spätantik-hellenistischen Stadt Aelia Capitolina unter Hadrian nicht nur das Stadtbild veränderte, sondern auch durch Ausweitung der Stadtmauern die nachapostolische Tradition einer Kreuzigung »außerhalb des Tores« (Hebr 13, 12) irreleiten mußte. Erst die »wundersame Entdeckung« des G.es i.J. 326 brachte unter einem Venustempel die »Höhle des Heils« zum Vorschein. Zusammen mit den konstantinischen Bauten am G. (Bericht bei Euseb, Vita Const. III, 25-40) entstand fortan eine feste Lokaltradition. Die aus mehreren Sakralbauten: dem Martyrion mit Helenagruft, dem Golgathahügel mit späterem sog. Bema, der Anastasis-G.anlage und dem Baptisterium südlich davon bestehende Komplexanlage Konstantins, die am 13./14. Sept. 335 eingeweiht wurde, lag neben dem Forum im Zentrum der Stadt.

Die Mehrdeutigkeit der literarischen Quellen (Euseb; Pilgerberichte der → Ätheria; Mystagogische Katechesen des → Cyrill von Jerusalem) und das Problem ihrer Deutung im Hinblick auf die altchristlichen G.bilder (→ Ampullen von Monza [vgl. Abb. bei → Himmelfahrt Christi: II] und Bobbio; Elfenbeindiptychen von Mailand, München [vgl. Taf. 11 Abb. 1] und London; Miniaturen in Hss.) erschweren die Rekonstruktion. Fest steht, daß das G. hinter der fünfschiffigen Märtyrerbasilika innerhalb eines von Säulenarkaden umgebenen Atriums lag, das durch ein abschließendes Halbrund auf die G.anlage bezogen war. Umstritten ist nur, ob sie bereits zu Konstantins Zeiten von der kuppelgekrönten Anastasisrotunde eingeraumt war (Vincent-Abel), unter freiem Himmel (Dyggve: These der basilica discoperta, von Wifstrand abgewandelt) oder unter einem mausoleumsartigen Aufbau - sog. Tholos - lag (Conant). - Die Osterfeierlichkeiten am hl.G. mit ihren liturgischen Belangen und die Raumbedürfnisse der Pilgerscharen führten zu weiterer Ausgestaltung im 4./6.Jh. (Errichtung eines Baldachins über dem Tholos; Anastasisrotunde). Der durch die Perser verursachte Brand von 614 machte unter dem Patriarchen Modestus (616-624) Erneuerungsbauten notwendig, welche zugleich der G.eskirche einen byzantinischen Charakter verliehen. Ob bereits in der altkirchlichen Zeit die G.eskirche architekturgeschichtlich als Vorbild gedient hat, bleibt trotz der hohen Verehrung, die man schon früh (Santa Croce in Gerusalemme, Rom ca 350) der hl. Stätte zollte, ungewiß; ebenso die Frage, ob San Stefano in Rotondo zu Rom (5.Jh.) in Anlehnung an die Anastasisrotunde entstand (Krautheimer). - Vgl. → Basilika, 3, → Heilige Stätten: III, → Kirchenbau: II.

Ältere Lit. (darunter die überholte Arbeit v. A.HEISENBERG) in RGG² II, 1415. Dazu ferner: L.H.VINCENT-F.M.ABEL, Jérusalem, Recherches de topographie, d'arch. et d'histoire II: Jérusalem nouvelle, fasc. 1, 2: Aelia Capitolina, Le Saint-Sépulcre, 1914. - Neuere Lit.: R.KRAUTHEIMER, S.Stefano a Roma e il Santo Sepolcro a Gerusalemme (RivAC 12, 1935, 51-102) - E.DYGGVE, Gravkirken i Jerusalem. Konstantinske Problemer in ny Belysning, 1941 (vgl. dazu G. STUHLFAUTH, ZKG 60, 1941, 332-340; E.WEIGAND, BZ 40, 1940, 78-88 u. ferner E.DYGGVE, Actes du VI Congrès Internationale des Études Byzantines 1948, II, 1951, 11-123) - A.GRABAR, Martyrium. Recherches sur le culte des reliques et l'art chrétien antique I, 1946 (passim) - DERS., Les Ampoulles de Terre Sainte, 1958 (Ampullen v. Monza u. Bobbio) - G.TESTA, Il Santo Sepolcro di Gerusalemme, 1949 (Sammel-Bd, bes. 23-77: L.H.VINCENT, Histoire de la basilique du Saint-Sépulcre) - P.A.UNDERWOOD, The Fountain of Life in Manuscripts of the Gospels (DOP 5, 1950, 43-138; zum Tholos in armen. u. georg. Hss.) - E.WIFSTRAND, Konstantins Kirche am hl. G. in Jerusalem, Göteborg 1952 - L.VOEKL, Die konstantinischen Kirchenbauten nach Eusebius (RivAC 29, 1953, 49-66. 187-206) - K.J. CONANT, The Original Buildings of the Holy Sepulcre (Speculum 31, 1956, 1-48) - A.PARROT, Der Tempel von Jerusalem u. Golgatha u. das hl. G., 1956, 91ff (188f: Bibliogr.). *C.Andresen*

2. Das *G. Christi* erscheint *in der Kunst* um 400 im Auferstehungsbild (s. Taf. 11 Abb. 1) als kuppelgedeckter Zentralbau. Genauere Einzelheiten der konstantinischen G.eskirche (s. 1) finden sich auf den → Ampullen von Bobbio und Monza. Grabar vermutet, daß die Darstellung des G.es apotropäischen Charakter besaß, wie das Öl selbst. Die wohl in Konstantinopel geschaffene Ikonographie der Auferstehung auf den Ölflaschen bleibt bis ins 12.Jh. üblich (Hl.G. oft als Kirche dargestellt). Schon früh wurde das Hl.G. *architektonisch* nachgeahmt. Die Hl. G.kirchen des MA sind nicht »Kopien«, sondern fügen inhaltlich gedeutete Einzelelemente neu zusammen (vgl. Krautheimer). Nachahmenswert sind: der Kreisgrundriß (Fulda, Cambridge, als Polygon: Sto. Stefano, Bologna), die Zahl der Stützen (12 und 8), die Maße (Paderborn, Bußdorfkirche; sie sind auch für die späten Hl.-G.kapellen wesentlich). Als Nachbildungen des MA müssen auch Kirchen gelten, die nur die Weihe mit der Anastasis verbindet. Eine »similitudo« des Christus-G.es wurde als Erinnerungszeichen der Weihe zugefügt, »um Anteil an den Segnungen des Orts zu gewähren«; daher die Nähe von G.ern bei Hl.-G.kirchen (Fulda, Konstanz) und deren Errichtung auf Friedhöfen (Nürnberg, Johannisfriedhof im Zusammenhang mit →Kreuzweg). Über die Entwicklung in Deutschland bis zur Neuzeit vgl. Dalman. - Die Entstehung des *figürlichen Hl.G.es* in Deutschland hängt mit der Liturgie zusammen. Die depositio am Karfreitag (Hostienteile, auch Kreuz) und die Auferstehungsfeier, bei der Kleriker den Gang der Frauen zum G. darstellten, verlangten einen als Hl.G. in der Kirche gekennzeichneten Ort. Im 14.Jh. faßte das figürliche Hl.G. in der Darstellung des Leichnams und der Wächter sowie der Frauen und Engel G.- und Auferstehungsgedanken zusammen. Das frühste erhaltene Stein-G. in Freiburg (um 1330) zeigt eine Hostienhöhle in der Brust des Leichnams. Bewegliche, früher als die Stein-G.er entstandene Holzgruppen sind reine → Andachtsbilder, die nur in der Karwoche aufgestellt wurden. Maria und Johannes kommen als lyrische Gefühlsträger dazu (aus der Beweinung oder G.legung), und der Leichnam tritt in den Vordergrund (G.truhe aus Magerau b. Freiburg i. Ü.). Über die Vorformen (plastisch geschmückte Hl.G.er in Rundform, Konstanz), die Sonderformen (Hl.G.er mit Sakramentshäuschen, Sakramentstürme 13.Jh. in Frankreich), die Typen (freistehende Gehäuse, Hl.-G.nischen mit gemalten Szenen) und die Ausbreitung in Deutschland bis ins 16.Jh. vgl. Schwarzweber. Nur in England finden sich vergleichbare Hl.G.er (aber ohne vollständigen plastischen Schmuck), die nur in der Karwoche vollständig sind, wenn die → Hostie bzw. das → Kreuz begraben ist. In Italien findet im 15./16.Jh. die vom Hl.G. zu unterscheidende *Beweinung* monumentale Gestaltung, während in Frankreich und den Niederlanden zahlreiche *G.-legungen* verbreitet sind. Erstere hängt wesentlich mit der Marienklage zusammen, letztere beziehen Joseph von Arimathia und Nikodemus ein. Beide Andachtsbilder beeinflussen die Hl.G.er (s.o.) und umgekehrt, so daß die Grenzen sich verwischen (G.legungen in Solesmes, Châtillon-sur-Seine mit Wächterfiguren, vgl. Mâle 136). Die Tradition, in den Kirchen »Hl.G.er« aufzurichten (bis ins 19.Jh. fortgesetzt), führt im → Barock zu aufwand- und figurenreichen Schaugerüsten für Nebenaltäre. Viele Entwürfe für ein solches »Theatrum sacrum« sind erhalten, die Schaugerüste meist verschwunden (später verboten). Noch erhalten ist das »Hl.G.« in der Stiftskirche von Wilten (1708).

E.MÂLE, L'Art religieux de la Fin du Moyen-Age en France, (1908) 1949⁵, 132ff - W.F.VOLBACH, Elfenbeinarbeiten der Spätantike u. des frühen MA, (1916) 1952² - G.DALMAN, Das G. Christi in Deutschland, 1922 - A.SCHWARZWEBER, Das figürliche Hl. G. in Deutschland, 1940 (Lit.) - R.KRAUTHEIMER, Introduction to an Iconography of Medieval Architecture (Warburg-Jb. 1942, 1-32; Lit.) - P.STRIEDER, Entwürfe zu »Hl. G.ern« in Münchener Kirchen (Das Münster 4, 1951, 281-287) - A.GRABAR, Ampoulles de Terre Sainte, 1958. *L.Wiesinger*

Grabau, *Johannes Andreas August,* * 18.3.1804 in Olvenstedt b. Magdeburg, † 2.6.1879 in Buffalo. Als Pfarrer in Erfurt lehnte G. 1836 die preußische Unionsliturgie ab und wurde daraufhin amtsenthoben. Auch an Privatgottesdiensten verhindert, wurde er zur Auswanderung veranlaßt. Mit etwa 1000 Anhängern siedelte er 1839 nach Nordamerika über und begründete die ev.-luth. Buffalosynode (1845, gegr. in Milwaukee). 1840 rief er ein Predigerseminar in Buffalo ins Leben. Lehrdifferenzen in der Frage Kirche und Amt mit der → Missouri-Synode C.F.W. →Walthers führten fast zu einem Vernichtungskrieg der beiden streng luth. Kirchenkörper. Ein Teil der Buffalo-Synode ging 1866 unter Chr.Hochstetter zu Missouri über.

J.A.GRABAU, Lebenslauf des Ehrw. J.A.A.G., Buffalo 1879 - CHR. HOCHSTETTER, Gesch. der ev.-luth. Missouri-Synode in Nordamerika u. ihrer Lehrkämpfe, 1885 - DAB VII, 461f. *M.Schmidt*

Grabe, *Johannes Ernst,* * 10.7.1666 in Königsberg (Ostpreußen), † 3.11.1711 in Oxford. Als Theologiestudent von der kryptorömischen Bewegung an der Fakultät (Prof. D. Joh.Phil.Pfeiffer, 1645-95; konvertiert 1694) erfaßt, durch das Studium → Bellarmins zum Zweifel an der ev. Wahrheit geführt, wurde er in einem staatskirchenrechtlichen Verfahren aus Königsberg ausgewiesen. → Spener riet ihm anstatt des Übertritts zum römischen Katholizismus den Übergang in die Kirche von England an. 1697 siedelte G. nach Oxford über und wurde dort, als Hilfsgeistlicher an Christ Church angestellt, zum größten Bibelgelehrten seiner Zeit und zu einem umfassend gebildeten Patristiker. Seine Hauptleistung ist eine Neuausgabe der LXX auf der Grundlage des Codex Alexandrinus (I, 1707; II hg.v. F.Lee, 1719; III hg.v. G. Wigan, 1720), in der er Ziele und Methoden der Septuagintaforschung festlegte.

Über G.: S.SCHEL(G)WIG, De eruditionis gloria in Anglia per advenas propagata in memoriam J.E.Grabii, 1712 - M.S.GRABE (Bruder), D.J.E.G.s Leben, Tod u. Schriften (Acta Borussica I, 1730, 1 ff) - P.GRÜNBERG, Ph.J.Spener I, 1893, 266 - RE VII, 56f - H.LEUBE, Kalvinismus u. Luthertum ... I, 1928, 351 ff - DNB (Neudr. 1949/50) VIII, 306f. *M.Schmidt*

Grabmann, *Martin,* kath. Theologe, * 5.1.1875 in Winterzhofen (Oberpfalz), † 9.1.1949 in Eichstätt, stammt aus bäuerlicher Familie, studierte in Eichstätt und Rom, gefördert durch F. → Ehrle und H. → Denifle, dessen Arbeit er 1905 würdigte, erwarb sich als Autodidakt auf zahlreichen Bibliotheksreisen eine umfassende Kenntnis der scholastischen Hss. 1906 wurde er Prof. für Dogmatik in Eichstätt, 1913 für Christliche Philosophie in Wien, 1918 für Dogmatik in München bis zur Aufhebung der Fakultät 1939, hier in enger Gemeinschaft mit E. →Eichmann und Cl. →Baeumker. 1945 wurde er reaktiviert. Als Theologe schloß er sich → Thomas von Aquino und M.J. → Scheeben an. Seine Forschungen galten der »Geschichte der scholastischen Methode« (I. II, 1909/11, auf Grund der Münchner Hss.-Bestände, unvollendet, Nachdr. 1955), dem → Aristotelismus und →Averroismus des MA, Thomas von Aquino und seiner Schule sowie der thomistischen Mystik (→ Johann von Kastl, J. und G. von Sterngassen, → Nikolaus von Straßburg, Meister → Eckehart). G. war Mitglied zahlreicher gelehrter Gesellschaften und apostolischer Protonotar.

Vf. ferner u.a.: Forschungen über die lat. Aristotelesübersetzungen des 13.Jh.s, 1916; Die Kulturphilosophie des hl. Thomas v. Aquin, 1925; zahlr. Einzel-Unters.en in: Mittelalterl. Geistesleben I. II, 1926/1936; III, 1956 (hg.v. L.OTT); Die Gesch. der kath. Theol. seit dem Ausgang der Väterzeit, 1933. - Über G.: L.OTT, M.G. zum Gedächtnis, 1949 - DERS., M.G. u. seine Verdienste um die Thomasforschung (Divus Thomas 27, 1949, 124-153) - Autobiogr. Notizen u. Bibliogr. in Mittelalt. Geistesleben III, 1956, 1-35. *Ernst Wolf*

Grabow, *Matthäus,* Dominikaner im Wismarer Konvent, in Groningen als Lektor der Theologie, als päpstlicher Inquisitor um 1400 genannt, übergab seine nur in den conclusiones erhaltene Schrift gegen die → Brüder vom gemeinsamen Leben und gegen die → Beginen dem »Pastor in Daventria« zur Prüfung. Die dortigen Brüder verklagten daraufhin den Autor als Ketzer beim Utrechter Bischof, der G. scharf verurteilte. G. appellierte an den apostolischen Stuhl, kam 1417 nach Konstanz und erbat von Papst Martin V. eine Untersuchung. Die Reformtheologen → Peter von Ailli und Joh. → Gerson verwarfen 1418 G.s Grundthese: »Niemand kann verdienstlich, ja nicht einmal wahrhaftig die allgemeinen Räte des Gehorsams, der Armut und der Keuschheit erfüllen, wenn er außerhalb der wahren und anerkannten religiösen Orden verbleibt.« In Florenz zum Feuertode verurteilt (Mai 1419), blieb G. nach Widerruf in der Engelsburg mindestens bis Mai 1421 in Haft. Unter Berufung auf Thomas von Aquino war für G. der Verzicht auf alles Eigentum in der Welt (außerhalb der Orden) Sünde und Mord. Späterhin hat sich G.s Stellungnahme in Behandlung der Brüder- und Laien-Bewegung praktisch doch durchgesetzt.

RGG² II, 1418 (Lit.) - ST.WACHTER, M.G., ein Gegner der Brüder vom gemeinsamen Leben (Sankt Gabrieler Studien 8, Wien-Mödling 1939, 289-379; Lit.; mit neuen Dokumenten, im Urteil nicht kritisch genug). *E.Barnikol*

Grade, *theologische.* Entsprechend der Struktur der mittelalterlichen → Universität waren die akademischen G. zunächst immer mit der Funktion des Lehrens an der hohen Schule verbunden und wurden von der → Ordination zum geistlichen Amt ausdrücklich unterschieden (Joh. → Gerhard, Loci theol., lib. XII, sect. 11: De gradu doctoratus). Der Doktor, zuerst in Italien (Bologna, 12.Jh.), und der Magister, zuerst in Paris gebräuchlich, waren ursprünglich gleichgestellt (vgl. noch Tridentinum Sess. 22-24), doch tritt schon bald eine Differenzierung ein: Baccalaureus, Magister, Doktor. Der *Baccalaureus* (Etymologie ungeklärt, vielleicht von franz. bachelier = bas chevalier, oder keltisch bachan = junger Mann; sicher falsch ist die Ableitung von bacca und laurus) als niederster Grad war Voraussetzung für den Erwerb der höheren. Man unterschied den Baccalaureus biblicus, der in die Bibel einzuführen hatte, und den Baccalaureus formatus oder sententiarius, der die Sentenzen des Magisters (→ Petrus Lombardus) vorlesen durfte. Er verschwindet vom 18.Jh. ab in Deutschland, nur Leipzig hat ihn noch bis 1919 beibehalten (Baccalaureus iuris = jurist. Doktorand), während er in Frankreich als bachelier-ès-arts und bachelier-ès-lettres und in den angelsächsischen Ländern als bachelor noch besteht. In Rußland, den baltischen Ländern und Schweden trat der Candidatus an die Stelle des Baccalaureus. - Der *Magister*titel bleibt ausschließlich Sache der artistischen Fakultät und geht seit dem Humanismus im Doctor philosophiae auf; er verschwindet seit dem 18.Jh. in Deutschland ganz, in den baltischen, nordischen und angelsächsischen Ländern blieb er erhalten; nur in Schweden wurde er durch den Lizentiaten ersetzt. - Der *Lizentiat* war ursprünglich kein besonderer Grad, sondern bezeichnete das Zwischenstadium der licentia assumendi insignia doctoralia, wobei sich manche zur Einsparung der nicht unerheblichen Promotionskosten mit der Lizenz begnügten. In Straßburg taucht im 17.Jh. zum ersten Mal die Licentiatura als besonderer Grad auf. Er hielt sich als theol. Grad in Deutschland bis 1944, um von da ab durch den Dr. theol. ersetzt zu werden, nachdem seit 1922 Heidelberg, Tübingen und Jena in dieser Praxis schon vorangegangen waren. Ursprünglich war mit der Verleihung der Doktorwürde die facultas hic et ubique docendi verbunden, jedoch sank dieser Grad bald zu einem bloßen Ehrentitel herab, der oft sogar durch Geld zu erwerben war. Seit dem 18.Jh. wurde die theol. Doktorwürde, die nicht käuflich war, fast nur noch ehrenhalber verliehen, und die Qualifikation zum Lehramt mußte durch eine besondere Habilitation nachgewiesen werden. Bei Ehrendoktorverleihungen verschlingt heute grundsätzlich der D. theol. den rite erworbenen Dr. theol. Die Titel Lic. theol. habil. und Dr. theol. habil. können im Bereich der BRD nur dann geführt werden, wenn sie in den Jahren 1934-1945 ordnungsgemäß erworben wurden. Der Lic. theol. kann auf Antrag von der Fakultät, bei der er erworben wurde, in den Dr. theol. umgewandelt werden, wobei für die verlorengegangenen Ostuniversitäten Königsberg und Breslau Göttingen und Kiel zuständig sind. Der Lic. theol. wird in Deutschland nur noch von der kath.-theol. Fakultät Mainz und der freien theol. Fakultät Trier sowie an den päpstlichen Hochschulen verliehen.

Das Abgehen von der Mehrstufigkeit der akademischen G. hat weithin zu einer Entwertung des deutschen Doktorgrades geführt. Hiervon machte die theol. Fakultät eine rühmliche Ausnahme, vor allem auch durch die Beibehaltung des Lic. theol. neben dem äußerst selten rite zu erwerbenden Dr. theol. 1885-90 betrug zB in Berlin die Gesamtzahl der theol. Dissertationen 48, der juristischen 317, der philosophischen 4132, der medizinischen 4585! - Neuerdings, dh nachdem sich der Dr. theol. generell durchgesetzt hatte, wurde erwogen, die Mehrstufigkeit erneut einzuführen, um das wissenschaftliche Niveau zu halten und die Massenproduktion von theol. Doktoren zu vermeiden (so W. → Elert: D. theol. et D. in sacris scripturis). - Der in Marburg 1950-54 verliehene Dr. der Religionswissenschaften (Dr. sc. rel.)

sollte auch von Promovenden, die keiner christlichen Konfession angehörten, erworben werden können, wurde aber seither auf Grund des Einspruchs des Deutschen Fakultätentages nicht mehr verliehen. - Vgl. → Abbreviaturen, 2b.

Neuere Monographie fehlt. - J.C.Itter, Diatriba de gradibus academicis, 1679 - Ders., De honoribus sive gradibus academicis liber, (1685) 1698² (grundlegend) - W.Erman u. E.Horn, Bibliogr. d. dt. Universitäten I, 1904, 252-286: Die akadem. G. - RE XX, 272ff - O.Schröder, D. Erteilung d. theol. G. (Lic. theol. u. Dr. theol.) an d. Universitäten Deutschlands, 1908 - H.Steinlein, Luthers Doktorat (NKZ 23, 1912, 757-843) - J.Jastrow, Promotionen u. Prüfungen (Das akad. Deutschland III, 1930, 219-244) - W.Weber, Gutachten über die Umwandlung d. Lizentiatengrades in den theol. Doktorgrad (ZevKR 2, 1952/53, 365-374). *H.-H.Schrey*

Graduale

1. In der kath. Kirche – 2. In der ev. Kirche

1. G., benannt nach den Stufen (gradus) des Ambo, die der Kantor zu seinem Vortrag hinaufstieg, ist als Gesangsart in der *kath. Kirche* ein vom Kantor und der Schola nach den Lesungen aus der Schrift gesungener Wechselgesang (→ Responsorium). Ursprünglich entsprachen den 3 Lesungen der → Messe (aus dem AT, den Episteln und dem Evangelium) 3 Responsorien. Heute werden in der Regel zwischen Epistel und Evangelium G. und → Halleluja gesungen oder in der → Fastenzeit G. und → Tractus oder in der Osterzeit 2 Halleluja. Der Vortrag vollzog sich ursprünglich so, daß der → Kantor erst das Responsum (R = Antwortvers) sang, den der → Chor wiederholte, und dann einen Versus (V = Solovers), dem wieder der Antwortvers des Chores folgte. Heute stimmt der Solist das Responsum an, läßt den Chor es vollenden und singt den größten Teil des Versus, den dann wieder der Chor vollendet. Textlich handelt es sich fast ausschließlich um Psalmverse; daher der Name Psalmellus für die Gradualien des → ambrosianischen Gesanges. Noch stärker als bei den Responsorien des → Stundengebetes entfaltet sich im G. die Gesangskunst der Schola und des Solisten; doch wird sie gebändigt durch die Herrschaft der Formeln, die wohl synagogalen Ursprunges ist, und den schlichten, vor allem auf dem Tone F psalmodierenden Kern der Gesänge. - Vgl. → Liturgik: III.

P.Wagner, Einführung in die gregor. Melodien I-III, (1895) 1911-21³ - MGG IV, 632ff - G.Simon, Die Gradualien der neuen Agenden (ZdZ 11, 1957, 47-50). *E.Jammers*

2. Das römische G. (s. 1) fand in den *ev.* Gottesdienstordnungen der Reformation keine Aufnahme, wenn es auch Luther in der »Formula Missae« (1523) beibehielt und Th. → Müntzer im Erfurter »Deutschen Kirchenamt« 1524 den Versuch einer deutschen Bearbeitung machte. An Stelle des G. trat seit Luthers »Deutscher Messe« (1526) ein Gemeindelied. Die liturgische Form des 19.Jh.s machte zT den vergeblichen Versuch (zB Mecklenburger Cantionale 1869), das G. im vorreformatorischen Stil (freilich in deutscher Sprache) wieder einzuführen. Auch in der liturgischen Erneuerungsbewegung der Gegenwart hat man sich um die Wiederherstellung des ehemaligen G. für den liturgischen Chor bemüht, wiederum ohne Erfolg; es gelang nicht, es in den neuen → Agenden der ev. Kirchen wieder einzuführen. Nur in der Messe der → Kirchlichen Arbeit von Alpirsbach wird das traditionelle G. in deutscher Gregorianik gesungen. Zum Graduallied vgl. → Gottesdienst: VI.

P.Graff, Gesch. der Auflösung der alten gottesdienstl. Formen in d. ev. Kirche Deutschlands I, (1921) 1937², 146ff; II, 1939, 109ff - Rietschel-Graff, Reg. - Leiturgia II, 70f. *J.Beckmann*

Gräter, *Kaspar* (um 1501-57), * in Gundelsheim a. N., studierte in Heidelberg, war Hauslehrer bei Dietrich von Gemmingen und kam 1527 auf Empfehlung von → Brenz als Schulmeister nach Heilbronn a. N. Dort trat er an → Lachmanns Seite in den Reformationskampf ein und schrieb einen Katechismus. 1534 wurde er Pfarrer in Herrenberg, 1537/38 in Cannstatt und, bei Gemeinden und Amtsbrüdern rasch zu Ansehen gelangt, 1541 Hofprediger bei Herzog Ulrich. Als einer der führenden Theologen des Landes genoß er auch Herzog Christophs Vertrauen und war an allen kirchlichen Entscheidungen seiner Zeit beteiligt (Einführung der Visitation 1544; Confessio Virtembergica 1551).

RE VII, 58ff; XXIII, 588 - M.v.Rauch, Heilbronner Urkundenbuch IV, 1922 - Blätter f. württ. KG NF 1905, 3. *H.Fausel*

Graf, *Karl Heinrich* (1815-69), * in Mülhausen/Elsaß, † in Meißen, 1839-43 Hauslehrer in Paris, 1847-68 in Meißen Lehrer für Hebräisch und Französisch, seit 1852 mit Prof.-Titel. Als der »geistverwandteste« Schüler von E. → Reuß wies er, dessen Vorlesung von 1834 aufnehmend, nach, daß die bis dahin sog. »Grundschrift«, heute → »Priesterschrift« (P) genannt, die jüngste Quellenschrift des → Pentateuchs ist. Dabei setzte er in dem epochemachenden Werk »Die geschichtlichen Bücher des AT« (1866) zunächst nur die gesetzlichen Teile von P, dann aber, nach Hinweisen von A. → Kuenen, in dem Aufsatz »Die s.g. Grundschrift des Pentateuchs« (Archiv f. wiss. Erforschung des AT 1, 1869, 466-477) auch die erzählenden Teile in die nachdeuteronomische Zeit an.

Vf. außerdem neben Arbeiten zur persischen Lit. u.a.: Rich.Simon (Beitr. z. d. theol. Wiss. Straßburg 1. H., 1847, 158-242); Der Segen Moses (Dtn 33), 1857; Der Prophet Jeremia erkl., 1862. - E.Reuß' Briefwechsel mit ... K.H.G., hg.v. K.Budde u. H.J.Holtzmann, 1904. - Über G.: RE XXIII, 588ff - H.-J.Kraus, Gesch. der hist.-krit. Erforsch. des AT, 1956, 222ff u.ö. - Außerdem die Einl.en in das AT. *E.Kutsch*

Graham, *William Franklin* (genannt *Billy*), * 7.11. 1918 in Nordkarolina, baptistischer Erweckungsprediger von großer Wirkungskraft, redet »in einem Jahr zu etwa 2 Mill. Menschen und erreicht weitere zahlreichere Millionen durch Rundfunk und Fernsehen«. Er spricht besonders die religiös gleichgültigen und unkirchlichen Massen an, wie seine über Monate hin sich erstreckenden »Evangelisationsfeldzüge« in New York, London, Boston und Los Angeles, in Deutschland und Korea seit 1945 bewiesen haben. Die Verkündigung ist schlicht und einfach. Im Mittelpunkt steht die Botschaft von der göttlichen Liebe, die sich in Jesus Christus allen Menschen als rettendes Heil anbietet. Auf sofortige Auslieferung des Lebens an den göttlichen Willen in der Stunde der Berufung wird stürmisch gedrängt. G. ist für unbedingte Zusammenarbeit mit den Kirchen und Freikirchen, in deren Bereich er spricht. Er legt den größten Wert auf sorgfältige Vor- und Nacharbeit durch die Schaffung eines Teams von unterstützenden Hilfskräften zur Beratung und Seelsorge an den Neubekehrten. Bei der anziehenden Erscheinung des jungen vitalen Predigers sind Verwechslungen von geistgewirktem Wort und seelischer Sympathie nicht selten.

Vf.: America's hour of decision, Wheaton (Ill.) 1951; Peace with God, New York 1953 (dt. 1954); Secret of happiness, New York 1955 (dt. 1956); Seven deadly sins, Grand Rapids (Mich.) 1956. - Über G.: C.T.Cook, The B.G. story, Wheaton (Ill.) 1954; dt.: Das ist B.G., 1954 - W.Brauer, B.G. Ein Evangelist der neuen Welt, (1954) 1956³ - P.Deitenbeck, Eine Weltstadt horcht auf. Begegnung mit B.G., 1954 - A.Stucki, B.G. u. Charles Fuller, Amerikas große Evangelisten, 1955 - S.High, B.G., the personal story, message and mission, London 1957 - C.Mitchell, God in the Garden, New York 1957. *A.Köberle*

Gralsbewegung. Während des 1. Weltkrieges befaßte sich der am 18.4.1875 in Bischofswerda geborene Kaufmann und Schriftsteller *Oskar Ernst Bernhardt* mit philosophischen und religiösen Fragen und trat darauf mit seiner »Gralsbotschaft« an die Öffentlichkeit. Nach ihr ist der Kosmos eine Emanation des »Göttlich-Wesenlosen«, ein von Stufe zu Stufe sich verdichtendes Gewebe von »Strahlungen«, auf den verschiedenen Ebenen mit zahlreichen mythischen Figuren bevölkert. Dazu gehört u.a. die Gralsburg am Rand der göttlichen Sphäre; aus der Schale des Heiligen Grals ergießt sich alljährlich einmal die Liebe des Schöpfers als Zufuhr neuen Lebens durch das ganze Weltall. Anthropologie und Christologie der G. zeigen starke Verwandtschaft mit derjenigen der → Anthroposophie. Die Gottheit sandte den »Menschensohn« Immanuel in der Gestalt Abd-ru-shins, um der Welt die Gralsbotschaft zu bringen und in der jetzt herbeigekommenen Endzeit als Gerichtsherr zu walten. Dieser Abd-ru-shin ist Bernhardt selbst. 1928 begann er auf dem Vomperberg bei Schwaz (Tirol) eine Siedlung zu errichten und ließ sich als »Immanuel« verehren. Nach der nationalsozialistischen Besetzung Österreichs wurde er am 12.3.1938 verhaftet und starb am 6.12.1941; die Gralssiedlung wurde in eine Gauschulungsburg umgewandelt. Nach 1945 wurde sie wieder Sitz der Gralsverwaltung. Die 4-5000 Anhänger (hauptsächlich in der Schweiz und in Deutschland) sammeln sich zu Andachten in eigenen »Lichtstätten« und zur Versiegelung (Bundesschluß mit Abd-ru-shin) auf dem Vomperberg; das Ende des Gründers wird als Passion gedeutet. Die »Gralsbotschaft« hat kanonischen Rang und wird über die Bibel gestellt. In naher Zukunft erwartet man das durch Abd-ru-shin ausgelöste Endgericht.

Lit. (alles in Vomperberg): ABD-RU-SHIN, Im Lichte der Wahrheit, Gralsbotschaft, (1931) 1949² - DERS., Fragenbeantwortungen 1924 bis 1937, 1953 - DERS., Die 10 Gebote Gottes u. das Vaterunser, o.J. - DERS., Nachklänge zur Gralsbotschaft, o.J. - D.SWAROVSKI, Warum so viel Aufhebens um die Gralsbotschaft Abd-ru-shins u. um die Grals-Siedlung Vomperberg?, 1955 - DERS., Nachtrag dazu, 1955. - Zeitschr.: Gralsblätter, 1924ff - Gralswelt, seit 1947. - Kritisch: HUTTEN 535ff. *K.Hutten*

Gralsdichtung → Wolfram von Eschenbach.

Gramann *(Poliander), Johann* (1486-1541), * in Neustadt a. d. Aisch (Unterfranken), Lehrer, Rektor an der Thomasschule zu Leipzig, war 1519 → Ecks Sekretär bei der Disputation mit Luther und von diesem so stark beeindruckt, daß er »von dem Fechtmeister Eck zu dem Gewissensstreiter Luther überging«, das Rektorat der Thomasschule aufgab und zum Studium nach Wittenberg zog. Nach kurzer Tätigkeit in Würzburg und Nürnberg (1523/25) wurde er 1525 von Luther (G.s Sammlung von Lutherpredigten aus der Zeit 1519/21 s. WA 9, 314ff) an Herzog → Albrecht von Preußen empfohlen. Als Pfarrer in Königsberg an der Altstädter Kirche war er mit der Organisation des Schulwesens beauftragt, bekämpfte erfolgreich die in Preußen (→ Ostpreußen) stark verbreiteten Wiedertäufer, Anhänger → Schwenckfelds u.a. und blieb 1531 bei dem entscheidenden Religionsgespräch in Rastenburg siegreich. So stand G. seinem Landsmann → Speratus bei dessen Reformationswerk zur Seite, förderte Kirchenordnung und Gesangbuch (1527) und dichtete auf Herzog Albrechts Bitte den 103. Psalm zu einem deutschen Choral (EKG 188), wozu der Augsburger Landsmann Hans Kugelmann die große Weise schuf.

KOCH I, 355ff - KÜMMERLE I, 505f - P.TSCHACKERT, Urkundenbuch zur Reformationsgesch. des Herzogtums Preußen I, 1890, 123f; II, 1890, Reg. - TH.KOLDE, P.Speratus u. J.P. als Domprediger in Würzburg (BBKG 6, 1900, 49-75) - RE XV, 525ff - F.SPITTA, Zur Lebensgesch. J.P.s (ZKG 29, 1908, 389-395) - CHR.KROLLMANN, Neues von J.P. (Mitt. d. Vereins für die Gesch. von Ost- u. Westpreußen 1, 1926, 20-32) - RGG² IV, 1320 - O.CLEMEN, Aus Briefen P.s (ZKG NF 12, 1930, 175-178) - P.GENNRICH, Die ostpreuß. Kirchenliederdichter, 1938 - Hdb. z. EKG II/1 (Lebensbilder), 1957, 46f. *W.Lueken*

Grammontenser, von Stephan von Thiers († 1124) gegründete Benediktinerkongregation. Dieser lebte eine Zeitlang als Mönch in Kalabrien, wo er mit dem griechischen Mönchtum in Berührung kam. Nach Frankreich zurückgekehrt, ließ er sich 1073 in der Einöde von Muret bei Grammont (Grandmont, Diöz. Limoges) nieder. Für seine Gründung bildete die → Benediktinerregel nur die Grundlage, zu der er Statuten fügte, die ein Leben der Einsamkeit, der Buße und Armut forderten. Seine Mönche hießen die »pauvres frères« oder auch »bons hommes«. Jeder Mönch lebte in einer Klause, nur zum Gotteslob kam man zusammen. Die Kongregation breitete sich rasch in Frankreich aus, hatte auch einige Niederlassungen in England, zur Zeit ihrer höchsten Blüte zählte sie 142 Häuser. Papst Hadrian IV. bestätigte die Statuten, Johann XXII. führte 1317 eine Milderung der Lebensweise durch. Der Orden ging in der franz. Revolution unter.

Vita Stephans: MPL 204, 996ff (wenig ergiebig). - Regel bei E. MARTÈNE, De antiq. eccles. ritibus IV, Venedig 1733, 306ff. - A.LECLERC, Histoire de l'abbaye Gr. (Bull. de la soc. arch. et hist. de Limousin 57-60, 1907-10) - HEIMBUCHER I, 326f - A.ZIMMERMANN, Kalendarium Benedictinum I, 1933, 188 - J.BECQUET, Les institutions de l'ordre de Gr. (Revue Mabillon 42, 1952, 31-42) - DERS., Les premiers écrivains de l'ordre de Gr. (ebd 43, 1953, 121-137) - PH. SCHMITZ, Gesch. des Benediktinerordens III, Einsiedeln 1955, 29f. *St.Hilpisch*

Gran (ung. Esztergom; lat. Strigonium), *Erzbistum* in → Ungarn, von König Stefan I. 1001 gegründet, umfaßte anfangs fast das ganze Land, später nur 8 Komitate. Seit 1776 bildete die Diözese G. mit 8 lateinischen (Besztercebánya/Neusohl, Györ/Raab, Nyitra/Neutra, Pécs/Fünfkirchen, Székesfehérvár/Stuhlweißenburg, Szombathely/Steinamanger, Vác/Waitzen, Veszprém) und 3 unierten griech.-kath. (Eperjes, Munkács, Hajdudorog, neugegründet 1912) Suffraganbistümern eine Kirchenprovinz. Seit 1920 gehört der größte Teil des Erzbistums zur → Tschechoslowakei und umfaßt nur noch 5 (früher: 8) Archidiakonate, 13 (früher: 47) Vize-Archidiakonate, 394 Kirchen, 167 Pfarreien, 520 Diözesanpriester, 671 Ordenspriester, 9 Neupriester, 453 Mönche, 2451 Nonnen in 191 Niederlassungen bei einer Gesamtbevölkerung von 1 236 392, davon 818 773 röm.-kath. Der Erzbischof von G. ist der Fürstprimas Ungarns. Der derzeitige, Josef → Mindszenty, wurde 1949 zu lebenslänglichem Gefängnis verurteilt, während der ung. Revolution 1956 kurz befreit und hält sich seit der russischen Intervention in der amerikanischen Botschaft in Budapest auf. Das kirchliche Hauptamt wird zZ durch den Erzbischof von Kalocsa versehen.

AnnPont 1958, 230. *A.Szekeres*

Granada, spanisches Erzbistum mit den Suffraganen Almería, Cartagena, Guadix, Jaén und Málaga, Nachfolgerin des Bistums Illiberris (Elvira), das von dem Apostelschüler Caecilius gegründet sein soll. Unter der islamischen Herrschaft (seit 711) war das Bistum suspendiert und wurde nach der Eroberung durch die Kath. Könige (1492; → Spanien) in G. wiederhergestellt und 1493 zum Erzbistum erhoben.

F.BERMÚDEZ DE PEDRAZA, Historia eclesiástica de G., G. 1638 - M.LAFUENTE ALCÁNTARA, Historia de G., 4 Bde, G. 1843-46 - P.B. GAMS, KG Spaniens, 5 Bde, (1862-79) 1956² - E.FLÓREZ, España Sagrada XII, Madrid 1904 - F.FERNÁNDEZ, Fr.Hernando de Talavera, Madrid 1942 - AnnPont 1957, 260. *R.Konetzke*

Granderath, *Theodor* (1839-1902), SJ, * Giesenkirchen/Rhld., † Valkenburg (Holland). 1860 Eintritt in den Jesuitenorden, 1876-87 Prof. im Orden in Ditton Hall (England), 1887-93 in Exaeten (Holland), wo er an der Collectio Lacensis mitarbeitete, deren Schlußband er herausgab. G. war 1893-98 in Rom mit Studien zu seiner »Geschichte des Vatikanischen Konzils« befaßt. Freilich wurde dies »unter den Auspizien der Kurie« (gegen J. → Friedrich) geschriebene Werk trotz Mitteilung neuer Einzelfakten keine Darstellung des → Vatikanums im Sinne einer objektiven, kritischen Geschichtsschreibung, sondern blieb durch willkürliche Zeichnung und einseitige Urteile im Bereich parteiischer Apologetik.

Vf. u.a.: Zahlreiche Artikel in StML u. ZKTh; Acta et decreta sacri oecumenici concilii Vaticani (Coll. Lac. VIII), ed. 1890; Constitutiones dogm. SS. oecumen. Conc. Vaticani ex ipsis eius actis explicatae atque illustratae, 1892; Gesch. d. Vatikan. Konzils I. II, 1903; III hg.v. K.Kirch, 1906 (franz. Ausg.: Brüssel 1907-10) (dazu: C.Mirbt, Geschichtsschreibung d. Vatikan. Konzils [HZ 101, 1908, 529-600]). - Über G.: DThC VI, 1693f - EC VI, 997f. *G.Maron*

Grangien (von granum, Korn) sind zunächst Scheunen, dann Wirtschaftshöfe der → Zisterzienser. In der Umgebung der Klöster lagen die diesen meist geschenkten Ländereien, Weiden, Flüsse, Wälder, die von den G. aus bewirtschaftet wurden. Die G. gelten als klösterliche Niederlassungen im weiteren Sinne. Sie haben an den Schutz- und Freiheitsbriefen Anteil. Auf den G. lebten meist mehrere Laienbrüder, an ihrer Spitze der Meister, der unter dem Zellerar stand. Die Brüder waren an die klösterliche Disziplin gebunden; Frauen durften daselbst nicht übernachten. Die G. waren Musterbetriebe und förderten die Kultivierung des Landes. Seit dem 13.Jh., dem Niedergang des G.-Systems, wurden die G. von weltlichen Angestellten verwaltet oder auch verpachtet. Zur Verrichtung der Gottesdienste hatten sie Oratorien mit Friedhöfen, unbeschadet der Rechte des Bischofs und des Pfarrers. Die den → Ritterorden, → Prämonstratensern und → Jesuiten hierzu gewährten Privilegien wirkten sich auch für andere Orden günstig aus. Das Recht zur Errichtung solcher Oratorien bestätigt CIC c. 1192 § 1.

M.Tangl, Die päpstl. Kanzleiordnungen von 1200-1500, 1894, 245ff - T.Schäfer, De Religiosis, (1927) 1947[4], n. 168. 371 - RGG[2] II, 1423 - H.Svoboda, D. Klosterwirtschaft der Zisterzienser in Ostdeutschland, 1930 - DDC V, 897ff. *Ph.Hofmeister*

Granvelle, 1. *Antoine Perrenot de,* * 26.8.1517 in Besançon, † 21.9.1586 in Madrid, Sohn von 2. G. wurde bereits mit 21 Jahren Bischof von Arras; seine Wirksamkeit lag jedoch zeitlebens bes. auf politischem Gebiet. Den in langjähriger Zusammenarbeit mit seinem Vater erworbenen Erfahrungen verdankte er nach dessen Tod die Amtsnachfolge. 1559 setzte Philipp II. G. als ersten Berater der Statthalterin in den → Niederlanden, Margarete von Parma, ein. Die Neueinteilung der niederländischen Bistümer, bei der G. 1561 zum Erzbischof von Mecheln und Kardinal ernannt wurde, ging zwar nicht auf seine Initiative zurück, doch legte die Opposition (Wilhelm von Oranien, Egmont u.a.) vor allem ihm die als Verletzung alter Rechte betrachteten Veränderungen zur Last. 1564 rief Philipp II. G. aus Brüssel ab. Eine bedeutende politische Rolle spielte G. dann als Vizekönig von Neapel (1571-75) sowie seit 1579 im Zusammenhang mit der Erwerbung → Portugals.

M.van Durme, Antoon Perrenot (Verhandelingen van de Koninkl. Vlaamse Academie voor Wetenschapen ... van Belgïe, Klasse der Letteren 15, Nr. 18), Brüssel 1953 (Lit.).

2. *Nicolas Perrenot de,* * 1484 in Ornans (Franche-Comté), † 27.8.1550 in Augsburg. Zunächst als Jurist tätig (1518 Parlamentsrat in Dôle), bewährte sich G. in den 20er Jahren mehrmals als Diplomat im Dienst der Habsburger. → Karl V. bestellte ihn nach Gattinaras Tod (1530) zum Kanzler mit einem Geschäftsbereich, der alle Angelegenheiten außer denen Spaniens und Italiens umfaßte, und behielt ihn fortan auch auf Reisen und Feldzügen nahezu ständig bei sich. Ziele und Methoden der Politik G.s und des Kaisers stimmten weitgehend überein; vor dem Schmalkaldischen Krieg (→ Deutschland: I, 2a) hielt der Minister länger als sein Herr die friedliche Wiederherstellung der Kircheneinheit für möglich.

M.van Durme, A propos du quatrième centenaire de la mort de N.P. de G. (Bibliothèque d'Humanisme et Renaissance 13, 1951, 270-294; Lit.). *E.Hassinger*

Grapheus, *Cornelius,* oder De Schrijver, Scribonius (1482-1558), * Aalst in Flandern. Humanist, Dichter, Stadtsekretär von Antwerpen, einer der frühesten Anhänger Luthers in den Niederlanden. G. gab 1520-21 die Schriften des Joh. → Pupper von Goch heraus und zeigte sich in der Vorrede als überzeugten Lutherfreund. Die Inquisition zwang ihn 1522 in Brüssel zum Widerruf. Sein weiteres Leben verbrachte G., zT dazu gezwungen, hauptsächlich in Antwerpen. Als Dichter war er mittelmäßig, aber produktiv.

Biogr. nat. de Belgique V, 1876, 721ff - S.Cramer-F.Pijper, Bibl. Ref. Neerl. VI, 1910, 4ff. 256ff. 345ff. 593ff - J.Lindeboom, Het Bijbelsch Humanisme in Nederland, 1913, 200ff. *J.N.Bakhuizen van den Brink*

Graphik, *religiöse*

1. Wesen und Bedeutung - 2. Geschichtliche Entwicklung. - Vgl. auch → Armenbibel, → Bibelillustration: I. II

1. Unter G., genauer Druck-G., versteht man im allgemeinen den manuellen künstlerischen Bilddruck, der sich bes. der Techniken des Holzschnitts, des Kupferstichs, der Radierung und des Steindrucks (Lithographie) bedient (die seit dem 19.Jh. entwickelten Verfahren der Bildreproduktion auf photomechanischer Grundlage sind nicht mehr der G. im eigentlichen Sinne zuzurechnen). - Als Vermittlerin geistlichen Bildgutes im weitesten Sinne hat die G. unter den Formen religiöser Kunstübung außerordentliche Bedeutung erlangt. → Andachtsbild, Schmuckbild, Lehrbild, → Heiligenbild, Erinnerungs- und Wallfahrtsbild, geistlicher Bilderbogen, historisches Ereignisbild, Kampf- und Propagandabild, Flugblatt, Thesenblatt, Porträt bezeichnen nur einige der vielseitigen Anwendungsmöglichkeiten, die bis in die Bereiche des Magischen, von Aberglauben und Volksmedizin (zB sog. Schluckbildchen) führen. Darauf beruht die unabsehbare Breite graphischer Produktion von den Anfängen am Ende des 14.Jh.s bis in die Gegenwart. Auch in Zeiten und Gegenden, in denen die Produktionskraft vorübergehend zurücktritt, bleiben stets gewisse illustrative Aufgaben und das Bedürfnis nach einer Art religiöser »Gebrauchskunst« bestehen. Darum umfaßt die r.G. sowohl Werke höchster Kunst (→ Dürer, → Rembrandt) wie das dürftigste Plagiat, das - ohne jeden künstlerischen Wert und Anspruch - doch noch inhaltlich-gegenständliche Bedeutung haben kann. Ihrem Wesen und Ursprung nach ist die G. Mitteilung, Lehre durch das Bild, nicht anders als die Wand- und Tafelmalereien des MA (→ Malerei: II), doch ist sie im Gegensatz zu diesen für den privaten Besitz und Gebrauch bestimmt. Indessen gewinnt sie durch ihre leichte und billige Verbreitbarkeit eine fast unbeschränkte psychologische und erzieherische Breitenwirkung, die häufig weit über ihre rein künstlerische Bedeutung hinausgeht und nach Umfang und Tiefe kaum überschätzt werden kann. In Zeiten religiöser und religionspolitischer Auseinander-

setzungen wird sie deshalb auch zu einem wirkungsvollen Propagandamittel.

Wie alle G. ist auch die religiöse teils reproduzierend, teils selbständig erfindend; dh es werden entweder die in der »großen« Kunst geschaffenen Bildtypen, kompositionellen und ikonographischen Formen (bzw. verehrte Bilder) durch den Bilddruck mit größerer oder geringerer Treue vervielfältigt, oder aber es werden neue Bilder speziell als Kupferstich und Holzschnitt für den Druck geschaffen. Vor allem im 16. und 17.Jh. haben die bewunderten Kompositionen der führenden Meister auf dem Wege über den Kupferstich weiteste Verbreitung gefunden (→ Raffael, → Tizian, → Rubens), ebenso wie die graphischen Blätter originaler Erfindung (zB Mantegna, Dürer, Rembrandt) sowohl im Inhaltlichen wie im Formalen vorbildlich gewirkt haben. Wichtig ist dabei, daß in allen Fällen der Reproduktion die Qualität für die Vermittlung des Inhaltlichen nicht von unmittelbarer Bedeutung ist; auch ein künstlerisch wertloses Andachtsbild erfüllt seine Aufgabe als religiöse Aussage. Die großen Bildgedanken werden in eine bescheidene Scheidemünze umgewandelt. - Für die Masse der r.n G. sind im allgemeinen die von geistlichen Autoritäten gutgeheißenen ikonographischen Typen bestimmend, aber die Herstellung der Bilder in kleinen Werkstätten oder in dilettantischer privater Form gibt auch ganz persönlichen Erfindungen, Deutungen (und Mißdeutungen) Raum, die sich der kirchlichen Kontrolle entziehen. Bes. die G. des 19. und 20.Jh.s ist in ihrer Zeitgebundenheit weitgehend Ausdruck eines aus den bis in das 18.Jh. wirkenden Traditionen entlassenen religiösen Subjektivismus. - Formal betrachtet entspricht die Entwicklung der r.n G. dem allgemeinen Stilwandel in der abendländischen Kunst und der entsprechenden wechselnden Anwendung und Auswertung der verschiedenen graphischen Techniken. Der Anteil der einzelnen europäischen Länder ist zeitlich und örtlich verschieden stark; Deutschland und die Niederlande haben wohl den größten Beitrag geleistet.

Die übliche Erscheinungsform der G. ist zunächst das Einzelblatt; daher die Bezeichnung Einblattholzschnitt im Gegensatz zur Buchillustration. Frühzeitig setzt aber im Anschluß an gewisse Typen der Handschriftenillustration die Neigung ein, verschiedene inhaltlich zusammengehörige Darstellungen in der Art von Bilderbogen oder als selbständige Bildfolgen zusammenzufassen. Dabei ist das Bild als solches dominierend, wenn auch kurze Titel oder Texte im Bilde oder außerhalb des Bildes erläuternd und verbindend hinzutreten können. Das geschieht bes. dort, wo sich mit der Bilddarstellung eine moralische, didaktische oder auch propagandistische Tendenz verbindet. Die »Totentänze« sind eines der wichtigsten Beispiele dieser Art. In gehefteter oder gebundener Form steht die graphische Bildfolge dem Buche nahe. Dürer hat seine großen Holzschnittfolgen (»Apokalypse«, 1498; »Große Passion« und »Marienleben«, 1510) als die »Bücher« bezeichnet. Auch → Holbeins »Totentanz« und seine »Icones biblicae« sind mit kurzen Untertexten in Buchform erschienen. Späterhin gehören hieher zB auch die Bilderbibeln des 17. und 18.Jh.s, die sich auf reine Bildzusammenstellungen mit abgekürzten Texten oder nur mit Zitierung der Schriftstellen beschränken.

2. In der *geschichtlichen Entwicklung* stehen am Anfang der Einblattholzschnitt und der Kupferstich des *15.Jh.s*, deren große Masse dem religiösen Bereich angehört (unter den von W.L.Schreiber verzeichneten Einblattholzschnitten des 15.Jh.s sind ca 2000 religiöser bzw. geistlich-didaktischer, ca 200 profaner Art, eine Feststellung, die trotz aller unabschätzbaren Verluste im wesentlichen dem ursprünglichen Verhältnis entsprechen dürfte). Inhaltlich umfassen diese Blätter fast den ganzen Gedankenkreis des spätmittelalterlichen geistlichen Lebens, teils in erzählender, teils in symbolhaft abkürzender, sich der Betrachtung darbietender Form (zB das → Herz Jesu in Verbindung mit den fünf Wundmalen Christi); kurze Anrufungen oder Gebetstexte können zum Bild hinzutreten.

Wichtig ist, daß vor allem in Deutschland und den Niederlanden die großen Meister der ersten Hälfte des *16.Jh.s* (→ Malerei: III) fast ausnahmslos an der überaus reichen graphischen Produktion Anteil haben und ihr dadurch ein hohes künstlerisches Niveau sichern, soweit, daß für eine ästhetische Betrachtung die künstlerische Leistung häufig über die inhaltliche Bedeutung zu dominieren scheint. - Auch die Reformation ist sich der starken vom Bilde ausgehenden Wirkungen bewußt und stellt die G. in vielfacher Weise in ihren Dienst. Sie übernimmt einen Teil des vorreformatorischen Bildgutes, stellt aber auch die alten Themen neu aus ihrem neuen Verständnis von Schrift und Lehre. Eine eigene (noch nicht genügend gewürdigte) Ikonographie (→ Ikonologie) bahnt sich an. Sehr charakteristisch dafür sind ein als »Haustafel«, dh zum Anheften an die Wand bestimmter Holzschnitt von L. → Cranach mit acht Bildern zum Vater-Unser 1527 (Geisberg Nr. 613/14) und die ebenfalls bilderbogenartigen Radierungen von Daniel Hopfer mit Darstellungen zum Credo, zum Vater-Unser und zu einzelnen Texten des NT (vgl. dazu die eingehenden Untersuchungen von W.Wegner), - alle ausgezeichnet durch die gegenseitige Ergänzung von Bild und Wort. - Eine bedeutende Rolle fällt der G. in der Zeit der kämpferischen Auseinandersetzungen zwischen dem alten und dem neuen Glauben zu, sowohl in selbständigen Darstellungen wie in der bildlichen und dekorativen Ausstattung des Tagesschrifttums in Flugblättern und Traktaten. In einer gewissen Analogie zu den mittelalterlichen → Typologien in AT und NT entwirft Cranach d.Ä. die Holzschnitte der »Antithesis figurata vitae Christi et Antichristi« oder M.Gerung seine kritisch-aggressiven Bilder im Anschluß an die Apk. Zwischen künstlerische Leistungen mengt sich viel Augenblickswaren von geringer Qualität und großer Derbheit; nicht zufällig begegnen in diesem Zusammenhang die Anfänge einer obrigkeitlichen Zensur, um die Gefahr politischer Störungen zu vermeiden. Nach einer alle Kräfte in Anspruch nehmenden starken Produktivität folgt bald eine gewisse Ermüdung und Erstarrung, ein Rückgang der schöpferischen Kraft. - Um die Mitte des 16.Jh.s wird die G. (bes. in den Niederlanden und in Italien) einbezogen in ein mächtig aufstrebendes Verlagswesen, das den Vertrieb von Einzelblättern wie von Bildfolgen übernimmt; gleichzeitig verlagert sich das Schwergewicht von dem mehr volkstümlichen Holzschnitt zu dem zunehmend sich verfeinernden Kupferstich. Diese Entwicklung kommt nicht zuletzt den propagandistischen Kräften der → Gegenreformation zugute, die gegen Ende des Jh.s eine außerordentlich lebhafte graphische Tätigkeit entfalten. Diese ist charakteristischerweise ausgezeichnet einerseits durch eine deutliche Anknüpfung an Bildtraditionen des MA, andererseits durch eine starke Neigung zu Didaktik, Allegorie und Emblematik, wodurch der religiöse Gehalt nicht selten lehrhaft überwuchert wird. Das Prinzip der Bildfolgen wird immer weiter ausgebaut; so entstehen Heiligenzyklen für das ganze Kirchenjahr oder vollständig durchillustrierte Bilderbibeln. Beischriften, kurze Texte, Verssprüche bilden auch hier eine wesentliche, fast unentbehrliche Ergänzung didaktisch-erbaulicher Art. Der aus solcher Überladung folgenden Gefahr der Zersplitterung und Auflösung des Bildinhalts begegnet erst der Barock. Seine großartige Kraft formaler und inhaltlicher Zusammenfassung und Vereinheitlichung (Rubens!) bleibt maßgebend noch für die Weiterentwicklung im spielerischen Erfindungsreichtum der G. des 18.Jh.s.

Einsam und unvergleichlich - trotz ikonographischer Rückverbindungen und trotz einer breiten Schülerschaft und Nachwirkung - stehen Rembrandts Radierungen religiöser Themen in der Geschichte der G. des *17.Jh.s.* Einer ganz persönlichen Aneignung und Interpretation der Bibel des AT und NT gibt er in einer ebenso neuen Auswertung der graphischen Möglichkeiten in der Verbindung von Ätzung und kalter Nadel in Kompositionen von vollendeter Bildwirkung Ausdruck, »ein illustrierender Erzähler, ein interpretierender Dolmetsch, zum Schlusse ein Prediger des Selbsterlebten« (H.E.van Gelder). Immer und überall erscheint das persönliche Moment für die Ausdeutung des Bildgehalts letztlich wichtiger als Rembrandts Stellung zu den religiösen Gemeinschaften seiner Zeit, zu Calvinismus und Mennonitentum, die gewiß von großer Wichtigkeit, aber trotz vieler Untersuchungen noch nicht endgültig geklärt ist. Als wichtigster Träger des Transzendentalen erscheint in seinen Darstellungen das Licht, dem gerade in der reinen Schwarz-weiß-Wirkung der G. höchste Ausdrucksmöglichkeiten gegeben sind. Rein statistisch ist es aufschlußreich, daß rd ein Fünftel von Rembrandts fast 400 Radierungen religiösen Themen gewidmet sind, darunter berühmteste Blätter wie das sog. »Hundertguldenblatt« (Christus predigend und heilend, im Anschluß an Mt 19, B. 67, um 1648-50), das große »Ecce homo« von 1655 (B. 76) und »Die drei Kreuze« (B. 78, 1653). Über 600 Zeichnungen sind persönlichste Aussagen über einen ständigen Umgang mit der Welt der Bibel.

In der G. des *18.Jh.s* verbindet sich (bes. in Süddeutschland, Augsburg!) ein stark dekorativer Erfindungsreichtum mit lehrhaft-betrachtenden Zügen, die sich schließlich mit einer rationalistischen Aufklärungsethik verbinden können. Das kleine Andachtsbild findet noch weiteste Verbreitung, aber der frühere enge Zusammenhang mit der großen Kunst und ihren schöpferischen Kräften löst sich auf.

Ohne die Eingliederung in das Gemeinschafts-getragene und wieder Gemeinschafts-bildende einer lebendigen Tradition erscheint die r.G. des *19. und 20.Jh.s* im ganzen als die Bemühung Einzelner von stark subjektiver Prägung. In ehrlichem Empfinden für die Wirklichkeit der geistigen Situation wagen viele nicht die Auseinandersetzung mit den christlichen Themen, oder doch nur im Bewußtsein einer individuellen »Einsamkeit«, die in einer unverbindlichen Weise nur das Religiöse an sich anklingen läßt. Sehr aufschlußreich sind durch ihre fundamentale Verschiedenheit die Versuche der → Bibelillustration (: II, 4; zB W. → Blake, G.Doré, J. → Schnorr von Carolsfeld [vgl. Taf. 6 Abb. 3]). L. → Richters »Vater Unser« und »Christenfreude«, A.Rethels »Lutherlied«, H. → Thomas Lithographien u.ä. sind Beispiele einer lange fortwirkenden konservativen Tradition von betont bürgerlicher Haltung. - Von starkem und neuem Erlebnisgehalt und hoher künstlerischer Bedeutung ist die Auseinandersetzung mit den religiösen Stoffen in der deutschen G. des beginnenden 20.Jh.s, schon bei L. → Corinth, dann im → Expressionismus (: I), etwa bei E. → Nolde (Radierungen: Saul und David, u.ä.), H.M. Pechstein (Vater Unser), K. → Schmidt-Rottluff (Holzschnitte zum NT; vgl. Taf. 6 Abb. 4), Ernst → Barlach (Die Wandlungen Gottes), schließlich bei O. → Kokoschka (Bach-Kantate »O Ewigkeit, du Donnerwort«) und M. → Beckmann (Apokalypse). In Frankreich haben M. → Chagall mit seinen Radierungen zum AT und G. → Rouault mit dem Zyklus »Miserere« bedeutende Beiträge zur r.n G. der Gegenwart geleistet.

Eine Gesamtdarstellung der Geschichte der r.n G., wie sie A.Spamer etwa für das weite Gebiet des → Andachtsbildes gegeben hat, existiert nicht. Einzelhinweise finden sich mehr in der theologischen und volkskundlichen als in der kunstgeschichtlichen Literatur, die sich bisher fast völlig auf die Materialsammlung und die monographische Oeuvre-Zusammenstellung beschränkt hat. Inhaltlich betrachtet ist die r.G. eine der wichtigsten und aufschlußreichsten Quellen zur Geschichte der christlichen Frömmigkeit, doch steht ihre Erforschung und Auswertung gerade in dieser Hinsicht noch sehr in den Anfängen.

P.Kristeller, Kupferstich u. Holzschnitt in vier Jh.en, (1905) 1922[4] - M.Lehrs, Gesch. u. krit. Katalog des dt., niederländ. u. franz. Kupferstichs im 15.Jh. I-IX, Wien 1908-34 - G.F.Hartlaub, Kunst u. Religion. Ein Versuch über die Möglichkeit neuer relig. Kunst, 1919 - H.Grisar-F.Heege, Luthers Kampflieder II, 1922 - K.Schottenloher, Flugblatt u. Zeitung, 1922 - W.v.Seidlitz, Die Radierungen Rembrandts, 1922 - W.L.Schreiber, Hdb. der Holz- u. Metallschnitte des 15.Jh.s I-VIII, 1926-30 - W.Weisbach, Rembrandt, 1926 - G.Blochwitz, Die antiröm. dt. Flugschriften der frühen Reformationszeit (bis 1522) (ARG 27, 1930, 145-246) - A.Spamer, Das kleine Andachtsbild vom 14. bis zum 20.Jh., 1930 - M.Geisberg, Der dt. Einblattholzschnitt in der ersten Hälfte des 16.Jh.s. Gesamtverzeichnisse, 1930; Bilderkatalog, 1940 - A.M.Hind, An Introduction to a History of Woodcut I. II, Boston 1935 - Ders., Early Italian Engraving, Part I, vol. I-IV, London 1938; Part II, vol. V-VIII, ebd 1948 - B.Knipping OFM, De Iconografie van de Contra-Reformatie in de Nederlanden, Hilversum 1939/40 - H.E.van Gelder, Rembrandt, Amsterdam 1948 - J.Rosenberg, Rembrandt, Cambridge/Mass. 1948 - S.Scharfe, Religiöse Bildpropaganda der Reformationszeit, 1951 - L.Münz, Rembrandt's Etchings I. II, London 1952 - W.A.Visser't Hooft, Rembrandt's weg tot het Evangelie, Amsterdam 1956 - W.Wegner, Beitr. zum graph. Werk Daniel Hopfers (Zs. f. Kunstgesch. 20, 1957, 239-259) - EKL I, 1702 (Lit.).

P.Halm

Gratian, der im 12.Jh. lebende Begründer der kirchlichen Rechtswissenschaft, Magister an der Schule des Kamaldulenserklosters St.Felix und Nabor zu Bologna, versuchte als erster, das → Kirchenrecht (: II) als eine selbständige, von der Theologie getrennte Wissenschaft zu betreiben (theologia practica externa). Um 1140 verfaßte er ein bedeutendes »Rechtsbuch«, in dem er die zerstreute Materie des kirchenrechtlichen Stoffes zusammenzufassen suchte und - der scholastischen Methode folgend (→ Scholastik) - die durch Zeit und Ort bedingten Widersprüche der Quellen ausglich. Daher auch der Name des Werkes, das Decreta sive Concordia discordantium canonum (später einfach Decretum) genannt wurde. Das Werk ist in drei Teile gegliedert, wobei es fraglich ist, wieweit die Einteilung auf G. selbst zurückgeht. Der erste Teil enthält 101 Rechtssätze (Distinctiones), die in mehrere Unterabschnitte (canones) zerfallen (zitiert zB c. 3 D. 4). Hier werden die Rechtsquellen sowie das Recht der Ämter und Personen behandelt. Im zweiten Teil sind 36 Rechtsfälle (Causae) aus verschiedenen Gebieten zusammengefaßt, woran Rechtsfragen (quaestiones) angeknüpft sind, die wiederum in Kapitel unterteilt sind (zitiert zB c. 1 C. 59 q. 3). Die Causa 33 quaestio 3 enthält eine gesonderte Abhandlung über die Buße und ist wieder in Distinktionen und Kapitel geteilt (zitiert zB c. 5 D. 3 de paen.). Der dritte Teil umfaßt 5 Distinktionen (zitiert zB c. 5 D. 4 de consecr.) und behandelt die Einrichtung des Gottesdienstes. Das Werk erhielt später Zusätze, von denen der größte Teil von dem Schüler G.s Paucapalea (daher »paleae« genannt) herrührt. G. schöpfte bei der Zusammenstellung seines Werkes selbst nur selten aus den Quellen, sondern benutzte frühere Kanonessammlungen.

Sein beliebtes Buch wurde von den Gerichten, ja selbst von Päpsten viel benutzt, ohne daß es den Charakter einer Privatarbeit verloren und den Rang eines authentischen Gesetzbuches angenommen hätte, ein Unterschied, auf den das MA selbst freilich keinen großen Wert legte. Das Dekret wurde deshalb auch bald glossiert (→ Glosse). In der Form, die ihm durch die Correctores Romani gegeben wurde, bildet es den ersten Teil des → Corpus Iuris Canonici.

Die umfangreiche Lit. bei FEINE 249. *A.Erler*

Gratius, *Ortwin* (ca 1480–1542), wurde durch Alexander → Hegius in → Deventer erzogen und lehrte seit 1507 an der Artistenfakultät in Köln. In der Auseinandersetzung → Reuchlins mit Pfefferkorn war G. der literarische Vorkämpfer der altgläubigen Partei. Die Humanisten fühlten sich dadurch verraten und rächten sich in den → Epistolae obscurorum virorum. Mit den »Lamentationes obscurorum virorum« versuchte G. vergebens sein Ansehen wiederherzustellen. Obwohl der »übelstberüchtigte Gegner der Humanisten des 16.Jh.s« (L.Geiger in ADB IX, 600), zeigen G.s Werke doch starken humanistischen Einfluß. Bes. sein »Fasciculus rerum expetendarum ac fugiendarum« ist ein Beitrag zur historisch-kritischen Arbeit des → Humanismus. G. veröffentlichte hier Dokumente zur Geschichte der → Reformkonzile und versuchte so die Notwendigkeit einer Reformation der Kirche zu beweisen. G.' taktische und geistige Stellung zu Humanismus und Reformation bedarf noch eingehender Untersuchung.

D.REICHLING, O.G., 1885. - Weiteres s. → Epistolae obscurorum virorum. *G.Krodel*

Graue Brüder und Schwestern

1. *G.Br.* werden nach ihrem Habit im MA → Zisterzienser und → Vallombrosaner, in Deutschland bes. die → Franziskaner genannt. Heute führen die als *Frati Bigi* bezeichneten, 1859 von Lodovico da Casoria in Neapel gegründeten *Frati della Carità* (Congregatio fratrum a Caritate), 1896 von Leo XIII. approbierte Franziskaner-Tertiarier, diesen Namen.

2. Die Bezeichnung *G.Schw.* wurde im Spät-MA oft für → Beginen verwendet und ist seitdem bes. für Spitalschwestern, namentlich die → Elisabetherinnen in Nordfrankreich (Soeurs grises) und in den Niederlanden gebräuchlich. Häufig heißen so auch die → Vinzentinerinnen (in Deutschland seit 1790 bei der Zaberner bzw. Straßburger Kongregation und den selbständigen Zweigen schwarze Kleidung), die → Clemensschwestern und die 1798 in Besançon (Dep. Doubs) gegründeten *Schwestern der Göttlichen Liebe,* eine jetzt in Frankreich, Belgien, Schweiz, Italien und auf Malta verbreitete Genossenschaft. Speziell führen den Namen die im 14.Jh. gestifteten, zum Dritten Orden der → Franziskanerinnen gehörenden *Soeurs grises hospitalières* in Belgien, die 1856 in Prag gegründeten *G.n Schw. vom Dritten Orden,* die 1866 von Casoria (s. 1) u.a. errichteten Franziskaner-Tertiarinnen, die *Suore Bigi,* ferner die 1738 in Montreal (Kanada) gestifteten *Sisters of Charity of the Cross* (Gray Nuns) sowie die von ihnen ausgehende Kongregation der *Gray Nuns of the Cross* (1845 mit dem Mutterhaus in Ottawa errichtet). Stehende Bezeichnung ist der Name für die jetzt mit ihrem Mutterhaus in Schlangenbad-Georgenborn (Taunus) befindliche schlesische Kongregation der *G.n Schw. von der hl. Elisabeth,* einer auf allen Gebieten der Caritas tätigen weitverbreiteten und bedeutenden Genossenschaft mit über 440 Niederlassungen in Deutschland und im Ausland. Sie entstand aus der 1842 in Neisse (Oberschlesien) zur Ausübung ambulanter Krankenpflege erfolgten Vereinigung mehrerer Bürgerstöchter (Dorothea Wolff, Mathilde und Maria Louise Merkert, Franziska Werner). Nach großen Schwierigkeiten erlangten die Schwestern durch ihren Einsatz in den Lazaretten während der deutschen Einigungskriege ihre Anerkennung und breiteten sich rasch aus. 1859 wurden sie bischöflich approbiert, 1864 auch staatlich anerkannt und 1887 von Leo XIII. bestätigt. Den heutigen Konstitutionen liegt die → Augustinerregel zugrunde. Arbeitsgebiet ist vor allem Kranken- und Armenpflege, Leitung von Waisen- und Rettungshäusern sowie Unterricht.

Zu 1: HEIMBUCHER II, 21 - LThK IV, 654 - ESCOBAR I, 337. - Zu 2: RE V, 313f; XVIII, 83ff - L.FABIANI, Vita del ven. Lodovico da Casoria, Neapel 1931⁴ - HEIMBUCHER II, 39. 42. 46. 481ff. 503. 532. 639ff - LThK IV, 654; I², 1250 - ESCOBAR I, 256f - EC XI, 1529f. *W.Göbell*

Graul, *Karl* (6.2.1814 bis 10.11.1864), luth. Theologe und Dravidologe. * als Sohn eines Webers in Wörlitz, war er zuerst Lehrer in Dessau, 1844–60 Direktor der Dresdner/→ Leipziger Mission, von 1861 an in Erlangen, wo er sich 1864 als 1. Deutscher für Missionswissenschaft habilitierte. G. erstrebte die Sammlung aller Lutheraner, führte 1849–53 eine Indienreise durch, wurde Kenner des High-Tamil und Übersetzer tamulischer Werke und legte die Grundlagen für eine solide Missionswissenschaft.

Vf. u.a.: Unterscheidungslehren, 1845; Reise nach Ostindien 5 Bde, 1854–56; Bibliotheca Tamulica, 4 Bde, 1854–65. - Über G.: G.HERMANN, K.G., 1867 - RGG² II, 1432 (Lit.) - P.FLEISCH, 100 Jahre luth. Mission, 1936 - O.G.MYKLEBUST, The Study of Missions in Theol. Education I, Oslo 1955, 93ff u.ö. *A.Lehmann*

Gravamina *nationis germanicae* (Beschwerden deutscher Nation) wurden amtlich und der Sache nach zuerst auf dem Konstanzer Konzil (1417; → Reformkonzile) vorgebracht, dann aber auch auf dem Basler Konzil und im Zusammenhang mit dem Wiener Konkordat (1443) u.a. von → Gregor Heimburg verbreitet. Der Begriff wurde 1456 in einem Frankfurter Gutachten formuliert, das die Kurfürsten zusammen mit den Erzbischöfen von Bremen und Salzburg einbrachten und das der Mainzer Kanzler Mayr redigiert hatte. Seitdem kam in den G. das Reformbestreben der hohen deutschen Geistlichkeit, insbesondere der Mainzer Kurfürsten und Erzbischöfe → Diether von Isenburg, Adolf von Nassau und Berthold von Henneberg zum Ausdruck. Die G. wurden allerdings auch Eigentum der humanistischen Bewegung und wirkten schließlich auf die maximilianischen Reformen ein. So stellte 1518 ein Reichstagsausschuß G. zusammen und berief sich dabei auf die Volksstimmung. Diese G. berücksichtigte → Luther in seiner Schrift »An den christlichen Adel« (1520), er hatte indes keinen direkten Einfluß auf die berühmten Hundert G. des Wormser Reichstages von 1521. – Der Verfassungsstruktur des Reiches entsprechend gingen in den G. von Anfang an profane und kirchliche Forderungen Hand in Hand. Dabei kristallisierte sich immer schärfer der Grundgedanke heraus: Der Papst ist der Todfeind deutscher Nation, denn er vermindert ihren Reichtum, ihre Freiheit und ihre Ehre (Stadelmann). Die Wormser G., die wesentlich den Standpunkt der niederen Stände (Reichsgrafen) wiedergeben, vermieden im Gegensatz zu Luther dogmatische Polemik und trafen vor allem die Kirche als weltliche Anstalt (geistliche Jurisdiktion). Sie haben das politische Wollen der Nation mehr als ein Jh. lang angeregt, sind aber unerfüllt geblieben.

B.GEBHARDT, Die G. der dt. Nation gegen den römischen Hof, (1884) 1895² - A.WREDE, Dt. Reichstagsakten, Jüngere Reihe II, 1896, 661–718 - H.CELLARIUS, Die Reichsstadt Frankfurt u. die G. der dt.Nation, 1938 - R.STADELMANN, Das Zeitalter der Reformation (O.BRANDT-A.O.MEYER, Hdb. der Dt. Gesch. II, neu hg.v. L.JUST), 1956, 31ff - SCHL. 27925–25 a. 27953–54. 37534–43. *L.Hatzfeld*

Graz, *Universität.* Die Universität G. ist als Jesuitenuniversität eine Schöpfung der → Gegenreformation. Um ein Gegengewicht gegen den Protestantismus zu gewinnen, dem damals fast der ganze Adel, ein großer Teil der Bürgerschaft und die Bauern auf den Gütern der adeligen Herren angehörten, rief Erzherzog Karl, der Beherrscher von Steiermark, Kärnten und Krain, 1570 die → Jesuiten ins Land. In der Erkenntnis, daß die Rückgewinnung des fast verlorenen Landes bei der Jugend beginnen müsse, schlossen die Jesuiten an ihr 1573 in G. gegründetes Kollegium sogleich eine Lateinschule an. Vorläufer und Rivale war die von den ev. Ständen neben der für den Gottesdienst in G. erworbenen Eggenberger Stiftskapelle errichtete Landschaftsschule, für die David → Chyträus 1574 die Schulordnung schuf; sie umfaßte sieben Klassen, deren oberste Hochschulcharakter trug; gelehrt wurden Theologie, Rechtswissenschaft und Philosophie. Bedeutendster Lehrer war 1594-98 Joh. → Kepler. Damals war den Jesuiten bereits gelungen, was die Evangelischen in → Österreich nie erreichten: die Errichtung einer Universität. Die erzherzogliche Stiftungsurkunde und die päpstliche Bestätigung datieren vom 1.1. 1585. Die feierliche Eröffnung fand am 14.4.1586 statt, nachdem der Unterricht schon im Vorjahre begonnen hatte. Es gab nur zwei Fakultäten, eine theologische und eine philosophische, die den beiden letzten Klassen des heutigen Gymnasiums entsprach. Nachdem die ev. Stiftsschule 1598 gewaltsam geschlossen worden war, erfolgte durch den größten Gönner der Gesellschaft Jesu, den nachmaligen Kaiser Ferdinand II., im zweiten Stiftungsbrief vom 1.1.1602 die großzügige Dotierung der Universität mit der Herrschaft Millstatt in Kärnten. – Die Universität wurde geistiges Zentrum für den Südosten der habsburgischen Länder. An ihr studierten auch Kroaten, Polen, Ungarn; sie war besonders Bildungsstätte für den Adel. Bedeutsam war die Pflege des Barockdramas. In der Blütezeit um die Mitte des 17.Jh.s erreichte sie die Zahl von 1600 Hörern. Alle Bemühungen der Regierung um Reformen und Errichtung weiterer Fakultäten scheiterten an der ablehnenden Haltung des Ordens. Im 18.Jh. verschärfte sich der Gegensatz zwischen Regierung und Orden, der hartnäckig an den veralteten Lehrmethoden festhielt. 1729 wurde ein Lehrstuhl für Geschichte errichtet. Die Anfänge des juristischen Studiums lagen außerhalb der Universität. 1752 mußten sich die Jesuiten der neuen Studienordnung fügen: die philosophische Fakultät wurde umgestaltet, das Studium des Deutschen zur Pflicht gemacht. 1770 wurde der philosophischen Fakultät ein Lehrstuhl für cameralistische und politische Wissenschaften angegliedert. Schritt für Schritt wurde die Gesellschaft Jesu aus der Leitung der Universität hinausgedrängt. Mit der Aufhebung des Jesuitenkollegs am 6.11.1773 übernahm der Staat die Leitung. Exjesuiten durften nur an der philosophischen Fakultät unterrichten. 1778/79 wurde die juristische Fakultät geschaffen. → Joseph II., dem für seine Länder die beiden Universitäten in → Wien und → Prag genügten und der vor allem tüchtige Beamte heranziehen wollte, verwandelte 1782 die Universität in ein Lyzeum; Medizin wurde im Allgemeinen Krankenhaus gelehrt. Durch die Gründung des Joanneums, das ein naturwissenschaftliches Museum und eine technische Lehranstalt umfaßte, erfuhr das Lyzeum 1811 eine wertvolle Ergänzung. Die Erhebung zum Rang einer Hochschule 1827 war zunächst nur eine Titel-, keine Wesensänderung. Immer noch standen die Professoren unter scharfer Polizeiaufsicht, so daß die fähigsten ins Ausland abwanderten. Erst nach 1848 begann die Neugestaltung. 1863 wurde die medizinische Lehranstalt der Universität angeschlossen, 1895 das neue Universitätsgebäude feierlich eröffnet. 1903-12 entstand das neue Landeskrankenhaus, die modernste Anstalt das alten Österreich. G. wurde die dritte im Range der deutschen Universitäten der Monarchie. Seit der Mitte des 19.Jh.s hat sie einen großartigen Aufschwung genommen. Sieben Nobelpreisträger stehen in Beziehung zu ihr. 1874 wurde die psychiatrische Klinik unter Rich. Frhr.v.Krafft-Ebing eröffnet. 1912 erhielt die Universität als erste der Welt ein kriminologisches Institut. Durch glänzende Namen wie Franz v.Krones (Prof. 1865-1902), Joh.Loserth (Prof. 1893-1917), Heinrich v.Srbik (Prof. 1912-22) war die Geschichte vertreten. Die Universitätsbibliothek nimmt mit 521 719 Bänden (Dez. 1956) den dritten Platz nach der Nationalbibliothek und der Universitätsbibliothek in Wien ein. Seit 1950/51 ist die Zahl der ausländischen Studenten im Steigen begriffen. Im Wintersemester 1956/57 studierten neben 1732 Einheimischen 709 Ausländer.

R.Peinlich, Gesch. des kaiserl.-königl. ersten Staatsgymnasiums in G. (Jahresbericht d. Gymnasiums 1864, 1866, 1869-72) - F.v.Krones, Gesch. d. Karl-Franzens-Univ. in G., 1866 - Festschr. z. Feier der Schlußsteinlegung d. neuen Hauptgebäudes d. G.er Univ. am 4. Juni 1895 - Amtl. Bericht über d. akad. Feier am 4. Juni 1895 - J.Loserth, Die Reformation u. Gegenreformation in d. innerösterreich. Ländern, 1898 - Ders., Die Beziehungen d. Steiermärk. Landschaft zu d. Universitäten Wittenberg, Rostock, Heidelberg, Tübingen, Straßburg, 1898 - Ders., Akten u. Korrespondenzen zur Gesch. d. Gegenreformation in Innerösterreich (Fontes Rerum Austriacarum 50, 58 u. 60), 1898, 1906 u. 1907 - Ders., Die prot. Schulen der Steiermark im 16.Jh. (Monumenta Germaniae Paedagogica 55), 1916 - B.Duhr, Gesch. d. Jesuiten in d. Ländern dt. Zunge I, 1907 - V.Fossel, Gesch. d. mediz. Fakultät in G., 1913 - Beiträge z. Gesch. d. Karl-Franzens-Univ. zu G., hg. z. 100jähr. Gedenkfeier ihrer Wiedererrichtung, 1927 - W.Erben, Aus d. Gesch. d. Karl-Franzens-Univ. (Die Stadt G., 1928, 81-90) - H.Schleimer, Gottscheer Studenten an d. G.er Univ. 1586-1885 (Gottscheer Kalender 7, 1927, 4-6) - M.Kreyss, Beiträge z. Gründungsgesch. d. Akad. Gymnasiums u. d. Univ. G. (Jahresbericht d. akad. Gymnas. in G. 1931/32, 1-16) - A.Hofstätter, Eine Matrikel-Hs. d. G.er Univ. (Phil. Diss. Graz), 1931 (Masch.) - N. Relković, A gráci egyetem legrégibb Magyar hallgatói 1586-1640 = Ungar. Universitätshörer in G. (Magyar Középiskola 1933, 1-15) - Festschr. zur Feier d. 350jähr. Bestandes d. Karl-Franzens-Univ. zu G., 1936 - F.Bilger, 350-Jahrfeier d. Karl-Franzens-Univ. in G. 14. Mai 1936, Festrede - A.Posch, Die kirchl. Aufklärung in G. u. an d. G.er Hochschule. Festschr. d. Univ. G., 1937 - Österreich. Hochschulzeitung 9, 1957, Sonder-Nr. H. 13: Univ. G.

G.Mecenseffy

Great Awakening → Erweckung: I, 2.

Grebel, *Konrad* (ca 1498-1526), mit → Manz u.a. Gründer des Täufertums (→ Täufer). Aus alter Zürcher Patrizierfamilie stammend, blieb G. während der Studienjahre 1514-20 in Basel, Wien, Paris (bei H.Glarean; → Vadian war G.s Schwager) ohne religiöse Anregungen und beschränkte sich als Humanist auf philologische und naturwissenschaftliche Interessen. Erst nach einer persönlichen Krise wird er durch → Zwingli für das Evangelium gewonnen. 1522 dessen feuriger Parteigänger, bricht er Ende 1523 im Drängen auf praktische Reformen wegen Zwinglis Zaudern mit diesem. G.s Brief an → Müntzer (Sept. 1524) zeigt einen auch gegen die mitteldeutschen Schwärmer selbständigen Kreis, der sich als wahre Gemeinde Christi fühlt (Einfluß der böhmisch-mährischen Brüder?). Im Jan. 1525 trennt man sich öffentlich durch die erste Glaubenstaufe (G. tauft Blaurock). Nach mehrfacher Haft und wirkungsvoller Evangelisation stirbt G. an der Pest.

P.v.Zahn, Studien zur Entstehung der sozialen Ideen des Täufertums (Diss. Freiburg/Br.), 1942, 73ff (Masch.) - H.S.Bender, Conr. G., Goshen/Ind. 1950 (Lit.; dt. Übers. in Vorb.) - L.v.Muralt-W. Schmid, Qu. zur Gesch. der Täufer in der Schweiz I, Zürich 1952 - J.Yoder, Täufertum u. Reformation in der Schweiz (Schriftenreihe des Menn. Geschichtsvereins 6), 1958. *H.Fast*

Greco, eigentlich Doménikos Zeotokópoulos, genannt el G. (1541-1614), Maler byzantinischer Abkunft, * in Fódele auf Kreta, ging, künstlerisch wohl schon vorgebildet, 1565 nach Venedig, wo er im Atelier → Tizians arbeitete. Seit 1569 in → Rom, schloß er sich dem Miniaturmaler G.Clovio, einem Illyrer, an; Clovios Bildnis (Neapel) kommt aber wie die frühen Figurenbilder G.s (»Die Heilung des Blinden«, Dresden) über den venezianischen → Manierismus noch nicht hinaus. 1577 siedelte G. nach Toledo über, wo er für die Kirche Sto.Domingo el Antiguo den Hochaltar mit »Gnadenstuhl« (nach → Dürers Holzschnitt von 1511) und »Himmelfahrt Mariae« (1577-80; Madrid und Chicago) liefert. Damit gelangt G. zur eigenen Form; gegenüber Tizians gleichnamiger Komposition wird alles Plastisch-Räumliche abgeschwächt, Bewegung in Erscheinung verwandelt und somit dem Bilde neue sakrale Würde gegeben. Für Philipp II. malt G. die »Marter des hl. Mauritius und der thebaischen Legion« (Escorial), in der wie in den Espolio-Bildern (Toledo; beste Fassung München) die neue Raumanschauung zT auf Grund michelangelesker Elemente sich durchsetzt. Sie entfaltet sich zu der G. eigenen Bildvorstellung im »Begräbnis des Grafen Orgaz« (Toledo, Sto.Tomé). In den Heiligenbildern (halbe oder ganze Figur; »Hieronymus«, Madrid; »Petrus und Paulus«, Barcelona; »Andreas«, Paris) findet G., wie vorher schon Luis de Morales, wohl unter Einwirkung der spanischen → Mystik (: VI) zu ekstatischem Ausdruck. Gewand und Körper werden entstofflicht, die Gestalt überlängt, der Raum in der glühenden und transparenten Farbigkeit aufgesogen. Das Bild ist »Zeichen«, ist Verwirklichung des Gesehenen, und insofern ist erst das Bild Vision: »Die Eröffnung des fünften Siegels« (Zumaya, Sammlung Ignacio Zuloaga). In der »Hochzeit Mariae« (Bukarest) greift G. auf → Raffaels Sposalizio zurück, aber die bedeutsamere Erinnerung an spätbyzantinische Formen überwindet mit diesem Bilde den Manierismus, ohne zum → Barock überzuleiten. Herkunft, Entwicklung und Umwelt haben G. der abendländischen Kunst gegenüber eine Sonderstellung gegeben.

A.L.Mayer, El G., 1911 - H.Kehrer, Die Kunst des G., 1914 - Ders., G. als Gestalt des Manierismus, 1939 - M.Dvořák, Über G. u. den Manierismus (Kunstgesch. als Geistesgesch., [1924] 1928^2, 259-276) - J.F.Willumsen, La jeunesse du peintre El G., 2 Bde, 1927 - F.Goldscheider, El G., 1938 - U.Thieme-F.Becker, Allg. Lexikon der bildenden Künstler XXXIII, 1939, 4ff (Lit.) - J.Camón, El G., 1950 - W.Nigg, Maler des Ewigen. Meditationen über religiöse Kunst, 1951, 181-235 - D.A.Iñiguez, Pintura del Renacimiento (Ars Hispaniae, Historia universal del arte hispánico XII, 1951, 271 bis 289).

W.v.Löhneysen

Greene, *Graham* (* 2.10.1904), vieldiskutierter englischer Schriftsteller. Nach Internatsbildung in Berkhamsted und Studium in Oxford bis zum Achtungserfolg des ersten Romans (1930) Redakteur bei der »Times«, Literatur- und Filmkritiker; 1925 zur röm.-kath. Kirche übergetreten. Schwermut und Protest gegen liberalen Optimismus blieben bestimmend. G. lebt heute in Oxford, London und auf Reisen, die dem kritischen Beobachter das Lokalkolorit seiner Romane vermitteln (Liberia, Mexiko, Kenia, Indochina). - Sämtliche Romane G.s sind zunächst »thrillers«: wenige Figuren, Szenenwechsel, filmtechnisches Durchschneiden verschiedener Zeitebenen, Kontrastierung paradoxer Situationen ergeben eine Handlungsführung von ausgesuchter Raffinesse, der ein präziser, mit suggestivem understatement arbeitender, oft brutal-realistischer Stil entspricht (zB The Confidential Agent, 1939; The Quiet American, 1956; Film: Der Dritte Mann, 1951, u.a.; Dramen: The Living Room, 1953; The Potting Shed, 1956). Der beste Roman dieses Genre (The End of the Affair, 1951) zeigt - wie auch Brighton Rock (1938), The Power and the Glory (1940; Hawthorne-Preis), The Heart of the Matter (1948) - das religiöse Zentralthema G.s: Der verfolgte, einsame Mensch steht - im Kolonial-, Kriegs-, Gangstermilieu von jeder zivilisatorischen Hülle entblößt und in Mord und Sexus verstrickt - ausweglos dem übernatürlichen Bösen gegenüber; damit ist er allein der Gnade oder der Verdammnis ausgesetzt; offen steht ihm nur die Wahl der leidenden Liebe (pity) bis zur Preisgabe der eigenen Seligkeit für die Geliebte oder die bewußte Selbstverdammung, die aber dem Erbarmen Gottes überlassen bleibt. Diese Problematik wird auf dem Kontinent oft mißverstanden als Calvinismus oder »Sündenmystik«: die Reduktion auf Extreme ist Kunstmittel, zugleich G.s Protest gegen selbstgerechte Wohlanständigkeit.

K.Allot-M.Farris, The Art of G.G., London 1951 - J.Rikisch, G.G. u. sein Werk (Diss. Bern), 1951 - K.Schmidthüs, G.G.s Katholizismus (Wort u. Wahrheit 12, Wien 1957, 39-51) - R.Mathews, Mein Freund G.G., Wien 1957. *M.Seidler*

Greenwood, *John,* † 1593 in London, 1578 stud. theol. im Corpus Christi College in Oxford, 1581 Hauskaplan bei Lord Robert Rich in Rochford (Essex), ging dann zu den frühen englischen Separatisten unter H. → Barrow über. 1586 vor Erzbischof John → Whitgift verhört, bestritt er entschieden, daß die Kirche von England und ihre bischöfliche Leitung schriftgemäß seien. 1587 bei der Abhaltung eines Konventikels entdeckt, wurde er mit Barrow verhaftet, zeitweise in mildem Gewahrsam gehalten und von Freunden besucht, zu denen auch der jugendliche L. → Andrewes gehörte, schließlich aber durch ein terrorisiertes Parlament zum Tode verurteilt und mit Barrow gehängt. Beide lehnten offenbar jede feste kirchliche Form, auch die Liturgie, ab.

Ch.Burrage, The Early English Dissenters I. II, 1912 - DNB (Neudr. 1949/50) VIII, 527f. - Für weitere Lit. vgl. H. → Barrow.

M.Schmidt

Grégoire, *Henri* (1750-1831), franz. Bischof der Revolutionsära, * bei Lunéville. Nach Ausbildung bei den Jesuiten Landpfarrer in Lothringen (Meurthe), 1789 Abgeordneter in der Nationalversammlung, deren Vorsitz er 1791 führte. G.s Kampf galt der Abschaffung der Privilegien und Majoratsrechte, Aufnahme der Juden und freigelassenen Farbigen in die bürgerlichen Rechte und Befreiung der Negersklaven. Er trat entschieden für die → Constitution civile du clergé ein und leistete als einer der ersten Priester den Bürgereid (→ Frankreich: I). Als Bischof von Blois (1791) spielte er auch unter dem Konvent eine Rolle. Er mißbilligte die Haltung des Pariser Bischofs → Gobel und jener Priester, die dem Christentum öffentlich abschworen, und wandte sich scharf gegen den antireligiösen »Vandalismus«. Energisch verteidigte er die gallikanischen Freiheiten (→ Gallikanismus), bis ihn Pius VII. 1801 zur Abdankung zwang. G. war Mitglied verschiedener politischer Gremien im Kaiserreich und unter der Restauration, widersetzte sich jedoch allen Willkürmaßnahmen und blieb den Prinzipien von 1789 unerschütterlich treu. Die letzten Lebensjahre widmete er historischen Studien (vgl. Bibliogr. in DThC VI, 1854ff) und einer umfangreichen wissenschaftlichen Korrespondenz.

Über G.: G.Krüger, H.G., 1838 - C.R.Gregory, G., the Priest and the Revolutionist, 1876 - A.Gazier, G. (RevHist 8, 1878, 280 bis 296; 9, 1879, 34-122) - F.Lichtenberger, Encycl. des Sciences relig. V, 1878, 728ff - A.Debidour, L'abbé G., 1881 - H.Carnot, H.G., évêque républicain, 1882 - A.M.P.Ingold, G. et l'Eglise constitutionnelle d'Alsace, 1894 - RE VII, 76ff - A.Pouget, Les idées religieuses et réformatrices de l'évêque constitutionnel G., 1905 - W.Gibson, L'Eglise libre dans l'Etat libre. Deux idéals: Lamennais et G., 1907 - M.Ginsburger, Zwei unveröffentlichte Briefe von

Abbé G., 1931 - J.Tild, L'abbé G. d'après ses Mémoires, 1946 - P. Grünebaum-Ballin, H.G., l'ami des hommes de toutes les couleurs, 1948 - L'abbé G. (Europe 34, 1956, 128f). *R.Voeltzel*

Gregor I., *der Große, Papst* 3.9.590 bis 11.3.604, heilig (12.3.), Doctor ecclesiae. Dem römischen Adel angehörend, wurde G. 572/73 praefectus urbi. Um 575 in einem der 7 von ihm selbst gestifteten Klöster Mönch geworden, folgte er bald dem Ruf der Päpste als Regionardiakon und als Apokrisiar (579). Der Wahl zum Papst suchte er zu entgehen. - Sein Werdegang zeigt, daß G. nicht eindeutig unter die »politischen« Päpste zu rechnen ist. Mit der glänzenden Fähigkeit, das Leben in seiner gegensätzlichen Vielfalt zu meistern, verband sich ihm eine starke, nach Abgeschiedenheit und Kontemplation verlangende Frömmigkeit. Zu tieferer theologischer Spekulation fehlte ihm Zeit und Neigung. Doch hatte er sich die Tradition in starker Abhängigkeit von → Augustin weitgehend zu eigen gemacht, obschon in »vulgärkath.« Vergröberung (pater superstitionis!). -Während G., vom Kaiser offiziell abhängig, sich durch sein kräftiges Auftreten gegenüber den → Langobarden den Raum seines Wirkens freihielt, legte er durch vorbildliche Verwaltung des Patrimonium Petri den Grund für die weltliche Macht des → Papsttums (: I). Den sich festigenden Bereich seiner Herrschaft entfremdete er zwar dem Osten (Streit mit → Johannes Jejunator wegen des Titels »Ökumenischer Patriarch«); doch wurde der Verlust durch lebhafte Beziehungen zum Westen (Franken, Westgoten) und Norden (Bekehrung der → Angelsachsen) reichlich aufgewogen. In unmittelbarer Nähe förderte G. den Übertritt der Langobarden zum Katholizismus. - G.s weiträumiger Kirchenpolitik eignet jene Ausgewogenheit von Himmlischem und Irdischem, durch welche sich die Größe eines Papstes verrät. Seine ernsthafte Sorge galt dem geistlichen Zustand der Kirche. Er verhalf der → Benediktinerregel zu weiterer Verbreitung und war durch seine Regula pastoralis selbst von bedeutendem Einfluß. Auch seine übrigen Werke (Moralia in Iob; Homilien; Wunderdialoge) wirkten stark das ganze MA hindurch. Durch sie wurde G. zum Vermittler der freilich simplifizierten Tradition (→ Abendmahl: II, 2a; → Erlösung: IV, 3; → Fegfeuer, 2). Über den Umfang seiner liturgischen Reformen sind wir nicht genau unterrichtet. - G.s Gedankenwelt ist, mit derjenigen seiner geistigen Väter verglichen, dumpfer, trüber, nivelliert. Aber er war berufen, unter Bedrängnissen endzeitlich gestimmt, doch Wegbereiter einer neuen Zeit zu sein.

RE VII, 78ff - DThC VI, 1776ff - RGG² II, 1436f - LThK IV, 660f - N.Sharkey, S.Gregory the Great's Concept of Papal Power, 1950 - J.P.McClain, The doctrine of Heaven in the writings of S. Gregory the Great, 1956 - R.Rudmann, Mönchtum u. kirchl. Dienst in d. Schriften G.s d.Gr., 1956 - Altaner⁵ 430ff (Qu. u. Lit.). *U.Wickert*

II., *Papst* 19.5.715 bis 11.2.731, Römer. Schon jung in der päpstlichen Verwaltung tätig, begleitete er als Diakon seinen Vorgänger → Konstantin I. nach Konstantinopel und blieb in gutem Einvernehmen mit Ostrom, bis Kaiser Leo III. 726 sein erstes bilderfeindliches Edikt erließ (→ Bilder: III, 2). Die allgemeine Empörung beseitigte die oströmische Herrschaft, aber der zu Byzanz übergehende Langobardenkönig Liutprand (712-744) verhinderte einen Dauererfolg; G. hielt an der Bilderverehrung fest (die beiden Briefe Jaffé I, 253f, Nr. 2180. 2182 sind von E.Caspar [ZKG 52, 1933, 29-89] neu ediert, der für ihre Echtheit eintritt; dagegen H.Grégoire, Byzantion 8, Paris 1933, 762f; Haller I, 548). Germanische Landeskirchen band G. eng an Rom: König Ine von Wessex trat in ein römisches Kloster ein, Herzog Theodo von Baiern erschien 716, um über die kirchliche Organisation seines Landes zu beraten, und → Bonifatius erhielt 719 den Missionsauftrag (722 Missionsbischof). G. gilt als heilig (Fest: 13.2.).

III., *Papst* 18.3.731 bis 10.12.741, Syrer, vorher Priester an S.Crisogono. Er setzte den Widerstand seines Vorgängers G. II. gegen die bilderfeindlichen Edikte Kaiser Leos III. fort und brach den Verkehr mit Byzanz ab, als nach eigenen vergeblichen Vermittlungsversuchen die Diözesen Süditaliens mit Sizilien und das freilich nur noch nominell unter dem Vikariat von Thessalonich stehende östliche Illyrien dem Patriarchen von Konstantinopel subordiniert und der unteritalienische päpstliche Besitz konfisziert wurden. Ein Langobardenzug auf Rom ließ ihn die Verbindung mit den → Franken suchen, aber Karl Martell lehnte eine Hilfeleistung ab. 732 ernannte der Papst → Bonifatius zum Missionserzbischof mit der Auflage, Bistümer zu gründen. G. gilt als heilig (Fest: 28.11.).

Zu II-III: L.Duchesne, Les Premiers Temps de l'Etat pontifical (754-1073), Paris (1898) 1912³ - Caspar II, 643ff - Haller I, 349ff - W.Ullmann, The Growth of the Papal Government in the Middle Ages, London 1955, 45ff. - Zu II: O.Bertolini, Roma di fronte a Bisanzio e ai Longobardi (Storia di Roma IX), Bologna 1941, 423 ff - Ders., I papi e le relazioni politiche di Roma con i ducati longobardi di Spoleto e di Benevento III/1 (Il secolo VIII) (Rivista di Storia della Chiesa in Italia 9, Rom 1955, 1-57). - Weiteres → Gregor VI.

IV., *Papst* Aug. 827 bis Jan. 844, Römer, vorher Priester an S.Marco. Gemäß der Constitutio Romana von 824 (→ Eugen II.) wurde G. erst geweiht, nachdem kaiserliche Gesandte seine Wahl bestätigt hatten. Gegenüber dem fränkischen Hof gewann er an Selbständigkeit, als ihn Kaiser Ludwig d. Fromme und dessen Söhne zum Schiedsrichter in ihrem Streit um die Erbordnung anriefen. Seine persönliche Intervention (833) wurde allerdings bedeutungslos, weil die kaiserlichen Truppen zu Lothar I. übergingen. G.verlieh → Ansgar mit dem Pallium die Legation für den Norden und Osten (833). Stifter des → Allerheiligenfestes.

W.Ohr, ZKG 24, 1903, 333-352 - L.Halphen, Charlemagne et l'Empire Carolingien, Paris (1947) 1949², 279ff - Haller II, 29. 45f. 526.

V., *Papst* 3.5.996 bis 18.2.999, vorher Brun, Sohn Herzog Ottos von Kärnten, Urenkel → Ottos I., erster deutscher Papst. Von Otto III., dessen Hofkaplan er war, erhoben, krönte er diesen zum Kaiser (21.5.996). Überzeugt vom päpstlichen Richteramt trat er im Reimser Bischofsstreit für den abgesetzten Arnulf gegen den kaiserlichen Günstling Gerbert (→ Silvester II.) ein. Als ihn Crescentius II. und der Gegenpapst → Johannes XVI. mit byzantinischer Unterstützung vertrieben, führte ihn Otto III. mit Heeresmacht nach Rom zurück und hielt über die Verschwörer grausames Gericht (998).

P.E.Schramm, Kaiser, Rom u. Renovatio, (1929) 1957², 90ff - A.Celli, Sulla morte di Gregorio V (Ricerche religiose 6, Rom 1930, 137ff).

(VI.), *Gegenpapst* 1012, Römer. Als Kandidat der Crescentier gegen den Tuskulanen → Benedikt VIII. erhoben, konnte er sich in Rom nicht halten und suchte den Schutz König Heinrichs II., der sich ihm jedoch versagte (→ Thietmar VI, 101).

VI., *Papst* 1.5.1045 bis 20.12.1046 (Sutri), Römer, vorher Johann, Erzpriester an S.Johann vor der Porta Latina. Als reformfreundlicher Mann strengen Lebenswandels kaufte er dem berüchtigten → Benedikt IX. die Papstwürde ab, um diesen, dem schon in → Silvester (III.) ein freilich schwacher Gegenpapst erstanden war, aus dem Amt zu entfernen. Nach anfänglicher Anerkennung in Italien, Frankreich und Deutschland wurde G.

von König Heinrich III. zusammen mit Benedikt und Silvester auf der Synode von Sutri 1046 abgesetzt (→ Papsttum: II, 1). Nach Deutschland in die Verbannung (Köln?) war ihm Hildebrand (→ Gregor VII.) - vielleicht sein Verwandter, zumindest aber Privaterbe - beigegeben. † Nov. 1047.

Zu II-VI: RE VII, 89ff - LThK IV, 661ff - DThC VI, 1781ff - EC VI, 1126ff. - Zu VI: HALLER II, 278ff. 572ff - G.B.BORINO in: Studi Gregoriani I, Rom 1947, 3ff. *H.Fuhrmann*

VII., *Papst* 22.4.1073 bis 25.5.1085, Hildebrand, Sohn einfacher Eltern in Tuscien, in Rom erzogen, Mönch. Daher erklärt sich der doppelte Gegensatz zu den herrschenden Kreisen und das Verständnis für die → Pataria. Als Begleiter → Gregors VI. lernte er Deutschland und Frankreich kennen. Nach einer stürmischen Wahl begann G. die Reformen gegen Simonie, Laieninvestitur und verheiratete Kleriker. Sein religiöses Sendungsbewußtsein lassen bes. die erhaltenen Briefe G.s erkennen (Das Register G.s VII., ed. E.Caspar, MG Epp sel. II/1. 2, [1920/23] 1955²). Den Kampf gegen die Feinde der Kirche soll die militia Christi führen, worin Fürsten und Ritter aller Nationen dienen (Studi Gregoriani V, 268). Sie soll die iustitia gegen Ketzer und Heiden durchsetzen. Das Imperium erwähnt G. nicht, aber dessen Stellung über die Könige verneint er, damit auch dessen Vormacht in Europa (→ Deutschland: I, 1b; → Kaisertum und Papsttum; → Papsttum: II, 2). Sein erfolgreiches Vorgehen wurde durch die Haltlosigkeit → Heinrichs IV. und durch die Unkenntnis und Selbstsucht der deutschen Fürsten ermöglicht. Die Synode von Worms (1076), das Umschwenken der Bischöfe, Canossa (1077), Wahl des Gegenkönigs und Thronkampf zeigen den Verfall im Reich. G. wartet 4 Jahre auf die Ausübung des erstrebten Schiedsrichteramtes. 1080 wird Heinrich abermals verworfen, aber der päpstliche Günstling geht unter. In Italien besinnt man sich auf antike Wurzeln des Imperiums, auf das römische Recht, gegen hierokratische Pläne (MG Libelli de lite). Wibert von Ravenna wird Gegenpapst (→ Clemens [III.]), krönt den Kaiser und sucht ein Bündnis mit Byzanz gegen die mit dem Papst verbündeten → Normannen. Sie retten zwar Rom, zerstören es weithin und veranlassen den in der Engelsburg (1084) belagerten G., in die Verbannung zu gehen. Bald darauf stirbt er in Salerno. G. XIII. nahm ihn in die Märtyrerliste auf, Paul V. sprach ihn 1606 heilig. Obgleich G. als Politiker gescheitert ist, hat sein Reformwerk weitergewirkt, seine militia Christi hat die → Kreuzzüge vorbereitet.

MG Const. I, 106ff - WATTERICH I, 293ff - Nel 9 centenario del primo esilio di Ildebrando. Studi Gregoriani per la storia di Gregorio VII. e della riforma gregoriana I-V, ed. G.B.BORINO, Rom 1947-55 (dazu P.E.SCHRAMM, GGA 207, 1953, 62-140; 211, 1957, 246-251) - L.SANTIFALLER, StT 190, 1957 (Lit.). - Weiteres s.u.

(VIII.), *Gegenpapst* 8.3.1118 bis Apr. 1121, gen. Burdinus, † nach 1137 in La Cava. Mauritius, Cluniazenser (→ Cluny) aus Südfrankreich, wurde 1099 Bischof von Coimbra, 1108 Erzbischof von Braga. Wegen Streitigkeiten mit Toledo kam er 1114 nach Rom, krönte Heinrich V. und wurde von den Frangipani zum Gegenpapst erhoben, mußte aber nach Abzug des Kaisers nach Sutri gehen, von wo er 1122 schimpflich in Gefangenschaft geführt wurde. - Vgl. → Calixt II., → Gelasius II.

C.ERDMANN, QFIAB 19, 1927, 205-261. - Weiteres s.u.

VIII., *Papst* 21.10. bis 17.12.1187, Albert de Morra aus Benevent, Augustiner-Chorherr, Kardinallegat und Kanzler → Alexanders III., Meister der forma dictandi, asketisch und sittenstreng. Seine Wahl empfahl Kardinal Heinrich von Albano, dessen Pläne über Kreuzzug, Kirchenreform und Kaiserpolitik G. teilte; deren Ausführung verhinderte sein Tod.

JAFFÉ II, 528ff - WATTERICH II, 683ff - P.KEHR, StT 38, 1924, 248 bis 275 - K.WENCK in: A.BRACKMANN, Papsttum u. Kaisertum (Festschr. f. P.Kehr, 1926, 427-431) - W.HOLTZMANN, Die Dekretalen G.s VIII. (MIÖG 58, 1950, 113-123). - Weiteres s.u.

IX., *Papst* 19.3.1227 bis 22.8.1241, Hugolino Graf von Segni, Neffe → Innozenz' III., 1198 Kardinal, 1206 Kardinalbischof von Ostia, war ein unversöhnlicher Gegner → Friedrichs II., der als absoluter Herrscher Siziliens Italien zu einigen und somit das Werk Innozenz' III. zu zerstören drohte. Der Versuch, dem Kaiser Sizilien zu entreißen, mißlang, und widerwillig schloß G. den Frieden von Ceperano (28.8.1230). Nach zeitweiliger Zusammenarbeit gab das Vorgehen Friedrichs II. in der Lombardei einen neuen Anlaß zum Bruch. Am 20.3. 1239 wurde der Kaiser erneut gebannt. Er konnte zwar 1241 das Konzil vereiteln, aber Rom nicht nehmen. Der Federkampf der Gegner ist von seltener Schärfe und setzt sich unter → Innozenz IV. fort. G. stirbt unbesiegt im belagerten Rom. Seine Persönlichkeit wird verschieden beurteilt. Die einen sehen in ihm bes. den prunkliebenden und bedenkenlosen Politiker, die andern mehr den Freund → Joachims von Flore, den Förderer des hl. → Dominikus und des hl. → Franz (, 1). G. hat aber beide Orden nach seinen Wünschen geformt und sie für seine Ziele benutzt. Die → Dominikaner sind Träger der von G. eingeführten → Inquisition geworden, die → Franziskaner beste Helfer der päpstlichen Politik in Übersee und in der Propaganda. - Die »Dekretalen G.s IX.« sind von ihm selbst veröffentlicht und darum nach ihm benannt (→ Corpus Iuris Canonici).

G.LEVI, Registro del cardinale Ugolino d'Ostia, Rom 1890 - L. AUVRAY, Les registres de Grégoire IX. (Bibl. des Écoles Françaises d'Athènes et de Rome, Sér. II, 9), Paris 1896-1955 - POTTHAST I, 680ff - MG Epp sel. IV, 1926 - HALLER IV, 47ff - H.M.SCHALLER, Die Antwort G.s IX. auf Petrus de Vinea... (DA 11, 1954, 140 bis 166) - G.ABATE, Misc. Francescana 55, Rom 1955, 367-370. - Weiteres s.u.

X., *Papst* 1.9.1271 bis 10.1.1276, Theobald Visconti, * 1210 in Piacenza, Archidiakon von Lüttich. Das Ergebnis der Kompromißwahl in Viterbo erreichte ihn im hl. Lande (Akko) und ermutigte Byzanz zu Verhandlungen, die auf dem Konzil von Lyon 1274 zur Union und zur Kreuzzugsvorbereitung führten. Dort wurde auch die Papstwahl geordnet. Als Führer des Kreuzzugs wünschte G. einen deutschen Kaiser, dessen Wahl, durch ihn veranlaßt, nach dem Muster seiner eigenen durchgeführt wurde. Die Ansprüche Frankreichs und Kastiliens vereitelte er durch kluges Verhandeln. Nach persönlicher Begegnung mit König Rudolf in Lausanne und Einladung zur Kaiserkrönung ist G. auf dem Wege nach Rom in Arezzo gestorben und dort begraben; einer der edelsten Päpste, heiliggesprochen.

A.POTTHAST, Regesta Pontificum Romanorum II, 1875, 1651ff - F.KALTENBRUNNER, Mitt. aus d. Vat. Archiv, Wien 1889 - J.GUIRAUD, Les registres de Grégoire X. (Bibl... [s.o.], Sér. II, 12), Paris 1892 bis 1906 - O.REDLICH, Eine Wiener Briefsammlung, Wien 1894 - H.OTTO, Die Beziehungen Rudolfs v.Habsburg zu Papst G. X., 1895 - J.F.BÖHMER, Regesta Imperii VI/1, 1898 - J.MÜLLER, Studien z. Gesch. G.s X. (Diss. Freiburg), 1929 - P.A.THROOP, Criticism of the Crusade, Amsterdam 1940, bes. 214ff - F.BOCK, Riv. di Storia della Chiesa in Italia 7, Rom 1953, 307-336. - Weiteres s.u.

XI., *Papst* 30.12.1370 bis 27.3.1378, Pierre Roger, Graf von Beaufort, * 1329, 28.5.1348 Kardinal durch seinen Onkel → Clemens VI., sittenrein, verließ die Kurie und studierte in Perugia. Als Papst galt sein Bemühen der Kirchenreform und dem Frieden zwischen England und Frankreich. 1377 verurteilte er die Lehren → Wiclifs.

Der Krieg mit Florenz und die Zustände Italiens, auch die Bitten → Katharinas von Siena bestimmten ihn zur Rückkehr von Avignon nach Rom (→ Papsttum: II, 2). Sein Tod hatte schlimme Folgen für die Christenheit.

A.GHERARDI, La guerre dei Fiorentini con Gregorio XI. (Arch. storia ital., ser. 3, vol. 5-8), Florenz 1867/68 - J.F.BÖHMER, Regesta Imperii VIII, 1874-77, 519 - J.P.KIRSCH, Die Rückkehr der Päpste Urban V. u. G. XI., 1898 - L.MIROT, La politique pontificale, Paris 1899 - E.BALUZE, Vitae Paparum Avenionensium, ed. G.MOLLAT, I, Paris 1914, 415ff - v.PASTOR I[8-9], 1926, 797ff - L.MIROT-G.MOLLAT, Lettres secrètes et curiales du Pape Grégoire XI. relatives à la France (Bibl... (s.o.), sér. III, 7), Paris 1935-57 - F.BOCK, QFIAB 31, 1941, 15-18. 49-76 - P.RONZY, Le voyage de Grégoire XI. ramenant la Papauté d'Avignon à Rome 1376/77, Florenz 1952. - Weiteres s.u.

XII., *Papst* 30.11.1406 bis 4.7.1415 (Abdankung), † 18.10.1417 als Kardinal von Porto, Angelo Correr, Gegner der Franzosen, war 1409 zur Abdankung bereit, die damals seine Nepoten und Kardinal Joh.Dominici verhindert haben sollen (A.Rösler, Card. Joh. Dominici, 1853; H.Sauerland, ZKG 15, 1895, 387-418). - Vgl. → Alexander V., → Benedikt XIII., → Reformkonzile.

H.FINKE, Acta Conc. Const. I, 1896, 264ff; II, 1926, 306ff - A. MERCATI, StT 41, 1924, 128-165 - v.PASTOR I[8-9], 1926, 180ff.

Zu VII-XII: RE VII, 96ff - LThK IV, 663ff - DThC VI, 1791ff - EC VI, 1130ff - F.X.SEPPELT, Gesch. der Päpste III, 1956, 65ff. 152ff. 301ff. 411ff. 521ff; IV, 1957[2], 164ff. 228ff.

F.Bock

XIII., *Papst* 14.5.1572 bis 10.4.1585, Ugo Buoncompagni, * 1502 in Bologna, hier 1531-39 Rechtslehrer, nahm 1546 und seit 1561 im Dienst der Kurie am → Tridentinum teil, wurde 1565 Kardinal und Legat in Spanien; die Papstwahl erfolgte auf Betreiben → Granvelles. G. setzte sich, bes. erfolgreich in Polen und den Niederlanden, für die → Gegenreformation ein, unterstützte den Kampf Heinrichs III. von → Frankreich (: I, 4) gegen die Hugenotten, den irischen Aufstand (→ Irland: II) und den Angriff der Armada gegen → Elisabeth I. von England. Die Bartholomäusnacht (1572) ließ er öffentlich feiern. Die Forderung des Türkenkrieges und die Reunionsverhandlungen mit Rußland und Schweden blieben ergebnislos. Für deutsche Angelegenheiten berief G. eine Kardinalskongregation. Er förderte die → Jesuiten bei der Mission in Indien und Japan und bei der Einrichtung von 23 Seminarien in allen Ländern. 1579 erreichte er die Unterwerfung des → Bajus. Zur Durchführung der tridentinischen Dekrete veranstaltete G. eine amtliche Ausgabe des → Corpus Iuris Canonici und 1582 die Reform des julianischen Kalenders (→ Chronologie: IV, 5a). Die → Index-Kongregation wurde reorganisiert, das Collegium Romanum zur Gregorianischen Universität ausgebaut. Der Aufwand, den G. für Bauten und Förderung der Wissenschaften trieb, zerrüttete die Finanzen des Kirchenstaates, erweckte Unzufriedenheit und führte zur Zunahme des Bandenunwesens im Lande.

A.CIAPPI, Compendio delle attioni e vita di G., Rom 1591 - G.P. MAFFEI, Annali di G. Pontifice Massimo, Rom 1742 - M.BROSCH, Gesch. des Kirchenstaates I, 1880, 247ff - P.HERRE, Papsttum u. Papstwahl im Zeitalter Philipps II., 1907 - L.KARTTUNEN, G. XIII. comme politicien et souverain, Helsinki 1911 - G.LEVI DELLA VIDA, Documenti intorno alle relazioni delle Chiese orientali con la S. Sede durante il pontificato di G., Vatikanstadt 1948 - v.PASTOR IX - LThK IV, 669f - EC VI, 1143f.

XIV., *Papst* 5.12.1590 bis 16.10.1591, Niccolò Sfondrato, * 1535 in Somma (Varese), 1560 Bischof von Cremona, 1583 Kardinal, war politisch unerfahren, bei der Wahl bereits kränklich und überließ die Führung der Geschäfte seinen Nepoten. Er bannte Heinrich von Navarra erneut und unterstützte die französische Ligue mit Geld und Truppen.

M.FACINI, Il pontificato di G. XIV, Rom 1911 - v.PASTOR X, 531ff (vgl. dazu P.M.BAUMGARTEN, ZKG 46, 1927, 243f) - EC VI, 1144ff.

XV., *Papst* 9.2.1621 bis 8.7.1623, Alessandro Ludovisi, * 1554 in Bologna, von Jesuiten erzogen, 1612 Erzbischof seiner Vaterstadt, 1616 Kardinal. Die kurze Zeit seines Pontifikats wurde, obwohl G. bereits sehr alt und kränklich war, politisch sehr bedeutsam, weil sein Neffe, Kardinal Ludovico Ludovisi, mit Geschick und Energie die Geschäfte führte. Er begünstigte Kaiser Ferdinand II. und Maximilian von Bayern. Dieser schenkte dem Papst nach Erlangung der Kurwürde die Heidelberger Bibliothek. Unter G. wurden zwei → Papstwahl-Dekrete erlassen, 1622 die Congregatio de propaganda fide (→ Kurie) gegründet und u.a. Ignatius von → Loyola, Filippo → Neri und → Therese von Jesu heilig-, → Albert d. Gr. seliggesprochen.

v.PASTOR XIII, 27ff. 1007ff - D.ALBRECHT, Die dt. Politik Papst G.s XV. (Schriftenreihe zur bayer. Landesgesch. 53), 1956 - EC VI, 1146ff.

H.Liebing

XVI., *Papst* 6.2.1831 bis 1.6.1846, Bartolomeo Alberto Cappellari, Klostername »Mauro«, * 1765 in Belluno. Wurde 1783 Kamaldulenser, 1787 Priester, Ordenslehrer für Philosophie, 1805 Abt von San Gregorio in Rom, 1823 General des Ordens, 1826 Kardinal und Präfekt der Propaganda.

Die Erhebung des Mönches nach 50tägigem Konklave war wesentlich durch Österreich mitbestimmt. Der neue Papst (seine Staatssekretäre: Bernetti, seit 1836 → Lambruschini) sah sich schweren Unruhen gegenüber, die noch vor seiner Wahl im Kirchenstaat ausgebrochen waren. Sie konnten nur durch österreichisches Militär niedergehalten werden, was wiederum zur Landung franz. Truppen in Ancona führte (1832). Nach dem Ende der Okkupation 1838 brachen sogleich neue Aufstände aus, die nach und nach durch päpstliche Söldner unterdrückt wurden. Gründe für alle Unruhen waren die zerrütteten Verhältnisse des → Kirchenstaats (→ Papsttum: III), der extreme Klerikalismus und die Feindschaft des Papstes gegen das »junge → Italien« und die Liberalen. 1831 verlangten die Großmächte ohne Erfolg einschneidende Reformen. Der die vatikanischen Museen fördernde Papst war jeglicher Neuerung abhold: so wurden Gasbeleuchtung und Eisenbahnen nicht zugelassen.

Die Kirchenpolitik G.s war »reaktionär«. 1832 verurteilte er Gewissens-, Pressefreiheit und andere Zeitirrtümer (Enzyklika »Mirari vos«, eine Vorform des → Syllabus), 1834 die Anschauungen des von seinen Vorgängern geschätzten → Lamennais, 1835 die Theologie von G. → Hermes und den antiintellektualistischen »Fideismus« des Bautain. Die Enzyklika »Inter praecipuas« von 1844 richtete sich erneut gegen die Bibelgesellschaften. G. war ein Freund der Orden: Alfons von → Liguori wurde heiliggesprochen. Weitsicht bewies er in der Frage der Missionen (→ Mission: III F): als erster drängte G. auf einheimischen Klerus, beobachtete die Wandlungen in Südamerika, stärkte den Katholizismus in den USA (neue Zirkumskriptionen 1834) und unterstützte die Bemühungen → Wisemans um England. - Die Bedeutung G.s für die kath. Theologie und Kirche wird häufig unterschätzt. Er war der entschiedenste Förderer des Papalismus vor dem → Vatikanum. Was er als Mönch 1799 in seinem Buche »Il trionfo ...« gegen → Febronianismus und »Religionsfeinde« (bes. Tamburini) geschrieben hatte, das dachte er als Papst zu verwirklichen. Von der deutschen Theologie fast völlig ignoriert, war es gerade G., der die Macht der deutschen kath. Auffassung von der Kirche gebrochen hat. Unter ihm wurde die antispekulative, kirchlich gebundene, scholastische »römische« Theologie herrschend (zB → Perrone).

Auch förderte er den Glauben an die Unbefleckte Empfängnis Marias (→ Mariologie). Sein Bewußtsein der päpstlichen → Infallibilität bestimmte seine Haltung im Mischehenkonflikt und während des → Kölner Kirchenstreits. So bewog er den Fürstbischof Graf → Sedlnitzki in Breslau 1840 zur Resignation. Auch für Frankreich gilt: »Der Sieg der päpstlichen Zentralgewalt über die Nationalkirchen geht wesentlich auf ihn zurück« (Hermelink). Damit fallen schon unter G. Entscheidungen, die erst der Pontifikat → Pius IX. bewußt werden läßt.

Vf. als Mauro Cappellari: Il trionfo della Santa Sede e della chiesa . . ., Venedig (1799) 1832² u.ö. (dt. 1833 in 2 Ausg., 1841²) - Acta Gregorii Papae XVI, ed. A.M.Bernasconi, 4 Bde, Rom 1901-04. - Über G.: B.Wagner, Papst G. XVI., 1846 - N.Kard.Wiseman, Erinnerungen an die letzten vier Päpste, (übers.v. F.H.Reusch, 1858) 1888⁴ - Ch.Sylvain, Histoire de Grégoire XVI, Brügge 1890 - A.J. Nürnberger, Papsttum u. Kirchenstaat I, 1897, 151ff - RE VII, 127ff - F.Vigener, Gallikanismus u. episkopalist. Strömungen im dt. Kath., 1913, 71ff - H.Bastgen, Forschungen u. Qu. z. Kirchenpolitik G.s XVI., 2 Bde, 1929 - J.Schmidlin, G. XVI. als Missionspapst (ZM 21, 1931, 209-228) - Ders., Papstgesch. d. neuesten Zeit I, 1933, 511ff - F.X.Seppelt, Papstgesch. von den Anfängen bis zur Gegenwart, (1933) 1949⁵, 301ff - E.Vercesi, Tre pontificati: Leone XII, Pio VIII, Gregorio XVI, Turin 1936 - DThC VI, 1822ff - D. Federici, G. XVI tra favola e realtà, Rovigo 1947 - D.Demarco, Il tramonto dello stato pontifico: il papato di Gregorio XVI, Turin 1948 - Gregorio XVI, Miscellanea Commemorativa, 2 Bde, Rom 1948 (dazu: A.Schnütgen, ThRv 47, 1951, 41-48) - EC VI, 1148ff.
G.Maron

Gregor, 1. *»Bruder G.«* († 1474), Sohn eines unvermögenden Adligen, Neffe → Rokycanas, ist der eigentliche Gründer der → Brüderunität (: I, 1). Obwohl Laie, als Schneider tätig, ohne gelehrte Bildung, ohne Amt, hat er, charismatisch und organisatorisch begabt, kraft seiner starken Persönlichkeit mannigfaltige Kräfte in der Unität vereint. Seine von Rokycana und → Peter Chelčický beeinflußten Traktate entfalten das Ideal einer Kirche, die, getrennt von Rom, geführt von ethisch vorbildlichen Priestern, den Weg der Nachfolge Christi geht. Die Ideen vom Verfall der Kirche und von den Zeugen der Wahrheit haben in seiner antirömischen Deutung der Lehre von der apostolischen Sukzession eine eigenwillige Gestalt gefunden.

Jos.Müller, Gesch. der Böhm. Brüder I, 1922. *E.Peschke*

2. *von Elvira,* Anhänger → Lucifers von Calaris. Als → Hieronymus 392 »De viris illustribus« schrieb, lebte G. noch. Sein Hauptwerk »De fide orthodoxa« ist unter anderen Verfassernamen erhalten. In den Handschriften gehen nur 6 Predigten über das Hhld unter seinem Namen. Durch Vergleich mit diesen hat A.Wilmart ihm außer einer Predigt »De arca Noe« (ed. in RBén 26, 1909, 1-12) die vielumkämpften »Tractatus Origenis de libris ss. scripturarum« vindiziert. 19 von den 20 Predigten behandeln at. Stoffe; charakteristisch sind die christologische Auslegung mittels der → Typologie und die scharfe Polemik gegen die Juden.

Opera omnia, bisher Bd I, ed. A.C.Vega, Escorial 1944 (20 Tract.). - Über G.: Altaner⁵ 333 (Lit.). *† F.Scheidweiler*

3. *von Heimburg,* * nach 1400 in Schweinfurt, † 1472 zu Wehlen, war »Vikar« des Erzbischofs von Mainz seit 1430, Generalbevollmächtigter Kaiser Siegmunds beim Basler Konzil (1434), 1435-61 Jurist Nürnbergs. Im Dienste Sachsens und Brandenburgs verlas G. in Frankfurt am 17.3.1438 die Erklärung der sog. kurfürstlichen Neutralität, deren Verfasser er möglicherweise ist. Sein Eintreten für die von → Eugen IV. abgesetzten Erzbischöfe von Köln und Trier konnte den Abbau der sog. Neutralität und die Gehorsamserklärung Friedrichs III. gegenüber dem Papst nicht hindern. Mit → Pius II. geriet G. durch seine Parteinahme gegen → Nikolaus von Kues für Siegmund von Tirol in Streit. Seit 1464 diente er dem utraquistischen Böhmenkönig Georg mit heftigsten Angriffen auf das Papsttum. Den konziliaren Gedanken (→ Reformkonzile) vertrat G. in einer Zeit, da dieser sich in seiner vortridentinischen Form überlebt hatte. Eine religiöse Natur war G. nicht. Seine Bedeutung liegt in seinem Eintreten für die deutschen weltlichen Gewalten in Auseinandersetzung mit der römischen Kurie.

Schriften am bequemsten bei M.Goldast, Monarchia II, 1611; vor allem: Admonitio de iniustis usurpationibus paparum Romanorum ad imperatorem. Die Confutatio primatus ist nicht von G., sondern von Matthias Döring. - P.Joachimsohn, G.H., 1891. Ergänzungen in: Dt. Reichstagsakten 10-17, 1906-56, u. künftig 18-22.
H.Heimpel

4. *Illuminator* (lusarovič = der Erleuchter, 2. Hälfte des 3.Jh.s). G. ist die Persönlichkeit, um die sich die Mission in → Armenien (: II) konzentriert. Nach armenischer Überlieferung soll G. aus der parthischen Familie der Suren stammen. Seine christliche Erziehung in Cäsarea in Kappadokien bestimmt sein späteres Leben. Unter König Trdat III. kehrt er nach Armenien zurück, nach dessen Bekehrung setzt sich seine Mission endgültig durch, deren Wirkung über Armenien hinausgegangen zu sein scheint. Auf Wunsch des Königs wird er von Bischof Leontios in Cäsarea zum Katholikos geweiht. Er predigt armenisch, doch soll er auch Kollegien zum Studium der griechischen wie der syrischen Bibel geschaffen haben (Armenien stand damals unter dem Einfluß des syrischen Christentums). Ein genauer Lebenslauf ist schwer zu beschreiben, weil das Rankenwerk der Legende die historischen Tatsachen verdeckt.

RE II, 75f - RAC I, 683ff - G.Garitte, Documents pour l'étude du livre d'Agathange (StT 127), Vatikanstadt 1946 - N.Akinian, Der hl. G. d. Erleuchter (Handes Amsorya 63, 1949, H. 4-12, S. 3-58; arm.). *A.Böhlig*

5. *von Nazianz,* * 329/30, † 390/91 in Arianz, studierte u.a. lange in Athen, zusammen mit → Basilius. Zwischen kontemplativem und aktivem Leben schwankend, ließ er sich widerstrebend von seinem Vater, Gregor d.Ä., 362 zum Priester und von Basilius 372 zum Bischof von Sasima weihen, blieb jedoch in Nazianz und zog sich 375 nach Seleucia (→ Thekla) zurück. Höhepunkt seines Wirkens waren die Jahre 379-381 in → Konstantinopel, wo er die kleine nicänische Gemeinde leitete und den orthodoxen Glauben befestigte. Vom 2. Konzil 381 inthronisiert, resignierte er noch vor Ende der Synode und kehrte nach Nazianz zurück. - G. lehrte Gottheit des Hl. → Geistes (: V), dessen Eigentümlichkeit Heiligkeit und das Hervorgehen (aus dem Vater) ist. Trotz häufiger Polemik neigt G. zum Ausgleich. Die Verbindung von klassischer Bildung und christlichem Denken führt zu einer neuen Subjektivität in Frömmigkeit und literarischer Reflexion, die weithin nachgewirkt hat. - Vgl. → Altchristliche Dichtung, 1a. b, → Altchristliche Literaturgeschichte, 4a, → Christologie: II, 3d.

MPG 35-38: 44 Reden, or. 35 unecht; 244 Briefe, ep. 241 u. 243 unecht, 1 Brief StT 11, 1903, 53-56; ca 400 Gedichte (16 unecht oder fraglich). - Übers.: BKV¹, 1874-77 (25 Reden); BKV² 59, 1928 (or. 1-20); Macht des Mysteriums (6 Reden), eingel. u. übers.v. T. Michels, 1956. - G.Misch, Gesch. d. Autobiogr. I/2, (1931) 1950³, 612ff - P.Gallay, La vie de St.G.deN., Lyon 1943 - Ders., Les mss. des lettres de St.G.deN., Paris 1957 - EC VI, 1088ff - J.Plagnieux, St.G.deN., Théologien, Paris 1951 - Altaner⁵ 266ff (Lit.) - F.Lefherz, Studien zu G.v.N.: Mythologie, Überlieferung, Scholiasten (Diss. Bonn), 1958 (Lit.). *H.M.Werhahn*

6. Bischof *von Nyssa* (ca 330-395), Bruder des → Basilius von Cäsarea, abgesetzt unter dem arianischen Kaiser Valens († 378), dann wieder eingesetzt, wird nach Basilius' Tod (379) dessen Fortsetzer im Kampf gegen

Arianismus (→ Arianischer Streit), Apollinarismus (→ Apollinaris, 2) und gegen die Makedonianer (→ Trinität: III; → Christologie: II, 3d). Gegen sie sind seine polemischen Schriften gerichtet, unter denen die drei Bücher Contra Eunomium hervorragen. Positiv ist dagegen sein berühmtestes Werk, die Oratio Catechetica. G. ist der größte christlich-philosophische Denker nach → Origenes, an den er anknüpft. Basilius' Kampf um die Gottheit des hl. → Geistes (: V) setzt er in mehreren Schriften fort und führt ihn zum Ziel auf dem Konzil von → Konstantinopel 381 (ergänzt das nicänische Bekenntnis durch den 3. Artikel). Den Geist dieses christlichen Spiritualismus leitet er in das von Basilius gestiftete → Mönchtum Kleinasiens über. Durch seine asketisch-mystische Theologie (→ Mystik: V) tritt G. an die Spitze einer religiösen Bewegung, deren Kette bis zur Gegenwart herabreicht (Idee der Heiligung, Perfektion, Formung des Christen, des Gottschauens, der fruitio Dei usw).

Erstausg. (1615, revid. 1638) abgedruckt mit späteren Funden in MPG 44-46 (kritisch ganz unzulänglicher Text). Neue krit. Ausg. v. W.JAEGER u.a., Leiden 1952ff, bisher 6 Bde. - Einzelausg.en: Vita Moysis, hg.v. J.DANIÉLOU (SC 1), (1942) 1955². Weiteres s. ALTANER⁵ 273. - Über G. vgl. außer den → Dogmengeschichten: F.DIEKAMP, Die Gotteslehre des hl. G.v.N., 1896 - RE VII, 146ff (F.LOOFS) - K.HOLL, Amphilochius v.Ikonium, 1904, 196ff - H.URS v.BALTHASAR, Présence et pensée. Philos. relig. de G.deN., Paris 1942 - J.DANIÉLOU, Platonisme et Théologie Mystique, (Aubier 1944) Paris 1954² - W.JAEGER, Two rediscovered Works of Ancient Christian Literature: G. of N. and Macarius, Leiden 1953 - W.VÖLKER, G.v.N. als Mystiker, 1955 - ALTANER⁵ 271ff (Lit.). *W.Jaeger*

7. *Palamas* (1296-1358), der »Prediger der Gnade«, Haupt der → Hesychasten und Vollender der hochbyzantinischen, asketischen, antinomischen Erfahrungstheologie, die in der Frage der Erkennbarkeit Gottes zur aristotelisch-thomistischen Scholastik wie zum Skeptizismus der Renaissance in Gegensatz trat. Der enzyklopädisch gebildete Athos-Mönch und spätere Erzbischof von Thessalonich, 1368 als Heiliger kanonisiert, entfaltete die Lehransätze der Kappadokier (bes. des → Basilius) von der Offenbarung und gottmenschlichen Gemeinschaft. Im Gegensatz zu italianisierten griechischen Humanisten (darunter → Barlaam von Kalabrien) unterschied G. das verborgene »Wesen« der trinitarischen Gottheit und ihre die gesamte Kreatur durchdringenden »göttlichen Energien«, welche auf den Kosmos mit Notwendigkeit, auf den Menschen aber in der Freiheit einwirken, die durch die göttliche Gnadenmitteilung, unter sekundärer Mitwirkung der menschlichen Askese, erneuert wird. Die »Sendung« des Geistes durch den Sohn ist die »Offenbarung« jener göttlichen Gnadenenergien, welchen gleichgesetzt werden »Reich, Kraft, Herrlichkeit« und das »unerschaffene göttliche Licht«, das der Asket mit »erleuchteten Augen des Herzens« (Eph 1, 18) real zu schauen vermag. Die Lehre von der »Mitwirkung« der »kreatürlichen Energien« unter dem Antrieb der »göttlichen Gnadenenergien« verbindet er mit der Ein- und Unterordnung der Materie unter die sie formenden und umformenden göttlich-kreatürlichen »Energien«. Nachdem der praktische »Palamismus« seit Jh.en in der russischen Gläubigkeit seinen stärksten Widerhall gefunden hatte (Kartaschow; Put' 1935), hat seine Theologie nach dem 1. Weltkrieg in der griechischen und bes. in der russischen Orthodoxie eine Wiedergeburt erfahren.

Vf. zahlreiche, zT noch unedierte Schriften. G.s Lehre wurde von 4 griech. Synoden 1341/68 als »übereinstimmend mit der Überlieferung der Theologen« anerkannt, sein »Glaubensbekenntnis« den Synodalakten von 1351 einverleibt. - Werke in MPG 150/51 - J.KARMIRIS, Die Bekenntnisdenkmäler der Orth. Kirche I, Athen 1952 (griech.). - Publikation der Inedita, vorb. v. J.MEYENDORFF (vgl. »Theologia«, Athen 1953ff). Auszüge der asketischen Schriften in »Philokalia«, Venedig 1782 (griech.), u. »Dobrotoljubie«, 1793 (russ.). Petite Philocalie hg.v. J.GOUILLARD, Paris 1953; dt. hg.v. M.DIETZ, 1956. Das »Glaubensbekenntnis« dt. hg. u. eingel. in: Wort u. Mysterium (Dokumente d. orth. Kirchen II), 1958, 217-224 (Lit.). *Hildegard Schaeder*

8. *von Rimini* (etwa 1300-58), Augustiner-Eremit (doctor authenticus), lehrte in Bologna, Padua und Perugia, las seit 1340 in Paris über die Sentenzen, wurde 1345 magister in theologia und 1357 Ordensgeneral. In der Philosophie schloß er sich dem Nominalismus Wilhelms von → Ockham an. In der Theologie vertrat er im schroffen Gegensatz zur nominalistischen Denkrichtung, die er als Pelagianismus kennzeichnete, einen strengen, in manchen Punkten (Erbsünde, Rechtfertigung, Vorherbestimmung) einseitigen Augustinismus. G.s Theologie übte in seinem Orden (zB → Hugolin von Orvieto, → Perez de Valencia; wahrscheinlich auch auf Luther) großen Einfluß aus.

Vf.: Sentenzenkommentar (Buch I u. II: Franciscan Institute Publications, Text Series 7, St.Bonaventure, N.Y., 1955 = Nachdr. der Ausg. v. 1522); Tractatus de usuris, Rimini 1622. Ob andere G. zugeschriebene Werke (zB Schriftkommentare u. Predigten) echt sind, ist fraglich. - Über G.: Ü II, 589f. 783 (Lit.) - LThK IV, 683 - M. SCHÜLER, Prädestination, Sünde u. Freiheit bei G.v.R. (FKGG 3), 1934 - P.VIGNAUX, Justification et Prédestination au XIVe siècle (Bibl. de l'École des Hautes Études. Sciences Religieuses 48), Paris 1934, 141ff - EC VI, 1156f. *B.Decker*

9. *Thaumaturgos*, der Apostel Kappadoziens, * ca 213 in Neocäsarea, aus vornehmer heidnischer Familie, begann das Rechtsstudium, kam aber in Cäsarea unter den Einfluß des → Origenes und blieb 5 Jahre (ca 233-238) bei ihm. Seine rhetorisch ausgefeilte Abschieds-»Dankrede an Origenes« (→ Altchristliche Literaturgeschichte, 3c) beleuchtet dessen Lehrweise und G.s Entwicklung und bezeugt den Schutzengelglauben. Bald nach der Heimkehr wird G. erster Bischof von Neocäsarea. Sein erfolgreiches Wirken für die Christianisierung des Landes bringt ihm Ruf und Namen des »Wundertäters«; schon die älteste Vita (Gregor von Nyssa) ist stark legendär. G. nahm 265 an der Synode gegen → Paulus von Samosata teil, † um 270/75. G.s Schriften dienen der Praxis, so der »kanonische Brief«, der die zZ der Goteneinfälle (ca 255) eingetretenen Mißstände bekämpft und Bußregeln gibt, und ein antisabellianisches (→ Christologie: II, 2c) Glaubenssymbol. Unter den weiteren Werken (zB Metaphrase zu Pred) sind auch zweifelhafte und unechte. Gedenktag: 17.11.

MPG 10, 963ff - P.KOETSCHAU, Des G.Th. Dankrede an Origenes (SQS 9), 1894 - Übers.v. H.BOURIER, BKV² 2, 1911. - Über G.: V. RYSSEL, G.Th. Sein Leben u. seine Schriften, 1880 - P.KOETSCHAU, Zur Lebensgesch. G.s des Wundertäters (ZWTh 41, 1898, 211-250) - RE VII, 155ff - PW VII/2, 1857ff - BARDENHEWER II, 315ff - STÄHLIN 1352ff - QUASTEN II, 123ff - ALTANER⁵ 187f (Lit.). *K.Treu*

10. *von Tours* (538/39-594 [595?]), * in Clermont aus altem gallorömischen Senatorenadel, wurde um 550 Geistlicher, 573 zum Bischof von Tours erhoben. Sein Ruhm als Geschichtsschreiber beruht weniger auf den »Libri octo miraculorum« (23 vitae gallischer Heiliger, Wunder des hl. → Martin usw) als auf den »Historiarum libri X« (so, nicht »Historia Francorum«, G.s eigener Titel). Buch 1-4 sind bald nach 575 von der Schöpfung bis 575 geführt; dann erfolgte die Aufzeichnung, meist chronologisch geordnet und immer breiter werdend, wenige Jahre nach den Ereignissen (bis 591). Die ersten Bücher hat G. später überarbeitet. Das Werk steht äußerlich noch in der Tradition spätrömischer Geschichtsschreibung, ist aber innerlich ganz vom Christentum bestimmt. Überall sieht G. das unmittelbare, oft wunderbare Eingreifen Gottes, der straft und lohnt. Der Gesichts-

kreis umfaßt vor allem → Gallien und das Fränkische Reich (→ Franken), dem G. sich innerlich zugehörig fühlt, in zweiter Linie die gesamte Kirche und das (ost-)römische Reich. Tiefere politische Zusammenhänge sucht man vergebens. Dafür erzählt G. aus allen Lebensbereichen lebendig und anschaulich, meist ohne rhetorischen Putz, den er als Christ ablehnt. Die gallorömische Welt Südgalliens wird plastisch sichtbar, ebenso ihre Verschmelzung mit der germanischen Führungsschicht am Hof, die G. nicht immer versteht. Die germanisch-bäuerliche Welt im Norden und Osten Galliens tritt nicht in G.s Gesichtskreis.

Werke: T.RUINART, Paris 1699; danach MPL 71 - MG SS rer. Merov. I, 1884/85 (W.ARNDT, B.KRUSCH u.a.); Historiae auch ebd I², 1937-51 (B.KRUSCH u. W.LEVISON; Lit.; maßgebend); danach hg. mit dt. Übers.v. R.BUCHNER, 2 Bde, 1955/56. - Dt.v. W.GIESEBRECHT (Die Geschichtsschreiber der dt. Vorzeit 12. 16), 1851, 4. Aufl. v. S. HELLMANN (ebd 8. 9/1. 2), 1911/13. Englisch v. O.M.DALTON, The History of the Francs by Gregory of Tours, 2 Bde, Oxford 1927. - Über G.: RE VII, 153ff - MANITIUS I, 216ff - S.HELLMANN, HZ 107, 1911, 1-43 - J.M.WALLACE-HADRILL in: Transactions of the Royal Historical Society 1951, 25-45 - WATTENBACH-LEVISON 1, 99ff - ALTANER⁵ 440ff (Lit.). *R.Buchner*

11. *von Utrecht* († 774), westfränkischer Edeling, 721 Gefährte des → Bonifatius, dann dessen Mitarbeiter in → Hessen und → Thüringen, später zum Nachfolger in Austrasien vorgesehen, daher 737 Begleiter nach Rom, aber 741 durch Familienzwist mit dem Arnulfingerhaus verfallen und nun als Bischof abgelehnt. Nach → Dadans Tode wurde G. Abt des Domstifts Utrecht, aber nicht Bischof. Sein Schüler → Liudger hat ihm in seiner »Vita« ein ehrerbietiges Gedenken gewidmet. Nach dem Tode des Bonifatius (754) wurde G. Leiter der Frieslandmission. Sein Neffe Alberich führt sie fort und wird gegen 780 Bischof von → Utrecht.

Liudgeri Vita Gregorii, ed. O.HOLDER-EGGER, MG SS XV/1, 1887, 63ff - Altfridi Vita Liudgeri, ed. W.DIEKAMP (Geschichtsquellen des Bistums Münster IV), 1881 - F.FLASKAMP, Wilbrord-Clemens u. Wynfrith-Bonifatius (Festg. »St.Bonifatius«, 1954, 157-172). *F.Flaskamp*

12. *von Valencia* (1549-1603), SJ, kath. Dogmatiker. * Medina del Campo (Kastilien), † Neapel. G. trat 1565 in den Jesuitenorden ein, studierte 1566-72 in Salamanca und Valladolid und war 1573-75 Prof. für Dogmatik in Dillingen, 1575-92 in Ingolstadt, seit 1598 in Rom. In den Streit der Konfessionen in Deutschland griff er mit vielen Schriften ein (wichtigste: Analysis fidei catholicae, 1585; gesammelt hg. Lyon 1591). Im »Gnadenstreit« (1597-1607) war er Anwalt seines Ordensgenossen → Molina. G.s Hauptwerk sind die Commentarii theologici (4 Bde, 1591-97), ein Aufriß der gesamten Theologie auf thomistischer Grundlage.

B.DUHR, Gesch. der Jesuiten in den Ländern dt. Zunge I, 1907, 665ff - W.HENTRICH, G.v.V. u. der Molinismus, 1928 - DERS., War G.v.V. Prämolinist? (Scholastik 4, 1929, 91-106) - LThK X, 474 - SCHL. 21660-21667 - J.ESPOSA, Relación entre la fe infusa y la adquirida en G. de V. (ATG 8, 1945, 99-123) - DThC XV, 2465ff (Lit.) - EC XII, 972f (Lit.). *F.Zoepfl*

Gregor, *Christian* (1723-1801), Herrnhuter Liederdichter aus Diersdorf (Schlesien), wurde 1740 als Begleiter seines Gutsherrn (von Pfeil), der den Vaterlosen zum Lehrer und Organisten hatte ausbilden lassen, in Herrnhut mit der Brüdergemeine (→ Brüderunität: II) bekannt, der er sich 1742 anschließen durfte. Außer in Herrnhut wirkte er als Organist und »Direktor der Gemeinmusik« in Herrnhag, in Zeist und in Zinzendorfs »Pilgerhause«, schließlich wieder in Herrnhut und war auch zeitweilig Rechnungsführer der Unitätsfinanzen. Mitglied der Direktion wurde er 1764, einer der Bischöfe 1789. G.s Hauptverdienst ist die Sichtung des Herrnhuter Liedgutes, 1773-78 (Gesangbuch zum Gebrauch in ev. Brüdergemeinen [→ Gesangbuch: I, 2b]; dazu 1784 auch das erste gedruckte Choralbuch). Mit beiden Werken hat er den Brüdergesang bis 1927 wesentlich bestimmt. Dank seines Geschicks blieben viele Lieder → Zinzendorfs und anderer Herrnhuter bis heute im kirchlichen Gebrauch, zT auch außerhalb der Brüdergemeine. Von G.s eigenen Liedern ist das innige »Ach mein Herr Jesu, dein Nahesein« (EKG, Hessische Ausgabe 404, Württembergische 514) am bekanntesten, von seinen Kompositionen das für Chor und Kinder geschaffene »Hosianna« und die heute überall gesungene Vertonung von 1Kor 13, 13.

Beyträge zur Erbauung aus der Brüdergemeine II, 1818, 427-478 (Selbstbiogr.) - Nachrichten aus der Brüdergemeine I, 1882, 865ff - KOCH VI, 431ff. 485ff - ZAHN V, 452 - Hdb. zum EKG II/1, 1957, 263f (W.LUEKEN). *W.Jannasch*

Gregorianischer Gesang

I. Kirchenmusikalisch - II. Evangelisch-liturgisch

I. Kirchenmusikalisch

G.G. ist die Bezeichnung für die einstimmigen liturgischen Melodien der kath. Kirche, genauer der gregorianischen Liturgie. Er steht neben dem → ambrosianischen, → gallikanischen, mozarabischen (spanischen; → Mozaraber) und weiterhin den nichtlateinischen liturgischen Gesängen. Name und Wesen werden zZ lebhaft erörtert. → Gregor I. galt seit dem MA als Verfasser oder doch Auftraggeber der überkommenen Melodien. Heute wird seine Rolle oft auf die Fixierung nur der Texte beschränkt. Zweifellos haben sich die Melodien gewandelt von einer älteren (aber nur in Hss. des 12./13.Jh.s überlieferten) Fassung zur jüngeren, die sich durchsetzte und heute gemeinhin als g.G. gilt. Die ältere, den anderen lat. Chorälen näher verwandt, ist nach den Erfordernissen der melodischen Linie geformt, die jüngere u.a. dem tonartlichen Aufbau stärker verpflichtet. Grundlage des g.G.s ist die → Psalmodie mit den verwandten Formen, der chorischen → Antiphonie und den von Chor und Solisten vorgetragenen → Responsorien. Liturgisch sind zu unterscheiden die Gesänge der Messe: → Introitus, → Graduale, → Tractus, → Halleluja, → Offertorium, → Communio, und die des → Stundengebetes: → Antiphonen und Responsorien schlichterer Art. → Kyrie, → Gloria, → Credo, → Sanctus und → Agnus haben sich aus Akklamationen erst im MA zu komponierten Gesängen entwickelt und gehören mit den gleichzeitig entstandenen → Sequenzen und den heute ganz aus dem Gebrauch gekommenen → Tropen als »Mittelalterlicher Choral« nicht zum g.G. im strengen Sinne. Ebenso wurde die → Hymne, obwohl stets gepflegt, ursprünglich nicht dem g.G. zugerechnet. - Kennzeichnend für den g.G. ist das Verhältnis zum Wort. Während im antiken Hymnus die Musik als Ordnung der Wortmelodie zu verstehen ist und die neuere Musik sich vom Text unabhängige Gesetze gibt, ist die Choralmelodie Aussprache des Textes als des Wortes Gottes. Dabei bedient sich der Musiker festliegender Formeln, vor allem für Einleitung und Schluß der Satzglieder. Es handelt sich also zunächst nicht um die Erfindung neuer Melodien, sondern um das Auffinden der richtigen Modelle; doch ist darum die künstlerische Leistung nicht geringer. Ausgang der Gestaltung ist - im Rahmen der Psalmodie - die Silbe; das gilt auch für die Rhythmik der Gesänge. (Der heute von der kath. Kirche für ihren Gottesdienst vorgeschriebene Rhythmus geht von der Gleichheit der Dauer aller Töne, nicht der Silben, aus.) Wesentliches Mittel der Hervorhebung der Abschnittgrenzen oder einzelner Silben ist das Melisma, dh der Vortrag einer Silbe vermittels einer großen Fülle von Tönen, die in der Regel als Intensivierung des der Silbe zustehenden Einzeltones zu verstehen ist. Die Tonalität entwickelt sich aus einer Gruppierung von einander zugehörigen Formeln zur Ordnung der 8 → Kirchentöne. Die Einstimmigkeit gilt grundsätzlich; ein organaler Vortrag scheint aber schon im 7.Jh. möglich gewesen zu sein. Der g.G., ursprünglich nur in Rom beheimatet, ist schon bei der Missionierung nach England und dem rechtsrheinischen Deutschland gekommen; dann haben die Karolinger ihm aus politischen Gründen den gallikanischen Gesang geopfert. Der beneventanische und im 11.Jh. der spanische wurden gleichfalls verdrängt, der Mailänder, soweit er erhalten blieb, durchsetzt. Immer aber blieb die Überlieferung einheitlich, außer daß sich eine gewisse Variante, der germanische → Choraldialekt, entwickelte. Seit dem Aufkommen der komponierten Mehrstimmigkeit und des neuen Verhältnisses von Musik und Sprache wurde er mißverstanden und verlor an Beachtung. Die Überlieferung verdarb. Eine dieser schlechten Fassungen, die sog. Medicaea, wurde sogar eine Zeitlang (bis 1904) die privilegierte Fassung. Inzwischen hatte aber eine Reformbewegung eingesetzt, vor allem durch die Benediktiner von Solesmes, denen eine Faksimileausgabe der wichtigsten Choral-Hss. (Paléographie musicale) zu verdanken ist. Es entstand eine Neuausgabe auf Grund dieser Hss. (Editio vaticana) und eine neue Pflege vor allem bei den Benediktinern (neben Solesmes in Deutschland vor allem → Beuron). Die kirchliche → Gesetzgebung erklärte den g.G. wieder als den eigentlichen liturgischen Gesang der kath. Kirche.

Quellenausg. vor allem: Paléographie musicale, seit 1889. - Textnachweise: C.MARBACH, Carmina Scripturarum, 1907. - Laufende Bibliogr. in JLW (ab 1921) bzw. ALW (seit 1951). - P.WAGNER, Einführung in die gregor. Melodien I-III, (1895) 1911-21³ - A.JUNGMANN, Missarum solemnia, (1950) 1952² - MGG II, 1265ff (Bibliogr.); V, 786ff - W.APEL, Gregorian Chant, 1958. *E.Jammers*

II. Evangelisch-liturgisch

Unter g.G. wird hier der einstimmige liturgische Gesang verstanden, wie er sich am Ende des MA, aus verschiedensten Quellen gespeist, in der römischen → Messe und im gesungenen → Stundengebet vorfand. Daß die hier vorliegende reiche Tradition schon im ersten Jahrzehnt der Reformation in den ev. Kirchen stark zurückgedrängt wurde, hing mit der Bevorzugung des Gemeindegesangs vor dem → Altar- und Chorgesang zusammen. Da es diesen in den *ref.* Kirchen überhaupt nicht mehr gab, konnte dort der g.G. bestenfalls im Gemeindelied nachklingen. In den *luth.* Kirchen brachten die Neuordnung des Gottesdienstes (→ Gottesdienst: V B, 2a), die die gregorianisch zu singenden Stücke wesentlich einschränkte, und Luthers Tendenz, die verbleibenden liturgischen Stücke durch Gemeindelieder zu ersetzen, eine erhebliche Minderung des g.G.s, wobei die Frage der Eindeutschung seiner lateinischen Form verschieden gelöst wurde. Eine *einheitliche* Form des g.G.s konnte sich so auf dem Boden der luth. Kirche nicht herausbilden, wie mehrere bedeutende Chorgesangbücher (→ Kantionale) des 16.Jh.s zeigen (zB L. → Lossius, J. → Spangenberg). »Altargesang« nach gregorianischem Vorbild kam außer für die nach Modelltönen gesungenen Gebete und Lesungen hauptsächlich für die alten Ordinariumstücke der → Messe (: II. III) in Frage, außerdem für das luth. → Stundengebet, in dem die (meist aus Schülern bestehende) Gemeinde die »Psalmodie«, dh den gregorianischen Psalmengesang, zu übernehmen hatte. – Die Gregorianik erhielt sich in den aus der römischen Überlieferung übernommenen Melodien neuer Kirchenlieder. Ein langsamer Umwandlungsprozeß der ev. Kirchenliedmelodien gregorianischen Ursprungs in die modernen Dur- und Mollgeschlechter, der bis ins 18.Jh. währte, zeigt die wachsende Entfremdung zwischen Gemeinde und g.G. Wenn in den luth. bestimmten Kirchen seit dem 19.Jh. der g.G. im Zusammenhang mit der Wiedereinführung des Altargesangs (zunächst nach modernen, heute zunehmend nach alten Melodien) auch für die singende Gemeinde wieder erneuert worden ist, so bleibt doch fraglich, wieweit dieser oft schwerfällige, durch die Übermacht der Orgel um jede schwebende Leichtigkeit gebrachte Gesang musikalisch noch etwas mit Gregorianik zu tun hat. Die hier gemachten Erfahrungen ermutigen nicht zu der Hoffnung, es könne der liturgischen Erneuerungsbewegung (→ Gottesdienst: VI) gelingen, gregorianisch gesungene Metten und Vespern für die Gesamtgemeinde wieder einzubürgern. Den musikalisch und liturgisch allein befriedigenden Weg einer Erneuerung des deutschen g.G.s ist die → Kirchliche Arbeit in Alpirsbach gegangen; aber auch sie blieb mit ihrem einstimmigen, unbegleiteten g.G. bisher auf Ausschnitte aus der Gemeinde beschränkt.

FR.BUCHHOLZ, Liturgie u. g.G., 1939 - DERS., Vom Wesen der Gregorianik, 1948 - HDEKM I/1, 1941 - Der Gottesdienst an Sonn- u. Festtagen, hg.v. J.BECKMANN u.a., 1949, 443ff - Kleines Luth. Kantionale, 1. u. 2. Tl, 1950/51 - RIETSCHEL-GRAFF 396ff - Leiturgia IV, 347ff (O.BRODDE) - MGG V, 786ff. *J.Beckmann*

Gregory, *Caspar René* (1846–1917), * in Philadelphia, 1865–73 Theologiestudium ebenda und in Princeton. Von Ezra Abbot auf die Textkritik des NT gewiesen, ging er 1873 nach Leipzig zu → Tischendorf, den er jedoch nicht mehr lebend antraf. Zu dessen Hauptwerk schrieb er die noch fehlenden Prolegomena und setzte die Arbeit des Aufsuchens und Katalogisierens von nt. Hss. auf ausgedehnten Reisen fort. G.s Bezeichnung und seine Liste der nt. Hss. sind heute anerkannt und im Gebrauch (→ Text: II). 1889 ao. Prof., 1891 o. Honorar-Prof. in Leipzig.

Vf. u.a.: Prolegomena zu Tischendorfs NT Graece (ed. VIII. crit. maior), 1884–94 (dt. NB: Textkritik des NT, 1900–09); Das Freer-Logion, 1908; Die griech. Hss. des NT, 1908; Vorschläge für eine krit. Ausg. des NT, 1911; Die Koridethi-Evangelien, 1913. - Über G.: K.J.FRIEDRICH, Prof. G., Amerikaner, Christ ..., 1917 - H.FRANKFURTH, C.R.G., ein Bekenner (ZW 2, 1926, 113–136). *H.Greeven*

Greifswald, *Universität*

1. Allgemein - 2. Theologische Fakultät

1. Die *Universität* G., die älteste preußische Hochschule, verdankt ihre Entstehung der Anregung des G.er Bürgermeisters Dr. jur. Heinrich Rubenow. Dieser wußte für sein Vorhaben die Hilfe Herzog Wartislaws IX. von Pommern, Bischof Hennings von → Kammin und der Äbte der angesehensten Zisterzienserklöster des Landes zu gewinnen. Der Herzog stellte eine jährliche Dotation von 1000 Dukaten in Aussicht, ferner die Begründung von 20 Kanonikalpräbenden an St. Nicolai in G., deren Inhaber promovierte Gelehrte sein und an der Universität lesen sollten. Er, die Klöster und die Stadt G. sagten die Verleihung des Patronats von 11 Kirchen zu. Daraufhin fertigte Papst Calixt III. unter dem 29.5.1456 die Stiftungsbulle aus. Die Eröffnung der Universität erfolgte am 17.10.1456. Damals wurden 173 Studenten sowie als Dozenten 3 Theologen, 5 Juristen, 1 Mediziner und 4 Artisten inskribiert. Von den Scholaren stammten verschiedene aus den nordischen Ländern. In der Folgezeit entwickelte sich die Hochschule nicht sonderlich günstig. Die Ermordung Rubenows 1462 und heftige Streitigkeiten in der artistischen Fakultät und um das Rektorat verscheuchten Dozenten und Studenten. Einen vorübergehenden Aufschwung brachten die Jahre 1498 und 1499, als der

berühmte Jurist Petrus Ravennas für kurze Zeit in G. das römische Recht lehrte. Nur sehr langsam fand der *Humanismus* in G. Eingang. Zwischen 1502 und 1504 erklärte Hermann von dem → Busche römische Klassiker. Einer seiner Schüler war Joh. → Bugenhagen, der spätere Reformator → Pommerns. Nur eine Episode war das Auftauchen Ulrich von → Huttens in G. (1509). Von größerer Bedeutung wurde das Wirken des Johannes Hadus aus Bremen 1514. Das Dekanatsbuch der Artisten nennt für 1521 außer der Behandlung römischer Klassiker ein »Elementale introductorium in litteras graecas«. Trotz dieser Zeugnisse kann von einer grundlegenden Eingliederung der humanistischen Gelehrsamkeit in den Lehrbetrieb keine Rede sein. Die Hochschule behielt die Scholastik als Grundlage ihrer Wissenschaften.

Eine streng ablehnende Haltung nahm die Universität (vor allem der Theologe Wichmann Kruse und der Jurist Heinrich Bukow) gegenüber der in den 20er Jahren des 16.Jh.s vordringenden *reformatorischen Bewegung* ein. Die Folge war ein fast völliger Verfall der Hochschule. Seit 1527 hörten die Vorlesungen so gut wie ganz auf. Im Jahre 1531 führte Johann → Knipstro in G. die Reformation ein. Das Hauptverdienst an der Wiederaufrichtung der Universität hatte Bugenhagen. Er setzte sich, vor allem in seiner 1535 verfaßten pommerschen Kirchenordnung, sehr entschieden für eine Wiederherstellung der Universität ein. Am 11.11.1539 wurde die Universität mit 88 Studenten und 6 Dozenten neu eröffnet. Die Hochschule war, wie ihre Statuten von 1545 ausweisen, nach dem Vorbild der Universität → Wittenberg eingerichtet. → Melanchthon förderte sie durch Zuweisung von Professoren und Studenten. Seine Schriften bildeten Gegenstand und Grundlage für die Vorlesungen in allen Fakultäten. Mit ihnen gewann der Humanismus in breitem Strom Eingang an der Hochschule. Da die Universität 1539 als eine luth. Hochschule neu begründet worden war, wurden die Dozenten aller Fakultäten auf die CA verpflichtet. Mit der Einführung der Reformation waren die Kanonikate von St. Nicolai in G. in Fortfall gekommen. Dafür wurden 13 gutdotierte Kirchen Rügens zu einer jährlichen »Pension« an die Universität herangezogen. Doch blieben die Besoldungsverhältnisse außerordentlich schlecht. Sie nötigten manchen Dozenten, G. zu verlassen. Erst die Schenkung des Amtes Eldena mit seinen zahlreichen Gütern 1634 durch Herzog Bogislaw XIV. schuf für die Hochschule eine gesicherte wirtschaftliche Grundlage. Unter der Schwedenherrschaft (1648–1815) geriet die Universität mehrmals in starken Verfall, da die Einkünfte aus den Universitätsgütern sich in den Kriegswirren jener Zeit erheblich verminderten. Während der französischen Besetzung (1807 bis 1810) erregte G.L. → Kosegarten durch eine begeisterte Lobrede zum Geburtstag Napoleons den Zorn aller Patrioten. – Durch die Errichtung eines »Nordischen Instituts« 1917 wurden die von altersher bestehenden Verbindungen mit den skandinavischen Ländern vertieft. – Aus der neuesten Geschichte der Universität ist zu erwähnen: 1946 Aufhebung der juristischen Fakultät und Errichtung einer Pädagogischen Fakultät, 1949 Errichtung der Arbeiter- und Bauernfakultät. Seit 1945 sind insonderheit Naturwissenschaft und Gesellschaftswissenschaft in den Vordergrund getreten. In der medizinischen Fakultät sind zahlreiche Kliniken neu entstanden, aber auch verschiedene Institute anderer Fakultäten neu begründet worden. Die Gesamtzahl der Studenten betrug in den letzten Jahren meist über 3000.

2. Für die *theologische Fakultät* sah die Kirchenordnung von 1535 den G.er Stadt-Sup. als Dozenten vor. Da 1539 die Superintendentur unbesetzt war, trat für kurze Zeit Knipstro, seit 1535 Gen.-Sup. von Vorpommern, in die G.er Professur ein. Einige Monate später wurde N.C. Glossenius zum Stadt-Sup. und damit auch zum Theologie-Prof. bestellt. Nach seinem Weggang aus G. übernahm 1543 Knipstro von neuem die Professur. Die Statuten von 1545 schrieben für die Theologie 3 Dozenten vor. Der Rezeß von 1558 bestimmte, daß die drei Pastoren G.s die Professuren innehaben sollten. Diese Verbindung von Kirchenamt und Lehramt wurde erst im 19.Jh. gelöst, zuletzt 1890 an St.Marien. Während des 30jährigen Krieges hatte die Fakultät von 1640–42 keinen einzigen Dozenten. Ihre Insignien, der rote Hut und das Siegel, wurden der Universität zur Aufbewahrung übergeben. Bis zur Mitte des 18.Jh.s herrschte das dogmatische Interesse vor. Durchgängig wurden Vorlesungen über die CA, gelegentlich auch über die Konkordienformel und das Symbolum Athanasianum gehalten. Zwischendurch liefen »Collegia antipapistica« und »Contra Calvinianos«. Im NT behandelte man vorzugsweise das Mt- und LkEv, ferner Röm und Kol, im AT Gen, Jes und Jer, dazu »Hebräische Altertümer« und »Anfangsgründe des Chaldäischen und Syrischen«. Gering war das Interesse an der Kirchengeschichte. Zu Anfang des 18.Jh.s traten mehr und mehr Kollegs und Übungen in Homiletik und Katechetik hervor. – Des öfteren hatte die Fakultät in konfessionellen Angelegenheiten Stellung zu nehmen. Aufsehen erregte es, als 1660 der Jesuit J.G.Tremellius, Generalfeldvikar im kaiserlichen Heere Montecuculis, der desertiert war und zum Luthertum überzutreten begehrte, von der Fakultät im Auditorium maximum zum öffentlichen Widerruf zugelassen wurde.

Die Fakultät war lange Zeit die streitbare Vorkämpferin des strengen, *orthodoxen Luthertums* im Lande. Bes. Jakob → Runge (1557–95), Gen.-Sup. und »Primarius professor theologiae«, drückte ihr diesen Charakter auf. Unter seinem Einfluß lehnte die Fakultät 1579 die Annahme der → Konkordienformel ab. Erst 1623 wurde sie als Verpflichtung der Theologieprofessoren in die in diesem Jahr verfaßten Fakultätsstatuten eingefügt. Als 1613 Kurfürst Johann Sigismund von → Brandenburg (: II, 3) zum ref. Bekenntnis übergetreten war und damit für Pommern, das mit Brandenburg durch Erbverträge verbunden war, die Gefahr der Calvinisierung wuchs, wandte sich die Fakultät, an ihr namentlich Barthold Krackewitz, in zahlreichen Schriften und Disputationen gegen den Schritt des Kurfürsten. Im 30jährigen Kriege verteidigte Krackewitz allen Drangsalierungen der Kaiserlichen zum Trotz Kirche und Lehre gegen »Die Tyrannei des Papstes« und »Wider den römischen Antichrist«. Nach dem Kriege lebte der alte Kampfgeist gegen die Reformierten wieder auf, vor allem 1663 im »Gebetsstreit« um den die Reformierten als Rottengeister bezeichnenden Elenchus nominalis. Auch gegenüber den Versuchen Brandenburgs, in Hinterpommern ref. Gemeinden anzusetzen, griff die Fakultät ein. Sie tadelte in scharfen Gutachten »die tyrannische Knechtung der Gewissen durch die Räte des Kurfürsten«.

Nicht so geschlossen wie im Kampf mit den Reformierten stand die Fakultät bei den Auseinandersetzungen mit dem *Pietismus* da. Schon 1708 hatte ein Streit zwischen dem Gen.-Sup. J.F. → Mayer, einem fanatischen Gegner des Pietismus, und dem Theologie-Prof. B.H. → Gebhardi begonnen, den nach Mayers Tode (1712) J.L.Würfel, seit 1711 Theologie-Prof. in G., fortsetzte. Der Hauptstreit brach 1723 durch das Hervortreten des Mathematik-Prof. Jeremias Papke, eines leidenschaftlichen Pietistenfeindes, aus, veranlaßt durch die Berufungen der pietistenfreundlichen Professoren M.C.Rusmeyer (1686–1745) und J.H.Balthasar (1690–1763). Durch Plakat vom 31.3.1730 unterdrückte die Regierung gewaltsam den Konflikt. – Die *Aufklärung* nahm ihren Einzug mit J.E.Schubert (1764-74) aus Helmstedt und seinem Nachfolger Georg Brockmann (1775-1800), welche die Ideen des Philosophen Chr. → Wolff vertraten. Ihnen gleichgesinnt war J.E.D.Parow (1795-1836), der einen Grundriß der Vernunftreligion herausgab. Der entschiedenste Vertreter der Aufklärung war G.Schlegel (1790-1810), Gen.-Sup. und Theologie-Prof., ebenfalls ein eifriger Verehrer Wolffs, der durch seine Vorlesungen auch E.M. → Arndt stark beeinflußte. Sein Landeskatechismus (1792) und seine »Grundlagen der Dogmatik« (1806), beide völlig im Geiste der Aufklärung, fanden weite Verbreitung.

Aufklärung und kirchlicher Liberalismus, die sich über die Mitte des 19.Jh.s in G. hielten, ließen die Fakultät nur zu geringer Bedeutung kommen. Zeitweise lag die Zahl der Theologiestudenten unter 20. Eine Wende trat in den 70er Jahren ein. Mit Jul. → Wellhausen (1872 bis 1882 AT) erhielt die Fakultät einen Gelehrten von Ruf. Vor allem aber zog Hermann → Cremer (1870 bis 1903 Syst. Theol.) durch Biblizismus und positive Theologie die Studenten an. Im gleichen Geiste lehrten Samuel Oettli (1895-1908 AT), Erich Haupt (1883-88 NT) und Adolf → Schlatter (1888-93 NT). Vgl. auch bei → Cremer über die G.er Schule. Die Zahl der Theologiestudenten stieg von 17 i.J. 1870 auf 320 i.J. 1895 (von 943 Studenten überhaupt). Aus neuerer Zeit seien als Dozenten noch genannt: Carl Stange (1904-12 Syst. Theol.), Viktor Schultze (1883-1935 KG und Archäologie), der die kirchlich-archäologische Sammlung begründete, G. → Dalman (1917-23 AT, Palästinawissenschaft), der das Institut für biblische Landes- und Altertumskunde schuf, und R.Hermann (1926-52 Syst. Theol.). ZZ haben Lehrstühle A.Jepsen (seit 1947 AT), W.Nagel (seit 1951 Prakt. Theol.) und W.Schmauch (seit 1958 NT); vollen Lehrauftrag K.Wessel (seit 1958 KG und Archäologie); Lehrauftrag H.Bandt (seit 1958 Syst. Theol.), E.Kähler (seit 1954 KG), G.Kehnscherper (seit 1958 Angewandte Theol.); Dozentur H.Beintker (seit 1957 Syst. Theol.); Lehrbeauftragung K.-H.Bernhardt (AT), H.Heyden (Territoriale KG), A.Kayser (Kirchenrecht), K.-D. Schunk (AT), W.Völger (Sozialethik). Emeritiert sind W.Glawe (KG) und E.Jenssen (Angewandte Theol.). Die Zahl der Theologiestudenten beträgt 80.

J.G.L.Kosegarten, Gesch. d. Univ. G., 2 Bde, 1856/57 - E.Friedlaender, Ältere Univ.-Matrikeln II. Univ. G. I, 1903 - H.Heyden, Die Erneuerung d. Univ. G. u. ihrer theolog. Fakultät im 16.Jh. (Festschr. z. 500-Jahrfeier d. Univ. G. II, 1956, 19-32) - Ders., Die Gründung d. Univers. G. 1456 (Balt. Stud. 44, 1957, 11-17) - J.Seth, Die Univ. G. u. ihre Stellung in der schwed. Kulturpolitik 1637-1815, 1956 (dt. Ausg. - ohne krit. Apparat - des schwed. Originals, Uppsala 1952).
H.Heyden

Greifswalder Schule → Cremer, Hermann.

Grenze. Wälder, Wüsten, Gebirgszüge, Flüsse waren die natürlichen Grenzzonen und G.n der Lebensräume von Sammler- und Jägervölkern. Sie wurden zu Hoheits-G.n von Stämmen, Völkern und Staaten, während auf deren Gebiet mit dem → Ackerbau Gemeinde- und → Eigentums-G.n hinzutraten. Mit intensiverer Bodennutzung und Besiedelung wurden diese häufiger, ihre genaue Bestimmung immer wichtiger, weshalb sie zunehmend durch Merkzeichen (Markierung von Bäumen, Steinsetzung) künstlich »abgemarkt« werden mußten (altdt. mark = Zugehörigkeitszeichen, G., Grenzgebiet; grenze seit dem 13.Jh. entlehnt aus poln. granica, Grundbedeutung »Kante«). - Die G. sollte scheiden und schützen und war deshalb öfters befestigt (Grenzwälle, Landwehren). Um - ihrer hohen Bedeutung für den Frieden entsprechend - selbst geschützt zu sein, wurden ihre Zeichen Gottheiten geweiht (terminalia, Terminus; Θεοὶ ὅριοι; babylon. kudurru: Inschriftensteine mit genauer Grenzbeschreibung nebst Bild des belehnenden Königs und der Schutzgötter). Der Grenzfrevler wurde schwer bestraft: das AT verflucht ihn (Dtn 27, 17; vgl. auch 19, 14; Hi 24, 2; Spr 22, 28; 23, 10), in Griechenland drohte ihm Ächtung (ἀτιμία), bei den Germanen, daß ihm, an der Stelle des verletzten Grenzsteins in die Erde gegraben, der Kopf abgepflügt wurde. Sein Gespenst ging am Grenzstein um und verstärkte so dessen Tabuierung. Heute wird Grenzfrevel mit Gefängnis bestraft. - Vgl. → Umgang.

ARW 12, 1909, 98; 16, 1913, 137-144 - ERE VII, 789ff - RIA I, 410f - HWDA III, 1137ff - PW, 2. R. V/1, 781ff - A.Diehl u.a., Grenzrecht u. Grenzzeichen (Das Rechtswahrzeichen 2), 1940 (Lit.) - M.P.Nilsson, Gesch. der griech. Religion I, (1941) 1955², 205. 505 - W.Helck, Zur Vorstellung von der G. in der ägypt. Frühgesch., 1951 - Eliade § 141f - van der Leeuw 453ff.
B.Rehfeldt

Grenzen, *kirchliche und staatliche*

1. Problematik - 2. Geschichte - 3. Gegenwärtige Lage

1. Das Verhältnis der kirchlichen zu den staatlichen G. ist zugleich innerkirchliches und staatskirchenrechtliches Problem. *Innerkirchlich* geht es darum, ob es theologische oder praktisch-kirchliche Gesichtspunkte für die Abgrenzung der Bezirke der kirchlichen Ämter und Verbände (Circumscription) gibt, oder, wenn sie fehlen, ob die Anlehnung an den Staat aus soziologischen Gründen geboten ist, oder schließlich, ob solche Anlehnung ausgeschlossen werden muß, weil sie die Kirche vom Staat abhängig macht. Die Abgrenzung der kirchlichen Ämter und Verbände ist Gegenstand *staatlichen* Interesses, weil die Übereinstimmung staatlicher und kirchlicher Bezirke die Beziehungen erleichtert und die staatliche Ordnung stärkt; wo die G. zugleich die äußeren Staats-G. sind, wünscht der Staat die Übereinstimmung, damit das Öffentlichkeitswirken der Kirche nicht von der staatsbürgerlichen Verbundenheit der Kirchenglieder gelöst ist und um landesfremde Einflüsse und Abhängigkeiten einzuschränken. Dieses Interesse ist dem christlichen oder neutralen Staat ebenso zu eigen wie dem kirchenfeindlichen. In den örtlichen und überörtlichen Verhältnissen ist die kirchliche Anlehnung an die bürgerlichen Gemeinden (Kreise) zwangsläufig und unproblematisch.

2. In der frühen Kirchengeschichte sind die G. der römischen Stadt (civitas) das Vorbild für die Bildung und Abgrenzung der bischöflichen Gemeinden. Bei der Bildung der Verbände kommt es schon vor Konstantin zur Anlehnung der Kirchenprovinzen an die Gliederung des römischen Reiches (→ Kirchenverfassung: II). Aus der Anlehnung wird in der fortschreitenden Ordnung ein Rechtsprinzip (Chalcedon can. 17). - Im frühmittelalterlichen Staat und im deutschen Territorialstaat der Reformationszeit und des Absolutismus ergibt sich die Übereinstimmung der G. von Staat und Kirche aus dem engen Zusammenwirken beider (→ Kirche und Staat). Bei den frühen Teilungen des fränkischen Reiches greifen die Könige in die Diözesanorganisation ein, um diese den Teilreichen anzupassen. In der karolingischen und ottonischen Expansion vollziehen sich politische Unterwerfung und Missionierung gleichzeitig. Nach der Periode der Unantastbarkeit der kirchlichen Ordnung im MA taucht das Problem mit dem Erstarken der Territorialgewalt wieder auf. Den weltlichen Landesherren ist das Hineinwirken auswärtiger Bischöfe in ihr Gebiet unerwünscht; in → Österreich, → Sachsen und → Brandenburg setzt sich die weltliche Territorialobrigkeit mediatisierend gegen die Bischöfe durch: im »Landesbistum« nähert sich die kirchliche der staatlichen Ordnung wieder an. Die Ordnung der reformatorischen Kirche begründet das territoriale ev. Kirchentum, in dem Territo-

rial-G. und Kirchen-G. identisch sind. Bei dem Einschmelzungsprozeß des deutschen Territorialbestandes 1803/1806/1815 vollzieht sich der Wandel vom territorialen reformatorischen Kirchentum zur Einheitskirche der deutschen Bundesstaaten. Im ausgehenden Absolutismus und im revolutionären Frankreich verfügt der Staat auch über die Organisation der kath. Kirche.

Die aus staatskirchlicher Abhängigkeit befreite → Kirche (: VI) zeigt die am wenigsten einheitliche Linie. Die kath. Kirche paßt sich, nachdem die mittelalterliche Diözesanorganisation in den Veränderungen zu Anfang des 19.Jh.s zusammengebrochen ist, den Veränderungen der staatlichen Ordnung an. In den Abmachungen der Restaurationszeit war eine Diözesaneinteilung, die mit den neuen Staats-G. übereinstimmte, die kirchliche Gegenleistung für die Neuordnung der → Dotationen. In den neueren Abmachungen hat die kath. Kirche für andere Gewährungen den jüngeren politischen Veränderungen Rechnung getragen. Die deutschen ev. Landeskirchen folgen seit der Einführung der Synodalverfassung (→ Kirchenverfassung: VI) den Veränderungen der deutschen Landes-G. vielfach aus eigenem Entschluß, zB im 19.Jh. bei der Aufnahme von Wilhelmshaven und Helgoland in die Landeskirchen von Hannover bzw. Schleswig-Holstein, zu Beginn der Weimarer Republik bei der Vereinigung von sechs Kirchen in Thüringen zur thüringischen Landeskirche. Die Altpreußische Union (APU) bildet in den östlichen Abtretungsgebieten besondere, teilweise autonome Verbände. Auch nach 1933 erfolgen Vereinigungen nach den vorausgegangenen staatlichen Veränderungen - einige unter politischem Druck. Nach 1945 bestätigen im neuen Land → Hessen die Kirchen von Hessen-Darmstadt, Nassau und Frankfurt ihren schon von den Deutschen Christen eingeleiteten Zusammenschluß. Der Auflösung des Landes → Preußen entspricht die Verselbständigung der Kirchenprovinzen der APU. Gegenüber diesen Fällen der Anpassung hat die Kirche in zahlreichen weiteren Fällen aus staatlichen Änderungen keine Folgerungen gezogen: bei den preußischen Annektionen von 1866, bei der Bildung von Groß-Hamburg, bei den Territorialvereinigungen in den Ländern der BRD. Der Staat hat in der Einflußnahme auf die Gliederung der Landeskirchen seit 1919 große Zurückhaltung geübt. Die ev. → Kirchenverträge Preußens, Niedersachsens und Schleswig-Holsteins haben, indem sie mit einer Mehrzahl größerer und kleinerer kirchlicher Partner abgeschlossen wurden, die Divergenzen zwischen staatlicher und kirchlicher Gliederung eher verfestigt.

3. Die landeskirchliche Territorialorganisation hat sich nicht auf eigenen kirchlichen Wegen entwickelt, sondern ist ein fragmentarisches Abbild der politischen Territorialgeschichte. Da die staatlichen Verhältnisse einigermaßen zur Herausbildung leistungsfähiger Verbände und zur Zusammenfassung soziologisch zusammengehöriger Räume fortgeschritten sind, bezeichnet das Zurückbleiben der Kirche vielfach einen Rückstand auf dem Wege zu einer ausgewogeneren territorialen Ordnung. Diese Lage ist zT wegen der bekenntnismäßig verschiedenen Ausprägung der → Landeskirchen unabänderlich. Teilweise, namentlich im luth. Norddeutschland, scheitern weitere Fortschritte zu einer dem Staate angepaßten oder von der Kirche selbst entwickelten ausgewogeneren kirchlichen Ordnung noch an der Macht eingefahrener Verhältnisse. Die schwierige Lage in Hamburg, wo die innerstädtische Bevölkerungsfluktuation die Bürger als Kirchenglieder zwischen den Gebieten von drei Kirchen hin und her schiebt, und die Krisen bei dem Restbestand kleiner Landeskirchen können die Dinge jederzeit wieder in Fluß bringen. Die dann notwendigen Entscheidungen sollten durch eine theologische, historische und soziologische Prüfung der Probleme, die bisher noch gänzlich aussteht, vorbereitet sein. Sie muß berücksichtigen, daß die politischen G. der Welt auch den unpolitischen Gemeinschaften die Linien für eine den soziologischen Gegebenheiten des Wirkungs- und Lebensraumes angepaßte territoriale Ordnung vorzeichnen.

K.Lübeck, Reichseinteilung u. kirchl. Hierarchie des Orients bis zum Ausgang des 4.Jh.s, 1901 - O.Dibelius, Staats-G. u. Kirchen-G., 1921 - H.Gefäller, Kirchenrechtl. Änderungen infolge des Versailler Vertrages (Diss. Königsberg), 1928 - Konrad Müller, Staats-G. u. ev. Kirchen-G. nach dt. Recht (Diss. Göttingen), 1948 (Masch.; Lit.) - H.Dombois, Bischof u. Diözese (Ordnung u. Unordnung der Kirche, 1957, 75-86). *K.Müller*

Greßmann, *Hugo*, Alttestamentler, * 21.3.1877 in Mölln, † 6.4.1927 auf einer Vortragsreise in Chicago, lehrte 1902-06 in Kiel und 1907-27 in Berlin. Als Mitarbeiter des Deutschen Ev. Instituts für Altertumswissenschaft in Jerusalem (1906) gewann er eine unmittelbare Beziehung zur Palästinawissenschaft und → Archäologie (: I). Reife Frucht dieser Orientierung waren die in Gemeinschaft mit Fachgelehrten herausgebrachten »Altorientalischen Texte zum AT«, denen sich die meisterhaft beschriebenen »Altorientalischen Bilder zum AT« anschlossen (ihre Prinzipien sind in ANET und ANEP aufgenommen). Ohne das Recht literarkritischer Arbeit zu bestreiten, wandte G. sich doch entschieden den neuen Fragestellungen der Religionsgeschichte (→ Eichhorn, 1), der Gattungsforschung - hierin H. → Gunkel freundschaftlich verbunden - und der Traditionsgeschichte zu, wie neben zwei Bänden in SAT bes. die Traditionsanalyse in »Mose und seine Zeit« beweist. Gegen die von der Schule J. → Wellhausens vertretene Einordnung der → Eschatologie (: II) in die Spätphase der Religion Israels stellte G. die These vom vorexilischen (und vorprophetischen) Ursprung der Eschatologie auf, zu deren formgebenden Elementen neben (kosmischen) Mythen auch der vorderorientalische Hofstil gehöre (»Der Messias«). Bedeutsames leistete G. 1924 für die Neubelebung der ZAW und des → Institutum Judaicum (Berolinense). - Vgl. → Bibelwissenschaft: I, 2a.

Bibliogr.: ZAW 69, 1957, 211-228. Hauptwerke: Der Ursprung der israelitisch-jüd. Eschatologie, 1905; AOT, (1909) 1926²; AOB, (1909) 1927²; Die älteste Geschichtsschreibung u. Prophetie Israels (SAT II/1), (1910) 1921²; Mose u. seine Zeit, 1913; Die Anfänge Israels (SAT I/2), (1914) 1922²; Der Messias (FRLANT NF 26), 1929. - Über G. vgl. ZAW 45, 1927, I-XXIV. *K.Galling*

Gretser, *Jakob* (1562-1625), SJ, * Markdorf (Baden), † Ingolstadt, zuerst Gymnasiallehrer in Freiburg (Schweiz) und Ingolstadt, hier Prof. der Philosophie (1589), scholastischen Theologie (1592) und der Moral (1609-15). G. verfaßte - zT unter Mitarbeit anderer Jesuiten - 233 Schriften (GA 17 Bde, Regensburg 1734-42). Außer Quelleneditionen und dramatischen Stücken für Schüleraufführungen veröffentlichte G. griechische Schulbücher, die bis ins 19.Jh. in Gebrauch waren. Am bekanntesten wurde er als Kontroverstheologe, u.a. durch sein Auftreten gegen → Hunnius in Regensburg 1601.

Backer-Sommervogel III, 1743ff - B.Duhr, Gesch. der Jesuiten dt. Zunge I, 1907, 669ff - DThC VI, 1866ff - LThK IV, 693f - EC VI, 1164. *H.Liebing*

Greving, *Joseph*, kath. Theologe, * 24.12.1868 in Aachen, † 6.5.1919 in Bonn, in Bonn und München Schüler von J.H. → Schrörs und A.Knöpfler, lehrte 1899-1908 und 1917-19 KG in Bonn, dazwischen in Münster. Seine territorialgeschichtlichen Forschungen gelten der Reformationszeit; wichtiger sind seine Leistungen für die Organisation der kath. Forschung zum 16.Jh., wie sie in der von ihm hg. Reihe der »Reformationsgeschichtlichen Studien und Texte« (seit 1906) und mehr noch in dem von ihm begründeten »Corpus Catholicorum, Werke kath. Schriftsteller im Zeitalter der Glaubensspaltung« (seit 1919) zutage liegen.

Vf. u.a.: Gesch. des Klosters der Windesheimer Chorherren zu Aachen, 1891; Gesch. d. dt. Reformation, 1904; Joh.Eck als junger Gelehrter, 1906; Joh. Ecks Pfarrbuch, 1908; Plan für ein Corpus Catholicorum (ThRv 14, 1915, 385-395); Bericht über den Stand des CCath (ebd 16, 1917, 145-153). - Hg.v.: Colloquium Cochlaei cum Luthero Wormatiae olim habitum (Flugschr. aus d. ersten Jahren der Reformation, hg.v. O.Clemen, IV/3), 1910; Joh.Eck, Defensio von 1518 (CCath 1), 1919. - Über G.: H.Jedin, J.G. (Kath. Leben u. Kämpfen im Zeitalter der Glaubensspaltung H. 12), 1954 (Bibliogr., Lit.). *K.G.Steck*

Grevinchoven, *Nikolaus* (?-1632), einer der bekanntesten Remonstranten (→ Arminianer), seit 1601 Pfarrer in Rotterdam, wo er in Streit mit → Amesius geriet. 1618 wurde er mit anderen Führern der Remonstranten seines Amtes enthoben, verließ 1619 das Land und zog nach Antwerpen, dann nach Köln (1621), zuletzt über Hamburg nach Friedrichstadt a.d. Oder, wo er 1624-26 als Pfarrer der remonstrantischen Gemeinde tätig war.

H.C.Rogge, Bibliotheek der Remonstr. Geschriften, stuk I, afd. I, 1863, 110ff - H.Y.Groenewegen, Het Remonstrantisme te Rotterdam, 1906 - BWGN III, 338ff. *J.N.Bakhuizen van den Brink*

Gribaldi, *Matteo* († 1564), aus Padua stammender Rechtsgelehrter, einflußreicher → Antitrinitarier. Wegen seiner Anschauungen konnte er sich weder in Padua noch in Tübingen behaupten, erreichte aber, trotz mannigfacher Konflikte mit den orthodoxen Reformierten, durch eine geschickt verfaßte Glaubenserklärung, daß ihm der Rat von Bern den Aufenthalt in seinem Landsitz Farges bei Genf erlaubte. Von hier aus hat er, mit → Gentilis eng befreundet, sowohl auf die italienische Gemeinde in Genf als auch auf die antitrinitarischen Kreise in Polen eingewirkt.

F.Trechsel, Die prot. Antitrinitarier vor Faustus Socin II, 1844, 277ff - RE VII, 159f - K.Völker, KG Polens, 1930, 188ff - St. v. Dunin Borkowski, Die Gruppierung der Antitrinitarier des 16.Jh.s (Scholastik 7, 1932, 481-523). *E.Peschke*

Griechenland

1. Geschichtlicher Überblick - 2. Kirche von G. und griechische Nation - 3. Religiöse Minderheiten in G. - 4. Organisation der Kirche von G. - Vgl. auch → Byzanz: II, → Orthodoxe Kirche

1. Die uralten christlichen Gemeinden in G. bildeten sich im Laufe der Zeit zur Kirche von G., die durch ihren Exarchen, den Erzbischof von Saloniki, der Jurisdiktion der römischen Kirche angehörte. I.J. 732/33 unterstellte Kaiser Leo III. (717-741) die Kirche von G. dem ökumenischen Patriarchat von Konstantinopel. Trotz wiederholter Versuche der Päpste, diese Regelung zu annullieren, blieb sie bis zum 19.Jh. in Kraft. Nach der Eroberung → Konstantinopels durch die Kreuzfahrer (1204; → Kreuzzüge) und nach der Errichtung fränkischer Staaten auf griech. Boden wurde der Klerus der von den Lateinern besetzten Länder G.s vertrieben, sofern er den Papst nicht anerkennen wollte. Die Kirche von G. wurde dem lateinischen Patriarchen von Konstantinopel unterstellt. Aber die Unterwerfung der Orthodoxen unter Rom war nur nominell. Zwang und Demütigung steigerten die Verbitterung gegen Rom. Die Metropoliten der frei gebliebenen Teile G.s erkannten nach anfänglichen Streitigkeiten die Oberhoheit des ökumenischen Patriarchen an, dessen Sitz nach dem Fall Konstantinopels nach Nicäa verlegt worden war. Mit der allmählichen Wiederaufrichtung (seit 1261) des byzantinischen Staates (→ Byzanz: II, 2) erfolgte Schritt für Schritt auch die Wiederherstellung der Jurisdiktion des Patriarchen über die Kirche von G. Auch unter der Türkenherrschaft (1453 bis 1821) blieb die Kirche von G. völlig in seiner Abhängigkeit. Zu Beginn des langen Freiheitskrieges (1821-28) wurden die Beziehungen zwischen der griech. Kirche und dem Patriarchen von Konstantinopel abgebrochen. De iure aber löste sich die Kirche von G. erst i.J. 1833, als ihr »Autokephalon« (Selbständigkeit) proklamiert und die »hl. Synode des Königreichs von G.« eingesetzt wurde. Dies führte zum vorübergehenden Bruch zwischen der Kirche von G. und dem Patriarchen, der erst 1850 durch die Anerkennung der Kirche G.s seitens des ökumenischen Patriarchats behoben wurde. Nach den Balkankriegen (1912/13) und dem 1. Weltkrieg und neuerdings nach dem 2. Weltkrieg fielen G. die neugewonnenen griech. Gebiete zu (Makedonien, Thrakien, die Ägäisinseln, die Dodekanes). Deren Metropolen gehören verwaltungsmäßig zur Kirche von G., unterstehen sonst aber der Oberhoheit des Patriarchen von Konstantinopel (→ Orthodoxe Kirche: I. II).

2. Die ersten christlichen Jh.e bildeten für G. die Zeit der Verbreitung und Festigung des Christentums. Zahlreich waren auch in G. die Märtyrer. Auf dem Gebiet der Apologetik war die Kirche von G. nicht stumm, obwohl sie von den Häresien weitgehend verschont blieb. In der Frage des Bilderstreites (→ Bilder: III, 2) blieb sie auf der ikonolatrischen Seite. Die Einfälle heidnischer Slawenstämme im 8.Jh. in die Peloponnes und schon früher ins übrige G. trugen zur Entfaltung der Predigt und der kirchlichen Literatur bei. Denn die Kirche rang durch Predigt (zB Petros, Bischof von Argos-Nauplion, 9.Jh.), Kirchengesang (zB → Andreas von Kreta, Vater der → Kanon-Dichtung) usw zusammen mit der weltlichen Gewalt darum, die Eindringlinge zu zähmen, sie zum christlichen Glauben zu bekehren und mit griech. Sprache und Kultur vertraut zu machen, bis sie schließlich völlig assimiliert und gräzisiert waren. Besonders half dabei der Mönchsstand (→ Mönchtum: II). Bereits seit dem 9.Jh., systematischer seit dem 10.Jh., macht sich ein besonderer Drang zum Mönchsleben und zur Gründung von Klöstern bemerkbar. Die meisten Klöster liegen auf Gebirgspässen und an Kreuzwegen; ihre Kirchen sind nach Bauformen und Schmuck (Mosaiken) bemerkenswert. Die Quellen sprechen von einer engen Zusammenarbeit der Mönche mit der Militärgewalt und erwähnen Fälle, wo die Mönche heidnische Stämme abwehren und verfolgen. Man darf daher vermuten (G. Sotiriu), daß die Klostergründungen nicht allein auf den Glaubenseifer der Gründer zurückgehen, sondern vom Staat gefördert wurden. Ende des 10.Jh.s wurde auch der Mönchsstaat auf dem → Athos reorganisiert; im 14.Jh. wurden auf fast unzugänglichen Felsen verschiedene Meteora- (wörtl. »Schwebende«) Klöster gegründet. Harte Zeiten brachte die »fränkische« Besetzung G.s (13.-14.Jh.) mit sich. Die damit verknüpften Bemühungen der römischen Kirche, die griech. Bevölkerung zur Anerkennung des Papstes zu bewegen (→ Einigungsbestrebungen: I, 3), hatten keinen Erfolg, gaben aber zu einer regen polemischen Literatur Anlaß, die auch späterhin fortgesetzt wurde. Wenige Jahre nach dem Fall Konstantinopels (1453) wurde G. von den Türken besetzt. Es begannen schwere Zeiten; denn auch ohne systematische Bekehrungsversuche war der Druck einer willkürlichen Verwaltung eine harte Probe, der man sich durch den Übertritt zum Islam leicht entziehen konnte. Durch das Schulverbot sank die Nation in tiefe Ignoranz und verlor ihr Selbstbewußtsein; unter solchen Umständen übernahm die Kirche die Rolle des »Ethnarchen« (Führer der Nation). Viele »Neomärtyrer« fanden bei der antitürkischen Opposition den Tod, und jahrhundertelang war das »Krypho Scholeio« (Schule im Verborge-

nen) der Kirche fast die einzige Bildungsmöglichkeit für die griech. Bauernkinder, die nachts von greisen Mönchen ihre Sprache und die Geschichte ihrer Heimat lernten. Bewundernswert ist die soziale Tätigkeit der Kirche zur Linderung der Not des unterjochten griech. Volkes. Im befreiten G. setzte die Kirche ihre Tätigkeit auf dem Gebiet der inneren Mission und der sozialen Arbeit fort. Sie ist bis zur Stunde eng mit der Nation verbunden und immer bereit, die Rolle des »Ethnarchen« zu übernehmen (→ Cypern).

3. Schon in den ersten Jahren des griech. Befreiungskampfes (1821-28) wirkten prot. Missionare in G., die mit Opfermut der kämpfenden Nation helfen wollten. Sie brachten Kleidungsstücke und Lebensmittel mit und gründeten Schulen. Leider zeigten sie dabei auch starke proselytische Tendenzen, was zu Verstimmungen führte. Unglücklicherweise war mit diesen Tendenzen auch der Versuch einer → Bibelübersetzung (: V, 2g) verknüpft, und daraus entstand bei den Orthodoxen eine starke Abneigung gegen derartige Versuche. Dies hat die Verbreitung der hl. Schrift unter den Volksschichten lange behindert. Erst in den letzten Jahren wurde das NT in eine einfachere Sprache neu übertragen. 1858 wurde von M. Kalapothakis die »Griech. Ev. Kirche« gegründet, die den → Presbyterianern gemäß die Sakramente ablehnt und auch von Laien verwaltet wird. Sie unterscheidet sich von den übrigen prot. Kirchen hauptsächlich dadurch, daß sie den Zusatz »filioque« (→ Geist: V, 3) nicht in das Credo aufgenommen hat. Die Zahl der Protestanten in G. betrug 1940 etwa 6300. Heute gibt es ca 40 Ev. Kirchen bzw. Gemeinden mit über 20 000 Gläubigen. Ihr offizielles Organ ist der »Astér tes Anatolés« (Stern vom Osten). Zu der → Ökumenischen Bewegung (Ökumenischer Rat der Kirchen) unterhält die Kirche von G. sehr freundschaftliche Beziehungen. - Zur Zeit der Befreiung G.s befanden sich im Lande eine Anzahl römischer Katholiken, die in vier Bistümern organisiert waren. G. gab ihnen offiziell völlige Gleichberechtigung. Allmählich erreichte es die römische Kirche im Widerspruch zu den bestehenden Gesetzen, auch noch ein (vom griech. Staate nicht anerkanntes) kath. Erzbistum in Athen zu gründen, dessen Amtsträger seit 1927 ein Grieche ist. Nach der Katastrophe von Kleinasien (1922) erbaten sich kath. Kleriker die Erlaubnis, Schulen, Waisenhäuser u.ä. zu errichten. Leider benützte die kath. Kirche diese Werke auch dazu, unter den jüngeren Flüchtlingen einen systematischen und nicht immer taktvollen Proselytismus zu betreiben. Dadurch entstanden Streitigkeiten zwischen den Katholiken und der Kirche von G., denen zufolge das Tragen griech. Kirchenkleidung in G. für alle nicht-orth. Kleriker untersagt ist und den Griechenkindern bis zum 12. Lebensjahr der Besuch von Volksschulen nicht-orth. Bekenntnisses verboten wurde. Die Zahl der röm. Katholiken in G. beträgt heute ca 50 000; sie sind in den Erzbistümern Athen, Korfu und Naxos und dem Apostolischen Vikariat Saloniki organisiert. Dazu kommen ca 2000 »unierte« Griechen (→ Unierte Kirchen) unter einem Apostolischen Exarchen. Ihr offizielles Organ ist die »Katholiki« (dh Katholische).

4. Die *Organisation* und Verwaltung der neugriech. Kirche durchlief zwei Phasen: zunächst die der völligen Abhängigkeit vom Staate. Durch das Gesetz vom 23.7. 1833 setzte G. eigenmächtig und über den Kopf des Patriarchen hinweg die »hl. Synode des Königreichs G.« ein und proklamierte das »Autokephalon« (Unabhängigkeit) der Kirche von G. Die Gesetzgeber bezweckten mit diesem Gesetz die Verwandlung der Kirche zu einer reinen Staatsanstalt. Die 5köpfige »hl. Synode«, deren Mitglieder vom König ernannt wurden, mußte diesen als »Haupt und Führer der Kirche« in allen äußeren Kirchenangelegenheiten anerkennen. Den Synodalsitzungen wohnte ein »königlicher Prokurator« bei, der kein Abstimmungs-, aber dafür ein absolutes Vetorecht besaß. Vorstand der »hl. Synode« war der jeweilige Metropolit von Athen. Dieser Zustand der völligen Abhängigkeit der Kirche vom Staate dauerte mit unbedeutenden Modifikationen bis 1923 an, wo das neue Verfassungsgesetz der Kirche von G. erlassen wurde. Damit beginnt die zweite Phase ihrer Organisations- und Verwaltungsentwicklung. Das Gesetz von 1923 diente mit kleinen Zusätzen und Änderungen als Grundlage der Kodifikation von 1949, welche die kirchlichen Angelegenheiten bis heute regelt. Danach besteht die Kirche von G. aus 66 Metropolen, deren 33 der autokephalen griech. Kirche angehören und 33 (die Metropolen der nach den Kriegen 1912/13 bis heute zu G. gekommenen Gebiete) dem Konstantinopeler Patriarchen unterstellt sind. Höchste Kirchenbehörde ist die »hl. Synode der Bischöfe der Kirche von G.«. Sie versammelt sich regelmäßig alle drei Jahre am 1. Okt. sowie außerordentlich, auf Antrag eines Drittels ihrer Mitglieder hin. Vorsitzender der Synode ist der »Erzbischof von Athen und ganz G.«, wie der Titel des Metropoliten von Athen lautet. Die Synode ist durch die »hl. Dauersynode der Kirche von G.« vertreten. Diese besteht aus dem Erzbischof von Athen als Vorsitzendem und den zwölf rangältesten aktiven Metropoliten. Sechs von ihnen sind Metropoliten der autokephalen Kirche von G.; die anderen sechs sind Metropoliten, die dem Patriarchen von Konstantinopel unterstellt sind. Das Amt des »staatlichen Prokurators« (früher: »königlicher Prokurator«) existiert noch, aber ohne Vetorecht. Neben der autokephalen Kirche von G. ist auch die halbautonome Kirche von → Kreta zu erwähnen. - Die Ausbildung des Klerus erfolgt in sieben Priesterseminaren und in den theologischen Fakultäten der Universitäten von → Athen und → Saloniki (: II).

MAX, Herzog zu Sachsen, Das christl. Hellas, 1918 - CHR.PAPADOPOULOS, KG G.s I, Athen 1920 (griech.) - DERS., Die griech. Kirche (Große Griech. Enzyklopädie X, 1934, 657-687; griech.) - DERS., Grundzüge der Gesch. der orth. Kirche (Ekklesia. Eine Sammlung von Selbstdarstellungen der christl. Kirchen, hg.v. F.SIEGMUND-SCHULTZE, X, 1939, 19-35) - G.SOTIRIU, Die Klöster G.s u. ihre nationale Tätigkeit während der byzant. Zeit, Athen 1936 (griech.) - E.SEEBERG, Die orth. Kirchen auf dem Balkan (in: Menschwerdung u. Gesch., 1938, 243-256) - G.KONIDARIS, Grundriß der KG G.s (49/50-1938), Athen 1938 (griech.) - DERS., Die griech. Kirche als Kulturfaktor in der Gesch. der Balkanhalbinsel, ebd 1948 (griech.) - DERS., Christian Greece. A short History (49/50-1951) (Festival Volume of the 1900th Anniversary of St.Paul's Arrival in Greece, ebd 1953, 1-22). - Weitere Lit. s. → Byzanz: II, → Orthodoxe Kirche: I. II.

J.Karayannopulos

Griechische Religion

1. Das indogermanische Erbe - 2. Das mykenische Zeitalter (ca 1600-1100 vChr) - 3. Die klassische Periode - 4. Die hellenistische Welt

1. Die Griechen der historischen Zeit dürften eine Verschmelzung von zwei oder drei Völkern darstellen: der verschiedenen hellenischen Stämme, die die Balkanhalbinsel in später prähistorischer Zeit betraten, und der autochthonen nicht-indogermanischen Bevölkerung. Die ersten hellenischen Einwanderer kamen um 2000 vChr, die letzten (ca 1100 vChr) waren die Dorer, die der mykenischen Macht ein Ende setzten. Die Religion des historischen Griechenlands war wie das Volk selbst eine Mischung, deren einzelne Elemente nur selten mit Sicherheit bestimmt werden können. Gewiß ist nur, daß die gr.R. einiges, vielleicht auch vieles, dem ursprünglichen Schatz religiöser Vorstellungen verdankt, welche die indogermanischen Einwanderer mitbrachten. Von den griech. Hauptgottheiten jedoch ist die einzige, die sprach-

geschichtlich sicher als indogermanisch erkannt werden kann, der Himmelsgott Vater Zeus (griech. Ζεὺς πατήρ; vgl. skt. Dyaus Pitar, lat. Jupiter). Außerdem könnte Hestia, die Göttin des → Herdes, mit der lateinischen Vesta verwandt sein. Sicher gab es auch andere Götter, und Analogien mit den Religionen des vedischen → Indien (: II) und anderer indogermanischer Länder können sinnvoll beigebracht werden; was nun aber diese frühen Kulte zum späteren griech. → Pantheon beigetragen haben, kann kaum mit Bestimmtheit ermittelt werden.

2. Unter dem Einfluß des »minoischen« Kreta schufen die Achäer, die seit ca 1600 vChr die vorherrschende Macht auf dem Festland bildeten, in Mykene und an anderen Stätten eine eigentümliche und kraftvolle Kultur (→ Kretisch-mykenische Religion). Minoischer Einfluß ist überall sichtbar, doch abgesehen von der Tatsache, daß um 1450 mykenische Griechen auch in Knossos sitzen, sind die sozialen und politischen Beziehungen zwischen Minoern, Achäern und der eingeborenen Bevölkerung (Pelasger?) des Festlandes unbekannt. Deutlich ist nur, daß die gr.R. im wesentlichen die Schöpfung dieses Zeitalters ist. Die künstlerischen Darstellungen von Kultszenen - eine der besten Informationsquellen - geben fast ausnahmslos die rein minoische Tradition wieder. Erst die Entzifferung der »Linear B« Tafeln als mykenisches Griechisch hat hier weitergeholfen. Zu den Göttern, deren Namen mit Sicherheit entziffert worden sind, gehören Zeus, Hera, Poseidon, Athena Potnia (»Herrin Athena«), Hermes, Artemis, Paion (Apollon?), Eileithyia und vielleicht → Dionysos. Überraschend ist dabei das Auftreten des Dionysos in so früher Zeit. Aphrodite ist ursprünglich eine semitische Gottheit, die vielleicht den Achäern in Phönizien oder auf → Cypern (, 1) begegnete, und auch Apollon ist sicher fremden Ursprungs, mag er nun aus dem fernen Norden oder aus Asien stammen. Aber ihre Hellenisierung gehört in dieses schöpferische Zeitalter.

3. Das kulturelle Dunkel, das den dorischen Einwanderungen folgte, wird für uns zuerst durch zwei literarische Gestalten von lebendigem, aber gegensätzlichem Geist erhellt: → Homer und Hesiod (8.Jh.?). Bis Schliemanns und Evans' Entdeckungen (→ Klassische Altertumswissenschaft) die mykenische und minoische Kultur enthüllten, waren Homer und Hesiod für Herodot und für unsere Welt die ersten Lehrer, ja fast die Schöpfer des gültigen Götterglaubens. *Homers* Götter, unsterblich, von menschlicher Gestalt, aber übermenschlich an Stärke und Schönheit, werden stark persönlich gezeichnet, bereit zu helfen und zu strafen, aber in ihrem Wesen amoralisch. Als Persönlichkeiten sind sie, was auch ihr Ursprung sei, über die Funktionen und Naturerscheinungen (vgl. → Naturdienst, → Naturgottheiten, → Naturmythologie) bereits hinausgewachsen. In der Beziehung der Menschen zu ihnen ist wenig Raum für Dogmen, Berufspriestertum, → Aberglauben oder → Magie. Wenn die Götter schuldige Anbetung und Ehrerbietung fordern, so setzen sie dem menschlichen Geist keine Schranken. Außerdem sind - vor allem dank Homer - die höheren Götter bei aller Verschiedenheit und Vielfalt der lokalen Kulte panhellenisch. - Im Gegensatz zu der aufgeschlossenen und eleganten Haltung der aristokratischen Helden Homers zeigt *Hesiod* die einfache Frömmigkeit des griech. Bauern und einen dem → Amos vergleichbaren sittlichen Eifer. Darüber hinaus bahnte sein systematischer Versuch in der → »Theogonie«, alle in der Welt wirksamen göttlichen Kräfte zu erklären - obschon in der Sprache der Religion und des → Mythos -, den Weg für die Philosophie. Bes. wichtig ist aber Hesiods brennender Eifer für Gerechtigkeit. Wie naiv auch immer sein Glaube war, daß der Gerechte gedeihen und der Schlechte verderben müsse (→ Theodizee: I), seine Erhebung des Zeus zur Verkörperung der göttlichen Rechtsprechung und zum Wahrer der Gerechtigkeit schuf ein neues Bild. Das Problem des → Bösen war damit gestellt und ein erster Schritt hin zu einer monotheistischen Gottesauffassung versucht (→ Monotheismus: I).

Nach der Auffassung des Epos steigen alle Menschen bei ihrem → Tode (: I) zum gemeinsamen unterirdischen Reich des Hades (→ Hölle: I), wo es weder Lohn noch Strafe gibt. Die → Seele (ψυχή) ist nicht das eigentliche Selbst oder die Persönlichkeit, sondern nur die immaterielle Entsprechung zum Körper. Ein primitiverer Glaube, wonach die Geister der Toten in den Gräbern wohnen, bestand neben dem Glauben an den Hades und war die Ursache für den → Heroen-Kult. Schon im 6.Jh. treten Gedanken über Lohn und → Strafe im Leben nach dem Tode auf (vgl. → Vergeltung: I), doch außer bei den → Pythagoreern und Orphikern (→ Orpheus) haben diese Gedanken die homerische Auffassung niemals völlig verdrängen können.

Fruchtbarer entwickelten sich die → Mysterien-Kulte, bes. die eleusinischen, bäuerliche Riten, die wohl sicher bis in die mykenische Zeit zurückreichen. Schon in so früher Zeit wie der homerischen Hymne an Demeter (ca 600 vChr) wurde hier den Eingeweihten ein glücklicheres Los in dieser Welt und nach dem Tode zugesichert. Nach dem Chor der Eingeweihten in den »Fröschen« des Aristophanes zu urteilen, bestand ihre Glückseligkeit in der Wiederholung der Riten im Leben nach dem Tode; da es aber kein → Dogma gab, konnte jeder Eingeweihte sein Erlebnis im Licht seiner eigenen religiösen Einsichten deuten. → Schweigen über alles, was bei den heiligen Handlungen geschah, war den Eingeweihten aufgetragen, und das Geheimnis wurde so gut gehütet (→ Arkandisziplin, 1), daß nur wenige - zT schwer deutbare - Einzelheiten bekannt sind. Man nimmt allgemein an, daß die Riten Unsterblichkeit versprachen, was wiederum einen in gewissem Sinn göttlichen Status einschließt (da ἀθάνατος »unsterblich« praktisch ein Synonym für θεός »Gott« ist). Man hat daher behauptet, daß die geheimen Riten einen symbolischen Akt der sexuellen Vereinigung mit der Göttin zum Mittelpunkt hatten oder die rituelle → Wiedergeburt als ihr Kind, was beides den Verehrer befähigt haben würde, den Graben zu überbrücken, der gewöhnlich Menschen und Götter scheidet, und so wahre Unsterblichkeit zu erhoffen. Aber das läßt sich keineswegs beweisen; auch wird als Terminus in den frühen Texten stets ὄλβιος »gesegnet«, niemals ἀθάνατος »unsterblich« gebraucht. Spätere Zeiten konnten die Hoffnungen, die die eleusinischen Mysterien weckten, erweitern und taten das auch; wenn aber die bäuerliche Natur des Kultes zutrifft, so muß der *Ursprung* dieser Hoffnungen in der weit verbreiteten Analogie (vgl. Joh 12, 24) zwischen dem Ablauf des menschlichen Lebens und dem sich immer wieder erneuernden Leben des Korns gesucht werden (→ Fruchtbarkeit). Unklar bleibt überdies, welchen Sinn solche archaischen Riten für einen klugen und kritischen Athener der perikleischen Zeit besaßen.

Für den einfachen Mann bestand die Religion vor allem in der Teilnahme an den Zeremonien, → Festen (: I) und → Opfern (: I), die ihm als Glied verschiedener sozialer und politischer Gruppen (Familie, Sippe [→ Stamm] und über allem die »Polis«) durch die Sitte vorgeschrieben waren. Er konnte auch noch privaten Kultgemeinschaften angehören, wie sie sich um die Gestalt eines lokalen Heros gebildet hatten. Bei den großen öffentlichen Festen spielte oft neben der Verehrung für die Götter der bürgerliche Stolz eine große Rolle. Der einzelne war zur Befriedigung seiner eigenen religiösen Bedürfnisse vielleicht mehr geneigt, sich niederen Gottheiten zuzuwenden (zB den örtlichen Nymphen oder Heroen), die zugänglicher schienen. Aber es ist unmöglich, die Rolle, die die Religion in allen Lebensbezirken spielte, zu überschätzen. Nicht nur war das Wohl der Gemeinschaft abhängig von der schuldigen Verrichtung aller überlieferten Riten - wie auch immer man diese persönlich gedeutet haben mag -, sondern auch nach heutiger Ansicht weltliche Betätigungen wie → Drama, → Tanz und Wettkämpfe entsprangen oder entfalteten sich alle im Rahmen der Religion und blieben ihrem Dienst geweiht. Gleichzeitig ist es typisch für den griech. Geist, daß dies die menschliche Freiheit nicht beeinträchtigte. Indem sich die Tragödie mit den geistigen Problemen des Menschen aufs tiefste befaßte, hatte sie die Freiheit, neue und erregende Lehren zu verkünden und selbst anerkannte und altehrwürdige Überzeugungen lächerlich zu machen. Die Komödie konnte gerade die Götter ironisieren, die zu verehren sie vorgab, und sie war ebenso frei, den religiösen Rahmen zugunsten der politischen oder literarischen Satire zu vernachlässigen. Bei dem Griechen würde gerade die moderne Unterscheidung zwischen → »heilig« und »profan« Überraschung hervorrufen. Für ihn hatte alles Überragende (ἀρετή) göttliche Qualität, und selbst athletisches Können mochte - wie Pindar zeigt - durch seine Beziehung zur Religion sub specie aeternitatis gesehen und so geadelt werden. - Man könnte wohl behaupten, daß Homer und Hesiod - bewußt oder unbewußt - eine kritische Neuwertung der religiösen Vorstellungen und Vorschriften bringen. Jedenfalls wandten sich die frühen Philosophen ausdrücklich solchen Problemen zu, die überlieferte Ansichten angriffen, indem sie zB die Himmelserscheinungen als natürliche Vorgänge erkannten und nicht als furchterregende Zeichen göttlichen Eingreifens betrachteten und indem sie versuchten, das Wesen des Göttlichen zu bestimmen (→ Griechisch-römische Philosophie). → Xenophanes ging sogar so weit, daß er einen frontalen Angriff gegen den »homerischen« → Anthropomorphismus führte. - Die »Propheten« und Lehrer Griechenlands waren zu jeder Zeit seine Dichter und Philosophen, auch noch seine Künstler, aber nicht die Priester oder Berufstheologen. Das Fehlen einer Priesterkaste (→ Priestertum: I) ist einer der bezeichnendsten Züge der gr.n R. Bemerkenswert ist, daß nach der Ilias die Griechen einen Seher, nicht einen Priester nach Troja mitnahmen. Der Tempel des Apoll zu Chryse hatte seinen Priester (Il. 1, Anfang) und der Athenatempel in Troja seine Priesterin (Il. 6, 300), aber ihre Aufgaben waren auf den heiligen Bezirk beschränkt. Man bedurfte keines Berufspriesters, um den Göttern zu nahen. Die homerischen Helden sind in der Lage, das schwierige Opferritual für sich selbst durchzuführen (Od. 3, 430ff), sogar das feierliche Eidesopfer (→ Eid; Il. 3, 103ff. 264ff) oder die Reinigung des Lagers nach der Pest vorzunehmen (Il. 1, 313ff).

Für die hochklassische Zeit ist eine Lex sacra des Heiligtums des Amphiaraos in Oropos (IG VII, 235; ca 400 vChr) aufschlußreich. Sie bestimmt, daß »der Priester des Amphiaraos das Heiligtum, wenn der Winter vorbei ist und bis zur Zeit des Pflügens, zumindest jeden 4. Tag besuchen und dort nicht weniger als zehn Tage im Monat bleiben soll... Wenn er anwesend ist, soll der Priester die Gebete über den Opfern sprechen und diese auf den Altar legen; wenn er nicht anwesend ist, soll der Mann es tun, der das Opfer darbringt.« In einigen Fällen war das Priesteramt erblich oder auf bestimmte Familien oder Sippen beschränkt, aber die vorwiegend nichtberufliche Natur dieses Amtes zeigt sich darin, daß viele bürgerliche Ämter priesterliche Aufgaben umfaßten und daß man viele Priesterämter nur für ein Jahr innehatte.

Die charakteristische Form des Gottesdienstes war das → Opfer, neben unblutigen → Gaben gewöhnlich das Tieropfer. Das Prinzip war das »do ut des«. Dem eigentlichen Opfer folgte ein Mahl (→ Mahlzeiten: I) der Anwesenden. Es gibt nur wenige Belege für Opfer, die als sakramental bezeichnet werden können.

Zwischen den olympischen und → chthonischen Gottheiten gibt es einige Unterschiede: in der Wahl der Opfertiere, der Art des Opferns und der Tageszeit. Aber die Unterscheidung der Götter ist mehr theoretisch als der Wirklichkeit entsprechend. Apollon, zweifellos ein Olympier, gibt genauso Orakel wie der Erdgott Trophonios. Demeter gehörte schwerlich einer anderen Klasse von Göttern an als Hera und Athena, wenn auch das Ritual gelegentlich verschieden war. Bei den Heroen muß man am ehesten »chthonische« Riten erwarten. Aber die Inschriften athenischer Heroen-Kultvereinigungen zeigen nicht nur, daß der Heros - zweifellos honoris causa - oft als Gott (θεός) bezeichnet wurde, sondern auch, daß das von dieser Gruppe dargebrachte Opfer meist von der normalen, »olympischen« Art war, ohne Anzeichen für den Schauder, der zu den gefürchteten χθόνιοι gehören soll. Einen noch klareren Beweis gibt das Orakel des Trophonios, wie es Pausanias ausführlich beschreibt (9, 39). Während mehrerer Tage der Vorbereitung werden einer gemischten Gruppe von »olympischen« und »chthonischen« Göttern Opfer mit anschließenden Opfermahlzeiten dargebracht. Nur das grausame Opfer am Vorabend, ehe der Anbeter in das unterirdische Heiligtum hinabstieg, war eindeutig chthonisch. M.a.W.: In erster Linie bestimmen Gelegenheit und Absicht der Opferhandlung in jedem einzelnen Fall den Charakter des angewandten Rituals; die Identität des Gottes ist in diesem Zusammenhang von zweitrangiger Bedeutung.

Zwei Kulte der klassischen Periode fordern besondere Erwähnung: der des Dionysos und des Asklepios. → Dionysos unterscheidet sich von den anderen Hauptgottheiten Griechenlands in dem wichtigen Punkt, daß sich in seinem Kult ein Element echter → Mystik findet. Wahrscheinlich sah Euripides (»Die Bakchen«) in einigen der fremden Kulte, die in Athen während des peloponnesischen Krieges Eingang fanden, einen Typus ekstatischer Religion ähnlich der dionysischen, der ihm gleich anziehend und gleich gefährlich erschien. Obwohl der Glaube, daß der Mensch durch die mystische Vereinigung mit der Gottheit Unsterblichkeit erlangen könne, in ihrem Heimatland Thrakien zur dionysischen Religion gehörte, scheint er in Griechenland der vorherrschenden Überzeugung von dem Abstand zwischen Mensch und Gott gewichen zu sein. Der Glaube an eine Unsterblichkeit sollte in Griechenland mehr als philosophische denn als religiöse Lehre Fuß fassen. Pythagoras, Empedokles und bes. → Plato sind seine Propheten, wie er sich auch bei einigen der kleinen sektiererischen Gruppen findet, die man zumeist als »orphisch« zusammenfaßt.

Der Kult des Gottes der Heilkunst, → Asklepios, wurde in Athen erst 420/19 vChr als Nachwirkung der großen Pest eingeführt. Sein Emporkommen ist symptomatisch für den Stimmungswechsel, der das 4.Jh. kennzeichnet. Die Aufklärung des 5.Jh.s hatte die kollektive Frömmigkeit geschwächt und untergraben; der einzelne stand nun neuer Verantwortung und neuen Problemen gegenüber. Eine »Religion der Notfälle« - wie man es genannt hat - trat an die Stelle einer »Religion der Regel«. Asklepios konnte mit seiner gütigen Fürsorge dem einzelnen eine enge persönliche Beziehung zum Göttlichen geben; sein Kult entsprach auch der wachsenden Vorliebe für → Wunder (Heiligtum in Epidauros).

Die Philosophie des Plato und → Aristoteles betont sehr stark die Verantwortung des einzelnen in sittlichen und religiösen Fragen. So tief sie selbst dem Stadtstaat verbunden waren, weisen sie doch auf den Universalismus hin, der das folgende Zeitalter kennzeichnet.

4. Die Offenheit zum Orient, das Emporkommen der hellenistischen Reiche (→ Hellenismus, 2), das Zurücktreten der Stadtstaaten und schließlich die Eroberung Griechenlands durch die Römer bewirkten eine starke Veränderung wie der Gesellschaft, so auch der Religion. Das Kennzeichen des von → Alexander d.Gr. eingeleiteten Zeitalters dürfte der → Herrscherkult sein, obwohl seine Wurzeln in der klassischen Vergangenheit liegen. Die hellenistische Zeit verehrte die → Macht, und da sie diese in den jeweiligen großen Herrschern am sichtbarsten verkörpert fand, erwies sie ihnen freigiebig die Ehren (nicht aber Votivopfer!), die in alter Zeit den Olympiern vorbehalten waren. - Ähnliches gilt von der Tyche. Vielen schien in dieser turbulenten Zeit, in der Menschen plötzlich zu ungeahnter Höhe aufstiegen und ebenso plötzlich fielen, das unvorhersehbare → Schicksal (: I) oder der Zufall die wahre, aber amoralische Macht zu sein, die das Geschehen regierte. Τύχη wurde die göttliche Patronin von Antiochia und anderen hellenistischen Gründungen. Aber abgesehen von ihrem Status als Stadtgöttin hatte sie kein Ansehen, und es gibt kaum einen Beweis dafür, daß sie im Kult eine Rolle gespielt hat. - Die deutlichste Veränderung ist die neue Situation des Menschen, nämlich seine geistige Einsamkeit. Für die aus ihrer gewohnten Umgebung gerissenen Menschen (Händler, Kolonisten und Söldner) wurden neue religiöse Ausdrucksmöglichkeiten notwendig. In geringerem Maße empfand man dasselbe geistige Unbehagen auch an den alten Kultzentren. Zum größten Teil wurden diese Bedürfnisse durch das Aufkommen neuer Kulte und durch die Popularphilosophie befriedigt, bes. durch die → Stoa.

Die Stoiker und ihre Hauptrivalen, die Epikureer (→ Epikur, → Griechisch-römische Philosophie, 2c), ordneten beide die reine Spekulation einem äußerst praktischen Ziel unter: sie lehrten die Menschen, mit Gleichmut zu leben. In keinem der beiden Systeme war Platz für die alten Götter, aber die Stoa konnte sich durch ihren → Pantheismus den herrschenden Kulten angleichen und durch allegorische Deutung die alten Mythen zu ihrem Vorteil verwenden (→ Allegorie).

Die neuen Kulte dieser Zeit zeigen einheimische und fremdländische Typen. Von den ersten sind - abgesehen von Asklepios - die wichtigsten die → Mysterien-Kulte. Einige von ihnen, bes. die eleusinischen, waren schon alt (s. o.), aber die Schaffung neuer und die Erweiterung der alten Kulte bezeugt ihre immer wachsende Anziehungskraft. - Auffallender ist die bereitwillige Aufnahme der orientalischen Kulte, bes. der ägyptischen und syrischen, zB in Phistyon (Ätolien) und in Thouria (Messenia) der →Atargatis als Stadtgöttin. Teilweise war das die natürliche Folge des Aufenthalts der griechischen Händler und Soldaten im Osten (vgl. die zahlreichen fremden Tempel im Handelszentrum Delos), teils wurde es planmäßig von einigen hellenistischen Herrschern gefördert. Später war bes. in Magna Graecia (Unteritalien) das Einströmen orientalischer Sklaven nicht ohne Bedeutung.

Die Bedeutung der orientalischen Kulte ist oft übertrieben worden, aber im letzten Kampf mit dem Christentum waren sie tatsächlich das Hauptbollwerk des Heidentums. Für die meisten Griechen waren sie aber mehr eine Ergänzung als ein Ersatz für die Verehrung der überlieferten Götter. Wie die Ephebenberichte Athens im 2.Jh. vChr zeigen, gab es auch eine bewußte Stützung der alten Tradition, vielleicht als Abwehrreaktion gegen die verschiedenen neuen Strömungen. Tatsächlich befaßt sich eine der letzten erhaltenen öffentlichen Verordnungen in Athen (IG II^{2}, 1078; ca 220 nChr) ausgerechnet damit, die Würde der eleusinischen Mysterien zu erhöhen.

Wesentlicher ist, daß die orientalischen Götter seit ihrer ersten Aufnahme durch die Griechen dem Prozeß der Hellenisierung unterworfen waren, der in der Art, wenn nicht im Ausmaß, dem entspricht, was in der mykenischen Zeit den griech. Apollon oder Aphrodite hervorgebracht hatte. Die berühmten orientalischen Mysterien sind in Wirklichkeit ganz und gar eine griech. Beigabe zu den ursprünglichen Kulten. Bezeichnende Unterschiede blieben bestehen. Die neuen Götter behielten ihre exotische, orientalische Färbung. An Enthaltsamkeit verlangten sie mehr von ihren Anhängern. Sie scheinen in einer Weise, wie das die Olympier mit ihren lokalen Bindungen nicht konnten, universal gewesen zu sein. Vor allem erhoben sie den Anspruch, sogar dem Schicksal überlegen zu sein und den Menschen aus dessen schrecklichen Banden befreien zu können. In der Kaiserzeit bildete das Angebot dieser → Erlösung vielleicht die stärkste Anziehungskraft dieser Kulte.

Schon im 2.Jh. vChr, gleichzeitig mit der Einschränkung des griech. Einflusses im Osten, mit dem wirtschaftlichen und politischen Zusammenbruch der alten Stadtstaaten, mit den wachsenden Übergriffen Roms und dem Schwinden schöpferischer Naturwissenschaft, begann eine schwerwiegende Veränderung des griech. Geistes. Das Vertrauen auf eine vernünftige und intellektuelle Lösungsmöglichkeit der Lebensprobleme ging verloren. Die orientalische → Astrologie mit ihrer Lehre, daß das Schicksal des Menschen unveränderlich von den → Sternen bestimmt sei, begann ihren unheilvollen Einfluß auf Europa auszuüben. Lange unterdrückter →Aberglaube und Höllenfurcht wurden wiederum wichtig. Dämonische Mächte und göttliche Kräfte, mystische Erfahrung und ihr niedriges Gegenstück, die Theurgie, erlangten neue Bedeutung. Sicher gab es keinen plötzlichen Bruch, und die Folgen der Veränderung machten sich erst allmählich bemerkbar. Noch zZ Hadrians schien der Hellenismus mit seiner ganzen wertvollen Tradition des Vertrauens auf die Vernunft an der Oberfläche sicher und überlegen. Aber bei aller scheinbaren Festigkeit waren die Grundlagen des Hellenismus morsch. Noch suchten die Menschen nach der Wahrheit, aber mehr und mehr suchten sie sie in Religion und Wissenschaft nicht bei der Vernunft, sondern bei der → Offenbarung. Der Sieg des → Christentums erscheint, nachdem es einmal Fuß gefaßt hatte, im Rückblick fast unvermeidlich. Es konnte die Offenbarung und Erlösung bieten, die die Zeit erwartete, und es erwies sich gleichzeitig als fähig, seine Lehren vielen von den besten Traditionen im philosophischen Denken der Griechen anzupassen. Vor allem bot es eine neue Auffassung der Beziehung zwischen Gott und Mensch, und das machte seine Verkündigung unwiderstehlich.

C.A.Lobeck, Agloaphamus sive de theologiae mysticae Graecorum causis, 1829 - L.Preller, Griech. Mythologie, (1854) 1894^{4} (bearb. v. C.Robert) - E.Rohde, Psyche. Seelenkult u. Unsterblichkeitsglaube der Griechen, (1893) 1925^{10} - J.dePrott-L.Ziehen, Leges Graecorum Sacrae, 1896-1906 - L.R.Farnell, Cults of the Greek States, Oxford 1896-1909 - Ders., Greek Hero Cults and Ideas of Immortality, ebd 1921 - J.G.Frazer, Pausanias' Description of Greece I-VI, London (1898) 1913 - J.E.Harrison, Prolegomena to the Study of Greek Religion, Cambridge (1903) 1922^{3} - M.P.Nilsson, Griech. Feste, (1906) 1957 - Ders., Gesch. der gr.nR. I, (1941) 1955^{2}; II, 1950 (Lit.) - F.Cumont, Les religions orientales dans le paganisme romain, Paris (1906) 1929^{4}; dt. 1931^{3} - A.B.Cook, Zeus I-III, Cambridge 1914-40 - O.Kern, Die Religion der Griechen I-III, 1926-38 - W.F.Otto, Die Götter Griechenlands, (1929) 1956^{4} -

U.v.Wilamowitz-Moellendorff, Der Glaube der Hellenen I. II, (1931/32) 1955[2] - L.Deubner, Attische Feste, (1932) 1956 - A.D. Nock, Conversion, Oxford 1933 - K.Kerényi, Die antike Religion, (1940) 1952[3] - I.M.Linforth, The Arts of Orpheus, Berkeley-Los Angeles 1941 -W.Nestle, Griech. Geistesgesch., 1949 - E.R.Dodds, The Greeks and the Irrational, Berkeley-Los Angeles 1951. - Vgl. auch die Lit. zu → Kretisch-mykenische Religion. *F.R.Walton*

Griechisch-katholisch (*griechisch-orthodox*) hießen in der österr.-ungarischen Monarchie die verschiedenen mit Rom unierten orthodoxen Riten (1. Griechen, Ruthenen, Rumänen; 2. Armenier). Von ihnen unterschieden sich die nicht unierten gr.-morgenländischen oder gr.-orientalischen Christen (Graeci orientales). Die verwickelten jurisdiktionellen Verhältnisse spielen noch heute in → Ungarn, → Jugoslawien, → Rumänien eine Rolle (s. Lit.). Die griech. Kirche nennt sich seit ihrer Autokephalie 1833, vom ökumenischen Patriarchen 1850 bestätigt, »hellenische Kirche« (ἑλληνική ἐκκλησία). Gr.-kath. (sehr selten: gr.-orth.) bezeichnete früher allgemein die orth. Kirchen Ost-, Südosteuropas und des Orients mit Ausnahme der Nestorianer, Jakobiten, Kopten u.a. Heute gebraucht man, auch in der Forschung, die Bezeichnung »Ostkirche« oder »Orthodoxie« (→ Orthodoxe Kirche).

N.Nilles, Kalendarium Manuale I. II, 1896/97, Appendices - G. Zananiri, Histoire de l'église byzantine, 1954 - C.Korolevskij, Liturgie en langue vivante, 1955 - Mulert-Schott 72f.

K.Onasch

Griechisch-römische Philosophie

1. Eigenart und Gegenwartsbedeutung - 2. Geschichte: a) Vorattische Ph.: α) Ionier (Milesier und Heraklit) - β) Pythagoreer und Eleaten - γ) Die »jüngeren Naturphilosophen« - b) Attische Ph.: α) Sophisten und Sokrates - β) Sokratische Schulen - c) Hellenistisch-römische Ph. - Gr.-r.Ph. = Griechisch-römische Philosophie; Ph. = Philosophie

1. »Gr.-r.-Ph.« ist (neben »Ph. des Altertums«) die Bezeichnung der philosophischen Theorien, die vom 7.Jh. vChr bis ins 6.Jh. nChr im Mittelmeerraum auftraten. Von den Schriften der antiken Philosophen ist nur wenig erhalten, bes. von der nachklassischen Periode das meiste verloren. Der Wert des Geretteten überwiegt seine relative Unvollständigkeit, vor allem dadurch, daß wir den ganzen Platon und von Aristoteles wenigstens das wichtigste besitzen. Die erhaltenen Texte sind durch Beziehungen von Aneignung und Kritik, Schulnachfolge und -polemik miteinander verknüpft, wodurch sich das Material nach Schulen und Richtungen ordnen läßt. - Die Bezeichnung »gr.-r.Ph.« ist insofern irreführend, als sie die Vorstellung einer eigenwüchsig *römischen* Ph. nahelegt: tatsächlich hat man darunter die Geschichte der griechischen Ph. in denjenigen Epochen zu verstehen, in denen Griechen und Römer die politische Entwicklung der damaligen Welt bestimmten. Aber diese Auffassung läßt auch noch unberücksichtigt, daß die Ph. der Neuzeit ebenfalls auf dem Fundament der gr.-r.Ph. ruht, daß also die gr.-r.Ph. nicht eine unter mehreren gleichberechtigten Gestalten der Ph. ist. Wir verstehen hier den Ausdruck »Ph.« (in einem engeren Sinn) als ein wenigstens der Intention nach von Autoritäten unabhängiges und von psychagogischen Absichten freies Nachdenken über gewisse Grundfragen, die sich dem Menschen bei der Betrachtung seiner Umwelt und bei Erfahrungen im Umgang mit anderen und sich selbst aufdrängen, und zwar so, daß Antworten nur in dem Maße angenommen werden dürfen, in dem sie vernünftiger Begründung fähig sind. In diesem Sinne hat Ph. mit den Griechen angefangen und wird immer griechisch bleiben. Den sonst in mancher Hinsicht ebenbürtigen Leistungen der von griechischem Einfluß unberührten Denker Indiens und Chinas fehlt die Rücksichtslosigkeit gegenüber geheiligter Tradition, die der gr.-r.Ph. ihre »Frische, Schärfe und Unbefangenheit« (Zeller) gibt. - Die *Gegenwartsbedeutung* der gr.-r.Ph. hat sachliche Gründe; dies gilt unbeschadet der Tatsache, daß zwischen der gr.-r.Ph. und der modernen europäischen Ph. wesentliche Unterschiede bestehen, die eine unmittelbare Übernahme von Lehrmeinungen und Systemen ausschließen. Die gr.-r.Ph. ist zunächst von den *Fachwissenschaften* noch ungetrennt, die ja auch erst allmählich aus ihr herauswachsen. Die moderne Ph. sieht die Welt wesentlich durch das Medium fachwissenschaftlicher Resultate und wird selbst seit Kant mehr und mehr zur Wissenschaftstheorie. Dagegen steht die gr.-r.Ph. unmittelbar der natürlichen Welt alltäglicher Erfahrung gegenüber. Darin liegt die Quelle ihrer im Vergleich mit der modernen Ph. mit Recht bewunderten Lebensnähe, aber auch ihrer vergleichsweisen Naivität. → Erkenntnistheorie und Erkenntniskritik sind der gr.-r.Ph. nicht fremd, aber die Richtung der antiken Untersuchungen zielt mehr auf eine Prüfung der *Geltung* unserer Vorstellungen durch Vergleich mit einer vorausgesetzten realen Welt; der Gedanke der Analyse des Aufbaus unserer Erfahrungswelt aus ursprünglich gegebenen Sinnesdaten und die physiologischen und psychologischen Probleme der *Genesis* unseres Weltbildes liegen der gr.-r.Ph. ferner. Sie betrachtet die Gestaltenfülle der menschlichen Umwelt als einen geordneten Kosmos von Seinseinheiten. Der den menschlichen Sinnen zugängliche Ausschnitt der Natur wird als die ganze Wirklichkeit behandelt, Ontologie und Phänomenologie der menschlichen Umwelt fallen zusammen. Den Menschen selbst betrachtet die gr.-r.Ph. in deutlichem Kontrast zur modernen Ph. als eine gegebene Größe (→ Anthropologie: II). Die geschichtliche Bedingtheit allen menschlichen Daseins ist ihr kein Problem; die irrationalen Motive des Vernunftgebrauchs bleiben unberücksichtigt. Nur so wird der Wagemut begreiflich, mit dem die antiken Philosophen von einer sehr begrenzten Erfahrungsbasis aus zu kühnsten und einseitigen Verallgemeinerungen fortschreiten. Entgegengesetzte Gesamtauffassungen der Wirklichkeit treten einander gegenüber, ohne daß die Notwendigkeit sich geltend machte, die Möglichkeit solcher gegensätzlichen Weltauslegung durch Erweiterung der Tatsachengrundlagen einzuschränken. Die Einwirkung des Mikrokosmos-Makrokosmos-Modells, das die in der Erfahrung gegebene Ordnung des Organismus zum Leitmodell kosmologischer Spekulation macht, hat hier ihre Wurzel, ähnlich auch die Neigung, der Welt im ganzen teleologische Struktur zuzusprechen (→ Teleologie), wie sie aus planvoller Aktivität des Menschen bekannt ist. Da ferner der Gedanke einer strengen Naturgesetzlichkeit im modernen Sinn den Griechen fehlt, deren → Naturphilosophie sich (allgemein gesprochen) mehr am Ideal eines Systems von *Naturformen* als am Ideal der *Voraussage* von Prozeßabläufen ausrichtet, tritt auch in der → Ethik das Problem der Willensfreiheit nicht in seiner seit Kant die Ethik beherrschenden Radikalität in den Horizont. Aber gerade dieser umrißweise gekennzeichneten Begrenzung ihrer Thematik verdankt die gr.-r.Ph. ihre bewundernswert rasche Entwicklung; und ihre durch das Fehlen eines ausgebildeten Systems von Fachwissenschaften bedingte Naivität ist, anders angesehen, exemplarische Einfachheit: Die Typik philosophischer Begriffsbildung und das auszeichnend Besondere philosophischer Verfahrens- und Sichtweise läßt sich wegen der Übersichtlichkeit und Lebensnähe der behandelten Probleme am Beispiel der antiken Ph. leichter erfassen als in der modernen Ph., die sich einer in riesenhafte Raum- und Zeitdimensionen ausgebreiteten Tatsachenwelt gegenübersieht, deren bloße Größe schon von dem Versuch umfassender Theo-

rienbildung abschreckt. Bei den verhältnismäßig engen Grenzen der dem philosophischen Gedanken zu erschließenden Wirklichkeit konnte der antike Denker sich dagegen wohl zutrauen, eine vollständige Antwort auf die umstrittenen Fragen vorzulegen. Die Resultate dieser Bemühungen haben sich als das begriffliche Koordinatensystem für alle spätere Ph. bewährt; die einmal entwickelte Terminologie ist auch für die moderne Diskussion fruchtbar geblieben (→ Philosophie: I).

2. Die gr.-r.Ph. ist um die Wende des 7. zum 6. Jh. vChr an der ionisch besiedelten Küste Kleinasiens entstanden, griff von dort zunächst nach Magna Graecia (Unteritalien) hinüber und gelangte erst später ins griechische Mutterland, wo sie dann in Athen in den sokratischen Schulen ihren Gipfelpunkt erreichte. Die Entstehung der gr.-r.Ph. in den Grenzgebieten Kleinasiens hat (schon bei den Griechen selbst) die Meinung begünstigt, die Griechen hätten die Ph. aus dem Orient, bes. von Babyloniern und Ägyptern übernommen. Richtiger ist die Ansicht, daß Kontakt mit hochzivilisierten fremden Völkern, die wirtschaftliche Blüte der ionischen Seestädte, mit dem Seehandel verbundene Freizügigkeit und wirtschaftliche Unabhängigkeit des einzelnen Bedingungen schufen, in denen sich das Nachdenken frei über mythologische und staatliche Tradition erheben konnte und – als Antwort auf die sich schnell verändernde Umwelt – sich erheben »mußte«. Gegen vereinfachende Darstellungen ist allerdings festzuhalten, daß alle diese Momente das tatsächliche Anheben europäischer Ph. in Ionien nicht *erklären* können.

a) α) *Thales* von Milet (um 585 vChr) gilt schon Aristoteles (Met. A, 3) als der älteste Philosoph, der einzige, der noch einer der legendären »sieben Weisen« war. Seine *Behauptung,* alles sei aus Wasser geworden, ist nicht so wichtig wie die *Frage,* auf die sie antwortet: anstelle der mythologischen Frage nach dem Urzustand der Welt, den dichterische Phantasie (Hesiod) sich ausmalt, tritt die nach dem einheitlichen Seins*grund.* Ebenso setzt die These, die Welt ruhe auf dem Wasser, die Frage voraus, warum die Erde nicht, wie alle Körper auf ihr, fällt. Der noch überlieferte Ausspruch »Alles ist voll von Göttern« (πάντα πλήρη θεῶν, Arist. De an. A, 5) läßt sich nicht mehr deuten. – Ein weitaus durchgebildeteres Ganzes von Lehrmeinungen, das schon den Namen eines Systems verdient, entwickelte in der nächsten Generation (610–546 vChr) der Schüler des Thales, *Anaximander.* Von seiner erst in der Spätantike verlorenen Schrift ist uns ein eindrucksvoller, schwer zu deutender Satz erhalten, der älteste philosophische Text, den wir besitzen (A 9 Diels). Er ist etwa folgendermaßen zu übersetzen: »Das, woraus die Dinge entstehen, und das, wohinein sie wieder vergehen, muß ein und dasselbe sein; denn sie geben einander Buße und Strafe für ihre Ungerechtigkeit nach der Zeitordnung.« Vergehen ist nur dann *gerechte* Buße für die als ungerechtfertigte Bereicherung betrachtete Existenz, wenn das Vergehen *Rückweg* in den vorherigen Zustand ist, das einzelne Seiende, vergehend, in den Urgrund zurücksinkt. Als diesen Urgrund bezeichnet Anaximander das ἄπειρον (= unendlich, unsterblich und unvergänglich); ob er das ἄπειρον wörtlich »ἀρχή« genannt hat, ist umstritten, aber eher unwahrscheinlich. Auf diesen Grundsatz errichtet Anaximander ein Weltsystem mit freischwebender Erde (in Gestalt einer Säulentrommel) in der Mitte und um sie herumgelegten feurigen Radkränzen, den Sternenbahnen, deren Durchmesser ganzzahlige Vielfache voneinander sind. Daneben gibt es unzählige ähnliche Systeme, die nach dem »Grundsatz« entstehen und vergehen. Eine an → Darwin erinnernde Theorie über den Ursprung der Landtiere aus dem Wasser und die Abstammung des Menschen von einem haifischartigen Wesen kommt hinzu. All dies scheint wie eine Vorwegnahme von wesentlichen Einsichten oder jedenfalls Thesen der späteren gr.-r.Ph. (Pythagoreer, Empedokles, → Aristoteles); die Verschränkung der Sphären des Rechts und des Naturgeschehens im Spruch des Anaximander hat zweifellos auf → Heraklit, wohl auch auf → Parmenides gewirkt. Der Anaximanderschüler *Anaximenes* (ca 585–526 vChr) bezeichnet nach unseren Quellen die Luft (ἀήρ) als die ἀρχή. Er zuerst versucht mit seiner Lehre von der Verdickung und Verdünnung der Luft Rechenschaft über die Art und Weise zu geben, in der sich der Grundstoff in die verschiedenen Elemente differenziert. Mit Anaximenes erlischt die milesische Schule der sog. »Hylozoisten«. – Einen ersten Höhepunkt erreicht die gr.-r.Ph. in → *Heraklit* von Ephesus (* ca 540 vChr). Seine Lehre vom → Feuer als dem Urstoff (B 30 Diels) schließt sachlich noch an die milesischen Theorien an. Aber die Entfaltung seiner Grundansicht, in die auch Seelenlehre und Ethisches einbezogen werden, sprengt die Grenzen kosmologischer Spekulation nach mehreren Richtungen. Die 130 erhaltenen Fragmente ergeben zusammen ein deutliches Bild. Es ist eigentlich nur *eine* Behauptung, die Heraklit in Sprüchen von dichterischer Kraft wiederholt: die gewöhnliche Weltansicht ist oberflächlich, ja verächtlich, weil sie nicht wahrhaben will, was doch offenbar ist: Die Dinge, mit denen wir als etwas Festem rechnen, sind nur Momente eines unaufhörlichen zwischen Extremen wechselnden Widerspiels, können nur aus der höheren Einheit der Gegensätze verstanden werden. Wasser entsteht aus Feuer, aber auch aus Erde, *ist* der Übergang von Erde zu Feuer *und* der entgegengesetzte von Feuer zu Erde. Das Gleichgewicht entgegenstrebender Kräfte ist die Weltordnung, eine Harmonie des Entgegengesetzten (παλίντροπος ἁρμονίη, B 51), die schöner ist als sichtbarer Einklang (B 8), ist zugleich das Weltgesetz (der λόγος). Dieser → Logos muß sich den Menschen, die keine Barbarenseele haben (B 107), in den Naturerscheinungen aussprechen. Deren innere Polarität ist nur so lange rätselhaft, als die Seele die Gegensätze nicht aufzulösen versteht (vgl. B 56). Auch die heraklitische Flußlehre ist bloß Gleichnis: der Fluß *ist* gerade dies, daß seine Fluten wechseln; so bestätigt sich die Realität des Logos gerade in der Rastlosigkeit des Werdens. Das Weltgesetz ist der Ruhepunkt und das Gemeinsame, mit dem man sich kräftigen muß wie eine Stadt mit ihrem Gesetz (B 114). Wer nach diesen Einsichten handelt, lebt sittlich, die Einsicht *ist* schon Sittlichkeit, wie die fehlende Einsicht *moralisch* verwerflich ist. So bereitet Heraklit den Intellektualismus der attischen Ethik vor. Nachgewirkt hat aber vor allem seine Flußlehre, im Sinne eines erkenntnistheoretischen Relativismus und Subjektivismus umgedeutet, von Platon nach dem Zeugnis des Aristoteles für die Wahrnehmungswelt anerkannt. So ist die spätere Setzung eines wandlungslosen Formenreichs »Antwort« auf Heraklit; unvergessen blieb auch bis in christliche Zeit der religiöse Ernst in Heraklits schneidender Ablehnung der Volksreligion.

β) Älter als Heraklit, aber in seiner Lehre kaum noch faßbar (auch Aristoteles spricht nur von → »Pythagoreern«, also der Schule) ist *Pythagoras* von Samos († 497 vChr [?]), der nach Bekanntschaft mit milesischer Ph. und ägyptischen Reisen um 530 vChr zu Kroton in Unteritalien einen Bund mit Reinheitsregeln und esoterischen Lehren (→ Seelenwanderung) gründete, der bald politischen Einfluß und damit Gegner hatte. Beschäftigung mit Mathematik und die Theorie, das Wesen der Dinge liege in Zahlen und Zahlverhältnissen, sind erst bei späteren Pythagoreern, vor allem bei Philolaos (Zeitgenosse des Sokrates) und Archytas (dem Freund Platons) nachzuweisen. Aber es hält schwer, nicht schon Pythagoras selbst, den Heraklit (B 40) »Vielwisser« schilt, mathematische Interessen (sicher nicht den nach ihm benannten Lehrsatz!) zuzusprechen. Die Verbindung von Mathematik und Ethik lag in der pythagoreischen Ansicht begründet, daß Wissenschaft die Seele reinige. Die epochale Entdeckung, daß sich *Qualitatives*, zB Töne, *quantitativ*, zB durch Maßzahlen von Saitenlängen, fassen läßt, hat die Neigung der gr.-r.Ph. zu Apriorismus und Rationalismus tief beeinflußt. Die Schule des Pythagoras selbst erlischt im 4.Jh. vChr, erlebt aber im Neupythagoreismus (→ Neupythagoreer) seit dem 1.Jh. vChr eine vornehmlich religiös-mystisch gestimmte Wiederbelebung. – →*Xenophanes* von Kolophon (* ca 580 vChr) gilt seit der Antike (ob mit Recht, ist umstritten) als Gründer der *eleatischen Philosophenschule* zu Elea in Unteritalien. In ihm wendet sich die Kraft des philosophischen Gedankens zuerst ausdrücklicher Kritik der Mythologie und Theologie → Homers und Hesiods zu. Die erhaltenen Fragmente seiner Gedichte verwerfen die überlieferten religiösen Vorstellungen, weil ihnen die nötige sittliche Würde fehlt (B 12 Diels) und wegen der in ihnen enthaltenen Anthropomorphismen (B 15). Eine Mythologie, die Götter ehebrechen, stehlen und sich betrügen läßt, muß falsch sein; und wenn Löwen und Ochsen Hände hätten, hätten sie auch löwen- und ochsenähnliche Götterbilder. So wie der σοφίη des Denkers unter menschlichen Leistungen höchster Rang zukommt, so ist die Tätigkeit Gottes *geistige* Lenkung des Alls (B 24f). Gut bezeugt ist für Xenophanes die These der Einheit von Gott und Welt, wohl mehr eine radikalere Fassung seines *Monotheismus* als Ausdruck des *Pantheismus*. Eine streng monistische Ontologie hat dann, von Xenophanes beeinflußt, → *Parmenides* von Elea (540 bis 460 vChr) in einem philosophischen Lehrgedicht vorgetragen. Mit offener Polemik gegen Heraklit (B 6) weist Parmenides auf innere Widersprüche des Begriffs des Werdens hin und leitet daraus (durch indirekten Beweis) die Existenz einer ewigen, unveränderlichen, überall gleichen Weltkugel ab. Denn wie Werden Nicht-Sein logisch voraussetzt (was wird, ist ja noch nicht), so auch die Vielheit (denn Seiendes könnte nur durch dazwischen liegendes Nicht-Seiendes voneinander getrennt werden). *Nicht-Seiendes aber ist nicht*; das ist für Parmenides evident. Darum ist alle Sinneserfahrung Trug: nur das → Denken erreicht das → Sein, »Denken und des Gedankens Ziel ist einerlei« (B 7, V. 34): Wenn das korrekte Denken erschließt, daß nur *ein* Seiendes sein kann, darf das Denken nichts außerhalb dieses Seienden sein. Diese ontologische Argumentation am Leitfaden des Seinsbegriffs beruht auf der Gleichsetzung des »ist« als Existenzaussage und Kopula. Ihre philosophische Bedeutung und Nachwirkung liegen in der Öffnung einer Perspektive, in der sich »wahrhaft Seiendes« von bloß »scheinbar Seiendem« trennen läßt, und zwar *durch das abstrakte Denken* trennen läßt. Die gr.-r.Ph. hat eben diesen Ansatz lange festgehalten; man kann sagen, daß der Gegensatz von Denken und Sinneserfahrung zum Leitwort der Ph. wurde. So hat der Eleate *Zenon* (* ca 500 vChr) die theoretische Unmöglichkeit dessen nachzuweisen versucht, was unseren Sinnen selbstverständlich ist. Manches ist dabei bloß spitzfindig; aber die Aporetik des »Kontinuum« hat Zenon glänzend formuliert: der fliegende Pfeil ist jeden Augenblick an einem bestimmten Ort; was immer an einem bestimmten Orte ist, *ruht*. Die von ihm gestellten Probleme werden noch heute diskutiert. Dogmatisch gestaltete *Melissos* das eleatische Weltbild aus.

γ) Mehr Frucht trug die Seinslehre des Parmenides in den Theorien der *»jüngeren Naturphilosophen«* (Empedokles, Anaxagoras, Atomisten). Sie alle versuchen zwischen den Thesen des Parmenides und der Sinneserfahrung (bzw. Heraklit) zu vermitteln. Stets wird zwischen »eigentlich Seiendem« und dem Trugbild vom Werden und Entstehen unterschieden. Bei *Empedokles* (483-423 vChr), dem durch Süditalien ziehenden Arzt, Wundermann und Sühnepriester, übernehmen die seither so genannten vier → Elemente (ῥιζώματα) die Rolle des einen parmenideischen Seienden. Einzelwesen entstehen durch Auflösung und Mischung (διάλλαξις und μίξις) dieser Elemente, die sich unter Herrschaft der »Liebe« zur Weltkugel zusammenschließen, dann unter Einwirkung des »Hasses« sich sondern, bis der Prozeß von neuem beginnt. *Anaxagoras* von Klazomenai (ca 500-427 vChr) brachte die Ph. nach Athen, wegen seiner Naturkenntnis bewundert, als Freund des Perikles berühmt, später angefeindet und wegen Gottlosigkeit (ἀσέβεια) angeklagt. Seine Ph. ist von der des (jüngeren) Empedokles beeinflußt. Anstelle der vier Elemente setzt Anaxagoras eine unbegrenzte Vielfalt kleinster Teilchen, die sich durch Aussonderung und Sammlung zu Körpern vereinigen, deren Eigenschaften die je vorherrschende Teilchenart bestimmt. So ist Anaxagoras ein Vermittler zwischen Parmenides und Atomistik. Kennzeichnend für Anaxagoras ist seine Theorie eines weltbewegenden Geistes (νοῦς), der die Bewegung der Materie erklären soll, selbst aber als »feinste Materie« bestimmt wird. Einen konsequenten → Materialismus und Mechanismus der Welterklärung lehren uns die erhaltenen Reste der abderitischen *Atomistik* (→ Atom, 1). Ihr Gründer Leukipp, von dem nichts erhalten ist, wird Anaxagoras etwa gleichaltrig gewesen sein; *Demokrit*, sein großer Schüler, war etwas jünger als Sokrates. Alle qualitativen Unterschiede reduziert die Atomistik auf geometrische Eigenschaften der unendlich vielen, in ihrer Substanz gleichen Atome. Der leere Raum ist etwas Wirkliches; das drückt man (parmenideisch) so aus, als ob man die *Existenz des Nichtseienden* behaupten wollte. Wie aus denselben Buchstaben Tragödien und Komödien hervorgehen, so aus den Atomen durch verschiedene Anordnungen verschiedene Dinge. »Eigentlich Seiende« sind Atome und das Leere; alles übrige ist »bloß Konvention«. Demokrits Sprüche über Ethik zeigen tiefe Menschenkenntnis, ihr Hedonismus ruht auf der Überzeugung, daß sittliches und glückliches Leben eins sind.

b) α) Die Schroffheit, mit der die Philosophen der bisher besprochenen Zeit ihre Lehre vortrugen, stand in klarem Gegensatz zu der bunten Vielfalt ihrer Theorien. Das mußte bes. dort empfunden werden, wo sich auch das breitere Publikum der Ph. zuwandte. Zum Treffpunkt der konkurrierenden Systeme wurde das Athen der Mitte des 5.Jh.s, als nach den Perserkriegen die selbstbewußte Bürgerschaft aus der Enge bisheriger staatlicher und religiöser Ordnung heraustrat. Wenn nun das Denken zu so verschiedenen Resultaten führt, mußte man die Hoffnung auf allgemeingültige Wahrheit fahren lassen. Es blieb jedermanns Recht, was ihm wahr schien, so einleuchtend und überredend wie möglich darzustellen. Nur Fremde aus den bereits von Ph. und Wissenschaften berührten griechischen Randgebieten konnten darin Lehrmeister Athens werden; als Fremden war ihnen athenische Überlieferung nicht Herzenssache, der »zersetzende« Einfluß der Sophisten wurde dadurch verstärkt. Platons Darstellung der *Sophisten* ist ungerecht, wo er sie als konkurrierende Philosophen auftreten läßt, deren Thesen ernstgenommen sein wollten. Sie waren gebildete und »vernünftige« Männer, den Verstiegenheiten der Ph. fern. Vornehmlich Rhetoren, übten sie sich und ihre Schüler an allen vieldiskutierten Gegenständen; da Ph. in Athen Mode wurde, trugen sie auch hier Meinungen vor. In diesem Sinn ist wohl der Satz des *Protagoras* (481-411 vChr) vom Menschen als dem Maß aller Dinge (πάντων χρημάτων μέτρον ἄνθρωπος) zu nehmen, ebenso der »nihilistische« Satz des *Gorgias* von Leontinoi (ca 483-375 vChr): »Es ist nichts; wenn etwas wäre, könnten wir es doch nicht erkennen, könnten wir es erkennen, so doch nicht mitteilen.« *Prodikos* von Keos (* um 465 vChr) machte sich um Sprachphilosophie und Grammatik verdient. Sein Mythos von »Herakles am Scheidewege« hat die ethische Diskussion lange beeinflußt. Er trug auch zuerst den Gedanken vor, daß die Götter Personifizierungen nützlicher Gegenstände, wie Sonne und Mond, Brot, Wein und Wasser seien. Die drei Genannten, mit dem Polyhistor Hippias von Elis als die »großen älteren Sophisten« bezeichnet, weckten das allgemeine Bedürfnis nach Bereicherung und Verfeinerung der geistigen Kräfte des Individuums. Die zT radikale Kritik der Sophisten an ehrwürdigen Überlieferungen war als Nebenwirkung ihrer revolutionierenden Denkweise unvermeidlich. Unterwarf man eingewurzelte Vorstellung kritischem Räsonnement, so war es schwer, irgendwo haltzumachen. Ein neuer Ansatz der Ph. konnte nur Frucht tragen, wenn er die sophistische Kritik ganz in sich aufnahm und von *Autorität* zur *Evidenz* strebte. – Die aporetische und dialektische Methode des → *Sokrates* leistete genau dies, so sehr sich die persönliche Wirkung dieses einzigartigen Mannes jeder geistesgeschichtlichen Einordnung entzieht. Der Ph.-Geschichte gelten als seine »Thesen« der Versuch, durch Definitionen und begriffliche Erörterungen das *Allgemeine* im Besonderen zu fassen, und seine Überzeugung, daß die ἀρετή in einem *Wissen* um das wahrhaft Gute und Nützliche wurzele, ja bestehe. Diese Intellektualisierung der Mannestugend war im Vergleich mit aristokratischen Anschauungen sophistisch im Extrem, gegen die sophistische Lehre gehalten konservativ, weil sie eine in der Sache begründete Übereinstimmung in ethischen Fragen als möglich voraussetzt. Dies hängt zusammen mit dem Glauben des Sokrates an eine vernünftige Weltordnung, die den einzelnen trägt, wenn er das Rechte tut, die kräftigste Wurzel der teleologischen Metaphysik, die aus der gr.-r.Ph. nie ganz verschwand.

β) Alle Seiten der sokratischen Denkart sind von den sog. *»sokratischen Schulen«* teils einseitig, teils vollständig weiterentwickelt worden. So verknüpfte *Eukleides* von Megara (ca 450-380 vChr) die Ontologie der Eleaten und sokratischen Utilitarismus in der These, das Eine sei das Gute, die er gegen abweichende Systeme mit sokratischer Dialektik verteidigte. Seine Schüler (Megariker), bes. Diodoros Kronos und Philo, wurden bedeutende Logiker. *Aristipp* von Kyrene (ca 435-355 vChr) radikalisierte den sokratischen → Eudämonismus zum → Hedonismus. Auf der Grundlage einer subjektivistischen Erkenntnislehre erklärte er die gegenwärtige, vorzüglich die körperliche Lust zum höchsten Gut, glänzte aber durch weltmännischen Charme in der Anwendung seiner Lehre. Wie Aristipp und seine Schule (Kyrenaiker) in der Philosophie → Epikurs fortwirkte, so schloß sich die → Stoa in vielem der kynischen Sekte des Sokratesschülers *Antisthenes* (ca 445-365 vChr) an, der die sokratische Genügsamkeit zur Lehre von der Autarkie der Tugend verschärfte. Dessen Schüler Diogenes von Sinope fordert die radikale Abkehr von aller kulturellen Tünche. Er wurde das freilich legendenhaft ausgeschmückte Vorbild des *kynischen Asketen,* der in der Nachfolge des prodikeischen Herakles um die ἀρετή kämpft. Beide mit Sokrates in die Ph. eingetretenen Momente, die Heraushebung allgemeiner und zeitloser Begriffe aus der Erfahrungsmannigfaltigkeit und die Suche nach verbindlichen ethischen Grundsätzen, bewiesen ihre Fruchtbarkeit bei → *Platon* und → *Aristoteles.* Bei Platon überwiegt die Absicht, aus der Betrachtung eines als eigentliche Wirklichkeit aufgefaßten Ideenreichs allgemeiner Formen verbindliche Regeln für die Gestaltung menschlicher Gemeinwesen abzuleiten, während bei Aristoteles die theoretische Durchdringung *dieser faktischen Welt,* bes. ihrer formalen Grundzüge, in den Vordergrund tritt. Die platonische *Akademie* setzte unter Speusipp, Xenokrates, Herakleides Pontikos, Eudoxos von Knidos u.a. die pythagoreisch beeinflußte Idealzahlentheorie und die Einteilungslogik der Spät-Ph. Platons fort (»Ältere Akademie« 347-268 vChr). Der aristotelische *Peripatos* pflegte unter Theophrast († 287 vChr), Eudemos, Aristoxenos, Dikaiarch, Demetrius von Phaleron, Straton dem Physiker († 272 vChr) vornehmlich Wissenschaften und Wissenschaftsgeschichte (zB Theophrasts »φυσικῶν δόξαι«), daneben eine auf aristotelische Typologie von Charakteren gegründete Ethik. Platon und Aristoteles bestimmten aber auch weit über die eigentliche Schulnachfolge hinausgreifend die Ph. der Folgezeit (→ Platonismus, → Aristotelismus).

c) Die Auflösung der griechischen Stadtstaaten im Alexanderreich breitete das Einflußgebiet der gr.-r.Ph. weit nach Osten aus. Dabei kam ihr der verbreitete Wunsch nach griechischer Bildung entgegen, auch das Bedürfnis, inmitten staatlicher und gesellschaftlicher Umwälzungen einen festen Orientierungspunkt zu finden. Probleme der Lebensführung, die Frage nach dem »höchsten Gut«, nach Schicksal und Freiheit traten in den Vordergrund. Der Wunsch nach Prägnanz und Allgemeinverständlichkeit begünstigte strengere Systematik und dogmatische Einseitigkeit. Anstelle der reicheren, dafür nicht unmittelbar für die Praxis verwertbaren Lehrgebäude Platons und Aristoteles' zog man die Lehren der kynischen und kyrenaischen Sokratiker heran. Die → *Stoa* (gegr. um 300 vChr zu Athen von Zenon aus Kition auf Cypern) vereinigte eine gemilderte kynische Ethik mit heraklitischer Naturlehre und aristotelischer Methodologie. Der λόγος, wie bei Heraklit mit dem göttlichen Urfeuer gleichgesetzt, ist zugleich die unverbrüchliche Notwendigkeit (εἱμαρμένη) alles Geschehens, aber so, daß die Vorsehung (πρόνοια) alles zum besten verfügt hat. Darum ist es Menschenpflicht und Glück, in Übereinstimmung mit der Natur zu leben (ὁμολογουμένως τῇ φύσει ζῆν). Der herrliche Hymnus des *Kleanthes* an Zeus (Stoicorum veterum fragmenta I, ed. H.v.Arnim, 1903, 537) drückt diese »Weltfrömmigkeit« aus. Die *Epikureer* (→ Epikur) wandelten den kyrenaischen Hedonismus ab und errichteten ein mechanistisches Weltbild mit Hilfe von Demokrits Atomtheorie, deren → Determinismus sie aber durch Annahme ursachloser Atombewegungen milderten (→ Atom). Die von Pyrron von Elis (ca 360-270 vChr) gegründete Schule der *Skeptiker* (→ Skeptizismus) eroberte sich die sog. »mittlere Akademie« unter *Arkesilaos* (315-241 vChr), beeinflußte auch die »neuere Akademie« unter *Karneades,* der mit dem Peripatetiker Kritolaos und dem Stoiker Diogenes als athenische Gesandtschaft i.J. 156 vChr in Rom Bewunderung und Interesse für Ph. weckte. Die akademische Skepsis richtete sich gegen die Stoa, was bei der dogmatischen Festigkeit der stoischen Lehre und der verfeinerten und subtilen Denkweise der Akademie nicht verwundern kann. Mit Philon von Larisa und Antiochos von Askalon beginnt in den ersten Jahrzehnten des 1.Jh.s vChr der akademische → *Eklektizismus,* der in der mittleren Stoa seit Panaitios und bes. bei → *Posidonius* eine Parallele hatte. Im Laufe dieses Jh.s wird die Ph., verschwistert mit Rhetorik, zum Bestandteil höherer Allgemeinbildung auch in Rom; die Literatur der ausgehenden Republik bietet hervorragende Beispiele

(→ Cicero, Varro, Lukrez, Horaz, auch → Vergil und Ovid). Mit der Aristoteles-Gesamtausgabe des Andronikos (um 50 vChr) beginnt eine allgemeine Rückwendung innerhalb der Schulen auf die Gründer und die gelehrte Kommentierung ihrer Schriften. Orthodoxe und Eklektiker treten in jeder Schule gegeneinander auf. Diese Archaisierung bereitet den Neupythagoreismus (→ Neupythagoreer) und → Neuplatonismus vor. Zugleich ist diese Zeit von einer neuen religiösen Stimmung erfüllt, wozu der Orient mitwirkte. Für die gr.-r.Ph. wird diese Stimmung deshalb bestimmend, weil man angesichts des unaufhörlichen Schulstreits das Heil von *übernatürlicher* Offenbarung oder wenigstens *uralter* Weisheit erwartet. So betrachtet sind die neue Orthodoxie und die Buchgelehrsamkeit sich ergänzende Symptome eines Grundzustandes, ebenso die Neigung zur Mystik. → *Philo* von Alexandrien (um 25 vChr), der das AT allegorisch deutet und die Hauptsätze der Ph. aus ihm ableitet, zB Platons Ideenlehre aus der Gen, gibt dem Wechselverhältnis von orientalischer Religion und gr.-r.Ph. deutlichsten Ausdruck. Ein mildes Licht leidensreifer Frömmigkeit breitet sich über die philosophischen Texte der Zeit aus, aber auch abstruser Aberglaube fehlt nicht. So gleichermaßen im mittleren Platonismus (ca 45-175 nChr) bes. bei → Plutarch und Apuleius, in der späten Stoa bei → Seneca, → Epiktet und → Markus Aurelius, auch bei den Kynikern der Zeit, unter denen Dio Chrysostomos und Demetrius hervorragen. Nur die Kehrseite dieses Zuges ist die von Änesidem (um 40 nChr) durch Rückgriff auf Pyrron neubegründete und von dem Arzt → Sextus Empiricus (um 150 nChr) mit viel Scharfsinn und Gelehrsamkeit systematisch durchgebildete neuere *»Skepsis«* (→ Skeptizismus). Die legendäre Gestalt des Pythagoras wurde zum Gegenstand eines bes. von → Apollonius von Tyana (ca 100 nChr) mit breiter Wirkung wiederbelebten Kultes. Die Apolloniusbiographie des Philostrat (220 nChr) zeigt, was man damals von einem Philosophen erwartete: asketische Reinheit und Milde, Wundertaten, Erlösung der Menschen aus Irrtum und sinnlicher Verstrickung. Eine entsprechende Rückwendung zu Platon führt im *Neuplatonismus* noch einmal zu einer die Zeit überdauernden Ausprägung der gr.-r. Ph. Von dem Schulgründer → Ammonius Sakkas (ca 175 bis 242 nChr) ist nichts überliefert; dagegen besitzen wir die (von → Porphyrius herausgegebenen) Schriften (»Enneaden«) seines größeren Schülers → *Plotin* (203 bis 269 nChr). Plotins System vereinigt mit strengem Dualismus von Sinnenwelt und intelligibler Welt (im Sinne Platons) den von Posidonius stammenden Gedanken einer Reihe von Vermittlungsstufen zwischen dem absoluten Einen und der unbeseelten Materie, die gleichsam der Schatten des Lichtes ist. Aristotelische Logik gibt die formalen Grundlagen. Die Erkenntnis geht den Weg der Emanation aller Dinge aus dem Einen schrittweise zurück; auf diesem Wege wird der Mensch Gott ähnlich, schließlich in der ekstatischen Schau mit ihm eins. Dies System nimmt - wie das Meer die Ströme - alle Richtungen der gr.-r.Ph. in sich auf und kann ebenso der polytheistischen Restauration des Kaisers → Julian dienen wie dem Christen → Boethius das Fundament seines Weltbildes geben. Plotins System wurde in der Folgezeit ausgebaut und verfeinert, bes. durch → Jamblichos und den Lykier → Proklos. Jamblich gehörte der *syrischen*, Proklos der *athenischen* Schule der Neuplatoniker an; die *pergamenische* Schule (Maximos, Julian) widmete sich Spekulationen über die Möglichkeit, auf die übersinnliche Welt einzuwirken (Theurgie), während in der *alexandrinischen* Schule Fachwissenschaften und die gelehrte Arbeit an den Schriften Platons und des Aristoteles im Mittelpunkt standen. Ihre bedeutendsten Mitglieder waren die i.J. 415 von »christlichem« Pöbel ermordete → Hypatia und die Aristoteles-Kommentatoren Ammonius und → Johannes Philoponus. Die Hinrichtung des Boethius durch Theoderich (525 nChr) und der Befehl des Justinian (529 nChr), der die athenischen Philosophenschulen schließt und die letzten Platoniker zur Auswanderung nach Persien zwingt, bezeichnen mit dem Ende der gr.-r.Ph. zugleich das der alten Welt.

Außer der Lit. zu den im Text genannten Stichwörtern vgl. allgemein: E.ZELLER, Die Ph. der Griechen in ihrer geschichtl. Entwicklung, 3 Tle in 6 Bden, (1859-68) 1909-23⁴⁻⁷ - W.WINDELBAND, Gesch. der abendländ. Ph. im Altertum (HAW V/1, 1), (1888) 1923⁴ - J.BURNET, Early Greek Philosophy, London (1892) 1930⁴ - TH. GOMPERZ, Griech. Denker, 3 Bde, (1893-1909) 1911-31³ - Ü I (K. PRAECHTER) - J.STENZEL, Metaphysik des Altertums (HPh I, 4), 1931 - O.GIGON, Antike Ph. (BEStPh 5), 1948 (neuere Lit. in Auswahl) - H.FRÄNKEL, Dichtung u. Ph. des frühen Griechentums, New York 1951 - DERS., Wege u. Formen frühgriech. Denkens, 1955 - W. JAEGER, Die Theol. der frühen griech. Denker, 1953. *G.Patzig*

Griesbach, *Johann Jakob* (1745-1812), Neutestamentler, * in Butzbach, lehrte von 1771 an in → Halle, ab 1775 in → Jena. Im Gegensatz zur »G.schen Hypothese« (Markus habe Matthäus und Lukas benutzt; → Evangelien, synoptische, 1b δ) haben sich seine Bezeichnung »Synoptiker« für das Mt-, Mk- und LkEv und seine »Synopse« (Evangelien in Paralleldruck) durchgesetzt. → Bengel fortführend (→ Text: II) unterscheidet er 3 Rezensionen, zieht Väterzitate und Übersetzungen heran. G.s Text weicht an 352 Stellen vom textus receptus ab.

Vf. u.a.: Symbolae criticae ad supplendas et corrigendas varias N.i T.i lectiones, 2 Bde, 1785/93; Commentarius criticus in textum graecum N.i T.i, 1794ff; Opuscula academica, ed. J.PH.GABLER, 2 Bde, 1824/25. - Über G.: RE VII, 170ff. *H.Greeven*

Griesinger, *Georg Friedrich,* * 16.3.1734 in Marschalkenzimmern, † 27.4.1828 in Stuttgart. Dort seit 1766 Diakonus, später Stadtpfarrer, 1786-1822 Mitglied des Konsistoriums, in dessen Auftrag er (im Einklang mit eingeforderten Voten) das neue → Gesangbuch (: I, 2c; 1791), ein »Spiegelbild des biblisch-verständigen Supranaturalismus«, verantwortlich bearbeitete. - Philosophisch in der Schule → Wolffs gebildet, doch Supranaturalist wie G.Chr. → Storr. Trotz dem seit 1799 überwiegend rationalistischen Beweis für die Schriftautorität und dem Verzicht auf die Inspirationslehre blieb die biblizistische Grundhaltung unverändert. G.s »Bibel, nach den neuesten... Übersetzungen mit Inhaltsangaben« (1824), die neben Storr, → Mendelssohn u.a. auch K.F. → Bahrdt als Vorbilder verwandte, fand kaum Verbreitung. In der rationalistisch-supranaturalistischen »Theologia dogmatica« (1825) fand G.s deistische Anschauung von dem zeitlosen Gott, der nicht in der Zeit wirken kann, Aufnahme.

Vf. u.a.: Einl. in die Schriften des neuen Bundes, 1799; Prüfung des gemeinen Begriffs von dem übernat. Ursprung der prophet. Weissagungen, 1818. - Über G.: RGG¹ II, 1701f - CHR.KOLB, Die Aufklärung in der württ. Kirche, 1908 - E.SCHMID, Prälat G. (Blätter f. württ. KG NF 44, 1940, 106-142) - H.HERMELINK, Gesch. d. ev. Kirche in Württemberg, 1949. *E.H.Pältz*

Grimm, *Jacob* (1785-1863), * in Hanau, † in Berlin, Germanist. Nach Besuch des Kasseler Lyzeums studiert er mit seinem Bruder *Wilhelm* (1786-1859) in Marburg die Rechte, bes. bei → Savigny. Seine Liebe zur deutschen Sprache und Literatur des MA entzündet sich während der Zusammenarbeit mit diesem an der Pariser Bibliothek (1805). Als Bibliothekar in Kassel erforscht er dies Gebiet, wird 1830 Prof. in → Göttingen, verliert aber seine Stelle, da er sich 1837 wie sein Bruder dem Protest der »Göttinger Sieben« gegen den Verfassungsbruch des Königs anschließt. Friedrich Wilhelm IV. ernennt ihn 1841 zum Mitglied der Berliner Akademie. - G.s Verdienst ist es, die Erforschung der frühen Sprachdenkmäler zur Wissenschaft der deutschen Philologie erhoben zu haben. Seine Impulse sind romantisch (→ Romantik), denn er zielt wie → Novalis, Arnim, → Görres auf eine außerhistorische reine »Urzeit«: »Die alten Menschen sind größer, reiner und heiliger gewesen als wir, es hat in ihnen und über sie noch der Schein des göttlichen Ausgangs geleuchtet.« Seine Forschungsmethode dagegen ist die empirische des 19.Jh.s. Der geistige Weg führt nach ihm von der Naturpoesie zur Kunstpoesie, aus der Einheit von Poesie und Leben zu ihrer Spaltung in der Moderne. Die → Germanistik aber vermag durch die Erhellung, bes. von → Sage (»Aller Sage Grund ist nun Mythos, dh Götterglaube«), → Märchen, Volksepos zu diesen Ursprüngen zurückzufinden, wenn sie beim Sammeln, ohne das Volk zu stören, in diese »nach Laub, Wiesengras und frischgefallenem Regen riechende Natur« blickt. Wissenschaftliches Ethos wird die von Boisserée gerügte »Andacht zum Unbedeutenden«, da auch am unscheinbarsten Sprachgut der Abglanz des Ursprungs haftet. Reformierter Konfession, bewahrt sich G. einen persönlichen Gottesglauben; Christus bleibt ihm fern, da er im Prozeß der Säkularisierung in den Erzeugnissen des Sprachgeistes des Göttlichen teilhaftig wird.

Kinder- u. Hausmärchen, 1812-14; Dt. Sagen, 1816-18 (beide mit W.G. gesammelt); Dt. Grammatik, 1819-37; Dt. Rechtsaltertümer, 1828; Dt. Mythologie, 1835; Gesch. d. dt. Sprache, 1848; Dt. WB, seit 1852; Kleinere Schriften, hg.v. K.MÜLLENHOFF u. E.IPPEL, 8 Bde, 1864-90; zahlreiche Briefwechsel. - Über G.: W.SCHERER, J.G., (1865) 1885² - R.STEIG, Goethe u. d. Brüder G., 1892 - DERS., A.v. Arnim u. d. Br. G., 1904 - DERS., Cl.Brentano u. d. Br. G., 1914 - E. SIMON, Zu J.G.s Sprache, Stil u. Persönlichkeit (DVfLG 7, 1929, 515 bis 559) - P.BÖCKMANN, Die Welt d. Sage bei d. Br. G. (Germ.-roman. Monatsschrift 23, 1935, 81-104) - A.HÜBNER, J.G. (Kl. Schr. z. dt. Philologie, hg.v. H.KUNISCH u. U.PRETZEL, 1940, 26-36) - K.ZIEGLER, Die weltanschaulichen Grundlagen d. Wissenschaft J.G.s (Euphorion 46, 1952, 241-260).

P.Requadt

Grimmelshausen, *Johann Jacob Christoffel von* (* wahrscheinlich um den 20.6.1622, † 1676), Verfasser des bedeutendsten, lebendigsten, aber auch rätselhaftesten deutschen Romans zwischen Parzival und Wilhelm Meister, des »Simplicissimus«. G. stammt aus dem prot. Gelnhausen, wo er vermutlich etwa 6 Jahre die Lateinschule besucht hat. Ereignisse des Dreißigjährigen Krieges führen den Jungen schon 1634 als Flüchtling in die schwedisch besetzte Festung Hanau, zu den Kroaten, nach Hessen, in die kaiserliche Armee vor Magdeburg und nach Westfalen. Ab 1638 ist G. als Soldat am oberen Rhein, gegen Ende des Krieges Regimentsschreiber in Offenburg. Nach der Heirat (kath., 1649) lebt er weiterhin als Schaffner, Wirt und Schultheiß in der Gegend um Renchen. - Seine Hauptwerke sind: Satyrischer Pilgram (1666/67), Joseph (1666), Simplicissimus (1668/69), Dietwalt und Amelinde (1670), Courasche (1670), Springinsfeld (1670), Vogelnest (1672 und 1675), Proximus und Lympida (1672) und kleinere Schriften.

G. ist volkstümlicher Schriftsteller und Autodidakt (→ Barock: II), verdankt aber entscheidende Anregungen nicht nur Volksbüchern, Schelmenromanen, Legenden und älteren Nachschlagewerken, sondern auch Bearbeitungen und Übersetzungen der gehobenen internationalen Literatur (Guevara, Cervantes, Sorel, Harsdörffer u.a.). Seine religiöse Einstellung wie der weltanschauliche Sinn des Hauptwerks sind ganz verschieden gedeutet worden: im luth., freiprot., kath., synkretistischen, freireligiös-humanistischen und im mystischen Sinn. Wichtig für die Beurteilung ist zu Anfang des Romans die Gestalt des Einsiedlers, der sich von der Welt zurückgezogen hat, aber die Kirche besucht, die Begegnung mit den Geistlichen der drei christlichen Hauptkonfessionen (luth.: Hanau; calvinisch: Lippstadt; kath.: Einsiedeln), mit den Wiedertäufern und der Geisterwelt des Mummelsees, die Jupiter-Prophetie von der Vereinigung der Konfessionen, das Nosce te ipsum, die zweimalige Weltentsagung, die zyklische Gesamtanlage der simplicianischen Romane und schließlich der Charakter der sog. höfischen, in Wirklichkeit eher legendenhaften, unter G.s eigenem Namen veröffentlichten Romane »Dietwalt« und »Proximus«. Die neuerdings beobachtete astrologische Symbolik läßt Schlüsse auf die weltanschauliche Haltung des Dichters zu. - Vgl. → Barock: II, 6.

Ausgew. Werke, 4 Bde, hg.v. H.H.BORCHERDT, 1922 - Simplicissimus Teutsch, hg.v. J.H.SCHOLTE (Neudr. dt. Lit.werke d. 16. u. 17.Jh.s, Nr. 302-309), 1938 - Simplizianische Schriften, hg.v. DEMS. (ebd Nr. 246-248. 249-252. 288-291. 310-314. 315-321), 1923-43. - Über G.: E.ERMATINGER, Weltdeutung in G.s Simplicius Simplicissimus, 1925 - DERS., Der Weg der menschl. Erlösung in G.s Simplicissimus, Courasche u. Vogelnest (in: Krisen u. Probleme der neueren dt. Lit., 1928, 105-123) - G.KÖNNECKE, Quellen u. Forschungen zur Lebensgesch. G.s, hg.v. J.H.SCHOLTE, 1926/28 - W.BURKHARD, G., Erlösung u. barocker Geist, 1929 - M.MOSTERT, Über G.s Konfession (Jb. der Görresgesellschaft 4, 1929, 143-165) - K.FUCHS, Die Religiosität des Johann Jakob Christoffel von G., Teildruck 1935 - J.H. SCHOLTE, Der Simplicissimus u. sein Dichter, 1950 - G.HERBST, Die Entwicklung des G.bildes in der wissenschaftl. Lit., 1956 - G.WEYDT, Don Quijote Teutsch (Euphorion 51, 1957, 250-270) - S.STRELLER, G.s Simplicianische Schriften (Neue Beitr. zur Lit.-Wiss. VII), 1957.

G.Weydt

Grisar, *Hartmann,* SJ, * 22.9.1845 in Koblenz, † 25.2. 1932 in Innsbruck. 1871-95 Prof. der KG in Innsbruck, widmete sich dann ganz der historischen Forschung zunächst in Rom, seit 1902 vornehmlich in München, seit 1925 in Innsbruck. Die Papstgeschichte und die Geschichte der Stadt Rom verdanken seinen Forschungen viel, bes. in archäologischer Hinsicht. Auch die Studien zur Reformationsgeschichte gehen schon auf das Jubiläumsjahr 1883 zurück. In einer von G. selbst empfundenen Distanz zu → Denifles polemischem Lutherbuch von 1904 schuf er dann sein überaus stoffreiches, darin heute noch wertvolles, wenn auch keineswegs tendenzfreies Lutherwerk. Obwohl nicht ohne Verständnis für historische Kritik und nicht ohne Streben nach Objektivität, gelang es G. doch nicht, aus den seit → Cochläus vorgezeichneten Bahnen der römischen Lutherauffassung herauszukommen. Seine Hauptthese von Luthers pathologischem Wesen war keineswegs neu, und G. hat sich damit auch im kath. Bereich nicht durchsetzen können. Dennoch sind (wie von Denifles, so auch) von G.s Lutherforschung kräftige Anregungen ausgegangen; in der Spezialforschung über Luthers Kampfbilder (vornehmlich in seinen »Lutherstudien«) hat er sich große Verdienste erworben. - Der von ihm in Anspruch genommene Wille zur Versöhnung ist freilich nur dialektisch zu begreifen, und seine Meinung, Luther werde im Protestantismus selbst heute mehr und mehr als bloß historische Erscheinung betrachtet, erwies sich als Ausgeburt des Wunschdenkens.

Vf. u.a.: Galileistudien, 1882; Reformatorenbilder, 1883 (Pseudonym: Const. Germanus); Analecta Romana I, Rom 1899; Gesch. Roms u. der Päpste im MA I, 1900 (franz. 1907, engl. 1908, ital. 2 Bde, 1899/1907, dazu Bd 3: San Gregorio Magno, 1904); Das MA einst u. jetzt, (1902) 1903²; Die röm. Kapelle Sancta Sanctorum u. ihr Schatz, 1908 (ital. 1907); Luther I-III, (1911/12) 1924/25³ (mit Sonderdr. der Nachträge; engl. 6 Bde, 1913 ff); Die Lit. des Lutherjubiläums 1917, ein Bild des heutigen Protestantismus (ZKTh 42, 1918, 591-814; auch gesondert); Lutherstudien, 6 H.e, 1920-23; Der dt. Luther im Weltkrieg u. in der Gegenwart, (1924) 1925²; Das Missale im Lichte röm. Stadtgesch., 1925; Luthers Leben u. sein Werk, (1926) 1927² (ungar. 1929, engl. 1930, franz. 1931); Marienblüten. Systemat. Marienlehre aus dem großen Marienwerk des Petrus Canisius, 1930. - Über G.: Selbstbiogr. in: Religionswiss. d. Gegenwart in Selbstdarstellungen III, 1927, 37-56 (mit Bild) - ZKTh 56, 1932, 145-147 - H.JEDIN, Die Erforschung der kirchl. Reformationsgesch. seit 1876, 1931 - A.HERTE, Das kath. Lutherbild im Bann der Lutherkommentare des Cochläus II, 1943, 351 ff. - Auf prot. Seite u.a.: W.KÖHLER, Luther u. die Lüge, 1912 - DERS., Das kath. Lutherbild der Gegenwart, 1922. *K.G.Steck*

Grisebach, *Eberhard,* * 1880 in Hannover, † 1945 in Zürich, lehrte von 1913-30 in Jena, seit 1931 als Prof. für Philosophie und Pädagogik in Zürich. G.s Philosophie steht der → dialektischen Theologie, bes. derjenigen → Gogartens nahe. G. geht von der transzendentalphilosophischen Auffassung vom Wesen des → Erkennens aus. Erkannt werden können nur Objekte, die wir selbst konstituiert haben. Unsere Welt ist darum stets von gestern, und Erkennen ist recht besehen Erinnerung. Wir leben in einer unwirklichen Welt, so wahr unsere Kultur in all ihrer Mannigfaltigkeit, in den Wissenschaften, der Kunst und Philosophie, in den Staatsbildungen und Rechtsordnungen durch unsere eigene Einbildungskraft geschaffen worden ist, die der Nerv alles Erkennens ist. Eigentümlich für G. ist es nun, daß er die erkenntnistheoretische Frage von der Wirklichkeit zu einer ethischen macht. Jedes Erkennen ist ein Entfalten des Wesens des Selbst. Die Einbildungskraft ist eine Funktion der Selbstbehauptung. Wirklich und gegenwärtig wird das Leben des Menschen daher nur, wenn ihm durch das Dasein des anderen Menschen widersprochen wird. Nur im Leiden und in der Liebe lebt der Mensch gegenwärtig und wirklich, da sie nichts deuten und keine Welt aufbauen und die Selbstbehauptung und ihre Einbildungskraft niederbrechen. Jesu Leben und Tod sind die einzig realen Ereignisse, die stattgefunden haben, weil er allein auf jegliche Deutung verzichtete. Was er sagte und tat, erhielt nur dadurch Sinn, daß er es der Entscheidung Gottes überließ.

Vf. u.a.: Wahrheit u. Wirklichkeiten, 1919; Die Schule des Geistes, 1921; Probleme der wirkl. Bildung, 1923; Die Grenzen des Erziehers u. seine Verantwortung, 1924; Gegenwart. Eine krit. Ethik, 1928; Freiheit u. Zucht (Aufsätze), Zürich 1936; Jeremias Gotthelfs Anweisung zum wirkl. Leben, Zürich 1940; Was ist Wahrheit in Wirklichkeit, Bern 1941; Die Schicksalsfrage des Abendlandes, Bern 1942. - Über G.: O.PIPER, Das Problem der ethischen Wirklichkeit (ZThK NF 7, 1926, 199-218) - G.REICHWEIN, Krit. oder skept. Pädagogik? (Die Erziehung 2, 1927, 177-200) - E.BRUNNER, G.s Angriff auf die Theol. (ZZ 6, 1928, 219-232; G.s Antwort: Brunners Verteidigung der Theol., ebd 7, 1929, 90-106). *K.E.Løgstrup*

Groen van Prinsterer, *Guillaume* (1801-76), niederländischer Politiker und Historiker, nach eigenem Zeugnis »kein Staatsmann, sondern Bekenner des Evangeliums«. Aus liberalen Kreisen stammend, erlebte er eine Bekehrung im Sinne der → Erweckung (: I, 4, → Merle d'Aubigné, → Bilderdijk). Das führte zu einem entschiedenen Bruch mit dem Liberalismus (→ Thorbecke), den G. für im Grunde revolutionär hält. So gründet er eine »christlich-historische« und »anti-revolutionäre« Partei, die das Evangelium wider die Revolution stellt. In der niederländischen Erweckungsbewegung (→ Réveil) hat G. aber mehr philosophischen Sinn als die meisten seiner Gesinnungsgenossen (Geschichts- und Staatsphilosophie; Einfluß von F.J. → Stahl); zugleich ist er stärker kirchlich eingestellt (die Nederlandse Hervormde Kerk soll zu neuem Leben kommen durch Besinnung auf das Bekenntnis) und vertritt so eine konfessionelle Richtung im Gegensatz zur → Groninger Schule und zum Modernismus; auch überwindet G. die Scheu vor der Politik (Ansatz zu einer christlichen Politik; Mitglied des Parlaments; Kampf für »die Schule mit der Bibel«). G. war zu fein, um populär sein zu können; in vielem folgte A. → Kuyper seinen Spuren. - Geschichtsphilosophisch ist G.s Werk »Ongeloof en Revolutie« (1847); als Direktor des königlichen Hausarchivs gab er die »Archives ou Correspondence inédite de la Maison d'Orange-Nassau« heraus (28 Bde, 1835-1915). Auf dieser Grundlage baut sich sein »Handboek der geschiedenis des Vaderlands« auf ([1846] 1928[8]) sowie weitere historische Schriften.

Über G.: RE VII, 174 ff - T.DEVRIES, Mr. G.v.P. Een bibliografie, 1908 - P.A.DIEPENHORST, G.v.P., 1932. *S.van der Linde*

Grønbech, *Vilhelm Peter* (1873-1918), dänischer Philologe und Religionshistoriker, seit 1914 Prof. der Religionsgeschichte in Kopenhagen. Aus seinem besonderen Vermögen, sich in die Erlebnisse und Gedankenwelt einer fernen Kultur einzuleben, hat G. ein tief empfundenes Bild des Geistes der altnordischen Kultur in ihrer Geschlossenheit und ihrer Einheit von Ichbewußtsein und Geschlechtsbewußtsein und von der Religion als Entfaltung der Kräfte der gesunden Seele in Harmonie mit den lebenfördernden heiligen Mächten gegeben (→ Germanistik). Mit demselben Mitempfinden hat er die alten Hellenen geschildert, wie er auch für die → Mystik ein tiefes Verständnis gezeigt hat; der zersplitterte und zu »moderne« → Hellenismus war ihm dagegen weniger sympathisch. Hinter allen seinen Werken, nicht nur in den Arbeiten über Jesus und das Urchristentum, sondern auch in seiner Behandlung neuerer Dichter und Denker, spürt man das Mitringen um eine persönliche Lebensanschauung und Verankerung.

Vf. u.a.: Vor Folkeæt i Oldtiden I-IV, (1909-12) 1955[2] (engl.: Culture and Religion of the Teutons, London 1931; dt.: Kultur u. Religion der Germanen, [1937-39] 1954[5]); Religionsskiftet i Norden, 1913; Religiøse Strømninger i 19. Aarhundrede, 1922; Die Germanen (in: CHANT II, 540-600); Mystikere i Europa og Indien I-IV, 1925-34; Hellas I-IV, 1942-45; Hellenismen I. II, 1942-45. - Vollst. Bibliogr.: P.HOLST, V.G. En bibliografi, Kopenhagen 1948. - Über G.: S.A.PALLIS in: Dansk Biografisk Leksikon VII, 1936, 407 ff - T.KEMP, V.G., 1943 - S.HOLM in: Illustreret Religionsleksikon II, 1950, 72 f. *S.Mowinckel*

Grönland, die größte Insel der Erde (2 175 600 qkm), wurde ca 875 von einem Isländer entdeckt und 100 Jahre später durch Erich den Roten kolonisiert. Das Christentum setzte sich hier wie in → Island um 1000 nChr durch. Im 12.Jh. wurde Garda Bischofssitz. Im späteren MA kamen die → Eskimos ins Land, die europäische Bevölkerung starb allmählich aus, und jede Verbindung mit Island und → Norwegen hörte auf. Erst 1721 zog der norwegische Missionar Hans → Egede wieder nach G. (vgl. zur Mission → Eskimo: II), und die Insel wurde damals dänische Kolonie (seit 1953 integrierender Teil des dänischen Staates). Das Heidentum ist jetzt verschwunden. - Die Kirche G.s hat seit langem ihre eigene Organisation, wird von einem Propst geleitet und zählt 18 Pfarreien mit 25 Pfarrern und Kaplanen (darunter 9 Dänen). In Godthaab gibt es ein Lehrerseminar, in Egedesminde eine »Efterskole« (Kostschule für 15-18jährige). Das Eindringen der modernen industrialisierten Zivilisation bereitet natürlich auch auf kirchlichem Gebiete besondere Schwierigkeiten. Die Sekten, speziell die → Zeugen Jehovas, sind sehr aktiv.

Meddelelser om den grønlandske Kirkesag 1-80, Kopenhagen 1906-52 - H.OSTERMANN, Den grønlandske Missions og Kirkes Historie, ebd 1921 - Diplomatarium Groenlandicum 1492-1814, ed. L.BOBE (Meddelelser om Grønland 55, 3), ebd 1936 - L.BOBE, Hans Egede - G.s Missionær og Kolonisator (Meddelelser om G. 129, 1), ebd 1944; engl. ebd 1952 - F.GAD, G.s Historie, ebd 1946 - Grønlandsbogen, 2 Bde, ed. K.BIRKET-SMITH, ebd 1950 - Grønlandskommissionens betænkning I-VI, ebd 1950. *Hal Koch*

Gronau → Salzburger Emigranten.

Groningen, *Universität.* Als dritte der niederländischen Universitäten (nach → Leiden [1575] und → Franeker [1585]) wurde die von G. am 26.11.1612 von den

Provinzialstaaten gestiftet und am 23.8.1614 eröffnet. Die Universität wurde in einem ehemaligen Kloster untergebracht und zählte 6 Professoren: für Theologie, Rechtswissenschaft, Medizin, Philosophie, Geschichte und Mathematik. Erster Rektor war der gelehrte Historiker Ubbo Emmius. Im 17.Jh. kam die Universität zu hoher Blüte. Von den Professoren der Theologie sind hervorzuheben: der strenge Calvinist Fr. → Gomarus (seit 1618), der gemäßigte biblische Theologe Heinr. → Alting (seit 1627), der kampflustige Sam. → Maresius (seit 1643), der ausgezeichnete Orientalist Jak. → Alting (seit 1644) und der Föderaltheologe Joh. → Braun (seit 1680). Im 18.Jh. waren berühmt: der Verfechter der Dordrechter Orthodoxie Antonius Driessen (seit 1717), der Kirchenhistoriker Daniel Gerdes (seit 1736) und der Lehrer des Naturrechtes Frederik Adolf van der Marck (seit 1758, entlassen 1773, aufs neue ernannt 1795). Im 19.Jh. gewannen der Kirchenhistoriker A.Ypey (seit 1813) und die beiden Wortführer der bekannten → »Groninger Schule«, Petrus → Hofstede de Groot (seit 1829) und Louis G.Pareau (seit 1831), Ruhm an der Akademie. In den letzten Dezennien des 19. und in den ersten des 20.Jh.s war die »ethische Richtung« (→ Niederlande: II) stark in G. vertreten: Isaäk van Dijk (seit 1883) für Religionsphilosophie, Aart J.Th.Jonker (seit 1905) für Prakt. Theol., Willem J.Aalders (seit 1915) für Religionsphilosophie und Ethik und als Religionsphänomenologe Gerardus van der → Leeuw (seit 1918). Die Kirchenhistoriker H.U.Meyboom (seit 1892) und J.Lindeboom gehörten der modernen Richtung an. Die jetzige Fakultät besteht aus den Professoren H.de Vos (Religionsphilosophie und Ethik), Th.P.van Baaren (Religionsgeschichte), W.F.Dankbaar (KG und DG), P.A.van Stempvoort (NT), B.Gemser (AT) und den kirchlichen Professoren Th.L.Haitjema (Dogmatik, niederländische KG, Kirchenrecht) und P.J.Roscam Abbing (Biblische Theol., Prakt. Theol., Mission). Lektor für KG ist A.J.Visser. Nachdem die Universität am Anfang und in der Mitte des 19.Jh.s einen Niedergang der Studentenzahl erlebte, ist seit 1876 ein Anstieg zu beobachten. 1957 hatte sie 6 Fakultäten mit 100 Professoren, 59 Lektoren und Dozenten, 2543 Studenten (darunter 578 Studentinnen); die Zahl der Theologiestudenten betrug 64 (6 Studentinnen).

W.J.A.Jonckbloet, Gedenkboek der Hoogeschool te G., 1864 - J.B.F.Heerspink, De godgeleerdheid en hare beoefenaars aan de hoogeschool te G., 2 Bde, 1864/75 - J.Huizinga, Gesch. der Universiteit ged. de derde eeuw van haar bestaan (in: Academia Groningana, 1914, 1-238) - Jaarboek der Rijksuniversiteit te G., 1957 - Groninger Universiteitsgids, 1957-58. *W.F.Dankbaar*

Groninger Schule, Name einer holländischen theologischen Schule und kirchlichen Richtung (die »Evangelischen«) im 19.Jh. (→ Niederlande: II). Ihre Führer waren P. → Hofstede de Groot, L.G.Pareau (1800-66) und W.Muurling (1805-82), ihre Zeitschrift »Waarheid in Liefde« gewann großen Einfluß. Hofstede de Groot und Pareau waren anfangs Adepten der »sokratischen Schule« des Ph.W.van Heusde (1778-1839) in → Utrecht (: II), die auf ältere, durch Wessel → Gansfort geschaffene oder vermittelte Traditionen zurückgriff. Die G.Sch. blühte zu einer Zeit, als der radikalere Liberalismus (modernisme) sich noch keine dominierende Stellung im Geistesleben errungen hatte (mit C.W.Opzoomers [1821-92] empirischer und J.H. → Scholtens empirisch-spekulativer Methode); sie verstand sich selbst als betont kirchliche Erneuerungsbewegung, als typisch niederländische Theologie unter dem Zeichen des → Erasmus, in Abhebung vom Calvinismus, der oft als eine Überfremdung dargestellt wird. Beim Aufkommen der Groninger hatte sich die Kirche längst ihrer Konfession entschlagen; trotzdem forderten diese - unter dem Einfluß des → Réveil (→ Bilderdijk, I. → da Costa, → Groen van Prinsterer) - angesichts des Überhandnehmens der »Orthodoxie« im Volke die kirchliche Lehrfreiheit. Das rief die Reaktion der Konventikel, in denen die »Afscheiding« (1834) vorbereitet wurde, sowie anderer theologischer Schulen hervor. Das wirklich »christozentrische« Anliegen der Groninger drang nicht durch, da man sich an ihrer Verwerfung der satisfactio Christi stieß. Auch ihr Konservatismus hinsichtlich der wunderbaren Geburt und Auferstehung Jesu überwand nicht das Mißtrauen, das durch ihre fast sozinianische (→ Sozinianer) Kritik der Trinität geweckt wurde. Die Position der G.Sch. erschien auch vielfach durch merkwürdige Unterscheidungen unsicher, zB dadurch, daß sie die Schrift als pädagogisches Mittel hochschätzte, jedoch das AT mißachtete, die »Unfehlbarkeit« der Bibel bestritt, die gesamte Tätigkeit der Apostel aber für »fehlerlos« erklärte. Obgleich daher die Bedeutung der Schule fast ganz durch den philosophisch und philologisch eindrucksvolleren Liberalismus verdrängt wurde (um 1930 waren von den 1500 Pfarrstellen nur etwa 50 von »Evangelischen« besetzt), darf man rückblickend den Wert ihrer Ansätze nicht unterschätzen. Auch sie hat eine Erneuerung beabsichtigt, nämlich eine Renaissance des christlichen Humanismus, eine Wiederbelebung der Idee der → Humanität durch eine lebendige, stärker wirklichkeitsnahe Verkündigung. Auch bedeutet dieser Humanismus einen letzten Versuch, den Kosmos logisch zu durchleuchten, ohne auf den Logos, den Geist, das »Ganze«, das System zu rekurrieren oder die Ethik als eine in sich vollständige Grunddisziplin zu inaugurieren (wie das → Schleiermacher tat und es Richard → Rothe zur Vollendung brachte). Die G.Sch. stand einfach, nüchtern und wehrlos zwischen der Verwerfung der alten Logoslehre und der Ablehnung der neuen Lehre vom Geist im deutschen → Idealismus. Man sieht in ihrem Raum die Restbestände des scholastischen Lehrgebäudes, in dem die Dinge und Werte unangefochten und unverbunden nebeneinanderstehen: Plato und die Schrift, Offenbarung und Erziehung (oder als Erziehung), Bekehrung und Erleuchtung, Moral und höhere christliche Moral, Menschheitswert und Kirchenwürde. Gott, Welt und Mensch und ihre Relationen bleiben in ihrer Sicht statisch als planimetrisches Dreieck. Dennoch hat sich die Predigt der »Evangelischen« (nach den kritisch unverkürzten Evangelien) immerhin als ein Christuszeugnis vollzogen; da und dort begegnet man fruchtbaren Aspekten, so zB der Ausdehnung der Stellvertretung Christi auf sein ganzes Sein, Person und Werk, vor allem auf seine Auferstehung (A.Rutgers van der Loeff in: Waarheid in Liefde, 1844).

Die akad. Hdb.er der G.Sch.: P.Hofstede de Groot, Institutio theologiae moralis, (1834) 1861[4] - Ders., Institutiones historiae ecclesiae christianae, (1835) 1852[2] - Ders.-L.G.Pareau, Encyclopaedia theologi Christiani, (1840) 1851[3] - Dies., Lineamenta theol. christ. univers., (1840) 1848[3] - L.G.Pareau, Initia institutionis christ. moralis, 1842 - Ders., Hermeneutica Codicis sacri, 1846 - W.Muurling, Practische Godgeleerdheid, (1851ff) 1860[2]. - Zs.en: Waarheid in Liefde, 1837-72 - Geloof en Vrijheid, seit 1867; i.J. 1919 ersetzt durch Nieuw Evangelisch Tijdschrift. - Über die G.Sch.: Ph.W.van Heusde, De Socratische School of wysbegeerte voor de 19de eeuw, 1834 - P. Hofstede de Groot, De Groninger Godgeleerden in hun eigenaardigheid, 1855 - D.Chantepie de la Saussaye, La crise religieuse en Hollande, 1860 - P.Sepp, Proeve eener pragmatische geschiedenis der theologie in Nederland van 1787 tot 1850, Leiden 1869, 283ff - P.de Buck, Het beginsel der Evangelischen, Leeuwarden 1920 - K.H. Roessingh, De moderne theologie in Nederland, 1925 - O.Noordmans, Ontwikkeling en toekomst van de ethische theologie (in: Geestelche Perspectieven, 1930, 124ff). *K.H.Miskotte*

Groote, *Geert* (Gerardus Magnus), Begründer der Devotio-moderna-Bewegung. * 1340 in Deventer, † ebd

20.8.1384. G. studierte seit 1358 in Paris (1358 Magister artium), wohl auch in Köln und Prag unstet und ehrgeizig viele Wissenschaften, bis er nach 1370 unter dem Einfluß des ihm befreundeten Kartäuser-Priors → Heinrich von Kalkar die »Umkehr nach innen« vollzog. Längere Zeit lebte er in der Kartause Monnikhuizen bei Arnhem und las die Schriften Meister → Eckeharts, → Jans van Ruysbroek (den er um 1376 in Groenendaal besuchte) und anderer Mystiker. Obgleich er manches von ihnen übernahm, wurde er kein spekulativer oder ekstatischer Mystiker, sondern ein Prediger verinnerlichter Frömmigkeit und Christus-Nachfolge in geistlicher Armut, Demut und Tugend-Übung. Seit ca 1378 predigte er im Bistum Utrecht gegen kirchliche Mißstände und religiöse Veräußerlichung. Da er aber nur Diakon war und sein Reformeifer verdächtig wurde, traf ihn 1383 ein bischöfliches Predigtverbot. Ehe er die Priesterweihe nachholen konnte, starb er. In sein Haus hatte er fromme Frauen aufgenommen, die nach seinen Statuten (1379) unter einer jährlich gewählten Meisterin, aber ohne Ordensgelübde zusammenlebten, ähnlich den → Beginen, deren häretische Gefährdung G. jedoch streng fernzuhalten suchte. Erst nach seinem Tod erwuchs aus diesem Keim durch G.s nachhaltige Wirkung die Laienbewegung der → Brüder vom gemeinsamen Leben und die Klosterreform der → Windesheimer Kongregation. Beide hat G. nicht gestiftet und organisiert, aber ausgelöst und mit seinem Geist neuer Frömmigkeit, der »Devotio moderna«, inspiriert. Er galt bald als pater omnium devotorum. Sein Leben wurde in diesem Kreise mehrmals verklärend dargestellt, auch von → Thomas a Kempis (Opera ed. M.J.Pohl VII, 1922, 31ff; dt. v. N.Rüssel, 1939). Wahrscheinlich konnte dieser dem Buch »De imitatione Christi«, dem schönsten und wirksamsten Zeugnis der Devotio moderna, Aufzeichnungen G.s zugrunde legen. Erhalten sind lat. Briefe (zwei an Ruysbroek), Predigten und Traktate (De paupertate, De matrimonio, De simonia, De quatuor generibus meditabilium usw).

GA fehlt. Gerardi Magni Epistolae ed. W.MULDER, Antwerpen 1933. - Über G.: K.C.L.M.DE BEER, Studie over de spiritualiteit van G.G., Nijmwegen 1938 - R.R.POST, De moderne Devotie, G.G. en zijn stichtingen, Amsterdam 1940 - J.G.J.TIECKE, De Werken van G.G., Utrecht-Nijmwegen 1941 - J.VANGINNEKEN, G.G.s Levensbeeld, Amsterdam 1942 - F.KERN, Die Nachfolge Christi oder das Buch vom inneren Trost von Gerrit Grote, Olten 1947 - M.A.LÜCKER, Meister Eckhart u. die Devotio moderna, Leiden 1950 - S.AXTERS, Gesch. van de vroomheid in de Nederlanden III: De moderne Devotie, 1956 (Lit.). *H.Grundmann*

Gropper, *Johann* (1503-59), * in Soest, studierte die Rechte in Köln (1525 Dr. iur.) und widmete sich dem geistlichen Stande. Schon früh in Diensten des Erzbischofs → Hermann von Wied, begleitete er diesen 1529 nach Speyer, 1530 nach Augsburg, bestimmte das Provinzialkonzil in Köln (1536) und gab mit seinem »Enchiridion« das wichtigste dogmatische Werk der vortridentinischen Zeit heraus, in dem er sich mit reformatorischen Anschauungen auseinandersetzte. Seine Auffassung der Rechtfertigungslehre und bes. seine Lehre von der doppelten Gerechtigkeit entwickelt er auf thomistischer Grundlage. Im Geheimgespräch in Worms 1540 wurde G.s Entwurf (später »Liber Ratisbonensis«) von → Bucer und → Capito mit gewissen Änderungen gutgeheißen und von Kardinal → Contarini in Regensburg 1541 als Grundlage der Einigungsformel wieder aufgenommen (→ Einigungsbestrebungen: II, 1b). Als Gegenspieler Hermanns von Wied gelang es G. mit Hilfe des niederen Klerus, der von ihm nach Köln gerufenen Jesuiten und zuletzt des Kaisers, die Reformation im Erzstift zu verhindern. In seiner Vaterstadt Soest wie in Bonn führte er das → Interim durch. Seiner Wirksamkeit verdankt die Erzdiözese ihr Weiterbestehen. G. wirkte 1551/52 in Trient und wurde von Paul IV. zum Kardinal erhoben. Als G. in Rom starb, hielt ihm der Papst selbst die Leichenrede.

C.VARRENTRAPP, Herm. v. Wied u. sein Reformationsversuch in Köln, 1878 - W.VAN GULIK, J.G. (Erläuterungen u. Ergänzungen zu Janssens Gesch. d. dt. Volkes V/1. 2), 1906 - H.RÜCKERT, Die theol. Entwicklung G.Contarinis (AKG 6), 1926 - H.JEDIN, Studien über die Schriftstellertätigkeit A.Pigges (RGST 55), 1931 - DERS., Gesch. d. Konzils von Trient I, (1949) 1954²; II, 1957 - DERS., Fragen um Hermann v.Wied (HJ 74, 1955, 687-699) - R.STUPPERICH, D. Humanismus u. d. Wiedervereinigung d. Konfessionen (SVRG 160), 1936 - DERS., D. Ursprung d. Regensburger Buches u. seine Rechtfertigungslehre (ARG 36, 1939, 88-116) - DERS., Einige unbekannte Briefe u. Merkblätter J.G.s (Westfäl. Zs. 108, 1958) - W.LIPGENS, Beitr. z. Wirksamkeit J.G.s in Westfalen (ebd 100, 1950, 135-194) - DERS., Kardinal J.G. (RGST 75), 1951. *R.Stupperich*

Grosseteste, *Robert,* scholastischer Theologe, * ca 1168 in Suffolk, diente Bischof William von Hereford († 1198), bevor er (wahrscheinlich in Paris) Theologie studierte und als Magister nach → Oxford zurückkehrte, wo er bald nach 1214 Kanzler war. 1229 wurde er Lektor bei den kurz zuvor angekommenen Franziskanern und Archidiakon von Leicester. Als Bischof von Lincoln (1235) berief er die Bettelmönche dorthin, visitierte die Pfarreien und Klöster sehr streng, gab Kirchenordnungen heraus und richtete Pfarrstellen ein. Seine Weigerung, Pfründen an unwürdige Anwärter zu vergeben, führte zum Streit mit dem König wie mit dem Papst. Obwohl er Hochkirchler und Anhänger des Papsttums war, kritisierte er 1250 in Lyon vor Innozenz IV. und seinen Kardinälen aufs schärfste die päpstliche Einmischung in die Pfründenbesetzung und die Annahme von Geld hierfür; 1253 widerstand er der Einsetzung eines ungeeigneten päpstlichen Nepoten. Er starb 1253 und wurde im Volke lange als Heiliger verehrt. – Als Theologe war G. konservativ; als Philosoph war er der erste Engländer, der fast das gesamte Schrifttum des Aristoteles übernahm. Als guter Kenner des Griechischen schenkte er Europa die erste vollständige Übersetzung der Nikomachischen Ethik (1246); auch übersetzte er → Dionysius Areopagita und → Johannes Damaszenus. G.s Denkweise war teilweise aristotelisch, hatte aber viele augustinisch-neuplatonische Züge. Er war ein überzeugter Vertreter der »Licht-Metaphysik«, für die er das Studium der Mathematik und Optik für notwendig hielt. Bezeichnend für seine Lehrweise, wie er sie den Franziskanern und der Universität Oxford übermittelte, war das strenge, kritische Studium des Bibeltextes, die Beschäftigung mit den Sprachen um der Übersetzung willen und das Interesse für Mathematik und verwandte Wissenschaften. Kommentare zur Bibel und zu Aristoteles, Predigten und Briefe schrieb er in großer Zahl und beeinflußte Roger → Bacon, → Thomas von Bradwardine und → Wiclif. G. war der größte englische Bischof seiner Zeit und wurde »Vater der Universität Oxford« genannt.

H.R.LUARD, R.G.s Epistolae, 1861 - F.S.STEVENSON, R.G., 1899 - S.H.THOMSON, The Writings of R.G., 1940 - A.C.CROMBIE, R.G. and the origins of experimental science, Oxford 1953 - D.A.CALLUS, R.G., Oxford 1955 (Bibliogr.). *M.D.Knowles*

Großgebauer, *Theophil* (1627-61), * Ilmenau (Thüringen), Diakonus an St.Jacobi und Univ.-Prof. in Rostock. Unter dem Einfluß englischer puritanischer Erbauungsliteratur und presbyterianischer Kirchengestaltung trat er in der »Wächterstimme aus dem verwüsteten Zion« (1661) für eine gründliche Reform des luth.-orthodoxen Kirchentums ein. Sonntagsheiligung, Kirchenzucht, Konfirmation, Betonung des Bekenntnis- und

Gemeinschaftscharakters im Sakrament, Verständnis des Pfarramts als Hirtenamt, dh Seelsorge- und Leitungsamt gegen Alleinbetonung der Predigt, Synodalverfassung ebenso wie die Verwerfung der Bilder und Orgeln zeigen ref. Vorbild. Außerdem begegnet bei G. mystisch-spiritualistisches Gedankengut. Seine »Wächterstimme« wirkte auf → Spener und dessen »Pia Desideria« ein.

Vf. ferner: Treuhertziger Unterricht von der Wiedergeburt, 1661 (Anhang zur »Wächterstimme«); Präservatif wider die heutige Pest der Atheisten, 1667. - Über G.: HEINR.SCHMID, Gesch. d. Pietismus, 1863, 9ff - O.KRABBE, Heinrich Müller u. seine Zeit, 1866, 187ff - A.RITSCHL, Gesch. d. Pietismus II, 1884, 130f - K.HOLL, Die Bedeutung der großen Kriege..., 1917 (= HOLL III, 302-384, bes. 325ff. 345ff) - H.LEUBE, Die Reformideen der dt. luth. Kirche im Zeitalter der Orthodoxie, 1924, 74ff - M.SCHMIDT, Speners Pia Desideria (ThViat 3, 1951, [70-112] 95ff).

M.Schmidt

Großgrundbesitz → Bodenreform, → Agrarverfassung.

Grotius, *Hugo* (*Huigh de Groot*), * 10.4.1583 in Delft, † 28.8.1645 in Rostock, wurde schon als Kind durch das Lebensgefühl und Bildungsideal des → Humanismus und durch einen lebendigen ref. Glauben ohne engen Konfessionalismus geprägt. In gleichem Sinn wirkten, als er mit 11 Jahren in Leiden das Studium aufnahm, seine Lehrer → Scaliger und F. → Junius. Durch den Vater, Bürgermeister in Delft, dann Kurator der Universität Leiden, hatte G. Zugang zu den regierenden Kreisen der Provinzen. 1598 wurde er im Gefolge einer Gesandtschaft nach Frankreich in Orléans zum Doktor der Rechte promoviert. Er nahm in Den Haag die juristische Praxis auf, wo er sich an → Uytenbogaert anschloß. Christliche Dichtungen in humanistischem Stil (Sacra, 1601) und eine Tragödie »Christus patiens« (1608) kennzeichnen seine damalige Religiosität. Bes. beschäftigt ihn die Philologie (Edition des Martianus Capella, 1599) und die im Auftrag der holländischen Stände begonnene Aufzeichnung der jüngstvergangenen Geschichte seines Vaterlandes. Auch entsteht bereits in dieser Zeit im Rahmen eines Gutachtens für die Ostindische Kompanie (De iure praedae), von dem aber nur ein Teil veröffentlicht wurde (Mare liberum, 1609), der Entwurf eines natur- und völkerrechtlichen Systems. Der 1868 edierte Gesamttext zeigt, daß die Rechtslehre des G., wie sie in seinem Hauptwerk »De iure belli ac pacis« (1625) niedergelegt ist, schon damals in ihren Grundzügen vollendet war. Das Recht als Ausdruck der Ordnung in der Schöpfung entspringt dem Willen Gottes. Was Gott will, ist recht – nicht umgekehrt. Dieser vermeintlich nominalistische → Voluntarismus, den G. jedoch antiken Quellen verdankt, ist durch die Ablehnung der Lehre von der absoluten Potenz Gottes eingeschränkt. Prinzip dieser geschaffenen Ordnung ist die Liebe, die in erster Linie als Eigenliebe zu verstehen ist, aber zur Gemeinschaft führt, da sie sich mit einem natürlichen Geselligkeitstrieb verbindet. Das so begründete → Naturrecht steht in Entsprechung (convenientia) zur Vernunft, zum sensus communis. Damit ist eine zweite Quelle des Rechts erschlossen. Die Menschen finden sich dank ihrer natürlichen Freiheit zum Consensus in Form von Verträgen zusammen, aus denen das ius civile und als Regelung zwischenstaatlicher Verhältnisse das ius gentium hervorgeht. Zu diesem positiven Recht zählt auch das göttliche Recht, sofern es für ein bestimmtes Volk offenbart ist. So enthält das AT weithin nur das ius civile der Hebräer, »bloße Historien«. Nur in den moralischen Bestimmungen, die Christus aufgenommen hat, ist es noch verbindlich. Im übrigen kann es, weil Gott sich nicht widerspricht, zur Erläuterung des Naturrechts dienen. Dieses aber hätte seine Geltung auch, wenn es Gott nicht gäbe. Damit ist die Rechtslehre und mit ihr der ganze Bereich des Natürlich-Sittlichen prinzipiell der Zuständigkeit der Theologie entzogen. Doch war G. inzwischen selbst zum Theologen geworden, und zwar im Zuge des arminianischen Streits (→ Arminianer), in dem ihm Herkunft und Stellung (seit 1613 als Stadtsyndikus von Rotterdam, 1617 im leitenden Kollegium der Provinzen) sowie seine Beziehungen zu → Casaubonus und zum englischen Hof seinen Platz auf seiten der Remonstranten anwiesen. In einigen Streitschriften setzt er sich für eine freie Behandlung der nicht heilsnotwendigen Dogmen und für das Recht der Obrigkeit in Glaubensfragen ein (De imperio summarum potestatum circa sacra, gedruckt 1647), wie er ja auch die Volkssouveränität verwirft. Mit dem Sieg der Gegenpartei (→ Dordrechter Synode) verliert G. Ämter und Freiheit. Von seiner Frau durch eine List aus dem Gefängnis befreit, geht er 1621 nach Paris. Hier entsteht die endgültige Fassung einer populären Apologie des Christentums (De veritate religionis christianae, 1627), die von einem allgemeinen Religionsbegriff ausgeht, aber den Beweis für die Überlegenheit des Christentums noch aus den Wundern und der Auferstehung Jesu führt. Ferner arbeitet G. an den philologisch-historischen Annotationes zum Bibeltext, in denen er seine rein historische Auffassung des AT weiterführt und für die Auslegung des NT ausdrücklich einen Standpunkt jenseits der Konfessionen bezieht (→ Bibelwissenschaft: I, 1c; II, 2a). In diesen letzten Jahren (seit 1635 als schwedischer Gesandter in Paris) wirkt G. vornehmlich für die Wiedervereinigung der Kirchen (→ Einigungsbestrebungen: II, 2). Da die Gottesverehrung zur natürlichen Anlage des Menschen gehört, kann bei Verzicht auf Einigkeit in nichtfundamentalen Glaubensartikeln ein Consensus über sie im Praktischen gewonnen werden. Norm dafür sind die drei ersten christlichen Jh.e. – G. stirbt, von seinem Posten in Paris nach Schweden zurückberufen, auf der Rückreise von dort, deren geplantes Ziel unbekannt ist. Schon auf die Zeitgenossen übte er starken Einfluß aus. Später konnte die → Aufklärung (: I, 6) sich bes. wegen seiner Bejahung der rational-sozialen Natur des Menschen, der historischen Ausrichtung seiner Exegese und seiner → Toleranz auf ihn berufen. Aber er war im Grunde kein Neuerer. Im Zeichen humanistischer Denkart faßte er in glänzender Form antikes Gedankengut mit dem der Theologie seiner Zeit, bes. auch der spanischen Scholastiker zusammen und wurde dadurch für die neue Epoche einer der wichtigsten Tradenten alten Erbes.

Ausg.: Opera theologica, 4 Bde, (1679) 1732. - Bibliogr. d.Werke: J.TER MEULEN u. P.J.DIERMANSE, 1950. - Über G.: J.SCHLÜTER, Die Theol. des H.G., 1919 - W.S.M.KNIGHT, The life and works of H.G., 1925 - ERIK WOLF, Große Rechtsdenker, (1939) 1951³, 252-305 (Lit.) - W.J.M.VAN EYSINGA, H.G. Eine biograph. Skizze, (holl. 1945) dt. 1952 - HIRSCH I, 13ff. 225ff - P.OTTENWÄLDER, Zur Naturrechtslehre des H.G., 1950 - R.VOELTZEL, La méthode théologique de H.G. (RHR 32, 1952, 126-133). - Weitere Lit. s. EKL I, 1728.

M.Elze

Gründonnerstag, seit dem 12.Jh. volkstümliche Bezeichnung für den kirchlichen Gedenktag der Einsetzung des Abendmahls (de coena domini), wurde schon in der alten Kirche als solcher begangen (Bericht der → Ätheria aus Jerusalem, 4.Jh.). Die verschiedenen Deutungen des deutschen Namens (die lateinischen Bezeichnungen sind sehr vielfältig) befriedigen nicht (etwa vom Gebrauch grüner Paramente, von »Grinen« [ahd.] = »Klagen«, vom Essen grüner Kräuter sowie von der nicht sicher erklärten lateinischen Bezeichnung »dies viridium«). Der Tag ist in der orth. und röm.-kath. Kirche liturgisch ausgezeichnet durch die Wiederannahme der Büßer (→ Absolution), durch die Weihe des hl. Öles (→ Chrisma, Myron) sowie durch die → Fußwaschung. – Die ev. Kirchen begehen den G. lediglich mit einem Abendmahlsgottesdienst; doch wird in Kreisen der heutigen liturgischen Erneuerungsbewegung (→ Gottesdienst: VI) versucht, im Rahmen der Feier der → Karwoche auch den G. als ersten Tag des sacrum triduum bes. zu begehen.

RE XXI, 419ff – Braun, LH 127f – Rietschel-Graff 164f – W. Stählin-H. Schumann, Die Hl. Woche, 1951. *J. Beckmann*

Grünewald, *Mathias* (ca 1455/60 oder 1475/80–1528), von J.v. Sandrart Mathias von Aschaffenburg oder, irrtümlich, Mattheus G. oder Mathäus Grünwald von Aschaffenburg (Teutsche Academie, Nürnberg 1675 und 1679) genannt, personengleich mit dem urkundlich nachweisbaren »Meister Mathis Nithardt von Würtzburg maler«, »Magister Matheus in Selgenstadt«, »Meister Mathes Gothart ein Mhaler adder Wasserkunstmacher« und »Mathis Nithart ader Gothart«. Obwohl sein Familienname »G.« eine Erfindung Sandrarts ist, wird er zur Bezeichnung des größten deutschen Malers der Dürerzeit weithin neben seinem wirklichen Namen *Mathis Gothart Nithart,* mit dessen vollständigem Monogramm zwei seiner Werke signiert sind, in der Forschung gebraucht. G.s Geburtsdatum ist umstritten. Ein in Aschaffenburger Archivalien von 1480–90 erwähnter Meister Mathis braucht mit G. nicht identisch zu sein. Die ersten Gemälde seiner Hand sind 1503 datiert, was u.a. für das späte Geburtsdatum sprechen würde. Geburtsort ist vermutlich Würzburg, G.s Wohnort seit 1500 (nach Zülch 1501) mit Unterbrechungen Seligenstadt (neuer Quellenfund, s. Fraundorfer). 1511/12 malt er in Frankfurt/M. die Verklärung Christi, 1515 befindet er sich in Isenheim, 1510 beschließt das Mainzer Domkapitel, Meister Mathis den Maler wegen des Brunnens auf dem Binger Schloß zu Rate zu ziehen, so wie er auch in der Anzeige seines Todes ein Wasserkunstmacher genannt wird und als solcher 1517 den Pilgerbrunnen in Aschaffenburg zu besichtigen hat. Er steht im Dienste verschiedener hoher Kirchenfürsten. 1525 greifen die Bauern- und Bürgerunruhen nach Seligenstadt herüber. Ob G. sich indes daran beteiligte und nach Frankfurt hätte flüchten müssen, ist unsicher, da der noch nicht restlos gedeutete Eintrag in seinem Nachlaßinventar bezüglich einer Aufruhr-Rolle keinen genügenden Beweis liefert. Ebenso fehlt ein sicheres Zeugnis, daß er sich der neuen Lehre Luthers zugewandt habe. Die Tatsache, daß in dem Nachlaßinventar G.s 27 Predigten Luthers, das NT und andere luth. Schriften verzeichnet sind, läßt lediglich vermuten, daß G. am Zeitgeschehen teilnahm. Jedenfalls ist die in großer alter Tradition wurzelnde, in wahrer Demut und Ergriffenheit vor dem göttlichen Willen verharrende religiöse Haltung G.s der Kern seiner Schöpfungen, denen die neue Zeit und der Genius des Meisters die adäquate Form liehen. 1527 ist G. in Frankfurt/M. und Magdeburg, † in Halle.

Als *Werke* sind mehrere Altartafeln und Zeichnungen erhalten: 1503 der Vierzehnnothelferaltar (Lindenhardt b. Bayreuth), schon mit allen Kennzeichen seiner ihm eigentümlichen Handschrift (weiche, fast knochenlose Glieder, zT mächtige Gestalten von visionärem Ausdruck, reiche, aber noch kühle Farbigkeit), ferner die ursprünglich als Epitaph in einem Nebenchor der Aschaffenburger Stiftskirche angebrachte Tafel einer Verspottung Christi von dramatischer Spannung (München). Das Hauptthema seines Schaffens bildet die Kreuzigung, die in mehreren Fassungen vorliegt: Um 1505 Basel (mit der Darstellung des frommen Hauptmannes), um 1511 das Kleinkruzifix aus dem Besitz des Kurfürsten Maximilian von Bayern (später bei F. Koenigs, Haarlem, heute Washington), 1515 die Isenheimer Kreuzigung, auf die erste Schauseite des riesigen Bilderzyklus dem großen Geschehen auf den übrigen Tafeln (vgl. Taf. 16 Abb. 4) vorangestellt. Als späteste Lösung ist die Karlsruher Kreuzigung zusammen mit der Kreuztragung daselbst (aus Tauberbischofsheim) der Gipfel der Leidensdarstellung. Die als Fragment überlieferte Aschaffenburger Beweinung um 1524/25 als Predella zu einem Kreuzigungsaltar läßt das Thema der Passion in einer ergreifenden Totenklage ausklingen. Die Karlsruher Zeichnung eines Kruzifixes um 1503 und die Erwähnung einer Kreuzigungstafel in dem Nachlaßinventar G.s zeigen, daß Beginn und Ende seines Schaffens diesem Thema geweiht sind. Das übrige Werk umfaßt: Vier Heilige auf den Standflügeln zu → Dürers Heller Altar, St. Cyriacus und Laurentius (Frankfurt/M.), St. Elisabeth und eine unbekannte Heilige (Donaueschingen), die Stuppacher Maria, das Freiburger Schneewunder und die Erasmus-Mauritius-Tafel für die Stiftskirche in Halle/S. (1520/22, München). Auszuscheiden ist trotz der Signatur MN das Selbstbildnis eines Malerknaben aus schwedischem Besitz (Besitzer zZ unbekannt), das dem Stil und der Persönlichkeit des Dargestellten nach sich kaum in das übrige Werk G.s einfügen läßt und zu der Erlanger Selbstbildniszeichnung in unvereinbarem Kontrast steht. Andere Zeichnungen schließen sich an. Einige von ihnen geben Aufschluß über verschollene Gemälde, für die sie Studien darstellen, so die Dresdener Apostel für eine verlorene Verklärung Christi im Frankfurter Predigerkloster und die Berliner Zeichnungen dreier weiblicher Heiliger samt einer Maria auf der Mondkugel (ehemals Sammlung Koenigs, Haarlem) zu einem verlorenen Mainzer Altar. Der weiche verströmende Fluß der Linien, der malerische Charakter dieser mit Kreide gezeichneten, mit grauer Wasserfarbe untermalten, zT auch farbigen Blätter steht im Gegensatz zu Dürers Graphik.

Zweifellos echt sind von den jüngsten Entdeckungen die erstmals von Stengel publizierten G.-Zeichnungen als Einlagen in einer Lutherbibel des Märkischen Museums (Berlin). Die dargestellten drei Figuren beziehen sich wahrscheinlich auf eine Verklärung Christi. Dagegen erscheinen die 1949 in einer Abfallgrube in Gisselberg bei Marburg entdeckten »G.«-Zeichnungen wesentlich schwächer, selbst wenn ihr schlechter Erhaltungszustand berücksichtigt wird. Ihre Echtheit wird mit Recht angezweifelt. Zu den großen neuen Funden gehören indes die beiden schon bei Sandrart beschriebenen, dann verschollenen und kürzlich für Donaueschingen erworbenen restlichen zwei Tafeln der Standflügel von Dürers Heller Altar (s.o.). Weniger einleuchtend ist die Zuschreibung des Lautenbacher Altars (Schwarzwald, Renchtal) als Frühwerk G.s. Das Werk erscheint trotz einzelner verwandter Züge nach Form und Gesinnung bescheidener gegenüber den bisher bekannten frühesten Werken G.s und dürfte als Ganzes mehr in den Schulzusammenhang Hans Baldungs gehören.

Die *Bedeutung* G.s als des großen religiösen Malers (→ Malerei: III), der in unerhörten, bisher nie gesehenen Farben von Christi Erscheinen, Sterben und Verherrlichung kündete und der alten Marienverehrung erneut einen tiefgründigen Ausdruck verlieh, ist von Feurstein aus einer einheitlichen Konzeption heraus gewürdigt worden. Er verweist auf die Offenbarungen der hl. → Birgitta von Schweden, die G. bekannt waren. Bei A.M. Vogt wird der Gedanke des Mysterium tremendum und fascinosum (nach R. → Otto) für die Deutung seiner Malerei fruchtbar gemacht.

H.A. Schmid, Die Gemälde u. Zeichnungen von M.G., 2 Tle, 1908/11 – O. Hagen, M.G., (1919) 1920² – W. Rolfs, Die G.-Legende, 1923 – H. Feurstein, M.G., 1930 – A. Burkhard, M.G., Personality and Accomplishment, Cambridge/Mass. 1936 – W.K. Zülch, Der histor. G. Mathis Gothardt-Neithardt, 1938 - DERS., G., Mathis Neithart, gen. Gothart, 1954 - G.SCHÖNBERGER, The Drawings of Mathis Gothart Nithart, called G., New York 1948 - G.MEYER-ERLACH, Die Familie des M.G.: Gothart oder Neithart? (Mainfränk. Jb. f. Gesch. u. Kunst 3, 1951, 298-309) - P.FRAUNDORFER, Altes u. Neues zur G.forschung (Herbipolis Jubilans, Festschr., 1952, 373 bis 431) - W.STENGEL, Der neue G.fund (Zs. f. Kunstwiss. 6, 1952, 65-78) - L.DITTMANN, Die Farbe bei G. (Diss. München), 1955 - L.BEHLING, Die Handzeichnungen des Mathis Gothart Nithart, gen. G., 1955 - W.MEDDING, Der junge G. (Das Münster 9, 1956, 210 bis 240) - A.M.VOGT, G. Mathis Gothart Nithart, Meister gegenklass. Malerei, 1957. *L.Behling*

Grumbach, *Argula von,* * um 1490 als Tochter des Bernhardin v.Stauf, Hofdame der Herzogin Kunigunde von Bayern, heiratete den 1515 zum Pfleger in Dietfurt bestellten Friedrich v.G. Als der junge Mag. Arsacius Seehofer in Ingolstadt zum Widerruf seiner theologischen Anschauungen gezwungen wurde, trat die in der hl. Schrift erstaunlich bewanderte Kämpferin in mehreren Sendschreiben für das Evangelium ein. Ihr Gatte verlor daraufhin sein Amt, so daß sie unter schwierigen Verhältnissen die Sorge für 4 Kinder und nach dem Tode ihres Gatten die Verwaltung der G.schen Güter übernehmen mußte. 1530 besuchte sie Luther auf der Koburg. Auch ihre 2. Ehe mit einem Grafen von Schlick war kurz. Der Überlieferung nach soll sie 1554 in Zeilitzheim (Ufr.) gestorben sein. Vielleicht aber ist sie identisch mit der »alten Staufferin«, Frau von Köfering, die 1563 zum 2. Mal verhaftet wurde, weil sie die Untertanen in und um Köfering vom kath. Glauben abwendig machen wollte.

Grundlegend: TH.KOLDE in: BBKG 11, 1905, 49-77. 97-124. 149 bis 188 (dazu: ebd 28, 1922, 162-164). - Ferner: SCHL. I, 7636-46 a (Lit.) - M.HEINSIUS, Das unüberwindliche Wort, 1951, 134ff - R. STUPPERICH in: AKultG 37, 1955, 219-224. *G.Pfeiffer*

Grumbachsche Händel, benannt nach dem fränkischen Ritter *Wilhelm v.Grumbach* (1503-67), der seit 1540 in Diensten des Würzburger Fürstbischofs Konrad von Bibra stand. Durch Bibras Nachfolger Melchior Zobel im Sommer 1545 aus dem Amte entfernt und 1548 ganz entlassen, wandte G. sich zu Markgraf Albrecht Alcibiades von Brandenburg-Kulmbach-Bayreuth und verknüpfte nun seine eigensüchtigen Erb-, Lehen- und Grenz-Irrungen gegen das Hochstift Würzburg mit den Einungswünschen der fränkischen Reichsritterschaft gegen die Hochstifte Bamberg und Würzburg, wobei er die politisch-militärischen Folgen der Zeit nach dem Schmalkaldischen Krieg ausnutzte. Während der wilden Fehdezüge des Markgrafen setzte G. Bischof und Domkapitel Würzburg unter starken politisch-finanziellen Druck; nicht ohne sein Vorwissen wurde Fürstbischof Melchior am 15.4.1558 in Würzburg erschossen. Nach dem Tode des Markgrafen (8.1.1557) bestimmte G. die Politik des Ernestiners Herzog Johann Friedrich des Mittleren von Sachsen, die nach der Einnahme von Würzburg (1563) mit der Belagerung Gothas, der Gefangennahme des Herzogs und G.s grausamer Hinrichtung am 18.4.1567 zusammenbrach.

F.ORTLOFF, Gesch. d. G.schen Händel, 4 Bde, 1868-70 - W.FRHR. v.BIBRA, Beitr. zur Familiengesch. der Reichsfreiherrn v.Bibra II, 1882 - O.KNEITZ, Albrecht Alcibiades Markgraf v.Kulmbach 1522 bis 1557, 1951. *W.Engel*

Grundemann, *Reinhold* (1836-1924), * in Bärwalde (Neumark), ev. Theologe, Pfarrer 1861-1912 mit Ausnahme von 1865-69, als er bei Perthes als Kartograph arbeitete. In seinem Allgemeinen Missions-Atlas schuf er »das erste Standardwerk deutscher Missionsliteratur«. Als enger Mitarbeiter G. → Warnecks (auch an der AMZ) war er der Praktiker sowohl in seinen verschiedenen kartographischen wie literarischen Werken: kritisch, selbständig, nüchtern (»Kampf gegen die Missions-Anekdote«). Mission gehört zum Wesen der Kirche, und die Pfarrer sind »die geborenen oder berufsmäßigen Agenten unsers heimatlichen Missionswesens«.

Vf. außer Atlanten: Vita des Missionars F.Riedel, 1873; Missions-Studien u. Kritiken, 2 Bde, 1894/98; Unser heimatl. Missionswesen, 1916. - Über G.: J.RICHTER, In piam memoriam (AMZ 51, 1924, 210-216) - O.G.MYKLEBUST, The Study of Missions in Theol. Education I, Oslo 1955, 297ff u.ö. *A.Lehmann*

Grundgesetz → Verfassungen: I.

Grundherrschaft und Gutsherrschaft → Agrarverfassung.

Grundordnungen → Kirchenverfassung: VI. VII.

Grundrechte → Menschenrechte: I. II, → Verfassungen: I.

Grundschule

1. Ursprung - 2. Gesetzliche Grundlagen - 3. Pädagogische Aufgabe

1. Die Idee, alle normalen Kinder ohne Unterschied der familiären, gesellschaftlichen und wirtschaftlichen Herkunft in einer gemeinsamen G. zu unterrichten, hat ihre Wurzeln bereits im 17.Jh. (Muttersprachschule des → Comenius) und in der französischen Revolution (Condorcet, → Einheitsschule). Aber erst 1920 wurde die G. in Deutschland mit der Aufhebung der ständischen Vorschulen zu einer für alle Kinder verbindlichen Institution (→ Schulpflicht), die geeignet war, das beziehungslose Nebeneinander der aus heterogenen Wurzeln stammenden Gelehrten-, Real-, Bürger- und Volksschulen durch ein gemeinsames Fundament zu verbinden (→ Bildungswesen, 6; → Gymnasium; → Mittelschule; → Volksschulwesen). Der politischen Durchsetzung dieser Idee stand zunächst entgegen, daß die Volksschule im Bewußtsein vieler Eltern noch mit dem Makel behaftet war, eine Armenschule zu sein, wovon sie sich gerade erst unter Rückschlägen im 19.Jh. hatte befreien können. Als Glied der Volksschule stand auch die G. für viele ihrer Gegner zunächst in dem Geruch, eine niedere, die Kinder gebildeter Familien in ihrer Gesittung eher gefährdende als fördernde Schule zu sein. Noch heute steht der Streit um ihre Dauer oft unausgesprochen unter dem Vorzeichen dieses sozialen und gesittungsmäßigen Gegensatzes der Bildungstraditionen.

2. Die *gesetzliche Einführung* der G. in Deutschland ist fundiert durch die Weimarer Verfassung vom 11.8.1919: »Das öffentliche Schulwesen ist organisch auszugestalten. Auf einer für alle gemeinsamen G. baut sich das mittlere und höhere Schulwesen auf« (Art. 146, Abs. 1). »Private Vorschulen sind aufzuheben« (Art. 147, Abs. 3). Das Reichsgrundschulgesetz vom 28.4.1920 (→ Schulgesetzgebung) bestimmte, daß die G. vier Jahre umfassen, organisatorisch ein Teil der Volksschule und zugleich alleinige Vorbildungsstätte für alle weiterführenden Schulen sein sollte. Den Gegnern dieser Lösung (bes. in Eltern- und Philologenkreisen), die in der vierjährigen G. ein Hemmnis für die Entwicklung begabter Kinder sahen, kam das zweite Reichsgrundschulgesetz vom 18.4.1925 entgegen, das besonders leistungsfähigen Kindern im Einzelfall schon nach dreijährigem G.besuch den Übergang in weiterführende Schulen ermöglichte. Dieses »Überspringen« einer G.klasse hat sich jedoch in der Breite nicht bewährt. Seit dem Ende der Weimarer Republik ist die Existenz einer für alle Kinder verbindlichen mindestens vierjährigen G. nicht mehr in Frage gestellt worden. Das Grundgesetz der BRD vom 23.5.1949 sagt (Art. 7, Abs. 6): »Vorschulen bleiben aufgehoben«; aber das »Recht zur

Errichtung von privaten Schulen wird gewährleistet«, sofern durch diese »eine Sonderung der Schüler nach den Besitzverhältnissen der Eltern nicht gefördert wird« (Art. 7, Abs. 4). Die Einheit der G.bildung ist ihrer Intention nach also vorwiegend sozialer Natur; konfessionelle, weltanschauliche oder pädagogisch-methodische Differenzierungen bleiben möglich (→ Privatschulen, → Schule und Kirche: I).

Umstritten ist noch die maximale G.dauer. In den meisten Ländern der BRD hat man an der vierjährigen G. festgehalten, in einigen (vorwiegend durch sozialdemokratische Mehrheiten bestimmten) Ländern besteht nach angelsächsischem Vorbild eine sechsjährige, in der DDR eine achtjährige G. Doch sollte man hier ebenso wie zB in Schweden, wo die Differenzierung erst im 7.-9. Schuljahr einsetzt, nicht mehr von G. sprechen, weil der pädagogische Stil der Schularbeit sich spätestens etwa vom 11. Lebensjahr an gegenüber dem der Anfangsklassen deutlich unterscheidet.

3. *Pädagogische Aufgabe* der G. ist es, das physisch und psychisch schulreife Kind geistig zur eigentlichen Schulfähigkeit zu führen. Unter *»Schulreife«* ist dabei die allgemeine kindliche Entwicklungsverfassung zu verstehen, die medizinisch durch den Gestaltwandel von der Kleinkind- zur Schulkindform, psychisch durch Zurücktreten der Triebbestimmtheit zugunsten einer Aufgabe- und Leistungsbereitschaft, sozial durch Lockerung der Mutterbindung und Einordnung in die Kindergruppe und geistig durch die Anfänge einer gegenstandsgerechten Einstellung und die Unterscheidungsfähigkeit zwischen → Spiel und Arbeit beschreibbar ist (→ Kinderpsychologie: I, → Psychologie: II). Von *»eigentlicher Schulfähigkeit«* kann dagegen erst gesprochen werden, wenn das Kind in der Lage ist, relativ dauerhafte Ziele zu verfolgen, sie über längere Zeitstrecken festzuhalten und das Lernen und Üben selber als Aufgabe zu erfassen. Diese Fähigkeit als Voraussetzung aller planvollen Schularbeit wird in der Regel erst vom zehn- bis zwölfjährigen Kinde in der »realistischen Phase« der Kindheit erreicht. Der Stil der G. als einer *»Vermittlungsschule«* (→ Fröbel), die diesen geistigen Status anbahnt, ist gekennzeichnet durch ein Ineinander von Spiel und Arbeit, wobei die spielhaften Betätigungen allmählich zurücktreten. Neben der planmäßigen Hinlenkung des Kindes auf disziplinierte Arbeitstechniken hat die G. die Funktion, die häusliche Gesamterziehung durch kindgemäße Formen eines gesitteten musischen und religiösen Schullebens zu ergänzen und zu bereichern, also bei gleichzeitiger Vorbereitung auf eine künftige Stufe das Kind doch ganz Kind sein zu lassen. Beide Aufgaben dürfen nicht voneinander isoliert werden, da sonst zwei Zerrformen der G. entstehen können: ein vorzeitig strenger Lernbetrieb, der das Kind überfordert, oder ein laxes Gewährenlassen der kindlichen Polypragmasie, die von selbst nicht zur ernsthaften Schularbeit hinfindet. *Methodisch* kommt es auf Vermittlung zwischen der Pädagogik »vom Kinde aus« und der → »Arbeitsschule« an; *didaktisch* auf die Zentrierung der Unterrichtsgehalte im heimatkundlichen Gesamtunterricht, der sich erst allmählich in besondere Lehrgänge und Fächer aufgliedert. Wegen der notwendigen Anknüpfung an die »Individuallage« der Kinder (→ Pestalozzi) kann die Arbeit der G. nicht durch stoffliche Lehrpläne, sondern nur durch allgemeine Richtlinien koordiniert werden. Am Ende der G. soll das schulfähige Kind in der Lage sein, fehlerfrei und lautrein zu sprechen, flüssig und sinnerfassend zu lesen, sich in einfacher Sprache anschaulich, geordnet und zutreffend auszudrücken; es soll eine saubere Handschrift haben, die Rechtschreibung des ihm vertrauten Wortschatzes beherrschen; die vier Grundrechnungsarten müssen geläufig, die wichtigsten natürlichen und kulturellen Erscheinungen der heimischen Welt über den zufälligen Gesichtskreis hinaus planvoll erschlossen sein. Hygiene, Anstand, Geschicklichkeiten der Hand und des Leibes, emotionale Bereicherung und musisches Können in kindlicher Form, Selbstvertrauen und Einordnung in den Klassenverband sind neben und in allem Unterricht erzieherische und pflegerische Hauptaufgaben. Der *Religionsunterricht,* der als eigenes »Fach« sinnvoll kaum vor dem 3. Schuljahr auftreten kann, und der religiöse Geist des Gesamtunterrichts und des Schullebens (in Andachten, Festen, Feiern usw) machen das Kind vertraut mit den fundamentalen Tatsachen und Formen christlichen Lebens und Glaubens und führen es ein in die lebensdeutende Vorstellungswelt biblischer Geschichten (→ Arbeitsschule, 5; → Religionspädagogik).

Wo die G. zeitlich über das 4. Schuljahr oder 11. Lebensjahr hinausreicht, muß sie zu sachgebundenen Lehrgängen voranschreiten, die inhaltlich nicht mehr »vom Kinde aus« bestimmbar sind. So anspornend für jedes Kind das Erlebnis des Übergangs in den Arbeitsstil einer neuen Altersstufe sein kann, so gefährlich ist ein zu plötzlicher Bruch. Auch die weiterführenden Schulen sollten daher in ihren ersten Klassen neben und in ihren gefächerten Lehrgängen zunächst ein Element des pädagogischen Stils der G. beibehalten. In dieser *»Zweistimmigkeit«* beider Schularten gleicht sich der Gegensatz ihrer Arbeitsweise pädagogisch aus, und die Frage der G.-dauer reduziert sich auf ein praktisch-organisatorisches Problem.

Aloys Fischer, Der Geist der G.erziehung (Pädagogisches Zentralblatt 6, 1926, 241-254) - K.Eckardt-St.Konetzky, G.arbeit, 1926 - J.M.Mackinder, Individual Work in Infant Schools, London 1927 - O.Kroh, Psychologie des G.kindes, (1928) 1944[22] - H.Roth, Der Elfjährige u. die Schulreform (Die Sammlung 4, 1949, 562-574) - Unabhängige Kommission für das Hamburger Schulwesen, Gutachten über die G. u. den Übergang in die weiterführenden Schulen (28.6.1955), 1957.

H.Scheuerl

Grundsteinlegung, kirchliche → Weihen: II.

Grundstücke, *kirchliche*. Die älteren Kirchengemeinden haben ihre G., insbesondere Kirchen- und Pfarrland, meist als Dotation (→ Kirchengut) vom Patron oder Landesherrn erhalten. Kirchengemeinden aus den letzten 50 Jahren besitzen kaum Dotations-G. Indessen sind in den einzelnen Landeskirchen die Verhältnisse, auch der Umfang ihres Grundbesitzes, tatsächlich und rechtlich sehr verschieden. Die Kirchen als → Körperschaften des öffentlichen Rechts können in allen ihren Gliederungen - Landeskirchen, Kirchenkreise, Kirchengemeinden, Gesamtverbände - G. erwerben. Im allgemeinen kann man diese einteilen in *Kirchen*-G. (Kirchen, Kapellen, Gemeindehäuser, Gemeindeämter, Kirchenland), *Pfarr*-G. - auch Pfründen, Pfründenstiftungen, Pfarreien genannt - (hierzu gehört vor allem das Pfarrland) und *sonstige* - meist zweckgebundene - G. (Küsterei-G., für diakonische Zwecke, Friedhöfe u.a.).

Die für landeskirchliche Zwecke bestimmten G. (Predigerseminare, Akademien, kirchliche Schulen, Verwaltungsgebäude) sind in der Regel *Eigentum* der Landeskirche. Sinngemäß gilt dies für die G. der Kirchenkreise (Kirchenbezirke). Eigentümer der *Kirchen*-G. sind meist die Kirchengemeinden (so in den ehemals preußischen Gebieten). Doch gibt es auch Kirchen und Kapellen als besondere juristische Personen (in der Braunschweigischen Landeskirche). Eigentümer der *Pfarr*-G. sind in der Regel auch die Kirchengemeinden. Vielfach gehören sie aber auch besonderen Pfründestiftungen (Bayern) oder Pfarreien (Württemberg), die Körperschaften des öffentlichen Rechts sind und neben den Kirchengemeinden bestehen. In allen Fällen dienen aber ihre Erträge zur Aufbringung der → Pfarrbesoldung und zusammen mit dem Ertrag etwaiger Pfarrwittümer der Ruhegehalts- und Hinterbliebenenversorgung des Pfarrerstandes (→ Versorgung). Die *sonstigen* G. dienen den Zwecken, die sich aus ihrem Namen ergeben, und sind meist Eigentum der Kirchengemeinden. Das Eigentum und andere Rechte der Landeskirchen (auch Kirchengemeinden) an ihren für Kultus-, Unterrichts- und Wohltätigkeitszwecke bestimmten Anstalten, Stiftungen und sonstigen Vermögen sind durch Art. 140 GG gewährleistet.

Die *Verwaltung* der landeskirchlichen G. liegt der obersten landeskirchlichen Behörde ob (Oberkirchenrat, Kirchenleitung, Landeskirchenamt, Konsistorium). Die G. des Kirchenkreises (Kirchenbezirks) verwaltet der Kreissynodalvorstand (Kirchenbezirksausschuß). Die *Kirchen*-G. werden fast immer vom Gemeindekirchenrat (Presbyterium, Kirchengemeindevorstand) verwaltet. Das gleiche gilt meist auch für die *sonstigen* G. Die *Pfarr*-G. werden teils - in einigen Kirchen mit zentraler Pfarrbesoldung - von der Landeskirche verwaltet, teils von einem Pfründestiftungsverband (in Bayern), teils auch von dem Pfründeninhaber. Im früheren preußischen Gebiet steht die Verwaltung dem Gemeindekirchenrat (Presbyterium) zu, aber unter besonderer landeskirchlicher Aufsicht (Genehmigung). Das Nießbrauchsrecht am Pfarrvermögen, das früher der Pfarrstelleninhaber hatte, ist meist aufgehoben. In ländlichen Gebieten mit viel Kirchen- und Pfarrland wird der kirchliche Grundbesitz vielfach durch ein kirchliches Rentamt verwaltet, in der Regel für alle Gemeinden des Kirchenkreises zusammen, bisweilen auch für mehrere Kirchenkreise. Im allgemeinen werden die Bestimmungen der Verwaltungsordnung der betreffenden Landeskirchen angewendet, weithin aber auch die vom Rat der EKD aufgestellten »Richtlinien über die Verwaltung des kirchlichen land- und forstwirtschaftlichen Grundbesitzes« vom 7.5.1953 (Amtsblatt der EKD 1953, Nr. 87).

Erwerb und Veräußerung sowie sonstige wichtige Rechtsgeschäfte über kirchliche G. (dingliche Belastung, Verpachtung) richten sich nach den allgemeinen Bestimmungen des Bürgerlichen Rechts unter *zusätzlicher* Beachtung des für den kirchlichen Grundbesitz geltenden Sonderrechts (kirchen- und gegebenenfalls auch staatsaufsichtliche Genehmigung bestimmter Rechtsgeschäfte, Zustimmung des lastenpflichtigen Patrons). Die staatliche Genehmigung zum Erwerb von G.n, die früher zur Beschränkung des Grundbesitzes der »toten Hand« erforderlich war, ist in den meisten Ländern aufgehoben. Dagegen ist die kirchenaufsichtliche Genehmigung fast überall vorgeschrieben zum Erwerb, zur Veräußerung und dinglichen Belastung von Grundeigentum, soweit der Erwerb nicht im Falle einer Zwangsversteigerung zur Sicherung in das Grundbuch eingetragener kirchlicher Forderungen nötig ist; desgleichen bei Verwendung des kirchlichen Vermögens zu andern als den bestimmungsmäßigen Zwecken (Verwendung von Pfarrland als Kirchenland und umgekehrt). Bis zur Erteilung der erforderlichen Genehmigung oder patronatlichen Zustimmung sind Beschlüsse und Verträge über Grundstücksgeschäfte schwebend unwirksam. Die etwaige Eintragung im Grundbuch ist erst zulässig, wenn die Genehmigung erteilt ist. Stehen kirchliche bebaute G. unter Denkmalschutz, so ist zu ihrer Veräußerung oder anderweitigen Verwendung die Zustimmung des Landeskonservators erforderlich. Die Benutzung eines Grundstücks als → Friedhof (: I) ist erst zulässig, wenn staatlicherseits anerkannt ist, daß sanitätspolizeiliche Bedenken nicht bestehen.

Die kirchlichen G. genießen in der BRD verschiedene *steuerliche und sonstige Vergünstigungen*. Grundsteuerfrei sind Kirchen, Kapellen, kirchliche Schulen und Verwaltungsgebäude; ebenso die Dienstgrundstücke und Dienstwohnungen der Geistlichen und Kirchenbeamten (zB Pfarrland), soweit sie vor dem 1.4.1938 grundsteuerfrei waren. Kirchenland ist nicht grundsteuerfrei. Von der Körperschaftssteuer sind die Kirchen ebenfalls befreit. Das Grunderwerbsteuergesetz kennt keine allgemeine Befreiung beim Grundstückserwerb für kirchliche Zwecke. Indessen ist Erlaß der Steuer aus Billigkeitsgründen nicht ausgeschlossen. Grundstücksübergang von einer Kirchengemeinde auf die andere bei Grenzveränderungen oder Errichtung einer neuen Kirchengemeinde ist grunderwerbsteuerfrei. In den meisten Ländern besteht auch Gebührenfreiheit in Grundbuchsachen.

Vgl. die Lehrbücher des → Kirchenrechts. G. Thümmel

Grundtvig, *Nikolaj Frederik Severin* (1783-1872), dänischer Pfarrer, Dichter, Historiker und Erzieher. Aufgewachsen in einem konservativen luth. Pfarrhaus, begegnet er in Schule und Universität der vernunftgläubigen Haltung der → Aufklärung, die er sich ganz zu eigen machte. Durch die Vorlesungen von → Steffens in Kopenhagen 1802-03 und später durch eine unglückliche Liebe wurde er von der historischen → Romantik ergriffen mit ihrer Begeisterung für das nordische Altertum. Eine heftige Krise, wohl noch bedingt durch eine manisch depressive Veranlagung, führte ihn zurück zum orthodox-luth. Bibelchristentum. Gegen die Romantik (repräsentiert durch → Schelling und den Physiker H.C. Ørsted) führte er von seinem biblischen Standpunkt aus eine heftige Polemik. Das Hauptwerk aus diesen Jahren ist die »Weltchronik« (1812). Das Interesse für das nordische Altertum blieb stets lebendig, und er übersetzte die nordischen Sagen und → Saxo. 1821 kam G. ins Pfarramt, erlebte 1824 wiederum einen heftigen geistlichen Durchbruch, aus dem die »historisch-kirchliche Anschauung« hervorging (vgl. sein Gedicht »Neujahrsmorgen«, 1824): Das Christentum ist weder Wissen noch Moral noch Gefühlserlebnis, sondern besteht darin, daß Gott in der Gemeinde durch Geist und Wort mit dem Menschen handelt. Das Christenleben wird in der Taufe geschaffen und mit dem Abendmahl genährt. Das Christentum ist wieder »kultisch-dramatisch« geworden. Dieses Christentum ist immer in der Gemeinde gewesen, vor und unabhängig von der Schrift, klar ausgedrückt im Taufbekenntnis. Von diesem Kirchenverständnis aus suchte G. nun einen festen Standort im Kampf gegen den → Rationalismus (und die Romantik). Diesen Standort fand er im → Apostolikum (: II, 2), wie es stets unveränderlich bei der Taufe erklungen ist. Es sagt, was das Christentum ist, und befreit die Laien von dem unerträglichen exegetischen Papsttum der Theologen, das eine Folge der Schrifttheologie ist (»Kirkens Genmaele«, 1825). Das Bekenntnis bei Taufe und Abendmahl, nicht die Schrift, ist die Grundlage der Kirche. Diese Anschauung wurde allmählich zu der ganz unhistorischen Theorie ausgestaltet, Jesus selbst habe den Aposteln das Apostolikum übergeben. Man hätte erwarten können, daß G. von diesem Gedankengang aus großes Gewicht auf das Amt gelegt hätte. Das Gegenteil ist der Fall. Die Gemeinde mit Geist, Wort und Liedersingen ist das Entscheidende. - 1826 legte er sein Amt nieder; es folgten Jahre mit einer gewaltigen literarischen Produktion (3 Bde Predigten, über 400 Kirchenlieder, nordische Mythologie, eine Weltgeschichte in drei Bden und zahlreiche Abhandlungen). Während eines Aufenthaltes in England bekam G. Sinn für geistige und politische Freiheit. Er bildete seine völkischen Grundgedanken aus als Ausgangspunkt für die Volkshochschule

(→ Volksbildungswesen): das christliche Leben ist eine Wiedergeburt des in der Schöpfung gegebenen Lebens. Man ist »zuerst Mensch und hernach Christ«. Das christliche Leben entfaltet sich in menschlicher und völkischer Aktivität. In der Volkshochschule wollte G. eine völkische Bildung schaffen im Gegensatz zur fremden lateinischen, der »schwarzen Schule«. In dieser »Schule für das Leben« sollten junge Menschen (über 18 Jahre) die Bedingungen des menschlichen Lebens verstehen lernen und auf das bürgerliche Leben vorbereitet werden. - 1839-72 war G. wieder Pfarrer in Kopenhagen und sammelte eine eigenartig lebendige Gemeinde, die sowohl von der »kirchlichen Anschauung« wie von den völkischen Gedanken geprägt war. Bes. sammelten sich viele Studenten um ihn und wurden seitdem als Pfarrer für ihr Leben von den G.schen Anschauungen geprägt. Seine literarische Produktion setzte er bis zuletzt fort, bes. als Kirchenliederdichter (→ Gesangbuch: I, 4; → Kirchenlied: I).

Man findet kaum in einem anderen Lande eine Persönlichkeit, die einen so breiten und doch tiefgehenden Einfluß auf ihr Volk hatte, wie dies bei G. in → Dänemark (: I, 4; II) der Fall war (→ Grundtvigianismus). Als geistliche Persönlichkeit ist G. → Kierkegaard vollkommen ebenbürtig, aber umfassender und weit fruchtbarer. Seine Produktion ist nur wenig zugänglich für spätere Geschlechter, außer seinen Gedichten und Kirchenliedern, und diese lassen sich kaum in fremde Sprachen übersetzen. Deshalb hat er, abgesehen von dem Gedanken der Volkshochschule, außerhalb der Landesgrenzen so gut wie keine Bedeutung gehabt.

Ausgew. Schriften, 10 Bde, Kopenhagen 1904-09; Werke in Auswahl, 10 Bde, 1940-49; Poetische Schriften, 9 Bde, 1880-1930; Kirchenlieder, 6 Bde, 1944-56. - Über G. (Lit. in Auswahl): H.Begtrup, N.F.S.G.s kristelige opvaekkelse, Kopenhagen 1899 - Ders., N.F.S.G. som Bibelkristen, 1900 - Ders., N.F.S.G.s Danske Kristendom, 2 Bde, 1936 - F.Rönning, N.F.S.G., 4 Bde, Kopenhagen 1907-13 - Hal Koch, G., 1943 (Einführung in G.); dt. 1951 - H.Højrup, G.s syn paa Tro og Erkendelse, 1949 (Hauptwerk der neuesten Lit.) - R.Prenter, G.s Ansicht vom Menschen (EvTh 1949/50, 395-405) - S.Holm, G.u. Kierkegaard. Parallelen u. Kontraste (ZSTh 23, 1954, 158-176). - Vgl. auch die Lit. zu → Grundtvigianismus.

Hal Koch

Grundtvigianismus. Schon in den 20er Jahren des 19.Jh.s verließen etliche Pfarrer, die von → Grundtvig erweckt worden waren und sich seine kirchliche Anschauung zu eigen gemacht hatten, Kopenhagen. Sie nahmen überall Verbindung mit der eben aufkommenden pietistischen Erweckungsbewegung (→Erweckung: I, 3) auf und gestalteten sie im Grundtvigschen Geist um. Allmählich übernahmen sie auch Grundtvigs Verständnis für das Menschliche und Völkische. Von 1850 bis zum Ende des Jh.s beherrschte dieser G. das nationale und kirchliche Leben außerhalb Kopenhagens. Man baute Volkshochschulen, Freischulen und Versammlungshäuser im ganzen Lande. Nach der Niederlage von 1864 trug der G. in hohem Grade dazu bei, die politische, soziale und wirtschaftliche Erneuerung zu ermöglichen. Es waren bes. die Schüler der Volkshochschulen, die durch die Genossenschaftsbewegung und viele Vereinigungen kultureller und gewerblicher Art das neue → Dänemark (: I, 4) geschaffen haben, das auf dem Gebiet der Landwirtschaft vorbildlich wurde. - Der G. wurde auch die geistige Triebkraft beim Aufkommen der liberalen politischen Bewegung, die vor allem vom Bauernstand getragen wurde. Es kam zu einer eigenartigen Verschmelzung eines bewußt kirchlichen, sakramentalen Christentums, dessen Ausdruck ein lebendiges Gemeindeleben war, mit einem oft etwas ungestümen Nationalismus, mit Geschäftstüchtigkeit und kultureller Offenheit für Literatur und bildende Kunst. - Gegen Ende des Jh.s wurde es schwierig, die Bewegung zusammenzuhalten. Bei vielen verflüchtigte sich das Christliche zugunsten weltlicher Interessen, und die besondere Apostolikums-Theologie Grundtvigs konnte sich gegenüber der historischen Kritik nicht behaupten. Man hatte kein Verständnis für die Arbeiterbewegung in den Städten, und neue starke Strömungen machten sich bemerkbar, auf kirchlichem Boden eine pietistische Erweckung (Innere Mission), auf kulturellem eine christentumsfeindliche Aufklärungsbewegung, die sich um Georg Brandes sammelte. Trotzdem prägt der G. noch heute weite Kreise in → Dänemark (: II).

A.Nørgaard, Grundtvigianismen, 3 Bde, Kopenhagen 1935-38 - Hal Koch, Den Danske Kirkes Historie VI, 1954, 235ff; VII, 1958, 113ff - A.P.Thyssen, Den nygrundtvigske Bevaegelse I, 1958.

Hal Koch

Gruner, *Johann Friedrich* (1723-78), * in Coburg, entschiedener Anhänger der Neologie (→ Aufklärung: III, 3b), seit 1764 Prof. in → Halle. G. identifizierte die Offenbarung inhaltlich mit der Vernunftreligion und trennte prinzipiell das platonisierende → Dogma (: II) von der ursprünglichen, durch historisch-grammatische Interpretation neu erhobenen Schriftlehre; Logoschristologie und Trinitätslehre werden als Produkt der platonischen Philosophie eliminiert.

Vf. u.a.: Prakt. Einl. in die Religion d. Hl. Schrift, 1773; Institutionum theol. dogmat. libri III, 1777. - Bibliogr. bei Jöcher-Adelung II, 1638ff; J.G.Meusel, Lexikon der von 1750 bis 1800 verst. Schriftsteller IV, 1804, 419ff. - Über G.: W.Gass, Gesch. d. prot. Dogmatik IV, 1867, 226ff - A.Ritschl, Die christl. Lehre v. d. Rechtfertigung u. Versöhnung I, (1870) 1889³, 414ff - W.Glawe, Die Hellenisierung d. Christentums ..., 1912 - K.Aner, D. Theol. d. Lessingzeit, 1929 - Hirsch IV, 100f.

E.H.Pältz

Gruppenbekehrungen. Als G. werden in der Missionswissenschaft die Übertritte ganzer Stämme zum Christentum bezeichnet im Gegensatz zu den normalen Einzelbekehrungen (→ Bekehrung: V). Von den G. zu unterscheiden sind Massenbewegungen, die meist sozialen Motiven entspringen und nur Teile aus einem größeren Verband, zB einer Kaste erfassen. In den G. dagegen treten soziologische Einheiten geschlossen, oft unter Führung der Häuptlinge (zB bei den Franken) über. Die G. sind etwas anderes als was G. → Warneck mit dem Missionsziel der Volksbekehrung meinte. Diese kann auch durch kontinuierliche Einzelbekehrung und allmähliche Durchdringung des Volkes mit christlichen Gedanken erfolgen (wie zB bei den → Batak auf Sumatra). G. sind hauptsächlich unter den »Primitiven« aufgetreten, wo es sich um relativ kleine Einheiten handelt. Religion ist dort streng Gemeinschaftssache; der Stamm stellt eine religiös-sozial-politische Einheit dar. Diese macht einen Einzelentscheid unmöglich, weil sich dadurch der Betreffende außerhalb des Stammverbandes stellt und entrechtet werden muß. Das Kollektivgewissen bestimmt darum auch das Gewissen des einzelnen. Wird seitens der Mission das Evangelium in einfühlender und geduldiger Arbeit dem ganzen Verbande konfrontiert, werden die einzelnen vom Worte Erfaßten zur Gewinnung des Ganzen eingesetzt, wird mit der Taufe einzelner gewartet, bis der ganze Stamm seine Zustimmung gibt, so hat die Mission auch große Erfolge zu erwarten. Auf Grund der vorliegenden Erfahrungen in der → Südsee, unter den Karenen (→ Burma), den Kols (→ Indien), in → Madagaskar und in → Afrika haben die Missionare Tr.Bachmann, B. → Gutmann (→ Tanganyika) und Chr. → Keyßer (→ Neuguinea) die G. bewußt erstrebt. Die beiden letzteren haben sie auch theologisch zu rechtfertigen versucht. Da sich durch die G. notwendigerweise eine Synthese von Evangelium und Volkstum (→ Volk:

III) ergibt und eine Verwurzelung des Christentums im Volk stattfindet, welches das Evangelium zu überlagern scheint, haben neuerdings Missionswissenschaftler unter Führung von J.C.Hoekendijk Bedenken geäußert. Dazu wäre folgendes zu sagen: Die G. haben nicht Massentaufe zur Folge, sondern bieten die Möglichkeit zur Einzelbekehrung, weil niemand mehr durch die Gruppe gehemmt wird. Da der Stamm zum Christentum übergetreten ist, kann die → Gemeinde (: V) sofort führend werden. Sitte und Recht können durch Volksentscheid dem Evangelium angegliedert werden. So leben auch die Ungetauften nach den Regeln der Gemeinde. Der einzelne verliert seine soziale Heimat nicht. Es entsteht eine neue religiös-soziale Einheit, der sich jedes Glied verpflichtet weiß. Die Gemeinden sind meist sehr aktiv in Zucht und Zeugnis, sie fühlen sich für den einzelnen verantwortlich. Die Führerschaft wird von der Gemeinschaft getragen. Das Evangelium springt von einem Stamm auf den anderen über. Es besteht jedoch die Gefahr, daß das Sippendenken die Entscheidungen der Gemeinde bestimmt und das Verständnis des Evangeliums von der alten Mentalität her geprägt wird. Die Geschichte der Gemeinde wird zu stark mit der Geschichte des Volkes in eins gesetzt. Das Gruppengewissen kann sich genauso für das Böse entscheiden, wie es sich für das Evangelium entschieden hat. Diese Gefahren treten aber bei den anderen Methoden ebenfalls auf, die, wenn sie erfolgreich sind, auch zur Volksbekehrung führen.

Außer den Werken von B. → Gutmann u. Chr. → Keysser vgl.: J.W.Picket, Christian Mass Movements in India, Cincinnati 1933 - J.C.Hoekendijk, Kerk en Volk in de Duitse Zendingswetenschap, Amsterdam 1948 - D.A.McGavran, The Bridges of God, London 1955 - Tr.Bachmann, Ich gab manchen Anstoß, 1956.

G.F.Vicedom

Gruppenbewegung → Moralische Aufrüstung.

Gruppenbildung, *gemeindliche.* Im Leben fast aller Ortsgemeinden gibt es heute verschiedenartige Gruppen: neben Männer-, Frauen- und Jugendkreisen kirchliche Gemeinschaften pietistischer Herkunft, Freundes- bzw. Hauskreise der ev. → Akademien und des → Kirchentages, aber auch ständisch bestimmte Kreise aus der → Männerarbeit (vor allem des Arbeiterwerks, angestrebt auch im Handwerk und Landvolk; bei letzteren ist wegen ihrer parochial nicht gebundenen Art die unschöne Bezeichnung »Paragemeinde«, besser »Neugemeinde«, aufgekommen), schließlich Gruppen des → Evangelischen Bundes, des → Gustav-Adolf-Werkes und Missionskreise. - Wie schon die sog. »Kerngemeinde« als eine gewisse Reaktion gegenüber Massenentfremdung anzusehen ist (»dienende Gemeinde«), stellt sich die Mehrzahl dieser Gruppen als Gemeinschaften besonderen *Dienstes* für die Gesamtheit dar. Den gemeindlichen G.en vorschnell Schuld an einer Aufspaltung oder »Verkreisung« der Gemeinde zu geben, ist daher angesichts der heutigen kirchlichen Situation nicht gerechtfertigt. Kriterium für jede Gruppe ist die Bereitschaft, sich vom Evangelium her ausrichten und sich unter Inangriffnahme aktueller Fragen zum aktiven Dienst an der → Gemeinschaft der Heiligen verpflichtet sein zu lassen. Gefahren gemeindlicher G. sind: Überbetonung der Eigenständigkeit, Absolutheitsanspruch, Erstarrung und Abschließung. Andererseits können lebendige Gruppen eine gesunde Spannung in der Ortsgemeinde schaffen, diese vor die Frage einer bis in die Formen reichenden Erneuerung stellen und aus dem Wissen um die Gliedschaft an dem einen Leib (Gal 3, 28) Entscheidendes für ihren Aufbau (→ Gemeinde: IV) leisten.

K.Barth, Gemeinschaft in der Kirche, St.Gallen 1943 - K.Schuster, Recht u. Grenze innergemeindlicher G., dargestellt unter bes. Berücksichtigung Luthers u. Speners (Theol. Diss. Mainz), 1955 - H.Storck, Die Zeit drängt, 1957 - M.Langhans, Kirche auf neuen Wegen, 1957. - Vgl. auch die Lit. zu → Gemeinde: IV. *K.Schuster*

Grynäus (Gryner), 1. *Johann Jakob* (1540–1617), * in Bern als Sohn von 3, besuchte Schule und Universität in Basel, wurde 1559 Vikar und 1565 Nachfolger seines Vaters in Röteln, nachdem er 1563/64 in Tübingen den Doktorgrad erworben hatte. Ursprünglich als Schüler und Anhänger Simon → Sulzers und Jakob → Andreäs eifriger Vertreter der Ubiquitätslehre (→ Christologie: II, 7b), entsagte er, 1575 als Prof. für AT nach Basel berufen, auf Grund patristischer und reformatorischer Studien der luth. Abendmahlsauffassung und der → Konkordienformel. 1584–86 folgte er dem Ruf Johann Kasimirs zur Restauration der Universität → Heidelberg und trug wesentlich zur Festigung der ref. Lehre in der Pfalz bei. 1586 Nachfolger Sulzers in Basel, hat G. als Antistes und Prof. für NT der Annäherung an das Luthertum ein Ende gesetzt und gemeinsam mit seinem Schwiegersohn → Polanus der Basler Kirche calvinistischen Charakter aufgeprägt. Zu diesem Zweck gab er die von Sulzer unterdrückte Erste Basler Konfession von 1534 mit Randglossen und eine zusammenfassende Kirchen- und Gottesdienstordnung heraus (1590). G. förderte eifrig den Zusammenschluß des ref., bes. des schweizerischen Protestantismus.

RE VII, 219f - M.Geiger, Die Basler Kirche u. Theol. im Zeitalter der Hochorthodoxie, 1952 - E.Staehelin, Amandus Polanus v.Polansdorf, 1955.

2. *Simon* (1493–1541), * zu Vehringen in Hohenzollern-Sigmaringen als Bauernsohn, nach Studien in Pforzheim, Wien, Buda, Wittenberg 1524 Prof. der griech., 1526 auch der lat. Sprache in → Heidelberg. An der noch kath. Universität wurde er wegen seiner Hinneigung zu → Zwingli und → Ökolampad angefeindet. 1529 für → Erasmus nach → Basel (: II) berufen, wurde er Prof. der griech. Sprache, später auch für NT. Seine philologischen Arbeiten genossen internationales Ansehen. Gemeinsam mit → Myconius kämpfte er für die Selbständigkeit der Kirche gegen den Magistrat und für die Unabhängigkeit der Pfarrerschaft gegen die Universität. Im Auftrag Herzog Ulrichs führte er mit A. → Blarer die Reformation in → Württemberg und den Neuaufbau der Universität → Tübingen (1534) durch. Ferner war er an der Ersten Helvetischen Konfession (1536), den Verhandlungen über die → Wittenberger Konkordie und am Wormser Religionsgespräch 1540 beteiligt.

RE VII, 218f.

3. *Thomas* (1512–64), Neffe von 2, von diesem aus Vehringen nach Basel geholt und hier ausgebildet, wurde 1536 als Nachfolger → Sulzers Lehrer des Griechischen an der hohen Schule in → Bern. Im Berner Sakramentsstreit (→ Megander, → Rhellikan) schloß sich G. nur heimlich der luth. Richtung an. Der Umschwung im Herbst 1546 kostete ihn die Stelle. Er ging ans Pädagogium in Basel. Als Markgraf Karl von Baden mit Sulzers Hilfe die Reformation durchführte, wurde G. Schloßprediger und Sup. zu Röteln im Wiesental.

C.B.Hundeshagen, Die Conflikte des Zwinglianismus, Luthertums u. Calvinismus in der Bernischen Landeskirche von 1532–1558, 1842. *G.W.Locher*

Gryphius, *Andreas,* Dichter, * 2.10.1616 in Glogau als Sohn eines prot. Predigers, † 16.7.1664 ebd. Früh verwaist, fand er nach Zerstörung seiner Vaterstadt Zuflucht in Fraustadt, wo man seine poetische Begabung erkannte und er sich auf der Schulbühne auszeichnete. Auf dem akademischen Gymnasium in Danzig, sich durch Privatstunden ernährend, schrieb er neben lateinischer Poesie deutsche geistliche Lieder und Sonette. Als Hauslehrer fand G. in Georg von Schönborn einen anregenden Förderer und erhielt die Würde eines Poeta laureatus. Nach seines Gönners plötzlichem Tod begleitete G. seine Zöglinge auf die Universität Leiden (1638-44). Die Philosophie des christlichen Stoizismus (→ Salmasius) und die von ihr getragene Gedankenlyrik (Daniel Heinsius) sowie → Vondels Tragödien machten auf ihn Eindruck. Ein längerer Aufenthalt in Frankreich (1644) und Italien (1645) vervollständigten seine Kenntnis des europäischen → Barock. Nach der Rückkehr ließ er sich als Advokat in Fraustadt nieder und überarbeitete seine Lyrik und Dramen, die 1657 gesammelt erschienen (zwei Komödien: Peter Squentz, Horribilicribrifax; vier Tragödien: Leo Armenius, Catharina von Georgien, Carolus Stuardus, Cardenio und Celinde; drei Bücher Oden; vier Bücher Sonette; Epigramme [vermehrte Ausgabe 1663]). Die Tragödie »Papinian« erschien gesondert 1659. Nach seiner Heirat 1649 wurde G. 1650 Syndikus der Landstände des Fürstentums Glogau. Er starb mitten in einer Sitzung am Schlag. - G. ist der bedeutendste Dichter des deutschen → Barock (: II, 3. 6), hervorragend als Sonettist, gewichtig als Dramatiker. Bei großer Belesenheit in antiker wie zeitgenössischer Literatur, findet er überall seine eigene Form. Noch heute fühlt man echtes Leben darin pulsieren. Dunkel ist es gefärbt infolge selbsterlittener Not inmitten furchtbaren Kriegselends. Halt gibt allein festes Gottvertrauen. Die geängstete Seele ergreift trotz äußerster Schrecknisse energisch die ihr entgegengestreckte Gnadenhand. Daran sich klammernd, schwingt sie sich empor über das Irdische ins Reich des Wesenhaften, Ewigen. Das Erringen des Aufschwungs gibt seiner Dichtung die religiöse Substanz. Damit gelingt eine Sinndeutung von Leid, Not und Tod. Das Leben erscheint als steter Krieg, der ständig Entscheidungen verlangt. Der einzelne hat sich einzusetzen für die von Gott gesetzten Werte und Ordnungen, sich nach den christlichen Tugenden zu richten. Als wichtigste Lebensordnung erscheint der Staat mit dem Fürsten als Spitze, der von Gott beauftragt und ihm allein verantwortlich ist. Im Staat aber ist das Recht der oberste Wert, nach welchem alle sich richten müssen, auch der Fürst. Gottes aber ist Recht, Staat, Fürst und Untertan. Damit ist G. ganz aktuell. Denn Deutschlands Territorialstaaten wurden damals energisch auf- und ausgebaut mit Hilfe der Beamtenschaft, zu der ja der Syndikus G. selbst gehört. Seine Stücke wurden daher von den Gymnasien aufgeführt, die ihre Schüler für den Staatsdienst vorbereiten.

GA von H. Palm in: Bibliothek des Literarischen Vereins in Stuttgart, 3 Bde, 1878-84 - Einzelne Werke in den Hallischen Neudrucken, Dt. National-Lit. u. Dt. Lit. - Über G.: V. Manheimer, Die Lyrik des A.G., 1904 - W. Harring, A.G. u. das Drama der Jesuiten, 1907 - W. Flemming, A.G. u. die Bühne, 1921 - Ders., Einl.en in Bd I, IV u. VI der Deutschen Literatur, 1930/31/33, Reihe »Barockdrama« (D.L.) - W. Schieck, Studien zur Lebensauffassung des A.G., 1924 - F.W. Wentzlaff-Eggebert, A.G. Latein. u. dt. Jugenddichtungen, 1938 - L. Meier, Die Religiosität des A.G. (Diss. Göttingen), 1948.

W. Flemming

Gualther (Walter), *Rudolf* (1519-86), kam als Waise in die Klosterschule von Kappel. Ihr Vorsteher → Bullinger nahm ihn dann in Zürich in seine Familie auf. Nach einem Aufenthalt in England studierte G. in Basel, Straßburg, Lausanne und Marburg. Neben der Theologie trieb er Philologie und Mathematik. Lebenslang pflegte er die Poesie (meist biblische Stoffe, Bibelinhalt in Versen). 1541 nahm er an der Seite → Philipps von Hessen am Regensburger Religionsgespräch teil. Dann wurde er Katechist am Großmünster in Zürich und 1542 Leo → Juds Nachfolger zu St. Peter. G. heiratete → Zwinglis Tochter Regula, übersetzte eine Reihe von dessen deutschen Schriften ins Lateinische und bereitete eine erste Gesamtausgabe von Zwinglis Werken vor (1547). Auch als Bullingers Nachfolger im Amt eines Antistes (1575) vertrat G. altzwinglische Art. Zwar verwarf er den Religionskrieg und vertrat gelegentlich den Toleranz-, ja sogar den Paritätsgedanken, hielt aber am Staatskirchentum fest. Bekannt waren G.s formgewandte Predigten; darunter erregten seine fünf Homilien gegen den Papst als »Endchrist« (1546) den Einspruch der kath. Orte, wurden aber um so mehr in der ganzen ref. Welt verbreitet.

RE VII, 222ff - H. Kressner, Schweizer Ursprünge des anglikanischen Staatskirchentums (SVRG 170), 1953 (über G.s Einfluß auf die engl. Kirche).

O. E. Straßer

Guardini, *Romano*, * 17.2.1885 in Verona. Als Sohn eines ital. Konsuls wuchs er in Deutschland (Mainz) auf und machte es zu seiner Wahlheimat. G. studierte Chemie und Nationalökonomie in Tübingen und Berlin, wandte sich dann der Theologie zu. Nach kurzer Tätigkeit als Seelsorger 1922 PDoz. für kath. Dogmatik in Bonn, dann Prof. in → Breslau (: II, 3). Von 1923 bis zur Aufhebung seines Lehrstuhls Prof. für Religionsphilosophie und kath. Weltanschauung in Berlin, 1945 in Tübingen, seit 1948 in München. Der weitgeschätzte akademische Lehrer wurde 1952 Päpstlicher Hausprälat und mit dem Friedenspreis des deutschen Buchhandels ausgezeichnet. - G., einst eine führende Gestalt der kath. → Jugendbewegung (:III) und der liturgischen Bewegung der 20er Jahre, ist hervorragender Vertreter eines Kulturkatholizismus (→ Katholizismus: II). Sein breites Schrifttum umfaßt nicht nur philosophische und streng theologische (bes. liturgiekundliche) Arbeiten neben Betrachtungen und Erbauungsbüchern, sondern auch Studien zur Literatur und Geistesgeschichte, Aufsätze zur Pädagogik, zur Ethik, Bildungspolitik, Kulturkritik und eine Anzahl von Übersetzungen (zB Deutscher Psalter, 1950). G. ist als Essayist und Schriftsteller zugleich »Künstler«; ein breiter Sektor seines Schaffens gilt der Interpretation großer Werke des europäischen Geistes. - Als eigenständiger Denker betont G. die Personalität des Glaubens (»Existentialtheologie«) und ist um die Gewinnung einer neuen Anthropologie bemüht. Ursprünglich »universalistisch«, wurde er seiner Kirche oft unbequem, obwohl kein Mann des Kampfes. Er ist letztlich der an der Kirche Leidende, der im Blick auf die Tragik der Kirche und ihr Zerspaltensein das Wort von der »tristezza cosí perenne« gesprochen hat.

Vf. u.a.: Vom Geist der Liturgie, (Ecclesia Orans I, 1918) 1939[16]; Vom Sinn der Kirche, (1922) 1955[4]; Der Gegensatz. Versuche zu einer Philosophie des Lebendig-Konkreten, (1925) 1955[2]; Von hl. Zeichen, (1927) 1949[10]; Der Mensch u. der Glaube. Versuche über d. relig. Existenz in Dostojewskis großen Romanen, (1932) 1939[2] (1947[3] unter dem Titel: Relig. Gestalten in Dost. Werk); Christl. Bewußtsein. Versuche über Pascal, 1935; Der Engel in Dantes Göttl. Komödie, 1937 (Dante-Studien I); Der Herr. Betrachtungen über d. Person u. d. Leben Christi, (1937) 1949[5]; Hölderlin, Weltbild u. Frömmigkeit, 1939; Das Wesen d. Christentums, (1939) 1949[3]; Welt u. Person. Versuche z. christl. Lehre v. Menschen, (1939) 1940[2]; Zu R.M. Rilkes Deutung d. Daseins, (1941) 1948[3]; Das Ende d. Neuzeit, Basel 1950; Die Macht, 1951; Gegenwart u. Geheimnis. Eine Auslegung v. 5 Gedichten Ed. Mörikes, 1957; Landschaft der Ewigkeit, 1958 (Dante-Studien II). - Über G.: H. Getzeny, Auf dem Wege R.G.s (Hochland 21, 1923/24, 637-647) - RGG[2] II, 1523 - MdKI 3, 1952, 56.77 - V.v. Weizsäcker, Begegnungen u. Entscheidungen, 1949, 31ff - Th. Kampmann, Gelebter Glaube, 1957, 72ff.

G. Maron

Guayana

1. Kirchengeschichte - 2. Mission in G.

1. G., das nordöstliche Teilgebiet von Südamerika, am Atlantischen Ozean zwischen → Brasilien und → Vene-

zuela gelegen, ist nur an den Küstenstreifen stärker besiedelt. Nachdem Brasilien und Venezuela die beiden nur politisch zu ihnen gehörenden Teile G.s endgültig annektiert haben (1895 und 1899/1900), gibt es nur noch Britisch-, Niederländisch- (*Surinam*) und Französisch-G. (rd 451 000 qkm). Von der Gesamtbevölkerung (ca 600 000) sind 1,3% Europäer. Kreolen, Inder, Indonesier, Chinesen, Buschneger und Indianer (Amer, Tupi, Karaiben) bilden die eigentliche Bevölkerung. – 1499 wurde G. durch den Spanier Alonso de Hojeda und den Italiener Amerigo Vespucci entdeckt. 1581 gründeten die Holländer ihre erste Niederlassung, 1595 und 1626 folgten Engländer und Franzosen nach. – Die Religion der Eingeborenen kannte den → Weltenbaum (Wazaká), der alle guten Früchte trägt, die Regenbogenschlange, die Sintflut und die Heldentaten der mythischen Zwillingsbrüder Encekerang (oder Mukunaima) und Aniké (oder Zigé). Viele phantasievolle, noch heute lebendige Legenden und Fabeln erzählen von verzauberten Steinen, die zuvor Menschen, Tiere oder Pflanzen waren. – Verhältnismäßig spät (1653?) setzte die Christianisierung ein. Die kath. Kirche missionierte zunächst nur im Westen (spanische kath. Kirche) und Osten (portugiesische kath. Kirche) G.s; einigermaßen geordnete kirchliche Verhältnisse bildeten sich aber erst, als 1651 eine apostolische Präfektur in Französisch-G. errichtet wurde. Noch zZ der spanischen Herrschaft (1790) wurde das bis heute zur Kirchenprovinz Caracas gehörige Bistum G. (St.Thomas) errichtet. Auch im östlichen G. blieb die kath. Kirche als einzige christliche Kirche. In Britisch- und Niederländisch-G. dagegen bestanden zunächst nur ev. Kirchen (Church of England, Niederländische Ref. Kirche und Neuref. Kirche), bis 1837 das apostolische Vikariat Britisch-G. und 1852 das apostolische Vikariat Niederländisch-G. für die Weißen sowie auch für die Mission gegründet wurden. Das heutige 3teilige G. zählt rd 70 000 kath. Christen, dh $^1/_5$ der Gesamtbevölkerung. Die ev. Christen gehören hauptsächlich zur Church of England, zu den holländischen Ref. Kirchen, zur Methodisten-Kirche und zur Brüdergemeinde. Sowohl die kath. als auch die ev. Kirche haben eine rege Missionstätigkeit entwickelt (s. 2).

J.G.Spalburg, De ev. Broedergemeente in Suriname, Paramaribo 1911 – F.O.Dentz, De anglikaansche Kerk in Suriname (NAKG 13, 1917, 198-202) – Jaarboek van de Ev. Broedergemeente in Suriname, 1927/28 – Protestantenblatt voor die Kolonie Suriname – RGG² II, 1523f – R.Lehmann-Nitsche, Studien zur südamerik. Mythologie, 1939, 169ff – Latourette V. VII – EBrit X, 1947, 955ff – WChH – Karte der Religionen u. ev. Missionen der Erde, 1955.

M.Gutiérrez Marín

2. Die *Mission in G.* begann im 17.Jh. mit dem Wirken des Puritaners John Oxenbridge (1662-67) und des österreichischen Lutheraners J.v. → Welz (1666-68).

In *Britisch-G.* gingen i.J. 1738 Herrnhuter Missionare nach Berbice zu den Arowak-Indianern; die Station Pilgerhut erlebte unter Th.Schumann 1748-60 eine besondere Blüte, doch wurde das Werk durch »Freineger«, dh in den Urwald entflohene Sklaven, zerstört. – 1826 begannen britische Dominikaner und Jesuiten die röm.-kath. Mission, die 1837 zu einem Apostolischen Vikariat erhoben wurde. – 1831 wurde in Britisch-G. eine Anglikanische Diözese errichtet, unter der die Society for the Propagation of the Gospel planmäßig zu arbeiten begann. – Seit der zweiten Hälfte des 19.Jh.s senden britische, kanadische und amerikanische Gesellschaften Missionskräfte nach Britisch-G. – Zahlen (1952-57): Anglikaner 85 000; Freikirchen 36 000; prot. Gruppen 11 000; Lutheraner 8000; röm. Katholiken 66 000, insgesamt 215 000 = 45%. Die Nichtchristen setzen sich aus Hindus, Mohammedanern und Animisten zusammen.

In *Französisch-G.* begannen französische Kapuziner und Jesuiten 1643 Mission, seit 1651 unter einer Apostolischen Präfektur, die 1933 zum Vikariat erhoben wurde, mußten sie aber 1763 abbrechen. Seit 1816 stehen – mit Unterbrechungen – Väter vom Hl. Geist und Schwestern von St.Joseph von Cluny im Dienst. Unter Mère Javouhey blühte 1827-46 ein Siedlungs- und Erziehungswerk in Mana. – Die ev. Mission hat erst in neuer Zeit in bescheidenem Umfang in Französisch-G. begonnen. – Zahlen: röm. Katholiken 20 000; Protestanten 200-300. Nichtchristen: Animisten.

In *Surinam (*früher *Holländisch-G.)* besteht seit 1668 in Paramaribo eine ref. (Nederlands Hervormde) Kolonialgemeinde. Missionarischer Dienst ist von ihr nicht ausgegangen, wenn auch zB ihr Prediger Kals (1732-56) diesen Auftrag durchaus bejahte. Eine Siedlung von Labadisten (1678-1732) wollte auf ihren Plantagen das Zeugnis christlichen Lebens ausrichten. – Seit 1735 arbeitet die Herrnhuter Mission in Surinam. Ihr Dienst hat alle Bevölkerungsgruppen erreicht: die Indianer 1738-1808, die afrikanischen Sklaven sowie die Frei- und Buschneger seit 1765, die freie Kreolenbevölkerung seit 1863, die Hindostani seit 1901, die (javanischen) Indonesier seit 1909 und die Chinesen, planmäßig seit 1946. Seit 1735 sind mehr als 800 Kräfte in diese sehr opferreiche Arbeit (mehr als 230 Missionarsgräber!) ausgesandt worden, vornehmlich Deutsche, viele Dänen (→ Dänemark: III, 2b), seit 1946 fast ausschließlich Holländer. Die Arbeit umfaßt Schul- und Jugendwerk, diakonischen Dienst und ärztliche Mission im Urwald. – 1741 wurde die Errichtung einer luth. Gemeinde in Surinam genehmigt. – Nach kurzdauernden Ansätzen im 17. und 18.Jh. begann die röm.-kath. Mission endgültig 1825 ihr Werk; seit 1852 bildet Surinam ein Apostolisches Vikariat, seit 1958 ein eigenes Bistum. In allen Volksgruppen und Dienstzweigen sind Redemptoristen-Väter, Oblaten-Väter und -Brüder, Tilburger Brüder, Roosendaler und Oudenbos-Schwestern tätig. – Zahlen: »Broedergemeente« 46 000; Reformierte 9500; Lutheraner 5500; sonstige Protestanten 3000; röm. Katholiken 43 000; Christen insgesamt 107 000 = 45%. Die Nichtchristen setzen sich aus Mohammedanern, Hindus, Animisten und Konfuzianern zusammen.

Encycl. van Nederl. G., 's Gravenhage 1914 – K.Müller-A. Schulze, 200 Jahre Herrnhuter Mission, Herrnhut 1931 – H.G. Steinberg, Ons Suriname, 's Gravenhage 1933 – Kath. Encycl., Amsterdam 1953 – Encycl. Britannica, London 1955 – J.M.van der Linde, Het Visioen van Herrnhut en het Apostolaat der Moravische Broeders in Suriname, Paramaribo 1956 (Lit.) – WChH, London 1957.

H.G.Steinberg

Günther, 1. *Anton,* österreichischer Weltpriester und Philosoph (1783-1863), * Lindenau b. Leitmeritz, † Wien. G. studierte zunächst in Prag Philosophie und Rechtswissenschaft. Seit 1810 in Wien, kam er durch enge Berührung mit dem Kreis um → Hofbauer zur Theologie, wurde 1820 Priester und war kurze Zeit Novize in der SJ. Seine Hoffnung auf eine Professur in Wien (andere Berufungen hatte er abgelehnt) wurde zerstört; als Bücherzensor lebte er von 1828-48 vor allem seinen philosophischen Studien. Heftige Anfeindungen brachten seit 1851 Schwierigkeiten mit der → Index-Kongregation, die trotz Fürsprache hoher Gönner zur Indizierung seiner Werke und zur Verwerfung seiner Lehre durch Pius IX. führten (Breve »Eximiam tuam« vom 15.6.1857, Denz. 1655ff). Resigniert unterwarf sich G. dem päpstlichen Spruch. – G. gehört wie G. → Hermes zu den kath. Theologen des 19.Jh.s, die, mit dem Ziel der Überwindung der geistigen Strömungen ihrer Zeit, um eine Neuformulierung und Neubegründung der kirchlichen Lehre bemüht waren. Beeinflußt von → Herder,

→ Kant, → Fichte und → Schelling, in vielem an → Descartes erinnernd, betrachtete er die Philosophie als »die ideale Probe über das reale Fazit der Theologie« und schrieb der Vernunft die Kraft zu, von sich aus die Geheimnisse des Glaubens zu erfassen. Sein ganz kirchliches Bestreben, das kath. Dogma als Endergebnis des Denkens zu gewinnen, bewahrte ihn nicht vor der Verurteilung als »Semirationalist«. Hauptgegner des rein spekulativ arbeitenden Theologen waren die Anhänger der durch → Gregor XVI. und die Jesuiten geförderten → Neuscholastik, in Deutschland bes. J.Clemens, H.Denzinger und J. → Kleutgen. G. hatte jedoch eine bedeutende und weit verbreitete theologische Schule, und sein lockerer, an Jean Paul erinnernder Stil zog viele Leser an. Zu seinen Anhängern zählen der kath. Philosophiehistoriker K.Werner und die späteren Altkatholiken P. → Knoodt, J.B.Baltzer, Th. → Weber und J.H. → Reinkens.

Vf. u.a.: Vorschule z. spekulat. Theol., (1828/29) 1846/48²; Peregrins Gastmahl, 1830; Süd- u. Nordlichter am Horizont spekulativer Theol., 1832; Der letzte Symboliker, 1835 (→ Möhler); Die Juste-Milieus in d. dt. Philos. gegenwärt. Zeit, 1838; Eurystheus u. Herakles, 1843; Philos. Jb. »Lydia«, hg. 1849-54; Ges. Schriften, 9 Bde, 1882; Anti-Savarese, hg.v. P.Knoodt, 1883. - Über G.: E.v.Lasaulx, Zu G. u. Antigüntherianerlit., 1855 - ADB X, 146ff - P.Knoodt, A.G., 2 Bde, 1881 - DThC VI, 1992f - E.Winter, Die Wiener theol. Schule A.G.s in seinen u. F.Egerers Briefen an K.Werner (Jb. d. österr. Leo-Ges. 6, 1929, 243 ff) - Ders., Die geistige Entwicklung A.G.s u. seiner Schule, 1931 - LThK IV, 748f - L.Orban, Theologia Güntheriana et Concilium Vaticanum I. II, Rom 1943/50 - EC VI, 1307ff (Lit.) - Ü IV, 259 ff. 699 f (Lit.) - A.Dempf, Weltordnung u. Heilsgesch., 1958, 109 ff. *G.Maron*

2. *Johann Christian*, * 8.4.1695 zu Striegau/Schlesien als Sohn eines Landarztes, † 15.3.1723, beginnt 1715 nach dem Besuch des neuen ev. Gymnasiums in Schweidnitz das Studium der Medizin in Frankfurt a.O., geht nach Wittenberg und Leipzig (1717/19), bewirbt sich vergeblich um die Stelle des Hofpoeten in Dresden. Alle Bemühungen opferbereiter Frauen und Freunde, dem gescheiterten Studenten und genialen Dichter eine bürgerliche Existenz zu schaffen, schlagen ebenso fehl wie seine wiederholten Versuche, den Vater zu versöhnen. Verstoßen, krank und elend endet er frühzeitig sein haltloses Leben in Jena, wo ein schlesischer Edelmann sich seiner angenommen hatte. - Bereits ein Jahr nach seinem Tod erschien die erste Sammlung seiner »Deutschen und Lateinischen Gedichte« (bis 1764 sechsmal aufgelegt), enthaltend Schäfer- und Liebesgedichte, Studentenlieder und geistliche Lieder. Die Entfaltung nationaler Lyrik (Ode auf den Frieden von Passarowitz, 1718) wurde durch die Verständnislosigkeit der Zeitgenossen behindert. G. ist ein später Nachfahr und zugleich der Überwinder der sog. Zweiten schlesischen Dichterschule und ihres barocken und gelehrten Schwulstes. Sein »literarischer Ausgangspunkt ist das Kirchenlied des Marinismus« (Newald), aber er erfüllt die alten Formen mit neuen Erlebnisinhalten. In seinen besten Gedichten verbinden sich religiöse Inbrunst, elementare Leidenschaft und ein aus barocker Fülle und volkstümlicher Schlichtheit gespeister Sprachsinn zu einem Gefühlsausdruck, wie er in der deutschen Lyrik vor Goethe einzigartig ist.

Werke hg.v. W.Krämer, 6 Bde, 1930-37. - Über G.: F.Mayer, Das Gotteserlebnis G.s (Diss. Frankfurt), 1933 - W.Krämer, Das Leben des schles. Dichters J.Chr.G., 1950 - E.Majewski, Schicksalsgefühl u. Schuldgefühl bei J.Chr.G. (Diss. Innsbruck), 1950 (Masch.) - W.Dreyer, Wandlungen in Lebensgefühl und Sprachgestaltung J.Chr.G.s (Diss. Frankfurt), 1951 (Masch.) - R.Newald, Vom Späthumanismus zur Empfindsamkeit (1570-1759), 1951. *M.Greiner*

Guéranger, *Prosper Louis Pascal* OSB (1805-75), * Sablé sur Sarthe, † Solesmes, hervorragende Gestalt des franz. »Neu- → Ultramontanismus«. G. kaufte 1833 das alte Benediktinerstift → Solesmes und begann hier mit klösterlichem Leben. Von → Gregor XVI. 1837 zum Generalabt einer neu zu errichtenden franz. Benediktinerkongregation ernannt, gründete er weitere Niederlassungen in Ligugé (1853) und Marseille (1865). Als Erforscher der Gregorianik (→ Gregorianischer Gesang: I) wurde G. der Begründer einer → liturgischen Bewegung, die bis nach Spanien und Deutschland ausstrahlte. Seine liturgischen Bestrebungen hatten auch kirchenpolitische Ziele. Im Streit gegen → Jansenismus, → Gallikanismus und → Liberalismus, bei der Dogmatisierung der Immaculata Conceptio 1854 (→ Mariologie) sowie auf dem → Vatikanum war er eine Stütze des Papsttums.

Vf. u.a.: Institutions liturgiques, 3 Bde, Paris 1840-51; L'Année liturgique, 9 Bde, ebd 1841-66 (dt. 1875-80 u.ö.); Mémoire sur la question de l'Immaculée conception, ebd 1850; De la monarchie pontificale..., ebd 1870 (dt.: Die höchste Lehrgewalt des Papstes, 1870). - Über G.: Dom G., abbé de Solesmes, par un Moine Bénédictin de la Congregation de France (= P.Delatte), 2 Bde, Paris 1909/10 - N.Rousseau, L'école grégorienne de Solesmes 1833-1910, ebd 1910 - E.Sevrin, Dom G., ebd 1933 - DThC VI, 1894ff - LThK IV, 732f - M.Blanc, L'enseignement musical de Solesmes et la prière chrétienne, Paris 1952 - EC VI, 1226f. *G.Maron*

Guericke, *Heinrich Ernst Ferdinand* (1803-78), luth. Theologe, * in Wettin, 1829 ao. Prof. in Halle. G. verließ die unierte Kirche (»pures Fürstenwerk«) und schloß sich den Altlutheranern (→ Luthertum: III) an, um »den göttlichen Bau« der ev.-luth. Kirche nicht mit zu »zerstören«; denn die »verderbliche rationalistische« ref. Abendmahlslehre schließe den Segen des Sakraments aus. Seit 1834 amtierte G. einige Jahre als Pfarrer in der von → Scheibel gegründeten Altluth. Gemeinde in Halle, wurde als Prof. 1834 abgesetzt, 1840 jedoch wieder eingesetzt. Als Gegner des Absolutismus bekannte er sich 1848 zur Revolution. Trotz seiner »stachlichten« Polemik wurde er auch von den Gegnern geachtet.

Vf. u.a.: Hdb. der KG, (1833) 1866⁹; Theol. Bedenken (hg. mit J.G.Scheibel), 1834; Allg. christl. Symbolik, (1839) 1861³; Ev. Zeugnisse. Predigten, 1839; Histor.-krit. EinlNT, (1843) 1867³; Lehrbuch der christl.-kirchl. Archäologie, (1847) 1859². Hg.: ZLThK 1840ff (mit A.G. → Rudelbach u. Fr. → Delitzsch). - Über G.: AELKZ 11, 1878, 207-210 - RE VII, 225ff - ADB X, 91ff. *G.Sprengler*

Gürtel, *kirchliche*. Im Gebrauch der kath. Kirche befinden sich liturgische und außerliturgische G. Den liturgischen G. stellt das cingulum der Meßkleidung dar, das die Albe, das linnene lange Gewand, zu schürzen hat. Es wird als Sinnbild der Enthaltsamkeit gedeutet und erhält vor Ingebrauchnahme eine konstitutive Benediktion. Zu den außerliturgischen G.n, ebenfalls cingulum genannt, rechnet man die Priesterschärpe, die über dem Talar (Reverende, Soutane) getragen wird. Ihre Farbe richtet sich nach der Farbe des Talars, entsprechend der hierarchischen Stellung des Trägers (schwarz, violett, rot, weiß). Ebenso gehört dazu der Strick, der Gurt oder das Band der → Ordenstrachten. - Als Mittel zur Bekämpfung der sinnlichen Triebe dienten die mittelalterlichen Buß-G., die, ursprünglich aus cilicischem Ziegenhaar gefertigt (daher cilicium), aus dem härenen Büßerhemd entstanden sind. Oft waren diese dann aus Draht geflochten, mit Stacheln besetzt und wurden auf dem bloßen Körper getragen (G.bruderschaften, s. LThK IV, 753f). Als verkleinertes Ordensgewand tragen die Mitglieder des Dritten Ordens, bes. der Franziskaner, ein kleines → Skapulier.

RE IV, 116 - J.Braun SJ, Die liturg. Paramente in Gegenwart u. Vergangenheit, 1924. *F.Schmidt-Clausing*

Gürtler, *Nikolaus* (1654-1711), ref. Theologe und Philologe, * in Basel, wo er Artes und Theologie studierte und (nach einer Reise nach Genf und Saumur) PDoz. wurde. 1685 Prof. der Philologie und Rhetorik in Herborn, 1686 in Heidelberg zum D. theol. promoviert, 1687 Prof. der Theologie in Hanau, 1696 in Bremen, 1699 Deventer, 1707 Franeker. G. war als Theologe (Systema Theologiae propheticae, Amsterdam 1702; bei den Anhängern des → Coccejus sehr beliebt) und als Philologe (Lexicon manuale linguarum, Lat., Graec., Germ., Gall., Basel [1682] 1769[6]) einer der gelehrtesten Männer seiner Zeit.

BWGN III, 408f (vollst. Bibliogr.).

J.N.Bakhuizen van den Brink

Güterethik setzt die Besinnung auf das Ziel des sittlichen Handelns voraus. Sie umfaßt also die Lehre von einem zu erreichenden Gut, sei es das des persönlichen Glückes, der allgemeinen Wohlfahrt oder, mehr transzendent, eines → höchsten Gutes. In dieser Ausrichtung will die G. eine Ergänzung zur → Gesinnungsethik sein, die sich bei der Frage nach der Qualität des Guten um die Übereinstimmung des Handelnden mit seinem → Gewissen bemüht. Vertritt diese Form der Ethik den subjektiven Pol sittlicher Problematik, so visiert jene den objektiven, gegenständlichen in der dynamischen Schwingungsbreite zwischen Sein und Akt. Die Geschichte der → Ethik weist eine Pendelbewegung zwischen G. und Gesinnungsethik auf: während bei → Sokrates das Schwergewicht nach innen verlegt wird, schaut → Plato im reformierenden Bemühen die Idealität eines höchsten Gutes und ringt → Aristoteles um konkrete Zielsetzungen in Gemeinschaft und Staat. - Während die → Eschatologie (: II) des AT ein irdisches Friedensreich anvisiert, lebt die nt. Botschaft im Wissen um endzeitliches Geschehen eher nach innen gerichtet, ohne freilich die Beziehung zur Erde zu ignorieren (→ Bergpredigt, Paraklesen). Von → Augustin geht eine ausgesprochene G. über → Thomas von Aquino in die kath. Theologie hinein, in möglichst ausgeglichener Berücksichtigung beider Pole, eine vermeintliche Harmonie, die in der reformatorischen Sicht der beiden → Regimente aufgelöst wird. Seither entfaltet sich in der theologischen Ethik immer ausgeprägter die Frage nach den weltlichen Ordnungen, zunächst eher auf die Formen der Gemeinschaft (→ Ehe, → Familie, → Beruf, → Staat) konzentriert (→ Luther, → Schleiermacher), dann immer mehr sich auf die objektiven Kulturgüter (zB Wissenschaft, Kunst, Wirtschaft) ausdehnend (→ Rothe, Troeltsch, Thielicke). Weil im Evangelium die Beziehung auf die Welt mitgegeben ist, ist das Anliegen einer G. in der konkreten Verwirklichung der Gebote Gottes in der jeweiligen kulturell-geschichtlichen Situation eine der Hauptfragen theologischer Ethik.

E.Troeltsch, Grundprobleme der Ethik (Ges. Schr. II, [1913] 1922[2], 552-672) - M.Scheler, Der Formalismus in der Ethik u. die materiale Wertethik, (1913/16) 1954[4] - H.-D.Wendland, Die Kirche in der modernen Gesellschaft, 1956.

H.van Oyen

Gützlaff, *Karl A. F.* (8.7.1803 bis 9.8.1851), wurde in J. → Jänickes Missionsschule ausgebildet und 1826 von der Holländischen Missionsgesellschaft nach Java ausgesandt, wo sein Interesse für China erwachte. Bald trennte er sich von der Gesellschaft. Als → Freimissionar heuerte G. 1831 auf einer chinesischen Dschunke an, erhielt auf drei Reisen längs der Küste (1831-33), dann auch als Dolmetscher der Britisch-Ostindischen Kompanie Zutritt zu dem verschlossenen China. Für seine Arbeit erweckte G. starkes Interesse in Europa. Erste Erfolge im Inland wurden durch Edikte gegen G. und den Opiumkrieg bedroht; oft erwiesen sich auch die vielen chinesischen Mitarbeiter als unzuverlässig. Auf sie richtete er später sein Hauptinteresse: sog. Chinesischer Verein mit (1847) ca 300 Predigern. Hilfe gewann G. u.a. durch R.Lechler und T.Hamberg, die jedoch seine eilige Arbeit aufgaben. Auf seiner einzigen Heimatreise (1849-50), die zu einer Triumphfahrt durch Europa wurde und neue Mittel und Mitarbeiter einbrachte, aber auch Kritik an seiner oberflächlichen Arbeit hervorrief, konnte G. berichten, daß seine Evangelisten in 12 von 18 Provinzen zu predigen begonnen hätten. - In G.s Arbeit trat der Berliner Hilfsverein ein, dem 1873 die → Rheinische Missionsgesellschaft, 1882 die → Berliner Missionsgesellschaft folgten. Hudson → Taylor, der G. als den Vater der → China-Inland-Mission bezeichnete, verwirklichte viele seiner Pläne.

H.Schlyter, K.G. als Missionar in China, Lund 1946 (Bibliogr., Lit.).

H.Schlyter

Guibert *von Nogent,* * 1053 bei Beauvais aus reicher Rittersippe, wurde nach klassisch-poetischen Versuchen als Mönch durch → Anselm von Canterbury auf Gregor d.Gr. verwiesen. In dessen Tradition schrieb er einen moralisch-allegorischen, dem Predigtstil nahen Genesiskommentar und Apologien gegen → Berengar von Tours und die Juden, pries Maria, die Jungfräulichkeit und empfahl kritisch innere Frömmigkeit statt Reliquienkult. Seit 1104 Abt von Nogent-sous-Coucy, deutete er 1108/12 mit nationalem Pathos die → Kreuzzüge als neue Epoche der Heilsgeschichte und beschrieb sie exakt (Gesta Dei per Francos). Die Autobiographie, halb Konfession, halb Memoiren, stellte um 1115 dies Leben eines ritterlichen Mönchsliteraten anschaulich in die Geschichte seines Bistums Laon und seines Klosters Nogent, wo er um 1124 starb.

Opera, hg. J.L.d'Achéry, 1651; MPL 156; Gesta Dei per Francos, Recueil des hist. des croisades, Hist. occ. IV, 1879; De vita sua, hg.v. G.Bourgin, 1907. - Über G.: G.Misch, Die Autobiogr. des G.v.N. (DVfLG 3, 1925, 566-614) - Manitius III, 416ff - L.Boehm, Studien z. Geschichtsschreibung d. 1. Kreuzzugs: G.v.N. (Diss. München), 1954 (Masch.).

A.Borst

Guicciardini, *Francesco* (1483-1540), politischer Denker und Historiker der → Renaissance, * in Florenz, 1511 Gesandter in Spanien, 1516 Gouverneur von Modena, 1517 von Reggio, 1523 Präsident der Romagna, 1526 außenpolitischer Berater Clemens VII., 1527 Generalkommissar im Heer der Liga gegen → Karl V. Im Unterschied zum »Demokraten« → Machiavelli repräsentiert G. die oligarchische Oberschicht von Florenz. Bedrängt durch die außen- und innenpolitische Krise setzt G. sich immer wieder eindringlich mit der Lage → Italiens, den Verfassungsfragen, dem Wesen der Politik und der eigenen Stellungnahme auseinander. Er hofft der »Tyrannis« der Medici wie der Volksherrschaft durch einen Senat zu entgehen, der der Oberschicht weitgehende Entscheidungsbefugnisse überläßt. Nach dem Scheitern der letzten Republik (1527-30) tritt der autoritäre Zug stärker hervor; die Idee des Governo libero bleibt aber bis zuletzt. Die »Geschichte Italiens« (seit 1494) ist durch scharfe politische Analysen und unparteiische Urteile ausgezeichnet. G.s Bild des Menschen ist wesentlich pessimistisch; die Politik erscheint als Bereich menschlicher Schwäche, des Ehrgeizes, der Macht und der »fortuna«. Glaubensfragen treten bei G. ganz zurück; ein zeitgemäßer Antiklerikalismus verbindet sich mit einem gewissen Interesse für → Savonarola (»Estratti savonaroliani«).

Hauptwerke heute in den »Scrittori d'Italia«, Bari: Storia d'Italia, 5 Bde, 1929; Storie fiorentine, 1931; Dialogo e Discorsi del reggimento di Firenze, 1932; Scritti politici e ricordi, 1933: Scritti autobiografici e rari, 1936. - Krit. Ausg. der »Ricordi« v. R.Spongano, Florenz 1951. - Über G.: M.Barkhausen, F.G.s polit. Theorien in seinen Opere inedite, 1908 - A.OTETEA, F.G., sa vie politique et sa pensée politique, 1926 - V.DECAPRARIIS, G., dalla politica alla storia, 1950 - R.v.ALBERTINI, Das florent. Staatsbewußtsein im Übergang von der Republik zum Prinzipat, 1955. *R.v.Albertini*

Guido *von Arezzo* (1. Hälfte des 11.Jh.s), wurde in der Benediktiner-Abtei Pomposa bei Ferrara ausgebildet und wirkte in Arezzo unter Bischof Theobald, der, wie auch Papst Johannes XIX., G.s Neuerungen unterstützte. Sie betrafen 1. die Notenschrift: Linien im Terzabstand, verbunden mit Schlüsseln (claves c und f), was eine eindeutige Festlegung der Tonhöhen und der Halbtonlage ermöglichte; 2. die → Solmisation: Verwendung der Silben ut re mi fa sol la für die 6 Töne der Dur-Reihe (Hexachord). Notenschrift, Hexachord, aber auch die von G. ebenfalls behandelte Mehrstimmigkeit (→ Organum) bilden ein untrennbares Ganze. Sie setzen die → Musica Enchiriadis, den für die abendländische Musik grundlegenden Traktat der Karolingischen Zeit, voraus.

Hauptwerke: Micrologus de musica; Regulae de ignoto cantu; Epistola ad Michaelem. - Ausg.: M.GERBERT, Scriptores ecclesiast. de musica sacra II, 1784, 2ff - J.SMITS v.WAESBERGHE, Micrologus (Corpus scriptorum de musica 4), Rom 1955; dass. mit dt. Übers. v. M. HERMESDORFF, Trier 1876. - Über G.: J.SMITS VAN WAESBERGHE, De musico-paedagogico et theoretico Guidone Aretino eiusque vita et moribus, Florenz 1953 - H.OESCH, G.v.A. (Diss. Bern), 1954 - E. WAELTNER, Das Organum bis zur Mitte des 11.Jh.s (Diss. Heidelberg), 1955 - THR.GEORGIADES, Sprache, Musik, schriftl. Musikdarstellung (AfMw 14, 1957, 223-229). *Thr.Georgiades*

Guitmund *von Aversa* († vor 1095), in seiner normannischen Heimat Schüler → Lanfranks und Mönch in La Croix-Saint-Leufroy, spätestens 1077 in Italien, 1088 Bischof von Aversa, schrieb u.a. eine Widerlegung → Berengars, die einen wichtigen Fortschritt in der Wandlungslehre (→ Abendmahl: II, 2a) bedeutet: De corporis et sanguinis Domini veritate in eucharistia (1073/78).

MPL 149, 1425ff. - Über G.: RE VII, 233ff; XX, 61ff - DThC VI, 1989ff - MANITIUS II, 117ff - J.GEISELMANN, Die Eucharistielehre der Vorscholastik (FChLDG XV, 1-3), 1926, 375ff - LThK IV, 742 - P. SHAUGHNESSY, The eucharistic doctrine of G. of A. (Theol. Diss. Rom [Anselmiana]), 1939 - EC VI, 1302f (Lit.). *M.A.Schmidt*

Guizot, *François Pierre Guillaume* (1787-1874), einflußreicher franz. Schriftsteller und Staatsmann aus prot. Familie, * in Nîmes; der Vater endete auf dem Schafott, die Mutter floh nach Genf, wo G. klassische Studien betrieb. 1805 ging er als Rechtsstudent nach Paris. Die schweren Erfahrungen der folgenden Jahre (zweimal starb ihm die Gattin nach kurzer Ehe) gaben seinem Denken einen düsteren und streng dogmatischen Anstrich. 1812 wurde G. als ao. Prof. für neuere Geschichte an die Sorbonne berufen; durch die Julirevolution 1830 büßte er den Lehrstuhl endgültig ein. Seine politische Karriere hatte aber schon begonnen. Unter der Restauration war er Generalsekretär des Innenministeriums gewesen (Pressegesetz 1814). Zweimal zum Staatsrat ernannt, wurde er 1830 in die Kammer gewählt und übernahm das Innenministerium; Louis-Philippe war für G. der ideale Regierungschef. Als Unterrichtsminister im Kabinett Broglie gründete er 1832 die Académie des Sciences morales et politiques; auch das Primarschulgesetz von 1833 ist sein Werk. 1836 Mitglied der Académie Française. 1839 übernahm er die Botschaft in London, 1840 das Außenministerium. Seine aktive politische Laufbahn endete mit der Revolution 1848; zwei Jahre verbrachte er im Exil in England. - Auch innerhalb des franz. Protestantismus spielte G. eine bedeutende Rolle. Er war Mitbegründer der Bibelgesellschaft (1826), der Société pour l'encouragement de l'instruction primaire parmi les protestants de France (1833), der Société de l'Histoire du Protestantisme Français (1857). Auf der Nationalsynode der Ref. Kirchen 1872 machte er sich zum Anwalt der äußersten orthodoxen Rechten. Jedoch hegte er unter dem Einfluß religionsphilosophischer Gedanken und realpolitischer Überlegungen lebhafte Sympathie für den Katholizismus und erstrebte sogar einen Zusammenschluß des liberalen kath. Flügels mit der prot. Rechten, was freilich aussichtslos blieb.

Vf. u.a.: Nouveau Dictionnaire des synonymes français, 1809; Du gouvernement représentatif et de l'état actuel de la France, 1816; Essais sur l'histoire de France, 1823; Histoire de la Révolution d'Angleterre, 2 Bde, 1827/28; Histoire de la Civilisation depuis l'établissement du christianisme, 5 Bde, 1827-30; De la démocratie en France, 1849; Méditations et études morales, 1852; Mémoires pour servir à l'histoire de mon temps, 9 Bde, 1858-68; L'Eglise et la société chrétienne, 1861. - Über G.: H.CASTILLE, M.G., 1857 - E.COQUEREL, M. G. et l'orthodoxie protestante, 1864 - T.DELORD, La papauté de M.G., 1865 - E.WEISSER, G. considéré principalement comme historien, 1876 - F.LICHTENBERGER, Encycl. des Sciences relig. VI, 1879, 17ff - Mme DE WITT-GUIZOT, M.G. dans sa famille et avec ses amis, (o.J.) 1880³ - DIES., Lettres de M.G. à sa famille et à ses amis, 1884 - DIES., Les dernières années de retraite de M.G., 1902 - D.NISARD, Aegri somnia, pensées et caractères, 1889 - M.A.BARDOUX, G., 1894 - RE VII, 236ff - CH.-H.POUTHAS, Essai critique sur les sources et la bibliogr. de G. pendant la Restauration, 1923 - DERS., G. pendant la Restauration, 1923 - DERS., La jeunesse de G., 1936 - R.KEISER, G. als Historiker, 1925 - J.DECROZALS, G., o.J. - E.P.BRUSCH, G. in the Early Years of the Orleanist Monarchy, 1929. *R.Voeltzel*

Gummerus, *Jaakko* (1870-1933), ev. Theologe, * in Sääminki, Finnland. 1900 Prof. für Kirchengeschichte in → Helsinki-Helsingfors, 1920 Bischof von Porvoo-Borgå (der Bischofssitz 1923 nach Tampere verlegt). G. war von A. → Hauck und Fr. → Loofs beeinflußt. Er trat aktiv für die Beteiligung Finnlands an der ökumenischen Arbeit ein und leitete kurz vor seinem Tode die erfolgreichen Verhandlungen über die → Abendmahlsgemeinschaft mit der → Anglikanischen Kirche. Er war Gründer der organisierten christlich-sozialen Settlementarbeit in Finnland.

Vf. u.a.: Beitr. z. Gesch. des Buß- u. Beichtwesens in d. schwed. Kirche des MA I, 1900; Die Homöusianische Partei bis zum Tode des Konstantius, 1900; Michael Agricola, der Reformator Finnlands, (1903) 1908² (finn.; dt. 1941); Johannes Goßner, 1931; postum: Mikael Agricolan rukouskirja, 3 Bde, 1941-55. - Über G.: NTU I, 1190. *H.Nyman*

Gundissalinus, Dominicus → Dominicus Gundissalinus.

Gunkel, *Hermann,* Alttestamentler, * 23.5.1862 in Springe, † 11.3.1932 in Halle, begann als Dozent für NT in Göttingen (1888), lehrte AT in Halle (1889-93) und als ao. Prof. in Berlin (1894-1907) sowie als o. Prof. in Gießen (bis 1920) und Halle (bis 1927). G. brach einer at. Literaturgeschichte die Bahn in der präzisen Erfassung der → Formen und Gattungen (: I) und deren »Sitz im Leben« - im Gegenüber und in Ergänzung zu den Arbeiten der → Literarkritischen Schule. Die auch die nt. Arbeit befruchtende Methode entfaltete G. vornehmlich an der Genesis und den Psalmen. Nach der »Vorgeschichte« der Einzelüberlieferungen fragend, erhellte G. → Sagen und Legenden (: II), Mythen (→ Mythos: III) und - nicht unbeeinflußt von W. → Wundt - → Märchen (: II), wobei er in Opposition zum → Panbabylonismus Stoffe aus aller Welt heranzog. In einer über das Ästhetische hinausgehenden Orientierung an den religiösen Phänomenen wollte G. seine führende Stellung in der → Religionsgeschichtlichen Schule verstanden wissen. Neue Wege wies er dem Verständnis altjüdischer und christlicher → Apokalyptik (: II. III). An der 1. und 2. Auflage der RGG hatte G. maßgebenden Anteil; mit W. → Bousset begründete er die Reihe der »Forschungen zur Religion und Literatur des AT und NT«. Die Anregungen G.s für weitere Bereiche at. Forschung, des Kultus, der Prophetie und des Rechtes sind bes. in Deutschland fruchtbar geworden (→ Alt, → Begrich, → Noth, v. → Rad). - Vgl. → Bibelkritik: I, 3, → Bibelwissenschaft: I, 2a. b; II, 5.

Bibliogr. (bis 1922) in: Eucharisterion, Festg. f. H.G. (FRLANT NF 19, 2), 1923, 214-225. Hauptwerke: Schöpfung u. Chaos in Urzeit u. Endzeit, (1895) 1921²; Genesis (HK I, 1), (1901) 1922⁵; Die israelit. Lit. (in: Die Kultur der Gegenwart I, 7, [1906] 1925, 53-112); Reden u. Aufsätze, 1913; Die Propheten, 1917; Die Psalmen (HK II, 2), 1926; Einl. in die Psalmen (HK ErgBd), 1928/33 (zu Ende geführt von J. BEGRICH). - Über G.: H. SCHMIDT, In memoriam H.G. (ThBl 11, 1932, 97-103) - H.-J. KRAUS, Gesch. der hist.-krit. Erforschung des AT, 1956, 309ff. *K. Galling*

Gunning, *Johannes Hermanus* (1829-1905), 1854-82 Pfarrer der holländischen Kirche, 1861 in Den Haag. Seit 1882 Prof. für Dogmatik in Amsterdam, seit 1889 für Religionsphilosophie und Ethik in Leiden. G. war ein tiefsinniger, ursprünglicher Denker, aufgeschlossen für Literatur und Kunst, und beschäftigte sich sein Leben lang bes. mit → Spinoza. Bei ihm begegnen auch mystische und theosophische Einflüsse (→ Baader). G. fand in persönlicher Bekehrung seinen Standort in dem »Glauben der Gemeinde«, dh in dem auferstandenen, lebendigen Herrn, in dem der ursprüngliche, natürliche Mensch erschienen sei. Die Wahrheit ist ethisch: sie ist göttliche, willensmäßige, historische Wirklichkeit, welche nur mit dem Herzen und dem ganzen menschlichen Sein angeeignet werden kann. Von daher bekämpfte er den Intellektualismus sowohl der Orthodoxie wie des Modernismus. Der Modernismus sei Profanisierung des Geheimnisses, soll aber nicht durch Lehrzucht, sondern durch die Macht des wahren Lebens ausgetrieben werden. Mit diesen Gedanken ist G. einer der Väter der »Ethischen Richtung« (→ Niederlande: II) geworden. Am Ende seines Lebens trat er zusammen mit → Hoedemaker für rechtliche Reorganisation der Kiche ein.

Vf. zahlreiche größere u. kleinere Schriften. Bibliogr. in: J.H. GUNNING JR. u.a., Leven en werken van Prof. Dr. J.H.G., 6 Tle, 1923 bis 1925. - Über G.: RE XXIII, 607ff - J.H. SEMMELINK, Prof. Dr. J.H.G., zijn ontwikkelingsgang en zijne beginselen, 1926 - K.H. MISKOTTE, J.H.G., 1929. *A.A. van Ruler*

Gurk, kath. Bistum, Suffragan von → Salzburg, 1070 begründet von Erzbischof Gebhard von Salzburg anstelle des früheren Kärntner Chorbistums und aus Gütern des von der 1938 kanonisierten Gräfin Hemma von Friesach-Zeltschach 1043 begründeten Frauenklosters St. Maria in G. 1070 von Papst → Alexander II. und 1072 von Kaiser → Heinrich IV. bestätigt, werden die Diözesangrenzen erst 1131 festgelegt. Erster Bischof war Gunther von Krappfeld (1072-90). 1123 wird ein Domkapitel von Augustiner-Chorherren errichtet und 1162 der Bischof in den Reichsfürstenstand erhoben. Der nach 1140 erbaute Dom ist eine dreischiffige, romanische Pfeilerbasilika mit Krypta und berühmten Fresken aus dem 13./14. Jh. Der Bischofssitz wurde von Kaiser → Joseph II. 1786 nach Klagenfurt verlegt und 1859 die Diözese auf ganz Kärnten ausgedehnt. Kathedrale ist heute die 1591 erbaute ehemalige Trinitatiskirche der ev. Stände in Klagenfurt.

A. v. JAKSCH, Die G.er Geschichtsquellen 864-1269 (Monumenta historica ducatus Carinthiae I. II), Klagenfurt 1896/98 - A. BRACKMANN, Germania pontificia I, 1911 - K. GINHART-B. GRIMSCHITZ, Der Dom zu G., Wien 1930 - ALOIS MAIER, KG v. Kärnten, 3 Bde, Klagenfurt 1951-56. *H. Zimmermann*

Gustav Adolf (1594-1632), seit 1611 König von → Schweden. Sein Vater Karl IX. hatte ihm ein schweres außenpolitisches Erbe hinterlassen: die noch schwebende Auseinandersetzung mit Dänemark wegen Schonen, den fortgesetzten Grenzstreit mit Rußland in Finnland und die Abwehr der legitimen Ansprüche der polnisch-kath. Wasa-Linie auf den schwedischen Thron. G.A.s sorgfältige Erziehung durch Schröder (Skytte) wurde von der schwedischen Staatskirche im luth. Sinne beeinflußt; gleichwohl hat G.A. unmittelbar nach seinem Regierungsantritt - vergeblich - versucht, das calvinistische Bekenntnis als gleichberechtigt durchzusetzen. Die Hochschätzung der synkretistischen Schriften des Hugo → Grotius, die engen Beziehungen zu Kurpfalz (Übernahme des Ludwig Camerarius als schwedischer Hofrat) und zu dem verschwägerten Siebenbürger Fürsten Bethlen Gábor, die Aufnahme arminianischer (→ Arminianer) Flüchtlinge, die regen Handels- und Kulturbeziehungen zu Holland, schließlich seine Heirat (1620) mit der kurbrandenburgischen Prinzessin Maria Eleonora (1599-1655) und die Absicht, die einzige Tochter → Christine mit dem brandenburgischen Kurprinzen zu vermählen, zeigen einen nicht gering einzuschätzenden beständigen Einstrom calvinistischer Anschauungen in G.A.s Gedankenwelt. Seine Hofprediger Botvidi und Fabricius standen freilich in der strengen deutschen Tradition luth. Orthodoxie. - Nach Ordnung der Staatsverwaltung, der Finanzen und des Heerwesens kam es in den Friedensschlüssen mit Dänemark (1613) und Rußland (1617) zur Sicherung der schwedischen Grenzen. Als Christian IV. von Dänemark 1626 in Norddeutschland einfiel, führte G.A. in Livland und Preußen erfolgreichen Krieg gegen Polen, brach ihn jedoch 1629 unter französischer Vermittlung ab, da die militärischen Erfolge der Liga in Deutschland (Restitutionsedikt; → Deutschland: I, 2b) für Schweden selbst bedrohlich wurden. Nach ernsthaften Erwägungen erfolgte am 26.6.1630 die Landung G.A.s mit seinem Heer in Pommern. Der Entschluß dazu war aus dem Zwang der politischen Lage entstanden, in die das schwedische Ostseereich geraten war, ist aber zweifelsfrei mitbestimmt durch den wagemutigen persönlichen Einsatz des Königs für die Freiheit der Wortverkündigung im luth. Verständnis der Zeit. Das ist mit Recht als Zeichen lebendigen Glaubens gewürdigt worden. Durch sein Eingreifen in den deutschen Konfessionskrieg hat G.A. den luth. Protestantismus zu einer bis dahin ungewöhnlichen politischen Zielstrebigkeit gebracht. Daß er freilich Land und Krone nicht ohne dingliche Sicherungen aufs Spiel setzte, ist verständlich; nicht die Wiederherstellung der Ordnung im Reich, sondern die Gewinnung von Pfändern für Schweden war das Ziel, das in dem Vertrag mit Stralsund und in dem Anspruch auf die Lehnshoheit über die → Pfalz sichtbar wurde. Die rücksichtslose Erfassung der Seezölle, die Gleichstellung schwedischen Kupfers mit deutschem Silbergeld, Wegführung von Kunstgegenständen als Kriegsbeute bewirkten im ev. Lager Deutschlands eine abwartende Zurückhaltung. Für die fortbestehende Bindung der prot. Fürsten an den Kaiser hatte G.A. kein Verständnis; hierin lagen die stärksten Hemmnisse für einen raschen Übertritt der norddeutschen Glaubensverwandten auf die schwedische Seite, zumal G.A. den unbedingten militärischen Führungsanspruch stellte. Erst die kaum für möglich gehaltene Einnahme der starken Elbfestung Magdeburg durch Tilly (20.5.1631) und die folgende Bedrohung Kursachsens hat den Kurfürsten Johann Georg in ein Kriegsbündnis mit G.A. gebracht, der nunmehr Tilly entgegentrat und ihn am 11.9.1631 bei Breitenfeld vernichtend schlug. Der Subsidienvertrag mit Frankreich zu Bärwalde (23.7.1631) hatte indessen G.A. schärfer in antihabsburgischer Richtung festgelegt, als es der jetzt endlich erkämpften Selbständigkeit förderlich war. Durch Breitenfeld hatte G.A. den moralischen Führungsanspruch im prot. Deutschland gewonnen; der »Löwe aus Mitternacht« wurde enthusiastisch als Vollzieher at. Weissagungen (Jes 41, 25; Jer 50, 3. 9) verehrt. So erwächst für G.A. aus dem außenpolitischen Zwang zur Sicherung des schwedischen Ostseereiches die größere Aufgabe in universalhistorischem Ausmaß als Retter des Protestantismus. Von hier an wird der Ev. Bund zu einer politischen Möglichkeit. In gewagten und schnellen Märschen durcheilte G.A. Süddeutschland bis nach München, nachdem er am Lech (5.4.1632) Tilly wiederum geworfen hatte. Ein neuer Gegner entstand ihm in Wallenstein, der dem Kaiser eine frische Armee aufstellte. Bei Nürnberg lagen sich die Heere gegenüber; als Wallenstein Sachsen bedrohte, mußte G.A. ihm folgen und opferte in der siegreichen Schlacht bei Lützen (16.11.1632) das Leben für die Sache, die er verfocht. In seinem politischen Werk fand er in dem schwedischen Kanzler Axel Oxenstierna einen kongenialen Nachfolger, in seinem religiösen Anliegen blieb G.A. allein. Der Zug Karls XII. zur Sicherung der prot. Lehre in Schlesien 1706/07 hatte andere Motive und traf bereits auf eine veränderte Bewußtseinslage.

Die Beurteilung G.A.s ist je nach dem konfessionellen Standort verschieden geblieben. In dem Meinungsstreit spiegelt sich die jeweilige zeitgenössische Ansicht. Schon seine konvertierte Tochter Christine rückte von ihm ab, doch ist das moderne G.A.-Bild entscheidend von Schiller in der Richtung einer zustimmenden Würdigung beeinflußt worden. Gegenüber den neuesten Versuchen, G.A.s deutsche Politik einseitig aus der Tradition und politischen Lage Schwedens, aus persönlichem Ehrgeiz und wirtschaftlichem Zwang zu erklären, muß doch betont werden, daß das Glaubensmotiv bei ihm eine wesentliche Bedeutung gehabt hat. Abgesehen von seiner festen Verankerung innerhalb der schwedischen Geschichte ist die Wirkung seines Einsatzes zugunsten des Protestantismus noch im Konfessionsausgleich des → Westfälischen Friedens zu spüren. Darüber hinaus ist G.A. für die prot. Welt zu einem Sinnbild des Kampfes gegen den Gewissenszwang geworden.

H.v.Srbik, Zur Schlacht von Lützen u. zu G.A.s Tod (MIÖG 41, 1926, 231-256) - J.Paul, G.A. I-III, 1927-32 - W.Milch, G.A. in der dt. u. schwed. Lit., 1928 - N.Ahnlund, G.A. den Store, Stockholm 1932; dt. 1938 - E.Zeeh-N.Belfrage (Hg.), Dagbok förd i det svenska fältkansliet 26 maj 1630 - 6 november 1632, Stockholm 1940 (dt. verfaßt, zeitgenössisch) - G.Ritter, G.A. (Die Weltwirkung der Reformation, 1942, 158-176) - M.Roberts, Gustavus Adolphus I (bis 1626), London 1953; II (bis 1632), ebd 1958 - J.Seidler, Unters.en über die Schlacht bei Lützen 1632, 1954 - W.Hubatsch, G.A. - ein christl. Staatsmann? (Unruhe des Nordens. Studien zur dt.-skand. Gesch., 1956, 32-59).
W.Hubatsch

Gustav-Adolf-Werk

1. Die Anfänge - 2. Aufbau, Satzung und Bedeutung - 3. Das Problem der Diaspora - 4. Organisation nach 1945 - 5. Die Arbeit seit 1948 - 6. Schrifttum

Der frühere Gustav-Adolf-Verein (genauer »Ev. Verein der Gustav-Adolf-Stiftung« [GASt]) trägt seit dem 31.1.1946 die Bezeichnung »Gustav-Adolf-Werk der EKD«. Er geht in seinen Ursprüngen auf zwei selbständige Unternehmungen aus dem Jahre 1832 bzw. 1841 zurück, mit denen in der ev. Kirche die kirchliche Diaspora-Arbeit (→ Diaspora: II) beginnt.

1. a) Am 6.11.1832 gewann der Gedanke Gestalt, dem Schwedenkönig → Gustav Adolf bei Lützen ein würdiges Denkmal zu errichten. Am 6.11.1837 wurde das »steinerne« Denkmal auch eingeweiht, während das Hauptanliegen sich längst auf das »lebendige« Denkmal verlagert hatte. Der Vater dieses lebendigen Denkmals ist Gottlob Großmann in Leipzig (1783-1857). Von ihm stammt die Idee der GASt. Aus den Akten hatte er erkannt, daß die Hierarchie bemüht war, die Evangelischen im böhmischen Ort Fleißen durch Häufung unerschwinglicher Lasten kath. zu machen; es gab aber keine Stelle, die einer ev. Gemeinde, die in der Gefahr stand, ihres Glaubens verlustig zu gehen, Hilfe gewähren konnte. Am 9.12.1832 erschien der Aufruf, in dem als Ziel der Sammlung angegeben war, eine Anstalt zu gründen »zur brüderlichen Unterstützung bedrängter Glaubensgenossen und zur Erleichterung der Not, in welche durch die Erschütterungen der Zeit und durch andere Umstände prot. Gemeinden in und außer Deutschland mit ihrem kirchlichen Zustande geraten, wie dies nicht selten der Fall bei neu entstehenden Gemeinden zu sein pflegt«. Die Mittel sollten durch die sog. »Sechser-Sammlung« aufgebracht werden, an der sich alle Gemeindeglieder beteiligen konnten. Die Arbeit sollte sich nicht gegen die kath. Kirche richten; tatsächlich haben sich auch kath. Christen an der Sammlung beteiligt. Die erste unterstützte Gemeinde war Karlshud auf dem Donaumoos in Bayern. 1833 trat Dresden der Stiftung bei, 1834 wurde ihr Aufbau festgelegt und die Satzung genehmigt. Leipzig und Dresden waren die beiden Hauptvereine. Die Zinsen der Stiftungsgelder wurden an die Glaubensgenossen verteilt. Am 6.11.1841 betrug das Stiftungskapital 12 850 Taler; 429 Taler waren an ev. Diasporagemeinden verteilt worden. Bis dahin war die GASt im wesentlichen nur von den Sachsen und Schweden getragen. Da erhielt die Diasporaarbeit einen neuen, entscheidenden Anstoß, und zwar aus Hessen.

b) Der »Aufruf an die prot. Welt«, den Karl → Zimmermann in Darmstadt am 31.10.1841 veröffentlichte und dem Joh 21, 16; Gal 6, 10 vorangestellt waren, rief die Protestanten auf, am Reformationstag auch derer zu gedenken, die an diesem Tag keine ev. Predigt hören könnten und denen Pfarrer, Lehrer, Kirche und Schule fehlten. Alle Protestanten insgesamt wurden aufgefordert, einen »Verein für die Unterstützung hilfsbedürftiger prot. Gemeinden« zu gründen. Der Aufruf, der eine mächtige Wirkung hatte und dessen Grundgedanken sich mit den Richtlinien der GASt in Leipzig deckten, überraschte zunächst die Männer der GASt, da sie ein absichtliches Übersehen ihres Werkes vermuteten. Zimmermann hat das stets mit aller Entschiedenheit bestritten.

2. Es kam nun zu Verhandlungen, die am 16.9.1842 zur Vereinigung im »Ev. Verein der Gustav-Adolf-Stiftung« (GAV) führten. Eine Hauptversammlung am 21.9.1843 in Frankfurt/M., die von 29 Hauptvereinen beschickt war, legte *Aufbau und Satzung* fest. In den einzelnen Orten bildeten sich »Zweigvereine«, in den Ländern »Hauptvereine«. Die »Hauptversammlung« wählte den »Centralvorstand«, der seinen Sitz in Leipzig hatte. Über die Aufgabe heißt es in der Satzung: »Der GAV ist eine Vereinigung aller derjenigen Glieder der ev.-prot. Kirche, welchen die Not ihrer Brüder, die der Mittel des kirchlichen Lebens entbehren und deshalb in Gefahr sind, der Kirche verloren zu gehen, zu Herzen geht, und hat also eingedenk des apostolischen Wortes Gal 6, 10 ›Lasset uns Gutes tun an jedermann, allermeist aber an des Glaubens Genossen‹ zum Zwecke, die Not dieser Glaubensgenossen in und außer Deutschland, sofern sie im eigenen Vaterlande ausreichende Hilfe nicht erlangen können, nach allen Kräften zu heben.« Die gut durchdachte Satzung hat in über hundert Jahren, auch in der Neufassung von 1935, keine wesentlichen Änderungen nötig gemacht. Gewiß ist der GAV herausgeboren aus seiner Zeit und in seiner theologischen und kirchlichen Haltung nur von daher zu verstehen. Männer verschiedener theologischer Richtungen haben zusammen gearbeitet. H.W.Beyers Urteil wird zutreffen: »Der GAV ist gegründet und getragen worden von einer Gläubigkeit, die im geläuterten deutschen Idealismus wurzelte.« Für Karl Zimmermann

ist aber zu ergänzen: Ev. Frömmigkeit, auf der Grundlage der → Erweckung (: I), trieb ihn zum kirchlichen Handeln. »Die Kirche ist sein Ziel« konnte Zimmermann 1847 auf der Hauptversammlung in Darmstadt sagen. Ohne Zweifel war in Darmstadt der aus der Unionsgesinnung heraus erwachte Gedanke der einen ev. Kirche Ausdruck des Kirchenbewußtseins im GAV. Von daher konnte der GAV mit gleichmäßiger Kraft in der ev. Christenheit wirken und volkstümlicher werden als alle anderen vergleichbaren Unternehmungen.

3. Die Bestimmungen des Reichsdeputationshauptschlusses von 1803 und des → Wiener Kongresses von 1815 bilden die Grundlage für Länder und Kirchen im 19.Jh. Eine Fülle kleiner Hoheitsgebiete wurden mit größeren vereinigt, in denen ein anderer Bekenntnisstand galt. Zu diesen politischen Maßnahmen kamen um die Mitte des Jh.s noch die Industrialisierung mit ihrer Binnenwanderung, die zur Neubildung von Diasporagemeinden führte. Manchmal wurde die Umsiedlung zur Auswanderung über die Landesgrenzen, auch in überseeische Gebiete. »Gerade zu der Zeit, als der GAV entstand, trat - ohne daß sich die Gründer dessen voll bewußt waren - die Geschichte der Diaspora in einen ganz neuen Stand ihrer Entwicklung.« Der biblische Begriff »Diaspora« (vgl. 1Petr 1, 1) war zuerst in Herrnhut angewandt worden, wo man damit die den Herrnhutern nahestehenden Glieder der Landeskirchen meinte, ihre Freunde in der Zerstreuung. Im GAV wurde die Bezeichnung zunächst nicht gebraucht. Erst 1855 hat Heinr. Rendtorff d.Ä. sie durch seine Schrift »Die ev. Diaspora der preußischen Monarchie und die neuesten Arbeiten in ihr« in den GAV und in die theologische Wissenschaft eingeführt. Anlaß zu seiner Untersuchung war eine Kollekte für die »verstreuten Evangelischen«, die die preußische Landeskirche i.J. 1852 ausschrieb. »Diaspora« im Sinne des GAV meinte immer ev. Gemeinden unter andersgläubiger, vornehmlich kath. Umgebung, ohne Rücksicht auf ihre Volkszugehörigkeit. Der GAV wollte nicht nur das ev. Deutschland, sondern den ganzen Protestantismus zu einheitlicher Tat veranlassen. Erst mit dem GAV bekam der Begriff der Diaspora einen ernsten und verheißungsvollen Klang.

4. Die Teilung → Deutschlands in verschiedene Besatzungszonen i.J. 1945 erschwerte die Arbeit des Gustav-Adolf-Werkes (GAW). Die Hauptgruppen im Westen bildeten am 13.10.1948 eine »Notgemeinschaft«, deren Vorsitzender Pfarrer i.R. D. Ernst Wagner (Bensheim) wurde. Die grundsätzliche Einheit des Gesamtwerkes ist dadurch jedoch nicht berührt worden. An der Spitze des Gesamtwerkes steht die Centralleitung, deren Sitz sich in Leipzig befindet. Am 6.2.1952 wurde Prof. D. Franz Lau (Leipzig) zum Präsidenten des Gesamtwerkes gewählt. Dem Präsidenten stehen zwei Stellvertreter zur Seite. Besondere Befugnisse liegen beim Großen Rat, der vornehmlich von den Vorsitzenden der Hauptgruppen gebildet wird. Die Hauptversammlung (1955 die 92. in Osnabrück) trifft die wichtigsten Entscheidungen. Die Geschäftsstelle der Notgemeinschaft ist in Kassel; sie wird gegenwärtig von Pfarrer Lic. Richard Schlier geleitet. Das GAW gliedert sich in Hauptgruppen (zZ 30). Die Hauptgruppen arbeiten meist im Gebiet einer Gliedkirche und gliedern sich in Zweiggruppen, meist im Bereich eines Dekanats oder Kirchenkreises. Die Frauengruppen in den Kirchengemeinden sind im Frauenarbeitskreis zusammengefaßt. Die Mittel werden durch Hauskollekten, Spenden, Kirchenkollekten, Konfirmandengabe, Kindergabe u.dgl. aufgebracht. Die Hauptgruppen führen ein Drittel bestimmter Einnahmen an die Centralleitung ab. Von 1949-54 betrugen die Einnahmen in der DDR 2 019 317 DM, in der BRD 4 497 858 DM. Die Hauptgruppen verteilen jährlich die »Große Liebesgabe« (1954 = 50 000 DM in der BRD) an drei Diasporagemeinden (Terna = Dreiervorschlag). Daneben kommen die Konfirmandengabe, die Kindergabe, die Frauenliebesgabe u.a. zur Verteilung. Das Vermögen des GAW ist Sondervermögen der EKD.

5. Seit 1948 wird die Arbeit in der DDR und der BRD - bei aller Wahrung der Einheit des GAW - getrennt getan. Im Westen mußten viele Hauptgruppen zunächst die eigene Diaspora unterstützen. Von den Flüchtlingen, die in die BRD einströmten (→ Flüchtlingsproblem), kamen 1,4 Mill. (Volkszählung 1950) Evangelische in bisher fast geschlossen kath. Gebiete. Die kirchliche Versorgung dieser neuen Diaspora war vordringlich. Daneben blieb die Verantwortung für die alte Diaspora. Schwerpunkte bildeten Bayern, Rheinland und Emsland. Neben den Unterstützungen durch die eigenen Hauptgruppen half die Notgemeinschaft jährlich mit der »Großen Liebesgabe« (1953: Bonndorf/Schwarzwald, Wiedenbrück / Westfalen, Traunreut / Oberbayern, zusammen 35 000 DM). Bei der Auslandsdiaspora, die von der Notgemeinschaft Hilfe erfuhr, handelt es sich um drei Gruppen: geordnete Diasporakirchen in Österreich, Ungarn, Jugoslawien, Italien, Spanien u.a., ferner um einzelne deutschsprachige Gemeinden und Gemeindeglieder im Ausland, vorwiegend in den Welt-, Haupt- und Handelsstädten, schließlich um deutsche ev. Synoden und Gemeindegruppen in Lateinamerika. Das wichtigste Arbeitsfeld blieb die Ev. Kirche in → Österreich. - In der DDR begann die Arbeit nach dem Kriege mit dem Dienst an den Umsiedlern und Neubürgern. Zu ihrer Betreuung wurden Flüchtlingshelferinnen und Fürsorgerinnen eingestellt und vom GAW besoldet. Infolge der Herauslösung des Religionsunterrichts aus den Schulen wurde der kirchliche Unterricht und der Stand der Katecheten neu gestaltet; dabei half das GAW. Das einzige größere durch Flüchtlinge angewachsene Diasporagebiet in der DDR ist das Eichsfeld. 1949/50 wurde in Niederorschel ausschließlich aus Mitteln des GAW eine Kirche errichtet. Neue Aufgaben erwuchsen dem GAW außerdem in der Rhön, in Thüringen und in der sächsischen Wendei. Eine neue Art von Diaspora entstand innerhalb der DDR dadurch, daß sich hier Gemeinden in der Umgebung des antichristlichen Marxismus befanden. Die Gustav-Adolf-Arbeit mußte, auch wenn dies in der Satzung nicht vorgesehen war, eine Erweiterung erfahren: es gibt auch Diaspora inmitten der Gottlosigkeit der Welt. Auch im Ausland wurde von Leipzig aus Hilfe geleistet. Das GAW (in Ost und West) unterstützte die Arbeit des Kirchendienstes Ost, jenseits der Oder-Neiße-Linie. In starkem Maße weitete sich die Hilfe aus, die der Diaspora in Ungarn geleistet wurde. Seit 1955 ist die Arbeit des Schriften- und Bücherdienstes nach der Tschechoslowakei aufgenommen worden, ebenso nach Rumänien zur ev. Kirche der Siebenbürger Sachsen.

6. Es liegt im Wesen der Gustav-Adolf-Arbeit, daß alle ev. Christen zum Dienst an der Diaspora aufgerufen werden. Nur aus der Verkündigung des Evangeliums erwächst die Verantwortung für die Glaubensgenossen in der Zerstreuung. Darum steht die Predigt in der Mitte der Arbeit des GAW. Dazu kommen die Vorträge, die bei den Gustav-Adolf-Festen gehalten werden, und die Veröffentlichungen im eigenen *Schrifttum*. Die wissenschaftliche Zeitschrift »Die Ev. Diaspora« erscheint seit 1919, fortgesetzt im 24. Jahrgang seit 1953; sie bemüht sich um die theologische Durchdringung der Diasporaarbeit und unterrichtet über die kirchliche Lage in den Diasporagebieten. Der »Gustav-Adolf-Kalender« (98. Jahrgang 1958) unterrichtet die Gemeindeglieder in

volkstümlicher Form über die Diasporaarbeit, und der »Gustav-Adolf-Kinderkalender« (3. Jahrgang 1958) will bei den Kindern die Liebe für diesen kirchlichen Dienst fördern. Das »Gustav-Adolf-Blatt« (vierteljährlich) vermittelt in Wort und Bild Einblicke in die Gustav-Adolf-Arbeit. Handreichungen, Flugschriften, Jahresberichte der Hauptgruppen usw verbreiten das Wissen um Not und Verheißung der Diaspora. In der DDR ist die literarische Tätigkeit des GAW gering. Die Arbeit des GAW bleibt (s.o.) unter der Losung aus Gal 6, 10.

O. LERCHE, Hundert Jahre Arbeit an der Diaspora. Nachweisungen aus den Veröffentlichungen des Centralvorstandes des Ev. Vereins der G.-A.-Stiftung, 1932 (Lit. bis 1932) - H.W. BEYER, Die Gesch. des GAV in ihren kirchen- u. geistesgeschichtl. Zusammenhängen. Zum 100jährigen Bestehen des Ev. Vereins der G.-A.-Stiftung, 1932 - P.W. GENNRICH, Das GAW der EKD (KJ 82, 1955, 310-362) - H. STEITZ, Die Stellung der Diasporawissenschaft im System der Prakt. Theol. (114. Jahresbericht des GAW der Ev. Kirche in Hessen u. Nassau, 1957, 20-31). - Vgl. auch → Diaspora: II. *H. Steitz*

Gutberlet, *Constantin,* kath. Philosoph und Theologe, * 10.1.1837 in Geismar (Thür.), † 27.4.1928 in Fulda. Studierte 1856-62 an der Gregoriana in Rom, seit 1862 Dozent in Fulda, 1875-86 Regens des Fuldaneum in Würzburg, seit 1886 wieder in Fulda, Träger hoher kirchlicher Würden. G. war einflußreicher Vertreter einer relativ selbständigen → Neuscholastik, die über → Suarez an → Thomas anknüpft und von mathematischen und naturwissenschaftlichen Hilfsmitteln stärker Gebrauch machte. Bes. wirksam wurde G. durch das 1888 von ihm begründete »Philosophische Jahrbuch der → Görresgesellschaft«.

Vf. u.a.: Das Unendliche, metaphys. u. mathem. betrachtet, 1878; Lehrb. d. Philos., 6 Bde, (1878-84) 1904-12⁴; Lehrb. d. Apologetik, (3 Bde, 1888-94) I, 1903³; II, 1922⁴; III, 1910³; Der Mensch, (1896) 1910³; Der Kampf um die Seele, (1899) 1903²; Psychophysik, 1905; Experimentelle Psychologie, 1915; viele Aufsätze im PhJ, im »Katholik« u. anderen Zs.en. - Über G.: K.A. LEIMBACH, K.G., eine Lebensskizze, 1911 - Selbstbiogr. in: Philos. d. Gegenw. in Selbstdarstellungen IV, 1923, 47-74 - A. GEMELLI, C.G. e la rinascita filosofica tedesca (Einl. zur ital. Übers. von G.s »Der Mensch« [L'uomo, trad. di C. BONGIOANNI, Turin 1927], V-XV) - B. JANSEN, StZ 115, 1928, 385-387 - E. HARTMANN, PhJ 41, 1928, 261-266 (philos. Bibliogr.). *K.G. Steck*

Gute Werke. Die g.W. sind eine der empfindlichsten und schwierigsten Materien der ev. → Ethik. Die Reformation hat leidenschaftlich gegen eine Doktrin und gegen eine Frömmigkeit gestritten, die, offen oder versteckt, die g.W. als eine Leistung ansah, die zum Erwerb des Heiles notwendig ist. Gnesiolutheraner wie → Amsdorff und → Flacius haben gegen → Major und → Menius den Satz von der Schädlichkeit der g.W. für die Seligkeit aufgestellt (noxia ad salutem). Aber gegen den Vorwurf, sie verböten g.W., haben sich alle Reformatoren leidenschaftlich gewehrt. → Luther hat selbst einen »Sermon von den g.W.« (1520) geschrieben. CA und AC (Art. VI) lehren die g.W. als notwendige Früchte des Glaubens, und die FC betont, daß g.W. nötig seien (Art. IV). Der → Heidelberger Katechismus legt fest, warum wir g.W. tun sollen (zum Dank für Christi Erlösungswerk, zur Vergewisserung des Glaubens aus seinen Früchten und zur Gewinnung des Nächsten für Christus) und welches die g.W. sind (vgl. Frage 86. 91). Der Gegensatz zur kath. Lehre ist trotzdem unüberbrückbar: Nach dem Tridentinum (Sess. VI, can. 32) verdient der Gerechte durch seine g.W. Vermehrung der Gnade, ewiges Leben und Vermehrung der Herrlichkeit (Denz. 842); natürliche (nicht übernatürliche) g.W. sind dem Menschen auch in statu naturae lapsae möglich. - Gegen die Rede von den g.W. ist evangelischerseits eingewandt worden, daß sie das Leben des Christen in bedenklicher Weise in Einzelleistungen aufspalte. Belastet ist jede Aussage über g.W. des Menschen durch die (treffende) Beobachtung Luthers, daß gerade der Mensch mit seinen g.W. (bona opera bzw. opera speciosa) in besonderer Weise für die Grundsünde der superbia anfällig ist, so daß Luther geneigt ist, alle g.W. der Menschen als Todsünden anzusehen (WA 1, 350ff). Auf der anderen Seite ist unübersehbar, daß das NT einerseits eine Gerechtigkeit aus den Werken ablehnt (Röm 4, 6; 11, 6), andererseits zu Werken auffordert (Mt 5, 16; 1Petr 2, 12) und ein → Gericht (: III) nach den Werken lehrt (2Kor 5, 10; die Spannung zwischen den Aussagen besteht also auch bei Paulus selbst, nicht nur zwischen Paulus und Jakobus). - Die g.W. sind doppelt motiviert (Indikativ und Imperativ [Thielicke]): Sowohl das NT als auch die Reformation wenden gern das Bild vom Baum und seinen *Früchten* auf den Gläubigen und seine Werke an. Das Werk also ist wahrhaft gut, das spontan aus dem Glauben geschieht. Bringer der Früchte ist nicht der Mensch, sondern der → Glaube (: V) oder der Geist (: VI). Glaube und Geist aber sind nicht Leistung, sondern Geschenk. Gerade dann, wenn der Christ ohne alle Nebenabsicht, nur in demütigem *Gehorsam* gegen das Gebot und in der Freude an Gottes Gesetz den Willen Gottes erfüllt, tut er g.W. Von daher ergibt sich natürlich, daß kein Werk an sich gut ist, unabhängig von dem Glauben, in dem es getan wird, und auch das andere, daß niemals die Summe ihrer Werke eine christliche Person konstituiert, sondern von der Person, dh von ihrem Glauben her, die Werke erst ihre Güte erhalten. Wenn K. Barth die g.W. definiert als solche, »die Gottes Wohlgefallen für sich haben und also seines Lobes teilhaftig sind, die aber auch ihrerseits dem Lobe Gottes dienen«, so fügt sich die letztere Aussage mit Luthers Rede zusammen, daß g.W. nicht »gleißen«, also nicht dem Lobe des Menschen dienen dürfen; und die Werke, die Gott lobt, sind die, die er selbst an Menschen tut, die ihn an sich und durch sich wirken lassen.

BSLK, vgl. Sachreg. - RE XXI, 110ff - THIELICKE, ThE I², 87ff - BARTH, KD IV/2, 660ff - W. JOEST, Gesetz u. Freiheit, (1951) 1956². *F. Lau*

Gutenberg, *Johannes Gensfleisch zum G.,* * in Mainz 1394/99, † ebd 3.2.1468. Verließ 1428 aus politischen Gründen freiwillig seine Vaterstadt, ist 1434-44 in Straßburg nachweisbar, lebte wahrscheinlich von 1445 an wieder in Mainz, wo er 1462 als Gegner des neuen Erzbischofs Adolf von Nassau vertrieben wurde. Nach seiner Begnadigung wurde er 1465 von ihm zum Hofmann ernannt und verbrachte seinen Lebensabend arm und vielleicht blind in Mainz. Begraben wurde er in der 1742 abgebrochenen Franziskanerkirche. - In Straßburg beschäftigte sich G. als Goldschmiedemeister mit Edelsteinschleifen, Spiegelmachen und einer Geheimkunst, unter der wir nur die Anfänge der Typographie verstehen können. Vollendet hat er die Erfindung der Buchdruckerkunst (→ Buchhandel: I, 3) erst in Mainz. Der älteste erhaltene typographische Druck ist ein Bruchstück aus dem gereimten »Weltgericht« um 1446, dem bis 1456 zahlreiche Kleindrucke folgten. An großen Foliodrucken kann man G. ein Missale speciale (Constantiense) von 384 Seiten zuschreiben und die zweibändige 42zeilige lat. Bibel (zwischen 1450 und 1455), ein Meisterwerk der Typographie aller Zeiten. Es zählt in zweispaltigem Satz 1282 Seiten. Erhalten sind heute noch 48 Exemplare. 1456 scheint G. noch einen kleinen liturgischen Psalter gedruckt und dann seine Tätigkeit aufgegeben zu haben.

A. RUPPEL, J.G., (1939) 1947² (Lit.) - R. BLUM, Der Prozeß Fust gegen G. (Beitr. z. Buch- u. Bibliothekswesen 2), 1954. *A. Ruppel*

Guter Hirt *in der → altchristlichen Kunst,* Symbolgestalt Christi (→ Christussymbole), mit tunica exomis, Hirtenstab, Milcheimer usw und meist jugendlich bartlos wiedergegeben, ist schon durch Tertullian (de pud. 7, 1; 10, 12f) auf Abendmahlskelchen bezeugt und gehört zu den ältesten und häufigsten Darstellungen der Katakombenmalerei und Sarkophagplastik (→ Malerei und Plastik: I). Auch in der altkirchlichen Literatur und Liturgie erfreut sich das Bildwort großer Beliebtheit. In der Kunst des 3.Jh.s ist das Bild des G.H.en das → Christusbild (, 2a; → Christusporträt) schlechthin. Seit dem 4.Jh. geht das Symbol in dem Maße zurück, als Christus in unverhüllter Gestalt im Bilde erscheint. Doch begegnet der G.H.e jetzt auch in der Freiplastik und Mosaikmalerei. Im Schmuck der Baptisterien hat er offenbar seinen festen Platz gehabt (vgl. → Dura-Europos: III und Taf. 10 Abb. 2). Zwei Motive sind zu unterscheiden, die den Christushirten in verschiedener Funktion zeigen: die streng symmetrische Komposition des aus Sünde und Tod rettenden Hirten, der ein Schaf auf seinen Schultern trägt und in der Regel von zwei Schafen flankiert wird (mit Vorliebe im Zentrum des Bildfeldes und in Korrespondenz mit der Orans = Verkörperung der um Rettung flehenden Menschheit), und die etwas jüngere, mehr idyllische Darstellung des seine Herde auf den Gefilden des Paradieses weidenden Hirten, in der das Symbol nicht selten verblaßt und zur bloßen Paradiesesfigur wird. Beide Typen sind formal von der antiken Kunst herzuleiten, ihrem Inhalt nach jedoch von Anfang an spezifisch christlich und von den Hirtengleichnissen der hl. Schrift (bes. Lk 15, 3-10; Ps 23) her zu begreifen.

H.Bergner, Der G.H. in der altchristl. Kunst, 1891 - L.Clausnitzer, Die Hirtenbilder in der altchristl. Kunst, 1904 - H.Achelis in: ZNW 16, 1915, 1-16 - DACL XII/2, 1938, 2272ff - W.Jost, ΠΟΙΜΗΝ. Das Bild vom Hirten, 1939 - J.Quasten, Das Bild des G.H.en in den altchristl. Baptisterien u. in den Taufliturgien des Ostens u. Westens (AuC, ErgBd I »Pisciculi« [Festschr. Dölger], 1939, 220-244) - Ders., Der G.H. in der frühchristl. Totenliturgie u. Grabeskunst (Miscellanea G.Mercati I, 1946 = StT 121, 373-406) - Ders., The Painting of the Good Shepherd at Dura-Europos (Mediaeval Studies 9, 1947, 1-18) - F.Gerke, Die christl. Sarkophage der vorkonstantinischen Zeit, 1940 - Ders., Ideengesch. der ältesten christl. Kunst (ZKG 59, 1940, 1-102) - Th.K.Kempf, Christus der Hirt, 1942 - J.Kollwitz, Das Christusbild des 3.Jh.s, 1953 - RAC III, 1957, 5ff. - Zur christl. Bukolik: W.Schmid, Tityrus Christianus (RheinMus NF 96, 1953, 101-165). *E.Schäfer*

Guter Hirt. 1. Die bedeutendste unter den mit diesem Namen begründeten *weiblichen Genossenschaften der kath. Kirche* ist die 1829 von Maria Euphrasia Pelletier († 1868) errichtete *Kongregation Unserer Frau von der Liebe des G.n H.en* oder Frauen vom G.n H.en (soeurs de N.D. de charité du Bon Pasteur). Ihre Gründung in Angers (Dep. Maine-et-Loire) geht aus der von Jean Eudes (→ Eudisten) 1644 errichteten Genossenschaft der »Schwestern Unserer Lieben Frau von der Nächstenliebe und Zuflucht« hervor, die ein 1828 in der Stadt wiedererrichtetes Haus der *Töchter vom G.n H.en* (s. 2) übernehmen, das zum Mutterhaus wird. Die 1835 mit der → Augustinerregel, den Konstitutionen der → Salesianerinnen und den Zusätzen von Eudes päpstlich bestätigte Kongregation besitzt heute 374 Niederlassungen (145 in Europa, 180 in Amerika, 21 in Asien, 17 in der Südsee, 11 in Afrika). In Deutschland bestehen 3 Provinzen (Koblenz, München, Münster). Insgesamt zählt die Genossenschaft über 10 000 Nonnen; die Aufgaben liegen auf karitativem Gebiet. - Ferner bestehen bzw. bestanden in Frankreich und Belgien folgende kleinere Genossenschaften: 2. *Töchter vom G.n H.en* (Pastorines), Ende des 17.Jh.s in Paris zur Fürsorge für gefährdete Frauen gestiftet und in der Revolution eingegangen. - 3. *Schwestern des hl. Joseph vom G.n H.en,* 1666 in Clermont-Ferrand (Dep. Puy-de-Dôme) als Zweiginstitut der »Schwestern des hl. Joseph von Le Puy« begründet, 1809 neu errichtet. Das Mutterhaus Clermont hat zahlreiche Anstalten (Asyle, Waisenhäuser, Spitäler). - 4. *Marientöchter von der Liebe des G.n H.en,* 1835 mit dem Mutterhaus in Gent (Flandern) gegründet. - 5. *Schwestern Jesu Christi des G.n H.en und der Unbefleckten Jungfrau Maria,* 1827 in Bourges (Dep. Cher) gegründet. - 6. *Schwestern vom G.n H.en von Dijon* (Dep. Côte-d'Or), gegründet 1683. - 7. In Kanada (Quebec) gibt es die *Schwestern des Asyls vom G.n H.en* oder *Dienerinnen des Unbefleckten Herzens Mariä* (Sister-Servants of the Immaculate Heart), 1850 gestiftet; Niederlassungen bestehen auch in den USA. - 8. In 1 aufgegangen sind die 1617 in Rom zur Besserung gefährdeter Mädchen und Frauen gestifteten *Schwestern vom G.n H.en* (Suore di s. Croce della penitenza).

LThK V, 79. - Zu 1: Heimbucher II, 477 - EC XI, 1537 - Escobar II, 983ff. - Zu 2: Heimbucher I, 651. - Zu 3: Ebd II, 497f. - Zu 4 u. 5: Ebd 526. - Zu 7: Ebd 514 - The Encyclopedia Americana XX, 761. - Zu 8: Heimbucher I, 648. *W.Göbell*

Guthe, *Hermann* (1849-1936), ev. Theologe, 1884 bis 1921 Prof. für AT zu Leipzig. Mitbegründer des Deutschen Vereins zur Erforschung Palästinas, dem er zunächst als Herausgeber der »Zeitschrift«, dann als Vorsitzender (1911-25) eine geachtete Stellung im Kreise der internationalen Palästinawissenschaft erwerben und auch unter schwierigen Bedingungen erhalten konnte. - Vgl. → Bibelwissenschaft: I, 2d.

Vf. u.a.: Ausgrabungen bei Jerusalem, 1883; Palästina in Wort u. Bild (mit G.Ebers) I. II, 1883/84; Wandkarte von Palästina (mit H. Fischer), (1896) 1929⁴; Gesch. des Volkes Israel, (1899) 1914³; The Books of Ezrah and Nehemiah (SBOT 19), 1901; Palästina (Monographien z. Erdkunde 21), (1908) 1927²; Die griech.-röm. Städte d. Ostjordanlandes (Das Land der Bibel II/5), 1918; Gerasa (ebd III/1. 2), 1919. - Hg.v.: ZDPV 1877-96; MNDPV 1897-1906; Kurzes Bibel-WB, 1903; Bibelatlas, (1911) 1926². *A.Kuschke*

Gutke, *Georg* (1589-1634), Rektor des Gymnasiums in Berlin, damals berühmter Scholastiker (→ Orthodoxie). Er hat neuerdings die Aufmerksamkeit auf sich gezogen, weil er als erster in Deutschland eine ausgeführte Erkenntnislehre hat erscheinen lassen (Habitus primorum principiorum seu Intelligentia, 1625). Während die sog. Neuere Philosophie das → Sein aus dem → Erkennen ableitet, geht die → Scholastik vom Seienden aus, und das Erkennen ist ihr eine Weise des Seins. Die Intelligenz gewinnt ihre Prinzipien daher nicht aus sich selbst, sondern aus dem Gegenstande, indem sie die Ordnung der Dinge (die Subtilität) erblickt. Diese hat mit Bezug auf die Intelligenz zwei Eigenschaften: die Vorstellbarkeit und die Begrifflichkeit; jene bezieht den Gegenstand auf sich selbst, diese verbindet ihn mit andern und zuletzt mit der obersten Einheit in Gott. - Andere Werke G.s sind die »Logica divina seu peripatetica« (1626; so genannt, weil das wahre Denken das göttliche ist) und seine eigenartige Metaphysik (Exercitationes epopticae, 1628 bis 1630 und 1644).

Jul.Heidemann, Gesch. des grauen Klosters, 1874 - E.Weber, Philos. Scholastik des dt. Protestantismus, 1907 - P.Petersen, Gesch. der aristotel. Philos. im prot. Deutschland, 1921 - M.Wundt, Dt. Schulmetaphysik, 1939. *M.Wundt*

Gutmann, *Bruno,* ev. Theologe und führender deutscher Missionar, * 1876 zu Dresden, 1902-38 im Dienst der → Leipziger Mission unter den Dschagga am Kilimandscharo, entfaltete nach eingehender Erforschung der Gesellschaftsordnung dieses Bantuvolkes in Theorie und Praxis eine organische Synthese zwischen gliedschaftlichen Beziehungen von Sippe, Altersklasse und Nachbarschaft einerseits, sakramental geordnetem Gemeindeleben andererseits (→ Gemeinde: V). Der Missionstheoretiker G. erntete viel Kritik, der Moschimissionar und die entscheidend durch ihn geprägte Dschaggakirche viel Beachtung.

Vf. u.a.: Volksbuch der Wadschagga, 1914; Das Dschaggaland u. seine Christen, 1925; Gemeindeaufbau aus dem Evangelium. Grundsätzliches für Mission u. Heimatkirche, 1925; Recht der Dschagga, 1926; Christusleib u. Nächstenschaft, 1931; Stammeslehren der Dschagga I-III, 1932-37; Unter dem Trutzbaum, 1936; Übersetzung des NT in Kidschagga, 1937. - Über G.: O.Raum, Dr. G.s Work on Kilimanjaro (IRM 26, 1937, 500-507) - J.C.Hoekendijk, Kerk en Volk in de Duitse Zendingswetenschap, Amsterdam 1948, 135ff.

M.Küchler

Guttmann, *Julius,* jüdischer Religionsphilosoph, * 15.4.1880 in Hildesheim, † 20.5.1950 in Jerusalem, war 1911-18 Dozent an der Universität Breslau, 1919-33 Prof. an der Hochschule für Wissenschaft des Judentums in Berlin, seit 1934 an der hebr. Universität in Jerusalem. Von Fragestellungen der Philosophie bes. bei → Kant bewegt, beschäftigte sich G. thematisch und geschichtlich mit der jüdischen Religionsphilosophie des MA und der Neuzeit, in manchem H. → Cohen nahestehend.

Vf. u.a.: Der Gottesbegriff Kants in seiner positiven Entwicklung, 1906; Kants Begriff der objektiven Erkenntnis, 1911; Das Verhältnis von Religion u. Philosophie bei Jehuda Halevi, 1911; Religion u. Wissenschaft im mittelalterl. u. modernen Denken, 1922; Die Philosophie des Judentums, 1933. - Über G.: L.Strauss, Philosophie u. Gesetz, 1935.

K.Galling

Guyon, *Jeanne Marie von,* geb. Bouvier de la Motte, * 13.4.1648 Montargis (Dép. Loire), † 9.6.1717 Blois (Dép. Loir-et-Cher), Hauptvertreterin der quietistischen Mystik (→ Quietismus). Von Kind auf leidend, in Klöstern erzogen, gab sie sich früh einer innigen Christusfrömmigkeit hin, deren Grundzüge sie von Joh.Franziska v. → Chantal entlehnte. Gegen ihren Wunsch mit knapp 16 Jahren einem kränklichen Mann von 38 Jahren vermählt, kam sie in unglückliche Verhältnisse und fand Trost in der Versenkung in die Geheimnisse ihres inneren Lebens und einer ungewöhnlich strengen Askese, ohne jedoch in der Fürsorge für den Gatten und 5 Kinder nachzulassen. Von Nonnen und Beichtvätern beraten (Bertot, Lacombe, d'Aranthon), begann sie 1681 in Gex bei Genf mit der Bekehrung calvinistischer Frauen, fühlte sich aber bald von dem Renegatentreiben abgestoßen und wurde freie Erbauungsschriftstellerin in Thonon am Genfer See (→ Erbauungsliteratur, 2). 1685 reiste sie auf Anweisung Lacombes nach Grenoble, Vercelli und Paris, wo sie als quietistische Mystikerin zunehmender Verfolgung durch die Jesuiten ausgesetzt war. 1694 prüfte → Bossuet unter Mitwirkung ihres neuen Seelenfreundes → Fénelon u.a. ihre Manuskripte und fand 30 Irrtümer, die sie am 15.4.1695 widerrief. In der Folgezeit wurde sie, ein Opfer des Gegensatzes zwischen Bossuet und Fénelon, verbotener Beziehungen mit Lacombe verdächtigt und gefangengesetzt, 1700 aber völlig rehabilitiert. Seit 1702 lebte sie still bei ihrem Sohne in Diziers b. Blois, als Vorbild christlicher Demut und Gottesliebe bewundert, häufig besucht und durch eifrigen Briefwechsel wie durch Umlauf ihrer Manuskripte mit ihren Anhängern in Frankreich, Deutschland, Holland und England verbunden. Ihre Bedeutung liegt darin, daß sie die klassischen Formeln des Quietismus prägte (l'amour désintéressé de Dieu, foi nue; → Gelassenheit) und dadurch einen tiefgehenden Beitrag zur Entstehung der → Empfindsamkeit in der französischen und deutschen Literatur des 18.Jh.s leistete. Darüber hinaus wirkte sie auf G. → Arnold, die Berleburger Bibel (→ Haug), G. → Tersteegen, → Pestalozzi, → Goethe und K.Ph. → Moritz im Sinne der »schönen Seele«.

Oeuvres spirituelles, 42 Bde, hg.v. P. → Poiret, Amsterdam 1713 bis 1722. Daraus bes. wichtig: Les torrents spirituels (Jugendschr.), gedr. 1704 (dt.v. L.Th.Kosegarten, 1817); Le Cantique des Cantiques interprêté selon le sens mystique, 1685; Moyen court et très facile pour l'oraison mentale, (1688) 1690² (dt.v. G.Arnold, 1701; lat.v. J.W.Jäger, 1715); Les livres de l'AT et du NT... avec des explications et des réflexions qui regardent la vie intérieure, 30 Bde, 1713 bis 1715. - Über J.M.v.G.: La vie de Mme G. écrite par elle-même, 1720 - Th.C.Upham, Life, religious opinions and experience of Mme de la Mothe-G., 1854 - Fénelon et Mme G. Lettres, éd. M.Masson, 1907 - H.Delacroix, Etudes d'hist. et de psychologie du mysticisme, 1908 - H.Bremond, Apologie pour Fénelon, 1910 - Ders., Histoire littéraire du sentiment religieux en France, 10 Bde, 1916-33 (vgl. RegBd, 1936, s.v.) - M.Wieser, Der sentimentale Mensch, 1924 - Ders., P.Poiret, 1932 - DThC VI/2, 1997ff - E.Aegerter, Mme G., une aventurière mystique, 1941 - Ohne Verf.: Mme G. u. das innere Licht (in: »Die Weiße Fahne«. Wegweiser zur erfolgreichen Lebensführung 29, 1956, 712-718).

M.Schmidt

Gymnasium

I. Althumanistisch - II. Modernes

I. Althumanistisch

G., von den Humanisten des 16.Jh.s neben Akademie und Lyzeum als Name der Gelehrtenschulen eingeführt, bezeichnet heute im deutschen Sprachgebiet diejenige Form der höheren Schule, welche die Hochschulreife durch mathematische Schulung, sprachliche Formung und dialogische Bildung an den Klassikern der abendländischen Überlieferung erstrebt.

Das G. war seit jeher die Ausbildungsstätte der verantwortlichen Gesellschaftsträger und Schulungsort der dazu für notwendig erachteten Fertigkeiten. In der altgriechischen Adelsgesellschaft Übungsplatz (von γυμνός »nackt«) für die athletische Ausbildung zum Krieger, wurde es im Athen des 5.Jh.s vChr der Ort sophistischer Lehrvorträge und philosophischer Dialoge, welche den Söhnen der demokratischen Bürger staatsmännische Fähigkeiten zu vermitteln suchten. An die Stelle der sagenhaft überlieferten adligen Ahnen treten als Vorbilder des traditionslosen Bürgers literarische Klassiker, deren »logischer«, dh dem Wortsinn nach rational faßbarer Gehalt in kritischer Auseinandersetzung erlernt und damit jedem - nicht nur dem durch Abstammung ausgezeichneten Gesellschaftsträger - übermittelt werden kann, so daß dieser durch geistige Schulung die Elemente eines logisch faßbaren Weltbilds erwerben und durch die Bildung am geformten Wort sich zum Denker und Redner und damit zum politischen Führer und Vorbild erziehen lernt. Aus diesem Erziehungsideal entwickelte sich die ἐγκύκλιος παιδεία, die kreisförmige, dh die Totalität des Menschen umschließende Bildung des Bürgers; in Rom durch die 7 → artes liberales übernommen, ging sie als Schulungsprogramm der gelehrten Berufe in die Klerikerschulen des MA über, verlor jedoch ihren ursprünglichen Bildungscharakter, weil die verantwortlichen Gesellschaftsträger bis ins Hoch-MA ihre Vorbilder in der übernatürlichen Ordnung des Reiches Gottes sowie der natürlichen Verwandtschaft adliger Ahnen fanden und ihre Bildung in der Übernahme der fraglos gültigen Aussagen der Überlieferung vollzogen (→ Bildungswesen, 3). Erst das Auseinanderfallen der überlieferten Sage in → Nominalismus und → Realismus und der gleichzeitige Aufstieg des Bürgertums führten zu einer Verbindung des antiken und des christlichen Bildungsgedankens (→ Bildung) im → Humanismus der → Renaissance und der → Reformation und damit zum eigentlichen G. Dessen Bildungsziel wurde von → Erasmus, → Sturm und → Melanchthon als »heilige Gemeinschaft von Gelehrten«, als »weise und beredte Frömmigkeit« verstanden sowie als Fähigkeit, »mit den gebildetsten Männern der Vergangenheit« und »mit den Evangelisten und Aposteln ohne Dolmetsch zu sprechen« und sich von ihnen formen zu lassen.

Vorbild der menschlichen Bildung wird damit der von Gottes Gnadenakt durchwaltete und sich gleichzeitig dem Menschen über die Zeiten hinweg verantwortende Mensch, wie er in den Büchern der heidnischen und christlichen Antike Form angenommen und die abendländische Geschichte geformt hat. Um den geistigen Vätern der eigenen Existenz in ihrer eigenen Gestalt »ohne Dolmetsch« begegnen und sich an ihnen zu einem geistigen Vater späterer Geschlechter zu bilden, müssen ihre Sprachen, das Griechische und Latein, erlernt werden, ebenso wie zur Erkenntnis und rationalen Gestaltung der natürlichen Welt eine Schulung in den auf die Antike zurückgehenden mathematischen Elementarlehren notwendig ist. Diese Trias der mathematisch-physikalischen, logisch-grammatikalischen und dialogisch-humanistischen Vergegenwärtigung der Antike war und ist heute noch Begründung und Ziel des G.s. Die pädagogische Forderung der Aufklärung, zur Erkenntnis und Beherrschung der natürlichen Welt bedürfe es nicht der ursprünglich damit verbundenen humanistischen Bildung an den historischen Promotoren dieser Erkenntnis und somit auch nicht mehr der Pflege der griechischen und lateinischen Sprache, hat zwar seit dem 18.Jh. durch die Realschulen und Techniken der ganzen Welt zu einem schwindelerregenden technischen Fortschritt geführt, doch verlor mit der humanistischen Bildung des G.s die Kultur ebenso ihren Regulator, wie es einer Uhr bei Wegfall ihrer Hemmung geschähe. Die idealistische Begründung des G.s im deutschen → Neuhumanismus konnte den Rückgang der humanistischen Bildung nicht aufhalten, weil hier die humanistisch-dialogische Auseinandersetzung mit den Menschen der Antike ersetzt wurde durch die Wissenschaft der als ideal empfundenen griechischen Sprache und Kultur. Damit trat nicht nur im G. das Griechentum in Konflikt zum Christentum; die → klassische Altertumswissenschaft selbst zerstörte mit der wissenschaftlichen Erkenntnis seines Objektes auch die ideelle Begründung des G.s und ließ es in der Reduktion auf das formale Ziel einer »geistigen Gymnastik« und den kulturkundlichen Bildungswert gegenüber den weit kraftvolleren natur- und den vor allem in den USA vorherrschenden gesellschaftswissenschaftlichen Schultypen immer hilfloser werden. Gegenwärtig scheint sich nun dank dem Unbehagen des modernen Menschen gegenüber der Technik eine eigentliche Renaissance des G.s anzubahnen. Dabei tritt die dialogisch-interpretatorische Bedeutung des G.s als Übungsstätte des Sprechens und Hörens über die Zeiten und Völker hinweg, der Übersetzung fremder Menschlichkeit in die eigene Existenzweise und der Verantwortung gegenüber fremder Menschlichkeit von neuem in den Mittelpunkt.

L. MEYLAN, Les humanités et la personne, (1938) 1944² - H. FISCHER, Ort u. Handreichung des deutschschweizerischen staatl. G.s prot. Herkunft, 1944 - H.I. MARROU, Histoire de l'Education dans l'Antiquité, (1948) 1950²; dt. 1957 - E. HOFFMANN, Pädagogischer Humanismus, 1955.

W. Rüegg

II. Modernes

1. Tendenzen zur Modernisierung des G.s im 18.Jh. - 2. Modernisierung des G.s im 19.Jh. - 3. Probleme des modernen G.s in der Gegenwart. - Zur Geschichte des G.s vgl. → Bildungswesen, 5

1. Wichtige, das moderne G. bestimmende Tendenzen werden schon in einigen Schultypen zu Ende des 18.Jh.s erkennbar. Neben den der Vorbereitung für das Universitätsstudium dienenden Gelehrtenschulen stehen der Vorbereitung für gewerbliche Berufe dienende Real- oder Bürgerschulen und Schulen, die der Ausbildung des künftigen Weltmannes höherer Stände dienen (→ Basedow). Charakteristische Bildungsinhalte waren Latein zur Gewinnung lateinischer Eloquenz; Realfächer zum Erwerb von Kenntnissen in Landwirtschaft, Handel und Gewerbe; lebende Sprachen zur Schulung in gewandter Konversation, Staatsbegebenheiten, Leibesübungen. Bildungsziel und Bildungsinhalt waren bestimmt durch die Rücksicht auf das in dem späteren Beruf oder Stand nötige spezifische Können. - Alle Schulen waren auf ihre Weise christlich, in eminentem Sinne die Jesuitenschulen (→ Jesuiten) und das Hallesche Pädagogium (A.H. → Francke). Diese hatten Bildungsziele, die über jeden speziellen Zweck hinaus lagen. Während aber in den Jesuitenschulen eine glückliche Übereinstimmung zwischen den lateinischen Studien alten Stils und dem Endzweck aller Erziehung und Bildung bestand, war in den pietistischen Anstalten der Inhalt der Bildung aus deren Endzweck nicht abzuleiten und insofern ein zufällig vorgefundener, der nach Erwägungen der »Nützlichkeit« übernommen wurde. Bemerkenswert ist, daß die Jesuitenschulen in gewissem Maße dem weltmännischen Zug nachgaben, das Hallesche Pädagogium aber den realistischen Bildungsinhalten sich öffnete, zumal diese dem gottseligen Lebenswandel weniger hinderlich zu sein schienen als die eigentlich gelehrten.

2. Während der kirchliche Einfluß im 19. und 20.Jh. schwindet, gewinnt das G. seine moderne Gestalt, indem es gleichzeitig seine Bildungsziele läutert und sich neuen Inhalten öffnet. Daß der Andrang moderner Inhalte zu ständiger Arbeit an der Läuterung und Verteidigung der Bildungsziele, der Anspruch geläuterter Ziele aber zur Anverwandlung der Inhalte zwingt, ist als dauernd fruchtbares Spannungsmoment zu werten.

Das geläuterte Bildungsziel, dem das moderne G. trotz vieler Abirrungen zustrebt, ist in W.v. → Humboldts Worten angedeutet: »Die Organisation der Schulen bekümmert sich daher um keine Kaste, kein einzelnes Gewerbe, allein auch nicht um die gelehrte.« »Durch die allgemeine (Bildung) sollen die Kräfte, dh der Mensch selbst gestärkt, geläutert und geregelt werden.« So problematisch der Begriff der Allgemeinbildung ist (→ Bildung), als Regulativ in den Fragen der Schulorganisation ist er bestimmt genug, indem er keine Dienstbarkeit des G.s für einzelne Berufe, Stände, Konfessionen, Weltanschauungen, Parteien oder politische Strömungen zuläßt. Seinen positiven, geschichtlichen Gehalt machten die vier genannten Motive aus, die einander korrigieren, wenn sie zusammenwirken: der Dienst an der Sozietät und das auf freie Wahrheitsfindung gerichtete Denken, die Lebenstüchtigkeit und Unvoreingenommenheit des Weltmannes und die innerste Bindung des Christen.

Im Sinne dieser Allgemeinbildung und unter dem Einfluß des → Neuhumanismus wurde zu Anfang des 19.Jh.s die lateinische Eloquenz aus ihrer beherrschenden Stellung verdrängt. An ihre Stelle trat als Krönung der altsprachlichen Studien die verstehende Aneignung griechischen Menschentums als höchster Ausprägung harmonischen oder, moderner gesehen, für unseren Kulturkreis urbildhaften Menschentums überhaupt. - Im weiteren Verlauf des 19.Jh.s führten die das damals moderne Weltbild diktierende Naturforschung und die weltumgestaltende Maschinentechnik zu immer dringlicheren Forderungen der technischen Berufswelt, den Realfächern einen größeren Raum in der höheren Schulbildung zu geben. 1901 standen als Ergebnis langer Auseinandersetzungen gleichberechtigt neben dem G. das Real-G. (Latein, lebende Sprachen, Realfächer) und die Oberrealschule (Realfächer, lebende Sprachen). Seit 1954 heißen diese Schulen altsprachliches, neusprachliches und mathematisch-naturwissenschaftliches G. Die Realfächer hatten sich auf dem Wege zur Gleichberechtigung in die mathematisch-naturwissenschaftliche Fächergruppe umgewandelt. Diese hat grundsätzlich nicht mehr die Aufgabe, für eine bestimmte Berufsgruppe vorzuschulen, sondern in Denkweise und Denkformen der modernen naturwissenschaftlichen Weltinterpretation einzuführen. Als solche nimmt sie denselben allgemeinbildenden Rang in Anspruch wie die alten Sprachen. Ähnlich soll das Studium der lebenden Sprachen nicht vorzüglich in der Umgangs- und Geschäftssprache schulen, sondern das Verständnis fremder und das tiefere Bewußtwerden der eigenen Kulturwirklichkeit erschließen.

3. Die altsprachlichen Gymnasien haben sich seit der Jahrhundertwende etwa in gleichbleibendem Umfang erhalten, während der immer steigende Zuwachs an Schülern vor allem den beiden modernen Typen zugute kam. Sicher lassen sich sehr viele Eltern und Schüler bei der Wahl der Schule von berufspraktischen Gründen bestimmen. Ihnen gegenüber wird das G. um so fester seinen allgemeinbildenden Charakter wahren, als die moderne Berufswelt immer mehr die Vorteile einer schulischen Allgemeinbildung auch für die künftige fachliche Berufsausbildung erkennt. – Das naturwissenschaftliche G. führt in einen Denktypus ein, der zugleich der modernen technischen Welt- und Lebensgestaltung zugrunde liegt. Daher besteht die Gefahr, daß er sich in den Schülern dogmatisch verfestigt und die der tieferen Selbsterfassung dienliche Distanz nicht gewonnen wird. Die dogmatische Selbstgewißheit des modernen homo faber steht ebenso wie die Selbstgewißheit eines illusionären, nur-literarischen Humanismus dem christlichen Selbstverständnis des Menschen entgegen. Es widerspräche aber auch dem Sinn der Allgemeinbildung des G.s, wenn der Bildungsinhalt einen fraglos selbstgewissen Denktypus erzeugte. Zum Zurückfragen nach der Wesensherkunft der prägenden Inhalte des eigenen geistigen Seins muß das moderne G. wenigstens die ersten Anleitungen geben. Die allgemeine Hochschulreife, die charakteristischste der dem Absolventen des G.s erteilten Berechtigungen, verlangt die Weckung jenes tieferen Problembewußtseins, selbst wenn die Hochschulen in Gefahr stünden, zu Fachschulen zu werden. – Soll das G. den der Entwicklung der modernen »industriellen Gesellschaft« angepaßten Menschentypus bilden? In dieser Frage, die vielfach bejaht wird, verbirgt sich die gegenwärtig größte Gefahr für das Wesen des G.s. Wie gegenüber den selbstverständlichen Ansprüchen der staatlichen Macht, das G. habe nützliche Untertanen (18.Jh.) oder national gesinnte Menschen (19.Jh.) oder bewußte Nationalsozialisten oder überzeugte Kommunisten (20.Jh.) zu liefern, so muß das G. auch gegenüber dem von Soziologen gedeuteten Gesellschaftsprozeß das tiefere Problembewußtsein wecken, das den sozialen Wirklichkeiten zu begegnen, aber auch zu widerstehen wissen wird und das berufen ist, sie mit zu gestalten.

Andere als die bisher genannten Bildungsinhalte des G.s sind denkbar, und sie drängen aus Berufswelt und Wissenschaft in das G. hinein. Versuche wurden und werden gemacht, Kulturkunde oder Deutschkunde zum charakteristischen Inhalt eines Zweiges des G.s zu machen, weiter Sozialkunde, Wirtschaftskunde, künstlerische Betätigungen. Jedesmal steht das G. vor der Frage: Wieweit dienen diese Inhalte »dem Menschen selbst«?

Vgl. außer der Lit. zu →Bildungswesen: HPäd IV – M. Zollinger, Hochschulreife, 1939 – W. Flitner, Grund- u. Zeitfragen der Erziehung u. Bildung, 1954 – J. Derbolav, Wesen u. Formen der Gymnasialbildung, 1957.

J. Flügge

UTB
FÜR WISSEN
SCHAFT

Eine Arbeitsgemeinschaft der Verlage

Wilhelm Fink Verlag München
Gustav Fischer Verlag Stuttgart
Francke Verlag Tübingen
Harper & Row New York
Paul Haupt Verlag Bern und Stuttgart
Dr. Alfred Hüthig Verlag Heidelberg
Leske Verlag + Budrich GmbH Opladen
J. C. B. Mohr (Paul Siebeck) Tübingen
R. v. Decker & C. F. Müller Verlagsgesellschaft m. b. H. Heidelberg
Quelle & Meyer Heidelberg · Wiesbaden
Ernst Reinhardt Verlag München und Basel
K. G. Saur München · New York · London · Paris
F. K. Schattauer Verlag Stuttgart · New York
Ferdinand Schöningh Verlag Paderborn · München · Wien · Zürich
Eugen Ulmer Verlag Stuttgart
Vandenhoeck & Ruprecht in Göttingen und Zürich

Die Religion in Geschichte und Gegenwart

Handwörterbuch für Theologie und Religionswissenschaft

Dritte, völlig neu bearbeitete Auflage

in Gemeinschaft mit Hans Frhr. v. Campenhausen, Erich Dinkler, Gerhard Gloege und Knut E. Løgstrup herausgegeben von Kurt Galling

Ungekürzte Studienausgabe

Dritter Band: H–Kon

Mit 20 Tafeln und 7 Karten

J. C. B. Mohr (Paul Siebeck) Tübingen

Redaktion des dritten Bandes: Dr. Wilfrid Werbeck

CIP-Kurztitelaufnahme der Deutschen Bibliothek

Die Religion in Geschichte und Gegenwart:
Handwörterbuch für Theologie u. Religionswiss. / in Gemeinschaft mit Hans Frhr. v. Campenhausen . . .
hrsg. von Kurt Galling. – 3., völlig neu bearb. Aufl., ungekürzte Studienausg. – Tübingen: Mohr
(UTB für Wissenschaft: Große Reihe)
ISBN 3-16-145098-1

NE: Galling, Kurt [Hrsg.]

Bd. 3. H–Kon. – 1986.

Ungekürzte Studienausgabe 1986

Satz: H. Laupp jr, Tübingen. Druck und Bindung: C. H. Beck'sche Buchdruckerei, Nördlingen.

Printed in Germany.

INHALTSVERZEICHNIS

VERZEICHNIS DER FÄCHER UND FACHBERATER

Religionswissenschaft	Prof. Dr. Dr. *C.-M. Edsman,* Uppsala-Schweden
Altes Testament	Prof. D. Dr. *K. Galling,* Göttingen
Neues Testament	Prof. D. *Erich Dinkler,* Bonn
Biblische Archäologie	Prof. D. Dr. *K. Galling,* Göttingen
Kirchengeschichte:	Prof. D. Dr. *H. Frhr. v. Campenhausen,* Heidelberg
Alte Kirche	Prof. D. *K. Aland,* Münster
Mittelalter	Prof. Dr. *L. Petry,* Mainz
Reformationszeit	Prof. D. *W. Maurer,* Erlangen
Neuzeit	Prof. D. *E. Wolf,* Göttingen
Konfessionskunde, Kirchenkunde, Ökumene und religiöse Lage der Gegenwart	Prof. D. *H.-H. Schrey,* Berlin
Dogmatik	Prof. D. *G. Gloege,* Jena
Religionsphilosophie	Prof. Dr. *K. E. Løgstrup,* Aarhus-Dänemark
Philosophie	Prof. Dr. *J. Klein,* Göttingen
Ethik	Prof. Dr. *K. E. Løgstrup,* Aarhus-Dänemark
Sozialwissenschaft	Dr. *F. Fürstenberg,* Tübingen
Praktische Theologie	Prof. D. *W. Jannasch,* Mainz
Missionswissenschaft	† Prof. D. Dr. *W. Freytag*
Kirchenrecht	Prof. Dr. *K. Hesse,* Freiburg
Kirchenmusik	Prof. Dr. *Thr. Georgiades,* München
Pädagogik	Prof. Dr. *H. Scheuerl,* Erlangen
Christliche Archäologie	Prof. D. *Erich Dinkler,* Bonn
Christliche Kunst	Dr. *Erika Dinkler-v. Schubert,* Bonn
Literaturgeschichte	Prof. Dr. *P. Requadt,* Mainz

VERZEICHNIS DER MITARBEITER AM III. BAND

Professor Dr. *A. Adam*, Bethel
Professor D. *K. Aland*, Münster
† Professor D. Dr. *A. Alt*
Dr. *H. D. Altendorf*, Tübingen
Professor D. Dr. *P. Althaus*, Erlangen
Professor Dr. *C. Andresen*, Marburg
Professor Dr. *W. Anz*, Bethel
Professor Dr. *F. Arens*, Mainz
Dr. *A. Arvastson*, Eslöv-Schweden
Professor Dr. *W. Asmus*, Darmstadt
Dr. *P. Atteslander*, Bienne-Schweiz
Dozent Dr. *R. Bach*, Duisdorf/Bonn
Reverend Dr. *D. S. Bailey*, Birmingham-England
Professor Dr. *J. N. Bakhuizen van den Brink*, Leiden-Niederlande
Privatdozent Dr. Dr. *E Bammel*, Erlangen
Professor Dr. *G. Bandmann*, Bonn
Professor D. *H. Bardtke*, Leipzig
Professor *H. Barion*, Bonn
Professor D. Dr. *E. Barnikol*, Halle
Abbé *R. Baron*, Paris-Frankreich
† Professor D. Dr. *O. Bartning*
Pastor Dr. *H.-W. Bartsch*, Krumbach
Professor Dr. *Cl. Bauer*, Freiburg
Dr. *H. Bauer*, München
Professor D. Dr. *W. Bauer*, Göttingen
Professor Dr. *J. Bauermann*, Münster
Professor D. *O. Bauernfeind*, Tübingen
Dr. *J. H. Bavinck*, Amsterdam-Niederlande
Professor Dr. *R. P. Beaver*, Chicago-USA
Professor Dr. *A. Beck*, Hamburg
Dr. *H. Beck*, Eschwege
Professor Dr. *H.-G. Beck*, München
Dr. *U. Becker*, Erlangen
Regierungsdirektor Dr. *W. Becker*, Hamburg
Präses Professor D. Dr. *J. Beckmann*, Düsseldorf
Professor Dr. *L. Behling*, Erlangen
Professor Dr. *A. Bergsträßer*, Freiburg
Dipl. Phil. *H. Berthold*, Halle
E. Beschel, Hamburg
Professor Dr. Dr. *K. Beth*, Chicago-USA
Professor Dr. *H. Beumann*, Bonn
Dozent Dr. *E. Beyreuther*, Leipzig
Staatssekretär a.D. *P. Binder*, Stuttgart
Dozent Dr. *N. Birnbaum*, London-England
Professor Dr. *K. Bittel*, Istanbul-Türkei
Professor Dr. *G. Biundo*, Mainz
Professor D. *E. Bizer*, Bonn
Professor Dr. *F. Blättner*, Kiel
Direktor Dr. *W. Blankenburg*, Schlüchtern
Dr. *J. Blauw*, Amsterdam-Niederlande
Dr. *F. Bloemhof*, Esterdijk-Niederlande
Professor Dr. *H. Blumenberg*, Hamburg
Professor Dr. *F. Bock*, Darrigsdorf
Professor Dr. *P. Böckmann*, Köln
Reverend Dr. *K. J. M. Boggis*, Hilligdon-England
Professor D. Dr. *G. Bohne*, Kiel
Professor Dr. *O. F. Bollnow*, Tübingen
Professor D. *G. Bornkamm*, Heidelberg
Professor D. Dr. *H. Bornkamm*, Heidelberg
Dozent Dr. *A. Borst*, Münster
Lic. *H. Brandenburg*, Korntal
Professor Dr. *S. G. F. Brandon*, Manchester-England
Missionsdirektor *G. Brennecke*, Berlin
† Professor Dr. *M. C. Broekman*
Professor D. Dr. *A. Brück*, Mainz
Professor Dr. *H. Brunner*, Tübingen
Dr. *F. Buchholz*, Darmstadt
Professor Dr. *R. Buchner*, Würzburg
Professor D. Dr. *M. Bucsay*, Budapest-Ungarn
Professor Dr. *H. Büttner*, Bad Nauheim
Professor D. *R. Bultmann*, Marburg
Dr. *A. Bultmann-Lemke*, Fayetteville-USA
Reverend *D. Carter*, Hull-England
Professor *H. Chadwick* DD, Oxford-England
Privatdozent Dr. *P. Classen*, Mainz
Dr. *H. Claussen*, Münster

Dr. *S. Cohen,* Cincinnati-USA
Dr. *C. Colpe,* Göttingen
Professor D. *H. Conzelmann,* Zürich-Schweiz
Professor Dr. *B. Decker,* Mainz
Professor D. Dr. *F.W. Deichmann,* Rom-Italien
Dr. *H. Delius,* St. Andreasberg
Dr. *H.-U. Delius,* Berlin
Professor D. Dr. *W. Delius,* Berlin
Professor D. *G. Delling,* Halle
Pastor *W. Dicke,* Hannover
Dozent Dr. *C.G. Diehl,* Lund-Schweden
Pfarrer Dr. *K. Dienst,* Wiesbaden
Pfarrer Dr. Dr. *E.L. Dietrich,* Wiesbaden
Professor Dr. *A. Dihle,* Köln
Professor D. *Erich Dinkler,* Bonn
Professor D. Dr. *M. Doerne,* Göttingen
Professor Dr. *H. Dörrie,* Saarbrücken
Professor D. *H. Dörries,* Göttingen
Pfarrer Dr. *R. Dollinger,* Pfarrkirchen
Dr. *H. Donner,* Göttingen
Reverend *H.G. Dorman jr,* Beirut-Libanon
Professor Dr. *R. Draguet,* Löwen-Belgien
Pfarrer *W. Drobnitzky,* Münster
Archivrat Dr. *R. Drögereit,* Hannover
Professor Dr. *H. Dürr,* Schloßwil-Schweiz
Dipl. Phil. *J. Dummer,* Berlin
Professor D. *G. Ebeling,* Zürich-Schweiz
Professor Dr. *M. Eder,* Tokio-Japan
Pfarrer Dr. *O. Eggenberger,* Richterswil-Schweiz
Professor Dr. Dr. *A. Ehrhardt,* Heywood-England
Professor Dr. *W. Eilers,* Würzburg
Professor D. Dr. Dr. *O. Eißfeldt,* Halle
Missionsinspektor D. *A. Elfers,* Hermannsburg
Professor Dr. *M. Eliade,* Chicago-USA
Professor D. *K. Elliger,* Tübingen
Professor D. *W. Eltester,* Tübingen
Stiftskaplan Dr. *E. Erikstein,* Trontheim-Norwegen
Professor Dr. *A. Erler,* Frankfurt/M.
Professor Dr. *E. Ewig,* Mainz
† Professor Dr. *O. Farner*
Professor D. *E. Fascher,* Berlin
Ephorus D. *H. Fausel,* Maulbronn
Professor Dr. *H.E. Feine,* Tübingen
Dr. *R. Feldhusen,* Hamburg
Dr. *P. Feldkeller,* Berlin
Dr. *I. Fetscher,* Tübingen
Rektor Dr. *F. Flaskamp,* Wiedenbrück
Dr. *W. Fleck,* Berlin
Professor Dr. *W. Flemming,* Mainz
† Professor D. Dr. *E. Foerster*
Professor D. *W. Foerster,* Münster
S. Fornaçon, Berlin
R. Fouquet, Flensburg
Professor Dr. *A. Franzen,* Bonn
† Professor D. Dr. *W. Freytag*
Pastor D. *R. Frick,* Düsseldorf-Kaiserswerth
Professor D. *K. Frör,* Erlangen
Professor Dr. *W.P. Fuchs,* Heidelberg
Dr. *F. Fürstenberg,* Tübingen
Dr. *H. Fuhrmann,* Kiel
Professor Dr. *H.-G. Gadamer,* Heidelberg
Professor D. Dr. *K. Galling,* Göttingen
Privatdozent Dr. *M. Geiger,* Tenniken-Schweiz
Studienrat Pfarrer Dr. *P. Geiger,* Heidelberg
Professor Dr. *J.R. Geiselmann,* Tübingen
Professor D. *H.-W. Gensichen,* Heidelberg
Professor Dr. *Thr. Georgiades,* München
Professor Dr. *H.v. Glasenapp,* Tübingen
Professor D. *G. Gloege,* Jena
Professor Dr. *W. Göbell,* Kiel
Professor Dr. *S. Göransson,* Uppsala-Schweden
Dr. *J.F.G. Goeters,* Bonn
Professor Dr. *K. Goldammer,* Marburg
Dr. *E. Gose,* Trier
Dr. *J. Gottschalk,* Fulda
Professor Dr. *H. Graffmann,* Herborn
Professor Dr. *F.C. Grant,* New York-USA
Professor D. *H. Graß,* Marburg
L.B. Greaves, London-England
Director *R.B. Green,* Princeton-USA
Professor D. *H. Greeven,* Kiel
Professor Dr. *M. Greiner,* Gießen
Dr. *T. Grimm,* Ahrensburg
Professor Dr. *K. Grobel,* Nashville-USA
Professor Dr. *W. Grohmann,* Berlin
Professor Dr. *H. Grundmann,* München
Professor Dr. *S. Grundmann,* Marburg
Oberst der Heilsarmee *M. Gruner,* Berlin
Professor Dr. *H.G. Güterbock,* Chicago-USA
Dr. *H.R. Guggisberg,* Biel-Schweiz
Dozent Dr. *B. Gustafsson,* Lund-Schweden
Professor Dr. *M. Gutiérrez Marín,* Barcelona-Spanien

Professor Dr. *J. Haekel*, Wien-Österreich
Professor D. Dr. *O. Haendler*, Berlin
Dr. *C. Hagener*, Hamburg
Professor Dr. *W. Hager*, Münster
Professor D. *W. Hahn*, Heidelberg
Pfarrer *K. Halaski*, Gruiten
Professor Dr. *H. Haller*, Heidelberg
Dr. Dr. *E. Hammerschmidt*, Mannheim
Oberbaurat *H. Hampe*, Heidelberg
Pastor Dr. *H.H. Harms*, Genf-Schweiz
Professor Dr. *G.F. Hartlaub*, Heidelberg
Professor D. *F. Hauss*, Heidelberg
Professor Dr. *G. Heberer*, Göttingen
Dr. *M. Heckel*, München
Pfarrer *G. Heidtmann*, Düsseldorf
Professor D. Dr. *F. Heiler*, Marburg
Professor Dr. *E. Heimann*, New York-USA
Professor Dr. *H. Heimpel*, Göttingen
Superintendent Dr. *G. Heintze*, Hildesheim
Pfarrer Lic. *P. Held*, Rüschlikon-Schweiz
Rektor Dr. *B. Hemberg*, Södertälje-Schweden
Dr. *J. Hemmerle*, München
Professor D. Dr. *J. Hempel*, Göttingen
Privatdozent Dr. *D. Henrich*, Heidelberg
Professor D. *R. Hermann*, Berlin
Pastor Dr. *J. Hermelink*, Hamburg
Universitätsmusikdirektor Dr. *S. Hermelink*, Heidelberg
Professor Dr. *R. Hertz*, Bonn
Professor D. *H.W. Hertzberg*, Kiel
Professor *D. E. Hertzsch*, Jena
Professor Dr. *C. Heselhaus*, Münster
Professor Dr. *F. Hesse*, Marburg
Professor Dr. *K. Hesse*, Freiburg
Professor Dr. *L. Heyde*, Köln
Superintendent D. *H. Heyden*, Richtenberg
Pater Dr. *St. Hilpisch* OSB, Fulda
Professor Dr. *I. Höß*, Nürnberg/Erlangen
Dr. *G. Hofer*, Göttingen
Professor Dr. *E. Hoffmann*, Kassel
Professor D. *G. Hoffmann*, Kiel
Professor Dr. *Ph. Hofmeister* OSB, Neresheim
Reverend Dr. *W.R. Hogg*, Dallas-USA
Bibliotheksrat Dr. *H. Hohenleutner*, München
Oberkonsistorialrat a.D. Lic. Dr. *H. Hohlwein*, Solingen
Professor Dr. *H. Holborn*, New Haven-USA
Professor D. *W. Holsten*, Mainz
Professor D. *G. Holtz*, Rostock
Professor Dr. *P. Honigsheim*, East Lansing-USA
Professor D. Dr. *F. Horst*, Mainz
Pfarrer Dr. *E. Hübner*, Bonn
Professor Dr. *A.R. Hulst*, Baarn-Niederlande
Professor Dr. *Å. Hultkrantz*, Stockholm-Schweden
Professor Dr. *P. Humbert*, Neuchâtel-Schweiz
Pfarrer Dr. Dr. *G. Huntemann*, Bremen
Privatdozent Dr. *C.-H. Hunzinger*, Göttingen
Kirchenrat D. Dr. *K. Hutten*, Stuttgart
Dozent Dr. *H. Jacobsohn*, Marburg
Professor D. Dr. *W. Jaeger*, Cambridge-USA
Professor Dr. *E. Jammers*, Heidelberg
Professor D. *W. Jannasch*, Mainz
Professor Lic. *K. Janssen*, Münster
Professor Dr. *C. Jantke*, Hamburg
Professor Dr. *E. Jarno*, Mainz
Kirchenrat D. Dr. *R. Jauernig*, Weimar
Professor Dr. *E. Jenni*, Basel-Schweiz
Pastor Dr. *J. Jentzsch*, Auerbach
Professor D. Dr. *J. Jeremias*, Göttingen
Dr. *K. Ihlenfeld*, Berlin
Missionsdirektor Professor D. Dr. *C. Ihmels*, Leipzig
Dr. *U. Im Hof*, Bern-Schweiz
Professor D. *W. Joest*, Erlangen
Lektor Dr. *R. Johannesson*, Euskede-Schweden
Professor Dr. *P. Johansen*, Hamburg
Professor Dr. *K. Jordan*, Kiel
Professor Dr. *J. Irmscher*, Berlin
† Professor D. Dr. *A. Jülicher*
F. Jürss, Berlin
Dipl. Theol. *K. Junack*, Münster
Professor D. *H. Jursch*, Jena
Professor D. *E. Käsemann*, Tübingen
Professor Dr. *W. Kahl*, Köln
Dozent Dr. *O. Kaiser*, Tübingen
Professor Dr. *F.W. Kantzenbach*, Neuendettelsau
Geheimrat D. Dr. *B. Karnatz*, Berlin
Professor Lic. Dr. *H. Karpp*, Bad Godesberg
Dr. *O. Karrer*, Luzern-Schweiz
P. Katz (The Rev. Dr. *W.P.M. Walters*, Cambridge-England)
Dozent Dr. Dr. *P. Kawerau*, Münster
Professor D. *A. Keller*, Zürich-Schweiz

Professor Dr. *C.A.Keller*, Lausanne-Schweiz
Pfarrer *E.Kellerhals*, Basel-Schweiz
Missionsinspektor *F.Kellermann*, Erlangen
Missionar *W.Kempgen*, Wuppertal-Barmen
Professor Dr. *E.Keyser*, Marburg
A.v.Kirchbach, Tragnitz
Professor D. *H.Kittel*, Osnabrück
Dr. *R.Klauser*, Heidelberg
Professor Dr. *J.Klein*, Göttingen
Professor Dr. Dr. *K.K.Klein*, Innsbruck-Österreich
Dr. *H.Kluth*, Hamburg
Professor Dr. *M.D.Knowles*, Cambridge-England
Professor Lic. *G.Koch*, Berlin
Professor Dr. *Hal Koch*, Kopenhagen-Dänemark
† Professor Dr. Dr. *Hans Koch*
Professor D. *A.Köberle*, Tübingen
† Professor Dr. *A.M.Koeniger*
Dozent Dr. *H.Köster*, Cambridge-USA
Professor Dr. *R.Konetzke*, Köln
Professor D. *H.-J.Kraus*, Hamburg
Professor Dr. *G.Kretschmar*, Hamburg
Dr. *A.Kriege*, Stuttgart
Professor Dr. *H.Krimm*, Heidelberg
Dr. *Chr. Graf v.Krockow*, Göttingen
Dr. *G.G.Krodel*, Chicago-USA
Oberkirchenrat Dr. *H.Krüger*, Frankfurt/M.
Professor D. *W.G.Kümmel*, Marburg
Professor D. Dr. *W.Künneth*, Erlangen
Professor Dr. *W.Küppers*, Bonn
† D. Dr. *C.Kuhl*
Professor Dr. *K.Kupisch*, Berlin
Professor Dr. *A.Kuschke*, Mainz
Dr. *E.Kutsch*, Mainz
Professor D. *H.Laag*, Caldern
Oberlandeskirchenrat Dr. *W.Lampe*, Hannover
Dr. *G.Lanczkowski*, Wabern
Pfarrer *G.Lang*, Korntal
Professor Dr. *H.Langerbeck*, Bad Homburg
Professor Dr. *M.J.Langeveld*, Utrecht-Niederlande
Professor Dr. *K.Lankheit*, Karlsruhe
Professor Dr. Dr. *K.S.Latourette*, New Haven-USA
Professor Dr. Dr. *K.Latte*, Göttingen
Professor D. *F.Lau*, Leipzig
Professor D. *A.Lehmann*, Halle
Professor Dr. *H.Lehmann*, Tübingen
Professor Dr. *L.Lenhart*, Mainz
Pfarrer D. *D.Lerch*, Oberhallau-Schweiz
Professor D. Dr. *F.M.Th. de Liagre Böhl*, Ottersum-Milsbeek-Niederlande
Professor D. *F.Lieb*, Basel-Schweiz
Dozent Dr. *H.Liebing*, Tübingen
Professor Dr. *W.Liepe*, Kiel
Professor D. Dr. *H.Liermann*, Erlangen
Professor Dr. *S. van der Linde*, Utrecht-Niederlande
Dr. *A.Lippold*, Rheinbach/Bonn
Professor Dr. *K.E.Løgstrup*, Aarhus-Dänemark
Professor D. *W.v.Loewenich*, Erlangen
Dr. Dr. *K. Fürst zu Löwenstein*, Bronnbach
Professor Dr. *E.Lohse*, Kiel
Professor Dr. *G.Loose*, Boulder-USA
Privatdozent Lic. *R.Lorenz*, Naumburg
Professor Dr. *H.Losch*, Bonn
Professor Dr. *P.Luchtenberg*, Burscheid
Professor Dr. *H.Ludat*, Gießen
Dr. *H.Lübbe*, Münster
Pfarrer D. *W.Lueken*, Frankfurt/M.
Professor Dr. *F.Maass*, Berlin
Pastor *F.Maier*, Hongkong-China
Pfarrer *F.Majer-Leonhard*, Stuttgart
Professor Dr. *O.Mann*, Heidelberg
Pastor Dr. *J.Margull*, Hamburg
Dr. *G.Maron*, Bensheim
Dr. *W.-D.Marsch*, Berlin
Professor Dr. *W.Marxsen*, Bethel
Professor Dr. *E.Maschke*, Heidelberg
Professor Dr. *Chr.Maurer*, Bethel
Professor D. *W.Maurer*, Erlangen
Dr. *H.Maus*, Mainz
Dr. *K.Mautz*, Mainz
Stadtpfarrer *R.Mayer*, Freudenstadt
Professor Dr. Dr. *Th.Mayer*, Konstanz
Professor Dr. *G.Mecenseffy*, Wien-Österreich
Professor Dr. Dr. *G.Mensching*, Bonn
Professor D. *G.Merz*, Neuendettelsau
Oberstudiendirektor Dr. *F.Messerschmid*, Tucking
Oberkirchenrat D. *Ph.Meyer*, Göttingen
Professor D. *R.Meyer*, Jena
Professor D. Dr. *M.Mezger*, Mainz
Professor D. *O.Michel*, Tübingen
Staatsarchivdirektor Dr. *M.Miller*, Stuttgart

Dr. *A. Mirgeler,* Aachen
Professor Dr. *K.H. Miskotte,* Leiden-Niederlande
Pfarrer *G. Möckel,* Athen-Griechenland
Privatdozent Dr. *B. Moeller,* Heidelberg
Professor Dr. *Chr. Mohrmann,* Nijmegen-Niederlande
Professor Dr. *E. Molland,* Oslo-Norwegen
Professor Dr. *J. Moltmann,* Wuppertal-Barmen
Professor Dr. *A. Moortgat,* Berlin
Archivreferendar Dr. *L. Morenz,* München
Professor D. Dr. *S. Morenz,* Leipzig
Professor Dr. *S. Moscati,* Rom-Italien
W. Mudde, Utrecht-Niederlande
Professor Dr. *W.E. Mühlmann,* Wiesbaden
Pfarrer *Gotth. Müller,* Stuttgart
Professor Dr. Dr. *L. Müller,* Kiel
Oberkirchenrat Dr. *Manfred Müller,* Stuttgart
Dr. Dr. *Th. Müller-Krüger,* Djakarta-Indonesien
Professor Dr. *G. Müller-Schwefe,* Tübingen
Privatdozent Dr. *W. Müller-Seidel,* Heidelberg
Professor Dr. *H. Müller-Suur,* Göttingen
Pasteur *E. Muller,* Romanswiller-Frankreich
Professor D. *W. Nagel,* Greifswald
Professor Dr. *B. Nagy,* Budapest-Ungarn
Professor Dr. *H. Nakagawa,* Hokkaido-Japan
Professor D. *A. Niebergall,* Marburg
Professor Dr. *H.R. Niebuhr,* New Haven-USA
Oberkirchenrat Dr. Dr. *G. Niemeier,* Hannover
Pastor D. *W. Niemöller,* Bielefeld
Professor Dr. *M.P. Nilsson,* Lund-Schweden
Dr. *K. Nitzschke,* Bensheim
Professor D. *M. Noth,* Bonn
Dozent Dr. *H. Nyman,* Åbo-Finnland
Dr. *K. Oberdorffer,* Ludwigshafen
Dr. *L. Oeing-Hanhoff,* Münster
Professor Dr. *K. Onasch,* Halle
Professor Dr. *H. Osthoff,* Frankfurt/M.
Dr. *W. Osthoff,* München
Privatdozent Dr. *H. Ott,* Arisdorf-Schweiz
Generalpräses Professor Dr. *J. Overath,* Köln
Professor Dr. *H. van Oyen,* Basel-Schweiz
Dr. *E.H. Pältz,* Jena
Professor Dr. *B. Panzram,* Freiburg
Dipl. Phil. *F. Paschke,* Berlin
Privatdozent Dr. *G. Patzig,* Göttingen
Dr. Dr. *H. Paulus,* Erlangen
Missionsdirektor *B. Pernow,* Stockholm-Schweden
Professor D. *E. Peschke,* Rostock
Ministerialrätin a.D. *K. Petersen,* Hannover
Professor Dr. *K.H. Pfeffer,* Hamburg
Privatdozent Dr. *R. Pfister,* Zürich-Schweiz
Professor Lic. Dr. *W. Philipp,* Marburg
Dr. *P. Philippi,* Heidelberg
D. *G. Pilhofer,* Neuendettelsau
Professor Dr. *O.A. Piper,* Princeton-USA
Professor Dr. *O. Plöger,* Bad Godesberg
Dr. *W. Ponomarew,* Marburg
Professor Dr. *N.W. Porteous,* Edinburgh-Schottland
Landesjugendpfarrer *W. Posth,* Wuppertal-Barmen
Professor Dr. *R. Prenter,* Aarhus-Dänemark
Professor Dr. *A. Rammelmeyer,* Frankfurt/M.
Missionsdirektor *E. Ramsauer,* Bremen
S.C. Graf van Randwijck, Oegstgeest-Niederlande
Professor Dr. *E.L. Rapp,* Mainz
Professor D. Dr. *C.H. Ratschow,* Münster
Professor Dr. *A. Reble,* Bielefeld
Professor D. Dr. *M. Redeker,* Kiel
Professor Dr. *B. Reicke,* Basel-Schweiz
Professor Dr. *S. Reicke,* Heidelberg
Pfarrer Dr. *H. Reller,* Winnigstedt
Professor Dr. *R. Rendtorff,* Berlin
Studienleiter Dr. *H. Renkewitz,* Arnoldshain
Professor Dr. *P. Requadt,* Mainz
Rektor *E. Reuter,* Bethel
Professor Dr. *R. Říčan,* Prag-Tschechoslowakei
Dozent Dr. *H. Ringgren,* Uppsala-Schweden
Professor Dr. *F.-J. v. Rintelen,* Mainz
Kirchenrat D. Dr. *K.B. Ritter,* Marburg
Reverend Dr. *W.G. Robinson,* Manchester-England
Privatdozent Dr. *L. Röhrich,* Mainz
Pfarrer *M. Rohkrämer,* Wallach
P. Rohmer, Straßburg-Frankreich
Professor D. Dr. *G. Rosenkranz,* Tübingen
Professor D. Dr. *L. Rost,* Erlangen
Professor Dr. *H. Roth,* Frankfurt/M.
Pfarrer *W. Rott,* Koblenz
Professor Dr. *H.H. Rowley,* Manchester-England
Dr. *W. Rüegg,* Zürich-Schweiz
Dr. *O. Rühle,* Stuttgart
Dr. *E.G. Rüsch,* St. Margrethen-Schweiz
Professor Dr. *A.A. van Ruler,* Utrecht-Niederlande

Professor Dr. *A. Ruppel*, Mainz
Oberlandeskirchenrat Dr. *E. Ruppel*, Hannover
Dr. *Hildegard Schaeder*, Frankfurt/M.
Professor Dr. *E. Schäfer*, Göttingen
Professor Dr. *F. Schaffstein*, Göttingen
Dr. *L. Scheu*, Hamburg
Professor Dr. *U. Scheuner*, Bad Godesberg
Professor Dr. *Th. Schieffer*, Bad Godesberg
Professor Dr. Dr. *A. Schimmel*, Ankara-Türkei
Pastor Dr. *F. Schlingensiepen*, Bradford-England
Professor D. Dr. *E. Schlink*, Heidelberg
Dr. *R. Schlötterer*, München
Professor D. *K.D. Schmidt*, Hamburg
Professor Dr. *M. Schmidt*, Mainz
Professor Dr. *M.A. Schmidt*, San Anselmo-USA
Professor Dr. *W.A. Schmidt*, Åbo-Finnland
† *W.E. Schmidt*
Pfarrer Dr. *F. Schmidt-Clausing*, Berlin
Missionsinspektor *E. Schmiedinghoff*, Schorndorf
Professor D. *W. Schneemelcher*, Bonn
Professor D. Dr. *J. Schneider*, Berlin
Dr. *A. Scholl*, Sprendlingen
Professor D. *E. Schott*, Halle
Dr. *R. Schott*, Bonn
M. Schrader OSB, Rüdesheim-Eibingen
Professor Dr. *E. Schramm*, Mainz
Professor Dr. *P.E. Schramm*, Göttingen
Professor D. *G. Schrenk*, Arosa-Schweiz
Professor D. *H.-H. Schrey*, Berlin
Pastor Dr. *C.M. Schröder*, Bremen
Professor Dr. *W.J. Schröder*, Frankfurt/M.
Professor Dr. *W. Schubring*, Hamburg
Oberkonsistorialrat a. D. Dr. *W. Schütz*, Mülheim/Ruhr-Selbeck
Professor Dr. *W. Schulz*, Tübingen
Pfarrer Dr. *K. Schuster*, Darmstadt
Reverend D. *P. Scott*, Manchester-England
Stud.Ass. *H. Seifert*, Westönnen
Dr. *M. Seils*, Halle
Privatdozent Dr. *M. Sicherl*, Mainz
Dr. *M. Sieber*, Muttenz-Schweiz
Professor Dr. *Marcel Simon*, Straßburg-Frankreich
Kirchenrat D. *Matthias Simon*, Nürnberg
Professor Dr. *R. Smend*, Göttingen
Dr. *I. Smolitsch*, Berlin
Professor Dr. *W. Frhr. v. Soden*, Wien-Österreich
Pastor Dr. *G. Sprengler*, Göttingen
Professor Dr. *B. Spuler*, Hamburg
Professor D. Dr. *G. Stählin*, Mainz
Professor D. *K.G. Steck*, Frankfurt/M.
Professor Dr. *F. Stegmüller*, Freiburg
Pastor *R. Steiner*, Wuppertal-Barmen
Pfarrer Dr. Dr. *H. Steitz*, Mainz
Professor Dr. *K. Stendahl*, Cambridge-USA
Professor Dr. *E.E. Stengel*, Marburg
Dr. *E. Stiglmayr*, Wien-Österreich
Professor Dr. *H. Stock*, Göttingen
Dr. *H.J. Stoebe*, Bethel
Dr. *H. Stoob*, Hamburg
Professor Dr. *O.E. Straßer*, Bern-Schweiz
Professor D. Dr. *R. Stupperich*, Münster
Oberkirchenrat D. *W. Sucker*, Darmstadt
Professor Dr. *H.W. Surkau*, Weilburg
Professor Dr. *A. Szekeres*, Brüssel-Belgien
Dr. *M. Tetz*, Göttingen
Dr. *M. Theunissen*, Berlin
Superintendent *W. Thiel*, Berlin
Professor Dr. *W. Thieme*, Saarbrücken
Studienleiter Dr. *E. Thier*, Friedewald
Professor Dr. *L. Thomas*, Lissabon-Portugal
Bischof *W.J. Thompson*, Isfahan-Iran
Professor D. Dr. *O. Thulin*, Wittenberg
Rektor *G. Tolderlund-Hansen*, Roskilde-Dänemark
Dr. *U. Treu*, Berlin
Professor Dr. *F. Uhlhorn*, Marburg
Professor D. Dr. *W. Uhsadel*, Tübingen
Professor Dr. *W.C. van Unnik*, Bilthoven-Niederlande
Professor Dr. *H. Urner*, Halle
Bibliotheksdirektor Dr. *K. Vancsa*, Linz-Österreich
Privatdozent Dr. *H.W. Vasterling*, Göttingen
Professor Dr. *A. Vetter*, Münsing
Dr. *I. Vielhauer*, Bonn
Professor Dr. *P. Vielhauer*, Bonn
Professor Dr. *V. Vinay*, Rom-Italien
Professor Dr. *J. Vincke*, Freiburg
Pfarrer Dr. *L. Vischer*, Herblingen-Schweiz
† Professor D. Dr. *K. Völker*
Professor Lic. Dr. *R. Voeltzel*, Straßburg-Frankreich
Oberstudiendirektor a.D. Dr. *F.A. Voigt*, Würzburg

Dr. O. *Volk*, München
Dr. *H. Volz*, Göttingen
Professor Dr. *J. de Vries*, Utrecht-Niederlande
Professor Dr. *Th.C. Vriezen*, Den Dolder-Niederlande
Professor Dr. *F.R. Walton*, Tallahassee-USA
Dr. *H.H. Walz*, Fulda
Privatdozent Dr. *P. Wapnewski*, Heidelberg
Dr. *V. Waschnitius*, Gentofte-Dänemark
Reverend Dr. *J.A.R. Watt*, Edinburgh-Schottland
Professor D. *O. Weber*, Göttingen
Professor Dr. *W. Weber*, Göttingen
Vizepräsident Dr. *R. Weeber*, Stuttgart
Propst *J. Weigelt*, Jerusalem-Jordanien
Dr. *M. Weise*, Jena
Professor D. *A. Weiser*, Tübingen
Pfarrer *M. Weiß*, Bachs-Schweiz
Dr. *H. Weißgerber*, Allendorf
Professor Dr. *C.F. Frhr. v. Weizsäcker*, Hamburg
† Professor Dr. *A. Wendel*
Professor D. *H.-D. Wendland*, Münster
Oberkirchenrat Professor Dr. *G. Wendt*, Karlsruhe
Professor Dr. *E. Weniger*, Göttingen
Dr. *W. Werbeck*, Tübingen
Professor Dr. *W. Wernet*, Münster
Dr. *W. Wieland*, Hamburg
Professor D. *W. Wiesner*, Mainz
Professor Dr. *H. Wildberger*, Zürich-Schweiz
Professor Dr. *G.H. Williams*, Cambridge-USA
Dr. *F. Winkelmann*, Berlin
Professor Dr. *R. Wittram*, Göttingen
Direktor O. *Wivel*, Kopenhagen-Dänemark
Dozent Dr. *F.W. Wodtke*, Kiel
Professor D. Dr. *Erik Wolf*, Oberrotweil
Professor D. *Ernst Wolf*, Göttingen
Professor Dr. *R.C. Wolf*, Oberlin-USA
Professor D. *H.W. Wolff*, Mainz
Professor D. *G. Wünsch*, Marburg
Professor Dr. *St. Zankow*, Sofia-Bulgarien
Professor Dr. *H. Zatschek*, Wien-Österreich
Oberkirchenrat Dr. *P. Zieger*, Hannover
Professor Dr. *A.W. Ziegler*, München
Dr. Dr. *H. Zimmermann*, Wien-Österreich
† Professor D. *L. Zscharnack*
Pater Dr. Dr. *A. Zumkeller* OESA, München

Als Übersetzer:

Dr. *W. Beyerlin*, Reutlingen
J.J. Blok, Leeuwarden-Niederlande
Professor D. *Erich Dinkler*, Bonn
Dr. *Erika Dinkler-v. Schubert*, Bonn
Professor Dr. Dr. *A. Ehrhardt*, Heywood-England
E.-M. Fabian, Tübingen
K. Fröhlich, Madison-USA
Dr. *E. Kümmerer*, Tübingen
R. Løgstrup, Skødstrup-Dänemark
Privatdozent Dr. *P.M. Schon*, Mainz
Professor D. *H.-H. Schrey*, Berlin
Dr. *H. Schulte*, Heidelberg

Als Zeichner:

Privatdozent Dr. *A. Gerlich*, Mainz

VERZEICHNIS DER ABKÜRZUNGEN

I. BIBLISCHE BÜCHER UND AUSSERKANONISCHE SCHRIFTEN

A. Altes Testament

Gen	Genesis
Ex	Exodus
Lev	Leviticus
Num	Numeri
Dtn	Deuteronomium
Jos	Josua
Ri	Richter
1Sam	1. Samuelbuch
2Sam	2. Samuelbuch
1Kön	1. Königsbuch
2Kön	2. Königsbuch
Jes	Jesaja
Dtjes	Deuterojesaja
Jer	Jeremia
Ez	Ezechiel
Hos	Hosea
Jo	Joel
Am	Amos
Ob	Obadja
Jon	Jona
Mi	Micha
Nah	Nahum
Hab	Habakuk
Zeph	Zephanja
Hag	Haggai
Sach	Sacharja
Mal	Maleachi
Ps(s)	Psalm(en)
Spr	Sprüche
Hi	Hiob
Hhld	Hoheslied
Ruth	
Klgl	Klagelieder
Pred	Prediger
Est	Esther
Dan	Daniel
Esr	Esra
Neh	Nehemia
1Chr	1. Buch der Chronik
2Chr	2. Buch der Chronik

B. Außerkanonische Schriften neben dem Alten Testament

ApkBar(gr)	griech. Baruch-Apokalypse
ApkBar(syr)	syrische Baruch-Apokalypse
Arist	Aristeasbrief
AssMos	Assumptio Mosis
Bar	Baruch
Dam	Damaskusschrift (Zadokitisches Fragment)
EpJer	Epistula Jeremiae
3Esr	3. Esra
4Esr	4. Esra
äthHen	äthiop. Henochbuch
grHen	griech. Henochbuch
hebrHen	hebr. Henochbuch
slHen	slaw. Henochbuch
Jdt	Judith
Jub	Jubiläenbuch
LebAd	Leben Adams und Evas
1Makk	1. Makkabäerbuch
2Makk	2. Makkabäerbuch
3Makk	3. Makkabäerbuch
4Makk	4. Makkabäerbuch
MartJes	Martyrium des Jesaja
OrMan	Oratio Manassis
PsSal	Psalmen Salomos
Sib	Sibyllinen
Sir	Jesus Sirach
TestAbr	Testament Abrahams
Test XII	Testamente der 12 Patriarchen
TestRub	(Sim, Lev, Jud, Iss, Seb, Dan, Naph, Gad, Ass, Jos, Benj)
Tob	Tobit
Weish	Weisheit Salomos
ZusDan	Zusätze zu Daniel
ZusEst	Zusätze zu Esther

Die Funde aus dem Raum westlich des Toten Meeres werden nach dem Vorschlag von R. de Vaux in RB 60, 1953, 88 zitiert:

1QH	hôdajôt = Dankpsalmen aus der ersten Höhle von Qumran (Sukenik, DSS Tafel 35–58)
1QIs^{a}	erste Jesaja-Handschrift aus der ersten Höhle von Qumran (Burrows, QMss I. Tafel 1-54)
1QIs^{b}	zweite Jesaja-Handschrift aus der ersten Höhle von Qumran (Sukenik, DSS Tafel 1–15)
1QM	milḥamăt b^{e}nê 'ôr bib^{e}nê ḥošæk = »Kampf der Söhne des Lichts gegen die Söhne der Finsternis« (= »Kriegsrolle«, »War«, »Guerre« o.ä.); Handschrift aus der ersten Höhle von Qumran (Sukenik, DSS Tafel 16–34. 47)
1QpHab	pæšær ḥ^{a}baqûq = Habakuk-Kommentar; Handschrift aus der ersten Höhle von Qumran (Burrows, QMss I. Tafel 55-61)
1QS	særæk hăjjăḥăd = »Sektenregel«, »Manual of Discipline« o. ä.; Handschrift aus der ersten Höhle von Qumran (Burrows, QMss II. fasc. 2)

C. Neues Testament

Mt	Matthäus
Mk	Markus
Lk	Lukas
Joh	Johannes
MtEv, MkEv, LkEv, JohEv	im Text ohne Stellenangaben
Apg	Apostelgeschichte
Röm	Römerbrief
1Kor	1. Korintherbrief
2Kor	2. Korintherbrief
Gal	Galaterbrief
Eph	Epheserbrief
Phil	Philipperbrief
Kol	Kolosserbrief
1Thess	1. Thessalonicherbrief
2Thess	2. Thessalonicherbrief
1Tim	1. Timotheusbrief
2Tim	2. Timotheusbrief
Tit	Titusbrief
Past	Pastoralbriefe
Phlm	Philemonbrief
Hebr	Hebräerbrief
Jak	Jakobusbrief
1Petr	1. Petrusbrief
2Petr	2. Petrusbrief
1Joh	1. Johannesbrief
2Joh	2. Johannesbrief
3Joh	3. Johannesbrief
Jud	Judasbrief
Apk	Johannes-Apokalypse

D. Außerkanonische Schriften neben dem Neuen Testament und Apostolische Väter

ActAndr	Andreasakten
ActJoh	Johannesakten
ActPaul	Paulusakten
ActPetr	Petrusakten
ActThom	Thomasakten
ÄgEv	Ägypterevangelium
ApkAbr	Abraham-Apokalypse
ApkEl	Elias-Apokalypse
ApkMos	Moses-Apokalypse
ApkPetr	Petrus-Apokalypse
AscJes	Ascensio Jesaiae
Barn	Barnabasbrief
1Clem	1. Clemensbrief
2Clem	2. Clemensbrief
Did	Didache (Lehre der 12 Apostel)
EbEv	Ebionitenevangelium
HebrEv	Hebräerevangelium
Herm mand	Hermas, mandata
Herm sim	Hermas, similitudines
Herm vis	Hermas, visiones
IgnEph	Brief des Ignatius an die Epheser
IgnMagn	Brief des Ignatius an die Magnesier
IgnTrall	Brief des Ignatius an die Trallianer
IgnRöm	Brief des Ignatius an die Römer
IgnPhld	Brief des Ignatius an die Philadelphier
IgnSm	Brief des Ignatius an die Smyrnäer
IgnPol	Brief des Ignatius an Polykarp
Laod	Laodicenerbrief
MartPol	Martyrium des Polykarp
OdSal	Oden Salomos
PetrEv	Petrusevangelium
Polyk	Brief des Polykarp
Protev	Protevangelium des Jakobus

II. SAMMELWERKE, ZEITSCHRIFTEN, MONOGRAPHIENREIHEN u. a.

AA	Archäologischer Anzeiger. Beiblatt zum Jahrbuch des Archäologischen Instituts
AAA	Annual of Archaeology and Anthropology
AAB	Abhandlungen der Deutschen (bis 1944: Preußischen) Akademie der Wissenschaften zu Berlin
AAG	Abhandlungen der Akademie der Wissenschaften in Göttingen (bis Folge III, 26, 1940: AGG)
AAH	Abhandlungen der Heidelberger Akademie der Wissenschaften. Heidelberg
AAL	Abhandlungen der Sächsischen Akademie der Wissenschaften in Leipzig (bis 30, 1920: AGL)
AAM	Abhandlungen der Bayerischen Akademie der Wissenschaften. München
AAMz	Abhandlungen (der geistes- und sozialwissenschaftlichen Klasse) der Akademie der Wissenschaften und der Literatur. Mainz
AAS	Acta Apostolicae Sedis
AASOR	The Annual of the American Schools of Oriental Research
AC	Apologia Confessionis
AcMus	Acta Musicologica
ACO	Acta Conciliorum Oecumenicorum, ed. E.Schwartz
AcOr(B)	Acta Orientalia (Budapest)
AcOr(H)	Acta Orientalia (Hawniae)
AcOr(L)	Acta Orientalia (Leiden)
ACW	Ancient Christian Writers, Westminster (Maryland) 1946 ff
ADB	Allgemeine Deutsche Biographie
ÄF	Ägyptologische Forschungen
AELKZ	Allgemeine evangelisch-lutherische Kirchenzeitung
AevKR	Archiv für evangelisches Kirchenrecht
AfMf	Archiv für Musikforschung
AfMw	Archiv für Musikwissenschaft
AfO	Archiv für Orientforschung
AFP	Archivum Fratrum Praedicatorum
AFrH	Archivum Franciscanum Historicum
AGG	Abhandlungen der Gesellschaft der Wissenschaften zu Göttingen (ab Folge III, 27, 1942: AAG)
AGL	Abhandlungen der Sächsischen Gesellschaft der Wissenschaften. Leipzig (ab 31, 1921: AAL)
AGPh	Archiv für (1889–1894 und 1931. 1932: Geschichte der) Philosophie, Berlin 1889–1932 (vgl. APh)
AHDL	Archives d'Histoire Doctrinale et Littéraire du Moyen-Âge
AJA	American Journal of Archaeology
AJC	American Jewish Committee. Annual Report

AIPh	Annuaire de l'Institut de Philologie et d'Histoire Orientales et Slaves
AJS	American Journal of Sociology
AJSL	American Journal of Semitic Languages and Literatures
AkathKR	Archiv für katholisches Kirchenrecht
AKG	Arbeiten zur Kirchengeschichte
AKultG	Archiv für Kulturgeschichte
AKM	Abhandlungen für die Kunde des Morgenlandes
Algermissen	K. Algermissen, Konfessionskunde, 6. Aufl. 1950; Algermissen^{7}: 7. Aufl. 1957
ALKGMA	Archiv für Literatur- und Kirchengeschichte des Mittelalters
Alt I. II	A. Alt, Kleine Schriften zur Geschichte des Volkes Israel, Bd 1. 2 1953
Altaner	B. Altaner, Patrologie. Leben, Schriften und Lehre der Kirchenväter, 5. Aufl. 1958
ALW	Archiv für Liturgiewissenschaft
AmA	American Anthropologist
AMG	Annales du Musée Guimet
AMN	Allgemeine Missionsnachrichten
AMZ	Allgemeine Missionszeitschrift
AnBibl	Analecta Biblica
AnBoll	Analecta Bollandiana
AnCO	Analecta Christiana Orientalia
ANEP	The Ancient Near East in Pictures relating to the Old Testament, ed. J. B. Pritchard, 1954
ANET	Ancient Near Eastern Texts relating to the Old Testament, ed. J. B. Pritchard, 1950 (ANET^{2}: 2. ed. corrected and enlarged 1955)
Angelos	Angelos. Archiv für neutestamentliche Zeitgeschichte und Kulturkunde
AnGreg	Analecta Gregoriana
AnLov	Analecta Lovaniensia Biblica et Orientalia
AnnPont	Annuario Pontificio
AnOr	Analecta Orientalia
AnPraem	Analecta Praemonstratensia
Anthropos	Anthropos. Internationale Zeitschrift für Völker- und Sprachenkunde
ANVAO	Avhandlinger utgitt av Det Norske Videnskaps-Akademi i Oslo
AnzAW	Anzeiger der (ab 48, 1947: Österreichischen) Akademie der Wissenschaften. Wien
AO	Der Alte Orient
AOB	Altorientalische Bilder, hg. v. H. Greßmann, 2. Aufl. 1927
AÖR	Archiv des öffentlichen Rechts
AOS	American Oriental Series
AOT	Altorientalische Texte, hg. v. H. Greßmann, 2. Aufl. 1926
APh	Archiv für Philosophie, Stuttgart 1947ff (vgl. AGPh)
ARG	Archiv für Reformationsgeschichte
ArOr	Archiv Orientální
ARPs	Archiv für Religionspsychologie
ARSP	Archiv für Rechts- und Sozialphilosophie
ArtB	The Art Bulletin
ARW	Archiv für Religionswissenschaft
AS	Acta Sanctorum
ASAE	Annales du Service des Antiquités de l'Egypte
ASm	Schmalkaldische Artikel
ASNU	Acta Seminarii Neotestamentici Upsaliensis (1, 1936 - 8, 1937 unter dem Titel: Arbeiten und Mitteilungen aus dem Neutestamentlichen Seminar zu Uppsala)

ASR	American Sociological Review
ASS	Acta Sanctae Sedis
ATA	Alttestamentliche Abhandlungen
ATAO	A. Jeremias, Das Alte Testament im Lichte des Alten Orients, 4. Aufl. 1930
ATD	Das Alte Testament Deutsch, hg. v. V. Herntrich und A. Weiser
ATG	Archivo Teológico Granadino
AThANT	Abhandlungen zur Theologie des Alten und Neuen Testaments
AThR	Anglican Theological Review
AuC	Antike und Christentum
AUF	Archiv für Urkundenforschung
AVK	Archiv für Völkerkunde
AVR	Archiv für Völkerrecht
AVSL	Archiv des Vereins für Siebenbürgische Landeskunde
BA	The Biblical Archaeologist
Backer-Sommervogel	A. de Backer - C. Sommervogel, Bibliothèque de la Compagnie de Jésu, nouv. éd. 1890ff
BAE	Bureau of American Ethnology
BAKultG	Beihefte zum Archiv für Kulturgeschichte
BAL	Berichte über die Verhandlungen der Sächsischen Akademie der Wissenschaften zu Leipzig (bis 71, 1, 1919: BGL)
BAO	Beihefte zum Alten Orient
Bardenhewer	O. Bardenhewer, Geschichte der altkirchlichen Literatur, 2. Aufl. 1913-1932
Barrois I. II	A. G. Barrois, Manuel d'Archéologie Biblique, t. I. II 1939. 1953
Barth, KD	K. Barth, Die Kirchliche Dogmatik, 1932ff
Barth, PrTh	K. Barth, Die protestantische Theologie im 19. Jh. Ihre Vorgeschichte und Geschichte, 2. Aufl. 1952
BASOR	The Bulletin of the American Schools of Oriental Research
Bauer, WB	W. Bauer, Griechisch-Deutsches Wörterbuch zu den Schriften des Neuen Testaments und der übrigen urchristlichen Literatur, 4. Aufl. 1952; Bauer, WB^{5}: 5. Aufl. 1957f
BBB	Bonner Biblische Beiträge
BBKG	Beiträge zur bayerischen Kirchengeschichte
BBLAK	Beiträge zur biblischen Landes- und Altertumskunde (= ZDPV 68, 1949/51)
BC	Biblischer Commentar über das AT, hg. v. C. F. Keil u. F. Delitzsch
BEFEO	Bulletin de l'Ecole Française de l'Extrême Orient
BEStPh	Bibliographische Einführungen in das Studium der Philosophie, hg. v. I. M. Bochenski, 1948ff
BEvTh	Beiträge zur Evangelischen Theologie
BFChTh	Beiträge zur Förderung christlicher Theologie
BGB	Bürgerliches Gesetzbuch
BGDSL	Beiträge zur Geschichte der deutschen Sprache und Literatur
BGE	Beiträge zur Geschichte der bibl. Exegese
BGH	Beiträge zur Geschichte der biblischen Hermeneutik
BGL	Berichte über die Verhandlungen der Sächsischen Gesellschaft der Wissenschaften zu Leipzig (ab 71, 2, 1919: BAL)
BGPhMA	Beiträge zur Geschichte der Philosophie (ab 27, 1928/30: und Theologie) des Mittelalters
BGU	Ägyptische Urkunden in griechischer Sprache aus den Museen zu Berlin

BhEvTh Beihefte zur Evangelischen Theologie
BHG Bibliotheca Hagiographica Graeca
BHK Biblia Hebraica, ed. R. Kittel, 7. Aufl. 1951
BHL Bibliotheca Hagiographica Latina
BHO Bibliotheca Hagiographica Orientalis
BHTh Beiträge zur historischen Theologie
Bibl Biblica
BiblThom Bibliothèque Thomiste
BiblMiss R. Streit - J. Dillinger, Bibliotheca Missionum
BIES The Bulletin of the Israel Exploration Society
BIFAO Bulletin de l'Institut Français d'Archéologie Orientale
Bill. I-V (H. L. Strack-) P. Billerbeck, Kommentar zum Neuen Testament aus Talmud und Midrasch, Bd 1-4 1922-1928, Bd 5 1955
BiOr Bibliotheca Orientalis
BJPES Bulletin of the Jewish Palestine Exploration Society
BJRL The Bulletin of the John Rylands Library
BK Biblischer Kommentar. Altes Testament, hg. v. M. Noth, 1955 ff
BKV [1.2] Bibliothek der Kirchenväter (»Kemptener Ausgabe«); BKV[1]: 1869-1888, BKV[2]: 1911 ff
BL Bibel-Lexikon, hg. v. H. Haag, 1951 bis 1956
Bl-Debr F. Blaß-A. Debrunner, Grammatik des neutestamentlichen Griechisch, 9. Aufl. 1954
BMevR Beiträge zur Missionswissenschaft und ev. Religionskunde
BoA Luthers Werke in Auswahl, hg. v. O. Clemen (»Bonner Ausgabe«), Bd 1-8 1912 bis 1933 (Bd 1-4. 7. 8 Neudr. 1950); BoA[2] = 2. Aufl.: Bd 5. 6 1955
BOT De Boeken van het Oude Testament, hg. v. A. van den Born
Bousset, Rel. W. Bousset, Die Religion des Judentums, 3. Aufl. hg. v. H. Greßmann, 1926
BPhil Bibliographia Philosophica 1934-1945, ed. G. A. de Brie, Bd 1. 2 1950. 1954
Braun, Altar J. Braun, Der christliche Altar in seiner geschichtlichen Entwicklung, 2 Bde 1924
Braun, LH J. Braun, Liturgisches Handlexikon, 2. Aufl. 1924
Braun, TA J. Braun, Tracht und Attribute der Heiligen in der deutschen Kunst, 1943
BRL K. Galling, Biblisches Reallexikon (HAT I, 1, 1937)
BRThAM Bulletin des Recherches de Théologie Ancienne et Médiévale
BS Bibliotheca Sacra
BSHPF Bulletin de la Société de l'Histoire du Protestantisme Français
BSKG Beiträge zur sächsischen Kirchengeschichte
BSLK Die Bekenntnisschriften der lutherischen Kirche, hg. v. Deutschen Evangelischen Kirchenausschuß, 3. Aufl. 1956
BSO(A)S Bulletin of the School of Oriental (Vol. 10 ff: and African) Studies
BSRK Die Bekenntnisschriften der reformierten Kirche, hg. v. E. F. K. Müller, 1903
BSt Biblische Studien
BThH Biblisch-Theologisches Handwörterbuch zur Lutherbibel und zu neueren Übersetzungen, hg. v. E. Osterloh u. H. Engelland, 1954
BThKG Beiträge zur thüringischen Kirchengeschichte
Bultmann I-III R. Bultmann, Glauben und Verstehen. Gesammelte Aufsätze, Bd 1, 2. unv. Aufl. 1954, Bd 2. 3 1952. 1959
Bultmann, NT R. Bultmann, Theologie des Neuen Testaments, 3. Aufl. 1958
Burrows, DSS M. Burrows, The Dead Sea Scrolls (with translations by the author), 1955
Burrows, QMss M. Burrows, The Dead Sea Scrolls of St. Mark's Monastery: Vol. I. The Isaiah Manuscript and the Habakuk Commentary, 1950; Vol. II. Fascicle 2. Plates and transcription of the Manual of Discipline, 1951
BWA(N)T Beiträge zur Wissenschaft vom Alten (und Neuen) Testament
BWGN Biographisch Woordenboek van Protestantsche Godgeleerden in Nederland, 1919 ff
ByZ Byzantinische Zeitschrift
BZ Biblische Zeitschrift
BZAW Beihefte zur Zeitschrift für die alttestamentliche Wissenschaft
BZNW Beihefte zur Zeitschrift für die neutestamentliche Wissenschaft
BZRGG Beihefte der Zeitschrift für Religions- und Geistesgeschichte
CA Confessio Augustana
CahArch Cahiers Archéologiques. Fin de l'Antiquité et Moyen Âge
Caspar I. II E. Caspar, Geschichte des Papsttums von den Anfängen bis zur Höhe der Weltherrschaft, Bd 1. 2 1930. 1933
CathEnc The Catholic Encyclopedia, 1907-1922
Catholicisme Catholicisme hier, aujourd'hui, demain. Encyclopédie dirigée par G. Jacquanet, 1948 ff
CBL Calwer Bibellexikon, 4. Aufl. 1924
CBQ The Catholic Biblical Quarterly
CCath Corpus Catholicorum
CCHMA Corpus Codicum Hebraicorum Medii Aevi
CChr Corpus Christianorum
CConf Corpus Confessionum. Die Bekenntnisse der Christenheit
CcW Chronik der christlichen Welt
Chant P. D. Chantepie de la Saussaye, Lehrbuch der Religionsgeschichte, 4. Aufl. hg. v. A. Bertholet u. E. Lehmann, 1925
Charles, AP The Apocrypha and Pseudepigrapha of the Old Testament in English, ed. R. H. Charles, 1913
Chevalier U. Chevalier, Répertoire des sources historiques du Moyen Âge (BB: Bio-Bibliographie, 2. Aufl. 1905-1907; TB: Topo-Bibliographie, 1894-1903)
ChH Church History
ChQR The Church Quarterly Review
Chr. d'Ég. Chronique d'Égypte
ChrRel Christus und die Religionen der Erde, 3 Bde, hg. v. F. König, 1951; ChrRel[2]: 2. Aufl. 1956
ChuW Christentum und Wissenschaft
ChW Christliche Welt
CIC Codex Iuris Canonici (c. [cc.] = canon[es])
CIG Corpus Inscriptionum Graecarum
CIJ J. B. Frey, Corpus Inscriptionum Judaicarum, Bd 1. 2 1936. 1948
CIL Corpus Inscriptionum Latinarum
CIS Corpus Inscriptionum Semiticarum
CKL Calwer Kirchenlexikon, 1937. 1941
CN Coniectanea Neotestamentica

COT Commentaar op het Oude Testament, hg. v. G. Ch. Aalders
CorpIC Corpus Iuris Canonici
CPL Clavis Patrum Latinorum, ed. E. Dekkers, Steenbrugge 1951 (= SE 3)
CR Corpus Reformatorum
CSCO Corpus scriptorum Christianorum orientalium
CSEL Corpus scriptorum ecclesiasticorum Latinorum
CSS Cursus Scripturae Sacrae
DA Deutsches Archiv für Geschichte des Mittelalters (1937-1943; seit 1950: für Erforschung des Mittelalters)
DAB Dictionary of American Biography
DACL F. Cabrol-H. Leclercq, Dictionnaire d'Archéologie Chrétienne et de Liturgie, 1907ff
DAFC Dictionnaire Apologétique de la Foi Catholique, 1914-1931
Dalman, AuS G. Dalman, Arbeit und Sitte in Palästina, 1928-1942
DB A Dictionary of the Bible, ed. J. Hastings with assistance of J. A. Selbie, 1898-1904 (= 8.-13. Aufl. 1942-1951)
DBF Dictionnaire de Biographie Française, 1933ff
DBL Dansk Biografisk Leksikon, Bd 1-27 1933-1944
DCB Dictionary of Christian Biography, Literature, Sects and Doctrines, 1877-1887
DDC Dictionnaire de Droit Canonique, 1935ff
DdS Dictionnaire de Sociologie, 1933ff
DDT Denkmäler deutscher Tonkunst
DE Deutsch-Evangelisch
DEBl Deutsch-evangelische Blätter
DEG Deutsches Evangelisches Gesangbuch
Deißmann, LvO A. Deißmann, Licht vom Osten, 4. Aufl. 1923
Denz. H. Denzinger, Enchiridion symbolorum et definitionum, 29. Aufl. 1954
DHC P. Bayle, Dictionnaire Historique et Critique, 6. Aufl. Bd 1-4 1741
DHGE Dictionnaire d'Histoire et de Géographie Ecclésiastiques, 1912ff
DJD Discoveries in the Judaean Desert, Oxford 1955ff
DJZ Deutsche Juristenzeitung
DLZ Deutsche Literaturzeitung
DMM Dictionary of Modern Music and Musicians, 1924
DNB The Dictionary of National Biography, 1885ff
DOP Dumbarton Oaks Papers
Doyé F. v. Sales Doyé, Heilige und Selige der römisch-katholischen Kirche, deren Erkennungszeichen, Patronate und lebensgeschichtliche Bemerkungen, 2 Bde 1930
DSp Dictionnaire de Spiritualité, Ascétique et Mystique, 1937ff
DTB Denkmäler der Tonkunst in Bayern (= 2. Folge der Denkmäler deutscher Tonkunst)
DTh Deutsche Theologie. Monatsschrift für die deutsche evangelische Kirche
DThC Dictionnaire de Théologie Catholique, 1903ff
DTÖ Denkmäler der Tonkunst in Österreich
DtPfrBl Deutsches Pfarrerblatt
DTT Dansk Teologisk Tidsskrift
Duchesne, LP Liber Pontificalis, ed. L. Duchesne, Bd 1.2 Paris 1886/92; anastatischer Neudr. ebd 1955; Bd 3 ed. C. Vogel, ebd 1957
DVfLG Deutsche Vierteljahrsschrift für Literaturwissenschaft und Geistesgeschichte
DZKR Deutsche Zeitschrift für Kirchenrecht
DZPh Deutsche Zeitschrift für Philosophie
EAW Einleitung in die Altertumswissenschaft, 3. Aufl. 1927ff
EB Encyclopaedia Biblica, ed. T. K. Cheyne and J. Black, 1899-1903
EBrit Encyclopaedia Britannica*)
EC Enciclopedia Cattolica, Bd 1-12 1949-1954
EF Enciclopedia Filosofica, Bd 1-4 1957
EHP Encyklopädisches Handbuch der Pädagogik, hg. v. W. Rein, 1895-1910
EI[1] Enzyklopädie des Islam, Leiden. Leipzig 1913-1938
EI[2] Encyclopédie de l'Islam, nouv. éd., Leiden. Paris 1954ff
Eichmann-Mörsdorf E. Eichmann - K. Mörsdorf, Lehrbuch des Kirchenrechts auf Grund des CIC, Bd 1-3 7. Aufl. 1953-1954
Eisler R. Eisler, Wörterbuch der philosophischen Begriffe, 4. Aufl. 1927-1930
EitnerQ R. Eitner, Biographisch-bibliographisches Quellenlexikon der Musiker und Musikgelehrten der christlichen Zeitrechnung bis zur Mitte des 19. Jh.s, 1900-1904
EJud Encyclopaedia Judaica. Das Judentum in Geschichte und Gegenwart, Bd 1-10 1928-1934 (nicht vollständig)
EKG Evangelisches Kirchengesangbuch
EKL Evangelisches Kirchenlexikon. Kirchlich-theologisches Handwörterbuch, hg. v. H. Brunotte und O. Weber, 1955ff
Elert, ML W. Elert, Morphologie des Luthertums, verb. Nachdr. 1952f
Éliade M. Éliade, Die Religionen und das Heilige. Elemente der Religionsgeschichte, 1954 (Übers. von: Traité d'Histoire des Religions, 1949)
ELKZ Evangelisch-lutherische Kirchenzeitung
EMM Evangelisches Missionsmagazin
EMZ Evangelische Missionszeitschrift
EphLiturg Ephemerides Liturgicae
EphLov Ephemerides Lovanienses
EPhM Etudes de Philosophie Médiévale
Epit. Epitome
ER Ecumenical Review
Eranos Eranos. Acta philologica suecana
ERE Encyclopedia of Religion and Ethics, ed. J. Hastings, 1908-1926 (Nachdr. 1951)
ErJb Eranos-Jahrbuch
Erman-Horn Bibliographie der deutschen Universitäten, bearb. v. W. Erman u. E. Horn, Bd 1.2 1904, Register u. Nachträge 1905
Escobar Ordini e Congregazioni religiose, hg. v. M. Escobar, Bd 1. 2 1951. 1953
ESL Evangelisches Soziallexikon, hg. v. F. Karrenberg, 1954
ESS Encyclopedia of the Social Sciences, Bd 1-15 1930-1935
ET The Expository Times
EThL Ephemerides Theologicae Lovanienses
EThR Etudes Théologiques et Religieuses
EuG J. S. Ersch u. J. G. Gruber, Allgemeine Enzyklopädie der Wissenschaften und Künste, 1818-1889

EUI	Enciclopedia Universal Ilustrada Europeo-Americana, 1908-1933
EvFr	Evangelische Freiheit
EvTh	Evangelische Theologie
Exp	The Expositor
FA	Finanzarchiv
FBPG	Forschungen zur brandenburg-preußischen Geschichte
FC	Formula Concordiae
FChLDG	Forschungen zur christlichen Literatur- und Dogmengeschichte
Feine	H. E. Feine, Kirchliche Rechtsgeschichte, Bd 1, 3. Aufl. 1955
FF	Forschungen und Fortschritte
FFC	Folklore Fellows Communications
FGH	Fragmente der griechischen Historiker, hg. v. F. Jacoby, 1923 ff
FGLP	Forschungen zur Geschichte und Lehre des Protestantismus
FGNK	Forschungen zur Geschichte des neutestamentlichen Kanons
FHG	Fragmenta historicorum Graecorum, 1841-1870
FHR	Fontes historiae religionum, ed. C. Clemen
FKDG	Forschungen zur Kirchen- und Dogmengeschichte
FKGG	Forschungen zur Kirchen- und Geistesgeschichte
Frazer	J. G. Frazer, The Golden Bough, Vols 1 to 12, 3. ed. 1911-1927
Friedberg	E. Friedberg, Lehrbuch des katholischen und evangelischen Kirchenrechts, 6. Aufl. 1909
FRLANT	Forschungen zur Religion und Literatur des Alten und Neuen Testaments
FS	Franziskanische Studien
FSThR	Forschungen zur systematischen Theologie und Religionsphilosophie
F-T	A. Fischer - W. Tümpel, Das deutsche evangelische Kirchenlied des 17. Jh.s, Bd 1-6 1902-1916
GAL	C. Brockelmann, Geschichte der arabischen Literatur, 2. Aufl. 1943 f
GALS	Supplement zu GAL (1. Aufl.), 1937-1942
GB	W. Gesenius - F. Buhl, Hebräisches und Aramäisches Handwörterbuch, 17. Aufl. 1921 (unv. Nachdr. 1949)
GCAL	G. Graf, Geschichte der christlichen arabischen Literatur, Bd 1-5 1944-1953 (= StT 118. 133. 146f. 172)
GCS	Die griechischen christlichen Schriftsteller der ersten Jahrhunderte
GdG	Grundriß der Geschichtswissenschaft*)
GdS	Grundriß der Sozialökonomik
Gebhardt-Grundmann	B. Gebhardt, Handbuch der deutschen Geschichte, 8. Aufl. hg. v. H. Grundmann, 1954 ff
GG	Grundgesetz für die Bundesrepublik Deutschland vom 23. 5. 1949
GG	Grundriß zur Geschichte der deutschen Dichtung. Aus den Quellen von K. Goedeke*)
GGA	Göttingische Gelehrte Anzeigen
GM	Godsdiensten der Mensheid
Gn	Gnomon. Kritische Zeitschrift für die gesamte klassische Altertumswissenschaft
GPr	Gymnasialprogramm
Grabmann	M. Grabmann, Geschichte der scholastischen Methode, Bd 1. 2 1909. 1911 (unv. Nachdr. 1956)

Grillmeier-Bacht	A. Grillmeier - H. Bacht, Das Konzil von Chalkedon, Bd 1-3 1951-1954
GrKat	Großer Katechismus
GThT	Gereformeerd Theologisch Tijdschrift
Haller	J. Haller, Das Papsttum. In 5 Bden verb. u. erg. Aufl. 1950-1953
HAOG	A. Jeremias, Handbuch der altorientalischen Geisteskultur, 2. Aufl. 1929
Harnack, DG	A. v. Harnack, Lehrbuch der Dogmengeschichte, 4. Aufl. 1909 f (= 5. Aufl. 1931 f)
HAT	Handbuch zum Alten Testament, hg. v. O. Eißfeldt
Hauck	A. Hauck, Kirchengeschichte Deutschlands, Bd 1-4 3./4. Aufl., Bd 5, 1. 2 1./2. Aufl. 1904-1920 (= Bd 1 7. Aufl., Bd 2-4 6. Aufl., Bd 5, 1.2 5. Aufl. 1952)
HAW	Handbuch der Altertumswissenschaft, begr. v. I. v. Müller, neu hg. v. W. Otto, 1929 ff
HB	E. Hübner, Bibliographie der klassischen Altertumswissenschaft, 2. Aufl. 1889
HBK	Herders Bibelkommentar, hg. v. E. Kalt u. W. Lauck
HBLS	Historisch-biographisches Lexicon der Schweiz, Bd 1-7 und Suppl., 1921-1934
HC	Hand-Commentar zum Neuen Testament
HDEKM	Handbuch der deutschen evangelischen Kirchenmusik, 1935 ff
HDG	Handbuch der Dogmengeschichte, hg. v. M. Schmaus, J. Geiselmann und H. Rahner, 1951 ff
HdR	Handwörterbuch der Rechtswissenschaft, hg. v. F. Stier-Somlo u. A. Elster, 1925 bis 1931
Hefele	C. J. Hefele, Conciliengeschichte, Bd 1-7, fortgesetzt v. J. Hergenröther, Bd 8. 9 1855-1874. 1887. 1890; Hefele[2]: 2. Aufl. Bd 1-4 1873-1879; Bd 5. 6 besorgt v. A. Knöpfler, 1886. 1890
Heimbucher	M. Heimbucher, Die Orden und Kongregationen der katholischen Kirche, 3. Aufl. 1933 f
Helyot	P. Helyot, Dictionnaire des Ordres Religieux, publ. par J. P. Migne, 1847-1859
Hennecke[2]	Neutestamentliche Apokryphen in deutscher Übersetzung, hg. v. E. Hennecke, 2. Aufl. 1924; Hennecke[3]: 3. Aufl., hg. v. W. Schneemelcher, 1959 f
Hennecke, Hdb.	Handbuch zu den neutestamentlichen Apokryphen, hg. v. E. Hennecke, 1904
HerKorr	Herder-Korrespondenz
Hermelink I-III	H. Hermelink, Das Christentum in der Menschheitsgeschichte von der französischen Revolution bis zur Gegenwart, Bd 1-3 1951-1952
Hermes	Hermes. Zeitschrift für klassische Philologie
HGR	Histoire Générale des Religions, Bd 1-5 1948-1952
HJ	Historisches Jahrbuch der Görres-Gesellschaft
HibJ	The Hibbert Journal. A quarterly review of religion, theology and philosophy
HIM	Handbuch der Inneren Mission, 1925 ff
Hirsch I-V	E. Hirsch, Geschichte der neuern evangelischen Theologie im Zusammenhang mit den allgemeinen Bewegungen des europäischen Denkens, Bd 1-5 1949 bis 1954
HIsl	Handwörterbuch des Islam, hg. v. A. J. Wensinck u. J. H. Kramers, 1941

HK	Handkommentar zum Alten Testament, hg. v. W. Nowack
HKG	Handbuch der Kirchengeschichte, hg. v. G. Krüger, 2. Aufl. 1923-1931
HKultG	Handbuch der Kulturgeschichte
HLW	Handbuch der Literaturwissenschaft, hg. v. O. Walzel, 1923 ff
HM	Hallische Monographien
HN	H. Hurter, Nomenclator literarius theologiae catholicae, ed. 3. 1903-1913
HNT	Handbuch zum Neuen Testament, begr. v. H. Lietzmann, hg. v. G. Bornkamm
HO	Handbuch der Orientalistik, hg. v. B. Spuler, 1948 ff
Holl I-III	K. Holl, Gesammelte Aufsätze zur Kirchengeschichte, Bd 1 6. Aufl. 1932 (= 7. Aufl. 1948), Bd 2. 3 1928
Holweck	F. G. Holweck, A Biographical Dictionary of the Saints, 1924
HPäd	Handbuch der Pädagogik, hg. v. H. Nohl u. L. Pallat, 1928-1933
HPBl	Historisch-politische Blätter für das katholische Deutschland
HPh	Handbuch der Philosophie, hg. v. A. Baeumler u. M. Schröter, 1927 ff
HRW(L)	Handbuch der Religionswissenschaft, hg. v. J. Leipoldt, 1922
HRW(M)	Handbuch der Religionswissenschaft, hg. v. G. Mensching, 1948 ff
HS	Horae Soederblomianae
HSAT	Die Heilige Schrift des Alten Testaments, ... übers. v. E. Kautzsch, 4. Aufl. hg. v. A. Bertholet, 1922 f
HSchAT	Die Heilige Schrift des Alten Testaments, hg. v. F. Feldmann u. H. Herkenne
HThK	Herders Theologischer Kommentar, hg. v. A. Wikenhauser
HThR	The Harvard Theological Review
HUCA	Hebrew Union College Annual
Hutten	K. Hutten, Seher-Grübler-Enthusiasten. Sekten und religiöse Sondergemeinschaften der Gegenwart, 5. Aufl. 1958
HV	Historische Vierteljahrsschrift
HWBW	Handwörterbuch der Betriebswirtschaft*)
HWDA	Handwörterbuch des deutschen Aberglaubens, hg. v. H. Bächtold-Stäubli, 1927-1942
HWS	Handwörterbuch der Soziologie, hg. v. A. Vierkandt, 1931
HWSt	Handwörterbuch der Staatswissenschaften, hg. v. L. Elster, 4. Aufl. 1923-1929 (vgl. HWSW)
HWSW	Handwörterbuch der Sozialwissenschaften, hg. v. E. v. Beckerath u. a., 1952 ff (Neuaufl. des HWSt)
HZ	Historische Zeitschrift
JA	Journal Asiatique
JAA	Jaarboek der koninklijke nederlands(ch)e Akademie van Wetenschappen. Amsterdam
JAC	Jahrbuch für Antike und Christentum
Jaffé	Ph. Jaffé, Regesta pontificum Romanorum ab condita ecclesia ad annum 1198, Bd 1.2 2. Aufl. 1885-1888
JAOS	The Journal of the American Oriental Society
JB	Theologischer Jahresbericht
JBL	Journal of Biblical Literature and Exegesis
JbNSt	Jahrbücher für Nationalökonomie und Statistik
JbP	Jahrbuch der Musikbibliothek Peters
JBR	The Journal of Bible and Religion
JBrKG	Jahrbuch für brandenburgische Kirchengeschichte
ICC	The International Critical Commentary of the Holy Scriptures of the Old and New Testament
JCS	Journal of Cuneiform Studies
JdI	Jahrbuch des Deutschen Archäologischen Instituts
JDTh	Jahrbücher für deutsche Theologie
JEA	The Journal of Egyptian Archaeology
JEH	The Journal of Ecclesiastical History
IEJ	Israel Exploration Journal
JEOL	Jaarbericht ... Ex Oriente Lux
JerB	Bible de Jérusalem
JewEnc	The Jewish Encyclopedia, 1901-1906
JGNKG	Jahrbuch der Gesellschaft für niedersächsische Kirchengeschichte (bis 45, 1940: ZGNKG)
JGPrÖ	Jahrbuch der Gesellschaft für die Geschichte des Protestantismus in Österreich
JHS	The Journal of Hellenic Studies
JJS	The Journal of Jewish Studies
JK	Junge Kirche
IKZ	Internationale Kirchliche Zeitschrift
ILCV	Inscriptiones Latinae Christianae Veteres, ed. Diehl, Bd 1-3 1925-1931
JLH	Jahrbuch für Liturgik und Hymnologie
ILN	Illustrated London News
JLW	Jahrbuch für Liturgiewissenschaft
JNES	Journal of Near Eastern Studies
Inst.	J. Calvin, Christianae Religionis Institutio
IntB	The Interpreter's Bible, ed. N. B. Harmon
Jöcher	Allgemeines Gelehrten-Lexicon, hg. v. Chr. G. Jöcher, Bd 1-4 1750 f; Forts. u. Ergänzung v. J. Chr. v. Adelung, fortges. v. W. Rotermund Bd 1-6 1784 bis 1819; Bd 7, hg. v. O. Günther, 1897
JPOS	Journal of the Palestine Oriental Society
JpTh	Jahrbücher für protestantische Theologie
JQR	The Jewish Quarterly Review
JR	Journal of Religion
JRAS	Journal of the Royal Asiatic Society of Great Britain
IRM	The International Review of Missions
JRomS	Journal of Roman Studies
JSOR	Journal of the Society of Oriental Research
JSS	Journal of Semitic Studies
JThS	The Journal of Theological Studies
Judaica	Judaica. Beiträge zum Verständnis des jüdischen Schicksals in Vergangenheit und Gegenwart
JüdLex	Jüdisches Lexikon, 1927-1930
IZBG	Internationale Zeitschriftenschau für Bibelwissenschaft und Grenzgebiete
KÅ	Kyrkohistorisk Årsskrift
KantSt	Kant-Studien. Philosophische Zeitschrift
KAT	Kommentar zum Alten Testament, hg. v. E. Sellin
KAT^3	E. Schrader, Die Keilinschriften und das Alte Testament, 3. Aufl. 1903
Kautzsch, AP	Die Apokryphen und Pseudepigraphen des Alten Testaments, (in deutscher Übersetzung) hg. v. E. Kautzsch, 1900 (= 1921)
KB	Keilinschriftliche Bibliothek
KBL	L. Koehler-W. Baumgartner, Lexicon in Veteris Testamenti libros, 1953

KeH	Kurzgefaßtes exegetisches Handbuch zum Alten Testament
KfS	Kölner Zeitschrift für Soziologie und Sozialpsychologie
KH	Kirchliches Handbuch für das katholische Deutschland
KHC	Kurzer Hand-Commentar zum Alten Testament, hg. v. K. Marti
KJ	Kirchliches Jahrbuch für die evangelische Kirche in Deutschland
Kittel, GVI	R. Kittel, Geschichte des Volkes Israel, Bd 1 5./6. Aufl. 1923, Bd 2 6. Aufl. 1925, Bd 3, 1.2 2. Aufl. 1927. 1929
KL	Wetzer u. Welte's Kirchenlexikon, 2. Aufl. 1882-1899
KLNM	Kulturhistorisk Lexikon för Nordisk Medeltid, 1956ff
KlT	Kleine Texte für theologische und philologische Vorlesungen und Übungen, begr. v. H. Lietzmann, hg. v. K. Aland
KmJb	Kirchenmusikalisches Jahrbuch
KNT	Kommentar zum Neuen Testament, hg. v. Th. Zahn
KO	Kirchenordnung
Koch	E. E. Koch, Geschichte des Kirchenliedes, 3. Aufl. 1866-1887
KRA	Kirchenrechtliche Abhandlungen
KuD	Kerygma und Dogma
Kümmerle	Encyclopädie der evangelischen Kirchenmusik, bearb. u. hg. v. S. Kümmerle, Bd 1-4 1888-1895
Künstle I. II	K. Künstle, Ikonographie der christlichen Kunst, Bd 1. 2 1926. 1928
KVR	Kleine Vandenhoeck-Reihe
Landgraf	A. M. Landgraf, Dogmengeschichte der Frühscholastik, 1952ff
Latourette I-VII	K. S. Latourette, A History of the Expansion of Christianity, Bd 1-7 1937-1945
Latourette, Gesch.	K. S. Latourette, Geschichte der Ausbreitung des Christentums, 1956 (gekürzte dt. Ausg. von Latourette I-VII)
LChW	The Lutheran Churches of the World, ed. A. R. Wentz, 1952
LD	Das Erbe deutscher Musik, hg. im Auftrag des Staatlichen Instituts für Musikforschung, 1935ff. Reihe II: Landschaftsdenkmale (vgl. RD)
van der Leeuw	G. van der Leeuw, Phänomenologie der Religion, 2. Aufl. 1956
Leiturgia	Leiturgia. Handbuch des evangelischen Gottesdienstes, 1954ff
LJ	Liturgisches Jahrbuch
Liermann	H. Liermann, Deutsches evangelisches Kirchenrecht, 1933
Lietzmann I-IV	H. Lietzmann, Geschichte der alten Kirche, Bd 1 2.Aufl. 1937 (= 3.Aufl. 1953), Bd 2-4 1936-1944 (= 2. Aufl. 1953)
LML	Luther. Mitteilungen der Luthergesellschaft
Loofs[4.5]	F. Loofs, Leitfaden zum Studium der Dogmengeschichte, 4. Aufl. 1906; 5. Aufl. hg. v. K. Aland, 1950ff
LPäd(B)	Lexikon der Pädagogik, Bern 1950-1952
LPäd(F)	Lexikon der Pädagogik, Freiburg 1952ff
LQF	Liturgiegeschichtliche Quellen und Forschungen
LR	Lutherische Rundschau
LThK	Lexikon für Theologie und Kirche, hg. v. M. Buchberger, Bd 1-10 1930-1938; LThK²: 2. Aufl. 1957ff
LUÅ	Lunds Universitets Årsskrift
Lübker	F. Lübker, Reallexikon des klassischen Altertums, 8. Aufl. 1914
LuJ	Luther-Jahrbuch
LuM	Liturgie und Mönchtum
Luthertum	Luthertum (= NF der Neuen kirchlichen Zeitschrift; 45-53, 1934-1942)
Luthertum	Luthertum. Eine Schriftenreihe, 1951ff
LZ	Literarisches Zentralblatt
MAA	Medede(e)lingen der koninklijke nederlands(ch)e Akademie van Wetenschappen. Amsterdam
MAB	Mémoires de l'Académie Royale de Langue et de Littérature Française de Belgique. Bruxelles
MAMA	Monumenta Asiae Minoris Antiqua
Manitius	M. Manitius, Geschichte der lateinischen Literatur des Mittelalters, 1911-1931
Mansi	J. D. Mansi, Sacrorum conciliorum nova et amplissima collectio, Bd 1-31 1759 bis 1798, Neudr. u. Forts. 1900ff
MAOG	Mitteilungen der Altorientalischen Gesellschaft
MAR	The Mythology of All Races, ed. L. H. Gray, Bd 1-12 1916-1931
MDAI	Mitteilungen des Deutschen Archäologischen Instituts
MdKI	Materialdienst des Konfessionskundlichen Instituts
MDOG	Mitteilungen der Deutschen Orientgesellschaft
MeyerG	E. Meyer, Geschichte des Altertums*)
MeyerK	Kritisch-exegetischer Kommentar über das Neue Testament, begr. v. H. A. W. Meyer
MfM	Monatshefte für Musikgeschichte
MG	Monumenta Germaniae historica
MG AA	MG Auctores antiquissimi
MG DD	MG Diplomata
MG Epp	MG Epistulae
MG SS	MG Scriptores
MG PL	MG Poetae Latinae
MGG	Die Musik in Geschichte und Gegenwart, 1949ff
MGkK	Monatsschrift für Gottesdienst und kirchliche Kunst
MGWJ	Monatsschrift für Geschichte und Wissenschaft des Judentums
MIÖG	Mitteilungen des Instituts für österreichische Geschichtsforschung
MIOr	Mitteilungen des Instituts für Orientforschung
Mirbt	C. Mirbt, Quellen zur Geschichte des Papsttums und des römischen Katholizismus, 4. Aufl. 1924 (= 5. Aufl. 1934)
MkPr	Monatsschrift für kirchliche Praxis
MNDPV	Mitteilungen und Nachrichten des Deutschen Palästinavereins
MO	Le Monde Oriental
Moffatt, NTC	The Moffatt New Testament Commentary
Moser	H. J. Moser, Musiklexikon, 1951³
Mowinckel I-IV	S. Mowinckel, Psalmenstudien I-IV, 1921 bis 1924
MPG	J. P. Migne, Patrologiae cursus completus, series Graeca
MPL	J. P. Migne, Patrologiae cursus completus, series Latina
MPTh	Monatsschrift für Pastoraltheologie
MR	Mythes et Religion

MS	Mediaeval Studies
MSR	Mélanges de Science Religieuse
MThS	Münchener Theologische Studien
MThZ	Münchener Theologische Zeitschrift
MuK	Musik und Kirche
Mulert-Schott	H. Mulert - E. Schott, Konfessionskunde. Die christlichen Kirchen und Sekten heute, 3. Aufl. 1956
Muséon	Le Muséon. Revue d'Études Orientales
MV(Ä)G	Mitteilungen der Vorderasiatisch(-Ägyptisch)en Gesellschaft
NA	Neues Archiv der Gesellschaft für ältere deutsche Geschichtskunde
NAG	Nachrichten von der (ab 1945: der) Akademie der Wissenschaften in Göttingen (bis 1940: NGG)
NAKG	Nederlandsch Archief voor Kerkgeschiedenis
NAMZ	Neue Allgemeine Missionszeitschrift
NBD	Nuntiaturberichte aus Deutschland, ed. W. Friedensburg
NC	La Nouvelle Clio
NDB	Neue Deutsche Biographie, 1953 ff
NedThT	Nederlands Theologisch Tijdschrift
Nelle	W. Nelle, Geschichte des deutschen evangelischen Kirchenliedes, 1909
NGG	Nachrichten von der Gesellschaft der Wissenschaften zu Göttingen (ab 1941: NAG)
Niesel, BS	Bekenntnisschriften und Kirchenordnungen der nach Gottes Wort reformierten Kirche, hg. v. W. Niesel, 1938 (= 3. Aufl. o. J.)
Niesel, Symb	W. Niesel, Das Evangelium und die Kirchen. Ein Lehrbuch der Symbolik, 1953
NKZ	Neue kirchliche Zeitschrift
NNBW	Nieuw Nederlandsch Biographisch Woordenboek, uitg. door P. C. Molhuysen e. a., 10 Bde 1911-1933
Noth, GI	M. Noth, Geschichte Israels, 3. Aufl. 1956 (= 2. Aufl. 1954)
Noth, Pers	M. Noth, Die israelitischen Personennamen im Rahmen der gemein-semitischen Namengebung (BWANT III, 10), 1929
Noth, ÜPent	M. Noth, Überlieferungsgeschichte des Pentateuch, 1948
Noth, ÜSt	M. Noth, Überlieferungsgeschichtliche Studien I. Die sammelnden und bearbeitenden Geschichtswerke im Alten Testament (SGK 18, 2), 1943
Noth, WAT	M. Noth, Die Welt des Alten Testamentes, 2. Aufl. 1953; Noth, WAT^3: 3. Aufl. 1957
NovTest	Novum Testamentum. An international quarterly for New Testament and related studies
NRTh	Nouvelle Revue Théologique
NSNU	Nuntius Sodalicii Neotestamentici Upsaliensis
NSR	Neue Schweizer Rundschau
NTA	Neutestamentliche Abhandlungen
NTD	Das Neue Testament Deutsch (Neues Göttinger Bibelwerk), hg. v. P. Althaus u. J. Behm
NThS	Nieuwe Theologische Studiën
NThT	Nieuw Theologisch Tijdschrift
NTS	New Testament Studies
NTT	Norsk Teologisk Tidsskrift
NTU	Nordisk Teologisk Uppslagsbok, 1948 bis 1956

Numen	Numen. International Review for the History of Religions
NZM	Neue Zeitschrift für Missionswissenschaft
ODCC	Oxford Dictionary of the Christian Church, ed. F. L. Cross, 1957
ÖP	Ökumenische Profile
ÖR	Ökumenische Rundschau
OLZ	Orientalistische Literaturzeitung
Or	Orientalia. Commentarii periodici Pontificii Instituti Biblici
OrChr	Oriens Christianus
OrChrP	Orientalia Christiana periodica
OTS	Oudtestamentische Studiën
PädLex	Pädagogisches Lexikon, hg. v. H. Schwartz, 1928-1931
PäM	Publikationen älterer Musik
Paideuma	Paideuma. Mitteilungen zur Kulturkunde
PalMus	Paléographie Musicale
v. Pastor	L. v. Pastor, Geschichte der Päpste*)
PBl	Pastoralblätter
PEFQSt	Palestine Exploration Fund Quarterly Statement
PEQ	Palestine Exploration Quarterly
PGfM	Publikation älterer praktischer und theoretischer Musikwerke, hg. v. der Gesellschaft für Musikforschung, Bd 1-29 1873-1905
PhG	Philosophie und Geschichte. Eine Sammlung von Vorträgen und Schriften aus dem Gebiet der Philosophie und Geschichte
PhJ	Philosophisches Jahrbuch
Philologus	Philologus. Zeitschrift für das klassische Altertum
PhLA	Philosophischer Literaturanzeiger
PhR	Philosophische Rundschau
PJ	Palästinajahrbuch
Plöchl	W. Plöchl, Geschichte des Kirchenrechts, Bd 1. 2 1953. 1955
PO	Patrologia Orientalis
Potthast B	A. Potthast, Bibliotheca historica medii aevi, 2. Aufl. 1896
Potthast R	A. Potthast, Regesta Pontificum Romanorum inde ab a. 1198 ad a. 1304, Bd 1. 2 1873/75; seit 1911 in Paris
PrBl	Protestantenblatt
PrJ	Preußische Jahrbücher
PrM	Protestantische Monatshefte
Proph.	Prophezei. Schweizerisches Bibelwerk für die Gemeinde
Prümm	K. Prümm, Religionsgeschichtliches Handbuch für den Raum der altchristlichen Welt, 1943 (Neudr. 1954)
PS	Patrologia Syriaca
PsR	Psychologische Rundschau
PW	A. Pauly-G. Wissowa, Real-Encyclopädie der klassischen Altertumswissenschaft, NB 1894 ff
QDAJ	The Quarterly of the Department of Antiquities in Jordanie
QDAP	The Quarterly of the Department of Antiquities in Palestine
QFIAB	Quellen und Forschungen aus italienischen Archiven und Bibliotheken
QFRG	Quellen und Forschungen zur Reformationsgeschichte
QKK	Quellen zur Konfessionskunde
QRG	Quellen zur Religionsgeschichte
Quasten	J. Quasten, Patrology, Vol. 1. 2 1950. 1953
RA	Revue d'Assyriologie et d'Archéologie Orientale

RAC Reallexikon für Antike und Christentum, hg. v. Th. Klauser, 1941 ff
RÄRG H. Bonnet, Reallexikon der ägyptischen Religionsgeschichte, 1953
RB Revue Biblique
RD Das Erbe deutscher Musik, hg. im Auftrag des Staatlichen Instituts für Musikforschung, 1935 ff. Reihe I: Reichsdenkmale (vgl. LD)
RBén Revue Bénédictine
RDK Reallexikon zur deutschen Kunstgeschichte, begonnen v. O. Schmitt, hg. v. E. Gall u. L. H. Heydenreich, 1937 ff
RDL Reallexikon der deutschen Literaturgeschichte, hg. v. P. Merker u. W. Stammler, 1925-1931 (RDL²: 2. Aufl. neu bearb. u. hg. v. W. Kohlschmidt u. W. Mohr, 1955 ff)
RE Realencyklopädie für protestantische Theologie und Kirche, 3. Aufl. 1896 bis 1913
REByz Revue des Études Byzantines
RechSR Recherches de Science Religieuse
REI Revue des Études Islamiques
REJ Revue des Études Juives
RepBibl F. Stegmüller, Repertorium Biblicum Medii Aevi, Bd 1-5 1950-1955
RepGerm Repertorium Germanicum, 1916-1943
RES Revue des Études Sémitiques
RevArch Revue Archéologique
RevHist Revue Historique
RevSR Revue des Sciences Religieuses
RG Religion und Geisteskultur
RGA Reallexikon der germanischen Altertumskunde, hg. v. J. Hoops, 1911-1919
RGG¹·² Die Religion in Geschichte und Gegenwart, 1. Aufl. 1909-1913, 2. Aufl. 1927 bis 1932
RGL Religionsgeschichtliches Lesebuch, hg. v. A. Bertholet, 2. Aufl. 1926 ff
RGST Reformationsgeschichtliche Studien und Texte
RHE Revue d'Histoire Ecclésiastique
RheinMus Rheinisches Museum für Philologie
RHPhR Revue d'Histoire et de Philosophie Religieuses
RHR Revue de l'Histoire des Religions
RIA O. Schrader, Reallexikon der indogermanischen Altertumskunde, 2. Aufl. hg. v. A. Nehring, 1917-1923
Richter-Dove-Kahl E. L. Richter - R. W. Dove - W. Kahl, Lehrbuch des katholischen und evangelischen Kirchenrechts, 8. Aufl. 1886
Rießler P. Rießler, Altjüdisches Schrifttum außerhalb der Bibel, 1928
Rietschel-Graff G. Rietschel, Lehrbuch der Liturgik, 2. Aufl. hg. v. O. Graff, 1951 f
RIPh Revue Internationale de Philosophie
RITh Revue Internationale de Théologie
RitRom Rituale Romanum
Ritschl I-IV O. Ritschl, Dogmengeschichte des Protestantismus, Bd 1-4 1908-1924
RivAC Rivista di Archeologia Cristiana
RKZ Reformierte Kirchenzeitung
RLA Reallexikon der Assyriologie, hg. v. E. Ebeling u. B. Meißner, 1932 ff
RLV Reallexikon der Vorgeschichte, hg. v. M. Ebert, 1924-1932
RM Römische Mitteilungen des Deutschen Archäologischen Instituts
RMAL Revue de Moyen-Âge Latin
RoB Religion och Bibel, Nathan Söderblomsällskapets årsbok
ROC Revue de l'Orient Chrétien
Roscher Ausführliches Lexikon der griechischen und römischen Mythologie, hg. v. H. W. Roscher, 1884-1937
RQ Römische Quartalschrift für christliche Altertumskunde und für Kirchengeschichte
RR Review of Religion
RSF Rivista di Storia della Filosofia
RSPhTh Revue des Sciences Philosophiques et Théologiques
RThAM Recherches de Théologie Ancienne et Médiévale
RThom Revue Thomiste
RThPh Revue de Théologie et de Philosophie
RV Religionsgeschichtliche Volksbücher
RVV Religionsgeschichtliche Versuche und Vorarbeiten
SAB Sitzungsberichte der Deutschen (bis 1944: Preußischen) Akademie der Wissenschaften zu Berlin
Saeculum Saeculum. Jahrbuch für Universalgeschichte
SAH Sitzungsberichte der Heidelberger Akademie der Wissenschaften. Heidelberg
SAM Sitzungsberichte der Bayerischen Akademie der Wissenschaften. München
SAT Die Schriften des Alten Testaments in Auswahl übers. u. erkl. v. H. Gunkel u. a., 2. Aufl. 1920-1925
SAW Sitzungsberichte der (ab 225, 1, 1947: Österreichischen) Akademie der Wissenschaften in Wien
SBB Soncino Books of the Bible, ed. A. Cohen
SBE The Sacred Books of the East, ed. F. M. Müller, 1879-1910
SBOT The Sacred Books of the Old Testament, ed. P. Haupt
SBU Svensk Biblisk Uppslagsverk, hg. v. I. Engnell u. A. Fridrichsen, 1948-1952
SC Sources Chrétiennes. Collection dirigée par H. Lubac et J. Daniélou, 1943 ff
Schl. Bibliographie zur deutschen Geschichte im Zeitalter der Glaubensspaltung 1517-1585, hg. v. K. Schottenloher, 1933-1940 (= 2., unv. Aufl. 1956 ff)
SchmJb Schmollers Jahrbuch für Gesetzgebung, Verwaltung und Volkswirtschaft
Schol. Scholastik. Vierteljahresschrift für Theologie und Philosophie
Schürer E. Schürer, Geschichte des jüdischen Volkes im Zeitalter Jesu Christi, Bd 1 3./4. Aufl. 1901, Bd 2.3 4. Aufl. 1907. 1909
SD Solida Declaratio
SDF Funk & Wagnalls Standard Dictionary of Folklore, Mythology and Legend, 2 Bde 1949 f
SDGSTh Studien zur Dogmengeschichte und systematischen Theologie
SE Sacris Erudiri. Jaarboek voor Godsdienstwetenschapen
SEÅ Svensk Exegetisk Årsbok
Seeberg, DG R. Seeberg, Lehrbuch der Dogmengeschichte, Bd 1.2 3. Aufl. 1922 f, Bd 3. 4,1 4. Aufl. 1930. 1933, Bd 4,2 2. Aufl. 1920 (Bd 1-4 Neudr. 1953)
Sehling E. Sehling, Die evangelischen Kirchen-

	ordnungen der Reformationszeit, Bd 1 bis 5 1902–1913, Bd 6,1ff 1955ff
Semitica	Semitica. Cahiers publiées par l'Institut d'Études Sémitiques de l'Université de Paris
Seppelt	F. X. Seppelt, Geschichte der Päpste von den Anfängen bis zur Mitte des 20. Jh.s*)
SFThL	Schriften der Finnischen Theologischen Literaturgesellschaft
SG	Sammlung Göschen
SGK	Schriften der Königsberger Gelehrten Gesellschaft. Königsberg
SgV	Sammlung gemeinverständlicher Vorträge und Schriften aus dem Gebiet der Theologie und Religionsgeschichte
SHVL	Skrifter utgivna av Kungl. Humanistiska Vetenskapssamfundet i Lund
SIMG	Sammelbände der Internationalen Musikgesellschaft
SJTh	The Scottish Journal of Theology
SKZ	Schweizerische Kirchenzeitung
SMSR	Studi e Materiali di Storia delle Religioni
SNT	Die Schriften des Neuen Testaments übers. u. erkl. v. J. Weiß u. a., 3. Aufl. 1917
SNVAO	Skrifter utgitt av Det Norske Videnskaps-Akademi i Oslo
SO	Symbolae Osloenses
SQS	Sammlung ausgewählter kirchen- und dogmengeschichtlicher Quellenschriften
ST	Sammlung Töpelmann (Die Theologie im Abriß)
Stählin	O. Stählin, Die altchristliche griechische Literatur (= Geschichte der griechischen Literatur, hg. v. W. v. Christ, Bd II, 2 6. Aufl. 1924)
StC	Studia Catholica
StD	Studies and Documents
StGB	Strafgesetzbuch
SThKAB	Schriften des Theologischen Konvents Augsburgischen Bekenntnisses
SThZ	Schweizerische Theologische Zeitschrift
StL	Staatslexikon, hg. v. H. Sacher, 5. Aufl. 1926–1932; StL⁶: 6. Aufl. 1957ff
StML	Stimmen aus Maria-Laach
StMw	Studien zur Musikwissenschaft. Beihefte der Denkmäler der Tonkunst in Österreich
StOr	Studia Orientalia
StPO	Strafprozeßordnung
Strack, Einl.	H. L. Strack, Einleitung in Talmud und Midraš, 5. Aufl. 1921
Strieder	F. W. Strieder, Grundlage zu einer hessischen Gelehrten- und Schriftstellergeschichte, Bd 1–21 1781–1861
StrThS	Straßburger Theologische Studien
StT	Studi e Testi
StTh	Studia Theologica
Stutz	U. Stutz, Kirchenrecht (Enzyklopädie der Rechtswissenschaft Bd 5), 1914
StZ	Stimmen der Zeit
Sukenik, DSS	E. L. Sukenik, The Dead Sea Scrolls of the Hebrew University, Jerusalem 1955 (engl. Ausg. von ʿOṣār hămmegîllôt hăggenûzôt šæbbîdê ha'ûnîbersîṭā ha-ʿibrît [Der Schatz der verborgenen Handschriften im Besitz der hebräischen Universität], 1954)
SVRG	Schriften des Vereins für Reformationsgeschichte
SVSL	Skrifter utgivna av Vetenskaps-Societeten i Lund
SvTK	Svensk Teologisk Kvartalskrift
SyBU	Symbolae Biblicae Upsalienses
Syria	Syria. Revue d'art orientale et d'archéologie
TCERK	Twentieth Century Encyclopedia of Religious Knowledge, 2 Bde 1955
TeU	Tekst en Uitleg
TGI	K. Galling, Textbuch zur Geschichte Israels, 1950
ThA	Theologische Arbeiten
ThAthen	ΘΕΟΛΟΓΙΑ (Theologia), Athen
ThB	Theologische Bücherei
ThBl	Theologische Blätter
Theophaneia	Theophaneia. Beiträge zur Religions- und Kirchengeschichte des Altertums
ThEx	Theologische Existenz heute
ThF	Theologische Forschung. Wissenschaftliche Beiträge zur kirchlich-evangelischen Lehre
ThFenn	Theologia Fennica
ThGl	Theologie und Glaube
ThHK	Theologischer Handkommentar zum Neuen Testament
Thielicke, ThE	H. Thielicke, Theologische Ethik, Bd 1 2. Aufl. 1958, Bd 2, 1 1955
ThLBl	Theologisches Literaturblatt
ThLZ	Theologische Literaturzeitung
ThPQ	Theologisch-praktische Quartalschrift
ThQ	Theologische Quartalschrift
ThR	Theologische Rundschau
ThRv	Theologische Revue
ThSt	Theological Studies
ThSt(B)	Theologische Studien, hg. v. K. Barth
ThStKr	Theologische Studien und Kritiken
ThT	Theologisch Tijdschrift
ThToday	Theology Today
ThViat	Theologia Viatorum. Jahrbuch der Kirchlichen Hochschule Berlin
ThW	Theologisches Wörterbuch zum Neuen Testament, begr. v. G. Kittel, hg. v. G. Friedrich, 1933ff
ThZ	Theologische Zeitschrift
TPh	Tijdschrift voor Philosophie
Trausch-Schuller	J. Trausch-F. Schuller, Schriftsteller-Lexikon der Siebenbürger Deutschen, Bd 1–4 1868–1902
TSt	Texts and Studies
TT	Teologisk Tidsskrift
TThS	Trierer Theologische Studien
TThZ	Trierer Theologische Zeitschrift
TU	Texte und Untersuchungen zur Geschichte der altchristlichen Literatur
UdG	W. Schmidt, Der Ursprung der Gottesidee, Bd 1–12 1912–1955; Bd 1 2. Aufl. 1926
Ü	F. Überweg, Grundriß der Geschichte der Philosophie, 12. Aufl. 1923–1951
UJE	The Universal Jewish Encyclopedia, ed. L. Landman, 1948
UNT	Untersuchungen zum Neuen Testament
UUÅ	Uppsala Universitets Årsskrift
VAA	Verhandelingen der koninklijke (ab NR 40, 1938: nederlands[ch]e) Akademie van Wetenschappen. Amsterdam
VAB	Vorderasiatische Bibliothek
VD	Verbum Domini
VEGL	Veröffentlichungen der Evangelischen Gesellschaft für Liturgieforschung
VerfLex	Die deutsche Literatur des Mittelalters.

	Verfasserlexikon. Begr. v. W. Stammler, hg. v. K. Langosch
VF	Verkündigung und Forschung
VfM	Vierteljahresschrift für Musikwissenschaft
VigChr	Vigiliae Christianae
VSB	Vies des Saints et des Bienheureux selon d'ordre du Calendrier avec l'historique des Fêtes, Bd 1-11 1935-1954 (Bd 12 folgt)
VSWG	Vierteljahrsschrift für Sozial- und Wirtschaftsgeschichte
VT	Vetus Testamentum
WA	M. Luther, Werke. Kritische Gesamtausgabe (»Weimarer Ausgabe«), 1883ff
WAB	M. Luther, Werke. Kritische Gesamtausgabe. Briefwechsel, 1930ff
Wach, Relsoz.	J. Wach, Religionssoziologie (nach der 4. [engl.] Aufl. übers.), 1951
Wach, Types	J. Wach, Types of religious experience, Christian and non-Christian, 1951
WADB	M. Luther, Werke. Kritische Gesamtausgabe. Die Deutsche Bibel, 1906ff
WATR	M. Luther, Werke. Kritische Gesamtausgabe. Tischreden, 1912ff
Wattenbach	W. Wattenbach, Deutschlands Geschichtsquellen im Mittelalter bis zur Mitte des 13. Jh.s, Bd I 7. Aufl. 1904, Bd II 6. Aufl. 1894
Wattenbach-Holtzmann	W. Wattenbach, Deutschlands Geschichtsquellen im Mittelalter. Deutsche Kaiserzeit, hg. v. R. Holtzmann, Bd I, 1-4 2. Aufl. 1938-1943 (3., unv. Aufl. 1948)
Wattenbach-Levison	W. Wattenbach, Deutschlands Geschichtsquellen im Mittelalter. Vorzeit und Karolinger, bearb. v. W. Levison. H. 1 Die Vorzeit von den Anfängen bis zur Herrschaft der Karolinger, 1952; H. 2 Die Karolinger vom Anfang des 8. Jh.s bis zum Tode Karls d. Gr., bearb. v. W. Levison u. H. Löwe, 1953; H. 3 Die Karolinger nach dem Tode Karls d. Gr., bearb. v. H. Löwe, 1957; Beiheft: R. Buchner, Die Rechtsquellen, 1953
Watterich	J. M. Watterich, Pontificum Romanorum qui fuerunt inde ab exeunte saec. IX usque ad finem saec. XIII vitae, Bd 1. 2 1862
WBKL	Wiener Beiträge zur Kulturgeschichte und Linguistik
WC	Westminster Commentaries
WChH	World Christian Handbook, ed. E. J. Bingle and K. G. Grubb, 1952
WES	The Wisdom of the East Series
WI	Welt des Islams
Will	G. A. Will, Nürnbergisches Gelehrten-Lexikon, fortges. v. Chr. C. Nopitsch, Bd 1-4 1802-1808
v.Winterfeld	K. v. Winterfeld. Der evangelische Kirchengesang und sein Verhältnis zur Kunst des Tonsatzes, 1843-1847
WM	U. v. Wilamowitz-Moellendorf, Der Glaube der Hellenen, 1931f (2., unv. Aufl. 1955)
WO	Die Welt des Orients
Wolf, QK	G. Wolf, Quellenkunde der deutschen Reformationsgeschichte, Bd 1-3 1915-1923
WRV	Weimarer Reichsverfassung
WuD	Wort und Dienst. Jahrbuch der Theologischen Schule Bethel
WUNT	Wissenschaftliche Untersuchungen zum Neuen Testament

WuT	Wort und Tat
WVDOG	Wissenschaftliche Veröffentlichungen der Deutschen Orientgesellschaft
WZ	Wissenschaftliche Zeitschrift (folgt jeweils der Name der Stadt einer mitteldeutschen Universität)
WZKM	Wiener Zeitschrift für die Kunde des Morgenlandes
YJS	Yale Judaica Series
ZA	Zeitschrift für Assyriologie und verwandte Gebiete
ZÄS	Zeitschrift für Ägyptische Sprache und Altertumskunde
ZAGV	Zeitschrift des Aachener Geschichtsvereins
Zahn	J. Zahn, Die Melodien der deutschen evangelischen Kirchenlieder, Bd 1-6 1889-1893
ZAM	Zeitschrift für Aszese und Mystik
ZAW	Zeitschrift für die alttestamentliche Wissenschaft
ZBG	Zeitschrift für Brüdergeschichte
ZBKG	Zeitschrift für bayerische Kirchengeschichte
ZDMG	Zeitschrift der deutschen Morgenländischen Gesellschaft
ZDPV	Zeitschrift des Deutschen Palästinavereins
ZdZ	Zeichen der Zeit
ZE	Zeitschrift für Ethnologie
ZEE	Zeitschrift für evangelische Ethik
ZevKM	Zeitschrift für evangelische Kirchenmusik
ZevKR	Zeitschrift für evangelisches Kirchenrecht
ZfM	Zeitschrift für Musik
ZfMw	Zeitschrift für Musikwissenschaft
ZgesStW	Zeitschrift für die gesamte Staatswissenschaft
ZGNKG	Zeitschrift der Gesellschaft für niedersächsische Kirchengeschichte (seit 46, 1941: JGNKG)
ZHTh	Zeitschrift für historische Theologie
ZIMG	Zeitschrift der Internationalen Musikgesellschaft
ZKG	Zeitschrift für Kirchengeschichte
ZKGPrSa	Zeitschrift des Vereins für Kirchengeschichte der Provinz Sachsen (ab 25, 1929: und des Freistaates Anhalt)
ZKTh	Zeitschrift für katholische Theologie
ZLThK	Zeitschrift für lutherische Theologie und Kirche
ZM	Zeitschrift für Missionswissenschaft (ab 34, 1950:) und Religionswissenschaft (28 bis 32, 1938-1941 und 1947/48 unter dem Titel: Missionswissenschaft und Religionswissenschaft)
ZMP	Zeitschrift des Moskauer Patriarchats
ZMR	Zeitschrift für Missionskunde und Religionswissenschaft
ZNW	Zeitschrift für die neutestamentliche Wissenschaft und die Kunde der älteren Kirche
ZP	Zeitschrift für Pädagogik
ZPhF	Zeitschrift für philosophische Forschung
ZprTh	Zeitschrift für praktische Theologie
ZRGG	Zeitschrift für Religions- und Geistesgeschichte
ZS	Zeitschrift für Semitistik
ZSavRG	Zeitschrift der Savigny-Stiftung für Rechtsgeschichte
ZSKG	Zeitschrift für Schweizer Kirchengeschichte
ZSlPh	Zeitschrift für slavische Philologie

ZSTh	Zeitschrift für systematische Theologie
ZThK	Zeitschrift für Theologie und Kirche
ZvSp	Zeitschrift für vergleichende Sprachforschung
ZVK	Zeitschrift für Volkskunde
ZVThG	Zeitschrift des Vereins für thüringische Geschichte und Altertumskunde
ZW	Zeitwende
ZWL	Zeitschrift für kirchliche Wissenschaft und kirchliches Leben
ZWTh	Zeitschrift für wissenschaftliche Theologie
ZZ	Zwischen den Zeiten

Bemerkungen:

1. Die einzelnen Bände der mit *) bezeichneten Werke sind jeweils nach der neuesten Auflage zitiert, wobei diese, sofern es nicht die erste ist, durch eine kleine, hochgestellte Zahl hinter der Bandnummer angegeben ist.

2. Von den Veröffentlichungen der Akademien usw ist, wenn nichts anderes angegeben ist, jeweils die philosophisch-historische oder eine entsprechende Klasse zitiert.

III. ALLGEMEINE ABKÜRZUNGEN

aaO	am angegebenen Ort
Abb.	Abbildung
Abdr.	Abdruck
abgedr.	abgedruckt
Abh.	Abhandlung(en)
Abk.	Abkürzung
Abs.	Absatz
Abt.	Abteilung
ägypt.	ägyptisch
äthiop.	äthiopisch
allg.	allgemein
Ang.	Angabe
Anm.	Anmerkung
Art.	Artikel
arab.	arabisch
aram.	aramäisch
armen.	armenisch
AT	Altes Testament (Ancient Testament)
at.	alttestamentlich
Aufl.	Auflage
Ausg.	Ausgabe
Ausw.	Auswahl
Bd, Bde	Band, Bände
bearb.	bearbeitet
begr.	begründet
Beitr.	Beitrag (Beiträge)
bes.	besonders
betr.	betreffend
Bh.	Beiheft
Bibliogr.	Bibliographie
BRD	Bundesrepublik Deutschland
Bull.	Bulletin
bzw.	beziehungsweise
c.	Kapitel
ca	circa
cf.	confer
d.Ä.	der Ältere
DDR	Deutsche Demokratische Republik
DEK	Deutsche Evangelische Kirche
ders.	derselbe
DG	Dogmengeschichte
DGB	Deutscher Gewerkschaftsbund
dgl.	dergleichen
d.Gr.	der Große
dh	das heißt
d.i.	das ist
d.J.	der Jüngere
Dict.	Dictionary, Dictionnaire
dies.	dieselbe(n)
Diss.	Dissertation
Doz.	Dozent
dt.	deutsch
ebd	ebenda
ed.	edito, edidit, ediert von, edited by
ehem.	ehemalig usw
Einl.	Einleitung
EinlAT	Einleitung in das AT
EinlNT	Einleitung in das NT
EKD	Evangelische Kirche in Deutschland
EKU	Evangelische Kirche der Union
erg.	ergänzt
ErgBd	Ergänzungsband
ErgH.	Ergänzungsheft
erkl.	erklärt
etc	etcetera
ev.	evangelisch
evtl	eventuell
Expl.	Exemplar
f	folgende(s) Seite, Jahr
ff	folgende Seiten, Jahre
Festg.	Festgabe
Festschr.	Festschrift
Forts.	Fortsetzung
GA	Gesamtausgabe
*	geboren
gedr.	gedruckt
gef.	gefallen
gegr.	gegründet
GesW	gesammelte Werke
Gesch.	Geschichte
†	gestorben
griech.	griechisch
H.	Heft
Hbd	Halbband
Hdb.	Handbuch
hebr.	hebräisch
hl.	heilig
hg.v.	herausgegeben von
Hg.	Herausgeber
Hs., Hss.	Handschrift(en)
HWB	Handwörterbuch
i.J.	im Jahr
Jb.	Jahrbuch
Jh.	Jahrhundert
Jt.	Jahrtausend
jüd.	jüdisch
kath.	katholisch
KG	Kirchengeschichte
kopt.	koptisch
lat.	lateinisch
Lfg.	Lieferung
Lit.	Literatur
luth.	lutherisch
LXX	Septuaginta

MA	Mittelalter (Middle Ages, Moyen Âge)
Masch.	Maschinenschrift
m.a.W.	mit anderen Worten
Mikr.	Mikrokopie
Mitt.	Mitteilung(en)
Ms., Mss.	Manuskript(e)
Mon. Ser.	Monograph Series
MT	Masoretischer Text
Nachdr.	Nachdruck
NB (in Literaturangaben)	Neue Bearbeitung
nChr	nach Christus
Neudr.	Neudruck
NF	Neue Folge
nouv. éd.	nouvelle édition
NR	Neue Reihe
NS	New Series (Nuova Serie)
NT	Neues Testament (New Testament, Nouveau Testament)
nt.	neutestamentlich
o.J.	ohne Jahr(esangabe)
o.O.	ohne Ort(sangabe)
orth.	orthodox
OT	Old Testament (Oude Testament)
par	und Parallelstellen
PDoz.	Privatdozent
Prof.	Professor
prot.	protestantisch
publ.	publié
Qu.	Quellen
rd	rund
rabb.	rabbinisch
ref.	reformiert
RAG	Reichsarbeitsgericht
Reg.	Register
RegBd	Registerband
röm.	römisch
s.	siehe
S.	Seite
sc.	scilicet
sel.	selig
slaw.	slawisch
s.o.	siehe oben
s.u.	siehe unten
sog.	sogenannt
Sp.	Spalte
Sup.	Superintendent
ss	sequentes
Suppl.	Supplement
s.v.	sub voce
syr.	syrisch
sZ	seiner Zeit
t.	tome
Theol.	Theologe, Theologie
TheolAT	Theologie des AT
TheolNT	Theologie des NT
transl.	translated
u.a.	und andere, unter anderem
u.ä.	und ähnliche(s)
u.a.m.	und andere(s) mehr
u.dgl.	und dergleichen
übers.	übersetzt
Übers.	Übersetzung
Unters.(en)	Untersuchung(en)
unv.	unverändert
u.ö.	und öfters
usw	und so weiter
u.U.	unter Umständen
v.	von
V.	Vers
vChr	vor Christus
VELKD	Vereinigte Evangelisch-Lutherische Kirche Deutschlands
verb.	verbessert
Verz.	Verzeichnis
vgl.	vergleiche
Vol.	Volume
Vulg.	Vulgata
WB	Wörterbuch
Z.	Zeile
zB	zum Beispiel
Zs., Zeitschr.	Zeitschrift
zSt	zur Stelle
zT	zum Teil
zZ	zur Zeit

ES WURDEN AUSGEGEBEN:

43./44. Lieferung am 30. Januar 1959
45./46. Lieferung am 9. März 1959
47./48. Lieferung am 9. April 1959
49./51. Lieferung am 22. Mai 1959
52./54. Lieferung am 30. Juni 1959
55./58. Lieferung am 25. September 1959
59./61. Lieferung am 23. Oktober 1959
62./63. Lieferung am 12. November 1959

III. Band am 25. November 1959

VERZEICHNIS DER BILDTAFELN ZUM DRITTEN BAND

Tafel 23 Abb. 1. Chartres, Kathedrale, begonnen 1194. Langhaus und nördl. Querhaus. Ohne die originalen Glasfenster *(Bildarchiv Foto Marburg)*

Abb. 2. Regensburg, Dominikanerkirche, begonnen um 1260 *(Foto: Archiv des Kunsthist. Instituts der Universität Bonn)*

Abb. 3. Annaberg, Annakirche, 1499-1520 *(Foto: Archiv des Kunsthist. Instituts der Universität Bonn)*

Tafel 24-28 zum Artikel Kirchenbau: IV. Im 16.-19. Jh.
(nach Sp. 1376)

Tafel 24 Abb. 1. Mantua, Kirche S.Andrea, erbaut von Alberti, 1470 *(Originalaufnahme)*

Abb. 2. Rom, St.Peter mit Petersplatz, Luftbild *(nach L. Marchetti-C.Bevilaqua, Dome und Kathedralen Italiens, Novara 1955)*

Tafel 25 Abb. 1. Rom, Tempietto bei S.Pietro in Montorio, erbaut von Bramante, nach 1499 *(nach H.Wölfflin, Renaissance und Barock, 1926⁴, Abb. 1)*

Abb. 2. Rom, Il Gesù, erbaut von Vignola, 1568-84, Längsschnitt *(nach H.Wölfflin, aaO Abb. 64)*

Abb. 3. Rom, Kirche S.Carlo alle quattro fontane auf dem Quirinal, erbaut von F.Borromini, 1638-41, nach einem Kupferstich von G.B.Falda *(nach G. Bucheit, Rom im Wandel der Zeiten, 1931)*

Tafel 26 Abb. 1. Escorial, Gesamtanlage, 1563-89, erbaut von J.B. de Toledo und J.de Herrera. Aus dem Stichwerk Herreras *(Bildarchiv des Kunsthist. Seminars der Univ. Heidelberg)*

Abb. 2. Cuzco (Peru), La Compañía, geweiht 1668, erbaut von Pater J.B.Gillis aus Gent *(nach Das Münster 12, 1959, 5)*

Abb. 3. Paris, Eglise du Val de Grâce, 1645-65, erbaut von F.Mansart und Lemercier *(Bildarchiv Foto Marburg)*

Abb. 4. London, St.Paul's Cathedral, 1675-1710, erbaut von Chr.Wren *(nach London, 1939, 24)*

Abb. 5. Wien, St. Karl Borromäuskirche, 1716-29 (1737), erbaut von J.B.Fischer von Erlach und Sohn *(nach G.Hagen, Österreich, o.J., 27)*

Tafel 27 Abb. 1. Lyon, Ehem. Hugenottenkirche, gen. »Le Paradis«, 1564 *(nach K.E.O.Fritsch, Der Kirchenbau des Protestantismus, 1893, Abb. 884)*

Abb. 2. Schweidnitz (Schlesien), Friedenskirche, 1657 bis 1658, erbaut von A.v.Saebisch *(nach A.Wiesenhütter, Der ev. Kirchenbau Schlesiens, 1926)*

Abb. 3. Hingham/Mass. (USA), Old Ship Meeting House, 1681, erweitert 1731 und 1755 *(nach P.Thiry u.a., Churches and Temples, 1953)*

Abb. 4. Amsterdam, Noorder Kerk, 1620-23, erbaut von H.de Keyzer *(nach Fritsch, aaO Abb. 861)*

Abb. 5. Dresden, Frauenkirche, 1726-38, erbaut von G. Bähr, zerstört 1945 *(nach Kunst und Kirche 20, 1957, 146)*

Abb. 6. Melk (Donau), Benediktinerkloster, 1700-50, erbaut von J.Prandtauer *(nach G.Hagen, Österreich, o.J., 39)*

Abb. 7. Steingaden (Schwaben), Wieskirche, Inneres, 1745-59, erbaut von D.Zimmermann *(nach G.Lill, Die Wies, 1952²)*

Tafel 28 Abb. 1. Charenton, Ehem. Hugenottenkirche, erbaut 1623 durch S.de Brosse, zerstört 1685. Perspektivischer Schnitt *(nach K.E.O.Fritsch, Der Kirchenbau des Protestantismus, 1893, Abb. 888)*

Abb. 2. Karlsruhe, Ev. Stadtkirche, 1807-18, erbaut von Fr.Weinbrenner, Innenraum vor der Zerstörung 1944 *(nach M.Koebel, Fr.Weinbrenner, o.J., Abb. 27)*

Abb. 3. Potsdam, Nikolaikirche, 1830-37, erbaut von Fr.Schinkel *(nach Fritsch, aaO Abb. 289)*

Abb. 4. Basel, Elisabethkirche, 1859-65, erbaut von F. Stadler *(Originalaufnahme)*

Tafel 28-32 zum Artikel Kirchenbau: V. Im 20. Jh.
(nach Sp. 1376)

Tafel 28 Abb. 5. Wiesbaden, Reformationskirche am Ring, 1892-94, erbaut von J.Otzen. a) Äußeres, b) Innenraum *(nach Fritsch, aaO Abb. 734. 735)*

Abb. 6. Wien, Kirche am Steinhof, 1904, erbaut von O.Wagner *(nach K.Oettinger, Österreich, Kunst und Kunstschätze, 1956, 92)*

Abb. 7. Ulm, Garnisonkirche, 1908 (früher Stahlbetonbau), erbaut von Th.Fischer *(nach F.Schumacher, Strömungen in deutscher Baukunst, 1935, Abb. 112)*

Tafel 29 Abb. 1. Die »Sternkirche«, Entwurf 1922 von O.Bartning, Modell *(nach Kunst und Kirche 21, 1958, 5)*

Abb. 2. Paris-Raincy, Notre Dame, 1923, erbaut von A. und G.Perret. Erste Kirche als Stahlbetonbau mit Serienelementen *(Aufn. H.Hampe)*

Abb. 3. Köln (später Essen), Montagebau-Stahlkirche auf der Pressa, 1928, erbaut von O.Bartning *(Bildarchiv des Ev. Kirchenbauamtes Baden)*

Abb. 4. Essen, Auferstehungskirche, 1930, erbaut von O.Bartning *(nach R.Biedrzynski, Kirchen unserer Zeit, 1958, Taf. 39)*

Abb. 5. Aachen, Fronleichnamskirche, 1930, erbaut von R.Schwarz *(nach Biedrzynski, aaO Taf. 18. 19)*

Tafel 30 Abb. 1. Luzern, St. Karl Borromäuskirche, 1933-35, erbaut von F.Metzger *(nach R.Biedrzynski, Kirchen unserer Zeit, 1958, Taf. 122)*

Abb. 2. Basel, Johanneskirche, 1936, erbaut von Egender und Burckhardt *(nach F.Pfammatter, Betonkirchen, 1948, Abb. 39. 40)*

Abb. 3. Pforzheim, Auferstehungs-Notkirche, 1946-48 (Musterbau in Montagebauweise für Serienherstellung der 48 Notkirchen in Deutschland), erbaut von O.Bartning, H.Hampe, A.Oswalt *(Aufn. H.Hampe)*

Abb. 4. Madison/Wisc. (USA), First Unitarian Church, 1947, erbaut von F.L.Wright *(Bildarchiv des Ev. Kirchenbauamtes Baden)*

Abb. 5. Portland/Oregon (USA), Zion Lutheran Church, 1951, erbaut von A.Belluschi *(nach P.Thiry u.a., Churches and Temples, 1953)*

Tafel 31 Abb. 1. Minneapolis (USA), Christ Evangelical Church, 1951, erbaut von E.Saarinen u.a. *(nach E.D.Mills, The modern Church, 1956, 45)*

Abb. 2. Kariuzawa (Japan), Kath. St.Pauls-Kirche, 1950, erbaut von A.Raymond *(nach P.Thiry u.a., Churches and Temples, 1953)*

Abb. 3. Pforzheim, Matthäuskirche, 1953, erbaut von E.Eiermann und R.Hilgers, Altarplatz *(nach Kunst und Kirche 20, 1957, 20)*

VERZEICHNIS DER KARTEN ZUM DRITTEN BAND

BENUTZUNGSHINWEISE

Alphabetische Ordnung der Stichwörter:

Die Stichwörter sind in alphabetischer Reihenfolge geordnet. Dabei ist

j = i; ä = ae; ö = oe; ü = ue; ß = ss.

Mittelalterliche Personennamen, die außer dem Vornamen nur eine Herkunftsbezeichnung oder einen Beinamen enthalten, stehen unter dem jeweiligen Vornamen: zB »Petrus von Ailli« unter »Petrus«. Eine Ausnahme bilden die Personennamen mit Familiennamen: zB »Bartholomäus Arnoldi von Usingen« unter »Arnoldi«. Bei Ausnahmen und in Zweifelsfällen, insbesondere dort, wo von der alphabetischen Einordnung der vorigen Auflage der RGG abgewichen wurde, erleichtert ein Verweisstichwort das Auffinden des Artikels: »Capistrano, Johann von → Johannes von Capistrano«.

Der Artikel von Familiennamen germanischer Sprachen wird nicht berücksichtigt, bei Namen aus romanischen Sprachen dagegen zum Familiennamen gezogen: »Antoine de la Faye« unter »La Faye, Antoine de«.

Die Abkürzung »St.« wird wie das ausgeschriebene Wort eingeordnet:

St. Andrews unter Saint Andrews
St. Gallen unter Sankt Gallen.

Durch Bindestrich verbundene Wörter zählen als *ein* Wort:

Evangelisch-Johannische Kirche nach Evangelischer Bund.

Lateinische Präpositionen und das nachfolgende Substantiv werden als *ein* Wort gewertet:

a priori nach Apringius
de tempore nach Deszendenztheorie
in partibus infidelium nach Innungen.

Verweise:

Verweise auf einen anderen Artikel (Verweiszeichen: →) weisen darauf hin, daß dort der betr. Stoff behandelt ist oder daß sich dort ergänzendes Material findet.

Sofern Verwechslungen ausgeschlossen sind, wird bei Verweisen das Stichwort, auf das hingewiesen werden soll, gekürzt; zB: → Apriorismus (statt: → Apriorismus und Empirismus).

Wichtigen geographischen Namen wird ein Hinweis auf eine Karte beigefügt, auf der sich der Name findet: »... Memphis (→ 1 C 2)« verweist auf das Planquadrat C 2 der Karte 1: Ägypten (s. u.: Karten).

Abkürzungen:

Innerhalb eines Artikels wird das jeweilige Stichwort abgekürzt, häufig auch das dazugehörige Adjektiv. Notfalls ist die jeweilige Abkürzung am Anfang des Artikels erklärt. – Im übrigen sind die verwendeten Abkürzungen in dem »Abkürzungsverzeichnis« aufgelöst (s. S. XIV ff).

Abkürzungen aus dem kirchlichen Sprachgebrauch, von Namen katholischer Orden und von Würdetiteln sind (in Auswahl) in dem Artikel »Abbreviaturen« zusammengestellt.

Transkriptionen:

1. Biblische Namen werden in der im Deutschen üblichen Form gebraucht.
2. Wichtige griechische Termini sind nicht transkribiert, sondern in griechischen Buchstaben gedruckt und, wenn notwendig, mit Übersetzung versehen.
3. Hebräische Wörter sind – sofern sie ausnahmsweise der Übersetzung beigefügt werden – nach folgendem System transkribiert:
   Konsonanten: ʾ, b, g, d, h (mit Măppîq: ḫ), w, z, ḥ, ṭ, j, k, l, m, n, s, ʿ, p, ṣ, q, r, ś, š, t (Dageš lene wird nicht berücksichtigt).
   Vokale: —ָ = a (als Qamæṣ ḥaṭûf: å), —ַ = ă, —ֶ = æ, —ֵ = e, —ִ = i, —ֹ = o, —ֻ = u; —ָיו = âw;
   mit mater lectionis: —ֶי = ǣ, —ֵי = ê, —ִי = î, וֹ = ô, וּ = û, —ָה = ā, —ֶה = ǣ, —ֵה = ē, —ֹה = ō;
   als Ḥatef-Laute: —ֳ = ^{å}, —ֲ = ^{a}, —ֱ = ^{æ}; —ְ (Šᵉwa mobile) = ^{e}; —ַ (Pătăḥ furtivum) = ^{a}.
4. Für die gelegentlichen Transkriptionen aus dem Arabischen, Persischen usw gilt das in der Zeitschrift der Deutschen Morgenländischen Gesellschaft verwendete System.

5. Für Transkriptionen aus dem Russischen und aus anderen slawischen Sprachen ist das »Schema zur Transkription fremder Schriftarten« in den »Instruktionen für die alphabetischen Kataloge der preußischen Bibliotheken«, 2. Ausgabe in der Fassung vom 10. August 1908, Berlin 1909 (unveränderter Nachdruck unter dem Titel: »Regeln für die alphabetische Katalogisierung in wissenschaftlichen Bibliotheken«, Leipzig 1952) S. 142f maßgebend. Haben sich Namen in einer nicht der wissenschaftlichen Transkription entsprechenden Form im Deutschen eingebürgert, so werden sie auch in dieser Schreibweise in die RGG aufgenommen. Jedoch wird der ersten Nennung solch eines Namens innerhalb eines Artikels die korrekte Transkription in Klammern beigefügt.
6. Transkriptionen aus dem Sanskrit richten sich nach dem in der Zeitschrift der Deutschen Morgenländischen Gesellschaft üblichen Schema, jedoch mit folgenden Einschränkungen:
   statt ṣ und ś wird sh geschrieben;
   die diakritischen Zeichen ṅ, ñ, ṇ, ḥ, dh, ṭ fallen weg; dagegen sind die Längezeichen über â, î, û beibehalten.
7. Zitate von Martin Luther u.a. werden dem heutigen Sprachgebrauch angepaßt.

Literaturangaben:

Quellen sowie in biographischen Artikeln die Werke der behandelten Personen stehen am Anfang der Literaturangabe. Im übrigen ist die Literatur *zeitlich* geordnet, dabei notfalls parallel zu dem Artikel oder – in Ausnahmefällen – sachlich gegliedert.

Alle Artikel über biblische Bücher und Büchergruppen (Pentateuch; Evangelien, synoptische usw) enthalten darüber hinaus *Literatur zur Auslegungsgeschichte,* und zwar 1. Quellen, gegliedert nach Jahrhunderten, und 2. auslegungsgeschichtliche Untersuchungen. Auslegungsgeschichtliche Literatur, die sich auf das *ganze* AT und NT bzw. auf die ganze Bibel bezieht, wird in dem Artikel »Schriftauslegung« aufgeführt.

Verfasser:

Die Artikel sind mit den Namen der Verfasser gezeichnet. Ist ein Artikel der zweiten Auflage der RGG überarbeitet worden, so steht der Name des Bearbeiters an zweiter Stelle. Der Name dessen, der an dem neuen Artikel den geringeren Anteil trägt, ist in Klammern gesetzt. Dasselbe gilt bei neuverfaßten Artikeln, für die zwei Verfasser verantwortlich zeichnen.

Karten:

Die vorgesehenen 26 Karten werden den in der folgenden Übersicht in *Kursivdruck* aufgeführten Artikeln beigefügt.

1. Ägypten (Altertum) – *Ägypten*
2. Afrika (Gegenwart; Mission) – *Afrika südlich der Sahara*
3. Babylonien-Assyrien (Altertum); Nebenkarte: Babylon – *Assyrien*
4. Australien einschl. Indonesien (Gegenwart; Mission) – *Australien*
5. Dänemark, Norwegen, Schweden (im 6.–17. Jh.) – *Dänemark*
6. Deutschland (bis 1250) – *Deutschland*
7. Deutschland zur Zeit der Reformation (bis 1550) – *Deutschland*
8. Deutschland im 19. Jh. – *Deutschland*
9. Deutschland (Evangelische Landeskirchen und katholische Bistümer in der Gegenwart) – *Deutschland*
10. England (im 6.–17. Jh.) – *England*
11. Westeuropa (bis 900) – *Frankreich*
12. Ausbreitung der Hugenotten – *Hugenotten*
13. China, Japan, Korea (Gegenwart; Mission) – *Japan*
14. Westmittelmeergebiet und Ostmittelmeergebiet (Ausbreitung des Christentums bis 325 nChr) – *Imperium Romanum*
15. Vorder- und Hinterindien (Gegenwart; Mission und junge Kirchen) – *Indien*
16. Der Islam (im 8. Jh.) – *Islam*
17. Italien einschl. Sizilien (im 6.–16. Jh.); Nebenkarte: Rom – *Italien*
18. Kleinasien (Altertum) – *Kleinasien*
19. Die Kreuzzüge – *Kreuzzüge*
20. Süd- und Mittelamerika einschl. Mexiko (Gegenwart; Konfessionen) – *Mittelamerika*
21. Palästina-Syrien (römisch-byzantinische Zeit) – *Palästina*
22. Weltkarte (Religionen) – *Religionsstatistik*
23. Rußland und Balkan (im 19. Jh.) – *Rußland*
24. Nordamerika (im 18. Jh.) – *Vereinigte Staaten*
25. Vereinigte Staaten von Nordamerika (Gegenwart; Konfessionen) – *Vereinigte Staaten*

Auf diese Karten wird ebenso wie auf Artikel verwiesen (s. o.: Verweise).

Bildtafeln:

Über die Einordnung der Bildtafeln in den einzelnen Bänden unterrichtet die Übersicht am Anfang jedes Bandes.

H

Haager Gesellschaft zur Verteidigung der christlichen Religion (Haagsch Genootschap tot verdediging van de Christelijke Godsdienst tegen deszelfs hedendaagsche bestrijders), wurde auf Anregung der Synode der Provinz Süd-Holland 1785 von einigen Pfarrern begründet. Anlaß war das Erscheinen einer holländischen Übersetzung von J. → Priestleys »History of the corruptions of Christianity«, die eine tiefe Kluft zwischen ursprünglichem und traditionellem Christentum feststellte. Die H.G. wollte die Neologie (→ Aufklärung: III, 3b), den → Naturalismus und → Rationalismus bekämpfen. Sie veranstaltete dazu eine Reihe von Preisausschreiben, aus der zahlreiche *»Werken«* der H.G. hervorgingen. Ursprünglich orthodox-supranaturalistisch orientiert, wurde ihr Standpunkt allmählich freisinniger. Die apologetische Orientierung trat zurück; man meinte mit positiv-kritischer Arbeit der Wahrheit besser dienen zu können. Dabei stand das Werden des Christentums im Vordergrund; daneben wurden Probleme der biblischen Theologie erörtert, später fanden soziale Fragen Interesse. Das zeitweilig internationale Gepräge ist zurückgetreten. Die H.G. hat einige Schulen eröffnet, darunter ein Seminar für Volksschullehrer(-innen) in freisinnigem Geiste; an der Universität → Utrecht (: II) hat sie eine besondere theologische Professur (früher 2), die dem Werden des Christentums gewidmet ist.

RE VII, 273ff - RGG² II, 1553 (Lit.). *S. van der Linde*

Haar gilt, wie die Nägel, als wichtiger Träger des Seelenstoffes (→ Seele); die in ihm verkörperte Lebenskraft (→ Mana) ist aus der Geschichte von → Simson (Ri 16) ersichtlich. Während bei verschiedenen primitiven Völkern H.waschen und -schneiden vermieden werden, um den Kopf-Geist nicht zu beunruhigen, ist im allgemeinen H.schneiden bei bestimmten Gelegenheiten Sitte. Typisch ist im Islam das Verbot des H.schneidens während der Pilgerfahrt (→ Wallfahrt: I); bei vielen Völkern darf man das H. während der Dauer eines → Gelübdes nicht schneiden; erst dessen Erfüllung gibt den H.schnitt frei (vgl. Apg 18, 18). Oft (Griechen, Römer, Semiten) opferte der Jüngling bei Erreichen der Mannbarkeit (→ Initiationsriten, → Pubertät, → Rites de passage) seine Locken. In Arabien war das Zeichen des Freien die Stirnlocke, deren Bedeutung als pars pro toto noch aus Sure 6, 13 erkennbar ist. Scheren von H. und Bart galt als entehrende Strafe (vgl. zB 2Sam 10, 4); den Sklaven wurde der Vorderkopf rasiert. Wenn ein Araber zu siegen oder zu fallen gelobte, schnitt er sich das H. - ein symbolisches (→ Symbole: I, → Symbolismus) Totenopfer für sich selbst (vgl. → Tonsur). - Die Machthaltigkeit (→ Macht) des H.es zeigt sich in der bes. im Arabischen üblichen Sitte, beim Bart zu schwören; das Bart-H. Muhammeds ist die kostbarste Reliquie. Insonderheit gilt das H. der → Frau (die in der Regel ihre H.tracht nach der Heirat ändert) als kraftgeladen und muß deshalb verschleiert werden (vgl. 1Kor 11, 5ff; noch heute bedeckt die Muslimin ihr H. in Gegenwart Fremder). Wenn die Araberin in höchster Gefahr ihr H. auflöste und entblößte, war es fast, als hätte sie sich entkleidet. - Als Träger der Lebenskraft darf das H. nicht in fremde Hände fallen; man verbrennt (wie der Flamen Dialis) oder vergräbt das abgeschnittene H., um Zauber unmöglich zu machen. Dagegen bewirkt das Binden des H.es eines Kranken an einen Baum durch Übergang der Lebenskräfte Genesung (→ Magie). Die Locke der Geliebten - in orientalischer Poesie viel besungen - repräsentiert deren volle körperliche Gegenwart.

J. Wellhausen, Reste arabischen Heidentums (= Skizzen u. Vorarbeiten III), (1887) 1897² - Frazer (Reg.: Hair) - PW VII, 2105ff - ERE VI, 474ff - RIA I, 418ff - Chant, Reg. - RLV V, 2ff - HWDA 1239ff - BRL 252ff - van der Leeuw (Reg.). *A. Schimmel*

Haarbeck, *Theodor* (11.11.1846 bis 3.12.1923), war 1883-90 Inspektor der Pilgermission St. → Chrischona, 1890-1913 Direktor der Evangelistenschule → Johanneum in Wuppertal-Barmen, 1911-19 Vorsitzender des → Gnadauer Verbandes. H. wirkte durch ein umfangreiches Schrifttum und hatte großen Einfluß auf die theologische Entwicklung der deutschen → Gemeinschaftsbewegung durch Erziehung ihrer Gemeinschaftsprediger. Im Gnadauer Verband war er ein entschlossener Gegner der → Pfingstbewegung. 1919 D. theol. von Bonn.

Vf. u.a.: Griech. Formenlehre zum NT, 1895; Kurzgefaßte bibl. Glaubenslehre, (1902) 1906³ (neu ersch. 1956 unter dem Titel »Was sagt die Bibel?«); Die Pfingstbewegung in geschichtl., bibl. u. psycholog. Beleuchtung, 1910; Der Dienst am Evangelium in Predigt u. Seelsorge, 1913; Das christl. Leben nach der Schrift (bibl. Ethik), 1921. - Über H.: J. Haarbeck, D. Th.H., 1935. *H. Brandenburg*

Haas, *Joseph,* * 1879 in Maihingen, Schüler von → Reger und → Straube, Leiter der Kompositionsklasse und der Abteilung für kath. Kirchenmusik an der Münchener Akademie der Tonkunst, Begründer der Donaueschinger Kammermusikfeste für Neue Musik. Seine Bedeutung liegt in der Verbindung von kontrapunktischer Kunst und volkstümlicher Einfachheit. Als wichtige Bemühungen um eine kath. Kirchenmusik in der Volkssprache sind neben den Volksoratorien die Deutsche Singmesse (op. 60), die Deutsche Vesper (op. 72) und die Speyrer Domfestmesse (op. 80) zu nennen.

Festg. J.H. zum 60. Geb., 1939 - J.H. Verzeichnis der Werke, hg.v. K.G. Fellerer, (1950) 1953². - Über H.: K. Laux, J.H., (1931) 1954² - MGG V, 1177ff. *E. Jammers*

Haase, *Theodor Karl* (14.7.1834 bis 27.3.1909), ev. Theologe, * Lemberg, † Teschen, Sohn des ev. Sup. von Galizien Adolf H., sudierte 1852-56 in Wien, Göttingen und Berlin, wurde 1856 Dr. phil. in Rostock, 1857 Religionslehrer in Wien, 1859 Pfarrer in Bielitz, 1876 in Teschen, 1865 Senior in Österreichisch-Schlesien, 1882 Sup. von Mähren-Schlesien, 1883 Obmann des Synodalausschusses Augsburgischen Bekenntnisses, 1889, 1891 und 1895 Präsident der ev. Generalsynode in Wien.

Die Belange der ev. Kirche vertrat er auch im schlesischen Landtag (1870–1902), im österreichischen Reichsrat (1873–1905) und im Herrenhaus (1905–09). Seiner Tatkraft ist der Ausbau der ev. Kirche in → Schlesien und die Gründung mehrerer pädagogischer und karitativer Anstalten in Bielitz und Teschen zu danken. H. war Begründer, Hg. und Mitarbeiter mehrerer Zeitschriften; er befaßte sich mit kirchenhistorischen und praktischen Fragen. Auch mehrere Predigten sind gedruckt.

Jb. der Gesellschaft für die Gesch. des Protestantismus in Österreich 30, 1909, 188–190 (Lit.) – W. Haase, Licht u. Liebe, 1929 – H. Jaquemar, Innere Mission in Österreich, 1951, 118 – Österreichisches-biograph. Lexikon II (7. Lfg.), 1958, 121. *H. Zimmermann*

Habakukbuch. Der Eigenname Habakuk (= H.; LXX: Ἀμβακουμ) erscheint nur Hab 1, 1; 3, 1 und ist vielleicht der Name einer Pflanze oder einer Obstbaumart.

Ein Vergleich des MT mit den Zitaten im → Habakukkommentar (um 65 vChr und später) zeigt das hohe Alter und die relative Zuverlässigkeit des masoretischen H.textes (doch zu Hab 1, 8. 11. 17; 2, 5. 10. 15f vgl. K. Elliger 48ff). – Die literarische Analyse ergibt – unabhängig vom Titel (1, 1) – folgende Stücke: zwei kollektive, aber doch auf einen mehr individuellen Ton gestimmte Klagen, in denen der Prophet als Repräsentant Israels das nationale Unglück beweint (1, 2–4. 12–17); zwei Gottessprüche, die jeweils die Antwort auf die beiden Klagen enthalten und von der Trauer zur Erlösungsgewißheit durchstoßen (1, 5–10; 2, 1–5). Die Verbindung von Klage und antwortendem Gottesspruch geht wahrscheinlich auf Liturgien zurück (vgl. u.a. Jos 7, 7ff; Ri 20, 23. 26ff; Jes 26, 16ff; 37, 14ff). Es folgen fünf Fluchworte gegen einen unbekannten Schuldigen mit Ankündigung der göttlichen Vergeltung; schließlich ein Hymnus der Epiphanie Jahwes (3; fehlt im H.-Kommentar).

Das ebenso feste wie harmonische Gefüge dieser Stücke, ihre organische und logische Zusammenordnung, der systematisch voranschreitende Gedankengang und die allmähliche Steigerung des Empfindens, alles dies weist auf eine synthetische und einheitliche Komposition, auf den Charakter des Buches als »prophetische Liturgie« für einen Volksbußtag. Jede Textumstellung erscheint demnach als willkürlich. – Demgegenüber sieht Eißfeldt (510ff) im H.buch lediglich eine Aneinanderreihung unabhängiger Traditionsstücke. Er glaubt die »liturgische« Hypothese dadurch zu Fall zu bringen, daß er die Fluchworte bereits mit 2, 5 beginnen läßt, so daß das Band des einleitenden Demonstrativpronomens von 2, 6 zu den in 2, 5 genannten Völkern *innerhalb* des Fluchwortkomplexes bleibt und die Fluchworte von 2, 6–20 nicht mehr mit dem Schluß des zweiten Gottesspruches verbindet. Aber diese Beweisführung steht auf schwachen Füßen, da die Textänderung, die die Fluchworte schon bei 2, 5 beginnen läßt (hôj boged), keinen Anhalt im Text hat und die logische Partikel ʼăf kî (MT und 1QpHab) eindeutig den Vorzug verdient. Außerdem erweist die strukturelle Verbindung aller Kompositionselemente des Textes klar die formale, dh liturgische Einheit des Büchleins. Es gibt auch keine ernsthaften Gründe, die Echtheit von c. 3 zu bestreiten: sein Thema bildet den notwendigen Abschluß der Themen von c. 1 und 2, und das Vokabular dieses Psalms deckt sich nicht allein mit dem der Kultlyrik, sondern auch der Propheten gegen Ende des 7.Jh.s. – Das gleiche gilt übrigens für das ganze Buch: Wortschatz und Sprache stehen der prophetischen Sprache und der religiösen Lyrik gegen Ende des 7.Jh.s sehr nahe. Der Verfasser war demnach wahrscheinlich ein Kultprophet (→ Propheten: II) aus dem letzten Viertel des 7.Jh.s.

Die Identifizierung des im H.buch visierten Gegners müßte es erlauben, den in Frage kommenden Zeitraum noch genauer zu bestimmen. Die ausdrückliche Erwähnung der Kasdim (= Chaldäer, 1, 6) als Werkzeug des Strafgerichts über den Gottlosen schließt alle Hypothesen aus, die den Gegner mit Babylon oder den Griechen identifizieren wollen, und scheint eher auf die Zeit unmittelbar vor dem drohenden Untergang Ninives (612 vChr) zu weisen, so daß mit dem Gegner die von den Chaldäern bedrohten Assyrer gemeint wären (vgl. u.a. Eißfeldt). Aber hat der Prophet überhaupt ein *fremdes* Volk im Auge? Die Gegenüberstellung von »böse« und »gerecht« wird eher verständlich im Hinblick auf einen innerjüdischen Konflikt: das Buch würde dann das Strafgericht über die Zustände in Juda unter Jojakim (→ Israel: I) durch die Babylonier ankündigen (so u.a. Rothstein, Humbert). Die Verkehrung des Rechtes, und bes. der Tora, kann ja nur Judäern als Verbrechen zur Last gelegt werden; die bôgᵉdîm und der »Böse« bezeichnen einen nahen, nicht einen fernen Feind. Die Polemik gegen die Götzen (2, 18–20) hat ihr volles Gewicht nur im Blick auf einen Abfall vom Jahwedienst; sie wäre banal, wenn es sich um Heiden handelte. Ebenso hat die Kritik an der Sittenlosigkeit des Tyrannen (2, 15f) erst dann wirkliche Durchschlagskraft, wenn der Vorwurf sich gegen einen Judäer, einen fürstlichen Zeit- und Volksgenossen des Propheten richtet. So legt die Analyse der Anschuldigungen gegen den Tyrannen in den Fluchworten von 2, 6–20 nahe, an einen Judäer, wahrscheinlich Jojakim, zu denken. – Über die Lebensumstände H.s ist fast nichts auszumachen. Er war wohl ein Berufs-Nabi, ein jüdischer Kultprophet vom Ende des 7.Jh.s, der wahrscheinlich am Jerusalemer Heiligtum angestellt war und im Namen des strengen Jahwismus gegen materialistische und synkretistische Tendenzen im Volk kämpfte. H. bietet ein treffliches Beispiel für die Synthese von prophetischem Glauben und offiziellem Kultus; er wagte es, die Gemeinde der Frommen im Gottesdienst in die Verdammung eines unwürdigen Herrschers hineinzuziehen. Eine viel spätere Tradition schreibt H. levitische Herkunft zu (→ Bel und → Drache zu Babel).

Außer den Kommentaren zum → Zwölfprophetenbuch (bes. von Haller, Sellin, Horst, Elliger) u. den Einl.en in das AT (bes. O. Eissfeldt, 1956², 465f. 510ff [Lit.]): J. Lachmann, Das Buch H., 1932 – P. Humbert, Problèmes du livre d'H., 1944 – K. Elliger, Studien zum H.-Kommentar vom Toten Meer (BHTh 15), 1953 – S. Mowinckel, Zum Psalm des H. (ThZ 9, 1953, 1–23). *P. Humbert*

Zur *Auslegungsgeschichte* (s. auch → Schriftauslegung: IV, → Zwölfprophetenbuch):

Qu.: 11.Jh.: Theophylakt (MPG 126). – 13.Jh.: Pseudo-Joachim v. Floris, Venedig 1517. – 16.Jh.: Luther (WA 19) – Antonius Guévara, Madrid 1585 – Antonius Agellius, Antwerpen 1597 – David Chyträus, Leipzig 1599 – Cornelius Jansen d.Ä., Löwen 1644. – 17.Jh.: Alphons de Padilla, Madrid 1657.

Lit.: J. Ziegler, Ochs u. Esel an der Krippe. Biblisch-patrist. Erwägungen zu Jes 1, 3 u. Hab 3, 2 (LXX) (MThZ 3, 1952, 385–402). *W. Werbeck*

Habakukkommentar. Der H. im speziellen Sinn gehört zu jenen 7 Handschriftenrollen, die in Höhle 1 nördlich der Ruinenstätte Chirbet → Qumran (,1) gefunden wurden. Er ist fast vollständig erhalten, und sein Inhalt vermittelt wichtige Einblicke in den zeitgeschichtlichen Hintergrund der Entstehung der Qumranliteratur, wie sie sonst eigentlich nur noch der in Fragmenten erhaltene Nahum-Kommentar und in etwa die → Damaskusschrift gestatten. – Die Leder*rolle*, deren unterer Rand durch Fäulnis gelitten hat und deren Anfang abgerissen, aber in seinem wichtigsten Stück, wenn auch beschädigt, erhalten ist, war ursprünglich mindestens 160 cm lang und etwa 18 cm hoch. Sie ist in 13 Kolumnen zu ehedem etwa 18 Zeilen wohl von zwei verschiedenen Schreibern in klarer Quadratschrift (nur der Gottesname althebräisch) mit an vorgezogenen Zeilen aufgehängten Buchstaben beschriftet. Die Handschrift stammt nach dem paläographischen Urteil aus dem 1. Jh. vChr, wobei sich naturgemäß nicht ausmachen läßt, ob sie Original oder Kopie ist (wahrscheinlich letzteres). – Der *Text* stellt eine fortlaufende Erklärung von Hab 1f dar; Hab 3 fehlte von vornherein. Auf den *Prophetentext,* der in kurzen, meist nur Versteile, gegen Ende gelegentlich auch zwei, einmal drei ganze Verse umfassenden Stücken zitiert wird, folgt jeweils die Auslegung, die in der Regel durch die Formel »Die Deutung (pæšær) des Wortes ...« o.ä. eingeleitet wird. Der zitierte Text weicht, auf den Sinn gesehen, kaum vom MT ab und zeigt meist nur unbedeutende Varianten, zumal Schreibfehler und absichtliche Glättungen festzustellen sind. Anders liegt der Fall, was die Rechtschreibung betrifft. Hier hat der reichliche Gebrauch von Vokalbuchstaben zu neuen Einsichten in die Überlieferungsgeschichte des Textes und die Entwicklung der hebräischen Sprache geführt (→ Bibel: I C, 1). – Die *Auslegung* geht von der Überzeugung aus, daß die Propheten von der Endzeit geredet haben und daß diese Endzeit nun in des Auslegers eigenen Tagen angebrochen ist. Die *Methode* ist daher an den entscheidenden Punkten notwendig allegorisch. Der Ausleger bzw., wenn die übliche Annahme der Identität nicht zutrifft, die hinter ihm stehende Autorität des »Lehrers der Gerechtigkeit« (oder des »wahren Lehrers«) ist im Besitze eines gottgeschenkten Charismas, mit dessen Hilfe er »alle Geheimnisse der Worte seiner Knechte, der Propheten« (VII, 5), endgültig durchschauen kann, nachdem Gott zB auch dem Habakuk »die Vollendung der Zeit nicht kundgetan hat« (VII, 2). Es sind in dem, was Habakuk niedergeschrieben hat, eine Reihe von Geheimwörtern enthalten, die erst der Lehrer der Gerechtigkeit entschlüsselt hat. So sind mit den Chaldäern Hab 1, 6 (→ Habakukbuch) die »Kittäer« (hktj'jm; II, 12), mit den Verrätern Hab 1, 13 das »Haus Absalom und seine Parteigänger« (V. 9f), mit dem, der die auf die Tafeln geschriebene Schauung geläufig lesen kann Hab 2, 2 der Lehrer der Gerechtigkeit (VII, 4), mit dem stolzen Mann Hab 2, 5 der »gottlose Priester« (VIII, 8) oder mit dem Libanon und den Tieren Hab 2, 17 der »Rat der Einung« und »die Einfältigen in Juda, die Täter des Gesetzes« (XII, 3-5) gemeint. – In diesen Anspielungen auf die Zeitgeschichte, die durch die Ausdeutung der Zusammenhänge, in denen die Schlüsselwörter auftreten, noch ergänzt werden, liegt der Hauptwert des H.s. Theologiegeschichtlich wirft er bei weitem nicht so viel ab wie andere Schriften der Qumranliteratur, etwa die → Sektenregel. Immerhin ist er für die → Eschatologie (: III) des Kreises nicht unwichtig, der in dieser Literatur Zeugnis von seinem Glauben und Erleben gibt. – Leider sind die zahlreichen *zeitgeschichtlichen* Hinweise für uns Heutige nicht eindeutig. Zwar ist das *Situationsbild* in sich einigermaßen klar, obwohl es auch da noch offene Fragen gibt, zB ob der II, 1f; V, 11 erwähnte »Lügenmann« noch eine besondere Figur neben dem gottlosen Priester ist oder nicht. Eine Gruppe, die sich für die wahren Erwählten und alleinigen Erfüller des → Gesetzes (: III) hält und wohl Jer 31, 31ff auf sich bezieht, steht unter Führung des Lehrers der Gerechtigkeit in scharfer Opposition zur offiziellen jüdischen Gemeinde mit dem gottlosen Priester an der Spitze, dem Unglaube, Paktieren mit den völkermordenden, beutegierigen Kittäern, Hab- und Genußsucht, Verunreinigung des Heiligtums und alle möglichen Greuel vorgeworfen werden, nachdem er sich anfangs ganz ordentlich angelassen habe. Der gottlose Priester hat es an Repressalien nicht fehlen lassen, vor allem hat er den Lehrer der Gerechtigkeit verfolgt (XI, 4ff), anscheinend ihm auch den Prozeß gemacht (V, 10) und ihn mißhandelt (IX, 1f; von Märtyrertod ist keine Rede!). – Leider sind alle diese Angaben nicht so konkret, daß sie die *Einordnung* in den Lauf der sonst bekannten Geschichte mit Sicherheit gestatten. Daher gingen die Versuche von Anfang an weit auseinander. Während die einen an nachtalmudische oder wenigstens nachchristliche Zeit dachten, wiesen andere auf den Anfang der Makkabäerzeit hin. Viele hielten das 1. Jh. vChr für das wahrscheinlichste. Eine besondere Rolle spielte dabei die Frage, ob in den Kittäern die Römer oder die → Seleukiden zu sehen seien. – Wichtig wurde die Veröffentlichung von Fragmenten eines mit dem H. nahe verwandten Nahum-Kommentars aus der Höhle 4 (JBL 75, 1956, 89ff), in dem ein König Demetrius auftaucht als Gegenspieler eines »Löwen des Zorns«, dessen Beschreibung sehr an die des gottlosen Priesters im H. erinnert. Identifiziert man mit dem Herausgeber den griechischen König mit dem Seleukiden Demetrius III., wofür manches spricht, so muß der »Löwe« der 103-76 vChr regierende Hasmonäer Alexander Jannäus (→ Judentum: I) sein. Dann heißt möglicherweise auch der gottlose Priester des H.s Jannäus und nicht Hyrkan II. Andere denken an Demetrius I. und kommen so mit dem gottlosen Priester und dem Lehrer der Gerechtigkeit in die Makkabäerzeit.

Textausg.n: BURROWS, QMss I - K.ELLIGER, s.u. - F.A.W.VAN 'T LAND u. A.S.VAN DER WOUDE, De Habakuk-rol van 'Ain Fasha, 1954. - Übers.en: W.H.BROWNLEE, The Jerusalem Habakuk Scroll (BASOR 112, 1948, 8-18; dazu ebd 114, 1949, 9f; 116, 1949, 14-16) - A.DUPONT-SOMMER, Le »Commentaire d'Habacuc« (RHR 137, 1950, 129-171; zuletzt Evidences 65, 1957, 21-24) - H.BARDTKE, D. Hss.funde am Toten Meer, 1952, 125ff - G.MOLIN, D. Söhne des Lichts, 1954, 11ff. - Monographie: K.ELLIGER, Studien zum H. vom Toten Meer (BHTh 15), 1953 (Übers., Textbeilage, Lit.).

K. Elliger

Haberkorn, *Peter* (1604-76), luth. Theologe, * in Butzbach (Hessen) als Sohn eines Schreinermeisters. H. studierte seit 1625 in Marburg, Leipzig und Straßburg, wurde 1632 o. Prof. der Physik in Marburg, 1633 Hofprediger in Darmstadt, 1643 Sup. in → Gießen, 1650 zweiter und 1658 (nach dem Tode seines Schwiegervaters Justus → Feurborn) erster Prof. der Theologie an der Gießener Fakultät, deren anerkanntes Haupt er seitdem war und die er ebenso wie die Landgrafschaft Hessen in der Treue zur luth. Orthodoxie erhielt. H. war ein bedeutsamer Streittheologe gegen Papisten und Calvinisten; in seinem »Anti-Syncretismus« wandte er sich gegen Georg → Calixt. Als Apologet des luth. Glaubens, als gelehrter und sprachenkundiger Mann, gründlicher Kenner der alten und neuen Philosophie sowie der Theologie und als fähiger Sup. gehört er zu den »tüchtigsten hessen-darmstädtischen Theologen aller Zeiten« (Diehl).

STRIEDER V, 205ff (Bibliogr.) - H.HEPPE, KG beider Hessen II, 1876, 213ff - ADB X, 268 - RE VII, 280f - Die Universität Gießen 1607-1907 (Festschr.) I, 1907, 429; II, 1907, 38. 256 - W.DIEHL, Hassia Sacra I, 1921, 223; II, 1925, 87ff. H. Steitz

Haberl, *Franz Xaver* (1840-1910), * in Oberellenbach, † in Regensburg, Domkapellmeister in Regensburg. Durch Forschungen über → Dufay und die römische Schola Cantorum, als Herausgeber der Gesamtausgaben → Palestrinas und → Lassos sowie historischer Sammelwerke, als Schriftleiter kath. kirchenmusikalischer Zeitschriften machte sich H. um die aufblühende kirchenmusikalische Wissenschaft verdient. Für die Praxis war er durch die Gründung und Leitung der Kirchenmusikschule in Regensburg und durch seine Bemühungen um die Gregorianik von Bedeutung.

O.URSPRUNG, Die kath. Kirchenmusik, 1931 - MGG V, 1194f. *E.Jammers*

Habermann (*Avenarius*), *Johann* (1516-90), * in Eger, seit 1540/42 ev. Theologe, war Pfarrer an verschiedenen Orten Sachsens (zuletzt in Falkenau bei Eger), wurde 1571 Theologie-Prof. in Jena und 1575 in Wittenberg und amtierte von 1576 bis zu seinem Tode als Stifts-Sup. in Zeitz. H. gehört zu den ältesten, bekanntesten und wirksamsten Erbauungsschriftstellern der luth. Kirche. Seine »Christliche Gebeth für allerley Not vnd Stende der gantzen Christenheit außgetheilet auf alle Tage in der Woche zu sprechen« sind eines der am weitesten verbreiteten luth. → Gebetbücher, wurden auch in andere Sprachen übersetzt und fast bis zur Gegenwart gebraucht. Die Gebete, zum einen Teil auf die Wochentage aufgeteilt, zum anderen sachlich nach Gebetsanliegen geordnet, sind zwar vielfach breit und ausführlich gehalten, aber nicht weitschweifig und schwülstig, haben vielmehr einen echten Gebetston. Abgesehen von seinem Gebetbuch ist H. sZ durch hebraistische Studien und Bücher berühmt gewesen.

Vf. ferner: Liber radicum sive Lexicon hebraeum, 1568; Grammatica hebraea, 1570 u.ö.; Trostbüchlein, 1570; Vita Christi, 1580 (Sprüche u. Gebete). - Über H.: RE VII, 281f - C.GROSSE, Die alten Tröster, 1900, 106ff - P.ALTHAUS d.Ä., Zur Charakteristik der ev. Gebetslit. im Reformations-Jh., 1914, 96ff (Nachweis der Abhängigkeit von jesuit. Gebetslit.) = Forsch. z. ev. Gebetslit., 1927, 119ff - L.BÖNHOFF, J.H. (BSKG 29, 1915, 213-230). *F.Lau*

Hackenschmidt, *Karl* (1839-1915), ev. Pfarrer in Straßburg. Aus dem konfessionellen Luthertum hervorgegangen, schloß er sich A. → Ritschl an, dessen Theologie er in konservativer Haltung als Prediger, Katechet und volkstümlicher Schriftsteller vertrat. In seinen Dichtungen verband H. Christentum und Deutschtum.

Vf. u.a.: Der christl. Glaube, 1901; Licht- u. Schattenbilder aus dem AT, 2 Bde, 1908; Die Christuspredigt für unsere Zeit, 1909. - Über H.: O.MICHAELIS, K.H., 1916 - E.v.BORRIES, Dt. Dichtung im Elsaß, 1916 - RGG² II, 1558 - CKL I, 772. *K.Dienst*

Hadad, Sturm- und Regen-, Blitz- und Donnergott, dessen Kultus vom 3.Jt. vChr bis in die ersten Jh.e nChr in der vorderasiatisch-semitischen Welt, in → Babylonien (: II, 7c) und Assyrien ebenso wie in Syrien-Phönizien und Palästina weit verbreitet gewesen ist. Ob er von den Westsemiten nach Babylonien und Assyrien oder von hier nach Westen vorgedrungen ist, läßt sich nicht sicher ausmachen; wahrscheinlich trifft das erstere zu. Fest steht, daß H. viele Götter ähnlicher Art in sich aufgesogen hat, so Rimmon (»Donnerer«), der 2Kön 5, 18 als Gott von Damaskus erscheint und Sach 12, 11 als zweiter Bestandteil des Doppelnamens H.-Rimmon vorkommt. Nach Ausweis der → Amarna-Briefe und der Texte aus → Ugarit wird für H. oft das Appellativum → Baal (»Herr«) gebraucht, was sich daraus erklären mag, daß H. mit Baalschamim (»Herr des Himmels«) viel gemeinsam hat und so die Anwendung der Kurzform dieses Gottesnamens, Baal, auch auf H. nahe lag. - In der westsemitischen Welt sind uns als bedeutende Kultorte des H. u.a bekannt: aus älterer Zeit Aleppo, Damaskus und Sendschirli, aus jüngerer → Dura-Europos, Heliopolis-Baalbek und Hierapolis-Membidsch. Dabei erscheint, wie in Heliopolis, H. oft als Zeus oder Jupiter. - Mit H. gebildete Namen aramäischer (2Sam 8, 3; 1Kön 15, 18; 2Kön 6, 24) und edomitischer (1Kön 11, 14.19. 21) Könige zeigen, daß H. bei den Aramäern und den Edomitern große Verehrung genossen hat.

H.GRESSMANN, H. u. Baal (BZAW 33, 1918, 191-216) - H.SCHLOBIES, Der akkadische Wettergott, 1925 - RLA I, 22ff - BRL 205ff - R.DUSSAUD, Les Découvertes de Ras Shamra, Paris (1937) 1941², 97ff - DERS., L'Art Phénicien du IIe Millénaire, Paris 1949, 65ff (mit Fig. 29ff) - O.EISSFELDT, Tempel u. Kulte syrischer Städte, 1941 - A.S.KAPELRUD, Baal in the Ras Shamra Texts, Kopenhagen 1953, 30ff. 50ff - F.LØKKEGAARD, The House of Baal (AcOr[L] 22, 1955, 10-27) - DERS., Baals Fald (DTT 19, 1956, 65-82). *O.Eißfeldt*

Hadrian I., *Papst* 9.2.772 (Weihe) bis 25.12.795, aus stadtrömischem Adel. Sofort nach Regierungsantritt wandte er sich gegen den Exponenten der römisch-langobardischen Koalition, Paul Afiarta, trat entschieden für ein Bündnis mit den → Franken ein und rief → Karl d.Gr. gegen den Langobardenkönig Desiderius zur Hilfe. Karl erschien 773 vor Pavia und reiste noch vor dem Fall der Stadt Ostern 774 nach Rom weiter, wo er das von Pippin 754 in Quierzy Papst → Stephan II. gegebene Schenkungsversprechen erneuerte. Doch erst bei den Romzügen 781 und 787 fand sich Karl zu einigen Gebietsabtretungen bereit, indem er zugleich die Rechte des Patrimonium Petri gegen Byzantiner und → Langobarden sicherte. Die Trennung von Ostrom kommt in der seit 781 auftauchenden Datierung nach päpstlichen Pontifikatsjahren - nicht mehr nach Kaiserjahren - zum Ausdruck, obschon H. dogmatisch dem Osten zuneigte. Er billigte die Beschlüsse des bilderfreundlichen Konzils von → Nicäa (787; → Bilder: III, 3), was Karl d.Gr. veranlaßte, seinen stark abweichenden Standpunkt in den Libri Carolini darlegen und die Canones von Nicäa auf der Reichssynode von Frankfurt 794 verwerfen zu lassen. Hier wurde auch der von Rom bekämpfte → Adoptianismus (, 4) verdammt.

L.DUCHESNE, Les premiers temps de l'Etat pontifical, Paris (1898) 1912³ - RE VII, 301ff - DHGE I, 614ff - DACL VI, 1964ff (die von Karl d.Gr. gestiftete Grabinschrift) - LThK IV, 774f - E.CASPAR, H. I. u. Karl d.Gr. (in: Das Papsttum unter fränk. Herrschaft [ZKG 54, 1935, 150-214 = Buchveröffentl. 1956, 35-113]) - HALLER I, 448ff - NIGEL J.ABERCROMBIE, ALW 3, 1953, 99-103 - W.MOHR, Studien zur Charakteristik des karoling. Königtums im 8.Jh., 1955 - DERS., Arch. Lat. Med. Aevi 26, 1956, 249-262 - H.LÖWE, DA 12, 1956, 493-498.

II., *Papst* 14.12.867 (Weihe) bis Nov./Dez. 872, Römer, vorher Priester von S.Marco. Er konnte die von seinem Vorgänger → Nikolaus I. erreichte Machthöhe nicht halten, mußte in der Scheidungsaffäre König Lothars II. einlenken und konnte den von → Hinkmar von Reims gegen → Hinkmar von Laon angestrengten Prozeß nicht hindern; sein Versuch, auf → pseudoisidorische Dekretalen gestützt einzugreifen, wurde von Hinkmar von Reims abgewiesen. Bulgarien ging an den Patriarchat von Konstantinopel verloren, doch konnte H. Mähren der Westkirche erhalten, indem er die slawische Sprache in der Liturgie zuließ und Methodius (→ Konstantin und Methodius) zum Metropoliten von Sirmium erhob.

MG Epp VI, 691ff - RE VII, 305ff - DThC I, 452f - DHGE I, 619ff - F.DVORNIK, Les Slaves, Byzance et Rome au IXe siècle, Paris 1926 - DERS., The Photian Schism, Cambridge 1948 (franz.: Paris 1950) - LThK IV, 775f - HALLER II, 117ff.

III., *Papst* April/Mai 884 bis Aug./Sept. 885, Römer. Von ihm ist wenig bekannt. Auf dem Wege zu Karl III., der ihn ins Frankenreich eingeladen hatte, starb er in der Nähe von Modena und wurde in Nonantola begraben.

E.SICKEL, NA 18, 1894, 107-133 - AnBoll 13, 1894, 60f. - Ferner die oben verzeichneten Lexika. *H.Fuhrmann*

IV., *Papst* 4.12.1154 bis 1.9.1159, Nik.Breakspear, von niederer Herkunft, begabt, Abt eines Augustinerklosters, 1149 Kardinal. Als Papst beraten ihn Kardinal Roland (→ Alexander III.), der Kämmerer Boso und → Johannes von Salisbury, alle gegen die Römer und das Imperium eingestellt. H. erneuert den Konstanzer Vertrag mit → Friedrich I., der ihm → Arnold von Brescia ausliefert. Aber schon im Juni 1155 zeigen sich Unstimmigkeiten (Marschalldienst in Sutri), die durch H.s Primatsübertragung an → Eskil von Lund, Rolands Verhalten auf dem Reichstag von Besançon (Okt. 1157) und Friedrichs Restitutionspolitik in Oberitalien verstärkt werden. Der Bruch tritt ein durch den Vertrag von Benevent (Juni 1156), als H. Wilhelm I. mit Sizilien, Apulien und Capua belehnt und damit den Konstanzer Vertrag verletzt. H. knüpft auch mit den lombardischen Städten an, stirbt aber in diesem kritischen Moment.

Duchesne, LP II, 388ff - Watterich II, 323ff - Jaffé II, 102ff - MG Const. I, Nr. 151f. 164ff. 413f (Benevent) - F. Geisthard, Der Kämmerer Boso (Hist. Stud. 293), 1936 - P. Rassow, Honor Imperii, 1940 - H. Grundmann, HZ 164, 1941, 577-582 - W. Ohnsorge, QFIAB 32, 1942, 13-32 - P. Lamma, Comneni e Staufer I, Rom 1955 - W. Ullmann, The Pontificate of H. IV. (The Cambridge Historical Journal 11, 1955, 233-252; einseitig verherrlichend) - H. Höing, D. angebl. Briefwechsel H.s IV. u. Friedr. I. (Arch. f. Diplomatik 3, 1957, 162-206).

V., *Papst* 11.7. bis 18.8.1276, Ottobono Fieschi, Neffe → Innozenz' IV., von ihm 1251 zum Kardinal erhoben, hielt sich unter → Alexander IV. zur englischen Gruppe, war auch Legat in England, wurde aber später zum schärfsten Parteigänger Karls von Anjou und unter dessen Druck zum Papst gewählt. Begabt und geldgierig, sorgte er in erster Linie für seine und seines Hauses Interessen. Sein Bruder Percival war Kaplan bei → Honorius IV. und Vikar König Rudolfs in Tuscien.

Duchesne, LP II, 457 - Potthast 1704ff - R. Graham, Letters of card. Ottoboni (English Hist. Review 15, 1900, 87-120) - N. Schöpp, Papst H. V., 1916 - P. Laurent, StT 129, 1947 (Reg. s. v. Adrien V). *F. Bock*

VI., *Papst* 9.1.1522 bis 14.9.1523, *Adrian* von Utrecht, * 1459 ebd als Sohn eines Zimmermanns, Schüler von Deventer oder Zwolle, für sein ganzes Leben geprägt durch die Frömmigkeit der → Brüder vom gemeinsamen Leben, seit 1493 Prof. der Theologie in Löwen. Theologischer Eklektiker, wirkt er durch die Kraft seiner Persönlichkeit, wird 1507 von Erzherzogin Margarete zum Erzieher des Kaiserenkels Karl (→ Karl V.) berufen und tritt 1515 in den Rat des jungen Fürsten. Als dessen Vertrauensmann nach Spanien geschickt, hat er in den Jahren 1516-17 und 1520-22 die Regentschaft inne. Als beargwöhnter, aber schließlich doch respektierter Fremdling führt er Spanien durch schwerste Krisen, wird 1516 Bischof von Tortosa und Generalinquisitor, 1517 Kardinal. Eine Verlegenheitswahl erhob ihn zum Papst. Reiseverzögerungen und eine Pestepidemie in Rom ließen nur die gute Hälfte seines Pontifikats für die Regierungsgeschäfte nutzbar werden. Vieles hat H. in der kurzen Zeit begonnen, nichts zu Ende geführt. Die Einigung der Christenheit gegen die Türken, die mit dem Fall von Rhodus (Weihnachten 1522) das östliche Mittelmeer erobert hatten und gleichzeitig Ungarn bedrohten, machte der Zwist zwischen Karl V. und Franz I. unmöglich. Die Neutralität, die der Papst unter dem Unwillen seines früheren Zöglings festhielt, mußte unter der massiven Kriegsdrohung des französischen Königs aufgegeben werden; das Defensivbündnis mit Karl V. und Venedig brachte den Krieg gegen Frankreich. Die Ratschläge der Kardinäle Schinner und → Campegio und die Vorschläge → Ecks erwiesen sich als undurchführbar. Die Anwendung niederländischer und spanischer Reformideen auf die Kurie mißlang unter dem Widerstand der Bürokratie und den finanziellen Erfordernissen einer weltweiten Politik. Der nationale Gegensatz zu den Italienern, die Abneigung gegen Kunst und Prunk der römischen Renaissance, aber auch der mangelnde Kontakt mit den Vertretern der italienischen Reform - das alles isolierte den Papst in der öffentlichen Meinung. Das Schuldbekenntnis seines Legaten Chieregati auf dem Nürnberger Reichstag von 1522/23 erweckte nur Spott und Verachtung. Enttäuschung und Überanstrengung beschleunigten das Ende dieses letzten nichtitalienischen Papstes, der - vergeblich - die → Gegenreformation vorwegzunehmen trachtete.

E.H.J. Reusens, Syntagma doctrinae theologicae Adriani VI., Louvain 1862 - Ders., Anecdota Adriani VI., ebd 1862 - DThC I, 459ff - K. Brandi, Kaiser Karl V., (1937) 1941² - R. Trevor Davies, Spaniens Goldene Zeit, (1937) dt. 1939 - E. Hocks, Der letzte dt. Papst A. VI., 1939 - H. Jedin, Gesch. des Konzils von Trient I, (1949) 1951², 165ff - EC I, 348f - v. Pastor IV/2, 1956¹³, 1ff. *W. Maurer*

Häberlin, *Paul* (* 1878), war zuletzt von 1922-48 Prof. für Philosophie an der Universität Basel. Ursprünglich Theologe, dann Naturwissenschaftler, leistete er später wesentliche Beiträge zur philosophischen Anthropologie, Ethik, Logik, Psychologie und Pädagogik. H. gehört zu den umfassenden und produktiven Geistern unserer Zeit, der zeitlebens um universale Wahrheitserkenntnis rang. Er hat die Auseinandersetzung mit der Theologie nie gescheut (zuletzt in: »Das Evangelium und die Theologie«, 1956) und ist nie von ihr losgekommen (man kann bei ihm von einer »religiösen Philosophie« sprechen).

Vf. außer Beitr. in LPäd (B) u.a.: Der Geist u. die Triebe, 1924; Der Charakter, 1925; Wege u. Irrwege der Erziehung, 1937; Leitfaden der Psychologie, 1937; Der Mensch, eine allg. Anthropologie, 1941; Philosophia perennis, 1952; Pädagogik in Kürze, 1952; Leben u. Lebensformen, Prolegomena einer universalen Biologie, 1957. *H. Roth*

Haeckel, *Ernst*, Zoologe und Naturphilosoph, * 16.2. 1834 in Potsdam, † 9.8.1919 in Jena. Umgestalter und Reformator der → Biologie im Sinne der von → Darwin begründeten → Deszendenztheorie, bearbeitete als Zoologe bes. marine Zoologie und Entwicklungsgeschichte, verteidigte die Biologie als unabhängige → Naturwissenschaft und vertrat dazu einen → »Monismus« in der Prägung des 19. Jh.s. - Die Zoologie verdankt H. umfangreiche Fachmonographien (über Radiolarien, Kalkschwämme, Medusen und Staatsquallen) und zahlreiche Arbeiten zur Entwicklungsgeschichte; hier die durchschlagende Formulierung der ontogenetischen Rekapitulation als »Biogenetisches Grundgesetz« = Parallelität zwischen Onto- und Phylogenese. Theoretisches Hauptwerk schon aus der Frühzeit ist die »Generelle Morphologie« (2 Bde, 1866), in allgemeinverständlicher Fassung: »Natürliche Schöpfungsgeschichte« ([1868] 1920¹²). Die »Generelle Morphologie« hat für mehr als 30 Jahre der Zoologie die Grundlagen vorgezeichnet. Mit seinen Werken setzte H. in Deutschland die allgemeine Anerkennung der Deszendenztheorie durch. Er war der erfolgreichste Streiter für den → »Darwinismus«. Das bisher statische System der Organismen wurde in historische Form gegossen, durch »Stammbäume« (phylogenetische Beziehungsschemen) symbolisiert, die bis heute ständig korrigiert werden, zusammengefaßt in dem Werk: »Systematische Phylogenie« (3 Bde, 1894 bis 1896). Damit wurde der Biologie der leitende Gesichtspunkt verliehen, der heute, nachdem durch die Genetik die Kausalität der Evolution (→ Entwicklung: I) weitgehend analysiert worden ist, das absolut tragende Fundament bildet. H. hat bes. auch den Menschen in den Rahmen der Deszendenztheorie einbezogen und viele Arbeiten zur Frage der → Abstammung des Menschen veröffentlicht, darunter ein bedeutendes Übersichtswerk:

»Anthropogenie oder Entwicklungsgeschichte des Menschen« (1874). Der Widerstand operierte mit Fälschungsanklagen; die sog. »Fälschungen« H.s bestanden jedoch in schematischen Figuren, die sich als grundsätzlich richtig erwiesen.

Obwohl in H.s frühen Schriften seine philosophischen Meinungen schon im Fundament enthalten sind, widmete sich erst der ältere H. intensiv naturphilosophischen Problemen. Besonderes Aufsehen erregten seine Bekenntnisbücher »Die Welträtsel« (1899) und »Die Lebenswunder« (1904), die mit starkem und eigenwilligem Optimismus ein kausalistisch-mechanistisches Weltbild zeichneten. Sie müssen als *zeitgebundene* Synthesen gewertet werden. Das naturphilosophische Werk H.s, sein »Monismus«, ist nicht zuletzt infolge seiner oft verletzenden Polemik (die Polemik seiner Gegner war nicht minder verletzend!) häufig mißverstanden und als Materialismus bezeichnet worden. Diese Beurteilung trifft nicht zu. H. selbst hat sich in mehreren Schriften (zB »Der Monismus als Band zwischen Religion und Wissenschaft«, 1905) dagegen verwahrt und betont, daß man ebensogut von Spiritualismus sprechen könne. Seine »Substanz« als letzte Grundlage des Seienden hat zwei komplementäre Seiten, die materielle und die psychische. H. vertrat eine Einheitslehre, die sich stark an Goethe anlehnte. Von zeitgebundenem Kolorit befreit, erscheint der Monismus H.scher Prägung vom Boden der modernen Naturwissenschaft aus im Kern als gerechtfertigt. Der monistische Trend der gegenwärtigen Physik tritt immer klarer zutage (Heisenberg), und unter einer psychisch-materiellen *Äquivalenz* wird heute grundsätzlich das verstanden, was H. mit »Substanz« meinte. Eine historisch gerechte Würdigung von der heutigen Naturwissenschaft und -philosophie her muß zu einer Rehabilitierung H.s in seinen Grundüberzeugungen führen. - H. war menschlich-empfindsamen Gemütes, ein begeisterter Landschaftsmaler und Schönheitssucher (»Kunstformen der Natur«, 1900). Seine Reiseschilderungen (Mittelmeerländer, Afrika, Ceylon, Indonesien) gehören zur Klassik der geographischen Literatur. Seine Briefe sind immer von warmer Menschlichkeit getragen.

Wissenschaftl. Biogr. H.s steht noch aus. - W.Bölsche, Ein letztes Wort zu E.H., 1922 - H.Schmidt, E.H., 1926 - RGG² II, 1563f (Lit.) - G.Heberer, E.H. u. seine wissenschaftl. Bedeutung, 1934 - Ü IV, 321f. 706f (Lit.) - J.Walther, Im Banne E.H.s, 1953. *G.Heberer*

Haemstede, *Adriaen Cornelisz van* (ca 1525–62), ev. Theologe, * in der niederländischen Provinz Zeeland. H. studierte in Löwen Jura und trat um 1552 zum Protestantismus über. Seit 1556 war er in Antwerpen unter gefahrvollen Umständen als Prediger tätig. Kurze Zeit arbeitete er auch in Emden, dann wieder in Antwerpen und aufs neue in Emden. In Antwerpen kam er wegen seiner freien Anschauungen über Kirchenregiment und öffentliche Predigt mit dem presbyterialen Kirchenkollegium in Streit. Nach seiner Flucht aus Antwerpen hat er 1559 auf Wunsch der Aachener Gemeinde ein (dogmatisch ziemlich unbestimmtes) Glaubensbekenntnis verfaßt und Friedrich von der Pfalz zugesandt. H. wurde 1560 in der Londoner Flüchtlingsgemeinde wegen seiner anabaptistischen Gesinnung von Bischof Grindall exkommuniziert und 1562 aus England verbannt. Seitdem arbeitete er bis zu seinem Tode wieder in Emden. Bes. bekannt geworden ist er durch sein oft gedrucktes Märtyrerbuch: »Gheschiedenisse ende den doodt der vromen Martelaren ... totten Jare 1559 toe« (1559), eine zuverlässige geschichtliche Quelle erbaulichen Charakters (24 Aufl. bis 1747).

F.Pyper, Martelaarsboeken, Haag 1924 - BWGN III, 439ff (Lit.).
J.N.Bakhuizen van den Brink

Händel (engl. Handel), *Georg Friedrich,* Komponist, * 23.2.1685 Halle/Saale, † 17.4.1759 London. Nach seiner musikalischen Ausbildung in Komposition, Orgel-, Cembalo-, Violin- und Oboenspiel bei F.W.Zachau (Zachow) widmete sich H. einem kurzen Jurastudium in seiner Heimatstadt, wo er auch als Organist an der ref. Schloß- und Domkirche wirkte. 1703 siedelte er als freier Künstler nach Hamburg über, wo ihn Freundschaft mit J.Mattheson verband. H. wirkte im dortigen Opernorchester unter R.Keiser als Geiger und später als Cembalist. 1704 brachte er sein erstes Oratorium (die sog. Johannes-Passion, Text von C.H.Prostel) und 1705 seine erste Oper (Almira) heraus. 1706-10 konzertierte und lernte er in Florenz, Rom, Neapel und Venedig; in diesen Jahren entstanden vor allem weltliche Kantaten, opernhaft-allegorische Oratorien (1708 »La Resurrezione« in Rom unter Leitung von A.Corelli) und Opern. 1710 trat H. als kurfürstlicher Kapellmeister die Nachfolge A.Steffanis in Hannover an, wirkte aber bereits 1710/11 als Opernkomponist und Instrumentalvirtuose in England, wo er sich 1712 endgültig niederließ. Er komponierte 1713 das »Te Deum« und ein »Jubilate« zur Feier des Utrechter Friedens. 1717-19 war H. Hauskomponist des Herzogs von Chandos in Cannons und schrieb während dieser Zeit u.a. 12 → Anthems. 1717 erklang in Hamburg H.s letzte deutsche Kirchenmusik, die Passion auf den Text von B.H. → Brockes; 1720 wurde in Cannons sein erstes Oratorium mit englischem Text, »Haman and Mordecai« (später »Esther«), aufgeführt. Seit 1720 organisierte und dirigierte H. im Auftrag des Königs mit wechselndem Erfolg und zeitweise unter großen Schwierigkeiten die Oper am Londoner Haymarket, für die er u.a. seine dramatischen Hauptwerke »Ottone« (1723), »Giulio Cesare« (1724), »Tamerlano« (1724) und »Rodelinda« (1725) schrieb. 1728 wurde der italienischen Oper durch die parodistische und betont englische »Beggar's Opera« von Gay und Pepusch ein entscheidender Schlag versetzt. Obwohl H. (seit 1727 englischer Staatsbürger) auch in den folgenden Jahren Opernunternehmen auf eigenes Risiko durchführte, überwiegt seit etwa 1733 in seinem Schaffen das → Oratorium. Im Gegensatz zur aristokratischen italienischen Oper stützten sich die Oratorienkonzerte, bei denen H. auch als Solist seiner Orgelkonzerte auftrat, auf ein breites bürgerliches Publikum. Nach Jahren wechselnden Glückes in England brachte der »Messias« 1742 in Dublin einen überwältigenden Erfolg, dem sich 1746 in London der des »Judas Maccabaeus« zur Seite stellte, den H. für den Sieg des Herzogs von Cumberland über den schottischen Thronprätendenten Carl Eduard Stuart komponiert hatte. Die lange Reihe der Oratorien wurde 1752 durch »Jephtha« beschlossen; im selben Jahre erblindete H. Während seiner letzten Lebensjahre trat H. nur noch wenig in der Öffentlichkeit hervor. Sein Grab befindet sich in der Westminster Abbey.

H. vereinigte in sich die europäischen Musiktraditionen seiner Zeit (→ Musik: V). Erzogen in der mitteldeutschen Kantorenschule (Zachau), kam er in Hamburg frühzeitig mit französischer Orchestertechnik und der italienischen Oper in Berührung. Danach eignete er sich im Lande selbst alle Gattungen der italienischen Musik (auch auf instrumentalem Gebiet, vgl. die 1740 herausgekommenen Concerti grossi) an, die er während seiner ersten englischen Jahre fast ausschließlich vertrat. Die Anknüpfung an die ältere → englische Kirchenmusik (Purcell), vor allem aber sein Übergang zur Komposition englischer Texte führte ihn zu seiner eigensten Verwirklichung im Oratorium, in dem er Glanz und Affektbewegtheit der Oper mit Strenge und Feierlichkeit der

Kirchenmusik zu einer unübertroffenen Synthese brachte. Die Herkunft des H.schen Oratoriums aus der Oper wird dadurch beleuchtet, daß die ersten Aufführungen seiner englischen Oratorien zT szenisch erfolgten. Im Gegensatz zu → Bach hat H.s Oratorium einen nationalen und volkhaften Zug, der sich in der Wahl at. Stoffe und in der Bedeutung der lapidaren Chöre zeigt. Damit hängt die mehr nach außen gewandte Haltung der H.schen Oratorien zusammen, die gattungsmäßig auch nicht von seinen Chorwerken aus dem mythologisch-antiken Stoffkreis zu trennen sind. Der Ausstrahlung der H.schen Werke sind → Haydns Oratorien zu danken. Im 19.Jh. bildeten sich zur Pflege H.s zahlreiche Oratorienvereine, die zT noch heute bestehen. Die sog. deutsche H.-Renaissance der 20er Jahre konzentrierte sich vor allem auf die Opern.

Wichtigste Oratorien: Deborah, 1733; Alexander's Feast, 1736; Saul, 1739; Israel in Egypt, 1739; Ode for St. Cecilia's Day, 1739; Messiah, 1742; Samson, 1743; Occasional Oratorio, 1746; Judas Maccabaeus, 1747; Joshua, 1748; Susanna, 1749; Solomon, 1749; Theodora, 1750; Jephtha, 1752. Daneben zahlreiche Kantaten u. andere Kirchenmusik (vor allem Anthems). - H.-GA, 94 Bde, 6 Suppl.-Bde, hg.v. FR.CHRYSANDER, 1858ff. - Über H.: J.MAINWARING, Memoirs of the Life of the Late G.F.H., London 1760; dt. v. J.MATTHESON, 1761 (Neuausg. v. B.PAUMGARTNER, Zürich 1947, u. E.H.MUELLER v. ASOW, 1949) - FR.CHRYSANDER, G.F.H., 3 Bde, (1858-67) 1919² - N.FLOWER, G.F.H.: His Personality and His Times, London (1923) 1947²; dt. 1925 - O.E.DEUTSCH, H. A Documentary Biography, London 1955 - W.SERAUKY, G.F.H. III. IV, 1956/58. *W.Osthoff*

Häresie

I. Systematisch - II. In der christlichen Kunst

I. Systematisch

1. Zur Geschichte des Begriffs - 2. H. im CIC - 3. H. im Protestantismus. - Vgl. → Irrlehre

1. H., αἵρεσις (Grundbedeutung: Wahl), bezeichnet im Hellenismus eine bestimmte Lehre mit relativem Autoritätsanspruch, bes. eine Schule oder Schulrichtung samt der zugehörigen oft religiösen Gemeinschaft, im pharisäischen Rabbinismus (als Äquivalent für mîn) vor allem den falschen Glauben, im NT (neben neutralem Gebrauch im Sinn von Schule) von vornherein, noch ohne Bezug auf den sich erst entwickelnden Begriff der Orthodoxie, die mit der (öffentlichen) Ekklesia unvereinbare, weil ihr Glaubensfundament durch ein »anderes Evangelium« und durch Versagung des Glaubensgehorsams in Frage stellende gnostische, aber auch jüdische und heidnische Weltanschauungsgemeinschaft. Später wird H. am Maßstab der überlieferten apostolischen Wahrheitsnorm bereits »gesetzlich« gemessene → Irrlehre und mit Beginn des Staatskirchentums, vor allem seit → Theodosius d.Gr., zugleich auch staatlich zu ahndendes Vergehen, weil der Feind der Kirche auch Reichsfeind ist. Von → Augustin lehrmäßig vorbereitet, entwickelt sich eine römisch-byzantinische Ketzergesetzgebung (entsprechend auch bei den arianischen Westgoten), die nach dem Ende des Imperiums zunächst gegenüber rein kirchlichen Strafmitteln wieder zurücktritt, aber im 12. und 13.Jh., vor allem durch → Innozenz III., im Blick auf die mittelalterlichen Ketzerbewegungen (mit dem 12.Jh. wird »Ketzerei« für H. gebräuchlich) erneut rezipiert wird. Der → Staat (: III) wird zur Unterdrückung der H. verpflichtet, und es entsteht ein ausgestaltetes päpstliches Ketzerrecht (→ Inquisition), das die H. als Glaubensdelikt näherhin durch Rechtsnormen definiert. Diese mit der Verweltlichung des Kirchenrechts verbundene Entwicklung bestimmt auch nach Fortfall des Reichsketzerrechts (das unter → Friedrich II. seine Höhe erreicht, aber mit der »Peinlichen Halsgerichtsordnung« [Carolina] → Karls V. von 1523 zu schwinden beginnt) grundsätzlich das heutige kath. → Kirchenrecht. In ihr hat sich der Begriff der H. gewandelt; sein Hauptmerkmal ist nicht die Irrlehre im Sinn falscher Schriftauslegung, sondern (wie → Thomas von Aquin darlegt) der Widerspruch gegen das → Dogma der Kirche, gegen ihre Autorität und gegen das auch zum Rechtssatz gewordene → Bekenntnis.

2. Der *CIC* definiert dementsprechend (c. 1325 § 2) den Häretiker als jenen »Getauften, der den Namen eines Christen beibehalten will, aber die eine oder andere kraft göttlichen und kath. Glaubens anzunehmende Wahrheit hartnäckig leugnet oder anzweifelt«. H. ist ein dem Dogma widersprechender Satz (objektiv) und die Anerkennung dieses Satzes durch einen Getauften (subjektiv). Man unterscheidet innerliche und äußerliche, materielle und formelle H.; als inneres Versagen ist das Glaubensdelikt der H. Sünde; bei Verwirklichung durch persönliches Verschulden (formelle H.) hat es verschiedene kirchliche Strafen zur Folge (Kirchenbann usw, c. 2315-16), sonst eine Sperre gegenüber aktiver Kirchengemeinschaft (c. 87). Andere, heute nur noch kirchliche Rechtsfolgen, zB das Weihehindernis der Irregularität, treten hinzu. Bei Wiederaufnahme in die Kirche wird Abschwören der H. gefordert (c. 2314 § 2).

3. Die *Reformation* hat H. grundsätzlich als ein »geistlich Ding« angesehen (Luther als durch Selbstgerechtigkeit bestimmten Fehlglauben), aber im Bann des theoretisch bis 1648 gültigen Reichsketzerrechts die Bestrafung durch die Obrigkeit gebilligt und gefordert (Täufer-, Sakramentarier-, Antitrinitarier-Verfolgung). Geistliche Beurteilung der H. als Irrlehre nach Schrift und Bekenntnis und Bewertung des Häretikers als Feindes der öffentlichen Ordnung wirkten dabei zusammen. H. wird wieder stärker Heterodoxie, Entstellung der Heilswahrheit, Verkürzung des Evangeliums. Ihrer Abweisung dienen die Verwerfungssätze in den → Bekenntnisschriften (damnamus). → Schleiermacher suchte H. phänomenologisch vom »Wesen des Christentums« her als Erkrankung der organisch gefaßten Kirche zu bestimmen und einen Katalog »natürlicher H. am Christentum« aufzustellen (Der christl. Glaube §§ 21. 22) als »Grenzpunkte« jeder christlichen Glaubenslehre. K. → Barth versteht H. als willkürliches Herausgreifen von Einzelpunkten aus dem Ganzen der Offenbarung, die in Verfehlung der christologischen Mitte zu »Nebenzentren« gemacht werden und die kirchliche Verkündigung in den Dienst fremder Interessen stellen. Gegen solche Selbstentfremdung der Kirche hat die Dogmatik im Sinn ihrer formalen Aufgabe rechtzeitig im Stadium vorhäretischer Abweichung wachsam zu sein und auf Grund der bereits gefallenen Glaubensentscheidungen die Kirche auf Gefahren aufmerksam zu machen (KD I/2, 902ff; II/1, 359). Die Feststellung von H. ist Sache der Gesamtkirche und geschieht in formulierten Bekenntnissätzen (vgl. → Barmen), deren Verwerfungssätze lediglich das Zeichen der Scheidung von Christus markieren. Ein damit zusammenhängendes → Lehrzuchtverfahren darf aber nicht im Sinn des römischen Ketzerrechts verstanden werden.

P.HINSCHIUS, Kirchenrecht V, 1895, 679ff - RE VII, 319ff - E. EICHMANN, Das Strafrecht des CIC, 1920, 126ff - LThK IV, 823ff - ThW I, 179ff - W.BAUER, Rechtgläubigkeit u. Ketzerei im ältesten Christentum (BHTh 10), 1934 - J.BROSCH, Das Wesen der H., 1936 - W. MAURER, Bekenntnis u. Sakrament, 1939, 60ff - G.HOFFMANN, Lehrzucht u. Glaubensduldung bei Luther u. im Luthertum (Luthertum 50, 1939, 161-184. 193-201) - EICHMANN-MÖRSDORF II, 380f; III, 414f - H.E.W.TURNER, The Pattern of Christ. Truth, London 1954 - L.GOPPELT, Kirche u. H. nach Paulus (Gedenkschr. f. W.Elert, 1955, 9-23) - H.W.GENSICHEN, Damnamus. Die Verwerfung der Irrlehre bei Luther u. im Luthertum des 16.Jh.s (Arbeiten zur Gesch. u. Theol. d. Luthertums 1), 1955 - U.MAUSER, Der H.begriff des jungen Luther (Theol. Diss. Tübingen), 1956 (Masch.; vgl. ThLZ 83, 1958, 652f). – Weiteres s. → Irrlehre. *Ernst Wolf*

II. In der christlichen Kunst

1. Grundsätzliches – 2. Historisches: a) Frühchristliche Zeit – b) MA – c) Reformationszeit in Deutschland und Italien – d) 16. bis 19.Jh. – Vgl. Bildtafel 14, Bd II vor Sp. 801

1. Zum Künstlertum, auch auf noch zünftig handwerklicher Stufe, gehören Unabhängigkeitsbedürfnis, Abwehr rationalen Zwangs, Pochen auf Recht der Phantasie. Beides kann zu bewußten oder unbewußten Abweichungen bei kirchlichen Aufgaben führen und so von den rechtgläubigen Instanzen als heterodox ausgelegt werden. Da gerade die leiseren »Irrungen« oft künstlerisch interessant sind, sei hier der Begriff der H. weit gefaßt. – Zwei Arten wären zu unterscheiden: Entweder verhält sich der Künstler zum von ihm Dargestellten positiv oder er will nur kritische Feststellungen machen – wobei freilich eine gewisse »Haßliebe« anregend bleiben mag.

2. a) Das Problem läßt sich schon früh aufzeigen. So verbietet zB das Konzil von → Nicäa gnostische Verwendung der → Taube als Symbol. Das Trullanum von 692 wendet sich gegen Darstellung des → Lammes anstelle Christi am Kreuz. Die Frage, ob in der Kunst des ostgotischen → Ravenna (: II) Einflüsse des Arianismus erkennbar sind, wird in der Forschung diskutiert.

b) Falls die Templer (→ Ritterorden) wirklich, wie ihnen vorgehalten wurde, ein häretisches Brauchtum entwickelt haben sollten, würde sich die Frage nach entsprechenden Besonderheiten der Templerkirchen stellen. Einwirkungen der → Albigenser und → Waldenser auf die Kunst des *MA* sind diskutabler: trug das frühe Auftreten der Hallenkirchen (→ Kirchenbau) dem Vordringen des Gemeindedienstes und damit indirekt vielleicht auch den Ketzerbewegungen Rechnung? (Häretisches) Laienpriestertum könnte mittelbar auch die Entwicklung der Bettelordenskirchen mit ihrer ärmlichen Schlichtheit gefördert haben. – Einzelhypothesen wie die, daß der Naumburger Meister Waldenser gewesen sei und sich dazu in seinen Bildwerken bekannt habe, sind widerlegt. Annehmbarer sind allgemeine Vermutungen in bezug auf die romanische Tierornamentik: ihre dämonische Phantastik könnte hinter der offiziellen geistlichen Anwendung und Auslegung einen unterbewußten »Protest« der primitiven Steinmetzenseele gegen die kirchliche Überlagerung verbergen. Die schon speziellere Annahme, daß sich im Figurenwerk (Magier-Gestalten, Drachen, Salamander usw) einiger Kathedralen, Klöster, Türme und Friedhöfe bis ins späte MA hinein »hermetische« (alchemistische) Anspielungen finden, bleibt fraglicher. Deutlich läßt sich die »chymische« Bilderwelt nur in den illuminierten Traktaten der »Königlichen Kunst« aufzeigen. Ins Häretische geraten hier ihre Symbole, wenn sie – wie im »Buch von der Hl. Dreifaltigkeit« (ca 1420; s. Taf. 14 Abb. 2) – den magischen Prozeß der Entstehung des (»allerlösenden«) Steins der Weisen oder Elixiers im Kolben mit der Passion Christi vergleichen (sog. »Lapis-Christus-Parallele« nach C.G. Jung). – Wie der → Alchemie mit ihrem geheimen Selbsterlösungsstreben, so wohnte auch der → Astrologie etwas Unchristliches inne; doch hat die Kirche Kompromisse geschlossen und duldete den abergläubischen Mißbrauch der Sterndeutung (Planetenkonjunktionen usw). Die Beziehungen von Sternglauben und Kunst in der christlichen Ära dürfen also hier am Rande bleiben.

c) Das Zeitalter der *reformatorischen* Wirren und Spaltungen mußte den Begriff der H. komplizieren und relativieren (vgl. die gegenseitige Verketzerung in Einblattholzschnitt-Flugblättern des frühen 16.Jh.s). Es war zugleich die Epoche eines → Ficino, → Pico, → Tritheim, Faust, → Agrippa, → Paracelsus und vieler anderer mehr oder weniger magistisch gestimmter Philosophen und Ärzte. Astrosophische Mystik (esoterische Saturngläubigkeit bei manchen Humanisten), hermetische Alchemie, Divinationswesen und andere Formen des geheimbündlerischen Paganismus erreichten einen neuen Höhepunkt. Wichtig ist in diesem Zusammenhang Hieronymus → Bosch. Fraengers Hypothese, wonach es sich bei einigen seiner Bilder um Aufträge eines »adamitisch« gestimmten Ordensmeisters handele, der das Treiben einer konkurrierenden Winkelsekte bloßstellen wollte, bleibt romanhaft; wahrscheinlicher handelt es sich um Warnung und Anprangerung vom kirchlichen Standpunkt her. Dabei hat »Die Versuchung des hl. Antonius« mit ihren (vielleicht von gewissen Buchmalereien mit Sabbatriten beeinflußten) Hexendarstellungen dem Maler auch Gelegenheit gegeben, vielfältige ketzerische Verführungen (sog. »Schwarze Messe«; s. Taf. 14 Abb. 1) anzubringen. Noch P. Breughel d.Ä. hat, nach Ausweis von Kupferstichen, Kastrationsriten angedeutet. Dagegen war der sog. Matthias → Grünewald mehr vom visionären Magismus des Bosch als von dessen Satire beeinflußt: daher die erschreckende »Lebensnähe« seiner Dämonen und auch die okkulte Aura um den Auferstehenden (vgl. Taf. 16 Abb. 4). Einige Biographen halten bei ihm Sympathie mit Ausläufern des Täufertums für möglich (dessen Ausdruck in der Kunst sonst bis jetzt kaum nachgewiesen werden konnte). Mit dem Täufer Hans → Denck wurden 1525 die »Drei gottlosen Maler« (die beiden Beham und Georg Pencz) vor den Nürnberger Rat zitiert. Freilich wiesen ihre verwegenen Aussagen mehr auf kommunistisch gestimmten Unglauben hin (wovon ihre Kunst nichts spüren läßt), während → Dürer in dem berühmten Manifest unter seinen großen Vierapostelbildern nicht so sehr vor Zweiflern als vor Schwarmgeistern warnte und L. → Cranach sich in seinen Darstellungen Christi als Kinderfreund gegen das täuferische Verbot der Kindertaufe wandte. Schwarmgeistigkeit – aber nur in unverbindlicherem Sinne pantheistischen Naturerlebens – spricht möglicherweise auch aus den Malern der Donauschule, einem Altdorfer, Wolf Huber u.a., die in magischen Lichtphänomenen schwelgten, der Sonne eine fast numinose Rolle zuwiesen und die ganze Natur in kosmischem Wirbel erlebten. – In *Italien* spielten ähnliche Freiheiten eine Rolle. Luca Signorellis († 1523) »Anbetung des Pan«, wo der Hirtengott mit anderen Halbgöttern zu einer paganen Santa Conversazione vereinigt ist, könnte geradezu für einen Kultraum humanistischer Erneuerer antiken Naturglaubens bestimmt gewesen sein. Anspielungen eines esoterischen, also nicht nur philologischen Humanismus hat man auch bei Botticelli († 1519), mit kabbalistischen Einschlägen bei dem Sienesen Francesco di Giorgio († 1502) in seinem Adam-Mosaik in San Domenico vermutet. Dagegen hat der Venezianer Giorgione († 1510) seine mythisch-arkane Poesie mehr aus dem Hermetismus, dh aus einer alchemistischen Naturträumerei entwickelt. Bei seinem heute unikal dastehenden Gemälde »Die drei Philosophen« handelt es sich kaum um die apokryphen Drei Weisen aus dem Morgenlande: saturnische Adepten begegnen hier dem Erdinneren (Sitz der prima materia), drei symbolische Grade seherischer Einweihung, wie sie auch Agrippa von Nettesheim beschreibt und deren erste Stufe der viel umrätselten I auf der Inschrift von Dürers »Melencolia I« entspricht.

d) Zugleich mit der → Gegenreformation und der beginnenden → Aufklärung verlor in der Kunst das Spiel mit magistischen und damit oft häresieverdächtigen Vorstellungen an Interesse. Paolo Veronese († 1588), dessen »Gastmahl des Levi« der → Inquisition auffiel, mußte sich wegen Lizenzen verteidigen, die nur seiner Künstlerweltlichkeit entstammten. Das sog. → Rosenkreutzertum hat künstlerischen Ausdruck überhaupt nicht mehr gefunden, mit Ausnahme vielleicht von → Rembrandts sog. Faust-Radierung; die vielen Alchemistenbilder des 16. und 17.Jh.s sind bloßes satirisches oder auch romantisches Genre. Bei el → Greco, dessen Kunst (aus dogmatischen Gründen?) vom König abgelehnt wurde, haben sich nur Romanbiographen Konflikte mit der Kirche ausgemalt. Fr.Goya († 1827) schwebte seltsam zwischen Aufklärung und Spiritualismus; doch hielten sich seine Kirchenbilder korrekt. Nicht um Zweifel, sondern um Privatoffenbarungen handelte es sich bei W. → Blake, Künstler, Dichter, Hellseher in einer Person, der sich aber als bibelgläubigen Christen empfand. Dagegen war bei den wenigen transzendent gestimmten Künstlern von Rang, die das positivistische 19.Jh. hervorgebracht hat (→ Malerei: V), die christliche Gesinnung mit neobuddhistischen Einflüssen überlagert, so bei Odilon Redon († 1916), von dem A. → Kubin gelernt hat. Bei J. → Ensor häufen sich inmitten mystischer Züge die satirischen, ja blasphemischen. Von hier ist es nicht mehr weit zum → Surrealismus, der früher als Ausbund skeptischer und phantastischer H. gegolten haben würde (Max Ernst: »Anti-Papa«). Dagegen war die Kunst van → Goghs eindeutiger religiös gestimmt, wobei pantheistische, sogar gnostische Anwandlungen zu erkennen sind (vgl. die Ersetzung des → Christusbildes [, 2f] durch den Sonnenball; s. Taf. 8 Abb. 3).

E.Heidrich, Dürer u. die Reformation, 1909 - E.Waldmann, Die Nürnberger Kleinmeister, 1910, 27ff (Prozeß der »drei gottlosen Maler«) - M.Geisberg (Hg.), Die Reformation in den Kampfbildern der Einblatt-Holzschnitte aus der 1. Hälfte des 16.Jh.s, 1927 - G.de Givry, Le musée des sorciers, mages et alchimistes, Paris 1929 - W. Waetzold, Dürer u. seine Zeit, 1935, 234ff - W.K.Zülch, Der hist. Grünewald, 1938 - W.Ganzenmüller, Das Buch der hl. Dreifaltigkeit (AKultG 29, 1939, 93-146) - Ders., Alchemie u. Religion im MA (DA 5, 1942, 329-346) - C.G.Jung, Psychologie u. Alchemie, 1944 - R.Amadou (Hg.), L'art et l'occultisme, Paris 1945 - W. Fraenger, H.Bosch. Das tausendjährige Reich, 1947 - Ders., Die Hochzeit zu Kana. Ein Dokument semitischer Gnosis bei H.Bosch, 1950 (dazu: E.Panofsky, Early Netherlandish Painting, Cambridge/Mass. 1953) - O.v.Simson, Sacred Fortress, Byzantine Art and Statecraft in Ravenna, Chicago 1948 - G.F.Hartlaub, Das Unerklärliche. Studien z. mag. Weltbild, 1951, bes. 82ff. 135ff. 147ff - Ders., Zu den Bildmotiven des Giorgione (Zs. f. Kunstwiss. 7, 1953, 57-84) - Ders., Paracelsisches in der Kunst der Paracelsuszeit (Nova acta Paracelsica 7, 1954, 132-163) - Ders., H.Bosch, Wege u. Abwege seiner Deutung (Das Münster 10, 1957, 374-377) - K.Wessel, War der Naumburger Meister Waldenser? (WZ Greifswald 1, 1951/52, 44-52) - L.B.Philip, The Prado »Epiphany« by J.Bosch (ArtB 35, 1953, 267-293) - Chr.O.Kibish, L.Cranach's Christ blessing the children (ebd 37, 1955, 196-203) - Ch.D.Cuttler, Witchcraft in a work by Bosch (The Art Quarterly 20, 1957, 129-140) - Fulcanelli, Le mystère des cathédrales et l'interprétation ésotérique des Symboles hermétiques du Grand oeuvre, Paris 1957 - K.Seligmann, Das Weltreich der Magie, dt. hg.v. G.F.Hartlaub, 1958. *G.F.Hartlaub*

Häretiker im Urchristentum

1. Das Problem - 2. Judenchristentum - 3. Gnosis - 4. Anfänge der Rechtgläubigkeit. - H. = Häretiker, h. = häretisch, Hä. = Häresie

1. Am Anfang der Theologiegeschichte des → Urchristentums steht keine »reine Lehre«, sondern die geschichtliche Offenbarung in Wort, Tat und Schicksal Jesu (→ Jesus Christus). Diese Offenbarung ist an das → Weltbild einer bestimmten Zeit und Umwelt gebunden. Der Glaube der Gemeinde an die einmalige Offenbarung Gottes in dieser geschichtlichen Gestalt stellt sie vor die Aufgabe, in den sich ständig wandelnden Voraussetzungen von Zeit und Ort, Umwelt und Weltbild den Inhalt des Glaubens sachgemäß und verstehbar zu explizieren, dh gleichzeitig, »Lehre« zu bilden. Diese Lehrbildung ist von vornherein und ohne einen schon vorgegebenen Besitz einer überzeitlichen reinen Lehre einer zweifachen Gefahr der Hä. ausgesetzt: Entweder wurde die zeitgebundene geschichtliche Ausprägung der Offenbarung verabsolutiert und dadurch einer vergänglichen Form Offenbarungsqualität verliehen; oder es wurde im Bewußtsein des überzeitlichen Inhalts der Offenbarung die Bindung an den geschichtlichen Ursprung preisgegeben, wodurch zwangsläufig *fremde* religiöse Kräfte neue Mächtigkeit erlangen mußten. Diese h.en Gefahren betreffen sowohl die → Christologie als auch die Ekklesiologie und Anthropologie. Aus dieser grundlegenden Problematik ergeben sich die Kriterien für die Beurteilung dessen, was im Urchristentum als »Hä.« bezeichnet werden kann.

2. Ausgangspunkt der theologischen Entwicklung urchristlicher Lehre war das *palästinensische → Judenchristentum* (: I). Wir wissen jedoch nicht, ob diese palästinensischen Christengruppen selbst dem Gang der Entwicklung gefolgt sind, ohne zur konservativen Hä. zu werden (doch vgl. Gal 2, 1ff); denn über sie ist nur wenig bekannt. Ihr unmittelbarer Einfluß auf das → Heidenchristentum war offenbar gering. Die entscheidenden jüdischen Impulse gingen wohl den Weg über das aus der *hellenistischen* → Diaspora erwachsene Judenchristentum (vgl. Paulus, LXX, synagogaler → Gottesdienst [: III]). Gerade der Versuch einer hellenistischen Modernisierung der jüdischen Überlieferungen scheint erst die Gefahr der Hä. beschworen zu haben. Das erste Zeugnis dafür sind die im → Galaterbrief von Paulus bekämpften Gegner. Sie waren *Judaisten,* dh sie vertraten die Forderung der Beschneidung und Gesetzeserfüllung (Gal 5, 2; 6, 12) auch für die Heidenchristen und machten damit einen Bestandteil jüdischer Lehre zum zentralen theologischen Anliegen (vgl. Mt 5, 17-19). Obwohl sich diese Gegner auf die Jerusalemer Autoritäten beriefen (Paulus muß Gal 1 betonen, daß sein Heidenevangelium von Gott und nicht aus Jerusalem kommt) und sie oder ihresgleichen auf dem Apostelkonzil (→ Paulus) die Anerkennung der gesetzesfreien Heidenpredigt zu verhindern suchten (Gal 2, 4f), erscheint ihr Judaismus doch ganz im Gewand zeitgemäßer orientalisch-synkretistischer Religiosität: Gott hat das Gesetz durch Engel gegeben (3, 19), die man in der Erfüllung bes. des Ritualgesetzes als Weltelemente verehrt (4, 8-10). In Gesetzeswerken erweist sich der Geistbesitz (3, 2. 5); man sucht, sich lieblos gegenseitig darin zu überbieten (5, 15. 26), und blickt mit Verachtung auf Paulus, der sich solcher Werke nicht rühmen will (4, 13f; 6, 14).

Ebenfalls *hellenistische,* aber nichtgnostische *Judenchristen* sind die H. des 2. → Korintherbriefes. Sie rühmen sich, echte Hebräer zu sein (2Kor 11, 22), weisen ihre apostolische Vollmacht (vgl. »Überapostel«: 11, 5; 12, 11) durch Krafttaten aus (Paulus stellt die Aufzählung der Leiden des Apostels dagegen 11, 23ff), brüsten sich mit ihren Ekstasen (dagegen Paulus 12, 1ff). In Empfehlungsbriefen bescheinigten andere Gemeinden ihnen ihr Pneumatikertum (3, 1ff; 10, 12ff). Ihr Ziel war, die Identität ihrer eigenen Existenz mit der Jesu zu erweisen, der für sie das sichtbare Urbild pneumatischer Erhebung über das Menschsein war (5, 16). Hier entsprang also die Hä. aus der Steigerung der geschichtlichen Erscheinung Jesu zum göttlichen Wundermann (θεῖος ἀνήρ) und aus dem Versuch, die Gemeinschaft mit diesem → Erlöser durch Imitation zu erreichen. Gleiche Tendenzen haben auch teilweise den Erzählungsstoff der Evangelienüberlieferung geprägt. Das zeigen nicht erst die apokryphen Evangelien (vgl. bes. → Kindheitsevangelien) und Apostelgeschichten (→ Apokryphen: II). Schon gewisse Schichten der älteren Tradition sind von dieser Theologie beherrscht, wie die Traditionen des MkEv und die σημεῖα- (= Zeichen-)Quelle des JohEv, ebenso schon manche Stücke der kanonischen Apg. Eine innerkirchliche Fortsetzung dieser Religiosität ist die Christus- und Heiligenlegende. Die Frage war, ob es der Kirche gelang, diese Erzählungsüberlieferung theologisch für sich zu gewinnen und die Frage der Geschichtlichkeit der Offenbarung und der Göttlichkeit ihrer Erscheinung an der Tradition von dieser Geschichte aufzuarbeiten. Daß diese Aufgabe von den Evangelisten bewältigt wurde, ist eine nicht zu unterschätzende Leistung in der Entwicklung zur Rechtgläubigkeit. - Fast alle weiteren Nachrichten über judenchristliche H. zeigen, daß diese Gruppen in verschieden starkem Maße gnostisch beeinflußt sind. *Gnostisierendes Judenchristentum* beherrschte einen Teil der ägyptischen Christenheit (→ Hebräerevangelium). Aus verwandten h.en Kreisen sind die → Pseudoklementinen hervorgegangen (vgl. auch → Ebioniten). Bezeichnender Vertreter der judaistischen Gnosis ist → Cerinth, der extremer Gnostiker war, aber die Beschneidung (als Initiationsritus) lehrte und wie die Ebioniten Paulus verwarf. Judaisierende Elemente begegnen schon bei den in Phil, Kol, Apk, Ignatius und Past bekämpften gnostischen H.n (s. 3).

3. Die Frage, in welchem Maße urchristliche Lehrbildungen als h.e → *Gnosis* (: II) bezeichnet werden können, ist in mancher Hinsicht problematisch. Von der Gnosis sind auch die »kirchlichen« Schriften weitgehend beeinflußt, und außerdem haben sich mit ihr Elemente verschiedenster religionsgeschichtlicher Herkunft verbunden. Kennzeichen h.er Gnosis ist bes. der → Doketismus, der die Identität von historischem Jesus und Geist-Christus und damit die geschichtliche Realität der Offenbarung überhaupt bestreitet und an ihre Stelle einen kosmologischen bzw. anthropologischen Erlösermythos treten läßt. Hiermit verbunden ist ein Bewußtsein des gegenwärtigen Vollbesitzes der geistlichen Heilsgüter, aus dem sich libertinistische oder rigoristische Ethik, Gleichgültigkeit gegenüber der eschatologischen Erwartung und magische Auffassung der Sakramente ergeben können. Judaistische Tendenzen sind nicht selten. Bereits die frühesten Zeugnisse zeigen diese Hä. in sehr verschiedenartigen Gestaltungen.

Die Vertreter derjenigen korinthischen Partei, gegen die der 1. → Korintherbrief im wesentlichen polemisiert, waren sicher Gnostiker. Nur der pneumatische Christus wird anerkannt, der irdische Jesus verflucht (1Kor 12, 3); die paulinische Kreuzespredigt ist eine Torheit (1, 18ff), die Erwartung einer zukünftigen Auferstehung der Toten überflüssig (15, 12). Die Sakramente werden sehr hoch geschätzt und gelten als unverlierbare Aneignung übernatürlicher Kräfte (10, 1ff; vgl. die Sitte der Vikariatstaufe 15, 29). Die Gemeinde, die sich zum Herrenmahl als Gemeinschaft der Agape versammelt, wird ebenso mißachtet (10, 15ff; 11, 17ff. 33f) wie die geschichtliche Klammer, die dieses Sein der Gemeinde umgreift: die Verkündigung des Todes und die Erwartung der → Parusie Christi (11, 26; vgl. 15, 23). Über Liebe, Vernunft und Auferbauung stellen die H. die schrankenlose Dokumentation von Erkenntnis, Vollmacht und Freiheit: Teilnahme an Götzenopfermahlzeiten (8, 1ff; 10, 23ff), asketische Führung der Ehe (7, 1ff. 25ff; außerehelicher Verkehr ist aber erlaubt: 6, 12ff), Zungenreden (14, 1ff) und Verachtung des Verzichts auf ein Recht um der Gemeinde willen (9, 1ff). - Judenchristliche Gnostiker bezeugt erstmals Phil 3 (→ Philipperbrief). Beschneidung und jüdische Herkunft (Phil 3, 2-5) sind Teile eines Vollkommenheitsideals, das im übrigen ganz gnostische Züge trägt (vgl. 3, 12ff. 19). Kreuzespredigt (3, 19), Erwartung der Parusie und der erst zukünftigen Himmelsbürgerschaft (3, 20) und Totenauferstehung bzw. -verwandlung werden abgelehnt (3, 10. 21). Judaistische Einflüsse zeigen ebenfalls die H. des → Kolosserbriefes. Sie fordern wie die H. des Gal Einhaltung von Speisevorschriften und Festzeiten (Kol 2, 16. 21ff) sowie Beschneidung (2, 11). Die Weltelemente sind aber hier typisch gnostisch als »Leib Christi« und »Wohnstätte der Fülle der Gottheit« verstanden (2, 9; vgl. 2, 17. 19). Das Heilsgeschehen wird zu einem kosmologischen Heilsmythos, in dessen Mittelpunkt die Durchbrechung des kosmischen Gefängnisses durch Christus steht (2, 14; ganz ähnlich lehrten die H. des → Epheserbriefes, vgl. Eph 2, 14 u.ö.). Teilhabe an diesem mythischen Christus vermittelt die mysterienhafte Verehrung der kosmischen Engelmächte (Kol 2, 18. 23).

Die ausdrückliche Polemik gegen eine doketische Bestreitung der Realität und Heilsbedeutung von Christi Fleischesgestalt, Leiden, Tod und Kreuz in den → Johannesbriefen (1Joh 2, 22; 4, 2f; 5, 1ff; 2Joh 2, 7), bei → Ignatius (Trall 10; Magn 9, 1; Sm 2-5) und bei → Polykarp (7, 1) zeigt, daß wir es auch dort mit gnostischen H.n zu tun haben. Für die → Pastoralbriefe ergibt sich das aus der Behauptung der Gegner, die Auferstehung sei schon geschehen (2Tim 2, 18; vgl. noch 1Tim 6, 20). Für den → Judasbrief und die Sendschreiben der → Johannesapokalypse (→ Nikolaiten) ist wenigstens etwa aus Jud 19 und Apk 2, 24 der gnostische Charakter der H. deutlich. Die in zunehmendem Maße allgemein werdende Polemik macht die jeweilige Ausprägung der gnostischen H. immer schwerer erkennbar. Das gilt auch für den häufig erhobenen *Vorwurf der Unsittlichkeit* (vgl. Apk 2, 14ff. 20ff; Jud 15f), aus dem man nicht ohne weiteres auf Libertinismus schließen darf. Freilich ist die Bruderliebe wohl nirgends leitendes Prinzip der Ethik (vgl. Eph 4, 15f; 1Joh 4, 20; Hebr 13, 16; IgnSm 6, 2; 7, 1). Aber es ist doch deutlich, daß zum gnostischen Vollkommenheitsideal Sündlosigkeit (1Joh 1, 8) und asketische Grundsätze gehörten (1Tim 4, 3. 8; 5, 23; 2Tim 3, 6ff; auch 1Tim 2, 11ff; 5, 13; Tit 1, 11). Damit stehen bei den H.n der Apk, IgnMagn, IgnPhld und der Past *judaistische Tendenzen* offenbar in engem Zusammenhang: Sabbatheiligung (IgnMagn 9, 1), Hochschätzung der Propheten (Magn 8-9), gesetzliche oder pneumatische Auslegung des AT (1Tim 1, 6ff; Tit 1, 10; Apk 2, 14. 20, vgl. 3, 9; IgnPhld 9), die dem christlichen Kerygma übergeordnet wurde (IgnPhld 8, 2; vgl. 9, 2).

4. Überblickt man die *weitere Entwicklung*, so ergibt sich, daß sich die Gnosis zunächst weithin durchsetzen konnte. Aus → *Ägypten* (: IV, 1) sind uns bis Mitte des 2.Jh.s nur h.e Zeugnisse bekannt (→ Ägypter-, → Hebräerevangelium, → Valentin, → Basilides). In → *Syrien* stehen JohEv und Ignatius, selbst stark gnostisch beeinflußt, gegen eine mächtige gnostische Bewegung (→ Petrusevangelium, → Menander, → Satornil, → Cerdo). In → *Kleinasien* sind die H. überall im Vordringen, gerade auch in den paulinischen Missionsgebieten. Phrygien, Pisidien und Kilikien werden in der Adresse des kleinasiatischen Rundschreibens 1Petr 1, 1 bezeichnenderweise nicht mehr erwähnt. Die in den Sendschreiben der Apk am meisten getadelten Gemeinden (Pergamon, Thyatira, Sardes und Laodicea) werden nur wenig später von Ignatius ganz übergangen. Wie schwierig die Verhältnisse zB in Ephesus waren, wo auch Cerinth wirkte, lassen Apk 2, 1ff; Apg 20, 30 und IgnEph deutlich erkennen. Für das erfolgreiche Auftreten → Mar-

cions und des → Montanismus war hier überall der Boden gut bereitet. In *Griechenland* ist gnostische Hä. für Philippi durch Polyk bezeugt; für Thessalonich vgl. 2Thess und 2Tim 4, 10. Lediglich → *Rom* scheint sich erfolgreich der H. erwehren zu können und versucht, seinen Einfluß auszudehnen (→ Petrusbriefe, 1. → Clemensbrief). - In welchem Maße aber auch der Sache nach die Hä. den Kampf zu gewinnen schien, zeigt der Ketzerbestreiter und Kirchenmann → *Ignatius*. Durch sein Eingehen auf die gnostischen Kategorien macht er aus dem Heilsgeschehen die Stiftung der kosmisch-substantiellen Fleisch-Geist-Einheit (IgnEph 7, 2 u.ö.), an der die unter dem Bischof geeinte Gemeinde (Sm 8, 1) im Sakrament (Phld 4) als der Unsterblichkeitsarznei (Eph 20, 2) teilhat. Wurzeln der h.en Tendenzen des Katholizismus sind hier sichtbar. Das → *Johannesevangelium*, das die gegenwärtige Anrede der geschichtlichen Offenbarung gerade durch die Übernahme der gnostischen Denkformen unvergleichlich sachgemäß zum Ausdruck brachte, begann seinen Weg als Ketzerevangelium und konnte sich erst in kirchlich redigierter Gestalt (Joh 5, 25ff; 6, 51ff; 21; vgl. 1Joh) durchsetzen. Das *Erbe des Paulus* ist weithin von Gnostikern beherrscht worden (2Petr 3, 16; → Marcion, → Valentin). Männer der Kirche benutzen die Paulusbriefe entweder gar nicht (so noch → Justin) oder ohne echtes Verständnis (1Clem); Ignatius ist hier die einzige Ausnahme. Erst ein kleinasiatischer Theologe (Polykarp?) hat nach der Jh.-Wende durch die Abfassung der → *Pastoralbriefe* mit diesem »paulinischen« Vademecum des Ketzerstreites (speziell gegen Marcion? vgl. 1Tim 6, 20) Paulus den H.n entrissen. Wenn seine Verarbeitung des Paulus-Erbes den spekulativ gebildeten H.n (vgl. 1Tim 1, 4. 7; 2Tim 2, 14ff u.ö.) auch nicht gewachsen ist, so ist sie doch darin überlegen, daß sie im Ideal der »gesunden Lehre« und der »christlichen Bürgerlichkeit« das fordert, was der Rechtgläubigkeit später zum Sieg helfen sollte.

W.BAUER, Rechtgläubigkeit u. Ketzerei im ältesten Christentum (BHTh 10), 1934 - G.BORNKAMM, Die Hä. des Kol (ThLZ 73, 1948, 11-20 = Das Ende des Gesetzes [BEvTh 16], 1952, 139-156) - H.J. SCHOEPS, Theol. u. Gesch. des Judenchristentums, 1949 - E.KÄSEMANN, Ketzer u. Zeuge (ZThK 48, 1951, 292-311) - BULTMANN, NT - W.SCHMITHALS, Die Gnosis in Korinth (FRLANT NF 48), 1956 - DERS., Die H. in Galatien (ZNW 47, 1956, 25-67) - DERS., Die Irrlehrer des Phil (ZThK 54, 1957, 297-341).

H.Köster

Hätzer, *Ludwig* (ca 1500-29), * in Bischofszell, studiert in Basel und wird vom → Humanismus angeregt. Als Kaplan in Wädenswil bei Zürich stößt er zu → Zwingli, verficht bes. die Abschaffung der Bilder und wird Protokollant der 2. Zürcher Disputation. Sein radikaler Reformeifer und die Verwerfung der Kindertaufe lassen ihn mit Zwingli brechen und eine unruhige Wanderschaft beginnen, deren Stationen Augsburg, Zürich, Konstanz, Augsburg, Basel, Straßburg, Worms, Augsburg und Bischofszell sind. 1529 wird er in Konstanz unter der Anklage der Bigamie hingerichtet. Anfänglich Biblizist, bekämpft H. die reformatorische Rechtfertigungslehre, den Kindertaufzwang und die luth. Abendmahlslehre. Später wird er durch → Dencks Einfluß → Spiritualist, opponiert gegen die reformatorische Schriftauffassung und verwirft die Gottheit Christi. Den → Täufern stand er verschiedentlich nahe, ohne sich ihnen völlig und für immer anzuschließen.

Vf. u.a.: Ein Urteil Gottes (gegen die Bilder), 1523; Von den ev. Zechen, 1525. Übers.en von Schriften → Bugenhagens u. → Ökolampads. Vf. mit Denck: Alle Propheten nach hebr. Sprach verdeutscht, 1527 (erste ev. Prophetenübersetzung); Baruch der Prophet, 1528. - Über H.: J.F.G.GOETERS, L.H., Spiritualist u. Antitrinitarier. Eine Randfigur der frühen Täuferbewegung, 1957.

J.F.G.Goeters

Hafenreffer, *Matthias* (1561-1619), Vertreter der nachkonkordistischen luth. → Orthodoxie, vom Pfarramt (Ehningen 1588) zum Stuttgarter Hofprediger und Konsistorialrat aufgestiegen (1590), als Schwiegersohn von → Brenz zur kirchlichen Führerschicht → Württembergs gehörig, wurde 1592 Stiftssuperattendent, dann Prof. für AT, Dogmatik, Patristik, Mathematik, endlich 1617 Propst und Kanzler der Universität → Tübingen. Seine »Loci theologici« (1600), das dogmatische Grundbuch für Studium und Disputation, verdrängten → Heerbrands Kompendium und erlangten im ganzen 17.Jh. weiteste Verbreitung (bis nach Schweden). Weniger bekannt wurde das Werk »Templum Ezechielis« (1613), eine Auslegung von Ez 40-48, die außer israelitischer Altertumskunde auch ein Kompendium ev. Lehre enthielt. Seinem Schüler → Kepler gegenüber hielt der persönlich milde H. an der Notwendigkeit der bedingungslosen Anerkennung der → Konkordienformel fest. Im Streit um die → Kenosis (: II) vertrat H. als Wortführer der Tübinger deren »kryptische« gegen die »kenotische« Haltung der Gießener Theologen.

L.M.FISCHLIN, Memoria Theologorum Wirtembergensium II, 1709, 8ff - K.WEIZSÄCKER, Lehrer u. Unterricht an der theol. Fakultät Tübingen, 1877, 41ff - RE VII, 330ff - M.LEUBE, Gesch. des Tübinger Stifts I, 1921, 28.

H.Fausel

Haffner, *Isaak* (1751-1831), elsässischer luth. Theologe, studierte in Straßburg, Göttingen, Leipzig und Paris, war Pfarrer an St.Nikolai in Straßburg, dann PDoz. und Prof. (1803) an der prot. Akademie, Geistlicher Inspektor (1814), Mitglied des Direktoriums der luth. Kirche; 1821 wurde er erster Dekan der neugegründeten theologischen Fakultät (→ Straßburg: II). In gleicher Weise offen für die Werte deutscher wie französischer Geisteskultur, war er ein geschickter Prediger und anregender Lehrer. Theologisch nimmt er eine Mittelstellung zwischen den Extremen des theologischen → Rationalismus und des strengen Luthertums ein. Wegen seiner festen Haltung wurde er zusammen mit → Blessig unter der Schreckensherrschaft eingekerkert.

H. war Mit-Hg. des Gesangbuchs von 1798. Sein literarischer Nachlaß ist gering: zahlreiche Einzelpredigten; 2 Bde Festpredigten, 1801-02; 2 Bde Predigten u. Homilien, 1823-26. - Über H.: H.s Todtenfeier, 1831 - F.LICHTENBERGER, Encycl. des sciences relig. VI, 1879, 60f - TH.GEROLD, Gesch. d. Kirche St.Niklaus in Straßburg, 1904, 81ff - DERS., La Faculté de Théologie et le Séminaire prot. de Strasbourg 1803-1872, 1923 - A.SALOMON, Wofür ich Gott danke (RHPhR 3, 1923, 534-544; Lit.) - L.HORST-H.STROHL, Commémoration du centenaire de la mort de I.H. 1751-1831, 1932.

R.Voeltzel

Hagar → Ismael.

Hagenbach, *Karl Rudolf* (4.3.1801 bis 7.6.1874), * und † in Basel. In Bonn von → Gieseler und → Lücke, in Berlin von → Schleiermacher und (nachhaltig) von → Neander angeregt, zeitlebens Verehrer → Herders, war H. seit 1823 in → Basel neben → De Wette führender Vertreter der → Vermittlungstheologie. 1824 ao., 1829 o. Prof. der KG und DG, hervorragend durch systematisch-didaktische Begabung und sorgfältige, lebendig-profilierte historische Darstellung. Seine für Generationen maßgebende »Encyklopädie und Methodologie der theologischen Wissenschaften« ([1833] 1899^{12} hg.v. M.Reischle) verbindet Schleiermachers Grundlegung mit Ergebnissen der Einzelforschung sZ. Von bewußtseinstheologischer Reduktion weiß sich H. mehr und mehr, von A.E.Biedermann grundsätzlich geschieden. Selbständig gegenüber der → Erweckungsbewegung und der »freien Theologie« wehrt H. in den Richtungskämpfen nach 1848 (→ Schweiz) einen Bruch der Kircheneinheit ab.

Hg. des »Kirchenblattes f. d. ref. Schweiz«, 1845-68. Vf. u.a.: Lehrbuch d. DG, (1840) 1888[6] hg.v. K.BENRATH; Ges. Predigten, 9 Bde, 1858ff; KG von der ältesten Zeit bis zum 19.Jh., (7 Bde, 1869-72) I-III, 1885ff[2] hg.v. F.NIPPOLD; Jer.Gotthelf u. K.R.H., Briefwechsel hg.v. F.VETTER, 1910; H.s Gedichtsammlungen s. W. KOSCH, Dt. Lit.-Lex. I, 1949[2], 796f. - Über H.: RE VII, 335ff (Lit.) - ADB X, 344f - HBLS IV, 51 - W.KAEGI, J.Burckhardt I, 1947, 433ff. - Weiteres s. → Basel. *E.H.Pältz*

Haggada, aram. ăggādta (Plural häggadôt: H.-Einheiten), von hebr. ngd (hif. »erzählen«), bedeutet Vortrag und ist anfangs wohl synonym mit talmûd »biblische Aussage«, später rabbinischer Terminus für den nichtgesetzlichen Stoff der Bibelauslegung (→ Midrasch), im Gegensatz zur → Halacha. Wie diese gehört die H. zur mündlichen Tradition (Ex R. 47), hat ihren Sitz in der synagogalen Predigt, die das Gemüt ansprechen will, ihren Ursprung in der Volksphantasie und bietet daher die erbauliche Seite der Auslegung: Fabeln, Anekdoten, Legenden (bes. Wundergeschichten, vgl. Midr. Šoḥer Ṭôb zu Ps 28, 5), Gleichnisse, Sprichwörter, Rätsel, Wortspiele (daneben das sog. nôṭarîqôn: Deutung von Buchstaben eines Wortes als Abkürzungen von Sätzen; das al tiqre kak ælla kak: Exegese durch Vertauschung oder andere Vokalisierung von Buchstaben; → Schriftauslegung: II) und Scherz. In gehobener Form bietet die H. Weisheit, Moral, Anstandsregeln, Predigt (namentlich im Proömium, der sog. Peṯîḥta), Grabrede und improvisierte Dichtung. Über haggad. Auslegung stellte R. Eli'ezer b. Jose (um 145 nChr) 32 Regeln auf. - Die haggad. Midraschim sind nicht eigentlich Bücher, sondern Sammlungen einzelner Haggadot; es gab solche schon früh (Sanh. 57b: R. → Akiba), später jSabb. 16 (R.Jehuda b.Lewi, um 225). Auch → Apokryphen, → Pseudepigraphen und die Schriften von → Philo und → Josephus enthalten H. Ein Teil der palästinischen H. vom Anfang des 3.Jh.s nChr verrät apologetisch-polemischen Ursprung. - Nach jüdischer Auffassung bildet die H. mit der Halacha eine Einheit und ist ebenso Gesetzesauslegung wie diese. Das Interesse für die H. drängte die Halacha zeitweise in den Hintergrund; wem die Halacha zu schwer war, der begnügte sich mit der H. (Pes. 112a); Haggadisten fanden manchmal größeren Zulauf als Halachisten (Soṭa 40a, um 300 nChr). Die H. mit ihrer Buntheit ersetzt der jüdischen Religion gleichsam die in ihrem Kult zurückgedrängte bildende Kunst. Die Halacha selbst unterlag haggad. Ausdeutung (zB Sabb. 30b: Sabbatlampe), bes. in der → Kabbala. In der → Mischna ist der Traktat Abôt ganz, Middôt teilweise haggadisch. Strengere Rabbinen erkannten die H. nicht an, vielleicht soweit sie ohne Verbindung mit der Halacha betrieben wurde. Hauptfeinde der H. waren die → Karäer. Sie galt auch als ketzerisch wegen ihrer Dämonen- und Zaubergeschichten. Andererseits war es Zeichen eines umfassenden Geistes, auch H. zu lehren (Abot R.Natan 18). Noch heute lebt die H. im → Judentum (: II. III) überall, wo neben dem Religionsgesetz Weisheit, Ethik, → Mystik (: III) gepflegt werden, so im sog. Musarismus (ethische Literatur, von mûsar = Ethik) und im → Chassidismus sowie bei davon beeinflußten neuhebräischen Schriftstellern (zB S.J.'Agnon). Besondere Ausgestaltung erfuhr die volkstümliche Pesach-H.

W.BACHER, Die Agada der babylon. Amoräer, 1878 - DERS., Die Agada der Tannaiten, 2 Bde, 1884/90 - DERS., Die Agada der paläst. Amoräer, 3 Bde, 1892-99, Reg. 1902 - DERS., Proömien der alten Homilien, 1913 - A.ROSENZWEIG, Die al-tiqre-Deutungen, 1911 - J.BERGMANN, Legenden der Juden, 1919 - STRACK, Einl. 5 - M.HIGGER, Aggadot Tannaim, 1928 (über die haggad. Stellen der Tosefta) - A.MARMORSTEIN, The Background of the H. (HUCA 6, 1929, 141 bis 204) - Z.VILNAY, Aggadôt ereṣ Jiśra'el, 1929 (hebr.; engl.: Legends of Palestine, 1932) - E.D.GOLDSCHMIDT, Die Pesach-H., hg. u. erkl., 1936 - L.GINZBERG, The Legends of the Jews, 7 Bde, 1938-46 - DERS., On Jewish Law and Lore, 1955, 61ff - I.HEINEMANN, Darkê ha-äggadah, 1949 (hebr.; The Methods of the Aggadah) - H.J.SCHOEPS, Aus frühchristl. Zeit, 1950. *E.L.Dietrich*

Haggai

1. Person und Zeit - 2. Verkündigung - 3. Wirkung

1. H. (hebr. ḥäggäj, »der am Festtag Geborene«) wirkte durch seine prophetische Verkündigung zu Beginn der Perserzeit entscheidend an der Konstituierung der jüdischen Kultgemeinde in Jerusalem mit (→ Judentum: I). Alle Worte, die die nach ihm benannte Schrift (→ Haggaibuch) überliefert, sind vom 6. bis 9. Monat im 2. Jahre des Perserkönigs Darius I. (522-486 vChr) gesprochen, dh in der 2. Hälfte des Jahres 520 vChr. Wie weit seine Wirksamkeit vorwärts oder rückwärts über diesen kurzen Zeitraum etwa hinausreicht, wissen wir nicht. Auch über sein Alter i.J. 520 ist nichts bekannt (2, 3 läßt darüber nichts erkennen). Und schließlich ist unklar, ob H. zu den Heimkehrern aus dem babylonischen → Exil gehörte oder zu dem in Juda zurückgebliebenen Bevölkerungsteil (ersteres ist aus allgemeinen Erwägungen wahrscheinlicher). Soweit seine Verkündigung bekannt ist, kreist sie fast ausschließlich um den Wiederaufbau des → Tempels (: II) in Jerusalem. Der Aufbau des i.J. 587 vChr von den Babyloniern zerstörten Tempels war zwar schon i.J. 538 vChr von Kyros angeordnet worden (Esr 6, 3ff; → Esrabücher: I), damals aber nicht recht in Gang gekommen (Hag 1, 3; Esr 4, 1ff bezieht sich ursprünglich wohl auf einen späteren Zeitpunkt; Esr 5, 16 ist tendenziös). Es ist sehr wahrscheinlich, daß H.s Initiative i.J. 520 vChr im Zusammenhang steht mit einer kurz zuvor erfolgten Rückkehr einer größeren Gruppe von Deportierten (die in 1, 4 vorausgesetzten Verhältnisse und H.s Argumentation in 1, 5f. 9ff sind nur dann voll verständlich, wenn die Angeredeten erst kürzlich heimgekehrt sind). Ob auch die turbulenten Ereignisse beim Regierungsantritt Darius' I. H.s Auftreten mitveranlaßt haben, ist nicht sicher. Als Adressat seiner Sprüche ist neben »dem Volk« und dem Hohenpriester Josua mehrfach der junge Davidide Serubbabel (nach 1Chr 3, 17 ein Enkel des judäischen Königs Jojachin) genannt, der von der persischen Zentralregierung offenbar als Sonderkommissar für Repatriierungsfragen eingesetzt war.

2. Über das am 1. VI. des 2. Jahres Darius' I. (Aug. 520) erfolgte Auftreten H.s und seine Wirkung liegt im 1. Kapitel des H.buches ein Bericht vor, in dessen Rahmen drei bzw. vier Prophetensprüche überliefert sind: a) ein Diskussionswort (1, 2. 4), in dem H. der in Jerusalem gängigen Meinung, es sei noch nicht die rechte Zeit, mit dem Tempelbau zu beginnen, die Frage entgegenhält, ob es denn richtig sei, in gedeckten (so wohl richtiger als »getäfelten«) Häusern zu wohnen, während der Tempel in Trümmern liege; b) eine Aufforderung zur Besinnung über den Grund der gegenwärtigen wirtschaftlichen Not (in zwei zT parallelen Worten überliefert: 1, 5f und 1, 9-11): Die Not geht auf einen Fluch Jahwes zurück, der seine Ursache in der Unterlassung des Tempelbaus hat; c) die Aufforderung, mit dem Tempelbau zu beginnen (1, 7a. 8), was zur Folge haben werde, daß Jahwe seine »Herrlichkeit« offenbaren werde (so, und nicht »ich werde mich geehrt fühlen« ist zu übersetzen, vgl. den eschatologischen Inhalt von 2, 1-9. 20-23). Diese Worte hatten nach 1, 12. 14 zur Folge, daß man alsbald mit den Bauarbeiten begann. - Nachdem man anscheinend drei Wochen für Aufräumungsarbeiten und die Beschaffung des Baumaterials gebraucht hatte, konnte man am 24. VI. (Sept. 520) offiziell mit den Bauarbeiten beginnen (1, 15a + 2, 15-19; zu den literarischen Fragen s. → Haggaibuch), indem man einen neuen

Grundstein neben den alten legte (2, 15b). Unter deutlicher Bezugnahme auf 1, 5f. 9ff bezeichnet H. diesen Tag als den Beginn einer neuen Zeit: An die Stelle des Fluches, der bisher auf allem Tun gelegen habe, werde jetzt Jahwes Segen treten. - Knapp 4 Wochen später, am 21.VII. (Okt. 520), tritt H. erneut auf (2, 1-9). Der Anlaß dafür läßt sich aus seinen Worten hinlänglich erkennen: Der Vergleich zwischen dem bisher Erreichten und der Pracht des Salomonischen Tempels lähmt die Bauenden. Dem begegnet H. mit einem Mahnwort, das unter Hinweis auf Jahwes Beistand (vgl. 1, 13) zum »Festbleiben« ermuntert (2, 3-5), und mit einem Verheißungswort (2, 6-9), das erkennen läßt, daß die Forderung des Tempelbaus von einer eschatologischen Naherwartung getragen ist: Die endzeitliche Erschütterung der Völkerwelt steht unmittelbar bevor, und in ihrem Gefolge werden die Schätze der Völker nach Jerusalem kommen, so daß die Pracht des neuen die des alten Tempels weit übertreffen wird. Damit aktualisiert H. die Tradition von einer Wallfahrt der Völker zum Zion (Jes 2, 1-4; 60, 1ff; Sach 14, 16), die im Laubhüttenfest ihren Sitz zu haben scheint (der 21.VII. ist der letzte Tag dieses Festes, Ez 45, 25, → Feste : II, 4c). Im Interesse der Aktualisierung greift H. von den Themen dieser Tradition (Empfang des Gottesrechts, Völkerfriede, Gaben für Jahwe) nur das vom Tribut der Völker heraus. - Am 24.IX. (Dez. 520) nimmt H. mit einer Gleichnishandlung zu einem damals offenbar gerade akuten Problem Stellung (2, 10-14). Er holt bei den Priestern eine Weisung (tôrā) ein, in der es um die Frage der Übertragbarkeit von Heiligkeit und Unreinheit (→ Rein und Unrein: II) in bestimmten Fällen geht. Die Auskunft, auf die hin die Fragen offenbar bewußt gestellt sind, lautet: Unreinheit wirkt ansteckend, Heiligkeit nicht. Ebenso verhalte es sich, so deutet H. die Gleichnishandlung, mit »diesem Volk«, und alles, was es »dort« (dh wohl auf dem Brandopferaltar, vgl. Esr 3, 3) darbringe, sei unrein. Mit hoher Wahrscheinlichkeit bezieht sich dieser Satz auf die Oberschicht von Samaria, die sich und ihre Interessen bei der Restauration in Jerusalem offenbar ins Spiel zu bringen gedachte. Die Konsequenz, daß die der Jerusalemer Gemeinde und bes. den Priestern gewiß sehr willkommene Hilfe der → Samaritaner zurückzuweisen sei, weil sie »verunreinige« und nicht etwa durch den guten Zweck »geheiligt« werde, bleibt unausgesprochen. - Ebenfalls vom 24.IX. stammt ein letztes Wort H.s, eine Verheißung für Serubbabel (2, 20-23): Bei der bevorstehenden Erschütterung von Himmel und Erde und dem Sturz der heidnischen Königreiche werde Jahwe seinen »Knecht« Serubbabel zu einem Siegel machen, dh Serubbabel werde der von Jahwe erwählte → Messias sein.

3. Die *Wirkung* H.s beschränkt sich nicht darauf, daß auf seine Initiative hin der Tempelbau in Angriff genommen und i.J. 515 vChr abgeschlossen wurde. Von mindestens ebenso großer Tragweite war seine in der Abweisung der Samaritaner (2, 10-14) zum Ausdruck kommende Exklusivität, um derentwillen man ihn als den Vater des Judentums bezeichnen könnte.

Lit. s. → Haggaibuch. *R.Bach*

Haggaibuch. Das nach dem Propheten → Haggai benannte Büchlein, das im → Zwölfprophetenbuch an 10. Stelle steht, enthält 5 Aussprüche des Propheten in chronologischer Ordnung. Diese Ordnung ist jedoch an einer Stelle gestört: Das Datum in 1, 15 ist ohne Beziehung, und der Spruch 2, 15-19, der aus inhaltlichen und formalen Gründen vom vorangehenden Stück (2, 10-14) zu trennen ist, kann nicht, wie 2, 10-14, erst am 24.IX. gesprochen sein, als die Bauarbeiten längst im Gange waren, sondern gehört an den Anfang der Bauarbeiten (2, 18b β: Grundsteinlegung; ebenso ist der Satz 2, 15b zu verstehen; das Datum von 2, 18b α ist offenbar sekundär aus 2, 10 übernommen). So findet Rothsteins Vorschlag, 2, 15-19 mit jenem isolierten Datum 1, 15 zu verbinden und hinter 1, 15 (oder besser hinter 1, 15a) einzureihen, mit Recht fast allgemeine Gefolgschaft. - Die Frage, ob das H. in seiner heutigen Gestalt auf die Hand Haggais zurückgehe, ist wohl zu verneinen: Überall ist von Haggai in der 3. Person gesprochen, und zwischen den Rahmenstücken und den Sprüchen selbst ist wenigstens an einem Punkt ein Unterschied im Sprachgebrauch festzustellen: In den Rahmenstücken ist als Adressat der Sprüche des Haggai neben Serubbabel und dem Hohenpriester Josua stets »das Volk« oder »der ganze Rest des Volkes« genannt, während Haggai selbst statt dessen den alten terminus ʿām ha-ʾaræṣ (»Vollbürger«) verwendet (2, 4). Auch gewisse redaktionelle Ungeschicklichkeiten (die falsche Einordnung von 2, 15-19; die Parallelität von 1, 5f und 1, 9ff) sprechen dagegen, daß das H. seine heutige Gestalt dem Propheten selbst verdanke. - Ob das H., wie man gelegentlich geäußert hat, ein Exzerpt aus einer größeren, den Tempelbau betreffenden Denkschrift ist, ist nicht mit Sicherheit zu sagen. Die Form des 1. Kapitels (Fremdbericht) könnte für diese Annahme sprechen.

J.W.Rothstein, Juden u. Samaritaner (BWAT 3), 1908 - A.Bentzen, Quelques remarques sur le mouvement messianique parmi les juifs aux environs de l'an 520 avant Jésus-Christ (RHPhR 10, 1930, 493-503) - A.Alt, Die Rolle Samarias bei der Entstehung des Judentums (Festschr. O.Procksch, 1934, 5-28 = Alt II, 316-337) - G.v.Rad, Die Stadt auf dem Berge (EvTh 8, 1948/49, 439-447) - H.W.Wolff, Haggai (BSt 1), 1951 - F.Peter, Zu Haggai 1, 9 (ThZ 7, 1951, 150-151) - P.R.Ackroyd, Studies in the Book of Haggai (JJSt 2, 1951, 163-176; 3, 1952, 1-13) - Ders., The Book of Haggai and Zechariah 1-8 (ebd 3, 1952, 151-156) - Ders., Some interpretative Glosses in the Book of Haggai (ebd 7, 1956, 163-167) - K.Galling, Von Naboned zu Darius (ZDPV 69, 1953, 42-64; 70, 1954, 4-32) - F.S.North, Critical Analysis of the Book of Haggai (ZAW 68, 1956, 25-46). - Außerdem die Kommentare zum → Zwölfprophetenbuch. *R.Bach*

Zur *Auslegungsgeschichte* (s. auch → Schriftauslegung: IV, → Zwölfprophetenbuch):

Qu.: 15.Jh.: Hieronymus Savonarola, Venedig 1544. - 16.Jh.: Melanchthon (CR 13) - Joh. Eck, Seligenstadt 1538 - Georg Witzel, Mainz 1541. *W.Werbeck*

Hagiographie (*Hagiologie*) ist der Zweig der Biographie, der die Lebensbeschreibung der Heiligen zur Aufgabe hat. Ursprünglich sollte wirkliche Geschichte gegeben werden; diese Absicht wird aber schon früh verdunkelt durch eine erbauliche Tendenz, der es um die Verherrlichung des Heiligen und um die Bestätigung seiner Heiligkeit durch Wundererzählungen zu tun ist. So findet sich in der hagiographischen Literatur solide historische Darstellung neben phantasiegeborener Legende (→ Sagen), und es bedarf noch viel scharfsinniger kritischer Arbeit, bis das Echte vom Unechten geschieden ist; ganz wird sich diese Scheidung wohl überhaupt nie durchführen lassen. - Die Entwicklung der H. geht der → Heiligenverehrung (: II) parallel. Als älteste Form der H. sind die → Märtyrer-Akten und die → Martyrologien zu betrachten. Mit ihnen ist man der historischen Wirklichkeit noch verhältnismäßig nahe, soweit es sich um Berichte von Augenzeugen handelt oder die Erzählungen auf den amtlichen Prozeßakten fußen. Bald aber treten apokryphe Elemente hinzu, die Einzelheiten werden legendenhaft ausgesponnen, Motive aus heidnischen Mythen werden auf christliche Märtyrergestalten übertragen. - Zu den Märtyrern gesellen sich die Mönchsheiligen. In der Vita Antonii des → Athanasius wird nicht ein Menschenschicksal individuell gestaltet, sondern eine typische Darstellung zum Zweck der Verherrlichung des Heiligenideals gegeben, wobei das von der hellenistischen Philosophie gezeichnete Ideal des Weisen (vgl. zB Philostrats Vita Apollonii; → Apollonius, 2) als Vorbild gedient haben mag.

Als erster Hagiograph in dem Sinn, daß er umlaufende Überlieferungen zu Viten gefügt und gesammelt hat, darf →Eusebius von Cäsarea gelten, dessen Ἀρχαίων Μαρτυρίων συναγωγή allerdings verloren ist. Im Osten haben vor allem die *Byzantiner* eine hagiographische → Erbauungsliteratur (, 2) geschaffen: im 6.Jh. bes. →Cyrill von Skythopolis, dessen Heiligenleben neben stereotyp legendärem Beiwerk wertvolle Nachrichten über die kirchlichen Zustände in Palästina enthalten, im 7.Jh. zB → Johannes Moschus, → Sophronius und → Leontius. Ihre Blütezeit erlebte die byzantinische H. vom 8.-10.Jh., einen gewissen Abschluß in → Symeon Metaphrastes (2. Hälfte des 10.Jh.s), der mit seiner Legendensammlung (MPG 114-116) eine umfassende kompilatorische Arbeit geleistet hat. Freilich knüpfen sich gerade an ihn die meisten ungelösten Fragen der byzantinischen H., weil er das vorliegende Material im wundersüchtigen Geschmack seiner Zeit überarbeitet hat. In den folgenden Jh.en flaut die hagiographische Produktion ab, wenngleich sich bis zu → Gregor Palamas immer wieder namhafte Hagiographen finden.

Die *abendländische* H. hat sich analog der östlichen entwickelt; auch im Abendland stehen neben Historien romanhaft ausgeschmückte Legenden, bei denen oft nicht einmal der Name des Heiligen geschichtlich zu fassen ist (zB bei → Christophorus). Den Anfang der Entwicklung bilden bedeutende Leistungen wie die Vita S.Martini des → Sulpicius Severus und die Vita S.Honorati des → Hilarius von Arles. Die »Vitae Patrum« → Gregors von Tours sowie die zahlreichen im 7.-9.Jh. entstandenen Heiligenleben (Leodegar, Arnulf, → Amandus, → Columba, → Lioba u.a.) werfen trotz vieler legendärer Zutaten treffliche Schlaglichter auf die kirchliche Zeitgeschichte. Des → Eulogius von Cordoba »Memoriale Sanctorum« ist wertvoll für die spanische Märtyrergeschichte. Im Hoch-MA wuchert die novellistische Legende üppig empor; Jacobus de Voragine hat in seiner → Legenda aurea den landläufigen Stoff gesammelt und, wenn auch völlig kritiklos, zu echtem Volksgut umgeschaffen.

Aus der Fülle von Ausgaben und Sammlungen der Folgezeit sind hervorzuheben: das »Sanctuarium« des → Mombritius (2 Bde, Ende des 15.Jh.s) mit alten, heute nicht mehr erreichbaren Texten; des Italieners → Lippomano »Sanctorum priscorum patrum vitae« (8 Bde, Venedig 1551-60); des Kartäusers → Surius »De probatis sanctorum historiis« (6 Bde, Köln 1570-75), eine Bearbeitung von Lippomano; des Spaniers → Ribadeneira »Flos Sanctorum« (Madrid 1599). Die umfassendste Editionstätigkeit entfalten die → Bollandisten mit ihrem Riesenwerk der »Acta Sanctorum«, in dem das Aktenmaterial für alle Heiligen nach dem Heiligenkalender kritisch verarbeitet ist (seit 1643, zuletzt Bd 67 [1940]; Suppl. für die merovingischen Heiligen von C.Narbey, 2 Bde, 1899f). Ergänzungen, Nachträge und monographische Studien bringt die Zeitschrift »Analecta Bollandiana« (seit 1882), das Zentralorgan für hagiographische Forschung. Um kritische Textausgaben haben sich weiter die → Mauriner verdient gemacht (J. → Mabillon, Acta Sanctorum Ordinis S. Benedicti, 9 Bde, Paris 1668 bis 1701; Th. → Ruinart, Acta primorum martyrum sincera et selecta, 1689). Mehr populären Charakter trägt Alban Butlers Werk »The Lifes of the Fathers, Martyrs and other principal Saints« (7 Bde, London 1756-59; dt. v. A.Räß und N.Weiß, 25 Bde, 1821-27). Bedeutsame orientalische Sammlungen sind für Syrien: St.E. →Assemani, Acta Sanctorum martyrum orientalium et occidentalium (2 Bde, Rom 1748) und P.Bedjan, Acta Sanctorum et Martyrum (7 Bde, Paris 1890-97); armenisch: Acta SS. pleniora (Venedig 1810-35); georgisch: Monumenta hagiographica Georgica (Tiflis 1918ff); äthiopisch: E.A.Wallis Budge, The Book of the Saints of the Ethiopian Church (Cambridge 1928); koptisch: H.Hyvernat-J.Balestri, Acta Martyrum (CSCO 43/44, 1907/1908). Die historische Forschung der letzten Generationen brachte eine unübersehbare Menge von Einzeleditionen, für die auf die Bibliographien zu verweisen ist. Zur ersten Orientierung ist noch immer nützlich: J.E. Stadlers »Heiligenlexikon« (5 Bde, 1858-62), das freilich an mangelnder Kritik krankt. Gemäßigt kritisch ist das von den Benediktinern in Paris herausgegebene Sammelwerk »Vies des Saints et des Bienheureux selon l'ordre du calendrier avec l'historique des fêtes« (12 Bde, 1935 bis 1956). F.G.Holweck, A Biographical Dictionary of the Saints (1924) und D.Attwater, A Dictionary of Saints (1938) bringen nur allzu knappe Angaben.

Textausgaben u. Schriften in den Bibliogr.en der Bollandisten: BHG, 3 Bde, Brüssel (1895) 1957³; BHL, 2 Bde, ebd (1898-1901) 1949²; BHO, ebd (1910) 1954²; Subsidia hagiographica, ebd 1886ff. - Ferner: K.Krumbacher, Gesch. der byzant. Lit., (1891) 1897², 176ff - H.Delehaye, Les légendes hagiographiques, Brüssel (1905) 1955⁴ (hg.v. P.Peeters; dt. 1907) - Ders., Les origines du culte des martyrs, ebd (1912) 1933² - Ders., A travers trois siècles. L'oeuvre des Bollandistes 1615-1915, ebd 1920 - Ders., Les passions des martyrs et les genres littéraires, ebd 1921 - Ders., Commentarius perpetuus in Martyrologium Hieronymianum ad recensionem Henrici Quentin, ebd 1931 - Ders., Cinq leçons sur la méthode hagiographique, ebd 1934 - CathEnc VII, 106ff - Holl II, 249-269 - DSp I, 1624ff - A.Ehrhard, Überlieferung u. Bestand der hagiograph. u. homilet. Lit. der griech. Kirche von den Anfängen bis zum Ende des 16.Jh.s, 1.Tl: Überlieferung, 3 Bde (TU 50-52), 1937-52 - Martyrologium Romanum. Commentaire critique et bibliographique publié par les Bollandistes, Brüssel 1940 (AS Decembris Propylaeum) - W. Levison, Aus rheinischer u. fränkischer Frühzeit, 1948 - Wattenbach-Levison 1, 40ff. 119ff - R.Aigrain, L'hagiographie, Paris 1953 - M.Simonetti, Studi agiografici, Rom 1955 - G.Lazzati, Gli Sviluppi della letteratura sui martiri nei primi quattro secoli, Turin 1956.

O.Rühle

Hahn, 1. *August* (1772-1863), * in Großosterhausen bei Querfurt, fand im Predigerseminar zu Wittenberg zum väterlichen Glauben zurück, wurde 1819 Prof. und Pfarrer in Königsberg und 1827 Prof. in Leipzig. Seine Disputation »De rationalismi, qui dicitur, indole...«, die die Lehrer der Vernunftreligion für nicht mehr christlich erklärte, löste einen Entrüstungssturm der rationalistischen sächsischen Pfarrerschaft und viele Gegenschriften aus (u.a. von K. →Hase, W.T.Krug, J.F. → Röhr). H.s biblizistisch-supranaturalistisches Lehrbuch des christlichen Glaubens (1828) zeigte in der 2. Aufl. (1856-59) seine Wendung zum Luthertum. Seit 1834 Prof. und Konsistorialrat in Breslau, dämpfte er dort den Einfluß des rationalistischen David → Schulz (→ Erweckung: I, 5b); anderseits geriet er als königlicher Kommissar in die Auseinandersetzung mit dem altluth. Separatismus. Als General-Sup. (seit 1843) gründete H. den schlesischen Vikariatsfonds und den »Kirchlichen Anzeiger«; 1857 gab er ein Gesangbuch heraus.

Vf. u.a. Arbeiten über Ephräm, Bardesanes u. Marcion. Die »Bibliothek der Symbole« (1842) führte sein Sohn Ludwig H. fort ([1877] 1897³). - Über H.: O.Schütze, Die Innere Mission in Schlesien, 1883 - K.v.Hase, Ges. Werke VIII/1, 1892; III/2, 1, 1892, 53 - RE VII, 340ff - M.Schian, Das kirchl. Leben der ev. Kirche der Prov. Schlesien, 1903, 40. 49 u.ö. - C.F.Arnold in: Festschr. ...der Univ. Breslau II, 1911, 183. 185.

E.Beyreuther

2. *Hugo* (1818-95), aus Riga stammend, wurde von der → Rheinischen Missionsgesellschaft 1841 ausgesandt, Pionier der Hereromission (→ Afrika: IV B, 2d), trat 1873 aus der Rheinischen Mission aus und wurde 1874 Pastor an der deutschen Martinskirche in Kapstadt. Zu

Spannungen mit der Missionsleitung führte ihn immer wieder sein von Ravensberger Gemeinden unterstütztes Luthertum, das einer Union gar nicht, einer Konföderation der Bekenntnisse nur schwer sich einfügen konnte und der Hereromission ihr luth. Gepräge gab.

W.Holsten

3. *Johann Michael* (2.2.1758 bis 20.1.1819), der geistige Vater der M.H.schen Gemeinschaft (→ Gemeinschaften, pietistische), * in Altdorf (Klosteroberamt Bebenhausen, Württ.), genoß eine dürftige Volksschulbildung, wurde in einem Karfreitagsgottesdienst erweckt und hatte mit 22 Jahren eine 7 Wochen anhaltende »Zentralschau«. 1794 siedelte er nach Sindlingen über, wo er eine vielseitige Tätigkeit als Prediger und Seelsorger ausübte und Auslegungen zu fast allen biblischen Büchern schrieb. - H. ist zweifelsohne der Erzvater unter den schwäbischen pietistischen Vätern. Seine Theologie überragt an Systematik und Schriftbezogenheit die eines F.Ch. → Ötinger und Ph.M. → Hahn. Er gehört aber weder zum eigentlichen → Pietismus noch ist er, wie seine Zeitgenossen, Rationalist, sondern steht in einer theosophisch-biblizistischen Strömung, die ihn zwar mit J. → Böhme verwandt erscheinen läßt, ohne daß er von diesem abhängig wäre. Die Überbewertung der theosophischen Elemente bei H. hat ein echtes Verständnis und eine wissenschaftliche Durchdringung seiner Gedankenwelt bisher verhindert. H. darf als *theosophischer Biblizist* bezeichnet werden, dessen ganze Theologie allerdings in einer Exklusivität von der *Christologie* her aufgebaut ist, wie man sie vor und nach ihm selten findet. - Die seit 1876 organisierte H.sche Gemeinschaft steht innerhalb der Landeskirche. Sie hat ihr Zentrum in Stuttgart und umfaßte 1958 ca 10000 Mitglieder in mehr als 300 Orten in Württemberg und Baden.

GA 15 Bde, 1819ff. - Zusammenfassende Übersichten: W.F. STROH, Die Lehre des württemberg. Theosophen J.M.H., (1859) 1936⁴ - Die H.sche Gemeinschaft (Stuttgart) gab heraus: Die H.sche Gemeinschaft I, (1877) 1949²; II, 1951 (über H.: Bd I, 31ff) - J.M.H. Kurze Darstellung seines Lebens u. seiner Lehre, (o.J.) 1952² - Die Schriftauffassung J.M.H.s von der Wiederbringung aller Dinge, von der ersten Auferstehung u. vom 1000jährigen Reich, 1930. - Vgl. ferner: RGG² II, 1579f - E.BENZ, Die Sympathie aller Dinge am Ende der Zeiten (ErJb 24, 1955, [133-197] 176-181) - G.MÜLLER, J.M.H. (DtPfrBl 58,1958, 2-4; Darstellung des theol. Systems).

G.Müller

4. *Philipp Matthäus* (1739-90), ev. Theologe, * in Scharnhausen b. Esslingen. Als Schüler → Bengels und bes. → Ötingers gehörte er selbst zu den »Schwäbischen Vätern« des → Pietismus. Seine Sonderstellung beruht auf einer ungewöhnlichen mathematischen und technischen Begabung (Erfinder der Zylinderuhren, astronomischer Geräte und einer Rechenmaschine), die ihm auch die Gunst des Herzogs sicherte. Nach 4 Vikariatsjahren, u.a. in Herrenberg bei Ötinger, wurde H. Pfarrer in Onstmettingen (1764), Kornwestheim (1770) und Echterdingen (1781). Gemäß dem Prinzip der »Totalität der Wahrheit« galt sein Ehrgeiz einem umfassenden System, in dem von einem Zentralpunkt aus alle Glaubenswahrheiten ebenso sichtbar wären wie umgekehrt dieser in jeder Teilwahrheit. Dazu bedürfe es eines persönlichen Forschens unter Anleitung des Hl. Geistes. Ohne eigene Gedankenarbeit trägt der Glaube keine Frucht. Zu den »Offenbarungen des inneren Menschen« tritt bei H. eine aus dem Eph und Kol geschöpfte kosmische Vision des Christentums, die sich bis zur leidenschaftlichen Predigt vom »Gottesreich« und seinem baldigen Kommen steigert. Sein fast anstößiges Betonen der Menschlichkeit Christi und des »göttlichen Funkens« im Menschen veranlaßte das Konsistorium zur Forderung eines zumindest teilweisen Widerrufs. H. gründete eigene → Gemeinschaften (, altpietistische), hielt aber am Nutzen und der Notwendigkeit der »sichtbaren Kirche« fest.

Vf. u.a.: Erbauungsreden über den Brief Pauli an die Kolosser, 1759; Betrachtungen u. Predigten, 1774; Fingerzeig zum Verstand des Königreichs Gottes u. Christi, 1778; Lehre Jesu u. seiner Gesandten, 1779; Eines ungenannten Schriftforschers vermischte theol. Schriften, 3 Bde, Winterthur 1779. - Schriften, 13 Bde, 1819-55 (mit Autobiogr.). - Über H.: E.PH.PAULUS, Ph.M.H., 1858 - A. RITSCHL, Gesch. d. Pietismus III, 1886, 151ff - RE VII, 345ff - M. ENGELMANN, Ph.M.H., 1923 - J.HERZOG, Weisheit im Staube, 1927 - H.HERMELINK, Gesch. d. ev. Kirche in Württ. von der Reformation bis zur Gegenwart, 1949, 254ff.

P.Rohmer

5. *Traugott* (1848-1939), ev. Theologe, Sohn von 2, * Komachas (Südwest-Afrika). H. wuchs in Gütersloh auf und war 1872-77 Pfarrer der estnischen Gemeinden Wolde (Oesel) und Rauge (Livland), dann an der deutschen St.Olaikirche in Reval (Estland). 1915 nach Sibirien verbannt, 1917 durch die Revolution zurückgekehrt, mußte er 1918 beim Abzug der deutschen Truppen Estland verlassen. Seitdem war er bes. in Nordwestdeutschland als Evangelist tätig. In Predigt, Seelsorge und als Schriftsteller vertrat er ein erweckliches Luthertum.

Vf. u.a.: Die Letztzeit u. die Vollendung der Gemeinde, (1919) 1924⁵; Jesu Gebetsschule mit seinen Jüngern, (1920) 1924³; Gottes Liebe u. Weltelend, (1921) 1922²; Von der Macht des Glaubens u. Bekennens, 1926; Das Christenleben im Lichte der hl. zehn Gebote, 1926; Lebenserinnerungen, 1940.

6. *Traugott* (1875-1919), ev. Theologe, Sohn von 5, * in Rauge (Livland), 1902 PDoz., zugleich Universitätsprediger, 1908 o. Prof. der praktischen Theologie in → Dorpat, wurde im Jan. 1919 während der Revolutionskämpfe verhaftet und unmittelbar vor der Befreiung Dorpats erschossen.

Vf. u.a.: Tychoniusstudien, 1900; Evangelisation u. Gemeinschaftspflege I, 1909. - Predigtwerke: Glaubet an das Licht, (1920) 1925²; Komm, o mein Heiland Jesus Christ, Kinderpredigten, 1921; Dienet dem Herrn mit Freuden, (1922) 1924². - Über H.: O.SCHABERT, Baltisches Märtyrerbuch, 1926, 76ff - A.HAHN, D. T.H.: Ein Lebensbild, 1929 - T.HAHN, Gott allein die Ehre. Kindheit u. Jugend des D. T.H., 1930.

W.Hahn

Haimo. Unter dem Namen H.s war vom 9.-12.Jh. eine Reihe exegetischer Schriften verbreitet, die katenenartige Exzerpte aus den Väterwerken von Augustin und Hieronymus bis zu Beda und Ambrosius Autpertus mit eingestreuten Quästionen verbinden und von den frühscholastischen Exegeten viel benutzt wurden. Seit → Tritheim wurden sie meist dem Bischof H. (Hemmo) *von Halberstadt* (840-853), Fuldaer Mitschüler und Freund des → Hrabanus Maurus zugeteilt. Die Mehrzahl gilt heute als Werk des Mönchs H. *von Auxerre*, des Lehrers Heirics (um 840-860), einige sind auch unter dem Namen des → Remigius von Auxerre überliefert. Das Problem bedarf neuer Untersuchung; auch die Verfasserschaft der Homilien ist ungeklärt. Der unter H.s Werken gedruckte Pss-Kommentar ist um 1130/40 entstanden.

Ausg.: MPL 116. 117. - E.RIGGENBACH, Die ältesten lat. Kommentare zum Hebr, 1907, 41ff - MANITIUS I, 500f. 516f - W.KAMLAH, Apokalypse u. Geschichtstheol., 1935 - B.SMALLEY, The Study of the Bible in the Middle Ages, Oxford (1940) 1952², 39f (Lit.) - C.SPICQ, Esquisse d'une histoire de l'exégèse latine au Moyen Age, Paris 1944, 50f (Lit.) - DThC VI/2, 2068f - D.VAN DEN EYNDE, Franciscan Studies 14, 1954, 132-139 (zum Pss-Komm.) - RepBibl III, 7ff.

P.Classen

Haine, *heilige*. Die Heiligkeit des Waldes hängt mit dem → numinosen Eindruck zusammen, der durch das geheimnisvolle Dunkel, die schauererregende Stille und das Rauschen der Blätter ausgelöst wird. Wie der einzelne Baum (→ Bäume) ist der Wald in ganz besonderem Sinne ein Machtträger (→ Macht). Deshalb gibt es an vielen Stellen der Erde einen Waldkult, bes. bei den indogermanischen Völkern, aber auch bei Finnen, Esten, Kaukasusvölkern. Die Wörter für »Heiligtum« in den indogermanischen Sprachen weisen auf diesen Waldkult hin. Das griech. τέμενος (»hl. Bezirk, Hain«) läßt sich mit dem lat. templum (eigentlich: »abgegrenzter Bezirk«; → Tempel: I) vergleichen, wie got. alhs (»Tempel«) mit lit. elkas (»hl. Hain«) oder altnord. hörgr (»Steinaltar«) mit ahd. haruc (»Wald«). Beispiele von hl. H.n sind in Griechenland der Zeus geweihte Wald in Dodona oder in Latium der der Diana geweihte Wald am Nemi-See. Dasselbe läßt sich für Slawen und Litauer, Kelten und Germanen zeigen. Tacitus (Germania c. 9) bemerkt, daß die Germanen in den H.n ihren Gottheiten opferten und dort ihre hl. Symbole (effigies et signa) aufbewahrten (→ Germanische Religion). Der heilige Semnonenwald mit dem eigentümlichen Kult des regnator omnium deus, wohl eine Umschreibung für Wodan, ist ein bes. eindrucksvolles Beispiel für die Ehrfurcht, die der Wald den Germanen einflößte (Germ. c. 39). Noch heute erinnern Namen wie Heiligenforst, Heiligenloh an die frühere Heiligkeit der Wälder, ebenso skandinavische Ortsnamen (zB dän. Frölund oder schwed. Frösvi). In der Nähe von Dublin gab es in der Wikingerzeit ein Coill Tomair, also einen Thor geweihten Eichenwald. Sogar in jüngeren deutschen Volkssagen lebt noch eine dunkle Erinnerung an die einstige Heiligkeit des Waldes.

W. Mannhardt, Wald- u. Feldkulte I. II, (1875/77) 1904/05² - S. Feist, Kultur, Ausbreitung u. Herkunft der Indogermanen, 1913, 353f - HWDA III, 1348ff - A. Olrik-H. Ellekilde, Nordens Gudeverden I, København 1926/42, 401ff - PW 2. R. V, 435ff - J. de Vries, Altgerman. Religionsgesch. I, (1935) 1956², 351ff - U. Harva, Die rel. Vorstellungen der altaischen Völker (FFC 125), Helsinki 1938 - R. Pettazzoni, Essays on the History of Religions, Leiden 1954, 136ff (Regnator omnium deus) - van der Leeuw §§ 5, 3; 57, 2.

J. de Vries

Hakenkreuz ist der Name für ein religiöses Symbol, in dem vier (zuweilen auch drei) gleichlange, rechtwinklig geknickte rechts- oder linksweisende Haken um einen gemeinsamen Mittelpunkt angeordnet sind (andere Namen sind »Swastika« und »crux gammata«; → Kreuz). Weil das H. in späterer Zeit als einfaches Schmuckornament Verwendung gefunden hat und sich dann mit dem Wirbel oder dem Mäander berührt, ist es oft schwierig, seinen Charakter als hl. Zeichen zu bestimmen. In Amerika und Afrika kommt das H. nur selten vor und könnte auf irgendeine Weise aus der alten Welt stammen.

Die *Verbreitung* des H.es ist räumlich und zeitlich sehr verschieden. Man kann dabei unterscheiden: a) Eine *spätneolithische* Gruppe, die vor allem zum elamischen Gebiet gehört und von dort weiter in das babylonische und hethitische Gebiet ausgestrahlt ist. - b) Eine *bronzezeitliche* Gruppe, die trojanisch-donauländisch ist (vereinzelt in Troja I, häufig in Troja II-IV). Im Donaugebiet gelangt es zu großer Blüte; vielleicht ist es von hier aus bis nach Skandinavien gelangt, denn es tritt auch in den schwedischen → Felsenzeichnungen auf, hier freilich in der Abart eines Spiral-H.es, welche Form noch bis heute als Gebildbrot erhalten geblieben ist. - c) Eine *nachmykenische* Gruppe begegnet auf protokorinthischen und Dipylon-Vasen, ebenso auf kyprischer Keramik. Von hier aus ist das H. dann weiter nach dem Westen gelangt, bes. nach Italien, aber auch nach dem Osten, wo es in der buddhistischen Kultur häufig vorkommt. In römischer Zeit gelangt das H. zu den Germanen, bei denen es im 1. und 2. Jh. nChr auf Urnen, im 4. Jh. auf Brakteaten auftritt und in der Zierkunst der Völkerwanderungszeit ungemein beliebt wird. Demnach scheint das H. in zwei Wellen zu den Germanen gelangt zu sein, nämlich in der Bronzezeit und in der römischen Eisenzeit.

Die ursprüngliche *Bedeutung* des H.es ist umstritten. Weil es als hl. Symbol (→ Symbole: I) in der elamischen Kultur der Vulva alter Idole von Göttinnen eingezeichnet ist, hat man an ein → Fruchtbarkeits-Zeichen gedacht, aber im Hinblick auf den Ritus der hl. Hochzeit (→ Ehe: I) könnte man es auch als ein Zeichen des männlichen → Himmels-Gottes deuten, mit dem die Vulva geheiligt wurde. Aus formalen Gründen hat man das Zeichen aus einer Tier- oder Menschengestalt ableiten wollen, aber das ist mehr ornamental als symbolisch gedacht. Es ist durchaus denkbar, daß das weitverbreitete Symbol nicht immer dieselbe Bedeutung gehabt hat. Die obigen drei Hauptgruppen von Vorderasien und Südosteuropa sind ohne Übergänge. Als ein Sonnensymbol (→ Sonne) könnte das H. hier aus dem vierspeichigen Sonnenrad entstanden sein. Im germanischen Altertum scheint es gerne mit Donar-Thor in Verbindung gebracht worden zu sein, während die dreiarmige Form oder Triskele deutlich ein Wodan-Odin-Symbol war.

T. Wilson, The swastika, the earliest known symbol and its migrations, Washington 1896 (Lit.) - L. Wilser, Das H. nach Ursprung, Vorkommen u. Bedeutung, 1917 - A. van Scheltema, Die altnord. Kunst, 1924, 196ff - O. Baumgarten, Kreuz u. H., 1926 - RLV V, 20ff - HWDA III, 1354ff - W. Scheuermann, Woher kommt das H.?, 1933 - W. Hauer, Über die ältesten H.e, ihre Herkunft u. ihren Sinn (Germanien 15, 1943, 88-100) - EC IV, 964ff. - Vgl. die Lit. zu → Kreuz.

J. de Vries

Halacha (h^a^laka, Plural h^a^lakôt, aram. h^a^läkta »Wandel«; früher auch š^e^mă'ta »das Gehörte« [BQ 60b]) ist, wie die → Haggada, ein Teil der mündlichen Lehre, steht nach rabbinischer Auffassung im Einklang mit der schriftlichen Lehre und stammt aus ältester Zeit. Eine H. muß biblisch begründet oder von anerkannter H. abgeleitet sein; daher sind die ältesten Midraschim (→ Midrasch) »halachisch«. Halachot sind zuerst kanonisch gesammelt in der → Mischna, außerkanonisch in der → Tosefta, vereinzelte außerkanonische heißen Baraita. Einige sehr alte Halachot ohne biblische oder sonstige Ableitung werden Mose selbst zugeschrieben (H. l^e^-Moše mis-Sinai; vgl. Men. 29a). Oft ist H. nur alte Rechtssitte mit nachträglicher biblischer Begründung (vgl. Ḥull. I, 4; Ḥag. I, 8). Sitz der H. ist das Lehrhaus. Früh gab es Traditionsketten (Abôt I, 1ff), die kritisch nicht immer haltbar sind. Den Dissensus von Autoritäten in einer Frage löste man schon in talmudischer Periode nach bestimmten Regeln: Vorrang des Früheren vor dem Späteren, des Lehrers vor dem Schüler, des Alters vor der Jugend, des Ansehens usw. Die Fülle des Stoffes, der ja auch viele nichtgültige Halachot enthielt, suchten Kodifikatoren immer wieder zu sichten und zu ordnen: Jehuda ha-Nasi (Mišna), Alfasi, → Maimonides, Ašer b. Jeḥiel (Ṭûr), Josef → Karo (Šulḥan 'Arûk). Gläubiges Judentum wertet die H. als irrationale Gebotserfüllung mit dem Ziel der Heiligung.

Schürer II - Strack, Einl. 5 - G. F. Moore, Judaism in the First Centuries of the Christian Era, 1927-30 - L. Ginzberg, On Jewish Law and Lore, 1955, 78ff. 153ff (betrachtet die H. nicht als Schöpfung des Lehrhauses, sondern des Volkstums).

E. L. Dietrich

Halberstadt, *Bistum* (→ 6 G 3), entstanden anscheinend aus einer unter Karl d. Gr. für den südlichen Teil des Sachsenlandes zunächst in Osterwick gegründeten und von Bischof Hildegrim von Châlons-sur-Marne nach H. verlegten Missionskirche; nach dessen Tod (827) wurde ein dem hl. Stephan geweihtes Bistum als Suffragan von → Mainz gegründet. Der bis zur Milde, Elbe und Saale reichende Sprengel wurde nach dem Scheitern der Pläne → Ottos d. Gr. auf Kosten → Magdeburgs und → Merseburgs erheblich verkleinert und H. von seiner

Aufgabe im Osten abgeschnitten. Die Domschule blieb lange bedeutend (→ Adam von Bremen, Suidger von Bamberg [→ Clemens II.]). Politisch wurde H. als Zentrum der antisalischen Opposition durch Heinrich V. 1113 und nach abermaliger Zerstörung durch Heinrich den Löwen 1179 entmachtet und seit dem 15.Jh. von den benachbarten Territorien völlig abhängig. Von 1479 bis 1566 war H. mit dem Erzbistum Magdeburg vereint, bis Heinrich Julius von Braunschweig-Wolfenbüttel (1566 gewählt) die Reformation einführte. Die von Leopold Wilhelm von Österreich 1627 eingeleitete kath. Restauration blieb Episode. 1648 kam H. an Brandenburg, 1807 an das Königreich Westfalen, 1815 an die preußische Provinz Sachsen. Das Domkapitel umfaßte bis zur Auflösung 1810 einige kath. Stellen.

Urk.-Buch f. das Hochstift H. (bis 1425), 4 Bde, hg.v. G.Schmidt, 1883-89 - A.Brackmann, Urkundl. Gesch. des H.er Domkapitels im MA (Diss. Göttingen), 1898 (= Zs. d. Harz-Vereins 32, 1899, 1-147) - RE VII, 353f; XXIII, 614 - W.Schmidt-Ewaldt, Die Entstehung des weltl. Territoriums des Bistums H., 1916 - W.Möllenberg, Zur Frage der Gründung H.s (Zs. d. Harz-Vereins 50, 1917, 101-111) - A.F. Müller, Die Entstehung der Landeshoheit im Bistum H. bis 1400 (Diss. Göttingen), 1922 - J.Heckel, Die ev. Dom- u. Kollegiatstifter Preußens, 1924 - G.Arndt, Die geschichtl. Entwicklung d. ev. Kirchenrechts im Bistum u. Fürstentum H. (Sachsen u. Anhalt 4, 1928, 44-131) - N.Hilling, Sechs Gerichtsordnungen f. d. Bistum H. aus dem 15.Jh. (AkathKR 122, 1947, 324-341; 125, 1951, 29-72).

H.Ludat

Haldane, *James Alexander* (1768-1851) und *Robert* (1764-1842), Brüder, schottische Erweckungsprediger. Nach Studium in Edinburgh dienten sie einige Jahre in der englischen Flotte. Beeinflußt von D. Bogue aus Gosport widmeten sie sich der Evangelisations- und Missionsarbeit. 1795/96 versuchte R.H. vergeblich, Mission in Indien zu organisieren. J.A.H. unternahm 1797 eine Evangelisation in Schottland und gründete die »Society for the Propagation of the Gospel at Home«. Beide verließen 1799 die schottische Kirche und gründeten eine kongregationalistische Kirche in Edinburgh, als deren Geistlicher J.A.H. ordiniert wurde. R.H. finanzierte den Bau von Predigthäusern; am Edinburgher war J.A.H. von 1801 bis zu seinem Tode Geistlicher. R.H. gründete ein Predigerseminar in Edinburgh. Das war der Anfang der kongregationalistischen Kirche in → Schottland (: I). 1808 nahmen die Brüder die baptistische Lehre an. 1816-19 begann R.H. auf dem Kontinent zu wirken, erst in Genf, dann in Montauban, und druckte eine französische Bibel-Übersetzung. Er publizierte Kontroversliteratur, bes. in Auseinandersetzung mit der British and Foreign Bible Society. Auch J.A.H. war ein fruchtbarer Schriftsteller.

Alex.Haldane, Lives of R.H. of Airthrey and his brother J.A.H., (1852) 1855[8] (Bibliogr.) - RE VII, 354ff - DNB XXIV, 13ff.

W.G.Robinson

Hales, *John* (1584-1656), anglikanischer Theologe, in Oxford bes. in den klassischen Sprachen gebildet, 1612 Dozent für Griechisch, zugleich seit 1605 Fellow des Merton College, Patristiker (Chrysostomus), 1612 Fellow von Eton, 1616 Gesandtschaftspfarrer im Haag, 1618/19 Teilnehmer an der → Dordrechter Synode, lebte seit 1619 zurückgezogen in Eton. Eine Gelehrtennatur, galt H. als wandernde Bibliothek. Theologisch trat er für die Toleranz ein, möglicherweise von → Sozzini abhängig. Aufsehen erregte er durch den für → Chillingworth verfaßten Traktat »On Schism and Schismatics« (1636; gegen H.' Willen 1642 gedr.). → Laud wurde, ursprünglich kritisch, nach einem Briefwechsel sein Gönner und brachte ihn in eine Domherrnstelle in Windsor, die er durch die Große Revolution verlor. - Vgl. → Broad Church Party.

Werke: Golden Remains of the Ever Memorable Mr. J.H., hg.v. J.Pearson, (1659) 1688[3] - Works ed. Sir D.Dalrymple, 3 Bde, Glasgow 1765. - Über H.: RE VII, 359f - DNB (Neudr. 1949/50) VIII, 914ff.

M.Schmidt

Hall, 1. *Joseph* (1574-1656), anglikanischer Bischof. In Cambridge auf dem Emanuel College unter William Whitaker puritanisch gebildet, fiel er früh (1597) durch seine treffenden Satiren auf, die 1599 auf Befehl John → Whitgifts zusammen mit den Büchern Marstons und Marlowes verbrannt wurden. Als Pfarrer von Halstead (Suffolk, seit 1601) begann H. seine berühmten »Meditations«. Jakob I. benutzte ihn als Helfer bei seinem Plan, den Anglikanismus in → Schottland einzuführen (1617). Aus demselben Grunde sandte er H. 1618 auf die → Dordrechter Synode, wo er für Mäßigung eintrat. 1624 lehnte H. das Bistum Gloucester ab, wurde 1627 Bischof von Exeter, 1641 von Norwich, wo er seit der Großen Revolution nur noch eine schmale Pension erhielt. Theologisch eine nachgiebige Natur, vertrat er einen milden Anglikanismus (→ Broad Church Party), polemisierte aber gegen Rom. Seine Erbauungsschriften wurden viel gelesen.

Vf. u.a.: The old Religion, 1628 (gegen Rom; dt. v. Th.Grossgebauer, 1661); Works, (ed. J.Pratt, 10 Bde, 1808) ed. P.Hall, 12 Bde, 1837[2]; ed. Ph.Wynter, 10 Bde, 1863; A Cabinet of Characters, ed. G.Murphy, 1925; Mundus alter et idem, ed. H.Brown, 1937. - Über H.: J.Jones, Memoirs of J.H., 1826 - G.Lewis, Life of J.H., 1886 - DNB (Neudr. 1949/50) VIII, 959ff.

2. *Thomas* (1610-65), presbyterianischer Theologe, ursprünglich Anglikaner, studierte in Oxford und ließ sich durch puritanische Schriften für die → Presbyterianer gewinnen. Als Pfarrer in King's Norton begründete er eine große Bibliothek. Seine ausgeprägt presbyterianische Einstellung entfernte ihn von → Baxters Ausgleichsbemühungen. H. bekämpfte die → Quintomonarchisten und war im übrigen erbaulicher Biblizist, als Prediger sehr geschätzt.

Vf. u.a.: The Beauty of Holiness, 1653; Centuria Sacra: Rules for Understanding the Holy Scriptures, 1654; Chiliomastix Redivivus, 1657; Τὸ Ἅλας τῆς γῆς sive Apologia pro Ministerio Evangelico, 1658 (engl.: Apology for the Ministry, 1659). - Über H.: DNB (Neudr. 1949/50) VIII, 975.

M.Schmidt

Halle, *Universität*

1. Allgemein - 2. Theologische Fakultät

1. Mit der Gründung der Universität H. erfolgte fast 50 Jahre vor → Göttingen der Durchbruch zur modernen Universität als Staatsanstalt, und zwar, was die Zeitgenossen als besondere Tat hervorhoben, mitten im sog. pfälzischen Krieg (1688-97) Ludwigs XIV. und im Schatten der gleichzeitigen Türkenkriege. Kurfürst Friedrich III., seit 1701 König Friedrich I., eröffnete am 12.7.1694 die neue »Friedrichs-Universität« in Anlehnung an die von ihm bereits erweiterte (private) »Kleine Ritterakademie«. Dabei stützte er sich auf das päpstliche Universitätsprivileg für Kardinal → Albrecht von Mainz von 1531 und auf ein kaiserliches Gründungsprivileg von 1693. Beraten wurde er durch den 1691 kurz vor seinem Tod zum Kanzler der Universität ernannten Veit L. von → Seckendorf auf der Linie einer Fortführung der preußischen Universitätspolitik des Großen Kurfürsten (→ Königsberg, → Frankfurt/O., Duisburg [→ Reformierte Hohe Schulen]). Schon 1690 hatte Chr. → Thomasius an der stark besuchten Ritterakademie ein neues Tätigkeitsfeld gefunden und konnte die modernen Grundsätze, die → Leibniz für die Ritterakademie in Richtung auf angewandte Wissenschaft für Staat und Wirtschaft aufgestellt hatte (weil er an der Zukunft der Universitäten zweifelte), mit seinem Re-

formprogramm zur neuen Verknüpfung von Forschung und Lehre verbinden. Der Geist des → Pietismus und der → Aufklärung, in beiden modern-praktisch, steht im Hintergrund. Rector magnificentissimus der jungen Lehranstalt seines werdenden absoluten Staates wurde Kurprinz Friedrich Wilhelm; er blieb es de facto auch über die 1718 der Universität zugestandene Wahl eines Rektors hinaus. Er errichtete auch in der Juristenfakultät, deren erstes Mitglied vor Thomasius und zugleich erster Direktor der Universität S.Stryck († 1710) war, den ersten Lehrstuhl für Cameraria und Oeconomia mit dem Juristen S.P.Gasser († 1755), wie denn auch die Juristenfakultät schon vor dem Gründungsprivileg und bis 1889 als Spruchkolleg wirkte. Zu ihren großen Gestalten zählen im 1.Jh. des Bestehens auch J.H. → Boehmer und der Nachfolger des Thomasius, J.P.Ludewig († 1743). Das 1691 errichtete Theologische Seminar unter J.J. → Breithaupt, dem bald A.H. → Francke zur Seite trat, führte zur Theologischen Fakultät; J.F. → Buddeus als Moralphilosoph, Chr.Cellarius als Philologe und Historiker verstärkten den Ruf der neuen Gründung; mit Chr. → Wolff begann 1706 die erste Blüte hallischer Philosophie und der Sieg der neuen Methode, trotz der Vertreibung dieses praeceptor universi generis humani 1723.

Im Herbst 1806 wurde die Universität von Napoleon aufgelöst, im Mai 1808 als Universität des Königreichs Westfalen von Jerôme wieder eröffnet, Anfang 1813 von Napoleon abermals geschlossen, im November durch Kabinettsordre des preußischen Königs wieder eröffnet und 1817 mit der 1502 gegründeten, 1813 von Napoleon geschlossenen und in Selbstauflösung befindlichen Universität → Wittenberg, das im → Wiener Kongreß an Preußen kam, zur »Vereinten Friedrichs-Universität H.-Wittenberg« verbunden. Sie hatte ähnlich wie früher an Göttingen jetzt eine Anzahl namhafter Kräfte an die neue Universität in → Berlin abgegeben, u.a. den Begründer der modernen Altertumswissenschaft, F.A. Wolf († 1824), den Theologen → Schleiermacher und den Mediziner J.Chr.Reil († 1813). Der Naturphilosoph H. → Steffens († 1845) mußte als Seele des antibonapartischen Widerstands 1812 nach → Breslau ausweichen. 1813/14 wurde H. zum Vorort der Burschenschaftsbewegung (vor → Jena) und des werdenden deutschen Nationalbewußtseins. Die Geschicke der Universität leitete in jenen schwierigen Jahren seit 1808 als Kanzler A.H.Franckes Urenkel, der Theologe A.H. → Niemeyer. Als Provinzialuniversität (1815) nahm H. wirksamen Anteil am Aufbau der Provinz Sachsen aus zahllosen größeren und kleineren Herrschaften. Im 19.Jh. erfolgte ein stärkerer Ausbau der Naturwissenschaften in Nachbarschaft zur Deutschen Akademie der Naturforscher (»Leopoldina«, gegr. 1652, seit 1878 ständig in H.). 1862 wurde für J.Kühn († 1910) der erste deutsche Lehrstuhl für Landwirtschaft errichtet. Nach den Befreiungskriegen stellte sich die Universität – charakteristisch für ihre enge Verflochtenheit mit dem politischen Geschehen – bald wieder auf die Seite der Restauration und Reaktion, vor allem unter Führung konservativer Althegelianer (J.E.Erdmann [† 1892], bes. der Historiker H. → Leo [† 1878]), während der Junghegelianer A. → Ruge († 1880) mit seinen »Hallischen Jahrbüchern« und anfänglich auch R.Haym († 1901) die Revolution von 1848 geistig vorbereiteten. Nach 1848 zeigt sich eine Rückwendung zu → Kant, vorbereitet durch Haym und H.Vaihinger († 1933), ausgebaut im hallischen → Neukantianismus R.Stammlers († 1938) und A.Riehls († 1923). 1914 wurde die Juristenfakultät in eine Rechts- und Staatswissenschaftliche umgewandelt. Zu Beginn des »Dritten Reiches«, dessen Hochschulpolitik auch tief in den Bestand der Universität eingriff, wurde ihr Name am 10.11.1933 in »Martin Luther-Universität H.-Wittenberg« geändert. Nach kurzer Unterbrechung nahm sie 1946 unter dem Rektorat von O. → Eißfeldt ihre Tätigkeit wieder auf. Neue Fakultäten traten hinzu: das Vorsemester (zur Brechung des »reaktionären Bildungsmonopols«), seit 1949 als »Arbeiter- und Bauernfakultät Walter Ulbricht«, die Pädagogische (1946), die Landwirtschaftliche (1947, im Zusammenhang mit der sozialistischen Bodenreform) und die Wirtschaftswissenschaftliche Fakultät (1951). Zahlreiche Institute wurden neu gegründet und die innere Organisation im Zuge einer Hochschulreform zur Demokratisierung und zur Überführung der »reinen« Wissenschaft zu gesellschaftlichem Aktivismus durch 4 Prorektorate (für gesellschaftswissenschaftliches Grundstudium, für wissenschaftliche Aspiranten, für Forschungs- und für Studentenangelegenheiten) umgestaltet. Der Lehrkörper zählte im Wittenberger Jubeljahr 1952 über 650 Kräfte, darunter 75 Lehrstuhlinhaber; die Zahl der Studierenden betrug rd 3500 (dazu 1370 in der Arbeiter- und Bauernfakultät).

2. Noch deutlicher als die Gesamtuniversität spiegelt die *Theologische Fakultät* die geistesgeschichtlichen Wandlungen, sie zT eröffnend, in ihrem Bereich wider. An ihrer Einrichtung war Ph.J. → Spener beteiligt; sie ist zunächst rein pietistisch im Sinn der Programmschriften A.H.Franckes (Idea studiosi theologiae, 1712; Methodus studii theol., 1723), der zweite Ort akademischer Arbeit in diesem Geist nach → Gießen, bestimmt durch ihren ersten und 1691–94 einzigen Prof., J.J. → Breithaupt, durch Francke, P. → Anton, J.H. → Michaelis und J. → Lange, unter Betonung der auch durch die Franckeschen Anstalten, die ihr Stiftungsprivileg (1698, 1702) als »Annexum« der Universität bezeichnete, geförderten praktischen Aufgaben und der Bibelwissenschaften (1705: Collegium orientale theol. Franckes und der beiden Michaelis; 1728–92: J.H.Callenbergs → Institutum Iudaicum). Die Auseinandersetzung mit der Aufklärung Chr.Wolffs, in der J.Lange der polemische Wortführer war, konnte den Übergang zum → Rationalismus (: II) nicht aufhalten. S.J. → Baumgarten († 1757), von → Voltaire als »Krone deutscher Gelehrsamkeit« gefeiert, verehrt als Versöhner von Philosophie und Frömmigkeit, Lehrer einer ganzen Generation des frühen deutschen → Deismus (: III, 6), führte hinüber zu J.S. → Semler († 1791), der Baumgartens »scientifische Theologie« durch wirksame Ansätze zu historisch-kritischer Methode ausbaute, bes. die KG in neue Bahnen brachte und die Unterscheidung von Lehrreligion und Privatglauben gegen einseitig deistische und naturalistische Aufklärung als »Aufklärungspietist höherer Ordnung« vertrat. Den Strom, dem er damit die Schleusen öffnete, konnte er aber nicht mehr aufhalten, zumal Friedrich II. mit der Restituierung Wolffs (1740) auch die preußischen Theologen auf dessen Methode verpflichtete. Semlers »Institutio ad liberalem eruditionem theologicam« (1762; »Versuch einer freien theol. Lehrart«, 1777) umreißt das neue Programm einer Theologie als Erfahrungswissenschaft, die zugleich am Offenbarungsgedanken festhält, aber das historische Interesse dem dogmatischen vorordnet. Neben Semler wirkten der Baumgartenschüler J.A. → Nösselt († 1807), J.F. → Gruner (bis 1778), J.J. → Griesbach (bis 1775) und der Schüler Semlers und Nösselts, A.H.Niemeyer, als Vertreter des Altpietismus G.A.Freylinghausen (bis 1785) und J.L. Schultze (bis 1799), dazu der Supranaturalist G.Chr. Knapp († 1825). Trotz der Wendung gegen den extremen Naturalismus eines K.F. → Bahrdt meinte der Baumgartenschüler J.Chr. → Wöllner als Nachfolger

des Ministers v.Zedlitz gegen die nach seinem Urteil überhandnehmende Neologie (→ Aufklärung: III, 3b) in H. einschreiten zu sollen (vor allem gegen Niemeyer und Nösselt) und verpflichtete die Fakultät, die sich gegen derartige Zumutungen zunächst vorsichtig gewehrt hatte, durch eine »Instruktion der Examinationskommission für die Theol. Fakultät in H.« (30.4.1794) dazu, Dogmatik im engen Anschluß an die CA zu treiben und in der Exegese auf Textkritik u.ä. zu verzichten. Mit der Entlassung Wöllners (1798) hörte dieser Druck bald auf. Die hallische Aufklärungstheologie hielt sich bis ins 4. Jahrzehnt des neuen Jh.s - Schleiermachers Lehrtätigkeit (1804-07) war ein Zwischenspiel -, und Niemeyer erfreute sich als Reorganisator der Universität der besonderen Gunst Friedrich Wilhelms III.; J.A.L. →Wegscheider († 1849) und W. → Gesenius († 1842) wurden ihre führenden Männer.

Den Kampf gegen diesen Rationalismus nahm die Erweckungsbewegung auf (→ Erweckung: I, 5b), A. → Tholuck († 1877) und bes. der streng luth. H.E.F. →Guericke († 1877), unterstützt durch →Hengstenbergs Ev. Kirchenzeitung, in der er 1830 die verdächtige hallische Theologie denunzieren ließ. Wieder war die Lehrfreiheit bedroht (Denkschrift → Altensteins vom 10.8. 1830), dann praktisch durch Anweisungen für die fallweise Neubesetzung der Lehrstühle auf stärker konfessionelle Bahnen gelenkt. So konnte zB Tholuck die Berufung F.Chr. → Baurs gegen Altenstein zugunsten von Jul. → Müller († 1878) abwehren. Aber man hielt sich von Engherzigkeit fern. J. → Köstlin († 1902) bezeichnet die im allgemeinen festgehaltene mittlere Linie im Übergang zu einer → Vermittlungstheologie, die vor allem W. → Beyschlag († 1900) repräsentierte, die aber niemals die Fakultät durchgängig bestimmt hat. In den beiden letzten Jahrzehnten des 19.Jh.s gewann die Fakultät nach dem Tod Tholucks und Müllers ein abermals verändertes Gesicht durch eine Verbindung von Vermittlungstheologie, → Biblizismus, → Ritschlianismus und → religionsgeschichtlicher Schule. Neben Beyschlag und Köstlin traten M. → Kähler (1879-1912), als Dogmatiker der entschiedene Gegner Beyschlags, E. → Kautzsch (1883-1910) als Alttestamentler, F. → Loofs (1888-1926) für KG, auf dem neuerrichteten Lehrstuhl für NT E.Haupt (1888-1910), daneben A. → Eichhorn (1888-1901) und H. → Gunkel (1889-94), als Systematiker M.Reischle (1897-1905) und W.Lütgert (1901 für NT, 1912-29 für Dogmatik), 1896 auf dem ersten deutschen Lehrstuhl für Missionswissenschaft G. → Warneck (bis 1908). Zu Beginn des 20.Jh.s wurden die meisten Fächer mit zwei Lehrstühlen ausgestattet: AT I: Kautzsch, C.H.Cornill (bis 1920), Gunkel (bis 1927), H. →Schmidt (bis 1953); II: C.Steuernagel (1907-14), G. → Hölscher (bis 1920), O. → Eißfeldt. NT I: Haupt, P.Feine (bis 1927), E.Klostermann (bis 1934), H. → Windisch (bis 1935), J. → Schniewind (bis 1948); II: E.v.Dobschütz (1913-34), E.Fascher (bis 1950). KG I: Loofs, E. → Seeberg (bis 1928), H.Dörries (bis 1929), E.Barnikol; II: H. → Achelis (1907-16), J. → Ficker (bis 1930), E. Kohlmeyer (bis 1935), E.Wolf (bis 1945). Syst.Theol. I: Lütgert, G.Heinzelmann (bis 1951); II: Reischle, F. → Kattenbusch (bis 1921), H.Stephan (bis 1926), G. Wehrung (bis 1931), F.K.Schumann (bis 1945). Prakt. Theol.: H.Hering (1878-1908), P. → Drews (bis 1912), K.Eger (bis 1931), G. →Dehn (bis 1932), P.Keyser (bis 1945). Missionswissenschaft: Warneck, G.Haußleiter (bis 1925), H.W.Schomerus (bis 1945, †).

Bei der Neueröffnung 1946 nahmen ihre Tätigkeit wieder auf: Eißfeldt, Schniewind, Fascher, Barnikol und Heinzelmann, zT auch Schmidt und der emeritierte Klostermann. Neu berufen bzw. ernannt wurden: G. Delling (seit 1951) und H.Preisker († 1952, für ein Jahr, nach Fascher) für NT, später A.Böhlig für orientalische Sprachen; K.Aland 1947-58 für KG; M.Doerne als Nachfolger Heinzelmanns (bis 1953), dann E.Schott für Syst. Theol.; W.Knevels (kommissarisch bis 1952), dann H. Urner für Prakt. Theol.; A.Lehmann (seit 1950) für Missionswissenschaft und Allgemeine Religionsgeschichte. Daneben steht eine wechselnde Anzahl von Lehraufträgen und Dozenturen. Das Theol. Seminar wurde als Theol. Institut seit 1951 um ein Institut für Spätantike Religionsgeschichte und um ein Institut für Konfessionskunde der Orthodoxie (K.Onasch) erweitert. Die Frequenz beträgt im Durchschnitt 1946/58 170 Studierende.

Ermann-Horn II, 354ff. - W.Schrader, Gesch. der Friedrichs-Univ. zu H., 2 Bde, 1894 - O.Kern, Die Univ. Wittenberg-H. vor u. bei ihrer Vereinigung, 1917 - K.Heldmann, 400 Jahre H.scher Kirchen- u. Kulturgesch., 1923 - Beiträge zur Gesch. der Univ. H.-Wittenberg, 1928ff - 250 Jahre Univ. H. Streifzüge durch ihre Gesch. in Forschung u. Lehre, 1944 - 450 Jahre Martin Luther-Univ. H.-Wittenberg, 3 Bde, 1952 - A.Lehmann, Theol. Fakultät (WZ Halle VI/1, 1956, 155-160) - O.Podczeck, Die Arbeit am AT in H. zZ des Pietismus (ebd VII/5, 1958, 1059-1078). *Ernst Wolf*

Halleluja

1. In der Bibel - 2. Liturgisch

1. Die Aufforderung H. (hebr. = Preiset Jah[we]) erscheint als Unter- (oder Über-)schrift bei einer Reihe at. Psalmen: Ps 104-106; 111-113; 115-117; 135; 146 bis 150. Nachdem der Hymnus im → Gottesdienst (: II) von einem Chor gesungen worden war, antwortete die versammelte Gemeinde mit → Amen und H. Damit machte sie sich den Lobpreis zu eigen, entsprechend der Anweisung Ps 106, 48: »Gelobt sei Jahwe, der Gott Israels, von Ewigkeit zu Ewigkeit! Und alles Volk spreche: Amen, H.!« (vgl. auch 1Chr 16, 36). So schließen auch alle → Salomo-Oden mit H. - Als liturgische Formel, mit der am Ende des Psalmgesanges die ganze Gemeinde zu antworten hatte, ist H. auch im jüdischen → Gottesdienst (: III) verwendet worden (vgl. Tob 13, 18; 3Makk 7, 13). Nach R.Josua b.Levi (um 250 nChr) ist H. die größte aller Lobpreisungen im Psalter, weil es den Gottesnamen und zugleich den Lobpreis umfaßt (vgl. Bill. III, 822). - Im *NT* findet sich H. nur in den Siegeshymnen der → Johannesapokalypse (Apk 19, 1. 3. 4. 6). Hier werden die Loblieder der himmlischen Chöre, die nach dem Fall Babels angestimmt werden, mit H. eingeleitet bzw. wird nach einem Hymnus mit Amen, H. respondiert. - Aus dem jüdischen Gottesdienst ist das H. in die christliche Liturgie übernommen worden (s. 2).

RGG[2] II, 1592 - H.Gunkel-J.Begrich, Einl. in die Psalmen, 1933, 37f - ThW I, 264 - RAC I, 293. *E.Lohse*

2. *Liturgisch* ist der H.-Ruf (im lat. Choral: Alleluja) für den → Choral bedeutungsvoll geworden als Anhang an vorhandene Formen in formelhaften Wendungen und als selbständiger Gesang, als → Antiphon oder im H. der → Messe (: IV) als reichverziertes, mit einem Versus versehenes → Responsorium. An → Quatembertagen, in der Fasten- und seit Gregor I. in der Vorfastenzeit wurde es durch → Tractus oder → Graduale ersetzt und verdrängte umgekehrt in den Wochen vom Sonntag nach Ostern bis Pfingsten das Graduale. - Es wird von jeher im Zusammenhang mit dem Evangelium, im römischen Ritus vor ihm gesungen. Der Solist singt Alleluja, der → Chor wiederholt und fügt auf dem Schluß-a den → Jubilus hinzu; der Solist singt den Versus, den der Chor beschließt; darauf ertönen nochmals das Alleluja (Solist) und der Jubilus (Chor). Diese römische Form hat sich wohl erst unter byzantinischem Einfluß aus einer Form ohne Versus entwickelt; der → gallikanische Ge-

sang und das H. des Karsamstags kennen die dreifache Wiederholung des einfachen Rufes. - Vgl. → Sequenz.

P.WAGNER, Einführung in die greg. Melodien I, (1895) 1911³; III, 1921 - J.A.JUNGMANN, Missarum sollemnia I. II, (1948) 1952³ - MGG I, 331ff. *E.Jammers*

Hallenser Synode. Auf Antrag von M. → Niemöller beschloß die 4. Bekenntnissynode (→ Kirchenkampf) der Ev. Kirche der altpreußischen Union (APU) in Breslau (16.-18.12.1936), die »Konfessionsfrage in der Ev. Kirche der APU auf einer besonderen mehrtägigen Arbeitstagung der Synode zu behandeln«. Das geschah auf der 2. Tagung in Halle/S. vom 10.-13.5.1937. Präses der Synode war zum letzten Mal D. Karl → Koch, anwesend waren 73 Synodale, zu den berufenen Mitgliedern zählte Ernst Wolf. Außer notwendigen Beschlüssen angesichts der Verfolgung der Kirche und zum Verhältnis zwischen altpreußischem Bruderrat und Landeskirchenausschuß beschäftigte sich die Synode mit dem Nebeneinander verschiedener Bekenntnisse. Vorarbeiten des luth. und ref. Konventes und ein Wort der unierten Arbeitsgemeinschaft lagen vor, dazu unter dem Titel »Abendmahlsgemeinschaft?« zusammengefaßte Arbeiten von H.Asmussen, H.Gollwitzer, F.W.Hopf, E.Käsemann, W.Niesel und E.Wolf. Es wurden zwei Ausschüsse zur Beratung der konfessionellen Frage und der Vorlage Asmussens über die Auslegung der Barmer Theologischen Erklärung (→ Barmen) gebildet. Ergebnis war ein Beschluß in 4 Teilen: Zur konfessionellen Frage in der Ev. Kirche der APU; zur Frage der Bekenntnisse; von der → Ordination; zur Frage der → Abendmahlsgemeinschaft. Die Synode machte geltend, daß die Barmer Erklärung die unumgängliche Voraussetzung sei, »ohne welche die bei uns geltenden Bekenntnisse nicht recht gelehrt und wahrhaft bekannt werden können«. Sie forderte die Feststellung des Bekenntnisstandes in jeder Gemeinde und unternahm es, den Consensus de doctrina evangelii zu beraten. Sie nahm in drei Versionen (luth., ref., uniert) »Barmen« in die Ordinationsformulare auf. Sie erklärte mit Begründung, daß gemeinsame Abendmahlsfeiern »nicht im Widerspruch zu der schriftgemäßen Verwaltung des hl. Abendmahles« stünden. - Die H.S. zeigte in gefährdeter Lage die Entschlossenheit der → Bekennenden Kirche, über der notwendigen Abwehr den schriftgemäßen Aufbau nicht zu vernachlässigen. An Kritik hat es nicht gefehlt. Von konfessioneller Seite her fürchtete und fürchtet man die Ausweitung der Union zu einer »Bekenntnis-Union«. Doch hat sich das Beschlußwerk theologisch und kirchlich durchzusetzen begonnen. Die Ordnung der EKU vom 20.2.1951 wäre ohne die H.S. nicht möglich gewesen. Auch im ökumenischen Gespräch haben die Beschlüsse erhebliche Bedeutung gewonnen.

Texte: Abendmahlsgemeinschaft? (BhEvTh 3), 1938² (Lit.) - KJ 1933-1944; 1948, 181ff - W.NIESEL, Um Verkündigung u. Ordnung d. Kirche. Die Bekenntnissynoden der APU 1934-1943, 1949, 33ff. *W.Niemöller*

Haller, 1. *Albrecht von* (1708-77), neben → Leibniz der bedeutendste Universalgelehrte deutscher Zunge im 18.Jh., * und † in Bern. Nach Medizinstudium in Leiden bei Boerhaave war er 1729-36 Arzt in Bern, 1737 bis 1753 Prof. der Medizin in → Göttingen, einer der führenden Köpfe der eben eröffneten Universität, Gründer der »Göttingischen Gesellschaft der Wissenschaften« (→ Akademie: I, 2c) und Redaktor der »Göttinger Gelehrten Zeitung« (über 10000 Rezensionen). 1753 kehrte H. nach Bern zurück, wo er bis zu seinem Tode in höheren Staatsämtern tätig war und seine gewaltige wissenschaftliche Arbeit und Korrespondenz weiterführte. H. ist ein Bahnbrecher der modernen Medizin (bes. der Physiologie) und Botanik. Als Dichter (»Versuch schweizerischer Gedichte«, [1732] 1777¹¹; 3 Staatsromane, 1771-74) hat H. die deutsche Dichtung bis zur Klassik stark beeinflußt (Ablösung vom Spätbarock durch Naturschilderung, Rationalismus und → Empfindsamkeit; → Aufklärung: II, 3b). Altref. Puritanismus, rationalistischer Kulturpessimismus und schweizerischer Bürgersinn treffen sich in H.s Forderung nach Rückkehr zu Natur und Einfachheit. In den drei philosophisch-religiösen Lehrgedichten über »Vernunft, Aberglauben und Unglauben«, »Ursprung des Übels« und »Die Ewigkeit« sucht H. im Sinn von → Newton und Leibniz den Nachweis der Universalharmonie in der Erfahrungswelt zu geben und eine Synthese von Glauben und Wissen zu finden. Im Gegensatz zur herrschenden christlich-rationalistischen Zeitströmung hat aber H. die Spannung zwischen Wissenschaft und christlicher Glaubenshaltung nur immer stärker empfunden (Tagebuch seiner Beobachtungen über Schriftsteller und über sich selbst, 1787). - Als Apologet ist H. wiederholt gegen deistische und materialistische Tendenzen hervorgetreten.

Apologet. Schriften, zT mehrfach übers.: Vorrede zu [Formey] Prüfung der Secte, die an allem zweifelt, (1751) 1772³; Lettre de M. de H. à M. de Maupertuis sur une brochure de M. de la M[ettrie], 1751; Briefe über die wichtigsten Wahrheiten der Offenbarung, (1772) 1780⁴; Briefe über einige Entwürfe noch lebender Freigeister wider die Offenbarung, (1775-77) 1778². - Über H.: L.HIRZEL, A.v. H.s Gedichte, 1882 (Biogr.) - P.WERNLE, Der schweiz. Protestantismus im 18.Jh. II. III, 1924/25 - M.PETERS, A.v.H. als Apologet (AELKZ 71, 1938, 521-527. 543-547. 564-566. 610-613. 633-636. 653-659) - E.STÄUBLE, A.v.H. »Über den Ursprung des Übels«, 1953 (Lit.) - O.WEBER, A.v.H. (Göttinger Univ.-Reden 21), 1958. *U. Im Hof*

2. *Berchtold* (1492-1536), der Reformator Berns, * in Aldingen bei Rottweil am Neckar, studierte in Köln Theologie. Sein Lehrer Rubellus, der in dem mit Rottweil verbündeten Bern wirkte, rief ihn 1513 als Schulgehilfe dorthin. H. wird Kaplan, geistlicher Notar, Helfer des zum ev. Glauben hinneigenden Thomas Wittenbach, 1519 dessen Nachfolger als Leutpriester und 1520 Chorherr. Seit 1521 steht H. im Briefwechsel mit → Zwingli, der von nun an der Berater und Ermunterer des schüchternen, bedächtigen, bescheidenen, dabei überaus gewissenhaften H. wird. In Bern wirkt er, bes. durch seine prunklosen, aber gediegenen Bibelauslegungen, nachhaltig zur Ausbreitung des neuen Glaubens. Als dieser nach der Disputation zu Baden (1526) in der ganzen Eidgenossenschaft abgeschafft werden sollte, weigerte sich H., wieder Messe zu lesen. Die Disputation von Bern mit nachfolgendem Reformationsedikt vom 7.2.1528 brachte der ev. Sache den Sieg (→ Schweiz). Gegenüber dem Widerstand der altgläubig gesinnten Berner Oberländer und auch der → Täufer riet H. zur Milde. Sein Versuch, die Reformation in Solothurn einzuführen (1530), blieb erfolglos. Nach Zwinglis Tod wurde die Berner Kirche 1532 unter wesentlicher Beihilfe → Capitos durch den »Berner Synodus« neu gefestigt. H. erlebte noch die Eroberung der Waadt durch die Berner (1536) und damit die Ausweitung ref. Territoriums nach dem französischsprachigen Westen der Schweiz.

RE VII, 366ff - Gedenkschrift z. Berner Reformationsfeier I-III, 1928 - W.KÖHLER, Zwingli u. Bern, 1928 - O.E.STRASSER, Capitos Beziehungen zu Bern, 1928 - L.CAFLISCH, Zur Ikonographie B.H.s (Zwingliana 4, 1928, 455-470).

3. *Johannes* (1523-75), Sohn des aus Wil (St.Gallen) stammenden Joh.H. des Älteren, der wegen seiner ev. Gesinnung als Priester in Amsoldingen (Bern) 1523 zurücktrat und im Zürcher Pfarrstand bei Kappel an der Seite → Zwinglis den Tod fand. - Der Sohn amtierte

nach Studien in Zürich, Tübingen, Marburg, den Niederlanden und einem Besuch bei Luther und Melanchthon in Zürich und von 1545-47 in Augsburg. Nach kurzer Tätigkeit neben → Bullinger in Zürich wurde H. erster Dekan in Bern, half hier die lutheranisierende Straßburger Richtung überwinden und suchte in der Waadt zwischen Bern und Calvin zu vermitteln. In der von Bern erworbenen Talschaft Saanen führte er 1556 die Reformation ein.

Über J.H. d.Ä.: E.Bähler in: Zürcher Taschenbuch 1923, 162 bis 195 - A.Moosdorf, J.H. (1487-1531), 1956. - Über J.H. d.J.: E.Bähler in: Berner Taschenbuch 1923, 1-52; 1924, 1-65; 1925, 1-58; 1926, 1-61. *O.E.Straßer*

Halluzination ist eine Sinnestäuschung oder Trugwahrnehmung, bei der das reale Korrelat des Wahrnehmungsgehaltes in der Außenwelt fehlt. Entsprechend den verschiedenen Sinnesgebieten unterscheidet man H.en des Gesichts, Gehörs, Geruchs, Geschmacks, des Gleichgewichts-, des Tastsinnes und der Leibempfindungen. Die Wahrnehmungsgehalte werden bei den H.en mit der gleichen unmittelbaren Gewißheit erlebt wie bei der normalen Wahrnehmung. Bei *echten* H.en ist eine Einsicht in die Eigenart des Erlebnisses als Trugwahrnehmung nicht möglich. Auch wenn, wie häufig bei Schizophrenen, die normale Wahrnehmungsrealität von der anders gearteten, meist fremdartigen Realität der H. unterschieden wird, entstehen für den eine echte H. Erlebenden keine Zweifel an der objektiven Gegebenheit des durch H. erlebten Fremdartigen in der Außenwelt. Die Realität des so Erlebten kann sogar für den Erlebenden verbindlicher sein als die Realität seiner normalen Wahrnehmungsgehalte. Ist dagegen das Erlebnis einer Trugwahrnehmung mit dem Bewußtsein der Subjektivität des Erlebten verbunden, so spricht man von *Pseudo*-H., zB bei gewissen optischen Erscheinungen, bei H.s-Erlebnissen im Halbschlaf oder auch beim Traumerleben. Auch *illusionäre Verkennungen,* bei denen Vorstellungen aus der Innenwelt des Erlebenden mit wahrgenommenen Gegenständen der Außenwelt verschmelzen und nachträglich die Täuschung erkannt wird, sind keine H.en. - Je mehr normalerweise eine Wahrnehmung von äußeren Sinnesreizen abhängt, dh zugleich, je mehr sie gegenständlich und je weniger sie zuständlich erlebt wird, desto besser ist die Unterscheidung zwischen echter H. und Erlebnissen einer Pseudo-H. durchführbar. Sicher verifizierbar als echte H. sind daher fast nur solche des Gesichts-, des Gehörs-, des Geruchs- und des Tastsinnes. - Echte H.en kommen vor allem bei Erkrankungen des Gehirns, bei körperlich begründbaren Psychosen (dort vor allem in deliranten Zuständen) und bei schizophrenen Psychosen vor. Experimentell können sie durch Meskalin u.a. Drogen hervorgerufen werden. Bei Schizophrenien findet man vorzugsweise akustische H.en (»Stimmen«), oft im Zusammenhang mit wahnhaftem Erleben. Das eigentümlich Andersartige und Neue des halluzinatorischen Realitätserlebnisses kann dabei von den Kranken im Sinne religiöser Offenbarung gedeutet werden. Diese selbst ist jedoch vom H.s-Erleben zu unterscheiden.

K.Jaspers, Allg. Psychopathologie, (1913) 1953^6 - W.Mayer-Gross, Psychopathologie u. Klinik der Trugwahrnehmungen (O. Bumke, Hdb. d. Geisteskrankheiten I, 1928, 427-507; Lit.).
H.Müller-Suur

Halyburton, *Thomas* (1674-1712), schottischer Theologe, * in Dupplin (Perthshire), gebildet zunächst in der Schule des → Erasmus in Rotterdam, seit 1682 wieder in Schottland, 1696 Prof. im New College (St.Leonard's) von St.Andrews. Sein Buch »Natural Religion Insufficient and Revealed necessary to Man's Happiness« ([1714] 1865^8; auch unter dem Titel: »An Essay on the Ground or formal Reason of a Saving Faith«) gehört zu den beachtlichsten Gegenschriften gegen den → Deismus (: III; speziell gegen → Herbert von Cherbury und → Blount), den es vom calvinistischen Standpunkt aus angreift. H.s Autobiographie (»Memoirs ...«, [1714] 1838^{14}) wurde wegen seiner tiefen, beispielhaften Frömmigkeit ein Lieblingsbuch der Engländer und bes. von John → Wesley hochgeschätzt.

DNB (Neudr. 1949/50) VIII, 1074ff. *M.Schmidt*

Hamann, *Johann Georg* (1730-88), * in Königsberg als Sohn eines Baders und Wundarztes, † in Münster im Kreise der »Familia sacra« der Fürstin → Gallitzin. Aus einer im weiteren Sinne pietistischen Umwelt stammend, genial veranlagt, aber in Winkelschulen nur unsystematisch gebildet, studiert H. seit 1746 an der heimatlichen Universität dem Fach nach hintereinander Theologie und Jura, tatsächlich aber auch Philosophie, Philologie und Naturwissenschaften. Ohne Abschlußexamen wird er 1752 Hauslehrer und 1756 Sekretär des Rigaer Handelshauses Berens. Eine handelspolitische Mission führt ihn 1756-58 nach London. H.s Auftrag scheitert, er erlebt jedoch in London (März 1758) unter dem Eindruck intensiver Bibellektüre, zumal der Geschichte vom Brudermord Kains, die er auf das Verhältnis des einzelnen zu Christus überträgt, seine »Bekehrung«. Seit 1759 pflegt er den kranken Vater in Königsberg und beginnt seine eigentliche literarische Tätigkeit. H. veröffentlicht von nun an eine Reihe kleiner, flugschriftähnlicher Werke, die sämtlich der Auseinandersetzung eines Christen mit den Gedanken seiner Zeit, vor allem der → Aufklärung (: I. III), dienen. 1764 reist er zu F.K.v. → Moser nach Frankfurt, 1765-67 ist er Sekretär in einer Mitauer Anwaltskanzlei. Nach dem Tod des Vaters kehrt er zurück und beginnt die »Gewissensehe« mit der Magd Anna Regina Schumacher. Im selben Jahr wird er Übersetzer bei der französischen Zollverwaltung und seit 1777 Packhofverwalter. 1787 auf ein Gesuch um Reiseerlaubnis hin pensioniert, reist H. nach Münster zur Fürstin Gallitzin und zu F.H. → Jacobi. Er stirbt in Münster am gleichen Tag, an dem er seine Heimreise antreten will.

Der eigentümlich »dunkle« *Stil* der Schriften H.s entspringt der Absicht, den Leser über eine bloße Kenntnisnahme hinaus zu einer Lebensentscheidung zu führen. Stilmittel ist die Metapher: Zwischen zwei Sätzen hat der Leser in eigener Besinnung den unausgesprochenen Vergleichspunkt zu finden. Hat die »Autorschaft« H.s damit ihr eigentliches Ziel im evangelistischen Dienst an der Zeit, so geschieht dies doch auf dem Hintergrund einer eigengeprägten *Gedankenwelt.* - Im Mittelpunkt steht der Gedanke von der Kondeszendenz, der → Akkomodation, der Demut des dreieinigen Gottes in der Welt. Die Wirklichkeit ist trinitarische Herablassung Gottes. Natur, Menschenleben und Bibelbuchstabe bilden Chiffre und Symbol einer Selbstdarstellung, in der Gott sich erniedrigt, um sich offenbar zu machen. Das Medium dieser trinitarischen Erniedrigung und damit die Struktur der Wirklichkeit ist die → Sprache (das Wort). Sie ist total göttlich und total menschlich zugleich, eine »communicatio göttlicher und menschlicher idiomatum«. Der Mensch vernimmt die Rede Gottes im Glauben (der also die Weite des Humeschen [→ Hume] »belief« hat, zentral jedoch fides Christi ist). Vielfach mit diesem Gedanken verwoben läuft ein zweiter, für den das Geschlecht das Grundelement des Lebens (sexus) und der Sprache (genus) bildet. Der Mensch erkennt nur dann die Wirklichkeit in ihrer von Gott geschaffenen Einheit, wenn er neben dem Glauben auch Unschuld besitzt. Durch die Ursünde hat er beides verloren. Sein Denken endet jetzt in Widersprüchen, sein Leben in Scham. Erst durch Christus gewinnt er Glaube und Unschuld und damit das Offensein für die Einheit der Gegensätze (coincidentia oppositorum) wieder. Die Eröffnung dieser Rückkehr in der Erlösung Christi wird von H. durchaus geschichtlich, im Zusammenhang der Heilsgeschichte gedacht. Diese umfaßt auch die heidnische, speziell die griechische Philosophie und Religion, deren Ziel in Christus liegt.

H.s Gedanken haben, wenn auch jeweils nur in einzelnen Zügen gesehen und angeeignet, erhebliche geschichtliche *Wirkungen* gehabt. Zu seiner Zeit hat er anregend auf den Sturm und Drang und den frühen → Idealismus, bes. auf → Herder, → Goethe und Jacobi gewirkt. In den letzten Kreisen des → Pietismus las man seine Schriften, die → Romantik sah ihn als Vorläufer, die → Erweckungsbewegung als Vorbild. → Hegel hat sich mit H. eindringlich auseinandergesetzt, → Kierkegaard verdankt ihm einige wesentliche Gedanken. Der Neuprotestantismus erbaute sich an der Weite des H.schen Glaubensbegriffes, und die → Dialektische Theologie spricht seinem Offenbarungsbegriff wesentliche Bedeutung zu.

H.s Schriften, hg.v. F.ROTH, 8 Bde, 1821-43; J.G.H., Sämtl. Werke, hg.v. J.NADLER, 6 Bde, 1949-57; J.G.H., Briefwechsel, hg.v. W.ZIESEMER u. A.HENKEL, 8 Bde, 1955ff; J.G.H.s Hauptschriften erklärt, hg.v. F.BLANKE u. L.SCHREINER, 8 Bde, 1956ff (dort I, 141-176 Bibliogr. der H.-Forschung v. L.SCHREINER). - Über H.: R.UNGER, H. u. die Aufklärung, 2 Bde, (1911) 1925² - E.METZKE, J.G.H.s Stellung in der Philosophie des 18.Jh.s (SGK 10, 3), 1934 - E.JANSEN-SCHOONHOVEN, Natuur en Genade bij J.G.H., Nijkerk 1945 - H. SCHREINER, Die Menschwerdung Gottes in der Theol. J.G.H.s (Forschungen der Ev. Akademien 2), (1946) 1950² - J.NADLER, J.G.H., der Zeuge des Corpus mysticum, 1949 - W.LOWRIE, J.G.H., an Existentialist (Princeton Pamphlets 6), Princeton 1950 - W.LEIBRECHT, Philologia Crucis. J.G.H.s Gedanken über die Sprache Gottes (KuD 1, 1955, 226-242) - F.BLANKE, H.-Studien, 1956 - M.SEILS, Theol. Aspekte zur gegenwärtigen H.-Deutung, 1957. *M.Seils*

Hamath (heute ḥāma) am Orontes (→ 3 A 3). Mit mehreren Unterbrechungen seit dem Neolithikum besiedelt, wurde H. nach der Neugründung durch eine »hethitische« Bevölkerung um 1200 vChr zum Zentrum eines bedeutenden nordsyrischen Stadtstaates, der später unter Thou diplomatische Beziehungen zum Reiche Davids unterhielt (2Sam 8, 9f). Nach einem erneuten Bruch in der Geschichte der Stadt gegen Ende des 10.Jh.s trat neben dem kleinasiatischen das aramäische Bevölkerungselement (→ Aramäer) stärker hervor und leitete den Aufschwung des Reiches ein, der im 8.Jh. seinen Höhepunkt erreichte. Jau-bidi von H. leitete einen syrisch-palästinischen Aufstand gegen Sargon II. (→ Assyrien, 3), der 720 vChr mit der Niederlage und Eingliederung von H. in das assyrische Provinzialsystem endete (AOT² 349). Teile der unterworfenen Bevölkerung, nach Samaria deportiert, führten dort den Kult ihrer Gottheit Asima ein (2Kön 17, 24. 30). Erst 550 Jahre später erwachte H. nach der Neugründung durch → Antiochus IV. Epiphanes unter dem Namen Epiphaneia zu neuem Leben (PW XI, 192).

M.NOTH, ZDPV 52, 1929, 124-141 - DERS., PJ 33, 1937, 36-51 - H.INGHOLT, Rapport préliminaire sur sept campagnes des fouilles à Hama en Syrie, Kopenhagen 1940 - K.ELLIGER, Festschr. O.Eißfeldt, 1947, 69-108 - I.N.WINNIKOW, Epigrafica Vostoka 10, Moskau 1955, 84-94 (russ.). *A.Kuschke*

Hamburg

I. Erzbistum Hamburg-Bremen - II. Staat Hamburg - III. Universität. - Zur Bremer Kirche seit der Reformation vgl. → Bremen

I. Erzbistum Hamburg-Bremen

Von den steinernen Zeugen des Erzbistums ist in H. leider nichts mehr vorhanden, in B. steht noch der von Erzbischof → Adalbert nach beneventanischem Muster erbaute Dom. Das Archiv des Erzstifts im Staatsarchiv Hannover hat im 2. Weltkrieg schwer gelitten. Von den ältesten Urkunden sind mehrere als Fälschungen verdächtigt. Das erschwert eine Geschichte des Stiftes. - → Karl d.Gr. übertrug 780 den Gau Wigmodia dem Angelsachsen → Willehad zur Mission. Willehad wurde 787 Bischof und errichtete in B. eine Kirche, sein Nachfolger wurde sein Schüler Willerich (789-838). Das Land nördlich der Elbe wurde von Trier aus missioniert, Bischof Amalarius hat dort die erste Kirche gebaut. Eine neue Richtung erhielt die nordische Mission durch → Ansgar, der nach seiner Erhebung zum Erzbischof von H. durch Gregor IV. die päpstliche Legation in → Dänemark (: I), → Schweden (: I) und bei den Slawen erhielt. Als die Normannen 845 H. zerstörten, erhielt Ansgar das Bistum B. Nikolaus I. trennte am 31.5.864 B. endgültig von Köln und bestätigte Ansgar als Erzbischof von H. und Bischof von B. Ansgars politische Stellung unter Ludwig dem Deutschen kam der Dänen- und Schwedenmission zugute. Der Niedergang des karolingischen Reiches und damit der nordischen Mission haben unter Papst Formosus die Einheit H.-B. nochmals in Frage gestellt (Adalgar 880-909), bis Unni (918-936) nach den Siegen Heinrichs I. die Christianisierung wieder aufnehmen konnte. Noch günstiger stand → Adaldag (937-988) da. Unter ihm erhielt H. → Schleswig, → Ripen, → Aarhus und Odense als Suffragane; → Oldenburg wurde das erste wendische Bistum. Adaldag kümmerte sich auch um die russische Mission und war in allen entscheidenden Reichsangelegenheiten Berater der Ottonen. Unwan (1013-29), aus Widukinds Geschlecht, erhielt als Kaplan Heinrichs II. das Erzbistum und blieb sein und Konrads II. Rat, hatte aber auch das Vertrauen Knuts von Dänemark und somit unbestrittenen Einfluß im Norden. 1029 wurde → Drontheim Suffraganbistum. Der Einfluß im Norden steigerte sich noch unter → Adalbert (1043-72), so daß sein Biograph → Adam ihm Pläne auf einen nordischen Patriarchat zuschreibt. Adalbert nennt sich indessen selbst nur Legat und Vikar im Norden. Er ist engster Ratgeber Heinrichs III. Der Vormundschaftskampf nach dessen Tod mit → Anno von Köln schadet dem Reich auch in seiner nordischen Stellung. Das wiederholt sich während der Kämpfe zwischen Staufern und Welfen. Hartwig I., Graf von Stade (1148-68), hielt zu Konrad III. und Eugen III., und Hadrian IV. begünstigte die Unabhängigkeit → Lunds. Hartwig gründete nach Einigung mit Heinrich dem Löwen → Ratzeburg, → Lübeck und → Schwerin. Der endgültige Abfall des Nordens setzte während des Thronkampfes nach 1198 ein, als → Friedrich II. auf Nordalbingien und damit auf die Reichsmission im Norden verzichtete. B. geriet ganz unter den Einfluß der benachbarten Landesherren. Gerhard von Oldenburg (1219-58) bekämpfte die → Stedinger und gewann Stade. Die lange Regierung Giselberts (1274 bis 1306) erschöpfte sich in internen Streitigkeiten. Johann Grant (1310-27) wurde nicht anerkannt, das Domkapitel machte Johann von Braunschweig-Lüneburg zum Verweser. Borchard Grelle (1327-44) regierte in Eintracht mit den Päpsten in Avignon, wahrte aber seine eigenen Rechte, ohne an dem Kampf Ludwigs IV. teilzunehmen. Es folgen Erzbischöfe aus dem Oldenburger Hause, dann Otto von Braunschweig (1395-1406), Balduin von Wenden (1434-41), Johann Rode, bekannt durch sein Register. Christoph von Braunschweig († 1558) führte die Reformation durch (→ Hamburg: II, 2). Der letzte Titularerzbischof wurde 1664 von den Schweden vertrieben.

Adam v.Bremen, Gesta Hammaburg. eccl. ed. B.SCHMEIDLER, MG SS rer. Germ., 1917³ - Helmold v.Bosau, Cronica Slavorum, ed. DERS., MG SS in usum schol., 1937^3 - Heinrichs Livländ. Chronik, MG SS rer. Germ., 1955^2 - Regesten d. Erzbischofs v. B. I, hg.v. O.H.MAY, 1928 (Lit.); II, hg.v. G.MÖHLMANN, 1953 (dazu F.BOCK, Bremisches Jb. 44, 1955, 1-17). - G.DEHIO, Gesch. des Erzbistums H.-B. I. II, 1877 - H.v.SCHUBERT, KG Schleswig-Holsteins I, 1907 - DERS., Gesch. der Kirche im Früh-MA, 1921, 503ff - HAUCK II, 697ff; III, 622ff - O.H.MAY, Unters.en über das Urkundenwesen der Erzbischöfe v. B. im 13.Jh., 1911 - W.SCHÖNECKE, Personal- u. Amtsdaten der Erzbischöfe v. H.-B. v. 831-1511 (Diss. Greifswald), 1915 - O.VEECK, Die Reformation in B., 1917 - A.HOFMEISTER, Adalbert v. B. u. Theophano (Stengelfestschr., 1952, 257-262) - H.LUDAT, Die Patriarchatsidee Adalberts v. B. u. Byzanz (AKultG 34, 1952, 221-246) - H.FUHRMANN, Studien zur Gesch. mittelalterl. Patriarchate (ZSavRG, Kan. Abt. 39, 1953, 112-176; 40, 1954, 1-84; 41, 1955, 95-183; gegen LUDAT) - F.BOCK, Der Pontifikat Borchards v. B. im Rahmen des Kampfes von Nationalstaaten u. Imperium (Bremisches Jb. 45, 1957, 15-51). *F.Bock*

II. Staat Hamburg

1. Mittelalter - 2. Reformation - 3. Im 17.-18.Jh. - 4. Im 19.Jh. - 5. In der Gegenwart

1. Die karlingische Hammaburg (um 820) wurde kirchliche Keimzelle der Stadt. In ihr lag der Dom → Ansgars, der aber samt Kloster und Bücherei bereits 845 zerstört wurde. Im weiterlebenden Kaufmannswik bestand das Christentum fort. Die Domimmunität wurde 967 privilegiert, um 1020 ist wieder vom Bau die Rede. 1066/72 abermals vernichtet, konnte der wohl unter Adalbero († 1148) begonnene Dom gegen 1280 zu Ende geführt werden. Das exterritoriale, seit 1223 vom Bremer Erzstift praktisch unabhängige Domkapitel lag ständig in Händeln mit der aufstrebenden Stadt, 1336/56 prozessierte man vor der Kurie in Avignon um Gesetzgebung, Gerichtsbarkeit und Steuerhoheit. H. hatte vor 1140 seine erste Pfarre St.Petri erhalten. In der gräflichen Neustadt kam vor 1195 St.Nikolai hinzu. Beide Städte vereinten sich 1216 und wuchsen rasch weiter nach Süden (seit ca 1240 Kirchspiel Katharinen) und nach Osten (seit ca 1250 Kirchspiel Jakobi). Der 1225 erstmals bezeugte Rat entwand den Schauenburgern, seit 1228 alleinigen Stadtherren, die städtische Autonomie (1239 Münze, 1241 Bündnis mit Lübeck, 1270 Stadtrechtskodex, 1292 Ratswahl- und Vogteirechte). Binnen 100 Jahren hatte sich das Stadtvolk vervierfacht; zu dem 1227 gegründeten Franziskanerkloster Marien-Magdalenen kam um 1235 ein Dominikanerkonvent Johannis und 1246 das Spital zum Hl. Geist. Vor der Stadt lag seit ca 1190 das Siechenhaus St.Georg und das 1246 bezeugte Kloster Harvestehude (Zisterzienserinnen). Wirtschaftsblüte und Hansemacht bestimmten das 14.Jh. Die großen Kirchbauten wurden stark gefördert, auf dem Pestfriedhof erstand 1391ff die schöne Gertrudenkapelle. Der Rat treibt zielbewußte Territorialpolitik zur Sicherung der Unterelbe (Privileg Karls IV. von 1359). Anstelle einer Huldigung begnügt sich der wieder gut mit H. stehende Landesherr seit 1460 mit feierlicher »Annehmung«. Das erspart reichsstädtische Lasten. Innere Unruhen wandeln 1376, 1410 und 1427 den Kreis der Ratsfamilien erheblich und bringen zeitweilig bereits Kollegien (»Sechziger«) der Kirchspiele hervor. Diese sind tragende Verfassungskörper der Bürgergemeinde. Trotz wirtschaftlicher und politischer Rückschläge herrscht im 15.Jh. reges kulturelles und kirchliches Leben; zu den frühen Kunstwerken der Meister Bertram und Francke tritt spätgotische Kirchenausstattung durch Bruderschaften, Gilden und Ämter, Ratsfamilien und Klerus in Fülle: um 1500 haben die 5 Hauptkirchen 123 Altäre. Innerer Hauptgegner des Rates bleibt das Kapitel, oft unter bedeutenden Klerikern, wie bes. dem 1517 gestorbenen Dekan Dr. Albert Krantz (dieser Hansestädte und Nachbarfürsten beratende Gelehrte stand auf der Höhe humanistischer Bildung). Der Streit mit dem Domklerus ging - wie überall - um freie Pfarrwahl der Laien, eigene Kirchspiel-Schulen, lauteren Wandel der Geistlichen. Zweimal, 1473-77 und 1499-1503, kam es bis zum Interdikt.

2. Das mittlere Bürgertum hatte 1458 und 1483 neue Unruhen entfacht. In der Reformationszeit wandte es sich Luthers Schriften zu. Der Rat, politisch auf Lübecks vorsichtigem Kurs, wirtschaftlich unter zunehmendem Druck der Niederländer, verhielt sich zunächst scharf ablehnend. Nach dem Wormser Reichstag (1521) mußte er es aber dulden, daß O.Stemmel an Katharinen gegen die Kirchenschäden predigte, daß sich die 4 Kirchspiele auf Betreiben von Nikolai (Jurat Wegedorn) zu gemeinsamer Beratung im Schulstreit verbanden und daß 1523 der Franziskaner Stephan Kempe lutherisch zu predigen begann, während Nikolai den gleichgesinnten Zegenhagen in die Pfarre wählte. Zwar scheiterten Versuche, aus Wittenberg → Bugenhagen nach H. zu ziehen; aber 1526 erlangten die Lutheraner die Mehrheit in der erbgesessenen Bürgerschaft und brachten fast alle Kanzeln an ihre Prediger. Nach dem Speyerer Abschied willigte der Rat Mai 1527 in eine öffentliche Disputation. Die Domherren hielten sich darin recht geschickt, mußten aber hinnehmen, daß Nikolai eine »Gotteskastenordnung« für Armenpflege und Schulwesen beschloß, die alle Befugnis in die Hände von 12 Gemeindevertretern (Diaconi) legte. Der Rat wagte keinen Widerspruch, als die Ordnung von der Bürgerschaft auf alle Kirchspiele ausgedehnt wurde (Dez. 1527). Nach einer zweiten Disputation am 28.4.1528 verbannte der Rat, nun überwiegend ev. gesinnt, 5 altkirchliche Geistliche. Bugenhagen wurde zur kirchlichen Neuordnung berufen, traf im Okt. ein und fertigte binnen 6 Monaten seinen Entwurf, der sich an den für Braunschweig anlehnte, aber H.s Verfassungseigenart bedachte. Rat und Bürger nahmen am 16.2. den »Langen Rezeß«, am 23.5.1529 die KO an. Damit waren Staat und Kirche eng in ev. Grundordnung verbunden. Das zentrale kirchliche Amt des für Lehre, Zurüstung und Aufsicht verantwortlichen Superintendenten, auf das Bugenhagens Werk zugeschnitten war, konnte erst 1532 durch → Äpinus besetzt werden, der zugleich als Lector primarius die Domkanzel übernahm. 1535 trat H. der Protestation gegen den Augsburger Abschied und 1536 den Schmalkaldenern bei. Mit Truppen und Geld half es 1547 zum Siege von Drakenburg, der Bremen entsetzte. Niedersachsen blieb damit trotz des unglücklichen Kriegsausgangs prot. Das Augsburger → Interim verwarfen die 6 wendischen Hansestädte unter Wortführung Äpins. Nach dem Religionsfrieden schloß das Domkapitel 1561 den Bremer Vergleich mit H., der das Kirchenregiment des Rates und die geistliche Leitung durch Superintendenten und Ministerium sicherstellte. Das Kapitel hat noch bis 1804 weiter bestanden.

3. Die orthodoxe Gruppe im Ministerium unter dem bedeutenden → Westphal war Äpin in den Lehrstreitigkeiten seiner letzten Jahre (→ Höllenfahrt Christi: I) nicht überall gefolgt und hatte seinen vom Rat veranlaßten Reformentwurf zur KO bekämpft. Seinen Nachfolger v. → Eitzen verdächtigte sie des Kryptokalvinismus; 1562 ging dieser verbittert nach Gottorf. Der Rat rief erst nach 9 Jahren Westphal an seine Stelle und stand von da an gegen den Superintendenten. Der letzte Amtsträger Penshorn, unter dem 1580 das → Konkordienbuch angenommen wurde, starb 1593. Fortan ließ der Rat das leitende Kirchenamt trotz langdauernder Proteste von Bürgerschaft und Ministerium unbesetzt. Dieses gewann andererseits festeren körperschaftlichen Zusammenhalt, so daß der den Superintendenten vertretende amtsälteste Pastor, vom Rat bei Vakanz zum »Senior«

ernannt, zwischen Obrigkeit und geistlichem Kollegium zunehmend an Einfluß verlor. Als »primus inter pares« wurde er zur rein exekutiven Spitze. Die Ordnung war damit Torso, doch der Rat hielt de jure an der Superintendentur fest. – H.s Kirche hatte starken Anteil am Aufschwung der Stadt, die in diesem sonst so düsteren Jh. zu doppeltem Umfang gedieh und, von der Hanse fortstrebend, blühenden Überseehandel entfaltete. In der Neustadt entstand 1647/68 die 5. Hauptpfarre Michaelis. Die kleine Michaeliskirche (1605–06), die Vorstadtpfarren St.Pauli (1682) und Hamm (1693) sowie Nebenkirchen am Pesthof, am Waisenhaus, am Zucht- und Spinnhaus traten hinzu. Die unbeschränkt herrschenden Vertreter der Orthodoxie waren zT bedeutende und profilierte Persönlichkeiten, so der feinsinnige Ph. → Nicolai an Katharinen, der redegewaltige → Schupp an Jakobi. Sie hielten die Stadtväter auf rein luth. Linie, obwohl seit Antwerpens Fall 1586 und Portugals Einverleibung in Spanien 1588 viele Flüchtlinge anderen Bekenntnisses nach H. strömten, die wirtschaftlich und kulturell rasch aufstrebten, aber nur freien Hauptgottesdienst erlangen konnten. Im Scholarchat für das 1613 gegründete Akademische Gymnasium blieb die Kirche einflußreich. Scharf bekämpfte die orthodoxe Kirchenleitung unter S.Schulz und J.Fr. → Mayer den Pietismus. Dessen Wortführer → Horb an Nikolai wurde 1694 vertrieben; erst der angesehene J. → Winckler konnte Speners Gedanken nachhaltiger vertreten. Die hitzigen orthodoxen Angriffe verquickten sich unglücklich mit politischen Unruhen, die auch nach Hinrichtung der popularen Führer Snitger und Jastram 1686 nicht enden wollten. C.Krumbholz an Petri schürte demagogisch unter den kleinbürgerlichen Schichten, bis er nach Eingreifen einer kaiserlichen Kommission gefangengesetzt wurde. Als ein großes neues Verfassungswerk, der Hauptrezeß von 1712, den Streit beendete, fehlte in ihm die erstrebte neue KO. Zu sehr waren Rat und Ministerium entfremdet, als daß ihre Entwürfe dazu den gemeinsamen Nenner gefunden hätten. So blieb es bei der überholten und ihrer Spitze beraubten Ordnung Bugenhagens. Anhaltend gute Besetzung der Hauptpastorate, mit so beachtlichen Vorkämpfern später Orthodoxie wie → Neumeister, → Goeze, → Rambach, wahrte der Kirche aber weiterhin Ansehen, obwohl die Aufklärung Boden gewann. Bei Armenpflege, Gesundheits- und Schulwesen arbeiteten Staat und Kirche noch eng zusammen. 1788, als Rationalismus und Kirchenleere um sich griffen, erschienen die neue Agende und das moderne Gesangbuch.

4. Die Franzosenzeit brach nicht nur politisch und wirtschaftlich H.s Blüte; mehrere Kirchen verschwanden, vor allem der ehrwürdige Dom. Die Vorstadtgemeinden waren zerstört, die Hauptgemeinden erschreckend verschuldet. Aus der Not erwuchsen aber neue Ansätze: → Rautenberg (1820–65) gründete Sonntagsschule und Stiftskapelle, → Wichern das Rauhe Haus und die Innere Mission, Amalie → Sieveking den Weiblichen Verein für Armen- und Krankenpflege, H.Sengelmann die Alsterdorfer Anstalten (1867; vgl. → Erweckung: I, 5c). Die Laienbewegung erstarkte (Senatoren Abendroth, Hudtwalcker). Während sich H.s Handel Amerika erschloß und die Industrialisierung einsetzte, rangen konservative wie liberale Kräfte um die neue Verfassung von Staat und Kirche. Der Rat, zunächst schroff restaurativ, versagte die erhofften Freiheiten, gestand aber allen christlichen Bekenntnissen politische Rechte zu und leitete die Judenemanzipation ein. Damit konnten die bürgerlichen Kollegien nicht mehr zugleich Kirchenorgane bleiben. Mit der Verfassung von 1860 fiel die Einheit von Kirche und Staat. 1865 wurden Zivilstandsregister und Zivilehe eingeführt, 1870 auch Kirche und Schule endgültig getrennt. Die neue Kirchenverfassung (1870) betonte stark das Laienelement; dem Kirchenrat standen zwei senatorische Patronatsherren vor. Seit 1883 wählten sie auch den Senior. Die Gemeinden behielten durch die senatorischen Kirchspielsherren noch starke Verbindung zum Staat. Bis 1918 blieb das Verhältnis von Stadtvätern und Geistlichkeit eng. Der Kirche mangelte es auch jetzt nicht an Köpfen: Manchot, Kreusler, Grimm, Behrmann und Hunzinger seien erwähnt; v. → Ruckteschells Gemeindepflege, W.Classens Volksheimwerk, Cl. → Schultz' Jugendarbeit, W.Heitmanns Arbeiterseelsorge gingen neue Wege. – Dem unerhörten Wachstum der Einwohnerzahl wußte man aus begrenzten finanziellen und personellen Mitteln (erst 1886 Kirchensteuergesetz) nicht rechtzeitig durch Aufgliederung und Kirchenbau zu begegnen. Der H.er Brand (1842) zerstörte Nikolai, Petri, Gertruden, nur die zwei Hauptkirchen erstanden neu. Bis 1920 waren erst 18 Gemeinden (dazu 15 Landgemeinden) gebildet (gegen 1860 verdoppelt bei versechsfachter Bevölkerung). Bis 1945 wuchsen 15, bis 1958 nochmals 11 weitere hinzu.

5. Die 1919 gewählte Synode nahm 1923 eine neue Verfassung an; das Patronat entfiel, die Stellung des Seniors wurde gefestigt, das Frauenwahlrecht eingeführt. Das Repräsentativsystem beruht auf Verhältniswahl. Das 1912 neu geformte Amtsgelübde der Pastoren ist Grundlage der Lehrordnung. Die Einzelgemeinde blieb weiter sehr selbständig. Ministerium und geistliche Kollegien behielten besondere Rechte, die Hauptpastoren bilden ein eigenes, den Senior unterstützendes Kollegium. 1933 wurde die Superintendentur als Bischofsamt erneuert. 1934–45 waren Kirchenrat und Synode ausgeschaltet, 1945 wurde die Verfassung wiederhergestellt. Als 4. Bischof amtierte 1956–58 V.Herntrich. – Statistik: 1956 waren 78,8% der gesamthamburgischen Bevölkerung ev., 6,5% röm.-kath., 13,5% gemeinschaftslos.

N.Staphorst, Hamburg. KG, 5 Bde, 1723–29 – J.M.Lappenberg, Progr. z. dritten Secularfeier d. bürgersch. Verf. H.s..., 1828 – N.A. Westphalen, Gesch. d. Hauptgrundgesetze d. Hamburg. Verfassung, 3 Bde, 1844–46 – C.Bertheau, Joh.Bugenhagens KO f. d. Stadt H...., 1885 – W.Sillem, Einführung d. Reformation in H. (SVRG 16), 1886 – RE VII, 379ff – J.Höck, Bilder aus d. Gesch. d. H.er Kirche seit d. Reformation, 1900 – F.Rode, Die Trennung von Kirche u. Staat in H., 1909 – O.Meincke, Die rechtl. Stellung d. ev.-luth. Kirche im Hamburg. Staate, 1925 – H.Reincke, H., ein Abriß d. Stadtgesch...., 1925 – Ders., H.s Gesch., 1933 – Ders., Forschungen u. Skizzen zur Hamburg. Gesch., 1951 – RGG² II, 1599ff – H.G. Bergemann, Staat u. Kirche in H. während d. 19.Jh.s (Arbeiten zur KG H.s 1), 1958 – W.Jensen, Die hamburg. Kirche u. ihre Geistlichen seit d. Reformation I, 1958. – Zs. des Vereins für hamburg. Gesch., seit 1841 – Mitt. des Vereins für hamburg. Gesch., seit 1878.

H.Stoob

III. Universität

Versuche, in H. eine Universität zu errichten, sind zahlreich gewesen und reichen weit hinauf. Schon 1408 ist nach dem Muster → Prags eine Lektur an der Domschule begründet; mit Albert Krantz erreichte sie einen ersten Höhepunkt. → Bugenhagen sah in seiner Kirchenordnung von 1529 sogar 7 Lektorate vor, also eine kleine Universität, die aber nicht realisiert wurde. Dafür kam es am Anfang des 17.Jh.s zur Gründung eines »Akademischen Gymnasiums« (1613), das durch die langjährige Tätigkeit von Joachim → Jungius weithin berühmt wurde und auch in der Lessingzeit noch blühte, dann aber rasch verfiel. Ein Versuch in den 40er Jahren des 19.Jh.s, vor allem von Karl Sieveking unternommen, scheiterte am Jahre 1848. Gründer der H.er Universität wurde Bürgermeister Werner von Melle. Er hatte die vorhandenen großen Staatsinstitute bewußt als Vorstufe für eine Universität reich ausgestaltet. Nach mehreren

Fehlschlägen vor 1914 gelang ihm 1919 die Gründung mit vier Fakultäten. Wie bei den beiden anderen damals geschaffenen Großstadtuniversitäten (→ Köln, → Frankfurt/M.) glaubte man die theologische Fakultät entbehren zu können.

Der geistige Umschwung in der Theologie, der die Kirche zu einem Widerstandszentrum im 3. Reiche gemacht hatte, und die Neubesinnung auf die Grundlagen aller Wissenschaften, zu der die nationalsozialistische Krise nötigte, veranlaßte die Universität H., sofort bei ihrer Neueröffnung im Herbst 1945 die Errichtung auch einer theologischen Fakultät zu beantragen. Da dafür in der Bürgerschaft aber keine Mehrheit zu erreichen war, gründete die Landeskirche 1948 vorerst eine Kirchliche → Hochschule (: I). Die Universität, die städtische Öffentlichkeit und Kreise der Bürgerschaft mühten sich jedoch weiter um die theologische Fakultät, die dann auch im Dez. 1951 durch einstimmigen Beschluß der Bürgerschaft errichtet wurde. Sie konnte aber erst 1954 ihre Vorlesungen aufnehmen. Die Kirchliche Hochschule wurde im selben Jahr geschlossen; ihre Dozenten lehren heute fast ausnahmslos in der neuen Fakultät. 1954 wurde auch eine wirtschafts- und sozialwissenschaftliche Fakultät errichtet.

Die Universität rechnete bei ihrer Gründung mit 2500 Studenten, im Sommer 1958 waren es über 11000. Die theologische Fakultät begann 1954 mit 89 Hörern, im Sommer 1958 waren es (ohne Philologen und Gasthörer) 237. Die Zahl der Lehrstühle ist inzwischen auf 7 erhöht. Da der Lehrbetrieb der Fakultät außerdem durch nicht wenige Gelehrte, die in der Großstadt H. wohnen, ausgestaltet ist (1958: zwei Honorarprofessoren, neun Lehrbeauftragte) und die Seminarbibliotheken großzügig aufgebaut wurden, steht sie vier Jahre nach Aufnahme der Arbeit vollausgerüstet da. Von der Universität freudig begrüßt, hat sie zu ihr und - vor allem durch die Initiative H.Thielickes - auch zur Öffentlichkeit einen guten Kontakt, ebenso zur Hamburger und den benachbarten Landeskirchen. Die Errichtung eines Konviktes ist dieser Zusammenarbeit zu danken.

Wie die Gesamtuniversität, so hat auch die theologische Fakultät ihre Eigenart in der Weltweite ihrer Beziehungen durch eine weitgespannte Möglichkeit von Gastvorlesungen auswärtiger Dozenten, eine eigene Professur für »Missionswissenschaft und ökumenische Beziehungen der Kirchen« und die der Universität angegliederte Missionsakademie. Ein ökumenisches Studentenwohnheim steht vor der Errichtung. Daneben bemüht sich die Fakultät bewußt, die Studenten mit den Gegenwartsproblemen vertraut zu machen.

Die 7 Ordinariate sind (1958) besetzt mit H.J.Kraus (AT), L.Goppelt (NT), G.Kretschmar (NT und KG), K.D.Schmidt (KG), H.Thielicke (Syst. Theol.), H.R. Müller-Schwefe (Prakt. Theol.) und W.Freytag (Missionswissenschaft und ökumenische Beziehungen der Kirchen). Als Honorar-Prof. sind tätig: H.Engelland (Syst. Theol.) und Bischof H.Meyer-Lübeck (Missionswissenschaft); als Privatdozenten: Kl.Koch (AT) und B.Lohse (KG). *K.D.Schmidt*

Hamelmann, *Hermann* (1526-95), * in Osnabrück, studierte - nach humanistischer Vorbildung in Osnabrück Münster, Emmerich und Dortmund - kurz in Köln und Mainz. 1550 wurde er zum Priester geweiht und wirkte in Münster wie in anderen Städten Westfalens als heftiger Gegner der Reformation, bis er sich 1553 in Kamen von der Wahrheit der luth. Auffassung überzeugte. Nach Studien in Wittenberg, Leipzig und Magdeburg förderte er als Prediger in Bielefeld und Lemgo auch anderwärts die Verbreitung der luth. Lehre. 1558 promovierte H. in Rostock zum Lic. theol., ging von Lemgo 1566/67 an die luth. Gemeinde in Antwerpen und wurde 1568 Gen.-Sup. in Gandersheim, seit 1573 in → Oldenburg. Außer umfangreichen geschichtlichen Werken verfaßte er viele theologische Schriften und schuf 1573 mit → Selnecker die KO für Oldenburg.

H.s geschichtl. Werke hg.v. H.Detmer, K.Löffler, G.Rüthning, I-III, 1902-40. - Über H.: J.H.Leuckfeld, Historia H.i, 1720 - A.E. Rauschenbusch, H.H.s Leben, 1830 - A.Falkmann, H.H. in Lemgo (Zs. d. hist. Vereins f. Niedersachsen 48, 1883, 88-113) - L. Schauenburg, 100 Jahre oldenb. KG von H. bis Cadovius I, 1894 - E.Knodt, H.H., 1900 - J.W.Pont, De luther. kerken in Nederland I, Amsterdam 1929 - E.Thiemann, Die Theol. H.H.s (Diss. Münster), 1958. *R.Stupperich*

Hamilton, 1. *John* (ca 1511-71), kath. Erzbischof von St.Andrews, Führer des antiprot. Episkopats in der Reformationsgeschichte → Schottlands (: I). Als Bruder des Regenten (für die minderjährige → Maria Stuart) James H. einflußreich, nutzte er seine Machtstellung rücksichtslos aus und veranlaßte 1570 die Ermordung des politischen Führers der schottischen Protestanten, James Stewart. Im Dienste der Gegenreformation stand sein Katechismus (1552). Die profranzösische Politik der Maria Stuart bekämpfte er; als Parteigänger der Königin wurde er gehängt.

H.s Catechism ed. A.F.Mitchell, 1882; ed. T.G.Law (m. Vorr. v. W.E.Gladstone), 1884. - A.Bellesheim, Gesch. der kath. Kirche in Schottland, 1883 - DNB VIII, 1074ff - M.Lee, James Stewart, Earl of Moray, 1953 (passim).

2. *Patrick* (ca 1498-1528), schottischer Märtyrer der Reformation (→ Schottland: I), Theologe und Komponist, aus dem führenden Adelsgeschlecht der H.s und dadurch von vornherein in die dortigen Machtkämpfe hineingezogen. H. studierte 1517-22 in Paris, 1523-24 in St.Andrews. Schon in Frankreich wurde er von den Schriften Luthers ergriffen. Als Student der Philosophie forderte er den Rückgang auf Platon und Aristoteles in der Originalfassung ihrer Werke. Das Vorgehen des Erzbischofs von St.Andrews, James Beaton, gegen die Verbreitung luth. Schriften trieb H. 1527 zunächst nach Wittenberg, dann nach Marburg. Dort schrieb er seine Loci Communes, die J. → Frith englisch veröffentlichte, das volkstümliche, stark biblizistische Handbuch der schottischen Reformation (aufgenommen in J. → Knox' »History of the Reformation« [hg.v. D.Laing, 1846-48] und in J. → Foxe's »Acts and Monuments«). 1527/28 nach Schottland zurückgekehrt, wurde H. als Ketzer verurteilt und am 29.2.1528 in St.Andrews verbrannt. A. → Alesius war sein Schüler.

P.Lorimer, P.H., the first preacher and martyr of the Scottish Reformation, 1857 - RE VII, 386f - D.H.Fleming, Reformation in Scotland, 1910 - DNB (Neudr. 1937/38) VIII, 1085ff - M.Schmidt, Luther im engl. Sprachraum (in Vorbereitung). *M.Schmidt*

Hammerschmidt, *Andreas* (1611/12-75), * Brüx (Böhmen), Organist in Wesenstein, Freiberg in Sachsen und seit 1635 in Zittau, war erfolgreich als Komponist vieler wohlklingender Kirchenmusik. H. lehnt sich unverkennbar an das Werk von H. → Schütz an, doch mangelt seinem Schaffen der Tiefgang des großen Vorbilds.

Werke: Musikal. Andachten, 5 Tle, 1638-52; Dialogi, 2 Tle, 1645 u.ö.; Musikal. Gespräche über die Evangelia, 2 Bde, 1655/56; Kirchen- u. Tafelmusik, 1662; Missae breves, 1663; Fest- u. Zeitandachten, 1671; Oden u. Suiten. Auswahl in DTÖ 8, 1, 1901 u. DDT 40, 1910. - MGG V, 1426ff. *S.Hermelink*

Hammerstein, *Wilhelm Frhr. von* (1834-1904), Politiker, stammte aus Mecklenburg und gehörte als Mitglied des preußischen Abgeordnetenhauses (seit 1876), des Reichstages (seit 1881) und als Chefredakteur der

»Kreuzzeitung« dem rechtsradikalen, antisemitischen Flügel der Konservativen Partei an. Er unterstützte die sog. »Berliner Bewegung« → Stoeckers und brachte mit diesem und H.v. → Kleist-Retzow 1886 im Preußenparlament ein Gesetz ein, das eine Lockerung des Verhältnisses von Kirche und Staat im Sinne einer Mitwirkung des Generalsynodalvorstandes an der Besetzung kirchenregimentlicher Ämter und theologischer Professuren, vor allem direkten Verkehr desselben mit dem Summepiskopus vorsah. → Bismarck bezeichnete die Vorlage im Staatsrat als »verbrecherisch« und empfahl ihre Nichtachtung. Die sog. Kartellwahlen von 1887 brachten die politische Isolierung der H.-Gruppe, die ihre Hoffnung auf den späteren Wilhelm II. setzte, was sich bald als eine Täuschung erwies. Damals schrieb Stoecker an H. den Scheiterhaufenbrief. Die Aufdeckung der Verfehlungen H.s (Unterschlagung, Wechselfälschung), für die er eine Zuchthausstrafe erhielt, beendeten seine politische Karriere.

H.Leuss, W.v.H., 1905 - W.Frank, Hofprediger Ad.Stoecker, (1928) 1935² (passim). *K.Kupisch*

Hammond, *Henry* (1605-60), anglikanischer Theologe. Ein Wunderkind, legte er früh die Grundlagen seiner umfassenden Kenntnis der altkirchlichen Väter. Als hervorragender Prediger wurde er schon 1643 Erzdiakon von Chichester, 1645 Kanonikus von Christchurch (Oxford) und Hofkaplan Karls I., dem er im Bürgerkrieg die Treue hielt, ihn im Gefängnis besuchte und dafür Zurücksetzungen erduldete. H.s »Practical Catechism« (1644) wurde vom König seinen Kindern empfohlen. Als namentlich berufenes Mitglied der → Westminster-Synode verteidigte H. den Anglikanismus in Übereinstimmung mit den → Caroline Divines. 1648 wurde er aus seinem Amt vertrieben und war während der Dauer des Commonwealth der Haupthelfer der vertriebenen anglikanischen Geistlichen. Er verhalf ihnen zur Anstellung durch adlige Familien und ihren Söhnen zum Universitätsstudium. H. starb, als er gerade Bischof von Worcester werden sollte. - H.s Schriften enthalten u.a. eine Verteidigung der Echtheit der → Ignatius-Briefe und die meisterhafte »Paraphrase and annotations on the NT« (1653; lat. von → Clericus, 1698), die ihm den Namen eines »Vaters der englischen Bibelkritik« eintrug.

GesW 4 Bde, 1674-84. - Auswahl von theol. Schriften, Library of Anglo-Catholic Theology, 3 Bde, 1847-50 (in der Vorrede die beste Biogr. v. J.Fell). - Über H.: W.H.Teale, Lives of English Divines, 1846, 101-186. *D.Carter*

Hammurabi (oder Hammurapi, Chammurabi) war der 6. König der 1. (ostkanaanäischen) Dynastie von Babylon, dessen Regierung heute auf 1728-1686 vChr oder eher 1793-50 angesetzt wird (statt des früheren Ansatzes 1955-13; → Assyriologie, 5, → Babylonien: I, 3). H. ist Gründer eines ephemeren mesopotamischen Einheitsreiches auf Grund einer administrativen und legislativen Reorganisation und erhob auf religiös-kultischem Gebiet den babylonischen Stadtgott Marduk zum Haupt des Pantheons (→ Babylonien: II, 7). Er bekrönte das Einheitsstreben durch die Gesetzgebung in der akkadischen Landessprache, deren Form in der Folgezeit als klassisch galt. Der berühmte Kodex, eingemeißelt auf einem 2,25 m hohen Dioritblock unter dem Relief mit der Investitur des Königs durch den Sonnengott, wurde 1902 in Susa gefunden (heute im Louvre; → Assyriologie, 4). Deutlich wird hier die Verschmelzung des westsemitischen Gewohnheitsrechtes (u.a. des ius talionis) mit den älteren sumerischen Rechtsnormen (→ Babylonien: III, 5). Aller Nachdruck liegt auf der sozialen Umschichtung, wobei der junge Stand der freien Bürger weit über die dem Palast oder dem Tempel Untergeordneten oder Hörigen sowie über die Sklaven erhoben wird, und zwar ohne weitere Unterscheidungen nach Volksart oder Geschlecht. Die Scheidung der weltlichen und der priesterlichen Machtsphären aber wird durch H. im Gegensatz zu ihrer früheren Vereinheitlichung jetzt soweit durchgeführt, daß unter seinen schwächeren Nachfolgern die erstere nach dem Vorrang strebte und daß Babylons kultische Bedeutung als Zentrum der Mardukverehrung seine politische bald übertraf. - Vgl. → Mari.

Über H. u. sein Reich: H.A.Brongers, H., Haag 1949 (niederl.) - F.M.Th.de Liagre Böhl, King H. of Babylon in the setting of his time (Opera Minora, Groningen 1953, 339-363; Lit.) - H.Schmökel, Gesch. des alten Vorderasien, 1957, 107ff. - Zu H.s Gesetzen: J.Kohler-F.E.Peiser-A.Ungnad, H.s Gesetz, 6 Bde, 1904-23 - W. Eilers, Die Gesetzesstele Ch.s (AO 31, 3/4), 1932 - P.Cruveilhier, Introduction au Code d'H., Paris 1937 - Ders., Commentaire, ebd 1938 - M.David, The Codex H. and its relation to the provisions of Laws in Exodus (OTS 7/8, 1950, 149-178) - G.R.Driver-J.C.Miles, Babylonian laws I, Oxford (1952) 1957²; II, 1954 - ANEP - ANET² - H.Schmökel, H. von Babylon, 1958. *F.M.Th.de Liagre Böhl*

Hand Gottes, *in der Kunst.* Die Anwesenheit Gottes wird in der altchristlichen Kunst nicht durch eine Person, sondern entweder durch seinen Boten, den → Engel (: II), oder durch die H.G. angedeutet (vgl. auch in der jüdischen Kunst, s. Taf. 9 Abb. 2). Seit dem 4.Jh. spielt sie in der Fresko-, Mosaik- (s. Taf. 12 Abb. 1) und Miniaturmalerei, in der Reliefplastik in Stein, Metall, Elfenbein (s. Taf. 11 Abb. 1; Taf. 12 Abb. 2) eine beachtliche Rolle. Am Anfang der Entwicklung steht also eine Gottesauffassung, die die personhafte Darstellung (fast ganz) vermeidet (→ Bilder: III). Daß Gott gerade durch Hand oder Arm versinnbildet wird, hängt mit dem häufigen Gebrauch dieses Bildes im AT zusammen (Dtn 4, 34 u.a.; daneben Jes 8, 11; Ez 8, 1). In der → altchristlichen Kunst ist die Darstellung Gottes durch die Hand besonders gebräuchlich in der Paradieses-, der Abraham- und der Mosesgeschichte. Die H.G. kann sich aber auch ganz aus einem szenischen Zusammenhang lösen und zur reinen Stellvertretung Gottes werden wie zB im Codex aureus oder auf den Schlußsteinen der Gewölbe. Es spricht für die Beliebtheit und die Adäquatheit des Symbols, daß es sein Dasein auch in Zeiten behauptet hat, in denen man an der Darstellung Gottes keinen Anstoß mehr nahm. - Formal und inhaltlich kann die H.G. sehr verschieden in Erscheinung treten. Sie kann sich im griechischen oder lateinischen Segensgestus entfalten, die volle Fläche darbieten, mit dem Zeigefinger weisen oder einen Gegenstand (Krone, Kreuz) ergreifen. Inhaltlich kann sie im positiven und negativen Sinn alles zum Ausdruck bringen, was von der Gotteshand ausgesagt werden kann. Sie empfängt ihre Interpretation jeweils aus dem Zusammenhang des Bildes. Sie kann zB als schöpferische, allmächtige, rettende, erhaltende, erwählende, segnende, aber auch als drohende und strafende Hand gedeutet werden. - Zum Gottesbild vgl. → Trinität: V.

DACL X, 1931, 1205ff - H. u. I.Jursch, Hände als Symbol u. Gestalt, (1951) 1958³. - Zur H.G. im spätantiken Kaiserbild: A.Grabar, L'empereur dans l'art byzantin, 1936, 113ff. *H.Jursch*

Handauflegung

I. Religionsgeschichtlich - II. Biblisch - III. Im kirchlichen Gebrauch

I. Religionsgeschichtlich

Frühzeitig und über die Erde hin verbreitet hat man die Hand als Kraftträger betrachtet, in dem die Potenz des Individuums gesammelt war und durch den sie weitergeleitet oder entzogen werden konnte. So spielt sie in Bild und Bildrede eine eindrucksvolle Rolle, die von den sog. Handsilhouetten des frankokantabrischen Paläolithikums (RLV V, 90ff mit Taf. 25) oder den mit Beginn der geschichtlichen Zeit einsetzenden Handamuletten in Ägypten (RÄRG 82f, dazu Zaki Saad, Excavations at Helwan, 1951, 21 mit Taf. 22) bis zu den hellenistischen Bronzehänden des → Sabazios (J.Leipoldt, Die Religionen in der Umwelt des Urchristentums, Abb. 162) reicht oder in den literarischen Formulierungen von der Hand eines Gottes greifbar wird, die mit dem Menschen ist (so die Hand Amuns oder Sachmets mit Ramses II. im sog. Kadeschgedicht: A.Erman, Die Literatur der Ägypter, 1923, 230. 235; Entsprechendes zB in Griechenland: M.P.Nilsson, Geschichte der griech. Religion I, 1941, 106). – Wenn die Hand Kraftträger und -mittler ist, kann die H. spendend und entziehend wirken. Das letztere steht auch unter negativem Vorzeichen: Auf Java darf der Kopf als Sitz des Lebens bei Todesstrafe nicht mit der Hand berührt werden, bei den Maori sind nach Berührung der → Haare anderer (etwa beim Haarschneiden) Isolierung (→Tabu) und Handreinigung nötig (Frazer 335f. 339). Doch scheinen Kraftübertragung bzw. Übelentfernung klar zu dominieren, vgl. H. zur Heilung der → Krankheit oder gar Totenerweckung. »Be*hand*lung« gehört naturgemäß zur Medizin (H.Grapow, Grundriß der Medizin der alten Ägypter III, 1956, 114. 131; die Heilung des Horus durch H. der → Isis ist das mythische Vorbild: G.Roeder, Urkunden zur Religion des alten Ägypten, 1923, 89, vgl. 117). Neben primitiven Bräuchen (so bei sibirischen Schamanen [→ Schamanismus]: Wiederbelebung durch H., als Herausziehen böser Kräfte verstanden: Schamanengeschichten aus Sibirien, aus dem Russischen übers. und eingeleitet von A.Friedrich und G.Buddruss, 1955, 192f) stehen unzählige andere Beispielkomplexe aus den Hochkulturen, angefangen mit dem Sonderfall der Vergöttlichung (= Todbefreiung) des ersten Menschenpaares durch H. des Gottes Enlil im → Gilgamesch-Epos (Taf. 11, Z. 200ff) und zwei Zeugnissen für heilende H. im Rigveda (X, 60, 12; 137, 7) bis zu den Iamata des → Asklepios (Weinreich, Herzog). Der Name Epaphos (»Berührer«, Sohn des Zeus und der Io) geht darauf zurück, daß Zeus die Io durch H. heilte usw (Nilsson, aaO 105f). Heilung durch H. wird namentlich Herrschern zugeschrieben (vgl. → Königtum, sakrales); die Reihe verbindet so disparate Glieder wie die Häuptlinge von Tonga (Polynesien: Frazer 130f), antike Herrscher wie Vespasian (Sueton Vespasian 7; Tacitus Historien IV, 81; die Benetzung mit → Speichel dürfte H. voraussetzen) und abendländische Könige (Frankreich, England: vgl. Bloch). – H. als Kultakt, also der christlichen → Ordination verwandt, findet sich in den hellenistischen → Mysterien-Religionen (Initiationsritus: Apuleius Met. XI, 22) und vielfach bei den → Mandäern (K. Rudolph, Die Mandäer II: Der Kult [Diss. Leipzig], 1957, 158ff), aber auch bei schriftlosen Völkern (→ Mana-Übertragung in Melanesien: ERE VI, 494 [mit Lit.]; Königswahl in Uganda: ebd). – Ein Sonderfall ist H. als Mittel geistiger Formeinprägung; er findet sich bei den Huichol-Indianern (Mexiko): Man bestreicht eine schön gemusterte Schlange, darauf seinen eigenen Kopf und vermag dann das Muster nachzuweben (Frazer 46; → Magie).

O.Weinreich, Antike Heilungswunder (RVV VI, 1), 1909 - M. Bloch, Les rois thaumaturges, Straßburg 1924 - J.G.Frazer, Der goldene Zweig (abgekürzte Ausgabe), 1928 - RGG² II, 1606f (Lit.) - R.Herzog, Die Wunderheilungen von Epidauros (Philologus Suppl. 22), 1931.

S.Morenz

II. Biblisch

Im AT begegnet die H. als Geste des Segnens (u.a. Gen 48, 13ff; → Segen: II), in prophetischen Handlungen (vgl. 2Kön 13, 16; 1Kön 17, 21), im Ritus vieler, nicht aller → Opfer (: II), auch beim → Sündenbock. Sieht die Priesterschrift die Weihe der Leviten durch H. im Zusammenhang des Opferrituals (Num 8, 10ff), so die Einsetzung Josuas zum Nachfolger des Mose (Num 27, 18ff; Dtn 34, 9) als Geistübertragung. – Das antike Judentum kennt den Akt der H. im Rahmen der → Ordination (: I) der Rabbinen. – Im NT kommt die H. in verschiedener Weise vor: 1. als heilende bei Krankenheilungen Jesu (Mk 5, 23 par; 6, 5; 7, 32; 8, 23. 25; Lk 4, 40; 13, 13 u.ö.), 2. als segnende H. (Mk 10, 13ff par), 3. als mit der → Taufe (: II) verbundene Handlung, die den hl. → Geist (: IV) vermittelt (Apg 8, 14ff; 19, 5f; Hebr 6, 2), 4. als ordinierende H. bei der Einsetzung in Dienste der Gemeinde, als Übertragung der Vollmacht für diese (Apg 6, 6; 13, 3; 1Tim 4, 14; 2Tim 1, 6; wahrscheinlich auch 1Tim 5, 22). Die dritte und vierte Weise der H. sind offensichtlich früh in der nachösterlichen Kirche üblich geworden (vgl. Apg). Dagegen kommen die erste und zweite Form bes. in der Darstellung Jesu als des von der Kraft Gottes erfüllten Heilbringers vor. Die Heilkraft begegnet auch bei Jüngern und Aposteln, wobei der Gedanke der weiterwirkenden, von Jesus selbst erteilten Vollmacht und die Gewißheit der Erneuerung der Vollmacht durch den hl. Geist infolge des Osterereignisses verbunden sind (Apg 9, 12. 17; 28, 8; Mk 16, 18; vgl. auch Apg 3, 7; 19, 11; 20, 10; Jak 5, 14). Ob es sich um H. bei der Taufe und der → Ordination (: II) handelt oder um Krankenheilung und Segnung, in allen Fällen ist der Kairos der einbrechenden Gottesherrschaft der Grund, auf welchem die H. vorgestellt und geübt wird. – Hiermit ist nicht die Erkenntnis bestritten, daß hinter allen nt. Formen der H. die einheitliche, antike Vorstellung von der Mitteilung oder Übertragung einer göttlichen oder auch dämonischen Kraft stehe, welche sich durch leibhafte Berührung zwischen dem Mitteilenden und dem Empfangenden vollzieht (→ Handauflegung: I). Obwohl der Glaube an die reale Kraftübertragung auch im NT klar vor Augen liegt, handelt es sich hier doch weder um massive noch um vergeistigte Magie. Das gilt auch von der ordinierenden H. in Apg und Past, weil es Diener Christi sind, die eine Vollmacht charismatischer Art mitteilen bzw. diese empfangen. Ebenso gilt von der Übertragung des Geistes, daß es sich hier um den Geist Gottes und Christi handelt, nicht aber um eine von Göttern, göttlichen Menschen oder Dämonen herrührende Kraft. Andererseits darf die nt. Anschauung, die nur eine reale Mitteilung von Geist, Vollmacht oder heilender Gotteskraft kennt, nicht subjektiv-spiritualistisch interpretiert werden. So ist auch die ordinierende H. nicht bloß ein begleitendes oder bestätigendes Zeichen der Bestellung zum → Amt (: II), sondern jedenfalls in 1Tim 4, 14; 2Tim 1, 6 die reale Vermittlung des Amtscharisma, dessen der Amtsträger für den Vollzug seines Dienstes bedarf, so daß diese Ordination einen »sakramentalen Akt« darstellt (H.v.Campenhausen). Da aber Prophetenwort den Ordinanden kennzeichnet (Apg 13, 2; 1Tim 1, 18; 4, 14), sind hier Wirken des Pneuma und Amtsübertragung noch eng verbunden. Außerdem ist die H. verknüpft mit dem fürbittenden Gebet (Apg 6, 6).

Bill. II, 647ff - RGG² II, 1607f - Ed.Lohse, Die Ordination im Spätjudentum u. im NT, 1951, 69ff (Lit.) - N.Adler, Taufe u. H., 1951 (zu Apg 8, 14ff) - H.v.Campenhausen, Kirchl. Amt u. geistl. Vollmacht (BHTh 14), 1953 - M.Dibelius-H.Conzelmann, Die Past (HNT 13), 1955³ (zu 1Tim 4, 14) - H.Schlier, Die Zeit der Kirche, 1956, 135ff - E.Haenchen, Die Apg (MeyerK III¹⁰), 1956 - EKL II, 13f. - Vgl. die Lit. zu → Ordination: II.

H.-D.Wendland

III. Im kirchlichen Gebrauch

1. H. als altkirchliche Sitte ist vom NT (→ Handauflegung: II) aus zu verstehen. – Sie kann ausgeführt wer-

den durch Auflegen der Hand auf das Haupt eines anderen oder die rechten Hände eines Brautpaares, durch Ausbreiten der Hände über dem Taufwasser und den Abendmahlselementen oder auch über der Gemeinde oder einzelnen (→ Gesten, 2). Von der χειροθεσία (impositio manuum) wurde die χειροτονία unterschieden, das Handausstrecken der Gemeindeglieder bei der Bischofswahl, bis beide Begriffe ineinanderflossen und der zweite in der Ostkirche Bezeichnung für die H. bei den Ordinationen wurde.

2. In der *röm.-kath. Kirche* wird die H. als Zeremoniale oder als Sakrament aufgefaßt. Als Zeremoniale hatte sie früher bei mancherlei Anlässen Bedeutung. Heut ist sie bes. wichtig bei der → Taufe, beim Krankendienst und bei Segnungen von Personen (zB Mönchsweihe) und Dingen (s. 1). Sakramentale H. findet sich bei der → Firmung und bei der → Ordination von Diakonen, Priestern (hier dreimal) und Bischöfen. »Sie drückt nicht nur Übertragung des Amtes und seiner Vollmachten aus, sondern auch die Amtsnachfolge« (H.Lang).

3. Von den *ev. Konfessionskirchen* wurde die H. übernommen, aber bei den Reformierten zurückhaltender gebraucht als bei den Lutheranern. Bei Taufe, → Konfirmation, Trauung (s. 1), Absolution nach der Beichte, Ordination und Amtseinweisung kann sie statthaben, ohne daß stets Vorschriften darüber bestünden oder daß sie »in der Form der Handaufhebung in jedem Gottesdienst geübt« würde, während sie doch als Handaufhebung beim Segen in der Willkür des Pfarrers steht. - Die H. wird in der ev. Kirche verschieden gedeutet. Faßt man sie als persönliche Zueignung gleichzeitiger Fürbitte oder des Segens und damit als eine äußere Hilfe für den Glauben der sie Empfangenden auf, so dürfte dies der Meinung der Reformatoren entsprechen (vgl. Bugenhagens und Luthers Ordinationsformulare). Dagegen weicht die »exhibitive« Auffassung des Neuluthertums und ihre Erneuerung heute (s. Lit.) zweifellos von der reformatorischen Auffassung ab. Die theologische Diskussion, in der die Stimme der Neutestamentler nicht fehlen darf, wird gerade auch im Blick auf Konfirmation und Ordination einen ev. vertretbaren Sinn der H. suchen müssen.

E.Chr.Achelis, Lehrbuch der prakt. Theol. I, (1890) 1911³, 95. 140ff. 169f - RGG¹ II, 1832ff; RGG² II, 1608f - Braun, LH 128f - LThK IV, 810f (H.Lang) - Rietschel-Graff (s. Reg.) - EKL II, 14f. - Zum Neuluthertum: Th.Kliefoth, Liturg. Abhandlungen II, (1854) 1869². - Zur exhibitiven Auffassung in der Gegenwart: Leiturgia I, bes. 200ff (P.Brunner) - J.Heubach, Die Ordination zum Amt der Kirche, 1956.

W.Jannasch

Handel

I. Religionsgeschichtlich - II. Biblisch - III. Volkswirtschaftlich

I. Religionsgeschichtlich

H. und Religion beeinflußten sich möglicherweise bereits im *Paläolithikum* (→ Prähistorie): zB gelangten kultische Frauenstatuetten durch handelsartigen Austausch vom Mittelmeerraum zum Rhein und zur Donau. Auch bei phaseologisch *alt-* bis *mittelsteinzeitlichen* rezenten → Jäger-Völkern (Buschmänner u.a.) entwickelte sich Tausch-H. Die Pygmäen Zentralafrikas geben Jagderträge an Negerstämme gegen Anbauprodukte ab; → Initiations-Kulte befestigten diese »Symbiose«. Dort tauschte man auch ohne persönliche Begegnung an einem neutralen Ort hinterlegte Waren. Dieser stumme H. wird anderswo vielfach unter den Friedensschutz überirdischer Mächte gestellt. Mythisch begründet ist unter australischen Stämmen (→ Australien: I) der Geschenktausch zwischen Totemgruppen. Ausgedehnte H.sreisen und zeremonielle Treffen vermitteln den Austausch von Kultobjekten und religiösen Riten. Auch die nordwestamerikanischen Fischervölker verbreiteten ihre Mythen und Kulte auf H.swegen. Die *neolithischen* Pflanzer (→ Ackerbau: I) → Melanesiens verbinden durch H.sexpeditionen ganze Inselgruppen zu einem Geschenktauschring, auf dem rituelle und profane Güter zirkulieren. Dabei entstanden zeremoniell verwendete Frühformen des → Geldes (: I). Bei Opferfesten wurden »Märkte« auf hl. Plätzen abgehalten. Die Dschagga (Ostafrika) ließen jeden Marktfriedensbruch durch Opferriten entsühnen. In der Jungsteinzeit treten in Europa erstmalig fahrende Händler auf. Damit wird der Geschenk- und Tausch-H. zum H. im eigentlichen Sinne der gewerbsmäßigen Tauschvermittlung. Diesem H. verdankt das neolithische Nordeuropa die Einführung kultischer Grabbräuche (→ Grab) aus dem Westen und Süden. Grabbeigaben in *bronzezeitlichen* Fürstengräbern lassen auf intensiven H. mit Hochkulturen schließen. Hochkulturell beeinflußt sind in der *Eisenzeit* auch die Marktorte der → Kelten. Dort fanden H. und religiöse Feiern statt, bei denen vor allem der H.sgott Esus verehrt wurde. Die Germanen stellten den H. unter den Schutz des wohl ursprünglich mediterranen Götterpaares Freyr und Njörd (→ Germanische Religion). In den Städten der vorderasiatisch-mediterranen *antiken* Hochkulturen finanzierten zT die Tempelpriester den Fern-H. So war in → Ägypten der Kaufmann ursprünglich Tempeldiener. Der → Weihrauch-Bedarf erschloß bereits im 3.Jt. vChr eine H.sstraße, die über Südarabien den Indischen Ozean mit dem Mittelmeergebiet verband. Auch im alten → Mexiko und Mayalande fand in den Tempelstädten H. statt. In Rom war der Tempel Merkurs Mittelpunkt einer Kaufmannsgilde. Die Orientalisierung der antiken Religionen erfolgte u.a. durch den H. (→ Antike und Orient). So brachten zB syrische Kaufleute ihre → Baal-Kulte seit dem 1.Jh. nChr nach Italien. Im *MA* schränkte die Ausbreitung des → Islam den H. der christlichen Länder auf der Mittelmeerstraße ein. Auf neuen H.swegen kamen Orientwaren durch die Wikinger über Rußland nach Skandinavien. - Im Abendland brachten die bei Kirchweihfesten entstandenen Jahrmärkte und Messen den privilegierten H. zum Aufschwung. Der den Christen verbotene Geld-H. wurde teilweise von Juden übernommen. Umstritten ist der Einfluß prot. Ethik auf die Entwicklung des *neuzeitlichen* industriellen → Kapitalismus, dessen → Handel (: III) sich in der *Gegenwart* weitgehend von allen Bindungen an die Religion gelöst hat.

M.Weber, Ges. Aufsätze zur Religionssoziologie I-III, 1920/21 - RGG² II, 1609f - R.Thurnwald, Werden, Wandel u. Gestaltung der Wirtschaft, 1932 - F.M.Heichelheim, An Ancient Economic History, Leiden (dt. 1938) 1958² (Lit.) - M.J.Herskovits, Economic Anthropology, New York 1952, 155ff - R.Schott, Anfänge der Privat- u. Planwirtschaft, 1955. - Vgl. die Lit. zu → Gabe, → Geld: I.

R.Schott

II. Biblisch

Die im Prozeß der Landnahme zum → Ackerbau (: II) übergehenden Israeliten fanden neben Binnen-H. bes. in den städtischen Zentren auch Fern-H. vor; Austauschwaren kamen vom Nil und Euphrat, Cypern, Kreta und der Ägäis, wie die Grabungsfunde (→ Archäologie: I, 4) sowie H.sbriefe zeigen (in → Amarna, Nr. 8. 255 u.a.: Karawanenberaubung!). H.sschiffe kamen aus Ägypten (→ Byblos) und dem Mittelmeergebiet (→ Tarsis) und gingen, bes. von Phönikien aus, dorthin (Jes 23; Ez 27). Auf den Verkehrsstraßen zogen Karawanen auch als Mittler des Transit-H.s (Gen 37, 25). Hier dominiert die Geldwirtschaft (→ Wirtschaftsgeschichte: II). Die Israeliten haben offenbar weithin den (im Lande verbliebenen) Kanaanäern den H. überlassen, wie denn »Kanaanäer« generell den Händler bezeichnen kann (Hos 12, 8; Spr 31, 24; Hi 40, 30). Erst unter → Salomo kommt es zu größeren H.sunternehmungen: Import von Gewürzen und Edelhölzern aus Arabien und Bauholz vom Libanon gegen Getreide, Öl und Wein. Der Transit-H. mit kilikischen Pferden und ägyptischen Wagen lag in der Hand »königlicher« Kaufleute (1Kön 10, 26ff). Mit phönikischer Hilfe fuhren H.sschiffe vom Golf von Akaba - dem Hafen Elath ist das Hüttenwerk in Ezion-Geber benachbart - nach dem fernen *Ofir* (Südwest-Arabien: Hölscher; Somaliland: Albright), von wo man u.a. Gold, Elfenbein und Edelsteine holte (1Kön 9, 26ff; 10, 22). Das hatte ein Jh. später ein Ende (1Kön 22, 49). - H.sbazare in Damaskus und Samaria (Elfenbein; Textilien?) erwähnt 1Kön 20, 34. Örtlich konzentriertes Handwerk (Byssus: 1Chr 4, 21; Färbereien in tell bēt mirsim) setzen Binnen-H. (und Fern-H.?) voraus. Daß es durch alle Zeit in einer agrarisch bestimmten Welt auch Klein-H. in Lebensmitteln, Stoffen und Keramik gegeben hat, versteht sich von selbst und ist auch aus gelegentlichen Erwähnungen vom Kauf und Verkauf dieser Dinge zu belegen. Stärker dem H. zugewandt waren die Juden in der → Diaspora (: II) - so in Babylonien und in Ägypten, später in der ganzen Mittelmeerwelt -, durchaus erklärlich, da die Diasporajuden ja weithin kein Land erwerben konnten. - Im Gegensatz zu Ordnungen des (bes. (Land-) → Eigentums (: I) fehlt es im AT an solchen für den (unwichtigeren) H. Die Mahnungen gegen eine Verwendung von falschem → Maß und Gewicht (Lev 19, 35ff; Spr 11, 1 u.a.m.) gehören zu den »Lehrstücken« der → Weisheit, wie die Parallele bei Amenemope (AOT 43) zeigt (Verbotsform: Dtn 25, 13ff). Analog sind die Droh- und Scheltworte der Propheten: Hos 12, 8; Am 8, 5f; Mi 6, 10. Seit der persischen Zeit werden in Palästina Bedenken gegen den H. laut, weniger in rein jüdischer Umgebung (doch vgl. Sir 26, 19ff) als beim H.sverkehr mit Nichtjuden (Neh 10, 31; 13, 16), mußte man doch bei ausländischer Ware eine rituelle Verunreinigung befürchten (Bill. IV, 364ff). Noch strenger als das Rabbinat urteilten die → Essener bzw. die Leute von → Qumran (Jos., Ant. II § 457; Dam XII. XIV. XVI). - Im Zeitalter → Herodes d.Gr. war Palästina als Ganzes in das hellenistische Wirtschaftsleben einbezogen, dh nicht nur die Griechenstädte der Küste und der → Dekapolis, sondern auch rein jüdische Gebiete wie das von Pilgern besuchte Jerusalem. Auf dem Lande in Galiläa (Alt II, 436ff), Judäa und auch Samaria spielte das naturgemäß nur eine untergeordnete Rolle; immerhin ist beachtlich, daß in Gleichnissen Jesu auch der Fern-H. des Großkaufmanns erwähnt wird (Mt 13, 45f), der, wenn es not tut, in die Fremde zieht (Mt 25, 14f). Wohl wendet sich Jesus gegen den Reichtum, der zur falschen Selbstsicherheit führt (→ Armut: I, 2), aber er polemisiert nicht gegen den H., zumal er seinerseits gerade im Ritualismus tödliche Gefahren für das Gottesverhältnis sieht (→ Rein und Unrein: II). Auch Jak 4, 13ff richtet sich nicht gegen H. und Gewinnstreben, sondern gegen unrechte Lebenssicherheit (vgl. Lk 12, 16ff).

J. Jeremias, Jerusalem zZ Jesu I, 1923, 333ff - BRL 260ff - F. Nötscher, Bibl. Altertumskunde, 1940, 194ff - G. Hölscher, Drei Erdkarten (SAH 1944/48, 3), 15ff - W.F. Albright, Die Religion Israels, 1956, 148ff.

K. Galling

III. Volkswirtschaftlich

1. Vorurteile gegen den H. - 2. Begriffsbestimmung - 3. Zweiseitigkeit der H.sakte - 4. Tätigkeit des Händlers - 5. Absatzwirtschaftliche Arbeitsteilung - 6. H.skosten und H.snutzen. - Vgl. auch → Freihandel, → Wirtschaftspolitik

1. Nicht nur der »Mann auf der Straße« hält vom H. meist sehr wenig; auch der → Bauer, der Ingenieur und alle anderen unmittelbar an der Gütererzeugung Beteiligten sind sich in seiner Mißachtung oft überraschend einig. Sie können sich dabei leider auf eine lange Reihe achtbarer Gewährsleute berufen (u.a. Aristoteles, Cicero, Luther). Auch Nationalökonomen sind an dem Zustandekommen des allgemeinen Vorurteils gegen den H. nicht unbeteiligt. Bes. der von → Ricardo und seiner Arbeitswertlehre ausgehende → Marxismus hat den Weg zu klarer Einsicht in Wesen und Bedeutung der H.sleistung für viele gründlich verbaut. - Eine solche Diffamierung eines bestimmten → Berufes ist schon aus ethischen Gründen bedenklich; sie birgt aber auch wirtschaftlich ihre Gefahren. Nimmt man dem H. die Freude an seiner Arbeit und sieht man seiner Ausschaltung mit wirtschaftsfremden Mitteln womöglich widerspruchslos zu, so würden damit auch freiheitliche Lebensordnung und Wohlstand verlorengehen.

2. Unter H. kann dreierlei verstanden werden: der H.*sverkehr,* d.i. der Fluß der Güter von Wirtschaftssubjekt zu Wirtschaftssubjekt; die H.*stätigkeit,* d.i. die Summe kaufmännischer Entscheidungen, die diesen Güterfluß in Gang halten; die H.*sorganisation,* d.i. die Summe der betrieblichen Einrichtungen, mittels deren all diese kaufmännischen Entscheidungen realisiert werden. Bei dieser Unterscheidung wird die gleiche Sache nur von verschiedenen Seiten her angesehen. Ohne einen Willen (kaufmännische Entscheidung), der sein Werkzeug schafft und gebraucht (kaufmännischer Betrieb), kein Werk (interpersonaler Güterfluß)! - Gleichzeitig wird klar, daß am H. nicht nur die Händler, sondern auch die *Hersteller und Verwender von Gütern* einschließlich der Haushaltungen beteiligt sind und Gegenstand des H.s *nicht nur Waren,* sondern auch andere Sachen und Rechte (zB Grundstücke, Wertpapiere) sein können. Um so törichter muß die Vorstellung erscheinen, allein der H. der Händler sei grundsätzlich ein zweifelhaftes Ding. - Im folgenden geht es nur um den Waren-H., also um Groß-H., Einzel-H., H.svertretung, um Vertriebsbetriebe von Landwirtschaft, → Industrie und → Handwerk, aber auch um deren Beschaffungsbetriebe und die der Haushalte. Sie alle zusammen ergeben die *Distribution,* die die Waren von der Rohstoffgewinnung über die verschiedenen Fertigungsstufen hinweg ihrer endgültigen Verwendung zuleitet.

3. Zu jedem H.sakt, gleichviel ob er positiv (Zustandekommen eines Kaufvertrages), negativ (Nichtzustandekommen) oder unentschieden ausläuft (Offenbleiben), gehören *zwei selbständige Wirtschaftssubjekte.* Daher werden in einer → Planwirtschaft H.sakte nur im Außenverhältnis getätigt. Die verordnete Auslieferung der Warenmenge X zum Preise Y vom Werk A an das Werk B im Inneren stellt dort zwar auch einen Transport- und Übergabe-Vorgang dar, ist aber *nicht* Teil eines H.saktes. Dazu müssen Käufer und Verkäufer sich selbst darüber einigen, *was wann, wo und wie* zwischen ihnen umgesetzt werden soll. - In dem Streit um → Produktivität oder Unproduktivität der Händler - die ja körperlich an den von ihnen umgesetzten Waren kaum etwas verändern, daher nach früheren Vorstellungen auch nicht »produktiv« sein konnten - glaubte man ihnen die Qualifikation »produktiv« lange Zeit trotzdem zuerkennen zu können, weil sie im Rahmen ihres Geschäftsbetriebes gelegentlich Transport-Eigenleistungen vollbringen. Damit greift man an dem wirklichen Produktivitäts-Effekt der H.stätigkeit genau vorbei. Tatsächlich liegt der Kern der H.stätigkeit keineswegs in irgendwelchen Transportdiensten, die jeder beliebige Spediteur in der Regel weitaus besser erfüllen wird - *wenn* es einmal feststeht, was wann von wo nach wo verbracht werden soll. *Dies* durch ein Zustandebringen von Kaufverträgen zu klären oder in begründeter Aussicht auf künftige Vertragsschlüsse selbst zu bestimmen, ist Sache des Händlers.

4. Im Mittelpunkt jedes H.saktes und damit auch der *Tätigkeit des Händlers* steht also der Vertragsschluß. In ihm einigen sich Verkäufer und Käufer über die Bedingungen, unter denen das Eigentum an dem Kaufgut zwischen ihnen wechseln soll, wie, wo und wann zu liefern und zu zahlen ist. Vertragspartner können dabei Hersteller, Händler oder Warenverwender, zB Haushaltungen sein; dabei stellt dann die H.svertretung, die infolge ihrer Marktkenntnis alle nur möglichen Vertragsabschlüsse auch tatsächlich verwirklichen hilft, mit Lieferung und Zahlung selbst aber gar nichts zu tun hat, die *reinste Form* des Händlers dar. - Darüber hinaus greifen Händler in die Abwicklung von H.sakten überall da ein, wo zwischen Lieferant und Abnehmer eine *unmittelbare* Einigung nicht möglich ist, weil örtliche, zeitliche oder mengenmäßige Spannungen zwischen den Vertriebswünschen auf der einen, den Beschaffungswünschen auf der anderen Seite bestehen. Im H.sbetrieb decken sich Warenein- und -ausgänge zwar auf lange Sicht, divergieren auf kurze Sicht aber grundsätzlich. Die Ware kommt in *anderen* Mengen und meist auch in anderer Zusammensetzung nach Warenarten *herein*, als sie später wieder *hinaus*geht. - Damit leistet der Händler dem Lieferanten Vertriebs-, dem Abnehmer Beschaffungshilfe. Und auch diese Hilfen beschränken sich nicht auf körperliche Dienste an der Ware, wie Transport, Lagerung, Sortierung, Mengenteilung. Sache des Händlers ist in erster Linie das Bestimmen dessen, was transportiert, gelagert, sortiert und geteilt werden muß, damit Vertragsschlüsse *mit einiger Sicherheit* zustande kommen, die Ware der Hersteller ihre Abnehmer, das → Geld der Verwender seine Anlage findet. - So richten die Händler spezielle Märkte ein, indem sie »aus Verbrauch und Verarbeitung Nachfrage für Fertigwarenhersteller und Rohstoffgewinner und aus Rohstoffgewinnung und Fertigwarenherstellung Angebote für Verarbeiter und Verbraucher auf verschiedenen Stufen der Auslese zusammenfassen« (Tiburtius). Sie können dazu Ware auch *selbst erwerben*, dh einen unmittelbaren H.sakt zwischen Hersteller und Verwender durch mehrere einander korrespondierende, an denen sie selbst als Käufer und Verkäufer beteiligt sind, ersetzen. Im Falle der H.svertretung beschränken sie sich auf die Vermittlung unmittelbarer H.sakte zwischen den beiden Parteien, wirken also lediglich als Marktbildner und Markterhalter.

5. Daraus erhellt, daß man in dem Händler den *Spezialisten der Marktbildung* zu sehen hat, der sich überall dort einschaltet, wo eine unmittelbare Verbindung überhaupt nicht oder doch nur unter erheblich höherem Kostenaufwand zustande kommen könnte. Der Schwerpunkt der Ersparnis mag dabei im einen Falle mehr bei dem Gewinnen der Verbindungen überhaupt, im anderen mehr bei der Beurteilung der Eignung von Waren für bestimmte Zwecke, im dritten schließlich bei der äußeren Abwicklung hier des Vertriebs, dort der Beschaffung liegen. Immer wird man sich der Einschaltung eines Händlers nur so lange bedienen, als daraus tatsächlich ein Vorteil entspringt. - Die Chance dafür ist allerdings so lange außerordentlich groß, als sich durch die Zusammenfassung von vielen einander ähnlichen H.sakten im gleichen Betriebe dieselben → Rationalisierungs-Erfolge einstellen, die Konzentrierung von und Spezialisierung auf einander ähnliche Vorgänge auf dem Sektor der Gütererzeugung mit sich bringen. Trotzdem wird von der Öffentlichkeit bei jedem Einschlagen eines neuen *»Distributionsumweges«*, dh bei jeder zusätzlichen Einschaltung eines neuen H.sgliedes, zuerst einmal Verschwendung vermutet, während ein neuer *»Produktionsumweg«*, dh eine weitere Spezialisierung bei der Zerlegung von Erzeugungsakten, keinerlei Mißtrauen begegnet. - Zwischen Herstellern, Händlern und Warenverwendern wird somit eine äußerst scharfe → Konkurrenz um die betriebliche Abwicklung von H.sakten wirksam. Sie wird nicht nur von den verschiedenen H.sstufen (Hersteller-Vertrieb, Groß-H., Einzel-H., Verbraucher-Beschaffung) untereinander ausgetragen; auch innerhalb ihrer führen neue H.sformen (Markenartikel, Freiwillige Kette, Warenhaus, Versand-H.) und H.stechniken (Selbstbedienung, Teilzahlung, Automatenverkauf) zu immer neuer absatzwirtschaftlicher Leistungssteigerung. - Keine von ihnen wird für sich in Anspruch nehmen können, die *absolut* leistungsfähigste und daher zukunftsträchtigste zu sein. Dagegen stellt jede auf ihre Weise und an ihrem Platze ein Optimum dar und wird ihre Freunde finden, sofern wirklicher Bedarf nach gerade dieser Kombination von H.sdiensten besteht.

6. Solange keine weltweiten Märkte bestanden, sondern Gütererzeuger und -verwender in unmittelbarem nachbarlichem Kontakt miteinander lebten, waren besondere *Distributionskosten* kaum aufzubringen. Es wurde auf Bestellung für den örtlichen Bedarf produziert. In unterentwickelten Ländern verhalten sich Produktions- und Distributionskosten daher noch heute wie 95 zu 5. In den westeuropäischen Volkswirtschaften erreicht ihr Verhältnis bereits einen Wert von 40 zu 60 und mag sich in einigen Jahrzehnten schließlich auf 5 zu 95 verschieben. Das alles erfolgt unter ständiger *Senkung der Preise* (→ Wert und Preis), wobei immer mehr Waren zu Gütern des Massenkonsums werden und nahezu alle Güter der Erde an jedem Ort und zu jeder Zeit für ihre präsumtiven Verwender bereitstehen.

Unter diesen Umständen ist an der Produktivität eines höheren Distributionskosteneinsatzes kaum zu zweifeln. Marktforschung, → Werbung, Verpackung, örtliche und zeitliche Warenbewegung, handelsmäßige Beratung und Hilfe bei der richtigen wechselseitigen Anpassung von Angebot und Nachfrage sind nur Mittel dazu, für die Produzenten *rationellere Erzeugungs-*, für die Konsumenten *rationellere Verbrauchsbedingungen* zu schaffen. Denn bei der Produktion liegt der größere Effekt in Richtung einer Uniformierung und Spezialisierung von Produktionsakten, beim Verbrauch in Richtung der Individualisierung und Universalisierung der Konsumakte. Die Zwischenschaltung von Distributionsorganen macht trotzdem einen *geregelten Verkehr* zwischen diesen beiden sich zunehmend voneinander fortentwickelnden Wirtschaftssphären möglich. - Im Zuge dieser Entwicklung werden die Distributionskosten ständig weiter wachsen. Daß sie nicht längst stärker gestiegen sind, als das tatsächlich geschah, liegt allein an der durch absatzwirtschaftliche Arbeitsteilung bewirkten Rationalisierung auch des Distributionsvorganges selbst. Distributionskosten sind dabei keineswegs allein die Kosten und Gewinne der Händler. Auch die Vertriebs- und Beschaffungskosten der Warenhersteller und -verwender sowie nicht zuletzt die hohen Umsatzsteuersätze (→ Steuern) haben ihren beachtlichen Anteil daran.

Die *H.sspanne* (Differenz zwischen Eingangs- und Ausgangswert der Waren im H.sbetrieb) ist dabei das Entgelt für die Kosten der H.sdienste. Wieweit den Händlern über diese Kosten hinaus Gewinne zufallen, hängt wie in der Produktion davon ab, wieweit der einzelne → Unternehmer es versteht, seinen Betrieb dem Markte richtig einzuordnen. Das spezifische Mittel dazu ist hier sein Sortiment; denn die Frage, wieviel Ware mit welchen Kosten in einem H.sbetrieb tatsächlich umgesetzt werden kann, hängt wesentlich davon ab, *welche* Waren in Nachfrage und Angebot im gleichen Betrieb zusammengefaßt sind. Die *Preisbindung* zweiter Hand birgt aus diesem Grunde stets die Gefahr in sich, daß Kostenvorteile aus richtiger individueller Sortimentsbildung einzelner H.sbetriebe den Warenverwendern nicht zugute kommen, weil der Festsetzung des überall gleichen Preises nur die durchschnittlichen H.skosten zugrunde gelegt werden können.

Wie im Inneren eines Landes der H. die Produktionsmittel dem leistungsfähigsten Unternehmer, die Konsumgüter dem zahlungsfähigsten Kunden zuführt und eine optimale Ausrichtung des Angebotes auf die Nachfrage, der Nachfrage auf das Angebot vermittelt, so bewirkt er das gleiche auch im Zusammenwirken der einzelnen Volkswirtschaften. So ist er eine *Ordnung zu Friede und Wohlstand,* wie sich das heute wieder im »Europäischen Markt« (→ Europa: II, 2) erweisen wird: »Die Handlung besteht in einem Tausche, der Freiheit, Wettlauf und Gleichgewicht erfordert und alle Völker durch Auswechseln ihrer Bequemlichkeiten glücklich machen kann. Dies ist auch der allgemeinen Menschenliebe, dem Zusammenhange der Welt und dem Zwecke des Schöpfers gemäß« (Reimarus).

J.A.H.Reimarus, Handlungsgrundsätze, 1772 - R.Ehrenberg, Der H., 1897 - J.Hirsch, Der moderne H. (Grundriß der Sozialökonomik V, 2), (1918) 1925² - J.Jessen, Der H. als volkswirtschaftl. Aufgabe, 1939 - J.Tiburtius, Lage u. Leistungen des dt. H.s, 1949 - R.Seyffert, Wirtschaftslehre des H.s, 1955 - K.Schiller, Absatzwirtschaft als produktive Aufgabe (Schriften der Forschungsstelle für Konsumwirtschaft), 1957 - A.Lampe, Umrisse einer Theorie des H.s (Schriftenreihe der Forschungsstelle für den H., 3. Folge Nr. 1), 1958. *W.Fleck*

Handel-Mazzetti, *Enrica Freifrau von,* * 10.1.1871 Wien, † 8.4.1955 Linz-Donau. Einem alten, über fast ganz Europa verzweigten und versippten Adelsgeschlecht entstammend, wuchs die Dichterin unter der Obhut ihrer Mutter auf und erlebte 1886/87 in St.Pölten (Nieder-Österreich) im Institut der → Englischen Fräulein ihr denkwürdiges Jahr. Der Ruf eines Carl Muth und Heinrich Federer (= Philalethes) nach einer kath. Dichtung von Rang (1898) fand mit dem Erscheinen ihres Erstlings »Meinrad Helmpergers denkwürdiges Jahr« (1897-1900) und des Donauromans »Jesse und Maria« (1904-06) eine überraschende Erfüllung. Bald aber wurde sie durch den damals tobenden Modernismusstreit (→ Reformkatholizismus) in die Kampfbahn der Meinungen gedrängt und wegen ihrer dem Protestantismus gegenüber versöhnlichen Gesinnung liberaler Tendenzen bis nach Rom hin angeklagt, davor sie sich nur durch eine freilich lahme »Erklärung« (1910) rehabilitieren konnte. Damals vollzog sie, von allzu eifrigen Freunden wie so oft schlecht beraten, die ungute Schwenkung vom »Hochland«- zum »Gral«-Kreis. Auch in dem Plagiatstreit um Karl Schönherrs »Glaube und Heimat« (1910/11) stand sie im Brennpunkt einer erhitzten literarischen Öffentlichkeit. Ihr gesamtes dichterisches Werk, das um die Grundwahrheit des → Thomas a Kempis »Magna res est caritas« und die aus ihr sich entwickelnde Zentralfigur der heldischen Jungfrau und Märtyrerin »Rita« kreist, läßt sich deutlich in zwei große Schaffensperioden scheiden: 1900-14 (Meinrad; Jesse und Maria; Die arme Margaret; Stephana Schwertner), 1926-38 (Karl-Sand-Trilogie; Frau Maria; Graf Reichard). In der Mitte steht das Romanfragment »J.Chr.Günther« (1928) mit der sehr aufschlußreichen, die Frage des künstlerischen Schaffensprozesses erhellenden autobiographischen Einleitung. Ihre von einer spanischen Blut- und Greuelmystik (Ignatius von → Loyola) nicht unbeeinflußte Eigenart realistischer Passionsdarstellungen in den ersten Romanen aus der Glaubenskampfzeit kommt in den späten Reife- und Meisterwerken (Günther; Frau Maria), die auch Ritas gestalterische Vollendung bedeuten, nicht mehr in Erscheinung. Die Dichterin, in selbstgewählter jahrzehntelanger Einsamkeit sich überlebend, stirbt hochbetagt am Karfreitag 1955. - 1956 wurde in der Linzer Bundesstaatlichen Studienbibliothek das H.-M.-Archiv eröffnet, dem der gesamte literarische Nachlaß überantwortet wurde.

Bibliogr.: W.Kosch, Dt. Lit.-Lexikon II, 1949², 821 (Lit.) - Kürschners Dt. Lit.-Kalender 52, 1952, 177 - J.E.Bourgeois, Ecclesiastical Characters in the Novels of E.v.H.-M. (Diss. Cincinnati), 1956 (Anhang) - F.Lennartz, Dichter u. Schriftsteller unserer Zeit, 1957⁷, 215 ff. - Lit.: E.v.H.-M.s Persönlichkeit, Werk u. Bedeutung, hg.v. P.Siebertz, 1930 - Einl. zur Anthologie: Es ist ein groß Ding um die Liebe, hg.v. K.Vancsa (Das österr. Wort, Bd 25), Graz 1958 - Und nie geschah mir das. Die Einl. zum Romanfragment »Günthers Tod«, bearb. u. hg.v. Dems., ebd 1958 - Ders., Das H.-M.-Archiv (Oberösterr. Kulturbericht 1956, Folge 8). *K.Vancsa*

Handwaschung, *liturgische* → Messe: II.

Handwerk

1. Geschichtliches - 2. Begriffsbestimmung - 3. H.swirtschaft - 4. H.spolitik - 5. H.sgesetzgebung - 6. H.sforschung - 7. H. in der DDR. - Vgl. auch → Arbeiter: I, → Mittelstand, → Sozialgeschichte, → Wirtschaftsgeschichte, → Wirtschaftspolitik

1. Die *Anfänge* des H.s reichen, da es sich um die älteste gewerbliche Produktionsform der Menschheit handelt, in vorgeschichtliche Zeiten zurück. Viele hochentwickelte Kulturen der Vergangenheit haben auf handwerklicher Grundlage bedeutende technische Leistungen hervorgebracht, keine entwickelte Menschheitskultur ist ohne H. möglich und denkbar. Im christlich-abendländischen Kulturkreis erreichte das H. während des MA eine einmalige Blüte, die durch den Zusammenklang von künstlerischer Gestaltungskraft, wirtschaftlichem Wohlstand und gesellschaftlicher Harmonie gekennzeichnet ist (→ Zunft). Der Beginn der industriellen Revolution am Ausgang des 18.Jh.s führte die Herrschaft einer neuen Produktionsform, der industriellen, herauf (→ Industrie: I), die in der Gegenwart einem Höhepunkt zustrebt. Das H. trat in die zweite Reihe der gewerblichen Produktionsweisen zurück, behielt indessen weiterhin eine erhebliche Bedeutung.

2. Die entwicklungsgeschichtlich bedingte Einschätzung des H.s als »vorindustrieller« Wirtschaftsform wird der modernen Sachlage nicht mehr gerecht, da keine ausreichenden Anzeichen dafür vorliegen, die Industrie (Großbetrieb) werde das H. (Kleinbetrieb) schlechthin verdrängen. Diese Auffassung läßt außer acht, daß beide Wirtschaftsbereiche unterschiedliche volkswirtschaftliche Funktionen wahrnehmen, die nebeneinander bestehen. Auf der technischen Grundlage individueller, besonders erlernter Handfertigkeit und umfassender Werkstoffbeherrschung (Voigt) vollzieht der Handwerker Produktions- oder Dienstleistungen mannigfaltiger Natur, bei denen der Einsatz der vollen Handwerkerpersönlichkeit stets die Voraussetzung für gutes Gelingen ist. Die Betätigungsbereiche für personale H.sleistung sind: Neuherstellung, Montage und Installation, Instandhaltung (Pflege) und Reparatur, sachliche und persönliche Dienstleistungen, Handelstätigkeit in Verbindung mit einer dieser Funktionen. - Dem technischen (persönlich geprägten) Charakter der H.sleistung entspricht ihre wirtschaftliche Verwertung: der selbständige Meister bringt sie persönlich auf den werkstattnahen Markt (Lokalabsatz) und bemüht sich daselbst um die Gewinnung individueller Auftraggeber (Kundenproduktion). Die Abmessungen des H.sbetriebes sind infolgedessen meist begrenzten Umfanges, Kapital- und Maschineneinsatz halten sich in den Grenzen des arbeitsintensiven Personalbetriebes. Dementsprechend bleiben technische → Produktivität und finanzielle Rentabilität hinter dem Großbetrieb (→ Betrieb: II) zurück. Die besondere Art

des technischen Vollzugs der H.sleistung und ihrer wirtschaftlichen Darbietung im Klein- und Mittelbetrieb bedingt weiterhin das besondere gesellschaftliche Gefüge des H.s. Sein berufsständischer Charakter ist trotz mancher Abschwächungen von innen und außen unverkennbar erhalten, wird aber durch die wachsende Dynamik und Mobilität des Gesellschaftsganzen zunehmender Belastung ausgesetzt. – Da die Person eindeutig Träger der H.swelt ist, kann diese aus den sittlich bestimmten Lebenskreisen Familie, Kirche, Staat, Volk nicht herausgelöst werden; sie erweist sich der Erklärung mit den Denkmitteln der reinen Ökonomie als unzugänglich. Unter H. wird im allgemeinen Sprachgebrauch nebeneinander die Produktionsweise, der individuelle → Beruf (: I), das Betriebssystem und der Berufsstand verstanden.

3. Im Gebiet der BRD zählt man 1958 rd 750 000 selbständige H.sbetriebe mit rd 4 Mill. Erwerbstätigen, die einen Jahresumsatz von ca 60 Md. DM tätigen. Die installierte Kraftleistung hat 1956 insgesamt 3,5 Mill. kW betragen, woraus sich ein schematischer Durchschnitt von 5,3 Beschäftigten und 4,7 kW je Betrieb errechnet. Alle Durchschnittswerte sind im H. jedoch von geringem Erkenntniswert, da die praktischen Verhältnisse außerordentlich stark differenziert sind. Der H.skörper gliedert sich beruflich-fachlich in weit über hundert H.szweige teils älteren Ursprungs, teils neuzeitlicher Herkunft. Die Mehrzahl der Arbeitsstätten sind solche mit 2–5 Beschäftigten; darunter befinden sich zahlreiche Alleinbetriebe (etwa ein Drittel der Gesamtzahl), darüber hinaus wachsen handwerkliche Mittel- und Großbetriebe mit Beschäftigtenzahlen von 100 Personen und mehr (Baugewerbe). Auch zwischen Großstadt, Kleinstadt und flachem Land bestehen erhebliche Unterschiede in der fachlichen Zusammensetzung der Betriebe, in der Betriebsgröße und Betriebsdichte (Arbeitsstätten je 1000 Einwohner), in den Umsatzziffern und in den betrieblichen Funktionen. Entgegen früheren Auffassungen hat sich die Großstadt (→ Stadt) als günstiger Standort für zahlreiche Berufszweige erwiesen, das flache Land wird in wachsendem Maße handwerklich besiedelt. – Von den geschichtlich überkommenen H.en hat sich ein großer Teil dadurch behauptet, daß er den Anschluß an die allgemeine technische Entwicklung hergestellt hat und systematisch pflegt. Die ländlichen H.sberufe haben teilweise an Boden verloren, dafür breiten sich städtische Zweige auf die Dörfer aus (→ Dorf). Schließlich hat das Industriesystem eine Reihe neuer Berufe hervorgebracht, die ständig wächst: sog. industrielle Folge-H.e. Sie befassen sich durchweg mit der Pflege industrieller Erzeugnisse: Kraftfahrzeuge, Landmaschinen, Elektrogeräte, Haushaltmaschinen, Rundfunk- und Fernsehapparate, sanitäre Anlagen, Zentralheizungen usw, und schalten sich häufig auch in den Handel mit diesen Erzeugnissen ein. – Viele H.sleistungen werden auch in Verbindung mit anderen Tätigkeiten erbracht, kommen also außerhalb der H.swirtschaft zustande. Das gilt für die Industrie (Fabrikhandwerker), die Landwirtschaft, den → Handel, den → Verkehr und die Verwaltung; sie alle lassen H.sarbeiten in eigener Regie ausführen.

4. Die *H.spolitik* ist auf die Förderung der selbständigen H.sbetriebe und der darin tätigen Menschen gerichtet und wird teils von öffentlichen Stellen (staatliche H.spolitik), teils von den Berufsorganisationen (autonome H.spolitik) getragen. In wirtschaftlicher Hinsicht ist die H.spolitik Bestandteil der Gewerbepolitik, in staatlich-gesellschaftlicher Hinsicht ein solcher der Mittelstandspolitik. Dem personalen Grundzug des H.s gemäß hat sich die H.spolitik lange Zeit fast ausschließlich mit Fragen der beruflichen Erziehung und Bildung der Handwerkerschaft befaßt. Mit wachsendem Gewicht der betriebstechnischen und betriebswirtschaftlichen Fragen ist in den letzten Jahrzehnten die handwerkliche Gewerbeförderung immer wichtiger geworden, um die Konkurrenzfähigkeit des H.s auch von dieser Seite her zu stützen. Hinzu kommen wirtschaftspolitische Ziele und Maßnahmen allgemeiner Art, die sich aus der Verflechtung des H.s in die soziale Marktwirtschaft ergeben.

Die Entwicklung im Berufserziehungs- und Berufsbildungswesen hat zur Schaffung eines lückenlosen Ausbildungssystems geführt, das bewährte Grundsätze des im MA ausgeprägten Systems mit neuzeitlichen Erfordernissen verknüpft. Der Lehrling macht nach der Eignungsprüfung eine Probezeit durch; seine Fortschritte in Werkstatt und → Berufsschule werden durch das Werkstattwochenbuch und jährliche Zwischenprüfungen überwacht; am Abschluß der meist dreijährigen Lehrzeit steht die Gesellenprüfung, bestehend aus einem praktischen, einem theoretischen und einem allgemeinbildenden Teil. Dem Gesellen stehen in Fachschulen, allgemeinen und speziellen Fachkursen und sonstigen Bildungslehrgängen verschiedener Organisationen nützliche Einrichtungen zur Fortbildung zur Verfügung. Nach fünf Gesellenjahren kann die Meisterprüfung abgelegt werden, die den Stoff der Gesellenprüfung auf höherer Ebene wiederholt, erweitert durch spezielle Nachweise im Hinblick auf die erstrebte Selbständigkeit. Den Selbständigen wiederum stehen fachliche und allgemeine Einrichtungen zur laufenden Weiterbildung zur Verfügung. Die Pädagogik mißt dem handwerklichen Bildungssystem eine erstrangige Bedeutung für die umfassende Erziehung und Bildung des werktätigen Menschen durch den Beruf zu.

Hand in Hand hiermit richten sich die gewerbefördernden Bestrebungen auf die ständige Verbesserung der Werkstattvorgänge und des Betriebsgeschehens in technischer und kaufmännischer Hinsicht. Zahlreiche Gewerbeförderungsstellen und -anstalten im Bundesgebiet beraten die H.sbetriebe durch Ingenieure und Betriebswirte, schlagen unter Berücksichtigung der individuellen Betriebsverhältnisse zweckmäßige Neuerungen vor und führen einen Erfahrungsaustausch durch (Betriebsvergleiche). Auch gemeinsame Forschungs- und Entwicklungsarbeiten kommen auf diese Weise zustande. – Unter allgemeinen wirtschaftspolitischen Maßnahmen sind insbesondere Bemühungen zur Verbesserung der Kredit- und Kapitalversorgung, zur Erleichterung der Steuerlasten, zur Klärung von Wettbewerbsverhältnissen u.dgl. zu verstehen. In sozialpolitischer Hinsicht spielen Lohn- und Tariffragen (→ Lohn), vor allem auch solche der → Sozialversicherung für Selbständige (Altersversorgung) eine wichtige Rolle. Das H. befindet sich hier stark in der Abwehr gegenüber sozialpolitischen Nivellierungstendenzen aller Art.

5. Die neuzeitliche *H.sgesetzgebung* in Deutschland fußt auf der Gewerbenovelle von 1897, mit welcher die H.skammern eingerichtet wurden. 1908 folgte die Einführung des kleinen Befähigungsnachweises, der das Recht zur Anleitung von Lehrlingen grundsätzlich den geprüften H.smeistern vorbehielt. 1929 wurde die H.srolle als amtliches Verzeichnis der H.sbetriebe, jedoch ohne Registercharakter, eingeführt. 1935 trat der große Befähigungsnachweis hinzu: wer fortan im H. selbständig werden wollte, mußte zuvor die Meisterprüfung ablegen. 1953 wurde das nach 1945 in Besatzungszonen aufgegliederte H.srecht in der BRD einheitlich neu kodifiziert (H.s-Ordnung). Die wichtigsten Bestimmungen besagen folgendes: Freie Innungen, Innungsverbände auf Landes- und Bundesebene, Kreishandwerkerschaften und H.skammern bilden das Gefüge der gesetzlichen

H.sorganisation; mit Ausnahme der Innungsverbände handelt es sich um Körperschaften öffentlichen Rechts. Als H. gelten solche Gewerbezweige, die im Gesetz namentlich aufgeführt sind (sog. Positivliste). Die H.skammern sind Pflichtorganisationen mit Beitragszwang, sie führen die Lehrlingsrolle und die H.srolle (Inhaberrolle). Lehrverhältnis, Gesellen- und Meisterprüfung sind gesetzlich geregelt. Wer im H. selbständig werden will, hat die Meisterprüfung abzulegen (großer Befähigungsnachweis); die Zulassung kann auch im Ausnahmeverfahren erfolgen. - Die gesetzlich formulierten Aufgaben der handwerklichen Selbstverwaltung erstrecken sich nach älterem Vorbild auf: Berufserziehung und Ausbildung, technische und betriebswirtschaftliche Gewerbeförderung, allgemeine Förderung des Berufsstandes, Interessenvertretung gegenüber Wirtschaft und Staat. In den *Innungen* sind die Gesellen durch den Gesellenausschuß, in den H.skammern mit einem Drittel der Vorstandsmitglieder vertreten (→ Mitbestimmung). Die H.skammern sind im Deutschen H.skammertag zusammengeschlossen, Kammern und Verbände gemeinsam im Zentralverband des Deutschen H.s (Sitz Bonn).

6. Zur wissenschaftlichen Pflege handwerklicher Probleme bestehen besondere Forschungsinstitute, die im Deutschen H.sinstitut (Sitz München) vereinigt sind. Solche Institute befinden sich zZ an den Universitäten München, Frankfurt, Köln und Göttingen, an der Technischen Universität Berlin, an den Technischen Hochschulen Hannover und Karlsruhe sowie in Münster/ Westf. Die Institute und Seminare pflegen jeweils eine besondere Forschungsrichtung und arbeiten mit ähnlichen Einrichtungen national und international zusammen.

7. In der *DDR* ist das »Gesetz zur Förderung des H.s« von 1950 dadurch weithin gegenstandslos geworden, daß das H. seit 1957 der Sozialisierung zugeführt wird. Die Einführung einer besonderen H.ssteuer hatte bereits früher zur Aushöhlung des H.s beigetragen. Künftig sollen die noch zugelassenen H.sleistungen in Produktionsgenossenschaften erbracht werden, der privatwirtschaftende Einzelhandwerker ist auf die Absterbeliste gesetzt. Vor 1945 waren im Gebiet der DDR etwa 300 000 selbständige H.sbetriebe vorhanden.

W.BUCERIUS, Grundlagen der rationellen Betriebsführung mit besonderer Berücksichtigung des H.s, (1919) 1927² - K.GATZ, Das verlorene Tagewerk, 1951 - H.MITGAU, Berufsvererbung u. Berufswechsel im H., 1952 - K.RÖSSLE, Betriebswirtschaftslehre des H.s, 1952 - W.WERNET, H.spolitik, 1952 - DERS. (Hg.), Bibliogr. des H.s, 1953ff - DERS., Kurzgefaßte Gesch. des H.s in Deutschland, (1953) 1956² - E.EYERMANN-L.FRÖHLER, H.s-Ordnung (Kommentar), 1953 - A.GUTERSOHN, Das Gewerbe in der freien Marktwirtschaft I, Zürich-St.Gallen 1954 - W.FISCHER, H.srecht u. H.swirtschaft um 1800, 1955 - F.VOIGT, Art. H. in: HWSW V, 1956, 24ff.

W.Wernet

Haner, 1. *Georg* (1672-1740), gelehrter, streitbar-orth. Bekämpfer des Pietismus, Bischof der ev. Sachsen in → Siebenbürgen (1736-40). * in Schäßburg, wo er nach fleißigen Studien in Wittenberg (1691-93) auch Rektor und Prediger wurde, bevor er 1698 ins Pfarramt ging.

Vf. bes.: Historia Ecclesiarum Transylvanicarum, 1694 (Die erste KG Siebenbürgens). - Über H.: ADB X, 507 - TRAUSCH-SCHULLER II, 54ff; IV, 173 (Bibliogr.) - F.TEUTSCH, Gesch. der ev. Kirche in Siebenbürgen, 2 Bde, Hermannstadt 1921/22 - H.JEKELI, Unsere Bischöfe, ebd 1933.

2. *Georg Jeremias* (1707-77), Sohn von 1, * in Keisd (Siebenbürgen), Student in Jena, dann Lehrer, Rektor, Archidiakon, später Stadtpfarrer in Mediasch. Als Bischof der ev. Sachsen (seit 1759) war H. bedeutsam für die Anpassung ihrer Kirche an die Epoche der absolutistischen Aufklärung. Durch große rechtsgeschichtliche Arbeiten und persönliches Auftreten wirkte er den gegenreformatorischen Rechtsbrüchen des habsburgischen Staates ebenso entgegen wie er, gemeinsam mit Bruckenthal (→ Siebenbürgen), durch Schaffung einer (mißverständlich sog.) Konsistorialverfassung (1754) geistliche und weltliche Vertretung zusammen-, den kath. Einfluß aber ausschloß. Auch seine Visitationen (bes. zur Schulreform) und die Bekämpfung der Herrnhuter zielten auf Festigung der kirchlichen Einheit.

Bibliogr. u. Lit. bei TRAUSCH-SCHULLER II, 60ff; IV, 174. - Über H.: ADB X, 508ff - F.TEUTSCH (s. 1) - H.JEKELI, Die Herrnhutische Bewegung in Siebenbürgen (AVSL NF 46, 1931, 5-326) - DERS. (s. 1; Lit.).

P.Philippi

3. *Johann* (um 1480-1549), * Nürnberg, † Bamberg. Geistlicher in Nürnberg, ein nie hervortretender Freund der Reformation im Sinn Zwinglis. 1525 war er kurze Zeit Domprediger in Würzburg, dann ohne Amt, aber im Pfründegenuß (u.a. der Pfarrei Fürth) in Nürnberg. Seit 1532 in Verbindung mit Rom, wurde er 1534 wegen einer ohne sein Zutun gedruckten reformationsfeindlichen Schrift, auf die Thomas Venatorius antwortete, aus Nürnberg ausgewiesen. 1535 Domvikar und Inhaber anderer Pfründen (1541-44 auch Domprediger) in Bamberg.

RE VII, 400ff - Mitt.en des Vereins für Gesch. der Stadt Nürnberg 44, 1944, 294-304 - J.KIST, Die Matrikel der Geistlichkeit des Bistums Bamberg 1400-1556, 1959, Nr. 2374.

Matth.Simon

Hannas (Talmud: Elḥanan, Ḥannin; Josephus: Hananos) war der erste von den Römern eingesetzte Hohepriester (6-15 nChr). Sein Haus war im 1.Jh. nChr neben dem des Boëthos das mächtigste der illegitimen hochpriesterlichen Geschlechter (die legitimen zadokitischen Hohenpriester amtierten in → Leontopolis). Die fünf Söhne des H. waren sämtlich Hohepriester; zZ Jesu bekleidete sein Schwiegersohn → Kaiphas (ca 18-37) dieses Amt (Joh 18, 13). H. gehörte unter Kaiphas als Ex-Hoherpriester nach wie vor dem Synhedrium an und war am Prozeß gegen Jesus (Joh 18, 12-24) und die Apostel (Apg 4, 6) führend beteiligt.

Qu.: Josephus, Ant. 18, 26; 20, 197f - TosMen 13, 21 par bPes 57a. Historisch wertlos: Pilatusakten (M.R.JAMES, The Apocryphal NT, [1924] 1953², 96. 121. 157. 162). - Lit.: SCHÜRER II, 256f. 270f. 274f - BILL. II, 568ff - J.JEREMIAS, Jerusalem zur Zeit Jesu II B, 1937, 52ff.

J.Jeremias

Hanneken, *Philipp Ludwig* (1637-1706), luth. Theologe, * in Marburg als Sohn des Theologie-Prof. Meno H., studierte in Gießen, Leipzig, Wittenberg und Rostock. Seit 1663 lehrte er in → Gießen, zunächst als Prof. der Redekunst und des Hebräischen, seit 1667 der Theologie; 1677 wurde er auch Sup. Im Gießener Pietistenstreit (seit 1689) ist H. als Vorkämpfer der luth. Orthodoxie gegen Joh.H. → May zwar unterlegen; seine Streitschriften aber erlangten große Bedeutung. H. kämpfte gegen die Privatkinderlehre im Pfarrhaus, gegen die Privatzusammenkünfte und gegen die Lehre von der Vollkommenheit. Er stellte sich auf den Boden der Kirchenordnung. Der Darmstädter Hof (bes. die Landgräfin Charlotte Dorothea) stand, durch → Spener beeinflußt, auf seiten der Pietisten. H. war empört, weil er in seinem Amt als Sup. die Kirchenordnung behütete und dafür vom summus episcopus zur Verantwortung gezogen wurde. H. bat den Landgrafen um seine Entlassung, ging 1693 als Theologie-Prof. und Sup. nach Wittenberg und setzte dort seinen Kampf gegen den Pietismus und für die luth. Bekenntnisschriften fort.

STRIEDER V, 254ff (Bibliogr.) - H.HEPPE, KG beider Hessen II, 1876, 417ff - Die Universität Gießen 1607-1907 (Festschr.) I, 1907, 430; II, 1907, 48ff. 133ff. 253ff - W.DIEHL, Hassia sacra I, 1921, 223; II, 1925, 90f.

H.Steitz

Hannover, *Land*

1. Mittelalter - 2. Von 1517-1648 - 3. Von 1648-1815 - 4. Seit 1815 - 5. Statistik

1. H., seit 1946 Verwaltungsgebiet des Bundeslandes Niedersachsen, war, abgesehen von einem friesischen Küstenstreifen, Teil des Sachsenlandes, das → Karl der Große durch die 772 begonnenen Kriege dem Frankenreich eingliederte (Widukinds Taufe 785) und planmäßig durch fränkische Bistümer (Mainz, Utrecht, Lüttich u.a.) und Klöster (→ Fulda, Amorbach u.a.) mit Unterstützung angelsächsischer Missionare (→ Liudger, → Willehad) christianisieren ließ. Die unter Ludwig dem Frommen abgeschlossene Errichtung von Bistümern teilte diese den Kirchenprovinzen Köln (Minden, Osnabrück, Münster, zunächst auch Bremen) und Mainz (Hildesheim, Verden, Paderborn, Halberstadt) zu. Als Grenzland des Reiches und der Christenheit gegen Dänen, Normannen und Slawen hat das Gebiet damals nicht nur Grenzlandnöte mitgetragen, sondern sich auch in den Dienst der hier erwachsenden Missionsaufgaben gestellt (→ Hamburg: I, → Ansgar, → Vicelin, Wendenkreuzzug 1147, Livenmission). Der Aufstieg des sächsischen Herzogshauses zur königlichen Macht und die seit → Otto I. zunehmende Heranziehung der hohen Geistlichkeit zu politischen Aufgaben brachte den sächsischen Bischöfen zahlreiche Verleihungen von Reichsgut und Hoheitsrechten. Diese wurden die Grundlage für die um 1400 abgeschlossene Bildung der geistlichen Territorien H.s: Bremen, Verden, Hildesheim, Eichsfeld und Nörten (Kurmainz), Osnabrück, Niedermünster. Als Männer der Kirche ragten hervor die Bischöfe → Bernward und Godehard von Hildesheim und Benno II. von Osnabrück († 1088). Waren als Stätten klösterlichen Lebens trotz des Vorgangs von Kloster → Korvey zunächst im 9. und 10.Jh. Kollegiatstifter (zB Ramesloh, Bücken) und Kanonissenstifter (zB Bassum, Wunstorf, Fischbeck, Hilwartshausen) bevorzugt worden, so traten neben sie im 10. und 11.Jh. strenge Benediktinerklöster (zB St.Michaelis in Hildesheim, in Lüneburg, Iburg, Bursfelde). Bei den vielen Klostergründungen des 12. und 13.Jh.s standen die Zisterzienser zahlenmäßig an erster Stelle (→ Loccum), unter den Bettelorden die Minoriten (Hildesheim 1223). In den Städten, in denen die Gründung neuer Parochien mit dem Bevölkerungswachstum Schritt hielt und reiche Stiftungen die Pfründen vermehrten, gewann die Bürgerschaft bestimmenden Einfluß auf die kirchliche Vermögensverwaltung. Daß im hannoverschen Gebiet die Reformbestrebungen des 15.Jh.s aufgenommen wurden, bezeugen u.a. die Klosterreformen des 1437 aus → Windesheim gekommenen Wittenburger Subpriors Johann → Busch und der 1446 beginnende Zusammenschluß von Benediktinerklöstern in der → Bursfelder Kongregation.

2. Die *Reformation* führte auch in H. zu einer weitgehenden Aufspaltung des Kirchenwesens in kleine Territorialkirchen. Demgegenüber war es für die Möglichkeit einer späteren Zusammenfassung von großer Bedeutung, daß die meisten dieser Kirchen in Lehre und Ordnung durch die luth. Reformation geprägt wurden. Die welfischen Territorien wurden dabei richtunggebend. Im Fürstentum Lüneburg sorgte Ernst der Bekenner seit 1527 behutsam für die Beseitigung kirchlicher Mißbräuche (Artikelbuch) und schriftgemäße Predigt (Instruktion für die Prediger 1529) und fand in Urbanus → Rhegius als Landessuperintendenten den Helfer beim Aufbau kirchlicher Ordnung in Luthers Sinn (Formulae caute loquendi, 1535). Auch weiterhin fehlte es der Landeskirche nicht an fürsorgenden Landesherren (KOen von 1564, 1619, 1643; Corpus doctrinae Wilhelminum 1576, nachher ergänzt durch FC). Zu den späteren Generalsuperintendenten gehörten der luth. Mystiker Johann → Arndt und der entschiedene Lutheraner Michael Walther (Katechismus 1653). - Im Fürstentum Calenberg-Göttingen hatte Erich I. († 1540) die Annahme der Lehre Luthers durch die Städte Göttingen (1529), H. (1533) und Northeim (1539) nicht hindern können. Seine Witwe → Elisabeth (, 2) führte dann mit Hilfe von Antonius → Corvinus das ganze Land der Reformation zu (KO 1542). Jedoch hinterließ Erichs II. gescheiterter Rekatholisierungsversuch unklare Verhältnisse, die erst nach dem Anfall Calenbergs an Wolfenbüttel von Herzog Julius durch die Einführung seiner KO von 1569 (»Calenberger« KO) und des Corpus doctrinae Julium von 1576 (ohne spätere Ergänzung durch die FC) beendet wurden. Für die Kirche des 1635 wieder selbständig gewordenen Fürstentums errichtete Herzog Georg 1636 ein Konsistorium in H. - Dem Fürstentum Grubenhagen, das schon 1522 in Einbeck den Anfang der ev. Bewegung sah, gab Herzog Philipp 1544 die abschließende KO. - Von den kleinen Territorien des östlichen H. hat Hadeln unter Herzog Magnus von Lauenburg (verlorene KO von 1526), Hoya 1526, Diepholz nach 1528, die Reichsstadt Goslar 1528 (→ Amsdorf) die Lehre Luthers angenommen. Hohnstein folgte seit 1546, Schaumburg 1559. Auch die Herrschaft Plesse war seit 1540 luth. geworden. Spätere Zugehörigkeit zu Niederhessen führte 1613 zu ihrer Calvinisierung. - Nicht so eindeutig wie im Osten H.s waren die Entscheidungen in den Grafschaften an der niederländischen Grenze. In Ostfriesland hatte Edzard I. († 1528) schon 1519 Luthers Schriften gelesen, aber auch nicht dem Eindringen zwinglischer und täuferischer Lehren gewehrt. Vergeblich versuchten seine Nachfolger den Ausgleich (Johannes → Laski zeitweilig Superintendent). Der sich versteifende Gegensatz von Lutheranern und Reformierten (→ Ligarius, M. → Alting) führte schließlich unter Enno III. zu den Konkordaten von 1599, die den Gemeinden beider Parteien das Recht gaben, ungehindert bei ihrem Konfessionsstand von 1599 zu bleiben. In dem 1643 errichteten luth. Konsistorium erhielten 1766 auch die Reformierten eine Vertretung. - Nachdem in der Grafschaft Bentheim Arnold I. 1544 die CA eingeführt hatte, erfolgte unter Arnold II. der Übergang zum Calvinismus (1613 Oberkirchenrat). Jedoch behielt der Katholizismus Stützpunkte in den Klöstern. - Die Niedergrafschaft Lingen, unter Graf Konrad von Tecklenburg 1543 luth. geworden, erlebte nach 1548 durch die Spanier die Rekatholisierung. Seit 1597 versuchten die Oranier, zweimal durch kath. Regenten abgelöst, das Land für die ref. Kirche zu gewinnen, doch ohne durchschlagenden Erfolg. - Auch in 4 von den 6 geistlichen Territorien H.s hat die Reformation zur Gründung luth. Territorialkirchen geführt. Im ganzen Erzstift → Bremen setzte sie sich trotz anhaltenden Widerstands des Erzbischofs Christoph († 1558) durch, ebenso nach seinem Tode im ganzen Stift → Verden, dem Bischof Eberhard von Holle († 1586) eine luth. KO gab. Beide Territorien, nun »Herzogtümer«, erhielten 1651 unter der Schwedenherrschaft eine landeskirchliche Organisation mit Generalsuperintendent und Konsistorium in Stade an der Spitze, dem auch einige ehemals bremische ref. Gemeinden unterstellt wurden. - Der größte Teil des Stiftes → Hildesheim (»Großes Stift«), der nach der Hildesheimer Stiftsfehde zu Calenberg und Wolfenbüttel gehörte, wurde mit diesen Ländern luth. Auch in dem bischöflich gebliebenen »Kleinen Stift« gewann die Reformation Raum. Die Stadt Hildesheim wandte sich ihr 1542 zu (→ Bugenhagens KO). Trotz gegenreformatorischer Maßnahmen blieb, auch als der Bischof 1643 das »Große Stift« wiedergewann, der über-

wiegende Teil des Stifts ev. (1651 luth. Konsistorium). – Das bis 1570 ganz ev. gewordene kurmainzische Eichsfeld dagegen wurde durch die 1574 einsetzende Gegenreformation mit geringen Ausnahmen rekatholisiert. – Der Stadt Osnabrück hatte 1543 Hermann → Bonnus mit Bewilligung des Bischofs Franz von Waldeck eine luth. KO gegeben und auch in den Landgemeinden des Stifts → Osnabrück und des Niederstifts → Münster eine reformatorische Kirchenvisitation gehalten. Da aber Franz 1548 widerrief, die Religionspolitik seiner Nachfolger wechselte und auch die 1570 einsetzende Gegenreformation keine eindeutige Entscheidung erzwingen konnte, wurden schließlich 1650 die Kirchspiele des Stifts Osnabrück durch die capitulatio perpetua in kath. und luth. Pfarreien aufgeteilt, dazu auch ein luth. Konsistorium errichtet. Dagegen galt das Niederstift Münster als kath. Land.

3. Die seit dem Ende des 17.Jh.s eintretende Zusammenfassung und Erweiterung des welfischen Herrschaftsgebiets (Kurfürstentum 1692, Vereinigung von Calenberg und Lüneburg 1705, Erwerbung von Bremen-Verden 1715) war auch kirchengeschichtlich von Gewicht. Die sofort vollzogene Unterstellung Lüneburgs unter das hannoversche Konsistorium, dem bereits vorher die Kirchen kleiner an Calenberg gefallener Territorien (u.a. Grubenhagen) angegliedert worden waren, bedeutete die Bildung eines geschlossenen luth. Kirchengebiets, das bereits fast die Hälfte H.s umfaßte. Der Tendenz zum kirchlichen Zusammenschluß kam entgegen die von → Helmstedt (G. → Calixt) ausgehende, auch politisch einflußreiche Theologie, die, den konfessionellen Schulkämpfen abhold, auf das christliche Handeln drängend, ein mildes Luthertum vertrat. Zu ihren besten Vertretern gehörten Justus → Gesenius in Calenberg (Katechismus 1639, Gesangbuch 1646) und Joachim Hildebrand in Lüneburg (Gesangbuch 1667). Die Gefahren der Helmstedter Theologie zeigten sich bei den von dem Loccumer Abt G.W. → Molanus, unterstützt von Leibniz, mit kath. Theologen geführten Unionsverhandlungen. – Obwohl Verbindungslinien von Männern wie Johann Arndt und Justus Gesenius zum Pietismus nicht fehlten, fand dieser, vom Konsistorium in H. seit 1703 durch strenge Edikte bekämpft, auch in seinen kirchlichen Formen nur in kleinen Kreisen des Kurfürstentums (stärker in Ostfriesland) Eingang. – Der Aufklärung gegenüber war die hannoversche Kirche, den Extremen abgeneigt, bemüht, »mit dem Zeitalter fortzuschreiten« und doch die Fühlung mit den Lehrgrundlagen der Kirche nicht zu verlieren (Aufrechterhaltung der Bekenntnisverpflichtung der Geistlichen). Verwandter Geist beherrschte die 1737 gegründete Landesuniversität → Göttingen (→ Mosheim Kanzler). Starke Wandlungen erfuhr das gottesdienstliche Leben, nicht zuletzt durch die den Geistlichen 1800 gegebene Freiheit zu vorsichtigen liturgischen Änderungen. Für die Prägung der Volksfrömmigkeit wirkte am nachhaltigsten der hannoversche Landeskatechismus von 1790 mit seinem ausführlichen Abschnitt »Von den Pflichten und der Tugend eines Christen«. Verdienste um die Ausbildung der Geistlichen erwarb sich Abt Salfeld (Neue Ordnungen für das Hospiz des Klosters Loccum, Gründung des Predigerseminars H. 1816). – Durch Zuwanderung von → Hugenotten entstandene ref. Gemeinden in Celle und H. verbanden sich 1703 mit der Gemeinde in Bückeburg zur Konföderation ref. Gemeinden in Niedersachsen.

4. Die politische Neuordnung Europas nach den napoleonischen Kriegen brachte H. die Erhebung zum Königreich (1814) und die Angliederung neuer Gebiete (Hildesheim, Osnabrück, Ostfriesland, Bentheim, Lingen, Emsland, Plesse usw). In ihm standen, unabhängig voneinander, nur durch den Summepiskopat des Königs verbunden, in den alten territorialkirchlichen Grenzen die Bezirke der Konsistorien von H. (1818 vergrößert um Hildesheim), Stade, Otterndorf, Osnabrück, Aurich und des Oberkirchenrats Nordhorn. Ihr landeskirchlicher Zusammenschluß wurde innerlich vorbereitet durch die Erweckungsbewegung (→ Erweckung: I, 5c), die von Männern wie A.v.Arnswaldt, dem Liederdichter Ph. → Spitta, Niemann, dem Gründer der → Hermannsburger Mission, L. → Harms, Münkel, L.A. → Petri getragen, die Bedeutung des Bekenntnisses der Kirche und ihrer reformatorischen Ordnungen wiederentdeckte und als Neuluthertum (→ Luthertum: II) die Aufklärungstheologie zu überwinden strebte (Pfingstkonferenz seit 1842; Petris »Agende« 1852; Streit mit der Göttinger Fakultät 1853). Die Anstöße zur Fortbildung der Kirchenverfassung im Sinne eines landeskirchlichen Aufbaus mit presbyterial-synodalen Organen und einer Zentralbehörde kamen aus dem politischen Raum (1833 Staatsgrundgesetz, 1848 Bildung von Kirchen- und Schulvorständen). Schließlich erzwang 1862 der ebenfalls stark politisch bestimmte Katechismusstreit, bei dem es um die durch königliche Verordnung befohlene Ersetzung des alten Landeskatechismus von 1790 durch eine Neubearbeitung des Waltherschen von 1653 ging, die Berufung einer luth. Vorsynode. Diese beschloß eine, 1864 vom König bestätigte, »Kirchenvorstands- und Synodalordnung«. Die Errichtung eines Landeskonsistoriums für die Landeskirche erfolgte 1866 in letzter Stunde der Selbständigkeit H.s. Gerhard → Uhlhorn wurde in ihm der führende Mann. – Die ref. Gemeinden in Ostfriesland, Bentheim, Lingen, Bremen und Plesse erhielten 1882 als »Ev.-ref. Kirche der Provinz H.« eine entsprechende Verfassung. Ihre Kirchenbehörde wurde das paritätische Konsistorium in Aurich.

Die Annexion H.s durch → Preußen 1866 stellte gerade die Kirche vor Gewissensfragen (zB Huldigungseid, → Ewald [, 1]). Der Wechsel des Herrscherhauses führte zu stärkerer Distanzierung von Thron und Altar, die Begegnung mit der preußischen → Union (: I) zu gesteigerter Betonung des luth. Charakters der Landeskirche (Erste allgemeine luth. Konferenz 1868 in H.). Not machte die Gefahr einer Politisierung der Kirche. Sie wurde besonders deutlich bei den Verhandlungen über die durch die → Zivilstandsgesetzgebung veranlaßte Änderung der Trauungsliturgie, die 1878 zu der von Hermannsburg ausgehenden Separation führte. Die kirchliche Gesetzgebung nach 1866 diente zum guten Teil dem Ausbau der landeskirchlichen Einheit. Dabei griff die 1876 begonnene, nachher in der Agende von 1900 zusammengefaßte Neubearbeitung der agendarischen Ordnungen auf die reformatorischen KOen zurück. Ein landeskirchliches Gesangbuch kam 1883 zur Einführung. Alte territorialkirchliche Grenzen fielen durch die Aufhebung der Konsistorien in Otterndorf und Osnabrück (1885) und Stade (1903) sowie mit der Ersetzung der 8 alten landschaftsgebundenen Generalsuperintendenten durch 4 mit neugebildeten großen Bezirken nach preußischem Vorbild (1902). Bewegt waren jene Jahrzehnte durch theologische Kämpfe. Landeskonsistorium und → Protestantenverein stießen 1872ff hart zusammen (Lehrprozesse). Ausgangspunkte für die freie, vereinsmäßig organisierte → Innere Mission wurden in H. nach Gründung einzelner Rettungshäuser (Linerhaus 1845) Anstalten wie das Henriettenstift (1860) und das Stephansstift (1870). Für die soziale Frage versuchte Uhlhorn schon früh (1875) Verständnis zu wecken.

Die 1918 durch den Fortfall des → Landesherrlichen

Kirchenregiments notwendig gewordene, von der Verfassunggebenden Kirchenversammlung 1922 beschlossene Umbildung der landeskirchlichen Verfassung sah über den Kirchengemeinden und Kreiskirchenverbänden als zentrale Organe vor: den Landeskirchentag (1945 »Landessynode«) und Landeskirchenausschuß (1946: »Ständiger Ausschuß der Landessynode«); den Kirchensenat als Oberhaus bei der Gesetzgebung und Inhaber vorher landesherrlicher Rechte; das Landeskirchenamt als Verwaltungsbehörde und 4 Generalsuperintendenten (1936: 9 Landessuperintendenten); den Landesbischof als geistlichen Führer der Landeskirche, auch Vorsitzenden des Kirchensenats (1945 auch Vorsitzenden des Landeskirchenamts). Die Verfassung trat 1924 in Kraft. Zum ersten Landesbischof wurde 1925 D. August → Marahrens gewählt. Im → Kirchenkampf gelang es den Deutschen Christen (DC; → Deutsch-christliche Bewegungen, 2) mittels der überraschend angesetzten Wahlen und durch Rechtsbeugung, die absolute Mehrheit im Landeskirchentag und Kirchensenat zu gewinnen und die Schlüsselstellungen im Landeskirchenamt zu besetzen. Nachdem es über dem das Bekenntnis der Kirche in Frage stellenden Gesetz betr. Eingliederung der Landeskirche in die DEK zum Bruch zwischen DC und Landesbischof gekommen war, konnte dieser 1934, gestützt auf die große Mehrheit der Pastoren (Bekenntnisgemeinschaft) und unter Berufung auf die ihm im Mai 1933 erteilte Vollmacht, die DC aus dem Landeskirchenamt entfernen und den Landeskirchentag auflösen. Die Befugnisse von Landeskirchentag, Landeskirchenausschuß und Kirchensenat wurden 1936 auf eine vom Kirchenminister im Einvernehmen mit dem Landesbischof gebildete Kirchenregierung übertragen. Zu einer die kirchliche Arbeit oft lahmlegenden politischen Überwachungsstelle des NS-Staates wuchs sich seit 1938 die beim Landeskirchenamt errichtete Finanzabteilung aus. Unermüdliche Predigttätigkeit des Landesbischofs in den Gemeinden und sein Kontakt mit den Pastoren (Wochenbrief) dienten der Einheit der Landeskirche. Der Rückgang des kirchlichen Lebens (Kommunikantenziffern 1932: 41%; 1938: 26%; 1946: 20%) wurde seit 1939 verstärkt durch die Kriegsnöte (336 ganz oder teilweise zerstörte Kirchen). - Die luth. Landeskirche, deren Landesbischof seit 1947 D. Hanns → Lilje ist, wurde 1948 Gliedkirche der VELKD (Annahme des Ev. Kirchengesangbuchs 1950 und der Agende I, 1957) sowie der EKD. 1952 tagte in H. die Vollversammlung des → Lutherischen Weltbundes. - In der Ev.-ref. Landeskirche der Provinz H. trat nach 1918 an die Stelle des landesherrlichen Konsistoriums der Landeskirchenrat, als Organ der Synode. Er bildet mit dem synodalen Landeskirchenausschuß den Landeskirchenvorstand. Der Name der Kirche ist seit 1945 »Ev.-ref. Kirche in Nordwestdeutschland«.

5. a) Die *Ev.-luth.* Landeskirche H. zählt nach Schätzung des Kirchenstatistischen Amts der EKD (1950): im niedersächsischen Raum 3660000, in Hamburg 122000, in Bremen 71000, in der DDR 43000, zusammen 3896000 Glieder (1954: 3777000). Sie gehören (1956) zu 1104 Kirchengemeinden mit Sitz eines Pfarramts (1406 Pfarrstellen) und 473 ohne solchen. Es bestehen 86 Kirchenkreise, die 9 Sprengel bilden. Der Kirche dienen 1422 geistliche Kräfte, darunter 1156 Pfarrer im gemeindlichen Pfarramt, 95 in sonstigen geistlichen Stellen. Außerdem gehören zur Landeskirche 17, von 11 Pfarrern bediente Kirchengemeinden in der Südafrikanischen Union mit rd 5600 Gliedern (1951/52).

b) Die *Ev.-ref.* Kirche in Nordwestdeutschland, zu der außerhalb H.s Kirchengemeinden in Altona, Lübeck, Stuttgart gehören, zählt (1950) rd 225000 Glieder (rd 206000 im niedersächsischen Raum). Die Zahl der Kirchengemeinden beträgt (1956) 108 mit Sitz eines Pfarramts (134 Pfarrstellen), 18 ohne solchen, die Zahl der geistlichen Kräfte 119, darunter 109 Pfarrer.

c) Den *Katholiken* H.s dienen die 1824 neu geordneten Bistümer Hildesheim (H. rechts der Weser außer Cuxhaven, Kreis Grafschaft Schaumburg, das ehemalige Land → Braunschweig, die früher hannoverschen Gebiete Hamburgs und Bremens) und Osnabrück (die nicht zu Hildesheim gehörenden Gebiete H.s, Hamburgs und Bremens, ferner → Schleswig-Holstein und der größte Teil des früheren Landes → Mecklenburg). Die Diözese Hildesheim zählt (1954) 658344 Katholiken in 19 Dekanaten (123 Pfarreien, 197 sonstige Seelsorgebezirke) mit 385 Welt- und 31 Ordensgeistlichen (61 sonstige Geistliche). Es bestehen (1953) 13 Niederlassungen von Priestergenossenschaften (90 Ordensmitglieder) und 110 Niederlassungen von weiblichen Ordensgenossenschaften (986 Ordensschwestern, 15 Novizinnen). Die Diözese Osnabrück zählt (1954) 842490 Katholiken in 27 Dekanaten (119 Pfarreien, 298 sonstige Seelsorgebezirke) mit 575 Welt- und 47 Ordensgeistlichen (118 sonstige Geistliche). Es bestehen (1953) 22 Niederlassungen von Priestergenossenschaften (233 Ordensmitglieder, 6 Novizen), 3 Niederlassungen von Brüdergenossenschaften (13 Laienbrüder), 238 Niederlassungen von weiblichen Ordensgenossenschaften (2485 Ordensschwestern, 150 Novizinnen).

A. BERTRAM, Gesch. des Bistums Hildesheim, 3 Bde, 1899-1925 - G. UHLHORN, Hannoversche KG, 1902 - K. SELING, Das Bistum Osnabrück, 1934 - J. MEYER, Lit. zur Einführung in die KG Niedersachsens (ZGNKG 41, 1936, 262-278) - DERS., KG Niedersachsens, 1939 - E. ROLFFS, Ev. Kirchenkunde Niedersachsens, 1938² - PH. MEYER, Die Pastoren der Landeskirchen H.s u. Schaumburg-Lippes, 3 Bde, 1941-53 - C. BAUSTÄDT, Hdb. für die kirchl. Verwaltung in der hannoverschen Landeskirche, neu bearb. von P. FLEISCH u. H. WIESE, 3 Bde, 1950-54 - J. WEERDA, 75 Jahre Ev.-ref. Kirche in Nordwestdeutschland (Informationsblatt f. d. Gemeinden in den niederdt. luth. Landeskirchen 6, 1957, 323-328). - Weitere Lit. vgl. bei → Braunschweig.

Ph. Meyer

Hansen, 1. *Heinrich,* luth. Theologe, * 13.10.1861 in Klockries bei Lindsholm (Nordfriesland), † 17.4.1940 in Breklum. Pfarrer in Nordfriesland und Schleswig-Holstein, Übersetzer der → Salomo-Oden (1910), Dichter lateinischer Hymnen (Lauda Sion Salvatorem, 1913), Herausgeber eines plattdeutschen Gesangbuches (Psalmbook, [1916] 1919²). Durch Lektüre von → Chemnitz und → Möhler zu einer »ev. Katholizität« geführt, veröffentlichte H. zum Reformationsjubiläum (1917) 95 Thesen gegen die Entwicklung des Protestantismus. Die prot. Kirchen seien, »sofern sie das Bewußtsein der Katholizität verloren«, »von der wahren Kirche Christi abgefallen«; die Reformation sei eine »Deformation«; der Protestantismus habe »keinen Grund, Jubiläen zu feiern, wohl aber in Sack und Asche Buße zu tun«. Die Thesen gaben den Anstoß zur Entstehung der »Hochkirchlichen Vereinigung« (→ Hochkirchliche Bewegung: II), deren Mitbegründer und erstmaliger Vorsitzender H. war.

Vf. u.a.: Stimuli et clavi i.e. theses adversus huius temporis errores et abusus, Spieße u. Nägel usw, 1918 (Neudr. 1926 u. 1929); Die Lehre von der sichtbaren Kirche in luth. Bedeutung (Una Sancta 2, 1926, 386-404); Verfall u. Wiederaufbau der Kirche (Eine Hl. Kirche 10, 1928, 240-248. 259-268); Universale Kirche (ebd 16, 1934, 67 bis 73); Johanneisches Zeitalter (ebd 21, 1939, 272-283); Die Reformation in ihrer Bedeutung für die gesamte Kirche (ebd 22, 1940, 293-297). - Über H.: P. SCHORLEMMER, H.H. (ebd 281-292; Bibliogr.).

F. Heiler

2. *Martin A.* (1909-55), dänischer Schriftsteller, entstammt dem Bauerntum, dessen Lebensformen und

Glaubensvorstellungen sein Werk entscheidend geprägt haben. H.s Schriften entsprangen dem Konflikt zwischen der Glaubensgeborgenheit des einfachen Volkes und einem modernen, kritisch prüfenden Intellekt. Sein reiferes Denken, durch die Lektüre → Kierkegaards geschärft, hat fast überall den Widerstandskampf Dänemarks während der deutschen Besetzung zur Voraussetzung. Die Säkularisierung bejahend, schritt H. zu einer Auseinandersetzung mit dem Christentum als Lebensanschauung und Kulturmoral. Im Gegenwärtigen, in der Wahl, in der Verantwortung und Handlung hört der Mensch das Evangelium als Gericht und Segnung. Dieses Christentumsverständnis entband reiche Schaffenskräfte in H., die u.a. in den Erzählungen »Marias Sohn«, »Midtsommerfesten« und »Ventesalen«, in dem Roman »Løgneren« (dt. »Der Lügner«, 1952) und in dem historisch-philosophischen Hauptwerk »Orm og Tyr« ihren Ausdruck fanden. Die tragenden Pfeiler seines Schrifttums sind luth. Christentum und ererbtes nordisches Rechtsverständnis.

TH.BJØRNVIG, M.A.H.s Digtning, Kopenhagen 1949 - M.A.H. til Minde, ebd 1955. *O.Wivel*

Hanstein, *Gottfried August Ludwig,* * 7.9.1761 in Magdeburg, † 25.2.1821 in Berlin, 1787 Diakonus in Tangermünde, 1803 Oberdomprediger in Brandenburg, 1805 als luth. Propst von St.Petri in Berlin Amtsnachfolger und Anhänger der moralisch-rationalen Devotion → Tellers. H. war als Hg. homiletischer Zeitschriften maßgebend und in den Unglücksjahren Preußens neben → Schleiermacher einer der bedeutendsten Homileten, der als supranaturaler Rationalist (christologisch-exemplarisch und doxologisch ohne theologia crucis) im Stil der → Empfindsamkeit predigte. Sein philanthropisches und providentiell-pädagogisches, optimistisches Pathos ist Ausdruck des Christentums seiner Zeit; eine klarere voluntaristisch-fiduziale Entscheidung entband erst die Situation nach 1806, in der H. wegen seines »Patriotismus« nicht unverdächtigt blieb. Als Oberkonsistorialrat 1808 geistlicher Rat der Kultussektion, erstrebte H. Einführung der → Union durch Synodalbeschluß.

Vf. u.a.: Christl. Religions- u. Sittenlehre, 1805; Erinnerungen an Jesus Christus, 1808 ff; Die ernste Zeit, 1815. - Bibliogr. s. J.G.MEUSEL, Das gelehrte Teutschland XIV, 1810[5], 29f; XVIII, 1821[5], 41ff - H.DOERING, Die dt. Kanzelredner, 1830, 81ff. 91f - GG[2] VII, 423. - Über H.: F.P.WILMSEN, Denkmal der Liebe, geweihet... G.A.L.H., 1821 - F.SCHLEIERMACHER, Sämtl. Werke I/5, 1846, 463ff - ADB X, 543ff - E.FOERSTER, D. Entstehung d. preuß. Landeskirche I, 1905 - W.WENDLAND, G.A.L.H. als patriot. Prediger in Berlin (JBrKG 13, 1915, 88-118; vgl. DERS., ebd 9/10, 1913, 375f; R.JUNGKLAUS, ebd 11/12, 1914, 305ff; A.PARISIUS, ebd 18, 1920, 35-55) - RGG[2] II, 1628f - W.WENDLAND, 700 Jahre KG Berlins, 1930 (Lit.). *E.H.Pältz*

Har(r)an (hebr. ḥaran, griech. Karrhai), etwa 200 km nordöstl. von Aleppo am oberen Baliḫ gelegen (→ 3 B 2). Wie schon der Name (akkad. ḫarrānu = Weg) verrät, war H. seit alter Zeit ein wichtiger Kreuzungspunkt der Karawanenwege von der Orontesmündung ins nördliche Tigristal und aus Anatolien ins südliche Zweistromland. Um die Mitte des 18.Jh.s vChr zeltete in dieser Gegend der große aramäische Stamm (→ Aramäer) der Benjaminiten, dessen Reste 500 Jahre später im Bund der → Stämme Israels aufgingen. In Gen 11, 31; 12, 5 (P) gilt H. als Heimat → Abrahams; nach Gen 27, 43 ist es Haftort des Aramäers Laban. In der → Amarna-Zeit gehörte H. zum Reiche der → Mitanni, seit Šuppiluliuma (1380-1346 vChr) zum Gebiet der hethitischen Protektorate, dann zu → Assyrien, wo es neben Assur eine privilegierte Stellung einnahm. Nach dem Fall von → Ninive (612) verschanzte sich hier der letzte Assyrerkönig, bis die Stadt i.J. 608 fiel. Neben → Ur war H. Hauptkultort des Mondgottes Sin (= Nannar; → Babylonien: II, 6) und dessen Gattin Ningal. Von H. aus drang sein Kult nach Norden vor bis zum oberen Halys (»Mond von H.«) und nach Westen (Til Barsib und Šam'al, »Herr von H.«). Der letzte Babylonierkönig Nabonid (555 bis 539 vChr) hat ihn auf Kosten der Marduk-Verehrung stark begünstigt und den ihm geweihten Tempel in H. wieder errichtet (vgl. ANET[2] 311f). - Der Christianisierung des Gebietes zum Trotz blühte der Mondkult von H. in Abwandlungen weiter und behauptete sich nach dem Einbruch des Islam unter dem Deckmantel des Ṣābi'ismus noch bis ins 11.Jh.

PW XX, 1919, 2009ff (Karrai; ältere Lit.) - EI[1] IV, 1934, 22f (al-Ṣābi'a) - Berichte über die Grabungen in u. um H. von S.LLOYD u. W.BRICE in »Anatolian Studies« ab Bd II, London 1952 - G.VAN DEN ABEELEN, H., Cité d'Abraham (La Revue Nouvelle 18, 1953, 95-106) - E.LAROCHE, Sin de H. (RHR 148, 1955, 7-9). - Näheres über die Rolle von H. in der Religionspolitik Nabonids bei K.GALLING, Von Naboned zu Darius (ZDPV 69, 1953, 42-64, bes. 46ff; 70, 1954, 5; s. aber auch W.v.SODEN, Herrscher im Alten Orient, 1954, 145ff). - Über die 1956 in H. gefundenen Stelen: C.J.GADD, The H. Inscriptions of Nabonidus (Anatolian Studies 8, 1958, 35-92). *A.Kuschke*

Hardenberg, *Albert Rizaeus,* * 1510 (?) in H. (Oberyssel), † 18.5.1574 in Emden, wurde erzogen bei den → Brüdern vom gemeinsamen Leben in Groningen und geprägt vom mystischen und spiritualistischen Geist des niederländischen Reformhumanismus. Er studierte in Löwen, promovierte 1539 zum Dr. bullatus in Mainz, wo er durch Joh. → Laski für die Reformation gewonnen wurde. 1542 studierte er in Wittenberg bei Melanchthon und → Eber. Luther blieb ihm fremd. 1544 bemühte er sich im Dienste → Hermanns von Wied, das Kölner Reformwerk Melanchthons und → Bucers im theologischen Anschluß an die oberdeutsche und Züricher Reformation zum prot. Unionswerk zu gestalten. 1547 vom Domkapitel zum Domprediger nach → Bremen berufen, blieb er als scheinbarer Melanchthonianer unangefochten, bis er im Streit mit dem Gnesiolutheraner Joh. → Timan seine spiritualistische und zwinglianische Abendmahlslehre zu erkennen gab. Seine Kritik an den luth. Bekenntnissen gefährdete die politische Stellung Bremens. 1561 wurde er vom braunschweigischen Kreistag (→ Chemnitz, v. → Eitzen, D. → Chyträus) verurteilt und vom Rat der Stadt auf Druck der Hansestädte ausgewiesen. In Rastede (Oldenburg) widmete er sich der Biographie Joh.Wessels, bis er 1565 als Prediger nach Sengwarden und 1567 nach Emden berufen wurde. - Seine Schüler (u.a. Joh. Molanus) brachten 1581 seinen humanistischen Kryptocalvinismus in Bremen zum Siege, so daß H. trotz persönlicher Niederlage zum beherrschenden Geist der bremischen Reformation wurde.

D.GERDES, Historia motuum ecclesiasticorum in civitate Bremensi, 1756 - B.SPIEGEL, D.A.R.H., 1869 - C.ROTTLÄNDER, Der Bürgermeister D.v.Büren u. die hardenberg. Händel in Bremen (Diss. Göttingen), 1892 - RE VII, 408ff - ADB X, 558ff - O.VEECK, Gesch. d. ref. Kirche Bremens, 1909 - J.MOLTMANN, Chr.Pezel u. der Calvinismus in Bremen, 1958, 16ff. *J.Moltmann*

Harderwijk, *Akademie.* Es gab in H. (am Zuidersee, Provinz Gelderland, Viertel oder Quartier der Veluwe) eine Parochialschule und eine Schule der → Brüder vom gemeinsamen Leben. Erstere zählte um 1500 schon mehr als 300 »fremde«, dh nicht-geldernsche Schüler, wurde von der Stadtregierung kräftig unterstützt und auf Wunsch des Prinzen Moritz von Oranien zur Quartierschule der Veluwe erhoben (1600). Sie besaß nur fünf Professoren für Theologie, Jurisprudenz, Philosophie und Medizin, hatte aber einen so guten Ruf, daß sie 1648 zur provinzialen Hochschule gemacht und nach dem

Vorbild der Universität → Leiden eingerichtet wurde. Napoleon hob sie 1812 auf; mit → Franeker wurde sie 1815 als Athenäum wiederhergestellt, ist aber schon 1818 eingegangen. - In H. haben viele berühmte Theologen gelehrt, u.a. Antonius → Thysius, Constantin l'Empereur (Hebraist, 1619-27, † 1648), Johannes Valckenier (Dogmatiker, 1645-54, † 1670), Samuel van → Diest, Everard Scheidius (Orientalist, 1765-93, † 1794), Herman Muntinghe (Dogmatiker, 1780-98, † 1824), Annaeus Ypey (Kirchenhistoriker, 1800-12, † 1837). Der berühmte Boerhaave war Dr. med. von H. (1693), ebenso der große schwedische Botaniker Karl Linnaeus (1735).

H.Bouman, Geschiedenis van de voormalige Geldersche Hoogeschool, 2 Bde, Utrecht 1844/47 - P.Gouda Quint, Grondslagen voor de bibliogr. van Gelderland, seit 1910 (s.v.H.).

J.N.Bakhuizen van den Brink

Hardouin, *Jean* (1646-1729) SJ, * Quimper (Bretagne), † Paris, Bibliothekar und (1683-1718) Prof. der positiven Theologie am Jesuitenkolleg Louis-le-Grand in Paris, trat als Historiker, Philologe und Archäologe hervor. Über die Unechtheit antiker und biblischer Texte kam H. zu sehr eigenwilligen Ansichten. Die Kühnheit seiner dogmatischen Auffassungen führte zu Verurteilungen durch Ordensobere, denen er sich fügte, und zur Indizierung nachgelassener Schriften (Opera selecta, Opera varia, 1737; Commentarius in NT, 1742). Sein Hauptwerk, die »Acta Conciliorum et epistulae ac constitutiones Summorum Pontificum ab anno 34 ad 1714« (11 Bde, Paris 1715) übertrifft an Zuverlässigkeit die Sammlung von → Mansi.

Backer-Sommervogel IV, 84ff; IX, 456ff (Bibliogr.) - H.Quentin, Mansi et les grandes collections conciliaires, Paris 1900, 38ff - DThC VI, 2042ff - EC VI, 1362f. *H.Liebing*

Hardt, *Hermann von der* (15.11.1660 bis 28.2.1746), * Melle b. Osnabrück, † Helmstedt, pietistischer, später rationalistischer Theologe, PDoz. in Jena und Leipzig (Mitglied des Collegium philobiblicum mit A.H. → Francke), 1688 herzoglicher Bibliothekar in Braunschweig, 1690 Prof. der orientalischen Sprachen und Bibelwissenschaft in → Helmstedt, 1727 wegen rationalistischer Bibelkritik vorzeitig in den Ruhestand versetzt. Seine riesige Urkundensammlung zur Geschichte des Konstanzer Konzils (I-VI, 1697-1700; RegBd 1742), der er eine entsprechende des Basler Konzils folgen lassen wollte, ist weithin unkritisch und flüchtig gearbeitet.

F.Lamey, H.v.d.H. in seinen Briefen u. seinen Beziehungen zum Braunschweiger Hofe, zu Spener, Francke u. dem Pietismus (Beil. I zu den »Hss. der Großherzogl. Badischen Hof- u. Landesbibl. Karlsruhe«), 1891 - RE VII, 417 ff. *M.Schmidt*

Harleß, *Adolf Gottlieb Christoph von* (21.11.1806 bis 5.9.1879), * Nürnberg, † München. Im Elternhause mild rationalistisch beeinflußt, studierte er in Erlangen und Halle zunächst Philologie und Jura, bald aber Theologie, wobei → Schellings, → Spinozas und → Hegels Philosophie sowie → Tholucks Persönlichkeit ihn in ihren Bann schlugen. Erst spät wurde ihm Luther wichtig. 1830 PDoz. für syst. Theol. in → Erlangen, 1833 ao. Prof. für NT, 1836 o. Prof. für syst. Theol. und Universitätsprediger. Als H. in der Ständekammer den ev. Standpunkt im → Kniebeugungsstreit nachdrücklich wahrte, verlor er seine Professur und wurde 1845 Konsistorialrat in Bayreuth, im selben Jahre Prof. in Leipzig, wo er bes. als politischer Prediger 1848/49 hervortrat, 1850 Oberhofprediger in Dresden und 1852 Präsident des Oberkonsistoriums in München. Hier war sein Wirken vor allem durch das bedingte und darum heftig umstrittene Eingehen auf → Löhes neuluth.-apostolische Kirchengestaltung gekennzeichnet. Unter H. erhielt die fränkisch-bayrische Landeskirche Gesangbuch und Liturgie in neuluth. Prägung. Seine eigene Theologie ist durch die strenge Beziehung auf die konkrete luth. Kirche bestimmt. Er gehört zu den Mitbegründern der → Erlanger Schule. 1837 rief er die »Zeitschrift für Protestantismus und Kirche« ins Leben.

Vf. u.a.: Kommentar zum Eph, 1834; Theol. Enzyklopädie vom Standpunkt der Kirche aus, 1837; Christl. Ethik, (1842) 1893⁸ (erste konfessionell luth. Ethik); Kirche und Amt nach luth. Lehre, 1853 (zT gegen Löhe); Kirche u. Staat, 1870. - Predigten: Die Sonntagsweihe, (1859) 1860². - Autobiogr.: Bruchstücke aus dem Leben eines süddt. Theologen, (1872) 1875. - Über H.: RE VII, 421ff - Th. Heckel, A.v.H. Theol. u. Kirchenpolitik eines luth. Bischofs, 1933 (Lit.) - Hirsch V, 198ff. 414ff. *M.Schmidt*

Harms, 1. *Claus* (25.5.1778 bis 1.2.1855), * Fahrstedt (Süderdithmarschen), † Kiel. Der Bauernknecht und Müllerbursche H. gelangte spät zum Studium, blieb von der rationalistischen theologischen Fakultät Kiel unbefriedigt (mit Ausnahme von J.F. → Kleuker), wurde aber von → Schleiermachers »Reden« tief ergriffen. Seine Hauslehrerzeit 1802-06 nutzte er zur Auffüllung seines Wissens (Idealismus, Mystik). Als Diakonus in Lunden (1806) trat er für das schlichte Volk ein. Als Archidiakonus an St.Nikolai in Kiel (1816) griff er in 95 Thesen, die er an den Wiederabdruck von Luthers Thesen zum Reformationsjubiläum 1817 anfügte, den → Rationalismus (: II) in seinen »Götzen« Vernunft und Gewissen scharf an und warnte zugleich vor der beabsichtigten ev. → Union. Der Widerhall war sehr groß (→ Erweckung: I, 5c); erstaunlicherweise stellte sich der führende Rationalist v. → Ammon auf die Seite von H. und gegen Schleiermacher. Die Thesen trugen wesentlich die Mitbegründung des Neuluthertums (→ Luthertum: II). Die Pastoraltheologie (3 Bde, 1830-34) gewann klassischen Rang (→ Praktische Theologie); ihr Schwergewicht lag in der Wiederentdeckung des priesterlichen Charakters im Pfarramt. In allem wahrte H. den volkstümlichen Zug seiner Herkunft, bes. in der Predigt. Die Nachfolge Schleiermachers als Pfarrer der Berliner Dreifaltigkeitskirche lehnte er 1835 zugunsten der Propstei Kiel ab. Sein bedeutendster Schüler war M. → Baumgarten.

Ausgew. Schriften u. Predigten hg.v. P.Meinhold, 2 Bde, 1955. Autobiogr., (1850) 1852². - Über H.: M.Baumgarten, Ein Denkmal für C.H., 1855 - RE VII, 433ff - H.Behrend, Der junge C.H. (ChW 23, 1909, 244-250) - H.Zillen, C.H.' Leben in Briefen (Schriften d. Vereins f. Schleswig-holst. KG I, 4), 1909 - C.Rolfs-G.Ficker, Harmsiana I. II (ebd II, 7), 1918/19 - E.Michelsen, E. Feddersen u.a., Zur Feier des 150. Geburtstags v. C.H. (ebd II, 8, H. 4), 1928 - H.Lehmann, C.H. als Prediger (PBl 89, 1949, 250 bis 261) - H.Schmidt, Beitr. z. Biogr. v. C.H. (in: Aus Schleswig-Holsteins Gesch. u. Gegenwart, Festschr. V.Pauls, 1950, 150-160) - J.Schmidt, C.H. u. die äußere Mission (Für Arbeit u. Besinnung 8, 1955, Norddt. Beil., 45-56) - M.Schmidt, C.H. u. seine Bedeutung in der Gesch. des Luthertums (ELKZ 9, 1955, 37-41) - J.Heubach, Die Auffassung von der Ordination bei C.H. (MPTh 44, 1955, 111 bis 117). *M.Schmidt*

2. *Ludwig* (1808-65), bedeutender Prediger der → Erweckungsbewegung, Gründer der → Hermannsburger Mission. Zunächst vom Rationalismus beeinflußt, unterstellte sich H. seit seiner »Bekehrung« (ca 1830) der alleinigen Autorität der Schrift mit Neigung zu biblizistischer Verengung. Nach langer Hauslehrerzeit wurde er 1844 Gehilfe, 1849 Nachfolger seines Vaters im Pfarramt Hermannsburg b. Celle. Die weit über seine Gemeinde hinausreichende Wirkung seiner Verkündigung beruhte vor allem auf der unmittelbaren Zeugniskraft seiner Predigten, nicht nur auf seiner volkstümlich-derben Art (→ Dorfpredigt, 2). Charakteristisch ist die Verbindung von pietistischem Heiligungsernst mit wachsender Zuwendung zum konfessionellen Luthertum. Seine Ver-

wurzelung in den bäuerlichen Verhältnissen der Heide erweist sich als Stärke und Grenze. In erstaunlichem Maß gelang ihm die Erweckung der Liebe der Gemeinden zur Mission, wenn er auch für seine 1849 gegründete Missionsanstalt nicht die Eingliederung in die Landeskirche erreichte und in der Missionsmethode sich manche seiner Lieblingsgedanken (Kolonistenmission [→ Auswanderung: III, 2]) nicht durchführen ließen.

Vf. u.a.: Evangelienpredigten, (1859) 1923^{19}; Epistelpredigten, (1865) 1923^{10}. - Vgl. auch Hermannsburger Missionsblatt 1854-65. - Über H.: TH.HARMS, L.H.' Leben, (1874) 1911^{8} - G.HACCIUS, Hannov. Missionsgesch. II, 1907 - H.DÖRRIES, L.H., ein dt. Heide- u. Heidenpastor (JGNKG 50, 1952, 114-129). *G.Heintze*

Harnack, 1. *Adolf* (seit 1914: *von*; 7.5.1851 bis 10.6. 1930), * in Dorpat als Sohn von 2. Aufgewachsen im Neu-Luthertum, hat H. sich nach der Schulzeit in Erlangen und Dorpat bewußt der Theologie zugewandt (Studium in Dorpat 1869-72, Leipzig 1872-73).

a) Nach der Promotion (1873) habilitierte er sich 1874 in Leipzig für Kirchengeschichte (Dissertation und Habilitationsschrift behandelten Probleme der Geschichte der Gnosis, vor allem Quellenfragen) und wurde 1876 ao. Prof. in → Leipzig. Die Leipziger Zeit ist nicht nur wegen der wissenschaftlichen Arbeit (ca 90 Veröffentlichungen!) wichtig, sondern auch durch die Entstehung eines Freundes- und Schülerkreises (J.Kaftan, E. → Schürer, W. Graf → Baudissin, O.v.Gebhardt; → Loofs, → Rade und Bornemann), der für die deutsche Theologiegeschichte der nächsten 50 Jahre viel bedeutet: in diese Zeit fällt die Begegnung H.s und seines Kreises mit A. → Ritschl und seiner Theologie; der Kreis um H. hat dieser Theologie eine breite Wirkung gesichert. 1879 wird H. o. Prof. in → Gießen und hat dort tatkräftig am Aufbau der Fakultät mitgewirkt. Nach zweijähriger Tätigkeit in → Marburg (1886-88) wurde H. nach → Berlin berufen. Diese Berufung des inzwischen durch sein »Lehrbuch der Dogmengeschichte« berühmt gewordenen H. war erst nach schweren Auseinandersetzungen zwischen Ministerium und Ev. Oberkirchenrat, die sich in der konservativ-»gläubigen« und der liberalen Presse widerspiegelten, zustande gekommen. Der Kampf um Person und Lehre H.s flammte 1892 erneut im sog. Apostolikumsstreit (→ Apostolikum: II, 2) auf, in dem die konservative Seite mit aller Macht gegen H. hetzte. Der einzige Erfolg war die Errichtung einer »positiven« Strafprofessur in Berlin (A. → Schlatter), während sich andererseits der vor allem aus H.-Schülern bestehende Kreis um die Zeitschrift → »Christliche Welt« aus diesem Anlaß fester formierte. Die Vorlesungen über »Das Wesen des Christentums« (1899/1900), die bald im Druck erschienen, erregten einen neuen Sturm, und auch die Kämpfe um die Fälle → Jatho (1911) und Traub (1912) rückten H. wieder in den Mittelpunkt kirchenpolitischen Streites, ohne daß er darum seinerseits zu einem regelrechten Kirchenpolitiker geworden wäre. Vielmehr ist die Berliner Zeit durch eine ständig steigende wissenschaftliche Aktivität, sowohl in der eigenen Arbeit als auch in der Organisation großer wissenschaftlicher Unternehmungen, gekennzeichnet. Die Mitgliedschaft in der Preußischen Akademie der Wissenschaften (1890) brachte nicht nur die Freundschaft mit Th. → Mommsen, sondern auch die Gründung der Kirchenväterkommission, durch die alle erhaltenen griechischen christlichen Schriftsteller der ersten drei Jh.e herausgegeben werden sollten. Der Plan für diese Arbeit stammte von H., der auch in seiner »Geschichte der altchristlichen Literatur« (1893-1904) eine grundlegende Bestandsaufnahme vorlegte. Zum 200jährigen Bestehen der → Akademie (: I, 2b) hat H. die »Geschichte der preußischen Akademie der Wissenschaften« geschrieben (1900) - ein Werk, das die ganze Weite seiner Arbeit und seiner Interessen zeigte, das aber auch nur durch den engen Kontakt mit Kollegen anderer Fakultäten möglich war. Durch das Akademiejubiläum war H. auch mit dem Kaiser und der Hofgesellschaft in Verbindung gekommen; auch die Freundschaft mit H.St.Chamberlain - bezeichnend für die Weite H.s und seine Entwicklung, die ihn dann auch zu Joh.Müller (Elmau) führte - kam durch Wilhelm II. zustande. Weiter wurde H., je länger desto mehr, zur Hochschulpolitik (vor allem von Althoff) herangezogen, wie er auch an den Fragen der Schule und der Frauenbildung aktiv mitgearbeitet hat. Von 1903-11 leitete er den Evangelisch-sozialen Kongreß (→ Evangelisch-sozial), für die soziale Frage durchaus aufgeschlossen.

Die Übernahme der Leitung der Preußischen Staatsbibliothek in Berlin als Generaldirektor (im Nebenamt!) bedeutete einen neuen Aufgabenkreis, in dem sich H.s universale Bildung bewährte (1905-21). Die Gründung der Kaiser Wilhelm-Gesellschaft zur Förderung der Wissenschaften 1911 war weitgehend sein Werk. Er wurde ihr erster Präsident. Auch hier wird man von einer organischen Entwicklung des Theologen H. sprechen dürfen, der in diese Aufgabe hineinwuchs, ohne seiner Theologie untreu zu werden. Das zeigte auch seine unermüdliche Tätigkeit im 1. Weltkrieg, in dem er nicht nur half und riet, wo es ihm nötig schien, sondern auch gegen »alldeutschen« und anderen Unverstand zur Vernunft mahnte. In der Weimarer Republik hat er sich dann - im Gegensatz zu den kirchlich-konservativen Kreisen - nicht am Boykott des neuen Staates beteiligt, sondern mitgearbeitet. Eine gewisse Vereinsamung im letzten Jahrzehnt seines Lebens war die Folge. Auch dem Wandel in der Theologie stand H. fremd gegenüber (vgl. seine Auseinandersetzung mit K. → Barth in ChW 37, 1923; H.: 6-8. 142-144. 305f; Barth: 89-91. 244-252), und sein »Marcion« ([1921] 1924^{2}), »die am meisten persönlich gehaltene Schrift H.s« (H.v.Soden, RGG^{2} II, 1635), zeigte ebenso wie seine enge Verbundenheit mit Joh. Müller, daß er doch auf Wege gelangt war, die von der Theologie abführen mußten. Im letzten Lebensjahr hat H. noch einmal einen erbitterten Kampf um den Fortbestand der Kaiser Wilhelm-Gesellschaft in der von ihm geschaffenen Struktur durchstehen müssen, aus dem er aber gegen den Etatismus des preußischen Kultusministeriums (Minister Becker, Ministerial-Direktor W.Richter) als Sieger hervorging. Auf einer Reise zur Einweihung eines neuen Instituts der Gesellschaft ist H. in Heidelberg gestorben.

b) Aus dem reichen wissenschaftlichen Werk H.s sind die wichtigsten Veröffentlichungen oben (s. a) genannt. H. hat mit Quellenstudien zur → Gnosis angefangen und hat solche Kärrnerarbeit sein Leben lang fortgesetzt. Daneben stehen einige große, zusammenfassende Darstellungen und Monographien, die »die Universalität der Gesichtspunkte, die Energie der Heraushebung entscheidender Motive, die Einfühlung auch in der eigenen Art fremdes Leben, die Plastik, Wärme, Klarheit der Darstellung« (RGG^{2} II, 1634) erkennen lassen. Das »Lehrbuch der Dogmengeschichte« ([1885-89] 1909^{4}), die »Mission und Ausbreitung des Christentums in den ersten drei Jh.en« ([1902] 1924^{4}), das »Wesen des Christentums« und der »Marcion« bestätigen dieses Urteil ebenso wie die große Wirkung, die der Lehrer H. hatte: Weit über den engeren Kreis der → Kirchen- und → Dogmengeschichte hinaus hat er eine ganze Generation von Theologen geprägt und ist der glänzendste Vertreter einer Theologie, deren Probleme gewiß von der Zeit gestellt waren, die aber doch weit darüber hinaus wirksam geblieben ist.

H. wurde Theologe und blieb es bewußt sein Leben lang, weil er hoffte, »in dieser Wissenschaft den Weg zur Lösung der Hauptprobleme unseres Lebens zu finden« (Zahn-Harnack 39f). Sein ganzes Lebenswerk ist von einer eindrucksvollen Einheitlichkeit. Dieser vielseitig begabte Mann, dieser fleißige und schöpferische Gelehrte, dieser große Verwaltungsfachmann und Kulturpolitiker hatte ein einheitliches, geschlossenes Weltbild und einen fest umrissenen Glauben, der seine Theologie prägte. Das Thema, das er in all seinen Werken verfolgte und das auch das Leitmotiv seiner Theologie war, kann man darin sehen, daß er bemüht war, christlichen Glauben und Kultur auszugleichen und zu versöhnen. Er will - in eigenartiger Weiterentwicklung der Ansätze A.Ritschls - die Einheit von Evangelium und Bildung erhalten bzw., da diese Einheit durch die Aufklärung verloren gegangen ist, sie wiederherstellen. Kultur bedeutet nach H. volle Entfaltung der Individualität und damit Freiheit gegenüber der Außenwelt, eine gleichsam wiedergewonnene Naivität. Andererseits ist das »Evangelium« nichts anderes als das Ursprüngliche, das »Naive«, »ewiges Leben mitten in der Zeit, in der Kraft und vor den Augen Gottes«. Sinn und Macht des »Evangeliums«, das Jesus verkündet hat, ist es, den Menschen die Freiheit und die Verantwortlichkeit in höheren Dingen zu geben und zu erhalten. Damit ist das »Evangelium« die »alleinige Grundlage aller sittlichen Kultur«. Diese Grundgedanken, die in bes. klarer Form im »Wesen des Christentums«, aber auch in den gesammelten »Reden und Aufsätzen« (7 Bde, 1903-30) zum Ausdruck kommen, sind auch bestimmend für die großen historischen Werke H.s. Die »Dogmengeschichte«, die eine neue Epoche dieser Disziplin einleitete und deren Gesamtkonzeption bis heute noch nicht überwunden ist, hat H. geschrieben als eine Geschichte des Fortschritts (vom AT zum »Evangelium«), dann eines Abfalls (Verbindung des »Evangeliums« mit der griechischen Metaphysik) und schließlich einer Entwicklung (Auflösung des Dogmas durch Luther und neuer Fortschritt zu reiner Gesinnungsgemeinschaft). Auch die anderen großen Werke sind von dieser Konzeption her zu verstehen. Es ist nicht überraschend, daß H. auf diesem Wege zu einem tiefen Verständnis Goethes kam, daß er sich aber schließlich auch im Kreise von Joh. Müller besonders wohl fühlte. Denn sein Lebenswerk ist ausgerichtet auf die Synthese von Christentum und → Kultur (: III. IV); dabei ist das → Christentum (: IV A; V, 1 d α) für H. vor allem Kulturmacht. Die Kritik K.Barths (s.o.) hat deutlich gemacht, wo die fragwürdigen Stellen des H.schen Ansatzes liegen. Aber das Problem darf nicht verlorengehen.

A.v.H., Verzeichnis seiner Schriften, bearb. v. F.Smend, 1927; Nachtrag dazu hg.v. Axel v.Harnack, 1931. - Über H.: Agnes v.Zahn-Harnack, A.v.H., (1936) 1951² (grundlegende Biographie; dazu: W.Eltester, ThLZ 76, 1951, 736-740) - W.Schneemelcher, Christentum als Kulturmacht (EvTh 10, 1950/51, 527-546) - Ders., Das Problem der DG (ZThK 48, 1951, 63-89) - K.Aland-W.Elliger-O.Dibelius, A.H. in memoriam, 1951 - J.Rathje, Die Welt des freien Protestantismus, 1952 - EKL II, 29f (Lit.).

W.Schneemelcher

2. *Theodosius* (1817-89), * in Petersburg als Sohn eines ostpreußischen Schneidermeisters, unter dem Einfluß → Goßners und der Herrnhuter aufgewachsen, hat in → Dorpat, aber auch in Deutschland studiert. Seit 1844 lehrte er in Dorpat (bis 1875); dazwischen (1853-66) war er in → Erlangen tätig. Als Lehrer der praktischen Theologie zeichnete er sich dadurch aus, daß er sein Fach immer im Zusammenhang mit der gesamten Kirche sah. Er blieb nicht bei Bekenntnisschriften und Kirchenordnungen stehen, sondern brachte Luther selbst zur Darstellung. So entstand, in scharfer Auseinandersetzung mit A. → Ritschl, sein Hauptwerk »Luthers Theologie«. H.s Erfahrungen führten ihn zu dem Hinweis auf die → Freikirche als auf die der Kirche gegebene Existenzweise der Zukunft. »Das Christentum und seine Kirche in Abhängigkeit setzen von der Bildung und Kultur der Zeit heißt auf die Zerstörung beider bewußt oder unbewußt hinarbeiten.«

Vf. u.a.: Luthers Theol. mit besonderer Beziehung auf seine Versöhnungs- u. Erlösungslehre I. II, 1862/86 (Neuausg. 1926/27); Die Kirche, ihr Amt, ihr Regiment, 1862 (Neudr. 1934); Die freie luth. Volkskirche, 1870. - Über H.: RE VII, 445ff - RGG² II, 1636 - O. Wolff, Haupttypen der neueren Lutherdeutung, 1938 - MPTh 35, 1939, 338-344.

G.Merz

Harnisch, *Christian Wilhelm* (1787-1864), Pädagoge, war nach Theologiestudium von 1809-12 gemeinsam mit Friesen und Jahn Lehrer am Plamannschen Institut, 1812 bis 1822 Direktor des ev. Lehrerseminars in Breslau. Dort wird er der entscheidende Begründer der preußisch-pestalozzischen Schule. In zahlreichen pädagogischen Schriften, die Fragen der Didaktik, Methodik und Schulorganisation behandeln, findet sich alles, was an philosophischen, politischen und pädagogischen Gedanken in der preußischen Nationalpädagogik zusammenströmt. H. beteiligt sich aktiv am politischen Leben und begründet den Breslauer Turnplatz. Nach seiner Strafversetzung an das Lehrerseminar in Weißenfels/Sa., das unter seiner Leitung weltberühmt wird, vollzieht sich in seinem Denken eine entscheidende Wandlung. Im Gegensatz zu seinen frühen Schriften vertritt er nunmehr den Gedanken der christlichen Volksschule und verliert dadurch seinen Einfluß auf einen großen Teil der preußischen Volksschullehrerschaft (→ Diesterweg). Für seine Schriften über den Religionsunterricht wird er 1837 D. theol. h. c. von Königsberg. 1842 zieht er sich resigniert aus der pädagogischen Arbeit zurück und ist bis kurz vor seinem Tode Pfarrer in Elbeu/Magdeburg.

H.Metzmacher, Weiter- u. Umbildung der pestalozzischen Grundsätze durch H. (Diss. Greifswald), 1901 - O.Singer, H.s Weltkunde (Diss. Halle), 1914 - L.Scheu, Das Problem der polit. Erziehung, dargestellt an H.s päd. Schriften (Diss. Hamburg), 1955 (Masch.; vollst. Bibliogr.).

L.Scheu

Harris, *Howel* (1714-73), Begründer der Welsh Calvinistic Methodist Church, * Trevecca (Breconshire). Nach tiefgehender Erweckung studierte H. in Oxford, brach aber das Studium ab und zog in die Heimat, wo seine Predigtreisen zu großen Erweckungen führten (→ England: I, 6). Er geriet in Konflikte mit Anglikanern und suchte vergeblich die Ordination in der anglikanischen Kirche zu erlangen. Mit den Brüdern → Wesley und mit → Whitefield war er eng befreundet, seine Arbeit war der ihren sehr ähnlich. H. gründete in Trevecca ein Seminar und wurde in seiner ganzen Arbeit von Selina Countess of Huntingdon stark unterstützt.

A Brief Account of the Life of H.H., hg.v. B.La Trobe-E.Moses, 1791 - DNB XXV, 6f - G.T.Roberts, H.H. (Wesley Historical Lecture 17), 1951.

P.Scott

Hartenstein, *Karl* (25.1.1894 bis 1.10.1952), ev. Theologe, * Bad Cannstatt, 1926-39 Direktor der → Basler Missionsgesellschaft, 1933 Dozent für Missionswissenschaft in Basel, 1939 Bevollmächtigter der Basler Mission in Deutschland, 1941 Stiftsprediger und Prälat in Stuttgart, Vorsitzender großer diakonischer Werke. Seit 1938 war er Mitglied des → Internationalen Missions-Rats und gehörte von 1948 an zum Rat der EKD. - Missionsreisen nach Asien und Afrika und die Teilnahme an den Weltmissionskonferenzen in Tambaram, Whitby und Willingen stellten H. früh in vorderste Mitarbeit der weltweiten Mission und der Ökumene. Verwurzelt im

Erbe der Reformation und des Pietismus wandte er sich zunehmend dem heilsgeschichtlichen Denken zu. In zahlreichen Veröffentlichungen nahm er in gründlicher theologischer Besinnung Stellung zu vielen Missionsproblemen, zB dem der Begründung der → Mission (: III A), dem Fragenkreis ev. → Religionskunde u.a. Nicht weniger bedeutsam sind seine Schriftauslegungen mit starker Akzentuierung der Botschaft vom Kreuz und vom kommenden Reich.

Vf. u.a.: Die Mission als theol. Problem, 1933; Der Prophet Daniel, (1936) 1940⁴; Der wiederkommende Herr, (1940) 1954³; Vom Wachen u. Warten, Predigten, (1953) 1956². - Über H.: W.METZGER, K.H., ein Leben für Kirche u. Mission, (1953) 1954² (Bibliogr.) - F. MAIER, Das missionstheol. Erbe K.H.s (Für Arbeit u. Besinnung 8, 1954, 258-268. 278-285). *F.Maier*

Hartlieb, *Samuel* (1600[?]-70[?]), vermutlich aus Elbing. H. kam etwa 1629 nach England und wurde der Mittelpunkt eines mystisch-spiritualistischen Kreises in London, später Oxford. Er befreundete sich mit → Worthington, → Dury und → Milton und machte → Comenius in England bekannt. Als leidenschaftlicher Plänemacher gab er sich erzieherischen und ökumenischen Projekten hin; Milton widmete ihm seinen »Treatise on Education« (1644). Später trat H. in Beziehung zu den Gelehrten der späteren Royal Academy, bes. zu → Boyle.

Vf. u.a.: A Description of the famous Kingdom of Macaria, 1641 (nach dem Vorbild der »Utopia« des Th. → Morus); The Necessity of some nearer Conjunction... amongst Protestants, 1644; Clavis Apocalyptica, 1651. - Über H.: H.DIRCKS, Biographical Memoir of S.H., 1865 - F.ALTHAUS, S.H., ein dt.-engl. Charakterbild (Hist. Taschenbuch VI/3, 1884, 189-278) - H.LEUBE, Kalvinismus u. Luthertum I, 1928, 205. 211f - G.H.TURNBULL, H., Dury and Comenius, 1947 - DNB (Nachdr. 1949/50) IX, 72f - N.SYKES in: Hist. of the Ecumenical Movement, hg.v. R.ROUSE-S.C.NEILL, 1954, 89. 98. *M.Schmidt*

Hartmann von Aue, Verfasser mittelhochdeutscher epischer und lyrischer Dichtungen, war vermutlich Ministerialer eines freiherrlichen Geschlechts von Aue in Schwaben; er hat den Kreuzzug von 1197/98 mitgemacht, † nach 1210. Urkundliche Nachrichten fehlen. Eine Chronologie seiner Werke ist nur nach sprachlich-stilistischen Kriterien und inhaltlichen Angaben möglich. Danach ergibt sich die Reihenfolge: »Büchlein«, »Erec« (nach 1190), Minnelieder, »Gregorius«, Kreuzlieder (1196/98), »Armer Heinrich«, »Iwein« (vor 1203). - H. setzt die von Heinrich von Veldeke begonnene ritterlich-höfische Dichtung fort und wird für die Nachfolgenden (→ Wolfram von Eschenbach, → Gottfried von Straßburg) Vorbild und Norm. Er ist der Begründer des Artusromans in Deutschland und der Schöpfer der ritterlichen Legende.

Die Artusromane »Erec« und »Iwein« (in vierhebigen Reimpaaren) sind selbständige Nachdichtungen der von dem Franzosen Chrétien de Troyes um 1180 verfaßten, auf bretonischer Sage beruhenden höfisch-märchenhaften Abenteuererzählungen, in denen die Schicksale einzelner Helden aus der Tafelrunde des Königs Artus behandelt werden. H. fundiert die Grundstruktur aller Artusstoffe (Auszug - Bewährung - Rückkehr) im Ethisch-Religiösen. Diese Intention ist freilich latent; sie bleibt im Ideologisch-Weltanschaulichen und muß der märchenhaften Abenteuerhandlung in schwieriger Analyse abgefragt werden. Dazu sind erst die Anfänge gemacht worden (H.Kuhn). - In den Ritterlegenden »Gregorius« und »Der arme Heinrich« wird das Religiöse thematisch und bestimmt daher auch Handlung und Aufbau. »Gregorius« ist die Erzählung vom »guten Sünder«; H. greift hier (nach einer franz. Quelle) das alte Inzestmotiv der Ödipussage auf: der aus einer Geschwisterehe stammende ritterliche Knabe heiratet später unwissentlich seine eigene Mutter; er büßt schwer und wird danach zum Papst berufen. Auch im »armen Heinrich« behandelt H. das Problem der religiösen Schuld: ein Ritter, vom Aussatz befallen, kann nur durch den Tod einer reinen Jungfrau geheilt werden; er verzichtet schließlich auf dieses Opfer und wird durch den Verzicht gesund. In beiden Legenden hält H. sich nicht an dogmatische Vorstellungen, sondern stellt in freier dichterischer Motivation dem menschlichen Denken und Urteilen die Abgründigkeit göttlichen Gerichts und göttlicher Gnade gegenüber. - Die Lyrik tritt bei H. gegenüber der Epik an Umfang und Bedeutung zurück. Eine Anzahl Minnegedichte und eine dialogische Streitschrift über die Minne, das »Büchlein«, stehen am Anfang; später wendet H. sich der Gottesminne zu und verfaßt Kreuzlieder, die zur Fahrt ins Hl. Land aufrufen und den Gottesstreiter preisen.

H.s Dichtungen repräsentieren das ritterliche Lebensideal des hohen MA in klassischer Weise. Seine begrifflich und syntaktisch klare, nahezu dialektfreie und formschöne Sprache ist zum Muster der mittelhochdeutschen Literatursprache geworden, sein Tugendbegriff der »maze« (Besonnenheit, abwägendes Urteilen) wurde das Fundament höfischer Gesittung. - Vgl. → Mittelalterliche Literatur: II.

GA v. F.BECH, 3 Tle, (1867-69) 1888-93³. - G.EHRISMANN, Gesch. der dt. Lit. III, 1927, 87ff (Lit.) - VerfLex II, 1936, 202ff - H.KUHN, Erec (in: Festschr. P.Kluckhohn u. H.Schneider, 1948, 122-147) - H.DEBOOR, Gesch. der dt. Lit. II, 1953, 67ff (Lit.) - RDL² I, 669ff (Höfisches Epos; Lit.). *W.J.Schröder*

Hartmann, 1. *Eduard von* (1842-1906), ringt um eine Synthese des Idealismus von → Schelling und → Hegel mit der Willensphilosophie → Schopenhauers in gleichzeitiger Umwandlung in einen *»transzendentalen Realismus«*. Idee und Wille sind die Attribute eines »metaphysischen Wesens«, das als das *»Unbewußte«* (→ Tiefenpsychologie) in allem wirkt. H. weist den »negativen« Dogmatismus des Idealismus sowie die Selbsttäuschung des naiven Realismus ab. Sein Realismus ermöglicht durch die Kategorie der Kausalität »spekulative Resultate nach induktiv-naturwissenschaftlicher Methode« in hypothetischer Weise. Das absolut Unbewußte Gottes ist als einzige Substanz Einheitsgrund auch des »physiologisch« und des »relativ Unbewußten« psychischer Phänomene. Das Ganze ist als »konkreter Monismus« zu verstehen. Der göttlich-alogische Wille setzt das »Daß«, die logische Vernunft das »Was« und bestimmt die Welt in teleologischem Sinne. Die Welt ist voller Elend und Mängel, wenngleich die beste der möglichen. Da die Unlust größer als die Lust ist, sollte die Welt baldmöglichst wieder aufgehoben werden *(Pessimismus)*. - Das → Absolute unterliegt gleicher Not, ist transzendent und der Welt immanent. Es ist unpersönlich, ja Geist der Heiligkeit, wenn auch nicht allmächtig. Das absolut Unbewußte biegt sich im Bewußtsein des Menschen auf sich selbst zurück zur Erreichung seiner Ziele. - So kann die Seele zum Schauplatz metaphysischer Bestimmung werden, geführt durch die unbewußte Zentralmonade. Als Mikrokosmos spiegelt sie den Makrokosmos wider (→ Leibniz). Ihr kommt beschränkte sittliche Freiheit zu, die »auf Gnade basiert«. Ihre Entscheidung erhebt den Menschen zur → Persönlichkeit, die sich altruistisch in den Dienst des absoluten Weltzweckes stellt. Heteronomie wird im Sinne Kants abgelehnt. Der Person ist eine (relative) → Autonomie eigen, da die religiösen Postulate von Gott stammen und zur Theonomie werden. Mit Schelling soll sich unser Partikularwille dem göttlichen Universalwillen beugen. Nicht individualistische Persönlichkeitsgestaltung ist gefordert, sondern der Durchbruch des überindividuell Göttlichen in uns als Grund des Alls in der Herrschaft des Logischen gegenüber dem Alogischen. Unsere Sittlichkeit soll den Weg von einer anfänglichen Lebensbejahung zur Lebensverneinung als Welterlösung fortschreiten. Forderung der Unsterblichkeit darüber hinaus, als positive Seligkeit, ist für H. unsittlich.

Die → Religionsphilosophie H.s kulminiert in der *Erlösungslehre*. Das Übel, das Nichtseinsollende stammt aus dem unlogischen Wollen des Absoluten als Ursprung des Bösen (vgl. → Böhme, Schelling). Wäre es bewußt, so handelte es sich um einen »Monosatanismus«. Gott selbst ist unselig, unterlag dem ungebändigten Willen in ihm. Der Weltprozeß ist die Passionsgeschichte Gottes, eine einzige absolute Tragik. Der Mensch kann in seiner Läuterung die Erlösung seiner selbst wie Gottes herbeiführen (vgl. den späten → Scheler), sofern Gott in uns und wir in ihm wirken. Sie ist Befreiung, nicht Erhebung. Die *Autosoterie* wird zur *Theosoterie*. Durch Lebensverneinung erreichen wir die *Universalerlösung*, Rücknahme des aktuellen, unendlichen Willens im Absoluten. Aber es besteht nur eine Wahrscheinlichkeit, daß nicht der elende Weltprozeß durch einen wiederholten unerklärlichen Anstoß des Unlogischen im Absoluten von neuem beginnt. Mit der Gotteserlösung und Welterlösung aber kehrt das endliche Dasein in mystischer Weise in das Unendliche als der großen transzendenten Einheit zurück.

Hauptwerke: Philosophie des Unbewußten, (1862) 1923 [12]; Religionsphilosophie, (1881) 1906 [3]; System der Philosophie, 8 Bde, 1907 bis 1909. - Über H.: A.DREWS, E.v.H.s philos. System, (1902) 1906 [2] - J.P.STEFFES, H.s Religionsphilosophie des Unbewußten, 1921 - F.J.v.RINTELEN, Pessimist. Religionsphilosophie der Gegenwart. Unters. zur religionsphil. Problemstellung bei E.v.H. u. ihre erkenntnistheoretisch-metaphys. Grundlagen, 1924 - K.O.PETRASCHEK, Die Logik des Unbewußten E.v.H.s, 2 Bde, 1926 - W.v.SCHNEHEN, E.v.H., 1929 - H.STÄGLICH, Verz. der E.v.H.-Lit., 1943.

F.J.v.Rintelen

2. *Nicolai*, * 20.2.1882 in Riga, † 9.10.1950 in Göttingen, studierte anfangs Medizin in Dorpat, danach Altphilologie und Philosophie in Petersburg und Marburg. Er promovierte und habilitierte sich daselbst, wurde Nachfolger → Natorps (1922) und lehrte in Köln (1925), Berlin (1931) und Göttingen (1945). Seine ersten Veröffentlichungen sind ganz vom Geiste der Marburger »Philosophie des Ursprungs« (→ Neukantianismus) getragen, doch seine »Metaphysik der Erkenntnis« (1921) dokumentiert seine volle Loslösung vom transzendentalen Methodenmonismus. H. baute von nun an als reaktiver Denker vor allem mit Hilfe einer schlichten »nichtzünftigen« Phänomenologie des Gegebenen seine philosophische Position in allen Punkten im Gegensatz zum methodischen Idealismus systematisch aus. Diesem stellte er entgegen: das Ansichseiende bedarf keines Beweises; das Erkenntnisphänomen drängt zu einem Überschreiten seiner selbst, und die emotional-transzendenten Akte lassen keinen Zweifel an der Richtigkeit eines ebenso primären Erfassens der äußeren Realität wie des erfahrenden Selbst (→ Descartes). → Metaphysik hat das → Irrationale zum Gegenstand und beschäftigt sich mit der »Analyse aufweisbarer Problemgehalte«, deren erkennbare Seite Inhalt der im engen Anschluß an die wissenschaftliche Erfahrung zu entwerfenden → Ontologie ist. H. unterscheidet vier das → Sein aufbauende Dimensionen: 1. die Seinsweisen des realen und idealen Seins (zB Werte), von denen die Sphäre des Logischen und die der Erkenntnis abhängen; 2. die Seinsmomente des realen und idealen Daseins und Soseins; abgesehen vom realen Dasein sind sie a priori erkennbar; 3. die Seinsmodi (hier handelt H. seine eigenartige Lehre von der strengen Determiniertheit aller → Wirklichkeit ab); 4. die Seinsstufen: materiales Sein, Leben, Bewußtsein und Geist, die von dem kategorialen Gesetz der Stärke der niederen Schicht beherrscht, aber mit der Autonomie der höheren Schicht vereinbar sind. Die teleologische Struktur der Welt lehnt H. ab. Auf Grund der multiplen ontologischen Schichten (→ Schichtentheorie) gewinnt er die Möglichkeit der Einordnung der Freiheit, die gegenüber der Kausaldetermination ein determinierendes Plus ist. - Geistiges Sein gibt es nur im individuellen Vollzug des Menschen als des einzigen eigentlichen Subjektes (→ Person). Objektiver Geist, der keine Gesamtperson (→ Scheler) ist, existiert nur im Bewußtsein von Einzelpersonen, während der objektivierte Geist abgelöst vom lebendigen Geist weiterlebt. Im Menschen durchdringen sich die reale und ideale Welt, und das ermöglicht die Verwirklichung der Werte durch seine Freiheit. H.s → Wertethik mündet in fünf unlösliche → Antinomien zwischen Religion und → Ethik, die einen der Gesamttendenz seiner Aporetik entsprechenden (→ Gott: VII), von ihm aber nicht ausgesprochenen postulatorischen → Atheismus (: II) implizieren. Der Zugang zur → Existenzphilosophie war H. trotz seiner aporetischen Erörterung des Existenzproblems versperrt.

TH.BALLAUFF, Bibliogr. der Veröffentlichungen N.H.s u. zur Philosophie N.H.s (in: H.HEIMSOETH-R.HEISS, N.H., Der Denker u. sein Werk, 1952, 286-308). - Außerdem: Ästhetik, 1953; Kleinere Schriften I: Abh.en zur syst. Philos., 1955; II: Abh.en zur Philosophiegesch., 1957; III: Vom Neukantianismus zur Ontologie, 1958. - M.BRELAGE, Die Schichtenlehre N.H.s (Studium Generale 9, 1956, 297-306) - J.N.MOHANTY, N.H. and A.N.Whitehead, Calcutta 1957.

J.Klein

Hartog, *Arnold Hendrik de* (1869-1938), Pfarrer der holländischen Kirche, seit 1917 in Amsterdam, 1926 Prof. der de H.-Stichting in Utrecht, 1930 für Religionsphilosophie und Ethik in Amsterdam. H. war ein sehr begabter Prediger und Redner, trat vor allem als Apologet des Christentums auf und versuchte eine großartige Synthese zwischen christlichem Glauben und Philosophie (Ed.v. → Hartmann). Philosophisch war er »transzendentaler Realist«: im Denken spürt der Mensch den Grund des Seins. Auf Gemeindeglieder hat er großen Einfluß gehabt, in der theologischen Welt kaum; mußte man doch fragen, ob in seinem System die Heilstatsachen noch Bedeutung haben könnten.

Vf. u.a.: Groote Denkers, 1908/09; Philosophie der religie in grondlijnen, 1913; Groote Dogmatici, 1916/17; De zin van ons leven, 1925; Phaenomenologie van het christelijk bewustzijn, 1932. - Über H.: RGG [2] II, 1641 - M.VAN WICHEN, Realistische theologie. De visie van A.H. de H., Zutphen 1955. *A.A.van Ruler*

Harvard, *John* (1607-38), englischer Theologe, * in Southwark bei London, † in Charlestown/Mass., studierte im puritanischen Emmanuel College in Cambridge (1635 Magister). Von der Mutter und von seinem Bruder erbte er ein beträchtliches Vermögen. 1637 segelte er nach der Bay Kolonie hinüber, wo er an der Kirche in Charlestown bei Boston ordinierter Lehrer wurde. Im benachbarten Cambridge war von der Kolonie bereits im Herbst 1636 ein College gegründet worden. Nach H.s frühem Tod veranlaßte die Stiftung seiner Bücherei von etwa 400 Bänden und der Hälfte seines Vermögens von 1600 Pfund den General Court, das College nach ihm zu benennen. Ursprünglich zur Ausbildung für das geistliche Amt und für die Gemeindeleitung bestimmt, wurde H. in seiner Collegestruktur das Grundmodell für das spätere Hochschulwesen in Amerika (→ Vereinigte Staaten: VI) und unter Präsident Charles W.Eliot (1869 bis 1909) Universität.

DAB VIII, 371f - S.E.MORISON, The Founding of H. College, Cambridge/Mass. 1935. *G.H.Williams*

Hase, *Karl August von* (25.8.1800 bis 3.1.1890), * Niedersteinbach b. Penig (Sachsen), † Jena, führender Kirchenhistoriker des 19.Jh.s. Nach entbehrungsreicher Jugend 1823 PDoz. in Tübingen, 1824/25 als Burschenschaftler auf dem Hohenasperg gefangen, 1828 PDoz. in Leipzig, wo er der Ächtung des → Rationalismus durch Aug. → Hahn (1827) heftig widersprach. Seit 1830 Prof. in → Jena, hat er die dortige Fakultät ein halbes Jh. lang geprägt. Seine Theologie stellt eine sehr individuelle Synthese divergierender Elemente dar, trägt in ihrer Grundstruktur romantisch-spätidealistisches Gepräge und bemüht sich - an der Grenze eines historisierenden Relativismus - um Gerechtigkeit gegenüber allen Erscheinungen in der Kirchen- und Geistesgeschichte von Franz von Assisi bis zur luth. Orthodoxie. Der ästhetische Charakter ist beherrschend; H.s Kirchengeschichtsschreibung (→ Kirchengeschichte: I) ist »Anschauung« im vordergründigen und im tiefen Sinne → Schellings und → Schleiermachers. Trotz seiner Stellungnahme gegen Hahn ging er mit dem Rationalismus wegen seiner Flachheit (→ Röhr) scharf ins Gericht. Bezeichnenderweise wollte er sein »Handbuch der prot. Polemik gegen die röm.-kath. Kirche« ([1862] 1900^{7}) als ein »Buch zum Frieden« verstanden wissen. Seine Darstellung der Kirchengeschichte löste den Gesamtverlauf gern in Einzelbilder bis ins Anekdotenhafte auf; sie zeichnet sich durch bildhafte Sprache aus und bedeutet den Gegenpol zu philologisch-historischer exakter Quellenkunde und -darbietung (→ Gieseler). - H.s wichtigster Schüler war G. → Krüger.

Vf. außerdem bes.: Gnosis, 3 Bde, (1827-29) 1869/70^{2} (Glaubenslehre für Gebildete); Hutterus redivivus, (1829) 1883^{12} (damit begann die Reaktivierung der luth. Orthodoxie); Leben Jesu, 1829 (1875^{5}: Gesch. Jesu); Lehrbuch der KG, (1834) 1900^{12}; KG auf der Grundlage akadem. Vorlesungen, postum hg.v. G.Krüger, (1890/92) 1895/97^{2}. - Autobiogr.: Ideale u. Irrtümer, (1872) 1908^{2} - Annalen meines Lebens, 1891. - GA, 12 Bde, 1890-93. - Über H.: RE VII, 453ff - R.Bürkner, K.H., 1900 - W.Nigg, Die Kirchengeschichtsschreibung, 1934 - H.Jursch, K.v.H.s Rom-Erlebnis (WZ Jena 1952/53, 91-105) - K.Heussi, Gesch. der Theol. Fakultät zu Jena, 1954 - G.Fuss, Die Auffassung des Lebens Jesu bei... K.v.H. (Diss. Jena), 1955. *M.Schmidt*

Hasenkamp, *Johann Gerhard* (12.7.1736 bis 10.6.1777), * in Wechte (Tecklenburg), † als Rektor des Gymnasiums in Duisburg. Mystischen und pietistischen Bauernkreisen entstammend, wegen Heterodoxie und Aufruhr arretiert (1761) und mehrfach synodal (Jülich-Cleve) verurteilt (1769, 1771), wurde H. zu enthusiastischen Visionen veranlaßt und wanderte 1761 nach Schlesien zur Bekehrung Friedrichs d.Gr. Seit 1766 wurde H. in Duisburg das Haupt einer pietistischen Sondergruppe, zu der → Collenbusch, → Menken, → Tersteegen, → Jung-Stilling, → Lavater, G.D. und Fr.W. → Krummacher in näherem oder loserem Anschluß standen. - Sein biblizistischer Vitalismus versucht im Kampf gegen den Supranaturalismus der → Orthodoxie und gegen den Naturalismus der → Aufklärung eine Einheitsschau von Diesseits und Jenseits, Natur und Gnade, aus dem Reich-Gottes-Gedanken (→ Bund: IV) der coccejanischen und der württembergischen Tradition (→ Bengel, → Fricker, → Ötinger), aus dem Organismusdenken von → Leibniz und aus der Theosophie Jakob → Böhmes zu gewinnen. Inhalt der Versöhnungslehre ist nicht mehr die Rechtfertigung des Sünders, sondern die progressive Verherrlichung im Reich. Der Strafbegriff der kirchlichen Satisfaktionslehre wird verworfen, dagegen eine proportionierte Reichsgerechtigkeit Gottes für den Gehorsam Christi und der sich heiligenden Gläubigen behauptet. → Swedenborgs Spiritismus und Visionen der Dorothea Wuppermann unterstützten H.s Ansicht von der Leibhaftigkeit der jenseitigen Welt. In Auseinandersetzungen mit Anhängern → Zinzendorfs und manchen Schülern Tersteegens klärte sich die singuläre Gestalt seiner Gruppe. - H.s Wirkungen auf die ältere → Erweckung (: I, 5c) im Rheinland, auf die frühe Romantik und auf den antirevolutionären Patriotismus der Befreiungskriege sind vielschichtig und weitläufig.

Bibliogr. in: J.G.Meusel, Lexikon der v. 1750-1800 verst. dt. Schriftsteller V, 1805, 206; RE VII, 461ff. - Briefwechsel mit Lavater, hg.v. K.Ehmann, 1870. - Über H.: C.H.G.Hasenkamp, Mitt.en aus dem Leben J.G.H.s (Die Wahrheit zur Gottseligkeit II/5. 6), 1832/34 - K.Ehmann, F.Chr.Ötingers Leben u. Briefe, 1859, 783ff - A.v.d. Goltz, Th.Wizenmann, 2 Bde, 1859 - C.H.Gildemeister, Leben u. Wirken G.Menkens, 1860 - G.Frank, Gesch. d. prot.Theol. III, 1875, 216 - A.Ritschl, Gesch. d. Pietismus I, 1880, 505. 570ff - F.Augé, S.Collenbusch u. sein Freundeskreis, 2 Bde, 1905. *J.Moltmann*

Hasmonäer → Judentum: I, → Makkabäerbücher: I.

Haßler, *Hans Leo* (1564-1612), Komponist, * Nürnberg, † Frankfurt/M., Schüler von A. → Gabrieli in Venedig, seit 1585 Organist der Fugger in Augsburg, 1601-04 Kapellmeister in Nürnberg, stand in enger Verbindung zum Kaiserhof, lebte zeitweilig in Ulm und wirkte seit 1608 als Kammerorganist am sächsischen Hof in Dresden. H. ist neben M. → Prätorius der bedeutendste deutsche Meister der Generation vor → Schütz. In seinen Werken verbinden sich aufs glücklichste italienische Klangfreudigkeit und Eleganz mit der Innigkeit des deutschen Liedes. Von hohem Wert sind seine motettischen wie auch seine einfach gesetzten Kirchenlied-Bearbeitungen. H.s Weise zu dem Liede »Mein G'müt ist mir verwirret« aus dem »Lustgarten«, schon seit 1600 auch mit geistlichem Text bekannt, wurde später in Verbindung mit P. → Gerhardts »O Haupt voll Blut und Wunden« durch → Bachs Matthäuspassion weltberühmt.

Hauptwerke (Neudr. in Klammer): Cantiones sacrae, 4-12stimmige Motetten, 1591 (DDT 2); Missae, 4-8stimmig, 1599 (DDT 7); Sacri concentus, 4-12stimmig, (1601) 1612^{2} (DDT 24/25); Psalmen u. christl. Gesäng, mit 4 Stimmen auf die Melodien fugweis komponiert, 1607 (Choralbearbeitungen, hg.v. G.W.Teschner, 1865, u. R.v.Saalfeld, 1925ff); Kirchengesäng, 1608 (4stimmige schlichte Kantionalsätze hg.v. R.v.Saalfeld, o.J.). - Canzonette, 1590 (DTB 5, 2); Neue teutsche Gesang, 1596 (ebd); Madrigali, 1596 (DTB 11, 1); Lustgarten neuer teutscher Gesäng, Balletti, Gaillarden u. Intraden, 1601 (PGfM 15). - Orgelwerke in Auswahl (DTB 4, 2). - Über H.: R.Schwarz in: VfM 9, 1893, 1-61 - E.F.Schmid in: Zs. des histor. Vereins für Schwaben 54, 1941, 61-212 - MGG V, 1798ff. *S.Hermelink*

Hattem, *Pontiaen van* (1645-1706), niederländischer Separatist, * zu Bergen-op-Zoom, seit 1672 geschätzter Prediger in Philipsland, 1680 wegen Irrlehre angezeigt, 1683 abgesetzt. Er zog sich nach Bergen-op-Zoom zurück, wo er eine über ganz Seeland ausgedehnte Konventikeltätigkeit entfaltete, von der Kirche heftig angegriffen, vom Rat trotz des Eingreifens der Generalstaaten (1693) geschützt. Kirche und Fakultäten erklärten ihn für einen → Sozinianer, Libertinisten und Antinomisten; seit 1700 galt er ohne Grund auch als Spinozist. Er lehrte einen perfektionistischen → Quietismus im scharfen Gegensatz gegen die orthodoxe Gesetzlichkeit: Wenn der Mensch das in Christus gebotene Heil ergreift, ist die Krankheit der Sünde überwunden, der Mensch wiedergeboren und frei von dem unruhigen Streben nach Werken. Gottes Wille ist zu leiden, nicht zu tun. Von Mystik und Pantheismus hat sich v.H. bewußt abgegrenzt, hingegen rationale Ideen, bes. den Toleranzgedanken aufgenommen. Seine Anhänger (Hattemisten) wurden noch jahrzehntelang (zB 1732 in Cadzand) bedrückt. Zu nennen sind Jakob Brill (RE III, 408), Marinus Adrianß, Goswynus van Buitendyk, Steven Kloet (1714 zu drei

Jahren Gefängnis verurteilt), Jakob Roggeveen, der 1718-27 v. H.s nachgelassene Schriften herausgab (»Den val van's Werelts Af-god«, 4 Bde). Diese Ausgabe veranlaßte 1733 ein Edikt der Generalstaaten gegen v.H.s Determinismus und Antinomismus.

NAKG 1, 1841, 287-362; 8, 1848, 57-169 - Archief voor Nederl. Kerkgeschiedenis 1, 1885, 51-128. 273-348 - W.C.v.MANEN, P.v.H. (De Gids 49, 1885, III, 357-429; IV, 84-115) - RE VII, 475ff - J.DE HULLU, Hérésies Hattemistes dans l'église wallonne de Cadzand vers 1720 à 1733 (Bull. de l'histoire des églises wallonnes II, Bd 4, 1908, 201ff) - BWGN III, 572ff (Lit.). *H.Bornkamm*

Hauck, *Albert* (9.12.1845 bis 7.4.1918), ev. Theologe, * in Wassertrüdingen (Mittelfranken), zuerst im bayrischen Pfarramt, dann seit 1878 Prof. für KG in → Erlangen, seit 1889 in → Leipzig. Eine Berufung auf → Rankes Berliner Lehrstuhl lehnte er 1902 ab. Seine »KG Deutschlands« nahm die Arbeit von F.W.Rettberg neu auf und gehört zu den klassischen Werken der deutschen Geschichtsschreibung des 19.Jh.s. H.s Geschichtstheologie steht im Zusammenhang mit der Theologie der → Erlanger Schule und sollte die Liebe zur Kirche neu wecken. Sein Lebenswerk faßte er als einen Versuch auf, die Hl. Schrift in ihrer Bedeutung für Leben und Geschichte verständlich zu machen.

Vf. u.a.: Tertullians Leben u. Schriften, 1877; Die Bischofswahlen unter den Merowingern, 1883; KG Deutschlands, 5 Bde, (1887-1920) 1952⁵⁻⁷; Die Entstehung der bischöfl. Fürstenmacht, 1891; Der Gedanke der päpstl. Weltherrschaft bis auf Bonifaz VIII., 1904; Die Entstehung der geistl. Territorien, 1909; Deutschland u. England in ihren kirchl. Beziehungen, 1917. Postum: Apologetik der alten Kirche, 1918; Die Religion in ihrer Wirkung auf das Leben, 1918; Jesus. Ges. Vorträge, 1921. - Mit-Hg. v. RE² VIII. IX; Hg. v. RE³ XII-XVIII u. RE³. - Bibliogr. in ZKG 54, 1935, 565-575 (nachzutragen: Art. »Plitt«, ADB 26, 304 ff). - Über H.: H.BOEHMER in: Beitr. z. sächs. KG 33, 1919, 1-78 - C.MIRBT in: Dt. Biogr. Jb., Überleitungs-Bd II, 1928, 253-258 - F.HAUCK, A.H., Leben u. Werk, 1947 (Masch.) - B.SCHOLZ, Der Geschichtsschreiber A.H., Persönlichkeit u. Werk (Diss. Jena), 1951 - H.-D.LOOCK, Christus u. die Gesch. Betrachtungen zum Werke A.H.s (Diss. Berlin), 1956. *E.Beyreuther*

Haug, *Johann Heinrich,* † 1753 zu Berleburg. 1703 Diakonus in Straßburg, wurde H. wegen »pietistischer und donatistischer Irrtümer« suspendiert und 1705 ausgewiesen. Als Vorsteher der philadelphischen Gemeinde Berleburg gab er die Berleburger Bibel (= B.B.; → Bibelübersetzungen: IV, 3b) heraus: »Die Hl. Schrift Altes und Neues Testaments, nach dem Grund-Text aufs neue ... übersetzet« (8 Bde, 1726-42; Nachdr. Stuttgart 1856). Mitarbeiter waren Konsistorialrat L.Chr.Schefer, T.Eisler und Graf Johann Kasimir von Sayn-Wittgenstein-Berleburg, zeitweise auch Chr.Seebach und J.Chr. → Edelmann (→ Inspirationsgemeinden). Im Gegensatz zur kirchlichen Parteiung und zur traditionalistisch-dogmatischen → Schriftauslegung (: IV) erstrebten die Verfasser eine über die buchstäbliche Exegese hinausführende Erklärung, »die den inneren Zustand des geistlichen Lebens oder die Wege und Wirkungen Gottes in der Seelen zu deren Reinigung, Erleuchtung und Vereinigung mit Ihm zu erkennen gibt« (Titel). Sammlung der philadelphischen, durch mystisch verstandene Wiedergeburt erweckten Gemeinden ist ebenso Ziel wie Erkenntnis der Gegenwart als Abendzeit und (im Sinne der Reformprogrammatik im Geiste → Philadelphias) Erwartung »der gesegneten siebenten Zeit«. Die wegen ihrer Kirchenkritik anstößige B.B. wurde nicht nur in den spiritualistisch-pietistischen Kreisen benutzt, sondern wirkte »wie ein Ferment«, u.a. in der → Erweckungsbewegung, als Mittlerin der androgynen Idee, in den Kreisen der russ. → Freimaurer. Quellen der B.B. sind für den buchstäblichen Sinn u.a. luth. und kirchliche Exegeten, für den moralisch-geistlichen Sinn → Coccejus, für die »innere Erkenntnis« u.a. deutsche → Mystik (: VI), J. → Arnd, J. → Böhme und seine Anhänger, barocke Kabbalisten, die englischen Philadelphen (Bromley, → Pordage, J. → Lead), kath.-romanische Mystiker (→ Fénelon, bes. Mme de → Guyon und Mme → Bourignon).

Über H.: M.GOEBEL, Gesch. d. christl. Lebens in d. rhein.-westf. Kirche II/2. 3, 1852, 736ff; III, 1860, 71ff, bes. 103ff - ADB XI, 51f - RE III, 182f; VIII, 355f; IX, 203ff - J.ADAM, Ev. KG der Stadt Straßburg I, 1922, 476ff - HKG IV, 59 - M.HOFMANN, Theol. u. Exegese d. B.B. (BFChTh 39, 2), 1937 (Lit.) - NILS THUNE, The Behmenists and the Philadelphians, Uppsala 1948, 148ff u.ö. - HIRSCH II, 299f - E.BENZ, Adam. Der Mythos v. Urmenschen, 1955, 135ff. 304f (Lit.). *E.H.Pältz*

Hauge, *Hans Nielsen* (1771-1824), Erweckungsprediger, »Norwegens Spener«. Ein Bauernsohn, erfuhr er 1796 eine Bekehrung durch die Lektüre von Luthers Hauspostille und J. → Arnds »Wahres Christentum« und übte als wandernder Laienevangelist starken Einfluß aus (→ Norwegen: I). Zahlreiche Laienprediger unterstützten ihn bei dieser Arbeit. Die Bewegung betonte die Bekehrung, die Notwendigkeit persönlichen Zeugnisses und die Pflichten gegenüber der Gemeinschaft; sie stellte die Heiligung über die Rechtfertigung. Unklar blieb ihre Lehre vom Sakrament. Diese Haltung charakterisiert aber H.s Anhänger mehr als ihn selber, der fest zu den luth. Bekenntnissen stand, obwohl er wie jene tief durch den deutschen → Pietismus und die Schriften von H.A. → Brorson und E. → Pontoppidan beeinflußt war. - Sein Einfluß bei der gesamten Nation machte ihn verdächtig; zweimal (1804-11 und 1814-16) wurde er ins Gefängnis gesetzt, vorgeblich wegen Verletzung des Versammlungsgesetzes. Tatsächlich verwarf er jedes Schisma und warnte seine Anhänger vor jeder Trennung von der Landeskirche. - H.s Interessen umfaßten auch Handel und Industrie. Er war ein fruchtbarer Schriftsteller (33 Bücher und umfassender Briefwechsel) und hatte Einfluß auf Politik und Wirtschaft seines Vaterlandes, während er zugleich eine religiöse → Erweckung (: I, 3) ins Leben rief, die weitgehend den herrschenden Rationalismus in der Landeskirche zurückdrängte und bleibende Spuren in ihr hinterließ. - Sein Schüler E.Eielsen brachte seine Ideale 1839 nach Amerika, wo er die »norwegische H. ev. luth. Synode« begründete, die 1917 in der »norwegischen luth. Kirche von Amerika« (seit 1946 »ev. luth. Kirche«) aufging.

A.C.BANG, H.N.H. og hans Samtid, Christiania (1874) 1924⁴ - M.O.WEE, Haugeanism, St.Paul 1919 - J.B.BULL, H.N.H., der Erwecker Norwegens, (1926) 1955³ - A.HAUGE, H.N.H., 1953 - J.M. SHAW, Pulpit under the sky, Minneapolis 1955. *D.Carter*

Hauptentblößung *bei liturgischen Handlungen.* Die Anschauungen über den Sinn der H. sind uneinheitlich: H. kann als Merkmal des freien Mannes gelten (zB in Griechenland), wird aber meist als Gestus der ehrfürchtigen Unterordnung angesehen, während Kopfbedekkung bei Männern als Zeichen der Würde und Vollmacht gilt und bei Frauen moralische, vielleicht auch apotropäische Bedeutung hat. Im jüdischen Gottesdienst ist H., allerdings erst in nachtalmudischer Zeit, verboten. Die röm.-kath. Kirche schreibt, unter Berufung auf 1Kor 11, 4, H. bei allen liturgischen Handlungen vor, die Gebetscharakter tragen. Auch als ehrerbietige Begrüßung eines Vorgesetzten kommt sie im Gottesdienst vor. Dagegen ist die Bedeckung des Hauptes (mit Birett oder Mitra) üblich bei Predigten und »Amtshandlungen von vorwiegend autoritativer Natur«. In ev. Gemeinden ist H. bei liturgischen Handlungen die Regel; das Barett trägt der Pfarrer nur unter freiem Himmel, hier auch bei

Grabreden, nicht aber bei Gebeten. Frauen verbietet die Sitte vielerorts H. beim Empfang des Abendmahles.

I.Elbogen, Der jüd. Gottesdienst, 1913, 1 - L.Eisenhofer-J.Lechner, Liturgik des röm. Ritus, 1950[6], 104 - J.B.Müller-J.B.Umberg, Zeremonienbüchlein, 1955[22], 1. *E.Hertzsch*

Hauptkirchen, *kirchenrechtlich*

1. Kath. H.n - 2. Ev. H.n. - H. = Hauptkirche

1. Der Ausdruck H. hat kein technisches Äquivalent im kanonischen Recht, sondern meint allgemein eine aus einer einzelnen Gruppe von Kirchen hervorgehobene Kirche: die Kathedralen; die den Kathedralen der Bistümer gleichgestellte H. der bistumsähnlichen kirchlichen Territorien (Abteien und Prälaturen nullius, Apostolische Vikariate und Präfekturen), die Ecclesia princeps (c. 1265 § 1 n. 1 CIC; hier deckt sich der kirchenrechtliche Ausdruck also incidenter mit dem deutschen); als H. einer Stadt hinsichtlich der Fronleichnamsprozession gilt die Ecclesia dignior (c. 1291 § 1; im deutschen Raum führen diese Kirchen manchmal auszeichnende Titel: Münster, Propsteikirche); die Ecclesia matrix (c. 1427 § 3) ist H. gegenüber ihren → Filial-Kirchen. - Der Ausdruck wird bes. angewandt auf die 7 römischen H.n (→ Rom), die ihrerseits aber nicht rechtlich gleichgestellt sind, sondern nur als Ziel der schon im 7.Jh. eingewurzelten, während des ganzen MA geübten und durch F. → Neri zu neuem Glanz geführten, mit Ablässen reich bedachten → Wallfahrt (: II) zu den 7 H.n eine Gruppe bilden. Rechtlich sind 4 von ihnen Basilicae maiores primariae und den 4 großen Patriarchaten zugeordnet: die Laterankirche (Sitz des Papstes als des Patriarchen des Abendlandes); St.Peter (Patriarchalkirche für Konstantinopel); St.Paul vor den Mauern (Alexandrien); Santa Maria Maggiore (Antiochien). Ihnen ist als 5. Patriarchalbasilika, aber nicht als Basilica maior und ohne Hl.Pforte (→ Jubiläumsjahr), zugesellt St.Laurentius vor den Mauern (Jerusalem). Die beiden letzten, die Basilika zum hl. Kreuz in Jerusalem und St.Sebastian, sind einfache Basiliken (Basilicae minores).

DDC II, 242f; V, 180ff - N.Hilling, Von den Propsteikirchen (AkathKR 126, 1954, 321-328). *H.Barion*

2. Die Bezeichnung H. kann auch *auf ev. Boden* eine streng kirchenrechtliche, aus dem MA ererbte (→ Kirchenverfassung: II) Bedeutung haben. Entsprechend dem kanonischen Recht konnten ev. gewordene Parochialkirchen der Städte gegenüber den oft zahlreichen, auch baulich bisweilen bedeutsamen Klosterkirchen (und Kapellen) H.n genannt werden; ihre Pfarrer bewahrten sich dann bestimmte Vorrechte gegenüber anderen Kirchen und ihren Geistlichen oder Kirchspielinsassen. Daß im MA »die Bedeutung der Gemeinde als selbständiger Korporation« geschwunden war (→ Gemeinde: II, 3b) und daß ein ev. Gemeinderecht sich nach der Reformation nur ansatzweise entwickelte (ebd 3c), kommt in diesem seltsamen Überordnungsverhältnis der H.n zum Ausdruck, bes. in der bevorrechteten Stellung ihrer leitenden Geistlichen (»Hauptpastoren«), die als Nachfolger der mittelalterlichen »Rectores ecclesiae« ihresgleichen an den anderen Kirchen nicht duldeten oder dulden wollten. Beispielsweise wurden Kinder eines weit vor den Toren Lübecks gelegenen, kirchlich selbständigen Dorfes bis in die Neuzeit hinein in der seit dem MA zuständigen H. getauft. Rechte der H.n bei der Pfarrstellenbesetzung von Kirchen außerhalb der Stadtmauern blieben aufrechterhalten. In Leipzig hatte der Thomaskantor (J.S.→Bach) nur in den beiden H.n von St.Thomae und St.Nicolai große Kirchenmusiken zu dirigieren. Nur in St.Lorenz und St.Sebald zu Nürnberg findet sich das Amt der »Hauptprediger«. Letzte Ausläufer der Institution der H.n sind zB die vier H.n in → Hamburg, die mit einigen anderen kleinen Kirchen einen eigenen H.n-Kreis bilden, deren Hauptpastoren eine besondere kirchenleitende und theologisch hervorgehobene Stellung über allen anderen Pastoren der Landeskirche haben und aus deren Mitte nach der zZ gültigen KO der Bischof zu wählen ist. *W.Jannasch*

Hauptmann, *Gerhart* (15.11.1862 bis 6.6.1946), * in Bad Salzbrunn, † in Agnetendorf (Riesengebirge). H.s Vorfahren väterlicher- wie mütterlicherseits sind schon vor 1600 in Schlesien nachweisbar, zT als Weber. Nach unglücklicher Schulzeit in Breslau betätigt er sich als Landwirt bei Verwandten herrnhutischer Frömmigkeit, wird Kunstschüler in Breslau, studiert 1882 in Jena. Der Versuch, in Rom Bildhauer zu werden, scheitert durch Krankheit. Nach Eheschließung mit Marie Thienemann (1885) hält H. sich in Erkner, Zürich und Berlin auf, seit 1891 in Schreiberhau/Riesengebirge. Als »naturalistischer« Dramatiker erringt er Welterfolg, bes. 1891 durch »Die Weber«. Stilgeschichtlich ist H. nicht auf eine Richtung festzulegen: realistische, neuromantische, symbolistische, klassizistische Motive gehen nebeneinander her. 1904 heiratet er nach langen Ehewirren und unrastigen Wanderjahren Margarete Marschalk und wohnt seit 1901 in Agnetendorf (Wiesenstein), dabei fast alljährlich auf längeren Reisen nach Italien und Hiddensee, 1907 nach Griechenland. 1912 erhält er den Nobelpreis, 1932 reist er zu Goethevorträgen nach Amerika. Während der Zeit der Hitlerregierung tritt H. in den Hintergrund, erkrankt nach der russischen Besetzung Agnetendorfs (Mai 1945) mehrfach schwer und stirbt kurz vor seiner Ausweisung. Sein Sarg wird in Kloster auf Hiddensee beigesetzt. Grabbeigaben sind das NT, der Sonnengesang des Franz von Assisi und sein Epos »Der Große Traum«. - H.s Schaffen geht unablässig durch 65 Jahre. Veröffentlicht sind 47 Dramen, zahlreiche Fragmente, 5 Versepen, 21 erzählende und autobiographische Werke, ferner Gedichte, Reden, Aufsätze, Aufzeichnungen. Der sehr umfangreiche Nachlaß ist bisher unzugänglich und unveröffentlicht. - H. wurzelt zutiefst im Protestantismus, sofern man diesen als allgemeine Geisteshaltung versteht. Früh berührte ihn herb und eng der Geist Herrnhuts. Die Lutherbibel und Luthers Schriften (Erlanger Ausgabe) werden seit früher Jugend immer erneut studiert, H.s Sprache ist von der Luthers ganz durchtränkt. Bes. vertieft H. sich in die Quellen des Reformationszeitalters (»Florian Geyer«, »Wiedertäufer«-Fragmente, »Hamlet in Wittenberg«) und erstrebt eine »ewige Reformation« (»Der Dom«). Seine scharfe Abneigung gilt dem Klerikalismus, der Glaubensverfolgung, Inquisition, jeder geistigen Unfreiheit (»Till Eulenspiegel«, »Magnus Garbe«, »Der Große Traum« u.ö.). Die frühe Berührung mit moderner Naturwissenschaft (→Haeckel) und →Nietzsche ist nicht nachhaltig. Unter der Reihe der sozialen Dramen der Frühzeit fließt ein Strom weltflüchtiger Religiosität (»Jesus-Studien«, Ansätze zu einem Jesus-Drama). H. versenkt sich in die schlesische Mystik (J. → Böhme), daneben in → Paracelsus, die Gnosis und die Kirchenväter (Tertullian, Augustin). Jesus ist ihm der Vertreter einer Individualreligion. Das Ringen um die unio mystica mit ihm gipfelt im »Narr in Christo Emanuel Quint« (1909), ablehnend gegen jede kirchliche Enge. In der »Versunkenen Glocke« (1896; Vorstufe: »Helios«) begegnet erstmals eine Dionysosspekulation: die Idee der Verwandlung des Gekreuzigten in den Gott der Ekstase. In Hellas erlebt H. nicht die Klassik, sondern Demeter und Dionysos; der »Grieche« in ihm wird entbunden (»Der Ketzer von Soana«). Seit 1900 beschäftigt er sich mit Platons Ideenlehre (»Und Pippa tanzt«). Bis zu seinem Tode ringt er um die coincidentia oppositorum, die letzte Synthese von Christus und Dionysos. Für H. beruht das Wesen der Welt in der polaren Spannung; so entwickelt er unter mystisch-gnostischen Einflüssen eine dualistische Lehre von den zwei Söhnen Gottes, von denen Christus die Seinen aus der Welt heimführt zum Vater, der ältere (Luzifer-Dionysos-Prometheus-Herakles) sie in Ekstase hineingeleitet in das künstlerische Schaffen, dessen Höhepunkt die Tragödie ist. Beide enden am Kreuz (Dionysos von Mänaden auf dem Parnaß gekreuzigt: »Der Große Traum«, 16. Gesang). Nur in der Seele des poeta-vates, der die tiefste Not des Leidensgottes und die Erhebung des Herrn der Ekstase in sich erlebt und künstlerisch gestaltet, vollzieht sich der letzte Enthousiasmos (»Die Blaue Blume«, 1924). - H. ist nicht der Dichter des sozialen Mitleids, sondern des Mit-Leidens mit aller Kreatur (συμπάθεια τῶν ὅλων: Mark Aurel, Plotin). Diese Ideen werden verstärkt durch die platonische Erosspekulation und die Vertiefung in die indischen Religionen (→ Bhagavadgîtâ; → Upanishaden; Reden Gotamo Buddhos, übers. v. K.E.Neumann, 1911). Nachklänge finden sich in der »Insel der Großen Mutter« und in »Der Neue Christophorus«. Ebenso wirkt die Lektüre von Lao-Tse nach. Goethes »Urworte. Orphisch« umreißen zutreffend die das Werk H.s beherrschenden Kräfte, bes. Daimon, Ananke und Eros.

Ausg. letzter Hand, 17 Bde, besorgt v. C.F.W.Behl u. F.A.Voigt, 1942. Ergänzungen: Der Dom (mit Nachwort v. F.A.Voigt), 1942; Neue Gedichte, 1946; Mignon, 1947; Die Finsternisse (hg.v. W.A. Reichart), New York 1947; Atridentetralogie, 1949; Herbert Engelmann, 1952; Winckelmann (stark überarbeitet v. F.Thiess), 1954; Der Große Traum (hg.v. H.Reisinger; 5 Gesänge fehlen), 1956. - Auswahlen v. J.Gregor, 5 Bde, 1952 ff (in I: Die Finsternisse; in V: Der Neue Christophorus), v. G.Stenzel, 2 Bde, Salzburg 1956. - G.H.-Jb., hg.v. F.A.Voigt, I, 1936; II, 1937; III, 1948 (mit wichtigen Fragmenten). - Bibliogr.en v. W.Requardt, 1931 - V. Ludwig, G.H. Werke von ihm u. über ihn, 1881 bis 1931, 1932 - Wichtige Nachträge in: G.Erdmann, G.H. Erlebte Welt u. gestaltetes Werk (Diss. Greifswald), 1957. - Ältere Biographien von P. Schlenther (1922[13]), P.Fechter (1922), H.v.Hülsen (1927). Moderne Biogr. fehlt. - J.Gregor, G.H. Das Werk u. unsere Zeit, Wien o.J. (1952). Das rein Tatsächliche in: C.F.W.Behl-F.A.Voigt, Chronik von G.H.s Leben u. Werk, NB 1957 (darin Übersicht über alle gedruckten u. unveröffentlichten Werke). - Zur Deutung (mit bes. Berücksichtigung der Religion): E.Langner, Die Religion G.H.s, 1928 - F.A.Voigt, Antike u. antikes Lebensgefühl im Werke G.H.s, 1935 - Ders., H.-Studien I, 1936 - Ders., Der relig. Weg G.H.s (Neue Rundschau 48, 1937, 474-485) - Ders. u. W.A.Reichart, H. u. Shakespeare, (1938) 1947[2] (bes. auch über Luzifer-Dionysos) - F.A. Voigt, G.H. der Schlesier, (1942) NB 1953[3] (bes. auch über Einfluß der schles. Mystik) - S.D.Stirk, G.H.s Jesusstudien, 1937 - H. Schreiber, G.H. u. das Irrationale, Wien 1946 - J.Nabholz, The Clergymen in G.H.s Contemporary Plays (Monats-H.e Madison 39, 1947, 463-476) - C.F.W.Behl, Zwiesprache mit G.H., 1948 - W. Liebenstein, G.H. u. das Reformationszeitalter (Diss. München), 1950 (Masch.) - Chr.v.Ravenstein, Das Luziferische bei G.H. (Diss. Freiburg i.Br.), 1952 (Masch.) - R.Fiedler, Die späten Dramen G.H.s, 1954 - F.Leciner, Der Gedanke d. Wiedergeburt im Leben u. Werk G.H.s (Diss. München), 1955. *F.A.Voigt*

Hausandacht

1. Bestimmung - 2. Zur Geschichte - 3. Gegenwartslage - 4. Formen. - Vgl. → Andacht: II, → Erbauung, → Erbauungsliteratur

1. Der Ausdruck H. grenzt die häusliche Andachtsübung sowohl gegen den öffentlichen → Gottesdienst der versammelten Gemeinde wie gegen die private Erbauung des einzelnen ab; er meint die gemeinsame Andacht, zu der sich Familienglieder und ständige Hausgenossen im eigenen Hause oder in der Wohnung versammeln. Ob und wieweit auch solche Andacht als Hausgottesdienst anzusehen ist, bleibe dahingestellt. In jedem Falle ist die H. als Bekundung der die Hausangehörigen verbindenden Gemeinschaft im Glauben auch wichtiges Mittelglied zwischen dem Frömmigkeitsleben des einzelnen und dem Gottesdienst der Gemeinde. - Neben dem Zurücktreten des öffentlichen Gottesdienstes an Werktagen ist der weithin festzustellende Rückgang der H. einerseits gewiß Folge, anderseits aber auch Mitursache der Entfremdung vieler Getauften vom kirchlichen und gottesdienstlichen Leben.

2. Was die *Geschichte* der H. betrifft, so läßt sich die H. im NT nicht eindeutig nachweisen. Bei den in Apg 2, 46 erwähnten Zusammenkünften »hin und her in Häusern« handelt es sich um Veranstaltungen der Gemeinde, vgl. Apg 12, 12; 20, 20 (→ Gottesdienst: IV, 2). Doch ist anzunehmen, daß es gelegentlich schon in frühchristlicher Zeit H.n gegeben hat (die → Apostellehre mahnt zu dreimaligem täglichem Gebet!). Nach Ende der Verfolgungen tritt in der alten Kirche die H. zunächst gegenüber der Teilnahme am täglichen Gottesdienst der Gemeinde zurück. In dem Maße, wie sich das Gebet der Tageszeiten zum → Stundengebet geschlossener Kreise innerhalb der Kirche verfestigte, trat die H. neben der werktäglichen → Messe immer mehr in den freien Raum zwischen dem Chorgebet der Mönche und dem Brevierbeten des einzelnen Klerikers. Aus dem MA sind eine Reihe von Hilfsmitteln sowohl für die häusliche Andacht wie für die persönliche Erbauung überliefert, das »Seelengärtlein«, die → Plenarien (verdeutschte Wiedergaben der Sonntagstexte) usw (→ Erbauungsliteratur, 2). Soweit in den Kirchen der Reformation (Wittenberg, Genf, Zürich) tägliche Gottesdienste stattfanden, ging das Bedürfnis nach H.n zurück. Gleichwohl fand die H. bald ihren festen Platz, zumal sie zugleich als Unterweisung von Erwachsenen diente. Luthers Kleiner → Katechismus (: II) war als Hilfe für das Katechismusbeten des Hausvaters mit den Seinen gedacht. Die visitatio domestica bes. in ref. Ordnungen hatte hier ihren Ort. Eine reiche → Erbauungsliteratur (, 3), → Gesangbücher (: I), ja auch → Postillen (für »ungelehrte Pfarrer«) kamen den H.n zugute. - Notzeiten ließen oft nur H.n zu, so im Frankreich des 17.Jh.s in der »Kirche in der Wüste« (»Désert«, → Frankreich: I, 6), ja es begegnet bes. zwischen 1555 und 1648 für gemischte Territorien der staatskirchenrechtliche Begriff des exercitium religionis privatum domesticum (in Österreich bis 1781 geltend). - Der → Pietismus, der den vorpietistischen Typus der H. in den Gottesdienst zog (→ Losungen für die täglichen Versammlungen der Chöre und der Gesamtgemeinde in Herrnhut), vertiefte Gestaltung und Wesen der H.n - freilich bald auch unter Einengung auf die Konventikel der Erweckten. Im 19.Jh. kam es dahin, daß man Familien, in denen H.n gehalten wurden, schlechthin als »Pietisten« bezeichnete. Beachtlich ist die Rolle, die die H. im Bereich der → Vereinigten Staaten (: IV) spielte und noch spielt, nicht nur bei → Baptisten und → Methodisten, sondern auch in den anderen ev. Kirchen und Denominationen. Zahlreiche Bibelerklärungen und populäre theologische Literatur der USA sind als Dienst für H.n verfaßt. - Auch im röm.-kath. Schrifttum der Gegenwart wird der H. als »Liturgie der Familie« das Wort geredet, freilich in betontem Zusammenhang mit dem kirchlichen Leben der Pfarrgemeinde und im Offensein für die Einflüsse von dorther.

3. Wenn es auch im *gegenwärtigen* kirchlichen Bereich Deutschlands noch H.n gibt, so darf diese Tatsache doch nicht über die Gesamtlage täuschen. Mit dem Zerfall christlicher Sitte und Hausordnung allgemein ist auch die H. weiten Kreisen der Volkskirche verlorengegan-

gen; das ebenfalls stark gefährdete Tischgebet als Rest der Mittagsandacht hat sich etwas besser behauptet. Dafür kommt der H. als wichtigstem Stück christlicher Hausordnung in Anstalten, Heimen und Tagungsstätten gegenwärtig steigende Bedeutung zu. Ebenso erfüllen die von den kirchlichen Werken und Gruppen an Wochentagen gehaltenen Andachten manche Aufgaben, die sonst der H. zufielen. Man muß der Lage, wie sie nun einmal ist, nüchtern begegnen. Mit gutgemeintem Appell oder gesetzlich wirkender Forderung läßt sich die H. als Sitte nicht zurückgewinnen. H. setzt die Gemeinschaft im Glauben voraus. Für den, der darin einsam in seiner Ehe oder Familie steht, ist es schwer, wenn nicht unmöglich, die H. in einer Atmosphäre der Gleichgültigkeit oder Ablehnung durchzusetzen. Auch durch die heutige Zerreißung der Familie mit Trennung von Wohn- und Arbeitsstätte und auseinanderfallendem Tageslauf der Hausgenossen wird eine gemeinsame H. oft schon rein zeitlich erschwert. Angesichts dieser Lage muß man auf Ergänzungsmöglichkeiten zur H. bedacht sein. Das bedeutet einerseits verstärktes Angebot kirchlicher Gottesdienste und Gruppenandachten an Werktagen sowie stellvertretende sorgfältige und beispielhafte Pflege der H. auf Tagungen und → Freizeiten. Anderseits gilt es, den einzelnen in seinem persönlichen Andachtsleben ermunternd zu unterstützen. Anleitungen sind hier sehr erwünscht (Hinweise auf regelmäßiges Bibellesen und feste Gebetszeiten, Lesepläne [s. Lit.], Gebrauch der »Losungen«, Kalender mit guten Betrachtungen [nicht im Traktätchenstil!], Andachtsbücher auch für Fernerstehende, Rundfunkandachten, neuere Bibelübersetzungen, möglichst mit kurzer Erläuterung, usw). Auch die Frage des → Offenhaltens der Kirchen mit der Möglichkeit zu stiller Sammlung und Andacht hat in diesem Zusammenhang wesentliches Gewicht. Solche Bemühungen bedeuten nicht völlige Preisgabe der H. in der Familie. Wer sein Haus christlich führen will, wird sich fragen, ob mit der nötigen Liebe etwaige Zurückhaltung der anderen nicht überwunden und bei gutem Willen nicht wenigstens einmal am Tage die Zeit für eine kurze H. gefunden werden kann. Wenn es nicht täglich sein kann, sollte doch in Abständen die Andacht der einzelnen in der gemeinsamen H. aller Familienglieder gipfeln. Auch sollten die Familienfeste und -gedenktage im christlichen Hause nicht ohne H. begangen werden. – Vgl. auch → Hauserziehung, 4.

4. Die *Durchführung* der H. läßt große Mannigfaltigkeit zu. Ihre Grundbestandteile sind: Schriftlesung mit oder ohne Auslegung, gebundenes oder freies Gebet (oder auch beides) und gemeinsam gesungenes oder vorgesprochenes geistliches Lied. In einfachster Form kann sich die H. auf Lesung und Gebet, dazu Segenswunsch beschränken. Eine feste Ordnung ist hilfreich. Die Texte der biblischen Lesungen werden frei gewählt oder ergeben sich aus der jeweils benutzten Handreichung (s. Lit.). Anschluß an das → Kirchenjahr nimmt die Gedanken des Sonntags in die Woche hinein und fördert die Verbindung der H. mit dem gottesdienstlichen Leben der Gemeinde. – Ob die Lesungen in der H. der Auslegung bedürfen, wird verschieden beantwortet. Grundsätzlicher Verzicht bewirkt, daß schwierige Bibeltexte unverstanden bleiben. Der Versuch, die auslegende Betrachtung durch ein auslegend-meditierendes Gebet zum Text zu ersetzen, hat gutes Echo gefunden, ohne abschließende Lösung zu sein. Die von → Löhe u.a. vorgeschlagene Wochenordnung der Fürbitte ist vielerorts in die H. aufgenommen.

Vgl. die Lit. zu → Andacht: II, → Erbauungsliteratur (, 3), → Losungen. Ferner: E.v.KIRCHBACH, Die Hausgemeinde, (1935) 1951³ – G.JACOB, Der tägl. Gottesdienst, 1948 – Leiturgia I ff, bes. III, 99ff (H.GOLTZEN; Lit.). – Hilfsmittel zur liturg. Ausführung der H.: Stundengebet, hg.v. H.SCHUMANN u. H.KAPPNER, (1948) 1956⁴ – K.B.RITTER, Das tägl. Gebet, (1952) 1957² – Chorgebet, hg.v. O. BRODDE, 1953 – H.GIESEN, Sei fünf Minuten still, (1954) 1957⁷ – Allg. Ev. Gebetbuch, hg.v. H.GREIFENSTEIN u.a., 1955 – K.WITTE, Nun freut euch, lieben Christen gmein. Luthers Wort in tägl. Andachten, 1955⁴ – Tageszeiten-Gottesdienste. Vorabdruck aus Agende II für luth. Kirchen u. Gemeinden, 1957/58. – Zur Vierjahreslese erscheinen jährlich: »Handreichung zur tägl. Morgenwache« bzw. (kürzer) »Morgenwache« für die männl., »Halt uns bei festem Glauben« u. »Tagesrüste« für die weibl. Jugend. – Zur Kirchenjahreslese: R.SPIEKER, Lesung für das Jahr der Kirche, (1936) 1953³ – »Herr lehre uns beten« u. »Herr, bleibe bei uns«, hg.v. H.RIEDEL, 1952/54 (Morgen- bzw. Abendgebetbuch) – »Getroster Tag«. Schriftenreihe für die ev. Mutter, hg.v. L.NOLD, vierteljährlich seit 1955.

G.Hoffmann

Hauserziehung

1. Wert, Verantwortung und Grenzen der H. – 2. Aufgaben und Mittel der H. – 3. Vorbereitung der Eltern für die Aufgabe der H. – 4. H. im Sinne der ev. Gemeinde

1. Der Mensch bedarf zu seinem Werden des hegenden, behütenden, begleitenden und wegweisenden Dienstes der → Erziehung. Unter den Erziehungsmächten gebührt der → Familie (: IV) ein besonderer Rang, wie andererseits unter ihren Merkmalen die erzieherische Verpflichtung und Kraft einen hervorragenden Platz einnimmt. Allein die Familie vermag den Menschen mit der besonderen Atmosphäre der Liebe und persönlichen Verbundenheit von Eltern, Kindern und Geschwistern zu umgeben, ihm die »Nestwärme« und die »Intimsphäre« zu schaffen, deren er in der Zeit seines Werdens bedarf. Während jede Heimerziehung (→ Erziehungsanstalten) zwangsläufig gewisse Normierungen mit sich bringt, kann allein die Familie individualisieren, zumal jedes ihrer Glieder an einem nur ihm gehörenden unvertauschbaren Platz (als Vater, Mutter, Bruder, Schwester usw) in die familiäre Gemeinschaft eingeordnet ist. *Träger* der H. sind die → Eltern. Die Verantwortung, die die H. ihnen auferlegt, kann nicht ernst genug genommen werden. Die moderne → Tiefenpsychologie hat nachgewiesen, daß im Werdealter erlebte fahrlässige Haltungen und fehlsame Handlungen der Eltern noch nach Jahrzehnten im Leben des davon Betroffenen Hemmungen und Störungen auslösen können, während eine helle Kindheit und fröhliche Jugendzeit als Antriebskräfte und Aufbauelemente in das Leben des Erwachsenen hineinwirken. Ein hohes Maß von Selbstzucht, Selbstüberwindung und Opfer verlangt die H. von den Eltern. Erziehen kann nur, wer selbst in der Zucht steht und sich in Zucht nimmt. – Es gehört zu den bedenklichsten Symptomen der Gegenwart, daß die H. durch die »Entinnerlichung« der Familie, die Überlastung der Väter, die Berufstätigkeit der Mütter und die Unvollständigkeit und Zerrüttung vieler Ehen weithin im Argen liegt. – Die H. hat ihre *Grenzen* darin, daß das Leben in der modernen Gesellschaft und Kultur Anforderungen stellt, denen nur eine breit angelegte Schul- und Berufsausbildung zu entsprechen vermag. Neben die Eltern müssen darum noch andere Erzieher und Lehrer treten, aber die besondere Bedeutung der H. wird dadurch nicht gemindert.

2. Die *Aufgaben* der H. liegen mehr auf dem Gebiet der Charakterbildung als auf dem der Wissensvermittlung. Dem heranwachsenden Menschen zu einem festen Standort zu verhelfen und ihn zu klarer Stellungnahme in den Fragen seines persönlichen Lebens und seiner Verantwortung innerhalb der größeren Lebensbereiche, in die er hineingestellt ist, zu befähigen, ist der vornehmste Auftrag der H. Es muß ihr entscheidend um die Vermittlung sinntragender Bindungen und einer sinngebenden Mitte des Lebens gehen. Nicht minder wichtig ist die Einübung in das Miteinander- und Füreinanderleben; die H. hilft,

die natürliche Ichhaftigkeit und Eigenwilligkeit des Kindes zu überwinden. Dabei entwickelt ein größerer Geschwisterkreis eine stark bildende Kraft, während die Erziehung von Einzelkindern erheblich schwieriger ist. Die Erziehung zu Ordnung und Sauberkeit und zu gutem Benehmen gehört ebenso zu den Aufgaben der H. wie die Pflege der individuellen Anlagen (musische, handwerkliche, technische Begabung, Naturliebe usw), die sexuelle Erziehung und die Anleitung zu sinnvollem Gebrauch der Freizeit. – Die H. erzieht nicht nur durch bewußte und methodische Weisungen (Gebote, Verbote) und gezielte Maßnahmen (Strafe, Belohnung), sondern mindestens ebensosehr durch die im Hause herrschende Atmosphäre.

3. Um die Eltern für ihre erzieherische Aufgabe vorzubereiten und in Erziehungsfragen und -schwierigkeiten laufend zu beraten, werden von kommunaler und kirchlicher Seite Erziehungsberatungsstellen und Elternkurse eingerichtet. Auch die Volkshochschulen (→Volksbildungswesen) und die ev. → Akademien stellen sich gelegentlich in den Dienst dieser Sache. Auf ev. Seite ist die »Freie Vereinigung ev. Eltern und Erzieher« (Sitz: Wuppertal) durch Elterntage auf Bundesebene, regionale Elterntage und Erziehungswochen, Einführung und Gestaltung eines »Erziehungssonntags« und des »Tages der ev. Familie« hervorgetreten. In ihrem Monatsblatt »Elternhaus, Schule und Gemeinde« veröffentlicht sie regelmäßig Erziehungserfahrungen und -ratschläge. Auf kath. Seite arbeitet die »Kath. Elternschaft Deutschlands« (Sitz: Bonn).

M. Coppius, Pflanzen u. Jäten im Kinderherzen, (1912) 1924⁴ - K. Stern-T. Meyer, Aus einer Kinderstube, (1914) 1927³ - J. Prüfer, Die häusliche Erziehung, 1920 - O. Eberhard, Elternspiegel, 1921 - Ders., Das Buch der Eltern, (1931) 1937² - Ders., Abendländ. Erziehungsweisheit, 1958 - E. Spranger, Psychologie des Jugendalters, (1924) 1949²¹ - F. Künkel, Jugendcharakterkunde, (1930) 1957¹³ - H. Schiff, Elternfehler - Kinderschicksal, 1948 - A. Wiegand, Gehemmte Kinder, 1949 - Schriftenreihe »Bedrohte Jugend - drohende Jugend« 1 ff, 1950 ff - G. N. Gröger, Verantwortl. Elternschaft, 1953 - K. Korth, Die Stunde des Elternhauses, 1957. *G. Niemeier*

4. Von »christlicher« → Erziehung (: II) sprechen wir heute nur mit Vorbehalt und indirekt; das gilt auch für die Familie, sofern sie im Wirkungsbereich von Glauben und Kirche steht. Auch → Eltern haben nicht die Macht, ihre Kinder »zu Gott zu führen«. Gegenüber überlieferten Auffassungen von ev. H. ist deshalb die kritische Frage nach der Zielsetzung nötig, damit die »religiöse Erziehung« nicht gesetzlichen Charakter annehme und hier in Sorgegeist und Enttäuschung, dort in Überdruß und Abkehr ende. Kinder sind Eigentum Gottes, und die gebotene elterliche Stellvertretung für sie bedeutet nicht religiöse Herrschaft, sondern ruft die Eltern zu sich selbst vor Gott. Nur so kommt es zu einem »Erziehen im Glauben«. Aus dem Wissen um die Rechtfertigung wird durch Wort und Wandel die entscheidende Lebenshilfe für die anvertrauten Jüngeren erwachsen. Die Älteren sind berufen, den Kindern die Herkunft auch ihres Heils zu erschließen. Ist das Evangelium Trost und Halt auch für das Familienleben, so ergeben sich daraus Maßnahmen und Einrichtungen, die gar nicht primär pädagogisch sind. Eine einfache, geduldige und mutige Bewährung elterlicher Gesinnung ist wichtiger als eine christlich-kirchliche Gestaltung des Familienlebens. Eltern werden ihre Kinder damit verantwortlich in ihr eigenes Gottesverhältnis hineinnehmen und im Umgang mit ihnen Gottes gewärtig sein. Das ist, ev. verstanden, der Grund des → »Elternrechts« (, 1). Das Miteinandersein in seiner Zuordnung und seinen immer neuen Konkretionen wird zur ausgezeichneten Gelegenheit dafür, daß Menschen einander gut sein und in guter Ordnung miteinander leben können. Indem Eltern die Kinder für ihr Eigenleben und Eigenwesen freigeben, werden diese zuletzt nicht an die elterliche Person als Autorität verwiesen, sondern an den, der auch den Eltern als Schöpfer und Erlöser gegenübersteht. Eine von innen her ev. Erziehung hat stets solchen Verweisungscharakter. Das ἐν κυρίῳ von Eph 6, 1 besagt: Die Ordnung des häuslichen Lebens nach den Geboten Gottes geschieht in der Freiheit derer, die selber Gottes »geliebte Kinder« sind (5, 1), daher nicht Zorn anrichten (Eltern) und nicht meutern (Kinder). Der Umgang von Alt und Jung ist ebenso auf Liebe und Vertrauen wie auf Ehrfurcht und Distanz gegründet, auf Zugehören und Zuhören: die Eltern ohne Hybris oder Resignation, die Kinder ohne Angst oder Übermut. Ev. H. ist dann christlich glaubwürdig, wenn die erzieherische Rolle der Eltern, ihre praktischen Entscheidungen wie grundsätzlichen Weisungen, für das urteilende Gewissen der heranwachsenden Kinder von der Autorität des Wortes Gottes unterscheidbar bleiben. Deshalb brauchen Eltern die eigene Unvollkommenheit nicht zu verdecken; Wahrhaftigkeit ist Vorbedingung menschlicher, also auch erzieherischer Wirkung.

Es ist der Geist eines Hauses, welcher unaufdringlich und selbsttätig das Miteinandersein belebt, alle erzieherischen Maßnahmen erst als »ev.« qualifizierend. Auch ohne spezifisch christliche Formen wird aus dem Geist freier Verantwortung und gelöster Güte die ganze Fülle zwischenmenschlicher Möglichkeiten und weltlicher Gaben und Aufgaben entdeckt und in einem originalen Stil dargelegt werden. Trotz so erschwerender moderner Verhältnisse werden solche Eltern Wege finden, ihren Kindern wirklich Vater und Mutter zu sein. Ein solches Hausleben bildet menschliche Substanz und wirkt ungewollt erzieherisch. Verweigern die Erwachsenen diese Vermittlung, so lassen sie die Heranwachsenden zu einer Zeit allein, in der sie noch von mitmenschlicher Hilfe abhängig sind; Kirche und Schule können diesen Mangel nur schwer ausgleichen.

Besondere Formen der ev. H. (Erzählen und Singen, Abend- und Tischgebet, Lesungen, Andachten, Gang zum Gottesdienst, Feste und Feiern u.a.) ergeben sich aus der Gliedschaft der Eltern in der Gemeinde. Neue Formen sollten sich entwickeln. Sie sind wiederkehrende »Einübungen im Christentum«, als Gewöhnung, Unterweisung und Sittigung zugleich Zeiten der Verkündigung. Feste Lebensformen sind eine Stütze des inneren Lebens und ein äußerer Zusammenhalt der Familie. Frei und gern gehandhabt, führen sie nicht zu Erstarrung und Widerspruch. Von den Eltern selbst getragen, bleiben sie vor pädagogischem Mißbrauch geschützt. Wertvoll ist eine tätige Teilnahme der Familie am öffentlichen Leben der Bürger- und der Christengemeinde, soziale und kirchliche Helferarbeit als Korrelat zu familiärer Intimität und Internität. Zu Einzelfragen (Kinderglaube, Altersstufen, Gewissensbildung u.a.) finden sich gute Ratschläge in der Lit. des letzten Jahrzehnts.

H. March, Du bist das Schicksal deines Kindes, 1949 - H. Remplein, Die seelische Entwicklung in der Kindheit u. Reifezeit, 1949 - Barth, KD III/4, 269 ff - H. Kittel, Der Erzieher als Christ, (1951) 1953² - L. Zarncke, Kindheit u. Gewissen, 1951 - A. Busemann, Krisenjahre im Ablauf der menschl. Jugend, 1953 - H. Zulliger, Umgang mit dem kindlichen Gewissen, 1953 - O. Schlisske, Ev. Elternbuch, 1954 - H. Graupner, Das Elternbuch, 1955 - M. v. Tiling, Wir u. unsere Kinder, 1955 - H. Stock, Väter u. Söhne. Gedanken zum Vaterproblem u. zur Frage der pädagog. Autorität (Pädag. Beiträge, 1956, 451-460) - O. Ziegner, Der Kinderglaube u. das Geheimnis des kirchl. Unterrichts, 1956 - K. Korth, Die Stunde des Elternhauses, 1957 - M. Stallmann, Väter u. Söhne, 1957 - Kommission für Erziehungsfragen, Bericht 1952-1957, Vollversammlung des Luth. Weltbundes, 1957. *H. Stock*

Haushalterschaft (*stewardship*) bezeichnet in den amerikanischen Kirchen die vom einzelnen Christen erwartete und anzustrebende Haltung »planvoller und angemessener Hingabe von Zeit, Fähigkeiten und materiellem Besitz, beruhend auf der Überzeugung, daß sie von Gott anvertraut sind, um in Seinem Dienst zum Wohle der ganzen Menschheit Verwendung zu finden, in dankbarer Anerkennung von Christi erlösender Liebe«. Der Gedanke geht zurück auf den nt. Begriff der H. (zB Lk 12, 42; 16, 1ff; 1Kor 4, 1f; Tit 1, 7; bes. 1Petr 4, 10), dessen Verständnis sich aus der Berufung zur Zeugenschaft und der leib-gliedhaften Schau der → Gemeinde (1Kor 12; Röm 12; Eph 4) ergibt. – Erstmalig tauchte die H. als Leitbild christlicher Lebensgestaltung und gemeindlicher Verantwortung in der amerikanischen Missionsbewegung der 30er Jahre des 19.Jh.s auf. Von Laien- und Studentenorganisationen gefördert begannen die Grundsätze der H. seit etwa 1900 das kirchliche Leben der → Vereinigten Staaten (: IV) in steigendem Maße zu prägen. 1920 kam es zur Bildung des »United Stewardship Council of the Churches of Christ in America«, das 1951 als selbständige Abteilung in das National Council of Churches eingegliedert wurde. Der geschichtliche Weg und die besondere Struktur amerikanischen Kirchentums führten dazu, daß bes. die praktische Seite der H. (Opferbereitschaft, Abgabe des Zehnten) betont wurde; doch zeigen sich neuerdings Bestrebungen, den Gedanken der H. von seinem nt. Ansatz her zu vertiefen und als Kraft geistlicher Erweckung fruchtbar zu machen. Über die luth. Kirchen Amerikas hat die H. in die Gemeinschaft des → Lutherischen Weltbundes, der eine eigene »Kommission für H. und Gemeindeleben« unterhält, hineingewirkt und in einigen Kirchen Europas und Asiens neue Formen verantwortlichen Dienstes der Gemeindeglieder in aktiver Mitarbeit und volksmissionarischem Einsatz hervorgebracht. – Vgl. → Angelsächsischer Einfluß, → Diakonie, 5, → Evangelisation, 2b.

H. ROLSTON, Stewardship in the NT Church, (1946) 1955[5] – W. SCHÄFER, Stewardship – Dankdienst des Christen, 1952 – H. RENDTORFF, ...als die guten Haushalter, 1954 – W. THOMAS, Lebendige Gemeinde nach dem NT u. nach Luther, 1954 – H. REICH, Christl. H. (ELKZ 9, 1955, 183–186) – T.A. KANTONEN, A Theology for Christian Stewardship, 1956 (theologisch grundlegend) – H. KRÜGER, Die H. des Christen in ökumen. Sicht (Ev. Welt 1956, 193–195) – G.A.E. SALSTRAND, The Story of Stewardship in the United States of America, 1956 (geschichtl. Zusammenfassung). *H. Krüger*

Hauskirchen → Dura-Europos: III.

Hausknecht, *Johann Peter* (1799–1870), Stifter der *Hausknechtianer,* die der täuferischen Richtung angehörten. * Petersbach (Unterelsaß), studierte H. in Straßburg Theologie und kam dort mit pietistischen Kreisen in Berührung. Als Hauslehrer in Paris scheint er unter den Einfluß chiliastischer Bewegungen (→ Mormonen, → Adventisten) geraten zu sein. Nach seiner Rückkehr wurde er Pfarrverweser in Dürstel, wo sein Benehmen bereits von religiöser Überspanntheit zeugte. So lehnte er die Führung der Kirchenbücher ab. Auf der Flucht aus einer Heilanstalt hatte er seine Berufungsvision: sein Auftrag war nunmehr die Verkündigung des bevorstehenden Weltgerichts und des Reiches Gottes. Er ließ sich von der Kandidatenliste streichen; denn ein Pfarrer dürfe kein Gehalt annehmen. Seine Lehre umfaßt drei Hauptpunkte: Separatismus, Chiliasmus und asketische Lebensführung. H. gründete eine Sonderkirche, verbot seinen Anhängern die Handhabung von Waffen und befahl ihnen, die Landeskirche zu meiden. Er taufte nicht, und statt des Abendmahls feierte er Liebesmahle. Infolge einer Gefängnishaft wurde er als Märtyrer verherrlicht. Er empfahl die Entäußerung von jedem Besitz, verwarf die Ehe als »geschlossene Hurerei«, verbot die Arbeit, jeglichen Kleideraufwand sowie den Genuß von Alkohol. Als einziges Arzneimittel ließ er das Gebet gelten. Ein Abfall der Anhänger trat ein, als die Prophezeiungen des Weltendes sich zweimal (1836, 1860) als irrig erwiesen, und bes. als sein »Antichrist«, Napoleon III., 1870 abgesetzt wurde. Einige kehrten zur Kirche zurück, andere schlossen sich sonstigen Sekten an, mehrere wanderten völlig verarmt nach Amerika aus. Um 1890 gab es noch ca 50 Hausknechtianer.

A. FRÖLICH, Sektentum u. Separatismus im jetzigen kirchl. Leben der ev. Bevölkerung Elsaß-Lothringens, 1889, 36ff. *P. Rohmer*

Hausmann, *Nikolaus* (1478/79–1538), gehörte zum engsten Freundeskreis Luthers und ist der Reformator von Zwickau (1521) und Dessau (1532). Bereits 1519 predigte er reformatorisch in dem gemeinsam den Ernestinern und Albertinern gehörenden Schneeberg. In Zwickau hatte H., der persönlich milde war, unpolemisch predigte und sehr behutsam an kirchliche Neuerungen heranging, den Widerstand der immer noch zahlreichen Anhänger → Müntzers (→ Zwickauer Propheten) und den der Franziskaner auszustehen. Ferner mußte er, stark ermutigt und unterstützt von Luther, einen Streit mit dem Rat durchfechten, der von grundsätzlicher Bedeutung für das Verhältnis von Kirche und weltlicher Obrigkeit war; der Rat hatte nämlich drei Geistliche zwar nicht ohne Grund, aber ohne Fühlungnahme auch nur mit dem Stadtpfarrer entlassen. Als Hofprediger den Anhalter Fürsten von Luther wärmstens empfohlen, arbeitete H. eng mit → Georg III. dem Gottseligen zusammen und ganz in dessen Sinn. H. starb in seiner Vaterstadt Freiberg an den Folgen eines bei der Antrittspredigt als Pfarrer und präsumtiver Sup. erlittenen Schlaganfalles. – Literarisch ist von H. nur wenig erhalten; er hat offenbar auch nicht viel geschrieben. Bedeutsam ist, daß H. schon vor dem Bauernkrieg Luther die Veranstaltung von Visitationen und die Abfassung der Katechismen nahegelegt hat.

O.G. SCHMIDT, N.H., der Freund Luthers, 1860 – RGG[2] II, 1659f (Lit.) – SCHL. I, 8021–8030. – Neue Biogr. ist dringend fällig. *F. Lau*

Hausmusik, *evangelische.* Für die Pflege der H. hat M. Luther durch sein vielfach bezeugtes häusliches Musizieren ein durch die Jh.e wirkendes Vorbild gegeben. Sicherlich aber hat in calvinistischen Kreisen die geistliche H. eine noch größere Rolle gespielt, weil dort nur im Haus → Figuralmusik geübt werden konnte. Die zahlreichen mehrstimmigen Bearbeitungen des Genfer Liedpsalters im 16.Jh. waren ausschließlich dafür bestimmt. In dem weit verbreiteten vierstimmigen Psalter C. → Goudimels von 1565 heißt es: »Nicht um jemanden dazu zu verleiten, sie (die Psalmen) in der Kirche zu singen, sondern um sich in Gott bes. in den Häusern zu erfreuen.« Unter dem Einfluß dieses Werkes steht zB »Die Haus Kirchen Kantorei für christliche Eltern und ihre gottesfürchtige Jugend« des P. Reinigius (Eger 1587). Auf luth. Boden erscheint vom frühen 17.Jh. ab das Wort »H.« im Titel zahlreicher Gesangbuchausgaben, so in der »Hauß Music, Geistlicher Gesäng...« von J. Staden (Nürnberg 1623ff). → Schütz' sog. Beckerpsalter war laut Vorrede für das häusliche Singen bestimmt. Die Wiedergabe des bezifferten Basses zu den Melodien in den Gesangbuchausgaben von etwa 1640 ab diente in erster Linie der Hausandacht. Von der Mitte des Jh.s an erscheint als neue Gattung ev. H. das von einem Tasteninstrument, evtl in Verbindung mit Melodieinstrumenten begleitete geistliche Sololied für eine oder mehrere Stimmen, so bes. bei H. Albert, A. → Krieger, G. → Neumarck u.a. In vielen

Fällen begegnet jetzt die Bezeichnung »Kirchen- (Schul-) und Hausgesangbuch«. Auch die seit der ersten Hälfte des 18.Jh.s aufkommenden → Choralbücher dienen neben dem Gottesdienst der Hausandacht. Während in der älteren Zeit die häuslichen Begleitinstrumente Spinett, Clavicord, Cembalo, Laute und später auch das Hammerklavier waren, so verbreitete sich nach 1800 das Harmonium als ein spezifisch ev. H.instrument. Dessen Klang wurde geradezu Inbegriff der gefühlsbetonten Frömmigkeit jener Zeit und ist es vielfach bis heute geblieben. Neben dem einstimmigen begleiteten Gesang fehlte es daneben nicht an der Pflege mehrstimmiger H. F. → Silchers 2-4stimmige »12 Kinderlieder für Schule und Haus« (um 1842) und J. → Zahns vierstimmige »Alte und neue geistliche Morgen- und Abendlieder... für die Hausandacht...« (1853) sind hier zu nennen. Die kirchenmusikalische Erneuerungsbewegung der Gegenwart belebte auch die H., bes. durch zahlreiche Ausgaben mit verschiedensten Besetzungen, vor allem von Liedern der Tageszeiten und des Kirchenjahres.

J.Zahn, Die Melodien der dt. ev. Kirchenlieder VI, 1893 - Zs. für H., seit 1934. *W.Blankenburg*

Hausrath, *Adolf,* * 13.1.1837 in Karlsruhe, † 2.8.1909 in Heidelberg. H. wuchs mit den Idealen eines von der Romantik bereicherten, weltoffenen Liberalismus auf und nahm leidenschaftlich Partei gegen Pietismus, Hochkirchentum und Restaurationstheologie. Er studierte seit 1856, begeistert von Jena, unbefriedigt von Göttingen und Berlin, darauf in → Heidelberg, wo er 1861 Stadtvikar, 1862 PDoz. und - nach Tätigkeit als Assessor beim badischen ev. Oberkirchenrat in Karlsruhe (1864-67) - ao., 1871 o. Prof. der KG wurde. Bestimmend für H. wurden Droysens historische Verstehenslehre (Intuition, Psychologie, Individualität), die Epik J.V.v.Scheffels, durch die H. auf den Roman als Mittel historischer Vergegenwärtigung gewiesen wurde, und → Hases ästhetisch-musivische Darstellung. Angeregt von der Einzelforschung im weiteren Rahmen der Tübinger Schule (C.Holsten) hat H. deren Geschichtsbild des Urchristentums (mit deutlichem Interesse am individuell-persönlichen Faktor) zT umgebildet und popularisiert. Seine Biographien und epischen Schriften verbinden ästhetischen Formwillen und psychologische Charakterisierungskunst mit einem weitgespannten Rahmen kulturhistorischer Anschauung. H. war Mitbegründer (Sekretär) des → Protestantenvereins. - Vgl. → Bibelwissenschaft: II, 5.

Vf. u.a.: Der Apostel Paulus, (1865) 1872²; Nt. Zeitgesch. (3 Bde, 1868ff) 4 Bde, 1879³; Der Vier-Kapitel-Brief des Paulus an die Korinther, 1870; Relig. Reden u. Betrachtungen, (1873) 1882²; D.F. Strauß u. d. Theol. sZ, 2 Bde, 1876/78; Kleine Schriften religionsgesch. Inhalts, 1883; Weltverbesserer im MA, 3 Bde, 1891-95; Aleander u. Luther auf d. Reichstage zu Worms, 1897; Alte Bekannte (u.a. J.Jolly, H.v.Treitschke), 3 Bde, 1899-1902; R.Rothe u. s. Freunde, 2 Bde, 1902/06; Luthers Leben, 2 Bde, (1904) 1913³; Jesus u. d. nt. Schriftsteller, 2 Bde, 1908f. - H.s (zT pseudonym veröffentl.) Romane s. W.Kosch, Dt. Lit.-Lexikon II, 1953², 865. - Über H.: A.Merx in: PrM 11, 1907, 111-113 - H.Holtzmann, ebd 13, 1909, 369-376 (vgl. ebd 1-6. 322-325 [J.Websky]) - O.Frommel, Biogr. Jb. 14, 1909, 294-299 - RE XXIII, 623ff (Lit.) - Th.Kappstein, A.H., 1912 (dazu ChW 27, 1913, 330f) - K.Bauer, A.H., Leben u. Zeit I (1837-1867), 1933. *E.H.Pältz*

Haussleiter, *Johannes,* * 23.6.1851 in Löpsingen (Ries), † 2.11.1928 in Greifswald, lehrte in Dorpat 1891 bis 1893 KG, in Greifswald seit 1893 NT. Obwohl er auf beiden Gebieten Th. → Zahn nahe stand, trennte er sich doch vom KNT; das NT so unbeschwert wie Zahn zu interpretieren - oder wie H. → Cremer es von ihm erwartete -, war nicht seine Sache. Bei seinen Freunden beunruhigte ihn der allzu schnelle Schritt von den Texten zu den dahinter stehenden Tatsachen; bei den Methoden der »liberalen« (→ Liberale Theologie) Gegner andrerseits vermißte er den theologischen Ansatz. Für den eigenen, bisweilen einsamen exegetischen Weg boten sich ihm in der nie unterbrochenen intensiven Arbeit an den Werken der Kirchenväter und Reformatoren zwar nicht unmittelbare Vorbilder, wohl aber unentbehrliche sachgemäße Anregungen.

Bibliogr. (unvollständig): RGG² II, 1662. - Über H.: AELKZ 61, 1928, 1116 - Blätter für die KG Pommerns 1, 1928, 65-68 - R.Stupperich, Vom biblischen Wort zur theol. Erkenntnis, 1954, 6ff. *O.Bauernfeind*

Havelberg, *Bistum,* wurde mit → Brandenburg (: I) von → Otto I. i.J. 948 (Stiftungsurkunde von 946 ist eine Fälschung von ca 1170) als Suffragan von → Mainz gegründet, seit 968 → Magdeburg unterstellt, war für die Christianisierung liutizischer Stämme zwischen Elbe, Elde, Peene und Ostsee bestimmt und ging im slawischen Aufstand 983 zugrunde. Erst nach der Eroberung H.s durch Albrecht d. Bären (1136/37) wurde von Bischof → Anselm ein Prämonstratenserstift in Jerichow 1144, dann endgültig in H. als Domkapitel wiedererrichtet, unter Verzicht auf den Nordteil der ursprünglichen Diözese. Bei dürftiger territorialer Ausstattung wurde das einst reichsunmittelbare Bistum von den brandenburgischen Markgrafen abhängig und im 15.Jh. völlig landsässig. Residenz der Bischöfe war seit 1271/72 Wittstock (hier seit Ende des 14.Jh.s Wunderblutkult). Nach dem Tode Bischof Bussos II. von Alvensleben (1548) kam das Bistum an Administratoren aus dem kurfürstlichen Hause. Das Stiftsgebiet wurde 1571 dem kurfürstlichen Domanialbesitz einverleibt. Das Domkapitel vollzog 1561 den Übertritt zum Luthertum und wurde 1819 säkularisiert.

RE VII, 487f - RGG² II, 1662 (Lit.) - Hist. Atlas d. Prov. Brandenburg, Kirchenkarten Nr. 1 u. 2 v. G.Wentz, 1929-31 - Germania Sacra I/2, 1933 - Z.Sulowski, Die ältesten Urkunden des Bistums H. (Roczniki historyczne 19, 1952, 1-67; poln.) - W.Schlesinger, Bemerkungen zu der sog. Stiftungsurkunde des Bistums H. von 946, Mai 9 (Jb. f. die Gesch. Mittel- u. Ostdeutschlands 5, 1956, 1-38). *H.Ludat*

Haydn, 1. *Joseph,* Komponist, * 31.3.1732 in Rohrau an der Leitha (Niederösterreich) als Sohn eines Wagnermeisters, † 31.5.1809 in Wien. H. ist der älteste der drei Wiener Klassiker (→ Beethoven). 1740-49 war er Chorknabe im Stephansdom in Wien, anschließend verdiente er sein Brot daselbst als Begleiter, Geiger und Komponist. Nach kurzer Anstellung bei dem Grafen Morzin wirkte er von 1761 an als Kapellmeister des Fürsten Esterhazy in Eisenstadt und in Esterhaz. 1790, nach Auflösung der Kapelle, siedelte H. nach Wien über. Er reiste zweimal nach London: 1791/92 (Doktor der Universität Oxford) und 1794/95. - Die Zurückgezogenheit der Esterhazyschen Hofhaltung zwang H., »originell« (nach seinem eigenen Ausspruch) zu werden. Auf dem Grund der urwüchsigen österreichischen Volksmusik und der Musikpflege an den Fürstenhöfen schuf er völlig selbständig eine eigene Musiksprache. - H.s bedeutendste Leistungen sind seine Streichquartette (über 70) und seine Sinfonien (über 100). In diesen Gattungen erreicht er seit 1781 die vollendete Wiener klassische Kompositionsweise. Dem instrumentalen Schaffen gegenüber treten H.s nur mit den beschränkten Möglichkeiten des Esterhazyschen Theaters rechnende Opern in den Hintergrund. Hingegen legte er in seine beiden vokalen Spätwerke, die Oratorien »Die Schöpfung« und »Die Jahreszeiten«, die Summe seiner menschlichen und musikalischen Erfahrung. - H.s Messen streben in der Regel keine tiefe Deutung des Sinngehalts an. Sie werden von der H.

selbstverständlichen, frommen, liturgisch-kath. Tradition getragen. Damit verbinden sie den Zug des Angenehmen, Sonntäglich-Festlichen, Fröhlich-Unterhaltenden, der dem Kirchenbesucher Wiens und auch der Atmosphäre unter dem aufgeklärten Kaiser → Joseph II. entsprach. - Vgl. → Musik: V.

Geistl. Werke: Vokal: 14 Messen, u.a.: Missa in tempore belli (1796), Nelsonmesse (1798), Maria-Theresia-Messe (1799), Schöpfungsmesse (1801). Instrumental: Die Sieben Worte des Erlösers am Kreuz (1785). - Krit. GA: 11 Bde, 1908-33 (unvollendet). Neue GA im Erscheinen (seit 1958). - A.VAN HOBOKEN, Themat.-bibliograph. Werkverzeichnis I: Instrumentalmusik, 1957. - Über H.: C.F.POHL-H.BOTSTIBER, J.H., 3 Bde, 1878-1927 (grundlegend) - K.GEIRINGER, J.H., 1932 (engl. 1946) - J.P.LARSEN, Die H.-Überlieferung, 1939 - C.M.BRAND, Die Messen von J.H., 1940.

2. *Michael,* Komponist, Bruder von 1, * 14.9.1737 in Rohrau, † 10.8.1806 in Salzburg. H. war 1745-55 Chorknabe im Stephansdom in Wien, wurde 1757 bischöflicher Kapellmeister in Großwardein und wirkte ab 1762 bis zu seinem Tode in Salzburg. Das Hauptgebiet seines Schaffens ist, im Gegensatz zu dem seines großen Bruders, die Kirchenmusik, und zwar nicht nur in lateinischer, sondern auch in deutscher Sprache - ein für die Aufklärungstendenzen der Zeit bezeichnender Zug. - Vgl. → Musik: V.

Geistl. Werke: 32 lat. Messen, ein Requiem, 117 Gradualien, 45 Offertorien, 10 Litaneien u.a. In dt. Sprache: 8 Messen (darunter die noch heute im Gottesdienst zu hörende »Hier liegt vor deiner Majestät«), 4 Choralvespern u.a.- Ausg.: DTÖ 45 u. 62 (mit themat. Verz. der kirchenmusikal. Werke). Weitere Werke in Einzelausg.n. - Über H.: A.M.KLAFSKY, M.H. als Kirchenkomponist (StMw 3, 1915, 1-23) - H.JANCIK, M.H., 1952. *Thr.Georgiades*

Hebbel, *Friedrich* (1813-63), deutscher Dramatiker und Lyriker, Maurerssohn aus Wesselburen, Autodidakt, erwarb bereits in früher Jugend aus dem Studium romantischer Denker (bes. G.H. v. → Schuberts und des frühen → Feuerbach) die Grundzüge seiner Weltbetrachtung, die er später durch Ideengut J. → Böhmes und der absoluten Philosophie der → Romantik ergänzte. Der dem Dichter frühzeitig aufgezwungene Kampf um persönliche und geistige Selbstbehauptung findet seinen Ausdruck in einer tragisch betonten Weltsicht, die sich in dichterischer Gestalt, theoretischen Aufsätzen und in aphoristischen Tagebuchaufzeichnungen ausspricht, aber nie systematische Form gewinnt. H.s Denken kreist um die Spannung von Ich und Umwelt. Metaphysisch überhöht sich ihm diese zum Gegensatz von Einzelleben und Alleben. Die Individuation, die Trennung des Individuellen vom Universellen, wird zugleich als Urschuld und als Urschicksal verstanden und somit im Lichte einer schuldlosen Schuld gesehen. Was logisch gesehen als Paradoxie erscheint, erschließt sich in psychologischer Sicht als das schöpferische Grunderlebnis des Tragikers H. Als Dichter gestaltet er, was er als geistige Person durchlebt: die Spannung zwischen der Unbedingtheit der sittlichen Forderung und der Bedingtheit des menschlichen Wollens und Könnens. Seine Helden gehen zugrunde in dem Zwiespalt zwischen dem Wissen um sittliche Verantwortlichkeit und dem Erlebnis der Determiniertheit durch Charakter und Umwelt. Die Erhebung über die Nöte des Irdischen, die den Helden → Schillers gelingt, bleibt denen H.s versagt. Trotz oder Resignation ist ihr letztes Wort. Immer aber bewahrt der Dichter die Überzeugung, daß sich im Ganzen des tragischen Ablaufs das Walten einer sinnvollen Weltgesetzlichkeit auswirkt. In diesem Sinne hat H. seinen »Realismus« als einen Darstellungsstil verstanden, »der auch das mit umfaßt, was nicht auf der Oberfläche liegt«. Die Ansicht, daß H.s tragisches Werk zu einem großen Teil bereits als nihilistisches Bekenntnis zu verstehen sei, identifiziert zu Unrecht die Meinung des Dichters mit situationsbedingten Aussprüchen seiner Gestalten, ein Verfahren, dem nicht nur der ausdrückliche Widerspruch des Dichters, sondern auch die transzendierende Art der Darstellung entgegensteht. Mit dem romantischen Idealismus bleibt H. verbunden durch seine lebenslang bewahrte Überzeugung, daß sich im Künstler der göttliche Schöpfungsakt fortsetze. Den Materialismus hat H. abgelehnt, im Christentum nur den ethischen Kern anerkannt. Religiöse Stoffe im engeren Sinne behandelte er in den Dramen »Judith«, »Genoveva«, »Herodes und Mariamne« sowie in den Dramenfragmenten »Moloch« und »Christus«. Die Lyrik H.s gestaltet, der Polarität seines Welterlebens entsprechend, sowohl das Erlebnis der Gottferne wie auch das mystischer Versenkung in Gott.

Historisch-krit. GA der Werke, Tagebücher u. Briefe hg.v. R.M. WERNER, (1901-07) 1911-20³. - E.KUH, Biographie F.H.s, (1877) 1912³ - F.ZINKERNAGEL, Die Grundlagen der H.schen Tragödie, 1904 - H.WÜTSCHKE, H.-Bibliogr., 1910; Forts. durch P.MICHELSEN, H.-Jb., 1953 ff - G.PFANNMÜLLER, Die Religion F.H.s (Die Religion der Klassiker 8), 1922 - K.ZIEGLER, Mensch u. Welt in der Tragödie F.H.s (Neue Forschung 32), 1938 - DERS., Das dt. Drama der Neuzeit (Dt. Philologie im Aufriß II), 1954 - B.v.WIESE, Die dt. Tragödie von Lessing bis H., (1948) 1952² - W.LIEPE, H. zwischen G.H.Schubert u. L.Feuerbach (DVfLG 26, 1952, 447-477). *W.Liepe*

Hebel, *Johann Peter* (10.5.1760 bis 22.9.1826), ev. Theologe, bahnbrechend als Dialektdichter, Vater der volkstümlichen Kurzgeschichte. * in Basel, beheimatet im badischen Markgräflerland, wird H. Vikar in Hertingen (1780), Präzeptoratsvikar am Lörracher Pädagogium (1783), Subdiakonus am Karlsruher Gymnasium (1791), Gymnasiumsdirektor, Kirchenrat und Prälat der Landeskirche (1819).

Die »Alemannischen Gedichte« (1803) in der heimischen Mundart sind große Dichtung aus lauterem Empfinden und reifem Kunstverstand, das Ganze ein Abschiednehmen von der Jugend, Ertrag eines einzigen Jahres. Die Verwurzelung im Heimatboden bedeutet Einmaligkeit, nicht Enge; sie setzt seine Kräfte frei. Für das Zarte, Innige, Schalkhafte wie für treue Mahnung, aber auch für die düsteren Abgründe und die dämonischen Gewalten in Natur und Menschenleben (Heusler) findet er neue Klänge. Das Büchlein wurde sogleich von den Großen der Zeit freudig begrüßt. Goethe besprach die 2. Aufl. mit warmer Anerkennung. Er sieht darin zwei entgegengesetzte Neigungen vereint: frische frohe Naturbeobachtung mit glücklichen Personifikationen und den Zug zum Sittlich-Didaktischen und zum Allegorischen. »H. hat den Charakter der Volkspoesie darin sehr gut getroffen, daß er durchaus, zarter oder derber, die Nutzanwendung ausspricht.« Tatsächlich läßt H. seine bäuerlichen Erzähler aus ihrem Gesichtskreis die Lehre aussprechen. Das Urteil Goethes verwechselt also Dichtung und Dichter. Man versteht, daß H. reinere Freude am Beifall von J.G.Jacobi, Jean Paul, J.H.Voss, Jacob Grimm u.a. hatte. - Aus H.s Arbeit am Badischen Kalender erwuchs das »Schatzkästlein des Rheinischen Hausfreunds« (1811), ein bis heute lebendiges Hausbuch. Auch hier überrascht H.s Spannweite. Anekdotisches, Weltbegebenheiten, Belehrung über praktische Lebensfragen aller Art stehen nebeneinander. Verständnis für menschliche Schwächen und Halten auf Recht und das Rechte (Erik Wolf) ergeben einen ganz eigenen Einklang. H. zieht an, was abseits der Heerstraße liegt, was Eigenart und Erdgeruch hat. Hinter dem Spiel der ständig wechselnden Masken birgt sich ein so kernhaftes wie keusches Menschen- und Gotteskind. Diese innere Beweglichkeit mag ein Erbe des moselfränkischen Vaters sein. Es gibt ihm zur Gestaltung der Heimatwelt den Abstand. Landschaftliche und ewige Heimat fließen in eine höhere Einheit zusammen. H. steht hoch über den Nachahmern. Meister der Kurzgeschichte wie W.Schäfer erklären ihm das Beste zu verdanken. - Das weitverstreute Briefwerk kann erst jetzt, gesammelt und gut erläutert, als vollwertiger Bestandteil von H.s Schaffen seine Wirkung üben.

In den Predigten, den theologischen und liturgischen Arbeiten und dem nachgelassenen Katechismus ist der Kirchenmann und Theologe H. bei allen Vorzügen im einzelnen nur einer der mild rationalisierenden Supranaturalisten und nirgends ganz er selbst. Das große Alterswerk sind die »Biblischen Geschichten« (1824), auf deren Anfänge ein Aktenfund neues Licht wirft. Dreißig Jahre steigenden Unbehagens an Hübners Biblischen Historien führten 1814 dahin, J.L. → Ewald mit der Überarbeitung der »Biblischen Geschichten« des kath. Volksschriftstellers Chr.v. → Schmid zuerst als Simultanschulbuch, dann für die prot. Schulen zu beauftragen. Im März 1815 legte H. dem Kollegium seine tiefgreifenden Bedenken gegen Ewalds bis ins NT gelangte Bearbeitung vor. Ewald lehnte eine nochmalige Umarbeitung ab. So fiel 1818 die Abfassung eines neuen Buchs auf H. Was ursprünglich durchaus nicht in H.s Plan lag, wurde zum erneuten Ruf der Heimat zur Einkehr bei der frommen Mutter und der trauten Schulstube. Das Buch erschien 1824 bei Cotta, wurde in einer Schulausgabe sogleich eingeführt, mehrfach überarbeitet und 1855 den gewandelten Anschauungen entsprechend durch eine streng an den Wortlaut der Bibel angeschlossene Biblische Geschichte ersetzt. - Die »Bemerkungen« über den Ewaldschen Schmid entfalten H.s hohe Anforderungen an volkstümliches Schrifttum und bieten so bei der Einheitlichkeit seines Schaffens Aufschluß weit über die »Biblischen Geschichten« hinaus. Er gibt Ewald zwar die gebührende Ehre, aber dessen wort- und gefühlsseliges Weltbürgertum geht H. wider den Strich. Dem Alemannen, dem Baden noch ein »Vaterland« war, ist Bodenständigkeit alles. Nach einem Gespräch über den Weltstaat notiert er sein Grauen: »Dann gäbe es ja keine Menschen mehr, nur noch ›Leute‹« (ungedruckt). Die Rationalisten nahmen Anstoß am »Orientalischen« in der Bibel. H., hierin Herderscher als die Herderschwärmer, liebt es als ein Stück Heimat (»als wenn wir schon dort gewesen wären«; an Hitzig), als eine Art Wiesental unter anderm Himmel, wie auch die Absonderlichkeit ihm begegnender Juden seine Gedanken ins Morgenland führt. Ob er wohl durchschaut hat, daß »das Orientalische«, genau wie nicht viel später »das nicht Kindgemäße«, nur ein Deckname für theologische Ablehnung war? - Bei Schmid verwirft H. »jene sog. Popularität, die« das kompliziert Gedachte »dem Ungebildeten nur auflöst« und gleichsam »übersetzt«. In Gegensatz dazu stellt er »jene echte und edle Popularität, die zwischen gebildeten und ungebildeten Lesern keinen Unterschied erkennend aus dem Menschen hervorgeht und den Menschen erfaßt, weil sie alles ... zur klaren Anschauung bringt, nur durch Einfachheit und Natur, nicht durch konventionelle Schönheiten im Ausdruck gefallen will. ... Ihre Schreibart ist gediegen, kräftig und würdig«, nie breit. Muster dieser Popularität ist die Bibel. Was nur möglich, soll in ihren Worten ausgedrückt werden. Im einzelnen tadelt H. die bibelstundenartige Breite der Anwendungen. »Je kürzer, glaube ich, je körniger und sententiöser solche Bemerkungen sind, desto fruchtbarer. Es ist zweierlei, einzelne Fruchtkörner quasi aliud agendo in das aufgelockerte zarte Gemüt zu legen, und die ganze Ernte darauf zu schütten. Aber das erstere ist das bessere. Die Ernte wächst inwendig.« - Die »Biblischen Geschichten« sind ganzer H. Die Erzählung zeigt »jene echte und edle Popularität, die den Menschen erfaßt«. Die »Sprache der Bibel«, von der Hübner »mit seinen schönen Leberreimen« (Herder) kaum mehr bewahrt als die Rationalisten, ist, ähnlich wie bei → Herder, wirkungsvoll auf Kernstellen und Höhepunkte beschränkt sowie auf treffend gewählte, sinndeutende biblische Parallelen. Ebenso entsprechen die Anwendungen ganz H.s Programm. Die Verknüpfungen und der Hinweis auf die Erfüllung in Jesus sind ungemein sinnig. Die Auswahl ist sehr persönlich bestimmt. Vielgetadelte rationalistische Reservationen sprechen für H.s Redlichkeit. Sie und andres lassen kaum Vorerzählen durch den Lehrer oder gar Memorieren zu. Das besiegelte das Schicksal der »Biblischen Geschichten« als Schulbuch. Wer hat H. lieb hat, hält sie hoch als sein geistliches »Schatzkästlein«.

H.s Gesamtwerk, freie wie angewandte Dichtung, ist eine Einheit. Aus allem spricht »sein eignes großes, gütiges Herz« (Heusler). Überall trifft er wie spielend den rechten und so neuen Ton. Das ist mehr als glückliche Spontaneität. Er, der lebenslang unterrichtete, hat seine Gaben - Bildkraft, Stilgefühl und Takt - unablässig geprüft und gezügelt, bis sie jeder Aufgabe willig genugtaten. Seine bezaubernde »Natürlichkeit« ist im Feuer unausgesetzter Läuterung von Schlacken befreite Natur, bis ins hingeworfene Briefwort und die Übersetzungsaufgaben für die Schule hinein. »Was H. geschrieben hat, ist durch und durch Poesie. ... H. schaut, wie ein Kind, alles mit beglückten Augen an, das Kleine wird ihm groß, das Alltägliche wunderbar, das Große lieblich, das Heilige zutraulich« (Groth).

Sämtl. Werke, 8 Bde, (1832-34) 1837/38² (am vollständigsten); Werke hg.v. W.Zentner, 3 Bde, 1923/24; v. W.Altwegg, 3 Bde, (1942) 1958²; v. E.Meckel, 2 Bde, 1958. - G.Längin, Aus H.s ungedruckten Papieren, 1882 - H.briefe hg.v. W.Zentner, (1939) 1957 - Schatzkästlein hg.v. Dems., 1946 - Bibl. Geschichten, 1947 (5-24 wertvolle Vorrede v. O.Frommel). - Biogr.v. G.Längin (1875), W. Altwegg (1935; Lit.), W.Zentner (1950; Lit.). - Ferner: K.Groth, Über Mundarten u. mundartige Dichtung, 1873, bes. 15ff - O.Frommel, H. als Prediger (ZprTh 22, 1900, 193-217) - A.Heusler, J.P.H. (in: Kleine Schriften, 1943, 597-610) - Erik Wolf, Vom Wesen des Rechts in dt. Dichtung, 1946, 181ff - E.Meckel, Umriß zu einem neuen H.bildnis, 1957 (dazu P.Katz, Neue H.literatur (ThZ 15, 1959) - M.Heidegger, H., der Hausfreund, (1957) 1958² - P.Katz, Ein H.fund (ThZ 15, 1959).
P.Katz

Heber, *Reginald* (1783-1826), Bischof, * in Malpas (Chester), studierte in Oxford. Als Pfarrer in Hodnet (Shropshire) wurde er als Dichter von Kirchenliedern (u.a. »From Greenland's icy mountains«) bekannt. Am 1.6.1823 wurde H. zum Bischof mit Sitz in Kalkutta geweiht und unternahm weite Reisen durch Indien. - Kennzeichnend für H. waren der große Charme seiner Persönlichkeit, sein Einfühlungsvermögen, die (englische und anglikanische) Verbindung von Unnachgiebigkeit und Elastizität. Auf den verschiedensten Gebieten wurde er zum unermüdlichen (manchmal unkritischen) Vermittler, so zwischen den Missionsgesellschaften und in den Jurisdiktionskonflikten bei den Thomaschristen (→ Indien: III). In der → Kasten-Frage zeigte er gegenüber der luth. Unterscheidung der bürgerlichen und religiösen Aspekte Verständnis; hingegen forderte er Reordination der innerhalb der Church Missionary Society wirkenden luth. Missionare.

F.Krohn, H.s Leben u. Nachrichten über Indien, 2 Bde, 1831 - RE VII, 488ff - E.Stock, History of the Church Missionary Society I, 1899, 189f - Latourette VI, 110.
H.Dürr

Hébert, *Marcel* (1851-1916), hervorragender französischer Modernist (→ Frankreich: II, 1), * in Bar le Duc, † in Paris, 1876 Priester, 1879 Lehrer, später Direktor der Ecole Fénelon in Paris. Mit → Duchesne eng befreundet, intensiv mit Kant beschäftigt, löste H. die Kirchenlehre symbolistisch auf (Souvenirs d'Assisi, in: Revue Blanche 1902), erneuerte den abstrakten Mystizismus eines → Renan und wirkte, seiner Stelle enthoben und wieder Laie, 1903-07 in Brüssel durch religiöse Aufklärungsvorträge für Arbeiter (L'évolution de la foi catholique, 2 Bde, 1905), später in kümmerlichen Verhältnissen als Schriftsteller in Paris.

Vf. außerdem u.a.: Le sentiment religieux dans l'art de Richard Wagner, 1895; Le Pragmatisme. Etude de ses diverses formes anglo-américaines, françaises et italiennes et de sa valeur religieuse, (1908) 1909². - Über H.: G.PIOLI, M.H. (Bilychnis 8, Rom 1916, 85-103) - W.MONOD, M.H. (Revue chrétienne, 4. sér., 63, 1916, 186-193) - Freie dt. Blätter 1916, 337-349 - A.HOUTIN, Un Prêtre symboliste: M.H., Paris 1925. *Ernst Wolf*

Hebler, *Matthias* († 1571), aus Karpfen in der Zips, 1546 in Wittenberg immatrikuliert, dort 1553 für Hermannstadt (→ Siebenbürgen) ordiniert, wo er seit 1551 Lehrer, nachher Rektor, Prediger, Stadtpfarrer und seit 1556 Bischof der ev. Sachsen war, deren Luthertum er gegen scharfe calvinische Vorstöße erst eigentlich befestigte. Gleichzeitig war H. ein konservativer Verfechter geistlicher Rechte.

Vf. bes.: Brevis confessio de coena Domini, 1561 (Neudr. v. N. SELNECKER, 1584 - Urkundenbuch d. ev. Landeskirche A.B. in Siebenbürgen II, Hermannstadt 1883, 36-68). - Über H.: ADB XI, 201 - A.SCHULLERUS, Die Augustana in Siebenbürgen (AVSL NF 41, Hermannstadt 1923, 226-283; Lit.) - H.JEKELI, Unsere Bischöfe, ebd 1933 - E.ROTH, Die Reformation in Siebenbürgen II (Theol. Habil.-Schrift Göttingen), 1944 (Masch.). *P.Philippi*

Hebräer (hebr. ʿibrî) ist im AT keine volltönende Nationalbezeichnung der Israeliten. Darum fehlt das Wort in der Sprache der Politiker und Historiker, der Propheten und Dichter. Hingegen findet es sich a) in einzelnen alten Erzählungskreisen, die in Israels vorstaatlicher Zeit zwischen ihm und Fremden spielen (→ Joseph in Ägypten: Gen 39, 14. 17 u.ö. JE; → Mose in Ägypten: Ex 1, 15ff u.ö. JE; Philisterschlacht: 1Sam 4, 6. 9), fast immer im Munde redend eingeführter Personen, auf seiten der Fremden oft mit dem Ton der Überlegenheit. - b) In der Zeit staatlichen Eigenlebens der Israeliten scheint nur die Rechtssprache das Wort erhalten zu haben als Bezeichnung des wirtschaftlichen und sozial Gesunkenen, der sich zeitweilig oder dauernd seiner Freiheit begeben muß (Ex 21, 2; Dtn 15, 12; Jer 34, 9. 14); denselben Sinn hat es wahrscheinlich auch 1Sam 13, 3. 7; 14, 11. 21, wo die H. als besondere (geknechtete) Bevölkerungsgruppe neben den (freien) Israeliten auftreten. - c) Nachexilische Schriftsteller greifen archaisierend auf den Sprachgebrauch unter a) zurück (Gen 14, 13; Jon 1, 9) und bereiten so den Übergang des Wortes in die griechische Literatur vor; auch die Bezeichnung der alten Sprache Israels als Hebräisch kommt erst jetzt auf. - Dieser Tatbestand der Überlieferung beweist das hohe Alter des Ausdrucks, klärt aber seinen Ursprung nicht auf und läßt die Möglichkeit seiner Entlehnung aus einer Fremdsprache offen. Auch daß ʿebær als genealogische Figur im Stammbaum Sems erscheint (→ Völkertafel: Gen 10, 21. 25 J; 11, 14ff P; vgl. Num 24, 24), hilft kaum weiter. Um so mehr ist der unbeweisbare, aber sprachlich und sachlich naheliegende Zusammenhang des Wortes H. mit dem keilschriftlichen ḫabiru (= sumerisch SA.GAZ; belegt in Babylonien 3./2.Jt., in Kleinasien, Syrien und Palästina 2.Jt.) und mit ugaritischem ʿprm und ʿpr ägyptischer Texte (15./12.Jh.) zu erwägen. Die ḫabiru (genauere Lesung nach Borger: ʿapīru) sind nach Ausweis der Quellen vorwiegend kriegstüchtige Gruppen, die in einigen Staaten unter behördliche Aufsicht gestellt sind, bei anderen dagegen einen dauernden Druck auf Städte ausüben und diese in einem immer wieder aufflackernden Kleinkrieg bedrohen. Ihre Eigennamen weisen hinsichtlich des Sprachtypus und der Nationalität erhebliche Unterschiede auf. Es scheint sich demnach bei den ḫabiru nicht um ein Volk, sondern um eine soziale Schicht zu handeln. In dieser Frage hilft das Wort ḫabiru/ʿpr nicht weiter, denn sein Ursprung ist nicht bekannt und seine Etymologie unklar (doch vgl. Borger). Wie sich aus einigen Hinweisen ergibt, mag ḫabiru gelegentlich einem Ethnikon gleichgekommen sein.

RGG² II, 1669 - A.JEPSEN, Die »H.« u. ihr Recht (AfO 15, 1945/51, 55-68) - J.BOTTÉRO, Le problème des Ḫabiru, Paris 1954 (Zusammenstellung des gesamten bekannten Quellenmaterials) - M.GREENBERG, The Ḫab/piru, New Haven 1955 - NOTH, GI 38f. 78 - H.OTTEN, ZA 18, 1957, 216-223 - A.POHL, WZKM 54, 1957, 157-160 - M.G.KLINE, The Ḫa-bi-ru, Kin or Foe of Israel? (Westm. Theol. Journal 1956/57, 1-24. 170-184; 1957/58, 46-70) - R.BORGER, Das Problem der ʿapīru (»Ḫabiru«) (ZDPV 73, 1959). *† A.Alt (S.Moscati)*

Hebräerbrief

1. Literarische und theologische Eigenart - 2. Verfasser - 3. Empfänger - 4. Abfassungszeit

1. Der H. nimmt eine Sonderstellung unter den nt. Briefen (→ Briefliteratur) ein. Er stellt eine theologische Abhandlung (nach 13, 22 eine Mahnrede) dar. Briefcharakter hat nur der Schluß (13, 22-25). Die Überschrift »An die Hebräer« ist sekundär. Der H. wendet sich an eine bestimmte Gemeinde in einer bestimmten Situation. Darum sollte man ihn nicht als »Epistel« bezeichnen (Wrede, Deißmann).

Der H. zeigt vorzügliches Griechisch und ist in Aufbau, Stil und Wortwahl ein Kunstwerk. In ihm kommen »griechisches Formgefühl und antike Rhetorik« (Michel) zur Geltung. Der Verfasser (= Vf.) ist ein Christ gewordener hellenistischer Jude. Der H. erinnert daher in formaler Hinsicht an den hellenistischen Synagogenvortrag (Philo, 4Makk). - Die Verkündigung des Vf.s erfolgt als → Schriftauslegung (: III): Bestimmte Psalmstellen (Ps 2; 8; 95; 110) werden christologisch gedeutet; dazu kommt eine typologisch-heilsgeschichtliche Betrachtung der Schrift (→ Typologie: II), deren methodische Grundlage der hellenistischen Synagoge entstammt. Der Vf., der nicht direkt von Philo abhängig ist, verwertet Traditionen, die ihm und → Philo gemeinsam sind.

Die Frage, ob der H. aus kleineren Lehrvorträgen entstanden ist (Bousset, Brun), läßt sich nicht mit Sicherheit beantworten. Andererseits ist die Auffassung, Hebr 1, 1 - 13, 21 sei eine Predigt, die sich an eine gottesdienstliche Schriftverlesung von Ps 94-100 angeschlossen habe (W.Slot), nicht gut vorstellbar. Man wird im H. verschiedene Lehrformen und verschiedene »Einzelabhandlungen« zu unterscheiden haben (Michel). 3, 7 - 4, 10 (13) kann zB als ein selbständiger Midrasch zu Ps 95 angesehen werden. Vielleicht ist auch c. 7 ein christlicher Midrasch zu Ps 110 und Gen 14 (Windisch). In c. 11 liegt vermutlich eine Tradition vor, die auf einen jüdisch-hellenistischen Überlieferungskreis zurückgehen dürfte (Käsemann). Das Kernstück des H.es ist zweifellos 7, 1 - 10, 18. Die Komposition des Briefes ist auf diesen Abschnitt hin ausgerichtet.

Alle Aussagen des H.es über Christus (→ Christologie: I, 5b) beruhen auf der Erkenntnis, daß er der → Sohn Gottes (: II) ist. Als Sohn steht er über den Propheten, über Mose und über den Engeln. Er war als der »Erstgeborene« der Schöpfungsmittler, und er ist als der zur Rechten Gottes Erhöhte der Träger der Weltherrschaft. Nur als Mensch von Fleisch und Blut konnte der Sündlose die Reinigung von den Sünden erwirken. Da er wirklich Mensch wurde, hatte er teil an der Schwachheit menschlichen Wesens und an den Versuchungen, denen die Menschen unterworfen sind. Im gehorsamen Leiden, in dem er Barmherzigkeit gelernt hat, ist er zubereitet worden zur Erfüllung der Aufgabe, die ihm im Stande der Erhöhung zugedacht war: der des ewigen Hohenpriesters.

Mit 4, 14 kommt der Vf. zur Darstellung des Hohepriestertums Christi. Das neue Thema wird jedoch in 5, 11 - 6, 20 durch eine ausführliche Paränese unterbrochen. Mit c. 7 beginnt das Kernstück. 7, 1 - 10, 18 ist ein λόγος τέλειος. Hier wird ein Mysterium enthüllt, das nur den gereiften Christen mitgeteilt werden kann und das das Christus-Bekenntnis der vorangehenden Kapitel übertrifft. 5, 11 - 6, 12 dient der Vorbereitung des λόγος τέλειος (Käsemann). Der Vf. unterscheidet zwischen Taufunterricht und Christusweisheit (6, 1ff). Eigentlich dürfte er bei dem Erkenntnisstand der Gemeinde nicht über den elementaren Teil der Christuslehre hinausgehen. Aber er vertraut darauf, daß die Leser »Erleuchtete« und »des hl. Geistes teilhaftig« geworden sind (6, 4. 5). Der Vf. hat dabei die ganze Gemeinde und nicht einen bestimmten Stand der »Vollkommenen« im Auge. Eine klare Unterscheidung von »Gnostikern« und »Psychikern« läßt der H. nicht erkennen. Die Schriftgnosis in 7, 1 - 10, 18, die mit der → Melchisedek-Spekulation beginnt, stellt das Hohepriestertum Christi der at. Priester- und Kultusordnung gegenüber. Christus ist der Mittler des Neuen → Bundes (: III, 2c), der ein für allemal das allgenugsame Opfer dargebracht hat und als ewiger Hoherpriester in das himmlische Heiligtum eingegangen ist. Das Neue und Einzigartige des λόγος τέλειος besteht darin, daß die grundlegenden Ereignisse von Kreuz und Erhöhung kultisch interpretiert werden.

Das Hohepriestertum Christi beginnt bereits mit seinem Opfertode, der im H. als priesterliches Handeln verstanden wird. Das Geheimnis des Hohepriestertums Christi besteht somit darin, daß Christus in einer Person das für die Sünden der Welt dargebrachte Sühnopfer *und* der himmlische, für die Seinen fürbittende Hohepriester ist. Es kommt dem H. darauf an, daß Christus eine ewig gültige → Erlösung (: III, 4) bewirkt hat. - Wie Christus das Ende des → Gesetzes (: IV) ist, so ist er auch das Ende des at. Opferwesens. Da Christus durch sein allgenugsames → Opfer (: III) das Ende der Kultusreligion überhaupt bedeutet, kann die Gemeinde des Neuen Bundes nicht mehr blutige Opfer darbringen. Ihr → Gottesdienst (: IV) heißt Gebet und dienende Liebe. Als Hoherpriester ist Christus »Vorläufer« und »Anführer« für die Seinen. Damit ist der Gemeinde des Christus der freie Zugang zum »Thron der Gnade« erschlossen. Das neue Gottesvolk ist, wie bes. 12, 18-24 zeigt, eine kultische Gemeinschaft.

Die Übertragung der Hohepriester-Vorstellung auf den Gottessohn ist wahrscheinlich die »im eigentlichen Sinne originale Konzeption des Vf.s« (Schmitz). Möglicherweise ist sie dem Vf. aus der Gemeindeliturgie bekannt (Käsemann). Eine Abhängigkeit von Philo, bei dem der → Logos zugleich als Hoherpriester erscheint, und von der jüdischen → Apokalyptik (: II; Erwartung eines messianischen Hohenpriesters) ist nicht anzunehmen.

Der letzte Abschnitt (10, 19 - 12, 29) enthält eine Reihe von Ermahnungen zur Treue im Glauben. Die Definition des Glaubens in 11, 1 enthält keine erschöpfende Aufzählung aller Merkmale, betont aber, daß zum Glauben das Hoffen gehört und daß der Glaube die Gewißheit hat, daß die unsichtbaren Dinge, die Gegenstand der göttlichen Verheißung sind, letzte Wirklichkeit bedeuten.

2. Die kirchliche Überlieferung hat sich nicht damit abgefunden, daß der Brief keine Auskunft über den *Vf.* gibt. Die orientalische Kirche hat Paulus als Vf. bezeichnet. Dabei hat neben dem Wunsch, die kanonischen Schriften des NT als apostolisch zu erweisen, der Briefschluß eine ausschlaggebende Rolle gespielt. Im Westen hat man den Brief → Barnabas zugeschrieben (so zuerst Tertullian, De pud. 20). Luther dachte an den Alexandriner → Apollos als Vf. In neuerer Zeit sind neben → Barnabas (Riggenbach, Bornhäuser) → Silas, Aristion, → Lukas, Philippus und sogar das Ehepaar → Aquila und Prisca genannt worden (Harnack). Aber keine dieser Bemühungen hat zu einem greifbaren Ergebnis geführt. Der Name des Vf.s bleibt für uns im Dunkel (so u.a. Windisch, Michel). Die Bekanntschaft mit → Timotheus (13, 23) weist darauf hin, daß er in persönlicher Beziehung zu dem Kreis der Mitarbeiter des Paulus stand.

3. Die sekundäre Überschrift »An die Hebräer« läßt an Judenchristen als *Empfänger* denken. Diese Auffassung findet sich schon früh sowohl im Osten (Alexandriner) als auch im Westen (Tertullian). → Clemens Alexandrinus dachte ganz konkret an Judenchristen in Palästina. Bornhäuser vermutet, der Brief sei an Priester in Jerusalem gerichtet, die Glieder der judenchristlichen Gemeinde waren. Andere haben im H. ein Rundschreiben gesehen, das für die Judenchristen in aller Welt bestimmt war. Oder galt der Brief dem jüdischen Teil einer heidenchristlichen Gemeinde, etwa in Rom? Für die judenchristlichen Empfänger des H.es hat man ohne stichhaltige Begründung noch Alexandrien, Beröa, auch die Gemeinden Cyperns genannt. Schließlich hat man eine symbolische Deutung versucht. In Verbindung mit der philonischen Idee der »Wanderung der Seele zu Gott« hat man die »Hebräer« als die »heimatlos über die Erde ziehenden, die himmlische Heimat suchenden Frommen« gedeutet (Schiele). Käsemann bezeichnet »das wandernde Gottesvolk« als das »Generalthema« des Briefes, wenn auch alle Ausführungen des H.es in der Darstellung des Hohepriesteramtes Christi gipfeln. Aber von einem unmittelbaren Einfluß Philos oder der → Gnosis (: II) ist im H. nichts zu spüren; es fehlt auch jeder Hinweis auf die symbolische Bedeutung des Wortes »Hebräer«. Der H. kennt auch nicht das philonisch-gnostische Motiv von der Wanderung der Einzelseele zu Gott; vielmehr ist von dem auf die Erfüllung der Verheißungen und der Heilsvollendung wartenden Gottesvolk die Rede. - Die Überschrift »An die Hebräer« ist nur aus dem Inhalt des Briefes erschlossen worden. Es ist möglich, daß sich der Brief an heidenchristliche Leser wendet. Der Briefschluß läßt an eine italienische Gemeinde (Rom) denken. In jedem Fall handelt es sich um eine von Verfolgungen bedrohte und in Anfechtung geratene Gemeinde. Aber auch die »heidenchristliche Hypothese« löst nicht alle Schwierigkeiten.

4. Der H. ist spätestens im letzten Jahrzehnt des 1.Jh.s verfaßt worden, da der 1. → Clemensbrief ihn verwendet. Für eine frühere Datierung (66-70) könnte sprechen, daß der Vf. kein Wort über die Zerstörung des Tempels sagt. Das ist jedoch nicht zwingend, denn es handelt sich bei den Ausführungen über den at. Opferkult um eine rein theologische Erörterung, bei der die geschichtliche Lage keine Rolle spielt.

Kommentare: E.Riggenbach, Der Brief an die Hebräer (KNT 14), (1913) 1922$^{2.3}$ - H.Windisch, Der H. (HNT 14), (1913) 1931^{2} - H.Strathmann, Der Brief an die Hebräer (NTD 9), (1934) 1953^{6} - O.Michel, Der Brief an die Hebräer (MeyerK XIII$^{7=10}$), (1936) 1957 - J.Schneider, Der H. (Bibelhilfe 16), (1938) 1954 - C.Spicq, L'épître aux Hébreux, 2 Bde, Paris 1952/53 - O.Kuss, Der Brief an die Hebräer, 1953. - Einzelunters.en bei Michel IXf, bes.: E.Käsemann, Das wandernde Gottesvolk. Eine Unters. zum H. (FRLANT NF 37), (1939) 1957^{2}. *J.Schneider*

Zur *Auslegungsgeschichte* (s. auch → Schriftauslegung: IV, → Paulusbriefe):

Qu.: Griech. Katenen ed. J.A.CRAMER, Catenae Graecorum Patrum in NT VII, Oxford 1844, 112-598. - 5.Jh.: Cyrill v.Alex. (MPG 74; ed. P.E.PUSEY, Cyrilli... in Ioannis Evangelium III, Oxford 1872, 362-440. 461-468; armen. Fragmente ed. J.LEBON in: Muséon 44, 1931, 69-114; 46, 1933, 237-246) - Severian v. Gabala (Fragmente ed. K.STAAB, Pauluskommentare aus der griech. Kirche [NTA 15], 1933, 345-351) - Gennadius I. v. Konstantinopel (Fragmente: MPG 85; ed. STAAB, aaO 420-422). - 9.Jh.: Photius (Fragmente: MPG 101; ed. STAAB, aaO 637-652) - Claudius v. Turin (Pseudo-Atto v. Vercelli, MPL 134) - Haimo v. Auxerre (Pseudo-Primasius, MPL 68; Pseudo-Haimo v. Halberstadt, MPL 117) - Anonymus v. St.Gallen, ed. H.ZIMMER, Pelagius in Irland, 1901, 420-448 - Pseudo-Hieronymus, ed. E.RIGGENBACH (s.u.), 205-212. - 15.Jh.: Alphonsus Tostatus, Venedig 1615. - 16.Jh.: Luther (WA 57) - Zwingli, ed. SCHULER-SCHULTHESS VI/2, 291-319 - Joh.Bugenhagen, Nürnberg 1528 - Heinr.Bullinger, Zürich 1532 - Joh.Ökolampad, Straßburg 1534 - Joh.Brenz, Tübingen 1571 - Benedikt Aretius, Bern 1581 - Marcellinus Evangelista, Florenz 1583 - Andreas Hyperius, Zürich 1584 - Ägidius Hunnius, Frankfurt 1586 - Joh.Jakob Grynäus, Basel 1586 - Fr. de Ribera, Salamanca 1598. - 17.Jh.: Friedr. Balduin, Wittenberg 1608 - L. de Tena, Toledo 1611 - D.Parci, Frankfurt 1628 - Jonas Schlichting, Rakau 1634 - Joh.Gerhard, Jena 1641 - William Gouge, London 1655 - Joh.Crell, Amsterdam 1656 - J.Cappellus, Amsterdam 1657 - Franciscus Gomarus, Amsterdam 1664 (Opera theologica) - J.Owen, London 1668 - Sebastian Schmidt, Straßburg 1680 - Jakob Alting, Amsterdam 1686 (Opera theologica Bd 4) - Christoph Wittich, ebd 1692 - Th.Ackersloot, den Haag 1695, Bremen 1714 - S.Szattmar Nemethus, Frankfurt 1695. - 18.Jh.: Joh.Braun, Amsterdam 1705 - C.E.Brockmann, Kopenhagen 1706 - Gottfried Olearius, Leipzig 1706 - H.-B.Starck, ebd 1710 - Philipp v. Limborch, Rotterdam 1711 - J.d'Outrein, Amsterdam 1711, Frankfurt 1713/18 - J.-G.Dorschaeus, Frankfurt 1717 - J.Peirce, London 1727-33 - Joh.Jakob Rambach, Frankfurt 1742 - Joh.Benedikt V. Carpzov, Helmstedt 1750. - Weiteres s. C.SPICQ, L'Epitre aux Hébreux I (Etudes Bibliques 34), Paris 1952, 379ff.

Lit.: E.RIGGENBACH, Hist. Studien zum Hebr I: Die ältesten lat. Kommentare zum Hebr (FGNK VIII/1), 1907 - M.SCHUMPP, Der Glaubensbegriff des Hebr u. seine Deutung durch den hl. Thomas (Divus Thomas 11, 1933, 397-410) - J.-M.VOSTÉ, Beatus Petrus de Tarentasia in Epistulam ad Hebraeos (Divus Thomas [Piacenza] 46, 1943, 3-28) - C.SPICQ, L'exégèse de Hébr 11, 1 par S.Thomas d'Aquin (RSPhTh 31, 1947, 229-236) - H.DÖRRIE, Ὑπόστασις. Wort- u. Bedeutungsgesch. (NAG 1955, 3, 84ff; Die Interpretation von Hebr 11, 1 u. ihre Gesch.). *W.Werbeck*

Hebräerevangelium. »Das Evangelium nach den Hebräern« ist das einzige uns mit Namen bekannte judenchristliche (→ Judenchristentum: I) Evangelium; es ist vermutlich in der ersten Hälfte des 2.Jh.s in Ägypten entstanden und dort gebraucht worden. → Hegesipp kannte es schon, aber noch zu → Eusebs Zeiten zählt es zu den Antilegomena. Seine Hauptzeugen sind → Clemens und → Origenes, Angaben des → Hieronymus sind umstritten. → Nikephorus gibt seine Länge mit 2200 Stichen an (nur 300 weniger als unser MtEv), wovon nur wenige erhalten und in ihrer Zuweisung nicht alle gesichert sind. Der judenchristliche Charakter des H.s kommt in einer Erscheinung des Auferstandenen vor Jakobus zum Ausdruck, in der dieser zum ersten Zeugen der Auferstehung und von einem Gelübde gelöst wird; daneben hat der Text noch ein apologetisches Motiv (»Als aber der Herr das Leintuch dem Knecht des Priesters gegeben hatte...«). Andere Fragmente zeigen gnostische Einflüsse (»Meine Mutter, der Hl. Geist, ergriff mich an einem meiner Haare, sprach der Herr, und trug mich...«) und mythische Motive (»Die ganze Quelle des Geistes« steigt in der Taufe auf ihn herab und ruht auf ihm: »Du bist meine Ruhe«) in synkretistischer Verschmelzung (»Nicht ruhen wird, wer sucht, bis er findet; wer aber fand, wird staunen; wer aber erstaunte, wird zur Herrschaft gelangen; wer aber zur Herrschaft gelangte, wird ruhen«). Daneben wird die Bruderliebe in synoptisch klingenden Wendungen eingeschärft (»Nie soll ein Jünger fröhlich sein, wenn er nicht auf seinen Bruder in Liebe blickt«).

Text u. Lit. bei HENNECKE[3] I, 104ff (P.VIELHAUER). *H.W.Surkau*

Hebron (heute el-chalīl), 36 km südl. von Jerusalem, in wasserreicher, fruchtbarer Umgebung, wahrscheinlich als Hauptstützpunkt der → Hyksos auf dem südpalästinischen Bergland gegründet (Mowinckel, von Num 13, 22b ausgehend). Nach dem Übergang in den Besitz → Kalebs wurde H. mit dem auf seiner Flur gelegenen Baumheiligtum *Mamre* (rāmet el-chalīl, 3 km nördl. von el-chalīl) zum politischen und kultischen Zentrum des großjudäischen Stämmeverbandes (Alt I, 54ff), später zum Krönungsort (2Sam 2, 4; 5, 3) und zur ersten Residenz → Davids (2Sam 5, 5a). → Rehabeam baute H. zur Festung aus (2Chr 11, 10). Die seit 598 vChr edomitische Stadt wurde 163 vChr durch Judas Makkabäus zerstört. → Herodes d.Gr. hat die Höhle *Machpela,* die Grabstätte der Patriarchen (Gen 23; 25, 9; 35, 27ff; 49, 29ff; 50, 13), und das Heiligtum von Mamre (Gen 13, 18; 18, 1ff) als heilige Bezirke großartig ausgebaut. Der erstere, »ein verkleinertes Abbild des Tempelbezirks von Jerusalem« (Watzinger), ist in der Moschee von H., im wesentlichen ein Kreuzfahrerbau des 12.Jh.s, erhalten geblieben. Der Temenos von Mamre wurde unter Hadrian umgestaltet und von Konstantin im Ostteil mit einer dreischiffigen Basilika überbaut.

BRL 275ff (Lit. bis 1937) - C.F.ARDEN-CLOSE, The Cave of Machpelah (PEQ 83, 1951, 69-77) - Dict. de la Bible, Suppl.-Bd V, Paris 1953, 618ff. 757f (Macpéleh, Mambré) - S.MOWINCKEL, Die Gründung von H. (Donum Natal. H.S.Nyberg, Uppsala 1954, 185-194) - A.E.MADER, Mambre. Die Ergebnisse der Ausgrabungen..., 1957. *A.Kuschke*

Hecker, *Isaak Thomas* (18.12.1819 bis 22.12.1888), * und † in New York, kath. Missionspriester. Sohn deutscher methodistischer Eltern, zunächst Bäcker, dann sozialreformerischer Agitator, konvertierte H. 1844 und trat 1846 in Belgien bei den → Redemptoristen zu St. Trond ein. Er studierte in Holland und England Theologie, wurde 1849 Priester, kehrte als Missionsprediger 1851 nach Amerika zurück und erkannte hier, daß sich kath. Propaganda stark auf amerikanische Laienaktivität und persönliche Freiheit einstellen müsse. Damit wurde er zu einem der Urheber des → Reformkatholizismus, der zunächst als »Amerikanismus« (→ Amerika: II, 2b) bezeichnet und 1899 mit dem Schreiben »Testem benevolentiae« → Leos XIII. an Kardinal Gibbons (Baltimore) verurteilt wurde. H. suchte, da die Redemptoristen sich vor allem an die deutschen Emigranten wandten, für seine Mission eine Sonderstellung im Orden, reiste 1857 zum General nach Rom, wurde gemaßregelt, aber von → Pius IX. dann doch zur Gründung einer »Missionsgesellschaft vom hl. Apostel Paulus« (→ Paulisten) als Zweig der Redemptoristen zum Zweck der Rekatholisierung in Amerika ermächtigt, der er 1859-71 als Generaloberer vorstand. Er gründete 1865 »The Catholic World Magazin« und einen Presseverein, »The Catholic Publications Society«, war theologischer Begleiter des Erzbischofs Spalding auf dem → Vatikanum und wurde wegen seiner erfolgreichen Bemühung um einen amerikanisch-nationalkirchlichen Katholizismus von Erzbischof Ireland von St.Paul (Minnesota) u.a. gefördert.

Vf. u.a.: An Exposition of the Church, New York 1875; The Church and the Age, 1896[10]; Catholicism in the United States, 1879. - Über H.: W.ELLIOTT, The Life of Father H., New York (1891) 1898[4] (mit Einl. von J.IRELAND; wirksame franz. Ausg. von F.KLEIN, 1898[6]) - O'CONNEL, L'Américanisme d'après le P.H., Paris 1897 - CH.MAIGNEN, Le Père H., Rom 1898 - E.COPPINGER, La Polémique française sur la vie du Père H., Paris 1898 - O.PFÜLF, StML 55, 1898, 388-406. 469-486 - SCHRÖDER, Der Amerikanismus (Der Katholik 3. F. 25, 1902, 494-512) - RE XI, 501 - A.HOUTIN, L'Américanisme, Paris 1904 - J.KÜBEL, Gesch. des kath. Modernismus, 1909 - LThK IV, 861f - M.DE MEULEMEESTER, Bibliogr. générale des Ecrivains rédemptoristes II, 1935, 185f; III, 1939, 316 - EC VI, 1383. *Ernst Wolf*

Hedberg, *Fredrik Gabriel* (1811-93), finnischer Pfarrer, † in Kimito, Finnland. Zunächst der pietistisch geprägten, volkstümlichen Erweckung in → Finnland (: I, 3) sehr nahestehend, geriet H. 1844 u.a. durch Schriften Luthers in heftige Opposition gegen deren Führer (zB P. → Ruotsalainen und J.Lagus) und rief dadurch eine tiefgehende Spaltung der Erweckungskreise hervor. Um H. herum bildete sich die sog. ev. Richtung, die dem kirchlichen Leben Finnlands ein herrnhutisch geprägtes Luthertum zuführte und sich 1873 in der Luth. Evangelienvereinigung ein Organ schuf.

L.Takala, Die Gesch. der ev. Bewegung Finnlands I-III, 1929-48 (finn.) - E.Newman, »Hedbergianismen« i Sverige, 1931 - W.A. Schmidt, F.G.H., 1948 - NTU I, 1236 - B.Krug, Die Rechtfertigungslehre in der finn. Erweckungsbewegung im 19.Jh., 1957.
H.Nyman

Hedderich, *Franz Anton* (7.11.1744 bis 20.8.1808), kath. Aufklärungstheologe und -kanonist, * in Bodenheim b. Mainz, † in Düsseldorf, war Schüler der Jesuiten in Mainz und trat 1759 bei den Minoriten in Köln ein (Ordensname: Philipp). H. studierte Theologie und Kirchenrecht in Köln und bes. in Trier, hier von → Hontheim beeinflußt, las zugleich über Kirchenrecht im Anschluß an J.H. → Boehmer und wurde 1744 als Kanonist nach Bonn berufen, seit 1786 an der neugegründeten Universität, an der er Dekan der theologischen, auch der juristischen Fakultät und 1788/89 Rektor war. Er verließ Bonn nach der französischen Okkupation 1795 und folgte 1803 einem Ruf an die Rechtsakademie in Düsseldorf. H. vertrat die Ideen des → Febronianismus und → Josephinismus - mehrere Schriften wurden indiziert - und übte im Erzstift Köln unter den beiden letzten Kurfürsten einen erheblichen Einfluß aus.

Hauptwerk: Elementa iuris canonici etc, (1778/85) 1791². - Über H.: J.F.v.Schulte, Die Gesch. der Quellen u. Lit. des Canon. Rechts III/1, (1880) Neudr. 1956, 267ff (Bibliogr.) - ADB XI, 219f - F.H.Münch, Philippus H. iam quater Romae damnatus (Annalen des Hist. Vereins f. d. Niederrhein 91, 1911, 136-142). *Ernst Wolf*

Hedinger, *Johann Reinhard,* * 7.9.1664 in Stuttgart, † 28.12.1704 ebd. Nach Studium in Tübingen lernte H. als Reiseprediger zweier württembergischer Prinzen Frankreich und England, später Norddeutschland, Dänemark und Schweden kennen. Seine Weltkenntnis trug ihm 1694 die Berufung als Prof. des Natur- und Völkerrechts nach → Gießen ein. Von → Spener stark bestimmt, mit → Francke bekannt, mit → Arnold seit 1697 in regelmäßigem Umgang, wurde H. in den vier Gießener Jahren völlig zum Pietisten. Seit 1698 wirkte er als Hofprediger des Herzogs Eberhard Ludwig und Dichter von Kirchenliedern in Stuttgart durch unerschrockenes Auftreten gegen das lasterhafte Hofleben und die Bestechlichkeit seiner Amtsgenossen im Konsistorium; die von diesen zurückgegebenen Gelder legte er als Grundstock eines nach hallischem Muster geplanten Waisenhauses an. H.s Übersetzung des NT (1701) versuchte die pietistische Verbesserung von Luthers Deutscher Bibel. Sein »Biblisches Schatzkästlein oder Vollständiges Spruchbuch« (1701) bestimmte den wesentlich schwäbischen volkstümlichen → Biblizismus.

Leichenpredigt v. J.F.Hochstetter, 1705 - A.Knapp, J.R.H. (Christoterpe 4, 1836, 269-330) - Ders., Altwürtt. Charaktere, 1870, 4ff - Koch V, 36ff - ADB XI, 222f - RE VII, 514f - Chr.Kolb, Die Anfänge d. Pietismus u. Separatismus in Württ., 1902, 9ff - E.Schmid, Gesch. d. Religionsunterrichts in Württ., o.J. (1925), 11ff - Ders., Gesch. des Volksschulwesens in Altwürtt., 1927, 141ff - H. Hermelink, Gesch. d. ev. Kirche in Württ., 1949, 164ff. *M.Schmidt*

Hedio, *Kaspar* (1494-1552), * im badischen Ettlingen, Schüler der Pforzheimer Lateinschule, studierte 1513 in Freiburg, seit 1518 in Basel, wo er von → Capito angeregt wurde. Er folgte 1520 seinem Lehrer als Domprediger nach Mainz. Mit Luther wie mit Zwingli stand er in Briefwechsel. Im Herbst 1523 wurde er ans Münster in Straßburg berufen (→ Elsaß, 1a). Das Kapitel verlangte von ihm, daß er nicht »lutherisch« predigte. An Deutlichkeit ließen seine Predigten trotzdem nichts zu wünschen übrig. Theologisch trat er nicht stark hervor, war aber als akademischer Lehrer tätig. Historisch interessiert, übersetzte er Euseb, Theodoret u.a., gab auch Chroniken des MA heraus. H. ist daher der erste prot. Kirchenhistoriker genannt worden. Die Straßburger entsandten ihn zu den Religionsgesprächen nach Worms und Regensburg (1540/41), später zu → Bucers Unterstützung nach Bonn. Bei der Durchführung der Reformation in oberdeutschen Territorien wurde sein Rat häufig begehrt. Als Bucer 1549 nach England ging, übernahm H. die Leitung des Kirchenkonvents in Straßburg. Nach dem → Interim mußte er auf sein Amt als Münsterprediger verzichten. Die Pest raffte ihn plötzlich dahin.

A.Jung, Gesch. d. Reformation im Elsaß, 1830 - T.W.Röhrich, Gesch. d. Reformation im Elsaß I, 1830, 163 ff - W.Baum, Capito u. Butzer, 1860 - Ch.Spindler, Gaspard Hédion, 1864 - C.Varrentrapp, Hermann v. Wied, 1878 - E.Himmelheber, C.H., 1881 - RE VII, 515ff - F.Roth, Friedrich II. v. d. Pfalz u. d. Reformation, 1904 - J.Adam, Versuch einer Bibliogr. C.H.s (Zs. f. d. Gesch. des Oberrheins NF 31, 1916, 424-429) - Ders. (s. Lit. zu → Elsaß).
R.Stupperich

Hedonismus (von griech. ἡδονή = Lust) ist ein Sammelname für verschiedene ethische Lehren, die alle das Empfinden von Lust für den letzten Grund des sittlichen Handelns halten.

1. Philosophiegeschichtlich wird der H. oft als ein Zweig des → Eudämonismus behandelt; der antike H. ist jedoch eher als ein *Sonderfall* und *Abweg* zu betrachten. Geht man von der antiken Bestimmung des »Guten« aus, dann kann das Glück in Erfüllung des Seins als ein sittliches Hochziel und als sittliches Nebenmotiv gelten; in diesem Sinne könnte man zB Aristoteles Eudämonist, nicht aber Hedonist nennen. Dagegen halten Aristipp (ca 400 vChr), → Epikur, Hegesias von Kyrene u.a. die ἡδονή für den einzigen evidenten Selbstzweck, wenn sie sie auch in concreto verschieden denken. - Der antike H. ist streng genommen eher eine Anweisung zu einer oft einsichtigen und edlen *Lebenskunst* als eine Ethik oder Moral. Die Verwirrung von Norm und Motiv schneidet die Möglichkeit ab, das spezifisch *Menschliche* zu erfassen. Im H. spielt der *Mitmensch* gar keine Rolle; Beziehung, Begegnung, Hingabe, Dienst haben keinen lebenbestimmenden Sinn. Auch in *psychologischer* Hinsicht ist der H. nicht überzeugend; denn wie die → Phänomenologie (→ Scheler, A.Pfänder) gezeigt hat, sind Freude, Glück, Genuß, Vergnügen, Lust, Wollust sehr verschiedene Noemata.

2. Abwegig ist es, unter H. auch den (bes. angelsächsischen) modernen → *Utilitarismus* zu subsumieren, denn dort, zB bei → Bentham und J.St. → Mill (auch bei Kropotkin und Trotzkij), handelt es sich nun wirklich um ein Ethos, um ein Realisieren der mitmenschlichen Beziehung in Person und Gesellschaft. Andererseits zeigt der Begriff H. hier materiell eine der antiken Bedeutung fast ganz entgegengesetzte Tendenz. Dem ist nicht abzuhelfen mit der Unterscheidung »individueller« und *»sozialer«* H. Die Parole »The greatest happiness for the greatest number« ist, abgesehen von ihrer inneren Haltbarkeit, durchaus »christlich«, »idealistisch«, »liberal-sozial« im historisch-kulturellen Sinne. Dieser H. kehrt sich gegen das *Massenelend,* bestraft den Egoisten wie den Egotisten und öffnet den Horizont der menschlichen *Gemeinschaft.* Wohl ist dieser »Utilitarismus« zu sehr quantitativ eingestellt, vermag kaum eine gültige Füllung des

Grundwortes »happiness« zu geben und kommt in große logische und praktische Verlegenheit, wenn versucht wird, eine Rangordnung von Glückswerten aufzustellen und Mill zB als Maßstab einführt: »the experience of intelligent people«. Immerhin bleibt der Bruch mit dem antiken H. so ungeheuer, daß eine geistesgeschichtliche Kontinuität zwischen ihm und dem Utilitarismus einleuchtend kaum nachgewiesen werden kann.

Der *antike* H. hat seine *Fortsetzung* vielmehr in einzelnen Gestalten undTheoretikern der Renaissance (zB Laurentius → Valla) und der Aufklärung gefunden (C.A. Helvetius, P.D.v.Holbach, J.O.de Lamettrie; → Materialismus: II). Moderne Ethiker sind sich darüber nahezu einig, daß der H. nicht nur prä-moralisch ist, aber auch daß er die psychologischen Fakten ganz schief deutet (W. → Wundt, H.Münsterberg, Fr.Paulsen, G.Heymans, H. → Cohen, P. → Natorp, W.Rathenau). - Daß übrigens die Entmenschlichung der Beziehungen im modernen Leben nicht nur soziologischen Notwendigkeiten entspringt, sondern zT gerade von *diesem* H. herrührt, insofern er das ichhafte Dasein theoretisch rechtfertigt, dürfte unbestreitbar sein.

F.A.Lange, Gesch. des Materialismus, (1866) 1921[10] - G.Th.Fechner, Einige Ideen zur Schöpfungs- u. Entwicklungsgesch. der Organismen, 1873, Abschn. XIff - J.Martineau, Types of Ethical Theory, (1885) 1901[2] - H.Sidgwick, Outlines of the History of Ethics, (1886, erw. Ausg. 1931) 1949 - J.Watson, Hedonistic Theories, 1895 - H. Gompertz, Kritik des H., 1908 - M.Scheler, (Zur Phänomenologie u. Theorie der Sympathiegefühle, 1913) Wesen u. Formen der Sympathie, 1926[3] - A.Pfänder, Zur Psychologie der Gesinnungen (Jb. f. Philosophie u. phänom. Forschung 1/I, 1913, 325-404; 3, 1916, 1-125) - G.Gusdorf, Traité de l'existence morale, 1949 - R.Mehl, L'autorité des valeurs, 1957.

K.H.Miskotte

Hedwig, *die Heilige,* † 15.10.1243 in Trebnitz, kanonisiert 1267, Tochter des Grafen Berthold VI. von Andechs, Gemahlin Herzog Heinrichs I. von Schlesien (1201-38), Landespatronin → Schlesiens. Mit ihrem Gatten gründete sie das Zisterzienserinnenkloster Trebnitz und stand ihm in der deutschen Besiedlung tatkräftig zur Seite. Das Volk verehrte sie als Vorbild der Caritas und Kreuzesliebe. In der Kunst wird sie dargestellt mit Herzogshut, Kirchenmodell und Marienfigur.

Qu.: Kanonisationsbulle, Vita maior u. minor von 1300 u. Genealogie, abgedr. in Script. rer. Sil. 2, 1839, 1-126; AS Oct. VIII, 1853, 198-270; Mon. Pol. Hist. 4, 1884, 510-663. Dt. Übers. bei Fr. u. K. Metzger, Das Leben der hl. H., 1927. - Lit. in: VerfLex II, 1934, 235ff - Braun, TA 314ff - Vierteljahrsschr. Schlesien 3, 1958, H. 3.

J.Gottschalk

Heerbrand, *Jakob* (1521-1600), * Giengen a.d. Brenz, 1538/43 Student in Wittenberg, Diakon in Tübingen, 1550 D. theol. und Pfarrer in Herrenberg. 1551 an den Beratungen über die von → Brenz verfaßte Confessio Virtembergica beteiligt, zog er im März 1552 nach Trient und verteidigte dann zusammen mit Jak. → Beurlin, Joh. → Isenmann und Th.Schnepf die Confessio gegen den Dominikaner Petrus a → Soto in dem »großen Buch von Tübingen« (1561). 1556 wirkte er von Pforzheim aus an der Durchführung der Reformation in → Baden mit und war von 1557 an 42 Jahre lang Prof. der Theologie in Tübingen, neben Jakob → Andreä der führende Kopf der Fakultät. H.s Compendium Theologiae (1573) behandelte seit der Ausgabe von 1578 die in der → Konkordienformel aufgeworfenen Fragen und gewann über → Württemberg hinaus großen Einfluß.

K.Weizsäcker, Lehrer u. Unterricht an der ev.-theol. Fakultät Tübingen, 1877, 19ff - RE VII, 519ff - Ritschl I - Chr.Kolb, Die Kompendien der Dogmatik in Altwürttemberg (Blätter für württ. KG 51, 1951, 4-19) - E.Bizer, Confessio Virtembergica, 1952.

W.Maurer

Heermann, *Johann,* Pfarrer, Kirchenlieddichter, * 11. 10.1585 in Raudten, † 17.2.1647 in Lissa (Polen), Kürschnerssohn, lebenslang von schwacher Gesundheit. H. wurde schon auf der Raudtener Stadtschule von seinem Lehrer Gregor Fiebing zur Poetik geführt, kam 1602 zu dem Prediger und Dichter V. → Herberger in Fraustadt, wurde auf dem Gymnasium Brieg von dem einflußreichen (ref.) Humanisten Kaspar Cunrad 1608 zum poeta laureatus gekrönt und gab erstmals 1609 eigene Werke heraus. Später wirkte sein Landsmann Opitz (→ Barock: II, 6) stark auf ihn. Nach einer Straßburg-Reise wurde H. 1611 Pfarrer in Köben, mußte sich aber seit 1634 wegen seines Leidens von einem Hilfsprediger vertreten lassen. 1638 gab er sein Amt auf, zog nach Lissa und verbrachte seinen Lebensabend in zunehmendem Siechtum. In Lissa wurde er mit → Comenius bekannt, der dort seit 1634 Brüderprediger war. - Die Themen seiner Lieder entnahm H. vielfach der Andachtsliteratur seiner Zeit, bes. den »Meditationes sanctorum patrum« (1584) M. → Mollers, dem »Paradiesgärtlein« (1612) J. → Arndts, aber auch den Gebetbüchern des Jesuiten Peter Brillmacher. - Will man H. gerecht werden, so muß man von seinen Evangelienbereimungen ausgehen, die R.A. Schröder mit Recht frisch, volkstümlich, ja balladesk nennt. Hier wird deutlich, wie sehr H.s sonstige Lieder vom Wortlaut der Bibel bestimmt sind. Fundamente seiner Dichtung liegen in einem starken Sünden-, ja Nichtigkeitsbewußtsein; der Mensch ist ihm ein Knecht, ein Wurm, die Welt ein Kot. Freudentöne sind selten. Typisch sind die Gebetsgespräche, geschult an den Soliloquien → Augustins; ihnen entsprechen Mahnreden an den »Menschen«. H.s Jesusverehrung weist einerseits auf die Jesusmystik des MA, andererseits auf den künftigen → Pietismus, mit dem H. die »Sorge um die eigene Seele« gemeinsam hat. Manche Lieder sind durch die Nöte der Gegenreformation bestimmt, ohne daß Rechtgläubigkeit zum Stoff seiner Dichtung wird. Kennzeichnend ist eher, daß H. etwa der Botschaft des Abendmahls nur Gedanken an Trost, Vergebung und Besserung entnimmt. Dabei liebt er paulinisch-luth. Paradoxien (»Dein' *Armut* macht mich *reich*«). Nur gelegentlich verfällt er in die Barockismen von der offenen Seite Jesu und dem Vergleich mit dem »purpurroten Blutwürmelein«. Eine kritische GA seiner Werke ist die ev. Kirche ihrem größten Dichter zwischen → Luther und → Gerhardt noch schuldig; auch seine Biographie wäre neu zu schreiben. - Vgl. → Gesangbuch: I, 2a, → Kirchenlied: I.

P.Wackernagel, J.H.s geistl. Lieder, 1856 - F-T I, 254ff - C.Hitzeroth, J.H., 1907 - R.A.Schröder, J.H.s frohe Botschaft, 1936 - MGG VI, 18ff.

S.Fornaçon

Hefele, *Karl Joseph* (1809-93), Bischof, kath. Kirchenhistoriker, * Unterkochen b. Aalen/Württ., † Rottenburg. H. wurde 1833 Priester, 1834 Repetent in Tübingen, 1835 Professoratsverweser in Rottweil und war seit 1836 wieder in Tübingen: zunächst PDoz., 1837 ao. Prof., 1840 o. Prof. für KG als Nachfolger seines Lehrers → Möhler, den er allerdings an Originalität nicht erreichte. Als Kirchengeschichtler war H. auf sorgfältiges Studium der Quellen bedacht (zB Hg. der Apostolischen Väter, 1839). Seit einer Preisarbeit über → Nikolaus von Kues fesselte ihn das 15.Jh. Aus dem ursprünglichen Plan, nur die Konzile des Spät-MA zu behandeln, erwuchs seine große »Conciliengeschichte«. Er war Mitherausgeber der ThQ und entscheidender Mitarbeiter am KL. 1868/69 war er als Konsultor bei der Vorbereitung des → Vatikanum in Rom (sein Votum wurde bestimmend für die Geschäftsordnung und ging in wesentlichen Punkten in den CIC ein), wohin er nach seiner Wahl zum Bischof von → Rottenburg (1869) als Teilnehmer zurückkehrte. H. gehörte zu den ganz wenigen grundsätzlichen Gegnern der päpstlichen → Infallibilität. Hauptgrund war die sog. »Honoriusfrage« (»Causa Honorii Papae«, Neapel 1870; dt. »Honorius und das 6. allgemeine Konzil«, 1870; → Honorius I.). Erst nach längerem Zögern beugte sich H. als letzter der deutschen Bischöfe (Hirtenbrief vom 10.4.1871), dem Druck Roms und dem Drängen seines Klerus nachgebend. Der frühere leidenschaftliche Bekämpfer aller staatskirchlichen Regungen (gegen → Wessenberg) unterhielt als Bischof ein so freundliches Verhältnis zum Staat und zum Landesherrn, daß seine Haltung bei Katholiken zeitweise Opposition hervorrief. Auch im Verhältnis zur anderen Konfession hatte sich bei H. ein Wandel zu weitherziger Anschauung vollzogen.

Vf. ferner u.a.: Kardinal Ximenes u. d. kirchl. Zustände Spaniens am Ende d. 15. u. am Anfang d. 16.Jh.s, (1844) 1851² (engl., franz., span. Übers.); Conciliengesch., (I-VII, 1855-74; fortges. v. J. → HERGENRÖTHER, VIII. IX, 1887/90) I-IV, 1873-79², V. VI bearb.v. A. KNÖPFLER, 1886/90 (franz. erweiterte Übers. v. H.LECLERQ OSB. 18 Bde, Paris 1907ff); Beitr. z. KG, Archäologie u. Liturgik, 2 Bde, 1864. - Über H.: F.X.FUNK, K.J.v.H. (ThQ 55, 1874, 1-14) - ADB 50, 109ff - H.ROTH, K.J.v.H., 1894 - RE VII, 525ff - PH.FUNK, Ein literar. Porträt v. Kuhn, H. u. Aberle in zeitgen. Briefen (ThQ 108, 1927, 209-220) - ST.LÖSCH, Briefe d. jg. H. 1834-46 (ebd 119, 1938, 3-59) - A.HAGEN, H. u. d. Vat. Konzil (ebd 123, 1942, 223-252) - DERS., Die Unterwerfung d. Bischofs H. unter d. Vatikanum (ebd 124, 1943, 1-40) - DERS., Gestalten aus d. schwäb. Katholizismus II, 1950, 7ff - DERS., Gesch. d. Diözese Rottenburg II, 1958 - EC VI, 1385. *G.Maron*

Hegel, *Georg Friedrich Wilhelm*

1. Leben und Schriften - 2. Allgemeines - 3. Lehre: a) Jugendschriften - b) Phänomenologie - c) System

1. G.Fr.Wilh.H., * 27.8.1770 in Stuttgart, † 14.11. 1831 in Berlin, studiert in Tübingen 1788-93 Philosophie und Theologie gleichzeitig mit → Hölderlin und → Schelling. Ihr Interesse gilt der Antike und den Ursprüngen des Christentums, der Philosophie → Kants und den Idealen der Französischen Revolution. Ab 1793 ist H. Hauslehrer in Bern, ab 1797 in Frankfurt/M. 1801 habilitiert er sich in Jena und läßt seine erste philosophische Druckschrift (»Differenz des Fichteschen und Schellingschen Systems«) erscheinen, in der er noch ganz auf der Seite Schellings steht. Gemeinsam mit ihm gibt er das »Kritische Journal der Philosophie« heraus. Dem Romantikerkreis steht er trotz mancher Anregungen, die er von ihm empfängt, innerlich fremd gegenüber. Die Vorlesungen der Jenenser Zeit behandeln alle Gebiete der Philosophie und seit 1805 auch Mathematik. Sein erstes großes, in sehr kurzer Zeit geschriebenes Werk »Die Phänomenologie des Geistes« (1807) führt zum Bruch mit Schelling. Wirtschaftliche Gründe zwingen H., die Professur aufzugeben. 1808 wird er Rektor des Nürnberger Ägidiengymnasiums. Hier entsteht das Grundwerk seiner Philosophie: »Wissenschaft der Logik« (2Tle, 1812-16). Die »Philosophische Propädeutik«, die der Schulpraxis entstammt, wurde erst aus dem Nachlaß herausgegeben. 1816 wird H. Prof. in Heidelberg. Seine »Enzyklopädie der philosophischen Wissenschaften im Grundriß« stellt das ganze System im Zusammenhang dar. 1818 wird H. als Nachfolger → Fichtes nach Berlin berufen. Wenn auch 1821 noch einmal ein großes Werk (»Grundlinien der Philosophie des Rechts«) erscheint, so konzentriert sich H. in Berlin doch fast ganz auf die Lehrtätigkeit, die, zunächst wenig beachtet, an Breitenwirkung stetig zunimmt, bald zu einer führenden Bildungsmacht der Zeit wird und großen Einfluß nicht nur in der Philosophie, sondern auch in Wissenschaft, Gesellschaft und Staat ausübt. Die Vorlesungen sind erst nach H.s Tod, von Schülern und Anhängern nach Konzepten und Nachschriften zusammengestellt, in einer Gesamtausgabe im Druck erschienen.

2. H.s Philosophie, die den Höhepunkt des Deutschen → *Idealismus* (: II) darstellt, hat als Ziel die Begründung einer → Metaphysik, die von der Kantischen Kritik nicht getroffen wird. Daher will H.s Philosophie nicht aus der Erfahrung Schlüsse ziehen, die das Gebiet der Erfahrung übersteigen, sondern sie fragt nach dem Wesen und den Bedingungen der Erfahrung selbst. Ihr Gegenstand ist das Selbstverständliche, sie hat »das zu untersuchen, was man sonst für bekannt hält«. Insofern ist der Weg der Philosophie dem der positiven Wissenschaften, deren Bedeutung H. im übrigen immer gewürdigt hat, entgegengesetzt. Das Prinzip von H.s System ist eine radikal und planmäßig durchgeführte *Skepsis* allem Gegebenen und sich selbst gegenüber, die auf jeder Stufe ihre eigenen Voraussetzungen aufs neue in Frage stellt. Deshalb kann H., der Prototyp des philosophischen Systematikers, zugleich die Notwendigkeit der begrifflichen Detailarbeit, die er meisterhaft beherrscht, betonen (»Anstrengung des Begriffs«). Auch hat er fast alle Kritik, die im Laufe der Zeit an ihm geübt wurde, auf diese Weise vorwegnehmen, beantworten und in sein System selbst einbauen können.

Das Wesen des Denkens ist die → *Dialektik*. Dialektik ist jedoch keine formale Verfahrensregel, die sich auf verschiedene Inhalte anwenden ließe, sondern erscheint auf jeder Reflexionsstufe in einer spezifischen neuen Gestalt; denn Form und Inhalt lassen sich beim philosophischen Denken nicht voneinander trennen. Die Dialektik ist daher ebenso das Wesen der Dinge. Das → Denken hat es bei all seinen Gegenständen im Grunde immer nur mit sich selbst zu tun, freilich so, daß es sich ständig mit sich selbst auseinandersetzt. Die Wahrheit liegt niemals in einem aus dem Zusammenhang herausgelösten Satz, sondern das »Wahre ist das Ganze«; das Einzelne ist das, was es ist, nur durch den gesamten Zusammenhang, in dem es steht. Dieses Denken in Zusammenhängen, das den *Widerspruch*, der ein Moment der Wirklichkeit selbst ist, ernst nimmt und jeden Gegenstand unter mannigfachen Gesichtspunkten zugleich betrachtet, ist der Grund für die beträchtlichen Schwierigkeiten, die sich bei jedem ernsthaften Studium der Werke H.s ergeben.

Der *Stil* von H.s Schriften ist trotz aller begrifflichen Schwierigkeiten bildhaft und plastisch; H. verzichtet weitgehend auf die traditionelle philosophische Fachterminologie und geht auf seine lebendige Muttersprache zurück. Komplizierte Gedankengänge werden oft nur skizzenhaft zusammengedrängt; daher die schon von Zeitgenossen beklagte Dunkelheit vieler Partien seiner Schriften. Die Vorliebe für den spekulativen Gebrauch homonymer Wörter, in denen H. die Dialektik des Gedankens schon sprachlich vorgeformt findet, verführt ihn bisweilen zu pseudoetymologischen Wortspielen.

3. a) In den von ihm selbst nie herausgegebenen *Jugendschriften* geht es H. darum, den Zusammenhang der geistigen Wirklichkeit in Religion, Staat und Geschichte zu verstehen und eine spezifische Form wissenschaftlicher Darstellung dafür zu finden. Leitfaden ist ihm dabei zunächst die Philosophie Kants und das Gedankengut der → Aufklärung. In einer Vernunftreligion sieht er den Sinn alles Glaubens und den Höhepunkt der religiösen Entwicklung der Menschheit. Jesus erscheint als Repräsentant und Lehrer des moralischen Vernunftglaubens, den er dem in Dogma und Gesetzesautorität erstarrten jüdischen Religionsleben gegenüber verkündet und damit zum Symbol des ewigen Kampfes zwischen der innerlichen und der in äußeren Formen erstarrten »positiven« Religiosität wird (→ Christologie: II, 8c). Da jedoch auch das Evangelium Jesu wieder zur Grundlage einer positiven Religion verfälscht worden ist, ist die Geschichte des → Christentums zugleich die Geschichte

seines Verfalls: in einer Staatskirche muß der Kern aller Religiosität, die Moral, notwendig entarten. H.s Erneuerungsideen, die Erweckung einer auf den moralischen Vernunftglauben gegründeten »Volksreligion«, bei der die religiöse Innerlichkeit mit allen Äußerungen des gemeinschaftlichen Lebens und der nationalen Kultur im Einklang steht, haben hier ihren Ursprung. Das Griechentum ist Vorbild für eine derartige Synthese und die Französische Revolution das größte zeitgenössische Beispiel für den Durchbruch eines lebendigen Volksgeistes durch erstarrte und leblos gewordene positive Institutionen. Von ihr ist das Staatsdenken des jungen H. geprägt: Alle Institutionen, die dem von ihr verkündeten Freiheitsprinzip widersprechen, haben ihren Anspruch auf Legitimität verloren. Von hier aus sieht H. auch das grundsätzliche Problem einer Verfassung.

Von zentraler Bedeutung sind für den jungen H. die Begriffe des *Lebens* und der *Liebe* (vgl. die Studie über den »Geist des Christentums und sein Schicksal«). Das Leben ist die ursprünglichste Einheit und die Grundeigenschaft aller → Wirklichkeit. Es kann sich aber sich selbst entgegensetzen und in der *Reflexion* die ursprüngliche Einheit auflösen. Die Vermittlung des Entgegengesetzten ist das Werk der Liebe. Sie hebt die Trennung auf, ohne daß das Getrennte selbst zu bestehen aufhörte. Liebe ist daher wesentlich *Versöhnung*, ein Finden seiner selbst im anderen. Sie ist *dialektische Einheit* und stellt eine der Grunderfahrungen von H.s philosophischem System dar, von der her bes. der Begriff des → *Geistes* (: VII) seine Prägung erhält, insofern es hier um die Aufhebung des durch das Verhältnis von → Subjekt und Objekt gegebenen Reflexionsgegensatzes geht. H.s Kritik an Kant hat hier ihren Ansatzpunkt.

b) Die Phänomenologie des Geistes ist H.s tiefstes Werk. In ihr zeigt er, wie sich das → Bewußtsein in einer Stufenfolge über Selbstbewußtsein, Vernunft, Geist, Religion zum Standpunkt des absoluten Wissens, das Vollendung der Selbsterkenntnis und der Erkenntnis der Dinge zugleich ist, erhebt. Diesen Weg nennt H. auch die *Erfahrung* des Bewußtseins. An jedem ihm gegenübertretenden Gegenstand, scheint er zunächst auch noch so fremd zu sein, macht das Bewußtsein die Erfahrung, daß es in Wahrheit nur sich selbst begegnet. Umgekehrt kann es nur das an sich selbst erkennen, was es von sich in einem anderen wiederfindet (zB im Verhältnis von Herr und Knecht). Dadurch, daß es eine neue Erfahrung von sich selbst gemacht hat, hat es sich aber auch gewandelt. Zugleich zeigt sich auch der Gegenstand als etwas anderes als das Bewußtsein annahm und muß aufs neue vermittelt werden. Auf der höchsten Stufe des absoluten Wissens ist die vollkommene *Vermittlung* zwischen Bewußtsein und Gegenstand erreicht: absolutes Wissen und Wissen des Absoluten sind für H. gleichbedeutend. – Eine → Erkenntnistheorie ist für H. sinnlos; denn man kommt aus dem → Erkennen niemals heraus; das → Absolute ist immer »schon bei uns«. Damit ist die Beziehung von Subjekt und Objekt in einen umgreifenden Zusammenhang zurückgenommen: den des Geistes, der der Inbegriff aller Wirklichkeit überhaupt ist.

Da jedem Gegenstand eine spezifische Erfahrungsweise entspricht, vermeidet es H., die Dinge durch vorgegebene Schemata zu vergewaltigen, und kann auch eine Fülle gesellschaftlicher, moralischer, religiöser und bes. geschichtlicher Erfahrungen berücksichtigen. Denn der Geist bedarf zu seiner Selbsterkenntnis der → Geschichte (: III). Jede einzelne Erfahrung steht immer in einem bestimmten geschichtlichen Zusammenhang. Auch der Anfang der Phänomenologie beim sinnlichen Bewußtsein ist geschichtlich vermittelt: Die »Entzweiung« und Gegenüberstellung von Subjektivität und Objektivität ist ein historisches Ereignis, das in den »westlichen Norden« fällt.

c) Das *System* selbst knüpft an die Phänomenologie des Geistes an, indem es die dort erreichte Stufe des absoluten Wissens inhaltlich und systematisch entfaltet. Die *Logik*, die den ersten Teil des Systems darstellt, hat mit der formalen, durch → Aristoteles begründeten → Logik, die H. im übrigen als eine der größten philosophischen Leistungen bewundert, wenig gemein. Sie ist philosophische Fundamentalwissenschaft im Sinne der alten Metaphysik, ohne jedoch deren Grundeinstellung zu übernehmen. Da der Gegensatz von Bewußtsein und Gegenstand schon durch die Phänomenologie aufgehoben worden ist, hat es die Logik mit den Grundbegriffen des spekulativen Denkens und mit den Grundbestimmungen der Dinge in ununterschiedener Einheit zu tun. An die christliche und neuplatonische Tradition, die das Wesen der Dinge als die Gedanken Gottes vor ihrer Schöpfung versteht, knüpft H. an, wenn er formuliert, daß die Logik »die Darstellung Gottes ist, wie er in seinem ewigen Wesen vor der Erschaffung der Natur und eines endlichen Geistes ist«. Dieser Ansatz ist die Wurzel des *Panlogismus*, der sich in dem oft mißverstandenen Leitsatz »Was vernünftig ist, das ist wirklich, und was wirklich ist, das ist vernünftig« ausdrückt. Als wirklich gilt indes nur die Sache, die ihrem Begriff entspricht, nicht aber jedes beliebige kontingente Seiende (»faule Existenz«). – Den systematischen Zusammenhang der Kategorien, die die Logik entwickelt, stiftet die dialektische »Reflexion in sich«. Der Anspruch jeder → Kategorie, das Absolute auszudrücken, wird dadurch geprüft, daß die Kategorie auf sich selbst angewandt wird. Der innere Widerspruch, der sich dabei zeigt, führt zu einer neuen Bestimmung. Das → *Sein* (mit dem die Logik beginnt) ist in Wahrheit *Nichts*, weil in ihm als reiner Abstraktion nichts gedacht werden kann. Dieser Übergang ist das *Werden*. Aber nicht das Werden ist es, das wird, sondern ein bestimmtes Sein, das → *Dasein* usw. Unter der Fülle der so entwickelten Kategorien (einen Unterschied zwischen Kategorie und kategorial Bestimmtem kennt H. nicht) werden u.a. analysiert: Endlichkeit und Unendlichkeit (»schlechte« Unendlichkeit des endlosen Progresses im Gegensatz zur »wahrhaften«, die darin besteht, daß sich das Endliche auf sich selbst bezieht), Quantum (enthält H.s Philosophie der Mathematik), Wesen (Reflexionsstruktur), Erscheinung (Wechselbezug von Form und Inhalt). Die letzte Stufe ist die absolute → *Idee*. Ihre freie Entlassung (keine Schöpfung!) der Natur bildet den Übergang zur → *Naturphilosophie*, die für H. von geringerem Interesse ist als die anderen Teile des Systems. Bei der Betrachtung der Natur tritt die Philosophie nicht in Konkurrenz zur empirisch forschenden Naturwissenschaft, sondern unternimmt es, mit Hilfe der in der Logik entwickelten Denkformen die dialektisch-begriffliche Struktur der Naturstufen (wie Raum, Zeit, Materie, Bewegung, Elemente, Chemismus, Organismus) zu erfassen und dadurch die Natur als spezielle Erscheinungsform des Geistes zu erweisen. In der Natur fällt der dialektische Zusammenhang der begrifflichen Strukturen mit dem realen, genetischen Zusammenhang der durch sie strukturierten Naturdinge nicht zusammen. Das ist der Grund für die Kontingenz, die in der Natur waltet und wesentlich zu ihr gehört; denn die individuelle Existenz läßt sich niemals aus dem Begriff ableiten. Die »Philosophie des Geistes« betrachtet die Idee, wie sie aus ihrer »Entäußerung« an die Natur zu sich selbst zurückkehrt und um sich selbst weiß. Die Lehre vom *subjektiven* Geist – eingeleitet durch eine die Verbindung zur Naturphilosophie herstellende → Anthropologie (: II) – führt über die Bewußtseinsanalyse und die Psychologie bis zum Bewußtsein der Freiheit, in der das Wesen des Geistes besteht. Die Lehre vom *objektiven* → Geist (: VII, 4) betrachtet die Verwirklichung der Freiheit in den nur mittelbar auf das Individuum angewiesenen Gestalten von Recht, Moral, Familie, Gesellschaft, Staat und Geschichte. Die Gemeinschaftsformen, in denen das Individuum steht, sind keine Einschränkung, sondern eine Bedingung der Verwirklichung seiner Freiheit. Denn als geistige Existenz ist das Individuum auf die Anerkennung anderer Individuen angewiesen. Hieraus resultiert die H. oft zum Vorwurf gemachte Überbewertung der Gemeinschaft und bes. des Staates. Jeder Staat ist aber nur ein Moment im Ablauf der Weltgeschichte, die zugleich das »Weltgericht« ist. Sie wird gedeutet als zielstrebige → Entwicklung des Bewußtseins und der Wirklichkeit der Freiheit. Durch das Prinzip der »List der Vernunft« dient auch das Individuum, das nur seinen eigenen Zielen und persönlichen Interessen folgt, unbewußt dem Ziel der Geschichte. Die »welthistorischen Individuen« freilich machen den allgemeinen Zweck zu ihrem persönlichen und sehen die zu schaffende nächste Stufe der Weltentwicklung voraus. In den Gestalten des *absoluten* Geistes schließlich hat es der Geist ausdrücklich mit seinem eigenen Wesen zu tun. H. selbst bezeichnet diesen ganzen Bereich als Sphäre der Religion; in ihr sind Kunst, Religion im engeren Sinn und Philosophie zu unterscheiden. In der Kunst erscheint der absolute Geist in der Anschaulichkeit. In der Religion manifestiert er sich für die Vorstellung als → Offenbarung (: V) Gottes. H.s Religionsphilosophie bemüht sich um eine Wiederherstellung der → Gottesbeweise und hat ihren Mittelpunkt in einer spekulativen Erörterung der Trinität. Versucht die Religion das Absolute als Gegenstand des Glaubens *vorzustellen*, so versucht es die Philosophie zu *denken*. Die Geschichte der Philosophie wird bei H. erstmals zu einem Problem der Philosophie selbst, denn die Abfolge der Lehrmeinungen soll in den Grundzügen dem Aufbau von H.s eigenem philosophischen System entsprechen. H.s Philosophiegeschichte mag an manchen Stellen deswegen konstruktiv oder gewaltsam wirken, ihre innere Geschlossenheit und die Eindringlichkeit der Interpretation (bes. der Griechen) ist jedoch nie wieder erreicht worden.

Über H.s Wirkungen vgl. → Engels, → Idealismus: II, → Marx, → Materialismus: II. III, → Neuhegelianismus.

H.s Werke, 19 Bde, 1832-87; Neudr. ed. H.GLOCKNER, 1927ff (mit Lexikon). Krit. Ausg. in der Phil. Bibliothek (F.Meiner), 1905ff (noch nicht abgeschlossen). - H.s Theol. Jugendschriften, hg.v. H. NOHL, 1907 - H.s Vorreden. Mit Komm. zur Einführung in seine Philosophie, hg.v. E.METZKE, 1949. - Über H.: Ü IV, 678ff (Lit. bis 1922) - TH.HAERING, H., sein Wollen u. sein Werk, 2 Bde, 1928/38 - N.HARTMANN, H., 1929 - H.MARCUSE, H.s Ontologie u. die Grundlegung einer Theorie der Geschichtlichkeit, 1932 - G.KRÜGER, Die Aufgabe der H.forschung (ThR NF 7, 1935, 86-130. 294-318; Lit.) - K.LÖWITH, Von H. zu Nietzsche, (1941) 1953² - G.LUKACS, Der junge H., 1948 - R.-E.SCHULZ, Interpretationen zu H.s Logik (Diss. Heidelberg), 1951 - TH.LITT, H., 1953 - J.RITTER, H. u. die franz. Revolution, 1956 (Lit.) - H.SCHMITZ, H. als Denker der Individualität (Monograph. zur philos. Forschung 20), 1957 - E.HEINTEL, H. u. die analogia entis (Akad. Vorträge u. Abh.en 20), 1958 - W. ALBRECHT, H.s Gottesbeweis, 1958. *W.Wieland*

Hegelund, *Peder Jensen* (1542-1614), dänischer Kirchenmann, ev. Bischof von Ribe (→ Ripen), * ebd. H. war im Humanismus verwurzelt, Anhänger Melanchthons und Vertreter des Philippismus in Dänemark, durch seine Schulbücher und poetischen Schriften für das dänische Schulwesen im 16.Jh. bedeutend. Er studiert 1561-64 in Kopenhagen, tritt dort in Beziehungen zu Niels → Hemmingsen, besucht dann zwei Jahre die Universität Leipzig und weilt drei Jahre als Präzeptor von Hemmingsens Sohn in Wittenberg, wo er 1568 den Magistergrad erlangt. 1569 wird er in seiner Heimatstadt Rektor der Domschule, 1580 Lektor des Domkapitels, 1588 Dompastor und 1595 Bischof.

Vf. u.a.: Susanna og Calumnia, 1578/79 (hg.v. BIRKET SMITH, 1888-90); ABC aff Bibelske Ordsprock, 1588. - Über H.: Dansk Biografisk Leksikon IX, 1936, 528f - H.LUND, P.J.H. (Ribe Bispesæde 948-1948, Festskrift i Tusindaaret, Kopenhagen 1948, 95-121). *W.Göbell*

Hegesipp, von Geburt Palästinenser oder doch Orientale, da nach Euseb des Aramäischen bzw. Syrischen kundig, sucht im Kampf gegen die → Gnosis (: III) deren Geheimtraditionen die reine apostolische Lehre entgegenzusetzen. Garant dafür ist ihm die Überlieferungskette der rechtgläubigen Bischöfe (→ Sukzession), wie er sie bei einer Reise in Rom vorfand oder aufstellte. H. schreibt um 180 seine antignostischen »Denkwürdigkeiten«, von denen nur Bruchstücke erhalten sind. In ihnen ist außer seiner Reise einiges über die ersten Jahrzehnte der Jerusalemer Urgemeinde berichtet (als Beispiel für aufkommende Irrlehren beim Abreißen der apostolischen Tradition?).

H.J.LAWLOR, Eusebiana, 1912 (Texte) - E.CASPAR, Die älteste röm. Bischofsliste, 1926, 233ff. 443ff - TH.KLAUSER, Bonner Zs. f. Theol. u. Seelsorge 8, 1931, 193-213 - W.BAUER, Rechtgläubigkeit u. Ketzerei im ältesten Christentum (BHTh 10), 1934 - QUASTEN I, 284ff - H.v.CAMPENHAUSEN, Kirchl. Amt u. geistl. Vollmacht in den ersten 3 Jh.en (BHTh 14), 1953 - ALTANER 117f (Lit.). *K.Junack*

Hegius, *Alexander* (ca 1433-98), * in Heck bei Ahaus (Münster), humanistischer Pädagoge, Zögling in Zwolle bei den → Brüdern vom gemeinsamen Leben, wurde 1469 Schulrektor in Wesel, 1474 in Emmerich und dann in Deventer. Als Gegner der Scholastik führte er seine Schüler zu den römischen Klassikern und auch zum Griechischen; er verfaßte Gedichte und philosophische Abhandlungen. Seine Schule in Deventer besuchten → Erasmus, Hermann v.d. → Busche, → Gratius, → Murmellius, → Mutian, Bartholomäus von Köln und Joh.Butzbach († 1526 als Prior in Laach), der seine Biographie schrieb. H.' Grundsatz war: »Alle Gelehrsamkeit ist verderblich, wenn sie mit Verlust der Frömmigkeit erworben wird«. Seine Schüler lehrten in Emmerich, Münster, Herford, Hamm, Essen, Dortmund, Minden, Attendorn.

Opuscula ed. J.FABRI, 1503. - Über H.: ADB XI, 283f - J.LINDEBOOM, Het Bijbelsch Humanisme in Nederland, 1913, 71ff (Lit.) - A.BÖMER in: Westf. Lebensbilder, Hauptreihe Bd III, 1934, 345-362 (Lit.) - LThK IV, 871. *E.Barnikol*

Hegler, *Alfred* (6.11.1863 bis 4.12.1902), Kirchenhistoriker, * in Stuttgart, † in Tübingen. H. kam von der Philosophie (Sigwart, → Dilthey) und Systematik zur historischen Theologie. Von C.(v.) → Weizsäcker auf die KG und (bes.) die DG gewiesen, lehrte er seit 1894 in → Tübingen. Vorarbeiten zu einer »Geschichte des Spiritualismus im Zeitalter der Reformation« bestimmen noch heute die Forschung. In Auseinandersetzung mit der → Religionsgeschichtlichen Schule wehrte H. eine »Theologie der Stimmung anstatt der Begriffe«, eine Auflösung der KG in Frömmigkeitsgeschichte ab. Von F.Chr. → Baurs Sicht der Objektivität und dem »konservativen Zug« der schwäbischen Tradition her wird H.s Betonung der Kirchlichkeit der Theologie (und der der KG thematisch vorgegebenen kirchlichen Lehre und Institution) verständlich.

Vf. u.a.: Die Psychologie in Kants Ethik, 1891; Geist u. Schrift bei Seb.Franck..., 1892; Zur Erinnerung an C.Weizsäcker, 1900; Seb. Francks lat. Paraphrase der dt. Theol...., 1901; KG oder christl. Religionsgesch. (ZThK 13, 1903, 1-38); Nachgel. Predigten, 1903;

Beitr. z. Gesch. d. Mystik in d. Reformationszeit, hg.v. W.KÖHLER, 1906 (mit Biogr.). - Über H.: Biogr. Jb. VII, 1905, 44 - RE XXIII, 632ff. *E.H.Pältz*

Heidanus (*van der Heyden*), 1. *Abraham* (1597-1678), Enkel von 2, * in Frankenthal/Pfalz, † in Leiden. Nach Studien in Leiden, Heidelberg und Genf wurde H. Prediger in Naarden und Leiden und führte die analytische Predigtmethode in Holland ein. Zugleich schrieb er als strenger Supralapsarier gegen die Remonstranten (→ Arminianer) und wurde daraufhin 1648 Prof. in → Leiden. → Coccejus und → Hoornbeek wurden auf seine Veranlassung dorthin berufen. Der erstere wird sein Lehrer, mit ihm ficht er gegen den letzteren im Sabbatstreit. Auch in der Soteriologie folgt er der Föderaltheologie des Coccejus (→ Bund: IV), die er freilich durch die Verwerfung eines speziellen foedus operum variiert. Wie Coccejus vertritt er eine scharfe Trennung von Theologie und Philosophie. In letzterer ist er Cartesianer, was 1676 seine Entfernung vom Lehrstuhl, nicht aber aus dem Predigtamt zur Folge hatte.

Vf. u.a.: De causa Dei, 1645; Corpus theologiae christianae, 2 Bde, 1686. - Über H.: J.A.CRAMER, A.H. en zijn Cartesianisme, 1889 - RE VII, 535ff - RITSCHL III, 445ff - BWGN IV, 2ff (Bibliogr., Lit.). *J.F.G.Goeters*

2. *Caspar* (1530-86), ref. Theologe. In Mecheln von seiner Familie wegen ev. Gesinnung verstoßen, arbeitete er seit 1546 in Antwerpen als Schuster und diente zugleich den dortigen Evangelischen als Prediger. Zur weiteren Ausbildung ging er 1554 zu → Laski nach Emden, betreute 1558-62 die niederländische Gemeinde in Frankfurt/M. und war 1564-66 und (nach kurzem Aufenthalt in Antwerpen) 1567-74 Nachfolger des → Dathenus in Frankenthal (Pfalz); dort fand 1571 das große Täufergespräch statt, dessen Protokoll H. ins Holländische übersetzte. Zuletzt wirkte er in Middelburg (1574 bis 1578) und Antwerpen (1579-85), nach dessen Eroberung durch die Spanier H. wieder die Pfalz aufsuchte. Er starb als Inspektor des Amtes Bacharach. Ein Hauptverdienst H.s ist, mit → Marnix die Reformierten in den Niederlanden und Westdeutschland nach calvinischer Tradition zu Synoden zusammengeschlossen zu haben.

M.F.VAN LENNEP, G.v.d.Heyden, 1884 - ADB XI, 293f. *O.E.Straßer*

Heidegger, 1. *Johann Heinrich* (1633-98). Nach Studien in Zürich bei J.H. → Hottinger und in Marburg bei J. → Crocius wird H. 1659 Prof. für Hebräisch in Heidelberg, 1659-65 Theologie-Prof. in Steinfurt und 1667 als Nachfolger Hottingers Prof. für Ethik in → Zürich. In der Disposition seines Systems folgt er dem orthodoxen Schema, in das er die Föderaltheologie des → Coccejus einbaut. H. stellt den Gipfelpunkt der Zürcher ref. Spätorthodoxie dar, die dort noch lange im Lehrbetrieb autoritative Geltung hatte. H. lieferte den Entwurf der 1675 gegen die Theologenschule von → Saumur verabschiedeten Konsensusformel, die gegen den universalismus hypotheticus → Amyrauts die partikulare Erwählung und Satisfaktion Christi, gegen die Textkritik des → Capellus die Inspiration des MT als Lehrnorm für die Schweizer Kirchen verbindlich machte.

Vf. u.a.: Medulla theologiae christianae, 1696; Corpus theologiae christianae, 2 Bde, 1700; Historia vitae J.H.Heideggeri ab ipsomet conscripta, 1698. - Über H.: A.SCHWEIZER, Die prot. Centraldogmen II, 1856, 482ff - DERS., Die theol.-ethischen Zustände der 2. Hälfte des 17.Jh.s in der zürcherischen Kirche, 1857 - RE VII, 537ff - RITSCHL III, 456ff - M.GEIGER, Die Basler Kirche u. Theol. im Zeitalter der Hochorthodoxie, 1952 (passim) - K.HUTTER, Der Gottesbund in der Heilslehre des Zürcher Theologen J.H.H., 1955 (Bibliogr., Lit.). *J.F.G.Goeters*

2. *Martin*, Philosoph, * 26.9.1889 in Meßkirch (Baden), 1923 Prof. in Marburg, seit 1928 in Freiburg. H. untersucht in »Sein und Zeit« (1927), über die Phänomenologie seines Lehrers E. → Husserl hinausgehend, die Möglichkeit einer Frage nach dem → Sein. Die Grunderfahrung seines Denkens ist: οὐσία, εἶναι ist als Anwesenheit von der »Zeit« her bestimmt. Aber diese »Zeit« kann nicht »die Zeit« sein, die im traditionellen metaphysischen Zeitbegriff vorgestellt wird (→ Zeit). Zugleich ist Sein als Anwesen im »Seinsverständnis« auf den Menschen bezogen. Also muß dessen Wesen von der Zeitlichkeit her ausgelegt werden, um »Zeit« als Horizont für die Unverborgenheit von Sein sichtbar zu machen. – Die Existentialanalytik bestimmt den Menschen als → Dasein, »In-der-Welt-sein«, wobei In-sein den besorgenden Umgang mit Zeug und Welt dessen jeweiligen Ganzheitszusammenhang bedeutet. Das Besorgen geschieht im Mitsein mit Anderen, dessen alltägliche Struktur, das Man, anonyme Durchschnittlichkeit ist. Das Dasein ist als sorgendes sich immer schon vorweg, dh zukünftig. Die Zukünftigkeit zeigt sich im Sein zum Tode, das die äußerste Verstehensmöglichkeit des Daseins ist (→ Tod: V). Das Dasein als zukünftig kommt auf sich in seiner Gewesenheit zurück und bringt sich gegenwärtigend in seine Situation. Auf Grund seiner Zeitlichkeit ist das Dasein geschichtlich: im Entwurf vorlaufend übernimmt es seine Geworfenheit. - H. deutet das Dasein nicht theologisch als ens creatum von Gott, aber auch nicht als animal rationale in der Weise des antiken Stufenschemas, sondern aus seinem eigenen Verstehensvollzug. Dieser Ansatz H.s stellt eine neue Epoche in der nachidealistischen Philosophie dar. Gegen mißdeutende Auslegungen ist daran festzuhalten, daß H.s Fundamentalontologie sich von S. → Kierkegaards dialektischer Apologie des christlichen Paradoxes und von K. → Jaspers' existentiell-appellativer Umschreibung der Existenz wesentlich unterscheidet. - In den folgenden Schriften baut H. den Ansatz von »Sein und Zeit« in transzendentalphilosophischer Hinsicht aus durch eine strenge Abhebung des Daseins als ontologischer Möglichkeitsstruktur vom konkret-ontischen Menschen. In »Was ist Metaphysik?« kennzeichnet H. das Dasein als Überschritt über das Seiende im ganzen, der, nicht willentlich herbeiführbar, in der Stimmung der → Angst geschieht. In der Angst entgleitet alles Seiende in das Nichts, aus dem es sich dem Dasein zugleich zukehrt. Diese »Hineingehaltenheit« in das Nichts ist das Wesen der Transzendenz, auf Grund deren sich das Dasein überhaupt erst zu bestimmtem Seienden verhalten kann. In »Vom Wesen des Grundes« erklärt H., daß der Mensch auf Grund seiner ontologisch-transzendentalen Freiheit sich eine Ferne zu allem Seienden bilde, durch die allererst ein Bezug zu den Dingen möglich sei. »Vom Wesen der Wahrheit« gründet die Wahrheit in der Freiheit, die das Wesen der entbergend-eröffnenden Existenz ist.

In den späteren Schriften zeigt sich eine gewisse Wandlung in H.s Denken, die jedoch keinen Bruch mit dem früheren Ansatz bedeutet. H. selbst äußert sich mehrfach über die Notwendigkeit der »Kehre«, insbesondere im »Brief über den Humanismus«. Im Mittelpunkt steht die »ontologische Differenz«, die besagt, daß das Sein von allem Seienden scharf zu unterscheiden sei. Seiendes ist das je durch sachhaltige Angaben bestimmte Etwas, verglichen mit diesem ist das Sein das Nichts. Aber als das Nichtbestimmbare setzt es das Dasein in die Möglichkeit des Entbergens von Seiendem ein. Als solches ist das Sein, zu dessen Verdeutlichung H. öfters den vorsokratischen Begriff der φύσις heranzieht, das Gebende und Gewährende. Im Gedanken des »Gevierts« zeigt H., daß das Seiende – repräsentiert durch Erde, Himmel, Sterbliche und Unsterbliche - schon immer aufeinander eingespielt ist durch die Vierung, dh das Sein als die Vermittlung des

Seienden. Der Mensch hat die Aufgabe, sich in dies Spiel einzufügen, was jeweilig nur im Austragen des geschichtlichen Geschickes möglich ist. Entgegen dem neuzeitlichen Verständnis, das den Menschen unter die Herrschaft des begründenden und berechnenden → Denkens stellt, kommt es darauf an, auf das Zusammengehören von Sein und Mensch zu achten (→ Anthropologie: II). Das geschieht im Sagen des Dichters - H. legt dies insbesondere durch eine Interpretation der großen Hymnen → Hölderlins dar - und im ursprünglichen Denken, das den Bezug des Seins zum Menschen zur Sprache bringt. - Vgl. → Erkenntnistheorie, 4, → Existenzphilosophie, → Metaphysik.

Hauptwerke: Sein u. Zeit, 1. Hälfte, (1927) 1957^7; Was ist Metaphysik?, (1929) 1955^7; Vom Wesen des Grundes, (1929) 1955^4; Vom Wesen der Wahrheit, (1943) 1954^3; Über den Humanismus, (1947) 1951^2; Holzwege, (1950) 1952^2; Erläuterungen zu Hölderlins Dichtung, 1951; Einführung in die Metaphysik, 1953; Was heißt Denken?, 1954; Vorträge u. Aufsätze, 1954; Der Satz vom Grund, 1957; Identität u. Differenz, 1957. - H. LÜBBE, Bibliogr. der H.-Literatur 1917 bis 1955 (ZPhF 11, 1957, 401-452; verzeichnet 880 Veröffentlichungen). Nach 1955: P. FÜRSTENAU, H., 1958. *W. Schulz*

Heidelberg, *Universität,* als dritte deutsche (nach → Prag und → Wien) 1386 gegründet, die älteste des heutigen Deutschland. Den Anlaß zu ihrer Entstehung bot das große abendländische Schisma (1378; → Papsttum: II, 2), das die zu Rom haltenden Magister und Studenten aus dem avignonensisch gesinnten Paris vertrieb, wo ihnen 1382 das Promotionsrecht verweigert wurde. Der damals nach größeren politischen Zielen ausgreifende Kurfürst Ruprecht I. von der Pfalz berief den Niederländer → Marsilius von Inghen, einen entschiedenen Verfechter der Ansprüche des römischen Papstes → Urbans VI., zum Organisator seiner Hochschule. Er gedachte damit seinem Lande, dem ranghöchsten weltlichen Kurstaat des Reiches, neuen Glanz und seinem Gegensatz gegen die französische Nationalpolitik sichtbaren Ausdruck zu geben. Nach Genehmigung durch Urban VI. (23.10.1385) wurde die Universität am 26.6.1386 durch kurfürstliche Verfügung gestiftet und am 18.10. durch eine Messe in der Heilig-Geist-Kirche eröffnet. Marsilius gab ihr als erster Rektor die grundlegenden, sich an → Paris (: II) anschließenden Rechtsformen. Kanzler der Universität war jeweils der Wormser Dompropst, als erster → Konrad von Gelnhausen, einer der Führer der deutschen konziliaristischen (→ Reformkonzile) Gruppe in Paris.

1. Damit trat die Universität in die erste ihrer *drei* großen (hier an der Leitlinie der theologischen Fakultät dargestellten) *Perioden* ein, die *scholastische.* Sie stand zunächst völlig im Bann des Pariser Vorbilds. Dem Unterricht dienten »kursorische« und »magistrale« (von den ordentlichen Professoren vorgetragene) Bibelauslegungen, Sentenzenvorlesungen (→ Petrus Lombardus), Disputationen und Redeübungen. Wie in der Spätscholastik öfter, gehörte H. philosophisch und theologisch keinem der großen scholastischen Systeme mehr streng an. Der Eklektizismus des gebildeten und gewandten Marsilius verband mit dem in Paris herrschenden → Nominalismus augustinische und thomistische Elemente. Seine Nachfolger trugen zu diesen Fundamenten nichts wesentlich Neues bei, sondern beschränkten sich zumeist auf eine Popularisierung der Schultheologie, als namhaftester unter ihnen Joh. Wenck, der erbitterte Gegner des → Nikolaus von Kues. Aber auch mit keiner der praktischen Reformbewegungen ging die Fakultät ein näheres Verhältnis ein, weder mit der Mystik noch mit der Konzilsbewegung, zu der die H.er Vertreter auf den → Reformkonzilen von Basel und Konstanz sich - der Gründungstradition der Universität entsprechend - nicht zu bekennen vermochten. Der wenig ausgeprägte Geist dieser Theologie ermöglichte es einer zu Thomas zurücklenkenden Gruppe (via antiqua), in H. Fuß zu fassen. Der heftige Streit zwischen ihr und der herrschenden via moderna (Marsiliana) wurde von Kurfürst Friedrich I. in der Universitätsreform von 1452 dahin entschieden, daß beide gleiches Recht genießen sollten. Der bemerkenswerte Akt der Toleranz führte der absterbenden Scholastik kein neues Leben zu, sondern verschärfte nur den innerhalb der kleinen Stadt oft peinlich ausartenden Richtungsstreit. Er erweiterte sich um die Auseinandersetzungen zwischen den seit 1477 in H. wirkenden Dominikanern und den für die unbefleckte Empfängnis (→ Mariologie) eintretenden Franziskanern und der übrigen Universität. Auch von den ersten Einwirkungen des Frühhumanismus blieb der scholastische Geist unberührt. Die Wirksamkeit einzelner Humanisten an der Universität (Peter Luder, Jakob → Wimpfeling, Konrad → Celtis) oder außerhalb ihrer am Hofe Kurfürst Philipps (Rudolf → Agricola, → Reuchlin) war zu sporadisch und jeweils zu kurz, um mehr als kleine angeregte Kreise zu hinterlassen.

2. Die in der Kurpfalz (→ Pfalz) viel früher im Lande als am Hofe sich ausbreitende *Reformation* brachte für die Universität keine neue Epoche, sondern eine Zeit langsamen *Übergangs.* Unter weitherzigen Landesherren (Ludwig V. 1508-44, Friedrich II. 1544-56) wirkten in die noch scholastisch bestimmte Hochschule neben humanistischen auch erste ev. Einflüsse hinein. Sie entsprangen vor allem der frühen Begegnung mit der Gestalt Luthers bei dessen Disputation im Augustinerkloster (26.4.1518). Einer der damaligen Zuhörer, Heinrich Stoll, war lange der einzige Vertreter der reformatorischen Theologie in H. Er war daher der berufene Helfer, als Friedrich II. 1546 eine Universitätsreform begann, die aber in der Zeit des Schmalkaldischen Krieges und des → Interim bald wieder steckenblieb. Erst der schon seit seiner Regierung in Pfalz-Neuburg überzeugt ev. Kurfürst Ottheinrich (1556-59) führte mit der Reformation der Kirche auch, anfänglich noch von Stoll beraten, die der Universität durch. Sie stand im Zeichen des Luthertums, wie es sich in der Gestalt Melanchthons darstellte, den Ottheinrich verehrte und vergeblich für H. zu gewinnen suchte. In dem grundlegenden Universitätsstatut von 1558 erhielt die theologische Fakultät drei Professuren. Das Übergewicht der Exegese (AT und NT) über die an der Methode von → Melanchthons Loci orientierte Dogmatik sowie die sprachlichen Anforderungen an die Lehrenden zeigten den neuen reformatorischen Geist. Das erste Triumvirat (→ Boquin, Einhorn, → Heßhus) war freilich so unglücklich zusammengesetzt, daß es nach dem frühen Tode Ottheinrichs auseinanderbrach. So blieb die Zeit eines melanchthonisch gerichteten Luthertums eine kurze Episode.

3. Der Übergang Kurfürst Friedrichs III. (1559-76) zum ref. Bekenntnis (1563) leitete die *zweite große Periode* der H.er Universitätsgeschichte ein, *die reformierte.* Neben den verbleibenden Boquin (NT) traten → Tremellius und nacheinander die Dogmatiker → Olevianus und → Ursinus, die beiden melanchthonische und ref. Gedanken verbindenden Väter des → Heidelberger Katechismus. Den Übergang zur strengen calvinistischen Systematik vollzog der dann folgende → Zanchius. Beim Tode Friedrichs III. bestand die Fakultät aus einem Franzosen und zwei Italienern, ein Zeichen sowohl ihrer Abtrennung vom luth. Deutschland wie auch ihrer auf lange bestehenden europäischen Weite, der die Zusammensetzung der Studentenschaft entsprach. Durch die kurze Regierung des streng luth. Kurfürsten Ludwigs VI. (1576-83) wurde die ref. Fakultät zwar beseitigt - sie

fand zT an der neuen Hochschule seines Bruders Johann Kasimir in Neustadt/Hardt Zuflucht -, erstand aber danach wieder im gleichen Geist, wenn auch neu besetzt, zumeist mit Schülern des noch lange nach seinem Tode verehrten Ursinus. Die Hauptleistung der zwei ersten ref. Generationen lag vor allem - dem durch das Statut von 1575 bestätigten Charakter der Fakultät entsprechend - in tüchtigen Bibelkommentaren, dogmatischen Einzeluntersuchungen und einer nun auch beginnenden pfälzisch-ref. Kirchengeschichtsschreibung (Abr. → Scultetus, Heinr. → Alting). Die Isolierung in Deutschland und der Blick auf die gegenreformatorischen Kämpfe in Westeuropa erweckte in H. bes. früh ein Gefühl für die Tragik der innerprot. Konfessionsstreitigkeiten. David → Pareus gab ihm in seinem »Irenicum« (1614), einem Aufruf an die Lutheraner zu einer Einigungssynode, Ausdruck, bei der ihm freilich der Sieg der reineren ref. Lehre nicht zweifelhaft war. - Die Katastrophe der Kurpfalz Friedrichs V., des Winterkönigs, im Dreißigjährigen Kriege zerschlug auf Jahrzehnte das Leben an der Universität so gut wie völlig. An die Stelle der ref. Fakultät traten die Jesuiten. Einen bitter beklagten Verlust bedeutete es, daß Tilly 1622 die berühmte, aus der Vereinigung der Büchereien Ottheinrichs und des Heilig-Geist-Stifts entstandene Bibliotheca Palatina nach Rom überführte, von wo nur die deutschen Handschriften 1816 zurückgegeben wurden. Erst 1652 wurde die Universität unter dem um den Wiederaufbau des Landes hochverdienten Karl Ludwig (1631-80) neu eröffnet, wieder mit ref. Bekenntnisbindung, die der Kurfürst allerdings 1672 auf die theologische Fakultät beschränkte. Obwohl aus Finanzgründen auf zwei Lehrstühle reduziert, erlebte die Fakultät einen guten Neuanfang, bes. durch die Berufung des tüchtigen Kirchenhistorikers Joh.Heinr. → Hottinger. Die französischen Raubkriege verwüsteten Land und Stadt (1689 und 1693) und zwangen die Universität, 1694-1700 unter Führung des Theologen Joh.Ludw.Fabricius, der seine Habe verbrennen ließ, um das Universitätsarchiv zu retten, nach Frankfurt auszuweichen.

4. Mit der Wiedereröffnung der auf 4 Professuren zusammengeschmolzenen Universität (1700) begann für sie die Zeit einer stillen Gegenreformation, da die Kurpfalz 1685 an die kath. gewordene Linie Pfalz-Neuburg übergegangen war. An dem ref. Charakter der zwei theologischen Lehrstühle wurde nichts geändert, aber daneben 1706 eine wesentlich reicher ausgestattete, mit Jesuiten besetzte kath. Fakultät gegründet. Außerdem erhielten die Jesuiten im Laufe der Zeit fast alle Professuren in den übrigen Fakultäten. Die damit verbundene Rückkehr zur scholastisch-aristotelischen Philosophie bedeutete im Jh. der Aufklärung einen Anachronismus, der die Universität vom geistigen Leben der Zeit trennte. Die theologische Fakultät, die sich öfters gegen die Polemik und den Druck der Jesuiten zu wehren hatte, führte nur noch ein kümmerliches Dasein.

5. Erst die Verbindung der rechtsrheinischen Kurpfalz mit → Baden 1799 gab Kurfürst (seit 1806 Großherzog) Karl Friedrich die Möglichkeit, aus H. wieder eine auf der Höhe der Zeitbildung stehende Universität zu machen. Für die theologische Fakultät bedeutete das den Eintritt in ihre *dritte große Periode,* die einer *historisch-wissenschaftlichen Theologie.* Zunächst durchlief sie freilich ein seltsames Zwischenstadium. Durch das Organisationsedikt für die Universität (1803) wurde eine »Kirchliche Sektion« für alle drei Konfessionen mit 9 Lehrstühlen geschaffen: je einem für luth., ref. und kath. Dogmatik und 6 für andere Fächer, halb protestantisch, halb katholisch. Das Experiment, von dem sich der aufgeklärte Landesherr eine Förderung des konfessionellen Friedens erhoffte, fand dadurch ein Ende, daß die kath. Sektion mit der in → Freiburg i.Br. vereinigt wurde. Der innerprot. Unterschied fiel mit der → Union der beiden Bekenntnisse (1821) dahin. In der theologischen Fakultät überstürzten sich jetzt die geistigen Einflüsse, von denen sie lange ausgeschlossen gewesen war. Auf Jahrzehnte ist ein Ringen spekulativ-philosophischer und historisch-rationaler Tendenzen zu beobachten. Die beherrschende Gestalt war am Anfang der noch aus der alten Fakultät stammende Karl → Daub (in H. 1795-1836), der den Offenbarungsglauben im Gewande einer von Kant über Schelling zu Hegel fortschreitenden, schwerverständlichen Spekulation eindrucksvoll darbot. Wie zum philosophischen Idealismus schlug er zugleich die Brücke zur Mythenforschung Friedrich Creuzers und zur H.er Romantik. Sein Antipode war der Erzrationalist Heinr. Eb.G. → Paulus (1811-45), der Gegner aller Spekulativen, bes. Schellings; er vertrat aggressiv und volkstümlich eine sonst längst überwundene apologetische Aufklärungstheologie mit rationalistischen Wundererklärungen. Andere bekannte Gelehrte (Joh.L. → Ewald, Ph. → Marheineke, Leberecht → De Wette, Aug. → Neander) ließen sich jeweils nur zu kurz gewinnen, als daß sie nennenswerten Einfluß auf den Neubau der Fakultät hätten ausüben können. Neben Daub und Paulus standen der Pädagoge und Ethiker Friedr.Heinr.Chr. Schwarz (1804-37) und der praktische Theologe Joh. Friedr.Abegg (1819-40). Einen neuen Kristallisationskern bildete die überall zwischen den Richtungsgegensätzen aufkommende → Vermittlungstheologie, in H. vertreten durch den Kirchenhistoriker Karl → Ullmann (1819 bis 1829, 1836-53) und den Alttestamentler und Orientalisten Karl Umbreit (1820-60), die Gründer der hoch angesehenen »Theologischen Studien und Kritiken« (1828), und den scharfsinnigen Kirchenhistoriker Karl Bernh. → Hundeshagen (1847-67). Eine starke geistige Mitte erhielt die Fakultät erst durch Rich. → Rothe (prakt. Theol. 1837-49, syst. Theol. 1854-67). Er verband in einzigartiger Weise eine vom Pietismus geprägte innere Gewißheit mit spekulativem Geist und dem Mut zur Modernität in den Fragen der Ethik und kirchlicher Reformen. Sein Drängen auf Freiheit der Individualität in der Kirche führte ihn in die Reihen des in Baden kirchlich und politisch herrschenden → Liberalismus und des - ihm sonst in vielem wesensfremden - → Protestantenvereins und machte ihn zum Anwalt Dan. → Schenkels (syst. und prakt. Theol. 1851-85).

6. Der Tod Rothes beendete auf lange die systematisch-spekulative Arbeit in H. Die Fakultät wandte sich fast ausschließlich exegetischen und historischen Problemen zu. Im AT lehrten Ferd.Hitzig (1829-33, 1861-75), Adalb.Merx (1876-1909) und Georg Beer (1910-34), im NT Heinr.Jul. → Holtzmann (1861-74), Karl Holsten (1876-97), Adolf → Deißmann (1895-1909) und Joh. → Weiß (1908-15), in der KG Adolf → Hausrath (1867 bis 1906) und Hans v. → Schubert (1906-31), in der syst. Theol. Wilh.Gass (1868-89) und Hans Heinr.Wendt (1885-93), in der prakt. Theologie Heinr.Bassermann (1876-1909) und Joh.Bauer (1910-30). Um die Jh.wende ging ein großer Teil der Fakultät zur Beschäftigung mit den damals aufbrechenden Fragen der allgemeinen → Religionsgeschichte über, die auch von den H.er klassischen Philologen (Erwin Rhode, Albr.Dieterich, Franz Boll) intensiv bearbeitet wurden. Unter den Exegeten beteiligte sich neben einigen Genannten bes. Martin → Dibelius (1915-47), dem sein Fach außerdem Programm und Begriff einer neuen kritischen Methode, der Formgeschichte, verdankt (→ Evangelien, formgeschichtlich). Bedeutsam war es, daß zugleich auch von Ernst → Troeltsch (1894-1915) die systematischen Kon-

sequenzen der religionsgeschichtlichen Betrachtung des Christentums untersucht wurden, so das Problem seiner → Absolutheit oder seines Verhältnisses zur → Kultur (: IV), das durch den zuerst durch Joh.Weiß aufgedeckten eschatologischen Charakter der Botschaft Jesu gestellt war. Angeregt durch Max → Weber wandte Troeltsch auch religionssoziologische Fragestellungen auf die Geschichte der Kirche an. Eine Erweiterung des Themenkreises in die → Religionspsychologie brachte Georg Wobbermin (1915-22). Nach dem 1. Weltkrieg blieb die historische und liberale Forschungsrichtung in der Fakultät erhalten. Zu den schon Erwähnten traten: im AT Gust. → Hölscher (1935-49), der die früheren Methoden der Literarkritik pflegte, in der KG der Reformationsforscher Walther → Köhler (1929-46), der zugleich Troeltschs Religions- und Geschichtsphilosophie erneuerte, in der syst. Theol. Willy Lüttge (1922 bis 1928) und Theod.Odenwald (1929-45), in der prakt. Theol. Renatus Hupfeld (1931), der einen eigenen Stand wahrte und zu den Führern der badischen → Bekennenden Kirche gehörte. Der in → Baden gemäßigt ausgefochtene Kirchenkampf brachte der Fakultät keine personellen Veränderungen. Zum Ausgleich gegenüber dem in der Fakultät herrschenden Liberalismus war eine dogmatische Professur positiven Charakters errichtet worden, die mit Ludw.Lemme (1891-1927) und Rob.Jelke (1919-45) besetzt wurde.

7. Gegenwärtig besteht die nach dem 2. Weltkrieg binnen weniger Jahre völlig neubesetzte und um einige Professuren erweiterte Fakultät aus folgenden planmäßigen Professoren: für AT Gerh.v. → Rad (1949) und Claus Westermann (1958), für NT Günther Bornkamm (1949) und Karl Georg Kuhn (1954), für KG Hans Frhr. v.Campenhausen (1945, mit nt. Lehrauftrag) und Heinr. Bornkamm (1948), für Systematik Edm.Schlink (1946, Direktor des 1954 gegründeten Ökumenischen Instituts und des Ökumenischen Studentenwohnheims) und Peter Brunner (1947), für prakt. Theol. Wilh.Hahn (1950, Direktor des seit 1838 bestehenden praktisch-theologischen [Prediger-]Seminars der Badischen Landeskirche), für Religions- und Missionswissenschaft Hans Werner Gensichen (1957). Zur Fakultät gehört ein 1957 gegründetes Institut für Diakoniewissenschaft (Direktor Honorar-Prof. Herb.Krimm). Die Studentenzahl beträgt zZ (Winter 1958/59) 705 (darunter 87 Studentinnen). – Über die H.er Akademie der Wissenschaften s. → Akademie: I, 2d.

L.Häusser, Gesch. der Rheinischen Pfalz I. II, (1845) Neudr. 1924 - J.F.Hautz, Gesch. der Univ. H. I. II, 1864 - E.Winkelmann, Urkundenbuch der Univ. H. I. II, 1886 - A.Hausrath, Gesch. der theol. Fakultät zu H. im 19.Jh. (Akad. Rede), 1901 - Ders., Rich.Rothe u. seine Freunde I. II, 1902/06 - Erman-Horn II, 404ff - H.Rott, Friedr. II. von der Pfalz u. die Reformation, 1904 - F.Schneider, Gesch. der Univ. H.... (von 1803-13) (H.er Abh.en z. mittleren u. neueren Gesch. 38), 1913 - R.A.Keller, Gesch. der Univ. H.... (von 1803-13) (ebd 40), 1913 - Gerh.Ritter, Studien zur Spätscholastik I-III (SAH 1921, 4; 1922, 7; 1926/27, 5) - Ders., Die H.er Univ. I, MA, 1936 - K.Bauer, Ad.Hausrath I, 1933 - Ders., Aus der großen Zeit der theol. Fakultät zu H., 1938 - H.Brunn, Wirtschaftsgesch. der Univ. H. von 1558 bis zum Ende des 17.Jh.s (Phil. Diss. H.), 1950 - G.A.Benrath, Drei theol. Fakultäten in H. (1803-07) u. Karl Friedrichs Unionspolitik (Neue H.er Jb.er NF 1952/53, 85-97) - L.Mugdan, Die Reformierung der Univ. (in: Ottheinrich, Gedenkschr. hg.v. G.Poensgen, 1956, 207-222) - H.Bornkamm, Die Reformation der Kirche u. der Univ. durch Ottheinrich (Ruperto-Carola 20, 1956, 25-29). *H.Bornkamm*

Heidelberger Katechismus, nächst Luthers → Enchiridion der bedeutendste und verbreitetste → Katechismus der Reformationszeit. Er ist mitsamt der → Kirchenordnung (: II) von 1563, in die seine 4., als offiziell geltende Ausgabe aufgenommen wurde, das Ergebnis der Bemühungen des Kurfürsten Friedrich III., die unfertigen kirchlichen Verhältnisse der Kurpfalz zu konsolidieren und die Streitigkeiten zwischen den strengen Lutheranern und philippistisch bzw. schweizerisch gesinnten Männern zu beenden. Die entscheidende theologische Vorarbeit leistete Z. → Ursinus, der unter Benutzung früherer ev., vor allem ref. Katechismen und melanchthonischen Materials nacheinander zwei lat. Entwürfe vorlegte, die auf Grund vielfacher Beratung und Diskussion revidiert wurden. Die nicht unerhebliche deutsche Endredaktion ist wahrscheinlich das Werk C. → Olevians, auf dessen Veranlassung der Kurfürst dem fertigen Werk die gegen die römische Messe gerichtete 80. Frage hinzufügte. – In Frage 1 wird der Inhalt des Katechismus als der Trost zusammengefaßt, »daß ich... Jesu Christi eigen bin«. Er wird, wohl nach dem Vorbild eines 1558 in Heidelberg nachgedruckten anonymen luth. Katechismus, in drei Teilen entfaltet: »Von des Menschen Elend« (erkannt durch das Gesetz Gottes, das uns Christus im Doppelgebot der Liebe lehrt), »Von des Menschen Erlösung« (Credo, Taufe, Abendmahl) und »Von der Dankbarkeit« (Dekalog und Unservater). Theologisch ist er in erster Linie nicht von → Melanchthon (Heppe) oder → Bullinger (Gooszen), sondern von → Calvin (Lang) abhängig, nähert sich aber stärker als er der luth. Reformation. Trotzdem wurde er von den Lutheranern heftig befehdet. Den Vorteil, Bekenntnis (→ Bekenntnisbildung, 3; → Bekenntnisschriften, 3) und Unterrichtsbuch in einem zu sein, erkaufte er dadurch, daß er als Katechismus reichlich »hoch« ist, weshalb ihm durchweg ein kleinerer Katechismus für jüngere Kinder beigesellt wurde. – Außer der Kurpfalz eroberte er sich Nassau-Oranien, Wittgenstein, Braunfels, Hanau, den Niederrhein und die Grafschaft Mark und vor allem seine spätere Hochburg, die Niederlande, wo er auf der → Dordrechter Synode 1618-19 zum Symbol erhoben wurde, sodann zT infolge dieses Beschlusses Bremen, Hessen, Tecklenburg, Bentheim, Lingen, Lippe, Anhalt, die Schweizer Kantone St.Gallen, Bern, Aargau und Schaffhausen, die ref. Gemeinden in Preußen, Böhmen-Mähren, Polen, Ungarn, Amerika und Südafrika. Er ist bis heute das stärkste ökumenische Band der Reformierten in der Welt. Auf breitester Basis (Universität, Katechismuspredigt, Katechisation, Kinderlehre, Schule, Elternhaus) betrieben hat er das gesamte Volksleben, vor allem in Holland, am Niederrhein und in Ungarn aufs tiefste geprägt. Die meisten ref. und indirekt auch luth. Gebiete Deutschlands verdanken seinem Erscheinen die Errichtung ihres Dorfschulwesens. – Infolge der → Unionen des 19.Jh.s und der Kritik der modernen Pädagogik hat er zwar viel Ansehen und Boden verloren. Doch bewährte er seine Kraft aufs neue im → Kirchenkampf. Seine 1. Frage stand Karl → Barth bei der Abfassung der Barmer Erklärung (→ Barmen, 2) vor Augen. Auch als Unterrichtsbuch hat er seit 1945 mancherorts wieder Unionskatechismen abgelöst.

Joh.Chr.Koecher, Catechet. Gesch. der ref. Kirchen, 1796 (Lit. des 16.-18.Jh.s) - REX, 164ff (Lit. des 19.Jh.s) - Aug.Lang, Der H.K. u. vier verwandte Katechismen, 1907 - Ders., Der H.K., 1913 - H. Graffmann, Unterricht im H.K., 1951-58 (alle mit Lit.). - Wichtige moderne Erklärungen: Békefi Benö, Mi hasznod belöle? A Heid. Káté 52 Urnapjának magyarázata Nyiregyháza, 1943 - G.Oorthuys, Toelichting op de Heidelbergse Catechismus, 5 Bde, 1946-49 - W. Klaas, Die Stimme der Väter, 1949 - K.Barth, Die christl. Lehre nach dem H.K., 1949. *H.Graffmann*

Heidenchristentum

1. Das Problem - 2. Geschichtliche Abgrenzung - 3. Quellen - 4. Die Anfänge - 5. Kirchliche Kontinuität - 6. Erste Phase der Ausbreitung - 7. Leben der Gemeinden - 8. Das Apostelkonzil - 9. Die Lage nach dem Konzil - 10. Theologische Verarbeitung - 11. Nachapostolische Zeit

1. Die »Tübinger Schule« (F.C. → Baur) ließ die gesamte frühe Kirchengeschichte durch die Antithese von gesetzesgebundenem → Judenchristentum (: I) und gesetzesfreiem H. bestimmt sein. Damit ist ein bewegendes Motiv erkannt und ein geschichtliches Verstehen der Urkirche angebahnt. Freilich waren die Vorgänge komplizierter, als sie in dem Tübinger Schema erscheinen. Juden- und H. sind, je für sich, vielschichtige Gebilde. Man kann bei weitem nicht alle Erscheinungen dieser kirchlichen Frühzeit auf diese Alternative beziehen. Wie man die Problematik nicht auf die Stellungnahme der führenden Persönlichkeiten (→ Petrus, → Jakobus, → Paulus) reduzieren kann, so genügt es auch nicht, allein die Entwicklung der Gesetzesproblematik zu verfolgen. Die religiösen Einflüsse der Umwelt sind zu berücksichtigen. Hier brachte die → »religionsgeschichtliche Schule« entscheidende Erweiterungen der Fragestellung und Korrekturen des Geschichtsbildes.

Als Paulus Christ wird, findet er bereits eine aus Juden- und Heidenchristen gemischte »hellenistische« Gemeinde (Heitmüller, Bousset, Bultmann) vor, deren Leben gegenüber dem der Urgemeinde (→ Urchristentum) vielfach neue, eigenartige Züge aufweist (Kyrioskult, Rolle der Sakramente, Pneumatismus). In ihr ist dasjenige Problem, welches sich bald als das bewegende enthüllen wird, zunächst noch nicht offen an den Tag getreten, eben das des → Gesetzes (: IV), damit aber der Stellungnahme der Kirche zu ihrem eigenen geschichtlichen Ursprung, zum Judentum, und insgesamt die Frage der inneren Einheit der Kirche.

Durch die religionsgeschichtliche Alternative (Urgemeinde - hellenistische Gemeinde) ist die frühere (Gesetz - Freiheit) nicht aufgehoben; denn diese bildet nicht nur eine geschichtliche Tatsache, sondern zugleich, anders als jene, einen dogmatischen Tatbestand. Bei der Bindung der Urgemeinde an das jüdische Gesetz muß die Frage, ob Heiden direkt, ohne den Umweg über das Judentum, in die Kirche aufgenommen werden können, *grundsätzliche* Bedeutung für das Verständnis von Kirche und Heil überhaupt gewinnen, zumal jene Bindung nicht lediglich als ein Erdenrest an Judentum, zu tragen peinlich, erklärt werden kann. In ihr stellt sich ja ein legitimer theologischer Tatbestand dar: daß das »Christentum« nicht eine neue Religion ist und nicht ungeschichtliche Lebensformen entwickelt, daß sich die Christen vielmehr als die ἐκκλησία Gottes wissen, die durch einen geschichtlichen Akt gestiftet ist, daß sie sich im ganzen der Größe »Israels« als das wahre Gottesvolk verstehen (→ Israel im NT). Die Schärfe der Problematik resultiert gerade daraus, daß die *Heiden*mission aus diesem Selbstbewußtsein der Christen als der ἐκκλησία entsteht, daß sich die Kirche einerseits an Israel gebunden weiß, daß aber andererseits ihr Verhältnis zu Israel in Wirklichkeit ein dialektisches ist. Denn im Bekenntnis zu dem gekreuzigten Jesus als dem Messias ist nicht nur die Unterscheidung zwischen dem empirischen Judentum und dem Gottesvolk angelegt, sondern auch tatsächlich (freilich noch nicht bewußt) das Gesetz als Heilsweg erledigt. Wenn sich die Gemeinde in der Kontinuität der Heilsgeschichte sieht, so ist doch die Kontinuität letztlich nicht mehr als anschaulicher Zusammenhang von Ereignissen verstanden, sondern von der Krisis der Geschichte an ihrem Ende her gesehen (→ Geschichte: II A). Gott hat seine Erwählung in dem Paradox der Kreuzigung und Auferweckung Jesu durchgeführt. Was innerhalb des Weltlaufes noch folgt, ist nicht mehr eine Fortsetzung der bisherigen Geschichte Israels, sondern die Sammlung derer, die auf die → Parusie warten. Bedeutet so das Gläubigwerden die Eingliederung in die eschatologische Gemeinde, so geschieht es doch durch eine radikale Vereinzelung hindurch, in welcher sich der Hörer der Botschaft als unmittelbar zum Heil gerufen versteht. Eben daraus ergibt sich die Mission unter den Heiden.

2. Unser Thema umgreift einen Ausschnitt aus der Phase der Kirchengeschichte (→ Altchristliche Kirche, 1. 2), welche vom Beginn der Heidenmission bis zur Ausbildung des Frühkatholizismus reicht (dessen Spuren bereits im NT zu finden sind). Als Kriterien der Bestimmung desselben seien genannt: Die → Kirche (: II) ist als Heilsanstalt verstanden; das → Amt (: II) ist für den Kirchenbegriff konstitutiv geworden, der → Geist (: IV) an das Amt gebunden, das Heil an das Priestertum; dieses verwaltet das Heil durch Sakrament und Disziplin; das Kirchenrecht ist Faktor des Heilsweges. - Die großen Grundzüge der Entwicklung heben sich deutlich ab: Am Anfang besteht die rein judenchristliche Urgemeinde; dann bilden sich gemischte Gemeinden außerhalb Jerusalems (→ Antiochia); mehr und mehr gewinnt das heidenchristliche Element die Oberhand; das Judenchristentum wird allmählich an den Rand gedrängt. Vom jüdischen Krieg (66-70 nChr) an ist die Geschichte des H.s im wesentlichen identisch mit der Geschichte des → Christentums (: I, 5; III, 1) überhaupt. - Hier ist der Zeitraum des Auseinandertretens unter der Fragestellung zu besprechen: Welche neuen Glaubens- und Lebensformen bilden sich? Wie setzt sich das H. mit seinem Ursprung im Judentum auseinander? Welche Rolle spielt dabei das AT? Inwiefern bleibt die Kirche in diesem Gestaltwandel sich selbst gleich? Inwiefern versteht sie selbst diesen Vorgang theologisch und arbeitet darin Normen des Glaubens, des Kirchenbegriffs aus?

Die Grenze unseres Themas ist erreicht, wenn einerseits (nach innen) die Einheit der Kirche als gesichert behandelt wird, andererseits (nach außen) für das kirchliche Bewußtsein Judentum und Christentum als zwei verschiedene Religionen auseinandergetreten sind (Apg, Deuteropaulinen, Apostolische Väter, frühe → Apologeten), als die beiden Größen AT und Judentum gesondert behandelt werden können, seit sich die Christen als das »dritte Geschlecht« bezeichnen (Kerygma Petri 3) und damit Judentum und Heidentum grundsätzlich gleichstellen (→ Diognetbrief, → Aristides).

3. Für das *vorpaulinische* H. besitzen wir keine direkten *Quellen*. Einige Ereignisse aus der Frühzeit hat die → Apostelgeschichte aufbewahrt. Freilich sieht sie dieselben bereits aus der Perspektive der nachapostolischen Zeit. In den Briefen des Paulus wie auch im nachpaulinischen Schrifttum ist altes Gut aufbewahrt, das sich durch formgeschichtliche Rekonstruktion feststellen läßt (→ Formen: II, → Formeln: II). Es handelt sich vor allem um alte Glaubensformeln (passim), kultische Rufe (1Kor 12, 3), die Kultformel der Eucharistie (1Kor 11, 23ff; vgl. die synoptischen Abendmahlsberichte, → Abendmahl: I), Deutungen des Sakraments (Röm 6, 1ff; → Taufe: II), schematische Zusammenfassungen des Missionskerygmas (1Thess 1, 9f), des → Katechismus (Hebr 6, 1f), der Predigt (vgl. Bultmann, NT 95f. 104); gelegentlich öffnet sich ein Blick auf den Ablauf des → Gottesdienstes (: III; 1Kor 12-14; 16, 20ff), Elemente der → Liturgie (: II; Kol 3, 16; Eph 5, 19).

Für den Zeitraum, der in erster Linie durch die Arbeit des Paulus bestimmt ist, fließen die Quellen wenigstens für das theologische Material reichlich. Über die *Ereignisse* sind wir auch hier nur lückenhaft unterrichtet. Was außerhalb des Umkreises des Paulus geschah, können wir nur hier und da aus verwehten Spuren erahnen. Hier läßt uns auch die Apg im Stich. Auch was sie über Paulus berichtet, ist nicht vollständig. Außerdem bedürfen ihre Daten der ständigen Kontrolle, da ihr Verfasser den

Ereignissen bereits fernsteht. Auch das theologische Problem des Gesetzes versteht er nicht mehr in seiner ursprünglichen Schärfe.

4. Jesus wandte sich mit seiner Predigt nur an die Juden. Daß er im Einzelfall Heiden nicht abwies, bedeutet keine grundsätzliche Ausnahme von der Regel. Und wenn man mit Recht feststellt, daß seine Botschaft in sachlicher Hinsicht universalistisch sei, da sie das Heil von allen menschlichen Vorbedingungen außer der Buße löst und allein an Gottes Erklärung bindet (→ Jesus Christus), so ist doch die Frage, wann dieser Universalismus der Gemeinde *bewußt* wurde. Jedenfalls wird in der Frühzeit die Heidenmission nicht mit dem Hinweis auf die Predigt des historischen Jesus begründet. Ihre *Anfänge* reichen in die Zeit vor der ausdrücklichen Klärung der theologischen Grundlagen zurück. Der Konfliktmöglichkeiten, welche in dieser Ausdehnung der Kirche liegen, ist man sich zunächst nicht bewußt. Offenbar dominiert in den neuen, gemischten Gemeinden zunächst das gemeinsame Erlösungsbewußtsein, das durch die Taufe gestiftet ist und sich im Gemeinschaftsmahl darstellt, das Erlebnis des Geistes, die Bindung des Glaubens an die Person des auferstandenen Jesus, über die Bindung des judenchristlichen Teils an das Ritualgesetz. Aber das Problem des Gesetzes wird eines Tages aufbrechen. An ihm muß sich die äußere Stellung der Gemeinde zum Judentum entscheiden. In dem Augenblick, da die Kirche Heiden aufnimmt, ohne von ihnen die Beschneidung zu fordern, hat sie sich ja faktisch als neue Religionsgemeinschaft konstituiert; sie wird in der Tat auch schnell als solche erkannt und bezeichnet, wenn den Gläubigen in Antiochia der Name »Christianer« beigelegt wird (Apg 11, 26). Damit ist sie aber zur Besinnung auf ihr Wesen gezwungen: Kann sie noch sinnvollerweise daran festhalten, das wahre »Gottesvolk« zu sein, oder wird sie sich von ihrem geschichtlichen Ursprung lösen? Wie wird sie das Verhältnis von »Gottesvolk« und empirischem Judentum gedanklich bestimmen?

Ein *praktisches* Problem muß an demjenigen Ort auftauchen, an welchem sich die kirchliche Gemeinschaft von Juden und Heiden sichtbar darstellt: bei der gemeinsamen Mahlfeier. Tatsächlich hatten die Judenchristen ihre Bindung an das Ritualgesetz in diesem Punkte durchbrochen. Aber diese de facto-Lösung wird auf die Dauer nicht genügen. Werden die Juden auf diese Freiheit wieder verzichten müssen, oder müssen sich die Heiden ihnen anpassen, oder wird die Freiheit theologisch begründet werden können? Wird in den Auseinandersetzungen, die hier aufbrechen werden, die Kontinuität der *einen* Kirche sichtbar bleiben? In Wirklichkeit wird ja über das Wesen der Kirche überhaupt verhandelt werden.

5. Obwohl die *Kirche* von Anfang an ecclesia visibilis ist, also *auch* Institution, versteht sie sich doch nicht vom Institutionellen her. Und obwohl es im Kirchengedanken als solchem liegt, daß die ecclesia die Priorität vor der einzelnen Gemeinde besitzt, ist diese Vorordnung doch nicht kirchenrechtlich verstanden oder dargestellt (als fixiertes Aufsichtsrecht einer Kirchenbehörde). Die Einheit ist weder die einer Institution noch die einer Idee. Sie ist in der Bindung der Kirche an ihre geschichtliche Stiftung gesetzt und muß ständig neu vollzogen werden. Das geschieht durch das Tradieren des Kerygmas von Jesus von Nazareth als dem Auferstandenen. Unser Leitfaden ist also die Geschichte der Interpretation dieses Kerygmas unter wechselnden historischen Bedingungen. Diese spiegeln sich in der Geschichte der frühen *Glaubensformeln*.

Solange sich die Kirche nur an Juden wendet, genügt die rein christologische Formulierung des »Glaubens«; sie kann als Aussage über Jesu *Person* gestaltet sein (daß er der Messias, der Gottessohn sei, Röm 1, 3f) oder als Aussage über das Heilswerk (daß er »für uns« gestorben sei, daß Gott ihn von den Toten erweckt habe, Röm 4, 25; 1Kor 15, 3ff usw). Eine solche Formel spricht das *Ganze* des »Glaubens« aus. Denn dieser besteht nicht aus Teilwahrheiten, Belehrung über einen neuen Gottesbegriff, metaphysische Weltanschauung, sondern in der in sich einheitlichen Feststellung dessen, was der Gott Israels dieser Tage getan hat. Fides quae creditur und fides qua creditur bilden eine unlösliche Einheit. Jeder jüdische Hörer kann diese Aussage verstehen; er begreift, daß hier die Erfüllung der Heilsgeschichte behauptet wird. – Ist der Glaube an das Faktum der → Auferstehung Jesu gebunden, so ist in ihm ein *Traditionsgedanke* angelegt. Man ist auf das »Zeugnis« von der Auferstehung angewiesen. Damit ist ein Kriterium für die theologische Legitimität der geschichtlichen Erscheinungsformen des Glaubens gegeben. Die *Formulierung* wird sich ja wandeln, wenn sich die Mission an Heiden wendet: Die spezifisch jüdischen Bezeichnungen des Wesens Jesu verschwinden (Messias, → Menschensohn [: II]); an ihre Stelle treten der Gottessohn- und Kyrios-Titel (→ Sohn Gottes: II). Wieweit diese beiden schon in der Urgemeinde gebraucht wurden, ist nicht sicher zu sagen (→ Christologie: I, 2e. 3b); jedenfalls tritt auf heidenchristlichem Gebiet schon dadurch eine klare Akzentverlagerung ein, daß die anderen bisherigen Titel verschwinden.

Für die Heiden wirkt die christliche Botschaft als die Verkündigung einer neuen *Religion* (→ Areopagrede Apg 17, 23ff samt rahmender Szene!). Die psychologische wie soziologische Struktur der Bekehrung ist eine völlig andere als im jüdischen Bereich. Den Heiden muß zuerst die *Voraussetzung* des »Glaubens« bekannt gemacht werden, nämlich die Lehre von dem *einen* Gott. Hierfür konnte man an Darstellungsmittel der hellenistisch-jüdischen Mission anknüpfen. Man übernimmt die εἷς θεός-Formel (Röm 3, 30; 1Kor 8, 4ff; Mk 12, 29; Herm mand I, 1; Kerygma Petri 2). So entsteht der neue, zweigliedrige Formeltyp (εἷς θεός – εἷς κύριος, 1Kor 8, 6; hier ist der Zusammenhang mit der Heidenmission deutlich). Die εἷς θεός-Aussage enthält natürlich den jüdischen Schöpferglauben (Apg 14, 15ff; 17, 23ff); damit ist die Auseinandersetzung mit dem bisherigen *Weltbild* der Angesprochenen gegeben. So führt gerade die Heidenmission zur Verwendung jüdischer Gedanken und Formeln. Andererseits führt die gleichzeitige Auseinandersetzung mit dem Judentum zur Ausbildung des *Schriftbeweises* und verleiht dem AT eine Stellung in der theologischen Gedankenbildung (→ Schriftauslegung: III), welche sich auch im H. durchsetzt; denn der Schriftbeweis ist nicht nur ein taktisches Mittel der Polemik; er setzt den geschichtlichen Charakter des Kirchengedankens voraus und ist insofern ein hervorragender Faktor der kirchengeschichtlichen Kontinuität. Deren sichtbarer Träger ist das hellenistische Judenchristentum. Es vermittelt das jüdische Gut an Gedanken und Lebensformen, das die Gestaltung der Kirche – weit über die Auseinandersetzung von Juden- und H. hinaus – aufs stärkste bestimmen und einen Hauptbestandteil in jener Synthese bilden wird, zu welcher die nachapostolische Zeit hinführt. Die gottesdienstlichen Formen der hellenistischen Diasporasynagoge wirken ein (Verwendung der Schrift im Gottesdienst; Formen der Predigt); Gebete, Segensformeln, Lieder werden übernommen oder nachgebildet (Lk 1, 46ff. 68ff; die Hymnen der → Johannesapokalypse, die Mahlgebete der Did [→ Apostellehre]). Alle liturgischen Texte des frühen Christentums tragen (nicht griechischen, sondern) orientalischen (und das heißt zunächst: hellenistisch-jüdischen) Stil; natürlich ist dieser nicht auf das Judentum begrenzt; dieses hat seinerseits Motive seiner Umwelt aufgenommen (zu den außerjüdischen Analogien vgl. W.Bauer, Wortgottesdienst). Im Judentum findet man weiterhin Formen der ethischen Belehrung (Spruchethik, Tugend- und Lasterkataloge, Haustafeln) und vor allem Muster der Auseinandersetzung mit dem Heidentum (Argumente gegen Polytheismus und Bilderverehrung, gegen die heidnische Lebensführung; Areopagrede; Röm 1, 18ff; vgl. Bultmann, NT 68ff). Die Aufnahme dieses Gutes durch Heidenchristen ist um so leichter, als sich darin Elemente der griechischen Popularphilosophie finden, die ihren Weg ins Judentum gefunden hatten. Wenn die Rezeption auch ein lange dauernder Prozeß ist und erst in der nachapostolischen Zeit voll sichtbar wird, so geht sie doch seit den Anfängen der Heidenmission vor sich. Es bildet sich eine jüdisch-biblisch bestimmte Gemeindesprache. Damit sind starke Faktoren der Einheit vorhanden, bevor der Dissensus zwischen den beiden Gruppen von Christen spürbar wird.

6. Im einzelnen können wir die *ersten Bildungen* gemischter Gemeinden nicht verfolgen, da uns die Quellen fast ganz im Stich lassen. Von Paulus besitzen wir aus der Zeit vor dem »Apostelkonzil« (→ Paulus) keine Briefe; die Berichterstattung der → Apostelgeschichte ist lückenhaft und außerdem schematisierend. Lukas entwirft in ihr das Bild einer geradlinigen Entwicklung, in welcher sich die göttliche Lenkung der Kirchengeschichte darstellt. Die Urgemeinde hält sich kompromißlos an Gesetz und Tempel; das gilt auch von dem Kreise der »Hellenisten« um Stephanus (nach dem Bilde des Lukas! die Anklagen gegen Stephanus, er lehre wider Gesetz und Tempel, sind ja erlogen, Apg 6, 13!). Durch die Verfolgung der Gemeinde (so nach Lukas! in Wirklichkeit betraf sie nur den Kreis der Hellenisten; das schimmert durch die lukanische Darstellung noch deutlich durch) entsteht die Mission. Einen Übergang bildet die Tätigkeit des → Philippus in Samarien, welche von der Urgemeinde durch die Entsendung des Petrus und Johannes offiziell sanktioniert wird. Lukas besitzt einzelne Nachrichten über die Ausbreitung im Küstenlande, im Raume von Asdod, Joppe, Cäsarea, Lydda (Apg 8, 40; 9, 32ff); aber nach seiner Darstellung handelt es sich zunächst um rein jüdische Gemeinden. Dann wird die Bekehrung des ersten Heiden als ein Schritt von grundsätzlicher Bedeutung herausgehoben (Apg 10f): Die Taufe des Centurio Kornelius erfolgt auf mehrfachen Eingriff von oben, durch Visionen und die Ausgießung des Geistes, welche die Taufe legitimiert. Dadurch, daß die Urgemeinde den Vorgang billigt, ist die Einheit gewährleistet. Erst nachdem so das heilsgeschichtliche Fundament gelegt ist, kann die Heidenmission einsetzen (11, 19ff). Welche Bedeutung Lukas der Bekehrung des Kornelius beimißt, geht auch daraus hervor, daß er bei der Debatte über das Gesetz auf dem Apostelkonzil diesen Vorgang als Modellfall hinstellt. – In Wirklichkeit gab es nicht den *einen,* programmatischen Schritt zur Eröffnung der Heidenmission; das lukanische Bild ist eine Konstruktion auf Grund einer bestimmten Kirchenidee. Offenbar haben sich im palästinisch-phönizischen Küstenland da und dort gemischte Gemeinden gebildet, nicht erst in Antiochia, wie Lukas meint (über die genannten hinaus werden in der Apg noch Ptolemais [21, 7], Tyrus [21, 3] und Sidon [27, 3] genannt). Einigermaßen greifbar ist uns allerdings nur die von → Antiochia (Gal 2, 1ff; Apg 11, 19ff; 13, 1ff; 15, 1ff). Sie wird durch Jh.e eines der großen Ausstrahlungszentren der Christenheit sein. – Von Antiochia aus kommt es zu Gemeindegründungen in → Syrien und Kilikien (vgl. Gal 1, 21 mit der Adresse des Schreibens, in dem das »Aposteldekret« verbreitet wird, Apg 15, 23); in diesem Raume trat → *Paulus* in die Arbeit ein. Früh scheint auch Cypern erreicht worden zu sein, die Heimat des bedeutendsten Missionars dieser ersten Epoche der Ausbreitung, des → Barnabas. Umstritten ist dagegen, ob auch das übrige Gebiet der sog. »ersten Missionsreise« (Apg 13f) schon jetzt (vor dem Apostelkonzil) einbezogen wurde, der Raum der Städte Antiochia Pisidiae, Iconium, Lystra und Derbe. Bedenken gegen die Darstellung des Lukas werden von verschiedenen Seiten erhoben. Vielfach sieht man in den beiden Reisen des Barnabas und Paulus (Apg 11, 27ff und 15, 1ff) Dubletten, die Lukas nicht als solche erkannt habe. Das Konzil sei an die frühere Stelle zu versetzen, also vor die erste Missionsreise (und vor den Tod des Königs Agrippa I. i.J. 44 nChr). Diese Argumentation ist insofern nicht schlüssig, als sie auf der einen Seite mit der lukanischen Redaktion (und historischen Verzeichnung der Tatsachen) rechnet, auf der andern aber die »erste Missionsreise« als festes Datum nimmt. In Wirklichkeit ist diese aber wieder eine lukanische Konstruktion zu einem bestimmten Zweck: sie ist als Modellreise gestaltet und dient der Demonstration des Problems, das dann auf dem Konzil besprochen werden soll; sie macht die Kirche für die Lösung reif. Es ergibt sich, daß das Konzil an das Ende der 14jährigen Mission in Syrien und Kilikien gehört, welche Paulus im Gal erwähnt (und Lukas übergeht!), also wohl etwa in die Jahre 48/49, daß wir aber über das Datum jener kleinasiatischen Gemeindegründungen im Ungewissen bleiben. – An dieser Stelle ist endlich noch die Gemeinde in → *Rom* (: I) zu nennen; ihre Entstehung liegt im Dunkeln. Von einer »Gründung« kann man kaum reden; sie dürfte in den 40er Jahren entstanden sein. Ihr Weg dürfte von judenchristlichen Ursprüngen zu einer heidenchristlichen Mehrheit (→ Römerbrief) geführt haben.

7. Die *Motive der Bekehrung* werden vielfältig gewesen sein (vgl. Nock 193ff; Harnack I). Die christliche Mission konnte an die jüdische anknüpfen und gewann offenbar aus den Kreisen der »Gottesfürchtigen« ihre ersten nichtjüdischen Anhänger. Diese Tatsache spiegelt sich in dem Anknüpfungsschema der Apg, wonach Paulus mit seiner Predigt jeweils in der Synagoge beginnt. Lukas erhebt diesen Vorgang wieder ins Heilsgeschichtlich-Notwendige: das Evangelium »muß« zuerst den Juden verkündet werden; die Wendung zu den Heiden ist die Folge ihrer Verstockung (Apg 13, 46f; 18, 6; 28, 25ff).

Natürlich wirken äußere Umstände mit; der Übertritt eines Familienoberhauptes zieht den des »Hauses« nach sich (1Kor 1, 16; Apg 16, 15. 33). Die Gemeinde wirkte vor allem durch ihr Dasein als solches, durch den lebendigen Pneumatismus (1Kor 14, 23ff), durch Prophetie und Heilungen, durch das gesamte Gemeinschaftsleben, die Einheit von Glaubensinhalt und Glaubenserlebnis. Ihre Sakramente erinnerten in manchem an die → Mysterien mit ihrer Verheißung, Lebenskräfte zu spenden. Aber die Kirche konnte unvergleichlich viel klarer als jene das Heilsgut beschreiben: die → Sündenvergebung, das → ewige Leben (: III B). Sie überbot jene durch ihre Verklammerung der Sakramente im Kirchengedanken. Anders als jene war die Kirche exklusiv; sie stellt hohe sittliche Anforderungen; aber sie zeigt zugleich den Weg zu deren Erfüllung und umfaßt bergend das gesamte Leben ihrer einzelnen »Glieder«. – Konkrete Nachrichten bekommen wir wieder fast ausschließlich aus den Briefen des Paulus, denn die Apg kümmert sich nicht um das innere Leben der Missionsgemeinden. Da sich die paulinischen Gemeinden überwiegend aus ehemaligen Heiden zusammensetzen, kommt in ihnen unsere spezielle Thematik nicht in dem Maße zur Geltung wie in den stärker gemischten Gebieten, vor allem in Antiochia.

Man muß sich hüten, ein einheitliches Schema zu konstruieren: es gibt keine Regulierung der Lebensäußerungen außer derjenigen durch den lebendigen → Geist (: IV) selber (der freilich rechtsgültige Formen und Normen schafft; Verfassung [→ Kirchenverfassung: I] und → Amt [: II] sind charismatisch bestimmt, werden aber eben dadurch zur rechtlichen Institution). Das Walten des Geistes gestaltet den Gottesdienst, der wiederum die konkrete Darstellung des umfassenden Daseins der Gemeinde ist. Damit ist als Norm für seine Beurteilung die οἰκοδομή (→ Erbauung, 1) der Kirche gegeben (1Kor 12–14). In Korinth drohen die pneumatischen Erscheinungen zum religiösen Höchstwert zu werden. Dagegen bringt Paulus das → Bekenntnis (: III) und den Kirchengedanken kritisch zur Geltung (Bindung der Sakramentsfeier an die geschichtliche Stiftung und an die Gemeinde als Leib Christi: 1Kor 10, 14ff; 11, 23ff; das Bekenntnis als Krisis des Pneumatismus: 8, 1ff; 12, 3; als Kriterium der Jenseitshoffnung: 15, 3ff). – Der Ausschließlichkeitsanspruch des Glaubens führt zur Distanzierung von der »Welt«, dh zunächst von der Berührung mit dem heidnischen Kult; aber: wo ist die Grenze zu ziehen? Ist die Entweltlichung in der Form der → Askese (: IV) zu praktizieren? Oder gerade umgekehrt durch Demonstration der »Freiheit« des Gnostikers, der sich um die Welt nicht mehr kümmert und lediglich seiner eigenen, höheren Einsicht folgt? Paulus überwindet diese Alternative von Libertinismus und Askese, indem er den eschatologischen Gesichtspunkt ausarbeitet und das Weltverhältnis als dialektisches, als »Haben als hätte man nicht« bestimmt, als kritische Mitte (1Kor 7, 29ff); er verweist auf die ἀγάπη als die Grenze der γνῶσις (1Kor 8, 1ff) und hat damit den Kirchenbegriff für die Lebensgestaltung konkretisiert. – Die religiösen Strömungen, welche wir in Korinth bemerken, führen zur Frage, ob nicht nur das praktische Gemeindeleben, sondern auch das theoretische Kirchenverständnis den synkretistischen Mysterientendenzen erliegen werden: Wird die geschichtliche Stiftung der Kirche ob dem Schwelgen in den gegenwärtigen Heilserlebnissen vergessen werden? Damit müßte sich der Charakter dieses Erlebens selbst wandeln; die Heilsgaben würden im Stil der damaligen Zeit als magische Kraftsubstanzen verstanden werden. In der Tat scheint in Korinth das AT keine wesentliche Rolle zu spielen. – Aber die Thematik des H.s wurde zunächst nicht unter der Fragestellung des Synkretismus verhandelt, sondern unter der des *Gesetzes*. Es ist verständlich, daß sie nicht in den paulinischen Gemeinden aufbrach, sondern in Antiochia. Darin stimmen die Andeutungen des Paulus im Gal und der Bericht der Apg (c. 15) überein. Jerusalemer Agitatoren, welche den Fragen des Zusammenlebens beider Gruppen selbst fernstanden, gaben den Anlaß. Bisher war die Freiheit der Heidenchristen eine tatsächliche. Offenbar hatte der judenchristliche Gemeindeteil anstandslos mit ihnen Tischgemeinschaft gehalten – durch anderthalb Jahrzehnte hindurch! Eine Rückentwicklung war nicht mehr vorstellbar. Aber es stand ja Grundsätzliches auf dem Spiel! Da Paulus gerade seine Heidenmission aus dem Zusammenhang der Kirche mit Israel verstand, mußte er eine Anerkennung seines Werkes und der Freiheit der Heidenchristen durch die Urgemeinde erreichen.

8. Das gelang auf dem *»Apostelkonzil«*, zu welchem sich Paulus und Barnabas von Antiochia nach Jerusalem begaben (über den Zeitpunkt s. 6). Der Bericht des Paulus (Gal 2) und der des Lukas (Apg 15) stimmen in der allgemeinen Angabe überein, daß die Freiheit der Heidenchristen vom Gesetz anerkannt wurde. In den Einzelheiten freilich weichen beide Berichte stark voneinander ab; der des Paulus verdient durchweg den Vorzug. Nach ihm handelte es sich um eine freie Vereinbarung zwischen ihm und Barnabas einerseits, den Jerusalemer »Säulen« Jakobus, Petrus und Johannes andererseits. Nach Lukas dagegen entschied einseitig die Urgemeinde auf zwei Voten des Petrus und Jakobus hin; Paulus und Barnabas erscheinen lediglich als Antragsteller und Befehlsempfänger. Lukas übergeht eine zweite Vereinbarung: daß in den heidenchristlichen Gemeinden eine Kollekte für die »Armen« in Jerusalem eingesammelt werden soll (Gal 2, 10); mit welchem Eifer Paulus dieser Aufgabe nachkam, zeigen seine Briefe (2Kor 8f; Röm 15, 26f). Denn es handelt sich nur scheinbar um eine Nebenbestimmung; in Wirklichkeit wird hier die Einheit der Kirche praktiziert, welche für Paulus conditio sine qua non seiner Arbeit ist. Freilich darf man die Kollekte nicht als eine »Kirchensteuer« deuten, durch welche Paulus eine rechtliche Vorortstellung Jerusalems anerkannt habe (gegen Holl). Dem widerspricht der Befund im Gal wie in den übrigen Briefen. Der Vorrang Jerusalems wurde nicht in kirchenrechtlichen, sondern in heilsgeschichtlichen Kategorien begriffen: darin drückte sich der spezifisch kirchliche Traditionsgedanke aus. Die Deutung der Kollekte als Kirchensteuer beruht auf dem Bild, das Lukas von der Stellung der Urgemeinde entwirft; aber gerade dieser erwähnt die Kollekte bei der Schilderung des Konzils überhaupt nicht (sie taucht bei ihm erst später und nur ganz beiläufig einmal auf, Apg 24, 17).

Zwei Fragen sind auch nach dem Konzil nicht beantwortet: Ist die Freiheit der Heidenchristen nur ein Zugeständnis, das aus praktischen Gründen gemacht werden mußte, weil man das Rad nicht mehr zurückdrehen konnte, oder wird sie als theologisch legitim erwiesen werden können? Die andere Frage: Wie soll das positive Zusammenleben beider Gruppen gestaltet werden, nachdem ja nicht nur die Freiheit der einen, sondern auch die Bindung der anderen Gruppe an das Gesetz festgelegt ist? Hier versucht das *»Aposteldekret«* eine Regelung zu geben (Apg 15, 20. 29; 21, 15): Die Heiden sollen ein Minimum an jüdischen rituellen Vorschriften einhalten, soviel, daß sich die Juden mit ihnen an *einen* Tisch setzen können, ohne sich zu verunreinigen. Der »westliche« Text bietet das Dekret allerdings in einer Form, wonach die Vorschriften nicht ein rituelles Minimum, sondern das ethische Grundgebot der Kirche wären. Diese Textform ist sekundär; sie entstand in einer Zeit, welche die ursprüngliche Problematik nicht mehr kannte, und ist selber ein sprechendes Zeugnis für die Überwindung der Alternative Juden- und H. Nach Lukas gehörte das Dekret zu den Bestimmungen (nicht: »Vereinbarungen«!) des Konzils. Das ist durch die Angaben des Paulus in Gal 2 ausgeschlossen; er versichert ausdrücklich, es seien keinerlei zusätzliche Bestimmungen getroffen worden (Gal 2, 6). Das wird indirekt auch durch den 1Kor bestätigt; dort behandelt Paulus ein Problem, das im Dekret vorgesehen ist, das des Götzenopferfleisches; aber das Dekret wird nicht erwähnt; entweder ist es dem Paulus überhaupt unbekannt, oder er anerkennt es nicht. Die Verknüpfung des Dekretes mit dem Konzil beruht auf einer Kombination des Lukas! Wo es in Wirklichkeit entstanden ist, wissen wir nicht. Gern bringt man es mit dem Zusammenstoß zwischen Paulus und Petrus in Antiochia in Verbindung (Gal 2, 11ff), bei welchem sich jene Lücke in den Jerusalemer Vereinbarungen enthüllte, das Fehlen einer Regelung über die Tischgemeinschaft. Es wäre dann nach dem Weggang des Paulus aus der Stadt entworfen worden. In nachapostolischer Zeit finden wir es in allgemeiner Geltung (Spuren in den Sendschreiben der Apk; Brief der Gemeinde von Lyon bei

Euseb, h. e. V, 1, 1ff; Justin, Minucius Felix, Tertullian, Pseudo-Clementinen); es ist, von der ursprünglichen aktuellen Fragestellung gelöst, zu einer christlichen Lebensregel geworden.

9. Die äußere Ausbreitung *nach dem Konzil* wird vor allem durch Paulus und sein Mitarbeiterteam vorangetrieben. Neben ihm arbeiten selbständig → Barnabas (nach der Trennung, vgl. Gal 2, 11ff mit Apg 15, 37ff) und → Apollos. Über → Petrus wissen wir nichts mehr. Die Mission setzt durchweg in den großen Zentren ein (Thessalonich, Korinth, Ephesus); von da breitet sich die Bewegung in die Provinzen aus (von Ephesus aus in das Lykostal, Laodicea, Hierapolis, Kolossä; Kol 4, 13ff). Über die landeinwärts gelegenen Gegenden besitzen wir, außerhalb des Gal, nur noch wenige dürftige Notizen (Apg 16, 6; 18, 23). Von Cypern wissen wir lediglich die Tatsache, daß Barnabas mit Johannes → Markus dort arbeitete (Apg 15, 39).

In der Zeit nach Paulus ist die weitere Ausbreitung (samt Krisen) in der Asia durch die Sendschreiben der Apk und die Briefe des → Ignatius belegt; hier ist auch die Verschmelzung der beiden bisherigen Gruppen bes. gut zu verfolgen; offenbar erfolgte eine Einwanderung größeren Umfanges aus Palästina, die zu schweren Krisen führte; aber die Einführung des Gesetzes für die Heiden steht nicht mehr zur Diskussion. Nach *Mazedonien,* an die Gemeinde von Philippi, richtet → Polykarp von Smyrna ein (zwei?) Schreiben (→ Polykarpbrief). Mission auf *Kreta* beweist der deuteropaulinische Brief an Titus (→ Pastoralbriefe). Wichtige Einblicke für *Bithynien/Pontus* gewährt der an Trajan gerichtete → Pliniusbrief: schon war auch das flache Land stark mit Christen durchsetzt; aber jetzt führen die staatlichen Gegenmaßnahmen zur Eindämmung. Im *Westen* wissen wir nach wie vor nur von Rom (1Clem, → Hermas); die Apg nennt noch Christen in Puteoli (28, 13f). Die Ausbreitung in → *Syrien,* nach Osten hin, muß Fortschritte gemacht haben. Aber außer den Briefen des Ignatius (die sich zudem kaum mit syrischen Angelegenheiten beschäftigen), fehlen die Quellen. Daß → Alexandria erreicht wurde, ist anzunehmen, aber nicht zu belegen (zur mühsamen Rekonstruktion der Missionsgeschichte des östlichen Syriens und Ägyptens vgl. vor allem W.Bauer, Rechtgläubigkeit). - Vgl. Karte 14.

10. Die Apg läßt die gesamte Problematik von H. und Gesetz in dem *einen* Akt des Apostelkonzils ein für allemal aufgehoben werden. Die wirklichen Vorgänge waren komplizierter. Es kam zu dem schon genannten Zusammenstoß in Antiochia (der bei Lukas lediglich als eine persönliche Meinungsverschiedenheit zwischen Paulus und Barnabas, ohne Erwähnung des Petrus, erscheint). Paulus konnte offenbar dabei seinen Standpunkt nicht durchsetzen und schied aus der Stadt. Wenn es dadurch auch nicht zu einem dauernden Bruch zwischen Paulus einerseits, Petrus, Barnabas und Jakobus andererseits kam (gegen Lietzmann), so war Paulus nunmehr stärker als bisher genötigt, den gesamten Fragenkreis theologisch durchzuarbeiten, zumal eine radikal judenchristliche Gruppe die Vereinbarung des Konzils nicht anerkennt und mit ihrer Agitation auf das paulinische Missionsgebiet übergreift. Der → Galaterbrief spiegelt ihre Propaganda und nimmt den Kampf gegen sie auf (anders neuerdings Schmithals). Gegen sie formuliert Paulus seine Sätze von der → Rechtfertigung (: I) allein durch den Glauben. Diese Lehre ist also aus einem aktuellen Anlaß formuliert; sie ist aber, über diesen hinaus, von grundsätzlicher Bedeutung, und Paulus ist sich dessen bewußt; das zeigt die thetische Ausführung der Skizze des Gal im Röm. In der Heidenmission wird ja der kompromißlose Gnadencharakter des Heilsgeschehens realisiert, und so findet in der Rechtfertigungslehre die Thematik von Gesetz und Evangelium überhaupt ihren theologischen Ausdruck. Damit kommt aber gerade in der Freiheit der wahre Sinn des Gesetzes (wie des jüdischen Monotheismus) zur Erfüllung (Röm 3, 27ff). Daß Christus des Gesetzes Ende ist (Röm 10, 4), bedeutet nicht die Lösung von den geschichtlichen Ursprüngen, ebenso auch nicht die Abschaffung des AT; im Gegenteil: diese These setzt gerade seine Gültigkeit voraus; aus ihm gewinnt die Behauptung der Kirche, das »Israel Gottes« zu sein (Gal 6, 16), gewinnt die Unterscheidung von Judentum und Gottesvolk erst ihre Legitimität. - Freilich könnte die Frage des AT in der Kirche wieder aufgeworfen werden, wenn zwar die Freiheit vom Gesetz bestehen bleibt, aber zur selbstverständlichen Gewohnheit wird, deren Ursprung und theologische Begründung vergessen sind. In der Tat mußte die nachapostolische Zeit das Thema in einer neuen Situation noch einmal aufarbeiten; sie kam dabei zu sehr verschiedenen Lösungen.

11. a) Eine umfassende Auseinandersetzung mit der Umwelt und ihrem Geistesgut findet vorderhand noch nicht statt; erst die → Apologeten werden sie systematisch in Angriff nehmen (→ Antike und Christentum).

Gegenüber dem → *Staat* (: III) wird die Pflicht zum Gehorsam betont (Mk 12, 13ff; Röm 13, 1ff; 1Petr 2, 13ff); die Kirche betet für das Wohl des Herrschers (1Tim 2, 1f; 1Clem 61); sie folgt darin jüdischem Brauch. Auf der anderen Seite entwickelt sie noch keine positive politische Ethik. Ihre Bejahung des Staates ist eine dialektische, eschatologisch bedingte: der Staat ist Ordnungsmacht für den Rest der Weltzeit (Röm 13); er schafft äußere Sicherheit als die Bedingung der gedeihlichen Entwicklung der Kirche (1Tim 2, 1ff).

Diese Haltung wird auch durch die neronische Verfolgung (→ Christenverfolgung, 2) nicht grundsätzlich erschüttert; der 1Clem hält sie auch in der Verfolgung unter Domitian durch. Auch Lukas ist überzeugt, daß zwischen → Imperium Romanum und Kirche ein friedliches Verhältnis möglich ist. In der → Johannesapokalypse freilich wird der Konflikt bereits als ein grundsätzlicher gesehen; denn jetzt ist durch den Kaiserkult eine entscheidende Verschärfung eingetreten. Vgl. dazu auch den Brief des Plinius an Trajan: das Opfer vor dem Kaiserbild wird nun zum Kriterium der politischen Loyalität. Jetzt ist allerdings keine Verständigung mehr möglich. Der Kampf gegen diese Praxis des Staates bildet eines der wichtigsten Themen der Apologeten.

b) Der Übergang vom »apostolischen« zum nachapostolischen Zeitalter ist natürlich fließend, und die Entwicklung verläuft nicht geradlinig und einheitlich. Dennoch ist diese Unterscheidung legitim. Denn es ist gerade diese nachapostolische Zeit, welche die Kategorie des »Apostolischen« ausarbeitet und die Frühzeit als Epoche sui generis von allen folgenden abhebt. Damit gewinnt der *Traditionsgedanke,* der von Anfang an vorhanden war, einen veränderten Sinn: → Tradition (: V. VI) wird nunmehr als unveränderte Weitergabe eines in Sätzen gefaßten Glaubensgutes aufgefaßt. Der spätere kath. Gedanke einer organischen Entfaltung dieses »Schatzes der Kirche« ist unserem Zeitalter noch unbekannt. Die apostolische Tradition kann nicht wachsen, sondern sie ist zu bewahren und anzuwenden. Je größer mit der Zeit die Entfernung zum Ursprung wird, je mehr die Zahl der Zwischenglieder in der Traditionskette anwächst, desto mehr werden das Tradieren als solches und seine Träger Gegenstand der Reflexion. Jetzt wird der Begriff des Apostolischen so begrenzt, daß die Anfänge von Kirche und Lehre dadurch übersichtlich werden; Apostel sind nur noch die »Zwölf« (*mit* Paulus: Past; *ohne* ihn: Lukas).

Mit dieser Verengerung des Begriffs charakterisiert sich diese Generation als zweite und dritte; dh sie stellt sich die Aufgabe, zur Geschichte der Kirche Stellung zu nehmen. Eigene theologische Gedankenbildung vollzieht sich nunmehr durch diese Reflexion hindurch; dies ist die Form, in welcher das überkommene Erbe jeweils neu angeeignet wird. Jetzt ist es möglich geworden, ein *Bild* der Urkirche zu entwerfen (Lukas).

Diese Entwicklung hängt natürlich mit dem Ausbleiben der → Parusie zusammen. Die Kirche muß sich - gegen ihre eigene, ursprüngliche Erwartung - auf längere Sicht in der Welt einrichten. Sie wird nicht nur für ihr Verhältnis zur Umwelt Regeln finden müssen; sie wird auch im Innern Lebensformen finden müssen, welche Dauer haben, Ordnungen für den Gottesdienst, die Organisation (→ Kirchenverfassung: I, → Amt: II, 4), Weisungen für das christliche Leben (Paränese). Sie wird auch die Form der eschatologischen Erwartung selbst revidieren müssen (→ Eschatologie: IV, 7; V, 1). Erweist sich also die Tatsache der Parusieverzögerung als wesentlicher Faktor der Entwicklung, so kann man doch nicht sagen, sie habe eine Grundlagenkrise der Kirche heraufbeschworen. Denn die Mittel zur Bewältigung des eschatologischen Problems waren von Anfang an - bevor es als Problem überhaupt bewußt wurde - vorhanden, im christologischen Kerygma, in den Faktoren des Gemeindelebens, Pneumatismus und Sakrament, Gottesdienst und Diakonie. Was hier gelehrt und erlebt wurde, war weithin unabhängig vom Eintreffen eines historischen Termins. Obwohl also die Parusieverzögerung keine akute Krise auslöst, führt die Dehnung der Weltzeit doch zum inneren Umbau der Kirche und zu einem neuen Stil von Theologie. Die Kirche sieht sich nicht mehr am Ende der Zeiten; sie erkennt sich als Größe in der Welt mit zeitlicher Dimension (das ist faktisch auch da der Fall, wo die alte Naherwartung künstlich konserviert wird [2Petr] oder wo sie, bes. in Verfolgungszeiten, wieder einmal neu aufbricht [1Petr, Apk]).

Diese Umformung vollzieht sich natürlich nicht in rein theoretischer Meditation; sie ist ein umfassender Prozeß, der in ständiger Bewältigung der aktuellen Existenzprobleme verläuft. Die Einstellung der Kirche auf die eschatologische Zukunft tritt zurück hinter der Besinnung auf den Gegenwartsbesitz an Heilskräften und deren Übermittlung an den einzelnen; sie werden in den kultischen Institutionen verwaltet und erfahren. Damit gewinnt das Priesteramt eine neue, nämlich konstitutive Bedeutung für das ewige Heil des einzelnen. Ursprünglich hatte das Predigtamt die Aufgabe, die Bedingungslosigkeit und damit Unmittelbarkeit des Heils für jeden einzelnen bekanntzugeben; nunmehr wird der Priester (→ Priestertum: III) zur neuen Mittelinstanz zwischen Gott und dem Menschen. An die Stelle der Botschaft vom voraussetzungslosen Heil, das keine andere Bedingung als den Glauben und kein anderes Mittel als das Wort kennt, tritt nun die Anweisung zum Beschreiten eines Heilsweges unter »kirchlicher«, dh nunmehr: kirchenamtlicher Leitung; die Kirche wird zur Heilsanstalt, und das bedeutet, daß sie ein neues Gesetz braucht. Zum erstenmal in der Kirchengeschichte zeigt es sich, daß Sakramentalismus und Moralismus Brüder sind: zur *sakramentalen* Heilsverwaltung tritt mit Notwendigkeit die *disziplinare*, zumal nachdem das Priestertum im Bischofsamt (→ Bischof: I) seine monarchische Spitze bekommen hat.

Aus diesen Voraussetzungen begreift man eines der bezeichnendsten Symptome dieser Zeit: das Auftauchen des Phänomens der → *Häresie* (: I). - »Die« Kirche der »reinen Lehre« gab es nie, zumal die Lehre nicht eine zeitlose Wahrheit ist, die einfach in Sätzen bewahrt werden kann. Schon Paulus hat gegen Tendenzen zu kämpfen, die als häretisch anzusprechen sind. Aber die Kategorien für die ausdrückliche Bezeichnung und kirchliche Behandlung der Häresie als solcher müssen erst im Laufe der Auseinandersetzung mit ihr gefunden werden. Es ist so weit, wenn ihr gegenüber der Begriff der »rechten Lehre« ausgebildet ist. Ein fester Zusammenhang schält sich heraus: der Glaube wird im Sinn von Rechtgläubigkeit verstanden; das Bekenntnis wird zur regula fidei entwickelt, angewendet vom kirchlichen Lehramt; dessen Disziplinargewalt entscheidet nunmehr über die Zugehörigkeit zur Kirche und dh über den Anteil am Heil. Freilich deutet sich diese Entwicklung erst an. Es dauert noch lange, bis entschieden ist, wer als »Häretiker« ausscheidet; aber die gedanklichen und kirchenrechtlichen Mittel sind bereitgestellt (vgl. → Häretiker im Urchristentum).

c) Was das Verhältnis zum Judentum und AT angeht, so hat man sich mit der Tatsache abgefunden, daß sich die Masse der Juden dem Evangelium verschloß. Christen und Juden stehen sich jetzt in klaren Fronten gegenüber; die äußere, aktuelle Auseinandersetzung mit dem Judentum und die innere, theoretische Beschäftigung mit der Heilsgeschichte treten auseinander, ohne doch je ganz geschieden werden zu können. Zusammengehalten werden sie durch das Vorhandensein des AT. - Ein schönes Dokument des neuen Stils ist die Apg; sie entwickelt ihre Gedanken in der Form der Geschichtsdarstellung (→ Geschichtsschreibung: II). In dieser vollzieht sie auf der einen Seite in Schärfe die Distanzierung von den »Juden« (in der Apg bahnt sich der technische Gebrauch dieses Wortes an, der bes. aus dem JohEv bekannt ist). Andererseits betont sie den heilsgeschichtlichen Zusammenhang und stellt das Christentum als das wahre Judentum dar; das geht aus dem AT hervor, das jene in ihrer Verstockung nicht verstehen. - In ganz anderen Begriffen denkt der → Epheserbrief. Auch er deutet die »heutige« Kirche, die praktisch nur noch aus Heidenchristen besteht, durch die Vergegenwärtigung ihrer Entstehung aus der Vereinigung der beiden einst geschiedenen Menschengruppen. Aber er versteht diese nicht als eine geschichtliche Entwicklung, sondern als einen einmaligen Akt. Dementsprechend sieht er auch das Verhältnis der Kirche zu Israel nicht in geschichtlicher Erstreckung, sondern in punktueller Berührung; der Zeitbegriff fehlt fast vollständig. Es handelt sich lediglich um den Akt, durch welchen die einst »Fernen« jetzt »Nahe« geworden sind - sola gratia. - Auch das → Johannesevangelium denkt nicht heilsgeschichtlich; die »Juden« sind nicht die geschichtlichen Vorläufer der Christen, sondern die Repräsentanten der Welt, die sich dem Evangelium verschließt, und zwar gerade auf Grund der Religion; an ihnen kommt zur exemplarischen Darstellung, daß die Offenbarung nicht eine neue Religion begründet, sondern die Krisis aller Religion heraufführt. - Im gleichen religionsgeschichtlichen Milieu schreibt → Ignatius. Ihn interessieren die Juden nur noch im Zusammenhang eines gnostisch-jüdischen Synkretismus, den er bekämpft. Und das AT anerkennt er zwar theoretisch, aber es spielt weder für die konkrete Argumentation noch als Gegenstand einer heilsgeschichtlichen Besinnung auf die Kirche eine Rolle. - Der 1. → Clemensbrief dagegen arbeitet unermüdlich mit at. Stellen. Über die Grundlagen dieser Verwendung aber gibt er keine Auskunft. Das Ritualgesetz liegt für die Kirche selbstverständlich dahinten. So wird das AT zum Lehrbuch der christlichen Lebensführung. Vom Thema »Gesetz und Evangelium« weiß er nichts mehr, obwohl er Paulus kennt. - Der → Hebräer- und der → Barnabasbrief dagegen werfen die Frage nach dem Sinn des AT auf und beantworten sie mit Hilfe der typologischen (Hebr) und allegorischen (Barn) Exegese. Im Barn ist das Verfahren des Schriftbeweises zur Manier geworden. Dagegen ist der Entwurf des Hebr insofern ein echt theologischer, als er nicht einfach Kult und Sittengesetz gegenüberstellt, sondern sich auf den Akt der *Aufhebung* des Kultgesetzes besinnt. Wie Paulus zeigt, daß Christus das Ende des *Gesetzes* sei, so der Hebr, daß er das Ende des Kultes als Heilsweg ist.

d) Gerade die größere Distanz vom Judentum und die Selbstverständlichkeit der Freiheit vom Gesetz (nunmehr: vom jüdischen Ritualgesetz) erlaubt in der nachapostolischen Zeit jene umfangreiche Aufnahme jüdischen Gutes (vor allem aus der hellenistischen Synagoge), von der schon oben die Rede war (Lukas, Past, Hebr, Jak, Jud, Apk, 1Clem, Did). Das Ergebnis ist schließlich ein Christentum, das als »entschränktes, universal gewordenes Diasporajudentum« charakterisiert werden konnte (Bousset). Seine Grundzüge sind: ein Monotheismus jüdischen Stils mit Betonung des Schöpfergedankens; seine Bedeutung zeigt sich im Kampfe mit der → Gnosis (: II. III). Weiter: die Übermittlung der Sündenvergebung in der Taufe, Bewahrung des Heilsgutes in der regulierten christlichen Lebensführung.

Das Bild ist unvollständig, wenn man übersieht, daß diese Kirche das überkommene Gut in Mission *und* Verfolgung zu bewahren hat und daß sie hier je und je auf die Ausschließlichkeit der Gnade geworfen wurde.

Vgl. die Lit. zu → Altchristliche Kirche, → Christentum: I, → Christologie: I, → Judenchristentum: I sowie die Darstellungen der TheolNT. - Forschungsberichte: H.WINDISCH, Urchristentum (ThR NF 5, 1933, 186-200. 239-258. 289-301. 319-334) - W.G. KÜMMEL, Das Urchristentum (ThR NF 14, 1942, 82-95. 155-173; 17, 1948, 3-50. 103-142; 18, 1950, 1-53; 22, 1954, 138-170. 191-211). - Ferner: A.v.HARNACK, Mission u. Ausbreitung des Christentums I. II, (1902) 1924⁴ - K.HOLL, Der Kirchenbegriff des Paulus in seinem Verhältnis zu dem der Urgemeinde (SAB 1921, 920-947 = HOLL II, 44-67) - ED.MEYER, Ursprung u. Anfänge des Christentums I-III, 1921/23 - A.D.NOCK, Early Gentile Christianity and its Gentile Background (in: Essays on the Trinity and Incarnation, ed. A.E.J. RAWLINSON, 1928, 51-156) - DERS., Conversion, 1933, 187ff - W. BAUER, Der Wortgottesdienst der ältesten Christen (SgV 148), 1930 - DERS., Rechtgläubigkeit u. Ketzerei im ältesten Christentum (BHTh 10), 1934 - W.L.KNOX, St.Paul and the Church of Jerusalem, 1930 - DERS., St.Paul and the Church of the Gentiles, 1939 - LIETZMANN I. II - H.v.SODEN, Christentum u. Kultur (SgV 165), 1933 - BULTMANN I. II - J.PARKES, The Conflict of the Church and the Synagogue, 1934 - LATOURETTE I - N.A.DAHL, Das Volk Gottes (SNVAO 1941, 2) - O.CULLMANN, Die ersten christl. Glaubensbekenntnisse (ThSt [B] 15), 1943 - M.GOGUEL, La naissance du christianisme, 1946 - DERS., L'église primitive, 1947 - DERS., Les premiers temps de l'église, 1949 - M.DIBELIUS, Aufsätze zur Apg, hg.v. H. GREEVEN (FRLANT 60), (1951) 1956³ - DERS., Botschaft u. Gesch. I. II, 1953/56 - PH.-H.MENOUD, L'église naissante et le judaïsme (EThR 27), 1952 - G.DIX, Jew and Greek, 1953 - L.GOPPELT, Christentum u. Judentum im 1. u. 2.Jh., 1954 - G.B.CAIRD, The Apostolic Age, 1955 - B.S.EASTON, Early Christianity, 1956 - W.SCHMITHALS, Die Gnosis in Korinth (FRLANT 66), 1956 - DERS., Die Häretiker in Galatien (ZNW 47, 1956, 25-67) - G.STRECKER, Christentum u. Judentum in den beiden ersten Jh.en (EvTh 16, 1956, 458-477). *H.Conzelmann*

Heidenheim, 751/752 durch → Wynbald als Benediktinerkloster in oberflächlich christianisierter Gegend gegründet, dann Doppelkloster unter Leitung seiner Schwester Walburg, später Chorherrenstift. Nach schweren Kämpfen um 1150 wieder Benediktinerkloster, 1537 durch den Markgrafen von Brandenburg-Ansbach als Schutzherrn als Kloster aufgehoben.

K.SCHORNBAUM, Die Säkularisation des Klosters H., 1906 - F.HEIDINGSFELDER, Die Regesten der Bischöfe von Eichstätt I-VI, 1915-27, Reg. - I.BÜHLER, Forschung über Benediktinerdoppelklöster im heutigen Bayern II (ZBKG 4, 1929, 4-7) - J.HEMMERLE, Die Benediktinerklöster in Bayern, 1951, 55f (Qu. u. Lit.). *Matth.Simon*

Heidentum. Gemäß dem lat. »paganus« ist der Heide der Landesbewohner. »Der Paganus gilt... als ein niederes Wesen, das von Kultur wenig oder nicht berührt war« (PW). Daraus habe sich, so meint man, die Bedeutung »Nichtchrist« entwickelt, weil die Christen zumeist in Städten wohnten. Wahrscheinlicher ist »Heide« aber keine Übersetzung, sondern germanischen Ursprungs und bedeutet »wild«, »niedrigstehend«, später »Nichtchrist«. - Im AT dient gôjîm als Gesamtbegriff der Völker, die von Gottes Volk (hebr. ʿām) verschieden sind. LXX und NT unterscheiden demgemäß ἔθνη und λαός. Die Heiden stehen außerhalb des Heils, werden aber aufgefordert, den Gott Israels zu preisen (Ps 67, 4 u.ö.), und werden nach Gen 12, 3; Jes 55, 5 Anteil an der gesegneten Zukunft haben. Dieser Gedanke wird von Paulus näher ausgeführt und begründet (Röm 3, 2. 29. 30; 15, 8). Auch Jesus hat dieser Heilsordnung zugestimmt, wird aber selbst mit der Versöhnung der → Heiland aller Menschen, wodurch der Begriff des H.s grundsätzlich aufgehoben wird. Christus bildet als der zweite Adam für alle Menschen einen neuen Ausgangspunkt (2Kor 5, 14). Alle sind gestorben, »also ist auch durch *eines* Gerechtigkeit die Rechtfertigung des Lebens über alle Menschen gekommen« (Röm 5, 18). - Doch macht die Kirche einen Unterschied zwischen den Menschen. Heiden sind alle, die außerhalb der Kirche leben und deshalb des Heils verlustig gehen. Als Ausnahme gelten die Juden und im 16.Jh. auch die Muhammedaner (weil sie Monotheisten waren). Seit dem Zeitalter der → Aufklärung ist → Religion nicht mehr gleichbedeutend mit → Christentum. Man spricht von anderen oder nichtchristlichen Religionen statt von H. Auch den Missionaren schien es unrecht, einen buddhistischen Mönch oder einen hochstehenden Brahmanen einen Heiden zu nennen. H. kommt heute als Bezeichnung der nichtchristlichen Religionen selten vor. Im theologischen Sprachgebrauch bleibt der Begriff aber üblich, wobei man ihn unterschiedlich definiert: Die außerchristlichen Religionen werden als Vorstufe zum Christentum (praeparatio evangelica) gewertet; es gibt nur einen Gradunterschied. - → Thomas von Aquino trennt das natürliche Denken von der Offenbarung. Jenes kann auch Gott erkennen, reicht aber nicht aus, um die besonderen Dogmen der Trinität usw zu fassen. Ähnlich die prot. Theologie: »Der natürliche Mensch weiß also, daß Gott ist, aber nicht wer Gott ist« (Schlink). - H. wird ferner als Irrtum und Verderben betrachtet. Die Kirchenväter nennen es »teuflische Nachahmung« (imitatio diabolica), gelegentlich auch »göttliche Herablassung« (condescendentia divina); doch sei es nach Röm 1, 21 in Verderben und Widersinn verwandelt worden. - Das Gericht gilt allen »Religionen«. Die Religion selbst wird H., auch das Christentum in seinen geschichtlichen Ausgestaltungen. »Religion ist Unglaube« (Barth) und gehört zum Versuch der Selbsterlösung des Menschen. Demgegenüber ist das Evangelium Gottes eigenes Handeln. - Gottes Handeln ist zwar von Religion als Menschenwerk verschieden, steht aber doch dahinter. Ohne Gott gibt es keine Religion, auch kein H. »Die Offenbarung kann nur in Frage stellen, was schon in Frage steht« (Bultmann). - Schließlich wird H. für den modernen → Säkularismus gebraucht, der damit als Religionslosigkeit bestimmt werden soll.

J.ZEILLER, Paganus, Paris 1917 - PW XVIII/2, 2295f - BARTH, KD I/2 - HWDA III, 1634ff - ThW II, 362ff; IV, 45ff - Trübners Dt. WB III, 378ff - W.E.HOCKING, Living Religions and a World Faith, London 1940 - E.SCHLINK, Theol. der luth. Bekenntnisschriften, (1940) 1948³ - P.LECHOT, La pensée de Luther et de Calvin relative aux religions non chrétiennes (Thèse Neuchâtel), 1944 - D.G.MOSES, Religious Truth and the Relation between Religions, London 1950 - DERS., Christianity and the Non-Christian Religions (IRM 43, 1954, 146-154) - ChrRel - BULTMANN I, 294ff - H.GRÉGOIRE-P. ORGELS, Paganus (La Nouvelle Clio 4, 1952, 131-134) - E.C.DE-

WICK, The Christian Attitude to Other Religions, Cambridge 1953 - H.KRAEMER, Religion and the Christian Faith, London 1956.

C.G.Diehl

Heiland. Begriffsgeschichtlich ist der Ausdruck H. (σωτήρ, salvator) wesentlich älter und umfassender als die biblisch seltene Bezeichnung »Erlöser«, die allerdings im deutschen theologischen und religiösen Sprachgebrauch merkwürdigerweise häufiger begegnet. Religionsgeschichtlich sind Gestalten von H.en nichts Ungewöhnliches, von den → Erlösern vielleicht dadurch zu unterscheiden, daß sie nicht wie diese aus vorwiegend ideeller, seelischer Not, sondern aus Unheilszuständen allgemein befreien sollen. Die H.sfunktion hat daher oft politische, soziale und wirtschaftliche Aspekte und ist gern mit dem sakralen → Königtum verbunden, schon bei den sog. → Naturvölkern. Bis in die Spätzeit der Hochkulturen haftet am Herrscher die Vorstellung vom Heilbringer, auch im medizinischen Sinne. Religiöspolitisch kann sich der Glaube bis zur → Messias-Idee steigern, zunächst im Blick auf einen innerweltlichen Heilbringer. Der mythische → Kulturbringer oder Kulturheros weist verwandte Züge auf. Ebenso gehören verschiedene Demiurgen-Gestalten (→ Schöpfung: I) hierher. - Im griechischen Verständnis von σωτήρ liegen die Hilfe in außerordentlicher Not und die Erhaltung des normalen Zustandes nebeneinander; es bezeichnet keinen »Erlöser«. Der Beiname Σωτήρ kann deshalb gelegentlich jedem Gotte gegeben werden, aber in der Überlieferung heben sich doch für die ältere Zeit bestimmte Gruppen heraus. Es sind dies zunächst Heilgötter (→ Asklepios, Hygieia, Telesphoros), Retter in Seenot (→ Dioskuren, Artemis Ellimenia, Poseidon), die Gottheiten des Frauenlebens (Artemis, Eileithyia, Kore, Meter), ferner Apollon, sowohl als Heil- wie als Orakelgott, → Herakles, endlich Athena und Zeus als Schirmherrn des Lebens überhaupt, wobei für Athena ursprünglich ihre Geltung als Kriegsgottheit eingewirkt haben mag (Einzelbelege bei Höfer in: Roscher IV, 1236ff). Bei den beiden zuletzt genannten, bes. bei Zeus, dem als τρίτος σωτήρ (Höfer, aaO 1263f) nach dem Mahle regelmäßig eine Spende dargebracht wird, ist die Loslösung von einem bestimmten Anlaß und die Richtung des Beinamens auf Erhalten des Daseins schlechthin unverkennbar.

Die *hellenische* Neigung, Göttlichkeit auch in überragendem menschlichen Wirken anzuerkennen, führt schon im 5.Jh. dazu, Menschen zum Dank für Errettung und besondere Wohltaten als σωτῆρες zu bezeichnen. Gegen Ende des Jh.s ist die Wendung bereits fast formelhaft erstarrt (Aristophanes, Frieden 913 von dem Friedenbringer Trygaios: σωτὴρ ἅπασιν ἀνθρώποις γεγένησαι). Damals kommt auch die Vergötterung von Menschen für politische Verdienste auf. Die Gemeinschaft, deren »Errettung« die göttlichen Ehren begründet, ist naturgemäß die Polis. Damit setzt sich ungezwungen die Linie der Kulte fort, die der schirmenden und bewahrenden Kraft des Heimatbodens gelten. Etwas wesentlich Neues tritt auch noch nicht hinzu, als die Bezeichnung σωτήρ in frühhellenistischer Zeit den Fürsten der Diadochenreiche zuteil wird. Hier hat der spätere H.sbegriff seine eigentliche Wurzel. Die häufige Verbindung σωτὴρ καὶ κτίστης (P.Wendland in ZNW 5, 1904, 340ff) zeigt die Anknüpfung an alte Vorstellungen, und nur die größere Freigebigkeit in der Zuerkennung (ein Privatmann: Inscriptiones Graecae IX, 2, 59) macht einen Unterschied. Der Ausdruck nutzt sich schnell ab. Aber in der Atmosphäre des Weltreiches mußte sich der Titel eines Wohltäters und H.s notwendig anders ausnehmen als in der Enge des Stadtstaates. Die Vorstellung gewann hier einen Umfang, der dem Machtbereich und den Machtansprüchen der Könige gemäß war. Der H.sbegriff wird ökumenisch ausgeweitet. Gleichzeitig überträgt sich die Auffassung des H.s als Wohltäters und Förderers der Kultur vom → Herrscherkult auf die Göttergestalten, die philosophische Spekulation faßt sie als Fürsten vergangener Zeiten auf, denen ihr Wirken das Anrecht auf dauernde Verehrung gesichert hat (→ Euhemerismus). Im wesentlichen bleibt in dieser Periode der H.sbegriff entschieden irdisch und diesseitig.

Die *Römer* treten hier wie sonst das Erbe der Diadochen an; der σωτήρ-Titel wird nun den römischen Statthaltern gegeben (Wendland, aaO 340ff). Bedeutsamer war es, daß allgemein orientalische Vorstellungen von einem Weltenherrscher, der ein besseres Zeitalter heraufführt, dem Begriff eine neue Färbung gaben. Sie waren in Ägypten so gut wie in ganz Vorderasien verbreitet (H.Lietzmann, Der Weltheiland, 1909; R.Reitzenstein, Das iranische Erlösungsmysterium, 1921, 214; E.Norden, Geburt des Kindes, 1924, 53ff). In die Verheißung einer neuen Zeit, die ein H. bringen werde, läuft das Androgynenorakel aus, das etwa Ende des 2.Jh.s vChr entstanden sein mag. Voller werden diese Töne in der Folgezeit, als die Friedenssehnsucht übermächtig wird, so in den genau nicht datierbaren Orakeln, die → Vergils 4. Ekloge zugrunde liegen (Norden, aaO 145ff). In Augustus erblickten weite Kreise den Erfüller dieser Sehnsucht, den H. der Welt, der ein neues Weltalter begründet habe. Die mythische Rolle der römischen Kaiser, ihr Kult und die allgemeine Friedensidee verbanden sich mit dem H.sbegriff.

Seit dem 1.Jh. nChr wandelt sich der Begriff noch einmal nach zwei Richtungen. Die Wendung von der Außenwelt zum eigenen Ich verinnerlicht auch die Vorstellung des Heils; sie wird abstrakter, religiöser im engeren Sinne und transzendent. Man begehrt jetzt nicht mehr Rettung für Staat und Gemeinschaft, sondern individuelle Befreiung von der Gewalt der Heimarmene, Zusicherung besonderen göttlichen Schutzes (bes. deutlich Apulejus Metamorphosen XI, 15). Wirkung und Bedeutung der → Mysterien-Religionen ruhen zum guten Teil auf dieser Verheißung. Schon früher hatte die persönliche Zuspitzung der Sōter-Vorstellung begonnen: der H.sgott wird henotheistisch oder monolatrisch gewählt. Soweit Leben und Taten des Gottes mit denen des Mysten in Parallele gesetzt wurden, kam noch ein zweites Moment dazu. Das Gefühl der eigenen Schwäche erblickt in der Leistung des H.s den Erweis der Möglichkeit einer Durchbrechung des umgebenden Zwanges. Das hier zutage tretende Bedürfnis nach gelebtem Vorbild überträgt sich auch auf das sittliche Gebiet, weil das Vertrauen, aus eigener Kraft das sittliche Ideal zu verwirklichen, schwindet (bezeichnend dafür → Marc Aurels Bekenntnis I, 17, 23). Ins Religiöse und Kosmische gesteigert begegnet der Gedanke in der prophetischen Missionspredigt der Zeit, wo den Anhängern σωτηρία, den Verstockten der Untergang verkündet wird (Origenes Contra Celsum II, 8). Er erhält, schon im NT, eschatologischen Charakter. Hierher gehört schließlich die von → Reitzenstein verfolgte Vorstellung eines Boten der höchsten Gottheit, der als H. in die Welt gesandt wird und zugleich Erlöser und Erlöster ist (→ Gnosis: I, 2c). Der Begriff erscheint völlig von allem äußeren Geschehen gelöst und zu einem rein innerlichen Erlebnis gewandelt. So unterscheidet er sich im Endergebnis scharf von allen irdisch-immanenten Heilbringer-Vorstellungen, an denen die Religionsgeschichte so reich ist.

Außer der angeführten Lit. vgl. K.BREYSIG, Die Entstehung d. Gottesgedankens u. der Heilbringer, 1905 - J.G.FRAZER, The magical origin of kings, London 1920 - H.GÜNTERT, Der arische Weltkönig u. H., 1923 - M.BLOCH, Les rois thaumaturges, Strasbourg 1924 - PW

2. R. III/1, 1211ff - RGG² II, 1711ff - E.ABEGG, Der Messiasglaube in Indien, 1928 - L.LINSSEN, Θεὸς Σωτήρ (JLW 8, 1928, 1-75) - A.VANDEURSEN, Der Heilbringer, Groningen 1931 - G.HERZOG-HAUSER, Soter, Wien 1931 - E.PALLON, Das Erlösungsproblem in d. abendländ. Kulturwelt d. Gegenwart (Theol. Diss. Jena), 1934 - L.BIELER, Θεῖος ἀνήρ, Wien 1935/36 - H.BAUMANN, Schöpfung u. Urzeit d. Menschen im Mythus d. afrikan. Völker, 1936 - M.P.NILSSON, Gesch. d. griech. Religion I, (1941) 1955², 538ff; II, 1950, 150ff. 174f. 371ff - H.HARTMANN, »Heil« u. »Heilig« im nord. Altertum, 1943 - F.J.DÖLGER, 'Ο Σωτήρ (AuC 6, 1950, 241-275) - H.TEGNAEUS, Le héros civilisateur, Stockholm 1950 - J.CAMPBELL, The hero with a thousand faces, New York 1953; dt. 1953 - R.McL.WILSON, Soteria (SJTh 6, 1953, 406-416). - Vgl. die Lit. zu → Erlöser: I, → Erlösung: I, → Gnosis: I, → Königtum, sakrales. *K.Latte* (*K.Goldammer*)

Heilbringer →Heiland, →Kulturbringer, →Urheber.

Heilbrunner, *Jakob* (1548-1618), luth. Theologe, Vertreter der Theologie des → Konkordienbuches und der luth. Ubiquitätslehre, Pfarrerssohn aus Schwaben, war zuerst Pfarrer in Niederösterreich, 1578/80 Hofprediger in Zweibrücken, wo er dem von Pant. → Candidus vertretenen Philippismus und Calvinismus weichen mußte. Nach wechselvollem Leben (Pfarrer in Bensheim, Gen.-Sup. in Amberg, Hofprediger in Neuburg a.D., Abt in Auhausen) starb H. als Gen.-Sup. in Bebenhausen. Er verfaßte zahlreiche deutsche und lat. Streitschriften gegen die Reformierten (zB »Lehr-, Warn- und Trostepistel an die Unterthanen in Pfalz-Zweibrücken und in der Oberpfalz« und »Verantwortung ... Herzog Wolfgangs ... Glaubensbekandtnus«, 1594) und gegen die Jesuiten (»Unkath. Papstthumb«, 1601) und beteiligte sich bei Disputationen und Religionsgesprächen mit den Reformierten (1593 Neuburg) und Katholiken (1601 Regensburg).

ADB XI, 313ff - RE XXIII, 635ff - RGG² II, 1713f - W.HERBST, Das Regensburger Religionsgespräch von 1601, 1928, 110ff - F. SCHUNCK in: Blätter für pfälz. KG 5, 1929, 1-16 - SCHL. I, 8106 bis 8109. *G.Biundo*

Heiler, *Friedrich,* Religionswissenschaftler und Theologe, * 30.1.1892 in München, studierte dort orientalische Sprachen, Philosophie (bes. bei Alois Fischer), Religionsgeschichte (bei Joseph → Schnitzer) und kath. Theologie (hauptsächlich bei Karl → Adam), kam frühzeitig unter den Einfluß des → Reformkatholizismus sowie der prot. → liberalen Theologie und empfing entscheidende Eindrücke durch das Studium Luthers, Paul Wernles und N. →Söderbloms. 1918 PDoz. für allgemeine Religionsgeschichte an der Münchener philosophischen Fakultät. Von Söderblom 1919 zu Gastvorlesungen nach Schweden berufen, schloß er sich dort der luth. Kirche an. 1920 ao., 1922 o. Prof. für vergleichende Religionsgeschichte und Religionsphilosophie an der theologischen Fakultät zu Marburg, 1934 von den Nationalsozialisten aus dieser entfernt, 1935 an die Marburger philosophische Fakultät versetzt, 1948 wieder in die theologische Fakultät. Seit 1953 Leiter der Religionskundlichen Sammlung der Marburger Universität und 1. Vorsitzender des Deutschen Zweiges der Internationalen Vereinigung für das Studium der Religionsgeschichte. Seit 1929 Vorsitzender der Ev.-Ökumenischen, anfänglich »Hochkirchlichen« Vereinigung (→ Hochkirchliche Bewegung: II).

Vf. außer zahlreichen Aufsätzen in den von ihm hg. Zs.en »Hochkirche«, »Eine hl. Kirche«, »Ökumenische Einheit« u.a.: Das Gebet, (1918) 1923⁵; Die buddhist. Versenkung, (1918) 1922²; Das Wesen des Katholizismus, 1920; Der Katholizismus, seine Idee u. seine Erscheinung, 1923; Sadu Sundar Singh, (1924) 1925⁴; Ev. Katholizität, 1925; Christl. Glaube u. indisches Geistesleben, 1926; Im Ringen um die Kirche, 1931; Urkirche u. Ostkirche, 1937; Altkirchl. Autonomie u. päpstl. Zentralismus, 1941; Alfred Loisy, 1947. - Festg.: »In Deo omnia unum«, F.H. zum 50. Geb., hg.v. C.M.SCHRÖDER (Eine hl. Kirche 23), 1942 (Bibliogr.). *C.M.Schröder*

Heilig

I. Heilig und profan, religionsgeschichtlich - II. Heilig und profan im AT und Judentum - III. Heilig und profan im NT - IV. Heilig, systematisch-theologisch. - Vgl. u.a. auch → Gott, → Heilige Stätten, → Heilige Zeiten, → Heiligenverehrung, → Heiligung, → Schriften, heilige

I. Heilig und profan, religionsgeschichtlich

1. Begriffsgeschichte - 2. Sprachliche Untersuchung - 3. Inhaltliche Definition - 4. Manifestationen - 5. Psychische Erfahrung - 6. Realisationen

1. Die Verwendung von H. als zentralem Begriff der → Religionswissenschaft zur Erfassung nicht allein der kultischen Sphäre, sondern der Eigenständigkeit des Religiösen schlechthin geht zurück auf den Anstoß, den → Schleiermacher mit seinen »Reden über die Religion« ([1799] 1926⁵ hg.v. R.Otto) zur Erkenntnis der Selbständigkeit und Unableitbarkeit des Phänomens → Religion gab. In diesem umfassenden Sinne verwandte 1912 Émile → Durkheim den Begriff H. (sacré), als er den Gegensatz von H. und profan als »den bestimmenden Zug des religiösen Denkens« bezeichnete. Nathan → Söderblom sagt in ERE (Art. Holiness): »Heiligkeit ist das große Wort in der Religion; es ist sogar noch wesentlicher als der Gottesbegriff«; diesen Gedanken entfaltet er in seinem »Werden des Gottesglaubens« (1926²). Bedeutende Breitenwirkung erzielte Rudolf → Otto mit seinem vorwiegend religionspsychologisch ausgerichteten Buche über »Das Heilige« (1917¹), das in vielen Auflagen erschien; von seinen Kritikern (Geyser, P.W. → Schmidt, Lemaître, Feigel, Baetke) wurden Bedenken hinsichtlich der vornehmlich am religiösen Subjekt orientierten Schau wie an dem Bestreben geäußert, »das H.e minus seines sittlichen Momentes« (als »das → Numinose«) darzustellen. In neuester Zeit hat Mircea Eliade wesentlich zur Charakterisierung des H.en beigetragen. - Die bei der Erarbeitung des Begriffes H. vorwaltende Intention, die absolute Eigenständigkeit der Religion herauszustellen, vertraten auch Max → Scheler, der die absolute Wertperson Gottes betonte, und Eduard → Spranger, für den das Religiöse ein umfassendes Wertgebiet darstellte.

2. Von den beiden germanischen Wörtern für das H.e, den Adjektiven *wīhaz (got. weihs, ahd. wīh) und *hailagaz (got. hailags, altnord. heilagr, ahd. heilag), ist das zweite von den angelsächsischen Glaubensboten des Christentums als Wiedergabe von lat. sanctus gebraucht und damit in seiner späteren Bedeutung geprägt worden. Das lat. Wort sanctus (von sancire, »begrenzen, umschließen, heiligen«) bezeichnet das aus religiösen Gründen Abgesonderte; unter sanctio verstanden die alten Römer ursprünglich die Abgrenzung hl. Orte und deren Schutz vor Verletzung und profaner Berührung. Den Gegensatz zu sanctus bildet profanus, »nicht geheiligt, profan«, eigentlich: »vor dem geheiligten Bezirk (fanum) liegend«. Die Vorstellung der kultischen Absonderung und der Distanz gegenüber dem Profanen liegt auch dem griech. Äquivalent von sanctus, dem Worte ἅγιος (Gegensatz κοινός), zugrunde; bei Herodot, dem ältesten Zeugen des Wortes, ist ἅγιος Attribut hl. Orte: II, 41 ἱρὸν ἅγιον (»hl. Tempel«); V, 119 ἅγιον ἄλσος (»hl. Hain«). Zum hebr. qadôš s. → Heilig: II. - Zur Charakterisierung des H.en werden, bes. bei Darstellung primitivreligiöser Gegebenheiten, oft die den ozeanischen Sprachen der australischen Inselwelt entstammenden Wörter → mana und → tabu verwendet. Das melanesische Wort mana, dessen Etymologien weit verbreitet sind und das vielleicht auf die indonesische Form manang zurückzuführen ist, hat die Bedeutung des »außerordentlich Wirkungsvollen«, der übernatürlichen Macht. Das polynesische Wort tabu (tapu) gehört dem

Tongadialekt der Freundschaftsinseln an. Es setzt sich zusammen aus ta, »gemerkt«, und dem Adverb bu, mit dem die Intensität ausgedrückt wird; die verbale Form tapui bedeutet »heilig machen«. Von der Grundbedeutung des besonders Herausgehobenen, Abgesonderten betont tabu im allgemeinen mehr den negativen, für den Menschen gefahrvollen Aspekt.

3. Aus den sprachlichen Zeugnissen ergibt sich, daß unter H. in erster Linie der Gegensatz zum Profanen verstanden wird. Das Getrennt- und Abgesondertsein des hl. Bereichs vom gewöhnlichen Sein bedeutet nicht einen graduellen, sondern einen prinzipiellen Unterschied. Das H.e ist wesensmäßig »das ganz Andere«. Es ist die alles überragende → Macht, die in Distanz steht zu dem relativ Machtlosen. Zugleich ist es als fordernder Wille eine ethisch normative Größe. – In der modernen Religionswissenschaft hat sich der Gegensatz zwischen H. und Profan immer mehr als grundlegend herausgestellt, und das H.e ist damit in seinem heutigen religionswissenschaftlichen Verständnis zum Kriterium des Religiösen schlechthin geworden. Indem es als solches an die Stelle des Gottesbegriffs (→ Gott: I) trat, konnten Erscheinungen des Frömmigkeitslebens ohne ausgeprägten Gottesglauben als Religion verstanden und gewürdigt werden. Das gilt für manche primitivreligiösen Erscheinungen, die vordem als vorreligiöses Stadium angesprochen wurden, wie auch für den der Gottesidee ermangelnden → Buddhismus.

4. In der Religion ist alles H., was zur übersinnlichen Macht in Beziehung steht. Der ganze Kosmos kann zur Manifestation des H.en, zur Hierophanie, werden. Jede Erscheinungsform der natürlichen Welt kann Chiffre des H.en sein: der Raum und seine Teile, bestimmte Orte, Flüsse, → Berge, Seen; die Zeit und ihre Abschnitte (→ Heilige Zeiten); der → Mensch, seine Handlungen und seine Sprache, insbesondere religiös hervorragende Menschen, Priester (→ Priestertum: I), → Propheten, Könige (→ Königtum, sakrales); ferner Tiere (→ Tierkult), → Bäume und Pflanzen, → Steine.

5. Versteht man unter dem H.en den zentralen Wert des Religiösen, so ist seine Erfahrung im frommen Gemüt dem religiösen → Erlebnis schlechthin gleichgesetzt. Dieses Erleben des H.en ist wesensmäßig verschieden von einer desakralisierten Ansicht der Welt, weil jede Manifestation des H.en nicht als Einzelerscheinung, sondern in ihrem Bezug auf den tiefsten und eigentlichsten Wert des Daseins, mithin als Hierophanie, als Durchbruchsstelle des übernatürlichen H.en erfahren wird. Die subjektiven Gefühle, die im Menschen durch die Begegnung mit dem H.en ausgelöst werden, sind ambivalent (→ Ambivalenz). Sie sind einerseits gekennzeichnet durch die psychische Reaktion auf ein *fascinans*, ein anziehendes, bestrickendes, zutiefst wundervolles Moment, aus dem Ergriffensein und Überschwenglichkeit resultieren. Es steht in Kontrastharmonie zu einem *tremendum*, dem Moment des Schauervollen, der schlechthinnigen Unnahbarkeit, die sich in → Furcht, Scheu, panischem Schrecken äußert; einige Sprachen besitzen charakteristische Termini für diese Gefühlsreaktion: zB griech. θάμβος, lat. horror, englisch awe.

6. Jedem religiösen Handeln liegt das Bestreben der Verwirklichung des H.en zugrunde. Die hl. Handlung ist verbunden mit einem Schutz vor der Vermengung des H.en mit der Sphäre des Profanen; deshalb erfordern Eintritt wie Austritt aus dem Bereich des H.en Konsekrierung (→ Weihen: I) und Exsekrierung. Sämtliche Manifestationen des H.en können rituell erhalten und reproduziert werden. Der Raum wird durch → Heilige Stätten als Orte des Übergangs zwischen Himmel und Erde geheiligt. Alle → Symbole, die sich mit → Tempel, Stadt und Wohnhaus verbinden, gehen zurück auf das Urerlebnis des hl. Raumes. Die Zeit wird geheiligt durch religiöse → Feste und Feiern, die ein Ereignis der hl. Geschichte kultisch wiederholen. Die spezifische Existenzweise des religiösen Menschen äußert sich in der Heiligung seines natürlichen Lebens, bes. bei → Geburt, Hochzeit (→ Ehe: I) und → Tod. Heilige Formen der menschlichen Sprache sind → Mythos, → Liturgie und → Gebet. Alle Kunstäußerungen des Menschen, → Tanz, → Drama, Dichtung, die bildenden Künste, Baukunst und → Musik sind aus hl. Handlungen hervorgegangen.

É. Durkheim, Les formes élémentaires de la vie religieuse, Paris 1912 – ERE VI, 1913, 731ff (N. Söderblom) – Ders., Das Werden des Gottesglaubens, (1916) 1926[2] – R. Otto, Das H.e, (1917) 1948[26–28] – Ders., Das Gefühl des Überweltlichen, 1932 – Ders., Sünde u. Urschuld, 1932 – H. Leisegang, Der Hl. Geist, 1919 – J. Geyer, Intellekt oder Gemüt?, 1921 – M. Scheler, Vom Ewigen im Menschen, 1921 – F.R. Lehmann, Mana, 1922 – E. Spranger, Lebensformen, (1922) 1925[5] – E. Williger, Hagios, 1922 – P.W. Schmidt, Menschheitswege zum Gotterkennen, 1923 – A. Lemaître, La pensée religieuse de R. Otto et le mystère divin, Lausanne 1924 – P. Hofmann, Das religiöse Erlebnis, 1925 – G. Mensching, Das H.e im Leben, 1925 – Ders., Das hl. Schweigen (RVV 20, 2), 1926 – Ders., Das hl. Wort, 1937 – H. Delehaye, Sanctus, Brüssel 1927 – F.K. Feigel, »Das H.e«, Haarlem (1929) 1948[2] – H. Frick, Ideogramm, Mythologie u. das Wort (Marburger Theol. Studien 3, 1931, 1–20) – ThW I, 87ff (O. Procksch) – J. Hessen, Die Werte des H.en, 1938 – R. Caillois, L'homme et le sacré, Paris (1939) 1953[2] – A.R. Radcliffe-Brown, Tabu, Cambridge 1940 – W. Baetke, Das H.e im Germanischen, 1942 – H. Webster, Taboo, Stanford-London 1942 – R.F. Davidson, Rudolf Ottos Interpretation of Religion, Princeton 1947 – Eliade – Ders., Der Mythos der ewigen Wiederkehr, 1953 – Ders., Das H.e u. das Profane, 1957 – B. Häring, Das H.e u. das Gute, 1950 – G. van der Leeuw, Vom H.en in der Kunst, 1957.

G. Lanczkowski

II. Heilig und profan im AT und Judentum

1. H.keit ist im AT einerseits die nachdrücklichste Aussage von der Göttlichkeit Gottes (→ Gott: II), andererseits Wesensmerkmal des mit der Gottheit in Beziehung bringenden Kultes. Dem H.en steht der ihm wesensfremde und von ihm leer gelassene Bereich des Profanen, also alles Nichtgöttlichen und Nichtkultischen, gegenüber. Wie alle H.keit rituelle Reinheit bei sich hat und fordert, so ist ihr zuwider, was unrein ist (→ Rein und Unrein: II; → Tora).

2. Die unvergleichliche, sich in → Herrlichkeit und Wundermacht äußernde H.keit Gottes preist und bekennt das Kultlied (Ex 15, 11; 1Sam 2, 2; Pss passim). Bei der H.keit als seinem Wesen schwört Gott, wie sonst bei seinem Leben (Am 4, 2; Ps 89, 36). So heißt er gelegentlich der H.e (Hab 3, 3; 1, 12; Jes 40, 25; Hi 6, 10; Spr 9, 10) und vor allem bei Jes und Dtjes gern der »H.e Israels« (u.a. 30, 11f; 41, 14ff). Der h.e Gott ist der personhaft andringende, »eifernde« Gott (Jos 24, 19), der sein gottheitliches Recht beansprucht und sein hehres Anderssein herausstellt (Jes 5, 16; Hos 11, 9). In Schlußformeln im → Heiligkeitsgesetz fordert er die Achtung vor seinem H.sein, indem er menschliches H.sein gewährt und gewahrt wissen will (Lev 11, 44f; 19, 2; 20, 26 usw). Gleiches gilt vom Namen Gottes, den die Frommen als h. bekennen (Ps 30, 5; 97, 12; 106, 47), segnen (Ps 103, 1; 145, 21), rühmen (Ps 105, 3), auf den sie vertrauen (Ps 33, 21) und dessen Furcht gebietende Macht sie ehren (Ps 111, 9). Wie der → Dekalog seinen Mißbrauch verbietet, so soll er weder durch Abgötterei (Lev 20, 3; Ez 20, 39) oder Zauber (Ez 13, 19) noch durch sexuelle Promiskuität (Am 2, 7; Lev 18; Ez 43, 7f) noch durch anderen Ungehorsam profaniert werden (Lev 22, 2. 32). In eigener Weise redet → Ezechiel vom Profanwerden des göttlichen Namens: Jahwe, der Israel strafend preisgibt, will sich und seinen Namen in der Heils-

wende groß, herrlich und h. erweisen (20, 9ff; 28, 22. 25; 36, 20ff; 38, 16. 23; 39, 7. 23). Daß Jahwe seine H.-keit gegen das abtrünnige Israel durchsetzt, gehört auch zu den Motiven der Wüstenzeit (Num 20, 12f; 27, 14; Dtn 32, 51; Jes 63, 10f; Lev 10, 3). Gelegentlich wird auch der seine wirkende Nähe verbürgende → Geist (: II) Gottes h. genannt (Jes 63, 10; Ps 51, 13; vgl. Hag 2, 5), ebenso sein machterfülltes (Jer 23, 9) und verläßlich zugesagtes → Wort (Ps 105, 42).

3. H. ist ferner, was zur Sphäre Gottes gehört. So sind H.e die himmlischen Wesen aus der Umgebung Gottes (Dtn 33, 3; Ps 89, 6. 8; Sach 14, 5; Hi 5, 1; 15, 15; Dan 8, 13; 7, 18ff [anders 7, 21]; Ex 15, 11 LXX). H. ist als Herrschaftssitz Gottes der Himmel (Ps 11, 4; 20, 7 usw; Jes 63, 15; Jer 25, 30; Sach 2, 17; 2Chr 30, 27), entsprechend auf Erden der → Tempel (: II) mit der h.en → Lade (Ps 5, 8; 138, 2; Jes 64, 10 u.a.) sowie der Zion als Gottesberg (→ Berge, 2; → Himmelsberg), der den Tempel trägt. Die h.e Gottesstadt (Jes 48, 2; 52, 1; Jo 4, 17) dürfen (nicht kultfähige) Fremde nicht betreten, doch wird sie Wallfahrer aus der Völkerwelt aufnehmen (Ps 87). Neben dem h.en Berg wird das Land des Einzuges Gottes h.es Weideland und Gebiet (Ex 15, 13ff; Ps 78, 54; Jer 31, 23; Sach 2, 16), während ehedem h.er Boden die begrenzte Erscheinungsstätte des Göttlichen in der Welt bezeichnete (Ex 3, 5; Jos 5, 15; Ex 19).

4. H.sein kann auch von Menschen ausgesagt werden, die die Gottheit erwählt, ausgesondert und zu ihrem Dienst geweiht hat (→ Heiligung: I). H. sind vor allem die Priester (1Sam 7, 1; Lev 21 u.a.; → Priestertum: II), nach der → Priesterschrift der Hochpriester → Aaron samt den Aaroniden. Weihe und Ermächtigung zum Tempel- und Opferdienst (2Chr 23, 6; 26, 18) erhielten die Priester durch Investitur mit den h.en Gewändern, durch Salbung und »Handfüllung« (Ex 28f; Lev 8 u.a.). Zu den h.en Personen zählen ferner Leviten (Num 3, 12; 2Chr 35, 3; → Levi) und → Nasiräer (Num 6) sowie der Gottesmann und → Prophet (2Kön 4, 9; Jer 1, 5). In h.em Zustand befinden sich auch die zum h.en → Krieg (: II) geweihten Krieger (1Sam 21, 5f; Jes 13, 3; Jer 22, 7 u.a.) samt ihrem Kriegslager (Dtn 23, 15). Von einer dem König zukommenden H.keit hören wir nur indirekt (Ps 89, 21. 40; Klgl 2, 2; vgl. 1Sam 24, 7; 26, 11). H. ist auch die Kultgemeinde (Num 16, 3; H.ungsriten: Ex 19, 10ff; Zeph 1, 7; Hi 1, 5). → Erwählung hat Israel zum H.tum und Herrschaftsbereich Gottes gemacht (Ps 114, 2), und vom erwählten und darum h.en Volk redet bes. das → Deuteronomium (7, 6; 14, 2. 21; 26, 19; 28, 9; Ex 19, 6). Seitdem Jahwes Zorngericht das Prädikat h. nur den Geretteten und Erlösten beläßt (Jes 4, 3; 62, 12), weiß sich die Gemeinde der Frommen auch als die der H.en (Ps 34, 10; 16, 3; auch Dan 11, 28. 30 und 1Makk 1, 15. 63).

5. H.keit eignet auch allen Dingen, die dem Kult dienen: So → Zelt und → Lade (1Kön 8, 4), Altäre (→ Altar: II) und die auf ihm dargebrachten → Opfer (Jer 11, 15; Hag 2, 12), dazu alles Kultgerät (2Chr 29, 14 u.a.), ferner alle Erstgeburten (Dtn 15, 19; Lev 27, 26; Num 3, 13; → Erstlinge, 2), Erstlingsbrote (Lev 23, 15ff) und Zehntabgabe (Dtn 26, 12ff; → Zehnten, 2). Der Kult legt h.es Brot vor die Gottheit (1Sam 21, 5ff), braucht h.es Räucherwerk (Ex 30, 34ff) und Salböl (Ex 30, 31f; 37, 29). Beim Fluchordal (→ Gottesurteil: II) verwendet man h.es Wasser (Num 5, 17). Der Tempel hat h.es Geld (Ex 38, 24ff u.a.). Die Priester tragen h.e Gewänder. Weihgaben für den Tempel aus Beute, Tribut (Jos 6, 19; 2Sam 8, 11; 1Kön 7, 51 u.a.) oder privaten → Gelübden (Spr 20, 25; Ri 17, 3; Lev 27 [Lösungsmöglichkeiten]) sind, als h. ausgerufen, in die Eigentumssphäre Gottes verbracht; ähnlich beim → Bann. – H. und profan spielt auch eine aus kanaanäischem Brauchtum überkommene Rolle für die menschliche Nutzung von Weingärten (Dtn 20, 6; 22, 9; 28, 30), auch von Fruchtbäumen (Lev 19, 23ff). Menschlicher Nutzung sind auch die h.en Zeiten entzogen: So der → Sabbat und sonstige h.e Tage, zumal die zu h.en Fest- oder Fasttagen ausgerufenen (2Kön 10, 20; Neh 8, 9ff; 10, 32; Esr 3, 5; Lev 23; Num 28f; Jo 1, 14; 2, 15). Als h.es Jahr gilt das → Jobeljahr, wie die »Loslassung für Jahwe« im → Erlaßjahr ausgerufen wurde. Kulttheologie sonderte mit der Zeit vom H.en noch ein Hochheiliges aus: So das → Allerheiligste in Zelt und Tempel (Ex 26, 33f; 1Kön 6, 16; 8, 6; Ez 41, 4). Hochheilig sind Räucheraltar samt Räucherwerk (Ex 30, 10. 36), der Brandopferaltar (Ex 29, 37; 40, 10) und alles zugehörige Gerät. Dasselbe gilt von Speis-, Sünd- und Schuldopfer (Num 18, 9) und den Priesteranteilen davon (Lev 2, 3. 10; 6, 10. 18; 7, 1. 6; 14, 13; Ez 42, 13). Hochheilig wird auch, was durch Bann der Gottheit geweiht ist (Lev 27, 28; 2Chr 31, 14). Niemals dagegen wird, trotz seiner Bedeutung, das Brandopfer als hochheilig bezeichnet. Daran zeigt sich, wie die Kulttheologie mit h. und hochheilig nicht so sehr aussagen will, in welchem Verhältnis die Kultdinge zu Gott stehen, als vielmehr wie der Mensch zu ihnen zu stehen hat, wer ermächtigt ist, damit umzugehen, und wie das zu geschehen hat. Denn H.keit kann sowohl gefährden wie gefährdet werden. Für kultisches Denken ist die den Personen und Dingen des Kultes innewohnende H.keit durch Berührung, ja schon durch Sehen übertragbar (Ex 29, 37; 30, 29; Lev 6, 11; Jes 65, 5; Ez 44, 19; 46, 20) und kann u.U. tödlich wirken (Num 4, 15. 20; 2Sam 6, 6f). Daneben steht die Anschauung, die solche Wirkung abstreitet, aber die ausstrahlende Infektionskraft des Unreinen nach wie vor bejaht (Hag 2, 11ff). Denn allem H.en gegenüber gebührt Reinheit (2Chr 30, 19). Wo immer die fremde, profane, unrituelle Welt in den Bereich des H.en eindringt, wird es entweiht (Ps 74, 7; 79, 1; Jes 35, 8; Mal 1, 12; Lev 19, 8. 29; 21 u.a.). Wer im Zustand der Unreinheit ist, hat den h.en Bereich zu meiden (Lev 12) und Sorge zu tragen, sich wieder zu h.en, dh kultfähig zu werden (Num 11, 18; Jos 3, 5; 7, 13; 1Sam 16, 5; Jes 30, 29 usw; → Reinigungen: II).

6. Die *nachbiblische Literatur* redet sowohl mit Bezug auf Gott (2Makk 14, 36), seinen Namen (Tob 3, 11), den Himmel (Weish 9, 10), die Engel (Sir 42, 17; Tob 8, 15; TestLev 3), den Geist (Weish 9, 17), wie auch von Tempel (1Makk 3, 43; 2Makk 5, 15), Priester (Sir 7, 29), Altar (2Makk 14, 3) und Kultgerät (Sir 26, 17; 45, 10. 15), darunter nun auch die h.en Schriften (1Makk 12, 9), von Sabbat und Festen (2Makk 5, 25; Tob 2, 1) nicht anders, als es im AT geschieht, und die Israeliten sind sowohl die Frommen wie die von Gott berufenen H.en (Weish 18, 1. 5. 8f; Tob 12, 15; PsSal 17, 43). Während → Philo in der Zuerkennung des Prädikats h. auch über den at. Verwendungsbereich hinausgeht, es zB dem νοῦς oder der Seele beilegt (Somn. I, 34. 149), ist → Josephus darin eher zurückhaltend. – Wer in die »Einung« von → Qumran eintrat, kam in einen Bereich von H.keit (1QS VIII, 5; Sa I, 9. 12f; Sb I, 2; H IV, 25; M X, 10; Dam B XX, 2. 24f u.a.). Kennzeichnend ist, daß in dieser »h.en Gemeinde« die Priester das Hochheilige, das bedeutsamste Element darstellen (1QS VIII, 8f; IX, 3; Sb IV, 27f). H.keit ist aber gleichbedeutend mit Reinheit geworden, die sich vom Unreinen fernhält und einen h.en Wandel führt (1QS VI, 16ff u.a.). Weniger äußere Riten, sondern entscheidend Gottes h.er Geist bewirkt sie (1QS III, 7; IX, 3f; H XVI, 12). Von diesem Geist, der auch das Ohr für Gottes wundersame Geheimnisse auftut, ist öfter die Rede (1QH XI, 12; M X, 11f; Dam II, 12f u.a.). Häufig sind die himmlischen H.en

erwähnt, in deren Gemeinschaft die Begnadeten in der Endzeit kommen werden (1QH III, 21f; XI, 11), die aber auch jetzt schon den irdischen H.en im Kampf wie in den Versammlungen helfend nahe sind (1QM VII, 6; XII, 7).

W.W.Graf Baudissin, Der Begriff der H.keit im AT (Studien z. semit. Religionsgesch. 2, 1878, 1-142) - U.Bunzel, Der Begriff der H.keit im AT, 1914 - Ders., Qdš u. seine Derivate, 1917 - A.Fridrichsen, Hagios-Qadoš, 1916 - F.J.Lenhardt, La notion de la sainteté dans l'AT, 1929 - ThW I, 88ff - A.J.Festugière, La sainteté, 1942 - H.Ringgren, The Prophetical Conception of Holiness (UUÅ 1948, 12) - S.Mowinckel, Religion u. Kultus, 1953 - E.Kutsch, Miqra' (ZAW 65, 1953, 247-253) - K.Koch, ZThK 55, 1958, 41ff. - Weitere Lit. s. → Heiligung: I. Zur Sekte von → Qumran s. dort.

F.Horst

III. Heilig und profan im NT

Der neue Aspekt des H.en im NT ist ermöglicht durch die eschatologische Verkündigung der Gottesherrschaft, die die ganze Welt ergreifen wird (→ Reich Gottes: I), und durch das neue Verständnis der Gnade und Rechtfertigung: Sünder und Gottlose werden durch die Gnade in Christus h. und rein; daher kann auch von der Heiligkeit der Gemeinde gesprochen werden (die »Heiligen« oder »Geheiligten«, Röm 1, 7; 1Kor 1, 2). H. und unheilig beziehen sich jetzt auf die Totalität des Menschen und des Kosmos, sofern diese entweder von der Sünde beherrscht oder durch Christus in eine neue Existenz versetzt sind. Heiligkeit von Menschen, Dingen, magischen oder kultischen Handlungen außerhalb von Christus gibt es nicht. Grundlegende Zeugnisse hierfür sind bes. Mk 7, 1ff par und 1Kor 8-10 (die Freiheit des Christen gegenüber dem Götzenopferfleisch). Die Aufhebung des Kultusgesetzes und die durch Christus geschaffene, neue → Freiheit (: I) für die Welt als Schöpfung (1Kor 10, 25f) machen einen radikal neuen Begriff des Profanen möglich, der freilich im NT noch nicht theologisch fixiert, wohl aber faktisch realisiert wird in der Gemeinde der Heiligen. Das Profane erscheint als das Unheilige unter den Begriffen Fleisch, Sünde, Ungesetzlichkeit, Unreinheit, Begierde (Paulus), als Charakter der Welt extra Christum; h. sind Menschen und Welt als von Gott ergriffen, als sein Eigentum (hier wird die kultische Wurzel des Begriffes ἅγιος sichtbar). H. ist alles, was Christus durch den hl. → Geist (: IV) wirkt (1Kor 1, 30; 6, 11; Eph 5, 26; 2Thess 2, 13; 1Petr 1, 2). Von hier aus ist auch der personale Charakter von h. zu verstehen (Reinheit des Herzens Mt 5, 8; 23, 26), ebenso die moralische Heiligkeit im Vollzuge des Gehorsams gegen Gott und der Liebe zum Nächsten (Heiligkeit als Wille Gottes, imperativische Aussageform; 1Kor 7, 14; 2Kor 7, 1; 1Thess 4, 3).

RGG² II, 1721 - R.Asting, Die Heiligkeit im Urchristentum, 1930 - ThW I, 101ff - Bultmann, NT (Reg.) - EKL II, 54f. - Weitere Lit. s. → Geist: IV, → Heiligung: III. *H.-D.Wendland*

IV. Heilig, systematisch-theologisch

1. Prot. Theologie - 2. Kath. Theologie - 3. Gottes H.keit - 4. Jesus Christus, Geist, Wort - 5. Die Kirche - 6. Das Problem des Sakralen

Der Begriff »h.« hat in der Lehre von → Gott (: VI) wie in der von der → Kirche (: IV) seinen Ort. In jener Hinsicht bezeichnet er Gottes Gottheit, in dieser die Gottzugehörigkeit von Menschen.

1. In der *altprot. Theologie* ist »h.« einseitig an den Begriffen des → Gesetzes (: V) und der → Gerechtigkeit Gottes (: IV) ausgerichtet. H.keit ist »die höchste, von allem Fehl und Gebrechen völlig freie Reinheit in Gott, die von den Geschöpfen die schuldige Reinheit und Lauterkeit fordert« (→ Quenstedt), oder: »die Rechtbeschaffenheit des göttlichen Willens, in der er alles, was recht und gut ist, gemäß seinem ewigen Gesetz will« (→ Baier). Die rationale Bezogenheit der H.keit auf das Gesetz hat sich durch die *neuprot.* Abwandlung des Gottesbildes ins Humane und Ethische formal durchgehalten, inhaltlich jedoch verflüchtigt (Aulén). *Schleiermacher* versteht unter Gottes H.keit »diejenige göttliche Ursächlichkeit, kraft deren in jedem menschlichen Gesamtleben mit dem Zustande der Erlösungsbedürftigkeit zugleich das Gewissen gesetzt ist« (§ 83). *Ritschl* sieht in ihrer at. Fassung »nicht eine einzelne Eigenschaft«, »sondern den ganzen Umfang einer Vorstellung von Gott«, die die »Macht, Größe, Unnahbarkeit«, »das Befremden gegen Unreinheit« und »die leidenschaftliche Wahrung der Zurückgezogenheit Gottes« ausdrückt (II, 90f). Dadurch, daß die Offenbarung Christi »Gott als die Liebe« kennen lehre, sei der Begriff der H.keit als der »verschlossenen Erhabenheit Gottes« im NT »abgestoßen« (101f) und »im Christentum nicht giltig« (III, 260). Ritschl blieb mit der radikalen Erledigung des Begriffs sogar seinen Schülern gegenüber allein. Vielmehr nötigten Motive ethischer (Haering, Kaftan, Stephan), biblischer (Cremer, Kähler, Schlatter), aber auch kulturphilosophischer (Troeltsch) und rein systematischer Art (Schaeder) zur Neufassung. Innerhalb des fast alle Richtungen einenden Theologumenons »h.e Liebe« vermochte selbst *Schaeder*, der vor dem Verwischen der Spannung zwischen Gnaden- und Gerichtserfahrung warnte, das »Ineinander, Miteinander von fordernder und richtender Tätigkeit oder Weltbezogenheit Gottes« zu betonen. *R.* → *Otto* versuchte auf Grund religionsgeschichtlichen Materials *»das* H.e« als religiöse »Kategorie a priori« zu bestimmen, in der die Momente des Schauervoll-Übermächtigen (»tremendum«) und des Anziehend-Bestrickenden (»fascinans«) eine »Kontrastharmonie« bilden. Obwohl seine religionspsychologische Methode »Gefühle« statt »Gehalte« analysierte (Schumann) und die objektive Religion wie ethisch bindende Normen ignorierte (Baetke), wirkte sein Hinweis auf die Verschlingung rationaler und irrationaler Elemente im »H.en« anregend. *E. Brunner* arbeitete die sittlich qualifizierte H.keit als »Wesenstranszendenz« im Unterschiede zur »Seinstranszendenz« heraus. Im Akt der Kundgabe (Offenbarung) hebt sie den Abstand auf und bezieht als »transitive H.keit« das Geschöpf in die Gottesgemeinschaft ein (Erwählung). *Althaus* vertiefte den Begriff von Luthers Kreuzestheologie her durch die Einsicht, daß Gottes majestätische H.keit »das ihm sich verweigernde Menschentum unter das Gesetz der Sünde und des inneren Todes stellt«. In der im Kreuze Christi erfolgenden Überwindung des Zornesverhängnisses und durch die im Glauben empfangene Vergebung kommt Gottes H.keit zum Ziel. *Barth* rechnet, gemäß seiner axiomatischen Einordnung des Gesetzes in das Evangelium (→ Gesetz: VI), die H.keit - unter den »Vollkommenheiten des göttlichen Liebens« - der Gnade Gottes zu, in deren Zuwendung zum Geschöpf er sich selbst treu bleibt. H.keit besagt »seine Absonderung und Entgegenstellung dem ihm begegnenden Widerstand gegenüber, sein Gericht über die Sünde«. »Die H.keit Gottes ist die Einheit seines Gerichtes mit seiner Gnade.« Demgemäß bezeichnet die H.keit der Kirche ihre Gegenüberstellung zur Welt: die Gemeinde ist h. »in letzter, kategorischer Bestimmtheit, unantastbar und unveränderlich h.«. Die ihr beigelegte H.keit ist »Reflex der H.keit Jesu Christi«, »Gabe seines H.en Geistes«. »In der Teilnahme der H.en an der H.keit Jesu Christi bezeugt sich des Menschen in diesem einen H.en schon verwirklichte Heiligung.« *Tillich* sieht ontologisch in dem Wort H.keit »die Unnahbarkeit Gottes und die Unmöglichkeit, im eigentlichen Sinn eine Beziehung zu ihm zu haben«, ausgedrückt. »Gott ist essentiell h., und jede Be-

ziehung zu ihm bringt zum Bewußtsein, daß es paradox ist, zum H.en eine Beziehung zu haben.«

2. Die *kath. Theologie* pflegt zwischen objektiver und formeller H.keit Gottes zu unterscheiden. Jene bestehe in seiner »absoluten Würde« (Majestät), diese in seiner sittlichen Güte, die auf das Gute als höchsten Endzweck des Wollens gerichtet sei (Scheeben). Neuerdings wird mittels personaler Kategorien die Einheit von Seins- und Akt-H.keit überzeugender beschrieben. »Die sittliche und seinshafte H.keit fallen bei Gott in eins zusammen: die seinshafte H.keit geht ein ins Handeln und wirkt sich darin aus, ja sie ist das Handeln Gottes, und die sittliche H.keit ist Ausdruck des h.en Seins, ja sie ist dieses Sein.« Gott *ist* »seine eigene Tat. Das göttliche Tun ist daher selbst personhaft. Die H.keit Gottes ist personal. Sie ist absolute Aktivität« (Schmaus).

3. Der ev. Begriff »h.« (lat. sanctus) ist stets *personal*, nie magisch zu verstehen. Als Begriffs-Komplex enthält er für die christliche Erkenntnis ein kultisches, ein ethisches und ein eschatologisches Element (vgl. → Bultmann zu Joh 6, 69), die wohl voneinander differenziert, nie aber gegeneinander isoliert werden dürfen. *Theologisch* bezeichnet »h.« nicht eine der verschiedenen → Eigenschaften Gottes, sondern sein eines, unwandelbares *Wesen* selbst, und zwar sowohl sein Sein wie sein Walten. Weil Gott in sich selbst h. *ist*, erweist er in Wort und Werk seinen h.en Willen. Gottes H.keit ist aufs engste verbunden mit seiner → Gerechtigkeit (: IV), die weder auf sein Fordern noch sein Strafen einzuschränken ist, sondern als Grundbefindlichkeit Gottes seine weltüberlegene wie weltbezogene Gemeinschaftstreue meint (Jes 5, 16). H.keit ist in doppeltem Sinne ein Beziehungsbegriff: er begreift logisch das Mitgesetztsein einer Gott verherrlichenden Gemeinschaft ein, von der er sich abgrenzt und der er sich zugleich zuwendet. Gottes H.keit stellt somit die Spannungseinheit zweier gegenläufiger Momente dar. Gott ist h. in sich selbst (intransitive, konzentrative H.keit) und zugleich h. für die Welt (transitive, expansive H.keit). In seiner exklusiven und inklusiven H.keit, die nicht mit seiner Ferne und Nähe zu verwechseln ist, ist Gott der »H.e« schlechthin (Jes 6, 3; Apk 4, 8). H. ist er als der *in* seiner Offenbarungsgestalt Verborgene (Luther [Bandt]). Der H.e wird nicht erkannt in numinosen Gefühlen von Schauer und Wonne, sondern in der Furcht des Herrn, die den Eigensinn tötet (Spr 9, 10), und in der Zuversicht, die des Vaters Willen in freiem Gehorsam tut (Joh 7, 17).

a) Die *exklusive H.keit* besagt: Gott steht in einer *Selbstbeziehung* (→ Trinität: IV), deren Eigenart sich weder menschlich erfassen noch in einer welthaften Entsprechung (→ Analogia entis) ausdrücken läßt: seine Selbigkeit kann als reines, unverfügbares Geheimnis (1Tim 6, 16) in keiner Weise problematisiert werden. - Gott *bejaht* sich selbst, indem er sich in eifernder Intoleranz (Ex 20, 5) von allem anderen Sein unterscheidet und über seiner Ehre wacht (Jes 42, 8): sein Name *ist* nicht nur h. (Ps 103, 1f; 111, 9; Lk 1, 49), sondern heißt »der H.e« (Jes 1, 4; Ps 71, 22 [für das Judentum: Bousset, Rel. 312f]); er schuldet niemandem Rechenschaft (Jes 45, 11f). - Gott *behauptet* sich selbst gegenüber jedem Widerstand, indem er das → Böse und die → Sünde (: VI) mit seinem → Zorn (: IV) beantwortet (Dtn 4, 24; Mt 10, 28; 21, 41; Hebr 10, 31) und durch sein → Gericht (: IV) hindurch seinen Heilswillen (→ Versöhnung: VI) siegen läßt (→ Reich Gottes: III).

b) Die *inklusive H.keit* besagt: Gott tritt gemäß seinem unergründlichen → Heilsratschluß in eine *Fremdbeziehung* zur Welt, indem er sich eine → Gemeinde (: I) erwählt (→ Erwählung: III). Der h.e Gott ist nie zu denken ohne eine Schar h.er, dh von ihm zum Eigentum beschlagnahmter Geschöpfe. - Gott *bejaht* seine Gemeinde, indem er ihr seinen h.en Namen kundtut (→ Offenbarung: VI), sie durch ihn bewahrt (Spr 18, 10; Joh 17, 6. 11) und sie seiner H.keit unterstellt (Lev 11, 44). Der h.e Gott tötet durch sein h.es Gesetz und Gebot (Röm 7, 12) ihren Eigenwillen und erweckt sie durch seinen barmherzigen Ruf (Röm 12, 1f; 1Petr 1, 15f) zu h.em Wandel (→ Heiligung: III). - Gott *behauptet* seine Gemeinde in der eschatologischen Anfechtung durch die Mächte (Mt 16, 18), indem er zu seinem Worte steht (Ps 105, 42; Lk 1, 49) und ihr Recht schafft (Lk 18, 7f; Röm 8, 27). Der h.e Gott verbirgt unter der Strenge und Güte seines Handelns an der Gemeinde das künftige Heil der gesamten Welt (Röm 9-11; Apk 21).

4. Gottes ursprunghafte doppelseitige H.keit verwirklicht sich in der Welt durch *Jesus Christus*, seinen »h.en Knecht« (Apg 4, 27). Als »*der* H.e Gottes« zerstört er einerseits die Herrschaft der → Dämonen (Mk 1, 24) und vertritt er andrerseits, vom Vater in die Welt gesandt (Joh 10, 30), Gott als Leben spendender Offenbarer (6, 68f). Seine H.keit schließt sein Richteramt ein (5, 21. 27). Als »h.« gibt er der Gemeinde die → »Salbung« (1Joh 2, 20). - Als ebenso ursprunghaft h. gilt der → *Geist* (: VI), sofern er als Geist Gottes von der Welt geschieden ist und dennoch in ihr das eschatologische Geschenk der Freiheit von der Macht der Sünde und des Todes darstellt: Anhub (Röm 8, 23) und Angeld (2Kor 1, 22) der hereinbrechenden Zukunft. Der h.e Geist (Joh 14, 26) bringt als der »andere Anwalt« Jesu Prozeß mit der Welt zum Siege (16, 7–11). - Ursprunghaft h. ist schließlich das → *Wort der Verkündigung* (→ Kerygma), weil es das Tat-Wort Gottes bzw. des Herrn ist, durch das der h.e Geist wirkt. Obwohl es im AT nur vereinzelt (Ps 105, 42) und im NT nie als h. bezeichnet wird, haben es die Reformatoren mit Recht zum Kriterium alles in der Welt »H.en« erhoben: »Gottes Wort ist der Schatz, der alle Dinge h. macht, dadurch sie selbst, die H.en alle, sind geheiligt worden« (BSLK 583, 91).

5. Im Gegensatz zur ursprunghaften H.keit Gottes wird h. von Menschen nur in *abgeleitetem* Sinne gebraucht. So ist die → *Kirche* (: IV) h. als das aus der Welt ausgegrenzte Gottesvolk (1Petr 2, 9f), h. als der vom h.en Geist bewohnte Tempel (1Kor 3, 17). So bezeichnen sich im NT die Glaubenden als »die H.en«. H.keit meint nicht eine ihnen innewohnende Eigenschaft oder das Ergebnis eines Tuns, sondern die ihnen durch Gottes Heilshandeln in der Taufe (1Kor 6, 11) beigelegte Bestimmtheit des neuen geistlichen Seins »in Christus« (2Kor 5, 17). H.keit begründet als »die Einheit von Indikativ und Imperativ, von Kraft und Verpflichtung« (Bultmann, NT 334) die christliche Ethik. Kultisches (→ Gottesdienst: IV) und ethisches Dasein (→ Heiligung: II) werden in der Gemeinde, zu der als »H.e des Höchsten« (Dan 7, 18. 21ff) auch die »h.en → Engel« (: III) gehören (Mk 8, 28; Jud 14), zur eschatologischen Existenz integriert.

6. Die ev. Dogmatik kennt im Unterschied zur kath. keine »H.en« im engeren Sinne, dh keine Christen, die auf Grund tätiger Tugend, des Martyriums oder von Wundern durch feierlichen Spruch des kirchlichen Lehramtes als H.e erklärt werden (→ Heiligsprechung). Desgleichen kennt sie keine *an sich* → heiligen Stätten, → heiligen Zeiten, h.en Handlungen oder Geräte. Jedoch stellt sich heute nicht nur aus der Lage der sich selbst zersetzenden Profanität (→ Säkularismus), sondern auch von der at. Exegese her die vom Neuprotestantismus verneinte Frage nach der etwaigen H.keit von Dingen, Ordnungen und Werten. Damit erwacht erneut das *Problem des Sakralen* (lat. sacer = geweiht). Es fragt sich, ob Innerweltliches, das nie an sich h. ist, als von Gott gewirkt bzw. in Dienst genommen für h. gehalten werden

kann. In diesem Sinne werden die → Sakramente der h.en → Taufe, des h.en → Abendmahls und die h.e Schrift (→ Bibel: III) bewertet. Ihre dem NT (außer Röm 1, 2; 2Tim 3, 5) fremde Bezeichnung »h.« (sacer) ist zwar dem Anschauungskreis h.er Dinge entnommen, läßt sich aber nach ev. Verständnis im personal-funktionalen Sinne auslegen. Offen bleibt es, ob und wieweit gegenwärtig die umgreifende (zT politische) Sakralisierung des Profanen, als Rückschlag gegen seine »Entheiligung« (W.Kamlah), durch echte Formen der Heiligung der Welt zu überwinden ist. Im at. Kultus zeigt sich vom 1. Gebot her eine »Verankerung des Heils tief im Dinglichen«, »prägt sich gerade in dieser kultischen Materialität der penetrante Immanenzwille Jahwes aus«, der allerdings »H.keit immer auf Abbruch« setzt (v.Rad, Theol-AT I, 1957, 277f). In der begrenzten Auszeichnung h.er Ordnungen sieht der Glaube ein Zeichen dafür, daß die Welt des Geschöpflichen zur Verherrlichung dessen berufen ist (Gen 1; Ps 148), der sie mit seinem verborgenen Glanz füllt (Jes 6, 3b) und dem die Gemeinde schon jetzt, inmitten von Nichtigkeit und Verderben (Röm 8, 18ff), das dreifache → Sanctus singt.

Außer den Lehrbüchern der → Dogmatik (Lit.): A.Ritschl, Die christl. Lehre von der Rechtfertigung u. Versöhnung, 3 Bde, (1870 bis 1874) 1888-95[3.4] - M.J.Scheeben(-L.Atzberger), Hdb. der kath. Dogmatik I, (1873) 1948[3], §§ 88. 96 - H.Cremer, Die christl. Lehre von den Eigenschaften Gottes, (1897) 1917[2] - E.Schaeder, Theozentrische Theol. II, (1914) 1928[2] - P.Althaus, Das Kreuz Christi (ZSTh 1, 1923, 107-152 = Theol. Aufsätze I, 1929, 1ff) - E.Troeltsch, Glaubenslehre, 1925, § 13 - G.Aulén, Den kristna gudsbilden, 1927; dt.: Das christl. Gottesbild in Vergangenheit u. Gegenwart, 1930 - F.K.Schumann, Der Gottesgedanke u. der Zerfall der Moderne, 1929, 135ff (zu R.Otto) - M.Schmaus, Kath. Dogmatik I, (1937) 1953[5], §§ 76. 97 - J.Hessen, Die Werte des H.en, 1938 (kath.) - Barth, KD II/1, 394ff; IV/1, 756ff; IV/2, 578ff - W.Baetke, Das H.e im Germanischen, 1942 - E.Brunner, Die christl. Lehre von Gott (Dogmatik I), 1946, Kap. 14 - E.Lohmeyer, Das Vaterunser, (1946) 1947[2], 41ff - W.Kamlah, Der Mensch in der Profanität, 1949 - P.Tillich, Systematic Theology I, (Chicago 1951) dt. (1955) 1956[2], 311ff - H. Bandt, Luthers Lehre vom verborgenen Gott (ThA 8), 1958 (Lit.).
G.Gloege

Heilige Schriften → Schriften, heilige.

Heilige Stätten

I. Religionsgeschichtlich - II. In Israel - III. In der Alten Kirche und im Mittelalter. - Vgl. auch → Altar, → Haine, → Kirchenbau, → Moschee, → Nabel, → Palästina, → Synagoge, → Tempel, → Wallfahrt und Wallfahrtsorte, → Weltbild: I u.dgl.

I. Religionsgeschichtlich

Der religiöse Mensch sondert innerhalb der profanen Weltwirklichkeit Zonen aus, die für ihn von numinoser Wirklichkeit erfüllt sind, und nur für ihn (vgl. Ex 3, 5). Das Zustandekommen dieses Phänomens wird verständlich, wenn man bedenkt, daß, wie der natürliche Mensch alle Erfahrungen in die Anschauungsformen von Raum und Zeit einordnet, so auch der religiöse seine Erfahrung des Heiligen (→ Heilig: I). So entstehen hl. Räume und → Heilige Zeiten. Hl.St. sind also jene Ausschnitte aus dem profanen Raum, in denen sich göttliche Wirklichkeit durch besondere Ereignisse oder Gegenstände enthüllte und so zum Orientierungspunkt (→ Orientation) wurde. Das Urverlangen des religiösen Menschen, in einer vom Heiligen erfüllten Atmosphäre zu leben, läßt ihn daher allenthalben hl. Räume bzw. St. suchen oder schaffen. Das Haus und in ihm der → Herd sind hl.St. Die Türschwelle, von Wächtergottheiten bewacht, trennt den hl. Raum vom profanen. Bei der Landnahme (zB der Germanen) wurden von numinoser Macht erfüllte Türpfosten mitgenommen und so hl. Raum geschaffen. Orte besonderer → Offenbarung verändern den Raum qualitativ und begründen hl.St. (vgl. die Gottesoffenbarung an Jakob in Gen 28, 12ff; → Heilige Stätten: II). Zahlreiche Naturphänomene werden auf Grund der in oder an ihnen geschehenden Gottesgegenwart zu hl.St. wie → Berge, → Haine, → Bäume, → Quellen, Flüsse, → Steine usw. Das → Grab ist hl.Stätte wegen seiner Beziehung zur Welt numinoser Ahnengeister (→ Totenverehrung: I). Vielfach wurden über Gräbern → Tempel, also hl. abgegrenzte Räume errichtet, die nun im besonderen Orte des Überganges von der Erde zur hl. Überwelt darstellen wie zB die babylonischen Zikkurats (→ Babylonien: II, 9). In der Anlage und Ausstattung der Tempel zeigt sich eine weitere Tendenz, nämlich die zu stufenweise fortschreitender Konkretisierung des Heiligen im Raum durch differenzierende Abgrenzung des → »Allerheiligsten« gegen den minder hl. Raum. - An den hl.St. herrscht → Asylrecht. - Noch ein anderer → Symbolismus ist bei zahlreichen hl.St. zu beachten: der des Zentrums der Welt. Die oben erörterte Grundstruktur der hl.St. tritt hier in der Idee in die Erscheinung, daß manche Orte → »Nabel« (Omphalos) der Welt seien. Bezeugt ist diese Vorstellung für Rom, Bagdad, Jerusalem (vgl. Ez 5, 5 mit 38, 12; anders Ri 9, 37). Die indische Weltsäule (skambha, vgl. → Weltenbaum) steht im Zentrum der Welt (Rig. Ved. I, 105; X, 89, 4). Vielfach sind Tempel Nachbildungen kosmischer Berge, zB das buddhistische Heiligtum Borobudur auf Java, das dadurch ebenfalls im Weltmittelpunkt liegt. → China bezeichnete sich aus dem gleichen Grunde als »Land der Mitte«. - Manche Religionen zeigen die Tendenz zur Entsakralisierung der hl.St., etwa die ref. Form des Christentums, für die die Kirche zum bloßen Bet- und Lehrhause wurde. - Vgl. → Asklepios, → Religionsgeographie.

A.J.Wensinck, The Ideas of the Western Semites Concerning the Navel of the Earth (VAA 17, 1, 1916) - W.Bogaras, Ideas of Space and Time in the Conception of Primitive Religion (AmA NS 27, 1925, 205-266) - H.v.Glasenapp, Hl.St. Indiens. Die Wallfahrtsorte der Hindus, Jainas u. Buddhisten, ihre Legenden u. ihr Kultus, 1928 - W.Teudt, German. Heiligtümer, 1929 - S.Weinstock, Mundus patet (MDAI Röm. Abt. 45, 1930, 111-123) - H.Rust, Hl.St., 1933 - Th.Palm, Wendische Kultstätten (Diss. Lund), 1937 - HIsl (Reg.) - M.Delcourt, Les grands sanctuaires de la Grèce (MR 21), 1947 - Eliade §§ 140ff - Ders., Das Heilige u. das Profane, 1957 - R. Roussel, Les pèlerinages à travers les siècles. Chrétiens, muselmans, bouddhistes, indous, taoïstes, shintoïstes, Paris 1954 - C.A.Schmitz, Der Tanz- u. Kultplatz in Neu-Guinea u. Melanesien (Diss. Köln), 1954 - R.Kriss-H.Kriss-Heinrich, Peregrinatio neohellenika (Veröffentl. des österr. Museums f. Volkskunde 6), 1955 - van der Leeuw § 57 - E.Manher, Lapparnas heliga ställen (Acta lapponica 13), Stockholm 1957 (mit engl. Zusammenfass.).
G.Mensching

II. In Israel

1. Väterzeit - 2. Wüstenzeit - 3. Seit der Landnahme: a) Übernahme der kanaanäischen hl.St. - b) Ausstattung der hl.St. - c) Bedeutung - d) Die großen hl.St. - e) Der Sieg Jerusalems und die Stellung der Propheten - 4. Nachexilische Zeit

1. Die hl.St. haben von Anfang bis zum Ende der Geschichte → Israels das Leben des Volkes begleitet und geprägt. Das ist auch da selbstverständlich, wo es nicht ausdrücklich erwähnt wird; eine Zeit ohne hl.St. ist für Israel unvorstellbar. - Nach der Gen sind hl.St. bereits mit der *Vätergeschichte* eng verbunden. Dabei wird nach heutiger Erkenntnis (Alt) der Kult der Patriarchenzeit durch den »Gott der Väter« bestimmt, dem »jede Ortsgebundenheit fehlt« (v.Rad 17), da seine Träger noch nicht zur Ansässigkeit gelangt sind. Daher wird die Verknüpfung dieses Kultes mit den (kanaanitischen) Ortsheiligtümern zumeist erst für die Zeit nach der Landnahme angenommen (ebd 29). Da kultische Beziehungen von Wanderstämmen zu Heiligtümern im Kulturland im palästinischen Raum bis heute zu beobachten sind (nebi musa, nebi rubin, das Rahelgrab), sind solche

für die Väterzeit denkbar. Ja, die Beziehung zu bestimmten hl.St. könnte das Streben der Wüstenstämme nach Landnahme in Palästina mit begründet haben. Über die mit den Vätersagen verknüpften hl.St. s. 3c.

2. Aus der *Wüstenzeit* sind zwei feste Punkte erkennbar, um die sich die wichtigsten Vorgänge konzentrieren. → Kadesch, schon seinem Namen nach als Heiligtum ausgewiesen, wird als Ort der Offenbarung bezeichnet (Gen 16, 14; Dtn 33, 2) und als »Quell der Rechtsentscheidung« ausdrücklich benannt (Gen 14, 7). Die Überlieferung verbindet mit Kadesch manche Ereignisse der Wüstenwanderung (Num 13, 26; 20, 1-13; Dtn 1, 19; Jos 14, 6f), auch wohl die Bewährung des (Priester-) Stammes → Levi (Dtn 33, 8f), der seine besondere Beziehung zu → Mose (vgl. Ri 18, 30; Ex 32, 26-29) gewinnt. Die Bedeutsamkeit von Kadesch wird durch die Notiz vom »langen« Aufenthalt des Volkes (Dtn 1, 46) dortselbst unterstrichen. Dem Gedenken der Nachfahren hat sich der Berg → Sinai bzw. Horeb (dem doppelten Namen wird eine doppelte Ortslage entsprechen!) stärker eingeprägt, der auch später noch als Ort der Offenbarung gewertet wird (Dtn 33, 2; Ri 5, 4f; 1Kön 19). Er gilt als Stätte der ersten Bekundung Jahwes. Hier erfolgt (Ex 3) die Gleichsetzung Jahwes mit dem Gott der Väter, wodurch sich Jahwe als ein Gott über Räume und Zeiten dokumentiert. Dabei wird nicht verschwiegen, daß der Berg (→ Berge, 2) geographisch und kultisch im Bereich der → Keniter liegt, die ihrerseits als ein Teil der → Midianiter gelten. Zu ihnen gehört Moses Schwiegervater, dem eine auch kultisch wesentliche Stellung zugeschrieben und der als Moses Ratgeber bezeichnet wird (Ex 18, 19ff; Ri 1, 16). - In eigentümlicher Parallele stehen daneben die beiden Wanderheiligtümer, → Lade und → Zelt. Zwar sind sie in der Überlieferung zu einem Heiligtum (Stiftshütte) vereint, das den Maßen des Tempels entspricht; daß es sich aber von Haus aus um zwei verschiedene Heiligtümer handelt, ist sicher. Die Lade repräsentiert die Anwesenheit Jahwes, der das Volk vor allem auf seinen Kriegszügen begleitet. Auch das Zelt vereint zwei Vorstellungsweisen. Einmal ist es Wohnort Jahwes (miškan, Ex 29, 45f; vgl. Dtn 33, 12); zum anderen ist das Zelt Stätte der Zusammenkunft zwischen Gott und Mensch ('ohæl mô'ed). In Mesopotamien begegnet der → Tempel (: I) als Wohnort und als Erscheinungsort des Gottes (W.Andrae, OLZ 30, 1927, 1033ff); in den Traditionen vom Zelt sind beide vereinigt.

3. a) Mit der *Landnahme* beginnt für Israel ein Neues. Das halbnomadische Volk tritt in die Seßhaftigkeit ein und damit in den Bereich der kanaanäischen Religion, deren hl.St. von Jahwe okkupiert werden. Das ist offenbar reibungslos bei den → El-Heiligtümern erfolgt, wobei ältere Beziehung solcher hl.St. ('el 'æljôn, 'el-'ôlam, 'el-šäddäj u.a.) zum Väterkult (s. 1; zum Problem s. Eißfeldt) keineswegs ausgeschlossen ist. Anders lag es bei den dem → Baal oder weiblichen Gottheiten gewidmeten hl.St.; diese Tatbestände haben durch die Funde von Ras Schamra (→ Ugarit, 1) neuerdings bemerkenswerte Aufhellung erfahren (s. Fohrer). An den hl.St. vollzieht sich also das religionsgeschichtlich wichtigste Ereignis der Königszeit: der Kampf zwischen Jahwe und Baal. Es geht dabei durchaus nicht nur um Gott gegen Gott, sondern Hauptgefahr ist die baalistische Unterwanderung des Jahweglaubens bzw. die Übernahme baalistischer Fakten in den Jahweglauben. Diese hl.St. gab es, wie die späteren Welis, »auf jedem hohen Berg und unter jedem grünen Baum«, Merkmale, die den hl.St. bis heute weithin erhalten geblieben sind. Auch → Steine (s.u.) und Höhlen finden sich häufig als Stätten der Offenbarung. Der heilige Charakter der hl.St. blieb erhalten, wenn auch der Name ihres Herrn wechselte. Die Gefahr der Baalisierung erkannt und bekämpft zu haben, ist das historische Verdienst der → Propheten, deren Kultpolemik überhaupt hier ihre Wurzel hat. Letzte und radikalste Konsequenz ist die völlige Abschaffung der hl.St. - abgesehen natürlich von Jerusalem - durch das → Deuteronomium.

b) Für den Kultort braucht das AT das Wort bamā, (Berg-)Rücken, wohl wegen der hohen Lage gewählt (Beziehung zu βωμός? So Albright 225f; neuerdings tritt Albright für »Beerdigungsstätte heidnischer Herkunft« ein, VT Suppl. 4, 1957, 242-258). Wichtigster Bestandteil der hl.St. sind die Altäre (→ Altar: II). Es gab ferner Wasserbecken zur Ausführung kultischer Waschungen. Auch die gelegentlich vorkommenden Napflöcher (→ Altar: II, 1) haben wohl etwas mit dem Altar zu tun und dienten flüssigen Opferspenden. Man hat bei ihnen an Nachbildungen des weiblichen Gliedes gedacht, wie bei den Masseben an Phalluskult. Im AT ist das nicht zu belegen. Die Massebe (→ Steine) wird sich aus dem Steinheiligtum gebildet haben, das den Sitz der Gottheit bezeichnet, jedenfalls als kraftgeladen gilt. Das verflüchtigt sich dann vielfach so, daß durch den Stein bzw. die Massebe der Ort einfach als heilig markiert wird. Wie diese zum hl. Stein, verhält sich die → Aschera, der Kultpfahl, zum hl. Baum, wobei die Wortbeziehung zu der Fruchtbarkeitsgöttin Aschera der Sachbeziehung entsprechen wird. »Grüne« → Bäume sind als Embleme der hl.St. dem AT bekannt, vor allem aus der prophetischen und deuteronomischen Polemik. Der Teilnahme der Feiernden wird an den hl.St. Rechnung getragen - außer den genannten Wasserbekken - durch einen besonderen Raum für die Opfermahlzeit (liškā, 1Sam 9, 22; vgl. 1, 9. 18 LXX). Nur an bestimmten hl.St. hat es → Tempel (: II) gegeben, so außer → Jerusalem (: II) in → Silo (Ri 18, 31; 1Sam 1 u.ö.), → Bethel (Am 7, 13; 1Kön 12, 29), → Sichem (Ri 9, 4), wohl auch in Dan (Ri 18, 30f; 1Kön 12, 29f) und → Mizpa (Jer 41, 5?; vgl. Ri 20, 1; 21, 5; 1Sam 7, 5ff; 10, 17; 1Makk 3, 46ff). Wie der Jerusalemer Tempel die Lade, so haben auch andere Tempel besondere Kultembleme enthalten, wie es drastisch für das Heiligtum von Dan (Ri 17f; → Ephod und → Teraphim) beschrieben wird, auch für das Ortsheiligtum von → Ophra (Ri 8, 27); die Reichsheiligtümer in Bethel und Dan (1Kön 12, 28f) hatten ein Gottesbild (→ Bilder: II, 1). Die Priester hatten ihren Wohnsitz gewöhnlich an den hl.St. (→ Eli); gelegentlich gab es eine besondere Priesterstadt (Nob, vgl. ZAW 47, 1929, 178f; vielleicht ist hier auch Anatot zu nennen).

c) Daß die hl.St. für das private und öffentliche Leben in Israel größte *Bedeutung* hatten, liegt auf der Hand. Hier fanden Heeresversammlungen statt, so auf dem → Tabor (Ri 4f), in Bethel (Ri 20f), Mizpa (Ri 20f; 1Sam 7; 1Makk 3), Mizpa im Ostjordanland (Ri 11), im → Gilgal (1Sam 13, 7f), in Bezek (1Sam 11. 8; vgl. JPOS 6, 1926, 219). An die hl.St. gehört die Königswahl (1Sam 10, 17ff; 11, 14f; 16, 1ff; 1Kön 1, 38f; 12, 1). Auch als Grenzorte werden berühmte hl.St. angegeben, so Dan, → Beerseba, Bethel. Die große Bedeutung der hl.St. zeigt sich weiter daran, daß viele von ihnen mit der Frühgeschichte in Verbindung gebracht werden, die ihnen weithin den ἱερὸς λόγος liefert (s. 1). Beispiele sind Beerseba (Gen 21, 33; 26, 23ff; 46, 1ff; vgl. Zimmerli), Bethel (Gen 12, 8; 28, 11ff; 35, 1ff; 48, 3f), Hebron (Gen 13, 18; 18, 1ff; 23, 1ff; 35, 27), Jerusalem (Gen 14, 17ff; 22, 1ff?), Mahanaim (Gen 32, 2f), Mizpa im Ostjordanland (Gen 31, 45ff), Pniel (Gen 32, 22ff), Sichem (Gen 12, 6f; 33, 18ff; 35, 4). Ferner mögen der → Garizim (Gen 22, 1ff nach der hier wohl älteren samaritanischen Tradition; vgl. O.Procksch, Genesis zSt) und der Tabor (Gen 14, 17ff; vgl. JPOS 8, 1928, 169ff) in Betracht kommen. Andere hl.St. wie Silo, das Gilgal bei Jericho, Mizpa in Benjamin, Dan, aber auch Sichem, Hebron, Bethel, der Tabor sind mit Erinnerungen an die Landnahme und Richterzeit verknüpft. Man kann sich vorstellen, wie solche Erinnerungen die Bedeutung der hl.St. steigerten und wie das in den großen → Festen (: II) zum Ausdruck kam, die dort stattfanden, da ja die hl.St. immer das Ziel von → Wallfahrten gebildet haben. An den hl.St. haben die hl. Überlieferungen so ihren Haftort gefunden, an dem sie erhalten wurden. Manchmal mag sich das in einem Nachvollziehen der betr. Geschichte (»Begehungen«) niedergeschlagen haben (etwa bei den Josua-Traditionen; dazu H.W.Hertzberg, Die Bücher Josua, Richter, Ruth [ATD 9], 1953, passim). So wird es ebenfalls an den hl.St. zur schriftlichen Fixierung der Stoffe gekommen sein. Auch als Pflegestätten der Psalmdichtung müssen weithin die hl.St. gelten; hier hat gewiß ein Großteil der → Psalmen (: I) seinen »Sitz im Leben« gehabt. Unabtrennbar von den hl.St. sind weiter die Anfänge des Prophetentums (s. 3e). Nimmt man das alles zusammen, so wird man sagen können, daß nichts im alten Israel den hl.St. an Einfluß und Bedeutung an die Seite zu stellen ist.

d) Vor allem betrifft das natürlich *die großen hl.St.*, die sich neben den kleinen von nur lokaler Bedeutung sichtbar heraushoben. Ihre Berühmtheit ergab sich aus gewissen, dort beheimateten Überlieferungen, aus Festen, die dort stattfanden, auch wohl aus bestimmten Persönlichkeiten - die Richterin → Debora, der Priester → Eli, der Seher und Priester → Samuel - und mitunter aus der historisch-geographischen Lage. So ist Sichem mit dem Garizim das zentrale Heiligtum der Josephstämme gewesen, am Tabor fanden sich die vier angrenzenden Stämme Issakar, Sebulon, Naphthali und Manasse zusammen, → Hebron, das judäische Stammesheiligtum, stellte zugleich die Verbindung zu südlicher wohnenden Gruppen her (Kaleb, Othniel u.a.); auch bei Beerseba wird es ähnlich gewesen sein. Das ostjordanische Mizpa hat für die dortigen Gruppen, das westjordanische, dessen Identität mit der »großen Höhe von → Gibeon« erwiesen werden kann (ZAW 47, 1929, 161ff), für den Stamm Benjamin zentrale Bedeutung gehabt. An letzterer Stelle haben (vgl. ebd) die Überlieferungen vom Zeltheiligtum ihre Stätte gefunden, wie die Lade in → Silo seßhaft wurde und dort ihr Tempelhaus bekam. Dan und Bethel im Nordreich erhielten durch → Jerobeam I. ihre besondere Stellung. Sehr wichtig unter den hl.St. ist bis in die frühe Königszeit Sichem geblieben, das natürliche Zentrum des Landes, der Ort des »Landtags« von Jos 24, der Sitz der gesamtisraelitischen Amphiktyonie (vgl. Noth).

e) Später werden alle hl.St. in den Schatten gestellt durch *Jerusalem*, dessen → Tempel (: II) die Lade aufnimmt und das Zelt ersetzt. Von nun an wird die Geschichte der hl.St. ein Kampf des Jerusalemer Tempels um die Vorherrschaft. Die Tempelpolitik der Davididen, die Bewahrung Jerusalems 701, die Verbindung mit der mosaischen Kulttradition waren kräftige Helfer für Jerusalem, die Opposition der Propheten eine starke Waffe gegen die anderen hl.St. Dabei stehen diese von Haus aus positiv zu den hl.St. und sind mit ihnen verbunden: Gibeat Elohim (1Sam 10, 5ff), Silo (1Kön 11, 29), Bethel (1Kön 13, 11; 2Kön 23, 15ff), der → Karmel bei → Elia und → Elisa, auch Sichem, Bethel und Gilgal in 2Kön 2, der Tabor in seiner Beziehung zu der »Prophetin« Debora (Ri 4f), in der chronistischen Tradition die Verbindung des »Sehers« Samuel mit dem Zeltheiligtum (1Chr 9, 22f). In dem Maße, in dem die Propheten als Einzelgestalten eine besondere Offenbarung empfangen, treten sie neben die hl.St. (1Kön 20 und 22, Elia und Elisa, die Prophetin Hulda) und aus der ihnen gewordenen Sonderbotschaft in Gegensatz zu den hl.St., wovon auch der Jerusalemer Tempel nicht ausgenommen ist (→ Micha!). Das Dtn mit seiner Kultuszentralisation bringt demgegenüber eine rückläufige Bewegung. → Jeremia freilich, vor allem nach dem Tode des Reformkönigs → Josia, bleibt bei der prophetischen Opposition gegen das kultische Leben am Tempel und dessen Überbetonung, während der Schluß des → Ezechielbuches die Zukunft um ein neues Heiligtum in Jerusalem sich gestalten sieht.

4. Der durch das Dtn angebahnten und durch Ezechiel unterstrichenen Entwicklung gemäß wird *nach dem* → *Exil* der auf dem Tempelplatz neu errichtete → Tempel (: II) *das* Heiligtum und der Mittelpunkt des in Palästina sich sammelnden → Judentums (: I). Die übrigen hl.St. sind aus dem Gesichtsfeld entschwunden. Neben Jerusalem steht, soweit uns bekannt ist, gleichsam in Reserve allenfalls nur noch Mizpa, wohl um alter, nicht durch »Götzendienst« belasteter Erinnerungen willen (1Makk 3, 46; vgl. Jer 40f), und dann das Konkurrenzheiligtum auf dem Garizim, um den sich das Sonderleben der → Samaritaner entwickelt. Für das in der Welt verstreute Judentum wird der Tempel in Jerusalem ebenfalls der Mittelpunkt; andere Tempel wie in → Elephantine und → Leontopolis oder ein häretisches Eigenzentrum essenischer Prägung (→ Qumran) ändern daran nichts. Die Zeit der → Makkabäer tut das Ihre, die Stellung des Tempels zu verstärken, da der Aufstand im Zusammenhang mit der Entweihung des Tempels entsteht und der Sieg durch die Tempelweihe und die Ernennung des ersten Fürsten zum Hohenpriester gekrönt wird. Der Neubau des Jerusalemer Tempels unter → Herodes stellt, so verdächtig der Erbauer den Juden auch ist, die äußere Vollendung dieser Entwicklung dar, die dann mit der Zerstörung i.J. 70 das jähe Ende findet. Aber schon lange vorher sind die → Synagogen den lokalen kultischen Bedürfnissen begegnet und treten dann nach 70 auch praktisch an die Stelle der hl.St.

A.v.Gall, Altisraelit. Kultstätten, 1898 - G.Westphal, Jahwes Wohnstätten, 1908 - H.W.Hertzberg, Die Melkisedeq-Traditionen (JPOS 8, 1928, 169-179) - Ders., Mizpa (ZAW 47, 1929, 161-196) - A.Alt, Der Gott der Väter (BWANT III, 12), 1929 (= Alt I, 1-78) - M.Noth, Das System der zwölf Stämme Israels, 1930 - W.Zimmerli, Gesch. u. Tradition von Beerseba im AT, 1932 - G.Fohrer, Die wiederentdeckte kanaanäische Religion (ThLZ 78, 1953, 193 bis 200) - O.Eissfeldt, El and Yahweh (JSS 1, 1956, 25-37) - W.F. Albright, Die Religion Israels im Lichte der archäologischen Ausgrabungen, 1956 - R.Rendtorff, Der Kultus im alten Israel (JLH 2, 1956, 1-21) - G.E.Wright, Bibl. Archäologie, 1957 - J.Gray, The Legacy of Canaan, 1957 - G.v.Rad, TheolAT I, 1957. - Vgl. auch die Lit. zu den Sonderartikeln.

H.W.Hertzberg

III. In der Alten Kirche und im Mittelalter

1. Nach der Zerstörung → Jerusalems (70 nChr), das für die Urgemeinde wie für das Judentum die hl. Stadt war, übte Palästina als »Schauplatz der Predigten und Taten« Jesu nur auf wenige Christen Anziehungskraft aus (vorkonstantinische Belege: → Melito von Sardes bei Euseb, h. e. 4, 26, 14; → Alexander von Jerusalem, ebd 6, 11, 2; → Origenes, Johanneskommentar VI, 40; Contra Celsum 1, 51). Erst die nachkonstantinische Zeit schuf Wandel, wie altchristliche Pilgerberichte (→ Ätheria) beweisen, zumal die Königinmutter → Helena das Vorbild frommer Reise in das hl. Land gegeben hatte. Schon → Konstantin schuf Stätten frommen Gedenkens (hl. → Grab; → Bethlehem), denen zahlreiche Gedächtnisorte des at. und nt. Geschehens bis zum → Sinai folgten. Der Märtyrer- und Heiligenkult (→ Märtyrer: II,

→ Heiligenverehrung: II) ließ zudem in außerpalästinensischen Landen Heiligtümer entstehen, die sich zu Wallfahrtsorten (→ Wallfahrt: II) der verschiedenen Kirchen entwickelten: so in Syrien Kal'at Sim'an in der Nähe Antiochiens (Verehrung des → Symeon Stylites), in Mesopotamien Rusafa (Sergioskult), in Ägypten die sog. Menasstadt bei Alexandrien, in Griechenland Thessalonich (Demetriuskult). Kleinasien besaß in → Ephesus mehrere hl.St. (Johannesgrab; Marienkult; Siebenschläfergrotte), wie überhaupt die Entwicklung diese mehrte: Chalcedon wurde das Zentrum des → Euphemia-Kultes fürThrakien, in Seleukia/Isaurien verehrte man→Thekla, Euchaita am Pontus zog die Frommen durch den Kult des Märtyrers → Theodor an, während man in Chonai bei Kolossä die Erdspalte zeigte, aus der einst der Erzengel → Michael eine hl. Quelle hervorsprudeln ließ. - Mit dem Heiligenkult wandelte sich der Charakter der hl.St.: aus Erinnerungsstätten wurden Orte, an denen die Heiligen immer noch Wunder taten. Zugleich läßt sich beobachten, daß am gleichen Ort in vorchristlicher Zeit heidnisches Heiltum gesucht wurde. Diese Christianisierung der → Volksfrömmigkeit und ihrer hl.St. ist zT bewußt gefördert worden, um heidnische Vorstellungen zu verdrängen (Johannes- und Cyruskult in Menuthis, nordöstlich von Alexandrien; Verehrung von → Kosmas und Damian anstelle von Castor und Pollux in Blacherai bei Konstantinopel), zT ergab sie sich aus der Umwandlung heidnischer Tempel in christliche Kirchen, die selbst bei Zerstörung die kultischeTradition der Stätte erhielten. - Im Westen besaß → Rom als Stadt der Apostelgräber schon in vorkonstantinischer Zeit Anziehungskraft, die nach dem Sieg der Kirche durch die Märtyrerverehrung (→ Damasus; → Katakomben) zunahm. Gedächtniskirchen wie Sta. Croce in Gerusalemme und S. Maria Maggiore banden die Traditionen von »Jerusalem« und »Bethlehem« an das caput orbis christianae, das so doppelte Weihe erhielt. Auch im Westen entstanden unter Einfluß des Heiligenkultes provinzielle hl.St.: so für Süditalien der Michaelskult auf dem Monte Gargano, für Gallien die Heiligtümer des → Martin von Tours und des Julian in Brioude (Auvergne), oder für Spanien Merida mit dem Kult der Eulalia bzw. Saragossa-Valencia (→ Vincentius-Kult).

2. Im MA wurden durch Einfluß des Buß- und Ablaßwesens (→ Ablaß, → Bußwesen: II) aus den altchristlichen Gedächtnis- und Wunderorten »Gnadenorte«, deren Besuch als Bußleistung galt und Sündenerlaß gewährte. Erst das → Jubiläumsjahr unter Bonifatius VIII., das Rom die Fülle der Ablässe gewährte, sicherte der Stadt Petri gegenüber der Vielheit solcher Gnadenorte die Vorrangstellung. Das hl. Land besaß sie vor allem in den → Kreuzzügen wegen der damit verbundenen Ablaßzeiten. Seit dem 12.Jh. traten jedoch andere hl.St. daneben, die durch ihre Apostelgräber die Massen anzogen, so S.Jacopo di Compostella (Jakobusgrab), dem später die Gleichstellung neben Rom und Jerusalem gewährt wurde, oder → Trier (Matthiasgrab), das durch den hl. → Rock besondere Anziehungskraft besaß. Der → Reliquien-Kult des MA trug stark zur Mehrung der hl.St. bei: dem frühen Beispiel von → Aachen folgten bald andere. Die spätere Sakramentsfrömmigkeit steigerte sie ins Unübersehbare (blutende Kruzifixe, zB Reichenau, Brügge, Wilsnack [→ Blutwunder]).

Außer der Lit. zu den genannten Stichwörtern vgl. allgemein: R. Roussel, Les pèlerinages à travers les siècles, 1954. - Zu 1: D.Baldi, Enchiridion locorum sanctorum. Documenta S.Evangelii loca respicientia, (1935) 1955[2] - DACL XIV/1, 1939, 40ff (Romwallfahrten) - F.W.Deichmann, Frühchristl. Kirchen in antiken Heiligtümern (JdI 54, 1939, 105-136) - G.Bardy, Pèlerinages à Rome vers la fin du IVe siècle (AnBoll 67, 1949, 224-235) - B.Kötting, Peregrinatio religiosa. Wallfahrten in der Antike u. das Pilgerwesen in der alten Kirche, 1950. - Zu 2: K.Beyerle, Die Anfänge des Kölner Schreinwesens (ZSavRG Germ. Abt. 51, 1931, 318-509) - H.F.M. Prescott, Triar Felix at large. A XVth Century pilgrimage on the Holy Land, 1950 - O.Springer, Medieval Pilgrim routes from Scandinavia to Rome (MS 12, 1950, 92-122) - A.M.Pous, Recenti sviluppi della polemica sui le origine del culto di S.Giacomo in Spagna (RivAC 30, 1954, 142-144) - H.J.Hüffer, Sant' Jago. Entwicklung u. Bedeutung des Jakobuskultes in Spanien u. dem röm. dt. Reich, 1957 - A.Schiffers, Aachener Heiligtumsfahrt, 1957. *C.Andresen*

Heilige Zeiten

I. Religionsgeschichtlich - II. Praktisch-theologisch. - Vgl. auch → Feste und Feiern

I. Religionsgeschichtlich

Der hl. Raum (→ Heilige Stätten: I) und die hl. Zeit haben religiös die gleiche Struktur, indem sie Ausschnitte aus dem profanen Raum und der profanen Zeit sind; darauf weist auch die gleiche etymologische Beziehung von templum und tempus zum griech. Verbum τέμνειν = schneiden. Dennoch bestehen charakteristische Unterschiede: Während der Raum eine ruhende Größe ist, in die man sich hineinbegeben muß, ist die Zeit fließend und kommt ihrerseits über den Menschen. Sofern es hl. Zeit ist, die freilich nur der religiöse Mensch wahrnimmt, muß man sich in ihr entsprechend verhalten. Das bedeutet, daß sich in den aus der profanen Zeit ausgesonderten Abschnitten der Einbruch numinoser Wirklichkeit ereignet und damit eine andere Zeitebene erfaßbar wird, für die im eigentlichen Sinne der auf endliches Geschehen bezogene Begriff Zeit nicht anwendbar ist; denn es handelt sich hier um das eigentlich Zeitlose, auf das der Mensch angeborenermaßen ebenso die Anschauungsform des Raumes wie die der Zeit anwendet. Hl. Zeit unterscheidet sich von profaner Weltzeit wegen der Verschiedenheit der Ebenen auch dadurch, daß sie wiederholbar ist. Hl. Z. kehren wieder, was die profane Zeit nicht tut. Der Grund liegt darin, daß hl. Zeit keine ablaufende und daher unwiederbringlich vergehende Zeit ist. Die Zeitebene, von der hier die Rede ist, ist jene Wirklichkeit, in der die Mythen (→ Mythos: II) spielen und die gemeint sind, wenn in ihnen vom »Anfang« (ἀρχή, principium) die Rede ist, was dann dahin mißverstanden werden kann, daß es sich um den Anfang der irdischen Zeitreihe handle. Die Inder sprechen treffend von »akala«, der »Nichtzeit« (→Aion, → Ewigkeit).

Die verbreitetste Form hl. Z. sind die → Feste der Religionen, wiederkehrende Tage also, die den Ablauf der profanen Zeit unterbrechen und in denen der Einbruch des Heiligen und seitens der Menschen die Rückkehr zur hl. Urzeit (vgl. → Chaos) erfolgt. Naturfeste und heilsgeschichtliche Feste sind Abschnitte des Jahres, das immer wieder der Erneuerung aus dem Ewigen bedarf. Bes. die Neujahrsriten (→ Neujahr) dienen solcher Regeneration durch Rückkehr zur hl. Zeit. Deshalb ist auch der Kalender eine sakrale Institution zur Festsetzung der hl.Z., aber auch um daraus glückliche und unglückliche Tage (→ Tagewählerei) zu erkennen. Weil sich solche Kalender für das naive Empfinden auf objektiv numinoses Geschehen beziehen, darf man sie nicht willkürlich verändern. Daher erklärt sich vielerorts der Widerstand gegen Kalenderreformen. Wie das Jahr durch Feste, so wird der Tag durch Gebetszeiten (→ Gebet) unterbrochen. Auch hier handelt es sich wie bei den Festtagen um die gleiche Rückbeziehung auf das Überzeitliche im Fluß des vergehenden Tages. Endlich ist daran zu erinnern, daß auch die verschiedenen Zeitrechnungen (→ Chronologie: II-IV) zumeist von sakralen Ereignissen an datieren: zB die jüdische Zeitrechnung von der Erschaffung der Welt, die buddhistische von Buddhas Tod (Nirvâna), die christliche von Christi Geburt und die islamische von Muhammeds Hidschra.

G.DUMÉZIL, Temps et mythes (Recherches philosophiques 5, 1935/36, 235–251) - H.REUTER, Die Zeit. Eine religionswiss. Unters. (Diss. Bonn), 1941 - O.CULLMANN, Christus u. die Zeit, 1946 - VAN DER LEEUW § 55. -Weitere Lit. s. →Ewigkeit: I, →Feste und Feiern: I.
G.Mensching

II. Praktisch-Theologisch

1. Je größer die Rolle ist, die Hl.Z. im Kultus der Religionen spielen, desto zurückhaltender wird die ev. Theologie mit der Übernahme dieses Begriffes sein und in nüchterner Fortführung der nt. Gedanken (Mk 2, 27; Gal 4, 8ff) nur in uneigentlicher Weise von Hl.Z. sprechen. Hl.Z. sind solche Zeiten, in denen der christlichen Gemeinde durch Gottes besondere Freundlichkeit Gelegenheit gegeben wird, ungestört von der Berufsarbeit das Evangelium zu hören, Gott im Gebet zu nahen und die Gaben der Sakramente zu empfangen. Hl.Z. werden nicht hl. gehalten in der Annahme, Gott damit einen Dienst zu tun, sondern in der dankbaren Erwartung, daß *er* uns in diesen Zeiten - den → Sonntag inbegriffen - in besonderer Weise mit *seinen* Gaben dienen wolle. Nur von hier aus sieht Luther (vgl. seine Katechismen zum 3. Gebot) die Pflicht, den Feiertag zu »heiligen«, nicht ihn zu »feiern«, und schon aus diesem Grunde genügte ihm auch die verringerte Zahl der ev. Feste.

2. Daß Hl.Z. je nach dem in ihnen bes. hervortretenden Stück der ev. Botschaft durch Bibelwort, Gemeindelied, Gottesdienstgestaltung und kirchliches Brauchtum endlich auch eine wirkliche Sonderprägung bekommen haben, braucht für die ev. Kirche kein Anlaß zur Besorgnis zu sein, solange der dienende Charakter wie des Sonntags, so aller anderen Hl.Z. fest im Auge behalten wird. Im Gegenteil kann dann diese Sonderprägung der Hl.Z. ein wertvolles Mittel sein, um den Christen, die ja als Menschen auch *psychisch* vom Zeitrhythmus abhängen, Anteil am Rhythmus eines durch Hl.Z. gegliederten kirchlichen Jahresablaufs (→Kirchenjahr) zu geben. Dabei wird freilich die ev. Kirche prüfen, wieweit diese oder jene ihrer Hl.Z. wirklich durch die Verkündigung gefordert ist und wieweit das Brauchtum dieser Verkündigung dient (→ Weihnachten, 1). Dies alles vorausgesetzt, ist es eine Forderung der Liebe, daß die Pfarrer in der Gestaltung der Hl.Z. und bes. ihrer Gottesdienste das »christliche Zeitempfinden« ihrer Gemeinden treu und ernsthaft berücksichtigen.

3. Eine besondere Lage ist für die christlichen Kirchen dadurch entstanden, daß diejenigen Staaten, die überlieferungsmäßig nicht antichristlich eingestellt sind, die Hl.Z. der Christenheit durch die staatliche Gesetzgebung zu öffentlichen Feiertagen erklärt und so eine wichtige Voraussetzung für die Verkündigung des Evangeliums geschaffen haben. Die christlichen Kirchen sollten, dankbar für diese Freiheit, mit Mahnworten zur Feiertagsheiligung zurückhaltend sein und große öffentliche Veranstaltungen an Sonn- und Feiertagen nur dann beanstanden, wenn dadurch der Gottesdienstbesuch unmöglich wird. - Daß Hl.Z. (den Sonntag eingeschlossen) durch die moderne Gesetzgebung in der heutigen Arbeitswelt eine im →Sabbat-Gebot (Dtn 5, 12–15!) vorgezeichnete, von Luther nicht herausgestellte soziale Bedeutung als *Ruhetag* gewonnen haben, wird von der christlichen Gemeinde freudig bejaht werden.

4. Innerhalb der staatsgesetzlich geschützten Feiertage genießen die ortsüblichen Gottesdienstzeiten vielfach noch einen besonderen gesetzlichen Schutz, der schon auf entprechende reformatorische Anordnungen zurückgeht. Ein modernes Problem sind die Sportveranstaltungen am Sonntagvormittag. Aber nicht nur ihretwegen sollte man erwägen, die Gottesdienstzeit viel elastischer als bisher zu behandeln, um vielen Gemeindegliedern die Teilnahme am Gottesdienst zu ermöglichen. - Eine besondere Schwierigkeit bilden die sog. *»geschlossenen Zeiten«*, in denen mit Rücksicht auf den Charakter der betreffenden Kirchenjahrszeit (Advent, Passionszeit, Karwoche) keine Trauungen gehalten werden dürfen. Auch wenn heute diese »geschlossenen Zeiten« vielfach nur auf die Karwoche beschränkt sind, ergeben sich immer wieder Schwierigkeiten, weil sehr viele Gemeindeglieder dem Kirchenjahr innerlich entfremdet sind. Doch sollte man wenigstens die → Karwoche aus Gründen der Erziehung und des Taktes (und gleichzeitig mit Rücksicht auf die besondere Belastung der Pfarrerschaft) als geschlossene Zeit festhalten.

Vgl. auch → Begehung, 2, → Feste: IV. V sowie sämtliche auf christliche Festtage bezogenen Artikel, ferner → Gottesdienst: VI, → Kirchenjahr, → Kultus, → Perikopen, → Sonntag, → Sonntagsruhe, → Stundengebet.

RIETSCHEL-GRAFF 127ff - Leiturgia I, 437ff (G.KUNZE); II, 47ff (J.BECKMANN).
W.Jannasch

Heiligenattribute sind Kennzeichen, wodurch die Heiligen bei ihrer Darstellung (→ Heiligenbilder: I) im Abendland kenntlich gemacht werden. Dies (→ Ikonologie) geschah im ersten Jt. vorwiegend durch eine im Osten noch übliche Namensbeschriftung, nachher durch Attribute, die aber nicht mit → Symbolen (: III) zu verwechseln sind. Man unterscheidet Gattungsattribute als allgemein kennzeichnende Aussage und, später auftretend, individuelle Attribute mit Wiedergabe eines charakteristischen Objekts aus dem Leben oder der Legende eines Heiligen. Gattungsattribute sind zB der → Nimbus der Jünger und Heiligen, die Schriftrolle, später Buch der Propheten, Evangelisten, Apostel und Heiligen überhaupt, die Palme der Märtyrer usw; individuelle Attribute beginnen in der → altchristlichen Kunst mit der Typisierung der Hauptapostel (Petrus mit Schlüssel, Paulus mit Schwert [vgl. Taf. 6 Abb. 2]); ihre eigentliche Zeit hebt in Deutschland erst im 12.Jh. an und entfaltet ihre Blüte im Spät-MA entsprechend der gesteigerten → Heiligenverehrung (: II). So begegnen die Märtyrer mit ihren Marterwerkzeugen (zB → Laurentius mit dem Rost, → Barbara mit dem Turm) oder die Heiligen als Kirchengründer (zB St.Wolfgang oder St.Sebald mit der Kirche) oder als → Nothelfer (zB St. Cyriakus mit dem Besessenen) u.a.m. – Zu unterscheiden sind hiervon die Attribute der allegorischen Figuren (zB die Tugenden: Gerechtigkeit mit der Waage) und Personifikationen (zB Ecclesia und Synagoge, Paradiesflüsse usw). - Der Protestantismus führt zT die Attribute des MA weiter. Neu entwickelt wird nur die Darstellung der drei göttlichen Tugenden Glaube, Liebe, Hoffnung, die Kreuz, Herz, Anker als Attribute erhalten.

W.MOLSDORF, (Führer durch den symbol. u. typolog. Bilderkreis der christl. Kunst des MA, 1920) Christl. Symbolik der mittelalterl. Kunst, 1926² - E.MÂLE, L'art religieux ..., 3 Bde, Paris 1922–32 - KÜNSTLE I. II - RGG² II, 1732f (Lit.) - BRAUN, TA - RDK I, 1212ff (Lit.).
H.Paulus

Heiligenbilder

I. Kunstgeschichtlich - II. In den Konfessionen der Gegenwart

I. Kunstgeschichtlich

1. Begriffsbestimmung - 2. Ursprung - 3. Theologische Begründung und Verbreitung in der Ost- und Westkirche. - Vgl. Taf. 6 Abb. 2; Taf. 8 Abb. 1. 2; Taf. 11 Abb. 3. 4

1. H. sind Darstellungen von Heiligen, die zum Zwecke der Andacht im Raum der Kirche, in der Frühzeit noch in Verbindung mit der Darstellung des Christusmysteriums, seit dem 6.Jh. auch davon isoliert, ihre

Aufstellung finden. Dem MA gelten sie als Idealbilder, die motivisch durch die Beigabe sog. individueller Attribute (→ Heiligenattribute) bestimmte historische Heilstaten aus dem Leben der Heiligen veranschaulichen.

2. Ihre Vorläufer finden sich bereits im 4.Jh. in der Katakombenmalerei (→ Katakomben: I), die mit ihren Bildtypen wohl an heidnische wie jüdische Gepflogenheiten anknüpft, so zu den Anfängen der christlichen Kunst zählt, aber nicht den *Ursprung* der H. bringt. Dieser dürfte mit der Entstehung der → Christus- und Apsisbilder (nach Rapp im 4.Jh.) gegeben sein, die neben Christus auch die Apostelfürsten (→ Apostelbilder), Maria (→ Marienbild) und die Märtyrer (zB San Apollinare nuovo, Ravenna, 6.Jh.) abbilden. Die Herausarbeitung einer Petrus- und Paulustypik findet sich auch in der Sarkophagplastik (→ Malerei: I) des 4.Jh.s (zB Bassus-Sarkophag).

3. Ihre theologische *Begründung* als → »Gnadenbilder« erhalten die H. aber erst durch die mit der Aufstellung von H.n zusammenhängende liturgische Verehrung und Repräsentation der Heiligen in der *Ostkirche*, vor allem durch die Schriften des → Dionysius Areopagita und die Entwicklung des Ikonenkultes (→ Ikone) im 8. und 9.Jh. (7. ökumenisches Konzil zu → Nicäa von 787 und die sog. Bildersynode von 842; → Bilder: III). Bevorzugte Heilige sind → Georg und → Menas, unter den Aposteln Petrus und Paulus. Solche »Gnadenbilder« fanden über Ravenna und die oberitalienische Kunst auch ins Abendland Eingang und führten hier zu einem Typus der Andachtsbilder, dessen sich die westliche Kirche bis heute erfreut. Ohne Einfluß auf den Westen blieb jedoch der Kult vor den H.n in Gestalt der → »Bilderwand« und das Küssen der Achiropoiiten, das dem griech.-kath. Ritus noch heute zu eigen ist, wie überhaupt der westlichen Kirche infolge ihrer »naturalistischen« Heiligendarstellung der sog. Ikonenstil mit seinem in der östlichen Bilderverehrung ruhenden Symbolcharakter, wozu auch die Ikonenbeschriftung gehörte, fremdgeblieben ist.

Die Verbreitung der H. im *Abendland* setzt vor allem mit der karolingischen Wandmalerei ein, die an antike und frühchristliche Mosaiken (→ Ravenna) anknüpft. Älteste Fresken von karolingischen H.n auf deutschem Sprachboden finden sich in der Krypta St.Maximin zu → Trier (: III), in Müstair (St.Georg im Münstertal/Schweiz) und in der Dorfkirche S.Proculus zu Naturns/Südtirol. Dazu kommen zahlreiche Beispiele in der karolingischen und ottonischen Buchmalerei (→ Malerei: II), die mitunter Interesse für die Heiligenlegende beweisen. Bis ins 11.Jh. werden mit Vorliebe Patrone (St.Michael), Kirchenväter (Gregor d.Gr.; vgl. Taf. 11 Abb. 4) oder Hofheilige (zB St.Martin von Tours) abgebildet. Wichtig sind die H. auf Schreinen und → Reliquiaren. Seit dem Ende des 12.Jh.s faßt man die Gesamtdarstellung aller Heiligen und damit die Repräsentation der ganzen Heilsordnung stärker ins Auge, wie das der plastische Dekor an Fassaden und Portalen französischer Kathedralen (zB Chartres) oder Fresken in den Apsis- und Chorräumen deutscher Kirchen (zB Schwarzrheindorf), auch die sog. Allerheiligenbilder (Prüfening, Urschalling usw) beweisen.

Angeregt durch die Phantasie der Heiligenlegenden bahnte sich in diesen Epochen die Entfaltung des von Byzanz übermittelten hieratischen Typus des Heiligenbildes mit seiner fast magischen Verehrungswürdigkeit an. Mit Auflösung der Wandfläche in der Gotik erhalten die H. – abgesehen von den Steinplastiken an Säulen, Torumrahmungen und Tympana – einen Platz unter den Ton- und Holzplastiken auf dem Lettner und am Hochaltar, während sich die Malerei ihrer Legenden bes. zum Dekor der Chorfenster (→ Glasmalerei) und der Flügelaltäre (zB Genter Altar) annimmt. Lediglich in Italien erhalten sich noch für längere Zeit die Wandfresken mit dem H.-Zyklus (zB → Giottos Fresken mit der Legende des Hl. Franziskus zu Assisi).

Mit der Mystik des ausgehenden 13.Jh.s entstanden Bildwerke (meist Holzplastiken) wie das Vesperbild, die Jesus-Johannes-Gruppe, der Tod Mariä usw, die als Andachtsbilder dem Wunsch nach frommer »imitatio« dienten. Diese H. kamen dem neuen Verlangen nach einem individuellen Gotterlebnis entgegen (vgl. → Mechthild von Magdeburg) und fanden deshalb rasch Eingang in die Kloster- und Privatkapellen sowie in die Patrizierhäuser (vgl. die sog. Nürnberger Hausmadonna, jetzt Germanisches Museum Nürnberg). In der Renaissance findet nicht nur der Darstellungstyp des Allerheiligenbildes, jetzt entwickelt zum Panorama aller die Trinität anbetenden Heiligen im himmlischen Saal (Dürer, Raffael; s. Taf. 8 Abb. 1. 2), seine Fortsetzung, sondern es kommt auch der neue Typ des »Stifterbildes« auf, dh die Heiligen zeigen sich jetzt gemeinsam mit den Stiftern ihres Bildes auf den Tafeln der Altäre (vgl. → Holbeins Madonna des Bürgermeisters Meyer). Seit dem Ende des 15.Jh.s sorgte der Holzschnitt (→ Graphik) und der ihm folgende Kupferstich (vgl. sog. deutsche Kleinmeister) mittels des »kleinen« Andachtsbildes für die Weiterverbreitung der H., die durch die Bilderstürme kaum unterbrochen wurde. Einen ungeahnten Aufschwung der H. brachten → Barock (: I) und Rokoko (→ Malerei: IV), so vor allem mit dem nunmehr im Volke wieder auflebenden Heiligenkult (zB Verehrung der Vierzehn Heiligen; → Heiligenverehrung: II) und dem Aufkommen der damit im Zusammenhang stehenden Votivbilder (dh Dankbilder für empfangene Gnadenerweise) an Wallfahrtsorten, die vorzüglich der Gottesmutter als der Hauptpatronin bzw. als Fürsprecherin (zB »Patrona Bavariae«) und den Heiligen als den »Nothelfern« gestiftet wurden. Gegenüber der Darstellungsweise des MA ergibt sich ein betonteres Herausstellen des Martyriums (→ Malerei: IV), das, durch Pathos und Theatralik gesteigert, auf die religiöse Grundstimmung einwirken sollte (vgl. Balthasar Gratians Begründung: »... die Dinge an und für sich sind belanglos, erst die Begleitumstände machen sie wesentlich«; 14. Abschnitt seiner Abhandlung »Das Handorakel«, 1687). Gleichzeitig bemächtigte sich auch die durch die Betonung der Fassade wiederbelebte Wandmalerei an den Privathäusern – bes. in den deutschsprachigen Alpenländern – zahlreicher Themen aus der Heiligenlegende (zB Franz Karners Schlipferhaus in Mittenwald, 1762). Während das 19.Jh. (vgl. die vergeblichen Restaurationsversuche der → Nazarener sowie die fruchtlosen Experimente des → Impressionismus) infolge der ihm eigenen profanen Grundhaltung kaum ein dem liturgisch-dogmatischen Anliegen entsprechendes Heiligenbild gestalten konnte, kennt man in der Gegenwart (bes. auf dem Gebiet der Glas- und Wandmalerei) wieder ein neues, ernsthaftes Bemühen um die Gestaltung des Heiligenbildes in der kath. Kirche (vgl. zB Lydia Roppolts Arbeiten in der Salzburger St.Peter-Stiftskirche und in der Wiener Ruprechtskirche, 1950ff). Dem Protestantismus blieben H. nicht unbekannt (vgl. die kleinen → Andachtsbilder oder auch Darstellungen wie die Christophoruslegende von W. → Fries).

RGG² II, 1733ff (Lit.); RGG³ I, 363ff (Lit.) – RDK I, 681ff; II, 561ff (Lit.) – H. Glaser, Die Bedeutung der christl. Heiligen u. ihrer Legenden für Volksbrauch u. Volksmeinung in Deutschland (Diss. Heidelberg), 1939 – E. Kantorowicz, Ivories and Litanies (Journal of the Warburg and Courtauld Institutes 5, 1942) – H. Lützeler, Die Gestalt des Heiligen, 1943 – L. Küppers, Göttl. Ikone, 1949 – G.

BANDMANN, Ein Fassadenprogramm des 12.Jh.s (Das Münster 5, 1952, 1-21) - M.BAUR-HEINHOLD, Süddt. Fassadenmalerei vom MA bis zur Gegenwart, 1952 - U.RAPP, Das Mysterienbild, 1952 - H. EICHLER, Les peintures carolingiennes de la crypte de l'église Saint-Maximin à Trèves (Mémorial du voyage en Rhénanie de la société nationale des antiquaires de France, Paris 1953, 163-170) - E.RÉAU, Iconographie de l'Art chrétien I, 1955 - H.KJELLIN, Ryska Ikoner, Stockholm 1956 - R.KRISS-RETTENBECK, Das Votivbild, 1958.

H.Paulus

II. In den Konfessionen der Gegenwart

In der *kath. Kirche* werden H. kultisch verehrt durch Gebete vor den Bildern, Schmücken und Inzensieren (→ Weihrauch, 2) derselben, Anzünden von Lichtern und Verneigen des Hauptes vor ihnen sowie durch Mitführen in → Prozessionen. Diese Verehrung wird mit ihrer Heiligkeit begründet; der ihnen erwiesene Kult ist relativ, insofern er nicht den H.n, sondern den Heiligen selbst gilt. Das kath. Kirchenrecht definiert heilige Bilder als Darstellungen der göttlichen Personen, von den Engeln und Heiligen, von biblischen Begebenheiten und Glaubensgeheimnissen. Sie sollen der hergebrachten kirchlichen Anschauung entsprechen (CIC cc. 1279-1281 § 1, 1385 § 1 n. 3, 1399 n. 12). - Die Verehrung der H. in der *östlich-orth. Kirche* (→ Ikone) gründet dogmatisch auf dem Gedanken von der Inkarnation des göttlichen Logos. Alle H. sind Spiegelungen des → Christusbildes, die ihnen dargebrachte Verehrung geht auf ihr Urbild, auf Christus zurück. Als Teil der himmlischen Kirche inmitten der irdischen Gemeinde haben die H. auf der → Bilderwand und in den Häusern der Gläubigen ihren festen Platz. - Während der eine Flügel der *Reformation* (Zwingli, Calvin, die ref. Kirchen bis heute, die sog. Schwärmer auch luth. Herkunft) die H. aus den Kirchen - zT gewaltsam - entfernten, sah Luther in den H.n an Stätten, wo wirklich das Evangelium gepredigt wurde, nichts Gefährliches. So haben sich in luth. Kirchen vorreformatorische Bilder auf Altären und an Wänden bis in die Gegenwart erhalten, ohne daß je von ihnen die Verlockung zu einem Bilderdienst ausgegangen wäre.

KÜNSTLE I.II - ThW II, 378ff - R.GUARDINI, Kultbild u. Andachtsbild, 1939 - RAC II, 318ff - F.DIEKAMP, Kath. Dogmatik III, 1954, 358 - E.BENZ, Geist u. Leben der Ostkirche, 1957, 7ff - H.v.CAMPENHAUSEN, Zwingli u. Luther zur Bilderfrage (in: W.SCHÖNE u.a., Das Gottesbild im Abendland, 1957, 139-172) - EKL II, 56f - LThK² II, 464ff. - Vgl. auch die Lit. zu → Bilder: III.

H.Hohlwein

Heiligenschein → Nimbus.

Heiligentage in der ev. Kirche. Das römische Proprium de sanctis rechnet zu den H.n auch die → Marien-, → Apostel- und → Engelfeste. Da die luth. Kirche sich durch den Anspruch, die *eine* Kirche des Evangeliums fortzusetzen, auch an deren Geschichte gebunden wußte, übernahm sie vom liturgischen Erbe der Kirche, was sich gemäß ev. Verständnis der Hl. Schrift rechtfertigen ließ oder entsprechender Umdeutung fähig war. Die Anrufung der Heiligen mußte zwar in jeder Form schwinden. Dagegen wertete man sie als Veranschaulichung der göttlichen Gnade und empfing aus solcher Betrachtung Glaubensstärkung wie Verpflichtung zur Nachfolge. Zugleich sah man in den Heiligen Gottes Geschichte mit seiner Kirche und den Artikel von der Kirche als → »Gemeinschaft der Heiligen« konkret werden. In dieser ev. Umprägung der Heiligenidee wurde grundsätzlich die nt. Vorstellung vom Christen als »Heiligen« wieder zur Geltung gebracht. Jedoch nahm diese Umwertung den Heiligen ihre heilsmittlerische Bedeutung. Demgemäß schwanden allmählich ihre Festtage bis auf das → Allerheiligenfest, das die luth. Kirchen Skandinaviens und Amerikas noch heute am 1.11. begehen. Jahrhundertelang wurden aber die Apostel- und Evangelistentage, die drei herkömmlichen Marienfeste, die als → Herrenfeste verstanden wurden, örtliche Heiligentage sowie der Johannis- (→ Johannisfeste) und Michaelistag gefeiert (vgl. die jeweiligen Kirchenordnungen). Nur weniges davon lebt noch in lokalen Traditionen. Die Agende der VELKD hat eine Anzahl dieser Festtage wieder aufgenommen, damit dort, wo solche Feste begangen werden, in schriftgemäßer Weise über Maria, die Apostel und Märtyrer verkündigt und zugleich der Ansatz für eine einheitliche Tradition geschaffen wird. Die ref. Kirche hat die H. um der einstigen Mißbräuche willen völlig beseitigt.

R.LANSEMANN, Die H., bes. die Marien-, Apostel- u. Engeltage, in der Reformationszeit, 1939 - Agende für ev.-luth. Kirchen u. Gemeinden I, 1955, 202ff.

W.Nagel

Heiligenverehrung

I. Religionsgeschichtlich - II. Christliche Heiligenverehrung, geschichtlich. - Vgl. auch → Heiligenattribute, → Heiligenbilder, → Heiligentage in der evangelischen Kirche, → Heiligsprechung, → Heilige Stätten, → Kultus, → Nimbus, → Reliquien

I. Religionsgeschichtlich

1. Verbreitung der H. - 2. Motive - 3. Erscheinungsformen

1. Unter H. versteht man das in der Religionswelt weit verbreitete Phänomen einer direkten oder indirekten Verehrung lebender, verstorbener oder mythischer Persönlichkeiten, die durch persönliche oder unpersönliche Heiligkeit sich auszeichneten. Unter Voraussetzung dieser allgemeinen und vorläufigen Umschreibung des Phänomens suchen wir zunächst einen Überblick über die *Verbreitung* der H. in der Religionsgeschichte zu gewinnen.

In → *China* begegnet sowohl bei → Konfuzius als auch bei → Laotse und bei → Moti die Idee der hl. Herrscher der Vorzeit, die hier indessen nicht als Kultobjekte, sondern als Vorbilder für die ethische Haltung der Menschen gezeichnet werden. Bei Moti zB heißt es (VII, 27): »Die Ehrennamen der ganzen Welt sammelte man und verlieh sie ihnen (den hl. Herrschern der Vorzeit). Man nannte sie sittlich, gerecht, Freunde der Menschheit, Förderer der Menschheit, Vollstrecker des himmlischen Willens, Empfänger des himmlischen Lohnes.« Hier handelt es sich offenbar mehr um Heiligenehrung als um H. im kultischen Sinne (vgl. → Königtum, sakrales). Im *Volkstaoismus* (→ Taoismus) dagegen finden sich im Pantheon selbst neben → Lokalgöttern, → Naturgottheiten und → Heroen »Heilige«, die man als »wahrhaftige Menschen« (tschên-jen) bezeichnet. Eine besondere Rolle spielen unter ihnen die 8 Genien. Meist waren das berühmte → Zauberer, taoistische Lebenskünstler oder gute Beamte, die sich später aus ihrer Amtstätigkeit in die Einsamkeit zurückgezogen hatten. Für viele fehlte jede historische Grundlage. Im chinesischen → Buddhismus stoßen wir auf viele buddhistische Heilige und in der synkretistischen Volksreligion auf die Dreiheit von → Buddha, Laotse und Konfuzius, der »drei Heiligen«. Im übrigen bildet das chinesische Pantheon kein abgeschlossenes System, da es immer noch möglich war oder ist, bedeutende Menschen durch Errichtung eines Tempels zu ehren.

In der genuinen Volksreligion *Japans,* dem → Shintoismus, schließt die Kami-Verehrung die H. aus, da solche Menschen, die im Christentum oder Buddhismus den Heiligennamen hätten bekommen können, nach shintoistischer Anschauung nach dem Tode direkt unter die Götter aufgenommen werden.

Der ursprüngliche → Buddhismus der Hînayâna-Form kennt keine eigentliche H. Aber die Mitglieder des ersten um Buddha selbst sich bildenden Jüngerkreises (zB Sâriputta, Moggallâna und Ânanda) wie die 16 sthaviras oder Hauptapostel wurden bald Heilige. Die gleich nach Buddhas Tode einsetzende Verehrung seiner Reliquien, über denen Stûpas errichtet wurden (→ Buddha, 5), hat diese Entwicklung befördert. Im späteren Mahâyâna ist die H. weit verbreitet. Höher als die Arhat, die schon in ihrem menschlichen Dasein das → Nirvâna erreichen, stehen aber hier die Bodhisattvas und die neuen Buddhas.

In der Religion des → *Jinismus* sind 63 Personen, darunter die 24 Tîrthankaras, als »bes. geistig« angesehen. Die Bilder der Tîrthankaras sind in kostbaren Tempeln aufgestellt, in denen Opferhandlungen vorgenommen werden, obwohl man weiß, daß diese Heiligen nur Vorbilder und Mittler sind, dagegen keine Kultobjekte. Für den → *Hinduismus*, der auch in seiner Frühform des Brahmanismus bereits große Asketen und Seher (rishis) als Heilige ehrte, ist die → Avatâra-(Herabstieg-)Idee für die Interpretation von Heiligengestalten bedeutsam; denn indem man lebende oder verstorbene Persönlichkeiten als Inkarnationen (avatâras) einer Gottheit ansieht, ermöglicht man ihre Verehrung und gegebenenfalls auch ihre Einbeziehung aus einer fremden Religion in den Hinduismus. So wird vielfach zB Christus als Avatâra des Gottes → Vishnu bezeichnet. Im modernen Hinduismus wird → Râmakrishna als → Inkarnation des Gottes → Shiva angesehen. Ohne Zweifel genießt auch → Gandhi die Verehrung eines Heiligen, wenn es sich auch nicht um eine kultische Verehrung handelt (vgl. auch → Aurobindo). Aber vor allem genießen die lebenden unzähligen sâdhus und yogins (→ Yoga) die Ehrfurcht der Massen.

Bes. ergiebig hinsichtlich der H. ist der Volksglaube im → *Islam*. Wie häufig in streng monotheistischen Religionen, nimmt auch im Islam der einfache Fromme seine Zuflucht zu Wesen, die ihm näher stehen als die unnahbar ferne eine Gottheit. So entstand denn auch hier eine Fülle von Heiligen, mit deren Fürsprache bei Gott man auf Grund der Lehre von der Fürsprache des Propheten für seine Gemeinde glaubt rechnen zu dürfen. Man muß im Islam verschiedene Arten von Heiligen unterscheiden: die islamische Mystik (→ Sufismus) kennt Persönlichkeiten, denen »karâmât«, Charismata, zugeschrieben werden, zB die Gabe, sich von einem Ort an einen anderen weit entfernten zu versetzen, Tiere, Pflanzen und Wolken sich untertan zu machen und die Kluft zwischen Leben und Tod zu überbrücken. Diese → Wunder werden als Anzeichen der Heiligkeit aufgefaßt. Aber in den ernsten und sittlich hochstehenden Kreisen des Sûfîtums wird der Begriff des »Heiligen« (walî) nicht vom Wundertun her definiert, sondern von der Stellung zu Gott als derjenige, »mit dessen Angelegenheiten Gott selbst sich betraut, und der mit dem Dienste Gottes und dem Gehorsam gegen ihn betraut ist«. Das sind also lebende Heilige, deren Fürsprache nach islamischem Glauben die Welt ihre Erhaltung verdankt. Im islamischen Volksglauben wird im Unterschied zur → Mystik alles, was das eigene Durchschnittsmaß übersteigt, als Anzeichen der Heiligkeit angesehen; selbst geistige Gestörtheit, die man sonst zumeist auf → Besessenheit durch einen Geist zurückführt, kann als Anzeichen göttlicher Ergriffenheit gewertet werden. Weit einflußreicher aber als die lebenden Heiligen ist der Glaube an die verstorbenen, deren Grabstätten überall pietätvoll besucht werden. Diese verstorbenen Heiligen setzen sich auch wieder aus sehr verschiedenen Gruppen zusammen, zB aus fast anonym gewordenen Lokalgrößen oder zugewanderten Derwischen, die man gern für die kleinen eigenen Anliegen anruft, weil man überzeugt ist, daß diese weniger berühmten Heiligen mehr Zeit und Verständnis für die eigenen Nöte haben. Eine höhere Rangstufe der Heiligen bilden die Genossen des Propheten, tapfere Glaubenskämpfer späterer Zeiten und bedeutende Mystiker. Noch eine andere Gruppe bilden die → Propheten (: I), von denen manche aus dem Judentum und Christentum stammen (wie Abraham, Mose und Christus). Die Funktionen aller dieser Heiligen, von denen manche Spezialisten für ganz bestimmte Nöte sind (Heilung von Geisteskrankheit usw), lassen sich dahin zusammenfassen, daß sie als Nothelfer im alltäglichen Leben gelten. Der Kult besteht in der Darbringung von Spenden und → Opfern: von Öl für die Lampe am Heiligtum, einer Kerze oder auch von Tieren, die geschlachtet werden.

Im alten *Griechenland* (→ Griechische Religion) begegnen wir der Verehrung der → Heroen, der mythischen Stammväter eines Geschlechts. Im griech.-orth. Heiligenkult leben bisweilen die antiken Formen der H. umbenannt fort (zB in der Wallfahrtskirche in Tinos u.a. auch die antike Sitte der → Inkubation, vgl. → Asklepios).

2. Fragt man nach den *Motiven* der H., so wird man zu unterscheiden haben zwischen den in den Heiligen selbst liegenden Anlässen zur H. und den Antrieben in den Verehrern, aus denen sich sowohl die weite Verbreitung als auch die Konstanz der H. erklären läßt.

Als Grundmotiv dafür, daß allenthalben bestimmte Persönlichkeiten als Heilige, freilich in sehr verschiedenem Sinne, verehrt wurden und werden, ist vorauszusetzen, daß in ihnen, allgemein ausgedrückt, das Heilige (→ Heilig: I) den Menschen begegnet. Wo Heilige im Bewußtsein der Verehrer fast namenlos sind und jedenfalls ohne Erinnerung an ihre wirkliche oder vermeintliche Erscheinung verehrt werden, handelt es sich überwiegend um impersonale Heiligkeit, die daher auch den Gebeinen anhaftet und allem, was mit den Machtträgern (→ Macht) in Berührung kam.

Vorherrschend aber ist in der H. die erfahrene oder geglaubte persönliche Heiligkeit der Heiligen. → Askese und sittliche Zucht bringen den Heiligen in den Besitz numinoser Macht, mit Hilfe deren er wunderhafte Dinge zu verrichten vermag. Die sittliche Qualität der Heiligen kann aber auch in dem Sinne als persönliche Heiligkeit verstanden werden, daß man in ihr eine Erscheinung der Gottheit oder eine Verwirklichung göttlicher sittlicher Eigenschaften sieht und verehrt etwa im Sinne des at. Wortes (Lev 19, 2): »Ihr sollt heilig sein, denn ich bin heilig«. Für alle diese Formen unpersönlicher und persönlicher Heiligkeit gilt sowohl für die lebenden als auch für die verstorbenen Heiligen das → Wunder als eindrucksvollster und am weitesten verbreiteter Erkenntnisgrund.

3. Die Konstanz der H. im Bereich der allem Polytheismus abholden monotheistischen Religionen erklärt sich aus dem primitiver Geistesart stets eigentümlichen Wunsche, menschennahe Wesen zu haben, die am bekannten Orte (→ Heilige Stätten: I) walten und sozusagen als Spezialisten für die bestimmten Anliegen nicht nur Verständnis, sondern auch die entsprechende → Heilbringer-Fähigkeit besitzen. Da dieses elementar-religiöse Bedürfnis im abstrakten → Monotheismus (: I) für das Empfinden der Masse keine genügende Befriedigung bietet, taucht, wenn die Universalreligion sich zur Massenreligion entwickelt hat, die H. wieder auf. Mag man theologisch diese Kulte auch dadurch, daß man ihnen (wie im Katholizismus) den Charakter der »Verehrung« (veneratio) zuspricht und davon die nur Gott zukommende → »Anbetung« (adoratio) abgrenzt, im kirchlichen Raum einer monotheistischen Religion rechtfertigen, in der Praxis des naiven Volkes, also in der → Volksfrömmigkeit, handelt es sich doch phänomeno-

logisch um polytheistischen → Kultus. Innerhalb dieser volkstümlichen H. tritt daher auch die Wundererwartung an den Gnadenstätten in genau der gleichen Weise wieder auf wie in den alten Volksreligionen.

Wir unterschieden zwischen direkter und indirekter H. Die indirekte H. tritt bes. in drei typischen Formen in die Erscheinung: als → Reliquien-Verehrung, als Bilderverehrung (→ Bilder: I) und in der Form der an der Gnadenstätte niedergelegten Votivgaben (→ Gaben, → Gelübde). Gewiß sind alle diese Verehrungsformen auf den Heiligen gerichtet, aber über das Medium konkreter Gegenstände. Bei Reliquien- und Bilderverehrung wird eben dem Macht zugeschrieben, womit man in heilvollen Kontakt kommen möchte. Bei den Votivgaben, die etwa kranke Körperteile des Adoranten darstellen, erwartet man Heilung der → Krankheit, weil das kranke Glied durch mystische Teilhabe am geweihten Abbild auch in die heilige Sphäre erhoben wird (R. Kriss: »Identifikationsopfer«). Bei diesen indirekten Formen der H. mag der Glaube an die impersonale Macht im Heiligen dominieren, indem Name und Individualität des Heiligen zurücktreten oder ganz vergessen werden können.

O.Weinreich, Antike Heilungswunder, 1909 - ERE XI, 49ff - W.F.Otto, Die Manen, 1922 - I.Goldziher, Vorlesungen über den Islam, 1925, 263ff - H.W.Schomerus, Shivaitische Heiligenlegenden, 1925 - H.Delehaye, Sanctus. Essai sur le culte des saints dans l'antiquité (Subsidia hagiographica 17), Bruxelles 1927 - A.David-Neel, Hexer u. Heilige, 1931 - G.Rosenkranz, Der Heilige in den chines. Klassikern, 1935 - L.Bieler, ΘΕΙΟΣ ΑΝΗΡ. Das Bild des »göttl. Menschen« in Spätantike u. Frühchristentum I. II, Wien 1935/36 - HIsl (Reg.: Heilige) - E.Dermenghem, Vies des saints musulmans, Alger 1943 - Ders., Le culte des saints dans l'Islam maghrébin, Paris 1954 - R.Hartmann, Die Religion des Islam, 1944, 127ff - Wach, Relsoz. VIII, 9 - L.Giles, A Gallery of Chinese Immortals, London 1947 - K.Schmidt, Buddhist. Heilige. Charakterbilder, 1947 - M. Kaltenmark, Le Lie-sien tchouan (Biographies légendaires des Immortels taoïstes de l'antiquité), traduit et annoté (Univ. de Paris, Publ. du Centre d'ét. sinolog. de Pékin), Pékin 1953 - van der Leeuw §§ 17, 3; 30; 107, 1 - G.Mensching, Das Wunder im Glauben u. Aberglauben der Völker, 1957. - Weitere Lit. s. → Heilige Stätten: I.

G.Mensching

II. Christliche Heiligenverehrung, *geschichtlich*

1. In den ersten Jh.en der christlichen Kirche wurden als Heilige ausschließlich → Märtyrer (: II) verehrt. Von ihnen nahm man an, daß sie als Blutzeugen Christi und Nachfolger in seinen Leiden unmittelbar in den Himmel aufgenommen wurden, daß daher ihre Fürbitte bei Gott wirkungsmächtig sei. Geschichtlich faßbar ist der Beginn solcher Verehrung zuerst im Martyrium des → Polykarp. Am Schluß des Berichts der Gemeinde von Smyrna findet sich eine Erklärung, daß man beschlossen habe, den Tag des Todes des Bischofs alljährlich in gemeinsamer Festfeier zu begehen: der Todestag des Heiligen wird zu seinem → Geburtstag (dies natalis) für den Himmel. Die Gefährten des Bischofs in seinem Martyrium wurden nicht in gleicher Weise geehrt, doch sollte ihrer in der Feier gedacht werden. Die Verehrung der → Märtyrer fand in der Kirche der Frühzeit schnell Eingang und war schon im 3.Jh. allgemein verbreitet. Die Verehrung von Bekennern (confessores), von Bischöfen (Päpsten), Kirchenvätern und anderen Personen, die ein heiligmäßiges Leben geführt hatten, konnte sich erst nach Aufhören der Verfolgungszeit durchsetzen. Als erster Bekenner gilt Papst → Silvester I. (314-335). Voraussetzung dafür war die Anerkennung der zwei Formen des Martyriums (blutig und unblutig), wie sie nach älteren, gnostisierenden Vorstufen → Isidor von Sevilla († 636) endgültig formulierte: »Es gibt zwei Arten von Martyrium: die eine in offenkundigem Leiden, die andere in der verborgenen Kraft des Geistes. Denn viele, die die Anschläge des Feindes ertragen und allem fleischlichen Begehren widerstehen, sind dadurch, daß sie sich dem allmächtigen Gott im Herzen geopfert haben, auch in Zeiten des äußeren Friedens zu Märtyrern geworden« (Etymol. VII, 11, 4; ed. W.M.Lindsay). Die Zahl der Heiligen erfuhr zunächst keine Begrenzung. Zwar gelangten bei weitem nicht alle Märtyrer in die ersten offiziellen Verzeichnisse der Heiligenfeste, die → Martyrologien, in denen Name des Märtyrers, Todestag und Ort seiner Festfeier verzeichnet wurden. Da aber in den ersten christlichen Jh.en jeder Heilige seine Anerkennung auf dem Wege der Verehrung durch das gläubige Volk, allenfalls unter Beteiligung des Lokalbischofs erhielt, war eine Einschränkung der H. in der Praxis unmöglich. Ansätze dazu finden sich im karolingischen Imperium auf der Frankfurter Synode (794), in der Admonitio generalis (798) und im Capitulare von Diedenhofen, die jede Verehrung neuer Heiliger von der Zustimmung des Diözesanbischofs abhängig machten. Im 10.Jh. wurde mit Bischof → Ulrich von Augsburg erstmals ein Heiliger offiziell durch den Papst kanonisiert. Im 11. und 12.Jh. setzte sich die Anschauung durch, daß die päpstliche Anerkennung für einen neuen Heiligenkult unerläßlich sei; es kam zur Herausbildung der → Heiligsprechung. Die H. war damit der Kontrolle der päpstlichen Autorität unterworfen; aber dieses Bestreben nach Legitimierung neuer Heiligenkulte unterband nicht den spontanen Glauben des Volkes an Kraft und Wundermächtigkeit jedes Heiligen, auch wenn seine Anerkennung noch ausstand. Deshalb konnten örtlich begrenzte Verehrungen nach wie vor ohne ausdrückliche Zustimmung der kirchlichen Obrigkeit entstehen, wenn der zuständige Diözesanbischof sich nicht entschieden um Unterdrückung des neuen Kultes bemühte. Diese Praxis erklärt die Vielschichtigkeit der H.: Neben den offiziellen Heiligenfesten der gesamten Kirche, die der von → Pius X. neugeordnete Festkalender verzeichnet, stehen in den einzelnen Diözesen Sonderfeste für lokal besonders verehrte Heilige. Außerdem hat volksfrommes Brauchtum bis zur Gegenwart die Erinnerung an Heilige bewahrt, die eine einzelne Gemeinde spontan in diesen Rang erhob und verehrte. Besonders ausgeprägt war die H. im SpätMA, dessen Streben nach Heilsgewißheit und nach engster Verbindung mit der schützenden himmlischen Macht zur Abwehr der drohenden Seuchen und anderen Schrecken in der Vielfalt und Innigkeit, in der Intensivierung, aber auch in der Veräußerlichung der H. einen bezeichnenden Ausdruck findet. Gegen die Übersteigerung der H. wandte sich der Gegenschlag der Reformation. In nachreformatorischer Zeit ist die H. unter Berufung auf das Tridentiner Konzil (s. 3) in gemäßigte Bahnen zurückgelenkt worden.

2. Die *Formen,* in denen die H. ihren Ausdruck fand, knüpften im Anfang der Entwicklung an die antike → Totenverehrung (: I) an. Die christliche Gemeinde versammelte sich am Todestag des Märtyrers an seinem Grab und feierte hier ihre Liturgie, die meist mit einer → Agape verbunden war. In den Gebeten wurde des Heiligen gedacht; gewöhnlich wurde in den → Gottesdienst (: V A, 1) eine Verlesung der Märtyrerakten einbezogen; die Augenzeugenberichte riefen so die Erinnerung an den Tod des Märtyrers wach. Die Feiern hatten den Charakter von Dank- und Jubelfesten. Nach Aufhören der Verfolgungszeit waren sie oft mit öffentlichen Märkten und Vergnügungen verbunden, eine Sitte, die sich ins MA hinein übertrug und in abgeschwächter Form selbst in der Neuzeit noch erhalten ist. In Rom lagen die meisten Heiligengräber in den → Katakomben (: I); hier fanden auch die Gedächtnisfeiern zunächst statt. Der einzelne Christ verrichtete seine Privatandacht

in den Grabkammern und kritzelte an ihre Wände Anliegen, deren Erfüllung er sich von der Fürbitte des Heiligen erhoffte. Unter Papst → Damasus wurden die in der Verfolgungszeit vielfach geschlossenen Katakomben, an deren Stelle die Märtyrerbasilika getreten war (→Kirchenbau: II), wieder freigegeben und der Öffentlichkeit zugänglich gemacht, um als erste Stätte der H. besonders gepflegt zu werden. - Die Bindung der H. an das Grab des Heiligen, die in der Frühzeit selbstverständlich war, mußte sich mit der Ausbreitung des Christentums und damit der H. lockern. Jetzt galten als ebenso heilbringend → Reliquien, Teile des Leibes des Heiligen oder Gegenstände, mit denen er zu seinen Lebzeiten in Berührung gekommen war. Schon das Polykarp-Martyrium nennt die Gebeine des verbrannten Bischofs wertvoller als Edelsteine und kostbarer als Gold. Jede neue Christengemeinde bemühte sich nun um den Besitz von Reliquien, die in den → Altar (: III A) eingeschlossen wurden. Im 6.Jh. ist schon die Vorstellung geläufig, daß zu einem Altar das Grab eines Heiligen oder wenigstens Teile seiner Reliquien gehören. Er wird der Patron dieser Kirche. Da der Wunsch, sich der Fürbitte möglichst zahlreicher Heiliger zu versichern, zu immer größerer Ansammlung von Reliquienbesitz führte, errichtete man außer dem Hauptaltar der Kirche, der ihrem Patron geweiht war (→ Patrozinien), Nebenaltäre zu Ehren anderer Heiliger. Die Feste der Heiligen werden nun liturgisch in der Kirche gefeiert, man gedenkt ihrer im Offizium der Messe und in der Predigt. Der Todestag des Heiligen bleibt sein Hauptfest, daneben können auch (bes. bei Patronen in deren Kirchen) die Tage seiner Heiligsprechung oder der Übertragung (Translation) seiner Reliquien in den Altar gefeiert werden. Das Bedürfnis nach dem besonderen Schutz der Heiligen ist die Wurzel der Patronate: die Heiligen nehmen nicht nur eine Kirche oder Kapelle in ihre Obhut, sondern auch eine Stadt, eine Landschaft, eine Berufsgruppe, einen Stand. So verehrte Rom Petrus und Paulus als seine Patrone, Ephesus den hl. Johannes, Mailand den hl. → Ambrosius, Tour St. → Martin; St.Lukas und die Heiligen → Kosmas und Damian wurden Patrone der Ärzte, St. → Georg Patron der Kriegsleute, St. → Barbara Patronin der Bergleute (→ Nothelfer). Schriftliche Aufzeichnungen über das Leben der Heiligen lagen zunächst in den → Märtyrerakten, später in den Legenden vor (zB → Legenda aurea); deren unendliche Vielfalt bezeugt, wie stark der Wunsch war, genaue Nachrichten von den Heiligen zu besitzen, deren Reliquien man verehrte. Der historische Kern dieser Heiligenleben ist - abgesehen von einem Teil der Märtyrerakten - meist gering, um ihn rankt sich legendarisches Beiwerk. Häufig sind Entlehnungen aus der antiken Sage und allgemein-legendarische Züge, die übertragbar sind (→ Hagiographie). - Der bildlichen Anschauung der verehrten Heiligen galten Bilder und Statuen (→ Heiligenbilder: I), die in Kirchen und Kapellen ihren Platz fanden, aber auch in das häusliche Leben der Menschen hineingetragen wurden. Allgemein war die H. derjenige Zweig christlichen Glaubenslebens, der am tiefsten im profanen Bereich Wurzel schlagen konnte und beide Welten verklammert. Die Kunst war bis ins späte MA hinein - einem echten Bedürfnis folgend - vorwiegend religiöse Kunst, der Darstellung des Heiligen und der Heiligen gewidmet.

Die *H. des Orients* in den griech.-orth. Kirchen weist andere Formen auf. Der Reliquienkult trat weniger in den Vordergrund als im Abendland, dafür wurde die Bilderverehrung (→ Bilder: III) mehr ausgebildet, die im Westen immer etwas hinter dem Reliquienkult zurücktrat, der an ein sinnlich stärker wahrnehmbares, greifbares Element anknüpfte. Die orth. Kirche hat nur *einen* → Altar (: III D), dessen Reliquien gelegentlich auch in das Altartuch eingenäht werden. Ein Heiligengrab in der Kirche ist unbekannt. Statt dessen entsprang aus dem verstärkten Bilderdienst die → Bilderwand (Ikonostase), die in den orth. Kirchenräumen den Altarraum vom Kirchenschiff abtrennt und dem Laien die unmittelbare Teilnahme an einzelnen Akten des → Gottesdienstes (: V A, 2) verwehrt. Kirchenpatrone verehrt die orth. Kirche ebenso wie die kath. Kirche römischer Observanz.

3. *Dogmatisch* unterscheidet sich die H. von Anfang an von der Anbetung Gottes. Das 2. Konzil von → Nicäa bringt 787 die Unterscheidung zwischen *latria* (Anbetung), die allein Gott zusteht, und *dulia* (Verehrung) der Heiligen. Auch die Kanonisationsbulle für Bischof Ulrich von Augsburg (993) nimmt diesen Gedanken auf. Im MA wurde für die → Marienverehrung der Begriff der *hyperdulia* gebräuchlich (offiziell seit der Einführung des Ausdrucks durch → Thomas von Aquino, S.Th. III q. 25 a. 5). Als *adoratio* und *veneratio* hat die Scholastik den Unterschied zwischen der Anbetung Gottes und der H. in ihre Lehre aufgenommen, und c. 1255 des CIC unterscheidet auch heute noch zwischen latria, dulia und hyperdulia. Freilich vermochte die Kirche trotz dieser genauen Abgrenzung nicht zu verhindern, daß namentlich im Spät-MA die Unterschiede sich verwischten und die Heiligen häufig über ihre Mittlerrollen hinaus als unmittelbare Spender der durch sie erflehten Hilfe betrachtet wurden. Parallel damit ging eine starke Verdinglichung der H., sie klammerte sich an äußerlich sichtbare Dinge, an Reliquien und Bilder, und rückte mehr und mehr in die Randzonen des wirklichen Glaubenslebens, wo sie dem Bereich des Magischen (→ Magie) und des → Aberglaubens mehr verhaftet war als dem Religiösen. Das → Tridentinum formulierte in Sessio XXV die heutigen Grundlagen der H. mit den Worten: »Die Heiligen herrschen zusammen mit Christus, sie bringen ihre Gebete für die Menschen Gott dar. Es ist gut und nutzbringend, sie um Hilfe anzurufen und zu ihren Gebeten, ihrer Macht und Hilfe Zuflucht zu nehmen, um von Gott durch seinen Sohn Jesus Christus, unseren Herrn, der allein unser Erlöser und Heiland ist, Wohltaten zu erlangen« (Denz. 984). Zur Reliquien- oder Bilderverehrung - mithin zur H. allgemein - verpflichtet ist iure divino kein Katholik; sie ist nicht heilsnotwendig. Er darf jedoch die H. nicht verurteilen oder abschätzig bewerten.

4. Der *Protestantismus* leugnet die Existenz von Heiligen nicht. Er kennt auch ihre Rolle als Fürbitter vor Gottes Thron und betont, daß der Christ in ihnen ein Vorbild für sein eigenes Leben sehen solle (CA XXI). Jedoch verwirft er ihre persönliche Anrufung als Vermittler, da Christus den Betenden unmittelbar an den Vater gewiesen hat und die hl. Schrift allein Christus als den Mittler und Fürsprecher bei Gott nennt. Die Heiligen gelten dem Protestantismus als geschichtliche Zeugen für Gottes Kraft und Gnade, die durch den sterblichen Menschen hindurch wirken kann. Namentliche Bezeichnung und Differenzierung als Vertreter für besondere Anliegen (→ Nothelfer) werden abgelehnt. Die Reformatoren entfernten die →Heiligenbilder (: II) aus den Kirchen - mit radikaler Konsequenz nur die Calvinisten -, nahmen die Reliquien aus den Altären und wandten sich gegen den ganzen übersteigerten Heiligenkult des späten MA in der Erkenntnis, daß er von der Glaubensmitte zunehmend hinwegführte. In neuester Zeit sind innerhalb der prot. Kirche zT Bestrebungen im Gange, das Gedächtnis der Heiligen stärker in das christliche Glaubensleben einzubeziehen in einer Form, wie es die Reformatoren selbst für möglich und nützlich gehalten hatten.

Man erstrebt eine Erwähnung des Gedächtnisses der Heiligen in den gottesdienstlichen Texten (→ Heiligentage in der ev. Kirche) und eine Wiederbelebung des Wissens um die »communio sanctorum«, die Gemeinschaft mit den verstorbenen Gläubigen, die bereits Anteil an Christi Herrlichkeit haben. Eine spezielle religiöse Anrufung der Heiligen ist nach der ev. Lehre dagegen nicht möglich.

Eine zusammenhängende geschichtl. Darstellung der christl. H. fehlt. Zahlreiche Vorarbeiten u. Einzeldarstellungen in den AnnBoll. - Ferner: E.Lucius-G.Anrich, Die Anfänge des Heiligenkults in der christl. Kirche, 1904 - H.Achelis, Das Christentum in den ersten drei Jh.en II, 1912, 338ff. 438ff - H.Delehaye, Les origines du culte des martyrs, Brüssel (1912) 1933² - Ders., Sanctus. Essai sur le culte des saints dans l'antiquité, ebd 1927 - DThC XIV/1, 870ff - W.Schamoni, Das wahre Gesicht der Heiligen, (1938) 1951³ - W.Nigg, Große Heilige, (1946) 1952⁴ - H.L.Mikoletzky, Sinn u. Art der Heiligung im frühen MA (MIÖG 57, 1949, 84-122) - S.Bulgakow, Grundsätzliches über die H. in der orth. Kirche des Ostens (Ev. u. orth. Chr. in Begegnung u. Auseinandersetzung, hg.v. E.Benz u. L.A.Zander, 1952, 219-227) - R.Aigrain, L'hagiographie, ses sources, ses méthodes, son histoire, Paris 1953 - M.Lackmann, Verehrung der Heiligen. Versuch einer luth. Lehre von den Heiligen, 1958.

R.Klauser

Heiligkeitsgesetz heißt seit A.Klostermann (1877) der Gesetzeskomplex Lev 17-26, der weder literarisch noch erst recht traditionsgeschichtlich eine Einheit bildet. Die *literarisch* älteste Schicht, die die priesterliche Geschichtserzählung Pg (→ Priesterschrift) durch eine Art Grundgesetz der Gemeinde ergänzen will, ist in c. 17-19. 25f enthalten. Sie handelt vom Umgang mit Blut (17, 1-4. 8a β-10...11 a α. 13. 14a α β), mit dem weiblichen Geschlecht (18, 1-4. [6?] 7-17a. [17b-20. 22f?] 24. 30), mit dem Nächsten überhaupt (19, 1-4. 11-18. 26-28. 31. 33-36), mit Grund und Boden (25, 1-6a. 8-19. 23-31. 35-41a. 43. 44a. 46b β. 47a b α β. 48. 49b. 50a. 54f) und schließt mit Verheißung und Drohung ab (26, 3f. 5b. 6a. 7. 9. 11-13 und 15. 16a α β Anf. b. 17. 19f. 25a α β. 30b-33a. 37b. 38. 46). Während ihr Verfasser (siglum: Ph 1) sich streng an die gegebene historische Situation hält, sprengen die Formulierungen einer jüngeren Redaktion (siglum: Ph 2) gelegentlich diesen Rahmen im Bestreben, zu aktualisieren und den einzelnen, nicht nur wie bei Ph 1 die Gemeinde als solche zu verpflichten. Ihr gehört 17, 10b. 11 a β γ b. 12. 14a γ b, ferner 18, 5. 25-29 sowie 19, 19. 37, dann 25, 41b. 42. 44b-46b α. 47b γ. 49a. 50b-53 und vor allem von c. 26 der ganze Rest außer V. 10 und 16 a β Ende. γ, so daß das Schlußkapitel seine jetzige Gestalt im wesentlichen Ph 2 verdankt. Diese Hand hat auch die Strafbestimmungen für Götzendienst und Unzuchtsvergehen c. 20 (außer V. 1. 19. 25. 27) hinzugefügt sowie die gewisse Privatangelegenheiten der Priester regelnde Verordnung 21, 1-15 (außer V. 9), die ursprünglich c. 20 vorausging. Die Umstellung gehört einem neuen Stadium der literarischen Geschichte des H.es an, das stärker kultisch interessiert ist und in zwei Schüben Ergänzungen bringt, die in c. 21-24 zusammengefaßt sind. Eine erste Hand (siglum: Ph 3) fügte an das umgestellte Priestergesetz 21, 1-15 die Bestimmungen über die Tauglichkeit zum Priesteramt 21, 16-24 an, daran das Gesetz über die Tauglichkeit der Opfertiere 22, 17-22. 25 b α Ende. β und daran endlich das Festgesetz c. 23, das eine wesentlich kürzere Form als die jetzige zeigte (V. 1. 2 a α. 4-10 a α ... 21 a β γ ... 23. 24†. 25. 33-38. 44). Für diese Hand sind die die Ausführung berichtenden Abschlüsse 22, 24; 23, 44 charakteristisch. Ph 3 wurde durch einen ihm geistesverwandten Bearbeiter (siglum: Ph 4) ergänzt. Diesem gehören außer einer durchgreifenden Bearbeitung des Festkalenders (alles übrige außer V. 22 und 32) das Gesetz über den Umgang mit den hl. Abgaben 22, 1-16†, die Zusätze zu den Opferbestimmungen 22, 26-33 und vor allem c. 24 über die Versorgung von Leuchter und Schaubrottisch (V. 1-3. 5-9) samt dem durch die Rahmenerzählung einzigartigen Stück über Gotteslästerung, Totschlag und Körperverletzung (V. 10-23), das c. 19 ergänzen will, aber wie Ph 3/Ph 4 überhaupt den relativen Abschluß des Komplexes Ph 1/Ph 2 respektiert. - Der ganze literarische Wachstumsprozeß - Zwischenstufen, die bezeichnenderweise nur in den älteren Schichten zu verzeichnen sind, und die relativ wenigen kleineren Zusätze sind in der obigen Analyse beiseite gelassen - dürfte sich in der Zeit des Exils und in den anschließenden Jahrzehnten abgespielt haben. *Traditionsgeschichtlich* ist in allen Schichten zT weit in die Vergangenheit zurückreichendes Material aufgenommen, etwa im Familien- und Bodenrecht oder in den in c. 19 verarbeiteten (Do-)Dekalogen. Aber alles ist den Bedürfnissen des kommenden oder im Gange befindlichen Wiederaufbaus der jüdischen Gemeinde dienstbar gemacht mit dem Ziel, die Heiligkeit der Gemeinde (→Heilig: II), dh ihr bundgerechtes Verhalten gegenüber Jahwe, dem Gott vom Sinai her, zu sichern.

Vgl. die Komm. (→Leviticus) u. Einl.enAT. Zur Begründung der obigen Analyse demnächst in HAT I, 4. - B.Baentsch, Das H., 1893 - S.Küchler, Das H., 1929 - K.Rabast, Das apodiktische Recht im Dtn u. im H., 1949 - W.Kornfeld, Studien zum H., 1952 - H. Graf Reventlow, Das H. formgeschichtlich unters. (Diss. Göttingen), 1957.

K.Elliger

Heiligsprechung *(Kanonisation)*, im kath. Kirchenrecht die dem Papst persönlich vorbehaltene, feierliche und unfehlbare Erklärung, daß ein Verstorbener (»Diener Gottes«) heilig ist, dh mit Christus im Himmel regiert und überall kirchlich verehrt werden darf (→ Heiligenverehrung: II). Damit verbunden ist seine Aufnahme in das Verzeichnis der Heiligen. Die H. erfolgt in einem feierlichen Kultakt und wird durch eine → Dekretale verkündigt. Ihre Vorstufe ist die *Seligsprechung* (= S.; Beatifikation), die nicht als unfehlbar angesehene und minder feierlich ausgesprochene Erlaubnis des Papstes, daß der Diener Gottes als Seliger, dh in der eingeschränkten Form und an den Orten, wie der Papst sie bezeichnet, kirchlich verehrt werden darf. Die dabei vorausgesetzte Stellung des Seligen im Himmel ist der des Heiligen gleich. - S. und H. bilden den Abschluß zweier Verfahren, des S.s- und des H.s-Prozesses, bei denen die Gründe für diesen Akt ebenso wie die Gründe dagegen von dafür bestellten Sachwaltern (→ Advocatus Dei) vertreten werden. Für die S. muß nachgewiesen werden: daß der gesamte schriftliche Nachlaß des Betreffenden theologisch einwandfrei ist und seine persönliche Heiligkeit nicht in Frage stellt; daß er die göttlichen und die Kardinaltugenden in »heroischem« Maß geübt hat oder daß er Märtyrer ist, dh um des Glaubens willen getötet wurde und um seinetwillen die Tötung hinnahm; daß Gott auf seine Fürbitte hin mehrere (je nach dem Einzelfall 2, 3 oder 4) Wunder gewirkt hat; daß ihm bisher kein öffentlicher Kult erwiesen wurde. Neben diesem ordentlichen S.sprozeß steht der außerordentliche, bei dem nur die Tatsache eines kirchlichen Kultes und der heroische Tugendgrad oder das Martyrium geprüft werden. Voraussetzung dafür ist, daß der kirchliche Kult schon vor 1534 bestand und seitdem ununterbrochen andauert. Für die H. werden nach ordentlicher (formaler) S. 2 neue Wunder verlangt, nach außerordentlicher (aequipollenter) 3. Die aequipollente H. kennt der CIC nicht; jedoch wird sie trotzdem geübt (H. → Alberts d.Gr. 1931). Die Prozesse finden vor der Ritenkongregation (→ Kurie) statt; sie werden eingeleitet durch die Bischöfe, in deren Diözese der Betreffende gestorben ist oder verehrt wird oder die Wunder geschehen sind. -

Die H. als Rechtsakt, der die Verehrung begründet, hat sich erst im Früh-MA entwickelt und stand zunächst den Bischöfen und Partikularsynoden zu. Die erste päpstliche H. datiert von 993 (→ Ulrich von Augsburg). Ihre Beanspruchung als päpstliches Reservat wird bei Alexander III. schon sichtbar und ist seit dem 13.Jh. geltendes Recht. Zugleich beginnt die Entwicklung des H.s-Prozesses. Dieser fand seine grundsätzliche Gestalt unter Urban VIII. und Benedikt XIV.

cc. 1999-2141 CIC - Lehrbücher des → Kirchenrechts - DDC III, 10ff. - Gesch.: FEINE I, 299f (Lit.) - PLÖCHL I, 371f; II, 321ff - R. KLAUSER, Zur Entwicklung des H.sverfahrens bis zum 13.Jh. (ZSav-RG, Kan. Abt. 40, 1954, 85-101) - M.SCHWARZ, H.en im 12.Jh. u. die Beweggründe ihrer Urheber (AKultG 39, 1957, 43-62).

H.Barion

Heiligung

I. Im AT - II. Im NT - III. Dogmatisch. - Zum Religionsgeschichtlichen vgl. → Heilig: I, → Weihen: I

I. Im AT

Da der Begriff der Heiligkeit ein besonderes Kennzeichen des at. Gottesglaubens ist (→ Heilig: II), tritt im Verkehr zwischen Gott und Mensch die H. im AT stark hervor.

Dem alles Irdische übersteigende Wesen der göttlichen → Herrlichkeit gemäß hat die H. eine lebenfördernde und eine das Leben gefährdende Seite. Wenn Gott etwas heiligt, wird darin seine Majestät lebenspendend offenbar (zB in Israel, Ez 36, 23ff), aber es kann auch die Vernichtung des von ihm Geheiligten bedeuten (vgl. Jer 12, 3). Jahwe »heiligt Verderber« (Jer 22, 7; vgl. 51, 27f). Er weiht die Krieger, sei es wider die Feinde oder wider sein eigenes Volk. In der Vernichtung der Gottesfeinde und in der Erlösung des Gottesvolkes »heiligt Jahwe sich selber«, dh erweist er sich in Rettung und Strafgericht heilig; so in Ez 20, 41; 28, 25; 36, 23; 39, 27 einerseits, in Ez 28, 22; 36, 16 andererseits. Die Selbsterweisung der göttlichen Heiligkeit zeigt sich im Leben und im Tod (vgl. Num 20, 13 und Lev 10, 3). Jes 5, 16 könnte an sich eine ambivalente Bedeutung haben, muß aber vom Kontext her eher als Drohung verstanden werden. - Die rettende und vernichtende Wirkung der Heiligkeit Gottes offenbart sich am deutlichsten im heiligen → Krieg (: II). Dieser wird geheiligt (Mi 3, 5; Jer 6, 4; Jo 4, 9), die Kriegsleute heißen »Geheiligte« (Jes 13, 3). Auch für die sexuelle Reinigung der Frau nach der Menstruation wird das Verb heiligen gebraucht (1Sam 11, 4). Reinigen und heiligen können Synonyme sein (Jes 66, 17; vgl. auch Ex 19, 10. 14).

Weil die H. Reinheit des Körpers (sexuell gemeint) und der Kleidung fordert, kann das Zeitwort »heiligen« sich also auf die äußerliche Reinheit beziehen und in abgeschwächter Bedeutung geradezu für → Reinigung gebraucht werden. - Wenn auch der Ausdruck ʿäm qadôš (heiliges Volk) für Israel erst deuteronomischer Prägung zu sein scheint, dürfte der Gedanke erheblich älter sein (vgl. 2Sam 11, 4 und dazu 2Sam 14, 13 »Volk Gottes« und 1Sam 26, 19; 2Sam 14, 16 für das Land Israels: »Jahwes [Gottes] Erbland«). Heiligen meint: aus der Sphäre der Unreinheit (2Sam 11, 4) oder auch der Sünde (Hi 1, 5) in das normale Verhältnis des Jahwe heiligen Volkes zurückkehren. Es wird auch gebraucht bei der Weihe zum → Nasiräer (Num 6).

Es gibt mehrere Stufen von H. Man kann geheiligt sein als Erstgeborener (Num 3, 13; 8, 17), als → Levit (1. 2Chr), als Nasiräer (s.o.), als Priester (Ex 28, 41; 29, 1. 44; 30, 30; 40, 13f; → Priestertum: II) oder als → Hoherpriester (Lev 8, 12). Auf jeder Stufe wird man in besonderer Weise Jahwe zu eigen (Num 3, 13; 8, 17) und hat jedesmal auf eigene Weise Gott zu dienen (vgl. Jes 65, 5). Je wichtiger die heiligende Weihe ist, desto höher ist der Grad der Heiligkeit, zu dem man gerufen wird, und desto näher darf man zum Heiligen selbst treten; der Priester darf das heilige Brot und bestimmte Teile des → Opfers essen, der Hohepriester das → Allerheiligste betreten. - Alles was zum Kult gehört, soll geheiligt werden; man kann sogar sagen, daß H. vorwiegend kultischer Terminus ist. Dabei wird sowohl von Gott als von dem Menschen (Kultdiener) gesagt, daß er heiligend auftritt. Gott tritt heiligend in das Leben ein und erklärt dabei etwas im besonderen Sinne zu seinem Eigentum (Num 3, 13; Ez 37, 26-28); oder der Mensch (Priester, König) heiligt etwas und eignet es damit Gott zu oder erkennt die von Gott geforderte H. an. Orte (→ Heilige Stätten: II), Zeiten und Gaben können geheiligt werden. Gott heiligt bes. den → Sabbat (Gen 2, 3; Ex 20, 11 usw), und was Gott heiligt, soll der Mensch heiligen (Ex 20, 8); Salomo heiligt einen Teil des Tempelhofs, so daß dort Opfer dargebracht werden dürfen (1Kön 8, 64; 2Chr 7, 7); bei kultischen → Mahlzeiten (: II) heiligen sich die Teilnehmer (1Sam 16, 5); man heiligt Geld oder Gaben für den Kult (Ri 17, 3; 2Sam 8, 11 usw), Erstgeburten (Dtn 15, 19). In vielen Fällen wird man die von Menschen vorgenommene H. mit »Weihung« übersetzen dürfen.

Weil heiligen bedeutet: etwas in die göttliche Sphäre bringen, schließt es im allgemeinen eine Trennung des Geheiligten aus dem profanen Leben ein. Man soll aber nicht den Gedanken der Separation als den herrschenden in den Vordergrund rücken, denn die H. folgt bisweilen der Trennung (Ex 19, 23) oder schließt die Möglichkeit des nachherigen profanen Gebrauchs des Geheiligten (Neh 3, 1) in sich; wichtiger jedenfalls ist die positive Seite, die Kommunikation mit Jahwe.

Die Verbindung der göttlichen Heiligkeit mit dem Geheiligten kann für Sachen selbst als eine mechanisch wirkende dargestellt werden, so daß dem Heiligen im → Kultus magische Züge anhaften; zB überträgt sich die Heiligkeit des → Altars auf jeden, der ihn anrührt (Ex 29, 37; 30, 29; vgl. Lev 6, 11. 20; vgl. auch 2Sam 6, 7).

Die H. wird durch kultisch angeordnete Riten vollzogen, zB durch Waschung, → Salbung (: II), Besprengung (Ex 19, 10; 40, 9ff; Lev 8, 12; 22, 6). - Auch das Heilige selber kann geheiligt werden. Jahwe heiligt seinen Namen (Ez 36, 23), dh bringt die Herrlichkeit seines Namens zur Anerkennung bei den Völkern der Welt. Andererseits kann der Mensch Jahwe oder dessen Namen heiligen, durch Furcht und Zittern (Jes 8, 13; 29, 23) oder durch Vertrauen und Gehorsam (Num 20, 12; 27, 14; Dtn 32, 51). Hier wirkt sich die H. nicht nur im rituellen und kultischen, sondern im religiös-ethischen Leben aus. Bei Ezechiel wird die Einheit der kultischen und der religiös-ethischen Seite des Heiligen am tiefsten offenbar: Israel wird geheiligt durch das Heiligtum Gottes, und darin findet die Gemeinschaft von Gott und Volk seinen ewigen Ausdruck (Ez 37, 26ff; 36, 22ff).

Außer den at. Theologien, bes. von W.EICHRODT, G.v.RAD u. TH.C.VRIEZEN (bes. 124ff): J.HEMPEL, Gott u. Mensch im AT, (1926) 1936² - J.HÄNEL, Die Religion der Heiligkeit, 1931 - J.PEDERSEN, Israel III. IV, 1940 - N.H.SNAITH, The distinctive Ideas of the OT, (1944) 1945² - H.RINGGREN, The Prophetic Conception of Holiness (UUÅ 1948, 12).

Th.C.Vriezen

II. Im NT

1. Grundvoraussetzung und Quelle aller H. ist auch im NT letztlich Gottes Heiligkeit (→ Heilig: III; vgl. Joh 17, 11. 17; 1Petr 1, 15f; Apk 4, 8). Aber *alle* gottzugehörigen und *nur* solche »heiligen«, dh von Gott mit Beschlag belegten und geheiligten Wesen (zB 1Kor 7, 14) und Dinge (Mt 23, 17) haben teil an der heiligenden

Wirksamkeit *Gottes*. Von dieser selbst wird selten unmittelbar geredet (Joh 10, 36; 17, 17; 1Thess 5, 23); aber auch hinter den häufigen Passiva (1Kor 1, 2; 6, 11; Apg 20, 32; 26, 18; Hebr 10, 10. 14; Apk 22, 11 u.a.) wie dem zugehörigen Substantiv (1Thess 4, 7; 2Thess 2, 13; Röm 6, 19. 22 u.a.) steht, entsprechend der ehrfürchtig verhüllenden Redeweise (der Juden und) des NT, Gott als der eigentlich Handelnde in allem H.sgeschehen, so auch in der 1. Bitte des → Vaterunsers. Deren Erfüllung ist, im Blick auf die unmittelbar vorausgehende Deutung des Namens Gottes (→ Vatername: III), primär in der eschatologischen Verleihung der → Gotteskindschaft (zB Mt 5, 9; Röm 8, 23) zu sehen, die aber im Sinn der erfüllten → Eschatologie (: IV) schon jetzt geschieht (vgl. Mt 17, 26; Joh 1, 12; Eph 1, 5 mit 1, 4); jedoch, wie bei allen soteriologischen Begriffen (s.u.) und auch bei der 2. und 3. Bitte wird das göttliche Handeln aufgenommen, fortgeführt, erfüllt durch das Handeln der »Kinder Gottes«: in ihrer Erkenntnis, Anrufung, Verkündigung Gottes und in ihrem Leben nach seinem Willen (vgl. Mk 3, 35 par u.a.). – Es ist von nichts anderem als Gottes heiligendem Handeln die Rede, wenn auch der Hl. → Geist (: IV) als Träger und Kraft der H. erscheint: 2Thess 2, 13; 1Kor 6, 11 (neben dem »Namen Christi«); Röm 15, 16. In der trinitarischen Formel 1Petr 1, 2 ist die H. *das* Merkmal des Geistes.

2. Neben Gott, ja an der Stelle Gottes als des Heiligen, der zugleich heiligt (Lev 21, 8; 31, 13; vgl. Röm 3, 26), steht *Jesus*, nicht nur im JohEv (vgl. 17, 19 mit 6, 69; 17, 11f: »dein Name« ist »der Heilige«, Gottes heiliges Wesen), sondern auch bei den Synoptikern, obwohl hier von der H. durch Jesus nicht ausdrücklich gesprochen wird (vgl. dasselbe bei → Gnade: III, 1): die Berührung des Heiligen Gottes (vgl. Mk 1, 24 par), die Tischgemeinschaft mit ihm, die → Nachfolge (: I) in seiner Jüngerschaft, der → Glaube (: III) an ihn, das alles hat heiligende Kraft. Im JohEv wird diese Erkenntnis von Jesus selbst ausgesprochen und bes. auf die heiligende Wirkung seines Todes ausgedehnt (17, 19: seine »Selbst-H.« schließt die H. seiner Jünger ein). Erst recht geschieht dies bei Paulus (vgl. 1Kor 1, 2; 6, 11; Eph 5, 26), der Jesus die personifizierte H. nennt (1Kor 1, 30), und im Hebr, der die H. durch Jesus mit den Mitteln der kultischen Terminologie und ähnlich den gnostischen Mysterienweihen interpretiert (2, 11; 9, 14; 13, 12).

3. Aber auch die *Christen* können wie Jesus (vgl. Joh 10, 36 mit 17, 19) nicht nur Objekt, sondern auch Subjekt der H. sein; und wie Christus sich selbst (17, 19) und andere (1Kor 1, 2; Eph 5, 26; Hebr 2, 11; 13, 12) heiligt, so können auch sie, weil sie im Stand der H. stehen (vgl. 1Thess 4, 7; 1Kor 1, 2; 1Tim 2, 15; Hebr 10, 14: Präsens!) und weil dieser Stand zugleich etwas immer neu zu Erringendes und zu Verwirklichendes ist, sowohl aneinander (1Thess 4, 4) als auch an sich selbst (1Thess 4, 3; 2Kor 7, 1; 2Tim 2, 21; Hebr 12, 14) heiligend wirken. Da in allen diesen Fällen aber (wie bei Umkehr, Glauben usw) das Handeln Gottes dem der Menschen immer schon vorangeht (vgl. zB 1Thess 4, 7, das logisch vor V. 3ff steht), kann nie von einem »Synergismus« in der H. gesprochen werden (obwohl manche Aussagen so klingen, 2Thess 2, 13: Geist und Glaube, 1Tim 4, 5: Wort Gottes und Gebet). Auch im Bereich der H. wird die innere Einheit von Indikativ und Imperativ (vgl. Röm 6, 19; 1Thess 4, 3f; Hebr 12, 14) und die Bedeutung des passivischen Imperfekts für die nt. Botschaft (zB Apk 22, 11) sichtbar. Das sittliche Moment ist zwar von der H. untrennbar, aber durchaus sekundär (vgl. 1Kor 1, 2 mit 1, 11 – 14, 40!): die H. im Sinn des NT ist nicht primär die von manchen christlichen Gruppen in den Mittelpunkt gestellte H. als sittliche Vervollkommnung, sondern die Versetzung in die Gemeinschaft mit Gott und dadurch Teilgabe an seinem heiligen Wesen (1Petr 1, 16; 1Joh 3, 2: »ihm gleich«), d.i. das Heil; H. ist ein zentraler soteriologischer Begriff. Darum ist die H. das Ziel alles Handelns Gottes mit dem Menschen und eben *darin* die entscheidende Aufgabe des Menschen (vgl. 1Thess 4, 3. 7; Röm 6, 19. 22 u.a.); darum die dringliche Betonung der H. im Blick auf die → Parusie (zB 1Thess 3, 13; 5, 23; Kol 1, 22 u.a.).

H.Cremer-J.Kögel, Bibl.-theol. WB der nt. Gräcität, 1923[11], 34ff, bes. 56ff – A.Fridrichsen, Geheiligt werde dein Name (TT 8, 1917, 1-16) – E.Gaugler, Die H. in der Ethik des Apostels Paulus (IKZ 15, 1925, 100-120) – Ders., Die H. im Zeugnis der Schrift, 1948 – A.Köberle, Rechtfertigung u. H., (1929) 1930[3] – J.Schniewind, Die H. (in: H.Asmussen, Rechtgläubigkeit u. Frömmigkeit I, 1938, 9-20) – S.Djukanovič, Heiligkeit u. H. bei Paulus (Diss. Bern), 1939 – E.Käsemann, Das wandernde Gottesvolk, (1939) 1957[2], 88ff – E. Lohmeyer, Das Vaterunser, 1947, 41ff – H.Preisker, Das Ethos des Urchristentums, 1949, 128f – P.Feine, TheolNT, 1951[8], 224ff. – Vgl. die Lit. zu → Heilig: III.

G.Stählin

III. Dogmatisch

1. Begriff – 2. Das Verhältnis der H. zur Rechtfertigung – 3. Das Verhältnis des H.sstrebens zum Glauben

1. H. ist in der Wurzel ein *Verhältnis*- und *Zugehörigkeitsbegriff*, der nicht eine Eigenschaft des Menschen in sich selbst, sondern sein Leben im Stand der Zugehörigkeit zu Gott bezeichnet. → Heilig (: IV) ist → Gott; geheiligt wird der, den Gott mit sich verbindet und in die Gemeinschaft mit sich selbst hineinstellt. Da aber die Gegenwart Gottes *wirksam* ist, die Sünde abstößt und das Gute wirkt, bezeichnet H. zugleich das Werden einer der Zugehörigkeit zu Gott entsprechenden Lebensgestalt. Der Begriff hat also, in seiner nt. Verwendung (→ Heiligung: II) deutlich erkennbar, einen forensischen und einen ethischen Pol: Berufung in den Stand der Gottesgemeinschaft und damit zugleich Führung zu einer neuen Lebensgestalt. Dabei ist aber die Versetzung in den Stand der Gottesgemeinschaft das begründende, tragende und wirkende, das Werden der neuen Lebensgestalt das begründete, von der Gnadengegenwart Gottes in Christus getragene und gewirkte Moment.

2. In der theologischen Tradition des älteren Protestantismus bestand die Tendenz, die H. streng von der → *Rechtfertigung* (: II. III) zu unterscheiden und sie als einen zweiten, der Rechtfertigung nachfolgenden Akt Gottes zu betrachten. Diese Tendenz hatte ihren inneren Grund in der Befürchtung, bei einer Ineinssetzung von Rechtfertigung und H. werde das Werden der neuen Lebensgestalt in die Stellung der Heilsbedingung, die es im scholastischen System mehr oder weniger gehabt hatte, zurückgerückt: nur sofern der Mensch geheiligt wird, wird er auch gerechtgesprochen, so daß er folglich im Sichtbarwerden seiner neuen Lebensgestalt den Erkenntnisgrund seiner Heilsgewißheit suchen muß. Wird dagegen die Rechtfertigung als in sich abgeschlossenes Ganzes vom H.sgeschehen streng unterschieden und ihm vorangestellt, so schien gewährleistet, daß der Blick in der Frage der Heilsentscheidung von aller Erwägung des eigenen Wertes oder Unwertes gelöst ganz auf den Zuspruch der unverdienten Gnade geheftet bleibt. – Eine strenge Unterscheidung von Rechtfertigung und H. als zweier getrennter Gottesakte ist indessen den biblischen Texten gegenüber nicht möglich. Vielmehr ist Rechtfertigung gerade als die Gerecht*sprechung* des Sünders aus freier Gnade zugleich der grundlegende Gottesakt der H. und die tragende Kraft der Verwirklichung der H. in einer neuen Lebensgestalt. Denn durch diesen Gerechtspruch hebt Gott das Überlassensein des

Sünders an die Herrschaft seiner Sünde auf und stellt ihn in die Gemeinschaft mit sich selbst, die Quelle und Kraftfeld aller H. ist.

Nicht von der Rechtfertigung selbst also, wohl aber von der Frage nach der *Begründung* oder *Bedingung* der Rechtfertigung muß die H. sorgfältig getrennt werden. Beides gehört zusammen; aber nicht so, daß Gott rechtfertigt, *weil* er geheiligt hat (geschweige denn: weil wir selbst uns geheiligt hätten), sondern so, daß Gott heiligt, weil und indem er aus freier Gnade, vom Menschen her ohne positive Voraussetzung, gerechtspricht.

Das Bedenkliche in der röm.-kath. Heilslehre ist also nicht schon die dort stark betonte *Verbindung* von Rechtfertigung und H. (Gerechtmachung) an sich, sondern erst die Tatsache, daß diese Heilslehre innerhalb dieser Verbindung ein Begründungsgefälle von der H. hin zur (abschließenden) Gerechtsprechung herstellt. Ev. Theologie muß demgegenüber das umgekehrte Begründungsgefälle behaupten (→ Gnade: V, 2d). Aber auch die altprot. *Trennung* von Rechtfertigung und H. ist nicht unbedenklich. Durch sie kann einerseits ein Quietismus gefördert werden: man könne in der Rechtfertigung leben auch ohne H., da diese als der zweite und nicht mehr heilsentscheidende Gottesakt irgendwie als »sekundär« empfunden wird. Andererseits und bei umgekehrter Akzentuierung kann ein Perfektionismus entstehen: es sei mit Glauben und Rechtfertigung noch nicht alles getan, die H. müsse noch hinzukommen – die dann stimmungsmäßig nur zu leicht in die Beleuchtung einer vom Menschen zu erbringenden »Nachbedingung« seiner Rechtfertigung gerät. Zwischen dieser Scylla und Charybdis gilt es hindurchzusteuern in der Erkenntnis: Man kann Rechtfertigung nicht haben, ohne gerade durch sie mit dem H.swillen und der H.smacht Gottes in Christus zu tun zu bekommen; man kann aber auch H. auf keine andere Weise haben als durch das Empfangen der Rechtfertigung aus Gnade in Christus.

3. Hieraus ergibt sich: der → *Glaube* (: V, 4) an die rechtfertigende Gnade Gottes kann nicht leben ohne den Willen zur H. Denn er ist existentiell Flucht zu Gott in Christus vor der Herrschaft und verdammenden Kraft der Sünde, eben damit aber auch Auslieferung des Lebens an Gott in Christus, Absage an die Sünde und Appell an die Kraft Gottes zu ihrer Vernichtung. Positiv gesagt: Glaube ist existentiell das Ernstnehmen der heiligen Liebe Gottes, damit aber der Wille, in der Realität und Kraft dieser Liebe zu leben. – Es gilt aber auch das Umgekehrte: man kann nach der H. nur so streben, daß man an den bedingungslosen Einsatz der Gnade Gottes für uns in Christus glaubt, ihn beständig anruft und alle H. nur von ihm erwartet. Daß H. gegeben wird, will *geglaubt* werden, und zwar eingeschlossen in den Glauben, daß Gott uns ohne Verdienst in Christus gnädig zugewandt ist und bleibt. Man kann auch aus der Sünde zur H. und zum Kampf gegen die Sünde nur so zurückkehren, daß man es wagt, von neuem an die bedingungslose → Sünden*vergebung* (: III) zu glauben, weil nur dieser Glaube die Rückkehr in die Verbindung mit Christus ist, aus der allein H. geschieht.

Allgemein: RE VII, 573ff – RGG² II, 1750f – EKL II, 82ff. – Lehrbücher: W.ELERT, Der christl Glaube, (1940) 1956³, Kap. 16 – DERS., Das christl. Ethos, 1949, § 41 – P.ALTHAUS, Die christl. Wahrheit, (II, 1948) 1958⁴, §§ 65f – BARTH, KD IV/2 – THIELICKE, ThE I², 79ff. – Monographien, historisch: R.HERMANN, Luthers These »Gerecht u. Sünder zugleich«, 1930 – A.GÖHLER, Calvins Lehre von der H., 1934. – Systematisch: TH.JELLINGHAUS, Das völlige, gegenwärtige Heil durch Christum, (1880) 1903⁵ (grundlegendes Werk der pietist. → Heiligungsbewegung) – L.IHMELS, Zur Lehre von der H. bei Th. Jellinghaus (NkZ 27, 1916, 89–128) – K.BARTH, Rechtfertigung u. H. (ZZ 5, 1927, 281–309) – A.KÖBERLE, Rechtfertigung u. H., (1929) 1930⁸.

W.Joest

Heiligungsbewegung (= Hb.) wird jene praktische Frömmigkeit innerhalb der modernen → Gemeinschaftsbewegung genannt, die im Evangelium nicht nur die Vergebung der Sünde, sondern auch die Befreiung vom Zwang zur Sünde verkündigt. Schon der Pietismus → Speners wollte eine Reaktion sein gegen die Intellektualisierung der Verkündigung in der ev. Predigt. Die Botschaft war zur Lehre geworden, die weithin keine Beziehung zur Lebensgestaltung der Glaubenden hatte. Auf die Bewährung der Glaubenserkenntnis im täglichen Leben legte daher die pietistische Predigt großes Gewicht. – Später hat → Wesley, der Begründer des englischen Methodismus, die Heiligung (= H.) neben die Rechtfertigung gestellt. Im Blick auf seine deutschen Freunde urteilte er: Sie haben die Gnade der Rechtfertigung, aber die Gnade der H. haben sie nicht. So entstand die Theorie, daß die H. die »zweite Gnade« sei, die zur »ersten Gnade der Rechtfertigung« hinzukommen müsse. Es ist nicht überraschend, daß die mehr aufs Praktische gerichteten Angelsachsen eine Lehre von der H. der in Deutschland geformten Lehre von der Rechtfertigung gegenüberstellten. Dabei wurde der organische Zusammenhang von Rechtfertigung und → Heiligung (: III) übersehen. – Eine spezifische Hb. entstand durch die Arbeit der Evangelisten Ch.G. → Finney und W.E. Boardman († 1886) in Amerika und anschließend in England in den 60er und 70er Jahren des 19.Jh.s. Auf den Kontinent griff diese Bewegung über nach den Konferenzen in Oxford (29.8.–7.9.1874) und Brighton. »H. aus dem Glauben« in strenger Abgrenzung gegen alle gesetzliche Selbst-H. war das Thema dieser Tage, an denen viele deutsche Theologen teilnahmen (G. → Warneck, → Wangemann, Prochnow, → Jellinghaus, Pank, de le Roy, Rappard). Der Hauptredner dieser Oxford-Bewegung war Robert Pearsall → Smith, der 1875 aufs Festland kam und in Berlin, Basel, Stuttgart, Karlsruhe, Frankfurt und Wuppertal stark besuchte Versammlungen hielt, die große Wirkung hatten und ein umfangreiches Schrifttum hervorriefen (u.a. die Zeitschrift »Des Christen Glaubensweg«). Von dieser Hb. (→ Keswick-Bewegung) wurde die moderne deutsche Gemeinschaftsbewegung stark beeinflußt. → Stockmayer, Rappard und Jellinghaus wurden ihre theologischen Vertreter. Letzterer verfaßte die deutsche Dogmatik der Bewegung: »Das völlige, gegenwärtige Heil durch Christus« ([1880] 1903⁵). »In sich ist jeder Christ ein Glied der sündigen Menschheit und zur Sünde geneigt. Nur durch die Einpflanzung in Christi Tod und Auferstehung kann er heilig sein und bleiben. Losgelöst von Christo und seinem reinigenden Blute ist er sündig und hat Sünde.« Die Einseitigkeit der Hb. führte im extremen Flügel zur → Pfingstbewegung (J. → Paul). In langen Kämpfen hat die deutsche Gemeinschaftsbewegung sowohl in der → Blankenburger Allianz wie im → Gnadauer Verband mit der Lehre gerungen. Ohne die Grundlage der Reformation aufzugeben und ohne Wesleys Lehre von der »zweiten Gnade« anzunehmen, betont sie stärker als in der üblichen Verkündigung, daß in Christus nicht nur der Trost der Vergebung, sondern auch die Kraft zum neuen Leben gegeben ist.

P.FLEISCH, Zur Gesch. der Hb., 1. Heft, 1910 – L.TIESMEYER, Was jedermann von der christl. Gemeinschaftsbewegung in Deutschland wissen muß, 1917 – RGG² II, 1751ff (Lit.) – KARL MÜLLER, Rechtfertigung oder H.? (in: L.THIMME [Hg.], Im Kampf um die Kirche, 1930, 94–116).

H.Brandenburg

Heilpädagogik. Die Bemühungen, durch Erziehen zugleich zu »heilen«, sind in der Geschichte der → Pädagogik (: I) schon früh zu erkennen. Als Wissenschaft ist die H. noch jung. Sie entstand mit den größeren Gefahren und stärkeren Belastungen des Lebens des einzelnen und der sozialen Gemeinschaften in der Moderne. Die besonderen Anforderungen, die heute an die H. gestellt werden, zwingen zu systematischem Forschen und besonderen Methoden des Helfens. »H. ist Pädagogik unter erschwerenden Bedingungen« (Moor). Sie beginnt, wo die Erziehungsschwierigkeiten über das Durchschnittsmaß hinausgewachsen sind. Von vier Richtungen her kommt der Pädagogik dabei Hilfe: Vom Ärztlichen aus in → Psychiatrie und Kinderheilkunde; sodann von der → Psychologie und Sozialwissenschaft. Für den in der Praxis Stehenden ist es dabei nicht erstrangig, ob der H. »Autonomie« zuzuerkennen und wie die einzelnen Arbeitsgebiete gegeneinander abzugrenzen seien, sondern er ist dankbar für ein Miteinanderarbeiten, das jederzeit bereit ist, neu zu suchen, was hilft, die vorliegende Not zu erkennen und zu wenden.

Am Beginn der heilpädagogischen Arbeit steht die Frage nach den »Gegebenheiten« in dem umsorgten Menschenkind. Dabei haben Jugendpsychiater (→ Jugendpsychologie) und Psychotherapeut wichtige Aussagen zu machen. Freilich sind deren Hinweise oft vom erwachsenen Menschen her entwickelt worden, der »am Ende war«. Dadurch kann sich der Blick trüben und erfaßt dann nicht mehr heiter »die Kräfte gesunder Entwicklung, die bei Kindern oft von selber eine erstaunliche Besserung schwer pathologischer Zustandsbilder bringen können« (Asperger). – Die Kinderheilkunde hat immer deutlicher aufgewiesen, welch entscheidende Bedeutung die früheste Kindheit für das ganze Leben hat. Es ist wichtig zu wissen, wie die Entwicklung des »schwierigen« Kindes in seiner frühesten Zeit verlief. Der erfahrene Kinderarzt und seine Diagnose werden zu Rate zu ziehen sein. In den allermeisten Fällen wird der Arzt selber ganz pädagogisch zu arbeiten haben. Die → Psychosomatik weist diesen Weg, »aber auch bei primär körperlichen Krankheiten spielt ja das Erzieherische, das Halten und Führen bei der Pflege des Kindes eine entscheidende Rolle, sie kann über Tod und Leben entscheiden« (Asperger). Dabei versucht der Arzt, auch die nächste Umgebung zu beeinflussen, gegebenenfalls mancherlei herauszulösen, wodurch die Entwicklung des Kindes gestört und belastet wird.

Zur Kenntnis des Kindes ist ferner das Wissen um die Gesetze seiner seelischen und intellektuellen Entwicklung vonnöten. So kommt die H. ohne ein Wissen von Aufbau und Reaktionsweisen der Persönlichkeit und ohne Verwendung verschiedener Testmethoden nicht mehr aus. Psychiatrie, Kinderheilkunde und psychologische Forschung suchen für die heilpädagogische Arbeit festzustellen, welche Defekte der Intelligenz und der Sinne, welche Störungen nervöser und seelischer Art das Leben des Kindes und des Jugendlichen belasten. Ihre Frage nach der Ursache läßt schon einen Großteil des Leidens erkennen. Doch genügen die biologischen und psychologischen Feststellungen als solche noch nicht, um das heilpädagogisch Notwendige zu wissen. In dem nur negativen Verstehen verbirgt sich eine Gefahr: solches Nur-Aufnehmen und Konstatieren vergißt, verkümmert und verdirbt zu leicht die Kraft rechter Hilfe. Es ist auch Vorsicht geboten, wenn Urteile festgelegt und ausgesprochen werden. Entbehren sie – auch wenn Schuld vorliegt – der Ehrfurcht vor dem Gewordenen und vom Schöpfer so Gewollten, so schwindet leicht jene fruchtbare Ruhe, aus der die wichtigsten Antriebe zur Hilfe kommen.

Für den verstehenden Heilpädagogen leiden die Kinder, die er zu betreuen hat, daran, daß sie »mit dem Leben nicht zurechtkommen«. Der eigentlichen Aufgabe der H. entspricht es, wenn der Erziehende seine Beobachtung auf diejenigen Schwächen, Hemmungen, Ausfälle und Störungen richtet, die noch Hoffnung geben, daß sie unter guter Stützung und ausgleichender Pflege zu einer Ordnung reifen, in der Wille und Gemüt freudig erfahren dürfen, doch noch »etwas zu sein« – für sich selbst und für andere. Hat der Heilpädagoge das Menschenkind gelehrt, trotz der Erschwerung seinen besonderen Weg zu gehen, so hat er seine pädagogische Aufgabe erfüllt. Sind die Kräfte nicht vorhanden, wird das Kind seine Lebensaufgabe allein nicht bewältigen können, so bedarf es einer steten weiteren Stützung. Immer wieder sind unter den Kindern solche, die zeitweilig Hoffnungen erregen und dann wieder alle Hoffnungen auf eine einigermaßen stabile Fortentwicklung rauben. Zum Ethos des Heilpädagogen gehört es, auch ihnen in rechter Weise helfend nahe zu bleiben. Wenn der Erzieher schwere Fälle von Psychopathie oder Pseudopsychopathie, von Encephalopathien oder Neurose vor sich hat, so wird er nicht nachlassen, Art und Maß der Beeinflußbarkeit und des Führens zu finden, in denen Wille und Gemüt des Verstörten und Gehemmten doch noch zu beeinflussen sind. Es geht dabei nicht bloß um das Zurechtkommen mit »Kräfteresten« oder um ein »Wiedereinordnen in die soziale Brauchbarkeit«. Jedes Menschenleben steht unter der Verheißung und hat um seiner selbst willen Anspruch auf Hilfe, auf Liebe und Achtung. Es hat Anspruch auf Anschluß an den, der es so schuf und zuließ, daß es so wurde. So findet der Erziehungsweg erst dann die rechte Ebene, wenn er zu der Reife führt, aus welcher dieser Zuspruch gehört wird. Wenn dieses Hören begonnen hat, erwacht Vertrauen, auch das Selbstvertrauen, und vor allem der Dank. Das wiederum gibt der Autorität erst das Fundament. In ihr geborgen beginnt die Bewährung. Sie erfüllt sich aber immer dann am gewissesten und stärksten, wenn sie mit Kräften verbunden ist, die wohl durch Menschen verkündigt werden können, doch von Gott, dem Schöpfer und Erlöser, ausgehen und als solche anerkannt, bekannt und gepriesen werden.

Träger solcher Erziehung sollte die → Familie (: IV; → Hauserziehung) sein. Wenn sie noch geordnete Funktionen zeigt, hat sie regenerierende Kräfte. Und doch wird bei den schwierigen »Fällen«, den eigentlich heilpädagogischen, die Durchschnittsfamilie nicht genügend helfen und tragen können. Dann müssen andere Institutionen die Aufgabe übernehmen. Wichtig ist der Gesamteinfluß, der von dem engeren und weiteren Milieu ausgeht. Der Sozialwissenschaft verdankt die H. viel im Aufzeichnen solcher »Gegebenheiten« und auch im Planen rechter Hilfen. Dabei ist auch an Schulen, Heime und Anstalten zu denken, die von Einzelpersonen, Gemeinschaften und vom Staat eingerichtet werden (→ Erziehungsanstalten: I, 2; → Hilfsschule). In ihnen gestaltet der heilpädagogische Erzieher sein Werk. Er beginnt bei jedem ihm zugeführten Kind damit, daß er ihm in seiner Not nahekommt, auch wenn diese vom Kinde gar nicht erkannt wird. Er will es kraftvolle Geborgenheit spüren lassen. Sie wird gespürt, wenn der Erziehende selbst aus einer Geborgenheit heraus lebt. Damit ist kein Besserwissen gemeint, auf gar keinen Fall Routine. Sie macht dumpf und hemmt den, den sie leiten soll. Sie tötet jene innere Heiterkeit, die hindurchsieht und zugleich auch Ansätze und Wege fröhlicher, fruchtbarer Hilfe erblickt und erfaßt. Ist sie aber da, so verliert sich beim Kinde die Angst vor der Fremde, dem Ungeschütztsein. Es gewinnt Heimat, Berechtigung auf Nähe und Hilfe, Freiheit der Frage und Bitte, Schranke bei Trieb und Unlust, Überlegenheit bei Reizbarkeit und Affektenthemmung, unwiderstehliches Locken bei Faulheit und Niedergeschlagenheit und zu gegebener Zeit die Freiheit, Schritt für Schritt den Weg allein zu wagen.

Der Erziehende, der in wahrhaftiger und aufrichtiger Hingabe vor dem Kinde steht, wird immer wieder entdecken, daß ihm Einsichten geschenkt und Kräfte gegeben werden, die er nicht ahnen konnte. Diese »Haltung« erhält auch immer wieder frisch, läßt in allen sich ja nie gleichenden Erziehungssituationen neu sehen und handeln, erhält in wahrer Demut den Wagemut in der Hingabe zum andern und bewahrt zumal vor dem Schwersten in der Heilerziehung, vor dem Resignieren. Pädagogischer Eros nimmt nicht nur den Liebenswürdigen zu sich, sondern sucht und hält gerade auch den, der enttäuscht, verletzt oder gar boshaft ausweicht und entflieht. Die Festigkeit dieser Haltung ist begründet in dem Wissen und Verlangen befreienden Frommseins. Vergebung absorbiert selbst absolut »Böses«. Zugleich bewirkt solches Gebundensein die Freiheit der »Sachlichkeit«. Sie nimmt das junge Menschenkind in aller Ehrfurcht so, wie es ist. Sie läßt sich nicht täuschen, urteilt nicht ab, vergißt nichts, kann aber stets neu anfangen. Der so Erziehende wird auch seinem eigenen Tun und Unterlassen gegenüber sachlich. Auch seinen »pädagogischen Optimismus« sieht er sachlicher. Er erkennt die Kraft, die nicht von ihm selbst, sondern aus den Quellen kommt, zu denen ihn das Evangelium durch Christus weist.

KURT SCHNEIDER, Die psychopathischen Persönlichkeiten, (1923) 1950[9] - L.BOPP, Allg. H., 1929 - H.HANSELMANN, Einführung in die H., (1930) 1946[3] - DERS., Grundlinien zu einer Theorie der Sondererziehung, 1941 - DERS., Sorgenkinder, daheim, in der Schule, in der Anstalt, in der menschl. Gesellschaft, 1954 - A.BUSEMANN, Einführung in die pädagog. Jugendkunde, (1931) 1950[3] - E.BENJAMIN u.a., Lehrbuch der Psychopathologie des Kindesalters, 1938 - H.ASPERGER, H., 1952 - P.MOOR, Heilpädagog. Psychologie I. II, 1952/58 - H. ZULLIGER, Schwierige Kinder, 1953. - Zs.en: Die Innere Mission, seit 1906 - Zs. für H., seit 1949 - Praxis der Kinderpsychologie u. Kinderpsychiatrie, seit 1952 - Schule u. Psychologie, seit 1954 - Die Sonderschule, seit 1956 - Sozialpädagogik, seit 1959. *E.Reuter*

Heilsarmee (*The Salvation Army*)

1. Ursprung und Organisation - 2. Lehre und Praxis - 3. Soziale Tätigkeit

1. Die H. ist aus der 1865 begonnenen → Zeltmission des früheren Predigers der → Methodisten, William → Booth, in den Armenvierteln des Londoner Ostens entstanden. Angesichts des ungeheuren sittlichen Tiefstands der entkirchlichten unteren Volksschichten erkannte Booth, daß er neue, revolutionäre Wege einschlagen müsse. Trotz vieler Anfeindungen wuchs die Bewegung bald weit über London hinaus und wurde 1870 »Christliche Mission« genannt. Bald zeigte sich das Bedürfnis nach einer strafferen Organisation, so daß die Mission 1878 nach militärischem Vorbild in eine »H.« umgewandelt wurde, die sich bereits in den ersten fünf Jahren auf alle fünf Erdteile ausbreitete. General-Sup. Booth, auf Lebenszeit gewählt, wurde *General*, die Mitglieder Offiziere und Soldaten, die Uniform anlegten. Booth unterstanden sämtliche Operationen der von ihm ernannten Stabsoffiziere in allen Ländern. In seiner ihm ebenbürtigen Gattin Catherine geb. Mumford (1829-90) hatte Booth eine in jeder Hinsicht ausgezeichnete Lebensgefährtin, die ihm sieben hochbegabte Kinder schenkte. (Sie bekleideten später im Dienst der H. leitende Stellungen.) Booth erhielt ziemlich unumschränkte Verfügung über alle Einkünfte der Organisation und war auch befugt, seinen Nachfolger selbst zu ernennen. Später ließ er in die H.-Verfassung eine Bestimmung einfügen, daß ein Hoher Rat, bestehend aus den aktiven H.-Leitern aller Länder, im Bedarfsfall die Neuwahl eines Generals vorzunehmen habe. So beschloß 1929 ein nach London zusammengerufener Hoher Rat, daß W.Booths Nachfolger Bramwell Booth (1856-1929) infolge seiner langen Krankheit das Generalsamt nicht länger bekleiden könne, und wählte einen neuen General. Künftig sollte jeder General vom Hohen Rat gewählt werden und seine Amtsdauer das 70. Lebensjahr nicht überschreiten. Ferner wurde dem General ein Beratender Ausschuß beigegeben. Seit 1954 ist Wilfred Kitching General. - Die für den Offiziersdienst vorbereiteten Kandidaten geben ihren bürgerlichen Beruf auf, werden in der Kadettenschule ausgebildet und widmen sich ihrem Dienst bei sehr bescheidener Entlohnung. Den Frauen stehen alle Ämter offen, auch das des Generals. Die Soldaten bleiben im bürgerlichen Beruf und üben ihre Betätigung in der H. ohne Entschädigung aus. Sie zahlen erhebliche Beiträge für ihre Bewegung. Wöchentliches Organ ist »Der Kriegsruf« (War Cry). Er wird, mit etwa 100 weiteren periodischen Schriften, in einer Gesamtauflage von über 2 Mill. gedruckt. Die Zahl der Offiziere, Kadetten und besoldeten Helfer betrug Ende 1957 nach dem Jahrbuch 1959 in 86 Ländern 53295. Die Zahl der Lokaloffiziere, Musiker und Sänger, die eine ehrenamtliche Tätigkeit ausüben und neben der Abstinenz, der sich alle Soldaten unterwerfen, auch auf den Tabakgenuß verzichten, beträgt 271 833. Soziale Anstalten und Schulen bestanden 3012, ferner insgesamt 16966 Korps und Vorposten (geistliche Stationen). Die H. verbreitete sich von England aus i.J. 1880 nach den USA, 1881 nach Australien und Frankreich, 1882 nach Kanada, Schweden, der Schweiz und Indien, 1883 nach Südafrika und Ceylon, 1886 nach Deutschland, 1887 nach Italien, Dänemark und Holland, 1888 nach Norwegen, 1889 nach Belgien und Finnland, 1890 nach Argentinien und Uruguay, 1894 nach Indonesien, 1895 nach Japan usw.

2. Die Absplitterung von der internationalen Salvation Army in den USA durch ihren Leiter Th.Moore (1884), der seine Anhänger dann American Rescue Workers nannte, und die spätere durch W.Booths zweiten Sohn Ballington Booth, der 1896 die Volunteers of America gründete, hat der internationalen H. keinen wesentlichen Abbruch getan. Es besteht dort jetzt das größte Werk der H. in der Welt. - Entsprechend ihrer Herkunft aus dem Methodismus teilt die H. dessen Glaubensbekenntnis, das in den 11 Artikeln der Gründungsurkunde (Foundation Deed) 1878 niedergelegt wurde. Die Lehre von der Erlösung gleicht der → Wesleys; sie ist universal (auch die Heiden kommen in ihren Genuß), frei (der Mensch kann die Gnade annehmen oder verwerfen), voll (die Heiligung des ganzen Menschen ist das Ziel des christlichen Glaubens) und gewiß (durch unmittelbare Bezeugung der eigenen Erlösung). Besonderer Wert wird auf das Wirken des Geistes in der persönlichen Heiligung gelegt. Doppelmitgliedschaft in der H. und anderen Kirchen ist nicht üblich, kommt jedoch vor. Die H. beteiligt sich an den Veranstaltungen der Ev. Allianz (→ Allianzbewegungen) und ist Mitglied des Ökumenischen Rates der Kirchen (→ Ökumenische Bewegung). Taufe und Abendmahl betrachtet die H. (wie die → Quäker) nicht als absolut notwendige Bedingungen zur Seligkeit. Dafür setzt sie die Kinderweihe, die Bußbank, die Soldateneinreihung und die → Geistestaufe. Durch die erweckliche Predigt der H. sind Tausende der Tiefstgesunkenen zu ordentlichen, glücklichen Menschen und Nachfolgern Christi geworden.

3. Booth erkannte sehr bald die Notwendigkeit *sozialer Arbeit*. Es genüge nicht, Seelen für diese und die zukünftige Welt zu retten, ohne die entsetzlichen Lebensverhältnisse der unteren Schichten zu ändern. So richtete er Speisehallen ein, in denen man für wenig Geld Brot, Suppe, Fleisch und Kaffee erhielt. 1874 wurden Trinkerrettungsbrigaden gebildet, 1883 die ersten Rettungsbrigaden für Strafgefangene eingeführt, 1884 das erste Mädchen- und Frauenrettungsheim eröffnet. 1885 hat die

H. in England eine Agitation zum Schutz gefährdeter Mädchen begonnen. Sie kämpfte gegen den weißen Sklavenhandel und → Prostitution. Nach mehrfacher Ablehnung durch das Parlament erreichte die H., daß das Mädchenschutzalter von 13 auf 16 Jahre hinaufgesetzt wurde. Die Asyle und Volksküchen der H. konnten dem Ansturm der Not nicht standhalten und wurden erweitert. Der große Erfolg seines Buches »Im dunkelsten England und der Weg hinaus«, in dem W.Booth die skandalösen sozialen Mißstände Englands geißelte und zur Abhilfe aufrief, verschafften ihm die Mittel, in Hadleigh (Essex) eine Landkolonie einzurichten, durch die bis heute weit über 100000 Männer in geordnete Verhältnisse kamen. Neue Asyle für Obdachlose und Arbeitshöfe wurden errichtet, Nachforschungen nach Vermißten in aller Welt erfolgreich durchgeführt sowie Notstands- und Katastrophenhilfe geleistet. Auch während der Kriege wirkte die H. für Linderung der Nöte und fand in fast jedem Lande die Wertschätzung der Behörden. In der BRD ist sie als Körperschaft des öffentlichen Rechts, gemeinnützige und mildtätige Einrichtung wie auch als Religionsgesellschaft anerkannt. Nach dem 2. Weltkrieg und dem Verbot der H. in der DDR bestehen 1958 noch 30 Tagesstätten und Heime für Kinder, Jugendliche, Frauen und Mütter, Alte und Pflegebedürftige sowie 10 Männerheime in der BRD und West-Berlin.

RE VII, 578ff; XXIII, 639f - Salvation Army Year Book, London, seit 1905 - BR.BOOTH, Salvation Army Handbook of Doctrine, London 1922 u.ö.; dt. 1925 - DERS., Echoes and Memories, London 1925 - RGG² II, 1754ff (Lit.) - H.REDWOOD, God in the Slums, London 1930; dt. 1931 - P.W.WILSON, General Evangeline Booth of the Salvation Army, New York (1935) 1948² - Die H., ihr Ursprung u. ihre Entwicklung, o.J. - R.SANDALL, The History of the Salvation Army I-III, London 1947-55 - V.KUNZ, Die H., ihr Werden, Wesen, Wirken, 1948 - M.GRUNER, Revolutionäres Christentum I. II, 1952/1954 (Lit.) - DERS., Die H. (in: Viele Glieder - Ein Leib, hg.v. U. KUNZ, 1953, 285-310) - S.C.GAUNTLETT, Die H. im Kampf gegen soziale Übel, 1953 - M.UNSWORTH, Maiden Tribute, London 1954 (über die Frauen-Sozialarbeit der H.) - H.A.WISBEY, Soldiers without Swords, New York 1955 (Gesch. der H. in den USA) - R.GOUT, W.Booth et le monde ouvrier, Paris 1955. - Vgl. auch W. → Booth.

M.Gruner

Heilsgeschichte

1. Begriff - 2. Biblische Grundlagen - 3. Theologiegeschichtlicher Überblick - 4. Problematik - 5. Unvermeidlichkeit des Begriffs H. - 6. Schlußfolgerungen

1. Unter H. verstehen wir zunächst den Inbegriff des göttlichen Handelns am Menschen, sofern dieses Handeln einerseits seinem Inhalt nach Heil, Gnade, andererseits aber als ein den Menschen in den Grundlagen seines → Daseins treffendes in eminentem Sinne → Geschichte ist. Hierzu tritt indessen zumeist noch ein weiteres Begriffsmoment: H. heißt das göttliche Handeln, sofern es in Analogie zu menschlich-innerweltlicher Geschichte verstanden wird als ein *Nacheinander* göttlicher Taten (→ Heilstatsachen), die sich nach einem vorgefaßten Plane Gottes abspielen. Die so verstandene H. erstreckt sich von der Erschaffung der Welt über den Sündenfall, Gottes Handeln mit den Erzvätern, die Bundesschließung mit Israel, die Geschichte des Gottesvolkes, die Fleischwerdung des Wortes, Kreuz, Auferstehung, Himmelfahrt, die Zeit der ecclesia militans und der Ausbreitung des Evangeliums bis zur Parusie Jesu Christi, zum Jüngsten Gericht und zur Weltvollendung.

2. Die theologische Konzeption einer H. in diesem engeren Sinne gründet sich zunächst und vor allem auf das Gesamtzeugnis des at. und nt. Kanons, das jene »Heilstatsachen« als nacheinander geschehene dokumentiert. Ferner versteht das Christuszeugnis des NT das von ihm bezeugte Geschehen durchweg als Erfüllung at. Weissagungen und weist damit auf eine »plangemäße« Folge göttlicher Verheißung und Erfüllung. Heilsgeschichtliches Denken, das mit einem sinnvollen Nacheinander gott-menschlicher Beziehungen oder einer planmäßigen Abfolge göttlicher Handlungen rechnet, begegnet überdies in vielen einzelnen Texten und Textgruppen der Bibel. So zB im → deuteronomistischen Geschichtswerk, im lukanischen Geschichtsbild (→ Geschichte: II A, 4a), in Röm 9-11, in den im engeren Sinne eschatologischen Texten des NT (→ Eschatologie: IV), die den Ablauf der kommenden endgeschichtlichen Ereignisse beschreiben, sowie auch in den christologischen Titeln im NT (→ Christologie: I), die Jesus Christus als den Präexistenten, Verheißenen, Fleischgewordenen, Erhöht-Gegenwärtigen und Wiederkommenden verkünden.

3. In der Geschichte der alten Kirche begegnet ein ausgesprochen heilsgeschichtlich geprägtes theologisches Denken vor allem bei → Irenäus im Schema der ἀνακεφαλαίωσις und in → Augustins »De Civitate Dei«, im MA bei → Joachim von Flore und in nachreformatorischer Zeit in der Föderaltheologie des → Coccejus, welche die Geschichte Gottes mit der Menschheit als eine Abfolge von Bundesschlüssen versteht (→ Bund: IV). Nach der Epoche der Orthodoxie verschaffte sich das Motiv der H. bes. im biblizistischen Denken innerhalb des Pietismus Geltung (→ Biblizismus). Im 19.Jh. findet es sich etwa bei G. → Menken und J.Chr.K.v. → Hofmann. - Neuerdings wendet sich R. → Bultmann betont *gegen* das heilsgeschichtliche Denken (→ Entmythologisierung). H. wird hier unter Preisgabe der spezifischen Momente des Nacheinander und des »Heilsplanes« wieder in einem allgemeineren Sinne als »Heilsgeschehen« (nämlich Gottes Heilstat in Christus) verstanden. Parallel dazu läuft freilich eine Linie ausgeprägt heilsgeschichtlicher Theologie (Cullmann und Stauffer!). - Weil in der Natur der Sache liegend, hat man übrigens immer wieder versucht, auch die Weltgeschichte unter dem Gesichtspunkt der H. als gottgewollte Abfolge von Epochen zu deuten; ja, der Versuch der Geschichtsphilosophie (→ Geschichte: III), den Sinn der Geschichte in einem sinnvollen und zielstrebigen Nacheinander geschichtlicher Epochen zu finden und so die Geschichte als Ganzes zu deuten, dürfte historisch im heilsgeschichtlichen Denken des Christentums begründet sein.

4. Die Anschauung von einer H. scheint sich zwar beim unbefangenen Vernehmen der biblischen Zeugnisse unmittelbar aufzudrängen. Indes wird sie, sobald wir bewußt von einem inspirationsgläubigen Biblizismus abrücken, *problematisch*, ohne daß wir sie deswegen, wie dies in der Entmythologisierung geschieht, sogleich in Bausch und Bogen preiszugeben hätten.

Darf das Handeln Gottes in Analogie zur Weltgeschichte als H. verstanden und dargestellt werden? Findet dadurch nicht eine dem Wesen des Glaubens widersprechende *Objektivierung* des Glaubensinhaltes statt? Weiß sich der christliche → Glaube (: V) nicht in einer Unmittelbarkeit mit dem Eschaton konfrontiert, die jede Vermittlung durch heilsgeschichtliche Zwischenstufen ausschließt? M.a.W.: Darf die eschatologische Naherwartung der Urchristenheit in eine heilsgeschichtliche »Fernerwartung« umgebogen werden? »Die Eschatologie verschlingt die Geschichte« (Bultmann)! Schließt nicht die Rede von einem *»Heilsplan«* Gottes (→ Heilsratschluß) die Idee eines finalen, auf Zwecke ausgerichteten und dabei auf Mittel angewiesenen Handelns in sich, die sich auf die Heilstat *Gottes* nicht wohl anwenden läßt? - Wenn man, im Gegenzug gegen einen biblizistischen Ansatz, die Theologie als Explikation, als wissenschaftliche Selbstbesinnung des Glaubens und das Programm der Theologie demgemäß versteht, so ist zu fragen: Darf die Theologie den Glaubensgegenstand im Schema eines Nacheinander entfalten, während doch der Glaube, dessen Explikation sie ausschließlich sein will, ein Akt gegenwärtiger Existenz ist? Endlich scheint die Idee einer H. ein ganz bestimmtes *Zeitverständnis* vorauszusetzen (→ Zeit als fortlaufende Linie), welche angesichts der Begegnung des menschlichen Daseins mit der ewigen, eschatologischen Wirklichkeit Gottes, um die es in der Theologie geht, fragwürdig werden muß. Jedenfalls darf jenes lineare Zeitverständnis nicht als der theologische Zeitbegriff schlechthin angesehen werden. Das Problem des rechten Verständnisses der Zeit als Horizont geschichtlichen Geschehens bleibt für den Theologen offen.

5. Diese Fragen, in denen sich die Problematik der Idee einer H. kundgibt, dürfen nun aber den Theologen doch nicht veranlassen, jene Idee als erledigt einfach beiseite zu schieben. Denn sie scheint sich (zumal auch das Begriffsmoment des »Nacheinander«) aus den biblischen Texten nun doch unabweisbar aufzudrängen. Dabei spielt das Offenbarungsverständnis des Exegeten eine ausschlaggebende Rolle. Rechnen wir neben der Heilstat Gottes in Jesus Christus mit einem Offenbarungshandeln dieses selben Gottes mit Israel als »Gottesvolk« des AT, nehmen wir im Zusammenhang damit das für das Selbstverständnis des NT grundlegende Schema Weissagung-Erfüllung ernst, so ist ein heilsgeschichtliches Nacheinander bereits gegeben. Desgleichen wenn wir damit rechnen, daß der Glaube im eschatologischen Schauen sein Ziel und seine Grenze hat. - Nur ein extrem individualistisches Denken, das den Glauben ausschließlich als Akt des einzelnen vor Gott versteht und die Zuordnung zur → Gemeinde (: I), den Solidaritätscharakter als Wesensmerkmal des Glaubens außer Betracht läßt, wäre in der Lage, den Gedanken einer H. gänzlich preiszugeben.

6. So ergibt die Idee der H. eine theologische Aporie, die indessen doch nicht unauflösbar sein dürfte. Unter Vermeidung aller Objektivierung eines heilsgeschichtlichen »Ablaufes« müßte in *existentialer Interpretation* des biblischen Zeugnisses das heilsgeschichtlich Gewesene und Künftige in seiner Bedeutung für das Selbstverständnis des Glaubens verständlich gemacht werden. Es müßte aufgezeigt werden, inwiefern die Zugehörigkeit in die Solidarität des Gottesvolkes aller Zeiten ein Strukturmoment des Glaubens des einzelnen ist. Ein differenziertes, der Wirklichkeit gegenwärtigen Daseins wie auch der Wirklichkeit des biblischen Zeugnisses Rechnung tragendes Zeitverständnis wird hierzu notwendig sein. - Damit sieht sich bes. die heutige → systematische Theologie vor eine umfassende und schwere Aufgabe gestellt.

H.E.WEBER, Das Problem der H. nach Röm 9–11, 1911 - RGG[1] II, 2023ff - W.KAMLAH, Christentum u. (Selbstbehauptung, [1940]) Geschichtlichkeit, 1951[2] - E.STAUFFER, TheolNT, (1941) 1948[4] - O. CULLMANN, Christus u. die Zeit, 1946 (dazu R.BULTMANN, H. u. Gesch. [ThLZ 73, 1948, 659-666]) - DERS., Christologie des NT, (1957) 1958[2] - R.NIEBUHR, Faith and History, 1949 - K.LÖWITH, Meaning in History, 1949; dt.: Weltgesch. u. Heilsgeschehen, (1953) 1956[3] - H.U.v.BALTHASAR, Theol. der Gesch., 1950 - EKL II, 87ff (Lit.) - R.BULTMANN, Gesch. u. Eschatologie, 1958 - H.OTT, Eschatologie. Versuch eines dogmatischen Grundrisses (ThSt [B] 53), 1958 - K.G.STECK, H. (ebd 55), 1959.

H.Ott

Heilsordnung (ordo salutis), behandelt die Frage nach der Zueignung des göttlichen Heils an den einzelnen Menschen. Übereinstimmung herrscht innerhalb der ev. Dogmatik in der Überzeugung, daß Gott allein kraft seiner rettenden Initiative das Heil bewirkt und daß er sich dazu der gestifteten → Gnadenmittel Wort, Sakrament und Kirche bedient. Dagegen herrscht keinerlei Einheitlichkeit in der Einzelbeschreibung, wie sich der göttliche → Heilsratschluß an der gläubigen Existenz verwirklicht. Die altprot. Dogmatiker (→ Baier, → Calov, Joh. → Gerhard, → Hollaz, J.F. → König, → Quenstedt) haben die Lehre von der H. im Anschluß an Röm 8, 29f und an Luthers Auslegung zum dritten Glaubensartikel im Kleinen Katechismus sorgfältig ausgebaut. Demnach wirkt der Geist Gottes im hörenden Herzen die → Berufung (vocatio), die → Erleuchtung (illuminatio), die → Bekehrung (conversio), die Glaubensgewißheit im Akt der → Rechtfertigung (fides, iustificatio), die Erneuerung (renovatio; → Wiedergeburt), die Lebensgemeinschaft mit Christus (→ unio mystica) und den neuen Gehorsam (sanctificatio, nova oboedientia, restitutio in imaginem Dei). Sofern darunter eine Entfaltung der gesamten Heilswirklichkeit zu verstehen ist, die dem Menschen im Glauben zuteil wird, mag eine solche Aufzählung als angemessen erscheinen, um die in Christus geschenkte Fülle des Heils deutlich zu machen. Dagegen ist völlig abzulehnen, wenn daraus eine Normierung gemacht wird, wie sich der chronologische Ablauf im Glaubensvollzug zu gestalten hat. Das wäre eine verhängnisvolle Vergewaltigung gegenüber der Freiheit, in der Gott auf seinen Wegen mit dem Menschen handelt. Als bes. unglücklich ist es anzusprechen, wenn bei solchen Aufzählungen der Glaube als ein Glied unter anderen erscheint, wo er doch das Urereignis ist, das alles göttliche Wirken umschließt. Auf Grund des allbeherrschenden Ansatzes von der doppelten Erwählung (→ Prädestination: IV) kam die altref. Orthodoxie bei der Ausbildung der H. zu einer »ernsthaften Berufung« für die Erwählten und zu einer »vergänglichen Berufung« für die Verworfenen, während die luth. Theologie an dem universalen Retterwillen Gottes im verkündigten Wort festhielt. Der Calvinismus hat das Lehrstück von der unio mystica abgelehnt, im Luthertum wurde es in Theologie und Liedfrömmigkeit mit besonderer Liebe ausgebaut. Um sich gegen den Verdacht und Vorwurf einer Identitätsmystik zu schützen, sprach man im Anschluß an Joh 14f und Gal 2, 20 von einem »mit Gott vereinigt werden durch den Glauben, der aus Christi Verheißung kommt«. - Im 20.Jh. ist die Auseinandersetzung erneut aufgebrochen im Gespräch zwischen »dialektischer« und luth. Theologie. K. → Barth und E. → Brunner empfanden das Wort »Mystik« so sehr mit außerchristlichen, synkretistischen Elementen belastet, daß sie sich dafür einsetzten, den verhängnisvollen Ausdruck ein für allemal zur Bezeichnung des reformatorischen Glaubens auszumerzen. Die Verständnislosigkeit der → Mystik für die geschichtlichen Grundlagen der Offenbarung, ihre Tendenz, die Erlösung von unten nach oben zu verwirklichen, lassen es nötig erscheinen, die Einwohnung Gottes im Hl. Geist auf eine völlig andere Weise zu bezeugen. Dagegen haben sich luth. Theologen wie → Söderblom, H.E. → Weber, Koepp, Sommerlath für die »Glaubensmystik« ausgesprochen, um dadurch die wahre und völlige Einwohnung Christi im Herzen der Gläubigen gegenüber allen diastatischen Tendenzen sicherzustellen.

HEINR.SCHMID, Die Dogmatik der ev.-luth. Kirche, (1843) 1893[7] - E.LUTHARDT, Kompendium der Dogmatik, (1865) hg.v. R.JELKE, 1948[15], §§ 79-86 - E.WACKER, Die H., 1898 - RE VII, 593ff - W.KOEPP, Wurzel u. Ursprung der orth. Lehre von der unio mystica (ZThK 29, 1921, 46-71. 139-171; Lit.) - E.SCHAEDER, Die Mystik des Glaubens, 1926 - H.E.WEBER, Glaube u. Mystik, 1927 - EKL II, 91ff.

A.Köberle

Heilsratschluß

1. AT und Judentum - 2. NT - 3. Motiv-Verkehrungen - 4. Dogmatische Neufassung

1. Der Begriff H. entspringt der Verkündigung der *at. Prophetie*. In ihm sucht sie sich in Form früher Reflexion über Grund, Art und Sinn der Heilserweisungen Gottes in der → Geschichte (: I) auszusprechen. Voraussetzung

des Begriffs H. ist die Vorstellung der himmlischen Ratsversammlung, in der Gott geheimen Beschluß (sôd) faßt und ihn den Propheten, die zT im »Rate Jahwes« stehend gedacht werden (Jer 23, [18]. 22), als bevorrechteten Dienern mitteilt (Am 3, 7; 1Kön 22, 19; Hi 15, 8). Bei Jes tritt der Ausdruck »Plan« (ʿeṣā: 5, 19; 28, 29) zurück hinter dem »Werk« (maʿaśæ: 5, 12; 10, 12; 22, 11), das durch seine Befremdlichkeit (28, 21: opus alienum [Vulg.]) den Spott der Frevler herausfordert (5, 19). Der Gedanke einer zielstrebigen Leitung Gottes (Ps 73, 24) liegt schon der frühen → Geschichtsschreibung (: I, 4; zB Thronnachfolge Davids) wie den Führungsgeschichten des → Pentateuch (Gen 12, 1-3 [J]; 50, 20 [E]) zugrunde und gehört zu seinen Formelementen. Besondere Gestalt findet der Gedanke des H.es durch *Dtjes*. Dieser macht durch ihn die Überlegenheit des göttlichen Heilswillens *in* seiner irdischen Verwirklichung klar und kraftvoll geltend. – Drei Motive bestimmen die *Struktur* des H.es: a) Das *Ursprungs*motiv: Gott hat seinen H. von Anfang an beschlossen (Jes 41, 4), läßt jetzt »das Erste« (41, 6), »das Frühere« (42, 9) hören, führt das »von Urzeit Geplante« aus (46, 10f; 48, 3. 6b-8a; vgl. 1Kön 19, 25). – b) Das *Widerstreit*motiv: Gott setzt seinen H. allem menschlichen Widerstand zum Trotz durch, ob es sich um Israels Feinde oder Israels Widerwillen selbst handelt (vgl. die Grundschrift der → Priesterschrift und das → deuteronomistische Geschichtswerk). Jahwes Ratschluß vereitelt die Anschläge der Völker (Ps 33, 9f). – c) Das *Ziel*motiv: Gott verwirklicht seinen H. im Rechtsstreit (→ Gericht: II, 2) bis zu seinem erneuten Kommen (Dtjes). In der Endzeit (→ Eschatologie: II) vollendet er die Absicht der Urzeit. – Das rabbinische *Judentum* verbindet den Gedanken des H.es mit dem durch Buße erfüllbaren → Gesetz (: III). Die → Apokalyptik (: II) periodisiert den H. zum berechenbaren Heils-Plan, der diese Weltzeit (→ Aion, 2) befristet. Die »Gemeinde des neuen Bundes« (→ Damaskusschrift, → Qumran) spezialisiert ihn, die → Erwählung (: I) zur → Prädestination verengend, zum partikularen Pakt Gottes mit der Sekte: Im H. (ʿeṣā), der als Rat der Tora (1QS IX, 17) gerecht (I, 13), ewig (II, 23), wahrhaftig (III, 6b), weise (X, 24) und heilig (XI, 18f) ist, weiß sich die »Gemeinde seines Ratschlusses« (III, 6b) zusammengeschlossen (I, 8. 10), als Ziel des herrlichen »Zweckes« (māḥašabā: III, 15f; XI, 10f. 19).

2. Das *NT* hat die universalen Motive der at. Prophetie wiedererweckt, indem es im Auftreten *Jesu* die eschatologische Einlösung der Verheißungen Gottes sieht (2Kor 1, 20; Lk 1, 54f). In seinem Reden und Handeln ereignet sich das → Reich Gottes (Mk 1, 15; Lk 11, 20; Mt 11, 25ff). In dem ihm bestimmten Geschick (Lk 22, 22) vollstreckt Gott seinen »vor Grundlegung der Welt« (Joh 17, 24; Eph 1, 4; 1Petr 1, 20) gefaßten H. (1Kor 2, 7-10; Kol 1, 25f; Eph 3, 3-11; Röm 16, 25-27). In der »Fülle« der Zeit (Gal 4, 4) bzw. der Zeiten (Eph 1, 10) wird die Heilsveranstaltung (οἰκονομία) des seit je in Gott verborgenen »Mysteriums« (Eph 3, 9), der vorzeitliche »Vorsatz« (Röm 8, 28; 9, 11; Eph 1, 11) wirksam. Trotz Israels Verstockung vollendet Gott seinen H. (Röm 9-11). Gottes unumstößlicher (Hebr 6, 17), geschichtsmächtiger (Apg 13, 36) Beschluß (βουλή) provoziert die Entscheidung der Menschen (Lk 7, 30) und gelangt, indem Juden und Heiden Jesus verwerfen (Apg 2, 23; 4, 28), zum Ziel: er wird aller Welt verkündet (Apg 20, 27). Bereits die Geburt des Retters löst das Rühmen des H.es durch die himmlische Ratsversammlung aus (Lk 2, 14). Nun werden die von uran im Himmel bereitgestellten Heilsgaben (Hebr 9, 11): Gnade und Wahrheit (Joh 1, 14), das Leben (Tit 1, 2f), das Erbe (1Petr 1, 4f) usw ausgeteilt. Die im ewigen H. aufgestauten Energien entladen sich und treiben die letzte Spanne der Welt durch Kampf und Katastrophe dem Sieg der göttlichen Gerechtigkeit entgegen (Apk 4ff).

3. Seit → Irenäus (genauer: → Theophilus von Antiochia [Loofs]) wird das at. und nt. Zeugnis vom H. in Aufnahme des griech. Paideia-Motivs zur Idee des sich stetig entfaltenden Heils*planes* (→ Heilsgeschichte, → Geschichte: II B) vergegenständlicht. Die bisherigen Motive (s. 1) werden rational überformt: a) Das *Ursprungs*motiv wird zum geschichtstheologischen (→ Geschichte: II C) *Apriori* eines kausalen → Determinismus, der die Freiheit des Waltens Gottes aufhebt. – b) Das *Widerstreit*motiv (Elemente: Abfall und Umkehr) wird zum Prinzip der → *Entwicklung* (: II; Elemente: → Fortschritt und Verfall), das entweder spekulativ die dramatische Abfolge von Zeitperioden (→ Bund: IV) oder moralisch die Mitplanung in individueller → Heiligung (→ Perfektionisten) oder sozialer Weltgestaltung vorsieht. – c) Das *Ziel*motiv wird zum Prinzip eines hiesig realisierbaren *Endzustandes* der Welt (→ Chiliasmus). Alle drei Motiv-Verkehrungen rufen nach Überwindung.

4. Der Begriff H. teilt seine Problematik mit der Lehre von der → Erwählung (: III). Es gilt, die in ihm sich spannenden Aussagen a) vom ewigen Grund, b) der zeitlichen Verwirklichung und c) der zielhaften Vollendung sinnvoll zu vereinen. Recht verstanden bietet der Begriff die Möglichkeit, a) die Souveränität, b) Realität und c) Universalität des Heilshandelns Gottes und damit die lebendige Konstanz seiner Richtung (Luther: necessitas) auszudrücken. – In der gegenwärtigen kath. und ev. Dogmatik spielt der H. nur eine bescheidene Rolle. Schmaus versteht ihn, begrifflich blaß, als »Erlösungsratschluß«. Bei Barth wird er von der Erwählungslehre aufgezehrt. Auf der 1. Vollversammlung des Weltkirchenrates (→ Ökumenische Bewegung, 3) in Amsterdam (1948) tauchte er im Rahmenthema »Die Unordnung der Welt und Gottes Heilsplan (engl.: design)« auf, verdeckte aber als Formel die allseitige theologische Verlegenheit. – Wieweit er sich noch eignet, nicht nur als Einzelfrage behandelt, sondern Kontur (Luthardt-Jelke: »Realprinzip« und »Thema«?) einer ev. Dogmatik zu werden, hängt von künftiger kritischer Bearbeitung ab. Möglicherweise dient er dazu, u.a. die Zuordnung von Schöpfung und Erlösung, Weltgeschichte und Heilsgeschehen, Gotteserkenntnis und Weltverantwortung einsichtig zu machen, vermutlich auch die Zusammenfassung von AT und NT im Kanon der Schrift (→ Bibel: III) und deren Folgerungen (→ Hermeneutik). Der schlichte *Glaube* dürfte durch die theologische Klärung des Zeugnisses vom H. sich der Gewißheit, der Entscheidung und der Sinnhaftigkeit seiner selbst kräftiger bewußt werden – in stetem Blick auf seinen Gegenstand: »Gottes wirksamen Willen kann niemand hindern« (WA 18, 615, 33f; EKG 294, 5).

M. Luther, De servo arbitrio (WA 18, 600ff) – Chr. E. Luthardt, Kompendium der Dogmatik, (1865) 1948[15] (hg.v. R. Jelke), §§ 31ff – RGG[2] II, 1759ff – ThW I, 631ff; II, 636ff. 744f; V, 94f. 154f – Barth, KD II/2; IV/1, §§ 57f – E. Stauffer, TheolNT, (1941) 1948[4], §§ 3. 9-16 – G. Gloege, Der Heilsplan Gottes als geschichtstheol. Problem (ELKZ 2, 1948, 115-118) – Ders., Offenbarung u. Überlieferung (ThF 6), 1954, 23ff (= ThLZ 79, 1954, 213-236) – M. Schmaus, Kath. Dogmatik II/2, 1955[5], §§ 138-143 (Lit.) – H. Gese, Geschichtl. Denken im Alten Orient u. im AT (ZThK 55, 1958, 127-145).

G. Gloege

Heilsspiegel (oder *Speculum humanae salvationis*) ist zeitlich das mittlere der drei typologischen illustrierten Volksbücher des späten MA; ihm geht die → Armenbibel voraus und ihm folgt kurz nach 1352 die bebilderte »Concordantia caritatis« des ehemaligen Abtes des österreichischen Zisterzienserklosters Lilienfeld. Der H. wurde um 1324 verfaßt, möglicherweise von dem Dominikaner → Ludolf von Sachsen. Er führt die Gedankenwelt der Armenbibel fort, legt aber das Schwergewicht auf den Text. Wie bei der Armenbibel wird die nt. Heilsgeschichte mit at. Vorbildern in Verbindung gesetzt. Aber während dort das nt. Bild nur von zwei at. Vorbildern flankiert wird, zeigt der H. immer drei (daneben auch Darstellungen aus der Profangeschichte und aus der mystischen Naturgeschichte). Der H. ist Ausdeutung des at. Textes für das Leben Christi (→ Typologie: III). – Der H. ist in 45 (42 + 3) typologische Kapitel eingeteilt. Über jeder der 4 Spalten der sich gegenüberliegenden Seiten befindet sich eine Federzeichnung. Der Gesamtumfang des H.s beträgt 5122 Zeilen und 192 Bilder. – Der in ganz Mitteleuropa verbreitete und aus dem lateinischen Original entsprechend übersetzte H. war für arme Geistliche als Predigt- und Unterrichtshilfe oder auch für lesekundige Laien bestimmt, denen die beigegebenen Bilder zum besseren Verständnis verhalfen. Noch heute können über 350 Handschriften des H.s nachgewiesen werden (Breitenbach). Nach 1476 erscheinen gedruckte Ausgaben.

J.LUTZ-P.PERDRIZET, Speculum humanae salvationis. Lat. u. franz. Ausg. u. Facsimile mit 140 Tafeln, 1907 – E.KLOSS, Sp. h.s. Facsimileausg. eines niederländ. Blockbuches, 1925 – R.M.JAMES-B.BERENSON, Sp. h.s. Faks. d. Pariser Hs. Lat. 9584, 1925 – A.PFISTER, Das dt. Sp. h.s., gedruckt in Basel bei Bernhard Richel am 31.8.1476 (Diss. Basel), 1927 – E.BREITENBACH, Sp. h.s. (Stud. z. dt. Kunstgesch. 272), 1930.

A.Ruppel

Heilstatsachen. Als die wichtigsten H. gelten herkömmlich Menschwerdung, → Jungfrauengeburt, Sühnetod, → Auferstehung, → Himmelfahrt und Wiederkunft Christi. Eine Theologie der H. hat vor allem die Repristinationstheologie des 19.Jh.s (→ Systematische Theologie: II A) ausgebildet, nachdem die altprot. Begründung des Glaubens in der inspirierten Schrift durch die → Bibelkritik fraglich geworden war. Mit der Berufung auf »objektive« H. wollte man dem Subjektivismus der Bewußtseinstheologie, der spekulativen Dogmeninterpretation der Hegelianer und der liberalen Beschränkung des christlichen Glaubens auf das »undogmatische« Evangelium Jesu entgegentreten. Soweit man sich nicht einfach auf die biblischen und traditionell kirchlichen Anschauungen oder das → Apostolikum berief, versuchte man sich der H. durch Rückschluß aus der Glaubenserfahrung zu vergewissern und sie mit einer Konzeption der → Heilsgeschichte zu verbinden, so in der → Erlanger Schule. Auch Sicherungsversuche auf historischem Wege nahmen einen breiten Raum ein, trotz des übernatürlichen und übergeschichtlichen Charakters der H. → Schleiermacher verzichtete bewußt auf H., bezog aber den Glauben auf die durch Jesus von Nazareth vollbrachte Erlösung, die in der Mitteilung des absolut kräftigen Gottesbewußtseins Jesu durch die Wirksamkeit der von ihm begründeten religiösen Gemeinschaft besteht. Auch → Ritschl und seine Schule (→ Ritschlianer) begründeten den Glauben nicht auf H., sondern auf die sittlich-religiöse Persönlichkeit Jesu. W. → Herrmann glaubte in dem »inneren Leben Jesu« eine evidente Tatsache gefunden zu haben, an der der Glaube seinen Grund und letzten Halt hat. Gegenüber dieser »Heilstatsache« gelten ihm die traditionellen H. nur als »Glaubensgedanken«. Ihre Anerkennung fordern, hieße aus dem Glauben ein Fürwahrhalten wunderhafter Vorgänge machen. Im Apostolikumstreit (→ Apostolikum: II, 2) wurde die Auseinandersetzung über die H. in der breiteren Öffentlichkeit geführt. – In der gegenwärtigen Theologie wird der Begriff der H., wie der der Heilsgeschichte, vor allem im Zusammenhang mit dem Problem der → Entmythologisierung diskutiert. → Bultmann und → Gogarten sehen den Grundfehler einer Theologie der H. in ihrem vom Subjekt-Objekt-Denken befangenen Geschichtsverständnis, durch das die → Geschichtlichkeit der Existenz verfehlt und die → Offenbarung (: VI) zu einem objektiv feststellbaren Geschehen der Vergangenheit verfälscht wird, während sie nur im aktuellen Ereignis des mich beanspruchenden und im gehorsamen Glauben ergriffenen → Kerygma sich vollzieht. Konservative luth. Theologen verteidigen demgegenüber die Faktizität der H. Aber auch → Barth und sein Kreis halten daran fest, daß das Geschehen-*sein* der Offenbarung von ihrem je und je Gegenwärtigwerden in Verkündigung und Glaube zu unterscheiden ist. – Um falschen Objektivismus und Zersplitterung der Offenbarungswahrheit zu vermeiden, sollte man nicht von H., sondern vom Heilshandeln Gottes in Jesus Christus sprechen.

A.VILMAR, Die Theol. der Tatsachen wider die Theol. der Rhetorik, (1856) 1876^4 – K.THIEME, Die Theol. der H. u. das Evangelium Jesu, 1909 – RGG^1 II, 2026f. 2066f; RGG^2 II, 1761ff – E.SCHAEDER, Theozentrische Theol. II, 1914, 102ff – BULTMANN, NT §§ 33. 47 – DERS., II, 246-261 – DERS. in: Kerygma u. Mythos II, 1952, 196-208 – BARTH, KD III/2, 531ff – DERS., Rudolf Bultmann. Ein Versuch, ihn zu verstehen (ThSt [B] 34), 1952, 16ff – Ein Wort luth. Theol. zur Entmythologisierung, hg.v. E.KINDER, 1952 – F.GOGARTEN, Entmythologisierung u. Kirche, (1953) 1954^2 – G. GLOEGE, Mythologie u. Luthertum, 1953, 71ff. 101ff – G.EBELING, Die Geschichtlichkeit der Kirche u. ihrer Verkündigung als theol. Problem (SgV 207/208), 1954, 59ff – H.DIEM, Dogmatik. Ihr Weg zwischen Historismus u. Existentialismus, 1955 – O.WEBER, Grundlagen der Dogmatik I, 1955, 366ff.

H.Graß

Heiltum ist ein älterer Ausdruck für Reliquie, dann auch kollektiv für den Reliquienschatz einer Kirche, der im H.sbuch aufgezeichnet wurde, und schließlich für die Gnadenkirche mit wundertätigen → Reliquien (zB Aachen, Andechs, Trier). Bis 1520 lagen bereits 16 gedruckte H.sbücher vor, deren bedeutendstes das Wittenberger von Lukas → Cranach ist. Luther war der Ausdruck H. in dem spezifischen Sinne gegenüber »Heiligtum« geläufig (WA 50, 629ff). Nach Grimm (Dt. WB IV/2, 851f) wurden unter H. auch um den Hals getragene Reliquien und die Reichskleinodien, sofern sie Reliquien enthielten, verstanden. Die Brüstung zur Schaustellung der H.er hieß H.sstuhl. An die Stelle der H.sfahrt ist das blassere »Heiligtumsfahrt« getreten. Vergessen ist auch das H.sfest (Speerfest am 2. Freitag nach Ostern), das Innozenz VI. auf Wunsch Karls IV. 1353 eingeführt hatte (→ Herz Jesu).

A.SPAMER, Das kleine Andachtsbild, 1930, 36 – PH.M.HALM-R.BERLINER, Das Hallesche H., 1931 – W.ANDREAS, Deutschland vor der Reformation, (1932) 1948^5, 184ff – LThK IV. 902.

F.Schmidt-Clausing

Heilung, *religiöse*

1. Begriff und Verbreitung – 2. Geschichtliches – 3. Würdigung

1. Unter r.H. versteht man die Genesung von Krankheit durch eine Wirkung der Religion, wobei sowohl der Geheilte wie der Heiler wissen, daß die heilende Kraft die normalen Bedingungen des Seins transzendiert. Der Glaube an solche H.en findet sich in allen Kulturen zu allen Zeiten. Ein Durchblick durch die Kulturen legt jedoch nahe, zwischen r.H. im eigentlichen und im uneigentlichen Sinne zu unterscheiden. Denn außer den von dem eben bezeichneten religiösen Bewußtsein angenommenen direkten Wirkungen einer transzendenten Macht meint man vielfach mit demselben Ausdruck nichts anderes als eine psychologisch oder physiologisch (etwa durch → Suggestion) veranlaßte Bewußtseinsänderung ohne irgendwelche Beziehung auf die Gottheit. So können Glaubens- oder Gebets-H.en von solchen unterschieden werden, bei denen das Vorhandensein von Krankheit und Leiden überhaupt geleugnet wird (men-

tale H. in der → Christian Science). - Die Behandlung wird recht verschieden durchgeführt: bisweilen in Form von symbolischen Handlungen wie → Handauflegung, Salben, Bestreichen von Körperteilen, oder aber durch Gebete, Lesung von biblischen Texten, Singen von Chorälen, → Exorzismus usw. - Überall wissen die Religionen von sehr bestimmten Grenzen, an welche r.H. gebunden ist. Selbst die stete Heilbereitschaft Jesu hatte ihre Grenze da, wo ihr nicht die entsprechende Bereitschaft (Glaube) entgegenkam (Mk 9, 23ff; 10, 52). Jesu getreueste Anhänger besaßen u.a. auch die Gabe, H.en zu wirken (Mk 6, 12f). Im Urchristentum galt r.H. als etwas Normales. Ein Kranker bittet die Ältesten, für ihn zu beten, ihn zu salben, ihm die Hände aufzulegen (Jak 5, 13f; → Ölung, letzte).

2. In primitiven Kulturen betrachtet man → Krankheiten (: I) im wesentlichen als Folgen dämonischer oder magischer Angriffe, die mit magischen (apotropäischen) Mitteln bekämpft werden müssen (→ Magie). Dies tun die → Medizinmänner; sie arbeiten aber nicht nur mit → Beschwörungen und anderen Zauber-Praktiken, sondern auch mit Arzneimitteln (Pflanzen-, Schwitzkuren u.ä.), suggestiven Beeinflussungen usw. In den polytheistischen Religionen findet sich häufig der Übergang zu r.H., wobei ein Gott oder ein Heros angerufen wird. Im Falle der Verehrung besonderer Heilgottheiten wie des → Asklepios in der hellenistischen, des Imhotep in der ägyptischen, des → Tammuz in der assyrisch-babylonischen Kultur kommt es zu besonderer Hinwendung zu diesen Göttern. Reichliche Opfergaben werden ihnen dargebracht. Propheten, Priester, Mysterienhüter vermitteln zwischen heilender Gottheit und heilsbedürftigen Menschen. Wunderhaltige oder wundertätige Statuen werden verliehen oder ausgetauscht (→ Serapis) und ganz bes. zur H.spraxis verwendet. Statuen und → Bilder (: I) besitzen an sich Heilkraft. Deshalb verwendet man auch Teile des Materials, aus dem sie bestehen, als Heilmittel; man kratzt zB Farbe ab und nimmt sie als Medizin ein. Daß orientalische Christen sich noch heute geheiligten Stoffes auf solche Weise wie einer Medizin bedienen, ist wahrscheinlich ein Rest vorchristlicher Vergangenheit. Kein Wunder, daß volkstümliche Glaubensweise auch in geweihten Fürsten (Könige von Frankreich und England) Träger einer göttlichen Kraft erblickte, die heilend auf einen berührten Kranken überging. Die Muslim erwarten Gottes Hilfe in ihren Krankheiten und bringen dies auch ständig zum Ausdruck; daneben wenden sie sich hauptsächlich um r.H. an ihre verstorbenen Heroen. Von den alten Mexikanern (→ Mexiko: I) weiß man, daß sie typische Heilgottheiten besaßen. In allen Teilen des indischen Kulturgebietes findet sich der Glaube, daß Gott bzw. der höchste Gott alle Krankheit heilen kann. In den → Yoga-Schulen wird von Yoga-Übungen eine solche Konzentration erwartet, daß man zu ständigem Wonnegefühl und selbst »Unsterblichkeit« gelangt.

Berichte von unzähligen r.H.en kommen aus dem MA. Die Medizin selbst, und nicht nur die Volksmedizin, war von magischen Anschauungen getragen. Eine säkulare Medizin im modernen Sinne mit ihrem Zweifel an der Möglichkeit r.H.en beginnt erst mit der Renaissance. - Im 18.Jh. machten einige auf Grund persönlichen Glaubens erfolgte H.en tiefen Eindruck und brachten einen Umschwung in der skeptischen Haltung. Es erschienen »Heiler«, Protestanten und Katholiken, deren Erfolge evident waren (Pater J.J. → Gassner, Fürst Alexander zu Hohenlohe-Waldenburg). Auf prot. Boden setzte eine Heilbewegung ein mit den H.en Joh. Christoph → Blumhardts (zuerst in Möttlingen, später in Bad Boll). Nach Blumhardts eigener Diagnose heilte er die zwölfjährige Gottliebin Dittus von »dämonischer Besessenheit«. Möttlingen ist noch im 20.Jh. als Heil-Ort bekannt (Friedrich → Stanger). Genannt seien noch: Dorothea → Trudel in Männedorf (Schweiz), die den Evangelisten Elias Schrenk (1831-1913) heilte, nachdem er in Bad Boll vergeblich H. gesucht hatte, ferner Otto → Stockmayer.

Der stürmische Aufstieg des Wallfahrtsortes → Lourdes zeigt die Empfänglichkeit des 19.Jh.s für r.H. In neuester Zeit entwickelt sich ein großer Wallfahrtsort in Fatima in Spanien. Bemerkt sei, daß bei diesen r.H.en keine »Heiler-Persönlichkeit« eine Rolle spielt. Weitere kath. Heiligtümer mit r.H.en sind: Knock in Irland (seit 1879), Loretto, Pompei (seit 1873).

Eine Bewegung eigener Art entwickelte sich zu Beginn des 20.Jh.s im angelsächsischen Gebiet: Kirche und Schulmedizin arbeiten zusammen. Der Rektor der episkopalen Emmanuel-Kirche in Boston, Elwood Worcester, schloß sich mit dem Theologen Samuel McComb und dem Mediziner Isidor Coriat zu einer Arbeitsgemeinschaft zusammen, der später auch der Mediziner Pratt angehörte. Die tragende Idee dieser Gruppe war, daß die alte dichotomische Betrachtung des Menschen (→ Anthropologie: III, 1d) aufgegeben und ersetzt werden müsse durch die Erkenntnis, daß Leib, Seele und Geist, die konstituierenden Bestandteile der menschlichen Persönlichkeit, in Wechselwirkung stehen. E.Worcester hatte großen Erfolg. Es entstand eine umfassende Bewegung, die nach ihrem Ursprungsort → Immanuelbewegung genannt wurde. Der Erzbischof von Canterbury, William → Temple, ließ der → Lambeth-Konferenz (1920) einen ausführlichen Bericht vorlegen, der mit Zustimmung aufgenommen wurde. In England kam es zur Gründung der »Guild of Pastoral Psychology« und des »Churches' Council of Healing«. - Im Rahmen der → Protestantischen Episkopalkirche, aber auch in anderen Kirchen, wurden Gruppen lebendig, die die urchristliche Sitte der → Fürbitte für Kranke üben (kirchliche Krankenmission in London).

Die meisten großen Kirchen in Amerika sind von der Immanuelbewegung tief beeinflußt worden. Psychologische Beratung (counselling), u.U. in Kontakt mit Medizinern, ist eine der Hauptaufgaben des Pfarrers geworden. Innerhalb der Kirche steht auch der Lukasorden (International Order of St.Luke the Physician), dem angesehene Ärzte angehören. - Verschiedene nicht-kirchliche und nicht immer wirklich christliche Bewegungen haben ähnliche Ziele: New Thought (→ Neugeistbewegung), → Christian Science, → I Am, ferner Persönlichkeiten wie R.W. → Trine, O.S.Marden, Prentice → Mulford, Julian Dresser u.a. - Viele kleine Sekten, die großenteils der → Pfingstbewegung angehören, haben Zeltmissionen zur H. von jeglicher Krankheit, gewöhnlich mit Handauflegung, Beten, manchmal Ölung und ähnlichen Praktiken. Im Vordergrund steht hier die »Kirche Gottes« (→ Church of God). Diese kleinen Kirchen, darunter viele Negerkirchen, verwerfen die Beiziehung eines Arztes auch bei Lebensgefahr als Unglauben. Solche H.smissionen werden oft von vielen Tausenden besucht. Der große Zulauf zu diesen Heilern zeigt, daß viele moderne Menschen nicht so sehr Entlastung von Schuld und Vergebung der Sünden suchen, sondern Befreiung von körperlichen → Leiden. Der meistgesuchte religiöse Heiler dürfte gegenwärtig Oral Roberts sein, der selbst Sohn eines Erweckungspredigers ist. Er kündigte (1955) durch die Tagespresse an, daß sein Gebet um H. über 89 Fernseh-Stationen wirksam sein werde. - Die Religion des I Am (Ich Bin), die 1930 von dem Ehepaar G. und E. Ballard zunächst mit den Zentren Chicago und Los Angeles gegründet wurde, rühmt sich vieler Tausender r.H.en. - Auch in Deutschland beschäftigte man sich mit den Fragen, die in einem weiteren Sinne der Immanuelbewegung zugrunde liegen. Im Okt. 1924 tagte in Hephata bei Treysa die erste theologisch-medizinische Fachkonferenz, auf der außer der Bildung eines ständigen Arbeitskreises die Herausgabe der Schriftenreihe → »Arzt und Seelsorger« unter der Ägide des Centralausschusses für die Innere Mission der Ev. Kirche ins Leben gerufen wurde. - Bei vielen deutschen Gruppen der Pfingstbewegung steht auch die r.H. im Vordergrund, zB Volksmission entschiedener Christen (K.Fix), Gemeinde der Christen (H. Zaiss).

3. Der geschichtliche Durchblick hat gezeigt, daß r.H., mit gewissen Wandlungen, im Leben der Völker stets von Bedeutung war. Es gehört zu ihrem Wesen, daß sie als ein Durchbrechen der Transzendenz in die Alltäglichkeit, das Nur-Natürliche, erfahren wird. Es ist darum so wichtig, daß hier »Heiler« und »Geheilter«, wie auch allenfalls die zuschauende Menge, sich in der Gegenwart des »Heiligen« (im Sinne R. → Ottos) wissen, daß sie ein Gnadenwalten spüren und anerkennen. Im einzelnen ist bei einer konkreten H. nie mit Sicherheit auszumachen, ob sie religiöser Natur, magisch oder »natürlich« ist. Die r.H. hebt sich von der medizinischen durch den Charakter des Ungewöhnlichen ab, durch das Wissen um »Heil«-Walten, das sonst fehlt. Wie der Wettstreit zwischen → Simon Magus und Petrus und das Vorkommen unerklärlicher H.en zeigt, bei denen nichts spezifisch Religiöses geschah, stehen r.H.en in jenem Zwielicht, das alle → Wunder kennzeichnet. Wie alle Wunder sind auch r.H.en nicht nur eine private Begegnung zwischen göttlicher Gnade und begnadetem Geschöpf, sondern machen wie die Erweckung des Lazarus viele »glauben«. Deshalb ist die r.H. immer ein Ausnahmegeschehen, das niemand zur Verfügung steht, auch nicht der Kirche, und peinlichst vor Kommerzialisierung geschützt werden muß. Manche Krankheiten bleiben aber ungeheilt, sowohl bei religiöser wie säkularer Behandlung. Daraus ergibt sich die Frage: Ist es Gottes Wille, daß jede → Krankheit (: II) geheilt werde? Anders gesagt: Ist jede Krankheit etwas Nicht-Seinsollendes (Folge von → Sünde [vgl. → Hiobbuch])? Jesus weiß von Krankheiten, die zum Tode führen, und anderen, die der Verherrlichung Gottes dienen (Lazarus: Joh 11, 3ff). Des Apostels Paulus schwere Krankheit war weder zum Tode noch zur H., sondern zur Stärkung seines missionarischen Bewußtseins (2Kor 12, 7ff). Wir wissen, daß Heilsbereitschaft eine der Vorbedingungen ist, unter denen r.H. vor sich geht. Was ist unter diesen Umständen die Rolle des »Heilers«? Ergänzt sein stärkerer Glaube den schwankenden Glauben des zu Heilenden? Kann man, wenigstens in einigen Fällen, an das Ausfließen einer »dynamis« (Kraft) denken? Kann die Berührung mit für heilig gehaltenem Stoff (zB → Reliquien) das glaubende Gemüt über sich hinausheben in den Bereich des Heiligen? Bedeutet die Anwesenheit einer auf r.H. eingestellten Gemeinde für den einzelnen eine Glaubenshilfe? Oder ist sie nur ein suggestives Element? Soll die Kirche r.H. unterstützen und üben, auch wenn die Gefahr besteht, daß es zu Auswüchsen kommt? Oder aber soll sie einschränkend abwehren, wie zu Blumhardts Zeiten, damit die Menge nicht über dem Suchen nach materiellem Gewinn (wozu auch Gesundheit gehört) die wahren Güter christlichen Glaubens vergißt? - Das alles sind schwer zu entscheidende Fragen, für die es keine objektiven Kriterien gibt und bei denen man zwischen zwei Gefahren die richtige Mitte finden muß: Ablehnung von r.H. ist eine bedenkliche Einschränkung der Freiheit Gottes, für den alle Dinge möglich sind; Überbetonung der r.H., die in ihr das untrügliche Zeichen echten Glaubens sieht, bedeutet dagegen einen Mangel an Ehrfurcht gegen Gottes unerforschlichen Willen, für den auch Krankheit sinnvoll sein kann.

Vgl. die Lit. zu → Arzt und Seelsorger, J.Chr. → Blumhardt, → Christian Science, → I Am, → Lourdes. - Ferner: H.Lhotzky, Das Geheimnis der Genesung, o.J. - F.Zöller, Das Gesamtwerk der Theopsychologie II, 1925 - F.Künkel, Psychotherapie u. Seelsorge (Arzt u. Seelsorger, hg.v. C.Schweitzer, 1), 1925 - H.Seng, Zur Frage der r.H.en (ebd 2), 1925 - RGG² II, 901ff - St.Zweig, Die H. durch den Geist (Mesmer, Mary Baker Eddy, Freud), 1932 - L.D. Weatherhead, Psychology and Life, London 1934; dt.: Glauben u. Heilen, (1943) 1948² - Ders., Healing through Prayer, London 1947 - Ders., Psychology, Religion and Healing, Nashville-London 1951 - G.Clark, How to find Health through Prayer, New York 1940 - E.Bertholet, Le Christ et la guérison des maladies, Lausanne 1945 (rosenkreutzerisch) - H.Greeven, Krankheit u. H. nach dem NT, 1948 - Ch.S.Braden, These also believe, New York 1949 (Darstellung der H.s-Sekten) - Ders., Study of spiritual Healing in the churches, 1949 - E.Jahn, Die H.skräfte Jesu, 1951 - R.Bingham, The Bible and Healing, 1952 - Th.Bovet, Lebendige Seelsorge, 1952 - G.Crespy, La guérison par la foi, Neuchâtel 1952 - Ph.Garlick, Man's search for Health, London 1952 - B.Martin, Le ministère de la guérison dans l'église, 1952 - K.Böhme, Wunder-H.en (Lourdes, Gesundbeter, Gröning), o.J. - D.Hoch, Heil u. H. Eine Unters. zur Frage der H.swunder in der Gegenwart, 1955 - H. durch den Geist (Materialdienst 19, 1956, 127-285) - J.Leipoldt, Von Epidauros bis Lourdes, 1957.

K.Beth

Heim, *Karl* (20.1.1874 bis 30.8.1958), ev. Theologe, * in Frauenzimmern (Württ.), Enkel des schwäbischen Pietisten Fr.J.Ph.H., erlebte unter dem Eindruck der Evangelisation von Elias Schrenk eine Bekehrung zu missionarisch aktivem Christentum. 1897-99 im württembergischen Kirchen- und Schuldienst tätig, 1899-1902 Sekretär der Deutschen Christlichen Studentenvereinigung, 1903 Inspektor am Schlesischen Konvikt in Halle/S., 1907 PDoz. für Syst. Theol. daselbst, 1914 o. Prof. in Münster, 1920 in Tübingen. - H. will das Erbe des schwäbischen → Pietismus (→ Bengel, → Ötinger, → Blumhardt, L. → Hofacker) für die Gegenwart fruchtbar machen. Seine Theologie ist Evangelisationspredigt auf wissenschaftlich philosophischer Ebene. Dementsprechend sucht er das moderne Denken durch kritische Selbstauflösung an den Punkt zu führen, an dem ihm entweder die Skepsis und Verzweiflung oder die Glaubensentscheidung für Jesus Christus übrig bleibt. In den Dienst dieser Denkmethode stellt er die Erkenntniskritik → Kants, das Paradoxdenken → Kierkegaards, aber auch die kritischen Geister der jüngsten Vergangenheit, den physikalischen und historischen → Relativismus, die → Existenzphilosophie sowie die letzte Entwicklung des naturwissenschaftlichen Denkens (→ Naturwissenschaft: III). Mit dieser evangelistisch-kritischen Tendenz, das moderne Denken zu »entsichern«, um es für die Glaubensentscheidung zu öffnen, verbindet er die apologetische, den christlichen Glaubensaussagen ihren Platz im modernen → Weltbild (: IV) zu schaffen. Dies führt ihn zum Entwurf eines christlichen Weltbildes, durch das er das heutige naturwissenschaftliche Naturbild mit der christozentrisch-eschatologischen Weltanschauung der biblischen Botschaft zur Einheit zu bringen sucht. H. ist der einzige ev. Denker, der von seinen theologischen und philosophischen Voraussetzungen aus eine produktive Auseinandersetzung mit dem neuesten naturwissenschaftlichen Denken vollzogen hat. Nach mancherlei voraufgehenden Ansätzen legte er in seinem Hauptwerk in Anknüpfung an die heutige Physik den erweiterten Begriff des »Raumes« oder der »Dimension« im Sinne der »Unterscheidungssphäre« zugrunde. So entwickelte er einen Systemaufbau von Wirklichkeitsdimensionen, die in Korrelation zueinander gedacht werden müssen: Gegenstandswelt - Ich - Du - Gott, ein Denkschema, das an die

Stelle der gegenständlichen Schemata: Natur – Übernatur, Geschichte – Übergeschichtliches, Relatives – Absolutes treten soll. Die Problematik des Wirklichen in den untergeordneten Dimensionen weist auf die übergeordnete hin. So bleibt in den »Welt-, Ich-, Du-Dimensionen« des Daseins die Frage nach seinem Warum und Wozu offen oder findet aus der neuen Dimension Gottes (des »überpolaren Raumes«) durch einen konkreten Lebensauftrag seine Antwort. Hier setzt für H. die »Führungsvollmacht« Jesu Christi ein, die als göttliche Offenbarung aus dem Dimensionenschema in ihrem Zusammenhang mit unserer Daseinswirklichkeit denkmöglich und verständlich gemacht werden soll. An dieser Stelle verknüpft H. die ganze biblische Verkündigung mit seinem dimensionalen Weltbild. In seiner → Dogmatik (, 3b), die biblizistischen Charakter trägt, sucht H. bes. die Realität des Satanischen als widergöttliche Willensmacht sowie das Versöhnungswerk als Überwindung des Satans durch die Macht Jesu Christi (→ Christologie: III, 2c) und die eschatologische Weltvollendung durch die öffentliche Machtergreifung Christi herauszustellen. Durch seine anziehende Lehrtätigkeit hat H. auf mehrere Pfarrergenerationen gestaltenden Einfluß ausgeübt und durch seine großenteils veröffentlichten schlichten und erwecklichen Predigten weitgehend gewirkt.

Vf. u.a: Das Weltbild der Zukunft, 1904; Das Gewißheitsproblem in der syst. Theol. bis zu Schleiermacher, 1911; Leitfaden der Dogmatik, 2 Tle, (1912) 1935³; Glaubensgewißheit, (1916) 1949⁴; Die Weltanschauung der Bibel, (1921) 1925⁵; Das Wesen des ev. Christentums, 1925; Glaube und Leben, Ges. Aufs. u. Vortr., (1926) 1928²; Der ev. Glaube u. das Denken der Gegenwart, 6 Bde, (1931 bis 1952) 1953-57²⁻⁵; Die christl. Ethik, Tübinger Vorlesungen, hg.v. W.Kreuzburg, 1955; Ich gedenke der vorigen Zeiten, 1957¹·². – Über H.: W.Ruttenbeck, Die apologetisch-theol. Methode K.H.s, 1925 – J.E.Eisenhuth, Das Problem der Glaubensgewißheit bei K.H., 1928 – L.Schleich, Zur Theol. K.H.s (ZZ 7, 1929, 461-483).

W.Wiesner

Heimann, *Eduard,* bedeutender Vertreter einer christlichen Gesellschaftswissenschaft mit sozialethischer Zielsetzung, * 1889 in Berlin, seit 1925 o. Prof. für theoretische und praktische Volkswirtschaftslehre in Hamburg. Nach seiner Emigration wurde H. 1933 Prof. an der New School for Social Research in New York; seit 1950 lehrt er auch christliche Ethik am Union Theological Seminary. – H. beschäftigte sich zunächst mit den Entartungserscheinungen des → Kapitalismus. Neben Paul → Tillich gehörte er zu den profiliertesten Vertretern eines prot. religiösen → Sozialismus, wobei er für die Bändigung der kapitalistischen Herrschaftsgewalt durch → Sozialpolitik eintrat. – Seit 1945 hat sich H. bes. um eine sozialethische Fundierung der positiven Sozialwissenschaften auf christlicher Grundlage, um eine »Theologie der → Gesellschaft« bemüht. Da der dogmatische Gegensatz zwischen Individualismus und Kollektivismus nur durch Rückbesinnung auf christliche Ordnungsprinzipien überwunden werden könne, kritisiert er scharf das auf der Haltung rationaler → Autonomie beruhende positivistische Erkenntnisideal. Die Entartung der Sozialwissenschaften zum pragmatischen Technizismus beruhe auf einem falschen Menschenbild, dem die Züge der Spontaneität und Entscheidungsfreiheit fehlen. Die so erarbeiteten partikulären Ablaufregeln sozialen Geschehens böten keine Grundsätze für eine Gesamtordnung. Diese ließen sich nur durch eine christliche → Sozialethik schaffen. – Von der Kritik wurden die Schwierigkeiten hervorgehoben, die der Verwirklichung dieser Gedanken in einer pluralistischen Gesellschaft angesichts einer fehlenden einheitlichen dogmatischen Basis für christliche Sozialprinzipien entgegenstehen. H.s Hinweis auf die Gefahren einer zum → Positivismus entartenden positiven Wissenschaft wurde jedoch weitgehend anerkannt.

Vf. u.a.: Mehrwert u. Gemeinwirtschaft, 1922; Die sittl. Idee des Klassenkampfes u. die Entartung des Kapitalismus, 1926; Soziale Theorie des Kapitalismus, 1929; Kapitalismus u. Sozialismus, 1931; Freiheit u. Ordnung, 1950; Wirtschaftssysteme u. Gesellschaftssysteme, 1954; Vernunftglaube u. Religion in der modernen Gesellschaft, 1955. – Mit-Hg.: Neue Blätter für den Sozialismus. Fachberater bei RGG². – Über H.: E.Egner, Wider den Positivismus in den Sozialwissenschaften (Hamburger Jb. f. Wirtschafts- u. Gesellschaftspolitik 1, 1956, 136-146) – W.Flitner, Die Sozialwissenschaften als pragmatisch-hermeneut. Disziplinen u. ihr Verhältnis zur Theol. (ebd 2, 1957, 128-135).

F.Fürstenberg

Heimarbeit → Industrie, → Sozialpolitik.

Heimatfremdenfürsorge. Der H. (heute meist als Nichtseßhaftenfürsorge bezeichnet) liegt die Aufgabe ob, die Nichtseßhaften zu betreuen und nach Möglichkeit zu resozialisieren. Die Ursache der Nichtseßhaftigkeit liegt hauptsächlich in seelischen, moralischen, charakterlichen und sozialen Anpassungsschwierigkeiten dieses Personenkreises. Die H. erfordert darum ein hohes Maß an individuellen, seelsorgerlichen und sozialpädagogischen Fähigkeiten; besondere Einrichtungen müssen dieser besonderen Aufgabe dienen. So trat neben polizeiliche und gerichtliche Maßnahmen mit der Schaffung der Herberge zur Heimat (Prof. C.Th.→Perthes, Bonn 1854) und der Arbeiterkolonie (F.v.→Bodelschwingh d.Ä., Wilhelmsdorf 1882) die sozialpädagogisch orientierte christliche Hilfe für die »Brüder von der Landstraße« (v. Bodelschwingh). Die Nichtseßhaften werden nach Erhebungen von 1956 auf rd 175000 geschätzt, unter denen sich etwa 54000 Jugendliche befinden. Die Zahl der Herbergen ist seit 1933 (337) auf 37 mit 1684 Betten abgesunken; ein neuer Ausbau auf etwa 200 Häuser wird angestrebt. Eine gesetzliche Regelung der H. ist im Rahmen des im Entwurf bereits vorliegenden Bundes-Sozialhilfe-Gesetzes (BSHG) zu erwarten.

C.Th.Perthes, Das Herbergswesen der Handwerksgesellen, 1856 (Neuaufl. 1953) – G.Steigerthal (Hg.), Die Herberge, die wechselnden Aufgaben des dt. Herbergswesens in den Jahren 1854-1954, 1954 – P.Frank, Das Problem der Nichtseßhaftenfürsorge im Lande Nordrhein-Westfalen, 2. Aufl. o.J. (1955) – Ders., Woher? Wohin?, 1957 – Ders.-G.Steigerthal-M.Müller, Jedem seine Chance, 1957.

K.Janssen

Heine, *Heinrich,* * 3.12.1797 in Düsseldorf, † 17.2. 1856 in Paris, entstammt einer schon stark emanzipierten jüdischen Kaufmannsfamilie. Auf kurze kaufmännische Lehre in Frankfurt a.M. und den mißglückten Versuch, in Hamburg mit Hilfe seines reichen Onkels Salomon H. eine Handelsfirma zu betreiben, folgt 1819 das Studium in Bonn (literarische Förderung durch A.W.Schlegel), Göttingen und Berlin (Vorlesungen bei Hegel, F.A. Wolff, Bopp und Raumer, Beziehungen zum »Verein für Kultur und Wissenschaft der Juden« und zu Rahel Varnhagen). H.s Bildungsperiode findet ihren äußerlichen Abschluß in der juristischen Doktorpromotion und dem Übertritt zum Protestantismus (1825). Doch seine daran geknüpften Hoffnungen auf eine beamtete Stellung als Jurist oder Hochschullehrer erfüllen sich nicht; wohl aber ist er als Dichter sehr bald mit den »Reisebildern« (4 Teile, 1826-31) und dem »Buch der Lieder« (1827, bis zu H.s Tod 13 Aufl.) erfolgreich. – Nach dem Ausbruch der Pariser Julirevolution siedelte H. 1831 dorthin über. Aus Berichten für die Augsburger »Allgemeine Zeitung« u.a. entwickelt sich eine bedeutsame Vermittlertätigkeit zwischen deutschem und französischem Geistesleben: »Französische Zustände« (1833), »Der Salon« (4 Bde, 1834-40; darin u.a. »Die Romantische Schule«, »Zur Geschichte der Religion und Philosophie in Deutschland«). Seit 1834 ist H. mit Eugénie Mirat verbunden, die er 1841 heiratet. Seit 1848 ist er durch ein schweres Rükkenmarksleiden bis zu seinem Tode ans Bett gefesselt (»Matratzengruft«); auf dem Montmartre-Friedhof ist er beerdigt.

In H.s Lyrik sammelt sich der Gefühlsextrakt der romantischen Dichtung und des → Volksliedes und mischt sich mit Byronschem Weltschmerz und Skeptizismus. Durch die »Reisebilder« wird er zum Schöpfer des modernen feuilletonistischen Stils. Er lebt an der Oberfläche der Zeit, aber nicht oberflächlich, auch als Journalist noch ein Dichter. H. steht auf der Grenzscheide zwischen → Romantik und → Realismus, und indem er die »Zerrissenheit« dieser Übergangsphase bald sentimental, bald zynisch auskostet, wird er, neben Ludwig Börne, zeitweise zum Vorbild der Jungdeutschen (→ Deutschland, das Junge), in seiner Angriffslust oft zu seinem eigenen Schaden ohne Maß. Auch im Exil Deutschland in einer Art Haßliebe schmerzlich verbunden, richtet er seine Satire gegen die reaktionären Mächte, die er vor allem im preußischen Staat und seiner Zensur und in der Kirche verkörpert sieht (»Deutschland, ein Wintermärchen«, 1844). Ebenso aber ironisiert er im »Atta Troll« (1847) die politische Tendenzpoesie. Unter dem Einfluß des St.-Simonismus (→ Saint-Simon) wird er in Paris zum sinnenfreudigen Verkünder der »Emanzipation des Fleisches«. In seinen kulturkritischen Schriften sucht er in der Antithese von Hellenentum und jüdisch-christlichem Nazarenertum die welthistorische Analyse der modernen Kulturkrise. – H.s negatives Verhältnis zum Christentum ist nicht mit religiöser Indifferenz zu verwechseln. »Gott war immer der Anfang und das Ende aller meiner Gedanken.« Unter der sentimentalen und frivolen Hülle ist ein ungebrochener religiöser Instinkt als adogmatische Religiosität lebendig, der den Pantheismus des deutschen → Idealismus überwindet und der vor allem in den »Historien«, »Lamentationen« und »Hebräischen Melodien« des »Romancero« (1851) und in den »Letzten Gedichten« aus dem Nachlaß (1869) erschütternden Ausdruck findet.

Sämtl. Werke, hg.v. A. Strothmann, 21 Bde, 1861–69, 2 ErgBde, 1869/84; hg.v. E. Elster, 7 Bde, 1887–90; hg.v. O. Walzel, 10 Bde u. 1 RegBd, 1910–15 u. 1920; hg.v. F. Strich, 11 Bde, 1924–30 – Briefe hg.v. F. Hirth, 6 Bde, 1950–57 – Gespräche mit H., hg.v. H.H. Houben, (1926) 1948². – Bibliogr. in GG² XIV, 1955, 206ff. – Über H.: M. Brod, H.H., (1934) 1956² – L. Marcuse, H.H., 1951 – A. Vallentin, H.H., Paris 1956 – W. Wadepuhl, H.-Studien, 1956 – D. Sternberger in: Die Großen Deutschen III, 1957, 214–223.

M. Greiner

Heinemann, *Isaak* (1876–1957), * in Frankfurt/M., † in Jerusalem, 1919–39 Dozent am Jüdisch-theologischen Seminar in Breslau, 1930–33 zugleich Honorar-Prof. an der Universität Breslau, seit 1920 Herausgeber der »Monatsschrift für die Geschichte und Wissenschaft des Judentums« und der von Leopold Cohn begonnenen → Philo-Übersetzung, ist neben der Wissenschaft mit »Zeitfragen« beschäftigt »vom Standpunkt des sittlich-religiösen Idealismus aus, den Israels Propheten (die religiösen Genien Israels) gelehrt haben«. H. versteht ihn als »die Lehre vom Sinn des Diesseits« (im Unterschied zum vermeintlich diesseitsfeindlichen paulinischen Urchristentum), die der Hingabe an die Einzel- oder Gruppen*interessen* die an das Recht entgegensetzt und den sozialen Fortschritt und den »Glauben an die bessere Zukunft der Menschheit« vertritt.

Vf. u.a.: Zeitfragen im Lichte jüd. Lebensanschauung, 1921; Poseidonius' metaphysische Schriften I. II, 1921/28; Vom »jüd. Geist«, o.J. (1924); Die Lehre von der Zweckbestimmung des Menschen im griech.-röm. Altertum u. im jüd. MA, 1926; Philos griech. u. jüd. Bildung, 1931. – Über H.: EJud VII, 1133. *W. Holsten*

Heinrich IV. (1050–1106), 1056–1106 König in Deutschland, Italien und Burgund, seit 1084 Römischer Kaiser. Schon zu Lebzeiten seines Vaters, H.s III., zum König gewählt, stand H. nach dessen Tod zunächst unter der vormundschaftlichen Regentschaft seiner Mutter, der Kaiserin Agnes, seit dem Staatsstreich von Kaiserswerth (1062) unter der → Annos von Köln und → Adalberts von Bremen. Der Versuch des 1065 mündig gewordenen Königs, durch die Rekuperation des Reichsguts und den Bau von Burgen im thüringisch-sächsischen Raum die Königsmacht in Norddeutschland wiederherzustellen, führte 1073 zum Kampf mit den Sachsen, aus dem H. 1075 als Sieger hervorging. Gleichzeitig geriet er mit dem unter → Alexander II. und → Gregor VII. erstarkten → Papsttum (: II, 2) wegen der Einsetzung der Bischöfe in Reichsitalien in Konflikt. In dem damit beginnenden Investiturstreit (→ Kaisertum und Papsttum) hat H. bei allem Wechsel des Geschicks die Rechte des Königtums grundsätzlich gewahrt, insbesondere auch durch die Ablehnung der kurialen Forderung auf die päpstliche Approbation des deutschen Königs. Den Beschluß einer in Worms im Jan. 1076 unter H.s Vorsitz abgehaltenen Synode, den Papst abzusetzen, beantwortete Gregor auf der Fastensynode (Febr. 1076) mit dem Bannspruch und der Absetzung des Königs. Um einem Zusammenwirken der jetzt in Deutschland stärker aufflammenden fürstlichen Opposition mit dem Papste und einem persönlichen Eingreifen Gregors als Schiedsrichter in Deutschland zuvorzukommen, entschloß sich H. zu der Bußfahrt nach Canossa (Jan. 1077), deren Form ganz der kirchlichen Bußpraxis der Zeit entsprach und die ihm durch die päpstliche Absolution die politische Handlungsfreiheit wiedergab, wenn sie auch für den mittelalterlichen Reichsgedanken einen ideellen Verlust bedeutete. In → Deutschland (: I, 1b) konnte sich H. gegenüber der fürstlichen Opposition und dem Gegenkönigtum trotz des zweiten päpstlichen Bannspruches (1080) immer mehr durchsetzen. Auch in Italien war er bis zum Tode Gregors durchaus erfolgreich, konnte jedoch der Reformpartei auf die Dauer in der Person Wiberts (→ Clemens III.) kein wirksames Gegenpapsttum entgegenstellen. Der überlegenen Diplomatie → Urbans II. gelang es, H. mit Hilfe seines eigenen Sohnes Konrad zu isolieren und ihn zeitweilig von Deutschland abzuschneiden. Nach seiner Rückkehr ging er im Reich in seinen letzten Jahren daran, durch die Aufnahme der Gottes- und Landfriedensbewegung (→ Gottesfriede) und die Fortentwicklung der königlichen Gerichtsbarkeit die Stellung des Königtums zu stärken. Diese Friedenspolitik brachte aber nicht den erhofften Ausgleich mit dem Papsttum; H. geriet dadurch vielmehr in einen Gegensatz zum hohen Adel, mit dem sich sein Sohn H. V. in der Aufstandsbewegung des Jahres 1105 verbündete. Der Tod H.s in Lüttich (7.8.1106) bewahrte das Reich vor einem längeren Bürgerkrieg. H. IV. ist eine tragische Gestalt. Wenn ihm auch persönlich ein dauernder Erfolg versagt geblieben ist, so hat er doch durch die konsequente Verteidigung der königlichen Rechte und durch die Begünstigung der aufstrebenden Schichten des Bürgertums und der Ministerialität die Grundlagen für die Erneuerung der Königsmacht in staufischer Zeit geschaffen.

Die Urkunden H.s IV. hg.v. D. v. Gladiss, MG Diplomata VI/1–2, 1941/52 – Die Briefe H.s IV. hg.v. C. Erdmann, 1937; Übers. v. K. Langosch in: Geschichtsschreiber der dt. Vorzeit, 1954. – G. Meyer-v. Knonau, Jahrbücher des dt. Reiches unter H. IV. u. V., 7 Bde, 1890–1909 – K. Hampe, Dt. Kaisergesch. in der Zeit der Salier u. Staufer, (1908) 1949¹⁰, 34ff – Ders., Herrschergestalten des dt. MA, (1927) 1955⁶, 102ff – Gebhardt-Grundmann I, 243ff (Lit.).

K. Jordan

Heinrich, 1. *von Ahaus* (1369–1439), * in Schöppingen bei Ahaus, Begründer der westdeutschen Brüderbewegung (→ Brüder vom gemeinsamen Leben), besuchte als Domvikar in Münster 1400 das Florentius-Haus in Deventer, verpflanzte 1401 diese nicht-mönchische devotio moderna nach Münster, wo das erste deutsche Brüderhaus entstand. H. schuf bzw. förderte auch die Brüderhäuser in Osterberg, Osnabrück, Köln und Wesel, ferner die Schwesternhäuser in Borken, Schüttorf, Koesfeld, Wesel, Dinslaken und Lippstadt. – Gegen → Grabow verteidigte er auf dem Konstanzer Konzil mit → Gerson erfolgreich die Brüdereigenart. 1431 verband und verkirchlichte er die Brüder und Schwesternhäuser durch das jährliche »Münstersche Kolloquium«. Sein Schüler war u.a. Bernhard von → Büderich.

RE I, 264ff – E.BARNIKOL, Studien zur Gesch. der Brüder v. gemeins. Leben. Die Zeit H.s v.A., 1917 – RGG^2 I, 168f – B.WINDECK, Die Anfänge der Brüder v. gemeins. Leben in Deutschland (Diss. Bonn), 1951 (Masch.). *E.Barnikol*

2. *von Gent,* scholastischer Theologe, genannt Doctor solemnis, * um 1217 in Gent, † 29.6.1293 in Tournai, wo er seit 1267 Kanoniker, später Archidiakon war. Seit 1276 lehrte er in Paris Theologie, der er die Philosophie streng unterordnete. Gegenüber den Thomisten vertrat er wirksam den Augustinismus. Er war 1277 an der Verurteilung der Averroisten (→ Averroismus) und mancher Thomas-Sätze durch den Pariser Bischof beteiligt. Als Weltgeistlicher focht er die Predigt- und Beicht-Privilegien der → Bettelorden an. Seine unvollendete »Summa« wurde 1520 in Paris, 1646 in Ferrara gedruckt, seine »Quodlibeta« 1518 in Paris, 1608/12 in Venedig. Ein Physik-Kommentar und Traktate über Logik, Metaphysik u.a. werden ihm zugeschrieben, sind aber ungedruckt.

F.EHRLE, ALKGMA 1, 1885, 365–401 (biogr.) – J.LICHTERFELD, Die Ethik H.s v. G. (Diss. Erlangen), 1907 – R.BRAUN, Die Erkenntnislehre H.s v.G. (Diss. Freiburg/Schw.), 1916 – W.SCHÖLLGEN, Das Problem der Willensfreiheit bei H.v.G. u. Herveus Natalis, 1927 – JEAN PAULUS, H. de G., 1938 – P.BAYERSCHMIDT, Die Seins- u. Formmetaphysik bei H.v.G., 1941 – TH.NYS, De werking van het menslijk verstand volgens H.v.G., 1949 – B.SMALLEY, RThAM 22, 1955, 125–129. *H.Grundmann*

3. *von Kalkar* (1328–1408), eigentlich H.Egher, * in Kalkar (Kr. Kleve). Nach Studium der Theologie und Philosophie in Köln und Paris erhält H. 1356 den Magistergrad und wird Kanoniker in Köln (St. Georg) und in Kaiserswerth. 1365 tritt er in das Kölner Kartäuserkloster ein, in dem er 1368 Prior wird. Als Vorsteher der Ordensniederlassung Monnikhuizen (Niederlande, Provinz Geldern) bekehrt er Geert → Groote und ist neben seiner Klostertätigkeit (Roermond, Köln und Straßburg) von 1375–95 Visitator der rheinischen Ordensprovinz, zeitweise auch der Ordensprovinzen Gallien, Picardie, Alemannien, Böhmen und Mähren. Seine Schriften blieben nicht ohne Einfluß auf die → Brüder vom gemeinsamen Leben und bes. auf → Thomas a Kempis, dessen »Imitatio Christi« ihm zugeschrieben wurde.

Von H.s zahlreichen Schriften (s. RE VII, 602ff; LThK IV, 926) sind u.a. gedruckt: »Ortus et decursus ordinis Cartusiensis« (s.u.); »Psalterium B. Mariae« (in: Hortulus devotionis, Köln 1541). – Über H.: H.B.C.W.VERMEER, Het traktaat »Ortus et decursus ...« van Hendrik van K. (Diss. Leiden), 1929 – H.HÜSCHEN, Das Cantuagium des H. Eger v.K. (Beitr. zur Rhein. Musikgesch. 2), 1952 – MGG III, 1165ff. *W.Göbell*

4. *von Kettenbach* → Kettenbach, Heinrich von.

5. Heimbuche *von Langenstein* (H. von Hessen d.Ä.), der bedeutendste deutsche Gelehrte des späten 14.Jh.s (1324–97). Seit 1363 dozierte der Adlige in Paris nominalistische Philosophie, schrieb astronomisch-mathematische Werke und trat nach dem Schisma von 1378 zusammen mit → Konrad von Gelnhausen für die Berufung eines über dem Papst stehenden Konzils als Vertretung der Gesamtkirche ein (→ Episkopalismus, 1). Deshalb 1382 aus Paris verdrängt, wandelte sich der kritizistische Rationalist im rheinischen Kloster Eberbach zum mystisch-asketischen Schriftsteller und Verteidiger päpstlicher Macht. Seit 1384 reorganisierte er die Universität → Wien (: II), deren Vizekanzler und (1393/94) Rektor er war, und beherrschte die neugegründete theologische Fakultät. Noch einflußreicher als der Kirchenpolitiker wurde der vielseitige Lehrer und Gelehrte durch seine zahlreichen enzyklopädischen, wirtschaftstheoretischen, sozialethischen, dogmatischen und exegetischen Werke (Gen-Kommentar) sowie durch Übersetzungen und erbauliche Predigten.

Ü II, 610f. 785 – K.J.HEILIG, Krit. Studien zum Schrifttum der beiden H.v.Hessen (RQ 40, 1932, 105–176; Lit.) – A.LANG, Die Katharinenpredigt H.s v.L. (Divus Thomas 26, 1948, 123–159) – RepBibl III, 31ff. *A.Borst*

6. *von Laufenberg* (ca 1390–1458[?]), * zu Laufenburg a.Rh., Priester in Zofingen, seit 1437 in Freiburg/Br., dort Dekan des Domkapitels, bis er 1445 in das Johanniterhaus »Zum grünen Wörth« bei Straßburg ging. Durch seine freien deutschen Nachbildungen lateinischer Kirchengesänge, seine sog. contrafacta oder geistlichen Parodien, seine Originallieder (meist Marienlieder mit zT bizarren Bildern) sowie durch seine Mischpoesie (zB »Puer natus ist uns gar schon«) ist H. der fruchtbarste, volkstümlichste und einflußreichste geistliche Dichter des MA. Außerdem schrieb er zwei Lehrgedichte: 1445 eine gereimte Übersetzung und Erweiterung des »speculum humanae salvationis« (→ Heilsspiegel) und 1441 das seltsame Buch der »Figuren zu Ehren der hl. Jungfrau«, eine gereimte Deutung at. Geschichten in 136 Figuren oder Symbolen in 25370 Versen. H.s populärer Jenseitigkeitsmystik fehlte biblische Tiefe und damit schöpferische Kraft.

KOCH I, 213ff – PH.WACKERNAGEL, Das Kirchenlied II, 1867, 528ff (Nr. 701ff) – GG I^2, 1884, 238 – RGG^2 II, 1774f. *E.Barnikol*

7. *von Lausanne* (fälschlich so genannt), gebildeter Mönch unbekannter Herkunft. Nach eremitischem Leben rief er in Lausanne und 1116 in Le Mans als Wanderprediger zur Buße auf. Verjagt und 1119 verurteilt, setzte er eigenwillig und von den → Katharern unabhängig die Predigt des → Petrus von Bruis fort, leugnete die Erbsünde, betonte die persönliche Verantwortung, lehnte Askese, Priester und Sakramente ab und forderte und führte ein einfaches evangelisches, apostolisches Leben in der Welt. Bald sammelte er eine Sekte um sich; 1135 wurde er gefangen dem Konzil von Pisa vorgeführt, schwor ab und ging ins Kloster. Dann entfloh er und predigte in Südfrankreich weiter, zuletzt in der Gegend von Albi und Toulouse, von wo ihn 1145 → Bernhard von Clairvaux vertrieb. Seither verliert sich seine Spur; seine Anhänger wandten sich wohl den Katharern zu (s. auch → Albigenser). Vor ihrem Auftreten war H. der wirksamste Exponent der radikalen romfeindlichen religiösen Bewegung.

A.BORST, Die Katharer, 1953, 85ff – R.MANSELLI, Il monaco Enrico e la sua eresia (Bullet. Ist. Stor. Ital. per il Medio Evo 65, 1953, 1–63) – DERS., Studi sulle eresie del secolo XII, 1953, 45ff. *A.Borst*

8. *von Lettland* (Henricus de Lettis), Verfasser des »Chronicon Livoniae« 1180–1227, der wichtigsten Quelle für die Geschichte der → Baltischen Länder im 12./13.Jh. H. stammte wahrscheinlich aus dem Magdeburgischen,

erhielt seine Ausbildung in Segeberg und traf 1205 mit Bischof Albert in Riga ein. Seit 1208 Priester und Pfarrer in Papendorf (lett. Rubene) nordöstlich von Riga, beteiligte er sich an fast allen Kriegszügen des Schwertbrüderordens (→ Ritterorden) und der Pilger gegen Estland, zuletzt (als Taufpriester) an der Eroberung Oesels 1227. Die freiwillige Hinwendung der Nordletten zur kath. Kirche 1214 ist nicht zuletzt sein Verdienst. Seine Chronik schrieb er 1225/26 nieder, vielleicht auch auf Veranlassung des päpstlichen Legaten Wilhelm von Modena. H. versucht bei der Schilderung der baltischen Missionsgeschichte einen vermittelnden Standpunkt einzunehmen und geht nur gelegentlich auf Zwistigkeiten Bischof Alberts mit dem Schwertbrüderorden ein. 1233 ist er Anhänger der päpstlichen Partei im Lande, deren Niederlage seinen Aufstieg in der Hierarchie Livlands verhinderte. 1259 ist er immer noch, hochbetagt, Pfarrer der Letten von Papendorf.

Heinrici chronicon Livoniae, hg.v. L.Arbusow u. A.Bauer, MG SS, 1955. - L.Arbusow, Die handschriftl. Überlieferung des »Chronicon Livoniae« H.s v.L. (Acta Univ. Latv. XV. XVI), Riga 1926/27 - Ders., Das entlehnte Sprachgut in H.s »Chronicon Livoniae« (DA 8, 1951, 100-153) - H.Laakmann, Zur Gesch. H.s v.L. u. seiner Zeit (Beitr. z. Kunde Estlands 18), Reval 1933 - P.Johansen, Die Chronik als Biogr. H.s v.L. Lebensgang u. Weltanschauung (Jb.er f. Gesch. Osteuropas NF 1, 1953, 1-24). *P.Johansen*

9. *von Nördlingen* († wahrscheinlich in Pillenreuth bei Nürnberg nach 1379), Weltpriester, bis 1335 und 1337f in Nürnberg, 1339-49 in Basel, zuletzt wohl Nonnenseelsorger in Pillenreuth, sonst meist umherreisend, Prediger, Seelenführer und Mittelpunkt mystisch gestimmter Kreise (→ Gottesfreunde), befreundet mit → Tauler, → Merswin, Christine und bes. Margareta → Ebner. H.s Briefsammlung ist für die Stimmung jener Kreise bezeichnend. Ob die oberdeutsche Übertragung der Offenbarungen der → Mechthild von Magdeburg von ihm stammt, ist ungewiß.

Ausg.n u. Lit. s. → Ebner. - Ferner: RE VII, 607ff - LThK IV, 931f - W.Muschg, Die Mystik in der Schweiz, 1935, 290ff - VerfLex II, 320ff; V, 349 - H.Gürsching, Neue urkundl. Nachrichten über... H.v.N. (Festg. K.Schornbaum, 1950, 42-57) - EC V, 392. *M.A.Schmidt*

10. *von Zutphen* (1488-1524), * in Zutphen, † als einer der ersten Märtyrer des ev. Glaubens. H. studierte seit 1508 in Wittenberg und wohnte als Augustinereremit im gleichen Kloster wie Luther, ohne ihn damals näher kennenzulernen. Seit 1516 war er Prior im Dordrechter Augustinerkloster, das sich der sächsischen Kongregation anschloß und daher für Luthers Auffassung offen war. Die Stadtregierung versuchte die Bewegung zu unterdrücken; am 6.12.1518 wurde H. seines Amtes enthoben, ein Jahr später mit Ehren wiedereingesetzt, dann wieder vertrieben. Er ging 1520 nach Köln und Wittenberg, wo er am 14.1.1521 Baccalaureus und am 11.10. Lic. theol. wurde. 1522 als Nachfolger von Jakob → Propst zum Prior in Antwerpen ernannt, wurde er bald wegen seiner Predigten gefangengenommen, vom Volke aber befreit. Er entfloh nach → Bremen, wo er seit Nov. 1522 auf Wunsch des Volkes als Prediger auftrat. Seine fruchtbare Arbeit fand ein gewaltsames Ende, als er 1524 von einigen Landsleuten bei Meldorf überfallen und am 11.12. verbrannt wurde.

M.Luther, WA 18, 215ff - C.H.van Herwerden, Het aandeel van H.v.Z., Arnhem 1864 - J.Fr.Iken, H.v.Z., 1886 - NNBW V, 1179ff. *J.N.Bakhuizen van den Brink*

Heinrici, *C.F.Georg* (1844-1915), Neutestamentler, * zu Karkeln (Ostpreußen), 1871 PDoz. in Berlin, 1873 ao. und 1874 o. Prof. in Marburg, 1892 in Leipzig. Seine Kommentare, bes. zu 1. 2Kor (in: MeyerK), die Aufnahme der religionsgeschichtlichen Fragestellung und die Erforschung der → Gnosis haben nachhaltig gewirkt.

Bibliogr. in C.F.G.H., Die Hermes-Mystik u. das NT, hg.v. E.v. Dobschütz, 1918, XIX-XXII. - Über H.: ebd VII-XVII - A.Hauck in: BGL 67, 1915, 121ff - W.G.Kümmel, Das NT, Gesch. der Erforschung seiner Probleme (Orbis Academicus III, 3), 1958, 267f. 410f. *Erich Dinkler*

Heintz, *Philipp Casimir* (1771-1835), * Konken bei Kusel, † München. Sohn eines ref. Pfarrhauses, wurde H. 1792 Vikar in Nünschweiler, 1800 Pfarrer in Kleeburg, 1805 Pfarrer, Prof. am Gymnasium und Vorstand der geistlichen Güterverwaltung in Zweibrücken, 1819 Oberkonsistorialrat und (bis 1829) Pfarrer in München, 1827 Mitglied der Münchner Akademie der Wissenschaften. H. war eifriger Mitarbeiter an der pfälzischen Union und ein bedeutender Historiker der → Pfalz.

Vf. u.a.: Das Fürstentum Zweibrücken während des Dreißigjährigen Krieges, 1810; Die Alexanderkirche in Zweibrücken, 1817; Über die Zeit, in welcher der luth. Katechismus in... Bayern rechts des Rheines eingeführt worden ist, 1832; Kriegstagebuch I, 1792 bis 1800, hg.v. G.Biundo, 1928. - Über H.: ADB XI, 662 - A.Heinzelmann, Das Leben des... Ph.C.H., 1903. *Matth.Simon*

Heiseler, *Bernt von,* * 14.6.1907 in Brannenburg a. Inn, wo er noch lebt, Sohn des rußlanddeutschen Dichters Henry v.H. (1875-1928) und einer aus München stammenden Mutter. Vom Vater, der dem Kreis um Stefan → George nahestand, ererbte H. die noble menschliche Haltung, kultiviertes Sprach- und Formgefühl und ein tiefeingewurzeltes christlich-abendländisches Bildungsbewußtsein. Die Jahre der nationalsozialistischen Herrschaft haben bei ihm entscheidend die Erkenntnis gefördert, daß alles Menschenwerk auf Sand gebaut und ohne das Evangelium keine Heilung und Versöhnung der schuldig gewordenen Welt möglich ist.

Dramen: Des Königs Schatten (Komödie), 1936; Cäsar (Tragödie), 1941; Der Bettler unter der Treppe, 1942; Hohenstaufentrilogie, 1945; Das Haus der Angst (Mysterienspiel), 1950; Das Haller Spiel von der Passion, 1954. - Romane: Die gute Welt, 1938; Versöhnung, 1953; Der Tag beginnt um Mitternacht, 1956. *M.Greiner*

Heitmüller, *Wilhelm,* Neutestamentler, * 3.8.1869 in Döteberg (Hannover), † 29.1.1926 in Tübingen, lehrte von 1902 an in Göttingen, Marburg und Bonn, seit 1924 in Tübingen. Verdient um die Hineinstellung der urchristlichen Sakramentsvorstellung in die hellenistische Religionsgeschichte; vertrat ein liberales Verständnis Jesu und des JohEv. Mitbegründer der ThR, Mit-Hg. der SNT (beides mit W. → Bousset). - Vgl. → Bibelwissenschaft: II, 5, → Religionsgeschichtliche Schule.

Vf. u.a.: »Im Namen Jesu«. Eine sprach- u. religionsgeschichtl. Unters. zum NT, speziell zur altchristl. Taufe, 1903; Taufe u. Abendmahl bei Paulus, 1903; Das JohEv (SNT), (1907) 1917³; Taufe u. Abendmahl im Urchristentum (RV I, 23/24), 1911; Jesus, 1913. - Über H.: R.Bultmann, ChW 40, 1926, 209-213 - G.W.Ittel, Urchristentum u. Fremdreligionen im Urteil der Religionsgeschichtl. Schule (Phil. Diss. Erlangen), 1956, 41. *W.G.Kümmel*

Hekataeus *aus Abdera.* Unter dem Namen des H., der als Zeitgenosse → Alexanders d.Gr. u.a. eine Geschichte Ägyptens verfaßte, hat um 200 vChr ein jüdisch-hellenistischer Schriftsteller ein Werk über die Juden veröffentlicht, von dem nur noch Fragmente erhalten sind. Die fingierten Äußerungen griechischer Autoren über die Juden sollen apologetischen Zwecken dienen und bei heidnischen Lesern Verständnis und Anerkennung des Judentums erwecken.

Schürer III, 603ff - A.Schlatter, Gesch. Israels, (1901) 1925³, 38. 68 - PW VII, 2766ff - W.Schmid-O.Stählin, Gesch. der griech. Lit. II/1, 1920⁶, 618f - Bousset, Rel. 26f - P.Dalbert, Die Theol. der jüd.-hellenist. Missionslit. (ThF 5), 1954, 65ff. *E.Lohse*

Held, *Heinrich* (25.9.1897 bis 19.9.1957), * in Saarbrücken. Seit 1930 Pfarrer in Essen-Rüttenscheid, war H. Mitbegründer der → Bekennenden Kirche im Rheinland, ihrer Pfarrerbruderschaft und Freien Ev. Synode und Mitglied ihres Bruderrates sowie des Bruderrates und der Synode der Bekennenden Kirche der altpreußischen Union, infolge seines Vortragsdienstes und der Herausgabe der »Grünen Briefe« mehrfach verhaftet. 1945 wurde er Sup. in Essen, 1946 Oberkirchenrat, 1948 Präses der Ev. Kirche im Rheinland, nach deren Kirchenordnung von 1952 mit erweiterten Befugnissen. Neben dem Ausbau der pfarramtlichen Einrichtungen für die nach 1945 zT sprunghaft anwachsenden ev. Gemeinden förderte er bes. die kirchliche Schul- und Sozialarbeit. An der Neuordnung der → Evangelischen Kirche der Union war H. maßgebend beteiligt. In der ökumenischen Arbeit trat er mit Präses D. Wilm durch Fühlungnahme mit der russ.-orth. Kirche und durch Bemühungen um einen Zusammenschluß europäischer Kirchen hervor.

Vf. u.a.: Ev. Aktivität (in: Die Stunde der Kirche, Festg. f. O. Dibelius, 1950, 227-240). - Bibliogr. u. Lit. über H. in: H.H., Erinnerung u. Vermächtnis, 1958. *G.Heidtmann*

Helding, *Michael* (1506-61), Müllerssohn aus Schwaben, 1531 Rektor der Mainzer Domschule, seit 1536 Dompfarrer, 1538 Weihbischof unter dem Titel von Sidon (daher *Sidonius* genannt), nahm am → Tridentinum teil und trat bes. hervor als Mitberater des Augsburger → Interims. In Mainz bemühte er sich als Visitator um die Einführung des Interims im nassauischen Lande und nahm 1548/49 hervorragenden Anteil an den Synoden des Mainzer Erzbischofs. Unter kaiserlichem Druck zum Bischof von Merseburg gewählt, machte er sich zwar um das Stift verdient, seine bischöfliche Tätigkeit hatte aber keinen rechten Erfolg; nicht einmal das Interim konnte er einführen. Um so eifriger erfüllte H. die vielfachen kaiserlichen Aufträge bei den kirchenpolitischen Verhandlungen. 1557 gelang es ihm, das Wormser Religionsgespräch zu sprengen. Seit 1558 Präsident des Reichskammergerichts in Speyer, wurde er 1561 Vorsitzender des Reichshofrates in Wien. Unter seinen Schriften sind seine Institutio und Brevis institutio ad pietatem christianam, die von Joh. Wiegand in Mansfeld und bes. von → Flacius angegriffen wurden, sowie seine Predigten zu erwähnen. H. war wohl auch Mitberater der wertvollen Mainzer Agende von 1551.

RE VII, 610ff; XXIII, 640 - RGG² II, 1778 - LThK IV, 942f - SCHL. I, 8144-53 - H.JEDIN, Gesch. des Konzils von Trient I, (1949) 1951²; II, 1957 (s. Reg.). *G.Biundo*

Heldring, *Otto Gerhard* (1804-76), ev. Pfarrer in Holland, Mitbegründer der → Inneren Mission und volkstümlicher Schriftsteller. Aus der → Erweckung (: I) hervorgegangen, nahm sich H., um die leibliche und geistliche Wohlfahrt seines Volkes bemüht, bes. der Gefährdeten und Prostituierten an (Gründung des Magdalenenasyls in Steenbeck, 1848) und setzte sich für eine bewahrende und erziehende Fürsorge ein; dadurch weckte er auch in Deutschland das Interesse an der → Gefährdetenfürsorge.

RE VII, 613 - RGG¹ II, 2079 (Bibliogr.) - CKL I, 829. *K.Dienst*

Helena, die *Heilige,* Mutter → Konstantins d.Gr. * vor 260, von niederem Stande (stabularia = Herbergswirtin?), wird H. Lebensgefährtin des Constantius Chlorus (wohl in einem Konkubinat, nicht einer Ehe), bis dieser sie 289 aus politischen Rücksichten entläßt. Ihr wenige Jahre zuvor geborener Sohn Konstantin hat H. von Anfang seiner Herrschaft an in hohen Ehren gehalten, sie zur Augusta ernannt usw. H. war ursprünglich Heidin, ihre Hinwendung zum Christentum folgte der Konstantins nach. Welchen Einfluß sie auf die Regierung Konstantins, vor allem seine Kirchenpolitik genommen hat, ist schwer feststellbar; ihr Christentum war sicher echt. Als Pilgerin besucht sie in Palästina die → Heiligen Stätten (: III; → Bethlehem; → Jerusalem: III), auf ihre Initiative gehen mindestens die Geburts- und die Himmelfahrtskirche zurück. Daß sie das echte → Kreuz Christi aufgefunden habe (zuerst erzählt von Ambrosius), stellt den Anfang der sich um ihre Person immer reicher entwickelnden Legendenbildung dar, welche sowohl dieses Ereignis wie die Lebensumstände H.s (britische Fürstentochter usw) mit glänzenden Farben ausschmückt. Gestorben ist H. noch vor Konstantin, fast 80 Jahre alt; ihr Leichnam wird an mehreren Orten gezeigt und verehrt. Tag: 18.8. (im Westen, im Osten 21.5.).

AS Aug. III, 548ff (dort die Texte) - RE VII, 616 - PW VII/2, 2820ff - J.STRAUBINGER, Die Kreuzauffindungslegende (FChLDG 11, 3), 1912. - Weiteres s. → Konstantin. *K.Aland*

Helgesen, *Poul* (*Paulus Helie*), dänischer Theologe, * ca 1480 in Varberg (Halland), † nach 1534. H. ist der einzig bedeutendere Bekämpfer der Reformation in Skandinavien (→ Dänemark: I, 2), gegen die er als Prediger sowie als Verfasser von mehr als dreißig lateinischen und dänischen Schriften wirkt. In seinen Anschauungen ist er weitgehend von → Erasmus beeinflußt. Früh bei den → Karmelitern eingetreten, veröffentlicht er 1517 eine Schrift gegen die Simonie und wird 1519 zum Regens des Karmeliter-Kollegiums in Kopenhagen ernannt. In seinen Publikationen verteidigt er die Mittlerstellung der kirchlichen Hierarchie, das Klosterwesen und die Heiligenverehrung, betont aber andererseits die Notwendigkeit einer Kirchenreform. 1522 zum Ordensprovinzial gewählt, gerät er in Gegensatz zu König Christian II. (1513-23) und muß vorübergehend nach Jütland flüchten. Seine späteren bibelhumanistischen Streitschriften lassen ihn vielfach als heimlichen Lutheraner erscheinen, weshalb ihm zu Unrecht der Spottname »Vendekåbe« (Wetterfahne) beigelegt wird, vor allem, weil er die Notwendigkeit einer gegenseitigen Toleranz betont.

Skrifter af P.H., 7 Bde, hg.v. M.KRISTENSEN, P.SEVERINSEN u. N.K.ANDERSEN, Kopenhagen 1932-48. - Über H.: J.O.ANDERSEN, P.H., Bd I, ebd 1936 - DERS., Dansk Biografisk Leksikon IX, 1936, 630ff - DERS., Skibykrønikens Kildeforhold og Affattelsestid (Historisk tidsskrift R. 11, 1, Kopenhagen 1944/46, 1-149. 334-447) - Nordisk Teologisk Leksikon I, 1952, 1255ff. *W.Göbell*

Heliand. Im Jahre 1562 publizierte der Humanist und Anhänger Luthers Matthias → Flacius Illyricus in der 2. Aufl. seines »Catalogus testium veritatis« u.a. auch eine »Vorrede zu einem alten, in sächsischer Sprache verfaßten Buch«, die bekundet, daß Ludwig d.Fr. einen Mann »vom Stamme der Sachsen, der bei den Seinen als angesehener Sänger galt«, beauftragte, das AT und NT »in dichterischer Sprache ins Deutsche« zu übersetzen. Die Forschung zweifelt nicht, daß diese alte Vorrede unter dem NT den H. versteht (und unter dem AT die sog. »Altsächsische Genesis«, die freilich einen anderen Verfasser hat). Es handelt sich um eine → *Evangelienharmonie,* die Leben und Lehre Christi den frischbekehrten Sachsen nahebringen will und die ihrerseits, nach der äußerlichen und gewaltsamen Bekehrung der Stämme des niederdeutschen Nordens, Ausdruck der seelischen Eroberung durch das Christentum ist. Ihre im engeren Sinne literarhistorische Bedeutung erhellt daraus, daß man dieses Werk das erste uns überlieferte Buchepos in deutscher Sprache nennen kann. 4 Hss., 2 davon nahezu vollständig, überliefern uns die fast 6000 stabreimenden Langzeilen. Deren *Verfasser* ist uns über die Angaben jener Vorrede hinaus nicht bekannt, doch zeigt die Dichtung, daß es sich bei diesem »angesehenen Sänger« (non ignobilis vates) trotz der zurückweisenden Form nicht um einen Volkssänger in der Art des altgermanischen »scop« gehandelt haben kann, sondern nur um einen gebildeten Geistlichen. Der *Lautstand* der Hss. hat sich jedwedem Versuch zur Bestimmung der sprachlichen Heimat des Originals bisher beharrlich widersetzt, und so hat man es in fast jedem Winkel des niederdeutschen Sprachgebiets lokalisiert, von der Nordsee bis nach Merseburg (und möglicherweise hat der Verfasser bewußt schon eine sprachliche Mischung angestrebt in Richtung auf ein altsächsisches Umgangsidiom). Gewichtiger ist die Feststellung, daß die geistige Heimat des Dichters → *Fulda* ist; hier, in des Bonifatius Lieblingsgründung, konnte er den Geist der *altenglischen Bibelepik* aufnehmen, in deren Tradition der H. unzweifelhaft steht und der er die Methode der Umsetzung des heiligen Geschehens in die germanische Szenerie verdankt; hier vor allem konnte er seine *Quellen* ausschreiben, bes. (eine lat. Rezension von) → Tatians Diatessaron, sodann des Fuldaer Lehrers und Abtes → Hrabanus Maurus Matthäuskommentar (entstanden 821/822; diesem Terminus a quo steht das Jahr 840 als Terminus ad quem gegenüber: Tod Ludwigs d.Fr. und Studienzeit → Otfrieds von Weißenburg in Fulda, der den H. benutzte) und weiter Kommentare → Bedas und → Alkuins. – Die *schöpferische Eigenleistung* des Dichters sind Auswahl und Ordnung. Er hebt hervor, was seinen Sachsenadligen vertraut war: Herrn und Gefolgschaft in Christus und den Jüngern, Ruhm und Glanz des rex coelestis und den Zwang der Schicksalsverflochtenheit; er rückt zur Seite, was ihnen fremd und unverständlich blieb. Jedoch hat man (seit Vilmar) heroisierend-germanische Züge zuzeiten ungebührlich herausgestrichen. Das Germanische im H. meint den Stil, den *Modus des Erlebens*, nicht das Erlebnis selbst: im Mittelpunkt der Dichtung steht, durch kein fremdes Element überlagert, die Bergpredigt.

Ausg.: J.A.Schmeller, 1830 (von ihm der Titel H.) – Ed.Sievers, (1878) 1935^{2} – O.Behaghel, (1882) 1958^{7} (hg.v. W.Mitzka; Bibliogr.). – Jüngste Lit.: H.deBoor, Die dt. Lit. v. Karl d.Gr. bis zum Beginn d. höf. Dichtung, (1949) 1950^{2} (Lit.) – G.Cordes in: Dt. Philologie im Aufriß, hg.v. W.Stammler, Bd II, 1954, 375–380 (Lit.) – RDL^{2} I, 42ff (Lit.).

P.Wapnewski

Hellenismus

1. Zeitliche Ansetzung und allgemeine Charakteristik – 2. Politische und wirtschaftliche Verhältnisse – 3. Kunst und Dichtung – 4. Philosophie – 5. Religion der hellenistischen Zeit

1. Der H. ist die Kultur der »Alexanderzeit«, als sich griechische Sprache, Sitten, Gebrauchsgegenstände, Kunst, Literatur, Philosophie und Religion im nahen und mittleren Osten verbreiteten, von Makedonien bis Vorderindien, von der Nordküste des Schwarzen Meeres und den Ufern der Donau bis nach Nubien und in die Sahara. Nach der Definition J.G.Droysens, der den Begriff prägte, begann dieses Zeitalter mit der Eroberung des Perserreiches durch → Alexander d.Gr. (331 vChr) und endete – 31 vChr – mit dem Aufstieg des → Imperium Romanum (H.Bengtson will den Anfang bereits auf 360 vChr setzen). In Wirklichkeit ging der H. nie zu Ende. Sein Einfluß drang tief in die ganze römische Welt ein, im Westen wie im Osten, und bestimmte weithin den Gang der Geschichte von → Byzanz, des MA und der → Renaissance. Seine Hauptzüge waren die Verschmelzung und gegenseitige Durchdringung der verschiedenen Kulturen in Berührung mit griechischem Leben und Denken, wobei dieses die Führung innehatte. Im Bereich der Religion spricht man von → Synkretismus. Aber der Einfluß kam nicht nur von einer Seite: hellenische (dh westliche) Sitte, Religion und Denkweise werden umgekehrt auch von Kräften aus dem Orient stark beeinflußt. Dieser Prozeß beschleunigte sich unter der römischen Herrschaft in solchem Ausmaß, daß man bis zum 3. und 4.Jh. die Anzeichen eines alles durchdringenden »Orientalismus« in Religion, Politik, Kunst, Philosophie sowie in der Sprache und Denkweise des Alltags beobachten konnte (→ Antike und Orient). Inzwischen hatte der H. zunächst dem griechisch sprechenden Diasporajudentum (→ Diaspora: I), dann dem → Christentum und schließlich den orientalischen → Mysterien-Kulten und dem Sonnenmonotheismus den Weg nach Westen bereitet (vgl. 5). In der klassischen Zeit war die Religion eine Sache der Stadt gewesen (→ Griechische Religion, → Stadtkult), die ihre eigene heilige Geschichte, ihre Riten und Mythen hatte. Diese wurden nicht abgeschafft, als Alexander Persien eroberte, aber die Lokaltraditionen, Riten und Mythen wurden allmählich mit anderen verbunden, sogar mit denen weit entfernter Völker. Dabei setzte man voraus, daß die griechischen Götter immer und überall dieselben seien und auch in der Gestalt fremder Gottheiten erkannt werden könnten. »Zeus mit den vielen Namen« war eine allumfassende Gottheit (ebenso → Isis, vgl. Apuleius, Metam. XI, 5). Diese Identifikationen hatten sehr große religiöse Bedeutung und führten in Richtung auf den → Monotheismus.

2. *Politisch* war der H. eine Zeit weitreichender Veränderungen. Nach Alexanders Tod (323) wurde einer seiner Generäle, Perdikkas, Herrscher, und vier andere bekamen die Statthalterschaft über Satrapien. Aber zwei Jahre später wurde Perdikkas getötet, und der nun beginnende Kampf um die Macht dauerte bis 301 (Entscheidungsschlacht bei Ipsus). Schließlich zerfiel das Reich Alexanders, das Makedonien, Thrakien, Griechenland und das ganze Gebiet des alten Perserreichs (→ Iran) einschließlich → Ägypten umfaßte, in drei Hauptteile: Demetrius, der Sohn des Antigonus, bemächtigte sich Makedoniens und begründete die Dynastie der Antigoniden; Seleukus riß fast das ganze asiatische Gebiet an sich und schuf die Dynastie der → Seleukiden; Ptolemäus behielt Ägypten, das er als Satrap verwaltet hatte, und gründete die Dynastie der → Ptolemäer. Diese drei Hauptreiche blieben bis zum Angriff der Römer bestehen, die 146 vChr Makedonien und Griechenland, 63 vChr das Reich des Seleukus und 31 vChr Ägypten eroberten. In diesem politischen Rahmen wuchs der Nahe Osten mehr oder weniger zu einer Einheit zusammen. Überall bis in die fernsten Provinzen wurde Griechisch gesprochen, was noch in Ägypten erhaltene Papyri und Inschriften aus dem ganzen Raum des H. bezeugen. Diese Ausbreitung der Sprache – der Koine oder des »allgemeinen« Griechisch des täglichen Lebens – begleitete und begünstigte die weltweite Verbreitung westlicher Güter und Ideen. Das alte Ideal griechischer Demokratie war in den weiten politischen Räumen des 3. und 2.Jh.s nicht verwendbar, bes. nicht unter Alexanders »Nachfolgern«. Doch entstand zugleich das Gefühl einer weltweiten Gemeinschaft, und die scharfe, verächtliche Unterscheidung zwischen Griechen und Barbaren schwand dahin. Die Städte wuchsen an Zahl und Größe infolge des zunehmenden Welthandels; aber der größte Wohlstand fand sich in Gebieten außerhalb Griechenlands, bes. in Kleinasien, Syrien und Ägypten. Aus verschiedenen Gründen nahm die griechische Bevölkerung sogar ab (vgl. Cicero, Ad Fam. IV, 5, 4). – Bankgeschäfte wurden allgemein üblich, und in Italien gab es Kapitalgesellschaften vor allem für die Steuererhebung im Osten, aber auch für Investi-

tionen in Handel und Gewerbe (bes. in der Provinz Asia). Finanzhauptquartier für den Osten war die Insel Delos, die auch den großen Sklavenmarkt hatte. Durch die wirtschaftliche Entwicklung wurden die Reichen reicher und die Armen ärmer, zumal in Italien, wo die freien oder Pachtbauern von den Latifundien vertrieben wurden (vor allem in Kampanien), weil ihr Land an Veteranen verteilt wurde (im 2. und 1.Jh. vChr); so zogen sie nach Rom, wo sie von Regierungsunterstützung lebten (Getreidespende). Das führte verständlicherweise zu Mißständen, denen abzuhelfen Augustus sich vorgenommen hatte und für deren Behebung die späteren Kaiser sich sehr einsetzten, vor allem für die Finanzverwaltung in den Provinzen und den allgemeinen Lebensstandard. Es scheint, daß nach Kaiser Vespasian für ein Jh. in Italien wie im Osten (Ausnahme: Palästina) die Wirtschaft sich vorwiegend aufwärts entwickelte.

3. Beachtlich war die *Kunst* und Baukunst jener Zeit, bes. wegen der Größe der damals hervorgebrachten Werke (zB Zeusaltar von Pergamon, Tempel des olympischen Zeus in Athen, Apollotempel von Didyma, Artemis-[Diana-]Tempel in Ephesus). In vielen Städten wurden Büchereien, Theater, Paläste und Wasserleitungen erbaut; öffentliche Gebäude wurden mit Standbildern, Malereien und Mosaiken geschmückt. Nach der Beschreibung des Pausanias war Athen im 2.Jh. nChr immer noch ein ungeheures Museum religiöser Kunst – trotz seiner Plünderung durch römische Statthalter und die Aufkäufe westlicher Millionäre für ihre Villen in Italien. – In der *Literatur* kam man den Großen der Vergangenheit nicht gleich, aber Dichter wie Theokrit von Sizilien, Apollonius von Rhodus und Kallimachus von Cyrene schufen noch heute beachtenswerte Werke. In der dramatischen Kunst wird die »Neue Komödie« (ohne Chor) am besten durch Menander vertreten, der durch sein Verständnis menschlichen Wesens und Fühlens ein Shakespeare des Altertums genannt werden kann. Historische Schriften wurden damals bekannter und in weiteren Kreisen gelesen als früher, und Polybius hatte den Ehrgeiz, das Werk von Herodot, Thukydides und Xenophon fortzusetzen. Unschätzbar ist sein Bericht über die Zeit von 221–146 vChr. Wissenschaftliche Forschungen betrieb man bes. in der Medizin, Geographie, Mathematik und Astronomie. Aristarch von Samos (Wirkungszeit 280–264 vChr) fand schon das kopernikanische System, doch wurden seine Erkenntnisse in der alten Welt nicht anerkannt. Die experimentierenden Wissenschaften wie auch die Biologie wurden – nach → Aristoteles und Theophrast – erstaunlich vernachlässigt.

4. Wahrhaft schöpferisch aber war das hellenistische Zeitalter in der *Philosophie*. Die alten Schulen wurden fortgesetzt, bes. die von → Plato und Aristoteles (→ Aristotelismus), wiewohl die Philosophie des ersteren immer mehr auf Epistemologie, dh das Erkenntnisproblem, begrenzt wurde (mit entsprechender »akademischer« Unentschiedenheit des Urteils) und die des letzteren auf die Erforschung der Logik. Beide wurden also in steigendem Maße intellektualistisch verstanden, obwohl der religiöse → Platonismus im Untergrund erhalten blieb und schließlich bei den → Neupythagoreern, bei → Philo, den alexandrinischen Kirchenvätern und im → Neuplatonismus wieder auftauchte. Die führenden hellenistischen Schulen waren die Kyniker, die Stoiker und die Epikureer (→ Griechisch-römische Philosophie, → Stoa, → Seneca, → Epiktet, → Markus Aurelius, → Epikur). Diese drei Schulen trugen die echt griechischen Grundsätze weiter: »Nichts im Übermaß!« »Erkenne dich selbst (daß du sterblich bist)!« »Keine Hybris!« (dh keine blinde, unvernünftige Gewalt). Auf ethischem Gebiet leisteten diese Schulen ihren größten Beitrag zum religiösen Leben und Denken des Altertums, doch hat auch ihre Kritik bzw. Deutung des Polytheismus und eine so positive Lehre wie der stoische Gedanke vom Logos oder dem rationalen Prinzip des Alls (vgl. den Zeushymnus des Kleanthes) einen großen, ja wachsenden Einfluß auf die Nachwelt ausgeübt, bes. in den ersten drei Jh.en nChr und bei den Kirchenvätern.

5. Im allgemeinen war die *Religion der hellenistischen Zeit* persönlicher als die der vorangegangenen; das beweisen die sog. → Mysterien-Religionen, obwohl ihre eigentliche Blütezeit erst später liegt (2./3.Jh. nChr). Trotz des Einflusses der Philosophen war beim Volk der Glaube an Dämonen (→ Geister: I) und Übernatürliches (vgl. → Alchemie, → Wunder), der Hang zum Mystischen, ferner → Magie, → Astrologie, → Schicksals-Glaube und auflebender primitiver → Okkultismus weit verbreitet. Helfergötter (→ Asklepios, → Dioskuren, → Herakles, → Heroen) und Göttersöhne (→ Sohn Gottes: I) sowie deren → Orakel-Sprüche (→ Sibyllinen), der → Dualismus, den Persien als fatale Erbschaft vermachte, Transzendentalismus (→ Gnosis: I, → Hermetica) und Asketismus, das Verlangen nach einem → Mittler (: I) zwischen Gott und den Menschen, → Herrscherkult und schließlich eine quasimonotheistische Verehrung der → Sonne, die, im Westen schon lange bekannt, im Osten aufs stärkste betont, in Ost und West von den Severern gefördert wurde – diese Züge religiösen Lebens besaßen in hellenistischer und hellenistisch-römischer Zeit das größte bleibende Interesse und später auch Einfluß. Als sich gegen Ende der hellenistischen Zeit (1.Jh. vChr) – für Italien nach zwei Jh.en endloser auswärtiger und innerer Kriege – die Wogen der internationalen, ja interkontinentalen Kriegszüge legten, kam die alte Welt unter Augustus in einer Art von politischem, sozialem, geistigem und religiösem Gleichgewicht zur Ruhe. Endlich war der Friede eingekehrt und mit ihm die Verheißung von Wohlstand, wie es die Inschriften zu Ehren des Augustus in Priene und Halikarnass (vgl. Grant, Ancient Roman Religion 173 ff), → Vergils 4. Ekloge und Lk 2, 1–20 zeigen. Das war das Ende eines Zeitalters und der Anfang eines neuen; obgleich die Veränderung langsam vor sich ging, war sie unvermeidlich und voll reicher Verheißungen für die Nachwelt.

J.G.DROYSEN, Gesch. Alexanders d.Gr., 1833/34 – DERS., Gesch. des H. I. II, 1836/43 (alle 3 Bde 1877/78² als »Gesch. des H.«; Neuausg.v. E.BAYER, 1952/53) – J.KAERST, Gesch. des H. I, (1901) 1926³; II, (1909) 1927² – P.WENDLAND, Die hellenist.-röm. Kultur in ihren Beziehungen zu Judentum u. Christentum (HNT I/2), (1907) 1912²·³ – Cambridge Ancient History VI–X, ed. S.A.COOK, F.E.ADCOCK, M.P.CHARLESWORTH, Cambridge 1927–34 (Lit.) – W.W.TARN, Hellenistic Civilisation, London (1927) 1952³ – H.GRESSMANN, Die oriental. Religionen im hellenist.-röm. Zeitalter, 1930 – WM II – W.NESTLE, Griech. Religiosität III, 1934 – K.PRÜMM, Religionsgeschichtl. Hdb. für den Raum der altchristl. Welt, (1943) Rom 1954 – H.BENGTSON, Griech. Gesch. von den Anfängen bis in die röm. Kaiserzeit (HAW III/4), 1950 (Lit.) – S.LIEBERMAN, H. in Jewish Palestine (Texts and Studies of the Jewish Theol. Sem. of America 18), New York 1950 – M.P.NILSSON, Gesch. der griech. Religion II: Die hellenist. u. röm. Zeit (HAW V/2), 1950 – F.C.GRANT, Hellenistic Religions, New York 1953 (Lit.) – DERS., Ancient Roman Religion, ebd 1957 (Lit.) – C.SCHNEIDER, Geistesgesch. des antiken Christentums, 2 Bde, 1954 – E.KIESSLING (Hg.), Der H. in der dt. Forschung 1938–1948, 1956.

F.C.Grant

Hellmund, *Egidius Günther* (1678–1749), pietistischer Theologe, Schüler und Freund A.H. → Franckes, * in Nordhausen, studierte in Jena und Halle, seit 1701 Feldprediger in Süddeutschland, 1707 Pfarradjunkt in Berka (Werra), 1708 Pfarrer in Daaden (Westerwald), 1711 in Wetzlar, 1721 Hofprediger und Inspektor in Wiesbaden. In Wetzlar wurde er durch orthodoxe Amtsbrüder in heftige Kämpfe wegen Vergehens gegen das Konventikelverbot verwickelt. Die Berufung nach Wiesbaden bot ihm die Möglichkeit zu umfassender volkskirchlicher Betätigung im pietistischen Sinne (u.a. begründete er ein Waisenhaus mit Lehrerbildung und Armenfürsorge). Bes. bemühte er sich auch um ein volkstümlich-pietistisches Lutherbild (»Das Leben des Mannes Gottes Martin Luther«, 1730; »Lutherus purificatus«, 1730) und um die Einheit der Christen aller Bekenntnisse (»Der Enthusiast und Syncretist«, 1720).

Teil-Autobiogr.: Wetzlarisches Andenken, 1726. - Über H.: A. Wilhelmi in: Nachr. über die allg. Waisenpflege im Herzogtum Nassau, 1837, 1ff; 1838, 1ff - M.Goebel, Gesch. d. christl. Lebens in d. rheinisch-westfäl. ev. Kirche II, 1852, 656ff (unvollst.) - C.H.Firnhaber, D. nassauische Simultanvolksschule I, 1881, 94f - L.Conrady, E.G.H., Wiesbadener ev. Prediger (Nassauische Annalen 41, 1912, 182-324) - M.Schmidt, Der Pietismus u. die Einheit der Kirche (in Vorb.). *M.Schmidt*

Hello, *Ernest* (4.11.1828 bis 15.4.1885), * und † in Lorient, kath. Laienschriftsteller, ursprünglich Jurist, dann von den Zeitgenossen wenig beachteter Publizist. Sein erst im 20.Jh. zur Auswirkung kommendes Schaffen stellt eine eigentümliche Verbindung kath. Apologetik mit geistigem Integralismus und tiefer religiöser Mystik dar.

Vf. u.a.: Physiognomies des Saints, 1858 (dt. [1934] 1953³); M. Renan, l'Allemagne et l'athéisme au XIXᵉ siècle, 1858; Le style, 1861; M.Renan et la vie de Jésus, 1863; L'homme, 1872 (dt. 1935; in Auswahl: »Untugenden«, 1957); Les paroles de Dieu, 1877 (dt. [1935] 1950², Nachwort v. K.Pfleger); Contes extraordinaires, 1879 (dt. [1929] 1951); Du Néant à Dieu, 2 Bde, 1921; Regards et Lumières, 1928; Übers.en von Mystikern, zB Ruysbroeck, Angela v. Foligno. - Dt. Auswahl (»Mensch u. Mysterium«) v. W.Reinermann, 1949. - Über H.: J.Serre, E.H., 1895 - R.Martineau, Léon Bloy, E.H., 1901 - L.Danel, H. et son oeuvre, 1905 - H.Bahr in: Hochland 24, 1926/27, 675-680 - Abbé Cauwas, E.H., 1937 - S.Fumet, E.H., 1945 - M.Angwerd, L'oeuvre de E.H., 1947 - Catholicisme V, 592 ff. *K.G.Steck*

Helmbold, *Ludwig* (1532-98), * Mühlhausen (Thür.), wurde aus Erfurt nach längerer Wirksamkeit am Pädagogium und an der Universität 1570 wohl durch kath. Einfluß verdrängt, war dann in Mühlhausen zuerst Diakonus, 1586 Sup. - H. war als formgewandter Humanist ein Dichter, dessen lateinische Schulpoesie, vorwiegend geistlichen und moralischen Inhalts, durch die Vertonungen Joachims a Burgk und zT Joh. → Eccards schnell berühmt wurde. Unter seinen deutschen Dichtungen ragt sein Vertrauenslied »Von Gott will ich nicht lassen« (1563) noch hervor, Zeugnis eines Vorsehungsglaubens, dessen Gewißheit sich auf Christus, die Gabe aller Gaben, gründet. Auch das ähnlich christozentrisch geprägte Danklied »Nun laßt uns Gott dem Herren« blieb bis heute lebendig.

Lat. Texte in Auswahl bei Ph.Wackernagel, D. dt. Kirchenlied I, 1864, Nr. 552ff; dt.Texte ebd IV, 1874, Nr. 903ff. - RGG² II, 1788 - EKL I, 106f - Hdb. z. EKG II/1, 1957, 100f. *M.Doerne*

Helmold († nach 1177), Pfarrer zu *Bosau* am Plöner See, verfaßte ca 1167-72 eine Cronica Slavorum, die eine anschauliche und zuverlässige Schilderung der Christianisierung und Eindeutschung der Gebiete östlich der unteren Elbe, insbesondere Ostholsteins, gibt. Sie ist auch eine der wichtigsten Quellen zur Geschichte Heinrichs des Löwen.

Ausg.n: MG SS XXI, 1ff; v. B.Schmeidler in: MG SS in usum schol., (1909) 1937³. - Übers.: Ders. in: Geschichtschreiber der dt. Vorzeit, 1910³. - Ders., Über die Glaubwürdigkeit H.s u. die Interpretation u. Beurteilung mittelalterl. Geschichtschreiber (NA 50, 1933, 320-387) - VerfLex II, 1934, 389ff (Lit.). *K.Jordan*

Helmont, *Johann Baptist van* (1577-1644), bedeutender Arzt, Naturwissenschaftler, Philosoph und Mystiker an der Wende zwischen dem ausgehenden »magischen« Denken des MA (Magia naturalis) und dem Rationalismus der frühen Aufklärung. * in Brüssel, Studium in Löwen, anschließend Reisen durch Deutschland, England und Italien; seit 1605 wirkte er als Gelehrter und Arzt in Vilvorden bei Brüssel. In seiner Frühzeit war H. ein begeisterter Anhänger des → Paracelsus, dessen religiöse Gefühlsinnigkeit, außerkirchliche Tendenz und naturphilosophische Spekulation er teilte; später treten jedoch an die Stelle des Seherischen ein tiefer Skeptizismus und die nüchterne Darlegung rein wissenschaftlicher Feststellungen. Obwohl sich H. stets als Katholik bekannte, war er wegen seines Kampfes gegen die herkömmliche Schultheologie und seiner eigenwilligen, reformatorischen Ideen den ständigen Verfolgungen der → Inquisition ausgesetzt; 1624 erfolgte die erste Anklage, 1636-38 stand er unter Hausarrest. Seine Verbindung zu den → Rosenkreutzern ist nicht erwiesen. - H., der seine Gedanken nicht systematisch vorträgt, betrachtete sich als Generalreformator von Naturwissenschaft, Philosophie und Mystik. Frömmigkeit und naturwissenschaftliches Denken, Gottes- und Menschenlehre stehen für ihn in einem unlösbaren Wechselverhältnis. Eine geheime → Sympathie fesselt das Einzelne untereinander und mit dem Allgemeinen. Trotz vieler pantheistischer Anlehnungen vertritt H. eine offenbarungsgläubige Lehre und trennt scharf zwischen Gott, der wahren essentia der Dinge, und dem esse, dem Sein der Dinge. Welt und Mensch sind von der Absicht eines persönlichen Schöpfers getragen. Einfluß des → Neuplatonismus zeigt seine Lehre von den Teilkräften und Abstufungen. Als Emanation Gottes bildet der »Geist« (mens) die unsterbliche, unkörperliche Substanz im Menschen; seine Aufgabe besteht allein in der auf die letztgültige Wahrheit gerichteten Schau (amor intellectualis). Seit dem Sündenfall ist aber die mens durch die Wirkung der »Seele« (anima sensitiva) getrübt und in ihrer Erkenntnis gehemmt. Die anima ist sterblich und repräsentiert das physische Leben; sie ist Trägerin des Geschlechts- und Rassetypus und ermöglicht erst das Erfassen der Realitäten (sensus et obiecti cognitio). Als Ursache der sinnlichen Wahrnehmungen und der Phantasie lenkt sie die Vernunft (ratio), deren Gegenstände nicht die Wahrheit, sondern Probleme und Meinungen sind. Der anima unterworfen ist der im Samen beschlossene »Werkmeister« (Archeus influus) als organisierendes Prinzip, als bewegendes Etwas im Körper; ihm wiederum gehorchen die einzelnen Archei insiti, die jedem Körperorgan seine spezifische Funktion verleihen; neben dem Körper sind sie die materiellsten Grundteile des Menschen (»vegetative Seelen«). - Den Forscher H. schützt sein Glaube vor einer einseitigen Bewertung seiner empirisch gefundenen Ergebnisse. In der Medizin vertritt H. einen dynamisch-vitalistischen Extremismus. Krankheit entsteht durch Einwirkung von abnormen Ideen (ideae morbosae) der anima; sie ist keine Privation oder Negation, sondern ein »ens vere subsistens in corpore« (ontologisch-immaterielle Krankheitsauffassung). H.s Entdeckungen auf den Gebieten der Psychologie, Physiologie und Chemie (er prägte das Wort »Gas«) weisen weit in die Zukunft.

Hauptwerk: Ortus medicinae, Amsterdam 1648; dt. Übers. v. Chr.Knorr v. Rosenroth: Aufgang der Artzneykunst, 1683. - Über H.: F.Giesecke, Die Mystik J.B.v.H.s (Diss. Erlangen), 1908 - W.Pagel, J.B.v.H. Eine Einführung in die philosoph. Medizin des Barock, 1930. *H.Seifert*

Helmstedt, *Universität,* entstanden aus dem 1571 von Herzog Julius von → Braunschweig in Gandersheim errichteten Pädagogium, das 1574 nach H. verlegt und 1576 mit kaiserlichem Privileg zur Universität erhoben wurde.

Die Universität erhielt zunächst 21 Lehrstühle, darunter 4 theologische. Die Professoren wurden auf die Form der reinen Lehre verpflichtet, wie sie in der Kirchenordnung von 1569 niedergelegt war. Die Einhaltung dieser Vorschriften überwachte das Konsistorium durch regelmäßige Visitationen. So nimmt es nicht wunder, daß Männer ersten Ranges wie Martin → Chemnitz und David → Chyträus wohl dem Herzog bei der Errichtung der Universität halfen, für ihre eigene Person aber die Annahme eines Lehrstuhles ablehnten. Die ersten namhaften Theologieprofessoren waren aufrechte Orthodoxe: Timotheus → Kirchner (1576-79 in H.), Tilemann → Heßhus (1579-88), Daniel → Hoffmann (1579 bis 1611), Basilius Sattler (1581-86). - Die streng luth. Lehrweise erhielt einen ersten Stoß, als Herzog Julius 1583 von dem Einigungswerk der Konkordie zurücktrat und H. dadurch unter den luth. Universitäten eine Sonderstellung (Ubiquität) bekam. Einschneidender war, daß der neue Herzog Heinrich Julius gegenüber den Orthodoxen einer humanistischen Richtung den Vorzug gab. 1589 berief er den berühmten Humanisten Joh. → Caselius (1589-1613 in H.) in die philosophische Fakultät, die nun das Hauptgewicht erhielt. 1591 trat der gleichgesinnte Cornelius → Martini (1592-1621 in H.) als Prof. für Logik hinzu. Für ein Jahr war auch Giordano → Bruno als Privatgelehrter in H. tätig. Die Universität blühte auf; 1616-19 erreichte die Zahl der Immatrikulierten ein nie wieder erzieltes Höchstmaß. Spannungen zwischen den Aristotelikern der philosophischen Fakultät und den Theologen, die sich der Dialektik des Petrus → Ramus bedienten, waren unvermeidlich. 1597 griff der Herzog ein, indem er den Ramismus verbot. Erst 1603 konnte das Konsistorium die Aufhebung dieses Verbotes erwirken. - Am klarsten hat Georg → Calixt (1614-56 in H.) den Geist der H.er Hochschule verkörpert. Daß er von einer humanistischen Grundkonzeption her neben dem Glauben bes. die Wichtigkeit der Werke betonte, brachte ihm den Vorwurf calvinistischer Tendenzen und der Universität den ersten heftigen Streit mit den luth. Pastoren Hannovers ein. Folgenschwerer waren Calixts Teilnahme am Thorner Religionsgespräch (1645) und der anschließende → synkretistische Streit. H. stand isoliert den übrigen luth. Universitäten Wittenberg, Jena, Leipzig und Gießen gegenüber. Zu dem Dissens in der Ubiquitätsfrage war ein neuer hinzugetreten. Der offiziellen Ablehnung zum Trotz wirkten Calixts Gedanken sich aus, nicht zuletzt, weil er sich in den Pest- und Besatzungszeiten des Krieges um die Universität sehr verdient gemacht hatte. Ein Katechismus seines Schülers Justus → Gesenius wurde im Fürstentum Kalenberg eingeführt. Den Aufgeklärten (zB → Leibniz) galt H. als Vorbild fortschrittlicher Toleranz. - Nach dem Kriege stellte Herzog August die Universität wieder her und erkannte 1650 den Calixtinismus an. In der theologischen Fakultät wirkte der weniger originelle Friedr. Ulrich Calixt (1650-1701 in H.) weiter in den Bahnen des Vaters. Glieder der Gelehrtenfamilie Meibom setzten in der philosophischen Fakultät die humanistische Tradition fort. Viel verdankt H. dem universal gebildeten Herm. → Conring (1632-81 in H.), der als erster zur Bearbeitung der germanisch-deutschen Rechtsüberlieferung aufrief. Dem Orientalisten Herm.v.d. → Hardt (1690-1724 in H.) wurde 1712 wegen seiner natürlichen Wundererklärung die Abhaltung von Vorlesungen untersagt. J.L. → Mosheim (1723-47 in H.) wurde durch seine Arbeiten zur KG und Dogmatik, aber auch als Prediger berühmt. - Inzwischen aber kamen die neugegründeten Universitäten → Halle (1693) und → Göttingen (1737) immer mehr empor. Überdies ließ der Wolfenbütteler Hof 1745 in → Braunschweig (, 6) eine hochschulähnliche Anstalt, das Collegium Carolinum, gründen. Im selben Jahr stellte Hannover seine Zahlungen zur Erhaltung der Universität H. ein. Mosheim ging 1747 nach Göttingen. Der Besuch von H. hatte so nachgelassen, daß Herzog Karl I. sich 1745 zu verschiedenen Verbesserungen entschloß (»Julia Carolina«). Versuche, H. durch Berufung namhafter Gelehrter (1794 → Kant) wieder aufzuhelfen, schlugen zumeist fehl. In der Theologie ging es dem → Rationalismus entgegen, woran auch ein Orthodoxer wie J.B. → Carpzov († 1803) nichts änderte: Joh. Ernst Schubert (1764-74 in H.) war Wolffianer; Wilh.Abr. → Teller (1761-67) schwenkte zur Neologie (→ Aufklärung: III, 3b) ein, und H.Ph.K. → Henke (1777-1809) vertrat den vollen Rationalismus. An bedeutenden Juristen wirkten in H. Joh.Friedr. Eisenhart (1746-83) und Franz Häberlin (1748-87). Lorenz Heister war der bedeutendste Anatom seiner Zeit (1719-58). Am 10.12.1809 verfügte die westfälische Regierung in Kassel die Schließung der Universität H. Wertvolle Teile der Bibliothek gelangten nach Göttingen.

E.L.TH.HENKE, Die Univ. H. im 16.Jh. (G.Calixtus u. seine Zeit I), 1833 - P.ZIMMERMANN, Kants Berufung nach H. (Braunschw. Magazin 2, 1896, 172-175) - DERS., Zur Gesch. der Univ. H. i.J. 1747 (ebd 20, 1914, 101-107) - DERS., G.W.Leibniz u. die theol. Fakultät der Univ. H. i.J. 1694 (ebd 22, 1916, 126f) - DERS., Album academiae Helmstadiensis I/1 (1574-1636), 1926 - ERMAN-HORN II, 451ff - H.HOFMEISTER, Die Univ. H. zZ des 30jähr. Krieges (Zs. des hist. Vereins für Niedersachsen 1907, 241-277) - J.BARTELS, H. u. seine Univ. (Braunschw. Magazin 16, 1910, 77-85) - H.DEICHERT, Die akad. Freiheit in H. während des 16. u. 17.Jh.s (Hannov. Geschichtsblätter 13, 1910, 257-277) - F.HÄBERLIN, Die Gründung der Univ. H. u. der weitere Verlauf ihrer Gesch., 1927 - R.DU MOULIN-ECKART, Gesch. der dt. Universitäten, 1929, 225ff. - Weitere Lit. s. RGG³ II, 1792.

H.Reller

Helsinki (*Helsingfors*), *Universität.* Die finnische Staatsuniversität H. ist Nachfolgerin der Åbo Akademi (→ Åbo) und wurde am 1.10.1828 in der neuen Hauptstadt eröffnet. Das Universitätsgebäude (von C.L.Engel) wurde 1832 eingeweiht. Zu einer Zeit, in der die politische Vereinigung mit Rußland zeitweise einen reaktionären Druck auf das nationale und kulturelle Leben Finnlands ausübte (→ Finnland: I, 3), hatten die patriotischen Bestrebungen an der Universität H. ihren eigentlichen Sitz. Lehrer der Universität, die zur Blüte der nationalen Kultur während der russischen Herrschaft beigetragen haben, waren u.a. die Dichter J.L.Runeberg und Z. → Topelius, ferner der Herausgeber des finnischen Nationalepos Kalevala, E.Lönnrot, und der Staatsphilosoph und Hegelschüler J.W.Snellman. Hervorragende Gelehrte waren auch der Rechtswissenschaftler J.J.Nordström, der erste Prof. der finnischen Sprache M.A.Castrén und der bahnbrechende Historiker Y.S. Yrjö-Koskinen. - In der theologischen Fakultät wurde erst um die Mitte des 19.Jh.s ein Aufschwung spürbar. Führend war damals der Prof. für praktische Theologie F.L. → Schauman, der als Urheber des Kirchengesetzes von 1869 die kirchenrechtliche Entwicklung Finnlands bis zur Gegenwart bestimmt hat. Erstaunlich stark hat sich in H. der Einfluß von J.T. → Beck geltend gemacht (→ Finnland: II, 2). Im Geiste seines Biblizismus lehrten bes. der Exeget A.W.Ingman und der Systematiker G. Johansson. Für diese und andere (zB C.G.v.Essen, später A.J. → Pietilä) ist die enge Beziehung zu den volkstümlichen Erweckungsbewegungen kennzeichnend. Mehr in Verbindung mit den Strömungen der kontinentalen ev. Theologie standen die Systematiker A.F.Granfelt und G.G.Rosenqvist. - An der Universität H. sind zZ 199 Professoren und ca 260 Dozenten tätig, davon in der theologischen Fakultät 9 bzw. 5. Die Zahl der Studenten beträgt rd 10000, davon ca 300 Theologen. Der

Unterricht wird meist auf Finnisch erteilt; 23 ordentliche Professoren lesen auf Schwedisch, keiner von diesen in der theologischen Fakultät.

E.Kaila, Die finn. Staatsuniversität durch 300 Jahre, 1940 - I.A. Heikel, Helsingfors universitet 1640-1940, 1940 - G.Sentzke, Die Theol. J.T.Becks u. ihr Einfluß in Finnland II, 1957. *H.Nyman*

Helt, 1. *Georg,* * ca 1485 in Forchheim/Oberfr., † 1545 in Dessau. H. studierte seit 1501 Artes (1505 Mag.) und Theologie in Leipzig und war dort seit 1518 Mentor des Fürsten → Georg III. von Anhalt, mit dem ihn dann als dessen Berater engste Freundschaft verband. H. nahm 1537 auch am Bundestag zu Schmalkalden teil, wo er am 22.2. - obwohl kein Geistlicher - als Vertreter der Geistlichkeit von Anhalt-Dessau → Melanchthons Tractatus de potestate Papae und die → Schmalkaldischen Artikel unterzeichnete. Während seiner Aufenthalte in Wittenberg (1532-35, 1541-42, 1543-44) führte er ein für die Kenntnis der dortigen Predigttätigkeit wertvolles Predigttagebuch.

O.Clemen, G.H.s Briefwechsel, 1907 - Ders. in: Mitt.en des Vereins für Anhalt. Gesch. u. Altertumskunde 13, II, 1919, 1-6 - G.Buchwald in: ARG 17, 1919, 92-104. 183-208. 241-276 - ADB XI, 713 - RGG² II, 1792f. *H.Volz*

2. H. (Helth, ung. Heltai), *Caspar* (ca 1500-74), Reformator und Buchdrucker in Klausenburg (→ Siebenbürgen), wo er nach Studien in Wittenberg (1543) bis 1557 Stadtpfarrer war. Von weichem Charakter, gab H., nach Streit mit dem Stadtrat, die Pfarre an den mitreißenderen → Davidis ab, dem er später auch zum Calvinismus und Unitarismus folgte. Als Siebenbürger Sachse (* in Heltau?) scheute H. die in Klausenburg aufbrechenden nationalen Zwiste und zog sich auf seine ungemein fruchtbare, für das ung. Schrifttum bahnbrechende literarische und verlegerische Tätigkeit zurück. Von ihm stammen u.a. eine ung. Bibelübersetzung, Katechismen (dt. und ung.), ung. (Nach-) Dichtungen, geschichtliche und theologische Arbeiten.

Bibliogr. bei Trausch-Schuller II, 101ff; III, 580; IV, 181ff. - Über H.: ADB XI, 711 - A.Schullerus in: AVSL NF 41, Hermannstadt 1923, 229-232 u.ö. (Lit.) - Ung. Lit.-Lexikon, Budapest 1926, 345f (ung. Lit.) - I.Révész, Ung. ref. KG I, Budapest 1938, 85ff u. ö. (ung.) - E.Roth, Die Reformation in Siebenbürgen II (Theol. Habil.-Schrift Göttingen), 1944 (Masch.). *P.Philippi*

Helvidius, Laie, schrieb in Rom (ca 385) unter Berufung auf das NT, → Tertullian und → Viktorin von Pettau gegen das → Mönchtum (: II) und die Überbewertung der Ehelosigkeit. Maria habe nach Jesu Geburt in ehelicher Gemeinschaft gelebt. Diese Schrift ist nur durch die Gegenschrift des → Hieronymus bekannt (MPL 23, 181ff). Augustin (MPL 42, 46) identifiziert die Helvidiani zu Unrecht mit den Antidicomarianiten des → Epiphanius. Biographische Angaben bei → Gennadius (MPL 58, 1077).

W.Haller, Jovinianus, 1897 - RE VII, 654f - J.Niessen, D. Mariologie des hl. Hieronymus (Theol. Diss. Münster), 1903 - LThK IV, 955. *W.Delius*

Hélyot, *Pierre* (1660-1716), Ordensname: Hippolyte, * und † Paris, Priester im (regulierten) Drittorden der Franziskaner, verfaßte Erbauungsschriften (Idées d'un chrétien mourant, Paris 1695) und die »Histoire des ordres monastiques, religieux et militaires et des congrégations séculières« (5 Bde, Paris 1714-19). Dieses gründliche Werk (mit 811 Bildern von Ordenstrachten) war sehr beliebt und in mehreren Auflagen und Übersetzungen auch in Italien, Polen und Deutschland verbreitet, (zuletzt hg.v. J.P.Migne, 1847-59). Eine gleichwertige Fortsetzung fehlt.

HN IV, 903f - DThC VI, 2144ff - LThK IV, 955f. *H.Liebing*

Hemmerli, *Felix* (1388-1458), aus wohlhabender Zürcherfamilie, studierte in Erfurt und Bologna, wo er 1424 zum doctor docens des kanonischen Rechtes promovierte. Chorherr in Zürich, Propst zu St.Ursus in Solothurn, Pfründeninhaber zu Zofingen, bekämpfte er dennoch den Pfründenschacher. Er nahm an den → Reformkonzilen von Konstanz und Basel teil, trat für Beschränkung der Festtage und Aufhebung des Zölibates ein und geißelte die Bettelei, auch die kirchliche, sowie die Sittenlosigkeit des Klerus. Daneben blieb er dem kirchlichen Dogma treu, hielt am Aberglauben fest (Maikäferbann), förderte den Reliquiendienst, aber auch als Kantor Kirchengesang und -musik. Dem Adel galt seine größte Verehrung (Hauptwerk: Dialogus de nobilitate ac rusticitate), seine Schmähungen den mit seiner Vaterstadt im Streit liegenden Schwyzern. Bei einem Versöhnungsfest nahmen diese 1454 H. gefangen und lieferten ihn dem Bischof nach Konstanz aus. Wohl bis zum Lebensende blieb H. in Haft in Luzern.

RE VII, 656ff - HBLS IV, 181 - VerfLex II, 395ff; V, 370 - H. Walser, Meister H. u. seine Zeit, 1940. *O.E.Straßer*

Hemmingsen, *Niels* (1513-1600), berühmter dänischer Theologe, * auf der Insel Lolland. Nach dem Studium in Wittenberg (1537-42) bei → Melanchthon wird H. in Kopenhagen Prof. für Griechisch, dann für Dialektik und 1553 für Theologie. Bald nimmt er eine hervorragende Stellung an der Universität und in der ganzen dänischen Kirche ein. Sein vielseitiges Schrifttum umfaßt Exegese, Dogmatik, Ethik und Pastoraltheologie und wird auch außerhalb → Dänemarks (: I, 2) stark beachtet. Außerdem erwirbt er sich bedeutende Verdienste um das Schulwesen. Im Auftrag Christians III. (1534-59) verfaßt er 1557 eine streng luth. → Bekenntnisschrift (, 2d) über die Abendmahlslehre, die für alle Professoren verbindlich wird. Von H. stammen auch die 25 Religionsartikel (Fremdenartikel) von 1569, die alle Ausländer bei ihrer Niederlassung in Dänemark unterschreiben mußten. Während der Abendmahlsstreitigkeiten auf Grund seines »Syntagma« als Kryptocalvinist angegriffen, wurde er 1579 von seiner Professur entfernt und lebte seitdem von einem Kanonikat in Roskilde.

Vf. bes.: Enchiridion theologicum, 1557; De lege naturae, 1562; Syntagma institutionum Christianarum, 1574. - Über H.: Dansk Biografisk Leksikon X, 1937, 52ff - K.Barnekow, N.H.s teologiska åskådning (Theol. Diss. Lund), 1940 - J.O.Andersen, Om N.H.s teologi (KÅ 41, Uppsala 1942, 108-131) - E.Munch Madsen, Om Forholdet mellem N.H.s Enchiridion theologicum og Melanchtons Loci Communes (DTT 5, 1942, 137-151. 215-232) - Nordisk Teologisk Leksikon I, 1952, 1294ff. *W.Göbell*

Hemsterhuis, *Franciscus* (27.12.1721 bis 7.7.1790), niederländischer Philosoph, * als Sohn des Gräzisten Tiberius H. in Franeker, nach Studium in Leiden zeitweilig Ingenieur, 1755 Sekretär beim Staatsrat in den Haag, seit 1775 mit der Fürstin A.v. → Gallitzin befreundet, † in den Haag. H.' Bedeutung liegt weniger in einem eigenständigen Denken als in den geistigen Anregungen, die von ihm ausgingen und zur Überwindung der Aufklärung beitrugen. → Newton, → Shaftesbury (, 1) und → Locke haben ihn beeinflußt, Sokrates und Plato sind seine Vorbilder (»Je suis né Grec«). H. vertritt einen pantheistischen Neuplatonismus, dessen Erkenntnisgrund das »organe moral« ist. Mit seinen zumeist in der Form platonischer Dialoge verfaßten Schriften gehört er in die geistige Strömung des Irrationalismus und der → Empfindsamkeit (, 4b) und wirkte vor allem auf den deutschen → Sturm und Drang und die frühe → Romantik (: II). → Herder, → Jacobi, → Novalis, die Brüder → Schlegel u.a. haben ihn hoch geschätzt.

Oeuvres philosophiques, hg.v. L.S.P.MEYBOOM, 3 Bde, Leuwarde 1846-50 (mit Biogr.); dt. Ausg.: Vermischte Philos. Schriften, 3 Bde, 1782-97; Philos. Schriften, hg.v. J.HILSS, 2 Bde, 1912. - Über H.: F.BULLE, F.H. u. der dt. Irrationalismus des 18.Jh.s (Diss. Jena), 1911 (Bibliogr.) - E.BOULAN, F.H., le socrate Hollandais, Groningue-Paris 1924 - L.BRUMMEL, F.H., een Philosofenleven, Haarlem 1925 - H.LÜTZELER, Novalis u. H. (Neue Jahrbücher f. Wissenschaft u. Jugendbildung 1, 1925, 212-221) - J.E.PORITZKY, F.H., seine Philosophie u. ihr Einfluß auf die dt. Romantiker, 1926 - D.BAUMGARDT, Der Kampf um den Lebenssinn, 1933, 256ff - O.WALZEL, Romantisches, 1934, 93ff - J. u. A.ROMEIN, Erflaters van onze beschaving, Amsterdam (1938) 1956[7], 493ff - P.BRACHIN, H.' Beziehungen zum Gallitzinkreis (Pariser Universitätswoche an der Ludwig-Maximilians-Universität zu München, 1955, 203-216). *M.Rohkrämer*

Henderson, 1. *Alexander* (1583[?]-1646), schottischer Theologe, studierte seit 1599 in St.Salvator's College in St.Andrews, 1610 ebd Dozent für Rhetorik und Philosophie. 1612 als strenger Vertreter des bischöflichen Prinzips der presbyterianischen Gemeinde Leuchars aufgenötigt, wurde er dort zum Presbyterianismus bekehrt. In dem Widerstand → Schottlands (: I) gegen die von → Laud aufgezwungene anglikanische Liturgie wurde H. seit 1638 der Führer. Seit 1639 Pfarrer in Edinburgh, seit 1640 Rektor der dortigen Universität, spielte er in der → Westminstersynode (1643-47) eine entscheidende Rolle.

J.AITON, Life and Times of A.H., 1836 - TH.MCCRIE, Miscellaneous Writings, 1846 (darin: Life of A.H.) - RE VII, 662ff - DNB (Neudr. 1949/50) IX, 390ff. *M.Schmidt*

2. *Ebenezer* (1784-1858), schottischer kongregationalistischer Geistlicher, Missionar und theologischer Lehrer, wurde 1803-05 in Edinburgh an R. → Haldanes Seminar ausgebildet und zusammen mit J.Paterson für die indische Mission bestimmt. Durch die East India Company an der Einreise verhindert, reisten beide nach Dänemark, um in dessen indische Kolonien zu gehen. H. predigte dann aber in Skandinavien, Lappland, Finnland, Rußland und Island. Er arbeitete für die British and Foreign Bible Society (→ Bibelgesellschaften, 1a). 1825 wurde er nach D.Bogues Tode theologischer Lehrer an der Gosport Missionary Academy, 1826-30 am Hoxton College, 1830-50 am Highbury College, 1852/53 auch Geistlicher in Mortlake.

Vf. u.a.: Iceland or a Journal of a residence in that Island, 1818; Biblical Travels and Researches in Russia, 1826; Divine Inspiration, (1836) 1852[2]; The Vaudois, 1845; Übers.en u. Kommentare zu at. Propheten, 1840-57. - Über H.: TH.S.HENDERSON, Memoir of E.H., 1859 - Congreg. Year Book, 1859, 200 - DNB XXV, 397f - W. CANTON, History of the British and Foreign Bible Soc. I, 1904, 164ff. 200ff. 390ff. *W.G.Robinson*

Hengstenberg, *Ernst Wilhelm* (20.10.1802 bis 28.5. 1869), * in Fröndenberg (Grafschaft Mark) als Sohn des ref. Pfarrers Karl H., † in Berlin. Zunächst vom Vater unterrichtet, studierte er in Bonn klassische und orientalische Philologie und daneben auch Philosophie und Theologie. 1823/24 war er in Basel bei J.J.Stähelin als Lehrer für Arabisch. 1824 habilitierte er sich an der philosophischen Fakultät Berlin, wurde 1825 Lic. theol. und lehrte seit 1826 als Theologie-Prof. in → Berlin (, 2). - Vom Elternhaus her kannte H. nur ein »humanistisches und doch zur Union geneigtes Christentum« (Kahnis). In Basel kam er in Berührung mit der → Christentumsgesellschaft und vertiefte seine theologischen Studien (bes. an Calvin und Melanchthon). Es erfolgte eine Abwendung von der Philosophie zu »etwas Höherem« und eine gewisse »Wendung nach rechts«; doch stand er am Ende der Basler Zeit noch »zwischen den Parteien« (Lenz). In Berlin bald in die Kreise der Erweckungschristen eingeführt, ließ er sich bereitwillig in das erweckliche und bibelgläubige Gefühlschristentum hineinziehen und übernahm dessen Terminologie, Ansichten und Gewohnheiten. - H.s hauptsächliche Bedeutung liegt in seiner Wirkung als Herausgeber der Ev. Kirchen-Zeitung (1.7.1827 bis zu seinem Tod). Aus der Berliner → Erweckungsbewegung hervorgegangene adlige Laien wollten ihren religiösen Erlebnissen und Erfahrungen, die sie als objektive Wahrheiten erkannt zu haben meinten und von einer wirklich oder vermeintlich rationalistischen und ungläubigen Umgebung allerorten bedroht sahen, ein Organ geben, das der Zeit entsprach und zugleich der Verteidigung dieser Wahrheiten und zur Sammlung Gleichgesinnter in- und außerhalb Deutschlands dienen sollte. Mit seiner Ev. Kirchen-Zeitung übernahm H. dieses Programm und führte es mit Geschick und Eifer, weder Mühe noch Mittel scheuend, Freund und Feind nicht schonend, durch. Er wurde der Führer einer in Kirche und Staat einflußreichen »Partei«. H.s Kampf galt dem → Rationalismus (: II) in allen seinen Erscheinungsformen und Vertretern (W. → Gesenius, → Wegscheider, Hallischer Streit 1830), → Schleiermacher, → Hegel, D.Fr. → Strauß und der → Vermittlungstheologie (Generalsynode 1846). So führte der Weg H.s und der Partei vom Erweckungschristentum über die Verteidigung der → Union zu einem luth. → Konfessionalismus (der die Gleichsetzung technischer Formeln und der »reinen Lehre« mit dem alten Evangelium bedeutete). Mit der orthodoxen Verfestigung des »gläubigen« und konfessionell-theologischen Standpunktes (auch in der Kritik an der Literatur und naturwissenschaftlichen Forschung) ging die kirchenpolitische Ausgestaltung einer sog. »Thron-und-Altar«-Theologie Hand in Hand. Auch in seinen umfangreichen exegetischen Arbeiten bekämpfte H. mit seiner »Repristinationstheologie« den Rationalismus, wobei er der historischen Kritik, wie seine Gegner sagten, mit »advokatischen Künsten« begegnen wollte. Auch seine Kommentare und Monographien sollten dem »Kirchenthum« dienen. - Als Redakteur und Prof. beeinflußte H. - obwohl stark angefeindet - viele Schüler und Freunde, Theologen und Laien, im In- und Ausland.

Bibliogr. H.s: RE VII, 670ff (auch Lit.). Aus H.s Briefwechsel (in der Marburger Westdt. Bibliothek) veröffentlichte N.BONWETSCH: Aus 40 Jahren dt. KG. Briefe an E.W.H. (BFChTh 22, 1; 24, 1. 2), 1917/19 - DERS., H.Leo in seinen Briefen an H. (NGG 1917, 349-398. 499-559) - DERS., Aus A.Tholucks Anfängen (BFChTh II, 4), 1922, 113ff (Briefe v. H.). - Über H.: J.BACHMANN-TH.SCHMALENBACH, E.W.H., 3 Bde, 1876-92 - M.LENZ, Gesch. der Univ. Berlin II/1, 1910, 327ff; II/2, 1918, 117f. 280 u.ö. - RGG[2] II, 1796f - F.SCHNABEL, Dt. Gesch. im 19.Jh. IV, 1951[2], 145f. 382f u.ö. - HERMELINK I, 407 u.ö.; II, 327 u.ö. - H.FAGERBERG, Bekenntnis, Kirche u. Amt in der dt. konfessionellen Theol. des 19.Jh.s, 1952 - HIRSCH V, 118ff u.ö. - H.-J.KRAUS, Gesch. der hist.-krit. Erforschung des AT, 1956, 203ff - A.KRIEGE, Gesch. der Ev. Kirchen-Zeitung unter der Redaktion E.W.H.s (Diss. Bonn), 1958 (Lit.). *A.Kriege*

Henhöfer, *Aloysius* (1789-1862), * in Völkersbach als Sohn kath. Landleute, gerät auf → Wessenbergs Priesterseminar in Meersburg und dann auf der Universität Freiburg unter dessen bestimmenden Einfluß. 1815 wurde er Erzieher im Haus des Freiherrn v.Gemmingen auf Schloß Steinegg und seit 1817 Pfarrer von Mühlhausen. Sein Nachfolger in Steinegg, der → Sailer-Schüler Fink, Schriften von → Boos und die Berührung mit der württembergischen Erweckungsbewegung (Besuch von → Korntal) erweckten ihn zu dem »Christus für und in uns«. Durch H.s Predigt kam es zu einer weitgreifenden → Erweckung (: I, 5c) unter den kath. Bauern. 1822 aus der kath. Kirche ausgeschlossen, trat er mit einem Großteil seiner kath. Gemeinde und der Familie v.Gemmingen zur ev. Kirche über. Von seinen Pfarrämtern Graben (seit 1823) und Spöck-Stafforth (seit 1827) in der Rheinebene aus wirkte er als großer Erweckungsprediger auch über Baden hinaus (→ Evangelisation, 1 b). Im Kampf gegen den »unbiblischen und unchristlichen« Unionskatechismus wurde H. der Führer eines mild-luth. Konfessionalismus in → Baden (, 1 c).

Vf. u.a.: Das christl. Glaubensbekenntnis, 1822; Der neue Landeskatechismus, 1831; Die wahre kath. Kirche u. ihr Oberhaupt, 1845; Baden u. seine Revolution, 1850; Der Kampf des Unglaubens, 1861. - Über H.: RE VII, 674ff - F.HAUSS, Erweckungspredigt u. Erwekkungsprediger des 19.Jh.s in Baden u. Württ., 1924 - DERS., A.H., 1939 - W.HEINSIUS, A.H. u. seine Zeit, 1925 - O.FROMMEL, A.H., 1953. *E.Beyreuther*

Henke, *Heinrich Philipp Konrad* (1752-1809), Kirchenhistoriker, * in Hehlen (Braunschw.), studierte seit 1772 in → Helmstedt, wo er seit 1776 über Philologie, Philosophie- und Literaturgeschichte u. dgl. las und 1778 ao., 1780 o. Prof. der Theologie (KG, Exegese) wurde. Religionsvergleichende und patristische Studien führten ihn weiter zur → Dogmengeschichte und -kritik. Im Gedankenaustausch mit den Zentren geistiger Bildung seiner Zeit war H. als Schriftsteller, akademischer Lehrer (Schüler: u.a. W. → Gesenius, → Wegscheider) und in kirchlichen Würden (u.a. 1804 Vizepräsident des Braunschweigischen Konsistoriums) bedacht, die von der → Aufklärung angestrebte »Beförderung einer gereinigten Denkart« in der Theologie zT apologetisch als Rückkehr zur ev. Einfachheit durchzuführen. Seine von der deistischen Geschichtsbetrachtung (→ Deismus: III) beherrschte KG hat das Verdienst, wirkliche Periodenbildung und synchronistische Darstellung anstelle der überlieferten Zenturieneinteilung versucht zu haben (→ Kirchengeschichte: I), leidet aber unter der rationalistisch-moralistischen Tendenz und dem Fehlen historisch-individuellen Verstehens. H. repräsentiert einen zT noch vorkantischen, unkritischen → Rationalismus (: II; → Aufklärung: III, 5a), der in der Nachfolge → Semlers in der Bibel die mit der Vernunftreligion identische »Religion Christi« erheben will. Vom kirchlichen Dogma (»Onomatolatrie«) und äußerer Autorität (mit → Lessing: »Bibliolatrie«) schärfstens distanziert, wollte H. die Selbstevidenz der christlichen Lehre behaupten, reduzierte diese aber auf praktische Gottbezogenheit und (mit Abwehr der »Christolatrie«) auf das *eine* vorbildliche Lehr*amt* Christi. Versöhnungs- und Rechtfertigungslehre wurden moralistisch entschärft, an den überlieferten Lehren von Inspiration, Erbsünde, Abendmahl eine weitgehende Kritik geübt. - H.s Sohn *Ernst Ludwig Theodor* (1804-72) wandte sich J.Fr. → Fries, → Schleiermacher und → Neander zu.

Vf. u.a.: Allg. Gesch. d. christl. Kirche, (6 Bde, 1788ff) I. II, 1818ff^{5}, V, 1820^{2} hg. u. durch Bd VII. VIII ergänzt v. J.S.VATER; Lineamenta institutionum fidei christianae historico-criticarum, (1793) 1795^{2} (dt.: Grundriß einer hist.-krit. Unterweisung d. christl. Glaubenslehre, 1802); Opuscula academica, 1802; Grundriß der KG, beendet v. J.S.VATER, 1810; Hg. mehrerer wiss. Zs.en (s. RGG^{2} II, 1799). - Über H.: G.K.BOLLMANN-H.W.J.WOLFF, H.Ph.C.H., 1816 - H. DOERING, Die dt. Kanzelredner, 1830, 93ff - F.C.BAUR, Die Epochen d. kirchl. Geschichtschreibung, 1852, 192ff - W.GASS, Gesch. d. prot. Dogmatik IV, 1867, 263ff - ADB XI, 754ff - RE VII, 680ff; XVI, 458 - RGG^{1} II, 2105 - K.VÖLKER, Die Kirchengeschichtsschreibung d. Aufklärung, 1921 - K.ANER, Die Theol. d. Lessingzeit, 1929, 140 u.ö. - H.STEPHAN, Gesch. d. ev. Theol., 1938, 58f - HIRSCH V, 11ff. *E.H.Pältz*

Henley, *John* (1692-1752), anglikanischer Pfarrer, Autor zahlreicher Schriften (bes. über Grammatik und Rhetorik), Liederdichter und gefürchteter Herausgeber einer satirischen Zeitschrift, von Pope als »Hanswurst (zany) seiner Zeit« verspottet, wirkte hauptsächlich in London, bezeichnete sich als den »Erneuerer kirchlicher Beredsamkeit« (Besprechung praktischer Fragen in der Predigt). Wegen seines exzentrischen Wesens 1724 strafversetzt, brach H. 1726 mit der Kirche und hielt nun unter Berufung auf die Toleranzakte an eigener Predigtstätte gegen Eintritt vor zahlreichen Neugierigen Gottesdienste nach seiner »Primitive Liturgy«. H.s Stil wirkte durch den Kontrast zwischen feierlichem Ernst und groteskem Witz.

Vf. u.a.: Oratory Transactions, 1728/29 (mit Selbstbiogr.); Deism Defeated and Christianity Defended, 1831. - Über H.: DNB XXV, 414ff - EB XI, 425 - RGG^{2} II, 1799. *F.Schlingensiepen*

Henoch (ḥ^{a}nôk), im Kainitenstammbaum des → Jahwisten (Gen 4, 17) Sohn → Kains; zufolge 4, 17b (gern als Zusatz beurteilt) ist nach ihm eine Stadt benannt worden. Eine reichere, wenn auch knapp formulierte Kenntnis verrät der Väterstammbaum der → Priesterschrift (Gen 5, 18-24), wonach dem an 7. Stelle genannten H. neben dem von seinem Vater und Sohn sich auffallend abhebenden niedrigen Lebensalter (365 Jahre = Zahl der Tage eines Sonnenjahres) ein vertrauter Wandel mit Gott und eine vorzeitige → Entrückung zugeschrieben werden. Ähnlich wird der auch an 7. Stelle stehende Enmeduranki der babylonischen Urkönigsliste zeitweilig entrückt und mit geheimen Offenbarungen, bes. durch den Sonnengott, beschenkt (→ Babylonien: III, 3). Die Verwandtschaft beider Listen darf nicht geleugnet, angesichts der Unterschiede aber auch nicht überschätzt werden. Da in 1Sam 30, 29 von → Keniter-Städten gesprochen wird, die Könige der babylonischen Liste aber als mythische Polisvertreter anzusprechen sind, mag schon zwischen der babylonischen Liste und Gen 4, 17b ein engerer Zusammenhang bestanden haben, so daß nur dürftige Notizen einer umfassenden Kenntnis von H. auf uns gekommen sind, mit dessen Namen in späterer Zeit (vgl. schon Sir 44, 16) eine umfangreiche apokalyptische Literatur verbunden worden ist (→ Henochbücher).

Vgl. die Komm. zur → Genesis, bes. GUNKEL, PROCKSCH, ZIMMERLI, V.RAD u. die dort verzeichnete Lit. *O.Plöger*

Henochbücher

1. Äthiopisches H.buch - 2. Slawisches H.buch - 3. Hebräisches H.buch. - H. = Henoch

1. Das *äthiopische* H.buch (oder Hen I), zum at. Kanon der äthiopischen Kirche gehörig (→ Äthiopien: IV), handschriftlich in Europa seit dem Ende des 18.Jh.s bekannt, beruht auf einem um 500 nChr ins Äthiopische übertragenen griechischen Text, der als Fragment (bis Hen 32, 6 reichend) einer ins MA zu datierenden Hs. i.J. 1887 in Ägypten aufgefunden wurde, selbst aber auf ein hebräisches oder aramäisches Original zurückgeht. Das Buch - im NT (Jud 14f = Hen 1, 9) zitiert und anderen apokalyptischen (Jub, Test XII u.a.) und altkirchlichen (Barn) Schriften bekannt - stand zunächst in der Synagoge und alten Kirche (Tertullian) in hohem Ansehen und war, wenn auch im Westen unter dem Einfluß des Hieronymus verdrängt, im Osten nach der um 800 nChr geschriebenen Chronographie des Byzantiners Synkellos noch im Umlauf.

Verschiedenartige apokalyptische Vorstellungen (→ Apokalyptik: II), deren zeitliche Festlegung schwierig ist, jedoch für die Hauptbestandteile in den beiden letzten Jh.en vChr angenommen werden darf, sind zu einer kleinen Bibliothek vereinigt und mit mancherlei kosmologischen Betrachtungen und astronomischen Beobachtungen verbunden worden. Auf eine kurze Einführungsrede (1-5), die ein wesentliches Thema des Buches, den Gegensatz zwischen Sündern und Gerechten, enthält und an die Gerechten gerichtet ist, folgt ein längerer, meist mit »Angelologisches« überschriebener Abschnitt (6-36), der von dem Engelfall (Gen 6, 1ff) und der Ankündigung ihrer Bestrafung, teils durch Noah (6-11), teils durch H. (12-16), und einer vergeblichen Intervention H.s handelt, woran sich zwei, zT parallele Reisebeschreibungen H.s durch Welt und Unterwelt anschließen (17-19; 20-36), vermutlich selbständige Überlieferungen, die erst sekundär mit dem Engelfall verbunden worden sind. In einem weiteren Abschnitt (37-71), den sog. Bilderreden, mit einer selbständigen Einleitung an die Urväter und Nachkommen gerichtet, steht die Figur des → Messias (: II) im Mittelpunkt, zwar in der ersten Bilderrede (38-44), die vom Wohnort der Gerechten, der Tätigkeit der Hauptengel, vermischt mit astronomischen Geheimnissen, handelt, nur beiläufig als der Gerechte erwähnt, in der zweiten Bilderrede (45-57) aber als messianischer Richter hervorgehoben, seltener der → Menschensohn (: I), häufiger der Auserwählte genannt, während Gott der Herr der Geister heißt; Gegenspieler sind hier die Könige und Mächtigen, denen das Gericht des Messias gilt. Neben dem Kapitel über die Totenauferstehung (51) sind die Abschlußkapitel (56f) erwähnenswert, die Themen der älteren → Eschatologie (Angriff der Völker [hier: der Parther und Meder] auf Jerusalem; Rückführung der Diaspora) behandeln. Auch die dritte Bilderrede (58-69) betont das Gericht des Messias, der hier bevorzugt Menschensohn heißt, während zwei angehängte Kapitel (70f) von der Entrückung → Henochs und seiner Einsetzung als Menschensohn berichten und so vermutlich einen Strang der H.-Überlieferung zum Abschluß bringen wollen, jedoch im Gegensatz zu den Bilderreden, nach denen (46, 3; 48, 3. 6) die Präexistenz des Menschensohnes festzustehen scheint. Oft werden die Bilderreden unterbrochen durch Einschübe (39, 1. 2a; 54, 7 bis 55, 2; 60; 65-69, 25), in denen als Teile einer selbständigen Überlieferung (wie in 6-11) Noah und die Sintflut im Mittelpunkt stehen. - Ein astronomisches Büchlein (72-82) über Sonne, Mond, Schalttage, Windrose usw, in c. 80 mit dem eschatologischen Tenor des Gesamtwerkes, in c. 81 mit H.s Reisen und seiner Entrückung verknüpft, ist an H.s Sohn Methusalah gerichtet. Die gleiche Adresse enthält das Geschichtsbüchlein (83-90), bestehend aus zwei Visionen über die kommende Flut (83f) und über die Menschheitsgeschichte von Adam bis zum Messias in Form von Tiersymbolen (85-90). Dem Urteil über die jüdische Theokratie in 89, 73f entspricht die Vorstellung des himmlischen Jerusalem in 90, 29. 36, wobei die Deutung des großen Hornes in 90, 9 (Judas Makkabäus oder Johannes Hyrkan [→ Judentum: I]) und damit der weiteren Ereignisse bis zum Erscheinen des Messias in Gestalt eines weißen Büffels umstritten ist; es spricht für die neuerdings vertretene Herleitung der Visionen aus den Kreisen der → Essener, daß H. beide Gesichte vor seiner Heirat empfangen hat. - Es folgt eine Sammlung von Paränesen: 91, 1-11. 18. 19 über Methusalah an alle Kinder H.s mit Ermahnungen zum Leben der Gerechtigkeit, 92; 94-105 wiederum an die Söhne H.s mit einem Wechsel von Weherufen über die Sünder und von Ermunterungen für die Gerechten, unterbrochen in 93; 91, 12-17 durch die sog. Zehn- (ursprünglich Sieben-?) Wochen-Apokalypse, deren vormakkabäische Herkunft (Beer, Eißfeldt) nicht unbestritten ist (Rowley, Weiser), die aber zu den ältesten Bestandteilen von äthHen gehört. - Ein Anhang, offenbar Bestandteil der Noah-Überlieferung, berichtet von Zeichen bei der Geburt Noahs (106f), während eine letzte Mahnrede H.s an Methusalah und an die, die in der Endzeit das Gesetz halten, als Abschluß des ganzen Buches gedacht ist (108).

Über den *Werdegang* des Buches sind nur Vermutungen möglich; doch wird der Kern der primär mit dem Namen H. verbundenen Überlieferungen in den Reisen und Bilderreden H.s zu vermuten sein; die an Methusalah gerichteten Abschnitte, großenteils sekundär, scheinen sich um eine andere selbständige H.-Überlieferung gruppiert zu haben, die wir am ehesten in den Visionen und in der Zehn-Wochen-Apokalypse annehmen können; eine weitere Bereicherung bedeutete die Eingliederung einer fragmentarischen Noah-Überlieferung. Einleitungs- und Schlußreden zeigen den Versuch, einer weiter wuchernden Anreicherung fremder Stoffe Halt zu bieten. Während die ältesten Bestandteile (Zehn-Wochen-Apokalypse, Bilderreden, Visionen) teilweise bis in die makkabäische Zeit hinaufreichen, ohne deshalb vordanielisch sein zu müssen, scheinen die jüngsten Teile nicht allzu tief in die römische Periode hineinzuführen; vielleicht darf die Erwähnung der Parther in 56, 5 mit dem großen Parthereinfall des Jahres 40 vChr in Verbindung gebracht werden. Sah man früher in dem Gegensatz Gerechte (Pharisäer) und Sünder (Sadduzäer) einen Hinweis auf eine Entstehung und Sammlung der verschiedenen Traditionen in pharisäischen Kreisen, so neigt man heute seit dem Bekanntwerden der → Qumran-Gemeinschaft (→ Damaskusschrift) eher zu einer Herleitung aus essenischen Kreisen; ein endgültiges Urteil bleibt aber noch offen; doch wird für die frühen Teile des H.buches eine allzu scharfe Trennung zwischen pharisäischer oder essenischer Herkunft nicht ratsam sein.

2. Das *slawische H.buch* (oder Hen II), eine ins Slawische übertragene Übersetzung eines griechischen Originals, etwa seit 1880 bekannt, ist stofflich abhängig vom äthHen, will aber eine selbständige Schrift sein, die literarisch einheitlich zu sein scheint und auffallend klar in drei Teile gegliedert ist. Nach einem Introitus, von H.s Traum und Abschied handelnd (1; 2), berichtet der erste Teil (3-20) H.s Reisen durch die sieben Himmel (Paradies und Hölle im dritten Himmel) mit an die priesterlichen Tôrôt erinnernden Beschreibungen des Gerechten (9, 1) und des Gottlosen (10, 4-6); der zweite Teil (21-36) beginnt mit einer Theophanie vor H. und bietet dann eine ausführliche Rede Gottes über sein Schöpfungswerk, die u.a. die große Bedeutung H.s erkennen läßt, der in 33, 10 als Mittler Michaels angeredet wird, während im dritten Teil nach H.s Rückkehr auf die Erde die Gottesrede in Form einer selbständigen und erweiterten Mahnrede, durchaus hier und da an die johanneischen Abschiedsreden erinnernd, von H. an seine Kinder weitergegeben wird (37-57). Auf eine kurze Unterbrechung durch H.s Sohn Methusalah folgt eine katechismusartige Abschiedsrede H.s (58-63) mit anschließender Verabschiedung (64); ein letztes Schlußwort H.s (65f) leitet über zur Entrückung und Himmelfahrt (67).

Monotonie und Schematismus, dem Buch häufig vorgeworfen, wollen offenbar wesentliche Elemente der apokalyptischen Vorstellungswelt erhalten und betonen deshalb das didaktisch-paränetische Element, während zügellose Spekulationen zurückgehalten werden sollen. Darum fehlt es wohl auch an einer ausgeprägten Messianologie, was die Rezeption der Schrift durch die christliche Kirche erleichterte; jedoch bildet das Eschatologische zweifellos den Hintergrund der ausführlichen Ermahnungen, so daß H. hier Repräsentant einer eschatologisch begründeten Ethik genannt werden könnte. - Während der Grundbestand des Buches vermutlich in jüdischen Diasporakreisen Ägyptens noch vor 70 nChr entstanden sein wird, dürfte die Übertragung ins Slawische Jh.e später, etwa zu Beginn des frühen MA, vorgenommen worden sein; sie setzt eine Rezeption der Grundschrift durch die christliche Kirche voraus, wenn auch christliche Interpolationen ausgeprägteren Stiles unmittelbar nicht zu erkennen sind.

3. Zu Hen III, einer hebräisch verfaßten Sammlung von H.-Überlieferungen rabbinischer Herkunft aus dem 2. oder 3.Jh. nChr vgl. H.Odeberg, 3Henoch or The Hebrew Book of Enoch..., 1928, und R.Bultmanns Besprechung (ThLZ 62, 1937, 449-453).

Zu 1: Texte u. Übers.en: A.DILLMANN, Liber H. aethiopice, 1851 - J.FLEMMING, Das Buch H., äthiop. Text, 1902 - CHARLES, AP II, 163ff (CHARLES) - KAUTZSCH, AP II, 217ff (G.BEER) - RIESSLER 355ff. - Ausführl. Lit. in den EinlAT, bes. O.EISSFELDT, 1956², 763. - Überblicke: P.VOLZ, Die Eschatologie der jüd. Gemeinde, (1903) 1934², 16ff - H.H.ROWLEY, The Relevance of Apocalyptic, (1944) 1947², 54ff. - Einzelnes: K.G.KUHN, Beitr. zur Erklärung des Buches H. (ZAW 39, 1921, 240-275) - N.MESSEL, Der Menschensohn in den Bilderreden des H., 1922 - F.STIER, Zur Komposition u. Literarkritik des äthiop. H. (Littmann-Festschr., 1935, 70-88) - H.L.JANSEN, Die H.gestalt. Eine vergleichende religionsgeschichtl. Unters., 1939 - E.K.T.SJÖBERG, Der Menschensohn im äthiop. H.buch, 1946 - J.T. MILIK, The Dead Sea Scrolls Fragment of the Book of H. (Bibl 32, 1951, 393-400). - Zu 2: Texte u. Übers.en: ST.NOVAKOVIČ, Starine 16, Agram 1884, 67-81 (slaw.) - W.R.MORFILL-R.H.CHARLES, The Book of the Secrets of Enoch, 1896 - N.BONWETSCH, Die Bücher der Geheimnisse H.s, 1922 - RIESSLER 452ff - A.VAILLANT, Le livre des secrets d'H. Texte slave et traduction française, 1952. - Überblicke u. weitere Lit. bei KAUTZSCH, AP II, 218 Anm. a u. in den EinlAT (O.EISSFELDT, 1956², 768f). *O.Plöger*

Henotheismus ist ein relativer Monotheismus, den F.W.J. → Schelling in seiner »Philosophie der Mythologie und der Offenbarung« (1842) als Anfang der durch den Sündenfall in Gang gebrachten religionsgeschichtlichen Entwicklung ansieht. Die Bezeichnung H. (oder Kat-H.) hat Max → Müller in der 6. (»Über H., Polytheismus, Monotheismus und Atheismus«) seiner »Vorlesungen über den Ursprung und die Entwicklung der Religion« (1878; dt. 1880) eingeführt und den H., belegt durch vedische Hymnen, als »Glaube an einzelne abwechselnd als höchste hervortretende Götter« und als eine Religionsform charakterisiert, »die es möglich macht, daß, während ein Gott nach dem anderen angerufen wird, ein jeder die Attribute eines höchsten, von anderen unübertroffenen Wesens erhält«. Der H. ist weder als »unverkennbare Stufe auf dem Wege zum Monotheismus« (A.Bertholet, RGG² II, 1803) noch überhaupt als selbständige Religionsform im Unterschied zu → Monotheismus und Polytheismus (: I) zu betrachten, sondern als die eigentlich religiöse Haltung, die sowohl im monotheistischen wie polytheistischen Bereich zu Hause ist. »Der Mensch hat es nie mit einer göttlichen Gesellschaft zu tun..., sondern immer nur mit Macht, Wille und Gestalt, wie sie in einem bestimmten Augenblick aktuell, eingreifend, sichtbar werden« (van der Leeuw).

UdG I, 87. 94ff - H.v.GLASENAPP, Die Religionen Indiens, (1943) 1956², 73f - VAN DER LEEUW § 19, 3. *W.Holsten*

Henotikon → Christologie: II, 5 a.

Henriquez, *Heinrich* (1536-1608) SJ, * Oporto, † Tivoli, portugiesischer Theologe. Der hochbegabte H. wurde Lehrer der Philosophie und Theologie in Cordoba und Salamanca; → Suarez war sein Schüler. In Intrigen gegen den General → Aquaviva verwickelt und gegen die Bücherzensur der Oberen ungehorsam, trat H. mit päpstlichem Dispens aus dem Orden aus, wurde Dominikaner, erreichte aber später die Wiederaufnahme in die SJ. Im Streit um die Gnadenlehre war H. scharfer Gegner des → Molina, er vertrat die praedestinatio ante praevisa merita. Als Moraltheologe wurde er von → Liguori geschätzt.

Vf.: Theologiae moralis summa, 3 Bde, Salamanca 1588-93; De pontificis romani clave, ebd 1593 (1603 indiziert). - Über H.: BACKER-SOMMERVOGEL IV, 275f - A.ASTRAIN, Historia de la Compaña de Jesus en la Asistencia de España, Madrid 1913, III, 360f; IV, 132f - HN III, 591f - DThC VI, 2197f - LThK IV, 963. *H.Liebing*

Henry, *Matthew* (1662-1714), Sohn von *Philip* H. (1631-96), der 1662 durch das Uniformitätsgesetz (→ England: I, 5) aus der anglikanischen Kirche vertrieben wurde. M.H. widmete sich der Theologie und wurde erster Pastor der presbyterianischen Kirche zu Chester (1687-1712). Dort veröffentlichte er seine »Exposition of the Old and New Testaments« (1708-10). Der Kommentar, der stark calvinistischen Einfluß zeigt, ist oft gedruckt worden (zuletzt 1955), zweifellos wegen des Einflusses der Neuorthodoxie.

GA der »Exposition« u.a. von G.BURDER u. J.HUGHES, 6 Bde, 1811; The Miscellaneous Works of M.H., ed. S.PALMER, 1809. - Über H.: C.CHAPMAN, 1859 - DNB XXVI, 123f - RE VII, 685ff. *P.Scott*

Hensel, *Luise* (1798-1876), Dichterin, * in Linum (Mark), † in Paderborn. Aus prot. Pfarrhause stammend, erreicht sie schon in ihrer Jugend die Höhe ihrer Glaubens- und Gewissensdichtung (1815-20); als Achtzehnjährige verfaßt sie ihr bekanntes »Nachtgebet« (»Müde bin ich, geh zur Ruh'«). Obwohl damals noch gesinnungsmäßig dem Protestantismus zugehörig, bestärkt sie 1816 → Brentano in seinem bereits 1815 → Sailer gegenüber bekundeten Entschluß, zur kath. Kirche zurückzukehren. Unter Brentanos Einfluß konvertiert sie selbst 1818. Sie gehorcht von da an ihren entschiedenen Seelenführern (u.a. P.Wüsten SJ), die ihr den Verzicht auf die Ehe nahelegen, und erfüllt karitative Aufgaben.

Werke: Lieder, hg.v. H.CARDAUNS, 1923 - DERS., Aus L.H.s Jugendzeit, Neue Briefe u. Gedichte, 1918. - Über H.: H.RUPPRICH, Brentano, L.H. u. Ludwig v.Gerlach, 1927 - F.SPIECKER, L.H. als Dichterin, 1936 - H.SCHIEL, Clemens Brentano u. L.H., 1956. *P.Requadt*

Heortologie. Unter H. versteht man herkömmlich die Wissenschaft von den christlichen Festen (→ Feste: IV), deren Ursprung, Geschichte und liturgische Bedeutung sie erforscht. Eine H. als Lehrbuch ist nur ganz vereinzelt geschrieben worden. In der Regel finden sich Untersuchungen über einzelne Kapitel der H. Die Ergebnisse solcher Untersuchungen werden als Teile der Liturgiewissenschaft in den Darstellungen der → Liturgik (: I. II) verarbeitet, da die christlichen Feste, im Kirchenjahr einander zugeordnet, wegen ihrer liturgischen Bedeutung ein integrierender Bestandteil der Liturgik sind. Die Aufgaben der H. sind in weiten Bereichen unbearbeitet. Unsere Kenntnisse der Entstehung der meisten alten christlichen Feste, aber auch ihrer Geschichte, sind immer noch ziemlich dürftig, wenn auch in neuerer Zeit mancherlei Quellen neu erschlossen wurden und zahlreiche Einzeluntersuchungen (vor allem seitens der kath. Forscher) über die Feste erschienen sind.

JOH.CHR.W.AUGUSTI, Denkwürdigkeiten aus der christl. Archäologie I-III, 1817-20 - A.J.BINTERIM, Die vorzügl. Denkwürdigkeiten der christl. kath. Kirche V/1: Die kirchl. H., 1829 - HEINR.ALT, Der christl. Kultus, 2. Abt.: Das Kirchenjahr, (1843) 1860² - K.A.H. KELLNER, H. oder die geschichtl. Entwicklung des Kirchenjahres u. der Heiligenfeste, (1901) 1911³ - P.GRAFF, Gesch. der Auflösung der alten gottesdienstl. Formen in der ev. Kirche Deutschlands I, (1921) 1937², 110ff; II, 1939, 71ff - RIETSCHEL-GRAFF § 19 (Lit.) - Leiturgia I, 437-535 (G.KUNZE). *J.Beckmann*

Heppe, *Heinrich* (1820-79), ev. Theologe, * zu Kassel, 1844 dort Pfarrverweser, 1849 PDoz. in Marburg, 1850 ao., 1864 o. Prof. Anfangs mit A. → Vilmar in der Ablehnung der Revolution und der Hinwendung zur Reformation einig und von ihm gefördert, entdeckte H. bald die »deutsch-ref.« Theologie, die, von Melanchthon ausgegangen, das legitime Erbe der hessischen Kirche sei, und hielt demgemäß das ref. Bekenntnis für das legitim hessische. Dies führte seit 1852 zu einem Broschürenkrieg mit Vilmar, der die ganze Landeskirche und die

Marburger Theologenschaft aufwühlte. Den Untergang des hessischen Staates hielt H. für ein verdientes Gericht über das Vilmarsche Luthertum. H.s Veröffentlichungen sind meist historischer Art. Er war jedoch Systematiker, bekannte sich zu Schleiermacher und war ein erklärter Gegner auch des ref. Konfessionalismus. Er war Mitbegründer und Förderer des Treysaer Diakonissenhauses.

Vf. u.a.: Gesch. d. Hess. Generalsynoden, 2 Bde, 1847; Gesch. d. dt. Protestantismus 1555-81, 4 Bde, (1852-59) 1865f²; Gesch. d. Konkordienformel, 2 Bde, 1854/59; Die Dogmatik d. dt. Protestantismus im 16.Jh., 3 Bde, 1857; Gesch. d. dt. Volksschulwesens, 4 Bde, 1858-60; Die Dogmatik d. ev.-ref. Kirche, 1861 (Neudr. v. E.BIZER, [1935] 1958², mit hist. Einl.); KG beider Hessen, 2 Bde, 1876; Gesch. d. Pietismus u. d. Mystik in der ref. Kirche, 1879; Christl. Ethik, hg. v. A.KUHNERT, 1882. Der Nachlaß scheint unauffindbar zu sein. - Über H.: E.RANKE, Zur Erinnerung an H.H., 1879 - Marburger Rektoratsprogramm 1879 (Bibliogr.) - ADB XVI, 785 - RE VII, 687ff - E.BIZER, H.H. (Lebensbilder aus Kurhessen u. Waldeck, hg. v. I.SCHNACK, VI, 1958, 112-127). *E.Bizer*

Herakleon, gnostischer Lehrer in der Mitte des 2.Jh.s, Schüler → Valentins. Er kommentierte zumindest das JohEv; die Fragmente bei → Origenes zeigen deutlich die Berücksichtigung großkirchlicher Traditionen und eine Erweichung des Dualismus. So schied H. zB drei Menschenklassen: Pneumatiker und Hyliker, die auf Grund ihrer Naturanlage (φύσει) gerettet werden oder verlorengehen, und die Psychiker, deren Rettung (θέσει) an der eigenen Entscheidung hängt (→ Gnosis: III, 2). Diese Tendenz entspricht dem allgemeinen Trend der italischen Schule der Valentinianer, als deren Haupt H. neben → Ptolemäus galt. Ihr »System« wird bei → Irenäus (adv. haer. I, 1-10) im wesentlichen zuverlässig überliefert.

A.E.BROOKE, The Fragments of H. (TSt I, 4), 1891 - W.VÖLKER, Qu. z. Gesch. d. christl. Gnosis (SQS NF 5), 1932, 63ff. - Zu einer neuentdeckten Schrift, die H. zugehören könnte: H.-Ch.PUECH-G.QUISPEL, Le quatrième écrit gnostique du Codex Jung (VigChr 9, 1955, 65-102). - Über H.: E.DE FAYE, Gnostiques et Gnosticisme, (1913) 1925², 75ff - W.FOERSTER, Von Valentin zu H. (BZNW 7), 1928 - F.SAGNARD, La gnose valentinienne et le témoignage de S.Irénée (Etudes de phil. médiév. 36), 1947. - Weiteres bei ALTANER § 24, 6. *G.Kretschmar*

Herakles ist die griechische Ausprägung einer im Sagen- und Märchenschatz vieler (nicht nur indogermanischer) Völker lebendigen Gestalt (Rama, Rustem, → Gilgamesch u.a.): Ein unter übernatürlichen Bedingungen geborener Held zieht durch die Welt, um überall Ungeheuer (→ Drache), → Riesen, Frevler unschädlich zu machen, den Menschen zu helfen und die göttliche → Ordnung auf Erden (Gesittung, → Ackerbau) zu befestigen. Am Ende der Laufbahn, deren schwerste Tat ein Eindringen ins Totenreich und eine Demütigung seines Herrschers zu sein pflegt, geht der Held als Unsterblicher in den Kreis der Götter ein. Dieses Motiv scheint in Griechenland erst nach der dorischen Wanderung, und zwar zunächst unabhängig an verschiedenen Stellen (Argos, Theben), die feste Form eines → Mythos (: I) gewonnen zu haben. Die Vereinigung der (anfangs auch im Namen des Helden) differierenden H.sagen, die Einbeziehung zahlreicher, eigentlich unabhängiger Lokalsagen (→ Sagen und Legenden: I) und → Märchen, die Verschiebung, Unterdrückung oder Verdoppelung einzelner Details (Geryones und Kerberos zB beides Unterweltsgestalten) vollzog sich unter den Händen verschiedener, meist vergessener Dichter des 8.-6.Jh.s, wobei sich der geographische Horizont der Sage parallel zur griechischen Kolonisation ständig erweiterte. Um 500 liegt das Kernstück der kanonischen Sagenfassung, der Dodekathlos, fest. Gleichzeitig mit der Ausgestaltung und Ausbreitung der Sage durch die aristokratisch bestimmte Dichtung gewinnt H. Bedeutung für den Volksglauben, dem er mit seinen menschlichen Zügen als wohltätiger Heros (→ Heroen) näher steht als die Olympier. Es gibt in historischer Zeit zahllose kleine H.kulte in vielen, auch nichtdorischen Teilen der griechischen Welt, aber nur wenige größere Tempel, und sein Name erscheint gern in Beteuerungsformeln der Umgangssprache. Der H. des griechischen Volksglaubens hat als Hercules bei den Italikern weite Verbreitung gefunden. Die durch Motivähnlichkeiten ermöglichten Identifikationen mit syrischen, gallischen u.a. Gottheiten sind ausnahmslos sekundär. Volkstümlich ist auch die Ausmalung der unerschöpflichen Kraft des Helden bei Schmaus und Liebesabenteuer, ein Zug, dessen sich Satyrspiel und Komödie früh bemächtigten. - Die moralische Reflexion über die Gestalt des H. setzt schon in der älteren Chorlyrik (Pindar) ein, setzt sich in Tragödie (Euripides) und Sophistik (Prodikos' Allegorie vom H. am Scheidewege) fort und gipfelt in der H.deutung bei Antisthenes, den Kynikern und Stoikern: Unsterblichkeit und wahre ἀρετή ist der Lohn für unablässige Mühen und Entbehrungen (πόνος) zum Wohle der Menschheit (vgl. Horaz, od. III, 3). In diesem Sinne verstand der Gnostiker Justin (Hippolyt, Ref. V, 26) H. als Vorläufer Christi (vgl. → Schelling).

U.v.WILAMOWITZ-MOELLENDORFF, Euripides' H. II, (1889) 1895², 1ff - P.FRIEDLÄNDER, H. (Philol. Unters.en 19), 1907 - B.SCHWEITZER, H., 1922 - J.KROLL, Gott u. Hölle, 1932, 363ff - F.PFISTER, H. u. Christus (ARW 34, 1937, 42-60) - R.HÖISTAD, Cynic Hero and Cynic King (Diss. Uppsala), 1948 - C.-M.EDSMAN, Ignis divinus (SVSL 34, 1949) - F.BROMMER, H. Die zwölf Taten des Helden in antiker Kunst u. Lit., 1953 - M.SIMON, Hercule et le christianisme (Publ. de la faculté des lettres de l'Univ. de Strasbourg 2, 19), 1955 - F.R.SCHRÖDER, Indra, Thor u. H. (Zs. f. dt. Philol. 76, 1957, 1-41). *A.Dihle*

Heraklides, *Jakobus Basilikus »Despota«* (ca 1520-63), scheiterte als Fürst der Moldau (→ Rumänien) am großangelegten Versuch, die Reformation dort einzuführen. Seine Herkunft ist umstritten, nicht zuletzt wegen seines genialisch-abenteuerlichen Lebens. Nach zu seinen Lebzeiten anerkannten eigenen Angaben als Erbe von Samos und Paros geboren, erwarb er sich, durch die Türkenherrschaft vertrieben, u.a. in Chios und Montpellier gründliche Bildung und gelangte unter Karl V. auch zu kriegerischen Ehren. Von J.Jonas (Sohn) wurde H. über Mansfeld in Wittenberg eingeführt und gewann schnell die Freundschaft und Hochschätzung Melanchthons (und → Peucers!). Durch ihn fand H. 1556 auch am dänischen Hof, in Rostock und Königsberg bei → Albrecht von Preußen Anschluß, trat 1557 in Wilna und Kleinpolen mit → Laski und der polnischen, 1558/59 mit der siebenbürgischen und slowakischen Reformation in nahe Beziehung. Als es H. 1561 gelang, die Herrschaft der Moldau zu erringen, versuchte er, unter Verkennung des Schwergewichts religiöser Volkshaltung, rasch und großzügig humanistische Bildung und Reformation zu verbreiten, schuf in Cotnar mit dem Sachsen J.Sommer eine Schule, bestellte den Polen Lusinski zum Bischof, griff Klostergut und Sittenverwilderung an. Dies führte ebenso wie polnische Heiratspläne und das Gerücht antitrinitarischer Neigungen zum Aufstand, dem er und sein Werk erlagen.

H.PETRI, J.B.H. (ZKG 46, 1928, 105-143; Bibliogr., Lit.) - E. BENZ, Melanchthon u. J.H.D. (Wittenberg u. Byzanz, 1949, 34-58; Lit.). *P.Philippi*

Heraklit (ca 540-480 vChr), griech. Philosoph aus Ephesus. H.s Gedanken sind zugleich Fortsetzung und Auflösung der milesischen Naturphilosophie: Urstoff ist für H. das → Feuer, das aber nicht mehr die in allem Wechsel unveränderte *Substanz,* sondern Prinzip und *Symbol* ewigen Wechsels selbst ist. Durch Gleichsetzung des Feuers mit dem → Logos (: I) und Anwendung dieser Sichtweise auf die Seele und das Ethos des Menschen öffnete er der → griechischen Philosophie (, 2a α) eine neue Reflexionsebene. Seine Sinnsprüche (rd 130 erhalten) erinnern an Pindar und Aischylos, faszinierten durch Dunkelheit und Bildkraft, forderten aber auch Widerspruch (→ Parmenides), Spott und Nachahmung (Pseudo-Hippokrates, De victu; vgl. auch Platon, Theaet. 179eff) heraus. H.s Grundgedanke, den das (nicht wörtlich überlieferte) πάντα ῥεῖ (»alles ist im Fluß«) nur blaß wiedergibt, wendet sich gegen ein Weltverständnis, das mit festen Gegenständen, Kategorien, Beziehungen rechnet. Die Einheit der Gegensätze und das Maß ihres Umsatzes ineinander ist der Logos, das Weltgesetz. H. spricht nicht eigentlich in Bildern; er *zeigt* vielmehr die Gegenstände in dem Licht, in dem sie den Logos widerspiegeln. Dem entspricht sein Stil: der Leser soll H.s Logos, der zugleich der der Welt ist (f. 1 Diels), den einzelnen Sätzen entnehmen; in ihnen will H. nichts sagen, nichts verbergen, nur Hinweise geben, wie der delphische Apoll (f. 93). *Man selbst* muß die vermeintlichen Paradoxien der Erfahrung und philosophischer Rede in sich überwinden. Die Lösung dieser Paradoxien ist für H. ebenso schlagend einfach wie schwer zu finden (vgl. f. 56). Die Einsicht in den Logos ist für H. auch die Wurzel rechter Lebensführung; darin ist der sokratische Intellektualismus in der Ethik vorbereitet. → Platons Ideenlehre ist wesentlich Antwort auf H.s Flußlehre. Die → Stoa übernahm die Gleichsetzung von Feuer und Weltvernunft, und der Logosbegriff bei → Philo und im JohEv ist heraklitisch-stoisch gefärbt. Bekannt ist → Hegels Anspruch, jeden einzelnen Gedanken H.s in seine »Logik« aufgenommen zu haben.

H.DIELS, H.v.Ephesos, griech. u. dt., (1901) 1909² - DERS., Fragmente der Vorsokratiker, (1903) 1951/52⁶, hg.v. W.KRANZ, Bd 1, 139ff - O.GIGON, Unters.en zu H., 1935 - G.MISCH, Der Weg in die Philosophie I, 1950, 335ff - H.FRÄNKEL, Dichtung u. Philosophie des frühen Griechentums, New York 1951, 474ff. *G.Patzig*

Herbart, *Johann Friedrich* (1776-1841), und der *Herbartianismus*

1. H., * in Oldenburg (Old.), studierte von 1794-97 in Jena Philosophie bei → Fichte und war bis 1800 Erzieher und Lehrer der Söhne des Alt-Landvogtes Karl Friedrich Steiger in Bern. Seit 1802 lehrte er Philosophie und Pädagogik in → Göttingen, von 1809-32 in → Königsberg. Hier gründete er ein pädagogisches Universitätsseminar und unterhielt in seinem Hause ein Pädagogium, in dem sich Studenten in der Praxis des Unterrichts übten und er selbst den mathematischen Unterricht mit ungewöhnlichem Erfolg erteilte. Er wurde Direktor der wissenschaftlichen Deputation und der Königlichen Prüfungskommission, Schulrat und Ehrenmitglied des Provinzialschulkollegiums. Durch diese Ämter erstreckte sich sein Einfluß auf das Schulwesen der ganzen Provinz. Gleichzeitig entfaltete er sein philosophisches, psychologisches und pädagogisches System. 1833 ging H. wieder nach Göttingen. Als Dekan seiner Fakultät mißbilligte er 1837 die Haltung der Göttinger Sieben, was ihm Tadel und Anfechtung einbrachte und die letzten Lebensjahre verdüsterte.

H. ist unter den deutschen Philosophen eine echt pädagogische Natur, neben → Pestalozzi und → Fröbel die klassische Darstellung des pädagogischen Genius, und unter den deutschen Pädagogen der scharfsinnigste Philosoph. Diese Duplizität begründet seinen geschichtlichen Rang. Was ihn von den anderen Pädagogen unterscheidet, ist die Stärke seiner geistigen Kraft, die der von → Leibniz und → Kant nahekommt, und die Schärfe ihrer Analyse, deren isolierende und springende Punktualität zwar die Unterscheidungen manchmal übermäßig akzentuiert. Dennoch gründet H.s heutige Bedeutung weder in seiner »exakten« Philosophie, deren Metaphysik qualitativ unerkennbare, einfache übersinnliche Substanzen (»Reale«) setzt, die durch ihr zweckmäßiges Zusammenwirken auf eine ordnende göttliche Intelligenz schließen lassen, noch in seiner »synthetischen« Psychologie, deren mathematisierende Vorstellungsmechanik das Seelenleben »erklären« sollte, sondern in der lange vor der Entstehung seiner Psychologie in den Schweizer pädagogischen Erfahrungen konzipierten und durch ein System »einheimischer« (dh facheigener) Grundbegriffe von ihm begründeten wissenschaftlichen → Pädagogik. Ihr weist den Weg eine mehr ganzheitlich beschreibende analytische → Psychologie, deren Kritik der »Seelenvermögen« zB Auffassungen der heutigen Ganzheitspsychologie vorwegnimmt, und ihr setzt das Ziel eine ästhetisch fundierte, die Grundideen der inneren Freiheit, der Vollkommenheit, des Wohlwollens, des Rechtes und der Billigkeit aufweisende und Gott als ihr reales Zentrum postulierende materiale → Ethik (, 2a).

Der Grundbegriff der H.schen Pädagogik ist die alle einseitigen Freiheits- und endogenen wie exogenen Determinationslehren negierende spezifisch menschliche Bildsamkeit. Der Mensch ist ein offenes personales und individuelles System von situations- und inhaltsspezifisch gebundenen Kräften, so daß zB »der Verstand der Mathematik in der Mathematik bleibt«. Das »Chamäleon der Individualität« zum sittlichen Charakter zu festigen, ist die Bestimmung des Menschen, ihn zur sittlichen Selbstbestimmung zu befähigen (nicht: ihn zu ihr zu determinieren), die Aufgabe der → Erziehung (: I). Sie beginnt als »objektive Charakterbildung« in »Erfahrung und Umgang« mit dem Stiften guter Gewöhnungen und Sitten in den Familien (→Familie: IV) und im geselligen Leben, bis die Jugend nach ihrem eigenen Sinn eine »Lebensart« mit ernster Wirksamkeit betreiben kann. Das so erzeugte Handeln ergibt freilich nur eine gewisse Äußerlichkeit der Sittlichkeit, die wie eine Musik verhallen würde, wenn sie nicht, sobald der Mensch der Einsicht fähig ist, durch die »subjektive Charakterbildung« ergänzt würde. Diese vollzieht sich als »erziehender Unterricht« in drei einander durchdringenden Stufen: 1. Durch die Weckung vielseitiger Interessen und der mit ihnen verbundenen Gemütszustände wird die ursprünglich »höckerichte« Individualität »geschmeidigt« und dadurch dem Einfluß der sittlichen Grundideen geöffnet. 2. Deren »ästhetische Darstellung«, dh eine »Zeichnung von Bildern guten Willens«, die die praktischen Ideen so transparent macht, daß sie in ästhetischen Werturteilen emotional ergriffen werden, bildet allmählich die den objektiven Charakter verfeinernden und sanktionierenden Wertgefühle, deren Verdichtung zu den entsprechenden Wertwillen erhofft werden kann, wenn die objektive Charakterbildung »in Ordnung« war. 3. Die »logische Kultur der Maximen« bildet die letzte Spitze der subjektiven Charakterbildung, die das sittliche Erlebnis zur sittlichen Einsicht klärt und festigt. – Wie jedes »Atmen des Geistes«, so artikuliert sich auch das Unterrichtsleben in den polaren Rhythmus von »Vertiefung« und »Besinnung« (Lehre von der »Artikulation« oder den »Stufen« des Unterrichts). Es beginnt mit der unmittelbaren inneren Regsamkeit, dem Interesse, das zunächst die einzelnen »Punkte« des didaktischen Gegenstandes erhellt (»Klarheit«) und die möglichen gedanklichen Verbindungen zwischen ihnen zieht (»Assoziation«), um sie dann dem schon vorhandenen »Gedankenkreis« einzuordnen (»System«) und in weiteren Erfahrungen anzuwenden und zu erproben (»Methode«). – Hinsichtlich seines »Ganges« ist der Unterricht entweder »analytisch«, indem er sich vom gegebenen Besonderen zum Allgemeinen erhebt, oder »synthetisch«, indem er von allgemeinen Elementen zu den Sachen, »worin sie beieinander sind«, herabsteigt. – Im übrigen ist H. offen für jeden Weg, der sich an die innere Spontaneität anschließt. »Drückend« sind nur solche »Manieren«, die den Zögling passiv machen und ihm die »peinliche Verleugnung der eigenen Beweglichkeit« anmuten. – In seiner → Religionspädagogik betont H. die wechselseitige Abhängigkeit und daher notwendige Verbindung von religiöser und moralischer → Bildung. Die religiöse bedarf der moralischen Bildung, um die »Scheinheiligkeit« zu bannen, und die moralische fordert die religiöse Bildung, um »die Einbildung, es wäre etwas geleistet worden, zu demütigen«. Der Religionsunterricht muß an den sittlichen Erfahrungskreis der Familie wie auch an die theologischen Naturzeugnisse anknüpfen. Aber das »theoretische Element des Glaubens, welches die bloße Idee von Gott übersteigt«, muß »als etwas Historisches durch die christliche Offenbarung gegeben werden«. H. empfiehlt, ihre Darstellung mit einem allgemeinen christlichen Unterricht zu beginnen und erst danach das Eigentümliche der Konfessionen zu unterscheiden.

2. Als Vertreter einer exakten realistischen Philosophie und scharfsinnigster Widersacher der idealistischen »Modephilosophie« seiner Zeit stand H. lange einsam und isoliert da. Erst nachdem die Leipziger Philosophen Drobisch und Hartenstein angefangen hatten, sich für seine Philosophie einzusetzen und seine gesammelten Werke herauszugeben, und seine unmittelbaren Schüler Strümpell, Stoy, Cornelius und Lott als Universitätsprofessoren zu Einfluß gekommen waren, entwickelte sich an den Universitäten Leipzig, Jena und Halle ein philosophisch und psychologisch zentrierter *Herbartianismus*, der sich nur bei Stoy in Jena und bei Waitz in Marburg auch pädagogisch konkretisierte, während der von Exner und Bonitz inspirierte österreichische Herbartianismus sich in Lott, Zimmermann, Nahlowsky und Volkmann ebenfalls mehr philosophisch und psychologisch akzentuierte. Erst die Pressung und Verengung der pädagogischen Lehre H.s zum Schematismus der Formal- und kulturhistorischen Stufen sowie die Reduktion seiner Pädagogik des Charakters auf eine Lehre von den assoziativen Bindungsmöglichkeiten und Abläufen von »Vorstellungen« durch den Leipziger Ziller und den Wiener Vogt (wodurch Stoy und v.Sallwürk zur »Sezession« aus Zillers und Vogts »Verein für wissenschaftliche Pädagogik« getrieben wurden) hat in Abwehr dieser Schematismen und Verengungen die deutsche Reformpädagogik auf den Plan gerufen. In ihrer Diastase von Ziller, von dem allerdings auch der freiere und weitere, Weltruf genießende Wilh. → Rein ausgegangen war, hat die Reformpädagogik sich eine synkretistische Lehre H.-Zillers konstruiert, die auf einen flachen und primitiven Sokratismus hinausläuft und ein Zerrbild der originalen Lehre H.s ist. Erst in jüngster Zeit ist die deutsche Pädagogik bemüht, dem wissenschaftlichen Bewußtsein der Gegenwart die originale Pädagogik H.s wiederzugewinnen.

Zu 1: GA hg.v. G.Hartenstein, 12 Bde, (1850-52) 1883²; ErgBd 1893 - GA hg.v. K.Kehrbach-O.Flügel-Th.Fritzsch, 19 Bde, 1887-1912. - Päd. Schriften hg.v. O.Willmann u. Th.Fritzsch, 3 Bde, 1913-19³ - Umriß päd. Vorlesungen hg.v. J.Esterhues, 1957 - Allg. Pädagogik hg.v. H.Nohl (Kleine päd. Texte 25), o.J. - Jugendschriften hg.v. H.Döpp-Vorwald (ebd 22), o.J. - Über H.: H.Zimmermann, Führer durch die dt. H.lit., 1910 - R.Lehmann, H., 1911 - H.Walther, H.s Charakter u. Päd. in ihrer Entwicklung, 1912 - Th.Fritzsch, H.s Leben u. Lehre, 1921 - G.Weiss, H. u. seine Schule, 1928 - K.Siegel, Volksgeschichtswiss. Studien über H. u. die Herbartianer, 1939 - H.Nohl, Der lebendige H. (Die Sammlung 3, 1948, 201-208) - W.Asmus, Der unbekannte H. (Päd. Rundschau 2, 1948, 68-75) - Ders., Der »polit.« H. (ebd 341-350) - Ders., Die H.s in Oldenburg (Oldenburger Jb. 48/49, 1949, 11-50) - Ders., J.F.H.s Ahnen (ebd 52/53, 1953, 5-36) - Ders., H.s Päd. des Charakters (Internat. Zs. für Erziehungswiss. 6, 1949/51, 256-261. 398-402) - Ders., H.s Psychologie u. Päd. des Charakters (Psycholog. Beiträge 3, 1957, 390-406) - W.Schriever, Die päd. Menschenkunde H.s (Diss. Göttingen), 1950 - H.-Diskussion mit Beitr. v. A.Wolff, H. Netzer, K.Schrader, W.Asmus, K.D.Wagner (Schule u. Nation 3, 1956/57). - Zu 2: Jb. des Vereins für wissenschaftl. Pädagogik, 1869 bis 1917 - Enzyklopädisches Hdb. der Pädagogik, 7 Bde, 1894-1903; 10 Bde, 1903-11 - H.Maier, Die Gesch. des Vereins für wissenschaftl. Pädagogik, 1940.

W.Asmus

Herberger, *Valerius* (1562-1627), ev. Theologe, als Prediger, Seelsorger, Kirchenliederdichter und Erbauungsschriftsteller hervorgetreten (→ Kirchenlied: I; → Erbauungsliteratur, 3b), wirkte in seiner Vaterstadt Fraustadt, einem ausgesprochen deutschen Siedlungsgebiet in Polen, als Lehrer, Diakonus und Pfarrer. Die Gegenreformation brachte seine 6000 Seelen zählende Gemeinde um ihr Gotteshaus, das jedoch dank seiner Tatkraft binnen kurzem durch das »Kripplein Christi« ersetzt wurde; die Pest raffte ein Jahrzehnt später ein Drittel der Gemeinde dahin. An der innerprot. Polemik fand H. trotz seines unbestrittenen Luthertums keinen Gefallen; das zeigt sein unbefangener Umgang mit »Philippisten«, Reformierten und Böhmischen Brüdern. Als Prediger war er volkstümlich, unreflektiert, in seiner Anschaulichkeit und seinem Reichtum an Sprichwörtern an Luther erinnernd, räumlich weit über Fraustadt hinaus, zeitlich durch seine Bücher bis ins 19. Jh. wirkend. Berühmt geblieben ist sein Lied »Valet will ich Dir geben«, ein Akrostichon auf seinen Vornamen; zu ihm hat der Fraustädter Kantor Melchior Teschner (seit 1614 Pfarrer in Oberpritschen) eine wertvolle Melodie geschaffen, die aber für allzu viele andere nach der Nibelungenstrophe gedichtete Lieder mißbraucht wird; ihren wohl eindrucksvollsten Satz verdanken wir J.S. → Bach zu H.s Schlußstrophe (Johannespassion).

RE VII, 695ff - ADB XII, 28ff - RGG² II, 1811 (Bibliogr., Lit.) - Hdb. zum EKG II/1, 1957, 125ff (Lit.).

W.Jannasch

Herbert von Cherbury, *Edward,* * 3.3.1583 in Eyton-on-Severn b. Shrewsbury (Shropshire), † 20.8.1648 in London. Aus alter Adelsfamilie, widmete sich H. der militärischen und diplomatischen Laufbahn und faßte die Eindrücke seiner Reisen wie der staatskirchlichen Glaubenskämpfe seiner Zeit in einer an die Stoa angelehnten naturrechtlichen Religionsphilosophie zusammen, die den → Deismus (: III, 2) begründete. Damit führte er Ansätze der → Cambridge Platonists insofern weiter, als er das Urteil über die Religion zum Kriterium der Wahrheit im ganzen erhob und Glauben und Wissen als Einheit postulierte. Wie für die Cambridger traten die angeborenen Ideen (ideae innatae) in den Vordergrund; doch hielt H., anders als sie, in seinem empirisch-geschichtlichen Denken die allgemeine Übereinstimmung (consensus gentium) zur Begründung der Glaubenssätze für wesensnotwendig. Die von ihm nach diesem Kanon aufgestellten 5 religiösen Grundwahrheiten sind: die Realität Gottes, die Pflicht zur Gottesverehrung, der ethische Charakter des Gottesdienstes, der sich in Reue und Wiedergutmachung konkretisiert, schließlich die göttliche Vergeltung im Diesseits und Jenseits. Die universale Religionskritik, die sich aus diesen Sätzen ergab, war von H. positiv gemeint: sie sollte der tragfähigen Religionsbegründung dienen. Sie wurde aber überwiegend negativ als Beseitigung des Offenbarungsanspruchs, als Erschütterung der klassischen Dogmen, als Angriff auf den Gnadencharakter der Erlösung und des gottgefälligen Lebens verstanden, so vor allem in der gewichtigen altluth. Polemik, die für H. und die von ihm vertretene Richtung die Bezeichnung »Naturalisten« prägte (Joh. → Musäus, Dissertatio de luminis naturae et ei innixae theologiae naturalis insufficientia, 1667; G.Titius, Dissertatio de insufficientia religionis mere naturalis ad consequendam vitam aeternam, 1667; Chr. → Kortholt, Liber de tribus impostoribus magnis, de Cherbury, Hobbesio et Spinoza, 1680). Mit seiner unvoreingenommenen, auf eine Neutralität höherer Ordnung ausgehenden Betrachtungsweise schuf H. die Voraussetzung für die Begründung einer vergleichenden → Religionswissenschaft, die auf englischem Boden bald in sehr verschiedenem Sinne getrieben wurde (anglikanisch-kirchlich, wissenschaftlich-feststellend: John → Spencer; deistisch-publizistisch-aggressiv: Charles → Blount). Für die ihn nicht ernsthaft interessierende Frage, wie sich aus den reinen natürlichen Religionen die getrübten historischen ergeben hätten, verwies H. einerseits auf die dichterisch-allegorische Naturbeseelung, andrerseits wie → Charron auf Torheit und Priesterbetrug. Seine Konstruktion der → natürlichen Religion (→ Atheismus: II, 2) wurde die Grundsäule der aufklärerischen Religionsphilosophie; sie wurde erst durch → Schleiermachers »Reden« ernsthaft erschüttert, während sie für das englische Bewußtsein vor allem durch Joseph → Butlers »Analogy of Religion« (1736) bleibend befestigt wurde. H. stand mit → Grotius, → Gassendi und → Casaubon im Gedankenaustausch.

Vf. u.a.: De veritate, prout distinguitur a revelatione, a verisimili, a possibili et a falso, (Paris 1624) London 1643 (franz. 1639); Liber de causis errorum una cum tractatu de religione laici et adpendice ad sacerdotes, London 1645; De religione gentilium, 1645; vollst. Amsterdam 1663. - Über H.: J.G.Walch, Religionsstreitigkeiten ... außer der Ev.-Luth. Kirche V, 1736, 183 ff. 230 ff - S.Lee, Autobiography of E.Lord H. of Ch., London 1886 - C.Güttler, H.v.Ch. Ein Beitrag zur Gesch. des Psychologismus u. der Religionsphilosophie, 1897 - Ü IV, 186 f. 650 (Lit.) - DNB (Neudr. 1949/50) IX, 624 ff - Hirsch I, 244 ff. *M.Schmidt*

Herbert, 1. *George* (1593-1633), nach → Donne der sprachgewaltigste Dichter des englischen Barock. H. wendet sich - anders als dieser - von Anfang an religiöser Dichtung zu, tritt aber erst nach enttäuschten Hoffnungen auf ein Staatsamt 1625 in den Dienst der → Anglikanischen Kirche, den er mit großer Hingabe (seit 1629 als Rektor in London) versieht. Seine Gedichte charakterisiert H. selbst rückblickend als »ein Abbild von den mannigfachen inneren Konflikten zwischen Gott und meiner Seele, in dessen Dienst ich nun vollkommene Freiheit gefunden habe«. Dichtung ist ihm in ihren mannigfachen Formen gültig, solange sie »God's Art« ist und als solche in rational zugänglicher Sprache Gottes Plan widerspiegelt.

Works, ed. F.H.Hutchinson, Oxford (1941) 1945² - J.H.Summers, G.H., His Religion and Art, London 1954. *G.Müller-Schwefe*

2. *Petrus,* * ca 1535 in Fulnek, † 1.10.1571 in Eibenschitz, Theologe und Kirchenlieddichter der → Brüderunität (: II), 1552 in Königsberg, 1557 in Wittenberg immatrikuliert, seit 1560 (Reise zu → Bullinger und → Calvin) oft Verbindungsmann der Unität zu anderen Kirchen. Auch H.s deutsche Übersetzung (1561) der brüderischen Konfession diente dem zwischenkirchlichen Gespräch, ebenso Unterredungen mit Taufgesinnten und Lutheranern in Böhmen (1565). In Jungbunzlau 1562 ordiniert, übernahm er die deutsche Brüdergemeine Landskron (wo bis 1534 M. → Weiße gewirkt hatte). Die Synode zu Prerau wählte ihn 1567 als Konsenior in den Engen Rat. Nach Jan Jeleckys Tod (28.12.1568) wurde H. Prediger in Fulnek. Er starb auf einer Reise im Unitätsdienst. Sein gleichnamiger Sohn war 1600-05 Prediger in Alt-Titschein. - H.s Hauptwerk ist die Mitarbeit (neben Michael Thamm und Jelecky) an den »Kirchengeseng« (als Hs. 1564, gedruckt erst 1566 nach König Ferdinands Tod in Eibenschitz), auch eine Werbung für die Unität, da sie viele Lieder aus dem tschechischen Gesangbuch (Samter 1560/61) den deutschen Protestanten zugänglich machten. Bei 93 Liedern (davon 42 aus dem Tschechischen übertragen) gilt H. als Autor. Heute sind noch 8 Lieder H.s bekannt (4 im Stamm des EKG). Nächst Weiße ist er der wichtigste Dichter der Unität; seine Lieder stehen zwischen biblischem Zeugnis und ernster Vermahnung.

P.Wackernagel, Das dt. Kirchenlied IV, 1874, 384 ff - R.Wolkan, Das dt. Kirchenlied der Böhmischen Brüder im 16.Jh., 1891, 105 ff - J.Th.Müller, Gesch. der Böhmischen Brüder, 1931, II, 28. 347. 379 ff. 394. 409; III, 102 ff. 399 - Hdb. zum EKG II/1, 1957, 83 (W.Lueken). *S.Fornaçon*

Herborn, *Hohe Schule.* Zur Ausbildung ref. Theologen und zur geistigen Abwehr der → Gegenreformation wurde 1584 durch Graf Johann VI. von Nassau-Dillenburg (→ Nassau) im Einvernehmen mit seinem Bruder Wilhelm von Oranien in H. eine Hohe Schule samt Pädagogium gegründet und auf den Rat → Olevians nach Genfer Muster (→ Genf: II) eingerichtet. Die bedeutendsten Lehrer der »Johannea« waren Olevian, Joh. → Piscator, dessen vierzigjähriger Tätigkeit sie hauptsächlich ihre Blüte verdankt, W. → Zepper, Gg. Pasor (Verfasser des vielbenutzten ersten Lehrbuchs zum griech. NT und der ersten griech. Grammatik des nt. Griechisch), Joh. → Alsted und vor allem der Jurist Joh. → Althusius. Die Anstalt gewann bald internationalen Ruf und zog Studenten aus vielen europäischen Ländern, bes. der Schweiz, Ungarn und den Niederlanden an (berühmteste Schüler: H. → Alting, Joh. → Buxtorf, J.A. → Comenius, Giov. → Diodati). Bes. enge Beziehungen bestanden zu Rheinland und Westfalen. - Vorherrschend war die Föderaltheologie (→ Bund: IV). In der Philosophie wurde → Ramus zäh gegen → Descartes verteidigt. Der erste akademische Buchdrucker, Corvinus, brachte über 900 vorzügliche Drucke heraus und machte H. bald zu einer Hauptbezugsquelle für ref. Literatur. Zeitweilig der Pest wegen nach Siegen verlegt, ging die Schule seit 1624 infolge der kriegerischen Ereignisse, der Uneinigkeit der Professoren und bes. des Fehlens der vollen Universitätsrechte zurück, war im 18.Jh. nur noch eine überwiegend nassauische Landesschule und wurde 1817 aufgehoben. An ihre Stelle trat das bis heute bestehende theologische Landesseminar.

J.H.Steubing, Gesch. d. Hohen Schule H., 1823 - G.Zedler-H. Sommer, Die Matrikel d. Hohen Schule u. d. Pädagogiums zu H., 1908 - H.Schlosser, Die ev. Kirche in Nassau-Oranien 1530-1930 I, 1931, 15 ff - Ders., Die Lit. über H. (Hs., im Besitz der Stadt H., enthält die gesamte Lit. bis 1941) - E.Huth, H. Mark u. Stadt, 1951, 232 ff - H.Grün, Geist u. Gestalt d. Hohen Schule H. (Nass. Annalen 1954, 130-147; Lit.). *H.Graffmann*

Herbst, *Hans* (ca 1470-1540), seit 1507 Stadtrichter in Schwabach, führende Persönlichkeit in der ev. Bewegung Frankens, Verfasser beachtlicher, meist anonymer Flugschriften; dafür zeitweise im Gefängnis in Ansbach.

H.Clauss, Die Einführung der Reformation in Schwabach, 1914, 41 ff. 65 f - M.Simon, Eine unbeachtete Flugschrift zur Reformationsgesch. der Markgrafschaft Brandenburg-Ansbach (ZBKG 22, 1953, 183-192). *Matth.Simon*

Herd. Der H. wird in fast allen Kulturen - zumal den indogermanischen und mongolischen - kultisch beachtet. Als Träger des → Feuers, das Wärme und Nahrungsbereitung ermöglicht, ist der H. Zentrum häuslichen Geschehens. Die Macht des Feuers verehrt man im H. - Nach zwei Momenten kann die eigene Bedeutung des H.es sichtbar gemacht werden. Einmal zeigt der archaische Brauch der H.bestattung, daß etwas Eigenes am H. hängt, da sie mehr und anderes ist als bloße → Feuerbestattung. Ferner manifestiert der H. eigene halbpersönliche Gottheiten, die nicht mit den Feuer-Gottheiten identisch sind. Ihnen eignet die eifersüchtige und leicht zu kränkende Beobachtung von Reinheit (bes. am zentralasiatischen Küchen- und H.-Gott sichtbar) wie auch die reinigende Kraft des Feuers (H. im Parsismus [→ Iran: III]). – Das wichtigste Motiv der kultischen Erweiterung und Verselbständigung des H.es ist darin zu erkennen, daß dem H. von der zweigeschlechtlich interpretierten Entstehung des Feuers durch die Feuerbohrung aus die weibliche Rolle zuwächst (griech. ἐσχάρα bedeutet H. wie Holzunterlage bei der Feuerbohrung). Im Rigveda (III, 29) wird diese Bedeutung des H.es deutlich, die ihn zur Empfängnis in Beziehung sieht und in ihm den Garanten der Nachkommenschaft verehrt. So steht der lectus genialis im altrömischen Hause neben dem H. Die Kinder aber werden bei den Amphidromien um den H. in die Familiengemeinschaft aufgenommen. – Der H. ist im Hause der ausgezeichnete Ort der »Statthaftigkeit« des Gottes (van der Leeuw). Und zwar wird nicht nur die Präsenz des H.- oder Küchen-Gottes, sondern die jedes das Haus, die Familie oder Sippe betreffenden Gottes am H. erwartet. Der H. gewinnt die exemplarische Bedeutung als → Altar (: I, 3 b). Das überträgt sich auf den Stadt- und Staatskult, der des H.es bedarf und der auf ihm genährten Flamme. – Es versteht sich, daß der H. als Lebensmittelpunkt des Hauses, dh der Familie oder Sippe die Kraft hat, den Familien- oder Sippen-Schutz zu repräsentieren. Sklaven werden durch Berühren des H.es zu eigenen Sklaven, wie das gekaufte Vieh. Am H. herrscht daher auch das → Asyl, das Familie oder Sippe gewähren; ebenso hängt der Gastschutz (→ Gastfreundschaft) am H. Auch in dieser soziologischen Hinsicht bedingt der H. exemplarisch den Altar im Tempel.

A. Nagel, Der chines. Küchengott (ARW 11, 1908, 23-43) – ERE VI, 559ff – L.v. Schröder, Arische Religion I, 1923, 589ff – HWDA III, 1758ff – G. Tessmann, Die Indianer Nordost-Perus, 1930 – M.P. Nilsson, Gesch. der griech. Religion I (HAW V/2, 1), (1941) 1955² (Reg.) – F. Bömer, Ahnenkult u. Ahnenglaube im alten Rom (ARW Bh. 1), 1943 – O. Huth, Vesta (ebd 2), 1943 – A. Brelich, Vesta, Zürich 1949 – L. Deroy, Le culte du foyer dans la Grèce mycénienne (RHR 137, 1950, 26-43) – van der Leeuw (Reg.). – Weiteres s. → Feuer.

C.H. Ratschow

Herder, *Johann Gottfried*

1. Lebensgang – 2. Bedeutung für die Geistesgeschichte – 3. H. als Theologe

1. J.G.H., * 25.8.1744 in Mohrungen (Ostpreußen) als Sohn eines Kantors und Schullehrers, † 18.12.1803 in Weimar, nach der Schulzeit Schreibhilfe des pietistischen Diakonus Trecho. Aus diesen engen Verhältnissen befreit entschloß er sich, nach anfänglichem Studium der Medizin in Königsberg Theologie zu studieren. Aber nicht die Königsberger Theologen, sondern → Kant in seiner vorkritischen Periode und → Hamann zogen ihn in ihren Bann. Darüber hinaus wirkten → Shaftesbury, → Winkkelmann und → Klopstock auf ihn ein. Unter Hamanns Einfluß wandte er sich von der → Aufklärung ab. – In Riga (1764-69 als Lehrer an der Domschule und dann auch als Prediger) begegneten ihm die Völker und Sprachen des Ostens. So entfaltete er seine Anschauung von Volkstum, Sprache und den politischen Lebensformen. Obwohl er dort durch die Kraft der neuen Lebensbewegung und seine persönliche Fähigkeit, Menschen zu erwecken, viele Herzen im Sturm gewann, verließ er plötzlich, scheinbar unmotiviert die Sicherheit seiner Ämter, um ohne besonderes Ziel eine mehrmonatige Seereise anzutreten. Er folgte »einem inneren Ruf Gottes an uns«, um »die Welt meines Gottes von mehr Seiten kennenzulernen«. Die Seereise endete nach einem Schiffbruch in Frankreich. Als Hofmeister von reisenden Eutiner Prinzen kam H. nach Straßburg. Hier schrieb er seine berühmte Schrift »Über den Ursprung der Sprache«. Hier fand seine Begegnung mit → Goethe statt, den H. zu einem völlig neuen Verständnis der Poesie, der Sprache als ursprünglichen Wesensausdrucks menschlich-geschichtlichen Lebens, des Liedes (bes. des Volksliedes), der Bibel (bes. des AT), Homers und Shakespeares führte. Die Berufung nach Bückeburg als Hofprediger und Konsistorialrat brachte H. nicht das ersehnte Wirkungsfeld. Die glückliche Ehe mit der ihm geistig ebenbürtigen Karoline Flachsland, aus der 6 Kinder hervorgingen, gab dem innerlich zerrissenen Manne mehr Lebensvertrauen und inneren Halt. In Bückeburg vollzog sich in H. eine Art Bekehrung. Er selbst betonte, daß »der theologische Libertin weg sei«. An Jugenderlebnisse anknüpfend, entdeckte er die Bibel neu als Kraftquelle des Glaubenslebens. Die Übersetzung des johanneischen Begriffes »Logos« durch den Begriff »Tat« (»Im Anfang war die Tat«) bei Goethe geht auf H. zurück. Dieser Bibelinterpretation dienen u.a. seine Schriften »Älteste Urkunde des Menschengeschlechtes«, »Erläuterungen zum NT«, »Provinzialblätter an Prediger«. Am deutlichsten zeigte sich seine religiöse Grundhaltung in seinen nicht unmittelbar theologischen Schriften, zB in seiner frühen geschichtsphilosophischen Abhandlung »Auch eine Philosophie der Geschichte zur Bildung der Menschheit« (1774). 1776 wurde der erst 32jährige H. auf Betreiben Goethes als General-Sup. nach Weimar berufen. Die ersten Jahre brachten ein glückliches Zusammenwirken der beiden Freunde. Goethes Naturansicht und H.s Geschichtsbetrachtung vereinten sich in H.s Schrift »Ideen zur Philosophie der Geschichte der Menschheit« (4 Tle, 1784-91). Aus dem umfangreichen Schrifttum der früheren Weimarer Zeit sind bes. hervorzuheben die »Briefe, das Studium der Theologie betreffend« (1780), »Vom Geist der hebräischen Poesie« (1782 ff), »Gespräche über Gott« (1787), eine Arbeit, die vornehmlich H.s Begegnung mit → Spinoza und seine Umdeutung der spinozistischen Gedanken bekundet. – Seit der italienischen Reise (1788/89) verschärfte sich der Gegensatz H.s zu Goethe, zur Weimarer → Klassik und zur Kantischen kritischen Philosophie immer mehr. In der Ablehnung der Kantianer ging er so weit, daß er sich auch an der Absetzung → Fichtes im Zusammenhang mit dem → Atheismusstreit beteiligte. In seinen Spätschriften fiel H. teilweise wieder in die Begriffswelt der von ihm selbst schon überwundenen Aufklärung zurück. Seine Schriften gegen Kant (»Metakritik der reinen Vernunft«, 1799; »Kalligone«, 1800) zeigten eine gereizte Polemik, und ihre Formlosigkeit ließ den berechtigten Kern seines Anliegens nicht klar genug hervortreten. Zusammen mit dem befreundeten Jean Paul bildete H. ein kritisches Gegengewicht gegen die Weimarer Klassik und gegen die Kantianer. H. starb verbittert und einsam, bewahrte sich aber bis in den Tod hinein die Hoffnung auf das »wiederkehrende Glück«, auf die Palingenesie.

2. H. ist einer der wenigen Theologen der Neuzeit, die sich einen bedeutsamen Platz in der allgemeinen Literatur-, Philosophie- und Geistesgeschichte erworben haben. Seine eigentliche Leistung läßt sich aber schwer umreißen, weil alle seine Werke zumeist Bruchstücke, Entwürfe und Pläne geblieben sind. H. ist auf vielen Gebieten der Anreger, Erwecker und eine Weissagung auf die Zukunft. Die → Sprachphilosophie verdankt ihm entscheidende Anregungen. Die Sprache ist für ihn ein spezifisch menschliches geschichtliches Werdewesen, ein Mittelwesen zwischen dem Worte Gottes und den Lau-

ten der Tiere. Die Poesie und bes. das → Volkslied sind Ausdruck des unmittelbaren und ursprünglichen Lebens. Der → Mythos ist nicht nur primitive Naturerklärung, sondern symbolische, dichterische Ahnung der Tiefen des göttlichen Seins. H.s eigentümliche Leistung ist die Erschließung der → Geschichte (: III) als einer neuen Dimension des Lebens: ohne die Geschichte der Natur entgegenzusetzen, erfaßt er sie vielmehr in ihrem inneren Zusammenhang mit dem biologischen und psychischen Geschehen. Die typischen Kategorien seines Geschichtsverständnisses sind die Individualität (→ Individuation), die organische → Entwicklung (: II, 3) als geschichtlicher Werdezusammenhang und die Überlieferung eines Erbes als des Bleibenden in der Geschichte (→ Tradition). Darüber hinaus aber wird die Geschichte in ihrer Wunderbarkeit, in ihrer Kontingenz gesehen, und darum ist ihm gerade die Geschichte als das Konkret-Lebendige, als das Unmittelbare, Gegenwärtige und innerlich Unendliche die Offenbarung Gottes als der Urkraft des Lebens. Der Bückeburger H. sieht noch den tragischen Zwiespalt von menschlichem Willen, menschlichem Leiden und göttlicher Lenkung, menschlicher Irrung und göttlichem Ziel, während der alte H. in Weimar stärker die Identität von menschlicher Geschichtsdynamik und göttlicher Offenbarung betont. In der Betrachtung der Menschheitsgeschichte sind ihm einige erstmalige Entdeckungen gelungen, zB hat er schon vor der Romantik die Bedeutung des MA erkannt. – In diesen Zusammenhang seiner geschichtlichen Denkweise gehört H.s neue Erkenntnis vom Volkstum als Sozialindividualität, geschichtlichem Werdewesen und Verbundenheit vom Ursprung her. Er nimmt bereits vieles von der Kritik des 19. und 20.Jh.s an der Weimarer Klassik und Kants kritischem Idealismus vorweg. In gewisser Weise ist H. ein Vorläufer der modernen → Lebens- und → Existenzphilosophie. Die eigentliche Existenz des Menschen besteht nicht im Wissen, sondern in dem Innewerden seiner Kräfte und im Verwirklichen der in ihm lebenden Ideen.

3. H.s *Bedeutung für die Theologie* ist deshalb schwer zu kennzeichnen, weil der große Einfluß → Schleiermachers auf die neuere Theologiegeschichte H.s Bedeutung in den Hintergrund treten ließ. H.s vornehmlicher Beitrag zur Fachtheologie besteht in der Anwendung der neuen geschichtlichen Denkweise auf die Interpretation des christlichen Glaubens, der Bibel und der kirchlichen Lehre. H. ist infolge seines vertieften Geschichtsverständnisses den aufklärerischen Neologen wie → Ernesti, aber auch → Semler und sogar → Lessing überlegen. Er hat den Geist, die geschichtliche Situation und die Bildersprache der Bibel in neuer Weise in ursprünglicher Lebendigkeit erfaßt. Die Poesie des AT, bes. der Psalmen hat er kongenial gedeutet und dabei die grundlegenden ästhetisch-religionsgeschichtlichen Beobachtungen vorweggenommen (→ Bibelwissenschaft: I, 2a), die später H. → Gunkel in seiner Lehre von den Psalmgattungen und dem »Sitz im Leben« hervorgehoben hat. Im NT hat H. die Verflechtung des JohEv mit Bildern und Anschauungen des Parsismus erstmalig empfunden. In der Evangelienkritik (→ Evangelien, synoptische, 1b) hat er die besondere Bedeutung des MkEv und den unhistorischen Charakter vieler Teile des JohEv geahnt, ohne infolge seiner fragmentarischen Arbeitsweise zu präzisen Ergebnissen zu kommen. Die eigentliche Bedeutung H.s für die Theologie liegt aber darin, daß er Prophet und Wegbereiter eines neuen Verständnisses für die christliche → *Offenbarung* (: V) geworden ist, das dann mit Schleiermacher in klarerer und entschlossener Gedankenführung den Bann der Aufklärungstheologie zerbrach. Dieses Neue ist bei H. mit seiner → Humanitäts-Idee und dichterisch-geschichtlichen Weltsicht verflochten, aber diesen gegenüber doch etwas Besonderes. Hamanns Offenbarungsglaube, der Empirismus → Humes, die Makrokosmos-Mikrokosmos-Mystik von → Leibniz und das produktive Mißverstehen des spinozistischen Pantheismus verschmolzen sich in ihm zu einer neuen Schau des Offenbarungsgeschehens. H. trat in Gegensatz zu einer Theologie, die ihr Offenbarungsverständnis durch den kritischen Idealismus Kants bestimmen läßt. Religion ist nicht eine apriorische Funktion des menschlichen Geistes. H. ist sowieso mißtrauisch gegen Kants Behauptung von apriorischen Vernunftprinzipien und seinen ungeschichtlichen Zeitbegriff. Glaube ist Vernehmen und Empfangen der Offenbarung. Gott ist nicht eine metaphysische Idee des → Absoluten oder ein metaphysischer Grenzbegriff, ebensowenig der Inbegriff oder Hintergrund einer moralischen Gesetzlichkeit. Gott offenbart sich als Urkraft alles Lebens. Der Mensch ist in seiner individuellen geschichtlichen Existenz begrenzt, aber dennoch gerade in dieser Individualität fähig, die göttliche Urkraft tätig widerzuspiegeln und sein irdisches Leben als Symbol des göttlichen Lebens zu gestalten. Gott und Welt werden niemals pantheistisch identifiziert. Das »Jenseits« ist die Kraft des »Diesseits« und wird im Gefühl erfahren. Gefühl ist nicht eine dritte psychologische Funktion, sondern der Urakt des menschlichen Geistes überhaupt. Natur und Geist, Schöpfung und Geschichte sind nicht letzte Gegensätze, sondern durch die göttliche Urkraft miteinander verbunden. Natur ist nicht in erster Linie der Gegenstand der positivistisch verstandenen Naturwissenschaft, sondern das schöpferische Leben als Selbstoffenbarung des göttlichen Schöpfers. → Geist (: VII, 4) ist bei H., der diesen Begriff in der philosophischen Sprache erst heimisch macht, nicht der aufgeklärte Verstand, sondern eine Lebenskraft aus der Verbundenheit mit dem Ursprung, wobei die Herkunft vom biblischen Pneumagedanken nicht zu verkennen ist. – Diese Offenbarungstheologie hat in doppelter Hinsicht große Schwächen: Wenn *alles* Ausdruck der göttlichen Offenbarung ist, dann kann das Böse und die Sünde nicht mehr als radikal Böses verstanden werden, sondern nur als vorläufige Beschränkung und als Übergang. Hier geht H. noch in den Bahnen der Aufklärung. – Ferner erfährt der Begriff der Offenbarung eine so starke Ausweitung, daß die Offenbarung schließlich mit der Dynamik des unmittelbaren Lebens, bes. aber des geschichtlichen Lebens identisch ist. Sinn dieses geschichtlichen Lebens ist die göttliche Erziehung zur Humanität. Während in dem Humanitätsbegriff des jungen H. die unergründliche schöpferische Tiefe der Individualität und der neue Wille zum Wirklichen vom Unmittelbaren und Ursprünglichen her in den Vordergrund tritt, ist die Humanitätsidee des späteren H. stärker durch Ideen der Aufklärung bestimmt. Er beschreibt sie als den Inbegriff menschlicher Grundhaltungen, die vorwiegend an sanften, friedlichen, bürgerlichen Tugenden, wie Friedfertigkeit, Mitgefühl, Gerechtigkeit, Wahrheit, Wohlanständigkeit und selbstverständlich auch Frömmigkeit veranschaulicht werden. – Trotz aller Begeisterung für das AT steht der geschichtliche Jesus der Evangelien bei ihm im Vordergrund (→ Christologie: II, 8b). Selbstverständlich unterscheidet H. stärker als die Aufklärer den Glauben Jesu und den Glauben *an* Jesus und hat damit schon die Theorie → Harnacks vom doppelten Evangelium vorweggenommen. Was ihn aber eigentlich fesselt, ist der Eindruck des göttlichen Lebens Jesu, das sich ihm als sittliche Hoheit und vollkommene Humanität manifestiert. Die biblischen Aussagen über das Erlösungswerk Christi treten dahinter völlig zurück. H. hat sich auch als praktischer Theologe von den Aufklärern unterscheiden wollen. Er verstand sich nicht bloß

als Lehrer und Bildner religiöser sittlicher Gesinnung im Dienste von Kirche, Staat und Gesellschaft, sondern als der Mann Gottes, als Diener am göttlichen Wort. Er war einer der bedeutendsten Prediger seiner Zeit. Auf dem Gebiet der religiösen Unterweisung vertrat er bereits ähnliche Gedanken wie später Schleiermacher in seinen »Reden«. Er hielt Religion und Glauben nicht für lehrbar, aber für erweckbar durch das Verstehen und Nacherleben des biblischen Zeugnisses.

GesW hg.v. B.SUPHAN, 33 Bde, 1877-1913 - H.s Philosophie hg.v. H.STEPHAN, 1906. - Von den Briefen (in keiner GA) bes. wichtig: H.s Lebensbild. Sein chronolog. geordn. Briefwechsel, hg.v. seinem Sohn E.G.H., 1846; Aus H.s Nachlaß, 3 Bde, 1856f; Von u. an H., 3 Bde, 1861f. - Über H.: A.WERNER, H. als Theologe, 1871 - R.HAYM, H. nach seinem Leben u. Wirken, 2 Bde, 1880/85 - E.KÜHNEMANN, H., (1895) 1927³ - RE VII, 697ff; XXIII, 641 - H.STEPHAN, H. in Bückeburg, 1905 - DERS., Gesch. der ev. Theol., 1938, 21ff. 44ff - RGG¹ II, 2122ff; RGG² II, 1814ff - G.JACOBY, H. als Faust, 1911 - R.UNGER, H., Novalis, Kleist, 1922 - M.DOERNE, Die Religion in H.s Geschichtsphilosophie, 1927 (Lit.) - G.WEHRUNG, Schleiermacher in der Zeit seines Werdens, 1927 (für das Verhältnis H.s zu Schleiermacher) - W.DEBOOR, H.s Erkenntnislehre, 1929 - M.REDEKER, Wort Gottes u. Sprache. Im Anschluß an die Sprachphilosophie des jungen H. (ZThK 37, 1929, 348-356) - DERS., Humanität, Volkstum, Christentum. Ihr Wesen u. gegenseitiges Verhältnis an der Gedankenwelt des jüngeren H. dargestellt, 1934 (Lit.) - TH.LITT, Kant u. H. als Deuter der geistigen Welt, 1930 - F.BERGER, Menschenbild u. Menschenbildung. Die philos.-pädag. Anthropologie H.s, 1933 - E.FRANZ, Dt. Klassik u. Reformation, 1937, 280ff - W.RASCH, H. Sein Leben u. Werk im Umriß, 1938 - B.v.WIESE, H. Grundzüge seines Weltbildes, 1939 (Lit.) - DERS., Der Philosoph auf dem Schiffe (in: Der Mensch in der Dichtung, 1958, 52-71) - H.-G. GADAMER, Volk u. Gesch. im Denken H.s, 1942 - BARTH, PrTh 279ff - HIRSCH IV, 207ff - D.BERGER, H.-Schrifttum 1916-53 (in: Im Geiste H.s, 1953, 268-305) - D.W.JÖNS, Begriff u. Problem der hist. Zeit bei J.G.H., Stockholm 1956 - H.J.KRAUS, Gesch. der hist.-krit. Erforschung des AT, 1956, 103ff - EKL II, 116 f. *M.Redeker*

Herfurth, *Franz* (1.1.1853 bis 26.3.1922), ev. Theologe, * und † in Kronstadt. Er wurde dort 1876 Lehrer, 1889 Pfarrer, 1894 auch Bezirksdechant in Neustadt und wirkte von 1908, seit 1917 zugleich als Bischofsvikar, wieder in Kronstadt. H., eine weltoffene und verbindliche Persönlichkeit, vertrat im Volkstumskampf der → Siebenbürger Sachsen den Grundsatz, die Kirche könne nur als Trägerin religiösen Lebens auch Hüterin des Volkstums sein. Seine Lebensarbeit galt darum ihrer inneren Erneuerung durch die Burzenländer Kirchenordnung, die Neuherausgabe des Gesangbuches, Erweiterung der kirchlichen Liebestätigkeit und Vertiefung des Verhältnisses zum deutschen Protestantismus. H. war ein geschätzter Volksschriftsteller und gab das erste heimische Sonntagsblatt »Der Siebenbürger Volksfreund« und das »Sächsische Volksliederbuch« heraus.

TRAUSCH-SCHULLER IV, 190ff (Bibliogr., Lit.) - F.TEUTSCH, Denkrede auf F.H. (in: Das Sächsische Burzenland einst u. jetzt, Kronstadt 1925. 383-409; Lit.). *H.Hohlwein*

Hergenröther, *Joseph* (1824-90), Kardinal, kath. Kirchenhistoriker, * Würzburg, † Mehrerau a. Bodensee. Nach Studium in Würzburg und Rom (Collegium Germanicum) wurde H. 1851 PDoz. in München und war 1852-79 Prof. für Kirchenrecht und Kirchengeschichte in Würzburg. Seit 1869 als Konsultor an den Vorarbeiten zum → Vatikanum beteiligt, schrieb er 1870 vom papalistischen Standpunkte aus gegen → Döllinger seinen »Antijanus«. Anstelle von Joh. → Janssen 1879 zum Kardinal und Präfekt der Vatikanischen Archive ernannt, wurde H. mit der Erschließung der seit 1881 geöffneten päpstlichen Archive beauftragt (→ Archivwesen, 2). Die Berufung eines Deutschen in die nächste Umgebung des Papstes zeigte neben dem Ruf der deutschen kath. Wissenschaft seiner Zeit die Bedeutung, die → Leo XIII. den deutschen Angelegenheiten beimaß (→ Kulturkampf).

Vf. u.a.: Photius, Patriarch v. Konstantinopel, 3 Bde, 1867-69; Hdb. d. allg. KG, 3 Bde, 1876-80 (seit der 4. Aufl. [1902-07] bearb.v. J.P.KIRSCH); Fortführung von → HEFELES Conziliengesch.: Bd VIII. IX, 1887/90; Hg. von KL. - Über H.: L.STEINER, Kard. H., 1883 - ADB 50, 228ff - J.B.STAMMINGER, Zum Gedächtnis Kard. H.s, 1892 - S.MERKLE, Die Vertretung d. KG in Würzburg bis zum Jahre 1879 (in: M.BUCHNER, Aus d. Vergangenheit d. Univ. Würzburg, 1932, 146-214, bes. 186ff) - LThK IV, 976 - B.LANG, Zum 50. Todestag v. Kard. J.H. (Theol. prakt. Quartalschr. 93, 1940, 302-309) - EC VI, 1415f. *G.Maron*

Herman, *Nikolaus,* * nach 1480 in Altorf, † 1561, um 1518 Lehrer und Kantor in St.Joachimstal, mit J. → Mathesius nahe verbunden. - H.s Prosen in der Joachimstaler lateinischen Agende sind eine Vorform seiner 101 deutschen Evangelienlieder (zur Gattung s. J. → Heermann), die 1560 als »Sonntags-Evangelia... für die Kinder und Christliche Hausväter« erschienen (mit Vorrede von P. → Eber). 1562 folgten »Die Historien von der Sintflut, Josef, Mose...« mit Vorreden von H. und Mathesius. - Sechs Lieder gehören zum Kernbestand unserer Gesangbücher: die Festlieder EKG 21 und 80, beide mit H.s Weisen, der Morgen- und Abendsegen (339. 355), das Reiselied 388 sowie als Krone seiner Lieder das Sterbelied 313. - Die Selbstbescheidung, mit der »der alte Kantor« (Vorr. 1559) sein »Gesangbüchlein« den Kindern zueignet, die katechetische Schlichtheit der Formen, die unbefangene Übernahme lateinisch-liturgischen wie deutschen Liedgutes, nicht zuletzt Schleupners (immer neu zitiertes) zweifelhaftes Zeugnis, H.s Lieder seien nach Predigten von Mathesius gemacht, hat die Hymnologen getäuscht. H. ist mehr, als er scheinen wollte. Dieser Sänger und Melodist an der Grenze zweier Zeitalter verbirgt sein großes Talent in virtuosem Eingehen auf die Maße des Kindlichen und Volksmäßigen. Dahinter leuchtet eine heiter-beschwingte Freiheit reinen Künstlertums auf, die zu ihrer Zeit kaum ihresgleichen hat.

Etwa 100 sichere Texte bei PH.WACKERNAGEL, D. dt. Kirchenlied III, 1870, Nr. 1351ff - DERS., Das dt. Kirchenlied von M.Luther..., 1841, 815ff (Texte der vier Vorreden). - RE VII, 705ff (Qu. u. Lit.) - RGG² II, 1819f - EKL II, 117f - Hdb. z. EKG II/1, 1957, 58f; II/2, 1957, 85ff. *M.Doerne*

Hermann, 1. *von Salza,* aus Thüringer Dienstmannengeschlecht, † 20.3.1239 in Salerno, 1209 Hochmeister des Deutschen Ordens (→ Ritterorden). Ratgeber Kaiser → Friedrichs II. und Vermittler zwischen diesem und Gregor IX. Nach gescheitertem Versuch einer Ordensansiedlung im ungarischen Burzenland (1211-25) werden die Schenkung Konrads von Masovien (1225 Kulmer Land) und die kaiserliche »Goldene Bulle« von Rimini (März 1226) Voraussetzungen des Deutschordensstaates in Preußen seit 1230 (→ Ostpreußen). Die neue Landesherrschaft trägt dem sizilischen Staat Friedrichs II. verwandte Züge, aber auch die Zeichen der Auseinandersetzung päpstlicher und kaiserlicher Missionstheorie.

Vgl. die Lit. zur Gesch. d. Dt. Ordens (→ Ritterorden). - Ferner: E.KANTOROWICZ, Kaiser Friedrich II., (1927) 1936⁴, bes. ErgBd 1931 - E.MASCHKE, Der dt. Ordensstaat, Gestalten seiner großen Meister, 1943 - DERS., Die Herkunft H.s v. S. (ZVThG NF 34, 1940, 372-389) - W.HUBATSCH, Der Dt. Orden u. d. Reichslehenschaft über Cypern (NAG 1955, 245-306) - H.HEIMPEL in: Die Großen Deutschen I, 1956, 171-186. *H.Heimpel*

2. *von Wied* (1477-1552). Schon früh zum geistlichen Stand bestimmt, 1493 Student der Rechte in Köln, wurde der Subdiakon 1515 als H. V. Erzbischof und Kurfürst von → Köln, 1532 auch Administrator des Bistums → Paderborn. Als guter Landesfürst wirkte er für Reformen in Verwaltung und Gerichtswesen seiner Länder. Bis 1535 bekämpfte er ev. Regungen im Erzstift und Paderborn und beteiligte sich am Niederwerfen des

Münsterer Täuferreichs (→ Täufer). Von humanistisch gebildeten Räten umgeben, erstrebte H. zunächst milde Reformen und gehörte in der Ära der Religionsgespräche 1540/41 zu den vermittelnden Kräften. Aber ev. gesinnte Berater wie Peter Medmann, Joh.Meinerzhagen und Dietr. von Büchel, die Fühlung mit ev. Fürsten und eine Aussprache mit Martin → Bucer brachten H. ins ev. Lager. Vom Dez. 1542 bis Sept. 1543 wirkte Bucer auf seine Einladung hin in Bonn, dem sich Melanchthon, → Hedio, → Sarcerius, → Pistorius (, 2) und → Hardenberg zugesellten. Bucer und Melanchthon erarbeiteten ein Reformationsbedenken, das in der Lehre entschieden ev. war, in den kirchlichen Formen aber manche Zurückhaltung übte. Für dieses Programm gewann H. die weltlichen Stände, obwohl sich inzwischen eine Opposition in der Mehrheit des Domkapitels, im Klerus, in Universität und Rat von Köln unter Führung von Joh. → Gropper formiert hatte. Einen ersten Rückschlag erlitt H.s Reformationsversuch durch → Karls V. Sieg über den Herzog von Jülich bei Venlo 1543 und den Durchzug der kaiserlichen Truppen durchs Erzstift; entscheidend wurde das Übergewicht Karls seit 1546. H. wurde im April 1546 exkommuniziert, das Domkapitel wählte im Jan. 1547 seinen Koadjutor Adolf von Schaumburg. Daraufhin dankte H. am 25.2.1547 ab und starb in der Grafschaft Wied im ev. Glauben. Die Kölner Reformation und ihr Fehlschlagen sind ein Vorspiel des Schmalkaldischen Kriegs (→ Deutschland: I, 2a), die erste große Schlacht, die die → Gegenreformation gewann und die Nordwestdeutschland dem Katholizismus erhielt.

C.Varrentrapp, H.v.W. u. sein Reformationsversuch in Köln, 1878 - W.Lipgens, Kardinal J.Gropper (RGST 75), 1951 - L.Hatzfeld, Dr. Gropper, die Wetterauer Grafen u. die Reformation in Kurköln 1537/47 (AKultG 36, 1954, 208-230) - H.Jedin, Fragen um H.v.W. (HJ 74, 1955, 687-699; Lit.). *J.F.G.Goeters*

Hermannsburger Mission, 1849 von L. → Harms gegründet, begann nach zwei vergeblichen Versuchen, zu den Galla (→ Äthiopien: V, 2) zu gelangen, 1854 mit Arbeiten in Natal (→ Afrika: IV B, 2b. d). In hartem Ringen schuf sie unter den kriegerischen Zulu eine Reihe bodenständiger Bauerngemeinden mit dem Ziel einer Volkskirche. Unter den Betschuanen in Transvaal wurde in rascher Folge durch viele Stationen ein heimatloser Volksstamm nach dem andern angesiedelt und missioniert. In zäher Arbeit hat die H.M. die schweren Rückschläge der blutigen Zulukriege und des Burenkrieges überwunden. Größeren Schaden brachten ihr die beiden Weltkriege und der Einbruch des → Säkularismus (: II). - Mittelpunkte missionarischen Einsatzes sind heute die Lokationen der Industriestädte, bes. des Goldfeldes. Die einheimische Christenheit mit ihren 150000 Gliedern ist in jungen luth. Kirchen gesammelt. - Die 1927 begonnene Gallamission (Missionar → Wassmann) hat in einer großen Erweckungsbewegung (Kes Daffa Djammo) zur Gründung der Gallakirche geführt (1944). - Die opferreiche Mission an den Telugu in Südindien (seit 1864; → Indien: IV) erlag 1915 durch die Deportation der Missionare und wurde 1926 an die luth. Ohiosynode abgetreten. - Die 1866 gegründete, äußerst schwierige Mission in Zentralaustralien (Station Hermannsburg [→ 4 C 3; → Australien: III, 2]) und die 1875 begonnene Arbeit in → Neuseeland wurden nach 1900 den luth. Synoden in Australien überlassen. - 1957 waren 170 europäische Missionskräfte in Afrika. Heimatwerke sind: Volksmission, Volkshochschule, Christian-Schule, Gemeindehelferinnen-Seminar.

Jahresberichte der H.M., seit 1854 - H.M.sblatt, 1854ff. - G.Haccius, Hannov. Missionsgesch., 4 Bde, 1909-20 - W.Wickert, Die Vögel des Himmels wohnen unter seinen Zweigen, 1949. *A.Elfer*

Hermas, einer der »Apostolischen Väter« (→ Altchristliche Literaturgeschichte, 2), ist Verfasser einer Schrift, die seit Ende des 2.Jh.s als »der Hirt« (ὁ Ποιμήν, *Pastor*) bezeichnet wird und bei griechischen Kirchenschriftstellern oft in Zitaten begegnet. Das ganze Buch ist auf griechisch in einer allerdings jungen Handschrift (14. oder 15.Jh.) bewahrt; das erste Viertel ist in der → Bibelhandschrift (: II) Codex Sinaiticus (4.Jh.) überliefert. Zwei lateinische Übersetzungen, von denen die eine vielleicht dem 2.Jh. entstammt, haben der Schrift eine weite Verbreitung auch im Westen gesichert, während eine äthiopische und Fragmente einer sahidischen und einer persischen Übersetzung ihre Popularität im Osten bezeugen. H. wird von → Irenäus als heilige Schrift zitiert. → Tertullian in seiner vormontanistischen Periode beruft sich auf H. als Autorität, ebenso → Clemens Alexandrinus und → Origenes (→ Bibel: II B, 3a). Im Codex Sinaiticus ist H. zum NT gerechnet. - Eine kritische Beurteilung setzt früh ein: Das → Muratorische Fragment gestattet zwar das Lesen, aber nicht die Verwendung des H. im Gottesdienst, weil das Buch »ganz kürzlich, in unseren Tagen« geschrieben sei und weder zu den Propheten noch zu den apostolischen Schriften gehöre. Der Montanist Tertullian hat »den Hirten der Ehebrecher« wegen seiner Milde in der Bußfrage verworfen. → Eusebius (, 2) bezeugt die Unsicherheit der Kirchen in der Beurteilung des Buches. Seit → Athanasius ist H. definitiv aus dem Kanon ausgeschieden. - »Der Hirt« ist seiner Form nach eine Apokalypse (→ Apokalyptik: III, 2), inhaltlich aber eine Bußpredigt. Der Verfasser beschreibt die ihm zuteil gewordenen Offenbarungen als Visionen und Auditionen. Seine Schrift beschäftigt sich jedoch nicht mit zukünftigen Ereignissen und der jenseitigen Welt, sondern enthält außer moralischen Belehrungen die besondere Botschaft, daß den nach ihrer Taufe gefallenen Christen vom Herrn jetzt noch eine, aber nur eine, Gelegenheit zur Buße gegeben sei. Das Buch ist (in der lat.Übersetzung) in 5 »Gesichte« (visiones), 12 »Gebote« (mandata) und 10 »Gleichnisse« (similitudines) eingeteilt. Die ersten »Offenbarungen« werden von einer Greisin mitgeteilt, die die Kirche symbolisiert, ab vis 5 aber von einem Engel, der in der Gestalt eines Hirten auftritt (daher der traditionelle Name der Schrift). Selbstbiographische Einzelheiten sind wahrscheinlich historisch, sind aber mit mythologischen Motiven verflochten (die cumäische Sibylle, Arkadien), und es liegt nahe, die Echtheit der Visionen zu bezweifeln; sie scheinen literarische Form zu sein. Daß der Autor H. ein Bruder des römischen Bischofs → Pius ist und in Rom um die Mitte des 2.Jh.s geschrieben hat, darf nicht bezweifelt werden. Das Buch gibt ein Bild der römischen Gemeindeverhältnisse und spiegelt ein kritisches Stadium in der Entwicklung des kirchlichen → Bußwesens (: II, 1c) wider.

Beste Textausg. von M.Whittaker, GCS 48, 1956. - Dt. Übers.: Hennecke² 327 ff. - Kommentare: Hennecke, Hdb. 290 ff - M.Dibelius in HNT ErgBd, 1923, 415 ff (Lit.). - Ferner: A.Baumeister, Die Ethik des Pastor Hermae, 1912 - Bardenhewer I, 465 ff - R.van Deemter, Der Hirt des H., Apokalypse oder Allegorie?, Amsterdam 1929 - A.V.Ström, Der Hirt des H. Allegorie oder Wirklichkeit?, Uppsala 1936 - B.Poschmann, Paenitentia secunda, 1940, 134 ff - Quasten I, 92 ff - J.-P.Audet, Affinités littéraires et doctrinales du Manuel de Discipline (RB 60, 1953, 41-82) - Altaner 69 ff (Lit.). *E.Molland*

Hermeneutik

1. Begriff: a) Sprachlich - b) Geschichtlich - c) Sachlich - 2. Geschichte der H.: a) Vorchristlich - b) Urchristentum - c) Patristik - d) MA - e) Reformation und Orthodoxie - f) Neuzeit - g) Gegenwart. - Ergänzend vgl. → Allegorie, → Bibel, → Bibelkritik, → Bibelwissenschaft, → Biblische Theologie und biblische Religionsgeschichte, → Entmythologisierung, → Geist und Buchstabe, → Geisteswissenschaften, → Geschichte, → Geschichtlichkeit, → Ge-

schichtsschreibung, → Historismus, → Inspiration, → Mythos, → Schriftauslegung, → Sprache und Religion, → Sprachphilosophie, → Tradition, → Typologie, → Verstehen, → Weissagung und Erfüllung, → Wort Gottes

1. a) Die *etymologische* Herkunft von ἑρμηνεύω samt Derivaten ist umstritten, weist aber auf Wurzeln mit der Bedeutung »sprechen«, »sagen« (zusammenhängend mit lat. »verbum« oder »sermo«). Die Vokabel hat drei Bedeutungsrichtungen: aussagen (ausdrücken), auslegen (erklären) und übersetzen (dolmetschen). Welcher Bedeutung die Priorität zukommt, ist sprachgeschichtlich nicht festzustellen. Es handelt sich um Modifikationen der Grundbedeutung »zum Verstehen bringen«, »Verstehen vermitteln« in Hinsicht auf verschiedene Weisen des Verstehensproblems: sei es, daß ein Sachverhalt durch Worte, Gesprochenes durch Deutung, Fremdsprachliches durch Übersetzung »interpretiert« (lat. Äquivalent) wird. Darin kündigt sich schon die Verzweigtheit des h.en Problems an, auf das nicht bloß eine dieser Bedeutungen, sondern deren struktureller Zusammenhang hinweist. Gerade in religiöser Verwendung als Bezeichnung für die Verstehensvermittlung zwischen Göttern und Menschen (das δαιμόνιον als ἑρμηνεῦον ... θεοῖς τὰ παρ' ἀνθρώπων καὶ ἀνθρώποις τὰ παρὰ θεῶν: Plato, Symp. 202 e; die Dichter als ἑρμηνῆς τῶν θεῶν: Plato, Ion 534 e) liegen die Bedeutungen »verkündigen«, »auslegen« und »dolmetschen« ineinander. Das Geschäft des Götterboten Hermes ist das ἑρμηνεύειν (so auch noch Aristides, Apol. 10, 3; Justin, Apol. I, 21, 2). Ihm wird die Erfindung dessen zugeschrieben, was der Verständigung dient, bes. Sprache und Schrift. Wenn die göttliche Inspiration sich in ekstatischer Verzückung äußert, bedarf es außerdem der Deutung der unverständlichen Aussagen. Im NT wird nicht die Glossolalie selbst, sondern nur deren Erklärung mit diesem Wortstamm bezeichnet (1Kor 12, 10. 30; 14, 5. 13. 26-28; neben der häufigen technischen Verwendung im Sinne von »übersetzen«). διερμηνεύειν als die Schrift »auslegen« begegnet nur Lk 24, 27. Die Vokabel ἑρμηνευτική (τέχνη) findet sich erstmals bei Plato (Epinomis 975 c), und zwar als Pendant zu μαντική (also in Beschränkung auf den religiösen Bereich) und mit ihr in der Reihe derjenigen Künste, die nicht mit »Weisheit« verwechselt werden dürfen. Darum steht dieser ἑρμηνευτική kein Urteil zu über die Wahrheit des Gesagten (τὸ λεγόμενον οἶδε μόνον, εἰ δ'ἀληθὲς οὐκ ἔμαθεν). Mit der Wertung dieser Bemerkung als eines allgemeinen h.en Kanon wird man vorsichtig sein müssen. Als terminus technicus der wissenschaftlichen Sprache und als häufiger Buchtitel wird im Altertum ἑρμηνεία bevorzugt, überwiegend im Sinne der Fähigkeit zu gegenseitiger Mitteilung (Xenophon, Mem. IV, 3, 12), so daß primär an die Lehre vom sprachlichen Ausdruck gedacht ist - in logischer (Aristoteles Περὶ ἑρμηνείας: Lehre von der Aussage) oder in rhetorischer Hinsicht (zB [Pseudo-] Demetrius von Phaleron) -, daneben aber auch an die Technik der Übersetzung (ἑρμηνευτικὰ βιβλία = Glossarien). Im kirchlichen Altertum spezialisierte sich ἑρμηνεία zu »Kommentar« als Wechselbegriff zu Exegese.

b) Die *Prägung unseres Begriffs* H. vollzog sich erst an der Schwelle zur Neuzeit. Weder war vorher das griechische Wort als Fremdwort ins Lateinische übernommen worden, noch war es zu einer festen Terminologie für die Lehre von den Methoden der Auslegung im Unterschied zum Vollzug der Auslegung selbst gekommen (man sprach von ars interpretandi, von den sensus scripturae oder von regulae bzw. claves ihrer Auslegung). Der Begriff findet sich als Buchtitel zum ersten Mal bei J.C. → Dannhauer (1654, vgl. Lit. zu 2e; auf kath. Seite erst wesentlich später K.J.Monsperger, Institutiones hermeneuticae sacrae Vet. Test. etc, 1776). Doch macht nun die Begriffsbestimmung von H. entscheidende Wandlungen durch. Die grundsätzliche Unterscheidung zwischen hermeneutica sacra und profana (diese orientiert an der Literatur der klassischen Antike) wird vom 18.Jh. an aufgegeben, ohne daß damit die Notwendigkeit theologischer Spezial-H. bestritten wird. Während in den Begriff H. von → Ernesti auch die explicatio, von J.J. → Rambach dazu noch die applicatio einbezogen worden war, beschränkte ihn → Schleiermacher streng auf die Kunst des → Verstehens. Die in der Philologie ausgebildete (Fr.Ast und Fr.A.Wolf, später auch A.Boeckh, Fr.Blass, Th.Birt u.a.), aber nicht unbestrittene begriffliche Unterscheidung zwischen H. und Kritik (recensere, emendare) wurde von Schleiermacher übernommen, hat sich aber infolge der engen Wechselbeziehung zwischen beiden terminologisch nicht durchgesetzt. Wegweisend wurde jedoch Schleiermachers umfassende, hinter die speziellen H.en und die Vielzahl ihrer Regeln zurückgehende Bestimmung der H. als »Kunstlehre des Verstehens«, die »von der einfachen Tatsache des Verstehens ausgehend aus der Natur der Sprache und aus den Grundbedingungen des Verhältnisses zwischen dem Redenden und dem Vernehmenden ihre Regeln in geschlossenem Zusammenhang entwickelt«. Ihm folgend, hat W. → Dilthey H. definiert als die »Kunstlehre des Verstehens schriftlich fixierter Lebensäußerungen« und in ihr die methodologische Grundlegung der → Geisteswissenschaften überhaupt gesehen. Ja, der Sprachgebrauch wird erweitert zur Interpretation des Lebens, der Welt, »des« Menschen überhaupt, so daß die H. zum philosophischen Verfahren schlechthin wird (O.F.Bollnow, Dilthey, [1936] 1955^{2}, 212f). Auf dieser Linie hat M. → Heidegger, am radikalsten ansetzend, H. bestimmt als Phänomenologie des → Daseins im Sinne einer Analytik der Existenzialität der Existenz, worin die Bedingungen der Möglichkeit jeder ontologischen Untersuchung ausgearbeitet werden. Die Methodologie der historischen Geisteswissenschaften kann dann nur abgeleiteterweise H. genannt werden (Sein und Zeit 37f). Diese vor allem über R. → Bultmann auf die Theologie zurückwirkende Begriffsentwicklung läßt im h.en Problem das Methodenproblem der Theologie überhaupt (also nicht nur der biblisch-exegetischen Disziplinen) erkennen. »H. ist im Bereich der Theologie Sprachlehre des Glaubens« (E. Fuchs).

c) Die Beobachtungen zur Begriffsgeschichte zeigen, daß H. nicht nur auf das Verstehen geschichtlicher Lebensäußerungen bezogen ist, sondern selbst ebenfalls der Geschichte unterliegt, da das Verstehen geschichtlicher Art ist. Und zwar wandeln sich nicht nur die Methoden des Verstehens im einzelnen, sondern es ändert sich vor allem auch die Erfassung der h.en Aufgabe selbst. Je radikaler die → Geschichtlichkeit des Verstehens erkannt wird, desto umfassender weitet sich *das h.e Problem*. Zur Besinnung auf das Wesen der H. gehört darum notwendig die Besinnung auf ihre Geschichte. Die Geschichte der H. ist weder durch das Vorkommen dieses terminus begrenzt, noch deckt sie sich mit der Geschichte von Verstehen und Auslegen überhaupt. Man wird sich an das Vorkommen methodisch betriebener und darum auch bis zu einem gewissen Grade auf die Methode reflektierender Interpretation zu halten haben. Es gehört zur Geschichtlichkeit der H., daß sie einen bestimmten, und zwar doppelten geschichtlichen Ursprung hat, nämlich im Griechentum und Judentum, der, obwohl hier und dort grundverschieden, doch erst durch die Begegnung beider Traditionsströme zu voller Entfaltung gekommen ist. Zumindest auf weite Strecken war darum die H. eo ipso Sache der → Theologie. »Die endliche

Konstituierung der H. verdankt man... der biblischen Interpretation« (Dilthey). Allerdings muß sich auch das theologisch orientierte Interesse an der H. der Gesamtbewegung des h.en Problems aussetzen. Die Frage, was es letztlich um diese Bewegung und die darin sich vollziehenden Veränderungen ist, deckt sich mit der Frage nach den tiefsten Bedingungen des Verstehens selbst.

2. a) Die *griechische Antike* hat den Grund gelegt zur Geschichte der H., und zwar, in scheinbarer Zwiespältigkeit, durch das folgenreiche Nebeneinander in der Ausbildung streng grammatischer Methoden sowie den Wortlaut umdeutender Allegorese. Primärer Anlaß für beides war die religiöse Bedeutung und der Bildungswert der alten Dichter, bes. der homerischen Epen. Aus der schulmeisterlichen Vermittlung erwuchsen die Anfänge der Grammatik, die sich seit der Sophistik mit der Kritik verband und zugleich in Rücksicht auf die praktischen Bedürfnisse der Sprachbeherrschung sich weiterentwickelte zur Rhetorik und Poetik. Die betreffenden Arbeiten des → Aristoteles lieferten dafür auf lange Zeit Gesichtspunkte und Terminologie. Zu hoher Blüte kamen sodann in hellenistischer Zeit Sprachwissenschaft, Textkritik und grammatische Exegese in der alexandrinischen Philologie, während die pergamenische Schule unter stoischem Einfluß der Allegorese (→ Allegorie: I) Raum gab. Diese schon in die vorstoische Zeit zurückreichende, dann aber vor allem von der → Stoa gepflegte Methode der rational umdeutenden Mytheninterpretation war zwar weithin bestimmt von dem Interesse an Aneignung anstößiger Stellen des autoritativen Textes. Dahinter aber stand das ältere Motiv göttlicher → Inspiration (: I) der Dichter und des Mysteriencharakters der darin verborgenen Weisheit. Und ahnungsweise stieß man auf das aller Auslegung letztlich zugrunde liegende Phänomen der h.en Differenz von Text und Auslegung und das Problem übersetzender Interpretation.

Die Auslegungsaufgabe, wie sie sich dem *Judentum* durch die Bindung an das → Gesetz (: III) bzw. den ganzen → Kanon heiliger Schriften stellte, unterschied sich darin von dem Problem der Homerinterpretation, daß hier, trotz ebenfalls begegnender Um- und Eindeutung, der Gehorsam und Vertrauen fordernde und in Heilstaten kundgewordene Wille Jahwes als der durchgehende Gesamtskopus des Textes die Auslegung bestimmte. Deshalb ging es hier trotz einiger mythischer Elemente um Geschichte, an deren Fortgang man selbst teilhatte und an die die Auslegung zu erinnern hatte. Der Schwerpunkt lag darum in der konkreten, im Prinzip wörtlichen Gesetzesinterpretation (→ Halacha). Dafür boten die (später erweiterten) sieben Regeln → Hillels ein gewisses h.es Folgerungssystem, während die Auslegung der → Haggada sich in erbaulicher Erzählung freier bewegen konnte. Das gesetzliche Verständnis der unfehlbar inspirierten, nichts Unvernünftiges, sondern alle Weisheit enthaltenden Schrift nötigte freilich, trotz des Grundsatzes wörtlicher Interpretation, zur uneingestandenen Umgehung des Wortsinnes (bes. stark in der → Apokalyptik [: II]) sowie zur Heranziehung mündlicher → Tradition (: IV) als h.er Norm.

Im hellenistischen *Diasporajudentum* hat nicht als erster (→ Aristobul), aber am intensivsten und geschichtlich am wirksamsten → Philo die griechische Allegorese in den Dienst der Auslegung gestellt, um den Einklang von AT und philosophischer Mystik und die nur dem Pneumatiker zugängliche Geheimnistiefe des AT zu erweisen. Wie die Stoiker übt er physikalische, vor allem aber ethische Allegorese, die nach einem weithin schon traditionellen Regelsystem am Text Anhalt sucht (zB Etymologie, Zahlensymbolik usw). Doch bleibt normalerweise – anders als bei der Homerallegorese – das wörtliche Verständnis (von Geschichte und Gesetz) erhalten; nur wird es transzendiert durch einen zweiten, geistigen Sinn, der sich zu dem wörtlichen verhält wie die Seele zum Körper oder die wahre Wirklichkeit zum bloßen Schatten.

b) Durch den *Christusglauben* ist die h.e Situation im Vergleich zu dem Judentum aller Schattierungen grundlegend verändert. Doch wurde dies im Christentum nur zT scharf erkannt und alsbald wieder verdeckt. Die Botschaft von der nahen Gottesherrschaft und die eschatologische Verschärfung (→ Eschatologie: IV), aber auch Relativierung des Gesetzes durch → Jesus selbst läßt erkennen, daß der Schwerpunkt seiner Verkündigung nicht in der Schriftauslegung liegt. Wohl aber tritt er selbst in seiner Person, seinem Verhalten und darum auch seiner Verkündigung als eschatologische Explikation des von der Schrift bezeugten Gotteswillens auf. Und der Glaube an den Auferstandenen weiß sich im Anbruch der Erfüllung der at. Verheißungen, hält sich darum an eine Überlieferung (→ Tradition: V) und lebt aus einem → Kerygma, die sich zwar auf die Schrift berufen, aber doch zu ihr hinzutreten – nicht als bloß zusätzliche Tradition oder neue hl. Schrift, sondern als die neue Wirklichkeit der Heilszeit, als »neuer → Bund«, der den bisherigen für »alt« erklärt, damit aber zugleich in seiner wahren Relevanz neu zum Verstehen bringt. Man könnte sich fragen, inwiefern es hier überhaupt noch um Auslegung geht, wenn das AT nicht für sich allein genommen, sondern von dem in Jesus Christus erschienenen »Neuen« her interpretiert wird. Doch tritt darin nur mit ungewöhnlicher Schärfe und geschichtlich einzigartiger Bedeutsamkeit das Problem der h.en Differenz zwischen dem Text und dem Standort des Verstehenden als Strukturmoment jeder h.en Situation zutage. Das eschatologische Selbstverständnis eröffnet radikales Verständnis der Geschichtlichkeit und bringt darum das h.e Problem zu äußerster Spannung. Konkret stellt sich die *veränderte h.e Situation* folgendermaßen dar: Das AT bleibt in seinem Bestand unverändert als *hl. Schrift* in Geltung (→ Schriftauslegung: III). Aber unter dem Gesichtspunkt der Erfüllung der Verheißung ändert sich seine Geltungsweise. Es ist nach Paulus zu interpretieren am Leitfaden der im AT selbst verwurzelten, aber erst von Christus her klar erkennbaren Unterscheidung von → Gesetz und → Glaube. – In den Dienst der exegetischen Bewältigung dieser Dialektik in der Geltungsweise des AT tritt die → *Typologie* (: II), deren Ausbau über die paulinischen Anfänge hinaus zu einer generellen Methode das h.e Problem eher zu verschleiern droht und keinen wirksamen Schutz bietet gegen die Verkehrung in willkürliche Allegorese und gesetzliche Interpretation. – Das *eschatologische Kerygma,* das die neue h.e Situation entscheidend bestimmt, stellt vor das Problem seiner Tradierbarkeit und bedarf selbst einer interpretierenden Transformation. Im Problem der eschatologischen Naherwartung wird das am deutlichsten, bleibt aber keineswegs darauf beschränkt. – In innerem Zusammenhang damit steht das die ganze weitere Geschichte des Christentums bestimmende *Übersetzungsgeschehen* vom Hebräischen (bzw. Aramäischen) ins hellenistische Griechisch. Vom Diasporajudentum vorbereitet, wird dieser außerordentlich weitgreifende Interpretationsvorgang zu einem bleibenden Strukturmoment der h.en Situation im Christentum. – Der schriftliche Niederschlag des urchristlichen Traditionsprozesses tendiert schließlich hin auf die Ergänzung der vom Judentum her übernommenen hl. Schrift durch eine *nt. Schriftensammlung* von ebenfalls kanonischer Geltung (→ Bibel: II B, 1. 2). Dadurch differenziert sich die Auslegungsaufgabe, da das NT in eine andere Verstehenssituation stellt als das AT.

c) Es bedurfte weit vorgeschrittener theologischer

Reflexion, ehe das Problem der H. innerhalb des Christentums thematisch zur Darlegung kommen konnte. Lange zuvor jedoch trat es in verschiedener Hinsicht ins Bewußtsein und drängte zu weittragenden Entscheidungen, über die man sich dann nachträglich Rechenschaft zu geben versuchte. Am stärksten wirksam war von Anfang an das *Problem einer christlichen Interpretation des AT*, das teils typologisch (→ Hebräerbrief), teils allegorisch unter Aufhebung des wörtlich-historischen Sinnes (→ Barnabasbrief), teils wörtlich-gesetzlich, aber eklektisch (1. → Clemensbrief), teils auffällig distanziert (→ Johannesevangelium, → Ignatius von Antiochien), teils negativ wertend (in verschiedener Weise in der christlichen → Gnosis [: III] und bei → Marcion), teils durch Unterscheidung verschiedener Schichten (→ Ptolemäus' Lehrbrief an Flora, Theorie der gefälschten Perikopen der → Pseudoclementinen) beantwortet wurde. Daß sich das Festhalten am AT definitiv durchsetzte, hatte zur Folge, daß die h.e Fragestellung in besonderer Schärfe (vor allem angesichts der konkurrierenden jüdischen Exegese) die christliche Theologie begleitete, freilich auch zu unlauteren Lösungen verführte. Im übrigen hatten auch die dogmatischen Aspekte der Rezeption des AT (→ Heilsgeschichte, Einheit von Schöpfer- und Erlösergott, Antidoketismus, antimythologisches Verständnis usw) h.e Bedeutung für das Verstehen des NT. Eine andere schon früh sich aufdrängende Frage war die nach den *Kriterien des wahren Schriftverständnisses*, die durch das frühkath. Verständnis von → Tradition (: VI) Beantwortung fand (regula fidei, Amt des → Bischofs [: I], Unfehlbarkeit kirchlicher Auslegungsentscheidungen). Dahinter stand ein bestimmtes Wirklichkeits- und Geschichtsverständnis, das die Präsenz des Historischen metaphysisch und sakramental gesichert sein ließ, die eindeutige Gegebenheit der ecclesia catholica zum h.en Prinzip erhob und in diesem Rahmen einen Spielraum für moralisierende, heilsgeschichtliche oder spekulative Interpretationsweisen offenhielt.

Daß die erste systematische Erörterung des h.en Problems Bestandteil des zugleich ersten systematischen Entwurfs einer christlichen Dogmatik ist (→ *Origenes*, Περὶ ἀρχῶν IV), ist ebensowenig zufällig wie die Herkunft aus alexandrinischer Tradition. Diese zeigt sich sowohl in des Origenes philologischer Akribie wie in der Übernahme philonischer Allegorese. Das Verbindende ist die → Inspirations-Vorstellung, die sowohl zu größter Ehrfurcht vor dem Buchstaben als auch zum Suchen nach dem vom hl. Geist eigentlich gemeinten, ihm angemessenen Sinn anhält. Die Größe der origenistischen Konzeption besteht in der völligen Durchdringung von Theologie, Ontologie und H. Das Wesen der hl. Schrift und der in ihr enthaltenen Offenbarung entspricht der Wesensstruktur der Wirklichkeit, und von dieser wiederum ist die Verstehensstruktur bestimmt. So erscheint die Allegorese nicht als willkürliche Umdeutung, sondern als am Wesen der Sache selbst orientiert, um die es eigentlich geht. Der ontologischen Trichotomie (→ Anthropologie: III, 1d) entspricht ein dreifacher Schriftsinn: der somatische (buchstäbliche, historisch-grammatische), der psychische (moralische) und der pneumatische (allegorisch-mystische; von Origenes auch in eigener terminologischer Prägung ἀναγωγή genannt). In der praktischen Durchführung bleibt es freilich bei einem doppelten Schriftsinn, jedoch nicht jeder Stelle, da jede zwar einen geistlichen, nicht jede aber legitimerweise auch einen somatischen Sinn enthält. Fälschlich in einem buchstäblichen Verständnis (etwa anthropomorpher Aussagen über Gott) befangen zu bleiben, ist Ursache von Häresie. Keineswegs will Origenes damit einer völligen spiritualistischen Auflösung des geschichtlichen Zeugnisses das Wort reden. Im Unterschied zu seinem Frühwerk hat er später stärker die kirchliche Lehre als h.es Kriterium betont. Aber Grundzug bleibt die soteriologisch qualifizierte Bewegung des Emporhebens über das Geschichtliche ins Ewige durch ein dem Zeichencharakter der irdischen Wirklichkeit entsprechendes symbolisches Verständnis. Damit vollzog sich allerdings zT eine von der Gemeindeorthodoxie als häretisch empfundene Kritik an der Realistik bestimmter Glaubensvorstellungen.

Trotz Abschwächungen im Interesse der Orthodoxie setzte sich von Origenes her die Allegorese grundsätzlich in der kirchlichen Theologie durch (wenn auch bei verschieden starker Verwendung im einzelnen). Einspruch erhob sich nur seitens der → *antiochenischen Theologie*. Im Unterschied zum mittleren → Platonismus, der die h.e Position des Origenes bestimmte, standen die Antiochener in aristotelischer Tradition und pflegten in Anknüpfung an die alexandrinische Philologenschule historisch-grammatische Exegese unter Verwerfung der Allegorese und Beschränkung (beim AT) auf die → Typologie (θεωρία). Leider sind gerade die h.en Programmschriften → Diodors von Tarsus (τίς διαφορὰ θεωρίας καὶ ἀλληγορίας) und → Theodors von Mopsuestia (fünf Bücher Contra allegoricos, wahrscheinlich identisch mit dem nur in einem Fragment erhaltenen Liber de allegoria et historia contra Origenem) verlorengegangen. Doch teils hielten die Antiochener in der exegetischen Praxis ihre h.en Grundsätze nicht konsequent ein, teils widersprachen radikalere kritische Auffassungen, wie sie vor allem Theodor von Mopsuestia vertrat, dem kirchlichen Common sense und stießen darum auf Ablehnung. Trotzdem blieb die antiochenische h.e Position nicht ohne Nachwirkung.

In der *abendländischen Theologie* waren in h.er Hinsicht von früh an sehr nüchterne Anschauungen wirksam. Die Normen der richtigen Exegese hat im Altertum niemand so klar ausgesprochen wie → *Tertullian* (K. Holl), in dessen Schriften sich zahlreiche, zT sehr scharfsinnige methodologische Bemerkungen zur → Schriftauslegung (: IV) finden. Dahinter stehen die Einflüsse der antiken Rhetorik mit deren Tendenz zum Formalismus und Positivismus. Im Unterschied zu Origenes erwachsen hier die h.en Reflexionen nicht aus einer philosophischen und theologischen Gesamtanschauung, sondern bewegen sich vornehmlich im Technischen: daß grundsätzlich vom Wortsinn auszugehen sei, daß der textliche, historische und gedankliche Zusammenhang zu berücksichtigen sei, daß das Einzelne vom Ganzen aus, die dunklen Stellen von den klaren her zu verstehen seien usw. Aber außer der Inkonsequenz in der Anwendung solcher gesunder Grundsätze ist die Skepsis in bezug auf die Möglichkeit exegetischer Verständigung bezeichnend: Die Schrift ist, für sich genommen, weithin dunkel; Vorbedingung ihres richtigen Verständnisses ist der Besitz der regula fidei als gubernaculum interpretationis. In der Folgezeit gewann aber auch im Westen sehr stark der h.e Einfluß Philos und Origenes' an Boden (→ Hilarius, → Ambrosius, während → Hieronymus zunehmend die buchstäbliche und historische Deutung betonte).

Auch für das Gebiet der H. gilt, daß → *Augustin* verschiedene Ströme der Spätantike und der Alten Kirche zu einer höheren Einheit verband. Die allegorische Auslegung, dem neuplatonischen Wirklichkeitsverständnis entsprechend (→ Neuplatonismus), war ihm durch Ambrosius zum befreienden Erlebnis geworden, der das bei wörtlichem Verständnis Anstößige geistig erklärte (cum ea, quae ad litteram perversitatem docere videbantur, remoto mystico velamento spiritaliter aperiret, Conf. VI, 4), und blieb immer ein wesentliches Ingrediens seiner H. Anderseits vermochte der ehemalige Professor der Rhetorik sein grammatisch-stilistisches Handwerkszeug zu besserem Verständnis der littera h. zu nützen – ein Vermögen, das auch sein zunehmendes theologisches Interesse am literalen Schriftsinn begünstigte. So begegnen sich in Augustin die h.en Linien von Origenes und von Tertullian bzw. den Antiochenern her. In De doctrina christiana (Buch I-III; etwa in der Mitte von Buch III [24] erfolgte eine fast dreißigjährige Unterbrechung; Buch IV enthält eine Homiletik) hat Augustin das geschichtlich wirksamste Werk der H. geschaffen. Es muß auf dem weiten Hintergrund seiner Erkenntnistheorie, Ontologie und Sprachphilosophie gesehen werden, daß er das Verhältnis von Zeichen und Sache (signum und res) zum h.en Grundschema macht. Darin verbindet sich die Theorie vom bloß signifikativen Charakter der Sprache mit der metaphysischen Anschauung von der Zeichenhaftigkeit der zu transzendierenden raum-zeitlichen Wirklichkeit (die insofern also sprachlichen Charakter hat und als vordergründige res zum signum der wahren res wird). Dieses auf Verdoppelung angelegte signum-res-Schema bietet beiden Möglichkeiten Raum: einem genauen Achten auf den Wortsinn sowie einer transponierenden Deutung vom Sensiblen zum Intelligiblen. Die Brücke bildet die aus der Rhetorik bekannte Tatsache, daß die Worte in doppelter Weise Zeichen sein können: als eigentliche (propria) und als übertragene (translata). Die Verstehensschwierigkeiten erwachsen für beide Arten daraus, daß die Worte unbekannt (ignota) oder doppelsinnig (ambigua) sein können. Im ersten Fall sind die → Artes liberales zur Erklärung heranzuziehen (u.a. die rhetorische Tropenlehre), im zweiten Fall bedarf es eines Kriteriums vor allem dafür, was wörtlich und was figürlich zu verstehen (weil vom Autor so gemeint) sei. Dazu dient die Glaubensregel bzw. das Doppelgebot der Liebe. Diese Skopus-Angabe schließt für Augustin die Verbindung mit einem der Metaphysik entlehnten Kriterium nicht aus, läßt aber demgegenüber mehr Raum zur Berücksichtigung des Geschichtlichen, als es bei Origenes der Fall gewesen war. Dem kam auch die Übernahme und Einarbeitung der sieben Regeln des → Ticonius (1. de Domino et eius corpore, 2. de Domini corpore bipartito, 3. de promissis et lege = de spiritu et littera, 4. de specie et genere, 5. de temporibus, 6. de recapitulatione, 7. de diabolo et eius corpore) entgegen: Hinweise auf heilsgeschichtliche Strukturen des Schriftinhaltes als Schlüssel zu dessen Verständnis.

d) In der Alten Kirche waren die h.en Grundentscheidungen gefallen, die auch das ganze → *Mittelalter* hindurch in Geltung standen. In h.er Hinsicht sind auf die Dauer von ca einem Jt. nach Augustin keine grundlegend neuen Fragestellungen und Gesichtspunkte aufgekommen. In dem einmal abgesteckten Rahmen wurde, zunächst sehr vereinfacht und verengt, sodann in einigen Nuancierungen variiert, das überlieferte Material verarbeitet. Diese Stabilität der H. zeigt nicht nur, daß die wesentlichen Probleme der Theologie des MA, gerade auch die methodologischer Art, an anderer Stelle lagen (obschon die traditionelle H. dafür die grundlegende Vorbedingung war), sondern vor allem, daß die h.e Konzeption Ausdruck einer kirchlichen Grundentscheidung ist, mit der die Kontinuität der kath. Kirche in Zusammenhang steht.

Den Übergang charakterisiert einmal die präzise Bestimmung des kath. *Traditionsprinzips* als h.er Norm der hl. Schrift, deren Verständnis infolge ihrer Tiefe nicht einhellig ist (→Vincentius von Lerinum, Commonit. II), und ferner die handliche Schematisierung der Auslegungsweisen zum *vierfachen Schriftsinn* (zuerst bei Joh. → Cassianus; vgl. den späteren Merkvers: Littera gesta docet, quid credas allegoria, moralis quid agas, quo tendas anagogia). Es handelt sich nur um einen Ausbau des alten doppelten Schriftsinnes, indem neben dem sensus litteralis (historicus) zwischen verschiedenen Anwendungsrichtungen des sensus spiritualis (mysticus) unterschieden wurde: auf die Kirche und ihren dogmatischen Lehrgehalt, auf das Verhalten des einzelnen Gläubigen (auch »tropologisch«) sowie auf die metaphysischen und eschatologischen Geheimnisse. Die Terminologie ist schwankend und zT zufälliger Art, die Anwendung in der exegetischen Praxis meist nur auswahlweise, die Erfassung des h.en Grundgedankens von unterschiedlicher Tiefe. Über die häufige Gleichsetzung mit der Dreiheit »Glaube, Liebe, Hoffnung« hinaus gibt → *Thomas von Aquino* (S.th. I q. 1 a. 10) im Anschluß an Augustin die am stärksten fundierte Interpretation: Die göttliche Urheberschaft der Schrift verleiht, im Unterschied zu rein menschlicher Autorschaft, nicht nur den Worten, sondern auch den durch sie bezeichneten Sachen (res) Bedeutungsbezug auf andere Sachen, doch nicht im Sinne eines allgemeinen Symbolismus der Wirklichkeit, sondern im heilsökonomischen Sinne der »Realprophetie«, so daß der dreifache sensus spiritualis der dreifachen geschichtlichen Relation von Altem und Neuem Bund, von Christus und Christen, von Kirche und himmlischer Vollendung entspricht. So ist der sensus litteralis das Fundament. Er allein hat Beweiskraft, und der Inhalt geistlicher Deutung muß anderwärts litteraliter in der Schrift vorliegen. Im Unterschied zu Origenes liegt also ein stark positiver Akzent auf dem buchstäblichen Sinn. Das zeigen nicht nur grundsätzliche h.e Ausführungen von Theologen wie → Hugo von St. Viktor, Joh. → Gerson oder → Paulus von Burgos, sondern auch die exegetische Praxis eines → Nikolaus von Lyra, der sich in seinen Postillae auf den sensus litteralis beschränkt (doch vgl. seine Moralitates und seine im traditionellen Rahmen bleibenden h.en Ausführungen). Im übrigen schillert der Terminus *sensus litteralis* je nachdem, ob der vom biblischen Schriftsteller oder der vom hl. Geist selbst intendierte Sinn gemeint ist: der sensus litteralis historicus oder der sensus litteralis propheticus. Auch Lyra zB versteht eine Reihe von Pss litteraliter christologisch und will mit der historischen Deutung anderer Pss (etwa auf David) nicht das Recht einer übertragenden Anwendung auf Christus bestreiten. Eine prinzipielle Reduktion auf den sensus litteralis historicus und Eliminierung jeder darüber hinaus gehenden mystischen (prophetischen, allegorischen) Deutung ist für die mittelalterliche H. unvorstellbar, so sehr auch unter aristotelischem Einfluß teils die dialektisch-systematische Methode die biblisch-heilsgeschichtliche des Augustinismus überschattete und sich auch in der Exegese breitmachte, teils aber der Sinn für das empirisch Konkrete (neben polemischen Motiven) das Interesse an rabbinischer Exegese und wenigstens schüchterne Ansätze zu sprachlich-stilistischen Beobachtungen (zB Hebraismen) weckte und so der Exegese zugute kam.

Obwohl die *häretischen Bewegungen* des MA überwiegend durch eine biblizistische Tendenz bestimmt waren, haben sie doch keinen eigenen Beitrag zur H. geleistet, sondern nur an die Stelle der kirchlichen Auslegungsnorm ein bestimmtes Auswahlprinzip gesetzt. Nur die Geschichtstheologie → Joachims von Fiore (vgl. bes. Liber concordiae novi ac veteris testamenti) enthielt eigenständige h.e Gedanken.

Der Anteil des spätmittelalterlichen → *Humanismus* (Laurentius → Valla, → Reuchlin, → Cajetan, → Erasmus, → Faber Stapulensis) an der Schriftauslegung ist erheblich. Durch Pflege der biblischen Sprachen, Texteditionen, saubere philologische Kommentierung und

Ansätze zu kritischen Beobachtungen wurde dem sensus litteralis eine ungeahnte philologische Sorgfalt gewidmet. Dies stand nicht notwendig in Gegensatz zur traditionellen Auslegung, obschon der scholastische Schematismus entfiel und ein freierer wissenschaftlicher Stil herrschte, der zu Konflikten Anlaß geben konnte. Doch darüber hinaus blieb der direkte theoretische Beitrag des Humanismus zum Problem der H. gering. Erasmus neigte in der theologischen Deutung zur origenistischen Allegorese, und Faber Stapulensis vertrat die nur leicht modifizierte Auffassung von einem doppelten sensus litteralis: der wahre buchstäbliche Sinn sei eo ipso der geistliche Sinn, die Intention des inspirierten Autors, so daß sich der vierfache Schriftsinn erübrige.

e) Die Tiefe des Einschnitts, den die → *Reformation* in die Geschichte der H. bewirkte, erfaßt man nur, wenn man statt bloß technischer Methodenfragen die ganze Weite des Verstehensproblems im Blick hat. Trotz zahlreicher Anzeichen der Kontinuität vollzog sich hier hinsichtlich der Verstehensbedingungen ein Umbruch von größtem kirchen- und geistesgeschichtlichem Ausmaß.

Die Anfänge von → *Luthers* H. sind aufs engste mit der Genesis seiner Theologie verknüpft. Die Wandlungen des theologischen Gesamtverständnisses und der Theorie des Verstehens greifen hier sehr kompliziert ineinander und lassen sich letztlich nicht voneinander trennen. Auf jeden Fall standen nicht neue formale h.e Grundsätze am Anfang. Ein von Anfang an gegen die scholastisch-dialektische Methode kritisches, biblisch-christozentrisches, auf die Relation von Wort und Glaube konzentriertes und von stärkstem persönlichen Betroffensein geleitetes theologisches Denken bediente sich der traditionellen h.en Schemata littera - spiritus (→ Geist und Buchstabe) und des vierfachen Schriftsinnes, um diese von innen heraus umzuwandeln. Die enge Verbindung von sensus litteralis (Christus) und tropologicus (fides Christi) wurde die Urform der reformatorischen Rechtfertigungslehre. Trotz anfänglich heftiger Ablehnung der historischen Interpretation Lyras und der Rabbinen und ohne wesentliche Beeinflussung durch den Humanismus erfaßte Luther schon früh die h.e Relevanz der Sprachen, bes. des Hebräischen, und legte Gewicht auf eine Begriffsexegese, die den biblischen Sprachgebrauch gegen die philosophische Überfremdung der theologischen Sprache zum Zuge brachte. Sehr bald stellte Luther in größtmöglichem Maße die philologischen Leistungen des Humanismus in den Dienst der → Bibelübersetzung und -auslegung, ohne jedoch in theologisch-h.er Hinsicht dem Humanismus zu folgen. Vielmehr enthüllt sich der Gegensatz zu Erasmus gerade als h.er. Die theoretische Proklamation des sog. »Schriftprinzips« erfolgte erst relativ spät (1520, WA 7, 95ff). Als bloß formales Offenbarungs- und Autoritätsprinzip wäre es keine klare Antithese gegen die kath. Auffassung gewesen und überdies schon durch den Biblizismus der Häresien des MA vorweggenommen. Doch hat die particula exclusiva »sola« scriptura bereits den Sinn eines h.en Prinzips, nämlich daß die hl. Schrift sich selbst auslegt (per sese certissima, facillima, apertissima, sui ipsius interpres, omnium omnia probans, iudicans et illuminans). Sie bedarf nicht der Tradition als Auslegungsnorm, vielmehr muß alle Überlieferung an der Schrift geprüft werden; denn »Gottes Wort ist in unvergleichlicher Weise über der Kirche« (WA 6, 560, 36). Über die Wahrheit einer Auslegung kann darum nicht eine jurisdiktionelle Instanz entscheiden, sondern nur die sich selbst auslegende Schrift. Sie vermag das, weil sie im Entscheidenden (die res) klar ist, obschon einige Worte dunkel sind (vgl. genauer über duplex claritas und duplex obscuritas WA 18, 606ff). Daraus folgt: Das Verstehen erwächst aus dem eindeutigen sensus litteralis (WA 5, 27, 8: Primum grammatica videamus, verum ea theologica). Der vierfache Schriftsinn ist bereits 1517 preisgegeben, die Allegorese wird bald danach mit grundsätzlicher Schärfe abgelehnt (WA 6, 509. 562), als Mittel der applicatio aber weiter mit abnehmender Häufigkeit verwandt. Da jedoch die Klarheit der Schrift im sensus litteralis durch die Klarheit ihrer res bedingt ist, muß das Einzelne vom Skopus des Ganzen (Christus als punctus mathematicus der hl. Schrift, WATR 2, 2383) her verstanden werden. Darum ist nicht das einzelne Schriftwort als solches → Wort Gottes. Nur in der rechten Unterscheidung von → Gesetz (: V) und Evangelium und somit in Orientierung am rechtfertigenden Glauben kann die Schrift als Wort Gottes (dh »geistlich«) verstanden werden. Von da aus ergeben sich scharfe theologische Kriterien für die Frage der Geltung des AT (WA 16, 363ff: »Wie sich die Christen in Mose sollen schicken«), aber auch sachkritische Gesichtspunkte in bezug auf nt. Schriften (vgl. die Vorreden im Septembertestament 1522, WADB 7, 344. 384f. 404), so daß Luther Christus gegen die Schrift stellen kann (urgemus Christum contra scripturam, WA 39/I, 47; 40/I, 458f). Jedoch, so kühn gelegentlich die Notwendigkeit eines kritischen Verstehens ins Auge gefaßt ist, so lebendig der Gesichtspunkt der Erfahrung in das Verstehensproblem einbezogen wird (vgl. zB WA 36, 505f und die h.e Bedeutung des »affectus« bei Luther) und so bahnbrechend die Konzentration des h.en Problems auf die Relation von Geschichte und Glaube ist (WA 31/II, 242, 24: Ex historia aedificanda est fides), so sehr bleibt doch die Aufgabe, diesen h.en Ansatz methodologisch durchzureflektieren, noch offen und birgt manchen Anlaß in sich zu kritischer Stellungnahme gegenüber Luthers eigener h.er Auffassung.

Der sonstige reformatorische Beitrag zur H. differenziert sich entsprechend der verschiedenen Nuancierung des theologischen Gesamtverständnisses und dem Ausmaß der Indienststellung humanistischer Formelemente. Am stärksten hat → *Melanchthon* die H. an Rhetorik und Dialektik orientiert, - mit der Gefahr, an die hl. Schrift literarische Entstehungsgesetze sowie Rede- und Denkformen, die ihr nicht entsprechen, als heuristische Auslegungsprinzipien heranzutragen. Theologisch hat sich das in dem Verständnis des Schriftskopus als einer »Lehre« ausgewirkt. Bei → *Zwingli* (starke Betonung der Typologie) und bes. → *Calvin* zeigte sich mit dem heilsgeschichtlichen Gesichtspunkt eher eine historisierende Tendenz. Durch seine überragende exegetische Leistung und die systematische Grundlegung einer Lehre von der Schrift hat Calvin wesentlich zur definitiven Gestalt altprot. H. beigetragen. *M.* → *Flacius* hat, die Einflüsse Luthers, Melanchthons und Calvins verarbeitend, in der Clavis scripturae sacrae (1567), einem Markstein in der Geschichte der H., das umfassende Standardwerk geschaffen (Teil I enthält ein biblisch-theologisches Wörterbuch, Teil II sieben h.e Traktate, u.a. über Grammatik, Redefiguren und Stil der biblischen Schriften). Er verbindet die Sorgfalt des grammatischen Verstehens mit dem Postulat der Einheit der Schrift und mit einem antispiritualistischen, vom Skopus der Schrift bestimmten Erfahrungsbezug zur Sache der Schrift.

Während das → *Tridentinum* in Abwehr der reformatorischen H. die Kirche als Entscheidungsinstanz für die Schriftauslegung proklamierte (cuius est iudicare de vero sensu et interpretatione Scripturarum sanctarum; Denz. 786), versuchte die *altprot.* → *Orthodoxie,* durch konsequenten Ausbau der Lehre von der Verbalinspiration vor allem die perspicuitas der Schrift (als gegen das kath. Traditionsprinzip gerichteten h.en Kanon) theoretisch zu begründen. Doch mußte man, im Banne eines falschen Begriffs von perfectio der Schrift, die Auslegung künstlich mit Verbotstafeln einengen und an ein Verständnis von analogia fidei (vgl. Röm 12, 6) binden, das auf ein modifiziertes Traditionsprinzip hinauslief und faktisch das »sola scriptura« h. entmächtigte.

f) Die geistesgeschichtliche *Wende zur Neuzeit* löste in h.er Hinsicht eine die ganze weitere Entwicklung bestimmende Revolution aus bzw. stellte selber einen radikalen Wandel der Verstehensbedingungen dar. So sehr infolge der Emanzipation von der Theologie das wissenschaftsmethodologische Problem in Fluß kam und damit auch die h.e Fragestellung in profanen Disziplinen (Philologie, Geschichtswissenschaft, Jurisprudenz, Philosophie) zunehmend Interesse fand und eine Problemverbreiterung erfuhr, blieb doch der Schwerpunkt der Geschichte der H. in der Theologie. Die Konsequenzen waren hier am erregendsten, weil sie an die Fundamente der kirchlichen Lehre und des Selbstverständnisses der Theologie rührten. Mit der Verselbständigung der historisch-exegetischen Disziplinen begann erst eine eigentliche Bibelwissenschaft. Deren h.e Grundlegung beseitigte einerseits die Schranken zur profanen H., zog aber anderseits Probleme nach sich, die über die Methodik einzelner theologischer Disziplinen hinaus die Methodologie der Theologie überhaupt von dem h.en Problem betroffen sein ließen.

Ursachen, Anbahnung und Entfaltung dieser h.en Wende stellen einen sehr komplizierten geschichtlichen Vorgang dar. Allgemeine geistesgeschichtliche Faktoren (Emanzipation von der Autorität der Tradition, Bemühung um neue Allgemeinverbindlichkeit auf Grund von Natur und Vernunft, Wandlung des metaphysischen Denkens, neues Wissenschaftsverständnis, Veränderung des Weltbildes, Beginn völkerkundlicher Vergleichung, Anfänge historischer Distanzierung und Relativierung usw) und bestimmte geschichtliche Einzelerscheinungen (Fortwirken des Humanismus, Verfeinerung philologischer Methoden, → Spiritualisten, → Sozinianer, → Arminianer, → Deismus u.a.) verbanden sich zu umfassender Bedrohung der traditionellen theologischen H. Doch gab es im Gegensatz auch Berührungspunkte. Auf kath. Seite ermutigte die Ablehnung des reformatorischen Schriftprinzips eher zu kritischer Untersuchung der biblischen Textüberlieferung (Richard → Simon). Auf prot. Seite geriet zwar die orthodoxe Lehre von der Schrift in eine tödliche Krisis. Aber das »sola scriptura« verpflichtete dazu, die exegetische Gewissenhaftigkeit über die dogmatische Sicherung des Schriftprinzips zu stellen. Die prot. Theologie setzte sich der veränderten Problemlage aus und wurde zum Träger der weiteren h.en Entwicklung. Grundmotive reformatorischer Theologie (→ Wort Gottes, → Glaube, → Rechtfertigung) gaben dazu indirekt die Freiheit, ja nötigten zu einem (in der Reformation nicht hinreichend geschehenen) Durchreflektieren der methodologischen Bedeutung des »sola scriptura«.

Aufs Große gesehen zeigt die h.e Wende folgende Tendenzen: Preisgabe der Lehre von der Verbalinspiration (→ Inspiration: II) als h.er Weisung, Unterscheidung von → Bibel (: III) und Wort Gottes, Verselbständigung der Exegese gegenüber dogmatischer (konfessioneller) Normierung, prinzipielle Gleichstellung der Bibel mit anderer Literatur in h.er Hinsicht, vorbehaltlose Anwendung der allgemeinen Regeln grammatischer und historischer Interpretation, Handhabung der verschiedenen Weisen der historischen Kritik sowie (entsprechend der geschichtlichen Differenzierung) Spezialisierung zumindest in at. und nt. H. Erfassung und Anwendung dieser Gesichtspunkte durchlaufen eine bewegte Geschichte, die zT abhängig ist vom Wechsel philosophischer und theologischer Grundpositionen. Denn es handelt sich nicht einfach um bloße Übernahme richtiger formaler h.er Regeln und deren voraussetzungslose Anwendung. Wie die Offenheit für die Grundsätze neuzeitlicher H. schon bedingt ist durch gewisse (nicht beliebig wählbare) philosophische und theologische Momente, so wirken sich solche auch mehr oder weniger auf Ausgestaltung und Gebrauch h.er Prinzipien und Regeln aus.

Die *pietistische* Intensivierung des Bibelstudiums, in Kritik an der Hypertrophie scholastisierender Dogmatik, kam zwar außer der Pflege orientalischer Sprachen (A.H. → Francke) einer Belebung der H. (am einflußreichsten J.J. → Rambach) zugute. Die noch nicht erheblichen Abweichungen von der orthodoxen H. waren durch erbauliches Interesse bestimmt (Einbeziehung der applicatio, stärkere Betonung des sensus mysticus, »emphatische« Erklärung der einzelnen inspirierten Wörter, geistliche Disposition des Interpreten). Dagegen bahnte sich *die neue H.* an im Vollzug historisch-philologischer Arbeit (H. → Grotius, J. → Lightfoot, R. → Simon, J.J. → Wettstein u.a.), in der deistischen Religionskritik (→ Deismus: III), in Proklamierung der Vernunft als h.er Norm (L.Meyer, Philosophia scripturae interpres, 1666; B. → Spinoza, Tract. Theol. Pol., 1670, bes. c. 7: »Norm der Auslegung darf nur das allen gemeinsame natürliche Licht sein«) sowie in theologischen H.en, die versuchten, der neuen Problemlage gerecht zu werden: bes. *J.A.* → *Turrettini* (bezeichnet es als einziges Prinzip, »daß die Methode der Schriftauslegung keine andere sei als bei anderen Büchern«, und fordert als Bedingung voraussetzungsloser historischer Interpretation einen animus vacuus instar tabulae rasae) und S.J. → Baumgarten (vom Pietismus herkommend).

Epochemachend wurden die h.en Werke J.A. → Ernestis und J.S. → Semlers. Während *Ernesti* sich auf die Gesichtspunkte grammatischer (einschließlich sprachgeschichtlicher) Eruierung des »sensus verborum« beschränkt, da die res von den verba her zu erkennen sind und nicht umgekehrt, fügt *Semler* im Gefolge Baumgartens die Berücksichtigung der historischen Interpretation im weiteren Sinne hinzu, nämlich daß der Interpret »auch die historischen Umstände einer biblischen Rede genau unterscheidet und sich vorstellen kann und nun auch imstande ist, von diesen Gegenständen auf eine solche Weise jetzt zu reden, als es die veränderte Zeit und andere Umstände der Menschen neben uns erfordern«. Das Evangelium ist eine Historie und muß darum zunächst auch historisch und nicht sofort erbaulich erfaßt und mitgeteilt werden. Darum muß zwischen dem »moralischen« (dh religiös sittlichen) Offenbarungsinhalt und der zeitbedingten »Lehrart« (→ Akkomodation) unterschieden werden und ebenso zwischen den verschiedenen »Lehrarten« innerhalb der Bibel, welchen nicht direkt, dh nicht ohne übersetzende Interpretation, dogmatische Aussagen entnommen werden können. Die Unterscheidung zwischen historischer »biblischer Theologie« und Dogmatik (J.Ph. → Gabler) bedeutete freilich keine völlige Scheidung. Nicht nur für die Dogmatik verschärfte sich nun das Problem ihrer Schriftgemäßheit als ein im weiteren Sinne h.es, sondern auch die historische Exegese konnte sich von der Einwirkung dogmatischer Gesichtspunkte auf die leitenden Fragestellungen und Begriffe nicht schlechthin freimachen.

Diesen Aspekt des h.en Problems hatte man zunächst noch (im Banne rationalistischer Auffassungen von ewigen Vernunftwahrheiten, von der im Grunde sich immer gleichbleibenden menschlichen Natur und einer pädagogisch zu verstehenden Entwicklung des Menschengeschlechts) übersehen. Daß das h.e Problem in der Geschichtlichkeit seine radikale Tiefe hat, war noch nicht zu Bewußtsein gekommen. Von Ernesti und Semler herkommend hat → *Schleiermacher,* die über die → Aufklärung hinausführenden Impulse verwertend (J.J. → Winkelmann, J.G. → Herder, → Transzendentalphilosophie, → Romantik, H. der klassischen Philologie: Fr.Ast, Fr. A.Wolf), als erster aus der Analyse des Verstehens systematisch eine allgemeine H. entwickelt (s. 1b). Entsprechend dem Ineinander eines allgemeinen (Sprache) und eines individuellen Faktors (Denken) in jeder Rede, sind im Verstehen die beiden Momente grammatischer und psychologischer Interpretation zu unterscheiden. Das Verstehen ist die Umkehrung des Aktes geistiger Produktion, hat divinatorischen Charakter und zielt auf die Beziehung von Autor und Werk (innere Form). In Anbetracht des zT unbewußten Schaffens gilt es, »die Rede zuerst ebenso gut und dann besser zu verstehen als ihr Urheber«. Eine nt. Spezial-H. ist nicht von der psychologischen, sondern nur von der sprachlichen Seite her gerechtfertigt (hebraisierendes Griechisch). Schleiermachers H. hat primär eine starke Auswirkung auf die philologische H. (A.Boeckh), die Historik (J.G.Droysen), die nun zunehmend das h.e Problem einbezieht, sowie die Methodologie der Geisteswissenschaften (W. → Dilthey) gehabt.

Neben und nach Schleiermacher hat die H. im Bereich der Theologie teils sich auf den philologisch-historischen Gesichtspunkt beschränkt (C.A.G.Keil, C.G. → Bretschneider), teils Schleiermachers Ansatz modifiziert (F. H. → Lücke, H.N.Clausen), teils in sehr verschiedener Weise ein über die philologisch-historische Auslegung hinausgehendes »tieferes«, »pneumatisches« oder »heilsgeschichtliches« Verstehen postuliert (C.F. → Stäudlin, H.Olshausen, F.H.Germar, J.T. → Beck, J.Chr.K.v. → Hofmann u.a.). Das Erlahmen der thematischen Behandlung der H. als gesonderter Disziplin von der Mitte des 19.Jh.s an entspricht dem gleichzeitigen Niedergang der philosophischen Bewegung und dem Aufkommen des → Positivismus und → Historismus. Es vollziehen sich zwar jetzt namentlich in den exegetischen und historischen Disziplinen bedeutsame Vorgänge, die das h.e Problem außerordentlich verschärfen; aber zunächst fehlt es noch teils an der Bereitschaft, teils an der systematischen Kraft, die Frage der H. neu und umfassend in Angriff zu nehmen. Die Entwicklung der at. und nt. → Bibelwissenschaft hat mit imponierender Konsequenz, dogmatischer Rücksichtslosigkeit, aber auch strenger Selbstkritik die Grundsätze historisch-kritischer Auslegung zur Anwendung gebracht: in fortschreitender Spezialisierung der Arbeitsgebiete, in präziser Handhabung der herkömmlichen (Sprachgeschichte, Textkritik, Literarkritik) und in Entdeckung neuer Fragestellungen und Methoden (konsequent geschichtliche, religionsgeschichtliche, traditionsgeschichtliche, formgeschichtliche Betrachtung usw). Über solche praktische Ausgestaltung hinaus war man im allgemeinen kaum interessiert an der Besinnung über die h.en Voraussetzungen, oder man diskutierte die Spannung zwischen historischer und dogmatischer Theologie im Sinne scharfer Trennung (Fr. → Overbeck, C.A. → Bernoulli; vgl. die Diskussion über Religionswissenschaft und Theologie) bzw. im Sinne der verschiedenen Vermittlungsversuche zwischen → Bibelkritik und Glaube, die ein Hauptthema der Theologiegeschichte des 19.Jh.s bilden, ohne doch zu neuen h.en Gesamtkonzeptionen zu führen. Aber nicht nur auf systematisch-theologischer Seite (→ Systematische Theologie: II A) zwang der Dualismus von historischer und dogmatischer Theologie zu neuen Ansätzen für das Verstehensproblem von Glaube und → Geschichte (M. → Kähler, W. → Herrmann, J. → Kaftan, E. → Troeltsch). Auch die historisch-exegetische Arbeit wurde teils durch neue Einsichten in die kerygmatische Struktur ihrer Texte (→ Formen: I. II), teils durch Partizipation an der allgemeinen methodologischen Krisis der → Geisteswissenschaften im Zeichen des → Historismus und der Versuche seiner Überwindung (W. → Dilthey, E. → Troeltsch, E. → Spranger, E.Rothacker u.a.) wieder auf das h.e Problem gestoßen.

g) Es lag also nicht nur am Aufkommen der sog. → Dialektischen Theologie, daß *nach dem ersten Weltkrieg* in der Theologie das h.e Problem wieder in den Brennpunkt rückte. Auch Theologen anderer Richtung sind in diesem Zusammenhang zu erwähnen (E.v.Dobschütz, K. → Holl, K.Girgensohn, E.Fascher u.a.). Und das Geschehen in der Theologie darf nicht isoliert werden von einer schon länger sich anbahnenden geistigen *Gesamtveränderung,* einer sich wandelnden Einstellung zur Verstehensaufgabe überhaupt in Philosophie (→ Phänomenologie, → Wert-, → Lebens-, → Existenzphilosophie), → Psychologie, Geschichtswissenschaft, Germanistik usw wie auch in Dichtung und gestaltender Kunst. In Nachwirkung → Kierkegaards und → Nietzsches weiß man nun: Es gibt kein voraussetzungsloses Verstehen. In der → Geschichtlichkeit der Existenz hängen → Verstehen und → Entscheidung zusammen. Trotz gefährlicher Verzerrung und Mißbrauchs (bis zur Rechtfertigung der Parteilichkeit im Politischen) solcher Einsichten (vgl. K.Löwiths Kritik am »Dezisionismus«) stellt sich - unterschieden von der neuzeitlichen → Erkenntnistheorie - die Aufgabe einer Hinterfragung des Subjekt-Objekt-Schemas in Richtung auf eine ontologisch begründete, am Sprachproblem orientierte allgemeine H.

Der Neueinsatz der Dialektischen Theologie, *K. → Barths* Römerbrief, stand ausdrücklich (Vorreden!) im Zeichen des h.en Problems: Die historisch-kritische Methode wird an sich nicht verworfen, aber relativiert zu bloßer Vorbereitung auf die eigentliche Verstehensaufgabe. Der mächtige Impuls, wieder anknüpfend an die reformatorische Exegese sich von der Frage nach dem Worte Gottes leiten zu lassen, hat sich auf breiter Front durchgesetzt. Doch begegnet Barths eigene Exegese starken methodologischen Bedenken. Auch hat er selbst nicht das h.e Problem thematisch aufgegriffen, weil es sich mit der inhaltlichen Entfaltung der Dogmatik erledigt. Seinem theologischen Ansatz entsprechend bestreitet er eine Abhängigkeit der Theologie von einer allgemeinen Verstehenslehre. Vielmehr: »Die allgemeine und allein gültige H. müßte anhand der Bibel als Offenbarungszeugnis gelernt werden« (KD I/2, 515). ZT wurde dadurch Mißachtung historisch-kritischer Auslegung (W.Vischer u.a.) und Verschanzung in kirchlich-dogmatischen Positivismus begünstigt (vgl. Stellungnahmen zur → »Entmythologisierung«).

Die Wiederaufnahme des h.en Themas, die auch in der kath. Theologie Entsprechungen hat (bes. Enzyklika Pius' XII. »Divino afflante Spiritu«: stärkere Öffnung gegenüber modernen exegetischen Methoden bei grundsätzlichem Verharren in der traditionellen h.en Position; vgl. ferner die lebhaften Erörterungen über den »sensus plenior«; zT auch Auseinandersetzung mit Bultmann) und die die Untersuchungen zur Geschichte der → Schriftauslegung (: IV) und H. stark hat anschwellen lassen, ist bestrebt, die theologische Relevanz der grundsätzlich bejahten historisch-kritischen Methode neu zu durchdenken. In bezug auf das *AT* stehen sich gegenüber: eine religionsgeschichtlich orientierte, auf die Unterscheidung von Gesetz und Evangelium sich beziehende Herausarbeitung bes. der Differenz von AT und christlichem Glauben (in verschiedener Weise E. → Hirsch: »Das AT das geschichtlich mächtigste Widerspiel des NT«; R.Bultmann: Die at.-jüdische Geschichte ist Weissagung in ihrem Scheitern; F.Baumgärtel: Unterscheidung von Weissagung und Verheißung) und eine am Begriff des Wortes Gottes und der Einheit des biblischen Zeugnisses orientierte maßvolle Modifikation heilsgeschichtlicher → Typologie. Die typologische Deutung weiß um die Verschiedenheit von AT und NT, sieht aber in der von Gottes Wort gewirkten Geschichte des Alten Bundes das nt. Christusgeschehen »präfiguriert« (im Sinne einer Entsprechung, »Analogie«). Das Wiedererkennen von Typen im AT sei zwar keine »Geheimniskrämerei«, transzendiere jedoch das historische Selbstverständnis des at. Textes; im einzelnen könne sie h. nicht reguliert werden, »sondern geschehe in der Freiheit des hl. Geistes« (G.v.Rad u.a.). Für das Problem der H. im ganzen ist wesentlich bedeutsamer der andere Schwerpunkt der heutigen h.en Diskussion, der durch das Schlagwort → »Entmythologisierung« gekennzeichnet ist. Freilich trifft das nur einen Teilaspekt des Beitrages, den *R.* → *Bultmann,* seit Schleiermacher bedeutendster Vertreter dieser Disziplin, zur H. geleistet hat. In ausdrücklicher Bejahung der h.en Wende zur Neuzeit (»Die Interpretation der biblischen Schriften unterliegt nicht anderen Bedingungen des Verstehens als jede andere Literatur«) und anknüpfend an Schleiermacher und Dilthey, erfaßt er stärker als diese den h. differenzierenden Faktor der die Auslegung leitenden Fragestellung, des »Vorverständnisses« (von Bultmann auch »das jeweilige h.e Prinzip« genannt), des die Möglichkeit des Verstehens begründenden Lebensverhältnisses zur Sache. Die kritische Besinnung auf sachgemäße Fragestellung und Begriffe ist angewiesen auf existentiale Analyse des → Daseins (M. → Heidegger). Doch bleibt das Vorverständnis im Vorgang des Verstehens selbst der kritischen Klärung ausgesetzt (vgl. zum Begriff des »h.en Zirkels« M.Heidegger, Sein und Zeit § 32; E.Fuchs, H. § 5), dient also (entsprechend dem Anteil der Subjektivität am Verstehen) einer größtmöglichen Offenheit zur Begegnung mit der Geschichte. Texte, die von einem Handeln Gottes reden, müssen auf ein darin sich aussprechendes Selbstverständnis des Menschen hin interpretiert werden. Das wird bes. akut in bezug auf die Verwendung mythologischer Begrifflichkeit in biblischen Texten, deren kerygmatischer Charakter selbst nicht-objektivierende, existentiale Interpretation mythologischer Aussagen fordert. Das bei Bultmann aufs engste mit dem h.en Problem verknüpfte Geschichtsproblem ist von *Fr.* → *Gogarten* im Blick auf die Frage nach der Wirklichkeit des Glaubens in scharfer Unterscheidung metaphysischer und geschichtlicher Denkweise wiederum auf die h.en Hintergründe hin zur Erörterung gebracht worden, so daß sich sowohl in dem konfessionellen Gegensatz zwischen Katholizismus und Protestantismus als auch in Beurteilung des geistesgeschichtlichen Umbruchs zur Neuzeit letzte Differenzen des Verstehens anmelden. In ähnlicher Weise bringt auch *D.* → *Bonhoeffers* Idee einer »nichtreligiösen Interpretation biblischer Begriffe« das h.e Problem in Zusammenhang mit den fundamentalen geschichtlichen Wandlungen des Wirklichkeitsverständnisses. In dieser außerordentlich weit gespannten Problemlage hat bisher als einziger *E.Fuchs,* in sehr selbständiger und tiefschürfender Weiterführung der von Barth, Bultmann, Gogarten und Heidegger ausgegangenen Impulse, im Horizont des Sprachproblems (weil »der Glaube ein Sprachereignis« war und ist) den Entwurf einer H. gewagt, die nicht auf die Technik der Exegese, sondern auf die »mit der Exegese verbundenen inneren Probleme des Verstehens« eingeht. In Anspielung auf W. Herrmann bezeichnet er als das nichts vorwegnehmende und den Vorgang des Verstehens freigebende »h.e Prinzip« den »sittlichen Ernst des Auslegers« und meint damit »die h.e Seite einer theologischen Unterscheidung von Gesetz und Evangelium«.

Lexikonartikel u. Bibliogr.en: RE VII, 718ff - Dict. de la Bible III, 612ff; Suppl. III, 1482ff; Suppl. IV, 561ff - ERE VII, 390ff - Bibl 1ff, 1920ff - DThC VII, 2290ff - ThLZ 75, 1950, 467-478 - IZBG 1ff, 1951/52ff - EC VII, 100ff - LThK³ II, 435ff - EKL II, 120ff. - Darstellungen größerer Zeiträume: R.Simon, Histoire critique du Vieux Testament, 1678 - Ders., Histoire critique des principaux commentateurs du NT, 1693 - J.G.Rosenmüller, Historia interpretationis librorum sacrorum in ecclesia Christiana, 5 Bde, 1795-1814 - E.F.K. Rosenmüller, Hdb. für die Lit. der bibl. Kritik u. Exegese, 4 Bde, 1798-1800 - G.W.Meyer, Gesch. der Schrifterklärung seit der Wiederherstellung der Wissenschaften, 5 Bde, 1802-09 - E.Reuss, Die Gesch. der hl. Schriften NTs, (1842) 1887⁶ - L.Diestel, Gesch. des AT in der christl. Kirche, 1869 - W.Dilthey, Die Entstehung der H. (1900; in: Ges. Schr. V, 1924, 317-338) - J.Wach, Das Verstehen. Grundzüge einer Gesch. der h.en Theorie im 19.Jh., 3 Bde, 1926-33 - B.Smalley, The Study of the Bible in the MA, Oxford (1940) 1952² - P.C.Spicq, Esquisse d'une Histoire de l'Exégèse Latine au MA, Paris 1944 - E.G.Kraeling, The OT since the Reformation, London 1955 - H.-J.Kraus, Gesch. der hist.-krit. Erforschung des AT von der Reformation bis zur Gegenwart, 1956 - W.G.Kümmel, Das NT, Gesch. der Erforschung seiner Probleme (Orbis III, 3), 1958.

Zu 1: ThW II, 659ff.

Zu 2a: C.Siegfried, Philo v. Alexandrien als Ausleger des AT, 1875 - F.Wehrli, Zur Gesch. der alleg. Deutung Homers im Altertum, 1928 - E.Stein, Die alleg. Exegese des Philo aus Alexandrien (BZAW 51), 1929 - S.Rappaport, Aggada u. Exegese bei Flavius Josephus, 1930 - I.Heinemann, Altjüd. Allegoristik, 1936 - D.Daube, Rabbinic Methods of Interpretation and Hellenistic Rhetoric (HUCA 22, 1949, 239-264) - RAC I, 283ff - J.Leipoldt-S.Morenz, Hl. Schriften, 1953, bes. 123ff - F.Maass, Von den Ursprüngen der rabbin. Schriftauslegung (ZThK 52, 1955, 129-161).

Zu 2b: J.C.Döpke, H. der nt. Schriftsteller I, 1829 - O.Michel, Paulus u. seine Bibel, 1929 - L.Goppelt, Typos. Die typolog. Deutung des AT im Neuen (BFChTh II, 43), 1939 - J.Bonsirven, Exégèse rabbinique et exégèse paulinienne, Paris 1939 - J.W.Doeve, Jewish Hermeneutics in the Synoptic Gospels and Acts, Leiden 1954 - K.Stendahl, The School of St. Matthew and its Use of the OT (ASNU 20), 1954 - M.Karnetzki, Die at. Zitate in der synopt. Tradition (Diss. Tübingen), 1955 (vgl. ThLZ 81, 1956, 492f).

Zu 2c: Origenes, Περὶ ἀρχῶν (MPG 11, 107ff; GCS 22) - Tyconius, Liber de septem regulis (MPL 18, 15ff; ed. F.C.Burkitt in: TSt III/1, Cambridge 1894) - Hieronymus, Ep. ad Pammachium (MPL 22, 568ff; CSEL 54, 503ff) - Augustinus, De doctrina christiana libri IV (MPL 34, 15ff; Flor. Patr. 24) - Junilius Africanus, Instituta regularia divinae legis (MPL 68, 15ff) - Cassiodor, De institutione divinarum litterarum (MPL 70, 1105ff) - Hadrianus, Εἰσαγωγὴ εἰς τὰς θείας γραφάς (MPG 98, 1273ff; ed. F.Gössling, 1887). - Z.Frankel, Über den Einfluß der paläst. Exegese auf die alexandr. H., 1851 - J.H.Friedlieb, Schrift, Tradition u. kirchl. Schriftauslegung nach den Zeugnissen der fünf ersten Jh.e, 1854 - G.Heinrici, Die valentinianische Gnosis u. die hl. Schrift, 1871 - H. Weiss, Die großen Kappadokier Basilius, Gregor v. Nazianz u. Gregor v. Nyssa als Exegeten, 1872 - H.Kihn, Theodor v. Mopuestia u. Junilius Africanus als Exegeten, 1880 - P.Heinisch, Der Einfluß Philos auf die älteste christl. Exegese (Barnabas, Justin u. Clemens v. Alex.), 1908 - A.v.Ungern-Sternberg, Der traditionelle at. Schriftbeweis »De Christo« u. »De evangelio« in der Alten Kirche, 1913 - A.Vaccari, La θεωρία nella scuola exegetica d'Antiochia (Bibl 1, 1920, 3-36) - A.Allgeier, Der Einfluß des Manichäismus auf die exeget. Fragestellung bei Augustin (in: Aurelius Augustinus, Festschr. der Görresgesellschaft, 1930, 1-13) - J.H.Vogels, Die Hl. Schrift bei Augustinus (ebd 411-421) - W.v.Loewenich, Das Joh.-Verständnis im 2.Jh. (BZNW 13), 1932 - K.Kuypers, Der Zeichen- u. Wortbegriff im Denken Augustins, Amsterdam 1934 - G.Zimmermann, Die h.en Prinzipien Tertullians (Diss. Leipzig), 1937 - W.den Boer, De Allegorese in het Werk van Clemens Alex., Leiden 1940 - Ders., Hermeneutic Problems in the early Christian Lit. (VigChr 1, 1947, 150-167) - P.Meinhold, Gesch. u. Exegese im Barn (ZKG 59, 1940, 255-303) - E.Schweizer, Diodor v.Tarsus als Exeget (ZNW 40, 1941, 33-75) - M.Pontet, L'exégèse de St. Augustin prédicateur, Paris o.J. (1946) - J.Guillet, Les exégèses d'Alexandrie et d'Antioche. Conflit ou malentendu? (RSR 34, 1947, 257-302) - J.Klevinghaus, Die theol. Stellung der apostol. Väter zur at. Offenbarung (BFChTh 44, 1), 1948 - G.Quispel, La lettre de Ptolémée à Flora (VigChr 2, 1948, 17-56) - J.Daniélou, Origène, Paris 1948 - Ders., Sacramentum Futuri. Études sur les origines de la typologie biblique, ebd 1950 - H.de Lubac, Histoire et esprit. L'intelligence de l'Écriture d'après

Origène, ebd 1950 - A.PENNA, Principi et carattere dell'esegesi di S. Gerolamo, Rom 1950-P.TERNANT, La ΘΕΩΡΙΑ d'Antioche dans le cadre des sens de l'Écriture (Bibl 34, 1953, 135-158. 354-383. 456 bis 486) - S.LÄUCHLI, Die Frage nach der Objektivität der Exegese des Origenes (ThZ 10, 1954, 175-197) - FR.L.RIPKE, Paradoxe Einheit durch Integration bei Klemens v.Alex. (Diss. Göttingen), 1955 (vgl. ThLZ 81, 1956, 631f) - E.FLESSEMANN-VAN LEER, Het OT bij de apostolische Vaters en de Apologeten (NedThT 9, 1955, 230-244) - P.BRUNNER, Charismat. u. method. Schriftauslegung nach Augustins Prolog zu De doctr. christ. (KuD 1, 1955, 59-69. 85-103) - H. KARPP, Schrift u. Geist bei Tertullian (BFChTh 47), 1955 - K.H. SCHELKLE, Paulus, Lehrer der Väter. Die altkirchl. Auslegung von Röm 1-11, 1956 - F.A.STROBEL, Schriftverständnis u. Obrigkeitsdenken in der ältesten Kirche (Diss. Erlangen), 1956 (vgl. ThLZ 82, 1957, 69f) - G.STRAUSS, Schriftgebrauch, Schriftauslegung u. Schriftbeweis bei Augustin (BGH 1), 1959.

Zu 2d: RHABANUS MAURUS, De clericorum institutione libri III (MPL 107, 383ff) - HUGO v.ST.VIKTOR, Eruditio didascalica, lib. 4-6 (MPL 176, 777ff) - THOMAS v.AQUIN, Summa theologica I q. 1 a. 9 u. 10 - DERS., Quaest. quodlib. VII q. 6 a. 14ff - NICOLAUS v.LYRA u. PAULUS v.BURGOS, Prologe zur Postilla in Bibliam - J.GERSON, De sensu literali Sacrae Scripturae (Opp. omn. ed. DUPIN 1728², I, 1ff) - JAC.PEREZ DE VALENCIA, Prolog zum Pss-Kommentar. - M.FISCHER, Des Nik.v.Lyra Postillae perpetuae in Vetus et Nov. Test. in ihrem eigentüml. Unterschied von der gleichzeitigen Schriftauslegung (JpTh 15, 1889, 430-471. 578-619) - F.KROPATSCHECK, Das Schriftprinzip der luth. Kirche I: Die Vorgesch. Das Erbe des MA, 1904 - J.A.MICHALSKI, Raschis Einfluß auf Nik.v.Lyra in der Auslegung der Bücher Lev, Num u. Dtn (ZAW 35, 1915, 218-245; 36, 1916, 29-63) - E.v.DOBSCHÜTZ, Vom vierfachen Schriftsinn. Die Gesch. einer Theorie (Harnack-Ehrung, 1921, 1-13) - P.FLEIG, Die h.en Grundsätze des Thomas v.Aquin, 1927 - G.LACOMBE-B.SMALLEY, Studies on the Commentaries of Cardinal Stephen Langton (AHDL 5, 1931, 1-220) - B.SMALLEY, Stephen Langton and the Four Senses of Scripture (Speculum 6, 1931, 60-76) - M.L.W.LAISTNER, Antiochene exegesis in Western Europe during the MA (HThR 40, 1947, 19-31) - F.HAHN, Zur H. Gersons (ZThK 51, 1954, 34-50) - B.BISCHOFF, Wendepunkte in der Gesch. der lat. Exegese im Früh-MA (SE 6, 1954, 189-281) - W.WERBECK, Jacobus Perez von Valencia. Unters.en zu seinem Pss-Kommentar (BHTh 28), 1959.

Zu 2e: H.BULLINGER, De scripturae sanctae autoritate, certitudine, firmitate et absoluta perfectione etc libri duo, 1538 - M.FLACIUS, Clavis scripturae sacrae, 1567 - F.SOCINUS, De auctoritate scripturae sacrae (Bibl. Fratr. Pol. I, 1656, 265-280) - J.GERHARD, Tractatus de legitima scripturae sacrae interpretatione, 1610 - S.GLASSIUS, Philologia Sacra, 1623ff - A.RIVET, Isagoge ad S.Scripturae Vetus et Nov. Test., 1627 - J.C.DANNHAUER, Hermeneutica sacra sive methodus exponendarum sacrarum litterarum, 1654 - G.TH.STROBEL, Hist.-litt. Nachricht von Ph.Melanchthons Verdiensten um die Hl. Schrift, 1773 - E.NAGEL, Zwinglis Stellung zur Schrift, 1896 - A.LANG, Der Evangeliencommentar Martin Butzers u. die Grundzüge seiner Theol., 1900 - R.H.GRÜTZMACHER, Wort u. Geist, 1902 - O.SCHEEL, Luthers Stellung zur Hl. Schrift, 1902 - RITSCHL I, 43ff - K.A.MEISSINGER, Luthers Exegese in der Frühzeit, 1911 - K.HOLL, Luthers Bedeutung für den Fortschritt der Auslegungskunst (1920; in: HOLL I, 544-582) - P.ALTHAUS, Gehorsam u. Freiheit in Luthers Stellung zur Bibel (LML 9, 1927, 74-86 = Theol. Aufs. I, 1929, 140ff) - R.FRICK, Luthers Römerbriefvorlesung. Ein Beitrag zur Frage der pneumat. Exegese (Vom Dienst an Theol. u. Kirche, Festg. f. A.Schlatter, 1927, 79-96) - K.BAUER, Die Wittenberger Universitätstheol. u. die Anfänge der Dt. Reformation, 1928 - E.HIRSCH, Luthers Dt. Bibel, 1928 - P.SCHEMPP, Luthers Stellung zur Hl. Schrift (FGLP II, 3), 1929 - E.VOGELSANG, Die Anfänge von Luthers Christologie nach der 1. Pss-Vorlesung (AKG 15), 1929 - H.SCHLINGENSIEPEN, Erasmus als Exeget. Auf Grund seiner Schriften zu Matthäus (ZKG 48, 1929, 16-57) - H.ECHTERNACH, Studien zur Ontologie des Wortes I: Der reformat. Schriftbegriff, seine ontolog. Wurzeln u. sein Zerfall, 1931 - J.A.CRAMER, Calvijn en de Hl. Schrift, Wageningen 1932 - K.A.v. SCHWARTZ, Die theol. H. des M.Flacius Ill. (Diss. Erlangen), 1933 - H.SCHMIDT, Luther u. das Buch der Pss, 1933 - H.BORNKAMM, Das Wort Gottes bei Luther, 1933 - DERS., Luther u. das AT, 1948 - F. HAHN, Zur Verchristlichung der Pss durch Luthers Übers. (ThStKr 106, 1934/35, 173-203) - DERS., Luthers Auslegungsgrundsätze u. ihre theol. Voraussetzungen (ZSTh 12, 1934/35, 165-218) - DERS., Faber Stapulensis u. Luther (ZKG 57, 1938, 356-432) - DERS., Die hl. Schrift als Problem der Auslegung bei Luther (EvTh 10, 1950/51, 407-424) - J.HEMPEL, Luther u. das AT, 1935 - W.v.LOEWENICH, Luther u. das joh. Christentum, 1935 - DERS., Luther als Ausleger der Synoptiker, 1954 - G.MOLDAENKE, Schriftverständnis u. Schriftdeutung im Zeitalter der Reformation I: M.Flacius Ill. (FKGG 9), 1936 - P.MEINHOLD, Die Gen-Vorlesung Luthers u. ihre Herausgeber (ebd 8), 1936 - DERS., Luthers Sprachphilosophie, 1958 - V. HERNTRICH, Luther u. das AT (LuJ 1938, 93-124) - H.W.WOLFF, Die Einheit des Bundes. Das Verhältnis von A u. NT bei Calvin, 1942 - G.EBELING, Ev. Evangelienauslegung. Eine Unters. zu Luthers H. (FGLP X, 1), 1942 - DERS., Die Anfänge von Luthers H. (ZThK 48, 1951, 172-230) - W.A.QUANBECK, The Hermeneutical Principles of Luther's Early Exegesis (Diss. Princeton), 1948 - J.HILBURG, Luther u. das Wort Gottes in seiner Exegese u. Theol. dargestellt auf Grund seiner Operationes in Psalmos 1519/21 in Verbindung mit seinen frühen Vorlesungen (Diss. Marburg), 1948 - E.KÜNZLI, Quellenproblem u. myst. Schriftsinn in Zwinglis Gen- u. Ex-Kommentar (Zwingliana 9, 1949/53, 185-207. 253-307) - B.HÄGGLUND, Die hl. Schrift u. ihre Deutung in der Theol. Joh.Gerhards. Eine Unters. über das altluth. Schriftverständnis, Lund 1951 - H.LIEBING, Die Schriftauslegung Sebastian Castellios (Diss. Tübingen), 1953 (vgl. ThLZ 79, 1954, 57f) - J.MÜLLER, Martin Bucers H. (Diss. Heidelberg), 1955 (vgl. ThLZ 81, 1956, 569f) - H.GERDES, Luthers Streit mit den Schwärmern um das rechte Verständnis des Gesetzes Moses, 1955 - H.ØSTERGAARD-NIELSEN, Scriptura sacra et viva vox. Eine Lutherstudie (FGLP X, 10), 1957 - G.RUPP, Word and Spirit in the First Years of the Reformation (ARG 49, 1958, 13-26) - R.HERMANN, Von der Klarheit der Hl. Schrift. Unters.en u. Erörterungen über Luthers Lehre von der Schrift, 1958 - S.RAEDER, Das Hebräische bei Luther, untersucht bis zum Ende der 1. Pss-Vorl. Eine phil.-theol. Studie (Diss. Zürich), 1958 - E.BIZER, Die ref. Orthodoxie u. der Cartesianismus (ZThK 55, 1958, H. 3) - Lutherforschung heute. Referate u. Berichte des 1. Internat. Lutherforschungskongresses, hg.v. V.VAJTA, 1958 (32-63: G.EBELING, J.ATKINSON, R.JOSEFSON über Luthers Schriftverständnis) - H.SICK, Melanchthon als Ausleger des AT (BGH 2), 1959.

Zu 2f: A.H.FRANCKE, Manuductio ad lectionem s. scripturae, 1693 - DERS., Praelectiones hermeneuticae, 1717-23 - CHR.WOLLE, Regulae XXX hermeneuticae ad circumspectam scripturae sacrae illustrationem ex autoribus profanis utiles, 1722 - DERS., Hermeneutica Novi Foederis acroamatico-dogmatica, 1736 - J.J.RAMBACH, Institutiones hermeneuticae sacrae, 1723 - J.A.TURRETTINI, De sacrae scripturae interpretandae methodo tractatus bipartitus, 1728 - S.J.BAUMGARTEN, Unterricht von Auslegung der hl. Schrift, 1742 - DERS., Ausführlicher Vortrag der bibl. H., hg.v. J.CHR. BERTRAM, 1769 - J.J.WETTSTEIN, NT Graecum editionis receptae cum lectionibus variantibus, 1751/52 - DERS., Libelli ad crisin et interpretationem NT, 1766 - J.S.SEMLER, Vorbereitung zur theol. H., 4 Tle, 1760-69 - DERS., Apparatus ad liberalem NT interpretationem, 1767 - DERS., Abh. von freier Unters. des Canon, 4 Tle, 1771-75 - J.A.ERNESTI, Institutio interpretis NT, 1761 - I.G. TÖLLNER, Grundriß einer erwiesenen H. der hl. Schrift, 1765 - G.CHR. STORR, Dissertatio hermeneutica de sensu historico, 1778 - C.A.G. KEIL, De historica sacrorum librorum interpretatione eiusque necessitate, 1788 - G.L.BAUER, Hermeneutica sacra VT, 1797 - C.G.BRETSCHNEIDER, Die hist.-dogmat. Auslegung des NT, 1806 - C.F.STÄUDLIN, De interpretatione librorum NT historica non unice vera, Göttinger Pfingstprogramm 1807 - DERS., Über die blos hist. Auslegung der Bücher des NT (Krit. Journal der neuesten theol. Lit. 1, 1813/14, 321-348; 2, 1814/15, 1-39. 113-148) - F.LÜCKE, Grundriß der nt. H. u. ihrer Gesch., 1817 - H.OLSHAUSEN, Ein Wort über tiefern Schriftsinn, 1824 - F.H.GERMAR, Die panharmonische Interpretation der hl. Schrift, 1821 - DERS., Beytrag zur allg. H. u. zu deren Anwendung auf die Theologische, 1828 - D.FR.SCHLEIERMACHER, Über den Begriff der H. mit Bezug auf F.A.Wolfs Andeutungen u. Asts Lehrbuch (Sämtl. Werke III, 3, [1829] 1835, 344-386) - DERS., H. u. Kritik mit bes. Beziehung auf das NT, hg.v. F.LÜCKE (ebd I, 7), 1838 - H.N. CLAUSEN, Det nye Testaments Hermenevtik, 1840; dt. 1841 - CHR. G.WILKE, Die H. des NT I. II, 1843/44 - S.LUTZ, Bibl. H., 1849 - FR. OVERBECK, Über Entstehung u. Recht einer rein krit. Betrachtung der nt. Schriften in der Theol., 1871 - A.IMMER, H. des NT, 1873 - A.MERX, Eine Rede vom Auslegen, insbes. des AT, 1879 - J.CHR.K.v. HOFMANN, Bibl. H., hg.v. W.VOLCK, 1880 - P.GENNRICH, Der Kampf um die Schrift in der dt. ev. Kirche des 19.Jh.s, 1898 - H. DECHENT, Herder u. die ästh. Betrachtung der hl. Schrift, 1904 - H.E.WEBER, Hist.-krit. Schriftforschung u. Bibelglaube, (1913) 1914² - E.KÖNIG, H. des AT, 1916 - E.PETERSON, Das Problem der Bibelauslegung im Pietismus des 18.Jh.s (ZSTh 1, 1923, 468-481) - TH.HECKEL, Exegese u. Metaphysik bei R.Rothe (FGLP I, 4), 1928 - G.WOBBERMIN, Schleiermachers H. in ihrer Bedeutung für eine rel.-wiss. Arbeit, 1930 - O.KÜHLER, Sinn, Bedeutung u. Auslegung der hl. Schrift in Hegels Philosophie, 1934 - M.HOFMANN, Theol. u. Exegese der Berleburger Bibel (BFChTh 39, 2), 1937 - L.E.SEIDMANN, Pascal u. das AT, 1937 - HIRSCH I-V (passim) - P.HERBERS, Die h.e Lehre J.J.Rambachs (Diss. Heidelberg), 1952 - W.SCHULTZ, Die

Grundlagen der H. Schleiermachers, ihre Auswirkungen u. ihre Grenzen (ZThK 50, 1953, 158-184) - G.EBELING, The Meaning of »Biblical Theology« (JThS 6, 1955, 210-225) - U.LUCK, Kerygma u. Tradition in der H. A.Schlatters, 1955 - E.-W.WENDEBOURG, Die heilsgesch. Theol. J.Chr.K.v.Hofmanns in ihrem Verhältnis zur romant. Weltanschauung (ZThK 52, 1955, 64-104) - E.HÜBNER, Schrift u. Theol. Eine Unters. zur Theol. J.Chr.K.v.Hofmanns (FGLP X, 8), 1956 - E.WOLF, Die Verlegenheit der Theol. D.Fr. Strauß u. die Bibelkritik (Libertas Christiana, Festschr. f. Delekat, 1957, 219-239).

Zu 2g: K.BARTH, Der Röm, (1919) 1922² - DERS., KD I/2, 1938 - DERS., R.Bultmann. Ein Versuch, ihn zu verstehen (ThSt [B] 34), 1952 - E.v.DOBSCHÜTZ, Vom Auslegen des NT, (1922) 1927² - E. FASCHER, Die formgesch. Methode (BZNW 11), 1924 - DERS., Vom Verstehen des NT, 1930 - DERS., Textgesch. als h.es Problem, 1953 - K.GIRGENSOHN, Die Inspiration der hl. Schrift, 1925 - R.BULTMANN, Das Problem einer theol. Exegese des NT (ZZ 3, 1925, 334-357) - BULTMANN I-III - DERS., NT u. Mythologie. Das Problem der Entmythologisierung der nt. Verkündigung (BEvTh 7, 1941, 27-69) - DERS., Das Problem der H. (ZThK 49, 1950, 47-69 = BULTMANN II, 211-235) - DERS., Weissagung u. Erfüllung (ebd 360-383 = BULTMANN II, 162-186) - DERS., Ursprung u. Sinn der Typologie als h.er Methode (ThLZ 75, 1950, 205-212) - DERS., Ist voraussetzungslose Exegese möglich? (ThZ 13, 1957, 409-417) - DERS., Gesch. u. Eschatologie, 1958, bes. 122ff - J.BEHM, Pneumatische Exegese? Ein Wort zur Methode der Schriftauslegung, 1926 - H.FRICK, Wissenschaftl. u. pneumat. Verständnis der Bibel (SgV 124), 1927 - G.BERTRAM, NT u. hist. Methode (ebd 134), 1928 - FR.THOMA, H. des NT, 1930 - A.OEPKE, Geschichtl. u. übergeschichtl. Schriftauslegung, (1931) 1947² - E.FUCHS, Theol. Exegese u. philos. Seinsverständnis. Zum »Gespräch« zwischen Bultmann u. Heidegger (ZThK NF 13, 1932, 307-323) - DERS., Die Aufgabe der nt. Wiss. für die kirchl. Verkündigung heute, 1946 - DERS., Das Problem der theol. Exegese (EvTh 9, 1949/50, 1-11) - DERS., Bultmann, Barth u. Kant (ThLZ 76, 1951, 461-468) - DERS., Warum fordert der Glaube an Jesus Christus von uns ein Selbstverständnis? (ZThK 48, 1951, 342-359) - DERS., Das entmythologisierte Glaubensärgernis (EvTh 11, 1951/52, 398-415) - DERS., Frontwechsel um Bultmann? (ThLZ 77, 1952, 11-20) - DERS., H., (1954) 1958² - DERS., Gesetz, Vernunft u. Gesch. (ZThK 51, 1954, 251-270) - DERS., Das Programm der Entmythologisierung, 1954 - DERS., Die der Theol. durch die hist.-krit. Methode auferlegte Besinnung (EvTh 18, 1958, 256-268) - O.WEBER, Die Auslegung der hl. Schrift als theol. Frage, 1934 - DERS., Grundlagen der Dogmatik I, 1955, 341ff - E.HIRSCH, Das AT u. die Predigt des Evangeliums, 1936 - R.HERMANN, H.e Gegenwartsanliegen (Glaube u. Ethos, Festschr. f. G.Wehrung, 1940, 54-70) - DERS., Gotteswort u. Menschenwort in der Bibel, 1956 - W.ZIMMERLI, Auslegung des AT (ThBl 19, 1940, 145-157) - DERS., Verheißung u. Erfüllung (EvTh 12, 1952/53, 34-59) - O.EISSFELDT, Geschichtl. u. Übergeschichtl. im AT, 1947 - Kerygma u. Mythos, hg.v. H.W.BARTSCH, I-V, 1948-55 (I, 1954²); Bh. zu I. II, 1954 - G.HARBSMEIER, Auftrag u. Verheißung im Lichte der h.en Frage (EvTh 9, 1949/50, 338-363) - DERS., Die »nichtrelig. Interpretation bibl. Begriffe« bei Bonhoeffer u. die Entmythologisierung (Antwort, Festschr. f. K.Barth, 1956, 545-561) - G.FOHRER, Die zeitl. u. überzeitl. Bedeutung des AT (EvTh 9, 1949/50, 447-460) - H. DIEM, Grundfragen der bibl. H. (ThEx NF 24), 1950 - DERS., Theol. als kirchl. Wiss. I. II, 1951/55 - DERS., Die Einheit der Schrift (EvTh 13, 1953, 384-405) - DERS., Die Schriftauslegung als der theol. Ort des dogmat. Denkens (ebd 15, 1955, 49-65) - DERS., Was heißt schriftgemäß?, 1958 - E.DINKLER, Bibelautorität u. Bibelkritik (ZThK 47, 1950, 70-93) - G.EBELING, Die Bedeutung der hist.-krit. Methode für die prot. Theol. u. Kirche (ebd 1-46) - DERS., Die Geschichtlichkeit der Kirche u. ihrer Verkündigung als theol. Problem (SgV 207/08), 1954 - DERS., Die »nichtrelig. Interpretation bibl. Begriffe« (ZThK 52, 1955, 296-360) - W.MUNDLE, Der Glaube an Christus u. der hist. Zweifel, 1950 - W.WIESNER, Anthropologische oder theol. Schriftauslegung? (EvTh 11, 1950/51, 49-66) - DERS., Exegese u. Dogmatik (ThLZ 79, 1954, 447-454) - E.ESKING, Glaube u. Gesch. in der theol. Exegese E.Lohmeyers (ASNU 18), 1951 - E.LERLE, Voraussetzungen der nt. Exegese, 1951 - K.ELLIGER, Der Jakobskampf am Jabbok. Gen 32, 33ff als h.es Problem (ZThK 48, 1951, 1-31) - E.KÄSEMANN, Begründet der nt. Kanon die Einheit der Kirche? (EvTh 11, 1951/52, 13-21) - W.KASCH, Studien zum Problem der hist.-krit. Auslegung des NT (Diss. Kiel), 1952 - E.REISNER, H. u. hist. Vernunft (ZThK 49, 1952, 223-238) - D.LERCH, Zur Frage nach dem Verstehen der Schrift (ebd 350-367) - H.TRAUB, Anm.en u. Fragen zur nt. H. u. zum Problem der Entmythologisierung, 1952 - G.GLOEGE, Mythologie u. Luthertum, 1952 - DERS., Entmythologisierung (VF 1956/57, 62-101) - FR.BAUMGÄRTEL, Verheißung, 1952 - DERS., Das at. Geschehen als »heilsgesch.« Geschehen (Gesch. u. AT, Festgabe f. A.Alt [BHTh 16], 1953, 13-28) - DERS., EvTh 13, 1953, 413-421; 14, 1954, 298-313; ThLZ 79, 1954, 199-212 - M.NOTH, Die Vergegenwärtigung des AT in der Verkündigung (EvTh 12, 1952/53, 6-17) - H.J.KRAUS, Gespräch mit M.Buber (ebd 59-77) - G.v.RAD, Typolog. Auslegung des AT (ebd 17-33) - DERS., Verheißung. Zum gleichnamigen Buch Fr.Baumgärtels (EvTh 13, 1953, 406-412) - H.-J.THEUNE, Vom eigentl. Verstehen. Eine Interpretation der h.en Fragestellung R.Bultmanns auf dem Hintergrund der Existenzanalyse M.Heideggers (ebd 171-188) - F.GOGARTEN, Entmythologisierung u. Kirche, (1953) 1954² - W.SCHULTZ, Über die Grundlagen rel.-wiss. H. (ThLZ 79, 1954, 267-274) - A.N.WILDER, Biblical Hermeneutic and American Scholarship (Nt. Studien f. Bultmann [BZNW 21], 1954, 24-32) - M.MAGNUSSON, Der Begriff »Verstehen« in exeget. Zusammenhang unter bes. Berücksichtigung der paulin. Schriften (Stud. Theol. Lund. 8), 1954 - H.OTT, Gesch. u. Heilsgesch. in der Theol. R.Bultmanns (BHTh 19), 1955 - R.GRUNOW, D.Bonhoeffers Schriftauslegung (EvTh 15, 1955, 200-214) - J.S.WHALE, The Protestant Tradition. An Essay in Interpretation, Cambridge 1955 - A.A.v.RULER, Die christl. Kirche und das AT, 1955 - H.THIELICKE, Erwägungen zu Bultmanns H. (ThLZ 80, 1955, 705-714) - R.MARLÉ, Bultmann et l'interprétation du NT, 1956 - W.EICHRODT, Ist die typolog. Exegese sachgemäße Exegese? (ThLZ 81, 1956, 641-654) - R.PRENTER, Die Syst. Theol. u. das Problem der Bibelauslegung (ebd 577-586) - G.EICHHOLZ, Der Ansatz K.Barths in der H. (Antwort, Festschr. f. K.Barth, 1956, 52-68) - H.W.WOLFF, Zur H. des AT (EvTh 16, 1956, 337-370) - J.J.STAMM, Jesus Christus u. das AT (ebd 387-404) - E.HEITSCH, Die Aporie des hist. Jesus als Problem theol. H. (ZThK 53, 1956, 192-210) - DERS., Über die Aneignung nt. Überlieferung in der Gegenwart (ebd 54, 1957, 69-80) - J.HERMELINK, Verstehen u. Bezeugen. Der theol. Ertrag der »Phänomenologie der Religion« von G.van der Leeuw (Diss. Tübingen), 1957 - G.WINGREN, Die Methodenfrage der Theol., 1957 - H.HAUG, Offenbarungstheol. u. philos. Daseinsanalyse bei R.Bultmann. Die existentiale Interpretation einer eschatologischen Verkündigung als syst. Problem (ZThK 55, 1958, 201-233).

Zur neueren kath. H.: Enzykliken: LEO XIII., Providentissimus Deus (ASS 26, 1893, 269-292) - BENEDIKT XV., Spiritus Paraclitus (AAS 12, 1920, 385-422) - PIUS XII., Divino afflante Spiritu (ebd 26, 1943, 297-325) - V.ZAPLETAL, Hermeneutica biblica, (1897) 1908² - ST.SZÉKELY, Hermeneutica biblica generalis secundum principia catholica, 1902 - F.HILBER, Bibl. H., (1912) 1932⁴ - F.X.KORTLEITNER, Hermeneutica biblica, 1923 - J.COPPENS, Les harmonies des deux Testaments. Essai sur les Divers Sens des Écritures et sur l'Unité de la Révélation, Tournai-Paris 1949 - J.SCHILDENBERGER, Vom Geheimnis des Gotteswortes, 1950 - K.H.SCHELKLE, Hl. Schrift u. Wort Gottes (ThQ 138, 1958, 257-274). - F.CHR.VIERING, Ev. u. kath. Schriftauslegung als Frage nach dem Verhältnis von Christus u. Kirche, 1938 (ev.) - H.GRASS, Grundsätze kath. Bibelauslegung (ThLZ 77, 1952, 487-494; ev.).

Zur nichttheol. H.: J.M.CHLADENIUS, Einl. zur richtigen Auslegung vernünftiger Reden u. Schriften, 1742 - J.G.DROYSEN, Historik, 1868; hg.v. R.HÜBNER, 1943² - A.BOECKH, Encyclopädie u. Methodologie der philolog. Wissenschaften, (1877) 1886² - FR.BLASS, H. u. Kritik, 1886 - E.BERNHEIM, Lehrbuch der hist. Methode u. der Geschichtsphilos., (1889) 1908⁵·⁶ - TH.BIRT, Kritik u. H., 1913 - E. SPRANGER, Zur Theorie des Verstehens (Festschr. J.Volkelt, 1918, 357-403) - G.SIMMEL, Vom Wesen des hist. Verstehens, 1918 - K. ROBERT, Archäolog. H., 1919 - E.ROTHACKER, Einl. in die Geisteswissenschaften, (1920) 1930² - DERS., Logik u. Systematik der Geisteswissenschaften, 1948 - I.GOLDZIHER, Die Richtungen der Koranauslegung, 1920 - M.HEIDEGGER, Sein u. Zeit I, (1927) 1957⁷ - H. LIPPS, Unters.en zu einer h.en Logik, 1938 - E.AUERBACH, Mimesis, Bern 1946 - O.F.BOLLNOW, Das Verstehen, 1949 - E.BETTI, Zur Grundlegung einer allg. Auslegungslehre (Festschr. E.Rabel II, 1954, 79-168; Lit.) - DERS., Teoria generale della interpretazione I. II, Mailand 1955 - H.-J.MARROU, De la Connaissance Historique, 1956.

G.Ebeling

Hermes, 1. *Georg* (1775-1831), kath. Dogmatiker, * Dreyerwalde b. Herne/Westf., † Bonn. H. studierte in Münster, beeinflußt von dem Jesuiten F. Überwasser, der H. die kritizistische Methode → Kants und → Fichtes vermittelte. 1807 Prof. in Münster, seit 1820 Prof. für Dogmatik in → Bonn, vertrat H. ein eigenartiges psychologistisches System kritizistischer Apologetik zur rationalen Begründung des kath. Dogmas. In betonter Frontstellung gegen alle »Scholastik« erklärte er die Vernunft zur »einzigen Führerin«. Für die wissenschaftliche Untersuchung aller theologischen Fragen forderte er einen unparteiischen und objektiven Standpunkt. Dabei bejahte er eine theoretische Denkmöglichkeit und moralische Denknotwendigkeit der übernatürlichen Offenbarung. Vom positiven Zweifel aus sollte durch dessen Überwindung die Kraft des Rationalismus gebrochen werden. Freilich bleibt der letzte Beziehungspunkt anthropozentrisch: das »unmittelbare Bewußtsein der Sache in mir«. H. sah die moralische Menschenwürde als »Selbstzweck« und »Endzweck« der Schöpfung. Die Kirche kann in dieses System insoweit nicht passen, als H. der Autorität des kirchlichen → Lehramts die Autorität der Erkenntnis zur Seite stellte. Kirchenpolitisch vertrat er in Vorlesungen den Standpunkt des → Febronianismus. Es ist bezeichnend, daß sein Hauptwerk nicht über die »Einleitung« zur Theologie hinausgedieh und sein System apologetischer Theologie nur das natürliche Fundament des Glaubens und die Frage nach der Gewißheit des Glaubens behandelt. Obwohl seine Lehre schon zu seinen Lebzeiten Anstoß erregte, hat H. seine Verurteilung (anders als der ihm verwandte A. → Günther) nicht erlebt. Er starb auf der Höhe seines Ruhmes, von dem Kölner Erzbischof Graf → Spiegel »als starke Säule der kath. Studien« geschätzt; auch → Möhler meinte »Gutes und viel Gutes anerkennen« zu müssen. - Um H. bildete sich in Bonn eine sehr kräftige Schule. Der *»Hermesianismus«* herrschte bei seinem Tode wenigstens in Preußen fast unumschränkt (→ Bonn, → Trier, → Breslau, → Braunsberg); seine Vertreter (bes. J.W.J. → Braun, J.H. → Achterfeldt, P.J.Elvenich, J.B.Baltzer) waren durchaus kirchlich gesinnte Männer. Die Verurteilung der Lehre des H. und gleichzeitige Indizierung seiner Werke durch → Gregor XVI. (Denz. 1618ff) rief zunächst ungläubiges Erstaunen hervor. Noch 1838 versuchten Braun und Elvenich in Rom eine Revision dieses Urteils zu erreichen. Aber wenn auch die Aufzählung der dogmatischen Irrtümer des H. nicht das Eigentliche seines Systems traf, so blieb doch der päpstliche Vorwurf stehen, H. sei von der königlichen Straße auf die »via tenebrae« abgeirrt. Der eigentliche »hermesianische Streit« begann erst, nachdem → Droste-Vischering 1837 den Kölner Erzstuhl bestieg. Er ergriff scharfe Maßnahmen gegen alle hermesianischen Professoren und Priester in latentem Kampf gegen die Bonner Fakultät (vgl. → Gießen, 6; → Marburg). Der → Kölner Kirchenstreit, eng verwoben mit der Mischehenfrage, endete zwar zunächst mit der Gefangennahme Drostes; doch führte sein Nachfolger J.v. → Geissel den Kampf erfolgreich zu Ende (Entziehung der → Missio canonica und folgende Zwangsemeritierung von Braun und Achterfeldt 1843). Das Ergebnis des fast 15jährigen Streites (die Verteidigung der hermesianischen Sache führte 20 Jahre lang die »Zeitschrift für Philosophie und kath. Theologie«, 1832ff) war die direkte Stützung der vatikanischen und ultramontanen Zentralisierungsbestrebungen (bes. scharfe Gegner waren A.J. → Binterim, J. → Kleutgen, G. → Perrone). Der Streit um H. bezeichnet einen der wichtigsten Abschnitte des Umschlagens kath. Denkens in der 1. Hälfte des 19.Jh.s. »Die Hoffnung, mit den Prinzipien und Methoden des neuzeitlichen Philosophierens die kath. Wirklichkeit denkerisch darstellen zu können, wurde endgültig aufgegeben« (Eschweiler). Hier liegt das Fundament aller antimodernistischen Bestrebungen (→ Reformkatholizismus).

H. vf. u.a.: Unters. über d. innere Wahrheit des Christentums, 1805; Einl. in d. christkath. Theol. I: Philos. Einl., 1819; II: Positive Einl., 1829; Christkath. Dogmatik, hg.v. J.H.ACHTERFELDT, 3 Bde, 1834. - Über H.: W.ESSER, Denkschrift auf G.H., 1832 - KL V, 1875ff (Lit.) - RE VII, 750ff - CL.KOPP, Die Philosophie des H., bes. in ihrer Beziehung zu Kant u. Fichte, 1912 - H.SCHRÖRS, Gesch. d. kath.-theol. Fak. zu Bonn 1818-31, 1922 - K.ESCHWEILER, Die zwei Wege der neueren Theol., G.H. - M.J.Scheeben, 1926, 81ff - H.BASTGEN, Forschungen u. Qu. zur Kirchenpolitik Gregors XVI., 2 Bde, 1929 - EC VI, 1417ff - EKL II, 126. - Über den Hermesianismus: O.PFÜLF (→ Geissel) I, 199ff - H.SCHRÖRS (→ Braun, 1) - DERS., Die Kölner Wirren, 1927, 336ff - J.WILL, 18 Thesen d. Erzbischofs Droste-Vischering gegen d. Hermesianer (ThGl 21, 1929, 316-328) - C. SCHÖNIG, A.J.Binterim, 1930 - S.MERKLE, Der hermes. Streit im Lichte neuer Quellen (HJ 60, 1940, 179-200). *G.Maron*

2. *Hermann Daniel* (1734-1807), Bruder von 4, * in Petznick (Pommern), in Halle vom Pietismus und dem konservativ verstandenen S.J. → Baumgarten geprägt, 1752 Lehrer an J.J.Heckers Berliner Realschule, seit 1756 im Pfarramt, 1766 Prof., 1771 Propst, 1787 Oberkonsistorialrat in Breslau. Nach einer Begegnung mit Friedrich Wilhelm II. wurde H. 1791 Konsistorialrat in Berlin und seit 1792 Präsident der Geistlichen-Immediat-Examenskommission im Geiste des Wöllnerschen Religionsedikts, wie seine »Umständliche Anweisung für die ev.-luth. Prediger« (1794) und die versuchte Maßregelung der Fakultät in → Halle 1795 zeigen. Nach der Entlassung → Wöllners trat H., um den sich die Bibelgläubigen Berlins sammelten (→ Christentumsgesellschaft), zurück. 1805/06 war er Leiter des Schullehrerseminars in Kiel, dessen Aufgaben den Hochbetagten überforderten.

Vf. u.a.: Die große Lehre vom Gewissen, 1769; Schema examinis candidatorum ss. ministerii rite instituendi, 1790; Briefe über den Lehrbegriff der prot. Kirche, 1800. - Über H.: G.HOFFMANN, H.D.H., 1914 (Bibliogr.) - P.SCHWARTZ, Der erste Kulturkampf in Preußen, 1925.

3. *Johann August* (1736-1822), Vetter von 2 und 4, * in Magdeburg, Schüler des Klosters Bergen unter Abt → Steinmetz, in Halle vom Pietismus abgestoßen, aber von der dort aufkommenden Neologie (→ Aufklärung: III, 3b) angezogen, seit 1757 in verschiedenen Mecklenburger Pfarrämtern als Erbauungsschriftsteller für »reine Gotteserkenntnis«, »Ausübung der Tugend« und »wahre Glückseligkeit« werbend. Einer Untersuchung wegen Bestreitung der Lehre vom stellvertretenden Leiden Christi entging er durch Übernahme des Pastorates zu Jerichow (Altmark). Sein in verschiedene Sprachen übersetztes »Handbuch der Religion« ([1779] 2 Bde, 1791^4) ebnet ihm den Weg als Oberprediger nach Dittfurt und 1780 als Oberprediger und Konsistorialrat der Stiftsgemeinde nach Quedlinburg selbst. In seinem Gesangbuch für das Stift Quedlinburg (1787) stehen u.a. sein Unsterblichkeitslied »Ich lebe nicht für diese Erde« und sein bekanntes Passionslied »Ach sieh ihn dulden, bluten, sterben«.

Vf. u.a.: Wöchentl. Beiträge zur Beförderung der Gottseligkeit, 2 Bde, 1771/72; Communionbuch, (1783) 1797^5; Lehrbuch der Religion Jesu, (1798) 1822^3. Zusammen mit G.N.FISCHER u. CHR.G. → SALZMANN: Beiträge zur Verbesserung des öffentl. Gottesdienstes, 2 Bde, 1785/88. - Über H.: EuG II/6, 340 - ADB XII, 198 - KOCH VI, 247.

4. *Johann Timotheus* (1738-1821), Bruder von 2, * zu Petznick (Pommern), studiert in Königsberg, wird 1764 Lehrer an der Ritterakademie in Brandenburg, 1766 Feldprediger in Lübben, 1769 fürstlich anhaltischer Hofprediger und Schulinspektor in Pleß, 1772 Prof. am Magdalenäum in Breslau, 1808 städtischer Kirchen- und Schulinspektor ebd. Der vom Pietismus beeinflußte milde Aufklärungstheologe wird als »Sophien-H.« zum erfolgreichen moralisch-sentimentalen Romanschriftsteller (→ Empfindsamkeit, 4c) nach dem Vorbild der Romane von Sam.Richardson. Im Sinne der englischen → Moralischen Wochenschriften will er »ergötzen«, »ermahnen«, auf »unpedantische« Weise »unterrichten«, um nach der Charakteristik Schillers in den »Xenien« die Wollust und den Teufel zu malen und »zugleich den Kindern der Welt und den Frommen zu gefallen«. Seine »Lieder und Arien aus Sophiens Reise«, die vielfach

→ Klopstock nachahmen und von Joh. Ad. Hiller vertont wurden, fanden ungemeinen Beifall, weniger seine späteren Romane. Eingang in die Gesangbücher fand aus »Sophiens Reise«: »Ich habe von ferne, Herr, deinen Thron erblickt.«

Vf. u.a. Romane: Gesch. der Miß Fanny Wilkes, 2 Bde, (1766) 1781³; Sophiens Reise von Memel nach Sachsen, 5 Bde, (1769-72) 1778³; Andachtsschriften, 2 Bde, 1781f; Lieder für die besten bekannten Kirchenmelodien, 1801; Briefe u. Erzählungen, 2, Bde, 1808; zahlreiche Predigtsammlungen. - Über H.: R.HERMES in: ChW 12, 1898, 342-346 - G.HOFFMANN, J.T.H., 1911 - J.BUCHHOLZ, H.s Beziehungen zur engl. Lit. (Diss. Marburg), 1912 - K.MUSKALLA, Die Romane des J.T.H., 1912 - R.VAN RINSUM, Der Roman »Sophiens Reise ...« von J.T.H. als geistesgeschichtl. u. kulturhist. Ausdruck der Zeit (Diss. Marburg), 1949. *E.Beyreuther*

Hermetica ist die abkürzende Bezeichnung für eine Gruppe nichtchristlicher, religiöser Schriften des 2. und 3.Jh.s nChr, die sich als Offenbarungen des Hermes Trismegistos, dh des ägyptischen Gottes Toth (→ Ägypten: II, 3) geben. Die Masse dieser Schriften ist als geschlossenes Corpus überliefert (nach der 1. Schrift auch → Poimandres genannt); außerhalb davon stehen die Offenbarung an → Asklepios (auf lat.) und die der → Isis (= Kore Kosmou, erhalten bei Stobaios) sowie zahlreiche kleinere Stücke, meist Zitate bei Stobaios, Lactantius u.a., ein Traktat in arabischer (ed. O.Bardenhewer, 1873), einer in armenischer Übersetzung (vgl. H.Dörrie, Gnomon 29, 1957, 446). - Die Einkleidung ist ägyptisch, der Inhalt unzweifelhaft vorwiegend griechisch. Die Basis ist eine Umsetzung platonischer Philosophie in religiöse Offenbarung; es werden aber die philosophischen Elemente mit neupythagoreischen, orphischen, aber auch jüdischen Vorstellungen verquickt. Diese Schriften sind durchaus Erbauungsliteratur. Es gibt weder feste Begriffsbestimmungen noch eine Abgrenzung gegen die Lehren anderer, sondern in frommer Betrachtung und in oft symbolisierender Ausdrucksweise wird die Erschaffung der Welt durch den Nous und der Sündenfall der Seele beschrieben, oft predigtartig der Wiederaufstieg verheißen. - Die H. sind aus dem Geist der → Gnosis (: I) hervorgegangen. Direkte Zusammenhänge zwischen den H. und → Hermas oder gar der Apk bestehen aber nicht. Die Frömmigkeit der H. ist rein literarisch; diese »Religion« hat keinen Kultus hervorgebracht; dennoch wenden sich die H. in ihrer Verschwommenheit und Überschwänglichkeit an ein breites, religiös interessiertes Publikum.

Ausg. u. franz. Übers. v. A.D.NOCK-A.J.FESTUGIÈRE, 4 Bde, 1945 bis 1954. - Lit.: R.REITZENSTEIN, Poimandres, 1904 - J.KROLL, Die Lehren des Hermes Trismegistos, 1914 - A.-J.FESTUGIÈRE, La révélation d'Hermès Trismégiste, 4 Bde, Paris 1945-54 (vgl. dazu H.DÖRRIE, GGA 209, 1955, 230-242) - G.VAN MOORSEL, The Mysteries of Hermes Trismegistus (Diss. Utrecht), 1955 - W.THEILER, Gott u. Seele im kaiserzeitl. Denken (Entretiens de la fondation Hardt 3, Genève 1955, 65-91). *H.Dörrie*

Hermias, nur dem Namen nach bekannter Verfasser der Schrift »Verhöhnung der heidnischen Philosophen« (→ Apologetik: II), die nur durch Hss., nicht aber altkirchliche Zitate bezeugt ist und vielleicht kirchlich nicht anerkannt war. Sie kritisiert mit satirischem Spott, jedoch ohne ernsthafte Auseinandersetzung die Theologie, Psychologie und Kosmologie der heidnischen Philosophen. H. selbst nimmt sein philosophisches Wissen aus den üblichen Kompendien. Die mangelnden Vergleichsmöglichkeiten erschweren die Datierung der Schrift, für die man für die Zeit zwischen 150 und 600 nChr verschiedene Vorschläge gemacht hat; das Urteil wird von indirekten Beweisen bestimmt. Das 3.Jh. hat noch die meisten Fürsprecher gefunden.

Text: H.DIELS, Doxographi graeci, (1879) 1929², 651ff - E.A. RIZZO, Ermia, Livorno 1931 (mit Übers. u. Kommentar). - ALTANER 109 (Lit.). *C.Andresen*

Hermogenes, wohl antiochenischer Gnostiker um und nach 180 nChr (später in Karthago), von Beruf Maler, in seiner Kosmologie weithin durch den mittleren → Platonismus bestimmt. H. leitete das Böse aus der ungeschaffenen, ewigen Materie ab. Aus ihrer ungeordneten Bewegung, die noch jenseits von Gut und Böse, körperlich und unkörperlich zugleich war, hat Gott sie von der Ferne, wie ein Magnet, teilweise zum Kosmos gewandelt. Auch die Seele ist eine innerweltliche Größe, entstammt der Materie und ist deshalb sterblich. Unsterblichkeit ist nur durch das von außen, von Gott kommende Pneuma möglich (Gen 2, 7), das der Mensch nach dem Fall verlor. Auch der auffahrende Christus ließ seinen Leib an der Grenze der Welt, in der Sonne (nach Ps 18, 6 LXX) zurück. Gegen H. verfaßten → Theophilus von Antiochien (nicht erhalten) und → Tertullian (erhalten nur adv. Herm.) eigene Schriften. Auch → Clemens von Alexandrien (Ecl. proph. 56) und → Hippolyt (ref. VIII, 17) setzten sich mit ihm auseinander.

J.H.WASZINK, Observations on Tertullian's Treatise against H. (VigChr 9, 1955, 129-147) - DERS., Tertullian, The Treatise against H. (ACW 24), 1956, 3ff. *G.Kretschmar*

Herodes und seine Nachfolger

1. H. der Große: a) Anfänge und Sicherung der Herrschaft - b) Taten innerhalb und außerhalb Palästinas - c) H. und das jüdische Volk - 2. Die Söhne des H. - 3. Agrippa I. und II. - Vgl. → Judentum: I

1. a) Der Mt 2, 1ff; Lk 1, 5; Apg 23, 35 erwähnte, unter dem nicht-zeitgenössischen Beinamen »der Große« bekannte H. entstammte einem reichen idumäischen Geschlecht, das bei der Eroberung des Landes durch Hyrkan I. (135-104 vChr) das Judentum angenommen hatte. Das erste uns bekannte Glied der Familie namens Antipas wurde von Alexander Jannäus (103-76 vChr) zum Befehlshaber seiner Heimat ernannt. Sein Sohn Antipater schloß sich nach dem Tode der Alexandra (→ Judentum: I), wohl aus politischen Erwägungen, dem schwächeren Hyrkan II. (63-40 vChr) an, auf den er bald bestimmenden Einfluß erlangte. Als die Römer (63/64 vChr) gegen alle Widerstände und Einwände die Oberhoheit über Palästina erlangten, wurde der sich Rom fügende Hyrkan zum Hohenpriester, später zum Fürsten der Juden, Antipater, dem → Caesar auch das erbliche römische Bürgerrecht verlieh, zum Verwalter Judäas ernannt. Caesars Nachfolger machte Antipaters ältesten Sohn, Phasael, zum Verwalter von Jerusalem, seinen jüngeren, H., zu dem von Galiläa, wo sich dieser sofort durch Vernichtung von national-jüdischen Freischärlern hervortat. Nach der Ermordung des Antipater brachte der Parthersturm (40 vChr) mit Aristobuls Sohn Antigonus zum letzten Mal einen Hasmonäer auf den Thron seiner Väter. Phasael kam um, H. aber floh nach Rom, wo er zum König des jüdischen Landes ernannt wurde. In dreijährigem, u.a. gegen Antigonus gerichtetem Kampf (40-37 vChr) eroberte er mit römischer Hilfe sein Reich. Antigonus wurde hingerichtet. Unter Zustimmung des Augustus durfte H. sein Idumäa, Judäa, Samaria, Galiläa und Peräa umfassendes Reich (vgl. Karte bei → Palästina) behalten, das schließlich die ganze Küste bis zum Karmel (außer Askalon) und weite, teilweise heidnische Gebiete im Nordosten Palästinas umfaßte.

Der in den Augen seiner Zeitgenossen hervorstechendste Zug an H. ist die Gewaltsamkeit, mit der er seine Herrschaft *gesichert* hat. Eine seiner ersten Maßnahmen war die Hinrichtung von 45 vornehmen Anhängern des

Antigonus. Entferntere Glieder des hasmonäischen Geschlechts ließ er später samt seinem eigenen Schwager Kostabar, der sie versteckt gehalten hatte, töten. Eine Verschwörung, die sich gegen seine Einführung unjüdischer Einrichtungen richtete, hat er blutig unterdrückt, ebenso mußte gegen Ende seiner Regierung eine Reihe von Pharisäern wegen ihrer Weissagung, H. und seine Söhne würden die Herrschaft verlieren, sterben. Zahlreiche Spitzel mußten ihn über alles, was sich gegen ihn richtete, unterrichten. Der Mt 2, 16ff erzählte Kindermord von Bethlehem ist von H.' Regierungsgrundsätzen aus vorstellbar, andererseits auch als antiherodianische Legende voll verständlich. Auch in seiner Familie hat es an Intrigen und Mord nicht gefehlt. Als Aristobul, der Bruder seiner (zweiten) Frau Mariamne - einer Enkelin Hyrkans II. - kurze Zeit nach seiner bejubelten Einsetzung zum Hohenpriester beim Baden ertrank, vermuteten Mariamne und ihre Mutter dahinter die Hand des H. → Salome, die Schwester des H., schürte seinen Argwohn: Mariamne und ihre Mutter ließ H. hinrichten. Die in Rom erzogenen Söhne aus der Ehe mit Mariamne, Alexander und Aristobul, wurden von Salome und Antipater, dem Sohn des H. aus seiner ersten Ehe, verdächtigt und erlitten das gleiche Schicksal. Aber auch der in Nachfolgeaspirationen verwickelte Antipater wurde kurz vor dem Tode des H. (4 vChr) hingerichtet.

Die Wurzel dieser Familientragödie lag darin, daß H., gemessen an den Gliedern der Hasmonäerdynastie, ein Emporkömmling und Usurpator war, der nach damaliger Auffassung in allen Gliedern der alten Herrscherfamilie seine Feinde wittern mußte. Dazu kam eine natürliche Neigung des H. zu Argwohn, der durch das unbedachte Benehmen der Mariamne und ihrer Söhne angefacht, durch Salomes und Antipaters Ränke rücksichtslos ausgenutzt wurde. Blutgier und Rachsucht aber spielten hier für H. keine Rolle. Bei all seiner Schlauheit hat er nicht mit Hinterlist gearbeitet (ausgenommen vielleicht bei Aristobuls Tode); Gift war nicht sein Arbeitsmittel. An den Martern seiner Gegner hat er sich nicht ergötzt. Und wenn er auch zehn Frauen, zum großen Teil gleichzeitig, gehabt hat, so werden doch keine bestimmten sexuellen Exzesse oder Perversitäten von ihm berichtet. Bei ihm war alles groß: seine Tapferkeit als Soldat, seine Begabung als Feldherr, seine Kühnheit als Jäger, seine Gewandtheit als Politiker, seine Unverzagtheit in widrigen Lagen; groß war seine blutige Konsequenz in der Sicherung seiner Herrschaft, groß war - bei allem gegenteiligen Anschein - sein Familiensinn, noch größer freilich sein Mißtrauen. Alles Niedrige, Kleinliche, Nachtragende war ihm fremd. Bes. groß und eine Haupttriebfeder seines gesamten Handelns war sein Ehrgeiz.

b) Die ihm von Augustus gestellte Aufgabe hat H. erfüllt: er hat im Inneren durch strenge, sich an das jüdische Gesetz nicht kehrende Justiz, durch Festungen und eine nicht-jüdische Söldnerarmee für Ruhe gesorgt, auch in den schwierigen Gebieten im Nordosten, und die Grenze gegen die arabischen Stämme gehalten. Einen besonderen Namen hat er sich durch kostspielige Bauten und große Spenden gemacht. In → Jerusalem (: II) hat er die Burg Antonia und eine burgartig gesicherte Palastanlage, bei → Jericho unter Mitwirkung italischer Baumeister ein luxuriöses Lustschloß, südöstlich von Bethlehem die Palastanlage Herodeion errichtet; er hat → Samaria als Sebaste aufgebaut und aus dem alten Stratonsturm das glanzvolle → Caesarea gemacht; in beiden Städten erstanden Tempel für den Kaiserkult. Askalon, Ptolemais (Akko), Tyrus, Sidon, Damaskus, Berytus, Byblos, Tripolis, Antiochia am Orontes, aber auch Rhodos, Chios, Pergamum, Athen, Sparta, Olympia konnten sich der Wohltaten des H. rühmen (Bau von Tempeln, Gymnasien, Theatern, Bädern, Säulenstraßen und Weihgeschenke). Auch in Jerusalem und Jericho baute er Theater, Amphitheater und Hippodrom. Das bedeutete die Einführung hellenistischer Kultur in Palästina. Anderseits erneuerte H. den jerusalemischen → Tempel (: II) und schuf die heiligen Bezirke in → Hebron und Mamre. Mit Erfolg benutzte H. seine Beziehungen zu Augustus und seinem Schwiegersohn Agrippa dazu, Diasporajuden (→ Diaspora: I) gegen Angriffe ihrer heidnischen Mitbürger zu schützen und ihnen die Möglichkeit zu erhalten, ungestört ihres Glaubens zu leben. Einer großen Hungersnot in Palästina hat er unter persönlichen Opfern in einer organisatorisch wie sozial vorbildlichen Weise gesteuert. Zweimal hat er Steuererleichterung gewährt. Als die → Pharisäer sich weigerten, ihm und dem Kaiser den Treueid zu leisten, hat er sie in Würdigung ihrer religiösen Gründe nur mit einer Geldstrafe belegt.

c) Trotzdem hat H. sich die Zuneigung wenigstens der Mehrzahl der palästinischen Juden nicht erwerben können. Der Grund dafür war nicht eine überhöhte Steuerlast. An Steuern hat er aus seinem Reich nicht mehr herausgezogen, als es auch vor und nach ihm aufbrachte. Er hat sein Volk allerdings scharf zur Arbeit angehalten, hat aber auch viel zur wirtschaftlichen Blüte des Landes getan. - Der Hauptgrund war die Doppelseitigkeit seiner Haltung: als Jude trat er zwar für das Recht seines Volkes - auch der Diaspora - ein, nach den überlieferten Sitten zu leben. Dabei lag ihm freilich jede gesetzliche Ängstlichkeit und pharisäische Kasuistik fern. Als König von Roms Gnaden aber hat er sich andererseits nicht nur kulturell, sondern auch politisch an Rom gehalten. Er glaubte an die Vereinbarkeit hellenistischer Kultur mit den jüdischen Sitten. Wo diese freilich der Staatsraison entgegenstanden (zB in der Lebenslänglichkeit des Hohenpriestertums), mußten sie zurücktreten. Diese Haltung und sein rein autokratisches Regiment, das mit dem theokratischen Ideal des Volkes unvereinbar war, trennte ihn mehr von diesem als seine idumäische Herkunft. Das mit brutaler Gewalt niedergehaltene nationale Selbstbewußtsein des Volkes, das durch die Makkabäerkämpfe (→ Judentum: I) einen mächtigen Auftrieb erhalten hatte, verband sich vielmehr mit der etwa um die gleiche Zeit neu erwachten Gesetzlichkeit zu einem religiös gefärbten Nationalismus, der schließlich zum Untergang Jerusalems geführt hat.

2. Das mehrfach geänderte Testament des H. sah schließlich nach dem Tod des Antipater eine Teilung des Reiches vor. Augustus bestätigte es im wesentlichen. Die Griechenstädte (→ Dekapolis) Hippus und Gadara, ebenso → Gaza kamen zur Provinz Syrien; Salome erhielt Jamnia und Asdod und die Oase Phasaelis, die sie der Kaiserin Livia vermachte. Die größten und steuerlich ertragreichsten Gebiete erhielt sein Sohn *Archelaus:* Idumäa, Judäa, Samaria und die Küste von Joppe bis Caesarea. Doch wurde dieser wegen seiner Grausamkeit und Tyrannei (die auch Mt 2, 22 durchscheint) i.J. 6 nChr verbannt und sein Herrschaftsgebiet unter kaiserliche Verwaltung gestellt. In der Reihe der Prokuratoren begegnet auch → Pilatus. - Die großenteils heidnischen Gebiete im Nordosten des Sees Genezareth erhielt ein Halbbruder des Archelaus, *Philippus* († 34 nChr). Seine Herrschaft wird als gerecht und milde gerühmt. Er erbaute → Caesarea Philippi (Mk 8, 27) und machte am See Genezareth das Dorf Bethsaida zur Stadt Julias. Galiläa und Peräa fielen an den rechten Bruder des Archelaus, den im NT nur H. genannten *H. Antipas.* Jesus nennt ihn (Lk 13, 32) einen Fuchs, dh entweder einen schlauen oder einen unbedeutenden Menschen. Er hat das unruhige Galiläa und das von den Arabern gefährdete Peräa in

Frieden gehalten. Hauptstadt war zunächst das im Aufstand nach H.' Tod zerstörte Sepphoris, später das von ihm gegründete → Tiberias. - Seinem Halbbruder H. (nicht Philippus, wie Mk 6, 17 meint) machte er dessen Frau Herodias abspenstig und heiratete sie unter Verstoßung seiner ersten Frau. Diesen Verstoß gegen das Gesetz (Lev 18, 16; 20, 21) brandmarkte der später hingerichtete (Mk 6, 17ff) Täufer → Johannes. Ein Rachekrieg seines ersten Schwiegervaters, des Nabatäerkönigs Arethas, brachte ihm eine schwere Niederlage, ein Straffeldzug der Römer kam nicht zur Ausführung. 39 nChr verlor Antipas sein Reich auf Betreiben seines Stiefneffen Agrippa I. - Unter den Mk 3, 6; 12, 13 par genannten *Herodianern* sind diejenigen zu verstehen, welche die politische und kulturelle Haltung des H. und seiner Söhne bewußt vertraten, oder einfach die Hofkreise des Antipas.

3. *Agrippa I.*, dem Enkel des H., Bruder der Herodias, hatte Caligula 37 nChr die Tetrarchie des Philippus, 39 nChr auch das Reich des Antipas verliehen. 41 nChr übertrug er ihm auch das ehemalige Gebiet des Archelaus. Agrippa I. hat nur von 41-44 über das Reich seines Großvaters H. geherrscht. In Jerusalem betrug er sich betont als gesetzestreuer Jude und erhielt darum das Wohlgefallen der Pharisäer. Die in Apg 12, 1 ff erwähnte Verfolgung der Christengemeinde hängt mit dieser seiner Haltung zusammen. Außerhalb des jüdischen Bereichs fühlte er sich, wie H., als Hellenist. - Sein Sohn *Agrippa II.* war beim Tod des Vaters noch zu jung für die Nachfolgerschaft. Er erhielt etwa seit 50 nChr Gebiete im Norden Palästinas, u.a. auch die Stadt Tiberias, dazu das Recht, die Hohenpriester zu ernennen. Er und seine Geschwister Berenice und Drusilla werden Apg 24, 24 und 25, 13 ff erwähnt. Vom Lebenswandel der Geschwister wird manches Ungünstige berichtet. Den jüdischen Krieg zu verhindern hat sich Agrippa vergeblich bemüht; als dieser ausbrach, stand er ganz auf seiten der Römer. In den 90er Jahren des 1.Jh.s nChr ist er gestorben. Damit verschwinden die jüdischen Herodianer aus unseren Augen; heidnische Nachfahren des H. lassen sich noch länger verfolgen.

Qu.: Josephus, Bell. I, 6 - II, 19; Ant. XIV-XIX - Nikolaus v. Damaskus in FGH Nr. 90 - AssMos 6, 2-8. Weiteres bei SCHÜRER (s.u.). - Archäologisches: C.WATZINGER, Denkmäler Palästinas II, 1935, Kap. VI - E.MADER, Mambre I. II, 1957. Vgl. ferner → Caesarea, → Hebron, → Jericho, → Jerusalem: II, → Tempel: II. - Münzen: G.F.HILL, Catalogue of Greek Coins of Palestine, 1911 - A. REIFENBERG, Ancient Jewish Coins, 1947. - Lit.: SCHÜRER I, § 13-19 - PW Suppl. II, 1913, 1ff - H.WILLRICH, Das Haus des H., 1929 - A. MOMOGLIANO in: The Cambridge Ancient History X, 1934, 316-339 - DERS., Ricerche sull' organizzazione della Giudea sotto il dominio Romano (63 a.C. - 70 d.C.) (Annali della r. scuola normale superiore di Pisa, Classa di lettere, storia e filosofia, Ser. II, Vol. III, 1934, 183 bis 221. 347-396) - J.KLAUSNER, Jesus v. Nazareth, 1934, 179ff - S. PEROWNE, H.d.Gr., 1937 (dt.v. H.SCHMÖKEL) - DERS., Herodier, Römer u. Juden, 1958 (dt. v. DEMS.) - A.H.M.JONES, The Herods of Judaea, Oxford 1938 - F.M.ABEL, Histoire de la Palestine depuis la conquête d'Alexandre jusqu'à l'invasion arabe I, Paris 1952, 287ff, bes. 347ff. *W.Foerster*

Heroen (ἥρως = »Herr«) sind aus dem → Grab heraus Macht ausübende, bisweilen als Gespenster (Wiederkehrer) erscheinende Tote (→ Totenverehrung: I). In Griechenland (→ Griechische Religion) hat sich ein spezifischer H.kult vor allem in der Zeit zwischen dem Erlöschen der mykenischen und der Konsolidierung der archaischen Kultur herausgebildet, anknüpfend an den nie unterbrochenen Totenkult an mykenischen Fürstengräbern. Der Name des Kultempfängers geriet nicht selten in Vergessenheit. Auf griechischem Kolonialboden gibt es bezeichnenderweise keinen oder nur sekundären, dh in historischer Zeit errichteten H.kult. Bei der Herausbildung der sog. olympischen Religion mit ihren großen, über den lokalen Bereich hinaus wirkenden Göttern und der parallelen Fixierung einer im wesentlichen panhellenischen Heldensage - Vorgängen, die sich vorwiegend in Adelskreisen abspielten (→ Homer) -, erhielten die H., ursprünglich Gestalten des lokalen Volksglaubens, als Göttersöhne und Stammväter bestehender Adelsgeschlechter den Platz zwischen Menschen und Göttern angewiesen. Diese Zwischenstellung der H. erklärt, daß bisweilen eine ältere, vorgriechische Gottheit, die durch einen der Olympier verdrängt worden war, als Heros weiterhin lokaler Kultempfänger blieb (Hyakinthos) und daß halbgöttliche Gestalten des → Mythos auch ohne Grab-Tradition als H. verehrt wurden (→ Herakles). Im Volksglauben, für den die Olympier oft zu groß und erhaben sind, nehmen die H. eine beherrschende Stellung ein. Sie gelten als Nothelfer (→ Dioskuren), die in bedrohlichen Situationen aus dem Grabe hervorkommen, wenn man dort ihren → Kultus nicht vernachlässigt hat. Als Tote stehen sie häufig in Zusammenhang mit chthonischen Glaubensvorstellungen (→ Chthonische Gottheiten), → Fruchtbarkeits-Riten u.ä. H. können allerdings auch als schädliche Gespenster auftreten, mit denen der Mensch kämpfen muß. Endlich bedingen die feste Verbindung von H.kult und Totenkult und die »theologische« Einordnung des Heros zwischen Gott und Mensch, daß Menschen jederzeit nach ihrem Tode heroisiert und kultisch geehrt werden können, zB im Kriege Gefallene, Städtegründer, Könige (→ Herrscherkult), aber auch ungewöhnlich starke, schöne oder erfolgreiche Menschen. Ihre Ungewöhnlichkeit im Leben bot den Anlaß, die → Macht, die von jedem Toten ausgeht, bei ihnen als gesteigert zu empfinden. - Die Parallelen zur christlichen → Heiligenverehrung (: II) liegen auf der Hand.

F.PFISTER, Der Reliquienkult im Altertum (RVV V/1. 2), 1909/12 - L.R.FARNELL, Greek Hero Cults and Ideas of Immortality, Oxford 1921 - P.V.D.MÜHLL, Der Große Aias, Programm Basel 1930 - G. MÉAUTIS, L'Œdipe à Colone et le culte des héros (Recueil de travaux publiés par la faculté des lettres de l'univ. de Neuchâtel 19), 1940 - M.P.NILSSON, Gesch. der griech. Religion I (HAW V/2, 1), (1941) 1955², 184ff. 378ff. 715ff - M.DELCOURT, Légendes et cultes des héros en Grèce (MR 10), 1943. *A.Dihle*

Herr der Tiere, Bezeichnung für eine in der Lebensform des Jägertums (→ Jäger) tief verwurzelte Vorstellung von einem Geistwesen besonderer Art. Der Glaube an den H.n d. T. findet sich in verschiedenen Varianten bei vielen Völkern mit aneignender Wirtschaftsform (zB Pygmäen, Buschmänner, nordeurasiatische und nordamerikanische Stämme), ist aber auch in Agrarkulturen anzutreffen (zB Kaukasus, Teile Afrikas, → Mexiko, Südamerika). Meist gilt dieses Wesen, auch Wild- oder Buschgeist genannt, als Besitzer oder Hüter bes. des Jagdwildes. Darüber hinaus erscheint es zT noch als Herr des Waldes, der Berge oder des Meeres. Der H.d.T. führt dem Jäger das Wild zu oder hilft ihm, die Tiere zu finden, vorausgesetzt, daß bestimmte Vorschriften eingehalten werden. Er bestraft mutwilliges Töten der Tiere oder unehrerbietiges Behandeln des erlegten Wildes bzw. dessen Knochen, indem er die Tiere zurückhält, Krankheiten schickt oder den Jäger mit einem Bann belegt. In → Gebeten und → Opfern (zB Darbringung von Teilen der Jagdbeute) sucht man den H.n d.T. günstig zu stimmen und Jagderfolg zu erwirken. Die Seelen der getöteten Jagdtiere kehren vielfach zu ihm zurück und erhalten ihren Körper wieder. Mitunter wird er mit Sonne, Mond oder einem Stern in Beziehung gesetzt, als seine eigentlichen Wohnsitze gelten aber meist der Wald, → Bäume, → Berge oder Höhlen, bei Küstenjägern auch der Meeresgrund. - Sehr mannigfaltig sind die Vorstellungen über die Erscheinungsform des H.n d.T. Er kann anthropomorph, zoomorph, als Misch- oder Fabelwesen, als Riese oder Zwerg aufgefaßt werden. Bisweilen denkt man sich ihn als ein Wesen, das Teile oder Merkmale verschiedener Tiere in seiner Gestalt vereint. Damit soll offenbar der Gedanke an seine Macht über die Welt des Animalischen unterstrichen werden. Manchmal erscheint er wieder mit einer repräsentativen Tierspezies verbunden (zB mit dem Rentier bei Algonkin-Indianern in Labrador oder dem Bären [→ Bärenfest] bei → Ainu und Giljaken Ostasiens) oder auf einem bestimmten Tier reitend. In den meisten Fällen ist der Wildgeist männlichen Geschlechts, bei einigen Völkern (zB den → Eskimo) wird er als Frau angesehen. – Was die religionsethnologische Klassifizierung des H.n d.T. betrifft, so kann er manchmal mit viel Berechtigung als ein Gott bezeichnet werden (Wild- oder Jagdgott), und zwar dann, wenn er als souveräner Gebieter seines Bereiches gilt. In anderen Fällen ist er in die Kategorie der »niederen« → Geister (: I) oder Dämonen einzureihen, oder er stellt gar nur eine bloße Mythen- oder Sagenfigur dar. Unberechenbarkeit, Willkür und Schelmenhaftigkeit sind weitere Züge, die dem Wildgeist zugeschrieben werden können. Seine Beziehung zu anderen höheren Wesen ist variierend. So kann er mit dem mythischen Stammvater oder dem Höchsten Wesen (dem Schöpfer, Lebens- und Nahrungsspender par excellence) verschmelzen, anderseits als Hypostase desselben aufgefaßt werden. In den Glaubensbereich des H.n d.T. gehört auch die Konzeption der Speziesgeister, wonach die einzelnen Tierarten ihren eigenen Meister oder Kontrollgeist besitzen.

A. Dirr, Der kaukasische Wild- u. Jagdgott (Anthropos 20, 1925, 139-147) - H. Baumann, Afrikanische Wild- u. Buschgeister (ZE 70, 1938, 208-239) - A. Friedrich, Die Forschung über das frühzeitl. Jägertum (Paideuma 2, 1941, 20-43) - A.E. Jensen, Mythus u. Kult bei Naturvölkern (Studien z. Kulturkunde 10), 1941 - Leop. Schmidt, Der »H.d.T.« in einigen Sagenlandschaften Europas u. Eurasiens (Anthropos 47, 1952, 509-538) - O. Zerries, Wild- u. Buschgeister in Südamerika (Studien z. Kulturkunde 11), 1954. *J.Haekel*

Herrad *von Landsberg,* * um 1125/30, ist 1167–95 Äbtissin des durch Friedrich I. wiederhergestellten Klosters Hohenburg/Odilienberg im Elsaß. Sie gründete 1178 das Prämonstratenserstift St.Gorgon und um 1180 das Chorherrenstift Truttenhausen. Ihr Hauptwerk ist der »Hortus deliciarum«, ein reichillustriertes, allegorisches Handbuch des Wissens mit Auszügen von der Hl. Schrift und den Kirchenvätern bis zu Honorius von Autun. Die Handschrift verbrannte im Aug. 1870 bei der Belagerung von Straßburg.

Hortus deliciarum, ed. A. Straub-G. Keller, 1879/99; ed. Jos. Walter, Herrade de L. abesse de Mont-Sainte-Odile, 1952. - Hauck IV, 417. 574 - Manitius III, 1010ff - A. Brackmann, Germania Pontificia III, 1935, 32ff - R. Wackernagel, Gesch. d. Elsaß, 1940, 78ff. *H.Büttner*

Herrenfeste sind die → Feste (: IV) des → Kirchenjahres, deren Inhalt unmittelbar durch Jesus Christus bestimmt ist. Das ursprüngliche (wöchentliche) Herrenfest war der → Sonntag als Auferstehungstag. Erst viel später werden bestimmte Tage des *Jahres* als H. begangen: zuerst → Ostern mit den zugehörenden Festen → Pfingsten und → Himmelfahrt; dann das → Epiphanienfest, später durch → Weihnachten zurückgedrängt. Zu den allgemein begangenen H.n gehört weiter in der röm.-kath. Kirche noch ein ganzer Kranz von H.n mit mehr oder weniger großer Bedeutung: → Fronleichnamsfest, → Verklärungsfest, Herz-Jesu-Fest (→ Herz Jesu), Beschneidung Christi (1. Jan.), Namen-Jesu-Fest (2. Epiphaniassonntag), Kreuzauffindung (3. Mai) und Kreuzerhöhung (14. Sept.; → Kreuzesfeste), Kostbares Blut (1. Juli), Christkönigfest (letzter Sonntag im Okt.). Die luth. Kirche behielt als H. noch längere Zeit bei: Mariä Verkündigung (25. März; → Marienfeste), Beschneidung Christi, Darstellung Jesu im Tempel (2. Febr.), Johannistag (24. Juni; → Johannisfeste).

L. Eisenhofer, Hdb. der kath. Liturgik, 2 Bde, 1932/33 - Rietschel-Graff 127ff - Leiturgia I, 437-535 (G. Kunze). *J.Beckmann*

Herrenmoral ist seit → Nietzsches »Jenseits von Gut und Böse« (1886) im Gegensatz zu Sklavenmoral stehender Begriff für die moralische Haltung und Tat, die dem Selbstbewußtsein des Herren eignet. Nach Nietzsche haben die Sklaven, Hörigen, Abhängigen jedes Grades ein Interesse daran, die alten adligen Tugenden abzuwerten. Sie preisen als »gut« das sanfte Betragen, das einlenkende Verfahren, die Selbstlosigkeit, das Mitleid, die »Liebe«. Das Gegenteil heißt »böse«. Während die Vornehmen im Normbereich von »vornehm« und »verächtlich« denken und leben, ist der Pöbel (jeder Art und Standes) immer lügnerisch. Auf die Frage, wer die aufgestellten Werte bewertet, ist die Antwort, daß der vornehme Mensch sich als wert-schaffend und wert-bestimmend fühlt; er kennt sich selbst als die schöpferische Instanz. Dem Gefühl der Fülle, dem Glück der hohen Spannung, dem Pathos der Distanz entströmt die »schenkende Tugend«. Auch nach der H. soll man dem Unglücklichen helfen, aber nicht aus Mitleid, sondern kraft der Freude aus eigenem Überfluß. »Gerechtigkeit« im Sinne des suum cuique bringt Unrecht und Chaos hervor, es sei denn, daß »suum« so variabel oder sogar gegensätzlich verstanden wird, wie die Rangordnung von Begabung und Berufung es fordern. Übrigens ist für die H. eine gewisse Ironie gegen Ideale bezeichnend. In seiner mittleren Periode hat Nietzsche die Berufung und das Schicksal des Vornehmen in besonderer psychologischer Verfeinerung dargestellt, zB die Fähigkeit zu langer Dankbarkeit und langer Rache, die Notwendigkeit, hohe und harte Feinde zu haben. Er braucht nicht die Tugenden der Gedrückten, um dem Druck des Daseins standzuhalten. Er liebt es, »gefährlich zu leben«, und spricht das ungeteilte Ja zum Ganzen der schönen und grausamen Welt. – Die *Kritik* der »H.« hat es, was die historisch soziologische Genealogie betrifft, leicht gehabt; weniger leicht dürfte es sein, das typologische Phänomen und dessen Kulturkraft zu leugnen; der relativ hohe Wert sollte prinzipiell und praktisch als Gegenwehr gegen die Überfütterung mit nivellierenden »demokratischen« Parolen und als Abweisung des pöbelhaften Hasses gegen jede Überlegenheit anerkannt werden. Immerhin muß ein böses Geheimnis in dieser Haltung verborgen sein, denn offensichtlich genügt schon eine leichte Durchdringung mit »Rassenlehre« und eine zuerst umsichtige politische Propaganda, um das ganze Anliegen in vollendete Barbarei münden zu lassen; die totale Verkehrung der Vornehmheit zu kollektivem Wahnsinn und Dämonie war im Nazismus nicht aufzuhalten. Das schnelle Tempo des Kontaktes zwischen »H.« und den Orgien der Plebs hat sicher etwas zu schaffen mit dem latenten → Antisemitismus. Auch die Erscheinung des Messias Israels, dessen Herrsein gerade in seiner Selbstauslieferung besteht, macht den »natürlichen« Menschen fast automatisch rasend. Bei M. → Stirner, J.M. Guyau, J.A. Gobineau, H. Blüher, C. Brunner, F. Hielscher u.a. ist die fast metaphysisch verankerte Lehre »von den Geistigen und vom Volke« oder von »primärer« und »sekundärer« (Blut- und Geister-)Rasse mit dem Ressentiment gegen die Tugenden Israels merkwürdig verwandt. Auch die Befürwortung einer H. durch Stefan → George und seinen Kreis ist diesen zur Beschämung geworden.

M. Stirner, Der Einzige u. sein Eigentum, (1845) 1901^{3} - J.A. Gobineau, Essai sur l'inégalité des races humaines, 4 Bde, (1853-55)

1923^3 - Ders., La Renaissance, 1877 - F. Nietzsche, Jenseits von Gut u. Böse, 1886 - Ders., Der Antichrist, 1895 - Ders., Der Wille zur Macht, 1908 - Ders., Ecce Homo, 1908 (vgl. auch die Lit. über → Nietzsche) - R.M. Holzapfel, Panideal, (1901) II, 1923, 277. 339ff - H. Cohen, Ethik des reinen Willens, (1904) 1923^4 - P. Natorp, Ges. Abh.en zur Sozialpädagogik, (1907) 1922^2 - C. Brunner, Die Lehre von den Geistigen und vom Volke, 2 Bde, (1908) 1927^2 - Ders., Unser Christus oder Das Wesen des Genies, 1921 - H. Blüher, Die Aristie des Jesus v. Nazareth, 1921 - Ders., Secessio judaica, (1922) 1933^3 - F. Hielscher, Das Reich, 1931 - J.P. Sartre, Réflexions sur la question juive, 1946 - A.J. de Sopper, Dwaalwegen, 1948, 101 ff - Barth, KD III/2, 1948, 276 ff. 349 ff. *K.H.Miskotte*

Herrlichkeit Gottes

1. Im AT: a) Begriff - b) Herkunft der Vorstellung - c) H.G. in der Priesterschrift - d) Ezechiel - e) Die »prophetisch-eschatologische« Linie - 2. Im NT

1. a) Der hebr. *Terminus* für H.G. (kabôd bzw. k^{e}bôd jähwæ, von Luther meist mit »Ehre« übersetzt) ist von der Wurzel kabed »schwer sein« abgeleitet und meint die »Gewichtigkeit« (gravitas) einer Person oder Sache, also etwa Reichtum, Ansehen, Glanz u.ä. So kann das AT auch von Menschen oder Dingen aussagen, ihnen eigne kabôd. - Der kabôd tritt sichtbar in Erscheinung, er macht die Bedeutung der betr. Person oder Sache erst recht anschaulich.

b) Die H.G. wird wohl ursprünglich als »strahlende Feuersubstanz« (ThW II, 243), von einer sie umgebenden Wolke abgeschirmt, gedacht. Von hier aus erhebt sich die Frage nach der *Herkunft* dieser Vorstellung. Man hat sie gern mit Gewittererscheinungen zusammengebracht: → Jahwe ist ursprünglich ein Gewittergott, zumal auch im Gewitter Feuerglanz (Blitz) und Wolken zu beobachten sind. Da M.Noth aber jüngst mit guten Gründen die Hypothese erneuert hat, der → Sinai sei ein Vulkan gewesen (GI 123f), dürfte man vielleicht doch eher an vulkanische Erscheinungen denken; für einen noch tätigen Vulkan sind Feuer und Rauch kennzeichnend (vgl. Ex 13, 21f [→ Theophanie: II]).

c) Dieser urtümlichen Vorstellung von der H.G. ist die sog. → *Priesterschrift* (siglum: P) noch am nächsten, die die alten Anschauungen über die Art der H.G. am treuesten bewahrt hat. Nach P ist die H.G. die spezielle Art der → Offenbarung (: II) Jahwes während der Sinaiereignisse und - das will P implizit auch sagen - für die nachsinaitische Zeit: Jahwe ist nicht dauernd innerhalb seines Volkes gegenwärtig; vielmehr fährt er je und dann zur Begegnung mit Mose bzw. seinem Volk hernieder. Die Stätte dieser Begegnung ist das → Zelt (Luther: »Stiftshütte«). Der kabôd, Lichtglanz ausstrahlende Feuersubstanz, ist dabei stets von einer abschirmenden Wolke umhüllt: die Wolke bedeckt während der Gottesbegegnung das Zelt, während der kabôd das Innere des Zeltes ausfüllt. Diese Vorstellung hat eine andere Wurzel als der → Lade-Kult der Zwölf-Stämme-Amphiktyonie »Israel« (vgl. v.Rad).

d) Einigermaßen präzisen Vorstellungen begegnen wir auch noch in der Berufungsvision des → *Ezechiel:* hier ist der kabôd aber nicht nur gestaltlose Feuersubstanz, sondern zeigt menschliche Gestalt; doch bleibt dabei das Lichtphänomen kennzeichnend. Durch diese »Vergegenständlichung« der H.G. vermag Ezechiel zugleich Nähe und Abstand des sich offenbarenden Gottes zum Menschen deutlich zu machen: Jahwe ist wohl menschengestaltig, aber doch durch seine Lichtnatur qualitativ vom Menschen unterschieden. Wie P weiß Ezechiel, daß der k^{e}bod jähwæ die Erscheinungsform ist, in der Jahwe sich offenbart.

e) Demgegenüber setzen andere Traditionen, bei denen sich dann die Tendenz zur Vergeistigung stärker auswirken kann, voraus, daß der kabôd gerade auf die Überweltlichkeit, die dem Menschen abgewandte Seite Jahwes hinweist: Jahwes H. kann man nicht sehen, denn sie wirkt tödlich; Mose darf höchstens ihre »Rückseite«, ihren äußersten Rand schauen (Ex 33, 18-23, wohl sekundäre Erweiterung der jahwistischen Erzählung; vgl. Noth, ÜPent Anm. 114). Nur die himmlischen Wesen vermögen jetzt das zu schauen, was zwar schon Tatsache ist, was aber erst in der Heilszeit offenbar werden wird: daß alle Welt von der H.G. erfüllt ist (Jes 6, 3). Von hier aus kann das Offenbarwerden der H.G. ein Gegenstand der Hoffnung werden, und allmählich wird kabôd dabei zusammenfassender Ausdruck für das Heilsgut, das man von dem zukünftigen Reich erwartet (zB Jes 40, 5). Die Offenbarung der H.G. ist nun gleichbedeutend mit dem Sieg des Gottesreiches (Ps 57, 6. 12). - Im übrigen zeigt der Begriff k^{e}bôd jähwæ vielfältige Bedeutungsnuancen, wobei der Sinn des Terminus zwischen »Macht« - die geradezu als Stellvertreterin, als Hypostase Jahwes in Erscheinung treten kann - und »Ehre« schwankt. »Das Charakteristische in allen Zeiten bleibt das Majestätische, Unnahbare, Numinose« (RGG^2 II, 1834).

Außer den TheolAT u. den Kommentaren zum → Ezechielbuch: A.v. Gall, Die H.G., 1900 - W. Caspari, Studien von der Lehre von der H.G. (Habil.schrift Erlangen), 1907 - Ders., Die Bedeutung der Wortsippe kbd im Hebräischen, 1908 - J. Morgenstern, Biblical Theophanies (ZA 25, 1911, 139-193; 28, 1913, 15-60) - R. Krämer, Bausteine zum Begriff: Die H. Jahwes (Aus Theol. u. Gesch. der ref. Kirche. Festg. f. E.F.K. Müller, 1933, 7-38) - ThW II, 240ff - K. Neuhaus, Der k^{e}bôd jähwæ als Offenbarung (Theol. Diss. Erlangen), 1936 - B. Stein, Der Begriff Kebod Jahweh u. seine Bedeutung für die at. Gotteserkenntnis (Theol. Diss. Münster), 1939 (Lit.) - G.v. Rad, Deuteronomium-Studien, (1947) 1948^2. *F.Hesse*

2. Wie im AT (s. 1) ist auch *im NT* die H.G. als Lichtoffenbarung sichtbar (Lk 2, 9; 9, 31f; Apg 22, 11; 2Petr 1, 17, auch Apk 15, 8). Wie bei der Gottesvorstellung (→ Gott: IV) ist auch bei der H.G. Theologie und Christologie verbunden; denn in der Person des fleischgewordenen → Logos (: II) kam die H.G. in die Welt, wenn auch verhüllt und nur denen sichtbar, die zum Glauben kamen (Joh 1, 12. 14 u.ö.). H.G. wohnt im Tempel dieses Leibes (Joh 2, 20), der - am Kreuz zerbrochen - auferweckt wird, so daß seine Erhöhung zugleich seine Verherrlichung wird (Joh 3, 14; 8, 28; 12, 32 vgl. mit 2, 22; 12, 23; 13, 31). Neben dieser johanneischen Auffassung steht die synoptische Tradition, welche H.G. für die Zukunft erwartet als erfüllt im messianischen Reich (Mk 10, 37 und Mt 19, 28), heraufgeführt durch den Menschensohn (Mk 8, 38 u.ö.), dessen Verklärung gemäß Lk 9, 31 Vorwegnahme der → Parusie ist. Paulus und 1Petr (Röm 6, 4; 1Petr 1, 21) verbinden → Auferstehung Christi (: I) und H.G., so daß nun folgerichtig neben den Gott der H. (Apg 7, 2) der Kyrios der H. (1Kor 2, 8; Jak 2, 1) tritt und man statt der H.G. (Jes 40, 5) die H. Christi erwartet (Tit 2, 13; 1Petr 4, 13). - An die Stelle des Glücks at. Frommer, die H.G. zu schauen, tritt im NT die Teilhabe an ihr, weil das Geschick des einzelnen Christen mit dem seines auferstandenen und verherrlichten Herrn verbunden wird (Phil 3, 21; 1Kor 15, 40ff). Als Miterben Christi gehen die Christen den Weg vom Leiden zur H. (Röm 8, 17ff), dh von der Vergänglichkeit zur → Freiheit (: I) der Kinder Gottes. Berufung in Gottes Reich und H. (1Thess 2, 12; 2Kor 4, 7) bedeutet ein Versetztwerden in jene Licht-H., die keinen Tod mehr kennt (1Petr 4, 4. 10). Wie aber nach dem JohEv die H.G. im Sohn auf Erden vorhanden ist, so kann nach Ansicht des Paulus (2Kor 3, 17-18) der mit ihm verbundene Gläubige stufenweise in diese H. verwandelt werden vermöge des Zusammenhangs von Doxa und Pneuma (Röm 8, 11 vgl. mit 6, 4). H. ist des Christen Besitz, sofern der Sohn sie den Seinen gab, nachdem er sie vom

Vater empfangen hatte (Joh 17, 10. 24. 22). Endlich ist H.G. für die Erwählten nach Gottes Ratschluß von Anfang an vorherbestimmt (Röm 8, 30; → Prädestination: II). Die Vergangenheit tritt neben die Gegenwart (1Petr 1, 14) und die Zukunft (Phil 3, 21). Grundsätzlich ist Offenbarung der H.G. aber ein Geheimnis, nur denen bereitet, die Gott lieben (1Kor 2, 7-10).

RGG² II, 1835 - JOH.SCHNEIDER, Doxa, 1932 - ThW II, 236ff - R.BULTMANN, Das Evangelium des Johannes (MeyerK II¹⁵), 1957, 44 Anm. 1 u.ö. - BULTMANN, NT § 47. *E.Fascher*

Herrmann, 1. *Emil* (1812-85), Kirchenrechtslehrer in Leipzig, Kiel, Göttingen, Heidelberg, 1864-72 Präsident des → Kirchentages, auf Veranlassung von Kultusminister → Falk 1872 zum Präsidenten des preußischen Oberkirchenrates berufen. H.s bleibende Bedeutung liegt auf kirchenpolitischem Gebiet (1873 Kirchengemeinde- und Synodalordnung, 1874 Generalsynodalordnung). H. wurde so zum Schöpfer der Konsistorialsynodalverfassung der Ev. Kirche der altpreußischen Union (→ Kirchenverfassung: VI). Orthodox-konservative Kreise am Hofe erschütterten H.s Stellung bei Wilhelm I., so daß er 1878 um seine Entlassung bat.

ADB 50, 248ff - A.v.BAMBERG in: DEBl 1906, 587-613. 663-691. 729-759 - A.v.KIRCHENHEIM, E.H. u. die preuß. Kirchenverfassung, 1912 - E.FOERSTER, Adalbert Falk, 1927 - RGG² II, 1835f - HERMELINK II, 420. 474; III, 144ff. 161. 163. 554f. *H.Liermann*

2. Johann *Wilhelm* (1846-1922), systematischer Theologe, * in Melkow (Altmark) als Pfarrerssohn. Während des Studiums in Halle war er Amanuensis von → Tholuck. Seit der Habilitation (1875) bestand ein enges Verhältnis zu A. → Ritschl. 1879 o. Prof. in Marburg. - H.s Theologie ist apologetisch bestimmt, und zwar in dem Sinne, daß er unter dem Einfluß von → Kants Vernunftbegriff nach *Recht und Selbständigkeit von* → *Religion* (: IV) fragt. Somit ist die Prinzipienlehre der entscheidende Teil seiner Dogmatik. Das Wesen der Religion in ihrer Eigenart gegenüber Wissen und Sittlichkeit zu begründen, ist seine hervorragende Aufgabe. Hier zeigen sich auch Übereinstimmung und Gegensatz zu → Schleiermacher. Zweck der Religion ist es, das *Verhältnis des Menschen zur Welt* zu regeln. In dieser Ausgangsstellung will er sich dem Subjektivismus Kants entwinden, jedoch den Abweg in die Orthodoxie vermeiden. Aus der Zwecksetzung folgt gleichfalls die Unmöglichkeit, in die Mystik zu fliehen. Rationalismus, Traditionalismus und Mystik sind für H. die gefährlichen Wege, die den Tod der Religion herbeiführen. Dagegen sucht H. eine Beziehung zur → *Wirklichkeit,* in der die Religion lebt, und damit eine neue Quelle der → Gewißheit. Er findet sie - unter dem Einfluß von → Lotze - in der wertbestimmenden Vernunft, die die Welt als ganze zu erfassen trachtet. H. gibt dem *Erleben* (→ Erlebnis: II) gegenüber dem → Denken den Vorrang, hierdurch das Auftreffen eines Außen im Subjekt betonend. Im wirklichen Leben hat der Mensch neben der wissenschaftlichen Evidenz die Zuversicht, daß in jenem Gefühl für den Wert der Dinge und ihrer Verhältnisse seine Vernunft eine ebenso ernstgemeinte Offenbarung besitzt, wie sie in den Grundsätzen der verstandesmäßigen Erforschung ein unentbehrliches Werkzeug der → Erfahrung hat. Der Zugang zur Wirklichkeit kommt dem individuellen Erleben zu. Mit ihm überwindet H. die Gegebenheit der frommen Gemütszustände im Sinne Schleiermachers. - Religion ist eine eigentümliche Wirklichkeitserfahrung, deren Existenz in der Wissenschaft nicht einmal in Sicht kommt. Religion als individuelles Erleben verträgt keine Begründung im Allgemeingültigen. H. ist allen sog. Gottesideen feind. Ein bewiesener Gott ist Welt, ein Gott der Welt aber ein Götze. Objektivierung Gottes bedeutet seinen Verlust. Unentwegt betont H., daß → Gott (: VI) allein in der Wirklichkeit erlebt wird, in welcher der Mensch lebt und leidet.

Diese Zuspitzung bringt Gefahren mit sich. Die Absage an das Allgemeingültige und die Betonung des Erlebens könnten nunmehr die Religion einem subjektiven Empfinden ausliefern, das H. keineswegs meint. Er versteht als eine der entscheidenden Aufgaben der → Dogmatik, ein Allgemeingültiges aufzuweisen, dessen die Religion zu ihrem Schutz bedarf. Es muß der logische Zusammenhang gefunden werden, der die religiöse Weltanschauung mit Erkenntnissen verbindet, welche auch außerhalb der religiösen Gemeinde auf Geltung rechnen können. Hier tut sich ihm das Gebiet der → Ethik auf; denn auf bloß subjektives Erleben läßt sich die Notwendigkeit des Sittlichen nicht zurückführen. Der Mensch ist hier nach seinem Wesen gefragt. Das religiöse Urteil erhält durch das autonome Gesetz der reinen Sittlichkeit einen positiven Inhalt. *Sittlichkeit und Religion* sind korrelativ aufeinander bezogen. Selbständig ist nur die Begründung der Ethik, ihre Entfaltung dagegen hat die religiöse Umgestaltung unserer empirischen Weltansicht zur Voraussetzung. Daraus ergibt sich, daß die Welt des Glaubens mit der Welt des Menschen als einer sittlichen Person identisch ist, und daß der Weg zur Religion aufgewiesen werden kann. Der Fromme lebt in derselben Welt und sieht doch eine andere Wirklichkeit. Die religiösen Vorstellungen haben in diesem Ansatz ein Kriterium erhalten. Alles, was religiöses Erkennen und Gefühl genannt wird, muß sich dadurch legitimieren können, daß es dazu dient, die sittliche Persönlichkeit in sich zu vollenden und als Endzweck über die Welt zu erheben. Doch wie entgeht er dem Kantischen Gedanken, daß Religion aus der Ethik ableitbar wird, sich also in Ethik auflöst?

Hier meldet sich die Frage nach dem Verhältnis von *Religion und Offenbarung*. Letztere bestimmt H. als Kundgebung des auf unsere Seligkeit gerichteten göttlichen Willens. Er will seinen Ansatz durchhalten: → Offenbarung (: VI) darf dem Heteronomen nicht die Tür öffnen. Darum verzichtet er selbst auf ein Minimum von historisch Beweisbarem. Der historische Jesus - darin ist H. mit M. → Kähler einig - vermag Religion nicht zu begründen. Doch anders als dieser bezieht sich H. auf das innere Leben Jesu, welches zum eigenen Erleben werden kann, und betont dabei, daß wir in geschichtlichen Zusammenhängen stehen. Das innere Leben Jesu trifft auf den Menschen, dem ja das, was hinter den Worten der Schrift steht, nicht gänzlich fremd ist. So vermag Offenbarung für den gnädigen Gott die Augen zu öffnen und zugleich für die Wirklichkeit, in welcher der Mensch lebt.

Konsequenz dieser Struktur ist die Erkenntnis, daß Religion nicht in allen Menschen dieselbe sein kann. Die religiöse Phantasie entzündet sich zwar an einem Erlebnis, das sich indessen nicht objektivieren läßt. Die Idee des Dogmas aber als eines einheitlichen Lehrgesetzes ist dem Wirken des Geistes zuwider. Unaufgebbar bleibt das Stadium wahrhafter Selbstbesinnung. Im Hineinhorchen in sich selber wird der Weg gefunden. Dann wird ein Ereignis - die geschichtliche und unbezweifelbare Tatsache des inneren Lebens Jesu - zur eigenen Wirklichkeit. Was je erreicht werden kann, ist die Gleichartigkeit des Denkens, nicht dagegen diejenige der Gedanken. Die historische Wahrheit unterliegt der Relativität. Das Relative vermag nicht befreiende Macht über uns zu gewinnen. *Glaubensgedanken* steigen in den Glaubenden selbst auf. Sie können für einen anderen nicht zur objektiven Wahrheit werden. Anders der *Glaubensgrund;* er kann mich in die Freiheit führen. So wird bei H. der Gedanke der *Bedeutung* neu gefaßt. Bedeutung verliert ihren applikativen Charakter, den Vergangenes für die spätere Zeit haben könnte. Die geschichtliche Tatsache bedeutet *mich*. Darum bleibt das Erlebnis die einzige Antwort für die Eigenständigkeit und Lebendigkeit von Religion.

Die ev. Theologie verdankt dieser Prinzipienlehre H.s einen neuen Entwurf für die Lösung der Frage von Offenbarung und Geschichte. Hier ist der Grund gelegt, auf dem die theologische Auseinandersetzung der Gegenwart erfolgt. H. ist Lehrer von → Barth und → Bultmann (→ Dialektische Theologie, 1). Seine Bedeutung für die Theologie dürfte bis jetzt kaum ausgeschöpft sein, weil abgesehen von der von ihm gezogenen Struktur individuellen Erlebens seine entscheidende These von Gott und Wirklichkeit noch nicht einmal am Rande der gegenwärtigen Diskussion aufgetaucht ist.

Vf. u.a.: Der Verkehr des Christen mit Gott, (1886) 1921⁷; Ethik, (1901) 1921⁶; Gottes Offenbarung an uns, 1908; Ges. Aufsätze hg.v. F.W.SCHMIDT, 1923 (Bibliogr.); Dogmatik hg.v. M.RADE, 1925. – Über H.: RGG² II, 1836ff (Lit.) – A.DELL, W.H.s theol. Arbeit (ThR NF 1, 1929, 81–108) – J.M.ROBINSON, Das Problem des Hl. Geistes bei W.H. (Diss. Basel), 1952 – F.GOGARTEN, Theol. u. Gesch. (ZThK 50, 1953, 339–394) – E.FUCHS, Hermeneutik, 1954, bes. 27ff – H. GRASS, Ostergeschehen ..., 1956, 269 ff – EKL II, 129 ff. *G.Koch*

Herrnhuter → Brüderunität: II.

Herrnschmidt, *Johann Daniel* (1675–1723), ev. Theologe und Liederdichter, * in Bopfingen (Württ.), studierte in Altdorf (1698 Magister), war dann in Halle Schüler und Gehilfe von A.H. → Francke, → Breithaupt und → Anton, 1702–12 Vikar seines Vaters im Pfarramt zu Bopfingen und sein Beistand in strenger Sittenzucht, 1712–15 nassauischer Sup. und Hofprediger in Idstein. 1715 erhielt er einen Ruf als Prof. der Theologie nach Halle, wo er seit 1716 Subdirektor des Waisenhauses und Pädagogiums und erst 47jährig aus dieser reich gesegneten Wirksamkeit und seiner großen Familie (8 Kinder) hinweggerissen wurde; seine Frau folgte ihm 18 Stunden danach. Von seinen zT recht wertvollen Liedern (am bekanntesten: »Gott wills machen, daß die Sachen«; »Lobe den Herren, o meine Seele«) hat → Freylinghausen nicht weniger als 17 in seine Gesangbücher aufgenommen.

KOCH IV, 349 ff. 569 – ADB XII, 221 f – GG III, 205 f – ZAHN III, 260; VI, 224 – RGG² II, 1839 – Hdb. zum EKG II/1, 1957, 222.
W.Lueken

Herrschaft, *soziologisch* → Macht: IV.

Herrschaftszeichen (lat. *signa, insignia;* danach: Insignien) haben die Funktion, sichtbar zu machen, wer der Herrscher ist. In allen Kulturen, in allen Zeiten spielen der Sitz und der Kopfschmuck eine Rolle, daneben Zeichen, die in den Händen gehalten werden, außerdem die Gewänder. – Das MA kannte verschiedene Formen der *Krone*. Der technisch mit dem germanischen Prunkhelm zusammenhängenden Bügelkrone (nachweisbar seit mindestens 840) liegt wohl die Absicht zugrunde, nicht hinter dem Kaiser in Byzanz zurückzustehen. Eine geschlossene Krone, der der spätantike Helm zugrunde liegt, trugen die byzantinischen Kaiser und – sie nachahmend – die sizilischen Könige. Die Reifenkrone hat ihre Vorbilder einerseits im steinbesetzten Kopfreifen der Völkerwanderungszeit, andererseits im perlbesetzten Diadem der Spätantike. Der seit dem 9.Jh. nachweisbare Gedanke, dem Zierat der Reifen die Form stilisierter Lilien zu verleihen, geht – abgesehen von einer östlichen (sassanidisch-byzantinischen) Komponente – auf eine christliche Symbolik zurück, die ihrerseits an die Lilie als at. Kultornament anknüpft (vgl. Ex 25; 1Kön 7). – Den *Thron* kannten die Germanen in der Form des hölzernen »Hochsitzes«. Von der Antike entlehnte das MA die metallene, stuhlartige sella und das zusammenklappbare faldistorium, das auch von Bischöfen und Äbten benutzt wurde. Nach dem Vorbild des Salomonischen Thrones (1Kön 10, 18–20) erhielt der Thron sechs Stufen (so der Steinsitz Karls d.Gr. in Aachen), wurde mit Elfenbein umkleidet oder von Löwen begleitet. – Der Antike entlehnt war der *Reichsapfel,* dessen ursprünglicher Sinn, Abbild des vom Gottkaiser beherrschten Weltalls (sphaira) zu sein, verlorenging. Er wurde im Römischen sowie im Byzantinischen Reich nur im Bilde geführt; erst Heinrich II. vermehrte (in Rom 1014) die schon vorhandenen H. durch eine goldene, mit einem Kreuz geschmückte Kugel. – Den *Stab* kannte das MA in langer und kurzer Form. Beim Langstab (baculus), den auch die Bischöfe und Äbte benutzten, wirkte sich sowohl die germanische als auch die römische Tradition aus. Der Kurzstab (sceptrum), der seit Karl dem Kahlen nachweisbar ist, erhielt seine Gestalt durch das Vorbild der Antike. – Die Herrscherweihe wurde selbst dort, wo die Monarchie erhalten blieb, meist abgeschafft; H. haben heute nur noch in wenigen Staaten Bedeutung, zB in England und Schweden. Das 1871 begründete Deutsche Reich besaß keine H. mehr.

P.E.SCHRAMM, H. u. Staatssymbolik I–III, 1954–56 – N.BIENZ, Die Kronen Europas u. ihre Schicksale, 1957 – J.DÉER, Byzanz u. die H. des Abendlandes (ByZ 50, 1957, 405–436). *P.E.Schramm*

Herrscherkult. Im weiteren Sinne kann man unter diesem Begriff alle Riten und die ihnen zugrunde liegenden Vorstellungen zusammenfassen, die sich auf die magisch-religiöse Sonderstellung des Häuptlings oder Königs, seine → Macht (: I), Kraft, sein Heil o.ä. beziehen. Rituelle Vorschriften, die das Verhalten des Königs und der mit ihm Verkehrenden regeln, gibt es bei vielen Völkern. Sie bezwecken, daß nichts von der »Kraft« des Herrschers verlorengehe oder daß sie sich für die ihm Nahenden nicht schädlich auswirke. – Eine Sonderform des eben beschriebenen »Königstabu« ist der H. im engeren Sinne, dh die Vergottung des Herrschers, die ihn zum Gegenstand kultischer Verehrung in gleichem oder doch ähnlichem Rang mit persönlichen Göttergestalten macht. Dieser H. findet sich zuerst in → Ägypten (: II), wo seit alter Zeit der Kult des verstorbenen sowohl wie des lebenden Pharao eine zentrale Stelle im religiösen Leben einnimmt, ferner an einigen Orten des mesopotamischen Kulturkreises. In jedem Fall setzt H. das Vorhandensein einer entwickelten Staatsordnung mit überragender monarchischer Spitze voraus. Eine Vergottung des Herrschers ohne seine entsprechende faktische Machtstellung gibt es nur als Spätform der Entwicklung, wenn andere politische Kräfte die Macht in der Gesellschaft gewonnen haben, ohne die sakralen Institutionen anzutasten. Die Initiative zur Vergottung des Herrschers wird wohl zumeist, wie später im → Hellenismus, von den Beherrschten ausgegangen sein. Sobald allerdings H. zur Institution geworden ist, gehört er zu den politischen Machtmitteln des Regierenden. – Der mythologische Ausdruck für die überragende Stellung des Herrschers kann darin bestehen, daß dieser als → Inkarnation oder als → Sohn Gottes (: I) vorgestellt wird. – Der hellenistisch-römische Königs- bzw. Kaiserkult, die differenzierteste Form des H.es, wurde durch einige Eigentümlichkeiten des griechischen Denkens vorbereitet. Die Trennungslinie zwischen Gott und Mensch ist nicht unübersteigbar. Längst werden → Heroen als Empfänger alten Totenkultes und Stammväter von Sippen und Stämmen als Göttersöhne gedacht. Die Heroisierung hervorragender Menschen gibt es in historischer Zeit. Seit dem späten 5.Jh. begegnen zudem euhemeristische Vorstellungen (→ Euhemerismus), nach denen die Götter nichts als hervorragende Wohltäter der Vorzeit sind, denen man göttliche Ehren erwies, sowie die Bereitschaft, ungewöhnliche Einzelpersönlichkeiten von den moralischen und politischen Maßstäben der Gesellschaft zu dispensieren, ein Zug, der später in der ethisch-philosophischen Reflexion sublimiert wurde. Folgerichtig kommt seit der gleichen Zeit die Gewohnheit auf, daß Gemeinden hervorragende Männer, deren Leistungen ihnen zugute gekommen sind, mit → Altar (: I), → Festen und Feiern sowie Monatsbezeichnungen ehren, sie also unter die Stadtgötter aufnehmen (Lysander). Diese Form der Ehrung bot in der Folgezeit den autonomen πόλεις die staatsrechtliche Handhabe, sich einer der immer mächtiger werdenden Monarchien anzuschließen, ohne die Unabhängigkeit formell aufzugeben. Alle diese Faktoren wirken im Auftreten → Alexanders d.Gr. zusammen. Die bei ihm und seiner Umgebung lebendige Überzeugung von seinem Übermenschentum wurde gesteigert, als ihn das Ammon-Orakel als Sohn des Gottes, dh als legitimen Nachfolger der Pharaonen anredete. Auf diese Weise vereinigten sich in der Person Alexanders erstmalig die Voraussetzungen für den orientalischen und den griechischen H. - Der H. in der hellenistischen Welt bleibt im Bewußtsein der griechischen Bevölkerung stets vom wirklichen Götterkult getrennt. Es fehlen durchweg Gebete und Weihungen Privater, und die Fürbitte für den Herrscher im Rahmen anderer Kulte verträgt sich nicht mit ernstgemeinter Vergöttlichung. Bei Alexander und der ersten Diadochengeneration gibt es nur die spontane Verleihung kultischer Ehren an den Herrscher durch einzelne griechische Städte. Als Institution der Zentralgewalt erscheint der H. zuerst bei Ptolemaios II. (→ Ptolemäer), wobei aber der Kult des lebenden Herrschers von vornherein mit dem des vergöttlichten Alexander verbunden wird. Damit kommt ein überpersönlicher Zug in den H., der im römischen Kaiserkult besondere Bedeutung gewinnt. Nichts deutet darauf hin, daß Beginn und Entwicklung des hellenistischen H.es besonderen religiösen Impulsen zu verdanken seien. Die fragliche Zeit zeichnet sich durch ein extrem rationales Denken, gerade im Staatsleben, aus. Da aber das Zugehörigkeitsgefühl zur alten πόλις sich seit je an deren Göttern und Kulten orientiert hatte, fand auch das Loyalitätsgefühl gegenüber dem monarchischen Staat sehr schnell kultische Formen. Diese allgemeine Charakteristik des H.es hellenistischer Zeit schließt nicht aus, daß einzelne Herrscher ihre Göttlichkeit ernster nahmen und sich als νέος Διόνυσος o.ä. betrachteten, Erscheinungen, die sich bei Caligula und anderen Kaisern wiederholt haben. Auch scheint es, daß Teile der östlichen Reichsbevölkerung Oktavian als dem Retter aus generationenlangem Elend eine Verehrung bezeugten, die über die Konvention des H.es hinaus religiösen Charakter trug. - Die Übertragung des H.es nach Rom war durch die kultische Verehrung vieler römischer nobiles seitens griechischer Städte seit ihrem ersten Auftreten im Osten als Beamte der res publica vorbereitet (Flamininus). Gewarnt durch das Scheitern einer schnellen Hellenisierung des römischen Staates, die → Caesar versucht hatte, verhielt sich Augustus auch gegenüber dem H. zurückhaltend und ließ ihn im Osten nur in Verbindung mit dem Kult der Göttin Roma, im Westen mit wenigen Ausnahmen überhaupt nicht zu, obgleich er ihm vielfach angetragen wurde. Gleichzeitig allerdings legte er mit der Einrichtung des Kultes des Divus Julius und der Laren des Kaiserhauses den Grund zu einem sich rasch entfaltenden Kaiserkult, sofern dieser die nach dem Tode konsekrierten Divi betraf und damit mehr dem Kaisertum schlechthin galt. Die Ausgestaltung dieser Kulte erfolgte nach römischem Muster. Der Kult des lebenden Kaisers entwickelte sich über alle Zwischenstufen der Verehrung seines genius oder seiner fortuna (also römische Vorstellungen) hinweg gegen den Widerstand nicht weniger Kaiser zum zentralen Ausdruck des Staats- und Loyalitätsgefühles der Reichsbevölkerung in Ost und West. Auch andere Glieder des Kaiserhauses wurden bisweilen einbezogen. Der religiöse Gehalt des Kaiserkultes war gering; darum geriet er auch nicht in Konflikt mit den sich ausbreitenden henotheistischen Offenbarungsreligionen, bis das Christentum ihn als religiöse Handlung ernst nahm und verweigerte. Das Aufkommen einer absoluten Militärmonarchie und die allgemeine Abkehr vom rationalen Staatsdenken ließen im 3.Jh. Elemente des orientalischen H.es in den Kaiserkult eindringen, wodurch die effektive Göttlichkeit des Kaisers stärker betont wurde. Aus diesem spätantiken Gottkaisertum entwickelte sich nach der Christianisierung des Imperiums langsam das mittelalterliche Gottesgnadentum des Herrschers. - Vgl. → Königtum, sakrales.

E.Lohmeyer, Christuskult u. Kaiserkult, 1919 - RGG² II, 1839 ff - L.Ross Taylor, The Divinity of the Roman Emperor (American Philol. Ass., Monogr. 1), Middletown 1931 - A.L.Abaecherli, The Institution of Imperial Cult in the Western Provinces (SMSR 11, 1935, 153-186) - K.Scott, The Imperial Cult under the Flavians, 1936 - D.M.Pippidi, Recherches sur le culte impérial (Institut Roumain d'Et. Latins Coll. sc. 2), Paris 1939 - K.M.Setton, Christian Attitude towards the Emperor in the 4th century (Diss. New York), 1941 - W.Ensslin, Gottkaiser u. Kaiser von Gottes Gnaden (SAM 1943, 6) - I.Engnell, Studies in Divine Kingship in the Ancient Near East (Diss. Uppsala), 1943 - W.W.Tarn, Alexander the Great II, Cambridge 1948, 347ff - M.P.Nilsson, Gesch. der griech. Religion II (HAW V/2, 2), 1950, 125ff. 366ff - RÄRG 380ff - A.D. Nock, The Roman Army and the Roman Religious Year (HThR 45, 1952, 187-252) - Chr.Habicht, Gottmenschentum u. griech. Städte (Zetemata 14), 1956 - van der Leeuw 235ff - L.Cerfaux-J.Tondriau, Les cultes des souverains (Bibl. Théol. III, 5), Paris 1957 - F.Taeger, Charisma I, 1957. *A.Dihle*

Hersfeld an der Fulda (→ 6 F 4), 1. Einsiedelei, von → Sturmi und Gefährten 736 von → Fritzlar aus gegründet und bis 743 bewohnt. - 2. Benediktinerkloster, an gleicher Stelle um 770 von Bischof → Lullus von Mainz als Konkurrenz zu → Fulda gegründet. Um 780 wurden die Gebeine des hl. → Wicbert von Fritzlar nach H. übertragen. H. war im 10. und 11.Jh. Pflegestätte der Geschichtsschreibung (Annalen; Lampert von H.).

W.Dersch, Hess. Klosterbuch, (1915) 1940², 74 ff (Lit.) - RGG³ II, 1842 - LThK IV, 1006 f - Wattenbach-Holtzmann I/1, 40 ff; I/3, 456 ff - Th.Schieffer, Winfrid-Bonifatius u. die christl. Grundlegung Europas, 1954, 202f - D.Grossmann, Die Abteikirche zu H. (Veröffentlichungen des H.er Geschichtsvereins 2), 1955 - H.Beumann, H.s Gründungsjahr (Hess. Jb. für Landesgesch. 6, 1956, 1-24). *H.Beumann*

Hersleb, *Sven Borchmand* (1784-1836), wurde 1814 Prof. der Theologie an der Universität → Oslo. Früh mit der Bibel vertraut, durch das Studium in supranaturalistische Bahnen gelenkt und von → Grundtvig beeinflußt, repräsentiert H. einen maßvollen Biblizismus, ohne die historische Kritik abzuweisen. Er bekämpfte aber entschieden den → Rationalismus (: II). 1816 trat er eifrig für die Gründung der norwegischen → Bibelgesellschaft (, 1d) ein. 1830 lag seine zweite Revision der Übersetzung des NT vor. H. gewann bestimmende Bedeutung für die norwegische Kirche nach 1814 (→ Norwegen: I). Seine Religionslehrbücher fanden große Verbreitung. Er stellte sich freundlich zu H.N. → Hauge und zur Erweckung, schloß sich ihr aber nicht an.

Vf.: Laerebog i Bibelhistorien, Kopenhagen (1812) 1863⁷ (kleinere Ausg. ebd 1813, Christiania [1824²] 1831⁵); Laerebog i Bibelhistorien, Christiania (1832) 1835⁷. - Über H.: Norsk biografisk leksikon VI, 1934, 46 ff. *E.Erikstein*

Herwegen, *Ildefons,* rheinischer kath. Theologe (1874 bis 1946), 1895 Benediktiner, 1913 Abt von → Maria-Laach, bes. in der Ordensgeschichte und der Liturgiewissenschaft (→ Liturgik: II) tätig, in der kath. liturgischen Bewegung der Gegenwart führend (→ Gottesdienst: V B, 1h). Auf ihn ist es zurückzuführen, daß der Priester in der Laacher Klosterkirche hinter dem Altar steht.

Vf. u.a. (ältere Schriften s. RGG² II, 1843): Das Kunstprinzip der Liturgie, (1916) 1919²; Der hl. Benedikt, (1917) 1926³; Alte Quellen neuer Kraft, 1920; Lumen Christi, gesammelte Aufsätze, 1924; Kirche u. Seele, 1926; Sinn u. Geist der Benediktinerregel, 1944 (neuerdings indiziert!). - Hg.: Beiträge zur Gesch. des alten Mönchtums u. des Benediktinerordens, seit 1912; Ecclesia orans. Zur Einführung in den Geist der Liturgie, seit 1918. Bibliogr. in: LuM 1, 1948, 39-44. *W. Jannasch*

Herz Jesu

1. Theologie - 2. Geschichte und Ikonographie - 3. Reformatorische Stellung zur H.J.-Verehrung

1. Schon frühzeitig wird gelegentlich das H.J. erwähnt und dargestellt, nicht im Sinne neuzeitlicher H.J.-Verehrung (= H.J.V.), sondern neben anderem »als Bestandteil der menschlichen Natur, deren Ich der Gottessohn ist« (Schmaus 721). Die nt. Wurzel für den H.J.-Gedanken bieten Mt 11, 29 (Liebesgedanke), Joh 19, 32 (Passionsmystik) und, die Verbindung beider, Phil 2, 8. Zu verschiedenen Zeiten verschieden akzentuiert, geben diese Stellen ein Spiegelbild der Entwicklung des H.J.-Gedankens, von der bloßen Erwähnung über die Devotionalandacht zur liturgischen H.J.V. Bei den Vätern wird das H.J. nur gelegentlich erwähnt (Justin, Origenes, Augustin, Paulinus von Nola). Die ekklesiologische Bedeutung der H.J.V wird sichtbar, wenn die Geburt der Kirche aus dem mit der Lanze durchbohrten H.J. mit der neuen Eva, die aus der Seite des neuen Adam entsprungen ist, verglichen wird.

2. Mit dem 12.Jh. entstand, vornehmlich aus der deutschen → Mystik (: VI), eine inoffizielle Andacht, die Votiv- und Devotionalcharakter trug. Wesentlichen Anteil daran hatte die frauenklösterliche Jesusminne, bes. im Kloster Helfta. - Das dornenumwundene H.J. wurde zur Mitte der Passionsmystik. H.J.-Gebete entstanden; H.J.-Bildchen wurden gemalt und gedruckt, die meist das durchstochene Herz zusammen mit den vier anderen Wundmalen Christi zeigen, oftmals mit Angabe der Länge der Seitenwunde. Devotionalbildchen (→ Devotionalien) der Karmeliterinnen des 15.Jh.s zeigten das Christkind bald im durchstoßenen Herzen sitzend, bald das H.J. zum Kreuz tragend. 1670 erwirkte der Jesuitenschüler Jean Eudes (→ Eudisten) die Diözesanerlaubnis zur Feier eines H.J.-Festes. Mit den Visionen der M.M. → Alacoque (1673-75) begann die eigentliche H.J.V. Die Salesianerin schaute das aus Liebe mit Dornen umwundene H.J. und hörte die Klage des Herrn: »Zum Lohn empfange ich von den meisten nur Undank durch Unehrerbietigkeit und Lästerungen, durch die Kälte und Verachtung, die sie mir in diesem Sakrament der Liebe bezeigen.« Durch Vermittlung ihres Beichtvaters La Colombière wurden die Jesuiten die Wegbereiter der modernen H.J.V., die ihren Ursprung in Frankreich hat. → Jansenismus und → Rationalismus standen ihr entgegen. Nach dreimaliger Ablehnung durch Rom erfolgte erst 1765 durch Clemens XIII. die kirchliche Genehmigung des H.J.-Festes. Pius VI. verteidigte 1794 die H.J.V. gegen die Auffassung der Synode von Pistoja (Denz. 1562f). Leo XIII. erhob das Fest 1899 in den Rang eines officium duplex 1. Klasse und approbierte die H.J.-Litanei. Während das Formular einer schon 1890 gestatteten Votivmesse vom Alacoqueschen Sühnegedanken ausging, stellten die Offizien von 1899 und 1928 (Pius XI., Enzyklika »Miserentissimus redemptor«) den Liebesgedanken heraus. Die Terminierung des H.J.-Festes auf den Freitag nach der Fronleichnamsoktav läßt die Beziehung zum Eucharistiegedanken erkennen.

3. Die H.J.V. steht grundsätzlich nicht im Widerspruch zur Reformation, wenn sie als Liebe zum ganzen Menschen Jesus verstanden wird. Es gibt auch heute ev. H.J.-Strophen (EKG 33, 5; 64, 2; 215, 6; 262, 3; 318, 5). Im kath. Einheitsgesangbuch (171) findet sich Paul → Gerhardts Lied: »O Herz des Königs aller Welt«. - Vgl. → Christussymbole.

F.S. Hattler SJ, Gesch. des Festes u. der Andacht zum H.J., 1875 - K. Kramp SJ, Meßliturgie u. Gottesreich, (1920) 1923² - L. Fendt, Die religiösen Kräfte des kath. Dogmas, 1921 - A. Hamon, Histoire de la dévotion au Sacré-Coeur, 5 Bde, 1923-41 - A. Spamer, Das kleine Andachtsbild, 1930 - LThK IV, 1015 (Lit.) - M. Schmaus, Kath. Dogmatik II, 1949³˙⁴, 721f (Lit.) - R. Graber, Das Herz des Erlösers, 1949 - J.P. Steffes, H.J.V. u. christl. Existenz (Die Kirche in der Welt 2, 1949, 179-182) - Ph. de la Trinité, Du Coeur du Christ à l'esprit d'amour (Le Coeur, Etudes Carmélitaines 1950, 379-389) - EC IV, 1059ff - J.M. Saenz de Tejada, Bibliogr. de la devocion al Corazon de Jesus, Bilboa 1952 - C.J. Loell, The Sacred Heart encyclicals of Pope Leo XIII. and Pope Pius XI., New York 1953 - J. Stierli (Hg.), Cor Salvatoris, 1954 - K. Rahner, »Siehe dieses Herz«. Prolegomena zu einer Theol. der H.J.V. (Schriften z. Theol. III, 1956, 47-60. 379 bis 415). *F. Schmidt-Clausing*

Herz Jesu, *Orden und Kongregationen vom H.en J.,* zur Verbreitung des Kultus vom → Herzen Jesu errichtete kath. Genossenschaften und Vereinigungen.

1. *Männliche Priestergenossenschaften und Laienbruderkongregationen.* a) *Priester vom Heiligsten H.en J.,* 1729 für Jugendfürsorge in Marseille gegründet. - b) *Gesellschaft des Heiligen H.ens J.,* 1794 in Löwen gegründet, aber bald darauf infolge Vereinigung mit der *Genossenschaft vom Glauben Jesu* (Paccanaristen) eingegangen. Beide waren für die spätere Ausbreitung des → Jesuiten-Ordens bedeutsam. - c) *Schulbrüder vom Heiligsten H.en J. (Frères de l'instruction chrétienne, dits de Sacré-Coeur),* 1821 in der Nähe von Le Puy (Dep. Haute-Loire) zu Unterricht und Erziehung entstanden, heute bes. in Amerika, aber auch in Belgien und Spanien verbreitet. - d) *(Hilfs-)Priester vom Heiligsten H.en J.,* 1832 durch Michèle Garicoïts in Bétharram (Dep. Basses-Pyrénées) gleichfalls für Jugendunterricht gestiftet und zZ in ca 500 Niederlassungen in Frankreich, Italien, Spanien, England, Argentinien, Uruguay, Paraguay, Brasilien, Palästina und China tätig. - e) *Missionare vom Heiligsten H.en J. (MSC),* 1854 in Issoudun (Dep. Indre) von Jules Chevalier gegründet. Hauptarbeitsgebiete der Genossenschaft sind äußere und innere Mission, daneben Ausbildung von Klerikern und Leitung von Fürsorgeanstalten. Sie umfaßt heute ca 3000 Priester, Kleriker und Laienbrüder, die dem Generalat in Rom unterstehen, und ist in Provinzen eingeteilt (Holland, Niederdeutschland, Oberdeutschland, Italien, Frankreich, Österreich, Belgien, Kanada, USA, Spanien, Brasilien, Irland, England). Die deutschen Provinzialhäuser sind Hiltrup (Westf.) und Liefering (b. Salzburg). Hauptarbeitsfelder in der Heidenmission sind vor allem Melanesien und Mikronesien, daneben Celebes, Belgisch-Kongo, Indonesien, China und Australien. - f) *Priester der Gesellschaft vom Heiligsten H.en des Jesuskindes,* gegründet 1859 in Rom. - g) *Söhne des Heiligsten H.ens J. (Figli del Sacro Cuore di Gesù, FSC),* 1867 zum Zweck der Missionierung Zentralafrikas von Daniele Comboni als »Missionsinstitut für Nigrizien« gegründet und 1871 mit dem Haupthaus nach Verona verlegt. Hauptarbeitsgebiet ist der Sudan. 1923 spaltete sich die Genossenschaft in zwei unabhängige Kongregationen: Die italienische behält ihren Namen und betreut heute mit 500 Missionaren ein Gebiet von ca 2,5 Mill. qkm; die deutsche arbeitet in Süd-

afrika und besteht als *Missionare, Söhne des Heiligsten H.ens J. weiter*. - h) *Missionare vom Heiligsten H.en J. von Tortosa*, um 1874 in Tortosa (Spanien) gegründet. - i) *Kapläne (Väter) vom Heiligsten H.en J.*, 1876 in Paray-le-Monial (Dep. Saône-et-Loire) als Diözesaninstitut für Weltpriester eingerichtet. - k) *Priester des Heiligsten H.ens J. (H.-J. Priester, Congregatio sacerdotum a S. Corde Jesu, SCJ)*, 1877 in St.Quentin (Dep. Aisne) von Léon Dehon (1843-1925) zur Verbreitung der H.-J.-Andacht in Verbindung mit gleichzeitiger priesterlich-apostolischer Tätigkeit gestiftet. Die Kongregation hat gegenwärtig ca 3000 Mitglieder und ist in 11 Provinzen sowie 7 Missionsgebiete eingeteilt. 1906 wurde die Genossenschaft, 1923 ihre Konstitutionen durch den Papst bestätigt. Niederlassungen finden sich in fast allen europäischen Staaten; u.a. wurden England, Polen und Spanien eigene Provinzen der Kongregation. Die deutsche Provinz besteht seit 1908 mit dem Provinzialat in Düsseldorf. Das Haupthaus mit dem Generalat befindet sich seit 1926 in Rom. Die bedeutendsten Missionsgebiete sind Belgisch-Kongo, Kamerun, Südafrika, Sumatra, Mozambique. Ferner bestehen Missionen in Finnland und in Süd-Dakota (USA). Verdienstvoll ist bes. die Übertragung von Gebets-, Gesangs- und Unterrichtsbüchern in die Kisuaheli-Sprache durch Mitglieder der Genossenschaft. - l) *Missionare, Söhne des Heiligsten H.ens J.*, s. 1g. - *Brüder vom Heiligsten H.en J.* o.ä. heißen außerdem eine ganze Reihe von Laienbrüderkongregationen sowie einige kleinere Priestergenossenschaften in verschiedenen Ländern, bes. in Übersee.

2. Von den ca 50 *weiblichen* Genossenschaften, die sich *vom Heiligsten H.en J.* bezeichnen, sind zu nennen: a) *Schwestern vom Heiligsten H.en J.*, 1652 in Coutances (Dep. Manche) gegründet, seit 1783 als erste weibliche Genossenschaft unter diesem Namen begegnend. - b) *Gesellschaft der Ordensfrauen vom Heiligsten H.en J. (Virgines Religiosae Societatis sacratissimi Cordis Jesu, SC)*, 1800 in Paris von Madeleine Sophie Barat in Zusammenhang mit der *Gesellschaft des Heiligsten H.ens J.* (s. 1b) gegründet und 1826 von Papst Leo XII. approbiert. Sie entwickelt sich zur bedeutendsten der hier genannten Frauengenossenschaften und hat Erziehung und Unterricht von Mädchen zum Ziel. Über die Grenzen Frankreichs hinaus entstanden frühzeitig Niederlassungen in Italien, Belgien, Österreich (Lemberg und Graz), England, Algier, Spanien, USA und Kanada; weitere in aller Welt folgten. Die Satzungen wurden nach dem Vorbild der Jesuiten festgesetzt und 1926 endgültig gebilligt. Die ersten deutschen Niederlassungen entstanden 1852 in Preußen; das deutsche Provinzialat befindet sich heute in Pützchen (Beuel b. Bonn), ihm unterstehen rd 200 Schwestern (davon ca 100 im Ausland). Der Sitz der Generaloberin wurde 1915 nach Rom verlegt. Gegenwärtig arbeiten mehr als 6520 Ordensfrauen in 192 Häusern. - c) *Schwestern des H.ens J.*, 1805 in Privas (Dep. Ardèche) errichtet. - d) Weitere Genossenschaften unter diesem Namen entstanden u.a. 1810 in Antwerpen und e) im Erzbistum Rouen 1818. - f) Zur Unterstützung von Arbeitern und für Krankenpflege wurden 1866 nach der → Augustinerregel und den Konstitutionen der → Salesianerinnen in Paris (Argenteuil) die *Dienerinnen des Heiligsten H.ens J.* gestiftet. - Aus ihnen gehen hervor g) *Schwestern vom Heiligsten H.en J.* in England und h) die *Dienerinnen des Heiligsten H.ens J.* in Österreich; ihrem 1873 in Wien gegründeten Mutterhause unterstehen zZ in Deutschland 25 Filialen. - i) *Dienerinnen des H.ens J.*, mit der Kongregation der H.-J.Priester (s. 1k) verbunden. Die Stiftung erfolgte 1867 in Straßburg zum Zweck der Ewigen Anbetung des H.ens J. - k) *Töchter des H.ens J.*, 1873 in Antwerpen (Berchem) errichtet und 1896 mit Klöstern in Italien, Belgien, Österreich, Holland und der Schweiz bestätigt. - l) *Missionsschwestern vom Heiligsten H.en J.*, 1899 in Verbindung mit dem Institut der *Missionare vom Heiligsten H.en J.* (s.1e) mit dem Generalmutterhaus in Hiltrup (Westf.) zu Missionszwecken in Übersee begründet; zZ bestehen in Deutschland 62 Niederlassungen mit rd 1200 Schwestern, dazu 67 Niederlassungen mit ca 400 Schwestern in Übersee. - *Vom Heiligsten H.en* oder *vom H.en J.* heißen ferner Zweige der → Annunziatinnen, → Dominikanerinnen, → Franziskanerinnen, → Grauen Schwestern, → Hospitaliterinnen, → Josephsschwestern, → Karmeliterinnen, Poenitentinnen und → Ursulinen.

Über weitere H.-J.-Ordensgenossenschaften vgl. LThK IV, 1016ff. - Zu 1a-c: HEIMBUCHER II, 633. 198ff. 447. - Zu 1d: Ebd 420 - F. VEUILLOT, Les Prêtres du S.C. de Bétharram, Paris 1942 - D.BUZY, Le Saint de Bétharram: Le bon Père Garicoïts, ebd 1947 - ESCOBAR II, 1231ff. - Zu 1e: HEIMBUCHER II, 387ff. 667 - J.RICHTER, History of the Missionaries of the S.Heart, Aurora/Ill. 1937 - J.RATH, Botschaft der Liebe zum 50. Jubeljahr des Hiltruper Missionshauses (1897-1947), 1947 - J.SCHMIDT, Die Hiltruper Erzbruderschaft, 1948 - ESCOBAR II, 1363ff - J.GLAZIK in: Hiltruper Monatshefte 1954, 10f. 36f. 107ff. 132f. 179f. 228f. - Zu 1f: LThK IV, 1017. - Zu 1g: HEIMBUCHER II, 400ff - ESCOBAR II, 1501ff - EC VIII, 1108. - Zu 1h: LThK IV, 1017. - Zu 1i: HEIMBUCHER II, 635. - Zu 1k: Ebd 428ff - A.BOSCHINI, P.Leone Dehon, Bergamo 1940 - ESCOBAR II, 1475ff. - Zu 1l: HEIMBUCHER II, 453. - Zu 2a: LThK IV, 1018. - Zu 2b: HEIMBUCHER II, 475ff - EC XI, 863f. - Zu 2c-e: HEIMBUCHER II, 540. - Zu 2f-h: Ebd 545f. - Zu 2i-k: Ebd 430. 548. - Zu 2l: Ebd 391f - ESCOBAR II, 1369f. *W.Göbell*

Herz Mariä. Die H.M.-Verehrung ist das mariologische Gegenstück zur → Herz Jesu-Verehrung. Auch ihre Förderer sind die Jesuiten, vor allem Jean Eudes (→ Eudisten) und Jos. de Gallifet, ein Schüler La Colombières (→ Alacoque). Die H.M.-Verehrung meint das »Herz im geistlichen Sinne« als Sitz der Liebe Mariens zu Gott und den Menschen und ist, da es Schriftbelege nicht geben kann, eine Sache der Tradition. Wenn auch der Kardinallegat de Vendôme 1668 die Verehrung gebilligt hatte, so verhielt sich die kath. Kirche doch wie bei der Herz Jesu-Verehrung lange Zeit ablehnend. 1805 wurde die Feier eines H.M.-Festes zugestanden. 1855 approbierte Pius IX. das Fest für die der H.M.-Verehrung sich widmenden Kongregationen (→ Herz Mariä, Orden), 1944 Pius XII. für die gesamte Kirche (Dekret »Cultus liturgicus« vom 4.3.1944; vgl. AAS 37, 1945, 50f). Es wurde auf den Sonnabend nach der Fronleichnamsoktav gelegt, also auf den Tag nach dem Herz Jesu-Fest. Am 8.12.1942 nahm Pius XII. die Weihe der Kirche und der Welt an das H.M. vor.

J.EUDES, Le Coeur admirable de la très S.Mère de Dieu ou la dévotion au très S.Coeur de la Vierge Marie, 2 Bde, Caen 1681 u.ö. - TH. SCHMUDE SJ, Das reinste Herz der hl. Jungfrau u. Gottesmutter Maria, 1875 - C.LEBRUN, La dévotion au Coeur de Marie, Paris 1918 - M.BARTH, Zur H.M.-Verehrung d. dt. MA (Zs. f. Aszese u. Mystik 3, 1929, 193-219) - LThK IV, 1022 (Lit.) - Il cuore immacolato di Maria (Konferenzbericht d. marian. Kongresses 1945 in Rom), Rom 1946 - J.P.STEFFES, H.M.-Verehrung u. christl. Lebensform (Die Kirche in der Welt 2, 1949, 357-364) - EC IV, 1064ff - R.GRABER, Die marian. Weltrundschreiben d. Päpste in den letzten 100 Jahren, 1951 - T.M.SPARKS, Summarium de cultu Cordis Immaculati, BMV, Turin 1951 (Bibliogr.) - G.M.ROSCHINI, La Madonna, 3 Bde, Rom 1953 - E.ZEITLER, Die H.M.-Weltweihe, 1954 (Lit.). - Weiteres s. → Marienverehrung: I, → Mariologie. *F.Schmidt-Clausing*

Herz Mariä, *Orden und Kongregationen vom H.en M.* (vgl. auch → Herzen Jesu und Mariä).

1. *Männliche Genossenschaften:* a) *Söhne des Unbefleckten H.ens M. (Figli dell'Immacolato Cuore di Maria; CMF)*, nach ihrem Gründer Anton Maria Claret (1807-70; Erzbischof von Santiago de Cuba 1849-57, dann Beicht-

vater der Königin Isabella II.) auch *Claretiner* genannt. Ihre Gründung erfolgte 1849 in Vich (Provinz Barcelona). Arbeitsgebiete der sich bald ausbreitenden Kongregation sind Volksmission, Leitung von Seminarien, Ausbildung in Kollegien und Heidenmission. 1860 durch Pius IX. genehmigt, wurden ihre Konstitutionen versuchsweise 1865, dann 1870 und schließlich 1924 durch Pius XI. bestätigt. Niederlassungen und Seminare bestehen in Spanien, Portugal, Frankreich, Belgien, Italien, England und Deutschland (Provinzialat in Würzburg mit 4 Niederlassungen), ferner in Afrika (Kanarische Inseln, Sao Thomè, Principe, span. Guinea), USA (10 Provinzen), Mexiko, Panama, in zahlreichen südamerikanischen Staaten sowie auf den Antillen, ferner in China und auf den Philippinen. Die Kongregation umfaßt zZ insgesamt 18 Provinzen mit 234 Niederlassungen und ca 2610 Professen, 200 Novizen und 1400 Postulanten. - b) *Kongregation vom Unbefleckten H.en M.,* 1841 von Franz Maria Paul Libermann gegründet und 1848 mit der Genossenschaft vom Hl. Geist als Kongregation vom Hl. Geist unter dem Schutze des unbefleckten H.ens M. vereinigt (→ Geist, Orden vom Hl., 1b). - c) *Kongregation vom Unbefleckten H.en M. (Congregatio a Corde Immaculato BMV),* auch *Kongregation der Missionare von Scheut,* 1863 von Theophil Verbiest (1823-68) zur Heidenmission durch Errichtung eines Seminars in Scheutveld bei Brüssel errichtet. Die apostolische Bestätigung erfolgte 1900 durch Papst Leo XIII. Erstes Ziel der Mission wurde das 1861 durch den Vertrag von Peking der christlichen Mission eröffnete → China (: IV C, 2) mit dem großen Missionsgebiet der Mongolei (seit 1865) sowie Belgisch-Kongo (1888), später auch die Philippinen, die USA und Celebes. Die Kongregation umfaßt heute ca 1500 Glieder.

2. An *weiblichen Genossenschaften* sind neben diesen Namen führenden Kongregationen der → Augustiner, → Benediktiner, → Dominikaner und → Franziskaner zu nennen: a) *Töchter vom Hl. H.en M.,* 1815 in Gap (Dep. Hautes-Alpes) errichtet mit mehreren Filialen in Frankreich und einem Provinzialat in Detroit. - Mehrere ähnliche Stiftungen mit der gleichen Bezeichnung wurden im weiteren Verlauf der ersten Hälfte des 19.Jh.s in Frankreich errichtet: *Töchter des Hl. und Unbefleckten H.ens M. (Filles du saint et immaculé Coeur de Marie),* 1833 durch Jeanne und Marie Meschain für die Erziehung armer und verwaister Kinder mit dem Mutterhaus in Niort (Dep. Deux-Sèvres); *Schwestern vom Unbefleckten H.en M. (Soeurs du Coeur Immaculé de Marie),* 1835 durch Marie de Jésus (Aspasie Petit) in Saint-Loup (Dep. Haute-Marne); *Schwestern vom Hl. H.en M.* mit dem Mutterhause in Treignac (Dep. Corrèze), 1838 für Krankenpflege und Erziehung durch Bischof Berteaud (Bistum Tulle), desgleichen in Nancy 1842 für Bewahrung und Unterricht junger Arbeiterinnen und Handelsgehilfinnen durch Bischof Menjaud († 1861). - b) *Mindeste Schwestern vom Hl. H.en M. (Soeurs minimes du Coeur de Marie),* 1844 von Mlle Cauchard mit dem Mutterhaus in Cruejouls (Dep. Aveyron) für Mädchenerziehung und Krankenpflege gestiftet. - c) *Ordensfrauen vom Heiligsten H.en der unbefleckten Maria (Soeurs du très-saint-Coeur de Marie-Immaculée),* 1848 in Béziers (Dep. Hérault) von Abbé Gailhac und Apollonie Cure für die Leitung von Schulen und Waisenhäusern gegründet mit Filialen in England, Irland, Spanien, Portugal, Brasilien und in den USA. - d) In Spanien entstanden *Schwestern der Liebe vom Unbefleckten H.en M.* (1805), *Kinder des Unbefleckten H.ens M.* (1848 in Madrid), *Töchter des Hl. und Unbefleckten H.ens M.* (1848 in Olot, Bistum Gerona; 1870 verlegt nach Kalifornien), *Dienerinnen des Unbefleckten H.ens M.* (in Lerida). - e) In Belgien wurden *Schwestern vom Hl. H.en M.* gegründet in Berlaer-lez-Lierre (Prov. Antwerpen; in Dänemark als Mariasøstrene missionarisch tätig), in Hannut (Bistum Lüttich), Malaise, Waterloo-St.-Joseph und Gravenwezel; *Hospitalschwestern vom Hl. H.en M.* in Nederbrakel (Bistum Gent). - f) Die 1843 in Wien von Barbara Maix († 1873) gestifteten *Schwestern vom reinsten H.en Mariens* wurden von ihr und dem geistlichen Rektor Joh.Boelz nach Brasilien geführt und begründeten mit dem Mutterhaus in Porto Alegre mehrere Anstalten, zumeist Waisenhäuser; *Schwestern vom Hl. H.en Mariens* bestehen in Belem do Pará. - g) In den USA und in Kanada entstanden *Sister-Servants of the Immaculate Heart of Mary* 1845 in Monroe (Michigan) für Unterricht und Erziehung (mit Abzweigung in Scranton, Pennsylvanien), in Villa Maria (Erzbistum Philadelphia) und 1850 in Quebec (Kanada). Die 1860 von Abbé Delaplace gestifteten und in Paris beheimateten *Sister-Servants of Holy Heart of Mary* haben 6 Niederlassungen in USA und einige in Kanada. - h) Einheimische *Schwestern vom Hl. H.en M.* wurden 1844 in Pondichéry (Vorderindien) vom Apostolischen Vikar Dupuis und 1858 in Siao-pa-kia-tze (Mandschurei) vom Missionsbischof J. A. Boyer gegründet. - i) *Einheimische Töchter vom Hl. H.en Mariens (Religieuses indigènes)* für Unterricht und Krankenpflege stiftete 1858 Msgr. Kobes in Dakar (Senegambien) mit Mutterhaus in Joal (Senegal).

Für weitere Orden u. Genossenschaften vom H.en M. s. LThK IV, 1022f - F.Duff, Wie man die Welt erobert. Die Gesch. der Legio Mariae, Wien 1955. - Zu 1a: Heimbucher II, 421 - LThK II, 977f - F.Christòbal, El B. Padre Antonio M.Claret I. II, Madrid 1947 - EC VIII, 1107f - Escobar II, 1319ff - Anuário Católico de Portugal 1957, 492f - Fr.Rieder, Die Claretiner in Deutschland (Das Wirken der Orden u. Klöster in Deutschland I, 1957, 311-313). - Zu 1b: H.Hack, Missionsgesellschaft vom Hl. Geist (ebd 275-278) - Lit. zu → Geist, Orden vom Hl., 1b. - Zu 1c: Heimbucher II, 423ff - W.A.Grootaers-D. van Coillie, Proeve eener bibliogr. van de missionarissen van Scheut, Brüssel 1939 - L.Leloir, Verbiest, le fondateur de Scheut, Namur 1939² - J.van Hecken, Les missions chez les Mongols aux temps modernes, Peking 1949 - Ders., Les réductions catholiques du pays des Ordos. Une méthode d'apostolat des missionaires de Scheut (NZM 40, 1956, 199-218) - Escobar II, 1395ff. - Zu 2a-i: LThK IV, 1022f - Heimbucher II, 47. 513f. *W.Göbell*

Herzen (*Gercen*), *Alexander Iwanowitsch* (1812-70), russischer Revolutionär, zuerst Anhänger von → Saint Simon, 1834-39 in der Verbannung. Im Kreis der → Slawophilen, Bjelinskijs, Bakunins wird er Linkshegelianer und die Einheit von Natur und Geschichte verbindender Sozialist und geht 1847 nach Paris und Italien. Enttäuscht über die europäische Revolution (»Vom anderen Ufer«, »Briefe aus Frankreich und Italien«, dt.1850) lebt er seit 1852 meist in London (Hg. der »Glocke«). H. verkündet einen slawophilen, zum → Anarchismus (Proudhon) neigenden revolutionären Messianismus: Rußland wird ohne Durchgang durch den → Kapitalismus auf Grund seiner Agrarkommunen (russ. Mir) den → Sozialismus verwirklichen.

Russ. GA hg.v. M.K.Lemke, 1919-25; neue GA seit 1954 - Literaturnoe Nasledstvo (Lit. Nachlaß) 61-63, 1953-56 - Ausgew. Schriften, 1949 (dt., franz., engl.) - Erlebtes u. Gedachtes, 1953. - Über H.: G.Špet, Die philos. Weltanschauung H.s, 1921 (russ.) - R.Labry, A.H., 1928 (franz.) - Ja.El'sberg, Gercen, (1951²) 1956³ (russ.) - E.T.Weiant, Sources of Modern Mass Atheism in Russia, 1953 - P.Scheibert, Von Bakunin zu Lenin I, 1956. *F.Lieb*

Herzen Jesu und Mariä. Von zahlreichen so benannten religiösen Genossenschaften der kath. Kirche sind zu nennen: 1. Die 1797 in Poitiers (Dep. Vienne) entstandene *Genossenschaft von den heiligsten H. (J. u. M.) und der ewigen Anbetung (des allerheiligsten Altarsakramentes),* → Picpusgesellschaft. - 2. Die ebenfalls 1797 gestifteten

Schwestern vom heiligsten H., → Picpusgesellschaft. - 3. *Damen der Vereinigung der hl.H. (J. u. M.; Dames de la Sainte-Union des Sacrés-Coeurs)*, 1828 in Douai (Dep. Nord) für Erziehung und Unterricht gegründet, jetzt bes. in Belgien, England und Irland tätig. - 4. *Missionare der hl.H. (J. u. M.; Missionari dei Sacri Cuori)*, 1833 bei Neapel mit dem Mutterhaus in Secondigliano von Gaetano Errico gegründet. - 5. *Arme Franziskanerinnen von den hl.H. J. u. M.*, 1863 mit dem Mutterhaus in Salzkotten in Westfalen (Kr. Bühren) errichtet, zZ ca 1200 Schwestern und 79 Niederlassungen in Deutschland und etwa ebensoviel Schwestern im Ausland, bes. in Holland, Belgien, Indonesien und USA. - 6. *Schwestern der heiligsten H. J. u. M. (Mariamettes)*, 1874 in Syrien durch Vereinigung zweier von Jesuiten gegründeten weiblichen Genossenschaften entstanden mit vielen Schulen in Syrien. - 7. *Genossenschaft der hl. Familie von den hl.H. (J.u.M.)*, 1888 in Frankreich errichtet mit dem Ziel der Heiligung des Familienlebens. - 8. *Kongregation der hl.H. J.u.M. (Congregation of the Sacred Hearts of Jesus and Mary)*, 1902 in England aus der 1866 in Paris von dem Lothringer Peter Viktor Braun begründeten *Genossenschaft der Dienerinnen des heiligsten H.s Jesu* hervorgegangen, seit 1927 Kongregation päpstlichen Rechtes.

Für weitere Ordensgenossenschaften von den heiligsten H. J.u.M. vgl. LThK IV, 1021f - HEIMBUCHER II, 540. - Zu 1 u. 2: ESCOBAR II, 1121ff. - Zu 3: HEIMBUCHER II, 521. - Zu 4: Ebd II, 367 - F. GRAMPONI, Il ven. Gaetano Errico, Turin 1931 - ESCOBAR II, 1237ff. - Zu 5-8: HEIMBUCHER II, 27. 313. 540. 517f. 545f; I, 569f. *W.Göbell*

Herzl, *Theodor* (1860-1904), * in Budapest, studiert seit 1878 Jura in Wien, betätigt sich als Dramatiker und vor allem Feuilletonist, wird 1887 Feuilleton-Redakteur der »Wiener Allgemeinen Zeitung«, 1891 Pariser Korrespondent der »Neuen Freien Presse«. Von Haus aus dem Judentum entfremdet und der Assimilation verfallen, wird H. durch Begegnungen mit dem → Antisemitismus, namentlich in Frankreich (Dreyfus-Affäre), und durch Pogrome in Rußland, Rumänien und Galizien zum → Judentum (: III) zurückgeführt. Die Lösung der Judenfrage, die er zunächst als soziale, dann als nationale (»Wir sind ein Volk, *ein* Volk«) versteht, entwirft er in seiner Schrift »Der Judenstaat« (1896). Er erstrebt sie in der von ihm begründeten zionistischen Bewegung (→ Zionismus), der er in der Zeitung »Die Welt« 1897 ihr zentrales Organ schafft, in den zionistischen Weltkongressen, deren sechs erste er selbst leitete, Sammelpunkte und als Ziel die Errichtung eines Judenstaates in Palästina, notfalls (als Zwischenlösung) auch in Uganda, gibt. Rastlose diplomatische Tätigkeit und Richtungskämpfe im Zionismus verzehrten ihn frühzeitig. Sein Leichnam wurde 1950 nach Jerusalem überführt.

TH.H., Gesammelte zionist. Werke I, (1905) 1934³; II, (1922) 1934²; III. IV, (1922) 1934³; V, 1935. - Über H.: M.BUBER, Die jüd. Bewegung I, (1916) 1920² - A.BÖHM, Die zionist. Bewegung I, 1920 - A.BEIN, Th.H., 1934 - S.S.SCHOCHET, Doktor Th.H. als Journalist, Schriftsteller, Staatsmann (Phil. Diss. München), 1950 (Lit.). *W.Holsten*

Herzog, 1. *Eduard* (1841-1924), (alt-)kath. Theologe, * in Schongau (Schweiz), ausgebildet u.a. in Luzern, wo er Verbindung zu dem von J.M. → Sailer beeinflußten Kreis erhielt und 1868 Prof. der Exegese wurde. Wegen Ablehnung des → Vatikanums zurückgetreten (→ Altkatholiken, 1b), wurde er altkath. Pfarrer in Krefeld/Rhld., 1873 in Olten, 1875 in → Bern und Prof. an der altkath. Fakultät, 1876 erster Bischof der christkath. Kirche der Schweiz. Die Läuterung zT radikaler Reformbestrebungen in kath. und ökumenischem Geist wurde sein Lebenswerk. Er trug dadurch wesentlich zur Union der altkath. Bistümer 1889 in Utrecht bei.

Vf. u.a.: Predigten u. Hirtenbriefe, 3 Bde, 1886-1901; Gott ist die Liebe, Andachtsbuch, 1914; zahlreiche Beitr. in der IKZ. - Über H.: F.HEILER, Ev. Katholizität, 1926, 9ff - W.HERZOG, Bischof Dr. E.H., 1935. *W.Küppers*

2. *Johann Jakob* (12.8.1805 bis 30.9.1882), ref. Theologe, * in Basel, † in Erlangen. H. studierte in Basel (→ De Wette) und Berlin, wo → Schleiermacher und bes. A. → Neander auf ihn wirkten, habilitierte sich 1831 in Basel und wurde 1835 Prof. der KG an der Akademie in → Lausanne. Bei Ablehnung der Berufung in die staatliche Prüfungskommission legte er als Anhänger eines gemäßigten waadtländischen Freikirchentums auch seine Professur nieder und wurde 1847 von → Tholuck als Prof. der KG nach Halle geholt. 1854-77 war er Prof. für ref. Theologie in Erlangen. Kurz vorher übertrug man ihm auf Tholucks Empfehlung hin die Redaktion der RE (21 Bde, 1853-66; 529 eigene Artikel), deren 2. Aufl. er 1877 noch beginnen konnte.

Vf. u.a.: Joh.Calvin, 1843; Das Leben Oekolampadius' u. die Reformation d. Kirche zu Basel, 3 Bde, 1843; De origine et pristino statu Waldensium, 1848; Die romanischen Waldenser, 1853; Abriß der gesamten KG, 3 Bde, (1876-82) 1890-92². - Über H.: RE VII 782ff. *Ernst Wolf*

Heß, 1. *Johann* (1490-1547), luth. Theologe humanistischer Herkunft, Reformator Breslaus. * in Nürnberg, studierte er in Leipzig und 1510-13 in Wittenberg, wo er u.a. mit → Lang und → Spalatin Freundschaft schloß und mit → Luther in Verbindung kam. 1513 holte ihn Bischof Johann V. Thurzo (1506-20) von → Breslau (: I), der Förderer des schlesischen Humanismus, an seinen Hof in Neiße als Sekretär und dann Erzieher des Prinzen Joachim von Münsterberg-Öls (1503-62, später luth. Bischof von → Brandenburg). Durch das humanistische Studium der Kirchenväter Theologe geworden, ging H. nach Italien und schloß sich auf der Rückreise den Wittenbergern noch enger an, jetzt bes. → Melanchthon. 1523 berief ihn der Breslauer Rat im Kampf um die kirchliche Neuordnung an die St.Maria-Magdalenenkirche. H. kam mit dem stillschweigenden Einverständnis des Bischofs Jakob von Salza (1520-39) und begann 1524 nach einer Disputation schonsam mit der Neuordnung, seit 1525 unterstützt von A. Moiban (1494-1554) und in enger Zusammenarbeit mit dem Rat. Die Verantwortung für den konservativen Charakter der Reformation in Breslau und von dort in ganz → Schlesien, ebenso für die Trennung von den Schwenckfeldern (1526), trugen beide Pastoren gemeinsam.

Geschrieben hat H. nur sehr wenig; sein Briefwechsel ist weit zerstreut u. nicht ediert. - Über H.: J.KÖSTLIN, J.H., der Breslauer Reformator (Zs. des Vereins f. Gesch. u. Altertum Schlesiens 6, 1864, 97-131. 181-265) - P.KONRAD, Die Einführung der Reformation in Breslau u. Schlesien (Darstellungen u. Qu. z. schles. Gesch. 24), 1917 - W.BELLARDI, J.H. (Schles. Lebensbilder IV, 1931, 29-39) - P.LEHMANN, Aus der Bibliothek d. Reformators J.Hessius (Aus d. Welt d. Buches, Festg. f. G.Leyh [Zentralblatt f. Bibliothekswesen, Bh. 75], 1950, 101-124) - W.LAUG, J.H. u. die Disputation in Breslau von 1524 (Jb. f. Schles. Kirche u. KG NF 37, 1958, 23-33) - G. KRETSCHMAR, Die Reformation in Breslau. Ausgew. Texte (Qu. z. östl. KG), 1959 (Lit.). *G.Kretschmar*

2. *Johann Jakob,* * 21.10.1741 in Zürich, † 27.5.1828 ebd. H. stammte aus einem der Herrnhuter Brüdergemeine zugetanen Elternhause. Als Pfarrvikar in Neftenbach (1760-67) von der Aufklärung und von → Rousseau stark bestimmt, mit → Lavater in Fühlung, faßte er bereits 1764 den Plan zu seinem »Leben Jesu«. 1767-77 privatisierte er, 1777 wurde er Diakonus, 1795 Pfarrer und Antistes der Zürcher Kirche. Seine »Geschichte der drei letzten Lebensjahre Jesu« (1768-73; viele Aufl. und Übers.en; 6. Teil mit der wichtigen hermeneutischen Vorrede »Wie man die Evangelien lesen müsse«) wurde

dadurch ein bedeutsames Erfolgsbuch, daß es aufklärerisch-neologische Haltung mit einem aus der Bibel selbst erschlossenen offenbarungsgeschichtlichen Standpunkt verband; noch stärker geschah dies in dem Werk »Vom Reiche Gottes« (1774).

G.GESSNER, Blicke auf das Wesen des ... J.J.H., 1829 - H.ESCHER, J.J.H., 1837 - RE VII, 793ff - A.SCHWEITZER, Gesch. d. Leben-Jesu-Forschung, (1906) 1951[6], 27 ff - P.WERNLE, Der Schweiz. Protestantismus im 18.Jh. II. III, 1924/25 - HIRSCH IV, 192 ff. *M.Schmidt*

Hesse, 1. *Hermann,* Erzähler und Lyriker, * 2.7.1877 in Calw; lebt (seit 1923 als Schweizer Bürger) in Montagnola bei Lugano. Herkunft und Elternhaus haben den Weg des Schriftstellers entscheidend geprägt. Vater wie Großvater (mütterlicherseits) standen im Dienst der → Basler Missionsgesellschaft. Beide kannten Indien aus eigener Anschauung. Zur Atmosphäre der östlichen Geisteswelt gesellt sich die lebendige Tradition des schwäbischen → Pietismus. Die Bildungsmächte der Jugend wirken in der Dichtung verwandelt fort, wenngleich sich die Aneignung über den Umweg eines radikalen Traditionsbruchs vollzieht. Der zum Theologiestudium Vorbestimmte flieht aus der Klosterschule Maulbronn, wird Mechaniker, Buchhändler und schließlich (1904) freier Schriftsteller (1946 Nobelpreis für Literatur). - Die literarischen Anfänge stehen im Zeichen der deutschen → Romantik (: II). Ihr bleibt der Lyriker am stärksten verpflichtet (→ Lyrik). Romantisch muten die Vagantenmotive an, zB in »Knulp«. Auch die Erfahrung der Einsamkeit wird noch weithin mit den überkommenen Darstellungsmitteln gestaltet. Doch verbirgt sich hinter den konventionellen Formen ein Hang zum Unbürgerlichen und zum Protest am herrschenden Kulturbetrieb. Die Wirkung → Nietzsches ist darin unverkennbar, zu dem sich die Schrift »Zarathustras Wiederkehr« (1919) ausdrücklich bekennt. Zerrissenheit und Krankheit der Seele charakterisieren die tiefe Lebenskrise während des ersten Weltkrieges. Ihre Überwindung geht namentlich auf die Bekanntschaft mit der Psychologie C.G. → Jungs zurück. Die Umsetzung dieser Erfahrungen ins dichterische Bild bestimmt die zweite Schaffensperiode. Sie setzt ein mit dem »Demian« (1919) - der Darstellung dessen, »was aus mir selber heraus wollte«. Der rückblickende Betrachter der »Späten Prosa« (1951) gewahrt, wie seither alle Versuche aus der guten und schönen Tradition des Erzählens hinausführten. Die erzählbare Fabel tritt zurück. Das Autobiographische wird zum beherrschenden Strukturelement. Nicht so sehr auf den Inhalt kommt es an, sondern auf die Formen des Erlebens, des Erwachens, der Erweckung. Der Weg zum Selbst verbürgt ein Wissen, das befreit. Eine Heiterkeit des Geistes wird möglich, wie sie sich als Humor und Selbstironie im »Kurgast«, in der »Nürnberger Reise«, aber auch im »Steppenwolf« bezeugt. Im »Glasperlenspiel« (1943) weitet sich die Darstellung von Erlebnisvorgängen zum kühnen Versuch aus, die Welt des Geistes in ihrer Verbindlichkeit für das existierende Ich zu erhellen. Doch steht am Ende nicht die Lehre, sondern das Leben. Nicht derjenige behält recht, der das Leben »meistert«, sondern Josef Knecht, der es lebt, indem er sich opfert. Das bedeutet nicht die Rückkehr in die alten Bindungen des Glaubens, wohl aber ein Zuhausesein in vielen Glaubensformen, eine Weltfrömmigkeit eigenen Gepräges. Das alte Nosce te ipsum und die neuen Seelenlehren, östliche Meditation und schwäbischer Pietismus sind die Elemente dieser Frömmigkeit. - In der Selbsterfahrung beruht die Grundform dieser Dichtung. Sie bedeutet nicht Besitz, sondern immer erneuten Aufbruch. Das Individuelle ist dabei Weg, nicht Ziel. H. geht vom Ich aus, um zur Ganzheit des Seins zu finden. Verselbstung und Entselbstung bedingen einander wie das Westliche und das Östliche in der Einheit des Werkes.

Ges. Dichtungen, 6 Bde, 1952; Bd 7 (Betrachtungen u. Briefe), 1957. - Über H.: H.BALL, H.H., (1927) 1947[2] (mit Anhang v. A. CARLSSON) - M.SCHMID, H.H., 1947 (Bibliogr.) - P.BÖCKMANN, Die Welt d. Geistes in H.H.s Dichten (Die Sammlung 3, 1948, 215 bis 253) - W.MÜLLER-SEIDEL, Autobiogr. u. Dichtung (Deutschunterricht 3, 1951, 29-51) - G.MAYER, Die Begegnung d. Christentums mit d. asiatischen Religionen im Werk H.H.s, 1956 (Lit.) - M. DAHRENDORF, H.H.s »Demian« u. C.G.Jung (German.-roman. Monatsschrift NF 8, 1958, 81-97). *W.Müller-Seidel*

2. *Hermann Albert* (22.4.1877 bis 26.7.1957), ref. Theologe, Pfarrer in Meiderich, Bremen und Elberfeld, 1918 bis 1928 Schriftleiter der RKZ, Direktor des Ref. Predigerseminars Elberfeld, Dozent der Theologischen Schule Elberfeld, Moderator des → Reformierten Bundes. Zu Beginn des → Kirchenkampfes wurde H. mit Bischof → Marahrens und Präsident → Kapler als Reformierter in das Drei-Männer-Kollegium berufen, das im Auftrag des Deutschen Ev. Kirchen-Ausschusses die deutsche Gesamtkirche ordnen sollte. Vor dem Fehlschlagen dieser Versuche fand H., bes. unter dem Einfluß von K. → Barth, den Weg zur werdenden → Bekennenden Kirche. Im → Reichsbruderrat wurde H. Anwalt des kompromißlosen Kurses und der bekenntnisgemäßen Ausbildung des theologischen Nachwuchses. Bes. in der Judenfrage verlangte H. eine klare Stellungnahme. Nach vorübergehender Verhaftung und Reichsredeverbot kam H. 1943 mit seinem Sohn Helmut in Polizeihaft, später in das Konzentrationslager Dachau, wo sein Sohn am 24.11.1943 »liquidiert« wurde. Nach 1945 hat H. an der Neugestaltung der EKD und des Ref. Bundes mitgearbeitet.

Vf. außer Aufsätzen in RKZ u. Ref. Wochenblatt: Die Judenfrage in der Verkündigung heute, 1948. - Über H.: RKZ 87, 1937, 179-189 - R.STEINER, Der Weg der ref. Kirchen u. Gemeinden von 1933-1950 (KJ 1950, 228-332) - W.NIEMÖLLER, Die ev. Kirchen im Dritten Reich, 1956. *K.Halaski*

Hessels, *Johann* (1522-66), * und † Löwen, theologischer Lehrer am Prämonstratenserkloster Le Parc bei Löwen. H. wurde zusammen mit M. → Bajus und C. Jansen d.Ä. 1563 zum → Tridentinum entsandt. Er war Mitarbeiter am Catechismus Romanus und verfaßte einen eigenen Katechismus (gedr. 1571). H. billigte den Augustinismus des Bajus und wandte sich 1565 brieflich gegen den Ireniker → Cassander. Mit Bajus und Jansen schrieb er die (ungedruckten) Abhandlungen De Baptismo und De Eucharistia.

P.F.X.DE RAM, Mémoire sur la part, que... les docteurs... de Louvain ont pris au concile de Trente, Brüssel 1841, 46ff - HN IV, 36f - DThC VI, 2321ff - v.PASTOR VIII, 269ff. *H.Liebing*

Hessen, *germanischer Stamm,* der unter dem Namen der Chatti wohl im 1.Jh. vChr die niederhessische Senke besiedelte. Mattium, die Alteburg bei Niedenstein, war der Stammesmittelpunkt. Die H. drangen von hier aus bis zur Rhön, an die mittlere Lahn und bis auf die Fulda-Werra-Wasserscheide vor und reichten in einzelnen Volkssplittern bis an den Rhein (Mattiaker). Als Chatti ist der Stamm zuletzt 392 (vielleicht auch 465), als Hessi zuerst 738 bezeugt. An der Identität ist kaum noch zu zweifeln. Wahrscheinlich im 6.Jh. wurden die H. dem fränkischen Reich (→ Franken) eingegliedert, doch behielten sie ihre politische und völkische Sonderart. Sie wurden durch → Bonifatius seit 721 dem Christentum gewonnen und in dem Bistum → Büraburg kirchlich zusammengefaßt. Durch → Lullus erfolgte die Vereinigung H.s mit → Mainz.

L.SCHMIDT, Gesch. d. dt. Stämme II, 1911/18, 347ff - W.GUNDLACH, D. Stammesgrenzen d. Chatten-Hessen bis zum 8.Jh. nChr

(Diss. Frankfurt), 1922/30 - E.E.Stengel, D. Stamm d. H. u. d. »Herzogtum« Franken (Festschr. E.Heymann I, 1940, 129-174) - W.Niemeyer, Zur Klärung hess. Stammesfragen d. frühen MA (Zs. f. hess. Gesch. 63, 1952, 13-26) - Ders., Die Stammessitze d. Chatten (ebd 65/66, 1954/55, 11-42) - K.E.Demandt, Hess. Frühzeit (Hess. Jb. f. Landesgesch. 3, 1953, 35-56) - A.Bach, Chatti-Hassi (ebd 4, 1954, 1-20) - K.Kroeschell, Die Zentgerichte in H. u. die fränkische Centene (ZSavRG Germ. Abt. 73, 1956, 300-360; dagegen Cl. Cramer, Hess. Jb. f. Landesgesch. 8, 1958, 246-292). *F.Uhlhorn*

Hessen

I. Land Hessen - II. Hessen-Nassau. - Von den hessischen Teilgebieten hat H.-Darmstadt seine politische und kirchliche Eigenständigkeit am längsten bewahrt. Unter → Hessen: I ist daher die hessische Gesamtgeschichte bis zur Teilung von 1567 behandelt, ab 1567 nur die von H.-Darmstadt. Zum Teilgebiet H.-Kassel s. → Kurhessen-Waldeck, für die der heutigen Ev. Kirche in H. und Nassau (→ Hessen: II) außer H.-Darmstadt noch angehörenden Gebiete vgl. → Frankfurt a.M.: I und → Nassau

I. Land Hessen

1. H. vor der Reformationszeit - 2. Ev. Bewegung, Reformation und Reformationen nach der Reformation (1517-1618) - 3. Orthodoxie, Pietismus und Rationalismus (1648-1815) - 4. Union und Kirchenverfassung (1815-1918) - 5. Kirchliche Neuordnung (1918-33)

1. Die hessische Geschichte vor der Reformationszeit ist gekennzeichnet durch die Jh.e dauernden Kämpfe zwischen den Erzbischöfen von → Mainz und den Landgrafen von H. Als die Erben Heinrich Raspes IV. (1227 bis 1247) die Erbschaft antreten und die Lehen in Empfang nehmen wollten, machte das Erzstift Mainz (neben dem hessischen Adel) Schwierigkeiten. Im »Thüringisch-Hessischen Erbfolgestreit« mußte Sophia von Brabant auf Thüringen verzichten. Den Frieden mit dem Erzstift Mainz brachte der Vertrag von Langsdorf (bei Lich/Ober-H.) vom 10.9.1263, wonach Sophia und ihr Sohn Heinrich I., der sich seitdem »Lantgreve von H.« nannte, die Grafschaft H. nebst den Zehnten sowie die Vogteien der Klöster Hasungen und Breitenau, die Patronate über Wildungen, Reichenhagen, Felsberg und Wenigen-Zennern und die Städte und Burgen Grünberg, Frankenberg, die Stadt Melsungen u.a. als Lehen erhielten. Der Erhebung der Landgrafen in den Reichsfürstenstand (1292) folgte 1373 die Anerkennung ihres Territoriums als einheitliches, unteilbares Reichslehen. Der Sieg Landgraf Ludwigs I. bei Großenenglis am 23. 7. 1427 sicherte der Landgrafschaft H. das Übergewicht gegenüber dem Erzstift Mainz. Erzbischof Diether übertrug 1439 dem Landgrafen die Schutzherrschaft über alle in H. und auf dem Eichsfeld gelegenen mainzischen Besitzungen. Der mainzisch-hessische Vertrag (auf dem Reichstag zu Worms 1521) brachte den Ausgleich der Spannungen, ohne alle Fragen klären zu können. Unklar blieb bes. die Frage der sog. geistlichen Gerichtsbarkeit. Zu Beginn des 16.Jh.s ging der Einfluß der geistlichen Gerichte zwar stark zurück, ohne damit jedoch den Streit zu beenden. Sowohl die Regentschaft der Landgräfin-Mutter Anna wie auch die Regierung ihres Sohnes Philipp gingen gegen die geistliche Gerichtsbarkeit vor. - Trotz ihres Kampfes gegen Mainz waren die Landgrafen von H. aber treue Söhne ihrer Kirche. Entscheidend für die Folgezeit war, daß sich die Landeshoheit der Landgrafen bereits am Vorabend der Reformation über weite Bereiche des kirchlichen Lebens erstreckte, ohne daß freilich von einer hessischen Landeskirche gesprochen werden kann.

2. Ausgelöst durch Luthers Thesenanschlag setzte seit 1517 eine freilich nicht einheitliche »Ev. Bewegung« ein (so W. → Diehl), bes. in Mainz. Der Domprediger und nachmalige erzbischöfliche Rat W. → Capito gewann seit 1520 entscheidenden Einfluß auf den Erzbischof → Albrecht. Von 1520-23 duldete dieser in Mainz und im Kurfürstentum die Ev. Bewegung. Domprediger → Hedio wirkte in Mainz, Prof. Ambach in Bingen. - Der Umschwung begann 1523. Capito und Hedio gingen nach Straßburg, Ambach wurde 1524 verhaftet. Mit dem Ende des → Bauernkrieges (1525) kam die Ev. Bewegung zum Erliegen. Im Gegensatz zu Mainz kamen nach 1525 Ev. Bewegungen in Worms, Oppenheim und Alzey wieder zu neuem Leben. - In Ober-H. ist nur vereinzelt eine Ev. Bewegung nachweisbar. → Philipp der Großmütige unterdrückte jeden Versuch. In Alsfeld predigte der Augustinermönch Tilemann → Schnabel (1521 bis 1523), in Butzbach Kaspar Göbel (seit ca 1525), in Oberursel Erasmus → Alber (schon 1522) und in → Frankfurt (: I, 1) Hartmann Ibach (1522). - Philipp, der sich 1524 zu Luther bekannte, begann 1526 mit der »Reformation« in H. Mit der Synode von Homberg 1526 und der von → Lambert von Avignon gestalteten Reformatio ecclesiarum Hassiae sollte sie einen sicheren Ausgangspunkt bekommen. Luther mißbilligte den Plan. Philipp setzte 1527 eine Visitationskommission ein, die unter Leitung seines Hofpredigers Adam → Krafft, des hessischen Reformators, alle Pfarrer und Gemeinden im Lande besuchte, altgläubige Geistliche absetzte und neue Pfarrer einsetzte. Die Klosterkommission ordnete die Abfindung der Mönche und regelte die Verwaltung des Klostergutes. Dieses wurde zur Pfarrerbesoldung, zur Armenpflege und zu anderen kirchlichen Zwecken verwendet, u.a. auch für die Universität → Marburg.

Schon die ersten Reformationsmaßnahmen Philipps riefen den Erzbischof von Mainz auf den Plan. Seit dem Speyerer Reichstag (1526; → Deutschland: I, 2a) mehrten sich die Anzeichen für einen Zusammenschluß der kath. Fürsten im Reich. Vergeblich mahnte der Landgraf die ev. Fürsten zur Wachsamkeit, zumal er von dem sächsischen Vizekanzler Otto von Pack eine freilich unpräzise Nachricht über den Zusammenschluß kath. Fürsten erhalten hatte (→ Packsche Händel). Philipp zog zu Felde, der Erzbischof von Mainz und die Bischöfe von Bamberg und Würzburg rüsteten. Im Feldlager zu Hitzkirchen kam es 1528 zu einem Vertrag zwischen Mainz und H. Mainz zahlte 40 000 Gulden Kriegskostenentschädigung und sicherte dem hessischen Landgrafen die Jurisdiktion in geistlichen Dingen zu. - Philipps Erfolge riefen die Gegner auf den Plan: Der 2. Speyerer Reichstag von 1529 verschärfte die Lage. Philipp wollte ein ev.-politisches Bündnis von Skandinavien über Deutschland bis zur Schweiz. Das ev. Lager war uneinig. Deshalb lud Philipp 1529 zum Religionsgespräch nach Marburg ein. Das Gespräch über das → Abendmahl (: II, 3a) hatte jedoch nicht den gewünschten Erfolg (Philipp selbst neigte zur Abendmahlsauffassung → Zwinglis). Auf dem Augsburger Reichstag von 1530 mahnte Philipp zur Einigkeit im ev. Lager. Philipp unterzeichnete das → Augsburger Bekenntnis, freilich mit der Erklärung seines Mißfallens gegen CA X. Mit der Unterzeichnung trat H. in die Reihe der ev. Stände luth. Konfession. Philipp blieb bemüht, in der Abendmahlsfrage eine Einigung zu erzielen. Die → Wittenberger Konkordie von 1536 sollte das einende Band aller Evangelischen werden. In H. wurde sie eingeführt. - Martin → Bucer, seit 1529 mit Philipp in Briefwechsel, nahm von 1538-40 unmittelbaren Einfluß auf die Gestaltung der hessischen Kirchenordnung. In der Auseinandersetzung mit den → Täufern schuf er 1539 die Ziegenhainer Zuchtordnung. Das Jahr 1539 hatte die hessische Reformation auf einen Höhepunkt geführt. Da kam der Umschwung. Am 4.3.1540 ließ sich Philipp zu Rothenburg bei Lebzeiten seiner Gemahlin Christina mit Margareta von der Sale trauen. Durch die Doppelehe hatte der Kaiser den Fürsten in der Hand. 1546 verhängte er über ihn und Friedrich von Sachsen die Reichsacht. Die Schmalkaldener zogen zu Feld. Am 19. 6.1547 ergab sich Philipp in Halle dem Kaiser und unterschrieb im Gefängnis das Augsburger → Interim von 1548. Pfarrer und Gemeinden weigerten sich jedoch, das Interim durchzuführen. Um im Lande die kirchliche Einheit herzustellen, ließ Philipp 1556 eine außerordentliche Kirchenvisitation durchführen. 1566 erschienen drei Teile der Großen Kirchenordnung. Ein Auszug aus dieser Ordnung kam 1574 als »Agende« heraus, die bis 1806 in Geltung blieb.

3. Mit dem Tode Philipps (1567) wurde die Landgrafschaft unter seine vier Söhne aufgeteilt: Wilhelm (1567 bis 1592) erhielt das Niederfürstentum H. mit Kassel, Ludwig (1567-1604) das oberhessische Gebiet mit Marburg, Philipp (1567-83) die Niedergrafschaft Katzenelnbogen mit St.Goar, Georg (1567-96) die Obergrafschaft Katzenelnbogen mit Darmstadt. Im Testament war die Einheit der Landgrafschaft verankert. Das einigende Band im geteilten H. waren die Generalsynoden (1568 bis 1582). Sie schufen grundlegende Ordnungen, zB die Reformationsordnung von 1572 und die Agende von 1574. Die → Konkordienformel wurde 1577 verworfen und der Bekenntnisstand der Hessischen Kirche nach dem Testament Philipps des Großmütigen festgelegt: CA von 1530 im Verständnis der Wittenberger Konkordie von 1536. - Wilhelms Erbe und Nachfolger Landgraf Moritz führte 1605 in seinem Gebiet (→ Kurhessen-Waldeck) die Verbesserungspunkte ein, die eine calvinistische Reformation bewirkten. Die Theologen der Marburger Universität widersetzten sich. Ludwig V., 1596 bis 1626 Landgraf von H.-Darmstadt, ließ die Marburger Professoren wissen, daß er sie aufnehme. So wurde 1605 das Gymnasium zu → Gießen gegründet, 1607 die Universität. Deren theologische Fakultät war bestimmend für das kirchliche Leben in H. Unter ihrem Einfluß legte die Definitorialordnung von 1617 den Bekenntnisstand in H. fest: CA von 1530 im Verständnis der Wittenberger Konkordie von 1536, ferner AC, ASm und Luthers Katechismen. - Landgraf Georg II. (1626 bis 1661) festigte - mitten im Dreißigjährigen Krieg - die hessische Kirche. Die Generalkirchenvisitation von 1628 gab ihm die Grundlage, Schäden zu beseitigen und neue Ordnungen einzuführen. Die »Ordnung von fleißiger Übung des Katechismi« (1634) förderte das kirchliche Erziehungswesen, vornehmlich die → Konfirmation (: I).

Landgraf Ernst Ludwig (1688-1739) hatte kaum die Regierung übernommen, als i.J. 1689 die Hessische Kirche von Frankfurt a.M. her in die pietistischen Streitigkeiten verwickelt wurde. → Spener gewann seit 1666 als Senior des Frankfurter Ministeriums Einfluß auf die Nachbargebiete. 1675/76 begann Joh. → Winckler in Darmstadt, dem → Pietismus in H. Eingang zu verschaffen. Die luth. Professoren und Superintendenten konnten diese ersten Versuche noch vereiteln. Erst Joh.Heinr. → May und bes. Joh.Christoph von Bielefeld verdrängten seit 1689 die luth. Orthodoxie, zuerst in Darmstadt, dann an der Universität Gießen. Unter dem Einfluß des Pietismus erfuhr das kirchliche Leben in H. reiche Förderung: Das Gesangbuch bekam eine neue Fassung, die Seelsorge rückte in den Mittelpunkt pfarramtlicher Betätigung, die Bibel wurde verbreitet, der Konfirmandenunterricht erfuhr eine Verinnerlichung. Trotzdem war keine Zeit im kirchlichen Leben H.s unerfreulicher als gerade die Spanne von 1689-1763. An dem ungezügelten kirchenpolitischen Handeln ging der Pietismus in H. zugrunde. Der Mann, der die pietistische Kirchenform zerstörte, war ein Pietist, der höchste kirchliche Würdenträger in H., Joh.Hector Dietz (Sup. in Darmstadt 1757 bis 1763). Er verfolgte seine kirchenpolitischen Gegner und belegte sie mit Strafen. Die Pfarrer griffen zur Selbstverteidigung. Mit Dietz verschwand die pietistische Kirchenherrlichkeit. Im letzten Viertel des 18.Jh.s bieten theologische Lehre und kirchliches Leben in H. ein betrübliches Bild. Die schweren politischen Bedrückungen gaben dem Hof in Darmstadt keine Möglichkeit, helfend einzugreifen.

Von → Nassau her drang der → Rationalismus über Frankfurt a.M. nach H. Die beiden wichtigsten Vertreter des Rationalismus in Gießen waren K.F. → Bahrdt und Friedr.Schulz. Doch wirkten beide nur kurze Zeit in Gießen. Im kirchlichen Leben gewann der Rationalismus nicht von der theologischen, sondern von der ökonomischen Fakultät her den Sieg. 1776 fiel der Religionsrevers. Dies bedeutete die Aufhebung des Bekenntniszwanges in H. Die alte Ordnung war zerschlagen. Das Organisationsedikt von 1803 ging davon aus, daß eine konfessionelle Einheit nicht mehr bestünde.

4. Die Gebiete der Ev. Kirche in H., Nassau und Frankfurt a.M., die seit 1947 in der »Ev. Kirche in H. und Nassau« verbunden sind (→ Hessen: II), erfuhren zu Beginn des 19.Jh.s ihre Abgrenzung. 1806/16 wurde das Großherzogtum H. aus 91 Territorien, das Herzogtum Nassau aus 39 Territorien gebildet und das Großherzogtum Frankfurt a.M. geschaffen (bei der Eingliederung von Nassau und Frankfurt a.M. in die preußische Provinz H.-Nassau i.J. 1866 blieben die beiden Kirchen als Konsistorialbezirke Wiesbaden und Frankfurt a.M. getrennt). Die neuen Ländergrenzen umschlossen konfessionell gemischte Gebiete. - Nassau führte zuerst die → Union (: I) ein. H. folgte. Als Großherzog Ludwig I. im Juli 1816 von seiner neuen Provinz Rhein-H. Besitz ergriff, übernahm er ein verarmtes Kirchenwesen. Der Wunsch zur Vereinigung der beiden Konfessionen in Rhein-H. ging von den Pfarrern aus. Die befragten Gemeinden stimmten grundsätzlich zu. Die Vereinigungsurkunde vom 29.11.1822 enthält in § 2 eine eigene Abendmahlslehre. Am 25.12.1822 wurde das rheinhessische Vereinigungsfest gefeiert. Mit der Einsetzung des Kirchenrats 1822 erhielt diese Kirche ihre erste Organisation. Die Kirchen- und Schulräte in Gießen und Darmstadt (beide seit 1803) und der Kirchenrat in Mainz arbeiteten bis 1832. Das Organisationsedikt vom 6.6. 1832 schuf das Oberkonsistorium, eine dem Ministerium des Innern und der Justiz unterstellte Staats- und Kirchenbehörde. Durch Edikt vom 6.6.1832 erhielten Parochial- und Kommunalschulen gesetzliche Verankerung. Während in Rhein-H. die Union in allen Gemeinden eingeführt wurde, folgten in Ober-H. und Starkenburg nur einige Gemeinden, obwohl alle die Vereinigung bejahten. - In → Frankfurt a.M. (: I) feierten Lutheraner und Reformierte am Reformationsfest 1817 gemeinsam das Abendmahl. Zur Vereinigung kam es jedoch nicht.

Mit Einführung der Union begannen die Bemühungen, Gesangbuch, Katechismus und Gottesdienstordnung neu zu gestalten. Seit etwa 1850 widersetzten sich die Konfessionalisten diesen Bestrebungen. - Die »Luth. Konferenz«, die kirchliche Rechte, bildete sich in H. 1851; die kirchliche Linke, der → Protestantenverein, entstand 1865. Die größte kirchenpolitische Gruppe in H. war die kirchliche Mitte, die sich seit 1865 in der → »Friedberger Konferenz« sammelte. - In Nassau trat zuerst die Linke hervor. 1864 hielt die »Nassauische Protestantenkonferenz« ihre Gründungsversammlung. Die Rechte, die »Oraniensteiner Konferenz«, erfaßte rd ein Drittel aller Pfarrer. Die Mitte, die »Allgemeine freie Konferenz von Geistlichen und Laien des Konsistorialbezirks«, entstand 1877. - In Frankfurt a.M. gab es keine kirchenpolitischen Gruppen. - Neben der verfaßten

Kirche entstanden seit der Mitte des 19.Jh.s die freien Verbände: 1843 der Gustav-Adolf-Verein, 1849 die Innere Mission, 1855 die Äußere Mission, 1887 der Ev. Bund.

Im letzten Viertel des 19.Jh.s erhielten die Ev. Kirchen in H. (1874), Nassau (1877) und Frankfurt a.M. (1899) eigene → Kirchenverfassungen, die die organisatorische Verselbständigung der Kirchen brachten. Die Verfassungen sollten eigenständige kirchliche Verwaltungen presbyterial und synodal ermöglichen, riefen aber den Widerstand der Lutheraner hervor. Ihre Forderung auf Verankerung des Bekenntnisses blieb unberücksichtigt. Die Gemeinden Reichelsheim, Usenborn, Rothenburg und Höchst an der Nidder gingen in die Renitenz. – Die Einführung der → Kirchensteuer i.J. 1876 löste bes. in Rhein-H. eine freiprot. Bewegung aus. Das Kirchenaustrittsgesetz vom 10.9.1878 ermöglichte in Rhein-H. fast 5000 Evangelischen den Austritt aus der Landeskirche. Viele davon schlossen sich dem Freiprotestantismus an.

5. Von 1918–33 bestanden in dem Gebiet der heutigen »Ev. Kirche in H. und Nassau« (→ Hessen: II) drei Kirchen: die »Ev. Landeskirche in H.«, die »Ev. Landeskirche in Nassau« und die »Ev. Landeskirche Frankfurt a.M.«. Mit dem Ende des → landesherrlichen Kirchenregiments 1918 verloren die Ev. Kirchen ihre verfassungsmäßige Spitze. Am 7.12.1918 traf das Oberkonsistorium in Darmstadt mit dem Synodalausschuß die Entschließung, daß das landesherrliche Kirchenregiment auf die Landessynode übergehe. Die Landessynode (5.–12.8.1919) ordnete die Bildung von Kirchengemeindevertretungen und die Einberufung eines »Verfassunggebenden Landeskirchentags« an. Am 1.6. 1922 wurde die »Verfassung der Ev. Landeskirche in H.« veröffentlicht. In ihr wurde daran festgehalten, daß der Bekenntnisstand in der jeweiligen Gemeinde verankert sei. Die Landeskirche umfaßte die luth., ref. und unierten Gemeinden. Die Hessische Kirche nannte sich seit 1832 »evangelisch«. Präsident des Verfassunggebenden Landeskirchentags war Prof. W. → Diehl. – Am 9.5. 1922 trat der Verfassunggebende Landeskirchentag der »ev.« (so seit 1843) Nassauischen Kirche zusammen. Er verabschiedete am 5.12.1922 die »Verfassung der Ev. Landeskirche in Nassau«, die am 11.8.1924 Rechtskraft erlangte. – Die »Verfassung der Ev. Landeskirche Frankfurt a.M.« – »ev.« seit 1899 – wurde am 13.12.1922 von der Verfassunggebenden Kirchenversammlung verabschiedet, am 12.1.1923 vom Präsidenten unterzeichnet und am 8.4.1924 in Kraft gesetzt. Nach einigen Abänderungen hat der Landeskirchenrat ihren Wortlaut am 29.6.1929 neu verkündet.

Archiv f. hess. Gesch. u. Altertumskunde, seit 1835 – Zs. d. Vereins f. hess. Gesch. u. Landeskunde, seit 1837 – Beitr. z. hess. KG, seit 1901 – Jb. der hess. kirchengeschichtl. Vereinigung, seit 1949 – Hess. Jb. f. Landesgesch., seit 1950. – F.W.Hassenkamp, Hess. KG seit der Reformation, 2 Bde, (1852) 1864² – H.Heppe, KG beider H., 2 Bde, 1876 – F.Wilhelmi, Kirchenrecht im Amtsbezirk des Konsistoriums zu Wiesbaden, 1887; ErgH. 1894 – F.Münscher, Gesch. von H., 1894 – F.Herrmann, Hess. Reformationsbüchlein, 1904 (Weiteres s. Verzeichnis seiner Schriften, hg.v. F.H.Herrmann, 1937) – J.B. Rady, Gesch. d. kath. Kirche in H., 1904 – K.Eger-J.Friedrich, Kirchenrecht der ev. Kirche im Großherzogtum H. I, 1914; II, 1911 – W.Sohm, Urkundl. Qu. zur hess. Reformationsgesch. I: Territorium u. Reformation in der hess. Gesch. 1526–1555, (1915) hg.v. G.Franz, 1957² – W.Diehl, Hassia sacra I–XII, 1921–51 (Weiteres → Diehl) – H.v.d.Au, Gesch. d. Seniorats in der Kirche H.-Darmstadts, 1925 – J.Kübel, Ev. Kirchenrecht für Frankfurt a.M., 1932 – H.Steitz, Katechismusunterricht, die Vorstufe ev.-kirchl. Jugendarbeit in H., 1936 – Ders., Ein halbes Jh. kirchengeschichtl. Forschung in H. (Jb. der hess. kirchengeschichtl. Vereinigung 1, 1949, 7–34) – W.Heinemeyer, Territorium u. Kirche in H. vor der Reformation (Hess. Jb. f. Landesgesch. 6, 1956, 1–26).

H.Steitz

II. Hessen-Nassau

1. Die Verhandlungen der Marburger Konferenz – 2. Die Zeit des Kirchenkampfes – 3. Die Zeit nach 1945

1. In den hessischen Raum teilten sich seit 1866 zwei Staaten, → Preußen und H.-Darmstadt (→ Hessen: I), während die vier Landeskirchen H.-Kassel, H., Nassau und Frankfurt a.M. in ihrer Abgrenzung unberührt blieben. Eine eigene Landeskirche bestand in Waldeck-Pyrmont. Die erste Anregung zu einem Zusammenschluß ging von dem Marburger Kirchenhistoriker H. Hermelink aus, der die Kirchenregierung in H.-Kassel dazu bewog, zum 400jährigen Gedenktag der Homberger Synode Vertreter der übrigen hessischen Kirchen nach Homberg einzuladen, um eine engere Fühlung der benachbarten süddeutschen Landeskirchen herbeizuführen. Daraus entstand 1927 die »Arbeitsgemeinschaft der ev. Landeskirchen H.-Kassel, Nassau, Frankfurt a.M., Waldeck und H. in der Marburger Konferenz«, die ihre Verhandlungen nach dem Grundsatz des Mehrheitsbeschlusses führte. Ziel der Arbeit war die Angleichung in Gesetzgebung, Verwaltung und Organisation, die Schaffung gemeinsamer Einrichtungen des kirchlichen Lebens und die Aufstellung gleicher Vorschriften für die Vorbildung der Pfarrer und der kirchlichen Beamten. Anfang 1930 trat ein »parlamentarischer Ausschuß zum Zweck der Vereinigung der südwestdeutschen Kirchen« ins Leben, der im Auftrag der Synoden bis Ende Sept. 1932 verhandelte und den Vorentwurf einer gemeinsamen Verfassung ausarbeitete. Bevor es zum Beschluß darüber kam, beantragten Kassel und Nassau die Prüfung der Frage des Anschlusses an die Kirche der Altpreußischen Union; die Marburger Konferenz trat fortan nicht mehr zusammen.

2. Der Staatskommissar für die Landeskirchen Preußens, August Jäger, benutzte in geschickter Weise diese Schritte auf dem Weg zur Einheitskirche und ließ im Juni 1933 eine neue »Verfassung der ev. Landeskirche Großhessen-Nassau« ausarbeiten, die alle an der Marburger Konferenz beteiligten Kirchen zusammenschließen sollte und auf dem Führerprinzip beruhte. Aber es gelang ihm nur, die drei Kirchen innerhalb des Gaues H.-Nassau (H., Nassau und Frankfurt) zu verbinden, während die Kirchen innerhalb des Gaues Kur-H. (H.-Kassel und Waldeck) selbständig blieben. Die Verfassung wurde am 12.9.1933 in Wiesbaden einstimmig und in Frankfurt mit Mehrheit angenommen; in Darmstadt wurde die Verfassung abgelehnt, die Kirchenvereinigung aber einstimmig beschlossen. Die Synoden ernannten Bevollmächtigte: für Nassau Pfarrer Ernst Ludwig Dietrich, für Frankfurt Pfarrer Georg Probst, für H. Rechtsanwalt Klein. Von ihnen wurden 30 Abgeordnete bestellt, die am 28.11.1933 als »Nassau-Hessische Landessynode« in Mainz zusammentraten und dem Reichsbischof Ludwig Müller zwei Kandidaten für das Bischofsamt vorschlugen: Prälat W. → Diehl und Pfarrer E.L.Dietrich. Ernannt wurde am 6.2.1934 Dietrich. Der Landesbischof regierte nach dem Führerprinzip; er ernannte die Mitglieder des Landeskirchenamtes, die von ihm zu Beratungen herangezogen werden konnten. Am 27.4.1934 wurden die Befugnisse des Landeskirchenrates und der Landessynode auf die Deutsche Ev. Kirche übertragen und der Landesbischof dem Reichsbischof unterstellt. – Seit Okt. 1933 bestand auch in H. ein Pfarrernotbund, und nach der Bekenntnissynode von → Barmen (31.5.1934) traten Bekenntnisgemeinschaften zusammen, die sich nach der Bekenntnissynode von Dahlem (19./20.10.1934) zur → Bekennenden Kirche erklärten und als legitime Vertretung der Gemeinden gegen das Kirchenregiment Dietrich Protest

erhoben, mit dem Erfolg, daß am 8.11.1935 Reichskirchenminister Kerrl aus Persönlichkeiten der kirchlichen Mitte und der Bekennenden Kirche einen neuen Landeskirchenrat ernannte, der bis zum 15.1.1936 tätig war. Am 17.1.1936 beauftragte der Minister einen Landeskirchenausschuß unter dem Vorsitz des Oberkirchenrates Zentgraf mit der Leitung der Kirche, erklärte aber am 29.7.1937 den Präsidenten der Landeskirchenkanzlei, Kipper, für den alleinigen Leiter sämtlicher Organe der Kirche. - In dieser Lage bildete sich ein »Kirchliches Einigungswerk« aus Landesbischof Dietrich, Oberkirchenrat Müller und Pfarrer Veidt; eine Versammlung von 615 (aus insgesamt 850) hessischen Pfarrern, die am 25.1. 1939 in der Matthäuskirche zu Frankfurt zusammentrat, sprach ihre Billigung aus.

3. Von diesen Voraussetzungen her erklärt es sich, daß der Landesbruderrat, der doch als legitime Kirchenleitung der Ev. Landeskirche Nassau-H. gebildet war und als solche seine Tätigkeit ausgeübt hatte, im Frühjahr 1945 nicht die Leitung der Kirche übernahm; die drei früheren Kirchengebiete traten wieder auseinander. Unter Mitwirkung von Mitgliedern der Bekennenden Kirche wurde für jedes einzelne Kirchengebiet eine eigene Vorläufige Kirchenleitung gebildet, unter Beachtung der Tatsache, daß kraft kirchlichen Notrechts durch die Bekennende Kirche die einheitliche hessische Kirche begründet worden war. Nur in H. betrachtete man die alte hessische Kirche der Zeit vor 1933 als wiederhergestellt. Aus der Gesamtkonferenz der drei Vorläufigen Leitungen wurde am 24.9.1945 ein Verbindungsausschuß gebildet, der ein Jahr später mit dem Erlaß einer Wahlordnung die Vereinigung der drei Kirchen in die Wege leitete. Der neugewählte Kirchentag trat am 30.9.1947 in Friedberg zusammen, erklärte sich als Kirchensynode, bestätigte den Zusammenschluß zu der »Ev. Kirche in H. und Nassau« und berief Martin → Niemöller in das Amt des Kirchenpräsidenten. - Die Verfassung, die auf der Grundlage eines von dem Landesbruderrat vorgelegten Entwurfes beraten war, wurde am 24.11.1948 mit ihrem Grundartikel und am 17.3.1949 mit ihren übrigen Bestimmungen als Kirchenordnung angenommen und gilt gegenwärtig in der Fassung des Kirchengesetzes vom 22.3.1957. Im Grundartikel sind als Bekenntnisgrundlage die drei altkirchlichen Symbole, die Augsburgische Konfession und als ihre Erläuterung für die Gegenwart die Barmer Theologische Erklärung genannt. - Der Kirchenpräsident wird für 8 Jahre gewählt und führt den Vorsitz in der Kirchenleitung, deren ausführendes Organ die Kirchenverwaltung ist, sowie im Leitenden Geistlichen Amt, das von dem Kirchenpräsidenten in Gemeinschaft mit seinem Stellvertreter und den 5 Pröpsten wahrgenommen wird und mit dem Hirten- und Wächteramt für die Gemeinden und Pfarrer der Kirche beauftragt ist. Die Pröpste, die in Starkenburg, Ober-H. und Rhein-H. Nachfolger der früheren hessischen Sup.en sind, werden von der Kirchensynode für 6 Jahre gewählt und sind mit der geistlichen Leitung ihrer Visitationsbezirke beauftragt. Die Kirchensynode ist das maßgebliche Organ der geistlichen Leitung und der kirchlichen Ordnung der Gesamtkirche; sie hat einen eigenen Präses und vertritt grundsätzlich die Kirche nach außen. Eine Kirchengemeindeordnung wurde am 25.3.1954 erlassen, eine Dekanatssynodalordnung am 24.3.1955, eine Ordnung des kirchlichen Lebens am 22.3.1957 (Taufe, ev. Unterweisung, Konfirmation) und am 14.3.1958 (Abendmahl, Gottesdienst). - Zur Ev. Kirche in H. und Nassau gehören 2 Mill. Evangelische mit etwa 1000 Pfarrern.

Amtsblatt der EKD 3, 1949, 49ff; Amtsblatt u. Protokolle der Kirchensynode der Ev. Kirche in H. u. Nassau. - J.Kuebel, Ev. Kirchenrecht für Frankfurt a.M., 1932 - A.Kortheuer, Aus der Endzeit der Ev. Landeskirche von Nassau (Jb. d. Hess. Kirchengeschichtl. Vereinigung 2, 1951, 116-143). *A.Adam*

Heßhus, *Tilemann* (1527-88), luth. Theologe aus Wesel, 1553 Sup. in Goslar, 1556 Prof. zu Rostock, 1557 in → Heidelberg; 1560 kämpfte er in Bremen gegen → Hardenberg, war dann bis 1562 Sup. zu Magdeburg. Nach Aufenthalten in Wesel, Frankfurt und Straßburg wurde er 1565 Hofprediger zu Neuburg, 1569 Prof. zu Jena, 1573-77 Bischof des Samlandes, endlich Prof. in Helmstedt. Der leidenschaftliche Mann, der aus Goslar, Rostock, Heidelberg, Magdeburg, Wesel und Jena vertrieben wurde, ist streitbares Kind seiner Zeit. Der Leiter der pfälzischen Kirche wurde als Gegner der Calvinisten wegen Behauptung des »in« und »sub« in der Abendmahlslehre entlassen. 1566 reinigte er Pfalz-Neuburg als Visitator von Calvinisten. Die in Wittenberg herrschende Richtung der »Philippisten« erschien H. als eine arge Gefahr für die reine Lehre. Im → synergistischen und → adiaphoristischen Streit stand H. auf seiten des → Flacius, Joh. → Wigands, J. → Mörlins und des Nik. → Gallus, bestrebt, die Kirche von »Korruptelen« zu befreien. Seit aber Flacius die Ansicht vertrat, die Sünde sei nicht Akzidens, sondern Substanz, suchte H. ihn von seinem »widersinnigen Dogma« abzubringen (2 Streitschriften von 1572). Der Streit in Magdeburg entbrannte nicht an der Lehre, sondern an einem Schauspiel, durch das das sittliche und pädagogische Empfinden H.' verletzt wurde. Er ließ sich zum kleinen Bann gegen den Magistrat und widerstrebende Prediger fortreißen und zur Androhung des großen. Während manche seine Heftigkeit tadelten, hatte der »gute, treue, sittige, fromme Mann« noch nach Jahren Anhänger in der Stadt. Die kirchengeschichtliche Bedeutung H.' liegt in der Stärkung der Theologengruppe, die das Erbe Luthers unverfälscht zu wahren sich berufen wußte (→ Orthodoxie).

Vf. u.a.: Von Amt u. Gewalt der Pfarrherren, 1561; De praesentia corporis Christi in coena Domini, 1562; Examen theologicum, 1571. - Qu. im Stadtarchiv Regensburg. - Über H.: K.v.Helmolt, T.H. u. seine 7 Exilia, 1859 - Ritschl IV - H.E.Weber, Reformation, Orthodoxie u. Rationalismus I/2, 1940 (Reg.). *R.Dollinger*

Hessus, *Helius* (= Sonntagskind) *Eobanus* (urspr. Eoban Koch; 1488-1540), * in Halgehausen b. Frankenberg, † in Marburg, hochbegabter neulat. Dichter. H. studierte 1504-09 in Erfurt (1509 Magister) und stand 1509-13 in Riesenburg im Hofdienst Hiobs von Dobeneck, Bischofs von Pomesanien. Nach kurzem Rechtsstudium in Frankfurt/O. (1513) wandte sich H. in Leipzig wieder ganz der Dichtkunst zu. 1514-26 erneut in Erfurt als »König« der dortigen Poeten, hatte er seit 1517 einen besoldeten Lehrstuhl für lat. Sprache inne; seit 1521 bekannte er sich offen zur Reformation. Nach Medizinstudium in Erfurt (seit 1523) 1526-33 Lehrer für Poetik an dem von Melanchthon gegründeten Nürnberger Ägidiengymnasium. 1533 kehrte er nach Erfurt zurück und war 1536-40 Prof. für Geschichte in Marburg. H. verfaßte viele lat. Dichtungen (u.a. 1534-36 Versifizierung des Psalters).

C.Krause, H.E.H. Sein Leben u. seine Werke, 2 Bde, 1879 - ADB XII, 316ff - P.Kalkoff, Humanismus u. Reformation in Erfurt 1500 bis 1530, 1926 - RGG[2] II, 1863 - Schl. I, 219f; V, 77. *H.Volz*

Hesychasten (Ἡσυχασταί, benannt nach der ἡσυχία, der ruhenden Kontemplation), in der alten und byzantinischen Kirche Bezeichnung für Mönche (zB Joh.Hesychastes, 6.Jh.), die sich in besonderem Maße der Beschaulichkeit widmen. Spezifischen Sinn bekommt das Wort erst im 14.Jh., als gewisse Begleiterscheinungen dieses Ideals (Vision des »Taborlichtes« usw) und gewisse Gebetsmethoden (»Jesusgebet«) yogiartigen Charakters mehr und mehr in den Vordergrund gestellt wurden. Charakteristikum dieser Art von Hesychasmus (vgl. → Byzanz: II, 3; → Gregor Palamas) ist nicht ein → »Quietismus«, sondern die Annahme einer realen Distinktion zwischen Gottes völlig unzugänglichem Wesen und seinen, gnadenhaft auch mit körperlichen Sinnen wahrnehmbaren »Energien«. Doch hat diese Theologie die spätere ostkirchliche → Mystik (: V) weniger beeinflußt, als gemeinhin angenommen wird.

S. Guichardan, Le problème de la simplicité divine en orient et en occident, Lyon 1933 - DThC XI/2, 1777 ff (M. Jugie, bes. wichtig) - L. Hausherr, L'hésychasme (OrChrP 22, 1956, 5-40. 247-285) - Catholicisme V, 700 ff. *H.-G. Beck*

Hesychius. Hieronymus berichtet (Praef. in Paral.; Apol. adv. Ruf. II, 27; Praef. in Evang.) von einem gewissen H., er hätte eine Revision der LXX (→ Bibelübersetzungen: I, 3) vorgenommen, die in Ägypten großen Beifall fand, und auch den nt. → Text (: II) bearbeitet. Da Hieronymus für diese Bibelrezension den terminus ad quem bildet, könnte man versucht sein, den von Eusebius (h. e. VIII, 13, 7) als Opfer der diokletianischen Verfolgung genannten ägyptischen Bischof H. als Urheber in Anspruch zu nehmen. Doch darf dieser H. keinesfalls mit der »alexandrinischen Gruppe« der Zeugen für den LXX-Text in Verbindung gebracht werden, da deren Eigenart bereits in der 1. Hälfte des 3.Jh.s bei dem Chester Beatty-Papyrus 965 deutlich in Erscheinung tritt (J. Ziegler, Isaias, 1939, 23; vgl. 11). So wird es bei dem Urteil von A. Rahlfs (Septuaginta, 1935, XIV) bleiben, daß es bisher noch nicht gelungen sei, die H.-Rezension sicher nachzuweisen.

E. Nestle, Einführung in das griech. NT, (1897) 1923[4] (v. E. v. Dobschütz) - H. J. Vogels, Hdb. der nt. Textkritik, (1923) 1955[2] - A. J. Robertson, An Introduction to the Textual Criticism of the NT, 1925 - F. G. Kenyon, Der Text der griech. Bibel, 1952. *W. Bauer*

Heteronomie → Autonomie.

Hethiter

I. Geschichte - II. Religion. - Zur religiösen Kunst der H. vgl. → Kunst: II G

I. Geschichte

Die H. (babyl.-assyr. Ḫatti, ägypt. Ht', hebr. Ḥittîm) sind spätestens Anfang des 2.Jt.s, wahrscheinlich früher, in → Kleinasien eingewandert. Ob auf dem Wege von Westen über die Meerengen oder, wahrscheinlicher, von Osten über den Kaukasus, ist noch ganz unsicher. Sie setzten sich im mittleren Teile Anatoliens fest. Über diesen Vorgang fehlen unmittelbare Quellen. Die älteste Urkunde in heth. Sprache berichtet von einem König Anitta, der um 1700 (nach der sog. kurzen Chronologie) von seiner Herrschaft in Kuššara aus seinen Machtbereich in Kappadokien erweiterte und u.a. das vorheth. Ḫattuša (heute Boğazköy) einnahm. Anitta selbst ist wohl nicht zu den H.n zu rechnen, doch wurde Kuššara bald darauf zum Ausgangspunkt einer heth. Dynastie (sog. Altes H.-Reich). Die ältesten bekannten Könige, Labarna und Ḫattušili I. (ca 1600), residierten noch dort, doch war vom 2. König an Ḫattuša Regierungssitz. Labarna erweiterte das Reich bis zum Taurus und bis zur südlichen und nördlichen Küste. Ḫattušili I. drang über den Euphrat in das Ḫurri-Land vor, nahm dort und in Nordsyrien zahlreiche Städte ein, scheiterte anscheinend aber vor Aleppo (Jamhad; → 3 A 2), dem wichtigsten Schlüsselpunkt dieses Gebietes. Sein Nachfolger Muršili I. zerstörte jedoch die Stadt, zog in einem kühnen Vorstoß euphratabwärts bis Babylon (→ 3 E 4) und führte das Ende der 1. babylonischen Dynastie herbei (Mitte 16.Jh.; → Babylonien: I, 3). Das Reich war aber zur dauernden Behauptung dieser fernen Eroberungen im Innern nicht genug gefestigt, so daß es sich in der Folgezeit auf seinen anatolischen Besitz beschränkt, unter dem König Ḫantili sogar hier aufs schwerste bedrängt sah. Aufstände der keineswegs homogenen Reichsbevölkerung und Gegensätze innerhalb des Königshauses und des Adels bedingten diese unstabile Lage. Der König Telipinu (1. Hälfte 15.Jh.) erließ daher eine Thronfolgeordnung und ein Edikt, welches das Verhältnis von König und Adel regelte. Von ihm ist auch der erste Vertrag mit einem auswärtigen Staat (Kizwatna) bekannt. Die Reihe der Könige nach Telipinu ist mangels ausreichender Quellen nicht mit Sicherheit rekonstruierbar. Die H. standen offenbar zu dieser Zeit im Schatten des starken → Mitanni-Reiches.

In der 2. Hälfte des 15.Jh.s kam in Ḫattuša eine neue Dynastie, noch unbekannter Herkunft, zur Herrschaft (sog. Jüngeres H.-Reich). Bald darauf bedrohten schwere Verwicklungen den Bestand des heth. Kerngebietes. Šuppiluliuma (ca 1375-35) bannte jedoch diese Gefahr, sicherte das Reich diesseits des Taurus, machte das Mitanni-Reich zum Vasallen, brachte weite Teile Syriens bis zum Libanon an sich und begründete damit die heth. Großmacht. In → Syrien kam ihm zugute, daß → Ägypten (: I, 6) unter Amenophis III. und IV. seine syrischen Vasallen und Verbündeten kaum unterstützte (→ Amarna, 3), weshalb manche Fürsten (Verträge u.a. mit Nuḫašše, Amurru) dem heth. Großkönige zuneigten. In Ḫalpa (Aleppo) und Karkemisch (→ 3 B 2), den beiden wichtigsten Städten zur Sicherung Nordsyriens, wurden heth. Prinzen als Unterkönige eingesetzt. Der Bitte der Witwe des Pharao Tutanchamon, ihr einen heth. Königssohn als Gatten zu senden, wurde entsprochen, doch verlor der Prinz an der ägyptischen Grenze sein Leben. Der Vorgang zeigt aber, welchen Rang man dem heth. Hofe auch außerhalb der Grenzen des Reiches, selbst im exklusiven Ägypten, zubilligte. Ḫatti war neben Ägypten und Babylonien, zu dem dauernd gute Beziehungen bestanden, zur gleichberechtigten Großmacht aufgestiegen.

Das von Šuppiluliuma geschaffene Großreich, das den größten Teil Kleinasiens umfaßte, im Osten bis zum Euphrat reichte und Syrien bis etwa in die Gegend von Höms einbegriff, überdauerte nahezu anderthalb Jh.e. Die uneinheitliche Struktur des Reiches brachte es aber mit sich, daß fast jeder Thronwechsel von Aufstandsbewegungen begleitet war. Muršili II. (1334-06) hatte in schweren Kämpfen Arzawa im Südwesten, die Kaškastämme im Norden und das Königreich Azzi-Ḫaijaša im Osten zu befrieden. Inzwischen schickte sich Ägypten an, seinen Einfluß in Syrien wiederherzustellen. Die unvermeidbare Auseinandersetzung mit den H.n gipfelte in der Schlacht von Kadesch (→ 3 A 3), wo der Großkönig Muwatalli sich gegen Ramses II. behauptete (1286/85) und damit seinen syrischen Besitz sicherte. 1269 wurde zwischen Ramses II. und Ḫattušili III. ein Vertrag abgeschlossen, der die Beziehungen der beiden Staaten regelte und einen dauerhaften Frieden herbeiführte. Es ist möglich, daß der bedrohliche Aufstieg → Assyriens die beiden Großmächte enger zusammenführte.

Tutḫalija IV. (ca 1250-30) konnte das Reichsgebiet durch die Einverleibung des Landes Aššuwa im Westen noch erweitern, aber unmittelbar nach ihm setzte ein rascher Niedergang ein. Abfallbestrebungen in westlichen Reichsteilen konnten nicht mehr gemeistert werden. Hinter ihnen stand wohl die große Völkerbewegung, die alle Randländer des östlichen Mittelmeergebietes in Mitleidenschaft zog und unter Ramses III. bis an die Tore Ägyptens brandete. In ihr ging das heth.

Großreich um 1200 zugrunde. Über den Vorgang selbst fehlen direkte Quellen.

In den südöstlichen Provinzen lebte heth. Kultur an Höfen neuerstandener Kleinstaaten in gewissem Sinne noch ca 500 Jahre fort (→ Hethitologie). Sie erstreckten sich von Tuwana (Tyana) und Milid (Malatya; → 3 B 1) im Norden bis Hamath (Hama; → 3 A 3) im Süden. Malatya und Karkemisch scheinen die Tradition des Großreiches betont fortgesetzt zu haben. Später nahmen aramäische Dynastien von Til Barsip, Ja'dija (Sam'al, heute Sendschirli; → 3 A 2) und Arpad Besitz. Die meisten Erwähnungen von H.n im AT (bes. 1Sam 26, 6; 2Sam 11, 3ff; 1Kön 10, 28f; 2Kön 7, 6) beziehen sich auf nordsyrische H.; die Bezeichnung der vorisraelitischen Bevölkerung als H. in der → Priesterschrift (zB Gen 23, 3ff) und in Ez 16, 2 dürfte mit »Land Ḫatti« als dem assyrischen Generalnenner für Syrien und Palästina zusammenhängen. – Im 9.Jh. wurden die südlichen Fürstentümer zu assyrischen Tributären bzw. Vasallen, doch lockerte der Aufstieg Urartus, Assyriens Gegner, diese Abhängigkeit, mit dessen Königen (Argisti I., Sarduris II.) sich die nordsyrischen Staaten verbündeten. Sarduris' Niederlage (742) durch Tiglatpileser III. besiegelte jedoch auch das Schicksal der heth. Kleinstaaten insofern, als kurz darauf Assyrien unter Salmanassar V. und Sargon II. zur definitiven Unterwerfung schreiten konnte. Als letzter Staat wurde Kummuḫ (Kommagene) mit Milid 709 assyrische Provinz.

Neuere, die Quellen erschöpfende Darstellung der heth. Gesch. fehlt. Nützlich jedoch noch immer: F.Bilabel, Gesch. Vorderasiens u. Ägyptens, 1927 - A.Goetze, Das H.-Reich (AO 27, 2), 1928 - MeyerG II/1, 1928. - Allgemein: A.Goetze, H., Churriter u. Assyrer, 1936 - E.Cavaignac, Le problème hittite, 1936 - R.O.Gurney, The Hittites, (1952) 1954². - Speziell: R.S.Hardy, The Old Hittite Kingdom (AJSL 57, 1941, 177-216) - H.Otten, Zu den Anfängen der heth. Gesch. (MDOG 83, 1951, 33-45). - Übers.en der wichtigsten histor. Quellen (Verträge, Annalen): E.F.Weidner, Polit. Dokumente aus Kleinasien (Boghazköi-Stud. 8-9), 1923 - J.Friedrich, Staatsverträge des H.-Reiches in heth. Sprache (MVÄG 31, 1926; 34, 1930) - A.Goetze, Madduwattaš (ebd 32, 1927) - Ders., Die Annalen des Muršiliš (ebd 38, 1933) - E.Cavaignac, Les annales de Subbiluliuma, 1931 - F.Sommer-A.Falkenstein, Die heth.-akkad. Bilingue des Ḫattušili I. (AAM NF 16), 1938 - H.G.Güterbock, The Deeds of Suppiluliuma as told by his son, Mursili II. (JCS 10, 1956, 41-68. 75-98. 107-130). - Kleinfürstentümer: B.Landsberger, Sam'al, Studien zur Entdeckung der Ruinenstätte Karatepe, 1948.

K.Bittel

II. Religion

1. Das *Pantheon* der H. ist charakterisiert durch viele Lokalkulte und eine Mischung verschiedener, aus den Sprachen (→ Hethitologie) zu erschließender ethnischer Schichten. Die vor-indoeuropäische, chattische Komponente ist im Pantheon der H. die wichtigste; das gilt auch für den palaischen Kult. Daneben ist mit anderen Substraten zu rechnen. Götter mit heth., palaischen und luwischen Namen sind meist von untergeordnetem Rang; ihre Namen sind oft Appellativa oder von solchen abgeleitet. Churritische Götter nehmen einen breiten Raum ein, bes. im Neuen Reich. Babylonische Gottheiten (im Gegensatz zu anatolischen, deren Namen ideographisch geschrieben sind) finden sich unter den churritischen (die arischen Schwurgötter des Mitanni-Vertrages gehören nicht in die Religion der H.).

Der *Hauptgott* der H. ist ein Gewittergott; seine Rolle erklärt sich aus den klimatischen Gegebenheiten. Die Ideogramme des Adad (→ Babylonien: II, 7) stehen für einheimische Namen: chattisch Taru, churritisch Tešub, luwisch Tatta und Tarḫunt; von dem heth. Namen ist nur der Auslaut, . . .*-una*, nicht aber die Lesung Ḫamuna sicher. Es gibt viele Wettergötter; einige sind mit Naturphänomenen verknüpft (des Regens, Blitzes usw), andere mit dem Königtum (des Palastes, Heeres usw), sehr viele mit ihren Kultplätzen (Wettergott der Stadt X). Ob hier ursprünglich verschiedene Götter oder Formen *eines* Gottes vorliegen, ist eine Frage der Interpretation; die H. betrachteten sie als individuelle Götter, wie die Aufzählung von mehreren nebeneinander und die Zusammenfassung als »alle Wettergötter« zeigt. Der Hauptgott heißt Wettergott des Himmels oder von Ḫatti. – Der heth. Name seiner Gattin verbirgt sich hinter der Schreibung »Sonnengöttin der Stadt Arinna«; ihr chattischer Name ist Wurušemu, im churritischen Kreis entspricht ihr Ḫebat. Zu dieser Familie gehören im heth. System ein Sohn (der Wettergott der Stadt Nerik), eine Tochter (Mezzulla) und eine Enkelin (Zintuḫi). Nach anderen Quellen ist Telipinu, selbst eine Wettergottfigur, ein Sohn des Haupt-Wettergottes. Im churritischen System heißt der Sohn des Hauptpaares Šarrumma.

Sonnengöttinnen als Gattinnen von Wettergöttern gibt es auch an kleineren Kultorten. Davon zu trennen sind die Erscheinungsformen der → Sonne selbst. Der Sonnengott des Himmels ist männlich, dem babylonischen Šamaš (→ Babylonien: II, 6b) auch als Richter und Hirte entsprechend. Sein heth. Name (Ištanu) ist chattisch, während sein luwischer Name (Tiwat) und sein palaischer Name (Tiyat) mit heth. šiwat »Tag« verwandt sind. Die Vorstellung, daß die Sonne die Nacht in der Erde verbringe, führte zur Ansetzung einer eigenen Sonnengöttin der Erde, einer Unterweltsgottheit. Als dritte gab es eine Sonnengottheit des Wassers (unbekannten Geschlechts). Im Churritischen heißt der Sonnengott Šimeki. Der → Mond (heth. und luwisch Arma, chattisch Kašku) spielt im einheimischen Kult keine Rolle. Nur im churritischen Kreis werden der Mondgott Kušuḫ und seine Gattin Nikkal (aus sumerisch Ningal) verehrt.

Das Ideogramm der *Ištar* (→ Babylonien: II, 6c) steht für mehrere Namen der Göttin. Von dem heth. ist nur der Auslaut (...-li) bekannt. Die churritische Ištar heißt Šauška; sie tritt weiblich und männlich auf. Ihre Hauptkultorte, Šamuḫa und Ninive (→ 3 D 2), liegen im churritischen Gebiet. Eine mit »Meine Herrin« angeredete Göttin, der man auf »babylonisch« singt, dürfte die babylonische Ištar sein. Ein Ištarhymnus liegt in akkadischer und heth. Fassung vor. Aus der Fülle der übrigen Götter können nur die Gruppen Schutzgötter, Kriegsgötter und Unterweltsgottheiten erwähnt werden.

Viele Götter haben ein Tier (Löwe, Hirsch usw) als Attribut; nur der Wettergott wird selbst als Stier verehrt (→ Stierdienst, → Tierkult). Stierbilder und fetischartige Kultobjekte sind Relikte; anthropomorphe Götterbilder überwiegen, und auch nach den Texten werden die Götter menschenähnlich gedacht. Das Verhältnis von Mensch zu Gott wird mit dem des Sklaven zu seinem Herrn verglichen. Der Wettergott ist der eigentliche Herr des Landes, der menschliche König sein Beauftragter.

2. Oberster Priester ist der *König;* er begeht persönlich die großen Kultfeste, deren Ritual in vielen Texten ausführlich beschrieben ist. Die Bedeutung dieser Pflicht erhellt daraus, daß Vernachlässigung des Kultes als häufigste Ursache göttlichen → Zornes gilt. Von den vielen → Orakel-Anfragen dienen die meisten der Feststellung kultischer Verfehlungen. Diese Anschauungen sprechen auch aus den → Gelübden und → Gebeten, von denen die offiziellen Archive nur solche der Königsfamilie enthalten. Die Gebete kennen den Begriff der Fürsprache eines Gottes bei einem höheren; das Bekenntnis der → Sünde, speziell das Aufsichnehmen einer Sünde des Vaters, verleiht den »Pestgebeten« des Muršili II. ihren besonderen Wert. – Der König wurde erst beim Tode

zum Gott; vergöttlichten Königen, Königinnen und Prinzen wurde geopfert. Sowohl Brand- als Erdbestattung (→ Begräbnis: I) waren in Gebrauch; ein Text beschreibt die mehrtägigen Riten bei der Einäscherung eines Herrschers. Anspielungen auf das Leben nach dem → Tode (: I) sind für eine Rekonstruktion der Anschauungen nicht ausreichend.

Eine große Rolle spielt die → *Magie*. Sie dient der Beseitigung aller Arten von Unreinheit, wozu auch → Krankheit, Bezauberung, Eidbruch usw rechnen. Die Mittel sind teils → Reinigungs-Riten (Waschung, Durchschreiten eines Tores, → Sündenbock usw), teils Analogiezauber, aber auch → Opfer. Viele magische Rituale haben mit Namen genannte → Beschwörungs-Priester(innen) zu Verfassern. Magische Sprüche werden im Lauf der Handlung angeführt und sind oft in fremden Sprachen abgefaßt. - *Mythen* über einheimische Götter sind in Ritualtexten überliefert, darunter diejenigen vom Kampfe des Gewittergottes mit dem → Drachen Illuyanka und vom Verschwundenen Gott. Der letztgenannte Mythos wird von Telipinu und vom Gewittergott erzählt. Mythen fremder Herkunft haben die Form von Epen. Neben dem → Gilgamesch-Epos, das in akkadischer, churritischer und heth. Fassung vorliegt, sind vor allem die Epen zu nennen, die von dem churritischen Göttervater Kumarbi handeln: die → Theogonie und das »Lied von Ullikummi«, das von einem von Kumarbi als Ersatz für Tešub erzeugten Steinunhold handelt und mit dem Typhon-Mythos vergleichbar ist (→ Antike und Orient).

Außer den Kapiteln über die heth. Religion in allg. Werken (→ Hethitologie) vgl.: E.Laroche, Recherches sur les noms des dieux hittites (Diss. Paris), 1947 - H.G.Güterbock, Hittite Religion (Forgotten Religions, ed. V.Ferm, New York 1950, 83-109). - Texte in ANET; ferner: A.Goetze-E.H.Sturtevant, The Hittite Ritual of Tunnawi (AOS 14), New Haven 1938 - H.G.Güterbock, The Song of Ullikummi (JCS 5, 1951, 135-161; 6, 1952, 8-42). - Aus Serien (→ Hethitologie) vgl. Boghazköi-Studien 10, 1924 - G.Furlani, La Religione degli Hittiti (Storia delle Religioni 13), Bologna 1936 - MVÄG 46, 1-2, 1942/43. - Zu Bestattung usw.: H.G.Güterbock, Yazılıkaya (MDOG 86, 1953, 65-76) - H.Otten, Heth. Totenrituale (Akad. Berlin), 1958 - K.Bittel, Die heth. Grabfunde von Osmankayası (WVDOG 71), 1958.

H.G.Güterbock

Hethitologie, die Wissenschaft von den → Hethitern, besteht als selbständiger Zweig der orientalischen Philologie und Altertumskunde seit der Erschließung der heth. Sprache durch Fr.Hrozný (1879-1953; 1915). H. im engeren Sinne ist heth. Philologie; H. im weiteren Sinne umfaßt auch die Beschäftigung mit den anderen Sprachen des Hethiterreiches und mit allen Aspekten der heth. Kultur.

Die Ruinen von Boghazköy (vgl. Karte → Kleinasien), 150 km Luftlinie östlich von Ankara, wurden 1834 von Ch.Texier (1802-71) entdeckt und in der Folgezeit auch von anderen Reisenden besucht. In dem benachbarten Felsheiligtum Yazılıkaya bemerkte man hieroglyphenähnliche Beischriften zu den Felsreliefs. Nachdem 1870 Inschriften in derselben Hieroglyphenschrift in Hama in Syrien (und bald auch an anderen Orten) aufgetaucht waren, schrieben W.Wright (1837 bis 1899; 1884) und A.H.Sayce (1846-1933; 1888) diese Schrift den Hethitern zu, deren Reich man sich auf Grund des AT, der assyrischen Nachrichten über Ḫatti und der ägyptischen Erwähnungen der Ḫt in Nordsyrien vorstellte. Die ersten heth. Keilschrifttexte wurden 1893 von E.Chantre (1843-1924) in Boghazköy gefunden. Ihre Sprache erwies sich als identisch mit der, in der zwei 1887 in → Amarna gefundene Briefe abgefaßt waren; da einer dieser Briefe an einen König des Landes Arzawa gerichtet war, nannte man die Sprache die »Arzawa-Sprache«, und der Berliner Assyriologe Hugo Winckler (1863-1913) ging 1905 nach Boghazköy, um Arzawa zu suchen. Bei seinen Ausgrabungen (1906-12) fand Winckler rd 10 000 Tontafelfragmente, darunter Texte in akkadischer (babylonischer) Sprache, aus denen sich ergab, daß Boghazköy vielmehr die Hauptstadt des Landes Ḫatti, also des Hethiterreiches war. Die zunächst unbekannte einheimische Sprache, in der die Mehrzahl der Texte abgefaßt war, wurde 1915 von Hrozný dem Verständnis erschlossen und als zum indoeuropäischen Sprachstamm gehörig erkannt. In der Folgezeit bildete die Erforschung dieser Sprache und die Interpretation der heth. Texte das Hauptanliegen der in Deutschland rasch aufblühenden H. Ihre ersten Vertreter waren H. Ehelolf (1891-1939), E.Forrer (* 1894), J.Friedrich (* 1893), A.Goetze (* 1897) und F.Sommer (* 1875). In neuerer Zeit ist die H. auch außerhalb Deutschlands vertreten: in der Türkei seit 1934 durch H.Th.Bossert (* 1889), 1936-48 durch H.G.Güterbock (* 1908), seit 1940 durch S.Alp (* 1913); in Amerika bis 1952 durch E.H.Sturtevant (1875-1952), seit 1934 durch Goetze und seit 1949 durch Güterbock; in Frankreich nach E.Cavaignac (* 1876) und L.Delaporte (1874-1944) durch E.Laroche (* 1914), in England durch O.R.Gurney (* 1911), während in Deutschland neben Friedrich und Sommer H.Otten (* 1913) und A.Kammenhuber (* 1922) tätig sind.

Bald nach der Entzifferung des Heth. stellte sich heraus, daß im Hethiterreich noch andere Sprachen geschrieben wurden. Von diesen sind in Keilschrifttexten überliefert: a) das Chattische, die nicht-indoeuropäische Substratsprache des Landes Ḫatti in Zentralanatolien; b) das Churritische, eine nicht-indoeuropäische Sprache, die in Südostanatolien, Nordsyrien und Nordmesopotamien gesprochen wurde; c) das Palaische, die indoeuropäische Sprache des Landes Pala im Norden; d) das Luwische, eine indoeuropäische Sprache, die im Westen der Halbinsel und in Kilikien gesprochen wurde. Palaisch und Luwisch sind mit dem Hethitischen (der von den Alten »Nesisch« genannten Reichssprache) verwandt, aber deutlich von ihm verschieden. Dagegen weisen die Sprache der Hieroglypheninschriften und das in griechischer Schrift überlieferte Lykische so enge Beziehungen zum Luwischen auf, daß man in ihnen Dialekte bzw. Spätformen des Luwischen sehen möchte. Während der Gebrauch der Keilschrift in Anatolien das Ende des Hethiterreiches um 1200 vChr nicht überlebte, blieb die Hieroglyphenschrift, die schon neben der Keilschrift bestanden hatte, noch bis ca 700 vChr im Gebrauch, vor allem in Südostanatolien und Nordsyrien. Die Entzifferung gelang im wesentlichen in den 30er Jahren; die Pioniere waren H.Th.Bossert, E.Forrer, I.J.Gelb, B. Hrozný und P.Meriggi. Die Auffindung einer phönikisch-hieroglyphischen Bilingue in → Karatepe durch Bossert (1947) brachte sowohl Bestätigung wie Erweiterung der Kenntnis, bes. im Wortschatz.

Die heth. Sprache ist somit heute im wesentlichen bekannt, die meisten Texte übersetzbar. Es liegen deskriptive und vergleichende Grammatiken sowie vorläufige Glossare vor, die allerdings nur Wörter enthalten, deren Bedeutung ermittelt ist, nicht den gesamten Sprachschatz. Die Erforschung der anderen Sprachen ist im Fluß, für manche durch die Dürftigkeit des Materials sehr erschwert. Das Verhältnis der durch Hethitisch, Palaisch und Luwisch (mit Hieroglyphisch und Lykisch) gebildeten »anatolischen« Sprachgruppe zum Indoeuropäischen ist umstritten; während viele »Anatolisch« als Zweig des indoeuropäischen Stammes ansehen, halten andere es für nur seitenverwandt und nehmen eine von Sturtevant »Indo-Hittite« genannte Ursprache an.

Eine große Zahl von Texten liegt in Keilschriftpublikationen vor, aber noch nicht alle. In Übersetzung ist eine beträchtliche Anzahl von Texten zugänglich, im Verhältnis zur Gesamtzahl aber nur eine Auswahl. Ein sachlich geordneter bibliographischer Katalog der publizierten Texte liegt vor.

Die Kenntnisse von heth. Kultur und ihrem Verhältnis zu älteren und benachbarten Kulturen sind durch → Ausgrabungen (: II) und Oberflächenforschung erweitert und vertieft worden. An der Erforschung des Landes beteiligen sich türkische Archäologen neben ausländischen. Von wichtigen Grabungsstätten außer Boghazköy seien nur genannt: Alishar, Hüyük bei Aladja, Kültepe bei Kayseri, Tarsus, Mersin und Karatepe (→ 3 A 1) in Kilikien, Zincirli (Sendschirli, → 3 A 2) und Karkemisch (→ 3 B 2; die drei letzten vor allem für die Spätzeit nach 1200).

Die grundlegende Darstellung der heth. Kultur auf Grund der Texte und des archäologischen Materials ist die von Goetze im HAW. Bei der Fülle von religiösen Texten versteht es sich von selbst, daß die H. wichtige Quellen zur Religionsgeschichte liefert (→ Hethiter: II, → Theogonie).

Allgemein: A.Goetze, Kleinasien (HAW Abt. III/1, 3 Bd 3, 1), (1933) 1957² - K.Bittel, Grundzüge der Vor- u. Frühgesch. Kleinasiens, (1945) 1950² - O.R.Gurney, The Hittites, Harmondworth (1952) 1954². - Sprachen: J.Friedrich, Kleinasiat. Sprachdenkmäler (KIT 163), 1932 - Ders., Heth. Elementarbuch I. II, 1940/46 - Ders., Heth. WB, 1953 - Ders., Entzifferung verschollener Schriften u. Sprachen, 1954 - E.H.Sturtevant, A Comparative Grammar of the Hittite Language, (Philadelphia 1933) I, New Haven 1951² - H. Kronasser, Vergleichende Laut- u. Formenlehre des Heth., 1956. - Texte: E.Laroche, Catalogue des textes hittites (Revue Hittite et Asianique 14, 1956, 33-38. 69-116; 15, 1957, 30-89; 16, 1958, 18-64). - Übers.en: Die Serien Boghazköi-Studien (10 H.e, 1917-24) u. Heth. Texte (MVÄG 29-46, 1925-43) - F.Sommer, Die Aḫḫijavā-Urkunden (AAM NF 6), 1932 - Ders. u. A.Falkenstein, Die heth.-akkadische Bilingue des Ḫattušili I. (AAM NF 16), 1938 - E.H. Sturtevant-G.Bechtel, A Hittite Chrestomathy, Philadelphia 1935 - ANET (heth. Texte übers. v. A.Goetze). *H.G.Güterbock*

Heubner, *Heinrich Leonhard* (1780-1853), * in Lauterbach (Sachsen). H. studierte in → Wittenberg, wo er 1811 ao. Prof. und 1832 Sup. wurde. H. war »eine der einflußreichsten Persönlichkeiten in dem kirchlichen Leben des vormärzlichen Preußen« (Dibelius). Mit der Gründung des Wittenberger Predigerseminars (1817 H. Mitdirektor, 1832 Ephorus) datiert die »Ära H.«. In der Bekenntnisbindung streng-luth., durch Beziehung zu Herrnhut, → Sailer und der → Basler Mission ökumenisch, aber kein Förderer der → Union, der → Erwekkung (: I, 5) verbunden, wirkte H. vor allem als Seelsorger (wegweisend u.a. für → Tholuck, R. → Stier, A. → Hahn, R. → Rothe, K.Th.Liebner). In Fragen der preußischen Personalpolitik war er für → Nicolovius, in solchen der sächsischen für v.Einsiedel Autorität (Erziehung einer gläubigen Geistlichkeit). H.s an einprägsamen geistlichen Maximen reiche, aber unkritische »Praktische Erklärung des NT« (4 Bde, 1855-59) und seine »Christliche Topik oder Darstellung der christlichen Glaubenslehre für den homiletischen Gebrauch« (1863, beide postum hg.) sind durch kraftvolle Konzentration ausgezeichnet, aber infolge distanzierter Haltung zur theologischen Entwicklung seiner Zeit verengt.

Über H.: RE VIII, 19ff (Lit.) - A.Hausrath, R.Rothe ..., 2 Bde, 1902/06 (passim, bes. I, 158ff) - ADB 50, 285ff - RGG¹ III, 4f; RGG² II, 1868f - O.Dibelius, Das Königl. Predigerseminar zu Wittenberg, 1917 (s. Reg.). *E.H.Pältz*

Heuchelei. Eine treffende Definition der H. gibt → Bengel (Gnomon zu Mt 6, 2): »H. ist eine Mischung von Bosheit mit einem Anschein von Güte, wodurch der Mensch andere oder auch sich selbst betrügt.« Die von Luther mit H., Heuchler usw übersetzten griechischen Wörter des NT sind in der Profangräzität geläufige Begriffe der Theatersprache (ὑποκρίνεσθαι »eine Rolle spielen«, ὑποκριτής »der Schauspieler«) und werden von da übertragen und allgemein im abwertenden Sinne für ein heuchlerisches Sichverstellen überhaupt gebraucht. Sein eigenes wahres Wesen und die eigene wahre Gesinnung »verstellen« und sich unter einer vorteilhaften Maske aufführen und darstellen, bezeichnet auch unser Sprachgebrauch als H. Freilich darf im Verkehr mit Menschen nicht jeglicher Schein bereits als H. verworfen werden. Mit Recht bezeichnet → Kant (Anthropologie § 12) Anstand, Sittsamkeit, Höflichkeit als Formen des erlaubten moralischen Scheines und nennt ihre Verachtung einen »an der Menschheit verübten Hochverrat«. Schein und Verhüllung sind in diesem Sinne der Gegensatz zu der sich wegwerfenden Schamlosigkeit (vgl. dazu D.Bonhoeffer, Ethik, [1949] 1956³, 133. 290). H. meint jedoch vor allem das in Täuschung befangene Verhalten gegen Gott, das mit äußerem Tun die innere Wirklichkeit des Herzens verbirgt. Wie schon im AT (Ps 5, 10; 12, 3; 78, 38; Jes 28, 15; 32, 6; Jer 4, 2; 23, 15; Sir 1, 34f; 15, 8. 20; 33, 2) und in Jesu scharfer Kritik der H. (Mt 6, 2. 5. 16; 23, 27-33 u.ö.) erklingt die Warnung vor ihr auch reichlich in der urchristlichen Paränese (1Petr 2, 1; 1Tim 4, 2; 2Tim 3, 5 u.ö.). Der Maßstab, an dem sie gemessen wird, ist dabei keineswegs primär die etwaige subjektive Täuschungsabsicht, sondern die vor Gott geltende Wahrheit. Schon die von Jesus gebrandmarkten Pharisäer werden nicht wegen ihrer Unehrlichkeit Heuchler genannt. Vielmehr ist ihre H. »ein objektiver Selbstwiderspruch« (Schniewind). Sie »ver-messen« sich selbst im Vertrauen auf ihre eigene Gerechtigkeit (Lk 18, 9) und haben vergessen, daß Gott in das Verborgene schaut. H. ist darum mehr als eine moralische Untugend, mehr auch als bloße Scheinheiligkeit (Molières »Tartuffe«). Sie ist als Usurpation des göttlichen Heils ihrem Wesen nach satanisch (2Kor 11, 14). Darum ist der, der ihr verfällt, vom ewigen Heil ausgeschlossen (Mt 24, 15).

R.Rothe, Theol. Ethik III, 1869², § 703. 717 - H.L.Martensen, Ethik II, 1878, 95ff - J.T.Beck, Vorlesungen über christl. Ethik II, 1883, 101 - RE VIII, 21ff - O.Schilling, Grundriß der Moraltheologie, (1929) 1949², 321 - Thielicke, ThE I, § 227. 407; II/1, § 540 ff. *G.Bornkamm*

Heumann, *Christoph August* (3.8.1681 bis 1.5.1764), ev. Theologe und Schulmann, * in Alstädt als Sohn eines Diakons, † in Göttingen. Hochbegabt studierte H. in Jena Philosophie und Theologie, las dort seit 1702 über Philosophie - mit Unterbrechung durch eine größere Bildungsreise - und wurde 1709 Inspektor des Theologischen Seminars in Eisenach. 1717 ging er als Inspektor und Prof. an das Gymnasium in Göttingen, dessen Unterricht er erfolgreich reformierte, wurde 1734 Prof. für Literaturgeschichte an der neuen Universität, auch ao. und dann 1745 o. Prof. der Theologie (Exegese des AT und NT, KG). Er vertrat auch in seiner Exegese die These, daß die ref. Abendmahlslehre richtig, die luth. schriftwidrig sei und wurde daraufhin unter Vorwänden 1758 zwangsemeritiert, gab aber im Rahmen reicher literarischer Tätigkeit entgegen seinem Versprechen diese Polemik nicht auf. A.F.W. → Sack edierte postum 1764 seinen »Erweis, daß die Lehre der ref. Kirche von dem hl. Abendmahle die rechte und wahre sei«, was die Göttinger Fakultät, die den Druck nicht verhindern konnte, als Beleidigung beklagte und mit der Behauptung abzuschwächen suchte, H. sei »zuletzt kindisch geworden«. In dem »H.schen Streit« erschienen mehrere Gegenschriften.

Vf. u.a.: Acta philosophorum, d. i. gründliche Nachrichten aus der historia philosophica, 1715-27; Übers. des NT, (1748) 1750²; dazu: Erklärung des NT, 12 Bde, 1750-63. Sammlungen seiner Schriften: Poecile, 3 Bde, 1722-31; Sylloge dissertationum, 4 Bde, 1743-50; Nova syll. diss., 2 Bde, 1752/54. - Über H.: H.A.Cassius, Ausführliche Lebensbeschreibung H.s, 1768 (vollst. Bibliogr.) - G. Frank, Gesch. d. prot. Theol. III, 1875, 120ff - RE VIII, 24ff - J. Meyer, Gesch. d. Gött. theol. Fakultät (ZGNKG 42, 1937, 25f) - Hirsch IV, 90ff. *Ernst Wolf*

Heussi, *Karl,* * 16.6.1877 in Leipzig, war dort seit 1904 Gymnasiallehrer, seit 1924 o. Prof. der KG in → Jena (emeritiert 1953). Angeregt von A.v. → Harnack, K. Lamprecht, W. → Herrmann, E. → Troeltsch, universalhistorisch gebildet, widmete sich H. vor allem altkirchlichen (→ Mönchtum) und geschichtstheoretischen Problemen (u.a. »Die Krisis des Historismus«, 1932). Seine Untersuchungen zur Kirchengeschichtsschreibung (→ Mosheim) wurden fruchtbar für H.s kirchengeschichtliche Lehrbücher (u.a. »Kompendium der KG«, [1907-09] 1957¹¹). Didaktische Meisterschaft und gründliche Methode verbinden sich bei H. mit strenger historisch-kritischer Haltung.

Bibliogr. bis 1952: ThLZ 77, 1952, 369-380. Seitdem u.a.: Gesch. d. Theol. Fakultät zu Jena, 1954; Die röm. Petrustradition in krit. Sicht, 1955. - Über H.: H.Jursch, ThLZ 72, 1947, 104-106; 77, 1952, 369 - WZ Jena 6, 1956/57, 439f. *E.H.Pältz*

Hexateuch → Pentateuch.

Hexen

I. Religionsgeschichtlich - II. Hexenglaube und Hexenprozesse im Christentum

I. Religionsgeschichtlich

Nach E.Noreen leitet sich das Wort Hexe von ahd. hagazuzza (altnord. tunipa, overd. zunite, niederd. walriderske) »Zaunreiterin« ab. Das Wort ist westgermanisch, wird im Mittelhochdeutschen selten gebraucht und dringt erst im 16.Jh. in Form von »Hexe« aus schweizerischem Gebiet nach Norden vor. Auch heute ist damit noch die Vorstellung verbunden: »durch Zauber schadenbringendes Weib«. - Der Begriff selbst, dem uralte Vorstellungen zugrunde liegen, wurde dem Inhalt nach von kirchlicher und staatlicher Gesetzgebung festgelegt (päpstliche Bullen, »Hexenhammer« des Heinrich Institoris [1487]; → Hexen: II). Das Wort Hexe ist aus der Literatur bis zum 14.Jh. selten nachweisbar; von den Theologen werden andere Namen verwendet wie haeretici, valdenses, scobaces, fascinarii usw. Dadurch erscheint es sicher, daß dem durch die Gesetzgebung geschaffenen Begriff Komponenten angehören, die sich auf früher schon vorhandene Erscheinungen zurückführen lassen. Außerdem bestanden schon in der Antike, bei Germanen und anderen alteuropäischen Völkern Vorstellungen von weiblichen Unholden und Zauberinnen (→ Zauberer), an die zT der spätere H.glaube anzuknüpfen wäre. In dem so geschaffenen neueren Begriff finden sich folgende Vorstellungen: Pakt und Buhlschaft mit dem → Teufel, Ketzerei, Schadenzauber, Flug durch die Luft, Verwandlung in Tiere. - *Pakt und Buhlschaft der H. mit dem Teufel* ist nicht allein auf mittelalterliche Phantasie und theologische Spekulation zurückzuführen, sie finden vielmehr im sog. → »Besessenheits-Schamanismus« ihre Entsprechung. Dabei handelt es sich häufig ebenfalls um böse → Geister (: I), vor allem wenn die betreffende Person zu den Vertretern des schwarzen → Schamanismus zu rechnen ist. Papst Johannes XXII. spricht von Pakten, die Menschen mit Dämonen abschlössen. Hier ist ohne Zweifel die Rede von den Schutz- und Hilfsgeistern der Schamanen, die für den Schamanismus von manchen Autoren als wesentlich angesehen werden. Auch der geschlechtliche Verkehr von Menschen mit Geistwesen ist in der ethnologischen Literatur häufig belegt. - Der Vorwurf der *Ketzerei* läßt sich aus dem Festhalten an den alten heidnischen Überlieferungen leicht erklären, wodurch sich wiederum die Handhabung der Inquisition untermauern ließ. - Auch der *Schadenzauber* ist bei den → Naturvölkern weit verbreitet. Er richtet sich hier jedoch meist ausdrücklich gegen feindliche Personen und Stämme, es sei denn, daß es zur Konstituierung der »schwarzen → Magie« als System kommt, die vielleicht teilweise auf Überlagerung durch eine fremde Religion zurückgeführt werden kann. Auch hier kommt, wie im H.glauben, die Ansicht vor, daß das einmal heraufbeschworene Unglück nicht mehr abzuwenden sei, soll nicht der Zauberer selbst daran zugrunde gehen. - Der *Flug durch die Luft* ist in erster Linie als der sog. Seelenflug des Schamanen aufzufassen, der dabei gefährliche Abenteuer und Kämpfe mit feindlichen Geistern und Schamanen zu bestehen hat. Er konnte sich dabei ebensogut in den → Himmel wie auch zur Unterwelt (→ Hölle) begeben. Gerade bei diesem Seelenflug kommt es häufig zu Tierverwandlungen, aber auch dann, wenn der Schamane den Angriffen von Feinden zu entgehen versucht. Der Ritt der Hexe auf einer Zaunlatte (oder einem Besen) findet seine Entsprechung bei vielen Schamanen Sibiriens (es handelt sich hier um einen Stab) wie auch bei australischen → Medizinmännern, die mittels des → Schwirrholzes zum Himmel aufsteigen. Auch die Auffassung der Hexe als Menschenfresser läßt sich bei Naturvölkern belegen. So fordern zB menschenfressende Dämonen in → Polynesien durch ihre inspirierten Priester → Menschenopfer. Ein anderes Beispiel berichtet von australischen Medizinmännern, die, um in Trance zu geraten, Stücke von Leichen kauen. Die Berufung zum Schamanen und zur Hexe weist keinen wesentlichen Unterschied auf. Man wird es entweder durch Vererbung, durch freien Entschluß oder durch Erlernen der Kunst. Religionsgeschichtlich gesehen läßt sich daher mit ziemlicher Sicherheit behaupten, daß sich der Begriff Hexe in erster Linie aus den Vorstellungen über den Schamanismus entwickelt hat. Dazu kommt die Überlagerung durch das Christentum. Die alten heidnischen Vorstellungen werden mit dem Prinzip des → Bösen verbunden; dadurch erklärt sich die enge Verbindung der Hexe mit dem Teufel. Als dritter Faktor ist die Gesetzgebung anzusehen und damit in Verbindung die Hexenverfolgung (→ Hexen: II). Da es sich bei den Komponenten um die H.vorstellungen um sehr altes Menschheitsgut handelt, ist es leicht verständlich, daß diese auch heute noch in Volksglauben und -brauchtum von Bedeutung sind.

J.Frank, Gesch. des Wortes Hexe, 1901 - RGA II, 1913, 521ff - E.Noreen, UUÅ 1924/2, Nr. 8, 52ff - HWDA III, 1827ff - H. Paul-K.Euling, Dt. WB, 1935, 254 - NTU I, 1383 ff (Lit.). - Weiteres s. → Hexen: II. *E.Stiglmayr*

II. Hexenglaube und Hexenprozeß im Christentum

Der in der Antike und im alten Judentum weitverbreitete Zauberglaube (→ Zauberbücher) wußte sich in der alten Kirche so durchzusetzen, daß selbst ein Augustin ihn kritiklos übernahm (De civ. Dei X, 21-22; XVIII, 17-18; vgl. Retract. II, 30), was sich bei seinem späteren Ansehen um so verhängnisvoller auswirken mußte. Bei den Germanen traf sich der antike Zauberglaube mit ähnlichen Vorstellungen, die im Zusammenhang mit der Verehrung der »Mutter → Erde« deren Priesterinnen besondere zauberische Fähigkeiten zuschrieben, was das Vorherrschen des weiblichen Geschlechtes im H.glauben erklärt. »Hagazuzza« (= Zaunreiterin), die älteste überlieferte Form des Wortes Hexe, stellt dieselbe deutlich in diesen vegetationskultischen Zusammenhang. Vielleicht bestanden auch noch alte vegetationskultische Gemeinschaften weiter, deren geheimnisvolle Zusammenkünfte zu den volkstümlichen Vorstellungen vom H.sabbat und der dort geübten Anbetung des Teufels Anlaß gaben. Die Identifizierung der heidnischen Götter mit den Dämonen kennt schon das AT (Ex 7, 10ff u.ö.), und auch für Paulus bedeutet Zauberei Verkehr mit den Dämonen (Gal 5, 20). Jede zauberische Handlung war daher ein Abfall von Gott, und das Gebot, den Zauberer zu töten (Ex 22, 17; vgl. Dtn 18, 10) wird dadurch verständlich. Die drei Elemente des mittelalterlichen H.begriffs: schädigende Zauberei, Geschlechtsverkehr mit den Dämonen, Ketzerei (= Rückfall in den Götzendienst) gehören schon zum Erbe der christlichen Antike. Hatte die Kirche in der Zeit der Germanenbekehrung die alten Volksvorstellungen von den nachtfahrenden Frauen und Tierverwandlungen noch entschieden abgelehnt (Canon Episcopi, von → Regino übernommen), so waren diese doch so zählebig, daß die großen Theologen des Hoch-MA wie → Alexander von Hales, → Bonaventura und → Thomas von Aquino sie übernahmen und in ihr theologisches System einbauten. Thomas behandelt die H.-frage zwar nur kurz und selten (S.th. I q. 62-64; II/2 q. 95, 2. 3; De malo q. 16); daß er aber hier die Volksvorstellungen ohne Vorbehalte übernahm, war bei der Bedeutung und Nachwirkung dieses Theologen von größter Tragweite. - Schadenzauber stand schon bei Justinian (Cod. Just. 9, 16. 18) unter Todesstrafe, → Zauberer und Magier wurden auf vielen Synoden des Altertums mit schweren Strafen belegt (gesammelt: Decr. Grat. XXVI, V), wie es auch die Volksrechte der Germanen taten. Die im Kampf gegen die → Albigenser aufgekommene → Inquisition zog nun die Zauberprozesse als »Abfall« vor ihr Forum, nachdem der auch persönlich von H.angst erfüllte Johannes XXII. in seiner Bulle »Super illius specula« (1326) die Zauberer ausdrücklich den förmlichen Ketzern gleichgestellt hatte. Verschiedene Methoden des Inquisitionsverfahrens konnten und mußten zu Massenprozessen führen, die schon sehr bald von den weltlichen Richtern gegen die H. durchgeführt wurden. Aus Frankreich breiteten die Prozesse sich über die Alpenländer und dann nach Deutschland aus. Die H.bulle Innozenz VIII. »Summis desiderantes affectibus« (1484), von Heinrich Institoris und Jakob Sprenger, den Verfassern des »Hexenhammers« (Malleus maleficarum, 1487; bis 1669 29mal gedruckt), zur Förderung ihrer von verschiedenen Seiten angefeindeten hexen-inquisitorischen Tätigkeit erbeten, löste dann in Deutschland eine Welle von H.prozessen aus, die nach den Anweisungen des Buches durchgeführt wurden. In der »Carolina« (1532, Art. 109) wurde von Reichs wegen alle Zauberei mit dem Feuertod belegt. Den schärfsten Kampf gegen die H. forderten auch Luther (vgl. WATR IV, Nr. 3979) und Calvin. Schon zu Anfang des 16.Jh.s stellten zwar die Juristen Joh.Fr. de Ponzinibus (1525) und Andr.Alciatus (1530) gegen die Argumente des Barth. de → Spina OP (1523) den H.glauben in Frage; sie konnten aber ebensowenig wie der clevische Arzt Joh.Wier (Weyer; 1563) und der spöttische Engländer Reginald Scot (1584) durchdringen. Die Verteidiger des H.glaubens (Thomas → Erastus, 1572; Jean → Bodin, 1580; Mart.Delrio SJ, 1599) behielten die Oberhand. Auch die Einwände von Joh.Ewich (1584), Joh.G.Gödelmann (1584), Aug. → Lerchheimer (1585), Joh. → Scultetus (1598) blieben vergeblich. Erst die »Cautio criminalis« Friedrichs von → Spee SJ (1630), die zwar nicht den H.glauben überhaupt verwarf, aber die Art der Durchführung der Prozesse anprangerte, veranlaßte einige Fürsten im kath. und ev. Lager, die H.-prozesse einzuschränken. Eine freie Bearbeitung der »Cautio« brachte 1635 der prot.Theologe Joh.M. → Meyfart heraus. Im selben Jahre erschien auch das Strafrecht des Leipziger Juristen Ben. → Carpzov, das zum Handbuch der H.prozesse in Mittel- und Norddeutschland wurde, die von 1660-75 wüteten. Ihre theoretischen Verteidiger wirkten vor allem in Leipzig, Jena und Wittenberg. Nachdem das aufsehenerregende Werk des Holländers Balth. → Bekker (1691/93) den Glauben an die Macht und Wirksamkeit des → Teufels (: III) nachdrücklich erschüttert hatte, überwand schließlich Chr. → Thomasius den H.glauben im Geiste des Rationalismus in der Dissertation »De crimine magiae«, die er 1701 verteidigen ließ. Er gab den Anstoß zu dem preußischen Edikt von 1714, das die H.prozesse der Regierung und den obersten Justiz-Kollegien vorbehielt. Auch wo die Rechtsbücher das Verbrechen der Hexerei noch kannten, fanden im 18.Jh. nur vereinzelt Prozesse statt. Der H.glaube, im Zeitalter der → Aufklärung auch im theologischen Raum ganz aufgegeben, blieb aber als volkstümliche Überzeugung bis in die Gegenwart erhalten (→ Aberglaube, 2b). Trotz des kirchlichen Kampfes gegen den Aberglauben ist der Glaube an Schadenzauber und Tierverwandlungen noch heute lebendig.

Hexenhammer, dt. v. J.W.R.Schmidt, (1906) 1920² - Fr.v.Spee, Cautio criminalis, dt. v. J.F.Ritter, 1939. - J.Hansen, Zauberwahn, Inquisition u. H.prozesse im MA u. die Entstehung der großen H.-verfolgung, 1900 - Ders., Qu. u. Unters.en zur Gesch. des H.wahns u. der H.verfolgung im MA, 1901 - N.Paulus, H.wahn u. H.prozeß vornehml. im 16.Jh., 1910 - W.G.Soldan-H.Heppe, Gesch. der H.-prozesse, bearb. v. M.Bauer, 2 Bde, 1911 - F.Byloff, H.glaube u. H.verfolgung in den österr. Alpenländern, 1934 - A.Mayer, Erdmutter u. Hexe, 1936 - O.Pfister, Calvins Eingreifen in die H.-prozesse 1545, Zürich 1947 - J.Kruse, H. unter uns?, 1951 - W.E. Peuckert, Geheimkulte, 1951 - H.Zwetsloot, Fr.v.Spee u. die H.-prozesse, 1954 - J.Palou, La sorcellerie, Paris 1957 - F.Merzbacher, Die H.prozesse in Franken, 1957.

A.Brück

Heydenreich, *August Ludwig Christian* (1773-1858), 1818 Prof. und 1825 Direktor am Ev.-Theologischen Seminar zu Herborn, 1837 Landesbischof in Wiesbaden. H. war ein supranaturalistischer Theologe, der in der Bibel als dem Bericht über die Reihenfolge der geschichtlichen Offenbarungen Gottes das Mythische ausschloß, weil dem göttlichen Geist nur die begriffliche Wahrheit angemessen sei. - H. gab für die nassauische Kirche das Gesangbuch von 1841 mit 57 eigenen Liedern heraus. Das Ordinationsformular der von ihm geschaffenen Agende von 1843 hat mit seiner Vereinigung von Lehrbindung und Gewissensfreiheit großen Einfluß auf die Formung der nassauischen Pfarrerschaft ausgeübt und galt bis 1947.

Vf. u.a.: Über die Unzulässigkeit der mythischen Auffassung des Historischen im NT u. im Christentum (Denkschrift des Ev.-Theol. Seminars zu Herborn 1831, 1833, 1835); Die eigentümlichen Lehren des Christentums rein biblisch dargestellt, 4 Bde, 1833-39; Liturgie bei dem öffentl. Gottesdienste der ev.-christl. Kirche in dem Herzogtum Nassau, 1843. - Über H.: RGG² II, 1874 (Lit.) - R.Bonnet, Nassovica, Bausteine zur nassauischen Familien- u. Ortsgesch. VI, 1940, 59 - A.Adam, Die nassauische Union von 1817 (Jb. d. Hess. Kirchengesch. Vereinigung 1, 1949, 35-408, bes. 149. 184ff).

A.Adam

Heym, *Georg* (1887-1912), der erste bedeutende expressionistische Lyriker (→ Expressionismus: II, 2. 6). In seinen Gedichtbänden »Der Ewige Tag« und »Umbra Vitae« kristallisiert sich ein neues Form- und Sinngefüge von Dichtung heraus, das die Thematik und die dichterische Verfahrensweise der deutschen → Lyrik während etwa eines Jahrzehnts im Sinne eines Epochenstils mitbestimmt. Unter dem Einfluß → Baudelaires, Rimbauds, → Nietzsches, anfänglich auch → Georges, und der modernen Malerei (van → Gogh, Malerkreis der

»Brücke«), vor allem aber aus dem Widerstand des lebendigen Subjekts gegen die im Innern einer scheinbar völlig rationalisierten Gesellschaft blind waltende Macht und ihre entmenschlichende, schließlich katastrophische Tendenz entwickelt die Dichtung H.s die Formensprache und Ideologie des literarischen Jugendstils weiter und führt sie sehr rasch ihrer Selbstaufhebung in betont antikonventionellen, später »expressiv« genannten Ausdrucksformen entgegen. Ihre nachhaltige, bei → Trakl, → Benn, Becher, Zech, Wolfenstein, Ehrenstein, → Loerke u.a. zu spürende Wirkung verdankt sie der Gewalt ihrer vorwiegend bildhaften Sprache. H.s Bilder und Visionen schließen sich, gewisse Grundmotive oft variierend (zB die Stadt, der Krieg, die Toten), zu einer dichterischen Mythologie, genauer: *Dämonologie des Industriezeitalters* zusammen. Sie stellt nicht, wie man meinte, den Rückfall in ein animistisches Weltbild dar, sondern ist die Antwort des dichterischen Subjekts auf den geschichtlich-gesellschaftlichen Zustand. Welchen konkreten zeitlichen Sinn in ihr das zentrale Motiv des »Weltendes« hat, zeigen folgende Sätze H.s an: »Ich ersticke noch mit meinem brachliegenden Enthusiasmus in der banalen Zeit... Unsere Krankheit ist, in dem Ende eines Welttages zu leben, in einem Abend, der so stickig ward, daß man den Dunst seiner Fäulnis kaum noch ertragen kann... Schlimmer kann es auch 1820 nicht gewesen sein.« Die Vorstellung eines Zeiten-Endes wird bei H. nicht nur thematisch (vgl. »Der Gott der Stadt«, »Umbra Vitae«, »Der Krieg« usw), sie bestimmt H.s Zeitbewußtsein überhaupt und prägt sich deshalb in den Strukturelementen seiner Dichtung aus. Der Bann einer leeren, stillstehenden Zeit und der verzweifelte Versuch, ihn zu brechen, bedingen die wesentlichsten Momente seiner expressiven Bilder- und Metaphernsprache: das Gegeneinander und paradoxe Ineinander statischer und dynamischer Stilelemente; die Auflösung der Kontinuität des Raumes und der Zeit; die Technik des »Nebeneinander«, dh der Reihung aller dichterischen Bilder »in einer Ebene«; eine Farbmetaphorik, die den Farbbezeichnungen vorwiegend negative Bedeutungscharaktere verleiht; usw. - Obwohl einige Gedichte H.s religiöse Stoffe zum Gegenstand haben (Simson, Judas, Pilatus, Savonarola u.a.), vollzieht seine Lyrik nicht jene ausdrückliche, zT problematische Wendung ins Religiöse, die der Expressionismus bei → Werfel, Sorge, Schreyer u.a. nimmt. Andrerseits kann der an manchen Stellen vernehmbare, auf Nietzsche zurückgehende antichristliche Affekt nicht darüber hinwegtäuschen, daß das Gesamtwerk H.s ein einziger Protest gegen eine entgötterte und gottferne, total versachlichte Welt ist. Dem Leiden der Menschen in ihr verleiht es Sprache.

Der Ewige Tag, 1911; Umbra Vitae, 1912; Der Dieb, Ein Novellenbuch, 1913; Marathon (12 Sonette), 1914; Dichtungen, 1922 (erste GA); Umbra Vitae, 1924 (illustr. v. E.L.Kirchner); Ges. Gedichte, Zürich 1947. - Bibliogr. bei P.Merker-W.Stammler, Reallexikon d. dt. Lit.-Gesch. I², 1957, 421. 427. - Über H.: H.Greulich, G.H. (Germ. Studien 108), 1931. *K.Mautz*

Heynlin, *Johannes* (1430/33-96), aus Stein b. Pforzheim (de Lapide), studierte 1448-52 in Leipzig, 1453 in Löwen und lehrte 1454-64 in Paris (Prokurator der deutschen Nation), 1464-65 in Basel, wo er den »alten Weg« (Realismus) einführte, 1467-74 wieder in Paris (Prior der Sorbonne, 1469 Rektor der Universität, 1472 Dr. theol.). Seine Schüler waren u.a. Rudolf → Agricola, Joh. Amerbach, Joh. → Reuchlin, Ulrich → Surgant. Um 1469 richtete er mit Wilhelm Fichet die erste Drukkerei in der Sorbonne ein. 1474-78 war er Prediger in Basel, 1478-79 in Tübingen (mit Joh. → Nauclerus an der Universitätsgründung beteiligt, 1478-79 Rektor der Universität), 1476, 1478 und 1480 als Romfahrtprediger in Bern. 1479-84 wirkte er in Baden-Baden und seit 1484 in Basel, wo er bei Joh.Amerbach theologische Werke edierte, mit Seb. → Brant befreundet war und als Mönch in der Basler Kartause starb.

Ablaßpredigten des J.H. aus Stein in Bern, hg.v.H.v.Greyerz (Archiv d. Hist. Vereins d. Kantons Bern 32, 1933, 113-171). - M.Hossfeld, J.H. aus Stein (Basler Zs. f. Gesch. u. Altertumskunde 6, 1907, 309-356; 7, 1908, 79-219. 235-431) - VerfLex II, 1934, 434ff; V, 1955, 409f. *M.Sieber*

Hibbert, *Robert* (1770-1849), * auf Jamaika, erzogen von Gilbert Wakefield in Nottingham und am Emmanuel College (Cambridge). 1791-1803 war er Kaufmann auf Jamaika, wo er einen unitarischen Pfarrer für die Bekehrung der rd 400 Sklaven auf seinen Plantagen anstellte. 1803 kam er als reicher Mann nach England zurück und gründete 1847 den H. Trust (Stiftung) für »die Verbreitung des Christentums in seiner einfachsten Form« und für die Unterstützung »des Rechts der Privatmeinung in religiöser Hinsicht«. Aus den Mitteln der Stiftung werden vor allem nicht-orthodoxe (antitrinitarisch denkende) Studenten unterstützt, die H. Lectures gehalten (seit 1878; u.a. von Max → Müller, → Renan, → Radhakrishnan, → Tagore) und seit 1902 das H. Journal herausgegeben, eine vierteljährliche Veröffentlichung im Interesse des freien Christentums und der Weltreligionen.

J.Murch, Memoir of R.H., Esquire, Founder of The H. Trust, with a Sketch of its History, 1874 (Nachdr. 1933 als: The Book of The H. Trust) - DNB IX, 344. *P.Scott*

Hickes, *George,* führender Bischof der → Non-Jurors, * 20.6.1642 in Kirby Wiske b. Thirsk (Yorkshire), † 15.12.1715 in London, wo er in St.Andrew's Holborn eine Privatkapelle hatte. H. studierte seit 1659 in Oxford, 1664 Fellow am Lincoln College. 1673 reiste er durch Frankreich und die französische Schweiz, lernte → Turrettini kennen und gewann bleibende Vorliebe für die milde Form des dortigen Katholizismus (→ Fénelon, dessen »Education des Filles« [1687] er 1707 übersetzte). Als Hofprediger des Herzogs v.Lauderdale beteiligte sich H. 1677 an dem (zweiten) erfolglosen Versuch, die anglikanische Liturgie in Schottland einzuführen. Seit 1683 Dekan von Worcester, verweigerte er 1689 den Huldigungseid für Wilhelm von Oranien, verlor sein Amt und wurde 1694 als Non-Juror-Bischof von Thetford illegal geweiht. Außer einer hochkirchlichen, liturgisch-sakramentalen Theologie (bes. »Devotions«, [1700] 1730⁶; »Two Treatises, one of the Christian Priesthood, the other of the Dignity of the Episcopal Order«, 1707), einer lebhaften Auseinandersetzung mit dem röm. Katholizismus (»An Apologetical Vindication of the Church of England«, 1687; u.a.), einer entschiedenen Verteidigung der Non-Jurors (»An Apology for the New Separation«, 1691; »The Constitution of the Catholic Church and the Nature and Consequences of Schism«, 1716) pflegte er das Hebräische und trieb als erster angelsächsische Studien (»Institutiones Grammaticae Anglo-Saxonicae«, 1689; »Linguarum veterum septentrionalium thesaurus grammatico-historicus et archaeologicus«, 1703-05). Seine praktische Ethik (»A Gentleman instructed in the Conduct of a virtuous and happy Life«, [1709⁴] 1755¹²) war im 18.Jh. sehr beliebt.

DNB (Neudr. 1949/50) IX, 801ff - G.Every, The High Church Party 1688-1718, 1956, 69f. 131f. 160f. 185ff. *M.Schmidt*

Hicks, *Elias* (1748-1830), * Hempstead, Long Island, Kind einer Quäker-Familie. H. zeigte zunächst wenig Interesse für die Religion, erlebte aber 1768 eine Bekehrung, die ihn zum Predigen und bald zu einer führenden

Stelle im amerikanischen Quäkertum brachte. Zu einer Zeit, in der das Leben der → Quäker ziemlich gesunken war, widmete sich H. philanthropischen Zielen, bes. der Aufhebung der Sklaverei. Die geschichtliche Bedeutung von H., der auf vielen Reisen durch die USA und Kanada Gehör fand, liegt aber darin, daß er als hauptverantwortlich für die »große Spaltung« des Quäkertums gilt. H. verkündigte »den Geist als die Kraft Gottes in der Seele des Menschen, Gott als Schöpfer, Erhalter, Richter, Erlöser, Heiland, Heiligmachenden und Rechtfertigenden«. Er vernachlässigte das Werk und die Person Christi. »Die einzige Gerechtigkeit, die einen Menschen rettet, ist sein eigener Gehorsam Gottes Willen gegenüber.« Er legte großen Wert auf das »innere Licht«, das er als »vollkommene Regel des Glaubens« der Vernunft fast gleichsetzte. Diese Behauptung brachte H. in schwere Konflikte mit ev. Quäkern, die von der englischen Erweckungsbewegung (→ Erweckung: I, 1) beeinflußt worden waren (Thomas Shillitoe). Auf der Jahresversammlung von Pennsylvania 1827/28 kam es zur Spaltung. Die Leiter der Versammlung schlugen eine Art Glaubensbekenntnis vor; H. lehnte es ab. Nach H.' Ansicht wollten die Leiter »ein Glaubensjoch auf die Gemeinde legen und ihre Autorität dazu benutzen, eine neue Orthodoxie zu erzwingen«. Bald hatte der Streit Wirkungen in anderen Gemeinden zur Folge, auch in England (bes. in Manchester, Kendal und Bristol). Die meisten Hicksiten (wie die Gegner sie bald nannten) stimmten theologisch nicht mit H. überein, erstrebten aber wie er Toleranz in allen Glaubensdingen. H. wurde hauptsächlich auf dem Lande unterstützt, da bei den einfachen Bauern der Protest gegen das Leben der Quäker in den Städten ein lebhaftes Echo fand. H. schien ihnen in seiner Theologie und Lebensweise den ersten Quäkern näher zu stehen. Die Spaltung besteht noch heute (1910 waren ein Sechstel der Quäker in den USA Hicksiten). Die alten Fragen aber sind tot, und durch die gemeinsame philanthropische Arbeit der zwei Weltkriege beginnen die alten Wunden zu heilen.

Journal of the Life and Religious Labours of E.H., written by himself, 1832. - Über H.: H.W.WILBUR, The Life and Labours of E.H., 1910 - R.M.JONES, The Later Periods of Quakerism I, 1921 - E.RUSSELL, The Separation after a Century, 1928. - Vgl. auch die Lit. zu → Quäker.

P.Scott

Hierakas, vielseitig gelehrter Ägypter aus Leontopolis (Tell el Jahūdīje), * wohl um 270, † als 90jähriger, war offenbar Origenist, wie sein Biblizismus, die asketische Forderung der Ehelosigkeit, die Gründung eines Mönchsvereins (sog. Hierakiten [→ Mönchtum: II]), die spiritualistische Auferstehungslehre u.a. zeigen. H. schrieb u.a. heute verlorene Bibelkommentare und Psalmen, und zwar nach → Epiphanius (Panarion 67, 3) in griechischer und ägyptischer (koptischer) Sprache. Das erscheint glaubhaft, seit wir von der frühen Verwendung des Koptischen (→ Kopten: II) zum Ausdruck auch diffiziler theologischer Gedanken wissen. Man sucht ihm jetzt einen achmimischen Psalm zuzuschreiben (vgl. Peterson). Möglicherweise hat H. bei der Gestaltung der koptischen Schrift mitgewirkt (Kahle 259). - Vgl. → Ägypten: IV, 3.

RE VIII, 38f - C.SCHMIDT, ZNW 24, 1925, 221ff - E.PETERSON, Ein Fragment des H. (?) (Muséon 60, 1947, 257-260) - P.E.KAHLE, Bala'izah I, 1954, 259.

S.Morenz

Hierarchie, im kath. Kirchenrecht (cc. 108. 109 CIC) der terminus technicus für das Verhältnis gegenseitiger Über- und Unterordnung innerhalb des → Klerus (, 2) sowie für die Gesamtheit der Kleriker, die in irgendeinem Grad an den beiden hierarchischen Gewalten teilhaben. Innerhalb der ständischen Gliederung der Kirche, die nach göttlichem Recht Kleriker und Laien voneinander scheidet (c. 107), ist der Klerus also durch eine Rangordnung gestuft, und zwar entsprechend der doppelten Gewalt durch eine zweifache: Weihe- und Jurisdiktions-H. In beiden H.n sind die tragenden Stufen - der Weihe (→ Ordination: III) nach: Bischöfe, Priester, Ministri (dh die Diakone), der → Jurisdiktion nach: Papst und Bischöfe - göttlichen Rechtes; an sie sind kraft kirchlichen Rechts bes. in der Jurisdiktions-H. zahlreiche andere Stufen angeschlossen. Indem der (regierende) → Bischof (: II) als zweiter göttlich-rechtlicher Träger eigenständiger Jurisdiktion neben dem Papst steht und die Gewalt des Papstes als bischöfliche Vollgewalt charakterisiert wird (c. 218 § 2), wird die bischöfliche Verfassung zur eigentlichen hierarchischen Verfassung, neben der die vom Papst getragene Missionsverfassung (→ Mission: III F) als Durchgangsstadium bewertet werden muß (c. 252 § 3). Auch die Stände der → Vollkommenheit sind als solche kein Teil der H.; nur diejenigen Einzelmitglieder dieser Stände gehören ihr an, die als Kleriker an der Weihe- und/oder Jurisdiktionsgewalt partizipieren. Die H. ergänzt sich selbst, und zwar in der ersten Ordnung durch die Weihe, in der zweiten durch die Übertragung von Jurisdiktion (→ Missio canonica), in der päpstlichen Spitze durch (rechtmäßige) Wahl. In die H. aufgenommen werden können nur Kleriker (c. 118). - Vgl. → Amt: III, 2.

Über das mit dem CIC übereinstimmende Recht der unierten Orientalischen Kirche: De ritibus orientalibus... cc. 38. 39. 53. 162 § 2. 199 § 3 (AAS 49, 1957, 433ff). - Lehrbücher des → Kirchenrechts - DDC V, 1125ff - H.BARION, Sacra Hierarchia (Tymbos f. W.Ahlmann, 1951, 18-45). - Zum Geschichtl. s. → Kirchenverfassung: II. IV. V.

H.Barion

Hierocles, Sossianus, zu Beginn der diokletianischen → Christenverfolgung (303) Statthalter von Bithynien, später (308) Präfekt von Ägypten. Wenn → Lactantius (De mort. pers. 16, 4) ihn »auctor et consiliarius« der Verfolgung nennt, so kann das nur bedeuten, daß H. als der lokal zuständige Statthalter die kaiserlichen Verfolgungsedikte durch 2 Libri φιλαλήθεις (dh Ermahnung an die Christen, von ihren bisher durch Unwissenheit entschuldigten Irrtümern abzulassen) zu rechtfertigen suchte. Er lehnte sich an → Porphyrius an und behauptete zB, daß »Christus, von den Juden in die Flucht geschlagen, mit einer... Bande von 900 Mann Straßenraub getrieben habe«. Gegen H. richten sich die Divinae Institutiones des Lactantius. Auch Eusebius hat ihn einer Widerlegung wert gefunden.

Referat u. Fragmente bei Lactantius, Div. Inst. V, 2-3, u. bei Eusebius, Πρὸς τοὺς ὑπὲρ Ἀπολλωνίου τοῦ Τυανέως Ἱεροκλέους λόγους (Ausg. in der Philostrat-Ausg. von C.L.KAYSER, Bd I, 1870, 369ff, mit engl. Übers. bei F.C.CONYBEARE, Philostratus, The Life of Apollonius of Tyana, London 1912). - PW VIII, 1477.

H.Langerbeck

Hierokles ist der wichtigste Vertreter des alexandrinischen → Neuplatonismus, der sich von dem plotinischen wie bes. von dem athenischen durch seine Nähe zum mittleren → Platonismus wie zur christlichen Theologie abhebt. Wenn → Äneas von Gaza wirklich H.' Schüler war, muß er bis in die Mitte des 5.Jh.s gelebt haben. Da H. sich mit Betonung zu der Nachfolge des → Ammonios Sakkas bekennt, ist zu fragen, ob namentlich die unverkennbar christlichen Einflüsse erst ihm oder nicht vielmehr bereits dem Ammonios zuzuschreiben sind. H. ist heidnischer Bekenner. Er erregte bei einem Aufenthalt in Byzanz Anstoß und wurde auf Grund gerichtlicher Verurteilung mißhandelt und verbannt. In der geschichtlichen Einleitung seines Hauptwerkes: Περὶ προνοίας καὶ εἱμαρμένης καὶ τῆς τοῦ ἐφ' ἡμῖν πρὸς τὴν θείαν ἡγεμονίαν συντάξεως (nach 412) beruft er sich als Quelle seiner ammonianischen Orthodoxie neben → Plotin auf den sonst fast unbekannten Neuplatoniker Origenes. Eine exakte Scheidung der Lehre des H. von der Schultradition gestatten die Quellen nicht. Wenn H. im wesentlichen die Schultradition wiedergibt, ist er die wichtigste Quelle für Ammonios Sakkas und damit für christliche Einflüsse auf diesen. Auch die auffälligen peripatetischen Elemente in der Ethik des H. (Kommentar zum pythagoreischen Carmen aureum) sprechen dafür. So erklärt sich auch, daß H. dem Christen → Origenes (vor allem »De Principiis«) wesentlich näher steht als Plotin oder gar → Porphyrius und → Jamblich.

Qu. zum Leben: Damaskios in der »Vita Isidori« (Photios Bibl. cod. 242). - Referat u. Auszüge aus »De Providentia« bei Photios Bibl. cod. 214 u. cod. 251. - Kommentar zum Carmen aureum hg.v. F.W. A.Mullach, 1853. - Ferner: PW VIII, 1479ff - H.Langerbeck, The Philosophy of Ammonius Saccas (JHS 77, 1957, 67-74).

H.Langerbeck

Hieronymiten, Einsiedlergenossenschaften, betitelt nach dem hl. → Hieronymus von Strido. Sie nahmen die durch Zusätze aus Hieronymus und anderen Ordenssatzungen erweiterte → Augustinerregel an. a) Arme Eremiten des hl. Hieronymus, 1380 vom sel. Petro Gambacorti von Pisa gegründet und 1477 bestätigt. 1568 wurde die Augustinerregel angenommen, Konstitutionen stammen von 1520, 1614, 1642. ZZ bestehen nur noch einige Klöster in Italien. - b) Spanische Eremiten des hl. Hieronymus, 1373 bestätigt und 1415 unter einem Ordensgeneral vereinigt. Sie nahmen in Spanien alsbald die erste Stelle ein (Konstitutionen 1613; berühmte Klöster sind Escorial und San Yuste). 1835 wurden sie staatlich aufgehoben, 1927 aber in Parval (Segovia) wiedererrichtet. - c) Die H. von der Observanz oder von der Lombardei, eine von Martin V. gebilligte Reform (Konstitutionen 1614). Die wenigen Klöster sind längst untergegangen. - d) Die H. von Fiesole, von Innozenz VII. 1406 genehmigt, nahmen 1441 die Augustinerregel an, wurden aber 1668 von Clemens IX. aufgehoben.

Heimbucher I, 592ff - LThK V, 12f. *Ph.Hofmeister*

Hieronymus, 1. *Kirchenvater* (340/50-420), * von christlichen Eltern in Strido (Dalmatien), studiert in Rom Grammatik und Rhetorik (bei Donat) und wird vor 366 getauft. Auf einer Reise durch Gallien lernt er das → Mönchtum (: II) kennen und beschließt, Mönch zu werden. Nach Aufenthalt in Aquileja in einem Kreise Gleichgesinnter (darunter → Rufin) weilt er 374/75 in Antiochia, danach als Asket in der Wüste von Chalkis (Ostsyrien), wo er von einem getauften Juden Hebräisch lernt. Wegen des meletianischen (→ Meletius, 1) Streits nach Antiochia zurückgekehrt, wird er von dem von Rom anerkannten → Paulinus (, 1) zum Presbyter geweiht und hört die exegetischen Vorträge des → Apollinaris von Laodicea. Seit 380 lebt er in Konstantinopel, wo er → Gregor von Nazianz hört und mit → Gregor von Nyssa und → Amphilochius von Ikonium verkehrt. 382 reist H. nach Rom und wird Freund und Sekretär des Papstes → Damasus. Nach dessen Tode reist er nach Jerusalem und lebt seit 386 mit seiner patrizischen Freundin Paula und ihrer Tochter Eustochium in Bethlehem. 34 Jahre lang widmet er sich der Leitung der von Paula gegründeten Klöster und wissenschaftlich-literarischer Tätigkeit, freilich nicht immer ungestört: Hunnen, Isaurier und Sarazenen bedrohen wiederholt die Klöster; 416 zünden Pelagianer sie an. - H. ist ein schwieriger Charakter, eitel, kleinlich, nachtragend. Doch ist vieles, was man seiner Polemik zur Last legt, nur Charakteristikum antiker Rhetorik. Ein unermüdlicher Kämpfer für Kirche und Orthodoxie, ist H. jedenfalls der gelehrteste und belesenste aller lateinischen Väter und so einer der → Doctores Ecclesiae geworden. Er gilt im MA als Schutzpatron der Hochschulen und wird häufig als Asket oder Mönch in der Klause dargestellt (zB von → Dürer), oft auch wegen seiner römischen Beziehungen mit Kardinalshut. - Die größte Leistung seines umfangreichen literarischen Werkes ist die Schaffung eines zuverlässigen lateinischen Bibeltextes, der »Vulgata« (→ Bibelübersetzungen: II, 2). Seine Stärke liegt nicht auf dogmatischem, sondern auf exegetischem Gebiet. H. übersetzt viele Schriften griechischer Väter, vor allem die des → Origenes. Auch seine eigenen zahlreichen Kommentare zu biblischen Büchern, die auf die abendländische Exegese nachhaltig einwirkten (→ Schriftauslegung: IV), stehen unter dessen Einfluß. Von historischen Werken übersetzt er außer dem Onomastikon des → Eusebius (, 2) auch den 2. Teil seiner Chronik (→ Kirchengeschichte: I) und erweitert ihn bis 378. Eigene Abhandlungen des H. sind De viris illustribus, eine christliche Literaturgeschichte (von Petrus bis H.), die auch Heiden berücksichtigt, sowie drei legendäre Mönchsbiographien. Seine dogmatisch-polemischen Schriften richten sich bes. gegen Gegner der Askese (→ Jovinian, → Vigilantius) und der immerwährenden Virginität Marias (→ Helvidius), ferner gegen seinen alten Freund Rufin und gegen die Pelagianer (→ Pelagius). Erhalten sind außerdem Homilien und der als Geschichtsquelle wichtige Briefwechsel. Das Martyrologium Hieronymianum (→ Martyrologien) trägt fälschlich seinen Namen.

GA: MPL 22-30; Briefe ed. J.Hilberg, CSEL 54-56. - Biographien: G.Grützmacher, 3 Bde, 1901-08 - F.Cavallera, 2 Bde, Louvain 1922 - A.Vaccari, Rom 1922. - Ferner: RE VIII, 842ff - DThC VIII, 894ff - Bardenhewer III, 605ff - LThK V, 513ff - Altaner 354ff (jeweils Lit.). *U.Treu*

2. *von Prag* († 30.5.1416), studierte in Paris und Oxford, wo er mit der Lehre → Wiclifs bekannt wurde. 1406 lehrte er in Heidelberg und Köln, wurde seit 1407 an → Huß' Seite der leidenschaftliche Wortführer des Wiclifismus und mußte sich deshalb, obgleich Laie, vor dem Inquisitionsgericht in Gran und Wien verantworten. 1412 eiferte er in Prag gegen den Ablaß, 1413 schuf er den Ideen Wiclifs Eingang in Polen und Rußland und brachte den Geist der Ostkirche nach Prag. Im April 1415 eilte er zu Huß' Verteidigung nach Konstanz. Auf Zureden böhmischer Barone ging er nach Böhmen zurück, wurde aber wieder gefaßt. Nach schwerer Haft in Konstanz leistete er Widerruf, bekannte sich aber am 23.5. 1416 neuerlich zu Huß. So wurde er dem Scheiterhaufen überantwortet.

Ottův Slovník 13, 1898, 259-263 - L.Klicman, Processus iudiciarius contra Jeronimum de Prag habitus Viennae 1410-12 (Hist. Archiv der tschech. Akademie 12, Prag 1898, 1-43) - R.R.Betts, Jerome of Prague (Univ. of Birmingham Hist. Journal 1, 1947, 51-91) - Ders., Jeronym Pražský (Tři stati o hnutí husitském v Čechách, London 1952). *J.Hemmerle*

Hilarion *von Gaza* (291-361?), südpalästinischer Einsiedler, als Schüler des → Antonius Repräsentant des sich von Ägypten ausbreitenden Eremitentums (→ Mönchtum: II), † in einer Bergklause auf Cypern. H. wird von → Hieronymus seinem Mönchsideal gemäß und stark legendarisch als Begründer des palästinischen Mönchtums geschildert. In diesem Bilde fehlen die Logien, um so stärker aber tritt die Askese heraus; als einzige Habe trägt H. auf seinen Reisen stets einen Evangelienkodex bei sich. Seine Historizität ist gesichert (Sozomenus, Epiphanius, zwei → Apophthegmen).

Hieronymus, Vita S.Hilarionis, MPL 23, 29ff - Sozomenus, h.e. III, 14; V, 10. - RE VIII, 54ff - E.Coleiro, St.Jerome's Lives of the Hermits (VigChr 11, 1957, 161-178). *H.Dörries*

Hilarius, 1. *von Arles* (401–449; Fest: 5.5.), wurde von seinem Verwandten → Honoratus nach Widerstand zum → Mönchtum (: II) bekehrt, lebte dann in → Lerinum und wurde ca 429 als Bischof von → Arles sein Nachfolger. Im Geiste von Lerinum förderte H. das asketische Ideal und kritisierte Augustins Gnadenlehre (→ Semipelagianismus). Papst → Leo I. vereitelte den Versuch des H., die Metropolitanrechte von Arles auszudehnen, und nahm ihm 445, unterstützt von Valentinian III., die Metropolitangewalt.

Werke: MPL 50, 1213ff – S.Cavallin, Vitae SS. Honorati et Hilarii, Lund 1952 (13ff: Echtheitsfragen). – L.Duchesne, Hist. ancienne de l'Eglise III, 1911, 590ff – B.Kolon, Die Vita S.Hilarii Arel., 1925 – D.Franses, Paus Leo de Gr. en S.H.v.Arles, Bois le Duc 1948 – Altaner 419 (Lit.). *R.Lorenz*

2. *von Poitiers* (ca 315–367), »der Athanasius des Westens«, * als Heide in Poitiers, wurde Christ und 350 Bischof seiner Vaterstadt. Als Konstantius 353/55 vom Westen die Verurteilung des → Athanasius forderte (→ Arianischer Streit, 3), leitete H. den Widerstand, zu dem sich 355 bei einer Revolte des Silvanus, magister militum in Köln, eine günstige Gelegenheit bot. Aber Silvanus wurde ermordet, H. 356 wegen Hochverrat verurteilt und nach Kleinasien verbannt. Dort lernte er Griechisch und wurde so fähig, den arianischen Streit dem Westen verständlich zu machen. Nach → Gallien zurückgekehrt (360), führte H. die Opposition gegen die Arianer (zB Auxentius von Mailand). Seine Hauptwerke sind Kommentare zum MtEv und zu den Pss sowie antiarianische Schriften, bes. De Synodis und De Trinitate (→ Christologie: II, 3d; → Trinität: III). Die ersten lateinischen Hymnen stammen von ihm (→ Altchristliche Dichtung, 2a). Doctor Ecclesiae seit 1851; Tag: 14. 1.

MPL 9. 10 – CSEL 22, 1891 (ed. A.Zingerle); 65, 1916 (ed. A. Feder) – W.Bulst, Hymni latini antiquissimi, 1956. – E.Griffe, La Gaule chrétienne I, Paris 1947, 156ff – Altaner 325ff (Lit.). *H.Chadwick*

Hilarus, *Papst* 19.11.461 bis 29.2.468, Nachfolger von → Leo I., protestierte als Legat auf der »Räubersynode« zu Ephesus (449) gegen die Absetzung des → Flavian von Konstantinopel. Als Papst schritt er gegen Jurisdiktionsstreitigkeiten innerhalb des gallischen und spanischen Episkopats ein. Die Konzilsbeschlüsse von → Nicäa, → Ephesus und → Chalcedon bestätigte er laut → Liber Pontificalis in einer Dekretale an die Bischöfe des Ostens.

Caspar II, 10ff – Haller I, 176. 209 – Seppelt I², 191ff. 211f – Altaner 426. *F.Paschke*

Hildebert *von Lavardin* (ca 1056–1133), * in Lavardin bei Montoire s. Loir, vielleicht unter → Berengar in Tours ausgebildet, Domscholaster und 1091 Archidiakon in Le Mans, dort 1096 zum Bischof gewählt, 1125 von Ludwig VI. zum Erzbischof von Tours erhoben. Er verwaltete seine Diözesen vorzüglich im Sinne der Kirchenreform, geriet dabei wiederholt in Konflikte mit den Königen von England und Frankreich, besuchte mehrmals Rom, vertrieb 1116 den Wanderprediger → Heinrich von Lausanne nach vorübergehender Predigterlaubnis, erbaute eine neue Kathedrale in Le Mans. – H.s Briefe fanden weite Verbreitung als Schulbuch des Briefstils. Dichterisch bearbeitete H. in vollkommenen antiken Formen, zT auch in mittelalterlichen Rhythmen, biblische, hagiographische und liturgische Stoffe. Unter den Gelegenheitsgedichten ragt neben einem auf Berengar das auf das alte und das päpstliche Rom hervor als ein formal und gedanklich gleich bedeutendes Zeugnis der »Renaissance des 12.Jh.s«. »De querimonia et conflictu carnis et animae« ahmt → Boethius nach; weniger bedeutend sind die wenigen echten Predigten und die Vita Radegundis.

Werke: MPL 171; vgl. dazu P.Glorieux, Pour revaloriser Migne, Lille 1952, 63ff, der die zahlreichen H. fälschlich zugeschriebenen Werke aussondert. – Über H.: RE VIII, 67ff (Lit.) – F.J.E.Raby, A History of Christian-Latin Poetry from the Beginnings to the Close of the MA, Oxford (1927) 1953², 265ff – Ders., A History of Secular Latin Poetry in the MA I, ebd (1934) 1957², 317ff (Lit.) – P.E. Schramm, Kaiser, Rom u. Renovatio I, (1929) 1957², 296ff (Lit.) – Manitius III, 853ff – J.de Ghellinck, Littérature latine au moyen âge II, Paris 1939, 115ff. *P.Classen*

Hildegard *von Bingen* (1098–1179), gehört zu den bedeutendsten Frauen des deutschen MA. * zu Bermersheim bei Alzey (nicht zu Böckelheim), eine Edle von Bermersheim, 9jährig Reklusin auf Disibodenberg (→ Disibod), 1136 Meisterin, gründet um 1148 das Rupertsberger, um 1165 das Eibinger Kloster. – Das Wesentliche der Persönlichkeit H.s liegt in ihrer Sehergabe. Sendungsauftrag und Inhalt ihrer Verkündigung wird der »Prophetissa teutonica« in der Schau des »lebendigen Lichtes« zuteil. Die göttliche Stimme zeigt ihr in grandiosen, symbolgeladenen Bildern die Mysterien der Heilsökonomie Gottes. Mit ihren literarischen Werken, Predigten und Briefen findet sie Gehör bei vielen, nicht nur bei Geistlichen und weltlichen Würdenträgern. Papst Eugen III. war ihr väterlich zugetan. Dem Schisma 1159 bis 1177 gegenüber verhielt sich H. anfangs neutral, dann aber scharf ablehnend. Ihrer Klosterfamilie war sie Mutter und weise Führerin. Sie nahm sich auch der Kranken und Armen besonders an. Mit H. erreicht der Symbolismus seinen Höhepunkt. Ihr Schrifttum zieht heute die Aufmerksamkeit weiter, bes. wissenschaftlicher Kreise auf sich. – Tag 17.9.

Vf. bes.: Scivias (Theol.); Lib. vitae meritorum (Ethik); Lib. divinorum operum (Kosmologie u. Anthropologie); Lib. subtilitatum (Natur- u. Heilkunde); Symphonia (Dichtungen u. Kompositionen); über 300 Briefe. – MPL 197 – J.P.Pitra, Analecta S.H., 1882. – H.Liebeschütz, Das allegorische Weltbild H.s v.B., 1930 – M.Schrader-A.Führkötter, Die Echtheit des Schrifttums der H.v.B. (BAKultG 6), 1956 (Lit.). *M.Schrader*

Hildesheim (→ 6 F 3), als Bistum wohl 815 durch Ludwig d.Fr. gegründet, umfaßte 13 ostfälische Gaue und wurde von den Diözesen → Halberstadt, → Mainz, → Paderborn, → Minden, → Verden umschlossen. Der 3. Bischof, Ebo, brachte offenbar die Reimser kanonischen Einrichtungen. Sein Nachfolger Altfrid erbaute den ersten Stein-Dom, gründete das Stift Essen und war maßgeblich an der Errichtung der Stifter Gandersheim und Lamspringe beteiligt. Unter den heiliggesprochenen Bischöfen → Bernward und Godehard erreichte H. einen Höhepunkt. Konrad II. wurde 1235 zusammen mit den Welfen die Landeshoheit verbrieft. Seitdem bestanden dauernde Streitigkeiten mit diesen. Von den Reformern des 15.Jh.s weilte Joh. → Busch lange in der Diözese, → Bursfelde wurde von Klus, St.Michael/H. von → Nikolaus von Kues reformiert. – Durch die H.er Stiftsfehde (1518–23) wurde das »Große Stift« welfisch, das bischöfliche »Kleine Stift« bestand nur aus 3 Ämtern. Herzog Julius von Wolfenbüttel reformierte das Große Stift endgültig; doch erhielt Bischof Burchard von Oberg den Rest dem Katholizismus, da er die Wittelsbacher nach H. brachte. Das Große Stift wurde 1643 restituiert, doch blieb das Luthertum durch das Normaljahr 1624 erhalten; der Bischof errichtete 1651 in H. ein Konsistorium. – Die Säkularisation erfolgte 1802; Ende 1813 nahm Hannover das Stift in Besitz. Durch die erweiterte Zirkumskriptionsbulle »Impensa Romanorum Pontificum« wurde 1824 das exemte Bistum H. für das Königreich Hannover östlich der Weser geschaffen, 1834 ihm auch das Herzogtum Braunschweig zugewiesen. Bischof

Eduard Jakob Wedekin baute die Diözese wieder auf. – Auf Grund des Konkordats mit Preußen 1929 wurde H. zur Paderborner Kirchenprovinz geschlagen und erhielt von → Fulda den Kreis Grafschaft Schaumburg. Nach dem 2. Weltkrieg wurden bis etwa 1955 ca 430 000 kath. Ostvertriebene in den Bereich des Bistums (insgesamt ca 670 000 Seelen) eingewiesen. Zur Statistik s. → Hannover, 5.

A.Bertram, Gesch. d. Bistums H., 3 Bde, 1899-1925 - V.Loewe, Bibliogr. der Hannov. u. Braunschweig. Gesch., 1908 - B.Engelke, Die Grenzen u. Gaue der älteren Diözese H. (Hannov. Geschichtsblätter NF 3, 3, 1935, 1-23) - Fr.Busch, Bibliogr. d. Niedersächs. Gesch. 1908/32, 1938 - E.Müller, Die Entstehungsgesch. d. sächs. Bistümer unter Karl d.Gr., 1938 - H.Seeland, Kurzer Abriß der Gesch. d. Bistums H., 1948. *R.Drögereit*

Hildesheimer Blindenmission, 1890 durch die Pastorentochter Louise Cooper gegründet. Ihr Buch »Aus der deutschen Mission unter dem weiblichen Geschlecht in China« (1889) gab ihre Erfahrungen in → Hongkong 1884-86 in der Findlingsmission wieder. Der 1890 gegründete »Frauen- und Jungfrauenverein für China« sorgte für einen ersten Pflegling in der Blindenschule der amerikanischen Ärztin Dr. Miles in Kanton. 1892 erhielt die H.B. eine festere Organisation (Vorstandsleiter Pastor Bartels an Lamberti), 1896 wurde Schwester Martha Postler als erste Missionarin ausgesandt. Als 15. Missionsschwester leitet zZ (1958) Schwester Eva Morgenstern das »Eben Ezer Home and School for the Blind« in Pokfulam (112 Kinder). Seit 1957 geschieht die Arbeit in Anlehnung an die → Leipziger Mission unter dem Vorsitz von Landes-Sup. Detering in Hildesheim. – Vgl. → Blindenmission, → China: IV C, 1e, → Frauenmission. *F.Kellermann*

Hilfsschule

1. Begriff – 2. Geschichte – 3. Heutige Ausprägung

1. Die H. versteht sich als eine Sonderschule für diejenigen Kinder, die den Leistungsanforderungen der Volksschule (→ Volksschulwesen) nicht gewachsen sind und dort mehrfach sitzenbleiben müßten. Neben den Sonderschulen für blinde, gehörlose und sprachkranke Kinder ist sie eine »allgemeine« Sonderschule für lern- oder leistungsschwache Kinder.

2. Um den in den Volksschulen (vielfach in den Anfängerklassen) sitzengebliebenen schwachsinnigen Kindern durch Unterricht aufzuhelfen, damit sie später nicht der »Gemeinde zur Last fallen«, forderte zuerst der Taubstummenlehrer H.E.Stötzner 1864 besondere Schulen. In der darauf folgenden Zeit entstanden Nachhilfeklassen mit dem Ziel, die Kinder so weit zu fördern, daß sie wieder am Unterricht ihrer Klasse teilnehmen könnten. Dieses Ziel konnte jedoch nur für wenige Kinder erreicht werden, die aus äußeren Gründen zurückgeblieben waren. Für die übrigen wurde eine Aufstockung der »Hilfsklassen« selber nötig, so daß in größeren Städten nach und nach voll ausgebaute, 6klassige H.n entstanden. Daneben gab es von Anfang an auch wenig gegliederte und einklassige H.n mit einer inneren Gliederung nach Unter-, Mittel- und Oberstufe. Die Aufnahme geschah erst nach einer 2jährigen »Probezeit« in der Volksschule, einer ärztlichen Untersuchung und einer Aufnahmeprüfung, wodurch sichergestellt werden sollte, daß nur schulfähige schwachsinnige Kinder aufgenommen, mindersinnige, aus äußeren Gründen zurückgebliebene und erziehlich vernachlässigte Kinder dagegen abgewiesen wurden. In der Zeit bis etwa zum 1. Weltkrieg hatte die H. ihre feste Form als Schwachsinnigenschule gefunden (→ Schwachsinnigenfürsorge). Erziehung und Unterricht erfolgten im Geist des herrschenden Herbartianismus (→ Herbart; Ausnahme: H.Barmen-Carnap 1902 bis 1906 im Sinne der Lebensgemeinschaftsschule; vgl. Langermann [Lit.]), wobei die Unterrichtsziele herabgesetzt und die Methoden hinsichtlich Anschaulichkeit, Tempo und Artikulation des Unterrichts differenziert und modifiziert waren. Überwogen anfangs neben schweren Schwachsinnsformen (idiotische Kinder) solche mittlerer Schwere (imbezille Kinder), so verlagerte sich das Gewicht bald zu den leichteren Formen hin (debile Kinder). Diese Verschiebung des geistigen Niveaus nach oben setzte sich in der Zeit zwischen den Weltkriegen fort. Durch Verwendung neuer Prüfverfahren gelang es zunehmend, nicht nur die Intelligenz, sondern auch den allgemeinen psychischen Status des aufzunehmenden Kindes zu erfassen; man entschied über die Aufnahme nicht mehr danach, ob Schwachsinn vorlag, sondern mehr danach, ob das Kind bei herabgesetzter intellektueller Begabung in der Lage sein werde, am Unterricht der Volksschule mit Erfolg teilzunehmen oder nicht. In dieser Zeit begannen auch die Ergebnisse der pädagogischen Reformbewegung (→ Schulreform) in die H. einzudringen und ihre starren Unterrichtsformen aufzulockern. Der Nationalsozialismus sah in den H.n Sammelbecken minderwertigen Lebens und hätte sie völlig um ihren pädagogischen Sinn gebracht, wenn nicht die »Ökonomie des Menschenmaterials« hier ein Reservoir später noch brauchbarer Arbeiter und Soldaten entdeckt hätte.

Das den H.kindern in der Öffentlichkeit seit jeher anhaftende Odium der »Minderwertigkeit« beruht auf zweierlei: die schweren Schwachsinnsfälle der Anfangszeit prägten das Urteil der Öffentlichkeit dauerhaft, und die gewissenlose Grausamkeit »normaler« Mitmenschen behing die »Abnormen« und die Schwachen mit psychiatrischen Fachausdrücken als Schimpfwörtern (blödsinnig, Idiot, Idiotenschule).

3. Schwere Formen des Schwachsinns kommen heute kaum mehr zur Einschulung. Zwar finden wir in der H. noch schwachsinnige, aber zunehmend mehr schwachbegabte Kinder, deren intellektuelle Ausrüstung zuweilen nur wenig unter dem Durchschnitt liegt. Daß solche Kinder in der Volksschule auf die Dauer versagen, hat verschiedene Ursachen: mangelhafte körperliche Pflege, Ernährung und Lebensführung; unzureichende Erziehungshilfen und geringe Schulfreundlichkeit seitens der Eltern; Unvermögen, die moderne Reizflut adäquat zu verarbeiten; geringe Fehler im Gefühls- und Willensleben, die sich schwerwiegend auf die intellektuelle Entwicklung auswirken oder zu festeingewurzelten Fehlhaltungen führen; mangelhafte Körperbeherrschung und motorische Unruhe; »Nervosität« und seelische Hemmungen. Aber auch die ausgesprochen minderbegabten (schwachsinnigen) Kinder zeigen häufig zusätzliche Verhaltensstörungen und Erziehungsmängel, so daß in der heutigen H. neben einem starken Begabungsgefälle eine breite Skala von Erziehungsschwierigkeiten vorliegt, die dem H.lehrer ein Höchstmaß an Geduld und Einsatzbereitschaft, an Erziehungskunst und Unterrichtsgeschick auferlegt.

Die Erfassung der in Frage kommenden Kinder ist dem Grundschullehrer durch die Anordnung leicht gemacht, alle Kinder zu melden, die nach 2 Jahren das Ziel der 1. Klasse, nach 3 Jahren das der 2. und nach 4 Jahren das der 3. nicht erreichen. Häufig verhindern veraltete Vorstellungen (s. 2) die rechtzeitige Meldung. Die H. prüft das Kind nach seinen tatsächlichen Schulleistungen und versucht, sich ein möglichst umfassendes Bild seiner Persönlichkeit zu verschaffen, um entscheiden zu können, wie dem Kind am besten zu helfen ist. Gewisse Formen des Schulversagens können zB durch Elternberatung, Klassen- oder Schulwechsel oder durch spezielle Hilfen in Erziehungsberatungsstellen soweit behoben werden, daß das Kind mit einem einjährigen Rückstand dereinst die Volksschule verläßt. Läßt sich dieses Ziel vermutlich nicht erreichen, so ist immer die Umschulung zur H. angezeigt, die meist nach den Vorschlägen der prüfenden H. bzw. des Prüfungsausschusses vom Schulrat angeordnet wird. In den meisten Fällen läßt sich die Zustimmung der Eltern zur Umschulung erreichen. – Die H. versucht, die Neulinge altersgemäß in ihre Klassen einzuordnen, damit eine abgeschlossene Bildung erreicht wird. Einseitige Mängel können u.U. durch Austausch in dem betr. Fach ausgeglichen werden (entsprechend den Niveaukursen anderer Schulen). Auch ist die moderne H. elastisch genug, ein zurückgebliebenes, sich aber gut entwickelndes Kind eine Klasse überspringen zu lassen oder es sogar in die Volksschule zurückzuschulen, sofern es dort mindestens die 8. Klasse erreichen kann. Doch bleiben solche Rückversetzungen Ausnahme, weil es die heutigen Prüfungsmethoden gestatten, zB Spätentwickler von vornherein von der H. fernzuhalten. – Erziehung und Unterricht folgen in der H. keinen grundsätzlich anderen Zielen und Methoden als in anderen Schulen. Die Modifizierung für die H. ergibt sich aus ihrer elastischen Einstellung, die vom hilfsbedürftigen Kind her nach den zu stellenden Anforderungen fragt. Jedes Kind soll zu der weitesten, ihm möglichen und erreichbaren Ausbildung der körperlich-geistig-seelischen Kräfte und zur Ausformung seiner Haltung gelangen; es geht darum, »ihm zu demjenigen erfüllten Leben zu verhelfen, das unter den besonderen Bedingungen seiner inneren Gegebenheiten und angesichts der menschlichen Bestimmung möglich ist« (P.Moor). Ihr Ziel kann die H. nur erreichen, wenn sie ein reich gestaltetes Schulleben entwickelt, das jedem einzelnen Kind alle Möglichkeiten bietet, sein Gefühls- und Willensleben im täglichen Umgang in Erleben, Erfahren, Erleiden und Tun zu erproben und zu vervollkommnen. Nur auf diese Weise kann sie das H.kind »leben lehren« (H.Hanselmann). Der Unterricht stellt dem H.lehrer die schwere Doppelaufgabe der individualisierenden Unterweisung und Erfassung der Eigenart des Kindes zur Modifizierung aller Einzelmaßnahmen, ohne dabei den pädagogischen Bezug zu verletzen oder zu gefährden. Da eine gleichmäßige Förderung aller Kinder der Klasse unmöglich ist, sind differenzierende Unterrichtsverfahren nötig. Dabei fällt den aus dem Unterricht erwachsenden, von Kindern und Lehrern gemeinsam hergestellten Arbeitsmitteln und Unterrichtsspielen, die vor allem den motorischen Bedürfnissen der Kinder entgegenkommen, eine nicht zu überschätzende Bedeutung bes. für die Übung und Einprägung zu. Inhaltlich knüpft der Unterricht an das Erleben und Begreifen der unmittelbaren Umwelt an und weitet sie zu einer alle Bereiche der Sachwelt umfassenden Heimatkunde aus, in die auch Geschichte und Weltkunde eingehen, soweit sie zum jetzigen oder zukünftigen Leben der Kinder in konkreter Weise Beziehungen stiften. Belastung mit Gedächtnisstoffen vermeidet die H. schon deshalb, weil sie immer wieder erfährt, wie rasch und gründlich solche Stoffe vergessen werden, wenn sie keine Beziehung zum tätigen Leben des Kindes enthalten. Daß sich das manuelle Tun auf die geistige Entwicklung zurückgebliebener Kinder fördernd auswirkt, wurde schon von Stötzner erkannt. Handbetätigungen aller Art und Gartenarbeit haben deshalb schon lange Eingang in die H. gefunden. Sie werden als gesonderte Fächer mehr oder weniger ausgiebig gepflegt, doch ist ein Aufbau der geistigen Bildung ganz oder doch weitgehend auf der manuellen Tätigkeit noch nicht durchgehend erprobt, wenn auch verheißungsvolle Ansätze mancherorts zu verzeichnen sind. – Der musische Unterricht soll das Kind nicht nur auflockern, sich entfalten und erleben lassen, sondern ihm auch einen Fundus für spätere sinnvolle Freizeitbetätigungen vermitteln. Die Gefahr der »Verschulung« ist hier bes. sorgfältig zu vermeiden, zumal man sich sonst vielfache Ansatzpunkte zu einer heilpädagogischen Spieltherapie (→Heilpädagogik) verscherzt. – Der Religionsunterricht (→ Kirchliche Unterweisung) will durch eine lebendige Darstellung der biblischen Geschichten zunächst Freude an ihnen erwecken und die Kinder mit den Wahrheiten und Forderungen der Religion vertraut machen. Aus der Botschaft des Evangeliums soll ihnen die Erfahrung zuwachsen, daß alle Menschen von Gott gleich geliebt werden. – Auch eine elementare politische Erziehung wird angebahnt durch Erlebnisse und Betätigungen im Gemeinschaftsleben. Auf der Oberstufe wird staatsbürgerliches Verhalten anknüpfend an konkrete Anlässe teils in spielerischen Vorformen, teils in einfachen Aufgaben der Schülermithilfe bei der Ordnung des Schullebens vorgeübt.

Das Schulziel der H. ist die Berufsreife, modifiziert nach der Eigenart und dem Entwicklungsstand des Schulabgängers, der für einfache Lehrberufe, Anlernberufe oder für ungelernte Arbeit berufsreif sein kann. Bedingt berufsreife Schulabgänger werden in den Förderungseinrichtungen der Arbeitsämter (Jugendaufbauwerk) in 1-2 Jahren für ungelernte Arbeit vorbereitet. Gänzlich berufsunreife Jugendliche bedürfen auf lange Sicht hin der Leitung und Förderung durch die Angehörigen oder, wenn sie versagen, durch öffentliche Einrichtungen. – Wichtige fürsorgerische Aufgaben erwachsen der H. in der Mithilfe zur Förderung oder Wiederherstellung der Gesundheit des Kindes, zur Sicherung des kindlichen Lebensraums in den Familien, zur Anbahnung oder Erhaltung des angebahnten Erziehungserfolgs, zur Abwendung drohender Gefährdung oder der Verwahrlosung und schließlich zur beratenden Lenkung der Berufswahl. Bei der großen Anhänglichkeit vieler H.kinder kann der Lehrer gelegentlich auch über die eigentliche Schulzeit hinaus ihnen ratend zur Seite stehen. Eine besondere Hilfsberufsschule, wie sie vor dem 1. Weltkrieg für notwendig erachtet wurde, erübrigt sich durch die Gliederung der → Berufsschule in die verschiedenen Fachklassen und die Jungarbeiter- bzw. Hauswirtschaftsklassen, die alle Jugendlichen aufnehmen, soweit sie nicht eine Handwerkslehre begonnen haben. – Wenn alle Beteiligten verständnisvoll zusammenwirken, kann die H. das »Sitzenbleiberelend« überwinden und ihren Schülern zu einem erfüllten Leben verhelfen.

In der DDR knüpfte man nach dem Krieg an die »klassische« Form der H. als Schwachsinnigenschule an: »Die Überweisung eines Kindes oder Jugendlichen in die H. ist nur möglich, wenn sicher feststeht, daß die Ursachen des Leistungsrückstandes in wesentlichen physisch-psychischen Mängeln des Schülers selbst begründet liegen.« Auch die Erziehung der H. ist »auf das Erziehungs- und Bildungsziel der deutschen demokratischen Schule« gerichtet und hat die Aufgabe, Fähigkeiten, Fertigkeiten und Gewohnheiten zu entwickeln und Kenntnisse zu vermitteln, die die Kinder »befähigen sollen, als gesellschaftstüchtige und leistungsfähige Menschen in der modernen Produktion mitzuarbeiten und an den ständig wachsenden materiellen und kulturellen Errungenschaften der sozialistischen Gesellschaft Anteil zu nehmen«. Die Neuausgabe des Lehrplans für H.n (1957) hat zwar bestimmte Überspitzungen (bes. im Fach Geschichte) einigermaßen korrigiert, behält aber die verbindlichen Stoffpensen und Stundenzahlen bei. »Da die bildungsfähigen schwachsinnigen Kinder und Jugendlichen in ihren Schädigungen graduelle Unterschiede vom Fast-Normalen bis zu den an der Grenze der Bildungsfähigkeit stehenden Schülern aufweisen«, können keineswegs alle die aufgestellten Unterrichtsziele erreichen. Aus diesem Grunde sollen die Kinder »bei der Aufnahme in die H. einem A-, B- oder C-Zug unter dem Gesichtspunkt zugeteilt werden, ob sie auf Grund ihrer schweren, mittleren oder leichteren physisch-psychischen Mängel wahrscheinlich bis etwa zur Klasse 4 (C-Zug), Klasse 6 (B-Zug) oder Klasse 8 (A-Zug) aufsteigen werden« (Lehrplan, 1957).

H.E.Stötzner, Schulen für schwachbefähigte Kinder, 1864 - A. Fuchs, Schwachsinnige Kinder, ihre sittlich-religiöse, intellektuelle u. wirtschaftl. Rettung. Versuch einer Hilfschulpädagogik, (1904) 1912² - J.Langermann, Der Erziehungsstaat nach Stein-Fichteschen Grundsätzen in einer H. durchgeführt, (o.J.) 1913¹⁰ - F.Rössel, Das Hilfsschulkind, 1925 - K.Tornow, Der Lehr- u. Bildungsplan der H., 1932 - E.Bernart, Heilpädagogik in Volks- u. Sonderschulen, 1957. - Vgl. die Lit. zu → Heilpädagogik. *E.Beschel*

Hilfsverein, *Evangelisch-kirchlicher.* Als ein Ergebnis der »Waldersee-Versammlung« (28.11.1887) wurde der H. am 28.5.1888 in Berlin gegründet. Im Sinne der Sozialpolitik Wilhelms II. stellte er sich die Aufgabe, »die Bestrebungen zur Bekämpfung der religiös-sittlichen Notstände in Berlin, anderen preußischen Großstädten sowie in den Industriebezirken zu unterstützen«. Unter dem Protektorat der Prinzessin und späteren Kaiserin Auguste Viktoria förderte er mit seinen reichen Mitteln die Arbeit der → Stadtmissionen und suchte durch Anstellung von Hilfs- und Vereinsgeistlichen, Gemeindehelfern, Diakonissen sowie durch Begründung von Kinderbewahranstalten, Förderung von Brüderhäusern und Diakonissenanstalten die kirchliche Versorgung auszubauen. Den H. ergänzte der am 2.5.1890 unter dem gleichen Protektorat gegründete *»Ev. Kirchenbauverein«*. - In der Erkenntnis, daß mit seelsorgerlicher Arbeit allein die kirchliche Not nicht zu beheben sei, erwuchsen aus den Kreisen des H.s der *»Kirchliche Männerdienst«* (1897/1899; → Männerarbeit) und *»Die Frauenhilfe«* (1899; → Frauenverbände, 2a). Auch an der »Konferenz der deutschen ev. Arbeitsorganisationen« (1916) und dem »Centralverband der → Inneren Mission« (1921) war der H. beteiligt. In die Katastrophe der »Deutschen Ev. Heimstättengesellschaft e.V.« 1932 verwickelt, ist die Arbeit des H.s nahezu zum Erliegen gekommen. Gegenwärtig ist er in geringem Umfange noch in Berlin tätig.

E.Cremer, Im Dienst der Liebe. 25 Jahre Arbeit des Ev.-kirchl. H.s, Festschr., 1913 - M.Gerhardt, Ein Jh. Innere Mission II, 1948 - Hermelink III, 169. *H.Hohlwein*

Hilfswerk der Ev. Kirche in Deutschland

1. Entstehung - 2. Wachstum und Leistung in den ersten Jahren - 3. Entfaltung - 4. Zusammenlegung mit dem Centralausschuß für Innere Mission - 5. Diakonische Belebung der Gemeinde

1. Unter dem Eindruck des Kriegsendes und seiner Folgen wurde das H. von der Konferenz ev. Kirchenführer im Aug. 1945 in Treysa als das Organ der Kirche in ihrem Kampf gegen die außerordentlichen Notstände der Zeit ins Leben gerufen. Da diese Gründung insgeheim auch im ökumenischen Bereich schon während des Krieges vorbereitet worden war, konnten die Kirchenführer dabei der Mithilfe ausländischer Kirchen sicher sein. Zum ersten Mal in der Kirchengeschichte Deutschlands wurde damit der Notwendigkeit zum Einsatz praktisch-tätiger Hilfskräfte im Namen des christlichen Glaubens nicht durch Delegation auf einen ad hoc geschaffenen Zweckverband, sondern durch ein unmittelbares Engagement der verfaßten Kirche selbst entsprochen: die Leitung des H.s sollte »bei dem obersten Repräsentanten der Deutschen Ev. Kirche« liegen. Dem zwölfgliedrigen Rat, der in einer »Vorläufigen Ordnung« bestellt worden war, wurde unter seinen Aufgaben an vierter Stelle »die Durchführung kirchlicher H.e« zugewiesen. Die »Grundordnung der → Evangelischen Kirche in Deutschland« (: I) vom 3.12.1948 sprach in Art. 15 nachdrücklich vom »Diakonat der Kirche« und nannte in Abs. 3 die Kirche als Trägerin ihres H.s, das »dem kirchlichen Wiederaufbau sowie der Linderung und Behebung der Notstände der Zeit« dienen sollte. Die Synode von Bethel erließ am 13.1.1949 ein »Kirchengesetz zur vorläufigen Ordnung des H.s«, das von der Hamburger Synode am 5.4.1951 durch ein »Kirchengesetz zur Ordnung des H.s« abgelöst wurde. War man anfangs, dem Ernst des allgemeinen Notstandes entsprechend, von einer straffen Leitung des H.s mit Weisungsbefugnis an die landeskirchlichen Gliederungen ausgegangen, so hatte man sich in der endgültigen Form dann doch ganz dem föderativen Charakter der EKD angepaßt.

2. Wachstum und Leistung des H.s in seinen ersten Jahren sind aufs engste mit der Person seines Gründers und ersten Leiters Eugen Gerstenmaier verknüpft. Als Mitglied des Kreisauer Kreises nach dem 20.7.1944 vom Volksgerichtshof verurteilt, hatte er sofort nach Kriegsende mit dem Aufbau des H.s in allen Besatzungszonen begonnen und mitten in den katastrophalen Verhältnissen der Nachkriegszeit bald eine Organisation geschaffen, die im Kampf gegen die allgemeine Not handlungsfähig war. Zahlreiche örtliche Ansätze zur Selbsthilfe fanden in dem großen Zusammenhang des H.s den richtigen Ort ihrer Entfaltung. Der frühere Konsistorialrat im Kirchlichen Außenamt vermochte nicht nur bedeutende ökumenische Hilfsquellen zu erschließen, sondern es gelang ihm auch, sie nach großem Plan einzusetzen und ihre Wirkung zu steigern. Vor allem sein immer wieder angewandter Gedanke, statt der in Deutschland schmerzlich vermißten Fertigwaren nur die Rohstoffe einzuführen, die Endprodukte aber im eigenen Land herzustellen, hat die Ergiebigkeit einer Spende oft verzehnfacht. Prof. Otto → Bartning entwickelte das Modell der »Notkirche« (→ Kirchenbau: V), bei der ebenfalls ausländische Kirchen die im Inland nicht beschaffbaren Teile spendeten und damit den Anstoß zum Bau gaben, der dann oft von den Gemeindegliedern durch eigene Arbeitsleistungen gefördert wurde. 48 Notkirchen sind in allen Teilen Deutschlands an den Punkten bes. großer Zerstörung errichtet worden. Auch die zeitweise sehr bedeutende Vermittlungsarbeit für Auswanderungswillige (→ Auswanderung: II) war ganz auf dem engen gemeinsamen Wirken im ökumenischen Bereich aufgebaut. In den ersten elf Jahren seines Bestehens waren im Namen des H.s im Inland 180 Mill. RM und 61 Mill. DM gesammelt, von verschiedenen ausländischen Kirchen in 37 Ländern waren 52,4 Mill. DM gespendet worden; Sachwerte (vor allem Lebensmittel, Kleider und Medikamente) waren für 340 Mill. DM eingegangen, und schließlich wurden über die Leitung des Werkes 26,53 Mill. DM an inländischen Mitteln an die Stätten der Not geleitet. Insgesamt waren damit im Namen der ev. Christenheit 633,4 Mill. DM aufgebracht worden.

3. Der große Anstoß der ersten Nachkriegsjahre entfaltete sich in der Folgezeit nach mehreren Richtungen. Zunächst löste sich das sog. → »Flüchtlingsproblem« in eine Reihe von Einzelproblemen auf: war auch die arbeitsfähige Schicht der Flüchtlinge untergebracht und eingeordnet, so blieben doch die alten Leute wie die Jugend nach wie vor der Hilfe bedürftig. Es entstanden eine stattliche Reihe neuer Altersheime sowie zahlreiche Lehrlingsheime in industrieller Umgebung. Da der Strom der Vertriebenen aus den Ostgebieten alsbald

durch die Flüchtlinge aus Mitteldeutschland abgelöst wurde, blieb die Aufgabe der Lagerräumung bestehen. Angesichts der vertriebenen 12 Mill., die keineswegs bloße Objekte der Wohltätigkeit bleiben konnten und wollten, griff Gerstenmaier den Gedanken J.H. → Wicherns und V.A. → Hubers von den »Assoziationen der Hilfsbedürftigen« auf und betrieb den Zusammenschluß der Vertriebenen zu »Hilfskomitees«, die ihre Legitimation von den alten Heimatkirchen erhielten. Aus diesen ersten Zusammenkünften haben sich später auf kulturellem und politischem Boden andere Organisationen entwickelt. Der Frankfurter Pfarrer Otto Fricke knüpfte an den Willen der Heimatlosen zu neuer Seßhaftigkeit an und rief »Baugemeinden« ins Leben, die ebenfalls auf den Gedanken der gegenseitigen Hilfe gegründet waren und obendrein der um sich greifenden Gemeinschaftslosigkeit entgegentreten sollten. Als Bauträger wurde, einem Beschluß der Synode von Berlin-Weißensee im Mai 1950 entsprechend, die »Gemeinnützige Siedlungsgesellschaft der EKD m.b.H.« gegründet. Zusammen mit ähnlichen, kleineren Gründungen auf landeskirchlicher Ebene hat sie (bis Ende 1958) 28 000 Wohnungs-Einheiten fertiggestellt. Gerstenmaier, der 1951 aus der Arbeit im H. ausschied, blieb der Vorsitzende ihres Aufsichtsrates und wurde Präsident des »Ev. Siedlungswerkes e.V.«, einer Dachorganisation, die den Bauwillen und die Bautätigkeit der ev. Seite zusammenfaßte. Wie der Gründer des H.s nach dem Krieg im Ausland immer wieder als Anwalt der Heimatvertriebenen gewirkt hatte, so richtete jetzt das H. im eigenen Land eine »Rechtsberatung« ein, die bei schwierigen Fällen den Menschen kostenlos zur Verfechtung ihres Rechts angesichts einer immer verwickelteren sozialen Gesetzgebung zur Seite stand.

4. Schon bald nach der Gründung des H.s wurden Stimmen laut, die seine Zusammenlegung mit dem Centralausschuß für die → Innere Mission forderten. Sie fanden sich bestärkt durch die guten Erfahrungen aus den Landeskirchen, in denen die Aufgaben des H.s bereits dem Landesverband der Inneren Mission übertragen worden waren. Selbst bei Anerkennung der Verschiedenheit der da und dort betriebenen Arbeiten fand man es nicht richtig, daß das breite Tätigkeitsfeld der → Diakonie (, 5) für die Dauer auf zwei verschiedene Organisationen verteilt bleiben sollte. Die seinerzeit vom H. aufgeworfene grundsätzliche Frage nach der richtigen Verfassungsform einer kirchlichen Diakonie sollte dabei auf dem Wege des Kompromisses gelöst werden. Ein solcher empfahl sich auch durch die fortdauernde Spaltung → Deutschlands (: II) mit allen in ihr liegenden Bedrohungen. So schlossen der Rat der EKD, der damit für das H. handelte, und der Vorstand des Centralausschusses eine Vereinbarung, künftighin – bei rechtlichem Fortbestand beider Teile – nur noch gemeinsam unter dem Namen »Innere Mission und H. der EKD« zu arbeiten. Dafür wurde eine Ordnung beschlossen und durch ein Kirchengesetz der Synode von Berlin-Spandau vom 8.3.1957 bestätigt. Organe des gemeinsamen Werkes waren die Diakonische Konferenz mit etwa 100 und der Diakonische Rat mit 14–19 Mitgliedern. Bei der Zusammensetzung der Organe war darauf Bedacht genommen worden, daß die diakonische Arbeit der verfaßten Kirchen einerseits und die der Fachverbände, Anstalten und Werke andrerseits zu etwa gleichen Teilen vertreten waren. Eine Hauptgeschäftsstelle unter einem Präsidenten führte die laufenden Geschäfte (Sitz in Stuttgart).

5. Das H. hat durch seine Tätigkeit eine Reihe von Impulsen gegeben, die längst nicht entfaltet sind. Sein wichtigster Anstoß zielte auf die diakonische Belebung der Gemeinde und damit auf die biblische Erkenntnis, daß es bei aller Diakonie ebenso wie bei aller Liturgie und Martyrie, dh bei allem Gebet und allem Zeugnis um eine Lebensfunktion des irdischen Leibes Christi geht, die nicht auf andere Vereinigungen oder Zweckverbände abgeschoben werden kann. Insofern bezeichnet das H. einen Markstein auf dem Wege der allmählichen Wandlung vom Staatskirchentum der Vergangenheit zu einem nach dem nt. Urbild zu formenden Kirchenwesen. Auch hatte das H. Arbeitsgebiete in Angriff genommen, die in der deutschen Geschichte in dieser Prägung und Ausdehnung noch nie vorhanden gewesen waren. Hatte sich in ruhigeren Jahren das Schwergewicht kirchlicher → Liebestätigkeit (: II) auf die Anstaltspflege und die klassischen Gebiete der Fürsorge verlagert, so stand nun die Flüchtlingsnot als ein Problem von eindeutig sozialpolitischem Charakter vor der Christenheit. Daß Männer wie Gerstenmaier und H. → Ehlers vom H. aus den Weg in die gesetzgeberische und politische Arbeit des Bundestages gefunden haben, ist kein Zufall. Daneben hat das H. namentlich in seinen ersten Jahren vielen sog. »Laien« die Möglichkeit gegeben, in einer ihrem Können und Wissen angemessenen Weise für ihre Kirche tätig zu sein. Dabei hat der Begriff »Diakonie« im Sprachgebrauch eine starke Erweiterung erfahren, die ihn über die spezielle Einschränkung im 19.Jh. heraushebt und zu seinem biblischen Vollsinn zurückführt, während sich die Bezeichnung »Diakonisches Werk« für die gemeinsame Organisation noch nicht durchzusetzen vermochte. Schließlich aber hat das H. den Blick über die Grenzen des eigenen Landes hinaus entscheidend in die ökumenische Welt erweitert. Für viele Menschen in ihrer Not waren die Liebesgaben der Nachkriegszeit der sichtbare Niederschlag ökumenischer Realität gewesen. Allmählich wuchs dann auch die Einsicht in die Wechselseitigkeit der Verpflichtung, und aus dem Lande, das ökumenische Hilfe in reichem Maß erfahren hatte, flossen die ersten Gaben nach Palästina, nach Korea oder in die Erdbebengebiete Griechenlands. Hilfe für Not außerhalb der eigenen Grenzen bildet heute einen selbstverständlichen Bestandteil der Arbeit, wobei der Unterschied von jeder missionarischen Zwecksetzung gerade um der Klarheit des Zeugnisses willen sorgfältig gewahrt wird.

Zentralbüro des H.s der EKD, Jb. des H.s der EKD, 1950 – Dass., Dank u. Verpflichtung. 10 Jahre H. der EKD, 1955 (Lit.) – Dass., Ein neu Gebot gebe ich euch, 1956 – Chr. Berg, Vom H. zum Diakonat der Kirche, 1950 – H. Krimm, Das Diakonische Amt der Kirche, 1953 – G. Brennecke, Diakonie der Kirche in einer veränderten Welt, 1956 – G. Noske, Heutige Diakonie der Ev. Kirche, 1956.

H. Krimm

Hillel, genannt der Alte, und *Schammai,* etwa 20 vChr bis 15 nChr die führenden Schriftgelehrten in Jerusalem und Häupter zweier rivalisierender Schulen, die nach dem Tode der Meister die Kontroversen jahrzehntelang fortsetzen. Beide Schulen stehen durchaus auf dem gemeinsamen Boden pharisäischer Gesetzesfrömmigkeit; die Differenzen mögen zT sozial bestimmt sein (nach Finkelstein ist die Schule H.s »plebejisch«, die Schule Sch.s »patrizisch« orientiert). – An H. wird vor allem seine grenzenlose Geduld und Friedfertigkeit gerühmt: »stets sei der Mensch sanftmütig wie H. und nicht aufbrausend wie Sch.« (bSchab 30b Bar.); vgl. H.s Sentenz Ab 1, 12: »Sei ein Schüler Aarons: liebe den Frieden und jage ihm nach, liebe die Menschen und führe sie zur Tora!« Eine Anekdote bSchab 31a erzählt von einem Heiden, der zum Judentum übertreten will, falls ihn das ganze Gesetz gelehrt werde, während er auf *einem* Bein steht: Sch. wirft ihn hinaus, H. nimmt ihn an, indem er ihn die → Goldene Regel lehrt. – Bei halachischen Entscheidungen vertritt H. (und nach ihm seine Schule) durchweg gegenüber Sch. und dessen Schule die mildere Auffassung. ZB erlaubt die Schule H.s dem Ehemann die Scheidung aus jedem beliebigen Anlaß, die Schule Sch.s nur bei Ehebruch seitens der Frau (Giṭ 9, 10 + Gemarot; vgl. Mt 5, 32: im Sinne Sch.s!). - Beim Endgericht erwartet die, bei denen sich Verdienst und Schuld genau die Waage halten, nach der Schule Sch.s ein befristetes Läuterungsfeuer (→ Fegfeuer), während die Schule H.s erklärt: »Der Gnadenreiche neigt (ihre Waagschale) zur Gnade hin« (bRH 16b/17a Bar.). - Nach der Katastrophe des Jahres 70 hat sich die Schule H.s endgültig durchgesetzt (→ Judentum: I).

W. Bacher, Die Agada der Tannaiten I, (1884) 1903², 1ff - Schürer II, 424ff - Strack, Einl. 118ff (Lit.) - Bill. IV, 1237 (Reg.) - L. Finkelstein, The Pharisees, Philadelphia (1938) 1940² - UJE II, 251f; V, 362f; IX, 495 - G. Schrenk, Rabb. Charakterköpfe im urchristl. Zeitalter (Judaica 1, 1945, 117-156 = AThANT 26, 1954, 9-45) - A. Guttmann, Foundations of Rabbinic Judaism (HUCA 23, 1, 1950/51, 453-473) - Ders., Hillelites and Shammaites - a Clarification (ebd 28, 1957, 115-126) - M. Zulay, Were H. and Sh. Real Brothers? (Melilah 5, 1955, 63-82 [hebr.]. VI [engl.]) - N.N. Glatzer, H. the Elder, New York 1956 - Ders., H. the Elder in the Light of the Dead Sea Scrolls (The Scrolls and the NT, ed. K. Stendahl, New York 1957, 232-244. 298-301; sucht Berührungen H.s mit der Gemeinde von → Qumran). *C.-H. Hunzinger*

Hiller, *Philipp Friedrich* (1699-1769), ev. Pfarrer und Kirchenlieddichter, * in Mühlhausen a.d.Enz, † in Steinheim bei Heidenheim, Pfarrerssohn, Neffe des Stuttgarter Kanzleiadvokaten *Friedrich Konrad H.* (1651-1726), der ebenfalls Kirchenlieder schrieb. Schüler J.A. → Bengels, studierte H. in Tübingen, war Pfarrer in Neckargröningen (1732), in seinem Heimatort (1736) und in Steinheim (1748). Ein Halsleiden nahm ihm 1751 die Stimme; er behielt aber sein Amt und widmete sich der Seelsorge und Dichtung. H. gehörte zu jenen Pietisten, die reformatorische Anliegen in der Kirche wachhalten wollten. Wenn sein »Geistliches Liederkästlein« (1762/67) unter 1073 Gedichten auch minderes Gut enthält, so gehören doch »Jesus Christus herrscht als König«, »Es jammre, wer nicht glaubt«, »Wenn ich an mir selbst verzage« und »Ach laß mich weise werden« zu den besten Kirchenliedern des 18.Jh.s (→ Kirchenlied: I).

Autobiogr. im »Liederkästlein« - Koch V, 107ff - RE VIII, 76f (Lit.) - Hdb. zum EKG II/1, 1957, 222f - H.-L. Kulp, Die Lieder unserer Kirche, 1958, 416ff. *S. Fornaçon*

Hilten, *Johann* (ca 1425-1500), * in Ilten bei Hannover, ein franziskanischer Schwarmgeist und politischer Intrigant. H. studierte in Erfurt, wirkte in Livland, 1472 als Lektor in Dorpat, hatte in Reval seit 1464 viele Anhänger der Oberschicht, wurde dort 1471 wegen seiner »mit Blut geschriebenen Liebesbriefe« an Frau Margrete Zirenberg angeklagt, war seit 1477 im Weimarer Kloster in Haft und starb im Eisenacher Kloster als kath. Christ, aber ohne Widerruf seiner apokalyptischen Prophezeiungen. H. kommentierte das Buch Daniel (1485; von Melanchthon benutzt) und Texte der Apk. Er lehrte, das Ende der Welt komme 1651, und 1516 komme »ein ander Mann«, der Gegner des Mönchtums.

RE VIII, 78ff - WATR III, 620ff - WAB V, 162. 184. 190ff - O. Clemen, Schriften u. Lebensausgang des Eisenacher Franziskaners J.H. (ZKG 47, 1928, 402-412) - RGG² II, 1893 - L. Lemmers, Der Franziskaner J.H., gestorben um 1500 (RQ 37, 1929, 315-347) - P. Johansen, J. von H. in Livland (ARG 36, 1939, 24-50) - H. Volz, Beitr. zu Melanchthons u. Calvins Auslegungen des Propheten Daniel (ZKG 67, 1955/56, [93-118] 111-115). *E. Barnikol*

Hilton, *Walter* (ca 1330-96), mystischer Schriftsteller, studierte Theologie, vielleicht auch kanonisches Recht und lebte als Einsiedler, bevor er Augustinerchorherr im Priorat Thurgarton (Notts) wurde. Seine Schriften erweisen ihn als einen gelehrten und erfahrenen Seelenführer. Sein Hauptwerk (»Scala Perfectionis«) ist eine asketisch-mystische Anleitung zur Kontemplation und nimmt in Zielrichtung und Geist die Lehren des → Johannes vom Kreuz vorweg. Unter seinen anderen, meist ungedruckten Werken befindet sich eine Verteidigung der Bilder gegen die Lollarden (→ Wiclif). Mit den Schriften → Anselms (, 1), → Bernhards (, 1), der Viktoriner und des → Thomas von Aquino ist H. vertraut; er kennt R. Rolle und benutzt »The Cloud of Unknowing« (Die Wolke der Unwissenheit; kaum von H. verfaßt). Nüchtern und praktisch ist er mit seinem klaren Englisch ein Klassiker der vorreformatorischen Andachtsliteratur in England. Die Zuschreibung der »Imitatio Christi« (→ Thomas a Kempis) an H. ist unhaltbar.

The Scale of Perfection, ed. E. Underhill, London 1923 (bester Text); ed. G. Sitwell, ebd 1953 (gute Anm.en); franz. Übers. v. M. Noetinger, Paris 1923 (wertvolle Anm.en). - Über H.: M.D. Knowles, The English Mystics, London 1927, 107ff - The Cambridge Bibliogr. of English Lit. I, Cambridge 1940, 194f (Lit.). *M.D. Knowles*

Hilty, *Carl* (1833-1909), schweizerischer religiös-ethischer Schriftsteller. H. war Jurist: 1854-74 Rechtsanwalt in Chur, seit 1874 Prof. für Staatsrecht in Bern, Nationalrat, Chef der Militärjustiz, Mitglied des Haager Schiedsgerichts. Seit 1890 stellte er neben politisch-rechtswissenschaftliche Werke eine Reihe von Schriften über christliche Lebenshaltung. In seiner Gedankenwelt treffen sich Einflüsse des deutschen → Idealismus (: II), vor allem Kants, mit der religiösen Innerlichkeit eines → Tersteegen, → Jung-Stilling, → Sailer, mit Liebe zu → Dante und mit gründlicher Bibelkenntnis. Vom angestammten Protestantismus geprägt, ist er vom Konfessionalismus, von Kirche, Dogma und theologischen Richtungen weitgehend unabhängig und dringt mehr auf »intensiveres Christentum«, auf innere Umbildung des Menschen durch das einfache Evangelium. Die Auferstehung Jesu, für ihn zugleich Gotteswunder und geschichtliche Tatsache, ist »des christlichen Glaubens Grund- und Eckstein, mit dem seine Freudigkeit steht und fällt«. H. will bes. den Gebildeten eine klare christliche Lebensweisung aus der Oberflächlichkeit des bloßen Wissenschaftsglaubens und aus den ethischen Irrwegen der Zivilisation geben. Er geht überall von praktischen Fragen aus und führt immer in die Tiefe. Vom Glauben her ist er bewegt für ethische Tagesprobleme wie Alkoholismus und Frauenfrage. Er will zum christlichen Humanismus erziehen; denn »die höchste erreichbare Bildung wird stets die kombinierte Erfassung eines edlen Klassizismus und eines tief erfaßten Christentums sein«. Lebensziel ist das »Glück« (Titel des Hauptwerks); dessen Bedingungen sind der Glaube an eine sittliche Weltordnung, die beständige Arbeit, die Vertiefung durch die notwendige Erfahrung von Unglück und Leid, Liebe zum Wahren und Mut zum Rechten. Durch seine vielseitige Bildung und entschiedene Überzeugung vermochte H. viele religiös suchende Zeitgenossen für eine individuelle christliche Persönlichkeitspflege zu gewinnen.

Vf. außer jurist. Fachschriften das Hauptwerk »Glück«, 3 Bde, 1891-99; Lesen u. Reden, 1895; Über Neurasthenie, 1897; Über die Höflichkeit, 1898; Für schlaflose Nächte, 2 Bde, 1901/19; Briefe, 1903; Neue Briefe, 1906; Kranke Seelen, 1907; Sub specie aeternitatis (Ewiges Leben), 1908; Das Geheimnis der Kraft, 1909; Das Evangelium Christi, 1910. - Über H.: RE XXIII, 645ff - H. Auer, C.H., 1910 - A. Stucki, C.H., 1946 - H. Hilty, C.H. u. das geistige Erbe der Goethezeit, 1953. *E.G. Rüsch*

Himmel

I. Religionsgeschichtlich - II. Biblisch und dogmatisch

I. Religionsgeschichtlich

1. Allgemeines - 2. Mythische Vorstellungen von H. und Erde - 3. H. als Ort der Götter - 4. H. als Ort der Toten

1. Das frühstufige Denken war an einer Trennung zwischen naturwissenschaftlichen und religiösen Aspekten des H.s nicht interessiert. Im → Mythos sind vielmehr beide vereint, der H. ist so gut Weltteil wie Sitz der Götter, Ziel der Toten u.ä. Zwar scheidet man in der Sprache zT zwischen dem H. als Weltteil (zB ägypt. p.t) und der H.sgottheit (ägypt. Nw.t); aber die Scheidung wird nicht konsequent vorgenommen. Anderseits bedeutet im Chinesischen t'ien seit vorkonfuzianischer Zeit H. so gut wie H.sgott und bezeichnet im Sumerischen AN ebenfalls beides (nur wird hier durch Deutzeichen differenziert). In den modernen Sprachen, denen keine eigene H.sgottheit mehr lebendig ist (zB im Deutschen), gilt fast überall ein einziges Wort »H.« ohne Differenzierung für beide Sachbezüge; eine Ausnahme bildet das Englische, das zwischen sky (naturwissenschaftlich) und heaven (religiös) unterscheidet. Dafür gibt es mitunter eine beträchtliche Anzahl von Wörtern, die H. bedeuten; so verfügt das Altägyptische über rd 3 Dutzend Bezeichnungen, von denen allerdings einige ursprünglich nur bestimmte Örtlichkeiten am H. meinen, andere als mythische oder poetische Ausdrücke kenntlich sind: »Die kühle (Flut)« (H.sozean, s.u.), »die Sich-Neigende« (die sich über den Erdgott neigende H.sgöttin, s.u.), »die Erhobene« (die vom Luftgott hochgehaltene H.sgöttin, s. 2a); oder: »der Ausgespannte« (vgl. »H.szelt«), »der Gebaute« (vgl. »Firmament«), »der Leuchtende« u.a.m. Der Bezug auf das (weibliche) Grundwort für H. bzw. auf die H.sgöttin (s.o.) und damit die sachliche Notwendigkeit einer Reduktion dieser (sekundären) Wortfülle zeigen sich darin, daß die genannten Partizipialbildungen durchweg weiblich sind.

2. Es rechtfertigt sich also nur aus dem neuzeitlichen Ordnungsstreben, wenn man den *naturwissenschaftlichen* Aspekt vom religiösen abtrennt. a) Wir sehen heute die »Welt« (in der Sprache der Bibel [Gen 1, 1]: »H. und Erde«) als ein Ganzes. Das haben antike und schriftlose Völker lange vor uns getan, freilich mythisch ausgedrückt. In China ist die Formel häufig belegt: »Als H. und Erde noch nicht getrennt waren«. Bei den Ägyptern (→ Ägypten: II, 1) stand die ungeschiedene Einheit von H. und → Erde am Anfang; dann erst wurden beide »getrennt« (zB Pyramidentexte 1208c); diese Vorstellung fand ihre klassische Gestalt in der Konzeption des Luftgottes Schu, der auf dem Leibe des Erdgottes steht und die (ursprünglich auf diesem ruhende) H.sgöttin »hochhebt« (s. 1). Volksstämme Innerafrikas dachten sich, am Anfang der Dinge habe der H.sgott (Obatalla) auf der Erdgöttin (Odudua) gelegen, wobei sich das Paar eng gepreßt sei es in einem Kürbis, sei es in einem → Ei befand. Ein Ehestreit, nach anderer Version auch das Versehen eines Menschen habe die Trennung beider und das Emporsteigen des H.sgottes bewirkt (Frobenius, vgl. RGG² II, 1894). Durch Weiterbildung etwas verunklärt ist das Heraustreten von H. und Erde aus einem »windbefruchteten Ei« in der altorphischen Kosmogonie (Aristophanes, Vögel 694ff; vgl. M.P.Nilsson, Geschichte der griech. Religion I¹, 1941, 648 und S.Morenz, Aus Antike und Orient, 1950, 71f) usw. – b) In dieser mythischen Sphäre der (kosmischen) Personen und ihrer Schicksale ist dann im allgemeinen der H. männlichen, die Erde weiblichen Geschlechts (altind. Dyaus pitā, lat. Jupiter »Vater H.«; daneben »Mutter Erde«); eine (seltene und noch nicht befriedigend erklärte) Ausnahme stellt Ägypten dar, wo die Verhältnisse umgekehrt sind (s. 2a). Dem Regelfall entsprechend befruchtet der H. die Erde, speziell im → Regen (Zeus als Regen, Ζεὺς ὑέτιος: Nilsson, aaO 367); die Lebewesen, sonderlich die Menschen, gelten als Kinder beider: »Der H. ist mein Vater und meine Mutter die große Erde« (Rigveda). – c) Aber der H. erscheint nicht nur in lebendiger Gestalt vorgestellt, wobei neben der menschlichen auch die tierische bezeugt wird (zB → Kuh, in Ägypten). Er ist, und zwar gleichzeitig, auch dinglich gefaßt worden. Ein Bezug auf die mythische Welt der Gestalten ergibt sich aber nicht selten daraus, daß die H.smaterie (wie auch die der Erde) aus Körperteilen eines getöteten (bösen) Urwesens besteht – so bei den Chinesen (P'an-ku), den Indern (Purusha), den Germanen (Urriese Ymir) oder den Babyloniern (Urtier Tiâmat). Die *H.smaterie* selbst kann fest oder flüssig sein. Klassisches Beispiel für den ersteren Fall ist die at. Vorstellung einer »Feste« (raqîaʿ, von der Wurzel rqʿ »breittreten«, »feststampfen«), die bis zur Stunde weithin die volkstümliche Anschauung formt. Für den indogermanischen Bereich kann die Konzeption eines Stein-H.s erschlossen werden (RIA I, 499f). Bei den Griechen (Homer) ist der H. ehern (vielleicht primär Farbbezeichnung, evtl auch auf die Konsistenz zielend). In Ägypten findet sich dafür gelegentlich die Bezeichnung bj', die sowohl Erz wie erzhaltigen Stein bezeichnen kann (Edfu IV, 23, 10 heißt es in einem Parallelismus vom H.sgott Horus: »Du bist der, dessen Flügel den H. öffnen, du brichst auf ›das Erz‹ [bj'] mit deinen Hörnern«; vgl. auch Pyramidentexte 305a und die Bezeichnung »Erz des H.s« für »Eisen«). Der H. als → Wasser hingegen (Ozean oder Strom) findet sich u.a. in Altägypten, später bei den → Mandäern und → Manichäern; die Gestirne fahren dann in Schiffen über den H. In China betrachtet man die → Milchstraße als himmlischen Fluß. Aber auch seiner *Form* nach kann der H. verschieden vorgestellt werden. Als Gewölbe erscheint er zB in Mesopotamien (Weltschöpfungsepos Enūma eliš [→ Babylonien: II, 14]) und im indogermanischen Bereich (RIA aaO), als flache Platte zB in Ägypten (wo der Tatbestand aus der Hieroglyphe ersehen werden kann und der Vergleich mit dem Dach geläufig ist), als flache Scheibe zB in China (wo ein Lautglossen-Wörterbuch von ca 200 nChr die Wörter »H.« und »eben« zusammenstellt). Endlich treffen wir auf eine verschiedene *Anzahl* von H.n. Neben dem einen stehen zwei (in Ägypten, dort einerseits als uranische Spiegelung der irdischen Dualität, anderseits als H. und unterer Gegen-H. zu begreifen), drei (Mesopotamien), sehr häufig sieben (→ Indien, Judentum, → Gnosis, → Islam u.a.m.). Unter den gnostischen Belegen für die Siebenzahl (mehrfach zB im sog. Apokryphon des Johannes) findet sich (Pap. Berolinensis 8502, 44, 5ff) auch ein schöner Beleg für das Werden dieser Vorstellung: Es sind die sieben Planeten (→ Sterne), die je ein eigenes H.sfirmament (στερέωμα) haben und denen also die sieben H. wohl genetisch zuzuschreiben sind. – Neun H. sind für → China (: II, 1a) bezeugt; allerdings handelt es sich dabei um einen inneren Kreis und acht (den H.srichtungen entsprechende) Sektoren der H.sscheibe. Dreizehn H. endlich (dazu neun Unterwelten) kennt das alte → Mexiko (H.D.Disselhoff, Geschichte der altamerikanischen Kulturen, 1953). Falls es sich bei dem Wort für H. in semitischen Sprachen (hebr. šamājim, akkad. šamû) um einen Dual bzw. Plural handelt (was für das Hebräische ganz unwahrscheinlich, für das Akkadische jedoch nahezu sicher ist), dürfte das mit der Vorstellung einer Mehrzahl von H.n zusammenhängen.

3. Die Eindruckskraft des H.s und die mit der oberen Region verbundenen lebensnotwendigen und lebenbestimmenden Naturerscheinungen (Licht, Wetter usw) haben den H. vorzugsweise zum *Sitz der Götter* gemacht (wovon die Residenz auf dem → Himmelsberg nur eine Variante ist). a) Das gilt in erster Linie und naturgemäß für Gestirngötter, und je bedeutender sich deren Funktion zeigt, desto stärker bestimmen sie die Gottesvorstel-

lung insgesamt. So ist in Mesopotamien das Zeichen für »Stern« zu dem für »Gott« schlechthin geworden. Aber auch anderwärts ist der H. klassischer Ort der Götter. In Ägypten (Pyramidentexte 1208c, s. 2a) geschah im Anfang eine urgöttliche Handlung, »als der H. von der Erde getrennt wurde, als die Götter zum H. aufstiegen«. Dh: Sobald es einen selbständigen H. gibt, beziehen ihn die Götter als Wohnort. So heißen sie denn mit Vorliebe »Herr des H.s« - wie in Ägypten, so zB auch in Syrien, wo der »Herr des H.s«, Be'elschemain, vermutlich das Produkt einer sekundären Gleichsetzung ursprünglich verschiedener lokaler Gottheiten darstellt, die Be'elschemain als epitheton ornans trugen. Oft finden sich Angaben darüber, in welchem von mehreren angenommenen H.n (s. 2c) die Gottheiten wohnen (Anum im obersten der drei mesopotamischen, Mitra und Varuṇa zunächst im dritten, später im obersten von sieben indischen H.n usw). Wie den Göttern, so steht auch göttlichen Königen der H. zu, den sie im Tode erreichen (zB Pharaonen, römische Kaiser, vgl. → Himmelfahrt: I). - b) Man hat, unter Vorlage überwältigend reichen ethnologischen Materials für die Existenz von H.sgöttern, auf einen dem *H.sgott im engeren Sinne* geltenden → *Urmonotheismus* geschlossen (W. → Schmidt). Die Empirie erlaubt aber nur zu sagen, daß die H.sgötter weitgehend dei otiosi sind - vor allem Schöpfergötter, die sich dann von der Weltregierung mehr oder weniger weit zurückgezogen haben. Sie sind daher meist kultarm oder gar kultlos. Aus dem Rahmen fällt vor allem der sumerisch-babylonische H.sgott AN-Anum (→ Babylonien: II, 5), für den bis in hellenistische Zeit ein bedeutender Kultus nachgewiesen ist (in Uruk [→ 3 E 5]); das wird mit der Rolle der Gestirngötter in Mesopotamien zusammenhängen (s. 3a), die auch den H. als ihren Träger in ständiger Aktualität hielten. In gewissen Fällen, und wohl unter dem Einfluß des → Ackerbaus, kann der H.sgott, wenn er als *Wettergott* spezialisiert ist, eine praktische religiöse Bedeutung gewinnen (Eliade 144).

4. Der H. ist auch *Aufenthaltsort der Toten* (→ Tod: I). Freilich ist er das nicht (oder nicht überall) von jeher gewesen. In Altgriechenland und Altisrael glaubte man an eine Schattenexistenz der Toten in der Unterwelt (→ Hölle: I. II). Erst als sich dieser Glaube zu dem an die Unsterblichkeit des Individuums oder seiner wesentlichen Teile (→ Geist, → Seele) gewandelt und eine dementsprechende existentielle Bedeutung gewonnen hatte, wurde im späteren Griechentum der Aufenthaltsort der Toten in die oberen Regionen verlegt (ältester Zeuge scheint der Pythagoreer Ion zu sein: Aristophanes, Frieden 832ff; vgl. Cumont 95). Altchristliche Zeugnisse für den Aufenthalt seliger Toter im H. sind Hebr 12, 22ff; Apk 6, 9ff; 7, 4ff. 9ff, wohl auch Passio Perpetuae (vgl. J.Leipoldt, Der Gottesdienst der ältesten Kirche, 1937, 60). In Ägypten dagegen, wo der Unsterblichkeitsglaube von Anbeginn an wesentlich war, gesellte sich zur Vorstellung vom (irdischen) lebenden Leichnam beizeiten die Idee vom himmlischen Jenseits; sie wirkte dann auf die Existenz des Toten im Grabe zurück, so daß man Sargraum oder Sarg als »H.« ausdeutete (Kees 96). Auch dachte man sich besondere paradiesische Örtlichkeiten (das »Binsengefilde«, das »Opfergefilde«) am H. gelegen. Ausnahmsweise kann der H. auch von begnadeten Lebenden erreicht werden. Zum Wege dahin vgl. → Himmelfahrt: I. II.

UdG - F.Cumont, After Life in Roman Paganism, 1922, bes. 91ff - A.B.Cook, Zeus I-III, Cambridge 1914-40 - H.Kees, Totenglauben u. Jenseitsvorstellungen der alten Ägypter, (1926) 1956², bes. 67ff - RGG³ II, 1894ff - Eliade, bes. §§ 11ff. *S.Morenz*

II. Biblisch und dogmatisch

1. AT - 2. NT - 3. Dogmatische Neufassung

1. Bereits im *AT*, das ein »dogmatisch festgelegtes«, »sakral kanonisiertes« H.s- und → Weltbild (: II) nie besaß (Köhler; v.Rad), ist der H. im kosmologischen wie theologischen Sinn zu unterscheiden. *Kosmologisch* ist er der obere Teil der Welt, die aus H., Erde und Meer (Ex 20, 11) oder aus Erde und H. (Gen 2, 4b [J]) bzw. H. und Erde (2, 4a [P]) besteht. In seinem Bestand bedroht (Gen 6f [P]), wird er mit der Erde im Endgericht vernichtet (Jer 4, 23ff; Jes 51, 6; Ps 102, 27). *Theologisch* gilt: Gott hat den H. *geschaffen* (Gen 1, 1; Jes 42, 5; Ps 33, 6); er ist sein Gefährt (Ps 68, 34) bzw. Thron (Jes 66, 1). Neben → Sinai, → Tempel, → Lade und anderen Kultstätten ist er vor allem Gottes Wohnung und *Machtbereich* (Dtn 26, 15; 1Kön 8, 30ff; Ps 2, 4), von dem aus Gott segnet (Gen 49, 25) oder straft (Gen 19, 24). Damit werden die antiken Vorstellungen vom H. als Gottheit zerstört; der H. ist *nur* Geschöpf, nicht Gott. Als Residenz Gottes und seines Hofstaates (→ Engel: III; 1Kön 22, 19ff; Hi 1, 6ff) bezeichnet der H. Gottes Geschichtsmächtigkeit (Jer 23, 24). »Aller H.H.« (Dtn 10, 14) vermögen Gott nicht zu fassen (1Kön 8, 27 [Dtr.]). Der Begriff H. meint zunehmend nicht so sehr den Ort, als die *Art* des göttlichen Weltregiments. Die spätere Zeit sieht im H. die Stätte des Heils (→ Heilsratschluß), an der die himmlischen Güter, bes. das → Reich Gottes, vor ihrer irdischen Verwirklichung zubereitet sind. Im *Judentum*, das spekulativ 2 bis 10 (meist 7) H. unterschied, wird der H. Ort eschatologischer Seligkeit (→ Apokalyptik: II) und sein Name bei den Rabbinen Deckbegriff für Gott.

2. Das *NT* übernimmt die vom Judentum ausgearbeiteten Vorstellungen des AT von Erschaffung, Bestand, Vernichtung und Erneuerung des H.s, ist aber ebensowenig wie dieses an seiner Topographie interessiert (→ Weltbild: III). H. ist vornehmlich *Dimension des Göttlichen:* Machtsphäre Gottes (Mt 5, 34; Apk 4f), des Vaters (Mt 5, 16. 45); Ausgangsort des Geistes (Mk 1, 10), der Stimme (Mk 1, 11) wie des Zornes Gottes (Röm 1, 18). Als »das Obere« (Kol 3, 1b; Joh 8, 23) ist H. Heimat des präexistenten Christus (Joh 3, 13), Sitz des auferstandenen Sohnes (1Thess 1, 10), des zweiten Adam (1Kor 15, 47), des wiederkehrenden → Menschensohns (1Thess 4, 16; Mk 14, 62); Wohnung der Engel (Mk 12, 25; Mt 18, 10b; Lk 2, 15; Joh 1, 51); Stätte der Heilsgüter (Kol 1, 5; Mt 5, 12; 6, 20; Apk 21, 2). Im H. wird den Glaubenden der Auferstehungsleib bereitgehalten (2Kor 5, 1ff), haben sie ihre »Bürgerschaft« (πολίτευμα: Phil 3, 20), sind ihre Namen aufgeschrieben (Lk 10, 20). Im H. ereignet sich heilsgeschichtlich Bedeutsames: die Entmächtigung des Satans (Lk 10, 18; Apk 12, 7f) wie der Opferdienst des wahren Hohenpriesters (Hebr 7, 1-10, 18). »H.« bezeichnet schließlich *Gott selbst* (Lk 15, 18; Mk 11, 30f; im MtEv [außer Mt 12, 28; 21, 43] durchgängig: »Reich der H.«). Die Anschauung vom H. als Aufenthaltsort der Toten ist spekulative Ausweitung der nt. Aussage, daß die im Glauben Entschlafenen »mit Christus« bei Gott sind (1Thess 5, 10; 2Kor 13, 4).

3. Die *Kirche* fügte in Aufnahme der Physik des → Aristoteles (→ Aristotelismus) die biblischen H.s-Vorstellungen dem ptolemäischen → Weltbild (: I D) ein. Obwohl die Reformation dies Weltbild voraussetzte, gelang es *Luther* im Streit um das → Abendmahl (: II, 3; III, 1), mittels der Ubiquitätslehre das topologische Verständnis des MA auf das theologische des NT zurückzuführen. Der H. wurde ihm zum »unräumlichen Ort« (Elert) der in Wort und Sakrament geschehenden Gegenwart Christi. - Die gegenwärtige kath. wie ev. Dogmatik sieht im H. das Zeichen der weltbezogenen Überweltlichkeit (→ Transzendenz und Immanenz) Gottes. Für *Barth* ist H. offenbarungsgeschichtlich das »Reich

der H.«: der uns verborgene, aber »reale Seinszusammenhang«; als »geschöpflicher Ort der Einheit des Vaters und des Sohnes« »Ausfallspforte« des königlichen Handelns Gottes auf Erden. Indem er aber den H. als »oberen« Kosmos bestimmt, ignoriert er die durch die moderne Naturwissenschaft (Astrophysik) verschärfte Problematik des naiven Weltbewußtseins (→ Entmythologisierung). - Eine an das reformatorisch verstandene → Wort Gottes anknüpfende Dogmatik hat die funktionale Bedeutung der at. und nt. H.s-Aussagen, dh die theologische Tendenz ihrer weltbildhaft gebundenen Vorstellungen auszuarbeiten: Der H. ist nicht der unsichtbare *Teil* der Welt, sondern *die Welt im Geheimnis göttlicher Verborgenheit.* Der H. läßt sich mittels der Kategorie des (auch mehrdimensionalen) Raumes nicht erfassen, wohl aber bild- und gleichnishaft bezeichnen (vgl. zB das »wie« und »gleichend« in Apk 4, 1ff). Der »H.« entfaltet das Wesen der geschaffenen Welt in dreifacher *Hinsicht:* a) als »Raum« des unaufhörlichen *Gottes*lobes: H. ist die Welt, sofern in ihr Gottes herrschaftlicher Wille ungebrochen im freien Gehorsam antwortender Geschöpfe geschieht; b) als Grund und Grenze aller *Menschen*mächtigkeit: H. ist die Welt, sofern sich in ihr Gottes Gnaden- und Gerichtswort vollzieht; c) als Integration der *Welt:* H. ist die Welt, sofern auch ihre sichtbare Gestalt in die verborgene Herrlichkeit ihres Schöpfers, Richters und Erlösers einbezogen wird.

L.Feuerbach, Das Wesen des Christentums, (1841) 1848³, Kap. 19 - RE VIII, 80ff - DThC II, 2427ff - LThK V, 47ff - Elert, ML I, § 30 - Ders., Der christl. Glaube, (1940) 1956³, § 45 - P.Volz, Die Eschatologie der jüd. Gemeinde im nt. Zeitalter, 1934, § 49 - W. Eichrodt, TheolAT II, (1935) 1948³, § 18, I - L.Köhler, TheolAT, (1936) 1953³, § 49, 1b - E.Reisner, Die christl. Botschaft im Wandel der Zeiten, 1935, 99ff - M.Schmaus, Kath. Dogmatik I, (1937) 1953⁵, § 41 (Lit.) - E.Bizer, Studien zur Gesch. des Abendmahlstreites im 16.Jh. (BFChTh II, 46), 1940, 352ff - P.Althaus, Die christl. Wahrheit, (1946f) 1952³, § 29 - Barth, KD III/3, § 51, 2 - H.Bietenhard, Die himml. Welt im Urchristentum u. Spätjudentum, 1951 - H.Vogel, Gott in Christo, (1952) 1954², 571ff - ThW V, 496ff - L.Richter, Immanenz u. Transzendenz im nachreformat. Gottesbild, 1954 - R.Prenter, Skabelse og Genløsning, 1955; dt.: Schöpfung u. Erlösung I, 1958, § 19 - W.Philipp, Das Werden der Aufklärung in theol. Sicht (FSThR 3), 1957 - EKL II, 157ff.

G.Gloege

Himmelfahrt

I. Religionsgeschichtlich - II. Im AT und Judentum

I. Religionsgeschichtlich

Die Reise in den → Himmel ist ebenso als (wiederholbares) temporäres Aufrücken eines Lebendigen wie als (einmalige) Erhöhung eines Toten vorgestellt worden. Beide Fälle hat man entweder auf isolierte anthropologische Potenzen (→ Geist, → Seele) beschränkt oder für das Individuum als Ganzes angenommen. Endlich trifft man die Idee der H. auch in mythischen Stücken, deren Auswirkung auf Kult oder Glauben nicht ersichtlich ist und die zu einer reinen Mirabilienliteratur werden können. Alle diese Möglichkeiten sind dem über die Erde verbreiteten Material von Fall zu Fall abzufragen. Sinn und Verbreitung der H. ruhen in der Einschätzung ihres Zieles, des Himmels als Sitz der Götter und der seligen Toten, aber (in säkularisierter Form) auch als Inbegriff sonst unerreichbarer Geheimnisse. - Der *Weg,* der dabei zu beschreiten, oder die *Technik,* die dabei anzuwenden ist, erschließen sich durch zT detaillierte Angaben sei es ethnologischer Berichte über die Schamanen (→ Schamanismus) schriftloser Völker (→ Altaische Religion, 2), sei es einschlägiger Texte der alten Hochkulturen. Von diesen seien das (in der Pyramidenzeit nur auf die Könige bezogene) Corpus der sog. H.stexte der ägyptischen Totenliteratur (→ Ägypten: II, 2) und die Reiseanweisung der (griechischen) → Mithras-Liturgie (hellenistisch) genannt. In Ägypten hat sich dabei vor allem die Vorstellung einer Himmelsleiter herausgebildet; eine Kontrastparallele findet sich in China (Lun-yi 19, 25): »Der Meister (dh Konfuzius) kann ebensowenig erreicht werden wie der Himmel mit Stufen erstiegen werden kann«. Für den hellenistischen Mysten werden Pfeifen, Schnalzen, Kenntnis von Zauberworten u.a.m. bezeugt; Bedrohung durch Dämonen ist vorausgesetzt. - (Temporäre) H.en rein mythischen Charakters (mitunter *Traum*erlebnisse) finden sich zB in Mesopotamien (Mythos von Etanas H.; der Held fliegt auf einem Adler, sein Ziel ist das Gebärkraut der Ischtar), in China (Li-sao, Yüan-yu, Chao-hun; Sonderfall: das Kraut der Unsterblichkeit verhilft der Ch'ang-o zum Flug nach dem Mond) und in Indien (Geschichte vom kinderlosen Königspaar, das im Traum in den Himmel versetzt wird; im Gefolge eines dortigen Erlebnisses gebiert die Frau). Die klassische Antike hat das Thema zur Mirabilienliteratur gewandt (u.a. Aristophanes »Frieden«; Plautus, Trinummus 940ff); sie lebt in der europäischen Märchenwelt, auch im Kunstmärchen, fort (Frau Holle, Hanneles H., der kleine Häwelmann u.a.m.).

A.Dieterich, Eine Mithrasliturgie, (1903) 1923³ (hg.v. O.Weinreich) - RÄRG, s. v. Himmelsleiter - Eliade §§ 32ff. *S.Morenz*

II. Im AT und Judentum

1. Die Vorstellung von einer Himmelsreise ist im *AT* nur zweimal belegt: nach Gen 5, 24 wird der sterbende → Henoch in den Himmel (oder das Paradies [?]) versetzt, während in 2Kön 2, 11 → Elia im Sturm auf einem von Feuerrossen gezogenen feurigen Wagen zum Himmel fährt. Die Möglichkeit einer Himmel- bzw. Hadesfahrt (→ Hölle: II) ist Am 9, 2; Ps 139, 8 angedeutet. Das mit der H. zuweilen verbundene Motiv der Himmelsleiter begegnet zwar Gen 28, 12 (E), wird aber nur auf himmlische Wesen bezogen. Die H. der Seele eines Toten oder eines im Schlafe bzw. in Ekstase Befindlichen scheidet für das AT ganz aus.

2. Infolge einer durch die hellenistisch-orientalische Umwelt und durch ältere kanaanäische Unterströmungen bedingten Remythologisierung ist das Motiv der H. jedoch im *Judentum* mannigfach vertreten. Noch in der älteren Linie liegt es, wenn jetzt, abgesehen von Henoch und Elia, zB von Isaaks (Test. Isaak 10) oder → Moses Tod und H. (→ Himmelfahrt Moses; 1QDM[?], → Qumran, 1) erzählt wird. Weiter führt eine Tradition, wonach Mose auf einer H. die Tora gegen den Widerstand der Engel aus dem Himmel geholt hat (Abot R. Natan 2), sowie eine zweite, die den → Messias bald nach seiner Geburt durch Stürme entrückt werden läßt (Threni rabba 1). - Die temporäre, vor allem den Heroen der Vorzeit zugeschriebene H. (→ Apokalyptik: II) gilt als eine Form der → Offenbarung göttlicher u.a. Geheimnisse (zB TestLev 2-5; Apk.Abraham 15-29; ApkBar[gr] 2-17). Dementsprechend begegnet die H. bei mystischen Spekulationen; erwähnt sei die Reise nach dem mit der himmlischen Welt identischen → Paradies, die → Akiba mit drei anderen Rabbinen unternahm und die er allein ohne Schaden überstand (babyl. Chagiga 14b-15b). Der nomistische Rationalismus der offiziellen Synagoge lehnte freilich derartige Spekulationen ab (Sifre Dtn § 49).

3. Anthropologisch spielt die H. ebenfalls eine Rolle. Altertümlich ist das Märchenmotiv von dem im Grabe ruhenden Toten, der sich zu → Neujahr in das himmlische Heiligtum begibt, um dort die Zukunft zu erlauschen (babyl. Berakot 18b); dualistisch ist die Vorstellung, daß die Seele während des Schlafes zum Himmel emporsteigt, um dem Menschen neue Lebenskraft zu bringen (Gen rabba 14 § 9), desgleichen ein grie-

chisch-jüdischer Mythos (Jeṣîrat ha-Wālād), der den Menschen vor der Geburt durch Himmel und Hölle reisen läßt.

W.Bousset, Himmelsreise der Seele (ARW 4, 1901, 136-169. 229-273) - Ders., Rel. 295ff - R.Meyer, Hellenistisches in der rabb. Anthropologie (BWANT IV, 22), 1937, 49ff. 78f. 88ff - Ders., Der Prophet aus Galiläa, 1940, 76ff - H.Bietenhard, Die himmlische Welt im Urchristentum u. Spätjudentum (WUNT 2), 1951 - K. Galling, Der Ehrenname Elisas u. die Entrückung Elias (ZThK 53, 1956, 129-148). *R.Meyer*

Himmelfahrt Christi

I. Im NT - II. In der Kunst. - Vgl. Bildtafel 15 und 16 nach Sp. 336

I. Im NT

Von der H.Chr. berichtet eindeutig nur Apg 1, 9-11: der auferstandene Jesus, der 40 Tage seinen Jüngern erschienen war, sie belehrt und mit ihnen gegessen hatte, wird von einer Wolke eingehüllt und aufgehoben, was zwei Engel als Aufgehobenwerden in den Himmel erklären. In Lk 24, 50f folgt der Aussage: Jesus »entfernte sich von ihnen« das Sätzchen: »und er wurde in den Himmel aufgenommen«, das in einem Teil der Textzeugen fehlt, vermutlich auf Grund einer bewußten Auslassung, so daß auch hier wohl von der H.Chr. die Rede war (doch will auch der kürzere Text eine endgültige Abschiednahme des Auferstandenen von den Jüngern aussagen). Auf diesen kurzen Hinweis des Lukas bezieht sich Apg 1, 2 »er wurde aufgenommen« zurück, aber die ersten Verse der Apg sind schwerlich unversehrt überliefert. Während die älteste urchristliche Überlieferung die → Auferstehung Christi (: I) als Erhöhung zu Gott versteht (Röm 8, 34; Apg 2, 33), setzt die Erzählung der Lukas-Schriften von der H.Chr. die Rückkehr des Auferstandenen in ein irdisches Leben voraus, das durch die H.Chr. beendet wird, die daher nicht als »die letzte Trennung des schon zum Vater aufgestiegenen Christus« (Benoit) gedeutet werden kann. Die Erzählung von der H.Chr. ist vielmehr eine dem ursprünglichen Glauben an die Auferstehung Christi gegenüber sekundäre »späte Legende« (Grass), die mit dem zentralen urchristlichen Glauben an die Auferstehung und Erhöhung Christi in Spannung steht und als Materialisierung dieses Glaubens einer Mythenkritik unterworfen werden muß. Für uns »ist auch unanschaulich geworden, was Lk... kurz dargestellt hatte: Jesu Weg zum Vater« (Haenchen).

V.Larrañaga, L'ascension de Notre-Seigneur dans le NT, 1938 (Bibliogr.) - P.Benoit, L'ascension (RB 56, 1949, 162-203) - E. Haenchen, Die Apg (MeyerK III[10]), 1956, 119ff - H.Grass, Ostergeschehen u. Osterberichte, 1956, 43ff. 229 - O.Cullmann, Die Christologie des NT, (1957) 1958², 229ff - B.Reicke, Glaube u. Leben der Urgemeinde (AThANT 32), 1957, 18ff - P.A.van Stempvoort, The Interpretation of the Ascension in Luke and Acts (NTS 5, 1958/59, 30-42). - Weiteres s. → Auferstehung Christi: I. *W.G.Kümmel*

II. In der Kunst

Die H.Chr., ein seit der → Altchristlichen Kunst beliebtes Thema, begegnet schon vor dem 7.Jh. in fast allen Kunstzweigen. Der Rabulas-Codex von 586 (→ Bibelillustration: I, 1) zeigt die östliche Version: Christus stehend (sonst oft sitzend) in einer von Engeln getragenen Mandorla, darunter Maria in anbetender Haltung und die 12 Apostel. Die gleiche Ikonographie findet sich bei Elfenbeinen, Fresken, den → Ampullen in Bobbio und Monza; aus ihr bildet sich die typische byzantinische Form (zB S.Sophia, → Saloniki). Die westliche Version ist weniger hieratisch, mehr erzählend (zB Elfenbein um 400, München [s. Taf. 11 Abb. 1; vgl. auch → Ostern, 3]): Christus schreitet kräftig hügelan, unterstützt vom Zugriff der → Hand Gottes, die sich ihm aus den Wolken entgegenstreckt; darunter 2 Apostel, der eine sein Antlitz vor dem Glanz verbergend, der andere freudigerschrocken aufblickend. Als allgemeines Schema bleibt diese Form im Westen lange in Geltung. Sie wird zum karolingischen Bildtypus und begegnet in der Folgezeit immer wieder, zB Cursus S.Mariae (1.Hälfte 13.Jh.; s. Taf. 15 Abb. 2) mit der charakteristischen späteren Zugabe der Kreuzfahne (→ Kreuz: II) in Christi Hand. Ungewöhnlich ist die H.Chr. in der Holkham Hall Bilder-Bibel (14.Jh., British Museum), wo die Gotteshand Christi Oberarm - nicht dessen Hand! - ergreift. Dieser Typus verbindet sich mit Motiven der östlichen Version, zB Benedictionale des Aethelwold (British Museum), wo Christus in der Mandorla statt am Hügel aufwärts schreitet. Beide frühen Typen bleiben und mischen sich, werden aber oft ersetzt durch einen neuen, um 1000 entworfenen (vgl. Schapiro): Christus entschwindet zu Häupten der Aufschauenden in den Wolken, nur der untere Teil der Gestalt oder die Füße sind sichtbar (s. Taf. 15 Abb. 1). Der wohl in England entstandene Typus ist fast unmittelbar darauf in Deutschland bekannt (zB Bernward-Evangeliar, Hildesheim, ca 1010). Die Darstellung der H. bleibt häufig, auch in späterer Zeit; → Dürer greift das Motiv des »entschwindenden« Christus auf (s. Taf. 16 Abb. 3).

E.T.DeWald, The iconography of the Ascension (AJA, 2. ser. 19, 1915, 277-319) - DACL I/2, 2916ff - H.Schrade, Zur Ikonographie der H. Chr. (Vorträge der Bibl. Warburg 1928-29, 1930, 66-190) - S.H.Gutberlet, Die H.Chr. in der bildenden Kunst, 1934 (Lit.) - LThK V, 51f - M.Schapiro, The image of the disappearing Christ (Gazette des Beaux Arts 85, 1934, 135-152) - EKL II, 161. *R.B.Green*

Himmelfahrt Mariä → Mariologie, → Marienfeste, → Marienverehrung: I, → Marienbild.

Himmelfahrt und Martyrium des Jesaja, äthiopisch (5.-7.Jh.) sowie bruchstückhaft griechisch, lateinisch, koptisch und altslawisch erhalten, besteht aus dem Martyrium (1, 1-2a. 6b-13a; 2, 1 - 3, 12 + 5, 1b-14), der Himmelfahrt (6-11) und der fragmentarischen Vision (3, 13 - 4, 18) des Propheten. - Ausgehend von 2Kön 21, 16, ist *MartJes* eine ursprünglich hebräisch abgefaßte jüdische Märtyrerlegende, die wohl Hebr 11, 37 vorausgesetzt ist und gattungsgeschichtlich in der Zeit des → Antiochus Epiphanes wurzelt. Nach ihr weissagt Jesaja dem König Hiskia den durch → Belial verursachten Abfall Manasses und sein eigenes Martyrium (1). Als nach Hiskias Tod Manasse dem Satan verfällt, zieht sich Jesaja mit einer prophetisch begabten Schar in die Wüste bei Bethlehem zurück (2, 8-11). Durch den Lügenpropheten dem König ausgeliefert (3, 1-12), erleidet er, von Belial erfolglos versucht, den Tod durch Zersägen (5, 11-14). Die Schilderung der von Jesaja geführten, durch den gottlosen König bedrohten Wüstengemeinde legt die Vermutung nahe, daß MartJes im Zusammenhang mit → Qumran steht. Das Motiv der Zersägung entstammt wohl eher dem → Adonis-Mythos als der iranischen Sagenwelt. - *AscJes* schildert Jesajas Reise durch die sieben Himmel bis zum Throne des Höchsten (10, 6). Hier hört er den Heilsauftrag Gottes an den präexistenten Christus (10, 7-16), schaut seinen Erdenwandel und seine Rückkehr zur Rechten der »großen Herrlichkeit« (11, 1-33). Diese Vision ist ein christliches Werk wohl des 2.Jh.s, dadurch bedeutsam, daß es unter Benutzung des Motivs von der Himmelsreise (→ Himmelfahrt: II) gnostische und doketische Gedanken bietet, wie sie am Rande der Großkirche lebendig waren. - Anscheinend verwandt mit AscJes ist MartJes 3, 13 - 4, 18; hiernach schaut Jesaja den Erdenwandel Jesu, der aus dem 7. Himmel herabkommt (3, 13) und wieder dorthin zurückkehrt (3, 18), ferner die Entstehung der

1. Himmelfahrt Christi. Albani-Psalter fol. 27 ro., englisch, Anfang 12. Jh. – *Hildesheim, S. Godehard* *(Photo-Wehmeyer, Hildesheim)*

2. Höllenfahrt und Auferstehung Christi, Noli me tangere, Ungläubiger Thomas, Himmelfahrt Christi. Cursus S. Mariae fol. 24 ro., mährisch, 1. Hälfte 13. Jh. – *New York, Pierpont Morgan Library Ms. 739* *(Originalaufnahme)*

3. Höllenfahrt Christi. Albani-Psalter fol. 25 ro., englisch, Anfang 12. Jh. – *Hildesheim, S. Godehard* *(Photo-Wehmeyer, Hildesheim)*

4. Höllenfahrt Christi. Wandmosaik in der Klosterkirche zu Daphni, um 1100 *(aus: G. Millet, Le monastère de Daphni, Paris 1899, Taf. XVII)*

1. Die Frauen am Grabe; darüber: Kreuzigung. Palästinensische Blei-Ampulle, um 600 – *Monza, Schatz der Kathedrale (aus: A. Heisenberg, Die Grabeskirche in Jerusalem, 1908, Taf. VIII, 3)*

2. Auferstehung Christi und Noli me tangere. Die Frauen am Grabe. Berthold-Missale fol. 56 ro. aus Kloster Weingarten, 1. Drittel 13. Jh. *(aus: L. Dorez, Les Manuscrits à peintures de la Bibliothèque de Lord Leicester à Holkham Hall, Paris 1908, Taf. XVI)*

3. A. Dürer, Himmelfahrt Christi, Kleine Holzschnitt-Passion, nach 1510 *(Bildarchiv Foto Marburg)*

4. Mathis Gothart Nithart, gen. Grünewald, Der auferstehende Christus. Aus dem rechten Flügel des Isenheimer Altars, 1511–16 – *Colmar, Unterlinden-Museum (Bildarchiv Foto Marburg)*

Kirche mit ihren Parteiungen (3, 17-31), die Herrschaft Belials und das Endgericht durch den »Geliebten«, dh Christus (4, 1-19). Das Bruchstück mag aus der Zeit um oder nach 100 stammen. – Als literarisch Ganzes geht Mart et AscJes wohl auf christliche Redaktionsarbeit des 3. und 4.Jh.s zurück.

A.DILLMANN, Ascensio Isaiae Aethiopice et Latine, 1877 - R. CHARLES, The Ascension of Isaiah, 1900 - KAUTZSCH, AP II, 119ff - CHARLES, AP II, 155ff - HENNECKE² 303ff - RIESSLER 481ff. 1300f - K.GALLING, Jesaja-Adonis (OLZ 33, 1930, 98-102) - D.FLUSSER, The Apocryphal Book of AscJes and the Dead Sea Sect (IEJ 3, 1953, 30-47) - O.EISSFELDT, EinlAT, 1956², 752ff. *R.Meyer*

Himmelfahrt Moses. Die fragmentarisch erhaltene, erstmalig 1861 von M.Ceriani nach einer lateinischen, über das Griechische auf eine hebräische oder aramäische Vorlage zurückgehenden Version edierte H.M. gibt sich als eine Geheimschrift, die Mose kurz vor seinem Tode (1, 15) Josua mit der Anweisung übergeben hat, sie – in der aus → Qumran bekannten Weise – zu verbergen (1, 16ff). Sie enthält ein Zukunftsbild (2-10), das von der Landnahme Israels bis zum Anbruch der Endzeit reicht. Nach eschatologischem Schema (→ Eschatologie: III) ist die »letzte Zeit« zugleich der Höhepunkt von Bosheit und Heuchelei (7f). Bevor der »Bote« (nuntius) das Heil bringt (10, 2), tritt »Taxo« (wohl über griech. τάξων aus hebr. m^{e}ḥôqēq »Ordner« [vgl. Num 21, 18]) vom Stamme Levi auf, bereit, mit seinen 7 Söhnen das Martyrium zu erleiden (9). Mit Moses Ermahnung an Josua, sich nicht entmutigen zu lassen (11f), bricht der Text ab; nach Jud 9 folgte ursprünglich noch Moses Himmelfahrt. – Abgefaßt ist die H.M., die »Moses letzten Worten« (1QMD; → Qumran, 1) ähnelt, kurz nach der Verbannung des Archelaos (→ Herodes) i.J. 7 nChr. – Die H.M. greift Hasmonäer (5, 3f; 6, 1), Herodes (6, 2-6) und sein Haus (6, 7f), die zeitgenössischen Hohenpriester (7, 7f) und den Pharisäismus (5, 5; 7, 3-6) erbittert an. Die theologische Begriffswelt ist derjenigen von Qumran eng verwandt und fußt auf alten sadokidischen, im 2.Jh. vChr aus Jerusalem verdrängten Traditionen. Als Gesetz gilt bes. das → Deuteronomium (1, 5), und Mose, der »göttliche Prophet« und »große Bote« (11, 16f) trägt mit magnus nuntius den gleichen Titel wie der eschatologische Heilsvollender, in dem man vielleicht einen sadokidischen Hohenpriester sehen darf. Demnach ist die H.M. wohl der Gruppe um Qumran zuzurechnen.

M.CERIANI, Monumenta Sacra et Profana I/1, 1861, 9-13. 55-64 - KAUTZSCH, AP II, 311ff - CHARLES, AP II, 407ff - RIESSLER 485ff. 1301ff - E.STAUFFER, Probleme der Priestertradition (ThLZ 81, 1956, 141f) - O.EISSFELDT, EinlAT, 1956², 770f (Lit.). *R.Meyer*

Himmelfahrtsfest. Das H., erst im 4.Jh. bezeugt (bei → Eusebius von Cäsarea, De solemnitate Paschae c. 5; → Apostolische Konstitutionen V, 19; VIII, 13), wurde von → Augustin in seinem Ursprung auf die Apostel zurückgeführt (Ep. ad Januar. 54, c. 1). Die Festlegung auf den 40. Tag nach → Ostern im Anschluß an Apg 1, 3 entsprach dem »historisch« bestimmten Denken des 4.Jh.s, während dieser Termin in der Frühzeit nur als einer neben anderen bestanden hatte (Jesu Sterben *und* Erhöhung: → Johannesakten 102; → Petrusevangelium, Bruchstück von Akhmîm V. 19; Auferstehung *und* Himmelfahrt: PetrEv V. 56, Barn 15, 9, Tertullian, Adv. Jud. 13, Hieronymus, In die Dom. Paschae ad Ps 117, 24; andere Verbindungen: Epist. Apostolorum, ed. Duensing 42, Bruchstück des → Petruskerygma bei Clemens Alexandrinus, Strom. VI, 15, 128). Die Festlegung des H.s im Sinne von Apg 1, 3 erfolgte auch im Zusammenhang damit, daß → Pfingsten einen eigenen Inhalt gewann, während zuvor die ganze Pentekoste als *eine* große Heilsveranstaltung (Oikonomia) gefeiert worden war, ohne einzelne Stufen der Erhöhung bes. hervorzuheben. Im Gedanken an den Weg zum Ölberg veranstaltete man am H. in der Alten Kirche und im MA Prozessionen, die heute in Flurprozessionen weiterleben. In der Liturgie löscht man nach dem Evangelium die Osterkerze, das Zeichen der leiblichen Gegenwart des Auferstandenen. Eine Vigil für das H. gibt es seit dem 7., eine Oktav seit dem 12.Jh. – Die Reformation behielt selbstverständlich das H. als → Herrenfest bei; auch später hatte es stets den Rang eines »ganzen«, stellenweise sogar »hohen« Festes. Nur vorübergehend (1773-89) wurde es in Preußen auf den folgenden Sonntag verlegt. Bisweilen wurde es durch besondere Kirchenmusiken (Himmelfahrtsoratorium, zB J.S. → Bach) ausgezeichnet. Die innere Berechtigung zur Feier des Festes ist durch die Verbindung von Schriftstellen wie Kol 2, 15-18 und bes. Phil 2, 9-11 mit der Osterbotschaft gegeben.

RE VIII, 84ff - K.A.H.KELLNER, Heortologie, (1900) 1906³, 81f - RGG² II, 1900 - LThK V, 51 - RIETSCHEL-GRAFF 146f. 175 (Lit.) - Leiturgia I, 452f (G.KUNZE) - G.KRETSCHMAR, Himmelfahrt u. Pfingsten (ZKG 66, 1954/55, 209-253). *W.Nagel*

Himmelsberg. Nach allgemeiner Annahme hängen kegel- bzw. pyramidenförmig substrukturierte Hochtempelanlagen (→ Tempel: I) als Symbol des Kosmos mit Bergmythen und -kulten (→ Berge) zusammen, dh mit Vorstellungen von Bergen als Göttersitz, Kultort und Bild der Welt. Das gilt bes. von den sumerisch-mesopotamischen Zigg(kk)urats, dh Stufentürmen (→ Babylonien: II, 9). Weiter lassen die ikonographisch im Vorderen Orient gut belegten Berggottheiten und schließlich die biblischen Aussagen über den offenbar bergförmig gedachten Paradiesesgarten die altorientalische Vorstellung eines Himmels-, Welten- und Götterberges erschließen. Er ist zweigipflig, anscheinend auch als Auf- und Niedergangsberg der Sonne gedacht, hat also neben der mythologischen eine physikalisch-astronomische Bedeutung. So der babylonische Weltberg Ḫarsag(gal)-kurkura. Damit wird die Brücke einesteils nach → Iran und → Indien (Weltenberg Meru), andernteils nach dem Westen (Olymp, verschiedene Götter- und Kultberge Italiens) geschlagen. Die Vorstellung ist im übrigen so allgemein verbreitet (Innerasien, Nordasien, China, Japan, Altamerika), daß man an ihrem hohen Alter und an ihrer zentralen religionsgeschichtlichen Stellung nicht zweifeln kann. – In altkirchlicher Zeit tritt der Weltberg, hineingestellt in das kosmische Haus, im Weltbilde des → Kosmas Indikopleustes (6.Jh.) im Gegensatz zu den antiken sphärischen Kosmosbildern wieder auf. In der → Mystik verschiedener Religionen ist der Berg häufig Meditations- und Zufluchtsort und Symbol für die Begegnung mit Gott.

E.JENSEN, Die Kosmologie d. Babylonier, 1890 - R.EISLER, Weltenmantel u. Himmelszelt, 1910 - ERE VIII, 863ff - J.JEREMIAS, Der Gottesberg, 1919 - W.KIRFEL, Die Kosmographie der Inder, 1920 - HWDA I, 1043ff - F.BORK, Die Gesch. d. Weltbildes, 1930 - P.GORDON, L'image du monde dans l'antiquité, Paris 1949 - A. PARROT, Ziggurats et tour de Babel, ebd 1949 - J.SCHWABE, Archetyp u. Tierkreis, Basel 1951 - C.G.JUNG, Aion, Zürich 1951 - H.G. QUARITCH WALES, The mountain of God, London 1953 - M.RIEMENSCHNEIDER, Der Wettergott, 1956. *K.Goldammer*

Himmelsbrief ist ein vom → Himmel gefallener oder gesandter Brief, der unter wunderbaren Umständen auf der Erde erschien. Briefe schreibende Götter gibt es schon in → Ägypten (altägyptisches Totenbuch, 4.Jt. vChr), → Babylonien und → China. Dem H. vergleichbar ist die Übermittlung einer Offenbarungs-(buch-)Rolle in Ez 2, 9ff und Apk 10. Seit dem 2.Jh. nChr taucht der H. in der Antike unter orientalischem Einfluß mehrfach auf (zB Hermesbriefe; wunderbare Heilungen durch vom Himmel gefallene Briefe des → Asklepios). Der orientalisch-spätantike H. begegnet später als Christusbrief und wird vermutlich im 4.Jh. mit dem Motiv der Sonntagsheiligung zu dem noch heute geläufigen Formtypus des H.es verbunden (Sonntagsheiligungsbrief). Das älteste Zeugnis dafür ist ein Brief vom Ende des 6.Jh.s, der aber vom spanischen Bischof Licinianus als ketzerisch verworfen wurde. Trotz aller kirchlichen Verbote (→ Aldebert, Admonitio generalis) verbreitete sich in der Folgezeit der H. schnell. Im 12.Jh. benutzte Petrus Eremita einen H. zur Kreuzzugsaufforderung; ebenso beriefen sich später die → Flagellanten auf das Gebot eines H.es. Die → Mystik (: VI) des Spät-MA kennt von Jesus an die minnende Seele gerichtete Schreiben. Während der Reformationszeit treten H.e als literarische Form der theologischen Streitschrift auf (zB H.e gegen den → Ablaß). H.e sind in Volksglauben und -brauch der Gegenwart (→ Aberglaube, 3) noch weit verbreitet als magische Schutzbriefe, als → Amulette in Kriegsgefahr, gegen allerlei Krankheit, Feuersbrunst, als Geburtenschutz der Wöchnerin, als Sargbeigabe usw. Der H. erhebt unter Versprechungen oder Drohungen bestimmte moralische Forderungen (Heilighaltung des Sonntags, Beichte). Im europäischen Volksglauben haben sich einige feste H.-Typen herausgebildet: der Gredoria-Typ (volkstümliche Umbildung von Gloria Deo), der Holsteiner-Typ, der Graf-Philipp-Brief, der Ölbergsspruch, das Grafenamulett, der Kaiser-Karl-Brief.

O.Weinreich, Antike H.e (ARW 10, 1907, 566f) - R.Stübe, Der H., 1918 - RGG² II, 1902 (Lit.) - HWDA IV, 21ff - A.Spamer, Die dt. Volkskunde II, (1934) 1935², 2ff - Ders., H.e der dt. Mystik (Gießener Beitr. z. dt. Philologie 60, 1938, 184-192) - R.Priebsch, Letter from Heaven on the Observance of the Lord's Day (Nachlaß hg.v. A.Closs u. W.E.Collinson, Oxford 1936, 1-37) - A.Closs, H.e (Festschr. f. W.Stammler, 1953, 25-28) - RDL² I, 656ff.

L.Röhrich

Himmlisches Jerusalem. Die keineswegs alte, aber in der hellenistischen Zeit allmählich Gestalt gewinnende und in der → Apokalyptik (: II) zu großer Bedeutung gelangende Vorstellung vom H.J. setzt jene altorientalische, auch anderwärts anzutreffende Vorstellung einer Entsprechung der oberen himmlischen und der unteren irdischen Welt voraus, wie sie etwa in der Annahme einer der Erde analogen Gestaltung des Himmels (→ Himmelsberg, Götterberg) eine besondere Form gewonnen hat. Andeutungen in dieser Richtung könnten schon in der priesterschriftlichen, in Hebr 8, 5 modifiziert übernommenen Tradition enthalten sein, wonach Mose die »Stiftshütte« nach einem Modell anfertigen soll, das ihm auf dem Gottesberge gezeigt worden ist (Ex 25, 40; 26, 30; 27, 8). Die Übertragung dieser Vorstellung auf Jerusalem hängt mit der Bedeutung zusammen, die → Jerusalem seit → David als politischer und kultischer (→ Tempel: II) Mittelpunkt, bes. unter dem Einfluß des → Deuteronomiums, im Leben Israels gewonnen hatte, zumal bei einigen Propheten (Jesaja, Dtjes) die Zukunftserwartungen eng mit Jerusalem verknüpft waren, wenn auch zunächst in einer im irdischen Bereich erhofften Endvollendung. Jedoch steigerte sich nicht nur angesichts einer trostlosen Gegenwart die prächtige Ausmalung des eschatologischen Jerusalem, sondern, da der eschatologische Glaube innerhalb der jüdischen Theokratie nicht ohne Anfeindung durchzuhalten war (→ Eschatologie: III), begannen die eschatologisch-apokalyptischen Kreise ihre Gemeinschaft selbst bereits als Bestandteil der himmlischen Welt zu betrachten; so ist bezeichnend das Urteil über die jüdische Theokratie und damit über das irdische Jerusalem und ihre Ablösung durch das neue H.J. in äthHen 89, 73 und 90, 28f; vgl. weiter 4Esr 7, 26; 13, 36; ApkBar (syr) 32, 2ff. In mannigfach abgewandelter Form sind die Vorstellungen im NT erkennbar (2Kor 5, 1; Gal 4, 26; Hebr 12, 22; Apk 21, 2. 10), ohne jedoch an Jerusalem gebunden zu sein, wenn es auch mit Namen genannt wird. Gegenüber dieser fast metaphorischen Ausdrucksweise im christlichen Bereich zur Kennzeichnung des kommenden Heiles bevorzugte der Rabbinismus im Zuge der Abkehr von der Apokalyptik zur Darstellung des neuen Jerusalem wiederum irdische Züge, die sich in übersteigerter Form an der geschichtlichen Stadt orientierten.

Überblick bei P.Volz, Die Eschatologie der jüd. Gemeinde..., (1903) 1934², 148ff. 371ff - K.L.Schmidt in: ErJb 18, 1950, 207-248 - W.Schmauch, Orte der Offenbarung u. der Offenbarungsort im NT, 1956.

O.Plöger

Hindemith, *Paul,* Komponist, * 16.11.1895 in Hanau, trat früh als Bratscher und Geiger und in den 20er Jahren vor allem als Komponist hervor. 1927 wurde er Kompositionslehrer in Berlin. Nach 1933 verfemt, wirkte H. seit 1935 überwiegend im Ausland (Türkei, Schweiz, USA). Seit 1953 lehrt er in Zürich. - Nach stofflich und klanglich aggressiv-experimentellen, aber anregenden Jugendwerken (Konzertmusik, Opern) wandte sich H. der sog. neuen Sachlichkeit zu und fand auch Anschluß an die romantische Tradition. H.s Oratorien umkreisen allgemein die Frage nach dem Sinn des Lebens (Das Unaufhörliche, 1931, Text von G. → Benn) und des Todes (When lilacs last in the door-yard bloom'd, 1946, Text von W. → Whitman), ähnlich seinen Opern »Mathis der Maler« (1935) und »Harmonie der Welt« (1957). H.s wenige geistliche Kompositionen (Motetten) fallen innerhalb seines Gesamtwerkes nicht ins Gewicht. Trotzdem wurde fast die gesamte jüngere Komponistengeneration auch in ihren geistlichen Werken durch H.s von der älteren deutschen Musik abgeleitetes Handwerksethos (theoretische Schrift: Unterweisung im Tonsatz, 2 Bde, 1937/39) und seine Anschauung von der Musik als Bestandteil eines religiös gebundenen Lebens entscheidend beeinflußt.

MGG VI, 440ff (Lit.).

W.Osthoff

Hinderer, *August* (8.8.1877 bis 27.10.1947), ev. Theologe, * in Weilheim/Teck (Württ.), seit 1918 Direktor des ev. Preßverbandes für Deutschland (→ Presse: III), wurde 1925 Lehrbeauftragter für Pressearbeit an der Berliner Universität, 1926 Vorsitzender der vom Fortsetzungsausschuß der Stockholmer Weltkirchenkonferenz eingesetzten »Internationalen Christlichen Pressekommission«. Seine Berliner Arbeit wurde durch Politik und Krieg lahmgelegt. H., nach 1918 Initiator für eine ev. Kulturpolitik (preußische Volksabstimmung 1919 über den Religionsunterricht), ist auch der Begründer moderner kirchlicher Publizistik: Mit ihm begann die positive Zusammenarbeit mit der Tagespresse (Ev. Pressedienst); er faßte die kirchliche Presse zusammen und griff neue Öffentlichkeitsaufgaben auf (1923 Rundfunk; 1925 Zeitschrift → »Eckart«; Film- und Lichtbildarbeit; Volksbücherei; Schallplattendienst).

Vf. u.a.: Der Zeitungsspiegel, seit 1912; Neue Bahnen ev. Öffentlichkeitsarbeit, 1917; Vom Lebensstand der ev. Presse (in: Hdb. der ev. Presse, 1929, IX-XVIII); Art. »Presse: II. III« (RGG² IV, 1442 bis 1457); Film u. Rundfunk als Objekt der Wissenschaft (in: Zeitungswiss. 1934, 20-23). - Über H.: W.Schwarz, A.H., Leben u. Werk, 1951.

K.Hutten

Hinduismus

I. Religionsgeschichtlich - II. Die biblische Botschaft gegenüber dem Hinduismus - III. Hinduismus im Westen

I. Religionsgeschichtlich

1. Wesen des H. - 2. Allgemeine Grundlagen: a) Heilige Schriften - b) Weltbild - c) Mensch: Leib, Seele - d) Seelenwanderung, Karma - e) Himmel, Hölle, Erlösung - f) Götter, göttliche Wesen -

g) Naturkult - h) Wallfahrt- und Kultstätten, Feste - i) Ritual - k) Religiöse Pflichten - l) Unreinheit, Sünde, Buße - 3. Sekten: a) Allgemeines - b) Vaishnavismus - c) Shaivismus - d) Shâktismus - e) Synkretismus

1. H. ist ein nicht-indigener, später, auch in Indien eingebürgerter, von einem seit Darius Hystaspes belegten Land- bzw. Volksnamen ausgehender Begriff für das komplexe Religionsmosaik Vorderindiens (→ Indien: I), das fast alle Religionsformen umschließt. Seine Grundlage ist die Zugehörigkeit zu einer der auf göttlichen Ursprung zurückgeführten → Kasten (: I), in die man nur hineingeboren werden kann. Ihre Anerkennung bedeutet Anerkennung des Vorrangs der Brahmanen als Hüter der geistigen Güter. Der H. ist der Erfolg zähen Ringens der Tradition, unterstützt von Volksreligionen, gegen den → Buddhismus. Neue Ideen hatten mit der alten Offenbarung (shruti) und Tradition (smrti) neue religiöse Formen entwickelt. In ihrem Zentrum fallen die Göttergestalten Vishnu und Shiva auf, die dank der bereits in den Brâhmanas (→ Veden) auftauchenden, jetzt aber systematisierten Manifestationslehre zahllose ursprünglich selbständige Götter und Helden der Vergangenheit in sich aufzunehmen vermochten. Manche Erscheinungen des H. lassen sich aus Substratkulturelementen aufhellen. Der formalistisch-magische Geist des Brahmanismus (→ Vedische und brahmanische Religion) wird durch das emotionale, weitere Kreise ansprechende Element individualistisch empfundener Gottesliebe (→ Bhakti) ergänzt. Die Verehrungsformen mit den noch immer gepriesenen vedischen Opfern treten zugunsten der Pûjâ (von Tamil pûju »beschmieren«) zurück, die Kultbilder (pratimâ) voraussetzt. Solche sind für das 3./2.Jh. vChr bezeugt (Kautilya, Patanjali) in Zusammenhang mit Leuten, die durch Herumfahren solcher → Bilder ihr Brot verdienten. Die Kultbilder stehen in → Tempeln, die die vedische vedi ersetzen und vielleicht auf autochthone Einflüsse zurückzuführen sind. Noch heute werden Tempel-Brahmanen nicht als vollgültig angesehen.

2. a) Der H. anerkennt die Shruti (Offenbarung: Veden, Brâhmanas, Samhitâs, Sûtras, ältere und jüngere → Upanishaden) und Smrti (Tradition: Rechtsbücher von Manu usw, die Epen → Râmâyana und → Mahâbhârata und die 18 Purânas, »alte Geschichten«, von denen einige sektarisch sind).

b) Gegenüber dem älteren, von der Dreizahl beherrschten → *Weltbild* ist das des H. eine von der Siebenzahl ausgehende, kompliziertere Konzeption, ohne eine Weiterbildung zu sein (Kirfel). Die Welt, von Brahman als Demiurgen in → Ei-Form (Brahmânda = Ei Brahmans) erschaffen, umfaßt 7 obere Schichten (die oberste Satya- oder Brahmaloka »Welt der Wahrheit bzw. Brahmans«), darunter 7 stockwerkartig übereinander liegende, von Schlangen, Dämonen usw bewohnte Unterwelten (Pâtâla). Die Erde enthält 7 durch 6 Ringmeere getrennte Kontinente, deren 6 sich ringförmig um den zentralen Jambûdvîpa legen. Um den goldenen Weltberg Meru, die Achse des Alls in der Mitte von Jambûdvîpa, kreisen Gestirne und Planeten (→ Sterne). Unter den 7, durch 6 Parallelgebirge geschiedenen Zonen ist die südlichste Bharata, der den Menschen bekannte Teil der Erde, zu dem Indien gehört. Die über der Erde gelegenen Weltschichten bewohnen Götter und → Geister. Im Satyaloka überragen sie das Reich der Himmelskörper. - Das Weltei durchläuft Geburt, Alter, Tod in Tagen, Nächten und Jahren Brahmans. Nach einer Lebensdauer von 100 Brahmanjahren zu je 360 Tagen und Nächten (= je 8 640 000 000 Menschenjahren), jeder als Kalpa aufgefaßt, der bei Eintritt der Nacht einen Untergang (pralaya) erlebt, während sich im Laufe des Brahmantages 13 Teiluntergänge ereignen, die, nur 3 bis 4 unterste Weltschichten erfassend, den Zeitraum in 14 unterschiedene → Weltperioden (Manvantara mit je einem Manu als Stammvater und Gesetzgeber) teilen (jedes Manvantara zerfällt wiederum in 71 Abschnitte von je 4 Zeitaltern, »Yugas«, mit einer progressiven Verschlechterung von Lebensdauer und Moral), endet ein Zeitzyklus mit einem Weltuntergang, dem, nach einer Ruhepause, eine Neuschöpfung unter einem neuen Demiurgen folgt. Wir leben jetzt in der Morgendämmerung des letzten, schlechtesten Kaliyuga eines solchen Zeitzyklus.

c) Der *Mensch*, durch → Seelenwanderung in den Kreis der Tiere und Pflanzen einbezogen, verfügt nach der Sâmkhyaphilosophie neben dem groben Leib (sthûlasharîra) aus den 5 → Elementen (mahâbhûta) Erde usw über einen »feinen Leib« (sûkshmasharîra), der, dem Tod nicht unterworfen, die indifferente → Seele (purusha, jîva) als individualisierendes Charakteristikum begleitet. Seine Komponenten sind die 5 feinen Elemente (tanmâtra »elementum in abstracto«) wie Ton, Gefühl usw. Als Kräfte erscheinen die Atmung, die im Innenorgan (antahkarana) gesammelte Dreiheit von Urteilskraft (buddhi), Ich-wirker (ahamkâra) und Denken (manas), die vom Innenorgan abhängige Zehnergruppe der je 5 Wahrnehmungs- und Tatsinne, endlich die der buddhi eingeprägten Eindrücke (samskâra oder vâsanâ), die als »Keimkräfte« die spätere Existenz bestimmen, im feinen Leib zusammengefaßt. Die ewigen, homogenen, ganz geistigen Seelen werden trotz ihrer Geistigkeit oft als daumengroße Reproduktion des Körperwesens vorgestellt. Die die Seele nicht affizierende Verstrickung in die Materie endet durch Gnosis oder einen durch Liebe zu Gott ausgelösten göttlichen Gnadenakt. Die Grenzen zwischen Welt- und Individualseele verwischen sich durch ihre Identität.

d) Die Seele ist einem anfangslosen Geburtenkreislauf (samsâra) innerhalb der belebten Natur (einschließlich der Götterwelt) unterworfen. Rang und Art der Geburt bestimmt das → *Karma* (Tat), dh die jedem Tun inhärente objektive Qualität, die im Laufe des Lebens kumuliert und automatisch, in Form eines »latenten Triebes« (Schrader), wirksam wird. Das die Seele begleitende, auch über Weltuntergänge hinweg wirkende Karma bestimmt die folgende Existenz. Der H. sieht in dieser Lehre die Erklärung der sozialen Differenzierungen. Da Seelenwanderungs- und Karma-Lehre der vedischen Zeit unbekannt waren, vermutet man darin Gedanken einer autochthonen Kulturschicht.

e) Nach dem Tode kehrt die Seele, nach einem Aufenthalt von mindestens 3 Menschenaltern im Mond, auf die Erde zurück, oder sie geht den »Götterweg« (Devayâna) der → Erlösung. Volkstümliche Ansicht läßt sie einen vom Todesgott Yama verhängten, ihren Taten entsprechenden Zwischenaufenthalt in → Hölle oder → Himmel nehmen, der aber kein Karma schafft, sondern nur das vorhandene verbraucht. Die → Wiedergeburt endet durch Erlösung (moksha, mukti), die die Seele zugleich vom feinen Körper löst. Erlösung kann eintreten, wenn kein Karma mehr hervorgebracht werden kann, durch Erkenntnis in das Wesen der Seele oder durch einen durch Bhakti bewirkten göttlichen Gnadenakt (→ Gnade: I, 2), der vorhandenes Karma tilgt. Auch kann man durch plötzliche Schau ein Lebend-Erlöster (jîvan-mukta) vor Tilgung des Karma werden, wodurch man im Todesfall »zu Brahman wird«. Populär wird Erlösung als ein Eingehen in den höchsten Himmel des angebeteten Gottes angesehen, wo den Erlösten ein geistiger Widerschein irdischer Freuden erwartet.

f) Das → *Pantheon* wird von drei großen Göttern beherrscht. Der Gott Brahman, als 4köpfiger Schöpfer an die Stelle Prajâpatis getreten und über diese Aufgabe hinaus schemenhaft, scheint eine Personifikation des neutralen Brahman zu sein. Die beiden anderen, im Veda unbedeutenden Götter, haben dagegen deutliche Umrisse. → Vishnu, durch lokale und aus Substratkulturen stammende Elemente bereichert, sammelt bes. im Norden viele Verehrer um sich. Seine tiergestaltigen Inkarnationen (Fisch, Eber usw) lassen auf totemistische Bestandteile schließen. Literarisch wird die → Bhagavadgîtâ zum bis heute lebendig gebliebenen Mittelpunkt, selbst über den Vaishnavismus hinaus. In ihr wird ein panentheistischer (R. → Otto) → Monotheismus gelehrt, in dem sich neutrales Brahman und persönlicher Gott vermischen. Ebenfalls eine große Anhängerschaft gewann der vielschichtige, gütig-grausige → Shiva. Eine die Funktion der Götter in Schöpfung, Erhaltung und Auflösung der Welt zusammenfassende »Dreigestalt« (Trimûrti), ein brahmanischer Versuch, Herr der religiösen Entwicklung zu bleiben, bewirkt eine Machtsteigerung der beiden letztgenannten Götter zur jeweils höchsten Gottheit, deren Emanation die Trimûrti wird. - Der Shâktismus, die Verehrung der auf → Muttergottheits-Kulte zurückgehenden weiblichen Korrelate der Götter als der »wirkenden Kraft« (Shakti), überbrückt die Kluft zwischen dem transzendenten Gott und seinem Wirken in der Welt. Als Zentrum überragt Shivas Gattin Durgâ in all ihren gütig-grausigen Aspekten die anderen Shaktis. - Große Volkstümlichkeit genießen zwei ursprünglich selbständige, dann aber der Familie Shivas eingegliederte Göttergestalten geringeren Ranges: Ganesha, der elefantenköpfige, hängebäuchige Beseitiger aller Hindernisse, wohl zunächst ein → Fruchtbarkeits-Gott, und Kumâra (Skanda, Kârttikeya), der Führer der Götterheere im Kampf gegen die Dämonen und → Kriegs-Gott, ein Vertreter des grausigen Aspekts Shivas. - Unter den anderen Göttern treten zunächst die »Welthüter« (dikpâla) hervor als Regenten der Himmelsgegenden: Indra, Yama, Varuna und Kubera für Osten, Süden usw, Agni, Nirrti (Nairrta), Vâyu und Ishâna für die Zwischenhimmelsrichtungen Südosten, Südwesten usw. Neben »entmachteten« vedischen Göttern stehen hier in Kubera, dem Gott des Reichtums, und Nirrti, einer »dunklen Göttergestalt« (Kirfel) Neulinge, während der bereits in vedischen Samhitâs begegnende Ishâna ein Aspekt Shivas ist. Als Regenten des Südens und Nordens können auch Sûrya, der → Sonnen-, und Soma, der → Mond-Gott fungieren. Selbständig werden Indra als Regen- und → Gewitter-Gott und Varuna als → Wasser-Gott verehrt, während Sûrya noch heute in indischen Häusern in Gestalt des Sonnensteins (sûryakânta) angebetet wird. In Indras Himmel leben als Götterjungfrauen die Nymphen (Apsaras) und die der Musik verbundenen Gandharven. Als schätzehütende Baumgeister (Dryaden) sind Kubera die Yakshas (Guhyakas) unterstellt. Volkstümlich ist der Liebesgott Kâma, wohl ursprünglich ein Fruchtbarkeitsgenius (Kirfel). Als Gegner der Götter erscheinen die die Unterwelten bewohnenden Asuras, nach ihren mythischen Stammvätern Diti und Danu auch Daityas und Dânavas genannt. Auf der Erde wirken Râkshasas (→ Riesen, Unholde) Böses (so Sîtâs Entführer Râvana im Râmâyana). Auch gespenstische Wesen (Bhûtas), Leichendämonen (Vetâlas), die bösartigen Pishâcas und ruhelose Seelen Verstorbener (Pretas) suchen die Menschen heim. Zu einer besonderen Kategorie gehören volkstümliche, meist weibliche Krankheitsgottheiten, die von → Krankheiten ihres Bereiches heilen sollen (die Pockengöttin Sîtâlâ, die Schlangengöttinnen Mânasa und Ellammam im Süden), sowie die sehr alten Dorfgottheiten (Grâmadevatâ). Endlich ist die Deifizierung vieler Heroen (Râma, Krshna), vorzeitlicher Seher (Rshi) und geistlicher Lehrer (guru) zu erwähnen.

g) Unter den verehrten *Naturobjekten* sind zunächst, meist in Zusammenhang mit Shiva, dessen Gattin Pârvatî Tochter des Himâlaya ist, viele → Berge zu nennen. Als Flußgottheiten personifiziert (nadîdevatâ) erscheinen viele Ströme, vor allem als vom Haupte Shivas fließende Nebengattin Shivas die Gangâ, dann mit Vishnu-Krshna verbunden die Yamunâ. Unter den Tieren sind die → Kuh, bei den Vaishnavas der mit dem Malabar-Adler gleichgesetzte Garuda (Reittier Vishnus) und die Affen (vor allem der Helfer Râmas Hanumat) zu nennen. Weit verbreitet ist die → Schlangen-(Nâga-)Verehrung zur Förderung der Fruchtbarkeit (s. mit Kobraköpfen versehene Nâgasteine). Unter den heiligen → Bäumen und Pflanzen steht der bereits in Mohenjodaro auftauchende Pippala (Ashvattha = Ficus religiosa) an der Spitze, »an dessen Wurzel sich Vishnu, in dessen Mitte Shankara (shiva), in dessen Wipfel Brahman sich befindet«. Krshna ist das Basilienkraut (tulasî), Shiva der Bilva-Baum (Aegle Marmelos) zugeordnet.

h) *Wallfahrten* (→ Wallfahrt) zu zahllosen, vor allem an Flüssen gelegenen → heiligen Stätten (tîrtha »Furt«) wirken sündentilgend. An ihrer Spitze stehen Banaras, wo Shivas Gnade dem Sterbenden Erlösung sichert, und Allâhâbâd (das alte Prayâga). Der Fortfall sektarischer Schranken fördert hier die Toleranz. - Der → *Kultus* vollzieht sich (neben dem wichtigen häuslichen Gottesdienst) in nach bestimmten Regeln erbauten → Tempeln aller Größenordnungen, wo das Bild der Hauptgottheit im Allerheiligsten (garbhagrha) aufgestellt ist. Daneben werden auch andere Götter an getrennten Altären oder in Pavillons (mandapa) verehrt. Außer dem genannten Bild des Hauptgottes besitzen größere Tempel noch ein bewegliches Kultbild, das bei den jährlichen Tempelfesten auf einem geschmückten Wagen herumgefahren wird. Neben solchen Tempelfesten gibt es große, im ganzen Lande unabhängig von Sektenbindungen gefeierte → *Feste,* wie die Shivarâtri (»Nacht Shivas«) in der Neumondnacht des März mit → Fasten, → Opfern und Darbringung von Bilva-Blättern, die unserem Weihnachtsfest verwandte Geburtsfeier Krshnas (Krshnajanmâshtami) zwischen Juni und September und das viertägige Lampenfest (Dîpâvalî oder Dîvali) im Okt.-Nov. zu Ehren Lakshmîs, Vishnus und Krshnas.

i) Das *Ritual* beherrscht der Mantra, die mit der mystischen Silbe »Om« beginnende, mit einem Götternamen verbundene Verehrungskurzformel. Daneben werden mit sog. »Keimsilben« (bîjâkshara) als Namenssiegeln esoterische Gebilde zusammengestellt. Alles hat sich zu einer besonderen Wissenschaft (Mantrashâstra) ausgebildet. Nur der Guru kann in besonderer Zeremonie Mantras weitergeben. Sie werden begleitet von zahlreichen, symbolischen Hand- und Fingerstellungen (mudrâ), bestimmten Sitzarten (âsana) sowie dem »Deponieren« (nyâsa), dh dem Hinweisen mit den Fingerspitzen der rechten Hand vor allem auf 6 Körperteile (Kopf, Augen usw) als Sinnbild des Eingehens der Gottheit in diese Körperteile. Die oft 108- oder 1008malige Wiederholung der Mantras wird an den mit 108 Perlen versehenen → Rosenkränzen (japa-mâlâ) kontrolliert. Natürlich gibt es auch hymnische → Gebete und Namenslitaneien (stotra, samkîrtana). Mantras begleiten die meist 16 Verrichtungen (upacâra) der Pûjâ, die sich über den ganzen Tag verteilen. Die Pûjâ vollzieht sich vor einem nach strengen ikonometrischen und ikonographischen Regeln genormten, aus Stein, Juwelen, Metall, Holz oder besonderen Mischungen aus Ton, Körnern und Harzen hergestellten, manchmal auch als Fresko erscheinenden Kultbild, das durch Herbeirufung der Gottheit belebt werden muß. An die Stelle des Kultbilds treten auch symbolische Darstellungen: die → Fußspur des Gottes, im Shaivismus der Phallus (Liinga), bei den Vaishnavas der Shâlagrâma-Stein. Auch hat sich die Verehrung abstrakter, symbolischer Zeichnungen (Yantra, Mandala) eingebürgert, die in eingezeichneten Silben eine Gottheit repräsentieren. In der der Verinnerlichung dienenden Meditation (Dhyâna) werden, nach den Vorschriften sog. Meditations-Mantras, geistige Kultbilder aufgebaut. In andere Richtung zielt der → Yoga (Anjochung), der mit einer systematischen Atemtechnik eine Vereinigung mit Gott erstrebt, aber auch der Gewinnung besonderer magischer Fähigkeiten (siddhi) dienen kann.

k) Aus einem zentralen »Ordnungsprinzip« (dharma) regelt sich das Leben der Hindus. Die mit der Höhe der Kaste sich steigernden Kastenpflichten binden jedes Individuum, zumal in den drei oberen »arischen« Kasten. Schon vor der Geburt beginnend sind wichtige Lebensabschnitte durch Sakramente (samskâra) akzentuiert, von denen heute etwa 16 noch empfohlen werden. Die wichtigsten sind: Geburtszeremonie (jâtakarman), Namensgebung (nâmakarana; → Namenglaube), → Initiation (upanayana) als Aufnahme unter die »Zwiegeborenen« (Dvija) mit Umlegen der heiligen Schnur und Berechtigung zum Hersagen des Sâvitrî-Gebets, Hochzeits-(Vivâha-) und Beisetzungszeremonie (Antyeshti), die beiden letzten für alle Kasten bindend. Von den 4 Lebensabschnitten (Âshrama): Schüler, Familienvater, Einsiedler, umherziehender Bettelmönch werden heute noch der zweite und vierte beachtet. Der Familienvater hat neben häuslicher Andacht oder Tempelbesuch nach vorheriger → Reinigung (Mundspülen, Mit-Wasser-Begießen) gewisse tägliche Verrichtungen (Âhnika) zu vollziehen, vor allem die Morgen- und Abendandacht mit Hersagen der Sâvitrî, das Feueropfer für alle Götter, eine besondere Spende (Bali) für Gespenster und Dämonen sowie eine Wasserspende für die Manen. Dazu kommen in gewissen Zeitabständen Totenopfer (Shrâddha). Neben den Pflichten stehen freiwillige, religiös-verdienstliche Handlungen (Punya), wie die nur selten noch geübten vedischen Opfer, Wallfahrten (s. h) und Schenkungen an Brahmanen. Auch dem Gemeinwohl dienende Stiftungen wie Anlage von Rasthäusern, Brunnen, Tempeln usw gehören hierhin, dann → Gelübde (Vrata) mit bestimmten durch Enthaltsamkeiten oder Handlungen erstrebten Zielen, und endlich → Askese (Tapas = Glut), die jedoch auch dem Erwerb magischer Kräfte dienen kann. Auch heute noch beliebt ist die Weltentsagung, deren Entschluß unwiderruflich ist. Der Entsagende (Samnyâsin) zieht nach einer Abschiedszeremonie als Wandermönch nach bestimmten Regeln umher, hauptsächlich der Meditation ergeben.

l) Rituelle *Unreinheit* (Âshauca) als ständige Gefährdung, die der → Sünde (Agha, Pâpa) gleichzusetzen ist, kennzeichnet den H. Mit Sache oder Person dauernd (Nicht-Hindu, Hund u.dgl.) oder vorübergehend (→ Geburt, → Tod u.dgl.) verbunden, überträgt sie sich auf jeden, der damit in Berührung kommt. Ihre Tilgung erfolgt durch Reinigungszeremonien (Bad usw) oder, bei schweren Fällen wie Brahmanenmord, Branntweingenuß, Tötung einer Kuh, durch eine Sühnezeremonie (krcchra, prâyashcitta), die von einem Brahmanenkollegium (Parishad) verhängt wird. Sühnezeremonien können sich über lange Zeiträume erstrecken. Sie bestehen in besonderen Auflagen wie Fasten, Trinken von heißem Kuhurin usw. Aber auch Geschenke an Brahmanen oder Wallfahrten können Sühnekraft haben.

3. a) Auf dem skizzierten Hintergrund zeichnet sich das Leben des H. in den großen Gruppen der Vaishnavas, Shaivas und Shâktas ab. Nur eine kleine Gruppe Brahmanen bekennt sich heute, als Anhänger des Monismus → Shankaras, zur Orthodoxie (Smârta). Dagegen vertreten die → *Sekten* einen mit polytheistischen Resten durchsetzten Monotheismus. Ihre greifbaren Anfänge gehen, bis auf die etwas späteren Shâktisten, auf die letzten Jh.e vChr zurück. Für die Pâncarâtrins (Vaishnavas) treten zu den genannten Sakralschriften die Samhitâs (108 oder mehr als 200 werden genannt [Schrader], ca 14 sind bekannt geworden). Der dort zugrunde gelegten Vierteilung folgen auch die 28 Âgamas der Shaivas (nur 6 bisher gedruckt), dazu kommen zahlreiche Tantras der Shâktas. Ferner sind die Hymnen der Âlvârs oder »Tiefsinnigen« (Schrader) für die Vaishnavas und die der Nâyanâr (Herren) für die Shaivas, meist von Angehörigen niedriger Kasten verfaßt, hier einzubeziehen.

b) Der *Vaishnavismus* wählt als »erwünschte Gottheit« (ishtadevatâ) meist eine der kanonischen, bereits im Mahâbhârata bekannten 10 Manifestationen Vishnus, vor allem Nârâyana, Vâsudeva, Krshna, Samkarshana (Krshnas älteren Bruder) und den Heros Râma. Der mindestens seit dem 4.Jh. vChr mit Mathurâ als Mittelpunkt bezeugte Krshna-Vâsudeva-Kult, dessen Anhänger Bhâgavatas heißen (s. Pânini, Patanjali und 3 Inschriften), erhielt in der Bhagavadgîtâ, die vor allem die Erlösung durch Gottesliebe verkündet, sein dauerhaftes Fundament. In den Jh.en nChr tritt die ursprünglich vedafeindliche, im Mahâbhârata unter dem Namen Sâttvata erwähnte Richtung der Pâncarâtrins für Jh.e in den Vordergrund. Ihr Name (»5 Nächte«) nimmt auf das mit Nârâyana verbundene Pâncarâtra Sattra des Shatapathabrâhmana Bezug. Ihre innere Geschichte und die ihrer Gruppen (der der Kriegerkaste zugeordneten Sâttvatas, der zur Vaishyakaste gehörigen Shikhins usw) ist unbekannt. Ihr Ritual ist heute noch in vielen südindischen Vishnutempeln gültig. Die Pâncarâtrins lassen alle Kasten zu, nur müssen Shûdras ihre Mantras den Tantras entnehmen. In Zusammenhang mit der Schöpfung haben sie eine Lehre von den 4 Formen Gottes (caturvyûha) entwickelt, mit denen Gott die Schöpfung als Ordnungsprinzip (= Vâsudeva), Wissen (= Samkarshana), Erlösung (= Pradyumna) und Herr Aller (= Aniruddha) durchdringt. Zur »Zeit« (Kâla) geworden, teilt sich der höchste Geist in 12 Gestalten, aus denen 12 Shaktis hervorgehen, die wiederum 12 »Monatsherren« (Mâsâdhipa) emanieren, von denen je 3 den einzelnen Gestalten des caturvyûha als sekundäre vyûhas zugeordnet sind und deren Namen Erscheinungsformen Vishnus entsprechen. Erlösung erlangt man durch den Mantra, aber auch durch Erkenntnis des eigenen Selbst und Gottes mittels Yoga, der geistig das rituelle Handeln (karmayoga) und die geistige Anspannung (jnânayoga) bestimmen soll. Die Verbindung beider Verhaltensweisen führt zur Vereinigung mit dem höchsten Geist. Bhâgavatas und Pâncarâtrins werden allmählich als Einheit angesehen, ihre Namen werden etwa seit dem 7.Jh. synonym verwendet. Eine neue Phase leitet das noch heute als »heiliges Buch« geltende Bhâgavatapurâna (10.Jh.?) ein, das den jungen Krshna im Kreise der Hirten zum Mittelpunkt macht. Das Ziel der Bhakti (der sich die bedingungslose Hingabe [prapatti] zur Seite stellt) wird fünfstufig ausgebaut, vom »gleichen Aufenthalt mit Gott in der Himmelswelt« (sâlokya) bis zur »Einheit mit Gott« (aikatva). Sekundäre Manifestationen (vibhava) von Sehern usw treten neben die nunmehr 24 → avatâras. Wie bereits in einzelnen Samhitâs werden 5 Sakramente (samskâra) vorgeschrieben: Kennzeichnung (ankana) mit Vishnus 5 Emblemen, vor allem dem Diskus, Auftragen des u-förmig über der Nasenwurzel aufsteigenden Sektenzeichens (ûrdhvapundra), Verleihung eines Vaishnava-Namens, Einflüstern der beiden für Vishnu und Shrî bestimmten Mantras ins rechte Ohr und endlich Opferung oder Pûjâ. Nach Südindien vorgedrungen erfuhr der Vaishnavismus durch den in Shrîranga wirkenden → Râmânuja (1020–1138) seine Fundierung in einem qualifizierten Monismus. Die Nachfolger Râmânujas spalteten sich in die nördliche Richtung der Vadakalai, die zur Erlösung die konkurrierende Aktivität des mit einem sich an die Mutter klammernden Affen verglichenen Gläubigen verlangt, und die südlichen Tenkalai, für die das Verhalten der die Jungen ins Maul nehmenden Katze Vorbild ist. Im 13.Jh. lehrte der Südinder Madhva (Ânandatîrtha) einen → Dualismus: Gott wie Welt besitzen Realität. Die Einzelseelen sind untereinander und von Gott verschieden. Es gibt erlösungsfähige und nicht-erlösungsfähige Seelen. Zur Erlösung ist auf Bhakti gegründete Erkenntnis erforderlich oder eine mit bestimmten rituellen Handlungen (vishnuitische Sakramente, s.o.) verbundene Gottesschau. - Râmânanda (15.Jh.?) richtet seine Verehrung auf den Râmaavatâra und dessen Gattin Sîtâ, unter Ablehnung aller Kastenunterschiede. Aus seinen Nachfolgern ragt Tulsî Dâs (1532–1623) heraus, dessen tiefreligiöses Gedicht vom Leben Râmas (Râmacaritamânasa) noch heute den Geist der Râmaverehrung bestimmt. Über Kabîr s. 3e. - Die Marâthen, an der Spitze der Monist Jnânadeva (Ende 13.Jh.), dann der volkstümliche Tukârâm (17.Jh.), verehrten den Vitthala oder Vithobâ genannten Krshna samt seiner Gattin Rukminî. - In der Gegend von Mathurâ begründete Nimbârka (12.Jh.) eine mystisch-erotische Verehrung des jugendlichen Krshna zusammen mit seiner Geliebten Râdhâ. Für Nimbârka ist Gott unfaßbar, nur seine Erscheinungsformen sind zugänglich. Erlösung der von Gott verschiedenen Seele ist nur durch eine auf Krshna *und* Râdhâ gerichtete Hingabe möglich. Die Richtung erreicht ihren Höhepunkt mit Vallabha (1479–1531), in dessen Sekte der Vallabhâcâryas (Mahârâjas) sie noch heute fortlebt. Vallabha vertritt einen strikten Monismus. Alles ist von der Urseele umschlossen, deren Funken als Welt und Seelen in Erscheinung treten. Mit seinem aus Sein, Intelligenz und Wonne (saccid-ânanda) bestehenden Leibe genießt Krshna an höchster Stätte in der »Welt der Kühe« (Goloka) mit Râdhâ ewige Wonnen als Widerschein des geistigen Liebesverhältnisses zwischen Seele und Gott. Zur Erlösung ist Gottes Gnade (hier Pushti) erforderlich. In Bengalen entwickelt der erotische Krshnadienst seit Caitanya (1485 bis 1534) eine minutiöse Analyse und Systematisierung der Bhakti. Caitanya steht Madhvas Dualismus nahe, er lehnt Kastenunterschiede, Werkfrömmigkeit und Ritualismus ab. Selbstlose Liebe zu Krshna und Râdhâ ist Bedingung der Erlösung, die zur Verschmelzung mit Gott führt.

c) Der *Shaivismus* ist deutlich mit der Kultur des Industales verbunden. Ein dortiges Siegel mit einem → »Herrn der Tiere« in Yogastellung, sichtlich Shiva, dem Yogin und Asketen verwandt, verbindet sich mit den Phallusdarstellungen, die in der Shivasymbolik weiterleben. Unter den Aspekten des Gottes, der stets mit seiner Shakti erscheint, fällt eine androgyne (Ardhanârîshvara) Darstellung auf. Bemerkenswert ist ferner der tanzende Gott (Natarâja), von dem 9 verschiedene Darstellungen gelehrt werden. Dem Kult der Shaivas geben → Tanz, → Musik und tierisches Gebrüll ein ekstatisches Gepräge. Auf einen Schädelkult deutet der Brauch der Selbstopferung durch Kopfabschneiden hin. Als Sektenzeichen (tripundra) tragen die Shaivas 3 Horizontalstriche, mit Asche oder weißer Farbe aufgetragen. Charakteristisch ist das Beschmieren mit Asche und das Tragen des aus 108 rudrâksha-Beeren (Elaeocarpus Ganitrus) bestehenden »Rosenkranzes« (japamâlâ, akshamâlâ). Viele Shaivas huldigen dem Monismus Shankaras, doch finden sich Divergenzen in der Auffassung des Gott-Welt-Verhältnisses. Die für die ersten Jh.e nChr bezeugten Pâshupatas, die Shiva als pashupati (Herr der Tiere, d.i. Seelen) verehren, vertreten eine pluralistische Theorie. Gott, Welt und Seele sind voneinander verschieden. Der Erlösung dient neben Erkenntnis und Bhakti vor allem der Yoga, der durch Selbststeigerung besondere Erkenntnis- und Aktionskräfte erzeugt, die das Annehmen beliebiger Gestalten ermöglichen. Am Ende steht die Nähe zu Gott, aus der es keine Rückkehr gibt. In ihren sonstigen Lebensgewohnheiten ähneln die Pâshupatas den Kâpâlikas (Schädelträger), die den grausigen Aspekt Shiva-Bhairava samt Câmundâ (Durgâ) verehren. Aus den Schädeln, die sie tragen, essen sie ekelhafte Speise und trinken Branntwein. Askese verleiht ihnen übersinnliche Kräfte, durch die sie zur Unsterblichkeit gelangen. - In der seit dem 9.Jh. sich in Kashmîr entwickelnden »Wiedererkennungslehre« (Pratyabhijnâshâstra), auch Trika (Dreiheit, d.i. pati = Herr, pâsha = Bindung, pashu = Seele) genannt, hat der Shaivismus eine hohe geistige Stufe erreicht. Vom Boden des Monismus aus wird die Welt als Emanation göttlichen Willens angesehen. Sie *erscheint* von Gott verschieden, ist aber nur ein Abglanz ohne Realität. Die mit Gott identische Seele erlöst ein Wiedererkennen der durch die Verstrickung in die Materie dem Bewußtsein entschwundenen Zusammenhänge. Mit dieser Richtung ist der in Südindien entwickelte Shaivasiddhânta (13.Jh.) verwandt, der eine reiche Devotionaldichtung in Tamil hervorgebracht hat. Vom Trika ausgehend vertritt er einen Dualismus, demzufolge der ewige Shiva mit seiner Schöpferkraft aus der Mâyâ-Materie die Welt erschaffen hat. Mâyâ und Verblendung, die Fesseln der unzähligen Seelen, werden durch Bhakti kraft göttlicher Gnade gelöst. Die südindischen Vîrashaivas (auch Lingâyats genannt nach dem von ihnen als Amulett getragenen Linga) sehen nach der Lehre Basavas (12.Jh.) das neutrale Brahman als eigentliches Wesen Shivas an, in dem die aus Materie und Seele geschaffene Welt anfänglich enthalten ist und am Ende wieder aufgeht. Durch Erschüttern der Schöpfungskraft spaltet sich das Brahman in Gott (Linga) und Einzelseele. Die Shakti tritt in der Einzelseele als Bhakti auf, die sich im Hinneigen zu Gott, in der Vereinigung mit ihm im Yoga, in einem Mit-Shiva-Genießen und im Aufgeben der Welt äußert. Die Vîrashaivas kennen weder Kastenunterschiede noch Opfer oder Wallfahrten. Kinderheiraten sind verboten und Wiederverheiratung der Witwen erlaubt.

d) Im kastenleugnenden, dem Shaivismus zugerechneten *Shâktismus*, der Verehrung der weiblichen Kraft als oberstem Prinzip, lebt ein in Mohenjodaro bezeugter Muttergottheitskult weiter. Sein Mittelpunkt ist die vielnamige Durgâ-Kâlî. In monistischer Weise wird die Identität von Gott und Einzelseele gelehrt. Der stark ritualistische Erlösungsweg durchläuft eine Reihe von Verhaltensstufen (âcâra). Die letzte Stufe der »Entwicklung aus dem Mutterschoß« (pravrtti) ist der dakshinâcâra (Verhalten der rechten Hand). Darauf folgt als Anfang der Rückentwicklung in den Mutterschoß das Verhalten der linken Hand (vâmâcâra). Dabei werden in einem geheimen Ritus (cakrapûjâ) von gleich großen Gruppen von Männern und Frauen die 5 M (madya = Rauschtrank, matsya = Fisch, mâmsa = Fleisch, mudrâ = Getreidekörner, maithuna = Beischlaf) als Symbol der Überwindung aller Sinnlichkeit sakramental genossen. Wenn der Shâkta in der nächsten Stufe sich aus der Finsternis durch der wahren Lehre entsprechendes Verhalten gelöst hat, erreicht er die höchste Stufe des kaulâcâra, für den die äußere Form bedeutungslos ist. Er ist reif für die Gnosis der ewigen Shakti. In einer von den Shâktas entwickelten Yogaart wird durch Atemübungen die am Grunde der am Rückenmark hinlaufenden Sushumnâ-Ader im untersten Kraftzentrum (cakra) Mûlâdhâra (Wurzelstütze) in Schlangengestalt ruhende Göttin geweckt, damit sie sich allmählich bis zum obersten der 7 (oder 9) Kraftzentren, dem Sahasrâra, erhebt und dem Yogin übersinnliche Kräfte und Vollendung zuteil werden läßt. - Die Spannweite des Shâktismus war und ist außerordentlich, so daß auch die geistigsten Menschen wie Shankara und → Râmakrishna ihm anhingen.

e) Im Rahmen des H. fehlt es nicht an *synkretistischen Bestrebungen*. Der muhammedanische, Râma und Sîtâ verehrende Weber Kabîr (1440–1518), ein Schüler Râmânandas, vollzog eine Verbindung des H. mit islamischen Gedanken (Ablehnung des Bilderdienstes, der Avatâras, Kastenunterschiede und des Ritualismus) bei seinen Anhängern, den Kabîrpanthis, und führte eine der Kommunion ähnliche Zeremonie ein. Der Bewegung gehören viele, zT von Muhammedanern geleitete Klöster an (Schrader). - Eine von Kaiser Akbar (1556–1605) angestrebte »Weltreligion« kam über Diskussionen kaum hinaus. Erst das 19. Jh. brachte unter dem Ansturm westlicher Ideen neue synkretistische Bemühungen. 1828 gründete der Brahmane Râm Mohan Rai in Bengalen den christlich beeinflußten, monotheistisch orientierten Brahma-Samâj, der zugleich sozialen Fortschritt förderte, während der von Dayânand Sarasvatî begründete Ârya-Samâj (1875) seine Aufgabe in einer modernisierten Wiederbelebung der Vedas sah. Den Gedanken einer nicht-dogmatischen, von Vedânta-Geist durchdrungenen Weltreligion verbreiteten Râmakrishna (1834–80) und sein Schüler Vivekânanda (1862–1912), zugleich in einer groß angelegten Mission. Durch aktualisierte Erklärung alter Hindulehren (Bhagavadgîtâ, Yoga) versuchte → Aurobindo Ghose eine dogmenfreie Verschmelzung der Religionen, die alle den Menschen gedient haben. Auch Mohandâs → Gandhi hat zur Erneuerung und Ausweitung hinduistischen Geistes durch Einbeziehung tragender christlicher Gedanken beigetragen (Wahrheitsergreifung = satyâgraha, Nichtverletzen = ahimsâ), wobei die Nutzbarmachung im politischen Raum bahnbrechend ist.

Lit. bei H.v.GLASENAPP, Die Religionen Indiens, 1955, 365ff. 376f. - Ferner: F.O.SCHRADER, Introd. to the Pâncarâtra, Adyar 1916 - RGG² II, 1904ff (DERS.) - W.KIRFEL, Der H. (Bilderatlas zur Religionsgesch.), 1934 - DERS., Der Rosenkranz. Ursprung u. Ausbreitung, Walldorf 1949 - S.SHIVAPADASUNDARAM, The Shaiva School of Hinduism, London 1934 - BH.M.C.PAREKH, Shrî Vallabhâcârya, Rajkot 1943 - D.S.SARMA, The Renaissance of Hinduism, Benares 1944 - ST.KRAMRISCH, The Hindu Temple, Calcutta 1946 - R.B.PANDEY, Hindu Samskâras, Banaras 1949 - ST.PIGGOTT, Prehistoric India, Harmondsworth 1952 - S.DASGUPTA, A History of Indian Philosophy III-V, Cambridge 1952-55 - M.ELIADE, Le Yoga, Paris 1954 - W.EIDLITZ, Die ind. Gottesliebe, Olten 1955 - B.P. BAHIRAT, The philosophy of Jnânadeva, Pandharpur 1956 - C.G. DIEHL, Instrument and Purpose. Studies on rites and rituals in South India, Lund 1956 - P.THOMAS, Hindu Religion, Customs and Manners, Bombay 1956.

H.Losch

II. Die biblische Botschaft gegenüber dem Hinduismus

Über die mit dem Thema bezeichnete Relation kann nur im Sinne der ev. → Religionskunde gehandelt werden.

1. Steht und fällt die biblische Botschaft damit, daß sie Christus als den Herrn aller Herren und als *die* Wahrheit verkündet, so sieht der H. seine Stärke darin, daß er keine exklusive Bindung an eine entscheidende Gottesoffenbarung in der Zeit anerkennt. Er umfaßt in seiner Geschichte eine Fülle von Entwicklungsstufen, die nicht nur historisch aufeinander folgen, sondern die auch unangefochten nebeneinander bestehen können - Wege (mârga), deren jeder die Verheißung der Vollendung in sich tragen kann, je nach der inneren Reife derer, die sich dieser Wege bedienen. So kann der H. eine ganze Skala möglicher Formen religiöser Verwirklichung gelten lassen, vom Dämonendienst bis zur abstraktesten philosophischen Spekulation, die sogar atheistisches Gepräge tragen mag. Außerdem löst sich von hier aus das Problem der Vielfalt der Religionen. Bes. der neuere H. wird nicht müde, die Verschiedenheiten der Religionen als je verschiedene Refraktionen der einen Wahrheit zu erklären. Dem dient der Hinweis auf die alte Parabel von den Blinden, die einen Elefanten betasten und beschreiben, es dabei aber nur zu Teileindrücken bringen, die sie fälschlich für die ganze Wahrheit halten. Damit wird die Relativität aller religiösen Erkenntnis anschaulich gemacht. Jesus kann in diesem Rahmen einen Platz neben anderen religiösen Genies erhalten; aber gegenüber der Verkündigung seines Herrseins liegt hier eine unübersteigbare Grenze, vor der sich vollends alle vordergründige Argumentation für eine → »Absolutheit des Christentums« als vergeblich erweist.

2. a) Die religiöse Inklusivität des H. ist nicht dasselbe wie schrankenlose Indifferenz. Sie ist vielmehr qualifiziert durch den Anspruch dessen, der - in jener Parabel - unter den Blinden der einzig Sehende ist, dh des Erzählers, und in diesem Anspruch finden Weite und »Toleranz« des H. ihre Grenze. Er ist vorzugsweise ausgedrückt durch die Entscheidung für die Realisierung der Identität des eigentlichen Selbst (→ âtman) und des absoluten Seins (brahman) als die höchste Stufe der religiösen Verwirklichung, an der letztlich alle anderen Wege und Möglichkeiten zu messen sind. Mag die lehrmäßige Entfaltung verschiedene Auffassungen des Ziels und der Wege zeigen - entscheidend ist nicht die Orthodoxie, sondern die »Orthopraxie« (H.Kraemer), der Nachvollzug der brahman-âtman-Identität, durch den man Befreiung aus den Fesseln von → karma und samsâra erlangen kann. Dabei versinken sowohl die Erscheinungswelt als auch die Vorstellungen einer Gottesoffenbarung personaler Art im Schein der Veränderung und des Wechsels (mâyâ), einer niederen Realitätsstufe, die auf Unwissenheit (avidyâ), dh Unkenntnis der Identität von âtman und brahman, beruht. Auch die Dualität von Gut und Böse hat nur noch relative Bedeutung. Moksha, das höchste Ziel, ist nicht Erlösung von Sünde und Schuld, sondern Befreiung zum wahren Selbst-sein im Einswerden mit dem Absoluten.

Die Widersprüche zwischen diesem System der Selbstverwirklichung und der biblischen Botschaft sind offenkundig, auch ohne daß man in eine Erörterung der Realität der Identitätserfahrung eintritt. Der Versuch, hinüber und herüber religiöse Werte zu vergleichen und auszutauschen, würde auf eine Unterschätzung der Eigenständigkeit und Geschlossenheit der beiderseitigen Aussagen hinauslaufen. Das »Ich bin Du« des Mystikers läßt sich mit dem biblischen »Ich bin Dein« nicht harmonisieren, brahman nicht mit dem Schöpfer- und Vatergott, der sich in Jesus Christus offenbart, das brahma-nirvâna nicht mit der Rechtfertigung des Sünders, die mâyâ-Welt nicht mit der gottgesetzten Weltwirklichkeit, in der es den Gotteswillen zu erfüllen gilt.

b) Die hohen Anforderungen, die durch das Heilsziel der Vereinung des Selbst mit dem »zweitlosen Einen« gestellt werden, sind im H. nie von der großen Masse der Gläubigen erfüllt worden und haben bis heute vielfach die Rolle einer Theorie gespielt, mit der die Praxis nur selten Schritt zu halten vermochte. Schon die → Bhagavadgîtâ zeigte einen »leichteren Weg«: Gefühlsbetonte Hinwendung zu einem persönlichen Gott, den man sich wählen kann (ishtadevatâ) je nach dem Grad der geistlichen Reife (adhikâra). Mit Hinweis auf diese Möglichkeit empfiehlt sich der heutige H. gern als eine Religion, die nicht fixiert sei auf ein einziges Bekenntnis oder Ritual, sondern die »eine Bruderschaft von Glaubensrichtungen darstelle« (T.M.P.Mahadevan). Näheres über die theistischen Richtungen des H. s. → Bhakti: II.

Zweierlei ist festzuhalten: Die im H. weitverbreitete Tendenz, sich in Lebensnöten einem persönlichen Gott zuzuwenden, alle Anbetung auf ihn zu sammeln und dann auch Welt und Mensch einen höheren Grad von Realität zuzugestehen, soll und kann nicht ein Heraustreten aus der durchgehenden monistisch-theopanistischen Struktur des H. bedeuten; denn der jeweils verehrte Gott ist nur eine Erscheinungsform des brahman neben anderen, und das letzte Ziel ist auch hier Selbstverwirklichung des âtman. Auch die wiederholten »Herabkünfte«, mit denen etwa → Vishnu in kritische Weltsituationen eingreift (→ Avatâra), fügen sich diesem Bilde ein und sind mit dem biblischen Inkarnationsgedanken nicht wirklich vergleichbar. Zudem wird im H. kein Zweifel daran gelassen, daß der »leichtere« Weg der theistischen Frömmigkeit letztlich ein Weg geringeren Ranges ist. »Der absolute Monismus ist die Vollendung des Dualismus, mit dem das fromme Bewußtsein anfängt« (S. → Radhakrishnan).

3. Der H. ist in allen seinen Gestalten charakterisiert durch eine spannungsvolle Verbindung von Individualismus und Kommunalismus. Die erstrebte Befreiung aus karma und samsâra wird realisiert in der »bewußten Selbst-entdeckung des Individuums« (S.Radhakrishnan), einer Erfahrung, die ihrem Wesen nach nicht mitteilbar ist. Religion ist hier im eminenten Sinn Privatsache. Es gibt das Gebet, aber keine Fürbitte, den einsamen sannyâsin, aber nicht eigentlich eine Gemeinde, verschiedene Heilswege für den einzelnen, aber keinen Ausblick auf eine universale Gottesherrschaft. Daneben steht eine um so festere soziale Bindung an ein Gesellschaftssystem, das der Freiheit des Individuums durch strenge Einfügung in → Kaste und Großfamilie enge Grenzen setzt. Auch diese Bindung - mit den Rechten, die sie verleiht, und den Pflichten, die sie auferlegt - gilt als religiös sanktioniert und autorisiert, wenngleich auch sie im Grunde der mâyâ-Welt angehört, und obwohl es neuerdings nicht an Versuchen fehlt, den sanâtana-dharma, die bleibende religiöse Substanz des H., allmählich aus der kommunalistischen Verflechtung zu lösen.

Beide, der Individualismus und der Kommunalismus, widerstreiten der biblischen Botschaft von der Kirche als dem neuen Gottesvolk. Dem hinduistischen Individualismus muß es ein unerträglicher Anstoß sein, daß die durch Christus geschehene Versöhnung universal gelten und in der irdischen Gemeinschaft der Versöhnten wirken soll. Wer einmal der brahman-âtman-Identität innegeworden ist, kann den Zusammenhang mit einer solchen Gemeinschaft nur als Rückfall in avidyâ ansehen. Zugleich vermag der hinduistische Kommunalismus die Gemeinschaft in der Kirche nicht leicht als überzeugenden Ersatz für den Halt und die Sicherheit anzusehen, die der Hindu in seinem Sozialsystem findet.

4. Die biblische Botschaft gegenüber dem H. trifft nicht auf ein Vakuum, das erst der Füllung bedürfte; nicht auf ein Fragen und Sehnen, das nur auf Antwort und Erfüllung, womöglich gerade auf diese biblische Antwort, wartete; nicht auf ein mehr oder weniger kongeniales System religiöser Verwirklichung, mit dem ein Austausch zum Nutzen beider Seiten statthaben könnte. Die bestimmende Dimension der Begegnung ist vielmehr der Gegensatz, der Widerspruch, in dem sich alle Religion gegenüber dem Handeln Gottes in Christus vorfindet, und zwar hier in einer trotz aller Vielfalt imponierend geschlossenen Ausprägung und in scharfer Zuspitzung. Damit ist nichts gegen, sondern eher etwas für die Kraft, Innigkeit und subjektive Echtheit der religiösen Erfahrung gesagt, die der H. zu entwickeln vermag, die den Kontrast aber nicht abschwächen, sondern vertiefen. Alle Versuche einer Synthese können hier nur verwirren und Konturen verwischen, aber nicht klären.

Dieser Sachlage ist zuerst und vor allem nichts anderes angemessen als ein umfassendes Zeugnis vom Wesen und Wirken des dreieinigen Gottes. Der monistisch-theopanistischen Tendenz zur Verwischung der Grenze zwischen Schöpfer und Geschöpf begegnet die Predigt von Gott als dem Schöpfer, Erhalter und Herrn aller Dinge, dem Ruf zur Selbstverwirklichung des Menschen das Wort vom Kreuz Jesu von Nazareth als einem Geschehen, in dem Gottes Zorn und Liebe sich vereinen zu einer Versöhnung, die alle Wege der Selbsterlösung abschneidet, dem mystisch-akosmistischen Individualismus die Botschaft vom Hl. Geist, der in den Versöhnten den Glauben schafft und erhält und sie vereinigt in einer Gemeinschaft der Heiligen, die nicht der Welt entnommen, sondern zu Zeugnis und Dienst in sie hineingestellt ist. So wird sich auch und gerade am H. bewahrheiten, daß das Wort Gottes sich im Widerspruch gegen den Menschen und seine Religion den Anknüpfungspunkt schafft, der im Menschen oder seiner Religion nicht vorzufinden ist (R. Bultmann) - ein Grundsatz, der allein imstande ist, über die Alternative von Verteufelung des H. und synkretistischem Kompromiß mit ihm hinauszuführen.

Daraus erwächst die praktische Aufgabe einer Kommunikation der biblischen Botschaft, in der dann allerdings sorgfältiges Eingehen auf das Gegenüber unerläßlich ist, wenn die Botschaft auch für den Hindu relevant werden soll. Man mag dabei von → »Anknüpfung« oder »indischer Inkarnation« der Botschaft sprechen - es kommt jedenfalls darauf an, das biblische Zeugnis in ein Gewand zu kleiden, das eine Verwechslung des Skandalon des Kreuzes mit dem Skandalon der Fremdheit westlich-kirchlicher Ausdrucksformen möglichst verhindert. Der reiche Schatz an Ausdrucksmitteln, den zB die Bhaktireligion bietet, wird dabei ebenso zu nutzen sein wie gewisse indische Formen der Verkündigung und des praktischen Dienens. Hier liegt eine Aufgabe der indischen Christenheit, die daran die Freiheit, zu der sie Christus berufen hat, bewähren kann, und durch die vor allem das Gegenüber von H. und biblischer Botschaft zu lebendiger Begegnung werden kann.

J.P.Jones, India's Problem, Krishna or Christ, New York 1903 - J.N.Farquhar, The Crown of Hinduism, ebd 1915 - F.Köhler, Indischer Geist u. christl. Heil, 1922 - R.Otto, Die Gnadenreligion Indiens u. das Christentum, 1930 - H.W.Schomerus, Indien u. das Christentum, 3 Bde, 1931-33 - M.S.Rau, Types of Religious Consciousness, Hindu and Christian, Mangalore 1932 - H.Kraemer, Die christl. Botschaft in einer nichtchristl. Welt, 1940 - Ders., Religion and the Christian Faith, London 1956 - A.J.Appasamy, The Gospel and India's Heritage, ebd 1942 - A.G.Hogg, The Christian Message to the Hindu, ebd 1947 - F.Melzer, Indische Weisheit u. christl. Erkenntnis, 1948 - Ders., Christus u. die indischen Erlösungswege, 1949 - J.McKenzie, Two Religions, London 1950 - C.Keller, Die Vedantaphilosophie u. die Christusbotschaft (EMM 96, 1952, 138 bis 152) - L.Newbigin, The Quest for Unity through Religion (JR 35, 1955, 17-23) - P.Fingesten, East is East, Philadelphia 1956 - E.W.Thompson, The Word of the Cross to Hindus, Madras 1956 - E.D.Soper, The Inevitable Choice, New York 1957 - G.Lanczkowski, Zur Unterscheidung indischen u. bibl. Denkens (Saeculum 8, 1957, 110-119). *H.-W.Gensichen*

III. Hinduismus im Westen

Von gegenwärtigem H. im Westen muß man mit Vorsicht reden, weil der für den heutigen H. wesentliche →Tempel-Kult und das persönliche Ritualleben (→Ritus) fast ganz fehlen. Im Westen findet man nur Vedantaphilosophie, → Yoga und sporadisches Interesse für die → Bhakti-Frömmigkeit. Beachtenswert aber ist der Einfluß indischer Gedanken auf den Westen im allgemeinen.

1. Die Übereinstimmung der Lehren der eleatischen Schule von »dem nicht wirkenden und nicht lenkenden seligen Urwesen« und von »der Welt als bloßem trügerischen Schein« mit dem Vedanta ist groß (Th.Gomperz, Griechische Denker I, 1896, 168); dennoch braucht direkter Einfluß nicht angenommen zu werden (H.v. Glasenapp, Die indische Welt, 1948, 285). Für die → Seelenwanderungs-Lehre bei Pythagoras (→ Pythagoreer) und → Platon nimmt F. → Cumont (Lux Perpetua, Paris 1949, 197; vgl. auch S.Radhakrishnan, Eastern Religions and Western Thought, Oxford 1939, 142f) des Gesetzes der → Vergeltung wegen Entlehnung aus Indien an, was aber von M.P. → Nilsson (HAW V/2, 1, 694f) abgewiesen wird. Auf festem Boden steht die Annahme indischen Einflusses in hellenistischer Zeit (→ Philo, → Plotin) durch die damals lebhaften Kontakte mit Indien (vgl. → Buddhismus: II. IV). Durch die Haltung der Kirche und des → Islam reißt die Verbindung dann aber zunächst ab. Erst mit der Entdeckung des Seeweges nach Indien wurde der Verkehr wieder rege. Camoens Lusiadas (1572) und die beiden Dichtungen → Miltons vom Paradies enthalten indische Szenerien und Anspielungen.

2. Im weiteren Sinn fand eine Begegnung mit dem indischen Geist seit dem Ende des 18.Jh.s statt, als durch die Werke von A.Duperron, W.Jones, C.Wilkins und H.T.Colebrooke direkte Bekanntschaft mit den heiligen Schriften Indiens ermöglicht wurde. Die → Upanishaden, die → Bhagavadgîtâ und das Drama Sakuntala machten als erste aus dem Sanskrit übersetzte Schriften einen tiefen Eindruck. Man spricht von einer orientalischen Renaissance (R.Schwab, La renaissance orientale, Paris 1950, 18). Vor allem fühlten die Romantiker (→Romantik) in Deutschland und Frankreich Verwandtschaft mit der Eigenart Indiens. »Im Orient müssen wir das höchste Romantische suchen« (F. → Schlegel). Das Studium der indischen Sprachen bereitete im Westen den Weg für die Seelenwanderungslehre und für pantheistische Gedanken (→ Pantheismus), bes. in der Philosophie Deutschlands (vgl. → Schelling). Auch der Amerikaner R.W. → Emerson hat daraus Anregungen geholt. → Schopenhauer hat die Lehren der Upanishaden zu seinen eigenen machen wollen, war aber in wesentlichen Punkten von ihnen verschieden (v.Glasenapp). Indische Gedanken haben viele Dichter und Schriftsteller des Westens beeinflußt, u.a. → Goethe, → Novalis, → Heine, F. → Rückert, → Hesse und → Mann in Deutschland; W.Jones, Shelley, W. → Wordsworth, → Carlyle, T. Moore, Arnold, Yeats in Großbritannien; Emerson, Thoreau, → Whitman in Amerika; → Chateaubriand, Mme de → Stael, → Flaubert, V. → Hugo, A.deLamartine, R. → Rolland in Frankreich.

3. Zur Religionsbildung kam es erst mit der von H.P. → Blavatsky und H.S.Olcott 1875 in New York gegründeten Theosophischen Gesellschaft (→Theosophie). Die Vorstellungen von der All-Seele (Brahman), vom → Karma und von der Seelenwanderung übernahm sie vom H. – Als organisierte, direkt aus Indien kommende Religionsform begann der H. im Westen mit Swami Vivekanandas (→ Hinduismus: I, 3e) Teilnahme am Religionskongreß in Chicago (1893). 1894 gründete er »The Vedanta Society in America«. Obwohl sich nicht viele der Bewegung anschlossen (1957 blieben in den USA die Mitgliederzahlen aller Hinduorganisationen unter 50000), ist der Einfluß durch literarische Aktivität einiger hervorragender Personen (C.Isherwood, A. Huxley) nicht gering. 1958 gab es 11 über ganz Amerika verteilte Abteilungen. Jede Abteilung hat einen Mönch des → Ramakrishna-Ordens als geistlichen Leiter und ist dem Hauptzentrum des Ordens in Belur (Calcutta) verantwortlich. Vivekananda gründete auch in England einen Verein. Außerdem bestand 1958 auch in Frankreich und Argentinien je eine Abteilung. Menschen aller Klassen gehören der Bewegung an, meistens solche, die keinen Halt im Christentum mehr haben. Für ihr soziales Programm hat die Ramakrishna-Bewegung im Westen wenig Verwendung und wirkt bes. durch die Philosophie und den → Yoga. – Yoga ist auch in anderer Weise im Westen bekannt, vielleicht schon bei den → Hesychasten, den sog. Omphalopsychiten. In Amerika hatte die Yogoda Sat Sanga 1930 ca 25000 Anhänger. Sie lehrt eine Art von Yoga, die nach ihrem Gründer, Swami Yogananda, finanziellen Erfolg und allen möglichen Segen bewirkt. – In vielen Großstädten Europas sind in den letzten Jahrzehnten Yogaschulen aufgekommen, die an die klassischen Yogasysteme anknüpfen: Raja, Hatha, auch Mantra und Laya. Mit Yoga haben sich auch die → Psychologie (C.G. → Jung, J.W.Hauer u.a.) und die Medizin zu ihrem eigenen Nutzen beschäftigt (vgl. L.G.Tirala, Heilung der Blutdruckkrankheit... durch Atemübungen, [1933] 1939[9]).

Einzelne Personen aus dem Westen sind Anhänger des H. geworden. Schwester Nivedita (Margaret Noble, † 1911) war als Schülerin Vivekanandas weit bekannt. Frauen aus dem Westen folgten auch → Gandhi und → Aurobindo. Einige waren Schüler des Asketen Ramana Maharshi in Tiruvannamalai. Dessen Leben wurde von H.Zimmer (1890–1943) geschildert, der auch verständnisvolle Bücher über den H. als geistige Kraft geschrieben hat. J.Herbert (* 1897) wollte die indische Mythologie »als geistliche Realität« erweisen (La Mythologie Hindou. Son message, Paris 1953). Herbert und Gruppen in Paris und anderswo sind auch Fürsprecher der Lehren des Philosophen Aurobindo. – Hindu zu werden ist jedoch der orthodoxen Ansicht nach nur durch Geburt als Kastengenosse (→ Kaste: I) möglich. – Nach den beiden Weltkriegen ist das Interesse am religiösen Leben Indiens gewachsen. Schon E.v. → Hartmann meinte, daß in Zukunft die Religionen Indiens gemeinsam mit dem Christentum das geistliche Leben bestimmen würden. Solche Gedanken wurden in den letzten Jahren auch durch S. → Radhakrishnan den Lesern im Westen nahegebracht, wenn er meint, daß im H. die wahre Religion verborgen sei. Ähnliche Ansichten von einer universalen Wahrheit, die »gelegentlich« im Vedanta vorhanden sei, finden sich bei R.Guénon.

R.Guénon, Introduction Générale à l'Étude des Doctrines Hindoues, Paris 1922 – I.Hausherr, La méthode d'oraison Hésychaste (OrChrP 9, Rom 1927, 101–210) – W.Thomas, Hinduism invades America, New York 1930 – Vedanta for the Western World, London 1946 – H.G.Rawlinson, Indian influences on Western culture (JRAS 1947, 142–150) – H.v.Glasenapp, Die ind. Welt als Erscheinung u. Erlebnis, 1948, 284ff – J.Filliozat, Les échanges de l'Inde et de l'Empire romain aux premiers siècles de l'ère Chrétienne (RevHist 73, 1949, 1–29) – R.Schwab, La renaissance orientale, Paris 1950 – Vedanta for Modern Man, London 1952 – J.W.Hauer, Der Yoga, ein ind. Weg zum Selbst, 1958.

C.G.Diehl

Hinkmar, 1. *von Laon* († 880), Neffe und Schüler → Hinkmars von Reims, seit 858 Bischof von Laon, geriet seit 867 wegen säkularisierter Kirchengüter und der Metropolitenrechte in Streit mit König Karl d.Kahlen und Erzbischof H., wurde 871 auf einer Synode in Douzy abgesetzt, appellierte an Papst Hadrian, der ihn nach anfänglicher Unterstützung fallen ließ. H. wurde geblendet und erst 878 von Papst Johann VIII. teilweise restituiert. – Mit H. scheiterte der Versuch, den Episkopat, auf → Pseudo-Isidor gestützt, von König und Metropolit unabhängig zu machen. Die von Papst→ Nikolaus I. durchgesetzte unmittelbare Jurisdiktion Roms über die fränkische Kirche wurde gebrochen, Pseudo-Isidor verworfen.

MPL 124. - H.SCHRÖRS, H.v.Reims, 1884, 315ff - W.MEYER in: NGG 1912 - W.DELIUS, H.v.L. (Diss. Halle), 1924 - HALLER II, 130ff - E.AMMAN (s. 2) 403ff. 430.

2. *von Reims* (ca 805–882), in Saint-Denis erzogen, Schüler Hilduins, mit diesem seit 822 am Hof Ludwigs d.Fr., 845 auf den durch → Ebos Absetzung vakanten Reimser Erzstuhl erhoben, bis zu seinem Tod der geistig bedeutendste und mächtigste fränkische Kirchenfürst. Unter Einschränkung der bischöflichen, päpstlichen und königlichen Befugnisse suchte der gelehrte Kanonist im Streit mit Papst →Nikolaus I. und den Bischöfen →Rothad, Wulfhad, → Hinkmar von Laon die kirchliche Jurisdiktion beim Metropoliten zu konzentrieren. In den Kreisen seiner Gegner scheinen die → pseudo-isidorischen Dekretalen entstanden zu sein. Als Staatsmann und Staatstheoretiker arbeitete H. eng mit dem westfränkischen König Karl d.Kahlen zusammen, dessen Interessen im Ehestreit König Lothars II. mit dem kanonischen Recht parallel gingen, scheute aber nicht vor Konflikten mit dem König zurück, wo er die Kirchenrechte bedroht sah. Als Theologe bekämpfte er → Gottschalks Trinitäts- und Prädestinationslehre wissenschaftlich, als Erzbischof auch gewaltsam. Die Zeitgeschichte von 861 bis 882 schilderte er in den sog. Annales Bertiniani.

MPL 125. 126 - MG PL III, 409ff - MG Epp VIII/1 - MG Conc. II, 517ff - Ann. Bertiniani ed. G.WAITZ, 1883. - Über H.: H.SCHRÖRS, H.v.R., 1884 - MANITIUS I, 339ff - E.PERELS, Denkschrift H.s v.R. (NA 44, 1922, 43-100) - H.EHRENFORT, H.v.R. u. Ludwig III. (ZKG 44, 1925, 65-98) - G.LAEHR, Ein karol. Konzilsbrief (NA 50, 1933, 106-134) - J.HALLER, Nikolaus I. u. Pseudo-Isidor, 1936 - L.HALPHEN, Le de ordine palatii d'H. (RevHist 183, 1938, 1-9) - E.AMMAN, L'époque carolingienne (Hist. de l'Église VI), 1947 - A.SPRENGLER, Die Gebete der Krönungsordines H.s v.R. (ZKG 63, 1950/51, 245 bis 267) - Catholicisme V, 749ff. *P.Classen*

Hinnomtal → Jerusalem: I.

Hinschius, *Paul* (1835–98), Kirchenrechtslehrer in Halle, Kiel, Berlin. H. war auch in der Staats- und Kirchenpolitik (Reichstagsabgeordneter, Mitglied des preußischen Herrenhauses, Synodaler von liberaler Richtung) vielseitig tätig. Hauptwerke: die erste kritische Ausgabe der → Pseudoisidorischen Dekretalen (1863) und ein vielbändiges, nicht abgeschlossenes Kirchenrechtslehrbuch. H. war als Jurist Positivist mit fundierter historischer Bildung. Im → Kulturkampf beriet er den Kultusminister → Falk mit großer, auch von kath. Seite anerkannter Objektivität.

E.FRIEDBERG, P.H. (DZKR 9, 1899, 1-3) - RE VIII, 90ff (Bibliogr.) - ADB 50, 344ff - E.FOERSTER, Adalbert Falk, 1927, 145. 149. 156. 258 - RGG² II, 1924 - LThK V, 66 - EC VI, 1440 (Lit.). *H.Liermann*

Hinterbliebenenversorgung → Versorgung.

Hiobbuch

1. Inhalt - 2. Literarische Probleme - 3. Die theologische Frage - 4. Charakter und Entstehung des Buches. - H. = Hiob

1. Als ein bedeutendes Werk der Weltliteratur kann man das H.buch ansehen. Straff in einzelne Szenen gegliedert und meisterlich aufgebaut erzählt es zunächst von H., einem reichen und frommen Manne im Lande Uz, der mit Jahwes Erlaubnis von Satan, dem göttlichen Wächter über die Menschen, mit Unglück und schwerer Krankheit geschlagen, an seiner Frömmigkeit unerschütterlich festhält; auch dann, als seine Frau ihm zum Versucher wird (1 - 2, 10). Es kommen drei Freunde, Eliphas von Theman, Bildad von Suah und Zophar von Naema, H. ihre Teilnahme zu bezeigen, und sitzen bei dem Aussätzigen 7 Tage und 7 Nächte, schweigend ob der Größe seines Leidens (2, 11-13). Hier bricht die Prosageschichte ab und findet ihre Fortsetzung in 42, 7 mit Jahwes Tadel an Eliphas, weil die Freunde »nicht recht geredet wie mein Knecht H.«; darum sollen sie Opfer bringen und H.s Fürbitte für sich veranlassen (42, 7-9). Auf diese Fürbitte hin wendet Jahwe H.s Geschick und erstattet ihm seinen Besitz doppelt wieder. Es kommen jetzt H.s Verwandte und Bekannte, H. in seinem schweren Leid zu trösten (42, 11). Erneut wird H.s restitutio durch Jahwe geschildert; und das Ganze schließt damit, daß H. nach einem langen Leben starb: »alt und lebenssatt« (42, 12-17) - eine erbauliche, schlichte Volkserzählung mit dem Thema: Bewährung und Belohnung des Frommen. In die Lücke hinter 2, 13 ist ein großes Gedicht hineingestellt, das nach einer Klage H.s (c. 3) in Form eines Zwiegesprächs einen Zyklus von Reden bringt, in denen abwechselnd je einer der Freunde spricht, worauf H. jedesmal erwidert. Der dritte und letzte Redegang (c. 22-27) ist nur teilweise überliefert; denn die letzte Zopharrede fehlt ganz und die Bildadrede (c. 25) befremdet durch Inhaltlosigkeit und Kürze. Das Thema der Diskussion ist H.s Leiden. Bei diesem Gespräch scheiden sich die Geister, so daß sich mehr und mehr zwei Fronten herausbilden. Die Freunde sind von einer (wenn vielleicht auch unbewußten) Schuld H.s überzeugt, während H. in sich steigernder Leidenschaftlichkeit seine Schuldlosigkeit behauptet und schließlich Gott zu einem Rechtsverfahren ungestüm herausfordert (→ Gericht Gottes: II). Durchsetzt sind diese Reden mit hymnischen und Klagelied-Motiven und finden ihren Abschluß durch ein Loblied auf die → Weisheit (c. 28) und H.s Monolog (c. 29-31) mit langer Rechtfertigung (Selbstverwünschung) und der Gottesherausforderung. Nach einer Schlußnotiz (»Zu Ende sind H.s Worte«, 31, 40b) wird mit umständlicher Prosaeinleitung (32, 1-5) ein neuer Sprecher eingeführt, Elihu ben Baracheel von Bus, ein junger Zuhörer, der sich nun zum Eingreifen in die Diskussion genötigt fühlt. Er tut dies in vier, durch kurze Prosasätze abgeteilte Reden, die sich nicht wesentlich von den Gedankengängen der Freunde unterscheiden (c. 32-37). Seine letzte Rede bringt eine Reihe von Motiven, die zur → Theophanie (: II) und den beiden Jahwereden (c. 38-41) überleiten. Diese bestehen aus einer Fülle von Fragen und Schilderungen der Macht und Größe Gottes, so daß sich H. nach jeder dieser Reden mit fast den gleichen Worten (41, 3-5 vgl. mit 42, 1-6) unterwirft.

2. Das Buch H. ist reich an *literarischen Problemen,* die um so schwieriger sind, als sie sich nicht von der theologischen Auffassung trennen lassen. In seiner vorliegenden Gestalt will das Buch eine Einheit bilden; ein Anspruch, der auch heute noch vielfach von der Forschung aufrechterhalten wird. Wenn man auf den verschiedenen Gebrauch der Gottesnamen sieht und bedenkt, daß der gegen Gott aufbegehrende Weise des Gedichts nur wenig gemeinsam hat mit dem jahweergebenen Nomadenfürsten der Erzählung, so erhebt sich die Frage, ob die Prosaerzählung überhaupt ursprünglich zum Gedicht gehört. Die Bejaher dieser Frage pflegen damit zu argumentieren, daß ohne diese Geschichte das ganze Gedicht unverständlich bliebe. Dabei wird übersehen, daß H.s Klage (c. 3) eine ausreichende Exposition für die sich anschließenden Wechselreden bietet. Außerdem muß der Name H. ebenso wie Noah und Daniel ein feststehender Begriff (vgl. Ez 14) gewesen sein. So wird besser anzunehmen sein, daß der Prosarahmen ursprünglich eine alte selbständige *Volkserzählung* bildete. Ob es sich dabei

um ein Volksbuch oder eine mündliche Überlieferung handelt, ist von untergeordneter Bedeutung. Wenn aber im Schlußstück weder von H.s Heilung gesprochen wird noch von seiner Frau und Satan Notiz genommen ist, bleibt ernstlich zu fragen, ob diese Stücke erst später hinzugekommen sind oder ob der Prosaschluß nicht einem andern Strang der Volkstradition angehört. Ein redaktionelles *Zwischenstück* bildet die Beziehung auf die Freunde (2, 11-13; 42, 7-9). Die Nähte sind deutlich zu erkennen, da der Besuch der Verwandten an zu später Stelle (42, 11) erzählt wird. Ferner ist nicht recht einzusehen, inwiefern H. recht geredet hat, wenigstens nicht, wenn man c. 3-31 voraussetzt, und weshalb die Freunde getadelt werden und der Fürbitte H.s bedürfen. Ihr ganzes Vergehen besteht ja im Gedicht lediglich darin, daß sie die landläufige orthodoxe Anschauung vertreten. Umstritten ist die Ursprünglichkeit der *Elihureden* (c. 32 bis 37), die im Vergleich zu den Freundesreden weder besondere Originalität für sich behaupten können noch eine Lösung des Problems bringen. Zu ihrer Ehrenrettung hat man auf die Zitierung von Worten H.s und die Auseinandersetzung mit ihnen hingewiesen oder hat in Elihu den von H. geforderten Schiedsrichter sehen wollen. Aber Elihu ist und bleibt eine Nebenfigur, die weder vorher noch nachher im geringsten in Erscheinung tritt. Auch daß seine Reden zur Vorbereitung der Jahwereden nicht entbehrt werden können, entspricht nicht dem Sachverhalt, da diese nicht an Elihus Ausführungen, sondern an H.s Herausforderung anknüpfen. So werden sie fast allgemein für sekundär erklärt. Etwas zurückhaltender ist das Urteil über die *Gottesreden* (c. 38-41). Die großen Exkurse über Nilpferd (40, 15-24) und Krokodil (40, 25 - 41, 26), zT auch das über den Strauß Gesagte (39, 13-18), werden gewöhnlich als spätere Zusätze erklärt; damit ist aber auch die Ursprünglichkeit der zweiten Gottesrede überhaupt in Frage gestellt und somit auch eine der beiden Antworten H.s. Aus strukturellen Gründen wird neuerdings (Westermann) 39, 9-30; 40, 15-24 und 41, 4-26 als sekundär angesprochen, so daß die Antwort H.s einigermaßen an das Jahwewort 41, 2-3 anschließen würde. Da aber diese beiden Verse ebenso wie 40, 6-14 sich von ihrer Umgebung abheben, ist man andererseits geneigt, in ihnen die ältere Form einer Jahwerede zu sehen. So bleibt hier noch vieles ungeklärt. Immerhin ist nicht zu verkennen, daß diese Gottesreden, unbeschadet ihres hohen künstlerischen Werts, an dem besonderen Schicksal H.s wortlos vorübergehen, was ihre Ursprünglichkeit zum mindesten sehr fragwürdig erscheinen läßt. Auch H. nimmt auf sie in keiner Weise Bezug, sondern betont einzig und allein das Gotteserlebnis: »Nun hat mein Auge dich gesehen« (42, 5). Wenn diese *Theophanie* im Text nur schwach angedeutet ist (38, 1; 40, 6), so mag das auf redaktionelle Schicksale (vgl. c. 37) zurückzuführen sein. Eine Reihe von Forschern läßt allerdings das *Originalgedicht* mit c. 31 oder c. 27 oder sogar mit c. 17 zu Ende sein. Damit kommen wir zum literarischen Problem von c. 3-31. Weithin herrscht Übereinstimmung in der Kritik an *c. 28,* das mit seinem Loblied auf die Weisheit weder die »Krone des Ganzen« noch den »Ruhepunkt inmitten der Darstellung« bedeutet, sondern wegen seines anderen Weisheitsbegriffs und seines abweichenden Inhalts als Zufügung anzusehen ist. Aber gerade wegen seiner besonderen Art wird es neuerdings verteidigt als ein »letztes Wort zur Theologie der Freundesreden«, da es ihnen zeige, daß die Weisheit nur allein Gott verfügbar ist (Westermann). Doch wenn c. 28 als Erweiterung eines Rätselwortes aufgefaßt wird, bleibt die Ausgestaltung dieser kurzen Sprüche (V. 12-20 und V. 23) zu einem Gedicht problematisch. Seine Einordnung an die jetzige Stelle hat Zweifel an der Echtheit von *c. 29-31* hervorgerufen, zumal die Beziehungen zum Dialog nicht sonderlich eng sind und der Ausklang (31, 35-37) nur schlecht zu H.s wiederholten Vertrauensäußerungen (wie 16, 19-21; 19, 25-27) paßt. Da aber diese Kapitel strukturell mit H.s Klage (c. 3) als Rahmen des Dialogs zusammengehören, wird ihre Echtheit zu halten sein. Als falsche Überbewertung erscheint es uns, wenn man in diesen Stücken, und zwar einzig und allein in ihnen, das »eigentliche Gedicht« sehen will. Sehr viel Meinungsverschiedenheit besteht über den *Dialog* (c. 4-26); nicht zum wenigsten deshalb, weil der dritte Redegang unvollständig ist. Einerseits hat man viel Mühe darauf verwandt, die dritte Bildadrede (c. 25) durch Teile aus c. 24 oder, da man an der mehrfachen Einführung der Worte H.s (26, 1; 27, 1; 29, 1) Anstoß nahm, aus c. 26-27 aufzufüllen, wie diese beiden Kapitel auch dazu dienen, die im Text fehlende dritte Zopharrede zu rekonstruieren. Zum andern hat man den »echten Dialog« auf verschiedene Weise verkürzt; sei es, daß man c. 24-28 als »Konglomerat von Stücken verschiedenen Ursprungs« erklärt, oder daß man die Wechselreden auf zwei oder gar nur einen Redegang reduziert, indem man Teile des dritten und zweiten Redegangs, soweit man sie überhaupt für echt hält, in den ersten Redegang einarbeitet. Zum andern hat man außerdem alle kultischen Stücke aus dem Dialog entfernt, um so einen strafferen Zusammenhang zu gewinnen (Baumgärtel; vgl. auch Kraeling). Aber israelitische Schriftsteller lieben es, an geeignet erscheinenden Stellen Gedichte oder Gedichtsteile einzufügen, auch wenn diese dem Inhalt nicht voll entsprechen. Wir haben somit keinen Grund, diese Stücke als spätere Zufügungen anzusehen. Wenn zum andern der Dialog nicht in Rede und Gegenrede zu einem Ziel führt, so liegt das im Wesen solcher Streitgespräche. Darum erscheint es nach sorgfältiger Prüfung aller Möglichkeiten am besten, an der überlieferten Form des Dialogs festzuhalten und das Fragmentarische des dritten Redegangs zuzugestehen.

3. Mit den literarkritischen Problemen ist die *theologische Auffassung* des Buches H. aufs engste verknüpft. Es geht um die alte und ewig neue Frage nach dem Sinn des → Leidens (: II), die gerade dem Frommen zu allen Zeiten zu schwerer Anfechtung wird. So hat sie auch in der Literatur der Antike ihren Niederschlag gefunden. Zwar zeigen sich, abgesehen von einzelnen Ausdrücken, für die sich Parallelen aus → Ägypten (: III, 1a), → Babylonien (: III, 8), → Ugarit, Griechenland aufzeigen lassen, vom H.gedicht zu Ägypten nur hier und da Verbindungslinien, etwa zu den »negativen Konfessionen« (c. 31), den »Klagen des Bauern« oder den »Idealbiographien« (c. 29). Mehr Verwandtschaft findet sich mit Mesopotamien, und zwar in Gedichten, die als Zwiegespräche das Leiden erörtern, so daß man dazu neigt, hier die Vorbilder für die H.dichtung zu suchen. Allerdings gehört nicht dazu das bis in die neueste Zeit gern zitierte »Gespräch zwischen dem Herrn und seinem Diener«, das ganz anderen Charakter trägt und sowohl von Kuhl als auch von Speiser als Satire bezeichnet wird. Gewisse Ähnlichkeiten liegen dagegen vor bei den vier Tafeln, etwa aus der 3. Dynastie von Ur (um 2000), die Kramer edierte, und der durch van Dijk publizierten Tafel aus der Kassitenzeit; doch besteht ein grundsätzlicher Unterschied gegenüber H. darin, daß hier die Schuld des Leidenden vorausgesetzt wird. Das scheint auch im Gedicht ludlul bel nimeqi (AOT 273-281) aus dem 7.Jh. oder früherer Zeit der Fall zu sein, wenn auch wohl anzunehmen ist, daß es befruchtend auf die H.dichtung gewirkt haben mag. Das fälschlich als »babylonischer Qohelet« bezeichnete akrostische Gedicht (AOT 287 bis 291) aus der Kassitenzeit steht dem H.buch sehr nahe. In

erhöhtem Maße gilt das von der durch Nougayrol publizierten Tafel AO 4462 aus der Zeit nach Hammurabi, die bei allen Verschiedenheiten wohl als die »älteste Version vom leidenden Gerechten« zu bezeichnen ist. Bei allem Wert, der diesen Tafeln zukommt, können sie sich weder künstlerisch noch religiös mit dem H.gedicht messen. Die neuerdings beliebt gewordene Vergleichung H.s mit dem »Gefesselten Prometheus« des Aischylos scheidet sich daran, daß H. eben unschuldig leidet und es darum geht, den tieferen Sinn dieses Leidens zu ergründen. Gewiß, auch das Böse kommt von Gott. Aber warum? Und wie verträgt sich das über den Schuldlosen verhängte Leiden mit der göttlichen Gerechtigkeit? Alle rationalen Lösungsversuche müssen an dieser Frage scheitern. Darum bleibt auch das, was im Buche H. als Erklärung gegeben wird, unbefriedigend. Die einfachste Antwort ist die von den Freunden gegebene, daß das Leiden als *Strafe* anzusehen ist. Wer zu leiden hat, von dem ist auch anzunehmen, daß er eine Schuld (→ Sünde: II) auf sich geladen hat. Denn Gottes → Gerechtigkeit, die im Buche H. die Voraussetzung aller Reflexion ist, belohnt den Frommen und straft den Bösen – eine Behauptung, die durch die Erfahrungen des Lebens nur zu oft widerlegt wird. Anders H., dessen Reden bei aller Frömmigkeit und Zuversicht je länger je mehr den Charakter einer Auflehnung gegen Gott annimmt, von dem er den Beweis seiner Schuldlosigkeit fordert. Die alte Volkserzählung hat sich darüber überhaupt keine Gedanken gemacht, sondern begnügt sich mit der *Tatsache,* daß Leiden auch den Frommen treffen kann, und mit der Belohnung des geduldigen Kreuzträgers. Erst die später eingefügten Satanszenen, welche die Lösung vorwegnehmen, haben die Geschichte umgeformt zu dem Ziel, das Leiden als *Prüfung* zu erklären. Ähnlich sehen auch die Elihureden das Leiden als Mittel zur *Erziehung* und *Läuterung*. Die Gottesreden mit ihrem massierten Hinweis auf die Größe des Ewigen und die Wunder seiner Schöpfung geben nur eine indirekte Antwort: daß der kleine Mensch mit seiner mangelhaften Erkenntnis sich schweigend unter Gottes Macht und Weisheit zu *beugen* habe. Auch c. 28 liegt in ähnlicher Linie: daß die Weisheit allein bei Gott sei, und daß der Mensch daher *kein Recht* habe, Gottes Walten zu kritisieren. Aber alle diese rationellen Erklärungsversuche geben dem gequälten Herzen keine Antwort. Sie ist allein in der *Theophanie* zu suchen, durch die Gott sich zu H. bekennt. Das ist die *religiöse Antwort:* in Gottes Gewißheit und Gottes Gemeinschaft wird alles menschliche Fragen klein und nichtig.

4. Im allgemeinen pflegt man das Buch H. zur →Weisheitsdichtung zu rechnen. Das stimmt zwar für c. 28 und die Elihureden, auch in gewissem Sinne für die Gottesreden, aber nicht für den Dialog, bei dem nicht durch »Streitreden der Weisen« eine Wahrheit gefunden werden soll; vielmehr besteht er aus Reden, wie sie von den Parteien vor der Rechtsgemeinde (Köhler) geführt werden, um den eigenen festgelegten Standpunkt zu verteidigen (Stier). Es geht im H.gedicht nicht um die akademische Erörterung eines Problems, sondern um sehr bittere persönliche Erfahrungen des Dichters, die er dann aber verallgemeinert hat. Zum andern will man den Schwerpunkt auf die Klage legen und im Gedicht eine dramatisierte Klage (Bentzen, Westermann) sehen, in welcher H. der Klagende und die Freunde die Tröster sein sollen; doch wandeln sich ihre Worte vom Trösten zum Bestreiten und schließlich zum Beschuldigen. Wenn aber der ganze Dialog nur als »Zwischenstück« beurteilt wird, so kommt er damit nicht zu seinem Recht. Man wird daher das H.buch besser als ein Einmaliges, als »carmen sui generis« anzusehen haben.

Da das Gedicht an sich zeitlos ist und keine greifbaren historischen Anspielungen enthält, ist die *Abfassungszeit* schwer anzugeben, wie ja auch die Forschung die ganze Skala der Möglichkeiten vom 7. bis 2.Jh. ausgeschöpft hat, wenn man nicht (so Bentzen) auf die Datierung ganz verzichtet. Immerhin wird im Blick auf das starke Hervortreten des Individualismus (→ Gemeinschaft und Individuum: II) und unter Berücksichtigung der Beziehungen des Buches H. zu andern at. Schriften exilische oder frühe nachexilische Abfassung am wahrscheinlichsten sein. Sehr bald werden dann die Gottesreden und bald danach die Elihureden eingefügt sein. Die nicht zu spät anzusetzende Schlußredaktion wird dann die alte Volkserzählung, die vermutlich edomitischen Ursprungs ist, und c. 28 mit diesem Komplex verbunden haben. Über den *Verfasser* des Gedichts fehlt jeder Anhaltspunkt. Er muß ein gebildeter und weitgereister Mann gewesen sein und hat wahrscheinlich in Palästina gelebt. Sein Gedicht ist ein lebendiges Zeugnis dafür, daß er persönlich durch schwerste Lebenserfahrungen hat hindurchgehen müssen.

F.Baumgärtel, Der H.dialog, Aufriß u. Deutung (BWAT 61), 1933 – B.Landsberger, Die Babylonische Theodizee (ZA 43, 1936, 32–76) – E.G.Kraeling, The Book of the Ways of God, London–New York 1939 – J.Lindblom, Boken om Job och hans Lidande, Lund 1940 – Ders., La composition du livre de Job, ebd 1944 – C.G.Jung, Antwort auf H., Zürich 1952 – J.Nougayrol, Une version ancienne du »juste souffrant« (RB 59, 1952, 239–250) – J.J.A.van Dijk, La Sagesse Suméro-Accadienne, Leiden 1953 – C.Kuhl, Neuere Literarkritik des Buches H. (ThR NF 21, 1953, 163–205. 257–317) – Ders., Vom H.buche u. seinen Problemen (ebd 22, 1954, 261–316) – E.A. Speiser, The Case of the Obliging Servant (JCS 8, 1954, 98–105) – Hans Möller, Sinn u. Aufbau des Buches H., 1955 – S.N.Kramer, Man and his God (VT Suppl. 3, 1955, 170–182) – A.Kuschke, Altbabylonische Texte zum Thema »Der leidende Gerechte« (ThLZ 81, 1956, 69–76) – G.Fohrer, Vorgesch. u. Komposition des Buches H. (VT 6, 1956, 249–267) – C.Westermann, Der Aufbau des Buches H. (BHTh 23), 1956 – C.G.Chappell, Sermons from Job, Nashville 1957 – H.Gese, Lehre u. Wirklichkeit in der alten Weisheit (Studien z. d. Spr. u. zu dem Buch H.), 1958 – H.H.Rowley, The Book of Job and its Meaning (BJRL 41, 1, 1958) – H.Richter, Studien zu H. Der Aufbau des H.buches (ThA 11), 1958. – Kommentare: G. Hölscher, HAT I, 17, (1937) 1952^{2} – E.D.Kissane, (Dublin 1939) New York 1946 – H.W.Hertzberg, 1949 – A.Weiser, ATD 13, (1951) 1956^{2} – Fr.Stier, 1954 – S.Terrien, IntB 3, 1954 – N.H.Tur-Sinai (H.Torczyner), Jerusalem 1957. *C.Kuhl*

Zur *Auslegungsgeschichte* (s. auch → Schriftauslegung: IV):
Griech. Auslegungen gesammelt bei Patricius Junius, Catena Graecorum Patrum in beatum Iob, London 1637. – 3.Jh.: Origenes (Fragmente in MPG 12 u. 17). – 4.Jh.: Ephräm (in: Opera Syriaca II, Rom 1740, 1–20) – Chrysostomus (MPG 64) – Pseudo-Chrysostomus (MPG 56). – 5.Jh.: Hesychius v.Jerus., 24 Homilien über Hi 1–20 (armen. ed. Ch.Tscherakian, Venedig 1913) – Augustin (MPL 34; CSEL 28, 2) – Julian v.Eclanum (ed. A.Amelli in: Spicilegium Casinense III/1, 1897, 333–417) – Pseudo-Hieronymus (MPL 23 u. 26; vgl. CPL Nr. 643. 757). – 6.Jh.: Olympiodorus v.Alex. (MPG 93) – Gregor d.Gr. (MPL 75 u. 76; Buch 1 u. 2 ed. R.Gillet-A.deGaudemaris in: SC 32, 1950). – 8.Jh.: Pseudo-Beda (Opera Bedae IV, 1688, 447–633). – 9.Jh.: Ishodad v.Merv (zT ed. v. J.Schliebitz in: BZAW 11, 1907). – 10.Jh.: Odo v. Cluny (MPL 133). – 12.Jh.: Bruno v. Segni (MPL 164) – Rupert v.Deutz (MPL 168). – 13.Jh.: Peter v. Blois (MPL 207) – Albert d.Gr. (ed. M.Weiss, 1904) – Thomas v. Aquin (Opera Bd 13, Rom 1570, Antwerpen 1612). – 15.Jh.: Hieron. Savonarola, Florenz 1496 (ed. R.Ridolfi in: Edizione Nazionale delle Opere di G.Savonarola III/1. 2, Rom 1957). – 16.Jh.: Joh.Bugenhagen, Straßburg 1526 – Martin Bucer, ebd 1528 – Joh.Ökolampad, Basel 1532 u.ö. – Martin Borrhaus, Straßburg 1532 – Calvin (CR 33 bis 35) – Franz Titelmann, Antwerpen 1547 u.ö. – Hieron. Osorius, Rom 1552 (in: Opera omnia) – Reinhard Lutz, Basel 1559 – Aug. Steuchus, Venedig 1567 – Vict.Strigel, Leipzig 1571 – Joh.Mercer, Genf 1573 – Cyprian de Huerga, Alcalà 1582 (Hi 1–18) – Theod. Beza, Genf 1583 u.ö. – Did. de Zuniga, Toledo 1584, Rom 1591 – Joh. de Pineda SJ, Madrid 1597/1601. – 17.Jh.: Rob.Rolloc, Genf 1610 – Joh. a Jesu Maria, Rom 1611 – Joh.Piscator, Herborn 1612 – Jac.Jansonius, Löwen 1623 – Caspar Sanctius SJ, Lyon 1625 – A. Crommius SJ, Löwen 1632 – Joh.Drusius, Amsterdam 1635 – Jac.

Bolducius, Paris 1638 - Fr.Vavassor SJ, Paris 1638 u. 1679 - George Abbot, London 1640 - Balth.Corderius SJ, Antwerpen 1646 - Chr. Scultetus, Stettin 1647 - Phil. Corducus SJ, Paris 1651 - H. de Jonghen OFM, Antwerpen 1661 - Joh.Konr.Zeller, Hamburg 1670 - Seb.Schmid, Straßburg 1670 u.ö. - 18.Jh.: R.A.Kortum, Leipzig 1708 - Jean Hardouin SJ, Paris 1729. - Weiteres bei E.F.K.ROSENMÜLLER, Scholia in Vetus Test. V/1, 1806, III-XLVI. *W.Werbeck*

Hiobtestament. Im H., erstmalig 1833 von A. → Mai griechisch ediert, hält Hiob - mit Jobab (Gen 36, 33) gleichgesetzt und König von Edom (vgl. LXX-Zusatz zu Hi 42, 17d) - seine Abschiedsrede: Durch Zerstörung eines Götzentempels hat Hiob Satans Zorn erregt, der ihn nun mit Gottes Erlaubnis heimsucht (1-8); aber seine bewährte Frömmigkeit (9-15) verläßt ihn nicht, und Satan scheitert an seiner Geduld (16-27). Hiobs drei Freunde, ebenfalls Könige, versündigen sich an ihm (28-41), doch wird ihnen verziehen (42, 5-8). Allein Elihu, vom Satan verführt, »hat bei den Lebenden kein Angedenken« (43, 17; vgl. die Identifikation Elihus mit Bileam in pal. Sota 20d). Bei der Erbteilung (44f) erhalten die Töchter Wundergürtel, die sie zu Prophetinnen machen (46-50); als Zeuge der Sterbestunde und Schreiber des H.s tritt Nereus, Hiobs Bruder, auf (51ff). - Das H. hat stark paränetischen Charakter; sprachlich erinnert es an das NT. Wahrscheinlich ist es die freie christliche Bearbeitung einer hebräischen Vorlage, die mit ihren Satansvorstellungen und asketischen Zügen auf die → Essener (s. auch → Qumran) zurückgeht und wohl Jak 5, 11 vorausgesetzt ist.

A.MAI, Scriptorum veterum nova collectio VII/1, 1833, 180-191 - M.R.JAMES, Apocrypha anecdota II (TSt V/1), 1897, LXXII ff. 103ff - JewEnc VII, 200ff - SCHÜRER III, 406f - RIESSLER 1104ff. 1333f - EJud VIII, 74f. *R.Meyer*

Hippel, *Theodor Gottlieb von* (1741-96), Lyriker, Dramatiker, Romanschriftsteller, Popularphilosoph, Jurist (1765 Rechtsanwalt, 1780 Kriegsrat und Bürgermeister, 1786 Geheimer Kriegsrat und Stadtpräsident in Königsberg/Pr.). Hinter einer korrekten Beamtenexistenz verbarg er seinen inneren Zwiespalt, der sich in zahlreichen, stets anonym oder pseudonym erschienenen Schriften mit ihrer durch L. → Sterne beeinflußten Mischung von scharfem Witz, Satire und starker → Empfindsamkeit zeigte. H. steht auf der Grenze zwischen der → Aufklärung (Kant) und der neuen Geniebewegung (→ Hamann, → Rousseau). Sein im wesentlichen auf die Bibel, Luther und den Pietismus gegründetes Christentum ist ähnlich wie bei → Lessing und → Klopstock von den Ideen der Aufklärung durchdrungen (vgl. »Geistliche Lieder«, 1772, und die religiösen Reflexionen »Handzeichnungen nach der Natur«, 1790). In seinem Hauptwerk, dem autobiographischen Roman »Lebensläufe nach aufsteigender Linie« (3 Bde, 1778-81) verkündete H. bereits die Grundsätze von Kants »Kritik der reinen Vernunft«, so daß Kant lange als ihr Verfasser galt, bekannte sich aber zu dem Satz: »Was hilft die reine Vernunft, wenn das Herz nicht rein ist«. Dem → Sturm und Drang verwandt ist sein starker Individualismus und selbstquälerischer Subjektivismus (K.Ph. → Moritz), sein von Melancholie und Todessehnsucht (→ Young) bestimmtes Gefühlsleben und Gefühlschristentum (→ Herder). Gedanken der frühen → Romantik (: II) nehmen vorweg seine Schrift »Über die bürgerliche Verbesserung der Weiber« (1792) und sein humoristischer, von Cervantes bestimmter Altersroman »Kreuz- und Querzüge des Ritters von A bis Z« (1793/94).

Sämtl. Werke, 14 Bde, 1827-38; Romane, 6 Bde, 1848-60. Neuausg. der »Lebensläufe« v. A.v.OETTINGEN, (1878) 1893³. - Über H.: Selbstbiogr., 1801 - ADB XII, 463ff - TH.HÖNES, Th.G.v.H. (Diss. Bonn), 1909 - F.J.SCHNEIDER, Th.G.v.H. (1741-81) u. die erste Epoche seiner literar. Tätigkeit, 1911 - DERS., Studien zu H.s »Lebensläufen« (Euphorion 22, 1915, 471-482. 678-702; 23, 1921, 23-33. 180 bis 190) - F.WERNER, Das Todesproblem in den Werken Th.G.v.H.s (Hermaea 33), 1938 - K.DIESCH, Th.G.H., Altpreuß. Biogr. I, 1941. *F.W.Wodtke*

Hippolyt, römischer Lehrer am Anfang des 3.Jh.s und einer der fruchtbarsten frühchristlichen Schriftsteller griech. Sprache, war zumindest geistig östlicher Herkunft (Elfers: Alexandrien; Nautin: Kleinasien). Außer vielen Bibelkommentaren (erhalten: Dan, Hhld, Segnungen Jakobs und Moses, zT Pss) verfaßte H. u.a. eine Weltchronik und berechnete nach einem (falschen) Zyklus von 112 Jahren die Osterdaten ab 222. Gegen die → Gnosis (: III) kämpfte er wie sein Lehrer → Irenäus, darüber hinaus gegen die seit dem → Montanismus radikalisierte chiliastische Naherwartung (→ Chiliasmus) und den → Adoptianismus, bes. aber gegen die Modalisten → Noët und später → Sabellius (→ Trinität: III). Dies Eintreten für die Personhaftigkeit des Logos als des Sohnes schon in der Präexistenz trug ihm den Vorwurf des Ditheismus ein. Andere Konfliktstoffe kamen anscheinend schon unter Bischof → Zephyrin († 217) hinzu. Jedenfalls stellte H. noch als Presbyter gegen das Versagen der eigentlich Verantwortlichen die echte »Apostolische Tradition« nach überwiegend östlichen Quellen in einer → Kirchenordnung (: I) zusammen (→ Gottesdienst: V A, 1b), offenbar unter Rückgriff auf eine Art charismatischen Notrechts. Gegenüber Bischof → Calixt I. kam es zum Bruch; außer der verschiedenen → Christologie (: II, 2c) und dem Rigorismus H.s in der Bußfrage (→ Bußwesen: II, 1d) trug dazu auch der soziale Gegensatz der beiden Männer bei. H. ließ sich zum Gegenbischof wählen; seine Anhängerschaft wohl aus der griech. Bildungsschicht Roms sank aber bald zur bloßen Schule herab. Als Schulschrift (so Peterson) entstand hier, vielleicht erst nach dem Tode H.s ediert und deshalb auch nicht unter seinem Namen überliefert, das antihäretische Werk der Philosophumena, unsere einzige Quelle für den Streit mit Calixt (anders Nautin, der diese u.a. Schriften nicht H., sondern einem sonst unbekannten Verfasser zuschreibt; H. gehöre gar nicht nach Rom). In einem solchen Schul-Milieu konnte wohl auch die rätselhafte Marmorstatue H.s als Lehrer entstehen, die 1551 anscheinend bei der H.-Katakombe gefunden wurde, identifizierbar durch eine eingemeißelte Liste von Werken H.s. Nach dem liberianischen Bischofskatalog von 354 sind i.J. 235 Bischof → Pontian und der Presbyter H. nach Sardinien verbannt worden. Wenn damit unser H. gemeint ist (skeptisch Amore), müßte er sich spätestens in Sardinien mit der siegreichen Gegenpartei ausgesöhnt haben; denn die Gebeine der Verbannten wurden von → Fabian nach Rom zurückgebracht und (getrennt) beigesetzt. Das könnte erklären, wieso die Erinnerung an das Schisma H.s, damit aber auch an seine geschichtliche Gestalt fast völlig unterging.

Werke, Ausg. u. Lit. bei QUASTEN II, 163ff; ALTANER 144ff. Bes.: J.J.DÖLLINGER, H. u. Kallistus, 1853 - A.D'ALÈS, La théologie de s. H., (1906) 1929² - H.ELFERS, Die Kirchenordnung H.s von Rom, 1938 - G.BOVINI, Sant'Ippolito, dottore e martire del III secolo, 1943 - P. NAUTIN, H. et Josipe (Études et Textes pour l'Hist. du Dogme de la Trinité 1), 1947 - DERS., H., Contre les hérésies (ebd 2), 1949 - DERS., Le dossier d'H. et de Méliton (Patristica I), 1953 - E.LENGLING, Das Heilswerk des Logos-Christos beim hl. H. von Rom, 1947 - E.PETERSON, Le traitement de la rage par les Elkésaites d'après H. (RSR 34, 1947, 231-238) - DERS., Krit. Analyse der V. Vision des Hermas (HJ 77, 1958, 362-369) - A.HAMEL, Kirche bei H. von Rom (BFChTh II, 49), 1951 - A.AMORE, Note su S.Ippolito Martire (RivAC 30, 1954, 63-97). *G.Kretschmar*

Hirmos, *Hirmologion* (εἱρμός, εἱρμολόγιον; H., Hl.), in der → byzantinischen Kirchenmusik Bezeichnung für das metrisch und melodisch bes. wichtige erste → Troparion jeder Ode eines → Kanons. Die weiteren Troparia der Ode mußten in Silbenzahl und Akzentordnung dem Modell des H. folgen, so daß alle Troparia in der gleichen Weise gesangsmäßig vorgetragen werden konnten. Für den praktischen Gebrauch des Kirchensängers wurden die Modelltroparia, die Hirmi, in einem eigenen Buch, dem Hl., zusammengestellt. Um einen ganzen Kanon vorzutragen, brauchte der Sänger jedoch zwei Bücher: Das Hl., das die Modelltroparia mit Zeichen für den Gesangsvortrag enthielt, und ein Buch, in dem die vollständigen Texte des Kanons aufgezeichnet waren. Die Termini H., Hl. sind erst seit dem 10.Jh. nachweisbar, die Verwendung von Modelltroparia im byzantinischen Kirchengesang kann aber bis in die Zeit der → Kontakien (6.Jh.) zurückverfolgt werden.

Das Faksimile eines vollst. Hl. ed. C.Höeg, Hirmologium Athoum (Cod. Monast. Hiberorum 470) (Mon. Mus. Byz. 2), Kopenhagen 1938. - J.B.Pitra, L'hymnographie de l'église grecque, Rom 1867 - H.Gaisser, Les heirmoi de pâques dans l'office grec, Rom 1905 - E. Wellesz, A History of Byzantine Music and Hymnography, Oxford 1949.

R.Schlötterer

Hirsau, ehemalige Benediktiner-Abtei bei Calw (→ 6 E 6). Die 830 gegründete, bald verfallene Aureliuszelle wurde von Graf Adalbert II. von Calw wiederhergestellt. Der 2. Abt → Wilhelm (1069-91) brachte H. mit Privilegien König Heinrichs IV. und → Gregors VII. zu höchster Blüte. Unter Anschluß an die cluniazensische Reform (→ Cluny; Consuetudines Hirsaugienses) entstand das Institut der Laienbrüder und eine Art Dritter Orden für Laien. H. wurde Mittelpunkt der kirchlichen Reformbestrebungen im südwestlichen → Deutschland (: I, 1 b) und wirkte bis nach Thüringen, Österreich und dem Elsaß (H.er Bauschule [→ Kirchenbau: III]). Nach 1165 begann der disziplinäre und wirtschaftliche Niedergang. Die Reform des Abts Friedrich II. (1400-28) und der Anschluß an die → Bursfelder Kongregation (1458) führte zu neuem Aufschwung. Nach der Einführung der Reformation wurde das Kloster prot. Seminar unter einem Titularabt, 1692 vom franz. General Mélac zerstört.

Codex Hirsaugiensis in MG SS XIV, 254ff u. Württ. Geschichts-Qu. I, 1887. - F.Lutz in: Württ. Vierteljahrshefte NF 39, 1933, 25-72 - K.O.Müller in: Zs. f. württ. Landesgesch. 9, 1949, 21-46 - H. Büttner in: Archiv f. mittelrhein. KG 1, 1949, 30-64 - Th.Mayer, Fürsten u. Staat, 1950 - K.Greiner, H., 1950. - Zur H.er Bauschule: A.Mettler, Kloster H., 1928 - E.Fiechter in: Württ. Vergangenheit, 1932, 135-162 - W.Hoffmann, H. u. die »H.er Bauschule«, 1950.

M.Miller

Hirsch, 1. *Emanuel,* ev. Theologe, * 14.6.1888 in Bentwisch (West-Priegnitz), 1915 PDoz. in Bonn, lehrte seit 1921 KG, seit 1935 syst. Theol. in Göttingen, 1945 pensioniert. - H. sucht in seiner theologischen Arbeit den »weiten Bogen vom letzten persönlichen Sinngehalt altprot. Versöhnungsglaubens hinüber zur letzten radikalen Unbefangenheit menschlicher Einsicht durch alle Zweifel und alle Neuformung des Gedankens hindurch« zu spannen. Er fand diese zwiefältige Arbeitsrichtung bei seinem Lehrer Karl → Holl, durch den sein »Hineinwachsen in den historischen Kritizismus vor jeder Halbheit... bewahrt« geblieben sei und der ihn »zu einem ins Letzte eindringenden Verständnis des Rechtfertigungsglaubens Luthers« hingeleitet habe. Im »Leitfaden zur christlichen Lehre« (1938) erscheinen diese beiden Seiten als »humanes Wahrheitsbewußtsein« einerseits und als das »persönliche Jünger Jesu Christi Sein« andererseits. Die »Geschichte der neuern ev. Theologie« (5 Bde, 1949-54) dient dem Erweis, daß das Wachsen des humanen Wahrheitsbewußtseins in den zwei Jh.en von 1648 bis 1848 das »Sein des Menschen vor Gott« nicht zerstört, sondern zu sich selbst gebracht habe. Zwei Gestalten, die H. immer erneut anzogen, drücken die beiden Intentionen seiner Theologie aus: Martin Luther und Sören Kierkegaard. Sie bestimmen H. auch in dem beiden analogen Widerspruch gegen das spezifisch kirchliche Beruhigtsein von Christen. Dieses Moment durchzieht als Pathos alle Arbeit H.s zur Dogmengeschichte wie zur Exegese und zur Dogmatik. Es bestimmt auch sein Handeln im → Kirchenkampf jenseits der in der → Bekennenden Kirche wie in den Deutschen Christen gegebenen Problematik. - Seit seiner völligen Erblindung (1945) arbeitet H. an der Übersetzung der Schriften → Kierkegaards. Darüber hinaus faßt er seine Einsichten in erzählenden und romanartigen Veröffentlichungen zusammen, deren Form an den von ihm hoch verehrten Wilhelm → Raabe erinnert. - Vgl. → Christentum: V, 1 d α.

Vf. außerdem u.a. (vgl. auch RGG^2 II, 1932f): Fichtes, Hegels u. Schleiermachers Verhältnis zur Reformation, 1930; Schöpfung u. Sünde in der natürlich-geschichtl. Wirklichkeit des einzelnen Menschen, 1931; Das AT u. die Predigt des Evangeliums, 1936; Hilfsbuch zum Studium der Dogmatik, (1937) 1951^2; Die Auferstehungsgeschichten u. der christl. Glaube, 1940; Frühgesch. des Evangeliums, 2 Bde, (1941) 1951^2; Lutherstudien, 2 Bde, 1954. - Werke erzählenden Charakters: Das Herz in der Truhe, (1950) 1957^3; Der Heckenrosengang, (1951) 1956^2; Der neungekerbte Wanderstab, (1954) 1957^2; Nothnagel, 1957; Die unerbittlichen Gnaden, 1958.

C.H.Ratschow

2. *Samson Raphael* (1808-88), seit 1851 Rabbiner der orthodoxen Sondergemeinde in Frankfurt/M., gründet 1853 eine orthodoxe Volks- und höhere Schule, 1885 die »Freie Vereinigung für die Interessen des orthodoxen Judentums«, Herausgeber der Zeitschrift »Jeschurun«. Im Kampf gegen das liberale → Judentum (: III) fordert H. Verwirklichung des Judentums und des priesterlichen Berufes Israels in der Menschheit durch beispielhaften Gehorsam gegen das Gesetz, so daß nicht »das Aufgehen Israels in die Völker«, sondern »das Aufgehen der Völker in Israel« erwartet wird. Im Gegensatz zum → Zionismus stellt H. den Juden die Aufgabe, nicht das Land für sich, sondern sich »für das Land zu gewinnen und zu bilden im Gesetze und durch dasselbe«.

Vf. u.a.: Ben Usiel (Pseudonym), Neunzehn Briefe über das Judentum, 1836; Choreb, Versuche über Jissroels Pflichten in der Zerstreuung, (1837) 1921^5; Ges. Schriften, 4 Bde, 1902-08. - Über H.: EJud VIII, 91ff (Lit.).

W.Holsten

Hirscher, *Johann Baptist* (1836 geadelt; 1788-1865), kath. Moraltheologe, * Altergarten b. Ravensburg, † Freiburg/Br., wurde 1817 Prof. der Moral- und Pastoraltheologie in Tübingen, 1837 in Freiburg, 1850 Domdekan. Schon früh unter dem Einfluß seines Gönners → Wessenberg, später von → Sailers Geiste berührt, gehörte H. mit Joh.Seb.Drey, → Kuhn, → Staudenmaier und → Möhler zur kath. »Tübinger Schule«. Mit Drey begründete er 1819 die ThQ. Seine Theologie ist stark biblisch-augustinisch gefärbt und zielt auf »die Verwirklichung des göttlichen Reiches in der Menschheit«. In seinem weit verbreiteten religiösen Schrifttum brachte er dem Volk die Hl. Schrift und die Liturgie nahe. Er trat für kirchliche Reformen ein, befürwortete Zuziehung der Laien bei Diözesansynoden, Gebrauch der deutschen Sprache im Gottesdienst, Beseitigung des Zölibats und Laisierung des Klerus, Änderung der Beichtpraxis. - Zwei Schriften H.s wurden indiziert (bes. »Die kirchlichen Zustände der Gegenwart«, 1849; H. unterwarf sich sofort), seine Kandidatur für den Bischofsstuhl in Rottenburg und in Freiburg wurde hintertrieben. Schweren Anfeindungen ausgesetzt, wurde er dennoch von vielen hochverehrt; das Andenken des »edlen H.«, der auch soziale Forderungen erhob, blieb noch lange lebendig.

Vf. u.a.: Über d. Verhältnis d. Evangeliums zu d. theol. Scholastik d. neuesten Zeit, 1823; Betrachtungen über sämtl. Evangelien d. Fasten, (1829) 1848[8] (Auswahl hg.v. E.KREBS, Tage d. Ernstes, [1912] 1923[2]; H.s Fastenpredigten, 1938); Katechetik oder d. Beruf d. Seelsorgers..., (1831) 1840[4]; Die christl. Moral als Lehre v. d. Verwirklichung d. göttl. Reiches in d. Menschheit, 3 Bde, (1835f) 1851[5]; Betrachtungen über d. sonntägl. Evangelien d. Kirchenjahres I. II, 1837/43 (neu hg.v. A.WIBBELT, 1912); Katechismus d. christkath. Religion, 1842 u.ö.; Die Notwendigkeit einer lebend. Pflege d. positiven Christentums in allen Klassen d. Gesellschaft, 1848; Die sozialen Zustände d. Gegenwart u. d. Kirche, 1849; Betr. über d. sonntägl. Episteln, 1860 (gek. Neuausg. v. A.WIBBELT, [1915] 1937[2]); Nachgelassene kleinere Schriften hg.v. H.ROLFUS, 1869. - Über H.: J.M.MACK, Nekrolog auf H. (ThQ 48, 1866, 298-312) - E.KREBS, H. u. d. Wiedergeburt d. kath. Lebens in Deutschland (Freiburger Diözesan-Archiv NF 14, 1913, 170-186) - DERS., J.B.H. (S.MERKLE-B.BESS, Rel. Erzieher d. kath. Kirche, 1920, 238-268) - H.SCHIEL, J.B.v.H., 1926 (Bibliogr.) - A.HAGEN, Gestalten aus d. schwäb. Kath. I, 1948, 66ff - F.BLÄCKER, J.B.v.H. u. seine Katechismen, 1953 (Lit.) - EC VI, 1442 - E.SCHARL, Freiheit u. Gesetz. Die theol. Begründung d. christl. Sittlichkeit in der Moraltheol. J.B.H.s, 1958.

G.Maron

Hirt und Herde. Die »Christliche Gemeinschaft H.u.H.« wurde von dem sächsischen Weber August Hermann Hain (1848-1927) gestiftet, dessen Denken durch antikirchlich-sozialistische Agitation geprägt worden war. Er lernte in spiritistischen Kreisen an seine Sendung glauben. Von 1894 an sammelte »Vater Hain« als »Hirte« eine »Herde« um sich (vornehmlich Industriearbeiter). Während des 1. Weltkrieges wurde seine Gemeinschaft teilweise verboten. Nach 1919 erlebte sie ihre Blütezeit und brachte es auf ca 5000 Glieder. Ihr geistiges Zentrum wurde Meerane (letzter Wohnort Hains). Zahlenmäßig am stärksten war die Herde stets in Plauen/Vogtl., wo sie sich 1924-29 sogar mit Erfolg an Kommunalwahlen beteiligte. Sonst finden sich ihre Glieder etwa im Städteviereck Annaberg-Leipzig-Jena-Eger. 1933-45 verboten, fand die Herde nach dieser Zeit wieder staatliche Anerkennung. - Die Gemeinschaft hat nur unbesoldete Ämter. Sie wird seit Hains Tod von einem »Vorsteher« geleitet, unter dem 12 »Bezirksleiter« fungieren. Diese beaufsichtigen die von sog. »Lehrern« betreuten Ortsgemeinden. - Gemäß derLehre der Gemeinschaft verlangt Gott guten Wandel. Um sein Verlangen zu verdeutlichen und die gottlosen Priester zu entlarven, inkarnierte er sich siebenmal, zuletzt in Christus und Hain. Gerettet wird der Gehorsame. Verdammnis ist dauernde Reinkarnation. - Die Glieder der Herde leben zurückgezogen. Sie stehen außerhalb der Kirche, deren Lehre, Sakramente, Kasualien und Gebete sie verwerfen. Puritanische Strenge ist ihnen eigen.

HUTTEN 515f - J.JENTZSCH, Die Christl. Gemeinschaft H. u. H. - Ein Beitr. zur Sektenkunde (Theol. Diss. Leipzig), 1956 (Masch.).

J.Jentzsch

Hirten- und Beduinenleben in Israel (H. = Hirte). Palästina ist kein reines Agrarland, sondern hat Teile, die nur für Viehzucht verwendbar sind (hebr. midbar); demgemäß hat es bis heute eine Beduinen-Bevölkerung, so in der Wüste Juda und bes. im Ostjordanland. Zumeist sind es Kleinviehnomaden; je weiter die Stämme in die eigentliche (arabische) Wüste hineinreichen, nähern sie sich dem Typus der Kamelnomaden. Daneben gibt es im Negeb (der Südsteppe) Halbnomaden, die in Zelten wohnen, aber Ackerbau treiben. Sonst sind Beduinen *nur* H.n, Fellachen *auch* H.n.

Im AT liegen die Dinge nicht anders. Reine Kamelnomaden sind die→Midianiter, die Raubzüge ins Kulturland unternehmen (Ri 6-8), sowie die →Amalekiter (Ri 6, 3; 1Sam 30, 17). Generell heißen die Bewohner der eigentlichen Wüste »Araber« (Jes 13, 20; Jer 25, 24; Ez 27, 21 u.ö.), wie sich die Beduinen bis heute mit Stolz gegenüber den Fellachen nennen, und gelten als räuberisch (Jer 3, 2; vgl. Lk 10, 30). Die Erzväter, auch der ostjordanische Scheich Hiob, besitzen Kamele *und* Kleinvieh, aber auch Rinder, was sie als Halbnomaden erscheinen läßt (→ Ackerbau; Gen 26, 12). - Bei der Herde handelt es sich zumeist um den ṣo'n (arab. ġanam), das Kleinvieh, wobei das einzelne Tier (śæ) sowohl Schaf wie Ziege sein kann. Wie heute ist jenes das Fettschwanzschaf, diese die schwarzhaarige Bergziege (vgl. Hhld 4, 1). Die Schafe liefern das mit Abstand geschätzteste Fleisch; sie haben auch bei den Opfern den Vorrang vor Rindern, Ziegen und Geflügel. Das Amt des H.n, gern Familiengliedern übertragen (die Söhne Jakobs, David), ist schwer und verantwortungsvoll. Der H., der mit Stab und Schleuder ausgerüstet ist (1Sam 17, 40-43; Ps 23, 4), muß mutig und ehrlich sein und zeigen, daß er nicht als »Mietling« flieht (Joh 10, 12f), sondern für das geraubte Tier zu kämpfen bereit ist (1Sam 17, 34f), selbst dann, wenn er nur noch Reste - übrigens auch als Erweis seiner Ehrlichkeit! - davonträgt (Am 3, 12). Es wird erwartet, daß er verlorenen Tieren nachgeht (Lk 15, 4), jedes Tier - mit Namen - kennt (vgl. Jes 40, 26; Joh 10, 14f), sich um die Schwachen, bes. die Jungtiere kümmert, jedes zu seinem Recht kommen läßt, die Zeit zwischen Weiden, Tränken, Ziehen - wobei der H. gewöhnlich der Herde vorangeht - und Ruhen richtig einteilt (Ps 23) und bei Nacht für Bewachung sorgt (vgl. Joh 10, 7). Ein besonderes Kapitel ist der mehrfach beschriebene Kampf um die Wasserstellen. Töchter kommen daher nur da als H.n in Frage, wo der väterliche Wohnort nahe ist (Gen 29, 1ff; Ex 2, 16).

Die H.n- und Beduinen-Zeit lebt im Gedächtnis Israels als klassische Zeit fort, was dem seßhaften Israel durch die → Rekabiter (Jer 35), gewisse Zukunftsaussagen der Propheten (Jes 7, 15. 21f; 32, 14 u.ö.), die Tatsache, daß die → Leviten kein Ackerland, sondern nur Weideland erhalten sollen (Jos 21), aber auch durch das jährliche H.n-Fest, das Passa (→ Feste: II, 3), deutlich gemacht wird. Nach Hebr 11, 9. 13ff erscheint die Zeit des Wohnens in Zelten als die des besonderen Angewiesenseins auf Gott und damit des Glaubens. Entsprechend ist der H. beliebtes Bild für den König, wobei der schlechte H. dem guten gegenübergestellt wird (Jer 23, 1ff; Ez 34, vgl. Sach 11, 4ff u.ö.), demgemäß für den → Messias und bes. für Gott selbst (Ps 23; Jes 40, 11; Pred 12, 11 u.ö.).

DALMAN, AuS VI, 1939 - M.v.OPPENHEIM, Die Beduinen I. II, 1939/43 - R.WALZ, Beitr. zur ältesten Gesch. der altweltlichen Cameliden usw (Actes du IVe Congrès International des Sciences Anthropologiques et Ethnologiques III, 1956, 190-204).

H.W.Hertzberg

Hiskia (hebr. [j^e]ḥizqijjā oder [j^e]ḥizqijjahû, keilschriftlich Chazaqiau), *König von → Juda,* Sohn und Nachfolger des → Ahas, Vater und Vorgänger → Manasses (→ Israel: I). Seine 29jährige *Regierungszeit* (2Kön 18, 2) ist nicht ganz sicher festzulegen. Die Ansätze bewegen sich zwischen 725-697 vChr (Begrich; nach 2Kön 18, 1. 9f sogar noch etwas früher) und 715 bis 687 vChr (Albright; vgl. 2Kön 18, 13, wo die Ereignisse des Jahres 701 vChr in H.s 14. Jahr datiert werden; aber dieses Datum ist wahrscheinlich durch eine Kombination der 29 Jahre von 2Kön 18, 2 mit den legendären 15 Jahren von 2Kön 20, 6 nachträglich erschlossen; →Israel: II). Als *Quellen* kommen neben der Darstellung des → Deuteronomistischen Geschichtswerkes (2Kön 18-20; der Quellenwert der Jesaja-Erzählungen 2Kön 18, 17 - 20, 19 = Jes 36-39 ist allerdings begrenzt; auch das Chronistische Geschichtswerk enthält in seinem Abschnitt über H., 2Chr 29-32, nicht viel historisch verwertbares Material) einige Sprüche des Propheten → Jesaja sowie die Inschriften der assyrischen Könige Sargon II. und Sanherib (→ Assyrien, 3) in Betracht.

Ebenso wie für seinen Vater Ahas war auch für H. die *Einstellung zum Assyrerreich*, dessen Könige Sargon II. und Sanherib die von Tiglatpileser III. begonnene Unterwerfung Palästinas fortsetzten, das Grundproblem seiner Politik. Zunächst scheint er von seinem Vater die Politik der Anerkennung der Oberhoheit Assyriens übernommen und seine Vasallenpflichten erfüllt zu haben. Jedenfalls hören wir nirgendwo etwas davon, daß er sich i.J. 720 vChr an dem Aufstand der Provinzen → Hamat, → Damaskus und → Samaria, dem sich im Süden auch der Philisterstaat von → Gaza anschloß, beteiligt hätte. - Der nächste Aufstand scheint sich schon stärker bis nach Juda hinein bemerkbar gemacht zu haben. Nachdem Sargon den Aufstand des Jahres 720 vChr niedergeworfen und 716 vChr an der ägyptischen Grenze einen Stützpunkt eingerichtet hatte, der die Verbindung zwischen Palästina und Ägypten abschneiden sollte, kam es im Philisterstaat Asdod (→ Pentapolis) zu neuen antiassyrischen Bewegungen. Eine Inschrift Sargons spricht von Verhandlungen der aufständischen Asdoditer mit Juda, Edom und Moab sowie mit Ägypten. Und Jesaja hatte Anlaß, vor dem Vertrauen auf ägyptische Hilfe zu warnen (Jes 20; ob auch Jes 18 in diese Zeit gehört, ist nicht ganz sicher). Sehr eng scheint der Kontakt H.s mit den Aufständischen indessen nicht gewesen zu sein. Denn die assyrische Strafexpedition, die diesen Aufstand i.J. 711 vChr niederwarf, richtete sich nicht gegen Juda, sondern beschränkte sich auf einen Eingriff in Asdod, das in eine assyrische Provinz verwandelt wurde.

Als aber nach Sargons Tod (705 vChr) eine im ganzen Reich weit um sich greifende Emanzipationsbewegung einsetzte, kam es auch in Juda zum *Aufstand gegen Assyrien*. H. stellte die Tributzahlungen ein (2Kön 18, 7b) und scheint unter den Aufständischen Palästinas sogar eine führende Rolle gespielt zu haben. Die Philisterstaaten von Ekron und Askalon schlossen sich ihm an, und er führte Verhandlungen mit Ägypten (Jes 30, 1ff; 31, 1ff) und mit Marduk-apal-iddin II. (= Merodach-Baladan; 2Kön 20, 12ff = Jes 39) von → Babylonien (: I, 4). In diese Zeit gehört sehr wahrscheinlich die 2Kön 18, 4 kurz erwähnte sog. *Kultusreform* des H., die der Grund für das uneingeschränkt lobende Urteil über ihn in den → Königsbüchern (2Kön 18, 5) ist (die Datierung der Reform in 2Chr 29, 3 und ihre breite Ausmalung in 2Chr 29-31 sind sicher nicht historisch). Diese Reform wird in erster Linie in der Beseitigung des von Ahas anläßlich seiner Unterwerfung unter die assyrische Oberhoheit in Jerusalem eingeführten assyrischen Staatskultes (2Kön 16, 10-18) bestanden haben und demnach die kultuspolitische Konsequenz der Emanzipation von der assyrischen Herrschaft gewesen sein. - Da Sargons Nachfolger Sanherib in den ersten Jahren seiner Regierung damit beschäftigt war, die Aufstände in Babylonien und im Osten des Reiches niederzuschlagen, mußte er den Dingen in Palästina vorerst ihren Lauf lassen. Erst i.J. 701 vChr konnte er eingreifen. Er unterwarf zunächst die aufständischen Philisterstaaten, schlug bei Eltheke (Jos 19, 44; in der Nähe von Ekron) ein den Aufständischen zu Hilfe kommendes ägyptisches Heer zurück und bemächtigte sich dann, von Westen kommend, der judäischen Landschaft (in seinen Inschriften spricht er von der Eroberung von 46 festen Städten). Im letzten Augenblick - Sanherib hatte mit der Belagerung → Jerusalems (: II) schon begonnen - gelang es H., sich und Jerusalem durch erneute Unterwerfung und die Entrichtung eines hohen Tributes vor dem Äußersten zu bewahren (2Kön 18, 13-16, bestätigt durch den Bericht in Sanheribs Annalen). Daß die Eroberung Jerusalems verhindert wurde, wird von den späteren Jesajalegenden (2Kön 18, 17 - 19, 9a. 36f und 19, 9b-35 = Jes 36f) auf ein wunderbares Eingreifen Jahwes zurückgeführt. Diese Darstellung ist einseitig am Schicksal Jerusalems interessiert und verkennt, ähnlich wie die Beurteilung der Lage durch die Bevölkerung von Jerusalem unmittelbar nach Sanheribs Abzug (Jes 22, 1ff; daß sich dieses Stück auf die Ereignisse des Jahres 701 bezieht, ist allerdings nicht unbestritten), die Schwere des assyrischen Eingriffs. Sanherib löste nämlich die seit → David bestehende Personalunion zwischen dem Staat Juda und dem Stadtstaat Jerusalem auf, entzog den ganzen Staat Juda der Herrschaft H.s und verteilte ihn an die Philisterstaaten, um sich diese als treue Vasallen zu verpflichten und eine erneute antiassyrische Koalition zwischen ihnen und H. unmöglich zu machen. H. war fortan nur noch Stadtkönig von Jerusalem (vgl. die plastische Schilderung des Zustandes nach Sanheribs Eingriff in Jes 1, 4-9); er und seine Nachfolger blieben bis zum Niedergang des assyrischen Reiches dessen Vasallen und mußten infolgedessen in Jerusalem wieder den assyrischen Staatskult pflegen (2Kön 21, 3ff, → Manasse). Das Gebiet des Staates Juda ist später, entweder noch unter H. oder wahrscheinlicher unter seinem Nachfolger Manasse, unter unbekannten Umständen an die Davididen zurückgefallen.

Die Anlage des *Siloahtunnels* und -teiches durch H. (2Kön 20, 20; vgl. auch 2Chr 32, 3f; Jes 22, 9. 11) wird in die Zeit des Aufstandes der Jahre 705-701 gehören, während sein 2Kön 18, 8 erwähnter siegreicher *Feldzug gegen die Philister* nicht recht einzuordnen ist.

Vgl. die Darstellungen der Gesch. → Israels u. die Kommentare zu den → Königsbüchern, → Chronikbüchern u. → Jesajabuch. - J. Meinhold, Die Jesajaerzählungen, 1898 - A.Alt, Israel u. Ägypten (BWAT 6), 1909, 41ff - Ders., Nachwort über die territorialgeschichtl. Bedeutung von Sanheribs Eingriff in Palästina (PJ 25, 1929, 80-88 = Alt II, 242-249) - Ders., Neue assyr. Nachrichten über Palästina u. Syrien 1. 2 (ZDPV 67, 1945, 128-146 = Alt II, 226-241) - L.L.Honor, Sennacherib's Invasion of Palestine, New York 1926 - J.Lewy, Sanherib u. H. (OLZ 31, 1928, 150-163) - W.Rudolph, Sanherib in Palästina (PJ 25, 1929, 59-80) - O.Eissfeldt, Ezechiel als Zeuge für Sanheribs Eingriff in Palästina (PJ 27, 1931, 58-66) - H.M. Orlinsky, The Kings-Isaiah Recensions of the Hezekiah Story (JQR 30, 1939/40, 33-49) - A.Ungnad, Die Zahl der von Sanherib deportierten Judäer (ZAW 59, 1942/43, 199-202) - H.Haag, La Campagne de Sannachérib contre Jérusalem en 701 (RB 58, 1951, 348 bis 359) - E.W.Todd, The Reforms of Hezekiah and Josiah (SJTh 9, 1956, 288-293). - Übers. der assyr. Texte: D.D.Luckenbill, Ancient Records of Assyria and Babylonia II, Chicago 1927, 1ff - AOT 348ff - ANET 284ff - TGI 54ff.

R.Bach

Historienbibel, ein weitverbreitetes Volksbuch, dessen Blütezeit vom Anfang des 14. bis zum Ende des 15.Jh.s reicht. In ihm werden die Historien des AT unter Hinzufügung von Texten aus den Apokryphen und der Profangeschichte in volkstümlicher Prosa erzählt. Viele H.n sind mit zahlreichen übermalten Federzeichnungen geschmückt (→ Bibelillustration: I, 6). Die H. war für Kleriker und Laien zur erbaulichen Lesung und zum Vorlesen bestimmt; sie war »Religionsunterricht im Gewande der Geschichte«. Vorstufen der H. finden sich zB in der jüdischen → Haggada und in den Chroniken des → Eusebius, → Hieronymus und → Isidor. Aus diesen Chroniken schöpfte die (zunächst als Schulbuch für den Bibelunterricht gedachte) Historia scholastica des Pariser Kanzlers → Petrus Comestor († 1179), deren Übersetzungen und Bearbeitungen die eigentliche H. schufen. Die früheste französische Version stellte G.Desmoulins 1295 fertig; größere Auswirkungen hatte die französische, 1445 in Flandern entstandene Übersetzung des J.Miélon. Von deutschen Bearbeitungen der H. sind heute noch rd 100 Handschriften aus verschiedenen Dialektgebieten bekannt; 16 davon wurden um 1450 in der Werkstatt Diebolt Laubers in Hagenau hergestellt. Während sich die meisten H.n auf den at. Stoff beschränken und »die alte Ee« heißen, werden einige auch in das NT fortgeführt; seit dem Beginn des 15.Jh.s gibt es sogar illustrierte H.n, die nur nt. Ereignisse berichten und »die neue Ee« genannt werden. - Nach Erscheinen gedruckter Bibeln in den Volkssprachen schwand Einfluß und Verbreitung der H.

H.VOLLMER, Materialien zur Bibelgesch. u. relig. Volkskunde des MA I-IV, 1912-29 (in Bd IV ist der Text einer nt. H. abgedruckt) - RGG² II, 1937f - H.ROST, Die Bibel im MA, 1939, bes. 199ff.

A.Ruppel

Historismus

1. H. als geistige Bewegung - 2. H. als historische Weltanschauung - 3. H. als Relativismus - 4. H. und Absolutheit

Das Wort H. kommt in der zweiten Hälfte des 19.Jh.s auf. Wie die meisten Parteinamen auf dem Gebiet der Philosophie ist auch dieser Begriff zunächst kritisch-polemisch gemeint und geht vor allem auf die Kritik zurück, die → Nietzsche in seiner zweiten unzeitgemäßen Betrachtung an der Historie geübt hat. Der Begriff wird aber bald auch in einem neutralen Sinne verwendet.

1. Die Entstehung des H. hat vor allem Friedrich Meinecke geschildert. → Herders Kritik an der Aufklärung ist dafür das wichtigste Dokument (»Auch eine Philosophie zur Geschichte der Bildung der Menschheit«, 1774). Doch kann man gewisse Vorgestalten des H. erkennen, in denen sich der Sache nach ein ähnlicher Gegensatz zu einer herrschenden Philosophie darstellt. So im alten Rom die Kritik an der griechischen Bildung vom römischen Staatsbewußtsein aus, etwa bei → Cicero, so im → Humanismus bis zu → Bacon und → Hobbes die Kritik an der → Scholastik. Doch ist in diesen Vorgestalten die Kritik mehr pragmatisch als theoretisch gemeint (Schwäche der Begriffe bzw. der Theorie gegenüber der Macht des Herkommens, der Vorurteile und der Leidenschaften). Dagegen werden im philosophischen Denken von Herder bis Hegel die begrifflichen Fundamente des H. gelegt, indem der Begriff der Individualität (→ Individuation) und der Begriff der → Entwicklung der Besonderung des Allgemeinen bzw. dem Prozeß des Fortschrittes zur Vollkommenheit entgegengesetzt werden. Man kann die von Herder entwickelte und von → Ranke übernommene Form des H. *historischen* → *Pantheismus* nennen, sofern im endlichen geschichtlichen Leben das Walten des unendlichen Gottes mehr anerkannt als erkannt wird. Dagegen stellt → Hegels Einbeziehung der Geschichte in das Wesen und die immanente Selbstentfaltung der Wahrheit einen *logischen* Pantheismus vor, da am Ende die Geschichte sich in den Begriff aufhebt. Gemeinsam ist beiden Formen des H., daß das Unendliche im Endlichen erscheint.

2. Dieser Einbeziehung der → *Geschichte* (: III) in die Philosophie entspricht auf dem Gebiete der Politik die Kritik des revolutionären Rationalismus, die vor allem durch E.Burkes »Reflections« (1790, dt. 1793) und ihre romantischen Nachfolger repräsentiert ist (vgl. Carl Schmitt, Politische Romantik, [1919] 1925²), und auf dem Gebiete der Rechtswissenschaft → Savignys historische Rechtslehre. Ihr zur Seite stellt sich → Rankes Kritik der allgemeinen Staatslehre (Politisches Gespräch), die als erste die historische Weltanschauung begründet. Diese ist aber nicht nur durch die Kritik am → Naturrecht, sondern zugleich durch die Kritik an Hegels apriorischer Konstruktion der Weltgeschichte bestimmt. Nur auf dem Wege der Forschung kann die Wirklichkeit erkannt werden, in der die sittliche Freiheit, die Konstellation der Kräfte und der Zufall - nicht nur die Ideen - eine Rolle spielen. Wieweit die von Ranke eingeleitete historische Bewegung durch ihre Anerkennung des Erfahrungsstandpunktes eine echte Überwindung des Geschichtsapriorismus darstellt, ist umstritten. Man kann darin auch ein Zurückbleiben hinter der spekulativen Konsequenz Hegels bzw. eine falsche Anpassung an den Positivismus der Naturforschung sehen (so → Croce, Collingwood, Antoni). In ähnlicher Weise sehen Karl → Marx und seine Fortsetzer (G.Lukács) in der historischen Schule einen reaktionären Irrationalismus.

3. Der engere Sinn von H., der dem *kritischen* Unterton solcher Wortbildung entspricht (vgl. zB Psychologismus, Logizismus, Ästhetizismus usw), liegt dort vor, wo im H. ein Problem gesehen wird. Das ist zuerst bei → Dilthey der Fall, der zwischen dem romantischen Erbe und dem Erfahrungsstandpunkt eine Vermittlung sucht und sich dabei an der Frage aufreibt, wie angesichts der totalen → Geschichtlichkeit der Gegenwart jemals objektive Erkenntnis erreichbar sein soll (Problem des historischen → Relativismus). Die Auflösung aller absoluten Werte und Wahrheiten in geschichtliche Bedingtheit macht die Frage dringlich, wie sich die Unbedingtheit rechtlicher und sittlicher Normen vor der Zersetzung durch historische Reflexion schützen läßt. Die eindrucksvollste Repräsentation der Spannweite dieser Frage stellt der große Soziologe Max → Weber dar, der mit der Behauptung der Unbedingtheit der Zwecke die ebenso leidenschaftlich verfochtene Bedingtheit der Mittel verband und die Objektivität der Wissenschaft geradezu durch die Wertfreiheit definierte. In der Soziologie wurde er so zu dem furchtbarsten Kritiker aller romantisch-organizistischen Konstruktionen (vgl. seine Kritik an Roscher-Knies in: Ges. Aufsätze zur Wissenschaftslehre, 1-145). Da Weber aber die Wahl der »Götter«, denen einer zu folgen sich entschließt, nicht mehr als eine Aufgabe der Wissenschaft ansieht, bedeutet sein entschlossener Methodologismus philosophisch gesehen einen Relativismus. Auch Georg Simmel erweist sich dem Problem des Relativismus als nicht gewachsen. Am tiefsten hat sich Ernst → Troeltsch der Beunruhigung durch dieses Problem ausgesetzt. Er fragt: »Wo gab es einen Halt im Leben, wenn alle seine Inhalte historisch bedingt und also historisch vergänglich sind?« Für ihn ist der Schritt zu einer die geschichtliche Relativität übersteigenden überzeitlichen Relativität (etwa in der Weise Croces oder → Rickerts) auf dem Standpunkt der Philosophie und der Wissenschaft ungangbar. Er sucht das → Absolute im Begreifen der Entwicklung, die die Gegenwart von ihrer geschichtlichen Herkunft her vor ihre geschichtliche Zukunft stellt (Begriff der Kultursynthese). Die Überwindung des H. wird damit zu einer Aufgabe des historischen Bewußtseins selbst, die aber wesenhaft unvollendbar ist. Immerhin ist diese Position relativistischen Konstruktionen der Weltgeschichte, wie sie etwa → Spengler vorgelegt hat, überlegen.

4. Angesichts der Problematik eines solchen unvollendbaren H. bewegt sich die heutige Diskussion des H. zwischen zwei gedanklichen Möglichkeiten: Einmal der Rückkehr zum naturrechtlichen Denken der Tradition und bes. der klassischen Philosophie - dann ist der H. eine Fehleinschätzung in der Bestimmung des Wandelbaren und des Bleibenden in der menschlichen Geschichte. Charakteristischerweise sind es aber selbst historische Untersuchungen, die diese Möglichkeit verteidigen (vgl. L.Strauß). Die andere Möglichkeit könnte man als einen H. zweiten Grades bezeichnen, sofern der Relativismus nicht als eine zu überwindende Aufgabe, sondern als die notwendige Struktur der geschichtlichen Endlichkeit des Menschen gedacht wird. Hierfür hat Max → Scheler durch den Begriff der Daseinsrelativität vorgearbeitet und dann bes. → Heidegger durch die kritische Destruktion der → Metaphysik eine Möglichkeit eröffnet. Denn mit dem Begriff des Vorhandenseins wird auch dem

des Absoluten und damit dem Einwand des Relativismus der Boden entzogen. Wer derart die Relativität aller Erkenntnis anerkennt, fordert aber keineswegs ein blindes Engagement, das Willensziele anstelle von Wirklichkeiten setzt, und keine Einschränkung des Objektivitätsstrebens der Erkenntnis selbst, sondern gesteigerte Selbstkritik, die für die wirkliche Erfahrung der Geschichte offenhält.

G.SIMMEL, Die Probleme der Geschichtsphilosophie, (1892) 1923^{5} - M.WEBER, Ges. polit. Schriften, (1921) 1958^{2} - DERS., Ges. Aufsätze zur Wissenschaftslehre, (1922) 1951^{2} - E.TROELTSCH, Der H. u. seine Probleme (Ges. Schriften III), 1922 - K.HEUSSI, Die Krisis des H., 1932 - F.MEINECKE, Die Entstehung des H., (1936) 1946^{2} - O. HINTZE, Zur Theorie der Gesch., 1942 - H.HEIMSOETH, Geschichtsphilosophie, 1948 - C.ANTONI, Vom H. zur Soziologie, 1950 - R. ARON, La philosophie critique de l'histoire, 1950 - H.R.v.SRBIK, Geist u. Gesch. vom dt. Humanismus bis zur Gegenwart, 2 Bde, 1950/51 - G.LUKÁCS, Die Zerstörung der Vernunft, 1953 - R.G.COLLINGWOOD, Theorie der Gesch., 1955 - L.STRAUSS, Naturrecht u. Gesch., 1956 - TH.LITT, Die Wiedererweckung des geschichtl. Bewußtseins, 1956 - E.FÜLLING, Gesch. als Offenbarung, 1956. *H.-G.Gadamer*

Hlond, *August* (1881-1948), Kardinal (1927) und als Erzbischof von → Gnesen und → Posen (1926) und von → Warschau (1946) Primas von → Polen, Salesianer. Als Bischof von →Kattowitz (1922) bemühte sich H. um einen deutsch-polnischen Ausgleich. 1939 ging er nach Rom, dann nach Frankreich, wo er 1944/45 von den Deutschen interniert wurde. H. hat den nach dem Zusammenbruch in sein Bistum → Ermland zurückgekehrten Bischof Maximilian Kaller (→ Deutschland: IV, 1) zum Verzicht auf seine Jurisdiktion im polnisch verwalteten Gebiet seines Bistums genötigt. Der Kardinal machte sich auch zum Sprecher für den endgültigen Status der Oder-Neiße-Grenze, als der Papst am 1.3.1948 in einem Schreiben an die deutschen Bischöfe seinen Wunsch kundtat, es möchten die Vertreibungen aus dem Osten rückgängig gemacht werden. H. meinte, die neuen Verhältnisse in Polen seien nur provisorisch, und stellte deshalb keinerlei Verbindungen zum kommunistischen Staat her.

HerKorr 2 u. 3, 1947/48 u. 1948/49 (s. Reg.) - POLONIUS, Von H. zu Wyszynski (in: Wort u. Wahrheit 12, 1957, 349-357). *W.Sucker*

h-moll-Messe oder sog. *Hohe Messe* von J.S. → Bach, eine der größten Musikschöpfungen des Abendlandes und Bachs einzige Vertonung des ganzen lat. Ordinarium Missae (→ Messe: IV) neben vier kleineren Messen seiner Komposition in F, A, g und G (je nur Kyrie und Gloria), entstand zwischen 1724 (Sanctus) und etwa 1748 (Credo, Osanna und Agnus) in Leipzig. Kyrie und Gloria hat Bach am 27.7.1733 dem Kurfürsten August II. von Sachsen gewidmet. Die Messe baut sich, wie Bachs → Kantaten, aus (bis zu 8stimmigen) Chorsätzen, Soloarien und Duetten mit reicher Orchesterbesetzung auf; der Verwendung im Gottesdienst stehen jedoch die gewaltigen Dimensionen des Werkes entgegen (Dauer über 2 Stunden). Man hat u.a. deshalb in der h-m.-M. ein Sammelwerk selbständiger liturgischer Gebrauchstücke sehen wollen. Doch sprechen wichtige Merkmale (zB auch der Tonartenplan) für die einheitliche Grundkonzeption als Messe.

Ausg.n (bibliogr. Daten s. → Bach): GA Bd 6 (J.RIETZ, 1856); Neue GA Serie II, Bd 1 (F.SMEND, 1954); krit. Bericht (1956); dazu G.v.DADELSEN, Beitr. zur Chronologie der Werke J.S.Bachs, 1958, 143-156. - A.SCHERING in: Bach-Jb. 1936, 1-30 - F.SMEND, ebd 1937, 1-57 - W.BLANKENBURG, Einführung in Bachs h-m.-M., 1950.
S.Hermelink

Hobbes, *Thomas* (1588-1679), * als Sohn eines Pfarrers bei Malmesbury. H. studierte in Oxford, war Hauslehrer beim Baron Cavendish (dem späteren Earl of Devonshire), unternahm ausgedehnte Reisen auf dem Festland und trat mit den bedeutendsten Geistern seiner Zeit (zB →Bacon, →Galilei, →Descartes, →Gassendi, →Mersenne) in persönliche Verbindung. 1640 ging er aus politischen Gründen ins Exil nach Paris, war vorübergehend Lehrer des späteren Königs Karl II., kehrte jedoch, erneut bedroht, 1651 in das England Cromwells zurück. Auch nach der Restauration wurde er heftig angegriffen und von Druckverboten betroffen. Drei Jahre nach seinem Tode verbrannte die Universität Oxford seine Schriften (H. hatte sich u.a. um eine durchgreifende Universitätsreform bemüht). Seine Arbeiten reichen von Übersetzungen (Thukydides) über Physik und Physiologie (De Corpore), Psychologie und Anthropologie (De Homine), Politik und Staatslehre (Elements of Law natural and politic, De Cive, Leviathan) bis zur Geschichtsschreibung (Behemoth). Im Zentrum steht das Bemühen um eine Grundlegung politischer Philosophie.

Zum entscheidenden Erlebnis wurden für H. die religiös geprägten Kriege und Bürgerkriege seiner Zeit, sein Ziel ist die Sicherung einer dauernden Friedensordnung. Daher fordert H. einerseits die Unterordnung von Theologie und Kirche unter den Staat, die Ausdehnung der Herrschergewalt auf dogmatische und liturgische Fragen, andererseits tritt er für → Toleranz und Gewissensfreiheit ein; der scheinbare Widerspruch, der unterschiedliche Beurteilungen zur Folge gehabt hat, löst sich im Blick auf die Zielsetzung auf. Nur wenn der Souverän, welcher Fürst oder Diktator, aber auch eine Versammlung sein kann, mit absoluter Macht ausgestattet ist, können Leben und Sicherheit aller Bürger gewährleistet werden. Die Bürger sind darum unbedingten Gehorsam schuldig und haben kein Recht zum Widerstand; diese Gehorsamspflicht erlischt jedoch, wenn die Staatsmacht zerfällt und Leben und Sicherheit nicht mehr zu garantieren sind. Denn dann wird der Staatszweck, die Erfüllung des elementaren menschlichen Bedürfnisses nach Sicherheit, verfehlt. Im Naturzustande leben die Menschen nicht gesellig, sondern in einem Kampf aller gegen alle (homo homini lupus), sie können diesen Zustand nur beenden, indem sie in einem grundlegenden Vertrage sich zusammenschließen, womit der → Staat (: I) als reale Überperson oder »sterblicher Gott« (Leviathan) entsteht und zugleich die Unterwerfung unter den Souverän gegeben ist. - H. glaubt, daß gesicherte Erkenntnis nur von »künstlichen«, selbstgeschaffenen Gegenständen möglich ist, wobei die Mathematik, die sich bisher als einzige Wissenschaft gegenüber allen Angriffen des → Skeptizismus als standfest erwiesen hat, ein Vorbild ist. Da der Staat für H. als vertragsgegründet auch ein vom Naturzustand unterschiedener »künstlicher Körper« ist, meint H. in seiner politischen Philosophie eine der Mathematik analoge Sicherheit und methodische Folgerichtigkeit erreichen zu können. Er bezieht in seine Anthropologie aber nicht nur die physikalischen Entdekkungen seiner Zeit sensualistisch (→ Sensualismus) ein, sondern muß auf eine bestimmte Auffassung vom Wesen des Menschen zurückgreifen: dessen »Natur« (und zugleich vernünftig) ist es, materielle Vorteile, Anerkennung (Ehre) und vor allem Sicherheit zu suchen. Nur so läßt sich das elementare → Naturrecht (: I), das den Staat trägt, das Recht auf Schutz vor Tötung, begründen. Die natürliche (vernünftige) Todesfurcht kann jedoch durch andere Erwägungen und Befürchtungen verdrängt werden; H. gibt zu, daß → Aberglauben und »Gespensterfurcht« wirksamer sein können. Ohne daß H. selbst sich klar in dieser Richtung ausgesprochen hat, drängen die Konsequenzen seiner Auffassung daher zu einer → Aufklärung (: I, 3a), die mit Aberglauben und Gespenstern zugleich alle transzendenten Mächte leugnet und in den → Atheismus (: II) mündet.

Die Interpretationen der Werke von H. spiegeln den geschichtlichen Interessenwandel. In → England blieb ihre Wirkung gering oder wurde durch → Locke zurückgedrängt. Die französischen → Enzyklopädisten des 18.Jh.s (→ Diderot, Holbach, → Voltaire) griffen auf H.' »atheistische« und kirchenfeindliche Tendenzen zurück. Im 19.Jh. betonte man vor allem H.' → Rationalismus (: I) und Empirismus (→ Aufklärung: I, 4). Eine bedeutsame Wiederentdeckung H.' erfolgte in neuerer Zeit in Deutschland. Nachdem sich vor allem F.Tönnies um die H.-Forschung große Verdienste erworben hatte, griff Carl Schmitt in seiner dezisionistischen Staatsrechtslehre auf H.' Formel »autoritas, non veritas facit legem« zurück, um angesichts der weltanschaulichen Auseinandersetzungen und der latenten Bürgerkriegssituation der Weimarer Republik die Staatsgewalt autoritär zu stärken. Nach 1933 versuchte man, H. für eine totalitäre Staatsauffassung und für eine politische Philosophie, die den Begriff der »Tat« in den Mittelpunkt rückt, in Anspruch zu nehmen (H.Schelsky).

Elementa philosophica, de cive, Paris 1642 (dt.: Vom Bürger, 1873); Leviathan, or the Matter, Form and Power of a Commonwealth, ecclesiastical and civil, 1651 (lat.: Amsterdam 1670); Opera philosophica, 1668 (ed. W.MOLESWORTH, 5 Bde, 1839-45); The English works, ed. DERS., 11 Bde, 1839-45; The Elements of Law, natural and politic, ed. F.TÖNNIES, (1888) 1928²; Behemoth, or the Long Parliament, ed. DERS., 1889; Grundzüge der Philosophie, hg.v. M.FRISCHEISEN-KÖHLER, 3 Tle, 1915/18; Naturrecht des Menschen, hg.v. H.SCHMALENBACH, 1923; Naturrecht u. allg. Staatsrecht in den Anfangsgründen, 1926. - Über H.: F.TÖNNIES, T.H., Leben u. Lehre, (1896) 1925³ - L.STEPHEN, T.H., 1904 - R.HOENIGSWALD, H. u. die Staatsphilosophie, 1924 - A.LEVI, La filosofia di Tommaso H., 1929 - Z.LUBIENSKI, Die Grundlagen des ethisch-politischen Systems von H., 1932 - L.STRAUSS, The political philosophy of H., 1936 - CARL SCHMITT, Der Leviathan in der Staatslehre des T.H., 1938 - H. SCHELSKY, Die Totalität des Staates bei H. (ARSP 31, 1938, 176-193) - B.DENNEWITZ, Machiavelli, Bodin, H., 1948 - HIRSCH I, 30ff. 141ff; V, 650 (Reg.) - J.BOWLE, H. and his Critics, 1951 - B.H.KAZEMIR, De Staat bij Spinoza en H., 1951. - Ferner: Veröffentlichungen der H.-Gesellschaft I-X, 1932-39. *Chr. Graf v. Krockow*

Hoburg, *Christian* (1607-75), * in Lüneburg, † in Altona, Hauptvertreter der radikal kirchenkritischen mystischen → Spiritualisten. Nach theologischem Studium in Königsberg wurde H. Schulsubrektor und Pfarrer in Ülzen. 1640 verlor er wegen liturgischer Eigenmächtigkeiten sein Pfarramt, wurde Hauslehrer in Hamburg, Pfarrer in Borne (Braunschweig) und lebte als Flüchtling bei J. → Betke in Linum b. Fehrbellin. Später wurde er Pfarrer in Cappel und Latum b. Arnheim, schließlich Privatmann - zT gefördert von L.de → Geer - in Amsterdam, wo er mit → Labadie und A. → Bourignon in Verbindung trat. Der Krieg Ludwigs XIV. gegen die Niederlande trieb ihn in die Spiritualisten- bzw. Mennonitenfreistatt Altona. Schon ca 1638/40 durch → Schwenckfelds Schrift »Von der himmlischen Arznei« für den Spiritualismus gewonnen, von J. → Arnd stark bestimmt, steigerte H. die Forderung eines innerlichen wahren Christentums zur Teilnahme am »Kreuzleben Christi« und lehnte alles verfaßte Kirchentum unter dem Stichwort »Babel« ab. Den 30jährigen Krieg verstand er als Strafgericht Gottes über die falsche »alamodische« Predigt und Lebensführung der Pfarrer und Christen und wurde Pazifist. → Spener entlehnte möglicherweise von ihm den Aufriß der »Pia Desideria«. - H.s Pseudonyme waren Elias Praetorius, Bernhard Baumann, Andreas Seuberlich, Christianus Montaltus.

Vf. u.a.: Spiegel der Mißbräuche beym Predigt-Ampt im heutigen Christenthumb, 1644 (Hauptwerk; dazu: Apologia Praetoriana, 1653); Teutsch-ev. ärgerliches Christenthumb, 1645; Heimischer Prüffung Vortrab, 1646; Postilla Evangeliorum Mystica, 1663; Vaterlandes Praeservatif, 1677; Praxis Arndiana, 1696; Unbekannter Christus, (1707) 1727² (hier 167ff Biogr. von H.s Sohn Philipp, auch gesondert 1676). - Über H.: J.MOLLER, Cimbria literata II, 1744, 337-347 - BWGN IV, 49ff - E.SEEBERG, G.Arnold, 1923, 343f - E. KOCHS, Das Kriegsproblem in der spiritualist. Gesamtanschauung Chr.H.s (ZKG 46, 1927, 246-267) - M.v.NERLING, Chr.H.s Streit mit den geistl. Ministerien von Hamburg, Lübeck u. Lüneburg (Diss. Kiel), 1949 (Masch.) - M.SCHMIDT, Speners Pia Desideria (ThViat 3, 1951, 100-108) - DERS., H.s spiritualist. Kritik an der luth. Abendmahlslehre u. ihre Abwehr (in: Festschr. f. E.Sommerlath, 1959). *M.Schmidt*

Hochgottglaube

1. Der »Ursprung der Gottesidee« - 2. Die wesentlichen Fortschritte in der Erkenntnis der Höchsten Wesen - 3. Die Bedeutung des H.ns

H. ist die Bezeichnung für den Glauben an Höchste Wesen, die, obwohl von den verschiedenen Forschern verschieden charakterisiert, übereinstimmend von den Gottheiten, denen ein eigener Kult gewidmet ist, als sui generis unterschieden werden.

1. Im Gegensatz zu der von E.B.Tylor vertretenen Theorie vom → Animismus als Anfang der religiösen Entwicklung setzt Andrew Lang an deren Anfang die Idee von einem Höchsten Wesen als dem »Macher«. Diese Idee läßt Lang den Menschen auf rationalem Wege aus der Beobachtung von Dingen gewinnen, »die er selbst nicht gemacht hatte und nicht machen konnte«, und unterscheidet sie scharf von den »irrationalen und erniedrigenden« Göttermythen. Die »mythologische« Religion erscheint als sekundäre Entartung. Daß der Evolutionismus Tylors und anderer nicht dadurch überwunden wird, daß Lang *das* Phänomen an den Anfang der Entwicklung setzt, das von jenen an ihrem Ende gesehen wurde, zeigt (in kritischem Anschluß an Lang) der von P.Wilhelm → Schmidt unter Aufwand eines ungeheuren ethnologisch-religionsgeschichtlichen Materials unternommene Versuch, für die Gottesidee (→ Gott: I) einen → Urmonotheismus nachzuweisen. Die Argumentation beruht vornehmlich auf folgendem: »1. Daß das Höchste Wesen in seiner vollen Klarheit und Kraft gerade aus der ältesten, der Urstufe stammt...; 2. daß auf den folgenden Stufen die Gestalt des Höchsten Wesens immer mehr verdunkelt wird und schwindet, während jene drei anderen Faktoren, die → Naturmythologie, der Zaubergedanke und der Animismus in ihrer Geltung immer mehr steigen, ein Beweis, daß der Gedanke des Höchsten Wesens aus einer ganz anderen Quelle stammt als sie; 3. in keiner Weise läßt sich der langsame Hervorgang des Höchsten Wesens aus jenen drei Faktoren wissenschaftlich dartun, aber umgekehrt kann man es zur Evidenz beweisen, wie durch ihre Weiterentwicklung und ihre dann folgende Einflußnahme auf die Gestalt des Höchsten Wesens dieses immer mehr überwuchert, entkräftet und schließlich ganz in schattenhaftes Dasein zurückgedrängt wird.«

2. Nathan → Söderblom hat die Einsichten von Lang bzw. Schmidt aus dem (Anti-)Evolutionsschema befreit. Er sieht sich außerstande, die Religionsgeschichte aus Animismus und aus Urmonotheismus zu erklären; wohl aber bringt er in ihr *neben* dem Seelen- oder Geisterglauben des Animismus und dem → Mana-Glauben jene Höchsten Wesen zur Geltung, die er → Urheber nennt. Diese findet er freilich nicht immer streng von Kulturheroen und Heilbringern, wohl aber von den Geistern und Göttern der Opferkulte unterschieden, und als deren wichtigste Leistungen sieht er »die Einsetzung der geheimen Zeremonien und der Einrichtungen des Stammes sowie die Schaffung der Totemtiere und Menschen«. Die Beziehung dieser Gottheiten zum → Himmel erscheint Söderblom als sekundär, wohl aber sind sie, nachdem sie ihr Werk getan haben, in die Ferne gegangen; sie sind, obwohl oft Vater genannt (→ Vatername: I),

von den Ahnen dadurch unterschieden, daß diese nicht fortgegangen, sondern gestorben sind. Sie werden so im Vergleich zu den aktiven Göttern der Nähe zu dei otiosi, und der Glaube an sie bekommt theoretischen Charakter. Darum genießen sie keinen Kult, obschon sie ihn eingerichtet haben. Sie dienen zur Erklärung von Unerklärlichem; bes. wird ihnen die Verhängung des → Todes zugeschrieben. Da sie aber nicht immer in der Einzahl, sondern auch in der Mehrzahl vorkommen, ist von Urmonotheismus nicht zu reden. Wie Söderblom den Glauben an Höchste Wesen aus dem (Anti-)Evolutionsschema befreite, so führte K.Th.Preuß aus dem theoretischen Charakter des H.ns heraus. Ohne die Weltenferne und die Kult- und Mythenlosigkeit des Höchsten Wesens zu bestreiten, sucht er einen organischen Zusammenhang zwischen der höchsten Gottheit und den sonstigen Erscheinungen des Glaubens nachzuweisen und findet ihn in dem Bedürfnis der Primitiven (→ Naturvölker) nach einem Höchsten Wesen und in der Notwendigkeit und dem Erlebnis eines höchsten Wesens, »das ihnen den Kult, dh die richtige Behandlung gegenüber den Einzelmächten gab«. Darin sieht Preuß die Dankbarkeit begründet, die er dem Höchsten Wesen entgegengebracht findet, wie auf der anderen Seite der Kult, obwohl er auf die einzelnen Mächte einwirken soll, doch der höchsten Gottheit gilt. Sie gilt »als eine Art Personifikation der Weltordnung... wie sie die Naturvölker zu ihrem Wohlergehen brauchen«. – Einen noch stärkeren Angriff auf den theoretischen Charakter des H.ns und den Charakter des Hochgottes als deus otiosus führt Geo Widengren. Einmal nämlich sieht er den eigentlichen Charakter des Hochgottes, bei aller Anerkennung des schillernd Unbestimmten in seinem Wesen, in dessen »völlig souveräner Herrschaft über das Schicksal sowohl der Welt wie der Menschen«. »Mag er auch oft im einzelnen Falle viel von seinem persönlichen Charakter eingebüßt haben, immer ist er doch letzten Endes der unergründliche, an kein Gesetz gebundene, der souveräne Beherrscher der Daseinsmächte«, uranisch atmosphärischen Charakters, eine »Schicksalsmacht, zugleich gut und böse. Der Himmelsgott kann sich in seine zwei Aspekte zerspalten, die als seine gute und böse Seite mehr oder weniger hypostasiert gegeneinander stehen ... [und] rein mythisch als seine Söhne betrachtet werden.« Zum andern steht nach Widengren der irdische König oder Stammeshäuptling mit diesem Himmelsgott in direkter Verbindung. »Beide herrschen allmächtig. Der erstere im Himmel, der andere als Repräsentant der Gottheit auf Erden.«

3. Der H. ist nicht → Monotheismus, weil er niemals andere Götter ausschließt. Die Frage eines Urmonotheismus als Ergebnis einer → Uroffenbarung führt über die Grenzen der Religionsgeschichte hinaus. In dem Maße, wie das Höchste Wesen den Charakter eines deus otiosus hat, handelt es sich im H.n jedenfalls nicht um einen idealen Anfang, sondern um eine religiöse Verfallserscheinung (jedoch nicht im Sinn und Rahmen eines Evolutions- oder Degenerationsschemas); dem Gott der Deisten (→ Deismus) ist der Hochgott am nächsten verwandt (vgl. Söderbloms Ausführungen über »Urheberreligion in Europa«). »Der Gott der Parabel vom verlorenen Sohn könnte das Höchste Wesen sein, bis auf einen Zug: der dem reuigen Sünder entgegeneilende Vater« (van der Leeuw). Die Weltenferne des Hochgottes, ob ihm nun otium oder negotium zugeschrieben wird, wird theologisch als Gottesferne des Menschen zu interpretieren sein und das Phänomen des H.ns selbst nicht als Rest einer vergessenen oder entstellten Uroffenbarung, wohl aber als Reflex der Bezogenheit des Menschen auf den Gott, den er nicht kennt und dem er dennoch ausgeliefert bleibt.

Vgl. die Artikel über die einzelnen Länder (zB → Äthiopien: II, 2, → Afrika: II, 1; III, 1) und Religionen (zB → Ainu-Religion, → Altaische Religion, 7).

UdG – N.SÖDERBLOM, Das Werden des Gottesglaubens, (1913) 1926² – K.TH.PREUSS, Die höchste Gottheit bei den kulturarmen Völkern (Psychologische Forschung II, 1922, 161–208) – DERS., Glauben u. Mystik im Schatten des höchsten Wesens, 1926 – G.WIDENGREN, H. im alten Iran, 1938 – R.PETTAZZONI, Essays on the History of Religions, Leiden 1954 – DERS., The all-knowing God, London 1956 – VAN DER LEEUW § 18. *W.Holsten*

Hochkirchliche Bewegung

I. In England – II. In Deutschland und anderen Kirchen der Ökumene

I. In England

1. Allgemeines – 2. Vorstufen im 18.Jh. – 3. Die H.B. des 19. und 20.Jh.s

1. Durch die ganze Kirchengeschichte → Englands (: I) seit der Reformation, dh der rechtlichen, liturgischen und dogmatischen Lösung von Rom, zieht sich die sog. hochkirchliche, besser: anglokath. Linie hindurch (→ Anglokatholizismus). Sie ist im Grunde nie abgerissen, wenngleich sie erst im 19. und 20.Jh. durch ihren eklatanten Widerspruch zum liberal-humanitär-humanistischen Zeitgeist so stark in den Vordergrund rückte. Die eigentlichen theologischen Väter sind die → Caroline Divines des 17.Jh.s, denen bes. L. → Andrewes vorgearbeitet hatte. Inhaltlich geht es ihnen hauptsächlich um folgende Positionen: die göttliche Würde der Kirche als Stiftung, ihre Universalität (Katholizität) sowohl geschichtlich (hohe Bewertung der Tradition) als geographisch (Ökumenizität unter betontem Einschluß der orth.-anatolischen und der röm.-kath., allerdings vom Papsttum zu reinigenden Kirche; der Papst gilt nur als legitimer Bischof von Rom), geistliches Amt (vorwiegend als Priestertum), Sakramente, Gebet (Liturgie). Zugrunde liegt die besonders stark empfundene und darum besonders hervorgekehrte Diastase zur Welt, so daß häufig asketisch-zölibatäre Tendenzen wirksam wurden. Der Traditionalismus und Legitimismus sprach sich am stärksten im Grundsatz der apostolischen → Sukzession für das geistliche Amt aus, der – in Verbindung mit dem Stiftungsprinzip – zu einer im gesamten Christentum einmaligen Hochschätzung des Bischofsamtes führte (klassische, wegweisende Ableitung aus den biblisch bezeugten Ämtern Jesu Christi durch Andrewes).

2. Zu Beginn des *18.Jh.s* wurde die hochkirchliche Strömung durch die → Nonjurors repräsentiert, die, wenngleich kirchenpolitisch an den Rand gedrängt, durch ihr liturgisches und erbauliches Schrifttum stark in die Kirche von England hinein, bes. auch auf die Brüder → Wesley wirkten (Brevint, → Hickes, → Law). Später ergriffen William Jones (1726–1800; »Essay on the Church«, 1787), William Stevens (1732–1807, Kaufmann in London; »Essay on the Nature and Constitution of the Christian Church«, 1773), Charles Daubeny (1745 bis 1827; »Guide to the Church«, 1798/99) und der vor allem als Vertrauensmann und Korrespondent tätige Thomas Sikes (1767–1834) die Werbung für den vollen Gehalt des Kirchenbegriffs als ihre Lebensaufgabe. Während diese Männer in England lebten, bemühte sich in Südirland in der unmittelbaren Nachbarschaft der röm.-kath. Kirche der Laie Alexander Knox (1757–1851) um dasselbe Ziel und beeinflußte John Jebb, den Bischof von Limerick (1775–1833; »Sermons on Subjects, chiefly practical«, 1815).

3. Auf dem politisch und kulturell vom Liberalismus und Säkularismus bestimmten Hintergrund, der in den Reformen um 1830 (→ England: I, 7) institutionell wirksam wurde, erhob sich die H.B. (*Oxford Movement*) als

stärkster und tiefster Ausdruck des Widerstandes gegen das Gefälle des modernen Lebens. Der Anlaß war, wie so oft, unbedeutend. 1832 war der Vorschlag gemacht worden, die Einkünfte einiger anglikanischer Bistümer in Irland zT (!) durch die Regierung einzuziehen. Der Studentenerzieher am Oriel College in Oxford, J. → Keble, nahm das zum Ausgangspunkt für eine heftige Anklage gegen den verweltlichten, von Gott prinzipiell gelösten Staat der Neuzeit (Predigt: »On national Apostasy«, 1833). Sie erregte um so mehr Aufsehen, als er bisher nur als stiller, besinnlicher Dichter bekannt war (»The Christian Year«, 1827). Es bildete sich ein zum Handeln entschlossener Kreis, in dem John Henry → Newman die Führung erhielt. Neben ihn traten außer Keble E.B. → Pusey, ein auch in Deutschland orientalistisch gebildeter Patristiker von umfassender Gelehrsamkeit, R.H.Froude, ein exaltierter Pamphletist, H.J. Rose, ein Theoretiker der Kirche, und der Liturgiker W. Palmer. Newman, Keble und Froude erklärten sich als Association of Friends of the Church und beschlossen, ihre Gedanken in Flugschriften »Tracts for the Times« zu verbreiten. Damit hatten sie einen unerwarteten Erfolg, zu dem nicht zuletzt der auf Polemik verzichtende apodiktische Ton beitrug, in dem sie ihre Erkenntnisse als selbstverständliche Wahrheit proklamierten. Sie begannen mit betonter Hervorhebung des geistlichen Amts in apostolischer Sukzession, dargestellt im Bischofsamt als der Säule der Kirche, und schritten zur Liturgie, zum Fasten und zur Empfehlung der via media zwischen Rom und Wittenberg-Genf fort. Das alles geschah in kürzester Frist. Aber es war nicht ein fertiges Programm, das Punkt für Punkt näher ausgeführt wurde, sondern glich einem Strom, der sich mit elementarer Gewalt unbekümmert um Hindernisse sein Bett suchte. Als 1837 zu Ehren der drei hingerichteten Reformatoren → Cranmer, → Latimer und → Ridley in Oxford ein Denkmal errichtet werden sollte, erhoben Newman, Keble und Pusey heftigen Widerspruch, ohne sich durchzusetzen. 1839 kam der (spanisch-)irische röm.-kath. Priester Nicholas → Wiseman nach England und erklärte in mehreren Artikeln, die Kirche von England sei nur schismatisch, nicht häretisch. Damit machte er auf Newman tiefen Eindruck. 1841 erschien aus Newmans Feder der entscheidende Traktat 90 in den »Tracts for the Times«, der die 39 Artikel, das offizielle Glaubensbekenntnis der → Anglikanischen Kirche (: I) aus dem Jahre 1563, entgegen ihrer ursprünglichen Absicht nahezu völlig im röm.-kath. Sinne interpretierte. In dem Sturm der Entrüstung darüber preßte der Bischof von Oxford Newman das Versprechen ab, keine Traktate mehr herauszubringen. Als Newmans Freund W.G.Ward in seinem »Ideal of a Christian Church« (1844) zu zeigen unternahm, daß nur Rom das Urbild der Kirche erfülle, während die Kirche von England vergeblich danach strebe, verurteilte die Universität Oxford das Buch und entzog dem Verfasser die akademischen Grade. Dieser trat daraufhin 1845 zum röm. Katholizismus über; Newman folgte ihm einen Monat später.

Die Bewegung war damit nur scheinbar bloßgestellt. Ihr lag ein viel zu tiefes und lebendiges Bewußtsein von der Kirche selbst zugrunde, als daß sie hätte verschwinden können. Staatliche Eingriffe in das kirchliche Leben zugunsten des theologischen Liberalismus, vor allem in der Personalpolitik (Ernennung bzw. Bestätigung der liberalen Bischöfe R.D.Hampden, G.C. → Gorham, C. Thirlwall), trugen zur inneren Kräftigung der H.B. bei. Sie wandte sich nun vorwiegend der Ausgestaltung der Gottesdienste und Gotteshäuser im altkirchlich-kath. Sinne zu und stellte dabei die Realpräsenz Jesu Christi im Sakrament, speziell in der Hostie, in den Mittelpunkt. Auf diese Weise entstand ein röm.-kath. Formen bis zum Verwechseln ähnliches liturgisches Leben (→ Anglikanische Kirche: I, 6). Einen besonderen Streitpunkt bildeten die liturgischen Gewänder. Es kam zu verschiedenen Prozessen, die bei dem engen Zusammenhang zwischen Kirche und Staat erhebliches Aufsehen erregten. Die Entscheidungen fielen meist gegen, zT aber auch für die Ritualisten aus. Die Übertritte zum röm. Katholizismus gingen weiter. Vor allem verließ H.E. → Manning 1851 unter dem Eindruck liberaler Staatskirchenpolitik die Kirche von England. Der ritualistische Streit wurde 1874 durch ein Gesetz (Public Worship Regulation Act) im wesentlichen gegen die H.B. entschieden, nachdem seit 1867 ein Ausschuß sich eingehend mit dem ganzen Fragenkomplex beschäftigt hatte. Danach wurden Abweichungen mit Gefängnisstrafen belegt und so »Märtyrer« gemacht. Bei der lebhaften Erörterung der Gesetzesvorlage im Parlament hatte sich bes. auch → Gladstone gegen sie gestellt. - Die H.B. wandte ihre Energien indessen stärker als zuvor zwei weiteren Gebieten zu: der Wiederherstellung des asketischen christlichen Gemeinschaftslebens und der Theologie. Seit 1841/45 gab es weibliche, seit 1863 männliche Kongregationen. Zentrum des benediktinischen Mönchtums im Anglikanismus wurde Nashdom Abbey bei Reading seit (1914) 1922. Aus ihr ging der Liturgieforscher Dom Gregory Dix OSB hervor (»The Shape of the Liturgy«, [1935] 1952³). In der Theologie überwand vor allem C. → Gore den rein traditionalistischen Aspekt durch die Herausgabe der epochemachenden Essays »Lux Mundi. A Series of Studies in the Religion of the Incarnation« (1889). Mit ihnen nahm er sowohl die historisch-kritische Bibelwissenschaft als auch den christlichen Sozialismus positiv auf. Seitdem arbeitete sich die H.B. immer stärker in die geistige Führung der Kirche von England vor. Ihre Frage- und Aufgabenstellungen beherrschen mehr und mehr die Entwicklung des Anglikanismus in Theologie, Liturgie, Erbauungsliteratur, sozial-karitativem Dienst und Stellung zu anderen Kirchen, bes. auch zur → ökumenischen Bewegung und zu den → Einigungsbestrebungen (: IV, 3; V) mit anderen christlichen Gemeinschaften im eigenen Lande (Methodisten, Presbyterianer, Baptisten; Frage der »home reunion«). Bes. aktuell wurde dies bei dem Aufbau der Kirche von → Südindien (1947), der auf hochkirchlicher Seite abgelehnt wurde. Führende Gestalten der H.B. im späteren 19.Jh. waren H.P.Liddon, R.W.Church, H.S.Holland, im 20.Jh. K.E.Kirk, L.S. Thornton, V.A.Demant, E.L.Mascall (→ England: II, 4). Zentren sind Oriel College und Pusey House in Oxford, theologische Ausbildungsstätte vor allem Cuddesdon College bei Oxford, führender Verlag die Dacre Press, Westminster (London) und zT S.P.C.K. (Society for Promoting Christian Knowledge), London. Unter den letzten Erzbischöfen von Canterbury (1928-42) gehörte Cosmo Gordon Lang († 1945) der H.B. an.

Aus der reichen Lit. (bes. aus dem Jubiläumsjahr 1933): E.F. KRUIF, Geschiedenis van het Anglo-Katholicisme, 1873 - R.W. CHURCH, The Oxford Movement, (1891) 1932⁴ - W.WALSH, The Secret History of the Oxford Movement, (1897) 1898³ - RE XX, 18ff (Lit.) - H.C.SHELDON, Sacerdotalism in the 19th Century, 1909 - A.C.KELWAY, The Story of the Anglican Revival, with preface by Viscount Halifax, (1915) 1933⁴ - Y.BRILIOTH, The Anglican Revival, 1925 - DERS., Three Lectures on Evangelicalism and the Oxford Movement together with a lecture on the theological aspect of the Oxford Movement, 1934 - C.J.WEBB, Religious Thought in the Oxford Movement, 1928 - A.JANSSENS, De Beweging van Oxford, 1930 (röm.-kath.) - B.C.BOULTER, The Anglican Reformers, (1933) 1933⁴ - S.L.OLLARD, A short History of the Oxford Movement, (1933) 1933² - W.H.MACKAY, The Eucharistic Doctrine of the Oxford Movement, 1933 - W.G.PECK, The social Implications of the Oxford Movement, 1933 - J.L.MAY, The Oxford Movement. Its

History and its Future, 1933 - DERS., The Unchanging Witness, 1933 - Sammelwerk: Northern Catholicism Centenary Studies in the Oxford and parallel Movements, ed. N.P.WILLIAMS u. CH.HARRIS, 1933 - E.R.MORGAN, The Catholic Revival and Missions, 1933 - W. L.KNOX u. ALEC (A.R.VIDLER), The Development of Modern Catholicism, 1933 - D.MORSE-BOYCOTT, The Secret History of the Oxford Movement, 1933 - G.FABER, Oxford Apostles, (1933) 1954² - G.DONALD, Men who left the Movement, 1933 - E.A.KNOX, The Tractarian Movement 1833-45, 1933 - C.DAWSON, The Spirit of the Oxford Movement, 1933 (röm.-kath.) - P.SCHAEFER, Die kath. Wiedergeburt der Kirche von England, 1933 (hochkirchlich) - C.LOVERA DI CASTIGLIONE, Il Movimento di Oxford, 1935. - Beachtenswertes Dokument der H.B.: Catholicity. A Study on the Conflict of Christian Traditions in the West, (1947) 1954³. Vgl. auch L. ELLIOTT-BINNS u. G.L.H.HARVEY (Hg.), The Church and the Twentieth Century, 1936. *M.Schmidt*

II. In Deutschland und anderen Kirchen der Ökumene

1. In Deutschland - 2. In anderen Kirchen der Ökumene

1. Die H.B. in *Deutschland* ist nach der Auffassung ihrer Träger für die Wendung der ev. Christenheit von einem unverbindlichen Protestantismus zum Bewußtsein der Gliedschaft in der ganzen Kirche des ganzen Christus bahnbrechend geworden. 1917 (400-Jahrfeier der Reformation) veröffentlichte Pfarrer Alex.Löwentraut die Schrift: »Eine hl. allgemeine Kirche«, und im selben Jahr gab Pfarrer Heinr. → Hansen 95 Thesen unter dem Titel: »Stimuli et clavi« heraus. Beiden kirchlicherseits bekämpften Schriften ging es um die Umkehr zu voller Katholizität. Sie bewirkten (Okt. 1918) die Sammlung einer größeren Zahl von Theologen und Laien zur »Hochkirchlichen Vereinigung« (= H.V.). Sie setzte sich in ihren ersten Aufrufen und in der Zeitschrift »Die Hochkirche« lebhaft für die bischöfliche → Kirchenverfassung (: VI. VII), die Wiederherstellung des Vollgottesdienstes, der Deutschen Messe (→ Gottesdienst: VI, 3), für das → Stundengebet und die Wiederaufnahme der Privatbeichte (→ Beichte: II) und Privatabsolution ein und empfahl die Eingliederung der Landeskirchen in die weltweite Christenheit. Sie hat wohl zuerst in Deutschland ökumenisch gedacht und ökumenische Beziehungen angebahnt und gepflegt. In den Jahren, da die Landeskirchen sich Verfassungen gaben, die mehr vom Zeitgeist als von der kirchlichen Überlieferung geprägt waren, trat die H.B. für eine Erneuerung des → Amtes (: III, 3) der Kirche ein und vertrat mit wachsender Klarheit jenes Bild einer ev. und zugleich wahrhaft kath. → Kirche (: V), von dem die CA und AC zeugen. In vielen Veröffentlichungen wies sie den ev.-kath. Charakter der CA nach und die darin vollzogene Verbindung von der »gesunden Lehre« des »sola gratia« mit dem urchristlichen und kath. Erbe in Amt, Gottesdienst und Sakramentsverwaltung. Unter ihrem Einfluß begannen Pfarrer und Laien an vielen Orten mit der Feier des Sakramentsgottesdienstes in den Gemeinden und bei Tagungen und Einkehrwochen, zT unter Gebrauch der altkirchlichen liturgischen Gewänder. Unter Berufung auf die kirchliche Erneuerung im → Luthertum (: I) des 19.Jh.s, auf → Rocholl, → Kliefoth, → Vilmar und → Löhe, vollzog sich unter viel Widerspruch und Widerstand eine Erneuerung im Leben der Gemeinden von bleibender Wirkung. Gottesdienst und Gemeindegebet wurden zur Mitte und zur verborgenen Kraft des Gemeindelebens und des Liebesdienstes. Für die Wiederherstellung des Stundengebets und der Lesung der hl. Schrift waren von Bedeutung das »Ev. Brevier« (hg.v. O.J.Mehl, 1929) und das »Ev.-kath. Brevier« (hg.v. F. Heiler u.a., 1931). → Heiler übernahm 1929 den Vorsitz der H.V. Als er die »Ev.-kath. eucharistische Gemeinschaft« gründete und in ihr das Amt des Vorstehers unter Eingliederung in die apostolische → Sukzession durch die Gallikanische Kirche in Verbindung mit G.A. → Glinz und dem Schweizerischen Diakonieverein übernahm, kam es zu heftigen Auseinandersetzungen mit dem → Evangelischen Bund und anderen prot. Gruppen, in denen Heiler, Glinz und Paul Schorlemmer den ev. Charakter der H.B. eindrücklich darstellten und verteidigten (vgl. die Aufsätze in »Hochkirche« 14, 1932). Unter der geistlichen Führung von Heiler war die H.B. von Anfang an sowohl an »Life and Work« (Stockholm 1925) als auch an »Faith and Order« (Lausanne 1927) beteiligt. Das Anliegen der → ökumenischen Bewegung wurde von der H.B. im deutschen Raum mit Hingabe und Eifer vertreten. Daher vereinte sich die 1924 entstandene Gruppe um die Zeitschrift »Una sancta« und nachher »Die religiöse Besinnung« 1934 wieder mit der H.V. Auch der Anfang der → »Una sancta«-Arbeit in Deutschland geht auf Heiler zurück, der in mehreren Unterredungen zusammen mit dem 1. Vorsitzenden (1933-38) W.Drobnitzky den damaligen röm.-kath. Bischof von Berlin, Nik.Bares, für die Vorbereitung eines ersten Gesprächs zwischen röm. und ev. Theologen gewann (1934 in Berlin-Hermsdorf). Das entschlossene Eintreten der H.V. für den zum ersten Reichsbischof erwählten Friedr.v. → Bodelschwingh (, 2) gegen Ludwig Müller sowie die enge Verbindung mit der anglikanischen und den nordischen Kirchen waren der Grund für die Verfolgung der H.B. im Hitlerreich. Die Stellung der H.V. zum Bekenntnis und zur → Bekennenden Kirche im → Kirchenkampf kam in nachfolgender Entschließung des Hochkirchentages vom 10.7.1935 zum Ausdruck: »Die H.V. des Augsburgischen Bekenntnisses bezeugt, daß sie mit allen ihren Gliedern Gott um die wahre Erneuerung der Ev. Kirche in Deutschland anruft. Sie weist darauf hin, daß die rechte Erneuerung der Kirche nicht möglich sein wird ohne die entschlossene Rückkehr zur vollen biblischen Wahrheit in Lehre und Verkündigung, zum apostolischen Amt der Kirche, zu bekenntnisgemäßem sakramentalem Leben und zum Bewußtsein der ökumenischen Einheit.« In der gleichen Mitgliederversammlung wurde der Name der Vereinigung geändert in »H.V. des Augsburgischen Bekenntnisses E.V.« - Nach 1945 nahm die Vereinigung ihre Arbeit sofort wieder auf und trat bei der Neuordnung der Landeskirchen in Deutschland wieder für ihre Grundsätze ein. In mannigfaltiger Berührung und Gemeinschaft mit der → Kirchlichen Arbeit von Alpirsbach, den luth. liturgischen Konferenzen, den → Berneuchenern und der Michaelsbruderschaft (→ Bruderschaften: III, 2b) hat sie in vier Jahrzehnten die Bahn gebrochen für die Wiederherstellung des Voll-Gottesdienstes mit Wort und Sakrament und dessen Bezeichnung als Ev. Messe nach CA XXIV, für das Gemeindegebet als Stundengebet, bes. von Mette, Vesper und Komplet. In der Frage nach dem → Amt der Kirche hat die H.B. nachdrücklich betont, daß das institutionelle, kath. Verständnis von Apostolat und Hirtenamt neben dem charismatisch-prophetischen im NT, in der CA und AC bezeugt und legitim ist. Das gilt auch vom Opfercharakter des → Abendmahls (: II), den sie in ev. Weise so vertreten hat und vertritt, daß die Gott zugewandte und die dem Menschen zugewandte Seite des Herrenmahls unlöslich zusammengehören. Endlich ist die H.B. im weitesten Sinne bahnbrechend geworden für das Lebensrecht von Orden und → Bruderschaften (: III, 2b) im Raum und Dienst der ev. Christenheit. Nach vergeblichen Ansätzen anderer Gemeinschaften haben sich die der Ev. Franziskaner-Tertiaren und die St. Johannes-Bruderschaft (Fortsetzung der Ev.-kath. eucharistischen Gemeinschaft) als lebensfähig erwiesen.

2. Unter dem Einfluß der H.B. in Deutschland (s. 1) entstanden ähnliche Bewegungen *in vielen reformatorischen Kirchen der Ökumene:* Zuerst in *Schweden,* wo die hochkirchl. Bruderschaften, das Sodalitium Apostolicae Confessionis und der → Birgittenorden (, 2) seit drei Jahrzehnten ihre Träger sind. Ihre führende Persönlichkeit ist Pfr. Dr. Gunnar Rosendal in Osby, der Gründer des Verlags Pro ecclesia und Herausgeber zahlreicher hochkirchl. Schriften. Auf seine Anregung geht auch die Begründung des hochkirchl. Studentenheims St.Laurentius-Stift in Lund zurück, in dem täglich die schwedische Hochmesse gefeiert und das Stundengebet gehalten wird. Der große Einfluß der »Kyrklig förnyelse«-Bewegung auf die Theologie und das kirchliche Leben ist erkennbar an den Büchern von Bischof Bo Giertz-Göteborg (Kristi Kyrka, Stockholm 1939; dt. 1954) und in dem von Bischof Gustav Aulén herausgegebenen Sammelwerk »En bok om kyrkan av svenska Teologer« (Stockholm-Lund 1943; dt. 1950). Die Frage nach dem apostolischen Amt ist durch die Auseinandersetzung um die Zulassung von Frauen zum Priestertum in ein entscheidendes Stadium getreten. - In *Dänemark* wird die H.B. von der St.Ansgar-Bruderschaft getragen, in *Norwegen* von dem Ordo crucis; auch in *Island* und *Finnland* hat sie Gruppen und Vertreter ihrer Gedanken unter Theologen und Laien. Stark ist ihr Einfluß im *nordamerikanischen Luthertum,* sowohl in der → Missouri-Synode als auch in den dem → Lutherischen Weltbund angehörenden Kirchen (über ihr Werden und Wirken vgl. B.v. Schenk, s. Lit.). Die St.James-Society mit der Zeitschrift »Pro ecclesia lutherana« (in der Missouri-Synode) wurde von Kurt Bergen, Erwin Kurth, Berthold v. Schenk und Alfred Kirchner gegründet. Ihre Mitarbeiter sind u.a. Prof. Theodor Graebner, Prof. Arthur Piepkorn und Dr. A.Wismar. Die St.Ambrose-Society arbeitet in den anderen luth. Kirchen Amerikas und Kanadas. Von Gliedern aller luth. Kirchen wird die Zeitschrift »Una sancta« herausgegeben (New York-Brooklyn, seit 1942). Alle luth. Kirchen Nordamerikas haben die Ev. Messe als sonntäglichen Gottesdienst in ihrem Common Service Book und in ihrem Gesangbuch, sowie Mette, Vesper und Komplet als Gebetsdienste der Gemeinde. In den meisten Kirchen werden die altkirchlichen Gewänder, mindestens aber Chorhemd und Stola getragen. - Hochkirchl. Leben regt sich auch in den Kirchen der Genfer Reformation. In der deutschen *Schweiz* ging sie vom Schweizerischen Diakonieverein durch G.A. → Glinz († 1933) aus. In der französischen Schweiz hat seit 1930 Richard Paquier der hochkirchl. Erneuerung in »Eglise et Liturgie« die Bahn gebrochen. Im *französischen* Calvinismus war Wilfred → Monod, der Gründer des »Tiers ordre protestant des Veilleurs«, der erste Vertreter hochkirchl. Gedanken. Dort entstand 1947 die Gemeinschaft der Brüder von Taizé bei Cluny (→ Bruderschaften: III, 2c), die täglich die Messe feiern und das Stundengebet halten (L'office divin de chaque jour, Neuchâtel-Paris 1953). Zweiggründungen von Taizé sind die Frauenorden von Grandchamps und Gelterkinden. Die Bruderschaft von Taizé gibt die ökumenische Zeitschrift »Verbum caro« heraus. Ihre Begründer sind Roger Schütz und Max Thurian (vgl. dessen Buch »La Confession«, Neuchâtel 1956, dt. 1958). - In den *Niederlanden* begann die H.B. mit dem »Liturgische Kring«, in dem G. van der → Leeuw und die Pfarrer Dr. G.W.Obermann und J.Backhausen-van den Brink führend wirkten (Zeitschrift: Kerk en Eeredienst, Rotterdam). 1950 trat der Hilversumer Konvent mit einer Erklärung »Hervorming en Catholiciteit« (so jetzt auch der Name des Konvents) hervor, in der die Erneuerung der ref. Kirche im Sinne einer ev. Katholizität empfohlen wird (bedeutendste Veröffentlichungen des Konvents: J.M.Gerritsen, Het apostolisch Ambt, Amsterdam 1953; Ders. [Hg.], Getijdeboek, bisher 2 Bde, 1958).

Zu 1: Zs.en: Die Hochkirche, 1918-33; Eine hl. Kirche, 1934-42; Ökumenische Einheit, 1949-52; Eine hl. Kirche, seit 1953 - Augustanabote (Monatsblatt), 1935-41 - Kirche u. Liturgie, 1934-39. - F.HEILER, Im Ringen um die Kirche, 1926. - Zu 2: Umfassendste Übersicht über den Stand der H.B. außerhalb Deutschlands in: Eine hl. Kirche 28, 1955/56, H. 2 (dort auch die gesamte Lit.). Darin bes.: E.GORDON, Die liturgische Erneuerung der anglikan. Kirche (15-31); F.HEILER, Die liturgisch-sakramentalen Erneuerungsbestrebungen im Protestantismus (32-64); B.v.SCHENK, Die liturgische Erneuerung im amerik. Luthertum (95-98). *W.Drobnitzky*

Hochmann von Hochenau, *Ernst Christoph* (1670 bis 1721), * in Lauenburg/Elbe, Sohn einer Beamtenfamilie. Als stud. jur. 1693 in Halle bekehrt, ist H. fortan pietistischer Prediger ohne kirchlichen Auftrag. Der Eindruck → Franckes und des → Thomasius wird durch J.W. → Petersen, G. → Arnold und philadelphische Gedanken (→ Philadelphia) verdrängt. Die Kirche des Geistes bedarf keiner Ordnung und Konfessionsbindung; der tolerante Staat, die verchristlichte Gesellschaft (ohne Krieg und Todesstrafe), die Bekehrung der Juden sind Zeichen der Wiederkunft Christi. H. versucht, die Kirche zu revolutionieren (Laubach, Berleburg), hält Volks- und Erweckungspredigten (Niederrhein, Pfalz, Leipzig, Nürnberg, Franken), richtet Sendschreiben an Obrigkeiten und verfaßt 1702 das bis nach Amerika verbreitete Detmolder Glaubensbekenntnis. Während A.Mack u.a. 1708 in Schwarzenau (Wittgenstein) zu taufen beginnen (→ Church of the Brethren), lehnt H. als Spiritualist äußere Handlungen ab und lebt zwischen Kirchensturm und Einsamkeit in der »Friedensburg«. - Sein Einfluß auf die separatistischen Gruppen des → Pietismus war in ganz Deutschland an Grafenhöfen (Ebersdorf, Greiz, Köstritz), in Städten und auf dem Land beträchtlich.

M.GOEBEL, Gesch. des christl. Lebens in der rhein.-westf. Kirche II. III, 1852/60 - H.RENKEWITZ, H.v.H. (1670-1721), Quellenstudien zur Gesch. des Pietismus (Breslauer Studien zur Theol. u. Religionsgesch. 2), 1935 - F.TANNER, Die Ehe im Pietismus, 1952 - D.F. DURNBAUGH, European Origins of the Brethren. A source book, Elgin/Ill. 1958. *H.Renkewitz*

Hochschulen, konfessionelle, *in Deutschland*

I. Ev. Kirchliche Hochschulen - II. Kath. Philosophisch-theologische Hochschulen in Deutschland. - H. = Hochschule

I. Ev. Kirchliche Hochschulen

Die 3. Bekenntnissynode der Deutschen Ev. Kirche zu Augsburg vom 4.-6.6.1935 machte es »den Kirchenleitungen zur Pflicht, überall da, wo die Not es fordert, für Ersatz solcher Vorlesungen und Übungen Sorge zu tragen, deren Besuch den Studenten um des Gewissens willen nicht zugemutet werden kann«. Daraufhin wurden am 14.8.1935 zwei H.n errichtet: in Wuppertal-Barmen, wo vor der Schließung eine ref. theologische Schule bestand, und in Berlin. Beide wurden aber von Anfang an verfolgt und schließlich ganz oder teilweise zum Erliegen gebracht, so daß es eine Neueröffnung war, als sie im Winter 1945/46 mit kirchlicher und staatlicher Genehmigung ihre Arbeit wieder begannen. Gleichzeitig mit ihnen nahm die 1905 gegründete und 1939 geschlossene Theologische Schule Bethel ihre Tätigkeit wieder auf. Als vierte Kirchl. H. trat dazu die durch die Landessynode der Ev.-Luth. Kirche in Bayern am 7.5.1947 errichtete Augustana-H. Neuendettelsau, die gemäß der bayerischen Verfassung vom 2.12.1946 von ihrer Begründung an die Rechte einer H. besitzt. Zur Kirchl. H. Hamburg s. → Hamburg: III.

Die Kirchl. H.n stellen an die Vorbildung ihrer Studenten die gleichen Anforderungen wie die staatlichen → Fakultäten. Sie wollen kein Ersatz für sie sein und erstreben nicht das Promotionsrecht, wenngleich der Berliner Senat der dortigen Kirchl. H. dieses Recht zugestanden hat (1947). Dort, wo das Recht der Geltung der Semester nicht ausdrücklich gewährt wird, konnte die Anrechnung von mindestens 4 Semestern durchgeführt werden, oder es wird wenigstens angestrebt. – Im allgemeinen leben Studenten und Dozenten der beiden verschiedenartigen H.n friedlich neben- und miteinander. Im letzten Jahrzehnt hat ein großer Teil von Pfarrern auf beiden H.n seine Ausbildung genossen, wie auch die Dozenten der Universität zum großen Teil an Kirchl. H.n gelehrt haben und noch lehren. Man kann von einem Sieg der Anschauung reden, die Adolf → Schlatter schon 1914 in seiner »Ethik« vortrug, wo er die Eingliederung der christlichen Theologie in die Universität für wertvoll erklärt, weil sie den großen Reichtum des Wissens vermittle, den die Nation besitze, gleichzeitig aber jeder Kirche rät, »ihre theologische Pflicht auch dadurch zu erfüllen, daß sie sich eigene Ausbildungsstätten schaffe«.

Von den gleichen Gedankengängen aus hatte Vater → Bodelschwingh (, 1) schon 1861 den Plan vorgetragen, an die deutsche ev. Auslandsgemeinde Paris eine kleine Akademie anzuschließen, um den französischen Protestantismus gegen die Gefahr einer Überfremdung durch moderne Gedanken zu schützen. 1894 wollte er die preußische Generalsynode für eine kirchliche Fakultät wachrufen, die nicht in einer Großstadt, sondern in ländlicher Gegend und enger Fühlung mit dem Leben der Gemeinden erstehe. Da er nicht die entsprechende Unterstützung fand, führte er seinen Plan auf andere Weise aus. Am 15.10.1905 wurde die Theologische Schule Bethel eröffnet. Elf Studenten bildeten den Anfang. Bodelschwingh grüßte sie mit dem Worte Jes 12, 3. Samuel Jäger und Walter Kaehler waren ihre ersten Lehrer, Schlatter und nach ihm Wilhelm Lütgert standen dem Kuratorium vor.

Die Grundgedanken Bodelschwinghs – enge Beziehung zu einer lebendigen Gemeinde, tätige Begegnung mit Mission und Diakonie, frühes Sicheinleben in die Liturgie der Kirche, um Schrift und Bekenntnis in ihrer Grundbedeutung für Studium und Amt kennenzulernen – sind für alle theologischen Schulen maßgebend geworden, die den Namen »Kirchl. H.« annahmen. Welche von diesen kirchlichen Elementardisziplinen da und dort betont wird, ist verschieden. Das trägt dazu bei, daß keine eintönige Orthodoxie herrscht, sondern die Schulen nach freier Bildung und Forschung streben. Mit der Ausbildung ist auch eine vita communis verbunden, die der Eigenart der jeweiligen Lage und Geschichte entspricht; neben Lehre und Forschung soll im besonderen die durch die kirchliche Pflicht der Unterweisung der künftigen Diener gegebene Form des Lebens und ihrer Sitte betont werden. Das hat für sie die Zeit des → Kirchenkampfes bes. bedeutsam gemacht.

In Einheit und Unterschied werden die Kirchl. H.n weiterhin bestehen. So nehmen sie in besonderer Weise Anteil an der Frage, wie sich die Sitte des Zusammenlebens der Studenten zu ihrer künftigen Lebensform verhält. Eine ähnliche Frage betrifft die Unterweisung in den biblischen Sprachen. Die Kirchl. H.n bejahen die Tatsache, daß seit dem ersten Weltkrieg bei weitem nicht alle Studenten der Theologie das Griechische und Hebräische auf den Schulen gelernt haben. Sie bejahen die weitere Tatsache, daß die Bildung der künftigen Pfarrer (→ Pfarrervorbildung: II) in weit geringerem Maße als in den Jh.en vor 1900 durch das humanistische → Gymnasium erfolgt. Sie haben infolgedessen eine Reihe von Einrichtungen getroffen, die in das theologische Studium einführen und zugleich ein Studium Generale fördern. Die Kirchl. H.n haben hier einen Platz erobert, der sie als Ergänzung grundsätzlich neben die Fakultäten stellt.

Jb. d. Theol. Schule Bethel 1930-38, 1948, 1952, 1955, 1957 - Th-Viat 1ff, 1948ff - G.Merz, Die Verantwortung der Kirche für die Ausbildung ihrer Pfarrer, 1948 - LPäd (F) II, 1207ff - H.Vogel-G.Harder, Weg u. Aufgabe der Kirchl. H. Berlin, 1956 - EKL II, 841f. *G.Merz*

II. Kath. Philosophisch-theologische Hochschulen in Deutschland

Philos.-theol. H.n sind ein besonderer Zweig der Institutionen zur Priesterausbildung in der röm.-kath. Kirche neben den theol. → Fakultäten, Priesterseminaren und theol.-philos. Lehranstalten der Orden und Kongregationen in Deutschland. Sie bestehen mit einer philos. und einer theol. Abteilung als staatliche Einrichtungen in Bayern, und zwar in Bamberg, Dillingen (für das Bistum Augsburg), Freising, Passau und Regensburg. Die im Aufbau den staatlichen gleiche H. in Eichstätt ist bischöflich; der Staat bezahlt aber die Gehälter der vom Bischof ernannten Professoren. Alle diese H.n stehen unter Konkordatsrecht; nach Art. 3 des bayerischen Konkordats (1924) hat der zuständige Diözesanbischof bei der Berufung der Professoren ein Einspruchsrecht und das Recht der Erinnerung gegen ihr Verbleiben im Amt, wenn Lehre oder Wandel gegen den Geist der Kirche verstoßen. Die in Bayern ursprünglich sog. Lyzeen hatten ihre geschichtliche Wurzel in den Studia superiora der Jesuitenschulen; auch nach der Aufhebung des → Jesuitenordens und der Säkularisation hielt der Staat diese Ausbildungsstätten aufrecht, auch um damit Einfluß auf Priesternachwuchs und -bildung zu gewinnen; sie sind also ein Produkt des Staatskirchentums. Davon kann natürlich gegenwärtig keine Rede mehr sein. Im 19. und 20.Jh. sind die H.n den theol. Fakultäten immer ähnlicher geworden (das Studium gilt als gleichwertig), jedoch fehlt das Promotionsrecht, und es gibt keine Privatdozenturen; auch steht dem Professorenkollegium kaum ein Einfluß auf die Berufungen zu. Der Studiengang und sein Inhalt ist rein kirchlichen Rechts (vgl. dazu CIC XXI »De Seminariis«, bes. cc. 1365f, Konstitution »Deus scientiarum Dominus« vom 14.5.1931 und die dazugehörenden »Ordinationes« vom 12.6.1931). – Der besonderen bayerischen Lösung wäre für Preußen die einstige staatliche Akademie in → Braunsberg (Ostpreußen) an die Seite zu stellen. – Ebenfalls jesuitischen Ursprungs sind die H.n in → Paderborn (erzbischöflich) und → Fulda (bischöflich). Das Bistum → Limburg läßt seine Theologen an der Philos.-theol. H. der Jesuiten St. Georgen in Frankfurt a.M. ausbilden (1926 gegründet). Das Bistum → Trier hat eine eigene, von Papst Pius XII. errichtete theol. Fakultät (1950) mit staatlich anerkanntem Promotionsrecht. – Nach dem 2. Weltkrieg haben manche Philos.-theol. H.n in Bayern auch dem Studium von Juristen, Naturwissenschaftlern und Medizinern offengestanden; daraus ergab sich der heute nicht mehr aktuelle Plan einer 4. Landesuniversität in Bayern, die aus den H.n Bamberg und Regensburg entstehen sollte. Auch der Erzbischof von Paderborn plante die Erweiterung seiner H. zu einer kath. Universität (1948/49).

RGG³ I, 821ff - LThK V, 86ff - W.Sucker, Der dt. Katholizismus 1945-1950, 1952, 78ff - KH 24, 1956, 43ff. *W.Sucker*

Hochschulen, pädagogische

1. Entwicklung - 2. Wesen - 3. Gegenwärtiger Bestand. - H. = Hochschule, P.H. = Pädagogische Hochschule

P.H.n (auch Pädagogische Akademien [= P.A.n] oder Institute [= P.I.e]) sind in der BRD H.n, die vornehmlich der Bildung und Ausbildung von Volksschullehrern dienen (vgl. → Bildungswesen, → Lehrer und Lehrerbildung, → Volksschulwesen).

1. Die *Entwicklung* der P.H.n beginnt nach dem ersten Weltkrieg. Zwar gibt es frühere Ansätze verwandter Art (Schullehrerakademie in Mainz 1770, Plan einer P.H. von G.A.Lindner, Wien 1874), auch bestanden in den Volksschullehrerseminaren Preußens vor 1848 Tendenzen, diese Anstalten zu H.n der Pädagogik zu entwickeln, edoch waren diese Keime nirgends zur Entfaltung gekommen. Als die Weimarer Verfassung 1919 mit der Bestimmung: »Die Lehrerbildung ist nach den Grundsätzen, die für die höhere Bildung allgemein gelten, für das Reich einheitlich zu regeln« (Art. 143 Abs. 2) die Tradition der Lehrerseminare beendete, entstand zwar keine reichseinheitliche Neuregelung der Lehrerbildung, aber das größte der deutschen Länder, Preußen, schuf unter dem Namen P.A. den neuen Typus der P.H. (Die anderen deutschen Länder verlegten die Volksschullehrerbildung teils an Universitäten bzw. Technische H.n, teils warteten sie mit mehr oder weniger verbesserten Seminaren eine Reichsgesetzgebung ab.) Die theoretische Konzeption dieser neuartigen H. stammt von E. → Spranger, der 1919 die Idee einer Bildner-H. entwarf, der er den Namen P.H. gab. Der kulturpolitische Initiator der Preußischen P.A.n war der Kultusminister C.H. Becker. 1926 wurden die ersten P.A.n in Bonn (kath.), Elbing (ev.) und Kiel (ev.) eröffnet. Es folgten: 1927 Frankfurt a.M. (simultan), 1929 Breslau (ev.), Dortmund (ev.), Erfurt (ev.), Hannover (ev.), 1930 Altona (ev.), Beuthen (kath.), Cottbus (ev.), Frankfurt a.O. (ev.), Halle (ev.), Kassel (ev.), Stettin (ev.). Insgesamt sollten 26-31 Akademien gegründet werden. Bereits 1932 fand jedoch - aus finanziellen Gründen - eine Reduzierung der bestehenden Akademien statt. Im sog. Dritten Reich erfolgte zunächst eine Umbildung der P.A.n zu »H.n für Lehrerbildung« unter gleichzeitiger Ausdehnung der Einrichtung auf alle deutschen Länder. 1941 wurden diese aber aufgehoben und eine Rückbildung der akademischen Lehrerbildung in den seminaristischen Typus der »Lehrerbildungsanstalten« vollzogen. Nach dem zweiten Weltkrieg ist die Tradition der P.H.n wieder aufgenommen und fortentwickelt worden (s. 3).

2. Das *Wesen* dieses neuen Hochschultypus liegt in der Koppelung eines wissenschaftlichen, eines Bildungs- und eines Ausbildungsvorhabens. Der Lehrkörper der P.H.n soll in Forschung und Lehre der Erziehungswissenschaft dienen, die Studenten sollen in diese Wissenschaft eingeführt, menschlich gebildet und pädagogisch ausgebildet werden. Hieraus haben sich folgende vier wesentliche Aufgabenbereiche der einzelnen P.H. ergeben: die Erziehungswissenschaft, die Vertretung der Volksschulfächer, die musische Bildung und die berufspraktische Vorbildung. Die religiöse Aufgabe der P.H.n wird von den beiden großen christlichen Konfessionen, ihren dogmatischen Differenzen entsprechend, im einzelnen verschieden bestimmt. Jedoch darf man sagen, daß beide sich in der Überzeugung einig sind, die Theologie habe an der Arbeit aller vier Grundbereiche der P.H. teilzunehmen, nicht etwa nur eine Methodik des Religionsunterrichtes zu entwickeln. - Diese Idee der P.H. - an deren Entfaltung über Sprangers Konzeption hinaus bes. H.Bohnenkamp, W.Flitner und E.Weniger beteiligt sind - verlangt selbstverständlich dieselbe Unabhängigkeit von staatlicher Regulation, wie sie die älteren H.n besitzen. Auch in dieser Hinsicht bedeutet also die Gründung der P.H.n einen entschiedenen Bruch mit der Überlieferung der Lehrerseminare.

3. Der *organisatorische Bestand* der P.H.n in der BRD zeigt (Herbst 1958) folgendes Bild. a) Berlin (Lankwitz): P.H., simultan, 6 Semester; Bremen: P.H., simultan, 6 Semester; Niedersachsen: 8 P.H.n (Alfeld, Braunschweig, Göttingen, Hannover, Lüneburg, Oldenburg, Osnabrück, Vechta), de iure nicht konfessionell, de facto 2 (Alfeld und Vechta) vorwiegend kath., die übrigen vorwiegend ev., 6 Semester; Nordrhein-Westfalen: 10 P.A.n, davon 5 kath. (Aachen, Essen-Kupferdreh, Köln, Münster, Paderborn), 3 ev. (Bielefeld, Kettwig, Wuppertal), 2 simultan (Bonn, Dortmund), 6 Semester; Rheinland-Pfalz: 5 P.A.n, davon 3 kath. (Koblenz, Landau, Trier), 2 ev. (Kaiserslautern, Worms), 4 Semester; Schleswig-Holstein: 2 P.H.n (Flensburg, Kiel), simultan, 4 Semester. - b) In Umbildung begriffen sind die Lehrerbildungsinstitute der Länder Bayern, Baden-Württemberg, Hessen. *Bayern* besitzt zZ 15 Institute für Lehrerbildung mit 4semestrigem Plan (5 staatlich-kath.: Augsburg, Bamberg, München-Pasing, Regensburg, Würzburg; 3 staatlich-ev.: Bayreuth, Coburg, Nürnberg; 6 kirchlich-kath.: Göggingen, Ingolstadt, Passau, Regensburg, Wettenhausen, Landshut; 1 kirchlich-ev.: Neuendettelsau). Nach dem Bayrischen Lehrerbildungsgesetz vom 2.6.1958 soll die Ausbildung der Volksschullehrer künftig in »einem 6semestrigen Studium an [konfessionellen] P.H.n der Landesuniversitäten« erfolgen. Ausführungsbestimmungen fehlen noch. - *Baden-Württemberg* besitzt zZ 9 P.A.n bzw. P.I.e mit 4semestrigem Plan (je 1 kath. und ev. in Freiburg i. Br.; 7 simultan: Eßlingen a.N., Gengenbach, Heidelberg, Karlsruhe, Schwäbisch-Gmünd, Stuttgart, Weingarten). Nach dem neuen Lehrerbildungsgesetz vom 21.7.1958 soll die Ausbildung der Volksschullehrer künftig in einem 6semestrigen Studium an P.H.n in Eßlingen (simultan), Freiburg i.Br. (kath.), Heidelberg (ev.), Karlsruhe, Reutlingen, Schwäbisch-Gmünd, Stuttgart oder Ludwigsburg, Weingarten (jeweils simultan) erfolgen. - *Hessen* besitzt zZ 2 P.I.e (Darmstadt-Jugenheim und Weilburg a.d. Lahn; beide simultan, mit 6semestrigem Studium). Ein von der Hessischen Regierung 1957 vorgelegtes Lehrerbildungsgesetz sah die Gründung einer großen »H. für Erziehung« vor, wurde aber nach einem Einspruch verschiedener interessierter Kreise zurückgezogen. Es schweben Verhandlungen über einen neuen Entwurf, die eine engere Koppelung der Hessischen Lehrerbildung mit den älteren Hessischen H.n zum Ziel haben. - c) Eine Sonderstellung nimmt das P.I. Hamburg ein. Es ist ein der Universität angegliedertes Institut. In einem 6semestrigen Studium werden Erziehungswissenschaft und ein Wahlfach an der Universität studiert. - d) Die P.H.n Niedersachsens, Nordrhein-Westfalens und Schleswig-Holsteins besitzen eine Hochschulsatzung. Für die künftigen P.H.n Bayerns und Baden-Württembergs ist der Erlaß einer solchen in den erwähnten neuen Lehrerbildungsgesetzen vorgesehen. - e) Alle diese P.H.n (bzw. P.A.n oder P.I.e) sind als Institutionen im »Arbeitskreis Westdeutscher P.H.n« zusammengeschlossen. Ihre Studentenschaften sind in der Bundesvertretung der Studenten an P.H.n (BSPH) organisiert.

Nicht der Volksschullehrerbildung dienen die P.H. für Landwirtschaftliche Lehrer in Wilhelmshaven und die P.H. für Gewerbelehrer ebd. - Auch die P.H.n der DDR haben im Rahmen des sehr schwer überschaubaren dortigen Bildungswesens eine andere Zweckbestimmung.

E.Weniger, Die Eigenständigkeit der Erziehung in Theorie u. Praxis, o.J. (1952) - H.Kittel, Die Entwicklung der P.H.n (1926 bis 1932), 1957 - EKL II, 1051ff; III, 13ff - A.Reble, Lehrerbildung in Deutschland, 1958 (Lit.) - G.Geissler, Lehrerbildung an der Univ. Hamburg (Die Dt. Schule 50, 1958, 201-217). - Zur Lehrerbildung in der DDR vgl. E.Wendt, Die Entwicklung der Lehrerbildung in der sowjet. Besatzungszone seit 1945, 1957 - A.Reble, aaO 225ff.

H.Kittel

Hochstetter, 1. *Andreas Adam* (1668-1717), weniger konfessionell-luth. als sein Vater (s. 3). Prof. in → Tübingen (1697 der Poesie und Eloquenz, 1702 der Moral, 1705 der prakt. Theol.), 1711 als Oberhofprediger in Stuttgart einflußreich bis zu J.W. → Jägers Gegenwirkung. 1714 nach Tübingen zurückversetzt, förderte er als Prof. und Stadtpfarrer studentische collegia pietatis und katechetische Ausbildung; Lehrer J.A. → Bengels.

Jöcher II, 1633 (Bibliogr.) - ADB XII, 526f (Lit.). - Vgl. die Lit. zu 3. *E.H.Pältz*

2. *Friedrich* (1870-1935), ev. Theologe, 1892-1900 im württembergischen Kirchendienst, 1900-17 Pfarrer verschiedener ev. Gemeinden in Österreich, 1917-35 in Berlin. H. war einer der tätigsten Förderer der ev. Kirche in → Österreich und führender Mitarbeiter des → Evangelischen Bundes.

Vf. zahlreiche kleinere Schriften zur ev. Bewegung in Österreich (u.a.: 25 Jahre ev. Bewegung in Österreich, 1923; Auf Vorposten, 1927) u. zur Konkordatsfrage (Die Gesch. eines Konkordates. Das österr. Konkordat von 1855, o.J. [1928]; Zur Konkordatsfrage, 1928; Das Konkordat mit Rumänien [»Die Wartburg« 28, 1929, 358-360]). Mitbegründer, Hg. u. Schriftleiter der Zs. »Die Wartburg«, in der er u.a. regelmäßig über die ev. Kirche in Österreich u. den Nachfolgestaaten berichtete. *K.Nitzschke*

3. *Johann Andreas* (1637-1720), * in Kirchheim u. T., † in Bebenhausen. 1672 Dekan in Böblingen, 1677 Stiftsephorus und Prof. der griech. Sprache, 1680 der Theologie in → Tübingen; als Prälat von Maulbronn (1681) und Bebenhausen (1689) führendes Mitglied des Synodus. → Württemberg verdankt H., dem »württembergischen Spener«, neben → Hedinger die maßvollen Edikte (gegen pietistische Streitigkeiten) seit 1694. Bei persönlicher Strenge grundsätzlich seelsorgerlich-irenisch, setzte er sich für Hebung der Kirchenzucht unter Freigabe von (katechetischen) collegia pietatis ein. H.s tolerante Haltung gegenüber dem spiritualistischen Pietismus forderte 1715 J.W. → Jägers Gegenmaßnahmen heraus.

Chr.Kolb, Die Anfänge d. Pietismus u. Separatismus in Württ., 1902 (passim) - Fr.Fritz, Altwürtt. Pietisten I: J.A.H. (Luthertum 1941, 125-142) - Ders., ebd 1942, 71-90 - H.Hermelink, Gesch. d. ev. Kirche in Württ., 1949. *E.H.Pältz*

Hochstraten, *Jakob von* OP (ca 1454-1527), wirkte seit 1496 an der Universität Köln, wurde 1508 (?) Prior des Kölner Klosters und päpstlicher Inquisitor. Er verwickelte → Reuchlin (→ Epistolae obscurorum virorum) in einen langwierigen Prozeß um die Erhaltung oder Vernichtung jüdischer Literatur. Er veranlaßte auch, daß die Universität Köln gegen Luther Stellung nahm. Bis zu seinem Tode versuchte H. in zahlreichen Schriften, Luther zu widerlegen.

Werke in Auswahl in: Bibliotheca reformatoria Neerlandica III, 1905, 499-620. - Über H.: J.Quétif-J.Echard, Scriptores Ordinis Praedicatorum II, Paris 1721, 67ff - N.Paulus, Die dt. Dominikaner im Kampfe gegen Luther, 1903, 87ff. *G.G.Krodel*

Hochzeit, *heilige* → Ehe und Hochzeit: I.

Hodajoth, *jüdische Lieder.* Die 1947 in Höhle 1 von → Qumran (, 1) entdeckte, wegen der Abschnittsanfänge ('ôdᵉka 'ªdônaj bzw. barûk 'attā 'ªdônaj) H. (Loblieder) genannte, schlecht erhaltene Handschrift umfaßt 18 Kolumnen sowie zahlreiche Fragmente und ist von zwei verschiedenen Schreibern geschrieben worden. Die einzelnen Abschnitte sind durch Spatien getrennt, eine Versabteilung ist graphisch nicht erkennbar. In 4Q sind weitere Exemplare der H. aufgetaucht, teils gleichen Textes (Ergänzungsmöglichkeiten!), teils verschiedenen Textes und in abweichender Anordnung.

Die bisherige Forschung hat die verschiedenen *Formelemente* (→ Formen: I, 3) des »Dankliedes des Einzelnen« (Not- und Rettungsberichte, Gelübde, Bitten) und der Hymnen sowie lehrhafte Ausführungen und Reflexionen festgestellt. Danklieder sind in II, 1 - VII, 25; VIII, 4 - IX, 36 vorhanden, alle anderen Kolumnen enthalten hymnische Bekenntnislieder (Morawe). Freilich können weder diese Formelemente biblischer Psalmendichtung (Biblizismus des Verfassers) noch der nur ungenügend feststellbare Parallelismus membrorum innerhalb der H. ihren Liedcharakter beweisen.

Zum Verständnis der H. geht man zweckmäßig von dem *Ichstil* aus, der sie durchgängig beherrscht. Das Ich entbehrt alle soziologischen, geographischen und sonstigen Haftpunkte (die Erwähnung von Ägypten in V, 29 beruht auf falscher Punktierung: mṣrjm = Drangsale). Der vereinzelte Gebrauch von »wir« (Fragm. 10, 2. 6-8; 18, 2; unsicher 47, 1; 55, 2) stellt nur einen Sonderfall der steten Beziehung des Ich auf eine pluralische Größe, die Männer der Gemeinschaft, dar. Somit ist das Ich kein konkretes, fest umrissenes, das singuläre unwiederholbare Erlebnisse zu bezeugen hat, sondern ein »Meister-Ich«, das seine religiösen Ersterlebnisse in so weitgehaltenen Formulierungen ausspricht, daß sie zur geistigen Möglichkeit anderer, homogenen Erlebnissen unterworfenen Menschen werden können. Diese Beobachtung wird vom Inhalt her bestätigt. Das Thema des Errettetwerdens aus der Finsternis und des Versetztwerdens in den Stand des Errettetseins herrscht neben dem Gesetzesgehorsam vor. Manche Stücke sind katechismusartige Zusammenfassungen der Gruppenlehre von Qumran, oft mit 'ªnî jada'tî eingeleitet (zB IV, 29-32; VIII, 14 bis 18a; X, 8-12. 24-30a; XI, 7b-14; XII, 24-31. 32ff; XIV, 12bff; XV, 11b-22b). Daneben stehen → Bekenntnisse (: II, 4) lebensmäßiger Beteiligung, die Beherzigungsakte (zB XI, 3-7; XIV, 19-22; XV, 10-12a), die Elendsschilderungen (zB VII, 1-5; XVIII, 12. 24-31) sowie die Geständnisse eigener Nichtigkeit (zB I, 21ff; X, 1-7. 12). Heilsgeschichtliche Bezugnahmen auf die Geschichte Israels fehlen völlig, abgesehen von der Erwähnung des Mose (XVII, 12). Der Gebetsstil als Anrede an das göttliche Du ist streng durchgehalten und verleiht der gesamten Komposition eine unüberbietbare Geschlossenheit.

Die vorstehenden Beobachtungen führen zu dem Schluß, daß die H. keine Lieder, sondern Meditationen exerzitienhaften Charakters gewesen sind. Die Elemente at. Psalmendichtung (→ Psalmen: I) sind in ihnen mit den Gepflogenheiten der psychagogischen Praxis des Hellenismus verbunden worden. Dafür spricht auch die von Licht (16) beobachtete Verwendung gleicher Begriffe und Wendungen innerhalb einer Kolumne, um die gedächtnismäßige Aneignung zu erleichtern. Als Sitz im Leben der Gruppe wird das tägliche Exerzitium anzunehmen sein, das wohl auch den jährlichen Überprüfungen des Erkenntnisstandes zugrunde lag (1QS V, 23ff). Möglicherweise kann in den H. das in der → Damaskusschrift (10, 6; 13, 2; 14, 7f) erwähnte Sepher hehago erhalten sein. Der Stamm hagā kommt XI, 2. 21 vor, an letzterer Stelle im Sinn von »eine Meditationsübung veranstalten«, so daß unsere Vermutung terminologisch bestätigt würde.

Für die *chronologische Ansetzung* der H. sind drei Beobachtungen von Wichtigkeit. Einmal führt VIII, 4f. 22-26 zu der Annahme eines Lokalkolorits der Oase am Feschchaquell, in der die Sekte einen Baumgarten in Befolgung bestimmter Zukunftsaussagen des AT anlegte (Jes 41, 19; 60, 13). Ferner läßt sich kein Zug der Müdigkeit oder des Überdrusses am monastischen Leben feststellen. Das führt auf die Annahme einer Entstehung der

H. in der Frühzeit der Sekte (vgl. van Selms) vor oder während ihrer Ansiedlung bei ʿēn feschcha, jedenfalls noch vor Erbauung der Siedlung auf der Mittelterrasse von Qumran, dh vor ca 136 vChr. Ferner darf auf die geschichtliche Analogie des Ignatius von → Loyola hingewiesen werden, der seine ersten Anhänger durch sein an die antike psychagogische Praxis anknüpfendes exercitium spirituale gewann.

Die Frage nach dem *Verfasser* der H. kann nur im Sinn einer Arbeitshypothese beantwortet werden. Nach allem, was bisher von den Gestalten und der Geschichte der Gruppe bekannt ist, kann nur der als Gruppengründer anzusehende Lehrer der Gerechtigkeit (Dam I, 11) der Verfasser gewesen sein. Die starke religiöse Intensität, der Biblizismus, die kluge Beherrschung psychagogischer Praxis, die die Gedankenwelt der Anhänger mit seinen religiösen Ideen zu durchdringen weiß, lassen eher auf seine überragende religiöse Persönlichkeit schließen als auf einen Anonymus aus der Schar der Aufseher (mᵉbaqqerîm) oder der Weisheitslehrer (maśkîlîm), wie Licht es will.

Die vorstehend vertretene Auffassung der H. charakterisiert sie in der Psalmendichtung des antiken Judentums als ein Erzeugnis eigener Art, bedingt durch ihre Entstehung in einer Sekte mit eigengeprägter Lehre. Gemeinsame Elemente sind die didaktische Abzweckung, der gedanklich-reflektierende Zug und die Förderung der privaten, nicht gottesdienstlichen Erbauung. Auch das prophetische Bewußtsein, das jener Psalmendichtung eignet (Sir 24, 33; 39, 6; 44, 5; 50, 27), kann bei dem Verfasser der H. vorausgesetzt werden (1QpHab II, 8; VII, 4f).

Textausg.: SUKENIK, DSS 32ff, Taf. 35ff. - Übers.en: J.BAUMGARTEN-M.MANSOOR, Studies in the New Hodayoth (JBL 74, 1955, 115-124. 188-195; vgl. 75, 1956, 107-113; 76, 1957, 139-148) - TH.H. GASTER, The Dead Sea Scriptures in English Translation with introd. and notes, 1956 - H.BARDTKE in: ThLZ 81, 1956, 149-154. 589-604. 715-724; 82, 1957, 339-348 - DERS., Die Hss.funde am Toten Meer. Die Sekte von Qumran, 1958, 233ff - A.DUPONT-SOMMER, Le Livre des Hymnes découvert près de la mer Morte (Semitica 7), 1957, 26ff - J.LICHT, The Thanksgiving Scroll. Text, Introd., Commentary and Glossary, 1957 (hebr.) - G.MOLIN, Lob Gottes aus der Wüste, 1957 (Teilübers.). - Lit.: H.L.JANSEN, Die spätjüd. Psalmendichtung, ihr Entstehungskreis u. ihr »Sitz im Leben« (SNVAO 1937, 3) - H.BARDTKE, Considérations sur les Cantiques de Qumran (RB 63, 1956, 220-233) - DERS., Das Ich des Meisters in den H. von Qumran (WZ Leipzig 6, 1956/57, 93-104) - DERS., Wüste u. Oase in den H. von Qumran (Festschr. Fascher, 1958, 44-55) - O.EISSFELDT, EinlAT, 1956², 810ff - G.MOLIN, Die Hymnen von Chirbet Qumran (Festschr. Christian, 1956, 74-82) - H.RINGGREN, Über die Danklieder-Rolle (SyBU 15, 1956, 41-108) - A.S.VAN DER WOUDE, De eerste twee Kolomnen van de Hymnenrol H. (Vox Theol. 1956/57, 46-56) - DERS., De Dankpsalmen, 1957 - A.VAN SELMS, De Rol der Lofprizingen, Baarn 1957 - M.DELCOR, Un psaume messianique de Qumran (Mélanges Bibliques... en l'honneur de A. Robert, Paris 1957, 334-340) - G.MORAWE, Aufbau u. Abgrenzung der Loblieder von Qumran (Theol. Diss. Berlin), 1957 - F.NÖTSCHER, H. (Psalmenrolle) (BZ NF 2, 1958, 128-133). *H.Bardtke*

Höe von Höenegg, *Matthias* (1580-1645), 1613 erster kursächsischer *Ober*hofprediger in Dresden, Sohn eines geadelten Wiener Rechtsprofessors und Reichshofrates, nahm im Dreißigjährigen Krieg starken Einfluß auf das kursächsische Kirchenwesen und die Politik Kursachsens. Sowohl für das Zusammengehen Sachsens und Habsburgs im böhmisch-pfälzischen Krieg als auch für das Zustandekommen des Prager Friedens 1635 ist H. entscheidend verantwortlich. Literarisch hat er Papisten wie Calvinisten bekämpft. H. schrieb gegen den Jesuiten Cutsenius, der Sachsen aufgefordert hatte, zur alten Kirche zurückzukehren (1622); ferner wies er nach, daß die Calvinisten in 99 Punkten mit den Arianern und Türken übereinstimmen (1621). H. handelte immer nach dem Grundsatz, daß die Lutheraner viel eher mit den Katholiken als mit den Reformierten zusammengehen könnten.

E.OTTO, Die Schriften des... H.v.H., 1898 - RE VIII, 172ff - H. KNAPP, H v.H., 1902. *F.Lau*

Höchstes Gut

1. Begriff - 2. Spekulationen über das h.G. im klassischen Altertum - 3. Im röm. Katholizismus - 4. Die Ungeeignetheit des Begriffes im ev. Christentum

1. Der Ausdruck »das h.G.« (summum bonum) kann einen weiteren und einen engeren Sinn haben. In jener Bedeutung bezeichnet das Wort ganz allgemein das höchste Prinzip des ethisch-religiösen Lebens; in dieser hängt es mit bestimmten wertmetaphysischen Anschauungen zusammen (→ Wertethik, → Wertphilosophie) und bezeichnet den höchsten Punkt der Rangordnung der Werte und Güter. Die letztere Bedeutung ist als die ursprüngliche und eigentliche zu betrachten.

2. Die Spekulationen über das h.G. gehen aufs *klassische Altertum* zurück. Hier gilt als ethisches Axiom, daß alles Handeln auf einen Wert oder ein Gut zielt. Dies wird zB von → Aristoteles ganz am Anfang der nikomachischen Ethik programmatisch festgestellt: »Jede Kunst und Fertigkeit wie auch jedes Handeln und Streben zielt offenbar auf ein Gut« (Eth. Nic. I, 1, 1094 a 1-2; der gleiche Gedanke auch in der Einleitung der Politik, Pol. I, 1, 1252 a 1-3). - Aristoteles bemerkt weiter, daß viele Güter nicht um ihretwillen, sondern nur als Mittel für das Erreichen anderer Güter gesucht werden, diese wieder als Mittel für das Erreichen noch anderer. Die Kette von Mitteln und Zwecken kann aber nicht ins Unendliche ausgedehnt werden, weil alles Handeln dann nichtig wäre. Unter den Gütern muß es darum ein letztes und höchstes geben. Dieses h.G. bezeichnet die äußerste Grenze des Wertstrebens (τὸ ἔσχατον τῶν ὀρεκτῶν). Als das Endziel (τέλος) oder als das eigentlich Angestrebte verleiht es den Dingen, die für das Erreichen desselben nötig sind, ihren Wert. Der relative Wert einer Sache gründet sich also nach Aristoteles vornehmlich auf ihre instrumentale Funktion. In diesem Punkt unterscheidet sich die aristotelische Auffassung von der platonischen. Nach dieser beruht der relative Wert der Dinge vielmehr auf einer Art von Wertüberströmen der → Ideen. In den Dingen der Sinnenwelt ist nämlich ein Teilhaben (μέθεξις, participatio) oder Nachahmen (μίμησις, similitudo) der Ideen vorhanden. - Ein weiterer und noch bedeutungsvollerer Unterschied ist folgender: Das h.G. ist nach → Plato in die Ideenwelt verlegt, ist also etwas von dem wertenden und strebenden Menschen Verschiedenes und macht nicht einen Faktor in dessen Wesensbestand aus. M.a.W.: Das h.G. ist im Verhältnis zum wertenden Subjekt transzendent, kurz: *subjekttranszendent*. Für Aristoteles dagegen besteht das h.G. in der Vollendung des Wesens des handelnden Menschen. Das Streben nach dem h.nG. führt den Strebenden nicht über sich selbst hinaus, wie bei Plato, sondern ist auf die eigene immanente Wesensvollendung gerichtet. Selbst dann, wenn äußere Ziele erstrebt werden, geschieht es zu einem immanenten → Zweck, zur Selbstvervollkommnung, dh zur Aktualisierung der Potenzen des Menschen. Das h.G. ist also hier *subjektimmanent*. Dieser Unterschied in der Wertlehre hängt mit der aristotelischen Umformung der platonischen Ideenlehre, wobei die transzendenten Ideen in immanente Formen der Dinge umgewandelt werden, nahe zusammen. Subjektimmanenz bedeutet als Lebensstimmung Selbstbehauptung und Selbstvervollkommnung, Subjekttranszendenz dagegen Hingabe, die sogar in Selbstpreisgabe übergehen kann (vgl. die Ausführungen Platos über μανία,

die von der Ideenliebe hervorgerufen werden kann: Phaidros 244f). - Auch die Stoiker (→ Stoa) haben Gedanken vom h.nG. ausführlich entwickelt, aber etwas im Verhältnis zu den platonisch-aristotelischen Anschauungen prinzipiell Neues scheint hier nicht hinzugekommen zu sein.

3. In der *kath. Theologie* entwickelt → *Augustin* eine grandiose Lebensschau mit dem Zentrum in der Betrachtung Gottes als des h.nG.es. Er geht von dem eudämonistischen Axiom aus, daß der Mensch immer das Glück erstrebt (→ Eudämonismus). Solange er es aber in weltlichen Gütern sucht, findet er es nirgends und muß ohne Rast und Ruhe immer wieder suchen. Er ist nämlich so geschaffen, daß sein Glück nur in dem wahren h.nG., in Gott selbst, zu finden ist. »Du hast uns zu Dir geschaffen, und unser Herz ist unruhig, bis es seine Ruhe in Dir findet« (Conf. I, 1). Das Glücksstreben, das in der Weltliebe (amor mundi, cupiditas) vergebens sein Ziel sucht und nur in der Gottesliebe (amor Dei, caritas) zur Ruhe kommt, ist die psychologische Auswirkung der ontologischen Situation des Menschen. Der Mensch ist von Gott geschaffen, dh seine Existenz geht von Gott aus. Nur wenn er die Verbindung mit Gott in der Liebe zu ihm bewahrt, kann er darum seine Existenz behalten. Wenn er sich aber von ihm abwendet, indem er die Liebe zu Gott zugunsten der Liebe zur Welt aufgibt, entfernt er sich von der Quelle seiner Existenz und sinkt in das Nichts zurück. Als Existenzgrund ist Gott das wahre h.G., das einzige adäquate Endziel des Strebens und der Liebe des Menschen. Darum sind die Dinge der Welt nicht als Endziel, sondern nur als Mittel für das Aufsteigen zum h.nG. zu lieben, dh sie dürfen nur mit der Liebe des usus (Gebrauchen), nicht mit der für das h.G. reservierten Liebe der fruitio (Genießen) geliebt werden. - Die wertmetaphysische Spekulation über das h.G. ist das Zentrum der augustinischen Theologie. Darauf gründet zB Augustins Scheidung von Gottesreich und Weltreich, und auch seine Gnaden- und Prädestinationslehre ist von dieser Spekulation bedingt. Die Erbsünde bewirkt, daß der Mensch nicht Gott, sondern die Welt zum Endziel seines Strebens macht und also nicht mehr von der Gottesliebe, sondern von der Weltliebe beherrscht ist. Seine Rettung kann nur dadurch zustande kommen, daß Gott selbst aus Gnade die Gottesliebe in ihn eingießt (infusio caritatis). Dem Menschen außerhalb der Gnade fehlt aber nicht jede Verbindung mit Gott als dem h.nG. - er würde ja sonst überhaupt nicht mehr existieren! Auch der Ungläubige hört niemals auf, sein Glück zu suchen, obschon vergebens, und zeigt damit, daß er etwas vermißt, daß also das Gottesverlangen in ihm nicht ganz erloschen ist. In der stetigen Unruhe des menschlichen Glückstrebens, das im Grunde ein Suchen des h.nG.es ist und darum auch von keinem zeitlichen Objekt befriedigt werden kann, ist die letzte und untilgbare Gottesverbundenheit des gefallenen Menschen vorhanden, die als Anknüpfungspunkt des göttlichen Gnadenhandelns dienen kann. - Aus alledem geht hervor, daß Augustins Anschauung vom h.nG. von der platonischen Werttranszendenz geprägt ist. Das letzte Ziel des Wertstrebens, das Objekt der frui-Liebe, ist nicht subjektimmanent, nicht das Ich oder einer seiner Zustände, sondern subjekttranszendent, Gott selbst. Der Zug der reinen Hingabe in der augustinischen Anschauung wird aber dadurch geschwächt, daß der Mensch die Stellung nicht nur als Subjekt der Liebe, als der Liebende einnimmt, sondern auch als Objekt, als der von sich selbst Geliebte. Wie jedes Geschöpf darf auch das Ich mit uti-Liebe, dh in der Beziehung zum h.nG. geliebt werden. Der Mensch liebt sich selbst in Gott, weiß seine eigene Existenz gerade darin bewahrt und vervollkommnet, daß er Gott zum h.nG. macht und damit die Verbindung mit seiner Existenzquelle erhält. Um den Selbstbehauptungs- und Selbstvervollkommnungswillen möglichst fernzuhalten, will Augustin jedoch bisweilen das Ich ganz von den Objekten der Liebe ausschalten: »Gott soll womöglich so geliebt werden, daß wir uns selbst vergessen« (Serm. 142, 3; vgl. De lib. arb. 3, 76).

Im Gegensatz zu Augustin geht → *Thomas von Aquino* nicht von der platonisch-subjekttranszendenten, sondern von der aristotelisch-subjektimmanenten Wertbetrachtung aus. Wie für Aristoteles ist es auch für ihn ein Axiom, daß das Streben des Menschen, wie das jedes Dinges, auf das eigene Wohl, dh auf die Existenz und Vervollkommnung des eigenen Wesens hinzielt. Wenn der Mensch sein Streben oder seine Liebe auf einen Gegenstand außerhalb der eigenen Person richtet, so geschieht es zum Zwecke der Aktualisierung seiner Potenzen, die von diesem Gegenstand bewirkt werden kann. Das gilt auch im Verhältnis des Menschen zu Gott, von dem die ganze Aktualisierung der Potenzen des menschlichen Wesens zuletzt ausgeht. Und doch ist auch für Thomas Gott das absolut h.G., das als solches nicht als Mittel zu etwas anderem gemacht werden kann. Als causa prima hat Gott nämlich nicht dieselbe Relation zur Existenz und Vervollkommnung der Dinge wie andere Güter, die nur Sekundärursachen sind. Diese sind Mittel, um die in den Dingen schon gegebenen Potenzen zu aktualisieren; Gott aber ist Schöpfer, dh Urheber und Prinzip der Potenzen selbst. Wenn im Konfliktsfall das Mittel für den Zweck geopfert werden muß, muß dagegen das Prinzipierte vor dem Prinzip aufgegeben werden. Denn mit dem Prinzip schwindet auch jede Möglichkeit der Existenz des Prinzipierten. Darum liebt der Mensch naturgemäß Gott als das h.G. und also höher als sich selbst. (Vgl. die analogen Ausführungen über das Verhältnis zwischen → Gemeinschaft und Individuum [: IV, 2].)

Der Gegensatz zwischen Subjekttranszendenz und Subjektimmanenz in der Erfassung des h.nG.es erklärt den fundamentalen Unterschied zwischen augustinischer und thomistischer Gnadenlehre. Nach Augustin ist bei dem Menschen ohne Gnade seine Ausrichtung auf das h.G. pervertiert: anstatt Gottes macht er die Welt zum Endziel seines Strebens. Die Gnade hebt diese Perversion auf und wendet den Menschen wieder Gott als seinem wahren h.nG. zu. Bei Thomas dagegen bringt die Gnade nicht ein neues subjekttranszendentes Ziel des menschlichen Strebens, sondern nur eine neue Möglichkeit zu subjektimmanenter Vollkommenheit. Die Gnade verleiht nämlich dem menschlichen Wesen Potenzen, die über seine Natur hinausgehen. Der eigentliche Unterschied zwischen dem Menschen mit und ohne Gnade ist, daß dieser nur seine natürliche, jener auch seine übernatürliche Vervollkommnung auf Gott bezieht. (Der Gedanke, daß sich die natürliche Gottesliebe nach dem Verlust der Gnade nicht voll entwickeln kann, ändert hier in prinzipieller Hinsicht nichts.) - Die Ichbezogenheit im Werten und Lieben des Menschen ist also nach Thomas viel stärker als nach Augustin. Der Mensch liebt alles, auch Gott, das h.G. (summum bonum), als *sein* Gut (bonum suum; S.th. II/2 q. 26 a. 13 ad 3). Die ganz sich selbst vergessende Hingabe, die bei Augustin als Höhepunkt der Liebe gilt, wird hier als etwas Naturwidriges betrachtet. - Dieser Gegensatz zwischen Selbsthingabe und Selbstbehauptung wird auch später in dem Streit um die sog. uninteressierte Liebe (l'amour desintéressé) merkbar, deren Vertreter vornehmlich augustinisch, deren Gegner aber thomistisch orientiert sind.

4. Im *ev. Christentum,* wo nicht der Wert, sondern das Wort das bestimmende Lebensprinzip ist, scheint der

Begriff des h.nG.es nicht am Platze zu sein. Das Verhältnis Wort - Antwort kann nicht ohne Verdrehung dem Verhältnis Wert - Wertstreben, das mit dem Begriff des h.nG.es zusammengehört, gleichgesetzt werden. Die Ausführungen vom h.nG. bei → Kant, der zwischen bonum supremum und bonum summum unterscheidet, und die mehr sozial orientierten Gedanken → Schleiermachers zeigen nur allzu deutlich, daß der fragliche Begriff für eine nicht auf wertmetaphysischer Basis aufgebaute Ethik überhaupt ungeeignet ist.

TH.STEINBÜCHEL, Der Zweckgedanke in der Philosophie des Thomas v. Aquino (BGPhMA XI, 1), 1912 - M.WITTMANN, Die Ethik des Aristoteles, 1920 - DERS., Die Ethik des hl. Thomas v. Aquin, 1933 - A.NYGREN, Den kristna kärlekstanken genom tiderna. Eros och agape I, Stockholm (1930) 1947²; II, ebd (1936) 1948² (dt. I. II, 1930/37) - F.-J.RINTELEN, Deus bonum omnis boni. Augustinus u. modernes Wertdenken (Aurelius Augustinus. Die Festschr. der Görres-Ges., 1930, 203-224) - O.KRAUS, Die Werttheorien, 1937 - R.PALAS, Die Bewertung der Sinnenwelt bei Platon (Annales Acad. Scient. Fennicae, B. 48, 2), Helsinki 1941 - M.O.LISCU, L'idée du souverain bien et son expression chez Sénèque, o.O. 1941 - R. JOHANNESSON, Person- och gemenskapstanken enligt romerskkatolsk och luthersk grundåskådning, Stockholm 1947 - M.-J.NICOLAS, Bonum diffusivum sui (RThom 63, 1955, 363-376). *R.Johannesson*

Hoedemaker, *Philippus Jacobus* (1839-1910), holländischer Theologe, stammte aus den Kreisen der »Afscheiding« (→ Niederlande), lebte 1851-63 in Amerika, wurde 1868 Pfarrer der holländischen Kirche, war 1880 bis 1888 Prof. an der Freien Universität in Amsterdam, brach mit → Kuyper und wurde wieder Pfarrer. Er ist der einsame, unverstandene Bekämpfer Kuypers, seiner Aufspaltung der Kirche und seiner christlichen Antithesepolitik geworden. H.s Hauptgedanke ist die eine kath., nationale Kirche in ihrer historischen Kontinuität. Die Ämter und die Synoden (Versammlungen der Ämter vom Kirchenrat an bis zur ökumenischen Synode) sind die Organe, durch welche Christus selber in der Kirche als seinem Leib tätig ist. Die Wiederherstellung der holländischen Volkskirche soll darum nicht durch Abspaltung, sondern durch kirchenrechtliche Reorganisation erstrebt werden. Dann kann auch die Kirche wieder ihre Arbeit in der Welt selber anfassen und wird wieder Trägerin des Wortes Gottes für das ganze Volk, für alle Lebensgebiete der Kultur und Gesellschaft, auch für den Staat. Im historischen Bund der Gnade (Kindertaufe) hat Gott eine Beziehung zum ganzen Volk als solchem. Dieses Volk ist im 16.Jh. zusammen mit der Kirche reformiert worden. In der modernen parlamentarischen Demokratie gibt es auf die Dauer keine Wahrheit mehr, welche jedoch gewußt und bekannt werden muß, wenn man zusammen leben und regieren will. Die einzige Grundlage des Staates, welche auch die wahre Freiheit verbürgt, ist das biblische Seinsverständnis. Darum soll die Kirche eintreten für die Losung: »der Staat mit der Bibel«. - Diese Gedanken haben bes. nach H.s Tode große Bedeutung bekommen. Die neue Kirchenordnung der Nederlandse Hervormde Kerk von 1951 geht zT auf sie zurück. Politisch ist sein theokratisches Konzept noch immer ein Fremdkörper im holländischen Leben.

Vf. u.a.: Handboek voor het Onderwys in het OT, 1874/85; De Reformatie en de Gereformeerde Kerk, 1878; Open brief aan dr. A.Kuyper, 1886; De Congresbeweging, 1887; Heel de Kerk en heel het volk, 1897; Nationaal niet clericaal, 1897; Christus voor de rechtbank der moderne wetenschap, 1898; Art. 36 onzer Nederduitsche Geloofsbelydenis, 1901; De vrymaking der Herv. Kerk een nationaal belang, 1903; Handboek van het NT, 1906. - Über H.: G.PH.SCHEERS, Ph.J.H., 1939. *A.A.van Ruler*

Höfling, *Johann Friedrich Wilhelm* (1802-53), ev. Theologe, wurde 1833 Prof. für prakt. Theol. in Erlangen und schuf, seit 1852 Oberkonsistorialrat in München, die Gottesdienstordnung der ev.-luth. Kirche → Bayerns (, 3b) von 1853 in Anlehnung an reformatorische Vorlagen. H. verstand als »Sakramentslutheraner« das »Kirchenamt« als das sakramentale Amt des Handelns im Namen Gottes mit den Menschen und die Kirche als innere, unsichtbare, auf den Sakramenten gegründete Gemeinschaft.

RE VIII, 176f - H.FAGERBERG, Bekenntnis, Kirche u. Amt in der dt. konfessionellen Theol. des 19.Jh.s, Uppsala 1952 (Lit.) - HERMELINK II, 409. *H.Hohlwein*

Höhlenkloster → Kiew, 2.

Hoekstra, *Sytze* (1820-98), niederländischer taufgesinnter Theologe. Seit 1848 Pfarrer, wurde er 1857 Prof. am taufgesinnten Seminar zu → Amsterdam, 1877 zugleich Prof. der systematischen Theologie an der dortigen städtischen Universität. Vom Supranaturalismus unbefriedigt, konnte er ebensowenig J.H. → Scholten und C.W.Opzoomer beistimmen. In freier Anlehnung an Kant will H. Religion und Glaube nicht theologisch-spekulativ begründen, sondern auf praktisch-anthropologischem Wege. Den Lebensnöten gegenüber erkennt der Mensch sich als erlösungsbedürftig; diese tiefe Erfahrung kann kein Trug sein. So finden Religion und Glaube eine unerschütterliche Gewißheit. H. hat gemeint, damit auch der Kritik → Feuerbachs, die sich gegen alle Postulatstheologie richtet, entgangen zu sein. Sein »ethisch-moderner« Standpunkt, der altes taufgesinntes Gut erneuert, dennoch in manchem an A. → Ritschl erinnert, machte in begrenztem Umfange Schule. H.s Schriften sind teils systematischen Inhalts, teils biblisch-erbaulich. Bleibend wertvoll sind wohl bes. seine historischen Arbeiten: De beginselen en leer der oude Doopsgezinden, 1863; Geschiedenis der zedeleer, 1896.

RE VIII, 195ff - NNBW I, 1122ff - BWGN IV, 79ff (jeweils Lit.) - W.F.GOLTERMAN, De godsdienstwijsbegeerte van S.H., 1942. *S. van der Linde*

Hölderlin, *Friedrich,* * 20.3.1770 in Lauffen a.N., † 7.6.1843 in Tübingen

1. Leben - 2. Bildung: Ursprünge und Begegnungen - 3. Existenzprobleme - 4. Die Dichtung, die Zeit und »das Heilige« - 5. Die Götter - 6. Christus, die Götter und das Abendland

1. H.s *Leben* geht je länger je mehr auf im Dichten, in dem sich »das höhere Leben im Glauben und im Schauen« erfüllt, und verzehrt sich darin. Sein Gesetz ist immer reinerer Glaube und unbedingtere Hingabe an den religiös bestimmten und verantworteten »Dichterberuf«, in dem das alte Bild vom Dichter als Seher und Künder des Heiligen in Vergangenheit, Gegenwart und Zukunft, als Sprecher und Rufer einer Gemeinde auflebt und der für H. vorgesehene geistliche Beruf sich aufhebt. H. mußte diesen Glauben und seine Frucht, das Werk, »dürftiger Zeit« ohne »Dichterklima«, schwerem Schicksal und zerstörbarem Wesen abringen, das ihn mehrmals in Krisen und Perioden tiefer Einsamkeit führte. Sein Leben bis zur Krankheit fällt in die letzten Jahrzehnte Alt-Württembergs, das politisch ein Hort des »alten Rechts« gegenüber dem Absolutismus, religiös eine Burg des (mit dem Schulhumanismus verbündeten) Protestantismus und innerhalb seiner des Pietismus war. Ein überregionales Zentrum weltlicher Kultur gab es nicht. Enkel schwäbischer Pfarrer und Beamten, 1772 des Vaters (Klosterhofmeister), 1779 in Nürtingen des Stiefvaters beraubt, wuchs H. unter Obhut der pietistisch frommen Mutter in mittelbürgerlicher, christlicher Tradition, ländlicher Umwelt und milder Flußlandschaft, die ihm Urbild beseelter Landschaft wurde, heran. Um zu werden, der er war, mußte er an Enge wie an Wärme der Heimat, der er doch wie seiner Mutter zeitlebens tief

verbunden blieb, so manches auf- und sein Leben der Spannung von Heimat und Fremde anheimgeben, die in seiner Dichtung schöpferisch und zur Grundfigur geistig-dichterischen Daseins wird. Solcher Lebensform der Wanderschaft führten ihn heimlich schon die geistigen Erlebnisse und Entscheidungen seiner Bildungsjahre in den Klosterschulen Denkendorf und Maulbronn (1784 bis 1788) und bes. im Tübinger Stift (1788-93) entgegen. Einer der Besten seiner Promotion, die Gefährten durch hohen Sinn und edeln Anstand an Apollo gemahnend, aber auch hochempfindlich gegen Druck und Zwang, vom Tübinger Supranaturalismus nicht tiefer berührt, mit zwei Freunden in dichterischer Stimmung und Bestrebung, dann mit → Hegel und → Schelling in denkerischem Bemühen und im Ja zu den Ideen der französischen Revolution verbunden, war er mehrmals zum Austritt versucht und wurde schließlich lieber Hofmeister als Vikar. Bildungsdrang und Dichtertraum zogen ihn in »die Nähe der großen Geister« zu Jena. Bei Charlotte von Kalb in Waltershausen bei Meiningen zermürbte er sich 1794 im Kampfe seines hohen Erzieherethos mit der Unart seines Zöglings. Er suchte dann, von → Schiller gefördert, aber wohl auch seelisch belastet, in Jena Fuß zu fassen, kehrte jedoch im Frühsommer 1795 plötzlich heim: eine Fluchtreise mit schwer erhellbarem Ursachenkomplex (vgl. 2). Ende 1795 wurde er in Frankfurt Hofmeister bei Bankier Gontard. In Susette Gontard fand er seine Diotima. Sein Glück wurde durch Hegels Gegenwart bereichert, aber seit Mitte 1797 verdüstert durch häusliche Spannungen. Im Herbst 1798 ging er nach Homburg zu seinem Freunde von Sinclair. Der Abschied erschütterte sein ganzes Wesen: er mußte ringen »bis zur tödlichen Ermattung, um das höhere Leben im Glauben und im Schauen festzuhalten« und darin auch die Trennung aufzuheben. Eine Frucht des Ringens war tiefe Besinnung und gelassener Rückzug auf die »höhern und reinern Beschäftigungen«, wozu ihn »Gott vorzüglich bestimmt« habe. Aber der Mittel bar, durch karges Leben und strenge Arbeit angegriffen, mußte er im Juni 1800 zur Heimat kehren. Sie schenkte ihm in Stuttgart einen Sommer und Herbst reinster Blüten und reifster Früchte seiner Lyrik. Doch schon im Winter muß er aufs neue hinweg in die Fremde. Über zwei kurze Hofmeisterstellen – Anfang 1801 in Hauptwil (Thurgau), wo ihm der Blick auf die Alpen zu mythischem Gesicht, der Friede von Lunéville zur Bürgschaft schönerer Tage der Menschheit wird, und Anfang 1802 in Bordeaux, von wo er heimkehrt mit dem Gefühl, in der glühenden Landschaft Frankreichs habe ihn »Apollo geschlagen« – eilt nun sein Leben in raschem Gefälle – dem er doch, um Fassung und höchste Dichtung ringend, ergreifend tapfer widersteht – dem Dunkel der Krankheit zu. Nach jeweils längerem Aufenthalt daheim und in Homburg wird er im Herbst 1806 von dort nach Tübingen ins Klinikum, 1807 in die bescheidene, doch treue Pflege des Tischlers Zimmer gegeben. Seine Krankheit war dem Keim nach Erbe: Schizophrenie. Bei ihrem Nahen, ehe sie den Geist zerstört, vermag sie u.U. das Tiefste, was in ihm west, zu entbinden und zu höchster Fülle zu steigern. So bei H.

2. Der ursprüngliche Nährgrund von H.s Wesen und Wachstum ist der → Pietismus. Er zeigt sich in den frühen Gedichten mit dem Zeitgeist der → Empfindsamkeit verbunden und wirkt in dem Gefühl des Gegensatzes von Seele und Welt, in weltflüchtiger Stimmung, Einkehr und Gewissensprüfung, in Demut und innigem Verlangen nach Einfalt und Reinheit, Frieden und Stille, weltanschaulich bes. – und über die Jugendgedichte hinaus – im eschatologischen Bezug des Denkens und Dichtens, im Ausblick auf ein künftiges Reich Gottes. H.s Durchgang durch die großen Bewegungen der Zeit bewirkt dann gründliche Metamorphose des religiösen Erbes: es wird nicht überwunden, sondern bereichert, entfaltet und in zutiefst persönlicher Frömmigkeit aufgehoben. – Pietistische Frömmigkeit erschließt schon dem Knaben die Natur. Sie ist der Bereich der Stille, nach der ihn verlangt, aber auch der des Numinosen, das ihm – so erzählt eines der frühesten Gedichte – am Neckar mitten im kindlichen Spiel mit seinem Bruder begegnet: »Endlich sah ich auf. Im Abendschimmer Stand der Strom. Ein heiliges Gefühl Bebte mir durchs Herz« (»Die Meinigen«, 1786). Es ist die Geburtsstunde wenn nicht des Dichters überhaupt, so doch des naturfrommen Dichters. Dessen Wachstum und Aufschwung förderte vor allem → Klopstock als der religiös und vaterländisch hochgestimmte, form- und sprachmächtige Odenschöpfer, dann Schiller, dessen »Don Carlos« ihm wie eine »Zauberwolke« lange »das Kleinliche und Barbarische« der umgebenden Welt verhüllte und in ihm die Liebe des Volks- und Menschheitserziehers zum »Geschlecht der kommenden Jahrhunderte« entzündete. Schiller wird für H. das Tor zum deutschen → Idealismus (: II), auf dessen Grund ihm in Tübingen eine geistige Welt entsteht, die wesentliche Elemente den Begegnungen mit Homer und Platon, → Spinoza (durch → Jacobi vermittelt) und → Leibniz, → Rousseau, → Hemsterhuis und schließlich → Kant verdankt. Das Weltbild der Tübinger Freunde geht ein in die pantheistische Formel ἓν καὶ πᾶν, ihr Weltziel in die »Losung: Reich Gottes«, die eine Wiedergeburt der Menschheit vom Geist her im Hier und Jetzt meint. Für H. ist dieses »zweite Lebensalter der Welt« wie einst das erste, das sich in Griechenland erfüllte, ein Reich der allverbindenden Liebe. Diesem gelten die Tübinger Reimhymnen: Gottesdienst und Aufruf der Menschheit zumal, dithyrambische Feier der Epiphanie kosmisch-geistiger Mächte wie Harmonie, Schönheit, Freiheit (wohl Hypostasen einer höchsten Gottheit oder Erscheinungsformen des »Geistes der Natur«), Vision eines goldenen Zeitalters der Zukunft, worin der im »Übermut« von »der Liebe seligen Gesetzen« abtrünnige Mensch unter die Herrschaft jener Mächte und in »der Liebe großen Bund« zurückkehrt. – Gegen Kant suchte H. schon in Waltershausen als Schüler Platons die metaphysische Idee des Schönen, in dessen Erscheinung sich »das Göttliche verhüllt«, wiedereinzusetzen, wodurch er eine bedeutsame Wende im deutschen Idealismus anbahnte. Wie Kant berührte ihn auch → Fichte zunächst mächtig als sittlicher Rufer; aber der Kern der Fichteschen Philosophie bedrohte den Grund seiner inneren Existenz und seiner Dichtung: den Glauben und die Hingabe an die »Seele der Natur«. Die dadurch gezeitigte Krise trug zu seiner Flucht aus Jena bei. Die »Luftgeister mit den metaphysischen Flügeln« schwebten auch zu Hause noch über ihm und trieben den Dichter bedenklich weit in die Spekulation, in der er dem idealistischen Grundproblem der »Vereinigung des Subjekts und Objekts« und der Möglichkeit »intellektualer Anschauung« nachsann. Solche Spekulation wurde dann für ihn aufgehoben – erfüllt und überwunden zugleich – durch die Begegnung mit Diotima. In ihr trat ihm, den Dichter in ihm rettend, entgegen, was er als Denker gesucht hatte: »die ewige Schönheit« als Erscheinung, »die selige Einigkeit« mit dem »friedlichen ἓν καὶ πᾶν der Welt«. Diotima wird für H. ein religiöses und zugleich – als »Athenerin« und als Bürgin für die Möglichkeit der Erscheinung des Ewigen in der Zeit – in hohem Maß auch ein geschichtliches Erlebnis. »Ich hab es Einmal gesehen«, so sagt Hyperion als Sprachrohr des Dichters, »das Einzige, das meine Seele suchte, und die Vollendung, die wir über die Sterne hinauf entfernen,

die wir hinausschieben bis ans Ende der Zeit, die hab ich gegenwärtig gefühlt. Es war da, das Höchste, in diesem Kreise der Menschennatur und der Dinge war es da!« Und ferner: »Ich hört und sah den Frieden des Himmels, und mitten im seufzenden Chaos erschien mir Urania.«

3. Die Begegnung mit Diotima richtete H.s Naturglauben auf, begründete in ihm die Haltung frommen Dankes und gab ihm das Gefühl, von innerer Armut und »von des Lebens Angst genesen« zu sein. Den Grund seiner *Existenznot,* die mit seiner Anlage gegeben war, konnte sie freilich nicht für immer aufheben. »Ewig Ebb' und Flut«: in diesem Bilde findet H. schon früh die Formel für Gesetz und Verhängnis, Glück und Not seiner Existenz. Die Einsicht in das periodische, dem Formungswillen der Persönlichkeit nie ganz unterwerfbare Auf und Ab seines inneren Lebens, das in ihm ein waches Gefühl für die Qualität der »Stunde« zeitigt, läßt ihn nie sich endgültig zur Autonomie des Ich bekennen. Wohl ergreift ihn 1795 auch idealistisch-hochgesteigertes Selbstbewußtsein und heroisches Streben zur Selbstvollendung, das ihn Herakles zum mythischen Vorbild ersehen läßt: »Kraft des eignen Strebens Blickt und wuchs ich himmelan« (»An Herkules«); aber stärker wird je mehr und mehr das Gefühl, von gütigen höheren Mächten »erzogen« zu sein, und die Stimme frommen Dankes: »Im Arme der Götter wuchs ich groß« (»Da ich ein Knabe war . . .«). Der Goethesche Grundgedanke des Mikrokosmos und der Entelechie (→ Goethe, 5) steht bei H. zurück. An → Herder wird ihm weniger die Bildungs- als die Palingenesie-Idee bedeutend, für die er durch jenes Gesetz und Verhängnis seiner Seele prädisponiert war. Tief empfindet er die Tragik der Individuation und das Verlangen »ins All zurück die kürzeste Bahn«, die »Dürftigkeit des Lebens« und die »Bedürftigkeit« seines eigenen Wesens, das der Begegnung und Erfüllung von außen und von oben her bedarf und ihr Eintreffen jeweils mit überschwänglich-frommem Jubel bedankt. Dieser Bedürftigkeit entspricht eine - nicht mit wertfreiem Relativismus zu verwechselnde - stetige Offenheit für die Erscheinungen des unendlichen Lebens, die wesentlichen Anteil an H.s Dichtertum und an dessen religiösem Charakter hat. »O daß das Herz mir nie nicht altere, daß der Freuden, daß der Gedanken unter den Menschen, der Lebenszeichen keines mir unwert werde...; denn alle brauchet das Herz, damit es Unaussprechliches nenne« (Entwurf).

4. »Beruf ist mirs, zu rühmen Höhers; darum gab die Sprache der Gott und den Dank ins Herz mir« (»Der Prinzessin Auguste«). Dichten ist für H. viel weniger persönliches Bekennen aus momentaner Betroffenheit und Stimmung als Rühmen des Höheren, Gründen des Bleibenden durchs Wort, Gedenken und Nennen, Deuten und Feiern des »Heiligen« in Natur und Geschichte. Diese *Aufgabe des Dichters* tritt für H. in immer engeren Bezug zur *Zeit.* Die Situation, in die einzugreifen er sich berufen fühlt - die Grundsituation des ausgehenden Jh.s der → Aufklärung und Humanität, des Subjektivismus und Idealismus -, stellt sich ihm als Situation der Krisis von Religion und Irreligion, der Entscheidung zwischen Offenheit und Verschlossenheit des Menschen gegen das Heilige und Göttliche dar. Religion ist »das erste und letzte Bedürfnis der Menschen«, heute aber vielen »verleidet« durch Buchstabendienst. Doch »wie nach dem Winter der Frühling kommt, so kam auch immer nach dem Geistestode der Menschen neues Leben, und das Heilige bleibt immer heilig, wenn es auch die Menschen nicht achten« (an die Mutter, Jan. 1799). Jenem Bedürfnis »in dürftiger Zeit« genugzutun, ist der Dichter berufen. Dichter sein heißt: erwecken, »die jetzt noch schlafen«, »des Tages Engel«, neuen Lebens Bote sein, »dem Höchsten geeignet«, »daß näher, immerneu besungen, ihn die befreundete Brust vernehme«, und in solchem Dienst einem »Gemeingeist« siegen helfen, der »die heilige Herrschaft der Liebe und Güte« begründet. H.s zornigster Vorwurf gegen das Säkulum gilt dem Mißbrauch des Heiligen, seiner Verkehrung zum Nützlichen: »Zu lang ist alles Göttliche dienstbar schon, und alle Himmelskräfte verscherzt, verbraucht... danklos ein schlaues Geschlecht« (»Dichterberuf«). In solchem Frevel verliert der Mensch sich selbst und die Verbindung mit seinem Lebensgrunde. Der Dank, den H. meint, gilt dem scheinbar Selbstverständlichen, dem Elementaren und Fundamentalen, das immer da ist: Licht und Luft, Blüte und Frucht, Brot und Wein. Im Dank wird es seiner Selbstverständlichkeit entkleidet, in ganz persönlichen Bezug genommen und rückverwandelt in Gabe und Gnade, in Zeichen freudestiftender Ankunft oder Anwesenheit des Heiligen. Dank macht dieses gegenwärtig im Geiste, er ist Durchbruch aus Dumpfheit zu Freiheit und Offenheit. Im Dank kehrt der geistig bewußte, mündige und eben dadurch gefährdete Mensch in die große Einheit des Lebens zurück. Im Dank schafft er sich »religio«, knüpft er von sich aus die »Liebesbande« und tut das Seine, daß »voll göttlichen Sinns alles Leben« werde. Den Hintergrund bildet die von H. tief in eigener Krise erfahrene Gefahr der Verabsolutierung des Geistes. Durch eine feine Grenzlinie ist aber seine Haltung des Dankes auch getrennt von → Schleiermachers romantischer Auffassung von Religion als Gefühl und Bewußtsein schlechthinniger Abhängigkeit. - H. kennt eine Zeit, da das ganze Leben Dank und »religio« war: als »in herrlichen Ordnungen« Völker sich aufrichteten, um »in der Gegenwart der Himmlischen würdig zu stehen« (»Brot und Wein«). Die Griechen sind »die Dankbarn«, eben darin auch »die Freien, die Göttermenschen«. Im Heute lebt nur »stille noch einiger Dank«: im frommen Genuß von Brot und Wein. Die Deutung der eucharistischen Gaben entfernt sich weit von der christlichen. Sie sind Zeichen einstiger Gegenwart und künftiger Wiederkehr der göttlichen Lebensmächte, - einer Gegenwart, die einst alles Leben mit göttlichem Sinn erfüllt hat und dank neuer Offenheit der Menschen wieder erfüllen wird. Dem Dichter naht schon die Zeit, da »aus der Menschen Munde sich die Seele, die göttliche, neuverkündet«, da »liebender, im Bunde mit Sterblichen, das Element dann lebet und dann erst reich, bei frommer Kinder Dank, der Erde Kraft, die unendliche, sich entfaltet« (»Ermunterung«).

5. Jene ewigen, das höhere, wahrhaft geistige Leben begründenden Mächte sind an sich immer da, aber »gegenwärtig« erst, wenn sich die Seele und die Gemeinschaft der Menschen in Dank und Feier ihrem Wirken aufschließt. Sie »bedürfen ... das Herz der fühlenden Menschen«. Diese Mächte nennt H. *Götter.* In dem freudig-innigen Ernst, womit er es tut, liegt seine Wahlverwandtschaft mit den Griechen und das Einzigartige seiner Frömmigkeit in seiner Zeit. Der ästhetische Hellenismus der → Klassik erhält bei H. wieder religiösen Grund. Jenseits der klassizistischen Mythologie schafft er einen uralt-neuen Göttermythos. Es ist für ihn ein Kennzeichen scheinheiligen Dichtertums, wenn die Namen der alten Götter, obschon daraus »die Seele schwand«, zur bloßen Zierde des Liedes mißbraucht werden. Seine Verehrung der Naturmächte, die nur selten auf die antiken Götternamen zurückgreift, gilt in erster Linie der Dreiheit von Äther, Licht und Erde. Es handelt sich aber nur mit großem Vorbehalt um Polytheismus, geschweige um ein »Göttersystem«. Die Götter H.s sind aufgehoben in seinem panentheistischen Weltbild des ἓν καὶ πᾶν, Erscheinungs- und Wirkungsformen eines höchsten Prinzips, das sich bald als »Vater«, bald als »Natur« darstellt, die

»älter denn die Zeiten und über die Götter des Abends und Orients ist« (»Wie wenn am Feiertage...«), und einmal in der Formel gefaßt wird: »Alles unendliche Einigkeit, aber in diesem Allem ein vorzüglich Einiges und Einigendes, und dieses sei unter uns Gott!« (an den Bruder, Frühjahr 1801). Der »Vater« – weniger im Sinne des Schöpfers als des Erhalters – ist auch der »Gott der Zeit«, der Erreger und Lenker der großen geschichtlichen Erschütterungen und Bewegungen, die der Dichter als »des gemeinsamen Geistes Gedanken« zu deuten hat.

6. Seine eigene Zeit, die Zeit der Revolutionskriege, ist für H. eine Zeit solcher Erschütterungen und Zeichen. Seine Zukunftserwartung läßt den Dichter der Natur mehr und mehr zum Deuter der Geschichte als des Wirkungsraumes des »Höchsten«, des Geistes, werden. Sein späteres Dichten ist nun wesentlich bestimmt von der Frage nach Ort und Sinn der Erscheinung Christi in der Geschichte des Abendlandes. H. hat zu *Christus* ein sehr inniges Verhältnis. Christus ist ihm »Meister und Herr«. Er ist ihm aber nicht der Erlöser der Menschheit, sondern allenfalls der Versöhner, und nicht der einzige Sohn Gottes, sondern einer der »Söhne des Vaters«, ein »Bruder« des Herakles und Dionysos, ein Heilsbringer wie sie (»Der Einzige«), – der letzte der antiken Götter: Als sie von der Erde schieden, »als der Vater gewandt sein Angesicht von den Menschen und das Trauern mit Recht über der Erde begann«, erschien noch Christus als »stiller Genius, himmlisch tröstend, welcher des Tags Ende verkündet' und schwand« (»Brot und Wein«). Sein Tod bedeutet das Ende des antiken Göttertages und den Anbruch einer Zeit der Götterferne, in der das Leben, mag es auch noch so hohe Werte der Innerlichkeit zeitigen, doch nur »Traum von ihnen«, von ihrer Gegenwart, die erst das Leben »voll göttlichen Sinns« macht, sein kann. In dieser Zwischenzeit gilt es das »Gedächtnis« daran wachzuhalten, den Gang der Gottheit durch die Geschichte und die Zeichen der Zeit zu deuten und in den Herzen der Menschen den Grund für die Ankunft eines neuen Göttertages zu bereiten, »daß ein liebendes Volk in des Vaters Armen gesammelt, menschlich freudig, wie sonst, und Ein Geist allen gemein sei«. – Die Frage nach dem *Verhältnis Christi zum antiken Götterwesen* hat H. zutiefst bewegt. Er hat sie mit heiligem Ernst angegangen, aber nicht mehr lösen können. Daß sich zuletzt, vor dem Ausbruch der Krankheit, noch eine entschiedene christliche Wendung anbahnt, ist nicht zu erweisen. In der Ankunft des neuen Tages der Zukunft ist jedenfalls auch die versöhnende und verinnerlichende Sendung Christi mitaufgehoben. Der Ort, an dem sich dieser Tag erfüllen wird, ist für H. »Hesperien«, das *Abendland*. Es ist der Ort der Einkehr am »Abend der Zeit« und die letzte »Kolonie«, die letzte Gründung des Weltgeistes auf seiner Wanderung vom Orient über Hellas und Italien. Im Abendland wird zwischen Göttern und Menschen die »Friedensfeier« sein, deren Bereiter und »Fürst« der allumfassende Friede ist (»Friedensfeier«, 1954 entdeckt). Als Herz des Abendlandes aber glaubt der Dichter sein Vaterland feiern zu dürfen: in der Hymne »Germanien« ist es »die stillste Tochter Gottes, ...die zu gern in tiefer Einfalt schweigt« und doch wie die Allmutter Natur voll »von Lieben und Leiden und voll von Ahnungen und voll von Frieden« und eben darum ausersehen ist zur »Priesterin« der Zukunft, die »wehrlos Rat gibt rings den Königen und den Völkern«. Der 1801 geschlossene Friede von Lunéville wird dem Dichter zur Bürgschaft für »seltne Tage, die Tage der schönen Menschlichkeit«; er hofft davon, »daß der Egoismus in allen seinen Gestalten sich beugen wird unter die heilige Herrschaft der Liebe und Güte, daß Gemeingeist über alles in allem gehen, und daß das deutsche Herz in solchem Klima, unter dem Segen dieses neuen Friedens erst recht aufgehn und geräuschlos, wie die wachsende Natur, seine geheimen weitreichenden Kräfte entfalten wird« (an den Bruder, Anf. 1801). So ergehen sich die späten Hymnen H.s großenteils in ebenso hochgestimmtem wie tiefsinnigem Preis des Vaterlandes, seiner mythisch geschauten Ströme und seiner Landschaften, die gleichsam schon von einem Strahl der neuen Gegenwart der Götter getroffen scheinen. Ebenso wendet sich sein Preis den Helden des Vaterlandes und des »hesperischen orbis« überhaupt zu, die gleichsam Pfeiler einer Brücke vom alten zum neuen Göttertag gewesen sind.

Der Ausbruch der Krankheit bricht H.s Bemühen um solche Vergegenwärtigung des »hesperischen orbis« im hymnischen Gedicht und die weitere Verfolgung seines Grundanliegens ab. Seine Feier des Vaterlandes ist geschichtsphilosophisch begründet und geistig-religiös, nicht völkisch-politisch bestimmt. Das Vaterland ist der dem Herzen des Dichters nächstliegende Ort der Wirklichkeit Hesperiens. Dieses ist in H.s Schau ein Endreich der Versöhnung der die Geschichte des Abendlandes bestimmenden Spannungen. Bemüht, die »Lebenszeichen« alle in der Totalität aufzuheben, macht der Dichter in Gestalt mythischer Bilder den gewaltigen Versuch, die beiden Hauptströme abendländischen Geistes zusammenzuführen, – nicht in Form einer Verbindung von Erlösungsglauben und religiös indifferenter Bildung, sondern in Form der Versöhnung von christlicher Jenseits- und hellenischer Naturreligion, von »Geistlichkeit« und »Weltlichkeit«. Er überträgt dies Anliegen einem künftigen Menschenbilde, das von umfassender, in tiefer Seinsoffenheit, in Dank und Liebe und Freude sich äußernder Frömmigkeit bestimmt ist. Wenn die tiefe Innigkeit, die Atmosphäre von »Seele«, die über H.s Dichtung liegt, als christliches Erbe und Element gelten darf, so mag H.s Seele als anima christiana gelten. Sein Weltbild ist dann – darin liegt eben das Einzigartige, letzten Endes Unbegreifliche – ein hellenischer Kosmos, darin »alles voll von Göttern«, aber geboren und entworfen von einer anima christiana, die den pietistischen Vers: »Allein und ohne Gott zu sein, das ist ein totes Leben« umprägt in die Form: »Allein zu sein und ohne Götter, ist der Tod« (»Der Tod des Empedokles«). Ob sein inniger Glaube an die Einkehr der mit Christus geeinten Götter in einem neuen Abendlande Glauben erwecken mag oder nicht: in seiner Dichtung erscheint mitten in mehr und mehr glaubensloser, gottentfremdeter Zeit wie ein Wunder ein Menschentum der Frömmigkeit, die ebenso uraltmenschlich wie christlich anmutet.

F.Seebass, H.-Bibliogr., 1922 – M.Kohler-A.Kelletat, H.-Bibliogr. 1938-50, 1953 – M.Kohler, H.-Bibliogr. 1951-55 (H.-Jb. 9, 1955/56, 262-307). – Ausg. u. Lit. (nur knappste Auswahl aus kaum übersehbarer Fülle): Sämtl. Werke, Stuttg. Ausg., hg.v. F.Beissner, 7 (bis 1959: 5) Bde (Große Ausg.: Text, krit. App. u. Erläut.; Kleine Ausg.: Text u. knappe Erläut.). – H., Gedenkschrift z. 100. Todestag hg.v. P.Kluckhohn, 1943 – »Iduna« bzw. (seit 1947) »H.-Jb.«, hg. im Auftrag der H.-Gesellschaft, 1944ff. – W.Dilthey, Das Erlebnis u. die Dichtung, (1905) 1939^{11}, 349-459 – N.v.Hellingrath, H., 1921 – K.Vietor, Die Lyrik H.s, 1921 – W.Böhm, H. I. II, 1928/30 – P.Böckmann, H. u. seine Götter, 1935 – R.Guardini, H., Weltbild u. Frömmigkeit, 1939 – W.Michel, Das Leben F.H.s, (1940) 1949^{2} – W.F.Otto, Der Dichter u. die alten Götter, 1942 – J.Hoffmeister, H. u. die Philosophie, 1942 – E.Müller, H., Studien zur Gesch. seines Geistes, 1944 – M.Heidegger, Erläuterungen zu H.s Dichtung, 1951 – R.T.Stoll, H.s Christushymnen, 1952 – W.Hof, H.s Stil als Ausdruck seiner geistigen Welt, 1954.

A.Beck

Hölle

I. Religionsgeschichtlich – II. Im AT und Judentum – III. Im NT – IV. Dogmengeschichtlich. – Vgl. auch → Höllenfahrt, → Höllenfahrt Christi, → Tod

I. Religionsgeschichtlich

1. Auf germanischem und klassischem Boden - 2. Im alten Orient: a) Babylonien und Assyrien - b) Altkleinasien - c) Ägypten. - H. = Hölle, U. = Unterwelt

1. H. (altnord. hel = »hehlen«, »bergen«) bezeichnet in der *altgermanischen* Mythologie (→ Germanische Religion, 1) das unterirdische Totenreich (→ Tod: I) unter den Wurzeln des Weltenbaumes Yggdrasil. Der Weg dorthin geht durch dunkle Täler und über den Todesfluß; eine Rückkehr ist fast unmöglich. Als der Gedanke aufkam, daß die Heldenhaften und Guten nach Walhalla gelangen, wurde Hel der Strafort für die Bösen, bes. die Lügner und Mörder. Hier war der wilde Hund »Garm«, der Cerberus des Hades. Diese Auffassung ist wahrscheinlich vorgeschichtlich und hängt vermutlich mit der Erdbestattung zusammen (Reise in die U.). - Der → *Buddhismus* kennt - wie die → Swedenborgianer - viele H.n (insgesamt 136), die je nach Strafart heiß oder kalt sind. - Im religiösen Denken *Griechenlands* (→ Griechische Religion) war der Hades zunächst kein Strafort, sondern der Raum für alle Toten; da aber einige abgeschiedene Geister in diesem Leben für ihre Untaten die gerechte Strafe nicht empfangen hatten, wurden sie im Jenseits bestraft (→ Homer, → Vergil). - Nach den Vorstellungen der alten → römischen Religion lebten die »di manes« in der U. und kamen gelegentlich an die Oberfläche (ähnlich auch in der griechischen Religion). Doch wurde auch angenommen, sie lebten in der Luft, da ihre Seelen beim Tode »mit den Winden« entflohen seien.

In hellenistischer Zeit wandelte sich durch die weitere Entwicklung der griechischen Astronomie und Kosmologie (→ Weltbild: I D) die Vorstellung von der H. als U. aufs stärkste, da die primitive Auffassung von der Erdscheibe nun einem kugelförmigen Universum wich, in dem die Erdkugel von den sieben Planetensphären (→ Sterne) sowie der Sonnen-, Mond- und Fixsternsphäre umschlossen wird. So glaubte man nun vielfach, die Verstorbenen befänden sich in der obersten (dh äußersten) Sphäre, in der Region des reinen Äthers, des Lichts und des Feuers (vgl. Cicero, Traum des Scipio, De Rep. VI, 9-26). Eine weitere Wandlung erfuhr die primitive Auffassung wie auch ihre spätere griechisch-römische Entwicklungsstufe durch die Vorstellung vom letzten → Gericht (: I), die im Parsismus (→ Iran: III), Judentum, Christentum und → Islam lebendig ist. Danach werden die Strafen beim Jüngsten Gericht am Weltende den bösen Engeln, Dämonen (→ Geister: I. II) und Menschen zugemessen (vgl. Dan 12, 2; Mt 25, 41. 46; Joh 5, 29). Daneben findet sich die Ansicht, die hoffnungslos Bösen kämen sofort in die H. und dementsprechend die vollkommen Gerechten sogleich in den → Himmel. - Daß der Tartarus so nachdrücklich als feuriger Ort vorgestellt wird, könnte zT auf die Bestattungsart (Verbrennung; → Begräbnis) und auf primitive Foltermethoden zurückgehen. Doch auch die religiöse Erfahrung muß als eine Wurzel dieser Vorstellung angesehen werden: bes. Zustände wie »brennende« Reue, Scham und die blindmachende, erstickende Erkenntnis, daß es keinerlei Hoffnung auf → Versöhnung und »Wiederbringung« gibt. - Der Gedanke einer begrenzten Dauer der H.nstrafen findet sich in bestimmten → Upanishaden, im Mahâyâna-Buddhismus (→ Buddhismus: I, 7) und bei → Plato, der glaubte, daß die → Seele nach langer Zeit gereinigt und fähig sein würde, in den Bereich der Lebenden zurückzukehren (Pol. X, Ende). Auch die iranische Religion (→ Iran: II) wußte von der Hoffnung auf eine endliche → »Wiederbringung« (: I) und die Umwandlung der unreinen H. in einen Ort der Reinheit.

ERE XI, 817ff - PW IX/2, 1541ff - J. Kroll, Gott u. H., 1932 - ThW I, 146ff. - Weiteres s. → Eschatologie: I. *F. C. Grant*

2. Den Völkern des *alten Orients,* über deren H.nvorstellungen wir etwas wissen, ist die Annahme einer im Westen gelegenen U. gemeinsam, die überwiegend als unerfreulicher Aufenthalt galt.

a) Weder *Sumerer* noch *Babylonier* (→ Babylonien: II, 16) glaubten an ein eigentliches Totengericht. Die Totenrichter hatten anscheinend nur für die Ordnung in der U. zu sorgen. Es gab daher in der U. grundsätzlich keine Scheidung zwischen Guten und Bösen. Aus den → Höllenfahrt-Mythen ergibt sich, daß in ihr neben dem U.sherrscher Nergal und seiner Gattin Ereškigal auch frühere Heroen wie → Gilgamesch und → Tammuz regierten. Für die Sumerer war das Schicksal dort nach dem Mythos »Gilgamesch und die U.« (später zT als 12. Tafel des Gilgamesch-Epos übernommen) immer düster - die Toten sitzen im Dunkel und essen Erde -, aber doch differenziert. Die Dichtung unterscheidet etwa 24 Gruppen von Menschen, deren Beschreibung nur zT erhalten ist. Vätern von 1-7 Söhnen geht es etwas besser; wer im Kampfe fiel, trinkt reines Wasser, wird von Eltern und Gattin gepflegt. Trostlos ist hingegen das Schicksal der nicht Bestatteten. Eine andere Dichtung berichtet vom Ergehen des Königs Urnammu (2128-2110), dem nach reichlichen Totenopfern an die U.sgötter ein Vorzugsplatz bei Gilgamesch eingeräumt wird. Doch er hört bald vom Jammer auf der Erde und bricht in Klagen aus. Leider fehlt der Schluß der Dichtung. Noch unsicher ist, ob man aus den durch den Königsfriedhof von Ur (um 2500) bezeugten Selbstopfern des Gefolges den Glauben an die Möglichkeit eines besseren Schicksals in der U. erschließen darf. Für Babylonier und Assyrer war das Schicksal nach Überschreiten des U.sflusses Chubur wohl für alle gleich trostlos, aber doch besser als das der auf der Erde ruhelos umherstreifenden gefürchteten Totengeister. Grausig gestaltete Dämonen tun dort neben dem U.sschiffer »Nimm eilends weg!« Dienst. In Fluchformeln wird Übeltätern als besondere Erschwerung der Entzug des »kalten Wassers« angedroht.

b) Über die U.svorstellungen der → *Hethiter* ist noch wenig bekannt. Auch hier hatte die U. durchaus negative Vorzeichen. Durch Manendienst suchte man die gefährlichen Toten in Ruhe zu halten. Für Böse gab es dort besondere Strafen: für den Eidbrüchigen Ruhelosigkeit, für den von der Gottheit Verfluchten die Auflage, Kot zu essen und Urin zu trinken. Ein weitaus besseres Schicksal hatten die hethitischen Könige, die im Tode »Gott wurden«. Wir wissen freilich noch nicht, ob sie damit der U. entgingen.

c) In → Ägypten (: II) ist der Charakter der U. als H. dadurch viel ausgeprägter als in Vorderasien, daß sie dem → Himmel als möglichem Aufenthaltsort bevorzugter Toter - nicht nur der Gottkönige! - gegenübersteht (auch kosmologisch als Gegenhimmel; → Himmelfahrt: I). Als U.skönig galt schon früh Osiris (→ Isis), dem vor allem nach dem »Totenbuch« des Neuen Reichs zusammen mit Thoth das Totengericht oblag. Den Toten, die nach Prüfung ihres Erdenlebens freigesprochen wurden, konnte auch im Reich des Osiris nach Grabgebeten in Gräbern des Neuen Reichs ein ganz erträgliches Schicksal zuteil werden, ein abwechslungsreiches Leben nach dem Tode. Der Weg vom Gericht dahin wird freilich im »Zweiwegebuch« als ein grausiger beschrieben. Dämonen und Scheusale lauern an den 7 Toren und verlangen, daß sich der Tote über seinen Freispruch ausweist. Mit magischen Mitteln kann man die Schrecken des Weges mildern. Wer im → Gericht nicht bestand, blieb nach einer Auffassung ohne jede Pflege im dunklen Grab. Nach anderen wurde er statt in den Westen in den von Aufruhr und Kampf erfüllten Osten der U. verwiesen oder mußte mit dem Kopf nach unten am Gegenhimmel hängen. Das Schwert konnte ihn richten, ein Untier mit Krokodil-Löwen-Nilpferdleib ihn fressen. Aus Angst vor diesem Schicksal malte man sich die Schrecken der H. lieber nicht zu genau aus. Bisweilen findet sich übrigens auch die Ansicht, daß die U. für alle mehr oder weniger trostlos sei.

Zu 2a: → Babylonien: II, bes. zu 15-18; → Gilgamesch; → Höllenfahrt, 2. Ferner: G.CASTELLINO, Urnammu Religious Texts (ZA 52, 1957, 1-57). - Zu 2b: →Hethiter: II, bes. A.GOETZE, Kleinasien², 169ff. - Zu 2c: → Ägypten: II, ferner: H.KEES, Totenglauben u. Jenseitsvorstellungen der alten Ägypter, (1926) 1956², bes. 297ff.

W.v.Soden

II. Im AT und Judentum

1. Bezeichnung und Lokalisierung - 2. Die Sphäre der Gottferne und des Todes - 3. Jahwe und das Totenreich - 4. Gerechtigkeit, Schuld und Unterwelt – 5. Die Gehenna

1. Die der Vorstellung einer H. entsprechende Unterweltssphäre wird im AT šᵉôl genannt. Der Begriff weist etymologische Beziehungen zum akkadischen Wort šuâru (su'âlu) auf (W.Baumgartner, ThZ 2, 1946, 233ff). Damit sind die religionsgeschichtlichen Zusammenhänge zu den Totenreich- und Hadesvorstellungen des Zweistromlandes angedeutet. Aus Ägypten und Griechenland sind ähnliche Anschauungen vom Land der Toten bekannt (→ Hölle: I). Es handelt sich um das »Land ohne Heimkehr«, in das - ohne Unterschied - alle Toten eingehen (Hos 13, 14; Ps 16, 10; 49, 16; 89, 49). »Es ist ein ewiges Gesetz, daß man in die Scheol muß« (Sir 14, 17). In unmittelbarer Nähe zum Begriff Scheol finden sich im AT die bildlichen Vorstellungen von einer tiefen Grube, einem Grab, einer Sphäre des Moderns und der Würmer (Hi 17, 13f. 16; Jes 14, 11 u.ö.). Die Scheol liegt im Bereich der chaotischen Mächte der Finsternis und des Meeres (Ps 88, 7) und in der tiefsten Tiefe (Dtn 32, 22; Jes 14, 9; 59, 9; Näheres s. → Tod: II).

2. Man sollte die Andeutungen einer Lokalisierung allerdings nicht überschätzen. Die »Sphäre des Todes« (Chr.Barth) erstreckt sich in den Lebensbereich hinein. Alle Lebensminderung, jede Krankheit und jedes Unheil ist Zeichen der nahen Scheol. Der Weg zur Unterwelt beginnt mitten im Leben (Spr 7, 27). Die »Schlingen« der Scheol können den Menschen plötzlich umfassen (2Sam 22, 6; Ps 18, 6). Wie ein ungeheures Urtier sperrt die Unterwelt ihren Schlund auf (Num 16, 30ff; Jes 5, 14), sie ist unersättlich (Spr 27, 20; 30, 16) und verschlingt alles Leben. Der Eingang zum Totenreich wird im AT mit dem Bild von den »Toren der Scheol« bezeichnet (Ps 9, 14; Jes 38, 10). Ist der Mensch durch diese Tore eingegangen, dann zerfällt seine Gestalt (Ps 49, 15). Er muß das »Fleisch« ablegen und führt mit seiner Seele (næpæš) ein Schattendasein (Sir 14, 17; Jes 14, 9; Ps 88, 11). Wie ein Hirte weidet der Tod, der bisweilen der durch die Texte von → Ugarit bekannt gewordenen Gottheit môt gleicht, die Schattenwesen (Ps 49, 15). Alles Planen, Erkennen und Schaffen hat ein Ende gefunden (Pred 9, 10). Aus dem »Land ohne Heimkehr« kommt niemand zurück (Hi 7, 9). Entscheidend aber ist für die Vorstellung von der Scheol, daß sie der kultferne Ort ist (Ps 6, 6; 88, 11; Jes 38, 18): Hier wird Jahwe nicht mehr gelobt. Das Totenreich ist die Sphäre der Gottferne schlechthin.

3. Das bedeutet aber nicht, daß die Scheol aus dem Machtbereich Jahwes entrückt wäre. Nackt und ohne Hülle liegt die Welt der Toten, diese tiefste und gottfernste Sphäre vor Jahwe (Hi 26, 6). Niemand kann sich hierhin Jahwe entziehen oder vor ihm verbergen (Ps 139, 8ff; Hi 11, 7ff). Der → Zorn Gottes (: II) vermag Menschen bis in die Scheol hinein zu verfolgen. Das Feuer seines Grimms kann bis in die Totenwelt hinein wirksam sein (Dtn 32, 22). Darum ist es sinnlos, mit magischen Manipulationen einen »Bund« mit der Scheol zu schließen. Jahwe kann die Scheol plötzlich wirksam werden lassen - gegen alle Sicherungsversuche des Menschen (Jes 28, 15. 28). Er ist Herr über die Sphäre des Lebens und des → Todes (: II). Er selbst führt in die Scheol und kann auch wieder aus der Sphäre des Vergehens erretten (1Sam 2, 6). Zwar kann man hier nicht von einer → Auferstehung (: III) sprechen, doch wird es wichtig sein, die Machtvollkommenheit Jahwes auch in ihrer Beziehung zur Scheol hervorzuheben (Ps 30, 4; 49, 16; 86, 13).

4. Alle Menschen müssen in das Totenreich einziehen. In älterer Zeit ist es entscheidend, *wie* man in die Scheol eintritt und in welcher Weise sich das Leben im Augenblick des Hinscheidens verdichtet. Geht der Mensch in Kummer (Gen 37, 35; 42, 38; 44, 29. 31), blutbefleckt (1Kön 2, 9) oder in Frieden (Hi 21, 13; 1Kön 2, 6) in das Totenreich ein? - Allmählich aber bilden sich im AT ganz bestimmte Akzente heraus. Wenn es im Psalter immer wieder heißt, der »Gerechte« werde aus der Scheol errettet, so wird die Unterwelt zur Sphäre, in die die »Gottlosen« herabgestoßen werden (Ps 9, 18; 31, 18). Die Scheol verschlingt die Rebellen lebendig (Num 16, 30ff; Jes 5, 14; Ps 55, 16), sie wird zu einem Instrument des → Gerichtes Gottes (: II). Die Weisheitslehre hat diese Relation besonders ausgestaltet. Der Gerechte und Weise wandelt auf einem Weg, der hinauf zum Leben führt, der gottlose Tor aber befindet sich bereits auf der Straße zur Scheol (Spr 15, 24; 7, 27; Hi 24, 19).

5. *Im antiken Judentum* ist die H. für die Gottlosen der Ort qualvoller Verdammnis (vgl. Dan 12, 2). Als Auferstandene erfahren sie das → Gericht Gottes (: II, 3; → Essener, 2). Stätte der Verdammnis ist das Hinnomtal (äthHen 27) bzw. - meist - ein jenseitiger Ort, die *Gehenna* des ewigen Feuers (unter der Erde; slHen 8ff: im 3. Himmel) ohne die Möglichkeit einer Reue (ApkBar [syr] 85, 12f).

Außer den at. Theologien: G. QUELL, Die Auffassung des Todes in Israel, 1925 - BOUSSET, Rel. (s.v.) – BILL. IV, 1029ff – CHR. BARTH, Die Errettung vom Tode in den individuellen Klage- und Dankliedern des AT, 1947

H.-J.Kraus

III. Im NT

Die wichtigsten nt. Ausdrücke für H., Totenreich (→ Tod: III) oder Unterwelt sind ἄβυσσος (Abgrund), ᾅδης (Totenreich) und γέεννα (Gehenna; → Hölle: II).

1. *Grundlegend* für die nt. Aussagen ist die Dreigliederung des Weltganzen in Himmel, Welt und Unterwelt. Was sich da in antik-kosmologischen und zT mythologischen Bildern ausdrückt, zB wenn die H. in die Tiefe verlegt (Mt 11, 23 par) oder als rauchender Brunnen (Apk 9, 1f) gedacht wird, ist im NT wesentlich theologisch gemeint, so daß die räumliche Über- und Unterordnung in Wirklichkeit einen Zustand von Gottesnähe oder Gottesferne bedeutet. Nach seinem Leben in dieser Welt geht der Mensch entweder in eine höhere, als himmlisch und gottesverbunden aufgefaßte, oder in eine niedrigere, als unterirdisch und von Gott getrennt aufgefaßte Existenz über, wobei letztere zwar Lebenslosigkeit, Vernichtung, aber kein Nichtsein bedeutet.

2. *Inhaltlich* gesehen wird die H. bisweilen wie im AT ganz neutral als ein Zustand der Toten überhaupt bis zur → Auferstehung (: V) und zum → Gericht (: III) gedacht (Apg 2, 27; Röm 10, 7; Apk 10, 13). Aus natürlichen Gründen und in Übereinstimmung mit dem Volksglauben denkt man dabei an ein Totenreich unter der Erde oder unter dem Wasser der Unterwelt; jedoch spielt die lokale Bestimmung keine entscheidende Rolle. - Im paränetischen Zusammenhang wird die H. meist als Strafort geschildert, an dem der Tote von Finsternis, Würmern oder Feuer gequält wird (Mt 5, 22; 18, 8f;

22, 12; 25, 41; Mk 9, 43. 47f; Lk 3, 17; 16, 24; Hebr 10, 27; 2Petr 3, 7; Apk 14, 10; 19, 20; 20, 15). Es handelt sich um eine Übersteigerung der Verlassenheit, Verwesung und Vernichtung der Leiche. Vereinzelt haben wohl auch stoische und iranische Vorstellungen vom Weltfeuer zur Entwicklung des Bildes vom → Feuer der Gehenna beigetragen (Jak 3, 6; Apk 14, 10 usw). Diese physischen Bilder warnen und mahnen zur Besinnung während des irdischen Lebens. – Darüber hinaus wird die H., weil mit → Sünde, → Tod und → Teufel verbunden, manchmal auch im aktiven Sinne als ein gottfeindlicher Machtbereich aufgefaßt. Sie versucht, durch ihre Tore die Kirche zu verschlingen (Mt 16, 18); sie hat in den Pharisäern und deren Anhängern Vertreter auf Erden (Mt 23, 15); ihr Feuer facht den Kreislauf der Ungerechtigkeit an (Jak 3, 5); aus ihr steigen Mächte des Verderbens empor, um auf der Erde zu wüten (Apk 9, 3. 11; 11, 8).

3. Über die Entstehung der H. wird nicht reflektiert; ihr Vorhandensein und ihre Macht hängen mit Sünde und Tod zusammen. Wichtig dagegen ist das *Zurückdrängen* der H.nmacht mit der Erscheinung und vor allem mit dem Tode Christi. Vorläufig hat Christus schon im Erdenleben böse Geister in den Abgrund und den Teufel von seinem hohen Platz gestürzt (Mt 8, 32 par; Lk 10, 18; vgl. Apk 12, 8). Ihn, den Fürst des Lebens, konnte die H. bei seinem Tode nicht behalten (Apg 2, 31), sondern er stand als Erstling von den Toten auf und ermöglichte so eine allgemeine Auferstehung. Damit ist die H. als Macht besiegt (Mt 16, 18; 1Kor 15, 55 Koinetext; vgl. Röm 6, 9). Sie muß die Toten zurückgeben, was mit einigen schon bei der Kreuzigung Jesu geschah (Mt 27, 52), mit den meisten aber bei der Auferstehung zum Gericht geschehen wird (Apk 20, 13). In späteren Überlieferungen wird die Bezwingung der H. durch Christus dramatisch geschildert (→ Höllenfahrt Christi: I); im NT drückt bes. das Bild vom Schlüssel zur H. (Apk 1, 18; 9, 1; 20, 1) aus, daß die unüberbrückbare Kluft zwischen der H. und der Lebenssphäre (Lk 16, 26) in Christus aufgehoben ist. In der Zeit bis zur endgültigen Vernichtung der Todesmacht (1Kor 15, 26) rast die H., obwohl im Prinzip schon besiegt, kräftiger als je gegen die Menschen (Apk 6, 8; 9, 2–11; 11, 8; 13, 1–18; 20, 7–9). Daß aber ihre Macht schließlich enden soll, wird bildlich so ausgedrückt, daß der Teufel selbst und seine Vertreter auf ewig in die H. geworfen werden (Apk 20, 10).

4. Als *Zeitpunkt*, an dem ein Verstorbener in die H. kommt, wird bisweilen sein Tod angegeben. Es handelt sich dabei entweder um eine unmittelbare H.nstrafe (Lk 16, 22f; vgl. 23, 43) oder nur um den in Analogie zum AT vorausgesetzten, als vorläufig gedachten Aufenthalt der Toten in der Unterwelt (Apg 2, 27; Röm 10, 7; Apk 20, 13). Auch kann dieser Zwischenzustand überhaupt, obwohl nicht immer mit dem Begriff H. verbunden (bei Paulus nur Röm 10, 7), entweder als Strafe (1Kor 5, 5; → Fegfeuer) oder als Ruhe (1Thess 4, 13 usw; Apk 14, 13) gedacht werden. Die schließliche Bestrafung in der H. bzw. Befreiung aus ihr erfolgt aber erst beim Jüngsten Gericht (Mt 13, 30. 50; 25, 34. 41; 1Kor 3, 15; Hebr 10, 27; 1Petr 4, 6; 2Petr 3, 7; Apk 20, 4). Wie lange die H.nstrafen dauern, wird nicht gesagt. Für gewisse Sünder werden ausdrücklich ewige Strafen (Mt 18, 8; 25, 14. 46; Apk 14, 11), für andere wird ewige Vernichtung (2Thess 1, 9) vorausgesetzt; aber die »Ewigkeit« darf hier nicht absolut verstanden werden, sondern muß wie andere derartige Begriffe Gott untergeordnet bleiben. Es gibt im NT auch Stellen, die möglicherweise eine Versöhnung oder → Wiederbringung aller voraussetzen (1Kor 15, 24–28; 1Petr 4, 6).

RE VI, 418ff (Lit.); VII, 295ff (Lit.) – DThC V/1, 28ff (Lit.) – JOACH. JEREMIAS, Golgotha, 1926, 74ff – RGG² II, 1964ff (Lit.) – J. KROLL, Gott u. H., 1932, 1ff – ThW I, 4. 9. 146ff. 655f – H. BIETENHARD, Kennt das NT die Vorstellung vom Fegfeuer? (ThZ 3, 1947, 101–122) – A. FRANK-DUQUESNE, Réflexions sur Satan... (Satan, Etudes carmélitaines 27, 1948, 218–308) – E. LANGTON, Satan, 1948 – DERS., Essentials of Demonology, 1949, 145ff – B. NOACK, Satanás u. Sotería, 1948, 120ff – W. MICHAELIS, Versöhnung des Alls, 1950, 41ff – J.A.T. ROBINSON, In the End – God, 1950 – RAC I, 60ff – M.F. UNGER, Biblical Demonology, 1952 – S. u. L. AALEN, Bakenfor inferno, 1955 – F. SCHAUER, Was ist es um die H.?, 1956 – N.A. DAHL, »Guds helvete« (NTT 58, 1957, 99–112). *B. Reicke*

IV. Dogmengeschichtlich

1. Alte Kirche und MA – 2. Reformation und Neuzeit

1. Für die *Alte Kirche* sind *Unterwelt* als ständiger Totenort (Scheol) und *Gehenna* als endzeitliche Feuer-H. grundsätzlich verschiedene Stätten. Die H. als Strafort der im Gericht Verurteilten wird erst am Jüngsten Tage wirksam; bis dahin bleiben die Seelen der Gestorbenen an dem Orte aufbewahrt, den Gott ihnen zugewiesen hat (Irenäus V, 31, 2; Afrahat, Dem. 6, 14). Man spricht von verschiedenen »Kammern« (promptuaria animarum 4Esr 4, 41, receptacula, auch limbi »Streifen« genannt): für die Seelen der Menschen im allgemeinen der Infernus, für die der ungetauft verstorbenen Kinder der → limbus puerorum, während der limbus patrum jetzt leer ist, da Christus bei der → Höllenfahrt (: I) die auf ihn harrenden Väter des Alten Bundes aus ihm herausgeführt hat. Die Seelen der Gerechten weilen im → Paradies, dem vorhimmlischen Ruheort der Erlösten (Ephraem, Johannes Damascenus). Der Bereich des → Teufels und der → Dämonen dagegen ist die untere Luft (Athanasius, de incarn. 25). – Als ewiger Strafort der Verdammten wurde die endzeitliche H. angesehen von Justinus Martyr, Minucius Felix, Cyprian und Augustin, während Origenes, Ephraem, Didymus, Gregor von Nyssa, Diodor von Tarsus, Theodor von Mopsuestia, Stephan bar Sudaili und Isaak von Ninive die *Endlichkeit der H.nstrafen* lehrten. Die alte Anschauung, die H.nstrafen würden von Samstag Abend bis Montag früh unterbrochen, scheint auf der Bewertung des → Sonntags als Auferstehungsfeier zu beruhen. Umstritten war die Frage, ob die Körperlichkeit des H.nfeuers aus der Leiblichkeit der → Auferstehung (: IV) zu folgern sei. Aus der Raumvorstellung für Strafort und Ort der Seligen ergab sich die Meinung, daß die Seligen nach Lk 16, 23 den Qualen der Verdammten zuschauen könnten (Ephraem, Augustin, Thomas von Aquino). – Von der jüdischen → Apokalyptik (: II) aus hat sich in den Anfängen der → Gnosis die Vorstellung gebildet, im Universum befinde sich als äußerster Gegensatz zum Lichtreich, dem Pleroma, ein Ort des leeren Raumes, in den der Feuerstrom von Gottes Thron her fortwährend hineinfließe (Theodotos). In Verbindung mit den antiken Bildern vom Tartarus ist von hier aus die Idee des → Fegfeuers (Hermas, Tertullian, Augustin) und auf Grund einer Überführung der → Eschatologie (: V) in zeitlose Metaphysik die Idee der ständigen *kosmischen Feuer-H.* entstanden. Die Einzelzüge finden sich zuerst in der → Petrusapokalypse, wo die endzeitliche H. als kosmischer Ort aller Schrecken beschrieben wird; → Dantes Divina Commedia schöpft aus dieser Quelle. Daneben findet sich im MA die Vorstellung, daß die Feuer-H. der gegenwärtige Aufenthaltsort des Teufels, dieser aber nach Apk 20, 2 darinnen gebunden sei (Evangeliar von Echternach, um 1045, Bild zu Lk 16).

2. In der *Reformation* sind die überkommenen Vorstellungen in Bewegung geraten. Luther hielt dafür, daß die Zeit des tausendjährigen Reiches mit dem 1. Jt. der Kirche abgelaufen und danach die Zeit des → Antichrist (: II) angebrochen sei, während der in der Menschheit außerhalb des Geistes Gottes der Teufel sein regnum

habe; die Seelen der Gestorbenen schlafen in besonderen Räumen bis zum Tag der Auferstehung, mit der Scheidung im Endgericht aber werde für die Verdammten die H. eingerichtet, in der sie dann *ewige Pein* leiden. In CA II und XVII liegt diese Lehre zugrunde. Während Calvin über die biblischen Aussagen nicht hinausgehen wollte (Inst. 1559, III, 25), sind die altprot. Dogmatiker zu den Auffassungen der Scholastik zurückgekehrt, die teuflischen Mächte hätten ihren Ort im *Infernus* und dorthin würden im Jüngsten Gericht die Verdammten hinabgestürzt (J.Gerhard, Loci theol. XX, 175).

In der *orth. Kirche des Ostens* gelten, wie die Malereien zeigen, die Anschauungen der Alten Kirche, während in der *röm.-kath. Kirche* die mittelalterlichen Vorstellungen in den 72 Strophen des Angelus Silesius über »die ewige Pein der Verdammten« zu einer unüberbietbaren Steigerung gebracht wurden.

In der *Neuzeit* ist mit der Betonung des Diesseits seit Renaissance und Aufklärung in allen westlichen Kirchen die Teilnahme an den Beschreibungen des Jenseits zurückgegangen und beschränkt sich auf das personale Thema der »ewigen Verdammnis«. Für die Mehrzahl der ev. Theologen maßgebend wurde die ausgleichende Formulierung Schleiermachers, daß die Lehren von der ewigen Verdammnis und von der »allgemeinen Wiederherstellung aller menschlichen Seelen« (Der christl. Glaube, § 163 Anhang) gleichberechtigt nebeneinander stünden; zu denen, die gegen die Lehre von der Endlichkeit der H.nstrafen eintraten, gehörte M. → Kähler. Über diese Frage sind in der norwegischen Kirche seit 1954 scharfe Auseinandersetzungen im Gange (→ Norwegen: II).

Das Hdb. der Malerei vom Berge Athos, aus dem handschriftl. neugriech. Urtext übers. v. G.Schäfer, 1855, 272-275 - RE VIII, 206ff - L.Prestige, Hades in the Greek Fathers (JThS 24, 1923, 476-485) - RGG² II, 1966f (Lit.) - C.Stange, Zur Auslegung der Aussagen Luthers über die Unsterblichkeit der Seele (Studien zur Theol. Luthers I, 1928, 287-344) - LThK V, 118 - ThW I, 655; V, 763ff - F.Holmström, Das eschatologische Denken der Gegenwart, (1933 schwed.) 1936 - H.E.Weber, Reformation, Orthodoxie u. Rationalismus I/1, 1937, 90ff; I/2, 1940, 241ff - W.Köhler, DG I, (1938) 1951², 254ff; II, 1951, 483ff - H.Quistorp, Die letzten Dinge im Zeugnis Calvins, 1941 - P.Althaus, Luthers Gedanken über die letzten Dinge (LuJ 23, 1941, 9-34) - Ders., Die christl. Wahrheit, (1947) 1952³, 479ff - W.Matthews, Hell (ET 66, 1954/55, 279f) - S. u. L.Aalen, Bakenfor Inferno, Oslo 1955 (s. ThLZ 82, 1957, 462f) - L.Aalen, Gericht u. H., ein norweg. Beitr. zur Entmythologisierung (ELKZ 10, 1956, 142-146).

A.Adam

Höllenfahrt, *religionsgeschichtlich*

1. In der Welt der Antike - 2. Babylonien und Assyrien. - H. = Höllenfahrt, U. = Unterwelt. - Vgl. auch → Hölle, → Höllenfahrt Christi, → Tod: I

1. Die Vorstellung von einer Reise in die U. konnte dort aufkommen, wo das Jenseits als ein Bereich unter der Erde gedacht wurde, in dem die Seelen der Abgeschiedenen zu finden sind (→ Tod: I). In Homers »Nekyia« (Odyssee XI) ist des Odysseus Besuch in der U. beschrieben, wo er die Seelen der Gefallenen von Troja und auch die anderen Helden der Vergangenheit antrifft. Dort, im Hades, existierten sie nur als Schatten. In der U. gab es auch einige große Sünder, die ihre Strafen unter Qualen, die ihren Verbrechen entsprachen, abbüßen mußten, ohne daß ihnen ein Ende verheißen war. Ähnlich ist der Bericht bei → Vergil, dessen Bilderwelt in Äneis VI auf die Vorstellungen des ausgehenden Altertums und MA einwirkte. Markantestes Beispiel sind das »Inferno« und »Purgatorio« in → Dantes Divina Commedia. Der 3. Teil (»Paradiso«) beschreibt das selige Leben, dessen sich die Heiligen erfreuen. (Vergleichbar ist die Beschreibung der Elysischen Gefilde bei Vergil und der »Insel der Seligen« bei Homer.) Andere Beschreibungen (zB → Miltons »Paradise Lost«) bringen in der Regel die Vorstellung nicht in Form einer Reise. - Beispiele für richtige H.en finden sich nicht nur auf klassischem Boden (u.a. → Orpheus), sondern auch in indischen und persischen Überlieferungen.

C.Clemen, Niedergefahren zu den Toten, 1900 - J.Monnier, La descente aux enfers, Paris 1904 - ERE IV, 648 ff - J.A.McCulloch, The Harrowing of Hell, 1930 - J.Kroll, Gott u. Hölle, 1932.

F.C.Grant

2. Die Literaturen *Babyloniens* und *Assyriens* kennen neben dem Hinabfahren der Toten in die U. (→ Hölle: I, 2a) auch vorübergehende Besuche von Göttern oder Heroen in der U. Im sumerischen Mythos muß der Gott Enlil strafweise zeitweilig in die U. hinab. Ausführlich geschildert wird die H. der Inanna in einem Mythos, der später verkürzt und zT umgestaltet ins Akkadische übertragen wurde (»Ištars H.«). Inanna (»Himmelsherrin«) geht, mit allen ihren Emblemen angetan, (aus noch unbekanntem Grund) in die U.; beim Durchschreiten der 7 Tore der U. muß sie trotz ihres Protestes alles ablegen, wird nackt vor die Herrin der U. Ereškigal geführt und getötet. Auf die Hilferufe ihrer »Ministerin« Ninšubura sendet Enki (babyl. Ea) zwei (bzw. einen) Buhlknaben, die ihren Leichnam von Ereškigal erbitten. Inanna wird dann durch Enkis Kunst wieder lebendig, darf aber die U. nur gegen die Zusage verlassen, einen Ersatz zu stellen. Daher muß Dumuzi—→ Tammuz hinabsteigen. - Nur akkadisch überliefert ist der Mythos von Nergals H., der das zugleich lichte und dunkle Wesen des Mars-Gottes erklären soll (→ Babylonien: II, 8). Nach ihm bezwingt Nergal die Ereškigal und wird an ihrer Seite U.s-König, bleibt aber nicht an die U. gebunden. Eine H. Marduks ist nicht überliefert. Von den Heroen versuchte Enkidu in einem sumerischen → Gilgamesch-Mythos die H., kam aber wegen Verletzung der Gesetze der U. nicht wieder herauf. Von ganz anderer Art ist die späte Schlüsselerzählung mit politischer und moralisierender Tendenz von der H. des Kummâ (wohl Deckname für Assurbanipal von Assyrien [669-627] als Kronprinz). Der Dichter läßt diesen im Traum alle Schrecken der U. sehen und vor Nergal treten, der ihn mit dem Tode bedroht und nur auf Fürsprache nach einer Strafrede entläßt.

Zu Inanna: A.Falkenstein, Compte rendu troisième Rencontre ass., 1954, 52ff. - Zu Nergal: VAB II Nr. 357 mit Sultantepe Tablets, 1957, Nr. 28 - W.v.Soden, Die U.svision eines assyr. Kronprinzen (ZA 43, 1936, 1-31).

W.v.Soden

Höllenfahrt Christi

I. Neutestamentlich und dogmengeschichtlich - II. In der Kunst. - Vgl. Bildtafel 15 und 16 nach Sp. 336

I. Neutestamentlich und dogmengeschichtlich

1. Im NT wird die H.Chr., der *Descensus ad inferos*, nicht geschildert, wohl aber vorausgesetzt. Religionsgeschichtlich vorbereitet wurde dieses Motiv nicht so sehr durch heidnische Göttermythen (→ Höllenfahrt, religionsgeschichtlich) als vielmehr durch at. Stellen, die einen Kampf des Auserwählten in den Wassern und Abgründen des Leidens und des Todes schildern (zB Ps 18, 5-8. 17; 42, 8; 69, 2-4. 14-16; 86, 13; 88, 4-13. 17f; 130, 1; 144, 7; Jon 2, 3-10). Auch in den Psalmen von → Qumran spiegelt sich dieses De profundis-Motiv wider (1QH III, 6-10. 19f. 25-27; V, 6; VI, 22-24; X, 33f). Da solche Texte als messianische Prophetien verstanden wurden, was nach Mt 12, 30; 26, 38 par; 27, 34. 46 par wenigstens für Jon 2, 1; Ps 42 und 69 gilt, konnten sie Ausgangspunkte zum Motiv der H.Chr. bilden. Entscheidend ist aber erst die Tatsache gewesen, daß zum messianischen Drama ein Hadesaufenthalt Christi gehö-

ren mußte, damit sein Tod und sein Sieg über den Tod richtig betont wurden. So erklärt sich, daß im NT schon Stellen vorkommen, die eine H.Chr. voraussetzen oder mindestens nahelegen. Einige von diesen deuten einen nur passiven Hadesaufenthalt des Herrn an (Mt 12, 40; Apg 2, 24. 27. 31; Röm 10, 7; Eph 4, 8f). Andere setzen eine aktive Hadeswirksamkeit Christi voraus; und zwar begegnen schon hier Ansätze zu den drei Haupttypen der kirchlichen Descensusvorstellung: Bezwingung der Höllenmacht (Apk 1, 18 usw); Befreiung einiger oder sämtlicher Toten (Mt 27, 51-53); Verkündigung vor einigen oder allen im Totenreich (→ Tod: III) Befindlichen (1Petr 3, 19; 4, 6). - Exegetisch schwierig ist bes. die Verkündigung vor den Sintflutgeistern (1Petr 3, 19). Aus dem Kontext (3, 13ff) geht aber hervor, daß die Episode im Interesse der Mission angeführt wird (auf dem Ort liegt kein Gewicht): der Gläubige soll auch in einer feindlichen Umgebung zum Bekenntnis bereit sein, so wie Christus im Tode den Sintflutgeistern - die in Analogie zu → Henoch-Traditionen als Typen des Heidentums aufgefaßt wurden - das Messiasgeheimnis verkündete.

2. In der *Dogmengeschichte* ist die neutrale Vorstellung von einem bloß passiven Hadesaufenthalt Christi verhältnismäßig selten. Die schlichte Formel des → Apostolikum »descendit ad inferna« ist erst um 370 durch das Symbol von Aquileja belegt. In der Reformationszeit wurde aber von J. → Äpinus der passive Hadesaufenthalt Christi als Ausdruck seiner vollkommenen Erniedrigung und Strafersatzleistung emphatisch gelehrt. Äpinus ging dabei von der Theologia crucis → Luthers aus, wurde aber von seinen Hamburger Kollegen sowie von → Melanchthon u.a. bekämpft. Auch diese beriefen sich auf Luther, wollten aber bei der H.Chr. eine Aktivität voraussetzen, nämlich den Sieg des Erlösers über die Hölle (vgl. die → Konkordienformel). Schon in der alten Kirche wollte man sich auf diese Weise ausmalen, was Christus beim Descensus geleistet habe. Dabei waren bes. folgende Interessen beherrschend: a) Bei der Erstürmung der Hölle durch Christus suchte man zu zeigen, wie die - oft als dämonisches Wesen oder als Burg gedachte - Hölle durch den starken Helden Christus bezwungen wurde. Eine frühe Schilderung dieser Art liegt in → Melitos Homilie über die Passion (102f) vor; die klassische Darstellung bot das → Nikodemusevangelium, das in der späteren Literatur, auch im Drama des MA, manche Nachfolger gefunden hat. - b) Bei der Befreiung der Toten dachte man zunächst an die Gerechten des Alten Bundes (zB IgnMagn 9, 2). Daher ließ man die H.Chr. später oft nur bis zum sog. → Limbus patrum geschehen. Andere meinten, es habe sich um die Befreiung aller Toten gehandelt; höchstens wurden gewisse als bes. verwerflich aufgefaßte Individuen ausgenommen. So zB Melito (s.o.), → Marcion (nach Irenäus Adv. haer. I, 27, 3) und → Ephraem (Carm. nisib. 35, 75-90). - c) Auch bezüglich der Verkündigung Jesu im Totenreich stellte man sich zunächst die Patriarchen und andere Fromme als Empfänger vor. Kronzeuge für diese Ansicht war ein Jeremia-Apokryphon, das bei → Justin (Dial. 72) und → Irenäus (Adv. haer. III, 20, 4 u.ö.) überliefert ist. Allmählich aber wurde, bes. im Blick auf jene Sintflutgeister (1Petr 3, 19), der Kreis erweitert. - Die Sintflutgeister beherrschen also die folgende Debatte. Als einer der Ersten hat sie → Hippolyt (Osterhomilie, bei P. de Lagarde, Analecta syriaca, 1858, 88f) einbezogen, doch nur so, daß er sie für schon vorher bekehrt hielt. → Clemens von Alexandrien und → Origenes waren optimistischer und rechneten mit einer Bekehrung dieser großen Sünder noch bei der H.Chr. Dieser Unterschied zwischen Hippolyt und den Alexandrinern wurde für die folgende Zeit kennzeichnend. Jener hat im Westen, bes. durch die Vulgata-Übersetzung von 1Petr 3, 20 (»increduli fuerant«), Nachfolger gefunden; diese haben für den Osten eine entscheidende Rolle gespielt. Indessen wurde durch → Augustin die Entwicklung im Westen auch in andere Bahnen geleitet, indem man bei 1Petr 3, 19 in verschiedener Weise den Descensusgedanken überhaupt vermied. Das war meistens bei den Theologen des MA und der Reformation der Fall, ist aber auch im neueren Protestantismus häufig vorgekommen. J. → Cajetan, R. → Bellarmini sowie spätere kath. Dogmatiker griffen im Interesse einer Verteidigung von Limbus und Purgatorium (→ Fegfeuer) gegen die Reformatoren auf die Descensusdeutung von 1Petr 3, 19 zurück, gewöhnlich unter Verwertung der von Hippolyt vertretenen Annahme, daß die Sintflutgeister schon vor der H.Chr. bekehrt worden seien. Orthodoxe Protestanten des 17.Jh.s bekämpften dies, indem sie Christus den Verdammten seinen Sieg verkünden ließen. Erst gegen Ende des 18. und im 19.Jh., in der Zeit des humanistischen Idealismus und der Weltmission, rechnete man damit, es könnte noch im Totenreich den größten Sündern eine Möglichkeit der Bekehrung geboten werden. Jedoch haben die Altgläubigen gegen diesen Optimismus (in USA wegen I.A.Dorner »Dornerismus« genannt) oft reagiert. Auch bleibt trotz der Universalität des Evangeliums immer problematisch, »ob jemand, ohne Glauben verstorben, selig werden möge« (Luther, WA 10/II, 325).

J.A.McCulloch, The Harrowing of Hell, 1930 - J.Kroll, Gott u. Hölle, 1932 - E.Vogelsang, Weltbild u. Kreuzestheol. in den H.s-streitigkeiten der Reformationszeit (ARG 38, 1941, 90-132) - B. Reicke, The Disobedient Spirits and Christian Baptism, 1946 (Lit.) - W.Bieder, Die Vorstellung von der H. Jesu Christi, 1949 - P.Althaus, Die christl. Wahrheit, 1958⁴, § 46 - EKL II, 195f - E.Kähler, Studien zum Te Deum u. zur Gesch. des 24. Psalms in der Alten Kirche, 1958. *B.Reicke*

II. In der Kunst

Die H.Chr. wird - wie die nachbiblische Tradition erwarten läßt - weder so früh noch so häufig dargestellt wie die → Himmelfahrt Christi (: II). Abgesehen von der Säule in S.Marco (Venedig), deren Datierung neuerdings umstritten ist, und einem ungesicherten Bericht über ein verlorenes Mosaik in S.Giovanni in Laterano (Rom) begegnet die H.Chr. erst im 7./8.Jh. in einem Fresko zu S.Maria Antiqua (Rom) und in Ms. 171 des Klosters S. Giovanni in Patmos. Im ersteren scheint die Ikonographie schon entwickelt: Christus zieht Adam aus der Hölle. Die Hs. dagegen zeigt nur Christus, der auf die siegreich gesprengte Höllentür weist. Klarer tritt typisch westliche und östliche Ausformung hervor beim Vergleich von zwei Werken des 11.Jh.s: einer Miniatur im Albani-Psalter (Hildesheim; s.Taf. 15 Abb. 3) und eines Mosaiks in Daphni (s. Taf. 15 Abb. 4). Beide zeigen den Erlöser handelnd - er zieht Adam aus der Hölle -, unterscheiden sich jedoch wesentlich in der Auffassung. Im Westen ist Christus innerlich am Geschehen beteiligt und besorgt der Masse zugewandt, die im einzelnen nicht gekennzeichnet ist; im Osten ist er kühler und strenger, hinter ihm erkennt man David, Salomo, Johannes den Täufer, alle bereits durch → Nimbus ausgezeichnet. Wichtig auch die verschiedene Darstellungsart der Hölle: im westlichen Beispiel ein gähnender, feuriger Schlund, im byzantinischen personifiziert durch Satan. Zugunsten freien Goldgrundes ist hier auf assistierende Teufel und Feuer verzichtet. Christus-Attribut ist im Westen die Kreuzfahne, im Osten der Kreuzstab mit Doppelbalken (→ Kreuz: II). Ein anderer, im Osten und Westen belegbarer Typus zeigt Christus, wie er Adam mit sich zieht (s.Taf. 15 Abb. 1). Seltener ist eine symmetrisch-hieratische Komposition: Christus in der Mitte, beide Arme zu Adam und Eva breitend, die ihn flankieren. Die Mandorla, die Christus in all diesen Bildtypen umgeben kann, ist oftmals durch die starke Bewegung aus der Vertikalen gekippt (zB schon in S.Maria Antiqua, s.o.). - Die H.Chr. bleibt das ganze MA hindurch beliebtes Thema (bes. schön ein Fresko in der Kahrieh-Djami, Konstantinopel, 14.Jh.), verliert aber danach an Bedeutung. Renaissancekünstler, die das Thema gestalten, sind u.a. → Fra Angelico, → Dürer, A.Bronzino und P. Brueghel d.Ä. (→ Christusbild, 2e).

J.Monnier, La descente aux enfers. Etude de pensée religieuse, d'art et de litt., Paris 1904 - C.R.Morey, East Christian Paintings in the Freer Collection, New York 1914, 45ff - DACL IV, 682ff - Künstle I, 494ff - O.Erich, Die Darstellung des Teufels in der christl. Kunst, 1931 - LThK V, 120 - M.Bauer, Ikonographie der H.Chr. (Diss. Göttingen), 1948 (Masch.). *R.B.Green*

Höllenstreit → Höllenfahrt Christi: I, 2.

Hölscher, *Gustav* (17.6.1877 bis 16.9.1955), ev. Theologe, * in Norden (Ostfriesland), † in Heidelberg, 1905 PDoz. für AT in Halle, 1915 ao. Prof., seit 1920 o. Prof. (Gießen, Marburg, Bonn, Heidelberg). Vgl. → Bibelwissenschaft: I, 2a. c; → Formen und Gattungen: I, 2.

Vf. u.a.: Die Profeten, 1914; Die Entstehung des Buches Daniel (ThStKr 92, 1919, 113-138); Gesch. der israelit. u. jüd. Religion, 1922; Die Bücher Esra u. Nehemia (HSAT II, 491-562); Hesekiel. Der Dichter u. das Buch, 1924; Das Buch Hiob (HAT I, 17), (1937) 1952²; Drei Erdkarten. Ein Beitr. zur Erkenntnis des hebr. Altertums (SAH 1944/48, 3), 1949; Geschichtsschreibung in Israel. Unters.en zum Jahwisten u. Elohisten (SVSL 50), 1952. *O.Plöger*

Hoen (auch *Hoon, Honius* und *Honnius*), *Cornelisz Hendricxz* († 1524 im Haag), Schüler der Hieronymusschule in Utrecht, angesehener Rechtsanwalt am Hofe von Holland, wurde 1523 nach einer Disputation mit einem Egmonder Benediktinermönch wegen luth. Ketzerei verhaftet. Während seiner Haft in Delft hatte er freundschaftliche Beziehungen zu dem Humanisten Cornelius Aurelius und den ev. gesinnten Joh. → Pistorius (, 1) und Wilh. → Gnapheus. Auf Grund des Traktats »De sacramento eucharistiae« des Wessel → Gansfort wurde H. davon überzeugt, daß die Copula »est« in den Abendmahlsworten als »significat« zu deuten sei. Seinen Brief darüber an Hinne → Rode überbrachte dieser an Luther, der diese Auslegung jedoch ablehnte. 1524 brachte Hinne Rode den Brief nach Zürich. → Zwingli fühlte sich dadurch in seiner Abendmahlsauffassung (→ Abendmahl: II, 3a) so gestärkt, daß er den Brief, allerdings anonym, herausgab (Epistola christiana admodum, 1525; anonyme Ausgaben auch Straßburg 1525, Augsburg 1526; moderne Faksimileausgabe nach der 1. Aufl. von A.Eekhof, De Avondmaalsbrief van Cornelis H., Haag 1917). H.s Anti-Sakramentalismus ist bezeichnend für die Abendmahlsauffassung weiterer Kreise im niederländischen Calvinismus.

W.Koehler, Zwingli u. Luther I, 1924, 154f - RGG³ II, 1971 (Lit.). *J.N.Bakhuizen van den Brink*

Hoensbroech (spr. Honsbroch), *Paul Graf v.* (1852 bis 1923), * auf Schloß Haag bei Geldern, zuerst Jurist, 1878 Jesuit. Von seinem Orden zu historischen Studien u.a. an die Universität Berlin gewiesen, wird er gegen Jesuitismus und → Ultramontanismus zunehmend kritisch, verläßt 1892 den Orden, wird evangelisch und im Sinne des damaligen → Evangelischen Bundes Vorkämpfer gegen das römisch-kirchliche Wesen. In seinen sachkundig und mit höchster Leidenschaft geschriebenen Werken erkennt er die römische Kirche, bes. das Papsttum, als innergeschichtliche Größe durchaus an, bestreitet aber deren göttlichen Ursprung und Sendung, da sie sich in der Geschichte mehr negativ als positiv ausgewirkt haben. Seine Maßstäbe sind dabei weniger vom Ursprung des Evangeliums als vom Kultur- und Fortschrittsdenken seiner Zeit, bes. vom Glauben an die sieghafte Macht der historischen Wahrheit und von nationalstaatlichen Interessen bestimmt. Auch das ev. Christentum wird scharfer Kritik unterzogen.

Vf. u.a.: Mein Austritt aus dem Jesuitenorden, (1893) 1910; Der Ultramontanismus, (1897) 1898²; Das Papsttum in seiner sozialkulturellen Wirksamkeit I: Inquisition, Aberglaube, Teufelsspuk u Hexenwahn, (1900) 1923 (auch als Volksausg.); II: Die ultramontane Moral, (1902) 1923; Der Syllabus, 1904; Moderner Staat u. röm. Kirche, 1906; Rom u. das Zentrum, 1907; Vierzehn Jahre Jesuit (Autobiogr.), (2 Tle, 1909/10) 1923; Das Wesen des Christentums, 1920; Der Jesuitenorden, 2 Bde, 1926f. - Über H.: R.v.Nostiz-Rieneck SJ, Graf P.v.H.s Flucht aus Kirche u. Orden, 1913 - M. Schüli, Aus der Jesuitenkirche zum Neuprotestantismus. Graf P.H.s Leben u. Wirken, 1928 - L.Koch, Jesuiten-Lexikon, 1934, 808ff. *K.G.Steck*

Hofacker, 1. *Ludwig* (1798-1828), der bedeutendste Prediger der Württembergischen Erweckungsbewegung (→ Erweckung: I, 5c). Nach einer Bekehrung während des Studiums in Tübingen und langwieriger Krankheit Vikar in Stuttgart und Pfarrer in Rielingshausen; durch die Lektüre der Schriften von → Zinzendorf und anderer pietistischer Theologen wird er von einer rigoristisch-gesetzlichen zu einer »ev.« Auffassung des Christentums geführt. Seine durch Krankheiten oft unterbrochene Predigttätigkeit und seine gedruckten Predigten übten eine ungewöhnlich starke Wirkung aus. Er will den Zuhörern »einen Keil ins Herz schlagen«, in scharfem Kampf gegen Geist und Sitte der Zeit allein die Barmherzigkeit Gottes verkündigen, zu dem entscheidenden »Sprung« verhelfen, aber auch zur Anbetung anleiten. So entsteht ein wirkungsmächtiger Predigtstil, in dem sich eine speziell württembergische Predigtart ankündigt. Durch H. und seine seelsorgerlichen Rundschreiben erhielten viele württembergische Pfarrer Verbindung mit Herrnhut.

Predigten, 1892⁴⁸ - Predigt der Kirche, Bd 18, hg.v. F.Bemmann, 1892 - Auswahl: Das Heil in Christus, 1953. - Lebensbilder: v. A.Knapp, (1853) 1923⁷; F.Hauss, Die uns das Wort gesagt haben, 1938; J.Roessle, 1946; A.Pagel, 1952. - Über H.: RE VIII, 211ff - RGG² II, 1972f - Karl Müller, Aus der akad. Arbeit, 1930, 295ff - CKL I, 868f - H.Hermelink, Gesch. der ev. Kirche in Württemberg, 1949, 362ff - EKL II, 180.

2. *Wilhelm* (1805-48), Bruder von 1, Vikar bei diesem, später Pfarrer in Stuttgart, bekanntgeworden durch Erweckungspredigten, die sich jedoch gegenüber den Predigten seines Bruders mehr im traditionellen Stil halten.

Hg.: Wilhelmsdorfer Predigtbuch, 1834. - Vf.: Bekenntnis u. Verteidigung, 1839; Zeugnisse ev. Wahrheit, 1841; Predigten, hg.v. S.C.Kapff, (1857²) 1880³. - Über H.: L.Hofacker, W.H. Ein Predigerleben aus der 1. Hälfte dieses Jh.s, 1872 - RE VIII, 212. 214f - RGG² II, 1973 - CKL I, 869 - Hermelink (s. 1) 373ff. *A.Niebergall*

Hofbauer, *Clemens Maria* (1751-1820), 1909 heiliggesprochen, * in Taßwitz (Mähren), † in Wien. Ursprünglich Bäcker, studierte H. 1780-84 in Wien, wurde 1784 Redemptorist, 1785 Priester, 1788 Generalvikar des Ordens nördlich der Alpen. Von 1786 bis zur Ausweisung des Ordens aus Polen wirkte er in Warschau, seit 1808 als Seelsorger und Organisator in Wien, mit Erfolg um die Einführung des Ordens auch in Deutschland und der Schweiz bemüht (→ Redemptoristen). Als »Apostel Wiens« erweckte er kath. Leben, bes. unter den Romantikern (Fr. → Schlegel, Zach. → Werner u.a.), und bekämpfte den → Josephinismus und die → Aufklärung, bes. die Pläne → Wessenbergs, aber auch J.M. → Sailer.

Monumenta Hofbaueriana, 13 Bde, 1915-50. - Biographien u.a. von M.Haringer (1880², Nachtrag 1883), M.Bauchinger ([1891²]

1930⁷), A.INNERKOFLER ([1911] 1913²), J.HOFER ([1921] 1923²). - Ferner: M.SPAHN, Hochland 6, 1909, 299-313 - J.ECKARD, ebd 8, 1911, 17-27. 182-292. 341-350 - M.B.SCHWEITZER, Kirchl. Romantik. Die Einwirkung des hl.Cl.M.H. auf das Geistesleben in Wien (HJ 48, 1928, 389-460) - J.HOFER, Der hl. Cl.M.H. (Relig. Quellenschr. 59), 1929 - O.KNAPP, Priester des Herrn, 1939, 147ff.

K.G.Steck

Hoffmann, 1. *Christoph* (1815-85), Sohn von 4. In Korntal aufgewachsen, studierte er Theologie, wandte sich gegen D.Fr. → Strauß, zog, scharf national eingestellt, 1848 ins → Frankfurter Parlament ein, verließ es schon 1849 und gründete mit den Brüdern Paulus eine Knabenerziehungsanstalt. Der Kirche von jeher fernstehend, begann er eine Gemeinde zu sammeln, die das Christentum in ursprünglicher Gestalt und Kraft wiederaufrichten sollte, wobei seinem schwärmerischen Mitarbeiter G.D.Hardegg bes. 1Kor 12 vorschwebte. Zugleich rief H. zum Bau des (deutschen) → »Tempels«, zur Sammlung des Volkes Gottes in Jerusalem auf, wobei »Tempel« teils geistig, teils realistisch zu verstehen ist. Dazu trieben ihn sowohl der Blick in die Nöte des Orients als auch die wörtlich verstandenen Verheißungen der at. Propheten. Sein Ruf fand Widerhall; nach schweren Anfängen entstanden durch schwäbische Zähigkeit in Jaffa und Haifa (1866), dann in Sarona und Rephaim Kolonien. Später neigte H., seit 1874 in Jerusalem, stark zum Rationalismus, schaffte zB Taufe und Abendmahl ab, wodurch er sich wertvoller Mitarbeiter (u.a. J. → Seitz) beraubte. - Die Templer haben in Palästina bis zu ihrer Aussiedlung (1939) Großartiges geleistet. H. selbst war bei großen Gaben und edlem Willen durch einen romantischen Grundzug gehemmt.

Vf.: Fortschritt u. Rückschritt in den letzten 2 Jh.en, 3 Tle, 1864 bis 1868; Okzident u. Orient, 1875; Mein Weg nach Jerusalem, 2 Tle, 1881/84. - Über H.: JOH.SEITZ, Erinnerungen u. Erfahrungen, (1919) 1922³.

G.Lang

2. *Daniel* (1538-1611), * Halle/S., war seit 1576 Prof. in → Helmstedt. Als Schüler V. → Strigels bekämpfte er die Erbsündenlehre des → Flacius und die Ubiquitätslehre (→ Abendmahl: II, 3a), so sehr er gegen → Beza, → Piscator u.a. die luth. Abendmahlslehre verfocht. Die Trennung → Braunschweigs vom Luthertum der → Konkordienformel (die er zunächst unterschrieben hatte) rechtfertigte er. Beeinflußt von → Ramus wurde er 1597 in den sog. »H.schen Streit« mit den Humanisten und Aristotelikern → Caselius, C. → Martini und Littel verwickelt, in dem er mit großer Leidenschaft dagegen stritt, daß auch die Philosophie Erkenntnisquelle für Glaubenswahrheiten sei, sich aber nicht fähig zeigte, die Funktion der Philosophie und der Vernunft positiv klar zu bestimmen. So hat er wohl die Gefahr einer neuen luth. Scholastik (→ Orthodoxie) gesehen, die Entwicklung aber vergeblich aufzuhalten versucht.

Vf. u.a.: De duplici veritate Lutheri etc, 1600; Super quaestione, num syllogismus rationis locum habeat in regno fidei, 1600. - Über H.: C.MARTINI u.a., Malleus impietatis Hoffmannianae, 1604 - P. PETERSEN, Gesch. d. arist. Philos. im prot. Deutschland, 1921 - RITSCHL IV - B.HÄGGLUND, Die Hl. Schrift in d. Theol. Joh. Gerhards, 1951.

F.Lau

3. *Ernst Theodor Amadeus* (1776-1822), * in Königsberg, † in Berlin als hoher Justizbeamter. H. war zeitweise in freien künstlerischen Berufen tätig, zB 1808-12 als Musikdirektor in Bamberg. Vielseitig begabt (Komponist, Zeichner), findet er erst spät in der dichterischen Gestaltung, durch die er sich als phantasievoll-spannender Erzähler und bedeutender Märchenschöpfer erweist, das ihm am meisten gemäße Ausdrucksmittel. Im gesamten Werk H.s offenbart sich eine dualistische Grunderfahrung, die zur Quelle von Ironie und Humor wird (»Prinzessin Brambilla«). Verstandesscharfe Beobachtung der menschlichen Umwelt und der eigenen Seele (Tagebücher) verleihen seinen Gestalten stark realistische, ja oftmals karikierende Züge, während sein unbedingter Glaube an eine im Innern geschaute »Höhere Welt« in märchenhaft-mythischen Visionen ihren Ausdruck findet (»Der Goldene Topf«). Dieser Glaube, der sich mit der Gewißheit einer religiösen Überzeugung ausspricht, hat als Gegenpol die Erfahrung untermenschlicher, dämonischer Gewalten, die sich des Menschen bemächtigen, ihn zum Verbrecher machen (»Elixiere des Teufels«). Auf seine Mit- und Nachwelt (bes. Frankreich) hat H. vor allem als Beschwörer geheimnisvoll-dunkler Vorgänge gewirkt. Mit seinen Anschauungen über die Bewußtseinsschichten, über Traum, Magie, Wahnsinn steht er in der Nähe zeitgenössischer Dichter (→ Novalis) und Naturforscher (G.H. → Schubert). In seiner Lieblingsfigur, dem Kapellmeister Kreisler, gestaltet H. in eindringlicher Weise die Bedrohung der Künstlerexistenz durch den Wahnsinn. Im Leben hat er die menschliche Mitte nie verloren (Briefwechsel mit Freunden, bes. mit v. → Hippel).

Dichtungen u. Schriften sowie Briefe u. Tagebücher: GA, 15 Bde, hg.v. W.HARICH, 1924. - Über H.: G.ELLINGER, E.T.A.H., sein Leben u. seine Werke, 1894 - P.SUCHER, Les sources du merveilleux chez E.T.A.H., 1912 - W.HARICH, H., 1920 - E.v.SCHENK, E.T.A.H. Kampf um das Bild des Menschen, 1939 (Lit.) - W.BERGENGRUEN, H., 1939 - J.F.A.RICCI, E.T.A.H., 1947 (Lit.).

I.Vielhauer

4. *Gottlieb Wilhelm* (1771-1846), eines der Häupter des württembergischen Pietismus, aus oberflächlichem Leben durch fromme Vorbilder (Machtolf, → Pregizer, M. → Hahn) und Lektüre (Luther, → Bengel, → Ötinger) erweckt, war Notar und Amtsbürgermeister in Leonberg, zugleich Mitglied der Ständeversammlung, eine heiter-kraftvolle Herrschernatur, zur Sammlung der Erweckten wie geschaffen. Als nach Einführung der Aufklärungsliturgie (1809) die Auswanderung von Stundenleuten nach Rußland überhandnahm (→ Stundismus), schlug H. König Wilhelm I. von Württemberg die Stiftung staatskirchenfreier Gemeinden vor. Der am 22.8. 1819 endgültig genehmigte Antrag (»Fundationsurkunde«) führte zur Gründung der Brüdergemeinde → Korntal. Seit 1820 war H. Leiter der Gemeinde, zunächst als Verweser, von 1831 bis zu seinem Tod als Vorsteher. Sein überlegener Wille hat die innere und äußere Gestalt Korntals geprägt.

ADB XII, 593f - J.HESSE, Korntal einst u. jetzt, 1910 - W.CLAUS, Württ. Väter II, 1933, 322ff - F.GRÜNZWEIG, Die ev. Brüdergemeinde Korntal, 1957, 30ff.

H.Fausel

5. *Heinrich* (1821-99), ev. Theologe, seit 1854 Pfarrer in Halle a.S. Seine Predigten zeichnen sich ebenso durch sachgemäße Auslegung wie durch seelsorgerlichen Zuspruch aus.

Vf. u.a.: Unterm Kreuz, (1884) 1907⁴; Kreuz u. Krone, (1891) 1897²; Eins ist not, (1895) 1903²; Sonntagsfreude, 1897; Die großen Taten Gottes, 2 Bde, 1906; Fünfzig Beichtreden, 1906. - Aus dem Tagebuch H.H.s, 1900; Briefe (gesammelt v. M.HART), 1902. - Über H.: M.KÄHLER-H.HERING, D.H.H., 1900 - RE VIII, 221 - ADB 50, 402ff - RGG¹ III, 92f; RGG² II, 1977.

A.Niebergall

6. *Wilhelm* (1806-73), * in Leonberg, Sohn von 4, vielseitig begabt, kam vom württembergischen Pfarramt 1839 als Missionsinspektor, später Prof. nach Basel, 1850 als Stiftsephorus und Prof. nach Tübingen. Friedrich Wilhelm IV. berief ihn 1852 zum Hofprediger. Als General-Sup. der Kurmark und Mitglied des Oberkirchenrats war er der einflußreichste Mann der preußischen Kirchenregierung, zugleich Prediger und Schriftsteller von weitreichender Wirkung. Sein Einfluß auf König Wilhelm I. wurde von Bismarck ungern gesehen. Kir-

chenpolitisch trat der dem Pietismus nahestehende H. (→ Erweckung: I, 5c) für eine »innere Union« sowie für Verbindung konsistorialer und synodaler Formen ein.

C.HOFFMANN, Leben u. Wirken des D.W.H., 1878 - ADB 50, 417ff - RE VIII, 227ff. *H.Fausel*

Hoffmeister, *Johann* (1509/10-47), * Oberndorf (Neckar), † Günzburg (Donau), Augustinereremit, studierte 1527-28 in Mainz und Freiburg/Br. H. führte den Kampf für Bestand und Rechte des in Deutschland durch die Reformation stark dezimierten Ordens, zuerst (1533) als Prior in Kolmar gegen den Rat, später (1543) als Provinzial der rheinisch-sächsischen Ordensprovinz, zuletzt (1546) als Generalvikar in Deutschland. Als Polemiker verfaßte H. eine »Widerlegung« der → Schmalkaldischen Artikel Luthers, die ihm den Titel »Antilutherus« und das Lob des P. → Canisius eintrug. Auf eine Erneuerung des Katholizismus in Klerus und Volk wirkte er als Schriftsteller mit exegetischen, homiletischen und apologetischen Veröffentlichungen und als Prediger durch eine einfache, biblische Verkündigung. Auf dem Wormser Reichstag 1545 erwarb er sich mit seinen polemischen Predigten die Freundschaft des Königs Ferdinand und des Kardinals Otto Truchseß von Waldburg. 1546 wurde er vom Kaiser zum Regensburger Religionsgespräch berufen.

Vf. u.a.: Dialogorum libri II, 1538; Wahrhafftige Entdeckung u. Widerlegung deren Artickeln, die M.Luther auff das Concilium zu schicken u. darauff zu beharren furgenommen, 1539 (jetzt: CCath 18, 1932); Canones et claves ad interpretandas s. Bibliorum scripturas, 1545. - Über H.: N.PAULUS, Der Augustiner J.H., 1891 - HN II, 1437ff - DThC VII, 19ff (Bibliogr.) - LThK V, 93f - H.JEDIN, G. Seripando, 1937, I, 216ff; II, 667 - EC VI, 1455. *H.Liebing*

Hoffnung

I. Im AT - II. Im NT - III. Dogmatisch-ethisch

I. Im AT

1. Terminologie - 2. Wesen der H. - 3. Aspekte der H.

1. Vier Verbalstämme haben im Hebräischen die Bedeutung »hoffen«: qiwwā, jiḥel, ḥikkā, śibber. Der den einzelnen Stämmen zugrunde liegende Bedeutungsgehalt ist: »auf etwas gespannt sein, warten, harren, hoffen«. Abgeleitete Nomina sind tiqwā, miqwæ, tôḥælæt, śebær. Die drei letzten werden selten, tiqwā häufiger verwendet (Hi, Spr, auch bei Jer und Ez bezüglich des Exils). Das Überwiegen der Verbalstämme zeigt, daß der Akzent auf dem Vorgang des Hoffens liegt. LXX übersetzen diese Begriffe mit ἐλπίζειν bzw. ἐλπίς und verwenden die gleichen Worte auch bei Wiedergabe der Begriffe baṭāḥ und ḥasa. Diese Wurzeln werden im Hebräischen auch parallel zu Hoffensbegriffen oder an ihrer Stelle gebraucht. Weitere verwandte Begriffe sind satār und hæ'æmîn (zur Statistik s. ThW). Diese terminologischen Feststellungen zeigen, daß die H. im AT qualitativ bestimmt ist. Sie kann nicht eine gute oder eine böse H. sein, sondern sie ist stets eine gute H., die mit Vertrauen und Glauben das Gute, ja das Heil schlechthin erwartet. Das bedeutet wiederum, daß auch die Aussagen des AT, die ohne den Gebrauch der Hoffensterminologie ein Hoffen bezeugen, beachtet werden müssen.

2. Die qualitative *Eigenart* der at. H. ergibt sich aus dem → Bund (: II) zwischen Jahwe und Israel. Die in diesen Bund eingeschlossenen Verheißungen der Landnahme sowie die göttlichen Zusagen des Heils und der Errettung bedingten - im Fall des Ausbleibens der vollen geschichtlichen Verwirklichung - das hoffende Warten auf die endgültige Erfüllung. Bis zur Bitte an Jahwe, den Bund nicht brechen zu wollen, kann sich dieses hoffende Vertrauen steigern (Jer 14, 21). Die Voraussetzung dieser H. bildet der → Glaube (: II) an die Macht Jahwes, alle Zusagen auch geschichtlich verwirklichen zu können. Jahwe als Weltgott beherrscht nicht nur die zurückgelegte, sondern auch die zurückzulegende Zeit. Darum kann ihm die Aufhebung der Weltgeschichte und die Überwindung des Todes zugetraut werden, wie es die Abfolge der Weltreiche und die Totenauferstehungs-H. zeigen (Dan 7; 12, 1-3). Im Fall des Ausbleibens der Erfüllung kann die fromme H. des einzelnen so stark von der Wirklichkeit Gottes beherrscht sein, daß nicht mehr das innergeschichtlich oder endgeschichtlich Erhoffte entscheidend ist, sondern Gott allein, der dem auf ihn Hoffenden Gemeinschaft bietet (Ps 73, 23-26). Diese Lösung ergibt sich besonders angesichts der bedrängenden Frage nach dem Glück der Gottlosen (Ps 73, 3; Jer 12, 1ff; Mal 3, 13ff). Anders ist die Lösung im → Hiobbuch. Die Meinung, daß der Fromme stets H. zu Jahwe hat, wird gerade zum Zeugnis gegen Hiob, der keine H. mehr hat (4, 6; 15, 4; 22, 4). Gott ist im Hiobbuch das Ende der menschlichen H. Sie zerbricht an der Grenze des Todes (Westermann). Nur Gott und sein Eingreifen können hier entscheiden. Freilich kann dann nicht mehr von H., sondern allein von der Erfahrung seines wirklichen Eingreifens gesprochen werden (40, 1ff). Hier klingt im Hiobbuch sehr deutlich das Problem des Verhältnisses von H. und → Sünde (: II) auf, inwieweit der Sünder noch H. haben kann. Die → Propheten haben dieses Verhältnis von den die H. bewirkenden Verheißungen Jahwes zur Sünde gesehen. Ihre Gerichtspredigt schließt die H. auf eine Rettung nicht aus, sondern gerade ein. Die Rettung erfolgt durch das → Gericht hindurch, das der Durchgang zum Heil ist. Abgesehen von den ausdrücklichen der Heilszukunft geltenden Sprüchen lassen so radikal anmutende Gerichtsverkündigungen wie zB Am 2, 13-16 und Jes 2, 6-21 das endgültige Schicksal des Menschen im Gericht offen als Zeichen, daß noch eine unausgesprochene H. für ihn besteht. Nicht genügend oder gar nicht gesehen wird die Realität der Sünde von den Heilspropheten, die die ergangenen Heilszusagen Jahwes inhaltlich absolut setzten und damit in der Glauben und Vertrauen einschließenden H. über den Garanten der H., Jahwe, verfügten. Eine ähnliche Absolutsetzung liegt nach Meinung des Amos in der Erwartung des Tages Jahwes als eines Licht- und Heilstages vor (5, 18). Das Wesen der at. H. ist Jahwe allein.

3. Die *Aspekte* der im AT bezeugten H. sind je verschieden nach dem Lebenskreis, aus dem heraus sie sich ergeben. Die H. des einzelnen Israeliten umgreift die äußeren Lebensgüter wie dinglichen Besitz, Familie, Herden, Gesundheit, Fruchtbarkeit, Schutz vor Krieg, wilden Tieren, Hungersnot u.ä. Solche H. darf nicht als egoistisch und diesseitig verurteilt werden. Die H. richtet sich auf Jahwe als den gewährenden Gott. Die Gaben, in denen er diese H.en verwirklicht, gewinnen die Gestalt seines → Segens. Man denke an die Segensformeln (zB Gen 27, 28ff) und an die Vorstellung von der Fruchtbarkeit des Landes in der Heilszeit (zB Am 9, 13ff; Ez 47). Als Hoffender ist der einzelne Israelit von einem grenzenlosen Vertrauen Jahwe gegenüber erfüllt. Die Hoffenszeugnisse in den → Psalmen haben ihren Platz in den Vertrauensäußerungen. Diese H.en des einzelnen galten selbstverständlich auch für das Volksganze. Sie gewinnen naturgemäß oft einen stark politischen Charakter. Die Spannweite von dem geduldigen Sichabfinden mit noch unerfüllten H.en, wie sie die Noahsprüche (Gen 9, 25-27) zeigen, bis hin zur H., das Land allein besitzen oder gar die Welt beherrschen zu können, ist groß. Innerhalb dieser Spannweite nationaler H.en gibt es eine Fülle von Gestalten, die die H. annehmen kann. Wenige

Beispiele mögen dies zeigen. Die H. auf einen ewigen Frieden in der Völkerwelt spricht Jes 2, 2-4 (Mi 4, 1-4) aus, auf einen Frieden zwischen Mensch und Tier Jes 11, 6-9. Sach 8, 4f äußert die bescheidene H. auf ein ruhiges Alter und eine ungestörte Jugend. Andere Zukunfts-H.en schließen sich an eine Gestalt an, deren Kommen erwartet wird. Das kann eine Prophetengestalt (Dtn 18, 18f; Mal 3, 23) oder die eines Heilskönigs im Anschluß an die Nathanweissagung (2Sam 7) sein. Hier sind die bekannten Stellen Jes 9, 1-6; 11, 1-9; Jer 23, 5-6; Ps 89; 132 neben anderen zu nennen. Auch die Wiedervereinigung der getrennten Reiche Israel und Juda bildet eine H. (Jer 30f; Ez 37, 15ff). Ebenso ist die Verbannung des Volkes nach Babel zum auslösenden Moment für die H. auf Rückkehr geworden (Ez 37, 1ff). In allen diesen H.en ist nicht die restitutio ad integrum entscheidend, sondern der durch das gewandelte Volk der Heilszeit hindurch sich verwirklichende Wille Jahwes, wie es Hosea und Dtjes unter Ausschluß einer Messiasgestalt bezeugen.

ThW II, 515ff - C.WESTERMANN, Eine Begriffsunters. (ThViat 4, 1952, 19-70) - TH.C.VRIEZEN, Die H. im AT (ThLZ 78, 1953, 577 bis 587) - J.VAN DER PLOEG, L'espérance dans l'AT (RB 61, 1954, 481-507) - S.PINCKAERS, L'espérance de l'AT est-elle la même que la nôtre? (NRTh 77, 1955, 785-799). - Ferner die Theol.en des AT von W.EICHRODT, L.KÖHLER, O.PROCKSCH, TH.C.VRIEZEN, G.V.RAD.

H.Bardtke

II. Im NT

1. Die Wortgruppe »H.« besitzt im *Griechentum* keine religiöse Bedeutung. Es gehört zum Wesen des Menschen, zu hoffen, dh auch im Unglück von der Zukunft Gutes zu erwarten (Plato, Philebos 39 E); aber die H. ist trügerisch (Sophokles, Aias 478); vgl. auch Hi 7, 8; Sir 31, 4. Für → Plato ist sie die philosophische Haltung angesichts des Todes (Phaidon 64 A; 67f). Die → Mysterien von Eleusis spenden dem Mysten »die gute H.« für Tod und Jenseits.

Das NT kennt neben dem profan-alltäglichen Gebrauch der Wortgruppe (Lk 6, 34; 1Kor 9, 10; Apg 16, 19 usw) einen theologischen. Dieser fehlt freilich in den Evangelien und in der Apk; er ist also im wesentlichen auf den Umkreis der paulinischen Theologie begrenzt. Die mit dem Begriff der H. bezeichnete *Sache* freilich findet sich durch das gesamte NT.

2. H. ist nicht formal die Einstellung auf das Künftige überhaupt, sondern die positive Erwartung des Heils von Gott (darin steht das NT in der jüdischen Begriffstradition); daher kann von den Heiden gesagt werden, daß sie keine H. haben, weil sie ἄθεοι sind (1Thess 4, 13; Eph 2, 12). H. ist geradezu identisch mit der Struktur des Gottesverhältnisses. Sie enthält in sich die Elemente des Vertrauens, der Geduld, des Durchhaltens.

Bei *Jesus* ist die Einstellung auf die Zukunft durch die Verknüpfung von → Reich-Gottes-Botschaft und Hinweis auf die in seinem Da-Sein gegebenen Zeichen bestimmt. Nach Ostern ist die H. mit der Erwartung seiner → Parusie verknüpft (1Kor 1, 7; 1Thess 1, 3. 10; Phil 3, 10). Zugleich erwartet man die → Auferstehung (: V). Damit sind die Gesichtspunkte gegeben, unter denen man die Bestimmung des gläubigen Daseins ausarbeitet. Die H. stellt sich in der Gegenwart als Überstieg über die Angst, die Mächte, über Sünde und Tod dar. Freilich wird die durch die Glaubensbotschaft bestimmte Existenz nicht psychologisch, als »Haltung« analysiert; das Wesen der H. ergibt sich aus dem objektiven Charakter des Erhofften; ἐλπίς kann das H.*sgut* bedeuten (Röm 8, 24f; Deuteropaulinen). Vgl. die Ausdrücke des Erwartens (»Erbe« usw; Kol 1, 12f). Ist die H. also von ihrem Gegenstand bestimmt, so gilt auch das Umgekehrte: der Inhalt der Erwartung wird nicht vom »Hoffen« gelöst; auch *was* wir erwarten, ist christologisch bestimmt (vgl. die Inhaltsbestimmungen: Christus, über den Tod hinweg, 1Kor 15, 21; das Reich Gottes Gal 5, 21; die Gerechtigkeit Gal 5, 5; die δόξα Röm 8, 17; das Leben durch das Wort Tit 1, 2; umfassend: 1Petr 1, 3ff; Kol 1, 12ff). Es herrscht eine kritische Tendenz gegen innerweltliche Veranschaulichung; die H. ist nur im Glauben selbst erfahrbar (Röm 8, 24f; 1Kor 3, 12; 2Kor 5, 7; Hebr 11, 1). Ihre Begründung erfährt sie nicht durch einen Gottes*begriff*, sondern durch die geschichtliche Manifestation des Gottes, der die Toten erweckt (2Kor 1, 9f), in Christus. In diesem Sinn ist Gott der Gott der H. (Röm 15, 13).

Die H. ist insofern radikal verstanden, als sie keine innerweltlichen Garantien besitzt (Röm 8, 20ff) und daher von der Welt aus als paradox erscheint (Röm 4, 19). Sie wird gerade dadurch ausgearbeitet, daß mir jede weltliche Sicherheit zerschlagen wird (die »Kette« Röm 5, 2ff, wo sie nicht als der *Grund*, sondern als das *Ergebnis* des Durchhaltens erscheint, das durch die → Liebe Gottes ermöglicht ist).

Am klarsten ist ihr Wesen da ausgearbeitet, wo sie neben der πίστις (→ Glaube: III) erscheint (Gal 5, 5), vor allem in der Trias Glaube - H. - Liebe (1Kor 13, 13; vgl. 1Thess 1, 3; 5, 8; Kol 1, 4f; Eph 1, 15ff). Paulus nennt diese drei Faktoren die »bleibenden« (im Eschaton - im Gegensatz zu den vergänglichen pneumatischen Erscheinungen); darin zeigt sich, daß die H. nicht mit dem Erreichen eines vorgestellten Zustandes zu Ende ist; sie bezeichnet ein ständiges Moment des Gottesverhältnisses.

3. Der nachpaulinische Sprachgebrauch spiegelt dieselbe Verschiebung, wie sie in der → Eschatologie (: IV) überhaupt zu beobachten ist. Es herrscht eine Neigung zu Individualisierung (Betonung der Auferstehung der einzelnen gegenüber der ursprünglichen Orientierung an Gottesvolk und Weltende) und Objektivierung, stärkerer Betonung des H.*sgutes* (der ζωή, σωτηρία; vgl. den Kommentar zur paulinischen Trias in Kol 1; 2Tim 1, 1; Tit 2, 2). Neben der zeitlichen Bestimmung der H. tritt der Raumaspekt stärker hervor (Kol und Eph!). Der Begriff kann sich so ausweiten, daß er das Ganze des christlichen Seins bezeichnet und praktisch mit dem Begriff des Glaubens zusammenfällt (1Petr 1, 3ff. 21; 3, 15). Dieselben Tendenzen (H. als zeitloses Gottvertrauen, Annäherung an den Begriff der πίστις) sind auch bei den Apostolischen Vätern festzustellen (1Clem 11, 1; 12, 7; 22, 8; 58, 2; Barn 1, 4ff; IgnMagn 9, 1 usw). Der ursprüngliche Ansatz erscheint je und je in der Bindung der H. an die Parusie Christi (Tit 2, 13).

Vgl. die Lit. zu → Auferstehung: V, → Eschatologie: IV, → Ewiges Leben: III. Ferner: ThW II, 515ff - F.CUMONT, Lux perpetua, 1949, 401ff - W.GROSSOUW, L'espérance dans le NT (RB 61, 1954, 508-532) - M.GOGUEL, Le caractère, à la fois actuel et future, du salut dans la théologie paulinienne (in: The Background of the NT and Its Eschatology, 1956, 322-341) - E.SCHWEIZER, Gegenwart des Geistes u. eschatologische H. bei Zarathustra, spätjüd. Gruppen, Gnostikern u. den Zeugen des NT (ebd 482-508). Zur Trias Glaube - H. - Liebe vgl. außer den Kommentaren H.RIESENFELD, Etude bibliographique sur la notion biblique d'ΑΓΑΠΗ (CN 5, 1941, 1-27).

H.Conzelmann

III. Dogmatisch-ethisch

1. Christologische Begründung - 2. Eschatologische Ausrichtung - 3. Universalität - 4. Taten der H.

1. Die christliche H. gründet auf der Auferweckung Jesu von den Toten und seiner Einsetzung zum Herrn über das All (→ Auferstehung Christi: II). Hierbei ist entscheidend, daß der zum Herrn Erhöhte identisch ist mit dem historischen, am Kreuz gestorbenen Menschen Jesus. Gott hat einen von uns der Herrschaft des → Todes (: IV) entrissen und in eine ganz neue, den Grenzen irdischer Leiblichkeit entnommene Seinsweise → ewi-

gen Lebens (: IV) versetzt. Einem von uns Menschen, der unsere Anfechtungen und unser Scheitern durchlitten hat, ist das All unterstellt. In der Auferweckung von den Toten hat Gott Jesus zugleich als den ganz anderen, den Gerechten, den Gottesknecht, den Gottessohn, den Christus geoffenbart, der nicht wie alle anderen um eigener Sünden, sondern um der Sünden der Welt willen gestorben ist. Auch als der Auferstandene ist er der den Sündern zugewandte, und sein Herrschen ist Retten, Sammeln, Neuschaffen durch das Evangelium in Kraft des hl. Geistes. Weil Jesus nicht nur als einer von uns, sondern zugleich als der Eine für uns alle gestorben ist, bleibt auch seine Auferweckung nicht ein ihm allein widerfahrenes Ereignis, sondern ist sie der Anfang einer neuen Menschheit, einer neuen Schöpfung. Die einmalige Erhöhung Jesu Christi ist zugleich Verheißung der Vollendung des Neuen, das in ihm angebrochen ist. So gründet die H. wie der → Glaube (: V) auf dem Wort, das die Erhöhung des Gekreuzigten verkündigt und durch das der erhöhte Christus gegenwärtig handelt. Wie der Glaube im Hangen an dem Wort das welthaft Sichtbare überwindet, so die H. die Zukunft, die aus den Begierden und Bedrohungen der Welt auf den Menschen zukommt.

2. Die christliche H. ist die Erwartung der → Parusie Jesu Christi. Was auch immer sonst der Christ hoffen mag für das Leben in dieser Welt, die Parusie Jesu Christi ist der Inbegriff der H. schlechthin. Losgelöst von dieser Erwartung bleibt alles Hoffen nur ein Wünschen, das schließlich zuschanden wird. Die H. erwartet die zukünftige Offenbarung Jesu Christi in Herrlichkeit: Christus wird kommen nicht nur verborgen im Wort des Evangeliums, sondern unentrinnbar, nicht nur vor einzelnen wie nach seiner Auferstehung, sondern vor der ganzen Welt, nicht nur den Glauben gründend und zum Glauben rufend, sondern dem Schauen sich darbietend zu ewiger Gemeinschaft, nicht zur Entscheidung rufend, sondern über alle menschlichen Entscheidungen endgültig entscheidend. Dieses Kommen in Herrlichkeit wird das Ende alles Widerspruchs der Geschöpfe sein. Von diesem Kommen erwartet die christliche H. die Erlösung des Volkes Gottes, die Enthüllung der jetzt schon wirklichen, aber noch verborgenen neuen Schöpfung, die Vollendung des inmitten der zu Ende gehenden Weltgeschichte herangewachsenen Leibes Christi (→ Eschatologie: VI, 4a).

3. So ist die christliche H. nicht nur ein unbestimmtes Offensein für die Zukunft, sondern die konkrete Erwartung Jesu Christi als Richter und Erlöser. Nicht die zuversichtliche menschliche Haltung, sondern der kommende Herr bestimmt das Wesen christlicher H. Sie ist auch keine nur individualistische H. auf die Erlösung des einzelnen, sondern sie erwartet die Enthüllung und Vollendung einer neuen Menschheit. Individuelle und allgemeine → Eschatologie (: VI, 4b. c) liegen ineinander. Die christliche H. gilt auch nicht nur dem menschlichen Geist oder der menschlichen Person, sondern dem ganzen Menschen. Sie erstreckt sich auch auf seine Leiblichkeit, ja darüber hinaus auf einen neuen Himmel und eine neue Erde. Denn der Mensch ist nicht zu lösen von der übrigen Kreatur (→ Eschatologie: VI, 4d). Die christliche H. ist eine totale H., die das All umfaßt. Sie erwartet die neue Schöpfung als die Erfüllung der ursprunghaft vom Schöpfer gegebenen Bestimmung: die ihren Herrn verherrlichende Schöpfung, die zur Vollendung gelangte Gottesherrschaft. Diese H. ist keine zweifelhafte und gefährliche Gabe (Platon), kein täuschendes Übel, dem die vernünftige Vorsorge vorzuziehen ist (Hesiods Interpretation des Pandora-Mythos), sondern gewiß, ja so gewiß wie die Erkenntnis eines Faktums der Vergangenheit. Sie ist auch kein Postulat, das sich aus dem Widerstreit dieser Welt ergibt, sondern sie ist endgültig und unumstößlich begründet in der Auferstehung des gekreuzigten Christus, in der die Welt bereits überwunden ist. Auch wenn diese H. nur bezeugt werden kann in den raumzeitlichen Begriffen dieser Welt, die durch die Parusie beendet und verwandelt wird, so ist sie doch gewiß, daß ihre Aussagen nur überboten werden können durch den Herrn, den sie kennt und der als der Kommende diese uns bekannte Welt richtend und erlösend verwandeln wird, auf daß die neue Schöpfung Gott verherrliche.

4. Im Lichte der H. wird die Welt erkannt als unentrinnbar umschlossen von der Erhöhung und der Parusie Jesu Christi. Die Welt als die gegen ihren Herrn sich empörende Schöpfung ist schon besiegt, auch wenn sie es nicht wahrhaben will. Die der Welt noch verbleibende Zeit ist die Zeit der göttlichen Geduld und des Gnadenangebots. Christus ist die H. der Welt nur insoweit, als die Welt nicht Welt bleibt, sondern sich in → Buße und Glauben verwandeln läßt. Darum ist die H. nicht nur wache Erwartung des Kommenden, sondern auch tätiger Einsatz im Jetzt. Die Zeiten lebendiger christlicher H. sind immer zugleich Zeiten eilender Aktivität der Christen in der Welt gewesen. Die christliche H. macht uns zu Schuldnern aller Menschen. Die vordringlichste Tat der H. ist die eilende Verkündigung des Evangeliums, durch das Gott aus den Bindungen dieser gerichtsverfallenen Welt errettet. Tat der H. ist aber auch der Einsatz für die gerechte Ordnung dieser Welt. Erhält Gott bis zur Parusie diese Welt trotz ihrer Gerichtsverfallenheit, so haben auch wir der Erhaltung jeglichen menschlichen Lebens zu dienen, gleich auch ob diese Menschen sich Christus unterwerfen oder nicht. Beide Taten der H. sind jedoch in unumkehrbarer Weise einander zugeordnet. Das Evangelium ist nicht zu verkündigen, um dadurch die Welt zu erhalten. Wohl aber hat der Einsatz für die Erhaltung allen Menschenlebens zu geschehen, damit viele durch das Evangelium errettet werden, solange es noch Zeit ist. Die Taten der H. in dieser Welt erscheinen oft vergeblich, und ihre Wirkung scheint oft die Radikalisierung des Aufruhrs der Welt gegen ihren Herrn zu sein (→ Antichrist: III); aber im Lichte der H. sind die Leiden der Glaubenden in dieser Zeit die Zeichen des Sieges Christi über die Welt.

Vgl. die Lit. zu → Eschatologie: VI u. → Antichrist: III, ferner die betr. Abschnitte der Lehrbüchet der → Dogmatik u. → Ethik. - E.SCHLINK-R.L.CALHOUN, Christus, die H. für die Welt (Evanston Dokumente, hg.v. F.LÜPSEN, 1954, 135-155) - H.FAHRENBACH, Wesen u. Sinn der H. (Phil. Diss. Heidelberg), 1956 - H.-D.WENDLAND, Haben u. Hoffen (Ökumen. Rundschau 1956, 41-51). - Ferner die Beschlüsse der Weltkirchenkonferenz in Evanston 1954 (Evanston Dokumente) sowie die vorausgegangene u. nachfolgende Diskussion (ER 1951ff, Ökumen. Rundschau 1951ff). *E.Schlink*

Hofmann, 1. *Johann Christian Konrad von,* luth. Theologe, * 21.12.1810 in Nürnberg, † 20.12.1877 in Erlangen. H. studierte in Erlangen und Berlin, wurde 1833 Gymnasiallehrer in Erlangen, 1835 Repetent, 1838 PDoz., 1841 ao. Prof. an der theologischen Fakultät daselbst, 1842 o. Prof. für AT und NT in Rostock und lehrte seit 1845 als o. Prof. für nt. Exegese, Ethik und Enzyklopädie wieder in Erlangen (Hauptvertreter der → Erlanger Schule). Von 1863-69 war er auch politisch tätig als Landtagsabgeordneter der »Bayerischen Fortschrittspartei« in München. - Aus einem Elternhaus stammend, das von der bayerischen, mit dem schwäbischen → Pietismus (→ Bengel) zusammenhängenden → Erweckungsbewegung geprägt ist, empfängt der Student starke Eindrücke von dem von der Föderaltheologie (→ Bund: IV) beeinflußten ref. Pfarrer und ao. Prof. → Krafft in Erlangen. In Berlin fesselt ihn bes.

→ Ranke. Später ist der Einfluß → Schleiermachers, entscheidend aber der der idealistischen Geschichtsphilosophie (→ Hegel, vor allem → Schelling) auf ihn nicht zu verkennen. H. zeigt sich jedoch früh als originaler Denker, der, auf die Bedeutung der Frage nach der Geschichte für die Theologie aufmerksam geworden, in eklektischer Selbständigkeit auf die Geschichtswissenschaft und -philosophie seiner Zeit zugeht.

Immer im Blick auf die Schrift und ihre Auslegung beschäftigten ihn vor allem zwei, untereinander eng zusammenhängende Fragenkreise: a) Wie kann die Begründung der Theologie auf die Schrift als ihre norma normans methodisch sachgemäß dargestellt werden? Die → Orthodoxie, aber auch Schleiermacher greifen hinter den faktischen Ausgangspunkt des durch das → testimonium spiritus sancti internum gewirkten Glaubens zurück, in dem die zu ihm über die Verkündigung der Kirche gekommene Wahrheit des Schriftinhaltes evident wird. H. will dagegen die theologische Prinzipienlehre streng auf diese Beziehung lokalisieren. Daraus resultiert die Aufgabe, einen, vom allgemeinen unabhängigen, eigenen theologischen Wissenschaftsbegriff zu entwikkeln (wechselseitige Bezogenheit von Glaubens-, Schrift- und Kirchenwissenschaft im sog. »Schwebe«verfahren; Neufassung der → Inspiration; Untersuchungen zur →Hermeneutik). - b) Wie kann die *Geschichte* als wesentlicher Inhalt der Schrift zur Geltung gebracht werden? H.s antwortender Versuch ist seine → Heilsgeschichte. Ihre Komponenten sind das Verhältnis von AT und NT unter dem Schriftzeugnis, daß Jesus Christus ihre Mitte ist (→ Weissagung und Erfüllung: III; Erweiterung des Begriffs Weissagung als Vorhersagung künftiger Ereignisse zur »weissagenden Geschichte« [→ Typologie]), und das Verhältnis des jeweils gegenwärtigen Glaubens- und Heiligungsstandes des Christen zu der in der Schrift bezeugten Geschichte (als den lebendigen, gegenwärtigen Christus bezeugende hat ihre den Glauben treffende Relevanz in diesem ihren kausativen und inhaltlichen Grund).

Prägt sich bei H. einerseits eine bemerkenswerte, methodisch und inhaltlich christozentrisch-pneumatologische Intention aus, so wird diese andererseits durch den ihm oft vorgeworfenen Subjektivismus blockiert. Er findet seinen Ausdruck in einer anthropologischen Reduktion der theologischen Aussagen, die, offenbar angeregt durch die pietistisch gestimmte Frömmigkeit, ihre Ausbildung findet durch den Einfluß der idealistischen Geschichtsphilosophie mit ihrer anthropozentrischen Basis. Doch ist nicht zu übersehen, daß auch hinter diesem Subjektivismus ein echtes theologisches Anliegen steht. H. möchte die → Heiligung unter Korrektur einer einseitigen luth. Rechtfertigungstheologie als selbständiges Thema zur Geltung bringen und ist darum betont interessiert an der → »Wiedergeburt« (: III). Zum anderen will er »die gleiche fiduziale Personbezogenheit des Glaubens für die christliche Existenz, wie sie bei Luther und in den Bekenntnisschriften in der ›pro me‹-Bezogenheit des in Jesus Christus objektiv uns gegebenen Heilsgutes vorliegt« ausdrücken (Keller-Hüschemenger). So wie er vorgeht, wird nun aber der Glaubens- und Heiligungsstand des Christen infolge mangelnder Differenzierung zwischen ihm und dem (eigentlich gemeinten) hl. Geist methodisch zum beherrschenden Prinzip (»ich der Christ [bin] mir dem Theologen eigenster Stoff meiner Wissenschaft«). Und die Heilsgeschichte wird, analog der idealistischen Geschichtsphilosophie, zur sich kontinuierlich zu ihrer Vollendung hin entwickelnden Geschichtshorizontale, deren Thema und Bestimmungsgrund der Mensch als solcher ist und in der Jesus Christus lediglich zu einem allerdings entscheidenden Glied wird. Diese Linie verhindert aber die Entfaltung der eigentlich schriftgemäßen Äußerungen und Gedanken. Das zeigt sich vor allem an folgenden Punkten: 1. H.s Heilsgeschichte gibt der Rechtfertigung keinen Raum. 2. Sie relativiert die Sünde. 3. Sie mündet in einen unrealistischen christlichen Perfektionismus. 4. Sie verwandelt den Charakter der Kirche zur Demonstration eines heilsgeschichtlichen Moments und zur Christus besitzenden Heilsanstalt. - Gelang es H. auch nicht, seine Intentionen durchzuführen, so hat er mit ihnen doch weithin in einer für seine Zeit erstaunlichen Weise die Aufgaben angezeigt, die der Lösung harrten, und manche moderne theologische Fragestellung vorweggenommen. Darüber hinaus sind seine Exegesen auch heute immer noch lesenswert.

Vf. u.a.: Weissagung u. Erfüllung im alten u. neuen Testamente, 1. u. 2. Hälfte, 1841/44; Der Schriftbeweis, 1. u. 2. Hälfte, (1852-55) 1857-60²; Die hl. Schrift neuen Testaments zusammenhängend untersucht, I-VIII, 1862-78; IX-XI hg.v. W.Volck, 1881-86; Enzyklopädie der Theol., hg.v. H.J.Bestmann, 1879; Bibl. Hermeneutik, hg.v. W.Volck, 1880. - Über H.: P.Wapler, Joh.v.H., 1914 (Bibliogr.) - J.Wach, Das Verstehen II. Die theol. Hermeneutik von Schleiermacher bis H., 1929, 357ff - G.Weth, Die Heilsgesch., (FGLP IV, 2), 1931 - M.Schellbach, Theol. u. Philosophie bei v.H. (Diss. Halle), 1935 - O.Wolff, Die Haupttypen der neueren Lutherdeutung (Tübinger Studien zur syst. Theol. 7), 1938, 9ff - Barth, PrTh 553ff - E.W.Wendebourg, Die heilsgeschichtl. Theol. J.Chr. K.v.H.s in ihrem Verhältnis zur romantischen Weltanschauung (ZThK 52, 1955, 64-103) - M.Keller-Hüschemenger, Das Problem der Gewißheit bei J.Chr.K.v.H. im Rahmen der »Erlanger Schule« (Gedenkschrift für D.W.Elert, 1955, 288-295) - Chr.Senft, Wahrhaftigkeit u. Wahrheit (BHTh 22), 1956, 87ff - E.Hübner, Schrift u. Theol. Eine Unters. zur Theol. Joh.Chr.K.v.H.s (FGLP X, 8), 1956.

E.Hübner

2. *Melchior* (ca 1500-43), * in Schwäbisch Hall, † in Straßburg. Von Beruf Kürschner, durchzog er seit 1523 als Laienprediger und Volksschriftsteller die baltischen, skandinavischen und norddeutschen Lande und wirkte in Amsterdam und Straßburg. Sein Auftreten rief überall Tumulte hervor; im Mai 1533 wurde er deshalb in Straßburg für den Rest seines Lebens eingekerkert und ihm jede literarische Tätigkeit untersagt. Zwischen 1523 und 1533 hat H. mehr als 35 Schriften verfaßt, von denen etwa die Hälfte verloren ist. - H.s Denken geht von der Frage aus, wie die Bibel eigentlich zu verstehen sei: sie ist ihm eine *geheime* Offenbarung Gottes und besteht als solche aus Figuren, deren Urheber der hl. Geist ist; eine Auslegung dieser Figuren ist nur mit Hilfe des Geistes als des Schlüssels Davids möglich. H. weiß sich als Geistträger und vermag so nicht nur andere Ausleger - zB Luther - zu beurteilen, sondern auch die in der Schrift geweissagten Zeichen der Zeit zu erkennen und aus ihnen die göttlichen Forderungen und Absichten für Gegenwart und Zukunft abzulesen. Diese sind: Predigt des Evangeliums in der ganzen Welt, Einheit aller wahren Christen und Vernichtung der Feinde Christi: über alle lügenhaften, blutsäuferischen Verfolger der wahren Kirche wird bald ein furchtbares Strafgericht hereinbrechen. H. hält sich für einen der zwei in Apk 11 geweissagten endzeitlichen Zeugen, die der Welt den Willen Gottes zu verkünden haben. - H.s Gedanken haben stark auf Bernt Rothmann und auf die Theologie des Münsterischen Aufruhrs eingewirkt; die *»Melchioriten«* als besondere Partei der → Täufer sind erst allmählich verschwunden. Die Traditionszusammenhänge, in denen H. selbst steht, sind noch nicht geklärt.

Vf. u.a.: Formaninghe, 1526; Das 12. Kap. d. Propheten Daniel ausgelegt, 1526; Auslegung d. heiml. Offenb. Johannis, 1530; Ordonnantie Gottes, 1530; Auslegung d. Röm, 1533. Vollst. Bibliogr. bei Kawerau. - Über H.: W.J.Kühler, Geschiedenis der nederlandsche Doopsgezinden I, 1932, 52ff - H.J.Schoeps, Vom himmlischen

Fleisch Christi, 1951, 37ff - P.KAWERAU, M.H. als relig. Denker, 1954 - DERS., Zwei unbekannte Wiedertäuferdrucke (ZKG 69, 1958, 121-126) - Quellen z. Gesch. d. Täufer, Elsaß I (Stadt Straßburg 1522-1535), hg.v. M.KREBS u. H.-G.ROTT, in Vorbereitung.

P.Kawerau

Hofmannsthal, *Hugo von* (1.2.1874 bis 15.7.1929), * Wien, † Rodaun b. Wien, entstammte einer alten österreichischen Familie mit lombardischem Einschlag. Bereits mit seinen ersten Gedichten und lyrischen Dramen (zT unter den Pseudonymen Loris und Th.Morren) gewann H. u.a. die Freundschaft Stefan → Georges, dessen geistigem Führungsanspruch er sich jedoch bald entzog. Nach dem Abschluß des Rechtsstudiums und der Promotion in romanischer Philologie brachte die Jh.-wende einen bedeutsamen, äußerlich durch Heirat und Umsiedlung nach Rodaun gekennzeichneten Einschnitt in H.s Leben (s.u.). Während der Rodauner Zeit verband ihn Freundschaft mit R.Borchardt, R.A. → Schröder, R.Strauß und C.J.Burckhardt. - H.s Werk als Ganzes kann verstanden werden als früh einsetzende Kritik und schließlich vollzogene Überwindung des in den europäischen Literaturen der 2. Hälfte des 19.Jh.s immer deutlicher werdenden Auseinanderklaffens von Kunst und Leben, einer ästhetisch-verklärenden, sittlich indifferenten, oft melancholisch resignierenden Lebenshaltung (Dekadenz) und eines impressionistischen Zeit- und Wertgefühls. - Die sprachlich höchst feinnuancierte Lyrik der *ersten Schaffensperiode* (1891-1901) ist Ausdruck und Gestaltung des schmerzhaft erfahrenen Gefühls der Vergänglichkeit (»Terzinen I«) und einer in erhöhten Augenblicken »magischer« Welt- und Zeitenthobenheit erlebten All-Einheit der Dinge (»Ein Traum von großer Magie«). Die Helden der frühen Dramen sind besonders ästhetisch sensible, durch hohe Bewußtheit und Selbstreflexion in ihrer Tat- und Entschlußkraft gelähmte Lebensdilettanten (Andrea in »Gestern«, 1891) oder später erotisch genialische, aber liebenswürdige Abenteurergestalten, die sich allen inneren und äußeren Fluktuationen hingeben (»Der Abenteurer und die Sängerin«, 1899). Die Unfähigkeit beider Typen zu echter menschlicher Bindung kann nur überwunden werden durch »die Treue, die der Halt von allem Leben ist« (»Der Tor und der Tod«, 1893), die jedoch nicht zum starren Festhalten an der Vergangenheit werden darf, das dem fließenden Leben (Symbol des strömenden Wassers) nicht gerecht würde (»Der weiße Fächer«, 1897). So zieht sich bereits durch das Jugendwerk jenes Grundmotiv der »Antinomie von Dauer und vergehender Zeit, von Treue und Vergessen«, das H. auch als inneren Mittelpunkt seines späteren Schaffens bezeichnet hat. - Die *zweite Schaffensperiode* (1901-29) wird eingeleitet durch eine H. schwer erschütternde Sprachkrise (Chandos-Brief), in der früh gehegte Zweifel an der Fähigkeit der Sprache zur Erfassung der Wirklichkeit voll zum Ausbruch kommen und die das Versiegen der aus »magischer« Sprachbeherrschung geschaffenen Lyrik zur Folge hat. H.s Wandlung kommt weiterhin zum Ausdruck in der Versenkung in die düstere Welt der Griechenstücke (»Elektra«, 1903; »Ödipus und die Sphinx«, 1906), in der Ablösung des vorwiegend lyrischen Monologs durch den im eigentlichen Sinne dramatischen Dialog und in der Hinwendung zur großen geistigen Tradition, in deren Dienst auch die von H. herausgegebenen Sammlungen (zB »Deutsches Lesebuch«, 1922) und die von ihm inaugurierten, noch heute stattfindenden Salzburger Festspiele stehen. Die Reihe der Lustspiele (Höhepunkt: »Der Schwierige«, 1921) wird mit der Komödie »Cristinas Heimreise« (1910) eröffnet, in der die Ironisierung des Liebesabenteurers und die hohe Einschätzung der Ehe deutlich die Überwindung der den früheren Helden eigenen Lebenshaltung anzeigen. In den als Libretti für R.Strauß geschaffenen Dichtungen (»Der Rosenkavalier«, 1911; »Ariadne auf Naxos«, 1912; »Die ägyptische Helena«, 1928; »Arabella«, 1933) variiert H. das Grundthema der Antinomie von Treue und Vergessen und das der Verwandlung des Menschen durch Liebe und selbstvergessene Hingabe, die in »Die Frau ohne Schatten« (Libretto und - neben dem Romanfragment »Andreas« - einzige größere Erzählung der 2. Schaffensperiode, 1919) durch die die Schuldverstrickung lösenden Kräfte der Selbstüberwindung und der Vergebung überhöht werden. An das Mysterienspiel des MA knüpft H. mit dem »Jedermann« (1911) an, an das spanische und österreichische Barockdrama mit dem »Salzburger Großen Welttheater« (1922), einer Nachdichtung des »Großen Welttheaters« von → Calderon, in der die Menschen vor Gott das Spiel ihres Lebens auf der Bühne der Frau Welt aufführen. H.s letzte Lebensjahre sind erfüllt von dem Ringen um die »Turm«-Tragödie, in der er, von Calderons »Leben ein Traum« ausgehend, die Frage umkreist, ob das Geistige, verkörpert in dem Königssohn Sigismund, der christusähnliche Züge trägt, durch sein reines gewaltloses Dasein die der Macht und Gewalt anheimgefallene Welt zu erneuern vermag oder ob es, nur »Zeugnis« von sich gebend, als Opfer zum Untergang bestimmt ist. - Mit dem Begriff der »anima naturaliter christiana« hat H.s Freund L.v.Andrian die tiefe innere Übereinstimmung des Dichters mit Grundwerten christlicher Ethik umschrieben, über der freilich nicht übersehen werden darf, daß - trotz H.s Beisetzung im Franziskanerhabit - sein Verhältnis zur christlichen Religion als Ganzem einer eindeutigen Entschiedenheit entbehrt.

GesW, 6 Bde, 1924; GesW in Einzelausg.n, hg.v. H.STEINER, 1945ff; Ad me ipsum (Neue Rundschau 65, 1954, 358-382). - Briefe: 1890-1901, 1935; 1900-09, 1937. - Briefwechsel mit R.Strauß, hg.v. F. u. A.STRAUSS, Zürich 1952; mit Bodenhausen (= Briefe d. Freundschaft), 1953; mit George, hg.v. R.BOEHRINGER, 1953²; mit C.J.Burckhardt, 1956. - Über H.: GR.SCHAEDER, H.v.H., Bd I: Die Gestalten (Neue Forschungen 21, 1), 1933 - K.J.NAEF, H.v.H.s Wesen u. Werk, Zürich 1938 - P.REQUADT, H.v.H. (in: Dt. Lit. im 20.Jh., hg.v. H.FRIEDMANN u. O.MANN, 1954, 36-61) - R.ALEWYN, Über H.v.H., 1957.

A.Scholl

Hofmeister (Oeconomus), *Sebastian* (1476-1533), Barfüßermönch von Schaffhausen, Lektor seines Ordens in Zürich, Konstanz, Luzern, korrespondiert mit Zwingli, Luther, → Vadian, O. → Myconius und → Farel. Wegen seiner ev. Gesinnung muß er aus Luzern weichen, nimmt 1523 an den Zürcher Disputationen teil und wird, seinen Gegner Erasmus → Ritter gewinnend, Reformator seiner Vaterstadt. Gegen Ende 1525 setzt aber hier die altgläubige Reaktion ein; H. wird verbannt. Als Prediger am Fraumünster in Zürich ist er 1526 am Religionsgespräch in Ilanz (Graubünden), 1528 an der Berner Disputation beteiligt, wird dann Prof. für Hebräisch und Katechetik in Bern und führt die Reformation in Zofingen durch (1532 beim Gespräch mit den Täufern).

RE VIII, 241f - J.WIPF, Reformationsgesch. der Stadt u. Landschaft Schaffhausen, 1929.

O.E.Straßer

Hofprediger. In der seit Konstantin bestehenden engen Verbindung von kaiserlichem Hof und Kirche, im → Eigenkirchen-Wesen und Landeskirchentum des MA vorgebildet (→ Kirche und Staat), hat sich das Amt des H.s zuerst auf ev. Boden in Deutschland, Holland und in den nordischen Ländern entwickelt. Ihm entspricht an kath. Höfen die Stellung des Beichtvaters. → Spalatin, 1522 zum H. ernannt, war schon seit 1517 Beichtvater und Seelsorger → Friedrichs d.W. - Die Vermehrung der H. durch die Ausbreitung der Reformation und durch die Errichtung neuer Hofhaltungen hatte auch ihre Abstufung in Hofkaplane und Ober-H. zur Folge. Oft waren nur die Ober-H. persönliche Seelsorger und Hausgeistliche ihres Landesherrn, während den H.n die Versorgung der Hofgemeinde oblag. Diese, ursprünglich eine reine Personalgemeinde aus Hof und Familien der Hofbeamten, war oft auch mit einer Militärgemeinde verbunden. - Wegen der Bedeutung ihres Amtes erhielten die H. auch verantwortliche Stellungen in den kirchlichen Oberbehörden. In Sachsen hatte der Ober-H. nahezu die Stellung eines Landesbischofs (F. → Dibelius), in Preußen wurden sie gelegentlich zu Bischöfen, Staatsräten oder Erzbischöfen ernannt (→ Borowski, → Eylert, F.S.G. → Sack). → Dryander und → Conrad waren geistliche Vizepräsidenten des Ev. Oberkirchenrates, W. → Hoffmann und → Kögel Mitglieder des Staatsrates. - Die Berufung der H. erfolgte durch den Landesherrn, dem sie oft unmittelbar unterstanden. Ihr kirchlicher und politischer Einfluß hing von ihrem persönlichen Verhältnis zu ihm ab; oft waren sie die Erzieher seiner Kinder. - In Preußen waren im 18.Jh. wegen der besonderen Beziehungen der ref. Konfession zur Person und Familie des Landesherrn fast alle ref. Prediger in den Städten H. Dieser Brauch wurde jedoch durch Kabinettsordres von 1833 und 1846 auf die Hauptstädte der preußischen Provinzen und auf die Geistlichen beschränkt, die vom König berufen waren oder tatsächlich im geistlichen Dienst des Hofes standen. - Mit dem Ende der Monarchie traten die H. in den allgemeinen kirchlichen Dienst oder in den der betreffenden Dom- oder Schloßgemeinden.

Akten des Ev. Oberkirchenrates in Berlin Gen V., 67. - H.DALTON, D.J.Jablonski, 1903 - H.HERMELINK, Gesch. der Ev. Kirche in Württemberg, 1949 - I.Höss, G.Spalatin, 1956 - R.v.THADDEN, Die brandenburgisch-preuß. H. im 17. u. 18.Jh. (Diss. Göttingen), 1958. - Ferner die Biographien der genannten H. sowie von J. → Agricola, J.V. → Andreä, E. → Frommel, → Funck, → Gerok, → Hedinger, → Stoecker, S. → Urlsperger. *H.Hohlwein*

Hofstätter, *Heinrich* (1850: *von* H.; 1805-75), * in Aindling/Obb., † in Passau. H. studierte in Landshut und München Rechtswissenschaften, kam durch den Görreskreis zur Theologie (1831-33), wurde 1834 Domvikar, 1830 Domherr in München und 1839 Bischof von Passau. H. stritt eigenwillig für Recht und Autorität seiner Kirche, mißtrauisch gegenüber dem aufkommenden kath. Vereinswesen. Gegen die → Altkatholiken ging er energisch vor. In seiner Diözese förderte er bes. das kirchliche Bildungswesen.

J.W.HAUPTMANN, Heinrich, Bisch. v. Passau, 1875 - ADB XII, 648ff - LThK V, 97 - F.X.ZACHER, H.v.H., 1940 (dazu H.HERMELINK, ThLZ 74, 1949, 480ff). *G.Maron*

Hofstede de Groot, *Petrus* (1802-86), niederländischer Theologe, * in Leer (Ostfriesland). H. studierte Theologie in Groningen und wurde 1826 Pfarrer in Ulrum, der Geburtsstätte der Separationsbewegung (Afscheiding) von 1834. Seit 1829 war er als Nachfolger des Kirchenhistorikers Clarisse d.J. Prof. in → Groningen. Mit dem geistesverwandten L.G.Pareau, H.v.Oordt und einem Kreise von Pfarrern gab er seit 1837 die Zeitschrift »Waarheid en Liefde« heraus; so kam es zur Gründung der → Groninger Schule, als deren Haupt H. galt, deswegen in übertriebener Weise verehrt und gehaßt. Schon als Student meinte H. eine Diskrepanz zwischen Bibel und Kirchenlehre feststellen zu müssen. Er sah es als seine Lebensaufgabe an, eine Rückkehr zur Bibel anzubahnen. Die Person Jesu Christi soll dabei beherrschend sein, nicht eine Lehre über ihn. Dieses Programm erinnert an → Schleiermacher, den H. aber erst später kennengelernt hat. Besser wird man von Erneuerung des »biblischen Humanismus« sprechen. Die Geschichte hat für H. großes Gewicht: sie offenbart den gütigen Vater Jesu Christi, der die Menschheit zum Ziele einer reinen Humanität leitet. Darin ist der Einfluß → Herders und Ph.W.van Heusdes spürbar; manches erinnert an → Coccejus. H. fühlt stark national; die eigentümlich und ursprünglich niederländische Frömmigkeit eines W. → Gansfort und → Thomas a Kempis stellt er über den fremden Calvinismus. H. wurde bes. vom → Réveil bekämpft. Die Groninger Schule, schon zu H.s Lebzeiten abnehmend, ist inzwischen völlig verschwunden.

Vf. außer Beiträgen zu den Handbüchern der → Groninger Schule bes.: Voorlezingen over de geschiedenis der opvoeding des menschdoms door God tot op de komst van Jezus Christus, 1846. - Über H.: NNBW II, 530ff - BWGN III, 373ff (Lit.).
S.van der Linde

Hohenlohe- *(Waldenburg-) Schillingsfürst,* kath. Zweig eines alten, ehemals reichsunmittelbaren, 1806 mediatisierten fränkischen Fürstengeschlechts. - Von dem durch den → Josephinismus geprägten Geist des Vaters und von ihrer ev. Mutter her nahmen die Brüder Chlodwig und Gustav-Adolf ein starkes Gefühl für Toleranz und Liberalität mit in ihren Dienst an Staat und Kirche, verbunden mit einem allem Konformismus entgegenwirkenden Selbstbewußtsein des hocharistokratischen Standesherren.

1. *Chlodwig,* Fürst zu H.-Sch. (1819-1901), * in Rotenburg a.d. Fulda, † in Ragaz (Schweiz), trat in staatliche Dienste, noch bevor er 1846 die Standesherrschaft Schillingsfürst übernahm und Mitglied des bayrischen Reichsrates wurde. Entgegen einer österreichisch-ultramontanen Politik der bayrischen Klerikalen betrieb er die Anlehnung an Preußen, bes. als bayrischer Ministerpräsident (1866-70), indem er ganz in »kleindeutsch«-liberalem Sinne wirkte. Seine »staatskath.« Einstellung führte zum einzigen politischen Schritt gegen das → Vatikanum: eine bayrische Zirkulardepesche vom 9.4.1869 (Wortlaut überwiegend von → Döllinger) vertrat die Meinung, durch eine Definition der päpstlichen Unfehlbarkeit seien auch staatskirchliche Materien und Fragen gemischter Natur tangiert. Die befürchtete Dogmatisierung des → »Syllabus« von 1864 verstoße zudem »gegen mehrere wichtige Axiome des Staatslebens, wie es sich bei allen Kulturvölkern gestaltet hat«. Ein von Chl. angeregter gemeinsamer Schritt der europäischen Regierungen kam nicht zustande (auch → Bismarck entschied sich für eine abwartende Haltung); das gescheiterte Unternehmen trug zum Sturz von Chl. bei. Er wurde 1871 Mitglied des deutschen Reichstages, 1874 reichsdeutscher Botschafter in Paris, 1885 Statthalter in Elsaß-Lothringen und war von 1894-1900 als Nachfolger Caprivis dritter Reichskanzler. Der »deutsche Whig« (Gollwitzer) stand im → Kulturkampf bei der »liberalen Reichspartei« und gab seine gewichtige Stimme zugunsten des Jesuitengesetzes von 1872. »Ekel vor allem Dogmatischen« hatte Chl. zu einem dogmenlosen Christentum geführt, das ihn in besonderen, schon in seiner Jugend auftauchenden Gegensatz gegen alles »Jesuitische« (= Ultramontane) brachte.

2. Sein Bruder *Gustav-Adolf,* Prinz zu H.-Sch., Kardinal (1823-96), * Rotenburg a.d.Fulda, † Rom, studierte in Bonn die Rechte, dann unter dem Einfluß → Diepenbrocks Theologie in Breslau und München (bei → Döllinger), wurde 1849 Priester, als Günstling Pius' IX. 1857 Titularbischof von Edessa, Großalmosenier des Papstes und 1866 Kardinal. Nach dem Zusammenbruch des → Kirchenstaates lebte er in Schillingsfürst (bis 1876), wurde 1879 Kardinalbischof von Albano, resignierte jedoch 1883 auf dieses Bistum. Der erbitterte Gegner der Jesuiten gehörte trotz seiner Freundschaft zu Pius IX. auf dem → Vatikanum zur Opposition, unterwarf sich

freilich später. Als Konzilstheologen hatte er J. → Friedrich nach Rom geholt. Der Versuch Bismarcks, 1872 mit G.-A. als Botschafter eine deutsche Botschaft am Vatikan zu errichten, scheiterte. Auch als Kandidat für mehrere deutsche Erzbischofstühle war G.-A. genannt worden. Sein Verhältnis zum Papsttum war zuletzt getrübt - als einziger der Kardinäle war er öffentlich für den italienischen Nationalstaat eingetreten! In den letzten Jahren lebte der elegante Hocharistokrat zurückgezogen in der Villa d'Este in Tivoli, die er zu einem Tuskulum für Künstler und Gelehrte machte.

Zur Familie: H.GOLLWITZER, Die Standesherren, 1957 (s. Reg.). - Zu 1: Denkwürdigkeiten des Fürsten Chl. zu H.-Sch., hg.v. F.CURTIUS, 2 Bde, 1906; Denkwürdigkeiten aus der Reichskanzlerzeit, hg.v. K.A.v.MÜLLER, 1931. - Über 1 u. 2: H.RUST, Reichskanzler Fürst H. u. seine Brüder, 1897 - RGG¹ III, 105ff; RGG² II, 1987f - LThK V, 101f - EC VI, 1456f - F.X.KRAUS, Tagebücher, hg. v.H.SCHIEL, 1957 (Reg.). - Über 1: O.v.VÖLDERNDORFF, Vom Reichskanzler Fürsten v.H., 1902 - G.FRHR.v.HERTLING, Fürst H.-Sch. u. s. Memoiren (Hochland 4, 1906/07, 679-706) - O.PFÜLF, H. als Ankläger des Jesuitenordens (StML 72, 1907, 1-22) - K.A.v.MÜLLER, Der 3. dt. Reichskanzler, 1932 - B.GRAF v.HUTTEN-CZAPSKI, 60 Jahre Politik u. Gesellschaft, 2 Bde, 1936. - Über 2: C.ZANDOTTI, Cenni storici del Card. Principe G. d'H., Rom 1896 - F.X.KRAUS, G.Pr. zu H.-Sch. (Biogr. Jb. u. Dt. Nekrolog I, 1896, 449-455) - J.KISSLING, Gesch. d. Kulturkampfes im dt. Reiche II, 1913, 99ff; III, 1916, 225ff.

G.Maron

Hohepriesterliches Gebet. Das weihevolle Gebet Jesu, das im jetzigen Text des JohEv die Abschiedsreden abschließt (17, 1-26) - vielleicht ging es diesen ursprünglich voraus (Bultmann 351) -, wird seit → Chyträus das H.G. genannt, wohl weil Jesus hier, Priester und Opfer zugleich, Fürbitte tut und sich selber »heiligt« (→ Heiligung: III, 3), dh als Opfer in den Tod gibt. Religionsgeschichtlich gesehen repräsentiert das H.G. den Typus des Abschiedsgebets (für verwandte Beispiele vgl. Bauer, Bultmann 374 Anm. 2). Im JohEv steht es einerseits anstelle des Gebets, das Jesus nach den Synoptikern in Gethsemane spricht (Mk 14, 32ff par; vgl. Joh 12, 27ff!), andererseits anstelle der Einsetzungsworte des hl. Abendmahls (Mk 14, 22ff par). Nach früheren knappen Andeutungen über Jesu Beten (6, 11. 23; 11, 41f; 12, 27f; 9, 31; 11, 22; 14, 16; vgl. 16, 26; 4, 22; 6, 15 D) führt Johannes hier in das Innerste und zugleich auf den Höhepunkt seines Evangeliums. Sprache und Gedankenführung des Gebetes sind unverkennbar johanneisch. Der Gesamtkonzeption des JohEv entsprechend redet hier »Jesus Christus« (V. 3) zugleich als der zum Kreuz Gehende (V. 19) und bereits Erhöhte (V. 11f; vgl. V. 4). Die Hauptanliegen seiner eng miteinander verflochtenen Bitte (V. 1-5) und Fürbitte (V. 6-26) sind seine eigene »Verherrlichung« (V. 1. 5. 10) wie die Gottes (V. 1. 4) und davon untrennbar die Bewahrung (V. 11f. 15) und Heiligung (V. 17. 19), Einung (V. 11. 21f) und Vollendung (V. 23ff) der gegenwärtigen (und künftigen, V. 20) Christen in der Liebesgemeinschaft mit Gott und Christus sowie untereinander (V. 21. 23f. 26). Als praktisches Ziel steht dahinter die missionarische Wirkung der Jüngergemeinde (V. 18. 20f. 23). - Der Anfang von V. 21 (Ut omnes unum sint) wurde zum Leitspruch der → ökumenischen Bewegung.

W.BAUER, Das JohEv (HNT 6), 1933³, Exkurs zu 17, 26 - R.BULTMANN, Das Evangelium des Joh. (MeyerK II¹⁵), 1957, 350f. 371. 374ff - O.ZÄNKER, Das H.G. (Joh 17), 1956. *G.Stählin*

Hoherpriester, *jüdischer.* Dem rabbu kâhinîma (dh Herrn der Priester, an Heiligtümern mit mehreren Priestern) von → Ugarit entsprechend, könnte es schon in Israels Frühzeit oberste Priester gegeben haben, etwa am Heiligtum in → Silo; doch fehlt ein diesbezüglicher Terminus. - Am Salomonischen → Tempel (: II) ist das Amt eines - hofgebundenen - Oberpriesters wahrscheinlich (anders Noth). In Am 7, 10ff (Bethel) fehlt eine besondere Kennzeichnung, wenn nicht, wie auch in 2Kön 16, 10ff, »der« Priester bereits den Vorsteher einer mehrere Amtsträger umfassenden Priesterschaft meint. 587 gab es nach 2Kön 25, 18 (Deuteronomist) in Jerusalem einen »Haupt«-Priester. Die Kultuszentralisation von 621 bedeutete jedenfalls eine starke Machterhöhung für den Jerusalemer Oberpriester. Doch erst die *nachexilische Zeit* machte ihm durch den Wegfall des Königtums die Bahn frei. Erst jetzt wird der Titel hàkkohen hàggadôl verwendet (Lev 21, 10; Num 35, 25ff; Hag 1, 1 u.a.). Vorbedingungen (Zadokide, Eheauswahl), Pflichten (keine Todberührung, Sühneriten), Rechte (auf Lebensdauer, Betreten des → Allerheiligsten), weithin vom Königtum übernommene Tracht (Kopfbund, Ornat [→ Ephod], Amtsschild [→ Urim und Tummim]) und Weihe (→ Salbung) werden jetzt festgelegt. Für die nicht-zadokidischen Hasmonäer bedeutete das H.-Amt eine Stärkung ihrer politischen Position (→ Judentum: I). Die Zeit von → Herodes bis zur Tempelzerstörung brachte mit der fortschreitenden Säkularisierung einen weitgehenden Zerfall des H.-Amtes. - Von der → *Qumran-Gemeinde* wurde die Weissagungsgabe des amtierenden H.s (vgl. Joh 11, 51) bestritten (1QpHab X, 9). Ihr »Lehrer der Gerechtigkeit« galt ihr als wahrer H., dessen Wiederkehr als Priester-Messias sie erwartete (1QpHab II, 8f; IX, 9ff; 1QS IV, 11). Vgl. auch in 1QM II, 1; VII, 12; XV, 4 den H. im apokalyptischen Endkampf. - Der → *Hebräerbrief* sieht das - zumal sühnestiftende (Sir 45, 16) - Amt des H.s in Christus zur abschließenden Erfüllung gekommen (Hebr 4, 16; 7, 5ff; 9, 12). - Vgl. → Aaron, → Priestertum: II, → Zadok.

J.E.HOGG, A Note on two Points in Aarons Headdress (JThS 26, 1924/25, 72-75) - DERS., The Inscriptions on Aarons Headdress (ebd 28, 1926/27, 287f) - J.JEREMIAS, Jerusalem zur Zeit Jesu II, 1929 - J. GABRIEL, Unters.en über das at. H.tum, 1933 - ThW III, 268ff - G. ALLON, On the history of the High-Priesthood at the close of the second Temple (Tarbiz 13, 1941, 1-24) - N.B.BARROW, The High Priest, London 1947 - F.STUMMER, Gedanken über die Stellung des H.s in der at. Gemeinde (Episcopus, Festschr. f. Faulhaber, 1949, 19-48) - J.GOETTSBERGER, Das at. H.tum u. Ezechiel (ebd 1-18) - E.BAMMEL, Ἀρχιερεὺς προφητεύων (ThLZ 79, 1954, 351-356) - J.JADIN, The Dead Sea Scrolls and the Epistle to the Hebrews (Scripta Hierosolymitana 4, 1957, 36-55) - M.NOTH, Amt u. Berufung im AT, 1958. *† A.Wendel*

Hoheslied

I. Das at. Buch - II. Auslegungsgeschichtlich

I. Das at. Buch

Die Überschrift in 1, 1 bestimmt das Buch als das Lied der Lieder, das schönste Lied, von → Salomo verfaßt oder (mit anderer Deutung der Präposition l^e^) auf Salomo bezüglich. Es gehört zu den fünf → Megilloth. Die Kanonisierung ist nicht ohne Schwierigkeiten geschehen. Neben der schon in 4Esr vorausgesetzten allegorischen Interpretation findet sich die wörtlich-sinnliche Deutung, zB in Tos. Sanh. 12, 10 und Midr. Hhld Rabba 1, 1. Entscheidend für die Aufnahme in den at. Kanon war - abgesehen von der als möglich angesehenen allegorischen Deutung - die vermeintliche salomonische Herkunft. Später wurde das H. die Festrolle der Passafeier.

Der salomonische Ursprung des Buches oder eines Teiles desselben ist (gerade bei Erwähnung Salomos in 1, 5; 3, 6-11; 8, 11f) nicht aufrechtzuerhalten. Das Buch als Ganzes ist in späterer Zeit entstanden. Rein sprachlich fällt die in alten Texten nur seltene (vgl. Ri 5), hier aber durchgehende Verwendung der Relativpartikel šæ auf. Die sog. Aramaismen im H. dürften weitgehend mit dialektischen Unterschieden in der hebräischen Sprache und mit dem volkstümlichen Gepräge mancher Lieder zusammenhängen. Die syntaktische Konstruktion in 3, 7 könnte spätere Änderung in einem älteren Lied sein. Im selben Lied (3, 9) begegnet das Wort 'äppirjôn (Tragsessel), das oft als griech. Lehnwort betrachtet für eine Spätdatierung herangezogen wird, aber - mit sanskr. paryanka in Verbindung gebracht - bereits in persischer Zeit gebraucht sein könnte, wie das iranische pärdes = Park (4, 13). - Selbst wenn bestimmte Sprachelemente auf eine spätere, nachexilische Zeit hinzudeuten scheinen, so ist damit nichts über das Alter der einzelnen Lieder gesagt; bewiesen ist nur, daß der Text der Lieder im Laufe der Jh.e in mündlicher wie schriftlicher Überlieferung geändert worden ist; Lieder sind gekürzt oder aufgefüllt worden. Jedenfalls sind sie oft zersungen. Die einzelnen Lieder sind kaum mit Sicherheit zu datieren. Einiges läßt sich immerhin sagen: 3, 6-11 könnte ein Hochzeitslied für Salomo sein; »die Töchter Jerusalems« (1, 5; 2, 7 usw), Tirza (nordisraelitische Königsstadt) neben Jerusalem (6, 4) weisen in die (ältere) Königszeit. Jedoch mehr als ein terminus a quo läßt sich hieraus nicht entnehmen. Die Auffassung, die Lieder seien in verschiedenen Zeiten entstanden und erst ziemlich spät (zZ Hiskias?) gesammelt worden, was die Wahrscheinlichkeit späterer Umarbeitung nicht ausschließt, wird wohl ungefähr das Richtige treffen. Auch der Ort der Entstehung der Lieder läßt sich nicht genauer angeben. Am besten denkt man an verschiedene Gegenden Palästinas (städtische Verhältnisse zB in 3, 3; 5, 7, Verhältnisse auf dem Lande u.a. in 1, 7f; 1, 15ff). Topographische und geographische Bezeichnungen weisen auf das Gebiet des Nordreiches (2, 1; 3, 9; 4, 8; 5, 15; 6, 5 usw), weniger auf Juda (1, 14). - Wiederholungen (2, 17a und 4, 6a; 2, 6f und 8, 3f), in Liedern gleichen Themas leicht verständlich, könnten auch auf kleinere selbständige Sammlungen hinweisen, die später in Juda vereinigt wurden und in nachexilischer Zeit ihre endgültige Form erhielten. Die (oder den) Sammler wird man wahrscheinlich im Kreise der Weisen zu suchen haben (vgl. Gordis, Audet), was die Herleitung von Salomo verständlich macht.

Das H. ist eine Sammlung einzelner Lieder (ca 25 bis 30). Versuche, es als eine einheitliche Dichtung zu betrachten, sind nicht gelungen. Nur das Thema, die Liebe, ist allen Liedern gemeinsam. Wir haben es mit Volkspoesie verschiedener Dichter zu tun. Die Volkstümlichkeit bedeutet nicht, daß alles spontan und ursprünglich ist. Oft handelt es sich um traditionelles Gut. In Stil, Motiven und Bildsprache besteht weitgehende Ähnlichkeit zwischen dem H. und den Liebes- und Hochzeitsliedern verwandter Kulturen. Parallelen im besonderen Sinne sind zB die Lieder der Götterhochzeit des → Tammuz-Ischtarkultes, altägyptische Liebeslieder und arabische Liebesgedichte (u.a. aus Palästina und Syrien). Es wäre zu erinnern an das zu allen Zeiten beliebte Beschreibungslied (arabisch = waṣf: 4, 1ff; 5, 10ff; 6, 4ff) und an den Tanz der Braut (7, 1-6; vgl. den Paradiertanz der Braut auf einer syrischen Bauernhochzeit bei Wetzstein). Die Frage nach dem Sitz im Leben der im H. gesammelten Lieder ist sehr verschieden beantwortet worden. Man hat das Buch als ein Drama betrachtet, in dem sogar geschichtliche Personen auftreten (Salomo und Abisag von Sunem bzw. auch ein Liebhaber aus dem Heimatort des Mädchens); aber diese Auffassung setzt die Einheit des Buches voraus, führt zu gezwungener Exegese und stützt sich auf die sehr zweifelhafte Identifikation der Sulamith (7, 1) mit der in 1Kön 1f genannten Abisag.

In jüngster Zeit ist die kultisch-mythologische Deutung immer stärker in den Vordergrund getreten (Wittekindt, Meek, Schmökel). Nach Schmökel ist das H. in seiner ursprünglichen und vollständigen Form (freilich in neuer Anordnung der Lieder!) der Text für die Zelebrierung der heiligen Hochzeit; die Lieder der syrischen Dreschtafel (Wetzstein), wo die umgekehrte Dreschtafel als Thron und der bäuerliche Bräutigam als König galt, seien ein letztes Echo dieses Glaubens an die Götterliebe und -hochzeit. Zwar war in Palästina der Tammuzkult nicht unbekannt (vgl. zB Ez 8!), aber dies besagt nicht, daß das H. ursprünglich eine Kultliturgie gewesen ist. Natürlich findet man in Kultliedern der heiligen Hochzeit und in profanen Liedern verwandte Begriffe, Wörter und Metaphern, und es ist oft schwer zu entscheiden, ob diese Motive aus kultischem oder aus profanem Bereich stammen. Auch wenn man die Erinnerungen an und Übereinstimmungen mit den Liedern des Vegetationskultes anerkennt, ist doch das H. als eine Sammlung *profaner* Liebes- und Hochzeitslieder anzusehen. Ohne Zweifel sind solche Lieder mit ihrem Austausch der Liebeserklärung zwischen Braut und Bräutigam in Israel von den Liebenden selbst und von den Gästen während der Hochzeitsfeier gesungen worden; dabei wurde sehr offenherzig der Freude über Liebesspiel und Liebesgenuß Ausdruck verliehen. Man hat damit zu rechnen, daß die Sprache der Liebeslieder, bes. in volkstümlicher Poesie, offen und frei war. Hinsichtlich der Freiheit des Mädchens im H. und der Unbefangenheit des Erzählens erotischer Erlebnisse muß man fragen, was hier Schilderung erlebter Realität und was Beschreibung von erwünschten oder geträumten Erlebnissen ist. - Die Liebe der Geschlechter ist also der Gegenstand dieser Sammlung weltlicher Lieder im H. Diese rein menschliche Liebe wird im israelitischen Denken positiv gewertet; wenn die → Ehe (: II) eine von Gott gewollte Schöpfungsordnung ist, kann man auch die Liebe und Sinnenfreude in positivem Sinne unter den Segen Gottes stellen. Weil das Verhältnis von Gott und Israel öfters im Bilde von Liebe und Ehe dargestellt wird (vgl. Hos und Jer), konnten auch die Lieder des H.es, die so unbefangen von menschlicher Liebe und Liebesfreude reden, in den weiteren und höheren Kreis der Liebe Gottes zu seinem Volk aufgenommen werden. So jedenfalls läßt sich das spätere Hervortreten der allegorischen Interpretation (→ Hoheslied: II) am ehesten verstehen.

Kommentare u.a. von M.Haller, HAT I, 18, 1940 - G.Ch.Aalders, 1952 - A.Bea, 1953 - R.Gordis, 1954 - Th.Meek, IntB, 1956 - H.Ringgren, ATD 16/2, 1958. - Lit.-Übersicht: C.Kuhl, Das H. u. seine Deutung (ThR NF 9, 1937, 137-167) - H.H.Rowley, The interpretation of the song of songs (in: The Servant of the Lord, London 1952, 187-234) - R.E.Murphy, Recent Lit. of the Ct (CBQ 16, 1954, 1-11). - Lit.: J.G.Wetzstein, Die syrische Dreschtafel (ZE 5, 1873, 270-302) - W.Rudolph, Das H. im Kanon (ZAW 59,1942/1943, 189-199) - S.W.Linder-H.Ringgren, Paläst. Volksgesänge, 1952, bes. 82ff - F.Landsberger, Poetic units within the song of songs (JBL 73, 1954, 203-216) - J.P.Audet, Le sens du cantique des cantiques (RB 62, 1955, 197-221) - S.Segert, Die Versform des H.es (Charisteria Orientalia Joanni Rypka, Prag 1956, 285-299) - H. Schmökel, Hl. Hochzeit u. H. (AKM 32, 1), 1956.

A.R.Hulst

II. Auslegungsgeschichtlich

Das H. wurde von der Kirche als eine ausschließlich allegorisch zu verstehende Schrift übernommen. Die Synagoge hatte zuvor zwei Umdeutungen hervorgebracht: auf die unter Gottes Führung stehende Geschichte Israels und auf das Verhältnis des einzelnen Frommen zu Gott. → Origenes führte die entsprechende christliche Allegorisierung durch: das H. handelt vom Verhältnis Christi zur Gemeinde und von der Beziehung der einzelnen Seele zu Christus. (Die letzte Erklärung wurde dann als mystische von der allegorischen unterschieden, und unter der Herrschaft des vierfachen Schriftsinnes [→ Schriftauslegung: IV] kamen noch mehr Arten hinzu, aber ohne terminologische Abgrenzung.) Es nimmt nicht wunder, daß die - an sich willkürliche - übertragene Deutung des Buches bald in ganz verschiedener Weise vollzogen wurde: christologisch auf die Menschwerdung des ewigen Wortes von → Athanasius u.a.; mariologisch durch → Ambrosius, → Rupert von Deutz und später oft; auf den Verlauf der Heilsgeschichte im AT und NT bei → Nikolaus von Lyra und Jacobus → Perez de Valencia. Für die individualistische (mystische) Auslegung auf das Verhältnis der einzelnen Seele zu Christus, ihrem Bräutigam (→ Christusmystik, Brautmystik) waren das ganze MA hindurch die 86 Sermones des → Bernhard von Clairvaux geradezu *das* nachgeschriebene und nachgeahmte Vorbild. → Luther verstand das H. als Salomos Lobpreis Gottes für die göttliche Segnung seiner Regierung. Die geschichtsallegorische Erklärung führte u.a. → Coccejus weiter: in kühner Kombination las er die Apk und die Kirchengeschichte aus dem Buch. - Wie schon in der Synagoge blieb die allegorische Auffassung des H.es auch in der christlichen Kirche nicht unwidersprochen. → Theodor von Mopsuestia wollte das, wie er betonte, von natürlicher, grob sinnlicher Liebe handelnde Buch aus dem → Kanon (: II) verwiesen haben. Mit der kirchlichen Verurteilung dieser Äußerung war die wörtliche Auffassung des H.es auf Jh.e aus der Kirche verbannt. Noch → Castellio bekam das zu spüren, und selbst → Grotius äußerte sich vorsichtig zurückhaltend in bezug auf die von ihm selber festgehaltene wörtliche Erklärung. - Die vom 18.Jh. an ohne Gefahr vertretbare dem Wortlaut folgende Auslegung wurde auf dreierlei Weise durchgeführt. → Jacobi und manche andere meinten, im H. ein Drama zu erkennen. Daneben erklärte man (seit → Herder) das Buch als eine Sammlung von (lyrischen) Liebesliedern ohne verborgenen Nebensinn. In der kath. Auslegung des 20.Jh.s wird neben dem grundlegenden allegorischen Sinn der altkirchlichen Auslegung ein Wortsinn vertreten, zB von J.Hontheim die Auffassung, das H. beschreibe die eheliche Liebe von der beginnenden bräutlichen Liebe bis zur Einehe in aufeinanderfolgenden Stufen. - Näheres zur neueren Auslegung sowie zur kultmythologischen Erklärung des H.es s. → Hoheslied: I.

Die oft schrankenlose Willkür der Auslegungen - nicht nur der allegorischen, sondern auch der dramatischen! - bewirkt es, daß von einer sinnvollen Beziehung der vielen Deutungen untereinander und damit auch von einer Zunahme des Verständnisses über weite Strecken hinweg wenig wahrzunehmen ist. Die »Auslegungsgeschichte« des H.es gleicht weithin eher einem theologischen Raritätenkabinett als sinnvoller Geschichte.

D.Lerch, Zur Gesch. der Auslegung des H.es (ZThK 54, 1957, 257-277; Lit.) - F.Ohly, H.-Studien. Grundzüge einer Gesch. der H.-Auslegung bis um 1200, 1958. *D.Lerch*

Holbein d.J., *Hans*, * 1497/98 in Augsburg, † 1543 in London an der Pest, Sohn Hans H.s d.Ä., Maler, Zeichner, Entwerfer für den Holzschnitt (→ Graphik, → Bibelillustration: II, 2a; vgl. Taf. 6 Abb. 2), Glasfenster, Prunkgewänder und -gerät. 1514 Wanderschaft nach Basel (hier Aufnahme in die Malerzunft), Luzern, Oberitalien, 1526-28 erster Aufenthalt in England, seit 1532 dauernd dort ansäßig (1536 Hofmaler Heinrichs VIII.). Berühmt wurde H. als Illustrator humanistischer Bücher, durch seine Bildnisse und religiösen Werke sowie durch die nach seinen Entwürfen gefertigten 41 → Totentanz-Holzschnitte kleinen Formats (Lyon 1538). Hier wird das alte Thema der Zeit vor H. erneut mit großartiger Dramatik, ingrimmigem Ernst und rätselhafter Tiefe vorgetragen und in überraschenden, je nach der Situation wechselnden Gestalten das Bild des Todes gezeichnet. Die Bildnisse lassen H.s Blickschärfe für menschliche Charaktere erkennen. - H.s religiöse Kunst wurde zuweilen mit Unrecht als »sachlich, ohne christliche Frömmigkeit« beurteilt. Die Madonna des Bürgermeisters Jak. Meyer 1528/29 (Darmstadt) ist sowohl ein Meisterstück der Porträtkunst (Stifterfiguren) wie ein dem mittelalterlichen Typus verwandtes Schutzmantelmadonnenbild, der Christus in der Rast einer Zeichnung von 1519 (Berlin) von einsamer Größe, ebenso wie der liegende tote Christus von 1521 (Basel) ohne → Grünewald nicht denkbar.

H.A.Schmid, H.H.d.J., 3 Tle, 1945-48 - J.M.Clark, The Dance of Death by H.H., 1947 - P.Ganz, H.H., Die Gemälde, 1950 - W. Pinder, H.d.J. u. das Ende der altdt. Kunst, 1951 - W.Waetzoldt, H.H.d.J. (Blaue Bücher), 1958. *L.Behling*

Holl, *Karl* (15.5.1866 bis 23.5.1926), ev. Kirchenhistoriker, * in Tübingen, † in Berlin. H. wurde nach kurzem Vikariat 1891 Repetent am Tübinger Stift, 1901 ao. Prof. in Tübingen, 1906 (neben A.v. → Harnack) o. Prof. für KG in Berlin, 1915 Mitglied der preußischen Akademie der Wissenschaften, der er schon von 1894 an als Hilfsarbeiter wertvolle Dienste geleistet hatte. Der Aufgabe der Kirchenväterkommission jener Akademie, der Herausgabe der ältesten griechischen Kirchenschriftsteller, entsprach das erste Thema, das sich H. wählte, die Untersuchung der Sacra Parallela des → Johannes Damascenus (1897); die schwierigen Fragen, die jene riesige Zitatensammlung aufwarf, werden hier, soweit möglich, gelöst. 1899 gab H. die Sammlung vornicänischer Kirchenväter aus dieser Quelle heraus. Ein Meisterstück der Editionskunst hat er dann (1915 und 1922) bei den Werken des → Epiphanius geliefert, wo der unglaublich verwilderte Text nicht selten durch kühne Konjekturen wiederhergestellt wird; den Text begleitet ein Kommentar, der, zunächst bestimmt, die Quellen des Epiphanius aufzuzeigen, beinahe zu einer kritischen Würdigung seiner Sammlung heranwächst (die Herausgabe des letzten Stückes vom Panarion hat H. nicht mehr vollenden können). Wie wenig indes H. in solcher Editionsarbeit aufging, wie auch neu erschlossene Quellen ihm sofort dazu dienten, bisher dunkle Stellen der Geschichte der Kirche, ihrer Dogmen, ihrer Institutionen, ihrer Frömmigkeit aufzuhellen, das erweist bereits sein Buch »Enthusiasmus und Bußgewalt beim griechischen Mönchtum« (1898), eine Geschichte der Löse- und Bindegewalt in der griechischen Kirche und eine liebevolle, vielfach neue Darstellung des griechischen → Mönchtums (: II), dem H. auch später seine Aufmerksamkeit widmete. Daß ein Herausgeber des Epiphanius wie H. den ganzen Scharfsinn eines Forschers den noch immer zahlreichen Problemen der Dogmengeschichte des 4.Jh.s, bes. seinen theologischen Streitigkeiten, zuwenden würde, war selbstverständlich; weniger die Weite des Umfangs, den das Gebiet bei ihm zeitlich und sachlich erhält; so bildet »Das Fortleben der Volkssprachen in Kleinasien usw« eins seiner Themen (1908). Mit dem apostolischen Zeitalter zeigt er sich ebenso vertraut wie mit der Form des griechischen Heiligenlebens bis ins späteste MA. Neue Gesichtspunkte warf er in der Studie über den Kirchenbegriff des Paulus (1921) auf, ähnliches gilt von seinem Aufsatz »Urchristentum und Religionsgeschichte« (1924). Die in vielem rätselhafte Entwicklung der kirchlichen → Feste (Epiphanien, Osterfasten und Osterfeier) wurde durch H. entscheidend aufgehellt. Die Kunst, sich in fremdes Wesen einzufühlen, hat H. aber nicht bloß an der alten Kirche des Ostens betätigt; auch der Engländer → Chalmers findet bei ihm eine einzigartige Würdigung, erst recht → Tolstoi und andere moderne Russen; um ihnen nahezukommen, hat H. die russische Sprache erlernt. Die weitgreifendste Wirkung indessen haben die → Luther gewidmeten Arbeiten ausgeübt: neun Einzelabhandlungen (1903–22), darunter die für H. charakteristischsten: »Luthers Urteile über sich selbst«, und seine Rede: »Was verstand Luther unter Religion?« Ohne deshalb gegen andere Reformatoren wie Calvin oder die Schwärmer ungerecht zu werden, weiß H. die ganze Größe Luthers bis in scheinbare Kleinigkeiten hinein darzustellen, vollkommener als einer seiner neueren Biographen. Der Band »Gesammelte Aufsätze zur Kirchengeschichte I« (1921), der diese Untersuchungen zusammenfaßt, ersetzt geradezu eine Lutherbiographie. Vielleicht hat H., indem er Luthers Religion als »Gewissensreligion« versteht, bisweilen Luther moderner oder konsequenter gezeichnet, als er war; aber niemand wird leugnen, daß ganz wesentliche Züge aus dem H.schen Luther-Bilde bleibende und die weitere Lutherforschung befruchtende Bedeutung haben. – H.s Platz innerhalb der deutschen Theologie genau zu bestimmen, lohnt nicht. Die strengsten Forderungen an die Glaubwürdigkeit stellte er bei allen Quellen der Geschichte des Christentums, auch den biblischen. Zu einer besonderen Schule kann man ihn nicht rechnen. Er sah in sich wohl gern einen Schüler F.Chr. → Baurs; aber abhängig von ihm ist er nicht geworden. Er hat sich selber gebildet, darum auch mit seinem Hervortreten so lange gezögert. Vollends unglücklich wäre der Versuch, ihn unter dem Schema liberal-positiv unterzubringen; das kirchliche Parteiwesen war ihm geradezu verhaßt. Daß aber bei ihm die Unparteilichkeit nicht die vornehme Gleichgültigkeit gegenüber seinen Gegenständen war, wie fest er sich vielmehr auf dem Boden des ev. Christentums wußte, zeigen nicht erst seine »Christlichen Reden« (1927), sondern schon die Beobachtung, daß ein einziges Thema ihn immer aufs neue zu sich zwingt: der Rechtfertigungsglaube. Bezeichnend für H. ist der starke Einschlag von systematisch-theologischem Interesse bei dem als Historiker so hoch Begabten; das machte ihn zum Vorkämpfer des »Historismus« gegen die Dialektiker. – Als Lehrer weniger gefeiert als hoch geschätzt, hat er als Forscher seiner Wissenschaft zahlreiche und erstaunlich vielartige Schätze hinterlassen, außerdem aber das Vorbild einer leidenschaftlichen, selbst das Leben opfernden Liebe zur Sache.

Vf. außerdem u.a.: Amphilochius von Ikonium u. sein Verhältnis zu den großen Kappadoziern, 1904; Ges. Aufsätze zur KG I, (Luther, 1921) 1948^{7}; II (Der Osten). III, (Der Westen, beide 1928, hg.v. H.Lietzmann) 1932^{2} (Bibliogr.: III, 578ff). – Über H.: A.v.Harnack-H.Lietzmann, K.H., 1926 – A.Jülicher, ChW 40, 1926, 627 bis 632 – H.Holborn, DVfLG 5, 1926, 413–430 – H.Rückert, LML 6, 1926, 34–43 – E.Seeberg, ThBl 5, 1926, 165–169 – H.Lietzmann, Gedächtnisrede auf K.H. (SAB 1927, LXXXVI–XCVI = Holl III, 568–577) – EKL II, 191f.

† A.Jülicher (Ernst Wolf)

Hollaz (Hollatius), *David* (1648–1713), streng luth. Dogmatiker, * in Wulkow (Pommern), † in Jakobshagen. Der Pächterssohn studierte in Erfurt alte Sprachen, in Wittenberg bei → Calov, J. → Meisner, → Quenstedt, vor allem bei Kirchmeyer Theologie, wurde 1670 Prediger in Pützerlin, 1681 Prediger und 1683 Konrektor in Stargard, 1684 Rektor des Lyzeums in Kolberg, 1692 Propst in Jakobshagen. Für seine Kolberger Schüler schrieb er als letzte orthodoxe Dogmatik (→ Orthodoxie) das »Examen theologicum acroamaticum« ([1707] 1763^{8} hg.v. R.Teller), in dem er scholastische Methode und Betonung der praktischen Bedeutung der einzelnen Lehrstücke mit erbaulichen Exkursen verband. Die → Inspirations-Theorie in der Schriftlehre, ebenso den auch bei ihm noch nicht so benannten ordo salutis (→ Heilsordnung) baute er aus, diesen durch breite Durchführung des locus de illuminatione. Aber dem → Pietismus gegenüber grenzte er sich doch ab, u.a. durch sein »Scrutinium veritatis in mysticorum dogmata« (1711). – Sein Sohn *David* (II., † 1738), ältestes von 13 Kindern, wurde sein Nachfolger; dessen Sohn *David* (III., † 1771) wurde ein bis zum Ende des 19.Jh.s viel gelesener Erbauungsschriftsteller stark herrnhutischer Prägung (Blut- und Wundentheologie).

RE VIII, 279f (Lit.) – J.Reinhard, Die Prinzipienlehre der luth. Dogmatik 1700–50, 1906 – J.Hohn, Dogmhistoriska studier til H., 1907 – Ritschl IV, 166f. 223ff – O.Schaudig, Aufbau u. Handeln der Kirche nach der luth. Orthodoxie des 17.Jh.s (Theol. Diss. Erlangen), 1939 – Hirsch II, 327f (Lehre von der Kirche).

Ernst Wolf

Holmquist, *Hjalmar Fredrik* (1873–1945), schwedischer Kirchenhistoriker, 1903 Dozent in Uppsala, 1909 bis 1938 Prof. in Lund. Seine in → Schweden (: II) bahnbrechende Forschung zeigt gewisse für seine Zeit typische Züge: Universalismus, Toleranz, Volkskirchlichkeit. Quellenkritische Erforschung zeichnet die noch heute grundlegende Arbeit »De svenska domkapitlen 1571 bis 1686« (1908) aus. H.s Haupteinsatz liegt jedoch auf dem Gebiet der zusammenfassenden Kirchengeschichtsschreibung, nach dem Vorbild Karl → Müllers, mit dramatischer Konzentration auf die großen religiösen Persönlichkeiten. Neben Darstellungen der allgemeinen KG verfaßte er auch Spezialarbeiten zur Reformationszeit, zur angelsächsischen KG und zum Toleranzproblem. Seiner Initiative entstammt das Sammelwerk »Svenska kyrkans historia«, in dem er selbst die einheimische KG 1521–1632 als die Geschichte des schwedischen Volkes behandelt hat (III/1–2, 1933; IV/1, 1938).

Vf. ferner u.a.: Luther, Loyola, Calvin, (1912) 1926^{3}; Engelsk högkyrka, lågkyrka och frikyrka 1559–1689, 1916; Påvedömets historia 1800–1920, 1920; Kyrkohistoria I–III, 1922–27; Tvång, tolerans, samverkan, 1929. – Bibliogr. in der Festschr. für H.: Från skilda tider, 1938, 609–654.

S.Göransson

Holstein, *Günther,* ev. Kirchen- und Staatsrechtler, * 22.5.1892 in Berlin, † 11.1.1931 in Kiel, 1921 PDoz. in Bonn, dann o. Prof. für öffentliches Recht in Greifswald (1924) und Kiel (1930). Seine durch stoffliche Dichte ebenso wie durch gedankenreiche Verarbeitung und souveräne Gestaltung ausgezeichneten, meist monographischen Arbeiten zeigen ihn als Repräsentanten einer an die historische Rechtsschule anknüpfenden, sie aber geisteswissenschaftlich überhöhenden Rechtskultur luth.-idealistischer Grundhaltung (bestimmt durch → Schleiermacher und Gierke) und von einer gegenüber dem Positivismus stark personhaft-teleologischen Struktur; in ihnen bekundet sich eine erstaunliche Kraft, Systematisches und Historisches zusammenzuschauen. Recht ist für H. erfüllte Form ethischer Inhalte, Gestaltwerdung einer Idee. Daher spielt im → Kirchenrecht, um dessen »inneres Erfassen« als eines wahrhaft ev. es H. geht, das → Bekenntnis (: VII) wieder eine sachbestimmende Rolle. Aber »alles Kirchenrecht ist rein menschlich-genossenschaftliche Schöpfung« im Dienst des »religiösethischen Geistlebens«, das das Recht aus eigenem Entschluß um des unauflöslichen, zuletzt auf Gott zurückweisenden Beieinander von Recht und Religion willen wieder freigibt.

Vf. u.a.: Die Lehre von der öffentlich-rechtlichen Eigentumsbeschränkung, 1921; Die Staatsphilosophie Schleiermachers, 1923; Stiftungsvermögen u. Selbstverwaltungsrecht der Univ. Greifswald, 1925; Luther u. die dt. Staatsidee, 1926; Elternrecht, Reichsverfassung u. Schulverwaltungssystem (AÖR NF 12, 1927, 187–254); Die Grundlagen des ev. Kirchenrechts, 1928; Reichsverfassung u. Staatsrechtswissenschaft (Greifsw. Univ.-Reden 22), 1929; Gesch. der Staatsphilosophie (HPh IV, Lfg. 34), 1931. – Über H.: G.H., Erinnerungsheft, 1931 - R.SMEND, G.H. (AÖR NF 20, 1931, 1-6) - W. SCHÖNFELD, G.H. (Logos 20, 1931, 286-305) - H.W.BEYER, G.H. (Wartburg 30, 1931, 35-41). *Ernst Wolf*

Holstenius *(Holste), Lukas* (1596-1661), * Hamburg, † Rom, Geograph, Philologe und Bibliothekar. Nach ausgedehnten Reisen durch Dänemark und England war H. 1624 Bibliothekar in Paris, wo er konvertierte. Dem Ruf des Kardinals Francesco Barberini folgte er 1627 nach Rom, wo er, sowohl von den Barberini (→ Urban VIII.) als von den Pamfili (→ Innozenz X.) gefördert, zum Kustos und Direktor der Vaticana aufstieg. Ihre Bestände nutzte er zu Editionen und Sammelwerken. Er veröffentlichte einen Codex regularum monasticarum et canonicarum (3 Bde, 1661; erweitert von M. Brockie, 6 Bde, Augsburg 1759) und schrieb Monographien über Konzilsakten, Papstbriefe, Martyrologien und den → Liber pontificalis. Den Druck des von ihm entdeckten → Liber diurnus verzögerte die kuriale Zensur, weil darin die causa Honorii (→ Honorius I.) berührt wird.

L.H., Epistulae ad diversos, ed. J.F.BOISSONADE, Paris 1817. - N. WILKENS, Leben des L.H., 1723 - A.RÄSS, Die Konvertiten seit der Reformation V, 1867, 186ff - v.PASTOR XIII, 907 - LThK V, 121 - R. ALMAGIÀ, L'opera geografica di L.H., Città del Vaticano 1942 - EC VI, 1466. *H.Liebing*

Holthusen, *Hans Egon,* deutscher Schriftsteller, Lyriker und Essayist, * 15.4.1913 in Rendsburg (Holstein) als Sohn eines luth. Pfarrers. H. lebt seit 1945 als freier Schriftsteller in München und ist seit 1956 Mitglied der Akademie der Künste. Der 2. Weltkrieg, an dem er von Anfang bis Ende teilnahm, wurde ihm zum entscheidenden Ereignis. - H. hat sich durch beachtenswerte literarkritische Arbeiten hervorgetan. Obgleich selbst mit starkem Formgefühl begabt, läßt sein essayistisches Talent es nicht mit formalen Analysen und bloßer Anwendung ästhetischer Maßstäbe bewenden. Mit ausgeprägtem Tastsinn sucht er das existentiell Verbindliche einer Aussage zu erspüren. Im Betroffen- und Ergriffensein von der Fleischwerdung des Logos in Christus gewinnt H. den Standort, von dem aus er den Problemen der modernen Literatur auf den Leib rückt. Die Bewußtseinslage der Gegenwart sieht H. durch die zunehmende Verdrängung Gottes durch das Nichts und die gleichzeitige Auflösung des abendländisch-christlichen Denkgefüges gekennzeichnet. Demgemäß erscheint es als Frage von säkularer Bedeutung, ob sich eine Position ermitteln läßt, wo die »Gegenideen gegen das Christliche« aufgehoben werden können. Diese Frage findet H. in den Werken W.H → Audens und bes. T.S. → Eliots positiv beantwortet. In Eliots »Konversion zu Europa« erblickt H. einen Vorgang von geradezu prototypischer Bedeutsamkeit. - In H.s Lyrik werden slangartige Wendungen der Umgangssprache einem in der Tradition beheimateten künstlerischen Formwillen assimiliert. Hieraus empfängt sie Dichte, Farbigkeit und einen unverwechselbaren Klang. Die »Trilogie des Krieges«, die »Klage um den Bruder«, die »Acht Variationen über Zeit und Tod« sind bedeutende poetische Schöpfungen der deutschen Nachkriegslyrik. In den präzisesten Formulierungen bedient sich H. vorzugsweise existenzphilosophischer Begriffe, die indessen eine spezifisch christliche Interpretation erheischen. Die Frage nach der Redintegration der abendländischen Ideenwelt kehrt im existentiellen Bereich als Frage des »unbehausten« Menschen nach der metaphysischen Heimat wieder. Hinter dem Denkbild H.s steht unverkennbar die Parabel vom verlorenen Sohn. Im Roman »Das Schiff« wird im Bilde einer Schiffsreise von Amerika nach Europa die Heimkehr als genuines Thema christlicher Existenz aufgezeigt. Unter diesem Aspekt trägt menschliche Existenz das Stigma des »Vorläufigen«, »Übergänglichen«. Nur an der Grenze, wo der Augenblick als Teil der Ewigkeit erfahren wird, in der Begegnung mit dem Du oder auch dem Tod, wird Wahrheit transparent. Eingetaucht in »eine Wolke des Nichtwissens« weiß sich der Christ dem Geheimnis anheimgegeben. Gerade das Unbegreifliche erweist sich als ein Umgreifendes, das »Kapital von Geheimnis«, das sich nicht abtragen, nur ertragen läßt, als »etwas zuverlässig Tragendes«. H.s adventlich gestimmter »Agnostizismus« dürfte insofern als Modifikation des reformatorischen sola gratia-sola fide gedeutet werden, als er im Bewußtsein der eigenen Leere die Erfüllung aus einem »unausschöpfbaren Vorrat an Gnade« erhofft.

Vf. u.a.: Rilkes »Sonette an Orpheus«. Versuch einer Interpretation, 1937; Hier in der Zeit. Gedichte, 1949; Die Welt ohne Transzendenz. Essay über Thomas Mann, 1949; Der unbehauste Mensch. Motive u. Probleme der modernen Lit., (1951) 1955³; Labyrinthische Jahre. Neue Gedichte, 1952; Ja u. Nein. Neue krit. Versuche, 1954; Das Schiff, 1956; Das Schöne u. das Wahre. Neue Studien zur modernen Lit., 1958; R.M.Rilke in Selbstzeugnissen u. Dokumenten, 1958. - Über H.: H.DE HAAS, H.E.H.s Lyrik (Merkur 5, 1951, 776-787) - DERS., Literarische Kritik u. Ideenkritik (Das geteilte Atelier, 1955, 85-99) - DERS., Labyrinthische Jahre (ebd 100-113) - R.C.ANDREWS, Two German War Poets: R.Hagelstange; H.E.H. (German Life and Letters, NS 4, 1951, 115-122) - K.IHLENFELD, Poeten u. Propheten, 1951, 214-222 - E.HOCK, H.E.H.: Der Morgen (Interpretationen moderner Lyrik, 1954, 90-99). *P.Geiger*

Holtmann, *Johannes* (um 1465-1540), aus Ahaus, ca 1526-39 Senior des Münsterschen Hauses der → Brüder vom gemeinsamen Leben, selbständiger biblischer Humanist. Im Aug. 1533 verteidigt er gegen den Wiedertäufer Bernh.Rothmann die Kindertaufe und wird 1539 Leiter des Schwesternhauses Niesink. In seiner 1539/40 dort verfaßten Schrift »Van waren geistliken levene eyn korte underwysinge« spricht er behutsam, nicht reformatorisch, aber doch reformatorisch beeinflußt, betont biblisch und seelsorgerlich vermittelnd im Sinne inniger Brüdermystik, über die Bibel als Norm, über die zwölf Artikel des Glaubens, die zehn Gebote, das Vaterunser, das Beten und die Sakramente. Es gibt zweierlei »Glauben« (»ich glaube Gott« bzw. »ich glaube an Gott«) und eigentlich nur drei Sakramente (Taufe, Beichte, Kommunion). Als Gegner der Kelchentziehung erhofft er vom Abendmahl, »daß man es wieder anders ordiniere nach der ersten Einsetzung«, und verläßt sich allein auf »den Glauben an Christus unsern Erlöser«, »durch welchen Glauben wir allezeit gerechtfertigt sind«.

RE III, 488; XXIII, 261ff - H.GRUTKAMP, J.H. u. sein Buch »Van waren geistliken levene eyn korte underwysinge«, 1912 - JB 32/I, 1912, 677f - RGG² II, 1999. *E.Barnikol*

Holtzmann, *Heinrich Julius* (1832-1910), Neutestamentler, * in Karlsruhe, lehrte seit 1858 in Heidelberg, 1874-1904 in Straßburg. H. hat durch seine Werke zu den Synoptikern und zur TheolNT weitgehend die Grundlagen für die Forschung des 20.Jh.s gelegt. Sein für die Zweiquellentheorie wichtiges Werk über die »Synoptischen Evangelien« (1863) wies die Priorität des MkEv und die Notwendigkeit der Annahme einer Redequelle für das Mt- und LkEv nach (→ Evangelien, synoptische, 1c). Das darauf sich erhebende Jesusbild H.s freilich blieb noch in einer »liberal-psychologischen« Deutung befangen, er zögerte mit der Aufnahme einer eschatologischen Interpretation der Reich-Gottes-Predigt (→ Bibelwissenschaft: II, 4). Seine »Nt. Theologie« bezieht vorsichtig die religionswissenschaftliche Fragestellung ein, ist aber durch eine Isolierung der einzelnen Lehrformen nt. Schriftsteller und eine Scheu gegenüber einer Ausweitung der biblischen Aufgabe noch gehemmt. H.s Veröffentlichungen waren vielseitig: er gab Bd 3-5 von R. → Rothes »Ethik« heraus, behandelte »Das Problem der Geschichte der Auslegung« (1886), äußerte sich »Zur Entwicklung des Christusbildes der Kunst« (JpTh 10, 1884, 71-136) und half den Pfarrern durch praktische Auslegung des 1Thess und Hebr, durch Predigtsammlungen und Aufsätze.

Vf. außerdem bes.: Lehrbuch der hist.-krit. EinlNT, (1885) 1892²; Lehrbuch der nt. Theol., 2 Bde, 1896/97 (1911² hg.v. A.Jülicher u. W.Bauer); Das messianische Bewußtsein Jesu, 1907. Bibliogr. (Auswahl): RGG² II, 2000. - Über H.: RE XXIII, 655ff - A.Schweitzer, Gesch. d. Leben-Jesu-Forschung, (1913²) 1951⁶, 201f. 587f - O.Baumgarten, Meine Lebensgesch., 1929, 52f - W.Bauer, H.J.H. Ein Lebensbild, 1932 - J.Hering, De H.J.H. à A.Schweitzer (Ehrfurcht vor dem Leben, A.Schweitzer zum 80. Geb., 1954, 21 bis 29) - W.G.Kümmel, Das NT, Gesch. der Erforschung seiner Probleme (Orbis Academicus III, 3), 1958, 185ff. 239ff. *Erich Dinkler*

Holzschnitt → Graphik, religiöse.

Homburg, *Ernst Christoph* (1605-81), ev. Kirchenliederdichter, * zu Mihla bei Eisenach, Gerichtsaktuar und Rechtskonsulent in Naumburg, Mitglied der »Fruchtbringenden Gesellschaft«. Er hatte sich bereits einen Namen gemacht, als er durch Krankheit und häusliches Leid eine innere Umwandlung erfuhr und sich der geistlichen Dichtung zuwandte. Einige seiner Lieder gehören zu den noch immer gesungenen Kernliedern, bes. sein Passionslied »Jesu, meines Lebens Leben«. Andere, so das Osterlied »Jesus, unser Trost und Leben« und das Vertrauenslied »Ist Gott mein Schild und Helfersmann«, haben wertvolle Sätze von J.S. → Bach, letzteres auch eine gute Weise von → Mergner.

Koch III, 388ff - F-T IV, 283ff - ADB XIII, 43 - GG III, 77f - Hdb. zum EKG II/1, 1957, 156f. *W.Lueken*

Homer (8.Jh. vChr) bietet den ersten ausführlichen literarischen Beleg für die Religion des alten Griechenlands (→ Griechische Religion). Seine lebendige Schilderung der Götter, die auf alle späteren Griechen einen unauslöschlichen Eindruck machte, kristallisierte und schuf (zT) die übliche griechische Anschauung von der Gottheit (vgl. Herodot II, 53). - Von H. als Dichter, der sog. homerischen Frage und dem kulturgeschichtlichen Hintergrund der Dichtung H.s muß hier abgesehen werden. H.s Götter sind stark anthropomorph. Sie sind menschlicher Gestalt (obgleich ideal schön), aber auch menschlich in Benehmen und Leidenschaften. Vom Menschen unterscheiden sie sich durch ihre größere → Macht, bes. aber durch ihre Unsterblichkeit. Dennoch sind die Götter nicht »von Ewigkeit zu Ewigkeit«. Sie wurden geboren, obwohl sie nicht sterben, und herrschen über eine Welt, die sie nicht geschaffen haben. Nach gewöhnlichem Verständnis sind sie allmächtig und allwissend. Die dramatischen Erfordernisse des Epos jedoch scheinen, sofern sie die Götter in Streit miteinander bringen, deren Macht zu begrenzen; und in einem unbestimmten (und unbestimmbaren) Sinne sind sogar die Götter dem → Schicksal unterworfen. Jeder Gott hat in gewissem Maße eine besondere Einflußsphäre, zB Poseidon das Meer, Aphrodite Liebe und Sexualität, Athena den Krieg; aber bei H. sind es weit weniger ihre Funktionen als vielmehr ihre jeweils scharf umrissene Persönlichkeit, die das Handeln bestimmt. - Die Vorrangstellung von Zeus als dem Götterkönig (auf dem Olymp) muß, da sie H.s Zeit entspricht, auf die mykenische Welt (→ Kretisch-mykenische Religion) zurückgehen. Die Götter senden den Menschen Gutes und Böses. Sittlichkeit als solche ist kein notwendiges Attribut der Göttlichkeit, und die wenigen Keime einer späteren sittlichen Entwicklung sind bes. mit Zeus verbunden. Nach dem Tode erwartet alle Menschen, gute wie böse, eine freudlose schattengleiche Existenz im Hades (→ Hölle: I). - Das von H. entworfene Bild der Götterwelt ist nicht vollständig. So gut wie gar nicht werden Demeter und → Dionysos erwähnt, völlig übergangen werden die → Mysterien und der → Heroen-Kult. H.s extremer → Anthropomorphismus war ein Fortschritt gegenüber der primitiven Verehrung heiliger → Steine, → Bäume und Tiere. Er zeigt den für alles griechische Denken charakteristischen Rationalismus und distanziert sich weithin von der → Magie. Vor allem aber gab H. den Griechen Götter, die wahrhaft panhellenisch waren.

G.Finsler-E.Tièche, H., (1908) 1924³ - W.F.Otto, Die Götter Griechenlands, (1929) 1956⁴ - E.Ehnmark, The Idea of God in H. (Diss. Uppsala), 1935 - M.P.Nilsson, Gesch. der griech. Religion I, (1941) 1955², 329ff (Lit.) - W.Schadewaldt, Von H.s Welt u. Werk, (1944) 1951² - H.Schrade, Götter u. Menschen H.s, 1952. *F.R.Walton*

Homiletik

1. Begriff - 2. Geschichte - 3. Gegenwärtige Beiträge und Probleme

1. H. heißt die Lehre von der christlichen Predigt, genauer der *Gemeindepredigt;* in dieser weitesten Bedeutung ist ὁμιλία hier zu verstehen. Die ursprüngliche Nähe zum mutuum colloquium zeigt sich in der Vielgestalt des Wortgottesdienstes 1Kor 14. Im 2.Jh. (Justin, Apol. 67) ist diese Lehr-, Mahn- und Trostrede schon fest an die Schriftlesung (→ Perikopen) geknüpft. - Von ihr unterscheiden wir das → Kerygma im ältesten Sinne, die *Missions*predigt, deren Eigenprobleme sich in den Rahmen der H. kaum einfügen lassen. Doch ist die Unterscheidung nicht zu übersteigern. In beiden Gestalten ist die Predigt Dienst an der Selbstbezeugung des *Wortes Gottes,* das in Jesus Christus persönlich wurde und in der Kraft des Geistes heute neu geschehen will. Die ἐκκλησία in actu, die gottesdienstlich versammelte Gemeinde, ist der eigenste Ort dieser lebendigen Selbstbezeugung. Die Kritik an der »Kultpredigt« trifft nicht diesen nt. Urbegriff der Gemeindepredigt, sondern ihre Entstellung zur »Feierrede« und ihre Erbgefährdungen, das Kanzelpathos, die »Sprache Kanaans« usw. - Gemeinde- und Missionspredigt stehen in unlösbarer Korrelation. Das Ziel aller Mission ist Sammlung von Gemeinde, und die Gemeindepredigt ihrerseits kann das Dasein von Gemeinde nur so »voraussetzen«, daß sie heute Gemeinde in persönlich hörenden Gliedern neu auferbauen hilft.

2. Die *Geschichte* der H. ist (trotz E.Chr. → Achelis, ihrem letzten souveränen Kenner [1911!]) kaum scharf von der Geschichte der → *Predigt* (: I) zu trennen. Sonst bliebe sie beinahe nur ein Schattenreich von Magistern und Doktrinen, für die Predigtpraxis weitaus weniger wirksam als das Beispiel der großen Prediger von Origenes, Chrysostomus, Augustin an. - Merkwürdig früh und fest wurden die Ansätze christlicher H. in den suggestiven Bann der säkularen *Rhetorik* verstrickt. Die ev. H. hat, seit → Melanchthon und den Exzessen der altprot. Kanzel-Scholastik, ihrem röm.-kath. Vor- und Gegenbilde nichts vorzuwerfen. Beiden Kirchen gemeinsam ist auch das üppig wuchernde Unwesen einer »niederen H.«, die sich mit Handwerksregeln begnügt und für ihre Serienproduktion von Predigtmustern, Magazinen usw an Kundschaft niemals Mangel hatte. - Trotzdem hat die Reformation den Baugrund für eine bessere H. nicht ganz umsonst freigelegt. - Jesus Christus die Mitte der Schrift; die → Rechtfertigung und → Heiligung des Sünders durch den Glauben allein das letztgültige Wort Gottes in allen Texten und Gestalten des Bibelwortes; das heute »im Schwang gehende« Evangelium als »tota vita et substantia ecclesiae«: dies alles fügte sich bei Luther zu einer ev.-katechetischen Volkspredigt zusammen,

die seelsorgerlich dem einzelnen, dem »gemeinen Mann« und dem »armen jungen Volk« im besonderen, zugekehrt war (vgl. das »Selbstzeugnis« des Predigers Luther in BoA VII, 1-38: der Entwurf einer H., von unverbrauchter Lebendigkeit bis heute). - Als erster ev. Methodiker der H. gilt (seit Schian) mit guten Gründen der Marburger Andr. → Hyperius. Der Untertitel seiner Predigtlehre (1553) »de interpretatione scripturarum populari« ist ein Programm: aus ihrer biblischen Materie empfängt die Predigt auch das Formgesetz. Auf die Emanzipation der H. von der Redekunst der Gerichtshöfe und der Märkte will des Hyperius Lehre von den fünf (bzw. drei) genera der Predigt (nach 2Tim 3, 16; Röm 15, 4) hinaus; es war nicht seine Schuld, daß dieser Ansatz zu theologischer H. so geringe Wirkung übte. Aus dem Wust der homiletischen »usus« der altprot. Schulen mitsamt dem barocken Zierat der Emblematik halfen der H. dann L.v. → Mosheim, der konservative Vorläufer der Aufklärungstheologie, und J.J. → Rambach, der besonnenste der pietistischen Theologen, den Weg ins Freie finden. - → Schleiermacher brachte, anders als der »Bibelverehrer« G. → Menken, den altkirchlichen Urbegriff der *Homilie* zu neuer Ehre, »als Bruder zu Brüdern« redend (Al.Schweizer), theologisch den Auftrag des Predigers scharfsichtig erläuternd als *»dialogisches Verfahren«* im Gespräch zugleich »mit seiner Schriftstelle« und »mit seiner Gemeinde« (Sämtl. Werke I. Abt., Bd 13, 248). Schleiermachers scharfe Absage an die missionarische Abzwekkung der Predigt (ebd II. Abt., Bd 1, 10ff) hat der H. des 19.Jh.s den organischen Zusammenhang von Predigt und Gottesdienst neu erschließen helfen, hat, wider ihre Absicht, freilich auch die »Kultpredigt« und mit ihr eine nicht nur begriffliche Restauration der »geistlichen Beredsamkeit« kräftig befördert. Über die Verhandlungen um die Formprobleme der H. (Homilie, Themapredigt, analytisch-synthetische Predigt, Textbindung und thematische Gestaltfreiheit) geben die Lehrbücher der H. des 19.Jh.s (Al.Schweizer, Chr. → Palmer, A.Bassermann, A.Krauß, nicht zuletzt F.L. → Steinmeyer) und, neben diesen akademischen Lehrern rühmlichster Erwähnung wert, Cl. → Harms (»Pastoraltheologie«) Rechenschaft. Hinter den spröden Schulformeln verbirgt sich bei diesen Meistern viel Predigerweisheit, auch bleibend gültige Präzisierung von Formproblemen der Predigt, die nicht dadurch abgetan sind, daß sie unserem Bewußtsein heute weithin abhanden kamen. - Um 1900 scheint sich allerdings eine jahrhundertealte, in den erwähnten Namen nochmals abendlich aufglänzende Tradition erschöpft zu haben. Ihre Pedanterien und Abwege sollten uns nicht blind machen für den unentbehrlichen Erziehungswert homiletischer Schuldisziplin: Fähigkeit zu gegliedert-zielstrebiger Rede, Respekt vor der Ordnung als Rückgrat aller »erbauenden« Rede (1Kor 14, 40), Festhalten an unwandelbaren Grundregeln formaler H., die sich an den Verächtern mitsamt ihren unschuldigen Hörern rächen. - Anstatt der zerfallenen Formzucht bemühte sich die H. nach 1900 redlich, aus der → Psychologie, → Soziologie, der sog. religiösen → Volkskunde, der Diagnose des »modernen Menschen« neue Richtpunkte zu finden (O. → Baumgarten, P. → Drews, Fr. → Niebergall u.a.). Angesichts der Mangelkrankheiten unserer Predigt um 1950 steht es uns schlecht an, die »liberale« H. der Zeit um 1910 mit abschätzigen Pauschalurteilen zu traktieren. - Fruchtbarer als sie wirkten in der Stille freilich die Bewahrungskräfte der Schrift- und Textbindung. Hilfen zu neuer Echtheit menschlich-seelsorgerlicher Anrede wuchsen der Predigt wie auch der H. im 19.Jh. durch große Beispiele wie →Spurgeon, →Robertson, →Vinet, nicht minder durch deutsche Erweckungsprediger und -theologen zu.

3. Die neue Theologie des Wortes Gottes (→ Dialektische Theologie, 1) erwuchs nach K. → Barths Zeugnis (Ges. Vorträge I, 1924, 105) aus der »Situation des Pfarrers mit seiner Frage: was heißt predigen? und - nicht: wie *macht* man das?..., sondern: wie *kann* man das?«. Die Predigt wird also zur methodischen Perspektive der christlichen Theologie durchweg. Die nt. Wissenschaft, die unterdessen das →Kerygma als Gestaltkern der Evangelientradition und des NT überhaupt neu entdeckte, hat diesen Aspekt deutlich machen helfen. → Bultmanns Entmythologisierungsthese ist nur als Glied im ganzen der Bemühungen um eine neue Kerygma-Theologie recht verstanden. - In der Zunft-H. hat K.Fezer (»Das Wort Gottes und die Predigt«, [1925] 1928²) das »Wort Gottes« zum kritischen Leitbegriff erhoben, der manche damals das Feld beherrschenden Kontroversfragen der H. außer Kraft setzte. In einer Freiheit, die manche Versuchungen und Seitenwege am Ende zielsicher durchschritt, gab L. → Fendt seine Beiträge zum Werden einer neuen H. (zuletzt: H., 1949). Ausgereifte H. im Zeichen der neuen theologischen Erkenntnisse boten schon um 1935 zwei Werke von Gewicht, in der Unterschiedenheit ihrer Wege einander glücklich ergänzend: W.Trillhaas, Ev. Predigtlehre ([1935] 1955⁴) und H.Schreiner, Die Verkündigung des Wortes Gottes ([1936] 1949⁴). Von der Hauptlinie der heutigen Arbeit mit dem Wagnis einer »tiefenpsychologischen Grundlegung« der H. bewußt abgekehrt ist O.Haendler, Die Predigt ([1941] 1949²). - Im übrigen bewegt sich der Fortgang der homiletischen Arbeit großenteils in den Problemen des Zwischenbereichs von Kerygma und Exegese. Die exegetisch-hermeneutischen Vor- und Radikalfragen biblischer Textpredigt werden in der umfänglichen Literaturgattung der sog. Predigtmeditationen mit einem hauptsächlich von → Bibelwissenschaft und → Dogmatik inspirierten Eifer unermüdlich neu durchdacht. - Man darf von diesen theologischen Prolegomena ev. Predigtlehre gegenwärtig zuversichtlicher sprechen als von dem faßbaren Gesamtbilde der ev. Predigtpraxis. Dicht beisammen wohnt hier der Wille zu sachbestimmter, von prophetischen Leit- und Wunschbildern mitgeprägter Verkündigung und der Hang zu fanatischer Intellektualisierung des vermeinten Kerygmas. Irrlehre und natürliche Theologie scheinen aus dem Felde geschlagen. Dafür weht durch die Predigten auf deutschen Kanzeln nicht selten ein Hauch gespenstischer Monotonie.

Vgl. außer der Lit. zu → Predigt: I, → Wort Gottes: V, → Hermeneutik, → Schriftauslegung: IV u. den Grundrissen der Prakt. Theol. v. M.Schian ([1922] 1934³), L.Fendt ([1938/39] 1949²), A.D.Müller (1950), O.Haendler (1957): E.Chr.Achelis, Lehrbuch der Prakt. Theol. (I, 1890) II, 1911³ - RE VIII, 295ff - H. Hering, Die Lehre von der Predigt, 1905 - RGG¹ III, 123ff; RGG² II, 2004ff - EKL II, 197ff. - Zur Gesch. der Predigt: RE XV, 623ff; XXIV, 333ff - Leiturgia II, 181-353 (A.Niebergall). *M.Doerne*

Homiliar. Unter H.en versteht man in der Regel »Homiliensammlungen nach der Perikopenordnung des Kirchenjahres zu Predigtzwecken« (Manser). → Cäsarius von Arles stellte H.e zusammen und versandte sie an die Pfarreien, damit Diakone, der Anweisung des Konzils von Vaison (529) entsprechend, gute Predigten im Gemeindegottesdienst verlesen könnten (»Meß-H.«; ein solches H. hat G.Morin entdeckt, vgl. RBén 13, 1896, 97-111). - Von → Beda Venerabilis gibt es ein (stark umstrittenes) Epistel-H. und ein Evangelien-H., aus dem 31 Predigten in das H. Karls d.Gr. übergingen. Dieses H. ließ Karl durch → Paulus Diaconus (786-797) zusammenstellen und verbreiten. Zuerst nur für die Lesung in den Nokturnen der Mette bestimmt (»Vigilien-H.«), ist es sicher bald auch als »Meß-H.« im Gemeindegottesdienst verwendet worden. Die ursprüngliche Gestalt dieses später erweiterten und veränderten H.s hat Fr.Wiegand wiederherzustellen versucht. Es enthielt in zwei Büchern 110 + 134 Predigten (über 40+78 Perikopen) für das ganze Kirchenjahr. In Karls H. sind u.a. vertreten: Chrysostomus, Augustin, Ambrosius, Leo I., Gregor I., bes. stark Maximus von Tours und Beda. - Noch ungedruckt sind die Vigilien-H.e des Alanus von Farfa († 770) und des Bischofs Egino († 802). Ob das H. →Alkuins im lat. Codex 14302 der Pariser National-Bibliothek auf uns gekommen ist, ist sehr unsicher. Die H.e, bes. das H. des Paulus Diaconus, sind eine der wichtigsten Quellen zur Erforschung der → Perikopen-Ordnung des frühen MA.

FR.WIEGAND, Das Homiliarium Karls des Großen auf seine ursprüngliche Gestalt hin untersucht, 1897 - RE VIII, 309ff (DERS.) - LThK V, 128 f (A.MANSER) - G.KUNZE, Die gottesdienstl. Schriftlesung I, 1947, 149ff.
E.Hertzsch

Hommius, *Festus* (1576–1642), *Jelsum in Friesland, † Leiden, calvinistischer Theologe, studierte in Franeker und La Rochelle, war Pfarrer in Dokkum (1599) und Leiden (1602). Hier stand er bald, als Teilnehmer an zwei theologischen Streitgesprächen, auf der Seite der Contra-Remonstranten (→ Gomarus) und übte auch Einfluß auf die Studenten aus. Er schrieb ein »Specimen controversiarum belgicarum« (1618) als Vorbereitung zur →Dordrechter Synode und wurde deren Scriba. Die lateinischen Acta der Synode wurden nach seinem Journal herausgegeben (1620); die lateinische Übersetzung der Confessio belgica aber ist seine Privatarbeit. H. war auch Revisor, später Übersetzer des berühmten »Statenbijbel« (1637; → Bibelübersetzungen: V, 2h) und Regens des Staatenkollegiums für Theologiestudenten in Leiden.

P.J.WYMINGA, F.H., 1899 - BWGN IV, 198ff.
J.N.Bakhuizen van den Brink

Homosexualität

1. Medizinisch und psychologisch - 2. Geschichtlich - 3. Sittliche Bewertung - 4. Gesetzliche Regelung

1. Obgleich hier bes. die sittlichen und religiösen Aspekte der H. (H.e = [der] Homosexuelle; h. = homosexuell), nicht aber die medizinische und psychologische Seite erörtert werden sollen, sei doch einleitend folgendes bemerkt: Die H. ist eine persönliche Veranlagung, nicht (wie man weithin meint) eine Verhaltensweise. Sie besteht aus einer allgemeinen Neigung zu Angehörigen des gleichen Geschlechts und findet sich bei Männern wie bei Frauen (hier »lesbische Liebe« oder Sapphismus genannt). Ihre Ursache ist nicht sicher festgestellt, aber psychologische Gegebenheiten machen wahrscheinlich, daß es sich um ein persönliches Ungenügen handelt, das aus den Umweltbedingungen der frühen Kindheit entsteht und im besonderen auf emotionale Unsicherheit beim Kind zurückgeführt werden kann, die von einer fehlerhaften Mutter- oder Vaterbeziehung verursacht wird. In einigen wenigen Fällen könnte die H. auf Vererbungs- oder hormonale Faktoren zurückgehen. Wenn sie tief verwurzelt ist, erweist sich eine Umstellung in der Regel als unmöglich. Die wirksamste Hilfe ist dann die, welche es dem Betroffenen ermöglicht, seine Benachteiligung als Aufgabe zu erfassen, die in positivem Geist bestanden werden soll. Hierbei kommt der Seelsorge große Bedeutung zu. - Als ein benachteiligter Mensch stellt der H.e die Gesellschaft vor besondere und oft vernachlässigte Probleme. Statt dessen haben sich die Ethiker und Gesetzgeber mehr mit dem Betragen des h.en Mannes (denn auf diesen richtet sich fast ausschließlich die Aufmerksamkeit) als mit seiner Lage und Wiederanpassung beschäftigt. Die H. treibt den Betroffenen im allgemeinen dazu, sie in geschlechtlichen Akten mit anderen desselben Geschlechts zum Ausdruck zu bringen. Zu Unrecht nennt man diese Akte H.; ihre genaue Sammelbezeichnung ist einfach: »h.e Handlungen« (spezifische Akte werden Sodomie, fellatio, cunnilinctus, interfemoraler Coitus, gegenseitige Masturbation genannt). Doch sind weder die meisten dieser Praktiken auf die H.en beschränkt noch vollziehen die H.en nur Geschlechtsakte mit Personen desselben Geschlechts. Die Absperrung in einer eingeschlechtlichen Umgebung kann Heterosexuelle dazu veranlassen, ersatzweise zu h.en Akten Zuflucht zu nehmen, was sie auch aus Bosheit, versuchsweise oder als Prostituierte tun können. Derartiges ambisexuelles Verhalten macht das Problem der H. noch schwieriger und verleitete unglücklicherweise einige Sexologen dazu, die metaphysische Seite der Sache durch das Postulat einer hypothetischen Zwischen- oder bisexuellen Veranlagung zu verwirren.

2. Es gibt reiches Beweismaterial für h.e Betätigung seit den frühesten Zeiten bei den verschiedensten Rassen und Volksstämmen und in zivilisierten Völkern. Einige Kulturen haben sie geduldet oder sogar zur Institution gemacht, andere waren ihnen gegenüber unentschieden, wieder andere haben versucht, sie zu unterdrücken - allerdings niemals mit sichtlichem Erfolg. Die bes. im griechischen und später im arabischen Bereich begegnende Knabenliebe (Päderastie) beruht auf H., setzt aber keineswegs überall h.e Handlungen voraus.

In der Bibel wird nur an wenigen Stellen auf h.e Praktiken Bezug genommen. Das AT verurteilt die später als Sodomie (s.u.) bezeichnete H. als typisch für die Ethik des Heidentums (tô'ebā) und verhängt die Todesstrafe (Lev 18, 22; 20, 13). Das NT verwirft männliche und weibliche h.e Akte (Röm 1, 26–27) und erwähnt bes. die Lustknaben und »Sodomiten« (1Kor 6, 9–10; 1Tim 1, 9–10). Daß die Leute von Sodom zu h.en Handlungen tendierten, ist durch Gen 19, 5 keineswegs beweisbar; auch wird die Sünde Sodoms in Ez 16, 49–50; Weish 10, 8; 19, 8; Sir 16, 8 anders beschrieben. Die Auffassung ihrer Sünde als »H.« scheint im 2.Jh. vChr unter Rigoristen des palästinensischen Judentums entstanden zu sein und ist offenbar durch den Haß gegen die griechische »Knabenliebe« angeregt worden (Näheres bei Bailey, 1955). Auf diese Umdeutung der Sünde Sodoms beziehen sich Philo (de Abr. 26) und Josephus (Ant. I, 11, 1. 3). Sie hinterließ auch im NT ihre Spuren (Jud 6–7; vgl. 2Petr 2, 4. 6–8). Sehr zweifelhaft ist, ob Apk 21, 8; 22, 15 irgendeine Bezugnahme auf h.e Praktiken enthält.

Fast ebenso stark wie die (umgedeutete) Geschichte von Sodom hat das römische Recht die christliche Einstellung beeinflußt. H.e Handlungen wurden durch die »Lex Scantinia« (ca 226 vChr) unter Strafe gestellt. Um Minderjährige zu schützen (vgl. Dig. 47, 11, 1; § 2 setzt die Todesstrafe für den vollzogenen Mißbrauch fest) und die Vermietung von Räumen zum Zweck des stuprum cum masculo zu verhindern (Dig. 48, 5, 8), erweiterten die Juristen im 3.Jh. den Geltungsbereich der »Lex Julia de adulteris« (ca 17 vChr) durch deutende Kommentare. Ein seltsames Edikt des Konstantius und Konstans (342) mag der → Prostitution gegolten haben (Cod. Just. 9, 9, 31). Wichtiger war das des Theodosius, Arkadius und Valentinian (390), das bei Sodomie den Feuertod festsetzte (Cod. Theod. 9, 7, 6; einige Rechtssammlungen des MA behielten diese Strafe bei, aber es ist zweifelhaft, ob sie oft [wenn überhaupt] angewandt wurde). Justinian gab 538 und 544 zwei Novellen heraus, die h.e Betätigung verurteilten (Nov. 77. 141). Sie sind aus zwei Gründen bemerkenswert: zum ersten Mal beruft sich die Gesetzgebung auf die Sodomgeschichte, und ferner will Justinian die Übeltäter nicht einfach bestrafen, sondern sie zur Umkehr bringen. Nur bei hartnäckigem Rückfall werden die gesetzlichen Strafen angewandt.

Die Alte Kirche hat, nach vereinzelten Anspielungen zu urteilen, h.e Handlungen, bes. zwischen Männern und Knaben, als schwere Sünde betrachtet; aber sie wurden nicht zur exemplarischen Bestrafung isoliert. Die Art der Strafe reichte von endgültiger Exkommunikation (Conc. Illib. c. 71) bis zu der milderen Form von 9 Jahren Bußzeit bei → Gregor von Nyssa (Epist. Can. 4). Manches in der strengeren Gesetzgebung im spanischen Westgotenreich des 7.Jh.s hatte wohl mehr politische als sittliche Gründe (Lex Vis. 3, 5, 4. 7; Conc. Tolet. XVI c. 3). Die umfassendste Behandlung h.er Sünden begegnet in den Bußbüchern (Poenitentialien) des MA, bes. dem von Cummean. Wichtig ist bei ihnen die Beachtung weiblicher Praktiken sowie die Unterscheidung verschiedener Arten von Betätigung und der Versuch, die Strafe der angenommenen Schwere der begangenen Sünde anzupassen. Einmal begegnet im MA ein Zusammenhang zwischen h.er Betätigung und Ketzerei: im 10. und 11.Jh. drangen aus Bulgarien manichäische Anschauungen nach dem Westen und faßten in der Provence Fuß. Daß die Anschuldigungen der Sodomie gegen manche → Albigenser zu Recht bestanden, ist kaum zu bezweifeln; daher erklärt sich die allmähliche Übertragung der Bezeichnung »bougre« (»bulgarisch«) von der Ketzerei (der ursprünglichen Bedeutung) auf eine Art h.er Betätigung. Im allgemeinen galt im MA, daß h.e Handlungen in den Zuständigkeitsbereich der Kirche fielen, die Justinians Beispiel folgte und Umkehr für wichtiger hielt als Strafe.

3. Über die sittliche Bewertung h.er Betätigung gibt es vor der Erörterung der »Sünden gegen die Natur« bei → Thomas von Aquino (S.Th. II/2 q. 152-154) kaum eine Diskussion. Nach Ansicht des Thomas dürfen die Geschlechtsorgane nicht so gebraucht werden, daß die Fortpflanzung ausgeschlossen ist; deshalb ist der »Beischlaf beim unerlaubten Geschlecht« Sünde und fast ebenso schwerwiegend wie der geschlechtliche Umgang mit Tieren. Heute würde eine Feststellung in dieser Sache nicht auf so schmaler Grundlage möglich sein, denn das Zugeständnis würde sich als notwendig erweisen, daß es einen weiteren Bereich gibt, in dem der Gebrauch der Geschlechtsorgane auch zur Erfüllung menschlicher Beziehungen erlaubt ist. Doch würde dieser Gebrauch sich auf heterosexuelle und bes. eheliche Beziehungen beschränken. Der Moraltheologe würde dann zu dem Schluß kommen, daß h.e Handlungen immer der Materie nach Sünde sind; aber die Umstände, zB Bewußtheit oder Unwissenheit des Handelnden, würden darüber entscheiden, ob solche Akte formal Sünde und deshalb tadelnswert sind oder nicht. Doch ist es nur recht und billig festzustellen, daß dennoch einige ein »traditionelles« moraltheologisches Urteil dieser Art für unangemessen halten würden. Sie würden bezweifeln, daß es heute noch möglich ist, die Begriffe »natürlich« und »unnatürlich« im Bereich des Geschlechtlichen so genau zu bestimmen, wie es die Scholastiker taten, und würden fragen, ob etwa die Aufrichtigkeit der Beziehung nicht auch ein wichtiger sittlicher Faktor ist. So besteht eine gewisse Unsicherheit, wie man h.e Betätigung gerecht und realistisch bewerten soll, zumal wenn sie der Ausdruck ursprünglicher Zuneigung ist.

4. Aus der sozialen Beurteilung h.er Handlungen ergeben sich weitere Schwierigkeiten. Müßten solche Akte nicht ebenso als kriminell wie als sündig gelten? Das hängt davon ab, wie der Gesetzgeber andere Formen geschlechtlicher Missetaten beurteilt. Was h.e Handlungen privater Art zwischen Erwachsenen bei beiderseitiger Zustimmung angeht, so reicht die heutige Stellungnahme dazu von dem französischen → Code civil, der sie außer Betracht läßt, bis zu dem britischen Gesetz, das sie in den Statuten von 1861 und 1885 bei Männern unter Strafe stellt (ebenso in Deutschland [§ 175 StGB] und Österreich). Zwischen diesen Extremen gibt es verschiedene Regelungen. Die neueste Untersuchung zur gesetzlichen Seite der Sache ist die des British Wolfenden Committee (Bericht von 1957). Deren Ergebnis, daß h.e Handlungen nicht als kriminell behandelt werden sollten, wenn sie nicht die öffentliche Sitte und Ordnung zerstören, die Gefühle des Mitbürgers verletzen, ihm schaden oder andere ausnützen oder verderben (bes. bei Jugendlichen, Schwachen oder in bestimmten Fällen von Abhängigkeit), ist bezeichnend für die liberale Haltung, die die Aufhebung von Gesetzen befürwortet, welche als barbarische Bestimmungen aus der Vergangenheit gelten. Aber starke gefühlsmäßige Faktoren persönlicher und sozialer Art stehen einer schleunigen Reform im Wege.

RGG[2] II, 2006ff (Lit.) - S.Bailey, H. and the Western Christian Tradition, London 1955 - Ders., Sexual Offenders and Social Punishment, ebd 1956. - Med., psychol. u. soziol. Lit. bei H.Schelsky, Soziologie der Sexualität, (1955) 1956[8]. *S.Bailey*

Hongkong, seit 1842 britische Kronkolonie, wurde Ausgangspunkt für die ev. Mission in Südchina (→ China: IV C, 1). Neben anderen wirkte K. → Gützlaff als erster deutscher Missionar in H.; von ihm gerufen traten 1847 die → Basler Mission (R.Lechler und Th.Hamberg) als Hakkamission und die → Rheinische Mission (H. Köster und F.Genähr) als Puntimission in die Chinaarbeit ein. Das Schwergewicht ihrer Arbeit lag im Inland, doch sind durch ihren Dienst auch selbständige Gemeinden in H. entstanden: die Basler Tsung Tsin Kirche mit 3300, die Rheinische Lai Yin Kirche mit 2200 Gliedern. Ein deutsches Findelhaus bestand bis zum 1. Weltkrieg. Die → Hildesheimer Blindenmission (seit 1897 in H.) leitet ein Blindenheim und eine Blindenschule. Durch englisch-amerikanischen Dienst sind Kirchen anglikanischer, presbyterianischer, baptistischer und anderer Prägungen entstanden. Fast alle Kirchen unterhalten eigene Schulsysteme. Die Ausbildung von Predigern geschieht durch die Kirchen an theologischen Seminaren und Bibelschulen. Die Luth. Kirche in H., erst 1954 gegründet, arbeitet mit amerikanischen und skandinavischen Kräften an Mandarin sprechenden Flüchtlingschinesen; sie unterhält Seminar und Bibelschule. Am Seminar der Hakkakirche arbeiten deutsche und schweizerische Kräfte, an der Blindenschule deutsche Schwestern. Basler und Rheinische Missionskirche stehen in loser Verbindung mit den Lutheranern. - H. zählt bei 2,5 Mill. Einwohnern nur 15 000 Nichtasiaten und nahezu 2 Mill. Flüchtlinge. Man schätzt die Zahl der Christen auf etwa 55 000 ev. und 85 000 kath. Christen. H. hat eine Universität und ist Sitz eines anglikanischen und eines röm.-kath. Bischofs.

H.Ingrams, Hong Kong, London 1952 - W.Kempgen, H., eine Aufgabe der Christenheit, 1957. *W.Kempgen*

Honoratus († 429), römisch-gallischer Herkunft, gründete um 410 nach östlichem Vorbild das Kloster → Lerinum, ein geistiges Zentrum des gallischen Klerus (→ Gallien). Vorher hatte er zum Studium des Mönchtums den Orient bereist. 426-429 war er Bischof von → Arles. Eigene Schriften sind nicht erhalten, nur eine Lobrede seines Nachfolgers → Hilarius sowie Bearbeitungen dazu aus dem 13.Jh.

MPL 50, 1249ff - S.Cavallin, Die Lobrede d. hl. Hilarius auf d. Leben d. hl. H. Liber Floridus, Erzabtei St.Ottilien 1950, 83ff - Ders., Vitae SS. Honorati et Hilarii, Lund 1952. - Vita aus d. 13 Jh. ed. B.Munke, Bh. zur Zs. f. Roman. Philologie 32, 1911 (s. ebd auch W.Schäfer; ferner A.Krettek-F.Blatt, La latinité de la vie de S.H. [Eranos 43, 1945, 67-88]). Darauf basierend Gedicht v. Raymund Féraut (13.Jh.) bei I.Suwe, La vida de S. Honorat, Uppsala 1943. - RGG[2] II, 2009. *H.-U.Delius*

Honorius I., *Papst* 3.11.625 (Weihe) bis 12.10.638, aus kampanischem Adel. Durch den byzantinischen Patriarchen Sergius ließ er sich dazu verleiten, eine dem Monotheletismus (→ Christologie: II, 5c) nahestehende christologische Formel abzugeben, was seine von Papst Leo II. bestätigte Verdammung auf dem 6. ökumenischen Konzil (681) zur Folge hatte. (Auf dem → Vatikanum wurde im Zusammenhang mit dem → Infallibilitäts-Dogma die Frage der Orthodoxie des H. noch einmal aufgenommen, bes. durch den Rottenburger Bischof C.J. → Hefele.) In England setzte H. das Missionswerk → Gregors I. fort (doch ist die Primatsurkunde für Canterbury Jaffé I, 2021 Fälschung) und konnte wenigstens Istrien, das sich zusammen mit Venetien im → Dreikapitelstreit von Rom gelöst hatte, in den Kirchenverband zurückführen.

RE VIII, 313ff - G.CHAPMAN, The Condemnation of Pope H., 1907 - RGG² II, 2009 - E.CASPAR, ZKG 5, 1932, 75-137 - CASPAR II, 530ff. 778ff - DThC VII/1, 93ff - LThK V, 136ff - HALLER I, 312ff.

H.Fuhrmann

(II.), *Gegenpapst* 28.10.1061 bis (†) 1072, Cadalus, Bischof von Parma, stammte aus vornehmer Veroneser Familie, wurde gegen → Alexander II. von deutschen und lombardischen Bischöfen im Einverständnis mit dem deutschen Hof erhoben, aber dann wenig unterstützt. Als nach dem Staatsstreich von Kaiserswerth Alexander auf der Synode von Mantua 1064 durch Machenschaften → Annos von Köln anerkannt wurde, war das Schicksal des H. entschieden.

P.CENCI in: Archivio storico per le prov. Parmensi 23, 1923, 185 bis 223; 24, 1924, 309-344 - HALLER II, 338ff - C.VIOLANTE, La pataria milanese e la riforma eccl. I, Rom 1955.

II., *Papst* 15.12.1124 bis 13.2.1130, Lambert aus Fiagnano (Imola), 1117 Kardinalbischof von Ostia, mit → Gelasius II. in Frankreich, erfolgreicher Legat unter → Calixt II. (Wormser Konkordat; → Deutschland: I, 1b). H. wurde gegen den bereits gewählten → Cölestin (II.) von den Frangipani erhoben, bestätigte die Wahl König Lothars III. und hoffte auf dessen Hilfe gegen die Römer und Normannen, erlebte aber sein Kommen nicht mehr. Als 1127 Wilhelm von Capua starb, ließ sich H. durch seinen Kanzler Aimericus und Cencius Frangipani zu einer erfolglosen Gewaltpolitik gegen Roger II. verleiten; Roger zwang H. zur Belehnung mit Capua. In der letzten Zeit mußte H. den Vatikan verlassen und Schutz bei den Frangipani-Befestigungen suchen, in S.Gregorio ist er gestorben. 1126 bestätigte er den → Prämonstratenser-Orden.

JAFFÉ I, 823ff - WATTERICH II, 157ff - MPL 166, 1214ff - DUCHESNE, LP II, 327ff; III, 136ff (Cod. Dertusensis). - W.BERNHARDI, Lothar v. Supplinburg, 1879 (s. Reg.) - HAUCK IV, 114ff - H.W.KLEWITZ, DA 3, 1939, 371-412 - P.F.PALUMBO, Lo scisma del MCXXX, Rom 1942 (s. Reg.).

III., *Papst* 18.7.1216 bis 18.3.1227, Cencius Savelli, schon unter → Clemens III. Kämmerer, stellte unter → Cölestin III. den → Liber Censuum zusammen und schuf die zum Ausgleich der Kirche mit der Stadt Rom nötige Finanzgrundlage. Seine Ernennung zum Kardinal (1192) bedeutete nicht Ausschließung von der Verwaltung; wahrscheinlich betätigte er sich in gleicher Weise auch in Sizilien während der Regentschaft. Als Papst erstrebte er den englisch-französischen Ausgleich und die Zusammenarbeit von → Kaisertum und Papsttum, um den auf dem 4. Laterankonzil beschlossenen → Kreuzzug zu ermöglichen. H. zog Milde der Gewalt vor, auch bei der Erschließung der Ostseeländer, wo er Bekehrte vor Knechtschaft zu schützen suchte. Gleiche Menschlichkeit spricht aus dem von H. konzipierten Versprechen → Friedrichs II. vor der Kaiserkrönung (Verbot der verbrannten Erde, des Seeraubs und der Grundruhr). Dem Kaiser, der für die Rückschläge beim Zuge nach Ägypten mitverantwortlich war, begegnete H. mit Tadel und Mahnung. Die schlimmen Folgen der → Albigenser-Kriege und des 4. Kreuzzuges konnte H. nicht abwenden. Wenig gewürdigt ist seine literarische Tätigkeit. Er hat die Regel der → Dominikaner und der → Franziskaner bestätigt.

C.A.HOROY, Medii aevi Bibliotheca I-V, 1879-83 - P.PRESSUTTI, Regesta Honorii III., 2 Bde, 1888/95 - J.CLAUSEN, Papst H. III., 1895 - DUCHESNE, LP II, 453 (Reg.) - POTTHAST, Reg. I, 468ff - MG Epp sel. I, 1-260 - MG Const. II, 1896 (s. Reg.) - HALLER IV, 1ff.

IV., *Papst* 2.4.1285 bis 3.4.1287, Jakob Savelli, Großneffe H.' III., dem er im weisen Maßhalten glich. 1261 Kardinal, nahm er an der Belehnung Karls I. mit Sizilien teil. Auch nach 1282 stand er auf seiten der Anjou gegen Aragon, unterstützte aber die Vermittlung Eduards I. zwischen Frankreich und Alfons III. von Aragon, verwarf jedoch den Verzicht Karls II. auf die Insel Sizilien. König Rudolf setzte er einen Termin zur Kaiserkrönung; aber Ungeschick seines Legaten und Widerstand der Kurfürsten machten das Konzil von Würzburg zu einem Mißerfolg.

M.PROU, Registres d'H. IV (Bibl. Franç. d'Athènes et de Rome), 1888 - POTTHAST II, 1795ff. 2132 - Regesta Imperii VI/1, 1898 - B.PAWLICKI, Papst H. IV. (Diss. Münster), 1896 - F.BOCK, Reichsidee u. Nationalstaaten, 1943, 24ff - HALLER V, 70ff.

F.Bock

Honorius Augustodunensis (ca 1080 bis ca 1156), unbekannter Herkunft, Schüler → Anselms von Canterbury. H. schrieb um 1100 die erste und populärste systematische Dogmatik der Frühscholastik (Elucidarium). Als Rekluse bei Regensburg kompilierte er mindestens 38 Werke zur Philosophie (Clavis physicae, nach → Johannes Scotus Eriugena), Dogmatik, Homiletik (Speculum ecclesiae), Liturgik, Exegese, Literaturgeschichte, Kirchenpolitik (Summa gloria, MG Lib. de lite III, 63ff, gregorianisch), Weltgeschichte und Weltkunde (Imago mundi). Rationalistische Kühnheit paarte sich mit Kenntnis der Tradition und volkstümlichem Ton. Das meist flache enzyklopädische Wissen gipfelte in weltfrohem Symbolismus, der H. zu einem der einflußreichsten Autoren des 12.Jh.s machte.

Werke: MPL 172. - MANITIUS III, 57ff. 364ff - E.M.SANFORD, H. Presbyter and Scholasticus (Speculum 23, 1948, 397-425) - Y.LEFÈVRE, L'Elucidarium et les Lucidaires, Paris 1954 - A.-D.V.D.BRINKKEN, Studien zur lat. Weltchronistik..., 1957, 213ff.

A.Borst

Honter(us), *Johannes* (1498-1549), Humanist von umfassender Gelehrsamkeit und Reformator der Sachsen in → Siebenbürgen, * in → Kronstadt. H. studierte und lehrte 1515-25 in Wien, bes. wohl alte Sprachen, Geographie, Naturwissenschaften. In Kronstadt baute er ein eigenes studium generale Coronense zu hochschulmäßigem Rang aus. 1529-33 wirkte H., politisch exiliert, in Krakau, wo er seine vielaufgelegte lat. Grammatik und Kosmographie schrieb (1530), und in Basel, wo er, in enger Fühlung mit dortigen Buchdruckern, Humanisten und Reformatoren, durch Kartendrucke (erste Siebenbürgenkarte 1532) einen Ruf gewann. 1533 ehrenvoll heimberufen, bringt er für seine Schule seit ca 1535 in eigener Druckerei, der ersten Siebenbürgens, zahlreiche Lehrbücher heraus. 1539 lassen zwei Vorreden zu Augustin-Ausgaben zuerst reformatorische Neigungen erkennen, die dann 1542/43 in Kronstadt durchbrechen und, unter Führung des Rats, durch H.s »Reformatio ecclesiae Coronensis ac totius Barcensis Provinciae« in feste Bahnen gelenkt werden. Der feindlichen Landtagsvorladung des Kanzlers begegnete man erfolgreich mit H.s treffsicherer »Apologie ...«. Von Luther und den Wittenbergern sehr gelobt (Neudruck der »Reformatio« schon 1543 durch Melanchthon), setzte sich die Kronstädter Neuordnung gegen radikale und restaurative Widerstände durch, freilich nicht ohne bei ihrer Ausdehnung auf alle Sachsen Kompromisse in Richtung auf eine betontere Stellung von geistlichem Amt und Recht eingehen zu müssen (»Kirchenordnung aller Deutschen...«, 1547). In Kronstadt 1544 zum Stadtpfarrer erhoben, diente H.s Arbeit der Befestigung des Neuen auch im bürgerlichen Recht (»Compendium iuris civilis...«, 1544) und im Schulstaat (seine beachtliche »Constitutio scholae...« schon 1543). Gemeindlich-bürgerliches Denken mit den Oberdeutschen, augustinisch-humanistische Grundlagen mit Melanchthon teilend, hat H.s konservative Reformation die Siebenbürger Sachsen doch geschlossen - in eigenständiger Weise, aber bewußt - dem Luthertum zugeführt.

Werke bei O.Netoliczka, J.H., ausgew. Schriften, Wien 1898. - Über H.: K.K.Klein, Der Humanist u. Reformator J.H., 1935 (Lit.)- E.Roth, Der Durchbruch der Reformation in Siebenbürgen (Diss. Göttingen), 1943 (Masch.) - K.Reinerth, Die Reformation der siebenbürg.-sächs. Kirche (SVRG 173), 1956 (Lit.). *P.Philippi*

Hontheim, *Johann Nikolaus von* (27.1.1701 bis 2.9. 1790), kath. Historiker und Kanonist, * in Trier, † auf Schloß Montquintin (Luxemburg), hervorragender Repräsentant der im 18.Jh. aufblühenden rheinischen kanonistischen und staatsrechtlichen Schriftstellerei und Historiographie. H. entstammt einer Trierer Patrizierfamilie, studierte als Kanonikus des St.Simeon-Stiftes Rechtswissenschaft in Trier und Löwen (bei van → Espen), klassische Philologie und historische Kritik im calvinistischen → Leiden. Nach der Priesterweihe 1728 war er bis 1738 Konsistorialassessor und seit 1733 auch Prof. für röm. Recht an der Trierer Universität. Die Kaiserwahlen von 1742 und 1745 führten ihn mit dem für ihn wichtigen Würzburger und später Trierer Kanonisten Gg.Chr. Neller und dem 1733 in den Dienst des Erzbischofs Frz. Gg. von Schönborn geholten Rat und späteren Minister J.G. von Spangenberg († 1779) enger zusammen (→ Febronianismus). 1748 wurde H. Weihbischof und bis 1778 Generalvikar von Trier. An der Vorbereitung der Koblenzer Avisamenta (→ Emser Kongreß) war er 1769 beteiligt. Sein historisches Hauptwerk sind die 3 Bde »Historia Trevirensis diplomatica« (1750) und die 2 Bde »Prodromus Historiae Trevirensis« (1757), die der kritischen Diplomatik der → Mauriner und der Holländer folgen, eine imposante Leistung, die H. Mitgliedschaft in den Akademien von Mannheim und Göttingen eintrug. Neben liturgischen Arbeiten (Neuausgabe des Trierer Breviers, 1748; Bearbeitung des Psalters, 1759, und des Rituale, 1767) erschien 1763 in Frankfurt das kanonistische Hauptwerk unter dem auf den Tauf- und Klosternamen einer Nichte zurückgehenden Pseudonym Justinus *Febronius* Jurisconsultus: »De statu ecclesiae« (in augenscheinlicher Anlehnung an → Pufendorfs »De statu imperii germanici«, 1667) »et legitima potestate Romani Pontificis liber singularis, ad reuniendos dissidentes in religione Christianos compositus. Bullioni«. Das Werk sollte bes. der durch die geschichtliche Form des päpstlichen Primats verhinderten Wiedervereinigung der Konfessionen und so zur Stärkung des Reiches angesichts des Aufstiegs von Preußen dienen. Es vertrat die Interessen der deutschen Metropoliten gegen den kurialen Zentralismus durch systematische Verarbeitung (→ Febronianismus) älterer Ideen. Es wurde alsbald indiziert und verfolgt, erschien aber in mehreren Neubearbeitungen und Übersetzungen. H. selbst besorgte 1765 eine zweite erweiterte Auflage, 4 Bde polemischer Auseinandersetzung mit den gelehrten Gegnern (1772/74) und 1777 den F. abbreviatus. Als Autor wurde er bald entdeckt, leugnete aber auf Verlangen seines Kurfürsten Clemens Wenzeslaus die Autorschaft, zumal er stets zwischen seiner Person und der im öffentlichen Interesse notwendigen Aussprache gewisser Dinge meinte unterscheiden zu dürfen. 15 Jahre lang suchte die Kurie H. zum Widerruf zu drängen. H. leistete ihn 1778 und kommentierte ihn 1781 (J.F.Commentarius in suam Retractationem). An der Überwindung der erstarrten Barockwelt im deutschen Katholizismus durch den Geist der Aufklärung und seines Kirchenrechts ist H. hervorragend beteiligt, nicht zuletzt durch Aufnahme lebhafter Beziehungen zu Göttingen.

Über H.: ADB XIII, 83ff - O.Mejer, F., (1880) 1885² - J.Küntziger, F., Brüssel 1889 - RE VIII, 340ff - J.Zillich, F. (Phil. Diss. Halle), 1906 - LThK V, 141f - L.Just, H. (Arch. f. mittelrhein. KG 4, 1952, 204-216) - EC VI, 1473ff. - D.Gla, Repertorium der kath. Lit. I/2, 1904, 549ff (Gegenschriften von Ballerini, Zaccaria, Mamachi, Gerdil u.a.). - Vgl. → Febronianismus. *Ernst Wolf*

Hooker, 1. *Richard* (ca 1554-1600), führender Theologe des Anglikanismus (→ Anglikanische Kirche: I, 1; → Anglokatholizismus), * Heavitree (Exeter), † Bishopsbourne b. Canterbury. Als Knabe von → Jewel gefördert und durch ihn ins Corpus Christi College in Oxford gebracht, zeichnete sich H. bes. in Hebräisch, Griechisch und Musik aus. 1584 wurde er Pfarrer in Drayton-Beauchamp (Buckinghamshire) in der Nähe Londons, 1585 Master of the Temple (hervorgehobene Pfarrstelle) in London. Dort hatte er einen heftigen theologisch-kirchenpolitischen Streit gegen den Nachmittagsprediger, den Presbyterianer Walter → Travers, zu führen. Alsbald lief das Witzwort um: »Morgens spricht die Kanzel reines Canterbury, nachmittags Genf.« Der Erzbischof John → Whitgift brachte Travers zum Schweigen. Durch diese Kämpfe wurde H. angeregt, den verschiedenen Grundsätzen der Anglikaner und Presbyterianer nachzugehen, wozu ihm zwei ruhige Landpfarren Zeit gewährten (1591 Boscombe, Wiltshire; 1595 Bishopsbourne). So entstand sein großes Werk, mit dem er der elisabethanischen Kirchenordnung eine theologische und philosophische Basis gab: »The Laws of Ecclesiastical Polity« (1594, 1597, aus dem Nachlaß vervollständigt 1611). Schon nach dem Erscheinen wurde die Echtheit der Bücher VI-VIII stark umstritten. - H. hatte ursprünglich selbst dem Calvinismus zugeneigt, dann aber eine eigenständige Begründung für die anglikanische Kirchenordnung gefunden. An der Spitze steht der anticalvinistische Grundsatz, daß die Gestaltung des Kirchenaufbaus nicht aus der Bibel abgelesen werden könne. Gott hat vielmehr den Menschen mit der Vernunft ausgerüstet, um die Dinge dieser Welt, einschließlich der Kirchenordnung, selber zu bewältigen. Der Mittelpunkt von H.s Theologie ist die Inkarnation. Er versteht sie, den griechischen Vätern folgend, als Teilnahme an der göttlichen Natur. Die Heilung des an der Sünde kranken Menschen durch den Empfang der Sakramente ist Frucht der Inkarnation. Die Ordnung der Kirche hat dem Vernunftgesetz zu folgen; da es die kosmische Weltregierung Gottes reflektiert, ist es zugleich göttlichen Ursprungs, kann aber auf die konkrete geschichtliche Situation Rücksicht nehmen. H. hat mit diesen Gedanken Motive der Renaissancephilosophie aufgenommen, die kosmische Orientierung der anglikanischen Theologie und ihre differenzierte Stellung zur Bibel wurde dadurch festgelegt.

Works ed. J.Gauden, (1662) 1807⁹; New Edition 1821, 3 Bde; ed. J.Keble, (1836) 1888⁷ (revised by R.W.Church u. W.Paget); dt. von K.H.Sack, R.H., Von den Gesetzen des Kirchenregiments, 1868. - Biogr. von I.Walton in: Lives of Dr. J.Donne, Sir H.Wotton, Mr. R.H., Mr. G.Herbert, 1665; von L.S.Thornton, 1924.

- Über H.: F.Paget, An Introduction to the 5th Book of H.s Treatise of the Laws of Ecclesiastical Polity, 1899 - R.Bayne, Ecclesiastical Polity, The 5th Book, 1902 - P.Schütz, R.H., der Theol. des Anglikanismus (Theol. Diss. Halle), 1922 (Masch.) - Ders., Religion u. Politik in der Kirche von England, 1925 - E.Schnack, R.H. u. seine Stellung in der Entwicklung der engl. Geistesgesch. im 16.Jh. (Phil. Diss. Halle), 1923 (Masch.) - H.Leube, Reformation u. Humanismus in England, 1930, 9ff.

2. *Thomas* (1586-1647), englisch-nordamerikanischer Theologe der Kolonialzeit, → Kongregationalist und führender Demokrat, repräsentativ für das theologisch-politische Selbstbewußtsein des werdenden Nordamerika. * in Markfield (Leicestershire), gebildet in Cambridge (1609-18 Fellow von Emanuel College), wurde H. Pfarrer in Esher (Surrey) und Chelmsford, geriet in Widerspruch zur hochkirchlichen Kirchenpolitik → Lauds und gründete mit John → Eliot eine Schule in Little Baddow bei Chelmsford. 1630 wanderte H. nach den Niederlanden, 1633 nach Massachusetts aus, wo er mit John Cotton und Samuel Stone die Kolonie geistlich-theologisch prägte. 1636 ging er in das von ihm mitgegründete neue geistliche Zentrum Hartford (Connecticut). Zur Vorbereitung der dortigen Verfassung hielt er 1638 eine berühmte Predigt, die das amerikanische Verständnis der Demokratie als Glaubensforderung klassisch formulierte.

Vf. u.a. viele Predigten, gedr. 1637/38; The Saints' Guide, 3 Tle, 1645 u.ö.; A Survey of the Summe of Church-discipline, 1648 (gegen das presbyterianische Prinzip bei S.Rutherford, The Due Right of Presbyteries, 1644). - Über H.: C.Mather, Magnalia Christi Americana, ed. Th.Robbins, 1853 - W.B.Sprague, Annals of the American Pulpit I, 1857 - G.L.Walker, Th.H., 1891 - W. Walker, The Creeds and Platforms of Congregationalism, 1893 - DAB IX, 199f - DNB (Neudr. 1949/50) IX, 1189f. *M.Schmidt*

Hooper, *John* (ca 1495-1555, Märtyrer unter Maria), aus Somersetshire, studierte in Oxford und wurde Zisterzienser. Von Werken Zwinglis und Bullingers gepackt, kam H. in Schwierigkeiten mit Bischof St. → Gardiner und floh nach Straßburg (Beziehungen zu → Bucer) und Zürich (Freund und Schüler → Bullingers). 1549 wurde er Hofprediger des Herzogs Edward Grey von Somerset und Führer der strengen → Puritaner. Als er sich 1551 bei seiner Ernennung zum Bischof von Gloucester weigerte, die Meßgewänder anzulegen, zwang ihn → Cranmer mit Bucer zum Nachgeben (gegen → Laski). Vielleicht ist H. der Urheber der englischen Sabbatauffassung.

GA hg.v. der Parker Society, 2 Bde, (1843/47) 1852². - Über H.: C.H.Smyth, Cranmer and the Reformation under Edward VI., 1926, 95ff - A.Lang, Puritanismus u. Pietismus... von M.Bucer bis zum Methodismus, 1941, 38ff - DNB (Neudr. 1949/50) IX, 1198ff. *M.Schmidt*

Hoornbeek, *Johannes* (1617-66), * Haarlem, niederländischer ref. Theologe. Nach Studium in Leiden und Utrecht war H. 1639-43 Pfarrer in Mülheim, promovierte 1643 bei → Voetius und wirkte seit 1644 als Prof. in Utrecht, 1654 bis zu seinem Tode in Leiden. H. war ein begabter Alttestamentler, der aber daneben, meist in historisch-scholastischer Art, Lehrbücher für alle theologischen Disziplinen verfaßte. Bekannt wurde seine »Summa Controversiarum religionis cum infidelibus, haereticis, scholasticis...« (1653), eine Art Konfessionskunde. In »De conversione Indorum et Gentilium...« (1619) trat H. für die Heidenmission ein. Als Schüler und Freund des Voetius war er Anhänger der alten Orthodoxie, stritt mit → Coccejus (über die Sabbatheiligung), den → Sozinianern und cartesianischen Theologen. Voetiusschüler war er auch in seinem Eifer für die Praxis Pietatis und überhaupt für die »Theologia practica« (1663). Wie Sam. → Maresius begrüßte H. die → Einigungsbestrebungen (: II) zwischen Lutheranern und Reformierten.

BWGN IV, 277ff (Lit.) - Ritschl III, 453f. *J.N.Bakhuizen van den Brink*

Hopkins, 1. *Gerard Manley* (1844-89), englischer Dichter der viktorianischen Epoche, doch in künstlerischem Wollen und dichterischer Neuerung dieser weit voraus. Während des Studiums der klassischen Philologie in Oxford gerät er in der Auseinandersetzung zwischen ästhetischer und religiöser Lebenshaltung ins Kraftfeld der Oxford-Bewegung (→ Hochkirchliche Bewegung: I), konvertiert unter John H. → Newmans Einfluß 1866 zur röm.-kath. Kirche, tritt 1868 in den Jesuitenorden ein, wirkt nach der Priesterweihe (1877) als Pfarrer und Prediger und seit 1884 als Prof. für klassische Sprachen in Dublin. - Aufgabe des Künstlers ist es nach H., die wahre Ausprägung des individuellen Wesenskerns der Dinge in ihrer sinnlich erfaßbaren Gestalt (inscape, Ingestalt genannt) wiederzugeben. Deren Erleben kommt einem Erleben Gottes in der Natur gleich. Hier verbindet sich → Duns Scotus' Begriff der haecceitas mit modernem naturwissenschaftlichem Observationismus, zu genialer Naturschau verdichtet im Tagebuch. Die Wirkung der Objekte auf das Subjekt (instress, Inkraft genannt) gestaltet H. in herber, gewaltsame Neuschöpfungen wagender Sprache und rhythmischen Verschmelzungen von Klang und Sinn. Der Einfluß seiner erst 1918 veröffentlichten Gedichte auf die englische Dichtung und Kritik nach 1918 ist beträchtlich.

The Poems, ed. R.Bridges, (1918) 1948³; The Note-Books and Papers of G.M.H., ed. H.House, London 1937; Letters to R.Bridges, ed. C.C.Abbott, ebd (1935) 1955²; Further Letters, ed. Ders., ebd (1938) 1956²; The Correspondence with R.W.Dixon, ed. Ders., ebd (1935) 1955²; Gedichte, Schriften, Briefe, übers. v. U.Clemen, eingel. v. W.Clemen, hg.v. H.Rinn, 1954 (Lit.). - Über H.: John Pick, G.M.H., Priest and Poet, London (1942) 1946³. *G.Müller-Schwefe*

2. *Samuel* (1721-1803), führender Theologe Nordamerikas, 1743-69 kongregationalistischer Pfarrer in Great Barrington (Mass.), 1770-1803 in Newport (Rhode Island). H. stand in engster Gemeinschaft mit J. → Edwards und wurde von ihm zu seinem dogmatischen System angeregt, das die Prädestinationslehre rational zu einer geschlossenen Anschauung von der göttlichen Führung zum Wohle des Kosmos ausbaute; in ihr bleibt dem Menschen nur die Einordnung in den göttlichen Universalwillen einschließlich der Zustimmung zur persönlichen Verdammnis. Sozialethisch wurde H. der bedeutendste Vorkämpfer der Sklavenbefreiung.

The Works of S.H., 3 Bde, 1852 (darin: E.A.Park, Memoir of S.H.). - Über H.: St.West, Sketches of the Life of S.H., 1805 (enthält die Autobiogr.) - J.Ferguson, Memoir of the Life and Character of S.H., 1830 - W.A.Patton, Reminiscences of S.H., 1843 - W.B. Sprague, Annals of the American Pulpit I, 1857 - F.B.Dexter, Biograph. Sketches of Graduates of Yale College 1701-45, 1885 - W.Walker, Ten New England Leaders, 1901 - DAB IX, 217f. *M.Schmidt*

Horb *(Horbe, Horbius), Johann Heinrich* (1645-95), ev. Theologe, * in Colmar (Elsaß), stand während seines Straßburger Studiums unter dem Einfluß → Dannhauers und seines späteren Schwagers → Spener, als dessen Anhänger er zeitlebens in die heftigsten Kämpfe mit der Orthodoxie verwickelt war. 1671 wurde er Hofprediger in Bischweiler, nach seiner Absetzung als Inspektor in Trarbach 1679 Sup. in Windsheim (Franken), 1685 Pfarrer in → Hamburg (: II, 3). Dort kämpfte er mit Joh. → Winckler *gegen* die 1687 eingeführte Oper und gegen Joh.Fr. → Mayer, der *für* sie eintrat. Der unerquickliche Streit wurde durch die unbesonnene Verbreitung einer quietistischen Schrift → Poirets durch H.

unglückselig verschärft. In Straßenkrawallen siegten die handfesten orthodoxen Zünfte. 1693 erzwangen sie gegen den Senat und seine Gemeinde die Ausweisung H.s, der, von der Amnestie 1693 ausgeschlossen, zwei Jahre später ohne Amt in der Nähe Hamburgs starb.

M.GÖBEL, Gesch. des christl. Lebens in der rhein.-westf. Kirche II, 1852, 591ff - H.SCHROEDER, Lexikon der Hamburg. Schriftsteller III, 1857, 357ff (Bibliogr.) - JOH.GEFFCKEN, Joh.Winckler u.die Hamburg. Kirche seiner Zeit, 1861 - K.J.W.WOLTERS in: Hamburg vor 200 Jahren, 1892, 161ff - RE VIII, 353ff. *E.Beyreuther*

Horche, *Heinrich* (1652-1729), ev. Theologe, * in Eschwege a.d. Werra, als ref. Pfarrer in Kreuznach und Heidelberg wegen Chiliasmus und Konventikelwesen verdächtigt, 1690 Pfarrer und Prof. in Herborn, wo seine Visionen und sein radikales Antikirchentum zur Absetzung führten, schließlich Wanderapostel und Gründer philadelphischer Gemeinden (→ Philadelphia) in enger Verbindung mit nassauischen und hessischen Separatisten. Mehrfach dem Wahnsinn verfallen, lebte H. nach 1708 zumeist in Kirchhain bei Marburg, wo er 1712 eine mystische und prophetische Bibel in Anlehnung an → Coccejus und Mme de → Guyon herausgab.

Vf. viele mystische Schriften. Bibliogr. bei J.SCHEPP, Vita J.H. Horchii (Bibliotheca Hagana I, 1768, 357ff) - C.FR.L.HAAS, Lebensbeschreibung des berühmten H.H.ns, 1769 (mit Urkunden) - H. HOCHHUTH, H.H. u. die philadelph. Gemeinden in Hessen, 1876 - RE VIII, 355f. *E.Beyreuther*

Horengottesdienst → Stundengebet.

Hormisdas, *Papst* 20.7.514 bis 6.8.523, Diakon unter → Symmachus, erreichte 519 die Beilegung des ersten Schismas zwischen Rom und Byzanz, das durch die Verurteilung des → Acacius (, 3) 484 entstanden war. Kaiser Anastasius I. (491-518) hatte schon 514 Kontakte mit Rom aufgenommen, die jedoch mangels ernster Absichten, aber auch infolge H.' Unnachgiebigkeit ergebnislos blieben. Erst unter Justin kam es (unter dem Einfluß seines Neffen → Justinian) zu neuen Verhandlungen, die 519 zur Wiederherstellung der kirchlichen Einheit führten. Im sog. theopaschitischen Streit (→ Christologie: II, 5b) wies H. die Lehrformel der skythischen Mönche »Einer aus der Trinität habe im Fleisch gelitten« als unnötig und gefährlich zurück. Auf H.' Veranlassung unternahm → Dionysius Exiguus eine Übersetzung der griechischen Konzilskanones.

CASPAR II, 129ff - W.HAACKE, Die Glaubensformel des Papstes H. im Acac. Schisma, Rom 1939 - HALLER I, 244ff - SEPPELT I², 244ff - ALTANER 428. *F.Paschke*

Horn, *Johann* (Jan Roh, ca 1490-1547), * in Taus, einer der Führer der → Brüderunität (: I, 2) zZ der Berührung mit Luther, zu dem er 1522/24 mit Michael → Weiße gesandt wurde. 1529 neben 2 anderen mit weitem Vorsprung zum Bischof gewählt, wurde er 1532 »Richter«, dh *leitender* Bischof. Auf der Synode zu Jungbunzlau 1546, dem Sitz H.s, wo er 1547 starb, trat bei ihm und anderen laut späterer Nachricht ein Wandel gegenüber Luther hervor: man gab zwar seine *Lehre* nicht preis, kehrte aber in der »Disziplin« zu dem bis 1528 maßgeblichen Bruder → Lukas zurück. 1544 hatte H. das deutsche Gesangbuch Weißes erneuert und Luthers Abendmahlslehre angeglichen. 32 neue Lieder darin sind kaum von H., der seine Sprachkenntnisse selbst für unzulänglich hielt, sondern wohl alle (?) von M.Tham, Weißes unmittelbarem Nachfolger in den Gemeinden Landskron-Fulnek.

RE X, 429 - J.TH.MÜLLER, Hymnologisches Hdb. z. Gesangbuch der Brüdergemeine, 1916 - DERS., Gesch. der Böhm. Brüder II, 1931 (Reg.) - RGG³ II, 2015f - Hdb. z. EKG II/1, 1957, 79ff (Lit.). *W.Jannasch*

Horneck, *Anton* (1641-97). Ursprünglich deutscher Theologe, wanderte H. nach kurzem Studium in Heidelberg 1660 nach England aus, besuchte das Queen's College in Oxford, wurde Pfarrer in Doulton (Devonshire) und entfaltete als Pfarrer an der Savoykirche in London (seit 1670) eine tiefgehende Wirksamkeit; sie gipfelte ca 1678 in der Gründung der »religious societies«, einer seelsorgerlichen Erneuerungsbewegung. Aus ihr erwuchs sowohl eine Armenschulbewegung (S.P.C.K., 1698), die mit A.H. → Francke in Beziehung trat, als auch die erste englische Missionsgesellschaft (S.P.G., 1701; → Anglikanische Kirche: II, 1). Als Gesamterscheinung bereitete sie den Methodismus mit vor (→ Methodisten: I).

Vf. u.a.: The Great Law of Consideration, 1678²; The Fire of the Altar, 1690; The Crucified Jesus, 1700⁴. - Über H.: R.KIDDER, Life of A.H., 1698 - R.B.HONE, Lives of Eminent Christians II, 1850³, 275 bis 330 - DNB (Neudr. 1949/50) IX, 1261f - M.SCHMIDT, Das Grab eines Deutschen in der Westminsterabtei (Der Londoner Bote 6, 1954, 35-37). *M.Schmidt*

Horneck(en), *Melchior von* († 1540). Seit 1531 Abt des Benediktinerklosters Gengenbach, versuchte H. das Kloster dem Grafen Wilhelm von Fürstenberg in die Hände zu spielen und trat zum Luthertum über. Der Prior Friedrich von Keppenbach und Bischof Wilhelm von Straßburg erreichten seine Absetzung. Zwar kam H. durch den Grafen wieder an die Leitung des Klosters, mußte sie aber bald aufgeben und das Kloster verlassen. Er starb nach einer wohl zuverlässigeren Überlieferung als Lutheraner, nach einer andern reumütig im Kloster Schuttern.

Spärliche Urkunden im Generallandesarchiv Karlsruhe. - Über H.: MARTIN GERBERT, Historia Sylvae nigrae II, 1788, 342 - J.B. KOLB, Hist.-stat.-topogr. Lexikon aus dem Großherzogtum Baden I, 1813, 363 - K.F.VIERORDT, Gesch. der ev. Kirche im Großherzogtum Baden I, 1847, 317 - W.FRANK in: Freiburger Diözesanarchiv 6, 1871, 1-26, bes. 20f - DERS., ebd 7, 1873, 81-105 - J.G.MAYER, ebd 16, 1883, 159-215 - PH.RUPPERT in: Zs. für Gesch. des Oberrheins 33, 1880, 128-159 - F.BAUMGARTEN, ebd NF 8, 1893, 436-493. 658-702 - RGG³ II, 2016. *F.Hauss*

Horn(ejus), *Konrad* (1590-1649), ev. Theologe und Philosoph, Prof. in → Helmstedt, seit 1619 der Logik und Ethik, seit 1628 der Theologie, gehörte zu dem Helmstedter Kreis der prot. Aristoteliker (→ Caselius, C. → Martini), verkörperte betont die melanchthonische Tradition in der luth. → Orthodoxie und war Gefährte → Calixts im → Synkretistischen Streit. Mit seinem Bekenntnis zur positiven Bedeutung der Philosophie für das theologische Erkennen stand er im Kampfe gegen diejenigen Theologen, bei denen der Einfluß des Petrus → Ramus nachwirkte (Angriffe des hannoverschen Pastors Statius Büscher). Durch seine philosophischen Lehrbücher, die an vielen deutschen Universitäten benutzt wurden (Disputationes ethicae, 1618; Compendium naturalis philosophiae, 1618; Institutiones logicae, 1623; Compendium dialectiae succinctum, 1623; u.a.), hat er entscheidend zur Entstehung einer neuaristotelischen prot. Scholastik beigetragen. Er verfocht die Notwendigkeit der guten Werke (→ Major), die Autorität der alten Kirche und die gegenseitige Duldung der Konfessionen. Der Consensus repetitus fidei vere Lutheranae von 1645 ist wie gegen Calixt so auch gegen H. gerichtet.

RE VIII, 357ff - P.PETERSEN, Gesch. der arist. Philos. im prot. Deutschland, 1921. - Vgl. die Lit. zu → Calixt. *F.Lau*

Horning, *Friedrich Theodor* (1809-82), luth. Theologe, von 1845 bis zu seinem Tode Pfarrer an Jung-St. Peter in Straßburg. In seiner Jugend vom → Rationalismus beeinflußt, vertrat er später ein konfessionelles Luthertum strengster Prägung, wodurch er mit dem nicht weniger radikalen Pietismus F.H.Härters zusammenstieß, der damals in Straßburg viele Anhänger hatte. H. sammelte eine regelrechte altluth. Partei um sich (→ Elsaß, 3). Seine liturgischen, hymnologischen und katechetischen Arbeiten bleiben in den ausgefahrenen Geleisen konfessionalistischer Terminologie.

Vf. u.a.: Die ev.-luth. Erweckung in der Landeskirche Augsb. Konfession 1848-80 (aus dem Nachlaß hg.v. H.s Sohn Wilhelm H., 1914). - Hg. einer franz. Ausg. von Luthers Großem u. Kleinem Katechismus, Paris-Straßburg 1854. - Über H.: RE VIII, 359ff - W.Horning, 14 Biographien elsäss. Theologen aus dem 16., 17., 18. u. 19.Jh., 1883 - R.Reuss, Histoire de Strasbourg depuis ses origines jusqu'à nos jours, 1922 - H.Strohl, Le protestantisme en Alsace, 1950. *R.Voeltzel*

Horsley, *Samuel* (1733-1806), englischer Theologe, zeichnete sich durch naturwissenschaftliche und mathematische Studien aus, war Fellow, 1773-84 Sekretär der »Royal Society« und gab 1779-85 die Werke von Isaac → Newton heraus. In dem durch J. → Priestley's »History of the corruptions of Christianity« (1782) entfachten Streit vertrat er energisch die orthodoxe Trinitätslehre. 1788 wurde H. Bischof von St.Davids (Wales), 1793 von Rochester (England), 1802 von St.Asaph (Wales). Er verteidigte das Prinzip religiöser Freiheit, benützte 1791 seinen Einfluß im Parlament, um eine Milderung der gesetzlichen Benachteiligung der röm. Katholiken zu erreichen, und setzte sich für größere Duldung gegenüber den → Dissenters und der schottischen Episkopal-Kirche ein. H. war ein hervorragender Bischof und widerstand als Prediger der Mode, praktisches Christentum mit bloßer Moral zu identifizieren.

Vf. u.a.: Tracts in controversy with Dr. Priestley, (1789) ed. H. Horsley, 1812[3]; Collected Theological Works, 1830; Sermons, 1839. - Über H.: DNB XXVII, 383ff - H.H.Jebb, A great bishop of a hundred years ago, 1909. *D.Carter*

Hort, *Fenton John Anthony* (1828-92), englischer Theologe, seit 1878 Prof. in Cambridge. Nach Jahrzehnten gemeinsamer Vorarbeit veröffentlichte er mit → Westcott zusammen die epochemachende Textrezension »The NT in the Original Greek« (mit Randlesarten), Text 1881, Introduction und Appendix 1882, letztere, mit Darlegung der kritischen Grundsätze, aus H.s Feder. Die Hauptthese von Westcott-H., Kodex B repräsentiere einen älteren, »neutralen« Text, hat sich nicht durchgesetzt (→ Text: II). Dagegen wirkte ihre Ausgabe nicht nur in England lange nach (→ Nestle), und ihre methodische Leistung ist heute noch nicht überholt (NTS 4, 1957/58, 73ff).

Vf. u.a.: Judaistic Christianity, 1874; Prolegomena to St.Paul's Epistles to the Romans and the Ephesians, 1895; The Christian Ecclesia, 1897; The Epistle of St.James, 1909. - Über H.: A.F.Hort, Life and Letters of F.J.A.H., 1896 - RE VIII, 368ff. *H.Greeven*

Horus, meist dargestellt als Falke oder Mann mit Falkenkopf, ist ägyptischer Welt- und Himmelsgott. Seine Augen sind → Sonne und → Mond. Früh werden ihm andere Falken-, auch Stier-Götter angeglichen. Als (Re-) Harachte (»Re-H. vom östlichen Horizont«) ist er ein Aspekt des Sonnengottes. H. ist der im jeweils regierenden Pharao sich inkarnierende Gott (→ Ägypten: II, 1. 2). Seine ursprüngliche Mutter ist Hathor. In der Theologie von On ist er zum Sohn von → Isis und Osiris und zum Rächer seines Vaters an Seth geworden. Als neugekrönter Pharao »erlöst« er im Bestattungskult den toten Pharao als »Osiris«. Als Haroeris (»großer H.«) ist er auch später Weltgott und Sternenherrscher und zeugt mit seiner Mutter Isis die H.kinder. Als »H. von Edfu« ist er »Sohn« und Ba-Seele des Sonnengottes in Gestalt der Flügelsonne. Als »H. das Kind« wird er in griechischer Zeit bes. volkstümlich.

RÄRG s. v. Behedti, Chenti-irti, Gold-H., Harachte, Haroeris, Harpokrates, Harsiesis, H. (Lit.), H.auge usw, Seth (Lit.). *H.Jacobsohn*

Hosanna, Hosianna → Liturgik: IV.

Hosea, 1. Sohn eines Ela, nach der Ermordung seines Vorgängers Pekah (2Kön 15, 30) letzter *König des Reiches Israel* (732-724 vChr). Durch den assyrischen König Tiglatpilesar III. bestätigt, geriet er bei einem Abfallversuch vor der Belagerung seiner Hauptstadt Samarien in die Hände der Assyrer (2Kön 17, 1ff; → Assyrien, 3); über sein weiteres Schicksal ist nichts bekannt.

2. *Prophet,* dessen Schrift (→ Hoseabuch) vermutlich wegen der ephraimitischen Herkunft H.s an die Spitze des sonst in der hebräischen Bibel chronologisch angeordneten → Zwölfprophetenbuches gestellt worden ist. H. ist ein jüngerer Zeitgenosse des → Amos und wird nach der sekundären, an Jes 1, 1 erinnernden Überschrift in 1, 1 den Regierungszeiten der judäischen Herrscher Ussia, Jotham, → Ahas und → Hiskia (und Jerobeams von Israel) zugewiesen. Dieser Ansatz mag annähernd richtig sein, wenn man H.s Auftreten kurz vor dem Tode Ussias († 746 vChr) beginnen und bis in den Anfang der Regierung Hiskias (König seit 725 vChr) reichen läßt. Unzureichend ist die Nennung → Jerobeams II. († 746), der wohl nur genannt wird, weil H. zum Nordreich gehört und eine Erwähnung weiterer israelitischer Herrscher angesichts der bald nach Jerobeams Tod einsetzenden permanenten Thronwirren unpassend erschien. - Über das persönliche Leben H.s ist wenig bekannt; neben der Ehe mit einer in 1, 3 genannten Gomer (→ Hoseabuch) und den dieser Ehe entstammenden Kindern (1, 2-9) wird in 1, 1 noch H.s Vater Beeri erwähnt. Ob H. priesterlichem Geschlecht entstammt (B. Duhm, Theol. der Propheten, 1875, 130f) und zugleich Glied einer Prophetenzunft gewesen ist (Ders., Israels Propheten, 1916, 98; vgl. P.Volz, Prophetengestalten des AT, 1938, 162ff), ist nicht sicher zu beweisen, während der neuere Versuch (Wolff), ihn mit einer levitisch-prophetischen Opposition des Nordreiches, in der auch die Anfänge des → Deuteronomium (, 4) gesucht werden könnten, zu verbinden, zwar die Verwandtschaft H.s mit dem Dtn und seine Einwirkung auf judäische Propheten (→ Jeremia) zu erklären vermag, aber eine schärfere Profilierung jener Opposition erfordert.

Zur Kennzeichnung H.s als Nabi vgl. H.Cazelles, The Problem of the Kings in Os 8, 4 (CBQ 11, 1949, 14-25). Ferner außer der Lit. zu → Hoseabuch: H.W.Wolff, H.s geistige Heimat (ThLZ 81, 1956, 83-94). *O.Plöger*

Hoseabuch. Für die Interpretation des H.buches (H. = Hosea) ist zu bedenken, daß die Sammlung der Hinterlassenschaft des einzigen nichtjudäischen Propheten, der in den Prophetenkanon aufgenommen worden ist und zudem kurz vor dem Untergange des Nordreiches gewirkt hat (→ Hosea), in stärkerer Weise einer judäischen Beeinflussung ausgesetzt gewesen sein dürfte. So werden die nicht seltenen Bemerkungen über Juda (1, 7; 2, 2; 3, 5 [David] u.ö.) nicht ohne Skepsis zu betrachten sein, wenn es sich nicht um Zusammenhänge handelt, in denen auf Grund zeitgeschichtlicher Ereignisse eine Erwähnung Judas ohnehin verständlich ist. Man wird mit der Möglichkeit rechnen müssen, daß eine noch vor der Eroberung Samarias vorgenommene Sammlung von H.-worten unter judäischen Händen erneut bearbeitet worden ist, was für die Endfassung der Schrift nicht ohne Einfluß gewesen sein dürfte.

Das Buch zerfällt in zwei Teile, deren erster (c. 1-3) Prophetenworte enthält, die mehr oder weniger eng mit der Ehe H.s in Verbindung stehen, während der zweite Teil (c. 4-14) Sprüche verschiedenster Art aneinanderreiht, ohne daß ein klarer Aufbau zu erkennen ist. Für die zahlreichen Fragen, die das Büchlein c. 1-3 hervorgerufen hat und die hier nicht ausführlich behandelt werden können, sei auf die Übersicht bei Eißfeldt (471 ff) verwiesen, die neuerdings durch Wolffs Vorschläge (BK XIV, 1) ergänzt werden muß. In c. 1 erwähnt ein Fremdbericht, der nicht vom Propheten stammt, aber als zeitgenössische Überlieferung aus dem Anhängerkreis H.s zu betrachten ist, die Ehe H.s, wenn auch mit bestimmten Details (zB den Namen der Frau), nur einführend, um das Schwergewicht auf die symbolischen Namen der Kinder (»Jesreel«, zur Erinnerung an die Blutschuld → Jehus, 2Kön 9f; »Ohne Erbarmen« und »Nicht-mein-Volk«) und damit auf das über das Nordreich kommende Gericht Jahwes zu legen. Demgegenüber enthält c. 3 einen Eigenbericht des Propheten, der zwar die Tatsache einer vorher erfolgten ersten Eheschließung voraussetzt (vgl. »nochmals« in 3, 1), aber keine Hinweise gibt, daß es sich bei der zweiten Ehe um die in 1, 3 genannte Frau handelt; denn deren Nennung in 3, 1 ist auffallend unbestimmt gehalten, wie auch die Charakteristik der Gomer in 1, 3 als eines kanaanäischen Kultunsitten verfallenen Mädchens nicht ganz übereinstimmt mit der Kennzeichnung der in 3, 1 erwähnten, offenbar buhlerisch veranlagten Frau. Die Meinung, daß man es in 1, 3 und 3, 1 mit verschiedenen Frauen zu tun hat, ist daher begreiflich. Aber der Ichbericht in c. 3 will als Hauptanliegen die harten Schutzmaßnahmen hervorheben, um die Frau an der Ausführung ihrer ehebrecherischen Neigung zu hindern, Vorkehrungen, die an das Verhalten Jahwes gegenüber Israel in 2, 4-17 erinnern, so daß das daran anschließende c. 3 wie ein Bericht über eine prophetische Symbolhandlung in Form einer Ehe erscheint, die das Verhalten Jahwes gegenüber Israel durchsichtig machen will und deshalb als von Jahwe befohlen verstanden wird. Beide Berichte, dadurch zusammengehalten, daß sie mit dem Eheleben des Propheten in Verbindung stehen und Jahwe dabei als der Gebietende erscheint, sind unter verschiedenen Aspekten, aber gewiß nicht in der Absicht geschrieben worden, daß sie einander ergänzen sollen; versucht man gleichwohl in Ergänzung der in beiden Berichten enthaltenen Angaben ein historisches Bild der Ehe H.s zu entwerfen, so bleiben etliche Fragen unbeantwortet, weil die Angaben das nicht hergeben, was man von ihnen erwartet. Wahrscheinlich wird es sich aber in beiden Fällen um die gleiche Frau gehandelt haben, weil die Berichte über die Ehe H.s wohl überliefert worden sind, um das Verhalten Jahwes gegenüber seinem gleichbleibenden Partner Israel zu veranschaulichen, und so der Gesamtbotschaft H.s dienen wollen. Weiter wird man annehmen können, daß die in c. 1 geschilderten Ereignisse zeitlich den in c. 3 vorgetragenen Begebenheiten vorangehen, daß der Fremdbericht in c. 1 jedoch in einer späteren Zeit formuliert wurde als der Selbstbericht in c. 3, nämlich in einer Zeit, in der die drohend nahende Katastrophe für die Gerichtsbotschaft von c. 1 besonderes Interesse erweckte. Überdies wäre es nicht ganz unmöglich, die Voranstellung von c. 1 im Sinne eines Ersatzes einer sonst üblichen Berufungserzählung zu verstehen (→ Berufung: II, 1). Zwischen beiden Kapiteln befinden sich Prophetenworte, die zur Ehe H.s eine gewisse Beziehung haben und in ihren Hauptbestandteilen 2, 4-17 bzw. 22 für das Verständnis von c. 3 unentbehrlich sind, während es sich bei 2, 1-3. 23-25 um spätere Hinzufügungen handeln wird, die sich aber nicht allzusehr von der Zeit H.s entfernen.

Die in c. 4-14 aneinander gereihten Sprüche und Spruchreihen sind weit weniger geschlossen; aber auch hier wird mit einer lockeren Gliederung zu rechnen sein. Auf den sekundär formulierten Spruch 4, 1-3, der offenbar überleitende Funktion hat, folgen in 4, 4-19 und 5, 1-7 Einheiten, die sich im ersten Fall gegen eine falsche Jahweverehrung und das dafür verantwortliche Priestertum, im zweiten Fall auch noch gegen das Königtum im Nordreich richten. Beide Einheiten mögen der noch ungetrübten Frühzeit H.s angehören, behandeln aber ein Thema, das auch noch in 8, 1-14, allerdings im Blick auf einen späteren Zeitraum, im Mittelpunkt steht, nämlich die Jahweverehrung in der Form des Stierkultes und das durch die ständigen Thronwirren in seinem Ansehen geschwächte Königtum. Dazwischen ist nach Wolffs (an Alt [II, 163 ff] anknüpfenden) Darlegungen in 5, 8 - 7, 16 eine Sammlung von Sprüchen zu sehen, die insofern eine Einheit bilden, als sie auf dem Hintergrunde des syrisch-ephraimitischen Krieges (→ Israel: I) zu verstehen sind, also jenem Zeitraum angehören, als unter dem Ansturm des assyrischen Königs Tiglatpilesar III. (→ Assyrien, 3) vom Jahre 733 vChr das gegen Juda gerichtete Bündnis zwischen Aram und Ephraim zusammenbrach, und somit die gleichen Ereignisse in der Sicht eines ephraimitischen Propheten behandelt werden, die in der Schau eines judäischen Propheten in Jes 7f im Mittelpunkt stehen. Liegt der Aufeinanderfolge von 4, 4-19 und 5, 1-7 einerseits und 5, 8 - 7, 16 andererseits eine chronologische Anordnung zugrunde, so wird auch 8, 1-14 aus chronologischen Gründen angefügt sein; demnach entfaltet die erste Hälfte des zweiten Teiles (4, 4 - 8, 14) unter chronologischen Gesichtspunkten bestimmte Themen der Botschaft H.s (falscher Jahwekult, Königtum, syrisch-ephraimitischer Krieg) und wird in 9, 1-9 durch eine abschließende Strafandrohung abgerundet, die mit Notizen über gegen den Propheten selbst gerichtete Anfeindungen (9, 7-9) verbunden worden sind.

Für den Rest des Buches (9, 10 - 14, 10) ist eine ähnliche, unter chronologischem Gesichtspunkt vorgenommene Sammlung von H.sprüchen nicht unmittelbar anzunehmen; es wird sich, wie das häufig in den Schlußkapiteln von Prophetenschriften der Fall ist, um eine lose Zusammenstellung verschiedener Überlieferungen handeln, die aber doch unter gewissen Aspekten erfolgt zu sein scheint. So ist der auf 9, 9 folgende Abschnitt, der bis zum Ende von c. 12 reichen könnte, bestimmt durch Rückblicke in die Frühgeschichte Israels, auf deren leuchtendem Hintergrunde sich um so schärfer die dunkle Gegenwart des Propheten abhebt (9, 10-14; 10, 1-8), so daß in Israels Geschichte menschliche Undankbarkeit und göttliches Erbarmen als die bestimmenden Faktoren erscheinen (11, 1-14); bisweilen ist der in der Vergangenheit seit der Berührung mit dem Lande Kanaan festzustellende Bruch durch die Erinnerung an bestimmte Untaten gekennzeichnet (9, 15-17: Hinweis auf die Errichtung des Königtums in → Gilgal; 10, 5 ff: die Schandtat von Gibea [Ri 19f], vgl. schon 9, 9), so daß in einem Schlußkapitel, das Bruchstücke einer volkstümlichen Jakobüberlieferung kritisch verwertet (12, 4. 13), Israels Geschichte seit den Tagen des Ahnherrn Jakob als eine Geschichte des Betruges vorgeführt wird, die Gottes Handeln (12, 10), ausgeführt durch Mose (12, 14) und die Propheten (12, 11), immer wieder in Frage gestellt hat, wobei in Einzelheiten c. 12 etliche Zusätze erhalten haben mag. Zusammenfassungen größeren Umfanges (so 13, 1-11: eine Schelt- und Drohrede gegen Israel, das seinen anfänglichen Abgöttereien durch den Stierkult die Krone aufgesetzt hat; 13, 12 - 14, 1: im Blick auf die Unbelehrbarkeit Israels ein Strafgericht ankündigend) leiten über zum Schlußkapitel des Buches; die Aufforderung zur Umkehr in 14, 2-9, früher gern H. abgesprochen, wird in ihrer Übereinstimmung mit dem rettenden Liebeswillen Jahwes in 2, 4-22 und mit der Ankündigung künftigen göttlichen Erbarmens in 11, 8 ff als hoseanisch angesehen werden dürfen; allerdings wird die ermahnende Beherzigung in 14, 10 als sekundär zu gelten haben.

Der Versuch, gegenüber dem geschlossenen und textlich besser erhaltenen Büchlein c. 1-3 nun auch die in c. 4-14 überlieferten Prophetenworte wenigstens annähernd in zwei oder drei größere Komplexe aufzuteilen (4, 4 - 9, 9: eine unter chronologischen Gesichtspunkten vorgenommene Sammlung verschiedener Sprucheinheiten; 9, 10 - 12, 15: eine lockere, unter geschichtlichen Rückblicken vorgenommene Sammlung; 13, 1 bis 14, 9: Scheltreden und Strafandrohungen mit einer Aufforderung zur Umkehr), bleibt bei der Verderbtheit des Textes immer ein fragwürdiges Unternehmen. Der streckenweise trostlose Textzustand mag ein Zeichen dafür sein, daß der wohl noch vor der Zerstörung des Nordreiches begonnene Sammlungsprozeß durch die politischen Katastrophen empfindlich gestört worden ist. Die im H.buch vordergründig abgehandelten Themen (Kritik am Königtum des Nordreiches, an der Priesterschaft und der von ihr geleiteten falschen Jahweverehrung, an der Geschichte Israels nach Eintritt in das Land Kanaan) werden im Blickfeld einer von judäischen Händen weitergeführten Überlieferung der Botschaft H.s insofern von besonderem Interesse gewesen sein, als sie während des letzten Jh.s judäischer Selbständigkeit im Sinne warnender Mahnungen Verwendung finden konnten, so daß mit der Möglichkeit gerechnet werden kann, daß nur ein aktueller, wenn auch relativ umfangreicher Ausschnitt aus der Botschaft des ephraimitischen Propheten auf uns gekommen ist. Damit stimmt überein, daß zwar das Buch genuin hoseanische Heilsankündigungen enthält, ihnen jedoch die ausgeprägt eschatologische Farbe fehlt, wie sie in judäischen Prophetenschriften oft genug festzustellen ist. So wird das Buch von den judäischen Anhängern des Prophetismus weniger auf Hoffnung denn als Mahnung gelesen worden sein und so für die Gestaltung der judäischen Prophetie in den Jahrzehnten vor dem Zusammenbruch des Staates Juda eine besondere Bedeutung gehabt haben.

Für die umfangreiche Lit. vgl. O.Eissfeldt, EinlAT, 1956³, 467f, ferner die Kommentare von Th.H.Robinson, HAT I, 14, (1938) 1954² - A.Weiser, ATD 24, (1949) 1956² - H.W.Wolff, BK XIV, 1957ff. *O.Plöger*

Zur *Auslegungsgeschichte* (s. auch → Schriftauslegung: IV, → Zwölfprophetenbuch):

Qu.: 5.Jh.: Julian von Eclanum (MPL 21, Pseudo-Rufin; vgl. CPL Nr. 776). - 11.Jh.: Theophylakt (MPG 126). - 12.Jh.: Guibert von Nogent (MPL 156). - 16.Jh.: Hieronymus Osorius, Rom 1552, 1592 - Hieronymus Guadalupensis, Saragossa 1581, Lyon 1586 u.ö. - Leo de Castro, Salamanca 1586 - Hieronymus Zanchius, Genf 1613 (Opera theologica Bd 5) - Joh. Mercer, o.O. u. J. - 17.Jh.: David Pareus, 1605 - Joh.Phelipaeus SJ, Paris 1636 - Franciscus de Franchis, Panormi 1643 - Andreas Rivetus, Rotterdam 1652 (Opera theologica Bd 2) - Edward Pococke, London 1740 - Sebastian Schmid, 1687 - Y.P.Pezron O.Cist., Paris 1693 - Joh. van Merck, Amsterdam 1696 - Franciscus Vavassor SJ, ebd 1709. *W.Werbeck*

Hosius (Ossius) *von Corduba* (257-357/58), wurde um 296 zum Bischof geweiht, litt in der Verfolgung von 303, besuchte die Synode von Elvira (306?) und war seit 313 Konstantins kirchlicher Berater (→Arianischer Streit, 1). Auf den Synoden von Antiochien und → Nicäa (325) führte er den Vorsitz, ebenso in Serdika (342/43), wo er den Kanon für Rom als oberste kirchliche Appellationsinstanz (→ Papsttum: I) einbrachte. 357 wurde H. von Konstantius nach Sirmium befohlen und mußte dort ein »arianisches« Glaubensbekenntnis unterschreiben (G.L. Hahn, Bibliothek der Symbole, 1897³, § 161). Eine spanische Synode verurteilte seine Handlungsweise, sein Name wurde nicht in die Diptychen der Kirche von Corduba aufgenommen.

V.C.de Clercq, Ossius of Cordova, Washington 1954 (Lit.). *H.Chadwick*

Hosius, *Stanislaus* (1504-79), * in Krakau als Sohn eines aus Pforzheim eingewanderten Deutschen, Günstling des Bischofs Tomicki, trat nach Studien in Krakau, Bologna und Padua zunächst in königliche Dienste. 1549 Bischof von → Kulm, 1551 von → Ermland, 1558 nach Rom berufen, 1560 Nuntius in Wien, 1561 Kardinal, wirkte er 1561-63 als päpstlicher Legat in Trient, 1564 bis 1569 in seiner Diözese, seit 1569 wieder in Rom. Humanistisch, juristisch und scholastisch gebildet, wurde er als Kontroverstheologe, Kirchenmann und Seelsorger der bedeutendste Repräsentant der Gegenreformation in → Polen. Beseelt von der kurialistisch verstandenen Idee der kirchlichen Einheit, moralisch makellos, dogmatisch intolerant, kirchenpolitisch unversöhnlich, stellte er dem vielfältig in sich gespaltenen Protestantismus den einheitlichen Organismus seiner Kirche entgegen. Er berief 1564 die Jesuiten nach → Braunsberg (Anfänge des Lyceum Hosianum), verhinderte das geplante polnische Nationalkonzil und festigte die Beziehungen Polens zum Papsttum.

Opera omnia Hosii, 2 Bde, Köln 1584 - Epistolae Stanislai Hosii, ed. F.Hipler u. W.Zakrzewski, 1879-89 - F.Hipler, Die dt. Predigten u. Katechesen der ermländ. Bischöfe H. u. Kromer, 1885. - Über H.: A.Eichhorn, Der ermländ. Bischof u. Kardinal St.H., 2 Bde, 1854f - RE VIII, 382ff; XXIII, 662 - ADB XIII, 180 - LThK V, 150f - K.Völker, KG Polens, 1930 - J.Lortz, Kardinal St.H., 1931 - J.Smoczyński, Bibliographia Hosiana, Pelplini 1937. *E.Peschke*

Hospinian (Wirth), *Rudolf* (1547-1626), zürcherischer Theologe, bedeutender Historiker und Polemiker. Nach Pfarrämtern in Züricher Landgemeinden übernimmt H. 1576 das Rektorat der Schola Carolina in der Stadt, wird 1588 Archidiakon und ist von 1594 an bis ans Lebensende Pfarrer am Fraumünster.

Vf. Kontroversschriften, bes.: De origine et progressu rituum ecclesiae, 1585 (These von der zunehmenden Vermaterialisierung des kath. Gottesdienstes); Historia sacramentaria, 1598-1602; Concordia discors, 1607 (gegen die luth. → Konkordienformel); Historia jesuitica, 1619. GA: Opera Hospiniani, 1681 (mit Biogr. v. J.H. Heidegger). - RE VIII, 392ff. *O.E.Straßer*

Hospitaliter und Hospitaliterinnen, Ordensgenossenschaften, die sich neben der Selbstheiligung vornehmlich der Krankenpflege in Spitälern widmen. Die Bezeichnung kommt von hospitalarius, dem in Klöstern und Stiften die Verwaltung des Gast- und Armenhauses oblag.

1. Schon im 9.Jh. soll Sorore von Siena die Gemeinschaft der in seinem Hospital wirkenden Krankenpfleger zu einer Verbrüderung zusammengeschlossen haben. Besondere Bedeutung erlangten die ritterlichen Spitalorden (→ Ritterorden): die Johanniter, die 1113 von Paschalis II. bestätigt und nach der Übersiedlung nach Malta (1530) Malteser genannt wurden; die Lazariter, entstanden aus Kranken eines vor Mitte des 12.Jh.s in Jerusalem entstandenen Leprosenheims (nachher nahmen sie auch Gesunde auf); der Deutschorden, 1189 gegründet von Bürgern aus Bremen und Lübeck im Hospital St.Marien der Deutschen in Jerusalem, 1198 in einen Ritterorden umgestaltet. - Unter den nicht-ritterlichen Spitalorden ist zuerst der Antoniterorden aus dem Ausgang des 11.Jh.s zu nennen; er entstand aus der Pflege der zahlreichen Kranken, die zu den Reliquien des hl. Antonius in La Motte des bois pilgerten. Sodann der Orden vom hl. Grabe in Jerusalem, 1114 vom Patriarchen Arnulf gegründet. Der Ursprung des 1198 von Innozenz III. privilegierten Hl. Geist-Ordens (→ Geist, 2a) ist Montpellier; derselbe Papst berief den Orden 1204 an das Spital »Santo Spirito in Sassia« in Rom, das dann Hauptsitz

des Ordens wurde. In den selbständigen Spitälern legten die Brüder auf die → Augustinerregel Gelübde ab. - Das 16.Jh. brachte wieder zwei große H.orden hervor, die → Barmherzigen Brüder, gestiftet von → Johannes de Deo und 1572 von Pius V. bestätigt, sowie die → Kamillianer, 1591 von Gregor XIV. bestätigt. - In neuerer Zeit bildeten sich auch verschiedene H.kongregationen: die Barmherzigen Brüder von Mariä Hilf in Trier 1852, die Barmherzigen Brüder von Montabaur 1856, die H.söhne von der Unbefleckten Empfängnis in Rom 1857, die franziskanischen Tertiarbrüder vom hl. Kreuz 1869, die → Alexianer-Brüder in Aachen 1870, die franziskanischen Brüder vom hl. Joseph in Heerlen 1875, die Brüder vom hl. Paulus in Queichheim 1913.

2. Die Johanniter, Templer, Lazariten und der Deutschorden hatten auch *weibliche Zweige*, die im Krankendienst tätig waren. Die Großpriorin der Johanniterinnen lebte bis zur Französischen Revolution in Beaulieu. Die Deutschordensschwestern entstanden 1854 von neuem. In den Spitälern des Ordens vom Hl. Geist versahen Schwestern den Dienst an den weiblichen Siechen. Analog den H.n gab es in vielen Spitälern Augustinerinnen. Im Anschluß an die hl. → Elisabeth von Thüringen entstanden unzählige H.innen-Drittordensgemeinden (→ Elisabetherinnen, → Graue Schwestern). Bes. in Frankreich bildeten sich im 17.Jh. viele H.innen-Gemeinschaften, von denen manche noch heute bestehen (Schwestern vom hl. Paulus in Chartres, von Ernemont bei Rouen). Aus Deutschland und Italien sind erwähnenswert die H.schwestern von der hl. Elisabeth in Aachen 1622, die Schwestern nach der 3. Regel des hl. Franziskus in Münster i. W. 1850, die Armen Schwestern vom hl. Franziskus in Aachen 1851, die franziskanische St.Josephskongregation in Ursberg 1897, die H.schwestern vom heiligsten Herzen Jesu in Rom 1881.

L. LE GRAND, Statuts d'Hôtels-Dieu et de Léproseries, 1901 - E.J. KING, The Knights Hospitallers in the Holy Land, London 1931 - S. REICKE, Das dt. Spital u. sein Recht im MA I. II (KRA 111-114), 1932 - HEIMBUCHER I, 592ff - M.TUMLER, Der Dt. Orden, 1948 - DHGE V, 609ff - A.MISCHLEWSKI, Der Antoniterorden in Deutschland (Archiv für mittelrhein. KG 10, 1958, 39-66). *Ph.Hofmeister*

Hospiz. Die Beherbergung Fremder gilt von jeher als Aufgabe christlicher Liebe (Mt 25, 35c; Röm 12, 13; Hebr 13, 2); »Xenodochien« sind seit dem 4.Jh. nachweisbar. Das mittelalterliche Kloster (vgl. zB Regula S.Benedicti c. 73) nahm in sein hospitium vornehmere Reisende auf, während für Arme das hospitale pauperum oder die eleemosynaria diente. Besondere Sorge galt natürlich den Pilgern (→ Diakonie, 4). - Das moderne H. entstand um 1860, zunächst als Seitenstück zu den Herbergen zur Heimat (→ Heimatfremdenfürsorge) und den Gesellenheimen, meist auch an solche angegliedert. Sie sollten »Volksgasthäuser« für den christlichen Mittelstand sein. Allmählich verselbständigten sich die H.e und wurden mehr und mehr zu einem eigenen Typ des Gasthauses. 1904 schlossen sie sich zu dem »Verband christlicher H.e« zusammen. Die Aufnahme in diesen Verband erfolgt erst nach Prüfung unter strenger Auslese. Gefordert wird eine christliche Hausordnung, die sich in Morgen- oder Abendandachten für Personal und Gäste, in sozialer Behandlung des Personals, Auslage christlicher Schriften in den Leseräumen und Zimmern, mäßigen Preisen, Trinkgeldablösung und Freiheit von jeglichem Trinkzwang darstellt. - Dem Verbande gehören heute in Westeuropa 164 H.e und Erholungsheime mit rd 7000 Betten an. In Skandinavien entsprechen diesen Häusern 90 nach ähnlichen Grundsätzen geführte »Missionshotels«. - Das heutige H. ist ein Teil der christlich-sozialen Arbeit. Es bemüht sich um aufmerksame und fürsorgliche Aufnahme von Hilfsbedürftigen und Jugendlichen und um Verwirklichung bruderschaftlichen Geistes. - H.e werden meist von der → Inneren Mission, jedoch auch von freien Vereinen und Kirchengemeinden getragen, denen auch der Reingewinn zufließt.

Fünfzig Jahre Verband Christl. H.e, 1954. *K.Janssen*

Hostie (hostia, Opferlamm) bezeichnet die kleine, runde ungesäuerte Weizenmehlscheibe des Abendmahlsbrotes, wie sie in der röm. und luth. Kirche gebraucht wird. Die orth. und die ref. Kirche blieben bei dem gesäuerten Brot. »Hostia« findet sich zuerst bei → Cyprian (de unit. eccl. 17) und löst seit → Innozenz III. (de sacro alt. myst. II, 53) den bis dahin gebräuchlichen terminus »oblatio« ab. »Hostia« und »oblatio« stehen nebeneinander im Offertorium und Kanon der röm. → Messe (: II). H. ist heute in der röm. Kirche feststehender Begriff. Auch im luth. Sprachgebrauch sollte der Ausdruck H. bleiben, da die Naturoblation der Gläubigen nicht mehr besteht, der Ausdruck »Oblaten« in den weltlichen Bereich übergegangen und vor allem als Partizipium von »offere« dem der Reformation widerstreitenden Offertoriumsgedanken zu benachbart ist, während H. 1Kor 15, 7 entspricht. Anstelle der großen runden Kuchenform (→ Epiphanius, Ancor. 51) bürgerte sich die heutige H.nform, schon früh mit einem Kreuz oder anderem Emblem versehen, ein, bald in zweifacher Größe: als Zelebrations- und als Kommunions-H. der Gläubigen. Das ungesäuerte Brot wird zuerst bei → Alkuin (Ep. 69) und bei → Hrabanus Maurus (de cler. inst. I, 31) erwähnt. Der CIC cc. 814, 816 § 1 fordert panis triticeus und secundum proprium ritum azymus oder fermentatus. Zum Streit um das Abendmahlsbrot zwischen Griechen und Römern vgl. → Azymiten, zwischen Lutheranern und Reformierten s. MGkK 17, 1912, 128f.

RE VIII, 397ff - RGG² II, 2025f - L.EISENHOFER, Hdb. der kath. Liturgik I, (1932) 1941² - LThK V, 156 - W.LURTZ, Ritus u. Rubriken der hl. Messe, (1936) 1951³. *F.Schmidt-Clausing*

Hottinger, *Johann Heinrich* (1620-67), mit den Basler → Buxtorf (, 1. 2) seinerzeit der bedeutendste schweizerische Orientalist (→ Byzantinistik). Aus Zürich stammend, wurde er nach Studien (bes. in den Niederlanden) 1642 Prof. für orientalische Sprachen, Kirchengeschichte, Rhetorik und Katechetik in seiner Vaterstadt. Von 1655 bis 1661 brachte er in → Heidelberg die theologische Fakultät zu neuer Blüte und bemühte sich um die Union zwischen Reformierten und Lutheranern. Seit 1662 war er dauernd Scholarch der Zürcher Schule und leistete der Stadt auch in diplomatischen Missionen gute Dienste. Nachdem er viele Berufungen abgelehnt hatte, erlaubte ihm die Obrigkeit, die der Universität Leiden anzunehmen. Aber vor der Abreise ertrank er mit drei Kindern bei einem Bootsunglück in der Limmat. - H.s Nachlaß, bes. die wertvollen Briefe, sind in den 56 Bänden des Thesaurus Hottingerianus (Zürcher Zentralbibliothek) gesammelt. Seine 9bändige Kirchengeschichte (1651ff) wurde für die Schweiz ergänzt durch seinen Sohn *Johann Jakob* (1652-1735) in dessen gegen den kath. Polemiker Kaspar Lang gerichteten »Helvetischen Kirchengeschichten« (4 Bde, 1695-1729).

J.H.HEIDEGGER, Historia de vita et obitu H.i, 1667 - G.v.WYSS, Gesch. d. Historiographie in d. Schweiz, 1859, 259f - H.STEINER, Der Züricher Prof. H. in Heidelberg, 1886 - RE VIII, 399ff. *O.E.Straßer*

Houtin, *Albert* (1867-1926), kath. Theologe, * in La Flèche (Dep. Sarthe). Nach der Priesterweihe und einem vergeblichen Eintrittsversuch bei den Benediktinern wurde H. 1891 Dozent für Geschichte und Deutsch am kleinen Seminar in Angers. Von seinem Bischof aus Lehrgründen gemaßregelt, ging er 1901 nach Paris, wo er bis zur Verurteilung seines Buches über die Bibelfrage im 19.Jh. (1902) eine Hilfspredigerstelle an St. Sulpice innehatte; obwohl in kümmerlichen Verhältnissen lebend, blieb er in Paris und widmete sich historischen Forschungen. 1912 legte er das Priesteramt nieder; seine Glaubensüberzeugungen unterwarf er einer unablässigen, fortschreitenden »Retouchierung«. Neben A. → Loisy war H. einer der Hauptvertreter des von Rom scharf verurteilten Modernismus (→ Reformkatholizismus).

Vf. u.a.: Dom Couturier, abbé de Solesmes, 1899; Un dernier gallican: Henri Bernier, chanoine d'Angers 1795-1859, (1901) 1904²; La question biblique chez les catholiques de France au XIXe siècle, 1902; L'américanisme, (1903) 1904²; La question biblique au XXe siècle, 1906; La crise du clergé, (1907) 1908²; Le Père Hyacinthe dans l'Eglise romaine 1827-1869, 1920; Le Père Hyacinthe, prêtre solitaire 1893-1912, 1924; Courte histoire du Christianisme, 1924; Une grande mystique: Mme Bruyère, abbesse de Solesmes 1845-1909, 1925; Un prêtre symboliste, Marcel Hébert 1851-1916, 1925; Une vie de prêtre 1867-1912, 1926 (Selbstbiogr.; darin 405-465 Bibliogr.; Neuaufl. 1928 zusammen mit einem 2. Bd: Ma vie laïque 1912-1926, Documents et souvenirs); Du sacerdoce au mariage, 2 Bde, 1927 (zus. mit P.L.COUCHOUD); Courte histoire du célibat ecclésiastique, 1929. - Über H. (außer der Selbstbiogr.): J.SCHNITZER, ThLZ 52, 1927, 400f. *R.Voeltzel*

Howe, *John,* führender puritanischer Prediger, * 17.5. 1630 in Lowborough (Leicestershire), † 2.4.1705 in London. H. studierte in Cambridge (beeinflußt von den → Cambridge Platonists) und in Oxford (1625-55 Fellow am Magdalen College). Schon vom Vater her strenger Puritaner, wurde er 1654 Pfarrer in Great Torrington (Devonshire), 1656 Hofprediger → Cromwells; als solcher wirkte er ausgesprochen versöhnlich. Bei der Restauration der Stuarts 1662 wurde er entlassen und ging schließlich als presbyterianischer Pfarrer nach London. Seit 1672 wirkte er für die vorübergehende Vereinigung der → Presbyterianer und → Kongregationalisten (1690-94).

Works, 2 Bde, 1724 (hier die Memoirs von B.CALAMY); 8 Bde, 1810-22; 3 Bde, 1848; 6 Bde, 1862/63. - H.ROGERS, Life of J.H., 1836 - DNB (Neudr. 1949/50) X, 85ff. *M.Schmidt*

Hrabanus Maurus (780-856), * in Mainz, in Fulda erzogen, vorübergehend Schüler → Alkuins in Tours, dann Schulmeister und seit 822 Abt von Fulda, als Anhänger Kaiser Lothars 842 zurückgetreten, doch 847 von Ludwig dem Deutschen zum Erzbischof von → Mainz erhoben. H. ist der fruchtbarste Schriftsteller der Karolingerzeit. In der Exegese verbindet er Väterexzerpte mit eigenen Erklärungen, für die er beim AT auch Juden heranzieht; die Enzyklopädie »De rerum natura« beruht vor allem auf → Isidor; in »De institutione clericorum« stellte er ein Bildungsprogramm unter Einschluß der heidnischen Antike auf. - → Fulda wurde durch H. zum geistigen Zentrum Deutschlands; seine Schüler sind u.a. → Walahfrid, → Otfrid, Lupus von Ferrières, → Gottschalk, dessen Prädestinationslehre H. jedoch energisch bekämpfte. Auch der deutsche Tatian (→ Evangelienharmonie, 1) und der → Heliand werden mit H.s Fuldaer Schule in Zusammenhang gebracht. So verdient er den späteren Ehrentitel »Praeceptor Germaniae«. Die Verfasserschaft der unter H.s Namen überlieferten Hymnen ist zT umstritten.

MPL 107-112 - MG Epp V, 388ff - MG PL II, 159ff - De inst. cleric. ed. A.KNÖPFLER, 1900. - Über H.: J.B.HALBLITZEL, H.M. (BSt XI, 3), 1906 - MANITIUS I, 288ff - HAUCK II, 638ff - VerfLex II, 1936, 494ff; V, 1955, 423f (Lit.) - C.SPICQ, Esquisse d'une hist. de l'exégèse latine au moyen âge, Paris 1944, 38ff (Lit.) - H.KARLEN, Die Gnadenlehre des Rhab.M. (Diss. Rom, Greg. Univ.), 1950 - P.LEHMANN, Zu H.s geistiger Bedeutung (St.Bonifatius-Gedenkgabe, 1954, 473-487) - TH.SCHIEFFER, H.M. (Archiv f. mittelrhein. KG 8, 1956, 9-20). - Weitere Lit. s. Mainzer Zs. 51, 1956, 124f - RepBibl V, 7ff. *P.Classen*

Hromadka, *Josef L.,* * 8.6.1889 in Hodslavice (Mähren), studierte 1907-12 Theologie in Wien, Basel, Heidelberg, Aberdeen und Philosophie in Prag. Von 1920-39 und 1947-50 war H. Prof. für Syst. Theol. an der Prager Johann Hus-Fakultät, dazwischen Gast-Prof. für Apologetik und christliche Ethik am Theologischen Seminar in Princeton, N.J., USA; seit 1950 Dekan der Johann Amos Comenius-Fakultät in Prag. - H. hat aktiv an der Arbeit der → Ökumenischen Bewegung teilgenommen und seine Kirche auf Konferenzen mehrfach vertreten. Seit 1948 ist er Mitglied des Zentral-, seit 1954 auch des Exekutivausschusses des Ökumenischen Rates. Ferner ist er einer der sechs Vizepräsidenten des → Reformierten Weltbundes und gehört dem leitenden Gremium des Weltfriedensrates an. - Seine kirchliche und theologische Haltung seit 1947, u. a. seine Beurteilung der Ereignisse in Ungarn im Okt. 1956, ist innerhalb und außerhalb seiner Kirche nicht ohne Kritik geblieben.

Vf. u.a. (zT tschech.): Der Katholizismus u. der Kampf um das Christentum, 1925; Grundsätze der Ev. Kirche der Tschechischen Brüder, 1927; Wege eines prot. Theologen, 1927; Masaryk, 1930; Christentum in Denken u. Leben, 1931; Luther, 1935; Calvin, 1936; Theol. u. Kirche, 1949; Doom and Resurrection, 1945; Kirche u. Theol. im Umbruch der Gegenwart. Ein tschechoslowak. Beitr. zu den ökumen. Gesprächen, 1956. - Über H.: M.SPINKA, Church in Communist Society. A Study in J.L.H.s Theological Politics, 1954 (kritisch) - CH.WEST, Communism and the Theologians, London 1958. *H.H.Harms*

Hrotsvit (*Hrotsvith;* ca 935-975), Nonne im liudolfingischen Hauskloster *Gandersheim,* verfaßte in lateinischer Sprache 8 Gedichte legendarischen Inhalts, 6 Dramen in Reimprosa (um Terenz zu verdrängen und in dessen Art) sowie 2 historische Gedichte: über Otto d. Gr. (Gesta Ottonis) und über die Anfänge ihres Klosters (Primordia coenobii Gandeshemensis).

Hrotsvithae opera, hg.v. P.v.WINTERFELD, 1902 (MG); hg.v. K. STRECKER, (1906) 1930². - Über H.: MANITIUS I, 619ff - RGG³ II, 2029f - LThK V, 162f - VerfLex II, 1936, 506ff (Lit.) - WATTENBACH-HOLTZMANN I/1, 34ff (Lit.) - E.A.ZEYDEL, A chronological H. bibliography through 1700 with annotations (Journal of English and Germanic Philology 46, 1947, 290-294) - H.KUHN, H.s v.G. dichterisches Programm (DVfLG 24, 1950, 181-196). *H.Beumann*

Huber, 1. *Johann Nepomuk* (1830-79), kath. Philosoph, Historiker und Theologe der Münchener kath. Romantik, 1864 Prof. der Philosophie in München, Gegner der → Neuscholastik und der Jesuiten. 1859 kam seine »Philosophie der Kirchenväter« auf den → Index. Da er seine Unterwerfung verweigerte, wurde den Theologiestudenten der Besuch seiner Vorlesungen untersagt. H. wurde → Döllingers Mitarbeiter am »Janus« und vermittelte auch den Druck der »Römischen Briefe«. Nach der Exkommunikation Döllingers im Gefolge des → Vatikanums bekannte sich H. eindeutig zur altkath. Bewegung (→ Altkatholiken).

Vf. u.a.: Johannes Scotus Erigena, 1861; Der Jesuitenorden, 1873. - Über H.: E.ZIRNGIEBEL, J.N.H., 1881. *W.Küppers*

2. *Max,* * 28.12.1874 in Zürich aus altzürcherischem Geschlecht. Nach Rechtsstudium in Zürich, Lausanne, Berlin und ausgedehnten Reisen in Amerika, Indien, Australien war H. von 1902-22 Prof. für Staats- und Völkerrecht sowie Kirchenrecht in Zürich. Als Delegierter der Schweiz nahm er an internationalen Konferenzen teil und wurde mit diplomatischen Missionen betraut. 1921-30 Mitglied des Internationalen Gerichtshofes im Haag, von 1924 an dessen Präsident; 1928-44 Präsident

des Internationalen Komitees des → Roten Kreuzes in Genf, seither Ehrenpräsident. Auf kirchlich-religiösem Gebiet war H. in der heimatlichen Kirche und in der → Ökumenischen Bewegung tätig und nahm als Vorsitzender der Kommission für Kirche und Staat an der Konferenz des Ökumenischen Rates der Kirchen in Oxford 1937 teil. H. ist Ehrendoktor von Genf, Edinburgh, Uppsala, Lausanne und Zürich, Ritter des »Pour le Mérite«, Ehrenmitglied der American Society of International Law und des Instituts für Auswärtige Politik zu Hamburg.

Vf. u.a.: Die soziologischen Grundlagen des Völkerrechts, 1928; Das Verhältnis der Kirche zur Politik, 1936; Der Barmherzige Samariter, 1947; Vermischte Schriften, 3 Bde, 1947/48. *A.Keller*

3. *Samuel* (1547–1624), ev. Theologe schweizerischer Herkunft, mußte wegen luth. Neigungen, bes. wegen Ablehnung der ref. Prädestinationslehre 1588 die Berner Kirche verlassen und wurde Pfarrer in Derendingen bei Tübingen, 1593 Prof. in Wittenberg. Dort geriet er, nachdem es schon in Württemberg Kämpfe um die Prädestination gegeben hatte, wegen seines Gnadenuniversalismus, mit dem er weit über die Lehre der → Konkordienformel hinausging, bald in schwere Streitigkeiten mit der → Orthodoxie (Aeg. → Hunnius), die zu seiner Ausweisung aus Kursachsen und zu einem unsteten Wanderleben führten.

Vf. u.a.: Theses, Jesum Christum esse mortuum pro peccatis totius generis humani, 1590; Beständ. Bekenntnis v. d. Gnadenwahl, 1595; Hist. Beschreibung des ganzen Streites zwischen Hunn u. H., 1597; Anti-Bellarminus, 1607ff (mit Selbstbiogr.). – Qu.: Acta Huberiana, 1597 (den Tübinger Streit betr.). – Über H.: J.A.SCHMIDT, Diss. hist.-theologica de S.H.i vita, fatis et doctrina, 1708 – RE VIII, 409ff. *F.Lau*

4. *Victor Aimé* (1800–69), gehörte in früher Jugend der Göttinger Bildungswelt zu, in der die kath. Konfession wenig bedeutete. Nach seiner Konversion (1829) gelangte H. von ref. zu luth. Position und strenger kirchlicher Bindung. Bildungsreisen (u.a. nach Frankreich, Spanien, England) führten zu intensiver Kenntnis der frühen Industriegesellschaft. Ursprünglich Arzt, später Philologe, war H. zutiefst konservativer Sozialpolitiker und wurde als solcher an die Universität Berlin berufen. Aus Protest gegen die Haltung der Konservativen i.J. 1848 trat H. zurück, um als Privatmann in Wernigerode in ungelenken praktischen Ansätzen und in reichem Briefwechsel (mit → Wichern, → Ketteler, → Lassalle usw) um Einbürgerung und Einkirchlichung des → Arbeiters zu ringen. Uns heute bewegende Fragen (Baugenossenschaft, Partnerschaft, Ertragsbeteiligung, Gemeindesoziologie usw) sind bei ihm angelegt und tief durchdacht. Seine Erwartung der »Selbsthilfe der arbeitenden Klassen« zielt weniger auf Massenorganisation als auf Gestaltungsmöglichkeiten übersehbarer Kreise. H. war nicht bewußt, wie sehr das formal dem franz. → Syndikalismus entsprach. Sein Gedanke der »Assoziation« geht darüber weit hinaus; H. meint die industriegemäße Form der christlichen Gemeinde. Trotz nachweisbarer Einflüsse auf Praxis und Theorie der Sozialgesetzgebung blieb H. einsam, einer der zu Unrecht übersehenen ev. Mahner. – Vgl. → Christlich-sozial, 2b, → Evangelisch-sozial, → Genossenschaften.

R.ELVERS, V.A.H., 2 Bde, 1872–74 – K.MUNDING, V.A.H.s ausgew. Schriften, 1894 – E.THIER, Die Kirche u. die soziale Frage, 1950 – I.PAULSEN, V.A.H. als Sozialpolitiker, 1956. *E.Thier*

Huberinus (Hubel, Huber), *Kaspar* (1500–53), * Stotzard bei Aichach, † Öhringen. 1522 Student in Wittenberg, 1525 ohne Amt, seit 1535 im Kirchendienst in Augsburg als entschiedener Lutheraner für die ev. Bewegung tätig, 1544 in Öhringen, 1551 Interimspfarrer (Schwager des kaiserlichen Kanzlers Seld!) in Augsburg, 1553 Pfarrer in Öhringen. H. war ein fruchtbarer Erbauungsschriftsteller von künstlerischer Kraft; er hinterließ auch einige Lieder.

PH.WACKERNAGEL, Das dt. Kirchenlied III, 1870, Nr. 989. 1100ff – H.BECK, Die Erbauungslit. der ev. Kirche Deutschlands I, 1883, 171ff – RE VIII, 415ff – F.ROTH, Augsburgs Reformationsgesch. I–IV, 1901–11 (s. Reg.). *Matth.Simon*

Hubert, *Konrad* (1507–77), * in Bergzabern (Pfalz), studierte in Heidelberg und seit 1526 in Basel bei → Ökolampad. Von diesem empfohlen, war er 18 Jahre lang in Straßburg → Bucers Helfer an St. Thomas und sein unersetzlicher Mitarbeiter. 1545 wurde er Kanonikus an St. Thomas. Um so schwieriger wurde seine Lage nach Bucers Fortgang. 1563 als Helfer entlassen, blieb er nur noch Freiprediger. H. hielt am Altstraßburger Bekenntnis (→ Confessio Tetrapolitana) fest und bemühte sich um die Veröffentlichung der Werke Bucers, konnte aber nur dessen kleinere Schriften (Scripta Anglicana) herausbringen (Basel 1577). Für die Bucer-Forschung ist seine Arbeit von unvergleichlichem Wert. Auch seine Kirchenlieder sind unvergessen (EKG 143. 166).

T.W.RÖHRICH, K.H. (Mitt.en aus d. Gesch. d. ev. Kirche d. Elsasses 3, 1855, 245–274) – W.BAUM, Capito u. Butzer, 1860, 586ff – ADB XIII, 261ff – RE VIII, 417f; XXIII, 662 – J.FICKER-O.WINKELMANN, Hss.-Proben des 16.Jh.s II, 1905, Bl. 67 – G.ANRICH, K.H. (MGkK 12, 1907, 77) – J.ADAM, Ev. KG d. Stadt Straßburg, 1922, 189 u.ö. – DERS., Ev. KG d. elsäss. Territorien, 1928 – ThLZ 82, 1957, 91. *R.Stupperich*

Hubertus, der *Heilige* (ca 656–727), missionierte als Bischof von Maastricht und Lüttich in der Ardennengegend. Seit dem 10.Jh. gilt H. volkstümlich als Patron der Jäger und Schützen (Tag: 3.11.), vielleicht infolge des Gleichklangs seines Namens mit der Hupe, dem Hifthorn des Jägers. Erst im 15.Jh. wurde das uralte Motiv der Bekehrung durch die wunderbare Jagderscheinung des kreuztragenden Hirsches aus der Legende des anderen Jägerpatrons → Eustachius auf H. übertragen.

Die verschiedenen Fassungen der Legende in AS Nov. I, 798ff – MG SS rer. Merov. VI, 471ff – KL VI, 322ff – H.UHLENHUTH, St.H., 1906 – H.GÜNTER, Legendenstudien, 1906, 38ff – TH.RÉJALOT, Le culte et les reliques de S.H., Gembloux 1928 – KÜNSTLE II, 311ff – HWDA IV, 425ff – BRAUN, TA 338ff. *O.Rühle*

Hubmaier, *Balthasar* (1485–1528), * Friedberg b. Augsburg, Schüler Joh. → Ecks, Wortführer der → Täufer. Seit 1516 Prediger in Regensburg, beteiligte sich H. bei einer Judenverfolgung an der Zerstörung der Synagoge und wurde an der neu errichteten Kapelle »Zur schönen Maria« ein fanatischer Wallfahrtsprediger. Im Frühjahr 1521 zog er sich nach dem habsburgischen Waldshut zurück. Damals war er noch ganz römischer Priester. Seit Sommer 1522 jedoch las er Luther und ließ sich von ihm zu Paulus führen. Der Wandel seiner Anschauungen vertiefte sich bei weiterer Tätigkeit zu Regensburg durch Verkehr mit ev. Gesinnten. Der Wunsch, freier wirken zu können, mag ihn nach Waldshut zurückgeführt haben. Es kam zur Freundschaft mit Zwingli, bes. aber mit den Häuptern der Täufer (→ Grebel), mit denen ihn bald das Streben nach einer reinen Gemeinde (ohne staatliche Bevormundung) verband. Der Gefahr der Auslieferung an König Ferdinand begegnete H. mit der Schrift »Von Ketzern und ihren Verbrennern«. Nach erfolglosem Gespräch zu Zürich Anfang 1525 besiegelte er durch seine Wiedertaufe den Bruch mit Zwingli. Er rechtfertigte sie mit der bei den Täufern sehr geschätzten Schrift »Vom christlichen Tauf der Gläubigen«. H. war kein Vorkämpfer der Wehrlosigkeit. Mit Zwingli und den gemäßigten Bauern trat er für Absetzung einer »schuderischen Obrigkeit« durch das Volk in Kraft des Wortes Gottes und für Entrichtung von Zins und Zehnt ein (gegen → Müntzer). Als er nach Haft in Zürich, Abschwörung der Wiedertaufe und Flucht bei den Herren von Nikolsburg Asyl fand, unterstützte er sie im Gebrauch des Schwertes wider die angreifenden Türken (gegen den Täuferführer Hans → Hut). In Mähren verfaßte H. noch 18 Schriften. Sie verwarfen wiederum die Kindertaufe, forderten den »christlichen Bann«, lehnten beim Abendmahl die Gleichsetzung von Brot und Leib ab und zeigten H. in der Auffassung des menschlichen Willens als Semipelagianer. Ferdinand ließ ihn unter der Anklage des Aufruhrs (zu Waldshut) verhaften. H. schrieb noch eine »Rechenschaft meines Glaubens«, lehnte aber Widerruf ab und wurde in Wien verbrannt.

Vf. u.a.: Kurzes Vaterunser, 1526; Vom christl. Bann, 1527; Vom Schwert, 1527; Von der Freiheit des Willens, 1527. - Über H.: J. LOSERTH, B.H. u. die Anfänge der Wiedertaufe in Mähren, 1893 - RE VIII, 418ff - H.C.VEDDER, B.H., the Leader of the Anabaptists, 1905 - C.SACHSSE, B.H. als Theologe, 1914 (Bibliogr.) - R.STRAUS, Die Judengemeinde Regensburg im ausgehenden MA, 1932 - G. FRANZ, Der dt. Bauernkrieg, (1933) 1957⁴ - R.DOLLINGER, Ev. KG von Regensburg (in Vorbereitung). *R.Dollinger*

Hucbald (um 840-930), Mönch in St.-Amand (Flandern), wirkte auch in Reims. Hagiograph, Musiker und Verfasser von musiktheoretischen Werken. Er wurde früher als der Autor auch der → Musica Enchiriadis betrachtet, des für die Kenntnis der ältesten Mehrstimmigkeit grundlegenden Musiktraktats.

Werke in MPL 139, 825ff - M.GERBERT, Scriptores ecclesiastici de musica sacra I, 1784. - Über H.: H.MÜLLER, H.s echte u. unechte Schriften über Musik, 1884. *Thr.Georgiades*

Huch, *Ricarda* Octavia (1864-1947), * in Braunschweig, † in Schönberg (Taunus), Dichterin und Historikerin, Lehrerin und Bibliothekarin, war von 1898-1906 mit E. Ceconi verheiratet, trat 1933 als erstes Mitglied aus der Preuß. Akademie der Künste aus, blieb aber trotz Anfeindungen in Deutschland. Zuletzt arbeitete sie an einem Buch über die Widerstandskämpfer. R.H.s Werk umfaßt Gedichte, Novellen, Romane, Biographien, Geschichtswerke und religiös-weltanschauliche Werke. - Mit ihren ersten Veröffentlichungen (Einfluß von G. → Keller und der → Romantik [: I]) sowie mit ihrer Darstellung der »Romantik« (1899-1901) wird sie zur Begründerin der Neuromantik. Die Verarmung des abendländischen Geistes beginnt für sie nicht erst mit dem → Naturalismus (: II) und → Positivismus, sondern mit → Bacon, mit dem Verlust des naiven Selbst- und Gottesbewußtseins im 17.Jh. Bei den Romantikern findet sie die »Voraussetzung für das Wiedereinswerden von menschlichem Willen und göttlicher Kraft, die Hingebung des Menschen, sein Selbstvergessen«. - Neben dem Geschichtswerk, das den Zeitraum vom MA bis zur Revolution von 1848 umfaßt (bes. »Römisches Reich Deutscher Nation«, 1934; »Das Zeitalter der Glaubensspaltung«, 1936), stehen bedeutende Werke, die sich ausschließlich mit Fragen der Religion befassen. Im »Sinn der Hl. Schrift« (1919) wendet sie sich bes. an diejenigen, denen »viele religiöse Voraussetzungen im Wege« sind, vornehmlich in »Luthers Glaube« (1916) an den modernen Intellektuellen und den Moralisten. Im Gegensatz zu → Schleiermachers Humanisierung der christlichen Botschaft wählt sie gerade die Elemente in Luthers Glauben, die dem modernen Menschen am befremdlichsten sind: Luthers Teufelsglauben, seine Abendmahlslehre, seinen Kampf gegen die »Werkheiligkeit«. Besonders hebt sie Luthers Begriff der Gnade hervor, durch die allein der sündhafte Mensch das Gute wollen kann, ja, »das Gute will er nicht, sondern es wird in ihm gewollt«. Hier finden wir ihre Definition des christlichen Menschen: »Der sinnliche Mensch bejaht die Welt und genießt sie, der Buddhist und Mystiker verneint sie und entsagt ihr, der Christ bejaht und verneint sie zugleich, dh er überwindet sie.« Im »Zeitalter der Glaubensspaltung« schildert sie die oft von prot. Seite verschwiegene Tragik der Reformationszeit: Luther ahnt am Ende seines Lebens, daß er, der der Kirche und dem Reich dienen wollte, den »gefährlichen Einbruch in das Gedächtnis des Volkes« bewirkt hatte, der den Verlust des geistesgeschichtlichen Erbes zur Folge haben kann. - In ihrem letzten Buch »Urphänomene« (1946), in dem R.H. die vergänglichen Mächte des Materialismus den ewigen göttlichen Gesetzen gegenüberstellt, finden sich ihre Gedanken über die Unsterblichkeit: »Dem Gläubigen genügt die Verheißung des Lebens, er fragt nicht, wie es sich gestalten möge. Leben wird er, weil Gott ein Gott der Lebendigen und nicht der Toten ist, und weil er den Weissagungen seines Inneren vertraut.« Charakteristisch für ihr Leben und Werk sind die Schlußworte dieses Buches: »Man wird um die Wahrheit kämpfen müssen, ohne daß sie sichtbar als ein Stern oder Feuer voranleuchtet.«

E.HOPPE, R.H., (1936) 1951² (960ff: vollst. Bibliogr.; 950ff: Lit. über R.H.) - H.BORNKAMM, Luther im Spiegel der dt. Geistesgesch., 1955, 311ff u.ö. *A.Bultmann-Lemke*

Hügel, *Friedrich Frhr. von* (1852-1925), hervorragender röm.-kath. Laientheologe. * in Florenz, siedelte H. 1867 nach England über. Sein juristisches Studium in Wien mußte er wegen einer Krankheit aufgeben, die eine lebenslange Schwäche und Schwerhörigkeit hinterließ. 1873 heiratete er und wohnte seitdem in London, obwohl er viel den Kontinent bereiste, bes. Rom. In seiner Wohnung empfing er führende Gestalten der verschiedenen Kirchen und Gruppen aus vielen Ländern; mit vielen anderen stand er in brieflicher Verbindung (bes. mit → Loisy). Im modernistischen Streit (→ Reformkatholizismus) war er im Hintergrund sehr tätig, in engster Freundschaft mit → Tyrrell. H. begrüßte die neuen kritischen Bibelstudien und verteidigte sie auf einer kath. Konferenz in Freiburg (1897). In allem blieb er der kath. Kirche treu. - Seine Theologie betonte die Inkarnation. »Der Katholizismus allein in seinem sakramentalen Gefüge tritt durchaus konsequent und auf die Dauer für die große Tatsache des Geistes *und* des Sinnes, des Geistes *in* dem Sinne, des Geistes *durch* die Sinne ein.« Man versteht daher den Nachdruck, den H. auf die Kirche als Institution legte, obwohl ihm die Fehler der institutionellen Kirche deutlich bewußt waren. Die kath. Kirche schafft Heilige. - Wichtig war ihm auch die Mystik. Sein erstes großes Werk war diesem Gebiet gewidmet, und sein Einfluß auf diesem Felde ist u.a. bei F. → Heiler und Evelyn Underhill zu erkennen. H. interessierte sich sehr für George → Fox, den Begründer der → Quäker, und verstand sowohl seine Größe wie auch die Gefahren seiner Anschauungen. - In der Philosophie bekämpfte H. das Überwiegen der Immanenzbegriffe seiner Zeit, weil sie ihm die echte Religion zu gefährden schienen. Gott ist die höchste, reichste Wirklichkeit; das Ziel des menschlichen Lebens ist die Anbetung Gottes. Seligkeit und Freude bezeichnen das Leben Gottes; der Patripassianismus ist abzulehnen. H.s Theologie hat das thomistische Schema von Natur und Übernatur zur Voraussetzung; die Herrlichkeit des Christentums liegt darin, daß beide in Christus geeint werden.

Vf. u.a.: The Mystical Element of Religion as studied in St.Catherine of Genoa and her Friends, 2 Bde, (1908) 1923²; Eternal Life, 1912; Essays and Addresses on the Philosophy of Religion I. II,

(1921/26) 1949; Selected Letters 1896-1924, hg.v. B.Holland, 1927 (mit Biogr.); Letters from Baron v.H. to a Niece, hg.v. G. Greene, 1928; The Reality of God, hg.v. E.Gardner, 1931. - Über H.: N.Söderblom, Religionsproblemet, 1910, 201ff - RGG¹ III, 162; RGG² II, 2034f - C.Zielinski, Der Begriff der Mystik in F.v. H.s Werk The Mystical Element (Diss. Jena), 1913 - Readings from v.H., hg.v. A.Thorold, 1928 (mit einleitendem Aufsatz über H.s Religionsphilosophie) - DNB 1922-30, 874ff - L.V.Lester-Garland, The Religious Philosophy of Baron F.v.H., 1933 - A.H.Dakin, V.H. and the Supernatural, 1934 (Lit.) - M.Nédoncelle, La Pensée religieuse de F.v.H. (Diss. Paris), 1935; engl.: Baron v.H. His Life and Thought, 1937 (Lit.) - R.Emrich, The Conception of the Church in the writings of F.v.H. (Diss. Marburg), 1936 - A.A. Cock, A Critical Examination of v.H.s Philosophy of Religion (Diss. London), 1953 - ODCC 1429. *P.Scot*

Hülfensberg, am Südrand des (thüringischen) Eichsfeldes, mit gotischer Wallfahrtskirche, darin romanisches Kruzifix; seit 1860 Niederlassung der Franziskaner, früher (irrig) als »Geismar« des → Bonifatius angesprochen.

K.Löffler, Der H., (1909) 1925². *F.Flaskamp*

Hülfsbund, *Deutscher, für christliches Liebeswerk im Orient e.V.* (früher Frankfurter Missionsgesellschaft), Bad Homburg, ist mit dem Ziel der Mohammedanermission (→ Islam: III) ein diakonisch-evangelistisches Werk, das - 1896 von Pfr. E.Lohmann gegründet - als Antwort bes. der Gemeinschaften auf die Not der türkischen Armeniermassaker (→ Armenien: II. III) entstand. Die Arbeit in der Türkei (Waisenhäuser, Werkstätten, Krankenhäuser) wurde 1915 abgedrosselt, nach 1918 wieder aufgenommen und bis 1939 auf die Armenierbetreuung in Bulgarien, Syrien und Griechenland ausgedehnt. 1947 wurde in der Armeniersiedlung Ainjar (Libanon) ein dritter Anfang gemacht; hier arbeiten (1957) 7 Schweizer und Deutsche zusammen mit 5 einheimischen Kräften in Internat und Spital sowie im evangelistischen Dienst in der Bekaa-Ebene.

E.Lohmann, Taten Jesu in unseren Tagen, 1905 - Sonnenaufgang, 1898ff. *J.Margull*

Hülsemann, *Johann* (1602-61), * in Esens in Jeverland, studierte in Rostock, Wittenberg und Marburg und wurde 1629 Prof. der Theologie in Wittenberg und 1646 in Leipzig, wo er zugleich Pfarrer an St.Nicolai und seit 1657 Sup. war. Theologisch geprägt durch Balduin, J. → Martini und B. → Meisner, später - auch verwandtschaftlich - mit A. → Calov verbunden, wurde er zu einem der einflußreichsten Vertreter der luth. → Orthodoxie in seiner Zeit. In seiner Jugend noch gesprächsoffen, führte er nach dem Thorner Collegium charitativum von 1645 einen immer härteren Kampf gegen Calvinisten und Ireniker (→ Calixt). Er hat theologisch seine eigene Linie in der Lehre von den Fundamentalartikeln (→ Einigungsbestrebungen: II, 2a) und der von der → Unio mystica (vielleicht schon Einflüsse Joh. → Arnds). Die Zeitgenossen haben in ihm, obwohl ihm das erstrebte Oberhofpredigeramt in Dresden nicht zufiel, trotzdem den ersten Mann der deutschen luth. Kirche gesehen.

Vf. u.a.: Breviarium theologiae, 1641; Calvinismus irreconciliabilis, 1644; Calixtinischer Gewissenswurm, 1653. - Bibliogr. bei H. Witten, Memoriae theologorum, 1689, 1371ff. - Über H.: A. Tholuck, Der Geist d. luth. Theologen Wittenbergs, 1852, 164f - RE VIII, 424ff - Ritschl IV, passim - H.Leube, Kalvinismus u. Luthertum I, 1928 - H.Rhode, M.Statius Buscherus (ZGNKG 38, 1933, 234-282) - Elert, ML I, passim. *F.Lau*

Huet (*Huetius*), *Pierre Daniel* (1630-1721), kath. Theologe und Polyhistor, * in Caen. Als Mitarbeiter → Bossuets wurde er 1670 zum Präzeptor des Dauphin ernannt und leitete in dieser Funktion die Publikation der berühmt gewordenen Sammlung klassischer Autoren »ad usum Delphini«. 1674 erfolgte seine Berufung in die Akademie, vier Jahre später wurde er Abt des Zisterzienserklosters Aulnay bei Caen und 1689 Bischof von Avranches. Seine letzten Lebensjahre verbrachte er in Paris, ganz der gelehrten Tätigkeit hingegeben. Anfänglich Cartesianer, wurde H. später zu einem konservativen, mehr dem 16. als dem 17.Jh. verwandten Verteidiger von Glaube und Offenbarung. Als Literat und Dichter gehört er in den Kreis um Mme de La Fayette und → La Rochefoucauld. Von besonderem Quellenwert sind seine Memoiren »Commentarius de rebus ad eum pertinentibus« (1718).

Vf. ferner u.a.: Origenis commentaria in sacram Scripturam, (1668) 1679; De l'origine des romans, 1670; Demonstratio evangelica, 1679; Censura philosophiae Cartesianae, (1689) 1694. - Über H.: DThC VII, 199ff (Lit.) - LThK V, 170f - A.Adam, Histoire de la litt. française au XVIIe siècle, 1948-56 (s. Reg.) - L.Tolmer, P.-D.H., 1950 - E.Howald, H.s Memoiren (Neue Zürcher Zeitung, Sonntagsausg. 20.10.1957, Nr. 2990) - Quentin M.Hope, H. and Saint-Evremont (Modern Language Notes 72, 1957, 575-577). *H.R.Guggisberg*

Hütter (*Hutterus*), *Leonhard* (1563-1616), luth. Theologe aus Nellingen bei Ulm, der lange in Straßburg, Leipzig, Heidelberg und Jena Philologie, Philosophie und Theologie studiert hatte und 1596 Prof. der Theologie in Wittenberg geworden war, wirkte dort neben Polykarp → Leyser, Aeg. → Hunnius u.a. als einer der bedeutendsten Vertreter des in → Konkordienformel und → Konkordienbuch geeinigten Luthertums (→ Orthodoxie). Dabei war er derjenige luth. Theologe, der am treuesten an Luther festhielt (Lutherus redonatus) und am wenigsten von → Melanchthon bestimmt war (die natürliche Theologie ist ohne nennenswerte Bedeutung für sein System; noch keine neue aristotelische Scholastik). Er war Schrifttheologe und entwickelte die von Joh. → Gerhard vollendete luth. Lehre von der → Inspiration (: II). Daneben bekannte er die Theopneustie von CA und FC, wobei er diese Partikularsymbole nur an Alter und Würde, nicht aber an Geltung unter die altkirchlichen Bekenntnisse stellte. Gefördert hat er die Lehre von der → Kirche (: III; Aufnahme der von Hunnius vorgenommenen Unterscheidung von sichtbarer und unsichtbarer Kirche), die vom → Amt (: III; kein Unterschied zwischen dem des Bischofs und Pfarrers; grundsätzlich ist die apostolische Einrichtung des Amtes von der göttlichen Stiftung zu unterscheiden; Inhaberin des Amtes ist zunächst die Kirche) und die von der Schrift (s.o.; noch Unterscheidung zwischen kanonischen Schriften des NT, Antilegomena und Apocrypha, aber Nivellierung derselben). Persönlich irenisch und milde hat H. auch polemische Schriften gegen → Bellarmini, → Pareus, → Hospinian und die Calvinisten, Johann Sigismund von Brandenburg u.a. geschrieben. H.s dogmatisches Kompendium ist immer wieder aufgelegt worden. Zeugnis für H.s starke Nachwirkung ist K.v. → Hases 1828 erschienener »Hutterus redivivus«.

Vf. u.a.: Libri Christianae Concordiae explicatio, 1608; Compendium locorum theologicorum, 1610; Disputationes XX ... contra Bellarminum, 1610; Concordia concors, 1614 (gegen → Hospinian); Loci communes theologici, 1619. - Bibliogr. bei H.Witten, Memoria theologorum, 1684, 89ff. - Über H.: EuG II/13, 222ff - RE VIII, 497ff - Ritschl I. IV, passim - Elert, ML I, passim. *F.Lau*

Hugenotten

1. Name - 2. Ausbreitung. - Karte 12 »Ausbreitung der H. in Deutschland im 16./17.Jh.« s. Sp. 469f

1. H. ist die Bezeichnung der Anhänger des franz. Protestantismus (→ Frankreich: I), der nicht nur als kirchliche, sondern auch als politische Bewegung auftritt. Die Herkunft des Wortes H. ist nicht geklärt. Sicher

KARTE 12

AUSBREITUNG DER HUGENOTTEN IN DEUTSCHLAND IM 16./17. JH.

ist nur, daß der Begriff von Haus aus keine Selbstbezeichnung darstellt, sondern eine volkstümliche Fremdbezeichnung ist. Man hat ihn mit dem sagenhaften frühfranz. König Hugo verbinden wollen, was die H. als Widersacher des damaligen franz. Königtums kennzeichne. Das ist sehr unwahrscheinlich. Richtiger wird es sein, von dem Begriff »Eidgenossen« (Iguenots) auszugehen. Seit 1559 begegnen als Parteinamen: huguenots d'état *und* huguenots de religion. Nach dem demütigenden Frieden von Câteau Cambrésis traten beide Gruppen in Verbindung. Die Bezeichnung der franz. Reformierten als H., in der 2. Hälfte des 16. Jh.s gebräuchlich, wird nach der Aufhebung des Edikts von Nantes (1685) in zunehmendem Maß Selbstbezeichnung bes. der aus Frankreich kommenden ref. Emigranten. Normalerweise nannte man diese, die in Gastländern eine Zuflucht fanden, *Réfugiés*. Die – seit vielen Generationen eingegliederten – Nachfahren der Réfugiés bezeichnen sich heute überwiegend als H., auch dann, wenn sie nicht mehr wie ihre Vorfahren dem ref. Bekenntnis zugehören. – Vgl. → Hugenottenverein. *O. Weber*

2. Die den H. geltenden Verfolgungen im 16. und bes. im 17. Jh. in → Frankreich (: I, 4. 5) zwangen diese H., in steigendem Maße eine Zuflucht in Gebieten von Glaubensverwandten und sie tolerierenden Obrigkeiten zu suchen. Sie bildeten dann dort eigene Flüchtlingsgemeinden (Eglises du Refuge; daher = Réfugiés).

a) Waren es vor 1535 nur einzelne Flüchtlinge (zB → Lambert von Avignon, → Farel und → Calvin), so wuchs der in die Schweiz gehende Kreis der Réfugiés bald auf 1400 Familien an. Der erste große Flüchtlingsstrom franz. H. verließ seit 1560 (Verschwörung von Amboise) das Land der Väter. Ihnen schlossen sich ref. *Wallonen* aus den südlichen (spanischen) Gebieten der → Niederlande (: I) an. Die durch das Gnadenedikt von Nantes (1598) versuchte Befriedigung der franz. H. hielt fast ein Jh. an (bis zur Aufhebung des Ediktes durch das von Fontainebleau, 1685). Kampf und Fall der H.-Festung La Rochelle (1628) und die den H. aufgezwungenen Wohnbeschränkungen hatten freilich weitere Auswanderungen zur Folge. Die Bemühungen eines → Richelieu und (seit 1642) → Mazarin, Frankreich durch eine Politik der religiösen Duldung zu befrieden, fanden im Laufe der Regierung Ludwigs XIV. ein Ende, als der absolutistisch regierende König - unter strengstem Auswanderungsverbot - durch Dragonaden und Zwangsbekehrungen eine »Endlösung« des H.-Problems anstrebte, die in der zynischen Begründung der Aufhebung des Edikts von Nantes (1685) zutage trat. Allen Verfolgungen und aller Grenzwacht zum Trotz gelang es mehr als einer halben Million H., Frankreich zu verlassen. Ihnen folgten 1698 auch auf franz. Druck hin aus Piemont weichende → *Waldenser*. Bald nach 1700 ebbte der Flüchtlingsstrom ab, die Verfolgung einzelner H. in Frankreich selbst hörte jedoch erst gegen Ende der Regierung Ludwigs XV. auf.

Ihrer sozialen Schichtung nach waren die Réfugiés Beamte und Soldaten (darunter nicht wenige adlige Offiziere), Richter, Ärzte, Pfarrer und Lehrer, weniger Arbeiter und Bauern, vornehmlich kapitalkräftige Kaufleute und Unternehmer sowie fachlich hochqualifizierte Handwerker. Während die sofortige oder allmähliche Eingliederung der Kaufleute und Handwerker aus der Fremde den sich ihnen öffnenden Gastländern durch Kapitalzufuhr und neue Industrien (bes. in Textilien) - als »Peuplierung« im Sinne der merkantilistischen Theorie - reichen Gewinn (auch indirekt durch Konkurrenzstreben der Alteingesessenen) brachte, haben die höheren Schichten des Adels, der Bildung und Gelehrsamkeit das Geistesleben befruchtet. Auch für den prot. → Kirchenbau (: IV) wurden die H. wichtig. Da das Französische im Zeitalter des »Sonnenkönigs« *die* bevorzugte Kultursprache war, wurde den Gebildeten die Kommunikation erleichtert. Ansonsten erschwerte naturgemäß die lange festgehaltene Fremdsprache der oft in geschlossenen Siedlungsbezirken wohnenden H. ihre Einwurzelung in den Gastländern. Sie konnte aufs Ganze gesehen in etwa drei Generationen nach der endgültigen Etablierung als abgeschlossen gelten, auch dann, wenn man »unter sich« (und auch auf der Kanzel) noch Französisch sprach. Die Einwurzelung in den verschiedenen Städten und Staaten schloß die Sonderstellung der H. (Privilegien) nicht aus, sondern ein. Zumeist hatten sie eine eigene Gerichtsbarkeit, damit verbunden eine lokale Selbstverwaltung, oft - und wohl immer zu Beginn der Seßhaftwerdung - auch Steuerfreiheiten; man gestattete den Kaufleuten und Handwerkern den Eintritt in Zünfte. Die H. besaßen in größeren Städten eigene Schulen (u.a. Franz. Gymnasium in Berlin [1689-1945]), zu denen auch Nicht-H. ihre Söhne schickten. In Hof- und Adelskreisen bevorzugte man hugenottische Erzieher(innen), selbst dort, wo man, wie am Hofe Friedrich Wilhelms I. von Preußen, allem franz. Wesen abhold war. Daß es sich bei den Réfugiés um geflüchtete »Calvinisten« handelte, trat naturgemäß am stärksten im kirchlichen Leben zutage (u.a. auch an ihren schlichten Hausbauten). Sie konnten eigene Kirchen errichten (oft mit maßgeblicher Beteiligung der Landesherren) und selbstverständlich ihrer Konfession leben, aber die kirchliche Verwaltung über den lokalen Bereich hinaus (und das hieß dann oft auch über Landesgrenzen hinaus!) - zB durch gemeinsame Synoden - war nicht möglich. Wo das Land luth. war wie zB → Brandenburg-Preußen (im Gegensatz zum Herrscherhaus), hatten die H. eigene Konsistorien, die aber den Weisungen des Landesherrn unterstanden. Dies bedeutete keineswegs in all und jedem eine Einengung, manchmal vielmehr geradezu einen Schutz gegenüber Protesten der Alteingesessenen. - Aus ihrem Heimatlande brachten die H. ein ausgeprägtes modernes Staatsbewußtsein mit: Diener des Staates bzw. des Fürsten zu sein, der sie aufgenommen hatte, und zwar von ganzem Herzen, war ihnen nicht nur weltliche Pflicht, sondern göttliches Gebot. H. in den damals noch territorial nebeneinander getrennt lebenden brandenburgisch-preußischen »Staaten« haben als Untertanen des Regenten stets an der Bildung eines einheitlichen Gesamtstaates mitgewirkt.

b) Die zu einem guten Teil in Südfrankreich ansässigen H. konnten am ehesten in der → *Schweiz* (: I B) ein Unterkommen finden; an erster Stelle stand dabei das calvinistische → *Genf* (1541). Erst später findet man H.-Siedlungen in Basel (1572) und Zürich (1685). Ohne Zweifel wäre die Zahl der H. in der Schweiz im 16./17.Jh. erheblich größer gewesen, wenn nicht ein Druck vom allmächtigen Frankreich her die weitere Ausweisung erzwungen hätte. Mit der Bourse française half man den Flüchtlingen auf den Weg in das deutsche Aufnahmegebiet. Neben Rotterdam und anderen Schulorten in den Generalstaaten (s. 2c) war Genf bis ins 18.Jh. die Ausbildungsstätte für hugenottische Pfarrer.

c) Bildeten die → *Niederlande* bis 1567 bes. für die in Mittel- und Nordfrankreich wohnenden H. »die große Arche der Flüchtlinge«, so mußten diese Zuwanderer wie auch die Wallonen der Verfolgung durch Alba weichen und eine mindestens vorläufige Heimat in dem nördlichen Bereich der Generalstaaten suchen. An die Stelle der Gemeindezentren in Valenciennes, Ypern, Brügge, Gent, Brüssel, Mecheln und Antwerpen traten nunmehr Middleburg, Amsterdam, Rotterdam (mit seiner Ecole illustre), Utrecht, Vlissingen, Delft, Dordrecht, Breda, den Haag und → Leiden mit seiner weithin wirkenden Universität (gegr. 1575). Gewerbe und Handel der Niederlande erfuhren durch die Zuwanderer einen beachtlichen Aufschwung. Die Zahl der Réfugiés wuchs noch einmal nach 1685; damals zählte man 62 franz.-wallonische Gemeinden. - In Rotterdam lehrte als radikaler Propagandist der calvinischen Sache P. → Jurieu neben dem aus dem Lehramt geschiedenen kritischen P. → Bayle, dem berühmten Anwalt der → Toleranz (: II). Der schon in Frankreich als unerschrockener Bekenner hervorgetretene J. → Claude schrieb in den Haag eine Flugschrift über den Leidensweg der H., die schnell verbreitet wurde und auch politische Auswirkungen hatte (Distanzierung des prot. Europa von Frankreich). Der Rotterdamer Hofprediger Isaak de → Beausobre ging 1693 nach Dessau und schließlich als Hofprediger nach Berlin.

d) Wilhelm von Oranien erlaubte den H. auch die Niederlassung in *England* (erste Gemeindegründungen zwischen 1547/64), doch kam es hier bald zu Spannungen. So erschwerte das Parlament die Naturalisation; die anglikanische Kirche (Erzbischof → Laud) mußte in den H. einen unerwünschten Zuwachs des in → Schottland dominierenden Calvinismus sehen. Daher gingen nicht wenige H. nach Schottland, das von diesen mancherlei Anregungen erhielt. Der neue Zustrom nach 1685 und die Gründung weiterer Gemeinden, bes. in London, gab den H. zwar ein etwas größeres Gewicht, aber sehr bald kam es - durch den Verschmelzungsprozeß mit den Einheimischen gefördert - auch zu einer Annäherung im (anglikanischen) Ritus des Gottesdienstes. Von den Intransigenten wichen, wie nach Schottland, so nicht wenige nach Neu-England aus. So entstanden in *Nordamerika* H.-Gemeinden, u.a. in Neu-Rochelle bei New York (1689), gleichzeitig auch in Charlesvilles (Charlestown) in Südkarolina. Diesen H. wird es offenbar verdankt, daß Oliven- und Weinkultur sowie die Zucht der Seidenraupen in der neuen Welt Eingang fanden.

e) In *Deutschland* ist es primär in »ref.« Gebieten zur Niederlassung von H. und Wallonen gekommen. Die zu verschiedenen Zeiten entstandenen Gemeinden hatten zT eine fluktuierende Bevölkerung, da wirtschaftliche

Schwierigkeiten zur Weiterwanderung drängten und in veränderter Situation je und dann Zuwanderungen erfolgten. So haben die im folgenden genannten H.-Orte keineswegs alle Generationen hindurch eine H.-Gemeinde besessen (vgl. die *Karte* auf Sp. 469 f, bei der der Übersichtlichkeit wegen nur ein Teil der Orte namentlich verzeichnet ist). - Zunächst kam es zu H.-Siedlungen im Elsaß, u.a. in Straßburg und seiner Umgebung. Franz.-wallonische Flüchtlingszentren des 16.Jh.s waren seit 1554 Wesel, Emden und → Frankfurt a.M. (Kirchgebäude zunächst im nassauischen Bockenheim!), seit 1574 Aachen, Köln und Heidelberg, seit 1579 Kleve und Umgebung sowie Nürnberg, Bremen und Hamburg. Die Réfugiés in Hamburg hatten bis 1744 ihre Kirche im benachbarten Altona (1588; damals gab es auch eine H.-Siedlung in Stade); die in Bremen verschmolzen bald mit den Einheimischen, nur den Wallonen gestattete man Gottesdienste in ihrer Sprache. Zwischen 1561 und 1629 entstanden die Gemeinden im Bereich der Pfalz, u.a. Otterberg, Speyer, Annweiler, Frankenthal und Neustadt. In Mannheim gab es seit 1606 eine wallonische, später durch franz. H. verstärkte Gemeinde. Erst seit 1682 sind im Badischen franz. H. angesiedelt, der Hauptstrom kam nach 1699 von Waldensern (→ Arnaud), die ihrerseits in das württemberg-badische Gebiet Réfugiés nach sich zogen (Ludwigsburg 1709). Auch in Nassau und Kurhessen fanden bes. nach 1685 Wallonen, H. und Waldenser Aufnahme, so in Wetzlar, Hanau, Kassel, Homburg, Karlshafen und (1687) in Friedrichsdorf i.T., wo sich die hugenottische Eigenart bis ins 20.Jh. erhielt. In Braunschweig-Lüneburg konnten sich die Réfugiés dank der Intervention der aus Frankreich stammenden Gemahlin Georg Wilhelms von Celle seit 1670 niederlassen. Gegen mancherlei Widerstände setzten die Bayreuth-Ansbacher die Aufnahme von H. durch; die Neustadt von Erlangen (1686) war eine reine H.-Siedlung.

f) In kommerzieller, politischer und geistiger Hinsicht steht die Niederlassung von H. in *Brandenburg-Preußen* an besonderer Stelle (→ Brandenburg: II, 3). Der Große Kurfürst hatte seit 1661, bes. dann durch seine Antwort auf das Edikt von Fontainebleau, das Edikt von Potsdam (29.11.1685), die Aufnahme der Réfugiés ganz bewußt unter diesen Gesichtspunkten gefördert. Die niederrheinischen Gemeinden erhielten nach 1685 in Wesel und Kleve Zuwachs. Berlins H.-Gemeinde von 1661 wuchs erheblich, hinzu kam es seit 1685 zu H.-Siedlungen in »Nebenresidenzen« wie Oranienburg, Rheinsberg und Potsdam (seit 1723). Städtische Zentren der H. wurden 1686 Magdeburg, Halle, Frankfurt a.O. und Stendal (hier vertriebene Pfälzer). Ländliche Kolonien gab es bes. in der Uckermark (Zentrum: Prenzlau). In Ostpreußen - Königsberg 1686 - kam es erst um 1737 zu weiteren Siedlungen; die H.-Gemeinde von Stettin wurde 1721 preußisch. Das hugenottische Element war in Berlin so stark, daß um 1700 jeder dritte Einwohner ein Franzose war. Die Herrscher Preußens waren durch diese natürlich hier bes. starke Gewichtsverschiebung keineswegs beunruhigt, denn die H. gehörten zu den strengsten Vertretern einer unbedingten Staatsloyalität. Bevorzugten die Regenten schon vor dem Eintreffen der H. die Reformierten in wichtigen Amtsstellungen, so trat dies nunmehr noch deutlicher in Erscheinung. Die → Hofprediger - seit 1685 gab es vor D.E. → Jablonski nicht weniger als sechs H. in dieser Stellung - wurden als Vertreter des Königs in fast alle luth. Konsistorien beordert (u.U. durch Etablierung einer Hofpredigerstelle!), und trotz des im allgemeinen treu gehaltenen Konfessionsfriedens kam es bisweilen zu Spannungen. - In der Berliner → Akademie (: I, 2b) bildeten gelehrte H. lange Zeit hindurch ein Drittel der Mitglieder, und diese wurde durch sie zu einem Hauptquartier der historisch-kritischen und naturkundlichen Wissenschaft (La Croze, Lenfant, Achard u.a.m.). Achard gehörte mit Ancillon, dem Vorfahren von J.P.Fr. → Ancillon, Jordan und de la Motte-Fouqué (Großvater des Dichters) zum Freundeskreis → Friedrichs II. - Im 19.Jh. setzte sich bei den H. im deutschen Raum die deutsche Sprache vollends durch, bezeichnenderweise selbst in den dänischen H.-Gemeinden in Kopenhagen und Fredericia, wo erst der Verschmelzungsprozeß mit dänischen Lutheranern auch die sprachliche Einwurzelung zum Abschluß brachte.

J.P.Erman-P.Chr.F.Reclam, Mémoires pour servir à l'hist. des Réfugiés français dans les Etats du Roi (de Prusse), 9 Bde, 1782 bis 1800 - Übersicht der Wanderungen u. Niederlassungen franz., savoyischer u. niederländ. Religionsflüchtlinge, bes. nach u. in Deutschland, 1854 - C.W.Bard, A history of the Huguenot emigration to America, 2 Bde, New York 1884 - F.de Schickler, Les églises du refuge en Angleterre, 3 Bde, 1892 - E.Mengin, Das Recht der franz.-ref. Kirche in Preußen, 1929 - RGG³ IV, 1806ff - M.Preetz, Die dt. H.-Kolonien als Experiment des Merkantilismus (Diss. Jena), 1930 - H.Erbe, Die H. in Deutschland, 1937 (Lit.) - A.Fleming, Huguenot influence in Scotland, Glasgow 1953 - R.v.Thadden, Die brandenburgisch-preuß. Hofprediger im 17. u. 18.Jh. (Diss. Göttingen), 1958. - Vgl. die Lit. zu → Frankreich: I. *K.Galling*

Hugenottenverein, *Deutscher,* wurde 1890 in Friedrichsdorf/T. von Pastor Henri → Tollin (Magdeburg) gegründet. Zweck und Ziel des Vereins ist die Sammlung der Nachkommen französischer, wallonischer und waldensischer Glaubensflüchtlinge, die nach der Aufhebung des Edikts von Nantes 1685 (→ Frankreich: I, 5) in den deutschen Ländern Aufnahme fanden. Der Verein erstrebt die Förderung der hugenottischen Geschichtsforschung und die Wahrung des religiösen Bekenntnisses, wie es sich in der Hl. Schrift, der Discipline des églises réformées de France, der Confession de foi de la Rochelle und dem → Heidelberger Katechismus findet. Zu seinen Veröffentlichungen gehören die etwa 100 »Geschichtsblätter« (Einzeldarstellungen der Geschichte ehemaliger → Hugenotten-Siedlungen in Deutschland) und seine Zeitschrift »Der deutsche Hugenott«. 1. Vorsitzender ist zZ E.C.Privat, Bad Godesberg, stellvertretender Vorsitzender und Geschäftsführer R.Fouquet, Flensburg. *R.Fouquet*

Hugo, 1. *von St. Cher* (a s. Caro) OP, Theologe und Kardinal (ca 1190-1263), * in St.Theudère bei Vienne, † in Orvieto. H. wurde 1226 in Paris Dominikaner, las 1229/30 über die Sentenzen, war 1230/35 magister regens in Paris, 1227/30 und 1236/44 Provinzial der franz. Ordensprovinz, wurde 1244 Kardinal, war 1245 auf dem Konzil von Lyon, 1251/53 Legat in Deutschland. - Vgl. → Schriftauslegung: IV.

Werke: Comment. in I-IV Sent. (vf. 1229/30; ungedr.); Postillae in vet. et nov. test. (ed. Venedig 1487 u.ö., Lyon 1669, Venedig 1703); Kommentar zur Historia Scholastica des → Petrus Comestor (ungedr.); Bibelkonkordanz Cuilibet volenti (ed. 1526); Speculum ecclesiae (expositio missae; ed. Paris 1480 u.ö., Lyon 1554). - Über H.: P.Glorieux, Répertoire des maîtres en théol. de Paris au XIIIe siècle I, Paris 1933, Nr. 2 - C.Spicq, Esquisse d'une histoire de l'exégèse latine au Moyen Age, Paris 1944 - F.Stegmüller, Repertorium commentariorum... I, 1947, Nr. 372 - Ders. in: HJ 72, 1953, 176-204 (Benefiziendisputation) - RepBibl III, Nr. 3604ff - V.Doucet in: Antonianum 27, 1952, 531-580 (Quaestiones).
F.Stegmüller

2. H., 6. Abt *von* → *Cluny* (1049-1109), aus burgundischem Hochadel, verharrte in ebenso enger Verbundenheit zum Kaiserhause (Taufpate → Heinrichs IV.) wie unbedingter Treue zum Papsttum, woraus sich im Investiturstreit eine vermittelnde, letztlich jedoch ausweglose Zurückhaltung ergab. Ausbreitung (u.a. nach

Spanien), Organisation und innere Form des Cluniazensertums kamen unter ihm zu voller Entfaltung.

WATTENBACH-HOLTZMANN 794ff (Viten) - P.DAVID, Etudes hist. sur la Galice et le Portugal, 1947, 341ff - DHGE XIII, 1953, 49ff. 170 (Lit.) - H.DIENER, Studien zur Gesch. Clunys in d. Zeit H.s (Diss. Freiburg/Br.), 1955 (Masch.). *Th.Schieffer*

3. *von Fleury,* auch H. von Sancta Maria genannt, † um 1120, Benediktiner in Fleury, → Ivo von Chartres und dem englischen Königshaus nahestehend. Kirchenpolitisch trat er bald nach 1102 für reinliche Scheidung des Geistlichen vom Weltlichen und für die königliche Gewalt ein, die ebenso wie die geistliche unmittelbar von Gott stamme (MG Lib. de lite II, 465ff). Seine später vielbenutzte Chronik von 1109/10 (hg.v. B.Rottendorf, 1636) erzählte enzyklopädisch die Weltgeschichte bis 855 als Kirchengeschichte, beherrscht von Kreuzzugsstimmung und französischem Nationalstolz. Dieser äußerte sich um 1114 auch in der Geschichte der französischen Könige von Ludwig d.Fr. bis Philipp I. (MG SS IX, 376ff). H. vereinte Kirchlichkeit, Nationalgefühl und weltweites historisches Interesse als einer der frühesten französischen Chronisten.

MANITIUS III, 518ff - WATTENBACH-HOLTZMANN 773. 777ff - A.-D.V.D.BRINCKEN, Studien zur lat. Weltchronistik..., 1957, 193ff. *A.Borst*

4. *von St. Viktor,* vielleicht flämischer Herkunft, kam um 1220 aus Sachsen nach Paris, trat dort in die 1108 von → Wilhelm von Champeaux gegründete Abtei St. Viktor ein, † 11.2.1141. Obwohl ohne Klosteramt, wurde H. zum bedeutenden Schulhaupt (→ Viktoriner). Sein Denken verläuft von der philosophia über die divinitas zur contemplatio. Philosophia ist die Gesamtheit der Wissenschaften (bei H. vierfach gegliedert in Logik, Theorie, Praxis und Mechanik) oder auch die »Philosophie« im engeren Sinn und bildet die erste Stufe der Propädeutik (Epitome in philosophiam, De Grammatica, Practica Geometriae, De ponderibus); auf der zweiten folgen Hermeneutik und Geschichte (De scripturis; Chronica; das Didascalicon behandelt zugleich »Philosophie« und Hermeneutik). Die divinitas, dh die Theologie, ist in der grandiosen Systematisierung von De sacramentis christianae fidei in zeitlicher Ordnung mit der Inkarnation als Zentrum dargestellt. Wie der philosophia durch die divinitas, so ist dieser wiederum durch die contemplatio, die Mystik, Leben eingehaucht. H.s weitausgreifende vielschichtige Mystik behandelt nacheinander die Eitelkeit (De vanitate mundi) und Schönheit der Welt (De tribus diebus; In hierarchiam caelestem), die Einheit der Seele mit Gott (zwei Traktate De arca) und ihren vertrauten Umgang mit dem göttlichen Bräutigam (De arrha animae). Eine systematische Zusammenfassung dieser Mystik bietet ein Schüler H.s in De contemplatione et eius speciebus. H.s Wirkung erstreckte sich auf die verschiedensten Bereiche: Pädagogik, Theologie, Kanonistik, Liturgik, → Mystik (: VI). → Thomas von Aquino schätzte seine unerhört lebendige Geistigkeit, → Bonaventura bewunderte ihn uneingeschränkt.

Werke: MPL 175-177 (lückenhaft, zT nicht authentisches Gut). - Neuere Ausg.en: Soliloquium de arrha animae u. De vanitate mundi hg.v. K.MÜLLER (KIT 123), 1913 - Didascalicon de studio legendi hg.v. CH.H.BUTTIMER, Washington 1939 - De contemplatione et eius speciebus hg.v. R.BARON (Monumenta Christiana selecta II), Tournai-Paris 1958. - Kleinere Schriften ferner in: Speculum 18, 1943; AHDL 14, 1943-45; Traditio 11, 1955; Osiris 12, 1956; Cultura neolatina 16, 1956. - Zur Biogr.: E.CROYDEN in: JThS 40, 1939, 235-253 (flämische Herkunft, H. war nie in Sachsen) - R.BARON in: RHE 51, 1956, 920-934 (fläm. Herkunft, sächs. Aufenthalt) - J.TAYLOR, The Origins and early Life of Hugh of St.Victor, Indiana 1957 (sächs. Herkunft). - Zur Theol. H.s: H.WEISWEILER, Die Wirksamkeit der Sakramente nach H.v.St.V., 1932 - P.D.LASIČ, Hugonis de Sancto Victore Theologia perfectiva, Rom 1956 - R.BARON, Science et Sagesse chez Hugues de St.Victor, Paris 1957. *R.Baron*

Hugo, *Victor* (1802-85), franz. Dramatiker, Romancier und Dichter, wurde zuerst durch seinen Kampf für eine Erneuerung des → Theaters berühmt. Nur 2 von 8 Stücken werden noch heute gespielt: »Hernani« (1830) und »Ruy Blas« (1838), trotz ihres Pathos, ihrer Geschichtsverdrehungen und trotz ihrer vereinfachenden Psychologie. - Als Romancier war H. erfolgreicher: »Notre-Dame de Paris« (1831), »Quatre-vingt-treize« (1873) und vor allem »Les Misérables« (1862) werden heute noch viel gelesen. Den größten Ruhm erntete H. als Lyriker. Von seinen berühmtesten Gedichtsammlungen richten sich »Les Châtiments« (1853) gegen Napoleon III. und dessen wirkliche oder angebliche Verbündeten; »Les Contemplations« (1856) ergreifen vor allem durch die Gedichte, die durch den Tod seiner Tochter inspiriert wurden (»Pauca meae«); »La Légende des siècles« (1859-77) versucht, die Geschichte der Menschheit episch darzustellen; »Les Quatre vents de l'esprit« (1881) sind eine ausgezeichnete Synthese seiner lyrischen, dramatischen und epischen Inspirationen. - H. wollte als Denker gelten und hat oft wiederholt, daß der Dichter Führer des Volkes sein soll. Politische, metaphysische und religiöse Probleme haben ihn stets beschäftigt. In der Politik führten ihn nach und nach seine Anschauungen von der äußersten Rechten bis zur äußersten Linken. In der Religion vertrat er zunächst einen klerikalen Katholizismus; zuletzt aber war seine Einstellung nicht nur antiklerikal, sondern gegenüber jeder Offenbarungsreligion negativ. Lediglich sein Glaube an Gott kann nicht bestritten werden. Seine Philosophie wird vor allem in den »Contemplations« deutlich. Sie ist uneinheitlich, nebelhaft und etwas manichäistisch. Gott, der vom Engel bis zum Mineral alles geschaffen hat, erhebt oder erniedrigt jedes Geschöpf nach seinem Tode innerhalb der Skala der Lebewesen, je nach seinen Verdiensten, dh je nach der Inbrunst seines Kampfes gegen das Böse. Am Ende der Zeiten wird Gott allein regieren, und das Böse wird verschwunden sein.

A.FRANZ, Aus V.H.s Werkstatt, 2 Bde, 1929/34 - G.FROMENT-GUIEYSSE, V.H., 2 Bde, 1948 - A.MAUROIS, Olympio, 1954 - G.VENZAC, Les origines religieuses de V.H., 1955. *E.Jarno*

Hugolin *von Orvieto* (fälschlich: Malabranca), OESA († 1373), einflußreicher Vertreter des Augustinismus im Spät-MA, Gegner → Ockhams und Kritiker an Aristoteles. 1352 Pariser Magister, 1364 Mitbegründer der theologischen Fakultät von Bologna und Verfasser ihrer Statuten, 1368 Ordensgeneral, 1371 Patriarch von Konstantinopel und Bischofsadministrator von Rimini. Außer H.s weitverbreiteter Sentenzenlesung (1348/49, gedruckt nur Prolog und Quaestio »De perfectione specierum«) ist ein gedruckter Traktat »De Deo trino« (1372) gegen joachimitische Irrungen erhalten. Vorwiegend realistisch eingestellt, tritt er für die ontologische Wahrheit, den Exemplarismus, die Illuminationstheorie und das sog. »lumen theologicum« ein. In seiner Lehre von Prädestination, Erbsünde, Rechtfertigung und Verdienst steht er → Gregor von Rimini nahe. H.s Auffassungen über den Glauben im Rechtfertigungsvorgang und über die ergänzungsbedürftige menschliche Gerechtigkeit bei der Finalrechtfertigung ähneln denen → Seripandos.

A.ZUMKELLER, H.v.O. u. seine theol. Erkenntnislehre, 1941 (ält. Lit.) - DERS. in: Augustiniana 3-5, 1953-55 (über Urstand, Erbsünde, Prädestination, Rechtfertigung u. Verdienst) - DERS., ebd 6, 1956, 900-905 (Grabstein) - F.STEGMÜLLER in: Annali della Bibl. di Cremona 7, 1954, 19-57 (»De Deo trino« ediert) - F.CORVINO in: Annali... di Filosofia... di Milano 7, 1954, 73-105; 8, 1955, 119-204 (»De perfectione specierum« untersucht u. ediert) - D.TRAPP in: Augustiniana 6, 1956, 222f. 255-263 (Textgesch. des Sentenzenkommentars).

A.Zumkeller

Humani generis, Rundschreiben → Pius XII. vom 12.8.1950 »Über einige falsche Ansichten, die die Grundlagen der kath. Lehre zu untergraben drohen«, befaßt sich ohne Systematik und Vollständigkeit vor allem mit den Versuchen der Nouvelle Théologie (→ Frankreich: II, 1), die neuscholastisch beengte Lage durch Rückgriff auf die Patristik und Einbeziehung moderner Erkenntnisse, bes. der → Existenzphilosophie, aufzulockern. Ihnen wird zwar Seeleneifer zugestanden, aber wesentlich doch die Unerschütterlichkeit der römischen Lehrposition entgegengesetzt, nicht nur für Dogma und Ethos, sondern auch für die Metaphysik: »Diese Philosophie, von der Kirche anerkannt und zugelassen, verteidigt den wirklichen Wert der menschlichen Erkenntnis, die unerschütterlichen Grundgesetze der Metaphysik - vom hinreichenden Grunde, von der Ursächlichkeit und Zweckhaftigkeit - und endlich die Erreichung der sicheren und unveränderlichen Wahrheit« (29). Weitere Themen sind das Verhältnis zu den → Naturwissenschaften (: III), bes. der Entwicklungslehre, das rechte Verständnis der biblischen Urgeschichte und der Bibel überhaupt, vor allem aber die Rechte des → Lehramts (: I), in Ablehnung aller interkonfessionellen Irenik und jedes Relativismus der Lehraussage. So wird die Enzyklika zum höchst charakteristischen Ausdruck für das heutige innerkath. Ringen um ein angemessenes Verhältnis von Bindung und Freiheit, wobei der stärkere Akzent auf Bindung und Herkommen fällt. - Vgl. → Katholizismus: II.

Text: AAS 42, 1950, 561-578 (vgl. Denz. 2305ff). Offizielle (nicht fehlerfreie) lat.-dt. Ausg.: Herder-Wien 1950; korrigierte Übers.: HerKorr 6, 1952, 215-221; weitere dt. Übers. in dem der Enzyklika gewidmeten Sammelwerk »Bindung u. Freiheit des kath. Denkens« (1952) vom Hg. A.HARTMANN, 234-249. - Lit.: J.LEVIE, NRTh 82, 1950, 785-793 - L.LABOURDETTE, RThom 50, 1950, 32-55 - M.FLICK, L'enc. H.G. - vero e falso progresso del pensiero cattolico (Civiltà Catt. 101, 1950, 577-590) - C.BOYER, Gregorianum 21, 1950, 526-540 - F.ASENSIO, ebd 540-561 - R.PARENTE, Il significato storico e dottrinale dell enc. H.G., 1951 - K.G.STECK, Die Bedeutung der Enz. H.G. für das Problem von Kirche u. Lehre (EvTh 11, 1951/52, 549-561; Lit.) - R.GROSCHE, Catholica 9, 1952, 35-48 - W.SUCKER, MdKI 4, 1953, 65-70 - W.v.LOEWENICH, Der moderne Katholizismus, (1955) 1956², 281ff - EC VI, 1502f.

K.G.Steck

Humanismus

I. Historisch - II. Philosophisch

I. Historisch

Als H. wird die Gelehrtenbewegung bezeichnet, die im Zeitalter der Renaissance auf dem Boden Italiens entstand und sich bald auf die Nachbarländer erstreckte. → Renaissance und H. berühren sich daher vielfältig. Der H. knüpft an die geistigen Grundlagen des klassischen Altertums an. Das antike Menschenbild stellt er als Gestaltungsmotiv heraus und sucht es mit christlichen Idealen zu verbinden. Seit → Petrarca sind diese Bestrebungen in Italien immer allgemeiner geworden. Sie erreichten auch die kaiserliche Residenz Prag. Von den Medici in Florenz gefördert, nahm der italienische H. seinen Aufschwung. Griechische Gelehrte (→ Gemistos Plethon, → Bessarion u.a.) bestimmten die Arbeit der Platonischen Akademie in Florenz. Für die religionsphilosophische Ausrichtung sind die Werke Marsilio → Ficinos und die Wirksamkeit → Picos della Mirandola kennzeichnend. Die Akademie hat stark auf die Entwicklung des westeuropäischen H. eingewirkt. Neben Florenz trat Rom in Erscheinung, wo Laurentius → Valla den H. vertrat, ein scharfer Kritiker der Überlieferung, der sich durch seine Arbeiten am NT einen Namen gemacht hat.

Der deutsche H. richtete sich vielfach nach dem italienischen, ist aber doch als selbständige Erscheinung zu bezeichnen. Die gleichzeitige Erfindung der Buchdruckerkunst hat ihm in kurzer Zeit eine große Wirkung verschafft. Bald entstanden in Europa verschiedene Zentren humanistischen Geisteslebens. In den Niederlanden entfalteten sich diese Studien bei den → Brüdern vom gemeinsamen Leben; dieselben Kräfte wirkten auch in Münster. Die besonderen Züge des deutschen H. begannen sich hier abzuzeichnen: der starke religiöse Sinn und die theologischen Bestrebungen. Ältere Humanisten wie Rud. → Agricola gingen von hier aus. Demselben Kreise entstammte Alex. → Hegius, H.v.d. → Busche, J. → Murmellius u.a., fleißige Pädagogen, die Generationen in ihrem Geiste erzogen. Zahlreicher waren die oberdeutschen humanistischen Kreise, deren Vertreter teilweise in Schlettstadt und Pforzheim von westfälischen Lehrern vorgebildet waren. Unter dem Einfluß des H. begründeten Fürsten neue Universitäten wie → Tübingen (1477), wo später Heinr. → Bebel lehrte. Aber auch ältere Universitäten wie → Wien, wo Konrad → Celtis und Cuspinian den H. zu Ehren brachten, oder → Erfurt (→ Mutian) und → Leipzig gewährten der neuen wissenschaftlichen Richtung Raum. Manche Humanisten zogen als wandernde Poeten von Ort zu Ort (H.v.d. Busche, U.v. → Hutten u.a.). Der H. beschränkte sich nicht auf Lateinschulen und Universitäten. Seine Anhänger gelangten auch zu Einfluß und Ansehen an fürstlichen Höfen (→ Reuchlin) oder in städtischen Verwaltungen (Seb. → Brant). Wohlhabende Kaufherren wie K. → Peutinger in Augsburg oder W. → Pirkheimer in Nürnberg beförderten den H. nicht nur als Mäzene, sondern auch durch eigene Arbeiten.

Der H. schuf Voraussetzungen des geistigen und religiösen Lebens im 16.Jh. Schon die älteste Generation der deutschen Humanisten weckte nicht nur den Sinn für die Antike, sondern regte auch zum Studium der eigenen Vergangenheit an (→ Wimpfelings »Germania«, 1501). Es sind konservative, fromme Menschen, die die Überlieferung vorsichtig prüfen, als Poeten, Juristen und Mediziner. Auf Kaiser Maximilian wirkten sie ebenso einflußreich wie auf Landesherren und Bischöfe.

Die humanistische Welt, die von Krakau und Wien, Basel und Köln bis Paris und Oxford reichte, bildete eine europäische Einheit. Wandertrieb und eifriger Briefwechsel hielten die Verbindung aufrecht. Der H. dehnte sich auf alle Zweige der Wissenschaften aus. Mit dem wachsenden Einfluß stieg auch sein Ansehen. Als der bedeutendste Vertreter des H. galt seit Beginn des 16.Jh.s → Erasmus von Rotterdam. Genoß schon Reuchlin durch seine Kenntnis der drei heiligen Sprachen fast uneingeschränkten Ruhm, so sollte ihn Erasmus noch bei weitem übertreffen. Gelehrte aller Nationen standen mit ihm in Verbindung und schätzten sich glücklich, einen Brief von ihm zu erhalten. Durch Erasmus erfuhr der H. eine wesentliche Vertiefung. Humanitas wurde nun gleichbedeutend mit Bildung, die zu echtem Menschsein führt (Philosophia christiana). Bei ihm entscheiden nicht Poetik und Rhetorik, sondern wissenschaftliche Erkenntnis und Leistung.

Mochte der H. von reformfreundlichen Kreisen der Kirche aufgenommen werden, eine Auseinandersetzung zwischen beiden war unausbleiblich. Reuchlins Streit mit den Kölner Dominikanern, in dem es um scholastische Methode, das Mönchslatein und die kirchliche Praxis ging, ließ die Fronten sich schon abzeichnen. Der Ausgang des Streites war trotz des Erfolges der → Epistolae obscurorum virorum kein voller Sieg. Freundlichere Töne blieben nicht aus. Pirkheimer betonte in seiner Apologie, daß Theologie und H. sich gut vertrügen.

Stand der H. um 1517 im Mittelpunkt aller geistigen Interessen und sahen die Zeitgenossen auch Luthers Auftreten in diesem Zusammenhang, so sollte sich in den folgenden Jahren (1519-25) auch hier die Scheidung der Geister vollziehen. Es war zT eine Generationenfrage, wo man seinen Standort einnahm. Reuchlin zog es vor, die Verbindung zu seinem Großneffen Melanchthon um der Reformation willen abzubrechen. Die junge Generation, die mit Zuversicht in die Zukunft blickte, zeigte mehr Wagemut. Es gab auch solche, die auf humanistischer Grundlage die Vermittlung suchten. Aber als Erasmus 1533 die Schrift »De sarcienda ecclesiae concordia« schrieb, fand er kein Echo mehr. Die große Zeit des H. war vorüber. Hatte der H. in Deutschland der Reformation weithin vorgearbeitet, so gilt dasselbe auch von Frankreich (G. → Budé, → Faber Stapulensis u.a.) und England (John → Colet, Thomas → Morus u.a.), wo sein Einfluß nicht geringer war. Freilich erfuhr er auch hier in den Auseinandersetzungen starke Rückschläge. Nur einzelne Humanisten verschrieben sich der → Reformation. Diese wenigen sind aber von besonderer Wirkungskraft gewesen. Bei → Zwingli, → Bucer und → Calvin hat der H. einen wesentlichen Beitrag zur Reformation geleistet. Auch durch Joh. → Sturm hat er in erheblichem Maße gewirkt. Am stärksten aber ist die Verbindung von H. und Reformation durch → Melanchthon zur Geltung gekommen, der eine neue prot. Bildung auf dieser Grundlage gründete. - Die Richtung, die sich stärker an die alte Kirche anschloß, ist »kirchenfrommer H.« genannt worden. Seitdem Erasmus Frieden mit der Kirche geschlossen hatte, nahmen seine Anhänger zunehmend Einfluß auf das kirchliche Leben. Mochten es die Humanisten am Niederrhein (Heresbach, Vlatten), in oberdeutschen Städten oder am Dresdener Hof (J. → Pflug, Carlowitz) sein, sie betonten nicht nur die Tendenz der Vermittlung, wie sie Georg → Witzel in seinem »Typus ecclesiae prioris« ausgeprägt hatte, sondern gingen zT in ihren kirchlichen Wünschen weiter. Auch in Holland, Polen und in Italien sind humanistische Tendenzen dieser Prägung stärker hervorgetreten. Der kirchliche H., wie ihn → Contarini, → Sadoleto u.a. vertraten, hat auf dem Tridentinum und noch später nachgewirkt und das kath. Bildungswesen nachhaltig beeinflußt. Auch die kirchliche Reform (→ Gegenreformation, 2) ist im wesentlichen sein Werk.

Außer RGG[2] II, 2040f (Lit.) u. der Lit. zu → Renaissance: G.Ellinger, Ph.Melanchthon, 1902 - P.Joachimsen, Geschichtsauffassung u. Geschichtsschreibung in Deutschland unter d. Einfluß des H., 1910 - Ders., Loci communes. Unters.en zur Geistesgesch. d. H. u. d. Reformation (LuJ 8, 1926, 27-97) - P.Mestwerdt, Die Anfänge d. Erasmus. H. u. die Devotio moderna (QFRG 2), 1917 - G.Ritter, Die geschichtl. Bedeutung d. dt. H. (HZ 127, 1923, 393-453) - H.v. Schubert, Reformation u. H. (LuJ 8, 1926, 1-26) - P.Kalkoff, Die Stellung d. dt. Humanisten zur Reformation (ZKG 46, 1928, 161 bis 231) - H.Rupprich, H. u. Renaissance in d. dt. Städten u. an den Universitäten, 1935 - Ders., Die Frühzeit d. H. u. die Renaissance in Deutschland, 1938 - R.Stupperich, Der H. u. d. Wiedervereinigung d. Konfessionen (SVRG 160), 1936 - J.Lortz, Die Reformation in Deutschland I, 1939, 48ff - W.Näf, Vadian u. seine Stadt St.Gallen I. Humanist in Wien, St.Gallen 1944 - A.Schreiber, Petrarca u. Erasmus. Der H. in Italien u. im Norden, 1947 - E.Garin, Der ital. H., 1947 (dt.v. G.Zamboni) - J.Sellmaier, Humanitas christiana. Gesch. des christl. H., 1948 - G.Saitta, Il pensiero italiano nell'Umanesimo, Bologna 1949/51 - M.P.Gilmore, The world of humanism (1453-1517), New York 1952 - L.W.Spitz, The conflict of ideals in Mutianus Rufus (Journ. Warburg 16, London 1953, 121-143) - R.Newald, Dt. Lit. im Zeitalter des H. (DVfLG 27, 1953, 309-326) - L.Bouger, Autour d'Erasme. Etudes sur le christianisme des humanistes catholiques, 1955 - J.Leclerc, Hist. de la tolérance au siècle de la Réforme, 1955. *R.Stupperich*

II. Philosophisch

1. Begriffsgeschichte - 2. In der dialektischen Philosophie und Theologie - 3. Im amerikanischen Pragmatismus

1. Der *Begriff* H. wurde vom bayerischen Schulreformer und Philosophen Fr.J.Niethammer 1808 geprägt, um das althumanistische → Gymnasium (: I) gegenüber den Realschulen der Aufklärung durch eine idealistische Theorie zu verteidigen: Der griechische Logos habe den Menschen über die rohe Natur hinaus zum Geistigen erhoben und damit seine → Humanität begründet. Dieser Logos, in Christus Fleisch geworden, sei das Prinzip menschlicher → Bildung und damit Grundlage des H., der im Gymnasium die Humanität der Zöglinge fördere, während die Aufklärung mit ihrer Richtung auf Industrie, Gewerbefleiß und Nutzen auf die Animalität des Menschen hinziele. Nach 1870 wurde H. auch als historische Epochebezeichnung verwendet (→ Humanismus: I).

2. Ausgehend von Niethammers Antithese, jedoch im Gegensatz zu seiner idealistischen Verabsolutierung des Logos bezeichnet 1840 der Wortführer des Junghegelianismus, *Arnold → Ruge,* als H. das aus dem Griechentum abstrahierte dialektische Geschichtsprinzip der Überwindung der Natur durch den Geist. H. ist darum für ihn »selbstbewußte und als solche sich bewirkende Aufklärung«, »eine Folge des Industrialismus und der ideell gesetzten Materie«, »der Demokratie, Herrschaft des Volkes und aller Menschen womöglich über die starre Natur in sich und außer sich«, »Religion des Diesseits«, welche als »das realisierte Christentum oder der H.« »das alte Christentum« ersetzt. - An diesen dialektischen H. knüpft *Karl → Marx* an, setzt aber gegen Ruges ideologischen einen »konkreten« oder »realen H.«, indem nicht der Industrialismus und die darin ideell gesetzte Materie, sondern die Arbeit in der konkreten Gestalt des selbstentfremdeten Proletariers zum dialektischen Prinzip der Geschichte und deren Rückkehr zur menschlichen Natur wird. So stellt er 1844 die Gleichung auf: »Dieser Kommunismus ist als vollendeter Naturalismus = H., als vollendeter H. = Naturalismus; er ist die wahrhafte Auflösung des Widerstreits zwischen dem Menschen mit der Natur und mit dem Menschen...« Diese philosophische Begründung des → Kommunismus als eines H. wird 1848 im Kommunistischen Manifest über Bord geworfen und vom Kommunismus erst im Zeichen der Volksfrontbewegung der 30er Jahre wieder aufgegriffen. Seither ist der H. ein Grundbegriff der marxistischen, bes. auch der sowjetischen Sozialphilosophie. So bezeichnet A.Wyschinski 1950 das Sowjetrecht als »Verkörperung der jahrhundertealten Vorstellung der fortschrittlich gesinnten Menschen von sozialer Gerechtigkeit und von wahrem H.«, indem dort die Interessen der Persönlichkeit und deren Entfaltung gesichert seien. - Die gegenwärtige H.-Diskussion ist im wesentlichen eine Auseinandersetzung mit dem marxistischen H.

Der kath. Philosoph *Jacques → Maritain* gestand 1936 dem marxistischen H. das Verdienst zu, die innere Verlogenheit des atheistischen → Bürgertums (: I) entlarvt und sich um die Achtung der Arbeit und der Menschenwürde bemüht zu haben. Doch sei der marxistische H. in seiner atheistischen Begründung nur Fortsetzer des bürgerlichen anthropozentrischen H., der mit der Renaissance begonnen habe. Integral sei der H. erst, wenn er den Menschen in seinem wahren Wesen, in seiner Bindung an Gott und seiner Erneuerung durch Gott erfaßt und die heutigen Einsichten, wie sie der marxistische H. zT andeutet, in die von der mittelalterlichen → Scholastik entwickelte Seinslehre einschmelzt. Dem entspricht der in der deutschen Nachkriegsdiskussion gestaltete »christliche H.« als Vollendung der Antike und Erneuerung der abendländischen Humanität.

Jean-Paul → Sartre verteidigte 1946 seinen Existentialismus (→ Existenzphilosophie) gegen marxistische und kath. Kritiker, indem er ihn als H. bezeichnete, freilich nicht als einen H., der von einer festen Bestimmung des Menschen ausgehe, sondern als Lehre der menschlichen Verwirklichung, bei der sich der Mensch in seine Ziele entwirft und in der ihm eigentümlichen Befreiung von seinen Bedingtheiten und der Verantwortung gegenüber dem eigenen Entwurf über seine Existenz entscheidet. Da es außer dieser Verwirklichung nichts gibt, keinen Gott, keinen anderen Gesetzgeber, keine Welt, ist die dialektische Spannung zum formalen Gegensatz von menschlichem Sein und Nichts herabgesunken; der H. hat jeden Sinn verloren und mündet in eine Anarchie von H.en, aus der Sartre später in den marxistischen H. abbiegt.

Zur Frage, wie man dem Wort H. wieder einen Sinn geben könne, entwickelt *Martin → Heidegger* einen H. des Seins, in dem er zwar wie Sartre jede inhaltliche Bestimmung des H. ablehnt, jedoch Sartres ichbezogenen Gesichtspunkt umkehrt und vom → Sein ausgeht, welches als »Es ist Es selbst« verabsolutiert und zum Subjekt des H. erhoben wird. Der Mensch ist nicht der Entwerfende, sondern der Ent-wurf des Seins, der in seiner Geworfenheit, in seiner Seinsverlassenheit als Gegenwurf des Seins in die Lichtung des Seins tritt und hier den Aufgang des Heilen und das Heilige erfahren kann.

Auch im H. der → *dialektischen Theologie* ist das Subjekt nicht der Mensch, sondern statt eines neutralen Es der allmächtige »Ich bin der ich bin«, der durch seinen Schöpfer- und Gnadenakt, durch die Paradoxie seines Kreuzestodes die menschliche Welt der Sittlichkeit und damit den Bereich des traditionellen H. radikal in Frage stellt. Man kann darum nicht von christlichem H., sondern (nach R. → Bultmann und A. de Quervain) nur von H. *und* Christenglauben sprechen oder – so Karl → Barth – vom H. Gottes, nämlich von Gottes Liebe zum Menschen. Eine Verbindung des traditionellen H. mit diesem H. Gottes besteht darin, daß der Mensch als das von Gott bewirkte Wesen sich aus seiner irdischen Wirklichkeit in das Geheimnis seines Ursprungs öffnet und dabei die Heiligung der Gnade, den H. Gottes erfährt.

3. Unabhängig von der europäischen Tradition wurde der Pragmatismus William James' von F.C.S.Schiller (→ Vereinigte Staaten: III) als H. bezeichnet, weil hier die Wahrheit als eine Vielheit menschlich bedingter und menschlich wirksamer Erkenntnisse begriffen und dementsprechend das menschliche Verhalten nicht nach übernatürlichen Maßstäben, sondern nach seinen individual- und mitmenschlichen natürlichen Folgen beurteilt wird. – Dieser *pragmatische H.*, der bes. durch John Dewey die amerikanische Pädagogik und Sozialphilosophie des 20.Jh.s bestimmt hat, wird dort seit 1908 durch eine Bewegung bekämpft, welche sich zT, so bei Irvin Babbit, ebenfalls H. nennt. Sie fordert eine Erneuerung der humanistischen Bildung, weil der Mensch als zugleich natürliches und geistiges Wesen der geistigen Werte der Menschheit als der notwendigen Elemente des menschlichen Seins immer wieder bedürfe.

F.J.Niethammer, Der Streit des Philanthropinismus u. des H. in der Theorie des Erziehungsunterrichtes unserer Zeit, 1808 – A.Ruge, Hallische Jb.er, 1840ff – F.C.S.Schiller, Humanism, 1903; dt. 1911 – K.Marx, Nationalökonomie u. Philosophie, 1932 – J.Maritain, L'Humanisme intégral, 1936 – H.W.Rüssel, Gestalt eines christl. H., 1940 – H.de Lubac, Le Drame de l'Humanisme Athée, 1944 – H. Rahner, Abendländ. H. u. kath. Theol., 1946 – J.-P.Sartre, L'Existentialisme est un Humanisme, 1946; dt. 1946 – M.Heidegger, Über den H., (1947) 1951[2] – K.Holzamer, Grundfragen des neuzeitl. H., 1947 – L.Lenhart, Das Problem des H. in der neuzeitl. kath. Theol., 1947 – A.de Quervain, Glaube u. H., 1947 – J.Sellmair, Humanitas christiana, Gesch. des christl. H., 1948 – H.Deiters, Der reale H., 1948 – L.J.A.Mercier, American Humanism and the New Age, 1948 – R.Bultmann, H. u. Christentum (Studium Generale 1, 1948, 70-77 = Bultmann II, 133-148) – Ders., Humanism and Christianity (JR 32, 1952, 77-86; dt.: HZ 176, 1953, 1-15 = Bultmann III) – K.Barth, H., 1950 – W.Rüegg, H., Studium Generale u. Studia Humanitatis in Deutschland, 1954 – H.M.Jones, American Humanism, 1958.

W.Rüegg

Humanität

1. Das griechische Denken – 2. Das römische Denken – 3. Christlich-abendländisches Verständnis – 4. In der Neuzeit

H. (lat. humanitas, »Menschlichkeit«) ist die aus der antiken Geisteswelt und deren Umgestaltung durch den christlichen Glauben hervorgegangene abendländische Forderung nach menschlicher Gesittung.

1. Für *das griechische Denken* ist menschliche Gesittung anfänglich Werk göttlicher Mächte, der Gerechtigkeit, Ehrfurcht, Scham, Liebe, oder göttliches Gebot, Gastfreundschaft, Großmut, Frömmigkeit, und manifestiert sich in den sagenhaft überlieferten Taten göttlich gezeugter oder gottähnlicher Geschlechter. Mit der Kritik an der Sage und der Krise der Geschlechterordnung erfolgt eine metaphysische Deutung der menschlichen Situation als Ohnmacht gegenüber der Allgewalt göttlichen Geschickes. Daraus wird die Forderung nach menschlicher Selbstbescheidung und Hilfsbereitschaft abgeleitet. Wie Tragödie und Novelle in immer neuen Varianten aufzeigen, verstrickt sich der Mensch in Schuld, stürzt ins Elend und ist darum auf Mitleid angewiesen. Eine positive Bestimmung der Menschlichkeit und damit ein Begriff dafür fehlt; wie die klassische Kunst sucht noch → Platon Norm und Wert der Menschlichkeit im Göttlichen. Der Begriff φιλανθρωπία und φιλάνθρωπος, der in den Schriften Platons und seiner Zeitgenossen auftaucht, ist nur eindeutig in der Menschenliebe eines Gottes oder eines Hundes. Vom Menschen selbst gebraucht als »Leutseligkeit« beim Reden und Handeln gegenüber Untergebenen und Unterlegenen, spiegelt seine bald positive, bald negative Bewertung die umstrittene Geltung der Führer in einer demokratischen Gesellschaft. Gerade aus dem Bedürfnis nach einer allgemeingültigen Bildung der demokratischen Führer wird jedoch von der Sophistik das Wort als Ausdruck seines zwar unbegrenzten Erkenntnisdranges und Machtstrebens, jedoch begrenzten Erkenntnis- und Mitteilungsvermögens zum positiven Kennzeichen des Menschen gegenüber dem Tier erhoben. Das Wort ist nach Isokrates (4.Jh. vChr) »der Führer aller Handlungen und Gedanken; was bloße Vernunft erfunden, führt das Wort, das Bild der menschlichen Seele, wenn es dank der richtigen Bildung gerecht und wahr ist, zur Vollendung und schafft damit menschliche Kultur und Gesittung«. Vom Sokratiker Aristipp (4.Jh. vChr) wird der Spruch überliefert: »Lieber Bettler sein als ungebildet, denn jenem fehlt Geld, diesem die H. (ἀνθρωπισμός).« Damit ist die menschliche Gesittung, welche sich in der Adelsgesellschaft durch Geburt und Nachahmung der sagenhaft überlieferten Taten leiblicher Ahnen von selbst verstand, zum Inhalt einer allgemein erlernbaren höheren Bildung geworden, die, auf der Pflege von Sprache und Literatur geistiger Ahnen beruhend, bis ins althumanistische → Gymnasium (: I) nachgewirkt hat. Im Griechentum fehlt allerdings das Bewußtsein in der Distanz gegenüber diesen Vorbildern; darum verflacht die Bildung bald zur rhetorischen Kunstübung, und die menschliche Gesittung sinkt zum Menschlich-Allzumenschlichen herab.

2. *Das römische Denken* geht von Anfang an stärker von der Autorität des landbebauenden, rechtsetzenden, göttliche Zeichen interpretierenden Mannes als von einer übermächtigen göttlichen Ordnung aus und bezeichnet im 1.Jh. vChr die menschliche Rücksicht, verstanden als selbstverständliches gesellschaftliches Verhalten der menschlichen Natur, mit dem Wort »humanitas«. → Ci-

cero gibt diesem Begriff erst seine abendländische Wirkung, indem er nach seinem Griechenland-Aufenthalt die mit der Republik ins Wanken geratenen altrömischen Standesforderungen - die Manneswürde (virtus), den Ernst der Magistratsperson oder des Fachmannes, die Härte der militärischen Disziplin und der Gesetze - durch die Humanitas als Weisheit, Abgeklärtheit und Güte im täglichen Gespräch und Verhalten wie in der Ausübung politischer Verantwortlichkeiten erneuern und stärken will. Die Lehrer dieser vergeistigten Form menschlicher Gesittung sind für Cicero die Griechen. Ihre Mathematik und Musik, vor allem aber ihre Literatur (Dichtung, Rhetorik und Philosophie) bilden Gemüt und Verstand des jungen Römers zur H. Damit bestimmt die literarische Bildung wieder das Menschenbild einer an ihren leiblichen Ahnen irre gewordenen Gesellschaft. Es ist jedoch eine Bildung an distanzierten, ja politisch unterlegenen Vorbildern, so daß der Römer an den Griechen die H. im doppelten Sinn der Rück-Sicht auf fragwürdige und hilfsbedürftige Vorbilder erfährt und so die humanistische Bildung an den Autoren der eigenen Menschlichkeit eins wird mit dem humanen Verhalten gegenüber fremder Menschlichkeit.

3. Mit dieser zugleich selbstbewußten und rücksichtsvollen H. vermag Rom während vier Jh.en die Völker der alten Welt derart an die griechisch-römische Ordnung der natürlichen und sozialen Welt zu assimilieren, daß es über alle politischen und geistigen Revolutionen hinweg teils eigentlicher, teils symbolischer Mittelpunkt der abendländischen Kultur wird. Doch kann die nur auf den Mitmenschen hin, also horizontal orientierte H. das menschliche Bedürfnis nach übermenschlicher Bindung nicht befriedigen. Erst das *christliche* Verständnis des Menschen als des von Gott abgefallenen göttlichen Gebildes und Abbildes, das durch den Gnadenakt von Gottes Menschwerdung und menschlichem Leiden wiederhergestellt wird, gibt der H. eine das Gesellschaftliche übersteigende Größe. Zunächst wird allerdings in der Patristik und im MA die Humanitas als Bezeichnung des sündigen Menschengeschlechtes, der erdgebundenen Diesseitigkeit, der Notdurft und Körperlichkeit des Menschen der geistigen Natur und der Allmacht Gottes gegenübergestellt. Damit verliert die H. jeden individualmenschlichen Eigengehalt, wird ersetzt durch ständische, geistliche oder ideelle Normen, bis der → Humanismus (: I) die Rück-Sicht und Ver-Antwortung gegenüber den geistigen Urhebern der eigenen Gegenwart, die humanistische Interpretation der Kirchenväter und der antiken Klassiker als Bildungsmittel einer auf einem personalen Gotteserlebnis gegründeten, auf menschliche Gesittung gerichteten Laienfrömmigkeit entdeckt. Weil der Mensch durch den Anblick der göttlichen Allmacht geblendet würde, zieht sie sich - symbolisch für den ganzen Humanismus - als stillschweigender Zeuge, Nothelfer und Richter bei → Petrarca in den Hintergrund und stellt ihm Augustin als menschlichen Gesprächspartner und Ratgeber zur Verfügung, so daß in der Gegenwart Gottes der moderne Mensch durch den Dialog mit menschlichen Vorbildern früherer Zeiten die Bildung seiner H. findet. So erhält die Humanitas Christi über den mittelalterlichen Sinn der Körperlichkeit im Gegensatz zur Gottesnatur hinaus durch die Verbindung der H. mit humanistischer Bildung und humaner Gestaltung einen auch das gesellschaftliche und sittliche Leben ansprechenden Sinn, der sich seit dem beginnenden 15.Jh. in der freudigen Zuwendung zu den Fragen der ökonomischen, diplomatischen, pädagogischen und moralischen Regelung der menschlichen Beziehungen auswirkt. Umgekehrt erfährt die antike H. als Bildung der eigenen an fremder Menschlichkeit durch die Offenbarung der christlichen Gotteskindschaft eine das Gesellschaftlich-Sittliche übersteigende, *alle* Menschen in der göttlichen Liebe einschließende Rechtfertigung.

4. Diese abendländische, Antike und Christliches vereinigende H., welche bei → Erasmus ihren gültigsten und geistesgeschichtlich wirksamsten Ausdruck gefunden hat, tritt vom 18.Jh. an immer stärker in ihre beiden Begründungen auseinander. Für → Herder geht die Bildung zur H. zurück auf das im Menschengeschlecht wirkende Göttliche, das in allen großen und guten Menschen, bes. bei den Griechen, die Brutalität im Menschen zum vorbildlichen Kunstwerk umbildet. Dieser bei Herder noch christlich verstandene göttliche Charakter der H. führt im → Neuhumanismus zur Vergötzung des Griechentums und zum philosophischen → Humanismus (: II). - Von der andern Seite her wird das Wesen der abendländischen H. auf rein biblische Grundlagen zurückgeführt. So bestimmt Karl → Barth in seiner Lehre von der Schöpfung die H. als Sein in der Begegnung, in welcher das Ich dem Du in die Augen sieht, aufeinander hört, einander Beistand leistet und dies alles gerne tut. Dabei beschreibt er die H. zwar offensichtlich mit den teils aus der antiken Geisteswelt, teils aus dem christlichen Glauben herausgeformten Zügen, weist sie jedoch der aus der biblischen Schöpfungslehre abgeleiteten Natur des Menschen selbst zu.

J.G.Herder, Briefe zur Beförderung der H., 1793 - E.Spranger, W.v.Humboldt u. die H.sidee, 1909 - R.Pfeiffer, Humanitas Erasmiana, 1931 - J.Niedermann, Kultur, 1941 - Fr.Klingner, H. u. Humanitas, 1947 (jetzt in: Röm. Geisteswelt, 1956, 620-662) - Barth, KD III/2, 1948 - G.Krüger, Abendländ. H., 1953 - H.Haffter, Neuere Arbeiten zum Problem der Humanitas (Philologus 100, 1956, 287-304).

W.Rüegg

Humbert, 1. *von Romans* (bei Valence, * ca 1200, † 1277 in Valence [?]), OP, 1254-63 erfolgreicher Ordensgeneral, verdient um die Ordnung der Liturgie und der Studien. Nach seinem Rücktritt schrieb er zu Ordensfragen, zur Reform der Kirche (Opus tripartitum) und über die Predigt (De eruditione praedicatorum, dazu Predigtskizzen).

Opera de vita regulari, ed. J.J.Berthier, 2 Bde, Rom 1888f - Maxima Bibliotheca Patrum 25, Lyon 1677, 426ff (Predigtskizzen) - s. Heintke aaO 117 (Opus tripart.). - Mortier (→Dominikaner) I, 415ff - LThK V, 194 - F.Heintke, H.v.R. (Hist. Studien 222), 1933 - Walz (→ Dominikaner) 38ff. 184ff u.ö. - R.Creytens, Commentaires inédits d'H. de R. sur quelques points des constitutions dominicaines (AFP 21, 1951, 197-214) - EC XII, 736f.

M.A.Schmidt

2. *von Silva Candida* OSB († 5.5.1061), kam 1015 als Oblate in das lothringische Kloster Moyenmoutier (Diöz. Toul; über H.s Jugend vgl. A.Michel, Die Ecbasis cuiusdam captivi per tropologiam, ein Werk H.s [SAM 1957, H. 1], 11ff), wo er schon literarisch hervortrat, bis ihn → Leo IX. im Okt. 1049 mit sich nach Rom nahm; 1050 wurde er Erzbischof von Sizilien, bald darauf Kardinalbischof von Silva Candida. Als enger Vertrauter Leos IX., dessen Briefe er zT verfaßte und dessen Leben er beschrieb (H.Tritz, Studi Gregoriani IV, Rom 1952, 194ff), war er Gesandter bei den Normannen (1051, 1053) und Führer der berühmten Delegation nach → Byzanz (: II, 2), die über den Patriarchen → Michael Kerullarios und die bes. in eucharistischen Fragen abweichende Ostkirche den Bannfluch aussprach (24.6.1054). Seit Stephan IX. (1057) Bibliothekar der römischen Kirche, war H. auch in den folgenden Jahren als Reformer tätig, verfaßte vermutlich die Rechtssammlung der sog. 74 Titel (A.Michel, Die Sentenzen des Kardinals H., 1943) und trat (1054-58?) mit seinen Libri tres adv. Simoniacos hervor (MG Lib. de lite I, 95-253). Hier wird jede von Simonisten durchgeführte Weihe grundsätzlich

verworfen und die → Investitur als → Simonie gewertet. Seine Autorschaft am Papstwahldekret von 1059 (A. Michel, Papstwahl und Königsrecht, 1936; → Nikolaus II.) ist fraglich. Von H. stammt das Symbolum, das → Berengar von Tours 1059 unterschreiben mußte.

Neuere wissenschaftl. Biogr. fehlt. Zusammenfassungen bei: H. HALFMANN, Cardinal H., sein Leben u. seine Werke, 1883 - A.FLICHE, RevHist 119, 1915, 41-76 - DERS., La Réforme Grégorienne I, 1924, 265ff - A.MICHEL, H. u. Kerullarios, 2 Bde, 1924/30 - DThC VII, 310f - LThK V, 194f. - Zur Feststellung anonym laufender Werke H.s vgl. A.MICHELS Unters.en, zuletzt in: Die Ecbasis... (s.o.), bes. 22. 37. 43f. *H.Fuhrmann*

Humboldt, 1. *Alexander v.* (14.9.1769 bis 6.5.1859), berühmter Geograph, Forschungsreisender und Naturforscher, * in Berlin. H. stammte aus einer pommerschen Familie. Nach dem frühen Tod des Vaters (1779) ließ die bürgerliche Mutter die Hofbeziehungen einschlafen und wies ihre Söhne durch die Wahl hervorragender Hauslehrer auf den Weg der Wissenschaft. Die religiöse Erziehung beeinflußte H. nicht. Er studierte in Frankfurt a.d.O., Göttingen, Hamburg und Freiberg, nahm im Vulkanismusstreit eine vermittelnde Stellung ein und bekannte sich früh zur Chemie Lavoisiers. Er begann als Bergmann im preußischen Staatsdienst mit der allgemeinen, seit 1796 mit der speziellen Vorbereitung seiner amerikanischen Reise. Im Umgang mit G.Forster, Blumenbach, Lichtenberg, A.G.Werner, Goethe und Schiller gewachsen, trat er nach der Überwindung größter Schwierigkeiten seine vorbildliche Forschungsreise (1799 bis 1804) zusammen mit dem französischen Arzt und Botaniker Aimé Bonpland an. Er forschte im Gebiet der heutigen Staaten Venezuela, Kuba, Kolumbien, Ekuador, Peru und Mexiko, befuhr den Casiquiare, den natürlichen Kanal zwischen Orinoko und Rio Negro, bestimmte erstmals seine Lage im Gradnetz, bestieg den Chimborazo bis zur Höhe von 5881 m und schlug der Regierung wichtige Verbesserungen vor. H. benutzte eine erstaunlich große Zahl exakter Meßinstrumente, prägte die Form der modernen Forschungsreise und kehrte schließlich nach einem Besuch der USA nach Europa zurück, wo er in Paris der Auswertung seiner Expedition und der Vorbereitung einer neuen Fahrt nach Asien lebte, die sich aber erst 1829 nach seiner Rückkehr nach Berlin (1827/28) verwirklichen ließ. Vorbereitung, Ausführung und Auswertung dieser Expeditionen waren beispielhaft und erklären seinen Weltruhm. Sein Reisewerk in 30 Bänden (Voyage aux régions équinoxiales du Nouveau Continent..., Paris 1807-33) ist das umfangreichste, das je von einem Privatmann veröffentlicht wurde. Er vereinigte bei der Herausgabe deutsche, französische und englische Gelehrte zur letzten bedeutenden Leistung der Gelehrtenrepublik des 18.Jh.s und verband dabei in für ihn bezeichnender Weise die idée encyclopédique mit dem Bekenntnis zur spezialistischen Arbeitsteilung. Die fragmentarische Darstellung der eigentlichen Reise (Relation historique..., 3 Bde, Paris 1805 bis 1834) und die »Vues des Cordillères et monumens des peuples indigènes de l'Amérique« (2 Bde, Paris 1810) enthalten u.a. auch wertvolle missionsgeschichtliche Anregungen und verdeutlichen den Zustand der spanischen Kolonien vor dem Unabhängigkeitskampf, den der von H. beeinflußte Simón Bolívar ausfocht. H. lebte von 1827 bis zu seinem Tod meist in Berlin als Mäzen und Anreger von jungen Gelehrten und Forschungsreisenden. Dadurch bestimmte er nachhaltig Methode und Gehalt der klassischen deutschen Geographie. Die Arbeit seines Alters galt der Vollendung seines »Kosmos« (5 Bde, 1845 bis 1862), in dem er sein geographisches Denken zur »physischen Weltbeschreibung« ausweitete. In seiner Geschichte der Landschaftsschilderung (Bd 2) bewunderte er die Poesie der Bibel. - H. war konsequenter Empiriker, lehnte seit 1797 den reinen Nützlichkeitsstandpunkt in der Wissenschaft ab, betonte dagegen den Wert des Forschens um der Erkenntnis willen und entschied nach seiner Rückkehr aus Amerika den Streit der Neptunisten und Vulkanisten, der einen entscheidenden Prozeß des säkularisierten Denkens bezeichnete, zugunsten des Vulkanismus. Er stand in der Nähe des philosophischen → Materialismus (: II), ohne ihm je verfallen oder Atheist zu sein. Vogt, Büchner und Moleschott hat er verspottet. H. verband die Welt Goethes mit der modernen Naturforschung, am klarsten in den vielgelesenen »Ansichten der Natur« (1808) und dem »Kosmos«. Er entdeckte und bewies das Gesetz von der Abnahme der magnetischen Intensität in Richtung auf den Äquator, verkündete mit Gay-Lussac 1805 das Volumengesetz für die Vereinigung von Wasser- und Sauerstoff zu Wasser, das der Franzose dann 1808 verallgemeinerte, trug dadurch zum Beginn der quantitativen Epoche der Chemie bei, zeichnete die ersten Isothermen, entwarf die ersten Profile großer Länder, zB Spaniens und Mexikos, und erhob zusammen mit C.Ritter, J.G.Lüdde, H.Berghaus und A.Petermann die klassische deutsche Geographie zur international führenden Wissenschaft, welche die geistige und räumliche Erschließung der Erdoberfläche bewußt einleitete. H. vermied die Diskussion religiöser Probleme. Er wurde nach 1827 oft von Vertretern der Kirche angegriffen oder verteidigt. Die »innere Welt« der deutschen Klassik bereicherte er um die Kenntnis des äußeren Universums und lenkte die damals vorwiegend philosophisch und philologisch orientierte Wissenschaft Deutschlands auf die Naturforschung.

A.v.H. Eine wissenschaftl. Biogr. (zusammen mit 10 anderen Gelehrten bearb. u. hg.v. K.BRUHNS), 3 Bde, 1872 (Bd 1-2 Biogr. [Bibliogr. II, 487-552], Bd 3 einzelwissenschaftl. Würdigung). - Über H.: W.LINDEN, A.v.H.s Weltbild der Naturwissenschaft, 1940 - H.SCURLA, A.v.H. Sein Leben u. Wirken, 1955 - H.BECK, A.v.H., 2 Bde, 1959 - DERS., Gespräche A.v.H.s, 1959. *H.Beck*

2. *Wilhelm v.*, * 22.6.1767 Potsdam, † 8.4.1835 Tegel. Väterlicherseits dem preußischen Offiziers- und Beamtenadel, mütterlicherseits einer Hugenottenfamilie entstammend, wurde er mit seinem jüngeren Bruder Alexander (s. 1) im Sinne der aufklärerischen Popularphilosophie erzogen. Er studierte, vor allem in Göttingen, Rechts- und Altertumswissenschaft. Daneben galt schon damals sein Interesse vor allem → Kant und der werdenden neuen Dichtung. Nach kurzem Staatsdienst (1790) zog er sich mit seiner geistig bedeutenden Frau Caroline geb. v.Dacheröden auf deren thüringische Güter und sodann nach Jena (1794/96) zurück, um dort ganz der Selbstbildung und der Geistesgemeinschaft mit → Schiller, später auch mit → Goethe zu leben. Die Jahre von 1797-1801 verbrachte er als Privatmann in Paris und Spanien. 1801 kehrte er in den Staatsdienst zurück, zuerst (bis 1808) als Vertreter Preußens in Rom, 1809/10 als Leiter der Kultus- und Unterrichtssektion im Preußischen Ministerium des Innern (Gründung der Universität → Berlin), in der Folge (1810-18) als Gesandter in Wien, London und Frankfurt und als preußischer Bevollmächtigter auf den internationalen Kongressen der Befreiungskriege. Mit seinen Plänen für eine preußische Verfassung und eine Verwaltungsreform, die er als Staatsrat und Minister (1819) verfocht, scheiterte er an dem persönlichen Gegensatz zu Hardenberg und dem Widerstand der reaktionären Richtung. Nach seiner Entlassung als Minister zog er sich erneut ins Privatleben zurück und widmete diesen letzten Lebensabschnitt auf seinem Landsitz Tegel bei Berlin seinen wissenschaftlichen und künstlerischen Interessen, insbesondere der Vertiefung in die altindische

Philosophie und der Arbeit an seinem großen sprachphilosophischen Werk.

W.v.H.s *Bedeutung* ist sehr vielgestaltig. Mit fast allen bedeutenden Menschen seiner Zeit in mehr oder minder enger Beziehung stehend, vereinigen sich in seiner Lebensgeschichte, seiner Persönlichkeit und seinem literarischen Werk wie in einem Brennpunkt die verschiedenen geistigen Strömungen jener Epoche, → Aufklärung, → Romantik, Kantische Philosophie, vor allem aber der wissenschaftliche und ästhetische → Neuhumanismus und die klassische deutsche Dichtung. Das vornehmste Anliegen seines inneren Lebens, in das mehr noch als seine Schriften seine zahlreichen schönen Briefe Einblick gewähren, war es, sich selbst zur Höhe der klassischen Humanitätsidee (→ Humanität) zu erheben. Dies sehr persönliche Bildungsideal wurde durch H.s äußere Wirksamkeit, namentlich als Reformator des preußischen Universitäts- und Schulwesens, bestimmend für die bürgerlich-idealistische Bildung der nächsten Jahrzehnte und wirkte bis in die Gegenwart hinein. Es trägt stark ästhetische Züge, strebt nach Harmonie und Heiterkeit der streng beherrschten Form, vor allem aber nach Ganzheit der → Bildung. Mit höchster Innerlichkeit und Selbständigkeit, Idealität und Universalität verbindet sich in ihm ein gewisser geistiger Epikureismus und Egozentrismus. Neue Biographen haben H. deshalb nicht ganz mit Unrecht einen Mangel an Verantwortungsbewußtsein für die Gemeinschaft und ein Versagen vor den Anforderungen der Wirklichkeit zum Vorwurf gemacht und darin auch den Grund für die mannigfachen Krisen seines Lebens und den schließlichen Mißerfolg seiner staatsmännischen Laufbahn gesehen. – In *religiöser* Hinsicht ist bezeichnend, daß H., der sich auf dem Höhepunkt seiner humanistischen Begeisterung in den römischen Jahren einen »echten Heiden« genannt hatte, auch noch später von sich bekannte, daß er »von aller Anlage zu großartigen altertümlichen Religionsanschauungen entblößt sei« (an Welcker, 1822). Das geschichtliche Christentum stand ihm fern. Wenn bei ihm gleichwohl im Alter (bes. in den Briefen an Charlotte Diede) häufig Gedanken an Unsterblichkeit und göttliche Weltordnung und Töne einer mystisch-religiösen Andacht aufklingen, so sind diese doch kaum im Sinne eigentlich christlicher Gläubigkeit zu verstehen. Charakteristisch ist ein Ausspruch gegenüber Johanna Motherby (1813): »Ich bin nie religiös gewesen, und bin ganz wie die Andächtigen, weil mich immer etwas Unendliches anzieht, das nie besessen und gefaßt werden kann und weil ich am liebsten und im Grunde ewig in einer Idee lebe.« – *Literarisch* hat H. vor allem vierfach gewirkt: Durch seine staatstheoretischen Frühschriften (bes. »Ideen zu einem Versuch, die Grenzen der Wirksamkeit des Staates zu bestimmen«, 1792, erst 1851 ganz gedruckt: Der Staat soll nur Sicherheit für Person und Eigentum verbürgen), für das rechte Verständnis Schillers und Goethes, durch seine humanistisch-kulturphilosophischen Arbeiten (meist erst postum veröffentlichte Fragmente) und durch die sprachphilosophischen und sprachvergleichenden Werke des Alters (bes. die Einleitung zu seinem Werk über die Kawi-Sprache, 1830: In jeder Sprache eine eigentümliche Weltansicht; → Sprachphilosophie).

Ges. Schriften, hg. im Auftrag der Preuß. Akad. d. Wissensch., 17 Bde, 1903-36. – Die sehr wichtigen Briefe sind in zahlreichen Sondersammlungen erschienen, bes. der Briefwechsel zwischen W. u. Caroline v.H., 7 Bde, 1906-16; Briefwechsel mit Schiller, 1900; Briefe an eine Freundin (Charlotte Diede), 1909. – Über H.: R.HAYM, W.v.H., 1856 – E.SPRANGER, W.v.H. u. die Humanitätsidee, 1909 – DERS., W.v.H. u. die Reform des Bildungswesens, 1910 – S.A. KAEHLER, W.v.H. u. der Staat, 1927 – J.A.v.RANTZAU, W.v.H. Der Weg seiner geistigen Entwicklung, 1939 – E.v.HOWALD, W.v.H., 1944 – F.SCHAFFSTEIN, W.v.H., 1952 (Lit.). *F.Schaffstein*

Humburg, *Paul* (22.4.1878 bis 21.5.1945), * in Köln-Mülheim, † in Detmold, 1906 Pastor in Dhünn, 1909 in der ref. Gemeinde Elberfeld, 1919–21 Generalsekretär der Deutschen Christlichen Studentenvereinigung, 1921–29 Bundeswart des Westdeutschen Jungmännerbundes, 1929–43 Pastor der ref. Gemeinde Barmen-Gemarke, 1934–42 Präses der Rheinischen Bekenntnissynode, 1934 bis 1936 Mitglied der 1. Vorläufigen Leitung der DEK. H. kam aus dem gesunden, aktiven Pietismus der ref. Gemeinden am Niederrhein und im Siegerland. Durch seine Predigten, Ansprachen und Schriftauslegungen übte er weitreichende Wirkung aus. Durch sein seelsorgerliches Charisma und sein Offensein für alle Fragen gewann er vieler Herzen. Im Dienst an der akademischen Jugend und in der Jungmännerarbeit bewährte sich seine treffsichere Menschenkenntnis, seine Entschiedenheit und geistliche Natürlichkeit. Im Kampf der → Bekennenden Kirche gehörte er bald zu den leitenden Persönlichkeiten, bes. im Rheinland. Sein unerschrockenes Zeugnis gegen die »Irrlehre« hat die Gemeinden aufgeweckt und auf dem Weg der Bekennenden Kirche festgehalten.

Vf. u.a. (zT nachgedr.): Aus der Quelle des Worts, 1917; Frühlingstage der Gemeinde, 1922; Ewige Erwählung, 1924; Der Gesang des Herrn, 1926; Der einige Trost, 1933; Wahrheit wider Irrlehre, 1934; Prüfet die Geister, 1934; Am Anfang, 1935; Die ganz große Liebe, 1936; Jesus u. seine Jünger, 1937. – Über H.: H.OBENDIEK, D. P.H., (1947) 1949² – DERS., P.H. (in: Lebensbilder aus der Bekennenden Kirche, 1949, 54-62) – H.LILJE, P.H. (in: Begegnungen, 1949, 35-45). *R.Steiner*

Hume, *David* (1711–76), * in Ninewells (Schottland), † in Edinburgh. H. wandte sich nach anfänglicher Beschäftigung mit der Rechtswissenschaft dem Studium der Literatur und Philosophie in Edinburgh zu und beschloß 1734, sich ganz philosophischen und publizistischen Interessen zu widmen. Er ging zunächst nach Frankreich, wo 1734–37 eine erste Darstellung seiner Philosophie entstand (der »Treatise«). Das Werk erschien 1739–40 in London und wurde kaum beachtet. In den folgenden Jahren versuchte H. seiner Philosophie durch Umwandlung in eine Reihe von Essays (später die »Enquiries«) eine gefälligere Gestalt zu geben. Durch diese sowie durch weitere Publikationen, darunter eine mehrbändige »History of England«, erlangte er denn auch noch zu Lebzeiten den ersehnten literarischen Ruhm. Hingegen scheiterten seine Bemühungen um eine Professur (erst in Edinburgh, 1744; später in Glasgow, 1751) an dem Widerstand, der seiner Berufung von theologischer Seite entgegengesetzt wurde. Von 1767–68 war H. englischer Staatssekretär. Danach lebte er bis zu seinem Tode in Edinburgh. – H.s Schriften sind in vorbildlicher Klarheit geschrieben. Ihre Lektüre vermittelt nicht selten einen Eindruck jenes Vergnügens an der Vermehrung menschlicher Einsicht, das, wie H. selbst sagt (Treatise 270f), Ursprung und Antrieb seiner philosophischen Untersuchungen gewesen ist.

Die → *Erkenntnistheorie* H.s nimmt Ansätze der Theorien → Lockes und → Berkeleys auf, doch übertrifft sie beide an Konsequenz und systematischer Durchführung. Es werden nur Sinneseindrücke (impressions) und eine in ihrem Auftreten waltende Regelmäßigkeit sowie die schwächeren Abbilder dieser Eindrücke in unserem Bewußtsein (ideas) als gegeben angenommen und alles menschliche Wissen als Kenntnis von Beziehungen zwischen Eindrücken (empirische Wissenschaften) oder von bestimmten Beziehungen zwischen Vorstellungen (Mathematik) aufgefaßt. Berühmt wurde vor allem H.s Deutung der kausalen Notwendigkeit, die nach ihm nur vermeintlich eine (objektive) Verknüpfung zwischen Naturvorgängen, in Wahrheit vielmehr eine (subjektive) assoziative Verknüpfung zwischen Vorstellungen dieser

Vorgänge ist, durch Gewöhnung aus dem beständigen Wahrnehmen eines Nacheinander entstanden. In entsprechender Weise deutet H. auch die Substanz und die Identität der Person (nur im »Treatise« ausgeführt). - H.s *Ethik* wird vom Begriff der Empfindungen des Wohlgefallens oder Mißfallens am Verhalten anderer her entwickelt, in denen wir Handlungen als sittlich gute oder verwerfliche erfassen. Einflußreich ist sie auch durch die Annahme und den versuchten Erweis eines in der menschlichen Natur ursprünglich vorhandenen Wohlgefallens und Interesses an der Wohlfahrt anderer (benevolence). - Die *religionsphilosophischen* Untersuchungen H.s sind teils der Frage der natürlichen Entstehung der Religionen gewidmet (sie sind entstanden nicht aus Einsichten der Vernunft, sondern aus emotionalen Zuständen der Furcht, des Strebens nach Glück usw, dabei historisch von polytheistischen Formen zu monotheistischen übergehend), teils erörtert H. die Argumente des → Deismus (: III), unter denen das teleologische das gewichtigste ist, aber auch, wie die übrigen, als Basis entsprechender Überzeugungen nicht zureicht. Überall in diesen Erörterungen beharrt H. auf dem Standpunkt eines konsequenten (also auch nicht zu atheistischen Behauptungen fortschreitenden) → Skeptizismus.

Während H. einerseits durch seine fundamentale Kritik erkenntnistheoretischer Grundbegriffe auf die kritische Philosophie → Kants anregend wirkte, darf er andererseits als Begründer des modernen → Positivismus gelten, dessen charakteristischer Ansatz bei ihm vorgebildet ist. Für die Erkenntnistheorie kann B. → Russell als ein Beispiel der Weiterentwicklung H.scher Ansätze gelten, für die Ethik Ch.L.Stevenson (Ethics and Language).

GA: The Philosophical Works of David H., 4 Bde, hg.v. T.H. GREEN u. T.H.GROSE, London 1874ff. - Treatise of Human Nature, ed. L.A.SELBY-BIGGE, Oxford (1888) 1951; Enquiries, ed. DERS., ebd (1902) 1951. - Übers.: Unters. über den menschlichen Verstand (R. RICHTER), 1955; Unters. über die Prinzipien der Moral (C.WINKLER), 1955. - Über H.: R.REININGER, Locke, Berkeley, H., 1922 - T.E.JESSOP, A Bibliography of D.H. ..., London 1938 - N.KEMP SMITH, The Philosophy of D.H., ebd 1941 - V.A.PASSMORE, H.s Intentions, Cambridge 1952 - E.C.MOSSNER, The Life of D.H., London 1954 (Lit.). *H.Delius*

Humiliaten, im Zusammenhang mit den Glaubensbewegungen des 11. und 12.Jh.s in Oberitalien (→ Pataria) entstandene religiöse Gesellschaft, die bald ordensähnlichen Charakter erhielt. Ort und Zeit ihrer Entstehung sind unsicher. Jedoch steht fest, daß sich ihre Ursprünge aus einer Bußbrüderschaft von Wollarbeitern der lombardischen Städte zwischen 1170/78 entwickelten, während eine legendäre Überlieferung sie bereits im 11.Jh. entstehen läßt. Die stark soziale Tendenzen tragende Bewegung mit Verbindung zu den Anhängern → Arnolds von Brescia und den → Waldensern wurde jedoch infolge häretischer Lehre, öffentlicher Predigt und Ausübung priesterlicher Funktionen 1184 von Lucius III. exkommuniziert. Die zur Kirche Zurückkehrenden reorganisierte → Innozenz III. 1201 zu einem Orden in drei Klassen, für welche die Eidesenthaltung gemeinsam ist. Bereits 1216 bestanden 150 Klöster im Bistum Mailand. Im 16.Jh. wurde eine Reform durch Erzbischof Karl → Borromäus als Protektor des Ordens erstrebt. Als deshalb ein Attentat durch ein Ordensmitglied auf ihn erfolgte, hob Pius V. den Orden 1571 auf, wobei die meisten Niederlassungen den → Barnabiten überwiesen wurden. - Der weibliche Zweig, die *Humiliatinnen,* hält sich indessen bis heute und besitzt einige Klöster in Italien. Nach ihren Vorsteherinnen aus der Adelsfamilie Blassoni werden sie auch *Blassonische Nonnen* bzw. nach dem von ihnen in Mailand errichteten Hospital zur Pflege von Kranken und Aussätzigen *Hospitaliterinnen von der Observanz* genannt. - Neben dem kath. gibt es auch einen *ev. H.-Orden* oder Löhebund (begr. 1921 durch den luth. Pfarrer G.Sauer in Aschbach, Ofr.).

G.TIRABOSCHI, Vetera Humiliatorum monumenta I-III, Mailand 1766-68 - HÉLYOT VI, 152ff - RE VIII, 447ff - L.ZANONI, Gli Umiliati nei loro rapporti con l'eresia, l'industria della lana ed i Comuni nei secoli XII e XIII sulla scorta di docum. ined., Mailand 1911 - DThC VII, 311ff - LThK V, 197f - I.DAMILANO, Il »Liber supra Stella« del piacentino Salvo Burci contro i Catari e altre correnti ereticali (Aevum 17, 1943, 121-134) - Encicl. Italiana 34, 670f - EC XII, 754ff. *W.Göbell*

Humphrey, *Laurence* (1527-90), englischer puritanisch gesinnter Theologe, studierte in Cambridge und Oxford. Beim Regierungsantritt Marias ging er 1553 nach Basel und Zürich, wo er mit Parkhurst und → Jewel Verbindung pflegte. 1558 wurde H. Mitglied der englischen Flüchtlingsgemeinde in Genf, kehrte im selben Jahre nach England zurück und wurde 1560 Prof. in Oxford, 1561 Präsident des Magdalen College. 1564 verweigerte er das Anlegen der alten akademischen Gewänder, gab dann aber nach. 1571 wurde er Dekan in Gloucester, 1580 in Winchester. Seine schroff antirömische Haltung trug ihm den Namen »Papistomastix« ein. H. ragt auch als klassischer Philologe und Patristiker hervor.

H. edierte u. übersetzte Philo u. Origenes, vf. u.a.: Jesuitismi pars prima, 1581. - Über H.: DNB (Neudr. 1949/50) X, 245ff. *M.Schmidt*

Hundeshagen, *Karl Bernhard* (1810-72), * in Friedewald (Hessen), studierte in Gießen und Halle (Thilo, → Ullmann), wurde 1831 PDoz. in Gießen (KG, DG), 1834 ao., 1845 o. Prof. in → Bern; seit 1847 in → Heidelberg (NT, KG), wirkte H. im Sinne der badischen → Union. 1867 ging H. nach → Bonn. Im Interesse einer selbständigen sozialen Stellung der ev. Kirche erstrebte er die Trennung von Kirche und Staat und rief die kirchlichen Kreise zur Abkehr von der politischen Reaktion und den Liberalismus zur Überwindung eines rationalistisch-subjektiven Protestantismus auf; er verteidigte die freie Schriftforschung, in Rechts- und Verfassungsfragen die legitime Autorität von Synode und Kirchenleitung, trat für die Rechtsbeständigkeit des reformatorischen Bekenntnisses und für die → Innere Mission ein. H.s Betonung des institutionellen, sozialen und rechtlichen Faktors in der KG (u.a. »Beiträge zur Kirchenverfassungsgeschichte und Kirchenpolitik insbesondere des Protestantismus« I, 1864) und seine Forschungen zu → Calvin und → Zwingli sind noch heute beachtlich.

Vf. u.a.: Der dt. Protestantismus..., (anonym 1847) 1850³; Ausgew. kleinere Schriften u. Abh.en, hg.v. TH.CHRISTLIEB, 2 Bde, 1874f (Bibliogr.). - Über H.: TH.CHRISTLIEB, K.B.H., 1873 - E. RIEHM, Zur Erinnerung an C.B.H. (ThStKr 47, 1874, 7-104) - ADB XIII, 406ff - RE VIII, 450ff (Lit.) - A.HAUSRATH, R.Rothe... II, 1906, 212ff. 231ff u.ö. - RGG¹ III, 200f - HERMELINK II, 477ff - C.WEIHRAUCH, Der »dt. Theologe« K.B.H. (Theol. Diss. Halle), 1959 (Masch.). *E.H.Pältz*

Hunn(ius), *Aegidius* (1550-1603), aus Winnenden/Württ. stammender luth. Theologe, 1576 Prof. in Marburg, 1592 in Wittenberg, einer der führenden Geister des deutschen Luthertums in der Zeit unmittelbar nach dessen Einigung in → Konkordienformel und → Konkordienbuch. In Marburg kämpfte er für Einführung des Konkordienbuches und Bekenntnis zur Luther-Brenzschen Ubiquitätslehre (→ Abendmahl: II, 3a), womit er die Trennung → Hessens in einen luth. Süden und einen ref. Norden vorbereitete. In Wittenberg verfocht er gegen D. → Hoffmann den Neuaristotelismus der luth. → Orthodoxie und gegen den Universalismus S.

→ Hubers die luth. Prädestinationslehre, erweichte diese aber im Sinne eines präszientistischen Verständnisses der → Prädestination (: III). Er wirkte mit bei der Niederschlagung der zweiten kryptocalvinistischen Welle in Sachsen (1592). Polemisch setzte er sich mit → Gretser und anderen Jesuiten auseinander (Regensburger Religionsgespräch von 1601). Theologiegeschichtlich hat er Bedeutung gewonnen für die Entwicklung der Lehren von der Prädestination (s.o.), von der Hl. Schrift und deren → Inspiration (: II) und von der → Kirche (: III; sichtbare und unsichtbare Kirche; → Hütter).

Vf. u.a.: Confessio... von der Person Christi, 1577 (gedr. 1609); Libelli IV de persona Christi, 1585; Calvinus iudaizans, 1593; Bibl. Kommentare. - Ausg. d. lat. Schriften v. H.Gartius, 1607-09. - Über H.: RE VIII, 455ff - Ritschl I. IV, passim - W.Herbst, Das Regensburger Religionsgespräch v. 1601, 1928 - Elert, ML I, passim - H.H.Weissgerber, A.H. in Marburg (Jb. d. hess. kirchengesch. Vereinigung 6, 1955, 1-89). F.Lau

2. *Nikolaus* (1585-1643), Sohn von 1, * in Marburg, 1612-17 Eilenburger Sup., 1617-23 Wittenberger Theologie-Prof., 1623 Pastor Marianus in Lübeck, 1624 Sup. der luth. Metropole, ausgezeichnet durch theologische Bildung und Vollmacht zur Kirchenleitung. Große Sorge widmete er der christlichen Jugend- und Volksunterweisung (Plan zur Anstellung eines Stadt-Katecheten). In Büchern für den gemeindlichen Gebrauch verwandte er noch die niederdeutsche → Kirchensprache. Seine Laiendogmatik (Epitome credendorum, 1625 u.ö.) hat sein Jh. überlebt. Gegen den Rat verteidigte er das »regimen ecclesiasticum« seines → Ministeriums; in den großen Katechismuspredigten geißelte er mutig Lübekker Mißstände. Mit der Intoleranz der Zeit bekämpfte er Sozinianer, Katholiken, »Fanatiker« (Anhänger → Weigels, → Böhmes u.a.) und vor allem Reformierte in theologisch wohl fundierten Gutachten und Schriften. Der *Überwindung* der Religionsstreitigkeiten galt sein Plan einer kontroverstheologischen luth. Akademie, den 1670-72 noch → Ernst I. von Gotha verwirklichen wollte. - Zur Neubegründung des »ministerium tripolitanum« durch H. s. → Lübeck: II.

C.H.Starck, Lübeckische Kirchenhistorie I, 1724, 717ff - L.Heller, N.H. Sein Leben u. Wirken, 1843 - RE VIII, 459ff - Ritschl IV, 306ff - RGG² II, 2051 - H.Leube, Calvinismus u. Luthertum I, 1928, 139ff - W.Jannasch, Gesch. des luth. Gottesdienstes in Lübeck... 1522-1633, 1928, 152ff. W.Jannasch

Huschke, *Eduard* (1801-86), Jurist, * Hannoversch-Münden, 1821 PDoz. in Göttingen, 1824 Prof. in Rostock, 1827 in Breslau, führte dort nach Amtsenthebung → Scheibels die Opposition gegen die preußische Union. 1845 wurde er Direktor des Oberkirchenkollegiums der Altluth. Kirche (→ Luthertum: III), deren Gründung er als »2. Periode seit der Reformation« ansah. H. ist Schöpfer der altluth. Kirchenverfassung, die in ihren Grundzügen bis heute gilt. Entgegen → Mejer und Münkel bejahte er die Frage, ob eine vom Staat unabhängige Kirche ein »Kirchenregiment« einsetzen könne. Die Autorität der Kirche erfordere eine Verfassung »von oben« und nicht in demokratischer Weise »von unten«. Diese müsse das reine Bekenntnis sichern, dürfe andererseits nicht durch »zu Vielerlei« das Leben der Gemeinde hemmen, die, von Pastor und Vorstehern »regiert«, Grundbestandteil der Verfassung sei. Anstelle der Konsistorien trat das Oberkirchenkollegium, das der Generalsynode verantwortlich ist.

Vf. u.a.: Die streitigen Lehren von der Kirche, dem Kirchenamt, dem Kirchenregiment u. den Kirchenordnungen, 1863; Letztes Wort über die Ehescheidungsfrage, 1875. - Über H.: H.Steffens, Was ich erlebte X, 1844, 198ff - ADB 50, 513ff - RE VIII, 467ff - G. Froböss, Drei Lutheraner an der Univ. Breslau, 1911 - A.Schnieber, G. Ph.E.H., 1927 - H.Beyer, Der Breslauer Jurist Ph.E.H. u. die Grundprobleme einer luth. Kirchenverfassung (HJ 77 [Festschr. B.Altaner], 1958, 270-297). G.Sprengler

Huß, *Johann* (ca 1369-1415), und die *Hussiten*

1. H., nach seinem Geburtsort Husinec (Südböhmen) genannt, war zunächst Sängerknabe und studierte dann in Prag bei Albert Ranconis und Stanislaus von Znaim. Er wurde 1400 Priester, 1401 Dekan der philosophischen Fakultät, 1402 Prediger an der 1391 gestifteten Bethlehemskapelle. Schon damals galt er als Wortführer der Tschechen. Groß war sein Ansehen als Reform- und Synodalprediger. H.' Lehre und pastorale Tätigkeit basierte auf den Lehren John → Wiclifs, dessen Schriften infolge der geistigen und politischen Verbindung von Prag und London nach Böhmen gekommen waren und schon damals bekämpft wurden. König Wenzel schützte die tschechischen Vertreter, bes. H., da er aus staatspolitischen Gründen eine Unterordnung des Klerus wünschte. H. war neben Nikolaus Augustini Initiator des Kuttenberger Dekrets vom 19.1.1409, wodurch die böhmische Nation an der Universität → Prag 3 Stimmen erhielt, den übrigen Nationen aber nur 1 Stimme belassen wurde. Zum Dank wurde H. 1409 Rektor der Universität. 1410 wurden alle Bücher Wiclifs auf Befehl des Erzbischofs verbrannt. H. wurde gebannt, seine Predigttätigkeit untersagt. König, Adel und Volk standen zu ihm; er selbst fühlte sich nur zum geistlichen Gehorsam verpflichtet. Anhänger waldensischer Lehren suchten in Prag Schutz und bestärkten H. Er predigte gegen die Ablaß- und Kreuzzugsbulle Papst → Johanns (XXIII.) gegen Ladislaus von Neapel. Das Volk verbrannte die päpstliche Bulle. H.' eifrigste Freunde waren die Magister → Hieronymus von Prag und → Jakob von Mies. H. sollte dem Erzbischof ausgeliefert werden, flüchtete aber nach Südböhmen und schrieb auf einer Burg in der Nähe von Ustí sein Buch »De ecclesia«, unter zT wörtlicher Übernahme der Wiclifschen Lehre. → Kirche (: III) ist für H. nur die Versammlung der Prädestinierten, der eigentliche mystische Leib des Herrn, dessen Haupt nur Christus ist. Seine einstigen Verteidiger, die Magister Stanislaus von Znaim und Stephan Paletsch, ließen jetzt H. fallen. Ende Okt. 1414 stellte sich H., der schon 1412 an ein allgemeines Konzil appelliert hatte, im Bewußtsein seiner Rechtgläubigkeit dem Konzil in Konstanz. Entgegen den Versicherungen des Geleitbriefes König Sigismunds wurde er schon Ende Nov. eingekerkert. Seine Hauptankläger waren → Petrus von Ailli und Johannes → Gerson sowie seine Landsleute Stephan Paletsch und Michael de Causis. Am 4.5.1415 wurde das Urteil über Wiclif gefällt; von H. verlangte man Widerruf, den er ablehnte. Am 6.7.1415 erfolgte seine Verbrennung vor der Stadt. H. starb aufrecht, für seine Gegner betend und Christus und Maria anrufend.

2. Sigismund und Rom galten als die Mörder des religiösen und nationalen Führers des tschechischen Volkes. Der Landtag protestierte gegen H.' Feuertod. Eine gemäßigte adlig-bürgerliche Gruppe (*Calixtiner* oder *Utraquisten* [Kelchler, Abendmahl sub utraque]), der 1421 auch der Erzbischof beitrat, wollte die Bindung mit Rom aufrechterhalten; die radikale sektiererische Richtung *(Taboriten)* lehnte die kath. Kirche rundweg ab. Als nach Wenzels Tod Papst → Martin V. am 1.3.1420 die Kreuzzugsbulle gegen die Ketzer in Böhmen erließ, begann der offene, organisierte Kampf gegen den besitzenden Klerus, die Klöster, die Katholiken und Deutschen. Das unter dem Oberbefehl von Jan Žižka von Trocnov († 11.10. 1424) stehende, mit religiösem Fanatismus kämpfende Heer schlug die deutschen Kreuzfahrer in mehreren Schlachten in Böhmen. Seit 1427 eröffneten die Hussiten

(unter Prokop d.Ä.) sogar die Offensive, unternahmen Vernichtungszüge nach Bayern, Sachsen, Österreich und Brandenburg. Die von ihnen gegründete Stadt Tabor wurde Symbol und Losung. Sie verbreiteten das Gottesreich mit Gewalt, nur das AT galt für sie als Lebensnorm, sie verwarfen alle kirchlichen Einrichtungen und jede Hierarchie und lebten in Gütergemeinschaft. Die von den Calixtinern (Jan → Rokycana) 1420 aufgestellten 4 Prager Artikel (freie Predigt, Abendmahl mit Kelch, Ausrottung der Todsünder durch die Obrigkeit, besitzloses Leben der Geistlichen) bildeten 1432 die Grundlage für die Verhandlungen des Basler Konzils (→ Reformkonzile) mit den gemäßigten Hussiten. Nach deren Siege über die Taboriten bei Lipan (30. 5.1434) kam es zu einer Einigung in den Prager Kompaktaten (1437). Pius II. hob 1452 die Kompaktaten wieder auf. Von den Utraquisten schied sich 1467 die → Brüderunität (: I). In der Reformation, in der Zeit der tschechischen Emigration im 17./18.Jh. und in der 1920 begründeten tschechoslowakischen Nationalkirche (→ Tschechoslowakei) lebte die hussitische Tradition weiter. Während noch im 19.Jh. der Hussitismus eine rein religiöse und nationale Frage (Palacký) war, bekennen sich heute die Tschechen zur revolutionären, kommunistischen Tradition des Hussitismus.

Zu 1: F.Palacký, Documenta Mag. Joannis H., Prag 1869 - Opera omnia, hg.v. V.Flajšhans, 1903-08. - Über H.: J.Loserth, H. u. Wiclif, (1884) 1925² - RE VIII, 472ff; XXIII, 663f - J.M. Sedlák, J.H., 1915 - K.Kaspar, H. u. die Früchte seiner Wirksamkeit, 1929 - J.Kvačala, H. u. sein Werk (Jb. f. d. Kultur u. Gesch. d. Slawen NF 8, 1932, 58-82. 121-142) - O.Odložilík, Wiclif and Bohemia, 1932 - E.Winter, Tausend Jahre Geisteskampf, (1938) 1955 - M.Vischer, J.H., 2 Bde, (1940) 1955 - M.Spinka, John H. and the Czech Reform, 1941 - B.Ryba, Nový H., 1948 - F.M.Bartoš, Literarní činnost M.Jana Husi, 1948 - S.H.Thomson, Tractatus de Ecclesia, 1956.

Zu 2: K.v.Höfler, Geschichtsschreiber d. huss. Bewegung (Font. rer. Austr. II. IV), 1856/66 - F.Palacký, Beitr. zur Gesch. d. Hussiten, 2 Bde, 1872/74 - F.v.Bezold, König Sigmund u. d. Reichskriege gegen die Hussiten, 3 Bde, 1872-77 - Ders., Zur Gesch. d. Hussitismus, 1874 - J.Loserth, Beitr. zur Gesch. d. huss. Bewegung, 5 Bde, 1877-95 - H.Denis, Hus et la Guerre des Hussites, 1878 - J.Pekař, Žižka a jeho doba, 3 Bde, 1928-30 - F.M.Bartoš, Husitství a cizina, 1931 - K.Krofta, Žižka a husitské revoluce, 1936 - D.Menclová, Husitské opevnění Tábora, 1953 - G.Revzin, Jan Žižka (1370-1424), 1954 - J.Durdík, Husitské vojenství, 1954 - F.Kavka, Husitská revoluční tradice, 1954 - Zd.Nejedlý, Dějiny husitské zpěvu. Jan Hus, 1955 - G.Heymann, John Žižka and the Hussite Revolution, Princeton 1955 - J.Macek, Die huss. revolutionäre Bewegung, 1958 (Lit.).

J.Hemmerle

Hussen, *Tilemann von* (van; ca 1497-1551), * im Clevischen. Nach Studium in Löwen und Wittenberg wirkte H. neben → Bugenhagen an der Universität → Kopenhagen als Prof. der Theologie (Rektor 1539 bis 1541) und wurde 1542 Bischof von → Schleswig.

O.F.Arends, Gejstligheden i Slesvig og Holsten fra Reformationen til 1864, Kopenhagen 1932, I, 370f (Lit.) - Dansk Biografisk Leksikon XI, 1937, 13f - E.Feddersen, KG Schleswig-Holsteins II, 1938, 91. 103. 114ff - W.Jensen, Der Abschluß der Reformation in Schleswig-Holstein (Zs. d. Gesellschaft f. Schl.-Holst. Gesch. 70/71), 1943 - J.Skovgaard, Slesvig Bispedømme 948-1791 (Slesvigs delte Bispedømme, Festskrift, Kopenhagen 1949, 54-56). *W.Göbell*

Husserl, *Edmund* (1859-1938), 1887 PDoz. in Halle, 1901 ao. Prof., 1906 o. Prof. in Göttingen, 1916 in Freiburg, seit 1928 emeritiert. - H., ursprünglich Mathematiker, wurde bei der Bemühung um die Klärung der logischen Grundlagen der Arithmetik auf prinzipielle logische und erkenntnistheoretische Fragen geführt (→ Logik, → Erkenntnistheorie). Der Niederschlag dieser ersten Forschungen sind die berühmt gewordenen »Logischen Untersuchungen« (1900/01), in denen H. den Bereich des Logischen als Bereich idealer, evident einsichtiger Gesetzmäßigkeiten von vorherrschenden Mißdeutungen durch → Psychologismus und → Empirismus befreit. Die Untersuchungen über Satzbedeutung, Evidenz und Wahrheit, sinnliche und »kategoriale« → Anschauung zeigen bereits die - durch F. → Brentanos Entdeckung der Intentionalität des → Bewußtseins angeregte - für alles spätere Forschen H.s charakteristische korrelative Betrachtungsweise von Bewußtseins-Akt und -Gegenstand mit dem Ziel einer erkenntnistheoretischen Aufklärung der gegenständlichen Welt durch beschreibende Analyse der Bewußtseinserlebnisse, in denen sie uns gegeben ist (→ Phänomenologie). H. erblickt in diesem Verfahren die universelle Methode aller → Philosophie und die Möglichkeit, diese endlich als »strenge Wissenschaft« zu etablieren. Der Grundgedanke (zuerst 1913 in den »Ideen zu einer reinen Phänomenologie usw« vorgelegt) ist, daß »die ganze *räumlich-zeitliche Welt... ihrem Sinne nach bloßes intentionales Sein*« ist, »also ein solches, das den bloßen sekundären, relativen Sinn eines Seins *für* ein Bewußtsein hat« (III, 117). Demgegenüber ist die Domäne des Bewußtseins, in und durch dessen intentionale Leistung die Welt der seienden Dinge uns zur Gegebenheit kommt, absolutes, unbezweifelbares → Sein. Entsprechend ist die rein deskriptive, evidente Wesensstrukturen aufdeckende Erforschung der Intentionalität Gegenstand einer strengen und universalen, allen übrigen Wissenschaften vorausliegenden und deren Fundamente klärenden Wissenschaft - eben der (phänomenologischen) Philosophie. H. formuliert den sein ganzes Werk in ständiger Variation durchziehenden Gedanken, daß alles (reale oder ideale) Seiende relativ auf Bewußtsein ist, immer häufiger auch als den Gedanken, daß die Bewußtseinserlebnisse *konstitutiv* sind für das in ihnen gegebene Seiende. So wird die »transzendentale« (dh die Bedingungen der Möglichkeit von Gegenständen und unserer Erfahrung von ihnen untersuchende) Phänomenologie zum transzendentalen Idealismus. Ihr wird »jede Art Seiendes selbst, reales und ideales, verständlich als eben in dieser Leistung konstituiertes *Gebilde* der transzendentalen Subjektivität« (I, 118). H. weist indessen ausdrücklich die traditionelle Mißdeutung ab, nach der sein Idealismus etwa eine Leugnung der realen Außenwelt bedeute. Die Phänomenologie tut »hinsichtlich der objektiven Welt der Realitäten... nichts anderes... als den *Sinn auslegen, den diese Welt für uns alle vor jedem Philosophieren* und offenbar nur aus unserer Erfahrung hat« (I, 177). - Die umfangreichen Einzelanalysen H.s gelten der Konstitution der raumzeitlichen Welt, der logischen Gebilde, der eigenen wie der fremden Personalität. Wie seine phänomenologische Betrachtungsweise es nahelegt, beschreibt H. das Welt erlebende Ich im Anklang an → Leibniz als Monade, in der sich zunächst die (meine) Welt als Zusammenhang des von mir Wahrgenommenen, Gedachten, Begehrten usw konstituiert, dann aber auch die Mitpersonen als andere, ihrerseits Welt konstituierende Iche. »Daß die Anderen sich in mir als Andere konstituieren, ist die einzig denkbare Weise, wie sie als seiende und soseiende für mich Geltung haben können.« Freilich sind sie konstituiert als »Monaden, für sich selbst genauso seiend, wie ich für mich bin« (I, 156f). H.s Phänomenologie führt so zu einer sehr eigen gearteten Monadologie. - Über die starken Wirkungen der Philosophie H.s vgl. → Phänomenologie; s. auch → Intention.

GesW, »Husserliana«, bisher 7 Bde (Leitung: H.L.van Breda), Haag 1950ff. Einzelne Schriften u.a.: Philosophie der Arithmetik, 1891; Logische Unters.en, (1900/01) 1922³; Philosophie als strenge Wissenschaft (Logos 1, 1910, 289-341); Ideen zu einer reinen Phänomenologie u. phänomenolog. Philosophie, 1913 (= Bd III der Husserliana, 1950); Formale u. transzendentale Logik, 1929; Meditations Cartésiennes, 1931 (im Original = Bd I der Husserliana, 1950); Erfahrung u. Urteil (red. u. hg.v. L.Landgrebe), 1948. - Über H.: Th.Celms, Der phänomenolog. Idealismus H.s, Riga 1928 - O.Becker, Die Philosophie E.H.s (Kant-Studien 35, 1930, 119-150) - E.Fink, Die phänomenolog. Philosophie E.H.s in der gegenwärtigen Kritik (ebd 38, 1933, 319-383) - A.Diemer, E.H., Versuch einer systemat. Darstellung seiner Philosophie, 1956 (Lit.) - W.H.Müller, Die Philosophie E.H.s, 1956 (Lit.) - Th.W.Adorno, Zur Metakritik der Erkenntnistheorie, 1956 - H.U.Asemissen, Strukturanalytische Probleme der Wahrnehmung in der Phänomenologie H.s, 1957 - D.Henrich, Über die Grundlagen von H.s Kritik der philos. Tradition (PhR 6, 1958, 1-26). *H.Delius*

Hut, *Hans* (ca 1490-1527), * zu Hain bei Römhild in Franken. In seiner Heimat als Küster, Buchbinder und Buchführer tätig, stand er noch nach der Schlacht bei Frankenhausen (→ Bauernkrieg, 2) unter dem Einfluß Thomas → Müntzers und wurde erst durch Hans → Denck, der ihn im Mai 1526 in Augsburg taufte, zum widerstandslosen Täufertum bekehrt (→ Täufer). Im Streitgespräch mit Balthasar → Hubmaier Frühjahr 1527 in Nikolsburg unterlag er; dem Gefangenen gelang die Flucht. In Wien, Melk, Steyr, Freistadt Linz, Wels gewann er zahlreiche Anhänger. Seine Predigt enthielt stark chiliastische Elemente. Unter H.s Leitung stand die Märtyrersynode in Augsburg Aug. 1527. Im Sept. ebd gefangengenommen, ging er im Kerker zugrunde, als der Strohsack in seiner Zelle Feuer fing.

Chr.Meyer, Die Anfänge des Wiedertäuferthums in Augsburg (Zs. d. Histor. Vereins f. Schwaben u. Neuburg 1, 1874, 207-253) - W.Wiswedel, Bilder u. Führergestalten aus d. Täufertum I, 1928, 125ff - Mennon. Lexikon II, 1931, 370ff (Lit.) - Qu. zur Gesch. d. Täufer II. III. V (QFRG 16, 20, 23), 1934-51 - G.Mecenseffy, Die Herkunft d. oberösterreich. Täufertums (ARG 47, 1956, 252-259) - The Mennonite Encycl. II, 1956, 846ff - J.F.G.Goeters, Ludwig Hätzer (QFRG 25), 1957. *G.Mecenseffy*

Hutchinson, *John* (1674-1737), englischer theologischer Denker und Schriftsteller, Haushofmeister des Herzogs von Somerset, der ihm eine Sinekure verschaffte und so die Möglichkeit zu seinen Studien bot (Naturwissenschaften und Hebräisch). 1724 veröffentlichte H. den 1. Bd seiner »Mose's Principia«, worin er gegen → Newtons »Principia« die biblische Kosmogonie verteidigte. Im 2. Bd (1727) vertrat er eine Lehre von der Trinität als Luft, Feuer und Licht. Alle wahre Religion, alle vernünftige Philosophie und das Beste in Geistes- und Naturwissenschaft seien in der Bibel enthalten. Das Hebräische sei mißverstanden worden, weil seine Vokalisation auf jüdischer Fälschung beruhe; ohne sie lasse sich Wahrheit und mystische Bedeutung des AT erkennen. Einflußreiche Männer, zumal die Bischöfe G.Horne und S.Horsley sowie W.Jones von Nayland, neigten den Theorien H.s zu.

Werke hg.v. R.Spearman u. J.Bate, 12 Bde, London 1748/49; im Auszug v. R.Spearman, 1753. - Biogr. v. R.Spearman, 1760, auch als Bd 13 der Werke, 1765 - DNB XXVIII, 342f. *W.G.Robinson*

Huter, *Jakob* († 1536), * in Moos bei St.Lorenzen unweit Bruneck im Pustertal, wurde nach dem Tode Jörg Blaurocks Führer und Organisator des Tiroler Täufertums (→ Täufer). 1529 stand er der kleinen Täufergemeinde in Welsperg (Pustertal) vor. Um der Verfolgung in Tirol zu entgehen, suchte er für seine Anhänger 1529 Zuflucht in Mähren, wo in Austerlitz bereits eine auf urchristlich-kommunistischer Grundlage gebildete Täufergemeinde bestand. 1533-35 schuf H. in Mähren die Wirtschaftsorganisation der sog. Haushaben oder Bruderhöfe. In seiner Abwesenheit stärkte er die Gemeinden durch Sendschreiben. Ende 1535 in Klausen (Tirol) gefangengenommen und nach Innsbruck gebracht, blieb er trotz grausamster Folter ungebrochen und erlitt am 25.2.1536 den Flammentod. - H.s Werk lebt bis zum heutigen Tage. Die blühenden mährischen Gemeinden wurden 1622 durch die Gegenreformation zur Abwanderung nach Oberungarn, dann Siebenbürgen gezwungen, wo sie nach Zuwachs aus Kärnten nach Rußland auswichen. 1874 zogen sie nach Amerika, wo heute in Montana, Süddakota und Kanada 120 Bruderhöfe mit ca 10 000 Seelen bestehen. Andere kamen von Deutschland über England nach Paraguay.

C.H.Smith, The Story of the Mennonites, (1920) 1950³ - Mennon. Lex. II, 1931, 375ff (Lit.) - L.Müller, Glaubenszeugnisse oberdt. Taufgesinnter (QFRG 20), 1938 - A.J.F.Zieglschmid, Das Klein-Geschichtsbuch d. Hutterischen Brüder, 1947 - E.Widmoser, Das Tiroler Täufertum (Tiroler Heimat 15, 1951, 45-90; 16, 1952, 103 bis 128) - The Mennon. Encycl. II, 1956, 851ff. 854ff - H.Fischer, J.H. (Mennon. Series 4), 1956. *G.Mecenseffy*

Hutten, *Ulrich von* (21.4.1488 bis 29.8.1523), * als Sohn einer reichsritterlichen fränkischen Familie auf der Burg Steckelberg. 1505 entwich er aus der Klosterschule Fulda und war bis 1511 ein wandernder Student. Es gelang ihm, sich zu einem der führenden lateinischen Poeten Deutschlands emporzubilden. In Wien kam er unter den Einfluß des nationalgesinnten → Humanismus. Während seiner italienischen Studienjahre erweckten die Kämpfe Maximilians und Julius II. die Anfänge seiner antipäpstlichen Publizistik. Seit seinen Begegnungen mit → Erasmus 1514/15 wurde H. zugleich zum eifrigen Propagandisten einer moralischen Kirchenreform. Das Ziel seines Strebens lag aber nicht in der universalen Kirche, sondern im nationalen Reich. Vor allem hoffte H., die Reform nicht nur durch Überredung, sondern auch durch Kampf vorantreiben zu können. Leidenschaftlich kämpfte er sogleich gegen die deutschen Dominikaner, die → Reuchlin wegen seines Eintretens für die Erhaltung jüdischer Schriften verfolgten. Gemeinsam mit → Crotus Rubeanus plante er die → Epistolae Virorum Obscurorum und verfaßte einen großen Teil dieser Briefe. - 1517 wurde H. von Kaiser Maximilian zum poeta laureatus gekrönt und fand eine Anstellung am Hofe → Albrechts von Mainz. Es folgten neue, schärfere Angriffe gegen Rom in literarischen Dialogen und die Herausgabe mittelalterlicher Streitschriften und der → Konstantinischen Schenkung des Laurentius → Valla (1519-20). Nach der Leipziger Disputation sah H. in → Luther die größte Kraft für eine Befreiung von Rom und nahm mit ihm Verbindung auf, ohne selbst Lutheraner zu werden. Doch hat Luther in seiner Programmschrift »An den christlichen Adel« einige Einzelheiten aus H.s Publikationen übernommen. - Die Kurie entschloß sich, gegen H. vorzugehen; er mußte bei Franz von → Sickingen auf der Ebernburg Zuflucht suchen. Luthers deutsche Flugschriften bestimmten ihn, jetzt deutsch zu schreiben: H. wurde nächst Luther der wortmächtigste deutsche Schriftsteller seiner Zeit, als Lyriker die wichtigste Erscheinung zwischen Walther von der Vogelweide und der deutschen → Klassik (Fr.Gundolf). Das Wormser Edikt veranlaßte H., mit dem Kaiser zu brechen und seinen eigenen »Pfaffenkrieg« zu eröffnen. Durch Fehden gegen römische Priester versuchte er, das Land zum Aufruhr gegen die Geistlichkeit zu bringen. Der Versuch scheiterte. Krankheit verhinderte H., am Kriegszug Sickingens gegen das Trierer Erzstift im Herbst 1522 teilzunehmen; nach Sickingens Tode nahm sich Zwingli des Flüchtlings an. Auf der Insel Ufenau im Zürcher See, wo er den Rat des heilkundigen Pfarrers suchte, ist H. gestorben. Kurz davor hatte er noch seine »Expostulatio« vollendet, in der er Erasmus wegen Verleugnung Luthers und der Reform öffentlich anklagte. Aus dem Nachlaß erschien 1529 der Dialog »Arminius«, mit dem H. dem deutschen Nationalgefühl der neueren Jh.e ein bedeutendes Symbol geschaffen hat.

Opera hg.v. E.Böcking, 5 Bde, 1859-62. Wichtigste Ergänzung: S.Szamatólski, U.v.H.s dt. Schriften, 1891. - Das Bild H.s ist immer noch stark beeinflußt durch die literarisch eindrucksvolle H.-Biogr. von D.Fr.Strauss, (1858) 1871[2], Neuausg. v. O.Clemen, (1914) 1938[2]. Als hist. Deutung ist diese Biogr. unhaltbar. Dasselbe gilt von dem Versuch von P.Kalkoff (U.v.H. u. die Entscheidungsjahre der Reformation, 1920; U.v.H.s Vagantenzeit u. Untergang, 1925), H.s Persönlichkeit u. seinen hist. Einfluß völlig negativ zu bewerten. Vgl. W.Kaegi, H. u. Erasmus (HV 22, 1925, 200-278. 461-514). - Ferner: P.Held, U.v.H., seine religiös-geistige Auseinandersetzung mit Katholizismus, Humanismus, Reformation, 1928 - F.Walser, Die polit. Entwicklung U.v.H.s während der Entscheidungsjahre der Reformation, 1928 - H.Holborn, U.v.H., 1929; erw. Ausg.: U.v.H. and the German Reformation, 1937 - Schl. 9157-9301. 47021 bis 47042 c. *H.Holborn*

Hutter, *Elias* (1553-1605/09), * in Görlitz, † in Augsburg oder Frankfurt, lehrte seit 1577 vorübergehend Hebräisch in Leipzig und Dresden, widmete sich in verschiedenen Orten vor allem der Herstellung biblischer → Polyglotten. Seine Bibelausgaben und hebräischen Sprachstudien haben heute nur noch bibliographischen Wert.

Vf. u.a.: sog. Hamburger Polyglotte, 1587ff; Nürnberger Polyglotte, 1599f. - Bibliogr.: J.Moller, Cimbria literata II, 1744, 392ff. - Über H.: ADB XIII, 475f - RE III, 102; VIII, 496f (Lit.); XV, 533f. *U.Becker*

Hutterus (Hutter, Leonhard) → Hütter.

Huysmans, *Joris-Karl* (1848-1907), franz. Romancier, Schüler → Zolas, schrieb zunächst naturalistische Romane (»Marthe, histoire d'une fille«, 1876), erkannte aber bald ihre Klischeehaftigkeit und gab der dichterischen Phantasie wieder freies Feld in »A Rebours« (1884), in dem ein absolut unalltägliches Leben dargestellt wird. Auf der Suche nach dem Außergewöhnlichen stieß er auf den → Okkultismus, der ihn nicht befriedigte, aber vom Materialismus löste. H.s Liebe zur sakralen Kunst brachte ihn dem Katholizismus nahe, und er konvertierte (»En route«, 1895). Seine Werke sind nunmehr kaum noch romanhaft und beschäftigen sich mit der Gotik (»La cathédrale«, 1898), mit der Liturgie (»L'Oblat«, 1903), mit der Mystik als Individual- oder Kollektiverlebnis (»Ste Lydwine de Schiedam«, 1901; »Les Foules de Lourdes«, 1906).

P.Cogny, J.-K.H., à la recherche de l'unité, 1953 - R.Baldick, Life of J.-K.H., 1955 (franz. NB mit Lit., 1958). *E.Jarno*

Hybris. Der Begriff der H. (Überheblichkeit, anmaßende Selbstbehauptung) spielt zusammen mit seinem Gegenbegriff *Nemesis* (gerechter Unwille) im volkstümlichen Denken und der Moral der Griechen eine große Rolle, bes. in der archaischen und frühklassischen Zeit. Bei Homer bezieht sich die H. nur auf die soziale Stellung, etwa eine Herausforderung gegen die Fürsten, die u.U. göttliche Strafe nach sich ziehen kann. Später wurde die H. immer mehr als Beleidigung der Götter par excellence aufgefaßt, als eine Überschreitung der Menschen und Götter trennenden Grenzen in Wort, Gedanken oder Tat. Für Theognis ist sie das »Urübel« (πρῶτον κακόν, 151 var. lect.), für die homerische Hymne an Apoll der feststehende Brauch (θέμις, 541) der Menschheit. Gemäß der typischen »Genealogie« (vgl. Solon 5, 9f; Theognis 153f) erzeugt der Wohlstand (ὄλβος) Übersättigung (κόρος), diese wiederum H., die ihrerseits Verblendung (ἄτη) zur Folge hat. Aischylos (Agamemnon 750ff) behauptet dagegen, daß nicht der Wohlstand als solcher, sondern die H. alle weitere Sünde erzeugt und so ins unvermeidliche Verderben führt. - Eng verbunden mit dem Vorstellungskreis von der H. ist die ethisch nicht so hochstehende Auffassung vom *Neid der Götter* (φθόνος θεῶν), der dem Menschen seinen übergroßen Erfolg nicht gönnt und ihn deshalb entweder direkt oder durch den Reiz zur H. ins Verderben bringt. Diese Lehre spiegelt die tiefempfundene Ungesichertheit des Menschen wider und zeigt in ihrer gröbsten Form - wie das Wort »Neid« beweist - die Götter als völlig amoralische Wesen, die launisch über Gut und Böse verfügen und über ihren Vorrang eifersüchtig wachen (vgl. Herodot VII, 10 ε). Aber der Gedanke konnte auch ethisch gewendet und entweder mit der Nemesis oder mit dem geheimen Wirken der göttlichen Vorsehung gleichgesetzt werden, die böse Menschen sich ihren Untergang selbst bereiten läßt und so die Herrschaft der göttlichen Gerechtigkeit begründet. In dieser entwickelten Form liegt der Gedanke den Erzählungen Herodots weithin zugrunde.

K.Lehrs, Vorstellung der Griechen über den Neid der Götter u. die Überhebung (in: Populäre Aufs...., [1856] 1875[2], 33-74) - K.Latte, Schuld u. Sühne in der griech. Religion (ARW 20, 1920/1921, 254-298) - S.Ranulf, The Jealousy of the Gods and Criminal Law at Athens, 2 Bde, (dän. 1930) London 1933/34 - M.P.Nilsson, Gesch. der griech. Religion I, (1941) 1955[2], 734ff - C.del Grande, H., Colpa e castigo nell'espressione poetica e letteraria etc, Neapel 1947 - E.R.Dodds, The Greeks and the Irrational, Berkeley-Los Angeles, 1951, Kap. 2. *F.R.Walton*

Hyginus, 1. *C. Julius* (ca 64 vChr bis 17 nChr), Freigelassener und Bibliothekar von Augustus, Schüler des Alexander Polyhistor, Freund Ovids. Seine Werke sind alle verloren und nur titelmäßig durch antike Zeugen bekannt. Neben einem Werk über die Landwirtschaft verfaßte H. einen Kommentar zu → Vergil, vor allem aber historisch-antiquarische Werke (de familiis Troianis; de origine et situ urbium Italicarum; de vita rebusque illustrium virorum; exempla), und bearbeitete religionsgeschichtliche Themen (de proprietatibus deorum; de dis penatibus). - Von ihm zu unterscheiden ist ein wohl aus Alexandrien stammender H., der ins 2.Jh. nChr gehört. Seine »Genealogien« sind ein Handbuch der Mythologie, das aus griech. Vorlagen schöpft, später aber durch einen des Griechischen Unkundigen erweitert und entstellt wurde. Seit dem Erstdruck, der auf Grund einer verlorenen Hs. in Basel 1535 erfolgte, wird das Werk als »Fabulae« zitiert. Es stellt eine wichtige Quelle antiker Bildungsstoffe, bes. der antiken Tragödie dar, aus der auch Dichter wie Schiller und Goethe geschöpft haben. Derselbe H. verfaßte ferner ein Handbuch der Astronomie, das ebenfalls als Materialsammlung gedacht war.

Text: H.J.Rose, Hygini Fabulae, Amsterdam 1934 (mit Kommentar). - Über H.: PW X, 628ff. *C.Andresen*

2. *Papst* ca 138-142 (Chronologie unsicher), Nachfolger des → Telesphorus, wohl Athener. Die Dekretalen unter seinem Namen sind unecht.

Liber Pontificalis I, 13 - A.Harnack, Gesch. der altchristl. Litt. II/1, 1897, 144f - RE VIII, 500f - DThC VII, 356f - LThK V, 20. *U.Treu*

Hyksos nennt man, Josephus (nach Manetho, → Ägypten: III) folgend, die fremdstämmigen Herrscher, die in → Ägypten (: I, 5) als 15. Dynastie (sechs »große« H.) und 16. Dynastie (»kleine H.«) gezählt werden (1710-1580 vChr). Das mit H. umschriebene ägyptische Wort bedeutet »Häuptlinge der Fremdländer«. Im Gegensatz zur ägyptischen Überlieferung, die von nationalen Antipathien getragen ist, wie auch zur jüdischen, der die H. die Israeliten in Ägypten sind, hat sich das Eindringen der H. in Form einer langen Unterwanderung vollzogen, deren Vorläufer asiatische Sklaven schon im 20.Jh. bildeten (G.Posener in Syria 34, 1957,

145-163). Für eine erobernde Völkerwelle sprechen keine Anzeichen, dagegen wird es sich um letzte Ausläufer eines größeren Schubes handeln, ausgelöst durch eine indogermanische Wanderung (u.a. → Hethiter). Die Namen der H. sind teils ägyptisch, teils semitisch (u.a. mit den kanaanäischen Gottheiten Anat und Ja'kôb zusammengesetzt), teils ungeklärter Sprachzugehörigkeit; churrische und indogermanische Elemente sind umstritten. Rassisch (s. Taf. 1 Abb. 3a. b) wie völkisch sind die H. wohl gemischt. Umstritten ist auch die Frage des »Weltreiches« der H. Während einige Forscher (E.Meyer, A.Götze) eine Ausdehnung bis Babylon annehmen, leugnen andere (v.Bissing, T.Säve-Söderbergh, A.Alt) ein solches »Großreich«. Mit Palästina jedenfalls unterhielten die H. enge Verbindungen. Ihre Hauptstadt Auaris lag im östlichen Delta, wohl bei Tanis (→ 1 C 2). Sie übernahmen weitgehend ägyptische Kultur: Schrift, Wissenschaft, Verwaltung, zT Kultformen. Dagegen treten zu ihrer Zeit in Ägypten wie in Palästina neu auf: Sichelschwert, eine neue Art Erdwallbefestigung (Y.Yadin in BASOR 137, 1955, 23-32), vor allem Pferd und Wagen mit einem neuen »Ritteradel« als Folge. Über die Vertreibung der H. aus Ägypten durch die thebanische 17. Dynastie geben mehrere zeitgenössische wie spätere ägyptische Texte Auskunft, u.a. eine 1954 gefundene Stele (Chr. d'Ég. 30, 1955, 198-208; ASAE 53, 1955, 195-202; Académie des Inscr. et Belles-Lettres, Comptes rendus 1956, 112-120). Der Kampf begann unter Kamose, unter Amosis fiel (etwa 1575) Auaris, dann die südpalästinische Festung Scharuhen (tell-el-far'a). Palästina zerfällt nach dem Untergang der H. in zahlreiche kleine Staaten; ob das → Mitanni-Reich eine Art Nachfolgestaat der H. darstellt, ist fraglich.

MeyerG I/2, 1913², §§ 303ff; II/1, 1923², 41ff - E.A.Speiser, Ethnic Movements in the Near East in the second Millennium B.C. (AASOR 13), 1933 - F.W.v.Bissing, Das angebliche Weltreich der H. (AfO 11, 1937, 325-335) - K.Galling, H.herrschaft u. H.kultur (ZDPV 62, 1939, 89-115) - T.Säve-Söderbergh, The H. Rule in Egypt (JEA 37, 1951, 53-71) - A.Alt, Die Herkunft der H. in neuer Sicht (AAL 101, 6), 1954 (dazu G.Lanczkowski in: OLZ 51, 1956, 389-393).

H.Brunner

Hylemorphismus. Die Zurückführung aller Erscheinungen der physischen Welt auf *Stoff* (ὕλη; → Materie) und → *Form* (μορφή) als ihre konstitutiven Prinzipien stellt die von → Aristoteles gegebene Lösung der Schwierigkeiten dar, die sich aus den gegensätzlichen Grunddogmen der ihm vorliegenden philosophischen Tradition ergeben hatten. Schon → Plato sah die philosophische Situation seiner Zeit als »Gigantomachie« zwischen denen, die Sein und Stofflichkeit identifizieren, und den »Freunden der reinen Seinsformen« (Sophistes 246 A - 248 A) und versuchte erstmals in der doppelten Kosmogonie des »Timaeus« eine Synthese, die aber wegen der Transzendenz und Statik der »Ideen« das Problem der Gestaltprozesse, bes. des organischen Werdens, nicht zu lösen vermochte: die Spiegelmetaphorik überlagert noch die Orientierung am formprägenden Vorgang. Aristoteles holt die Idee aus ihrer Jenseitigkeit und macht sie zum *immanenten* Faktor der Bewegung (im weitesten Sinne des physischen Prozesses überhaupt, umfassend die substantiale Genese, das quantitative Wachstum, die qualitativen Veränderungen und die Ortsbewegung). Dabei läßt er einerseits der Form den platonischen Charakter der Gestaltnorm, also dessen, was etwas werden *soll* (→ Entelechie), begreift aber andererseits die Bewegung als eine sukzessive Ablösung (μεταβολή) von Formen an einem identischen Substrat (ὑποκείμενον). Außer der Erklärung der Bewegung leistet der H. aber auch noch die Fundierung einer Theorie der *Erkenntnis*, die als Abstraktion der Form als des Allgemeinen von dem sie je konkretisierenden Stoff verstanden wird, wobei die abstrahierte Form aus dem physischen in das psychische Substrat gleichsam »übergeht«. Der »erste Stoff«, das Substrat der Substanzform (→ Substanz) und Prinzip der → Individuation, ist das ganz und gar Bestimmungslose, Alogische, und als solches für den Griechen Nicht-Seiendes. Dennoch hat der aristotelische H. noch keinen dualistischen Charakter. Erst im spätantiken → Neuplatonismus wird der H. durch die Dämonisierung des Stoffes polarisiert (zB Plotin, Enn. I, 8). Dabei werden platonische Formtranszendenz und aristotelische Formimmanenz nicht mehr als antithetische Dogmen, sondern als Stadien einer metaphysischen Seinsgeschichte angesehen: dem (platonischen) Urzustand der Trennung von Stoff und Form folgt - durch eine grundlose Abwendung der Weltseele vom Geist - die verderbte Phase der (aristotelischen) Stoff-Form-Synthese. Gnostische Systeme haben diesen Vorgang mythisiert (Hyle im → Manichäismus). In der asketisch-kathartischen Trennung von → Leib und Seele bzw. Pneuma wird nach der Reversion dieses kosmischen »Sündenfalls« gestrebt. Augustins Explikation der creatio ex nihilo nimmt dem H. seine antike Grundlage: die → Schöpfung ist concreatio von Stoff und Form, ein einziger integraler ictus condendi. Das Bestimmungslose widerspricht dem personalen Ursprung (zB De vera relig. XVIII, 35-36). Trotzdem behält Augustin den H. bei als Index der Endlichkeit des Geschöpfs; konsequent dehnt er den H. auf die reinen Geister und die Seele aus, was die franziskanische Scholastik als Schulspezifikum aufnimmt (zB Bonaventura, In Sent. II d. 3 p. 1 a. 1 q. 1). In der aristotelisierenden Scholastik ist der H. Voraussetzung für den → Gottesbeweis aus der Bewegung, führt aber in der Schöpfungslehre zu Aporien (zB Thomas von Aquino, Summa c. Gent. I, 43 arg. 3 verglichen mit II, 16 arg. 7). Der absolut »unerkennbare Rest« in allem Seienden ist jetzt widersinnig geworden; das wird zum Motiv der Rationalisierung der materia prima zur materia quantitate signata, die - von → Avicenna ausgehend - den Grund legt für die Idee der universalen mathematischen Erfaßbarkeit der Natur, die in → Descartes' Bestimmung der physischen Substanz als res extensa ihren Abschluß findet. Die Auffassung, daß jede Seele (als forma corporis) ausdrücklich von Gott erschaffen wird (Kreatianismus; → Anthropologie: III, 1c), nimmt dem Urstoff die Funktion des Individuationsprinzips (→ Duns Scotus: haecceitas). Die erkenntnistheoretische Bedeutung verliert der H. mit der Preisgabe der Universalität der Form durch den → Nominalismus. Entscheidend aber wurde der neue Bewegungsbegriff (Joh. → Buridan, Nik. von Oresme), den → Ockham dadurch erzwang, daß er die Realität der Bewegung von ihrer aristotelischen Definition her leugnete. Während bisher die Ortsbewegung am wenigsten in den H. paßte, werden jetzt alle aristotelischen Bewegungsarten auf die Ortsbewegung zurückgeführt: in rebus naturalibus non est nisi motus localis (→ Nikolaus von Autrecourt). Im jahrhundertelangen Prozeß der Zersetzung des → Aristotelismus ist die erst im 17. Jh. abgeschlossene Überwindung des H. entscheidend gewesen.

P.Descoqs, Essai critique sur l'hylémorphisme, Paris 1924 - M.D. Roland-Gosselin, Le »De ente et essentia« de S.Thomas d'Aquin, Le Saulchoir 1926 - A.Forest, La structure métaphysique du Concret selon Saint Thomas d'Aquin, Paris 1931 - A.Maier, Die Vorläufer Galileis im 14.Jh., Rom 1949, 26ff. *H.Blumenberg*

Hymnologie ist die Wissenschaft vom → Kirchenlied (: I). Der → Hymnus in dieser weitesten Bedeutung umfaßt zunächst *alle* Formen des Gottesdienst-Liedes, die liturgischen wie die vielgestaltigen Arten des Gemeindegesanges, die in den Reformationskirchen den Namen der (volkssprachlichen) → Psalmen (: II) tragen. Doch auch das Lied für die »Hauskirche« hat in diesem weiteren Bereich seinen Platz. Von der geistlichen Kunstdichtung (zB → Klopstocks »Messias«) unterscheidet sich das Kirchenlied durch seine Singbarkeit. Die für den Begriff des Kirchenliedes konstitutive Zuordnung von Text und Melodie verknüpft die H. mit der Wissenschaft vom Kirchengesang und von der Kirchenmusik (→ Musik: VI). Doch bleibt die H. dem dichterischen Wort des Kirchenliedes mit seiner besonderen Geschichte und Gesetzlichkeit zugewandt. Der liturgische Purismus droht den Unterschied zwischen Kirchenlied und »geistlichem Lied« zur Sperrmauer zu verfestigen. Demgegenüber bedenkt eine theologisch und literaturwissenschaftlich besonnene H. den fließenden Charakter jenes Unterschiedes, so wie er, trotz aller Doktrinen, den reformatorischen Anfängen entspricht und sich am Gesamtbilde unserer Gesangbücher erweist und behauptet.

Lit. s. → Kirchenlied, → Gesangbuch, → Musik: VI. - Lehrreich noch heute: CHR.PALMER, Ev. H., 1865, bes. Einl. § 2. *M.Doerne*

Hymnus

1. In der kath. Kirche - 2. In der orth. Kirche. - H. = Hymne

1. Die Bedeutung des Wortes Hymnus (festlicher Lobgesang Gottes) hat sehr geschwankt. Bisweilen wird unter Hymnus die gesamte liturgische Dichtung verstanden. Bei strenger Abgrenzung sind zu unterscheiden: Die Akklamations-H., im lat. Bereich → Gloria und → Ambrosianischer Lobgesang, im wesentlichen eine Reihung von Ausrufen; ferner die hauptsächliche Art der lat. H.n, gekennzeichnet durch die von der Antike geerbte strophische Form, einschließlich der doxologischen (→ Doxologie) Schlußstrophe, und ihre liturgische Verwendung im → Stundengebet. Diese Ordnung des Textes durch die Musik ist ein ästhetisches Element, das dem übrigen → Choral abgeht; sie verursachte, daß die H. erst spät volle Anerkennung als liturgischer Gesang fand. - Von der metrischen H., bei der die Strophe aus Versen besteht, die nach antikem Vorbild die Längen und Kürzen der Silben beachten (so die ambrosianische Strophe mit 4 Versen zu je 2 jambischen Dimetern), unterscheidet man die silbenzählende H., die den Wortakzent bei den Versschlüssen, im hohen MA oft auch grundsätzlich berücksichtigte. Auf eine Melodie können mehrere Texte, zu einem Text mehrere Melodien gesungen werden. In Mailand wurde die H. mit Doppelchor vorgetragen, in Gallien war (als Prozessions-H.) der Solovortrag mit Chorvortrag einer Kehrstrophe beliebt. Ihren Anfang nahm die lat. liturgische H.ndichtung und -komposition bei → Hilarius von Poitiers und vor allem → Ambrosius von Mailand. Wichtig wurde ihre Pflege bei den Benediktinern und die Übernahme des römischen Repertoires durch die Karolinger.

Analecta hymnica, 53 Bde, hg.v. G.M.DREVES, C.BLUME, H.M. BANNISTER, 1886-1922 - P.WAGNER, Einführung in die greg. Melodien I, (1895) 1911^2; III, 1921 - J.MEARNS, Early Latin Hymnaries, Cambridge 1913 - Monumenta Monodica Medii I: H.n, hg.v. B. STÄBLEIN, 1956 - W.BULST, Hymni latini antiquissimi 75, Psalmi 3, 1956 - MGG VI, 993ff. *E.Jammers*

2. In seiner allgemeinen Bedeutung als jede Art von kirchlicher oder religiöser Dichtung (s. 1) bleibt der Begriff ὕμνος auch nach der frühchristlichen Zeit im Gebrauch, in seiner speziellen Bedeutung wird er aber weitgehend durch andere Termini wie etwa → Troparion, → Kontakion oder → Kanon ersetzt (Ausnahmen: ὁ χερουβικὸς ὕμνος, ὁ ἑωθινὸς ὕμνος usw). - In der *griechischen H.npoesie* sind zwei Hauptrichtungen zu unterscheiden: Die geistliche Erbauungsdichtung, für den privaten Gebrauch des gebildeten Christen bestimmt (zB die H.n des → Synesius von Kyrene), und die eigentliche Kirchendichtung, die im Gottesdienst gesangsmäßig vorgetragen wurde. Der stärkste Impuls für die Entstehung der Kirchenpoesie scheint von den Häretikern des 3./4.Jh.s (→ Arius, → Bardesanes, Harmonios) auszugehen. In Anlehnung an ihre volkstümlichen H.n entstanden die ersten Troparia. Auch der berühmte syrische H.ndichter → Ephraem (4.Jh.) griff dichterische Prinzipien der Häretiker auf. Von ihm führt eine direkte Linie zu → Romanos (6.Jh.), dem wichtigsten Vertreter der Kontakiendichtung, und weiter zu einer neuen Gattung von H.n, dem Kanon (→ Andreas von Kreta, → Kosmas von Jerusalem, → Johannes Damascenus). - Mit der Slawenmission wird auch die griechische Hymnik in Bulgarien und Rußland übernommen. - Die Kirchendichtung beruht fast ausschließlich auf dem Prinzip der Paraphrase: Biblische Texte oder andere Vorlagen werden mit rhetorischen → Figuren umschrieben und erweitert. So ist zB die ganze Kanondichtung nichts anderes als eine immer wieder neue Paraphrasierung der neun biblischen Oden. - Vgl. → Akathistos Hymnos, → Altchristliche Musik.

J.B.PITRA, Hymnographie de l'Eglise grecque, Rom 1867 - W. CHRIST-M.PARANIKAS, Anthologia graeca carminum christianorum, 1871 - F.DÖLGER, Die byzantin. Dichtung in der Reinsprache, 1948 - E.WELLESZ, A History of Byzantine Music and Hymnography, Oxford 1949 - R.PALIKAROVA VERDEIL, La musique byzantine chez les Bulgares et les Russes (Mon. Mus. Byz., Subs. III), Kopenhagen 1953. *R.Schlötterer*

Hypatia *von Alexandrien,* lehrte unter Kaiser Arkadius (395-408), Tochter und Schülerin des Mathematikers Theon, mit dessen Studien sie aber die Philosophie nach Art der alexandrinischen Richtung des → Neuplatonismus vereinigte. H. war Haupt einer Schule, zu der → Synesios von Kyrene gehörte, ebenso der Präfekt Orestes, dessen Feindschaft mit Bischof → Cyrill (, 1) die Ursache ihres Untergangs wurde. Für ihren tragischen Tod (415) durch einen fanatisierten christlichen Mob, der sie unter Anführung des Lektors Petros auf der Straße angriff und nach furchtbarer Mißhandlung buchstäblich in Stücke riß, macht die Überlieferung zT Cyrill verantwortlich, doch ist der Streit über seinen Anteil nicht über Vermutungen hinausgekommen.

H.s Ruhm beruht heute bes. auf → KINGSLEYS Roman; dessen Verhältnis zu den geschichtl. Tatsachen untersuchen H.v.SCHUBERT, PrJ 124, 1906, 42-60, u. J.R.ASMUS, Stud. zur vergl. Literaturgesch. 7, 1907, 11-44. Die dürftigen antiken Nachrichten über H. sind von R.HOCHE, Philologus 15, 1860, 435-474 verständig behandelt. - Weitere Lit. s. PW IX, 242ff. *W.Jaeger*

Hyperius, *Andreas* (*Gerhard;* 1511-64), * in Ypern (daher H.). Nach langer Studien- und Reisezeit, während der er durch Johannes → Sturm unter den Einfluß des Humanismus und im Zusammenhang mit späteren theologischen Studien 1537 auf reformatorische Bahnen kam, wurde er, der theologisch Calvin und Bucer nahestand und 1541 aus England nach Marburg gekommen war, dort 1542 Prof. der Theologie. Er setzte die von → Bucer begonnene Neuordnung der hessischen Kirche sinngemäß fort, eine mittlere Linie zwischen Luthertum und Calvinismus erstrebend; doch ist seine 1566 postum erschienene (lateinische) Kirchenordnung infolge der veränderten kirchlichen Verhältnisse in → Hessen (: I) nie verwirklicht worden. - H.s bleibende Bedeutung liegt im Bereich der ev. Theologie als Universitätswissenschaft. Mit Recht gilt er als Begründer der → Praktischen Theologie als wissenschaftlicher Disziplin. In seinem Werk »De recto reformando theologiae studio« (1556) fordert er eine »Wissenschaft von der Lebensbetätigung der Kirche«. Seine Erkenntnis, daß neben die wissenschaftliche Beschäftigung mit der Bibel (Exegese) und der Kirchenlehre (Dogmatik) auch eine solche mit dem Leben und Wirken der Kirche treten müsse, hat sich durchgesetzt und so wesentlich zum heutigen Aufbau der theologischen Fakultäten beigetragen. Neben dieser vielleicht bedeutsamsten Leistung des H. stehen seine Bemühungen um eine wissenschaftliche → Homiletik. In seinem Werk »De formandis concionibus sacris« (1553) stellt er ein fünfteiliges Schema für den Predigtaufriß auf (Röm 15, 4 und 2Tim 3, 16), das von der luth. Orthodoxie des 17.Jh.s übernommen und bis zur Überspitzung verfeinert wurde. - Außer biblischen Kommentaren und einem Katechismus (»Elementa christianae Religionis«, 1563) ist eine unvollendet gebliebene Dogmatik (»Methodi theologiae sive praecipuorum christianae religionis locorum communium libri II«, postum 1566) zu nennen.

Vollst. Bibliogr. bei Strieder VI, 293ff. - Über H.: ADB XIII, 490ff - RE VIII, 501ff (Lit.) - RGG^3 II, 2062f (Bibliogr., Lit.). - Ferner die geschichtl. Abschnitte in den Lehrbüchern der → Praktischen Theologie.

H.Weißgerber

Hypnotismus. Die Kenntnis hypnotischer Erscheinungen und die Technik ihrer Realisierung findet man bereits als Erfahrungsgut bei Naturvölkern und in den alten Hochkulturen (Bastian, Stoll u.a.). Den Tatbestand, daß ein Wesen unter dem Einfluß einer eigenartigen Macht sich selbst aufzugeben scheint oder ungewöhnliche Fähigkeiten (Weissagung, Heilung) erlangt, glaubte das MA durch siderische Wirkung (→ Sterne) oder als Folge eines mineralischen Magnetismus erklären zu können. Eine solche Annahme bildete auch noch die Grundlage für die Lehre F.A.Mesmers (1775) von der Wirksamkeit eines tierischen Magnetismus (→ Mesmerismus). Obwohl die Bearbeitung des H. durch gauklerische Schauexperimente immer wieder in Mißkredit geriet, wurde das Phänomen seit der Mitte des 19.Jh.s Thema wissenschaftlicher Forschung (Braid, Liébault, Charcot, Bernheim u.a.) und erhielt mit Beginn des 20.Jh.s bes. durch ihre Anwendung in der → Psychotherapie (: I) einen gesicherten Platz. - Die Hypnose stellt sich dar als eine Veränderung der Bewußtseinslage durch Ausschaltung des Wachbewußtseins und Wirksamkeit vom Unterbewußtsein her. Die Fixation der Aufmerksamkeit durch einstellende Einengung derselben bildet das Prinzip der Hypnosetechnik. Die Verfahren bedienen sich schwacher, monoton-rhythmischer Reize auf optischem, akustischem und taktilem Gebiet oder bieten das Erlebnis des Einschlafens an. Unter Ausschaltung der Erlebnisbedeutung der Außenwelt wird die Eindrucksfähigkeit auf einen bestimmten Bereich konzentriert. Der so eintretende Zustand kennzeichnet sich durch eine Passivität als angenommener Verzicht auf eigene Aktivität und kritische Leistung. Die verbreitete Meinung, damit ergebe sich eine Hörigkeit des Hypnotisierten, ist nicht richtig. Die Persönlichkeit gibt ihr Wesen in der Hypnose nicht auf. Sog. hypnotische Dressur, wie sie L.Mayer (1937) mitteilt, gelingt nur soweit, als dies auch ohne Hypnose möglich ist. Die Persönlichkeitsstruktur setzt den Möglichkeiten der Hypnose Grenzen. Als experimenteller Beitrag zur Frage der Psychogenie, indem etwa Stigmatisierungen (→ Stigmatisierte) und Lähmungen vom funktionellen Typ sich hypnotisch verwirklichen lassen, bietet die Hypnose durchaus Erkenntnismöglichkeiten. Das Kriterium der Abgrenzung der Hypnose gegenüber dem natürlichen Schlaf und dem abnormen Dämmerzustand - in welche beide die Hypnose übergehen kann - ist die Eigenart der Einengung des Bewußtseins. - Vgl. → Suggestion.

A.Kircher, Ars magna lucis et umbrae, Rom 1676 - Chr.Meiners, Über den thierischen Magnetismus, Lemgo 1788 - J.Braid, Neurypnology; or, the Rational of Nervous Sleep, considered in Relation with Animal Magnetism, London 1843 - A.Liébault, Du sommeil et des états analogues considérés surtout au point de vue de l'action du moral sur le physique, 1866 - J.M.Charcot, Hypnotisme et Suggestion, Paris 1885 - A.Moll, Der H., (1889) 1924^5 - H.Bernheim, Hypnotisme, Suggestion et Psychothérapie, 1890 - W.Wundt, H. u. Suggestion, 1893 - O.Stoll, Suggestion u. H. in der Völkerpsychologie, (1894) 1904^2 - L.Loewenfeld, Der H., 1901 - A.Forel, Der H., 1907 - J.H.Schultz, Hypnose u. Suggestion, 1924 - P. Schilder-O.Kauders, Über das Wesen der Hypnose, 1926 - L. Mayer, Das Verbrechen in Hypnose u. seine Aufklärungsmethoden, 1937 - F.Völgyesi, Menschen- u. Tierhypnose, Zürich 1939.

G.Hofer

Hypostasen

1. Philosophisch und theologisch - 2. Religionsgeschichtlich - 3. Im AT und Judentum. - H. = Hypostase

1. Das griechische Wort ὑπόστασις bedeutet u.a. Grundlage, Wirklichkeit, Daseinsform, Wesenheit. In *philosophischer* Literatur wird es bisweilen fast gleichbedeutend mit οὐσία (Substanz) als Bezeichnung der ersten der 10 aristotelischen Kategorien (→ Aristoteles, 3b) gebraucht, oder, falls man einen Unterschied macht, für die »zweite Substanz«, d.i. die Natur und Wesenheit der Einzeldinge, wobei die »erste Substanz« das konkrete Einzelding als solches bezeichnet. Bei → Plotin bezeichnet das Wort die drei Daseinsformen innerhalb des Übersinnlichen: das Eine, den νοῦς und die Seele. - *Theologische* Bedeutung erhielt das Wort ὑπόστασις zunächst in der Trinitätslehre (→ Trinität: III), indem die drei göttlichen Personen als H.n oder Wesenheiten bezeichnet wurden, und etwas später in der → Christologie (: II, 3d), wobei darüber gestritten wurde, ob man mit einer oder zwei H.n (also etwa »Personen«) in Christus zu rechnen habe.

2. In der modernen → *Religionswissenschaft* hat das Wort H. einen teilweise neuen Sinn bekommen. Es bezeichnet eine oft nur halb selbständige göttliche Wesenheit, die eine mehr oder weniger durchgeführte Personifizierung einer Eigenschaft, einer Wirksamkeit oder irgendeines Attributs einer höheren Gottheit darstellt. Oft ist die Grenze zwischen poetischer Personifizierung und eigentlicher Hypostasierung schwer zu ziehen. Die allegorische Darstellung von Tugenden, Lastern usw scheidet hier aus. - Der Hypostasierungsprozeß ist nicht so aufzufassen, daß ein abstrakter Begriff durch Personifizierung konkreter gemacht würde, vielmehr kann sich eine »primitive« Denkweise die abstrakten Begriffe nicht ohne eine konkrete Grundlage oder einen Träger und somit nicht ohne Individualisierung und Personifizierung vorstellen. So werden verschiedene Aspekte der Gottheit (→ Gott: I), die die Fülle und den Reichtum des göttlichen Wesens darstellen, als selbständige Größen veranschaulicht und von der Gottheit mehr oder weniger abgetrennt als eigene Wesenheiten, ja sogar als besondere Gottheiten aufgefaßt. - Außer diesem Hang zum Konkreten wirken bei der Hypostasierung wahrscheinlich mehrere andere Faktoren mit. Im Hebr spürt man zB eine Tendenz zur Verselbständigung des Wortes, so daß das Wort als solches eine Art Eigenexistenz erhält (dabar heißt sowohl »Wort« als auch »Sache«; Gerleman); daneben werden in semitischen (und vielleicht auch anderen) Sprachen abstrakte und konkret-kollektive Begriffe oft nicht sprachlich geschieden (ṣædæq ist »Gerechtigkeit« und »Schar der Gerechten«, ræšāʿ »Frevel« und »die Frevelhaften«, Ps 84, 11). Aus diesen Voraussetzungen ergibt sich leicht, daß die von der Gottheit erbetenen Wohltaten (Gnade, Hilfe, Erhörung, Treue usw) als selbständige Wesenheiten konkretisiert werden. Dazu kommt natürlich das theologische Denken, das das Wesen der Gottheit in verschiedene Aspekte zerlegt, die

dann hypostasiert werden können, oder ihre Transzendenz durch Einschiebung von H.n als Mittelwesen hervorhebt.

Eine reichere mythologische Gestaltung gewinnt eine H. durch Zusammenstellung mit früher existierenden Gottheiten, von denen sie konkrete Züge übernimmt. Andererseits können in einer synkretistischen Religion verschiedene Götter als H.n oder Offenbarungsformen *eines* großen Gottes aufgefaßt werden.

In der *altägyptischen Religion* (→ Ägypten: II) sind Hu (Ausspruch, [Schöpfer]wort), Sia (Erkennen) und Hike (Zauber) Begleiter des Sonnengottes, die seine Funktionen darstellen, später aber auch mit anderen Göttern verbunden werden können, während die 14 Ka's des Sonnengottes (Wort, Fülle, Sieg, Glanz usw) die Fülle seines Wesens darstellen. Vielleicht gehört auch die Göttin Maat (Wahrheit, Ordnung), die Tochter des Re, ursprünglich zu den hypostasierten Funktionen des Gottes. – Bei den *Akkadern* (→Babylonien: I. II) ist Tašmētu (die Erhörung) die Gemahlin des Gottes Nabu; Mēšaru und Kettu (Recht und Gerechtigkeit) sind die Begleiter des Sonnengottes, die zugleich seine zwei wichtigsten Eigenschaften vertreten. Die letzteren müssen mit den westsemitischen Sydyk und Misor (dh ṣædæq und mīšōr, Gerechtigkeit und Recht) bei → Philo Byblius verglichen werden; ein Gott Ṣædæq ist aber auch sonst bekannt. – Die *iranischen* → Amesha Spentas (guter Sinn, beste Ordnung, erwünschte Herrschaft, Frommsinn, Fülle, ewige Wonne) stellen einerseits verschiedene Aspekte Ahura Mazdās (→ Ormazd) dar und vertreten die verschiedenen Elemente des Weltalls, ersetzen andererseits die reichere vorzarathustrische Götterwelt. Im Rigveda (→ Veden) werden neben Mitra und Varuna als Adityas Götter wie Bhaga (gutes Los) und Amsha (Teil) genannt; gelegentlich wird ihre Zahl als 7 angegeben. – In der klassischen → *griechischen Religion* finden sich teils personifizierte Begriffe wie Dike, Themis, Nike, Eleos und Eirene, die wenigstens zT als Begleiter von größeren Göttern auftreten und deren Funktionen ausdrükken, teils Beinamen (Epitheta), die sich zu selbständigen Göttern entwickelt haben, zB Kourotrophos. – In der → *römischen Religion* begegnet schon früh eine Reihe göttlicher Kräfte oder »Tugenden« (virtutes), die als Offenbarungsformen des Göttlichen (nur teilweise eines bestimmten Gottes) gelten oder als göttliche Gaben erbeten werden (Virtus, Fides, Libertas, Victoria, Concordia, Pax, Spes u.a.). – Im *hellenistischen Synkretismus* werden oft verschiedene Götter als »Kräfte« des einen Gottes bezeichnet, die zusammen sein Wesen ausmachen (zB im Helioshymnus Kaiser → Julians; ähnlich im Hermetismus). Ebenso treten in den spekulativen gnostischen Systemen (→ Gnosis : I) nicht selten hypostasierte Begriffe auf. Im → Manichäismus wird Gottes Wesen durch eine Reihe von intellektuellen »Gliedern« oder »Wohnungen«, die Verstandeskräfte ausdrücken, umschrieben: Verstand, Gedanke, Vernunft, Einbildungskraft, Einsicht. Auch die Äonen der gnostischen Systeme haben meist abstrakte Namen und stellen verschiedene Aspekte der oberen Wirklichkeit dar. Die 10 s^e^fîrôt der jüdischen → Kabbala sind ebenso Kräfte, die oft zugleich als Manifestationen und → Emanationen Gottes, als Mittelwesen aller Existenz in Gott aufgefaßt werden (Weisheit, Einsicht, Größe, Kraft usw). Vorbilder dazu gibt es in der älteren jüdischen → Mystik (»7 middôt dienen vor dem Thron der Herrlichkeit: Weisheit, Recht, Gerechtigkeit, Liebe, Barmherzigkeit, Wahrheit und Friede«; Abot R. Natan 37).

3. Für die H.n-Spekulation des antiken Judentums gibt es gewisse Ansätze im AT, zB in den Personifikationen von Treue, Wahrheit, Gerechtigkeit und Frieden in Ps 85, 11f (vgl. 89, 15; 97, 2) oder von Gottes Licht und Wahrheit in Ps 43, 3. Auch der Arm, die Hand und die Rechte Gottes begegnen als halb selbständige Wesen; stärker ist der Name (→Namenglaube: II) als Vertreter Gottes und seines Wesens verselbständigt.

Vor allem tritt aber die Hypostasierung der → Weisheit (ḥåkmā) hervor. Diese wird als erstes Werk Gottes und als seine Mithelferin bei der Weltschöpfung beschrieben (Hi 28, 25ff; Spr 8, 22-31; Sir 24, 1ff) und vertritt also die in der Schöpfung zutage tretende Weisheit Gottes. Sie sucht eine Wohnung unter den Menschen und findet sie in Israel (Sir 24, 7ff), vertritt also auch die göttliche Offenbarung und das Gesetz. In einigen konkreten Zügen – zB als Braut (Sir 14, 20 – 15, 8; 59, 19ff) und als eine zum Gastmahl einladende Frau (Spr 9, 1ff) – ist sie wahrscheinlich in Polemik gegen eine kanaanäische Muttergöttin ausgestaltet worden.

Andere H.n treten im antiken Judentum als Mittelwesen zwischen dem transzendenten Gott und der Welt auf. So dient das göttliche → Wort (: I; dabar, memra, dibbûr) gelegentlich schon im AT (Jes 55, 10ff; Ps 107, 30; 147, 15) und vor allem in den Targumen und der rabbinischen Literatur als Vermittler der Offenbarung und des Wirkens Gottes, und die bat qôl, die Stimme, vertritt die göttliche Offenbarung in der Gegenwart. Ebenso tritt die Šekînā, das Wohnen (dh das Gegenwärtigsein) Gottes, manchmal als H. an Gottes Stelle.

Der → Geist (: II. III) Jahwes kann schon früh in gewisser Selbständigkeit als Vermittler der Wirksamkeit Gottes zum Volk (Jes 63, 11; Neh 9, 20; Hag 2, 5; Sach 4, 6), als schöpferisches Prinzip (Ps 104, 20), als Führer der Menschen (Ps 143, 10), als Inspirator der Propheten oder sogar als böser Geist (Ri 9, 23; 1Sam 16, 14; 1Kön 22, 22) aufgefaßt werden. In Weish ist der Geist eine kosmische und ethische Potenz in der Welt, die »alles zusammenhält« (1, 7); ganz Person ist er AscJes 5, 14 und in der rabbinischen Literatur. – Bemerkenswert ist auch die Lehre von den beiden middôt oder Eigenschaften Gottes: der Barmherzigkeit und der verurteilenden Gerechtigkeit. Dieser Gedanke wird in der jüdischen Mystik weiterentwickelt (s. 2).

Bei → Philo schließlich wird jüdischer Gottesglaube mit hellenistischer Kraftspekulation verbunden. Einerseits ist Gott in seiner Einheit die höchste Kraft, andererseits werden seine Kräfte hypostasiert. Aus dem → Logos erwachsen zwei Kräfte, eine weltschaffende und eine weltlenkende Kraft, die mit den Gottesnamen θεός bzw. κύριος in Verbindung stehen. Aus ihnen gehen dann eine hilfeleistende und eine legislative, strafende Kraft hervor. Gelegentlich wird auch eine Mehrzahl von weiteren Kräften erwähnt.

Zu 1: F.Erdin, Das Wort Hypostasis (Diss. Freiburg), 1939 – M. Richard, L'introduction du mot »H.« dans la théologie d'incarnation (MSR 2, 1945, 5-32. 243-270) – H.Dörrie, Ὑπόστασις. Wort- u. Bedeutungsgesch. (NAG 1955, 3). – Zu 2 u. 3: ERE IX, 787ff – P.Heinisch, Personifikationen u. H.n im AT u. im alten Orient, 1921 – Bousset, Rel. 342ff. 519f – H.Mattingly, The Roman virtues (HThR 30, 1937, 103-117) – H.Ringgren, Word and Wisdom. Studies in the hypostatization… (Diss. Uppsala), 1947 (Lit.) – A.J.Festugière, La révélation d'Hermès Trismégiste III, Paris 1953, 153ff – G.Gerleman, Wort u. Realität (Donum natalicium H.S.Nyberg, 1954, 154-160). *H.Ringgren*

Hypsistarier, Name einer religiösen Gruppe von Anbetern des »höchsten Gottes«, im 4.Jh. in Kappadozien durch → Gregor von Nazianz bezeugt, dessen Vater ihr angehörte (Or. XVIII, 5). → Gregor von Nyssa nennt sie Hypsistianoi (c. Eun. II, 45). Danach waren die H. eine Mischung von Judentum und Heidentum (Verwerfung von Götzenbildern und Opfern; Anbetung von Feuer und Lichtern; Sabbatfeier und Abstinenz von bestimmten Speisen, aber keine Beschneidung). Ihr Gott wurde Pantokrator (Allmächtiger), aber nicht »Vater« genannt (ein Zusammenhang mit → Messalianern und Coelicolae ist nicht nachweisbar). Der Name ist abgeleitet von dem vielen Göttern, speziell Zeus und dem syrischen Himmelsgott beigelegten Adjektiv ὕψιστος. In vielen Inschriften mit dieser Gottesbezeichnung ist jüdischer Einfluß deutlich erkennbar (zB bei den Bosporusinschriften); LXX übersetzt 'æljôn mit ὕψιστος. Monotheistische Tendenzen des → Synkretismus haben hier zu einer Identifizierung von Jahwe und Zeus geführt: ein typisches Beispiel für die Mischung von griechischer und hellenistisch-jüdischer Religiosität, deren Einfluß nicht genau bestimmbar ist.

K.LAKE, Beginnings of Christianity V, 1933, 89ff - M.P.NILSSON, Gesch. der griech. Religion II, 1950, 636ff u. Reg. (Lit.) - BAUER, WB 1543f - G.BORNKAMM, Das Ende des Gesetzes, 1952, 153ff - E.R. GOODENOUGH, The Bosporus Inscriptions to the Most High God (JQR 47, 1956, 221-244). *W.C.van Unnik*

Hystaspes. Unter dem Namen des H., eines persischen Königs und Weisen - ob mit dem Vater des Königs Darius identisch? - wird bei den Kirchenvätern → Justin, → Clemens von Alexandrien, → Lactantius und in der »Theosophie« (5.Jh.; auch Lydus?) in kleineren Fragmenten eine apokalyptische Schrift angeführt. Ähnlich wie die → Sibyllinen galt sie ihnen als heidnischer Zeuge christlicher Erwartungen. In ihr wurde der Untergang des römischen Reiches und der Welt durch Feuer, eine neue Welt unter Führung des Ostens prophezeit. Es handelt sich um eine typisch heidnisch-synkretistische Schrift. Nach Justin haben die römischen Behörden die Lesung verboten. Lactantius hat das Buch in seiner ursprünglichen Form vor sich gehabt. Clemens (apokryphes Pauluszitat!) und die »Theosophie« scheinen es in einer christianisierten Fassung gelesen zu haben, in der die Erscheinung des Sohnes Gottes und sein Sieg beschrieben waren. Die Entstehungszeit ist unsicher (1.Jh. vChr oder nChr).

Grundlegend: H.WINDISCH, Die Orakel des H. (VAA 1929; Lit.) - F.CUMONT, La fin du monde selon les Mages occidentaux (RHR 103, 1931, 29-96) - J.BIDEZ-F.CUMONT, Les Mages hellénisés, 1938, I, 215ff; II, 359ff (vollst. Sammlung der Testimonia).
W.C.van Unnik

I, J

I am, theosophisch-spiritistische Bewegung; sie wurde von *Guy Ballard* (1878-1939, Bergbauingenieur) 1934 mit Zentrum in Chicago gegründet, erreichte 1938 mit 1 Mill. Anhängern ihre Blüte und zog sich dann aus der Öffentlichkeit zurück. Das neutrale Göttliche hat sich in Gott = »I am« (Ex 3, 13f) personifiziert, der seine Kräfte durch kosmische Wesenheiten an die Welt vermittelt, bes. durch »Ascended Masters«, dh Menschen, die durch ihre Kraft und Liebe alle Daseinsfesseln gesprengt und göttliche Macht erreicht haben. Die Bedeutendsten unter ihnen sind Jesus und St.Germain, ein französischer Graf, der angeblich zZ der Revolution als Wundermann hervorgetreten sein soll. Kern der Botschaft ist, daß jeder Mensch so oft reinkarniert wird, bis er sein Ziel, die »Himmelfahrt«, erreicht hat. Hilfreich dafür ist die Anrufung der Ascended Masters, die Befolgung strenger Gebote (Verzicht auf Fleisch, Tabak, Alkohol, Geschlechtsverkehr u.a.) und stete Pflege der Einheit mit »I am«.

GUY u. EDNA BALLARD, Unveiled Mysteries, 1934; The Magic Presence, 1935; The I am Discourses by St.Germain, 1935; Ascended Masters Discourses, 1937. - CH.S.BRADEN, These also believe, 1949, 257ff. *K.Hutten*

Jablonski, *Daniel Ernst* (20.11.1660 bis 25.5.1741), * in Nassenhuben b. Danzig, † in Berlin, Theologe der → Brüderunität (: I), mütterlicherseits Enkel von → Comenius, Sohn des böhmisch-polnischen Brüderpfarrers und späteren Hofpredigers in Memel Peter Figulus (der sich die Ortsbezeichnung J. beilegte). J. studierte in Frankfurt/O. und 1680-83 in Oxford. Da in seinem ref. denkenden Elternhause, verstärkt durch Begegnungen mit schottischen Kaufleuten in Memel, presbyterianische Sympathien gepflegt worden waren, war der unmittelbare Eindruck der mit Vorbehalt betrachteten Kirche von England auf ihn um so mächtiger und trieb ihn an, die ganze Christenheit durch biblisch-frühchristliche Erneuerung von Glaube und Kirchengestaltung mit bischöflichem Amt und apostolischer → Sukzession zu einigen. Die Brüderunität und die Kirche von England sollten die Eckpfeiler in dem neuen Bau bilden. 1683 wurde J. ref. Pfarrer in Magdeburg, 1686 Pfarrer der polnischen Gemeinde und Rektor in Lissa (Leszno; Polen), 1691 ref. Hofprediger in Königsberg, 1693 am Dom in Berlin. Seine hohe Stellung nutzte er zur Fürsorge für die Evangelischen in → Polen und → Ungarn. 1699 wurde er zum Senior der Brüderunität gewählt und zum Bischof geweiht. Als solcher erteilte er 1735 dem Herrnhuter David → Nitschmann, 1737 dem Grafen → Zinzendorf die Bischofsweihe und schlug so die Brücke von der alten (hussitischen) zur neuen (herrnhutischen) Brüdergemeine. Seit etwa 1694 förderte er, im Verein mit → Leibniz, die → Einigungsbestrebungen (: II, 2c) aller Christen, war jedoch der röm.-kath. Kirche gegenüber von größerer Zurückhaltung bestimmt als dieser. J. ist der bedeutendste Förderer des innerev. Unionsgedankens, für den er sich auch auf den Consensus Sandomiriensis (1570, → Polen) berief. Die Konversion August des Starken zum röm. Katholizismus (1697) beeinflußte diese Pläne, insofern J.s alte Heimat endgültig dem Papsttum ausgeliefert war und nun seine neue Heimat, Brandenburg-Preußen, den politischen Schutz des deutschen Protestantismus übernehmen mußte. Aus der engen Verbindung mit Leibniz ging 1700 die Berliner → Akademie (: I, 2b) der Wissenschaften hervor, die J. im Sinne der Pansophie des Comenius aufgefaßt wissen wollte; 1733-40 war er ihr Präsident. Mit → Spener befreundet, förderte er den Pietismus. Außerdem ließ er das → Common Prayer Book (1704) und Josiah Woodwards Bericht über die englischen religious societies (1700) ins Deutsche übersetzen.

Schriften zur Union bei K.H.SACK, Über die Vereinigung der beiden prot. Kirchenparteien, 1812; Historia consensus Sandomiriensis, 1731; Briefwechsel mit Leibniz: J.E.KAPP, Sammlung einiger vertrauter Briefe..., 1745. - Über J.: H.DALTON, D.E.J., 1903 - N.SYKES, D.E.J. and the Church of England, 1950 - E.BENZ, Bischofsamt u. apostol. Sukzession im dt. Protestantismus, 1953 - M.SCHMIDT in: R.ROUSE-S.C.NEILL, Gesch. d. ökum. Bewegung I, 1957, 159ff u.ö. - R.v.THADDEN, Die brandenburgisch-preuß. Hofprediger im 17. u. 18.Jh. (Diss. Göttingen), 1958. *M.Schmidt*

Jacobi, *Friedrich Heinrich* (1743-1819), * in Düsseldorf, wird zunächst wie sein Vater Kaufmann. In Genf (1760 bis 1762) wird er von seinem Freund Lesage in die Philosophie, vor allem in das Denken → Rousseaus und der französischen → Aufklärung eingeführt. Nach der Rückkehr wird sein Haus in Pempelfort zu einem der geistigen Zentren der Zeit; zu vielen ihrer Exponenten bestehen persönliche, zT freundschaftliche Kontakte (bes. zu → Goethe, → Herder, → Hamann). Die französische Revolution veranlaßt J., nach Holstein zu ziehen. Einem Ruf nach München folgt er 1804, wo er mehrere Jahre lang das Amt des Präsidenten der Akademie der Wissenschaften bekleidet. – Fast alle *Werke* J.s sind Gelegenheitsarbeiten; am wichtigsten sind die philosophischen Streitschriften. Sie sind vor allem gegen Moses → Mendelssohn, Herder, → Kant, → Fichte, → Schelling gerichtet. Die literarischen Werke (Allwills Briefsammlung, Woldemar) sind künstlerisch farblos; die literarische Form dient nur der Einkleidung philosophischer Gedanken. Unter der reichen und wichtigen Korrespondenz ist bes. die mit Hamann und mit Goethe von sachlichem Interesse.

Im Mittelpunkt von J.s Philosophie steht der Begriff des *Glaubens*. J. geht von der Einsicht aus, daß jeder Beweis immer etwas Unbewiesenes voraussetzen muß, aus dem er beweist und das nur auf den Glauben hin angenommen werden kann; dieses aber ist das eigentliche Thema der Philosophie. Glauben ist bei J. zunächst immer im alltäglichen Sinne des Wortes verstanden; spezifisch religiöse oder gar christliche Inhalte sind mit J.s Glaubensbegriff erst in zweiter Linie verbunden. → Spinoza, den J. in die philosophische Diskussion einführt, ist ihm der unübertroffene Repräsentant eines streng deduktiv aufbauenden, wissenschaftlich beweisenden Philosophierens, das der Versuchung erlegen ist, sich in sich selbst zu vollenden, und keinen Platz mehr freiläßt für die Dinge, die ihrem Wesen nach dem Glauben vorbehalten sind. Jede Philosophie, die glaubt, sich in sich selbst vollenden zu können, führt notwendig zum → Determinismus. Die Tatsache der *Freiheit* kann nämlich niemals bewiesen werden, sondern ist Gegenstand des Glaubens ebenso wie ein persönlicher *Gott;* das beweisende Denken kann Gott immer nur als den Inbegriff einer unpersönlichen Naturnotwendigkeit verstehen. – Der Glaube ist Sache nicht des Verstandes, sondern des *Gefühls*. Alle eigentlich wesentlichen Fragen können nur von ihm beantwortet werden. Daraus erklärt sich, daß J. den Strebungen, Affekten und überhaupt allen irrationalen (→ Irrational) personalen Bezügen große Bedeutung für Leben und Erkennen, Moral und Religion zuspricht (deswegen gilt J. auch als der Philosoph des → *Sturm und Drang*). – J.s Stärke liegt in seiner Fähigkeit zur philosophischen Kritik, die ihren Gegner von dessen eigenen Voraussetzungen aus zu widerlegen sucht. Auf diese Weise hat J. zu seiner Zeit ungemein anregend (bes. auf → Hegel) gewirkt. J.s Philosophie ist heute indes nur noch von historischem Interesse, nachdem seine sachlichen Intentionen in überzeugenderer Weise theologisch von → Schleiermacher, philosophisch vom deutschen → Idealismus (: II) aufgenommen und verarbeitet worden sind.

GesW, ed. F.Köppen-F.Roth, 6 Bde, 1812-25 – Auserlesener Briefwechsel, ed. F.Roth, 2 Bde, 1825/27 – Briefwechsel zwischen Goethe u. F.H.J., ed. M.Jacobi, 1846 – Briefe J.s an Bouterwek, ed. W.Mejer, 1868 – Aus J.s Nachlaß, ed. R.Zöppritz, 2 Bde, 1869 – M.Hecker, Goethe u. F.J., 38 Briefe J.s an Goethe (in: Goethe 6, 1941, 32-69; 7, 1942, 41-68. 281-309; 8, 1943, 57-86). – Über J.: L. Levy-Bruhl, La philosophie de J., 1894 – F.A.Schmid, F.H.J., 1908 – A.Frank, J.s Lehre vom Glauben, 1910 (Lit.) – O.F.Bollnow, Die Lebensphilosophie F.H.J.s, 1933 – M.M.Cottier, Foi et surnaturel chez F.H.J. (RThom 54, 1954, 337-373) – EF II, 1593ff (Lit.).

W.Wieland

Jacobini, ***Ludovico*** (1832-87), * in Genzano, † in Rom. Päpstlicher Diplomat, 1879 Kardinal. J. wirkte als Nuntius in Wien (seit 1874) vermittelnd zwischen Staat und Kirche in gespannter kirchenpolitischer Situation. Seit persönlichen Verhandlungen mit → Bismarck in Bad Gastein (Sept. 1879) war er, vor allem nach seiner Ernennung zum Staatssekretär 1880, eine zentrale Gestalt während der Beilegung des → Kulturkampfes und beim Zustandekommen eines »modus vivendi« zwischen der Kurie und Preußen.

EC VII, 548 (Lit.). *G.Maron*

Jacobsen, *Jens Peter* (1847-85), dänischer Dichter, wuchs in Thisted in Nordwestjütland auf. Religiöse Anfechtungen in seiner Jugend ließen ihn das Christentum ablehnen. Sein Idealismus und Atheismus wurde durch die Lektüre u.a. von → Kierkegaard, → Ibsen und → Feuerbach genährt. Als Botaniker übersetzte er die Hauptwerke → Darwins ins Dänische. Um 1870 schloß sich J. der naturalistischen und positivistischen Bewegung an, die von Georg Brandes ausging, bewahrte aber innerhalb dieser eine große Selbständigkeit. Eines der Hauptthemen seiner Dichtung ist die romantische Wirklichkeitsfremdheit, die er bekämpft. In seiner Auseinandersetzung mit dem Christentum, wie sie am klarsten im Roman »Niels Lyhne« (1880) vorliegt, versteht er, von Feuerbach beeinflußt, das Gebet als den Ausdruck der brennendsten Wünsche der Persönlichkeit und die Gottheit als den »realisierten Wunsch des Herzens«. Glaube und Gebet enthalten einen Anspruch auf Wunder; wenn diese nicht eintreffen, muß man lernen, »das Leben sich um seine eigenen Gesetze formen zu lassen«. Die Religionsgeschichte wird evolutionistisch betrachtet, und J. erwartet mit → Comte, daß das Christentum von einer Humanitätsreligion abgelöst wird. Das Originale bei J. liegt darin, daß er nicht für den → Atheismus agitiert, sondern das Problem des Freidenkers mit tiefem psychologischem Verständnis darstellt.

Samlede Værker, 5 Bde, 1924-29. – Dt. GA v. M.Herzfeld (3 Bde, 1898/99), M.Mann u.a. ([1912] 1935), J.Sandmeier (3 Bde, 1927). – Über J.: B.Tigerschiöld, J.P.J. och hans roman Niels Lyhne (Diss. Göteborg), 1945 – W.Rehm, J. u. die Schwermut (in: Experimentum medietatis, 1947, 184-239). *G.Toldlerlund-Hansen*

Jacopone da Todi (Jacobus de Tuderto; ca 1230 bis 1306), hat wohl Jura in Bologna studiert, procuratore generale in Todi. 1268 heiratete er die legendäre »Vanna«, Tochter Graf Bernardinos von Collemedio. Ihr plötzlicher Tod veranlaßte ihn ca 1275 zum Eintritt in den Minoritenorden unter Stellungnahme gegen die → Konventualen. Angelo Clareno (»Chronica septem tribulationum«, 1323) berichtet, J. habe 1294 der Deputation an → Cölestin V. angehört. J. unterzeichnete am 10.5.1297 das Manifest gegen → Bonifatius VIII., weil dieser die Konzession für die → Spiritualen abgeschafft hatte. Bei der Einnahme von Palästrina kam er 1298 ins Gefängnis im Kastell San Pietro. Nach dem Tode des Bonifatius aus der Gefangenschaft entlassen, lebte er in Pantanelli und dann in Collazone zwischen Perugia und Todi.

Laude di frate J.d.T., ed. F.Bonaccorsi, Florenz 1490; die editio princeps wieder hg.v. G.Ferri, Bari 1915, v. S.Caramella, ebd 1930 – Le satire di frate J.d.T., ed. B.Brugnoli, Florenz 1914. – Über J.: A.D'Ancona, J.d.T. il giullare di Dio, Todi 1914 – F.Novati, Freschi e mini del Dugento, Mailand 1925 – Enciclopedia Ital. XVIII, 636f – EC VI, 1525ff – W. Nigg, Der christl. Narr, 1956, 63ff.

F.Bock

Jacquelot (oder Jaquelot), *Isaac* (1647-1708), ref. Theologe, * zu Vassy, ging nach der Aufhebung des Edikts von Nantes (1685) zunächst nach Heidelberg, dann nach Den Haag, wo er mehrere Jahre als Prediger wirkte. Seine arminianische Gesinnung (→ Arminianer) brachte ihn nicht nur in Konflikt mit → Jurieu, sondern auch mit den wallonischen Synoden von Leiden (1691) und Gouda (1694). Einem Rufe König Friedrichs I. folgend, begab sich J. 1702 nach Berlin, wo er bis zu seinem Tode Hofprediger und Pfarrer an der französischen Kirche war. In diese Zeit fällt seine Auseinandersetzung mit → Bayle, gegen den er die Vereinbarkeit von Glauben und Wissenschaft verteidigte.

Vf. u.a.: Dissertations sur l'existence de Dieu (gegen Spinoza), 1697; Conformité de la foi avec la raison, 1705; Examen de la théologie de M.Bayle, 1706. - Über J.: RGG³ III, 6 - BWGN IV, 529ff (Lit.). *H.R.Guggisberg*

Jäger, *Johann Wolfgang* (1647-1720), luth. Theologe, * in Stuttgart, einflußreich als Tübinger Theologie-Prof. (seit 1690), Kanzler, Mitglied des Konsistoriums. Er war u.a. → Bengels Lehrer, hat auch Chr.M. → Pfaff beeinflußt. J. legte Wert auf strenge Unterscheidung von kirchlicher Lehre und Mystik. → Spener wurde von ihm als Reformer geschätzt, aber → Chiliasmus und mystischer Spiritualismus (→ Poiret, → Bourignon) abgelehnt. Angeregt durch → Pufendorfs »Ius feciale divinum« (1695), darum mehr als die älteren Föderalisten naturrechtlich bestimmt, eroberte er der heilsgeschichtlichen Methode im Luthertum Boden (→ Bund: IV), wirkte aber zugleich durch von → Grotius stammende rationalistische Motive zersetzend auf die Orthodoxie. Seine Kompendien haben über Württemberg hinaus lange Zeit Schule gemacht.

Vf. u.a.: Ius Dei foederale, 1698; Historia ecclesiastica saeculi XVII..., 2 Bde, 1709-17; Systema theologicum dogmatico-polemicum, 1725. - Über J.: Jöcher II, 1828 - C.v.Weizsäcker, Lehrer u. Unterricht an der ev.-theol. Fakultät der Univ. Tübingen, 1877, 81ff - ADB XIII, 651 - Chr.Kolb, Die Anfänge des Pietismus u. Separatismus in Württ., 1902, bes. 28ff. 70ff - G.Schrenk, Gottesreich u. Bund im ält. Protestantismus... (BFChTh II, 5), 1923 - A.F. Stolzenburg, Die Theol. d. J.F.Buddeus u. d. Chr.M.Pfaff, 1926 - H.Hermelink, Gesch. d. ev. Kirche in Württ., 1949 (s. jeweils Reg.). *G.Schrenk (E.H.Pältz)*

Jäger und Jagdriten (J. = Jagd, Jä. = Jäger). Mit dem Jäger- (und Sammler-)tum, der ältesten Wirtschafts- und Lebensform der Menschheit, ist in der Regel eine spezifische emotionale Einstellung zu den Wildtieren (und anderen Naturwesen) gegeben, die sich in mystischen, religiösen und magischen Bindungen äußert. Zur jägerkulturlichen Ideologie gehören u.a. folgende Vorstellungen: a) Die Tiere als menschenähnliche, beseelte oder mit übernatürlichen Kräften und Fähigkeiten begabte Wesen; b) tierische Helfer, Gefährten und Schutzgeister (→ Geister: I) der Menschen; c) Verwandlungen von Menschen in Tiere und umgekehrt; d) geheimnisvolle Simultanexistenz zwischen einer Person und einem individuellen Tier im Sinne einer intimen, schicksalhaften Lebensgemeinschaft (Nagualismus, Tonalismus); e) Eingehen von Totenseelen in Tiere; f) das Höchste Wesen (→ Hochgottglaube) in seiner Funktion als Lebens- und Nahrungsspender auch Eigentümer des Wildes; g) Gottheit der J. und der Tiere, Wildgeist; h) Buschgeister und Speziesgeister der Tierarten (»Meister«, »Eigentümer«).

Aus solchen Glaubenselementen resultieren eine Reihe von Vorschriften, Praktiken und Riten, deren Beobachtung bzw. Durchführung für das Gelingen der J. als unerläßlich angesehen wird. Glaubens- und Brauchtum dieser Art findet sich bei vielen Jä.völkern in Nordasien, Nordamerika, Zentralafrika (Kongo-Pygmäen) und Südafrika (Buschmänner), lebt aber auch in Agrar- und Hirtenkulturen sowie im Bereiche von Hochkulturen weiter. Eine Sonderstellung nehmen die Jä.stämme → Australiens (: I) ein.

Weit verbreitet ist die Ansicht, daß die → Frau (: I) bzw. die → Menstruation einen ungünstigen Einfluß auf die Wildtiere ausübt. Daraus ergeben sich entsprechende Verhaltensweisen und Vorsichtsmaßregeln. Bei verschiedenen Völkern muß sich der Mann vor der J. des Geschlechtsverkehrs enthalten, oder die J.beute darf mit menstruierenden Frauen nicht in Berührung kommen. In anderen Fällen wieder kann die Frau zum J.erfolg beitragen, indem sie zu Hause durch bestimmte magische Praktiken ihrem Mann beim Auffinden des Wildes hilft.

Das Töten der J.tiere ist oft von einer religiösen Sphäre umgeben, bei vielen Völkern gilt die J. als heilige Beschäftigung. Wo Hochgottglaube vorliegt, gelten als strikte Gebote des Höchsten Wesens, nicht mehr Tiere zu erlegen als zum Lebensunterhalt notwendig ist, ferner das Fleisch nicht zu vergeuden (zB bei den Feuerland-Indianern oder den Algonkin Kanadas). Dieselben Forderungen finden sich auch in Verbindung mit dem → Herrn der Tiere oder der J.gottheit. Eine eigentümliche → Ambivalenz der Gefühle ergibt sich aus den Vorstellungen vom Beseeltsein der Tiere und den Kontrollgeistern der Tierspezies. Charakteristisch hierfür ist die Auffassung der Iglulik-Eskimo: »Die größte Gefahr des Lebens liegt darin, daß die Nahrung der Menschen gänzlich aus Seelen besteht. Alle Tiere, die wir töten und essen, haben Seelen wie wir sie haben, Seelen, die nicht mit dem Körper vergehen und versöhnt werden müssen, damit sie sich nicht rächen, weil wir ihnen den Körper genommen haben« (nach K.Rasmussen). Der Jä. muß animalisches Leben vernichten, um leben zu können, anderseits hat er jedoch eine Scheu davor. Aus diesem Zwiespalt erwuchs die weit verbreitete Vorschrift, das J.tier bzw. seine Seele oder seinen spirituellen Herrn um Verzeihung zu bitten oder die Schuld für das Getötetwerden des Tieres verbal einem Feind oder anderen Wesen zuzuschreiben. Gefürchtet wird der brechende Blick oder der letzte Atemzug des getroffenen Wildes. Er kann für den Jä. schädliche Folgen haben. Bei afrikanischen Völkern findet sich die Vorstellung, daß eine Art → Seele, die im → Blut, in Eingeweiden oder Körperenden bestimmter Tiere enthalten ist, an dem Jä. Rache übt. Sie ruft → Krankheiten hervor oder ergreift von Menschen Besitz. Um dem zu entgehen, verzichtet der Jä. auf den Genuß des zuerst erlegten Wildes oder unterzieht sich → Reinigungs-Riten (→ Waschungen, Beräucherungen u.a.). Andererseits ist man bestrebt, sich diese → Macht durch Verzehren von Blut oder Körperteilen des Tieres anzueignen.

Eine besondere Rolle spielen in den Jä.riten die Knochen des erlegten Wildes. Man darf sie nicht zerbrechen oder den Hunden vorwerfen, sondern muß sie sorgfältig deponieren oder versenken. Nichtbeachten dieser Vorschrift beleidigt die Tiere und veranlaßt sie, sich zurückzuziehen. Dem Schädel wird hierbei eine bevorzugte Behandlung zuteil. Der ideologische Hintergrund für diese Praktiken ist zT die Vorstellung von einer Knochenseele bzw. der Glaube an die Reinkarnation der Tiere aus ihren Gebeinen. Jägerische Wiederbelebungsriten erscheinen auch in Verbindung mit Fell, Harnblase (Versenken derselben durch ein Eisloch ins Meer bei Alaska-Eskimo) und Nachbildungen von Tieren. Der Gedanke des Zurücksendens der J.tiere zu ihrem Gebietergeist zeigt eine besondere Ausprägung in dem sehr komplexen → Bärenfest ostasiatischer Stämme (→ Ainu, Giljaken u.a.).

Eine charakteristische Opferform verschiedener Jä.völker (Pygmäen, philippinische Negrito u.a.) ist das sog. Primitialopfer (→ Erstlinge, 1; → Opfer: I). Von der J.beute wird, bevor man sie zum Genuß freigibt, ein kleiner Teil (vor allem lebentragende Organe) weggelegt oder verbrannt, um damit dem Höchsten Wesen huldigende Anerkennung seiner Eigentümerschaft über Leben und Nahrung zu zollen und weiteren J.erfolg zu sichern. Von ähnlichen Gedanken wird bei einigen sibirischen Stämmen (Samojeden u.a.; → Altaische Religion) die Darbringung von Schädeln und Langknochen der Rentiere geleitet. Vermehrungsriten für Wildtiere (und wildwachsende Nahrungspflanzen) sind für viele Stämme Australiens typisch. Solche Zeremonien werden an den heiligen Plätzen der mythischen Vorfahren (bzw. Totems), die die Naturdinge hervorgebracht haben, abgehalten und bestehen u.a. im Einreiben von ovalen Steinen (den Verkörperungen der Vorzeitwesen) mit Fett, Blut oder roter Farbe, Anfertigen von Sandfiguren, in Gesängen und pantomimischen Tänzen (→ Tanz). Bei kanadischen → Indianern (Algonkin) wird J.erfolg dadurch gewährleistet, daß zunächst die Seele des Jä.s die des J.tieres in geistiger Weise besiegt. Das geschieht in Verbindung mit → Träumen (»Im Traume jagen«), wobei man von seinem Schutzgeist auch Instruktionen über den Aufenthaltsort des Wildes empfängt. Mit Hilfe des Schulterblattorakels werden die Traumoffenbarungen in bestimmter Weise gelenkt (vgl. → Schamanismus).

Die einst bei Völkern des Sudan geübten Jägerinitiationen (→ Initiation) fanden zT in Höhlen statt. Die Jünglinge wurden nach dem Erlegen ihres ersten Wildes gemartert, hatten mit Tierblut Wandbilder anzufertigen und mußten bei Verlassen der Höhle auf den Fersen gehen, um übelwollende Geister zu täuschen. Diese Gebräuche geben Anhaltspunkte für die Beurteilung der von den jungpaläolithischen Jä.n stammenden Wandmalereien (naturalistische Tierfiguren u.a.) und sonstigen Funden in südfranzösischen und spanischen Höhlen (→ Felszeichnungen).

Schutz und Hilfe bei der J. gewähren ferner Impfungen mit Drogen, Einreibungen mit dem Blut des getöteten Wildes und J.amulette, wozu u.a. die im Magen der Tiere gefundenen gallensteinartigen Gebilde (Bezoarsteine) zählen. J.erfolg kann ferner durch Handlungen im Sinne von »Analogie- oder Sympathiezauber« (Beschießen von Tierfiguren, Dramatisieren der J. usw), die magische Vermehrung des Wildes noch durch imitative Tänze, zT mit Tierverkleidung, erzielt werden.

U.Holmberg, Über die J.riten der nördl. Völker Asiens u. Europas (Journal, Société Finno-Ougrienne 41), 1926 - A.I.Hallowell, Bear Ceremonialism in the northern Hemisphere (AmA 28), 1926 - A.Gahs, Kopf-, Schädel- u. Langknochenopfer bei Rentiervölkern (Festschr. W.Schmidt, Wien 1928, 231-268) - F.Speck, Naskapi. The Savage Hunters of the Labrador Peninsula, Norman 1935 - K.Lindner, Die J. der Vorzeit, 1937 - H.Baumann, Afrikanische Wild- u. Buschgeister (ZE 70, 1938, 208-239) - Ders., Nyama, die Rachemacht (Paideuma 4, 1950, 191-230) - A.Friedrich, Die Forschung über das frühzeitl. Jä.tum (ebd 2, 1941, 20-43) - Ders., Knochen u. Skelett in der Vorstellungswelt Nordasiens (WBKL 5, 1943, 189 bis 247) - D.Müller-Using, Zur Psychologie des Jägers (Homo 1, 1949, 143-147) - E.Lot-Falck, Les Rites de Chasse chez les Peuples Sibériens, Paris 1953 - Joh.Maringer, Vorgeschichtl. Religion, 1956 - A.Vorbichler, Das Opfer auf den uns erreichbaren ältesten Stufen der Menschheitsgesch. (St.Gabrieler Studien 16), 1956. *J.Haekel*

Jänicke, *Johannes,* ursprünglich *Jenjk* (1748-1827), erst Webergeselle und Lehrer (zuletzt in Barby), 1779 zweiter, 1792 erster und alleiniger Prediger der Böhmisch-luth. Bethlehemsgemeinde in Berlin. Durch den von der Londoner Missionsgesellschaft zum »Direktor der Mission in Deutschland« ernannten und mit der Brüdergemeine verbundenen Oberforstmeister v.Schirnding bestimmt, eröffnete J. am 1.2.1800 die erste deutsche Missionsschule, in der er selbst den Unterricht erteilte. Aus ihr gingen ca 80 Missionare (u.a. K. → Gützlaff) hervor, die in den Dienst der Dänisch-Halleschen, der Londoner und der Englischen Kirchenmission, der Niederländischen Missionsgesellschaft und der Judenmission traten. Sein Nachfolger und Schwiegersohn Rückert wandelte die Missionsschule 1823 in eine »Berlinische Missionsgesellschaft« um, deren Vereinigung mit der 1824 gegründeten Berliner »Gesellschaft zur Beförderung der ev. Mission unter den Heiden« er verhinderte, bis 1849 die Aufhebung verfügt wurde. J. gründete 1805 die »Biblische Gesellschaft«, aus der 1814 die »Preußische Hauptbibelgesellschaft« hervorging, 1811 mit S.Elsner einen Traktatverein, der 1816 »Hauptverein für christliche Erbauungsschriften in den preußischen Staaten« wurde.

E.Strümpfel, J.J. (AMZ 27, 1900, 308-315) - H.Schlyter, Karl Gützlaff als Missionar in China, Lund 1946. *W.Holsten*

Jahreszeiten. Das profane Jahr ist eine rein rechnerische Zeiteinheit. Grundsätzlich anders ist es mit den J., die Konkretisierungen → Heiliger Zeit sind. Schon die Naturvorgänge, der Lauf von → Sonne und → Mond und das immer neue Erwachen und Absterben der Natur legt den Gedanken der Wiederkehr innerhalb der Ebene des naturalen Geschehens nahe. Die religiöse Idee des Jahres und der J. bezieht indessen diese vordergründigen Phänomene auf numinose Wirklichkeit (→ Numinos), die die eigentlich bestimmende Macht ist. Es liegt eine Stufenfolge der Abhängigkeiten vor: die numinose Wirklichkeit manifestiert sich in der Zeit, deren Abschnitte durch natürliche Phänomene markiert werden, von denen wiederum der Lebens- und Arbeitsrhythmus des Menschen bestimmt wird. Das neue Jahr und seine J. werden daher in den Religionen durch rituelle → Feste immer aufs neue mit jener numinosen Wirklichkeit in Verbindung gebracht. Eine besondere Bedeutung hat daher der Jahresanfang (→ Neujahr). Der Ritus erstrebt die Erneuerung des Lebens unter Rückbeziehung auf den ersten Anfang, die Weltschöpfung (→ Schöpfung). Das ist bes. eindrucksvoll im altbabylonischen (→ Babylonien: II, 11) Neujahrsritual sichtbar. Aber auch im brahmanischen → Opfer (Shatapatha-Brâhmana VI, 5, 1ff) bedeutet die Erbauung des Opferaltars die erneute Erschaffung der Welt. - Die Abhängigkeit der J. und ihrer kultischen → Begehung von den Vorgängen der astralen Welt ist allenthalben in der Religionswelt zu beobachten: so ist zB der ägyptische Sonnengott Re (→ Ägypten: II, 2) der Herr der J. Nach babylonischem Glauben offenbart sich die göttliche Kraft in den vier J. und ebenso in den vier Phasen des Mondes. Neu- und Vollmondsopfer entsprechen in → Indien den drei J., der heißen, nassen und kalten Jahreszeit. Auch in der altchinesischen Religion (→ China: II) offenbart der Wechsel der J. die Schaffenskraft von → Himmel und → Erde, von Yang und Yin. Der Rhythmus der J. folgt dem die Welt bestimmenden ewigen → Gesetz. Der Frühling gibt allenthalben Anlaß zu Vegetationsfesten und zur Verehrung von Gottheiten, die für die Wiederkehr des Pflanzenwuchses sorgen, wie zB → Tammuz, der aus dem Totenreich (→ Tod: I) zurückkehrt, oder → Attis und der germanische Gott Baldr (vgl. → Germanische Religion, 9). Winterfeste werden oft mit Totenfeiern verbunden wie in China und Indien. - Zahlreiche Mythen (→ Mythos: II) spiegeln das im Wechsel der J. sich auswirkende numinose Urgeschehen wider; sie erzählen vom Kampf der Lichtgötter gegen die Mächte der Finsternis, der im Wechsel der J. sichtbar wird (vgl. → Auferstehung: I). Auch der Mythos von → Isis und Osiris hat den Wechsel der J. zur Grundlage.

H.Zimmern, Zum babylon. Neujahrsfest, 1906/18 - A.J.Wensinck, The Semitic New Year and the origin of eschatology (AcOr [L] 1, 1923, 158-199) - M.Eliade, Der Mythos der ewigen Wiederkehr, 1953. *G.Mensching*

Jahu (J^{e}hô, Jô, Jah) ist nach einigen eine – ihrerseits das noch kürzere Jau̯ (Jaw) voraussetzende – ältere Form des Gottesnamens → Jahwe, eher aber Abkürzung von Jahwe, wie Jô, Jah wiederum Kurzformen von J. sein werden. Bei Auffassung von Jau̯, J. als Jahwe voraufgehender Formen wird Jau̯ als kultekstatischer Ausruf oder als mit indoiranischem Djau-s »Himmel«, das auch in Zeus und Juppiter enthalten ist, identisch aufgefaßt, J. als Verlängerung von Jau̯ und Jahwe wiederum als Erweiterung von J. erklärt, wobei manche die Bildung der Form Jahwe dem Mose zuschreiben. Im AT kommt Jah als selbständiger Gottesname vor (etwa Ex 15, 2; 17, 16; Jes 12, 2), J., J^{e}hô und Jô aber nur als Bestandteil von Personennamen wie Adonijahû »Mein Herr ist J.« und J^{e}hônatan, Jônatan »J. hat gegeben«. Dagegen haben im 5.Jh. vChr die Mitglieder der jüdischen Militärkolonie von → Elephantine ihren Gott *nur* J., nicht Jahwe genannt, und in der synkretistischen Zauberliteratur der ersten Jh.e nChr findet sich unzählige Male 'Ιαω oder eine ähnliche Form als Name des jüdischen Gottes.

Lit. s. → Jahwe. *O.Eißfeldt*

Jahwe, Name des at. Gottes, dessen Lesung mit Vokalen freilich nicht überliefert, sondern durch gelehrte Kombination erschlossen ist. Überliefert ist *jehôwā,* wie denn in Kirchenlied und erbaulichen Schriften bis heute je und dann Jehowah begegnet. In Wahrheit ist j^{e}hôwā eine Mischform aus den Konsonanten des Gottesnamens jhwh und den Vokalen des seit etwa 300 vChr an dessen Stelle gebrauchten Appellativum '^{a}donaj »Der Herr« (→ Adonaj). Griechische Transkriptionen wie das bei Theodoret und Clemens Alexandrinus vorkommende 'Ιαβε und 'Ιαουαι haben in der ersten Hälfte des 19.Jh.s nChr zur Erkenntnis des wahren Tatbestandes geführt, und seitdem hat sich im wissenschaftlichen Sprachgebrauch J. durchgesetzt. Aber strittig ist die Erklärung dieses Namens. Meistens leitet man J. von hwh = hjh »sein«, »eintreffen« u.dgl. ab, wie das denn bereits die älteste uns bekannte Deutung des Namens in Ex 3, 14f tut. Aber darüber, ob J. Qal ist und »Er ist« bedeutet oder Hiphil mit der Bedeutung »Er ruft ins Dasein«, gehen die Meinungen auseinander, und auch bei gleicher grammatischer Erklärung bleiben recht verschiedene sachliche Deutungen möglich. Diese sind weithin durch die Vorstellung bedingt, die man sich von dem israelitischen Gottesglauben zur Zeit Moses macht. Um 1900, wo man ihn für ziemlich primitiv hielt, erklärte man J. gern als »Der Fallende« oder »Der Fällende« und sah darin einen Hinweis darauf, daß J. von Haus aus Blitz-, Gewitter- und Sturmgott sei. Heute, wo man sich die Anfänge der israelitischen Religion auf höherer Ebene liegend denkt (→ Gott: II, 1. 2), werden Deutungen wie »Der Befehlsgeber«, »Der Erhalter« bevorzugt, und es fehlt auch nicht an Stimmen, die sich für »Der Seiende« oder »Der ins Dasein Rufende« aussprechen. Wahrscheinlich ist J. den Israeliten erst durch → Mose (Ex 3 und 6), der seinerseits hier von den → Midianitern (Ex 3) abhängig zu sein scheint, bekannt geworden. Weiter ist es trotz einiger anders deutbarer Phänomene wohl sicher, daß J. nur in Israel und in den durch Israel beeinflußten Bereichen verehrt worden ist und daß an J. erinnernde Gottesnamen, wie sie für das 2.Jt. vChr etwa in Mesopotamien und in → Ugarit vorkommen, in Wahrheit mit J. nichts zu tun haben.

W.F.Albright, Contributions to Biblical Archaeology and Philology (JBL 43, 1924, [363-393] 370-378) - Ders., Further Observations on the Name *Yahweh* (ebd 44, 1925, 158-162) - H.Grimme, Sind *Yhw* u. *Yhwh* zwei verschiedene Namen u. Begriffe? (BZ 17, 1926, 29-42) - F.C.Burkitt, Yahweh or Yahoh (JThS 28, 1926/27, 407-409) - O.Eissfeldt, J.-Name u. Zauberwesen (ZMR 42, 1927, 151-186) - Ders., Neue Zeugnisse für die Aussprache des Tetragramms als J. (ZAW 53, 1935, 59-76; 54, 1936, 269) - G.R.Driver, The Original Form of the Name 'Yahweh' (ZAW 46, 1928, 7-25) - W.W.Graf Baudissin, Kyrios II, 1929, 168ff - J.Haenel, J. (NKZ 40, 1929, 608-641) - K.G.Kuhn, *jw, jhw, jhwh.* Über die Entstehung des Namens J. (Oriental. Studien E.Littmann, 1935, 25-42) - A.L. Williams, The Tetragrammaton-Jahweh, Name or Surrogate? (ZAW 54, 1936, 262-269) - A.Schleiff, Der Gottesname J. (ZDMG 90, 1936, 679-702) - R.A.Bowman, Yahweh the Speaker (JNES 3, 1944, 1-8) - B.D.Eerdmans, The Name Jahu (OTS 5, 1948, 1-29) - G.J.Thierry, The Pronunciation of the Tetragrammaton (ebd 30-42) - B.Alfrink, La Prononciation 'Jehova' du Tétragramme (ebd 43-62) - J.Obermann, The Divine Name *YHWH* in the Light of Recent Discoveries (JBL 78, 1949, 301-323) - Th.C.Vriezen, Ehje asher ehje (Festschr. A.Bertholet, 1950, 489-512) - S.Cohon, The Name of God (HUCA 23, 1, 1950/51, 579-604) - A.-M.Dubarle, La signification du nom de Iahweh (RSPhTh 34, 1951, 3-21) - A.Murtonen, The Appearance of the Name *Yhwh* outside Israel (StOr XVI, 3), 1951 - Ders., A Philological and Literary Treatise on the OT Divine Names (ebd XVIII, 1), 1952, 43-92 (*Yhwh*) - Ed.Dhorme, Le nom du Dieu d'Israël (RHR 141, 1952, 5-18) - G.Lambert, Que signifie le nom divin YHWH? (NRTh 74, 1952, 897-915) - J.Gray, The God *YW* in the Religion of Canaan (JNES 12, 1953, 278-283) - S.D.Goitein, *YHWH* the Passionate (VT 6, 1956, 1-9) - R.Dussaud, Yahwé, fils de El (Syria 34, 1957, 232-242) - M.Reisel, The Mysterious Name of Y.H.W.H., Assen 1957 - H.H.Rowley, Mose u. der Monotheismus (ZAW 69, 1957, 1-21) - N.Walker, Yahwism and the Divine Name »Yhwh« (ebd 71, 1959, 262-265). *O.Eißfeldt*

Jahwist (J) heißt nach der charakteristischen Verwendung des Gottesnamens → Jahwe das ältere der im → Pentateuch enthaltenen Erzählungswerke (neben dem eng mit J verflochtenen → Elohisten und der selbständiger eingefügten → Priesterschrift, die jedoch, zB in der Sintfluterzählung, auch eng mit J verbunden worden ist). J beginnt mit der Schöpfungs- und Urgeschichte, führt über die Patriarchen- und Mosezeit - jedenfalls nach einer älteren Auffassung - noch ins erste Jh. der Königszeit hinein, wobei die Reichstrennung (1Kön 12) gern als Schlußpunkt angenommen wird, während eine neuere Richtung in dem sog. negativen Besitzverzeichnis von Ri 1, einem gewiß alten, wenn auch später überarbeiteten Dokument, den Landnahmebericht von J und darin zugleich das Ende des Werkes sieht. Diese Auffassung betrachtet das jahwistische Werk als die erzählende Ausgestaltung eines alten Credo-ähnlichen Bekenntnisses, wobei allerdings weniger die eigene Erzählung als vielmehr die Auswahl und Anordnung überkommenen, vorab sakralen Überlieferungsgutes das Gesicht des Werkes bestimmt, nicht ohne daß an gewichtigen Punkten (zB vor Beginn der Flutgeschichte in Gen 6, 5-8 oder beim Übergang von der Urzeit zur Patriarchenzeit in Gen 12, 1-3) die eigene Deutung in kurzen Überleitungen kenntlich gemacht worden ist. Danach wird die → Geschichte (: I) einer von Gott erschaffenen, von ihm abgefallenen, bestraften und schließlich zerschlagenen Menschheit dargeboten; ihr wird in der Berufung des Ahnen Israels eine neue Verheißung gegeben, die in der Gewinnung des von Gott versprochenen Landes Kanaan eine gleichsam vorläufige Vollendung erfährt, ermöglicht durch eine gnädige Führung Gottes gegenüber einer durchaus pessimistisch betrachteten Menschheit. Eine solche Auffassung konnte mannigfache Widersprüche und Unausgeglichenheiten angesichts der verschiedenartigen Herkunft der einzelnen Stoffe mit größerer Gelassenheit hinnehmen, während die ältere Meinung, die stärker mit einer selbst gestalteten, durchlaufenden, schon nahe an → Geschichtsschreibung (:I) heranführenden Erzählung rechnete, eine komplizierte »innere« Geschichte des jahwistischen Werkes annehmen mußte, um der Widersprüche Herr zu werden (J^1 und J^2 oder L = Laienquelle und J). Gibt die jüngere Auffassung eine gute Erklärung, wie es zum jahwistischen Werk gekommen ist, nämlich als erzählende Ausgestaltung einer sakralen, aber in ihrer Verbindlichkeit aufgelockerten Tradition, so erinnert die ältere Richtung daran, daß eine solche Darstellung natürlicherweise bis zur Zeit der Abfassung herabzuführen und nicht bereits einige Jh.e vorher Halt zu machen pflegt. Da beide Auffassungen weitgehend die gleiche, nämlich judäische Herkunft und wenigstens annähernd die gleiche Entstehungszeit zwischen 950 und 900 vChr vertreten, wäre mit der Möglichkeit zu rechnen, daß eine ältere jahwistische Erzählung, die in der Bindung an ein Credo die Zeit von der Schöpfung bis zur Landnahme → Israels (: I) entfalten will, durch eine jüngere Erzählung vervollständigt worden ist, die in ähnlicher Weise wie das ältere Werk selbständige Überlieferungen aneinander gereiht hat, um angesichts neuerer geschichtlicher Ereignisse (Staatenbildung, → Davids Großreich) die Darstellung bis in die Zeit unmittelbar nach der Reichstrennung weiterzuführen.

Vgl. die Einl.en in das AT u die Kommentare, bes. zur →Genesis (zB G.v.RAD 7-33). - Ferner: H.SCHMÖKEL, Zur Datierung der Pentateuchquelle J (ZAW 62, 1950, 319-321) - G.HÖLSCHER, Geschichtsschreibung in Israel. Untersuchungen zum Jahwisten u. Elohisten (SVSL 50), 1952, 20ff.

O.Plöger

Jainas → Jinismus.

Jais, *Aegidius* (17.3.1750 bis 4.12.1822), kath. Priester, Erzieher und Erbauungsschriftsteller am Ende der Aufklärungszeit, * in Mittenwald, † in Benediktbeuern, wo er 1769 in den Benediktinerorden eintrat und auch seine letzten Lebensjahre verbrachte. 1778-88 war J. Gymnasialprof. in Salzburg, 1788-92 Pfarrvikar im Klösterl bei Walchensee, 1792-1802 Novizenmeister der bayerischen Benediktinerkongregation, 1803-06 Prof. für Moral- und Pastoraltheologie in Salzburg, dann bis 1814 Erzieher beim Großherzog von Toskana. J. verfaßte zT noch heute benutzte Schul- und Gebetbücher, pastoraltheologische Schriften, einen Unterricht und einen Katechismus der christ-kath. Glaubens- und Sittenlehre (beide 1807) und suchte dadurch und durch Predigten (die alle verstehen und die meisten brauchen können, 4 Bde, postum 1845), nicht ohne manche dogmatische Ungenauigkeiten, von der Aufklärung zu lebendiger Volksfrömmigkeit zu führen. Er war mit J.M. → Sailer befreundet.

Über J.: M.DIETL, P.J. nach Geist und Leben geschildert usw, 1826 - P.REGNER, A.J. als Pädagog, 1928 - LThK V, 250.

Ernst Wolf

Jakob, *Patriarch*

1. Der Name und sein Träger - 2. Traditionsgeschichte der J.-erzählungen - 3. J. im antiken Judentum und NT

1. Der *Name* des auf → Abraham und → Isaak folgenden Erzvaters ist gebräuchliche Kurzform der (westaramäischen) Namensbildung jaqob-el (»Gott möge beschützen«), die auch außerhalb der Bibel als Personen- und Ortsname (zB ANET 242) vorkommt. Volksetymologisch ist der Name in Gen 25, 26 von ʿaqeb »Ferse«, in Gen 27, 36 von ʿqb »betrügen« abgeleitet (vgl. Hos 12, 4; Jer 9, 3). Die Überlieferung, die J. zum Träger des Namens Israel (Gen 32, 29; 35, 10) und zum Vater der zwölf Söhne (→ Stämme) machte, hatte zur Folge, daß der Name J. auch als Volksname in der Bibel gebraucht wird (Gen 49, 7; Num 23, 7ff; bes. bei Jes, Mi und in den Pss).

Der ursprüngliche Personenname J., der ein Schutzverhältnis zum Sippen- oder Stammesgott voraussetzt, schließt die Auffassung J.s als einstiger Göttergestalt aus. Auch die Deutung als ursprüngliche Märchenfigur, Heros oder Stammeseponym hat sich nicht durchgesetzt. J. scheint vielmehr eine historische Einzelperson der späten Bronzezeit (17./13.Jh.) gewesen zu sein, wofür gewisse Parallelen des rechtlichen und gesellschaftlichen Lebens in den J.geschichten und den Tafeln von Nuzi (→ 3 D 3) sprechen könnten.

2. Dies bedeutet jedoch nicht, daß das geradezu biographisch abgerundete Bild der J.erzählungen der → Genesis in seinen Einzelheiten den geschichtlichen Werdegang des Erzvaters unmittelbar widerspiegelt. Dieses Bild ist vielmehr das Ergebnis einer langen und vielschichtigen *Überlieferungsgeschichte,* bei der zunächst in einem vorliterarischen Stadium disparate Traditionselemente auf die J.gestalt vereinigt wurden, um schließlich in den literarischen Schichten des → Pentateuch J, E, P und deren Zusammenarbeitung jene in einen genealogischen, zeitlichen und örtlichen Rahmen eingeordneten menschlichen Konturen und theologischen Akzente zu gewinnen, die die J.geschichte in Gen 25ff aufweist. Der Prozeß des Zusammenwachsens ursprünglicher Einzelerzählungen über J. und ihr historischer Hintergrund ist im einzelnen nicht mehr zu durchschauen. Doch lassen sich gewisse Schichten der J.überlieferung gegeneinander abheben, die Vermutungen über einzelne Stufen der traditionsgeschichtlichen Entwicklung gestatten. So sind zunächst die beiden, jetzt durch die Wanderungen J.s verknüpften westjordanischen und ostjordanischen Traditionskomplexe auseinanderzuhalten. Die urtümlichsten und charakteristischen Züge der J.-Esaugeschichten (Gegensatz von Jäger und Hirt Gen 27, 1ff) und die J.-Labanerzählungen (30f) sowie die Lokaltraditionen von Mahanajim (32, 2f), Sukkot (33, 17) und → Penuel (32, 25ff) und der Rest einer älteren J.grabtradition (50, 5. 10f) weisen auf eine ursprüngliche *ostjordanische* Heimat der alten J.überlieferung. Sie wurde vermutlich zuerst im Stamm Ruben gepflegt, der im genealogischen System stets als J.s Erstgeborener erscheint (Jepsen). - Schon der ältesten Traditionsstufe gilt J. als der Träger des Segens, den er nach 32, 27f der Gottheit abgerungen hat. Ob diese namenlose Gottheit mit dem »Gott J.s« (ʾabîr jăʿaqob 49, 24) im Sinne der Hypothese von → Alt (»Der Gott der Väter«) gleichzusetzen ist und die Urform dieser Gottesbegegnung noch nicht lokalisiert war (Jepsen), ist nicht zu entscheiden. Jedenfalls ist das Motiv des Segens, das in verschiedenen Abwandlungen wiederkehrt (27, 1-29; 30, 27. 30; 33, 11; 48, 8ff) und vielleicht auch dort noch durchschimmert, wo J. mit besonderen körperlichen Kräften (28, 18; 29, 10) und listiger Überlegenheit begabt erscheint (25, 27ff; 27, 18ff; 30, 25ff; 32, 4ff; 33, 1f), das hervorstechende Merkmal, das die Erinnerung an den Stammvater als Segensträger geprägt zu haben scheint. Während die Urform der ursprünglich nicht ortsgebundenen J.-Esau- und J.-Labanerzählungen noch in die Zeit des Weidewechsels vor der eigentlichen Landnahme der israelitischen Stämme (→ Israel: I) hinaufreicht, sind der J.überlieferung mit dem Seßhaftwerden des Stammes Ruben in Gilead die Lokaltraditionen von Penuel, Mahanajim und Sukkot (s.o.) zugewachsen, die sich in Resten noch erhalten haben. Beziehungen zu den östlichen → Aramäer-Stämmen (vgl. Dtn 26, 5) und die Grenzregelung zwischen ihnen und den Trägern der J.-überlieferung haben sich in den Geschichten von dem Vertrag zwischen J. und Laban in Mizpa-Gilead (Gen 31, 44-54) niedergeschlagen. Durch die Abwanderung von Splittern des Rubenstammes ins Westjordanland (vgl. Gen 35, 21f; Jos 15, 6) und durch Verbindung mit anderen Stämmegruppen (Simeon, Levi; Gen 34) wurde J. vielleicht in der gemeinsamen Kulttradition des Vätergottes im Sechsstämmebund der Leagruppe zum Vater der Leasöhne. Dabei faßte seine Tradition im Westjor-

danland Fuß an den Heiligtümern von → Sichem und → Bethel, deren kanaanäische Lokaltraditionen auf ihn übertragen und umgestaltet wurden (Gen 33, 18ff; 35, 2ff [vgl. 48, 22]; 28, 10ff). Erst mit der Landnahme der Josephstämme und der Entstehung des Zwölfstämmebundes »Israel« zur gemeinsamen Jahweverehrung war durch die Übernahme der J.tradition die Voraussetzung geschaffen, daß J. zum Ahnherrn »Israels« und Träger dieses Namens wurde (32, 29; 35, 10). In diesen Kreisen entstanden die Geschichten von den beiden Frauen J.s mit Bevorzugung der Rahel und der Geburt der zwölf Söhne (29f; 35, 16f) sowie die benjaminitische Überlieferung vom Rahelgrab (35, 19f). In Sichem und Bethel fand auch die Verschmelzung der kanaanäischen und der Vätergott-Kulttradition mit der Jahwereligion statt (vgl. 'el 'ælohê jiśra'el von Sichem, 33, 20). Die Tradition von der Wallfahrt von Sichem nach Bethel (Alt) 35, 1ff dürfte nach Verlegung des israelitischen Zentralheiligtums von Sichem nach Bethel aus dem Jahwekultritual in die J.erzählung aufgenommen sein. Die Rolle des alten J. in der → Joseph-Geschichte und sein Zug nach Ägypten scheint ihm in den Josephstämmen zugewachsen zu sein. In diesen Kreisen vollzog sich wahrscheinlich auch die Verknüpfung J.s mit dem Heiligtum von → Beerseba (28, 10; 46, 1ff) und der dort lokalisierten Gestalt des → Isaak (26, 25. 33; vgl. Am 5, 5; 7, 9. 16; 8, 14), der auf diesem Weg zum Vater J.s wurde.

Aus der Vormachtstellung des Stammes → Juda erklärt sich die Ausweitung der Vätergenealogie durch Voranstellung der Abrahamtradition und die stammesgeschichtliche Umdeutung der Esaugestalt zum Ahnherrn der den Judäern benachbarten → Edomiter in der Davidszeit. Die Komposition der disparaten Elemente der J.tradition zu einer zusammenhängenden Familiengeschichte mit einer gewissen biographischen Tendenz ist vermutlich erst durch den → *Jahwisten* geschaffen worden. Die Lokalisierung J.s und seines Grabes in → Hebron (vgl. 37, 14; 45, 28; 46, 1; 47, 29ff; 50, 5f), die Verlegung des Wohnsitzes des Laban aus dem Ostjordanland nach → Haran (28, 10; 29, 4), die verbindenden Wanderungen des Erzvaters und die Zerlegung der Bethelsage (28; 35) und der J.-Esauerzählung (25; 27; 33, 1ff) waren in diesem Zusammenhang die Folge der Einschaltung der J.-Labanerzählung und der Geburtsgeschichte der J.söhne. Auf den Jahwisten geht auch die letzte Ausgestaltung und theologische Akzentuierung der → Theophanie in Bethel und Penuel zurück, die mit der Übertragung der Abrahamverheißung auf J. (28, 13f; vgl. 12, 2f und Ps 105, 8ff) und dem in 32, 10ff vorgeschalteten Gebet J.s die J.erzählung in der Gesamttheologie der Vätergeschichte verankert.

Auf dem Weg der Transponierung stammesgeschichtlicher Überlieferung in Familiengeschichte und der Theologisierung der ursprünglich weithin profanen J.-geschichte ist der → *Elohist* weitergeschritten. Obwohl er bisweilen ältere Überlieferungselemente bewahrt hat, sucht er im Unterschied zu der kritischen Beurteilung J.s bei Hosea (Hos 12, 3ff. 13ff; vgl. Jer 9, 3; Jes 43, 27; Mal 3, 6ff) den Erzvater durch Beseitigung von Anstößen zu idealisieren, indem er zB den J. entlastet (Gen 31, 2. 4ff. 36ff) und dem Laban die Schuld zuschiebt. In 31, 9ff erscheint der Herdenreichtum, den J. nach der jahwistischen Darstellung durch List erworben hat (30, 25ff), als Segen Gottes; und auch J.s Flucht vor Laban wird durch göttlichen Befehl motiviert (31, 13). Derartige theologische Ausdeutung der J.geschichte führte zu dem Gedanken der göttlichen Erwählung des Erzvaters (Ps 105, 6; Mal 1, 2f). Auch darin unterscheidet sich die elohistische von der jahwistischen Darstellung, daß die Distanz zwischen Gott und Mensch in der J.-erzählung dadurch betont wird, daß Gott im nächtlichen Traumgesicht erscheint (28, 12ff; 46, 2) oder durch Vermittlung des Engels zum Menschen redet (31, 11ff; 48, 16).

In der → *Priesterschrift* ist die J.überlieferung unter Preisgabe aller bedenklichen Züge und bunten Einzelheiten zu einem dürftigen Tatsachenbericht zusammengerafft: in der Hauptsache 27, 46 - 28, 9 und 35, 9-13. 22b-27. Isaak überträgt den Abrahamsegen auf J. (28, 4) und sendet ihn zu Laban, damit er keine Kanaaniterin zum Weib nimmt (Mischehenfrage!). Nachkommen- und Landverheißung und der Ehrenname »Israel« werden ihm bei seiner Rückkehr in einer farblosen Theophanie zugesprochen (35, 9ff). Sein späterer Wohnsitz in Hebron (35, 27) und die auf seinen Wunsch erfolgte Bestattung in dem dortigen Erbgrab der Patriarchen (49, 29-33; 50, 12f) gibt der Zusammenschweißung der drei Vätergestalten in der Priesterschrift ihre einheitlich geschlossene Abrundung.

3. Im antiken *Judentum,* wo die J.überlieferung um legendäre Züge erweitert (Jub 32, 21-26) und auf die Gegenwart gedeutet wurde (4Esr 6, 8-10), und auch im *NT* sind die zu einer gleichwertigen Einheit zusammengefaßten drei Erzväter das Symbol der bundestreuen Judenschaft als Erben der Verheißung. Da jedoch nicht alle Nachkommen Abrahams und Isaaks Israeliten sind, wird im Judentum daneben auch die Bedeutung J.s als des eigentlichen Vaters des wahren Israel hervorgehoben. - Auch Paulus verwendet J. als Bezeichnung für Israel nach dem Fleisch (Röm 11, 26), lehnt aber den auf Geburtsvorrechte beschränkten Verheißungsanspruch der Juden ab mit der Begründung der göttlichen Erwählung J.s, die er in Röm 9, 13 aus Gen 25, 23 und Mal 1, 2f ableitet.

Vgl. außer der Lit. bei → Abraham: H.Gunkel, J. (PrJ 176, 1919, 339-362) - O.Eissfeldt, Stammessage u. Novelle in den Geschichten von J. u. seinen Söhnen (Gunkelfestschr., 1923, 56-77) - B.Jacob, Der Name J. (Litt. orientales 54, 1933, 16-19) - C.H.Gordon, The Story of J. and Laban in the Light of Nuzi Tablets (BASOR 66, 1937, 25-27) - Ders., The Patriarchal Narratives (JNES 13, 1954, 56-59) - Ders., Geschichtl. Grundlagen des AT, 1956, 113ff - A.Alt, Die Wallfahrt von Sichem nach Bethel (Bulmerincqfestschr., 1938, 218-230 = Alt I, 79-88) - Th.C.Vriezen, La tradition de J. dans Osée XII (OTS 1, 1942, 64-78) - Noth, ÜPent 58ff. 86ff. 216ff - K. Elliger, Der J.skampf am Jabbok (ZThK 48, 1951, 1-31) - C.A. Keller, Über einige Heiligtumslegenden (ZAW 67, 1955, 148-150. 162-168) - V.Maag, J.-Esau-Edom (ThZ 13, 1957, 418-429) - F.van Trigt, La signification de la lutte de J. près du Yabboq Gen 32, 23-33 (OTS 12, 1958, 280-309) - S.Mowinckel, »Rahelstämme« u. »Leastämme« (BZAW 77, 1958, 129-150). - Zu 3: Bousset, Rel. (s. Reg.) - ThW III, 191f.

A.Weiser

Jakob, 1. *Baradaios* (aus syrisch: Burdeʿana »der Zerlumpte«, daher griech. auch Tzantzalos), der eigentliche Organisator der westsyrischen monophysitischen Kirche (deshalb → Jakobiten), * um 490 in Gamawa nördl. Tella von wohlhabenden Eltern, † 30.7.578 auf einer Reise nach Ägypten, ein Mann entschiedenster Glaubensüberzeugung und überraschender Wendigkeit, genoß eine gute Bildung und asketische Schulung. 542 wurde er auf Drängen des monophysitischen Ghassaniden-Fürsten unter Mitwirkung von Justinians Gemahlin Theodora zum »Bischof von → Syrien« geweiht. Unermüdlich reisend, von byzantinisch-orthodoxen Häschern nie erreicht, weihte er 2 Patriarchen, 27 Bischöfe (darunter 12 ägyptische) und zahllose Priester und war die Seele seiner sich im Kampfe wider die Orthodoxie sammelnden Kirche, die er in engste Fühlung mit der ägyptischen brachte. Daneben war er in geringem Umfang geistlicher Schriftsteller.

Vita von → Johannes von Ephesus u. andern Monophysiten. - G.H.Kleyn, J.B., Leiden 1882 - A.Baumstark, Gesch. d. syr. Lit.,

1922, 174f (Lit.) - DERS. in: HO III/2-3, 1954, 182 - B.SPULER, ebd VIII, 1959 - GCAL I, 454 (auch Echtheitsfragen; Lit.). *B.Spuler*

2. *ben Ascher* (ca 1269-1343), * in Deutschland, lebte seit etwa 1303 in Spanien, einer der bedeutendsten Systematiker der Talmudwissenschaft. J.s Hauptwerk 'Ärbaʿā Ṭûrîm (»vier Reihen«, eine Anspielung auf die vier Reihen Edelsteine auf dem Brustschild des Hohepriesters) ist neben der Mischne Tora des → Maimonides und den Halachot des Isaak ben Jakob Alfasi († 1103) eines der heute noch meistbenutzten Talmudkompendien, zugleich die Grundlage des Šulḥan ʿArûk von Josef → Karo. Die vier Teile sind: 'Orāḥ ḥajjîm (Ps 16, 11) »Pfad des Lebens«, enthält die Gesetze für das Alltagsleben, Sabbat, Feste und Fasten; Jôræ deʿā (Jes 28, 9) »Lehrer der Erkenntnis«, behandelt die Speisegesetze, Götzendienst, Geschäftsleben, Tora, Mezuza, rites de passage, Bann, Krankheit, Totenbräuche u.a.; 'Aebæn haʿezær (1Sam 4, 1) »Stein der Hilfe«, behandelt die Ehe; Ḥošæn hammišpaṭ (Ex 28, 15) »Brustschild des Rechts«, das jüdische Zivil- und Strafrecht. Daneben gilt J.s Anordnung des Gebetbuchs Derek Haḥajjīm als sein bedeutendstes Werk.

Bibliogr.: EJud VIII, 809f. - Über J.: E.BANETH in: Festschr. z. 50jähr. Bestehen der Hochschule (für die Wiss. des Judentums zu Berlin), 1922, 49-100. *E.L.Rapp*

3. *von Edessa*, * um 640 bei Antiochien, † 5.6.708, einer der bedeutendsten und vielseitigsten Schriftsteller der → Jakobiten. J. leistete seiner Kirche vor allem als Erklärer des AT (unter Verbesserung älterer Übersetzungen), ferner durch philosophische, grammatische und historische Arbeiten (Fortsetzung der Chronik des → Eusebius) wesentliche Dienste. Seine leidenschaftliche und rechthaberische Natur ließ ihn nicht zu einer fruchtbaren kirchlichen Verwaltungstätigkeit kommen; das Bischofsamt in → Edessa (seit 684) mußte er nach 4 Jahren, nach einer 2. Wahl nach 5 Monaten niederlegen. Seither lebte er meist in Klöstern, zuletzt in Tell ʿAddā, auch hier vielfacher Anfeindung ausgesetzt. Sein Hauptverdienst besteht in der Durchsetzung des Hellenismus in der westsyrischen Theologie.

RE VIII, 551f; XXIII, 665f - A.BAUMSTARK, Gesch. d. syr. Lit., 1922, 248ff - DERS. in: HO III/2-3, 1954, 191f (Werke; Lit.) - GCAL I, 454ff (arab. Übers.). *B.Spuler*

4. *von Jüterbog* (1381-1465), Bauernsohn aus der Nähe von Jüterbog, trat um 1401 in das Zisterzienserkloster Paradies bei Meseritz ein (darum auch Jacobus de Paradiso), studierte seit 1420 Theologie in Krakau, wo er Prof. und Universitätsprediger wurde. 1441 reiste er zum Konzil nach Basel und trat Anfang 1443 in den strengeren Kartäuserorden in Erfurt ein, wo er zuletzt als Schriftsteller, nicht als Dozent, der Reform tätig war. J. war entschiedener Konziliarist (→ Reformkonzile). 1449 übersandte er Nikolaus V. seine freimütige Denkschrift: »Avisamentum ad Papam pro reformatione Ecclesiae«. Im selben Jahre ließ er enttäuscht die leidenschaftliche Klageschrift folgen: »Über die 7 Perioden der Kirche in der Apokalypse«: Die notwendige Reform könne nicht durch den Papst, sondern nur durch das die Kirche repräsentierende Konzil erfolgen. Sonst war J. traditioneller Scholastiker und Dogmatiker.

J.FIJALEK, Mistrz Jakób z Paradýza i Uniwersytet Krakowski w okresie soboru Bazylejskiego, 2 Bde, Krakau 1900 - G.OERGEL, Mitt. d. Vereins f. d. Gesch. u. Altertumskunde von Erfurt 22, 1901, 139 bis 145 - TH.BRIEGER, ZKG 24, 1903, 136-150 - F.SCHILLMANN, ebd 35, 1914, 64-76 - VerfLex II, 1936, 568ff - L.MEIER, Die Werke des Erfurter Kartäusers J.v.J. in ihrer handschriftl. Überlieferung (BGPhMA 37, 5), 1955 (Bibliogr.). *E.Barnikol*

5. *von Metz* OP, las zu Beginn des 14.Jh.s zweimal über die Sentenzen des → Petrus Lombardus. In seinem in 2 Fassungen überlieferten Sentenzenkommentar wendet er sich oft gegen → Thomas von Aquino. So beanstandet die Gegenschrift des Herveus → Natalis 42 Punkte, in denen J. von Thomas abweicht. Von J. ist wahrscheinlich → Durandus de S.Porciano abhängig, nicht aber umgekehrt, wie Martin annahm.

JOS.KOCH, J.v.M., der Lehrer des Durandus de S.Porciano (AHDL 4, 1929/30, 169-232) - R.M.MARTIN, La controverse sur le péché originel au début du XIVᵉ siècle (Spicilegium Sacrum Lovaniense 10), 1930, 185ff (dazu Jos.KOCH, Bulletin Thomiste 8, 1931, 327 bis 333) - F.STEGMÜLLER, Rep. Comm. in Sententias Petri Lombardi I, 1947, 186f. *B.Decker*

6. *von Mies* (Jakobellus, Jakoubek = der kleine J.; ca 1372-1429), aus Wickau bei Mies. An der Universität → Prag mit Joh. → Huß befreundet, wurde er 1397 Magister, 1400 Prof. und erhielt 1407 nach Huß die Pfarre St.Michael in Prag-Altstadt. Bestärkt durch die deutschen Waldenser aus Dresden, trat er 1414 maßgebend für das Abendmahl sub utraque in Schrift und Tat ein.

F.M.BARTOŠ, Die literarische Tätigkeit des Mag. J.v.M., Prag 1925 (tschech.) - DERS., Mag. J.v.M. Der zweite Gründer des Hussitismus (Jihočeský sborník histor. 12, 1939, 1-14; tschech.) - W.WOSTRY, Mag. J.v.M. (Festschr. der Bergstadt Mies, 1931, 58-73). *K.Oberdorffer*

7. Bischof *von Nisibis* (→ 3 C 2; † 338), den → Ephräm als seinen Lehrer bezeichnet und in den »Carmina Nisibena« preist. Ob Ephräm freilich schon 325 mit ihm in Nicäa weilte, wo J. auf seiten des → Athanasius stand, ist nicht klar. Schriften von J. sind nicht bekannt; später wurden ihm (bes. in armenischer Überlieferung) einige Werke → Afrahats zugeschrieben. Unklar ist auch, ob er der eigentliche Gründer der Theologenschule in Nisibis war.

Acta Martyrum, ed. P.BEDJAN, IV, 1894, 262f - RE VIII, 559 - DCB III, 325ff - A.BAUMSTARK, Gesch. d. syr. Lit., 1922, 31. 34. 44.

8. *von Sarug* (451-521), namhafter syrischer Kirchendichter, der vor allem Stoffe des AT und NT sowie Heiligenleben behandelte (Homiliae Selectae, hg.v. P. Bedjan, 5 Bde, 1905-10; vieles noch unveröffentlicht); daneben war er auch Prosaschriftsteller. In Edessa ausgebildet, neigte er als »Perihodeut« (Visitator) offensichtlich dem Monophysitismus zu (was moderne unierte Syrianer bestreiten); 519 Bischof von Batnä.

RE VIII, 559f - A.BAUMSTARK, Gesch. d. syr. Lit., 1922, 148ff - DERS. in: HO III/2-3, 1954, 184 (Werke; Lit.) - GCAL I, 444ff (arab. Übers.) - I.ARMALA, Mār Jaʿqūb, Dschūnija (Libanon) 1946 (arab.) - P.PEETERS in: AnBoll 66, 1948, 134-198 (beides zur Frage des Monophysitismus) - P.KRÜGER in: L'Orient Syrien II/1, 1957, 125ff. *B.Spuler*

9. *von Viterbo*, Augustinereremit († 1307/08), Schüler des → Ägidius von Rom, 1293 Magister der Theologie in Paris, 1302 Erzbischof von Neapel. J. verfaßte u.a. einen Sentenzenkommentar, 4 Quodlibeta und Quaestiones de praedicamentis in divinis. Sein 1302 entstandenes Hauptwerk De regimine christiano (ed. H.X.Arquillière, Paris 1926) ist der erste systematische Traktat über die Kirche.

DThC VIII, 305ff - M.GRABMANN, Die Lehre des J.v.V. von der Wirklichkeit des göttl. Seins (Philosophia perennis I, 1930, 209-232) - DERS., Die Lehre des ... J.v.V. vom Episkopat u. Primat u. ihre Beziehung zum hl. Thomas v. Aquin (Episcopus, 1949, 185-206) - D. GUTIÉRREZ, De beati Iacobi Viterb. vita, operibus et doctrina theologica, Rom 1939 - EC VI, 333f - F.STEGMÜLLER, Rep. Comm. in Sententias Petri Lombardi I, 1947, 187f. *B.Decker*

10. *von Vitry* (ca 1170-1240), * Reims, † Rom. Prediger, Bischof von Akkon 1216, Kardinalbischof von Frascati

1228. Nach Pariser Studien wirkte J. in Frankreich und Deutschland als Kreuzzugsprediger, in Brabant als Seelsorger der frommen Frauenkreise um Maria von Oignies († 1213), deren Vita er schrieb (AS Juni V). An der Kurie erwirkte er 1216 die päpstliche Erlaubnis für religiöse Frauengemeinschaften ohne Ordenszugehörigkeit (→ Beginen), deren Gesinnungsverwandtschaft mit → Humiliaten und → Franziskanern er erkannte. Seine Briefe (ed. R.Röhricht, ZKG 14-16, 1894-96) und Predigten (Exempla ed. G.Frenken, 1914; ed. J.Greven, 1914), vor allem seine »Orientalis et occidentalis Historia« (ed. Fr.Moschus, Douai 1597) bezeugen sein kundiges, förderndes Verständnis für die religiösen Bewegungen seiner Zeit, für die alten und neuen Orden.

Ph.Funk, J.v.V., 1909 - J.Greven, Die Anfänge der Beginen, 1912 - Ders., HJ 43, 1923, 15-57 - E.W.McDonnell, The Beguines and Beghards in medieval culture, New Brunswick 1954, 20ff (Lit.).
H.Grundmann

Jakobiten, die monophysitische Landeskirche des westlichen → Syrien (: IV), die sich in den christologischen Kämpfen des 5. und 6.Jh.s (→ Christologie: II, 5) gegen die orth. Kirche abgrenzte und - nach der Beendigung des acacianischen Schismas (→ Acacius, 3) 518/19 durch die byzantinische Orthodoxie weitgehend zerschlagen - von → Jakob Baradaios seit 542 zu einer festgefügten Konfession zusammengeschmolzen wurde. Deshalb wurde sie (seit dem 8./9.Jh.) nach ihm jakobitische Kirche (j.K.) genannt. Heute lehnt die Kirche den Namen J. ab und nennt sich (im Sinne eigener Rechtgläubigkeit) syrisch-orthodox. - Anders als die monophysitischen Kirchen → Armeniens (: II), → Ägyptens (: IV) und → Äthiopiens (: III) war die j.K. nie eine geschlossene Landeskirche. Sie fand vor allem bei der semitischen Bevölkerung des syrischen Hinterlandes Anhang, während die griechischen Städte mehr der Orthodoxie zuneigten. Eine für sie kennzeichnende Form der Askese wurde das Stylitentum (→ Mönchtum: II). Die Schwächung des Griechentums durch die muslimische Eroberung im 7.Jh. bedeutete deshalb eine Verstärkung der Stellung der J., die sich inzwischen - zT auf Kosten der → Nestorianer - auch im nördlichen Zweistromlande mit dem Mittelpunkte Mossul ausgebreitet hatten. Hier oder in der Nähe residierte seit dem 7.Jh. der »Primas des Ostens« (syr. »Maphrian« = »Befruchter«, weil er Bischöfe weihen konnte) als Haupt der östlichen Kirchenprovinz (→ Marutas, → Barhebräus). In diesem Raume und weiter westlich um Nisibis (→ 3 C 2), Edessa (→ 3 B 2) und Ṭur ʿAbhdīn blieb seither der Mittelpunkt der j.n K. Ihre Patriarchen, die sich nach Antiochien nennen, lebten meist auf der Wanderschaft und residierten an zahlreichen Orten und Klöstern dieses Raumes, zZ in Ḥimṣ (Syrien). Sie tragen seit 1292 (von da bis 1494 mehrere Patriarchate) zur Erinnerung an → Ignatius von Antiochien den Namen Ignaz; Ignaz XXXVIII. Ephraem Bar Ṣaumā (1933-57) ragt als Kirchengeschichtsschreiber seiner Konfession hervor. Nachfolger ist Ignaz XXXIX., Jakob III. Severios (seit 27.10.1957).

Durch die arabische Eroberung um 640 dem byzantinischen Druck entzogen, verlor die j.K. seit dem 7., bes. aber im 13. und 14.Jh. Mitglieder an den Islam und zählt (nach blutigen Verfolgungen) heute etwa 90 000 Seelen (davon 20 000 in der Türkei); 8 Metropoliten, 3 Bischöfe, 5 Klöster; 1 Diözese mit 5000 Seelen in USA. - Ihre auf → Severus zurückgehende phthartolatrische Position (→ Christologie: II, 5a) hat sich seit dem 8.Jh. auch bei den Armeniern durchgesetzt. Seitdem besteht mit ihnen und den andern Monophysiten enge Gemeinschaft, jetzt auch im Ökumenischen Rate. - Im 17.Jh gelang den J. die Gewinnung eines Teils der → Thomas-Christen; im selben Jh. verloren sie einen Teil ihrer Gläubigen an die Union (→ Unierte Kirchen), die sich bes. in der Zeit 1900/10 stark ausbreitete. - Bei aller wissenschaftlichen Regsamkeit (→ Syrische Literatur) hat die j.K. bei der Weitergabe des spätantiken Erbes an den Islam eine dem Nestorianismus vergleichbare Rolle nicht spielen können.

R.Devreesse, Le patriarcat d'Antioche, 1945 - B.Spuler, Die Gegenwartslage der Ostkirchen, 1948 - Ders. in: Saeculum 9, 1958, 322-344 - Ders. in: HO VIII, 1959 (Lit.) - E.Honigmann in: CSCO 127. - H.W.Beyer, Der syr. Kirchenbau, 1925 - A.M.Schneider in: NAG 1949 - A.Lüders, Die Kreuzzüge im Urteil syr. u. armen. Qu. (Diss. Hamburg), 1953 - P.Kawerau, Die j. K. im Zeitalter der syr. Renaissance, 1955. - A.Baumstark, Festbrevier ..., 1910 - A.Rücker, Die syr. Jakobusanaphora, 1923. - DThC I/2, 1399ff; X, 2216ff; XIV, 3017ff; XIX, 295ff. - Laufende Berichterstattung: B.Spuler, halbjährlich in IKZ, seit 1939 - L'Orient Syrien, Paris, seit 1956.
B.Spuler

Jakobsegen (Gen 49, 2-27), eine Sammlung von Sprüchen über die → Stämme Israels; sie gehört zu den ältesten Zeugnissen für die Zwölfzahl wie für die Zusammenfassung der Leastämme (Ruben, Simeon, Levi, Juda, Sebulon, Issachar V. 3-15) und der Rahelstämme (Joseph, Benjamin V. 22-27) zu eigenen, ursprünglich selbständigen Gruppen. Abgesehen von verschiedenem Umfang unterscheiden sich die Sprüche in der Form; teils sind sie Epigramme, die die Stämme in ihrer Eigenart charakterisieren (Sebulon, Issachar, Dan, Gad, Asser, Naphtali), und dienen mehr profanem Lob oder Tadel. Teils sind sie Orakel im eigentlichen Sinne, vermitteln → Segen (bes. Juda, Joseph) oder Fluch (Ruben, Simeon, Levi); hinter ihnen steht prophetisches Denken. ZT haben sie ihre jetzige Form - wie die Sammlung als ganze - durch die Verbindung beider Elemente erhalten (Juda, Dan, Joseph). Die Sprüche sind wohl ursprünglich selbständig und unabhängig voneinander, auch nicht zu gleicher Zeit entstanden. Die in ihnen vorausgesetzten geschichtlichen Verhältnisse lassen sich nicht auf einen einheitlichen Nenner bringen; vielfach spiegeln sie sehr frühe, später so nicht mehr greifbare Verhältnisse wider (Vorrangstellung Rubens in seiner Gruppe, → Levi noch weltlicher Stamm); für die Kenntnis der frühen Geschichte → Israels (: I) sind sie daher von großer Bedeutung. Die Frage, ob die Form dieser Stammessprüche aus den kultischen Festen der Amphiktyonie (→ Stämme Israels) entstanden sind, muß offen bleiben; doch kann nicht bezweifelt werden, daß für solche Stammeslieder feste Schemata vorlagen (vgl. zB den → Mosesegen). - Die Sprüche über Ruben, Simeon, Levi sind in der jahwistischen Quelle der Gen (→ Jahwist) vorbereitet (Gen 35, 22; andere Tradition: 34, 25; 49, 6). Trotz dieser Berührungen wird man anzunehmen haben, daß der Segen von Haus aus nichts mit ihr zu tun hat, sondern erst nachträglich an seiner jetzigen Stelle (innerhalb der → Josephs-Geschichte) eingearbeitet wurde. Jedenfalls sind nach dem gegenwärtigen Zusammenhang die Sprüche dem sterbenden → Jakob in den Mund gelegt, gemäß der Überzeugung der Alten, daß der Mensch im Augenblick seines Todes hellseherische Fähigkeiten entwickelt und sein das Geschaute aussprechendes Segenswort bes. wirksam ist. Durch diese Redaktion wurde der Charakter des Orakels auch auf solche Sprüche übertragen, die ihn zunächst nicht hatten.

Der J. will die Vormachtstellung → Judas, das im → Deboralied nicht erwähnt, nach dem Mosesegen von seinem Volk getrennt ist, begründen und erhärten. Hier wird seine Herrschaft vorausgesetzt (49, 10) und deren Erhaltung prophezeit. Schwierigkeiten macht V. 10 mit dem umstrittenen šīlō. Gegenüber den Konjekturen, die es als Verschreibung eines Wortes (etwa für »Herrscher«) ansahen, hat die jüngste Auslegung wieder stärker an das amphiktyonische Heiligtum (→ Schilo) gedacht und die

Aussage zeitgeschichtlich gedeutet. Der Tenor von V. 11 legt aber nach wie vor das messianische (auf → David zielende) Verständnis nahe. Die Eigenart des Josephspruches liegt außer in seiner Länge in seinen Berührungen mit kanaanäischem Sprachgebrauch (→ Ugarit). Auffallend ist nach der Feststellung der Führerstellung Judas seine starke Betonung und Segnung. Daher hat man vermutet, daß eine ursprünglich beabsichtigte Übertragung des Erstgeburtssegens auf Joseph sekundär zugunsten Judas geändert wurde. Eher kann man an eine Zeit denken, in der Joseph zwar stärker und reicher war, Juda aber die Vorherrschaft hatte. Das war die Zeit des ungeteilten Reiches unter David und Salomo. In ihr wird der J. zusammengestellt sein mit der Absicht, diesen Zustand zu legitimieren und vielleicht auch sich daraus ergebende Spannungen auszugleichen.

Außer den Kommentaren zur → Genesis u. den Einl.en in das AT: J.Lindblom, The Political Background of the Shilo Oracle (VT Suppl. 1, 1953, 78-87) - J.Coppens, La bénédiction de Jacob (ebd 4, 1957, 97-115; Lit.). *H.J.Stoebe*

Jakobus, 1. *Sohn des Alphäus,* wird als Jünger Jesu in allen Apostelverzeichnissen (Mt 10, 3; Mk 3, 18; Lk 6, 15; Apg 1, 13) genannt, ohne daß Näheres über ihn bekannt wäre. Mk 15, 40 (16, 1 par?) begegnet ein J. »der Kleine«, Mk 2, 14 ein Levi, Sohn des Alphäus. Von hier aus ergeben sich (und zwar schon in den nt. Hss. selbst) mancherlei Kombinationen. Wenn man zB Joh 19, 25 mit Mk 15, 40 zusammenfaßt und bereit ist, Klopas = Alphäus zu setzen, ergibt sich die Verwandtschaft des J. mit Jesus usw. Zu all dem besteht jedoch aus den Quellen kein Anlaß bzw. keine Möglichkeit.

2. *Sohn des Zebedäus,* wird in den synoptischen Evangelien (nicht im JohEv) stets zusammen mit seinem Bruder Johannes - und zwar vor ihm, weil er der Ältere war? - genannt, und das in so enger Verbindung, daß ihn speziell charakterisierende Züge nicht begegnen und alles über ihn Auszusagende dem für → Johannes entspricht. Obwohl er mit diesem und → Petrus zusammen zu Jesu Lebzeiten zum Kreis der engen Vertrauten gehört, hat er nach Jesu Tod offensichtlich keine der seines Bruders entsprechende Rolle gespielt. Sein Tod (spätestens 44 von → Herodes Agrippa hingerichtet) wird Apg 12, 2 ausdrücklich berichtet, so daß zumindest für ihn sich die Martyriumsvoraussage Jesu (Mk 10, 35ff) erfüllt hat. Trotzdem hat die Legende ihn in → Spanien, wo er als Heiliger von Santiago de Compostela verehrt wird, wirken und begraben sein lassen. Hier wie anderswo hat man ihn auch (zu Unrecht) als Verfasser des → Jakobusbriefes angesehen.

3. *Bruder Jesu,* Haupt der Urgemeinde zu Jerusalem (Gal 1f; Apg 12, 17; 15, 13; 21, 18), nach → Hegesipp (bei Euseb, h. e. II, 23) u.a. mit dem Beinamen »der Gerechte«. Zu Lebzeiten Jesu hat J. der Botschaft und dem Anspruch Jesu zusammen mit der ganzen Familie zumindest mißtrauisch gegenübergestanden. Nach dem Tode Jesu finden wir (Apg 1, 14) die ganze Familie jedoch unter der ersten Gemeinde. Wenn Paulus 1Kor 15, 7 von einer Erscheinung Jesu vor J. berichtet (ausführlich im → Hebräerevangelium dargestellt, vgl. Hieronymus, de viris ill. 2), so liegt es nahe, hier den Wendepunkt für die Haltung des J. (und der Familie?) zu suchen. Wie J. von früh an zu den »Säulen« (Gal 2, 9) gehören (→ Apostel), ja sogar alsbald (oder sogleich?) zum eigentlichen Haupt der Urgemeinde (→ Urchristentum) werden konnte, ist nicht eindeutig. Ohne Zweifel war dafür die Brudereigenschaft, zusammen mit der (Berufungs[?]-)Erscheinung Christi vor J. maßgebend. Sicher sind aber auch die Persönlichkeit wie die Haltung des J. von Bedeutung gewesen (→ Amt: II, 1). Schon früh scheint J. zum Repräsentanten der »strengen« Richtung in der Urgemeinde geworden zu sein und dadurch entscheidenden Einfluß erhalten zu haben (anders ist die Kapitulation des Petrus und der anderen in Antiochien, Gal 2, nicht zu erklären). In diese Richtung weist auch - trotz aller legendarischen Ausschmückungen - der Bericht des Hegesipp, der J. zum exemplarischen jüdischen Frommen, ja Heiligen macht. J. ist (nach Josephus, Ant. XX, § 200) i.J. 62 auf Veranlassung des sadduzäischen Hohenpriesters Ananos zusammen mit anderen durch Steinigung hingerichtet worden (→ Christenverfolgungen). - Schon früh hat man - im Interesse der Steigerung der Stellung Marias - die leibliche Bruderschaft des J. bestritten und ihn, zusammen mit den anderen Brüdern Jesu, zu Söhnen aus einer ersten Ehe Josephs gemacht bzw. durch Gleichsetzung mit 1 zum Vetter Jesu erklären wollen, im eindeutigen Gegensatz zu den klaren Aussagen des NT.

Th.Zahn, FGNK VI, 1900, 225ff - RE VIII, 571ff - E.Schwartz, ZNW 4, 1903, 48-61 - H.v.Campenhausen, Die Nachfolge des J. (ZKG 53, 1950/51, 133-144) - E.Stauffer, Zum Kalifat des J. (ZRGG 4, 1952, 193-214) - M.Dibelius, Der Brief des J. (MeyerK XV[8]), bearb. v. H.Greeven, 1956, 10ff. *K.Aland*

Jakobusbrief

1. Verfasser, Zeit, Ort, literarischer Charakter - 2. Inhalt

1. Gegen die Autorschaft des Herrenbruders (→ Jakobus, 3) und den Frühansatz des J.es, verfochten von Th. Zahn (1897) und neuerdings von G.Kittel (1942), bestehen aus inneren wie aus äußeren Gründen erhebliche Bedenken, wie dies bereits von Erasmus und Luther erkannt wurde.

Daß der J. selbst vom Herrenbruder geschrieben sein will bzw. seine Autorität für sich in Anspruch nimmt, scheint nach 1, 1 deutlich. Trotzdem taucht der J. erst seit Origenes in der Kirche des Ostens auf; noch Euseb nennt ihn zwar als von zahlreichen Gemeinden benutzt, betont aber zugleich, er werde für unecht gehalten. Erst sehr spät setzt er sich allgemein durch. Damit wird - vgl. die schnelle Verbreitung der → Paulusbriefe usw - von vornherein unwahrscheinlich, daß der J. vom Herrenbruder geschrieben sein könnte. Innere Gründe kommen dazu: der Brief ist in einem gepflegten Griechisch geschrieben (und zwar im Original, er gehört nicht zur Übersetzungsliteratur; das griechische Präskript 1, 1 des J.es hat zB keine Parallele im NT außer Apg 15, 23!); vor allem aber: Wenn der J. tatsächlich die Haltung des Herrenbruders bzw. zum mindesten eines erheblichen Teiles der Urgemeinde der Frühzeit zum Gesetz und zum Judentum widerspiegelte, würde uns Paulus und der Kampf seines Lebens zum Rätsel. Denn die Frage der Ritualgesetze besteht für den Verfasser gar nicht; er kann 1, 25; 2, 12 ganz unbefangen vom »Gesetz der Freiheit« schreiben, das in der sittlich guten Handlung besteht, für welche er in seinen Ausführungen Richtlinien gibt. Eine solche Haltung zum → Gesetz (: IV, 4) und eine solche Auffassung des Christenstandes ist uns aus den Apostolischen Vätern seit 96 nChr wohlbekannt. Worauf beruht die Zuschreibung an Jakobus denn eigentlich? Auf dem einen Vers 1, 1! Nur an einer Stelle (2, 1) begegnet außerdem der Name Christi noch, und zwar ganz beiläufig; irgendeine direkte Bezugnahme auf den Erdenwandel Jesu und seine Taten, wie jedes direkte Zitat eines Herrenwortes fehlt. Von da aus hat man (zB Spitta und Massebieau) sogar die Ansicht vertreten, der J. sei überhaupt keine ursprünglich christliche, sondern eine jüdische, später von einem Christen oberflächlich bearbeitete Schrift. Auf derselben Linie hielt A.Meyer den J. für eine jüdisch-hellenistische Allegorese über den Erzvater Jakob und die 12 Stämme, die später umgearbeitet worden und nur in der verstümmelten Form des J.es auf uns gekommen sei. Beide Annahmen unterliegen erheblichen Bedenken. Für eine Zuschreibung an den Herrenbruder bleiben lediglich die Anklänge an die Synoptiker, wie sie sich aber auch anderswo (zB Did!) finden; sie erklären sich aus der gemeinsamen Tradition (s.u.). Die Naherwartung und die soziale Lage schließlich, welche der J. voraussetzt, sind durchaus derjenigen der Apostolischen Väter verwandt; das Problem Glaube-Werke findet sich - bes. im 1Clem - in genau derselben Form, nur daß der 1Clem meint, auf der Seite des Paulus zu stehen (wie Hebr usw), während der J. auf die Gegenseite tritt - gemeinsam ist beiden das Unvermögen, die eigentliche Position des Paulus zu begreifen. All das erklärt sich ungezwungen nur bei einer Ansetzung des J.es etwa um 100 oder bald danach. Der Verfasser ist (vgl. 3, 1) einer der »Lehrer«, der aus reicher Tradition schöpfend, Übernommenes und Eigenes miteinander verbindend, zur Christenheit allgemein (sie ist unter den »zwölf Stämmen in der Zerstreuung« zu verstehen) spricht, und zwar in der Form eines Sendschreibens (→ Briefliteratur, 3). Es handelt sich um einen → »katholischen« Brief, wobei die Briefform nur lose festgehalten wird. Die pseudonyme Form hat manche Parallelen. Eine genauere Festlegung des Entstehungsortes ist nicht möglich. Zwar sind jüdische Elemente nicht zu verkennen, aber etwa »Abraham, unser Vater« (2, 21) bedeutet um 100 nichts mehr für die Herkunft des Schreibers wie der Adressaten, sondern wird von den Christen mit Selbstverständlichkeit auf sich selbst bezogen (vgl. → Barnabasbrief). So wird man, selbst wo man »palästinensische« Anklänge zu hören meint, nicht unbedingt auf Palästina als Entstehungsort schließen können. Der Verfasser steht, was bes. M.Dibelius betont hat, im Strom der Paränese (→ Formen: II, 2d). Diese ist damals durchaus »interkonfessionell« und »international«. Von hier aus ergibt sich eine gewisse Berührung auch zu manchen Abschnitten der Lehrüberlieferung Jesu bei den Synoptikern (vgl. zB die Problematik Arm-Reich im LkEv). Dazu kommt möglicherweise die direkte Beeinflussung durch Topoi der christlichen Moralpredigt bzw. der mündlichen Tradition, wie wir sie ebenfalls bei den Apostolischen Vätern finden. Ob der J. in den »antignostischen Kampf« hineingehört (so Schammberger und Schoeps), ist nicht sicher.

2. Eine eigentliche »Theologie« besitzt der J. nicht; was er vorträgt, ist Ethik. Seine Paränese entbehrt, sofern er nicht (wie 2, 1 - 3, 12) zusammenhängende Themen behandelt, nicht selten des Zusammenhangs, gelegentlich ist nicht einmal eine Gruppierung nach einander auslösenden Stichworten erkennbar. - Der J. beginnt mit einer Mahnung, in Anfechtungen fest zu stehen (von einer Verfolgung ist nicht die Rede), die Versuchungen kommen nicht von Gott (1, 2-18). »Seid Täter des Worts, nicht Hörer allein« (1, 22), der »reine und unbefleckte Gottesdienst« (1, 27) besteht in Taten der Nächstenliebe und darin, sich von der Welt unbefleckt zu erhalten. 2, 1-13 bringt die erste Polemik gegen die Reichen, 2, 14-26 die Behandlung des Problems Glaube-Werke: → Glaube (: III, 3b) ohne Werke ist in sich selber tot, der Mensch wird durch Werke gerecht, nicht durch den Glauben allein. 3, 1-12 fordert Zucht der Rede und des Urteils über andere (bes. die Lehrer). Die wahre Weisheit zeigt sich in gutem Wandel, Unfriede kommt aus den eigenen Lüsten (3, 13-18); wer der Welt Freund sein will, wird Gottes Feind (4, 1-10). Richtet einander nicht (4, 11-12); wer Pläne machen will, bedenke, daß er das Morgen nicht kennt (4, 13-17). Bes. den Reichen steht Elend bevor als Strafe dafür, daß sie das Elend der Unterdrückten nicht geachtet haben (5, 1-6). »Der Richter ist vor der Tür« (5, 10), deshalb werden die Christen zur Geduld (5, 7-11) ermahnt, zur Enthaltung vom Eid (5, 12), zur Fürsorge für die Kranken (5, 13-18; → Ölung, letzte) und zur Liebe gegenüber irrenden Brüdern (5, 19-20).

Die Einl.en in das NT; von den Kommentaren zum J. bes. M. DIBELIUS, MeyerK XV⁸, bearb.v. H.GREEVEN, 1956 (Lit.). - Ferner: A.MEYER, Das Rätsel des J.es (BZNW 10), 1930 - G.KITTEL, Der geschichtl. Ort des J.es (ZNW 41, 1942, 71-105) - DERS., Der J. u. die Apostolischen Väter (ZNW 43, 1950/51, 54-112) - K.ALAND, Der Herrenbruder Jakobus u. der J. (ThLZ 69, 1944, 97-104) - W. BIEDER, Christl. Existenz nach dem Zeugnis des J.es (ThZ 5, 1949, 93-113).
K.Aland

Zur *Auslegungsgeschichte* (s. auch → Schriftauslegung: IV, → Katholische Briefe):

Qu.: 4.Jh.: Chrysostomus (MPG 64). - 13.Jh.: Martin v.Leon (MPL 209). - 16.Jh.: Zwingli (ed. SCHULER-SCHULTHESS VI/2, 1838, 249-290). - 17.Jh.: Joh.Lorinus SJ, Lyon 1619 - Balthasar Paez, Antwerpen 1623 - Joh.Ludwig Wolzogen, Amsterdam 1656 - Joh.Pricaeus, London 1660 - Franciscus Gomarus, Amsterdam 1664 (Opera theol.).

Lit.: G.KAWERAU, Die Schicksale des J.es im 16.Jh. (ZWL 10, 1889, 359-370) - P.ALTHAUS, »Bekenne einer dem andern seine Sünden«. Zur Gesch. von Jak 5, 16 seit Augustin (Festg. f. Th.Zahn, 1928, 165-194) - H.FRIESENHAHN, Zur Gesch. der Überlieferung u. Exegese des Textes bei Jak 5, 14f (BZ 24, 1938/39, 185-190) - J. SILY, El texto de Santiago »Confesaos los unos a los otros los pecados« en los once primeros siglos de la Iglesia (Ciencia y Fe, jul. 1950, 7-22) - DERS., El texto... en los siglos 12-15 (ebd abril-junio 1953, 1-21).
W.Werbeck

Jakobus-Liturgie →Gottesdienst: V A, 1 c, →Liturgie: III.

Jam (Gottheit) → Ugarit, 3.

Iamblichus aus Chalcis in Coelesyrien († ca 325), Schüler des → Porphyrius, Begründer der syrischen Schule des → Neuplatonismus. Erhalten sind Teile seiner »Kompilation pythagoreischer Lehren« (s.u.). I. ist heute als Verfasser der wichtigen pseudonymen Schrift »De mysteriis« anerkannt, die neuplatonische Lehren mit chaldäischen und hermetischen (→Hermetica) vereinigt. Verloren sind die Schriften über die Chaldäische Theologie, über Götter, Götterbilder, die Seele und Kommentare zu → Plato und → Aristoteles. Doch sind davon außer zahlreichen Fragmenten reiche Reflexe bes. bei Kaiser → Julian und → Proklus erhalten. - I. bildet das System des → Plotin weiter, indem er über dessen Eines noch ein schlechthin unaussprechliches Urprinzip stellt und die zwischen dem Einen und der sinnlichen Welt vermittelnden → Hypostasen vermehrt. Zwischen die intelligible Welt und den Bereich der Seele schiebt er die intellektuelle Welt der denkenden Wesen ein. Der Stufenfolge des Seins entspricht eine Hierarchie zahlreicher Klassen von Göttern und höheren Wesen (→ Engel, → Dämonen, → Heroen). In deren Aufgliederungen spielt die Dreizahl eine beherrschende Rolle. Astrologischer Einfluß ist unverkennbar. - Sein letztes Ziel erreicht der Mensch nicht wie bei Plotin durch philosophische Theoria, sondern durch die Theurgie, dh das vollkommene Vollbringen hl. Handlungen durch die Kraft geheimer geoffenbarter Symbole in Opfer und Gebet. Durch sie erlangt er Vereinigung mit den Göttern, deren wahre Schau und → Gnosis, vollkommene Reinigung und Tugend, Befreiung aus den Banden des Schicksals und Glückseligkeit. Neben der eigentlichen Theurgie finden die volkstümlichen Methoden der → Mantik und → Magie bei I. ihre theoretische Begründung. - I. bildet einen Markstein in der Entwicklung des Neuplatonismus. Dieser wird zum Gerüst einer umfassenden spekulativen Theologie des heidnischen Polytheismus, die Hellenisches mit Orientalischem vereinigt. Auf ihr versuchte Julian die staatliche Restauration des Heidentums aufzubauen. Auch darüber hinaus ist der Einfluß des I., der von seinen Nachfolgern als der »Große« und »Göttliche« selbst Plato gleichgestellt wurde, beträchtlich. Über Proklus wirkt er auf → Dionysius Areopagita. In der italienischen Plato-Renaissance des 15.Jh.s erlebte er bes. durch Marsilio → Ficino eine Auferstehung.

De vita Pythagorica ed. L.Deubner, 1937; Protrepticus ed. H.Pistelli, 1888; De communi mathematica scientia ed. N.Festa, 1891; In Nicomachi arithmeticam introductionem ed. H.Pistelli, 1894; Theologumena arithmeticae ed. V.De Falco, 1922; De mysteriis ed. G.Parthey, 1857 (Neuausg. in Vorb. von M.Sicherl). - Über I.: Ü I, 612ff. 191f* (Lit.) - M.P.Nilsson, Gesch. der griech. Religion II, 1950, 428ff (Lit.) - A.-J.Festugière, La révélation d'Hermès Trismégiste III, Paris 1953, 177ff - H.Lewy, Chaldaean Oracles and Theurgy, Le Caire 1956 - M.Sicherl, Die Hss., Ausg.n u. Übers.en von I. De mysteriis (TU 62), 1957. *M.Sicherl*

Jammes, *Francis* (1868–1938), franz. Schriftsteller, hängt eng mit dem → Symbolismus (: II) zusammen und war einer der Jugendfreunde → Gides. Er ist auch in seinen Romanen wesentlich Lyriker. Sein Naturgefühl und seine Liebe zu den Tieren und »einfachen« Menschen wirken heute nicht selten gekünstelt. Sicher ist, daß er den Symbolismus wieder mehr mit »Wirklichkeit« erfüllt hat. J. wurde berühmt durch seine Gedichtsammlung »De l'Angélus de l'Aube à l'Angélus du Soir« (1898). Dort bringt er in sehr freier Prosodie und Sprachform zuerst sein Mitgefühl mit den Menschen und Tieren, seine Ergebenheit in das menschliche Schicksal und eine vage Religiosität zum Ausdruck. Unter dem Einfluß → Claudels bekennt er sich 1906 zum Katholizismus. Er vertritt einen wesentlich dichterischen, nicht geistig erfaßten, gefühlsbestimmten, manchmal fast banalen Glauben. In seinen »Géorgiques chrétiennes« (1912) wird diese kath. Frömmigkeit noch belastet durch eine Verherrlichung des ländlichen Lebens und der bäuerlichen Menschen, durch eine Annäherung an das Idyllische. Im »Roman du lièvre« (1903) sehnt sich der in den Himmel aufgenommene Hase auf die Erde zurück, jene Erde, mit der J. sich so innig verbunden fühlte. Der Pfarrherr von Ozeron in dem gleichnamigen Roman (1918) betet zu einem Gott, der die Tiere und Pflanzen liebt. Von den Prosawerken haben die drei Bände der »Mémoires« (1921–23) die meiste Aussicht auf dauernden Erfolg. In ihnen hat J. Porträts der Dichter seiner Zeit mit höchst interessanten literarischen Erlebnissen und Erfahrungen persönlicher Art vereinigt und so ein eigenartig farbiges Zeitgemälde geschaffen. Bedeutend ist auch sein Briefwechsel mit Gide, Valery Larbaud, Albert Samain und Colette.

GA 5 Bde, 1913–26. - R.Mallet, F.J. (Poètes d'aujourd'hui 20), 1950 (Lit.) - J.-P. Inda, F.J. et le pays basque, 1952 - Ders., F.J., Du Faune au Patriarche, 1952. *E.Schramm*

Jan van Ruysbroek (1294–1381), * im gleichnamigen Dorf bei Brüssel, studierte freie Künste und Theologie, wirkte seit 1318 als Vikar an St.Gudula in Brüssel. Seinen Dienst verrichtete er mit großem Ernst und kämpfte gegen die Schwächen und Irrtümer seiner Zeit. Die → Brüder des freien Geistes lehnte er scharf ab. Immer mehr ergab er sich der Kontemplation und schrieb seit 1350 seine mystischen Traktate, von denen gleich der erste (»Chierheit der gheestliker brulocht« [»Zierde der geistlichen Hochzeit«]) den stärksten Einfluß übte. 1353 zog er sich ins neue Augustinerkloster Groenendaal bei Brüssel zurück, wo er als Prior und Vorbild der Frömmigkeit lebte. Dort besuchten ihn → Tauler und Gert → Groote, dem er den Grundgedanken für die → Brüder vom gemeinsamen Leben vermittelt haben soll. Stärker in der Heimat zu wirken, war ihm nicht beschieden. Von Meister → Eckehart ist er beeinflußt. Seine 12 Traktate beweisen das zur Genüge. Sprache und Gedanken sind bisweilen verschwommen. Die Überschwänglichkeit führte oft zu Mißverständnissen. Die lat. Übersetzung verdeutlicht manches. J.v.R. geht aus von der göttlichen Ruhe. Der Geist hat über drei Klippen zu steigen, um Gott zu erreichen. Folgt er Christus nach, so kann er sich »in der Verborgenheit des Geistes« erneuern und erlebt in der Hingabe die »Brautfahrt Christi«. - Wegen seiner schwärmerischen Erfahrungen wurde J. v.R. doctor ecstaticus genannt. - Vgl. → Mystik: VI.

J.v.R. Werken, ed. R.-Genootschap, Antwerpen 1931; Werke, 4 Bde, 1950. - Über J.v.R.: W.L.de Vreese, Bijdrage tot de kennis van het leben en de werken van J.v.R., Gent (1896) 1911² - A.v. Otterloo, J.R. Een bijdrage tot de kennis van den ontwikkelingsgang der mystiek, s'Gravenhage 1896 - C.G.N.de Vooys, M.Eckart en de nederlandse mystiek (NAKG NS 3, 1905, 50–92. 176–194. 265 bis 290) - G.F.Wappelart, L'union de l'âme avec Dieu d'après la doctrine du J.R., Brüssel 1916 - A.Wautier d'Aygalliers, R. l'admirable, Paris 1923 - G.Dolezich, Die Mystik J.v.R.s (Bresl. Stud. z. hist. Theol. 4), 1926 (Hss., Übers.en, Ausg.n, Lit.) - M.d'Asbeck, La mystique de R. l'Admirable, Paris 1930 - J.Kuckhoff, J.v.R. der Wunderbare, 1938 - M.Smits van Waesberge, Kath. Nederlandse Mystiek, Amsterdam 1947 - EKL III, 729f (Lit.). *R.Stupperich*

Jannes und Jambres. In 2Tim 3, 8 werden J. und J. als die ägyptischen Zauberer genannt, die nach Ex 7, 11ff Mose entgegengetreten sind. Dieselben Namen finden sich in der jüdischen Literatur: aram. joḥanna (= Johannes) ist zu Jannes gräzisiert worden, und Jambres ist aus māmre (»der Widerspenstige«) entstanden. Von ihnen berichtet die Legende, daß sie Mose verhöhnten, Israel beim Durchzug durch das Rote Meer vernichten wollten und ihm auch während des Wüstenzuges auf alle Weise zu schaden versuchten. Die Anspielung 2Tim 3, 8 läßt erkennen, daß die Geschichte von J. und J. als bekannt vorausgesetzt wird und daher bereits in vorchristlicher Zeit entstanden sein muß.

RE VIII, 587f - Schürer III, 402ff - JewEnc VII, 71 - Bill. III, 660ff - ThW III, 192f - UJE VI, 37f. *E.Lohse*

Jánosi (spr.: Jaanoschi), *Zoltán* (1868–1942), ungarischer ref. Pfarrer und Politiker, religiöser Sozialist, * in Nagyléta, † in Füzesgyarmat. Nach dem Studium in Debrecen, Zürich und Budapest 1897 Pfarrer in Hajdusámson, 1902 in Debrecen, wurde J. Landtagsabgeordneter und nach der Oktoberrevolution Staatssekretär, während der Räterepublik Gewerkschaftssekretär. Von den rumänischen Besatzungstruppen interniert, wurde er 1921 vom ref. Konventualgericht strafversetzt. 1922 mit oppositionellem Programm nochmals zum Abgeordneten gewählt, trat er in die sozialdemokratische Fraktion ein, mußte aber 1924 auf sein Mandat verzichten. Seit 1922 war J. Pfarrer in Füzesgyarmat. Er wandte sich in Wort und Tat gegen die Verbindung der Kirche mit der damaligen Sozialstruktur Ungarns und forderte radikale Bodenreform, allgemeines Wahlrecht, vereinheitlichtes staatliches Schulsystem, Umbau von Wirtschaft und Gesellschaft nach dem Prinzip christlicher Brüderlichkeit. 1952 wurde er vom ref. Konventualgericht rehabilitiert.

Revisionsakten in Református Egyház, Okt. 1952, 3–5. *M.Bucsay*

Janow, *Matthias von* († 1394), aus einem südböhmischen ritterlichen Geschlecht, war schon früh dem Freundeskreis des Johann Militsch von Kremsier und Mag. Adelbert Ranconis in Prag verbunden. Er studierte seit 1371 in Paris, wurde 1375 zum Magister der Philosophie promoviert und widmete sich danach dem Theologiestudium. Nach seiner Rückkehr erhielt er die Pfarre Michelsdorf, 1381 ein Kanonikat am Veitsdom in Prag. J. gehörte zum Kreis der tschechischen »devotio moderna«. Durch seine Seelsorgstätigkeit und Schriften warb er für Verinnerlichung und wahre Nachfolge Christi. Durch sein Eintreten für Kirchenreform, täglichen Sakramentenempfang und die Rückkehr zum Geist des Urchristentums sowie durch seinen Kampf gegen die übertriebene Heiligen- und Bilderverehrung kam er mit der kirchlichen Obrigkeit in Konflikt. 1389 mußte er widerrufen und auf seine Pfründe verzichten. Er zog sich aufs Land zurück und schrieb sein Hauptwerk »Regulae veteris et novi testamenti« (hg.v. V.Kybal und O.Odložilik, 5 Bde, 1908-27), das nach Palacky richtiger »das wahre und falsche Christentum« heißen müßte. Seine Lehre wurde für → Jakob von Mies wegweisend.

V.Kybal, M.Matěj z Janova, 1905 - A.Naegle, Der Prager Kanonikus M.v.J. (Mitt.en des Vereins für Gesch. d. Dt. in Böhmen 48, 1910, 1-17) - R.R.Betts, M.v.J. (JThS 32, 1931, 344-351) - Ch.N. Gandev, Joachimitische Gedanken im Werke des M.v.J. (Časopis Národního Musea 111, 1937, 1-28; tschech.) - R.Schenk, M. z J., 1954 (Auswahl aus den Regulae; tschech.). *J.Hemmerle*

Jansen, 1. *Cornelius* (1585-1638), * in Accoy (Nordholland), studierte mit seinem Freunde → Duvergier in Löwen. Dort wurde er 1617 Leiter des holländischen Kollegs, 1619 Doktor, 1630 Prof. der Theologie an der Universität, Ausleger des Pentateuchs, dann 1636 Bischof von Ypern; Gegner der französischen Kirchen- und Kabinettspolitik. - Seit 1627 arbeitete J. an seinem Lebenswerk »Augustinus«, das postum 1640 erschien. In Anknüpfung an → Bajus vertrat er eine Gnadenlehre, in der die gratia victrix als alleinige Quelle alles guten Tuns vor Gott bezeichnet wurde. J. war Gegner des → Voetius und der → Jesuiten. Sein mit kirchlichem Imprimatur versehenes Hauptwerk wurde von → Urban VIII. i.J. 1642 verurteilt und gab zur Entstehung des → Jansenismus Anlaß.

Vf. bes.: Augustinus seu doctrina S.Augustini de humanae naturae sanitate, aegritudine, medicina adversus Pelagianos et Massilienses, 3 Bde, Löwen 1640. - Lit.: J.Orcibal, Les origines du Jansénisme, Löwen-Paris 1947 (bisher 3 Bde) - L.Ceyssens, Autour de la publication de la bulle »In eminenti« (RHE 49, 1954, 90-115). - Weiteres s. → Jansenismus, → Port Royal. *F.W.Kantzenbach*

2. *Heinrich,* nach seinem Geburtsort in der Veluwe/ Niederlande *van Barneveld* oder *Barreveldt* genannt, † um 1594. * im ersten Viertel des 16.Jh.s, wurde der nur wenig gebildete Leineweber etwa 1550 Anhänger, Hausgenosse und Vertrauter des Mystikers H. → Niclaes, dessen Schriften er vertrieb. Doch bald fiel er von diesem ab und trat selbst - ebenfalls konfessionell indifferent - als Prophet auf. Er entkleidete die Lehren des Meisters ihrer hierarchisch-kultischen Bestandteile und predigte eine streng individualistische → Mystik (: VII), Verzicht auf eigene Heiligkeit und völlige Hingabe der Seele an Gottes Wesen. Für seine Anhänger schrieb er unter dem Pseudonym Immanuel *Hiel* (»Das einwesige Leben«) zahlreiche, meist ca 1580 gedruckte Schriften und Sendbriefe (1687 in deutscher Übersetzung neu herausgegeben). Sie wurden im Pietismus vielfach (zB von → Breckling, G. → Arnold, → Poiret) hochgeschätzt.

Hauptschrift: Het boeck der ghetuygenissen van den verborghen Acker-schat. - Über J.: F.Nippold, Heinr.Niclaes u. das Haus der Liebe (ZHTh 32, 1862, 362. 384-387. 394-402) - RE V, 755 (Art. »Familisten«) - BWGN IV, 1931, 498ff (Bibliogr., Lit.). *J.F.G.Goeters*

Jansenismus

1. Verlauf - 2. Religiös-kulturelle Grundeinstellung - 3. Relation zu anderen Gruppen - 4. Nachwirkungen - 5. Weltgeschichtliche Stellung des J.

1. Der J. ist eine nach Cornelius → Jansen benannte innerkath. Oppositionsbewegung in → Frankreich (: I, 5) und den → Niederlanden (: I) während des 17. und 18.Jh.s. - Jansen schreibt gegen die jesuitische Gnadenlehre, → Duvergier zugunsten von Bischofsmacht und Pfarrgeistlichkeit gegen papalzentralistische Ansprüche und gegen diejenige Ordensgeistlichkeit, die Seelsorge treibt, von Bischöfen unabhängig sein und direkt dem Papst unterstehen will, bes. gegen die → Jesuiten; Antoine → Arnauld wendet sich gegen die jesuitische Sakramentspraxis. Sie finden hiermit Zustimmung, und → Port Royal wird ein jansenistischer Mittelpunkt. Dagegen wenden sich die päpstlichen Bullen »In eminenti« (1641), »Cum occasione« (1653), »Ad sacrum« (1656) und »Vineam Domini« (1705). Sie verurteilen speziell fünf »Propositiones«, die den Hauptinhalt des »Augustinus« Jansens ausmachen sollen, und zwar ausdrücklich »in sensu auctoris«. Der Papst sei befugt, verbindliche Entscheidungen über die Frage zu fällen, in welchem Sinne Sätze eines Buches gemeint seien; demgegenüber genüge es nicht, nur ein »ehrfürchtiges Stillschweigen« zu bewahren, zu dem sich mehrere Führer bereit erklärt hatten. Der J. wird zeitweilig vom gallikanischen Königtum gestützt. Als dieses aber im Gegensatz zu Rom im sog. Regalienstreit umfassendere Einkünfte aus unbesetzten Pfründen beansprucht, werden jansenistische Bischöfe, denen die Kirche als solche höher steht als der Staat, die Verbündeten Roms gegen Paris. So kommt es unter → Clemens IX. zum sog. Kirchenfrieden zwischen J. und Rom. Als der Papst sich dann mit Ludwig XIV. verständigt, ist der J. isoliert und wird von beiden verfolgt. Port Royal wird zerstört, Arnauld, → Gerberon und → Quesnel fliehen nach → Belgien (, 1a). Aus Quesnels Werk »Le nouveau Testament Français avec des réflexions morales« werden 101 Sätze durch die Bulle → »Unigenitus« (1703) verurteilt. Nach zT tumultuarischen, zuletzt aber doch erfolglosen Protesten vertreten nach Ludwigs XIV. Tode vor allem Mitglieder der Amtsaristokratie an den Parlamenten, dh den obersten Gerichtshöfen, einen gemäßigten gallikanisch-antijesuitischen J. Nach der französischen Revolution wird er durch die zur Macht gelangende → Neuscholastik ausgemerzt (→ Consalvi).

2. Die *Gnadenlehre* des J. steht in der Kontinuität nachtridentinischer Gnadenstreitigkeiten (→ Gnade: IV, 4). Deren markanteste Ereignisse waren die Verurteilung des → Bajus sowie die Congregatio de auxiliis gratiae gewesen. Durch → Clemens VIII. einberufen, diskutierte letztere die jesuitisch-dominikanischen Differenzen. Der Jesuit → Molina hatte in seiner »Liberi arbitrii cum gratiae donis ... concordia« (1588) der Willensfreiheit den weitesten Spielraum zugewiesen und dies mit der »Scientia media«, mittels deren Gott auch das »Bedingt-Zukünftige« weiß, in Zusammenhang gebracht. Der Dominikaner → Báñez und seine Anhänger Lemos und Alvarez operierten demgegenüber mit der »gratia efficax« und der »praedeterminatio physica«, die den menschlichen Willen beeinflussen soll. Sie betonen somit stärker die Wirkung der göttlichen Gnade. Doch fällte die Congregatio de auxiliis keine definitive Entscheidung. Jansen selbst lehrte, an Bajus anknüpfend und unter Berufung auf → Augustin, einige Gebote Gottes seien auch für den Gerechten unerfüllbar; die innere Gnade sei unwiderstehbar; zum sittlichen Handeln sei im Stande der gefallenen Natur nicht Freiheit von der Notwendigkeit, sondern nur vom Zwang notwendig (dies der Hauptinhalt der fünf »Propositiones«, s. 1). Trotz Annäherung in der → Prädestinations-Lehre distanziert man sich aber von → Calvin und seinen Anhängern (→ Arnauld, → Jurieu). - Auch die *Moraltheologie* steht in der Kontinuität innerkath. Auseinandersetzungen. Zentral ist die kasuistische Frage nach Art und Grad der Wahrscheinlichkeit, mit welcher ein Handeln oder Unterlassen als nicht sündhaft angesprochen werden könne. Die meisten

Jesuiten standen an dem einen Ende der Reihe, beim → Probabilismus, der in bezug auf Erlaubtheit am weitesten geht, die Dominikaner mit ihrer offiziellen Ordensdoktrin, dem »Probabiliorismus«, in der Mitte, die meisten Jansenisten am entgegengesetzten Ende, beim »Rigorismus«. Er postuliert die unbedingte Sicherheit des sündlosen Charakters eines Tuns oder Unterlassens, bevor es erlaubt werden könne. Die jesuitische Bereitwilligkeit, manches zu erlauben, was andere kath. Theologenschulen nicht gestatteten, wurde bes. in → Pascals »Lettres écrites à un provencial« verspottet und dadurch weithin bekannt. Hier werden aber einem fingierten Jesuiten mehrere Aussagen in den Mund gelegt, die der Ordensdoktrin nicht entsprechen (→ Escobar y Mendoza). - Kath. Lehren, das Wesen und die Siebenzahl der *Sakramente* betreffend, werden nicht beanstandet. Anders als von vielen kath. Theologen werden dagegen folgende Fragen beantwortet: a) Ist oftmaliger Empfang des Altarsakraments generell empfehlenswert? Dies wird von den Jesuiten bejaht, von Arnauld in »De la fréquente Communion« (1643) verneint. b) Genügt zum würdigen Empfang des Bußsakraments unvollkommene Reue (attritio [→ Bußwesen: II, 2b]), welche die Sünde nicht wegen der durch sie geschehenen Beleidigung Gottes, sondern wegen der für sie zu erwartenden Strafe bereut? Die Frage wird von mehreren Jesuiten und anderen Theologen bejaht, von Dominikanern wie Concinna u.a. sowie von dem Niederländer Neercassel in seinem Buch »Amor poenitens« (1683) verneint. c) Ist Wiedereinführung öffentlicher Kirchenbuße für Ärgernis erregende Sünden zu empfehlen? Jesuitischerseits abgelehnt, wird die Maßnahme von vier jansenistischen Bischöfen in ihren Diözesen verwirklicht und von einem unter ihnen, Pavillon von Alet, in sein »Rituel d'Alet« aufgenommen (1668 durch Clemens IX. verurteilt). - Das *Kirchenrecht* steht in der Kontinuität von Konziliarismus (→ Reformkonzile), → Episkopalismus und → Gallikanismus. Es handelt sich um die Relation von: a) Bischof und Papst, dem bes. Zeger van → Espen in seinem »Ius ecclesiasticum universum...« (1700) nur einen Ehrenvorrang zusprach; b) Staat und Kirche, wobei trotz Nachbarschaft zum Gallikanismus bes. im Regalienstreit (s. 1) der Vorrang der Kirche betont und das Staatskirchentum abgelehnt wird; c) Welt- und Ordensgeistlichkeit, wie sie durch Konflikte in England und Holland akut wurde. Jesuiten und etliche Franziskaner betonten die weitgehende Unabhängigkeit der → Regularkleriker von den Bischöfen, viele Weltgeistliche und vor allem Duvergier das Umgekehrte, bei gleichzeitiger Unterstreichung der Rechte des Weltklerus in Gestalt von Bischof und Pfarrer überhaupt (s. 1). - Die Bedeutung des J. für die *Volksfrömmigkeit* besteht in der Publikation von Erbauungsbüchern, Bibel- und Meßbuchübersetzungen durch Le Maistre de → Sacy, nicht ohne Konflikte mit Rom. - In der *Philosophie* lehnt man die aristotelisierende → Scholastik der Bettelorden ab, nicht zuletzt wegen ihrer vermeintlich - verglichen mit Augustin - zu weit gehenden Hervorhebung der menschlichen Freiheit zum Guten. Man teilt die Überzeugung → Descartes', die Gotteserkenntnis sei in das menschliche Selbstbewußtsein eingekapselt und auf dieser Kombination basiere jedes menschliche Wissen. Der J. brachte im Bunde mit dem Cartesianismus zwei Sondergestaltungen hervor: die »Pensées« Pascals, der von Mathematik und Cartesianismus aus dazu kam, den Primat des religiösen Gefühls zu behaupten, sowie die »Logique ou l'art de penser« von Pierre → Nicole und Arnauld. Dagegen lehnt letzterer - diesmal mit seinen jesuitischen Gegnern übereinstimmend - → Spinozas und → Malebranches Verknüpfung von Cartesianismus und Mystik als des Pantheismus verdächtig ab. - Das Bestreben des J., sich *historisch* zu rechtfertigen, tritt vor allem bei → Tillemont zutage. - In *pädagogischer* Hinsicht werden Schulen, Methoden- und Lehrbücher bes. durch → Lancelot geschaffen. - Die *Künste* werden nicht voll bejaht; sie sind mit Natur und Sinnen verknüpft, die ihrerseits seit dem Sündenfall als verderbt gelten; anders die religiöse Dichtung, zB → Racines »Esther« und »Athalie«. - Man toleriert die *Ehe* zwecks Erzeugung von Gotteskindern, den *Staat*, für dessen Formen man sich nicht sonderlich interessiert, den man aber der Kirche und Religion unter allen Umständen unterordnet, schließlich das *Wirtschaftsleben*, ohne aber dem Erwerb eine besondere religiöse Legitimation zu geben.

3. Als Hauptgegner gelten dem J. die Jesuiten. Was die Bettelorden anlangt, so wird an den Dominikanern zwar das Scholastische abgelehnt, Praedeterminatio physica, Anti-Attritionismus und Probabiliorismus dagegen als einigermaßen verwandt empfunden, wie denn auch Dominikaner Schwierigkeiten hatten, wenn sie, wie De Pretis, ein Wort für den J. einlegten. Analoges gilt von Repräsentanten des Augustinerordens (zB Visconti, Noris, Berti) sowie von den Franziskanern Lukas Wadding und dem gnadentheoretisch sehr rigorosen Florentius Conrius. Im Kampf zwischen Welt- und Ordensgeistlichen sind die Minoriten dagegen Gegner des J. Kontemplative, die wenig in die Seelsorge eingreifen, stehen dem J. nahe; so die Benediktiner mit ihren Historikern (→ Mauriner) und Cartesianern (zB Desgabet); ferner rigorose → Trappisten und → Kartäuser sowie → Zisterzienser und Zisterzienserinnen (→ Port Royal). Zu den → Oratorianern schließlich, einer Haupteinbruchstelle des Cartesianismus in den Katholizismus, gehören mehrere damals viel gelesene Jansenisten wie Gibieuf und Quesnel.

4. *Nachwirkungen* des J. sind: a) Die noch heute bestehende »Kirche von Utrecht« (→ Altkatholiken, 1b); b) die Theologenschule von Pavia und Scipione de → Ricci; c) → Hontheim und der → Emser Kongreß; d) die deutschen → Altkatholiken, insofern sich ihr erwählter Bischof → Reinkens vom holländischen Jansenisten-Bischof Heykamp ordinieren ließ (bei b-d ist aber die jansenistische Gnadenlehre zurückgetreten; es handelt sich primär um Episkopalismus und Anti-Jesuitentum, gelegentlich schon mit liberalem Einschlag); e) ref. Pietisten wie → Tersteegen und → Marsay schätzten jansenistische Schriften, doch ohne nachhaltige Wirkungen.

5. Der Versuch des J., altkirchlichen Rigorismus in dezentralisierten Kleingruppen zu verwirklichen, und zwar im Bündnis mit Bischofstum, Pfarrgeistlichkeit und kontemplativem Mönchtum, war zum Scheitern verurteilt. Der Gnaden- und Sakramentsrigorismus unterhöhlte die Organisation und Praxis sowohl des römischen Zentralismus und des renaissancehaft-lebensbejahenden Jesuitentums als auch des macht- und realpolitisch eingestellten französischen Staatskirchentums. Man hatte auf die Dauer beide zu Gegnern und unterlag. Die *Hauptauswirkungen* des J. liegen aber auf anderem Gebiet: Seine Schriften, bes. Pascal, erschütterten das Ansehen der Jesuiten, halfen mit zu ihrer Aufhebung (1773, → Clemens XIV.) und - fernab vom ursprünglichen J. - zum Eindringen der Aufklärung in den Katholizismus. Zudem bedeutet der J. dadurch, daß er in Frankreich, ohne päpstlich zu sein, die Selbständigkeit der Religion dem Staate gegenüber betonte, die erste Bresche, die eine Gruppe in das staatlich-kirchliche Einheitsgefüge des Ludovizianischen Frankreich schlug. Diese Mentalität vererbte er auf die Amtsaristokratie der höchsten Gerichtshöfe (s. 1), die mit ihrer Opposition

gegen den Absolutismus eine Vorläuferin der französischen Revolution ist. Diese aber hat ebenso wie der aufgeklärte Katholizismus dem → Liberalismus des 19.Jh.s den Weg gebahnt.

Vgl. außer den im Text genannten Werken: PH.LABBE, Bibliotheca antijanseniana seu catalogus piorum eruditorumque scriptorum..., Paris 1654 - G.GERBERON, Hist. générale du Jansénisme, 3 Bde, Amsterdam 1700 - Anonym (D.DE COLONIA), Bibliothèque Janséniste ou catalogue alphabétique des principaux livres jansénistes, (o.O. 1722) Amsterdam 1744⁴ - P.F.LAFITEAU, Hist. de la Constitution Unigenitus, 2 Bde, (Avignon 1766) Maastricht 1789² - RE VIII, 589ff; XXIII, 668 - DThC VIII, 318ff - A.GAZIER, Hist. générale du mouvement janséniste, 2 Bde, Paris 1924 - M.DEINHARD, Der J. in dt. Ländern, 1929 - RGG² III, 24ff (Lit.) - W.ABERCROMBIE, The Origins of Jansenism, Oxford 1936 - E.DAMIG, Il movimento giansenista a Roma, Città del Vaticano 1945 - E.CODIGNALO, Illuministi, giansenisti e giacobini nell' Italia del settecento, Florenz 1947 - J.ORCIBAL (vgl. C. → Jansen) - L.WILLAERT, Les origines du Jansénisme dans les Pays-Bas catholiques, Brüssel 1948 - DERS., Bibliotheca Janseniana Belgica I-III, Paris 1949-51 (Bibliogr.) - L.CEYSSENS, Jansenistica. Studiën in verband met de Geschiedenis van het Jansenisme I-IV, Mecheln 1950-59 (Lit.) - DERS., Jansenistica Minora I-IV, ebd 1950ff (Ges. Aufs. zum J.) - DERS., Sources relatives aux débuts du Jansénisme et de l'Antijansénisme, Löwen 1957 - EC VI, 350ff - EKL II, 235ff (Lit.). - Biogr. u. bibliogr. Details bei F.v.SCHULTE, Die Gesch. der Qu. u. Lit. des Canonischen Rechts III/1, 1880 - F.H. REUSCH, Der Index der verbotenen Bücher II/1, 1885, Kap. 40f. 47. 51ff. 65ff. 77f. - Vgl. die Lit. zu den im Text genannten Artikeln.

P.Honigsheim

Janssen, *Johannes,* kath. Historiker (1829-91), * in Xanten, † in Frankfurt/M. Nach dem Studium in Münster, Löwen, Bonn und Berlin wurde J. 1854 PDoz. für Geschichte in Münster, im selben Jahre Gymnasial-Prof. in Frankfurt/M., 1860 Priester. 1863/64 war J. in Rom, 1875/76 Mitglied des Preußischen Landtags. 1880 wurde er Päpstlicher Hausprälat und Apostolischer Protonotar. Höhere vatikanische Ehren lehnte er im Blick auf sein wissenschaftliches Werk ab (an seiner Stelle wurde →Hergenröther 1879 Kardinal und Präfekt der Vatikanischen Archive). - Angeregt von dem ihm geistesverwandten Frankfurter ev. Historiker J.Fr.Böhmer, hat sich J. vor allem einer über → Döllinger hinausführenden kritischen Durchforschung der Reformationsgeschichte zugewandt, unter starker Berücksichtigung der spätmittelalterlichen Voraussetzungen. Dabei bezog er die Sozial-, Wirtschafts- und Kulturgeschichte mit ein. 1876 erschien Bd I seiner großangelegten »Geschichte des deutschen Volkes seit dem Ausgang des MA« (sie kam nur bis zum Beginn des 30jährigen Krieges). Das Werk erregte ungeheures Aufsehen und wurde ein literarischer Erfolg ersten Ranges. J.s Konzeption ist »als Antwort auf die einseitige politische Reformationsgeschichtsschreibung Sybels und seiner Schule durch den Kulturkampf gestaltet und verdankt ihm ihre starke Wirkung« (E. Wolf). Sie ruht auf dem Boden der romantischen Geschichtsanschauung, für den Katholizismus politisch durch großdeutsche Stimmung aktualisiert, ist aber im eigenen Urteil zurückhaltend. J. erweckt den Anschein historischer Objektivität durch reiche Dokumentierung aus den Quellen, wählte den Stoff jedoch einseitig aus. Das späte MA erscheint in goldenem Licht, Luther dagegen »sozusagen ohne jeden Beisatz heller Farben« (Herte). Die ev. Seite reagierte mit ungeheurer Empörung (anders → Nietzsche und → Burckhardt!) und einer Flut von Gegenschriften. Auf kath. Seite ist seine Autorität für die Folgezeit unbestritten (bedeutendster Schüler ist L.v. → Pastor); auch auf die außerdeutsche kath. Lutherdarstellung hat J. stark eingewirkt. Allmählich traten in der kritischen Überprüfung der zugespitzten Position J.s und in ihrer Reduzierung auf historisch haltbare Aussagen echte Früchte des großen Werkes zutage; doch wird der Bruch mit J.s Einseitigkeit erst bei J.Lortz vollzogen.

Vf. u.a.: Frankreichs Rheingelüste u. deutschlandfeindl. Politik in früheren Jh.en, (1861) 1883²; Schiller als Historiker, (1863) 1879²; J.Fr.Böhmers Leben, Briefe u. kleinere Schriften, 3 Bde, 1868ff; Zeit- u. Lebensbilder, (1875) 2 Bde, 1884⁴; Gesch. d. dt. Volkes seit dem Ausgang d. MA, fortges. v. L.v.PASTOR, (8 Bde, 1876-94) I-III 1913 bis 1917¹⁹·²⁰, IV-VI 1924¹⁷, VII. VIII 1924¹⁸; Fr.L.Graf zu Stolberg, (1877) 1910⁴; An meine Kritiker, 1882; Zweites Wort an meine Kritiker, 1883; Briefe, hg.v. L.v.PASTOR, 2 Bde, 1920. - Prot. Entgegnungen: M.LENZ, J.s dt. Gesch. (HZ 37, 1877, 523-525) - J.KÖSTLIN, Luther u. J., (1883) 1883² - G.BOSSERT, Württemberg u. J. (SVRG 5. 6), 1884 - W.WALTHER, Luther im neuesten röm. Gericht (ebd 7. 13. 31. 35), 1884ff - H.DELBRÜCK, Die histor. Methode d. Ultramontanismus (Histor. u. polit. Aufs. I, 1886, 1-32) - M. SCHWANN, J.J. u. d. Gesch. d. dt. Reformation, 1893. - Über J.: L.v.PASTOR, J.J., (1882) 1894² - DERS., Aus d. Leben d. Geschichtsschreibers J.J. (Vereinsschrift der Görresges. 1929) - Erinnerungen an J.J. Von einem alten Schüler, 1892 - W.KÖHLER, Kath. u. Ref. (Vortr. d. theol. Konferenz zu Gießen 23, 1905, 26-29) - RGG¹ III, 256f; RGG² III, 29f - G.WOLF, Quellenkunde I, 1915, 31ff - B. DUHR, J.J. als kath. Historiker (Der kath. Gedanke 3, 1930, 300f) - LThK V, 279f - H.ENGELSKIRCHEN, J.J., 1935 - A.HERTE, Das kath. Lutherbild ..., 1943, bes. II, 149ff - EC VII, 565 - R.HIPPE, J. J. als Geschichtsschreiber (Phil. Diss. Jena), 1950 (Masch.) - H.BORNKAMM, Luther im Spiegel der dt. Geistesgesch., 1955 (s. Reg.). *G.Maron*

Januarius, *der Heilige* (S.Gennaro), wurde angeblich i.J. 305 auf Befehl Diokletians als Bischof von Benevent zu Pozzuoli enthauptet. Er gilt als Nothelfer der Goldschmiede und als Patron Neapels gegen die Ausbrüche des Vesuvs. J. erfreut sich auch unter den italienischen Auswanderern in USA großer Beliebtheit. Sein Haupt und zwei Fläschchen seines Blutes, das bisweilen wieder flüssig wird (→ Blutwunder), werden in einer Seitenkapelle des Domes zu Neapel verehrt. In der Kunst wird J. meistens als Bischof mit Palme und geöffnetem Buch dargestellt. Tag: 19.9.

AS Sept. VII, 761ff - KÜNSTLE II, 325f - RGG³ III, 31 - DOYÉ I, 545f. *H.Paulus*

Japan

I. Politisch-ethnologisch - II. Religionsgeschichtlich - III. Die japanische Religion und die christliche Botschaft - IV. Missions- und Kirchengeschichte. - Über die religiöse Kunst in J. vgl. → Kunst: II C

I. Politisch-ethnologisch

J., dessen einheimischer (chinesischer) Name Nippon »Sonnenursprung« bedeutet, umfaßt (seit 1951) ca 368 000 qkm und ist, da nur Teile landwirtschaftlich ausgenutzt werden können, mit (1958) ca 90 Mill. Einwohnern stark übervölkert. - Das jap. *Volk* ist vorwiegend mongolischen Ursprungs und stammt von verschiedenen Stämmen aus den angrenzenden Gebieten Asiens ab. Vorfahren der heutigen → Ainu, die man allgemein für die Urkaukasier hält, waren vermutlich einst über die gesamten Inseln verbreitet und vererbten ihr Blut durch Rassenmischung mit der mongolischen Mehrheit. Diese scheint großenteils über Korea ins Land gekommen zu sein, einige mögen jedoch zT auch von der Ostküste Chinas stammen.

Der Mythos schreibt die Gründung des jap. *Staates* einem Abkömmling der Sonnengöttin zu, der angeblichen Ahnin des heutigen Herrscherhauses; als Gründungsdatum wird das Jahr 660 vChr genannt. Sichere Daten gibt es jedoch erst einige Jh.e später. Etwa gleichzeitig mit dem Beginn der christlichen Ära begann sich der Einfluß der chinesischen Zivilisation bemerkbar zu machen. Die Japaner zerfielen in mehrere Stämme. Einer von ihnen, der in Yamato lebte, einer kleinen Ebene auf der Hauptinsel, nicht weit von der Ostseite der Inlandsee, dehnte seinen Einfluß allmählich auf Mittel- und Ost-J. und sogar auf Südkorea aus und wurde zum Kern des späteren Reiches. Im 6.Jh. machte sich dann der Einfluß der chinesischen Zivilisation verstärkt bemerkbar. Der

→ Buddhismus, der damals in → China und → Korea mächtig war, drang ein und wurde zum Vehikel chinesischer Kultur. Im 7.Jh. und später wurden Gesandtschaften nach China entsandt, das im 7. und 8.Jh. das mächtigste Reich der Erde war. Die chinesische Zivilisation mit den Errungenschaften der Schreibkunst, Literatur, des Handwerks, der Kunst und Architektur strömte in das Land. Die jap. Regierung wurde nach chinesischem Muster umorganisiert. Die Residenz, die sich zuerst in Nara befand, wurde 794 nach Kyoto (→ 13 E 2) bei Yamato verlegt.

ZT als Ergebnis der Übernahme chinesischer politischer Einrichtungen gelangte der Feudalismus zur Herrschaft. Die Macht in den Provinzen ging in die Hände der Kriegerfamilien über, und es entwickelte sich eine Feudalstruktur. Im späten 12.Jh. machte sich Yoritomo, das Haupt der Kriegerfamilie Minamoto, zum Herrn des Landes, verlieh sich den Titel »Shogun« und errichtete eine militärische Regierungsform. Theoretisch blieb der Kaiser die Quelle der Macht, und das zivile Beamtentum dauerte fort. Jedoch wurde die Macht des Kaisers und der zivilen Beamten in steigendem Maße auf Kyoto beschränkt, während die wirkliche Macht in den Händen des Shogun und seiner Untergebenen lag. Yoritomo legte seine Residenz in Kamakura in der Nähe des heutigen Tokyo an. Das Kamakura-Shogunat dauerte bis ins 14.Jh. Ihm folgte die Shogun-Dynastie der Ashikaga, die ihre Residenz in Kyoto hatte. Es war immer noch eine Feudal- und Militärherrschaft, die immer mehr von örtlichen Machthabern, den sog. Daimyo, ausgeübt wurde. Die Ashikaga gingen unter, und aus einer Zeit des Bürgerkrieges ging zu Beginn des 17.Jh.s Ieyasu als mächtigster Mann des Reiches hervor. Er ernannte sich zum Shogun, machte Edo zu seiner Hauptstadt (das heutige Tokyo, → 13 E 2) und begründete die Herrschaft seiner Familie, der Tokugawa, so fest, daß seine Nachkommen bis 1867 an der Macht blieben. Unter den Tokugawa-Shoguns brach J. praktisch jede Verbindung mit dem aggressiven Westen ab und bewahrte den Frieden im Innern.

Um der erneuten Expansion des Westens nach Ostasien begegnen zu können, gaben die Japaner im 19.Jh. ihre Isolierung auf und bildeten ihr Leben um. Als Vertreter der USA kam 1853 Kommodore Perry nach J. Nachfolgende Verträge (bes. 1858) stellten uneingeschränkte Handels- und diplomatische Beziehungen mit den Westmächten her. 1867 wurde das Shogunat abgeschafft, und der Kaiser, der theoretisch in der sog. Meiji-Restauration (1868) die Macht wieder übernahm, verlegte seine Hauptstadt von Kyoto nach Edo (Tokyo). Tatsächlich wurde der Kaiser jedoch von einer neuen Gruppe feudaler Familien kontrolliert, die einen Großteil ihrer Macht sogar nach der gesetzlichen Abschaffung des Feudalismus um 1870 behielten. Die Japaner formten ihre Regierung rasch nach westlichen Vorbildern. Sie führten die allgemeine Wehrpflicht ein, schufen eine moderne Marine und gaben sich 1889 im Namen des Kaisers eine Verfassung mit einem Zweikammersystem. Sie entwickelten ein neues System von Gesetzen und Gerichtshöfen europäischen Charakters und schufen ein Erziehungswesen westlichen Typs mit Schulzwang auf der Grundstufe und Universitäten als oberste Stufe. Die Regierung übernahm die Initiative in der Förderung von Industrie, Bankwesen und Handel, und bald wurde J. das führende Industrieland Asiens.

Das so umgebildete J. begann die territoriale Expansion. 1875 erlangte es die russische Zustimmung zu seinem Besitzanspruch auf die Kurilen, 1878 besetzte es die Bonin-Inseln, 1879 übernahm es auch die Verwaltung der Riukiu-Inseln. Einem Kriege mit China wegen Korea (1894/95) folgte die Annexion Formosas (1895), und ein erfolgreicher Krieg mit Rußland (1904/05) hatte den Erwerb ausgedehnter Rechte in der südlichen Mandschurei und 1910 die Annexion Koreas zur Folge. Durch seine Teilnahme am 1. Weltkrieg sicherte sich J. die Verwaltung der früher in deutschem Besitz gewesenen Inseln nördlich des Äquators. 1931 begann es eine Ausweitung seiner Kontrolle in China, und Anfang 1940 machte es sich zum Herrn ausgedehnter Gebiete in Ost- und Südostasien. - Der jap.-amerikanische Krieg (1941-45) wurde bald nach der Zerstörung Hiroshimas (durch → Atomwaffen) beendet; noch im Aug. 1945 wurde J. zum ersten Male - soweit historisch nachweisbar - von fremden Eroberern besetzt. Unter der fremden Besetzung wurde das am Boden liegende und seiner ausländischen Besitzungen beraubte Land entmilitarisiert und vorwiegend von seiten der USA einer drastischen Umformung, bes. hinsichtlich seiner Regierungsform unterworfen. 1951 unterzeichneten 48 Staaten einen Friedensvertrag mit J.; 1952 endete die Besetzung des Landes. Mit Hilfe der USA erholte sich J. rasch; 1954 wurde mit J. ein Abkommen über eine gegenseitige Verteidigungshilfe getroffen. Unter den neuen Bedingungen blieb Kaiser Hirohito (seit 1926) das offizielle Haupt des Staates, die Macht liegt in den Händen einer dem Reichstag verantwortlichen Regierung. Die Verlobung des Kronprinzen mit einer Angehörigen der Geldaristokratie (1958) und die durch sie ausgelöste öffentliche Diskussion kennzeichnet den Spannungsbereich zwischen Tradition und Moderne.

K.S.Latourette, The History of J., New York (1918) 1957^{6} (Lit.)- G.B.Sansom, J. A Short Cultural History, ebd (1931) 1943^{2} - O. Kressler, J. u. Korea von der Urzeit bis zur umwälzenden Katastrophe im 2. Weltkriege (in: E.Waldschmidt u.a., Gesch. Asiens, 1950, 543-714).

K.S.Latourette

II. Religionsgeschichtlich

Die ersten ergiebigen Quellen der jap. Religionsgeschichte sind die Fûdoki (»Gaubeschreibungen«), deren Kompilation 723 nChr begonnen wurde; dann das Kojiki (»Nachrichten über das Altertum«, 712) und das Nihonshoki (»Annalen J.s«, 720). Sie stammen aus der Zeit kurz nach der Taika-Reform (ab 646) und der Promulgation des Taihô-Gesetzbuches (702), datieren also nach dem Umbau des alten Feudalstaates in einen Gesetzes- und Beamtenstaat mit der kaiserlichen Hausmacht als Zentrum nach dem Muster des chinesischen T'ang-Reiches. Die in diesen Quellen enthaltenen Mythen sind weitgehend politisch ausgewählt und umgeformt worden. Aus in ihnen dennoch enthaltenem echten Material und Ergebnissen der Volkskundeforschung lassen sich über die Religion der Zeit vor der amtlichen Mythenabfassung Schlüsse ziehen. Wir finden Geisterglaube, Verehrung von beseelten Naturdingen, Ahnenkult (→ Totenverehrung) und → Magie. Im Leichnam vermutete man einen Geist, der den → Tod verursacht hat und über den Toten herrscht. Aus Furcht vor solchen → Geistern mied man Leichenunreinheit. Mittelpunkt der Religion war der → Ackerbau. Es gab eine Getreidegöttin Uka no Mitama (»Erlauchter Geist der Nahrung«) und eine Nahrungsgöttin Toyoukehime (»Prinzessin der reichen Nahrung«), deren Schrein 478 nChr neben dem der Sonnengöttin Amaterasu in Ise gebaut wurde. Die Reisseele steht im Mittelpunkte der Anpflanz- und Ernteriten. Die → Jäger haben einen Berggott, den → Herrn der Tiere und des Waldes. Alte Volkstänze mit Hirschmasken sind wahrscheinlich ein Rest der Jägerreligion, die der Ackerbaureligion voraus-, dann neben ihr herging. Der Kult war lange Zeit Sache von Schamaninnen (→ Schamanismus). Ständige Kultplätze mit Schreinbauten kamen erst in geschichtlicher Zeit auf. Die Kultdiener wurden durch Divination bestimmt. Beamtete Schreinpriester folgten. Nach dem Izumo-Fûdoki (733 nChr) gab es im Lande Izumo an 399 Orten Schreine; davon hatten 184 einen beamteten Priester, 215 keinen.

Die älteste Jenseitsvorstellung ist horizontal. Die Totenseelen wohnen an einem fernen Ort, auf Bergen, jenseits des Meeres, auf einer Insel. Als jenseitige Familienmitglieder besuchen sie zeitweise ihre Angehörigen. In frühgeschichtlicher Zeit taucht auch eine vertikale Jenseitsvorstellung mit einer Unterwelt (Land der Gelben Quelle) und einem Himmel auf. Sie geht mit einem Wandel in der Totenbehandlung in der Periode der Hügelgräber zusammen. Tönerne Figuren von Häusern, Getreidespeichern, Kriegern und Pferden werden auf das → Grab gestellt. Über einer steinernen Grabkammer wurde ein großer Hügel aufgebaut. Die Divinisierung von Stammeshäuptern hatte eingesetzt. Während der Regierung des Kaisers Kimmei (539-571) wurde der Band über das Götterzeitalter des Kojiki abgefaßt. Darin finden wir als Aufenthaltsort der Götter Takamanohara (»Hohes Himmelsgefilde«), dessen Mittelpunkt die Sonnengöttin und kaiserliche Ahnherrin Amaterasu ist. Der Himmelsvater Izanagi und die Erdmutter (→ Erde) Izanami und die übrigen Götter waren aus einem Schilfschößling im Ur-Chaos entstanden. Takamimusubi, eine Hypostase des mythen- und kultlosen Ame-no-minaka-nushi (»Herrn der Himmelsmitte«), erteilte an Izanagi und Izanami den Befehl, die Erde zu ordnen und zu vollenden. Das Urelternpaar erzeugte dann die jap. Inseln und Götter (→ Schöpfung: I). Dabei wurde Amaterasu mit der Absicht erzeugt, sie zur Herrin der Welt zu machen. Sie befahl ihrem Enkel Ninigi no Mikoto, von dem das kaiserliche Geschlecht abstammt, zur Erde herabzusteigen und das Land zu regieren. Das Kaiserhaus ist demnach auch den Göttern, die die Ahnherren der verschiedenen Stämme sind, übergeordnet. Die Götter wurden vom Paare Izanagi-Izanami als Naturdinge erzeugt. Ihre Stellung als Stammesahnen ist politische Konstruktion. – Ahnenkult gab es unabhängig von den Zeugungsmythen seit alter Zeit. Sippenahnen werden heute direkt oder abgewandelt als Erdgott, Berggott, Gehöftgott usw in dem Ausmaß gemeinsam verehrt, als das Zusammengehörigkeitsbewußtsein der Sippe reicht. Nur ein Teil der sog. Clan-Götter (ujigami) waren blutsmäßige Clan-Ahnen, wie auch die Clane nicht alle aus Blutsverwandten zusammengesetzt waren. Die meisten Clan-Götter sind Schutzgötter ihres Clanes, der vorwiegend auf territorialer Interessenbasis aufgebaut ist.

Der → Buddhismus (: I) kam über Korea nach J. Seit 575 war seine Stellung im Lande gesichert. Unter der Kaiserin Suiko (593-628) wurde er von deren Neffen, dem Statthalter und Thronfolger Shôtoku Taishi (574 bis 622), als Stützpfeiler der staatlichen Ordnung eifrig gefördert. Die Kaiser Temmu (672-686) und Seimu (724-749) bauten den Buddhismus in die Staatsverwaltung ein. Überall im Lande entstanden Staatstempel zur »Wahrung des Friedens im Reiche und der Ordnung im Volke«. Noch um 1920 fand man an 369 Orten Reste solcher Tempelbauten aus der Nara-Zeit. Die 6 Schulen des jap. Buddhismus der Nara-Zeit (740-784) waren Ableger chinesischer Sekten der T'ang-Zeit. Der Mönch Gyôgi (670-749) verband mit volkstümlichen Predigten eine große soziale und karitative Tätigkeit. Der Volksbuddhismus hatte mit den magischen Inkantationen der Landesreligion viel gemeinsam. Dem um die eigene Machtstellung besorgten Fujiwara-Clan gelang es, um 770 den politischen Einfluß der Mönche auszuschalten. Der Buddhismus der Heian-Zeit (794-1191) war eine Adelsreligion. Seine großen Lehrer waren Dengyô Daishi (766-822) von der Tendai-Sekte und Kôbô Daishi (773-835) von der Shingon-Sekte. Die Adelsmacht von Heian (Kyôto) wurde zunehmend von der in den Provinzen mächtig werdenden Kriegerklasse bedroht. Degeneration der Mönche und Adligen in der Hauptstadt, zunehmender Umlauf von populären Traktaten in der leichten jap. Silbenschrift, Reaktion gegen den formalistischen Fujiwara-Buddhismus ebneten neuen Sekten den Weg. Die Jôdo-Sekte (Sekte des Reinen Landes) wurde 1175 von Hônen Shônin (1133-1212) gegründet, ihr zweiter großer Apostel war Shinran Shônin (1173-1262). Das Hersagen des Namens → Amida bringt die Befreiung aus dem Kreislauf der Wiedergeburten durch die Aufnahme in das Westliche Paradies. Nichiren (1222-62), der streitbare Sektengründer der Kamakura-Zeit (1192-1333), vereinfachte die Religion zum bloßen Rezitieren der Formel Namu-myôhô-renge-kyô (»Preis der Schrift über den wunderbaren Lotus des Gesetzes«). Die jap. Zen-Sekte, die das Begreifen des Universums durch Meditation erstrebte, wurde durch Eisai (1141-1215) verbreitet. Sie erlangte gewaltigen Einfluß in Staatsgeschäften und in der Kunst.

Den Ausgleich mit der einheimischen Götterwelt fand der Buddhismus seit ca 1000 mit seiner Lehre vom Honji suijaku (wörtlich: »Spuren der Urheimat«); danach sind die Landesgötter Erscheinungen von → Buddha und den Bodhisattvas. Die Väter einer Shintô-Renaissance waren Kamo Mabuchi (1697-1767), Motoori Norinaga (1730 bis 1801) und Hirata Atsutane (1776-1843). Sie erstrebten eine Lösung des Shintô von seinem buddhistischen Partner; absoluter Gehorsam gegen Götter und Kaiser war für sie Naturordnung. Hirata Atsutane meinte, J. sei vor allen Ländern der Welt geschaffen, die jap. Rasse überrage artmäßig alle anderen, und der Kaiser sei als Himmelssohn zur Weltherrschaft berechtigt. Das waren wegbereitende Ideen für die Restauration der kaiserlichen Macht, die seit Jh.en durch Statthalter zum Schatten geworden war.

Die Meiji-Restauration (1868) stellte den Kaiser wieder unmittelbar an die Spitze des Staates. Während der Regierungszeit des Kaisers Meiji (1868-1912) wurde zur Unterbauung der Autorität des Kaiserhauses der Shintô (→ Shintoismus: I) zur Staatsreligion gemacht. Dabei ergab sich ein Konflikt zwischen dieser staatspolitischen Zielsetzung und der Forderung eines modernen Staates nach Religionsfreiheit. Diesen Konflikt suchte man durch die Unterscheidung von Staats-Shintô und Sekten-Shintô zu lösen, wobei der eine für alle Staatsbürger verpflichtend, der andere Privatsache war. Nach der Niederlage J.s im 2. Weltkrieg erklärte der Kaiser persönlich und offiziell, daß die göttliche Abstammung des Kaisers nur eine Mythe sei. Seitdem gilt das Prinzip der Religionsfreiheit uneingeschränkt.

K. Florenz, Die histor. Quellen der Shinto-Religion, 1919 – Anesaki Masaharu, History of Japanese Religion, London 1930 – G.B. Sansom, J. A Short Cultural History, New York 1932 – Ch.N. E. Eliot, Japanese Buddhism, London 1935 – W. Gundert, Jap. Religionsgesch., 1935 – M.W. de Visser, Ancient Buddhism in Japan: Sutras and Ceremonies in Use in the Seventh and Eighth Century, Leiden 1935 – D.C. Holtom, The National Faith of J. A Study in Modern Shinto, London 1938 – Ders., Modern J. and Shinto Nationalism, Cambridge (1943) 1947² – F.K. Numazawa, Die Weltanfänge in der jap. Mythologie, 1946. *M. Eder*

III. Die japanische Religion und die christliche Botschaft

1. Die Mehrschichtigkeit der jap. Religion – 2. Die Wege und Grundzüge der jap. Religion – 3. J. und das christliche Zeugnis

1. Ein jap. Sprichwort nennt die Religionen verschiedene Wege auf denselben Berg, auf dessen Gipfel man denselben Mond schaue. Der Japaner sieht also seine Re-

ligionen (→ Japan: II) – → Shintoismus (: I), Konfuzianismus (→ China: II, 2b), → Buddhismus (: I) – als eine Einheit, auf ein Ganzes hin bezogen. Wahrheitsfrage und Absolutheitsanspruch (→ Absolutheit des Christentums) sind ihm fremd; Theorie und Theologie liegen ihm fern. Bemüht, sein eigenstes Wesen in vollkommener Existenz darzustellen, sieht er in den Religionen praktikable Möglichkeiten, sich sein Heil zu beschaffen, dh seine Individuation als unheilvolle Absplitterung vom Ganzen zu beseitigen. Normalerweise wird er nach seiner Geburt dem Gott des Shinto-Schreins, in dessen Bezirk er geboren ist, vorgestellt; er lebt nach den Normen des Konfuzianismus und sorgt im Alter durch Fühlungnahme mit dem Buddhismus für sein Sterben. Die Tatsache, daß sich ihm seine drei Religionen gleicherweise als Helfer für eine heilsame Lebensführung anbieten, legt es nahe, von einer jap. Religion zu sprechen. Das Ganze, um das es in ihr geht, ist begrifflich nicht zu fassen. In seiner Unbestimmtheit und Vieldeutigkeit ist es allein der Intuition, dem Gefühl zugänglich. Es existiert im Menschen, wie in jedem Wesen und Ding, und wartet auf seine Verwirklichung durch ihn. Im Shinto stellt es sich als Einheit des Menschen mit der Natur und den Toten dar, im Konfuzianismus als die Einheit der menschlichen Gesellschaft mit dem Kosmos, im jap. Mahâyâna-Buddhismus als die absolute Einheit alles Seins. Diese Einheit zu realisieren und sich dadurch ihrer zu vergewissern, bieten sich dem Japaner seine Religionen als »Wege« (chin. Tao; sinojap. Do; jap. Michi) an. Das Wort »Weg« ist in dem vollen Klang zu verstehen, den es im Osten hat: »Jedes echte Handeln ist ein Weg zur großen Wahrheit, zum Einswerden mit der Großen Wahrheit. Gleichviel, ob man diesen oder jenen Weg einschlägt, immer wird man zu dieser einen Wahrheit geführt. Der Wege gibt es viele. Doch gibt es nur eine Wahrheit. Daher ist jeder einzelne Weg gleichwertig mit der Gesamtheit aller Wege. Eins gleich allem« (F.Hashimozo).

2. Gleichwertigkeit der Wege bedeutet nicht Gleichartigkeit ihrer Begehung. Jeder Weg hat seine eigene Art. Der *Götterweg* (Shinto) ist mythisch-magisch. Mythisch ist das Japanersein in der Gemeinschaft mit den Göttern, die das »Götterland« schufen. Repräsentant und Garant der mythischen Einheit, des Kokutai (Volksleib), ist der Tenno als Abkömmling der Sonnengöttin. Als er 1945 seine Göttlichkeit widerrief, beeilte sich sein Kabinett zu erklären, die Existenz J.s gründe darin, daß seine Bewohner in ihm »die Mitte ihrer Anbetung« sähen. Magisch ist die Verwirklichung der mythischen Ordnung, der Kult der reinen, hl. Natur, oft in den Formen primitiver Naturreligion, und der Kult der Ahnen, der kaiserlichen und der eigenen, sowie der Heroen.

Das im Mythisch-Magischen schwebende Gemeinschaftsgefühl ist durch den konfuzianischen *»Gelehrtenweg«* (Judo) in ein festes soziales Gefüge gebracht. Von den vier Kardinaltugenden, die auf der Grundlage naturbedingten menschlichen Zusammenlebens die fünf sozialen Beziehungen gestalten, hat auch in J. die Kindesliebe den höchsten Rang, obwohl es ihr, anders als → China, die Loyalität vorgeordnet hat. Die gesellschaftlichen Bindungen wollen dem Menschen zur vollkommenen inneren Form verhelfen, die ihn in Übereinstimmung mit dem Universum bringt.

Zur Einung des Menschen mit der Götterwelt und zu seiner Eingliederung in die kosmische Ordnung als der Heilsverwirklichung im Shinto bzw. Konfuzianismus setzt der *»Buddha-Weg«* (Butsudo) das Erlebnis des All-Einen, der in Wesen und Dingen wesenden Buddha-Wahrheit, im eigenen Selbst. Seine Erfüllung liegt in dem über alle Gegensätze erhebenden Eingehen ins → Nirvâna. »Wenn die Besonderheit der Dinge und auch die Besonderheit des menschlichen Ich verschwindet, dann wird in der absoluten Leerheit, im ›Nichts‹, die absolute Einheit erfaßt. Durch die Versenkung in die absolute Leerheit, den ›Raum‹, das ›Nichts‹, bringt das Erlebnis der Einheit alles Seins den Frieden der Seele, absolute Ruhe, Erlösung vom Leiden... Der Erleuchtete erkennt Samsara als Nirvâna« (R.Schinzinger). Diese im jap. Buddhismus radikal durchgeführte Gleichsetzung des Ganzen mit seinen Differenzierungen, des Einen mit den Vielen ist für das jap. Lebensgefühl konstitutiv. Der Buddha-Weg bietet für die Erlangung des Heilsziels verschiedene Möglichkeiten. Am meisten wird in J. der »Weg der leichten Praktik« begangen: die Anrufung des → Amida-Namens. Sie verhilft dem Sterbenden zum Eingang ins »Reine Land des Westens«, das, entgegen der Vorstellung der »gewöhnlichen Leute«, kein Paradies nach dem Tode, sondern ein Vorletztes vor dem Nirvâna ist. Die konsequentere Möglichkeit der Selbsterlösung ist das Zen, das mittels Meditation durch völlige Entleerung des Selbst das Nirvâna realisiert, dh den Gegensatz zwischen Subjekt und Objekt aufhebt und das Erkennen in Sein verwandelt.

Grundzüge der jap. Religion sind unverkennbar. a) Sie ist monistisch und geschichtsfremd; Transzendenz ist in ihr immer zugleich Immanenz, Vergangenes ist in ihr immer gegenwärtig. Nicht in der Zeit entfaltet sie sich, sondern im Raum, »der alles Räumliche birgt und dadurch sich selbst verbirgt, ...identisch mit dem Umgreifenden, dem Nichts, das der Horizont alles Wirklichen und Räumlichen ist« (R.Schinzinger). Der Raum umgreift auch die Zeit: »Die Zeit ist ein Strömen aus ewiger Vergangenheit her in ewige Zukunft hin... Geschichte ist dauernder Umschwung im ewigen Nun« (K.Nishida). – b) Das »Ganze« ist ein apersonales Absolutes: das Götterwesen im Shinto, das Universum im Konfuzianismus, das Nichts im Buddhismus. – c) Die Absplitterung des Menschen vom Ganzen ist niemals Schuld, sondern ein Defekt, den der Mensch aus eigener Kraft beheben kann. – d) Die Einung mit dem Ganzen, vollziehe sie sich mythisch-magisch oder metaphysisch-geistig, ist Selbsterlösung, auch dort, wo sie sich der »Kraft eines Andern« bedient. – e) Indem der Tod das menschliche Leben in seiner Nichtigkeit enthüllt, verleiht er ihm Fülle und Schönheit.

Die jap. Religion hat nicht nur Konflikte des Shinto mit den beiden Fremdreligionen, sondern auch die Erschütterungen überstanden, in die der Zusammenbruch 1945 den »Glauben des jap. Volkes an sich selbst« (W. Gundert) gestürzt hat. Noch bedeutsamer ist, daß der seit Jahrzehnten vor sich gehende Einbruch des westlichen Geistes ihre Substanz nicht beeinträchtigt hat. Wohl fehlt es nicht an Profanisierungs-, ja, Zersetzungserscheinungen, bes. in den Städten; aber sie bleiben an der Oberfläche. »Das fundamentale Lebensgefühl des Japaners wird durch das technische Denken nicht beherrscht« (R.Schinzinger), sondern ist stark genug, es von innen zu entmächtigen. »Neue Religionen«, die seit 1945 in großer Zahl entstanden sind, wollen in Gegenwartsnöten helfen, in denen nach ihrer Meinung die alten Religionen versagen; aber auch sie bleiben innerhalb der Sphäre der jap. Religion.

3. Der christlichen Botschaft hat die jap. Religion seit den antichristlichen Edikten des 17.Jh.s (→ Japan: IV, 1) geschlossenen inneren, oft auch gewaltsamen äußeren Widerstand entgegengesetzt. Ihre Verkündigung eines persönlichen Gottes, der den Menschen fordert und richtet, ihre Aussagen über seine Weltschöpfung, seine Offenbarung in Jesus von Nazareth und sein Weltgericht als Fakten in der Zeit, über die Ursünde des Menschen, seine Flucht vor Gott und seine Versöhnung mit Gott

durch Christus, ihre Verurteilung aller Selbsterlösung als Werkgerechtigkeit und ihre Verheißung der Gerechtigkeit vor Gott sola fide, sola gratia, ihre Botschaft vom Tod als der Sünde Sold und von der Auferstehung der Toten - das alles steht zur jap. Religion, zu ihrer Schau eines apersonalen, das menschliche Ich auslöschenden Ganzen, zu ihrer Zeit- und Geschichtslosigkeit, zu ihrem Vertrauen auf das natürliche Gutsein des Menschen und nicht zuletzt zu ihrer völkischen Begrenztheit in einem unüberbrückbaren Gegensatz. Daß Jesus der Herr und Vollender der Welt ist, bekämpft sie als Angriff auf die »wahre Gott-Kaiser-Herrschafts-Linie« und damit auf die Grundlage des Japanerseins. Jesu Kreuzigung empfindet der durch seine Zen-Bücher auch im Abendland bekannte D.T.Suzuki als die »schreckliche« Folge davon, daß der Westen das Ich als existent nimmt. - Angesichts des Abgrundes, der sich hier zwischen jap. Religion und christlicher Botschaft auftut, ist die Tatsache bedeutungslos, daß die jap. Regierung für ihre sozialen und pädagogischen Reformen »christliche Ideen« sowie der Shinto und Buddhismus Elemente des christlichen Gottesdienstes übernommen haben. Andererseits ist es eine gefährliche Beeinträchtigung der christlichen Botschaft, wenn die jap. Christenheit, wie sie es in Zeiten der Drangsal getan hat, mit der jap. Religion Kompromisse eingeht, wenn die missionarische Predigt es unterläßt, ihre Hörer als Sünder vor Gott zu rufen, oder die Mukyokai-Bewegung (→ Japan: IV, 2) Entscheidungen ausweicht, die sich gerade aus ihrem lebendigen Bekenntnis zum biblischen Christus ergeben. Dem Japaner, der sich Christus zuwendet, erschließt sich eine neue Dimension seiner Existenz, die seinem diesseitsbezogenen Wirklichkeitssinn bis dahin völlig fern lag. Ihn dahin zu rufen, ist die Aufgabe der jap. Kirche. Sie bedarf dazu einer Freiheit, die ihre bisherige Verwestlichung allzusehr eingeengt hat. Sie bedarf dazu des Geistes und der Kraft, die sie befähigen, in der jap. Religion die Notlage des Menschen zu erkennen, die immer auch die Anfechtung des Christen bleibt, und in sie hinein die rettende Kraft Gottes zu bezeugen, die in Christus historisches und kosmisches Ereignis wurde.

J.Witte, J. zwischen zwei Kulturen, 1928 - Ders., Die Christusbotschaft u. die Religionen, 1939 - W.Gundert, Jap. Religionsgesch., 1935 - H.Kraemer, Die christl. Botschaft in einer nichtchristl. Welt, 1940 - G.Rosenkranz, Fernost - wohin?, 1940 - Ders., Der Weg der Götter, 1944 - Ders., Ev. Religionskunde, 1951 - K.Nishida, Die intelligible Welt, 1943 - R.Schinzinger, Der Denkstil Ostasiens (Nachrichten der Ges. f. Natur- u. Völkerkunde Ostasiens 73), 1952 - F.Hashimoto, Die Wesenskräfte der östl. Lebensphilosophie (Universitas 8, 1953, 225-232) - D.T.Suzuki, Mysticism Christian and Buddhist, London 1957 - Th.Jaeckel, Die kirchl. u. missionarische Lage in J. (EMZ 14, 1957, 65-73. 105-113). *G.Rosenkranz*

IV. Missions- und Kirchengeschichte

1. Alte kath. Mission - 2. Mission und Kirchen nach 1869: a) Ev. Mission - b) Kath. Mission - c) Russisch-orth. Mission. - Karte 13 »China, Japan, Korea« s. Sp. 545f

1. Seit 1542 war J. durch portugiesische Händler mit Europa in Berührung gekommen. 1549 landete Franz → *Xavier* mit einigen Begleitern, u.a. dem Japaner Anjiro, den er in → Goa getauft hatte, in Kagoshima (→ 13 E 3; → Christentum: III, 3). Die → Jesuiten hatten, obwohl sie die Landessprache nicht beherrschten und Rückschläge nicht ausblieben, in einigen Gebieten, deren Fürsten (Daimyos) von der Duldung der Missionare Förderung ihres Handels mit Portugal erhofften, beachtliche Erfolge. Xaviers Versuch, in der Hauptstadt Kyoto (Miyako; → 13 E 2) zu wirken, scheiterte. 1551 kehrte er nach → Indien (: IV, 2) zurück. Erfüllt von der Aufgabe, die er der Evangeliumsverkündigung in der Kulturwelt J.s gestellt sah, sorgte er für die Entsendung weiterer Missionare. Die Arbeit in J. wuchs. Angehörige des Ritterstandes schlossen sich den Gemeinden an. Zu den ersten Missionsgebieten (Yamagushi, Bungo, Hirado) traten neue, auch der Kyoto-Bezirk. Die Zahl der Christen wird für 1570 mit 20 000, nach weiteren 12 Jahren, in denen sich die Missionare der Gunst des die Buddhisten hassenden *Nobunaga* erfreuten, mit 150 000 angegeben. Eine Gesandtschaft von vier jungen christlichen Adligen nach Rom wurde vom Papst und nach ihrer Rückkehr (1590) auch von Hideyoshi, der sich nach Nobunagas Ermordung der Herrschaft bemächtigt hatte, ehrenvoll empfangen. *Hideyoshi* hatte das Christentum nach anfänglicher Begünstigung 1587 als eine dem jap. Wesen fremde Religion verboten. Das Verbot wurde nicht streng durchgeführt. 1590 zählte man 180 000 Christen; Seminare, Krankenhäuser, eine Druckerei und eine Malerschule bezeugten ihr reges Leben. Als 1593 spanische Franziskaner eintrafen und mit den portugiesischen Jesuiten in Streit gerieten, mit dem sich die wirtschaftliche Rivalität zwischen Spanien und Portugal verband, wuchs das Mißtrauen Hideyoshis. 1597 wurden in Nagasaki 26 Europäer und Japaner, Priester und Laien, gekreuzigt. *Ieyasu,* der Nachfolger Hideyoshis (→ Japan: I), verbot 1612 das Christentum. Dennoch erreichte die Zahl der Christen jetzt ihren Höchststand (500 000 bis 750 000). Der Zusammenbruch erfolgte in den grausamen Verfolgungen der Jahre 1614/36. Dem Shimabara-Aufstand 1637/38 fielen rd 35 000 Christen zum Opfer. Fortan war den Japanern der Aufenthalt im Ausland, den Europäern (mit beschränkter Ausnahme der Holländer) das Betreten J.s verboten. In ständig bedrohter Verborgenheit überlieferten kleine Christengruppen ihren Glauben, der allmählich entartete, von Generation zu Generation. 1865 traten die »heimlichen Christen« mit den erneut ins Land gekommenen kath. Missionaren wieder in Verbindung. Verquickung der Mission mit wirtschaftlichen und politischen Zielen und Streitigkeiten der Missionsorden untereinander haben dazu beigetragen, daß eine in ihren Anfängen verheißungsvolle, den Japanern noch heute als »Christliches Jh.« bekannte Missionsepoche mit einem Mißerfolg endete; entscheidend war dafür der Widerstand, den der Nomos J.s, sein Kokutai, dem von den ausländischen Missionaren verkündigten »Gesetz des Deus« entgegensetzte.

2. a) Die *ev. Mission* begann 1869 mit der Arbeit der Church Missionary Society (→ Anglikanische Kirche: II, 1) und des American Board. Sie war durch einige nach der Wiedereröffnung J.s (1853/54) eingetroffene Missionare (u.a. J.Liggins, J.C.Hepburn, G.F.Verbeck) vorbereitet, nachdem 1837 K. → Gützlaff, S.W.Williams (1812 bis 1884) und P. → Parker vergeblich versucht hatten, J. zu betreten, und die von britischen Marineoffizieren gegründete Loochoo Naval Mission auf den Ryu-Kyu-Inseln (1844/54) erfolglos geblieben war. 1864 war der Dolmetscher Yano Ryuzan auf dem Sterbebett heimlich getauft worden. 1869 gründeten die amerikanischen → Presbyterianer (: II) in Tokyo (→ 13 E 2) die erste Missionsschule, der bald viele andere, bes. Mädchenschulen, folgten. 1872 bildeten unter ihrem Einfluß 9 junge Männer in Yokohama (→ 13 E 2) die erste, sehr auf Selbständigkeit bedachte Gemeinde. Diplomatische Rücksichtnahme auf den Westen führte 1873 zur Beseitigung der öffentlichen Verbotstafeln gegen das Christentum, 1876 zur Aufhebung seines Verbots. Zunächst bereitete die sich auf der Grundlage des Shinto vollziehende Konsolidierung des Reichs den Christen noch Schwierigkeiten. Bald aber führte eine fast rauschhafte Begeisterung für die Kultur des Westens zur Erkenntnis ihrer christlichen Grundlage. Zudem wurde man durch

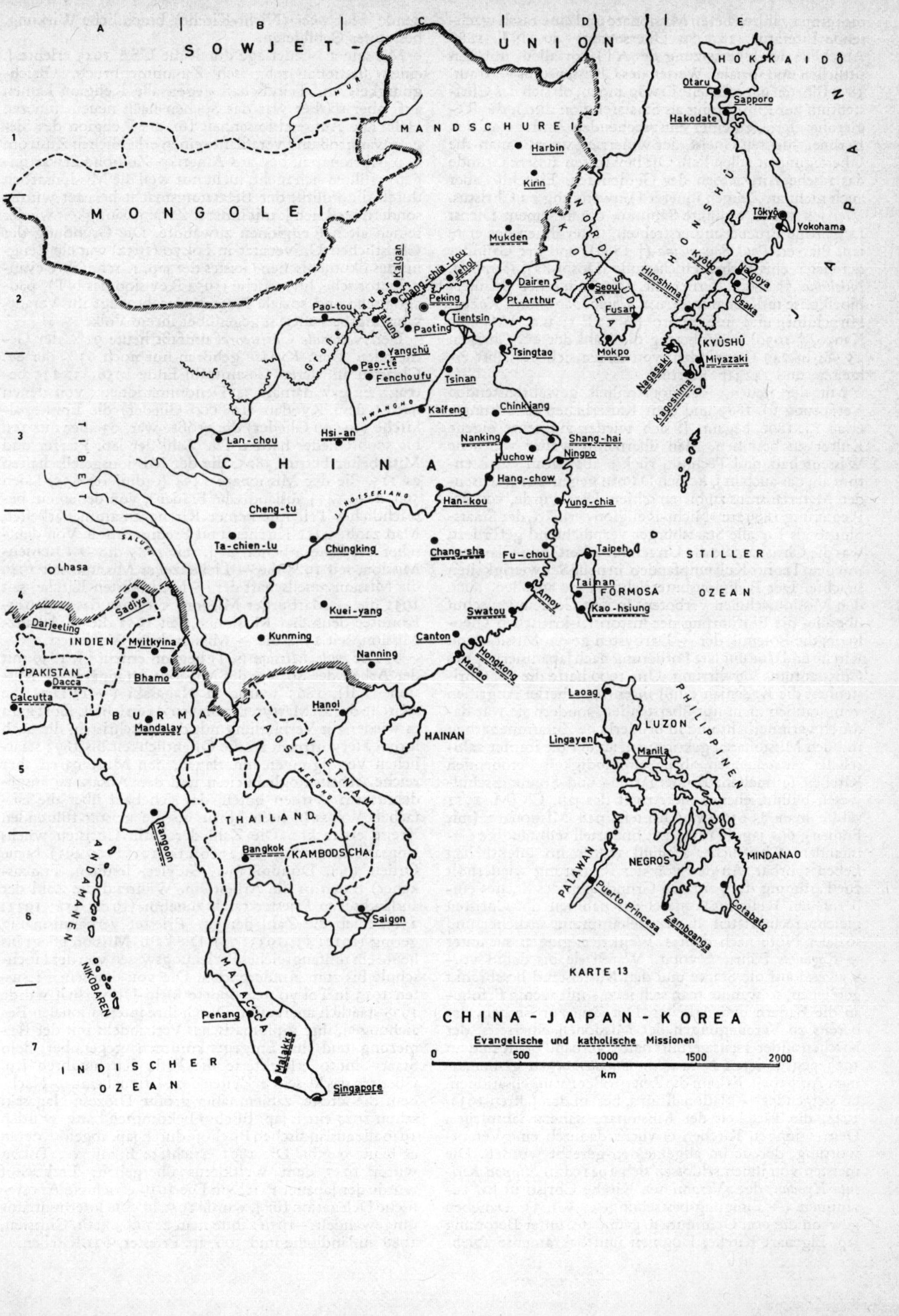
SOWJET-UNION
A S I E N
MANDSCHUREI
MONGOLEI
CHINA
TIBET
INDIEN
PAKISTAN
BURMA
THAILAND
LAOS
VIETNAM
KAMBODSCHA
MALACCA
ANDAMANEN
NIKOBAREN
INDISCHER OZEAN
STILLER OZEAN
JAPAN
HOKKAIDÔ
HONSHÛ
KYÛSHÛ
NORD-KOREA
SÜD-KOREA
FORMOSA
HAINAN
PHILIPPINEN
LUZON
NEGROS
MINDANAO
PALAWAN
AMUR
HWANGHO
JANGTSEKIANG
SALUEN
MEKONG
Große Mauer
Harbin
Kirin
Mukden
Dairen
Pt. Arthur
Seoul
Fusan
Mokpo
Otaru
Sapporo
Hakodate
Tôkyô
Yokohama
Kyôto
Nagoya
Osaka
Hiroshima
Nagasaki
Kagoshima
Miyazaki
Kalgan
Jehol
Chang-chia-kou
Peking
Tientsin
Paoting
Pao-tou
Tatung
Yangchü
Pao-tê
Fenchoufu
Tsingtao
Tsinan
Kaifeng
Chinkiang
Hsi-an
Lan-chou
Nanking
Shang-hai
Huchow
Ningpo
Hang-chow
Han-kou
Yung-chia
Cheng-tu
Ta-chien-lu
Chungking
Chang-sha
Fu-chou
Taipeh
Tainan
Kao-hsiung
Amoy
Swatou
Canton
Hongkong
Macao
Kuei-yang
Kunming
Nanning
Hanoi
Lhasa
Sadiya
Darjeeling
Myitkyina
Bhamo
Dacca
Calcutta
Mandalay
Rangoon
Bangkok
Saigon
Penang
Malakka
Singapore
Laoag
Lingayen
Manila
Puerto Princesa
Zamboanga
Cotabato
1
2
3
4
5
6
7
KARTE 13
CHINA-JAPAN-KOREA
Evangelische und katholische Missionen
0 500 1000 1500 2000
km

die immer zahlreicheren Missionare und eine rasch wachsende Literatur (1872/80 Übersetzung des NT, 1888 Abschluß der Übersetzung des AT) vor allem mit den sittlichen und sozialen Werten des Christentums vertraut. 1873 führten gar offizielle Erwägungen, ob sich das Christentum zur Einführung als Staatsreligion durch die Regierung eigne, zu einer entsprechenden Anfrage an den Berliner Juristen Gneist, der widerriet, worauf man die Überlegungen fallen ließ. Oft bewirkten äußere Gründe das rasche Anwachsen der Gemeinden. Es fehlte aber auch nicht an Zeugen innerer Hinwendung zu Christus. Vielfach waren es junge Samurai, die in seinem Dienst J.s geistige Erneuerung erstrebten, unter ihnen der erste jap. Pfarrer, *Paul Sawayama* († 1887), und der Gründer der ersten christlichen Hochschule (Doshisha), *Joseph H. Niishima* († 1890), ferner die Mitglieder der Schülerbibelkreise in Kumamoto (u.a. *Ebina* Danjo und *Kozaki* Hirochimi) und in Sapporo (→ 13 E 1; u.a. *Uchimura* Kanzo, † 1930). 1888 betrug die Zahl der ev. Christen 25 514 in 249 Gemeinden, von denen sich 92 selbst erhielten, und 142 jap. Pfarrer.

Mit der neuen, Religionsfreiheit gewährleistenden Verfassung i.J. 1889 und dem Kaiserlichen Erziehungserlaß i.J. 1890 begann J. sich wieder auf seine eigene Kultur zu besinnen. Man übernahm weiter westliche Wissenschaft und Technik, rückte aber vom Christentum ab, das auch in J. keinen Damm gegen den wachsenden Materialismus zu bieten schien. Jetzt wurde, von der Regierung 1899 zur »Nicht-Religion« erklärt, der Staats-Shinto als für alle Staatsbürger verpflichtend gefördert, was die Christen, die die Unvereinbarkeit ihres Glaubens mit dem Tenno-Kult empfanden, in neue Schwierigkeiten brachte. Der Religionsunterricht wurde an allen, auch den Missionsschulen verboten. In den Gemeinden schuf überdies die Einführung der historisch-kritischen Theologie, die Polemik der → Darbysten gegen Mission und Kirche und eine unklare Forderung nach Japanisierung des Christentums Verwirrung. Um 1900 hatte die ev. Christenheit die Krisenjahre mit ihren mancherlei Angriffen von draußen nicht nur überstanden, sondern sie war dadurch verinnerlicht und in brüderliche Zusammenarbeit mit den Missionaren gekommen, an der die immer zahlreicher entstehenden, ihre Selbständigkeit betonenden Kirchen festhielten. Kindergarten- und Sonntagsschulwesen blühte, ebenso die Arbeit des jap. CVJM. 1911 zählte man 83 636 ev. Christen, 948 Missionare (mit Frauen), 661 jap. Pfarrer, 174 finanziell selbständige Gemeinden. Christlicher Einfluß wurde im öffentlichen Leben spürbar. An den von der Regierung wiederholt zur Festigung der geistigen Grundlagen des Staates einberufenen Religionskonferenzen nahmen die Christen gleichberechtigt teil. In der Bekämpfung sittlicher und sozialer Nöte nach dem 1. Weltkrieg gingen sie unter → *Kagawas* Führung voran. Waren sie bis dahin vorwiegend auf die Städte und den Mittelstand beschränkt geblieben, so wandte man sich jetzt - mit wenig Erfolg - an die Bauern und Arbeiter. Der Zug zur Einheit, der bereits zu Vereinigungen der Missionen einerseits, der Kirchen andererseits geführt hatte, verband beide in dem 1923 gegründeten *Nationalen Christenrat* zu gemeinsamen Aufgaben. Es kam die Zeit großer Evangelisationen, bis steigender → Nationalismus, bes. in den Jahren 1937/1945, die Tätigkeit der Missionare nahezu lahmlegte. Den → jungen Kirchen erwuchs dadurch eine Verantwortung, der sie im allgemeinen gerecht wurden. Die meisten von ihnen schlossen sich 1941 zum *Nippon Kirisuto Kyodan*, der »Vereinigten Kirche Christi in J.«, zusammen (→ Einigungsbestrebungen: VII, 3). Daneben gewann die von Uchimura gegründete, unter Betonung jap. Eigenart Kirche, Dogmen und Sakramente ablehnende *Mukyokai* (Nicht-Kirche) beachtliche Wirkung, bes. unter Gebildeten.

Mit seiner Niederlage durch die USA 1945 erlebte J. einen (national-)religiösen Zusammenbruch. Gleichgültigkeit und Feindschaft gegen alle Religion kamen auf; aber stärker war das Suchen nach neuem inneren Halt. Die Aufgeschlossenheit für die Religion des Siegers war groß und veranlaßte einen erheblichen Zustrom von Missionaren, bes. aus Amerika. Zu hohe Erwartungen erfüllten sich nicht, nicht nur weil die Missionsarbeit durch die Politik der Besatzungsmacht belastet wurde, sondern weil sich J. mit innerer Zwangsläufigkeit wieder seinen alten Religionen zuwandte. Die Gründung der Christlichen Universität in Tokyo (1952) war ein Zeugnis des ökumenischen Geistes der jap. Kirche; ihre evangelisatorische, literarische (1954 Revision des NT), pädagogische und soziale Regsamkeit bezeugt ihr Verantwortungsbewußtsein gegenüber ihrem Volk.

Der *Nationale Christenrat* umfaßt heute 91% der Gemeinden. Dem *Kyodan* gehören nur noch 63% der ev. Christen an, deren Gesamtzahl Ende 1956 332 135 betrug. Es gab damals 74 Denominationen, von denen nächst dem Kyodan (168 000 Glieder) die Episkopalkirche (39 000 Glieder) die größte war, 63 aber nur 100 bis 5000 Glieder hatten. Die Zahl der jap. Pfarrer und Mitarbeiter betrug 3825, die der Missionsgesellschaften ca 115, die der Missionare 1454 (ordinierte 855, Laien 599, dazu 1433 ausländische Frauen), von denen ein beträchtlicher Teil mit keiner Kirche zusammenarbeitet. Man zählte 4312 Kirchen und Predigtstätten. Von deutscher ev. Seite arbeiten in J. seit 1885 die → Ostasien-Mission, seit 1928 die → Liebenzeller Mission, seit 1940 die Missionsgesellschaft der → Methodisten-Kirche, seit 1951 die → Marburger Mission, seit 1952 das → Japan-Komitee deutscher Missionen, seit 1953 die → Allianz-Mission, seit 1954 die → Missionshilfe Wiedenest.

b) Die *kath. Mission* (s. 1) begann erneut i.J. 1859 mit der Arbeit der Société des Missions Etrangères (→ Missionen: II). 1865 wurde in Nagasaki (→ 13 D 3) die »Kirche der 26 Märtyrer (von 1597)« errichtet. Dort kam es wieder zur Verbindung mit den Altchristen, die nach ihrem Hervortreten an die Öffentlichkeit bis 1873 staatlichen Verfolgungen unterlagen, den Missionaren aber reiche Arbeitsmöglichkeiten und den Ansatz zu ausgedehnterem Wirken boten, das sich bald über die einfachen Volksschichten hinaus in die geistig führenden Kreise erstreckte. Die Zahl der kath. Christen wuchs langsam, aber stetig (1912: 66 134; 1933: 100 491). Neue Orden (u.a. Dominikaner, Steyler, Jesuiten, Franziskaner) traten in die Arbeit ein. Während die Zahl der ausländischen Priester rasch zunahm (1912: 152; 1933: 251), blieb die Zahl der jap. Priester verhältnismäßig gering (1912: 33; 1933: 73). Die kath. Mission pflegt bis heute ein umfangreiches Erziehungswesen von der Hochschule bis zum Kindergarten. Die von deutschen Jesuiten 1913 in Tokyo gegründete Jochi-Universität wurde 1928 staatlich anerkannt. Durch ihre internationalen Beziehungen, ihre diplomatisches Verhandeln mit der Regierung und ihr Entgegenkommen gegenüber dem Staats-Shinto erleichterte die kath. Kirche ihren jap. Gliedern das Dasein in Zeiten des Nationalismus. - Nachdem die älteste, zahlenmäßig größte Diözese Nagasaki schon 1927 einen jap. Bischof bekommen hatte, wurden 1940 alle ausländischen Bischöfe durch jap. abgelöst, deren es heute 9 gibt. Die 1891 errichtete Erzdiözese Tokyo wurde 1947 dem Weltklerus übergeben; Erzbischof wurde der Japaner P.T.Doi. Die 1919 errichtete Apostolische Delegation für J. wurde 1952 in eine Internuntiatur umgewandelt. - 1956 zählte man 227 063 kath. Christen, 1088 ausländische und 300 jap. Priester, 671 Kirchen.

c) Die *russ.-orth. Mission* wurde durch den russ. Priester Ivan Kasatkin, genannt *Nikolai*, der 1861 als Konsulatskaplan nach Hakodate (→ 13 E 1) kam, ins Leben gerufen. Er gewann den Hl. Synod für seine Arbeit unter Japanern, ging 1872 nach Tokyo und erbaute dort die Nikolaus-Kathedrale. Durch ihn und die von ihm Getauften breitete sich das russ.-orth. Christentum rasch aus. Nikolai, der 1880 zum Bischof, 1906 zum Erzbischof ernannt wurde, starb 1912. Es bewährte sich, daß er auf die Ausbildung jap. Helfer Wert gelegt hatte; auch die Sprache der Liturgie war jap. Sein Nachfolger *Sergij* unterstellte die Mission 1921 dem Moskauer Patriarchat, von dem sie sich aber 1940 als jap.-orth. Nationalkirche wieder löste. 1941 wurde der erste jap.-orth. Bischof geweiht. 1946 vereinigte sich die Jap.-orth. Kirche wieder mit dem Moskauer Patriarchat, was zu einem jurisdiktionellen Schisma führte. – 1912 betrug die Zahl russ.-orth. Christen 42 000, i.J. 1956 rd 34 391. Es gab 62 jap. Priester und 140 Kirchen.

Die *Gesamtzahl aller Christen* in J. – 593 589 unter über 90 Mill. Einwohnern – liegt beträchtlich unter einem Prozent der Bevölkerung, mit deren jährlicher Vermehrung um ca 1,5 Mill. ihre Zunahme in keiner Weise Schritt hält. Daß die Wirkung des Christentums auf das Leben in Volk und Staat weit größer ist als ihre numerische Stärke, ist Tatsache, aber nicht apologetisch zu verwerten.

Zu 1: H.Haas, Gesch. des Christentums in J., Tokyo 1902 u. 1904 – J.Schmidlin, Kath. Missionsgesch., 1924 – L.Lemmens, Gesch. der Franziskanermissionen, 1929 – Gräfin Vitzthum, Die Briefe des Francisco de Xavier, (1939) 1950[3] – J.Laures, Die Anfänge der Mission von Miyako, 1954 – Ders., Takayama Ukon u. die Anfänge der Kirche in J., 1954 – Ders., Gesch. der kath. Kirche in J., 1956 – Th. Ohm, Wichtige Daten der Missionsgesch., 1956. – Zu 2 außer der Lit. zu →Japan: III (bes. Witte, Gundert, Rosenkranz): P.G.Möller, Diener des Heiligen, 1953 – Th.Ohm (s.o.) – Latourette, Gesch. – WChH 1957. – Ferner zahlreiche Aufsätze u. laufende Berichte in ZMR 1885–1939, EMZ, EMM, IRM, ZM.

G.Rosenkranz

Japan-Komitee Deutscher Missionen, ein Zusammenschluß von Werken der Äußeren und Inneren Mission, 1951 als Frucht einer Visitationsreise durch den Fernen Osten von Missionsdirektor P.G.Möller gegründet, bezweckt Aussendung von Missionskräften nach → Japan (: IV, 2a) in Verbindung mit seinen Gliedwerken. Die Bremer Geschäftsstelle vertreibt das Mitteilungsblatt »Japan ruft« und leitet Gaben für das gemeinsame Missionshaus in Tokyo wie für die einzelnen Arbeitszweige weiter (zB Diakonissenmutterhäuser, Krüppelheimarbeit, Frauen- und Mitternachtsmission, Arbeitermission). Mit dem Übergang aus der Sprachausbildung in die eigentliche Arbeit tritt die frühere Bedeutung des J.-K.s draußen hinter der Integration der Missionskräfte in die japanische Kirche zurück. *E.Ramsauer*

Jason von Kyrene → Makkabäerbücher.

Jaspers, *Karl,* neben M. → Heidegger Begründer der deutschen → Existenzphilosophie, * 23.2.1883 in Oldenburg. Nach bald abgebrochenem Studium der Jurisprudenz entschied sich J. für die Medizin und nahm den Weg über die Psychiatrie und Psychologie zur Philosophie. 1913 habilitierte er sich in Heidelberg für Psychologie und wurde 1921 o. Prof. der Philosophie. 1938 amtsenthoben, war er nach 1945 maßgeblich am Wiederaufbau der Heidelberger Universität tätig; 1948 ging er nach Basel. – J.' philosophische Entwicklung läßt sich an seinen Hauptwerken ablesen. Seine »Allgemeine Psychopathologie« ([1913] 1953[6]) macht den von → Dilthey entwickelten Begriff des → Verstehens für die Psychopathologie fruchtbar. Er unterscheidet dabei scharf zwischen den innerlich verstehbaren und den nur kausal erklärbaren Vorgängen im Seelenleben. Seine »Psychologie der Weltanschauungen« ([1919] 1954[4]) analysiert in einer vergleichenden Betrachtung die menschlichen Letzthaltungen. Schon hier entwickelt er den Begriff der Grenzsituationen, jener letzten, unaufhebbaren Situationen wie → Tod, → Leiden, → Zufall, Schuld, Kampf, denen der Mensch nicht entrinnen kann, aber durch die er, wenn er mutigen Auges in sie eintritt, vor seine Existenz gestellt wird. So bezeichnet dies Buch den Anfang der modernen Existenzphilosophie. In J.s Hauptwerk (»Philosophie«, 3 Bde) entwickelt der 2. Bd (»Existenzerhellung«) das eigentliche Kernstück seiner Lehre. Jene letzte, innerste, Existenz genannte Wirklichkeit des Menschen, so betont J., kann grundsätzlich nicht auf dem Wege objektivierender Erkenntnis gefaßt, sondern nur appellierend im Menschen erweckt werden. Darum lehnt er die von Heidegger entwickelte existentiale → Ontologie ebensosehr wie Versuche einer philosophischen → Anthropologie (: II) als unzulässige Verfestigungen ab. Weil Existenz für J. nur erfaßt werden kann, wenn im selben Vorgang zugleich die → Transzendenz erfahren wird, entwickelt der 3. Bd die Idee einer eigenen → »Metaphysik«. Da aber auch die Transzendenz nicht in wißbarem Wissen besessen werden kann, besteht die philosophische Aufgabe darin, in vorläufiger »spielender« Weise die in der Geschichte überlieferten metaphysischen Lehren als »Chiffren der Transzendenz« zu übermitteln, um die Voraussetzung dafür zu schaffen, daß je eine davon vom Menschen in eigener Erfahrung existentiell ergriffen werden kann. Die »Philosophische Logik« (I: Von der Wahrheit, 1947) arbeitet abschließend die Besonderheit des philosophischen → Denkens in seiner von der wissenschaftlichen Erkenntnis scharf unterschiedenen eigentümlichen Schwebe heraus. Die »Großen Philosophen« (I, 1957) endlich geben Rechenschaft von einer eingehenden Beschäftigung mit der Geschichte der Philosophie, wobei die großen Gestalten der Vergangenheit in echt existentieller Weise unabhängig vom geschichtlichen Abstand in der Ebene der Gleichzeitigkeit begegnen. Der Ansatz erweitert zugleich die Geschichte der Philosophie über die abendländische Beschränktheit hinaus durch die Einbeziehung der asiatischen Denker zur Weltphilosophie. – In zunehmendem Maß hat J. über den engeren wissenschaftlichen Bereich hinaus die öffentliche Verantwortung der → Philosophie erkannt und sich zur »Schuldfrage« (1946), zur »Idee der Universität« (1923, 1946) oder zur Atombombe (1958) an eine breitere Öffentlichkeit gewandt. Vom theologischen Standpunkt sind neben »Nietzsche und das Christentum« (1946) der »Philosophische Glaube« (1948) und die Auseinandersetzung mit Bultmanns → Entmythologisierung (1954) hervorzuheben.

Vf. ferner u.a.: Die geistige Situation der Zeit, (1931) 1955[8]; Philosophie, (1932) 1956[3]; Vernunft u. Existenz, (1935) 1947[2]; Nietzsche, (1936) 1950[3]; Descartes u. die Philosophie, (1937) 1956[3]; Existenzphilosophie, (1938) 1956[2]; Vom Ursprung u. Ziel der Gesch., (1949) 1952[3]; Rechenschaft u. Ausblick, Reden u. Aufsätze, 1951; Schelling, 1955; Philosophie u. Welt, Reden u. Aufsätze, 1958. – Bibliogr. u. Lit.: O.F.Bollnow, Dt. Existenzphilosophie (BEStPh 23), 1953 – K.J., Philosophen des 20.Jh.s, hg.v. A.Schilpp, 1957 (hier auch J.' philos. Autobiogr.). – Seitdem: J.Paumen, Raison et existence chez K.J., Brüssel 1958. *O.F.Bollnow*

Jatho, *Karl* (1851–1913), ev. Pfarrer, * in Kassel, war nach dem Theologiestudium (Marburg, Leipzig) Pfarrer in Bukarest, in Boppard, seit 1891 in Köln. Nach langjähriger, unbeanstandeter Amtsführung wurden etwa seit 1905 wiederholt Beschwerden über seine religiösen Anschauungen laut. J. war kein selbständiger theologischer Denker, noch weniger eine kirchenpolitische Führernatur. Mehr ästhetisch gerichtet, von starker musikalischer Empfindsamkeit, hatten sich in ihm die Einflüsse der modernen Theologie zu einer stark pantheistischen Laienfrömmigkeit entwickelt, die der Liebe zu Jesus und zu den Menschen wohl Raum gab, aber das Bekenntnis zu einer subjektiven Allegorie verschwimmen ließ (→ Apostolikum: II, 2). Für seine Konfirmanden hatte er ein selbstverfaßtes Bekenntnis und Gelübde eingeführt. Seine Religiosität, die er als folgerichtige Entwicklung von Ad. → Harnacks Lehre ansah, hat er diesem gegenüber mit den Worten charakterisiert: »Sie und ich, wir Zweifler, die wir an die alte Christologie nicht mehr glauben, wir dürfen nicht mehr versuchen, über Gott etwas objektiv Gültiges auszusagen.« Aus dem Kreise der → Christlichen Welt erfuhr J. starken Zuspruch. Trotz des großen Zulaufs, den er fand, hat das Konsistorium nach mehrfachen Vorhaltungen schon 1907 die Einleitung eines Disziplinarverfahrens in Aussicht genommen. Aber erst nach dem 1910 in Altpreußen erlassenen Irrlehregesetz (→ Lehrzuchtverfahren: I) verfügte 1911 ein Spruchkollegium mit 11:2 (→ Loofs und → Kahl) Stimmen seine Dienstentlassung. O. → Baumgarten und G.Traub hatten die Verteidigung übernommen. Der Entscheid stieß innerhalb des freien Protestantismus auf lebhafte Opposition; Aufsehen erregte Harnacks zwischen den Fronten sich bewegendes Urteil. J. hat, ohne aus der Kirche auszutreten, seine Vortragstätigkeit fortgesetzt.

Von J. hg. Predigt- u. Andachtsbände s. RGG² III, 43 - Briefe, hg.v. C.O.Jatho, 1913. - Über J.: Aktenstücke zum Fall J., 1911 - G.v.Rohden, Der Kölner Kirchenstreit - P.J.s Amtsenthebung im Lichte der öffentl. Meinung, 1911 - M.Rade, J. u. Harnack, 1911 - A.Bonus, Wider d. Irrlehre d. Oberkirchenrats, 1911 - G.Traub, Staatschristentum u. Volkskirche, 1911 - A.v.Zahn-Harnack, Ad.v. Harnack, (1936) 1951², 303ff - Joh.Rathje, Die Welt d. freien Protestantismus, 1952, 179ff. *K.Kupisch*

Jaworskij, *Stephan* (1658-1722), * in Lemberg, studierte an jesuitischen Akademien in Wilna und Posen. Seit 1689 Lehrer, Präfekt und Rektor der Geistlichen Akademie in → Kiew, wurde J. von → Peter d.Gr. 1700 zum Bischof von Rjasan und 1702 zum Exarchen des Patriarchenamtes ernannt. Den Reformen des Zaren stand er ablehnend gegenüber und suchte sie hinzuhalten. Seine Gesinnung kam deutlich zum Ausdruck, als er die Opposition (Zarewitsch Alexej) zu unterstützen begann. Peter erkannte bald seinen Mißgriff. Trotzdem ernannte er J. 1721 zum Präsidenten des Hl. Synod, der an die Stelle des Patriarchen trat. Neben F. → Prokopovič hatte J. freilich wenig zu bedeuten. J. blieb zeitlebens von der polnisch-kath. Theologie bestimmt. Verbissen kämpfte er gegen moderne Einflüsse. Sein dogmatisches Hauptwerk »Stein des Glaubens« ist eine geschickte Kompilation aus meist jesuitischen Werken (→ Bellarmin, → Becanus u.a.). Römische Gedanken werden darin mit eigenen Auffassungen verbunden. Am stärksten kommen seine katholisierenden Neigungen in der Lehre von der Tradition, von den guten Werken und von der Wandlung zutage. Das Werk konnte erst 1728 postum erscheinen und löste im In- und Auslande rege Diskussion aus. - Von J.s zahlreichen Predigten ist im 19.Jh. ein Teil gedruckt; über 200 sind unveröffentlicht.

J.Samarin, St.J. u. Feofan Prokopovič, 1844 (GesW V, 1880; russ.) - J.Morev, St.J.s »Stein des Glaubens«, 1904 (russ.) - N.S. Vvedenskij, Zur Biogr. St.J.s (Christianskoe čtenie, 1912, 892-919; russ.) - M.Jugie, Theologia dogmatica christ. orient. I, 1926 - H. Koch, Die russ. Orthodoxie im petrinischen Zeitalter, 1929 - R. Stupperich, Feofan Prokopovič u. Joh.Fr.Buddeus (Zs. f. osteurop. Gesch. 9, 1935, 341-362) - Ders., Staatsgedanke u. Religionspolitik Peters d. Gr., 1936 - G.Florovskij, Wege der russ. Theol., Paris 1937, 82ff (russ.) - D.Michajluščuk, De occasione et scopo St.J. operis Petra fidei (Bohoslovia 1938/39) - L.Müller, Die Kritik d. Protestantismus in d. russ. Theol., 1951, 68ff - E.Winter, Halle als Ausgangspunkt der dt. Rußlandkunde, 1953, 109ff - R.A.Klostermann, Probleme d. Ostkirche, Göteborg 1955, 140ff. *R.Stupperich*

Ibas *von Edessa* († 457), »der Übersetzer« genannt, Vertreter der → antiochenischen Theologie, seit 435 Bischof. Von seinen Werken ist nur der Brief erhalten, den er i.J. 433 an den Metropoliten Mārī von Seleukia schrieb und der 553 im → Dreikapitelstreit verurteilt wurde (→ Christologie: II, 5b). Einer seiner Aussprüche enthüllt die äußerste Folgerung aus der nestorianisch-adoptianischen Christologie: »Ich fühle keinen Neid gegen Christus, daß er Gott geworden; denn auch ich kann es werden, wenn ich will« (Flemming 41, 27).

Text des Briefes an Mari: Mansi VII, 241-250 (griech.); J.Flemming, Akten der Ephesinischen Synode v.J. 449, syr. (AGG XV/1, 1917, 48-53). - Über I.: RE VIII, 611f - A.Baumstark, Gesch. d. syr. Lit., 1922, 101 - Bardenhewer IV, 410f - A.d'Alès, La lettre d'I. à Marès le Persan (RechSR 22, 1932, 5-25) - ACO II/1, 3, 32ff - Das Konzil von Chalkedon III, hg.v. A.Grillmeier u. H.Bacht, 1954, 932. *A.Adam*

Ibn Daud, *Abraham* (Abraham ben David Halevi, abgekürzt zu RaBad I, um ihn von einem späteren Philosophen desselben Namens, Abraham ben David von Pasquières, dem Kritiker des Maimonides, zu unterscheiden), * um 1110 in Toledo (Spanien), † vermutlich als Märtyrer um 1180. A.I.D. war der erste jüdische Philosoph, der sein religionsphilosophisches System auf die Lehre des → Aristoteles gründete (→ Jüdische Philosophie, 4). Auf Arabisch verfaßte er sein Hauptwerk Alakida ar-rafia (ed. S.Weil, 1857). Nach I.D.s Meinung können Philosophie und Religion sehr wohl miteinander versöhnt werden. Die Grundgedanken stimmen mit der Bibel und dem Judentum überein. Die Ewigkeit der Materie sei allerdings abzulehnen. I.D.s Lehre hatte eine tiefe Wirkung auf alle späteren jüdischen Philosophen, doch wurde sein Buch von dem großen Werk des → Maimonides überschattet. I.D. verfaßte auch historische Werke, deren wichtigstes das Sefer sēder hakabala (Buch der Überlieferung) ist; gegen die → Karäer weist es nach, daß die Kette der jüdischen Tradition niemals unterbrochen worden sei (ed. prima Mantua 1519; kritische Ausgabe ed. A.Neubauer, Mediaeval Jewish Chronicles I, 1887, 47-84). Ferner schrieb er ein Werk über Astronomie.

J.Guggenheimer, Die Religionsphilosophie des Abraham ben David Halevi, 1850 - Jak.Guttmann, Die Religionsphilosophie des A.I.D. aus Toledo, 1879 - I.Elbogen, A.I.D. als Geschichtsschreiber (Festschr. zu Jak.Guttmanns 70. Geb., 1915, 186-205) - EJud I, 438ff. *S.Cohen*

Ibn Esra, 1. *Abraham ben Meir* (um 1092-1167), * in Toledo, Verfasser zahlreicher Werke über Sprachwissenschaft, → Schriftauslegung (: II) und -kritik und Religionsphilosophie sowie geistlicher und weltlicher Gedichte. Seine hochgeschätzten Kommentare finden sich in allen rabbinischen Bibelausgaben.

Bibliogr.: EJud VIII, 340f. - Über I.E.: D.Herzog, Bemerkungen zu I.E. dem »Historiker« (MGWJ 81, 1937, 422-438) - J.M.Millas, The Work of A.i.E. in Astronomy (Tarbiz 9, 1938, 306-322) - L. Prijs, Die grammatikalische Terminologie des A.i.E., 1950.

2. *Mose ben Jakob* (um 1060-1139), * in Granada, einer der fruchtbarsten Dichter profaner und geistlicher Dichtungen der spanisch-jüdischen Schule und Freund → Jehuda Ha-Levis. Sein Sefer ha'anaq ist auch für die Bibelexegese bedeutungsvoll.

Bibliogr.: EJud VIII, 350f. - Über I.E.: S.Bernstein, New Poems from Spain and France (Tarbiz 10, 1939, 1-29) - Diez Macho, M.i.Ezra como poeta y preceptista, 1953. *E.L.Rapp*

Ibsen, *Henrik* (1828-1906), norwegischer Dichter, * in Skien, † in Oslo. Angesichts des ernsten Christentums seiner Mutter hatte I. tiefen Respekt vor dem Heiligen, lehnte jedoch den Rigorismus ab, den der Erweckungsprediger G.A.Lammers vertrat. Sein jugendlicher Auflehnungsdrang äußert sich im Schauspiel »Catilina« (1850); es war durch die politische Freiheitsbewegung seiner Zeit und durch eigene Erfahrungen vom Kampf dämonischer Kräfte im Inneren des Menschen inspiriert. Das bedeutendste Frühwerk ist »Frau Inger auf Oestrot« (1855); in der Titelfigur personifiziert sich der Kampf zwischen menschlicher Eigenmächtigkeit und der auf göttlichem Ruf beruhenden Forderung nach Aufopferung des persönlichen Glücks. In den darauffolgenden Werken begegnet (unter Einfluß von → Kierkegaard) die Idee vom Gegensatz der ästhetischen und der ethischen Lebensform. Am stärksten bringt er diese Gedanken in dem Schauspiel »Die Kronprätendenten« (1863) zur Geltung. – Durchdrungen von der Forderung Kierkegaards nach einer Lebenshaltung in Opfer und Entschiedenheit mußte I. die neutralistische Politik Norwegens während des dänisch-deutschen Krieges 1864 verachten. Er schrieb satirische Gedichte, verließ die Heimat und lebte 27 Jahre in Italien und Deutschland. Aus dieser Stimmung entstehen die dramatischen Dichtungen »Brand« (1866) und »Peer Gynt« (1867). Beide sind getragen von der ethisch-religiösen Idee einer »existentiellen« Verantwortung. In »Brand« wird das kirchliche Christentum gegeißelt; Gegentypus ist der Idealist, der seiner Idee das größte Opfer bringt. Daß dies jedoch nicht unbedingt I.s Ideal ist, zeigt der Schluß: Brand vergißt, daß Gott auch der Gott der Liebe ist. – Peer Gynt, ein charmanter, verlogener Phantast, wird vom Dichter nicht nur verurteilt, sondern zugleich mit Humor und Verständnis geschildert. Der christliche Liebesgedanke wird in Solvej dargestellt, deren Hingabe Peer Gynt zur Reue und zum Wunsch nach Sühne bringt. Der Gegensatz zwischen heidnischer Selbstentfaltung und christlicher Entsagung ist der Kern des großen Dramas »Kaiser (→ Julian Apostata) und Galiläer« (1873); in ihm deutet I. an, daß ein drittes Reich erstehen werde, dessen Wurzeln unter »Adams Hain« und dem »Baum des Kreuzes« zu finden sind, also eine Synthese von Humanismus und Christentum. In den folgenden Jahren schrieb I. verschiedene Gesellschaftsdramen: »Die Stützen der Gesellschaft« (1877), »Ein Puppenheim« (1879), »Gespenster« (1881), »Ein Volksfeind« (1882). Sie müssen in erster Linie als Ausdruck von I.s Kampf um Befreiung der Persönlichkeit von jedem konventionellen Zwang betrachtet werden. Die »Wildente« (1884) leitet die Periode der symbolistischen Dramen ein. Psychologisch greift der Dichter hier tiefer, seine ethisch-religiöse Grundsicht ist stärker; überall wird gezeigt, daß die Befreiung des Menschen weniger von Änderungen der äußeren Gegebenheiten als von der Überwindung der eigenen seelischen Hemmungen abhängig ist. I. macht sich nicht zum Fürsprecher einer abgerundeten, konsequenten Lebenssicht, vielmehr läßt er sich in seinem Kampf, den Menschen Selbstverwirklichung zu lehren, vom Christentum leiten.

Samlede verker, 20 Bde, 1928-52; dt.: 10 Bde, 1898-1904. – Über I.: R.Wörner, H.I., 2 Bde, (1900/10) 1923³ – K.T.Wais, H.I. u. das Problem des Vergangenen, 1931 – S.Holm, Moral og religion hos H.I. (in: Kirken og Tiden 22, Kopenhagen 1946, 1-9) – L.Binswanger, H.I. u. das Problem der Selbstrealisation in der Kunst, 1949 – H. Koht, H.I. Eit diktarliv I. II, Oslo 1954. *G.Tolderlund-Hansen*

Ich-Du-Verhältnis

1. Begriffliche Orientierung – 2. Hauptlinien der Geschichte des Du-Problems

1. Das I.-D.-V. ist zunächst auf dem Boden der Rede zu suchen: als das Verhältnis des Redenden zum Angeredeten, neben dem zum Beredeten. Wenn diese Verhältnisse sich auch nur selten ganz voneinander lösen, so besteht doch zwischen ihnen eine dreifache Differenz, gründend in der Verschiedenheit der Einstellungen, in denen dem Redenden das für ihn Anwesende erscheint.

a) Die Anwesenheit des Beredeten ist die Repräsentanz, die des Angeredeten die unmittelbare *Präsenz*. Das Er, Sie, Es vertritt das irgendwo Vorkommende so, wie es vorkommt. Das Du aber erschließt sich erst im Augenblick der Anrede, ohne darüber hinaus auf etwas für sich Bestehendes zu verweisen. Wegen dieser Unbeständigkeit läßt es sich im grammatischen Satzbau nicht durch ein Nomen ersetzen.

b) Die Anwesenheit des Beredeten ist die Gegenständlichkeit, die des Angeredeten die *Partnerschaft*. Das Verhältnis zum Gegenstand der Rede ist das der Unterordnung: allein der Redende ist in Aktion, das Beredete aber passiv und verfügbar; denn nichts und niemand vermag sich dem Beredetwerden zu entziehen. Anredend dagegen ist der Redende auf Erwiderung aus, also darauf, daß der Angeredete zum gleichgeordneten Partner werde. Die Entsprechung des Angesprochenen hat verschiedene Aktivitätsgrade: sie reicht vom Hinhören auf eine Mitteilung bis zur Erfüllung einer Bitte oder eines Befehls, von der Antwort auf eine Frage bis zur dialogischen Widerrede. Immer aber liegt die jeweilige Entsprechung wesenskonstitutiv in der Intention der sie herausfordernden Anrede, so freilich, daß sie als freier Akt dem Redenden schlechterdings *unverfügbar* ist.

c) Die Anwesenheit des Beredeten weist zurück in die Vergangenheit, die des Angeredeten vor in die Zukunft. Bereden kann der Redende nur, was schon im Umkreis seiner Vorstellungen vorliegt. Dies läßt er abschließend als das ihm Vorgekommene hervorkommen. Demgegenüber eröffnet die auf Erwiderung ausgespannte Anrede eine Zukunft, die jedes vorwegnehmende Wissen verwehrt, weil sie nicht vom Redenden, sondern vom Angeredeten abhängt.

Die Gegenwart zukunftsbezogener Partnerschaft verlangt die *Situation*. So charakteristisch ist die Situationsgebundenheit für das I.-D.-V., daß sie oft als dessen eigentliches Kriterium gilt. Das Du meint dann auch jenseits der Grenzen der Verlautbarung »diesen bestimmten«, der sich in den konkreten Situationen personalen Umgangs von der Allgemeinheit abhebt. Wo die derart in Schweigen Verbundenen füreinander wirklich Partner sind, mag das Du bisweilen reiner aufscheinen als in verlautbarten Worten, die stets die Unmittelbarkeit der Präsenz zu zerstören drohen.

In einer Situation aber befindet sich immer nur das *faktische*, mit dem grammatischen nicht identische Ich. Bezeichnet dieses lediglich den Redenden, so kann jenes auch der Angeredete oder überhaupt Angegangene sein. Damit tritt gleichermaßen das Du in zwei Formen auf: von mir aus- oder an mich ergehend. Wie beide Weisen allein aus »meiner« Perspektive erfahrbar sind, als mein *Ansprechen* und mein *Angesprochenwerden*, so ist das Erfahrene hier und dort der Andere, als der von mir Geforderte oder mich Fordernde. Doch sind sowohl das Ich als auch das wesenhaft unverfügbare Du im Angesprochenwerden noch gegenwärtiger als im Ansprechen. Das Ansprechen nämlich, das wenigstens ansatzweise in meiner Macht steht, setzt als ein von mir vollzogener Akt das vollziehende Ich bereits voraus; im intensivsten, mir radikal unverfügbaren Angesprochenwerden aber erwacht das Ich selbst. Und wie der andere durch seine Entsprechung jenen Akt konstituiert, so begründet er im Anspruch letztlich das Ich schlechthin.

Daß nun die Differenz von Du und Es auf der jeweiligen *Einstellung* beruht, heißt negativ: sie bestimmt sich nicht aus einer ontisch-regionalen Verschiedenheit des angezielten Seienden. Du und Es sind keine getrennten Bereiche. Positiv gewendet: das I.-D.-V. erstreckt sich auf *alles*, was ist. Wohl aber gibt es im ganzen des Seienden je nach dem Spontaneitätsvermögen Stufen der Dufähigkeit. So sage ich in der Erwartung voller Gegenseitigkeit zu meinem Mitmenschen eher Du als zu Dingen und zu diesen auch nur dann, wenn sie mir mehr sind als tote Gegenstände. Dasselbe jedoch sind Mensch und Du so wenig, daß dieses jenen vielmehr unendlich *übersteigt*. Nie nämlich bleibt der Mensch in reiner Ungegenständlichkeit als er selbst gegenwärtig. Über ihn hinaus schwingt darum das Du, wie Martin → Buber und Ferd. → Ebner betonen, auf *Gott* hin, der allein total ungegenständliche Präsenz, zugleich aber die personale Freiheit ist, die in völliger Unverfügbarkeit das Ich ins Dasein zu rufen vermag.

2. Die im 20.Jh. aufgegriffenen Anfänge dialogischen Denkens liegen bei J.G. → Hamann, W.v. → Humboldt, J.G. → Fichte und L. → Feuerbach. Wo immer man sich heute dem Du zuwendet, geschieht das wie bei Hamann und Humboldt im Zeichen der Sprache (→ Sprachphilosophie). Die erste derartige Wendung vollzog bereits um 1905 M. Buber, der, angeregt vom Ethos des → Chassidismus, das I.-D.-V. seither als fundamentale Seinshaltung fordert. Ein zweiter Neuansatz ist Ebners 1918-19 verfaßtes Hauptwerk, dessen Lehre vom »Wort« als »Vehikel« des I.-D.-V.es auf die → dialektische Theologie eingewirkt hat. In die Jahre des ersten Weltkriegs gehen die Bemühungen um das »neue Denken« zurück, das E.Rosenstock-Huessy, H.Ehrenberg und der vom Korrelationsbegriff des späten → Cohen ausgehende F. → Rosenzweig vertreten. Hinter der Idealismuskritik dieser und ähnlicher Richtungen steht die Tendenz, die idealistisch als transzendentale Subjektivität ausgelegte Ichheit ursprünglicher zu begreifen aus der Faktizität des vereinzelten Ich, dem allein ein Du begegnen kann.

Eben die hier destruierte Subjektivität ist in irgendeiner Form vorausgesetzt, wo es um das vom Du durchaus zu unterscheidende Fremd-Ich oder alter ego geht, das »im Grunde« der umgreifenden Egoität mit mir identisch ist. Dieser Begriff leitet nicht nur die Einfühlungs- und Analogieschlußlehren des Jh.-Anfangs, sondern auch die Theorie des → Verstehens (→ Dilthey, → Troeltsch, → Spranger) und die → Phänomenologie → Husserls und → Schelers. Freilich sind Husserls Deskription der »personalistischen Einstellung« (im 2. Buch der »Ideen«) und Schelers Analyse der sympathetischen Akte für die Erhellung des I.-D.-V.es indirekt kaum weniger bedeutsam als die unmittelbar relevanten Arbeiten der Frühphänomenologie A.Reinachs und D.v.Hildebrands, der wie vor ihm schon G.Simmel und Th. → Litt vom Du aus die Konstitution der Gemeinschaft verfolgt.

Während im Gegensatz zu → Heidegger, der weder den im »Man« erfahrenen noch den eigentlich in seine Anderheit freigegebenen »Anderen« im Sinne exklusiven Zueinanders (Löwith) oder seinserschließender Kommunikation (→ Jaspers) dialogisch konzipiert, G. → Marcel das I.-D.-V. bis in die religiösen Fundamente hinein durchdenkt, schlägt der existentiale Begriff des Anderen bei → Sartre ins Gegenteil zum Fremd-Ich aus: gegenüber der Identität von Ich und Ich in die absolute Differenz von Ich und Es. Die Verkehrung der Dualität in diese Differenz droht aber stets auch der Philosophie des I.-D.-V.es selber, und zwar sowohl da, wo das Du zum Objekt erstarrt – wie in dem von Dilthey und N. → Hartmann wiederholten Versuch Feuerbachs, es als Quelle der Realitätsgewißheit zu erweisen –, als auch dort, wo es – wie bisweilen bei E. → Grisebach – in ein Subjekt verwandelt wird, das nun im »Widerspruch« das Ich beherrscht.

Die *Theologie* unterscheidet die Kategorie des I.-D.-V.es, die die absolute Priorität des Schöpfers in der Einheit mit der verantwortlichen Freiheit des Geschöpfes zu denken erlaubt, im allgemeinen ausdrücklich vom → Subjekt-Objekt-Schema (so E. → Brunner). Und wenn K. → Barth das I.-D.-V. christologisch als Grundform der Menschlichkeit erfaßt, so arbeitet er trotz aller Kritik an den anthropologischen Voraussetzungen → Gogartens und Brunners ebenso wie diese auf dem vom ungegenständlichen Denken der Dialogiker urbar gemachten Felde. Dennoch kann – das zeigen bes. manche von Grisebach beeinflußten Partien im Werke Gogartens – gerade das theologische Interesse an der uneingeschränkten Souveränität Gottes die Vormacht des Du zur Übermacht des Subjekts steigern und damit vernichten. Der zwischenmenschliche Reflex dieser Spannung ist nirgends stärker zu verspüren als bei K. → Heim, der einerseits in der Nachfolge Bubers und Ebners auf die freie Partnerschaft des I.-D.-V.es zielt, andrerseits aber dessen Wesen in dem später von Sartre thematisierten Konflikt zwischen den objektivierenden Herrschaftsansprüchen des Ich und denen des Anderen erblickt.

Haupttexte: J.G.HAMANN, Werke (hg.v. J.NADLER) - J.G.FICHTE, Werke (hg.v. F.MEDICUS) Bd II - W.v.HUMBOLDT, Schriften (hg.v. A.LEITZMANN) Bd VI/1 - L.FEUERBACH, Werke (hg.v. W.BOLIN) Bd II, 245-320 - G.SIMMEL, Soziologie, (1908) 1923^{3} - A.REINACH, Die apriorischen Grundlagen des bürgerlichen Rechtes, (1913) 1953^{2} - TH.LITT, Individuum u. Gemeinschaft, (1919) 1926^{3} - F.EBNER, Das Wort u. die geistigen Realitäten, (1921) 1952^{2} (= GesW Bd I) - F.ROSENZWEIG, Der Stern der Erlösung, (1921) 1954^{3} - DERS., Kleinere Schriften, 1937, 294-398 - E.ROSENSTOCK-HUESSY, Angewandte Seelenkunde, 1923 - DERS., Der Atem des Geistes, 1951 - DERS., Soziologie I, 1956 - H.EHRENBERG, Disputation I, 1923 - F.GOGARTEN, Ich glaube an den dreieinigen Gott, 1926 - Die Kreatur, hg.v. M.BUBER, V.v.WEIZSÄCKER, J.WITTIG, 1926-30 - G.MARCEL, Journal Métaphysique, 1927; dt. 1955; u.a.m. - E.GRISEBACH, Gegenwart, 1928 - K.LÖWITH, Das Individuum in der Rolle des Mitmenschen, 1928 - E.BRUNNER, Gott u. Mensch, 1930 - DERS., Wahrheit als Begegnung, 1938 - D.v.HILDEBRAND, Metaphysik der Gemeinschaft, (1930) 1955^{2} - K.HEIM, Glaube u. Denken, (1931) 1957^{5} - K.JASPERS, Philosophie II, (1932) 1956^{3} - L.BINSWANGER, Grundformen u. Erkenntnis menschlichen Daseins, 1942 - J.-P.SARTRE, L'être et le néant, 1943; dt. 1952 - BARTH, KD III/2, 1948, 264-344 (= Mensch u. Mitmensch, 1954) - M.BUBER, Die Schriften über das dialogische Prinzip, 1954; u.a.m. - J.ORTEGA Y GASSET, El hombre y la gente, 1957; dt. 1958. - Historisch: J.CULLBERG, Das Du u. die Wirklichkeit, 1933 (Lit.) - S.MARINGER, Martin Bubers Metaphysik der Dialogik, 1936 - W.WEISCHEDEL, Der Aufbruch der Freiheit zur Gemeinschaft. Studien zur Philosophie des jungen Fichte, 1939 - G.SCHRÖDER, Das Ich u. das Du in der Wende des Denkens, 1951 (Mikrokopie). - Vgl. die Lit. zu den einzelnen Autoren.

M.Theunissen

Idealismus

I. Begrifflich - II. Philosophie des Deutschen Idealismus

I. Begrifflich

1. Begriff - 2. I. als philosophische Lehrmeinung - 3. I. als Weltanschauung

1. Unter I. verstehen wir diejenige philosophische Lehrmeinung, die von der Annahme ausgeht, daß den Dingen unserer Welt nur scheinbar selbständige Existenz zukommt, und daß ihr → Sein in Wahrheit nur ein *Vorgestelltsein* durch ein → Bewußtsein ist. Ist damit nicht eine allgemeine Bewußtseinsstruktur, sondern ein individuelles Bewußtsein gemeint, spricht man auch von → Solipsismus. In einem weiteren, weniger präzisen Sinn bezeichnet I. jeden Denkansatz, nach dem alles Wirkliche seinem Wesen nach geistiger Natur ist; in diesem Falle spricht man auch von → Spiritualismus. Eine Sonderstellung unter allen idealistischen Lehren nimmt der Deutsche → Idealismus (: II) ein. Rein idealistische

Lehren kommen in der Geschichte des Denkens verhältnismäßig selten vor; idealistische Motive lassen sich dagegen bei sehr vielen Denkern nachweisen. – Den Gegensatz zum I. bildet der →Realismus; in der bewußten Abgrenzung gegen diesen und in der Auseinandersetzung mit ihm haben die meisten idealistischen Lehren erst ihr Gepräge erhalten. Nicht zu verwechseln ist der I. mit dem →Rationalismus (: I): seine Voraussetzung, daß alles Seiende durch die Vernunft muß erkannt werden können, zwingt allein noch nicht zu der Annahme, daß alles Seiende idealer Natur ist.

2. Der I. ist ein für die *Neuzeit* charakteristischer Denkansatz. Dem Wort wie der Sache nach ist er eine Schöpfung des 17.Jh.s. Zu seinen Voraussetzungen gehört die erstmals in der Philosophie → Descartes' konsequent durchgeführte Spaltung der →Wirklichkeit in eine subjektive und eine objektive Sphäre. Die beiden Sphären von → Subjekt und Objekt erscheinen oft unter den Namen Außenwelt und Innenwelt; zum zentralen Problem der → Philosophie wird die Erforschung des Verhältnisses beider. Da das Selbstbewußtsein der Subjektivität als unmittelbare Gewißheit zunächst noch nicht angezweifelt wird, reduziert sich das Problem auf die Frage nach der *Realität der Außenwelt*. Der I. verneint die Frage, da nach ihm das Bewußtsein seine eigene Sphäre niemals überschreiten kann und es deshalb immer nur mit seinen eigenen Vorstellungen zu tun hat (kein Objekt ohne Subjekt). Dieser I., am konsequentesten von → Berkeley und → Malebranche vertreten, steht jedoch vor einer grundsätzlichen Schwierigkeit, denn die Herkunft und bes. die Notwendigkeit und Unausweichlichkeit unserer Vorstellungen von der Außenwelt kann aus den idealistischen Voraussetzungen nicht hinreichend begründet werden. Mindestens als Handelnde müssen wir immer schon an die reale Existenz von uns unabhängiger Dinge glauben. Daher ist der I. genötigt, Zusatzannahmen zu machen: Gott wird zum Urheber unserer Vorstellungen, die nun freilich nicht mehr nur Tatsachen des endlichen menschlichen Bewußtseins sind. Mit der Einführung Gottes als des Urhebers unserer Vorstellungen ist dem I. jedoch die eigentliche Pointe genommen; denn es ist kein großer Unterschied, ob man die Existenz der gemeinten Dinge in den nicht von uns selbst, sondern von Gott hervorgerufenen Vorstellungen als reales (Descartes) oder als ideales (Berkeley) Sein bestimmt. – Wenn der reine I. auch niemals viele Vertreter fand, so übte er doch auf die Philosophie bis zu Kant (zT auch nach ihm) eine große Wirkung dadurch aus, daß er die Gegner zur Auseinandersetzung zwang; sie war notwendig, weil jeder konsequente Realismus auf die fragwürdige Abbildtheorie des Erkennens angewiesen bleibt. So wurden idealistische Motive weit über die Grenzen des eigentlichen I. hinaus wirksam, und das Problem der Existenz einer bewußtseinsunabhängigen Außenwelt blieb bis an die Schwelle der Gegenwart ein wichtiges Thema schulphilosophischer Diskussionen. – Der I. wird, außer vom Realismus, auch noch von anderen Richtungen kritisiert: Die schottische Schule unter Führung von Th.Reid läßt als Prinzip alles Wissens nur die natürliche Erfahrung des → Gemeinsinns (common sense) gelten. Die moderne → Naturwissenschaft wird im Laufe der Zeit immer mehr zur Wortführerin der Kritik am idealistischen Ansatz, obwohl in ihrer Ursprungsgeschichte (→ Galilei) idealistische Motive wirksam waren. Die endgültige *Widerlegung* des I. gelang jedoch → Kant. Er wies nach, daß der I. im Unrecht ist, wenn er die Subjektsphäre als Inbegriff aller Wirklichkeit ansehen will; die Subjektivität ist nach ihm vielmehr nur funktional zu verstehen. Sie ist ihrerseits immer schon auf das Gegebensein von Erfahrung angewiesen; das Bewußtsein ist nur ein logisches, kein ontologisches Faktum. Das bedeutet: wenn auch unsere Erkenntnis immer nur auf Erscheinungen geht, deren Gesetzlichkeit subjektiven Ursprungs ist, so folgt aus diesem Faktum kein metaphysischer Vorrang des Subjektes, wie der I. will. Dieser »transzendentale« I. Kants zeigt sowohl die gemeinsamen Grundlagen als auch die Grenzen von Realismus und I. im traditionellen Sinn auf. – Nach Kant wird die idealistische Tradition als transzendentaler I. von der Philosophie des Deutschen I. übernommen. Doch bis in die Gegenwart gibt es Denker, die zwar nicht dem Anspruch, wohl aber der Sache nach dem vorkantischen I. näher zu stehen scheinen (→ Neukantianismus, → Phänomenologie). – Die Philosophiegeschichte rechnet bisweilen auch antike und mittelalterliche Denker zum I., in erster Linie → Platon und den → Platonismus. Doch ist die Anwendung des nur aus dem Horizont typisch neuzeitlicher Fragestellungen verständlichen I.begriffs auf ältere Denker wenig glücklich und historisch inadäquat, da sie sich zumeist nur auf periphere Analogien berufen kann.

3. Der ziemlich unbestimmte und schwer zu definierende populäre I.begriff entstand in der zweiten Hälfte des 19.Jh.s. I. ist hier nicht mehr eine philosophische oder wissenschaftliche Theorie der Wirklichkeit, sondern hat den Charakter einer *Weltanschauung* (→ Weltbild: IV), die die Wirklichkeit an einem »Ideal« mißt, das eigene Leben auf dieses geistig bestimmte »Lebensideal« ausrichtet (in bewußter Abgrenzung gegen eine nur naturbestimmte Lebensauffassung) und ihm alle anderen Zwecke unterordnet. Der weltanschauliche I. findet sich zuerst formuliert bei → Dilthey. Propagiert (mit volksbildnerischer und kulturpolitischer Tendenz) wurde er bes. durch R.Eucken (1846-1926, Prof. in Jena). Ihm entgegengesetzt ist nicht der Realismus, sondern der → Materialismus (und → Naturalismus). Kirchliche Kreise (→ Liberale Theologie) standen dem I. zunächst oft freundlich gegenüber, doch hat man heute den Unterschied zwischen dem Glauben und jeder Weltanschauung deutlicher sehen gelernt und ist daher zurückhaltender geworden.

R.Eucken, Die Lebensanschauungen der großen Denker, (1890) 1922[18] – Ders., Naturalismus u. I., Nobellade, 1909 – Ders., Die Träger des dt. I., 1915 – G.E.Moore, The Refutation of Idealism (Mind 12, 1903, 433-453) – H.Heimsoeth, Die sechs großen Themen der abendländ. Metaphysik u. der Ausgang des MA, 1922 – Ders., Metaphysik der Neuzeit, 1927 – R.Hönigswald, Die Philosophie von der Renaissance bis Kant, 1923 – Eisler I, 672ff – H.D.Gardeil, Les étapes de la philosophie idéaliste, 1935 – C.Ottaviano, Critica dell'Idealismo, 1936; dt. 1956 – A.Liebert, Die Krise des I., 1936 – N.Hartmann, Diesseits von I. u. Realismus (Kleine Schriften II, 1957, 278-322). – Vgl. ferner die Lit. zu den genannten Denkern u. Richtungen sowie zu → Erkenntnistheorie u. → Idealismus: II.

W.Wieland

II. Philosophie des Deutschen Idealismus

1. Philosophie des D.I. (auch spekulativer I. genannt) ist der Inbegriff für das Denken → Fichtes, → Hegels und → Schellings; in einem weiteren und weniger präzisen Sinn des Begriffs rechnet man oft auch diejenigen ihrer Zeitgenossen zum D.I., die von ihnen beeinflußt worden sind oder in deren Werk idealistische Motive wirksam sind (→ Herder, → Schiller, → Goethe, → Novalis, → Hölderlin, → Schleiermacher, → Jacobi, W.v. → Humboldt). Zur unmittelbaren Vorgeschichte der Philosophie des D.I. gehören die ersten Auseinandersetzungen mit der Philosophie → Kants (K.L.Reinhold, → Maimon, G.E.Schulze, J.S.Beck). Kant selbst gehört jedoch nicht zum D.I. – Der D.I. beherrscht das Denken seiner Zeit fast ausschließlich. Die Entwicklung

seiner Philosophie vollzieht sich in engem Kontakt mit der Universität, während sowohl vor als auch unmittelbar nach seiner Zeit die geschichtlich wirkungsmächtigen und ursprünglichen Metaphysiker kaum unmittelbare Beziehungen zur akademischen Schulphilosophie haben. Die Breitenwirkung des D.I. hat in der Geschichte der Philosophie kaum ihresgleichen. Sie resultiert zT aus der Tatsache, daß es ihm gelungen war, die → Philosophie von ihrer propädeutischen Funktion an den Universitäten zum Inbegriff des Wissens schlechthin zu erheben. – Der verschlungene Entwicklungsgang des D.I. ist stark von Kontakten und Auseinandersetzungen der einzelnen Denker untereinander bestimmt. Mit der Veröffentlichung von Fichtes Hauptwerk (1794), dem bald die ersten Schriften Schellings folgen, wird das Denken des D.I. erstmals literarisch manifest. → *Jena*, wo Fichte (ab 1794), Schelling (ab 1798) und Hegel (ab 1801) jeweils einige Jahre lang lehren, ist das erste lokale Zentrum des D.I. Fruchtbar wird die Begegnung mit dem Romantikerkreis (→ Romantik: II) vor allem für Schelling; die wichtigsten Schriften seiner ersten Schaffensperiode entstehen hier. Hegels Weggang von Jena und die Veröffentlichung seines ersten Hauptwerkes (1807) schließt die erste Etappe des D.I. sowohl äußerlich als auch der Sache nach ab. In der Folgezeit wird → *Berlin* zum Mittelpunkt der idealistischen Philosophie (Fichte ist der erste gewählte Rektor der Universität). Hegel entfaltet hier eine einflußreiche Tätigkeit von 1818-31. Neun Jahre danach kommt Schelling nach Berlin. Dort baut er seine Spätphilosophie aus, die den inhaltlichen Abschluß der Philosophie des D.I. bildet, jedoch kaum mehr beachtet wird. Für das allgemeine Bewußtsein steht die Zeit seit Hegels Tod bereits unter dem Zeichen der Auseinandersetzung mit dem D.I. – Die für die Philosophie des D.I. charakteristische Literaturform ist die große, systematisch aufgebaute Lehrdarstellung, die den Inhalt nach einem einheitlichen Prinzip deduktiv entwickelt. Der Stoff ist meist sehr konzentriert und gedrängt dargestellt; die großenteils noch unausgewerteten Schriften gehören zu den schwierigsten, die die Philosophie kennt. Eine reiche und doch meist unaufdringliche Metaphorik bereitet der Interpretation oft große Schwierigkeiten; andererseits erhebt ein ursprüngliches Verhältnis zur Sprache einige Schriften in den Rang literarischer Kunstwerke. Für ein angemessenes Verständnis der Idealisten und ihrer auch sachlich aufschlußreichen philosophischen Entwicklung sind die aus dem Nachlaß (auch heute erst zT) herausgegebenen Vorlesungen und Entwürfe unentbehrlich.

2. a) Die Philosophie *Kants* ist der Anknüpfungspunkt für die Philosophie des D.I. Grundsätzlich wird anerkannt, daß das Prinzip der kantischen Philosophie, alles Wissen auf dem Wege der *transzendentalen Reflexion* in der Einheit des Ichbewußtseins (transzendentale Apperzeption) zu verankern, den Prinzipien aller vorkantischen Philosophie überlegen ist, zumal nur auf diesem Wege die Möglichkeit der Freiheit erwiesen werden kann. Doch die Idealisten sind sich darin einig, daß Kant auf dem Wege der Letztbegründung alles Wissens im Ich nur einen ersten Schritt getan habe. Durch konsequentere Anwendung des Prinzips der transzendentalen Reflexion sollen vermeintliche Widersprüche und Inkonsequenzen der Philosophie Kants (→ Ding an sich) beseitigt und im Streben nach der *Einheit* eines einzigen universalen Prinzips die von Kant bewußt stehen gelassenen Gegensätze (zwischen Anschauung und Denken in der theoretischen, Pflicht und Neigung in der praktischen Philosophie) vermittelt werden. In diesem Sinne wird nach einem Prinzip des Selbstbewußtseins geforscht (das nach Kant die Bedingungen seiner eigenen Möglichkeit gerade nicht einsehen kann und sich daher hinnehmen muß). Der D.I. findet es in der Einbildungskraft. Den mit dem »Ding an sich« verbundenen Schwierigkeiten entgeht er, indem er auf die Notwendigkeit der sinnlichen Anschauung für alles → Erkennen verzichtet. Damit gibt er den Weg zur Reflexion *des → Denkens auf sich selbst* frei. Eine erkenntnistheoretische Begründung des Wissens ist nun überflüssig geworden; Ziel und Weg des Wissens fallen zusammen, wenn es das Denken nur noch mit sich selbst zu tun hat. Damit ist die Aufgabe einer transzendentalen Geschichte des → Bewußtseins gestellt, dh einer Herleitung des endlichen Bewußtseins aus einem überbewußten, aber als universale Subjektivität oder Tätigkeit verstandenen → *Absoluten*. Die Frage nach dem adäquaten Zugang zu diesem Absoluten beantwortet der D.I. zunächst mit einem Grenzbegriff Kants, der *intellektuellen → Anschauung*, der ins Zentrum der Spekulation rückt. Das Leitziel dieses Unternehmens ist die dem D.I. eigentümliche Idee einer Aufhebung aller sachlichen Problematik in ein Reflexionsproblem des reinen Denkens (oft als Panlogismus oder Vernunftoptimismus mißverstanden). – Schwer zu entscheiden ist die Frage, ob den Idealisten in ihrer Auseinandersetzung mit den Ansätzen Kants ein Fortschritt über Kant hinaus gelingt oder ob sie die Intentionen Kants mißverstehen, der Sache nach wieder vorkantische Positionen beziehen und mithin von der kantischen Kritik schon überholt sind.

b) Mit dem alten → Idealismus (: I) gemeinsam ist dem D.I. der Ansatz, daß wir von Gegenständen nicht sprechen können, ohne auch von einem Subjekt zu sprechen, das diese Gegenstände im Bewußtsein immer schon übergreift. Diese Einseitigkeit des alten I. wird im D.I. jedoch dadurch kompensiert, daß er das Bewußtsein nur für die in der Erfahrung gegebenen Dinge als Prinzip anerkennt, nicht aber dieses selbst als Faktum hinnimmt. Weil nicht einmal die Selbstgewißheit des reinen Denkens mit seinem Wahrheitsanspruch eine einfach hinzunehmende, sondern vielmehr eine zu bezweifelnde, der Begründung bedürftige Tatsache ist (Grundproblem der »Selbstvermittlung«), ist der D.I. eine Philosophie radikaler *Skepsis*. Es ist eine Skepsis, die in jedem Augenblick bereit ist, nicht nur den Wahrheitsanspruch gegenständlicher Aussagen, sondern auch ihren eigenen Wahrheitsanspruch in Frage zu stellen. Hierin findet sie das Gesetz ihres Fortschreitens, die für den D.I. typische Form der Reflexion. Dieses Programm wird auf verschiedene Weise und in mehreren Etappen durchgeführt: In der *ersten Etappe* wird das Bewußtsein aus der reinen Tätigkeit des absoluten Ich, das selbst nicht mehr mit Bewußtsein verbunden ist (früher Fichte), oder aus der unbewußt schaffenden Natur, die im Bewußtsein zu sich selbst kommt (früher Schelling), abgeleitet. – Hegels Philosophie ist die *zweite Etappe*. Seine Phänomenologie des Geistes zeigt, wie das Bewußtsein, das sich auf den Weg der Reflexion einläßt, auf jeder Stufe die Erfahrung macht, in allen Dingen nur sich selbst wiederzufinden, bis es im absoluten Wissen alle Gegenstände in reine Einsicht aufgehoben hat und eben damit sich selbst völlig durchsichtig geworden ist. Auf dieser Stufe kann das Bewußtsein alles Wissen aus sich selbst entwickeln. Dies ist Gegenstand von Hegels Logik und des darauf aufbauenden Systems. Die Versuche des frühen Fichte und Schelling werden vor allem deswegen scharf kritisiert, weil sie sich der Ausgangspunkte ihrer Deduktionen immer nur durch den systematisch unbefriedigenden Sprung in die intellektuelle Anschauung versichern können. Insofern ist Hegels System den Systemen der beiden anderen Denker durch innere Konsequenz und Geschlossenheit überlegen. – In der *dritten Etappe*, der die Spätwerke Fichtes und Schellings zugehören, wird jedoch auf einer weiteren

Reflexionsstufe das Faktum entdeckt, daß sich das den Weg der Reflexion beschreitende spekulative Denken selber in seiner Tatsächlichkeit nicht mehr begründen kann. Das Ergebnis der auf dieser Ebene durchgeführten Reflexion ist, daß sich das der vollkommenen Selbstvermittlung unfähige Denken immer schon von Gott abhängig wissen muß, wenn es sich in seiner Faktizität verstehen will.

c) Das Philosophieren der Idealisten vollzieht sich vornehmlich, wenn auch nicht ausschließlich, in der Form der → *Dialektik*. Der Sinn dieses Begriffes variiert, doch gibt es gemeinsame Merkmale: Als das eigentlich spekulative Denken denkt die Dialektik jeden Gegenstand immer zusammen mit allen Beziehungen, in denen er steht. Die Beziehungen einer Sache sind nichts, was ihr nur äußerlich wäre; denn es muß die »Substanz ebenso sehr als Subjekt« (Hegel) aufgefaßt werden. Das bedeutet: jede Beziehung ist ein Sich-beziehen auf etwas. So weist jeder Begriff über sich selbst hinaus; man kann das Ganze nur wissen, indem man die ganze Reihe seiner Bestimmungen und Beziehungen durchläuft. Dies wird relevant vor allem bei der Frage nach dem Absoluten: Das Unbedingte kann nicht im Gegensatz zum Endlichen und Bedingten stehen, sonst wäre es selbst schon wegen eben dieses Gegensatzes ein Bedingtes. Daher *ist* das Absolute nur insofern, als es selbst in die Endlichkeit herabsteigt, dh als sich das Endliche in seiner Endlichkeit erfährt und sich damit zugleich selbst überwindet. Allein darin besteht die *Vermittlung* zwischen dem Absoluten und dem Endlichen, deren christologische Ursprünge bes. bei Hegel unverkennbar sind.

3. Fichte, Schelling und Hegel haben als ev. Theologen begonnen und blieben Zeit ihres Lebens dezidierte Protestanten. Ihre Philosophie ist der innerhalb des Protestantismus bisher größte Versuch, Glauben und Wissen zu versöhnen. Trinitarische Spekulationen nehmen in ihr einen ausgezeichneten Platz ein (→ Dialektik); die alten → Gottesbeweise werden (trotz Kant) wieder ernst genommen; der theologische Versöhnungsbegriff steht hinter dem Begriff der Vermittlung; die Religionsgeschichte bildet den Kern der heilsgeschichtlich konzipierten Geschichtsphilosophien; der Apostel Johannes, dem der D.I. besonders nahe steht, ist das Symbol für die endgültige Versöhnung von Philosophie und Religion. – Wichtiger als dies ist jedoch, daß die Denker des D.I. (Fichte weniger als Hegel und Schelling) den Anspruch erheben, eine denkerische, mithin *theologische* Auslegung der Grundwahrheiten des christlichen Glaubens zu geben, nicht so sehr in der mehr peripheren → Religionsphilosophie, sondern in den zentralen Stücken der begrifflichen Spekulation. An der Aufrichtigkeit dieses Anspruches ist nicht zu zweifeln; doch ist seine Berechtigung meist unbesehen akzeptiert oder voreilig abgelehnt worden; eine grundlegende kritische Prüfung steht noch aus. Der gegen den D.I. gern erhobene Vorwurf des → Pantheismus läßt sich kaum aus den Texten begründen; der Gedanke einer reinen Vernunftreligion, in der Gott mit dem Sittengesetz zusammenfällt, beschränkt sich auf seine erste Etappe (→ Atheismusstreit). Es ist für den D.I. charakteristisch, daß – von den Anfängen abgesehen – das Problem der Moralität in den Hintergrund tritt. An seine Stelle tritt die Frage nach dem Sinn und dem Zusammenhang der → Geschichte (: III) sowie die politische Theorie.

4. Die *Wirkungsgeschichte* des D.I. ist fast identisch mit der Philosophiegeschichte nach ihm und reicht bis in die unmittelbare Gegenwart. Sie greift über den wissenschaftlichen Bereich hinaus: Fichte wurde durch die »Reden an die deutsche Nation« zur nationalen Gestalt, und Hegels Berliner Wirksamkeit war ein wichtiger Faktor in der Geschichte Preußens. Von spezifisch philosophischer Bedeutung war der unmittelbare Schülerkreis Hegels (Rechtshegelianer), der → Neuhegelianismus sowie der Spät-I. (eine theologisch bestimmte Richtung, die mit den Denkmitteln des D.I. eine theistische Philosophie zu begründen versuchte und zu Unrecht in Schelling ihren geistigen Führer sah). In ganz Europa bildeten sich Schulen, die die idealistische Tradition pflegten, bes. in Italien. In Deutschland hatte auch der → Neukantianismus manche Berührungspunkte mit dem D.I. – Stärker jedoch wirkte der D.I. durch die Kritik, die er herausforderte und die gleichwohl seinem Ansatz verpflichtet blieb. Vor allem für das Denken → Feuerbachs, → Kierkegaards, → Nietzsches, → Diltheys, → Heideggers ist der D.I. die notwendige Voraussetzung, ebenso für → Marx: seine Auseinandersetzung mit dem idealistischen Denken zeitigte Folgen von weltgeschichtlichen Ausmaßen. – Das historische Bewußtsein (→ Historismus) kommt philosophisch erstmals im D.I. zum Durchbruch, und die Entwicklung der → Geisteswissenschaften ist ohne ihn nicht denkbar. Seit Hegel und Schelling steht die Philosophiehistorie nicht mehr außerhalb der → Philosophie, sondern ist selbst eines ihrer Grundprobleme. Dem Hegelschen Schema der Philosophiegeschichte folgt in den Grundzügen die Forschung bis heute. – Nur die beiden ersten Etappen des D.I. haben unmittelbar nennenswerte Wirkungen gehabt; die dritte Etappe, die zu Lebzeiten der Denker so gut wie keinen literarischen Niederschlag mehr gefunden hatte, wurde erst von der modernen Forschung wieder entdeckt. Der D.I. übte seine historischen Wirkungen fast ausschließlich durch die Philosophie Hegels aus; doch scheint sich das Hauptinteresse allmählich auf Schelling zu verlagern.

Zur Einführung geeignet: J.G.Fichte, Erste u. Zweite Einl. in die Wissenschaftslehre (Werke I, 419ff) – F.W.J.Schelling, Vorlesungen über die Methode des akad. Studiums (Werke V, 207ff; beides auch in Einzelausg.) – G.W.F.Hegel, Vorreden, hg.v. E.Metzke, 1949. – R.Kroner, Von Kant bis Hegel, 2 Bde, 1921/24 – N.Hartmann, Die Philosophie des D.I., 2 Bde, 1923/29 – W.Lütgert, Die Religion des D.I. u. ihr Ende, 4 Bde, 1923–31 – H.Groos, Der D.I. u. das Christentum, 1927 – E.Hirsch, Die idealist. Philosophie u. das Christentum, 1929 – K.Leese, Philosophie u. Theol. im Spät-I., 1929 – J.Hoffmeister, Zum Geistbegriff des D.I. (DVfLG 10, 1932, 1–44) – A. Gehlen, Wirklichkeitsbegriff des I. (Blätter für dt. Philosophie 7, 1933, 379–391) – R.Schneider, Hegels u. Schellings schwäb. Geistesahnen, 1938 – K.Löwith, Von Hegel zu Nietzsche, (1941) 1953³ – Barth, PrTh 343ff – Hirsch IV, 337ff. – Vgl. auch die Lit. zu → Fichte, → Hegel, → Schelling.

W.Wieland

Idee

1. Geschichtlicher Ursprung – 2. Verwendung des Begriffs in der »christlichen« Philosophie – 3. Seine Säkularisierung

1. I. bezeichnet die Gestalt, in der eine Sache sich dem darstellt, der sie betrachtet. Ursprünglich meint das Wort die äußere Erscheinung, dh die sinnliche Gestalt, es nahm aber alsbald die Bedeutung der sich durchhaltenden inneren Gestalt im Sinne des sokratischen Begriffs an. Menschliches Erkennen subsumiert Einzeldinge auf Grund der in ihnen sich findenden Übereinstimmung unter das gleiche Wort, das ihre gleichbleibende Gestalt bezeichnet. Es gibt den Begriffs*inhalt* wieder. → Platon wählte dafür die Bezeichnungen I. (ἰδέα) und Eidos (εἶδος; beide Wörter entstammen der indogerm. Wurzel »vid« [→ Form]), und in ihnen bildete er die sokratische Lehre vom Eidos fort. »Eidos« besagt zwar im Grenzfalle das gleiche wie der uns geläufige »Begriff«, dem das Moment der Anschaulichkeit fehlt, in »I.« jedoch ist die ursprüngliche anschauliche Gestalthaftigkeit einer Sache stets erhalten. Bei → Sokrates ist das Eidos vornehmlich das Wesen bestimmter ethischer Verhaltensweisen. Davon ist die I.nlehre ausgegangen (primär also nicht von der

philosophischen Betrachtung der Naturerscheinungen!), was bis in die höchste I., die des Guten, zur Geltung kommt. Platon kam zu der Überzeugung, daß die »Begriffe« des Sokrates nicht die Welt der sich ständig wandelnden Sinne zum Gegenstand haben, vielmehr das aller Erscheinung zugrunde liegende eigentliche Sein der I.n. Alle Einzeldinge (φαινόμενα) *sind*, insoweit sie an den I.n *teilhaben*. Sie sind unvollkommene und flüchtige Verwirklichungen der in den I.n enthaltenen Vorbilder. Platon statuiert zwei Welten, eine sich wandelnde sichtbare und eine sich gleichbleibende unsichtbare. Das Verhältnis beider, also alles Erscheinenden zu dem eigentlich, dem seiend Seienden (ὄντως ὄν), dh zur I., ist die Grundproblematik platonischer → Ontologie. Das Sein der I. ist ein über alle Vielheit hinausliegendes Sein, demgegenüber die Frage nach der Einzahl oder Mehrzahl fehl am Platze ist. Für Platon verbürgt allein dieses Sein wahre Erkenntnis und echte Wissenschaft. Seine I.nlehre wurde zu einer der klassischen Grundformen abendländischen Denkens. – Im Gegensatz zu Platon hält → Aristoteles den Kosmos der I.n für eine Utopie. Er reduziert ihren Realitätsgehalt auf die den Dingen innewohnende Form der nicht mehr reduzierbaren Spezies (ἄτομον εἶδος, μορφή), die nach ihm ein Letztes und Göttliches besagt. – Der → Neuplatonismus versteht die I.n als die immanenten dynamischen Urbilder des als erstes aus dem Ur-Einen hervorgehenden Geistes (νοῦς). In ihrer Gesamtheit sind sie das Sein des Geistes. Indem dieser die I.n denkt, tritt er aus seiner Einheit heraus, jede I. ist individualisierter Geist. → Plotin nimmt daher auch I.n der Einzeldinge an, womit er die Problematik des Verhältnisses von eidetischer und phänomenaler Welt, dh die Frage der → Individuation, in den Kosmos der I.n hineinverlegt.

2. Hatte → Philo den Logos als Ort der I.n bezeichnet, so verstand Albinos sie als die ewigen Gedanken der Gottheit. Nach dem Vorbild des → Eusebius (, 2) griff → Augustin diese neuplatonisch abgewandelte I.nlehre auf und verchristlichte sie, indem er sie mit dem Schöpfungsglauben der Offenbarung verband. Die I.n sind als Urbilder aller geschaffenen Dinge die ewigen und unveränderlichen Gedanken Gottes, alles Seiende hat Dasein und Bestand nur durch Teilhabe an ihnen. Sie stellen die Verbindung zwischen Gott und der Welt her, behalten aber ihr altes Übergewicht und verkörpern als *rationes aeternae* das eigenständige eidetische im Gegensatz zum bloß teilhabenden phänomenalen Sein. – → Bonaventura stellt in seinem schöpferischen Verständnis den Höhepunkt an Personalisierung der I.n dar, wie ihr Verhältnis zu Gottes Wesen zeigt. Aber schon zu seiner Zeit verloren sie infolge des sich durchsetzenden → Aristotelismus ihre zentrale Stellung mehr und mehr an die Kategorien »Form« und »Essenz«. → Duns Scotus bemühte sich, die Identifikation der I.n mit Gottes Wesen auf Grund der göttlichen Aktivität zu überwinden, Wilhelm von → Ockham löste sie dann vollständig von der göttlichen Essenz und ließ keine allgemeinen I.n, sondern nur solche von Einzeldingen gelten. Damit setzt sich gegenüber jeder Bindung an ein ewiges und unveränderliches Sein die absolut freie Schöpfermacht Gottes durch, und parallel zur Verselbständigung und fortschreitenden Säkularisierung des philosophischen Gedankens kommt die theologisch-anthropomorphe Interpretation des exemplarischen Urbildes der I. als einer *Vorstellung* zur Geltung.

3. Die Herabminderung der I. zu einer Funktion innerhalb des Denkens des absoluten Geistes ließ zwar die I. in der Philosophie der Neuzeit zu einem Grundbegriff der → Erkenntnistheorie werden, das Wort selbst aber nahm eine vage Bedeutung an, da es für alle Bewußtseinstatsachen verwandt wurde. → Descartes setzte noch in seiner Lehre von den angeborenen I.n die idealistische Linie der Vergangenheit fort, die ihm seinen apriorischen → Gottesbeweis ermöglichte; daneben aber kennt er auch I.n als Begriffe und Wahrnehmungen, was die Empiristen (→ Apriorismus) aufgriffen. – → Kant erkannte den I.n eine völlig neue systematische Bedeutung zu: sie sind notwendige Begriffe der reinen Vernunft, in denen diese die synthetischen Einheiten der Kategorien bis zum schlechthin Unbedingten hinausführt, denen aber kein Gegenstand der Erfahrung korrespondiert (Welt, Seele, Gott). In ihnen handelt es sich um »ein Problem ohne alle Auflösung«, obschon sie notwendige regulative Prinzipien »wissenschaftlicher« Erkenntnis sind. Unentbehrlich sind die I.n für jeden praktischen Vernunftgebrauch und machen die Erfahrung des sittlich Guten allererst möglich. Die Neukantianer → Cohen und → Natorp ließen daher diese »transzendentalen« I.n zur I. der Freiheit konvergieren, um diese konstitutiv zu verstehen. → Hegel hinwiederum resümierte das gesamte I.ndenken der Vergangenheit: die I. ist der sich entwickelnde Geist, der im Menschen sich selbst begreift; das Wirkliche ist das Vernünftige, und dieses ist synonym mit der I. als dem → Absoluten. → Lotze interpretierte die Existenzweise der I.n als ein Gelten. Für → Jaspers dagegen sind die I.n die drei Weisen des nie erkennbaren total »Umgreifenden« der Transzendenz, in denen der Geist beheimatet ist. »Die I. ist Wahrheit, die ich hervorbringe, indem sie aus einer Welt entgegenkommt« (Von der Wahrheit, 614). Die Korrelation des Objektiven und Subjektiven erweist sich dabei als ursprüngliche und totale Durchdringung (→ Subjekt-Objekt).

H. Cohen, Die platon. I.nlehre, psychologisch entwickelt, 1867 – Ders., Platos I.nlehre u. die Mathematik, 1878 – C. Heyder, Die Lehre von den I.n, 1. Abt., 1874 – P. Natorp, Platos I.nlehre, (1903) 1921² – Ders., Über Platos I.nlehre (Philos. Vorträge d. Kantgesellschaft 5), (1914) 1925² – E. Cassirer, I. u. Gestalt, (1920) 1924² – J. Stenzel, Zahl u. Gestalt bei Platon u. Aristoteles, 1924 – C.A. Emge, Über verschiedene Bedeutungen von »I.«, 1924 – B. Bauch, Die I., 1926 – K. Jaspers, Philosophie, (1932) 1948² – Ders., Von der Wahrheit, 1947 – W.D. Ross, Plato's Theory of Ideas, Oxford 1951.

J. Klein

Identitätsphilosophie heißt zunächst die Philosophie, die → Schelling in mehreren Schriften zwischen 1801 und 1806 entwickelt und in der »Darstellung meines Systems der Philosophie« (1801) selbst als das »absolute Identitätssystem« bezeichnet hat. Schelling setzt sich darin → Fichte entgegen. Fichtes »Wissenschaftslehre« nahm ihren Ausgang vom »Ich«, dessen Wesen darin besteht, seiner selbst bewußt, also als Subjekt zugleich sein eigenes Objekt zu sein. Der Fortgang vom Ich als dieser Identität von → Subjekt und Objekt zur Wirklichkeit der Natur, des »Nicht-Ich«, hatte den Sinn, dieses Nicht-Ich in allen seinen Momenten als Bedingung der Möglichkeit des Selbstbewußtseins nachzuweisen. Dieser Nachweis galt als »Deduktion« des Nicht-Ich aus dem Ich. Fichtes System ging also vom fertigen Selbstbewußtsein aus und »konstruierte« von daher das subjektlose Sein der Natur als das Objekt, welches das Ich sich voraussetzen muß, um ihm gegenüber als Subjekt sich wissen, also Selbstbewußtsein sein zu können. – In seiner Naturphilosophie (1797) glaubte Schelling zunächst, Fichtes Ich-Philosophie lediglich zu ergänzen: Der Deduktion der Natur aus dem fertigen Ich sollte eine Deduktion des Ich aus der Natur, also eine Philosophie des werdenden Ich, an die Seite gestellt werden. In der Naturphilosophie erschien das Ich als letztes Resultat eines teleologischen Naturprozesses, in dem die Natur, bis dorthin bewußtlos produzierend, das Bewußtsein ihrer selbst gewinnt und sich so zur bewußtseinsbestimmten Wirklichkeit der Geschichte steigert. – Fichte hat es Schelling nicht abgenommen, daß die Ich-Philosophie und die Naturphilosophie dieselbe, lediglich aus zwei verschiedenen Gesichtspunkten dargestellte Philosophie seien. In der Tat besteht ein grundsätzlicher Unterschied zwischen der Fichteschen Natur, die aus dem Ich abgeleitet wird, und der Schellingschen Natur, die umgekehrt das Ich aus sich hervorbringt. Jene ist subjektlos, dem produktiven Ich gänzlich entgegengesetzt, diese enthält das Ich gleichsam in sich, ist nichts anderes als der Prozeß seiner fortschreitenden Entfaltung zur selbstbewußten Existenz im Dasein des Menschen. Der um diesen Punkt geführte Streit (vgl. den Fichte-Schellingschen Briefwechsel) überzeugte schließlich Schelling davon, daß Naturphilosophie und Wissenschaftslehre nicht zwei parallele Ansichten derselben Sache seien. Es kommt zum Bruch mit Fichte. Damit wird Schelling frei, sein System von Fichte unabhängig zu begründen. Er begründet es als I. Die Identität, von der es ausgeht, ist die ursprüngliche Identität von Subjekt und Objekt, die als solche das → Absolute, das nichts außer sich hat, also die Totalität des Seins selbst ist. Dieser absoluten Identität gegenüber war das Fichtesche Ich eine beschränkte Subjekt-Objekt-Identität; denn ihr blieb das Nicht-Ich der subjektlosen Natur entgegengesetzt. In der absoluten Identität ist aller Gegensatz aufgehoben. Wie ist dann die Mannigfaltigkeit des natürlichen und geschichtlichen Seins zu erklären? Schelling erklärt es als »quantitative Differenz« des im Absoluten zur Identität geeinten Subjekt-Objekts, dh jedes endliche Seiende ist im Gesamtsystem der Wirklichkeit charakterisiert durch das Maß des Anteils, in dem es aus Subjektivität und Objektivität konstituiert ist. In der Natur überwiegt der Anteil der Objektivität, in der Geschichte der Anteil der Subjektivität. Vom materiellen über das pflanzliche zum tierischen Sein aufsteigend tritt der objektive gegenüber dem subjektiven Anteil ständig zurück, bis im Menschen das Subjekt aus der Natur heraustritt, um sich frei, als Geschichte, zu entfalten. Im einzelnen herrscht also Differenz, ungleiches anteilmäßiges Verhältnis von Subjektivität und Objektivität. Die Pflanze ist Subjekt in geringerer »Potenz« als das Tier und der Mensch, während sie umgekehrt der Objektivität der materiellen Natur stärker verhaftet ist. Im ganzen aber herrscht Übereinstimmung und Gleichgewicht von Subjektivität und Objektivität. Die Totalität ist weder durch die eine noch durch die andere überwiegend bestimmt, sondern hebt beide zu ihrer Identität in sich auf. Die I. ist, speziell als → Naturphilosophie, durchsetzt von kühnen Spekulationen und Analogien – »das Geschlecht ist die Wurzel des Thieres. Die Blüte das Gehirn der Pflanze« usw –, die bereits → Hegels Protest provoziert haben. Nicht in solchen inhaltlichen Einzelheiten liegt ihre Bedeutung, vielmehr in ihrer geistesgeschichtlichen Rolle als metaphysische Grundlegung des romantischen Bewußtseins. Die subjektlose Natur Fichtes, das Nicht-Ich, stand dem Menschen beziehungslos gegenüber, als »Objekt« der Erkenntnis und als »Material« der im »absoluten Staat« organisierten Arbeit. Hier waren Natur und Geschichte einander vollständig entfremdet. Demgegenüber ist die I. eine Theorie der romantischen Versöhnung: das Ich erblickt in der Natur nicht das beziehungslose Nicht-Ich, sondern sein eigenes, gleichsam schlummerndes Wesen, erkennt die Natur als seine Herkunft und Heimat und den Gegensatz von Subjekt und Objekt als ein Relatives, das im Unendlichen aufgehoben ist. Auch im Menschen selbst ist dieser Gegensatz aufgehoben, indem er neben dem bewußten Willen gleicherweise die Kräfte des Unbewußten, der Natur, in sich walten läßt, dh als Genie die Werke der Kunst vollbringt. – Schelling hat seine I. ausdrücklich zu → Spinoza in Beziehung gebracht und auch dessen Philosophie als I. verstanden, weil darin das Sein Gottes als die eine mit sich selbst identische Substanz begriffen sei, der gegenüber weder die menschliche Seele noch irgendein anderes endliches Wesen substantielle Selbständigkeit besitzt, in der vielmehr alles Seiende als ihre modi aufgehoben sind. – Religionsphilosophisch wird man Schellings I. als ein System des → Pantheismus (: II) charakterisieren müssen. In diesem Sinne hat um 1900 der religiöse → Monismus (zB Arthur Drews) an sie angeknüpft. – In seiner Rede »Der Satz der Identität« (1957) hat → Heidegger die Gesamtgeschichte der → Metaphysik unter den Gesichtspunkt der Frage gebracht, wie in ihr, seit dem Satz des → Parmenides von der Selbigkeit des Denkens und Seins, Mensch und Sein zusammengehören. Im metaphysischen Denken walte die »Differenz« beider, die in der Übermächtigung des Seienden durch die Technik ihren äußersten Grad erreicht. Von hier aus sieht Heidegger auf ein Ereignis vor, das, aus dem Sein selbst ereignet, die Überwindung des metaphysischen Denkens und der ihm zugehörigen technischen Praxis bringen und die verlorene Einheit von Mensch und Sein stiften könnte.

G.W.F. Hegel, Differenz des Fichteschen u. Schellingschen Systems der Philosophie, 1801 – E. de Ferri, La filosofia dell'identitá di F. Schelling fino al 1802 e i suoi rapporti storici, Turin 1925 – P. Genths, Die I. Schellings in ihrem Verhältnis zur Religion, 1926 – H. Knittermeyer, Schelling u. die romant. Schule, 1929 – H. Zeltner, Schellings philos. Idee u. das Identitätssystem, 1930 – G. Siewerth, Der Thomismus als Identitätssystem, 1939 – M. Heidegger, Identität u. Differenz, 1957. – Vgl. die Lit. zu → Fichte u. → Schelling.

H. Lübbe

Ideologen, *französische.* Unter dem Namen der I. sind in → Frankreich (: I, 6. 7) Gelehrte und Philosophen verstanden worden, die im Gefolge der → Aufklärung, an Condillac, → Locke und Helvetius sich anlehnend, eine wissenschaftliche Analyse geistiger Vermögen unternahmen, ohne hierbei mehr auf religiöse Vorstellungen Rücksicht zu nehmen. Diese Methode wurde nach einem Worte *Destutt de Tracys* (1754–1836) → Ideologie genannt: eine bewußt metaphysikfreie, empiristische Psychologie, die als Lehre von den Bewußtseinsinhalten oder »Ideen« deren Entstehen aus bloßer Sinnlichkeit, aus »Empfindungen« nachzuweisen trachtete, die physiologisch, jedenfalls biologisch abzuleiten wären; Destutt hat daher die Ideologie konsequent einen Teil der Zoologie genannt. Die Reduktion aller Ideen auf naturwissenschaftlich exakt erfaßbare Grundelemente sollte die Bildung einer Wissenschaft vom Menschen ermöglichen, die nicht bloß die Grundlage einer wissenschaftlichen Politik (modern gesprochen: der → Soziologie) zu liefern hatte, da »nur die unbezweifelbaren Erkenntnisse des Menschen, das Wissen um Ursprung und Entstehung seiner Ideen den Gesetzgeber... befähigt, eine gerechte und vernünftige Ordnung herzustellen und aufrechtzuerhalten« (H. Barth); sie sollte überdies, dank einem ausgebreiteten Unterrichtssystem, zu einem »fortschrittlichen« Weltbild führen, durch welches der allgemeine »Consensus«, politische und soziale »Harmonie«, verbürgt werde. – Führende Köpfe der I. waren der Politiker Destutt de Tracy und der Biologe und Mediziner *Cabanis* (1757–1808), der u.a. als neuen physiologischen Gesichtspunkt die chemischen Veränderungen der Nerven betont und bei der Analyse psychologischer Vorgänge verwertet hat; ein eigentliches Schulhaupt jedoch kennt die Gruppe der I. nicht; ihr gehören Condorcet und Sieyès, der junge Bonaparte, Volney und Saint-Lambert an, anfangs auch → Maine de Biran, Degérando, Broussais und Laromiguière. Die Spannweite reicht von ausgesprochenen Atheisten wie Condorcet und Sylvain Maréchal über Materialisten vom Schlage eines Cabanis über Deisten (Volney; → Deismus: III, 5) zum → Positivismus (A. → Comte) und kennt selbst einen christlichen

Zweig. - Der Einfluß der I. erstreckte sich auf die gesamte Kulturpolitik des revolutionären Frankreich - ihnen wird die Gründung des Institut National verdankt -, und sie wirkten über diese Periode hinaus in verschiedenen, von ihnen ins Leben gerufenen oder beherrschten Instituten (bes. der Ecole Polytechnique, der Académie des Sciences morales et politiques, den Ecoles de Médecine, der Ecole des Langues orientales) auf die Universitätsbildung sowie das staatliche Unterrichtswesen überhaupt ein; ihre wichtigsten Publikationsorgane waren die »Décade«, das »Journal d'Instruction sociale« und der »Conservateur«. Der Einfluß wurde von → Napoleon I., der, zunächst von den I. unterstützt, ihre Kritik herausgefordert hatte, zurückgedämmt und verlor während der Restauration unter den Bourbonen seine institutionelle Basis, wirkte aber als Ferment des → Liberalismus, des frühen → Sozialismus und des Positivismus weiter. - Eine unmittelbare Verbindung zum Neopositivismus der Gegenwart (Behaviorismus, Logistik und Semantik) scheint nicht zu bestehen. - In der → Religionswissenschaft haben die I. die moderne französische Religionspsychologie vorbereitet und das Interesse an vergleichenden religionshistorischen Untersuchungen hervorgerufen.

M.FERRAZ, Etudes sur la philosophie pendant la Révolution française de 1789 à 1814, Paris 1890 - FR.PICAVET, Les Idéologues, essai sur l'hist. des idées en France depuis 1789, ebd 1891 (Hauptwerk) - E.JOYAU, La philosophie en France pendant la Révolution, ebd 1893 - O.SCHEEL, Die moderne Religionspsychologie (ZThK 18, 1908, 1-38) - G.C.BRAGA, La filosofia francese e italiana del settecento II, Arezzo 1920 - G.CHINARD, Jefferson et les idéologues, Paris 1925 - EM.BRÉHIER, Hist. de la Philosophie II, ebd 1932 - H.GOUHIER (→Comte) II, ebd 1936 - EM.CAILLIER, La tradition littéraire des idéologues (Memoirs of the Americ. Philosoph. Soc. 19), Philadelphia 1943 - M.LEROY, Hist. des idées sociales en France II, Paris 1950. - Über einzelne I. außer den Hauptwerken von CONDILLAC u. CONDORCET bes.: P.J.G.CABANIS, Oeuvres philosophiques, hg.v. CL.LETREC u. J.CAZENEUVE, 1956ff - F.COLONNA D'ISTRIA, La religion d'après Cabanis (Rev. de Métaphysique et de Morale, 1916, 445-477) - P.HÉLIOT, Cabanis, médecin, philosophe et homme politique, Beauvais 1935. - A.L.C.DESTUTT DE TRACY, Les éléments d'Idéologie, 5 Bde, Paris 1801-07; Commentaire sur l'esprit des lois de Montesquieu, ebd 1811 - CH.CHABOT, Destutt de Tracy, Moulins 1895 - V.STEPANOWA, Destutt de Tracy, Zürich 1908 - J.GRUET, La philosophie morale et sociale de Destutt de Tracy, Tours 1909. - Über Condorcet: P. NATORP, C.s Ideen u. Nationalerziehung, 1894 - L.CAHEN, C. et la Révolution française, Paris 1904 - F.ALENGRY, C. guide de la Révolution française, ebd 1905 - E.CAILLAUD, Les idées économiques de C., Poitiers 1909 - J.DELVILLE, Essai sur l'histoire de l'idée de Progrès, Paris 1910 - D.WAGNER, C. als Pädagog, 1920 - F.BUISSON, C., Paris 1929 - J.S.SCHAPIRO, C. and the Rise of Liberalism, New York o.J. (1934) - X.TORAU BAYLE, C., marquis et philosophe, organisateur du monde moderne, Paris 1938 - D.BAGGE, Les Idées politiques en France sous la Restauration, ebd 1952 - A.DEL POZO, Sentido pedagogico de la filosofia de la historia en C. (Revista española de Pedagogia 10, 1952, 423-430) - G.G.GRANGER, La mathématique sociale du marquis de C., Paris 1956 - A.CENTO, C. e l'idea di progresso (Saggi di cultura moderna 17), Florenz 1956. *H.Maus*

Ideologie

1. Wissenssoziologisch - 2. Erkenntnistheoretisch

1. Die I. ist ein System des gesellschaftlichen Denkens, worin die außerempirischen Kategorien und die Auswahl des empirischen Materials durch die gesellschaftlichen Interessen und Affekte des Betrachtenden beeinflußt, wenn nicht gänzlich bestimmt werden. Die Ansicht des Betrachtenden von dieser Welt entspricht daher nicht notwendigerweise ihrer Struktur, sondern reflektiert eher seinen Platz darin. Noch offensichtlicher ist der ideologische Charakter des gesellschaftlichen Denkens in der Sphäre der Werte. Außerdem ist sich der Betrachtende der Verbindung zwischen seinem Denken und dessen historischem Zusammenhang weitgehend nicht bewußt: bestimmende Einflüsse und Faktoren bleiben ihm verborgen und werden von ihm nicht selten geleugnet. - Alles gesellschaftliche Denken muß bis zu einem gewissen Grade ideologisch genannt werden; das Feld der I.nanalyse ist also sehr weit: es erstreckt sich auf die klassischen Bereiche der Philosophie: → Metaphysik, → Erkenntnistheorie, → Ästhetik und → Ethik (und ist dabei selbst ein Teil der Philosophie, s. 2), wie auf die anderen → Geisteswissenschaften und reicht schließlich bis in die üblichen Regionen der Gesellschaftswissenschaften: → Staat, → Recht, → Politik, → Wirtschaft und → Gesellschafts-Struktur. Doch ist ideologisches Denken am auffälligsten in jenen Gesamtvorstellungen des gesellschaftlichen Prozesses, die der Beobachtung bestimmter sozialer Tatsachen und der Interpretation der sozialen Erfahrung zugrunde liegen. Da die Systeme des gesellschaftlichen Denkens aus Beobachtungen über den sozialen Prozeß bestehen, die nur schwer strikter empirischer und theoretischer Kontrolle unterworfen werden können, sind sie in besonderem Maße ideologischer Bestimmung ausgesetzt.

Ideologisches Denken hat einen systematischen Charakter; einzelne Aussagen über die gesellschaftliche Wirklichkeit müssen in ihrem gesamten (oft impliziten) ideologischen Zusammenhang interpretiert werden, der ihnen erst Bedeutung gibt. Das Verschweigen ist ebensosehr ein ideologisches Mittel wie die Behauptung; ideologische Systeme neigen dazu, die ihren Grundvoraussetzungen widersprechende Evidenz totzuschweigen, ebenso wie sie die angeführte Evidenz selektiv benützen. Die Träger ideologischen Denkens sind Mitglieder besonderer, geschichtlich gewordener Gruppen. Der Ausgangspunkt einer I.nanalyse ist daher die Beobachtung, daß ein System des gesellschaftlichen Denkens (was auch sein Gegenstand sein mag) von einer bestimmten Gruppe zu einer bestimmten Zeit geschaffen und entwickelt oder von ihr angenommen und beibehalten wurde. Die I. einer Gruppe kann sich auf ihren gesamten gesellschaftlichen Kontext beziehen oder auf ihre besondere Lage oder auf beides. Die Gruppen, die, historisch gesehen, besondere I.n entwickelt haben, sind ganz verschiedenartig: Kulturen, Nationen, Eliten, Gesellschaftsschichten (→ Stände und → Klassen), Berufsgruppen, soziale Bewegungen, politische → Parteien, Konfessionen und andere religiöse Organisationen, Nationalitäten und Generationen.

Parallel zu den Produktionsprozessen, wie sie von → Marx als entscheidend für die Gesamtorganisation der Gesellschaft beschrieben werden, existieren Prozesse der ideologischen Produktion - und Prozesse ideologischer Verteilung und ideologischen Verbrauchs. Die Ideologen sind ihrerseits nicht unabhängig von der Verteilung von → Eigentum, → Macht, Einkommen und Ehre in ihren Gesellschaften; die Intellektuellen mögen zwar glauben, daß sie freie Diener des Geistes seien, aber sie sind oft »Angestellte« eines bestimmten Machtapparates. Es ist außerdem klar, daß die I.nanalyse nicht nur das Werk der Intellektuellen umfaßt, sondern ebenso das populäre Denken mit all seiner Simplifizierung und Massivität. Die Beziehung zwischen dem populären Denken und den Systemen, mit denen zusammen es in komplexen Gesellschaften besteht, ist ebenfalls ein Problem. Zeitgenössische westliche Erfahrung zeigt, daß die Gesellschaftsschichten trotz formaler → Gleichheit der bürgerlichen Rechte nicht in gleicher Weise einen Zugang zu den Bildungsmöglichkeiten und Kulturgütern haben und daß sie deswegen auch nicht die gleiche Fähigkeit besitzen, ihre Probleme zu lösen. Dazu kommt, daß die Gruppen, die → Presse, → Film, → Rundfunk und → Fernsehen kontrollieren, einen bisher ungeahnten ideologischen Einfluß auf eine formal unabhängige, tatsächlich aber passive

→ Masse ausüben. Ebenso hat die Erfahrung gelehrt, daß eine höhere Bildung keine Garantie für ein kritisches Verhalten ideologischen Systemen gegenüber ist.

2. Schon die Geschichte des Wortes I. deutet seinen *philosophischen Hintergrund* an. Destutt de Tracy (1754 bis 1836) versuchte zZ der Französischen Revolution in seiner »Science des Idées«, gesellschaftliches und naturwissenschaftliches Denken auf dieselbe Ebene zu bringen und dabei metaphysische Unverständlichkeiten zu beseitigen, indem er alle Ideen auf die Wahrnehmung der äußeren Welt als einziger legitimer Quelle zurückführte. So verstanden sollte die I. diejenigen Erkenntnisse bestätigen, von denen sich de Tracy und seine Zeitgenossen epochale und wohltuende Veränderungen der Gesellschaftsordnung versprachen. Napoleon gab dem Wort I. einen negativen Beigeschmack. Er wies die → Ideologen als unnütze Schwätzer zurück, die den Anforderungen der Wirklichkeit fern stünden. Ja mehr, sie gefährdeten seiner Meinung nach die Fundamente der Gesellschaftsordnung, indem sie die Religion und überlieferte Tradition angriffen. Napoleon übernahm die Ansichten der Philosophen von der Dynamik früherer menschlicher Gesellschaften, zog aber die entgegengesetzten Folgerungen daraus. Destutt de Tracy war vielleicht der letzte Vertreter einer Aufklärungstheorie der I., die ihren typischsten Ausdruck im Werk von Holbach und den → Enzyklopädisten gefunden hatte. Diese Philosophen glaubten nicht nur an die theoretische, sondern auch an die praktische Möglichkeit, die Menschheit vom Irrtum völlig befreien zu können. Der menschliche Irrtum habe zwei Quellen: die eingeborene, aber korrigierbare Tendenz des Geistes zu Verzerrung und Blindheit, und die kritiklose Annahme von überlieferten Glaubenssystemen. Das Korrektiv für die Verzerrungen des Geistes sei eine neue Methode der Erkenntnis, die sich auf Beobachtung und Ablehnung des metaphysischen Obskurantismus stützen solle. Und die durch die Religion erzeugte Furcht würde vertrieben werden, wenn die Menschen ihre Beobachtungsfähigkeiten entwickelt hätten und dadurch die gesellschaftlichen Ursprünge der Religion (die Interessen von Priestern und Königen) erkennen würden wie auch den wohltätigen Charakter jener bisher verborgenen Naturgesetze, auf denen eine neue Gesellschaft errichtet werden könne. Die gesamte Konzeption war insofern statisch; sie stellte eine unveränderliche Wahrheit einer vorübergehenden I. gegenüber und schlug vor, die letztere zu beseitigen. Eine Frage ließ sie aber unbeantwortet: wie fanden die Philosophen ihre Methode, die Wahrheit zu erkennen, wenn die Menschen so sehr dem Irrtum ausgesetzt waren?

Die Aufklärungstheorie der I. ging mit der Französischen Revolution nicht unter. Die Theorie und bes. die Betonung der Interessen in der I.nbildung wurde von Marx wieder aufgenommen und mit → Hegels dynamischer Geschichtsmetaphysik verbunden. Hegel entwickelte den Begriff von der Bewegung des Geistes und ermöglichte damit eine Standortsbestimmung seiner besonderen Manifestationen. Damit leugnete er tatsächlich die Autonomie der Philosophie: Die Entstehung und Entwicklung der Philosophie selbst und vor allem seiner eigenen konnte nur verstanden werden, indem man die Prinzipien der Bewegung des Geistes begriff und über den statischen Schein hinaus zum dynamischen Sein vorstieß.

Karl → Marx begann sein Werk sowohl mit einer Aufnahme von → Feuerbachs Kritik des Christentums als auch mit einer Kritik von Hegels Rechtsphilosophie. Er griff Feuerbach wegen seines Mangels an Konsequenz an: es sei nutzlos, die Menschen aufzurufen, sich von ihren religiösen Illusionen zu befreien, wenn sie sich nicht von den Bedingungen befreien könnten, die diese Illusion notwendig machen. Hier erkennt man in Marx' I.ntheorie ein eindeutig hegelianisches Thema: eine gegebene I. ist historisch notwendig und kann nicht nach Belieben verworfen werden. Nur materialisierte Marx Hegels Geist in den Produktionsprozessen, deren Manifestationen Klassenkonflikte waren, und die I.n, die diese hervorbrachten.

Die marxistische I.ntheorie begann mit der Analyse von zwei angeblichen Illusionen: der → Religion und der bürgerlichen → Freiheit: Die Religion ist eine Phantasiekompensation für die Entfremdung des Menschen von sich selbst; die bürgerliche Freiheit ist ein Betrug, der die Tatsache bemänteln solle, daß die Menschen in der bürgerlichen Gesellschaft Knechte des Privateigentums seien. Marx und → Engels leiteten von diesen Beispielen einen allgemeinen Begriff der I. ab: die I. reflektiert die Situation der Gruppe. Die Ansicht, daß die Produktionsprozesse und die daraus entstehenden gesellschaftlichen Beziehungen und Konflikte das Wesentliche an der Geschichte seien, führte Marx und Engels dazu, die → Klassen als die Grundelemente der Gesellschaft festzustellen. Daraus folgte, daß jede I. klassegebunden war und letztlich von den Bewegungen der Produktion bestimmt wurde. Aber die marxistische Theorie mußte sich auch mit dem Problem befassen, die Wahrheit von der I. zu unterscheiden. Inwiefern die I. einer Klasse der Wahrheit entsprach, kam auf die historische Lage der Klasse an. Die historische Lage einer Klasse bestimmte ihre Interessen; diese wiederum erleichterten oder erschwerten ihre Wahrnehmung der gesamten historischen Lage. Die bürgerliche Wissenschaft war (letzten Endes) falsch, weil ihre Kategorien einem sich in innerer Auflösung befindenden Produktionsprozeß angepaßt waren. Da die Bourgeoisie diese Auflösung nicht anerkennen konnte, war es ihr auch nicht möglich, ihre Rolle in der Geschichte zu verstehen. Der → Marxismus war nicht wegen der abstrakten Adäquatheit des dialektischen → Materialismus (: II) wahr; er war adäquat, weil er allein dem → Fortschritt der Geschichte entsprach. Der Marxismus war auch tatsächlich eine I., aber die I. jener proletarischen Klasse, die im Begriff war, universal zu werden, indem sie die Klassengesellschaft abschaffte und damit auch die Notwendigkeit einer I. Der Anspruch des Marxismus auf die universelle Wahrheit wurde deshalb durch den postulierten, zukünftigen Verlauf der historischen Entwicklung berechtigt. Es ist klar, daß sich Marx den Zeitpunkt der Entstehung seines Systems ähnlich vorstellte wie Hegel die Bedingungen zur Geburt des seinigen; es entstand zur rechten Zeit.

Die marxistische Theorie bleibt der kritische Anfangspunkt für alle moderne Diskussion des Problems. Seit dem Werk von Marx und Engels verdienen nur zwei originelle Beiträge Erwähnung: → Nietzsche und → Freud. Nietzsches Reduzierung des geistigen Strebens der Menschen auf den Willen zur Macht, seine schonungslose Analyse der sozialen und psychologischen Ursprünge der christlichen Moralität sind als Beiträge zur I.ntheorie von größter Bedeutung. Freuds Darstellung der Rolle des Unbewußten im gesellschaftlichen Leben, seine Schilderung der Prozesse, durch die das Individuum sozialisiert wird (die Theorie des Über-Ich und seiner Beziehung zur Kultur), seine konkrete Beschreibung der psychologischen Mechanismen, die auf die intellektuellen Funktionen einwirken, machen es möglich, den Prozeß der I.nbildung für die besondere Lebenserfahrung des Individuums zu verstehen. Wie Nietzsche war Freud ein Gegner der Religion; aber der Schwerpunkt seiner Analyse war die Beobachtung, daß ein großer Teil der gesellschaftlichen Energie im Dienst der Verdrängung stehe, darauf gerichtet, dem Bewußtsein unwillkommene psychische und soziale Fakten fernzuhalten. Im Gegensatz zu Nietzsche hielt Freud hartnäckig am Glauben der Naturwissenschaftler des späten 19.Jh.s fest, der eine unzweideutige Erkenntnis der Wahrheit für möglich hielt, und steht insofern in der Tradition der Aufklärung.

Ausgesprochen in dieser Tradition der Aufklärung steht die moderne französische Schule der → Soziologie. Ihr unmittelbarer Urheber ist → Comte, ihre Hauptfigur → Durkheim, der die Denkkategorien direkt von den gesellschaftlichen Beziehungen abzuleiten suchte und dabei so direkt verfuhr wie anderswo nur die Vulgärmarxisten. Interessanter sind die positivistischen Theorien des Irrationalismus von V. Pareto (1848-1923) und G.Sorel (1847-1922). Pareto reduzierte die gesellschaftlichen Ideen in geistreicher Weise auf ein allem zugrunde liegendes Residuum an Gefühlen; er setzte sie in den Rahmen des ewigen Kampfes um die Macht, dessen historischer Ausdruck der zyklische Wechsel der Eliten war. Sorel unterstrich die konstruktiven gesellschaftlichen Funktionen der Mythen. Beide trugen jedoch - trotz aller brillianten empirischen Einsichten - nicht zur Lösung der philosophischen Frage der I. bei.

Die aufschlußreichsten zeitgenössischen Versuche zur Lösung dieses Problems sind die von Max → Scheler (1874-1928) und Karl Mannheim (1893-1947). Scheler unterscheidet drei Sphären: die der sozialen Realfaktoren, die der (zeitlosen) geistigen Werte (Idealfaktoren) und eine Zwischensphäre, in der die Realisierung bestimmter geistiger Werte von sozialen Faktoren bestimmt wird. Scheler meidet sowohl die Bestimmung eines geistigen Überbaus durch einen sozialen Unterbau wie eine ausweichende Theorie der Wechselwirkung. Sein ernsthafter Versuch, die Immanenz des Geistes zu erhalten und gleichzeitig die soziale Bestimmung der Kultur anzuerkennen, läßt jedoch mehr Fragen offen als gelöst werden. - Mannheim nimmt die Diskussion der marxistischen Problematik da wieder auf, wo der Marxist Georg Lukacs (* 1885) aufgehört hatte; dieser bestand auf dem Vorrang der dialektischen Methode in der I.nanalyse. Mannheim wies Lukacs' Ansicht ab, daß die Geschichte ein Ende habe, dessen Kenntnis ein dialektisches Urteil darüber erlaubt, ob eine bestimmte Klasse in der historischen Lage ist, sich der Wahrheit anzunähern. Mannheim glaubte nicht weniger an die Geschichtlichkeit des Denkens, aber er sah die Geschichte als endlos. Er modifizierte die marxistische Betonung der Klassen als der entscheidenden sozialen Form und sagte, die verschiedensten sozialen Gruppen könnten I.n entwickeln. Mannheim unterscheidet zwei Arten, I.n zu verstehen: einen partikulären I.begriff, durch den besondere Gruppeninteressen als psychologische Faktoren der I.nbildung verstanden werden können, die spezifischen Aussagen zugrunde liegen; ferner einen allgemeinen, wertfreien I.nbegriff, durch den die gesamte geistige Struktur der Gruppe auf die Gesamtlage der Gruppe zurückgeführt werden kann. Dieser letztere Begriff enthielt die Ansicht, daß alles Denken ideologisch sei, daß es aber in seinem Kontext nach von ihm sich herleitenden Maßstäben beurteilt werden könne, als seiner historischen Lage mehr oder weniger adäquat. Eine provisorische Synthese der I.n besonderer Gruppen könne jederzeit mit der Gesamtlage in Beziehung gebracht werden. Dies ergebe eine vorläufige Einsicht in die Wahrheit ohne die Verwendung metahistorischer Begriffe. Die Intellektuellen seien bes. dazu berufen, diese Synthese zu vollbringen. Es ist aber schwer zu glauben, daß nur sie von ideologischer Bestimmung frei sein sollen. Mannheims restlose Verfolgung der Geschichtlichkeit des Denkens endete in einer Sackgasse. - Sein Versagen wirft die zentrale philosophische Frage der I.nanalyse auf. Wenn man, wie es dort üblich ist, darauf besteht, daß das Bewußtsein in regelmäßigen Prozessen vom gesellschaftlichen Sein bestimmt wird, wie ist dann die Feststellung solcher Prozesse von dieser Regelmäßigkeit ausgenommen? Es ist unmöglich, die vollständige → Geschichtlichkeit des Denkens und gleichzeitig universalen Wahrheitswert für Aussagen über diese Geschichtlichkeit zu postulieren. Wenn andererseits mit Lukacs angenommen wird, daß eine Erkenntnis des Gesamtprozesses der Geschichte möglich ist, so scheint der Begriff der I. eine Wahrheit in sich zu schließen, über die Aussagen frei von ideologischer Bestimmung gemacht werden können. Aber diese philosophische Schwierigkeit vermindert den Wert einer empirischen I.nanalyse nicht. Im Gegenteil, der Glaube, daß die Wahrheit erkennbar ist, erfordert eine Benutzung der I.nanalyse. Die ganze Frage ist ein Aspekt der fortwährenden kritischen Reflexion über sich selbst, durch die der menschliche Geist die Hindernisse, die der Wahrheit im Wege stehen, zu überwinden versucht.

Was schließlich die Frage der I.nhaftigkeit der Religion anbelangt, so enthalten die Kosmogonien und Eschatologien aller Religionen Bilder von der Geschichte; die allgemeinen ethischen Gebote der Religion sind immer in einem System von bestimmten gesellschaftlichen Werten wirksam; diese Behauptungen treffen sowohl auf Primitiv- als auch auf Hochreligionen zu. Die → Religionssoziologie hat die Verbindung von historischen Religionen (und von gegebenen Stufen ihrer Entwicklung) mit bestimmten Kulturen, Nationen und Gesellschaftsschichten festgestellt. Die I.nanalyse kann nicht da aufhören, wo sie die Formen des religiösen Bewußtseins berührt. Die theologische Bewertung der auf eine bestimmte Religion angewandten I.nanalyse ist natürlich ein Werk des Glaubens; es gibt Anzeichen dafür, daß bei einigen modernen christlichen Theologen der Versuch gemacht worden ist, die Analyse zur Kritik des menschlichen Gottesbildes in Beziehung zu bringen.

DESTUTT DE TRACY, Eléments d'I., Paris 1801 ff - G.SOREL, Réflexions sur la Violence, ebd (1908) 1921[5]; dt.: Über die Gewalt, 1928 - V.PARETO, Trattato di Sociologia generale, Florenz (1916) 1923[2]; franz.: Paris 1917 - G.LUKACS, Gesch. u. Klassenbewußtsein, 1923 - M.SCHELER, Die Wissensformen u. die Gesellschaft, 1926 - K. MANNHEIM, I. u. Utopie, (1929) 1952[3] (Lit.) - E.GRÜNWALD, Das Problem der Soziologie des Wissens, 1934 (Lit.) - H.BARTH, Wahrheit u. I., 1945 (Lit.) - HWSW V, 179ff (Lit.) - P.SCHEIBERT, Von Bakunin zu Lenin. Gesch. der russ. revolutionären I.n 1840-1895, Bd I, Leiden 1956. - Vgl. die Lit. zu → Ideologen. *N.Birnbaum*

Idiomelon (ἰδιόμελον bzw. στιχηρὸν ἰδιόμελον), in der → byzantinischen Kirchenmusik Terminus für ein → Troparion mit eigener, nicht entlehnter rhythmisch-melodischer Gestalt. Im Gegensatz zum I. übernimmt das Prosomoion (στιχηρὸν προσόμοιον) seine rhythmisch-melodische Fassung von einem bereits vorhandenen anderen Troparion. Bei dem I. ist also Text und Melodie eigenständig, beim Prosomoion nur der Text, die Melodie ist übernommen. Ähnlich wie I. wird auch der Begriff Automelon (στιχηρὸν αὐτόμελον) verwendet. Die Technik, Hymnen in Anpassung an vorhandene melodische Schemata zu schreiben, ist im byzantinischen Kirchengesang weit verbreitet (→ Hirmos, → Kontakion).

W.CHRIST-M.PARANIKAS, Anthologia graeca carminum christianorum, 1871 - L.TARDO, L'antica melurgia bizantina, Grottaferrata 1938. *R.Schlötterer*

Idumäa nennt man den vornehmlich von den (früheren) → Edomitern bewohnten südlichsten Landesteil Palästinas, der bis 598 zum Staate → Juda gehört. Die Schwächung Judas (597/587), der Druck arabischer

Gruppen auf Edom (→ Nabatäer) und vielleicht alte kultische Beziehungen zu → Beerseba (vgl. K.Galling, Festschr. für A.Bertholet, 1950, 183) veranlassen das Eindringen der Edomiter von Süden her bis über → Hebron hinaus (vgl. Jer 13, 19; Alt, PJ 21, 1925, 108). Die alten Stammsitze Edoms werden entgegen Diodor XIX, 98 aufgegeben worden sein (Kahrstedt 36). Die »Eparchie I.« rechnet Diodor (XIX, 95, 2) zur »phönizisch-arabischen« Satrapie im Perserreich. Der »Araber« Geschem (Neh 2, 19; 6, 1f vgl. 4, 1) war im 5.Jh. Gouverneur dieses Bezirks (Alt 343ff). - Entsprechend gibt es in hellenistischer Zeit eine Eparchie I. Um 163 vChr (→ Judentum: I) unternimmt Judas einen Vorstoß nach I. und zerstört Hebron. Joh.Hyrkanus gliedert die Bewohner I.s durch Zwangsbeschneidung in die jüdische Kultgemeinschaft ein. Daher gehört die Familie des »Idumäers« Antipater (→ Herodes) de facto et iure zum Judentum. Die kultische Oberhoheit Jerusalems über I. bleibt erhalten, auch als I. innerhalb der römischen Provinz → Syrien (: I) eine besondere Toparchie unter einem eigenen Prokurator wird. Im jüdischen Krieg werden die Idumäer von den Zeloten zu Hilfe geholt. Dann treten sie geschichtlich nicht mehr hervor.

RE V, 162ff (Lit.) - SCHÜRER I, 618ff; II, 229ff u.ö. - G.HÖLSCHER, Palästina in der pers. u. hellenist. Zeit, 1903 - U.KAHRSTEDT, Syrische Territorien in hellenist. Zeit, 1926 - A.ALT, Judas Nachbarn zZ Nehemias (PJ 27, 1931, 66-74 = ALT II, 338-345) - NOTH, GI (s. Reg.). *H.W.Hertzberg*

Jean Paul (*Joh. Paul Friedrich Richter*), * 21.3.1762 in Wunsiedel, † 14.11.1825 in Bayreuth, Dichter, über den hier nur nach seiner Bedeutung als Pädagoge gesprochen werden soll. Mit Vorliebe behandeln seine Dichtungen Bildungsprobleme (Die unsichtbare Loge, Hesperus, Flegeljahre, Titan), manche humoristisch-satirisch auch das Schulmeisterdasein (Leben des vergnügten Schulmeisterleins Maria Wuz in Auenthal, Leben des Quintus Fixlein u.a.). Die aphoristische Erziehungslehre »Levana« (1807), in der sich mehrjährige Hauslehrer- und Privatschularbeit spiegelt, gibt in enger Verwandtschaft mit den → Philanthropinisten und mit der → Romantik eine Pädagogik vom Kinde aus. Obwohl von überpersönlichen Mächten wie Zeit- und Volksgeist mitgetragen und auf persönliche Begegnung angewiesen, ist rechte Bildung danach wesentlich Entfaltung von innen heraus, Freilegung des jeweils individuellen »Preismenschen«. Trotz mancher Überspitzung hat J.P. Bemerkenswertes über die Bedeutung der frühen Kindheit und einer frohen Atmosphäre in der Erziehung, über Kindesseele und kindliches → Spiel gesagt.

Hist.-krit. GA hg.v. E.BEREND, 1927ff. - W.MÜNCH, J.P., der Verfasser der Levana, 1907 - W.HARICH, J.P., 1925 - M.KOMMERELL, J.P., (1933) 1939² - K.BERGER, J.P., der schöpferische Humor, 1939. - J.P.-Blätter, 1926-44, seit 1951 unter dem Titel »Hesperus«. *A.Reble*

Jeanne d'Arc (1412-31). Aus wohlhabendem Bauerngeschlecht in Domremy (Lothringen) stammend, fühlte sich J. durch wiederholte »Stimmen« des Erzengels Michael und zweier Heiligen zur Rettung des »Hl. Königreichs von → Frankreich« (: I, 3) berufen. Anfang 1429 verließ sie heimlich ihr Vaterhaus, legte Männertracht an und erschien als Botin des Himmels vor dem an Thronrecht und Sieg zweifelnden »Dauphin« Karl VII. Nach theologischer Vorprüfung wurde J. einer Abteilung beigegeben, die einen Transport in das belagerte Orléans decken sollte. Die Befreiung der Stadt durch Ausfall der vom Erscheinen der »Jungfrau« (Pucelle) elektrisierten Besatzung und Bürgerschaft wirkte als Kriegswende. J. öffnete den Weg nach Reims, wo die dem englischen König zuvorkommende Königssalbung Karl VII. als König legitimierte. Geadelt, aber nach einem Fehlschlag auf Paris von Karl nicht weiter unterstützt, wurde J. im Mai 1430 von Burgundern vor Compiègne gefangen und an England verkauft, als die seit dem Schisma die Glaubensprüfung wahrnehmende Universität Paris ihre Auslieferung forderte. Der Inquisitionsprozeß fand vom 21.2. bis 24.5.1431 zu Rouen statt unter Vorsitz des ehrgeizigen Bischofs Cauchon von Beauvais und vor 53 nur französischen Beisitzern. J. verteidigte sich mit erstaunlicher Unbefangenheit und Überlegenheit, lehnte die »streitende Kirche« als Richter über das ab, was sie im Auftrag der »triumphierenden Kirche« getan habe, widerrief aber im letzten Moment und wurde zu lebenslänglicher Haft verurteilt. Rechtswidrig wurden J. ein Verteidiger, der Appell an den Papst, (auch nach dem Urteil:) das geistliche Gefängnis und der Empfang der Sakramente verweigert. Als dazu die »Stimmen« ihr Verrat vorwarfen und die englische Wache sie belästigte, legte sie erneut Männertracht an und wurde am 30.5. als rückfällige Ketzerin gebannt, darauf sofort ohne Nachurteil von den Engländern verbrannt. 1456 ließ Karl VII. J. rehabilitieren, 1920 wurde sie heiliggesprochen.

Prozeßakten hg.v. J.QUICHERAT, Procès de condamnation et de réhabilitation ..., 5 Bde, Paris 1841-49, v. P.CHAMPION, Procès de condamnation, 2 Bde, ebd 1921; dt.v. J.BÜTLER, J. Die Akten der Verurteilung, Einsiedeln 1943, u. R.SCHIRMER-IMHOFF, J. Dokumente ihrer Verurteilung und Rechtfertigung 1431. 1456, 1956. - Versionen beider Prozesse hg.v. R.OURSEL, Paris 1953 u. 1954; R. PERNOUD, Vie et mort de J. Les témoignages du procès de réhabilitation, ebd 1953. - Lit.-Übersichten: P.LANÉRY D'ARC, Bibliogr. raisonnée et analytique des ouvrages relatives à J., Paris 1894 - E.v.JAN, Das literarische Bild der J. 1429-1926, 1928 - DERS., Das Bild der J. in den letzten 25 Jahren (Roman. Jb. 5, 1952, 101-137) - R.HANHART, Das Bild der J. in der franz. Historiographie vom Spät-MA bis zur Aufklärung, 1955 - J.BOUISSOUNOUSE, J. et ses juges, Paris 1955 - R.PERNOUD-M.RAMBAUD, Telle fut J., ebd 1957. *A.Mirgeler*

Jeduthun (Jedithun) - ursprünglich ein Sippenname? - gilt in den jüngeren Schichten der → Chronikbücher als Tempelmusikant und Haupt einer »Sängergilde« (1Chr 25: 6 von 24 Klassen). Die in nachexilischer Zeit vollzogene Verknüpfung von Tempelprophet und Sänger (Johnson 60) macht J. zum »Seher« Davids (2Chr 35, 15). Die Trias von 1Chr 15, 19 und 25, 1 legt eine Identifizierung von J. mit Ethan nahe, der seinerseits zu den »Weisen« der Zeit Salomos gerechnet wird (1Kön 5, 11). Der (chronistische) Stammbaum J.s legitimiert diesen als Leviten (1Chr 6, 29ff u.a.m.). Das ʿal jedûtûn in den Überschriften von Ps 62; 77 und auch das »dem J.« in 39, 1 zielt auf eine nicht näher bestimmbare Art der Musikaufführung.

Außer den Komm. zu → Chronikbücher u. → Psalmen: MOWINCKEL IV, 1923 - A.R.JOHNSON, The cultic Prophet in Ancient Israel, Cardiff 1944. *K.Galling*

Jehowist (JE, RJE) nennt man in der at. Fachwissenschaft den Redaktor, der das Werk des → Jahwisten (J) mit dem des → Elohisten (E) verknüpft hat und somit - falls Noths Meinung einer beiden Werken zugrunde liegenden Grundschrift G richtig ist (ÜPent 40ff) - wieder verbindet, was in J und E auseinandergetreten ist. Über Entstehungszeit und -ort dessen, was sich hinter dem Siglum RJE verbirgt (im Sinne einer Einzelpersönlichkeit oder einer Gemeinschaftsarbeit), läßt sich nicht viel sagen. Jünger als E, wird der J. vielleicht nach dem Ende des Nordreiches um 700 vChr oder später in Juda zu suchen sein. J als Grundlage benutzend, dürfte er E primär zur Ergänzung herangezogen und so dazu beigetragen haben, daß das elohistische Werk eine weniger große Geschlossenheit aufweist. *O.Plöger*

Jehu (keilschriftlich Jaua), *König von → Israel* (: I), etwa 845-818 vChr, Gründer einer Dynastie, die fast ein

Jh. an der Herrschaft blieb (→ Jerobeam II.). Über seine Auflehnung gegen die Dynastie → Omris und seine Erhebung auf den Königsthron besitzen wir in 2Kön 9f eine *Quelle* von hohem geschichtlichem (und ästhetischem) Wert. Danach stand am Anfang seines Aufstiegs die *Designation* durch Jahwe: Während er als hoher Offizier gegen die → Aramäer kämpfte, wurde er von einem Abgesandten → Elisas gesalbt (9, 1-10; 1Kön 19, 16 bringt seine Designation mit → Elia in Verbindung). Nach der *Akklamation* durch den Heerbann (2Kön 9, 11-13) sorgte J. für die *Beseitigung der alten Dynastie*. Von ihm selbst oder in seinem Auftrag wurden getötet: der bisherige König Joram, der sich gerade in → Jesreel aufhielt (9, 24), die Königinmutter → Isebel (9, 33), die Angehörigen der Dynastie Omris in Jesreel (10, 11f) und Samaria (10, 6f. 17). Daß dieses Blutvergießen auch auf das judäische Königshaus übergriff (9, 27f; 10, 12-14), war eine Folge der engen Beziehungen zwischen den beiden Herrscherhäusern (8, 18. 26; 9, 16; → Josaphat). - Nachdem J. seine Herrschaft im Staate Israel gesichert hatte, bemühte er sich um *Anerkennung im Stadtstaat → Samaria*, den → Omri einst als Zentrum des Kanaanäertums geschaffen und durch Personalunion mit dem Reich Israel verbunden hatte. Auf J.s Anfrage hin trugen ihm die Ältesten von Samaria das Königtum über den Stadtstaat an (10, 1-7), und J. benutzte die Gelegenheit eines von ihm anberaumten Festes für »den → Baal« zu einer großangelegten Aktion gegen das Kanaanäertum und den in Samaria von Staats wegen gepflegten Baalkult (→ Ahab). Er ließ die versammelten Baalverehrer töten und den Baaltempel von Samaria zerstören (10, 18-27). *Innenpolitisch* stellte J. sich mit diesem »Eifer für Jahwe« (10, 16) in den stärksten Gegensatz zu der von den Omriden gepflegten Politik des Gleichgewichts zwischen dem israelitischen und dem kanaanäischen Element in Israel (→ Ahab). *Außenpolitisch* scheint J. keine große Aktivität entfaltet zu haben. Entsprechend seiner antikanaanäischen Grundhaltung setzte er die freundschaftlichen Beziehungen der Omriden zum Reich von → Tyrus (→ Ahab) nicht fort. Auch die antiassyrische Koalitionspolitik der Omriden (→ Ahab) gab er auf; i. J. 841 vChr zahlte er einen Tribut an → Assyrien (, 3; Darstellung auf dem »Schwarzen Obelisken« Salmanassars III.: AOB Abb. 121ff; besser ANEP Abb. 351ff). Unter seiner Regierung setzte der starke *Druck des Aramäerreiches von →Damaskus* (, 1) auf Israel ein, der zu schweren Gebietsverlusten führte (10, 32f) und erst unter → Jerobeam II. nachließ.

Vgl. die Darstellungen der Gesch. → Israels u. die Kommentare zu den → Königsbüchern. - H.GUNKEL, Die Revolution des J. (Dt. Rundschau 40, 1913, 289-308 = H.GUNKEL, Meisterwerke hebr. Erzählungskunst I, Gesch. von Elisa, 1922, 67ff) - A.ALT, Der Stadtstaat Samaria (BAL 101, 5), 1954, 40ff. *R.Bach*

Jehuda ben Samuel Ha-Levi (arabisch: Abu al-Hassan al-Lawi; meist einfach Jehuda Ha-Levi genannt), * 1080/85 in Toledo (Spanien), † nach 1141, der größte jüdische Dichter im MA und der zweite unter den berühmtesten jüdischen Philosophen (→ Jüdische Philosophie, 3c). Obschon als Dichter in Spanien gerühmt, fühlte er sich doch nicht glücklich; seine Gedanken wandten sich mehr und mehr dem Land der Väter zu. Um 1140 reiste er nach Palästina, kam aber nur nach Ägypten, wo er eine Zeitlang durch die Gastfreundschaft seiner begeisterten Bewunderer festgehalten wurde. Vielleicht setzte er seinen Weg fort, aber über sein Schicksal ist nichts Sicheres bekannt. Eine Legende berichtet, daß er, mit der »Ode an Zion« auf den Lippen, in Jerusalem von einem arabischen Reiter niedergeritten wurde. - J.H.s Gedichte sind in klassische arabische Form gegossen, jedoch in reinstem Hebräisch geschrieben, das die ganze Anmut einer lebendigen Sprache hat. Verlangen nach der Gegenwart Gottes füllt seine Dichtung und das Gefühl, daß ein von Begierden und Leidenschaften freies Herz von göttlicher Gegenwart durchdrungen wird. Seine liturgischen Gedichte für das jüdische Festjahr haben in jedes jüdische Gebetbuch Eingang gefunden. Durch seine Zionslieder kann er als Vorläufer des → Zionismus gelten. Nur im Zionsland, wo Gott in vergangener Zeit so viele Wunder wirkte, kann die müde Seele des Juden nach Jh.en der Qual in der Verbannung ihren Frieden finden. - Sein arabisch geschriebenes Kitab al Chazari (übersetzt von Judah ibn Tibbon als Sefer Hakusari; ursprünglicher Titel: »Buch der Gründe und des Beweises als Hilfe für den verachteten Glauben«) ist die dichterisch schönste von allen jüdischen philosophischen Schriften. In der Form eines (apologetischen) Dialogs schildert es die Geschichte der Bekehrung des Chasarenkönigs Bulan II. (um 740). In der Kritik an den unpersönlichen Lehren der griechischen Philosophie und in der Definition der Religion als der innerlichen Gottsuche folgt er dem arabischen Philosophen → Gazzālī. Israel als das Volk der Offenbarung und Palästina als das Land der Offenbarung sind für J.H. die größten Träger der religiösen Wahrheit. Israel hat inmitten der Völker dieselbe Funktion, die unter den Körperorganen dem Herzen zukommt. Das Gesetz und die Bräuche des →Judentums sind die Brücke, über welche das jüdische Volk zu Gott kommt. Christentum und Islam müssen ihre Rolle spielen, um die Menschheit für die messianische Zeit vorzubereiten, und die Anhänger dieser drei Religionen sollen einst die Segnungen jener Heilszeit genießen.

Dīwan des Abû al-Hasan Jehudah ha-Levi, ed. H.BRODY, 1894 bis 1930; Kol Shirei Rabbi J.H., ed. I.ZMORA, Tel Aviv 1944-50. Neuere Übers.en v. E.BERNHARD (1920) u. F.ROSENZWEIG (1926). Übers. des Al-Chazari v. H.HIRSCHFELD, 1885; die hebr. Übers. mit dt. Übers. u. Erläuterung hg.v. D.CASSEL, 1853. Krit. Ausg. v. A. ZIPRONOWITZ (ZIFRONI), Warschau 1911; Neuausg. Tel Aviv 1930. - Über J.H.: UJE IV, 225ff (Lit.). *S.Cohen*

Jellinghaus, *Theodor* (1841-1913), * in Schlüsselburg/Weser, Missionar der → Goßnerschen Mission in Indien, 1873 Pastor der preußischen Landeskirche. Beeinflußt von R.P. → Smith und der → Heiligungsbewegung, schrieb eine Dogmatik der → Gemeinschafts- und Heiligungsbewegung: »Das völlige, gegenwärtige Heil durch Christum« ([1880] 1903^5). J. leitete eine Bibelschule für Gemeinschaftsprediger in Lichtenrade bei Berlin. Nach einer Nervenerkrankung widerrief er manche Einseitigkeiten seines Lehrbuches (»Erklärung über meine Lehrirrungen«, o. J.). J. war der Meinung, er habe den Gerichtsernst Gottes und die Realität der Sünde nicht ernst genug gelehrt.

Vf. ferner u.a.: Sieg u. Leben in der Glaubenshingabe, (1899^2) 1900^3. Hg.: Mitt. aus der Bibelschule, seit 1899. - Über J.: »Philadelphia«, Organ für ev. Gemeinschaftspflege, 1911-13 - RGG^2 III, 65. *H.Brandenburg*

Jena, *Universität*

1. Die Gründung der Universität J. (Salana, seit 10.11. 1934 Friedrich-Schiller-Universität) erfolgte als Ersatz für die Universität → Wittenberg, die den Ernestinern nach dem Schmalkaldischen Krieg mit der Kur an → Moritz von Sachsen verlorengegangen war. Johann Friedrich der Großmütige gab am 24.7.1547 die Anweisung zur Errichtung einer Hohen Schule zu J. Die erste Besetzung der Lehrstühle erfolgte nach → Melanchthons Vorschlägen (Gutachten vom 10.7.1547). Am 19.3.1548 wurde die »Akademie« unter Beschränkung auf die Theologie und Philosophie mit zwei Professoren (Victorin → Strigel und Joh. → Stigel) eröffnet. Bald wurde der

Lehrkörper erweitert (Erhard → Schnepff und Matthias → Flacius) und nach Johann Friedrichs Rückkehr aus der Gefangenschaft (1552) auf Rechtswissenschaft (Basilius Monner) und Medizin (Joh.Schröter) ausgedehnt. Die Erhebung zur Universität konnte erst nach dem → Augsburger Religionsfrieden und → Karls V. Abdankung bei Ferdinand I. durchgesetzt werden, und zwar ohne den zunächst geforderten Verzicht auf das Promotionsrecht zu theologischen Graden. Der Stiftungsbrief (15.8.1557) schließt sich an den Wittenberger an, der seinerseits auf → Tübingen zurückgeht. Am 2.2.1558 wurde das studium generale in J. feierlich eröffnet, erster Rektor wurde Schröter. Für die innere Geschichte bedeutet die formale Erhebung zur Universität keinen Einschnitt. J. war schon vorher durch Flacius in die *Lehrstreitigkeiten im luth. Lager* (→ Adiaphoristischer und Synergistischer [→ Synergismus] Streit) eingeschaltet worden. Es bezog eine schroff antiphilippistische Stellung und wandte sich damit gegen Wittenberg - politisch gegen die Albertiner. Der Meinungsstreit spaltete auch die Universität selbst. Der Widerstand Strigels und des Sup. Andr.Hügel gegen das flacianische Weimarische Konfutationsbuch führte zu ihrer Verhaftung. Später rückte die Regierung von Flacius ab, der Ende 1561 entlassen wurde. Im Zusammenhang mit den politischen Veränderungen wechselte die Richtung der theol. Fakultät in den nächsten Jahren mehrmals. Eine endgültige Lösung führte Kurfürst August von Sachsen herbei, der seit 1573 als Vormund seiner Neffen auch über das Ernestinische Sachsen gebot und auf die theologischen Lehrstühle gemäßigte Lutheraner berief (u.a. D.Voit, B.Sartorius). Mit der → Konkordienformel endete die Kampfperiode.

2. Nach der Konsolidierung wirkte die theol. Fakultät, die im 17.Jh. im Gesamtkörper der Universität noch bestimmend blieb, über die Grenzen der Fachgelehrsamkeit in das öffentliche Leben hinein: u.a. als oberste Instanz für Ehesachen und durch Mitarbeit am Bibelwerk → Ernsts I. des Frommen von Gotha. In der ersten Hälfte des Dreißigjährigen Krieges war die J.er theol. Fakultät eine der führenden in Deutschland und wurde durch die Vertreter der *luth. Hochorthodoxie* (Joh.Major, Joh. → Gerhard, Joh.Himmel, S. → Glassius) zur Pflanzschule luth. Theologie. Im Verlaufe des → Synkretistischen Streites geriet J. in eine neue Kontroverse mit Wittenberg. Mit Joh. → Musäus begann die Auflockerung der Orthodoxie, die dann unter der Einwirkung der frühen → Aufklärung an Boden gewann. Das machte sich bes. in der Person von J.F. → Buddeus geltend, der als Freund A.H. → Franckes zugleich Beziehungen zum → Pietismus hatte; mit ihm begann der Einfluß des Föderalismus (→ Bund: IV) und im Ansatz die historische Betrachtungsweise des AT und der DG. Bedeutend waren in diesem Zeitraum J.s Ausstrahlungen nach Südosteuropa (→ Siebenbürgen). Den Ausklang der luth. Orthodoxie bezeichnete im 18.Jh. J.G. → Walch. - Das historisch-staatenkundliche Interesse fand eine Reihe namhafter Vertreter (zB B.G.Struve, M.Schmeitzel, Chr.G. Buder); die frühe Phase naturwissenschaftlicher Entwicklung des 17.Jh.s repräsentierten W.Rolfink und E. Weigel. Um die Mitte des 18.Jh.s setzte für J. eine Krise ein, bezeichnet durch wissenschaftliche Unfruchtbarkeit und den durch die Gründung der Universitäten → Göttingen und → Erlangen hervorgerufenen Rückgang der Frequenz.

3. Die Regeneration wurde durch die von Anna Amalia von Sachsen-Weimar 1767 angeordnete Visitation eingeleitet (Neuordnung der akademischen Vermögensverwaltung). Die Herzogin scharte die Männer um sich, die J.s und Weimars *klassische Zeit* heraufführen sollten. Carl August führte von 1775 an unter tatkräftiger Mitarbeit Goethes und unterstützt von Ernst II. von Gotha diese Kulturpolitik fort. Ihre Kennzeichen waren eine von großen Gesichtspunkten geleitete Berufungspolitik und die Gewährung der Lehrfreiheit in einem sonst im Zeitalter des Absolutismus kaum begegnenden Ausmaß. In der theol. Fakultät war nach dem Tode J.C. → Döderleins (Vertreter einer maßvollen Neologie) als Bahnbrecher des theologischen Rationalismus J.J. → Griesbach die beherrschende Figur; zugleich wurde die historisch-kritische Bibelexegese durch den Orientalisten J.G. → Eichhorn (seit 1775 Mitglied der philosophischen Fakultät) und durch J.Ph. → Gabler gefördert. Im Austausch mit den anderen Fakultäten und Weimar (Rezeption der Motive → Herders) wurde unter gewisser Emanzipierung von kirchlichen Bindungen das für die Fakultät im 19.Jh. bestimmende »freie« Klima geschaffen. - Neben den Genannten wirkten damals in J. u.a.: die Juristen J.Thibaut und G.Hufeland, der Anatom F.C.Loder, die Chemiker J.F.A.Göttling und J.W.Döbereiner (ab 1810), der Mineraloge J.G.Lenz, bes. aber K.L.Reinhard als Interpret → Kants, F. → Schiller als Historiker, J.G. → Fichte, F.W. → Schelling und G.F. → Hegel als Vertreter des deutschen → Idealismus sowie die Begründer der J.er romantischen Schule, A.W. und F. → Schlegel. Das lebhafte geistige Leben in J. zog auch zahlreiche hervorragende Geister an, die nicht unmittelbar mit der Universität in Verbindung standen (W. und A.v. → Humboldt, → Jean Paul, F. → Schleiermacher, L.Tieck). - Die unter dem Druck Kursachsens erfolgende Maßregelung Fichtes im sog. → Atheismusstreit, die 1799 mit seiner Entlassung endete, hatte zur Folge, daß in den nächsten Jahren hervorragende Lehrkräfte J. verließen. Durch die politische Entwicklung, zumal nach der Katastrophe von 1806, wurde J. gleichfalls in Mitleidenschaft gezogen.

4. Ihren neuen Aufstieg verdankte die Universität einer studentischen Bewegung, die von J. ausging und in J. ihren Mittelpunkt behielt: am 12.6.1815 wurde die Jenaische *Burschenschaft* gegründet. Sie erstrebte, anfangs noch verschwommen, ein gesamtdeutsches Vaterland, das die Freiheitskriege nicht gebracht hatten. Im Okt. 1818 erfolgte in J. auch die Gründung der Allgemeinen Deutschen Burschenschaft. Sie fand Unterstützung bei den Professoren H.Luden (Historiker), L.Oken (Naturwissenschaftler und -philosoph) und J.F. → Fries (Philosoph). Mit der Durchführung der → Karlsbader Beschlüsse vom 20.9.1819 setzte für J. eine rückläufige Bewegung ein. Die Nutritoren konnten nicht umhin, einige Professoren zu suspendieren und die Auflösung der Burschenschaft zu verfügen. 1819 erhielt die Universität auch einen Kurator. 1841 wurde von der philosophischen Fakultät Karl → Marx in absentia promoviert. 1848 lud die Universität zu zwei gesamtdeutschen Tagungen ein, die sich mit der Hochschulreform beschäftigten. - In der theol. Fakultät wurde erst jetzt mit L.F.O. → Baumgarten-Crusius der Einfluß Schleiermachers wirksam. Seit 1830 wurde das Gesicht der Fakultät durch K.A.v. → Hase geprägt; er kam vom Idealismus und der Romantik her und war weltoffen um den Kontakt mit dem allgemeinen Geistesleben bemüht.

5. Die nächste Phase der Geschichte J.s ist bes. durch das enge Bündnis zwischen den neu in der Stadt heimisch werdenden Industriebetrieben (Optische Werkstätte Carl Zeiss und Glastechnisches Laboratorium Schott & Gen.) und der Universität geprägt. Auf Anregung des Botanikers und Physiologen M.G.Schleiden wandte sich der Universitätsmechaniker Carl Zeiss der Optik zu und gewann den seit 1863 in J. wirkenden Ernst → Abbe als Mitarbeiter; ihnen gesellte sich in den 80er Jahren der Chemiker und Glasspezialist Otto Schott zu. Abbes

Wunsch, den Unternehmergewinn für die Allgemeinheit nutzbar zu machen, führte am 19.5.1889 zur Gründung der *Carl-Zeiss-Stiftung*, an die 1891 das ganze Zeiss-Werk und die Hälfte des Glaswerks übergingen. Als Zweck der Stiftung wurde die Förderung der mathematisch-naturwissenschaftlichen Studien an der Universität in Forschung und Lehre bestimmt, zu denen auch einige Fächer der Medizin gerechnet wurden, zB Pharmakologie (H.Kionka). Die aufblühenden Naturwissenschaften (E. → Haeckel, L.Knorr, E.Stahl, G.Linck, R. Haußner) und die Technik befruchteten sich nun wechselseitig. – Auch für die Geisteswissenschaften begann eine neue Periode. J. wurde die Hochburg der → liberalen Theologie. Durch eine entsprechende Berufungspolitik wurde erreicht, daß die Fakultät ein einheitliches Gepräge erhielt; den Höhepunkt dieser Phase stellten die Jahre dar, in denen neben Hase auch noch O.Pfleiderer und R.A. → Lipsius in J. wirkten. Der literarisch ungemein produktive → Hilgenfeld (seit 1858 Hg. der »Zeitschrift für wiss. Theologie«) erhielt erst spät die gebührende Stellung. 1875 riefen die J.er Theologen die »Jahrbücher für prot. Theologie« ins Leben. Nur gegen den Widerstand Lipsius' und F. → Nippolds gegen die Schule A. → Ritschls wurde 1893 H.H.Wendt (Syst. Theol. und NT) berufen. – Die ältere Germanistik erreichte einen frühen Höhepunkt in E.Sievers. Mit J. verbunden sind in diesem Zeitraum u.a. die Namen des Psychiaters W.Binswanger, der Philosophen Kuno Fischer und R. Eucken, der Historiker J.G.Droysen und O.Lorenz, des Sprachwissenschaftlers B.Delbrück und der Pädagogen V.Stoy und W. → Rein.

6. Nach 1918 trat hinter die Universität als Erhalter das Land → Thüringen. Aus der »Großherzoglich- und Herzoglich-Sächsischen Gesamtuniversität« wurde die »Thüringische Landesuniversität«, deren besonderen Ruf die seit 1924 bestehende mathematisch-naturwissenschaftliche Fakultät ausmachte (zB M.Wien, A.Esau). Die J.er Medizin hatte als Mittelpunkt des thüringischen Gesundheitswesens entscheidenden Anteil an der Ausstrahlung der Universität. In J. wirkten u.a. die Philosophen B.Bauch, M.Wundt und H.Leisegang sowie der Pädagoge P.Petersen (Jenaplan). – Von der theol. Fakultät ging 1918 die kirchliche Einigung (»Thüringer ev. Kirche«) aus. In der Fakultät wurde die einheitlich »liberale« Ausrichtung aufgegeben; die KG fand profilierte Vertreter in H. → Lietzmann und K. → Heussi; in der praktischen Theologie ragte der dynamische W.Thümmel hervor. Die Zeit des nationalsozialistischen Regimes brachte für die theol. Fakultät bes. empfindliche Eingriffe, da Thüringen ein Mittelpunkt der »Deutschen Christen« war. Am stärksten wurde die praktische Theologie betroffen, deren Vertreter (W.Macholz) schon 1933 auf das Randgebiet der Konfessionskunde abgedrängt und 1938 vorzeitig emeritiert wurde. Die Zahl der Theologiestudenten sank im Winter 1944/45 auf einen ab.

7. Nach 1945 erlebte die auf Befehl der Sowjetischen Militäradministration schon am 15.10.1945 wieder eröffnete Universität durch staatliche Förderung zunächst einen beachtlichen Aufschwung. An diesem nahm auch die theol. Fakultät teil (zB Reaktivierung von Macholz 1945 und Anstieg der Frequenz). Seit der Umwandlung der Stiftungsbetriebe Zeiss und Schott in volkseigene Betriebe (1948) übernahm der Staat allein die Dotierung der Universität. Die Veränderungen, die das gesamte Hochschulwesen der Sowjetischen Besatzungszone und später der DDR erfuhr (→ Universität), betrafen auch J. Als 6. Fakultät entstand 1953 die landwirtschaftliche Fakultät, während die nach 1945 ins Leben gerufenen Fakultäten für Gesellschaftswissenschaft und Pädagogik wieder aufgelöst bzw. in die philosophische Fakultät rückgegliedert wurden. – Nach dem Stand vom 1.1. 1959 haben in der theol. Fakultät Professuren inne: G. Gloege (Syst. Theol.), E.Hertzsch (Prakt. Theol.), K. Heussi (KG, em.), H.Jursch (KG und christliche Archäologie), R.Meyer (AT), G.Schulze-Kadelbach (NT, em.), J.Müller-Bardorff (NT); Dozenturen: E.Oßwald (AT), Th.Lohmann (Allg. Religionsgeschichte und NT); dazu kommen 4 Lehraufträge und 2 Lektorate. Die Studentenzahl beträgt zZ um 100. Neben dem Institut für Theologie besteht ein Institut für Allgemeine Religionsgeschichte. Die von Lietzmann 1917 begründete »Sammlung für Spätantike Kunst« (Dir. H.Jursch) gehört zur philosophischen Fakultät. Die »Ev.-luth. Kirche in Thüringen« unterhält seit 1948 in J. ein Theologenkonvikt.

ERMAN-HORN II, 490ff – RGG^{2} III, 677ff (Lit.) – M.WUNDT, Die Philosophie an der Univ. J. in ihrem geschichtl. Verlaufe dargest., 1932 – F.SCHOMERUS, Werden u. Wesen der Carl-Zeiss-Stiftung, (1940) 1955^{2} – G.MENTZ-R.JAUERNIG, Die Matrikel der Univ. J. I (Veröffentl. der Thür. Hist. Kommission 1), 1944 – R.HERRMANN, Thüringische KG II, 1947 – F.SCHNEIDER, Beiträge zur vorbereiteten Gesch. der Univ. J. (WZ Jena 2, 1952/53, H. 3, 63-83; 3, 1953/54, 153-171 [Lit., auch in Bearbeitung befindliche Themen]. 355-390) – K.HEUSSI, Gesch. der Theol. Fakultät zu J., 1954 – J.H.SCHULTZE, J., Werden, Wachstum u. Entwicklungsmöglichkeiten der Universitäts- u. Industriestadt, 1955 – H.WIESSNER, Die wirtschaftl. Grundlagen der Univ. J. im ersten Jh. ihres Bestehens (Diss. Jena), 1955 (Masch.) – W.FLACH, Stand u. Aufgabe der landesgeschichtl. Forschung in Thüringen (Blätter für dt. Landesgesch. 92, 1956, 90-141; Lit.) – K.BULLING, Gesch. der Universitätsbibliothek J. 1549-1945 (Claves Jenenses 7), 1958 – Gesch. der Univ. J. 1548/58-1958, 2 Bde, 1958/59 (Lit.; marxist.) – E.GIESE-B.v.HAGEN, Gesch. der Medizin. Fakultät der Univ. J., 1958 – H.PEUKERT, Die Slawen der Donaumonarchie u. die Univ. J. 1700-1848, 1958 – O.FEYL, Studien zur ausländ. Kontakt- u. Bildungsgesch. der Univ. J., 1958. *I.Höß*

Jensen, *Christian* (1839-1900), * Lütjenswarf/Schleswig, † Breklum, Bauernsohn, seit 1873 Pastor in Breklum Kr. Husum, »luth. Pietist«. J. gründete 1876 die → Schleswig-Holsteinische ev.-luth. Missionsgesellschaft und gab das »Sonntagsblatt fürs Haus« heraus, zeitweise auch eine christliche politische Zeitung, dazu Traktate und christliches Schrifttum. 1878 entstand die Brüderanstalt, die Prediger für die luth. Gemeinden in Amerika ausbildet. J.s Plan eines christlichen Gymnasiums wurde von der Regierung verhindert.

E.EVERS, Chr.J., (1912) 1924^{4} – M.PÖRKSEN, Die Weite eines engen Pietisten, 1956. *H.Brandenburg*

Jephta (hebr.: jiphtaḥ). Die Erzählung über J. (Ri 10, 6 – 12, 7), der nach 11, 29 den »großen«, nach der Schlußbemerkung in 12, 7 auch den »kleinen« → Richtern zugerechnet wird, beginnt mit einer fast ganz der deuteronomistischen Bearbeitung angehörenden Einführung (10, 6-16), die wie ein Rückblick auf die bisherige Richterzeit anmutet und zum Thema einer Gefährdung durch die → Ammoniter überleitet (10, 17-18). In ihrer Not wenden sich die Ältesten von → Gilead im mittleren Ostjordanland an den streitbaren J., der, einst als Stiefkind von seinen Geschwistern vertrieben, im Lande Tob (nördlich des Jabbok?) eine Schar Unzufriedener um sich gesammelt hat; sie bitten um seine Hilfe und versprechen ihm eine führende Stellung (11, 1-11). Es folgt ein breit ausgeführter vergeblicher Versuch J.s, auf dem Verhandlungswege den Konflikt mit den bald Ammoniter, bald Moabiter genannten Gegnern beizulegen, wobei geographische Bezeichnungen wie auch der Name einer moabitischen Gottheit eher für Moab als ursprünglich sprechen (11, 12-28). Ob sich hinter diesem relativ späten Abschnitt die Erinnerung an einen gleichzeitigen → Moabiter-Krieg oder an einen Versuch J.s, einem solchen vorzubeugen, verbirgt, oder ob die enge Verwandtschaft beider Völker bzw. ihre administrative

Zusammenfassung zu einer Provinz Ammon in späterer Zeit zu diesem ständigen Wechsel in der Bezeichnung der Gegner geführt hat, läßt sich schwer entscheiden. - Als ein nach Art der »großen« Richter vom Geist Jahwes Ergriffener durchzieht J. Gilead und Teile Westpalästinas, um sodann durch ein Gelübde den Sieg zu erzwingen. Er erringt ihn auch, verliert aber dabei in Erfüllung des Gelübdes seine Tochter, deren Opfertod von den Mädchen Israels alljährlich beklagt wird (11, 29-40). Diese mit J.s (namenloser) Tochter verbundene Ätiologie einer Gedächtnisfeier wie auch die bekannte »Schibbolet«-Szene in 12, 1-6 im Zusammenhang mit einem Konflikt mit Ephraimiten dürften wichtige Haftpunkte gewesen sein, die Erinnerung an J.s Wirken im abseits liegenden Gilead festzuhalten. So ergibt sich ein Bild über die prekäre Lage des von ephraimitischen Siedlern bewohnten Gilead in vorstaatlicher Zeit, sich sowohl der östlichen Nachbarvölker erwehren als auch eine gewisse Selbständigkeit gegenüber ephraimitischen Ansprüchen behaupten zu müssen. - Ob die J.-Erzählung verschiedenen, vielleicht sogar den pentateuchischen Erzählungsfäden zuzuweisen ist, kann nur von einer Analyse des ganzen → Richterbuches her beurteilt werden. Nicht von ungefähr wird jedoch auf den negativ beurteilten Versuch des Gideonsohnes Abimelech, gewaltsam zu einem Königtum zu gelangen (c. 9), die beide richterliche Funktionen in sich vereinigende Gestalt J.s gefolgt sein; denn sie lenkt nun über die vielleicht sekundär angefügten → Simson-Geschichten (c. 13-16) und die späten Anhänge des Richterbuches (c. 17-21) den Blick schon auf die Überlieferung von → Samuel und Israels erstem König → Saul, dessen Wirken wiederum mit einem Konflikt mit den Ammonitern beginnt.

Vgl. die Komm. u. Einl.en in das AT zum → Richterbuch. Ferner: NOTH, ÜSt 47ff (61). 95f - J. MENDELSOHN, The Desinheritance of J. in the Light of Paragraph 27 of the Lipit-Ishtar Code (IEJ 4, 1954, 116-119).

O. Plöger

Jeremia

1. Leben - 2. Prophetische Eigenart - 3. Botschaft. - Vgl. → Jeremiabuch, → Propheten: II B. C

1. J. (hebr. jirm^e^jahû, wohl »Jahwe erhöht«; griech. Ἰερεμίας), Sohn eines Priesters Hilkia (1, 1) aus Anathoth (1, 1; 11, 21. 23; 29, 27), heute rās el-charrūbe bei ʿanāta, 7 km nordnordöstlich von Jerusalem. Nach 32, 7ff verfügte dort seine Familie über Erbbesitz. Da in dem kleinen benjaminitischen Dorf kaum verschiedene Priestergeschlechter ansässig waren, ist J. möglicherweise Nachkomme Abjatars, des Priesters Davids (1Kön 2, 26f). - Seine Berufung, vielleicht unter dem Eindruck des heranbrausenden Skythensturmes, erlebte J. als junger Mann im 13. Jahr → Josias (dh 627 vChr, vgl. 1, 2. 6). Die Zuverlässigkeit dieser Angabe ist zu Unrecht verneint worden (Horst, May, Rowton); zumal c. 2 ist nur verständlich, wenn die dortigen Abschnitte noch vor die deuteronomistische Reform fallen (so auch Milgrom). Das Verkündigungsthema der Frühzeit ist der Kampf gegen den → Götzendienst auf den »Höhen« und der Ruf zur Umkehr. Die Art dieser Polemik berührt sich eng mit derjenigen → Hoseas. Ob die Verwandtschaft auf literarische Abhängigkeit zurückzuführen ist (Gross), ist fraglich, sie wird eher darin begründet sein, daß J. wie Hosea in derselben (priesterlichen?) Tradition stand, in der auch das → Deuteronomium beheimatet ist. Viel erörtert ist die Frage, wie sich J. zur Reform Josias stellte. Da er weitgehend die Sprache des Dtn spricht (→ Jeremiabuch, 3d) und nach 622 bis zum Tode Josias kaum mehr das Wort ergriffen hat - doch wohl, weil er die Früchte der Reform abwarten wollte -, wird man nicht fehl gehen, wenn man in ihm einen Freund der Maßnahmen Josias sieht. Nach 11, 6 wäre er sogar aktiv für sie eingetreten! Daß nicht *er*, sondern die Prophetin Hulda um die göttliche Legitimierung des neuen Gesetzes angegangen wurde (2Kön 22, 14), wird darin begründet sein, daß er nicht zu den offiziellen Kultbeamten am Tempel gehörte und damals auch noch nicht in Jerusalem wohnte, wohin er wohl erst nach schweren Anfeindungen durch seine Verwandten übergesiedelt ist (11, 18ff). Nach dem Tode Josias (609) trat J. erneut auf. Es kam zu harten Auseinandersetzungen mit den Priestern und Tempelpropheten; nur das besonnene Eintreten der »Ältesten des Landes« hat ihn vor dem Märtyrertod bewahrt (26, vgl. 20, 1-6). Das vernichtende Wort gegen Jojakim (22, 13-19) und die in c. 36 berichtete Verbrennung seiner Buchrolle beweist, daß der Gegensatz zu diesem König äußerst heftig war. Wie schwer J. in dieser Zeit unter der Last seines göttlichen Auftrages gelitten hat, lassen seine »Konfessionen« (→ Jeremiabuch, 3f β) erkennen. An seiner Berufung hat er allerdings nie gezweifelt, und Jahwes Zurechtweisung hat ihn immer wieder neu ans Werk gestellt (12, 5; 15, 19-21, vgl. auch 15, 16; 17, 17; 20, 9. 11). Aus seinem Brief an die Deportierten von 597 (→ Exil) erfahren wir, daß er sie zur Loyalität gegen Babel gemahnt hat, sich damit aber den Haß der Heilspropheten zuzog (29). So war es auch in Jerusalem selbst (27f). König → Zedekia hat wohl gelegentlich seinen Rat begehrt (21, 1-7; 34, 1-7), sich aber nicht von der Revolte gegen Babel abhalten lassen (→ Israel: I). Trotzdem blieb J. auch während der Belagerung der Stadt und sogar beim Herannahen eines ägyptischen Entsatzheeres bei seiner Überzeugung, daß nur die Unterwerfung unter Nebukadnezar, den »Knecht Jahwes«, das Unheil abwenden könne. Möglicherweise nehmen die → Lakisch-Briefe auf seine Wirksamkeit Bezug. Der Kriegspartei gelang es schließlich, ihn wegen Hochverrats in Haft zu setzen. Nur das Eingreifen des ausländischen Palastbeamten Ebedmelech hat ihn vor dem Tod in der Zisterne des Wachthofes bewahrt (38, 1-13). Doch wurde er erst von den Babyloniern aus dem Gefängnis befreit. Durch Nebukadnezars Feldherrn vor die Wahl gestellt, unter seinem Schutz nach Babel zu kommen oder im Lande zu bleiben, entschloß er sich, das Los der Zurückbleibenden zu teilen. Aber die Ermordung des ihm befreundeten Statthalters Gedalja bereitete dem in Gang gesetzten Werk des Wiederaufbaus ein jähes Ende (40, 7 - 41, 18). Mit seinem Diener *Baruch* zusammen wurde J. von der haltlosen Volksmasse gezwungen, nach Ägypten zu emigrieren. Noch einmal nimmt er hier seinen Kampf gegen den Götzendienst auf. Der Bericht Baruchs (→ Jeremiabuch, 3c) bricht ab, ohne das Ende des Propheten zu erwähnen, der um 585 gestorben sein muß (42-44).

2. J. war eine tief empfindsame, eher weiche Natur. Das zeigt schon sein Versuch, sich der Berufung zu entziehen (1, 6), mehr noch die Klage über sein Geschick, die sich bis zur Verfluchung des Tages seiner Geburt steigert (20, 14ff, vgl. 15, 10), und seine harte Anklage gegen Gott, in der er sich nicht scheut, Jahwe »Trugbach« zu nennen, »Wasser, auf das kein Verlaß ist« (15, 18). Er leidet unter der Isolierung, in die ihn seine den Volkspropheten entgegengesetzte Verkündigung hineinführte (15, 10. 17), unter dem Spott und Haß seiner Gegner (17, 15; 18, 18; 20, 7), unter dem Unheil, das er den Gefühlen seines Herzens entgegen ansagen mußte (4, 19), nicht zuletzt auch darunter, daß scheinbar das von ihm angedrohte → Gericht (: II) ausblieb (17, 14-18). Deutlicher als bei irgendeinem anderen Propheten klaffen bei ihm menschliches Wünschen und gottgegebener Auftrag auseinander. Mit Macht hat sich ihm das Jahwewort als objektive Größe von außen aufgedrängt (20, 9), wäh-

rend für ihn das Wort der falschen Propheten »Gesicht des eigenen Herzens«, »Lüge und Trug« ist (23, 16. 25f). Daran, daß er sein Inneres schonungslos enthüllt, wird sichtbar, daß er sich nicht bloß durch das von ihm weitergegebene Wort, sondern ebenso durch seine prophetische Existenz als Jahwes Zeugen gewußt hat. Dem entspricht es, daß er auch seine Ehelosigkeit und Vereinsamung (16, 1ff) in den prophetischen Dienst hineingenommen wußte und seinen Auftrag auch durch symbolische Handlungen ausrichtete (13, 1ff; 19, 1ff; 27, 1ff; 28, 1ff). So hat Baruch eine »Leidensgeschichte« J.s geschrieben, die als Zeugnis für Jahwes Treue verstanden sein will. Bei J. ist die Botschaft Dtjes vom leidenden → Knecht Jahwes angebahnt und der Prophetismus zwar noch nicht chronologisch, aber innerlich an sein Ende gekommen.

3. Das Wesen Gottes hat sich J. erschlossen als übermächtige, das Leben des Volkes wie sein eigenes Dasein in seinen Dienst fordernde Macht. »Jahwe ist mir wie ein furchtbarer Held« (20, 11). Er ist nicht ein Gott aus der Nähe, sondern ein Gott aus der Ferne (23, 23). Gottes absolute Souveränität wird stark betont (Gleichnis vom Töpfer, c. 18). Das Wissen um Jahwes Liebe zu seinem Volk fehlt allerdings nicht. Wie Hosea verwendet J. das Bild von der Ehe bzw. der Brautzeit (2, 1ff; 3, 1), um Gottes Beziehung zu Israel zu beschreiben. Es ist für Jahwe nicht Sklave, sondern Sohn, Erbe, Erstgeborener, Lieblingskind (3, 4; 3, 19f; 31, 9; 31, 19), dessen er sich erbarmen muß (31, 20). Fehlt auch der Begriff der → Erwählung, so denkt doch J. von den heilsgeschichtlichen Traditionen her, wobei neben der Rettung aus Ägypten die gnädige Führung durch die Wüste (2, 6f; 31, 2f) und die gute Gabe des Landes, »das allerherrlichste Erbe unter den Völkern« (2, 7; 3, 18; 6, 18; 17, 4), gerühmt wird. Die Zuwendung zu Israel war Akt freier → Gnade Gottes und bekundet sich in unverdienter Liebe und Güte (31, 2f). Nach c. 11 ist für J. der Sinaibund (→ Bund: II) durch den Josiabund für die gegenwärtige Generation aktualisiert. – Von seinem Volk erwartet Jahwe kindliche Hingabe an seinen Willen (29, 12ff; 35), ḥæsæd (Treue, Liebe, 2, 2) und vor allem 'æmûnā (Wahrhaftigkeit, Zuverlässigkeit 5, 1. 3; 7, 28; 9, 2), im Gegensatz zu šæqær (Lüge, Trug). Wie → Amos und → Jesaja fordert auch J. soziale Gerechtigkeit und unparteiische Rechtsprechung, aber mit Hosea ist für ihn die große Sünde der Götzendienst. Mit scharfem Blick deckt er unter den verschiedensten Formen der Religiosität den Abfall von Jahwe auf. Er fällt dabei keine voreiligen Urteile, sondern weiß sich von Jahwe zum Prüfer bestellt (5, 1ff; 6, 27-30). Nur radikale Umkehr, »Beschneidung des Herzens« (4, 4), könnte das Gericht noch abwenden. Aber im Verlauf seiner Tätigkeit wird es ihm klar, daß das Volk Kraft und Freiheit zu solcher Umkehr nicht mehr besitzt, und sein Urteil wird vernichtend: »Sie alle haben das Joch zerbrochen, die Stricke zerrissen« (5, 5, vgl. 6, 28-30). Die Sünde fließt aus der »Verstocktheit des bösen Herzens« (3, 17 u.ö.). Sie ist geradezu Israels zweite Natur geworden (13, 23). So bleibt schließlich nur die Ankündigung eines radikalen Gerichts, von dem nur einzelne ausgenommen werden können (39, 18; 45, 5). – Und doch ist J. auch Künder des Heils, zunächst für die Angehörigen des ehemaligen Nordreichs (30f), dann für die 597 Deportierten (24; 29), schließlich auch für die Judäer (32, vgl. auch 23, 1-7). Der Schwerpunkt der Heilserwartung liegt auf einem neuen Verhältnis zu Jahwe, in dem die alte Bundeszusage: »Ich werde ihr Gott sein und sie werden mein Volk sein« erfüllt sein wird.

Allgemein: A.C.Welch, J., his Time and his Work, (1928) 1951² – Th.C.Gordon, The Rebel Prophet. Studies in the Personality of J., 1931 – Karl Zimmermann, J., 1949 – J.Steinmann, Le Prophète Jérémie, sa vie, son oeuvre et son temps, 1952 – A.Gelin, Jérémie, 1952 – J.Ph.Hyatt, J., Prophet of Courage and Hope, 1958. – Zu 1: F.Horst, Die Anfänge des Propheten J. (ZAW 41, 1923, 94-153) – L.Rost, J.s Stellungnahme zur Außenpolitik der Könige Josia u. Jojakim (ChuW 5, 1929, 129-145) – K.Gross, Die lit. Verwandtschaft J.s mit Hosea (Diss. Berlin), 1930 – Ders., Hoseas Einfluß auf J.s Anschauungen (NKZ 42, 1931, 241-256. 327-343) – H. Michaud, Le témoignage des ostraca de Tell Douweir concernant le prophète Jérémie (RES 1941, 42-60) – H.G.May, The Chronology of J.s Oracles (JNES 4, 1945, 217-227) – D.W.Thomas, »The Prophet« in the Lachish Ostraca, 1946 – E.Nielsen, J. og Jojakim (DTT 13, 1950, 129-145) – M.B.Rowton, J. and the Death of Josiah (JNES 10, 1951, 128-130) – J.Milgrom, The Date of J., Chapter 2 (ebd 14, 1955, 65-69) – J.W.Miller, Das Verhältnis J.s u. Hesekiels sprachlich u. theol. untersucht, 1955. – Zu 2: H.J.Stoebe, Seelsorge u. Mitleiden bei J. (WuD 5, 1955, 116-134). – Zu 3: H.W.Robinson, The Cross in the OT, 1955, 115-192. – Weiteres s. → Jeremiabuch.

H.Wildberger

Jeremiabrief (EpJer), gehört neben dem Baruchbuch (→ Baruchschriften, 1) und den → Klageliedern zu der Literatur, die sich an das → Jeremiabuch angeschlossen hat, und bildet in den LXX eine selbständige Einheit, dagegen in der Vulg. das 6. Kapitel des Bar. – Der Brief selbst gibt sich als Sendschreiben des Propheten → Jeremia an die babylonische Exilsgemeinde und warnt vor der Verehrung der babylonischen Götterbilder (vgl. bes. V. 40 die Erwähnung des Bel). Der J. ist nicht denkbar ohne Jer 29 und den MT von Jer 10 (vgl. die gleiche Polemik in Jes 44, 9-20). Formal geht die Beweisführung jeweils auf die in Frageform oder als Feststellung gegebene Schlußfolgerung hinaus, daß die Götzen keine wirklichen Götter seien (insgesamt 10mal). Die detaillierte Schilderung der Götzenbilder (V. 3. 7-13. 71), der Prozessionen (V. 3-5), der Tempel (V. 15-21), des Priesterdienstes (V. 30f), der Heilpraktiken (V. 40f) und der sakralen Prostitution (V. 42f) lassen auf eigene Kenntnis der babylonischen Religion (→ Babylonien: II) seitens des Verfassers schließen. Das typisch Jüdische der polemischen Schilderung findet dabei seinen schärfsten Ausdruck in dem Vorwurf, daß die Opfer auch von Frauen bereitgestellt (V. 29), ja gar von Menstruierenden und Wöchnerinnen berührt werden (V. 27); weiterhin in der Angabe, daß die Opfergaben nur den Priestern, nicht aber auch den Armen und Bedürftigen zukommen (V. 27; vgl. dagegen zB Dtn 14, 28f). – Die ursprünglich hebräische Textgestalt des J.es wird durch die Verwendung des MT von Jer 10 nahegelegt und durch zwei Fehlübersetzungen gesichert: V. 71 übersetzen LXX šeš II »Marmor« statt šeš III »Byssus-Linnen« und V. 30 nhg I »fahren« statt nhg II »stöhnen, seufzen«. Mit der Erkenntnis der zweiten Fehlübersetzung wird die Beschreibung des Trauerritus als eine kultische Totenklage deutlicher. – Schwieriger ist die Bestimmung der Entstehungszeit des J.es. Die Angabe V. 2, daß die Exilierung lange Zeit (»bis sieben Generationen«) dauern werde, läßt an großen zeitlichen Abstand von der Zerstörung Jerusalems denken. Da der Brief in einer Zeit akuter innerer Gefährdung durch die babylonische Religion geschrieben sein muß, wird man immer noch am besten an die Zeit der frühen Diadochen zu denken haben (etwa Anfang des 3.Jh.s vChr), da → Alexander der Große die babylonischen Kulte stark förderte.

Lit. s. bei O.Eissfeldt, EinlAT, 1956², 736f; bes.: W.Naumann, Unters.en über den apokryphen J. (BZAW 25), 1913. *M.Weise*

Jeremiabuch

1. Der *Text* der prosaischen Stücke des Jb.es ist gut erhalten, derjenige der poetischen macht zahlreiche Emen-

dationen notwendig. Gute Dienste zur Wiederherstellung des Textes leistet die LXX (→ Bibelübersetzungen: I), die sich aber mancherlei Freiheiten erlaubt, gelegentlich stark vom MT abweicht und auch Mißverständnisse und Fehler aufweist. Der *LXX-Text* des Jb.es stellt darüber hinaus noch besondere Probleme: Die Fremdvölkerworte (c. 46-51) folgen schon auf 25, 13, womit die ursprünglichere Gestalt des Buches bewahrt sein dürfte. Aber auch die Reihenfolge der einzelnen Fremdvölkerorakel weicht - durch sekundäre Umstellung - in der LXX vom hebräischen Jb. ab: Elam, Ägypten, Babel, Philister, Edom, Ammon, Araber, Damaskus, Moab. Noch auffallender ist, daß die LXX einen wesentlich kürzeren Text bietet (um 2700 Wörter, d. i. nicht weniger als der achte Teil des MT!). Manchmal hängt das mit freier Übersetzungsweise zusammen, gelegentlich hat die LXX bewußt gekürzt, was beim umständlichen Stil mancher Partien des Jb.es begreiflich ist (zB 17, 1-5a), manche Auslassungen erklären sich als Homoioteleuton (zB 39, 4-13; 51, 44b-49a). In andern Fällen scheint das Minus der LXX darauf zu beruhen, daß der betreffende Abschnitt in ihrer Vorlage noch nicht stand (zB 34, 14-26). Gelegentlich weist aber auch die griechische Übersetzung gegenüber dem MT ein Plus auf. Eine schematische Erklärung der Abweichungen der LXX gibt es also nicht.

2. In der ursprünglichen Gestalt, die die LXX noch bietet, ist das Jb. nach demselben - allerdings nicht streng durchgeführten - Prinzip wie das → Ezechiel- und der erste Teil des → Jesajabuches aufgebaut: *Unheilsweissagungen* (1-25), *Fremdvölkerorakel* (MT: 46-51; LXX: 25, 14 - 31, 44) und *Heilsworte* (25, 15 - 45, 5). Mit Jes 1-39 geht das Jb. auch darin parallel, daß wie dort in c. 36-39 hier in c. 52 ein Abschnitt aus 2Kön angefügt ist (s. 3a). - Neben diesem Schema läßt sich aber auch das Bestreben nach *chronologischer* Anordnung erkennen. 1, 3 besagt, daß das Wort Jahwes in den Tagen → Josias (640-609), Jojakims (608-598) und → Zedekias (597-587) an J. ergangen sei. Es scheint, daß die Worte von c. 1-6 im ganzen der Zeit Josias und diejenigen von 7-20 derjenigen Jojakims zuzuschreiben sind. Für den dritten Unterteil des ersten Hauptstückes (21-25) lagen aber dem Redaktor bereits geschlossene Sammlungen zusammengehöriger Sprüche vor (s. 3 f δ. ε), so daß hier die beabsichtigte Ordnung durchbrochen ist. - Schließlich läßt sich noch ein drittes Prinzip der Anordnung feststellen: c. 1-25 (und 46-51) enthalten in der Hauptsache *prophetische Sprüche und Lieder,* während c. 26-45 (und 52) erzählende Stücke in *Prosa* darbieten. Doch konnte der Verfasser auch dieser Absicht nicht voll gerecht werden. In dieser Vielfalt der Gesichtspunkte und in der Unmöglichkeit, im jetzigen *Aufbau des Buches* einen klar durchgeführten Gesamtplan zu erkennen, spiegelt sich der komplizierte Prozeß des Wachstums und der Umformung der J.-Überlieferungen, der innerhalb der mündlichen und schriftlichen Phase der Tradition längere Zeit beansprucht haben muß, bis das Buch seine endgültige Gestalt gewonnen hatte - ein Prozeß, der noch nicht völlig beendet war, als das Buch ins Griechische übersetzt wurde (s. 1).

3. Es fragt sich, ob dieser *Werdegang des Buches* wenigstens in einzelnen Grundzügen noch nachgezeichnet werden kann.

a) Nach 51, 64 (»so weit die Worte J.s«) war man sich dessen bewußt, daß c. 52 eigentlich nicht Bestandteil des Jb.es ist. Im ganzen ist c. 52 mit 2Kön 24, 18 - 25, 30 identisch. 2Kön 25, 22-26 sind weggelassen, da diese Verse ihrerseits einen Auszug aus Jer 39-41 darstellen. Dagegen ist in 52, 28-30 eine sonst nirgends sich findende Angabe über die Zahl der Deportierten eingefügt. - Das Kapitel wurde beigegeben, weil es bezeugen sollte, in welcher Weise sich J.s Drohworte erfüllt haben.

b) In c. 36 finden sich wertvolle Hinweise über den Ursprung des Buches. Danach bekam J. im 4. Jahr Jojakims (605) den göttlichen Auftrag, die Worte, die Jahwe zu ihm wider Juda und wider alle Völker »bis auf diesen Tag« geredet hatte, auf eine Buchrolle (→ Brief und Buch im Altertum, 3) zu schreiben. Der Prophet kommt diesem Befehl nach, indem er die Worte seinem Diener Baruch diktiert. Die so entstandene Rolle wird zwar vom König verbrannt, aber J. läßt dieselben Worte noch einmal niederschreiben (»und es wurden ihnen noch viele ähnliche Worte hinzugefügt« 36, 32 = Zweitfassung). Man pflegt die Erstfassung als *die Urrolle* zu bezeichnen. Da sie schon 605 entstanden ist und nur Drohworte enthalten hat, kann sie nicht mit dem heutigen Jb. identisch sein. Verheißungen, aber auch autobiographische Stücke (wie 1, 4-10) oder Worte, die dem Propheten selbst galten (1, 11-19 und die Konfessionen, s. 3 f β), werden der Urrolle nicht angehört haben. Dennoch muß sie im heutigen Jb. enthalten sein, wenn auch die Forschung über ihren Bestand nicht einig ist. Eißfeldt (EinlAT, 1956², 425) rechnet zu ihr diejenigen Stücke in c. 1-25, die sich von ihrer Umgebung durch ihren predigtartigen, deuteronomisch gefärbten Stil abheben (s. 3 d). Rudolph (Kommentar XVII f) sieht ausdrücklich von diesen Abschnitten ab und denkt statt dessen an all die Sprüche aus der Zeit vor 605, die ausdrücklich gegen Juda und Jerusalem gerichtet sind (1, 4 - 6, 30 [außer 3, 14-18; 5, 18 bis 20]; 8, 4-9. 13-17; 9, 1-7; 13, 20-22; 14, 1 - 15, 3; 23, 9-12, dazu die Weissagungen gegen die Fremdvölker, soweit sie echt sind [s. 3 e]). Bei anderen Abschnitten läßt sich die Zugehörigkeit zur Urrolle nur vermuten, da sie chronologisch nicht festzulegen sind. Die Lösung dürfte eher auf der Linie Rudolphs liegen, aber wie die Verschiedenartigkeit der Vorschläge zeigt, reichen die vorhandenen Indizien zur Rekonstruktion jener Erstfassung, um die sich das Jb. gebildet hat, nicht aus. Noch weniger läßt sich der Umfang der Zweitfassung der Urrolle bestimmen. Nur so viel steht fest, daß dem Jb. ein Kern von Worten zugrunde liegt, die vom Propheten selbst zusammengestellt worden sind.

c) Die erzählenden Abschnitte von c. 1-51 zerfallen in Ich-Berichte, die auf den Propheten selbst zurückgehen, und *Er-Berichte* von fremder Hand. Durch ihren gemeinsamen breiten Stil und ihre besondere Phraseologie verraten diese, daß sie von *einem* Verfasser stammen und Bestandteile einer besonderen Quelle sind. Zum ersten Mal begegnet man ihr in einem der beiden Fäden, die in 19, 1 - 20, 6 verwoben sind: dem Bericht über die Tophetpredigt und ihre Folgen. Dann stößt man auf sie in c. 26; 28 f; 34, 1-22; 36-45; 51, 59-64. Die Quelle ist also nicht geschlossen in das Jb. hineingestellt worden, sondern unter den Stoff anderer Herkunft verteilt. Dabei ergab sich dem Redaktor die Notwendigkeit, die einzelnen Teile, die chronologisch geordnet waren, umzugruppieren. Da sie oft datiert sind, läßt sich die ursprüngliche Reihenfolge mit ziemlicher Sicherheit wiederherstellen. Den Anfang bildete wohl der Bericht über die Tempelrede zu Beginn der Regierung Jojakims (26). An sie wird sich die Tophetpredigt (19, 2*. 3. 11b-15 + 20, 1-6) angeschlossen haben. Es folgt die Erzählung über die Niederschrift der Rolle (36), darauf das mit ihr im Zusammenhang stehende, jetzt nach c. 45 verschobene Wort an Baruch, dann (c. 28) der Bericht über die Auseinandersetzung J.s mit Hananja am Anfang der Regierung Zedekias und der Brief an die Exulanten von 597 (c. 29); daran schließt sich 51, 59-64 an, ein Abschnitt, der an diese Stelle versetzt wurde, weil er auf die vorhergehenden Drohungen gegen Babel Bezug zu nehmen schien. Der erste Teil von c. 34 (1-7) spielt bereits zu Beginn der Einschließung Jerusalems durch Nebukadnezar, der zweite Teil (8-22) in der Zeit, in der die Belagerung vorübergehend aufgehoben wurde. Die c. 37-44 schließlich stellen in zusammenhängender Erzählung das Schicksal des Propheten während der weiteren Belagerung, bei und nach der Kapitulation der Stadt und während der Flucht eines Restes der judäischen Bevölkerung nach Ägypten dar, um mit einem Bericht über seine Wirksamkeit unter den Volksgenossen in Tachpanhes und an andern Orten abzuschließen, ohne das Ende J.s zu berichten. Man kann bezweifeln, ob die Quelle vollständig erhalten ist, aber sie will keineswegs lückenlos das Schicksal J.s darstellen, sondern nur den Widerstand und die Verfolgungen festhalten, denen der Diener Jahwes ausgesetzt war. Es ist darum abwegig, von einer J.-Biographie zu sprechen; vielmehr handelt es sich um eine Zusammenstellung von Beispielen der jeremianischen Passion. Aus diesem Rahmen fällt nur 40, 7 - 41, 18 heraus. Dieser Abschnitt, der von Gedaljas Statthalterschaft und Ermordung handelt, ist nach Ansicht mancher Exegeten ein sekundärer Bestandteil der J.-Erzählung. - Der Verfasser berichtet anschaulich und lebendig und ist auffallend gut über Einzelheiten und Vorgänge, die sich hinter den Kulissen abspielten, unterrichtet; er muß ein Mann gewesen sein, der mit J. in einem engen Vertrauensverhältnis stand. Man schreibt die Schrift darum meistens dem Schreiber J.s, *Baruch,* zu (vgl. abgesehen von c. 36: 32, 12. 13. 16; 43, 3. 6; 45, 1f). Weit unsicherer ist, ob Baruch auch an der Redaktion des Jb.es mitgewirkt hat.

d) Den nach Abzug von c. 52, der Baruchrolle und der Fremdvölkerworte verbleibenden Stoff hat Mowinkkel in zwei weitere Quellen aufgeteilt, die Sprüche J.s und die *Prosareden in deuteronomischer Bearbeitung.* Nach Rudolph handelt es sich um die Abschnitte 7, 1 - 8, 3; 11, 1-14 (17); 16, 1-13 (18); 17, 19-27; 18, 1-12; 21, 1-10; 22, 1-5; 25, 1-14; 34, 8-22; 35. Duhm und andere haben sie um ihrer Deuteronomismen und mancher Anklänge an Deutero- und Tritojesaja willen späteren Ergänzern des Jb.es zugeschrieben. Aber ein jeremianischer Grundbestand ist unleugbar vorhanden, denn ihre Anschauungen decken sich keineswegs immer mit denen des → Deuteronomiums (zB die Tempelrede von c. 7, 1-14 oder die Ablehnung der Opfer in 7, 21-28). Charakteristisch deuteronomische Wendungen sind allerdings nicht zu verkennen, und man kann auch nicht übersehen, daß die Reden weithin nach demselben Schema aufgebaut sind: Aufforderung zur Umkehr, Feststellung der Unbußfertigkeit, Ankündigung der Strafe. Damit ist aber noch nicht bewiesen, daß für diese Stücke mit einer Sonderquelle zu rechnen ist. J. gehört selbst der deuteronomischen Zeit an, und die deuteronomische Sprache kann ihm durchaus vertraut gewesen sein. Mit zunehmender Gewißheit hat die Forschung erkannt, daß die Schöpfer des Deuteronomiums ihre Sprache nicht selbst geschaffen haben, sondern daß sie als liturgisch-paränetische Predigtsprache bereits sowohl dem Deuteronomiker und dem Deuteronomisten als auch J. zur Verfügung stand. Es ist bezeichnend, daß auch in den poetischen Sprüchen J.s spezielle Wendungen dieser Prosa anklingen, und es ist darum auch nicht verwunderlich, daß sich keine einheitliche Meinung herausbilden konnte, welche Abschnitte dieser vermeintlichen Sonderquelle zuzuordnen seien. Dennoch enthalten die Prosastücke nicht einfach die verba ipsissima des Propheten. Prosa ist Umformungen im Verlauf der Überlieferung weit mehr als Verse ausgesetzt. Die ursprüngliche Gestalt der jeremianischen Rede in solchen Fällen herausschälen zu wollen, ist darum ein fast aussichtsloses Unterfangen. Einzelne Abschnitte, die von manchen dieser Quelle zugezählt werden, sind als Zusätze zum Jb. zu beurteilen (zB 17, 19-27).

e) Ein Problem für sich bilden *die Völkerorakel,* c. 46 bis 51. Volz hat sie mit 25, 15-38 als Einleitung *einem* Verfasser zugeschrieben, der - nach dem Tode Nebukadnezars - um 560 in Babylonien gewirkt haben soll und dem er den Namen Deutero-J. gegeben hat. Tatsächlich stammt die Sammlung der Fremdvölkerworte in der jetzigen Form nicht von J. Das große Konglomerat von Weissagungen gegen Babel (50f) gehört erst der Zeit vor der Eroberung dieser Stadt durch die Perser an (J. selbst hat das Ende Babels nicht in naher Zukunft erwartet, vgl. c. 29). Dazu kommt, daß einzelne Versgruppen oder doch Verse und Versteile im Jesajabuch wiederkehren, wo sie ursprünglicher sind. Dennoch sind nicht alle Völkerorakel nachjeremianisch. Dagegen spricht schon J.s Berufung zum Propheten für die Völker (1, 5). Die Drohungen gegen Ägypten (46) ordnen sich gut in den Rahmen der Warnungen J.s vor diesem Volke ein (2, 18. 36; 43, 8-13). Die von Wiseman herausgegebene babylonische Chronik hat gezeigt, daß die in ihrer Historizität angezweifelte Schlacht bei Karkemisch, auf welche 46, 2 Bezug nimmt, tatsächlich i.J. 605 stattgefunden hat. Andererseits deckt sich das Wort gegen Moab auf weite Strecken mit Jes 15f und dasjenige gegen Edom mit Ob 1-10. Ein jeremianischer Kern wird trotzdem anzunehmen sein. Bei den übrigen Weissagungen gegen die Fremdvölker ist es noch schwieriger, zu einem Urteil zu kommen.

f) Das Traditionsgut in c. 1-45, das auf J. selbst zurückgeht, ist, auch wenn man die »deuteronomischen Reden« ausklammert, recht verschiedener Art. Neben Ich-Berichten stehen prophetische Botensprüche, Nachahmungen kultischer Gattungen (s. 3f β. γ), aber auch solche der Weisheit. Der Prophetenspruch ist oft durch Reflexionen erweitert, die J. an das empfangene Wort anknüpft, sei es, daß er dafür eine Begründung geben will, oder daß er seinen Sinn auseinanderlegt und veranschaulicht. Manchmal sind größere oder kleinere Abschnitte mit Überschriften versehen, meistens aber nicht. Bald stehen einzelne Worte unverbunden nebeneinander, ohne daß sich ein Grund für die Anordnung feststellen ließe, bald läßt sich ohne Mühe ein größerer Zusammenhang erkennen. Gelegentlich lassen sich aber auch zerstreute Abschnitte um ihrer inneren Verwandtschaft willen zu einer Gruppe zusammennehmen.

α) Verstreut über c. 4-6 sind eine Anzahl von Liedern, die das verheerende Heranbrausen eines »Feindes aus dem Norden« schildern (4, 5-8. 11-14. 15-18. 19-22. 29-31; 5, 15-17; 6, 1-8. 22-26). Man hat von Visionen gesprochen, doch handelt es sich um lebhafte Vergegenwärtigungen kommenden Unheils, dichterisch die bedeutendsten Stücke des Jb.es. Man ist weithin der Ansicht, daß J. sie unter dem Eindruck des nach Herodot (I, 103-106) zwischen 630 und 625 an Juda vorbeibrausenden Skythensturms geschrieben habe. Die Dichtungen geben aber keinen sicheren Anhaltspunkt dafür, und die Nachricht Herodots ist in ihrer Zuverlässigkeit nicht unbestritten. Aber die These, daß J. nicht von einem geschichtlichen, sondern einem mythisch-apokalyptischen Feind spreche, ist unhaltbar. Da die Gedichte der Frühzeit J.s angehören, bleibt die Deutung auf den *Skythensturm* trotz aller Gegenargumente am naheliegendsten, wobei es möglich ist, daß J. selbst sie später auf die babylonische Gefahr bezogen hat.

β) In c. 11-20 sind eine Reihe von Dichtungen enthalten, die man als *»Konfessionen J.s«* bezeichnet (11, 18-22; 12, 1-6; 15, 10-21; 17, 12-18; 18, 18-23; 20, 7-13; 20, 14-18; ähnliche Stücke: 8, 18-23; 10, 23f). In ihnen beklagt sich der Prophet über die Not, die ihm aus seinem Auftrag erwuchs (→ Jeremia, 1. 2). Man hat die Herkunft dieser Gedichte von J. in Frage gestellt, da sie von den Klageliedern des Psalters beeinflußt seien, gelegentlich allerdings auch um ihretwillen Einfluß J.s auf die → Psalmen angenommen. In Wirklichkeit hat sich J. hier der längst geschaffenen und in Israel bekannten Gattung des individuellen Klageliedes (→ Formen: I, 3) bedient, um seinen Empfindungen Ausdruck zu geben.

γ) Daß er mit den Formen der kultischen Dichtung wohl vertraut war, zeigt der Zyklus von Liedern und prophetischen Sprüchen unter der Überschrift: »das Wort Jahwes, das an J. erging wegen der Dürre« (emendierter Text; 14, 1 - 15, 4). Man spricht nicht ohne Grund von einer prophetischen *Liturgie*. Volksklagelieder wechseln mit Sprüchen, in denen J. dem Volk Jahwes (ablehnende) Antwort überbringt. Es muß eine offene Frage bleiben, ob es sich um die Nachahmung einer solchen Liturgie handelt, oder ob J. gelegentlich das Amt eines Kultpropheten ausgeübt hat.

δ) In 21, 11 - 23, 8 sind *Worte über die Könige* zusammengestellt. Die jeremianische Herkunft ist nur beim letzten Wort umstritten, das vom König der kommenden Heilszeit spricht (23, 1-8). Es mag überarbeitet sein, aber der Grundbestand ist echt. Wie schon der Name des erwarteten »Sprosses« aus dem Davidshaus zeigt (jāhwǣ ṣidqenû, eine Umformung von ṣidqijjahû = Zedekia), stammt es aus der Zeit des letzten Königs von Jerusalem.

ε) Ebenfalls aus verschiedenen Jahren des Propheten stammen gewiß die einzelnen Bestandteile der Sammlung *»über die Propheten«* (23, 9-40; der letzte Abschnitt, V. 33-40, mag mit seinem ersten Vers auf J. zurückgehen, ist aber im übrigen eine Nachinterpretation von fremder Hand).

ʒ) Das *»Trostbüchlein für Israel«* (30f) will nach 30, 2 eine Schriftrolle für sich sein und hat auch einmal gesondert existiert. Es enthält Heilsworte, die an Israel gerichtet sind. Damit sind die Angehörigen des ehemaligen Nordreiches gemeint. Durch Einfügung von Juda neben Israel (bzw. Jakob und Ephraim) sind die Weissagungen sekundär auch auf das Südreich bezogen worden. An ihrer Herkunft von J. kann man, sobald dieser Sachverhalt anerkannt ist, nicht zweifeln, zumal der Prophet auch sonst (3, 3-13) Israel zur Heimkehr aufruft (in 3, 14-16 ist bezeichnenderweise dieses Heilswort für Israel durch ein solches für Juda ergänzt worden!). Das »Trostbüchlein« gehört der ersten Epoche der Wirksamkeit J.s an, als → Josia beim Zusammenbruch der assyrischen Macht seine Herrschaft auf das frühere Nordreich auszudehnen begann und auch Hoffnung bestand, daß die bei seinem Zusammenbruch Exilierten wieder zurückkehren könnten. Tatsächlich sind die Verheißungen teils an die noch im Land ansässigen, teils an die in der Fremde weilenden Israeliten gerichtet. Auch die Weissagung vom neuen → Bund (31, 31-34) gilt zunächst nur Israel, ist dann aber auf Juda erweitert. Man kann hier (wie in 3, 14-16) freilich fragen, ob nicht J. selbst schon an der Neuinterpretation beteiligt gewesen ist.

g) Außer den bereits erwähnten Fällen sekundärer Stücke im Jb. sind auch sonst größere und kleinere *Zusätze* zu beobachten. Die wichtigeren dieser Stücke sind: 10, 1-16, eine Polemik gegen die Götzen im Stil Dtjes; 17, 19-27, ein Wort über die Sabbatheiligung; die Heilsweissagungen von c. 33, aber auch 31, 23-30 und vielleicht 3, 14-18.

Vgl. die Lit. zu → Jeremia. Kommentare: P.Volz, Der Prophet J. (KAT X), (1922) 1928² - F.Nötscher, Das Buch J.s, übers. u. erkl. (HSchAT VII/2), 1934 - W.Rudolph, J. (HAT I, 12), (1947) 1958² (Lit.) - J.A.Bewer, The Book of J. I. II (Harper's annotated Bible 5), 1951/52 - A.Weiser, Das Buch des Propheten J. (ATD 20. 21), 1952/1955 - E.A.Leslie, J., 1954. - Lit.-Berichte: G.Fohrer, ThR NF 19, 1951, 305-308; 20, 1952, 242-249 - E.Vogt, J.s-Lit. (Bibl 35, 1954, 357-365). - Zu 1: W.Rudolph, Zum Text des J. (ZAW 48, 1930, 272-286) - G.R.Driver, Linguistic and textual Problems: J. (JQR 28, 1937/38, 97-129). - Zu 3: S.Mowinckel, Zur Komposition des Buches J., Kristiania 1914 - E.Podechard, Le livre de Jérémie: structure et formation (RB 37, 1928, 181-197) - W.Rudolph, Zum Jb. (ZAW 60, 1944, 85-106). - Zu 3c: H.G.May, Towards an Objective Approach to the Book of J.: The Biographer (JBL 61, 1942, 139-155) - L.Rost, Zur Problematik der J.-Biogr. Baruchs (in: Viva vox evangelii, Festschr. f. Meiser, 1951, 241-245) - A.Weiser, Das Gotteswort für Baruch Jer 45 u. die sog. Baruchbiogr. (K.Heim-Festschr., 1954, 35-46) - F.Augustin, Baruch u. das Buch J. (ZAW 67, 1955, 50-56). - Zu 3d: J.Ph.Hyatt, J. and Deuteronomy (JNES 1, 1942, 156-173) - Ders., The Deuteronomic Edition of J. (Vanderbilt Studies in the Humanities 1, 1951, 71-95) - H.H.Rowley, The Prophet J. and the Book of Deuteronomy (Studies in OT Prophecy, ded. to Th.H.Robinson, 1950, 157-174; Lit.) - J.Bright, The Date of the Prose Sermons of J. (JBL 70, 1951, 15-35) - H.Cazelles, Jérémie et le Deutéronome (RechSR 39, 1951, 5-36). - Zu 3e: H.Bardtke, J., der Fremdvölkerprophet (ZAW 53, 1935, 209-239; 54, 1936, 240-262) - C.R.North, The Oracle against the Ammonites in Jer 49, 1-6 (JBL 65, 1946, 37-43) - A.Malamat, The Historical Setting of Two Biblical Prophecies on the Nations (IEJ 1, 1950, 149-159) - D.J.Wiseman, Chronicles of Chaldaean Kings in the Brit. Museum, 1956 - R.Bach, Formgeschichtl. Unters.en zu den Fremdvölkersprüchen des Jb.es (Diss. Bonn), 1956 (Masch.). - Zu 3f: H.Wildberger, Jahwewort u. prophet. Rede bei J., 1942 - R.Rendtorff, Zum Gebrauch der Formel ne'um jahwe im Jb. (ZAW 66, 1954, 27-37). - Zu 3f α: J.Ph. Hyatt, The Peril from the North in J. (JBL 59, 1940, 499-513) - A. Lauha, Zaphon. Der Norden u. die Nordvölker im AT (Ann. Ac. Scient. Fenn. 49, 2), 1943. - Zu 3f β: G.v.Rad, Die Konfessionen J.s (EvTh 3, 1936, 265-276) - Sh.H.Blank, The Confessions of J. and the Meaning of Prayer (HUCA 21, 1948, 331-354). - Zu 3f ʒ: A.Gelin, Le sens du mot »Israël« en Jérémie 30-31 (Mémorial J.Chaine, Lyon 1950, 161-168) - M.D.Goldman, The Authorship of J., Chapter XXXI (Austr. Bibl. Rev. 2, 1952, 109f) - H.W.Hertzberg, J. u. das Nordreich Israel (ThLZ 77, 1952, 595-602) - W.Lempp, Bund u. Bundeserneuerung bei J. (Diss. Tübingen), 1955. *H.Wildberger*

Zur *Auslegungsgeschichte* (s. auch → Schriftauslegung: IV):

Qu.: 3.Jh.: Origenes (MPG 13; GCS III u. VIII, ed. E.Klostermann u. W.A.Baehrens, 1901/25). - 4.Jh.: Ephräm der Syrer (Opera syriaca et latina II, Rom 1740, 98-162) - Chrysostomus (MPG 64). - 5.Jh.: Cyrill v.Alex. (MPG 70) - Theodoret v.Cyrus (MPG 81) - Hieronymus (MPL 24; CSEL 59, ed. S.Reiter, 1913; nur Jer 1-32). - 6.Jh.: Olympiodorus v.Alex. (MPG 93, Fragmente). - 9.Jh.: Hrabanus Maurus (MPL 111). - 12.Jh.: Rupert v.Deutz (MPL 167). - 13.Jh.: Pseudo-Joachim v.Fiore, Venedig 1516 u.ö. - Thomas v.Aquino (Opera XIII, Rom 1570 bzw. Antwerpen 1612; Jer 1-42). - 16.Jh.: Zwingli (ed. Schuler-Schulthess VI/1, 1836, 521ff; CR 14, 1957, 521ff) - Joh.Ökolampad, Straßburg 1533 - Joh. Bugenhagen, Wittenberg 1546 - Calvin (CR 37-39) - Hector Pintus, Lyon 1561 - Victorin Strigel, Leipzig 1566 - S.Mencius de Castilione OESA, Köln 1577 - N.Taillepied OFM, Paris 1582 - Andreas Capella, Tarragona 1586 - Petrus a Figueiro, Lyon 1596 - Joh.Maldonatus SJ, Lyon 1609. - 17.Jh.: Amandus Polanus v.Polansdorf, Basel 1608 - Christoph a Castro SJ, Paris 1609 - Caspar Sanctius SJ, Lyon 1618 - Michael Ghislerius, Lyon 1623 - Joh.Hülsemann, Rudolstadt 1663, Leipzig 1696 - Joh.Forster, Wittenberg 1672 - Seb.Schmid, Straßburg 1685 - Jak.Alting, Amsterdam 1687 (Opera Bd I). - 18.Jh.: Wilh.Lowth, London 1718.

Lit.: Y.M.-J.Congar, »Ecce constitui te super gentes et regna« (Jer 1, 10) in Gesch. u. Gegenwart (Theol. in Gesch. u. Gegenwart, M.Schmaus zum 60.Geb., 1957, 671-696). *W.Werbeck*

Jeremias II., 1572-79, 1580-84, 1586-95 *Patriarch von Konstantinopel,* versuchte die Stellung der griech.-orth. Kirche gegen Protestantismus (3 Antworten an die Tübinger Theologen) und Katholizismus (u.a. Schriften gegen den Gregorianischen Kalender) literarisch und praktisch zu festigen. Auf einer Reise nach Rußland veranlaßte er 1588 in Polen-Litauen Reformmaßnahmen in der orth. Kirche, um sie vor den Unionsbemühungen Roms zu bewahren. Die Erhebung der Metropolie in → Rußland (: I) zum Patriarchat (26.1.1589) ist nicht zuletzt auch aus diesem Grunde von ihm vollzogen worden. Sie hat für die Kirchengeschichte Osteuropas weitreichende Folgen gehabt.

RGG² III, 80 (wichtige ältere Lit.) - K.Völker, KG Polens, 1930, 260f - E.Benz, Wittenberg u. Byzanz, 1949 - A.M.Ammann, Abriß der ostslaw. KG, 1950, 205f. 232f. *K.Onasch*

Jericho

1. Lage - 2. Ausgrabungen - 3. Geschichte

1. J. (heute erīḥa), Oasenstadt im Jordangraben (→ Kanaan: I), 14 km nordwestlich der Jordanmündung und 250 m unter dem Meeresspiegel. Das at. J. lag auf dem tell es-sulṭān, 2 km nordwestlich von erīḥa, das nt. J. gruppierte sich um die 1,5 km westlich von erīḥa auf beiden Ufern des wadi ḳelt gelegenen tulūl abu 'l-'alā'iḳ.

2. Die früheren Ausgrabungen auf dem tell es-sulṭān waren weithin von dem Wunsche bestimmt, eine archäologische Bestätigung für die in Jos 6 geschilderte Zerstörung der Stadtmauer von J. zu finden und damit eine Datierung für den Beginn der Landnahme → Israels (: I) im Westjordanland zu gewinnen. Die neuesten, von K. Kenyon geleiteten Kampagnen haben einwandfrei ergeben, daß J. zZ Josuas keine Stadtmauer mehr gehabt hat (→ Ausgrabungen: III, 2). - Unter der Leitung von J.L.Kelso und J.B.Pritchard wurden 1950/51 auf und bei den tulūl abu 'l-'alā'iḳ Teile der Winterresidenz → Herodes' d.Gr. freigelegt, u.a. eine Art königliche Empfangshalle, ein Gymnasion und ein Terrassengarten, der auf der westlichen Talseite von einer durch Exedra und Nischen gegliederten und in der im Orient seltenen römischen opus-reticulatum-Technik aufgeführten Fassade abgeschlossen wird.

3. Das at. J., die älteste uns bekannte Stadt, hatte bereits im 7.Jt. vChr eine mächtige Wehrmauer mit Turm und Graben und eine reiche städtische Zivilisation. Auf eine (durch Klimawechsel bedingte?) Verfallsperiode im 5. und 4.Jt., die an der dürftigen Hinterlassenschaft der frühkeramisch-neolithischen und der chalkolithischen Epoche erkennbar ist, folgte um 3000 vChr eine neue Blüte, die - abgesehen von einer gewaltsamen Unterbrechung um 2000 vChr - bis etwa 1600 vChr anhielt. Die gegen 1200 vChr eingewanderten Israeliten fanden hier eine kleinere Siedlung mit zerstörten Stadtmauern vor. Die ätiologische Erzählung Jos 6 setzt diesen Tatbestand voraus. J. war auch in israelitischer Zeit bewohnt (2Sam 10, 5; 1Kön 16, 34), aber ohne Bedeutung. Erst in nt. Zeit war das inzwischen verlegte J. wieder eine größere Stadt (Mt 20, 29; Lk 19, 1ff), der die herodianischen Bauten einen gewissen Glanz verliehen. Die Mosaikkarte von → Madeba (6.Jh. nChr) zeigt das byzantinische J. (Bischofssitz) mit Mauer, Toren und Palmen; doch ist seine Lage allenfalls von der nordöstlich des at. J. gelegenen Synagoge aus bestimmbar.

Ältere Lit.: BRL 290ff. - Grabungsberichte zum at. J.: K.Kenyon, PEQ 84-90, 1952-58; zum nt. J.: J.L.Kelso u. D.C.Baramki, AASOR 29-30, 1955 - J.B.Pritchard, ebd 32-33, 1958. - J.Garstang, The Story of J., London (1938) 1948² - L.Mowry, Settlements in the J. Valley during the Roman Period (BA 15, 1952, 26-42) - K. Kenyon, Digging up J., London 1957 - M.Noth in Festschr. f. G. Dehn, 1957, 13f. *A.Kuschke*

Jerobeam I., *König von → Israel*, etwa 926-907 vChr. Die wichtigste *Quelle* für seine Regierungszeit ist die in das → Deuteronomistische Geschichtswerk aufgenommene Erzählung über den Propheten Ahia von Silo (1Kön 11, 29-31. 36f; 12, 1-20. 26-31; 14, 1-13. 17f). Dazu kommen noch einige andere Nachrichten desselben Werkes (11, 26-28. 40; 12, 25). J. stammte aus Ephraim und wurde von → Salomo auf Grund seiner Tüchtigkeit mit einem Verwaltungsamt (Leitung der Fronarbeiten?) im Bereich des »Hauses Joseph« betraut (11, 28). In diese Zeit wird seine *Designation* zum König von Israel durch den Propheten Ahia fallen (11, 29ff), in der erstmalig seit → Saul die Initiative Jahwes bei der Bestimmung eines neuen Königs wieder zur Geltung kam, die forthin für das »Nordreich« charakteristisch bleiben sollte (→ Königtum in Israel). Vielleicht durch diese Designation veranlaßt, möglicherweise aber auch aus anderen Gründen und ohne zeitlichen Zusammenhang mit ihr, unternahm J. einen *Aufstand gegen Salomo*. Er hatte aber keinen Erfolg und mußte nach Ägypten fliehen (11, 26-28. 40; der Bericht über den Hergang des Aufstandes ist zugunsten des Anfangs der Ahiageschichte weggeschnitten). Nach dem Tode Salomos wurde dessen Sohn → Rehabeam kraft der Erbfolge in → Juda und Jerusalem automatisch sein Nachfolger. Über seine Anerkennung als König auch über Israel aber wurden in Sichem Verhandlungen mit den Ältesten von Israel aufgenommen. Doch scheiterten diese Verhandlungen an der unnachgiebigen Haltung Rehabeams gegenüber den Bedingungen der Israeliten (12, 1-19). Damit zerbrach die seit → David bestehende Personalunion zwischen Israel und Juda, und man machte J., der inzwischen aus Ägypten zurückgekehrt war und möglicherweise schon beim Scheitern der Verhandlungen mit Rehabeam seine Hand im Spiel gehabt hatte, zum *König über Israel* (12, 20). Um den Verlauf der Grenze zwischen Israel und Juda entbrannten lang anhaltende Kämpfe (14, 30; 15,6. 16ff), deren Ergebnis es war, daß ein Teil des Stammesgebietes von Benjamin dem Nordreich verlorenging und an Juda fiel (vgl. 11, 30f. 36; 12, 20, wo »Benjamin« statt »Juda« zu lesen ist; 12, 21). Zur inneren Konsolidierung des Königtums J.s gehörte zunächst die *Wahl der Residenz*. Dazu bot sich wegen seiner zentralen Lage und wegen seiner Bedeutung in der Vergangenheit → Sichem an. Doch später verlegte J. die Residenz nach → Penuel im Ostjordanland (12, 25), wahrscheinlich im Zusammenhang mit dem Feldzug, den der ägyptische Pharao Schoschenk (im AT Sisak oder nach dem Konsonantentext Susak) etwa i.J. 922 vChr (14, 25ff einseitig unter Jerusalemer Gesichtswinkel dargestellt) gegen Israel unternahm (Liste der eroberten Städte in einer Inschrift Schoschenks im Amun-Tempel in Karnak, → 1 C 6). Schließlich scheint schon J. die Residenz nach → Tirza verlegt zu haben (14, 17), wo seine Nachfolger bis → Omri residierten. Wichtiger war die *kultische Konsolidierung* des Staates J.s. Denn da seit David die → Lade Jahwes, das alte gemeinisraelitische Kultobjekt, in Jerusalem stand, hätten die Wallfahrten der Israeliten dorthin eine erneute Anerkennung der Herrschaft der Davididen zur Folge haben können. Um das zu verhindern, erhob J. die alten Heiligtümer → Bethel und Dan zu Staatsheiligtümern und stattete sie mit je einem goldenen Stierbild aus (12, 26ff; → Goldenes Kalb). Diese Maßnahme wurde ihm und seinen Nachfolgern später im Deuteronomistischen Geschichtswerk ständig zum Vorwurf gemacht (→ Königsbücher). Aber sie wurde wohl auch schon zu seinen Lebzeiten von den Vertretern der genuinen israelitischen Tradition mißbilligt. Ihretwegen kam es zum Bruch mit Ahia (14, 1ff), und daß J.s Familie nach kurzer Regierung seines Sohnes Nadab von dem Usurpator Baesa ausgerottet wurde (15, 27ff), sah man als Strafe Jahwes für diese Neuerung an (14, 8ff).

Vgl. die Darstellungen der Gesch. → Israels u. die Kommentare zu den → Königsbüchern. - Zur Schoschenkliste: M.Noth, Die Schoschenkliste (ZDPV 61, 1938, 277-304) - B.Mazar, The Campaign of Pharao Shishak to Palestine (VT Suppl. IV, 1957, 57-66). *R.Bach*

II., *König von → Israel* aus der Dynastie → Jehus, etwa 787-747 vChr. Seine Regierung bedeutet politisch die letzte Blütezeit des Reiches, ermöglicht durch das Zurücksinken des Aramäerreiches von → Damaskus (, 1), das Israel unter J.s Vorgängern (bes. Joahas: 2Kön 13, 7) tief gedemütigt und territorial eingeschränkt hatte (10, 32f), nun aber seinerseits durch die Assyrer sowie durch das Aramäerreich von → Hamath bedroht wurde. J. konnte infolgedessen die an die Aramäer verlorenen Gebiete zum größten Teil zurückerobern (14, 25; vgl. Am 6, 13: die ostjordanischen Grenzorte Lodebar und Karnaim wiedergewonnen); ein neues nationales Sicherheitsgefühl und ein wirtschaftlicher und kultureller Aufstieg waren die Folgen. Die Kehrseite zeigt sich in den Scheltworten des gleichzeitig auftretenden Propheten → Amos: brutales Regiment und üppiges Leben der Herrenschicht, Verelendung und Entrechtung der Gemeinfreien (Am 2, 6f; 3, 10. 12. 15; 4, 1; 5, 10-12; 6, 4-6), also ein ungehemmtes Fortschreiten der altkanaanäischen, längst vor J. in Israel eingedrungenen Gesellschafts- und Wirtschaftsordnung. Die von Amos (7, 9. 11) und dem etwas jüngeren → Hosea (von diesem als Strafe für die Bluttaten des Dynastiegründers Jehu: Hos 1, 4f) angekündigte Katastrophe der Dynastie erfolgte erst nach J.s Tod unter seinem Sohn Sacharja (2Kön 15, 10; vgl. → Menahem).

Vgl. die Darstellungen der Gesch. → Israels u. die Kommentare zu den → Königsbüchern, → Amos- u. → Hoseabuch. - A. Jepsen, Israel u. Damaskus (AfO 14, 1941-44, 153-172). † *A. Alt (R. Bach)*

Jerusalem

I. Geographisch - II. Geschichtlich - III. Heilige Stätten - IV. In der Gegenwart

I. Geographisch

1. Geographische Lage - 2. Täler - 3. Berge - 4. Gewässer - 5. Klima - 6. Verkehrswege

1. J. (hebr. j^e^rûšalājim, arab. el-quds [= das Heiligtum], 31° 47′ nördl. Breite, 35° 15′ östl. Länge) liegt in der Mitte des westjordanischen Hochlandes; die kürzeste Entfernung zum Mittelmeer beträgt etwa 50, zum Toten Meer etwa 20 km. Das Terrain ist ein von Norden nach Süden und von Westen nach Osten sich neigendes, durch Täler vom umgebenden Gebirge scharf abgegrenztes Plateau aus Kalkstein mit spärlicher Humusschicht. Im Nordwesten der Stadt werden Höhen von 790 m gemessen, während der Tempelplatz im Südosten sich nur 720-740 m über den Meeresspiegel erhebt.

2. Das *Kidrontal* (2Sam 15, 23; Joh 18, 1) ist zunächst etwa 100 m nördl. der heutigen Nordmauer in westöstlicher Richtung zu verfolgen, biegt dann nach Süden ab und verläuft über 1,5 km von Norden nach Süden östlich des Stadtgebiets. Das Talbett ist etwa 100 m tiefer als der Tempelplatz und führt nur nach starken Regenfällen Wasser. Sehr alt ist seine Gleichsetzung mit dem Tal Josaphat (Jo 3, 7. 17). Im Westen und Süden ist das Weichbild der Stadt von dem ebenfalls wasserlosen *Hinnomtal* begrenzt (Jos 15, 8; 18, 16). Mitten durch das Stadtgebiet zieht sich in Nord-Süd-Richtung das *Stadttal*, el-wād (Josephus: Käsemacher-, = Tyropöon-Tal), in dem der Schutt sich streckenweise auf über 30 m angehäuft hat.

3. Das Stadttal schneidet das Stadtplateau in zwei ungleiche Teile und trennt den breiteren und höheren Westhügel vom Osthügel. In allen vier Himmelsrichtungen ist die »hochgebaute Stadt« von Bergen umgeben (Ps 125, 2). Im Osten begleitet die *Ölberg*kette (eṭ-ṭūr) mit mehreren Kuppen von über 810 m das ganze Kidrontal, im Südosten erhebt sich der Berg des Ärgernisses, im Süden der Berg des bösen Rats. Westlich von J. zieht sich der Rücken der Wasserscheide des westjordanischen Gebiets hin (nordwestl. der Stadt 830 m hoch), und im Norden liegt das Bergmassiv des *Skopus* (834 m).

4. Die einzige lebendige Quelle in unmittelbarer Nähe J.s ist die *Marienquelle*, der Giḥon des AT (1Kön 1, 33. 38. 45), im Kidrontal, 300 m südl. des Tempelplatzes. Ihr Wasser haben sich die Stadtbewohner seit über 3000 Jahren durch Schacht- und Kanalanlagen zu sichern bemüht. Am berühmtesten ist der durch → Hiskia geschaffene über 500 m lange, unterirdische *Siloah-Kanal* geworden (2Kön 20, 20), der das Wasser zum Siloah-Teich leitet. 650 m südl. des Giḥon befindet sich der sog. Hiobs- (oder Nehemia-) Brunnen, die *Rogel*quelle des AT (Jos 15, 7; 2Sam 17, 17), entgegen verbreiteter Meinung kein Grundwasserbrunnen, sondern ebenfalls eine Quelle. Fünf große »Teiche« sind Zeugen der ständigen Sorge um das Wasser: Mamilla- und Sultansteich im westlichen Hinnomtal, Hiskia- und Israin- (= Bethesda-?) Teich in der heutigen Altstadt und - 550 m südl. vom Tempelplatz - der Siloah-Teich.

5. Die Sorge um das Wasser ist weniger durch zu geringe Niederschlagsmengen (durchschnittlich über 650 mm jährlich!) als durch die Konzentration der Niederschläge auf drei Monate (Dez.-Febr.) geboten; vom Mai bis Sept. regnet es fast nie. Die Temperaturen steigen im Sommer gelegentlich auf 40° und mehr (Durchschnittstemperatur Juni-Aug. zwischen 23° und 25°); im Winter ist es nur selten weniger als 0°. Die sommerliche Hitze wird täglich durch eine Brise vom Mittelmeer gemildert, die J. gegen Mittag erreicht. Gefürchtet ist der staubige Wind der Wüste aus Ost, Südost und Süd (Schirokko oder Chamsin), der Krankheiten, bes. Entzündungen der Atmungsorgane verursachen und Felder versengen kann.

6. Wenngleich J. nicht von den großen Verkehrsstraßen des Alten Orients berührt wurde, lag es doch nicht abgeschlossen; mehrere Straßen verbanden es mit der Mittelmeerküste, der Verkehr nach Osten ist zu allen Zeiten rege gewesen (vgl. ZDPV 72, 1956, 53-60. 149 bis 151), und der große Verkehrsweg zwischen Nord- und Südpalästina führte auf dem Kamm der Wasserscheide in unmittelbarer Nähe J.s vorüber.

Lit. s. → Jerusalem: III. *F. Maass*

II. Geschichtlich

1. Vor der Landnahme - 2. In der israelitischen Königszeit - 3. Unter Persern und Griechen - 4. Unter Rom - 5. In altkirchlicher Zeit - 6. Araber und Kreuzfahrer - 7. Unter den Türken - 8. Nach dem ersten Weltkrieg

1. Aufschlußreichste Quelle für J.s Geschichte in vorisraelitischer Zeit sind die → *Amarna*-Tafeln, die Abdiḫipa von Urusalim als König eines bedeutenden palästinensischen Stadtstaates im 14. Jh. hervortreten lassen (AOT 374ff; ANET 487ff; TGI 23ff). Problematisch bleibt die Erwähnung der Stadt in den ägyptischen Ächtungstexten ('rs'mm? vgl. K. Sethe, AAB 1926, 5, 53), in Gen 14, 18-20 (šalem = J.?), Jos 10, 1ff (vgl. Ri 1, 7ff) und Gen 22, 2 (hă-morijjā nach 2Chr 3, 1 der Tempelberg [→ Moria]). Die → Ausgrabungen (: III) haben unsere Kenntnis der ältesten Geschichte J.s bis jetzt nicht wesentlich bereichert, doch kann die Besiedlung bis in das 3. Jt. vChr zurückverfolgt werden.

2. J. verdankt seine einzigartige Rolle der Entscheidung → *Davids*, die bis um 1000 vChr den Jebusitern gehörende Stadt zur Residenz des vereinigten Königreichs Juda-Israel zu machen (→ Israel: I). Die Eroberung der auf dem Südosthügel gelegenen, von den Jebusitern (nach der unbeweisbaren These von W. F. Albright, Historia Mundi, 1953, 358: den → Philistern) für uneinnehmbar gehaltenen Bergfeste gelang wahrscheinlich durch die vorherige Besetzung des Giḥon (2Sam 5, 6-9; vgl. H. J. Stoebe, ZDPV 73, 1957, 73-99). Durch die Überführung der → Lade Jahwes (2Sam 6) wird die »Stadt Davids« auf dem Zion rasch auch der kultische Mittelpunkt des Volkes. Die Jebusiterstadt hatte ein

Areal von knapp 3 ha und scheint durch David nicht erweitert worden zu sein. → *Salomo* hat den nördlichen Teil des Osthügels mit → Tempel (: II) und Palästen bebaut und in das Stadtgebiet einbezogen. Nach Josephus (Bell. Jud. V, 4, 1ff) gehörte der Westhügel bereits zur David-Salomo-Stadt, die damit eine Ausdehnung von über 50 ha gehabt hätte. Das ist jedoch auf Grund territorialgeschichtlicher Erwägungen sehr zu bezweifeln (s. K.Galling, ZDPV 54, 1931, 85ff; BRL 299f) und erfährt durch den archäologischen Befund keine Bestätigung (vgl. M.Noth, ZDPV 70, 1954, 171ff). Das Ansehen J.s als Stätte des Salomonischen Tempels hat sich trotz der Reichstrennung immer weiter gesteigert. Nachweislich seit dem 8.Jh. vChr steht J. (Zion) im Mittelpunkt eschatologischer Erwartungen (Jes 2, 2-4 = Mi 4, 1-3; vgl. Ez 38f; 40-48), die sich in der späteren → Apokalyptik (: II) zur Vision des → himmlischen Jerusalem steigern (4Esr 7, 26; Apk 21, 2f. 10). Durch → *Josias* Reform wird der Tempel die alleinige legitime Kultstätte Israels. Im übrigen hatte die Stadt vom 10.-6.Jh. viel zu leiden. Unter → Rehabeam mußte man den Ägyptern Tribut zahlen (1Kön 14, 25-28), Joas von Israel eroberte J. um 780 und ließ in die Nordmauer eine 200 m lange Bresche legen (2Kön 14, 13); die Assyrer (→ Assyrien, 3) haben die Stadt belagert (2Kön 18f), die Babylonier (→ Babylonien: I, 4) unter → Nebukadnezar Stadt und Tempel zerstört und mehrere Deportationen der Bewohner durchgeführt (2Kön 25; Jer 52).

3. Mit persischer Genehmigung wurde 520-516 vChr ein neuer Tempel in den alten Fundamentmaßen errichtet, in der Mitte des 5.Jh.s wurde die Stadtmauer wiederhergestellt (Neh 2-4; 7, 1-4). An eine Vergrößerung der Stadt war dabei nicht zu denken (Neh 7, 4). Die Hellenisierungsversuche der → Seleukiden gipfelten in den Gewaltmaßnahmen →Antiochus' IV., der mit der Einführung eines heidnischen Kultes im J.er Tempel den Anstoß zur makkabäischen Erhebung gab (→ Feste: II, 6b).

4. Die *Römer* (Einnahme J.s durch Pompejus 63 vChr) begünstigten das herodianische Vasallenkönigtum, unter dem J. sich zur Großstadt (ca 25 000 Einwohner) und zum Sammelplatz riesiger jüdischer Pilgerscharen entwickelte. → Herodes d.Gr. ließ die Stadt nach hellenistischem Muster ausbauen (Zitadelle, Burg Antonia, Theater) und seit 20 vChr den Tempel erneuern. Dieser herodianische Bau (→ Tempel: II) wurde Schauplatz des Auftretens Jesu, und der Vorhof war zeitweilig Versammlungsplatz der christlichen Urgemeinde (Apg 5, 12). Die Stadt hatte sich nun auf den Westhügel und nach Norden ausgedehnt. Vom Bau einer neuen (sog. dritten) Mauer unter → Herodes Agrippa (41-44) berichtet Josephus (Ant. XX, 4, 3). Sie scheint in dem 0,5 km nördl. der Altstadt festgestellten Mauerzug wiederentdeckt zu sein (dagegen L.-H.Vincent, RB 54, 1947, 90-126). Die jüdischen Erhebungen gegen Rom führten zur Zerstörung der Stadt und des Tempels (70 nChr) und zur Umwandlung J.s in eine römische Kolonie, die zu betreten den Juden bei Todesstrafe verboten war (135 nChr).

5. Durch den Sieg des Christentums wandelte sich die heidnische Provinzstadt für die Christen zur »hl. Stadt«, die allmählich und in steigendem Maß das Ziel christlicher Pilgerfahrten war (→ Heilige Stätten: III). Bereits unter → *Konstantin,* stärker zZ → Eudokias und → Justinians erlebte J. Zeiten glanzvoller Bautätigkeit. 451 wurde die Stadt Sitz eines Patriarchen.

6. Die mohammedanische Eroberung minderte die Verehrung der ganzen Christenheit für J. nicht, verlieh der Stadt vielmehr außerdem noch den Nimbus eines der größten islamischen Heiligtümer. Nach einer vorübergehenden Besitzergreifung durch die Perser (614-621) hat der Kalif Omar J. den zurückgekehrten Byzantinern 638 abgenommen. Unter seinen Nachfolgern sind auf dem Tempelplatz Felsendom und Aksa-Moschee erbaut worden (→ Jerusalem: III, 3). Die Barbarei der Seldschuken (seit 1077) löste die → Kreuzzüge aus. J. kam seit 1099 in christlichen Besitz, bis Saladin von Ägypten es 1187 für den Islam zurückeroberte. Seit den Kreuzzügen war das lateinische (kath.) Element unter den Christen J.s erstarkt, vorherrschend blieb jedoch stets das orth. Christentum.

7. I.J. 1517 wurden die Türken Herren der Stadt und sind es mit einer kurzen Unterbrechung (1831-40 Ägypten) für 400 Jahre geblieben. Aus der Zeit Suleimans des Prächtigen stammen die heutigen Mauern (1537). Nach 1840 begann J. nach Nord, West und Süd aus den Mauern herauszuwachsen. Das Weltinteresse wandte sich der Stadt von neuem zu, sie zog Wallfahrer und Touristen an, wurde Ausgangspunkt neuer missionarischer und ökumenischer Bestrebungen (anglikanisch-preußisches Bistum), Zentrum archäologischer Arbeit (→ Ausgrabungen: III) und trat zunehmend in das Blickfeld des modernen → Zionismus.

8. Seit dem 1. Weltkrieg traten säkulare politische und wirtschaftliche Tendenzen stärker in den Vordergrund. Als Hauptstadt des englischen Mandatsgebiets Palästina (1922-48) wurde J. ein Brennpunkt des Kampfes um die Sicherung der britischen Interessen im Vorderen Orient und um die jüdische Einwanderung. 1948 brachte das Ende der Mandatsherrschaft und die Errichtung der Republik → Israel (: III), die J. 1950 zur Hauptstadt erklärte (→ Jerusalem: IV).

Lit. s. → Jerusalem: III. *F.Maass*

III. Heilige Stätten

1. Jüdische - 2. Christliche - 3. Mohammedanische

J. war der auf lokale Haftpunkte begierigen Gläubigkeit stets eine unerschöpfliche Fundgrube und ist voll von »hl. Stätten«; die Frage der historischen Echtheit wird von der Legende mit Leichtigkeit überspielt. Doch darf man als gewiß ansehen, daß dieser Quadratkilometer Hügelland im Schatten des Ölbergs die historische Stätte J.s ist, an der sich die Sendung Davids, Jesajas und Jesu vollendete, und daß angesichts dieser Tatsache nach Metern zählende Distanzen im Grunde ohne Belang sind. Im übrigen verleiht auch eine Jh.e währende Verehrung einem Ort seine Weihe.

1. Heiligtümer mit at. oder rein *jüdischem* Bezug treten zurück; nur die *»Klagemauer«* ist weltberühmt geworden, ein 28 m langes Stück der westlichen Mauer des Tempelplatzes, das den Juden seit 638 nChr (bis 1948) als Bet- und Klageplatz diente. Als säkulare Weihestätte könnte man das Grab des Zionisten Theodor → Herzl bezeichnen, das im israelitischen J. liegt.

2. Unter den bekannten → heiligen Stätten (: III) der Christenheit ist als erste die *Grabeskirche* im Christenviertel (Nordwesten) der Altstadt zu nennen. Die Traditionen des hl. → Grabes auf *Golgatha* (J.Jeremias) werden durch jüdische Schiebegräber der Zeit Jesu innerhalb des alten Atriums (jetzt Rundbau) gestützt, ohne daß jene natürlich die Last des Beweises tragen könnten. → Konstantins prachtvolle Kirchenbauten erhoben sich hier über der Grabeshöhle und dem nahen Platz der Kreuzauffindung. In der Kreuzfahrerzeit entstand eine diese beiden und andere Heiligtümer umfassende romanische Kirche, deren Mauern die Jh.e (auch den Brand von 1808 und den Neubau von 1810) überdauert haben. Der Westteil der heutigen Kirche gruppiert sich um die in einer großen Rotunde gelegene Grabkapelle (an jedem Ostersonnabend der griech.-orth. Kirche Schauplatz des »Wunders des hl. Feuers«). Der alte Kreuzfahrerbau, das Katholikon, schließt sich östlich daran an; in ihm werden die Stätten

des Martyriums und der Kreuzigung Jesu (darunter das Grab Adams und Melchisedeks) gezeigt. Noch weiter östlich liegt die → Helena-Kirche mit der Kreuzauffindungskapelle. Von den Mauern der Burg Antonia (an der Nordwestecke des Tempelplatzes), die – allerdings nicht unbestritten (vgl. u.a. Dalman) – mit dem Prätorium (Mk 15, 16) gleichgesetzt wurde, bis zur Grabeskirche führt die durch Franziskaner im 16.Jh. festgelegte *Via dolorosa* mit ihren 14 durch Tafeln bezeichneten Leidensstationen Christi (zwischen der 2. und 3. der Ecce homo-Bogen). Am Abhang des Ölbergs, gegenüber dem Felsendom, haben sowohl die Franziskaner wie die Griechisch-Orthodoxen ihren Garten *Gethsemane;* der Stolz des ersteren sind die uralten Olivenbäume. Die Todesstätte Marias, die *Dormitio,* fand man auf dem Westhügel, der seit dem 4.Jh. als »Zion« bezeichnet wurde. Die dortige »Apostelkirche« galt vom 7.Jh. an als Stätte des letzten Mahles Jesu; der obere Saal (Kreuzfahrerzeit) ist das Coenaculum. Das im gleichen Gebäudekomplex sekundär lokalisierte Grab Davids (Davids Grab hat auf dem Südosthügel gelegen) – nach 1547 in islamischer Hand – ist »einer der am meisten verehrten hl. Plätze im Staate Israel« (Vilnay). In unmittelbarer Nähe von Gethsemane liegt die neue Gethsemanekirche (Grundlage aus dem 5.Jh.). Schließlich seien als bekannteste hl. Stätten des *Ölbergs* die (orth.) Himmelfahrtskirche (7./11.Jh.) und die (kath.) Credo- und die Paternosterkirche (12./19.Jh.) genannt.

3. Das bedeutendste und schönste mohammedanische Heiligtum J.s ist der *Felsendom* (ḳubbet eṣ-ṣachra) auf dem früheren Tempelplatz (jetzt ḥaram esch-scherīf = vornehmes Heiligtum). Erbauer des Felsendomes war Abd el-Malik (687–691). Die Mitte des Gebäudes bildet ein zu etwa 18 mal 13 m frei liegender Fels, der entweder den Unterbau des Altars oder das Podium im Salomonischen → Tempel (: II) gebildet hat. Eine islamische Legende erzählt, daß → Muhammeds Himmelfahrt von hier aus erfolgt sei. Die *Moschee el-akṣā* an der Südseite des ḥaram esch-scherīf ist eine Schöpfung Walids, des Sohnes Abd el-Maliks.

Gesamtdarstellungen: L.-H. Vincent-F.-M. Abel, Jérusalem, Recherches de topographie, d'archéologie et d'histoire I: J. antique, 1912; II: J. nouvelle, 1914–26 – G. Dalman, J. u. sein Gelände, 1930 – J. Simons, J. in the OT, 1952 – L.-H. Vincent-A.-M. Stève, Jérusalem de l'AT I–III, 1954–56 (Archäologie, Tempel, Gesch.) – M. Avi-Yonah (Hg.), Sefer Jerûšalajim I, 1956 (Topographie, Gesch.; groß angelegtes israelisches Standardwerk). – Einzel-Unters.en der letzten Jahre: J. Jeremias, Golgotha, 1926 – Ders., Die Wiederentdekkung von Bethesda (FRLANT NF 41), 1949 – Ders., Heiligengräber in Jesu Umwelt, 1958 – M. Noth, J. u. die israelit. Tradition (OTS 8, 1950, 28–46) – M. Avi-Yonah, The Walls of Nehemiah (IEJ 4, 1954, 239–248) – N. Avigad, Ancient Monuments in the Kidron Valley, 1954 (hebr., mit engl. Résumé) – A. Parrot, Der Tempel von J. Golgatha u. das Hl. Grab, 1956 – E. Stauffer, J. u. Rom im Zeitalter Jesu Christi, 1957 – Judah and J. The Twelfth Archaeological Convention, 1957 (hebr., mit engl. Résumé; Beiträge über J. v. B. Mazar, Z. Kallai-Kleinmann, R. Amiran, M. Hecker, J. A. Seligman). – Lit.: P. Thomsen, Die Palästina-Lit., bes. V, 1938, 493ff; VI, 1954, 497f. – Berichte u. Lit. über Ausgrabungen s. → Ausgrabungen: III u. BRL 297ff. – Zu → Jerusalem: I vgl. auch die Lit. bei → Geographie, 1; zu → Jerusalem: II. III die Lit. bei → Palästina: I. II, → Tempel: II.

F. Maass

IV. In der Gegenwart

1. Politische Lage – 2. Fremdenverkehr – 3. Kirchen

1. Die *politische Lage* J.s nach dem jüdisch-arabischen Krieg von 1948 ist durch die Teilung bestimmt, die 1949 entgegen der von den Vereinten Nationen geplanten Internationalisierung der »Hl. Stadt« durchgeführt wurde. Das ostwärts gelegene jordanische Gebiet umfaßt den Ölberg mit Gethsemane und Kidrontal, die Altstadt mit Tempelplatz, via dolorosa und Grabeskirche und die nördlich des Damaskus- und Herodestores gelegene moderne Neustadt. Von den vier Stadtvierteln der Altstadt – dem mohammedanischen, jüdischen, armenischen und dem Christen-Viertel – wurde das jüdische Quartier in den Kämpfen zT zerstört und von den Einwohnern geräumt. Die Westgrenze des jordanischen Gebietes ist von der im südlichen Niemandsland gelegenen kath. Marienkirche an bis zum Damaskustor die 1537 erbaute Stadtmauer. Sie wird von einer 1955 errichteten Mauer nach Norden fortgesetzt. Das sich in einer Breite von 80–200 m westlich anschließende Niemandsland ist nur am sog. Mandelbaumtor, der einzigen Grenzübertrittsstelle, unterbrochen. Der israelische Teil J.s ist in Weiterführung der Siedlungskomplexe (Neustadt) des 19./20.Jh.s durch moderne öffentliche Bauten – u.a. die großangelegte Universität –, Straßen sowie Geschäfts- und Wohnhäuser gekennzeichnet. Im israelischen J. liegen der »Russenbau« (orth. Kirche), Notre Dame de France und das große YMCA-Gebäude. Während die relativ stabile Einwohnerzahl im jordanischen J. mit 75 000 anzusetzen ist (davon 70% Mohammedaner), muß man für den jüdischen Teil mit einer ansteigenden Zahl (1958: ca 150 000) rechnen. Das zwischen Mount Scopus und der russischen Himmelfahrtskirche gelegene Gebiet des Ölbergs wurde beim Waffenstillstand 1949 neutralisiert. Es setzt sich zusammen aus einer israelischen Exklave und einem jordanischen Sondergebiet. Die (nunmehr alte) Hebräische Universität von 1925, das Hadassa-Krankenhaus und die Nationalbibliothek sind für die Israelis praktisch unbenutzbar, werden aber von ihnen bewacht. Im jordanischen Gebiet liegt die Auguste-Victoria-Stiftung. 1910 unter Förderung des deutschen Kaisers erbaut, steht sie seit 1950 unter der Flagge der Vereinten Nationen und wird treuhänderisch vom Luth. Weltbund als Flüchtlingskrankenhaus geführt.

2. Der beachtliche *Fremdenverkehr* nach J. wird von beiden Regierungen stark unterstützt und hat zur Oster- und Weihnachtszeit seine Höhepunkte. Im jordanischen Teil trägt er vielfach den Charakter der Pilgerreise, die zuletzt von Bethanien nach Gethsemane, durch die via dolorosa zur Grabeskirche führt. In der orth. Osterwoche herrschen Pilger aus Cypern, Griechenland und den arabischen Ländern vor, die an den durch ihre Symbolik reichen Feiern der Fußwaschungen, des Hl. Feuers, am Suchen des Leichnams Jesu und den nächtlichen Osterfeiern teilnehmen. Christen aus Israel können zu den Festzeiten durch das »Mandelbaumtor« nach J. oder → Bethlehem kommen, aber auch in Israel wohnende, an Zahl geringe → Samaritaner zu ihrem Passafest nach dem Garizim.

3. Von den *Kirchen* in J. ist die orth. die alte Kirche des Ostens, der vor allem die Geburts- und Grabeskirche zugehören. Sie wird von dem »Patriarchen von J.« repräsentiert. Die armenische Kirche besitzt eine gute Bibliothek und eine theologische Ausbildungsstätte. Die koptisch-orth. Kirche Ägyptens, die von ihr unabhängige äthiopische und die syrisch-orth. Kirche sind gleichfalls in J. vertreten. – Die kath. Kirche (meist die lateinische genannt) kam im Gefolge der Kreuzfahrer ins Hl. Land. Den Franziskanern wurde die → Kustodie übertragen. Der »Patriarch in J.« leitet den Einsatz vieler Orden und Anstalten. Unter Bewahrung des östlichen Ritus sind mit Rom uniert die ebenfalls in J. ansässigen Melkiten (griech.-kath.), die Armenisch-Katholischen und die (im Libanon bedeutenden) Maroniten (→ Orientalische Nationalkirchen). – Die ev. Kirchen, durch den von Friedrich Wilhelm IV. angeregten, für Preußische Union und die Kirche Englands gemeinsamen Bischofssitz in J. für vier Jahrzehnte zusammengefügt (Bischof Gobat), trenn-

ten sich 1886 an Fragen der Priesterweihe. Die anglikanische Kirche wuchs während der Zeit des englischen Mandats und errichtete 1957 mit der Einsetzung eines Erzbischofs in J. und darauf eines arabischen Bischofs für Jordanien, Syrien und Libanon (ca 2500 Glieder) ihre hierarchische Ordnung. Die ev. Arbeit im Hl. Lande wurde für die zunächst zahlreiche deutsche Gemeinde einem deutschen Propst (an der 1898 eingeweihten Erlöserkirche) übertragen. Sie steht in engem Zusammenhang mit der Missionsarbeit des → Jerusalemsvereins. Während durch die Kriege die deutsche ev. Gemeinde zusammenschmolz, entstand aus der Missionsarbeit eine »Ev.-luth. Kirche in Jordanien« mit arabischen Pfarrern, Gemeinden (1300 Glieder) und Schulen (900 Kinder). Im israelischen Gebiet bestehen die alten kirchlichen Arbeiten meist weiter, ohne jedoch die praktische Isolierung von der Bevölkerung überwinden zu können.

Außer den neueren, anonym erschienenen Reisehandbüchern wie »Guide bleu« (Paris), »Moyen Orient« u. »Israel«: G.WEISS, Die internationale Stellung J.s (Beitr. zum ausländ. öffentl. Recht u. Völkerrecht 29 [Festschr. C.Bilfinger], 1954, 513-557) - Z.VILNAY, Israel Guide, (1955) 1958² - H.WILCKE, Jordanien u. Libanon, 1956 (vgl. ZDPV 73, 1957, 108ff!). - Ferner laufend Notizen in den Zs.en »Im Lande der Bibel« (→ Jerusalemsverein) u. »Das Hl. Land«, hg.v. Dt. Verein vom Hl. Lande. *J.Weigelt*

Jerusalem (1928) → Internationaler Missions-Rat.

Jerusalem, *Johann Friedrich Wilhelm* (1709-89), * in Osnabrück, † in Braunschweig. J. studierte 1727-31 in Leipzig bei J.G. → Carpzov und Gottsched, darauf in Leiden. Er wurde luth. Prediger im Haag, Hofmeister in Göttingen und London, 1742 Hofprediger und Erzieher in Wolfenbüttel, 1749 Abt von Marienthal, 1752 von Riddagshausen (Predigerseminar). - Anabaptistische, sozinianische, remonstrantische und latitudinarische Einflüsse festigten die »Erfahrung, wie fruchtbar die wesentlichen Grundlehren des Christentums in guten Seelen bei allem übrigen Unterschied der Lehrbegriffe sind«, und bestimmten auch J.s eigentümliche Neologie (→ Aufklärung: III, 3b): Jesu, des göttlichen Gesandten, Absicht sei es, die menschliche Natur zu ihrer ursprünglichen Vollkommenheit und Würde wieder zu erheben. J. lehnt die Lehre von der Erbsünde und von der satisfactio vicaria ab, lehrt aber doch die Vergebung der Sünden durch Christi Erlösungswerk. Mit → Spalding, dessen didaktisch-paränetischen Tenor und theonomen Humanismus er teilt, gehört J. zu den führenden Neologen seiner Zeit; seine neologische Modifikation einer exemplarischen Jesusnachfolge erklärt oder ersetzt praktisch-apologetisch das kirchliche Dogma, ohne es grundsätzlich entwerten zu wollen. J. fordert historische Kommentierung, unterscheidet verschiedene Gattungen biblischer Überlieferung und hält schließlich (1762) nur noch an einer Personalinspiration der biblischen Schriftsteller fest. Er wies Depravation des Dogmas durch den Platonismus nach (→ Souverain, → Mosheim); seine programmatische DG überragte die des späteren W.Münscher (→ Dogmengeschichte, 1). - Als Prediger geht J. psychologisch-didaktisch vor und betont die Gewißheitsbegründung aus der Erfahrung.

Vf. u.a.: Predigten I, (1745) 1788³; II, (1752) 1789³; Betrachtungen über die vornehmsten Wahrheiten der Religion, (1768) 1776⁶; Fortgesetzte Betrachtungen... I, (1772) 1774²; II, 1779; Nachgel. Schriften, 2 Bde, 1792-95 (Biogr.). - Über J.: ADB XIII, 779ff - RE VIII, 695ff - RGG¹ III, 315f (Lit.); RGG² III, 93 - K.ANER, Die Theol. der Lessingzeit, 1929, 64ff (Lit.). 76ff (Bibliogr.) - HIRSCH IV (s. jeweils Reg.) - EKL II, 1541ff. *E.H.Pältz*

Jerusalem-Stiftung, *Ev.* (Berlin), 1889 gegründet, betreut die deutsche ev. Gemeinde zu → Jerusalem (: IV, 3). Nach der jetzt geltenden Satzung (1921) ist sie eine Einrichtung der EKD. Die J. ist Eigentümerin der 1898 eingeweihten Erlöserkirche in Jerusalem. Der auf Vorschlag des Kuratoriums vom Rat der EKD entsandte Propst an der Erlöserkirche ist zZ zugleich Vertreter des → Jerusalemsvereins im Hl. Lande.

H.W.HERTZBERG, 75 Jahre dt. ev. Gemeinde Jerusalem (Die ev. Diaspora, Bh. 15), 1927. *B.Karnatz*

Jerusalemsverein (Berlin), gegründet 1852, treibt Missionsarbeit im Hl. Lande. Nach Auflösung der deutschen ev. Gemeinden Jaffa, Haifa und Waldheim im 2. Weltkrieg werden zZ 4 arabische ev.-luth. Gemeinden im Bereich von Bethlehem und Jerusalem sowie 1 Predigtstation in der Gegend des traditionellen Hirtenfeldes betreut. Der J. unterhält 3 Schulen mit ca 800 Schülern. Er ist Mitglied des Deutschen Ev. → Missions-Rates.

Nachrichtenblatt: früher »Neueste Nachrichten aus dem Morgenlande«, seit 1955 »Im Lande der Bibel«. - Lit.: PFLANZ, Verlassen, nicht vergessen, 1903 - B.KARNATZ, Palästina u. wir, 1952. - Vgl. auch → Jerusalem-Stiftung. *B.Karnatz*

Jesaja, der Sohn des Amoz, wahrscheinlich in Jerusalem beheimatet, wirkte in der 2. Hälfte des 8.Jh.s vChr. Der größte Teil seiner Worte (→ Jesajabuch, 1) stammt aus zwei Hauptperioden: aus der Zeit kurz vor und während des syrisch-ephraimitischen Krieges (735/34) und aus der Zeit unmittelbar vor Sanheribs Invasion i.J. 701 (→ Israel: I). - Von 730 an bis zum Tode des → Ahas i.J. 715 (oder 720?) scheint sich J. aus der Öffentlichkeit zurückgezogen zu haben. Der Zeit kurz vor der Belagerung Asdods durch Sargon i.J. 711 gehören 18, 1-7 (gesprochen anläßlich einer äthiopischen Gesandtschaft) und der Spruch 22, 15-25 an, der sich mit dem Hofbeamten Sebna und dessen Amtsnachfolger Eljakim befaßt. I.J. 711, in dem Asdod fiel, erklärte J. öffentlich (20, 1-6) die symbolische Handlung des Nackt-Gehens, die er auf Gottes Geheiß drei Jahre lang durchgeführt hatte, als ein gegen Ägypten und Äthiopien gerichtetes Vorzeichen. 22, 1-14 (von R.B.Y.Scott auf 711 datiert) stammt wahrscheinlich aus dem Jahre 701. Der letzte Abschnitt der prophetischen Wirksamkeit J.s (705-701) fällt zusammen mit → Hiskias endgültiger Abkehr von der Politik der Neutralität. J.s Reaktionen spiegeln sich in c. 28-31 wider und in c. 39 (Gesandtschaft Merodach-Baladans; vgl. → Babylonien: I, 4). - J.s gesamte Wirksamkeit als Prophet (→ Propheten: II B. C) war bestimmt von seiner → Berufung (: II), in 6, 1 mit dem Todesjahr Usias (743?) datiert. Einiges spricht dafür, daß J. vor seiner Berufung Weisheitslehrer war (Fichtner). Die Anerkennung der Heiligkeit und Universalität Jahwes bestimmte J.s Haltung in seiner Verkündigung. Er verurteilt die in Juda und Israel überhandnehmenden sozialen Mißstände und zerstört die Illusion, die man mit dem Kultus verband. J. kündigte einen Tag an, an dem Jahwe den menschlichen Hochmut in seinem eigenen Volk wie in der ganzen Welt richtet (→ Eschatologie: II, 2b; → Gericht Gottes : II). Ahas gegenüber widerrät J. alle Politik menschlicher Klugheit des Kräfteabwägens und empfiehlt völlige Neutralität auch gegenüber der assyrischen Großmacht (c. 7-8). Und das alles nicht als Diplomatie, sondern als Tat des → Glaubens (: II). - J. war verheiratet mit einer Frau (8, 3: »Prophetin«), von der er zwei Söhne hatte - oder drei nach einer allerdings problematischen Deutung der → Immanuel-Stelle (7, 14ff) -, die symbolische Namen trugen (7, 3; 8, 1ff). Enttäuscht, daß Ahas sich seiner Aufforderung versagte, vertraute J. seine Worte dem kleinen Kreis seiner Jünger an (8, 16ff) und zog sich zurück. Später stellte er sich der Neigung Hiskias entgegen, die Neutralität gegenüber → Assyrien aufzugeben. Nachdem jedoch die Würfel gefallen waren, scheint J. den König mit dem Zuspruch ermutigt zu haben, Jerusalem werde dem Ansturm Sanheribs nicht erliegen. In dem biblischen Bericht von Sanheribs Rückzug dürfte ein legendärer Zug stecken; wahrscheinlich hat die Legende das, was J. wirklich meinte und sagte, verdunkelt und so zu dem späteren verhängnisvollen Glauben an die Unverwundbarkeit Jerusalems geführt. Über J.s Leben nach 701 ist nichts Sicheres mehr bekannt. Nach der apokryphen Legende (MartJes 5) soll er unter → Manasse das Martyrium erlitten haben.

Lit. s. → Jesajabuch. *N.W.Porteous*

Jesajabuch

1. Jes 1-39: a) Allgemeines - b) Formen und Abschnitte - c) Abschnitt A: 1-12 - d) Abschnitt B: 13-23 - e) Abschnitt D: 28-32 - f) Abschnitt C: 24-27 - g) Abschnitt E: 33-35 - h) Abschnitt F: 36-39 - 2. Jes 40-55: a) Das Buch Dtjes - b) Die Verkündigung des Dtjes - 3. Jes 56-66: a) Die literarischen Verhältnisse - b) Die Theologie. - J. = Jesaja, Jb. = Jesajabuch

1. a) *Die ersten 39 Kapitel des Jb.es* enthalten alle echten Worte des Propheten → Jesaja, dessen Name spätestens seit 180 vChr (Sir 48, 22-25) mit dem ganzen Buch (einschließlich c. 40-55 und c. 56-66) verknüpft ist. Jes 36-39 (= 2Kön 18, 13 - 20, 19 ohne 2Kön 18, 14-16 zuzüglich Jes 38, 9-20, abgesehen von kleineren Differenzen) ist ein historischer Abschnitt, der hinter c. 1-35 dazu dient, diesen Teil von c. 40-55 (s. 2) und c. 56-66 (s. 3) abzutrennen.

b) Die *formgeschichtliche* Untersuchung (→ Formen: I) hat in den prophetischen Schriften drei literarische Haupttypen erkennen lassen: die Spruchdichtung (wenngleich bisweilen nur noch eine Prosafassung überliefert ist), die biographische Prosa und die autobiographische Prosa. Alle diese literarischen Typen sind in Jes 1-39 vertreten: Autobiographie in c. 6 und 8, Biographie in c. 7; 20; 36-39 und vornehmlich Sprüche, die verschiedenen Gattungen zugehören. Je nachdem es sich um Schelt- oder Drohrede, Weisung, Gerichtsankündigung, Lobpreis, Gleichnis usw handelt, finden sich charakteristische Formen. Sie treten bisweilen auch kombiniert auf, ja sogar in sorgfältig ausgearbeiteten Kompositionen. Es ist jedoch ein Irrtum, die formgeschichtliche Methode lediglich dazu zu gebrauchen, den Bericht von der Verkündigung eines Propheten zu einem Haufen zusammenhangloser Bruchstücke zu zerschlagen. - Ob nun die Verknüpfung der ursprünglichen Einheiten zu größeren Komplexen auf den Propheten selbst zurückgeht oder auf seine Jünger oder späteren Herausgeber: man sollte jedenfalls nicht annehmen, daß eine solche Verknüpfung für die Interpretation bedeutungslos wäre. Im vorliegenden Fall darf nachdrücklich darauf hingewiesen werden, daß die jesajanische Schule ein hochbedeutender, wenn auch nicht unfehlbarer Zeuge dessen ist, was der sie begründende große Prophet zu sagen versuchte. - Jes 1-39 zerfällt in einige Hauptabschnitte, nämlich in A 1-12; B 13-23; C 24-27; D 28-32; E 33-35; F 36-39. Hiervon enthalten die Abschnitte C und E so gut wie sicher kein echtes jesajanisches Material, während F mit einem vielleicht echten Prophetenwort (37, 22-29) hauptsächlich Geschichtsschreibung ist. So bleiben allein die Abschnitte A, B und D als Quellen für J.s Verkündigung. Auch diese Abschnitte enthalten sekundäres Material, das zu identifizieren bis zu einem gewissen Grad von der Sicht abhängig ist, die der einzelne von der prophetischen Verkündigung J.s hat. Daß es hier ernsthafte Meinungsverschiedenheiten gibt, kann deshalb nicht überraschen. Keine endgültige Klarheit besteht in der Frage, wie das Jb. I seine gegenwärtige Gestalt erhielt, da wir nur das nicht eindeutige Zeugnis der jetzigen Komposition des Buches haben. Es ist möglich, daß 8, 16 und 30, 8 auf die anfängliche Abfassung zweier verschiedener Büchlein durch den Propheten selbst deuten. Dies könnte zur Erklärung beitragen, warum A und D auch hinsichtlich des Stoffes getrennt sind.

c) Daß der Kern von *A* vom Propheten selbst zusammengestellt wurde, ist höchstwahrscheinlich. 6 - 9, 6 könnte dabei zuerst zusammengefügt sein. Schwierig ist, daß 7, 1ff - zumindest in seiner jetzigen Gestalt - der Form nach ein Er-Bericht ist im Gegensatz zu den Ich-Berichten in c. 6 und 8. Auch haben viele Gelehrte Zweifel an der Echtheit von 9, 1-6 geäußert und dieses Stück nebst 11, 1-9 in die beliebte und praktische Verbannung der nachexilischen Zeit abgeschoben. Daß 1-12 spätes Material enthält, ist nicht zu bezweifeln. Aber trotz eindrucksvoller Gegengründe hat man doch guten Grund, an der Echtheit von 9, 1-6 und 11, 1-9 festzuhalten, wenngleich die Frage der rechten Deutung dieser Stücke an passender Stelle noch zu bedenken ist. Dem hypothetischen Büchlein 6 - 9, 6 (Budde) könnte von Anfang an die früheste Sammlung von J.worten vorgeschaltet gewesen sein, nämlich 2 - 5, 24 (zu 2, 2-5 und 4, 2-6 s.u.). Das scheint indes unwahrscheinlich zu sein angesichts des dazwischenstehenden Stückes 5, 25-30. 5, 25 hat vielleicht bezeichnenderweise denselben Kehrreim wie das Gedicht 9, 7 - 10, 4. Sodann enthält 5, 8-23 (24) eine Reihe Weherufe gegen die Ungerechten im Volk. Diese Weherufe könnten in 10, 1-4 ihre Fortsetzung haben, während dann in 10, 5ff das Wehe gegen Assyrien ausgerufen wird. Der Abschnitt 6 - 9, 6 hat also wohl ursprünglich für sich bestanden und ist erst später mitten in einem Zusammenhang interpoliert worden, dessen Einheit dadurch zersprengt wurde. Sicheres weiß man aber nicht. - Die lebendige Beschreibung eines feindlichen Anmarsches auf Jerusalem von Norden her (10, 28-32) ist auf die Ereignisse des syrisch-ephraimitischen Krieges (→ Israel: I) gedeutet worden (Scott). Diese Interpretation ist nicht unmöglich. Wahrscheinlicher ist jedoch, daß der Prophet den assyrischen Feind vor Augen hat. Gleichwohl könnte der Abschnitt 10, 5-34 insgesamt zu J.s früher Periode gehören, da dieser schon klar sah, daß die assyrische Flut nicht plötzlich bei Syrien und Israel zum Stehen kommen, sondern auch Juda überschwemmen werde. Der Bericht, den J. von seiner Berufung zum Propheten gibt (c. 6), läßt auf dem Hintergrund des Geheimnisses bestimmte Aspekte deutlich werden. Jahwe offenbart sich ihm als → heilig (: II), dh als der in seinem eigensten Wesen ganz andere. Doch ist dieser Unterschied zwischen Gott und Mensch ebenso sittlich wie metaphysisch geartet; Gottes Heiligkeit manifestiert sich höchst bezeichnender Weise in seiner → Gerechtigkeit (vgl. 5, 16). Daß dem so ist, zeigt sich an J.s unvermitteltem Sündenbekenntnis, in dem er sich mit seinem sündigen Volk zusammengehörig weiß. Die Zusicherung der Vergebung Gottes, die er empfängt, ist ihm ein Zeichen für die göttliche Möglichkeit der Barmherzigkeit mit seinem Volk, zu der auch gehört, daß notwendiges Gericht gleichwohl Gottes fremdes Werk ist (28, 21). Die Botschaft, die der Prophet seinem Volk auszurichten hat, spricht von endgültiger und völliger Vernichtung. Die letzten drei Wörter von c. 6 sind wohl als Glosse zu betrachten (s.BHK). Das einzige Hoffnungszeichen auf menschlicher Seite ist J. selbst als ein bußfertiger und der Vergebung teilhaftig gewordener Mensch. Der Heilige Israels, wie ihn J. oft nennt, hat sein Volk verworfen. Die Krise des syrisch-ephraimitischen Krieges (c. 6f) ließ es zur Begegnung zwischen J. und → Ahas kommen. Der letztere ist aufgerufen, statt weltlicher Klugheit Glauben an den Tag zu legen (7, 9; vgl. 28, 16; 30, 15), zeigt aber deutlich, daß er nicht zu dem Israel nach dem Geist gehört. Das im Namen des J. begleitenden Sohnes liegende Zeichen Šᵉar-Jašûb (»ein Rest kehrt um«) ist zweischneidig. Es birgt in sich, daß der Großteil des Gottesvolkes das Gericht nicht überleben wird, andererseits aber, daß ein Kern bleibt, der Buße tut (vgl. 10, 20-23). Zum vielverhandelten → Immanuel-Problem (7, 14ff) kann hier nicht Stellung genommen werden. Ist damit ein Sohn J.s gemeint (Stamm, Gottwald), ein beliebiges Kind irgendeiner Frau (Duhm) oder ein Davidide als → Messias (: II), wie Greßmann, Mowinckel u.a. meinen? Es ist nicht unmöglich, daß man in solch mythischer Sprache von der Geburt eines Prinzen gesprochen haben könnte. Aber es fällt schwer, zu glauben, daß J. sich ihrer bedient haben sollte, unmittelbar nachdem er dem Hause David das Gericht angekündigt hatte. Problematisch ist auch die Ansicht Scotts, daß 9, 1-6 und 11, 1-9 (→ Messias) von J. anläßlich der Thronbesteigung → Hiskias verfaßt sind. A. Alt will 8, 23b - 9, 6 als Freudenbotschaft von einem kommenden Davididen verstehen, die zur Ermutigung in jene Bezirke des Nordreichs geschickt wird, die 732 von den Assyrern annektiert worden waren. Es ist denkbar, daß 9, 5 das passivisch darstellen soll, was Ps 2, 7 mit einem aktiven Verb ausdrückt. Jedoch paßt J. nicht ohne weiteres zur Rolle eines poeta laureatus, der Krönungsgesänge verfaßt. Weit besser scheint sich mit dem, was von ihm bekannt ist, die Meinung zu vertragen, daß er in diesen beiden bekannten Sprüchen einer (eschatologischen) Hoffnung Ausdruck gab, die nur der Eifer des Herrn zur leibhaftigen Erfüllung bringen konnte jenseits jenes Gerichts, das unerbittlich auf dem Weg war. Nachdem J. seinem zweiten Sohn den unheilkündenden Namen Māher-Šalal Ḥaš-Bāz (»Raubebald-Eilebeute«) gegeben hatte als ein Zeichen des Gerichts, das die Koalition des Nordens überwältigen sollte, übergibt er die Aufzeichnung seiner Verkündigung dem Kreis seiner Jünger (womit er den »Rest« begründet) und wartet auf die Bestätigung, die die Zukunft bringen wird (8, 16-18). - Die Prophetenworte, die das erzählende Kernstück 6 - 9, 6 umrahmen, finden sich in 1-5 und 9, 7ff - 10, 19. Kap. 1 ist eine eindrucksvolle Ouvertüre zur ganzen Sammlung (mit Sprüchen aus verschiedenen Zeiten). Es umschließt eine nachdrückliche Rüge des Kultes von Juda (1, 10-17). 1, 21ff hat die Form einer Klage um Jerusalem wegen seiner Verdorbenheit, wiewohl in Aussicht gestellt ist, daß nach dem Gericht die einstige herrliche Zeit wiederhergestellt werden wird. 2, 2-5 wird gewöhnlich als nachexilisch angesehen, ist aber vielleicht, wenn man an 11, 1-9 festhalten darf, echt. 2, 6-22 umschreibt den Tag Jahwes als ein Gericht über den Geist der Anmaßung, wo immer er sich findet. 3 - 4, 1 zielt auf die innere Anarchie in Jerusalem und bringt eine Attacke gegen das weltliche Trachten der Jerusalemer Frauen. 4, 2-6 wird in der uns überlieferten Form gewöhnlich für jung gehalten, obwohl es zweifellos jesajanisches Gedankengut enthält. 5, 1-7 bietet die Weinbergsparabel (→ Gleichnis: II, 1), der unmittelbar eine Scheltrede folgt über die Ungerechtigkeit, die Schwelgerei, den Hochmut und die Unredlichkeit der Leute von Juda und Jerusalem (s. die Überschrift zu c. 2). Die Korruption, die das Nordreich zugrunde gerichtet hatte, ist dem Südreich ebenso eigentümlich (vgl. 28, 1ff). - In 9, 7ff findet sich eine Scheltrede gegen diejenigen im Nordreich, die sich einbildeten, man könne dem Unglück im Vertrauen auf menschliche Kraft und Klugheit begegnen. 10, 1-4 schließt das Gedicht mit dem unheilkündenden Kehrreim: »Bei alledem hat sich sein Zorn nicht gewandt, und noch ist seine Hand ausgereckt.« In 10, 5-19 betont J., daß, wenn Jahwe Assyrien jetzt als sein Gerichtswerkzeug an Israel gebraucht, keineswegs damit garantiert sei, er werde es auch dann gelten lassen, wenn es die ihm vom Allmächtigen gesetzten Grenzen überschreite. 11, 11-16 ist ohne Frage ein später, rein nationalistischer Zusatz. 12 ist ein Psalm, der aus liturgischen Gründen am Ende der Sammlung A hinzugefügt wurde.

d) Allgemein gesprochen enthält der *Abschnitt B* (13 bis 23) eine Reihe von Gottessprüchen gegen die Völker (das hebräische Wort māśa' wird hier 10mal für solche Aussprüche verwendet). 13 ist ein nachjesajanisches Gesicht vom bevorstehenden Untergang Babylons. 14, 4-21 ist ein Spottlied, das in den (ursprünglichen?) umrahmenden Versen auf einen König von Babylon bezogen ist. Daß es von J. stammt, läßt sich keineswegs beweisen. 14, 24-27 ist ein jesajanischer Spruch gegen Assyrien. In seinen letzten Worten klingt der Kehrreim des in c. 5; 9; 10 sich findenden Gedichtes nach. 14, 28-32 ist ein Orakel wider die Philister aus dem Todesjahr des Ahas. 15 und 16 sind sekundär eingefügt, aber kaum erst im 2.Jh. (Duhm). 17, 1-11 ist gegen Damaskus und Israel gerichtet und gehört in J.s Frühzeit. 17, 12-14 stammt vermutlich aus der Zeit der Invasion Sanheribs. 18, 1-7 ist dem Zeitraum kurz vor 711 zuzuschreiben. Vielumstritten ist c. 19. Es ist zweifelhaft, ob der poetische Teil (V. 1 bis 15) ins 8.Jh. gehört. Jedenfalls enthält er nichts ausgesprochen Jesajanisches. Der Prosaabschnitt (V. 16-25) bezieht sich auf ägyptische Verhältnisse, die vielleicht eine Situation im 6.Jh. widerspiegeln, als es schon jüdische Kolonien in Ägypten gab (→ Diaspora: I). 19, 25 steht, wiewohl nicht jesajanisch formuliert, doch auf demselben universalen Aspekt, der in 2, 2-4; 11, 9; 42, 6; 49, 6 begegnet. 20 (711 vChr) gehört zu J.s Biographie. 21 enthält sekundäre Sprüche über die Wüste (in Wirklichkeit gegen Babylon), über Duma und gegen Dedan in Arabien. Die beiden ersten sind interessant, insofern sie Licht auf die prophetische Ekstase werfen. Keiner dieser Sprüche hat jedoch irgendetwas mit J. zu tun. 22, 1-14 gehört in die Zeit der Invasion Sanheribs. 22, 15-25 beschäftigt sich mit den königlichen Beamten Sebna und Eljakim. Ein Ausspruch über Tyrus (23) als Abschluß der Sammlung läßt sich zeitlich nicht fixieren; eine Glosse (23, 17) könnte in seleukidischer Zeit angefügt worden sein.

e) *Abschnitt D* (28-32) umschließt die zweite größere Sammlung echter J.worte. Auf die Niederschrift eines Grundstocks von ihr könnte sich 30, 8 beziehen. Diese Worte hat man den assyrischen Zyklus genannt. Sie dürften in die Jahre 713-701 gehören, während derer J. in Opposition zur proägyptischen Politik des Hofes stand. Fraglos echt ist der größte Teil von 28; 29, 9-16; 30, 1-17; 31, 1-3. In c. 28 beginnt J. mit einem gegen Ephraim gerichteten Spruch aus früherer Zeit, von dem er dann übergeht zu einer öffentlichen Rüge der herrschenden Kreise in Jerusalem, die sich über sein Mahnen und Warnen lustig machen, als sei er ein langweiliger Schulmeister (Fichtner), und die zuversichtlich glauben, sie hätten sich durch ihren Bund mit Tod und Totenreich (Scheol) gegen das Verderben gesichert. Im Gegensatz zur trügerischen Zuflucht hat Gott ein Fundament in Zion gelegt; die sich darauf stützen im → Glauben, werden sicher sein (28, 16). J.s Verkündigung über den »Rest« hat jetzt klarere Gestalt angenommen; sein Empfinden ist im Grunde geleitet von der Konzeption einer »Kirche«. In 28, 23-29 steht das Gleichnis von einem Bauern, das, zum ursprünglichen Weisheitslehrer J. gut passend, dessen Geschichtsauffassung (→ Geschichte: I) andeutet. 29, 9-16 bringt einen Angriff auf die Blindheit der Propheten und auf die Torheit der Politiker Jerusalems. 30, 1-17 zielt auf die Dummheit eines Bündnisses mit Ägypten: das Unheil kommt unwiderruflich, und nur wer stillehält und sein Vertrauen auf Gott setzt, wird in Sicherheit sein (30, 15). 31, 1-3 schließt den Angriff auf die ägyptische Allianz mit der Gegenüberstellung des Sichverlassens auf Gott und des Vertrauens auf ägyptische Hilfe (→ Fleisch und Geist: I, 1). 29, 1-8, wo Jerusalem »Ariel« genannt wird (zu »Ariel« vgl. W.F.Albright, Die Religion Israels, 1956, 244), und 30, 27-33 wie auch 31, 8-9 scheinen mit der Krise von 701 zusammenzuhängen. 32, 1-8 könnte im Blick auf J.s möglichen Zusammenhang mit den Weisheitslehrern (→ Jesaja) echt sein. 32, 9-14, das noch einmal die Frauen Jerusalems tadelt, erinnert an 3, 16ff. Die abschließenden Verse von 32 sind ein eschatologischer Nachtrag, dessen Echtheit zweifelhaft ist.

f) Der *Abschnitt C* (24-27) ist ein sehr spätes Stück. Gewöhnlich bezeichnet man es als eine Apokalypse, zutreffender als eine Sammlung eschatologischer Passagen mit dazwischengeschalteten Hymnen. Sie künden Verwüstung *und* Erneuerung an. Moab (25, 10) und die Ruinen einer ungenannten Stadt (24, 10ff; 26, 5) werden erwähnt. Man hat diese - ganz verschieden - mit Babylon, Samaria und Karthago (!) identifizieren wollen; vermutlich aber hat man sie nicht als eine tatsächlich vorhandene Stadt aufzufassen. Eißfeldt möchte einen historischen Zusammenhang mit einem späteren Zwischenfall in den Beziehungen zwischen Juda und Moab annehmen. Die eschatologischen Stellen sind 24, 1-3. 13 (oder besser 24, 1-13). 17-23; 25, 6-8; 27, 1. 12-13. Das übrige besteht aus Hymnen und einem demütigen Gebet (26, 7-19), das die Hoffnung auf eine → Auferstehung (: III, 4) in sich birgt. Die Kontinuität der prophetischen Tradition zeigt sich in Berührungen mit älterer Prophetie: 24, 2-3 vgl. Hos 4, 9; 24, 13 vgl. Jes 17, 6; 24, 18 vgl. Am 5, 19-20; 26, 3 vgl. Jes 7, 9 und 28, 16 sowie 30, 15; 27, 2-6 vgl. Jes 5, 1-7. Drei Abschnitte (24, 17-23; 25, 6 bis 9; 26, 20 - 27, 1) verraten mythologischen Einfluß. Mit 27, 1 (→ Leviathan) ist zu vergleichen die vielleicht um ein Jt. ältere Beschreibung von l.t.n im ugaritischen Gedicht IAB.

g) Innerhalb des *Abschnitts E* (33-35) ist c. 33 eine relativ späte liturgische Komposition, die in abwechselnder Folge Prophetenworte und Gebete enthält (Gunkel). 34 und 35 sind gegensätzliche Gedichte: c. 34 kündet das Verderben an, das der Tag Jahwes über Gottes Feinde bringen soll, bes. über Edom (als Typus gemeint?), während c. 35 in glühenden Worten, die an Dtjes (s. 2) erinnern, Gottes Erlösung und die Heimkehr der Erlösten nach Zion beschreibt.

h) Der *letzte Abschnitt* (F, 36-39) mit seiner Parallele in 2Kön (s. 1a) umschließt drei Erzählungen: 36-37 Sanheribs Invasion, 38 Hiskias Krankheit, 39 die Gesandtschaft Merodach-Baladans. Die erste Erzählung scheint parallele Versionen zu umfassen; im Hinblick auf die Auslassung des Berichts von Hiskias Unterwerfung (2Kön 18, 13-16) könnte die Stelle Jes 37, 36-38 ein legendäres Element enthalten. Das poetische Wort 37, 22-29 dürfte echt sein, jedoch ist 38, 10-20 ohne Zweifel ein Psalm, den man als zu Hiskias Lage passend erachtete (Begrich).

Vgl. die Einl.en in das AT u. den Lit.-Bericht von G.Fohrer, Neuere Lit. zur at. Prophetie (ThR NF 19, 1951, 291-297; 20, 1952, 218-228). - Kommentare: B.Duhm, (1892) 1922[4] (HK) - K.Marti, 1900 (KHC) - G.B.Gray, Jes 1-27, (1912) 1947 (ICC) - J.Skinner, 1925 (Cambr. Bible) - O.Procksch, 1930 (KAT) - V.Herntrich, Jes 1-12, 1950 (ATD 17; NB durch O.Kaiser in Vorbereitung) - R.B.Y.Scott, 1956 (IntB 5). - Unters.en: H.Gunkel, Jes 33, eine prophet. Liturgie (ZAW 42, 1924, 177-208) - J.Begrich, Der Psalm des Hiskia, 1926 - S.Mowinckel, J.-Disiplene, 1926 - Ders., Han Som Kommer, 1951 (engl.: He That Cometh, 1956) - K.Budde, J.s Erleben, 1928 (Jes 6 - 9, 6) - H.Gressmann, Der Messias, 1929, 235ff - I.Engnell, The Call of Isaiah (UUÅ 1949, 69) - J.Fichtner, J. unter den Weisen (ThLZ 74, 1949, 75-80) - A.Alt, Jes 8, 23 - 9, 6 (Festschr. A.Bertholet, 1950, 29-49 = Alt II, 206-225) - A.C.Welch, Kings and Prophets of Israel, 1952 - W.Vischer, Die Immanuel-Botschaft im Rahmen des königlichen Zionsfestes (ThSt [B] 45), 1955 - J.J. Stamm, Neuere Arbeiten zum Immanuel-Problem (ZAW 68, 1956, 46-53) - N.K.Gottwald, Immanuel as the prophet's son (VT 8, 1958, 36-47).

N.W.Porteous

2. a) Solange die at. Exegese das kanonische Jb. (c. 1 bis 66) unkritisch als Einheit ansah, wurden auch c. 40-66 dem im 8.Jh. wirkenden Propheten → Jesaja zugeschrieben. Erst J.G. → Eichhorn hat c. 40-66 ungenannten Propheten aus dem Exil und der nachexilischen Zeit zugeschrieben. Den entscheidenden Schritt in der Frage nach der Abgrenzung und Selbständigkeit der Kapitel tat B. → Duhm in seinem J.kommentar (1892); darin wies er *c. 40-55* einem um 540 vChr wirkenden Anonymus zu, den man wegen seiner Überlieferung innerhalb des Jb.es *Dtjes* (dh den zweiten J.) nennt. Gleichzeitig sprach Duhm die Lieder vom → Knecht Jahwes Dtjes ab, ohne damit allgemeine Anerkennung zu finden. Wenn es auch vereinzelt noch Verfechter der Einheit des ganzen Jb.es gibt, hat sich doch die Ansicht von der Selbständigkeit und Geschlossenheit von c. 40-55 fast allgemein durchgesetzt. - Als *Gründe* für die Abgrenzung lassen sich anführen, daß c. 40-55 durchgehend die Situation des → Exils, aber noch nicht den Tempelbau und die mögliche Heimkehr voraussetzen und daß sie den Perserkönig Kyros II. (559-529) namentlich kennen.

Die Frage, ob dem *Aufbau* des Buches ein Schema zugrunde liegt, ist umstritten. Der These Mowinckels, die etwa fünfzig Einheiten des Buches seien nach Stichworten aneinandergereiht, stehen ebenso Bedenken gegenüber wie dem Versuch Engnells, in dem Buch die Nachdichtung einer Jahresfestliturgie zu sehen. Elliger, der die Sammlung und Komposition des Buches auf den von ihm als Schüler des Propheten angesehenen Trito-J. zurückführt, hat sich für einen sachlichen, inneren Zusammenhang der Stücke eingesetzt. Zu diesem dürfte eine zeitliche Ordnung hinzutreten, sofern man aus der Nichterwähnung des Kyros in c. 49-55 mit Recht auf ihre Entstehung nach dem Einzug desselben in Babel 539 und vor dem Erlaß des Tempelbauediktes 538 schließen darf. Die Eröffnung der Schrift mit der Berufungsaudition 40, 1-11 und der Abschluß mit c. 55 verleihen dem Buch einen relativ geschlossenen Charakter. Mit späteren Zusätzen ist jedoch zu rechnen (vgl. zB 40, 19f; 41, 6f; 44, 9-20; 46, 5-7; 48, 22; 51, 11). - Die Frage nach der Abgrenzung der Einheiten wird durch die nach den *Gattungen* (→ Formen: I) unterstützt, von denen dem Inhalt der Botschaft Dtjes entsprechend das Heilsorakel an erster Stelle steht (vgl. zB 41, 8-13; 42, 14-17; 44, 1-5; 45, 1-7). Ferner finden sich Gerichtsreden (zB 41, 1-5. 21-29; 43, 8-13. 22-28), lyrische Gattungen (zB 42, 10-13; 51, 9-16; 49, 13) sowie kurze Anweisungen (zB 48, 20f) und Mahnworte (zB 55, 6f). Es ist für die Verkündigung Dtjes kennzeichnend, daß die Stücke durchgehend den Sinn einer Heilszusage haben.

Über die *Person* und das Erleben Dtjes erfährt man nichts außer dem, was sich aus 40, 1-11 und 50, 4-11 erschließen läßt. Doch werden die Lieder vom → Knecht Jahwes (42, 1-9; 49, 1-6; 50, 4-11; 52, 13 - 53, 12) weitgehend autobiographisch verstanden. - Als *Abfassungsort* sind Babylonien, Babylonien und Palästina, Palästina (Judäa), der Libanon und Ägypten vorgeschlagen worden. Die größte Wahrscheinlichkeit hat die Annahme für sich, daß der Prophet selbst zu den Exilierten zählte und in Babylonien wirkte. - Als *Abfassungszeit* kommen frühestens die Jahre nach der Eroberung Mediens durch Kyros 553/52 in Frage, doch liegt die Spanne zwischen der Niederwerfung des Lyderreiches 546 und dem Erlaß des Tempelbauediktes 538 (→ Esrabücher: I) näher. Der Versuch, in der Verkündigung des Propheten eine ältere

Periode, in der er das Heil von einem unmittelbaren göttlichen Eingreifen erwartete, von einer jüngeren zu unterscheiden, in der er Kyros als das Werkzeug Gottes betrachtete, beruht auf einer Verkennung der engen Zusammengehörigkeit von göttlichem und geschichtlichem Geschehen, die beide zwei Seiten des gleichen Vorganges darstellen, und führt zu einer ungerechtfertigten Atomisierung des Buches.

Während man den Propheten weitgehend für einen reinen Schriftsteller hielt, der keine Möglichkeit zu unmittelbarer Verkündigung besaß, setzt sich im Zusammenhang mit der Erforschung der Gottesknechtslieder und der Gattungen mehr und mehr die Ansicht durch, daß auch Dtjes in (opferfreien) Gottesdiensten der Exilsgemeinde gewirkt hat. In diesen Gottesdiensten werden die Klage über die Zerstörung des Heiligtums und die Verbannung wie die Bitte um die Wiederherstellung des Verlorenen eine wichtige Rolle gespielt haben. Auf derartige Klagen und Bitten der Gemeinde scheint der Prophet mit seinen Sprüchen geantwortet zu haben. Doch verbietet die mangelhafte Kenntnis der gottesdienstlichen Institutionen der Exilierten eine allzu enge Eingrenzung des prophetischen Wirkungsfeldes.

Der Anschluß des Buches an die J.rolle ist wahrscheinlich gleichzeitig mit der Einfügung von c. 36-39 (s.1h) erfolgt, wobei c. 39 bewußt als Brücke verwendet zu sein scheint, da es inhaltlich vor das in c. 36ff Berichtete gehören dürfte. Für den Zusammenschluß mag der Wunsch, das Ergehen des in den Gottesgerichten nach der Verkündigung des ersten J. bleibenden Restes zu verfolgen, mitgewirkt haben, ferner das praktische Interesse, die gesamte prophetische Literatur in vier etwa gleich umfangreichen Schriftrollen zusammenzufassen. Aus inneren Gründen wie aus denen der Gesamtkomposition des Jb.es muß gefolgert werden, daß der Anschluß der namenlosen Prophetie Dtjes erst in nachexilischer Zeit erfolgt ist, ohne daß sich Anhaltspunkte für eine genauere Datierung finden. 2Chr 32, 32 und 36, 22f bieten keine sicheren Anhaltspunkte für diesen Vorgang. - Die Anonymität der Verkündigung Dtjes erklärt sich vielleicht aus seinem ihn in die Nähe des Kultprophetentums (→Propheten: II) rückenden gottesdienstlichen Handeln.

b) Grundlage der gesamten *Verkündigung Dtjes* ist die ihm bei seiner → Berufung (: II; 40, 1-11) gewordene Gewißheit von der Unverbrüchlichkeit des Jahwewortes (40, 8; 55, 10f). Wie die Unheilsweissagungen der vorexilischen Propheten eingetroffen sind (42, 9; 44, 26), werden sich auch die alten, den Vätern gegebenen und jetzt durch den Propheten erneuerten Heilsweissagungen um der Verherrlichung Jahwes vor den Völkern willen erfüllen. Die sakrale Tradition, die in vorexilischer Zeit in den Bundesfesten vergegenwärtigt wurde (→ Bund: II; vgl. → Feste: II, 8) und die sich in den → Psalmen und der → Geschichtsschreibung (: I) niedergeschlagen hatte, hat das Denken des Propheten ebenso beeinflußt wie die Verkündigung → Jeremias und → Ezechiels. Die auffallend starke Verbindung zu der Überlieferung erklärt sich aus der Dtjes gestellten Aufgabe, die mit dem Exil gegebene Lage glaubend zu bewältigen, aber auch aus seinem weitgehend an den Kult gebundenen Wirken.

Dtjes hatte den Auftrag, seine durch die Katastrophen der Jahre 597 und 586 erschütterte und durch die Länge des Exils angefochtene Gemeinde aufzurichten und zu trösten (vgl. 40, 1f. 27; 49, 14; 50, 2). In immer neuen Wendungen verkündigt er die unmittelbar bevorstehende Gotteshilfe für Israel. Dabei hält er an der aus den Worten seiner Vorgänger geläufigen und im gesamten israelitischen Glaubensgut verankerten Vorstellung fest, daß die Katastrophen als göttliches → Gericht (: II) zu verstehen sind (40, 2; 43, 22-28; 44, 22; 47, 6; 48, 8; 50, 1f; 51, 17; 54, 7f). Die bevorstehende Wende ist nicht auf das Verdienst Israels zurückzuführen. So wie es in der Urzeit in seinem Stammvater auf Grund der freien → Gnade Gottes (: II) ohne sein Verdienst und Würdigkeit erwählt worden ist, will Gott auch jetzt zu der → Erwählung (: I) seines Volkes und seines Heiligtumes stehen und die Sünden Israels vergeben, weil es in der Einlösung der einst gegebenen Verheißungen um seine Ehre, dh um den Erweis seiner ausschließlichen Gottheit vor aller Welt geht (43, 25; 48, 9-11; → Gott: II, 6 d). Der bei Dtjes zuerst auftretende durchdachte → Monotheismus (: II; vgl. 43, 11; 44, 6. 8; 45, 6. 18. 22; 46, 9) hat kein theoretisches, sondern das praktische Interesse der Stärkung der Glaubenszuversicht der prophetischen Gemeinde, indem er wie der in auffallend häufigen Anspielungen bezeugte Schöpfungsglaube die Heilsworte unterbaut, um für sie Glauben zu wecken (v.Rad). Die Zukunftsmächtigkeit Jahwes wird ferner durch den Weissagungsbeweis unterstrichen (vgl. 43, 12; 45, 21; 46, 9f; 48, 3. 16; 42, 9; 44, 26).

Im Vordergrund der Erwartung des Propheten steht die Rückkehr Jahwes zum Zion und die damit verbundene Wiedererrichtung des → Tempels sowie die Befreiung und Heimführung der Exilierten und Zerstreuten (vgl. 40, 3-5. 9-11; 44, 28; 49, 17; 52, 1ff. 7ff; 54, 11ff; 41, 17-20; 43, 5. 16-21; 48, 20f; 49, 8-13; 52, 11f). Das geschichtliche Mittel zur Erreichung dieser erwarteten Wende ist für den Propheten der Perserkönig Kyros, dem er 45, 1 den Titel des Gesalbten, des → Messias, gibt und auf den er so die eigentlichen politischen Aufgaben des davidischen Königtums überträgt. Dieser wird seine und Israels Feinde in einem einzigartigen Siegeslauf niederwerfen und endlich an seinem Erfolg die Gottheit Jahwes erkennen (41, 2. 25; 45, 1-13; 46, 11; 48, 14f). Dann wird er die Gefangenen befreien und Jerusalem samt seinem Tempel neu erbauen lassen (44, 28; 45, 13).

Israels Aufgabe ist dabei zunächst passiv. Sie wird durch seine Bezeichnung als Knecht (vgl. 41, 8; 42, 1. 19; 43, 10; 44, 1. 21; 45, 4; 49, 3. 5; 53, 1. 11) und Zeuge Jahwes (43, 10; 44, 8f) gekennzeichnet. - Auch die sog. »Knecht Gottes-Lieder«, für die eine individuelle bzw. »doppelte« Interpretation begegnet (vgl. → Knecht Jahwes), werden hier kollektiv als auf Israel bezogen erklärt. - Weil Gott zu der in Abraham und Jakob erfolgten Berufung und Erwählung seines Knechtes steht, braucht sich das gegenwärtige Israel, die Gottesgemeinde zumal unter den Exilierten, nicht zu fürchten (vgl. 41, 8ff; 43, 1ff; 44, 1f). Aber weil die Zugehörigkeit zu Israel immer zugleich Gabe und Aufgabe ist, hat die Verkündigung des Propheten den Sinn, seine Gemeinde zu ihrer eigentlichen Sendung als dem Zeugen Jahwes vor der Völkerwelt zurückzurufen. Wenn die aus der nun in Gang gekommenen geschichtlichen Katastrophe entronnenen Völker vor dem Richtstuhl Jahwes stehen, hat Israel die Aufgabe, diese Völker von der Einzigartigkeit seines Gottes zu überführen, indem es die in den nun erfüllten Verheißungen zutage getretene Geschichtsmächtigkeit Jahwes bezeugt (vgl. 43, 8-13; 44, 6-8; 45, 18-25; → Geschichte: I). Durch die Aufnahme des in den Klagepsalmen wurzelnden Gedankens von der Bekehrung der Völker durch die Errettung des Frommen gelingt es Dtjes, das gegenwärtige Leiden seines Volkes zu deuten. Israel ist das von Gott ersehene Schuldopfer für die Sünden der Heidenwelt, die aus der Unkenntnis Jahwes erwachsen. Im Hintergrund dieser Deutung steht das eigene Leiden des ob seiner Botschaft verfolgten Propheten (vgl. 52, 13 - 53, 12; 50, 4-11). Steht Israel zu seiner Berufung, so wird es in der Stunde seiner Verherrlichung das Licht der Heiden (42, 6; 49, 6; 51, 4), durch dessen Vermittlung das Heil Gottes bis an das Ende der Erde reicht (49, 6; 45, 22). Werden die Nationen in dem Völkergericht durch das Zeugnis Israels bekehrt, so kommt die Geschichte und die Schöpfung an ihr von allem Anfang beabsichtigtes Ziel (45, 18-24; → Eschatologie: II, 2c. 3).

An Israels Vorrangstellung in der Zukunft hat Dtjes nicht gezweifelt (vgl. 49, 7; 52, 15). Mit der Wiederherstellung Gesamtisraels (49, 6) erwartete er die Heimkehr der Exulanten und der Diaspora (49, 12. 18. 22), eine ungewöhnliche Vermehrung der Bevölkerung (44, 3f; 49, 19-21) und eine paradiesische Fruchtbarkeit des Landes (51, 3; 55, 1f. 13), in dem die frohe Botschaft von Gottes Königsherrschaft erschallen sollte (52, 7).

Da das ganze Interesse des Propheten auf seine Aufgabe an seiner Gemeinde gerichtet war, läßt sich aus seinen Aussagen über das künftige Schicksal der Fremdvölker kein geschlossenes Bild gewinnen. Universale und partikular-nationale Heilserwartungen überschneiden einander (vgl. 45, 20ff; 49, 23; 45, 14).

Obwohl die Verheißungen Dtjes nicht in der von ihm erwarteten Weise eingetroffen sind, hat seine Gemeinde offensichtlich in dem Tempelbauedikt des Kyros den Anfang der Erfüllung seiner Verkündigung gesehen und diese daher der Nachwelt als Zeugnis des im Kommen begriffenen, in seiner Volloffenbarung noch ausstehenden Heiles überliefert.

Außer der Lit. zu 1 u. zu → Knecht Jahwes vgl. die Kommentare von P. Volz (1932, KAT), E.J. Kissane (Dublin 1943), A. Bentzen (Kopenhagen 1948) u. J. Muilenburg-H.S. Coffin (1956, IntB). - Ferner: H. Gressmann, Die literarische Analyse Dtjes (ZAW 34, 1914, 254-297) - L. Köhler, Dtjes (Jes 40-55) stilkritisch untersucht (BZAW 37), 1923 - S. Mowinckel, Die Komposition des dtjes. Buches (ZAW 49, 1931, 87-112. 242-260) - Ders., Neuere Forschungen zu Dtjes, Tritojesa u. dem Äbäd-Jahwä-Problem (AcOr [L] 16, 1938, 1-40) - K. Elliger, Dtjes in seinem Verhältnis zu Tritojesaja (BWANT 63), 1933 - J. Begrich, Studien zu Dtjes (ebd 77), 1938 - I. Engnell, The Ebed Yahweh Songs and the Suffering Servant in Deutero-Isaiah (BJRL 31, 1948, 54-93) - H.E.v. Waldow, Anlaß u. Hintergrund der Verkündigung Dtjes (Diss. Bonn), 1953 - R. Rendtorff, Die theol. Stellung des Schöpfungsglaubens bei Dtjes (ZThK 51, 1954, 3-13) - B.J.v.d. Merwe, Pentateuchtradisies in die Prediking van Dtjes, Groningen u. Djakarta 1955 - P.A.H. de Boer, Second-Isaiah's Message (OTS 11), 1956 - L.G. Rignell, A Study of Isaiah Chapters 40-55 (LUÅ 52, 5, 1956) - O. Kaiser, Der königliche Knecht (FRLANT 70), 1959.

3. a) Die Frage nach der *literarischen Einheit* von c. 56 bis 66 des Jb.es gehört zu den umstrittensten Problemen der at. Wissenschaft. Während J.G. → Eichhorn in den Kapiteln eine Sammlung ungenannter, teils exilischer, teils nachexilischer Prophetien sah, setzte sich B. → Duhm für ihre Geschlossenheit ein und schrieb sie einem kurz vor dem Auftreten → Nehemias in Jerusalem wirkenden Manne zu, den er *Trito-J.* (den dritten J.) nannte. Sind ihm die Forscher bis auf wenige Ausnahmen in der Abtrennung der Kapitel von dem deuterojesajanischen Buche (s. 2) gefolgt, so hat sich doch bis zur Gegenwart keine einhellige Meinung über ihre Einheit und Entstehungszeit gebildet. Während sie von Elliger u.a. einem zwischen 538 und 515 in Jerusalem wirkenden Schüler Dtjes zugeschrieben werden, sucht die Mehrzahl die Lösung in den von Eichhorn gewiesenen Bahnen und verteilt die Kapitel in unterschiedlicher Weise auf den Zeitraum vor der Zerstörung des Tempels 586 vChr bis in die hellenistische Zeit.

Die Abgrenzung der Kapitel von dem deuterojesajanischen Buch wird durch den abweichenden palästinischen Entstehungsort, einen trotz mancher Anklänge verschiedenen und ärmeren Wortschatz sowie eine ganz andere, vornehmlich innergemeindliche Fragestellung gesichert (anders Glahn). Gegenüber einer zeitlichen Fixierung verhalten sich die meisten der dreizehn Einheiten außerordentlich spröde. 56, 9 - 57, 13 könnte isoliert betrachtet in vorexilischer Zeit, 63, 7 - 64, 11 bald nach 586 entstanden sein. Die auch in ihren Heilserwartungen von den anderen Stücken abweichenden Einheiten 60, 1-22; 61, 1-11 und 62, 1-12 zeigen wie 58, 1-14 und 59, 1-20 eine deutliche Abhängigkeit von Dtjes und dürften daher als frühnachexilisch zu betrachten sein. 56, 1-8; 57, 14-21; 63, 1-6; 65, 1-25; 66, 1-4. 5-17 lassen sich in exilische wie nachexilische Verhältnisse einordnen und bieten somit keine sicheren Anhaltspunkte für die Datierung. 59, 21; 66, 18-22 gelten als spätere Zusätze. - Schon die zahlreichen Liturgien (56, 9 - 57, 13; 59; 61; 62; 66, 5ff) weisen auf die Verwurzelung der hier vereinigten Prophetien im Kult hin. Inhalt, Sprache und Stil verleihen den Kapiteln eine relative Geschlossenheit, so daß man in ihnen das Werk eines wohl im letzten Drittel des 6. Jh.s in Jerusalem wirkenden Prophetenkreises sehen darf.

b) Grundlage der *Verkündigung* von c. 56-66 sind die aus der sakralen Tradition übernommenen Vorstellungen von der Erwählung des Zion (62, 1; 60, 13 [66, 1]; 66, 6), der Vorzugsstellung Israels (65, 9; 63, 8. 16; 64, 7; 65, 8. 13f; 63, 17) und dem Kommen Jahwes zum Gerichtstage, an dem er seinen Frommen Heil schafft und an seinen Feinden blutige Rache nimmt (59, 16ff; 56, 1ff; 60, 1f; 61, 8; 62, 11; 63, 1-6; 65, 6f. 11f; 66, 6. 14f). Dabei tritt eine den Verhältnissen angepaßte Fortentwicklung und Umgestaltung deutlich hervor. - Das Kommen des Heils, das in c. 60-62 ohne jede Bedingung verheißen wird, wird durch die Übertretung des Gotteswillens (64, 5f), in Rechtsbeugung (56, 10; 57, 1f; 58, 2. 4. 6; 59, 3f. 7f), Hartherzigkeit gegenüber den Notleidenden (58, 7. 10) und → Götzendienst (57, 3ff; 65, 3ff) hinausgezögert. Bei dem bevorstehenden → Gericht Jahwes an allem Fleisch (66, 16) werden daher nicht nur die Fremdvölker (63, 1-6), sondern auch die Abtrünnigen in Israel bestraft (57, 3ff; 56, 1f; 59, 20; 65, 8-16). Wird eine nur äußerliche oder selbstgewählte kultische Gerechtigkeit abgelehnt (58, 1-5; 66, 1-4), so werden doch Tempel und Opferkult selbst nicht verneint (58, 4b; 66, 6 [62, 3]; 60, 13 [66, 1]. 17; 56, 7; 60, 7; 62, 9). - Innerer Mittelpunkt aller Erwartungen ist die Gegenwart Jahwes und seine Verherrlichung (vgl. 60; 61, 8f). Die Völkerwallfahrt zum Zion (60, 5), die damit verbundene Heimkehr der → Diaspora (60, 4. 9 [66, 20]), das Zusammenströmen der Reichtümer der Erde in Jerusalem (60, 7; 66, 12), die prachtvolle Ausstattung des → Tempels (60, 13. 17), die Wiedererrichtung der Stadtmauern Jerusalems (60, 10) und der zerstörten Städte des Landes (58, 12; 61, 4) bilden neben der Verwandlung von Himmel und Erde (65, 17 [66, 22]) den äußeren Rahmen für das Leben in der Heilszeit, in der ein paradiesischer Friede die ganze Schöpfung durchwaltet (60, 18. 21; 65, 25) und die Menschen hochbetagt sterben (65, 20f). Während Israel Priesterdienste verrichtet (61, 6), werden die Völker mit dem Wiederaufbau (60, 10) und den landwirtschaftlichen Arbeiten beschäftigt sein (61, 5; vgl. 60, 12). Auch die Proselyten sowie die wohl im Zusammenhang mit fremdem Hofdienst verschnittenen Israeliten werden vollen Anteil am Heil erhalten (56, 1-8). Während der Lichtglanz des gegenwärtigen Gottes die Stadt erhellt (60, 19f), wird der Tempel allen Völkern als Bethaus offenstehen (56, 7; vgl. 66, 21ff).

Außer der Lit. zu 1 u. 2: K. Elliger, Die Einheit Trito-J.s (BWANT 45), 1928 - Ders., Der Prophet Trito-J. (ZAW 49, 1931, 112-141) - H. Odeberg, Trito-Isaiah. A Literary and Linguistic Analysis (UUÅ 1931, Teologi 1) - L. Glahn-L. Köhler, Der Prophet der Heimkehr (Jes 40-66), 1934 - W.S. McCullough, A Re-Examination of Isaiah 56-66 (JBL 67, 1948, 27-36) - W. Zimmerli, Zur Sprache Trito-J.s (Schweiz. Theol. Umschau 20, 3/4 [Festschrift f. L. Köhler], 1950,

110-122) - W.KESSLER, Studie zur religiösen Situation im ersten nachexilischen Jh. u. zur Auslegung von Jes 56-66 (WZ Halle 6, 1956/57, 41-73). *O.Kaiser*

Zur *Auslegungsgeschichte* (s. auch → Schriftauslegung: IV):

Qu.: 3.Jh.: Origenes (MPG 13; GCS VIII, 1925, ed. W.A.BAEHRENS). - 4.Jh.: Euseb v. Cäsarea (MPG 24) - Pseudo-(?) Basilius d.Gr. (MPG 30; ed. P.TREVISAN, 2 Bde, Turin 1939) - Zeno v. Verona (MPL 11) - Chrysostomus (MPG 56 [Jes 1-8]; armen. Übers. hg.v. den Mechitharisten, armen. Venedig 1880, lat. ebd 1887). - 5.Jh.: Hieronymus (MPL 24; ed. G.MORIN in: Anecdota Maredsolana III/3, 1903) - Cyrill v. Alex. (MPG 70) - Theodoret v. Cyrus (MPG 81; ed. A.MÖHLE, 1932) - Hesychius v. Jerusalem (MPG 93; ed. M.FAULHABER, 1900). - 6.Jh.: Prokop v. Gaza (MPG 87, 2). - 9.Jh.: Haimo v. Auxerre (MPL 116). - 12.Jh.: Bruno v. Segni (ed. A.AMELLI in: Spicilegium Casinense III, 1897, 1-204) - Rupert v. Deutz (MPL 167) - Gottfried v. Admont (MPL 174; Jes 13-30) - Herväus v. Bourg-Dieu (MPL 181) - Aelred v. Rievaulx (MPL 195; Jes 13-16) - Richard v. St.Viktor, De Emmanuele (MPL 196). - 13.Jh.: Pseudo-Joachim v. Flore, Venedig 1517, Köln 1577; De oneribus prophetarum (Jes 13-23) ed. O.HOLDER-EGGER in: NA 33, 1908, 139-187 - Albertus Magnus (Opera omnia XXIX, 1952, ed. F.SIEPMANN) - Thomas v. Aquin (Opera XIII, Rom 1570, Antwerpen 1612). - 16.Jh.: Luther (WA 25 u. 31/II) - Zwingli (ed. SCHULER-SCHULTHESS V, 1835, 560 bis 787; ed. O.FARNER, CR 14, 1956/57) - Joh.Ökolampad, Basel 1525 - Calvin (CR 36. 37) - Hieronymus Osorius, Rom 1552 (in: Opera omnia) - Adam Sasbout OFM, Löwen 1558 - F.Forerius OP, Venedig 1563 - Victorin Strigel, Leipzig 1566 - Hector Pintus, Lyon 1567 - Wolfgang Musculus, Basel 1570 - Leo de Castro, Salamanca 1570 - Dietrich (Theod.) Schnepff, Tübingen 1575 - Benedikt Arias Montanus, Antwerpen 1599 - Didacus Alvarez OP, Rom 1599-1602 - Zacharias Ursinus, Heidelberg 1612 (in: Opera Bd III). - 17.Jh.: Caspar Sanctius SJ, Lyon 1615 - Gabriel Alvarez SJ, ebd 1623 - Lukas Arconaeus SJ, ebd 1642-52 - Joh.Maldonatus SJ, 1656. - 18.Jh.: Seb. Schmid, Hamburg 1702 - Campegius Vitringa, Leeuwarden 1714 - Joh.Clericus, Amsterdam 1731. - Vgl. E.F.K.ROSENMÜLLER, Scholia in Vetus Testamentum III/1, 1810², Vff.

Lit.: CH.H.H.WRIGHT, The Pre-Christian Jewish Interpretation of Jes 52. 53 (Exp, 3. ser., Vol. 7, 1888, 364-377. 401-420) - F.-M.ABEL, Le commentaire de saint Jérôme sur Isaïe (RB 25, 1916, 200-225) - J.WITTIG, Des hl. Basilius d.Gr. geistl. Übungen auf der Bischofskonferenz von Dazimon 374/75 im Anschluß an Jes 1-16 (Breslauer Studien zur hist. Theol. 1), 1922 - J.E.ESCHENBACH, Die Auffassung der Stelle Jes 6, 6. 7 bei den Kirchenvätern u. ihre Verwendung in der Liturgie, 1927 - K.SCHLÜTZ, Jes 11, 2 (die 7 Gaben des hl. Geistes) in den ersten 4 christl. Jh.en, 1932 - C.VAN LIERDE, Doctrina S.Augustini circa dona spiritus sancti ex textu Jes 11, 2-3, 1935 - N.HUTTERER, Die mittelalterl. jüd. Kommentare zu den Ebed-Jahwe-Liedern des J. (Phil. Diss. Bern), 1938 - A.M.VÖLLMECKE, Jes 11, 2 u. die 7 Gaben des Hl. Geistes (Festschr. St.Gabriel, Wien-Mödling 1939, 205-288) - B.VAN HULSE, De leer over de gaven van den H. Geest in den ... Isaias-Kommentaar van Albertus den Groote (Bijdragen 5, 1942, 1-55) - DERS., Alberti Magni postilla in Jes 11, 2-3 (ebd 56-78) - H.W. WOLFF, Jes 53 im Urchristentum, (1942) 1950² - H.A.FISCHEL, Die deuterojes. Gottesknechtlieder in der jüd. Auslegung (HUCA 18, 1943/44, 53-76) - G.GOVERNANTI OFM, In Isaiam 9, 5, Jerusalem 1945 - J.JEREMIAS, Zum Problem der Deutung von Jes 53 im paläst. Spätjudentum (Mélanges M.Goguel, Neuchâtel-Paris 1950, 113-119) - H.HEGERMANN, Jes 53 in Hexapla, Targum u. Peschitta (BFChTh II, 56), 1954. *W.Werbeck*

Jesreel. Der am Ostrand der fruchtbaren J.-Ebene (Jos 17, 16; Ri 6, 33) verkehrsgeographisch günstig gelegene Ort (= arab. zerʿīn, heute israelischer Kibbuz) gehörte nach Jos 19, 18 zum Stamme Issachar. In vorisraelitischen Quellen ist er noch nicht belegt; archäologisch sind Siedlungsreste der Spätbronzezeit nachgewiesen. Erst unter den Omriden gelangte J. als zweiter (stärker israelitischer) Königssitz neben (dem kanaanäisch orientierten) → Samaria zu größerer Bedeutung (1Kön 18, 45f; 21; 2Kön 8, 29; 9). Hier ist der Schauplatz des Justizmordes an Naboth und der Revolution → Jehus. Hosea (1, 4) spielt mit dem symbolischen Namen seines Sohnes J. wohl auf die Bluttaten Jehus an; problematisch ist die Deutung des J.-Tages in Hos 2, 2. In griechischer Zeit trägt der Ort den Namen Esdraelon (Jdt 3, 9; 4, 6; vgl. auch Eusebius, Onom. 108, 13).

RE III, 731ff - A.ALT, PJ 21, 1925, 39f; 23, 1927, 48 - DERS., Der Stadtstaat Samaria (BAL 101, 5), 1954 - BRL 307ff - F.-M.ABEL, Géographie de la Palestine II, 1938, 364f. *E.Jenni*

Jesuaten, Clerici apostolici S.Hieronymi, auch *Hieronymiten* genannt, um 1360 vom sel. Joh.Colombini aus Genua († 1367) gestiftet, um durch Gebet, Kasteiungen und wahre Nächstenliebe am Heil der Seelen mitzuarbeiten; bestätigt 1367 durch Urban V. Den Namen erhielt die Genossenschaft von der Anfangs- und Schlußformel der Predigten: »Es lebe Jesus, gelobt sei Jesus«. Die J. waren bes. in Italien und Südfrankreich vertreten. Ursprünglich empfingen die Mitglieder nur die niederen Weihen, seit 1606 aber hatte jedes Kloster einen Priester. Die Statuten fußten anfänglich auf der → Benediktiner-, später auf der → Augustinerregel. 1668 hob Clemens IX. die Genossenschaft wegen zunehmender Verweltlichung auf. - Die *Jesuatinnen,* 1367 gestiftet, bestanden in Italien bis 1872.

HEIMBUCHER I, 596ff - LThK V, 327f. *Ph.Hofmeister*

Jesuiten, *Societas Jesu (SJ)*

1. Allgemeine Charakteristik - 2. Geschichte - 3. Verfassung - 4. Gegenwartsbedeutung - 5. J.-Mission. - Vgl. auch → Jesuitendichtung

1. → Renaissance, → Humanismus und Reform bestimmen den Ausgangspunkt der von Ignatius von → Loyola gegründeten Societas Jesu (SJ) oder Compañía de Jesús *(Gesellschaft Jesu)* und lassen in ihr dem → Katholizismus (: I) einen Orden besonderen Charakters entstehen. Mit der Hinwendung zu einer neuen Zeit verbindet sich die in der spanischen Heimat des Gründers noch lebende mittelalterliche Idee eines christlichen Rittertums, das in Gehorsam gegenüber den kirchlichen Gesetzen sein Ziel in der Ausbreitung des Glaubens sieht, die ritterliche Idee von Christus dem König als Helfer im Kampf, ferner die Vorstellung von dem leidenden gekreuzigten Christus und seiner Nachfolge auf Erden, wie sie auf dem Boden der bürgerlichen Religiosität des ausgehenden MA erwächst. In dem J.orden entsteht der kath. Kirche ein Instrument mit dem Ziel, die Menschen innerhalb der alten zerfallenden geistigen, kulturellen und politischen Ordnungen zu innerer Sicherheit zu führen. Nicht so sehr eine großartig angelegte Missionsarbeit mit Massentaufen, wie sie noch von Franz → Xavier vollzogen wird, sondern die Gewinnung des einzelnen steht daher im Mittelpunkt der Arbeit, das Streben nach der absoluten Vollkommenheit des Menschen gemäß dem Vorbilde Christi. Diesem Ideal entsprechen die von Ignatius verfaßten → Exerzitien. Das typisch jesuitische Moment der Seelengewinnung kommt hier am deutlichsten zum Ausdruck und ist zugleich der Prüfstein für die Zugehörigkeit zum Orden. Das Ziel ist die Herstellung der Einheit der Welt in der Kirche, deren Einheit für Ignatius im → Papsttum verkörpert ist. Hier wie auch in der Anknüpfung an die Scholastik des → Thomas von Aquino, die zur Grundlage für die theologische Auffassung des Ordens wird, findet somit ein Rückgriff auf Autoritäten einer vergangenen Epoche statt. Überlieferung und neue Schau prägen so die Grundzüge des Ordens, dessen Wesen durch die allgemeine und grundsätzliche Hinwendung aller Dinge auf das Apostolat, auf die Verbreitung und Mehrung des Glaubens, Einordnung in die Kirche, Unterordnung und Gehorsam gegenüber dem Papst und den Vorgesetzten sowie durch die bewußte Einordnung des freien einzelnen gekennzeichnet wird. Ist bei den übrigen Orden die Abwendung von allem Weltlichen primärer Zweck, so tritt nunmehr ein neuer Begriff von Heiligkeit an die Stelle in dem Ideal des Frommen, der

nicht aus der Welt flieht, sondern im praktischen Erfolg für Gottes Sache in der Welt seiner Berufung gewiß wird. Nationale und ständische Bindungen werden abgelehnt, die Übernationalität zum Prinzip erhoben, nationalkirchliche Strömungen wie der → Gallikanismus und später der → Febronianismus und → Josephinismus bekämpft. Daneben stehen Ketzerbekämpfung und Mission (s. 5). Zu diesen Aufgaben tritt bald die Pflege der Wissenschaften und der Theologie sowie die Übernahme des gehobenen Schulunterrichts, vor allem in der Absicht, eine neue kath. Elite zu gewinnen. Die J. werden so zu einem Erziehungsorden, dessen Schulen in vielen Staaten für zwei Jh.e das Bildungsideal bestimmen (→ Bildungswesen, 5). Als Erzieher der Fürstenkinder finden die Ordensmitglieder Eingang an den Höfen als Beichtväter fürstlicher Persönlichkeiten. Die sich daraus ergebende allzu enge Verbindung mit der großen Politik führt zur Gefährdung der Einheit des Ordens und zur Aufteilung in einzelne Gruppen, die ihre speziellen Anliegen verfolgen.

2. Die *Anfänge* des Ordens lassen sich bis 1534 zurückführen. Am 15.8. (Mariä Himmelfahrt) legt Ignatius mit den von ihm gewonnenen Gefährten - dem Savoyarden Peter → Faber, dem baskischen Adligen Franz → Xavier, den Kastiliern Jakob → Laynez, Alfons → Salmeron und Nikolaus → Bobadilla sowie dem Portugiesen Simon → Rodriguez - in der Marienkirche auf dem Montmartre in Paris das Gelübde der Armut und Keuschheit ab. Ferner geloben sie, sich im Hl. Lande der Krankenpflege und Mission zu widmen oder, wenn dies nicht durchführbar sei, jeder päpstlichen Weisung zu folgen. Demgegenüber läßt die Ordenslegende die Gründung wie auch die Konstitutionen des Ordens bereits 1521 im Zusammenhang mit den Visionen des Ignatius in Manresa geschehen. Das Scheitern des ursprünglichen Planes und die Hinwendung zur inneren Mission durch Predigt, Waisenpflege, Armenfürsorge und die Berührung mit der zur Bekämpfung des Protestantismus begründeten Priestergesellschaft der → Theatiner in Venedig führen dann 1539 in Rom zur tatsächlichen Ordensgründung. Die Approbation durch Papst → Paul III. erfolgt 1540 in der Bulle »Regimini militantis ecclesiae«, zunächst mit der 1543 aufgehobenen Beschränkung auf 60 Mitglieder. Die veränderten Verhältnisse bewirken dann, daß 1541 Ignatius und seine Gefährten entsprechend dem in der Grundregel *(Formula Instituti)* aufgenommenen Vorbehalt, notfalls Abänderungen vornehmen zu können, nunmehr ein fünffaches Gelübde ablegen. Dieses enthält außer den alten Mönchsverpflichtungen der Armut, der Keuschheit und des Gehorsams neu die Verpflichtung für den Katechismusunterricht und das Gelübde strikten Gehorsams gegenüber dem Papst. Wesentlich wird vor allem die absolute Gehorsamspflicht. Darin liegt zugleich die Freizügigkeit in der Arbeit des Ordens und seine Beweglichkeit begründet. In ihrer gegenwärtigen Fassung werden die mehrfach abgeänderten Grundregeln von → Julius III. 1550 bestätigt, während die Konstitutionen, auf die die Ordensverfassung (s. 3) aufbaut und an denen Ignatius bis zu seinem Tode arbeitet, seit dem Generalat von Laynez (1558-65) in ihren Grundzügen fixiert vorliegen. Nach anfänglichen Schwierigkeiten breitet sich der Orden rasch aus. 1544 sind in Europa bereits 9 Niederlassungen vorhanden, 1554 bestehen 8 Ordensprovinzen, beim Tode des Stifters 12, davon 7 in Spanien und Portugal und deren Kolonien, mit 101 Häusern und ca 1000 Mitgliedern. Zu Beginn des 17.Jh.s sind die J. nicht nur in sämtlichen kath. Ländern Europas tätig, sondern auch in Asien, → Afrika (: IV A. C) und → Südamerika. 1616 zählt die SJ 37 Provinzen mit ca 13 000 Mitgliedern. - Der Schwerpunkt der Arbeit verlagert sich auf den gelehrten Schulunterricht; der kirchliche Elementarunterricht wie die Sozialarbeit werden mehr und mehr anderen Orden überlassen. Heranbildung der vornehmeren Jugend sowie des Klerus in militärischem Gehorsam wird das Hauptziel der jesuitischen → Pädagogik (: I). Die Grundsätze des Unterrichts und der Erziehung für die von dem Orden geleiteten Gymnasien, Kollegien, Akademien und Universitäten sind in der *Ratio studiorum SJ* niedergelegt, wobei sich die Studien in niedere (studia inferiora) und höhere (superiora) Klassen gliedern. Fast alle Zweige der Wissenschaften finden Pflege und Förderung. Berühmte Editionen, zB die im 17.Jh. von den → Bollandisten begonnenen Acta Sanctorum (AS), sind Ergebnisse dieser Arbeit. Rückhaltlos stellen sich die J. von Anfang an der Ketzerbekämpfung zur Verfügung und treten jeder Bestrebung in der kath. Kirche entgegen, die eine Versöhnung mit den Protestanten für möglich hält (→ Tridentinisches Konzil). Auf den Rat des Ignatius erfolgt 1542 die Gründung des *Hl. Offiziums* (→ Kurie), 1552 die Errichtung des *Collegium Germanicum* (→ Rom: III). Die Geschichte der → Gegenreformation (, 2c) ist weithin die Geschichte des J.ordens. Neben der → Predigt (: I) ist es bes. die → Beichte (: I), die durch die J. in den kath. Ländern wieder voll in Aufnahme kommt. In ihrem Mittelpunkt steht nicht so sehr die Absolution, sondern die Seelenführung. Zur Stärkung des religiösen Lebens dient ferner die besondere → Marienverehrung (: I; vgl. → Herz Mariä), die 1584 zu der von → Gregor XIII. approbierten → Marianischen Kongregation führt; desgleichen die bereits von Canisius eingeführten → Herz Jesu-Andachten.

Gehorsamspflicht und straffe Unterordnung verhindern jedoch nicht, daß es schon früh zu inneren *Spannungen* innerhalb des Ordens kommt. Notwendigkeiten, wie sie sich aus den Verhältnissen in → Deutschland (: I, 2b) ergeben, bringen → Canisius in Konflikt mit der Ordensleitung. Schwere Auseinandersetzungen als Folge der Zurücksetzung der Spanier unter dem Generalat des Neapolitaners → Aquaviva (1581-1615) führen zu einer ernsten Krise, werden jedoch gemeistert. Zerfallserscheinungen, die sich zuerst Ende des 17.Jh.s bemerkbar machen, peinliche Verflechtungen in Wirtschaft und Politik, Verweltlichung und Rückständigkeit bewirken schließlich die von seiten der → Aufklärung und des Absolutismus der bourbonischen Höfe geforderte Aufhebung des Ordens durch → Clemens XIV. (Breve »Dominus ac redemptor noster«, 21.7.1773). Schon vorher erfolgt ein Verbot für Portugal und seine Kolonien, 1767 in Spanien. In Preußen, wo → Friedrich d.Gr. das päpstliche Verbot ignoriert und sich der J. als Pädagogen bedient (→ Schlesien), besteht der Orden bis zum Regierungsantritt Friedrich Wilhelms II. fort, ebenso in Rußland bis 1820. In den übrigen Ländern finden die Ordensmitglieder in den Genossenschaften der Herz Jesu-Andacht, welche die J.regel annehmen, einen Sammelpunkt. Es sind dies bes. die von Tournély 1794 gegründete Gesellschaft des Hl. → Herzens Jesu und die 1797 in Rom von Paccanari gestiftete Genossenschaft vom Glauben Jesu (→ Paccanaristen). Wichtig für die Wiederherstellung des Ordens wird dann seine Restitution im Königreich Neapel durch → Pius VII. (1804) und die Wirksamkeit des Provinzials Pignatelli, ferner die bereits 1801 für Rußland erfolgte kanonische Neuerrichtung. Im Zuge der Restauration des → Katholizismus (: I) stellt schließlich 1814 Pius VII. durch die Bulle »Sollicitudo omnium ecclesiarum« den Orden in seiner unveränderten alten Verfassung wieder her. Aber der neue Vormarsch erfolgt nur langsam. Bedeutungsvoll wird bes. das Generalat Joh. Philipp Roothaans aus Amsterdam (1829-53). Das → Vatikanum von 1870 und der sog. → Ultramontanismus kennzeichnen das weitere Wirken des Ordens. Wie in der → Aufklärung, so entsteht den J. in dem Geist der neuzeitlichen Gesellschaft, vor allem im liberalen → Bürgertum, ein neuer Gegner. Das Staatsmonopol der Erziehung nimmt dem Orden seine Bewegungsfreiheit im Erziehungswesen. In Deutschland erfolgt 1872 während des → Kulturkampfes das Verbot der SJ. 1904 wird zwar einzelnen J. der Aufenthalt wieder erlaubt, aber erst 1917 das J.gesetz (§ 1) endgültig aufgehoben. In → Frankreich (: I, 8) führt die radikale Trennung von Staat und Kirche 1880 zum Verbot, dann das Vereinsgesetz von 1907. Ausweisungen und Verbote treffen den Orden 1820 in Rußland, 1834 in Portugal, 1820, 1835 und 1868 in Spanien, 1848 in der Schweiz, ferner in den letzten Jahrzehnten des 19.Jh.s in zahlreichen mittel- und südamerikanischen Staaten. Nur in England, Irland, den USA und in den prot. nordischen Ländern gestaltet sich die Lage der J. günstiger. In Norwegen wurde das im Grundgesetz verankerte J.verbot erst 1956 aufgehoben. – Trotz aller Verbote und Widerstände gelingt es aber den J., verlorenen Boden wiederzugewinnen. In Deutschland wächst nach dem 1. Weltkrieg die Zahl der Mitglieder rasch, so daß 1921 wieder wie ursprünglich eine Ober- und Niederdeutsche Provinz entsteht; 1931 wird von jener die ostdeutsche Provinz abgetrennt. Eine folgenschwere Unterbrechung erfährt das Wirken des Ordens in Deutschland durch den Nationalsozialismus und den 2. Weltkrieg. Heute sind für die studierende und nichtstudierende Jugend bes. die zahlreichen → Marianischen Kongregationen (Kongregationssekretariat in Augsburg) zu nennen, für Schüler an höheren Lehranstalten der 1919 begründete Bund »Neu-Deutschland«, ferner die Tätigkeit der J. als Studentenseelsorger und als Religionslehrer an Berufsschulen. Ebenso wird die Männerseelsorge ausgeübt, wozu die marianischen Männerkongregationen, der »Gebetsapostolat« sowie das »Betriebsmännerwerk« dienen.

3. Die hohe Bedeutung, die der Orden für die kath. Kirche bis in die Gegenwart hat, ergibt sich aus der der *Ordensverfassung* zugrunde liegenden Konzeption. Die Konstitutionen (s. 2) vermitteln gerade heute neue Impulse für das Ordenswesen der Kirche überhaupt bei der Suche nach neuen Formen, die bis hin zum Fortfall der vita communis führen. An der Spitze steht der General (praepositus generalis; seit 1946 Giovanni B.Janssens), der auf Lebenszeit gewählt wird, die gesamte Regierungsgewalt in der Hand hält, sämtliche Oberen (Superioren) ernennt und ihre Tätigkeiten bestimmt. Lediglich bei seinem Tode oder ausnahmsweise auf seine Berufung hin tritt die aus dem General, den Assistenten, den Provinzialoberen und zwei Delegierten der einzelnen Ordensprovinzen bestehende Generalkongregation zusammen (30. Generalkongregation 1958 in Rom), deren Aufgabe auch die allgemeine Gesetzgebung ist. Den einzelnen Häusern in den Provinzen steht bei Noviziaten ein Rektor, sonst ein Superior vor, denen jeweils Konsultoren und ein Admonitor beigegeben sind. Die Mitglieder sind in vier Klassen eingeteilt: Die *Novizen* verbringen 2 Jahre in einem Novizenhause. Die *Scholastiker* üben nach humanistischen Studien (1-2 Jahre) und dem Studium der Philosophie in einem Kollegium der Gesellschaft (3 Jahre) dort weiter eine 3- bis 5jährige Lehrtätigkeit in diesen Fächern aus. Danach müssen sie sich dem Studium der Theologie (4 Jahre) und einem dritten Probejahr unterziehen. Der Scholastiker legt dann entweder als *Professe* oder als *Koadjutor* sein Gelübde ab (letzterer nur einfache Gelübde). Die Professen beschwören außer den drei gewöhnlichen Gelübden noch das vierte – jeder Mission des Papstes unbedingt zu folgen – und müssen abgesehen von einem erfolgreichen 7jährigen Studium der Theologie und Philosophie noch mindestens 10 Jahre dem Orden angehört haben.

4. Kennzeichnend für die *Gegenwartsbedeutung* der J. ist, daß ihnen allein 8 päpstliche Institute unterstellt sind: die Gregoriana (päpstliche Universität), das Collegium Germanicum, das Bibelinstitut, die päpstliche Sternwarte, die Kollegien für Rußland, Lateinamerika und Brasilien sowie das Orientalische Institut in → Rom (: III). Tritt auch heute die Missionsarbeit der SJ hinter anderen Aufgaben zurück, so arbeiten dennoch fast 6000 J. in den Missionen in Asien, bes. Indien und Japan, sowie in Afrika und anderen Gebieten. Ferner unterhält der J.-orden heute 94 kirchliche Hochschulen, 59 Universitäten und gibt 1320 Zeitschriften in 50 Sprachen heraus mit einer Gesamtauflage von 144 Mill. Exemplaren. Bekannt sind davon im deutschen Raum »Geist und Leben«, die »Stimmen der Zeit«, der »Herz-Jesu Sendbote«, die »Kath. Missionen«, ferner die in Rom erscheinende »Civiltà cattolica«, die »Etudes religieuses« in Paris, »Razon y Fé« in Spanien und »The Month«. Die Zahl der Mitglieder des Ordens betrug 1900 in 5 Assistenzen 15 073, 1939 in 8 Assistenzen und 49 Provinzen sowie 47 Missionen 25 934, 1949 in 8 Assistenzen und 55 Provinzen (und Vize-Provinzen) sowie 51 Missionen 29 973; inzwischen ist die Zahl auf 32 936 gestiegen. Die drei deutschen Provinzen mit ihren Mittelpunkten in Köln, München und Berlin haben zZ 1348 Ordensangehörige. Die Noviziate befinden sich in Eringerfeld b. Paderborn, Neuhausen b. Stuttgart und Ockenheim b. Bingen. Das Juniorat für klassische Studien liegt in Tisis b. Feldkirch (Vorarlberg). Die Philosophisch-theologische Hochschule St.Georgen in Frankfurt a.M., vier von J. geleitete Gymnasialkollegien in St.Blasien, Bad Godesberg, Hamburg und Berlin mit 2361 Schülern sowie ein Konvikt am Gymnasium in Büren und die Stella matutina in Feldkirch sind Zentren der Ordensarbeit. – Ferner beeinflussen die J. zahlreiche Massenorganisationen, deren wichtigste die »Marianischen Kongregationen« sind. Daneben wirken andere Vereinigungen, zB die »Liga des Allerheiligsten Herzens«. Weitgehend unter Leitung der SJ stehen auch die Ordensfrauen vom Heiligsten → Herzen Jesu (, 2b). – Über sich selbst sagt die SJ (Angelo Martini bei Escobar I, 779): »Die Gesellschaft Jesu wurde sehr geliebt und sehr gehaßt. Sie hat immer versucht, dem ignatianischen Ideal treu zu bleiben.« – Vgl. → Jansenismus, → Kirchenbau: IV, → Probabilismus.

Qu.: Monumenta Historica Societatis Jesu, Madrid 1894ff, Rom 1929ff – Archivum Historicum Societatis Jesu, Rom 1932ff. – Bibliogr.: BACKER-SOMMERVOGEL, 11 Bde, 1890-1932. – Lit.: RE VIII, 742ff – A.ASTRAIN, Historia de la Compañía de Jesús en la Asistencia de España, 7 Bde, Madrid 1902-25 – H.BOEHMER, Die J., (1904) neu hg.v. K.D.SCHMIDT, 1957⁵ – B.DUHR SJ, Gesch. der J. in den Ländern dt. Zunge, 4 Bde, 1907-28 – L.CARREZ, Atlas geographicus Societatis Jesu, Paris 1910 – P.TACCHI-VENTURI, Storia della Compagnia di Gesù in Italia, Rom, I, (1910) 1931²; II, 1922; III, 1950/51 – H.FOUQUERAY, Histoire de la Compagnie de Jésus en France, 5 Bde, Paris 1910-25 – J.BURCHINON, La Compagnie de Jésus en France (1814-1914), 4 Bde, Paris 1914-22 – G.AICARDO, Comentario a las Constitutiones de la Compañía de Jesús, 6 Bde, Madrid 1919-32 – E.STAEHELIN, Der J.orden u. die Schweiz, 1923 – DERS., Die J.frage, 1955 – P.v.HOENSBROECH, Der J.orden. 2 Bde, 1926/28 – R.FÜLÖP-MILLER, Macht u. Geheimnis der J., (1929) 1932² – DERS., J.moral u. J. im Urteil der Päpste, 1955 – RGG³ III, 104ff (Lit.) – DThC VIII, 1902ff (Jésuites, Théologie ascétique ou spiritualité) – F.RODRIGUEZ, História da Companhia de Jesus na Assistência de Portugal, 6 Bde, Porto 1931-50 – E.BOEMINGHAUS, Geist der Gesellschaft Jesu u. ihr pädagog. Werk, 1931 – P.M.BAUMGARTEN, Ordenszucht u. Ordensstrafrecht. Beiträge zur Gesch. der Gesellschaft Jesu, bes. in Spanien, Bd I (Unters.en z. Gesch. u. Kultur des 16. u. 17.Jh.s, H. 7-9), 1932 – LThK V, 328ff – HEIMBUCHER II, 130ff – L.KOCH SJ, J.-Lexikon, 1934 – G.MARCH, El restaurador de la Compañía de Jesús, beato José Pignatelli, y su tiempo, Barcelona 1935-38 – B.JANSEN, Die Pflege der

Philosophie im J.orden während des 17.-18.Jh.s, 1938 - G.GARRAGAN, The Jesuits of the Middle United States (1673-1919), 3 Bde, Ivi 1938 - S.LEITE, História da Companhia de Jesús no Brasil, 10 Bde, Lissabon-Rio de Janeiro 1938-50 - G.SCHRÖTELER, Die Erziehung in den J.-internaten des 16.Jh.s, 1940 - M.P.HARNEY, The Jesuits in history, New York 1941 - J.BRODRICK SJ, The origins of the Jesuits, London 1941 - DERS., The progress of the Jesuits, ebd 1942 - R.GARCIA-VILLOSLADA, Manual de historia de la Compañía de Jesús, Madrid (1941) 1954² - E.PRZYWARA, Der religiöse Typus der Gesellschaft Jesu (ZAM 17, 1942, 121-238) - F.CHARMOT, La pédagogie des Jésuites, ses principes, son actualité, Paris 1943 - J.SANCHIS ALVENTOSA, La escuola mística alemana y sus relaciones con nuestros místicos del siglo de oro, 1946 - H.BECHER SJ, Die J., Gestalt u. Gesch. des Ordens, 1951 - DERS., Der Orden der Gesellschaft Jesu in Deutschland (Das Wirken der Orden u. Klöster in Deutschland I, hg.v. P.J.HASENBERG u. A. WIENAND, 1957, 246-257) - J.DE GUIBERT SJ, La Spiritualité de la Compagnie de Jésus, Rom 1953 - A.MARTINI, La Compagnia di Gesù e la sua storia, Chieri 1953 - EC IV, 80 ff - F.STROBEL, Die J. u. die Schweiz im 19.Jh., 1954 - J.STIERLI, Die J. (Orden der Kirche I), Fribourg 1955 - P.DOMINIQUE, La politique de Jésuites, Paris 1955 - M. FISCHER-A.FREY, Zeitgenössische Betrachtungen zur J.frage, 1955 - H.LAHRKAMP, Die Annalen des J. Turck, ein Beitrag zur Geschichtsforschung der Barockzeit (Westf. Zs. 105, 1955, 105-148) - J.ANDRIESSEN, Mystiek bij enkele nederlandse jezuieten der XVIIe eeuw (Ons geestelijk Erf 29, 1955, 271-301) - H.BACHT SJ, Der heutige Stand der Forschung über die Entstehung des Exerzitienbuches des hl. Ignatius v.Loyola (Geist u. Leben 29, 1956, 327-338) - J.BEYER SJ, Der Einfluß der Konstitutionen der Gesellschaft Jesu auf das moderne Ordensleben (ebd 440-454; 30, 1957, 47-59) - H.HOLZAPFEL, Unter nordischen Fahnen. Die Militärseelsorge d. J. in d. nord. Ländern im 17. u. 18.Jh., 1957 - H.RÖSSLER, Die SJ (Jb. der Ranke-Gesellschaft 3), 1957 - C.M.HAAS, Das Theater der J. in Ingolstadt, 1958 - EKL II, 269 ff - Hundert Jahre Theol. Fakultät Innsbruck 1857-1957 (ZKTh 80, 1958, H. 1). - Vgl. die Lit. zu → Loyola. *W.Göbell*

5. *Mission* war das ureigentlichste Ziel des Ordensgründers. Den Mohammedanern des hl. Landes das Evangelium zu verkünden, war sein erstes persönliches Vornehmen, es war auch das erste Ziel, das sich die Genossenschaft schon in Paris stellte. Sollte sich dieser Plan als unrealisierbar erweisen, so wollte man gemäß dem späteren 4. Gelübde der Professen (s. 3) dahin gehen, wohin der Stellvertreter Christi weisen würde. Als deshalb 1539 aus Portugal der Ruf nach Missionaren zu Ignatius kam, ordnete er Franz → Xavier dafür ab. Sehr weitgehende Pläne, die Ignatius in den nächsten Jahren hegte, sind nicht zur Ausführung gekommen. Jedoch hat der J.orden durch die Zahl der von ihm gestellten Missionare bald alle anderen Orden an Einsatzfreudigkeit übertroffen (Beispiele bei Boehmer). - Franz Xavier, der in → Indien (: IV, 2) eine sehr erfolgreiche Arbeit begann, hat insofern einen prinzipiell wichtigen neuen Schritt getan, als er 1549 mit der Reise nach → Japan (: IV, 1) den Bereich europäischen Kolonialbesitzes verließ und auf die damit gebotene Sicherheit verzichtete. Er starb 1552 vor den Toren Chinas. - Der Orden hat bei der Missionsarbeit auch entschieden Phantasie entwickelt. Die verschiedene Art, in der an den Indianern → Kanadas (: I) und → Südamerikas, hier mit den Reduktionen, gearbeitet wurde, zeugt davon ebenso wie die wieder völlig andere Praxis, die er in China und Indien befolgte. Die Akkomodation (vgl. LThK I², 243 f), die Matteo → Ricci († 1610) und Joh.Adam Schall († 1611) in → China (: IV B, 2) pflegten und Roberto de Nobili († 1656) in Indien begann, ist freilich sehr weit gegangen und hat selbst innerhalb der kath. Kirche im → Ritenstreit zu schweren Auseinandersetzungen geführt. 1645 verdammte die Propaganda sie für China (Mirbt Nr. 517); 1656 hat Alexander VII. sie in den wichtigsten Punkten wieder gutgeheißen, aber 1704 Clemens XI. sie endgültig verboten (Mirbt Nr. 541), was Benedikt XIV. 1742 wiederholte. In Indien fand de Nobili auch harten Widerspruch in seinem eigenen Orden; eine Konstitution Gregors XV. gestattete 1623 aber einige der Bräuche, die in der endgültigen Regelung von 1744 aufrechterhalten wurden, die sonst vieles untersagte. In Südamerika fand die stark angefeindete Reduktionsarbeit 1767 mit der Vertreibung der J. von dort ihr Ende (→ Paraguay). - Eine Statistik der Missionsarbeiter, die die SJ gestellt hat, ließe sich erarbeiten, eine Statistik ihrer Erfolge nicht, weil die Gesellschaft fast überall nicht allein die Missionsarbeit trug, sondern andere Orden neben ihr arbeiteten. 1933 waren nach dem J.lexikon 2959 Missionare draußen tätig, von denen die Provinzen Belgien und Toulouse einen bes. großen Anteil stellten (304 bzw. 272; Deutschland nur 52).

Monumenta Xaveriana (Monumenta Historiae Societatis Jesu), 2 Bde, 1889/1912 - A.ASTRAIN (s.o.) - J.ARIMONT-A.BROU, Jésuites missionnaires au 19. et au 20. siècles, 1928 - FR.RODRIGUEZ, História da Comp. de Jesus na Assistência de Portugal, 6 Bde, Porto 1931-50 - L.KOCH, J.-Lexikon, 1934 (Lit.) - J.A.OTTO, Kirche im Wachsen. 400 Jahre J.orden im Dienst der Weltmission, 1940 - J. KIRISHITO-KI u. S.YOROKU, Jap. Dokumente zur Missionsgesch. des 17.Jh.s, 1940 - J.LAURES-K.BUNKO, A manual of books and documents on the early Christian missions in Japan, Tokyo 1940/51 - Monumenta Missionum Societatis Jesu, bisher 6 Bde, 1946-56 - CH. A.BOXER, The Christian Century in Japan 1549-1650, 1951 - J.BETTRAY, Die Akkomodationsmethode des P.Matteo Ricci SJ in China (AnGreg 76), Rom 1955 - J.SCHÜTTE, Die kath. China-Mission im Spiegel der rotchines. Presse, 1957 - H.BOEHMER, Die J., neu hg.v. K.D.SCHMIDT, 1957, 272 ff (Lit.). *K.D.Schmidt*

Jesuitendichtung. Die → Jesuiten setzen das dichterische Wort zur Ausgestaltung von Festen ein. Dazu dient die Ode, die oft mehrstimmig komponiert vom Schülerchor vorgetragen wird. Das Epos wird offiziell wenig verwendet. In reichstem Maß wird das Schauspiel benutzt. Man verbot alle Laienspiele und setzte große Prunkvorstellungen an deren Stelle, stets in lat. Sprache, meist von Schülern gespielt. Die Ratio Studiorum (1599) macht den Gymnasien seine Pflege zur Pflicht. Intern wetteifern die Oberklassen in monatlichen Übungen (declamationes). Eine große Aufführung findet zur Abschlußfeier des Schuljahres im September statt. - Alle Möglichkeiten des Bühnenapparates werden ausgenutzt: rascher Dekorationswechsel der Kulissen, Flugmaschinen, bewegliche Meereswellen, Erscheinungen von Geistern und Teufeln, Licht- und Feuerwerkseffekte. Die primär (nicht gedruckten) lat. Texte liefert der Lehrer der Klasse Rhetorica (vorletztes Schuljahr). Programmhefte erleichtern das Verständnis. Die Stoffe entstammen vorwiegend der Kirchen- und Märtyrergeschichte. Die erbauliche Tendenz drückt sich in einem zweiteiligen Titel aus. So hieß das 1659 in Wien vor Kaiser Leopold I. aufgeführte Stück »Pietas victrix sive Constantinus Magnus de Maxentio victor«. Stilistisch gefeilt nahm es der Verfasser in den 2.Bd seiner »Poesis dramatica« (Köln 1675) auf. Mit 33 Stücken in 5 Bden ist der aus Südtiroler Adel stammende Nicolaus *Avancinus* (1611-86) der fruchtbarste Dramatiker des Ordens. Dichterisch am bedeutendsten ist der Schwabe Jakob *Bidermann* (1578 bis 1639); erst 1666 wurden seine Opera gedruckt. Am meisten Eindruck machte »Cenodoxus« (1602 in Augsburg entstanden, 1609 endgültige Fassung von Bidermann selbst aufgeführt), den 1635 Magister Joachim Meichel in gereimten Knittelversen verdeutschte. Als Beispiele zu ihren theoretischen Anweisungen veröffentlichten Dramen Jacobus *Pontanus* (= Spannmüller, 1542-1626; »Poeticarum institutionum libri tres«, Ingolstadt 1594), Jacobus *Masenius* (1606-81; »Palaestra eloquentiae ligatae«, 1654), Franz *Neumayr* (1697-1775; »Idea Poeseos«, 1759). Der Spätzeit gehören an: Paul Aler in Köln (1654 bis 1727) und der Liegnitzer Joh.Bapt.Adolph (1657 bis 1708). Aus der Masse der Kasualpoesie ragt allein der Elsässer Jakob → *Balde* (1604-68) mit Marienoden und

Klagen über die Verwüstungen durch den Krieg hervor. Die Sammlungen »Lyricorum libri quator«, »Epodon liber unus« (1643) und »Silvae« (1643, erweitert 1646) trugen ihm die Anerkennung als »deutscher Horaz« ein; sein einziges Drama »Jephtias« (1637 aufgeführt, umgearbeitet 1654 gedruckt) zeichnet das Seelenleben Jephtas und seiner Tochter mit liebevoller Einfühlung. – Eine einzigartige Stellung innerhalb der J. nimmt die geistliche Lyrik in deutscher Sprache von Friedr. → *Spee* von Langenfeld (1591–1635) ein. Die 51 Lieder der »Trutznachtigall« (seit 1634 handschriftlich, Druck 1649) erfüllt persönliches Erleben. Selbständig neben Opitz (→ Barock: II, 6) folgt er dem natürlichen Sprachempfinden und volkstümlichen Brauch.

Texte: W.FLEMMING, Das Ordensdrama, 1930 (Meichels »Cenodoxus«, Avancinus »Pietas«). – Lit.: DERS., Gesch. d. J.theaters in d. Landen dt. Zunge, 1923 – JOH.MÜLLER, Das J.drama in d. Ländern dt. Zunge vom Anfang (1555) bis zum Hochbarock (1665), 2 Bde, 1930 – N.SCHEID, Das lat. J.drama im dt. Sprachgebiet (Literaturwiss. Jb. der Görres-Ges. 5, 1930, 1–96) – K.FISCHER-NEUMANN, Die Dramentheorie d. J. im Zeitalter d. Barock (Diss. Wien), 1937.

W.Flemming

Jesus, *Regularkleriker vom Guten J.*, eine Ordensgenossenschaft, gegründet um 1526 von dem Weltpriester Girolamo Maluselli († 1541) auf Anregung der sel. Gentile von Ravenna, des Mitglieds einer Bruderschaft vom Guten J. Die auf der → Augustinerregel aufgebaute Genossenschaft widmete sich der Seelsorge, Predigt und Caritas. Papst Julius III. erhob die Genossenschaft 1551 zu einem Orden. Bald darauf wurden in den Diözesen Forli, Berlinoro und Faenza Niederlassungen errichtet. Dann aber folgte ein starker Rückgang, der sich auch durch den Übertritt mehrerer Mendikanten nicht aufhalten ließ. In der Mitte des 17.Jh.s umfaßte der Verband nur 26 Mitglieder. Deshalb hob ihn Innozenz X. 1651 auf und errichtete aus dem Vermögen die Säkularabtei vom Guten J. in Ravenna.

Bullarum, diplomatum et privilegiorum sanctorum Romanorum Pontificum Taurinensis editio XV, 1868, 679ff – HEIMBUCHER II, 106.

Ph.Hofmeister

Jesus Christus

1. Motive der Leben-Jesu-Forschung – 2. Die Quellen – 3. Die Umwelt – 4. Chronologie – 5. Geburtsgeschichte, Abstammung – 6. Der Raum des Auftretens – 7. Die Anfänge – 8. Der Kreis der Jünger – 9. Jesu Selbstbewußtsein (die christologische Titulatur): a) Christus (Messias) – b) Menschensohn – c) Gottesknecht – d) Gottessohn – e) Das Messiasgeheimnis – f) Ergebnis – 10. Der Inhalt der Lehre: a) Grundlagen (Gesetz, Schrift, Tradition, Israel) – b) Der Gottesgedanke – c) Der Wille Gottes (die Ethik) – d) Die Ankündigung des Reiches Gottes: α) Das Problem – β) Der Textbefund – γ) Heil und Gericht – δ) Die Frage der Kirchengründung – 11. Die Passion – 12. Der historische J. und der Glaube (J. von Nazareth und J. Christus). – Ergänzend vgl. bes. → Auferstehung Christi: I, → Christentum: I, → Christologie: I, → Erlöser: II, → Evangelien, formgeschichtlich und synoptische, → Himmelfahrt Christi: I, → Jesusbild der Gegenwart, → Jungfrauengeburt: I, → Logos: II, → Sohn Gottes: II

1. Die geschichtliche und sachliche Voraussetzung der modernen Leben-Jesu-Forschung ist die Emanzipation vom überlieferten christologischen Dogma auf Grund des Vernunftprinzips. Den entscheidenden Anstoß gibt D.Fr. → Strauß. Zwar treibt er selbst noch keine methodische *Quellenkritik;* aber diese ist durch ihn unumgänglich geworden. Noch im 19.Jh. werden einige bis heute gültige Grundlagen erarbeitet. Man erkennt, daß nicht die johanneische (→ Johannesevangelium), sondern die synoptische Darstellung (→ Evangelien, synoptische) Ausgangspunkt der historischen Rekonstruktion sein müsse. Das Verhältnis der Synoptiker untereinander wird durch die »Zweiquellentheorie« geklärt: Das MkEv ist das älteste und liegt den beiden anderen zugrunde. Dazu tritt eine zweite, vom Mt- und LkEv benützte Quelle (Q). Auf dieser Basis hoffte man, das Leben Jesu und seine historische Gestalt nachzeichnen zu können, indem man aus dem MkEv den Aufriß seines Wirkens, aus Markus und Q die Umrisse seiner Lehre gewann. Um die Jh.wende war hinsichtlich der Betrachtungsweise ein gewisser Konsensus erreicht (freilich nicht ohne Protest: M. → Kähler): man fragt nach der *Persönlichkeit* Jesu, nach dem bleibenden religiösen und ethischen Gehalt seiner Lehre; man ist der Überzeugung, daß die historische Rekonstruktion Grundlage heutiger Weltanschauungsbildung sein könne. Dabei wird weithin die eigene Vorstellung vom »Wesen des Christentums« in die Lehre Jesu projiziert; J. ist Lehrer und Vorbild der Humanität. Die eschatologische Ankündigung wird – als zeitbedingt – zurückgedrängt, soweit man nicht den Begriff des → Reiches Gottes (: II) im Sinne eines zeitlosen Ideals deuten kann. Die Lücken in den erhaltenen Berichten werden durch psychologische Kombinationen aufgefüllt. Die Geschichte von der Taufe Jesu wird im Sinne eines Berufungserlebnisses gedeutet, diejenige von der Versuchung als Prozeß der inneren Klärung. Man unterscheidet Etappen der inneren und äußeren Entwicklung: die ersten Erfolge in Galiläa, Zulauf der Massen, dann deren Abwendung, die Krisis, welche J. zum Entschluß führt, nach Jerusalem zu ziehen, nachdem bei seinen Jüngern der Glaube durchgebrochen ist, er sei der Messias, endlich die Katastrophe.

Die → *»Religionsgeschichtliche Schule«* protestiert gegen alle Tendenzen, die Ideen Jesu zu modernisieren. Sie stellt diese gerade in ihrer Zeitbedingtheit dar und betont die zentrale Bedeutung der → Eschatologie (: IV, 3) in seinem Denken (J. → Weiß, A. → Schweitzer). Es ist nicht möglich, das Reich Gottes als »inneres Reich der Sinnesänderung« zu verstehen. Es wird nach Jesu Meinung als kosmische Katastrophe einbrechen, und zwar in Bälde. Damit ist sowohl die Frage nach Jesu Selbstbewußtsein neu gestellt als auch die nach der möglichen Gegenwartsbedeutung seiner Aussagen. – Gleichzeitig mit der religionsgeschichtlichen Motivforschung macht die Analyse der Quellen Fortschritte. Man erkennt immer klarer, daß die Evangelien nicht historische Referate, sondern Glaubensurkunden sind. W. → Wrede erkennt das »Messiasgeheimnis« als »Gemeindetheologie«. Der historische J. habe sich nicht als Messias gewußt; entsprechend trage die authentische Überlieferung noch keinen messianischen Charakter. Die Gemeinde, die – auf Grund der Ostererlebnisse (→ Auferstehung Christi: I) – an seine Messianität glaubte, glich den Widerspruch zwischen dem Überlieferungsbefund und ihrem Glauben durch die genannte Theorie aus: J. wußte sich als der Messias; aber er hielt es geheim. Damit war die Frage nach dem Verhältnis zwischen eigener Lehre Jesu und den christologischen Aussagen der nachösterlichen Kirche gestellt. Die Zuversicht der »Liberalen« wich der Skepsis der »Religionsgeschichtler«. – Ein weiterer Schritt wird getan, als diese zur *methodischen* Skepsis wird, als man den Anteil der Gemeinde an der Gestaltung der Evangelien durch methodische Analyse zu bestimmen sucht. Das geschieht durch die Formgeschichte (→ Evangelien, formgeschichtlich; K.L. → Schmidt, M. → Dibelius, R. → Bultmann; s.u. 2). Der »Rahmen der Geschichte Jesu« erweist sich als sekundäre, literarische Redaktion. Damit ist es nicht mehr möglich, die Reihenfolge der Ereignisse im Leben Jesu festzustellen, eine Biographie Jesu zu schreiben und ein Bild seiner Gestalt zu entwerfen. Dieses Ergebnis wurde je nachdem als Zerstörung empfunden (von der Leben-Jesu-Theologie des konservativen wie des liberalen Typs) oder als Befreiung (dialektische Theologie, sofern nun anstelle des »historischen J.« der »Christus des Glaubens« sichtbar wurde;

wurden die Evangelien nicht mehr primär als historische Quellen ausgebeutet, so trat desto deutlicher ihr »Christuszeugnis« zutage). – Natürlich war das *systematische* Problem des »historischen J.« durch die Tatsache, daß das Quellenmaterial auf ein Minimum zusammengeschmolzen war, nicht erledigt. Es mußte sich irgendwann wieder melden, auch wenn es zunächst in den Hintergrund trat. Es war schon ein Symptom, daß alle drei führenden Formgeschichtler eine J.-Darstellung schrieben (→ Jesusbild der Gegenwart; für K.L.Schmidt vgl. RGG[2] III, 110ff).

Allerdings hat sich die formgeschichtliche Methode nur teilweise durchgesetzt. Außerhalb Deutschlands wird sie weithin abgelehnt oder auf formale Klassifizierung des Überlieferungsstoffes eingeschränkt (also ungeschichtlich verstanden; V.Taylor). Man bestreitet, daß sich aus ihr historische Echtheits- und Unechtheitsurteile ergeben. Die Geschichtlichkeit des Markus-Aufrisses wird im allgemeinen festgehalten, ebenso der historische Charakter des Messiasgeheimnisses. Auf Grund des Eindrucks, die Formgeschichte habe in eine Sackgasse bzw. übertriebene Resignation geführt, versucht man aufs neue, zu einer konstruktiv-synthetischen Darstellung zu kommen. R. → Otto glaubt, durch religionsgeschichtliche Motivforschung die Struktur des Selbstbewußtseins Jesu erfassen zu können. Entsprechendes unternimmt die Schule der »realized eschatology« (C.H. → Dodd, W. Manson, T.W. → Manson) von einem neuen Gesamtverständnis der Reich-Gottes-Botschaft her. Offenbar bahnt sich zZ ein weitreichender internationaler Konsensus an: J. verstand sich im Sinne einer Synthese der Menschensohn- und der Gottesknechtidee, die er mit dem Reich-Gottesgedanken verband und an seine eigene Person knüpfte. Dadurch erklärt sich sowohl seine Bindung an die jüdische messianologische Tradition als auch das spezifisch Neue seiner Aussagen und seines Gebrauches der alten Begriffe. Aus diesem Selbstverständnis begreift man seine Selbstverhüllung (sc. das Messiasgeheimnis, das nun wieder als historischer Tatbestand anerkannt wird) wie sein Bewußtsein, zum Leiden bestimmt zu sein, ebenso Form und Inhalt seiner Ethik. Endlich kann so auch der Graben aufgefüllt werden, den die Formgeschichte aufgerissen hatte: derjenige nämlich zwischen der Lehre Jesu und dem Glauben der Gemeinde. Die Formgeschichte hatte kein anderes Verbindungsglied zeigen können als die Ostererlebnisse der Jünger. Die neue Hypothese glaubt zeigen zu können, daß der → Glaube (: III) der Gemeinde in der Substanz, nämlich in der Auffassung der Person Jesu, auf diesen selbst zurückgeht. Damit kann eine geschichtliche Linie durchgezogen werden. Die große Aporie der bisherigen Leben-Jesu-Forschung ist beseitigt. Es ergibt sich der Eindruck, die Forschung sei auf einem weitgespannten Kreisbogen wieder zu ihrem Ausgangspunkt zurückgekehrt: das Messiasbild der Dogmatik scheint in wesentlichen Zügen auf J. selbst zurückgeführt zu sein; der Glaube scheint damit ein historisches Fundament gewonnen zu haben. Es bleibt aber – ganz abgesehen von der *systematischen* Frage, ob damit die Beziehung des Glaubens zur Geschichte richtig verstanden ist – die *historische*, ob dieses neue J.-Bild an den Quellen verifiziert werden, ob es sich gegenüber der Formgeschichte *methodisch* rechtfertigen kann. Die bisherigen Versuche in dieser Richtung (W.Manson) vermögen nicht zu überzeugen. Es macht bedenklich, daß man unbekannte Faktoren postulieren (zB esoterische Belehrungen an die Jünger) und das Gesamtbild des Selbstbewußtseins Jesu schließlich doch wieder mit Hilfe psychologischer Erwägungen oder durch Annahme einer Entwicklung herstellen muß. Damit greift man über die Quellen hinaus. Was also ergeben diese?

2. Das *außerchristliche* Quellenmaterial (vorgelegt bei Klausner 13ff und Goguel 20ff) ist überaus dürftig: es bestätigt, daß man an der Geschichtlichkeit der Person Jesu nirgends gezweifelt hat, aber es ergibt nichts an konkretem Wissen über ihn. Das Material gliedert sich in zwei Gruppen: Erwähnungen Jesu bei antiken Historikern und solche im talmudischen Schrifttum.

a) Beim Bericht über den Brand Roms (unter Nero) erwähnt *Tacitus* (Ann. XV, 44) die dadurch ausgelöste → Christenverfolgung und vermerkt dabei, daß dieser »Name«, dieser »verheerende Aberglaube« auf »Christus« zurückgehe; dieser sei unter Pontius Pilatus zum Tode verurteilt worden. Das ist nicht mehr, als man in Rom überall erfahren konnte. Von der Geschichte der Ausbreitung des Christentums hat Tacitus nur eine vage Vorstellung. Er hält, wie der jüngere Plinius und offenbar die ganze römische Öffentlichkeit, »Christus« für den Eigennamen. – Unsicher ist, ob die Notiz bei *Sueton* (Claud. 25, 4) auf J. zu beziehen ist: Claudius habe die Juden aus Rom ausgewiesen, da unter ihnen auf Anstiften eines gewissen Chrestus Unruhen ausgebrochen seien. Handelt es sich hier um eine verworrene Kunde vom Eindringen des Christentums in Rom? Jedenfalls weiß Sueton nichts Genaues; er ist offensichtlich der Meinung, dieser Chrestus sei persönlich in der Stadt aufgetreten. – Bedeutsamer sind zwei Stellen bei → *Josephus:* Ant. XVIII, §§ 63f; XX, § 200. Die erste Stelle (das sog. »Testimonium Flavianum«) ist zum mindesten in seiner jetzigen Gestalt eine christliche Interpolation. Meist wird angenommen, daß wenigstens ein echter Grundbestand vorhanden sei. Dagegen spricht jedoch die bisher nicht gewürdigte Tatsache, daß die Stelle nach einem Schema des christlichen Kerygmas (und zwar dem lukanischen) aufgebaut ist. Sie ist also *als ganze* nachträglich eingesetzt. Dagegen wird XX, 200 auf Josephus zurückgehen. Die Stelle handelt von der Hinrichtung des → Jakobus i.J. 62 nChr; dieser wird als Bruder Jesu eingeführt: τὸν ἀδελφὸν Ἰησοῦ τοῦ λεγομένου Χριστοῦ. Josephus bezeichnet J. hier mit dem »Namen«, unter dem er seinem römischen Publikum bekannt ist. – Der manchmal genannte *Thallus* kommt als Zeuge nicht in Betracht (s. FGH Nr. 256). Ebenso scheiden einige monumentale Zeugnisse als Quellen aus: das »Diatagma Kaisaros« und Ossuarien aus Jerusalem, auf denen sich der Name »J.« findet (→ Christentum: I, 2).

b) Der Inhalt der wichtigsten Erwähnungen Jesu im → *Talmud* besagt etwa folgendes (Klausner 55ff): J. von Nazareth trieb Zauberei; er verführte Israel, spottete über die Worte der Weisen, hatte fünf (!) Jünger; er wurde am Vorabend des Passa gehängt (bSanh 43a). Er war ein uneheliches Kind von einem römischen Soldaten Panthera. Von Wert ist lediglich die Tatsache, daß Jesu Existenz nirgends bezweifelt wird. Daß seine Wunder nicht bestritten werden, besagt angesichts der Art dieser Texte nichts.

Unter den *christlichen* Quellen außerhalb der Evangelien stehen an erster Stelle die verbreiteten kerygmatischen Formulierungen, welche den Tod Jesu erwähnen (→ Formen: II, 2a), und die → Agrapha, zerstreute Worte Jesu. Allerdings gewinnen wir für das Verständnis der Lehre Jesu aus den Agrapha nichts Wesentliches, zumal die Echtheit in keinem Falle erwiesen werden kann (gegen J.Jeremias). Es bleiben also die vier kanonischen Evangelien, von diesen wieder im wesentlichen die Synoptiker, deren gegenseitiges Verhältnis durch die »Zweiquellentheorie« geklärt ist (s. 1). Bei ihrer Auswertung ist die durch die Formgeschichte erkannte Tatsache zu berücksichtigen, daß der zeitliche und geographische Aufriß des MkEv nicht alte Tradition, sondern literarische Redaktion ist (→ Evangelien, formgeschichtlich, 2).

Als primäre Quellen sind also nur die in den jetzigen literarischen Rahmen eingebauten *Einzelüberlieferungen* zu benützen. Auch bei diesen ist von Fall zu Fall nach der »Echtheit« zu fragen, zumal ein Teil der Erzählungen »ideale Szenen«, nicht historische Ereignisse darstellt (Bultmann). Damit entfällt für einen großen Teil der Überlieferung die Möglichkeit, den genauen Ort im Leben Jesu zu fixieren. Wir kennen nicht mehr die Reihenfolge der Ereignisse und können vor allem keine äußere und innere Entwicklung rekonstruieren. – Nicht nur die Evangelien als ganze sind Glaubenszeugnisse, sondern schon die einzelnen Traditionsstücke. Darum haben sie kein Interesse am »Porträt«. Man erfährt nichts über das Aussehen, den menschlichen Charakter Jesu, seine Gewohnheiten, nichts über das Alltägliche in seinem Leben. – Der Einblick in diesen Charakter der Tradition verwehrt die psychologisch-biographische Auswertung eines großen Teils des Stoffes. Das gilt bes. von den Epiphanien (Taufe, Verklärung); die Berichte verraten schlechterdings nichts über innere Erlebnisse Jesu; sie sind aus dem Glauben der Gemeinde, aus der nachösterlichen Perspektive entworfen. Dasselbe ist von den Vorhersagen über sein »Leiden« zu sagen. Sie stellen nicht eine klarsichtige Beurteilung der Lage dar; sie sind vielmehr *dogmatische* Aussagen über die *Notwendigkeit* des Leidens, wie sie von der Gemeinde nach seinem Tod begriffen wurde.

Was kann also als echt (im Sinne des historischen »Faktums«) angesehen werden? Im einzelnen Fall ist keine methodische Sicherheit zu gewinnen. Doch besitzen wir einige feste Anhaltspunkte. Dazu gehört von den *Ereignissen* eine Reihe von Szenen, deren Echtheit nicht anzufechten ist, vor allem der Grundbestand der Passionsgeschichte (s. 11). Für die Rekonstruktion der *Lehre* (s. 10) gilt der methodische Grundsatz: als echt ist anzusehen, was sich weder in das jüdische Denken einfügt noch in die Anschauungen der späteren Gemeinde. Es handelt sich vor allem um Worte, die ein unwiederholbares Situationsbewußtsein aussprechen. Zu diesem Grundsatz treten Beobachtungen an der *Form*. Sie sichern vor allem die Echtheit des Kernbestandes der → Gleichnisse (: II, 3). Dieser hebt sich durch Stil (Erzählungsform, Bildmaterial) wie Gedanken klar von allen jüdischen Parallelen ab und spiegelt ein scharf profiliertes Selbstbewußtsein, in welchem Lehren und Handeln (Wunder) als unlösbare Einheit aufgefaßt sind.

3. J. bewegt sich so gut wie ausschließlich im Rahmen des palästinischen → Judentums (: I). Obwohl Palästina von hellenistischen Städten umgeben und durchsetzt ist, haben diese in den Evangelien keinen Eindruck hinterlassen. Das ein paar Kilometer von Jesu Heimat → Nazareth entfernte Sepphoris wird nicht einmal erwähnt. In der ältesten Schicht der synoptischen Tradition bemerkt man keinen Einfluß hellenistischer Ideen (philosophische Weltbetrachtung, Naturbegriff, Ethik/Tugendlehre usw). Das Material seiner Gleichnisse gewinnt J. aus dem jüdischen Milieu. Seine Bildung ist ausschließlich jüdisch, seine Muttersprache ist das Aramäische (→ Aramäisches in der Bibel: II). Die politischen Verhältnisse (Rom, die Zöllner) sind aus der jüdischen Perspektive gesehen, aber sie gewinnen kein eigenes Interesse. Wo das politische Thema auftaucht, da wird es sofort als Problem abgewiesen (Gespräch über den »Zinsgroschen« Mk 12, 13ff); von den Machthabern ist nur am Rande die Rede, bis sie in der Passion als Akteure in Jesu eigenes Leben eingreifen.

Jesu Heimatlandschaft, → Galiläa, wird von den Judäern nicht als vollwertig anerkannt. Diese Verachtung benützt die spätere Tradition als Motiv, um daran den paradoxen Charakter der Offenbarung darzustellen (Mt 4, 12ff). Die Landschaft war (seit den ersten Deportationen durch die Assyrer) stark überfremdet worden. Doch dürfte sie in ihrem ländlichen Kern stets vorwiegend jüdisch geblieben sein (Alt II, 436ff); von den Makkabäern war sie rejudaisiert worden. Bei Josephus erscheint sie als ein Zentrum politischer Aktivität (Judas der Galiläer). Aber Jesu Lehre läßt sich nicht kausal aus den dortigen wirtschaftlichen (Latifundien) und politischen Verhältnissen ableiten. Wenn er in seinen Gleichnissen Bilder aus dem Wirtschaftsleben aufgreift, geschieht das ohne polemische Note.

Das religiöse Denken des zeitgenössischen Judentums ist durch die Probleme des → Gesetzes (: III) und der → Eschatologie (: III) beherrscht. Das Bild wurde neuerdings durch die Funde von → Qumran bereichert. Bedeutsam ist bes. die »Tora-Verschärfung« (H.Braun) der Qumrangruppe, die mit eschatologischer Naherwartung verbunden ist, ihre Lösung vom Tempelkult, die Idee vom neuen Bund und wahren Gottesvolk der Endzeit, das Gemeinschaftsleben, das sich in den gemeinsamen Mahlzeiten darstellt. Damit sind freilich auch schon die Unterschiede bezeichnet: bei J. wird der Gehorsam gerade nicht zur regulierten Observanz; die Qumranleute scheiden sich sichtbar von den Sündern und lehren den Haß gegen die »Kinder der Finsternis«; J. wendet sich zu den Sündern. Jene stellen das endzeitliche Gottesvolk in ihrer Gruppe *direkt* dar. Gerade das verweigert J. Die Zugehörigkeit zum Gottesvolk wird nicht organisiert. Sie wird einfach durch die Buße vollzogen und wird beim jüngsten Gericht zutage treten.

Ein Sonderproblem ist das Verhältnis → Johannes »des Täufers« zu der Gruppe von Qumran. Schon die räumliche Nähe (Wüste/Jordan) fällt auf. Auch er radikalisiert den Gedanken des Gehorsams, motiviert das mit der Naherwartung und ruft Israel zur Buße. Aber er gründet keine Organisation, der ein Heilssinn zugeschrieben wird; er treibt → Askese (: IV, 1), aber er macht sie nicht zur Bedingung des Heils. An die Stelle der ständigen rituellen Reinhaltung tritt die einmalige → Taufe (: II). An diese negativen Sachverhalte kann J. dann anknüpfen. Mit der Predigt des Täufers ist die äußerste Grenze der jüdischen Möglichkeiten erreicht, und J. ist sich dessen bewußt (Mt 11, 7ff; vgl. Lk 16, 16). Genau an dieser Stelle tritt er selber an.

4. Die Evangelien bieten nur eine einzige direkte Jahresangabe (zur *Chronologie* vgl. → Christentum: I, 6): nach Lk 3, 1f trat der Täufer im 15. Regierungsjahr des Kaisers Tiberius auf, dh wahrscheinlich 28 nChr (E.Stauffer, ThLZ 75, 1950, 226). Aber wir wissen nicht, wie Lukas zu diesem Datum kommt (durch eigene Berechnung? durch eine Quelle?); der Synchronismus, in welchem die Angabe steht, ist zudem durch Unstimmigkeiten belastet. Unklar ist weiter der Zeitraum vom Auftreten des Täufers bis zu demjenigen Jesu; freilich denkt ihn sich Lukas offenbar nur als kurz; er will mit diesem Datum wohl auch Jesu eigenes Auftreten bestimmen (mit Goguel). Bleibt also das genaue Jahr unsicher, so ist doch der ungefähre Zeitpunkt richtig angegeben. Denn das Datum stimmt zu den Angaben über andere Personen. Wir kennen die Regierungszeiten → Herodes' d.Gr. (bis 4 vChr), seiner Söhne Archelaus (bis 6 nChr), Herodes Antipas, des Landesherrn Jesu (bis 39 nChr; vgl. Lk 13, 31ff; 23, 6ff), und Philippus (bis 34 nChr; Mk 6, 17, wo freilich eine Verwechslung vorliegt). → Pilatus war 26–36 nChr Statthalter. Der oben erwähnte Synchronismus und die Passionsgeschichte nennen die Hohenpriester → Hannas (6–15 nChr, auch nachher einflußreich) und → Kaiphas (18–36 nChr). – Infolge der Dürftigkeit chronologischer Angaben und des Fehlens einer zeitlichen Anordnung des Überlieferungsstoffes wissen wir

nicht, *wie lange* J. öffentlich auftrat. Das JohEv weiß von drei Passa-Festen (Joh 2, 13. 23; 6, 4; 11, 55; das nicht näher bezeichnete Fest 5, 1 ist mit dem Passa von 6, 4 identisch, da c. 5 und 6 umzustellen sind); außerdem nennt es noch ein Laubhütten- (7, 2) und ein Tempelweihfest (10, 22). Johannes denkt also an einen Zeitraum von über zwei vollen Jahren. Die Synoptiker dagegen wissen nur von dem *einen* Todespassa und geben keine Anhaltspunkte für eine Berechnung des vorausgehenden Zeitraumes. – Zugunsten der johanneischen Datierung könnte man anführen, daß diejenige des Markus offenbar mit dem strengen *räumlichen* Schematismus seines Buches zusammenhängt, der wiederum einen *theologischen* Sachverhalt symbolisiert (E.Lohmeyer): Galiläa ist das niedrige Land der eschatologischen Verheißung, Jerusalem aber der Ort der Feindschaft. Dieses Schema läßt es nicht zu, daß J. in dieser Stadt auftritt, ohne sogleich von ihr getötet zu werden. Damit ist freilich die Richtigkeit der johanneischen Chronologie noch nicht erwiesen, und man wird ihr gegenüber vorsichtig sein, wenn man sieht, daß die Angaben über die Passa-Feste durchweg redaktionell sind und zur jungen Schicht des Buches gehören. Man kann sich fragen, ob nicht auch im JohEv noch eine Quelle durchschimmert, welche mit einem *ein*jährigen Ablauf rechnete. – Auch Beobachtungen an einzelnen Logien (daß etwa die Episode vom Ährenausraufen Mk 2, 23ff vor der Ernte, also um die Passa-Zeit spielen müsse) führen nicht weiter. Das Wort Mt 23, 37/Lk 13, 34 scheint darauf hinzudeuten, daß J. – entgegen der synoptischen Darstellung – mehrmals in Jerusalem aufgetreten sei. Aber es ließe sich auch auf einen einmaligen, längeren Aufenthalt deuten. Denn die uns geläufige Vorstellung von der *einen* Passionswoche als Dauer des dortigen Aufenthaltes ist ebenfalls ein redaktionelles Schema des Markus (Lukas hat es nicht übernommen). In Wirklichkeit kann aber das Wort überhaupt nicht ausgewertet werden, weil es sich um kein historisches Wort Jesu handelt; ursprünglich spricht ein übergeschichtliches Subjekt, nämlich die Weisheit.

Immer wieder wird versucht, *astronomische* Fixpunkte zu finden. Vor allem zwei Stellen laden dazu ein: die Legende vom Stern der Magier (Mt 2, 1ff) und die Passionsgeschichte. In dem Stern der Magier findet man eine Anspielung auf die Konjunktion von Jupiter und Saturn im Sternbild der Fische i.J. 7 vChr. Aber dabei ersetzt man willkürlich den Bericht von einem wandernden Wunderstern durch die Konstellation, und zweitens ist auch damit das Geburtsjahr Jesu nicht ermittelt. Denn der Zusammenhang von Legende und astronomischer Erscheinung wäre dann so zu erklären, daß man *später* die Geburt Jesu mit derselben verknüpfte. Es ist zudem unsicher, ob J. überhaupt zur Regierungszeit Herodes' d.Gr. (also vor 4 vChr) geboren ist.

Auf besserem geschichtlichem Boden befinden wir uns bei der Datierung der *Passion*. Die Überlieferung (Synoptiker und JohEv) stimmt darin überein, daß J. an einem Freitag starb und am Sonntag auferweckt wurde (Mk 15, 42; Mt 27, 62; Lk 23, 54; Mk 16, 1 par; Joh 19, 31; 20, 1). Freilich war dieser Freitag nach den Synoptikern der 15., nach Johannes der 14. Tag des Passamonats Nisan, also *dort* der erste Tag des Festes selbst, *hier* der Vortag, an dessen Abend man das Passa-Lamm ißt (vgl. für die Synoptiker Mk 14, 12ff, für Joh: 13, 1. 29; 18, 28; 19, 31). Beide Datierungen zu harmonisieren ist nicht möglich (auch nicht mit Hilfe der Annahme, daß hier und dort ein anderer Kalender verwendet sei). Für die Synoptiker spricht die allgemeine Erwägung, daß ihre Darstellung den Tatsachen näher steht als die johanneische. Ihre Chronologie wäre als richtig erwiesen, wenn Jesu letztes Mahl wirklich ein Passamahl war (→ Abendmahl: I, 6). Aber als solches ist es erst im sekundären Rahmen des Einsetzungsberichtes aufgefaßt. So muß man mit der Möglichkeit rechnen, daß man nachträglich Jesu Tod auf den 15. Nisan verlegte, um das Abendmahl als Passa darstellen zu können, wobei man in Kauf nahm, daß die Hinrichtung dann am Festtage erfolgte (immerhin kann man nicht mit Sicherheit behaupten, das sei unmöglich; Dalman, J.Jeremias). Im allgemeinen wird die johanneische Chronologie vorgezogen, zumal sie auch Mk 14, 1f noch durchzuschimmern scheint (Dibelius). Freilich steckt auch in ihr ein christologisches Motiv: J. wird zu dem Zeitpunkt hingerichtet, da man die Passalämmer schlachtet, dh er stirbt als das wahre Passalamm (Joh 19, 36; vgl. 18, 28). – In welchem *Jahr* fiel der 14. oder 15. Nisan auf einen Freitag? Die Frage ist leider nicht mit Sicherheit zu beantworten, da der Beginn des Frühlingsmonats Nisan nicht astronomisch berechnet, sondern empirisch – durch Beobachtung des Neulichts – ermittelt wurde. Eine Möglichkeit ist: Freitag 15. Nisan 30 = 7. April 30 (schwächere Möglichkeit: Freitag 14. Nisan 30); über weitere Möglichkeiten vgl. die Tabelle bei J.Jeremias, Abendmahlsworte 16.

Nach Lk 3, 23 war J. bei seinem Auftreten etwa 30 Jahre alt. Doch ist die Angabe zu allgemein gehalten und taucht zu spät auf, um ausgewertet zu werden. Joh 2, 20 erwähnt das 46. Jahr des herodianischen Tempelbaus, dh das Jahr 27/28. – Nach alledem fällt also Jesu Auftreten in die Zeit um 30 nChr. Eine solche Fixierung ist für die Zwecke des Historikers hinreichend genau.

5. Nach der ältesten Überlieferung stammt J. aus Nazareth in Galiläa. Zwar wird dieser Name in Mk 6, 1 (wo J. in seine πατρίς kommt) nicht genannt, aber nur deswegen nicht, weil er für Markus selbstverständlich ist, Mk 1, 9; Markus nennt J. »Nazarener« (1, 24; 10, 47; 14, 67; 16, 6). → Bethlehem erscheint lediglich in den beiden Legendenkränzen am Anfang des Mt- und LkEv; es ist nicht der historische, sondern der von einer bestimmten Christologie postulierte Geburtsort. Die Legenden, in denen sie sich darstellt, können nur unter Voraussetzung ihrer Ungeschichtlichkeit sinnhaft interpretiert werden. Beide Evangelisten stimmen in den christologischen Motiven überein: J. ist Davidssohn und Jungfrauensohn. In allem Detail gehen sie auseinander. Nach Matthäus wohnen → Joseph und → Maria zunächst in Bethlehem. Erst nach der Geburt Jesu ziehen sie – über Ägypten – nach Nazareth; das ist eine künstliche Konstruktion ad hoc. Nach Lukas kommen sie – auf Grund des berühmten Zensus-Erlasses – von Nazareth zur Registrierung nach Bethlehem. Lukas hat vom Zensus keine zutreffende Vorstellung; das gilt sowohl für das Datum als auch für die Art der Durchführung desselben. Der erste Zensus in Judäa (nicht Galiläa!) fand i.J. 6/7 nChr (!) statt. An dieser eindeutigen Angabe des Josephus (Ant. XVII, 13, 5; XVIII, 1. 2; XX, 5, 2; Bell. Jud. VII, 8, 1) ist festzuhalten. Denn nur sie stimmt zur geschichtlichen Situation (Übernahme von Judäa in unmittelbare römische Verwaltung nach der Absetzung des Archelaus 6 nChr). Die Versuche, einen früheren Zensus (noch unter Herodes d.Gr.) nachzuweisen, sind mißlungen (mit Braunert gegen Instinski); sie können sich lediglich auf Lukas selbst stützen und arbeiten mit einer petitio principii; sie wollen einer Legende, die sich hierfür nicht eignet, historische Daten abzwingen; dabei ist der literarische Charakter dieser Erzählungen nicht beachtet. Zudem weiß Lukas selber nur von *einem* Zensus (Apg 5, 37) und gibt dessen Bestimmungen ungenau wieder (gegen Braunert).

Die ältesten Aussagen über Jesu *Abstammung* stehen in bekenntnishaften Sätzen, welche ihn als Davidssohn bezeichnen (Röm 1, 3f; 2Tim 2, 8; vgl. Mk 10, 48; 11, 10; 12, 35ff). Das ist zunächst ein Theologumenon; später sucht man es durch Aufstellung von Stammbäumen historisch zu verifizieren (Mt 1, 1ff; Lk 3, 23ff); deren Ungeschichtlichkeit ergibt sich schon aus dem Blick auf das benützte at. Material; untereinander stimmen sie nicht überein und sind nicht zur Deckung zu bringen. Ursprünglich führen sie auf Joseph als den Vater Jesu. Später werden sie mit dem Motiv der Jungfräulichkeit der Maria (ante partum) kombiniert. Beide Motive (J. als Davidssohn und als Jungfrauensohn) rechnen nicht mit der → Präexistenz Christi (: I). Sachlich konkurrieren die Geschichten von der → Jungfrauengeburt (: I) mit denen von der Taufe und von der Verklärung: sie berichten ursprünglich alle jeweils die *erste* Stiftung der Gottessohnschaft Jesu. Die Notizen bei Euseb h.e. III, 20 (aus Hegesipp) über eine Vorladung von Verwandten Jesu vor Domitian können nicht die Beweislast dafür tragen, daß sich die Familie Jesu schon vor seinem Auftreten als davididisch gewußt habe. – Zuverlässige Nachrichten über die Familie Jesu sind spärlich. Wir erfahren den Namen seiner Mutter → Maria, hören von Brüdern und Schwestern (Mk 6, 1ff, vgl. Mt 13, 55f), von Jesu (oder seines Vaters? die Lesarten gehen auseinander) Beruf (τέκτων, Mk 6, 3). Mutter und Geschwister gehören zu seinen Lebzeiten nicht zu seinen Anhängern (Mk 3, 21. 31). Nach seiner Auferstehung erscheint J. seinem Bruder → Jakobus (1Kor 15, 7); von da an spielt dieser eine hervorragende Rolle in der Gemeinde (Gal 2, 9), ebenso weitere Brüder (1Kor 9, 5); nach Apg 1, 14 gehörte auch Maria zur Gemeinde, ohne aber in ihr hervorzutreten. Paulus erwähnt sie nicht. – Über die Jugend und innere Entwicklung Jesu erfahren wir gar nichts (auch hier trat wenigstens *eine* Legende in die Lücke: die vom Zwölfjährigen, Lk 2, 40ff).

6. Der *geographische* Rahmen des (ältesten) MkEv ist eine redaktionelle Konstruktion nach dem Schema: Aktion in Galiläa, Passion in Jerusalem (mit der Reise Mk 10 als Übergang; Lohmeyer). Selbstverständlich stehen dahinter geschichtliche Nachrichten; Markus hat das Schema anhand von Überlieferungsstoff entworfen, der in Galiläa spielte (Marxsen). So ist vor allem → Kapernaum fest in der Tradition verankert. Markus hat sein Material dann zT in Form von Reiserouten verarbeitet. Dh: wir kennen Orte Jesu, nicht aber seine Wege im einzelnen. – Es besteht also kein Zweifel, daß J. zuerst in Galiläa auftrat. Von da stammt der Kern seiner Anhänger (Mk 14, 70), auch nach Johannes (1, 44). Der Weg Jesu von Galiläa nach Judäa spiegelt sich auch im Mt- und LkEv, obwohl hier das markinische Itinerar gründlich umgearbeitet wurde. Bei Johannes weisen einige Traditionen auch nach Samaria (c. 4). Dagegen dürfte der große »Reisebericht«, der das Mittelstück des LkEv bildet, nicht in Samaria, sondern in Galiläa und Judäa zu lokalisieren sein, wobei man sich bewußt sein muß, daß er als ganzer eine Konstruktion des Lukas ist. – Der Raum ist in doppelter Hinsicht bedeutsam: J. zieht sich nicht aus der Welt in die Wüste zurück. Darin tritt eine Auffassung von seiner Aufgabe zutage, die sich von der des Täufers klar abhebt. Und er wendet sich nicht an die Welt im allgemeinen, sondern an sein Volk. Er entwirft kein Programm der Weltmission, sondern ruft Israel zur Bekehrung. Für die Heiden erwartet er die wunderbare Sammlung der Völker durch das direkte Eingreifen Gottes selbst (J.Jeremias; vgl. Mt 8, 11f/Lk 13, 28f). Er vertritt nicht einen theoretischen (!) → Universalismus (: III); die Erwählung Israels wird nicht bestritten, sondern ist vorausgesetzt (dies die relative Wahrheit des judenchristlichen Logions Mt 10, 5f, vgl. 15, 24). Sachlich freilich drängt die Radikalität seines Bußrufs auch zum *bewußten* Universalismus. In dieser Richtung wird sie nach Ostern wirksam. Hier liegt ein bedeutsames Moment der Kontinuität zwischen J. selbst und der späteren Gemeinde. Zunächst aber, bei J. selbst, wirkt sich die Universalität indirekt, als die kritische Entsicherung Israels aus: seine Erwählung ersetzt nicht die Buße. Diese ist die einzige Bedingung des Heils.

7. Alle vier Evangelien berichten, daß J. von → Johannes dem Täufer getauft wurde. Zwar ist der Bericht davon in seiner jetzigen Form Legende. Es bleibt aber als geschichtlicher Tatbestand, daß J. aus der Bewegung des Täufers hervorgeht, also dessen Ankündigung des Gottesreiches und Bußruf anerkannte. Genaueres über das Verhältnis beider wissen wir nicht. Über den Zeitpunkt des Auftretens Jesu im Verhältnis zum Täufer widersprechen sich die Synoptiker und das JohEv. Nach Johannes überschneidet sich das Wirken beider zeitlich; nach Mk 1, 14 tritt J. erst nach der Gefangennahme des Täufers in die Öffentlichkeit, dh er tritt in die gebrochene Bresche. Im Sinne des Markus ist dadurch der Täufer als der heilsgeschichtliche »Vorläufer« dargestellt. Auch das Nebeneinander im JohEv hat symbolischen Sinn: in ihm kommt das Gesetz zur Darstellung, das Joh 3, 30 formuliert ist: »Er muß wachsen, ich muß abnehmen«. – Von der gesamten christlichen Überlieferung wird der Täufer als Vorläufer aufgefaßt; nirgends aber erscheint er als *Anhänger* Jesu. Seine Stellung zu J. spiegelt sich in Mt 11, 2ff/Lk 7, 18ff. Freilich handelt es sich um eine Gemeindebildung, die J. als den *Verheißenen* darstellen soll. Wir wissen also nicht, ob und wie sich der Täufer über J. äußerte. Dagegen muß sich J. seinerseits zu jenem positiv gestellt haben. Denn nirgends wird der Täufer bekämpft. Polemik findet sich nur gegen solche Anhänger des Täufers, die ihn selber als den Messias predigen und damit zum Christentum in Konkurrenz treten (Joh 1, 8. 19ff). Jesu Stellungnahme ergibt sich ja schon aus der Tatsache, daß er – bei aller Selbständigkeit – Eschatologie und Bußpredigt des Täufers weiterführt. Dabei wird allerdings sofort auch sein radikal neuer Ansatz sichtbar, wenn er aus der Wüste in die Siedlungen zurückkehrt, wenn er die asketische Lebensweise des Täufers nicht übernimmt (Mt 11, 19/Lk 7, 34) und nicht tauft (trotz Joh 5, 22; vgl. 4, 1). Er ruft nicht zu sich hinaus, sondern sucht seinerseits die Menschen auf, als der Arzt, der sich zu den Kranken gerufen weiß. Zum neuen Stil gehört die Hilfeleistung durch das → Wunder (vom Täufer werden keine Wundertaten berichtet). Lehren und Verhalten, Wort und Tat, *Ankündigung* und vorgreifende *Verwirklichung* des Heils bilden eine Einheit. Wie sich dieses Selbstbewußtsein in J. psychologisch entwickelte (etwa, indem er seine Wunderkraft erfuhr), ist höchstens noch zu vermuten. Denn J. sprach darüber nicht; er verwirklichte das, wozu er sich berufen wußte.

8. Daß J. einen *Kreis von engeren Anhängern* um sich sammelte, ist selbstverständlich. In alten Traditionsstücken erscheint er von solchen umgeben (Mk 9, 14ff; 10, 13f usw). Einzelne heben sich heraus (→ Petrus, die Zebedaiden, zB Mk 10, 35ff), ohne doch als Persönlichkeiten plastisch zu werden. Die spätere Überlieferung hat das Bild dahin stereotypiert, daß J. nun ständig von diesem Kreis umgeben scheint, während er doch in alten Traditionsstücken meistens *allein* auftritt (vgl. die Spannungen zwischen Rahmen und alter Tradition an Stellen wie Mk 1, 21 usw; Bultmann, Gesch. der synopt. Tradition 368f). Als engere Gruppe heben sich die »Zwölf« heraus, auf die später der → Apostel-Titel übertragen wurde. Sie sind schon für Paulus ein fester Begriff (1Kor 15, 5). Die Konstituierung dieses Kreises ist Mk 3, 13ff erzählt; doch ist dieser Bericht nichts anderes als ein Apostelkatalog, der oberflächlich in Erzählungsform gebracht

ist. In concreto tritt dieser Kreis nicht in Aktion. Zwar wird von einer »Aussendung« berichtet (Mk 6, 6ff); aber konkrete Aufträge, Erlebnisse und Ergebnisse können nicht angezeigt werden. Die Zwölf wirken weithin wie Statisten. Man hat darum schon bezweifelt, ob diese Gruppe - als geschlossene - schon zu Lebzeiten Jesu bestand und nicht vielmehr erst durch eine Erscheinung des Auferstandenen zusammengerufen wurde (1Kor 15, 5; Vielhauer; vgl. Goguel 213ff), zumal ihr Verhältnis zu den »Jüngern« im weiteren Sinn unklar ist (Mk 3, 14; 4, 10-12; vgl. Bultmann aaO). *Für* die Existenz der Gruppe schon vor Ostern führt man an: Die Gestalt des Verräters (→ Judas) als Mitglied derselben wäre nicht erfunden worden. Die Bildung der Gruppe entspreche der Eschatologie Jesu: sie bildet die vorwegnehmende Repräsentation des eschatologischen Zwölfstämmevolkes (Mt 19, 28; Lk 22, 30; die Echtheit ist umstritten); diese unmittelbar eschatologische Auffassung vom Gottesvolk hebe sich vom späteren Kirchengedanken der Gemeinde klar ab und müsse daher J. selbst zugeschrieben werden (Kümmel); die Zwölf stellen ja nicht die Keimzelle eines auf *Erden* zu organisierenden Gottesvolkes dar, sondern sind die für die Zukunft bestimmten »Richter« des himmlischen. - So oder so besteht die Tatsache, daß J. seinen Jüngern keine regulierte Lebensordnung vorschreibt, die sie von der Öffentlichkeit absondern würde. Er ruft je und je in die → Nachfolge (Mk 10, 17ff; Lk 9, 57ff); dann ist diese *unbedingt* gefordert. Aber er macht dieses Nachfolgen im äußeren Sinn nicht zur *allgemeinen* Bedingung des Heils, dh er stiftet keine Sekte. Die Tradition hat auch keine Spur von esoterischen Gemeinschaftsmahlen erhalten; die *eine* Ausnahme, das Abendmahl, bestätigt die Regel. Die wunderbare Speisung, in der man vielfach eine solche Spur finden will, ist durchaus öffentlich. - Im Verhältnis Jesu zu seinen Jüngern dokumentiert sich das Spezifische seines Selbstbewußtseins: er will sie nicht - wie die Rabbinen - zu späteren »Nachfolgern« in dem Sinn erziehen, daß sie als Lehrer an die Stelle des Meisters treten. Die Form der jetzigen »Nachfolge« ist die *einzige*, die Distanz zwischen Meister und Jünger eine bleibende. Es ist müßig, zu fragen, wie sich J. das Verhältnis auf längere Sicht gedacht hätte. Und auf eine Zeit der Jüngerschaft nach seinem Tode blickt er nicht aus (gegen Kümmel), vielmehr auf das nahe Reich.

9. Die Frage nach *Jesu Selbstbewußtsein* wird meist als die Frage des »Messiasbewußtseins« formuliert. Sie muß aber weiter gefaßt werden und erschöpft sich nicht in dem Problem, ob und wie J. die jüdischen christologischen Titel auf sich selbst bezogen habe. Doch bildet der Gebrauch derselben in der synoptischen Tradition den Ausgangspunkt der Untersuchung. Die Analyse kann noch literarische Schichten abheben, aber innerhalb der ältesten keine zeitliche Anordnung mehr feststellen (natürlich mit Ausnahme der Tatsache, daß die Passion den Abschluß bildet) und daher nichts mehr von einer allmählichen Entwicklung erkennen (s.o. 2).

a) Der *Christus-Titel* wird selten gebraucht. Er fehlt in der Quelle Q. An den meisten Stellen ist er ohne weiteres als redaktionell zu erkennen (vgl. zB Mt 16, 20 mit Mk 8, 30). Sekundär sind auch Mk 9, 41; 13, 21; 15, 32. Es bleiben 3 Stellen, deren Authentizität in Frage kommt. Zunächst die Szene vom Bekenntnis des Petrus (Mk 8, 27ff par). Sie gilt der älteren Forschung als der Punkt der Peripetie; das Bekenntnis der Jünger (durch Petrus) löst in J. den Entschluß aus, nach Jerusalem zu ziehen. Aber ihre Stellung im Ganzen des Evangeliums verdankt die Szene der Kompositionsarbeit des Markus; daraus sind also keine historischen Folgerungen zu ziehen. Sie enthält auch keinen konkreten geschichtlichen Stoff, sondern ist eine szenische Darstellung des nachösterlichen Gemeindeglaubens. - In Mk 12, 35-37 wird die Frage nach dem Verhältnis des → Messias zu David aufgeworfen. Das dunkle Stück wird manchmal dahin gedeutet, J. lehne hier für seine Person die Abstammung von David ab, behaupte aber seine Messianität. Eher handelt es sich um einen Niederschlag von Gemeindediskussionen, wie er auch in der Apg noch spürbar ist, die an das Theologumenon vom Davidssohn anknüpfen. In Form einer katechetischen Frage soll geklärt werden, daß der Messias, Nachfahre Davids, dennoch jetzt - auf Grund seiner Erhöhung - mehr ist als David, nämlich sein Herr; es ist die Christologie der von Paulus Röm 1, 3f zitierten Formel. - Endlich taucht der Titel in der Passion auf, im Verhör Jesu vor dem Synhedrium (Mk 14, 61); dieser Bericht ist nicht authentisch. Er ist in der Gemeinde gestaltet und soll den Gesichtspunkt erkennen lassen, unter dem die Gemeinde die ganze Passion sieht, eben den christologischen (vgl. die Analysen von Dibelius und Bultmann). Freilich scheint die Tatsache, daß J. nach Jerusalem zog, schon als solche zu beweisen, daß er als Messiasprätendent auftrat; sie beweist in Wirklichkeit aber nur, daß er das Volk als solches - mit seiner Führungsschicht - unausweichlich zur Buße rufen wollte. Ein spezifisches »Messias«-Bewußtsein ist daraus nicht ohne weiteres zu folgern.

b) Schwieriger liegen die Dinge beim *Menschensohn-Titel*. Der Begriff findet sich bei Markus und Q (auch in Sondergutstücken des Mt- und LkEv; doch ist hier keine methodische Sicherheit zu gewinnen, ob der Titel aus einer Quelle stammt oder vom Evangelisten selbst eingesetzt ist; an manchen Stellen ist das letztere eindeutig der Fall). Außerhalb der Evangelien fehlt er so gut wie ganz; innerhalb derselben steht er nur in Worten Jesu. Das scheint ein starkes Argument für die Authentizität zu sein, zumal er im zeitgenössischen Judentum (→ Menschensohn) auf kleine Kreise beschränkt ist und nicht die strenge titulare Ausbildung des synoptischen (und johanneischen) Sprachgebrauchs zeigt. So nimmt die Forschung überwiegend an, daß ihn J. zur Bezeichnung seines Wesens aufgenommen und umgeprägt habe.

Die überlieferten Menschensohnworte gliedern sich in drei Gruppen, die ursprünglich merkwürdig unverbunden nebeneinander stehen; erst in der Redaktion wurden sie zT verknüpft, ohne daß eine klare Gesamtkonzeption erreicht würde. Es handelt sich um Worte über das Wirken (Gekommensein) des Menschensohnes auf Erden (Mk 2, 10. 28 usw; Q: Mt 8, 20/Lk 9, 58), Worte von seinem kommenden Leiden (diese fehlen in Q; Mk: 8, 31; 9, 31; 10, 33; 9, 2 usw) und um Worte über seine Ankunft auf den Wolken des Himmels (Mk 8, 38; 13, 26; 14, 62; Q: Mt 24, 27. 37/Lk 17, 24. 26; Sondergut: Mt 10, 23; Lk 17, 22). - Die *zweite* Gruppe ist als vaticinia ex eventu anzusehen. Man kann ihre Echtheit nicht damit verteidigen, J. habe einen kommenden Zusammenstoß auf Tod und Leben voraussehen müssen. Denn diese Worte sprechen nicht eine scharfsichtige Analyse der Lage aus, sondern eine göttliche Notwendigkeit des Leidens. Dh sie enthalten bereits die Deutung der Passion von Ostern her. Die *erste* Gruppe wird manchmal als durch ein sprachliches Mißverständnis entstanden erklärt: Ursprünglich (in der aramäischen Urform) hätten sie nicht von »dem« Menschensohn gehandelt, sondern vom Menschen überhaupt (Mk 2, 28; Mt 8, 20). Man wird demgegenüber aber daran festzuhalten haben, daß auch hier der »Menschensohn« von Anfang an titular gemeint war und daß es sich um Gemeindebildungen handelt, weil diese Worte auf das Wirken Jesu als ein abgeschlossenes zurückblicken. Die Worte vom *Kommenden* endlich sind offenbar aus Dan 7,

13 entwickelt und sind (in der Verfestigung der dortigen Redeweise von »einem« Menschengestaltigen zu »dem« Menschensohn) nicht ohne die christliche (Gemeinde-) Exegese von Dan 7 und Anwendung auf die Person Jesu denkbar. Sachlich ist auch hier Jesu Erhöhung bereits vorausgesetzt. Es ist zu beachten, daß die synoptische Tradition (anders als die jüdische → Apokalyptik [: II]) keine andere himmlische Präexistenz des Menschensohnes kennt als den Zeitraum zwischen Erhöhung und Parusie. - Eine andere Auffassung der dritten Wortgruppe beruft sich darauf, daß J. vom Kommenden stets wie von einem anderen spricht. Es handle sich um echte Worte; aber J. habe eben einen anderen als den Menschensohn erwartet (Bultmann). Erst die Gemeinde habe dann ihn selbst mit jenem identifiziert. Dem widerspricht jedoch der a priori »christliche« Charakter der Verwendung der grundlegenden Danielstelle. Entscheidend ist sodann die Tatsache, daß in der ältesten Überlieferungsschicht nirgends die Erwartung des *Gottesreiches* mit der des Menschensohnes verknüpft ist (Vielhauer; gegen R. Otto, der gerade in der Synthese von beidem das Spezifische sieht, das in der Apokalyptik schon präformiert sei). Dieser Befund ist um so auffälliger, als bei Daniel in der Tat beide Begriffe erscheinen.

Faßt man die gesamte Menschensohnbegrifflichkeit als Gemeindetheologie, so muß man die Tatsache erklären, daß sie sich nur im Munde Jesu selbst findet. Das dürfte jedoch möglich sein. Der negative Befund, daß nämlich dieser Titel nie als Anrede an J. benützt wird, entspricht dem negativen Befund in den alten christologischen Formeln. »Menschensohn« ist, anders als »Christus« und »Gottessohn«, nicht *Bekenntnis*-Titel. Als Menschensohn wird J. nicht *angerufen*, sondern *erwartet*. Das Nebeneinander der Gruppen von Worten spiegelt die drei Aspekte des frühen Gemeindeglaubens, die sich auch andernorts je für sich Ausdruck verschafften. Die Gemeinde blickt auf das irdische Dasein Jesu zurück, sie bekennt im Kerygma ihren Glauben an seine Auferstehung (womit eine Deutung der Passion verbunden ist), und sie blickt auf die → Parusie voraus. Die Synthese liegt zunächst im Dasein der Gemeinde als solchem. Erst relativ spät wird sie auch bewußt hergestellt, indem man die einzelnen Aussagegruppen zu einem Ganzen zusammenfaßt. Die Geschichte der synoptischen Tradition erlaubt noch Einblicke in einzelne Etappen dieses Prozesses. - Man kann dieses Ergebnis - unabhängig von der Analyse der Menschensohnstellen - auch von der Reichs-Gottes-Erwartung her bestätigen. Diese ist von J. so fest mit seinem jetzigen Auftreten verknüpft, daß für eine andere Zwischengestalt zwischen Gegenwart und Anbruch des Reiches kein Raum ist, aber auch nicht für seine eigene vorausgehende Entrückung und »Parusie«. Und er stellt sein eigenes Verhältnis zum Kommen des Reiches nicht *direkt* dar, indem er sich mit messianischen Titeln bezeichnet, sondern in der Indirektheit, die sein ganzes Auftreten charakterisiert, also durch sein Predigen und seine Wunder, seinen Bußruf, seine Auslegung des Gottesgebotes, durch die Erschließung der Unmittelbarkeit zu Gott für die Sünder, die Armen. Seine »Christologie« ist also eine indirekte.

c) Bezüglich des Titels *»Gottesknecht«* ist lediglich dessen vollständiges Fehlen in den älteren Schichten zu vermerken. Wo er - in der jüngsten Schicht - einmal aufgegriffen wird, da nicht, um J. als den Leidenden zu kennzeichnen, sondern als den »Heiland« (Mt 12, 18ff). Besonders fällt auf, daß die spätere Schicht der synoptischen Tradition gelegentlich, wenn auch noch spärlich, mit Jes 53 arbeitet, aber gerade dann nicht mit dem Gottesknechttitel. In Mt 8, 17 wird sogar Jes 53, 4 ohne jeden Hinweis auf den Gottesknecht und die Passion zitiert. Für die Annahme, J. habe sich als den Gottesknecht im Sinn von Dtjes (→ Knecht Jahwes) verstanden, fehlt jeder Anhalt in den Quellen.

d) Der Titel → »Sohn Gottes« (: II) gehört nicht zu den geläufigen jüdischen Bezeichnungen des Messias (wenn er überhaupt als solcher gebraucht wurde). Alle Stellen in den Synoptikern, welche ihn enthalten, unterliegen dem Verdacht, Formulierung der Gemeinde zu sein. Das gilt von den Rufen der Dämonen (Mk 3, 11 usw), dem Gleichnis von den bösen Weingärtnern (Mk 12, 6; mit Kümmel), dem Verhör (Mk 14, 61; s.o. zu 9b) und von den »Epiphanien« (Taufe, Versuchung, Verklärung). Der Gottessohnbegriff der letzteren ist »adoptianisch« verstanden: durch die *jetzige* Erklärung vom Himmel her *wird* J. der Sohn; der Gedanke der → Präexistenz ist hier unbekannt. Eine Sonderstellung nimmt der Offenbarerspruch Mt 11, 25-27/Lk 10, 21f ein. Hier ist die Sohnschaft allerdings im Sinne der Präexistenz verstanden, und zwar in hellenistischer Weise als wechselseitiges Verhältnis des »Erkennens« zwischen Vater und Sohn. - Freilich muß man die Fragestellung erweitern: Zeigt sich in der Art und Weise, wie J. von Gott als seinem *Vater* spricht, das Bewußtsein, in einzigartiger Weise der Sohn zu sein? Daß J. Gott als Vater bezeichnet (→ Gott: IV, 2, → Vatername: III), ist im Judentum an sich nicht verwunderlich; aber: sprach er in exklusivem Sinn von »seinem« Vater? Nach den Synoptikern tat er das. Denn er spricht einerseits von »meinem« Vater (Mt 7, 21), andererseits von »eurem« Vater (Mt 5, 45), aber nie faßt er die Hörer und sich selber zusammen: »unser« Vater. Aber diese konsequente Unterscheidung erweist sich als Stil der Gemeindetradition, zumal die meisten Stellen mit Vater-Titel sekundär sind. Man verweist weiter auf die Anrede »abba«; diese sei familiär und zeige ein im Judentum sonst unerhörtes Bewußtsein der Nähe zu Gott. Nur ist damit ein *exklusiver* Sprachgebrauch nicht bewiesen (mit H. Braun); »abba« wird denn auch in der Gemeinde als Anrede gebraucht (Röm 8, 15). - Mit all dem ist nicht bezweifelt, daß J. das Bewußtsein einer einzigartigen Verbundenheit mit Gott besaß. Aber auch hier ist festzustellen, daß sich dieses (nur) *indirekt* äußert.

e) Nach Markus bezeichnet sich J. nicht offen als Messias oder Gottessohn (und wenn er vom Menschensohn sprach, so war das eine *verhüllende* Selbstdarstellung). Erst als er gefangen vor dem Hohen Rat steht und gefragt wird, ob er »der Messias, der Sohn des Hochgelobten« sei, spricht er das »Ich bin es« (ἐγώ εἰμι, Mk 14, 61f). Während seines öffentlichen Wirkens untersagt er Kranken, die er geheilt hat, etwas davon weiterzusagen (Mk 7, 36); er verbietet den Dämonen, ihn als den Sohn Gottes zu »offenbaren« (Mk 3, 11f). Vor allem gebietet er den Jüngern nach dem Petrusbekenntnis und der Verklärung Schweigen über sein Wesen - bis zum Zeitpunkt der Auferstehung. - Diese Geheimhaltung kann schwerlich historischer Tatbestand sein; sie ist - in der berichteten Weise - gar nicht vorstellbar und in sich selbst voller Widersprüche. Die Anweisungen zur Geheimhaltung eines Wunders stehen gelegentlich in krassem Widerspruch zur Szenerie. Das Geheimnismotiv sitzt auch nicht in den alten Traditionsstücken, sondern im redaktionellen Rahmen, in Summarien. Es handelt sich also um eine erst nachträglich entworfene Theorie. Wrede wollte sie historisch-pragmatisch erklären: Die Gemeinde habe sie geschaffen, um den Widerspruch zwischen dem unmessianischen Charakter der Überlieferung und ihrem eigenen Messiasglauben aufzuheben (s. 1). Diese Erklärung ist unwahrscheinlich; denn die Geheimnistheorie ist erst zu einer Zeit geschaffen worden, als man sich eines unmessianischen Charakters der

Überlieferung gar nicht mehr *bewußt* war. Sie dient vielmehr der positiven Darstellung eines - im Sinn des Paradoxes konzipierten! - Offenbarungsgedankens. Es ist bezeichnend, daß sich Markus (der wohl der Schöpfer der Theorie ist) mit ihrer Durchführung an denjenigen Stellen am meisten Mühe geben muß, wo der Überlieferungsstoff (schon im vormarkinischen Stadium) am stärksten »messianisch« durchformt war, zB im Zusammenhang der Verklärung (Mk 9, 9).

f) Zusammenfassend ergibt sich also, daß Jesu Selbstbewußtsein nicht in der christologischen Titulatur greifbar ist. Diese wird ihm vom Glauben der Gemeinde beigelegt. - Aus methodischen Gründen sind ferner die Worte zurückzustellen, in denen J. über seine »Sendung« spricht (»Ich bin gekommen...«, Mk 2, 17b usw); denn sie dürften aus dem Rückblick auf sein abgeschlossenes Auftreten formuliert sein. Jedenfalls ist hier keine methodische Sicherheit zu gewinnen. - Wir haben also nach dem Bild seines Auftretens im ganzen zu fragen, wie es uns in der ältesten Schicht der Überlieferung entgegentritt. Ein solches hebt sich in der Tat deutlich heraus. Wir sehen J. als Wundertäter und Lehrer, der beides als Einheit versteht. Denn in seiner eschatologischen Lehre verweist er auf seine Taten als die Zeichen des Kommenden (Mk 13, 28f), und in seine Auslegung des Gebotes bezieht er sich als den autoritativen Interpreten ein: »Ich aber sage euch...«. In Tat und Lehre konfrontiert er den betroffenen Menschen durch sich selbst *unmittelbar* mit Gott. Man kann in seiner Gestalt Züge des Propheten wie des Rabbi finden. Denn er enthüllt die Zukunft, indem er den Anbruch des Gottesreiches ankündigt. Er disputiert im Stil jüdischer Gesetzesdebatten (Stil der Schul- und Streitgespräche!) und wird auch als »Rabbi« angeredet (Mk 9, 5 usw); er sammelt Schüler um sich. Von ihm werden Weisheitsworte überliefert. Auch wenn deren Echtheit im einzelnen Fall fraglich ist, so bilden sie doch insgesamt den Niederschlag eines Eindrucks auf die Hörer. - Aber die Begriffe des Propheten und Rabbinen bezeichnen nur Teilaspekte und gerade nicht den Kern der Sache. J. versteht sich als den *letzten* Rufer. Seine Stellung ist einzigartig, da nach ihm nichts mehr »kommt« - als Gott selbst. So geht er in die Öffentlichkeit und enthüllt das Kommende, nicht in der Form eines Zukunfts*bildes*, sondern so, daß die Künftigkeit als solche festgehalten wird, daß sie aber zugleich in der heutigen Begegnung (oder: *als* Begegnung) wirksam wird, als Heilung der Kranken, Seligpreisung der Armen. Er belehrt über den Willen Gottes so, daß er zugleich die Verwirklichung erschließt und die Einheit von Gebot und Freiheit verständlich macht, zunächst in seinem eigenen Verhalten: im Durchbruch durch die kultische Gesetzgebung (Sabbatbestimmungen Mk 2, 23ff; 3, 1ff; Vorschriften über → Rein und Unrein Mk 7, 1-23), in der Souveränität, Sündern, Zöllnern und Huren das Heil zu verkündigen, den Sicheren das Gericht.

10. J. entwirft kein System einer Lehre. Es fällt im Gegenteil auf, daß Gotteslehre und Eschatologie, Eschatologie und Ethik auf den ersten Blick relativ unverbunden nebeneinander zu stehen scheinen. Aber seine Sätze zeigen eine vollkommene Konsequenz in der Durchführung eines in sich geschlossenen Ansatzes. Das primäre Element ist die Absolutheit der Heilszusage. Sie kommt zur Geltung in der Darstellung Gottes als des Vaters, dh in der Herstellung der Unmittelbarkeit zu ihm durch die Verkündigung der Vergebung. Gerade aus dieser folgt das radikale Verständnis der *Forderung* Gottes, das - in seiner Unbedingtheit - die Erfüllung mit sich führt, und das Verständnis der jetzigen Zeit als der letzten Stunde, das den Zugang zum Gottesreich freigibt. - Das Heil ist in seiner Bedingungslosigkeit die Krisis aller securitas. Die Botschaft löst den einzelnen aus dem sichernden Kollektiv (Israel), und sie öffnet ihn zum Mitmenschen hin durch die Ermöglichung der Liebe. Damit ist Jesu Stellung zu Israel und den Faktoren seiner Existenz (Erwählung, Schrift, Gesetz, Tradition) ebenso gegeben wie die Stellung zum einzelnen (als dem Sünder oder Gerechten, Armen oder Reichen). - Die Bindung des Heils an die *Person Jesu* liegt einfach darin, daß *er* dieses Heil als jetzige, letzte Möglichkeit darbietet, daß er jetzt die Armen tröstet, die Sünder zu sich ruft. Indirekte Christologie und Theo-logie sind zur Deckung gebracht. - Dem Inhalt entspricht die *Form* der Lehre. J. lädt nicht zur objektivierenden Betrachtung von Gott, Welt und Mensch ein, sondern greift direkt nach dem Hörer und enthüllt die Situation durch die »Seligpreisung« (μακαρισμός), den prophetischen Ruf, das Drohwort, durch Erhellung im Weisheitsstil, durch seine → Gleichnisse (: II, 3); auch seine Schriftauslegung ist nicht betrachtend, sondern aktualisierend (→ Formen: II, 1; → Evangelien, formgeschichtlich).

a) Das → *Gesetz* (: IV, 1) ist gültig; man besitzt es in der *Schrift*. Das wird nicht eigens begründet, sondern vorausgesetzt. J. geht also von der gemeinjüdischen Anschauung aus. Aber sofort zeigt sich das Neue; es liegt in der Konzentration auf ein punktuelles Gesamtverständnis hin. Für das Judentum gehört zum → Gesetz (: III) die *Auslegung* desselben, damit man Gottes Willen erkennen und ausführen kann. Das führt entweder zur → Kasuistik (: II) oder zur Toraverschärfung im Sinne der Ordensregel von → Qumran (H.Braun). Gegen diese Auffassung und Praxis stellt J. eine neue Weise der Auslegung, und zwar eine eigentümlich dialektische. Er setzt nämlich voraus, daß das Gesetz von sich aus verständlich ist und daher der Auslegung gar nicht bedarf. Diese ist Menschenwerk und verdunkelt die Sache; es gilt also, von den menschlichen Satzungen zum Gebot selbst zurückzugelangen. Das Gesetz ist nicht mehr Mittelinstanz zwischen Gott und mir, nicht ein Mittel, um mich zu ihm ins Verhältnis zu setzen, sondern sein »augenblickliches« Wort an mich, das gerade die Unmittelbarkeit herstellt und mir im Augenblick das Tun erschließt. Sein Gebot und sein Verhalten, nämlich seine schenkende Güte, bilden eine Einheit.

Dieses Verständnis von Gott und Gesetz muß zum Kampf gegen die gesamte schriftgelehrte Kasuistik führen, da in dieser nach J. Gottes Wille nicht ausgelegt, sondern entstellt wird (Mk 7, 6f), und zum Protest gegen die Aufspaltung von außen und innen, die im Legalismus unvermeidlich ist. Die Möglichkeit eines neutralen Nichtstuns ist aufgehoben (Gleichnis von den anvertrauten Pfunden Mt 25, 14ff/Lk 19, 11ff). Der Wortlaut der Satzung (auch der in der Schrift niedergelegten) kann im konkreten Fall um des Gehorsams willen aufgehoben werden (zB die Erlaubnis der Ehescheidung, Mk 10, 1ff par). Diese Freiheit hat das → Judenchristentum (: I) später nicht durchgehalten (Mt 5, 17-20).

Die jüdischen Übungen der Frömmigkeit (Fasten usw, Mt 6, 16ff, vgl. den ganzen Zusammenhang!), der Kult (Mt 5, 23f), werden nicht abgeschafft. Jesu Kampf gilt vielmehr der → »Heuchelei«, welche sie als Mittel benützt; sie können nicht gegen Gott sichern, nicht die Buße ersetzen. Aus dieser Perspektive sind die Drohworte gegen Jerusalem und den Tempel formuliert (Mk 13, 2f; Mt 23, 37ff; Lk 13, 34f; die Tempelreinigung Mk 11, 15ff). Der Kult ist pervertiert, wenn man ihn dazu verwendet, sich dem Gebot zu entziehen; der Sabbat ist mißbraucht, wenn man um seinetwillen die Liebe versagt (Mk 3, 1ff).

Israel ist in der Tat erwählt; auch das wird als selbstverständlich vorausgesetzt und nicht als Problem diskutiert. Aber auch hier bemerkt man die Reduktion: J. hat keinerlei Interesse an einer heilsgeschichtlichen Theorie. Er spürt nicht den Wegen Gottes in der Geschichte seines Volkes nach, sondern weist Israel auf den jetzigen Augenblick als den letzten hin, in welchem es seine Erwählung ergreift oder aber endgültig vernichtet. Das Erwähltsein kann man nicht betrachtend konstatieren; sonst erfährt man: »Viele werden kommen von Ost und West und mit Abraham, Isaak und Jakob zu Tische liegen im Himmelreich; aber die Kinder des Reiches werden in die äußere Finsternis hinausgestoßen« (Mt 8, 11f). »Israel« *ist* nicht das Heil und *garantiert* es nicht. Auch hier erkennt man die radikale Vereinzelung, welche in eine Gemeinschaft neuer Art führt. Es ist ohne weiteres deutlich, daß diese Predigt zum grundsätzlichen Zusammenstoß mit *allen* Richtungen des Judentums führen muß. Einen Sonderfall bildet lediglich die Predigt des Täufers.

b) J. will keinen neuen *Gottesgedanken* entwerfen (→ Gott: IV). Er glaubt an den Gott Israels, den Schöpfer und Regenten, Gesetzgeber und Richter. Er definiert nicht sein »Wesen«, sondern bringt sein Herrsein in dessen Absolutheit zur Geltung; und diese Absolutheit ist das Heil. Natürlich hat Gott »Eigenschaften«; er ist gerecht, gut, ja der einzige »Gute« (Mk 10, 18). Aber damit ist nicht sein »Sein« analysiert, sondern sein Bezug zur Welt bestimmt. Alle Aussagen über ihn beziehen sofort den angesprochenen Hörer ein: er ist der Vater. Zwar ist dieser Begriff in authentischen Worten nicht sehr häufig; aber er gibt die Struktur des Gottesverhältnisses angemessen wieder.

Die Einsicht, daß Gott *direkt* herrscht, führt zum Überstieg über die Sorge (Mt 6, 25ff). Wir finden bei J. die Motive des volkstümlichen *Vorsehungsglaubens* (Mt 10, 29ff), aber keine *Theorie* über Vorsehung und Allwirksamkeit, vielmehr den öffnenden Hinweis auf die jeweilige konkrete Erfahrbarkeit derselben (etwa bei der Betrachtung von Vorgängen in der Natur); denn Gott läßt sich in der Welt verstehen. Diese Anschauung hat nichts mit einer systematisch entworfenen theologia naturalis und nichts mit einem theoretischen Gottesbeweis zu tun; J. kennt keinen »Natur«-Begriff. Seine Hinweise sind aktuelle Ansprache.

Da Gottes Walten nicht aus einer Distanz analysiert, sondern als erfahrenes aufgedeckt wird, bereitet das Verhältnis seiner Vorsehung zur Durchbrechung der normalen Weltordnung im → *Wunder* (: IV) keine gedanklichen Schwierigkeiten. J. reflektiert überhaupt nicht über die allgemeine Möglichkeit des Wunders; der Gedanke des Naturgesetzes ist ihm ja fremd; so gibt es auch keinen Wunder-*Begriff*. Im Blickfeld liegen lediglich die Taten, die er selbst tut. (Natürlich wird nicht bezweifelt, daß Gott jederzeit in seiner eigenen Weise eingreifen kann; aber solche Überlegungen werden nicht zum Gegenstand der Lehre.) Auch das Wunder ist eine Weise Gottes, sich verständlich zu machen, und das geschieht hic et nunc. Damit ist das Da-Sein Jesu in die Verkündigung von Gott einbezogen. Das Wunder ist jetziges »Zeichen«, nicht betrachtbarer Beweis. Darum kann es gar nicht zum theoretischen Gottesbeweis dienen; vielmehr setzt die Erfahrung des Wunders den Gottesglauben ihrerseits voraus (Bultmann, Jesus 158f).

Daß Gott *alles* tut, daß er *mein* Tun beansprucht (und zugleich ermöglicht) und daß er sich von mir bitten läßt, für mich oder einen andern etwas Besonderes zu tun, was er ohne mein Gebet nicht tun würde, das ist die in sich einheitliche Konzeption des Glaubens, die in der Situation des → Gebets (: IV, 3) unmittelbar verständlich wird. Gerade weil er allmächtig ist, kann man sich ohne Scheu an ihn wenden (J. kennt nicht die jüdische Scheu, den Gottesnamen auszusprechen; im Judenchristentum ist dann eine gewisse Rückentwicklung zu beobachten). Weil er regiert, kann man mit Zuversicht bitten, im Vertrauen darauf, daß er im voraus weiß, was wir brauchen (Mt 6, 7f; 7, 7ff). Der Beter ist von Gott selbst aufgefordert, sich an ihn zu wenden und um das Unwahrscheinliche zu bitten. Er darf auf Erfüllung hoffen; aber man kann diese nicht berechnen; das Gebet hat seine Norm: »Dein Wille geschehe«, und dieser Wille ist für mich gut (Mt 7, 9ff). – Auch der *Satan* (→ Teufel: II) wird nicht zum weltanschaulichen *Problem*. Das Böse und seine Entstehung wird nicht erklärt. Der Satan ist »der« Böse, dessen Walten nicht gegen die Allmacht Gottes abgewogen, sondern unterbunden wird (Mk 3, 23ff par).

In alledem ist das Gottesverhältnis als einseitig von Gott hergestellt (und durch J. vermittelt) verstanden. Der Begriff des → Glaubens (: IV, 2) spielt zwar quantitativ keine erhebliche Rolle; aber das Phänomen desselben ist in Reinheit ausgearbeitet: Er ist der völlige Verzicht auf Berechnung, auf das Einschieben von Leistungen als Mittelinstanz (Lk 17, 1ff); er ist die »einfältige« Einstellung auf Gottes Schenken, und seine Struktur entspricht diesem. Gott schenkt ja vorbehaltlos. Er läßt seine Sonne scheinen und läßt regnen über Gute und Böse (Mt 5, 45). Er ist – vom Standpunkt der Leistung und rechnenden »Gerechtigkeit« aus – *ärgerlich* gütig (Gleichnis von den Arbeitern im Weinberg Mt 20, 1ff). An diesem Punkt wird die Heilsbotschaft zum Zusammenstoß mit den Vertretern der Leistung vor Gott führen. – Es ist selbstverständlich, daß die Vorbehaltlosigkeit dieser Güte nicht eine Verharmlosung der Bosheit bedeutet, sondern die Aufforderung, in der gleichen Weise zu schenken (Lk 6, 36/Mt 5, 48). Gottes Güte kann man, gerade weil sie ohne Bedingung gewährt wird, nur *empfangen* (»wie ein Kind«, Mk 10, 15), nicht aber für sich, *gegen* Gott, bewirtschaften. Und man kann sie nicht im voraus *berechnen*. Der »verlorene Sohn« (Lk 15, 11ff) kann nach Hause zurückkehren. Aber er kann sein Verhalten nicht ein zweites Mal wiederholen, im Vertrauen darauf, daß sein Vater so gut sei. Gottes »Güte« wird ja vor allem als *Vergebung* der Sünden empfangen; die Annahme derselben kann ich nicht von meinem eigenen Verhalten ablösen; sonst verscherze ich sie (Gleichnis vom Schalksknecht Mt 18, 23ff). Mit der Bitte um Vergebung ist daher das Bekenntnis der Bereitschaft verbunden, daß ich selbst vergeben will (Mt 6, 12/Lk 11, 4).

J. versteht seine Predigt als Einladung in Gottes eigenem Namen. Das bestätigt sich in der Art und Weise, wie er von der → *Sünde* (: IV) und von der Sündigkeit des Menschen redet. Er knüpft auch hier an die jüdischen Voraussetzungen an. Daß der Mensch Sünder ist und Sünden begeht, kann einfach als zugestanden vorausgesetzt werden (Mt 7, 11: »Ihr, die ihr böse seid«); die Menschheit ist ein böses und abtrünniges Geschlecht (Mt 16, 4). Jedermann weiß, was Sünde ist, denn er kennt ja das Gebot; dieses nicht zu verstehen, ist Verstockung. So findet sich keine Theorie *über* die Sünde (etwa in der Form einer Erbsündenlehre). J. spricht unreflektiert von Guten und Bösen, Gerechten und Ungerechten. Das ist nur scheinbar ein Widerspruch zu der obigen Feststellung. Man versteht das, wenn man auch hier Jesu Worte als die aktuelle Durchführung des Da-Seins Gottes begreift: Das Wort von Gottes Güte über Gute und Böse enthält ja nicht die Einladung zu einer neutralen Betrachtung dieser Güte; es ist auf mich gezielt und will mich gut machen; ich kann es nicht benützen, um mich selbst – gegen Gott – als gut zu behaupten und auf seine Vergebung zu verzichten. Ebensowenig aber kann ich den Mitmenschen auf seine Sündigkeit hin beobachten; wenn ich das tue, dann erfahre ich: »Wenn ihr nicht

Buße tut, werdet ihr ebenso umkommen« (Lk 13, 3. 5; vgl. Mt 7, 2ff). Die Sündigkeit wird also nicht analysiert, sondern je und je so enthüllt, daß sie coram Deo, unter dem Aspekt der Vergebung, erfahren wird. Daher gibt es Kampf gegen das Böse, aber nicht das Pathos der Entrüstung (Mt 5, 39), auch nicht in den Kampfworten gegen die Reichen, Gerechten, Sicheren. Kein Zweifel, daß die Welt im argen liegt, daß der Satan waltet. Aber auch die Bosheit wird aus der Perspektive der Zuwendung Gottes zu uns bemessen. Es regieren Gewalttäter (Mk 10, 42), der Mammon (Lk 16, 9); aber es kommt nicht in Frage, Gewalt gegen Gewalt zu setzen (Mt 5, 39), sondern das Böse durch das Gute zu überwinden.

Gegenüber einer »konsequent eschatologischen« Deutung der Lehre Jesu ist zu betonen: Wo Gottes Walten als solches entfaltet wird, da fehlt der Ausblick auf das nahe Weltende. Die Welt erscheint einfach als Schöpfung, Bereich des Regierens und der Fürsorge Gottes. Man versteht das Verhältnis zu den eschatologischen Aussagen, wenn man auf die *Richtung* des Denkens Jesu achtet. Er setzt mehrfach neu an, und zwar jeweils beim jüdischen Gedanken: beim → Monotheismus und Schöpferglauben, dann wieder, gleich ursprünglich, beim Gesetz, und noch einmal bei der Eschatologie. Er gewinnt die Einheit dieser Sachgebiete nicht, indem er eine logische Verknüpfung herstellt; es fällt im Gegenteil auf, in welch geringem Umfang dies der Fall ist. Er begründet einerseits den Bußruf mit der Nähe des Gottesreiches; aber er begründet gerade die materiale Forderung mit dem *allgemeinen* Hinweis auf den gebietenden Gott. Um so dringlicher wird die Frage, ob sich in Gotteslehre, Ethik und Eschatologie ein einheitlicher Existenzsinn erkennen läßt. Das ist in der Tat der Fall. Die Intention geht überall auf die Konfrontation des Menschen mit Gott ohne Zwischeninstanz. Der Schrumpfung der Zeit in der Eschatologie entspricht in der Gotteslehre und Ethik die Ausweitung des Raumes als des Ortes des Glaubens und Gehorsams. Die Einheit der Sachgebiete ist in der Person Jesu gegeben, der hier und dort der Erschließende ist. Die Frage, ob das Heil auch ohne ihn zu erlangen sei, ist als Frage abwegig - angesichts der Tatsache, daß durch ihn die Zeichen geschehen.

c) In bezug auf den *Willen Gottes (Ethik)* ist das Hauptproblem bereits angedeutet: Wie verhalten sich für J. Eschatologie und Ethik zueinander? Ist die Ankündigung des Gottesreiches das zentrale ethische Motiv (»Tut Buße, *denn* das Gottesreich ist nahegekommen«, Mk 1, 14f), so daß die Ethik als → »Interimsethik« zu charakterisieren wäre, also als befristete Weisung für die kurze, letzte Zeitspanne (A.Schweitzer)? Dann würde sie mit der Nah-(!) Erwartung stehen, aber auch fallen. - Entscheidend ist die Beobachtung, daß die Nähe des Reiches zwar den generellen Bußruf motiviert, daß aber keine inhaltlichen Forderungen aus *ihr* abgeleitet werden, sondern aus dem im Gebot offenbarten Willen Gottes. Auch wenn in der Tat jetzt letzte Stunde ist, so will doch Gott heute nichts anderes, als was er immer schon wollte. - Es bestätigt sich also, daß Eschatologie und Ethik einander nicht logisch unter- und übergeordnet sind, sondern daß beide *analoge* Durchführung der direkten Konfrontation darstellen. Die materiale Forderung ist nicht erst durch das Medium der Eschatologie mit dem Gottesgedanken verbunden, sondern unmittelbar - sei es, daß einfach das at. Gebot angeführt wird, sei es, daß betont wird, daß Gott Rechenschaft fordert (Gleichnis von den anvertrauten Pfunden Mt 24, 24ff/Lk 19, 11ff), sei es, daß auf seine Fürsorge hingewiesen wird, wodurch wir in die Freiheit von der Sorge gelangen und die Liebe üben können. Wie in der Gotteslehre, so kann J. auch in der Ethik an die *Einsicht* appellieren (Lk 12, 57ff); denn wie Gottes Walten im ganzen, so ist auch sein Wille verständlich. Das ist die Voraussetzung zur Überwindung des Legalismus. Und wie dort erfolgt der Appell nicht im Sinne einer Theorie (über die natürliche Fähigkeit, ein rationales Sittengesetz einzusehen). Durchweg ist der Gottesgedanke vorausgesetzt. Eine rationale, autonome Begründung der Ethik liegt völlig außerhalb des Horizontes. Und der Gottesglaube ist ja nicht nur die (formale) Annahme, daß Gott *ist* und fordert, sondern ist die konkrete Annahme des Heils. Die Ethik Jesu zeigt also, wie Gottes begegnende Güte in heutige Verwirklichung umzusetzen ist. Sie steht unter dem Zeichen des Evangeliums, das in Jesu Predigt zu uns gelangt. Seine Person ist in die Auslegung des Gebotes einbezogen: »Ich aber sage euch«. Wir sahen oben, welche Dialektik in dieser »Auslegung« der Schrift steckt: sie besteht gerade in dem Hinweis, daß das Gebot schon von sich aus ausgelegt ist.

Wenn ich Gott verstehe - und das kann ich -, dann verstehe ich auch die *Absolutheit* seines Gebotes: daß er nicht nur *etwas* von mir will, sondern *mich* will (G.Bornkamm). Das Innere - das Wollen - und das Äußere - das Tun - können nicht getrennt werden. Gerade die Worte, welche das Innen und das Außen gegenüberstellen und dem Inneren den Vorrang zuschreiben (Mk 7, 6ff. 17ff; Lk 11, 34ff), zielen ja nicht auf eine Verselbständigung der Innerlichkeit, sondern auf Ganzheit. Sie sagen nicht, daß die *Gesinnung* die Hauptsache sei und nicht die Tat, sondern daß auch die Gesinnung Tat sei, und daß ich allerdings mein Gutsein nicht herstellen kann, indem ich einzelne gute Taten ausführe, sondern daß die Qualität meiner Taten durch das Ganze meines Seins bestimmt wird (das Bild von Baum und Frucht Mt 7, 16ff). Die Ganzheit steht also (als Geschenk Gottes) am Anfang und nicht am Ende (als Ergebnis meiner Leistung; vgl. dagegen die aristotelisch-scholastische Ethik). J. kennt nicht den abstrakten Begriff des Subjekts, nicht die Idee des liberum arbitrium. Das kann man sich an dem tragenden anthropologischen Begriff verdeutlichen, dem des *Herzens*. Ich stehe nicht zunächst »frei«, urteilend der Forderung gegenüber; in diesem Augenblick wäre sie schon verfehlt; sie wird im Augenblick vernehmlich und verständlich und beansprucht mich sofort. Im Befolgen oder Verweigern derselben tue ich nicht ein Etwas, das dann als »Werk« von mir, dem Täter, abgelöst würde; in meiner Tat stehe ich selbst auf dem Spiel, gewinne oder verliere ich mich.

Darum kann die Ethik nicht als Tugendlehre dargestellt werden. Auch das Problem von Autonomie oder Heteronomie kann gar nicht entstehen. Die Ethik ist heteronom, sofern mir ein Gebot von außen her gesetzt ist; und sie ist *nicht* heteronom, da Gott *das* gebietet, worin ich mich selbst gewinne, und da sein Befehl die Ausführung (in meiner eigenen Tat) mit sich führt. Der Gehorsam ist nicht formal; sonst wäre er nicht ganz. Aus der Ganzheit der Forderung wird mir das einzelne Gebot verständlich, kann ich erkennen, warum Gott gerade dies und nichts anderes will: »Du sollst nicht töten, ehebrechen« usw, kann ich begreifen, daß diese Gebote von Gott selber so radikal gemeint sind, wie sie J. in den Antithesen der → Bergpredigt (: I) »auslegt« (s.o.), daß also schon das Begehren Ehebruch ist. Die Entfaltung des Willens Gottes ins Detail führt nicht zu einer neuen Kasuistik, weil darin der einheitliche Sinn freigelegt wird, nämlich das Gebot der → *Liebe* (: III), das keine Einschränkung verträgt, also die Feindesliebe einschließt.

Das Doppelgebot der Gottes- und Nächstenliebe ist nicht neu; es stammt ja aus dem AT (Mk 12, 28ff). J. stellt lediglich seine Absolutheit fest. Es gibt keinen Fall, in dem die Liebe nicht geboten wäre. Die Forderung, den Nächsten zu lieben »wie dich selbst«, duldet keine sichernde Einschränkung (Kierkegaard). Die Frage, ob unter dem Feind nur der persönliche Feind zu verstehen sei oder auch der Gruppenfeind, Landesfeind, ist als Frage so abwegig wie die andere, wer denn mein »Nächster« sei (Gleichnis vom barmherzigen Samariter Lk 10, 25ff). Gottes- und Nächstenliebe sind unterschieden und doch nicht zweierlei. Die Nächstenliebe ist nicht etwa das *Mittel* der Gottesliebe (Bultmann). Ich soll den Nächsten um Gottes willen lieben; dh nun gerade, daß ich ihn als den Mitmenschen erkennen soll. Er wird nicht zum Mittel degradiert, durch das ich die Gottesliebe praktiziere. Die Nächstenliebe ist vielmehr die Konkretisierung der Liebe zu Gott. Die Liebe ist kein höchster Wert auf einer Skala; sie kann als die Krisis der ethischen Werte in Erscheinung treten. Ich weiß nicht im voraus, was sie in der konkreten Situation ist (sie ist also auch kein formales Prinzip); ich kann sie in der Begegnung nicht erst noch betrachtend erwägen. Ich habe das auch nicht nötig, weil sie sich im Augenblick selbst erschließt.

Der Gedanke der Leistung und des Erwerbs der Seligkeit durch »gute Werke« ist im Ansatz überholt. Aus dem Ansatz ergibt sich weiter, daß das Problem des *Pflichtenkonfliktes* gar nicht entstehen kann. Wo es in der Diskussion auftaucht, da nur, um abgewiesen, als unecht entlarvt zu werden (zB im Konflikt zwischen Kult und Liebe, Mt 5, 23f; Mk 7, 9ff). Die jüdische Fragestellung nach höheren und niedrigeren Geboten wird durch den Hinweis auf das Liebesgebot nicht nur beantwortet, sondern auch überwunden (Mk 12, 28ff).

Wir fragen angesichts dieser Radikalität nach der *Erfüllbarkeit* des Gebotes (→ Bergpredigt). Nun, bei J. kann sie nicht zum prinzipiellen Problem werden. Er nimmt an, daß mir im Augenblick, da ich das Gesollte begreife, auch das Können erschlossen wird. Auch die Erfüllung ist Geschenk. Das Problem von Gehorsam und Gnade verschwindet (H.Braun). Man kann weder das Gebot als solches noch die Frage seiner Erfüllung auch nur einen Augenblick für sich, unter Absehen vom konkreten Verhalten Gottes zu uns, vom Geschenk der Vergebung betrachten. – Wenn die Liebe die Erfüllung des Gehorsams ist, kann der Gedanke an *Verdienste* vor Gott nicht aufkommen. Die Liebe kann nicht nach dem Ertrag fragen, der für mich selbst herausspringt, sonst hebt sie sich selber auf. Ein Gehorsam, der nach Belohnung fragt, ist keiner; es gilt: »Wenn ihr alles Gebotene getan habt, so sprecht: Wir sind unnütze Knechte; wir haben getan, was wir schuldig sind« (Lk 17, 10). Es ist kein Widerspruch, wenn wir zugleich festzustellen haben, daß ein *Lohngedanke* nicht nur vorhanden ist, sondern sogar ein konstitutives, nicht auszuscheidendes Element darstellt. Auch hier hat die Interpretation den Ausgangspunkt, nämlich die jüdische Fassung des Lohnmotives, in Betracht zu ziehen und die Richtung zu sehen, in welche es entwickelt wird. Der Lohngedanke wird nicht etwa als ein – für modernes Empfinden peinlicher – Erdenrest mitgeschleppt (als solcher erschien er der Theologie weithin da, wo sie unter dem Eindruck der Ethik →Kants stand); er ist wirklich in die Gesamtkonzeption von Gott und Mensch eingearbeitet. In der Harmlosigkeit des Vater-Kind-Verhältnisses ist das Moment der *Berechnung* abgestreift; der Ausblick auf den Lohn wird – so gesehen – zur reinen Verheißung; man kann ihn empfangen »wie ein Kind«. Der Lohngedanke drückt den Tatbestand aus, daß es in der Botschaft um *mich* geht, daß sie Heil ist, daß ich *für mich* hoffen darf. Wer sein Leben preisgibt, vernimmt die Zusage, daß er es gewinnen wird (Lk 9, 24; 17, 33).

Da Gottes Wille in der Situation verständlich wird, braucht J. keine Vollständigkeit anzustreben. Seine Weisungen sind jeweilige Ent-deckung, Hinweis auf das – sub specie des Glaubens – »Selbstverständliche«. Er entwirft kein Programm der Weltgestaltung. Der Horizont ist der palästinisch-jüdisch-ländliche. Daher findet sich keine umfassend angelegte Erörterung der Gebiete des Kulturellen, Politischen, weder in der Form einer Werteordnung noch in der Form einer systematischen Kritik. J. fordert nicht eine Revision des Rechts – oder gar dessen Abschaffung –, sondern den Verzicht des einzelnen darauf, vom Recht zu seinen eigenen Gunsten Gebrauch zu machen. Dieser Verzicht ist jeweilige Entscheidung, nicht eine neue, generelle Weltordnung. Und er ist nicht passive Ergebung, sondern positive Begegnung im Sinne des Liebesgebotes, ermöglicht durch die Sorglosigkeit im Vertrauen zu Gott (Mt 5, 38ff). So verlangt er auch nicht, daß der → Eid (: III, 1) als Institution abgeschafft werde; aber er untersagt das Schwören (Mt 5, 33ff, vgl. 23, 16ff), dh er fordert die Wahrhaftigkeit, welche das Schwören überflüssig macht; diese ist da zugänglich, wo ich der Angst um mich selber enthoben bin und keine verfehlten Praktiken mehr nötig habe, um mich zu salvieren. Ebensowenig wird die Ehegesetzgebung reformiert, aber die Ehescheidung untersagt, wobei deren Voraussetzung aufgedeckt wird (Mk 10, 1ff par); verboten wird der Ehebruch samt dem Begehren (Mt 5, 27ff; →Ehe: III A, 1). Die Stellen Mt 5, 32; 19, 9 zeigen, wie diese unbedingte Forderung später in der Gemeinde in eine praktikable Rechtsordnung umgesetzt wurde.

Auf dem Gebiete des Sozialen wird keine neue Gesellschafts- und Besitzordnung entworfen. J. fordert weder Sklavenbefreiung noch Besitzausgleich. Er preist die Armen selig, indem er ihre eschatologische Situation enthüllt (→ Armut: I, 2). Aber er beteiligt sie nicht an der Drohung gegen die Reichen; auch diese ist eschatologisch bestimmt. Beide Gruppen werden nicht *aufeinander* hingewiesen, sondern auf Gott. Auch hier gibt es keine gegenseitige Beobachtung und Beurteilung. J. ruft nicht zur sozialen Revolution und pflegt keine Ressentiments. Der Besitz wird nicht verboten; aber J. zeigt seine *Gefährlichkeit* für den Besitzer (Mk 10, 25). Er kann in einem konkreten Fall den freien, vollständigen Verzicht verlangen (Mk 10, 17ff). Aber daraus wird keine allgemeine Regel abgeleitet. Der Verzicht ist nur dann Bedingung des Heils, wenn J. in seine Nachfolge ruft, dh er ist Bedingung als *Entscheidung*, nicht als *Zustand*. Nicht der *Reichtum* des »Kornbauern« wird gegeißelt, sondern seine *Torheit*, sich darauf zu verlassen (Lk 12, 13ff). Wenn das Gottesreich kommt, werden die Armen nicht mehr arm und die Reichen nicht mehr reich sein. Damit haben beide das Kriterium für ihre Gegenwart. Nur am Rande taucht der Gedanke der *ausgleichenden* Gerechtigkeit auf: im Gleichnis vom Reichen und Armen (Lk 16, 19ff); doch ist er durch die Vorgeschichte des Gleichnisstoffes bedingt; er wird nicht thetisch entfaltet.

Die Politik wird nur am Rande sichtbar. Für das Judentum ist die politische Herrschaft Roms auch ein religiöses Problem; Gottesherrschaft und politische Stellung des jüdischen Volkes hängen zusammen. J. aber trennt beides vollständig und bringt den rein eschatologischen Charakter des Gottesreiches auch hier zur Geltung. Er erklärt, daß die Stellung Roms kein Problem bedeutet, das den *Glauben* tangiert (Gespräch über den »Zinsgroschen« Mk 12, 13ff). Man kann nicht den Gehorsam gegen den Kaiser und denjenigen gegen Gott miteinander verrechnen. Daß man dem Kaiser geben solle, was des Kaisers ist, und Gott, was Gottes ist, meint nicht eine Relativierung (etwa daß beide Ansprüche ein Stück weit gleichberechtigt seien): J. weist gerade auf die *Absolutheit* des Gehorsams gegen *Gott*. Weil man ihm unbedingt gehorchen muß, kann man seinen Namen nicht benützen, um ein weltliches, politisches Programm zu decken; man kann ihn nicht als gegebene Größe benützen, auch nicht zugunsten des »erwählten Volkes«.

Alle ethischen Weisungen zielen nicht auf einen Rückzug aus der Welt, sondern auf die Herstellung der Freiheit (obwohl dieser Begriff keine Rolle spielt) der Kinder Gottes in seiner Welt. Die Worte über das Sorgen verbieten nicht die tägliche → Arbeit (: III), sondern setzen sie als das Normale voraus. Sie entwerfen kein Ideal romantisch-vegetativer Lebensgestaltung; das wäre noch nicht der Überstieg über die Sorge. J. schafft auf der andern Seite die jüdische Sitte des Fastens nicht ab (Mt 6, 16ff); aber er fordert keine asketische Praxis, wie er ja selbst die → Askese (: IV) des Täufers nicht übernahm und sich dafür als Fresser und Weinsäufer schelten ließ (Mt 11, 19).

d) α) J. steht in der Tradition der jüdischen → Eschatologie (: III; → Apokalyptik: II). Von daher versteht man, daß die Aussagen über Gottes Walten und diejenigen über *das Kommen seines Reiches* einigermaßen unverbunden nebeneinander stehen. Auch hier läßt sich die sachliche Verknüpfung durch ein Zurück zum Ansatzpunkt erkennen. Weil Gott Gott ist, kann sowohl auf seine universale Weltregierung hingewiesen als auch sein künftiger Herrschaftsantritt angesagt werden; und diese Ansage durch J. ist selber Faktor im Geschehen. – Das jüdische Substrat zeigt sich schon darin, daß der Begriff des → Reiches Gottes (: I) nicht erklärt, sondern als bekannt vorausgesetzt wird (Matthäus bevorzugt den Ausdruck »Himmelreich«; die Bedeutung ist dieselbe; »Himmel« ist jüdische Umschreibung des Gottesnamens). In diesem Begriff ist gesagt, daß das Heil nicht in der Welt ist, sondern in der Zukunft liegt und von jenseits kommt. Man bemerkt nebeneinander einen Zeit- und einen Raumaspekt; es geht nicht an, den letzteren zu ignorieren, wenn auch der erstere dominiert. Das Reich ist einerseits künftig, andererseits jenseitig; und es hat einen Raum: man geht in das Reich ein. – Daß es *nahe* sei, ist an sich keine neue Lehre; das sagte schon der Täufer (wie auch die Gruppe von Qumran, freilich ohne den Begriff zu gebrauchen). Schon bei diesem hatte die Verkürzung des Zeitraums bis zum Ende zur Reduktion der apokalyptischen Ausmalung, zur Konzentration auf den Heilssinn des erwarteten Ereignisses geführt; der *Bußruf* trat in die Mitte der eschatologischen Predigt. Bei J. ist diese Konzentration vollends durchgeführt; die Modifikation gegenüber dem Täufer liegt darin, daß nicht der Gerichts-, sondern der Heilsaspekt den Ausgangspunkt bildet. Obwohl J. die allgemein-jüdische Vorstellung vom sichtbaren kosmischen Anbruch des Reiches teilt, wird doch das Wie des Eintreffens nicht zum selbständigen Lehrinhalt. Das Interesse am Weltbild als solchem ist geschwunden. Das gleiche gilt vom künftigen *Zustand*. J. gebraucht unbefangen die überkommenen Bilder, die diesen als Zustand des Heils charakterisieren: man feiert drüben das himmlische Festmahl (Mt 8, 11); wir werden sein wie die Engel; die Unterschiede des Geschlechtes schwinden; da es keinen Tod mehr gibt, gibt es auch nicht mehr Heirat und Zeugung (Mk 12, 18ff). Aber gerade diese Stelle zeigt, mit welcher kritischen Pointe J. über diese Dinge spricht; indem er sagt, wir werden sein wie die Engel, verwehrt er jeden Schluß vom Diesseitigen auf Jenseitiges und kritisiert damit zugleich das Phantasieren. Auch eine Berechnung des *Termins* ist abwegig; ja, die Frage danach wird *als Frage* überholt.

Es ist das Verdienst der → »Religionsgeschichtlichen Schule«, daß sie den supranaturalen Charakter des Gottesreiches nachwies. Dieses ist nicht die Fortführung und Vollendung des Weltzustandes, sondern dessen Ende; es ist nicht Ergebnis einer *Entwicklung*; es bricht vielmehr plötzlich von außen ein (Lk 17, 22ff); es ist nicht Ergebnis menschlicher Tätigkeit; durch solche kann sein Kommen weder herbeigeführt oder beschleunigt noch auch verhindert werden. Die einzige Möglichkeit des Menschen, in den Ablauf des Geschehens einzugreifen, ist das *Gebet* um das »Kommen« des Reiches. Das Wort »kommen« enthält die Momente der *Richtung* (von »drüben«), der *Plötzlichkeit* und der *Sicherheit* des Eintreffens. Es ist (trotz Lk 17, 21) nicht möglich, das Gottesreich als eine geistige Größe, als ein Reich der Innerlichkeit zu deuten; es manifestiert sich – wie für die jüdische Apokalyptik, so auch nach der Meinung Jesu – als sichtbare Weltverwandlung. Die Deutung des »Kommens« im Sinne einer innerweltlichen Entwicklung stützt sich vor allem auf die → Gleichnisse (: II, 3), in denen das Wachstum in der Natur dem Vergleich dient (Mk 4, 3ff. 26ff. 30ff usw). Aber man darf in sie nicht den modernen Gedanken einer »organischen« Entwicklung eintragen. Sie zeigen im Gegenteil das *Wunderbare* des Kommens; dieses ist ausschließlich Gottes eigenes Werk und übertrifft alle weltlichen Möglichkeiten unendlich. Das jetzige »Säen« (also Jesu eigenes Wirken), auf welches in diesen Gleichnissen hingewiesen wird, meint nicht, daß das Reich bereits da sei oder von J. geschaffen werde (gegen N.A.Dahl), sondern daß das künftige, unmittelbar nahe Reich von ihm in Wort und Tat *verkündigt* wird und daß das eschatologische Heil uns heute schon in dieser Verkündigung vorgreifend zugänglich wird. Die Art und Weise, wie J. seine Person in das Geschehen einbezieht, ist dieselbe wie in der Gotteslehre und Ethik. Auch in der Eschatologie stoßen wir auf die »indirekte Christologie«. Noch gibt es Armut, Krankheit, Sünde, Dämonen. Wenn das Reich kommt, wird es damit ein Ende haben. Es ist also noch nicht da. Aber es wirft bereits seinen Schein, indem es in J. wirksam wird; durch die Zeichen, die er wirkt, ist die Wahrheit seiner Ankündigung, ist die *Nähe* des Reiches verbürgt. Damit ist J. zum konstitutiven Faktor in der Eschatologie geworden.

Aber: *wie* nahe ist das Reich? Die Antworten der modernen Forschung variieren stark. Das Gottesreich ist – in der Person Jesu – bereits eingetroffen (»realisierte Eschatologie«; C.H.Dodd); es befindet sich in der Verwirklichung (»sich realisierende Eschatologie«; E.Haenchen, J.Jeremias); es ist künftig und unmittelbar nahe (A. Schweitzer, R.Bultmann); es ist noch relativ entfernt, da J. annimmt, daß zwischen seinem Auftreten und der Parusie ein gewisser Zeitraum verstreichen werde; endlich: J. denkt das Reich sowohl als gegenwärtige wie als künftige Größe (W.G.Kümmel).

β) In der Mannigfaltigkeit der Hypothesen spiegelt sich die Tatsache, daß in der *Überlieferung* verschiedenartige Aussagen nebeneinander stehen. In manchen Worten scheint das Reich in der Tat schon dazusein. J. treibt die Dämonen aus – ἄρα ἔφθασεν ἐφ' ὑμᾶς ἡ βασιλεία τοῦ θεοῦ (Mt 12, 28/Lk 11, 20; vgl. auch Mk 3, 27 par). Das Reich ist ἐντὸς ὑμῶν (Lk 17, 21). Man kann es »empfangen« (Mk 10, 15), kann in seiner Nähe sein (Mk 12, 34). Ihm widerfährt in der Welt Gewalt (Mt 11, 12). Auf solche Worte stützt sich die Deutung im Sinn der »realisierten Eschatologie«: das Reich ist in J. eingetroffen; eine künftige → Parusie ist nicht mehr zu erwarten. Im selben Sinn werden auch die Gleichnisse vom Wachstum aufgefaßt. – Abgesehen davon, daß die Deutung mancher der angeführten Stellen umstritten ist (Lk 17, 20f; Mt 11, 12) und daß die »Darbietung« des Reiches in Worten wie Mk 10, 15 seine Künftigkeit nicht aufhebt, erscheint dieses an anderen Stellen eindeutig als künftig: so in der Ankündigung seiner »Nähe« (ἐγγίζειν, ἐγγύς, Mk 13, 29; mit Kümmel gegen Dodd), im Begriff des

»Kommens« (zweite Bitte des → Vaterunsers: man kann noch darum bitten), in der Erwartung des »Tages« (Mt 10, 15), womit das Motiv der Plötzlichkeit des Anbruchs verknüpft ist (Mt 24, 26f, vgl. 37ff), in der Ansage des künftigen *Gerichts*. Diese Künftigkeit ist in den Gleichnissen vom Unkraut und vom Fischnetz betont (Mt 13, 24ff. 47ff). Künftigkeit ist in der Feststellung vorausgesetzt, daß der Termin unbekannt sei (Mk 13, 32), sofern diese Aussage authentisch ist. Dasselbe gilt vom Ausblick auf das Kommen des Menschensohnes, wenn man diese Worte als echt anerkennt (s. 9b). Die Formulierung der Drohung und Verheißung ist futurisch (Mt 8, 11; 11, 11; die Makarismen!). Weil das Reich noch nicht da ist, gilt es zu »wachen« (Mk 13, 35ff). Auch die Worte vom »Eingehen« in die Gottesherrschaft meinen nicht, daß sie schon da sei; sie formulieren vielmehr die Bedingung für die künftige Aufnahme in dieselbe (Windisch).

Kann somit als gesichert gelten, daß man das futurische Element nicht ausscheiden kann, so bleibt die Frage, *wie groß* J. den Zeitraum bis zum Eintreffen dachte. Das Stichwort ἤγγικεν weist auf ein unmittelbares Bevorstehen; dadurch ist ja der Ruf zur Buße begründet (wenn auch Mk 1, 14f nicht Formulierung Jesu ist, sondern thematische Zusammenfassung seiner Predigt, so ist diese doch sachgemäß wiedergegeben). Zwischen dem jetzigen Ruf und dem Kommen des Reiches liegt keine »übrige« Zeit mehr. Andererseits blickt Lk 17, 22 auf eine Zeit der Drangsal vor den »Tagen des Menschensohnes« (nach dem bekannten Schema der jüdischen Apokalyptik von den »Wehen«, die dem Ende vorausgehen). Mk 14, 25 rechnet mit einem gewissen Abstand zwischen Jesu Tod und Parusie; vgl. weiter Mk 2, 18ff (Lk 13, 31ff; 17, 25). Nach Mk 9, 1 scheint das Ende noch für die jetzt lebende Generation erwartet zu werden. Hat J. also in der Tat mit einer gewissen Distanz gerechnet (Kümmel)? Um eine Antwort zu finden, muß natürlich nach der Authentizität der betreffenden Worte gefragt werden.

Es ist relativ leicht, *einen* umfangreichen Komplex als Gemeindebildung auszuscheiden. Dazu gehört in erster Linie das apokalyptische Gemälde Mk 13. Hier handelt es sich um eine Kombination von echten Motiven der Eschatologie Jesu (zB das Gleichnis vom Feigenbaum 13, 28f) mit solchen der jüdischen Apokalyptik. Dadurch entstand ein umfassendes Bild vom gesamten Ablauf der künftigen Ereignisse in Geschichte und Kosmos. Man bemerkt bereits, daß die Gemeinde mit einer Verzögerung der Parusie zu rechnen beginnt (→ Eschatologie: IV, 7). – Den gegebenen Ausgangspunkt für die Rekonstruktion bilden die *Gleichnisse*, da sie einen gesicherten Bestand echter Überlieferung enthalten (s. 2). Gewiß sind auch sie da und dort im Sinne der späteren Gemeindeanschauung übermalt; aber diese sekundäre Schicht läßt sich in vielen Fällen leicht abheben (J.Jeremias). In den Gleichnissen zeigt sich nun eine spezifische Struktur der Einstellung auf die Zukunft: Das Reich ist künftig, drängend nahe und heute in Jesu Taten und Predigt wirksam (Bild vom Säen, s.o.). Dieselbe Struktur zeigt sich dann auch in einer großen Zahl der Logien, schon in der *Form* derselben (J.M.Robinson). Die Echtheit dieses Kernbestandes wird, außer durch die formalen Indizien, auch durch den Inhalt erwiesen, sofern die Verknüpfung der Zukunftserwartung mit der Person Jesu eine einmalige, unwiederholbare Situation voraussetzt, in die sich die Gemeinde nach Ostern nicht mehr ohne weiteres zurückdenken konnte. – Unter den Gleichnissen finden sich solche, in denen die Künftigkeit geradezu die Pointe bildet: Mt 13, 24ff. 47ff (Unkraut, Fischnetz). Ein *Zeitpunkt* wird nicht angegeben (vgl. außer den beiden genannten noch das Gleichnis vom Gastmahl in seiner durch Vergleich von Mt 22, 1ff und Lk 14, 16ff zu rekonstruierenden Urform). Dieses Fehlen von Zeitangaben ist kein Zufall. Es ergibt sich aus der Struktur der Erwartung. Im Vordergrund steht die Darstellung des *Wertes* der Gottesherrschaft, der Heilsaspekt (Gleichnisse vom Schatz im Acker, von der Perle, Mt 13, 44ff). Nur scheinbar anders ist der Befund im Gleichnis von den anvertrauten Pfunden (Mt 25, 14ff/Lk 19, 11ff). Hier besteht in der Tat ein Zeitraum, in welchem man sich zu bewähren hat. Aber dieser wird nicht hinsichtlich seiner Dauer bestimmt. Er bildet nicht die Pointe, sondern ist lediglich Darstellungsmittel, um die Absolutheit der Verantwortung zu zeigen. – Der Sinn der *Wachstumsgleichnisse* (s.o.) dürfte darin liegen, daß in ihnen das Reich als künftig vorgestellt ist, daß aber diese Künftigkeit nicht apokalyptisch *vorgestellt* werden kann, sondern als jetzige Wirkung im Auftreten Jesu erfahrbar wird. Man muß das »jetzige« Gesagtwerden dieser Gleichnisse und den Sprechenden in die Deutung einbeziehen (E.Fuchs).

Die durchgehende Struktureinheit kann an verschiedenen Themen aufgezeigt werden. Man erkennt sie in der Art und Weise, wie J. von den *Zeichen* der Zukunft spricht. Auf den ersten Blick hat man den Eindruck, daß zwei Gruppen von Aussagen in Spannung miteinander stehen. Nach der einen kommt das Reich plötzlich, ohne sich durch Zeichen anzukündigen: Lk 17, 20. Nach der anderen sind die Zeichen schon da, und es gilt, sie zu begreifen: Mk 13, 28f, vgl. Lk 12, 54ff. In beiden Gruppen, in der Behauptung der Plötzlichkeit und im Hinweis auf Zeichen, liegt aber dieselbe Einstellung auf die Zukunft vor. Hier wie dort ist gesagt, daß man das bevorstehende Reich nicht als Objekt, in der Haltung des Zuschauers beobachten kann. Man muß seine Nähe als die Bestimmung der Gegenwart begreifen. Die Zeichen sind ja solcher Art, daß man sie nicht erst noch betrachtend prüfen kann. Wer sie als Beweismittel verlangt, der bekommt nur das Zeichen des Jona (Lk 11, 19f; vgl. Mk 8, 11f). Die echten Zeichen beanspruchen augenblicklich und endgültig. So wird die Einheit beider Aussagenreihen verständlich im Dasein Jesu. Es gibt keine Aussage über die Zukunft, die nicht eo ipso eine jetzige, definitive Bestimmung »meiner« Situation wäre. Damit ist aber die Frage nach dem Zeitpunkt des Eintreffens hinfällig geworden. Die Radikalisierung der Eschatologie erfolgt nicht lediglich durch das Zusammenziehen des Zeitraumes auf ein Minimum an Distanz, sondern durch eine qualitative Veränderung. Sind die Zeichen bereits da und bewirken sie Heil – als Heilung der Blinden, Lahmen, Lösung der Gefangenen, als Evangelium für die Armen –, dann kann man überhaupt nicht mehr fragen: »Wann?«, weil das Reich nicht mehr in einem Bilde vorgestellt ist, weil mir sein Heil im jetzigen Augenblick existentiell verständlich wird. Ich begreife, daß ich auf Grund dieses Heils jetzt nur noch Buße tun kann. Und die Künftigkeit ist jetzt kein »Noch nicht« mehr, sondern ist positive Qualifizierung dieser letzten Zeit, Begründung der Hoffnung und Bedingung der jetzigen Erfahrbarkeit des Heils. In dieses Zeitverständnis fügen sich auch Worte wie Lk 17, 20f; Mk 13, 26f ein. Ihm entsprechen die *Seligpreisungen:* es ist neue Zeit; sie ist noch nicht das Gottesreich, denn da sind keine Armen mehr selig zu preisen. Aber sie werden auch nicht auf eine künftige Besserung ihres Zustandes vertröstet; vielmehr wird ihre Situation heute – durch den Zuspruch Jesu – verwandelt. Das Neue dieser Zeit besteht also darin, daß sie Zeit der Verkündigung ist (Lk 16, 16; vgl. Mt 11, 12f). – Von dieser Konzeption her wird man diejenigen Worte in der synoptischen Tradition zu beurteilen haben, in denen sich eine gewisse Verzögerung der Parusie abzeichnet. Sie sind als sekundäre Weiterbildung anzusehen (E. Gräßer).

Die hier vorgetragene Interpretation der Eschatologie Jesu führt zur Konsequenz, daß in ihr kein Raum ist für eine weitere eschatologische Vollendergestalt außer J. selbst; er hat nicht einen anderen, den Menschensohn, als Vollstrecker des Weltgerichts erwartet. Er dachte aber auch nicht an seine eigene künftige »Parusie« als Menschensohn. Was *jetzt* geschieht, ist die *ganze, endgültige* Ankündigung; es folgt nur noch das Gottesreich selber. So bestätigt sich vom Begriff des Gottesreiches her, was oben (s. 9b) über die Authentizität der Menschensohnworte festgestellt wurde. Die Gestalt des Menschensohnes fehlt in den Gleichnissen, in der pointierten Verheißung der Seligpreisungen. Sie fehlt nicht nur; es ist gar kein Platz für sie da. Ein solcher findet sich erst, als – nach Ostern – die Person Jesu in den Aufriß von Vergangenheit, Gegenwart und Zukunft eingezeichnet werden muß, als sich die Gemeinde als in der Zwischenzeit lebend verstehen lernen muß. Die Frage, ob diese Umwandlung theologisch legitim ist, ist im Rahmen der Gesamtproblematik der nt. Theologie zu beantworten: Ist der Übergang von der Predigt Jesu zur Predigt der Kirche *über* J. legitim?

γ) Der reine Heilssinn der Botschaft zeigt sich gerade auch darin, daß *das Heil*, das → »ewige Leben« (: III B), nicht in den Schoß geworfen wird. Es fordert als – einzige – Bedingung die Buße. Der Ruf zu ihr und die Hinwendung zu den Sündern wollen als Einheit verstanden sein (H.Braun). Es gehört zum Wesen des Erwählungsgedankens, daß die Erwählten eine kleine Schar sind, Ausnahme; Erwählung ist nicht das Selbstverständliche. Sie ist reines Gnadengeschenk. – Das kommende Reich führt also Scheidung und Entscheidung herbei (Mt 8, 22; Lk 9, 62; 14, 28ff; Mk 3, 35; Mt 24, 40; Gleichnisse vom Unkraut und Fischnetz, s.o.). Der Weg ins Reich ist schmal und führt durch die enge Pforte (Mt 7, 13f). Zum Reichsgedanken gehört der *Gerichtsgedanke* mit innerer Folgerichtigkeit. Auch hier bildet die allgemeine jüdische Anschauung den Ausgangspunkt, und auch hier wird sie wieder dahin konzentriert, daß die Aussagen über das → Gericht (: III) heutige Bestimmung werden. Der Gerichtsgedanke ermöglicht durch die Zerstörung der Sicherheit (securitas) die Gewißheit (certitudo) der → Hoffnung (: II). Er bewirkt die Vereinzelung des Individuums, welche das Heil erst konkret, als das für *mich* bestimmte erscheinen läßt; diese Individualisierung ist die Voraussetzung der Universalität.

J. lehnt es ab, das künftige (!) Gericht Gottes schon heute vorwegzunehmen (Unkrautgleichnis!), dh das absolute Urteil Gottes wird nicht zu einem innerweltlichen, moralischen Urteil über den Menschen depotenziert. Auch hier bleibt er konsequent dabei, das Künftige wirksam anzukündigen: jetzt entscheidet sich mein künftiges Schicksal, und zwar an nichts anderem als an meiner Einstellung zu *ihm*, am Gehorsam gegen seine Predigt. – In der Darstellung des Gerichtes bemerkt man zwei Nuancen. Einmal erscheint es als momentane Scheidung, indem man in das Reich aufgenommen oder davon ausgeschlossen wird; es erfolgt in der Form einer Katastrophe (Mt 11, 22ff/Lk 10, 14; Mt 10, 15/Lk 10, 12). Daneben erscheint es aber auch als ein Gerichtsakt, bei welchem nach den Werken geurteilt wird (Mt 12, 41/ Lk 11, 31f). (Ein Sonderproblem bilden wieder die Menschensohnworte: Mk 8, 38; Mt 10, 33/Lk 12, 9.) In beiden Vorstellungen, der »augenblicklichen« und der »forensischen«, erkennt man das jüdische Erbe; es wird als Vorstellungsmaterial benützt, wie überall, und es wird hier und dort verwendet, um die vollständige Entsicherung des Menschen als sein Heil zu zeigen.

Der Gedanke des Gerichtes und ewigen Lebens setzt – im jüdischen Bereich – auch denjenigen der → *Auferstehung* (: V) der Toten voraus; J. teilt den Glauben daran mit der pharisäischen Richtung (vgl. die »Sadduzäerfrage« Mk 12, 18ff). Das Schicksal der Seligen und der Verdammten wird in überkommenen Bildern angedeutet (vom himmlischen Mahl hier, von der Hölle, wo Feuer und Finsternis zugleich herrscht, dort). An einem Ausmalen aber besteht kein Interesse.

δ) Gründete J. eine → *Kirche* (: II)? Oder ordnete er wenigstens die Gründung derselben für die Zeit nach seinem Tode an? Sprach er das berühmte Wort an → Petrus (Mt 16, 17–19)? Ist die vorgetragene Rekonstruktion seiner Eschatologie auch nur einigermaßen zutreffend, so müssen alle drei Fragen verneint werden. Eine Kirchengründung paßt nicht zu Jesu Geschichtsbewußtsein. Das Wort an Petrus ist zwar alt (semitischer Sprachcharakter), aber nicht authentisch (mit Bultmann und Kümmel gegen Cullmann u.a.). Das Argument, zur Erwartung des Gottesreiches gehöre auch der Gedanke des Gottes*volkes*, spricht nicht *für*, sondern *gegen* die Echtheit des Wortes. Denn die Naherwartung bedeutet, daß J. dieses Volk durch nichts anderes sammelt als durch seinen Ruf. Es ist die Gemeinschaft der Wartenden. Wer dazugehört, das hängt ausschließlich daran, ob einer Buße tut, und wird erst beim Gericht sichtbar werden. J. scheidet dieses Volk nicht aus der übrigen Welt durch Gründung einer Organisation aus. Würde er die Scheidung der Erwählten von der Welt organisatorisch sichtbar machen, dann würde er den Rahmen der jüdischen Sekten nicht sprengen. Er erläßt keine »Ordensregel«. Zwar ruft er in seine Nachfolge; aber weder ist die Zugehörigkeit zum Kreis der »Jünger« Bedingung des Heils (s. 8) noch ist der Kreis durch irgendeine Institution oder Satzung abgeschlossen. – Die Stiftung der Kirche erfolgte durch die Erscheinungen des Auferstandenen; sie setzt Jesu Tod voraus. Das Urteil über ihre Legitimität ist kein anderes als das Urteil über die Wahrheit des Osterglaubens selbst. – Damit ist auch bereits festgestellt, in welchem Sinn von der Stiftung der *Sakramente* durch »J.« gesprochen werden kann. Auch sie ist mit seinem Tod verknüpft.

11. Die *»Leidensgeschichte«* ist der Teil der synoptischen Tradition, der am frühesten feste Gestalt annahm (→ Evangelien, formgeschichtlich). Sie ist ganz und gar aus der Perspektive des Osterglaubens gestaltet. Dieser gibt den Schlüssel für die Deutung des Todes. Daher ist die Erzählung ganz von christologischen Motiven durchsetzt, in bes. starkem Maße in den Geschichten vom Einzug in Jerusalem, Abendmahl, Verhör vor dem Hohen Rat. Die erste ist zur Legende mit Epiphaniemotiven gestaltet, der Bericht von der Einsetzung des → Abendmahles (: I) ist in seiner jetzigen Form Kultlegende, ἱερὸς λόγος der christlichen Sakramentsfeier. Am ehesten macht der Bericht vom Verhör den Eindruck, historisch zu sein. Aber die Analyse zeigt, daß die Gemeinde keinen Augenzeugenbericht darüber besaß. Sie gestaltete den Hergang, wie sie sich ihn eben vorstellte. Natürlich nahm man in der Rückschau an, daß die Messianität Jesu der Hauptpunkt der Verhandlung gewesen sei; so bildet sie die Mitte des ganzen Verhörs. Auf dem Höhepunkt desselben wird – dem christlichen Leser! – in eindrucksvoller Formulierung gezeigt, wie sich J. vor der Hohen Behörde seines Volkes zum erstenmal ausdrücklich als Messias bekennt – und damit seinen Tod herbeiführt. Zugleich ist damit der Unglaube Israels enthüllt.

Stärker als in den übrigen Teilen der Evangelien gestaltet in der Passionsgeschichte der *Schriftbeweis* den Bericht (Dibelius). Ganze Motive, ja Szenen (J. vor Herodes Lk 23, 6ff) sind aus dem AT herausgesponnen. Von dort stammt auch das Wort, das dem Sterbenden in den Mund gelegt ist: »Mein Gott, mein Gott, warum hast du mich verlassen?« (Ps 22, 2; Mk 15, 34). Der Einwand, dieses Wort hätte man ihm nicht in den Mund gelegt, wenn er es nicht wirklich gesprochen hätte, verkennt den Charakter der Erzählung. Wenn man dieses Wort aufgriff, dann zeigte man sein Sterben als Erfüllung und überwand damit das Skandalon des Kreuzes. Man darf das Wort also nicht psychologisch auswerten, um die Empfindungen des Sterbenden zu rekonstruieren.

Natürlich ist trotz des christologischen Stils der »Leidensgeschichte« ein historischer Grundbestand zu erkennen. An einzelnen Stellen sind vielleicht noch Spuren eines Augenzeugenberichtes vorhanden (Mk 14, 51; 15, 21. 40?). Nicht festzustellen ist allerdings die *Dauer* des Aufenthaltes Jesu in der Stadt. Nach Markus spielt sich alles in einer Woche ab; das ist ein redaktionelles Schema. Sicher ist jedenfalls, daß J. nach Jerusalem zog (zu den Örtlichkeiten s. → Jerusalem: III), um sein Volk im Zentrum, am Sitz des Tempels und der obersten Behörde, vor die letzte Entscheidung zu stellen. Natürlich mußte sein Auftreten von der Führung des Volkes als Angriff auf die Grundlagen der Religion und des Volkes aufgefaßt werden. So bemächtigte sie sich seiner Person, wie erzählt wird, mit Hilfe eines der Jünger (→ Judas Iskarioth), und lieferte ihn dem römischen Prokurator Pontius → Pilatus aus, der gerade in der Stadt weilte. Es steht fest, daß J. durch die Römer (und nicht durch die Juden) hingerichtet wurde, da die Kreuzigung eine römische und keine jüdische Form der Todesstrafe ist. Zur Frage des Datums (14. oder 15. Nisan) s. 3.

Das am heftigsten umstrittene historische Problem ist: Besaß das Synhedrium damals die Blutgerichtsbarkeit und in welchem Umfang? Hatte es das Recht, Todesurteile zu vollstrecken (Lietzmann)? Oder durfte es wenigstens solche fällen, mußte sie aber vom römischen Prokurator bestätigen lassen (Dibelius)? Oder mußte es Kapitalprozesse überhaupt diesem übergeben? Im letzteren Falle wäre das Verhör vor dem Hohen Rat nicht eine Gerichtsverhandlung mit Urteil gewesen, sondern hätte informatorischen Charakter gehabt. Im mittleren Falle hätte nicht Pilatus, sondern die jüdische Behörde das Urteil gefällt; Pilatus hätte lediglich den Exekutionsbefehl gegeben. Im ersten Falle wird man fragen, warum der Hohe Rat J. den Römern übergab. Lietzmann nimmt an, daß das Synhedrium das ius gladii besaß, und folgert daraus - an sich konsequent -, daß der Bericht über das Verhör vor ihm nicht geschichtlich sei. Nun dürfte schon die Hinrichtungsart beweisen, daß Pilatus das Todesurteil fällte und nicht nur einen Exekutionsbefehl gab. Die Unstimmigkeit, daß dann zwei Verhöre = Gerichtsverhandlungen nebeneinander stehen, behebt sich durch die Einsicht in den literarischen Charakter des Berichts; er ist ja erst nachträglich, aus der Vorstellung der Christen, entworfen. Dabei dominierte das christologische Interesse; über das juristische Detail und die rechtliche Wahrscheinlichkeit gab man sich kaum Rechenschaft. Nach der Meinung der synoptischen Erzählung haben sowohl der Hohe Rat als auch Pilatus J. verurteilt. - Einen besonderen Gegenstand der Diskussion bildet schließlich noch die Tatsache, daß nach dem → Mischna-Traktat Sanhedrin der Verhörbericht nicht mit der jüdischen Strafprozeßordnung übereinstimmt. Drei Möglichkeiten bieten sich zunächst an, um die Diskrepanz zu beseitigen: Man könnte annehmen, das Verhör sei eben kein wirklicher Strafprozeß gewesen; man habe beim Prozeß Jesu die Bestimmungen mißachtet; die Sanhedrin-Ordnung sei damals noch nicht in Kraft gewesen (Blinzler). Das letztere ist zweifellos richtig. In der Prozeßordnung der Mischna handelt es sich um eine ideale Konstruktion. Aber man muß darüber hinaus feststellen, daß in allen Versuchen, den wirklichen Hergang zu rekonstruieren, mit mehreren Unbekannten gearbeitet wird, da wir kein Protokoll des Verhörs besitzen. Es ist methodisch abwegig, den jetzigen Bericht wie ein solches Protokoll auszuwerten: er ist Glaubenszeugnis.

12. a) Was nach der Kreuzigung Jesu geschieht, ist für die historische Darstellung nicht mehr die Geschichte Jesu, sondern die *Geschichte seiner Nachwirkung*. Wenn diese auch zur Geschichte einer Persönlichkeit hinzugehört und unseren Bezug zu dieser (der selber ein geschichtlicher ist) bestimmt, so steht J. in dieser Hinsicht doch grundsätzlich anderen geschichtlichen Gestalten gleich. Auch eine einzigartige Nachwirkung kann nicht einen *absoluten* Anspruch begründen. Und wenn J. selbst einen solchen, absoluten erhebt, so ist doch über dessen Gültigkeit nicht durch geschichtliche Feststellungen zu befinden.

Das Problem hat am klarsten R. → Bultmann in seinen beiden Stichworten von der → »Entmythologisierung« und der »existentialen Interpretation« formuliert. Sofern J. möglicher Gegenstand existentialer Interpretation ist, wird er zwar als Phänomen der Geschichte isoliert und in seiner Eigenart zu erfassen gesucht; er »begegnet« aber grundsätzlich in derselben Weise wie andere geschichtliche Phänomene. Das gilt auch für seinen Tod, den man etwa in Analogie zum Tode des Sokrates interpretieren kann. Die theologische Sachfrage ist dann, wie ein geschichtliches Ereignis das *eschatologische* sein und als solches heute begegnen kann. Die Antwort ist durch den Hinweis auf die Verkündigung zu geben: als *gepredigtes* kann es gegenwärtig sein. Diese Möglichkeit ist also grundsätzlich von der historisch faßbaren Nachwirkung einer Persönlichkeit zu unterscheiden.

Nun ist gerade in dieser Fassung der Fragestellung die historische Rückfrage nicht bestritten, sondern mitgefordert. Sie hat aber nicht mehr den Zweck, dem Glauben seinen Inhalt zu geben - den empfängt er durch die → Predigt -, sondern die Geschichtlichkeit der Offenbarung nicht aus dem Blick zu verlieren, festzuhalten, daß die → Offenbarung (: VI) nicht ein Lehrsystem ist, sondern eine geschichtliche und geschichtlich begegnende Tat. Dogmatisch gesprochen: daß J. wahrer Mensch ist, ist ein *Glaubenssatz*, der je und je konkretisiert werden muß. Der historische Bezug ist also ständig im Auge zu behalten, ohne daß inhaltliche historische Fakten aus vermeintlichem Glauben postuliert werden. Damit gewinnt aber die historische Arbeit als solche für die Theologie eine bestimmte Relevanz; diese ist jedoch nicht in allgemeinen Thesen über Glauben und Geschichte festzulegen, sondern muß sich je und je konkretisieren. Das Festhalten des historischen Bezuges leistet der Mythisierung des Glaubensgegenstandes ebenso Widerstand wie der dogmatischen Objektivierung, in welcher an die Stelle Jesu Christi ein System von Sätzen *über* ihn tritt. Sätze können ja nicht *Gegenstand* des Glaubens sein, sondern nur dessen Explikation.

b) Daß das Verhältnis des Predigers J. zu dem gepredigten Christus zum Problem, ja, zum Zentralproblem der nt. Theologie überhaupt wurde, setzt die Entstehung des modernen historischen Bewußtseins und die daraus resultierende Betrachtung der biblischen Texte als historischer Quellen voraus (→ Bibelwissenschaft: II). Seither ist es als Problem einfach vorhanden, als solches zu konstatieren, nicht zu bestreiten oder zu bedauern. Nun bieten sich zwei Wege an, um sich ihm zu entziehen: Man kann den Glauben auf das Ergebnis der historischen Rekonstruktion beziehen, also auf den »historischen J.« oder wenigstens auf seine Lehre. Das ist das Programm der klassischen Leben-Jesu-Theologie. Sie ist von der optimistischen Überzeugung getragen, daß man zu einem einhelligen Resultat gelangen könne. Hier ist einmal verkannt, daß das Verhältnis zur Geschichte selbst ein geschichtliches (was keinesfalls im Sinn eines Relativismus verstanden werden darf) ist; zum andern ist die Überzeugung, daß man durch historische Rekonstruktion über die *Wahrheit* befinden könne, selbst nicht mehr geschichtlich zu begründen. Geschichte ist hier als Wirkungsgeschichte großer Persönlichkeiten oder als Ideengeschichte verstanden, der Glaube als Übernahme einer religiös-sittlichen Weltanschauung oder eines Geschichts*bildes*. Die biblischen Texte werden zwar als Quellen ausgewertet, sind aber als *Text* verloren. Das rächt sich, sofern nun unbemerkt moderne Voraussetzungen untergeschoben werden müssen, um eine Gegenwartsbedeutung der Rekonstruktion zeigen zu können.

Die entgegengesetzte Möglichkeit, der Aporie zu entgehen: man bestreitet, daß die Rekonstruktion für den Glauben irgendwie verbindlich, ja, daß sie - auf Grund des Quellenbefundes - überhaupt möglich sei (M. → Kähler). Der Text bleibt Text; der Glaube wird nicht dem Wandel wissenschaftlicher Ergebnisse ausgesetzt; er gründet sich auf das »Christuszeugnis der Evangelien«. Dieses Programm des Verzichtes auf eine Rückfrage hinter die Osterereignisse und die Predigt der Gemeinde von J. als dem Christus beruft sich u.a. auf die Ergebnisse der Formgeschichte. Denn diese ließ das Material für ein »Leben Jesu« stark zusammenschmelzen, und sie zeigt andererseits, daß die → Evangelien nicht als historische Quellen, sondern als Glaubenszeugnisse gelesen werden wollen. Der Kurzschluß besteht darin, daß daraus gefolgert wird, daß sie nicht als Quellen ausgewertet werden *können* und *dürfen*. Ob die Texte historische Ergebnisse liefern, ist einzig durch kritische Analyse festzustellen. Es muß klar zwischen dem Geschichtsverständnis der Evangelien (→ Geschichte: II A, 4) und unserem heutigen Geschichtsbewußtsein unterschieden werden. So gewiß wir dieses am historischen Stoff zu klären suchen, so gewiß *können* wir das damalige Geschichtsbewußtsein gar nicht übernehmen; das liegt überhaupt nicht im Bereich eines möglichen Entschlusses; und wenn die Übernahme möglich wäre, dann hätte sie gerade nichts mit *Glauben* zu tun. Im Grunde beruhen der erste (»liberale«) und zweite (biblizistische bzw. dialektische) Lösungsversuch auf einer analogen Objektivierung des Glaubensinhaltes. Hier wie dort soll letztlich die Autorität desselben direkt festgestellt werden, und zwar im Grunde auch im zweiten Fall durch historisierende Betrachtung - nur eben nicht einer Person, sondern eines historisch vorliegenden »Zeugnisses«. Aber dessen *Gültigkeit* kommt in Wahrheit nirgends anders in den Blick als in der heutigen Verkündigung (H.Diem).

Aus dieser Gemeinsamkeit der Grundlagen versteht man die »Vertauschung der Fronten« (E.Käsemann), die für die heutige Lage bezeichnend ist: daß sich die »Historiker« gezwungen sahen, nach dem → *Kerygma* zurückzufragen, und daß die Gegenseite nach dem historischen J. bzw. seiner Lehre als dem Fundament des heutigen Glaubens fragt. Dabei droht nun die Wiederholung der alten Aporie, daß sich - von vorne gesehen - auf diese Weise Autorität nicht begründen läßt, und daß sich - von rückwärts gesehen - »eine geschichtliche Wahrheit im Unterschied von einer allgemeingültigen nicht unverändert wiederholt« und daß sich Jesu Worte und Taten nicht ohne weiteres »im Heute anbringen« lassen (E.Fuchs). Jedes Ergebnis der Rekonstruktion ist theologisch beurteilt Gesetz, nicht Evangelium, womit nicht nur deren Grenze, sondern auch deren Recht festgestellt ist.

c) Für die historische Betrachtung stellt sich die Frage einfach als diejenige nach dem Übergang von Jesu eigenem Auftreten zu der Sammlung seiner Anhänger unter dem Eindruck der Erscheinungen des Auferstandenen (→ Auferstehung Christi: I) und zu der Formung des Glaubens an ihn als den Messias und Gottessohn (Bultmann, NT 33ff). Es läßt sich zeigen, wie dieser Glaube zum kritischen Auswahlprinzip wird: ein Teil des vorhandenen Stoffes wird - natürlich nicht in bewußter Reflexion - abgestoßen, zB die Erinnerung an die menschliche Persönlichkeit, das Aussehen, den Charakter Jesu. Ein anderer Teil wird im Sinne des Glaubens aufgenommen, wobei zu fragen ist, inwiefern der Stoff seinerseits auf die Ausbildung - nicht des Glaubens, sondern - der Glaubens*vorstellung* einwirkt.

In welchem Umfang ist also die *Kontinuität* zwischen J. und der Gemeinde der Glaubenden sichtbar zu machen? Für deren eigenes Bewußtsein ist sie darin gegeben, daß der Auferstandene als der Gekreuzigte, also als der dagewesene J. von Nazareth, festgehalten wird. Das gilt für beide Grundtypen der nt. → Christologie (: I), den hellenistisch-paulinischen, wo der historische Stoff aus dem Leben Jesu ignoriert wird (2Kor 5, 16) - bis auf das punctum mathematicum des Dagewesenseins als solchen -, wie für den synoptischen, wo man den Glauben durch Sammlung des Erinnerungsstoffes anschaulich macht. J. selbst bleibt also nach dem Verständnis der Kirche die Voraussetzung des Glaubens; damit ist die Mythisierung der Erlösergestalt verhindert. - Darüber hinaus kann die Kontinuität aber auch von vorne, von J. her gezeigt werden, da sein Entscheidungsruf - auch ohne *direkte* christologische Aussagen - sachlich eine Christologie impliziert (R.Bultmann). - Die Linien kreuzen sich im Punkt »Auferstehung«. Diese wird von der Gemeinde als Vorgang in Raum und Zeit angesehen (vgl. die Zeugenreihe 1Kor 15, 3ff). Freilich *reflektiert* sie nicht auf das Verhältnis von Geschichtlichem und Übergeschichtlichem. Auch hier gilt, daß wir nicht einfach auf ihre Vorstellungen zurückgreifen können. Sobald die Reflexion da ist, ist sie nicht mehr rückgängig zu machen, sondern durchzuhalten. Dann ergibt sich, daß die Historie die Faktizität der Auferstehung nicht feststellen kann. Sie kann nur feststellen, daß Menschen bezeugen, J. nach seinem Tode als Lebenden gesehen zu haben. In diesem Erlebnis finden sie den Schlüssel für die Deutung des Todes Jesu. Diese Interpretation vollzieht sich nicht nur in der Formulierung von Lehrsätzen und Glaubensformeln (→ Formeln: II, 5); sie konkretisiert sich auch darin, daß sich die Kirche durch den Tod ihres jetzigen Herrn gestiftet weiß (Einsetzungsworte des → Abendmahles). Dabei ist in aller Klarheit festzuhalten, daß die Auferstehung kein historisches Ereignis *ist*. In dieser Feststellung ist enthalten, daß die Theologie keine historischen Tatsachen postulieren kann und zu postulieren braucht, da sie von der Verkündigung lebt; daß sie sich andererseits nicht pauschal an der historischen Forschung desinteressiert erklären kann, indem sie sich auf ein Glaubenszeugnis zurückzieht. Sonst ergibt sich die fatale Konsequenz, daß dieses zum Glaubensgegenstand wird (s.o.), und Glauben hieße dann, ein historisches Faktum auf fremden Glauben hin für wahr zu halten. Glaube wäre zum Entschluß, also zum »Werk« geworden. Das ist der Preis, der für die Veranschaulichung des Glaubensgegenstandes zu zahlen ist. Gerade angesichts des Zeugnisses von der Auferstehung muß festgestellt werden, daß der Glaubensgegenstand nur dem Glauben selbst erscheint. Offenbarung ist kein vorliegender Tatbestand; sie erscheint - heute - im Wort.

Die Verweigerung einer historischen Objektivierung der Auferstehung bedeutet nun gerade nicht ihre Auflösung in ein psychisches Phänomen, nämlich das Erlebnis der Sehenden, sondern ermöglicht gerade die Überwindung der peinlichen Alternative von subjektiv - objektiv: das *objektive* Prae der Auferstehung selbst vor dem Glauben ist ausschließlich eine Einsicht des Glaubens selbst, der sich darin als sola gratia gestiftet versteht.

Ist der Glaubensgegenstand nicht als solcher innerweltlich anschaulich, so kann der Bezug des Glaubens auf den historischen J. nur ein jeweilig-punktueller sein: der einzige historische Fixpunkt ist in der Tat das nackte Daß des Dagewesenseins Jesu (mit R.Bultmann). Nur dann kann gezeigt werden, wie ein historisches Ereignis (der Tod bzw. mit Paulus zu sprechen das Kreuz) *verkündigt* werden kann. - Daß damit die konkrete historische Rückfrage nicht abgeschnitten wird, ist schon gesagt; sie soll vielmehr an ihren richtigen theologischen Ort verwiesen werden. Das wird verständlich, wenn ich mich als den Zuschauer der Weltgeschichte von mir als dem Hörer der Verkündigung unterscheiden lerne, ohne mich darum aufzuspalten. Als der Zuschauer, der ich immer schon bin, bin ich angesprochen.

Nur wenn man den Vorgang der Verkündigung in die Problematik einbezieht, entgeht man der Gefahr, die heute wie je droht: daß nun doch wieder ein Bild Jesu zum Fundament des Glaubens gemacht, dieser also wieder psychologisch begründet wird. Das entsprechende Mißverständnis liegt ja angesichts neuerer Formulierungen nahe: »J. und Glaube« (Ebeling) bzw. »J. und der Glaube« (Fuchs), oder des Satzes, daß das *Verhalten* Jesu eine Christologie impliziere (Ders.). Doch wären diese Formulierungen erst dann illegitim, wenn nun doch wieder aus dem psychologischen Selbstbewußtsein Jesu sein heutiger Anspruch *direkt* abgeleitet würde. Es kommt ja darauf an, ob unser geschichtliches Verhältnis zu J. im Sinn des Eindrucks seiner Person verbindlich gemacht werden soll oder im Sinn der Kontinuität der Kirchengeschichte, welche nicht geistesgeschichtlich verständlich zu machen ist, sondern die Kontinuität des Bezuges auf den auszulegenden Text ist (Ebeling). Dann kann man in der Tat legitim feststellen, daß J. selbst die Voraussetzung der Christologie ist, und diese wird dann ihrerseits zu einer »den historischen J. nicht aus dem Auge verlassenden Lehre vom Worte Gottes« (Fuchs).

Die Lit. ist unübersehbar. Für alle Einzelheiten muß daher auf die Lit. zu den Verweisstichworten hingewiesen werden (→ Erlöser: II, → Eschatologie: IV, → Kirche: II, → Sohn Gottes: II usw), ferner generell auf → Evangelien (formgeschichtlich, synoptische) sowie auf die einschlägigen Artikel bei BAUER WB^{5} u. im ThW. Ältere Lit.: RGG^{2} III, 151. - Forschungsberichte: A.SCHWEITZER, Gesch. der Leben-Jesu-Forschung, (1913) 1951^{6} - C.C.MCCOWN, The Search for the Real J., 1940 - J.G.H.HOFFMANN, Les vies de J. et le J. de l'histoire (ASNU 17), 1947 - M.VEIT, Die Auffassung von der Person Jesu im Urchristentum nach den neuesten Forschungen (Diss. Marburg), 1949 - O.A.PIPER, Das Problem des Lebens Jesu seit Schweitzer (Festschr. f. O.Schmitz, 1953, 73-93) - T.W.MANSON, The Life of J. (The Background of the NT and its Eschat., 1956, 211-221) - W.G.KÜMMEL, Das NT. Gesch. der Erforschung seiner Probleme, 1958. - Allgemeine Darstellungen: J.KLAUSNER, J. von Nazareth, (1925) 1952^{3} - R.BULTMANN, J., (1926) 1951^{2} - P.FEINE, J., 1930 - B.S.EASTON, Christ in the Gospels, 1930 - DERS., What J. taught, 1938 - J.MACKINNON, The Historic J., 1931 - F.-M.BRAUN, Où en est le problème de J.?, 1932 - M.GOGUEL, La vie de J., 1932; dt. 1934 - F.C.BURKITT, J. Christ, 1932 - F.PRAT, J.-Christ, sa vie, sa doctrine, son œuvre, 2 Bde, 1933 - K.ADAM, J. Christus, 1933 - R. OTTO, Reich Gottes u. Menschensohn, (1934) 1954^{3} - M.DIBELIUS, J., (1939) 1949^{2} - W.GRØNBECH, J. der Menschensohn, 1941 - C.J. CADOUX, The Historic Mission of J., 1941 - DERS., Life of J., 1948 - W.MANSON, J. the Messiah, 1943; dt.: Bist Du der da kommen soll?, 1952 - A.E.J.RAWLINSON, Christ in the Gospels, 1944 - J.W.BOWMAN, The Intention of J., 1945 - H.-J.CADBURY, J., What Manner of Man?, 1946 - F.BÜCHSEL, J., 1947 - G.S.DUNCAN, J., Son of Man, 1947 - E.J.GOODSPEED, Life of J., 1950 - V.TAYLOR, The Life and Ministry of J., 1954 - R.H.FULLER, The Mission and Achievement of J., 1954 - W.E.BUNDY, J. and the First Three Gospels, 1955 - G.BORNKAMM, J. von Nazareth, 1956 - E.STAUFFER, J., 1957 - L.F.CHURCH, The Life of J., 1957 - W.GRUNDMANN, Die Gesch. Jesu Christi, 1957.

Zu 2 vgl. die Lit. zu → Josephus sowie bes. KLAUSNER u. GOGUEL. Ferner: H.WINDISCH, Das Problem der Geschichtlichkeit Jesu (ThR NF 1, 1929, 266-288) - J.JEREMIAS, Unbekannte J.worte, 1948; NB: BFChTh 45, 2, 1951 - DERS., Kennzeichen der ipsissima vox Jesu (Synopt. Studien, 1953, 86-93) - F.C.GRANT, The Authenticity of J.' Sayings (Nt. Studien für R.Bultmann [BZNW 21], 1954, 137-143) - H.KÖSTER, Die außerkanonischen Herrenworte als Produkte der christl. Gemeinde (ZNW 48, 1957, 220-237). - Im übrigen vgl. die Kommentare u. R.BULTMANN, Die Gesch. der synopt. Tradition, 1957^{3}, bes. die Lit. im ErgH.

Zu 3 außer der Lit. zu → Qumran: A.T.OLMSTEAD, J. in the Light of History, 1942 - H.BIRKELAND, The Language of J. (SNVAO 2, Hist.-Fil. Kl. 1), 1954 - S.E.JOHNSON, J. and His Homeland, 1957 - H. SCHÜRMANN, Die Sprache des Christus (BZ NF 2, 1958, 54-84).

Zu 4: U.HOLZMEISTER, Chronologia vitae Christi, 1933 - J.JEREMIAS, Die Abendmahlsworte Jesu, (1935) 1949^{2}, 10ff (1959^{3}) - E. LOHMEYER, Der Stern der Weisen (ThBl 17, 1938, 289-299) - G.OGG, The Chronology of the Public Ministry of J., 1940 - RAC II, 969ff (Census) - H.-U.INSTINSKI, Das Jahr der Geburt Christi, 1957 - H. BRAUNERT, Der röm. Provinzialzensus u. der Schätzungsbericht des LkEv (Historia 6, 1957, 192-214) - J.BLINZLER, Qumran-Kalender u. Passionschronologie (ZNW 49, 1958, 238-251) - J.A.WALTER, The Chronology of the Passion Week (JBL 77, 1958, 116-122).

Zu 5: M.DIBELIUS, Jungfrauensohn u. Krippenkind (SAH 1932, 4 = Botschaft u. Gesch. I, 1953, 1-78) - Lit. bei BULTMANN, Gesch. der synopt. Tradition, 1957^{3}, ErgH. zu S. 317ff.

Zu 6: E.LOHMEYER, Galiläa u. Jerusalem, 1936 - R.H.LIGHTFOOT, Locality and Doctrine in the Gospels, 1938 - H.CONZELMANN, Die Mitte der Zeit (BHTh 17), (1954) 1957^{2}, 48ff.

Zu 8: ThW II, 321ff; IV, 417ff (δώδεκα, μαθητής) - E. SCHWEIZER, Erniedrigung u. Erhöhung bei J. u. seinen Nachfolgern (AThANT 28), 1955.

Zu 9 u. 10 außer den Darstellungen der TheolNT: W.WREDE, Das Messiasgeheimnis in den Evangelien, 1901 - H.WINDISCH, Der Sinn der Bergpredigt, (1929) 1937^{2} - C.H.DODD, J. as Teacher and Prophet (Mysterium Christi, 1930, 53-66) - C.J.G.MONTEFIORE, Rabbinic Lit. and Gospel Teachings, 1930 - H.-D.WENDLAND, Die Eschat. des Reiches Gottes bei J., 1931 - H.BRANSCOMB, The Teachings of J., (1931) 1957^{2} - O.LINTON, Das Problem der Urkirche in der neueren Forschung, 1932 - V.TAYLOR, J. and His Sacrifice, 1933 - DERS., The Names of J., 1954 - DERS., The Person of Christ in the NT, 1958 - R.A.HOFFMANN, Das Gottesbild Jesu, 1934 - W.G.KÜMMEL, J. u. der jüd. Traditionsgedanke (ZNW 33, 1934, 105-130) - DERS., Kirchenbegriff u. Geschichtsbewußtsein in der Urgemeinde u. bei J. (SyBU 1), 1943 - DERS., Die Gottesverkündigung Jesu u. der Gottesgedanke des Spätjudentums (Judaica 1, 1945, 40-68) - DERS., Verheißung u. Erfüllung (AThANT 6), (1945) 1956^{3} - DERS., J. u. die Anfänge der Kirche (StTh 7, 1954, 1-27) - DERS., Futurische u. präsentische Eschatologie im ältesten Urchristentum (NTS 5, 1959, 113-126) - H.D.A.MAYOR-T.W.MANSON-C.J.WRIGHT, The Mission and Message of J., 1937 - A.N.WILDER, Eschat. and Ethics in the Teaching of J., (1939) 1950^{2} - H.J.EBELING, Das Messiasgeheimnis u. die Botschaft des Markusevangelisten (BZNW 19), 1939 - A.T.CADOUX, The Theology of J., 1940 - R.MEYER, Der Prophet aus Galiläa, 1940 - F.C.GRANT, The Gospel of the Kingdom, 1940 - DERS., Ethics and Eschat. in the Teaching of J. (JR 22, 1942, 359-370) - R.BULTMANN, Die Frage nach der Echtheit von Mt 16, 17-19 (ThBl 20, 1941, 265-279) - W.MICHAELIS, Der Herr verzieht nicht die Verheißung, 1942 - J.KNOX, The Man Christ, 1942 - DERS., Christ the Lord, 1945 - P.E.DAVIES, J. and the Role of the Prophet (JBL 64, 1945, 241-254) - E.LOHMEYER, Gottesknecht u. Davidssohn, (1945) 1953^{2} - E.C.COLWELL, An Approach to the Teaching of J., 1946 - G.BORNKAMM, Der Lohngedanke im NT (EvTh 6, 1946/47, 143-166) - C.C.MCCOWN, J., Son of Man (JR 28, 1948, 1-12) - F.W. JOUNG, J. the Prophet (JBL 68, 1949, 285-299) - B.REICKE, The NT Concept of Reward (Aux sources de la trad. chrét., 1950, 195-206) - J.BIENECK, Sohn Gottes als Christusbezeichnung der Synoptiker (AThANT 21), 1951 - T.W.MANSON, The Servant Messiah, 1953 - DERS., J. and the Non-Jews, 1955 - DERS., Realized Eschat. and the Messianic Secret (Studies in the Gospels, 1955, 209-222) - H.V.CAMPENHAUSEN, Kirchl. Amt u. geistl. Vollmacht (BHTh 14), 1953, 1ff - E.PERCY, Die Botschaft Jesu, 1953 - J.HAAS, Die Stellung Jesu zu Sünde u. Sünder nach den vier Evangelien, 1953 - H.RIESENFELD, J. als Prophet (Spiritus et veritas, Festschr. K.Kundsin, 1953, 135-148) - G.STÄHLIN, Die Gleichnishandlungen Jesu (Kosmos u. Ekklesia, Festschr. W.Stählin, 1953, 1-12) - E.FASCHER, J. der Lehrer (ThLZ 79, 1954, 325-342) - E.FUCHS, Bemerkungen zur Gleichnisauslegung (ebd 345-348) - R.LEIVESTAD, Christ the Conqueror, 1954 - W. PESCH, Der Lohngedanke in der Lehre Jesu (MThS I, 7), 1955 - O. KUSS, Bemerkungen zum Fragenkreis: J. u. die Kirche im NT (ThQ

135, 1955, 28-55. 150-183) - E.Sjöberg, Der verborgene Menschensohn in den Evangelien, 1955 - H.Burrows, Thy Kingdom Come (JBL 74, 1955, 1-8) - H.Roberts, J. and the Kingdom of God, 1955 - D.Daube, The NT and Rabbinic Judaism, 1956 - J.Jeremias, Jesu Verheißung an die Völker, 1956 - Ph.Vielhauer, Gottesreich u. Menschensohn in der Verkündigung Jesu (Festschr. G.Dehn, 1957, 51-79) - O.Cullmann, Die Christologie des NT, (1957) 1958² - H.Braun, Spätjüd.-häret. u. frühchristl. Radikalismus, 2 Bde (BHTh 24), 1957 - A.Vögtle, Messiasbekenntnis u. Petrusverheißung (BZ NF 1, 1957, 252-272; 2, 1958, 85-113) - O.Betz, Felsenmann u. Felsengemeinde (ZNW 48, 1957, 49-77) - E.Grässer, Das Problem der Parusieverzögerung in den synopt. Evangelien u. in der Apg (BZNW 22), 1957 - H.Conzelmann, Gegenwart u. Zukunft in der synopt. Tradition (ZThK 54, 1957, 277-296) - F.Gils, J. prophète d'après les évang. synopt. (Orient. et Bibl. Lovaniensia 2), 1957 - K.Stendahl (Hg.), The Scrolls and the NT, 1957 - K.Schubert, Die Gemeinde vom Toten Meer, 1958, 106ff - E.Schweizer, Der Menschensohn (in: ZNW 50, 1959).

Zu 11: H.Lietzmann, Der Prozeß Jesu (SAB 1931, 313-322) - Ders., Bemerkungen zum Prozeß Jesu (ZNW 30, 1931, 211-215) - M.Dibelius, Das hist. Problem der Leidensgesch. (ebd 193-201 = Botsch. u. Gesch. I, 1953, 248-257) - A.B.Macaulay, The Death of J., 1938 - K.H.Schelkle, Die Passion Jesu, 1949 - J.Blinzler, Der Prozeß Jesu, (1951) 1955² (Lit.) - Ders., Der Entscheid des Pilatus - Exekutionsbefehl oder Todesurteil? (MThZ 5, 1954, 171-194) - J. Knox, The Death of J., 1958 - T.A.Burkill, The Trial of J. (VigChr 12, 1958, 1-18).

Zu 12: E.Fuchs, Jesu Selbstzeugnis nach Mt 5 (ZThK 51, 1952, 14-34) - Ders., Hermeneutik, (1954) 1958² - Ders., Die Frage nach dem hist. J. (ZThK 53, 1956, 210-229) - Ders., Glaube u. Gesch. im Blick auf die Frage nach dem hist. J. (ebd 54, 1957, 117-156) - Ders., J. u. der Glaube (ebd 55, 1958, 170-185) - E.Käsemann, Das Problem des hist. J. (ebd 51, 1954, 125-153) - N.A.Dahl, Der hist. J. als geschichtswissenschaftl. u. theol. Problem (KuD 1, 1955, 104-132) - E.Heitsch, Die Aporie des hist. J. als Problem theol. Hermeneutik (ZThK 53, 1956, 192-210) - P.Biehl, Zur Frage nach dem hist. J. (ThR NF 24, 1956/57, 54-76) - H.Diem, Der irdische J. u. der Christus des Glaubens (SgV 215), 1957 - F.Mussner, Der hist. J. u. der Christus des Glaubens (BZ NF 1, 1957, 257-275) - J.Schneider, Die Frage nach dem hist. J. in der nt. Forschung der Gegenwart, 1958 - G.Ebeling, J. u. Glaube (ZThK 55, 1958, 64-110) - J.Jeremias, The present Position in the Controversy concerning the Problem of the historical J. (ET 69, 1958, 333-339) - J.M.Robinson, A New Quest of the historical J., 1959. *H.Conzelmann*

Jesus Sirach. Die Weisheit des J.S., lat. (Liber) Ecclesiasticus genannt (nicht zu verwechseln mit Ecclesiastes, dem → Predigerbuch), gehört zu den → Apokryphen des AT. Bis 1896 war das Buch nur in griech. und syr. Übersetzung, dazu in Tochterübersetzungen (lat., kopt., äth., arab. usw) bekannt. Seither sind aber unter den Funden in der Geniza der sog. Esra-Synagoge von Alt-Kairo umfangreiche Teile des hebr. Urtextes zutage gekommen. Die fünf Handschriften auf Papier aus dem 10.-11.Jh. nChr umfassen zusammen etwa zwei Drittel des ganzen Buches, im wesentlichen c. 3-16 und 30-51. Das zuletzt entdeckte, von J.Marcus 1931 herausgegebene Blatt der fünften Handschrift mit dem Text 32, 16 - 34, 1 bewahrt die richtige, in den griech. Handschriften durch zufällige Vertauschung zweier Lagen in Unordnung geratene Reihenfolge der Verse 30, 25 - 33, 16a/33, 16b bis 36, 10 (Zählung nach Rahlfs). Nach einem vorläufigen Bericht von M.Baillet sind in Höhle 2 von → Qumran zwei hebr. Fragmente des Sirachtextes gefunden worden, eines davon mit dem Text von 6, 20-31. Das Verhältnis dieser Fragmente zu den (zuletzt von Torrey und Ginsberg wieder in ihrem Wert angefochtenen und als späte Rückübersetzung aus dem Syrischen bezeichneten) Geniza-Texten kann erst nach der Veröffentlichung genauer beurteilt werden.

Als *Verfasser* des Buches nennt die Unterschrift in 50, 27 Ješua' ben 'El'azar ben Sira (Text nach Smend). Sein Name wird aber meist abgekürzt zu ben Sira (rabbinische Tradition) oder J.S. bzw. Sirach (griech. Autoren). Ein Enkel des Verfassers übersetzte das Werk für die Diaspora Ägyptens ins Griechische, und zwar, wie aus dem Prolog hervorgeht, bald nachdem er i.J. 132 vChr nach Ägypten gekommen war. Daraus folgt, daß das hebr. Original zu Anfang des 2.Jh.s, sehr wahrscheinlich in Jerusalem, entstanden ist. Bestätigend tritt der Lobpreis auf den Hohenpriester Simon in c. 50 hinzu. Es wird sich um Simon II. handeln, der um 190 vChr sein Amt ausgeübt hat (Josephus, Ant. XII, 4, 10).

Nach *Form und Inhalt* gehört das Werk der israelitischen → Weisheitsdichtung an. Es bietet wie das → Sprüchebuch praktische Lebensweisheit und befaßt sich in bunter Folge mit den von der Tradition vorgegebenen Themen: rechtes Verhalten in Familie und Öffentlichkeit, gegenüber Freund und Feind, Arm und Reich, Jung und Alt, Sklaven und Herren usw, in allen Lebenslagen bis hin zum rechten Benehmen bei Tisch. Die Grundlage bilden die ein- oder mehrzeiligen Einzelsprüche. Als Formen des Weisheitsspruches begegnen ähnlich wie in Spr Aussage und Mahnung, Vergleich und Begründung, Komparativspruch, Segensspruch, Zahlenspruch usw. Stärker als in Spr sind Sentenzen mit verwandtem Inhalt zu Spruchgruppen zusammengefaßt (zB 2, 1-18 von der Geduld im Leiden; 3, 1-16 von der Pietät gegenüber den Eltern; 4, 1-10 von der Hilfsbereitschaft gegenüber den Armen; 6, 1-17 von der Freundschaft; 9, 1-13 vom Umgang mit Frauen; 12, 30-35 von der Gastfreundschaft; 20, 1-8 vom Schweigen usw). Dazu kommen Lehrgedichte über die → Weisheit (1, 1-20; 4, 11-19; 14, 20 - 15, 8 und 51, 13-29, ein alphabetisches → Akrostichon). Als literargeschichtlich spätes Produkt innerhalb der Weisheitsdichtung erweist sich Sir durch das starke Eindringen fremder, ursprünglich vor allem in der Kultlyrik beheimateter Gattungen (→ Formen: I) wie Hymnen (39, 12-35; 42, 15 - 43, 33), Volksklagelied (33, 1-13a; 36, 16b-22 [Smend] = 36, 1-17 [Rahlfs]), Danklied (51, 1-12). Besondere Formen sind das »Lob der Weisheit« (24, 1-22) mit hymnischer Selbstprädizierung und abschließender Selbstempfehlung der Weisheit sowie der »Preis der Väter« (44, 1 bis 49, 16), ein hymnischer (auch kanongeschichtlich bedeutender [→ Bibel: I B, 1]) Überblick über die Reihe der Gottesmänner von Henoch bis Nehemia, die in einem Nachtrag noch durch Joseph, Sem, Seth und Adam vervollständigt wird. Als Anhang folgt in 50, 1-26 der Lobpreis des Hohenpriesters Simon (s.o.).

Wie in der literarischen Form, so setzt Sir auch in seiner *Lehre und Gedankenwelt* zunächst die Tradition der älteren israelitischen bzw. altorientalischen Weisheitsdichtung voraus. Von dorther ist nicht nur die etwas rationalistische Haltung und die weithin am eigenen Nutzen oder Schaden orientierte Ethik zu verstehen, sondern auch die feste Überzeugung, daß Gutestun Heil und Sünde Unheil nach sich zieht. Dazu kommt aber nun eine verstärkte Prägung der Weisheit durch die damalige jüdische Frömmigkeit. Der Weise, von dem der Abschnitt 38, 24 - 39, 11 ein anschauliches Bild zeichnet, entwickelt sich allmählich zum Schriftgelehrten. Die Weisheit wird nicht mehr nur der Gottesfurcht, sondern auch der Gesetzeserfüllung gleichgesetzt (19, 20). Die Gestalt der Weisheit in 24, 1-22 ist in 24, 23 mit der Tora identifiziert. Die Empfehlung des Opferkultes in 35 (32), 1ff, der Verweis auf die Heilsgeschichte im »Preis der Väter« (44-49) und die Verherrlichung des Hohenpriesters in 50 sind weitere Anzeichen für die jüdische Weiterentwicklung der alten, mehr internationalen Weisheit. Mit der Betonung des eigenständigen Vätererbes kämpft damit Sir indirekt auch gegen die damals einströmende hellenistische Bildung. - Von der Beliebtheit des Werkes im → Judentum (: I) zeugen u.a. zahlreiche Zitate aus Sir in der talmudischen Literatur. Auch in der Kirche genoß das Buch, das vom → Jakobusbrief benützt wird, hohes, zT kanonisches Ansehen.

Ausgaben des hebr. Textes: N.PETERS, Der jüngst wiederaufgefundene hebr. Text des Buches Ecclesiasticus, (1902) 1905^{2} - H.L. STRACK, Die Sprüche Jesus', des Sohnes Sirachs, 1903 - R.SMEND, Die Weisheit des J.S. Hebräisch u. dt., 1906 - J.MARCUS, The Newly Discovered Original Hebrew of Ben Sira, 1931 - M.SEGAL, Sefer ben Sira ha-schalem, 1953 - H.SCHIRMANN, Ein neues Blatt aus dem hebr. Buch des Ben Sira (Tarbiz 27, 1958, 440-443; hebr.). - Lit.: R.SMEND, Die Weisheit des J.S. erklärt, 1906 - DERS., Griech.-Syr.-Hebr. Index zur Weisheit des J.S., 1907 - N.PETERS, Das Buch J.S. oder Ecclesiasticus, 1913 - CHARLES, AP I, 268-517 (G.H.BOX-W.O.E.OESTERLEY) - G.KUHN, Beiträge zur Erklärung des Buches J.Sira (ZAW 47, 1929, 289-296; 48, 1930, 100-121) - O.EISSFELDT, EinlAT, (1934) 1956^{3}, 737ff (Lit.) - P.KAHLE, The Cairo Geniza, 1947, 6-11 - DERS., The Age of the Scrolls (VT 1, 1951, 38-48) - R.H.PFEIFFER, History of NT Times. With an Introduction to the Apocrypha, 1949, 352ff - C.C.TORREY, The Hebrew of the Geniza Sirach (Alex. Marx Jubilee Volume 1950, 585-602) - V.HAMP, Sirach, 1951 (Echter-Bibel) - J.TRINQUET, Les liens »sadocites« de l'écrit de Damas, des manuscrits de la Mer Morte et de l'Ecclésiastique (VT 1, 1951, 287-292) - C.ROTH, Ecclesiasticus in the Synagogue Service (JBL 71, 1952, 171-178) - H.L.GINSBERG, The original Hebrew of Ben Sira 12, 10-14 (ebd 74, 1954, 93-95) - P.WINTER, Ben Sira and the Teaching of »Two Ways« (VT 5, 1955, 315-318) - H.J. CADBURY, The Grandson of Ben Sira (HThR 48, 1955, 219-225) - M.BAILLET (u.a.), Le travail d'édition des fragments manuscrits de Qumran (RB 63, 1956, 49-67) - S.MOWINCKEL, Die Metrik bei J.S. (StTh 9, 1955, 137-165) - P.AUVRAY, Notes sur le prologue de l'Ecclésiastique (Mélanges Bibliques... A.Robert, 1957, 281-287) - O. KAISER, Die Begründung der Sittlichkeit im Buche J.S. (ZThK 55, 1958, 51-63). *E.Jenni*

Zur *Auslegungsgeschichte* (s. auch → Schriftauslegung: IV):
Qu.: 9.Jh.: Hrabanus Maurus (MPL 109). - 16.Jh.: Erasmus Sarcerius, Frankfurt 1543 - Joachim Camerarius, Leipzig 1568 - Corn. Jansen d.Ä., Antwerpen 1569 - David Chyträus, Leipzig 1599. - 17.Jh.: Oct. de Tufo, Köln 1628 - Joh. de Pina SJ, Lyon 1630ff - S. de Leon, Antwerpen 1640 - P.Gorse SJ, Paris 1655 - A. de Flores, Antwerpen 1661 - P. de la Coullardière, Paris 1673. *W.Werbeck*

Jesusbild der Gegenwart

1. Das Jb. der nt. Wissenschaft - 2. Die jüdische Arbeit am Jb. - 3. Die novellistische und legendenbildende J.-Literatur - 4. Christus-Glaube und Jb. in der ev. Dogmatik. - J. = Jesus, Jb. = Jesusbild. - Vgl. → Jesus Christus

1. Albert → Schweitzer hat mit seiner »Geschichte der Leben-Jesu-Forschung« gezeigt, wie die geistige Bewegung vom christologischen Dogma zum klar bewußten Erfassen der Gestalt Jesu seit der Aufklärung verlief. Er sieht diesen Prozeß als die ebenso schwungvolle wie großartige Geschichte des Wahrheitsbewußtseins in der ev. Theologie. Im Rückblick auf die Zeit seit dem Abschluß der »Geschichte der Leben-Jesu-Forschung« bemerkt man darüber hinaus, daß mit dem Christus-Dogma offenbar auch die Gestalt Jesu in Zerfall geriet und daß mit der dogmatischen Durchsichtigkeit des J.-Glaubens offenbar auch die Greifbarkeit der Person Jesu verging. Die dogmatisch ungebundene Erforschung des Jb.es mußte erkennen, daß es so etwas wie ein vom Christus-Glauben freies Jb. niemals gegeben hat und wohl auch nicht geben kann. Die exegetische Forschung, die sich im Autor vom Glauben meinte emanzipieren zu sollen, stößt auf eine vom Glauben geformte Überlieferung von J. Sie sieht sich in neuartiger Weise auf dogmatische Voraussetzungen verwiesen, die am Gegenstande der Forschung selbst sichtbar werden und nicht so »einfach« zu durchstoßen sind wie die im Forscher und seinem Glauben liegenden Voraussetzungen. Damit ist das gesuchte Jb. in die unerreichbaren Gründe entwichen, die vor der Überlieferung liegen und die daher mit den Methoden der Formgeschichte (→ Evangelien, formgeschichtlich) auch nicht intendiert werden können. - Der Weg der sog. »Leben-Jesu-Forschung« hat den J. von Nazareth, wie und als welcher er dagewesen ist, und den J. Christus, von dem der Glaube heute sein Leben gewinnt, auseinandertreten lassen. Auf diesem Wege hat sich ein geschlossenes Bild des J. von Nazareth aufgelöst. Der → Glaube (: V) bedarf aber nach wie vor seines festen Aufruhens auf Gottes Heilstat an und durch diesen J. Wieweit daher auch immer das Bild Jesu zerfiel, die Frage nach ihm als dem Grunde der Möglichkeit des Glaubens blieb. Wie die am Jb. exegetisch arbeitende Theologie mit dieser Frage fertig wird, ist das zentrale Problem des Jb.es der Gegenwart. Drei J.-Bücher (R.Bultmann, [1926] 1951^{2}; M. Dibelius, [1939] 1949^{2}; Fr.Büchsel, 1947) zeigen die drei möglichen Weisen, dieses Problem des Jb.es unter Voraussetzung der Formgeschichte zu lösen.

Maßgebend für das Jb. der neueren, exegetisch bestimmten ev. Theologie ist das J.-Buch von *R.* → *Bultmann* geworden. Bultmann fragt in seiner Exegese theologisch, dh er entläßt die Frage nach J. nicht in den Bereich unverbindlicher Tatsachenerhebung. Er hält fest an den beiden allein entscheidenden Punkten: daran, daß es bei J. um »Geschichtlichkeit« geht, und daran, daß diese Geschichtlichkeit Jesu nur in »je meiner« Begegnung Bedeutsamkeit »hat«. In der Unablässigkeit dieses so-Fragens ist die Position Luthers intentional festgehalten, daß nämlich die Wahrheit christlichen Glaubens um so reiner erhellt, je tiefer wir Christus in seinem Menschsein ergreifen, und daß alles außer-soteriologische Reden von Christus unsinnig ist. Bultmann bewältigt seine Fragestellung von einer doppelten methodischen Axiomatik aus: zunächst von der historisch-kritischen Forschung am Gegebenen, sodann durch die existentiale Interpretation, die vom Gegebenen den Schritt in die Je-Meinigkeit als Befindlichkeit tut, die vom Fragen nach dem Sein aufbricht in die unendlichen Räume des Daseins, darin dem tötenden Objekt-Zwang entrinnen und so das erheben will, was in früheren Erfassungen das »religiöse Objekt« war. - Diese doppelte Axiomatik Bultmanns tritt mit der Frage nach J. Christus, dem Grunde der Möglichkeit christlichen Glaubens, in einen Antagonismus, in dem die historisch-kritische Forschung an diesem Gegebenen gerade dieses Gegebene zur Auflösung hin entdecken muß, die phänomenologischen Existentiale sich aber angesichts dieses J. als an einem Gegebenen festgehängt erkennen müssen. Dieser Antagonismus der existentialen Denkstruktur am Heilsereignis als Geschehenem ist in höchstem Maße erregend. Die beiden Axiome pendeln sich bei Bultmann dahingehend aus, daß das Jb. nur das gestaltlose »Daß« eines Entscheidungsrufes bleibt. Dieses reine »Daß« des Rufes vor den kommenden Gott wird von Bultmann an den »Gedanken« Jesu ausgelegt. In ihnen haben wir den »Ausdruck für eine Möglichkeit, diese Existenz zu erfassen«, die uns heute »als Fragen begegnen, wie wir selbst unsere Existenz auffassen wollen«. Alles andere ist kritisch ausgeschieden oder der Zurückprojizierung des Verkündigten in den Verkündiger zuzuschreiben. Die Frage nach einem Jb. muß Bultmann daher »für nebensächlich« halten. Das Wort »J.« in dem Titel des J.-Buches kann man, wie Bultmann sagt, daher sachgemäß immer in Anführungsstriche setzen. Mit Bultmanns Werk ist die Bemühung um Jesu Gestalt und Person überführt in die Frage der *Bildung* unseres gläubigen Selbstbewußtseins heute. Daher kann von einem Jb. nicht mehr die Rede sein. Das »Ich« Jesu hat seine Bedeutung als »Daß« des Rufes auf Gott hin, ist über dieses Momentane von Entscheidungsanforderung hinaus aber voll überführt in »Gedanken«, die lehrhaft diesen einen Punkt für uns heute hervortreten lassen. Die Entscheidungsanforderung »für ihn oder wider ihn«, die die Evangelien stellen, muß sich also als eine sehr indirekte

Redeweise zeigen. »Er« ist dabei ganz uninteressant. »Woraufhin« J. den Begegnenden in die Entscheidung ruft und was diese Haltung in der Entschiedenheit vor dem kommenden Gott für den Menschen besagt, das ist allein wesentlich. Der Kommende kann allerdings niemals ankommen, denn damit wäre alles Glauben verwirkt. Die eminente Bewegtheit von Ruf und Folge nimmt die Mitte ein, und das »geschichtliche Christus-Ereignis« geschieht heute wie ehemals.

M. → *Dibelius* zeigt von analogen formgeschichtlichen Voraussetzungen aus ein in vielem ähnliches Ergebnis. Zwar meint Dibelius: »Trotz aller Begrenztheit unseres Wissens steht es doch nicht so, daß wir auf ein Bild Jesu verzichten... müßten.« Sucht man aber nach diesem Bilde, so findet man »Traditionen von J.« – zB als Einzelgeschichten, Einzel-Worte und Gleichniserzählungen –, deren Konvergenz nur die überliefernde Gemeinde, aber nicht J. sein kann. So folgt auf ein Kapitel über »Volk, Land, Herkunft« nur ein Abschnitt über »die Volksbewegung«, hinter der J. gerade noch sichtbar bleibt. Wenn J. also nach Jerusalem zum Todespassa aufbricht, so ist dabei für Dibelius nur von der »Bewegung, die J. in Galiläa entfesselt hat«, die Rede. Von ihr sagt Dibelius: »Damit stellt sie sich, so scheint es, der Entscheidung.« Diese Bewegung also stellt sich in Jerusalem zur Entscheidung, oder – wie Dibelius verbessernd sagt –: das Judentum wird von ihr gestellt. Ob dieser ganze Vorgang nicht doch ein Schritt Jesu und sein Das-Judentum-Stellen gewesen sei, tritt als Frage zurück. Der wesentliche Inhalt auch dieses J.-Buches ist daher eine Darstellung der Materialien der Verkündigung Jesu oder dessen, was die erste Gemeinde glaubte. J. steht als Bringer und Gegenstand dieses Glaubens dahinter – und er bleibt eben dahinter stehen. Was Dibelius zutiefst von Bultmann unterscheidet, ist die Tatsache, daß bei ihm der Glaube und die geschichtliche Erörterung deutlich unterscheidbar bleiben. Der Versuch Bultmanns, mit der exegetischen Untersuchung zugleich das Moment zu ergreifen, das unseren Glauben heute ermöglicht, wird von Dibelius nicht unternommen. Zwar weiß Dibelius: »Wer immer unbeteiligt ist, lernt nie die große Kunst des Verstehens.« Aber dieses Verstehen ist für ihn die wahre Erfassung des einst Geschehenen unter der Voraussetzung des Glaubens. Für Bultmann dagegen ist es die Erfassung des Grundes der Möglichkeit, heute zu glauben.

Wie tief die Prägung der gesamten nt. Forschung durch die methodischen Ansätze der formgeschichtlichen Schule ging, zeigt das Buch von *Fr.* → *Büchsel*. Von ganz anderen theologischen und exegetischen Voraussetzungen getragen, kann er dennoch kein Jb. entfalten, geht also auch zur Erhebung von Lehraussagen über. Aber Büchsel imputiert dem Ganzen das Jb. des Glaubens und kommt auf diesem Wege deutlichen Aufstockens zu einem Bilde: es ist das Jb. der Evangelien. Typisch ist der Satz: »Die Ehre, die wir ihm als dem Sohne Gottes eigentlich schulden und zu erweisen vermögen, ist, seine Selbstoffenbarung, wie sich ihr Bild seiner Gemeinde eingeprägt und in den Evangelien ihren Niederschlag gefunden hat, aus diesem in Ehrfurcht aufzunehmen, uns anzueignen und weiterzugeben.« Büchsel sichtet dieses Bild der Evangelien zwar in zurückhaltender Kritik, wie er andererseits hier und da harmonisiert. Aber die Grundlage auch seines Buches ist nicht eine den Evangelien nachgezeichnete Person, sondern Jesu Kerygma. Der Messiasgedanke und -glaube vermittelt zwischen Person und Lehre. Das bestimmende Moment des Jb.es aber ist der dem textlichen Befund imputierte Glaube an den Sohn Gottes.

Die drei J.-Bücher zeigen die drei Spielarten möglichen Verhältnisses von Jb. und J.-Glauben. Sie zeigen gleichermaßen, daß es unter der Voraussetzung der traditionsgeschichtlichen Methode nicht möglich ist, den Texten ein Jb. abzugewinnen. Sie überführen vielmehr alle drei das Jb. in eine Darstellung von Lehren und Gedanken Jesu. Am nächsten bei der Person Jesu bleibt immer noch Bultmann, wenn die Bedeutsamkeit dieser Person auch zusammengeschrumpft ist auf das entscheidungsschwere »Daß« des Rufes. Immerhin bleibt »er« der Relationskern, und die »Gedanken« sind Ideogramme auf ihn als Entscheidungsruf zum Kommenden.

Diesen Versuchen deutscher ev. Theologen, die sich zB bei Goguel wie Guignebert ohne viel Veränderung fortsetzen, können *angelsächsische Arbeiten* gegenübergestellt werden. Sie scheinen sich darin einig zu sein, daß die Evangelien nicht eine Lehre, sondern einen Menschen vorstellen, um den es dem Glauben gehen müsse. Die unvergleichbare Einzigartigkeit Jesu zu erheben, ist das Ziel von F.W.Lewis. Ihn psychologisch zu erhellen, unternimmt u.a. S.St.Hall, obwohl die Gefahren wohl gesehen werden. Mit erstaunlicher Frische und Naivität werden Jb.er entworfen, die den jugendlich mutigen Mann (R.Norwood), den weise abgeklärten Freund (A. P.Terhune) oder die ganze Vielschichtigkeit seines Daseins (R.W.Sockmann) zu zeigen suchen. Die Unzahl von amerikanischen Jb.ern steht der literarischen Novelle sehr viel näher als der theologischen Forschung. Den strengsten Gegenpol zu diesen Versuchen, ein menschlich irgendwie verständliches Jb. zu entwerfen, bilden die kath. J.-Bücher. Sie sind von Christus, dem Sohne Gottes, aus geschrieben, und das Jb. befindet sich fast durchgängig in dem festen Halt der Führung durch den Christus-Glauben. Man wird nicht leugnen wollen, daß auf kath. Seite Jb.er entstanden sind, die an innerer Geschlossenheit und Überzeugungskraft den Versuchen, das Jb. menschlich verständlich zu machen, überlegen sind.

1956 (G.Bornkamm) und 1957 (E.Stauffer) sind in Deutschland zwei neue J.-Bücher erschienen, die für die ev. Forschung eine im ganzen veränderte Lage zeigen. *G.Bornkamm* steht in der mit Bultmann und Dibelius angesetzten Tradition. Aber die Überlieferungsgeschichte und ihre Ergebnisse sind für ihn grundsätzlich nicht das Letztmögliche der Aussage, denn »die Evangelien bekunden..., daß der Glaube nicht mit sich selbst anfängt, sondern von einer vorgegebenen Geschichte lebt«. Diese »vorgegebene Geschichte« steht im Brennpunkt des Interesses. Das J.-Buch Bornkamms steht damit in einer Linie mit den Forschungsintentionen von E.Käsemann, E.Fuchs u.a., die in ebenso vorsichtiger wie entschiedener Weise dem »Ich« Jesu nachzugehen bemüht sind. Die Bedeutsamkeit der Person Jesu tritt damit als Gegenstand der Forschung erneut hervor. Diese Forschung will sich »den Blick nicht dafür trüben lassen, daß in, mit und unter gerade dieser Art zu überliefern und zu erzählen (sc. des NT), Jesu Gestalt und Wirken in ihrer unverwechselbaren Einmaligkeit und Besonderheit hier in einer Ursprünglichkeit sichtbar werden, die auch alles gläubige Verstehen und Deuten immer wieder weit überholt und entwaffnet«. Dieser Satz Bornkamms zeigt den schmalen Grat, auf dem der neue Zugriff auf das Jb. hin zu gehen hat. Schon tauchen in der Formulierung wieder dogmatische Topoi auf, wie das »in, mit und unter« und die singularis excellentia. Aber der exegetisch formgeschichtliche Methodenansatz soll gewahrt bleiben. Das Ergebnis für das Jb. ist im ganzen gering, denn es geht darum, »wirklich das in den Blick zu bekommen, was vor aller gläubigen Deutung sich unverstellt und unableitbar zeigt«. Es bleibt dabei, daß der historische J. »das Zeichen« ist, aber »das Zeichen ist nicht die Sache selbst«. So hebt sich das Ergebnis wieder über das Intentum hinweg, und die Mitte - das Jb. - bleibt leer.

Völlig anders sieht das in dem J.-Buche E. Stauffers aus. *Stauffer* macht den Versuch, das Jb. der Evangelien in neuartiger Weise zu verifizieren. Der Realgrund dafür ist die → Theophanie-Formel »ănî hû« aus DtJes, die für J. als Selbstprädikation angenommen wird, wenn auch die Basis dafür - abgesehen vom JohEv - fast gleich Null ist. Stauffers Methode besteht in Rückschlüssen und Kombinationen aus jüdischem und hellenistischem Material, das die Evangelien-Überlieferung einschließlich der Vorgeschichten erhellen soll. Ein »Leben Jesu« steht wieder vor uns, dessen motivierende Übergangsstücke allerdings frei erfunden werden, denn die Texte geben ja eben kein Kontinuum nach Grund und Folge. Das J.-Buch Stauffers grenzt daher hart an die novellistischen Ausmalungen des Jb.es.

Für die Gesamterörterung des Jb.es der Gegenwart ist nach den Arbeiten von Bultmann, Dibelius und Büchsel ein neuartiges Arbeitspostulat darin erkennbar, daß nach dem Scheitern der Erhebung eines Lebens Jesu und dem Zerfall jedes exegetisch zu erstellenden Jb.es, was sich im Übergehen zu Gedanken und Lehren Jesu zeigte, dem »Ich« Jesu und seiner Bedeutsamkeit als Angelpunkt der urgemeindlichen Überlieferung neu nachgefragt wird. Es sind vorerst nur vorsichtige und kleine Schritte in dieser Richtung getan, denn die methodische Absicherung dieses Weges, der über die Überlieferung selbst hinauszuführen scheint, ist noch nicht geschehen. Zwei neuartige Arbeitsintentionen sind hier beachtenswert. Einmal ist das der Weg, das Jb. des Markus für sich allein zu erheben neben dem der anderen Evangelien. Die ersten Versuche, Lukas und Markus in der Eigenart ihres Glaubens und Theologie-Treibens zu erheben, sind gemacht (→ Evangelien, synoptische, 2b. d). Es sind verschiedene Jb.er, die dabei deutlich werden. Auf diesem Wege wird eine erneute Durchklärung der persona Jesu zu erwarten sein. Andererseits scheint sich nun aber auf dem Boden der Einsicht, daß der urchristliche → Glaube (: III), der → Gottesdienst (: IV) und das → Kerygma (: I) nur von der Auferweckung Jesu aus recht interpretiert werden können, ein neuer Weg zu öffnen. Angesichts der neu aufgelebten Debatte sowohl über die → Auferstehung Jesu (: I) wie hinsichtlich der immer deutlicher hervortretenden Bedingtheit urchristlichen Zeugnisses durch den Auferweckten darf gefragt werden, ob sich damit nicht dieser auferweckte J., der der J. von Nazareth war, als ein neuer Einsatzpunkt der Frage nach einem Jb. vorbereitet. Mit dem auferweckten J. hat die Forschung nicht nur die Stelle vor sich, an der der Glaube und das Zeugnis der Urgemeinde am zentralsten bewegt war, sondern sie geht von einem »Gegenstande« aus, in dem der historische und der geglaubte J. als Einer vor der Überlieferung steht. Hier kann man nicht »nur« historisch fragen. Hier kann man sich aber auch nicht bei einem »bloßen« Kerygma beruhigen. Darum geschieht hier vom Gegenstande her eine Richtigstellung von Fragestellung und Methode, die angetan zu sein scheint, das Fragen nach dem Jb. zu neuen Einsichten zu führen. Dies scheint zumal aus dem Grunde möglich zu sein, daß ein vom auferweckten J. her erfaßtes Jb. das Moment ergriffen hätte, das J. von Nazareth und den Glauben heute realiter als verbunden erweisen kann. Über alles »Gedanken-« und »Kerygma«-Finden hinaus, das letztlich doch nur das Selbst-Bewußtsein des Fragenden spiegelt, wäre die persona Jesu wieder im Spiel. Nachdem das Jb. als alte Leben-Jesu-Forschung nur ein Objektives darstellte, worüber der Glaube uneinsichtig wurde, und nachdem das Jb. in der formgeschichtlichen Forschung sich so weit ins Selbst-Bewußtsein und seine Befindlichkeit verloren hatte, daß nur »Gedanken« als Entscheidungsaktualitäten oder »Zeichen« als ideographische Hinweise zurückblieben, bietet der auferweckte J. den Ansatz eines Jb.es, von dem aus die Evangelien entworfen sind und in dem das Objekt - dieser J. - und das Subjekt - der Glaube - eine einheitliche, unscheidbare Voraussetzung bilden, deren realitas Gott »ist«.

2. *Die jüdische Erforschung des Lebens Jesu* ist allein schon dadurch von Belang, daß ihre großen J.-Romane einen weitreichenden Einfluß gewannen. Die Gedanken des → Judentums (: III) über J., aus tiefer Beunruhigung durch den Messiasanspruch Jesu heraus immer wieder vorgetragen, vermögen zugleich zu zeigen, wie ein Jb. gestaltet ist, dem als Grund der Glaube an J., den Christus Gottes, fehlt. Eine Arbeit wissenschaftlichen Charakters ist das J.-Buch von *J. Klausner*, das im Grunde für das jüdische Jb. der Gegenwart maßgebend geworden ist. Was Klausner mit allen anderen jüdischen Jb.ern gemeinsam hat, ist das zentrale apologetische Interesse an dem Erweis, daß das jüdische Volk keine Schuld am Tode Jesu habe. Nach Klausner hat das jüdische Volk im ganzen J. gar nicht abgelehnt. Aber die Übersteigerungen der jungen christlichen Gemeinde, die J. zum → Sohn Gottes (: II) und sein Leiden zum stellvertretenden Sühneleiden erhoben, habe das Judentum mit Recht abgelehnt. J. war ein »Lehrer hoher Sittlichkeit«, und er gehört als solcher ganz in das Judentum hinein. Er kann in seinen Reden sogar als »der jüdischste Jude« anerkannt werden. Zwar war seine Gestalt zweideutig - wie alle großen Menschen. Aber er war nicht Messias, denn er hat Gottes Werk eben nicht erfüllt. Er war auch kein Prophet, denn ihm fehlte die Gabe nationaler Tröstung. Dies alles kann der Jude, wie Klausner meint, besser sehen als der Christ, da er nicht voreingenommen ist. Zwar ging J. schon mit manchen - zumal eschatologischen - Übertreibungen über das Judentum hinaus. Er, der »naive, schwärmerische Kleinstädter«, ließ sich zu falschen eschatologischen Hoffnungen verführen. Damit geriet er an den Rand des Judentums und in Gegnerschaft zur jüdischen Behörde. J. war »von seiner Messianität überzeugt - daran ist kein Zweifel. Sonst wäre er nichts weiter als ein bloßer Schwindler und Betrüger.« Als der Hohepriester im Prozeß die Frage nach seiner Messianität an ihn richtete, »mußte die Seele dieses Mystikers, Visionärs und Ekstatikers bis auf den Grund erschüttert werden«. Was sich in Prozeß und Kreuzigung vollzog, ist eine »Tragödie«, mehr nicht. Seine welthistorische Bedeutung aber erhielt das Christentum durch den Hellenisierungs-Vorgang, der Person und Wort Jesu überhöhte und entstellte. Dieser Hellenisierungsprozeß, der J. zum Gott machte, hat den Rahmen des Judentums endgültig gesprengt. So steht das Christentum zwischen Judentum und Heidentum, und sein Jb. ist falsch. - Auch die *J.-Romane* zeigen die beiden Merkmale des Klausnerschen Buches, daß nämlich das Judentum J. nicht verworfen habe und daß J. ein hervorragender Jude als Lehrer von Gott und seiner Liebe gewesen sei. Ob dabei mehr das sozialreformerische oder das zum Messianischen tendierende Moment betont wird, bleibt sich gleich. Die hohe und letztlich unbegreifbare Reinheit und Überzeugungskraft Jesu wird hervorgehoben. Aber wieso dieser Mann Grund für den Glauben werden konnte, der das Urchristentum beseelte, bleibt von hier aus unerklärlich. - Die jüdische *Religionsphilosophie* ist auch in M. → Buber und Fr. → Rosenzweig nicht über das Jb. hinausgelangt, das die ethisch-religiösen Qualitäten Jesu aus der at. Religiosität heraus würdigt, dem der J. Christus des christlichen Glaubens aber nicht mehr mit J. verbindbar wird. Auch das »Leidensmotiv« des Gottesknechtes, das zumal Buber für sein Jb. in Anschlag bringt,

führt nicht weiter, denn dahinter steht der pseudo-messianische Anspruch, der es zuläßt, daß J. aus der Verborgenheit seiner Gottesknechtschaft heraustritt. Zwischen dem Lehrer jüdischen Gottesglaubens und dem Versöhner der Welt liegt eine Kluft, die von keiner Erörterung der Tatbestände Jesu aus übersprungen werden kann. So muß das Judentum vor J. als einem jüdischen Manne stehenbleiben, an dem man viele hohe Qualitäten entdecken kann, dessen Einzigartigkeit aber, dem Begegnenden Gott zu ereignen, verschlossen bleiben muß, solange das Judentum es selbst bleiben will.

3. In früheren Jh.en versuchten das → Mysterienspiel oder die Passion, J., den Gegenstand des Glaubens, im Medium der spielerisch-künstlerisch vermittelten »divinatorischen Phantasie« vorzustellen. Heute hat das → *Laienspiel* diesen Dienst übernommen. Es zeichnet die J.-Gestalt zumal im Weihnachts- und Oster-Kreis nach und hält sich an Evangelien-Züge, die es legendarisch auffüllt. Der Einfluß dieser Spiele ist nicht gering. Das Jb., das sie vermitteln, ist konservativ, hält sich aber zumal an das Wunder im Leben Jesu oder an J. als das Vorbild. - Ganz anders der *J.-Roman*. Im wesentlichen tritt das Jb. hier nur sehr indirekt auf und wird nur am Reflex der von ihm angesprochenen Personen deutlich. J. ist der edle und milde, der wehrlose und freundliche Mensch, von dem ein Unaussprechliches ausgeht. Von einem Jb. ist hier sehr wohl die Rede. Es ist der J. der überzeugenden Menschlichkeit. Das Wunder steht ihm zwar nahe, aber es wird von heutigen Wundern - zB Gebetsheilungen - aus gedeutet. Um ihn ist das geheimnisvolle Licht einer Menschlichkeit in der Überwindung. Dabei geht der Einfluß der modernen Bibelkritik sehr weit, etwa bei Upton Sinclair, der das Leben »des Gottsuchers« nur noch aus »Wahrscheinlichkeit« zusammenbauen zu können meint. Das Stilmittel, ein Jb. an irgendwelchen Römern und Juden zu entfalten, die J. trafen und hörten, verleiht diesen Jb.ern ihren unbegreifbaren geheimnisvollen Charakter. Eine erfundene Situation läßt Worte Jesu aufblitzen. Dabei spielen Worte aus der Bergpredigt eine besondere Rolle. Das Jb. der Romane trägt daher durchgehend utopistische Züge. Wo diese literarischen Leben Jesu ein Jb. nach dem Gange der Evangelienberichte zu malen versuchen (zB E. → Schaper), wird die Unangemessenheit solcher Versuche besonders deutlich. - Neben den mehr oder weniger geschlossenen Jb.ern romanhafter oder legendenartig novellistischer Form geht nun eine Auflösung des Jb.es in den *literarischen Typoi* einher. Es liegt nicht fern, Hemingways »Alten Mann« am Ende von einer deutlichen Typologie des Christus am Kreuze her durchleuchtet zu sehen. Es ist erwiesen, daß Faulkner in den Hauptgestalten seiner Werke immer wieder den Weg Jesu typisch analog darstellt. Aber es scheint darüber hinaus die einzelne Typik des Jb.es (zB die Versuchung, die Jüngerberufung, Gethsemane oder die Verleugnung) eine fast allgemeine Beliebtheit zu besitzen, Situationen durch ihre Zitation zu erhellen. Wie die → Klassik Züge der griechischen Mythologie wählte, um Situationen gleichnishaft zu bemeistern, so nimmt der heutige Schriftsteller und Dichter J.worte oder Teile des Jb.es, um seinen Gestalten geistige Tiefe und religiöses Pathos zu sichern. Das biblische Motiv klingt dabei oft nur an. - Die dichterische Christus-Symbolik und das Jb. als literarischer Typos zeigen, wie weit das Jb. ins *weltanschauliche Ideogramm* verflüchtigt ist. Was hier als Jb. auftaucht, ist ein Jb. als menschliche »Möglichkeit«. Dies ist möglich geworden auf Grund der seit der Aufklärung »vorurteilslos« gesuchten Menschlichkeit Jesu (→ Christologie: II, 8). Hieran ist nun aber zu bemerken, daß das Jb. auf diesem Betrachtungsboden ein gültiges Symbol menschlichen Scheiterns wurde. Wir entdecken von hier aus den treibenden Kern dieser enormen literarischen Ausbreitung des Jb.es. Die Kunst, die des Tragischen inne wird, greift zu seiner verstehbaren Erhellung nicht mehr zum klassischen Vorbild. Dazu reicht die Bildung der Leser nicht mehr aus. Aber das Jb. bietet sich dazu an. Das Jb. ist den Lesern offenbar nicht mehr im Glauben so nahe, daß sie diese literarische Manier abzulehnen geneigt und in der Lage wären. Und so füllt sich das literarische Jb. mit dem tragischen Moment. Ein tragisch verstandenes Jb. ist, je tiefer es künstlerisch und wahrhaft vertieft wird, um so verschlossener für den Glauben.

4. Die Frage, wie sich die *ev. Dogmatik* mit dem Zerfall des Jb.es abgefunden habe, ist - neben immer erneuten Versuchen, im einzelnen mit den Unterscheidungen von »historisch« und »geschichtlich« oder »geschichtlich« und »übergeschichtlich« o.ä. auszukommen - durch zwei Bewegungen charakterisiert, die dem exegetisch entschwindenden Jb. Rechnung tragen. Einmal hat sich die Dogmatik einen Weg in eine streng und total christologisch begründete Theologie gebahnt (→ Christologie: III). Christus, der präexistente ewige Sohn, ist der Angelpunkt dieser theologischen Begründungen. Mit imponierender Geschlossenheit denkt die Kirchliche Dogmatik Karl → Barths die Folgerungen hieraus Band für Band durch. Man bemerkt, wieweit es dabei möglich wird, auf ein Jb. Verzicht zu leisten, ohne daß die Kategorien von »Menschwerdung«, »Knecht-Sein« und »Gehorsam« verlorengehen. Man bemerkt aber auch - gerade in der Christologie selbst -, wie weit man es eben nur noch mit Kategorien zu tun hat und nicht mit Erfassungen der Kontingenz, die einem Jb. ureigen ist. Von der Feststellung eines »So ist es geschehen« kann und muß man fortschreiten zu einem »So mußte es geschehen«. Ein Jb. wird dabei nur noch illustrativ wichtig. - Zweitens hat die Dogmatik mit der Exegese den Weg in die Auffassung der reinen Aktualität der Entscheidung angetreten. Das Jb. ist gequantelt, und der Moment der Entscheidung wird das zentrale Absehen. Der geschlossenste und zugleich erstaunlichste Lösungsversuch in dieser Richtung ist in der Dogmatik von W. → Elert gemacht, der alles auf die Entscheidung abstellt, diese actualitas aber so mit der Lehre von Gesetz und Evangelium verbindet, daß er den tiefen Verlust der Lehre von einer geschlossenen persona Jesu Christi abfangen kann. Typisch sichtbar wird die dogmatische Notlage bei Elert in der zwiefachen und notwendig uneinheitlichen Behandlung der christologischen Fragen unter dem Aspekt des »historischen Zweifels« wie unter dem Aspekt des Christus-Glaubens, die auf das »ins Herz Getroffensein« der Entscheidung konvergieren sollen. - Die beiden dogmatischen Motivreihen tragen der Unmöglichkeit Rechnung, ein geschlossenes Jb. als Bezugspunkt christologischer Lehrbildung vorauszusetzen, und zeigen, wie tief die Dogmatik durch die gegenwärtige Lage im Bereiche der Erforschung des Jb.es versehrt ist. Das Jb. gab den Boden ab für die christologische Status-Lehre; sie zerfällt mit dem Abbau des Jb.es. Mit ihrer Auflösung gerät aber die sog. Zwei-Naturen-Lehre, dh die theologische Erfassung der persona Jesu Christi, in das Licht einer nur supranaturalen Spekulation. Sie wird daher im Laufe des 19.Jh.s mehr und mehr unverständlich und heute nur noch kritisch erwähnt. Die dritte Säule christologischer Lehrbildung, die Lehre vom Werk Christi (→ Christologie: III, 2), bleibt allein unversehrt durch die Wandlungen des Jb.es, ja sie gewinnt durch die Überführung des Jb.es in die Lehren Jesu neue Ansätze. Es ist kein Wunder, daß daher seit A. → Ritschl in zunehmendem Maße das Gewicht christologischer Lehrbildung auf dem Werke Jesu und nicht auf seiner Person gesehen wird.

Damit ist die ref. Lehrtradition, die Person Jesu von seinem Werk aus zu erschließen, die sich anbietende Christologie der Gegenwart geworden.

Vgl. die Lit. zu → Jesus Christus. Ferner allgemein: RGG[3] I, 1652ff (Christusdichtung); III, 151ff (Jesusbild; Lit.) - E.BARNIKOL, Das Leben Jesu der Heilsgesch., 1958 (Lit. 1920-57 in Auswahl). - Zu 1 (außer den im Text genannten J.-Büchern): S.ST.HALL, J. the Christ in the Light of Psychology, 1917 - A.W.ROBINSON, The Christ of the Gospels, 1924 - A.C.HEADLAM, J. der Christus, sein Leben u. seine Lehre, dt. 1926 - H.G.ROSS, Studies in the Mind of J., 1926 - R.NORWOOD, The Man who Dared to be God, 1929 - B.W.BACON, J. the Son of God, 1930 - P.FEINE, J., 1930 - H.E.LUCCOCK, J. and the American Mind, 1930 - F.W.LEWIS, J. of Galilee, 1931 - A.P.TERHUNE, The Son of God, 1932 - M.GOGUEL, (La Vie de J., 1932) J., 1950[2]; dt. 1934 - CH.GUIGNEBERT, J., 1933 - R.W.SOCKMANN, The Paradoxes of J., 1936 - FR.MAURIAC, Vie de J., 1938 - F.K.STAMM, The Conversations of J., 1939 - W.GRÖNBECH, Zeitwende I: J. der Menschensohn, 1941 - K.ADAM, J.Christus, 1946 - R.W.STEWART, An Introduction to J. for the Twentieth Century, 1947 - D.M.BAILLIE, God Was in Christ, 1948 - W.MANSON, »Bist Du, der da kommen soll?«, 1952 - W.GRUNDMANN, Die Gesch. Jesu Christi, 1957. - Zu 2: TH.W.NEUMANN, J. u. Paulus im Urteil des zeitgenössischen Judentums (Saat auf Hoffnung 60, 1923, 67-93) - J.WARSCHAUER, The Historical Life of J., 1927 - E.LUDWIG, Der Menschensohn, 1928 - J.KLAUSNER, J.v.Nazareth, (1930) 1952[3] - G.LINDESKOG, Die J.frage im neuzeitl. Judentum, 1938 - DERS., J. als religionsgeschichtl. u. relig. Problem in der modernen jüd. Theol. (Judaica 6, 1950, 190 bis 229. 241-268; Lit.) - J.JOCZ, The Jewish People and J. Christ, 1949 - M.BROD, Der Meister, 1952 - F.v.HAMMERSTEIN, Das Messiasproblem bei M.Buber, 1958 - G.JASPER, Stimmen aus dem neurelig. Judentum in seiner Stellung zum Christentum u. zu J., 1958. - Zu 3: F.TIMMERMANNS, Das J.kind in Flandern, 1923 - D.MERESCHKOWSKIJ, J. der Unbekannte, 1932 - DERS., J. der Kommende, 1934 - A.HEUSER, Die Erlösergestalt in der belletrist. Lit. seit 1890, 1936 - R.GUARDINI, Der Herr, (1937) 1949[6] - P.LAGERKVIST, Barabbas, 1946 - E.J. WIEDEMANN, Die Christusgestalt in der neueren dt. Epik (Diss. München), 1947 - FR.SCHREYVOGEL, Der Sohn Gottes, 1948 - M.JELUSICH, Die Wahrheit u. das Leben, 1949 - H.URNER, J.romane? (MPTh 40, 1951, 30-41 = ZdZ 5, 1951, 410-416 = Kirche in dieser Zeit H. 13, 1951, 35-45) - DERS., Barabbas heute (ZdZ 9, 1955, 465 bis 467) - W.KOSCH, Dt. Lit.-Lexikon II, 1953[2], 1151f (Lit.) - E. SCHAPER, Das Leben Jesu, 1955 - Christusgedichte aus dem Norden. Aus dem Schwed. u. Finn. übertr. v. F.OSTARHILD, 1956 - U.SINCLAIR, J., wie ich ihn fand u. sah, 1957 - L.C.DOUGLAS, Das Gewand des Erlösers, 1958 - U.BRUMM, Christus in der amerik. Lit. (Neue Dt. Hefte, H. 53), 1958. - Zu 4 vgl. die Lehrbücher der → Dogmatik u. die Lit. zu → Jesus Christus, 12. *C.H.Ratschow*

Jetzerhandel in Bern (1506-09). Sein Hintergrund war der Streit zwischen Franziskanern und Dominikanern über die unbefleckte Empfängnis Mariä (→ Mariologie). Der 1506 ins Predigerkloster zu Bern eingetretene, wohl visionär veranlagte Schneidergeselle *Hans Jetzer* (J.) von Zurzach (Aargau) wollte u.a. auch Erscheinungen der hl. Jungfrau gehabt haben: Sie erkläre sich gegen die Lehre der Barfüßer und habe ihn mit Stigmen begnadigt. Anstatt den Betrug aufzudecken, suchten die Klosteroberen daraus Gewinn zu ziehen. Der Rat von Bern schritt aber ein und verklagte die Vorsteher in Rom. Schon der 1. Prozeß sprach sie schuldig. In einem 2. Verfahren, unter einem päpstlichen Kommissar, wurden sie zum Feuertod verurteilt (Ende Mai 1509). J. wurde verbannt und starb als verkommener Mensch in seiner Heimat (um 1514).

N.PAULUS, Ein Justizmord, an vier Dominikanern begangen (Frankfurter zeitgemäße Broschüren 18, 3), 1897 - R.STECK, Der Berner J.prozeß, 1902 - DERS., Die Akten des J.prozesses, 1904 (PAULUS u. STECK betonen die Schuld J.s). - Anders: A.BÜCHI, Matth. Schiner I, 1923, 137ff - H.v.GREYERZ, Der J.prozeß u. die Humanisten (Archiv d. hist. Vereins des Kantons Bern 31, 1932, 243-299). - Ferner: RE IX, 43f - HBLS IV, 403. *O.E.Straßer*

Jewel, *John* (1522-71), * in Buden b. Berimber (Devonshire), † in Salisbury, 1535 im Merton College, 1539 im Corpus Christi College in Oxford. Als Lehrer bereits hochgeschätzt, schloß er sich 1547 eng an Peter Martyr → Vermigli an. Während der röm.-kath. Regierung Marias (1553-58) suchte sich J. zuerst anzupassen, ging aber 1555 nach Frankfurt/M. und weiter nach Straßburg zu Peter Martyr, 1556 mit diesem nach Zürich. 1560 wurde er Bischof von Salisbury. Seine »Apologia pro Ecclesia Anglicana« (1562) ist die erste grundsätzliche Verteidigung der → anglikanischen Kirche (: I, 1) gegenüber dem röm. Katholizismus unter Proklamation des humanistischen Prinzips vom consensus quinque- bzw. sesaecularis (der kirchlichen Einheit während der ersten 5 bzw. 6 Jh.e). Auf ihr beruhen alle späteren Darlegungen des anglikanischen Standpunktes gegenüber Rom und der calvinistischen Reformation. Ihre Kraft liegt in der Verbindung des kath. (dh ökumenisch-altchristlichen) Anspruchs mit dem Gedanken der nationalen Sendung und Besonderung der Kirche Jesu Christi. Damit wurde sie wie kein anderes Buch wegweisend für das Christentum → Englands (: II, 2).

Works, (1609) 1611[2]; ed. J.AYRE, 4 Bde, 1845-50; ed. R.W.JELF, 8 Bde, 1847/48. - Die »Apologia« in: J.F.SALNAR (SALVART), Harmonia Confessionum, 1581; kymrisch Neudr. 1908 (Reprints of Welsh Prose Works 8). - Über J.: Biogr. v. L.HUMPHREY, 1573; gekürzt in »Works« 1609 (v. D.FEATLEY) - C.W.LEBAS, Life of Bishop J., 1835 - RE IX, 44ff - H.BECKER, J.J. als reformator. Theologe (Diss. Breslau), 1939 - DNB (Neudr. 1949/50) X, 815ff. *M.Schmidt*

Jeziden oder Teufelsanbeter heißen die höchstens 50 000 von Aleppo bis Tiflis verbreiteten Anhänger einer stammesmäßig organisierten Religionsgemeinschaft von Kurden, deren Mittelpunkt das Heiligtum des Scheich ʿAdī Ibn-Musāfir († 1262) in Lālesch, nordöstlich von Mossul, bildet. Auch westlich von Mossul im Sindschar-Gebirge leben J. in zusammenhängendem Siedlungsgebiet, alle gelenkt von einem autokratisch regierenden Mīr (zZ Saʿīd Beg Ibn-ʿAlī Beg), der in der Bergfeste Baʿidrī (Baidarī) in Scheichān bei Lālesch residiert und sein Geschlecht von dem islamischen Heiligen Ḥasan al-Baṣrī († 728) ableitet. Der in kärglich-sittlichen Verhältnissen lebende Stamm, vorwiegend Bauern und Nomaden, scheidet sich in Laien (murīd) und Geistliche (rūḥān), die wieder in sechs Stände zerfallen: die Scheiche (Abkömmlinge von Jüngern des Scheich ʿAdī), die Pīre (lokale geistliche Führer nach persischem Vorbild), die Faqīre oder Qarabaš (eine Art Bruderschaft), die Sänger (qauwāl), die Tänzer (qūčeq) und die niedersten Priester (au[h]ān). Die J. sprechen eine kurdische, dh iranische Mundart, tragen arabische Namen und kleiden sich wie die Irakis mit ʿaqāl und keffīye; sie üben die → Beschneidung wie die Muslims, aber taufen wie die Christen ihre Kinder. Ähnlich den Juden kennen sie → Speiseverbote: Lattich, Bohnen und Kürbis sind ihnen verwehrt, ebenso Fisch, Gazelle und Hahn. Gleich den → Mandäern verabscheuen sie die blaue Farbe. Moses, Jesus (Melek ʿĪsā) und Muhammed genießen Prophetenverehrung. AT und NT sowie der → Koran sind anerkannt, soweit sie der J.-Lehre nicht widersprechen. Angebetetes Symbol ist der *Pfauenengel* (Melek Ṭāʾūs), ein bronzener Vogel, der im Grabheiligtum des Scheich ʿAdī verwahrt und in sechs weiteren Exemplaren als Standarte (sanǧaq) zur Zeit der Feste, bes. der herbstlichen Wallfahrt und des Neujahrsfestes (sar-i-sāl), durch die Dörfer getragen wird. Die J. verehren die auf- und untergehende Sonne und schlachten ihr zu Ehren weiße Rinder an ihrem Heiligtum Scheich Schems-edDīn. Göttlichkeit wird außer letzterem und Scheich ʿAdī u.a. auch Fachr-edDīn und dem Kalifen Jezid (Yazīd Ibn-Muʿāwiya 680-683) zugebilligt. Diese Numina, zu denen die fünf Planeten einschließlich → Sonne und → Mond gehören, sind jedoch weniger selbständige Götter als *Engel,* unter denen Melek Ṭāʾūs als dem Gefallenen Engel oder → Teufel die

Hauptrolle zufällt. Nach Gottes Willen ist das in menschlicher Sicht *Böse* Teil des Weltplanes. Satan hat sich von Gott gelöst und wird zu Gott zurückkehren. Als Gottes Beauftragter genießt er höchste göttliche Ehren, die bis zur seltsamen Tabuvorstellung gehen, daß kein Jezide Wörter aussprechen darf, die an den Namen Satan (šaiṭān) anklingen. - Niedergelegt ist die jezidische Geheimlehre in zwei kurzen hl. Schriften, die von dem Bagdader Karmelitenpriester *Anastase Marie* i.J. 1911 zugänglich gemacht worden sind, dem Buch der Offenbarung (Kitāb-i-ǧilwa) und dem Schwarzen Buch (Maṣḥaf-i-raš). Die Originale, zu denen eine arabische Übersetzung existiert, sind in Geheimschrift geschrieben und in einem älteren Kurdisch abgefaßt. Das Buch der Offenbarung (8 Seiten) stellt Melek Ṭā'ūs-Satan als den alles wirkenden, wissenden und allgegenwärtigen Herrn der Welt dar. Unsterblichkeit, durch → Seelenwanderung verzögerbar, winkt dem Frommen, der den Weisheitsregeln folgt. Das Schwarze Buch (Rolle von 14 Spalten) enthält vor allem eine phantastische Schöpfungsgeschichte. Wie die mündliche erscheint auch die schriftliche Überlieferung konfus. Synkretistisch-gnostische Lehren müssen sich im MA mit der halb heidnisch, halb islamischen Pīr-Verehrung vermischt haben, so daß Scheich ʿAdī, ein dem Omajjadengeschlechte angehöriger Sufi (→ Sufismus), vergotteter Prophet der J. werden konnte. Der jezidische Baum- und Quellenkult ist in der Landschaft seit alters verankert. Anderes ist altorientalisch (zB die →Neujahrs-Bräuche). Die von den J. versuchte →Theodizee und vieles andere verrät den Einfluß iranischer Lehren (→ Ahriman, → Amesha Spenta). Gegenüber der früheren Namenserklärung Yazīdī »J.« von iran. īzad, yazd(ān) (oder yazīd PPP = yašt?) »zu Verehrender, Verehrter, Gott«, wird heute wieder die Ableitung vom Omajjadenkalifen Yazīd (s.o.) bevorzugt. Die Selbstbezeichnung Dāsnī (Pl. Dawāsin; Landesname Dāsen schon syrisch) könnte immerhin auf reduziertes daēvaˈyasna- »Götzenanbeter« (oder gar mazdaˈyasna-?) zurückgehen. Übertritt zum J.tum ist nicht möglich. - Vgl. → Iran: II.

A. Marie, La découverte récente des deux livres sacrés des Yézidis (Anthropos 6, 1911, 1-39) - M. Bittner, Die hl. Bücher der J. oder Teufelsanbeter (kurd. u. arab.); Nachtrag: Die kurd. Vorlagen mit Schrifttafel (Denkschr. d. Wiener Akad. 55, 4. 5), Wien 1913. - Zur J.-Sprache: K. Hadank, Unters.en zum Westkurdischen: Bōtī u. Ēzādī, 1938. - Lit.: Th. Menzel, Ein Beitr. zur Kenntnis d. J. (in: H. Grothe, Vorderasienexpedition I, 1911, LXXXIX-CCXI; Lit.) - ERE XII, 830f - H.Ch. Luke, Mosul and Its Minorities, London 1925, 122ff - R.H.W. Empson, The Cult of the Peacock Angel, ebd 1928 - EI[1] IV, 1934, 1260ff (Lit.) - HIsl 806ff - Fritz Meier, Der Name der Yazīdīs (in: Westöstl. Abh.en, Festschr. f. R. Tschudi, 1954, 244 bis 257; Lit.).

W. Eilers

Ignatius von Antiochien

1. Die Briefe - 2. Die Theologie

1. Außer der Nachricht des Euseb, daß I. während einer kurzen Verfolgung von Antiochien nach Rom gebracht und dort von wilden Tieren zerrissen wurde (bestätigt durch Irenäus, Origenes und Hieronymus), wissen wir von diesem (zweiten?) Bischof von → Antiochien, dessen Martyrium bald nach 110 zu datieren ist, nur durch seine sieben Briefe: an die Gemeinden von Ephesus, Magnesia, Tralles, Rom, Philadelphia, Smyrna und an → Polykarp. Während der Fahrt nach Rom schrieb er die ersten vier Briefe in Smyrna, die übrigen in Troas. Sie wurden zuerst in einer erweiterten und um sechs gefälschte Briefe vermehrten Fassung aus dem ausgehenden 4.Jh. bekannt, die → Faber Stapulensis 1498 herausgab. Die kritischen Bedenken von A. → Scultetus (1598) wurden durch die Entdeckung einer kürzeren Fassung bestätigt, die 1644 in lat. Übersetzung, 1689 im griechischen, heute in seiner Echtheit anerkannten Text erschien. Später auftauchende weitere 6 Briefe wurden als aus dem MA stammende Fälschung, eine kürzere syrische Übersetzung der Briefe an die Epheser, Römer und Polykarp als Auszug aus den echten Briefen erkannt. Seit der Arbeit von Th. Zahn gelten die genannten 7 Briefe allgemein als echt. - In den Briefen dankt I. den Gemeinden für die Erweise ihrer Liebe, die er während seiner Reise durch deren Abgesandte erfahren hat. Er ermahnt sie zur Wahrung der Einheit der Gemeinde und zur Abwehr der Irrlehre (→ Häretiker im Urchristentum), die als doketische → Gnosis und als Judaismus (→ Judenchristentum: I) erscheint (ohne daß es bisher gelungen ist, sie mit einer der bekannten Häresien zu identifizieren). Als Garantie der Einheit sieht I. die → Kirchenordnung (: I) mit den Ämtern des →Bischofs (: I, 2), der → Presbyter und → Diakonen, die er durch Vergleich mit Gott, Jesus Christus und der Ratsversammlung der Apostel (Magn 6, 1; Trall 2. 3) den Gemeinden empfiehlt. Auf die in Troas erhaltene Nachricht vom Ende der Verfolgung empfiehlt er, Gesandte an die Schwestergemeinde zu schicken, damit man gemeinsam Gott danken könne. Im Brief an Polykarp gibt er diesem Ermahnungen zur Führung seines Amtes. Der Brief an die Römer, der seine Ankunft dort vorbereiten soll, ist eine einzige leidenschaftliche Bitte, seinem Martyrium nichts in den Weg zu legen.

2. Die parallele äußere Situation des I., häufige wörtliche Anklänge wie Zielsetzung und Inhalt der Briefe bringen sie in Nachbarschaft zu den → Paulusbriefen, zu denen sie formgeschichtlich gehören. Daß I. das JohEv gekannt hat, ist wahrscheinlich; Phld 7, 1; 9, 1 könnten als Zitate verstanden werden, eine theologische Abhängigkeit, wie man sie früher annahm, liegt jedoch nicht vor. Aber auch die Beziehung zu den Paulusbriefen ist eher die einer bewußten Nachahmung. Sie ist zu sehr durch das Interesse am Sakrament und Martyrium bestimmt, als daß man sagen könnte, I. habe die Theologie des Paulus weitergegeben. Wo paulinische Begriffe und Wendungen begegnen, wie »Leib Christi« (Eph 4, 2; Trall 11, 2) oder der Gegensatz »Geist - Fleisch« (Eph 5, 1; 8, 2), ist der Unterschied im Verständnis augenfällig: Alles ist vom zentralen Interesse des I. an seinem Martyrium und an der Eucharistie bestimmt, in der sich die Einheit der Kirche manifestiert. Wer sich zum Bischof hält, dort die Eucharistie feiert, lebt nicht »nach Art der Menschen, sondern nach der Jesu Christi« (Trall 2, 1). Für I. bedeutet dieser Gegensatz: entweder das Martyrium vermeiden oder es erleiden (Röm 8, 1). Wie die Eucharistie im Zusammenhang der kirchlichen Hierarchie (Magn 3, 1) das Heilmittel der Unsterblichkeit (φάρμακον ἀθανασίας, Eph 20, 2) ist (→ Abendmahl: II, 1a), so gibt das »fremde Gewächs« der Häresie (Trall 6, 1) statt dessen das todbringende Gift (θανάσιμον φάρμακον, 6, 2). Die paulinischen Paradoxien sind zuerst auf das Sakrament und das Martyrium bezogen und erst von daher auf die christliche Existenz. - Diese Anschauung tritt durch das Warten auf das Martyrium und durch das Entbehren des Sakraments während der Reise in den Vordergrund. Sie hat ihre Wurzel in dem Zusammenhang, der bei den → Mysterien-Religionen zwischen dem Mythos vom Weg des Erlösers und dem Kultus besteht. Wie der Myste in den → Initiationsriten das Schicksal des → Erlösers nacherlebt, um dadurch vergottet zu werden, so versteht I. die Eucharistie als das mystische, das Martyrium als das reale Nacherleben der Passion Christi. So will I. ein Nachahmer des Leidens seines Gottes werden (Röm 6, 3), um zu Gott zu gelangen (Röm 1, 2; 2, 1 u.ö.), ja um »Wort Gottes« (2, 1), »reines Brot des Christus« (4, 1) zu werden. Dann wird er wie

Christus »ein Lösegeld für euch« sein (Eph 21, 1; Sm 10, 2; Pol 2, 3; 6, 1), dh für diejenigen, die im Zusammenhang der Kirche bleiben. Wie das Martyrium den Märtyrer, so führt das Nacherleben des Sterbens Christi in der Eucharistie die Gemeinde zur Einung (ἕνωσις) mit dem erhöhten Herrn (Phld 4, 1; 7, 2; Magn 1, 2). Damit verbunden ist das sakramental magische Verständnis der Eucharistie, das sich in der Verwendung von Begriffen wie »christliche Kost« (Trall 6, 1), »Brot Gottes« (Eph 5, 2; Röm 7, 3) und vor allem »Heilmittel der Unsterblichkeit« (Eph 20, 2; s.o.) zeigt. – Der Kultmythos, auf den I. stets Bezug nimmt, ist das in der Gemeinde überlieferte Evangelium von der Passion Christi. Zwar kündigt sich das Eindringen von Zügen des gnostischen Mythos an; ein Vergleich mit den apokryphen Apostelakten (→ Apokryphen: II) zeigt aber, daß I. noch wesentlich fester an die Gemeindeüberlieferung gebunden ist. Seine → Christologie (: II, 1b) ist von dem bei Paulus in Röm 1, 3 wiedergegebenen Bekenntnis bestimmt: Christus ist aus dem Samen Davids nach dem Fleisch und aus dem Geist geboren (Eph 18, 2). Vom → Johannesevangelium unterscheidet sich I. dadurch, daß Christus für ihn nicht zuerst Offenbarer, sondern Kultgott ist, für den die Einheit mit Gott das Bestimmende ist. Der Gedanke der Einheit Gottes hat nicht in der biblischen Aussage von der Einzigkeit Gottes seine Wurzel, sondern in dem Einheitsprinzip der Gnosis, das dort Theologie und Soteriologie umfaßt. Dieses umfassende Prinzip gnostischen Denkens war das Tor, durch das gnostische Gedankengänge und Mythologeme in die urchristliche Literatur eindrangen.

Ausg.n u. Übers.en: O.v.Gebhardt-A.Harnack-Th.Zahn, Patrum apostolicorum opera II/2, 1876/78 - F.X.Funk-K.Bihlmeyer, Die apostol. Väter I (SQS II, 1), 1956² (hg.v. W.Schneemelcher) - Th.Camelot, SC X, 1951 - Hennecke² 518ff (G.Krüger) - Hennecke, Hdb. 190ff (Ders.) - W.Bauer, Die Briefe des I. und der Polykarpbrief (HNT ErgBd II), 1920. - Lit.: Th.Zahn, I., 1873 - E.v.d.Goltz, I. als Christ u. Theologe, 1895 - H.Schlier, Religionsgeschichtl. Unters.en zu den I.briefen (BZNW 8), 1929 - H.v.Campenhausen, Die Idee des Martyriums in der alten Kirche, 1936, 34ff - H.-W.Bartsch, Gnostisches Gut u. Gemeindetradition bei I. (BFChTh II, 44), 1940 (dazu E.Käsemann, VF 1942/46, 131ff) - L.Stählin, Christus praesens (BEvTh 3), 1941 - Chr. Maurer, I. u. das JohEv (AThANT 18), 1949 - Th.Rüsch, Die Entstehung der Lehre vom Hl. Geist (SDGSTh 2), 1952 - R.Bultmann, I. u. Paulus (in: Studia Paulina, 1953, 37-51) - H.Rathke, Die Benutzung der Paulusbriefe bei I. (Diss. Rostock), 1956 - P.Meinhold, Schweigende Bischöfe (in: Festg. J.Lortz II, 1958, 467-490) - Ders., Die Ethik des I.v.A. (HJ 77, 1958 [Festg. f. B.Altaner], 50-62). - Weiteres s. Altaner 87.

H.-W.Bartsch

Jiddische Sprache. Jiddisch ist die heute meistverbreitete jüdische Literatur- und Umgangssprache nichtjüdischen Ursprungs, die von rd zwei Dritteln aller Juden gebraucht wird. Die Literatur, die ursprünglich in der Hauptsache religiöser Art war, umfaßt in der Gegenwart alle Gebiete der Wissenschaft und Belletristik und verfügte um 1930 (außer etwa 200 damals schon eingegangenen Organen) über mehr als 400 Zeitungen und Zeitschriften. Neben der sich stets mehr ausbreitenden hebräischen Sprache behauptet sich das J. auch im Staat → Israel (: III), zumal gerade konservative Kreise das Hebräische nur als religiöse Sprache gebraucht wissen wollen. – Das vorwiegende Element des J.n (ca 85 v.H.) ist das Deutsche, und zwar (vgl. Fuks) die Dialekte der Gebiete zwischen dem Rhein von Speyer bis Köln und der Mosel, wie sie im 10.Jh. gesprochen wurden. Nach Birnbaum ist dann die Hauptkomponente die bayrisch-österreichische Gruppe geworden. Das älteste bekanntgewordene literarische Dokument ist der Codex C.Y. in Cambridge, datiert auf 1382, der in deutsch-aschkenasischer Kursive geschrieben ist und aus Ägypten stammt. Die hebräisch-aramäische Komponente bildet etwa 10 v.H., wobei die semitischen Formen häufig mit deutschen Vor- und Nachsilben versehen werden. Der Rest (ca 5 v.H.) sind Wörter, die anfänglich aus dem romanischen, später vorwiegend aus dem slawischen Sprachkreis stammen. Seitdem nach den russischen Pogromen von 1881/82 zahllose, jiddisch sprechende Juden in den USA heimisch wurden, hat das dort gesprochene J., das heute einen sehr bedeutenden Anteil an der gesamten j.n literarischen Arbeit hat, schon Hunderte von Lehnwörtern aus dem Englischen übernommen. – Während das J. als Schriftsprache heute weitgehend genormt ist, zerfällt es nach der Aussprache, hauptsächlich der Vokale, und der Idiomatik in zwei Hauptdialekte, den großen südlichen und den kleinen nördlichen. – Seit dem 16.Jh. wurde das J. auch von christlichen Gelehrten beachtet (→ Fagius), und im 19.Jh. spielte es eine Rolle in der → Judenmission. Heute gibt es Lehrstühle und Fachzeitschriften für j.Sprache in verschiedenen Ländern; in Deutschland erscheinen seit 1954 die »Mitteilungen aus dem Arbeitskreis für Jiddistik« (F.J.Beranek). In einigen Ländern wird das J. amtlich anerkannt. – Eine Anzahl j.r Wörter ist auch in der deutschen Umgangssprache gebräuchlich geworden; in südwestdeutschen Mundarten finden sie sich noch recht zahlreich.

EJud IX, 112ff (S.Birnbaum; Lit.) - J.A.Joffe, Yiddish in America (Yivo-bletter 9, 1936, 127-145) - E.L.Rapp, Schum, 1952 - L.Fuks, The Oldest Known Literary Documents of Yiddish Literature, 1957 - F.J.Beranek, Das Pinsker Jiddisch u. seine Stellung im gesamtjidd. Sprachraum (nördl. Dialekt), 1958 - U. u. B.Weinreich, Yiddish Language and Folklore. A Selective Bibliogr. for Research (Janua Linguarum XI), o.J. (1958).

E.L.Rapp

Jinismus ist eine Religion → Indiens (: II) mit ca 1,6 Mill. Bekennern, den *Jainas* (Dschainas), die sich so nach dem Titel »Jina« (Dschina, Überwinder) ihres letzten Verkünders, des → Mahâvîra nennen. Die Jainas sind bes. im Westen Indiens verbreitet, gehören meist den gebildeten Ständen an, sind wohlhabend, freigebig und missionarisch tätig (u.a. The World Jaina Mission). Unter den *Geboten* ihrer Religion steht die Schonung alles Lebenden (ahimsâ) an der Spitze; sie drängt die Jainas in kaufmännische und studierte Berufe und entfernt sie von Landbau und Handwerk. Außer dem greifbar Lebendigen gelten nämlich auch die Partikel der → Elemente → Erde (einschließlich der Mineralien), → Wasser, → Feuer, Luft und der Pflanzen (→ Bäume) als belebt, d.i. beseelt und daher als unantastbar. Neben der Pflicht zur Schonung steht das Verbot der Unwahrheit, der unerlaubten Aneignung, der sexuellen Betätigung und des Besitzes. Diese Vorschriften sind strengstens verbindlich für die heimatlosen Mönche und Nonnen; für die Laien beiderlei Geschlechts bestehen Abschwächungen, so die Erlaubnis der Ehe und des Erwerbs in gewissen Grenzen. Die Laienschaft betätigt sich von alters her u.a. in der Stiftung von teilweise großartigen → Tempeln (: I). Sie dienen dem ohne einen Priesterstand nur von Laien geübten → *Kultus* der Übermenschen (s.u.), deren unindividuell gestaltete Figuren nach Art von Göttern gepflegt und geschmückt werden und denen oft kunstvolle Hymnen gelten. Ansprachen schöpfen aus zahllosen Legenden und ermahnen zu der in zehn Punkte gefaßten *Sittlichkeit:* Langmut, Armut, Redlichkeit, → Demut (: I), Schuldlosigkeit, Wahrhaftigkeit, Selbstzucht, → Askese (: I), Enthaltung und Reinheit.

Das sittliche Verhalten erstrebt die Läuterung der → *Seele,* deren Wesen reines Erkennen ist, vom → Karman, das jenes durch immateriell stoffliches Einströmen trübt. Diese sog. »Bindung« hält die Seele in der anfanglosen Kette der Daseinsformen (→ Seelenwanderung) fest. Das Karman ruht in der Seele, bis es sich spontan als Empfindung von Schmerz oder Lust verwirklicht und dadurch aufhebt. Man verhindert »Einfluß« durch bewußte »Abwehr«, d.i. Zucht im Denken, Reden und Tun, Standhaftigkeit bei Unbilden und behutsames Handeln bei unvermeidbaren Tätigkeiten (→ Erlöser: I, 2f). Auch »gute Werke« sind Karman und haben ihre Folge. Ruhendes Karman kann »getilgt« werden. Dies geschieht durch Askese. Sie ist eine innerliche, u.a. Versenkung (Meditation) und Unterordnung gemäß geistlicher Rangstufe, und eine äußere, u.a. unbequeme Körperhaltung und → Fasten (: I), das verdienstvoll bis zum Tod durch Entkräftung geführt werden kann. Eine gänzlich gereinigte Seele steigt zum Gipfel der Welt empor und verharrt dort auf ewig in schrankenlosem seligem Erkennen ohne Wirken, also für menschliche Wünsche unerreichbar. Zu diesem Ziel, das die auf nicht angegebene Weise hierzu *Vorbestimmten* irgendwann einmal erreichen werden, haben die Heilkünder (tirthánkara) seinerzeit als Übermenschen den Weg gewiesen, zuletzt Mahâvîra als letzter einer Serie von vierundzwanzig, die in unvorstellbar langen Zeiträumen einander folgten.

Das Gegenstück zu den Seelen sind die *Stoffe*. Sie bestehen aus ewigen materiellen und immateriellen Atomen, deren erstere sich zu konkreten Körpern zusammenfinden. Körper sind Träger der Seele von Freudewesen (»Göttern«), Qualwesen, Menschen, Tieren, Pflanzen und Elementarwesen (s.o.). Die genannten sind in gestuften Regionen der Überwelt, in ebensolchen der Unterwelt (»Höllen«) und in der horizontalen Oberwelt zu Hause. Die letztere dehnt sich jenseits unserer runden innersten Scheibe in Ringen von Land und Meer aus. Die Welt ist umgeben von der Nichtwelt, dem unendlichen großen Raum. Sie ist ferner ebenso wie ihr Inhalt und ihre Gesetze unerschaffen und unvergänglich. In den auf- und absteigenden Drehungen des Zeitrades folgen einander gute und schlimme Epochen von astronomischer Länge in ewig wiederholtem Wechsel.

Dem Vorstehenden lassen sich als *primitive* Züge der animistisch weitgefaßte Seelenbegriff, die Wertschätzung der Askese und der selige Zustand im → Nirvâna (meist Siddhi genannt) entnehmen. Seele und Körper haben die gleiche Ausdehnung; außer dem konkreten Körper gibt es noch vier immaterielle; es liegt also Vielzahl der Leiber vor. Dem → Buddhismus, wo von dergleichen nicht die Rede ist, geht der Jaina-Glaube auch im Alter voran.

Historisch gerade noch greifbar ist Pârshva (8.Jh.vChr), Vorläufer des Mahâvîra († um 477 vChr); dieser war ein Zeitgenosse des Gautama → Buddha (, 2), mit dem er auch den Wirkungsbereich im Osten (Bihar) teilte. Der mittlere Süden wurde schon in vorchristlicher Zeit erreicht, im Westen wurde (und ist noch heute) Gujarat der Hauptstandort. Die Gemeinde spaltete sich schon früh in »Nackte« (Digámbaras, in Nachahmung Mahâvîras) und »Weiße« (Shvetâmbaras, nach der Kleidung). Ein Zweig der letzteren, die Sthânakvâsî, lehnt die Jinabilder und ihren Kultus durchaus ab. Die Digámbaras verbieten nur die Schmückung der nackt dargestellten Figuren. Ferner verneinen sie die Erlösungsfähigkeit der Frau. Anstelle eines *Kanons* haben sie alte Versprodukte, u.a. des Kundakunda (3.Jh.?). Die für die Shvetâmbaras verbindlichen Werke dagegen stammen in ihren ältesten Teilen aus dem 3. bis 2.Jh. vChr. Zum Kanon wurden sie in einem Konzil auf Kathiawar (Gujarat) Ende des 6.Jh.s gesammelt. Dieser Siddhânta oder Âgama umfaßt 45 Texte, die das → Mönchtum in Aussage und Legende verherrlichen, die systematischen, biologischen und kosmographischen Vorstellungen geordnet niederlegen sowie die Praxis und Disziplin aufstellen. Sie sind in Indien unkritisch gedruckt, im Westen nur vereinzelt unter philologischer Behandlung herausgegeben und übersetzt worden. Aus der unabsehbaren weiteren Literatur beider Zweige ist die hochentwickelte scholastische Logik hervorzuheben.

H.JACOBI, Ǵaina Sûtras (SBE XXII u. XLV), Oxford 1884/87 - S.STEVENSON, Notes on Modern Jainism, ebd 1910 - DIES., The Heart of Jainism, ebd 1915 - ERE VII, 465ff - H.v.GLASENAPP, Die Lehre vom Karman in der Philosophie der Jainas, 1915 - DERS., Der Jainismus, 1925 - W.KIRFEL, Die Kosmographie der Inder nach den Quellen dargestellt, 1920, 208ff - DERS., Die Religion der Jainas (Bilderatlas z. Religionsgesch. Lfg. 12), 1928 - E.LEUMANN, Buddha u. Mahāvīra, 1921 - W.SCHUBRING, Worte Mahāvīras (QRG 14), 1926 - DERS., Die Jainas (RGL 7), 1927 - DERS., Die Lehre der Jainas nach den alten Quellen dargestellt, 1934 - H.R.KAPADIA, A History of the Canonical Literature of the Jainas, Surat 1941 - A.L.BASHAM, History and Religion of the Ājīvikas, Oxford 1951. *W.Schubring*

Ikone

1. Wesen und Funktion - 2. Ästhetik - 3. Technik - 4. Typenlehre - 5. Geschichte. - Bildtafeln 17 und 18 nach Sp. 672

1. Das aus der christlichen Bilderverehrung und den Bilderstreitigkeiten (→ Bilder: III) erwachsene *Wesen* der I. läßt sich mit dem modernen Begriff »Vergegenwärtigung« fassen. Die I. repräsentiert mit einer allem abendländischen Idealismus fremden Massivität den von ihr Dargestellten. Ihre *Funktion* erfüllt sie im → Gottesdienst (: V A, 2), der zwischen Irdischem und Himmlischem eine »Verähnlichung« durch »sinnliche Bilder« (→ Dionysius Areopagita, De cael. hier. I, 3) anstrebt. Am deutlichsten vollzieht die I. diese Funktion an der → Bilderwand (s. Taf. 17 Abb. 1).

2. Daraus ergeben sich für die *Ästhetik* der I. einige schwierige Probleme. Fassen wir → Ästhetik als die »Wissenschaft von der zweckfreien Bedeutung der sinnlichen Wahrnehmung« (R.Hamann) auf, so bedeutet das für die I. das genaue Gegenteil: Die sinnliche Wahrnehmung ist bei ihr zweckgebunden durch ihre eigene Kultfunktion und das christliche Dogma. Diese aber transzendieren ständig das Sinnliche ins Übersinnliche. Zwischen der Schaubarkeit des Schönen, seiner jeweils zeitgenössisch verstandenen Eigengesetzlichkeit und dem Drang zum Transzendieren in den rein geistigen Bereich des Unanschaulichen hat der I.n-Maler einen nicht immer leichten Stand (vgl. A.Grabar, Actes VIe Congr. Intern. Ét. Byz. Paris 1948, II, 1951, 127-143). In der I.n-Malerei offenbart sich damit auch ein Kampf des Künstlers um den Eigenwert der Ästhetik der I. (s. 5). Trug »der schöpferische Akt einen völlig unpersönlichen Charakter« (Lazarev), so erkennen wir doch in der durch die Jh.e homogenen Masse der I.n-Bildschemata von Zeit zu Zeit bedeutende künstlerische Begabungen am Werk.

3. Die spannungsreiche Problematik der I.n-Ästhetik drückt sich bereits in der *Maltechnik* aus. Die von Porfirij und jetzt von Sotiriou gesammelten und untersuchten frühen I.n aus dem 5./6.Jh. sind noch mit erhitzten Wachsfarben gemalt worden (Enkaustik). Aber im Gegensatz zum späthellenistischen Porträt (vgl. die Mumienporträts aus Ägypten) tritt auf den enkaustischen I.n der Verzicht auf den Illusionismus des Lichtes und damit auch der Raumtiefe von Licht und Schatten deutlich hervor. Mit dem Sieg über den Ikonoklasmus setzte sich die Technik der Eitempera durch, die in die eigentliche I.n-Malweise hinüberführte. Der Schnitt durch eine I. (s. Taf. 17 Abb. 2) zeigt die Schichten derselben: Ein nichtharziger Holzblock wird je nach der Größe der I. zugeschnitten. Querhölzer auf der Rückseite sollen das Werfen des Holzes verhindern. In der Vertiefung (russ. Kovčég) wird der Boden gerillt (0) und mit Leim belegt (1). Auf diesen wird ein Stück Stoff (russ. Pávoloka) geklebt (2). Hierauf wird die Alabasterschicht (russ. Levkás; 3) dünn aufgetragen. Auf den Levkás wird die Umrißzeichnung nach den Vorschriften der Malerbücher

eingeritzt (russ. Graf'já; 4). Nun erst beginnt die eigentliche Malerarbeit. Sie besteht aus einer Reihe komplizierter Einzelvorgänge, so etwa dem Anlegen der Goldflächen vor, oder des Assistes nach dem Malen. Die Malschicht (russ. Plav; 5) ist das sorgfältig gehütete Geheimnis der einzelnen Malerschulen. Es werden nur Mineral-, niemals Ölfarben verwendet. Als Bindemittel dient Eigelb in Wasser mit Weinessig gelöst. Unter Plav versteht man speziell die eigentümliche Schmelztechnik, welche die Farben in durchsichtigen Schichten übereinander legt, indem sie von den dunkleren zu den helleren übergeht. Nach dem Trocknen des Plav wird schließlich die Ölschicht (russ. Ólifa; 6) aufgelegt. Im Gegensatz zum heterogenen Lack schützt die Ólifa nicht nur die Malschicht, sie durchtränkt auch organisch alle Schichten der I. und macht sie geschmeidig. Wird die im Laufe der Jh.e durch Staub und Weihrauch verdunkelte Ólifa abgenommen, kommen unter ihr die ursprünglichen leuchtenden Farben der I. zum Vorschein. Das langsame Verfahren der Eitempera wehrt dem Illusionismus und der Spontaneität der Enkaustik.

4. Die Lehre von den *Haupttypen* der Bildschemata kann hier nur kurz umrissen werden. Man unterscheidet: Christus-I.n (E.v.Dobschütz, Christusbilder, 1899; N. Kondakov, Ikonografija Christa, 1905), Gottesmutter-I.n (N.Kondakov, Ikonografija Bogomateri, 2 Bde, 1914/15), Festtags-I.n (N.Pokrovskij, Evangelie v pamjatnikach ikonografii, 1892f; G.Millet, Recherches sur l'iconographie de l'évangile, 1916) und Heiligen-I.n. Wie die angegebene Lit. zeigt, haben sich allmählich zahlreiche Verbindungen zwischen dem Westen, Byzanz und Rußland gerade bei diesen zentralen Themen entwickelt. Bei den Heiligen ist interessant, daß sie nur selten Attribute tragen. Auch die Meß- (J.D.Ştefănescu, AIPh 1, 1932/33, 21-77) und Festliturgie wird auf der I. dargestellt (J. Myslivec, Byzantinoslavica 3, 1931, 462-499). Daneben gibt es zahlreiche Abarten dieser 4 Themenkreise, wie etwa die russ. svjatcy, welche die Heiligen nach Tagen und Monaten bringen. Zahlreiche andere I.n-Themen bilden den Gegenstand interessanter Einzelforschungen (F.Dölger-A.M.Schneider, Byzanz, 1952, 290ff. 301).

5. Die *Geschichte* der I.n-Malerei hat zwar mit Byzanz zu beginnen (→ Byzantinische Kunst), wird aber zu beachten haben, daß die wichtigsten Impulse für diese Sakralkunst aus dem Orient gekommen sind (P.Lemerle, Le Style byzantin, 1943 und Ch.Diehl, Byzantium, 1948, 166f gegen Ph.Schweinfurth, Die byzantinische Form, [1943] 1954²). Zu den eigentümlich exklusiven und strengen I.n der »makedonischen Renaissance« gehört die berühmte »Vladimirskaja« (s.Taf. 17 Abb. 3; Staatliche Tret'jakov-Galerie, Moskau). Sie wird im allgemeinen dem 12.Jh. zugeschrieben (Felicetti-Liebenfels 51f; Lit.: Istorija Russk. Iskusstva I, 1953, Reg. 539; dt. Ausg. 1957, 373). Aus verschiedenen Gründen verdient die These Ainalovs Beachtung, daß diese I. als Kopie der byzantinischen Eleusa die Arbeit eines russ. Meisters aus dem 13.Jh. ist (so auch K.Onasch, Ostkirchliche Studien 5, 1956, 56-64). Zur Zeit der ersten Paläologen (→ Byzantinische Kunst, 5b) beginnt in Gestalt der »maniera greca« der Einfluß der byzantinischen I.n-Malerei auf Italien zu wachsen. In der »paläologischen Renaissance« versuchen sich im Osten autonome Gestaltungskräfte durchzusetzen (vgl. O.Demus, Berichte zum XI. Intern. Byzantinistenkongreß München 1958, IV/2, 1958). Man wird diese Kunst kaum mit »Manierismus« bezeichnen können (Felicetti-Liebenfels). Auch ihre späten »akademischen« Züge (Lazarev) treffen nicht ihr Wesen. Ähnlich wie → Giotto durch die franziskanische Mystik geprägt wurde, spielen der → Hesychasmus und mit ihm intensive Einflüsse der athonitischen Kunst (→ Athos, 2) in Byzanz eine große Rolle. Abendländischer, aber auch durch den Hesychasmus gepflegter Individualismus verbindet sich mit einer Art Verklärung der Welt des Lebendigen. Der ausgeprägteste Künstler dieser Epoche, *Theophanes,* wandert nach Rußland aus (s.u. Feofan Grek). Die Katastrophe von 1453 versprengt die Impulse der byzantinischen I.n-Malerei über das ganze Mittelmeerbecken von Kreta bis Venedig. Die Differenzierung der einzelnen Schulen und ihre Abgrenzung gegen die klassische byzantinische Kunst ist immer noch ein nicht befriedigend gelöstes Forschungsproblem (s.o. Demus). Ihre intime Kraft aber verlor die klassische I.n-Malerei in dem Maße, wie sie sich den neuen Wertungen des Humanismus öffnete. Während *Manuel Panselinos* (16.Jh., so mit Talbot Rice, Brockhaus u.a.; dagegen A.Xyngopoulos: 14.Jh.) im Legendären verschwindet, zeigen sich bei *Michael Damaskinos* (16.Jh.) »die neuen Prinzipien der Renaissance in einem unerträglichen Gegensatz zum byzantinischen Traditionalismus« (Felicetti-Liebenfels 103f). – In den Anfängen unmittelbar von Byzanz abhängig, ist die russ. I.n-Malerei in ständigem Kontakt vor allem mit den byzantinischen Provinzen bald eigene Wege gegangen (A.Anisimov, Voprosy Restavracii II, 1928, 152f; Talbot Rice, Beginnings of Russian Icon Painting, 1938; Istorija Russk. Iskusstva I, 1953, 155f [dt. Ausg. 1957, 95f]; vgl. auch Lazarev, Classica et mediaevalia 17, 1956, 75 bis 90). So zeigt die sog. Bogoljubskaja aus dem 13.Jh. (jetzt in Restaurationsarbeit) bereits Züge, die sie ebenso wie die russ. Acheiropoieten (Nerukotvórnye; vgl. → Christusporträt) mit ihren menschlichen Zügen von den gleichzeitigen streng kultischen I.n aus Byzanz unterscheidet. Neue formale Prinzipien entwickeln sich in den höfischen Zentren von *Vladimir-Suzdal'* und in *Moskau.* Von dieser Kunst setzt sich die *Novgoroder* durch den Zauber ihrer Individualität ab (Lit.: Lazarev). Die Standarten-I. »Gottesmutter des Zeichens (Znamenie)« aus der Mitte des 12.Jh.s (Hist.-Künstl. Museum Novgorod; nächstälteste I. 13.Jh., vormongolisch, in der Sammlung Korin, Moskau) zeigt das politische Selbstbewußtsein dieser Stadt. Aus der Novgoroder Schule stammt auch die herrliche Groß-I. (235×469) der Verkündigung von Ustjug (12.Jh.; Tret'jakov-Galerie) und Boris und Gleb (153,5×103,5; 13.Jh., Museum für russ. Kunst in Kiev). Kräftige, aber zugleich zarte Farben sind kennzeichnend für die Novgoroder I. Ende des 14. und Anfang des 15.Jh.s durchwandert *Feofan Grek* (Theophanes, s.o.) das russ. Reich. Er ist mit Andrej Rublëv u.a. an der Entwicklung der mehrrangigen russ. → Bilderwand beteiligt gewesen (von Feofan stammt: Verkündigungskathedrale in Moskau der Deisus-Rang). Von I.n sind vielleicht Feofan zuzuschreiben die zweiseitige I.: Gottesmutter vom Don/Koimēsis, die Groß-I. Verklärung Christi (184×133; beide Tret'jakov-Galerie) und ein Spas (Erlöser) mit stark byzantinischer Stilgebung (Historisch-künstlerisches Museum in Novgorod). Sowohl auf der Don'schen Gottesmutter als auch auf der Verklärung kommt die meisterhafte Behandlung des Lichtes durch Feofan zum Ausdruck: Der seidige Lichtglanz auf den Gewändern, von Rublëv dann zur Vollendung gebracht, bes. die Wiedergabe der Lichtreflexe mit wenigen präzis sitzenden Strichen, wie auf seinen Novgoroder Fresken. Während Feofan Grek von der russ. Orthodoxie niemals ganz verstanden wurde, ist sein Schüler *Rublëv* (ca 1370-1427/30) zu ihrem erklärten Heiligen geworden. Als Mönchsmaler enthielt er sich der individualistischen Genialität eines Feofan. Unter dem Einfluß des Starzentums Sergej Radonežskijs (→ Sergius, 3) gelang ihm eine Verklärung der Welt, wie sie nach ihm nicht mehr erreicht wurde. Der Spas aus Zveni-

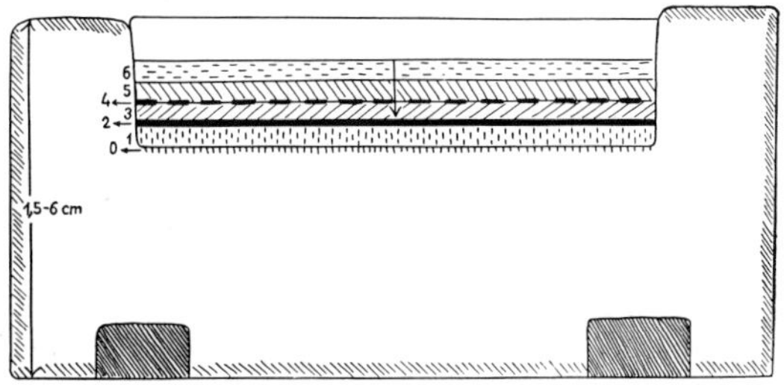

2. Ikonen-Schema

1. Bilderwand der Sophienkathedrale in Novgorod, 16. Jh. *(aus: M. Alpatov–N. Brunov, Gesch. der altruss. Kunst, 1932, Abb. 233)*

3. Eleusa-Ikone, gen. Vladimirskaja. Byzantinische Ikone Anfang 12. Jh., oder russ. Ikone 1. Hälfte 13. Jh. – *Staatliche Tret'jakov-Galerie, Moskau (Originalaufnahme)*

4. Andrej Rublëv, Erlöser aus Zvenigorod, Anfang 15. Jh. – *Staatliche Tret'jakov-Galerie, Moskau (Originalaufnahme)*

1. Andrej Rublëv, Dreieinigkeit, 1411 (?) – *Staatliche Tret'jakov-Galerie, Moskau* *(Originalaufnahme)*

2. Simon Ušakov, Vladimirskaja, gen. »Baum der russ. Herrschaft«, 1668 – *Staatliche Tret'jakov-Galerie, Moskau* *(Originalaufnahme)*

3. Kreuzigung Christi, Tod des Judas. Seite eines Elfenbeinkästchens mit Passionsszenen, Oberitalien, ca 420 nChr – *London, British Museum* *(Originalaufnahme)*

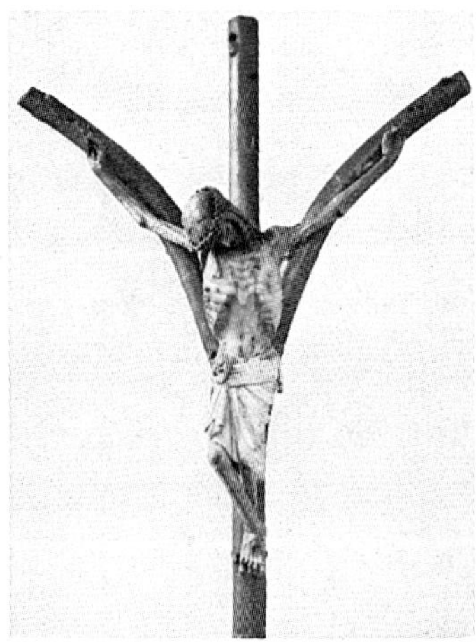

4. Astkreuz, sog. Pestkruzifixus, St. Maria im Kapitol, Köln 1304 *(Rheinisches Bildarchiv, Köln)*

gorod (s. Taf. 17 Abb. 4) mit seinen streng, aber zugleich seelsorgerlich-gütig blickenden Augen, dem zwar zurückhaltenden, aber der paläologischen Renaissance ebenbürtigen Illusionismus von Licht und Schatten machen diese Groß-I. (158×103,5) zu einem Meisterwerk. Am bekanntesten ist seine Troica (Dreieinigkeit; s. Taf. 18 Abb. 1; beide Tret'jakov-Galerie). Sie ist später die Orts-I. der Dreieinigkeits-Sergius-Lavra gewesen. Von hellenischer Schönheit sind die Engelsköpfe. Ob der mittlere von ihnen Gottvater oder Gottsohn (Lit. in: Istorija Russk. Iskusstva III, 1955, 693) darstellt, ist eine noch nicht befriedigend gelöste Frage. Die kontemplative Ruhe, die von der I. ausgeht, liegt einmal formal an der Kreiskomposition, zum anderen an der meisterhaften Beherrschung zeitgenössischer Malprinzipien und deren Überhöhung durch die Umformung des griech. Hesychasmus in das russ. Starzentum (Lazarev, Istor. Russk. Iskusstva III, 1955, 102ff). - Man kann heute *Dionisij* nicht mehr als Schüler Rublëvs bezeichnen. Er war ein sehr selbständiger Maler, kein Mönch, und hat der russ. I.n-Malerei neue Wege gewiesen (zB: Odigitria, 1482; Über dich freuet sich, Anfang 16.Jh.; Znamenie, Ende 15.Jh., Dionisij-Schule [Tret'jakov-Galerie]; ein schmaler Fest-tags- und Deisus-Rang im Museum für russ. Kunst in Kiev, Anfang 16.Jh.). Neben Moskau entwickelten sich einige Schulen. Die wichtigste unter ihnen ist die Stróganov-Schule (N.Makarenko, Sol'vyčegodsk, o.J.; A. Vvedenskij, Archiv Istorii truda v Rossii III, 1922; Ders., Materialy po russkomu iskusstvu I, 1928; J.N.Dmitriev, Istor. Russk. Iskusstva III, 1955, 643f). Wie in der Nachfolge Dionisijs *Jemeljan Moskvitin* und *Prokopij Čirin* (P.Muratov, Istor. Russk. Iskusstva VI, 1914, 365f) in Verbindung mit westlichen Vorbildern nach neuen Wegen suchten, bahnen sich auch in der Stróganov-Schule neue Form- und Inhaltsprinzipien an. Die Altgläubigen und die I.n-Maler von Palech (Sammlung Korin, Moskau) griffen auf sie zurück. Zur Zeit der ersten Romanovzaren im 17.Jh. konnte sich auch die russ. I.n-Malerei nicht mehr dem Einfluß des Westens verschließen. Die zarischen »Izografen« (A.Uspenskij, Carskie ikonopiscy i živopiscy XVII v., 4 Bde, 1910-13; Istor. Russk. Iskusstva VI, 1914, 409ff) verbanden nicht nur die I. mit westlicher Porträt-Malerei, sie übernahmen auch unmittelbar westliche Vorlagen aus Bibeldrucken (Piscator). *Simon Ušakov* (1626-86) war der bedeutendste unter ihnen (zB: Erlöser, Erzengel Gabriel, Erzengel Michael [Novodevičij-Kloster, Moskau]; Spas Nerukotvornyj [Tret'-jakov-Galerie]; mehrere schöne I.n im Russ. Museum Leningrad; Johannes der Täufer im Museum für russ. Kunst in Kiev). Die Weichheit der Farbgebung, die Modellierung der Gestalten, die Anwendung zeitgenössischen Illusionismus machen ihn zum letzten großen I.n-Maler Rußlands. Seine Vladimirskaja (s. Taf. 18 Abb. 2; Tret'jakov-Galerie, 104×61) zeigt die Züge lateinischer Madonnen. Zugleich diente sie als Emblem des »Baumes der russ. Herrschaft«, flankiert von den Großfürsten, Zaren und Metropoliten des Reiches; an der Wurzel Ivan Kalita und Metropolit Peter, der als erster seinen Sitz nach → Moskau verlegte. Wie in Byzanz versiegen die Kräfte der klassischen I.n-Malerei. Die Spannung zwischen den Ansprüchen des Künstlers und den Forderungen einer sakralen Kunst, von Feofan, Rublëv und Dionisij noch getragen und gestaltet, wird jetzt zugunsten des Künstlers aufgelöst. Die Ästhetik siegt über die Dogmatik.

Lit. außer der bereits genannten: N.P.Kondakov, Histoire de l'art byzantin, 1891 - Ders., Die russ. I., 4 Bde, 1928-33 (I. II dt., III. IV russ.; engl. Ausg. 1927) - D.A.Rovinskij, Obozrěnie ikonopisanija v Rossii do konca 17-go věka, 1903 - N.Lichačev, Materialy dlja istorii russkogo ikonopisanija, 2 Bde, 1906 - D.M.Dalton, East christian art, 1925 - P.Muratoff, L'ancienne peinture russe, 1925 - Ders., Les icones russes, 1927 - Ders., La peinture byzantine, 1928 - G.Millet, L'art byzantin chez les slaves, 1930 - Ph.Schweinfurth, Gesch. der russ. Malerei im MA, 1930 - Ch.Diehl, La peinture byzantine, 1933 - D.Talbot Rice, Byzantine Art, (1935) 1954² - Ders., Russian Icons, 1947 - Ders.-R.Gunnis-T.Talbot Rice, The icones of Cyprus, 1937 - R.Frank, Icons and how they are made, 1936 - A.Grabar, L'art byzantin, 1938 - D.Wild, I.n, 1946 - V.N. Lazarev, Istorija vizantijskoj živopisi, 2 Bde, 1947/48 - W.Weidlé, Les icones byzantines et russes, 1950 - C.H.W.Wendt, Russ. I.n, 1952 - L.Ouspensky-W.Lossky, Der Sinn der I., 1952 - K.Onasch, Der Verkündigungscharakter der I. (Vom Worte Gottes u. den Künsten, 1953, 78-104) - Ders., König des Alls, 1954 - W.Felicetti-Liebenfels, Gesch. der byzant. I.n-Malerei, 1956 - G. u. M.Sotiriou, Icones du Mont Sinai I. II, 1956/58 - I.E.Grabar-W.N.Lazarew-W.S.Kemenow, Gesch. der russ. Kunst I. II, 1957/58 (Dt. Ausg. von Istorija Russkogo Iskusstva I. II, 1953/54). *K.Onasch*

Ikonographie → Ikonologie.

Ikonologie

1. Definition - 2. Begriffsgeschichte - 3. I. und Ikonographie - 4. Gegenstände ikonologischer Forschung - 5. Methode und Aufgaben

1. I. ist in der Kunstgeschichte die Wissenschaft, die sich mit der Inhaltsdeutung künstlerischer Darstellungen beschäftigt. Diese Deutung hat vor allem dort einzusetzen, wo die Gegenstände der Kunst auf eine Darstellung von nicht gegenständlichen Begriffen hin transzendieren, etwa in Allegorien, allegorisierende Mythologien, emblematische Bildformen, Pathosformeln (A.Warburg) u.ä. I. ist daher die »Wissenschaft der inhaltgeladenen Formen« (»meaning charged forms«, W.S.Heckscher).

2. I. ist die jüngste Disziplin der Kunstwissenschaft. Eine allgemeingültige Anwendung des Begriffes kann heute erst versuchsweise geschehen. Bereits bei → Plato (Phaedrus 267) wird mit εἰκονολογία ein »Sprechen in Bildern« bezeichnet. Am Anfang des → Barock (: I) tauchte die Bezeichnung wieder auf als Titel eines Buches von Cesare Ripa, dessen »Iconologia« (1593), eine Sammlung alphabetisch geordneter Personifikationen zum Gebrauch der bildenden Künstler, das grundlegende Werk der Allegorik wurde, in Übersetzungen und Neuauflagen bis zur Aufklärung vielfach benutzt. In neuester Zeit aber wird unter I. nicht nur das Sprechen der Kunst durch allegorische Bilder verstanden, sondern auch die wissenschaftliche Erforschung der Zusammenhänge und Geschichte in der Sinngebung allegorischer Schichten im Kunstwerk. Eine terminologische Schwierigkeit ist dadurch gegeben, daß mit I. nicht nur eine bestimmte wissenschaftliche Tätigkeit, sondern auch der mit ihrer Hilfe festgestellte Bestand bezeichnet wird in Identifizierung von Subjekt und Objekt der Forschung.

3. Die begriffliche Trennung von I. und *Ikonographie* ist zeitgebunden und variierend. εἰκονογραφία galt ursprünglich als Bildbeschreibung (Strabo 15, 1, 19; Aristoteles, Poetik 15 u.ö.) und entwickelte sich in der → Renaissance zu einer Wissenschaft der Bestimmung von Bildnissen des Altertums (so bei Ursinus, Illustrum imagines …, 1569). Diese Tradition hat sich bis heute fortgesetzt (J.J.Bernoulli, Röm. Ikonographie, 1882 bis 1894; Griech. Ikonographie, 1901). Später wurde Ikonographie dann allgemein zu einer Identifizierung der Bildgegenstände, bes. der der christlichen Kunst. Nicht nur als Reaktion auf die formalpositivistische Kunstgeschichte, sondern auch notwendig in dem gleichen Maße, in dem der neueren Zeit das Wissen um die christlichen Kunstinhalte verlorenging - wie das Wissen um die esoterischen Inhalte der humanistischen Allegorik bereits verlorengegangen war -, wurde Ikonographie zur Disziplin einer Gegenstandsidentifizierung in der Kunstwissenschaft und muß heute als die Voraussetzung

der eigentlichen I. gelten: Als Bezeichnung und Feststellung des Inhaltes, während I. die zusammenfassende Deutung und das Begreifen desselben ist.

4. Damit liegen *Gegenstände der ikonologischen Forschung* jeweils dort vor, wo die Sinngebung des Kunstwerkes sowohl im Einzelfalle als auch in der historischen Entwicklung einer Deutung bedarf. Ikonographisch ist dieser Fall gegeben, wenn der Inhalt neu bezeichnet werden muß, ikonologisch, wenn der geistige Zusammenhang neu zu erstellen ist. In der Kunstgeschichte des MA ist dies dort der Fall, wo die christlichen Heilswahrheiten in der Kunst ihren Ausdruck fanden: in den großen biblischen und typologischen Themenkreisen (zB den Auswirkungen des → Heilsspiegels), den Zyklen von den Tugenden und Lastern, der frühen nachantiken, moralisierenden Mythologie und in der Architektur. Da letztere nicht nur in ihrer Ausstattung, sondern als Bauwerk selbst Inhaltsträger im allegorischen Sinn sein kann, etwa als Abbild des Himmlischen Jerusalem, darf sie, bes. die gotische Kathedrale (→ Kirchenbau: III), als eine Summe christlicher I. gelten. Das Zeitalter des Humanismus bis über die Anfänge der Aufklärung hinaus bevorzugte die Allegorie als Kunstgegenstand unter dem Aspekt des »ut pictura poesis« in einer Welle des → Neuplatonismus und unter starkem literarischem Diktat; Personifikationen, Embleme, Hieroglyphen, Mythologien u.ä. dienten dazu, den ethischen und moralischen Vorwurf darzustellen. Träger der Personifikationen und Zeichen waren die sog. Programme, eine zunächst literarische Erfindung eines szenischen oder zyklischen Ensembles unter einem bestimmten Thema (zB die geistlichen und weltlichen Apotheosen in den Fresken von Kirchen und Schlössern). Programme dieser Art gehören oft, auch wenn es sich scheinbar um heidnische und weltliche Inhalte handelt, zum Gebiet der christlichen I., insofern eine christliche Auslegung (moralisatio) zulässig oder gefordert ist.

5. Schon die Nennung eines einfachen christlichen Bildthemas (zB: Abendmahl) ist eine erste ikonographische Bezeichnung. Eine besondere *Aufgabe* aber stellt sich, wenn komplexere ikonographische Bestände zu bestimmen und historisch richtig zu orten sind. Für diesen Vorgang hat Panofsky (Studies) eine bisher unwidersprochene Systematik des ikonographischen Verhaltens angegeben, in der das Kunstwerk als Träger von drei verschiedenen Inhaltsschichten analysiert wird. Die erste Schicht macht das eigentliche Motiv aus (Dinge, Eindrücke usw), die zweite das Thema als solches (wobei das Identifikationsproblem eine große Rolle spielt), die dritte Schicht den eigentlichen (»intrinsic«) Bedeutungsgehalt. Hier ist der Ansatzpunkt der ikonologischen Analyse, die vom »symbolischen Wert« handelt (Cassirer). Diese Werte mittels einer »kritischen Symbolik« festzulegen, hat Sedlmayr als Hauptaufgabe der I. bezeichnet. Es wäre ihre Aufgabe, mit Hilfe der Ikonographie und unter Benutzung der zeitgenössischen Literatur eine Lehre der I. anzustreben. Diese würde nicht nur als integraler Bestandteil der Kunstgeschichte, sondern auch als Hilfswissenschaft für die Religions- und Geistesgeschichte von Wert sein.

Zum grundsätzlichen Problem des Verstehens und Interpretierens vgl. → Hermeneutik, 1 c.

Primäre Qu. u. ikonol. Lit. (annähernd vollst. Bibliogr. bei M. Praz, Studies in seventeenth-century imagery II, London 1947): G. Boccaccio, Genealogia Deorum, Venedig 1472; neu hg.v. V. Romano, Bari 1951 - F. Colonna, Hypnerotomachia Poliphili, Venedig 1499 - Horapollo, Hieroglyphica, ebd 1505 - N. Mirabilio, Polyanthea, Savona 1506 u.ö. - A. Alciati, Emblematum liber, Augsburg 1531 - L.G. Giraldi, De deis gentium varia et multiplex historia, Basel 1548 - N. Conti (Natalis Comes), Mythologiae sive explicationes fabularum libri X, Venedig 1551 - V. Cartari, Le Imagini dei Dei degli Antichi, ebd 1556 - G.P. Valeriano, Hieroglyphica, Basel 1556 - C. Ripa, Iconologia, Rom 1593 u.ö. - Ph. Picinelli, Mondo simbolico, Mailand 1653 - J. Sandrart, Iconologia Deorum, Nürnberg 1680 - L. de Preze, Dict. iconologique, Paris 1756².

Ikonograph. Hdb.er: M. Didron, Manuel d'Iconographie chrétienne, Paris 1845 - F. Piper, Mythologie der christl. Kunst, 1847 - W. Menzel, Christl. Symbolik, 1854 - X.B. De Montault, Traité d'Iconographie chrétienne, Paris 1890 - H. Detzel, Christl. Ikonographie, 2 Bde, 1894/96 - J. Sauer, Symbolik des Kirchengebäudes, (1902) 1924² - E. Mâle, L'art religieux du XIIe siècle en France; du XIIIe siècle; de la fin du moyen âge; après le concile de Trente, Paris 1908-32 - R. Pfleiderer, Die Attribute der Heiligen, 1920 - G. Ronchetti, Dizionario illustrato dei simboli, Rom 1922 - W. Molsdorf, Christl. Symbolik der mittelalterl. Kunst, 1926 - Künstle - L. Bréhier, L'art chrétienne, son développement iconographique des origines à nos jours, Paris 1928 - R. van Marle, Iconographie de l'art profane, 2 Bde, Den Haag 1931/32 - J.B. Knipping, De Iconographie van de Contra-Reformatie in de Nederlanden, Hilversum 1939/40 - C. Döring, Christl. Symbole, 1940 - Braun, TA - J.J.M. Timmers, Symboliek en iconographie der christelijke Kunst, Roermond 1947 - G. Kaftal, Iconography of the Saints in Tuscan painting, Florenz 1952 - G.W. Ferguson, Signs and Symbols in Christian Art, New York 1954 - L. Réau, Iconographie de l'art chrétien, 5 Bde, Paris 1955-58 - A. Pigler, Barockthemen, Budapest-Berlin 1956 - G. de Tervarent, Attributs et symboles dans l'art profane, Genf 1958.

Ikonol. Studien u. Beispiele angewandter Methode: J.B. Friedreich, Die Symbolik u. Mythologie der Natur, 1859 - Ch. Rohault de Fleury, L'Evangile, Tours 1874 - H. Tietze, Programme u. Entwürfe zu den großen Österr. Barockfresken (Jb. der kunsthist. Sammlungen des Allerh. Kaiserhauses XXX), 1911 - K. Giehlow, Die Hieroglyphenkunde des Humanismus in der Allegorie der Renaissance (ebd XXXII), 1915 - E. Cassirer, Philosophie der symbol. Formen, 3 Bde, (1923-29) 1953² - L. Volkmann, Die Bilderschriften der Renaissance, 1923 - M.D. Henkel, Illustrierte Ausgaben von Ovids Metamorphosen im 15., 16. u. 17. Jh., 1926 - E. Mâle, La clef des allégories peintes et sculptées au XVIIe et au XVIIIe siècle (Rev. des deux Mondes 1927/III, 106-129. 375-394) - F. Saxl, Antike Götter in der Spätrenaissance, 1927 - Ders., »Aller Tugenden u. Laster Abbildung« (Festschr. für J. Schlosser, Wien 1927, 104-127) - Ders., Die Ausdrucksgebärden in der bildenden Kunst (Bericht über den XII. Kongreß der dt. Ges. für Psychologie in Hamburg, 1932, 13-23) - Ders., Lectures, London 1957 - E. Panofsky, Hercules am Scheideweg, 1930 - Ders., Zum Problem der Beschreibung u. Inhaltsdeutung von Werken der bildenden Kunst (Logos 21, 1932, 103-119) - Ders., Studies in Iconology, New York 1939 - Ders., Meaning in the Visual Arts, 1955 - Ders. u. D. Panofsky, Pandora's Box, London 1956 - Encicl. Ital. XVIII, 1933, 699f (P. Toesca) - E. Mandowsky, Unters. zur Iconologie des Cesare Ripa, 1934 - O.v. Simson, Zur Genealogie der weltl. Apotheose im Barock, 1936 - A. Katzenellenbogen, Allegories of the Virtues and Vices in mediaeval Art, London 1939 - R. Krautheimer, Introduction to an Iconography of Mediaeval Architecture (Journal of the Warburg and Courtauld Institutes 5, 1942, 1-33) - H. Stegemeier, Problems in Emblem Lit. (The Journal of English and Germanic Philology 45, 1946, 26-37) - W.S. Heckscher, Bernini's Elephant and Obelisk (ArtB 29, 1947, 155-182) - RDK V, 85ff (Ders. u. K.A. Wirth; »Emblem, Emblembuch«; Lit.) - Ders., Rembrandt's Anatomy of Dr. N. Tulp, New York 1958 - G.J. Hoogewerff, Ikonographie en I. van de oude christelijke Kunst, Den Haag 1950 - H. Sedlmayr, Die Entstehung der Kathedrale, Zürich 1950 - Ders., Idee einer krit. Symbolik (in: Umanesimo e simbolismo, Atti del IV. convegno..., Padua 1958, 75-82) - G. Bandmann, Mittelalterl. Architektur als Bedeutungsträger, 1951 - W. Mrazek, I. der barocken Deckenmalerei, Wien 1953 - J. Seznec, The Survival of the pagan Gods, New York 1953.

Institutionen ikonograph. Forschung: Index of Christian Art, Department of Art and Archaeology, Princeton/N.J. (auf europ. Boden: Indice dell'arte Cristiana dell'università di Princeton, Rom, Istituto Pontificio di Archeologia Cristiana) - Rijksbureau voor kunsthistorische documentatie, Den Haag - Sir Robert Witt Library, London, Courtauld Institute - Index zur Dokumentation der Barockikonographie, München, Zentralinstitut für Kunstgesch.

H. Bauer

Ikonostas → Bilderwand.

Ilgen, *Karl David* (1763-1834), ev. Theologe und Schulmann, * in Sehna/Thür., † in Berlin, 1789 Rektor des Stadtgymnasiums in Naumburg/S., 1794 Prof. der orientalischen Sprachen und seit 1799 der Theologie in

Jena, 1802-30 Rektor von Schulpforte, dessen Umwandlung aus einer sächsischen Fürstenschule in ein preußisches Gymnasium in seine Amtszeit fällt. I. hat in seinem Hauptwerk »Die Urkunden des Jerusalemischen Tempelarchivs in ihrer Urgestalt I« (1798) die »ältere Urkundenhypothese« (→ Pentateuch) dadurch weitergeführt, daß er in der → Genesis einen zweiten »elohistischen« Schriftsteller und damit die Dreizahl der Quellenschriften erkannte.

Vf. zur Theol. weiter u.a.: Iobi, antiquissimi carminis Hebraici natura atque virtute, 1789. - Über I.: ADB XIV, 1881, 19ff - F. HEYER, W.v.Humboldt u. Rektor I. von Schulpforte (Gymnasium 61, 1954, 442-448) - H.-J.KRAUS, Gesch. der hist.-krit. Erforsch. des AT, 1956, 143f. - Die Einl.en in das AT. *E.Kutsch*

Illuminaten (Erleuchtete). Adam Weishaupt (1748 bis 1830), Jesuitenschüler und Prof. für kanonisches Recht in Ingolstadt, gründete am 1.5.1776 den I.-Orden als einen Geheimbund freimaurerischer Art. Er wollte mit ihm Kirche und Staat unter Ausschaltung jeglichen jesuitischen Einflusses nach den Grundsätzen der → Aufklärung umformen. Dazu wurden die Ordensgenossen in Anlehnung an die jesuitische Disziplin (ständige Beaufsichtigung, blinder Gehorsam, Spionagesystem) wie durch Kultivierung mystischer Formen in deutlicher Nachahmung der → Freimaurerei geschult. Der Orden gliederte sich in: a) Novizen und Minervalen = kleine I.; b) Freimaurer = größere und dirigierende I.; c) Mysterienklasse = Priester und Regenten. Die starken Wirren im damaligen Freimaurertum begünstigten eine rasche Verbreitung der I. in Süd- und Norddeutschland, selbst im Ausland. Von 1779-84 beteiligte sich Frhr. Adolf v. Knigge lebhaft am Ausbau der I., in deren Listen 2000 Namen, darunter auch fürstlicher Persönlichkeiten, gestanden haben sollen. Abgestoßen durch Herrschsucht und moralisch bedenkliche Praktiken des Gründers zog er sich aber später wieder zurück. Nach ersten klerikalen Vorstößen gegen die I. erfolgte seit dem 2.3.1785 eine von Gehässigkeiten nicht freie Unterdrückung durch den bayrischen Kurfürsten. Weishaupt floh nach Gotha. Seine literarische Selbstverteidigung verschwieg vieles. Leopold Engel erneuerte 1896 den Orden, der 1925 seine Ländergruppen in einem politisch neutralen Weltbund vereinigte. - Über die spanischen I. vgl. → Alumbrados.

A.WEISHAUPT, Vollständige Gesch. der Verfolgung der I. in Bayern, 1786 - DERS., Apologie der I., 1787 - DERS., System des I.ordens, 1787 - A.KLUCKHOHN, Die I. u. die Aufklärung in Bayern (in: Vorträge u. Aufsätze, 1894, 344-399) - RE IX, 61ff (Lit.) - LEOP.ENGEL, Gesch. des I.ordens, 1906 - R.LEFORESTIER, Les Illuminés de Bavière, Dijon 1915 (umfassendste, jedoch unkrit. Darstellung) - V.STAUFFER, New England and the Bavarian Illuminates, New York 1918/19 - H. SCHÖNEBAUM, Pestalozzi, die I. u. Wien (SAB 1928, 6) - E.LENNHOFF, Polit. Geheimbünde, 1931 - LThK V, 369 - EC VI, 162 f. *E.Beyreuther*

Illumination → Erleuchtung.

Imago Dei → Anthropologie: IV.

Imitatio Christi → Nachfolge Christi.

Immanenz → Transzendenz.

Immanuel (hebr. ʿimmanû ʾel, »mit uns ist Gott«) ist der symbolische Name eines Kindes, dessen Geburt → Jesaja angekündigt hat. Nach dem Fremdbericht in Jes 7, 1-9. 10-17 verheißt der Prophet während des syrisch-ephraimitischen Krieges (→ Israel: I) König → Ahas von Juda das Scheitern des Angriffs der verbündeten Könige von Damaskus und Israel und bietet ihm zur Bekräftigung der Verheißung ein Zeichen an (vgl. Ri 6, 36-40). Ahas lehnt ab. Darauf gibt ihm Jahwe von sich aus ein Zeichen: »Siehe, das junge Weib (haʿālmā) ist schwanger und gebiert einen Sohn, und sie wird ihm den Namen I. geben« (7, 14). Die Bedeutung des Zeichens geben V. 15-17 an. Die Verheißung einer Katastrophe für die Feinde (V. 7-9) wird zwar bestätigt (V. 16), aber auch über Ahas und sein Volk werden schwere Tage kommen (V. 17, vgl. 9b). Zeichenhaft ist weder die Geburt noch deren besondere Umstände (ʿālmā bedeutet nicht »Jungfrau«; LXX sagt παρθένος), sondern der Name und das in ihm vorweggenommene Geschehen. Der heilvolle Name, wahrscheinlich aus der Zionstradition als geprägte Formel (vgl. Jes 8, 9-10; Ps 46, 8. 12) bekannt, verbürgt die Rettung Jerusalems; zugleich aber garantiert die baldige Erfüllung dieser Verheißung das Eintreffen der weitergehenden Drohung gegen Ahas. - Wer sind nun I. und seine Mutter? Die direkte *christologische* Erklärung nach Mt 1, 22f verkennt die Bedeutung des Zeichens für die unmittelbare Gegenwart Jesajas und trägt den Gedanken der → Jungfrauengeburt ein. - Die *messianische* Deutung ist zwar weit verbreitet, aber auch nicht befriedigend. Im Widerspruch zum Anbruch des messianischen Friedens in Jes 9 und 11 verbürgt hier I. gerade das Kommen einer Gerichtszeit. Auch wäre der → Messias nicht ein Zeichen, sondern die Sache selbst. Sahne und Honig (V. 15) sind nicht als Paradiesspeise, sondern wohl als Speise des nach Aufhebung der Belagerung wieder offenen, aber unkultiviert gebliebenen Landes zu verstehen. - Die *generelle* bzw. *kollektive* Deutung: jede junge Frau, die ein Kind bekommt, wird dieses I. nennen, ist zwar grammatisch möglich, aber durch nichts gefordert. Die wahrscheinlich durch die Stilform des Geburtsorakels (Humbert) bedingten Parallelen zwischen Jes 7, 14 und Gen 16, 11; Ri 13, 3 und dem ugaritischen Nikkal-Text (Gordon 77, 7; → Ugarit) sprechen für eine individuelle Deutung. - Von der nächstliegenden formalen wie inhaltlichen Analogie in Jes 8, 3-4 her leuchtet am ehesten die Deutung auf Frau und *Sohn des Propheten* ein. Dort symbolisiert der Name »Raubebald-Eilebeute« ebenfalls den bevorstehenden Untergang der beiden feindlichen Reiche. Die Frist in 8, 4 ist entsprechend der Zeitspanne zwischen den beiden Geburten kürzer als in 7, 16. haʿālmā statt ʾištî »mein Weib« (vgl. 8, 4; Ri 13, 11) könnte mit dem Orakelstil zusammenhängen.

P.HUMBERT, Der biblische Verkündigungsstil u. seine vermutliche Herkunft (AfO 10, 1935, 77-80) - J.J.STAMM, La Prophétie d'Emmanuel (RThPh 32, 1944, 97-123; ausführl. Lit.!) - DERS., Die I.-Weissagung, ein Gespräch mit E.Hammershaimb (VT 4, 1954, 20-33) - DERS., Neuere Arbeiten zum I.-Problem (ZAW 68, 1956, 46-53) - E.HAMMERSHAIMB, The I. Sign (StTh 3, 1949, 124-142) - J.COPPENS, La Prophétie de la 'Almah (EThL 28, 1952, 648-678) - W.VISCHER, Die I.-Botschaft im Rahmen des königl. Zionsfestes, 1955 - S.H. HOOKE, The Sign of I., 1955 - L.KOEHLER, Zum Verständnis von Jes 7, 14 (ZAW 67, 1955, 48-50) - G.FOHRER, Zu Jes 7, 14 im Zusammenhang von Jes 7, 10-22 (ebd 68, 1956, 54-56) - H.JUNKER, Ursprung u. Grundzüge des Messiasbildes bei Isaias (VT Suppl. 4, 1956, 181 bis 196) - F.L.MORIARTY, The Emmanuel prophecies (CBQ 19, 1957, 226-233) - N.K.GOTTWALD, I. as the prophet's son (VT 8, 1958, 36-47) - J.LINDBLOM, A Study on the I. Section in Isaiah (Scripta Minora Reg. Soc. Hum. Litt. Lundensis 1957/58, 4) - H.W.WOLFF, I. Das Zeichen, dem widersprochen wird (BSt 23), 1959. *E.Jenni*

Immanuelbewegung, eine Arbeitsgemeinschaft von Seelsorgern und Ärzten zur Heilung psychisch bedingter Leiden mit den Kräften der Religion und den Mitteln der Psychologie. Sie wurde 1906 durch *Elwood Worcester* (* 16.5.1863 in Massillon/Ohio, † 19.7.1940 in Kennebunkport) gegründet, der von 1890-1906 als Prof. der Philosophie und Psychologie, danach als Pfarrer an der »Emanuel Church« in Boston wirkte. Ihm schloß sich *Samuel Mc Comb* (* 28.1.1864 in Londonderry/Irland, † 11.4.1938 in Baltimore) an, der von 1906-16 an derselben Kirche wirkte und später Prof. für Pastoraltheologie in Baltimore war. Von → Fechner, W. → Wundt und bes. von → Freud bestimmt, glaubte die I. in deren Erkenntnissen einen Schlüssel zu haben, mit dem sie »geheime und verfeinerte Kammern im menschlichen Organismus und in seiner Psyche« erschließen könne. Sie setzte den Glauben an die Wirklichkeit und Erneuerungskraft geistlicher Dinge (»reality of spiritual things«) voraus und suchte das Leben nach geistlichen Prinzipien und Gesetzen, vor allem durch das Gebet (»inward transfer«) zu ordnen. Sie griff analytisch und therapeutisch Schlaflosigkeit, Nervosität, Trunksucht, sexuelle Verkrampfungen an und bereitete auch auf schwierige Operationen psychologisch vor. Hat die I. somit der → Psychoanalyse in Amerika vorgearbeitet, so löste sie sich nach dem Rücktritt Worcesters Ende der 20er Jahre auf und wurde unter den Gesetzen des Staates Massachusetts als »Craigi Foundation«, dh als eine Arbeitsgemeinschaft von Geistlichen, Ärzten und Krankenhäusern fortgeführt (→ Arzt und Seelsorger; → Heilung, 2).

Hauptwerke von WORCESTER: Religion and Medicine, 1907; The Christian Religion as a Healing Power, 1909; The Allies of Religion, 1929. - Von S.MCCOMB: Prayer, 1913; Faith, 1915; The Power of Prayer, 1921. - Von WORCESTER u. COMB: Body, Mind and Spirit, 1931. *H.Hohlwein*

Immediatgemeinden, im *eigentlichen* Sinne Gemeinden, die außerhalb der ordentlichen Gemeindeorganisation (→ Gemeinde: II) in unmittelbarer Beziehung zum obersten Träger des Kirchenregiments stehen, wie früher die Hof- und Schloßgemeinden, praktisch heute nur noch die Oberpfarr- und Domkirche zu Berlin, die unmittelbar den Organen der EKU zugeordnet und auch für besondere Gottesdienste und Veranstaltungen der Gesamtkirche zur Verfügung zu stellen ist. - In *weiterem* Sinne sind I. alle Gemeinden mit besonderer Rechtsstellung, also Anstalts-, Militär- sowie Personalgemeinden, vornehmlich solche mit besonderem Bekenntnisstand wie die französisch-ref. Gemeinden der EKU und in Hessen und Nassau oder besonderer Bekenntnisrichtung wie die Personalkirchengemeinden Nord-Ost und Christus-Immanuel in Frankfurt.

Aktenstücke des Ev. Oberkirchenrats I, 1854, 104; VII, 1873, 292 - P.SCHOEN, Das Ev. Kirchenrecht in Preußen I, 1903, 332. 383 - O. THÜMMEL, Ev. Kirchenrecht für Preußen, 1930, 76. 437. *E.Ruppel*

Immer, *Karl,* * 1.5.1888 in Manslagt b. Emden, 1914-25 Pastor in Rysum (Ostfriesland), 1925-27 Direktor des Erziehungsvereins Neukirchen (Kr. Moers), 1927-44 Pastor der ref. Gemeinde Barmen-Gemarke; gab 1927-44 den Jugendfreund-Kalender heraus, 1928 bis 1932 Schriftleiter der »Jugendkraft«. Die Tätigkeit I.s wuchs schon vor dem → Kirchenkampf über seinen Dienst in der Gemeinde hinaus (Pastorengebetsbund, Jugendarbeit). Gleich zu Beginn des Kirchenkampfes gründete er am 13.10.1933 den Coetus ref. Prediger und schrieb die wegen ihrer klaren Haltung sehr begehrten Coetusbriefe. Er brachte die Gemeinden zur Sammlung und zum aktiven Bekennen. Die 1. freie ref. Synode in Barmen-Gemarke 1934 war vor allem seiner Initiative zu danken. Auf Synoden und Tagungen der → Bekennenden Kirche war I. oft die treibende Kraft, beurteilte nüchtern und bestimmt die Lage der Kirche und ließ sich durch keine Drohungen einschüchtern. Er setzte die Presse für den Kampf um das Bekenntnis ein, solange es möglich war. I. war Mitglied des Reichsbruderrates (1934-36) und des altpreußischen Bruderrates (1934-44). Über seine Verhaftung und Gefängniszeit 1937 berichtet er selbst in dem »Strahlenbrief«.

Vf. u.a.: Heimatlicht auf den Weg junger Menschen, (1931) 1958[6]. - Über I.: H.OBENDIEK, K.I. (»Lebensbilder aus der Bekennenden Kirche«, 1949, 63-73) - M. u. M.ALBERTZ, Unsere Begegnung mit K.I. (RKZ 98, 1957, 196-201). *R.Steiner*

Immersionstaufe → Taufe: V.

Immunität

1. Allgemeines - 2. I. der kirchlichen Grundherrschaften - 3. I. des Klerus und des Kirchengutes - 4. I. im kath. Kirchenrecht

1. Das Institut der I. entstammt dem römischen Recht, wo die kaiserlichen Domänen und die Priester von öffentlichen Lasten (munera sordida) befreit waren. Ähnliche Vorrechte wurden auf die christlichen Priester übertragen. Das fränkische Reichsrecht übernahm den Gedanken der kirchlichen I., der im Laufe des MA immer weiter ausgebildet und zu einer der Säulen der mittelalterlichen Staatskirchenverfassung wurde (→ Kirchenverfassung: IV, 5b).

2. Da die Kirche im frühen und hohen MA bis zum Investiturstreit eine der stärksten Stützen des Königtums war, lag es nahe, daß der König darauf bedacht war, die *kirchlichen Grundherrschaften* von dem Einfluß konkurrierender Adelsgewalt möglichst frei zu erhalten. Der König verlieh deshalb den kirchlichen Grundherrschaften die I. von der ordentlichen Gerichtsbarkeit des Grafen. Ein eigener - zunächst noch vom Grafen, dann unmittelbar vom König eingesetzter - Beamter, der Vogt (lat.: advocatus), nahm die Rechtsbelange des I.sbezirkes sowohl nach innen wie nach außen wahr. Bis zum 10.Jh. erwarb der Vogt den Königsbann und die hohe Gerichtsbarkeit dazu. Er war gewissermaßen der »Graf der Kirche«. Es lag im Wesen der Sache selbst, wie es auch den Tendenzen der germanisch-deutschen Rechtsentwicklung entsprach, daß solche Rechte nicht auf das eigentliche (grundherrschaftliche) → Kirchengut beschränkt blieben, sondern daß sich der I.sschutz auf die Hoheitsbefugnisse des I.sinhabers überhaupt erstreckte. So gelang es den I.sinhabern, Orte (wie Märkte und Bischofsstädte) oder Bezirke (zB Forste, ja sogar ganze Grafschaften), welche sie gar nicht oder nur zum Teil als Grundherren besaßen, in die Kirchen-I. einzubeziehen; und auch diese sog. Bänne oder Bannbezirke wurden mit dem Worte I. bezeichnet, so daß nun neben die grundherrschaftliche eine Bann-I. trat. Diese hat jene in der Folge überflügelt, ja teilweise zurückgedrängt. Aus ihr ist schließlich die Landeshoheit der geistlichen Herren hervorgegangen. - Schon seit dem 9.Jh. hat die I. am Ausbau auch der Reichsunmittelbarkeit mitgeholfen. Reichskirchen waren bis dahin nur die im Schutze oder Eigentum des Königs stehenden Klöster (→ Eigenkirche). Seit Ludwig dem Frommen wurden es auch die viel zahlreicheren unabhängigen Kirchen, Bistümer und Klöster, indem aus ihrer I. ein abgeschwächter Königsschutz hergeleitet wurde.

3. Der Begriff der *lokalen* oder engeren I. wurzelt in der germanischen und zugleich kirchlichen Auffassung, daß ein umzäunter Bezirk besonderen Schutz und Frieden genieße, sowie in der religiösen Vorstellung von der Heiligkeit und Unantastbarkeit der kirchlichen Gebäude, endlich in dem Anspruch der Kirche auf eigene → Gerichtsbarkeit (: I) des Klerus. Die Aussonderung der schon früh »emunitates« im territorialen Sinn genannten engeren I.sbezirke bezweckte eine Verstärkung des Schutzes der kirchlichen Gebäude und Personen gegen weltliche Eingriffe, ja gegen Ministeriale der Kirche selbst. Die Gerichtsbarkeit innerhalb dieser I. übte der Abt oder der Bischof entweder selbst oder durch einen anderen Geistlichen aus. War die I. seit ihrer Aufnahme in das fränkische Recht vorzüglich ein Privileg der kirchlichen Grundherrschaften, so ist sie später zu einem dinglichen Vorrecht allen Kirchengutes, zu einem persönlichen des

gesamten Klerus entwickelt worden. Aus ihr entwickelte sich auch die kirchliche Forderung der vollkommenen Steuer- und Lastenfreiheit. Der Anspruch auf solche I. tauchte erst seit dem 12.Jh. auf, wurde aber schon von der dritten Lateransynode (1179) festgelegt und auch vom Staat, zB im Landfrieden Friedrichs I. (1158), anerkannt. Er richtete sich namentlich gegen die Steuerpolitik der Städte; aber auch in den Territorien kam er bald zur Geltung.

4. Nach *kath. Kirchenrecht* hat die I. ihre Grundlagen im göttlichen Recht. Trotz des Verschwindens der Mehrzahl der I.srechte im modernen Recht hält deshalb der CIC an den überlieferten I.srechten mit Ausnahme der Steuerbefreiung (immunitas realis) fest (vgl. cc. 1160. 1179).

G.WAITZ, Dt. Verfassungsgesch. IV, (1861) 1885², 287ff; VII, 1876, 183ff - H.BRUNNER-C.FRHR.V.SCHWERIN, Dt. Rechtsgesch. II, (1892) 1928², 382ff - RE IX, 69ff (Lit.) - G.SEELIGER, Die soziale u. polit. Bedeutung der Grundherrschaft im frühen MA, 1903, 76ff - E.E.STENGEL, Die Verfasser der dt. I.sprivilegien des 10. und 11.Jh.s (Habilitationsschr. Marburg), 1907 - DERS., Die I. in Deutschland bis zum Ende des 11.Jh.s I, 1910 - H.HIRSCH, Die Kloster-I. seit dem Investiturstreit, 1913 - K.HOFMANN, Die engere I. in dt. Bischofsstädten im MA, 1914 - DACL VII, 323ff - DThC VII, 1218ff - G. FERRARI DALLE SPADE, Immunità Ecclesiastiche nel Diritto Romano Imperiale (Atti del R.Ist. Veneto 99/II), Venedig 1939 (dazu L.WENGER in: ZSavRG Kan. Abt. 30, 1941, 403-415). *A.Erler*

Imperium Romanum *(Römisches Reich)*

1. Aufbau und Charakter des I.R. - 2. Von Augustus bis Commodus - 3. Von Septimius Severus bis Diokletian - 4. Von Konstantin bis zum Ausgang des I.R. - 5. Die Romidee. - Karte 14 »Mittelmeergebiet« s. Sp. 685 f

1. Das I.R. umfaßte die »der Herrschaft des römischen Volkes« unterworfenen Staaten und Völker, deren Eingliederung in das Reich in jeweils verschiedenen und im Laufe der Zeit veränderlichen Rechtsformen geregelt war; die seit 241 vChr (Sizilien) eingerichtete Provinzialverwaltung unterschied zwischen den rechtlosen, tributpflichtigen Untertanen (dediticii) und den Bundesgenossen (socii), die zu bestimmten Abgaben sowie zur Heeresfolge verpflichtet waren, im übrigen aber das Recht der Selbstverwaltung behielten. In zahlreichen Abstufungen, die bis zur völligen Abgabenfreiheit reichten, gehörten zu ihnen ebenso zahlreiche griechisch-hellenistische Poleis wie zeitweise auch Stammesstaaten unter eigenen Dynasten. An den Grenzen wurde die Bildung sog. »Klientelstaaten« (zB → Armenien [: I], Bosporanisches Reich) durch den Abschluß von Freundschaftsverträgen gefördert.

Der seit dem 2.Jh. vChr erkennbare, vor allem aber von den augusteischen Dichtern (→ Vergil, Horaz) und Historikern (Livius) verkündete und auf göttliche Berufung gegründete universale Geltungsanspruch der maiestas populi Romani sollte sich über den gesamten Bereich der »bewohnten Welt« (Oikumene) erstrecken; der orbis terrarum sollte daher mit dem orbis Romanus identisch sein. Während aber vielleicht noch Cäsar diesen nach dem Vorbild → Alexanders d.Gr. konzipierten und bes. von Polybios und der → Stoa entwickelten Weltreichgedanken zu realisieren trachtete, beschränkte sich Augustus bewußt auf den Raum der zum Mittelmeer hin orientierten Gebiete, deren »natürliche Grenzen« der Atlantische Ozean, Rhein, Donau, Euphrat und die afrikanische Wüste bildeten (vgl. Karte 14). In diesem Raum verwirklichte sich unter dem Schutz der römischen Waffen und Gesetze die Pax Romana, die politische und kulturelle Einheit der antiken (hellenistisch-römischen) Welt, die als die gemeinsame Heimat aller Völker gefeiert wurde (zB von Aelius Aristides im 2., von Rutilius Namatianus noch im 5.Jh.). Der von der griechischen Staatsphilosophie übernommene Kulturmissionsgedanke (vgl. → Cicero, De re publica) hatte die Weltherrschaft der Römer in ein Weltreich verwandelt, dessen providentielle Bedeutung für die Ausbreitung ihres Glaubens auch die frühkirchliche → Apologetik (: II) anerkannte.

Nach dem Sieg bei Actium (31 vChr) begann Octavianus, der Erbe und Adoptivsohn → Cäsars, mit der Neuordnung des I.R. Der von ihm begründete Prinzipat ließ zwar die Ämter und Institutionen der republikanischen Verfassung unangetastet und erhielt dadurch die schon am Ausgang der Republik zur Fiktion gewordene Vorstellung von der libera res publica aufrecht, sicherte aber dem Princeps eine monarchische Stellung: mit dem imperium proconsulare (maius) stand ihm der Oberbefehl über alle Reichstruppen und die Aufsicht über alle Provinzen zu, die tribunicia potestas (verbunden mit der sacrosanctitas, der Unverletzlichkeit seiner Person) sicherte ihm entscheidenden Einfluß auf die Zivilgewalt. Als pontifex maximus (seit 12 vChr) stand er zugleich an der Spitze des Sakralwesens (→ Römische Religion). Der ihm 27 vChr übertragene Ehrenname *Augustus* symbolisierte sein überragendes Ansehen (auctoritas). Das Charisma seiner göttlichen Berufung bekundete er selbst durch die Konsekration seines Adoptivvaters Cäsar, durch die er, als divi filius, seine Aufnahme in den Kreis der Staatsgötter vorbereitete. Göttliche Verehrung wurde ihm, nach dem Vorbild des hellenistischen → Herrscherkultes, vor allem im Osten erwiesen; aber auch im Westen wird der Kaiserkult durch Tempel (Tarragona) und Altäre bezeugt.

Die *Verwaltung* des I.R. wurde zwischen dem Princeps und dem Senat geteilt; die senatorischen Provinzen (Hispania Baetica, Gallia Narbonensis, Macedonia, Achaia, Asia, Bithynia et Pontus, Cyprus, Creta et Cyrenaica, Africa proconsularis, Sicilia, Sardinia) unterstanden weiterhin Prokonsuln und Proprätoren, für die kaiserlichen Provinzen (Lusitania, Tarraconensis, Aquitania, Lugdunensis, Belgica, Raetia, Noricum, Pannonia, Dalmatia, Moesia, Galatia, Cilicia, Syria) wurden legati Augusti pro praetore, ebenfalls aus dem Senatorenstand, bestellt. Lediglich Ägypten, dessen Getreideüberschuß der annona Roms diente, verwaltete ein Präfekt aus dem Ritterstand, dessen Angehörige der Princeps neben seinen eigenen Sklaven und Freigelassenen vor allem für die Finanzverwaltung als Prokuratoren heranzog, aber auch mit der selbständigen Leitung der sog. prokuratorischen Provinzen (zB Iudaea) betraute.

2. Augustus, der die »alte Römerart« erneuern wollte, achtete darauf, daß dem populus Romanus die führende Stellung im I.R. erhalten blieb; deshalb war allein den cives Romani der Dienst im Heer und in der Verwaltung vorbehalten. Deshalb war er auch in der Verleihung des Bürgerrechtes an Provinziale sehr sparsam. Die Nachfolge wurde praktisch durch die Verleihung des imperium proconsulare und die tribunicia potestas an einen »Mitregenten« (zB *Tiberius* 13 nChr) geregelt, wenn auch zur Regierungsübernahme die übereinstimmende Willenserklärung (consensus) von Senat und Heer erforderlich war, vor allem dann, wenn die Designation versäumt (Caligula) oder nicht mehr möglich war (Nero); bei solchen »Wahlen« entschied meist die Macht des Heeres (zunächst der Prätorianer, seit dem Vierkaiserjahr 68/69 nChr der Legionen). Die Kaiser der julisch-claudischen (*Tiberius* 14-37; *Caligula* 37-41; *Claudius* 41-54; → *Nero* 54-68) und der flavischen Dynastie (*Vespasian* 69-79; *Titus* 79-81; → *Domitian* 81-96) verfolgten die von Augustus eingeleitete Politik des Ausgleichs im Innern und der Sicherung der Grenzgebiete weiter; als neue Provinzen (vgl. Karte 14) wurden Cappadocia und

Commagene (18), Lycia (43), Iudaea (44), Thracia (43) eingegliedert, Mauretania Caesariensis (40-42) und → Britannien (42-71) unterworfen, Germania inferior und superior (89/90) von der Belgica getrennt und durch den Ausbau des obergermanisch-rätischen Limes von Domitian abgesichert, der das Schwergewicht der Grenzverteidigung im Norden an die Donaufront verlagerte.

Während Caligula, Nero und Domitian mit ihrer Tendenz zum absolutistischen Regiment im Stil des hellenistischen Gottkönigtums scheiterten, führte Vespasian, der erste Italiker auf dem Thron, die von Claudius eingeleitete Förderung des Romanisierungsprozesses im Westen und damit zur Erweiterung der »römischen« Führungsschicht tatkräftig weiter (Aufnahme von Spaniern und Galliern in den Senat, in die Offiziers- und Beamtenlaufbahn, Gründung von Kolonien und Munizipien, großzügige Verleihung des Bürgerrechts).

Mit dem vom Senatskaiser *Nerva* (96-98) adoptierten, aus Spanien (Italica) stammenden *Traian* (98-117) beginnt das Zeitalter der Adoptivkaiser: Unter Traian erreichte das I.R. durch die Eroberung von Dacien (101 bis 107), Arabien (106), Mesopotamien (mit Armenien und Assyrien; 114-117) die größte Ausdehnung. *Hadrian* (117-38) zog sich unter dem Eindruck des großen Judenaufstandes (→ Judentum: I) auf die Euphratgrenze zurück und widmete sich wie sein Nachfolger *Antoninus Pius* (138-61) in intensiver Friedenspolitik dem Ausbau eines einheitlichen Beamten- und Verwaltungssystems sowie, auf ausgedehnten Reisen, der Pflege der Stadtkultur im ganzen Reich. Die Gedanken der stoischen Philosophie, die diesem Wirken zugrunde lagen, fanden ihren eigentlichen Vertreter auf dem Kaiserthron in → *Marc Aurel* (161-80), der nach einem siegreichen Partherkrieg (161-66) schwere Abwehrkämpfe gegen die zeitweilig tief in das I.R. eingedrungenen Markomannen und Quaden führen mußte.

Unter diesen Kaisern gelangten weite Teile des I.R. zu einer hohen wirtschaftlichen und kulturellen Blüte. Den Grundsätzen einer aufgeklärten Monarchie war die freie Entfaltung der Individuen und der städtischen Gemeinschaften zu verdanken. Eine durch den intensiven Handel wohlhabende städtische Oberschicht war mit großzügigen Stiftungen auf die Förderung des eigenen Gemeinwesens bedacht; ihr stand auch der Zugang zum Senat und den hohen Reichsämtern offen. Die Entwicklung führte vor allem im Westen zu einer Vermischung römischer und einheimischer Elemente und damit zu einer eigenständigen Provinzialkultur, während im Osten der → Hellenismus in den Städten - bes. durch den Philhellenen Hadrian begünstigt - eine Renaissance erlebte. Die Fürsorge der Kaiser für die Großstadtbevölkerung in Rom (aber auch zB in → Alexandria, → Antiochia) sowie die Munifizenz der Honoratioren in den einzelnen Städten konnten jedoch nicht verhindern, daß sich die sozialen Gegensätze verschärften. Zudem wurde durch den starken Import von Luxuswaren aus dem Orient die Währung verschlechtert und damit die Wirtschaftskrise des 3.Jh.s vorbereitet. Sie zeigte sich erstmalig schon unter *Commodus* (180-92), unter dem das Kaisertum erneut in ein absolutistisches Gottkönigtum entartete.

3. Die Wirren nach der Ermordung des Commodus beendete *Septimius Severus* (193-211), der als Statthalter von Oberpannonien von den dortigen Truppen erhoben worden war. Damit erwiesen sich schon damals die Donauprovinzen, aus denen dann zahlreiche illyrisch-pannonische Kaiser des 3. und 4.Jh.s stammten, als neues Kraftzentrum des I.R. Septimius Severus war der erste Afrikaner auf dem Thron, der durch seine Ehe mit Julia Domna der syrischen Priester-Dynastie von Emesa eng verbunden war. Daher die Hinwendung der neuen Dynastie (*Geta* 199-212; *Caracalla* 211-17; *Elagabal* 218 bis 222; *Severus Alexander* 222-35) zu den orientalischen Kulten. In der Bildung großer kaiserlicher Domänen zeichnete sich das Vorbild für die sich im 3.Jh. immer mehr ausbreitende, verderbliche Latifundienwirtschaft ab. Die Vereinheitlichung der Reichsherrschaft fand in der Verleihung des römischen Bürgerrechtes an alle freien Bewohner des I.R. durch Caracalla (Constitutio Antoniniana 212) kennzeichnenden Ausdruck. Das Heer wurde fast die einzige Stütze der kaiserlichen Macht und brachte mit den »Soldatenkaisern« in *Maximinus Thrax* (235-38) zum ersten Male einen Barbaren, in *Philippus Arabs* (244-49) sogar einen Scheich aus dem Hauran auf den Thron.

Machtkämpfe im Innern, Barbareneinfälle im Norden und langwierige Kämpfe mit den Sassaniden (der Herrscherdynastie des neupersischen Reiches seit 226) verursachten eine anhaltende Krise, die sich namentlich in einem wirtschaftlichen Niedergang auswirkte und schließlich sogar zur Verdrängung der Geld- durch die Tauschwirtschaft führte. Unter *Valerian* (253-60) und seinem Sohn *Gallienus* (253-68) geriet Valerian in persische Gefangenschaft (260), stießen Franken bis Marokko, Alamannen bis Oberitalien, Goten und Heruler bis nach Athen und bis zur Südküste von Kleinasien vor (Zerstörung von Ephesus); in Gallien (Postumus 261) und Syrien (Zenobia 267) behaupteten sich jahrelang separatistische Bewegungen; um 270 mußte, nach dem Verlust des Dekumatlandes, Dacien aufgegeben werden. Die Rettung verdankte das I.R. der Tatkraft der illyrischen Soldatenkaiser *Claudius Goticus* (268-70), *Aurelian* (270 bis 275) und *Probus* (276-82), den Lehrmeistern Diokletians, die den wachsenden Verteidigungsaufgaben nur durch vermehrte Aufnahme von Barbaren (vor allem Germanen) in das Heer sowie durch die Trennung der mobilen Feldtruppen von dem - seßhaft gemachten - Grenzheer gerecht werden konnten.

Seit *Decius* (249-51) waren die Kaiser außerdem bemüht, nach alter Tradition das gefährdete Reichsbewußtsein durch eine Erneuerung der Staatsreligion zu bekräftigen. Schon lange war der echte Glaube an die im staatlichen Kult zu verehrenden Götter geschwunden; die Gebildeten fanden vornehmlich in der philosophisch-ethischen Lehre der → Stoa einen Ersatz, während weiteste Kreise aller Stände zu den orientalischen → Mysterien-Religionen - zB der → Isis, Magna Mater, des → Serapis, → Mithras - ihre Zuflucht nahmen. Die sich anbahnende Vereinheitlichung der religiösen Welt äußerte sich auch in der Förderung des → Neuplatonismus durch Gallienus, in der Erhebung des Sol Invictus zum Reichsgott durch Aurelian; andererseits schuf nicht zuletzt sie eine der wichtigsten Voraussetzungen für den Erfolg der christlichen Mission (→ Christentum: III, 1).

Zur Stärkung des Einheitsbewußtseins wurde zugleich der offizielle Kaiserkult weiter ausgebaut (Adoration des Kaiserbildes bzw. des Kaisers, Betonung göttlicher Epiphanie in seiner Person oder wenigstens zu seinem Schutz). Auch hier war es Aurelian, der orientalische Einflüsse im Zeremoniell förderte und sich als dominus et deus natus verehren ließ. Vollender in der Ausgestaltung aber wurde → *Diokletian* (284-305), der die von ihm begründete Tetrarchie (2 Augusti: Diokletian und Maximian; 2 Cäsares: Constantius Chlorus und Galerius) in der Herrschaft der Iovii et Herculii als die irdische Manifestation des göttlichen Weltregiments betrachtet wissen wollte. Die wesentlichen Elemente des von ihm geschaffenen Zeremoniells wurden auch von den christlichen Kaisern übernommen; selbst aus dem Herrscherkult wurden bei der Umwandlung des Gottkaisers zum

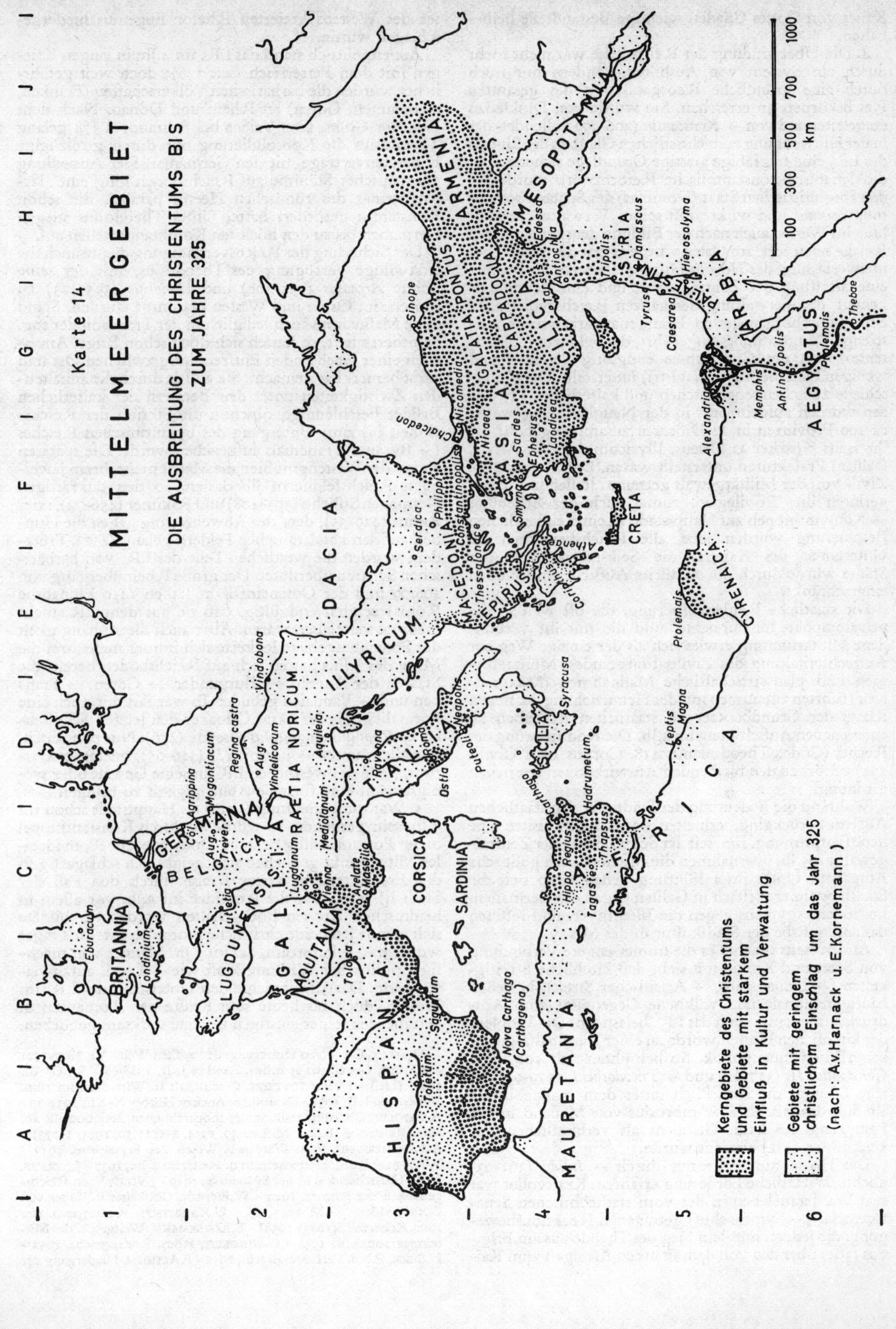
Karte 14
MITTELMEERGEBIET
DIE AUSBREITUNG DES CHRISTENTUMS BIS ZUM JAHRE 325
Kerngebiete des Christentums und Gebiete mit starkem Einfluß in Kultur und Verwaltung
Gebiete mit geringem christlichem Einschlag um das Jahr 325
(nach: A.v.Harnack u. E.Kornemann)
100 300 500 700 1000 km
A B C D E F G H I J
1 2 3 4 5 6
BRITANNIA
Eburacum
Londinium
GERMANIA
Agrippina
Mogontiacum
Regina castra
Aug. Vindelicorum
Vindobona
BELGICA
Aug. Treveri
GALLIA
LUGDUNENSIS
Lutetia
Lugdunum
AQUITANIA
Tolosa
Vienna
Arelate
Massilia
RAETIA
NORICUM
Mediolanum
Aquileia
ILLYRICUM
DACIA
HISPANIA
Toletum
Saguntum
Nova Carthago (Carthagena)
CORSICA
SARDINIA
ITALIA
Ravenna
Roma
Ostia
Puteoli
Neapolis
SICILIA
Syracusa
MAURETANIA
AFRICA
Carthago
Hippo Regius
Tagaste
Thapsus
Hadrumetum
Leptis Magna
Ptolemais
CYRENAICA
MACEDONIA
Thessalonice
Philippi
Serdica
Constantinopolis
EPIRUS
Corinthus
Athenae
CRETA
Chalcedon
Nicomedia
Nicaea
ASIA
Smyrna
Ephesus
Sardes
Laodicea
GALATIA
PONTUS
Sinope
CAPPADOCIA
CILICIA
Tarsus
ARMENIA
MESOPOTAMIA
Edessa
Antiochia
SYRIA
Tripolis
Damascus
PALAESTINA
Tyrus
Caesarea
Hierosolyma
ARABIA
Alexandria
Memphis
Antinoopolis
Ptolemais
Thebae
AEGYPTUS

Kaiser von Gottes Gnaden wichtige Bestandteile beibehalten.

4. Die Überwindung der Reichskrise war nicht mehr durch ein System von Aushilfen, sondern nur noch durch eine gründliche Reorganisation des gesamten Reichskörpers zu erreichen. Sie wurde von Diokletian eingeleitet und von → *Konstantin* (306–37) vollendet, der in der Hinwendung zum christlichen Glauben der Einheit des I.R. eine tragfähige geistige Grundlage sicherte. Das diokletianisch-konstantinische Reformwerk wurde für den absolutistischen Staat (Dominat) der Spätantike richtungweisend und wirkte mit seiner Verwaltungseinteilung im Westen auch nach der Bildung der germanischen Reiche noch fort; im Osten wurde es erst durch die Themenverfassung des *Heraclius* (610–41) ersetzt. Es brachte eine Straffung der Zentralgewalt und eine Vereinheitlichung der Verwaltung des ganzen Reichsgebietes. In einem durchorganisierten Beamtenapparat wurde eine strenge Rangordnung eingeführt, das Feldheer (comitatenses) von der Grenzarmee endgültig getrennt und wenigen Heermeistern (magistri) unterstellt. Die Unterschiede zwischen senatorischen und kaiserlichen Provinzen wurden aufgehoben; in der Neugliederung waren ca 100 Provinzen in 12 Diözesen zusammengefaßt, die ihrerseits 3 (später 4: Oriens, Illyricum, Italia et Africa, Galliae) Präfekturen unterstellt waren. Dabei wurde die Zivil- von der Militärgewalt getrennt. Italien und Rom verloren ihre Privilegien, zumal nach der Erhebung → Konstantinopels zur Hauptstadt. In einer einheitlichen Besteuerung wurden jetzt alle Reichsbewohner zu Untertanen des Kaisers; die Selbstverwaltung der Städte wurde durch die staatliche Aufsicht empfindlich eingeschränkt.

Die staatliche Reglementierung, die oft weit in die private Sphäre hineinreichte, und die mit ihr verbundene Militarisierung erwies sich als der einzige Weg zur Aufrechterhaltung des Zivilisationsstandes. Münzreformen und planwirtschaftliche Maßnahmen (Maximaltarif) führten zusammen mit der Heranziehung der neuen Klasse der Grundbesitzer zu staatlichen Aufgaben zu einem neuen Aufschwung im 4.Jh. Die Kodifizierung des Rechts (Codex Theodosianus 438, Corpus Iuris Civilis 534) gehört zu den bleibenden Auswirkungen der neuen Ordnung.

Während die Bedeutung der Städte für den staatlichen Aufbau zurückging, erhielten sie als Bischofssitze eine neue Bestimmung. Bes. seit der Schwächung der Zentralgewalt im 5.Jh. übernahmen die Bischöfe auch politische Aufgaben. Unter ihrer Führung behaupteten sich die Stadtbewohner vielfach in Gallien gegen die Germanen, im Süden Ägyptens gegen die Blemmyer, und retteten das antike Erbe der Stadtkultur in das MA.

Andererseits brachte es die immer engere Verbindung von Staat und Kirche mit sich, daß kirchliche Streitigkeiten (→ Donatismus, → Arianischer Streit), in denen häufig regionale und völkische Gegensätze zum Ausdruck kamen, nun auch das I.R. belasteten. Das Problem der kirchlichen Einheit wurde zu einer Kardinalfrage der kaiserlichen Innenpolitik. So bemühten sich vor allem *Constantius II.* (337–62) und → *Theodosius I.* (379–95) um eine Lösung, die schließlich unter dem maßgeblichen Einfluß des Bischofs → Ambrosius von Mailand in der Festlegung des kath. Glaubens als verbindlichen Bekenntnisses (381) erreicht wurde.

Das Heidentum hatte nur durch → *Julian* (361–63) nochmals staatliche Förderung erfahren. Kraftvoller war sein Wiederaufleben in der vom stadtrömischen Senatorenadel (→ Symmachus) getragenen Reaktionsbewegung, die jedoch mit dem Sieg des Theodosius am Frigidus (394) über den von dem Franken Arbogast zum Kaiser des Westens kreierten Rhetor Eugenius niedergeschlagen wurde.

Außenpolitisch stand das I.R. im 4.Jh. in langen Kriegen mit dem Perserreich (seit 338); doch weit gefährlicher wurden die barbarischen Völkerschaften (Franken, Alamannen, Goten) an Rhein und Donau. Nach dem Sieg der Goten über Valens bei Adrianopel 378 gelang Theodosius die Konsolidierung nur durch großzügige Föderatenverträge mit den Germanen. Der Ansiedlung germanischer Stämme auf Reichsboden ging eine Barbarisierung des römischen Heeres parallel, die schon Konstantin gefördert hatte. Unter Theodosius stiegen Germanen bis zu den höchsten Kommandostellen auf.

Der Sicherung der Reichsverteidigung diente auch die letztwillige Verfügung des Theodosius, mit der seine Söhne *Arcadius* (395–408) und *Honorius* (395–423) zu Kaisern im Osten und Westen bestimmt wurden. Stand diese Maßnahme auch lediglich in der Tradition der sog. Samtherrschaft, so hatten sich doch schon längst Anzeichen einer wachsenden Entfremdung zwischen Ost und West bemerkbar gemacht. Sie wurde durch die anhaltenden Zwistigkeiten unter den Beratern der kaiserlichen Brüder beschleunigt, obschon die Fiktion der Reichseinheit bis zum Untergang des byzantinischen Reiches (→ Byzanz: II) niemals aufgegeben wurde. Die späteren Kaiser des Westens mußten die Macht meist ihrem jeweiligen Reichsfeldherrn überlassen, so den tatkräftigen Germanen Stilicho (395–408) und Rikimer (456–72), oder Aetius (429–55), dem der Abwehrerfolg gegen die Hunnen auf den katalaunischen Feldern gelang (451). Trotzdem wurden die westlichen Teile des I.R. von barbarischen Scharen überflutet. Der große Rheinübergang von 406/07 und der Goteneinfall in Italien (410 Einnahme Roms) zeigten endgültig, daß sie aus dem I.R. nicht mehr zu vertreiben waren. Aber auch die Abhängigkeit der Föderatengebiete lockerte sich immer mehr; um die Mitte des 5.Jh.s hatten sich auf Reichsboden bereits die Staaten der Angeln, → Burgunder, → Goten, → Franken und → Vandalen gebildet. Es war fast nur noch eine Formalität, als der Skire Odoaker den letzten Schattenkaiser *Romulus Augustulus* absetzte (476). Nur periodisch, vor allem unter → Justinian I. (519–65), gelang es Ostrom, Teile des westlichen I.R. in seine Gewalt oder wenigstens in eine formale Abhängigkeit zu bringen.

5. War die Bedeutung Roms als Hauptstadt schon im 3.Jh. sehr gesunken, so wurde sie durch Konstantinopel dieser Position völlig beraubt. Doch wie sehr Rom ideeller Mittelpunkt geblieben war, zeigte sich schlagartig in der Erschütterung weiter Kreise durch den Fall der Stadt i.J. 410. War die Romidee im 4.Jh. vor allem in heidnischen Kreisen hochgehalten worden, so bildete sich gerade jetzt eine christliche Romidee aus. Ihr Träger wurde das → Papsttum, das im 5.Jh. Männer von mächtiger politischer Wirkungskraft wie → Leo I. aufzuweisen hatte. Das 5.Jh. brachte den Untergang des I.R. im Westen, doch bis heute sind Kräfte der Romanitas in den meisten seiner einstigen Gebiete wirksam geblieben.

O.SEECK, Gesch. des Untergangs der antiken Welt I-VI, 1897-1921 - E.STEIN, Gesch. des spätröm. Reiches I. II, 1928/48 - RGG[2] III, 199ff (Lit.) - M.ROSTOVTZEFF, Gesellschaft u. Wirtschaft im röm. Kaiserreich I. II, 1931 - Cambridge Ancient History X-XII, 1934-39 - A.ALFÖLDI, Die Ausgestaltung des monarchischen Zeremoniells am röm. Kaiserhof (Röm. Mitt.en 49, 1934, 1-111; 50, 1935, 1-175) - A.v.PREMERSTEIN, Vom Werden u. Wesen des Prinzipates, 1937 - W.WEBER, Rom, Herrschertum u. Reich im 2.Jh., 1937 - J.STRAUB, Vom Herrscherideal in der Spätantike, 1939 - J.VOGT, Vom Reichsgedanken der Römer, 1942 - W.ENSSLIN, Gottkaiser u. Kaiser von Gottesgnaden (SAM 1943, 6) - U.KAHRSTEDT, Kulturgesch. der röm. Kaiserzeit, (1943) 1958[2] - E.KORNEMANN, Weltgesch. des Mittelmeerraumes II, 1948 - G.DULCKEIT, Röm. Rechtsgesch., 1952 - H.SIBER, Röm. Verfassungsrecht, 1952 - F.ALTHEIM, Niedergang der

Alten Welt I. II, 1952 - Historia Mundi IV. V, 1956 - K.BÜCHNER, Röm. Lit.-Gesch., 1957. - Zu den einzelnen Kaisern vgl. die Art. in PW u. RAC. Ergänzend vgl. → Altchristliche Kirche, → Antike und Christentum, → Christentum: III, → Christenverfolgungen, → Heidenchristentum u.a. *A.Lippold*

Impostores tres, dh die drei Betrüger, als die schon → Friedrich II. der Hohenstaufe nach der von Papst Gregor IX. gegen ihn erhobenen Anklage Moses, Jesus und Muhammed bezeichnet haben soll. Literarisch bekannt ist diese Bezeichnung bes. durch die der Frühzeit der → Aufklärung angehörige Schrift De tribus impostoribus, die 1598 abgefaßt zu sein behauptet, tatsächlich aber erst nach 1687 entstanden ist. Verfasser war Dr. iur. Joh. Joachim Müller aus Hamburg, der durch die rationale Kritik am Dogma und durch seine religionsgeschichtlich fundierte Auflösung des Absolutheitsanspruches des Christentums ein Vorgänger des → Reimarus auf Hamburger Boden ist.

RE IX, 72ff - RGG[1] III, 460f. - Die ältere Lit. ist überholt durch J.PRESSER, De tribus Impostoribus, Amsterdam 1926 (vgl. E.HIRSCH, ThLZ 53, 1928, 15f). - Als Titel einer Schrift (gegen → Herbert von Cherbury, → Hobbes u. → Spinoza) wurde die Bezeichnung 1680 von Chr. → Korthold verwendet. † *L.Zscharnack (W.Maurer)*

Impressionismus

I. In der bildenden Kunst - II. Deutsche Literatur des Impressionismus

I. In der bildenden Kunst

I. bedeutet eine Haltung des Malers, die sich auf den optischen »Eindruck« der Erscheinungen beschränkt, wie sie sich in gegebenem Abstand und Augenblick unter dem Wechsel von Luft und Licht (»plein air«; nicht Atelierbeleuchtung) darbieten. Es handelt sich um das Gegenteil eines Realismus, der die Gegenstände nahsichtig-räumlich, unserem Tastgefühl, auch unserem »Wissen« gemäß wiedergibt. Das impressionistische Kunstwollen bedient sich einer offenen, den Pinselstrich nicht vertreibenden Malweise, die uns das Entstehen miterleben läßt. Solche Technik hatte die alte Kunst nur bei Vorstudien, Skizzen angewandt, auch in atmosphärischen Hintergrundpartien. Man spricht von einem altsteinzeitlichen, spätantiken, barocken, auch von einem romantischen (Quasi)-»I.«. Die eigentliche Weltstunde dieser Seh- und Malweise konnte aber erst schlagen, als alle sozialen, ökonomischen, technischen Lebensbedingungen auf ihre Vorherrschaft hindrängten: seit der Mitte des 19.Jh.s also, als auch in die Baukunst mit Eisen und Glas des Ingenieurs zum ersten Mal das »Freilicht« einbrach (→ Kirchenbau: V). Vor den 60er Jahren hatte die Rede von den Impressionen noch ein Ateliergeheimnis des Manet-Kreises gebildet; nach 1870 wurde die neue Spontaneität schon Sache der Öffentlichkeit. 1874, in der ersten gemeinsamen Ausstellung der Gruppe zeigte Monet sein Bild »Impression - soleil levant«, wovon ein Journalist das Schlagwort I. abgeleitet haben soll - in spöttischer Absicht, bis es von den Malern selbst auf ihre Fahnen geschrieben wurde. Monet blieb der primus inter pares; Pissarro, Sisley, Morisot, Guillaumin gehörten zum inneren Ring, während Degas, Renoir, Cézanne nur zeitweise und in Teilaspekten dem Programm nahe-blieben. - In den 90er Jahren suchten die sog. *Neo*-Impressionisten eine systematische Erneuerung des Prinzips. Mit ihrer Reduktion des Pinselstrichs auf gleichförmige Punkte (Pointillismus), mit ihrer »Farbteilung«, welche nur prismatisch-reine Farben anwendet und dem Auge des Beschauers deren Mischung überläßt, krönten sie das Streben aller derer, die von einer *so* nie gesehenen Farbhelligkeit träumten, wo selbst den Schatten noch ein hoher Farbwert zukommt, so daß sich alles - trotz aller Perspektive - zu einem flächigen Teppich zusammenschließt.

Die Impressionisten waren ganz den Problemen ihrer sich nur gegen schwere Widerstände durchsetzenden Entdeckungen zugewandt; diese wurden ihnen zum Selbstzweck: l'art pour l'art. Was man den »Inhalt«, die Idee eines Kunstwerks genannt hatte (Mythologie, Allegorisches, Anekdoten, Sittenbildliches, Illustration), wurde als bloße »Literatur« verpönt. Vollends mieden die französischen Modernen, in deren Ateliers und Kaffeehauszirkeln eine politische und religiöse Indifferenz den Ton angab, das religiöse Thema. Unter den deutschen Malern der gleichen Kunstrichtung blieben immerhin einige solchen Aufgaben zugänglich: so F.v. → Uhde, dessen ins Zeitgenössische übersetzte Evangeliumsszenen freilich nicht durchdrangen, L. → Corinth, der sich der Passion mit allzu rohem → Naturalismus (: III) annahm, auch Max → Slevogt (Ludwigshafener Kreuzigung; zerstört). - Grundsätzlich bessere Möglichkeiten für eine auch kirchlich anwendbare Malerei waren erst gegeben, als der späte I. sich mit dem »symbolistischen« Stilsuchen des »fin de siècle« verband (→ Symbolismus: II). → Puvis de Chavannes, von den Fortschrittlichen mit Achtung behandelt, hatte schon früh eine christliche Monumentalkunst auf unakademischer Grundlage angestrebt. Odilon Redon, Altersgenosse und Bewunderer Monets, wagte als Graphiker und Maler mystische Stoffe, während der große Vergeistiger des I., Cézanne, persönlich strenger Katholik, solchen Aufgaben auswich und selbst van → Gogh, der holländische Pastorensohn, sich auf einen pantheistisch-ekstatischen Ausdruck der Landschaft beschränkte. Dann aber setzte sich bei Paul Gauguin und seiner Schule die Idee einer »synthetischen«, auch religiös anwendbaren Stilgebung vollends durch: Maurice → Denis, von Gauguin ausgegangen, auch Seurats Divisionismus verpflichtet, machte mit seinen Mitteln den Versuch einer neuartigen christlichen Malerei. Sonst hat sich freilich das (mehr »präreligiöse«) Gefühl um die Jh.-wende in einem unverbindlichen »Lebenskult« bewegt (Edvard Munch, Ferdinand Hodler u.a.). - Mit dem Übergang des I. in das, was man antithetisch → Expressionismus (: I) nennt, geriet die moderne christliche Malerei aus ihrer lyrisch-kontemplativen und dekorativen Haltung in eine bekennerische Krisis, wofür schon frühzeitig der Anglo-Vlame James → Ensor, später unter den »Fauves« ein G. → Rouault und in Deutschland Emil → Nolde kennzeichnend wurden. - Vgl. → Malerei und Plastik: V. VI.

J.MEIER-GRAEFE, Entwicklungsgesch. der modernen Kunst, 3 Bde, (1904) 1914-24[2]; I, 1924[4] - R.HAMANN, Der I. in Leben u. Kunst, (1907) 1923[2] - M.PICARD, Das Ende des I., 1916 - J.REWALD, The History of Impressionism, New York 1946 - G.F.HARTLAUB, Die Impressionisten in Frankreich, o.J. (Lit.) - J.CASSOU, Die Impressionisten, Luzern 1953. *G.F.Hartlaub*

II. Deutsche Literatur des Impressionismus

Der literarische I. entstand wie der malerische (→ Impressionismus: I) in Frankreich als Gegenbewegung zum → Realismus und → Naturalismus (Brüder Goncourt, Ch. → Baudelaire, J.K. → Huysmans, G. → Flaubert u.a.). Paul → Verlaine, dessen Lyrik am reinsten das Wesen des I. verkörpert, schrieb mit »L'art poétique« das Programmgedicht des I., in dem er die leere Rhetorik, die Formlosigkeit und krasse Häßlichkeit des Naturalismus ablehnte und statt dessen Musik der Sprache, feinste Stimmungsnuancen, verschwimmende Übergänge, gebrochene Farben und Schattierungen als Kennzeichen der neuen »Eindruckskunst« forderte.

Dieses neue impressionistische Kunstideal wurde Deutschland vermittelt durch die Essays Hermann Bahrs

(»Zur Kritik der Moderne«, 1890; »Die Überwindung des Naturalismus«, 1891; u.a.), durch Richard → Dehmel, der Verlainsche Gedichte übertrug und dem Naturalismus offen den Kampf erklärte, und durch den jungen Stefan → George in den Merksprüchen seiner »Blätter für die Kunst«: »Wir wollen keine erfindung von geschichten sondern wiedergabe von stimmungen keine betrachtung sondern darstellung keine unterhaltung sondern eindruck«, wie er auch »in der dichtung: auswahl maß und klang« forderte. Vorbereitet war der deutsche I. bereits durch die Verfeinerung der Wirklichkeitsschilderung und die Nuancierung der dichterischen Stilmittel im Realismus (A. → Stifter, A.v. → Droste, H. → Heine, N. → Lenau, C.F. → Meyer, Th. → Fontane) und vor allem durch → Nietzsche, der als Dichter und Philosoph das Wesen des deutschen I. zutiefst bestimmte.

Als »Weltanschauung« ist der I. ein radikaler Subjektivismus, der die Wirklichkeit nur aus ihrem Erscheinungseindruck auf das Ich erfährt, und geht letztlich zurück auf → Lockes »sensations« und → Humes »impressions«. In der Betonung der Stimmungen und Gefühle als der eigentlichen Organe der Welterfassung und in seiner Abneigung gegen Vernunft, Logik und System erwies sich der I. als ein bewußter Irrationalismus, der sich in seinem Zweifel an der Erkennbarkeit des hinter den Erscheinungen liegenden Wesens der Wirklichkeit bis zum → Agnostizismus und → Solipsismus entwickelte. Maßgebend für die philosophische Grundlegung des I. wurde neben Nietzsche die Psychologie Ernst Machs (»Beitrag zur Analyse der Empfindungen«, 1886) mit ihrer Auflösung der Ich-Identität und des Kantischen Dingbegriffs, die zum Zerfall des klassischen Persönlichkeitsideals und zu einem neuen, physiologisch begründeten Pansensualismus und Funktionalismus führte, später auch die Psychoanalyse Sigmund → Freuds mit ihrer Entdeckung des Unbewußten und Unterbewußten.

Bezeichnend ist ferner für den I. ein ethischer → Relativismus, der auch im Ethischen nur noch Nuancen, aber keine absoluten Werte mehr anerkannte und sich unter Berufung auf Nietzsches »Jenseits von Gut und Böse« rasch bis zum ästhetischen Amoralismus entwickelte, so daß bei vielen Impressionisten ethische Doppeldeutigkeit, Angst vor ethischer Entscheidung, ästhetisches Spiel mit Verbrechen und Laster oder sogar ethische Verantwortungslosigkeit zu finden sind. Im Verfall der bisherigen Moral und Ethik blieben bestehen eine aristokratische Künstlerethik, eine sich in Gestalten der römischen Spätantike oder der italienischen Renaissance spiegelnde egoistische → Herrenmoral und das ästhetische Pathos unbedingter Ehrlichkeit und Wahrhaftigkeit in der Darstellung aller Wirklichkeitsbereiche und rücksichtsloser Selbstverwirklichung des Ichs.

Religiös gesehen ist der I. die »Existenzform der glaubenslosen Zeit« (M.Picard), anfangs vielfach verbunden mit offenem Atheismus (F.Nietzsche, J.P. → Jacobsen) und Nihilismus. Mit zunehmender Verinnerlichung des I. zeigt sich auch eine romantische Sehnsucht nach einem neuen Mythos. Die Wendung zum Metaphysischen setzt beim deutschen I. ein durch das dem künstlerischen Schaffen zugrunde liegende Streben nach Überwindung der Subjekt-Objekt-Spaltung durch pantheistische Naturmystik und Allbeseelung, durch die Sehnsucht nach Erfahrung eines grundsätzlich in die Immanenz des »Hiesigen« einbezogenen, als irrationale Tiefenschicht der Wirklichkeit dunkel geahnten Übersinnlichen und Ewigen, dessen Symbolträger die Erscheinungen der Realität werden können (vgl. → Rilkes »Stunden-Buch«). Durch den Aufbau einer aus Traum und Phantasie geborenen ästhetischen Scheinwelt versucht der I. den Zugang zum Religiösen zu gewinnen; das zusammen mit → Angst und → Tod als Grenzwert des Lebens erfahrene Metaphysische wird in religiösen Symbolen (Gott, Engel, Heilige) dargestellt und gefeiert, deren ästhetischer Fiktionscharakter meist erkennbar bleibt, vielfach auch offen zugegeben wird (vgl. den späten Rilke), wie überhaupt eindeutige Aussagen über das Wesen des impressionistisch erfahrenen Metaphysisch-Religiösen möglichst vermieden werden. Der oberste Wert für den I. bleibt stets das Leben selbst in seiner ganzen Fülle und dem oft bis ins Kosmische erweiterten Reichtum seiner Möglichkeiten, deren künstlerische Verarbeitung zum eigentlichen Daseinsproblem des impressionistischen Künstlers wird, der nicht Wertung, sondern mitleidlose Verwandlung aller Wirklichkeitseindrücke ins Kunstwerk anstrebt - daher die Affinität zur zeitgenössischen → Lebensphilosophie (Nietzsche, → Bergson, → Dilthey u.a.). Der I. ersetzt dabei das statische Sein der Dinge durch dynamisches Werden, lebt von dem Versuch, einen Ausschnitt aus dem Lebensstrom oder Bewußtseinsstrom zu geben, in den das aufnehmende Ich bis zur völligen Auflösung seiner selbst eintauchen kann. »Wie der wesenlose Regenbogen spannt sich unsere Seele über den unaufhaltsamen Sturz des Daseins« (Hofmannsthal).

Aus christlichem Erbe stammt die Zeiterfahrung des I., sein Leiden am Gleiten der Zeit und des Daseins, die Erfahrung der Flüchtigkeit und Vergänglichkeit alles Menschlichen, die bes. bei den Wiener Impressionisten (H.v. → Hofmannsthal, L.v.Andrian, A.Schnitzler, H. Bahr, R.Beer-Hofmann u.a.) als Schwermut über die entgleitende Zeit zentrales Problem der Dichtung wie des Lebens wurde. Halt fanden die Impressionisten entweder im ästhetischen Auskosten des gelebten Augenblicks, in der Flucht in die Traumwelt der eigenen Stimmungen, in der Magie der Erinnerung als Wiederbeschwörung der Vergangenheit (M.Proust, »A la recherche du temps perdu«) oder im existentiellen Ausharren in der als Schicksal bejahten Vergänglichkeit und dem als letzten Sinn des individuellen Lebens aufgefaßten »eigenen Tod« (Rilke).

Der deutsche literarische I. war im wesentlichen von 1890–1910 die herrschende Stilrichtung und konnte sich, zumal fast alle bedeutenden Dichter durch ihn hindurchgingen, in vielfältigen Formen mit dem Naturalismus, Symbolismus und der Neuromantik verbinden. In seiner ersten Phase, die sich in vielen Fällen nur als eine Verfeinerung der Ansätze des Realismus und des »Sekundenstils« des Naturalismus erweist, wie ihn Arno Holz und Joh.Schlaf entwickelten, die selbst konsequent zum I. fanden, entstand ein naiv-physiologischer I., in dem Panerotik und Pansexualismus Triumphe feierten (R. Dehmel, D.v.Liliencron), wobei sich im Gegensatz zum ausländischen I. der viel stärkere Einschlag des → Vitalismus in Deutschland zeigte. Die erste Verfeinerung in der nuancierten Wiedergabe nervös-sensueller Landschafts- und Bildeindrücke brachte Max Dauthendeys Gedichtband »Ultraviolett« (1893), zugleich Ankündigung der Wendung ins Unsichtbar-Kosmische.

Die zweite Phase, der psychologische I., ließ die Wendung nach innen folgen, die Entdeckung der individuellen Seelenwelt im Wechsel der Stimmungen, Erlebnisse und Gefühle, die immer stärker differenziert und zerfasert wurden, so daß der I. immer mehr zur Nervenkunst neuer Sensationen und Reize im Dienste eines aufs höchste verfeinerten, oft dekadenten Schönheitsideals wurde. Die Proklamierung des »l'art-pour-l'art«-Prinzips bei den führenden Impressionisten als Ausdruck der absoluten Autonomie der Kunst brachte notwendig den Verzicht auf jede Tendenz, Sinn- und Bedeutungsgebung in der Dichtung mit sich, was schließlich aber zum völligen Wertzerfall oder zur Flucht in den ästhetisch-pseudoreligiösen Mythos führen mußte (St.George, Maximin). So machte sich bereits auf dem Höhepunkt des deutschen I., um 1900, immer offener seine Krise bemerkbar, der latente Nihilismus des raffinierten Ästhetizismus wurde offenbar, Hypersensibilität führte zu Lebensekel und Selbstzerstörung (Selbstmord W.Calés im Nov. 1904). Sichtbar wurde diese Krise ferner in der Todesverfallenheit des späten Liliencron († 1909), künstlerisch erfaßt als Erfahrung des Wirklichkeitszerfalls und der Sprachzerstörung bei Hofmannsthal (»Brief« des Lord Chandos 1901) und gestaltet als Untergang der passiven Romanfiguren (Rilkes Malte, Th. →Manns Hanno Buddenbrook u.a.).

Das Streben des deutschen I. nach Erfassung des Momentanen und der nervösen Seelenstimmungen bis in ihre feinsten Verästelungen brachte die dichterische Sprache und Technik der Moderne zu höchster Differenzierung und Vollkommenheit. Die wichtigsten Wirkungsmittel waren: Musikalität der Sprache (Klangmalerei, Alliterationen), Verbindung aller Sinneseindrücke zu bisher unerhörten Reizen (audition colorée, Synästhesie), Farbschattierungen und Farbsymbolik, sorgfältige Wahl der beschreibenden Adjektive, Substantive und Verben, Raffinement der Bilder und Vergleiche, Reimkünste (Einbeziehung unbedeutender Reimwörter und Enjambement), rhythmische Vielfalt und Freiheit, Dämpfung der Sprache bis zum Schweigen: Gebärdensprache und Pantomime im Drama als Versuch zur Darstellung noch des Unartikulierten und Unsagbaren, im Roman Bevorzugung des »inneren Monologs« und der »erlebten Rede« zur Wiedergabe des Bewußtseinsstromes.

Die Tendenz zur Formauflösung im I. entsprang seinem atmosphärischen Weltgefühl, dem Streben nach Verundeutlichung, Verschleierung der Gegenstandswelt und ihrer Strukturen, Verfließen der Konturen und Umrisse. Analog zum Pointillismus in der impressionistischen Malerei zeigte sich daher im literarischen I. eine Aufhebung aller Grenzen zwischen den Dichtungsgattungen und ihre Vermischung zur lyrischen Prosa, lyrischem Drama usw, ferner das Hervortreten der Einzelelemente durch nominalen Stil, Vernachlässigung der Syntax, Satzparataxen, Zurücktreten der Verben bis zum völligen Verschwinden, Vorausnahme des expressionistischen Telegrammstils, Andeutungs- und Assoziationstechnik, alogische Fügung aller Teile, Verselbständigung der Einzelbilder und Verzicht auf umfassende Symbole. Der Beschränkung auf Einzelimpressionen entsprach ferner die Bevorzugung der Kleinformen: in der Lyrik einfache Reimgedichte, Lied, Spruch usw bei gelegentlicher Reihung zu größeren, aber in sich unverbundenen Zyklen (auch in Zwischenformen wie Rilkes »Cornett«); in der Prosa Skizzen, Novelletten, Tagebuchblätter usw nach dem Vorbild Iwan Turgenjews; in der Philosophie der Aphorismus; im Drama der Einakter (A.Schnitzler), die lyrischen Dramolette (junger Hofmannsthal, junger Rilke) nach dem Vorbild Maurice Maeterlincks und Gabriele d'Annunzios, lyrische Dialoge und Szenenreihen (George und sein Kreis), wobei die nervösmelancholische Schauspielkunst der Eleonora Duse bewundertes Vorbild war. – Nur der impressionistische Roman bewahrte sich größere Breite (J.P. →Jacobsen, H.Bang, K.Hamsun, A.Schnitzler, Th. → Mann, Heinr. Mann, E.v.Keyserling, M.Dauthendey, A. → Gide, M. Proust, J.Romains, J. → Joyce, V.Woolf, K.Mansfield u.a.), neigte aber ebenfalls zu Formauflösung, Alogik, Fragmentcharakter und loser Tagebuchform (Rilkes »Aufzeichnungen des Malte Laurids Brigge«) und Vermischung epischer Erzählung mit philosophisch-zeitkritischen Einschüben (R.Musil, H.Broch) oder Übergang zu lyrischen Visionen (Brochs »Tod des Vergil«). Das Weiterleben der impressionistischen Romantechnik in Rußland bezeugt das Werk Boris Pasternaks (»Geleitbrief«, »Dr. Schiwago«).

Bes. eng ist der schon in den Anfängen (Baudelaire, Verlaine) zu beobachtende Zusammenhang zwischen I. und → Symbolismus (: II), da beiden die als bloße Erscheinungen aufgefaßten Dinge der äußeren Welt nicht mehr – wie in der → Klassik – ihrem objektiven Wesen nach als symbolisch galten, sondern nur noch als frei verfügbare Zeichen innerer Seelenzustände, Erlebnisse und Stimmungen der Subjektivität des Künstlers dienten, wobei dann Ichzerfall und Objektzerfall Hand in Hand gingen. Durch seine immer weiter fortschreitende Abstraktion von der äußeren Realität, seine Zersetzung der klassischen Formen und Inhalte, seinen radikalen Subjektivismus, die Betonung von Traum und Phantasie und der unverbindlichen Freiheit des ästhetischen Spiels wurde der I. die wichtigste Vorstufe zum → Expressionismus (: II) und → Surrealismus, die bis heute die literarischen Formen und Ausdrucksmöglichkeiten der deutschen → Literatur bestimmen.

H.Bahr, I., 1903 (in: Essays, 1912, 163–175) – R.Hamann, Der I. in Leben u. Kunst, (1907) 1923² – A.Soergel, Dichtung u. Dichter der Zeit, (1911) 1921¹³ – E.Köhler, E. u. J.de Goncourt, die Begründer des I., 1912 – K.Rost, Der impressionist. Stil Verlaines (Diss. Münster), 1915 – M.Picard, Das Ende des I., (1916) 1920² – W.A.Berendsohn, Der I. Hofmannsthals als Zeiterscheinung, 1920 – H.Naumann, Die dt. Dichtung der Gegenwart, (1923) 1924² – H.Breysig, Eindruckskunst u. Ausdruckskunst, 1927 – L.Thon, Die Sprache des dt. I., 1928 – K.Brösel, Veranschaulichung im Realismus, I. u. Frühexpressionismus, 1928 – W.Danckert, Das Wesen des musikal. I. (DVfLG 7, 1929, 137–156) – I.Betz, Der Tod in der dt. Dichtung des I. (Diss. Tübingen), 1937 – M.Hofmann, Das Wesen des impressionist. Stils (Diss. Wien), 1938 – J.Rewald, History of Impressionism, 1948.
F.W.Wodtke

Imprimatur, *Imprimi potest,* die Formel, mit der gewöhnlich die kirchliche Druckerlaubnis (= das I.) erteilt wird, die nach kath. Kirchenrecht für alle der kirchlichen → Zensur unterliegenden Bücher, Zeitschriften und Bilder notwendig ist. Diese Druckerlaubnis muß am Anfang oder Ende des betreffenden Werkes mit abgedruckt werden (c. 1394 § 1 CIC). *H.Barion*

Improperien (»Vorwürfe«, »Klagen«) gehören seit alters zur kath. Karfreitagsliturgie (→ Karfreitag), gewöhnlich von ein oder zwei Chören während der Verehrung des zuvor enthüllten Kruzifixes gesungen. Sie stellen antithetisch die Klage Jesu über den Undank seines Volkes dar. Ihre Wurzel liegt in Mi 6, 3 f: »Mein Volk, was habe ich dir getan?«, seit dem 9.Jh. (zuerst in St.Gallen) respondiert mit dreimaligem griech. und lat. → Trishagion, seit dem 13.Jh. dramatisiert durch die vorangehende dreistufige Kreuzenthüllung mit dem jedesmal um einen halben Ton steigenden Gesang des Zelebranten: »Siehe das Holz des Kreuzes usw«. – I. finden sich bereits im Missale von Bobbio (7.Jh.), im Ordo Romanus vulgatus (10.Jh.) und dringen schon vor 1145 in die röm. Liturgie am Lateran ein (Ordo Bernhardi 55 f). Baumstark sieht ihren Ursprung in der syrischen Kirchendichtung, Férotin den abendländischen Ausgang im spanischen Bußritus (Conc.Tolet. IV, 7). – Die I. wurden u.a. von → Palestrina und Vittoria vertont, neuzeitlich von J.Kromolicki, F.Krieg, auch ev. von K.Fiebig.

M.Férotin, Liber ordinum, 1904 – A.Baumstark, JLW 2, 1922, 1–17 – Ders., OrChr 25/26, 1928/29, 232–247 – Braun, LH 140 f – L.Eisenhofer, Hdb. der kath. Liturgik I, (1932) 1941² – LThK V, 379 (Lit.) – H.J.Moser, Die ev. Kirchenmusik in Deutschland, 1954 – MGG VI, 1092 f (Lit.).
F.Schmidt-Clausing

Imputatio

1. Begriff – 2. Biblisch – 3. Dogmengeschichtlich – 4. Systematisch

1. Der *Begriff* I. bedeutet im allgemeinen Sprachgebrauch: moralische oder juristische Zurechnung einer

Schuld oder eines Verdienstes auf Grund einer tatsächlich erbrachten Leistung, für die der Täter verantwortlich gemacht werden kann. (Die Tat eines Geistesgestörten zB ist nicht imputierbar.) In der Theologie hat der Begriff eine spezielle Bedeutung: Er bezeichnet denjenigen Akt Gottes, durch den er dem *Sünder* → Gerechtigkeit (: IV) zurechnet, dh ihn gerecht erklärt nicht auf Grund seiner tatsächlichen Gerechtigkeit, sondern aus derjenigen → Gnade (: V), die die → Sünde (: VI) *nicht* zurechnet (→ Rechtfertigung: III). I. der Gerechtigkeit und Non-I. der Sünde sind Wechselbegriffe. I. ist also sachlich gleichbedeutend mit → Sündenvergebung (:III), unverdienter Wiederherstellung der Gemeinschaft mit Gott durch den souveränen Gnadenakt Gottes selbst. Insofern ist der theologische Gebrauch des Begriffs seinem allgemeinen Gebrauch gerade entgegengesetzt: handelt es sich dort um die Zurechnung eines Verdienten, so hier um die Zuerkennung eines nicht Verdienten, ja Verwirkten.

2. Diese theologische Verwendung von I. hat ihre biblische Wurzel bei *Paulus*, der in der Entfaltung seiner Rechtfertigungslehre bes. in Röm 4 den Begriff λογίζεσθαι »zurechnen« gebraucht: Gott rechnet nicht die »Werke des Gesetzes« zur Gerechtigkeit an, sondern dem Glaubenden, dh dem sich auf die freie Gnade Verlassenden, rechnet er eben dies zur Gerechtigkeit (Röm 4, 5. 24 u.a.). Paulus seinerseits entwickelt diesen Begriff im Anschluß an das hebr. ḥašāb von Gen 15, 6.

3. Innerhalb der Geschichte der Theologie beginnt der Begriff der I. erst in der spätscholastischen Schule des *Ockhamismus* (→ Ockham) eine bedeutende Rolle zu spielen; hier aber wird er in eigentümlicher Verallgemeinerung über den Rechtfertigungsbezug hinaus zu einem Prinzip göttlichen Handelns überhaupt. Gott setzt den Status des Menschen positiv wie negativ grundsätzlich durch I. fest: Obwohl die Erbsünde keine reale Verderbnis des Menschen ist, rechnet er ihm die Schuld Adams zu; obwohl der unter dieser Schuldverhaftung Stehende die Gebote Gottes inhaltlich erfüllen kann, muß ihm Gott diese seine Gerechtigkeit nicht zurechnen, sondern rechtfertigt ihn nur auf dem Weg der Gnade, unter Zurechnung des Verdienstes Christi; und wiederum: obwohl das Verdienst Christi inhaltlich begrenzt ist und keineswegs die Schuld aller Menschen real aufwiegt, hat es Gott gefallen, nun gerade dieses Verdienst zur Aufhebung der Schuldverhaftung Aller anzurechnen. Aus der spezifischen Paradoxie des Begnadigungsaktes droht so die prinzipielle Irrationalität göttlicher Rechtssetzungen zu werden. – → Luther hat den Begriff I. von seiner ockhamistischen Schulung her übernommen, aber aus jener Verallgemeinerung gelöst und im paulinischen Sinne streng auf das Wunder der → Rechtfertigung (: II) des Sünders konzentriert. Gott hebt nicht eine ohne reale Begründung im Menschen selbst verhängte Schuldzurechnung ebenso grundlos wieder auf, sondern er rechnet demjenigen Gerechtigkeit zu, der wirklich ein Sünder ist und darum mit Grund und nach dem Recht von Gottes eigenem Gesetz dem Gericht verfallen ist. Diese Zurechnung von Gerechtigkeit wird in der reformatorischen Theologie entfaltet a) als Zurechnung des *Glaubens* zur Gerechtigkeit und b) als Zurechnung *Christi* bzw. des leidenden und tätigen Gehorsams Christi zur Gerechtigkeit. Beide Formeln wollen in ihrem inneren Zusammenhang verstanden sein, in dem sie sich gegenseitig vor Mißverständnis schützen.

4. a) Der heilschaffende I.sakt Gottes ist Zurechnung des *Glaubens* zur Gerechtigkeit. Mit dieser Formel schließen sich die Reformatoren unmittelbar an den Sprachgebrauch des Paulus in Röm 4 an. Die Formel kann mißverstanden werden, als seien zwar nicht »des Gesetzes Werke«, wohl aber der Glaube diejenige menschliche Leistung oder Beschaffenheit, die die Gerechterklärung »verdient«, den zu ihr geforderten menschlichen Wert darstellt und *darum* zugerechnet wird. Aber diese Deutung würde das paulinische und reformatorische Verständnis des Glaubens selbst aufheben. Denn → Glaube (: III. IV) ist nach diesem Verständnis nicht religiöse Qualität des Menschen, sondern das Ereignis der Begegnung des *vor Gott* allen Wertes baren Menschen, der an sich selbst auch im Augenblick dieser Begegnung nichts als Gericht verdient, mit der begnadigenden Gegenwart Gottes. Der Glaube ist nichts als das Annehmen dieser Begnadigung. Dieses Annehmen muß freilich geschehen, damit die Begnadigung wirksam werden kann – insofern »Zurechnung des Glaubens zur Gerechtigkeit«. Aber da dieser Glaube nichts anderes ist als: Gottes Gnade bei sich gegenwärtig sein lassen, ist er ganz und gar qualifiziert nicht durch sich selbst, sondern durch den, an den er glaubt. Wird also Glaube zur Gerechtigkeit gerechnet, so ist das gleichbedeutend damit, daß der Mensch dem Gott begegnet, der seine eigene Gerechtigkeit ihm zurechnet, dh für ihn einsetzt.

b) Eben darum bedeutet die zweite Formel: Zurechnung der Person und des Werkes *Christi* zur Gerechtigkeit, keinen Widerspruch zu der ersten, sondern ist deren Auslegung. Denn in Christus ist die begnadigende Gegenwart Gottes Person und Tat geworden (→ Christologie: III). Gott setzt seine eigene Gerechtigkeit so für die Sünder ein, daß er im Sterben Christi ihre Schuld gerichtet sein läßt und ihnen die Teilhabe am Leben und an der Reinheit Christi zuspricht. Luther entwickelt das in der Lehre vom »fröhlichen Wechsel«: Christus nimmt unsere Sünde auf sich und gibt uns dafür seine Gerechtigkeit. – Die I. oder Gerechtigkeit will also als rechtsgültiger Zusammenspruch des Menschen mit dem lebendigen Christus als dem Träger der neuschaffenden Gottesgerechtigkeit verstanden sein. Gott setzt durch sie nicht nur die Zurechnung der Schuld außer Geltung, sondern er versetzt eben damit in den zur Heiligung wirksamen Lebenszusammenhang mit sich selbst. So ist diese I. von dem innermenschlichen moralischen und rechtlichen Begriff der I. durch eine doppelte Paradoxie geschieden: muß diese sich auf Leistung und Verdienst des Menschen beziehen, so ergeht die göttliche I. gegen Verdienst und Würdigkeit; kann die moralisch-rechtliche I. nur feststellend auf gegebenen Tatbestand reagieren, so ist die göttliche I. das Schöpferwort, das gerade dem, was *nicht* ist, ruft, daß es werde.

Zu 2: H.-W. Heidland, Die Anrechnung des Glaubens zur Gerechtigkeit, 1936 – ThW IV, 287ff. – Zu 3: Seeberg, DG III, 764ff – H.E. Weber, Reformation, Orthodoxie u. Rationalismus I/1, 1937, passim. Ferner die Lit. zu → Rechtfertigung: II. III u. die einschlägigen Abschnitte in den Lehrbüchern der → Dogmatik. *W. Joest*

Independenten → Kongregationalisten.

Indeterminismus

1. Der I. und die zwei Formen des D. – 2. Die gemeinsame Anthropologie des I. und des D. – 3. Die Stellung der Theologie im Streit zwischen I. und D. – D. = Determinismus

1. Der I. operiert mit folgendem Gedankengang: Ist die Wahl des Menschen durch Erbe und → Milieu determiniert, so hat es keinen Sinn, ein ethisches Urteil über sie und die sich aus ihr ergebenden Handlungen zu fällen; da aber davon ausgegangen werden muß, daß es Sinn hat, ethische Urteile zu fällen, ergibt sich die Schlußfolgerung, daß die Wahl nicht determiniert ist.

D. kann zweierlei bedeuten: a) Von der Erkenntnis ausgehend, daß die Wahl des Menschen determiniert ist, wird ihm → Verantwortung und Schuld (→ Sünde: VII) abgesprochen. Es wird darauf hingewiesen, daß bei zunehmender Einsicht in den Einfluß von Erbe und Milieu auf die → Persönlichkeit und den Charakter des Menschen auch mit einer entsprechenden Minderung seiner Verantwortung bzw. Schuld gerechnet werden kann. Der Richter realisiert dies, wenn ihm das Milieu des Angeklagten geschildert wird, der Psychiater, wenn er die Konstitution eines Menschen als psychopathisch erkennt. Diese Form des D. teilt also mit dem I. die Auffassung, daß es keinen Sinn hat, von Verantwortung und Schuld zu sprechen, wenn der → Wille und die Wahl determiniert sind. Nur ist ihr Ausgangspunkt nicht der des I., daß es nämlich Sinn haben muß, ethische Urteile zu fällen. Deswegen zieht der D. auch nicht die Folgerung des I., daß Wille und Wahl nicht determiniert sind. Er hat den entgegengesetzten Ausgangspunkt, nämlich daß Wille und Wahl determiniert sind, und folgert, daß Verantwortung und Schuld Illusionen sind.

b) Häufiger jedoch findet man in der heutigen Philosophie eine andere Form des D. Um eine Handlung vorsätzlich nennen oder das Urteil fällen zu können, sie sei gut oder schlecht, genügt es ihr zufolge, daß der Mensch anders hätte handeln können, *wenn* er gewählt hätte, anders zu handeln. Der Grund dafür, daß es Sinn hat, ein Verbrechen zu verurteilen, ist, daß der Mensch das Verbrechen nicht begangen hätte, wenn er es nicht gewollt hätte; der Grund dafür, daß es in der Regel keinen Sinn hat zu verurteilen, daß ein Mensch erkrankt ist, ist der, daß er krank geworden wäre, auch wenn er es nicht gewollt hätte. Die Verantwortung ist nicht durch das Kausalprinzip, durch die Determiniertheit des Willens aufgehoben, sondern das wäre erst dann der Fall, wenn alle Handlungen unvorsätzlich wären, so daß es keinen Unterschied gäbe zwischen dem vorsätzlichen Begehen eines Verbrechens und dem unvorsätzlichen Erkranken (G.E.Moore).

Es verhält sich hierbei genau umgekehrt wie bei der Auffassung, die der I. und die erstgenannte Form des D. teilen: Nur wenn die Wahl determiniert ist, hat es Sinn, ethische Urteile über sie zu fällen; denn das ethische Urteil rechnet damit, selbst als neuer Faktor zu all den anderen Faktoren hinzuzutreten, die die Wahl des betreffenden Menschen determinieren. Ist die Wahl dagegen nicht determiniert, so entspringt sie nicht der Persönlichkeit, sondern ist rein zufällig; man kann dann also nicht damit rechnen, auf die Persönlichkeit und ihre Wahl Einfluß auszuüben, weswegen es auch keinen Sinn hätte, ethische Urteile zu fällen. → Determinismus, 3.

2. Charakteristisch für die Diskussion zwischen I. und D. ist es, daß der I., obgleich er dem D. in seiner Argumentation unterlegen ist, unverdrossen seinen Einspruch aufrechterhält. Dies erklärt sich daraus, daß der I. im D. eine Gefährdung des ethischen Daseins des Menschen sieht, in seiner Argumentation jedoch lediglich als eine Negation des D. auftritt und somit dessen Voraussetzung teilt, daß der → Wille eine psychische Funktion sei. Wo man die menschliche Psyche als einen Funktionszusammenhang betrachtet, will man Gesetzmäßigkeiten auf die Spur kommen, und das Verständnis des Willens als einer psychischen Funktion setzt stillschweigend voraus, daß er determiniert ist. Der I. macht sich also von Anfang an des Widerspruches schuldig, dem Willen als psychischer Funktion Freiheit zuzuerkennen.

Man hat daraus gefolgert, daß das Interesse am ethischen Dasein, das den I. hervorgebracht hat, nur dann zu seinem Recht kommen kann, wenn die dem I. und D. gemeinsame Anthropologie überwunden wird. Die neu entstandene Fragestellung lautet dann so: Ist der Mensch ein selbstbezogenes Ganzes, reagiert er von einem persönlichen Zentrum aus (P. → Tillich)? Dann wäre die Auffassung der wissenschaftlichen → Psychologie, die die menschliche Psyche als Funktionszusammenhänge betrachtet, trotz ihrer Zweckmäßigkeit zur Ergründung von Gesetzmäßigkeiten, phänomenologisch gesehen falsch. Oder aber hat die wissenschaftliche Psychologie das Alleinrecht, die menschliche Psyche zu beschreiben, wonach der Mensch aus einer Anzahl von Vorgängen bestünde, deren verschiedene Gruppierung durch kausale Gesetze zustande kommt (B. → Russell)? Vgl. → Entscheidung, 2; → Determinismus, 2.

3. Da es in der Natur der Sache liegt, daß Theologen nicht der ersten Form des D., die Verantwortung und Schuld als Illusionen betrachtet, beitreten können, haben sich viele von ihnen dem I. angeschlossen. Doch bei weitem nicht alle. → Luthers und → Calvins Auffassungen liegen in dieser Hinsicht auf der gleichen Linie wie die zweite Form des D. Wie es hier heißt, daß die Handlung trotz der Determiniertheit des Willens gewollt und somit gut oder schlecht ist, so betonen die Reformatoren, daß die Gebundenheit des Willens nicht die Verantwortung des Menschen für das aufhebt, was er ist und tut. In beiden Fällen wird daher auch zwischen Notwendigkeit und Zwang unterschieden. Sowohl die Determiniertheit des Willens im Sinne einer Kausalbestimmtheit als auch die Gebundenheit des Willens im Sinne einer Verfallenheit des Menschen in der Gottlosigkeit an das Böse besagen, daß der Mensch notwendigerweise will, was er will, wobei jedoch die Notwendigkeit nicht die Verantwortung des Menschen aufhebt. Dies geschähe erst, wenn Zwang vorläge. Der Wille kann jedoch nicht gezwungen werden, da wollen soviel bedeutet wie gelüsten, belieben, erpicht sein auf usw. Nur die Handlung kann erzwungen werden - gegen den Willen des Menschen.

In anderer Hinsicht dagegen ist die Auffassung der Reformatoren verschieden von der zweiten Form des D. a) Gebundenheit und Determiniertheit bezeichnet zweierlei. Gebunden ist der Mensch in seiner Gesamtheit, während nur die einzelnen psychischen Vorgänge des Menschen determiniert sind. Während die Reformatoren davon ausgehen, daß der Mensch ein Ganzes ist, setzt die Rede von der Determiniertheit voraus, daß der Mensch eine Reihe von psychischen Vorgängen ist, die durch kausale Gesetze verknüpft sind. - b) Die Reformatoren nahmen eine Unterscheidung vor, die sich weder in den Überlegungen des I. noch des D. findet. Sie verleiht dem Wort vom »freien Willen« bei den Reformatoren seine Bedeutung. Bei Luther hat diese Distinktion folgenden Charakter: Gott hat in seinen Geboten und Befehlen dem Menschen seinen persönlichen Willen geoffenbart. In der Begegnung mit diesen erfährt der Mensch in der Sündenerkenntnis und im Glauben seinen eigenen Willen als gebunden. Seinen Willen im ontologischen Sinne, mit dem er auf unpersönliche Weise, dh ohne Gebote und Befehle, den Willen und die Handlungen des Menschen leitet, hat Gott dagegen dem Menschen nicht geoffenbart. Hier erfährt der Mensch daher - in Ermangelung von Geboten und Befehlen - seinen eigenen Willen als frei. Er kann tun, was er will, ungeachtet dessen, daß Gottes Wille - ontologisch verstanden - den Menschen auch in den Handlungen leitet, die er aus freiem Willen in den bürgerlichen Beziehungen übt. »Freier Wille« bedeutet hier also weder wie im I. absoluter, kausalitätsgelöster Wille noch wie in der ersten Form des D. Illusion und ebensowenig wie in der zweiten Form des D. dies, daß der Wille im Unterschied zur Handlung nicht gezwungen werden kann; »freier Wille« meint vielmehr, daß der Mensch im ethisch-religiösen Sinne freigestellt ist. Probleme, die denen des I. und des D. analog sind, entstehen daher erst, wenn sich die

Frage erhebt, ob die Verantwortung des Menschen hinfällig wird, wenn der Wille gebunden ist, und ob die Freiheit des Menschen sich dadurch als Illusion erweist, daß sein Wille von Gottes ontologisch verstandenem Willen geleitet wird (→ Willensfreiheit).

Außer der Lit. zu → Determinismus, → Willensfreiheit u. den Darstellungen der →Ethik: G.E.MOORE, Ethics, Oxford (1912) 1947, 122ff - EISLER III, 571ff (Lit.) - C.D.BROAD, Determinism, Indeterminism and Libertarianism, Cambridge 1934 - C.L.STEVENSON, Ethics and Language, New Haven (1944) 1950, 298ff - P.TILLICH, Systematic Theology I, Chicago 1951, 182ff; dt. 1955, 217ff.

K.E.Løgstrup

Index *librorum prohibitorum,* im kath. Kirchenrecht die amtliche Zusammenstellung aller vom Hl. Stuhl (meist vom Hl. Offizium [→ Kurie]) erlassenen speziellen Bücherverbote. Sie gelten für die Gesamtkirche; Verbote für ihren Teilbereich können auch die übrigen Ortsordinarien, die höchsten Klosteroberen und die Partikularkonzilien erlassen. Das Bücherverbot ergeht jeweils auf Grund einer Nachzensur (→ Zensur), so daß auch Bücher, die bei der Vorzensur die Approbation erhielten (→ Imprimatur), später indiziert werden können.

Die Bücherverbote des I. konkretisieren das *allgemeine Bücherverbot.* Dieses umfaßt außer einem beschränkten → Bibelverbot alle Bücher, Schriften, Zeitschriften, Zeitungen, die Fragen der Glaubens- oder Sittenlehre im Widerspruch zur kath. Lehre behandeln, die die Kirche angreifen, die ex professo Laszives oder Obszönes bringen, schließlich alle nichtapprobierten Veröffentlichungen über neue Offenbarungen, Wunder, Andachten usw, alle nichtapprobierten neuartigen religiösen Bilddarstellungen und alle nicht originalgetreuen Ausgaben amtlicher liturgischer Bücher. - Das *spezielle Bücherverbot* verbietet die Herausgabe, Lektüre, Aufbewahrung, Übersetzung und jegliche Verbreitung der betroffenen Schriften. Jedoch kann aus besonderen Gründen Befreiung erteilt werden. Ipso iure befreit sind die Kardinäle, die Bischöfe und sonstigen Ordinarien.

Die Strafsanktion des Bücherverbots (dem Hl. Stuhl speziell reservierte Exkommunikation) ist beschränkt auf das Herausgeben polemischer Schriften von Apostaten, Häretikern, Schismatikern sowie auf die Verteidigung und auf die böswillige Lektüre und Aufbewahrung dieser und aller vom Papst selbst namentlich verbotenen Schriften.

Die Unterdrückung von Schrifttum, das aus Glaubensgründen beanstandet werden muß (vgl. schon die Verbrennung der Zauberbücher in Ephesus: Apg 19, 19) gewann größeren Umfang erst mit der fortschreitenden inhaltlichen Festlegung der Grenzen zwischen Rechtgläubigkeit und Ketzerei (→ Häresie). Als erster I. kann der Schlußteil des Decretum Gelasianum (→ Gelasius I., Anfang des 6.Jh.s) betrachtet werden. Mit der Erfindung der Buchdruckerkunst gewann die Indizierung dann allgemeine Bedeutung. Der erste I. der Neuzeit stammt von dem damaligen Nuntius in Venedig, Casa (1549), der erste römische I. erschien 1559, der tridentinische 1564. Die letzte amtliche Neuausgabe des I. erfolgte 1948.

cc. 1395-1405. 2318 CIC - A.SLEUMER, Index Romanus, (1906) 1956[11] - DDC V, 1318ff (Lit.) - L.HOFMANN, Der I. der verbotenen Bücher (TThZ 64, 1955, 205-220) - Lehrbücher des → Kirchenrechts. - Zur Gesch.: FEINE (Reg. s. v. Bücherzensur; Lit.).

H.Barion

Indianer

I. Religionsgeschichtlich - II. Missionsgeschichtlich

I. Religionsgeschichtlich

1. Allgemeine Charakteristik - 2. Die Religionen der niederen Jäger - 3. Die Religionen der höheren Jäger - 4. Die Ackerbaureligionen - 5. Die Religionen der Hochkulturen - 6. Revivalismus und Messianismus. - Vgl. → Amerika: I, → Amerikanistik

1. Aufs Ganze gesehen weisen die Religionen der amerikanischen Urbewohner keine besonderen *Charakterzüge* auf. Man findet denselben Glauben an die → Macht und die Mächte (→ Geister, → Sondergötter, Hochgötter) wie in anderen primitiven und höher entwickelten Religionen, dieselben magischen Verrichtungen und kultischen Bräuche. Doch kann man in zwei Hinsichten eine indianische Eigenart unterscheiden: Die primitiven Vorstellungen und Riten sind vom indianischen Geist geprägt: zB in der Härte und Strenge der Selbstkasteiung der Medizinmänner oder im Individualismus bei der Schutzgeistsuche. Ferner gibt es, den Kulturprovinzen entsprechend, verschiedene Religionsprovinzen mit ganz besonderem Gepräge (Sonnentanz und intensive Schutzgeistsuche bei den Prärie-I.n, → Hochgottglaube und Weihezeremonien bei den Feuerländern). Kennzeichnend für die Religionen der → Naturvölker Nordamerikas sind Schutzgeist- oder Visionssuche, ein entwickelter Zeremonialismus und die → Geheimbünde. Die Religionen der Naturvölker Südamerikas zeichnen sich bes. durch ihren verwickelten Geisterglauben, ihre Astralmythologie und ihre Vegetationsgöttinnen aus (obwohl diese Züge weniger ausgeprägt sind als die der nordamerikanischen Religionen). Die Religionen der amerikanischen Hochkulturen bilden eine auf primitiver Grundlage entwickelte Einheit mit sakralem → Königtum, → Priestertum, → Tempel und mächtigem Kult.

2. Die älteste Religionsstufe bilden die *niederen Jägerstämme,* vor allem im nördlichen Nordamerika und im südlichen Südamerika. Im Zentrum ihres Lebens steht das Wild; Religion und → Magie sind daher auf Jagdriten (→ Jäger) und Jagdzauber eingerichtet. Eine wichtige Rolle spielt der → Herr der Tiere. Tiergeister beherrschen auch die Phasen des Menschenlebens; sie offenbaren sich in den Visionen bei der → Pubertäts-Weihe, helfen dem Schamanen bei der Krankenheilung usw. Gewisse Tiere werden mit kultischen Zeremonien verehrt, bes. der Bär im nördlichen Nordamerika (→ Bärenfest). In Südamerika treten die Tiergeister auch als Buschgeister auf; bekannt ist zB die Naturbeseelung der I. in → Guayana (, 1). - Aber schon in diesen primitiven Kulturen weiß man von Höchsten Wesen (→ Hochgottglaube), bes. deutlich bei den Feuerländern, den Zentralkaliforniern und den Nordalgonkinern (Großer Geist oder »Manitu«) im Osten Kanadas. Diese Hochgötter lenken das Leben, zB von der Spitze des Weltenpfahles her (Delawaren), und sind bisweilen auch Schöpfer. Daneben begegnet der → Kultur- oder Heilbringer; er ist in Nord- und Südamerika weit verbreitet, oft theriomorph und bisweilen, am meisten in Nordamerika, ein Schelm. Er hat die Kulturinstitutionen eingeführt, tritt daneben auch als assistierender Schöpfer auf und steht darum mitunter im Gegensatz zum Höchsten Wesen. - Eine hervorragende Rolle spielt in der Jägergesellschaft der Schamane (→ Schamanismus) oder - wie er bes. in Nordamerika heißt - der → Medizinmann. Mit Hilfe seiner Schutzgeister kann er seine → Seele (Freiseele) heraussenden, um die Seele eines kranken Mannes zu holen, oder den → Krankheits-Dämon aus dem Körper des Kranken heraussaugen. Der Medizinmann ist auch Regenmagiker (→ Regen), er kann das Wild hervorlocken und die Feinde durch Zauberhandlungen (→ Zaubersprüche) vernichten. - Was das Leben nach dem → Tode angeht, so stehen → Seelenwanderungs-Vorstellungen und Ideen von Seelenreichen jenseits der Berge im Westen, auf einer Insel im Meer, im Himmel oder anderswo nebeneinander.

3. Die sog. *höheren Jäger* haben einen entwickelteren Religionstypus. Das Zusammengehörigkeitsgefühl mit der Natur, bes. mit den Tieren, äußert sich hier im → To-

temismus: der Mensch und seine Gruppe (Klan) steht in mystischer Beziehung zu einer bestimmten Tierart. Vielleicht geht der Totemismus auf die individuelle Schutzgeistsuche zurück. Die letztere ist für Nordamerika typisch und kann als »demokratisierter Schamanismus« gekennzeichnet werden: jeder Mensch versucht, sich einen Tiergeist zu erwerben. In → Mexiko (: I) ist der Mensch nicht nur mit dem Geist, sondern auch mit dem Körper eines Tieres verbunden (Nagualismus). In Nordamerika schließen sich Medizinmänner des gleichen Schutzgeistes vielfach in Geheimbünden zusammen (vgl. das Midewiwin oder die große Medizingesellschaft der Ojibway, die Wolfgesellschaft der Nutka). Die esoterischen Gesellschaften verwalten die heiligen Bündel oder die »Stammesmedizin« (Medizin = übernatürliche Macht und Fähigkeit; vgl. das Orenda der Irokesen, das Wakan der Sioux). Ein berühmter Stammesfetisch ist die heilige Pfeife der Arapaho-I. (Prärie-I.). - Auch bei diesen Jägern begegnet der Glaube an einen Hochgott und ist vielfach von den Schamanen und Denkern systematisch geordnet worden; bei den Sioux zB ist Wakan Tanka oder Wakonda ein höchster Gott, aber auch der Inbegriff aller kosmischen Mächte. Die Kluft zwischen niederen Geistern und hohen kosmischen Wesen wird durch mehrere Naturgötter überbrückt, in Südamerika vor allem durch die Sonnen- und Mondgötter. Von Bedeutung ist auch der Donnervogel. Der Kult der höheren Mächte, bes. der Himmels- und Sonnengötter, gipfelt auf der Prärie in dem Sonnentanz (ursprünglich eine Jahreszeremonie für die Vermehrung der Naturgaben). - Die Vorstellungen vom Jenseits sind mannigfaltig und verworren. »Die ewigen Jagdgründe« werden in verschiedener Weise lokalisiert.

4. Bei den Religionen der *Ackerbauer* außerhalb der Hochkulturen stehen nicht die Tiere, sondern die Pflanzen im Vordergrund, und statt der Anbetung himmlischer Wesen dominiert der Kult → chthonischer Gottheiten, vor allem der Erd- und der Vegetationsgöttin. Diese Göttinnen sind bisweilen identisch, können aber auch getrennt voneinander vorkommen, zB unter den Zuni in Neu-Mexiko; in Brasilien findet man sie als Maisgöttinnen, Cassavagöttinnen u.dgl. Nicht selten findet sich ein kosmischer → Dualismus: Himmelsvater und Erdemutter, bisweilen auch zwei Kulturheroen (oft → Zwillinge). Die Menschen kommen aus dem Schoß der → Erde und kehren nach dem Tode dorthin zurück. - Diesen Vorstellungen entspricht ein entwickelter Kult. Die Agrarmächte werden in → Masken-Tänzen repräsentiert, und der mythologische Dualismus hat sein Gegenstück in einem kultischen Dualismus (rituelle Hälfte, Zweiklassensystem), wodurch man die kosmischen sowie die irdischen Vorgänge, bes. den Vegetationsrhythmus, zu beeinflussen sucht. Merkwürdigerweise spielt der Ahnenkult (→ Totenverehrung: I) in diesem Zusammenhang eine geringere Rolle als bei anderen Ackerbaukulturen (und bes. in Südamerika). Die → Fruchtbarkeit der Gefilde wurde früher bei einigen Stämmen durch → Menschenopfer gefördert; die Pawnee zerstückelten ein Mädchen und ließen ihr Blut über die Äcker fließen. In Nordamerika kam sakramentaler → Kannibalismus häufig vor.

5. In den alten *Hochkulturen* → Mexikos und → Perus (Azteken, Maya, Inkas) erreichte der Agrarritualismus seinen Höhepunkt. Das Ritual wurde von Priestern in Tempeln (Peru) oder auf Pyramiden (Mexiko) ausgeführt. An der Spitze der Priesterhierarchie stand ein sakraler König, der mit den göttlichen Mächten, in Peru zB mit der → Sonne, nahe verwandt geglaubt wurde. Berühmte Götter und Kulturheroen sind der peruanische Viracocha und der aztekische Quetzalcohuatl. Der Sonnengott der Inkas wurde von keuschen Jungfrauen, die aztekischen Götter durch Menschenopfer und kannibalische Zeremonien verehrt.

6. Nach der »Bekehrung« der I. zum Christentum (→ Indianer: II) haben viele sog. *revivalistische* Bewegungen stattgefunden: Christliche und heidnische Ideen verbanden sich miteinander, und der Messianismus ist mit nationalen Hoffnungen und Zielen zusammengeflossen (vgl. nordamerikanischer Geistertanz 1890, Rio Negro-Prophetismus 1850-1900). Wichtig für den Amalgamationsprozeß zwischen christlichem und heidnischem Gut wurde seit ca 1900 der Peyotekult unter den I.n der USA. - Vgl. → Ackerbau: I, → Eschatologie: I, → Feste: I, → Naturdienst, → Tanz: I, → Traum, → Vision: I.

Vgl. außer der Lit. zu → Amerikanistik: H.B.Alexander, North American Mythology, 1916 - Ders., Latin American Mythology, 1920 - Art. Mythologie, Religion, Schamanismus, Seele usw in ERE - S.Huber, Im Reich der Inkas. Gesch., Götter u. Gestalten der peruanischen I., (1951) 1956² - S.Bechmann, Der Schamanismus bei den I.n des subarktischen Amerika (Phil. Diss. Wien), 1958 (Masch.). - Zu 6: J.Mooney, The Ghost-Dance Religion (BAE 14, 2), 1896 - W.La Barre, The Peyote Cult (Yale Univ. Publ. in Anthrop. 19), 1938.

Å.Hultkrantz

II. Missionsgeschichtlich

In den Verfassungen von Virginia, Massachusetts und Connecticut war die Evangelisierung der amerikanischen I. als Hauptzweck der Kolonisation niedergelegt; die Siedler waren jedoch mehr daran interessiert, sie von ihren Besitzungen zu vertreiben als sie zu bekehren (→ Amerika: II, 1). Mission entstand im 17.Jh. nur durch wenige Geistliche und Laien; sie erhielt aber bald in Neu-England starke Unterstützung und sogar eine Art staatliche Hilfe. Berichte darüber führten 1649 zur Gründung der New England Company (London) und 1709 zur schottischen Society for Propagating Christian Knowledge (→ Schottland: II), die beide die indian. Missionen finanziell unterstützten. Die 1701 organisierte S.P.G. (→ Anglikanische Kirche: II, 1) wollte sich ursprünglich ganz den I.n widmen, brachte die Mission jedoch nur bis zu den Mohawks. Zwischen 1787 und 1810 wurden zahlreiche Missionsgesellschaften für I. und Siedler gegründet. Fast alle gingen später in den Foreign and Home Mission Boards auf. Alle frühen Missionsgesellschaften, als erste der American Board of Commissioners for Foreign Missions (1810), trieben eine ausgedehnte Arbeit unter den I.n, übergaben jedoch Ende des 19.Jh.s ihre Mission an die Home Mission Boards, die gegenwärtig die Arbeit völlig übernommen haben. Das Indian Committee of the Division of Home Missions of the National Council of Churches koordiniert die Tätigkeit fast aller Missionen innerhalb der USA. - Der ursprüngliche Beweggrund für die indian. Mission im 17.Jh. war einerseits der Wunsch, Gott die Ehre zu geben, andererseits das Mitleid mit der geistlichen und körperlichen Not der Eingeborenen. Im 18.Jh. kam ein gewisses Schuldgefühl gegenüber den I.n wegen der Besitznahme ihres Landes hinzu, und im 19.Jh. wurde der christliche Dienst eine Art Wiedergutmachung für alle Fehler, in die der Weiße den I.n gegenüber gefallen war. - Die Missionen zeigten wenig Verständnis für die indian. Kultur; »Zivilisierung« wurde allgemein mit der Christianisierung verquickt. 150 Jahre lang herrschten die Methoden J. → Eliots vor (zB auch bei D. → Zeisberger): Zusammenfassung der Christen und der Taufbewerber in Ortschaften rund um Kirche und Schule, Gründung von Kirchen unter einem Missionar mit eingeborenen Hilfskräften, Übersetzung der Bibel und christlicher Literatur, handwerkliche Ausbildung zusammen mit elementarem Unterricht. Nachdem die Regierung Reservate angelegt hatte, konzentrierte sich die Arbeit auf rassisch abgetrennte Kirchen und Schulen in den Reservaten. Heute liegt der Nachdruck auf dem Dienst an den I.n in den großen Städten, in die sie übersiedeln, und zwar im Streben nach geringstmöglicher rassischer Trennung. Es gibt nur noch wenige heidnische I.; die christlichen bedürfen großenteils weiterhin der kirchlichen Fürsorge.

R.S.Walker, Torchlights to the Cherokees: the Brainerd Mission, New York 1931 - L.C.M.Hare, Thomas Mayhew, Patriarch to the Indians, ebd 1932 - G.W.Hinman, The American Indian and Christian Missions, ebd 1933 - Latourette IV, 299ff - G.E.E. Lindquist, Indians in Transition, New York 1950 - E.Gray, Wilderness Christians (Moravian), Ithaca/N.Y. 1956. *R.P.Beaver*

Indien

I. Politisch-ethnologisch - II. Religionsgeschichte - III. Die indischen Religionen und die christliche Botschaft - IV. Missions- und Kirchengeschichte. - Zur religiösen Kunst in Indien s. →Kunst: II D. - Vgl. → Ceylon, → Indonesien, → Kirchenbau: VII, → Malerei: VII

I. Politisch-ethnologisch

»I.« meint hier Vorder-I. vor 1947. Der alte, jetzt gern wieder gebrauchte Name ist »Bharata Varsha«, dh Land des mythischen Königs Bharata. »I.« geht zurück auf den Flußnamen »Sindhu« (so die Arier) bzw. »Indos« (so die Griechen). Die Ind. Union umfaßt 3 288 368 qkm, → Pakistan 944 669 qkm. Der Zensus von 1951 ergab eine Bevölkerung von 437 687 000 (davon 75 842 000 in Pakistan). 1872 waren es nur 265 Mill., später (1941) 388 Mill.

Die Amtssprachen der Ind. Union sind Hindi (in Devanagari-Schrift, aber mit den internationalen Zahlzeichen) und bis 1965 noch Englisch; in Pakistan sind Urdu und seit 1953 auch Bengali Nationalsprachen. Das gesprochene Hindi-Urdu ist praktisch *eine* Sprache, aus der sich die gemeinsame Sprachform des Hindustani entwickelt, das zunehmend in ganz I. verstanden wird. Die Zahlenangaben für die in I. gesprochenen Sprachen sind meist unklassifiziert und deshalb irreführend. So spricht der Zensus der Ind. Union (1951) von 782 »Sprachen«, von denen allein 378 Dialekte von je rd 100 Menschen (zT sogar weniger) gesprochen werden. Tatsächlich gibt es nur (nach Nehru) 15 moderne Hauptsprachen. Die indo-arischen sind: Hindi-Urdu, Bengali, Marathi, Gujrati, Oriya, Assamesisch, Rajasthani, Punjabi, Sindhi, Pashto und Kashmiri. Die dravidischen sind: Tamil, Telugu, Kanarese und Malayalam. Die Sprachentwicklung zeigt bei vielen Primitivstämmen ein Überwechseln zu diesen beiden Hauptsprachgruppen; die arischen Sprachen drängen die dravidischen mehr und mehr zurück. Die Zahl der Alphabeten stieg 1941-51 von 13,6 auf 18% in der Ind. Union und auf 13,8% in Pakistan; die Höchstzahl erreichten die Christen in Travancore mit 80%.

Auch in I. sind Sprachgrenzen keine Rassegrenzen, denn Sprache und Rasse gehen auseinander. Man hat I. als »ethnographisches Museum« bezeichnet. Über die vorgeschichtliche Besiedlung gibt es verschiedene Theorien. Um 1900 unternahm Sir H.Risley in seiner heute aufgegebenen 7-Rassen-Theorie (turko-iranisch, indoarisch, skytho-dravidisch, aryo-dravidisch, mongolo-dravidisch, mongoloidisch und dravidisch) den ersten Ordnungsversuch. Eine deutsche anthropologische Expedition (1926-29) führte Frhr.v.Eickstedt zu der Annahme von zwei großen Wellen aus dem europäischen Raume: die primitiven Veddiden, welche die Indo-Negriden genannten Vorfahren der heutigen melaniden Bevölkerungsteile durchdrangen, sodann die Welle der langköpfigen Indiden vorwiegend ostmediterraner Art. Bei den Ausgrabungen der erstaunlichen Stadtkulturen aus dem 3.Jt. vChr aufgefundene Skelette wurden als der mediterranen Rasse zugehörig bestimmt. Suniti Kumar Chatterji nannte folgende Einwanderungswellen: die negroide Rasse, vom Westen her Proto-Australoiden, wahrscheinlich noch vor den Ariern die Mongoloiden, noch vor 3500 vChr die hochentwickelte dravidische Rasse aus dem östlichen Mittelmeerraum (die Gründer der Stadtkulturen auch von Mohenjo-Daro und Harappa) und zuletzt die Arier vom südlichen Ural, mit denen (nach K.M.Panikkar) »das Denken in Rassen und Hautfarben« nach I. kam. H.Heras SJ schließlich läßt vor den Ariern die Negriden, Austrier und Draviden als die drei Hauptrassen ansässig sein. Bei aller Verschiedenheit besteht Einmütigkeit darin, daß große Einwanderungswellen aus dem europäisch-kleinasiatischen Raum nach I. gekommen sind. I. blieb auch ferner Einwanderungsland und wurde durch fremde Eroberer beherrscht. Nach den Griechen (326 vChr → Alexander d.Gr.) kamen die Skythen und Parther; im 5.Jh. erfolgte der Hunnensturm, schon 711 eroberten die Araber Sind und das untere Punjab, und um 1200 begann die eigentliche mohammedanische Eroberung; ab 1211 (Jingis Khan am Indus) geschahen 11 Mongoleneinfälle, 1498 erschienen die Portugiesen, danach Dänen, Holländer und Franzosen; letztere wurden in langen Kämpfen von den Engländern besiegt. Deren East India Company war am 31.12.1600 privilegiert worden. Noch um 1750 aber besaß diese nur einige und dazu weit auseinanderliegende Handelsstationen. Doch später herrschte sie allein über ganz I., seit 1833 als Treuhänderin der englischen Regierung. Am 1.9.1858 übernahm die britische Krone bis 1947 die Regierung.

I. hatte schon in vorchristlicher Zeit viele Handelsverbindungen und kulturelle Ausstrahlungen bis hin nach Afrika und China. Immer aber hat es auch viele Staaten und unter ihnen viele Kämpfe gegeben. Das erste, ganz Nord-I. umfassende und unter Kaiser Asoka (→ Buddhismus: I, 2) bis nach Mysore reichende Staatswesen war das der Maurya-Dynastie, gegründet 321 vChr von Chandragupta. Nach dem frühen Verfall dieses Reiches brach im 4.Jh. nChr im Gupta-Reich (300-550) das goldene Zeitalter I.s an. Es folgten 533-606 die Mālava-Dynastie und 606-647 das Nordreich des Harsha von Kanauj, des letzten Herrschers über ein vereinigtes Nordreich. Um 225 nChr löste sich im Süden das Andhrareich auf. Nach ihm war das bedeutendste südliche Großreich das der Cholas von 985 bis zur Zerstörung durch die Mohammedaner im 14.Jh. Im 16.Jh. errichtete eine mohammedanische Fremddynastie das Reich der Großmoguln, das sich zwei Jh.e hielt und u.a. durch seine Kunstpflege auszeichnete (Baber, Humayun, Akbar, Jahangir, Aurangseb, Shivaji).

Auch unter der anschließenden englischen Herrschaft gab es bis 1947 weiterhin 562 Fürstenstaaten, sehr große und winzig kleine, zusammen mit 45,3% der Bodenfläche und 24% der Bevölkerung. Zur Gründung des Indian National Congress kam es Ende Dez. 1885 in Poona (→ 15 E 3), angeregt von dem Engländer Allan Octavian Hume, und keineswegs aus einer englandfeindlichen Gesinnung heraus. Aus ihm entstand die heute unter Nehrus Führung stehende Staatspartei. 1906 erfolgte die Gründung der Moslemliga, die getrennte Wahlen für Hindus und Mohammedaner forderte: der erste, wenn auch unbewußte Schritt zur opferreichen Teilung von 1947. Nach den Auswirkungen des 1.Weltkrieges erhielt I. 1919 eine neue Verfassung und damit auch eine »verantwortliche Selbstregierung« wenigstens für einige »übertragbare« Teilgebiete in den Provinzen. 1920 begann → Gandhi seine non-cooperation campaign. Die Provinzautonomie wurde ab 1.4.1937 gewährt. Die volle Unabhängigkeit wurde schließlich am 15.8.1947 erreicht. Aber es kam, vor allem wegen Jinnahs Unnachgiebigkeit, zur Teilung in die Ind. Union und Pakistan. Auf Wunsch der Constituent Assembly wurde der letzte Vizekönig, Lord Mountbatten, der erste Governor-General im neuen I., in Pakistan wurde es Jinnah. Alle Fürstentümer wurden eingegliedert. Die jetzt gültige Verfassung der Ind. Union, die, wie auch Pakistan, im Commonwealth verbleibt, trat am 26.1.1951 in Kraft.

E.J.Rapson (Hg.), Cambridge Hist. of India, 1922 ff - J.Marshall, Mohenjo-Daro ..., 1931 - E.v.Eickstedt, Rassenkunde ..., 1934 - M.Bellasis, Hon. Company, o.J. - R.Prasad, India divided, 1946 - M.Bourke-White, Halfway to Freedom, 1949 - R.C.Majumdar u.a., An advanced Hist. of India, 1950 (Lit.) - J.Nehru, Independence and after, 1950 - Ders., The Discovery of India, 1951 - L.Ali Khan, Pakistan, the Heart of Asia, 1951 - T.W.Wallbank, India in the new Era. 1951 - A.L.Campell, Mission with Mountbatten, 1952 - Five Years of Pakistan, 1952 - L.Alsdorf, Vorder-I., 1955 - W.Kirfel, Vorgeschichtl. Besiedlung (Saeculum 6, 1955, 166f) - V.P.Menon, The Transfer of Power in India, 1957 - K.M.Panikkar, Gesch. I.s, 1957 - Hist.-geogr. Kartenwerk I., 1958.
A.Lehmann

II. Religionsgeschichtlich

Die Ausgrabungsergebnisse der Induskultur des 3.Jt.s vChr um Mohenjo-Daro und Harappa haben die Frühzeit der indischen Religionsgeschichte erhellt. Die aus zahlreichen Siegeln zu entnehmende Verehrung von → Muttergottheiten, eines dem späteren → Shiva auch in der typischen Yogahaltung verwandten göttlichen Wesens sowie → Phallus-, → Tier- und → Baumkult erweisen sich als eine religiöse Substanz, die nach 2 Jt.en im → Hinduismus wieder sichtbar wird. Die Induskultur erlosch etwa Anfang des 2.Jt.s vChr durch das Eindringen der Arier. Deren religiöse Vorstellungen, in einigen mythologischen Zügen und in der Terminologie der Religion des iranischen Brudervolkes (Zoroastrismus, → Iran: III) verbunden, kontrastierten mit den Elementen der Induskultur. Die arische, sog. → vedische Religion, polytheistisch mit henotheistischen Neigungen, erscheint in → Pantheon und → Mythos den → Indogermanen verwandt. Charakteristisch ist die Hochschätzung der Wahrheit (satya, rta) als kosmischer Potenz, deren Garanten Varuna als Schützer des → Eides (: I) und Mitra als Hüter des Vertrages sind. Das vedische → Opfer, das zunächst nur die göttliche Gunst dem Opfernden zuwenden sollte, wandelte sich nach dem Leitsatz: »Oberherr der Götter wurde das Opfer« (Atharvaveda 7, 5, 2) zur götterzwingenden Kraft in der umfangreichen Samhitâ- und Brâhmana-Literatur, die zum Nutzen der brahmanischen Oberschicht als esoterischen Ritualismus eine Opferwissenschaft entwickelte, die zur Wiege indischer Wissenschaft wurde. Die für das indische Geistesleben grundlegenden Gedanken formten sich langsam vor allem in den den Brâhmanas angegliederten → Upanishaden. Zunächst begann die auf die »Tat« gegründete → Seelenwanderungs-Lehre, vielleicht aus der Substratkultur stammend, das Denken zu durchdringen. Ferner wurden die Lehren der dualistischen → Sâmkhya-Philosophie und der bedeutsame → Monismus (brahman = → âtman) entwickelt. Der Verwirklichung der neuen Gedanken dienten → Askese, methodische Versenkung und → Yoga. Gegen die alte Priesterherrschaft, die sich auf die → Kaste stützte, opponierten im 6.Jh. vChr drei große Atheisten: → Buddha, → Mahâvîra und der zunächst mit letzterem verbundene Goshâla Maskarin (Makkhali Gosâla). Während der → Buddhismus nach etwa einem Jt. bis auf unbedeutende Reste aus I. verdrängt wurde, überdauerte Mahâvîras auf Grundlagen des 8.Jh.s vChr aufgebauter → Jinismus alle Krisen bis in die Gegenwart hinein, wenn auch mit einer zahlenmäßig geringen Anhängerschaft. Goshâlas Âjîvika-Sekte, die im → Schicksal (niyati) die kosmische causa movens sah, bestand bis ins 13.Jh. nChr. Den zerebralen → Atheismus überwanden die aus Volksreligionen hervorgegangenen, im → Hinduismus (: I, 3) verbundenen Sekten mit ihrer emotionalen Lehre von der erlösenden Gottesliebe (→ bhakti). Sie fanden sogar in Hinter-I. und im indischen Archipel lange zahlreiche Anhänger. Die Sekten des Hinduismus beherrschen auch heute das religiöse Leben I.s. - Während das Christentum nur in begrenztem Umfang in → Indien (: IV) Fuß gefaßt hat, gewann der → Islam mit einem Viertel der heutigen Bevölkerung als Anhängerschaft einen bedeutenden Platz. Aus islamischen und hinduistischen Elementen bildete sich die Religion der → Sikhs. Unbedeutend blieb die Gruppe der seit dem 8.Jh. nChr eingewanderten Juden, während die zahlenmäßig schwache zoroastrische Gruppe (Pârsî seit dem 8.Jh.) dank ihrer wirtschaftlichen Bedeutung stärker in Erscheinung tritt (→ Iran: III).

J.Marshall, Mohenjo-Daro and the Indus Civilization I, London 1931, 48 ff - Sten Konow-P.Tuxen, The Religions of India, Kopenhagen 1949 - A.L.Basham, History and Religion of the Âjîvikas, Oxford 1951 - H.v.Glasenapp, Die Religionen I.s, 1955 (Lit.).
H.Losch

III. Die indischen Religionen und die christliche Botschaft

1. Voraussetzungen der Begegnung - 2. Neues Selbstverständnis unter christlichem Einfluß - 3. Militante Abwehr - 4. Die höhere Synthese

1. Reaktion und Aktion der ind. Religion gegenüber der christlichen Botschaft in einer Weise, die über das in der missionarischen Einzelbegegnung gegebene Gegenüber hinausreicht, sind verhältnismäßig jungen Datums. Die ältesten christlichen Gruppen, die sog. Thomas-Christen im Südwesten → Indiens (: IV, 1), boten wenig Anlaß zur Auseinandersetzung, da sie sich als eine christliche Kaste weitgehend ihrer Umwelt einzufügen vermochten. Die wenigen Fälle, in denen christlicher Einfluß in der alten hinduistischen und buddhistischen Literatur vermutet worden ist, liefern keine eindeutigen Belege. Auch nach dem Beginn der organisierten römischen Mission im 16.Jh. und dem der prot. Mission im 18.Jh. (→ Indien: IV, 2. 3) blieben die Begegnungen auf örtliche Bekehrungsarbeit der Missionare beschränkt, so daß das Christentum noch kaum als ernsthafter Rivale der ind. Religion erschien. Das ändert sich mit der Wende zum 19.Jh., die einerseits eine ungeahnte Ausdehnung der christlichen Mission, andrerseits eine Intensivierung der Kontakte mit westlicher Zivilisation und Kultur einleitet. Diese Koinzidenz bestimmt auch sachlich die neue Lage, so daß es oft nur schwer möglich ist, die christlichen Einwirkungen auf religiösem Gebiet von den allgemein-kulturellen Einflüssen des Westens sauber zu scheiden. Hier wie anderswo begegnet die christliche Botschaft der nichtchristlichen Umwelt nicht in abstrakter Körperlosigkeit, sondern sie wird verkündigt und gelebt durch Zeugen, die ihre Fremdheit gegenüber dieser Umwelt nicht einfach ablegen können - gar nicht zu reden von den Differenzierungen der Konfessionen, der Frömmigkeitstypen und der Formen christlicher Gemeinschaft, die sämtlich auch noch in den werdenden ind. Kirchen ihren je besonderen Ausdruck finden. So komplex diese Lage ist, so komplex sind auch die Auswirkungen auf seiten der ind. Religion, deren äußere Mannigfaltigkeit und innere Uneinheitlichkeit das Bild noch weiter komplizieren.

Als die Mehrheitsreligion steht der → Hinduismus im Vordergrund der Auseinandersetzung. Seine Reaktion auf die christliche Botschaft gehört mit hinein in die große Umschichtung, die er im 19.Jh. erfährt. Unkritische Nachahmung des Westens weicht in I. sehr bald einer deutlichen Distanzierung, die durch den nationalen Freiheitskampf noch verschärft wird. Andrerseits droht der vom Westen her unaufhaltsam vordringende → Säkularismus (: II), der auch den ind. Nationalismus beeinflußt, alle religiösen Bindungen zu lockern. In dieser Lage werden vom überkommenen religiösen Erbe Antwort und Weisung erwartet, die freilich zugleich eine Anpassung des Erbes an die neuen Erfordernisse erzwingen. So ergibt sich ein tiefgreifender Prozeß der Selbstbesinnung, der in allen seinen Phasen auch die Auseinandersetzung mit dem Christentum bestimmt, wie er andrerseits durch sie mitbestimmt ist.

2. Für den Hinduismus mit seinem diffusen Begriff der religiösen Wahrheit erscheinen zunächst nicht so sehr diese Wahrheit als solche, als vielmehr ihre kultischen und sozialen Konsequenzen als revisionsbedürftig. Vielgötterei und Bilderdienst werden ebenso fragwürdig wie die Kastenschranken (→ Kaste), die Entrechtung der → Frau (: VI) und die Großfamilie. Darüber hinaus besinnt man sich auch grundsätzlich auf die theistischen Elemente im eigenen Erbe, ohne jedoch diesen neuen ethischen Theismus als allein maßgebend ansehen zu wollen. In diesem Sinne werden christliche Anregungen aufgenommen im Brâhma Samâj, 1828 von Râja Râm Mohan Roy (1772–1833) begründet, fortgeführt von Debendranâth Tagore und Keshab Chandra Sen († 1884), der schließlich eine eigene, von der Liebe zu Jesus getragene »Kirche des Neuen Bundes« gründet, ohne doch Christ zu werden. Inspiriert von der → Bhagavadgîtâ und ihrer vishnuitischen Gnadenreligion, gibt Mahâtma → Gândhî der theistischen Neubesinnung eine eigenständige Form, in der sich beispielhaftes Leben und von der Gewaltlosigkeit bestimmte soziale Reformen vereinigen, die freilich zugleich dem Christentum mit einem eigenen hinduistischen Universalitätsanspruch begegnet. Auf ihre Weise suchen auch der → Jinismus und vollends Parsismus (→ Iran: III) und → Islam nachzuweisen, daß ihr Theismus dem christlichen nichts nachgibt.

3. Während der Brâhma Samâj die Vermittlung sucht, vertritt der 1875 von Svâmî Dayânand Sarasvatî gegründete Ârya Samâj die Erneuerung vedischer Religiosität in scharfer Antithese zum Christentum, das in leidenschaftlichem Haß gegen alles Westliche mitverworfen wird. Andere Gruppen konzentrieren sich auf direkte Gegenmission. Im freien I. haben Parteien wie die Hindu Mahâsabhâ, die sich im Widerspruch zur Verfassung für einen geographisch, kulturell und religiös einheitlichen theokratischen Hindu-Staat einsetzen, auf der politischen Ebene den Kampf gegen das Christentum erneuert. Im Mittelpunkt steht die Frage der → Bekehrung (:V). Gesetzesvorlagen, die eine staatliche Kontrolle aller Übertritte vorsehen, sind bisher gescheitert. Auch der scharf antichristliche Bericht einer Kommission zur Untersuchung der christlichen Missionsarbeit im Staat Madhya Pradesh (1954–56) hat trotz intensiver Propagierung noch keine legislativen Folgen gehabt, da die Zentralregierung unter Nehru am Gedanken des säkularen Staates festhält.

4. Der Hauptschwerpunkt in der ind. Auseinandersetzung mit der christlichen Botschaft liegt heute weder im Gegenangriff noch im eklektischen Kompromiß, sondern in dem Versuch, auf der Basis einer erneuerten Vedânta-Philosophie (→ Vedische Religion) das, was am Christentum von bleibendem Wert scheint, in einem »ökumenischen Hinduismus« zu integrieren und damit zu überbieten. Der prophetischen Botschaft von einer in der Gottesliebe gegründeten ethisch-religiösen Selbstverwirklichung, wie sie → Râmakrishna Paramahamsa (1834–86) predigte und vorlebte, wurden durch Svâmî Vivekânanda (1862–1902) ein universaler Geltungsanspruch, missionarische Stoßkraft (Râmakrishna-Mission) und starke Impulse für sozialen Dienst (Râmakrishna-Math) gegeben. Diese Anregungen wurden hinsichtlich des Verhältnisses der Religionen auf verschiedene Weise weitergebildet. Râmakrishna dachte an eine »Bruderschaft« der Religionen. Gândhî vertrat ihre Gleichheit, freilich nur sofern sie sich im Hinduismus als der »Religion der Menschheit« finden könnten. Srî → Aurobindo Ghose ging eigene Wege und wollte mit seinem »integralen Yoga« eine alle Religionen überhöhende umfassende Gnosis schaffen, die den Menschen in die »Freiheit des Überbewußten« stellt. S. → Râdhâkrishnan hält sich wieder enger an den nicht-personalen Monismus der Vedânta-Tradition, der in der künftigen universalen Synthese aller Religionen das einigende Band bilden soll und dem sich daher auch der christliche Beitrag unterordnen muß. – In jedem Fall wird das christliche Zeugnis von einer einzigartigen geschichtlichen Heilsoffenbarung Gottes in Jesus Christus zum unüberwindlichen Ärgernis, da es sich jeder Assimilation entziehen muß. Insofern ist es sachgemäß, wenn die Auseinandersetzung der ind. Religion mit dem Christentum sich immer wieder vor die Zentralfrage der Bekehrung gestellt sieht. Eine gewisse Erleichterung der Lage ist allenfalls dadurch zu erwarten, daß die Hauptlast der Begegnung auf christlicher Seite immer weniger bei der westlichen Mission und immer mehr bei den ind. Christen selbst liegt.

ERE I, 57ff (Arya Samaj); II, 813ff (Brahma Samaj) – J.N.Farquhar, Modern Religious Movements in India, New York 1915 – F. Heiler, Christl. Glaube u. ind. Geistesleben, 1926 – S.Radhakrishnan, The Hindu View of Life, London (1927) 1954⁹ – Ders., Eastern Religions and Western Thought, ebd (1939) 1940² – H.W.Schomerus, I. u. das Christentum, 3 Bde, 1931–33 – D.G.Moses, Prof. Radhakrishnan and a Parliament of Religions, Madras 1950 – R.W. Scott, Social Ethics in Modern Hinduism, Calcutta 1953 – E.Asirvatham, Christianity in the Indian Crucible, ebd 1955 – B.Manuel, Hinduism Re-thinking Itself (Indian Journal of Theology 4, 1955, 30–34) – P.D.Devanandan, The Renaissance of Hinduism (ThToday 12, 1955, 189–205) – Religious Freedom, hg.v. J.R.Chandran u. M.M.Thomas, Bangalore 1956 – H.Kraemer, Religion and the Christian Faith, London 1956 – O.Wolff, I.-Christentum-Abendland, o.J. – Ders., I.s Beitrag zum neuen Menschenbild. Râmakrishna – Gândhî – Srî Aurobindo, 1957 (Lit.). *H.-W.Gensichen*

IV. Missions- und Kirchengeschichte

1. Die Frühzeit (bis 1300) – 2. Die röm.-kath. Mission bis 1800 – 3. Die prot. Mission bis 1800 – 4. Die Entwicklung seit 1800. – Karte 15 »Vorder- und Hinterindien« s. Sp. 713f

1. a) Die Anfänge der Kirche in I. liegen im Dunkel. Traditionen *apostolischer Missionierung* beziehen sich auf → Bartholomäus, → Thomas in Nordwest-I. und Thomas in Süd-I. Bei der ersteren ist sehr fraglich, ob das heutige I. gemeint sein kann. Die zweite, auf den apokryphen → Thomasakten beruhend, weiß von einer Wirksamkeit des Apostels im Reich des aus Münzfunden bekannten indo-skythischen Königs Gundaphorus. Aber weder die Legende noch die Spuren früher jüdischer und christlicher Einflüsse im Indus-Gebiet sind als zureichende Beweise für eine Mission des Thomas anzusehen. Die meistverbreitete Tradition, die einer Thomas-Mission in Süd-I., ist als solche altkirchlich nicht bezeugt, sondern beruht auf an die Acta angelehnter Eigenüberlieferung der sog. *Thomas-Christen* in Südwest-I. und auf der seit dem MA nachweisbaren Verehrung der Stätte des Martyriums und des Apostelgrabs in Mylapore (bei Madras, → 15 D 4), diese bes. gefördert durch die Portugiesen. Doch deuten weder die ActThom auf eine südind. Wirksamkeit des Apostels hin noch ist die Mylapore-Tradition beweiskräftig, zumal sie vielleicht aus der Verehrung des Grabes eines islamischen Heiligen entstanden ist und erhebliche Widersprüche mit älteren Überlieferungen aufweist. Daß eine frühchristliche Mission im 1.Jh. nChr technisch möglich gewesen wäre, zei-

gen die alten Handelsbeziehungen zwischen I. und dem Mittelmeergebiet, bes. nach dem Alexanderzug (vgl. auch die Gandhâra-Kunst). Aber sichere Beweise gibt es bislang nicht. Dasselbe gilt von der angeblichen I.-Mission des → Pantaenus.

b) Glaubwürdige Hinweise auf das Bestehen *christlicher Gemeinden* in I. führen bis in die Zeit um 300 zurück (Arnobius d.Ä.; Chronik von Séert; südind. Überlieferung von einem Hindu-König, der um 325 Christ wurde; der in Nicäa 325 anwesende Bischof »von ganz Persien und Groß-I.« war sicher nicht Bischof im eigentlichen I.). Andererseits wird I. um 240 als noch nicht vom Evangelium berührt erwähnt (Origenes; Mani, der selbst in I. war [→ Manichäismus]). Kosmas Indikopleustes hat jedenfalls um 525 in Ceylon (→ 15 D 5), Malabar und beim heutigen Bombay (→ 15 C 3) festgegründete Gemeinden vorgefunden. Seine und andere Nachrichten machen es wahrscheinlich, daß das Christentum im 3.Jh. aus Persien bzw. Ostsyrien nach I. gekommen ist (allenfalls nach Nordwest-I. vielleicht schon früher). Vier Steinkreuze in Süd-I. mit Pehlevi-Umschrift aus dem 7./8.Jh. bestätigen diese Beziehungen. Kupferne Privilegientafeln aus dem 9.Jh. lassen den angesehenen sozialen Status dieser nunmehr zweifellos nestorianischen Christen (→ Nestorianer) erkennen. Für die Zeit ca 900–1300 fehlt es an Nachrichten, außer daß nach ind. Berichten Auseinandersetzungen mit den Moslems stattfanden, die eine Zerstreuung, aber wohl auch Verbreitung der Christen im Gefolge hatten.

2. Von den *kath.* Ordensmissionen im späten MA wurde I. nur als Durchgangsstation nach Fernost berührt. → Johannes von Montecorvino, später Erzbischof von Khanbaliq (Peking), missionierte kurz vor 1300 etwa ein Jahr in Süd-I. 1321 wurden vier Brüder aus einer durchreisenden Gruppe nahe Bombay, wo sie nestorianische Christen fanden, von Moslems getötet. Der Dominikaner Jordanus entkam und wirkte später in Malabar.

Die Kolonialmission der Portugiesen, von → Goa aus organisiert, fand in dem Jesuiten Franz → Xavier einen von apostolischem Opfermut und Zeugniswillen geleiteten Bahnbrecher. Durch seine nur wenige Jahre dauernde Arbeit auf der Fischerküste (seit 1542) gewann die röm. Kirche eine bis heute wichtige Basis im östlichen Süd-I., wenn auch sein rasches Taufen und die enge Anlehnung an die Kolonialmacht heute fragwürdig erscheinen.

Da den Portugiesen von der Kurie der Patronat über alle Christen in I. zugesprochen war, konnte der Konflikt mit den syrischen Christen, die sich zum nestorianischen Katholikos hielten, nicht ausbleiben. Er gipfelte in der von Alexio de Menezes, seit 1596 Erzbischof von Goa, manipulierten Union mit Rom und der Abschaffung aller Sonderlehren und »Mißbräuche« (Synode von Diamper 1599). Zugleich rief Menezes freilich den Malabar-Christen auch ihre lange vernachlässigte missionarische Verantwortung in Erinnerung. Die Union in der Form von 1599 bestand nur bis 1653, als die Mehrheit der syrischen Christen sich infolge von Konflikten um die Jurisdiktion lossagte und angeblich von 200 000 nur 400 bei Rom blieben. Durch geschicktes Einlenken gelang es der Kurie, von 116 Gemeinden 84 zur Union zurückzuführen. Die nicht-unierte Minderheit erhielt 1655 einen vom jakobitischen Patriarchen, damals in Diabekr (Mesopotamien; → Jakobiten), entsandten Bischof und wurde damit monophysitisch, ohne sich freilich des Wechsels deutlich bewußt zu werden. Im 18.Jh. hatte die Kirche unter Sukzessionsstreitigkeiten, Reibungen mit den »Romo-Syrern« und bes. schwer durch die Invasion des Tippu Sultan von Mysore zu leiden.

Die Mission der → Jesuiten (, 5) konnte unter dem seit 1606 in Mathurai wirkenden Roberto de Nobili im Innern Süd-I.s neue Gebiete erschließen, hier ohne Anlehnung an die ohnehin allmählich den Holländern weichende portugiesische Kolonialmacht, allerdings um den Preis einer sehr weitgehenden Akkomodation an den Hinduismus, bes. an die Kastenordnung, woraus ein → Ritenstreit entstand, der erst 1744 durch päpstliche Entscheidung gegen diese Praxis beigelegt wurde. Örtliche Erfolge hatte die röm. Mission auch in anderen Gebieten I.s. Nennenswert sind die 1580 an den Hof des Moghul-Kaisers Akbar d.Gr. entsandte Jesuitenmission, die freilich dem Kaiser nur Material für die ihm vorschwebende synkretistische Staatsreligion liefern sollte, und die Vorstöße italienischer Kapuziner, die über Nepal (→ 15 D 2/3) nach Tibet führten (1707–42). Das 18.Jh. war im ganzen infolge der Kolonialkriege, bes. zwischen Franzosen und Engländern, des Patronatsstreits zwischen der Kurie und der portugiesischen Krone und der Auseinandersetzungen um den Jesuitenorden eine Periode des Niedergangs.

3. Tranquebar (→ 15 D 4) an der Ostküste Süd-I.s, seit 1620 dänisch, wurde 1706 zum Ausgangspunkt der *prot. Mission,* nachdem es zunächst auch hier, wie in den holländischen und britischen Stützpunkten, eine planmäßige Heidenmission nicht gegeben hatte. Drei Motive trafen zusammen: Die obrigkeitliche Initiative des dänischen Königs Friedrichs IV., die in Dänemark aber nur ein schwaches Echo fand; pietistischer »Zeugengeist« bei den deutschen Pioniermissionaren B. → Ziegenbalg, H. → Plütschau und, seit 1709, E.Gründler, die aus der Schule von A.H. → Francke kamen; schließlich die Überzeugung, daß man den Heiden mit dem Evangelium auch die luth. Kirche zu bringen habe. Harte Auseinandersetzungen mit dem dänischen Kommandanten bewahrten die Mission davor, ins Schlepptau der Kolonialmacht zu geraten. Mit genialem Weitblick vermochte Ziegenbalg bis zu seinem frühen Tod 1719 die gesamte Arbeit auf das Ziel der ind. Kirche zu richten: Intensives Studium der tamulischen Sprache, Literatur und des → Hinduismus, Bibelübersetzung und Schaffung eines tamulischen christlichen Schrifttums, Schulgründung und Ausbildung ind. Katecheten sowie Pastoren (erste Ordination 1733) waren und blieben die methodischen Leitpunkte, die sich trotz mannigfacher Anfechtungen bewährten. Heimatbehörde war seit 1714 das Königliche Missionskollegium in Kopenhagen, während Halle den geistlichen Rückhalt bildete und weite Kreise in ganz Europa in ökumenischem Geist die Arbeit mittrugen. Durch die Hilfe der englischen Society for Promoting Christian Knowledge (SPCK), das Zeugnis vieler schlichter Christen und Katecheten und den Dienst der späteren Missionare, unter denen J.Ph. → Fabricius und C.F. → Schwartz hervorragten, wurde es möglich, das Werk von der Basis Tranquebar aus weit nach Süd-I. hinein auszudehnen. Die mittelbaren Fernwirkungen reichen von → Zinzendorf und der Brüdermission (deren Niederlassung in Tranquebar 1760–1801 freilich ein Mißgriff war, zumal auch die von dort seit 1768 betriebene Mission auf den Nikobaren [→ 15 E 5] nach zwei opferreichen Jahrzehnten aufgegeben werden mußte) bis zu W. → Carey, von Cotton Mather in Nordamerika bis zu → Jänickes Berliner Missionsschule. Als der aufklärerische Zeitgeist daheim und draußen um sich griff, ging es mit der dänisch-halleschen Mission zu Ende. Ihr letzter Missionar starb 1837 in Tranquebar, nachdem die Stationen außerhalb des dänischen Gebiets bereits an die SPCK und von dieser 1826 an die hochkirchlich-anglikanische Society for the Propagation of the Gospel (SPG) übergeben worden waren. In Tranquebar selbst trat die Ev.-luth. Mission von Dresden (→ Leipziger Mission) 1840 ein schweres Erbe an.

4. a) Die Entwicklung bei den *syrischen* Christen verlief nach 1800 in der unierten Gruppe noch am ruhigsten, während die Unabhängigen durch Streitigkeiten um die Jurisdiktion und Spaltungen geschwächt wurden. In der orth. (jakobitischen) Kirche ist ein 50 Jahre alter Streit zwischen den Anhängern des Patriarchen von Antiochien und der Partei des ind. Metropoliten (Katholikos) erst Ende 1958 beigelegt worden. Diese immer wieder auch vor weltlichen Gerichten ausgefochtenen Auseinandersetzungen haben es bislang verhindert, daß sich die Bemühungen einiger Vereinigungen um eine geistliche und missionarische Belebung der Gemeinden auf die gesamte Kirche auswirken konnten. Außerdem spaltete sich Ende des 19.Jh.s die Mar-Thoma-Kirche ab, eine Reformgruppe, die auf den Einfluß anglikanischer Missionare zu Anfang des Jh.s zurückgeht und jetzt den »ev.« Flügel der Syrer bildet. Durch den Verlust alles Kirchenguts von Anfang an auf einen Gemeindeaufbau aus dem Evangelium angewiesen, hat diese Kirche eine starke evangelistische Initiative entwickelt. Geleitet von einem Metropoliten und vier Suffraganbischöfen, zählt sie heute 275 000 Glieder. Vor 1958 umfaßte die Orth. Syrische Kirche (Patriarchenpartei) 500 000, die Malankara-Jakobitisch-Syrische Kirche (Katholikospartei) 700 000 Glieder. Ferner gibt es eine Unabhängige Syrische Kirche von Malabar mit 5050 Gliedern, eine Chaldäische Syrische Kirche (nestorianisch) mit 16 000 Gliedern (Zahlen nach WChH 1957). Eine ehemals anglikanische Gruppe ist seit 1947 der Kirche von → Südindien eingegliedert. Bedeutsam ist die Arbeit einer Universität, einer Mädchenschule und eines Ashram, die sämtlich der Einigung aller Zweige der syrischen Christenheit in I. zu dienen suchen.

b) Die *röm.-kath.* Kirche, 1700–1800 von über 2 Mill. Gliedern auf weniger als 1 Mill. abgesunken, erlebte im 19. und 20.Jh. ein stetiges Wachstum. Die Kontroverse um den portugiesischen Patronat wurde durch die Konkordate von 1886 und 1928 teilweise und erst 1950 dadurch völlig beigelegt, daß der Patronat ganz auf die verbleibenden portugiesischen Besitzungen beschränkt wurde. Die Rückkehr der Jesuiten, der Einsatz weiterer Orden und die planmäßige Heranbildung eines einheimischen Klerus wirkten sich günstig aus. Beträchtliche Gewinne erbrachte die »Wiedervereinigungsbewegung« unter den Syrern, bes. seit 1930: Die 1932 begründete Syrische Malankara-Kirche zählt 90 000 Glieder, zusätzlich zu der älteren Syrischen Malabar-Kirche mit 1,17 Mill. Gliedern (nach Tisserant 139). Die Gesamtzahl der röm.-kath. Christen in I., einschließlich der Romo-Syrer und der portugiesischen Gebiete, wird mit 4 976 194 angegeben (WChH 1957).

c) Der englische Baptist W.Carey, seit 1793 in I., steht mit seiner 1800 im dänischen Serampore (→ 15 E 3) bei Calcutta begonnenen Mission an der Schwelle einer neuen Epoche der *prot.* Mission. Das Beispiel von Tranquebar, dessen sich Carey durchaus bewußt war, wirkt auch noch hier: Sprachstudien, zahlreiche Bibelübersetzungen, Schularbeit und die Ausbildung ind. Mitarbeiter (seit 1818 Serampore College) sind zunächst Mittel zum evangelistischen Zweck. Mit dem Ausbau des Schulbetriebs beginnt sich freilich schon hier der Akzent auf eine engere Verbindung von Evangelium und allgemeiner Bildung zu verlagern.

Bevor die britische Ostindische Companie 1813 unter dem Druck der Erweckten in der Heimat ihre missionsfeindliche Politik zu ändern begann, waren nur tastende Anfänge möglich. In Verbindung mit der Church Missionary Society (CMS) planten und wirkten im Norden die »Pious Chaplains«, bes. David Brown, Claudius Buchanan und H. → Martyn, für die → Londoner Mission (LMS) → Ringeltaube in Travancore und andere im Telugu-land. Nach 1813 (Errichtung der anglikanischen Diözese Calcutta, 1833 auch Madras und Bombay) war für Engländer, nach 1833 auch für nichtenglische Missionen der Weg frei. Schwerpunkte der englischen Mission wurden u.a. Travancore (LMS), Tinnevelly (CMS, durch C. → Rhenius; SPG), Mysore (Wesleyaner) im Süden, Bengalen im Nordosten, Bombay im Westen. A. → Duff und andere Männer der schottischen Mission (→ Schottland: II) suchten durch Konzentration auf Schul- und Hochschulbildung den höheren Kasten näherzukommen, wodurch auch die ganze Schulpolitik der Kolonialregierung beeinflußt wurde. Die Bekehrung einzelner hervorragender Hindus (M.C.Ghose, K.M. Banerjea u.a.) konnte freilich nicht lange darüber täuschen, daß eine Synthese von westlicher Bildung und christlicher Botschaft dem Hinduismus auf die Dauer nicht gewachsen war (→ Indien: III).

Amerikanische → Baptisten (: II) begannen im Telugu-land, ebenso amerikanische Lutheraner, während der American Board über → Ceylon ins Innere Süd-I.s kam. Außer der Dresden-Leipziger Mission, die sich im alten dänisch-halleschen Gebiet langsam ausbreitete und der sich später auch → Schweden (: III) anschlossen, kamen aus Kontinentaleuropa die → Basler Mission, schon seit 1834 an der Westküste, J.E. → Goßners Boten der »demütigen Einfalt«, die vor allem unter den Kols von Chota Nagpur (→ 15 D 3) ein Arbeitsfeld fanden, die Mission der → Brüderunität (: II, 6), seit 1856 im Westhimalaja, die dänische und norwegische Santalmission (L.O. → Skrefsrud) u.a. 1851 zählte man insgesamt 91 000 prot. Christen, davon $^5/_9$ in der anglikanischen Mission im äußersten Süden und nur $^1/_5$ außerhalb der Madras-Präsidentschaft. Weite Gebiete I.s, vor allem in den Fürstenstaaten, blieben noch unberührt.

Der Aufstand von 1857 bedeutete Gefährdung und Neubeginn zugleich, sofern die Mission trotz Verlusten diese Krise doch bemerkenswert gut überstand und mit dem Ende des Companie-Regimes 1858 bessere Arbeitsbedingungen bekam. Die Folgezeit sah eine rapide Zunahme sowohl der missionierenden Organe – von deutschen Missionen kamen die → Hermannsburger und die → Schleswig-Holsteinische Mission hinzu – als auch der Christenzahl, wobei die Massen- (besser: → Gruppen-)Bewegungen unter Kastenlosen eine besondere Rolle spielten. Auch der Anteil der → Frauenmission, der → ärztlichen Mission – seit Ansätzen in Tranquebar zunächst vernachlässigt – und der sozialen Arbeit gewann an Bedeutung. 1914 war die Zahl der prot. Christen auf 1 Mill., die der westlichen Missionsarbeiter auf ca 5500 gestiegen.

Die äußere Autonomie der Missionskirchen wurde durch die Folgen der Weltkriege und die nationale Bewegung gefördert (1919 Gründung der Ev.-luth. Tamulenkirche und der Goßner-Kirche; 1930 »disestablishment« der anglikanischen Kirche). Der Weg zum geistlichen Selbständigwerden ist bezeichnet durch das Wirken weitblickender Missionare und ind. Kirchenführer (Bischof → Azariah von Dornakal), die Bewegung für Missionierung I.s durch Inder (1905 National Missionary Society), für Zusammenarbeit (1914 National Missionary Council, seit 1923 National Christian Council; 1926 Ev.-luth. Kirchenbund; u.a.) und für Kirchenunion (1908 die ref.-kongregationalistische South India United Church, 1924 eine entsprechende Union in Nord-I.; 1947 Kirche von → Südindien [→ Einigungsbestrebungen: VII, 5. 6]), letztere bes. durch die Arbeit der großen interdenominationellen Vereinigungen vorbereitet. Heute drängen sich neue Aufgaben auf, u.a. die Mission in bis 1947 verschlossenen ehemaligen Fürstenstaaten, die

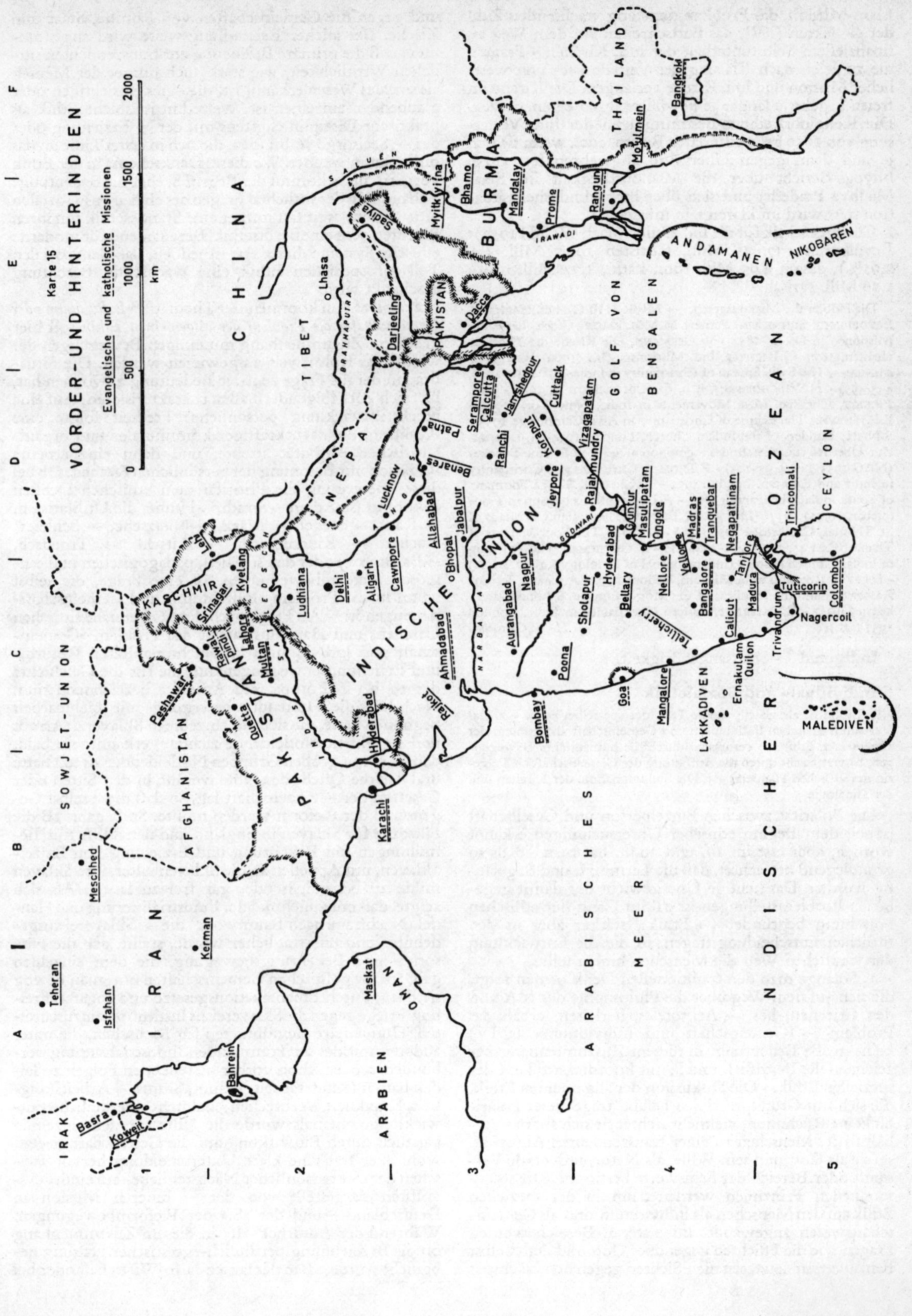
Karte 15
VORDER-UND HINTERINDIEN
Evangelische und katholische Missionen
0 500 1000 1500 2000
km
SOWJET-UNION
AFGHANISTAN
IRAN
IRAK
ARABIEN
OMAN
PAKISTAN
INDISCHE UNION
CHINA
TIBET
NEPAL
BURMA
THAILAND
KASCHMIR
CEYLON
ANDAMANEN
NIKOBAREN
LAKKADIVEN
MALEDIVEN
GOLF VON BENGALEN
ARABISCHES MEER
INDISCHER OZEAN
Teheran
Isfahan
Meschhed
Kerman
Basra
Koweit
Bahrein
Maskat
Karachi
Hyderabad
Quetta
Peshawar
Multan
Rawalpindi
Lahore
Srinagar
Kyelang
Leh
Ludhiana
Delhi
Aligarh
Cawnpore
Lucknow
Allahabad
Benares
Patna
Darjeeling
Lhasa
Sadiya
Myitkyina
Bhamo
Mandalay
Prome
Rangun
Moulmein
Bangkok
Dacca
Serampore
Calcutta
Ranchi
Jamshedpur
Cuttack
Koraput
Vizagapatam
Rajahmundry
Jeypore
Guntur
Masulipatam
Ongole
Nellore
Madras
Vellore
Tranquebar
Negapattinam
Tanjore
Bangalore
Madura
Tuticorin
Trivandrum
Nagercoil
Quilon
Ernakulam
Calicut
Tellicherry
Mangalore
Goa
Bellary
Hyderabad
Sholapur
Poona
Bombay
Aurangabad
Nagpur
Jabalpur
Bhopal
Ahmadabad
Rajkot
Trincomali
Colombo
BRAHMAPUTRA
IRAWADI
GODAVARI
NARBADA
INDUS

Islam-Mission, das Problem der stetig wachsenden Zahl der → Sekten (: V), das Fortschreiten auf dem Weg zu finanziellem Selbstunterhalt der ind. Kirchen - Fragen, die zugleich nach Klärung des Verhältnisses von westlicher Mission und ind. Kirche verlangen. Die Kirche im freien I. geht je länger je bewußter ihren eigenen Weg. Die Religionsfreiheits-Bestimmungen der ind. Verfassung von 1950 geben ihr dafür Raum, auch wenn sie sich je und dann gegen Übergriffe zu wehren hat (1956 Niyogi-Bericht über die Missionstätigkeit im Staat Madhya Pradesh) und sich über ihre Minderheitssituation stets wird im klaren sein müssen.

Gesamtstatistik für die Ind. Union (nach WChH 1957): Bevölkerung 376,75 Mill., Christen 10,97 Mill. (= 2,91%), davon 4,97 Mill. röm.-kath., 4,73 Mill. prot., 1,26 Mill. syrisch.

Die Hdb.er der Missionsgesch. (→ Mission: III C), bes. HARNACK, LATOURETTE, SCHMIDLIN. Ferner: M.MÜLLBAUER, Gesch. der kath. Missionen in Ost-I., 1852 - W.GERMANN, Die Kirche der Thomaschristen, 1877 - J.RICHTER, Ind. Missionsgesch., (1906) 1924² - A. MINGANA, The Early Spread of Christianity in India (BJRL 10, 1926, 435-495) - H.W.SCHOMERUS, I. u. das Christentum II, 1932 - J.W. PICKETT, Christian Mass Movements in India, New York 1933 - L.E.BROWNE, The Eclipse of Christianity in Asia, Cambridge 1933 - S.NEILL, Builders of the Indian Church, London 1934 - J.JEREMIAS, Zur Überlieferungsgesch. des Agraphon »Die Welt ist eine Brücke« (NAG 1953, Nr. 4, 95-103) - P.THOMAS, Christians and Christianity in India and Pakistan, London 1954 - T.K.JOSEPH, Six St.Thomases of South India, Chengannur 1955 - A.LEHMANN, Es begann in Tranquebar, (1955) 1957² (Lit.) - L.W.BROWN, The Indian Christians of St. Thomas, Cambridge 1956 (Lit.) - J.FOSTER, The Four Martyrs of Thana (IRM 45, 1956, 204-208) - H.-W.GENSICHEN, The Teaching of Indian Church History (Indian Journal of Theology 6, 1957, 46-52) - B.LEVAI, Revolution in Missions, Vellore 1957 - A.CAMPS, Jerome Xavier S.J. and the Muslims of the Mogul Empire, Schöneck-Beckenried 1957 - E.TISSERANT, Eastern Christianity in India, London 1957 (Lit.).

H.-W.Gensichen

Indigenat → Staatsangehörigkeit.

Individual- und Sozialethik

1. I. und S. als gleichgestellte Teile der speziellen Ethik - 2. Das Verhältnis zwischen Individuum und Gemeinschaft als Problem der allgemeinen Ethik, a) verursacht durch die humanitären Bewegungen, b) verursacht durch die Auffassung der Gemeinschaft als Trägerin des sittlichen Handelns - 3. Die Stellungnahme der Kirchen und der Theologie

Die Polarität zwischen Einzelperson und Gesellschaft ist seit dem Beginn ethischer Untersuchungen erkannt worden, aber erst im 19. und 20.Jh. hat man sie als so grundlegend betrachtet, daß die Termini I. und S. geläufig wurden. Das heutige Übergewicht der damit gegebenen Problemstellungen ist zT im Gang der ethischen Forschung begründet (→ Ethik), stärker aber in den sittlichen Entscheidungsfragen, in die die Entwicklung der westlichen Welt die Menschen hineinstellte.

1. Solange man den traditionellen Denkformen folgt, die sich auf dem Weg über die Philosophie des MA von den Griechen, bes. → Aristoteles, herleiten, erhält das Problem → »Gemeinschaft und Individuum« (: IV) keine große Bedeutung. In diesem Zusammenhang bezeichnen die Begriffe I. und S. nur koordinierte Teile der speziellen Ethik. - Die Diskussion der allgemeinen Ethik, die sich mit Grundprinzipien befaßt, trägt dieser Polarität keine Rechnung, vielmehr richtet sie sich auf das Verhältnis des Menschen zu einer transzendenten Autorität, sei sie als Gott und sein Wille, als Natur, universale Vernunft oder Bereich der Seinswerte bestimmt. Die so gewonnenen Prinzipien werden dann in der speziellen Ethik auf den Menschen als Individuum und als Gemeinschaftswesen angewandt. Im ersteren Bereich werden Fragen wie die Pflichten gegenüber Gott und dem Selbst behandelt, im letzteren die Pflichten gegen den Nächsten und gegen die Gemeinschaften von Familie, Staat und Kirche. Bei solcher Behandlungsweise wird angenommen, daß die primäre Beziehung zur transzendenten sittlichen Wirklichkeit, wie stark auch immer der Mensch als soziales Wesen erkannt ist, die eines einsichtigen oder glaubenden einzelnen ist. Weiterhin ist solche Ethik als praktische Disziplin engstens mit der → Erziehung oder der → Seelsorge verbunden, die sich in erster Linie an das Individuum wendet. Wo dieses Denkschema in der Ethik vorherrscht, bekommt der Begriff S. eher die Bedeutung: Behandlung der sittlichen Fragen des einzelnen in sozialen Situationen; es ist fast immer eine Standesethik mit ihren Pflichten oder eine Berufsethik. Bezeichnend für moderne ethische Systeme dieser Art ist jedoch, daß dem sozialen Teil der speziellen Ethik eine wachsende Beachtung geschenkt wird.

2. a) Das Aufkommen der Thematik *»Individuum oder Gemeinschaft« als Problem der allgemeinen Ethik* soll hier in seinem Zusammenhang mit einigen Bewegungen der westlichen Kulturwelt aufgewiesen werden. Die Situation, in der die Frage zentrale Bedeutung gewonnen hat, läßt sich kurz folgendermaßen charakterisieren: Auf eine Höchstentwicklung persönlicher Freiheit folgte eine Reaktion, die nach kräftiger kommunaler und organisatorischer Aktivität strebte, und dann eine erneute Reaktion mit Betonung der persönlichen Freiheit. Ob bei dieser Bewegung die Priorität dem ethischen Denken zukommt (so Adam → Smith, → Hume, die Utilitaristen, → Kant, → Hegel, → Marx, → Nietzsche, → Schleiermacher, → Kierkegaard, → Ritschl, → Troeltsch, → Barth usw) oder den sozialen, pädagogischen und religiösen Reformbewegungen, ist eine Frage, die selbst schon in das Problem »Individuum und Gemeinschaft« hineingehört. - Als Frage nach dem *Gegenstand* sittlichen Urteilens und Handelns taucht das Problem »Gemeinschaft und Individuum« in den humanitären Reform- und Erziehungsbewegungen auf, die für die Geschichte des 19.Jh.s in Europa und Amerika bezeichnend sind. Nachdem die Humanitätsbewegung mit Liebesarbeit begonnen hatte, die sich auf einzelne in Sklaverei, Armut und Krankheit Notleidende richtete, erkannte sie bald, daß sie es mit großen Gruppen Notleidender zu tun hatte und daß die Quelle der Nöte weithin in den Sitten oder Gesetzen der → Gesellschaft lag, so daß diese selbst Gegenstand der Reform werden mußte. So begann zB die Fürsorge für Sklaven in England und den USA mit Bemühungen um Bekehrung und Erziehung von Einzel-Sklaven, mit Appellen an die Sklavenhalter, ihre Sklaven milde zu behandeln oder gar frei zu lassen. Als sich zeigte, daß mit zunehmender Industrialisierung und Handel (Nachfrage nach Baumwolle) die → Sklaverei ausgedehnter und unerträglicher wurde, stellte sich die Fürsorge- und Bekehrungsbewegung, die dem einzelnen galt, auf die politischen Gemeinschaften um; man bewog sie dazu, durch Emanzipationsgesetze und sogar Befreiungskriege gegen die Sklaverei als Institution einzuschreiten. Humanitäre Bemühungen für Menschen, die unter anderen mit der aufkommenden Industrialisierung verbundenen oder schon vorher bestehenden Folgen zu leiden hatten (Kinderarbeit, Armut, Slums, → Arbeitslosigkeit, Krankheit, Verbrechen), nahmen eine ähnliche Entwicklung. Niemals wurde die Hilfe für den einzelnen gänzlich durch Einwirkung auf die Gesellschaft ersetzt, wohl aber trat eine klare Unterscheidung hervor zwischen der »S.« persönlicher Nächstenliebe - am eindrucksvollsten dargestellt von der → Inneren Mission in Deutschland - und der »S.« der Reformbewegungen. Während der Ausdruck »I.« in diesem Zusammenhang oft als Bezeichnung persönlich-egoistischer Haltung gebraucht wurde, zB in der laissez-faire-Wirtschaft oder bei

dem ausschließlichen Interesse für das eigene Seelenheil, wurde doch bei dieser Bewegung insgesamt gewöhnlich vorausgesetzt, daß der *Wert* des einzelnen höher sei als der der Gemeinschaft und daß der Träger des sittlichen Handelns der überzeugte oder bekehrte einzelne sei. Bei den Erziehungsbewegungen, die die anderen humanitären Bewegungen begleiteten, war die sittliche Entwicklung des einzelnen das große Ziel, obwohl man andererseits von der politischen Gemeinschaft forderte, daß sie Schulen schaffe, nachdem private Gruppen dem Bedarf nicht hatten gerecht werden können.

b) Eng verbunden mit der humanitären Bewegung war eine andere, die die Gemeinschaft - als Staat, Klasse oder Kirche - als das eigentliche *Subjekt* oder den *Träger* des sittlichen Handelns betrachtete. Diese Bewegung war teils praktisch, teils theoretisch. Im ersten Fall war sie mit dem Aufkommen demokratischer politischer Gemeinschaften, wirtschaftlicher Verbände, von → Gewerkschaften und → Freikirchen verknüpft. In diesen Organisationen gewöhnten sich die einzelnen daran, gemeinschaftlich zu handeln und die Verantwortung für solches Handeln zu übernehmen. So zerbrach die alte Tradition, nach der die kath., prot. und weltliche Ethik die Fürsten oder Obrigkeiten als zuständig für die politische Entscheidung betrachtet hatte, denn nun lag diese bei der Bürgerschaft. Ähnlich strebte die Entwicklung bei Kirchen und Wirtschaftsgruppen dahin, den Gedanken der besonderen Berufung zu ersetzen durch das Bewußtsein der Gliedschaft in einer verantwortlichen Gemeinschaft und der Teilhabe des einzelnen an einem allgemeinen oder Mehrheitswillen. Gleichzeitig bestärkte die Erfahrung der Wechselwirkung zwischen den Gemeinschaften die Auffassung, daß als effektiver Träger des menschlichen Handelns - ob gut oder böse - eben diese Gemeinschaft anzusehen sei. Diese aufs Praktische gerichtete Bewegung wurde von einer theoretischen Richtung begleitet, ja zT geführt, die dahin tendierte, die Bedeutung der mittelbaren oder unmittelbaren Autorität des sozialen sittlichen Bewußtseins stärker zu betonen als die des Einzelgewissens. Diese Akzentverlagerung war in Großbritannien durch die ethischen Überlegungen von Adam Smith und Hume vorbereitet worden, die sich mit dem Einfluß beschäftigten, den das Gefühl des einzelnen für öffentliche Billigung oder Mißbilligung auf sein sittliches Urteil ausübt. Sie wurden weiterentwickelt im deutschen → Idealismus (: II), bes. bei Hegel, für den die politische Gesellschaft mit ihren Gesetzen der Mittler zwischen dem absoluten Geist und dem einzelnen war. Marx stellte die unmittelbare Autorität der Gemeinschaft, bes. der → Klasse, als Quelle sittlicher Normen heraus, wobei der französische → Positivismus diese Tendenz bes. durch die Gedanken → Durkheims und seiner Schule förderte, für die die → Gesellschaft nicht nur die Quelle aller sittlichen Normen war, sondern selbst die einzige transzendente Realität, auf die das Individuum bezogen ist. Für den Idealismus in seinen verschiedenen Formen war die Gemeinschaft die mittelbare, für den → Marxismus und Positivismus die unmittelbare Autorität und Trägerin. Für letzteren war alle Ethik S., war die Gemeinschaft die oberste sittliche Autorität, die treibende Kraft und das Ziel menschlichen Handelns. Diese Betonung der Gesellschaft schlug sich nieder in anthropologischen Studien über primitive Sittlichkeit und in historischen Betrachtungen über die bestimmende Einwirkung von Werturteilen und herrschenden Ideen, die in das gesellschaftliche Bewußtsein einer bestimmten kulturellen Periode eingebettet sind, auf Sinn und Gewissen des Individuums. Sie wurde außerdem gestützt durch psychologische Analysen des Einzelgewissens in seinem weitgehenden Bestimmtsein durch unbewußte Erinnerungen an Beifall oder Mißbilligung der Gemeinschaft. Aus solcher Überlegung resultiert die um die Mitte des 19.Jh.s in der westlichen Welt weitgehend führende Ansicht, daß das »Transzendente«, auf das der einzelne in seinem sittlichen Bewußtsein oder Verhalten bezogen ist, nicht ein übernatürlicher Wille oder eine allgemeine Vernunft oder Geist sei, sondern der soziale »Wille« und der → Gemeinsinn. Der Protest gegen eine solche Auffassung des sittlichen Lebens äußerte sich in zwei Formen, individualistisch und egoistisch. Jene betonte das unmittelbare Bezogensein des einzelnen auf einen transzendenten Willen oder Wertbereich (zB → Kierkegaard und N. → Hartmann; → Wertethik), diese die unmittelbare Autorität des Einzelwillens (zB → Stirner, → Nietzsche; → Herrenmoral). Unter den vermittelnden Positionen, die die klare Autorität und Triebkraft des Gemeinschaftsgesetzes und -willens und die ebenso deutliche Wirklichkeit des Einzelwillens oder Gewissens versöhnen wollten, blieb der → Utilitarismus (wie er nach Anfängen bei → Bentham von J.S. → Mill, Sidgwick und → Spencer entwickelt wurde) in England und Amerika lange wirksam. → Bergson, → Troeltsch u.a. fanden in der Dualität zwischen Streben und Gewissen des einzelnen und der sozialen Autorität eine bleibende, unlösliche Spannung. Andere wieder suchten ein vermittelndes Prinzip im phänomenologischen Verständnis des Selbst als sozialem Wesen zu finden (zB → Scheler). In derartigen Versuchen der Philosophen spiegelten sich die täglichen Probleme des heutigen Menschen inmitten zunehmend machtvoller und entpersönlichter Gesellschaften - Völker, Körperschaften, Wirtschaftsgruppen -, die eine wachsende Kontrolle über sein Leben ausüben. - Die Antithese von sozial und individuell ist auch in Verbindung mit der Idee vom → Höchsten Gut wichtig geworden. Eudämonistisch ausgedrückt handelt es sich um die Frage, ob das *Gemein*wohl das alleinige oder eigentliche Ziel individuellen Bemühens ist oder ob die Wohlfahrt des *einzelnen* - wie immer der Ausdruck gemeint sei - die Absicht auch der sozialen Bemühungen ist. Im Sinne der Pflichtenlehre ausgedrückt ist es die Frage nach der Priorität einer gerechten und verantwortlichen Gemeinschaft oder des gerechten Individuums. Die Unterordnung von Einzelwert im weitesten Sinne unter Gemeinschaftswert, meist in einem materialistisch-eudämonistischen Sinn, hat seinen nahezu gemäßesten Ausdruck in totalitärem Denken und Handeln gefunden. Es besteht natürlich dort der Glaube, daß das Gemeinwohl alles Einzelwohl in sich aufnehmen wird, wie früher die Ethik des wirtschaftlichen und politischen → Liberalismus und des individualistischen → Pietismus in verschiedenen Formen den entgegengesetzten Glauben vertreten hatten. Fast überall in der westlichen Welt sucht man in Theorie und Praxis vermittelnde Positionen zwischen den Polen des Einzel- und Gemeinschaftswesens.

3. An den historischen Bewegungen, die das Problem des einzelnen in der Gemeinschaft zur ethischen Hauptfrage machten, nahmen *die Kirchen und die Theologie* in verschiedener Weise teil. Ihren verschiedenen Traditionen und Sitten, konfessionellen Einstellungen und soziologischen Formen nach haben sich die Kirchen mehr oder weniger stark an der Bewegung beteiligt, die von der Betonung des einzelnen zu einer sozial orientierten Ethik führte. Aufs Ganze gesehen haben sie im Katholizismus wie im Protestantismus einen gewissen Vorrang des einzelnen in jeder Hinsicht weiter festgehalten, gleichzeitig aber während des 19. und 20.Jh.s in wachsendem Maße an der sozialen Tätigkeit in karitativer, politischer und erzieherischer Form teilgenommen. Das karitative Anliegen galt denjenigen Menschen, die von den großen politischen und wirtschaftlichen Umwälzun-

gen der Zeit betroffen waren, und hat wohl eher zu- als abgenommen (→ Caritas, → Hilfswerk). Es folgten Bemühungen um direkte Einwirkung auf die großen Organisationen, bes. die Nationalstaaten und Wirtschaftskörper. Dies führte meist zu Aufrufen und Erklärungen, zB zu den päpstlichen Sozialenzykliken (→ Katholisch-sozial) und den sozialen Deklarationen der ökumenischen Versammlungen (→ Ökumenische Bewegung), gelegentlich auch zur Organisation von christlichen → Gewerkschaften (: III), politischen → Parteien und Aktionsgemeinschaften. Drittens haben sich die Kirchen um die Erziehung zu den Staatsbürgerpflichten und für die rechte Begegnung mit dem modernen Leben und der Verantwortlichkeit einzelner Berufe bemüht (zB durch die Ev. → Akademien). - Die theologische → Ethik hat im ganzen - die praktische Bewegung in den Kirchen teils begleitend, teils führend - weiterhin die allgemeine Ethik vor allem als Personalethik des glaubenden und Gott gehorsamen Selbst entwickelt. In diesem Sinn bleibt die christliche Ethik eher I. als S. Doch ist die theologische Ethik nicht unberührt geblieben von der allgemeinen Tendenz in Richtung auf den sozialen statt den individuellen Träger, auf die mittelbare Autorität. Als normative Ethik begann sie schon früh die christliche → Liebe aufs Soziale hin zu wenden und die christliche Hoffnung oder Ausrichtung im Sinne eines sozialen Reiches Gottes, dh als Liebesgemeinschaft, zu interpretieren (→ Social Gospel). Gleichzeitig wurde die → Sünde sozial verstanden, zB als überpersönliche Kraft des Bösen, die in den bestehenden Gemeinschaften waltet (vgl. zB in den USA → Rauschenbusch), oder als dämonische Macht. Im Blick auf die seit → Ritschl und Rauschenbusch entfaltete theologische Ethik bis zur Mitte des 20.Jh.s kann man sagen, daß sie durch ein verstärktes Wissen um das tiefe Eingewurzeltsein der Sünde (als Stolz, Auflehnung oder Götzendienst) im sozialen Leben wie auch beim Individuum zunehmend die Vorstellung von dem modifiziert hat, was christliches oder kirchliches Handeln im persönlichen und sozialen Bereich vermag. So hat sich weithin bes. in der prot. Theologie das soziale Verständnis des Menschen als Verstehen seiner Sünde ausgesprochen (Reinh. → Niebuhr, Karl → Barth im »Römerbrief«, Emil → Brunner). - Eine andere Bewegung hat weniger auf die Sünde als auf die → Eigengesetzlichkeit hingewiesen, die den sozialen Entwicklungen etwa der Politik und Wirtschaft innewohnt, hat diese mehr auf die »Schöpfung« als auf den »Fall« bezogen und fragte, wie der christliche Gehorsam sich in solchen eigengesetzlichen Strukturen bezeugen könne. In diese Richtung wiesen die Entwicklung christlicher → Soziologie in England und die Lehre von den Ordnungen wie auch Spezialstudien zur → Wirtschafts- und politischen Ethik in Deutschland. Auf dem Gebiet der beschreibenden Ethik wurde die Theologie durch historische und soziologische Untersuchungen stark beeinflußt, die den Wandel christlich-ethischen Verhaltens auf Grund von Ideen (eschatologische Hoffnungen und ihr Verschwinden) oder Einrichtungen (→ Feudalismus, → Kapitalismus) aufzeigen, die die Allgemeinheit bestimmen.

Bei ihren verschiedenen Bemühungen, eine christliche S. herauszustellen, hat sich die Theologie des traditionellen Gedankengutes von → Beruf, Naturgesetz und -ordnung bedient. Wie unangemessen diese Ideen sind, um die Schwierigkeiten zu fassen, die mit der Einordnung des einzelnen in die Gemeinschaft und mit der Mehrdimensionalität des sozial-individuellen sittlichen Handelns gegeben sind, tritt jedoch klar zutage. Man ersetzt sie jetzt wenigstens teilweise durch phänomenologische Bemühungen, das Selbst als soziales Wesen und die Gesellschaft als Persongemeinschaft zu verstehen, lehnt es ab, die Pflichten gegen Gott von denen gegen den Nächsten zu trennen und stellt den Gedanken von der Gliedschaft in der Gesellschaft und von Sphären verantwortlichen Handelns heraus. Den Einfluß der auf eine S. ausgehenden Richtung zeigt gegenwärtig eine stark verbreitete und zT theologische Richtung, die den einzelnen Christen in erster Linie als Glied einer Gemeinschaft, der Kirche, und diese als den Hauptträger menschlich-christlichen Handelns betrachtet. Widerspruch gegen alle Bestrebungen, den einzelnen als Handelnden oder als Wert unterzuordnen - sei es im Namen der säkularen Gesellschaft oder auch der Kirchen -, erhoben sich jedoch in den Kreisen, die in Kierkegaards Anliegen des vor Gott auf sich selbst stehenden einzelnen den grundlegenden sittlichen Aufruf sahen, der gerade in einer Zeit erhoben werden muß, in der soziales Handeln so stark betont wird.

FR.JODL, Gesch. der Ethik II, 1912 - E.TROELTSCH, Die Soziallehren der christl. Kirchen u. Gruppen, (1912) 1923³ - P.JOACHIMSEN, S. des Luthertums, 1927 - H.-D.WENDLAND, Zur Grundlegung der christl. S. (ZSTh 7, 1930, 22-56) - DERS., Die Kirche in der modernen Gesellschaft, (1956) 1958² - E.BRUNNER, Das Gebot u. die Ordnungen, (1932) 1939³ - DERS., Gerechtigkeit, 1943 - O.V.NELL-BREUNING SJ, Die soziale Enzyklika, (1932) 1950³ (Komm. zu »Quadragesimo anno«) - DERS., Einführung in die Lit. der kath. Soziallehre (Hamburger Jb. für Wirtschafts- u. Gesellschaftspolitik 1, 1956, 127-135) - DERS., Wirtschaft u. Gesellschaft, 2 Bde, 1956/57 (Aufsätze zur kath. S.) - ELERT, ML II - REINH.NIEBUHR, An Interpretation of Christian Ethics, New York 1935 - C.H.HOPKINS, Rise of Social Gospel in American Protestantism 1865-1915, New Haven 1940 - J.HUSSLEIN, Social Wellsprings, Milwaukee 1940-42 (päpstl. Sozialenzykliken) - L.V.WIESE, Ethik, Bern 1947 - M.B.RECKITT, Maurice to Temple, London 1947 - Die sozialen Rundschreiben (Leos XIII. u. Pius' XI.), erl.v. P.JOSTOCK, 1948 - Lexikon päpstl. Weisungen I: Kath. Soziallehre, 1948 - E.WOLF, Politia Christi. Das Problem der S. im Luthertum (EvTh 8, 1948/49, 46-49 = Peregrinatio, 1954, 214-242) - DERS., Die christl. Existenz in der Gesellschaft (JK 14, 1953, 1-10) - P. HADROSSEK, Die Bedeutung des Systemgedankens für die Moraltheol., 1950 - BARTH, KD III/4, 1951 - F.KARRENBERG, Stand u. Aufgaben christl. S. (Kirche im Volk 4), 1951 - DERS., Einführung in die Lit. der ev. Soziallehre (Hamburger Jb. für Wirtschafts- u. Gesellschaftspolitik 2, 1957, 117-127) - H.-H.SCHREY, Die Kirche u. die soziale Frage (ThR NF 21, 1953, 15-62; Lit.) - ESL 921ff (Lit.) - W.O.SHANAHAN, German Protestants face the Social Question I, Notre Dame/Ind. 1954 - E.DUFF SJ, The Social Thought of the World Council of Churches, New York 1956 - E.MUHLER, Die Soziallehre der Päpste, 1958 (Texte) - EKL III, 1028ff (Lit.). - Vgl. die Lit. zu →Ethik, →Gemeinschaft und Individuum: IV, →Katholisch-sozial, → Soziologie: II u. zu den anderen im Text genannten Artikeln.

H.R.Niebuhr

Individuation und Individualität (I.n, I.t). Daß es überhaupt ein Problem der I.n in unserer Geistesgeschichte gibt, ist nicht selbstverständlich, denn das Individuelle ist für die unmittelbare Erfahrung das Erstgegebene und als solches Fraglose. Unsere philosophische Tradition ist aber von Anfang an bestimmt durch die Verwunderung über die Möglichkeit des *Begriffs* in seiner Allgemeingültigkeit (universale). So wird ihr das Konkrete, als das Sekundäre gegenüber dem → Logos, der → Idee oder Wesensform, zum Problem: es muß nach der I.n gefragt werden, durch die das ontologische Korrelat des Allgemeinbegriffs zu der faktischen Vielheit der »Exemplare« ausgemünzt wird. Erklärungsmodelle sind zB die Entstehung der Zahlen aus den Prinzipien »Einheit« und »Vielheit« oder die mechanische Multiplikation einer Form durch eine Matrize. Seit → *Aristoteles* wird die Frage, wie das Eine des Begriffs im Vielen der Anschauung gegenwärtig sein kann, vorzugsweise mittels einer Prägemetaphorik beantwortet (→ Hylemorphismus). Der wesenlose Urstoff wird zum I.nsprinzip, das zur Einheit des Eidos nichts hinzubringt. Außerhalb der → Metaphysik bringt sich der Eigengehalt der I.t dennoch zur Geltung, zB am Problem der »Billigkeit« bei der Anwendung des Gesetzes auf den konkreten Fall (Eth. Nik. V, 14). Aber solche Inkongruenz ließ sich auch als Widerstand des alogischen Stoffes gegen die geistige Formwelt deuten oder sogar dämonisieren als Vergewaltigung des reinen Geistigen durch den Stoff (zB → *Plotin,* Enn. I, 8): erstmals wird die I.n zum »Sündenfall«. Aber daneben macht sich eine neue Sicht der Positivität der I.n geltend: die Fülle des Seienden, das ποικιλώτατον πᾶν, wird als Entsprechung zu einem absoluten Seinsprinzip anerkannt und die Frage, »ob es auch von den Einzelseienden Ideen gibt«, als Voraussetzung der Wesenhaftigkeit der I.t bejaht (Enn. V, 7). Hier sind Ansätze für das christliche Weiterdenken. Aber selbst → *Augustin* kommt nicht darüber hinaus, es als »große Frage« stehen zu lassen, ob im Schöpfergeist für alle Menschen nur *eine* ratio bestehe oder ob jeder Mensch dort die seine habe (epist. XIV, 4); die antike Lösung ist noch festgehalten, aber doch schon die I.n des Menschen als ein kosmologisch nicht nivellierbares Sonderproblem herausgehoben. Positive I.nsformeln übernimmt das MA aus der Isagoge des → *Porphyrius* (collectio proprietatum) und von → *Boethius* (singularis quaedam qualitas). Auch die Araber haben Wesentliches zur mittelalterlichen Diskussion des Problems beigetragen. → *Avicenna* scheint zuerst an die Individualgeschichte (affectiones acquisitae) als I.nsprinzip gedacht zu haben (De anima-Komm. V, 3), und → *Averroes* erkannte die Quasi-Universalität des Urstoffes, die doch wieder ein formales I.nsprinzip erfordert (Metaph.-Komm. XII, 14). Zugleich hat Averroes durch seine nachhaltig wirksame Weiterbildung der aristotelischen Lehre von der Einheit des intellectus agens, die die Vernunft aus der I.n heraushalten will, der I.t die Unsterblichkeit und dadurch die sittlich-religiöse Dimension genommen. Erst hier war die Konsequenz antiker Ansätze ganz ausgezogen und das MA herausgefordert, seine Vorstellung vom kreativ-ausdrücklichen Ursprung jeder Einzelseele so zu explizieren, daß der in diesen immer neuen Schöpfungsakten sich realisierende Gotteswille als das eigentliche I.nsprinzip einer christlichen Metaphysik heraustrat. Das aber ist der → Scholastik trotz der unter dem Druck des Problems überraschend vielfältigen Formulierungsversuche wegen der Bindung an die Aussagemittel des → Aristotelismus nie befriedigend gelungen. Was → *Maimonides* noch vom Menschen sagen konnte: es seien »zwei Personen so verschieden voneinander, als wären sie zwei verschiedene Arten« (Dux neutr. II, 40), das wurde von → *Thomas von Aquino* den Engeln als Rangspezifikum vorbehalten, um seinerseits mit der materia quantitate signata eine aristotelisch-boethianische Harmonieformel des I.nsprinzips zu geben. Zugleich entsteht in der Franziskanerschule ein neuer Ansatz, der Gottesliebe und I.t in einen essentiellen Zusammenhang rückt, so daß eine I.n ihren Boden verliert. In den Communia naturalium *Roger* → *Bacons* ist aus der »großen Frage« eine »große Torheit« geworden (Opp. ined. Steele II, 101). Problematisch ist jetzt umgekehrt die Herleitung des Universalen; quaerendum est primo ... quid est causa universalitatis (II, 100). Sein und Wahrheit koinzidieren jetzt in der I.t: individuum habet verissimam entitatem ... ideo habet verissimam cognitionem. → *Duns Scotus* sucht diese Sicht noch im Rahmen einer überwiegend aristotelischen Ontologie unterzubringen, indem er mit der haecceitas ein zur natura communis hinzutretendes Element in ordine essentiae einführt (Oxon. II d. 3 q. 3). Das bedeutet die intelligible Erfaßbarkeit der I.t durch eine endliche Definition, wobei das Genus-Species-Schema der Arbor Porphyrii um die species specialissima erweitert wird (ebd q. 6). Gemäß dem scholastischen Axiom »Intelligibilitas absolute sequitur entitatem« ist jetzt das Individuelle zum reichsten und würdigsten Gegenstand der Erkenntnis, damit aber auch die Empirie zur gemäßesten Erkenntnisweise geworden. Der → *Nominalismus* raubt dieser Konzeption den Zusammenhang mit dem Pathos der franziskanischen Frömmigkeit: die I.t wird reduziert auf die Stelle im Realnexus, dh auf die Identifizierbarkeit im Kontinuum der eingenommenen Raum-Zeit-Positionen. Für die Neuzeit isoliert sich unter dem Begriff der I.t der anthropologische Aspekt. Aus den theologischen Antrieben, die sich in der Renaissance sozial und politisch transformieren, entsteht eine neue Selbstwertung und Selbstnormierung (→ Autonomie) des Menschen, die sich I.t als die Einzigartigkeit des Je-Einzelnen zum Programm erhebt. Seit → Kopernikus wird die kosmische Faktizität des Menschen zur bestimmenden Erfahrung, die aus dem Verlust einer vermeintlich normativen Weltposition die Aufwertung des perspektivisch bedingten Aspekts der I.t folgert: das Individuelle bekommt einen integrierenden Bezug zum Ganzen der Wahrheit, seine Bedingtheit ist nicht Verzerrung, sondern konstitutives Element in der immer nur endlichen Verwirklichung eines unendlichen Anspruches. Dieses Selbstverständnis hat in der Monadenlehre von → *Leibniz* seinen Ausdruck gefunden. Wenn der junge Leibniz in der Disputatio metaphysica de principio individui (1663) die Formel findet: individuum seipsum individuat (Gerhardt IV, 18), so ist das nur dem Wortlaut nach die Aufarbeitung der ganzen Tradition des I.nsproblems, der Tendenz nach aber schon auf eine Individualmetaphysik gerichtet, die die Innenerfahrung des Subjekts als potentiell unendlichen Konstitutionsprozeß der »Monade« auslegen wird. Leibniz sagt ausdrücklich, daß das, was Thomas nur den Engeln zugebilligt habe, nun für alle Wesen gelte (ebd 433). Im subjekthaften Sein ist das Modell für eine ganze Metaphysik gefunden, die der Erfassung der Eigenart des biologischen ebenso wie des historischen Gegenstandsreiches den Boden bereitet. Der Versuch zu einer Individuallogik geht von dem klassischen Satz aus, daß Begriffsumfang und Begriffsinhalt in reziprokem Verhältnis stehen: die Einzigartigkeit der I.t hat die Unendlichkeit ihres Begriffsgehaltes zum Korrelat. Von hier aus wird die I.t im 18. Jh. zum Thema der neuen → Ästhetik (»Genie«, »Persönlichkeit«, das »Erhabene«), und der kunstschöpferische Mensch wird fortan geradezu zum Paradigma der I.n, das auch von der Philosophie des → *Idealismus* weithin nur abgelesen zu werden scheint. »Keiner sei gleich dem anderen ... Es sei jeder vollendet in sich« (Schiller). Aber hier tritt auch der Konflikt hervor, der unter dem kritischen Titel des Individualismus bis zur Gegenwart unbereinigt ist: Individuum und Gesellschaft, Einzelner und Masse, private Existenz und technische Sozialwelt. Philosophisch reflektiert sich das in der neuerlichen, bei → *Schopenhauer* explizierten Dämonisierung der I.n einerseits, in → *Nietzsches* Apotheose des »autonomen übersittlichen Individuums« andererseits. Die entschlossene Einsamkeit der »Existenz« als der »von allem Allgemeinen befreiten I.t« ist wohl nur noch ein Nachhall, ausgelöst durch die extreme Universalienontologie → Husserls.

D. Mahnke, Leibnizens Synthese von Universalmathematik u. Individualmetaphysik, 1925 - J. Assenmacher, Gesch. des I.nsprinzips in der Scholastik, 1926 - Th. Haering, Über I.t in Natur u. Geisteswelt, 1926 - D. Badareu, L'Individuel chez Aristote, Paris o.J. - D.E. Sharp, Franciscan Philosophy at Oxford, London 1930 - F. Meinecke, Die Entstehung des Historismus, 1936 - H. Schmitz, Hegel als Denker der I.t., 1957. - Vgl. die Lit. zu → Hylemorphismus.

H. Blumenberg

Indochina. Das Gebiet I. (705 400 qkm, 1951 ca 30 Mill. Einwohner) wurde allein durch die französische

Kolonialherrschaft geeinigt. Seit etwa 1955 ist das Land wieder in seine Einzelteile zerfallen: das nördliche kommunistische Vietminh (Tonking mit einem Teil von Annam), Vietnam (Annam, Kotschinchina), Kambodscha und Laos. – Mitte des 16.Jh.s kamen *röm.-kath. Missionare* ins Land, ihre Arbeit wurde jedoch durch die politische Rivalität der Portugiesen und Spanier behindert. Diese verwickelte die → Jesuiten, die 1615 ihre Arbeit von Japan nach Kotschinchina verlagert hatten, in die üblichen Ritenstreitigkeiten (→ Ritenstreit). Das Hauptunternehmen der »Société des Missions Étrangères de Paris« setzte 1666 mit der Ankunft der Apostolischen Vikare Pallu und Lambert de la Motte ein. Den französischen Missionaren folgte die französische politische Intervention. Die tatsächliche Übernahme der Kontrolle durch die Franzosen begann Ende des 18.Jh.s, als sich Bischof Pigneaux de Béhaine militärische Unterstützung sicherte, wodurch einem exilierten König der Thron von Kotschinchina zurückgegeben wurde. – Frankreich, das sich wiederholt der röm.-kath. Missionen bediente, gewann Ende des 19.Jh.s Kotschin als französische Kolonie; die anderen Staaten wurden in einer indochines. Union vereinigte Protektorate. Die Folge waren schwere Christenverfolgungen, bes. 1857 und während der Kriege der 80er Jahre. Trotz des imperialistischen Alpdrucks wuchs die kath. Kirche ständig und zählte am Vorabend der Auflösung des Staates (1955) 1,5 Mill. Getaufte, fast alle in Vietnam. – *Prot. Missionen* wurden I. lange ferngehalten. 1902 gelang es den Schweizer Brüdern, in Laos eine kleine Arbeit zu beginnen (gegenwärtig nur einige hundert Glieder). 1911 gründete die Christian and Missionary Alliance ihre erste Station in Tourane (Annam). Von dort aus gewann sie Einfluß in Annam und Kotschinchina; 1922 wurde sie in Kambodscha, 1929 in Laos zugelassen; 1929 wurde ihr auch erlaubt, unter den inländischen Stämmen zu arbeiten (1957: 14 627 Kommunikanten unter ca 45 000 Getauften in 337 Kirchen). Aus dieser Arbeit erwuchs die Ev. Kirche von Vietnam mit ca 100 ordinierten einheimischen Pfarrern und eigenen Missionaren in den Stammesgebieten. Dank der »Leiter-Methode« Dr. R.A.Jaffrays haben sich die Kirchen selbst erhalten und wirkten stark missionarisch. Die ersten zehn Bekehrten sind für ein Zehntel des Gehalts des Pfarrers verantwortlich und zur Gewinnung von zehn neuen Christen verpflichtet. Die nächsten zehn gewinnen weitere zehn. Eine Kirche mit 100 beitragenden Gliedern erhält sich dann selbst.

A.LAUNAY, Histoire Générale de la Société des Missions Étrangères, 3 Bde, Paris 1894 – J.SCHMIDLIN, Kath. Missionsgesch., 1924 – H.CHAPPOULIE, Aux Origines d'une Église: Rome et les Missions d'Indochine au XVIIe siècle, Paris 1943 – Missionary Atlas. A Manual of the Foreign Work of the Christian and Missionary Alliance, Harrisburg/Pa. 1950.

R.P.Beaver

Indogermanen

1. Sprache – 2. Heimat – 3. Rasse – 4. Religion – 5. Götterwelt – 6 Priesterstand

1. Das Wort I. – daneben wird der weniger glücklich gewählte Name *Indoeuropäer* gebraucht – hat man geprägt, um damit das Volk oder die Völker anzudeuten, die eine von der Sprachwissenschaft erschlossene gemeinsame *Sprache* gesprochen haben. Aus dieser Ursprache sind die teils noch lebenden, teils seit langem verschollenen Sondersprachen hervorgegangen, die nach der Behandlung der Gutturalen in zwei Gruppen getrennt werden: eine östliche oder *satem*-Gruppe, die das Indische, Iranische, Baltische und Slawische umfaßt, und eine westliche oder *centum*-Gruppe, zu welcher das Griechische, Italische, Keltische und Germanische gerechnet werden. Aber das in Turkestan sog. Tocharische gehört doch wieder zur westlichen Abteilung. Die nahe zusammenhängende indische und iranische Sprache faßt man oft als *arisch* zusammen, nach dem Wort *ârya-* »Volksgenosse, Freund«, mit dem sich diese Völker benannten; der Gebrauch dieses Wortes für die Gesamtheit der I. ist unrichtig. Die Sprachwissenschaft hat allmählich mit großer Genauigkeit Lautgesetze festgestellt, nach denen sich die Wörter im Laufe der jahrtausendelangen Geschichte geändert haben; man kann dadurch ungefähr bestimmen, wie ein Wort in der Ursprache gelautet hat, und erfahren, welche Wörter ursprünglich sind. Durch diese »linguistische Paläontologie« hat man festgestellt, daß das Urvolk sich auf der Kulturstufe der Jungsteinzeit befand, aber schon ein Metall gekannt hat.

2. Schwieriger ist es, die *Heimat* des Urvolkes zu bestimmen; darüber sind weit auseinandergehende Meinungen geäußert worden. Nachdem man anfänglich in Überschätzung der altindischen Sprache (Sanskrit, die Sprache der → Vedas!) an Asien gedacht hatte, wurde später wieder Europa bevorzugt, entweder die südrussische Steppenlandschaft (O.Schrader) oder das thüringische Mittelgebirge (Schuchhardt), ja sogar das norddeutsche-skandinavische Gebiet (Kossina, Hirt). Die linguistische Paläontologie hat dabei die besten Dienste geleistet (die Namen der Buche und des Lachses). Der neueste Versuch von Paul Thieme kommt zu dem – freilich noch recht fraglichen – Ergebnis, daß die Heimat durch das Gebiet der Lachsflüsse bestimmt sei: also westlich der Buchengrenze, östlich des Rheins bis zur Ost- und Nordsee hin, etwa das Stromgebiet von Weichsel, Oder, Elbe und vielleicht Weser. – Wichtiger ist die Frage, wie sich aus dieser Ursprache die Sondersprachen entwickelt haben. Anfänglich dachte man an eine allmähliche Aufspaltung des Urvolkes, bes. durch Wanderungen, durch die das Gebiet zwischen Indus und Atlantik besiedelt wurde; die Sprachen verhielten sich zueinander wie die Glieder einer Familie (Stammbaumtheorie). Dem Charakter des Sprachwandels trug mehr Rechnung die von Johannes Schmidt verteidigte Erklärung: An mehreren Orten entwickelten sich Lautänderungen, die sich in kleineren oder größeren Kreisen ausdehnten; wo die Grenzen zusammentrafen, entstand eine mehr oder minder scharfe Trennung, die man als Sprachgrenze auffassen kann. Diese sog. Wellentheorie setzt also eine auf ziemlich großem Gebiet verbreitete Sprache voraus, die durch immerfort auftretenden Lautwandel differenziert wurde. Die Geschichte der Sprachen kennt aber neben Perioden der Aufspaltung und Dialektbildung auch solche der Vereinheitlichung, und es wäre denkbar, daß die rekonstruierte Ursprache selbst schon das Ergebnis eines Ausgleiches zwischen früheren dialektisch gefärbten Sprachen war. Das Problem wird dadurch noch weiter erschwert, daß man mit Substratsprachen rechnen muß, dh mit älteren, ganz andersartigen Sprachgebilden, die später vom Indogermanischen überlagert wurden.

3. Die Ursprache zeigt durch ihren Formenreichtum einen eigentümlichen Charakter, der sicherlich eine lange Entwicklung voraussetzt; man denke an die Formen der Deklination und Konjugation, bes. an die Rolle, die der *Ablaut* in der Grammatik und in der Wortbildung spielt. Daraus darf man folgern, daß diese Sprache von einem Volke geschaffen wurde, das eine besondere, gewiß nicht »primitive« Geistesart hatte. Damit ist aber über die *Rasse* nichts ausgesagt. Man hat gerne an die sog. »nordische« Rasse gedacht (blond, blauäugig, langköpfig), und in der Tat weisen die Überlieferungen der Mittelmeervölker, etwa der Griechen und Römer, auf einen derartigen Rassenbestand hin. Wenn sich aber das Urvolk schon auf einem ziemlich ausgedehnten Gebiet verbreitet hatte, ist Rassenmischung sehr wahrscheinlich;

im allgemeinen dehnt sich eine Sprache leicht über Völker der verschiedensten Rassen aus; die »blonden« I. können ihre Sprache von einer ganz anderen Rasse übernommen haben. Solange die Fragen nicht gelöst sind, wie das Verhältnis des Indogermanischen zu den semitischen Sprachen einerseits, zu den finnisch-ugrischen andererseits zu bestimmen ist, muß es bei einem »non liquet« bleiben. Schon der Umstand, daß das Indogermanische im 3.Jt. vChr Lehnwörter aus dem Sumerischen und Akkadischen aufgenommen hat, weist auf bis in vorhistorische Zeiten hinaufreichende Beziehungen zu den alten Kulturvölkern des Orients hin.

4. Die Ansichten über die *Religion* der I. haben im Laufe der Zeit stark gewechselt. Die großen Erfolge der Sprachvergleichung im Anfang des 19.Jh.s haben dazu geführt, auf sprachlichem Wege zu bestimmen, ob und welche Götter dem Urvolke zugeschrieben werden dürfen. Die »vergleichende Mythologie« von Forschern wie Adalbert Kuhn und Max → Müller (→ Germanistik) führte zwar zu überraschenden Ergebnissen und baute ein vielgliedriges → Pantheon auf, aber nachher meldeten sich Einwände, bes. nachdem die immer genauer ausgearbeitete Sprachvergleichung die Unhaltbarkeit der aufgestellten Gleichungen nachgewiesen hatte. Der evolutionistische Historismus des 19.Jh.s erwog die Möglichkeit, daß es im Laufe der langen Entwicklung zu Entlehnungen gekommen sei. So blieb schließlich nur ein gemeinsamer »Himmelsgott«, dessen Name in altind. Dyaus pitar, griech. Ζεὺς πατήρ, lat. Jupiter, germ. Tíwaz bewahrt worden ist; aber sogar der germ. Tíwaz gibt Anlaß zu berechtigtem Zweifel. Zu wenig hat man aber wohl beachtet, daß die Lautgesetze der menschlichen Sprache nicht dieselbe Gültigkeit für die »Sprache der Götter und Geister« zu haben brauchen (sakrale und Tabusprachen!). Nachdem die Götter ausgeschaltet waren, blieb nur eine Art → Animismus über, und man nahm allen Ernstes an, die Teilvölker hätten ihr Dasein mit einer Religion angefangen, die nur Dämonen und Ahnengeister kannte, nur mit einem Hochgott (→ Hochgottglaube), etwa im Sinne des → Urmonotheismus; also eine Religionsform wie etwa die der Australneger (→ Australien: I). Dagegen wurde berechtigter Einspruch erhoben.

5. Ein Fehler der vergleichenden Mythologie war überdies, daß man die *Götter* als Naturmächte (→ Naturmythologie) dachte, als → Sonne, → Mond und → Sterne oder als Donner, → Regen oder → Wind (→ Gewitter). Eine gewisse Beziehung zu Naturerscheinungen ist immer vorhanden, sie ist aber nicht primär: Wodan ist im Grunde ebensowenig ein Windgott wie Donar ein Gott des Donners (→ Germanische Religion, 9). Sie sind darüber hinaus etwas Wesentlicheres. Das funktionelle Denken der Neuzeit hat hier zu richtigeren Einsichten geführt: Man muß festzustellen versuchen, wie die Götterwelt als System funktioniert. Es ist dem französischen Forscher Georges Dumézil zu verdanken, daß wir zu einer besseren Einsicht gelangt sind. Die Götterwelt spiegelt die Vielschichtigkeit der sie verehrenden menschlichen Gesellschaft wider; diese trennt sich in drei Stände: die Repräsentanten der königlichen Gewalt, den kriegerischen Adel und das Landvolk. Das Besondere des Göttersystems der I. ist nun, daß die erste, königliche Funktion aus zwei einander entgegengesetzten Aspekten besteht: einer mehr sakral-legalistischen Seite und einer magisch-schöpferischen. So stehen sich bei den Indern Mithra und Varuna, bei den Germanen Tíwaz und Wodan nahe und doch gegenüber. Zum Adel gehört ein Kriegsgott, den wir in Indra und Donar vorfinden. Zur dritten Funktion gehören mehrere naturgebundene Gottheiten, manchmal ein Bruderpaar wie die indischen Ashvins oder die griechischen → Dioskuren; daneben finden wir hier bes. weibliche Göttergestalten. Das System ist so einzigartig, daß man es als eine originelle Schöpfung der I. auffassen darf; das Urvolk beweist seine hohe Veranlagung nicht nur durch seine durchgebildete Sprachform, sondern auch durch dieses Göttersystem.

6. Obgleich sich bei mehreren indogerm. Völkern ein ausgebildeter *Priesterstand* findet (zB die Brahmanen in Indien, die flamines in Rom, die Druiden bei den → Kelten; → Priestertum: I), hat man doch gemeint, die I. hätten ursprünglich keinen eigenen Priesterstand gekannt. Tatsächlich weisen die ältesten Überlieferungen der Griechen und Germanen darauf hin, daß der Kult äußerst einfach gewesen sein muß: ohne → Tempel und ohne Priesterstand. Fraglich bleibt immerhin, ob das Rückbildungen sind, die das Priesterwesen eingeschränkt und zurückgedrängt haben. Jedenfalls gibt es Übereinstimmungen zwischen den Brahmanen und den flamines (vielleicht sind sogar die Namen verwandt), die darauf hindeuten können, daß priesterliche Funktionen mit ganz bestimmten Charakterzügen in sehr frühe Zeit zurückreichen. Diese sind dann wohl bes. im Umkreis des sakralen → Königtums anzunehmen. In den Volksschichten war jedenfalls der pater familias der Vollzieher der Opferhandlungen. Aber Dumézil hat hervorgehoben, daß wir bei mehreren indogerm. Völkern ähnliche Mythen vorfinden; es gibt sakrale und magische → Formeln, die bis in die Zeit der Spracheinheit zurückreichen können. Dann möchte man doch wohl an kultische Traditionsträger denken, die man sich kaum anders als Priester vorstellen kann. Auch die → Initiationsriten, die man mit immer größerer Sicherheit hat nachweisen können, setzen einen Priester voraus. Die großen allgemeinen Kultfeste (→ Feste: I) fanden wohl ebenfalls unter priesterlicher Führung statt. Schließlich setzen das → Gottesurteil (: I) und das → Orakel sachkundige Männer voraus. Alles deutet darauf hin, daß man sich die Religion der I. nicht zu einfach und primitiv vorstellen darf.

Zu 1: K.BRUGMANN (-B.DELBRÜCK), Grundriß der vergl. Grammatik der indogerm. Sprachen, 5 Bde, (1886-1900) 1897-1916² - A.MEILLET, Introduction à l'étude comparative des langues indoeuropéennes, Paris (1903) 1937⁸; dt. 1909 - DERS., Les dialectes indoeuropéens, ebd (1908) 1922² - H.HIRT, Die I., 2 Bde, 1905/07 - DERS., Indogerm. Grammatik, 4 Bde, 1921-28 - O.SCHRADER, Die I., (1911) 1935⁴ (hg.v. H.KRAHE) - S.FEIST, Kultur, Ausbreitung u. Herkunft der I., 1913 - H.KRAHE, Indogerm. Sprachwiss., (1943) 1948² - DERS., Sprache u. Vorzeit, 1954 - P.THIEME, Die Heimat der indogerm. Gemeinsprache, 1954. - Zu 2: R.MUCH, Die Heimat der I. im Lichte der urgeschichtl. Forschung, 1902 - C.SCHUCHHARDT, Alt-Europa, (1919) 1926³ - W.KOPPERS, Die I.- u. Germanenfrage. Neue Wege zur Lösung, 1936. - Zu 3: F.PAUDLER, Die hellfarbigen Rassen u. ihre Sprachstämme, Kulturen u. Urheimaten, 1924 - O.RECHE, Entstehung der nord. Rasse u. I.frage (Festschr. f. H.Hirt I, 1936, 287 bis 316). - Zu 4-6: A.CARNOY, Les Indo-Européens, Brüssel 1921 - H.GÜNTERT, Der arische Weltkönig u. Heiland, 1923 - L.v.SCHRÖDER, Arische Religion, 2 Bde, 1926 - C.CLEMEN, Religionsgesch. Europas, 1926 - O.HÖFLER, Kultische Geheimbünde der Germanen, 1934 - J.DE VRIES, Altgerm. Religionsgesch., 2 Bde, (1936/37) 1956/57² - G.DUMÉZIL, Jupiter, Mars, Quirinus, 3 Bde, Paris 1941-45 - DERS., Les Dieux des Indo-Européens, ebd 1952 - ChrRel II, 267ff.

J.de Vries

Indologie (auch *»Indianistik«*) ist die Wissenschaft, die sich mit → Indien im weitesten Sinne beschäftigt; ihr Kern ist die indische Philologie, welche auf Grund des Schrifttums die Sprache, Geschichte und Geisteskultur vornehmlich Vorderindiens erforscht; doch gehören auch Untersuchungen über Landeskunde, Archäologie, Kunst, Musik, Wirtschaft, soziale Verhältnisse usw des Ganges-Kontinents zu ihrem Bereich sowie die Ausstrahlungen der indischen Kultur nach → Ceylon, Hinterindien und → Indonesien. Ein wichtiges Teilgebiet der I. ist die → Buddhologie.

Die ersten Kenntnisse von Indien verdankt Europa den Griechen (Alexanderzug). Während das MA den Nachrichten antiker Schriftsteller nur wenig hinzufügte, setzte mit der Entdeckung des Seewegs (1498) eine reiche Literatur von Reisebeschreibungen (Bernier, Tavernier, Niebuhr, Sonnerat) und Missionsberichten (Lettres édifiantes et curieuses) ein. Über Sprache und Schrifttum vermochten freilich nur wenige Verfasser aus eigener Kenntnis etwas mitzuteilen: Abraham Roger 1651, Barthol. → Ziegenbalg († 1719), J.W.Wesdin; Anquetil Duperron's Übersetzung der → Upanishaden (»Oupnekhat«, 1802) liegt eine persische Übertragung zugrunde.

Die ersten Gelehrten, die Sanskrittexte übersetzten, waren Beamte der britischen Ostindien-Kompanie: Ch. Wilkins (Bhagavadgîtâ, 1785), William Jones (Sacontala, 1789; Manu, 1796), H.Th.Colebrooke (»Essays«, 1795ff), H.H.Wilson (Religious Sects, 1828; Vishnu Purâna, 1840). Frühzeitig wurde Paris ein Zentrum der indischen Studien (A.L.de Chézy, Eug.Burnouf). Hier erlernte auch Friedr. v. → Schlegel das Sanskrit und regte in Deutschland durch seine Schrift »Über die Sprache und Weisheit der Indier« (1808) zur Forschung an; sein Bruder August Wilhelm wurde 1818 der erste Prof. der I. in Bonn. Seitdem sind in Italien, Belgien, Holland, Skandinavien, Rußland, Nordamerika und anderen Ländern indologische Lehrstühle errichtet worden, und auch in Indien selbst wird die I. nach modernen Methoden gepflegt.

Während in der ersten Periode der I. die Erforschung der epischen und klassischen Sanskritliteratur das Hauptinteresse beanspruchte, trat in der 2. Hälfte des 19.Jh.s das Studium des Veda in den Vordergrund. Seit der Jh.-wende ist eine immer größere Arbeitsteilung eingetreten, da die wachsende Stoffülle es den einzelnen Gelehrten nicht mehr ermöglichte, alle Gebiete zu bearbeiten. Dazu kommt, daß, seitdem Indien unabhängig wurde (1947), die Beschäftigung mit den Sprachen und Problemen des neuen Indien in steigendem Maße die Aufmerksamkeit beansprucht.

Da die Kenntnis des Sanskrit, der alten Literatur- und Gelehrtensprache der Hindus, die Basis aller indologischen Arbeit darstellt, war die Erforschung seiner Grammatik von vordringlicher Bedeutung. Die Untersuchung derselben ermöglichte es Franz Bopp (1791-1867, Berlin) i.J. 1816, den schlüssigen Beweis für die Verwandtschaft der indo-arischen und europäischen Sprachen zu erbringen. Er wurde dadurch zum Begründer der indogermanischen Sprachwissenschaft, einer Disziplin, die stets in enger Beziehung zur I. gestanden hat (→ Indogermanen). Nachdem zuerst nur englische Lexika den Sanskritisten zur Verfügung standen, finanzierte die Akademie der Wissenschaften in St.Petersburg 1858 bis 1889 das Erscheinen von zwei Sanskrit-deutschen Wörterbüchern, von denen das erste, mit zahlreichen Belegen ausgestattete von O.v.Böhtlingk (1815-1904, zuletzt Leipzig) und R.v.Roth (1821-95, Tübingen), das jüngere, kürzere aber inhaltreichere von O.v.Böhtlingk allein herausgegeben wurde.

Die ältesten hl. Schriften der Inder, die vier → *Veden*, sind alle von Deutschen ediert worden, der Rigveda von Max → Müller und Th.Aufrecht (1822-1907, Bonn), der Sâmaveda von Th.Benfey (1809-81, Göttingen), der Yajurveda von Albr.Weber (1825-1901), der Atharvaveda von R.v.Roth (gemeinsam mit dem Amerikaner W.D.Whitney [1827-94, Yale]). Übersetzungen vedischer Texte und religionsgeschichtliche Untersuchungen über sie haben K.F.Geldner (1852-1929, Marburg), H.Grassmann (1809-77, Stettin), A. Hillebrandt (1853 bis 1927, Breslau), A.Ludwig (1832-1912, Prag), H. Oldenberg (1854-1920, Göttingen) geliefert sowie A. Bergaigne (1838-88), A.B.Keith (1879-1944), A.A. Macdonell (1854-1930) und zahlreiche andere. Die sich anschließende Opferliteratur haben W.Caland (1859 bis 1932) und J.Eggeling (1842-1918) bearbeitet. Die philosophischen Geheimlehren der Upanishaden haben zahlreiche Interpreten gefunden, von denen hier bes. P.Deussen (1845-1919, Kiel) genannt sei.

Während die riesige vedische Literatur, als deren Entstehungszeit im wesentlichen 1200-500 vChr angegeben wird, den Hindus als eine überirdische »Offenbarung« (Shruti) gilt, werden die Epen, Purânen, Gesetzbücher usw als von mythischen Weisen verfaßte Werke der autoritativen *»Überlieferung« (Smriti)* angesehen; ihre Abfassungszeit beginnt wahrscheinlich um 500 vChr. Mit den Epen Mahâbhârata und Râmâyana haben sich bes. E.W.Hopkins (1857-1932) und H.Jacobi (1850-1937) beschäftigt, Stücke aus ihnen haben A.Holtzmann (1810 bis 1870) und Fr. → Rückert in poetischer Form wiedergegeben. Seit A.W.v.Schlegel und W.v. → Humboldt ist das zum Mahâbhârata gehörige philosophische Lehrgedicht → »Bhagavadgîtâ« sehr häufig übersetzt und behandelt worden. Von den Purânas, umfangreichen Legendenwerken, existieren bisher nur vereinzelte zuverlässige Übersetzungen, so von E.Burnouf (1801-52), F.E. Pargiter (1852-1927) u.a. Die *Rechtsbücher* sind vor allem von G.Bühler (1837-98) und J.Jolly (1849-1932; in SBE) übertragen worden.

Die Literatur der sechs orthodoxen *philosophischen Systeme* ist namentlich durch die Arbeiten von P.Deussen, R.v.Garbe (1857-1927, Tübingen), O.Strauß (1881-1940, Breslau) u.a. gefördert worden, die der hinduistischen *Sekten* (→ Hinduismus: I, 3) durch die Bemühungen von R.G.Bhandarkar (1837-1925), J.N. → Farquhar, Rudolf → Otto, F.O.Schrader (* 1876, Kiel), Sir John Woodroffe (1865-1936).

Die *schöne Literatur* des Sanskrit wurde zuerst durch die poetischen Übertragungen von P.v.Bohlen (1796 bis 1840), Rückert, A.F.v.Schack (1815-94) zugänglich gemacht, die Ästhetik der indischen Dichtung durch die Übersetzung ihrer Lehrbücher von H.Jacobi gefördert.

Der Geschichte der in Indien wenig ausgebildeten *Naturwissenschaften* und der Mathematik haben sich H. Th.Colebrooke (1765-1837), G.Thibaut (1848-1914) und P.C.Ray (1861-1944) gewidmet; die Medizin haben bes. A.F.R.Hoernle (1841-1918) und J.Jolly behandelt.

Eine Übertragung des alten, in vielfacher Hinsicht sehr aufschlußreichen, dem Kautilya zugeschriebenen »Buches vom Welt- und Staatsleben« (Arthashâstra) lieferte Joh.Jakob Meyer (1870-1939).

In der nach-vedischen Zeit, in welcher das klassische Sanskrit die Literatursprache war (bis etwa 1500 nChr), sind, wenn auch in geringem Umfange, die Volkssprachen (»Prâkrit«) von der Dichtung verwendet worden; in den indischen Dramen hatten sie ihren festen Platz, weil in diesen nur die Gebildeten Sanskrit sprechen, während die übrigen Personen sich der verschiedensten Dialekte bedienen. Um die Kenntnis des Prâkrit haben sich namentlich A.Weber, R.Pischel (1849-1908, zuletzt Berlin), H.Jacobi und E.Leumann (1859-1931, Freiburg/Br.) Verdienste erworben. Die Erforschung des Prâkrit ging häufig mit derjenigen des → *Jinismus* Hand in Hand, weil die hl. Schriften der Jainas in Prâkrit abgefaßt sind.

Zusammenfassende Darstellungen der alt-indischen Literatur sind Leopold v.Schroeder (1851-1920, Wien) und Moriz Winternitz (1863-1937, Prag) zu verdanken.

Das Schrifttum der neu-indischen Sprachen, das erst um die Mitte unseres Jt.s eine immer stärkere Bedeutung gewinnt, ist bisher vornehmlich von englischen Beamten und Missionaren behandelt worden, die in Indien wirkten (J.Beames, G.A.Grierson, F.S.Growse, M.A. Macauliffe und dem Deutschen E.Trumpp). Es ist zu hoffen, daß diese bisher stark vernachlässigten Studien jetzt schnellere Fortschritte machen werden, seitdem sich ihnen in westlichen Methoden ausgebildete Inder in wachsendem Maße zuwenden.

Ein Spezialgebiet der I. stellt die Erforschung der nicht-arischen, vornehmlich der dravidischen Sprachen dar. Auf dem Gebiet des südindischen Schrifttums haben vor allem Missionare Pionierarbeit geleistet: Karl → Graul († 1864), F.Kittel, H.F.Mögling († 1881), H.W.Schomerus († 1945).

Die für die Aufhellung der Geschichte Indiens so aufschlußreiche Inschriftenkunde hat in Deutschland in E. Hultzsch (1857-1927, Halle) und H.Lüders (1869-1943, Berlin) prominente Vertreter gefunden. Die Archäologie und Kunstgeschichte sind bes. von A.Cunningham (1814-93), J.Fergusson (1808-86), J.Marshall (1876-1958), E.B.Havell (1861-1934) und A.Coomaraswamy (* 1877) gefördert worden.

Die erste umfassende Geschichte Indiens in deutscher Sprache veröffentlichte der Norweger Christian Lassen (1800-76), der A.W.v.Schlegel auf dem Bonner Lehrstuhl gefolgt war. In seiner »Indischen Altertumskunde« (4 Bde, 1843-62) faßte er das ganze Wissen seiner Zeit zusammen. Seitdem ist keine größere Geschichte des Subkontinents mehr in Deutsch erschienen; jedoch haben zahlreiche englische Gelehrte wie W.W.Hunter (1840-1900), V.A.Smith (1848-1920) und die Autoren des großangelegten Sammelwerks »Cambridge History of India« das Thema behandelt. Da in diesen zZ der britischen Herrschaft geschriebenen Büchern naturgemäß der europäische Standpunkt hervortritt, sind die Inder seit der erlangten Unabhängigkeit (1947) darum bemüht, Darstellungen der indischen Geschichte aus indischer Sicht zu veröffentlichen; auch indische Staatsmänner wie J.Nehru und K.M.Panikkar haben in ihren Schriften versucht, die Grundzüge der historischen Entwicklung des Indertums neu zu zeichnen. Über den Rahmen der I. hinaus reichen die Untersuchungen, die den geschichtlichen Beziehungen Indiens zu den Ländern des Westens und Ostens nachgehen und wechselseitige Einflüsse aufzeigen wollen.

Als Heimat von vier Hochreligionen (→ Hinduismus, → Jinismus, → Buddhismus, Sikhismus [→ Sikhs]) und als ein Land, in welchem vier fremde Religionen (Parsismus, Judentum, Christentum, Islam) Bekenner gefunden haben, ist Indien für den Religionshistoriker von jeher von besonderem Interesse gewesen. Das Studium der I. hat deshalb seit 150 Jahren das der vergleichenden → Religionswissenschaft in hohem Maße befruchtet und gefördert.

E.Windisch, Gesch. der Sanskrit-Philologie u. Ind. Altertumskunde (Grundriß der Indo-arischen Philologie u. Altertumskunde I/1 B), 1917/20. - Auszüge aus antiken Quellen über Indien geben B.Breloer-F.Böhmer, Fontes religionum Indicarum, 1939 - Die griech. Texte über Indien engl. v. J.W.MacCrindle in mehreren Werken, 1877-93. - Ein unentbehrliches Nachschlagewerk über ind. Texte u. deren Übers.en ist: M.B.Emeneau, A Union List of printed Indic Texts and Translations in American Libraries, New Haven/Conn. 1935. - Reiche bibliogr. Angaben über Übers.en in H.v. Glasenapp, Die Lit.en Indiens von ihren Anfängen bis zur Gegenwart (HLW), 1929. - Auswahl von Übers.en vom Veda bis zu zeitgenössischen Schriftstellern in: Ders., Ind. Geisteswelt, 2 Bde, 1958. - Umfassende Landes- u. Kulturkunde bei L.Alsdorf, Vorderindien, 1955.

H.v.Glasenapp

Indonesien

I. Politisch-ethnologisch - II. Religionsgeschichtlich - III. Die Religionen in Indonesien und die christliche Botschaft - IV. Missions- und Kirchengeschichte

I. Politisch-ethnologisch

I., das größte Inselreich der Welt (→4, Bd I, Sp. 781 f), liegt zwischen Asien und Australien im Einflußbereich von verschiedenen asiatischen und westlichen Kulturen sowie wirtschaftlichen und politischen Interessen. Das ursprünglich eine Sprachgruppe bezeichnende Wort »indonesisch« bezieht sich im modernen Sprachgebrauch auf den Staat I., seine Bürger und seine aus dem Malaiischen entwickelte lingua franca. Die Grenzen I.s sind nach indonesischer Ansicht identisch mit denen des früheren holländischen Kolonialreiches; nach holländischer Ansicht ist West- → Neuguinea, das noch unter holländischer Verwaltung steht, davon bei der Übertragung der Souveränität (27.12.1949) ausgeschlossen. Nach der japanischen Besetzung (1942-45) und der Gründung der Republik Indonesia (17.8.1945) errangen sich die Indonesier unter Beteiligung der Vereinten Nationen ihre Selbständigkeit. Die Verfassung beruht auf demokratischen Grundsätzen; im gewählten Parlament findet man 4 große Parteien (nationalistische, kommunistische und zwei mohammedanische) und viele kleinere. Trotz der errungenen politischen Unabhängigkeit wurde nach 1949 das politische Leben weitgehend beeinflußt durch die Lehre des »Vaters der Revolution«, des Staatspräsidenten Sukarno, von der nicht vollendeten, sondern »weitergehenden Revolution«, die die Erwerbung West-Neuguineas und in der Praxis die völlige Ausschaltung jedes fremden Einflusses in I. erstrebt. Demgegenüber wird von oppositionellen Politikern ein solches Verhalten fremdem Kapital und fremder Fachmannschaft gegenüber befürwortet, daß auch diese dem nationalen Aufbau dienstbar gemacht werden. In dem völkisch nicht einheitlichen Lande bestehen zwischen der Zentralregierung und den Außenprovinzen große Spannungen, die mit der voraussichtlichen Unterdrückung eines Aufstandes von einigen dieser Provinzen (1958) kaum beendet sein dürften.

S.C.Graf van Randwijck

II. Religionsgeschichtlich

Die kulturell und wirtschaftlich stark geschichtete Gesellschaft I.s zeigt dementsprechend große religiöse Unterschiede. Bereits im Paläolithikum gab es verschiedene Völkerbewegungen aus China und Hinterindien, die sich im Neolithikum noch verstärkten. Dazu kommt, daß die Inseln schon in sehr früher Zeit den Hochkultureinflüssen aus Indien (Hinterindien) und China ausgesetzt waren, daß der Islam relativ früh Fuß fassen konnte und außerdem das Christentum mit den Kolonialmächten Europas Eingang gefunden hat (→ Indonesien: IV). - Zu den heute noch lebenden relativ ältesten Völkern gehören die Aeta auf den Philippinen (zusammen mit den Semang auf Malakka und den Negritos auf den Andamanen), deren kulturelle Situation einen Rückschluß auf die religiösen Verhältnisse der Frühzeit erlaubt. Sie sind charakterisiert durch → Hochgottglauben und einfache Form von → Schamanismus (Meditationsschamanismus) verbunden mit Natur- und Totengeisterglaube. Teilweise als → Jäger und Sammler, allerdings ziemlich stark beeinflußt durch bodenbautreibende Stämme, können noch die Kuba, Orang Benua (Orang Laut) auf Sumatra, die Sabimba im Riau-Lingga-Archipel, die Punan, Bukitan, Bukit, Olo-Ot im Inneren Borneos, Mangyan auf Mindoro, Tagbanua auf Palawan, die Alfuren, Gurngai und Tungu im östlichen I. angesehen werden, über deren Religion nur wenig bekannt ist. Die Religion der Bodenbauer wiederum ist bes. bestimmt durch eine Art → »Animismus« (jedoch nicht im Sinne Tylors), Ahnenverehrung, Fruchtbarkeitsriten usw. Da die jetzigen

Agrarvölker offenbar erst vor kurzem zum Gebrauch des Eisens übergegangen sind, läßt sich aus ihrer Religion die der späten Neolithiker erschließen. Sie kann wie folgt charakterisiert werden: Glaube an ein Höchstes Wesen, Natur- und Totengeister, damit verbunden ein entwickelter Ahnenkult und agrarische Fruchtbarkeitsriten, ferner → Kopfjagd sowie bes. die sog. Verdienstfeste in Verbindung mit Rinderopfern und Errichtung roher Steindenkmäler (Megalithen), die für Lebende und Verstorbene abgehalten werden. Sie sollen den Namen des Veranstalters lebendig erhalten, seiner → Seele nach dem Tode zum Heile gereichen und außerdem die → Fruchtbarkeit der Felder und Herden fördern. - Damit ist zugleich die religiöse Situation der heutigen Agrarvölker angegeben: An der Spitze der religiösen Hierarchie steht ein Höchstes Wesen; vielfach otios, spielt es bei einigen Völkern doch eine bestimmte Rolle (zB Dayak auf Borneo). An die Stelle seiner Aktivität treten häufig personifizierte Naturkräfte oder auch die sog. Dema-Gottheiten, aus deren zerstückelten Leibern die Kulturpflanzen entstehen. Der unpersönlich gedachte »Seelenstoff« oder der sog. Kraftglaube (→ Mana) wird letztlich seinen Ursprung und Ausgang vom Höchsten Wesen herleiten. Dieses Mana findet sich überall, bes. aber im → Blut und in bestimmten Körperteilen, worauf sich wiederum bestimmte Formen des → Kannibalismus wie auch zT die Kopfjagd zurückführen lassen. Ebenso basieren darauf die weitverbreiteten feindgerichteten Zauberpraktiken. Dazu werden Objekte benötigt, die mit dem Feind in Berührung oder Verbindung standen, so vor allem Exkremente, Fingernägel, → Haare, → Speichel, Erde der → Fußspur usw. Der Wille der transzendenten Wesen wie auch das zu erwartende → Schicksal werden aus den verschiedensten Omina (→ Omen) erschlossen, u.a. durch Hühnerorakel, → Leberschau, Vogelflug. → Krankheiten werden fast ausnahmslos dem Wirken böswilliger → Geister oder den Zauberpraktiken anderer zugeschrieben. Die Heilung vollzieht zumeist der Schamane durch Gegenmittel, so vor allem durch Austreiben der Geister oder Aussaugen, Heraustreiben des Krankheitsstoffes. Schamanismus spielt in I. eine hervorragende Rolle, zumal der Seher-, aber auch der Besessenheitsschamane. Seine religionshistorische Stellung, bes. seine Beziehungen zum sibirischen Schamanismus sind noch nicht genügend geklärt. Jedenfalls stellt er eine der entwickeltsten Formen dar. - Ein wohl im 2.Jh. nChr bestehender indischer Kolonialstaat auf Sumatra erklärt indische Einflüsse, die in den folgenden Jh.en durch die Gründung hindu-buddhistischer Staaten ihren Höhepunkt erreichten; so bringt das Reich Modschopahit im 14.Jh. den größten Teil I.s unter seine Oberherrschaft. - Die starke Wirkung der hindu-buddhistischen Mission zeigt sich noch auf den Inseln Java, Bali und Sumatra. Heute bekennen sich mehr als 80% der Indonesier zu einem - freilich gemilderten - Islam, der wahrscheinlich im 12.Jh. erstmals in I. Eingang fand. Vielfach kommen aber noch die alten animistisch-schamanistischen Anschauungen durch, u.a. bei Behexungen und Krankenbeschwörungen. - Vgl. →Ackerbau: I, → Eschatologie: I, 3, → Feste: I, → Naturdienst, →Totenverehrung: I.

A.C.Kruijt, Het Animisme in den Indischen Archipel, s'Gravenhage 1906 - Encyclopaedie van Nederlandsch-Indie II, 1918, 82ff - R.Heine-Geldern, Südostasien (in: G.Buschan, Illustrierte Völkerkunde II/1, 1923²·³, 689-968; Lit.) - Ders., Die kulturgeschichtl. Bedeutung Südostasiens (Geogr. Rundschau 9, 1957, 121-127) - J.Balys, Der Schamanismus in Malakka u. I. (Diss. Wien), 1933 - E.M.Loeb, Sumatra (WBKL 3), 1935 - E.Stiglmayr, Schamanismus der Negrito Südostasiens (Wiener Völkerkundl. Mitt.en 2, 1954, 156-164; 3, 1955, 14-21; 4, 1956, 135-147). *E.Stiglmayr*

III. Die Religionen in Indonesien und die christliche Botschaft

1. Ansatzpunkte der Begegnung - 2. »Primitive Religionen« - 3. Islam - 4. Hindu-Javanismus, Synkretismus - 5. Missionarische Praxis

1. Die christliche Botschaft trifft in I. auf die Welt »primitiver« Religion und auf den Islam, der seit dem 14.Jh. in stetigem Vordringen 90% der Bevölkerung unter seinen Einfluß gebracht hat. Auf Java ist er stark durchsetzt von hindu-javanischer Mystik, die auf Bali eine eigene Gestalt erhielt. Erst der Missionseinsatz des 19.Jh.s (→ Indonesien: IV) führt zu einer echten Begegnung mit der christlichen Botschaft.

2. Die bedeutsamsten Fortschritte in bezug auf *»primitive Religionen«* liegen in der schärferen Erfassung des → *»Animismus«*, sodann in der Erkenntnis der *totalitär-kosmischen, naturalistisch-monistischen* Lebens- und Weltschau des Primitiven (H.Kraemer). Am Beispiel der Ngadju-Dajak (H.Schärer) und Toba-Batak (Ph.L.Tobing) ist dies überzeugend klargestellt. Für die Begegnung mit den »Primitiven« bleibt jedoch gültig, was schon A.Kruyt und J.Warneck feststellen, daß die überwältigende Erfahrung der Macht Gottes über den »Mächten« ihrer Systeme durchweg die Bresche schlägt. Dazu kommt die weniger untersuchte Tatsache christlicher Gemeinde, die für das an der Gemeinschaft orientierte Verständnis der »primitiven« Lebens- und Welterfassung auflösende und erneuernde Kräfte entfaltet.

3. In der Begegnung der christlichen Botschaft mit dem doktrinären → *Islam* (: II) geht es um die traditionellen Anstöße: den Superioritätsanspruch des Muslim, den Begriff der Umma, die Frage der Gottessohnschaft Jesu und der Versöhnung. Jedoch spielt die *islamische Mystik* (→ Islam: I), auf Java in hindu-javanischer Vermengung, eine große Rolle. Unter mystischem Einfluß wird die Šarîa symbolisiert, mystische Bruderschaften (Ṭarîqa) üben sich in der Ekstase, um die höchste Wirklichkeit (Ḥaqîqa) in der Einswerdung von Schöpfer und Geschöpf zu erreichen. Zahlreiche »Primbon«, Lehrschriften mystisch-magischen Inhalts, beweisen die Assimilierungskraft dieser Mystik, die dem Islam weithin zum Schicksal wurde und der die christliche Botschaft auch anheimfallen könnte, wenn sie so verstanden würde, daß sie »zu den schon vorhandenen Arten von Mystik eine neue Art hinzufügt« (Schuurman).

4. Unbeeinflußt vom Islam hat sich der *Hindu-Javanismus* auf Bali mit balinesischer Eigenkultur zu einem *»primitiven Synkretismus«* vermengt. »Alle Gottesanschauungen sind nur Scherben des gleichen Spiegels.« Letztlich liegt eine pantheistische Mystik vor, die den Asketen in der mystischen Einheit zur Erlangung göttlicher Kräfte befähigt. Entsprechend ist die → *Magie* fest in dieser Mystik verwurzelt. »Wo die christliche Botschaft auf diese Ebene des latenten, nicht rationalen, ›primitiven‹ Synkretismus der Volksreligiosität oder auf die Ebene der Identitätsmystik trifft, wird der Synkretismus für sie zum Problem auf Leben und Tod« (Kraemer).

5. Die *missionarische Praxis* kann »ohne eine klare Einsicht in die Lebensmitte der großen nicht-christlichen Religionen und ihrer verborgenen Macht unmöglich den rechten Zugang zum Problem des Synkretismus, noch zu dem der Adaptation... finden« (Kraemer). Es geht weder um Polemik noch um Auffindung von Anknüpfungspunkten (→ Anknüpfung), sondern um Verkündigung (so schon J.Warneck). Dabei erhebt sich das Problem der *Adaptation*, dh des »Ausdrucks christlichen Glaubens in einem Stil, der ihn nicht als Topfpflanze, sondern als Same in einem besonderen Boden« wachsen läßt (Kraemer). Für diese Bemühung bieten H.Schärer

in bezug auf die »primitive« Religion der Dajaks und B.M.Schuurman in bezug auf hindu-javanische Mystik beachtliche Ansätze. Daß gegenüber einem doktrinären Islam die Darbietung der christlichen Botschaft als doktrinäres System nur fatal wirkt, ist allgemein anerkannt.

A.C.Kruyt, Het Animisme in den indischen archipel, Den Haag 1906 - Ders., Van heiden tot Christen, Oegstgeest o.J - J.Warneck, Die Lebenskräfte des Evangeliums u. das animistische Heidentum, 1908 - H.Kraemer, Een Javaanse Primbon uit de zestiende eeuw, Leiden 1921 - Ders., De wortelen van het syncretisme, Den Haag 1937 - Ders., De Islam als godsdienstig en als zendingsprobleem, ebd 1937 - Ders., The Christian Message in a Non-Christian World, London (1938) 1947^{2} - Ders., Religion and the Christian Faith, ebd 1956 - N.Adriani, Verzamelde geschriften, 3 Bde, Haarlem 1932 - K.H.H.Hidding, Gebruiken en Godsdienst der Soendaneezen, Batavia 1933 - B.M.Schuurman, Mystik u. Glaube im Zusammenhang mit der Mission auf Java, Den Haag 1933 - Ders., Over alle bergen, ebd 1952 - W.Freytag, Die junge Christenheit im Umbruch des Ostens, 1938 - J.H.Bavinck, Christus en de mystiek van het Oosten, Kampen o.J. - Ders., Inleiding in de Zendingswetenschap, ebd 1954 - J.Thayer Addison, The Christian Approach to the Moslem, New York 1942 - H.Schärer, Die Gottesidee der Ngadju-Dajak in Süd-Borneo, 1946 - Ders., Die missionarische Verkündigung auf dem Missionsfeld, 1946 - G.Simon, Die Welt des Islam, 1948 - J.L.Swellengrebel, Kerk en Tempel op Bali, Den Haag 1948 - Ph.L.Tobing, The structure of the Toba-Batak belief in the High Gods, Amsterdam 1956. *Th.Müller-Krüger*

IV. Missions- und Kirchengeschichte

1. Anfänge - 2. Das Werden der Kirchen - 3. Die regionalen Kirchen - 4. a) Non-kooperative Gruppen - b) Der römische Katholizismus. - Karte 4 »Mission in Australien und Indonesien« s. Bd I, Sp. 781f

1. a) Durch die *Portugiesen* wurde dem Christentum i.J. 1522 der Weg nach I. geöffnet. Franziskaner, seit den Missionsreisen von Fr. → Xavier (1546/47) Jesuiten und seit 1563 Dominikaner betrieben in Ost-I. eine weiträumige, staatlich finanzierte Mission unter heidnischer Bevölkerung gegenüber dem vordringenden Islam. Von 150 000 Getauften (1580 geschätzt) fanden die *Holländer* (»Vereinigte Ost-Indische Compagnie«, VOC) auf Ambon (→ 4 C 2) 1605 nur noch 16 000 vor. - b) Unter der Herrschaft der VOC war die »gereformeerde religie« alleinberechtigt. Zur kirchlichen Betreuung ihres Personals und der getauften indon. Untertanen wurde die Kirche von der VOC mit reichen Mitteln versehen; die Abhängigkeit von der Regierung sowie die geforderte »Konformität« mit der Kirche in Holland verhinderte eine eigenständige Entwicklung. Übereilte Massentaufen lösten den theologischen Streit um die »scheiding der sacramenten« aus. Indon. Gemeinden bestanden nur in Ost-I., bes. auf Ambon, dazu eine indon. und eine portugiesisch sprechende Gemeinde indischer Mischlinge in Djakarta (Batavia; → 4 A 2). 1800 wurden 55 000 Getaufte geschätzt, darunter 1200 Abendmahlsberechtigte.

2. a) Durch die 1810 verkündete *Religionsfreiheit* wurden die 1740 für deutsche Söldner gegründete und nur geduldete luth. Gemeinde Batavia sowie die röm.-kath. Kirche anerkannt und staatlich finanziert, während der Islam größere Bewegungsfreiheit erhielt. Die niederländische Kolonialregierung (1815-1949), grundsätzlich religionsneutral, verbot die »dubbele zending« und verschloß der Mission verschiedene Gebiete wegen angeblicher Aufstandsgefahr. Tatsächlich wurde dadurch der Islam gefördert. Die Erschließung des Landes und Kultursubsidien kamen der Mission zugute. Diese wurde hauptsächlich von niederländischen Gesellschaften und Kirchen (→ Niederlande: III) betrieben. Dazu kam mit starkem Einsatz die → Rheinische Mission (seit 1836), ferner die → Neukirchener (seit 1884) und die → Basler Mission (seit 1926), während die angelsächsische Mission nach kurzem Einsatz (ab 1812) lange Zeit unbeteiligt blieb. - b) Die Missions- und Kirchengeschichte I.s ist zweckmäßig regional aufzugliedern, da das Werden der Kirchen gebietlich begrenzt und unabhängig voneinander erfolgte. Überregional ist nur die »Prot. Kirche in Niederländisch-Indien«, die König Willem I. 1817 aus den Resten der Kirche der VOC neu ordnete. Verwaltungsmäßig und finanziell völlig abhängig vom Staat, stellte sie eine staatlich geregelte, geistliche Versorgung der nicht-röm.-kath. Europäer und der indon. Christen dar. Die verwaltungsmäßige Abhängigkeit wurde erst 1935, die finanzielle erst 1950 durch die »Republik I.« gelöst. Aus dieser Kirche gingen hervor 1934 die »Ev. Kirche in der Minahassa«, 1936 die »Prot. Kirche in den Molukken«, 1947 die »Ev. Kirche in Timor« und 1949 die »Prot. Kirche von West-I.«, die in doppelsprachigen Gemeinden niederländische und indon. Christen sammelt (ca 85 000 Glieder). Überregional sind auch die »Gereformeerden Kerken in I.«, gebildet durch niederländische und chinesische, holländisch sprechende Reformierte (ca 3900 Glieder).

3. a) Als *regionale Kirchen im östlichen Teil I.s* sind zu nennen: die »Prot. Kirche in den Molukken« (1605), die als die älteste ev. Kirche in Asien anzusehen ist. Erst unter Einfluß der Mission kam sie seit 1816 zu äußerer und innerer Entfaltung. 1936 wurde sie selbständig. Ihre Mission in West-Irian (→ Neuguinea) ist erwähnenswert (277 513 Glieder). - Die »Ev. Kirche auf Halmahera« (→ 4 C 1) erwuchs seit 1866 aus niederländischer Mission, verselbständigt 1949 (37 500 Glieder). - Trotz des ungeklärten politischen Status ist die »Ev.-christliche Kirche in Irian« (West-Neuguinea) zur Kirchengeschichte von I. zu rechnen. Sie entstand aus opferreicher, niederländischer Mission seit 1857 und bildete 1957 ihre erste Synode (ca 120 000 Glieder). - b) Auf *Sulawesi* (Celebes; → 4 B 1/2) ist die älteste und größte die »Ev. Kirche in der Minahassa«, die nach altkolonialen Anfängen durch einen umfassenden Übertritt der heidnischen Bevölkerung seit 1831 sich als Volkskirche bildete und 1934 Selbständigkeit erhielt (348 000 Glieder). - Die »Ev. Kirche auf Sangir und Talaud« (→ 4 C 1), ebenfalls altkolonialen Ursprungs, wurde durch missionarische Arbeit seit 1855 neu belebt und organisiert. Sie ist seit 1947 selbständig (124 303 Glieder). - Durch niederländische Mission entstand seit 1906 die »Ev. Kirche von Bolaang-Mongondow« unter christlichen, minahassischen Siedlern und islamitischer autochthoner Bevölkerung. Selbständig seit 1940, zählt sie 17 000 Glieder. - Die koloniale Erschließung des Inlandes ermöglichte unter den Toradja-Stämmen die Entstehung der »Christlichen Kirche von Mittel-Sulawesi« (1891, selbständig seit 1947, 80 000 Glieder) sowie der aus streng ref. Mission erwachsenen »Kirche von Toradja Makale« (1917, 150 000 Glieder) und der »Toradjakirche von Mamasa« (1929, 21 436 Glieder), die trotz islamischer Verfolgung schnell wachsen. Die aus niederländischer Mission erwachsene »Kirche von Südost-Sulawesi« und die »Südsulawesische Kirche« (je 3000 Glieder) stehen in islamischer Bevölkerung. - c) In *Nusa Tenggara* (kleine Sunda-Inseln) ist die »Ev. Kirche von Timor« (→ 4 C 2) zu nennen, die, altkolonialen Ursprungs, erst durch den Einsatz der Mission seit 1821 langsam zur Entfaltung kam und seit 1930 stark wuchs. 1947 wurde sie selbständig (431 967 Glieder). - Aus streng ref. Mission entstand seit 1880 auf Sumba (→ 4 B 2) die »Christliche Sumba-Kirche«, selbständig 1949 (17 632 Glieder). - Die Kirche auf der hinduistischen *Insel Bali* (→ 4 B 2) entstand trotz des Verbotes der Kolonialregierung seit 1932 mit niederländischer missionarischer Hilfe (3500 Glieder). - d) Auf dem völlig islamisierten *Java* (→ 4 A/B 2) begann die Arbeit erst nach Aufhebung des Regierungsverbotes 1849. Vorbereitet

durch die Zeugniskraft zweier unabhängig voneinander arbeitender Männer entstand eine christliche Rodungsgemeinde, die für die niederländische Mission 1849 den Einsatzpunkt bildete. Die »Christliche Kirche von Ostjava« sammelte sich zunächst in Rodungsgemeinden, seit ca 1920 auch in Stadtgemeinden. Sie wurde 1931 selbständig (64 309 Glieder). - Aus gemeinsamer Arbeit südrussischer und holländischer Mennoniten bildete sich seit 1851 in Nordjava, ebenfalls zunächst in Rodungsgemeinden, eine mennonitische javanische Kirche mit 6857 Gliedern. - Im südlichen Mitteljava entstand unter der Arbeit der streng ref. »Zending der gereformeerden Kerken« seit 1902 eine ref. javanische Kirche, nachdem man sich von dem javanisierenden Christentum des Evangelisten Sadrach getrennt hatte (1890). Der Aufbau der selbständigen Kirche wurde mit der Institutierung der Synode 1931 vollendet. Die aus der Arbeit der »Neukirchener« Salatiga-Mission seit 1884 hervorgegangenen nord-javanischen Gemeinden schlossen sich 1950 mit der zuvor genannten Kirche zu der »Christlichen Javanischen Kirche« zusammen (29 378 Glieder). - In mühevoller Arbeit niederländischer Mission entstand in Westjava seit 1861 aus islamischer Bevölkerung die »Christliche Pasundan-Kirche« (selbständig 1934; 9902 Glieder). - Meist als unbeabsichtigte Frucht der Mission bildeten sich zahlreiche *chinesische Gemeinden,* die als bodenständige, indonesisch sprechende und als chinesisch sprechende Auswanderergemeinden zu unterscheiden sind und zu beachtlicher, selbständiger Aktivität kamen. Sie schlossen sich zusammen in der »chinesischen West-Java-Synode« (1938; 10 275 Glieder), in der »Christlichen Kirche von I.« (Mitteljava; 8161 Glieder), in der »Classis Ost-Java« (4198 Glieder), in der Gruppe der mennonitischen Chinesen (1917 Glieder) und einer Gruppe in Djakarta (3400 Glieder). - e) Als älteste und größte der Kirchen auf *Sumatra* (→ 4 A 1/2) ist die »Prot. Kirche im Batakland« zu nennen (→ Batakkirche). Unter dem heidnischen Batakstamm der Karo bildete sich durch niederländische Mission seit 1890 die »Prot. Karo-Batak-Kirche« (seit 1940 selbständig, 18 195 Glieder). In den Wirtschaftszentren Ostsumatras entstanden durch die Arbeit amerikanischer → Methodisten (: II) unter Chinesen in Medan (1912; → 4 A 1) und Palembang (1917; → 4 A 2) methodistische Gemeinden, denen sich unter umgesiedelten Toba-Bataks einige methodistische Batak-Gemeinden anschlossen (22 842 Glieder). - Unter der Arbeit der Rheinischen Mission (1865) wurde die Insel *Nias* (→ 4 A 1) nahezu christianisiert. Die »Erwekkungsbewegung« (1916) brachte starken Zuwachs. Die »Prot. Kirche auf Nias« wurde 1936 selbständig (175 000 Glieder). - Die *Batu-Inseln* wurden seit 1889 durch holländische, luth. Mission bearbeitet, seit 1947 selbständig (ca 3000 Glieder). - Die Inselgruppe von *Mentawei* (→ 4 A 2), seit 1902 durch die Rheinische Mission bearbeitet, seit 1953 in Gemeinschaftsarbeit mit der Batak-Kirche, hat eine Kirche von 10 285 Gliedern. - f) Auf *Kalimantan* (→ Borneo; → 4 B 1/2) entstand aus der opferreichen Arbeit der Rheinischen Mission (1836), die 1926 an die Basler überging, die »Ev. Kalimantan-Kirche« (Dajak-Kirche; 1935 selbständig; 34 590 Glieder). - g) Diese Kirchen, erwachsen aus europäisch-kontinentaler Mission und geprägt durch deren kirchliche und theologische Art, verwirklichen seit ca 1930 ihre Selbständigkeit und Einigung, wozu die Schaffung eines Predigerstandes, vor allem die *theologische Hochschule in Djakarta* (1934) wesentlich beitrug. Im 2. Weltkrieg wuchsen sie zu einer Selbständigkeit heran, die seit 1945 nach neuen Formen missionarischer und ökumenischer Zusammenarbeit sucht. Während von 1906-51 das *Missionskonsulat* als anerkannte Vertretung von Mission und Kirchen den Einungspunkt darstellte, wurde 1950 der *»Rat der Kirchen in I.«* gegründet, der seit 1953 Mitglied des → Internationalen Missions-Rats ist.

4. a) Unabhängig von dem »Rat der Kirchen in I.« ist zu nennen die Arbeit der *»Heilsarmee«*, der *»Christian and Missionary Alliance«* (1929), bes. in Ost-I. und Kalimantan, der *»Southern Baptist Mission«* (1952), die unter Chinesen auf Java arbeitet, u.a.m. Die Zahl ihrer Anhänger beträgt ca 60 000 Glieder. - Unter den zahlreichen *schismatischen Gruppen* ist zahlenmäßig am stärksten das bataksche Schisma der *»Huria Kristen Indonesia«* mit 135 781 Gliedern. Die Zahl der schismatischen Christen ist auf 200 000 zu schätzen. Die Zahl der Anhänger von *Sekten,* unter denen die Pfingstgruppen dominieren, beträgt ca 135 000. - b) Die *röm.-kath. Kirche,* seit 1810 staatlich anerkannt und finanziert, erkämpfte sich 1848 die jurisdiktionelle Unabhängigkeit vom Staat. Unter starkem Einsatz der Jesuiten (Java), der Väter vom heiligen Wort (Ost-I.), der Franziskaner (Java), Kapuziner (Java, Sumatra) u.a.m., unterstützt von zahlreichen Frauenorden, wächst sie stetig. Sie ist gegliedert in 18 apostolische Vikariate (1930: 4) und 6 apostolische Präfekturen (1930: 6). Seit 1950 ist Djakarta Sitz einer päpstlichen Nuntiatur (1 089 642 Glieder, mit Irian: 1 139 642; 142 indon. und 981 ausländische Priester).

LATOURETTE III, 300ff; V, 275ff; VII, 199ff - H.D.J.BOISSEVAIN (Hg.), De Zending in Oost en West, Den Haag 1943 (Lit.). - Zu 1b u. 2: C.W.TH.VAN BOETZELAAR, De Prot. Kerk in Nederlands Indie, ebd 1947 - J.H.ENKLAAR, De scheiding der sacramenten op het zendingsveld, Amsterdam 1947 - G.P.H.LOCHER, De Kerkorde der Protestantse kerk in Indonesie, ebd 1948. - Zu 3a: TH.MÜLLER-KRÜGER, Kirche der Inseln, 1954 - F.C.KAMMA, Kruis en Korvar, Oegstgeest 1955. - Zu 3c: J.L.SWELLENGREBEL, Kerk en tempel op Bali, Den Haag 1948 - J.L.CH.ABINENU, Liturgise vormen en patronen in de evangelise kerk op Timor, ebd 1956. - Zu 3d: POUW BOEN GIOK, De kerkrechtelyke positie van een ethnisch bepaalde kerk in een ander ethnisch bepaald milieu, Utrecht 1952 - J.C.GILHUIS, Ecclesiocentrische aspecten van het zendingswerk, Kampen 1955. - Zu 3e: P.BEYERHAUS, Die Selbständigkeit der jungen Kirchen als missionarisches Problem, 1956. - Zu 3f: H.WITSCHI, Christus siegt. Gesch. der Dajak-Mission auf Borneo, 1942. - Zu 3g: K.J.BROUWER, Zending in een gistende wereld, Amsterdam 1951. - Die statist. Angaben mitgeteilt vom Religionsministerium der Republik Indonesia nach dem Stande von 1956.

Th.Müller-Krüger

Industrie

I. Wirtschaftsgeschichtlich - II. Industrielle Arbeitswelt - III. Industriegemeinde

I. Wirtschaftsgeschichtlich

Das Gewerbewesen, aus dessen Entwicklungszusammenhängen auch die Entstehung des modernen I.systems mit seinen tiefgreifenden ökonomischen, arbeitstechnischen und sozialen Folgeerscheinungen verstanden werden muß, beginnt sich jeweils nur auf höherer Kultur- und Zivilisationsstufe von anderen ökonomischen Leistungsbereichen (Landwirtschaft, → Handel, Transportwesen) abzuheben. Produktionstechnisch haben wir es dabei in allen Fällen mit der »Formveränderung von Rohstoffen« (Bücher) zu tun. Institutionell-betrieblich und absatzwirtschaftlich weist die Gewerbegeschichte indessen tiefgreifende Unterschiede in bezug auf Leistungen, Zielsetzungen und Verhaltensformen auf.

Diese Unterschiede liegen im Fall der abendländischen nachmittelalterlichen Entwicklung auf der Hand, wenn wir etwa einen Vergleich zwischen dem ursprünglich weitgehend außerökonomischen (religiös-genossenschaftlich) geprägten Zunfthandwerk (→ Zunft) und dem von Anbeginn stark unternehmerisch orientierten, wiewohl nach wie vor auf kleinhandwerklichen Produktionsgrundlagen beruhenden Verlagssystem ziehen. Bereits im 13.Jh. haben sich zB die Woll- und Tuchhändler in den französischen, flämischen und norditalienischen Städten zu derartigen hausindustriellen Verlegern entwickelt, während die tuchbearbeitenden Handwerker zu ökonomisch abhängigen Lohnwerkern wurden.

Abgesehen davon spielt im Rahmen einer stärker betriebsgeschichtlichen und soziologischen Betrachtung die sich vom 17. bis zum 19.Jh. erstreckende Entwicklung von der Manufaktur zur Fabrik eine besondere Rolle. Manufaktur und Fabrik gehören zu den in der Gewerbegeschichte auftretenden Formen jener »Werkstattproduktion« (M.Weber), bei der die Trennung zwischen Haushalt und → Betrieb vollzogen ist. Unabhängig von der umstrittenen Frage, ob es sich bei der Manufaktur um eine echte Vorform des modernen Fabrikbetriebes handelt, sind ihr bestimmte sozialökonomische Merkmale eigen, die im Rahmen einer Vorgeschichte des modernen I.systems und seiner sozialökonomischen Auswirkungen entschiedene Bedeutung gewonnen haben. So sind hier im Unterschied zum Verlagssystem (Haus-I.) nicht nur der Warenabsatz, sondern auch der arbeitsteilige Produktionsprozeß unternehmerisch zusammengefaßt und geleitet. Damit greift die Funktion des → Unternehmers bereits über in den Bereich der sozialen und personalen Betriebsgestaltung, dh der Anwerbung, Vereinigung und Disziplinierung von Lohnarbeitskräften verschiedenartiger Herkunft und Qualifikation, die freilich noch ohne Hilfe mechanischer Arbeitsmittel, also auf handwerklicher Grundlage produzieren. Die Masse der hier beschäftigten neuen Arbeitskräfte entstammt den sich bis zur modernen Industrialisierung dauernd verbreiternden unterständischen Schichten, die weitgehend dem Bettel und der Verwahrlosung anheimgegeben waren. Daraus erklärt sich auch der relativ hohe Anteil der aus Zucht-, Arbeits-, Armen- und Waisenhäusern stammenden Arbeitskräfte. Die geschichtliche Bedeutung der Manufaktur liegt überhaupt weit mehr in den sozialen und arbeitspädagogischen Erfahrungen, die hier gesammelt wurden, als in ihrer wirtschaftlichen Auswirkung, die mit der des Hausgewerbes nicht zu vergleichen ist. Zwar spielen innerhalb des Manufaktursystems Unternehmungsleitung, Großabsatz und marktwirtschaftliche Orientierung bereits eine nicht zu verkennende Rolle. Dennoch wird man der These widersprechen müssen, daß sich der gewerbliche Großbetrieb seit dem 16.Jh. gleichzeitig als Manufaktur *und* Fabrik entwickelt hat. Terminologisch freilich kommen beide Bezeichnungen bereits im 17. und 18.Jh. nebeneinander vor, wobei die Bezeichnung »Fabrik« vorzugsweise auf das Metallgewerbe angewendet wurde, dort also, wo man mittels Feuer und Hammer produzierte, während man das Wort »Manufaktur« vornehmlich zur Kennzeichnung von Betrieben der Textilerzeugung gebrauchte. »Fabrik« im Sinne des *modernen* Sprachgebrauchs entsteht jedoch erst dort, wo jene Organisation des Marktes vorhanden ist, die einen relativ konstanten Massenabsatz gewährleistet und wo dementsprechend auch die geldwirtschaftliche Entwicklung weit fortgeschritten ist. Denn erst unter diesen ökonomischen Bedingungen konnte der produktionstechnische Umschwung zur Maschine erfolgen und damit die Möglichkeit entstehen, billiger zu produzieren als unter den Bedingungen der traditionellen handwerklichen → Technik. Hinzu kommt endlich eine soziologisch entscheidende Vorbedingung: das Vorhandensein einer hinlänglich großen Zahl freier Arbeitskräfte, die bereit waren oder (ökonomisch) bereit sein mußten, sich der neuen fabrikindustriellen Arbeitsform anzupassen. Damit kamen auch die Erfahrungen, die man während der »Manufakturperiode« auf den Gebieten der Arbeitsdisziplinierung und der Betriebsorganisation gemacht hatte, zum Tragen. Die Sammlung der freien Arbeitskräfte, die seit der »industriellen Revolution« dem neuen Fabriksystem zur Verfügung standen, ist eine typisch sozialgeschichtliche Erscheinung des Abendlandes, wo teils vorher, teils gleichzeitig eine Auflösung der → Agrarverfassung (: IV) des MA stattgefunden hatte. Die Agrarreformen bes. des 18. und 19.Jh.s haben in Verbindung mit der Bevölkerungszunahme zur Freisetzung breiter bäuerlicher und unterbäuerlicher Schichten geführt (→ Bauer), die der aufkommenden Fabrik-I. ein massenhaftes und billiges Menschenpotential proletaroider Prägung zur Verfügung stellten. Dieser Prozeß war von starken geistig-emanzipatorischen Tendenzen (→ Emanzipation) begleitet und vollzog sich im Zeichen der Wendung zu einer von liberalen Anschauungen und Gesinnungen getragenen Ordnung auf politisch-rechtlichem und ökonomischem Gebiet (→ Liberalismus, → Kapitalismus).

Im Zusammenhang mit diesen Strukturveränderungen stehen die folgenreichen Wandlungen, die zu einer Verlagerung des Schwergewichts der historischen Prozesse in die sozialökonomischen Bereiche der Klassenschichtung (→ Klasse), der kapitalistischen Unternehmensgestaltung und einer für die menschliche Arbeitsleistung mehr und mehr richtunggebenden mechanischen Produktionstechnik führen. Die durch die liberalen Reformen des 19.Jh.s ermöglichte Emanzipation des Unternehmertums hat im I.betrieb eine nur noch durch Kostenerwägungen begrenzte Anwendung der Maschinentechnik und eine zunächst fast unbegrenzte Verfügungsfreiheit über die Arbeitskräfte zur Folge gehabt. Die zunehmende Bedeutung des Sachapparates führte im 19.Jh. nicht nur zur Verdrängung des Kleinbetriebes (→ Betrieb: I), sondern auch zur Zerstörung des alten handwerklich-patriarchalischen Arbeitsverhältnisses mit seinen sozialethischen Grundlagen (→ Arbeit: I).

Nach einer relativ kurzen Periode frühindustrieller Ausbeutung hat sich die weitere industrielle Entwicklung unter dem Einfluß der modernen Sozialkritik zwar überwiegend im Bewußtsein des primären ökonomisch-sozialen Gegensatzes von Lohnarbeit (→ Lohn: I) und → Kapital vollzogen, stand aber seit dem späteren 19.Jh. allenthalben im Zeichen eines weitreichenden sozialreformerischen Wollens, das wir rückblickend als Versuch zur Anpassung des Menschen an die Sachanforderungen der technisch-industriellen Welt im Arbeitsprozeß wie an die Lebensformen und Institutionen der »industriellen → Gesellschaft« zu interpretieren pflegen. Unter diesen Voraussetzungen sind die im Verlauf der weiteren Industrialisierung sich ständig verbessernden technischen Produktions- und betrieblichen Rationalisierungsverfahren ebenso möglich geworden wie die großbetrieblichen Konzentrationen und die Schaffung neuer Unternehmensformen und Zusammenschlüsse.

Darüber hinaus ist die neuere I.geschichte, vor allem seit Ende des 1. Weltkrieges, weitgehend eine Geschichte der Industrialisierung außereuropäischer Agrar- und Rohstoffländer. Unter dem Druck rasch wachsender Bevölkerungen sind hier mit Unterstützung voll entwickelter I.länder zumeist planwirtschaftlich gelenkte Industrialisierungsprozesse in Gang gekommen, die heute allein die Überwindung des Wohlstandsgefälles und der damit zusammenhängenden politischen Spannungen zwischen den Kontinenten zu gewährleisten vermögen.

M.Weber, Wirtschaftsgesch., hg.v. S.Hellmann u. M.Palyi, 1923 - W.Sombart, Der moderne Kapitalismus, 3 Bde, 1928 - J. Kulischer, Allg. Wirtschaftsgesch. des MA u. der Neuzeit, 2 Bde, (1928) 1958[2] - H.Sieveking, Wirtschaftsgesch., 1935 - E.Michel, Sozialgesch. der industriellen Arbeitswelt, (1947) 1953[3]. *C.Jantke*

II. Industrielle Arbeitswelt

Die → Arbeit des Menschen steht seit jeher in engster Wechselwirkung mit den gesellschaftlichen Gebilden, in denen er lebt. Einer bestimmten Art und Weise der Arbeitsteilung entspricht eine typische soziale Struktur. So ist etwa Arbeit und soziale Schichtung bei primitiven Jagdvölkern verschieden von denen einer Ackerbaugesellschaft. - Da man die moderne → Gesellschaft oft als *industrielle Gesellschaft* bezeichnet, ist das Studium der ihr zugrunde liegenden industriellen Arbeitswelt (= i.A.) unentbehrlich geworden. Der Ausdruck i.A. ist aber kein wissenschaftlicher Begriff im engeren Sinne und bedarf deshalb der Ausdeutung.

Von industrieller Güterproduktion spricht man im allgemeinen seit der Mitte des 19.Jh.s, als sich auf breiter Basis der Wandel vom Manufaktur- zum industriellen Fabrikbetrieb vollzog (→Industrie: I). Die Fabrik wurde schließlich in Europa und den USA zur bedeutendsten Arbeitsstätte der erwerbstätigen Bevölkerung; sie ist es heute in allen sog. I.ländern. Die Fabrik stellt zunächst den institutionellen Rahmen der i.A. dar. Im Grunde ist es zutreffender, von → Betrieb zu sprechen, womit sofort deutlich wird, daß nicht nur an die Fabriksäle herkömmlicher Art, sondern an alle Bereiche organisierter menschlicher Tätigkeit in der I. zu denken ist, also auch an deren Verwaltung.

Mit dem Hinweis auf die »organisierte menschliche Tätigkeit« haben wir das Kernproblem der i.A. berührt. Bekanntlich ist der I.betrieb nach wirtschaftlichen und technischen Prinzipien organisiert. Er muß zunächst dem Ziele der marktorientierten rentablen Güterproduktion dienen. Dazu werden die technischen Hilfsmittel nach Bedarf und Rentabilität eingesetzt (→ Produktivität und Rentabilität). Der Betrieb besteht also nicht als Selbstzweck; er wird vom Menschen für den Menschen betrieben, steht in unentwirrbarer Wechselwirkung zur übrigen → Wirtschaft und ist damit der Gesellschaft (Lebensstandard und Lebensformen) verbunden.

Während diese soziale Bezogenheit der industriellen Produktion allgemein erkannt wird, sind dagegen die unmittelbaren sozialen Auswirkungen der menschlichen Arbeit in der I. noch kaum in ihrer ganzen Bedeutung erfaßt. Oft trifft man noch auf das Leitbild des »homo oeconomicus«, das besagt, daß das Verhalten der arbeitenden Menschen vornehmlich durch ökonomische Beweggründe beeinflußt werde. Der Begriff stammt aus der Zeit, als man das Verhalten der → Arbeiter nach den Regeln des Angebotes und der Nachfrage zu manipulieren suchte (→ Arbeitskämpfe, → Kapitalismus, → Marxismus). Diese Anschauung hat sich indessen längst als überholt erwiesen. Die Erkenntnis, daß die Motivationen des Arbeiters komplexer Natur sind, belegen die Ergebnisse der sog. → Arbeitswissenschaften, vor allem der Arbeitspsychologie, Arbeitsphysiologie, der betrieblichen → Sozialpolitik und ganz bes. der modernen Betriebssoziologie (→ Betrieb: III).

Die moderne Sozialforschung untersucht die industrielle Arbeit bes. als sozialen Prozeß. Sie stellt fest, daß es im Werkfluß industrieller Produktion isoliert verrichtete Arbeit kaum mehr gibt. Die Werktätigen stehen in vielfältiger Abhängigkeit, was auch darin zum Ausdruck kommt, daß die Entwicklung der Arbeitsteilung von der individuell verrichteten Arbeit immer mehr zur Gruppenarbeit führt. Solche Abhängigkeitssysteme bestehen auch - oft sogar ganz besonders akzentuiert - bei sog. Fließbändern, ja sie werden auch in der »vollautomatisierten Fabrik« nicht gänzlich verschwinden (Planungs- und Unterhaltsarbeiten). Die Arbeit als sozialer Prozeß schafft einerseits selbst soziale Kontakte und könnte andererseits ohne diese gar nicht ausgeführt werden. Ebenso wichtig wie die materielle Entlohnung ist für den einzelnen der von ihm erreichte Grad der sozialen Integration. Diese muß zumindest einen Stand erreichen, die ihm die sachliche Kooperation ermöglicht. Nicht nur fachliche Qualifikation, sondern seine Soziabilität entscheidet mehr und mehr über Erfolg oder Mißerfolg seiner Arbeit.

Es liegt auf der Hand, daß sich der arbeitende Mensch nie völlig mit dem Betriebszweck identifizieren kann. Er mag zwar ebenfalls maßgeblich daran interessiert sein, daß der Betrieb möglichst rentabel produziert. Darüber hinaus hat er jedoch natürlicherweise noch andere Interessen: als Arbeiter zB erfüllt er nur eine seiner verschiedenen sozialen Rollen. Im Betrieb Vorarbeiter, ist er außerbetrieblich Familienvater, Präsident des Sportvereins, Parteimitglied, Kirchenvorstand usw. So eröffnen sich eine ganze Reihe von Konfliktsmöglichkeiten: zwischen zugewiesener Funktion (Rolle) und sozialem Status, zwischen individuellem Anspruchsniveau und sozialer Integration, zwischen persönlichen und Gruppenzielen usw. Es ist offensichtlich, daß dadurch der sozialen Bindung des Menschen an das betriebliche Leistungssystem enge Grenzen gezogen sind.

Andererseits schafft die täglich wiederkehrende Arbeitssituation, die Notwendigkeit einer strikten Einordnung in persönlich unbeeinflußbare Abhängigkeiten, bes. für die unselbständig Beschäftigten eine auch über die Grenzen des Betriebs hinausreichende gemeinsame Interessenlage, der die sozialökonomisch gleichgerichteten Lebenslagen ihrer Familien entsprechen (→Klasse). In den überbetrieblichen Arbeitnehmerorganisationen (→ Gewerkschaften, Berufsverbände) wird das hierdurch begründete Solidarverhalten zur gesellschaftsformenden Macht, die wiederum auf die Sozialorganisation der i.A. zurückwirkt (→Mitbestimmung, →Sozialpolitik). Hierbei ist aber der Spielraum autonomen Sozialverhaltens begrenzt durch die wirtschaftlich-technischen Produktionsbedingungen einerseits und die pluralistische Gruppenstruktur andererseits. In diesem Kräftefeld vollziehen sich die sozialen Vorgänge der i.A. in Richtung einer ständigen Anpassung, die hohe Anforderungen an die Beteiligten stellt.

Die Notwendigkeit des dauernden Bemühens, sich anzupassen, wird vor allem dadurch gefördert, daß sich die Entwicklung von Produktionsmethoden in der modernen Technologie oft überstürzt und so dem arbeitenden Menschen vermehrt geistige Beweglichkeit abgefordert wird, die von einer gesteigerten sozialen Mobilität im I.betrieb begleitet ist (→ Rationalisierung). Im Zuge dieser steten Veränderungen werden einmal gefaßte Anschauungen rasch veralten. Das einstige Berufsethos (→ Beruf) zB verliert in der modernen I. an Gewicht; statt dessen trifft man eine »Job«-Einstellung an, die allenfalls von einem verdienstorientierten »Leistungsbewußtsein« begleitet wird, das durch → Solidarität mit dem Mitarbeiter modifiziert ist. Auch die traditionellen Aspekte des Klassenkampfes verlieren sich, was bes. in der »Verbürgerlichung« des Arbeiters (Angleichung an die Konsumgewohnheiten der Mittelschichten) sichtbaren Ausdruck findet.

Die i.A. wird vom Werktätigen täglich als ungemein vielschichtige Wirklichkeit empfunden. Gerade diese Vielschichtigkeit legt es nahe, die Auffassung von der fortschreitenden Vermassung der Gesellschaft durch I.arbeit nicht unbesehen zu übernehmen. Die Hinweise auf die mannigfaltigen sozialen Gruppierungen innerhalb einzelner Betriebe lassen weiten Raum für individuelle Differenzierung. Weder ist es zutreffend, im I.-

betrieb allein den Grund zahlreicher sozialer Mißstände in der Gesamtgesellschaft zu suchen, noch ist es wünschbar, in ihm ideale Gemeinschaften ausbilden zu wollen. Beide Auffassungen gehen an der sozialen Wirklichkeit vorbei und werden von der empirischen Sozialforschung Schritt um Schritt widerlegt. Sie nehmen keinen Bezug auf die soziale Dynamik industrieller Betriebsgesellschaften: die Konfliktmöglichkeiten werden nie ganz ausgeschaltet werden können, da sie der eigentliche Motor sozialer Prozesse sind (Wettbewerbsgedanke, demokratische Machtstruktur; → Macht: IV). Die moderne i.A. ist deshalb als das zu begreifen, was sie tatsächlich ist: Stätte sachlicher Kooperation.

G. Friedmann, Der Mensch in der mechanisierten Produktion, 1952 - R. Dahrendorf, I.- u. Betriebssoziologie, 1956 - D.C. Miller-W.H. Form, Unternehmung, Betrieb u. Umwelt, 1957 - R.M. Lepsius, I. u. Betrieb (in: Soziologie [Fischer-Lexikon X], 1958, 122-234) - P. Atteslander, Konflikt u. Kooperation im I.betrieb, 1959 - F. Fürstenberg (Hg.), I.soziologie. Vorgesch. u. Frühzeit (Soziologische Texte Bd 1), 1959. *P. Atteslander*

III. Industriegemeinde

1. In Deutschland: a) Allgemeiner Charakter - b) Kirchliches Leben - 2. In England. - I. = Industriegemeinde

1. a) I.n sind zwar geschichtlich jungen Datums, aber bereits tragende Größen des politischen und gesellschaftlichen Lebens; daher bergen sie auch kirchlich eine Fülle von Problemen und Aufgaben. Man unterscheidet drei Typen von I.n: a) Die »reine« I., an ein bestimmtes großes Werk der Industrie oder des Bergbaus gebunden oder als Industriesiedlungsgemeinde Vororten industrieller Produktionsstätten angegliedert, wächst jeweils mit dem Großbetrieb. Von der Zerstörung im Verlauf des 2. Weltkriegs arg betroffen, hat sich, begünstigt durch die schnelle Aufwärtsentwicklung der Nachkriegsproduktion, auch im Neuaufbau der bisherige Charakter geschlossener Wohnbezirke erhalten. Angesichts der lockenden Verdienstmöglichkeiten sind viele Flüchtlinge und Vertriebene nach 1945, vielfach ohne besondere Rücksicht auf die Wohnverhältnisse, in die schon bestehenden Industrieorte geströmt, die sich zahlenmäßig erheblich vergrößerten (zB Marl-Hüls, 1914: 11 000, 1957: 87 000; Rüsselsheim, 1945: 12 000, 1958: 33 000). Durch die Beschleunigung des Wohnungsbaus sind, vor allem in Schwerpunktsbereichen der Industrie, geschlossene Wohnsiedlungen, zT als ganz neue Stadtteile oder Vororte, entstanden. - b) Ein zweiter Typ ist der zur I. umgewandelte Ort in der unmittelbaren Nähe der Industrie. Ihre Belegschaft kam ursprünglich aus den anliegenden Ortschaften, die durch neue Siedlungen ihren bäuerlichen Charakter verloren. - c) Bei der »dörflichen« I., die in weiterer Entfernung von größeren Werken liegt, fahren trotz des äußerlich noch ländlichen Charakters bereits mehr als 40% aller Berufstätigen täglich als sog. »Pendler« bis zu 50 km in die Industriebetriebe und Büros. - Das Kriterium für eine I. ist also nicht mehr nur das örtliche Vorhandensein eines großen Industriewerks, sondern der industriell bestimmte Lebensrhythmus, der sich in der zeitlichen Angleichung an die Schichtarbeit und in der »Technisierung« des Lebens bis in die Familie hinein ausdrückt (Familie als »Tankstelle«).

Die I. hat in den letzten Jahrzehnten eine Bewußtseinswandlung erlebt. Ihre arbeitende Bevölkerung ist weithin in die → Gesellschaft eingegliedert und hat dank einer Verbürgerlichung mit hohem Lebensstandard und großer sozialer Mobilität das bewußte Klassendenken aufgegeben. Daran waren auch die hinzukommenden Flüchtlinge, überhaupt die soziologische Verschiebung nach dem Kriege beteiligt. Auch hat die industrielle Entwicklung (→ Industrie: I) zu einer Nivellierung der Verhaltensweisen des einzelnen geführt: noch nie hatte der Mensch im industriellen Bereich so differenzierte Möglichkeiten in seinem Vorwärtskommen und seiner Lebensweise. Neben der Verdienststeigerung wirkte sich die soziale Umschichtung in diesem Sinne fördernd aus. - Wenn auch die kulturellen Bestrebungen vielfach noch recht anspruchslos sind, so muß doch betont werden, daß in der I. eher von einer allmählichen Aufwärtsentwicklung gesprochen werden kann als bei der Landbevölkerung. Eintönigkeit und Schwere der Arbeit in vielen Zweigen der Industrie, dazu die langen Anfahrtswege, begünstigen allerdings die »leichte Kost«. Vereine aller Art (bes. für Gesang und Sport) und landsmannschaftliche Zusammenschlüsse bemühen sich um eine sinnvolle Freizeitgestaltung. Daß die »Vergnügungsindustrie« die Zusammenballung der Bevölkerung in I.n ausnutzt und im Hinblick auf die wachsende Freizeit künftig noch größere Anstrengungen unternehmen wird, läßt die - vor allem für die Jugend - schwierigen Probleme der Reizwirkung, Ablenkung und Versuchung entstehen. Freilich nehmen diese Gefahren auch in allen übrigen Gemeinden zu. Immerhin ist die Kriminalität in I.n prozentual nicht größer als zB auf dem Land, und die moralische Einstellung ist nicht negativer.

b) Die I. hat noch traditionsbestimmte Züge der Frömmigkeit. Sie lebt im Rahmen der »Volkskirche« (→ Arbeiter: II); allerdings umschließt der »religiöse Sektor« meist nur Amtshandlungen (→ Kasualien) und Festgottesdienste. Die rauhe, dafür ehrliche Atmosphäre läßt eine durch Zuwanderung teilweise hereingebrachte kirchliche Sitte nicht für größere Kreise bestimmend werden. Film, Fernsehen, Sport erweisen sich als immer mehr erstarkende Konkurrenz der Kirche. Wie schon nach dem 1. Weltkrieg erfordern Gottesdienst, Predigt, Unterweisung und Seelsorge in I.n eine bes. eindeutig auf die Gegenwart bezogene, sachgemäße, verständliche Gestaltung. Die frohe Botschaft von Christus muß in die typischen Ereignisse des Lebens eines Industriemenschen hinein als lösende und befreiende Tat nüchtern und ehrlich bezeugt werden. Eine an früheren Denk- und Verhaltensweisen orientierte Verkündigung und eine geschichtlich bedingte Gebundenheit an nicht mehr bestehende soziale Konstellationen lassen andernfalls die Kirche in ihren gesamten Lebensäußerungen als eine nicht mehr in die heutige Industriewelt hineinpassende Größe erscheinen. Der kleine Gemeindekern von früher introvertiert dann leicht angesichts einer »inneren Auswanderung« und zugleich »äußeren Beraubung« der Parochialgemeinde. Die von ehedem erhaltenen oder auch neu gebildeten Gemeindekreise (Männer, Frauen und Jugend) zeigen gern eine abwehrende statt missionarisch wirkende Tendenz. So erscheint Bewahrung und Pflege noch vorhandener spärlicher → Kirchlichkeit in vielen I.n als vornehmster kirchlicher Auftrag. Außer den rationalistischen und materialistischen Einflüssen führt dann gerade das Dasein der Kerngemeinde mit ihrer mangelnden Ausstrahlungskraft zur bewußten Gleichgültigkeit gegenüber dem Gemeindeleben. Die modernen Mächte des Technisierungsprozesses und des wirtschaftlichen Denkens bewirken zugleich eine Art »seelischer Entfremdung«. An die Stelle der Kirche als einer das Leben mitbestimmenden Macht treten neue Schwerpunkte und Abhängigkeiten im Streben nach Existenzsicherung und Lebensbefriedigung. Der von der Kirche bisher angesprochene einzelne kann sich im Sog der heute vornehmlich geltenden Gruppenmeinung kaum behaupten, sondern wird ähnlich dem »Funktionierenmüssen« in einem technisch organisierten Arbeitssystem auch in Lebensfragen zu einem von außen gesteuerten Wesen degradiert.

In dieser übrigens keineswegs nur für I.n charakteristischen kirchlichen Lage haben sich dennoch an mehreren Stellen verheißungsvolle Neuansätze entwickelt. Die mutige Pionierarbeit mancher I.n gründet sich auf folgende Tatsachen: Bei aller »Unkirchlichkeit« wird auch heute ein hilfreicher Dienst von der Kirche, besser gesagt von Christen, erwartet. Ferner ist eine Begegnung des Evangeliums mit dem Menschen von heute gerade dort, wo die Alltags-Entscheidungen fallen, auch über traditionell bestimmte Formen hinaus notwendig und möglich. Zur Glaubensgemeinschaft gehört die innerhalb der Gemeinde praktizierte Lebensgemeinschaft. Während die alten Nachbarschaftseinheiten allmählich zerfallen, schaltet sich die Übermacht der modernen Sozialstruktur als »sekundäres« System (Freyer 88) zwischen den Industriemenschen und seine Kirche. Der Gemeindepfarrer allein ist mit der Erfassung der ganzen Wirklichkeit der ihm anvertrauten Menschen überfordert. Zwei neue Wege versucht man zu gehen: Einmal bilden aus eigener Initiative verschiedene Gruppen innerhalb der Gemeinde Haus- und Berufskreise, die unmittelbar in die Arbeitswelt vorstoßen. Sodann werden durch übergemeindliche Arbeit des Arbeiterwerks, der → Sozialpfarrer, des Männerwerks, auch der Frauenhilfe und der Jugend, Betriebe, Berufsgruppen und Organe des wirtschaftlichen Lebens in unmittelbarer Nähe des Arbeitsplatzes oder auf → Freizeiten angesprochen (→ Akademie: II). Vorbedingung dafür ist eine neue Offenheit der Gemeinde für die industrielle Wirklichkeit, nüchterne Sachkenntnis und konzentrierte Zurüstung im Wort Gottes, die methodische Unterweisung in Glaubensgesprächen einschließt. Die Bereitschaft, die neu sich bildenden Kreise nicht nur als ebenbürtige Lebensäußerung, sondern auch als Anruf zur eigenen Erneuerung ernst zu nehmen und den Laien in eigenständiger Mitarbeit voll gelten zu lassen, ist dabei vorausgesetzt. Die vielen ungelösten Fragen innerhalb der heutigen pluralistischen Gesellschaft, deren Potenz und Problematik sich bes. drängend in der I. darbieten, müssen mit Entschlossenheit, Liebe, Geduld und Phantasie aufgegriffen und im Sinne des Evangeliums einer Klärung entgegengeführt werden. So könnten sich durch zuchtvolle Modelle wirklichkeitsnaher Verkündigungsarbeit (»Zentren der Liebe«) mit dem Ziel einer bewußt ev., verpflichtenden Willensbildung in I.n vorwärtsweisende Wege kirchlichen Lebens ergeben.

E. zur Nieden, Die Gemeinde nach dem Gottesdienst, 1955 - E. Rosenstock-Huessy, Der unbezahlbare Mensch, 1955 - F. Karrenberg-J. Beckmann, Verantwortung für den Menschen, 1957 - A. Rich, Christl. Existenz in der industriellen Welt, 1957 - R. Wickham, Church and Industry, 1957 - H. Freyer, Theorie des gegenwärtigen Zeitalters, 1958 - T. Rendtorff, Die soziale Struktur der Gemeinde, 1958 - H. Storck, Kirche im Neuland der Industrie, 1958 - H.-D. Wendland, Die Kirche in der modernen Gesellschaft, 1958.
K. Schuster

2. Das Ergebnis der Industrialisierung für das Leben ev. Kirchengemeinden *in England* ist deswegen von besonderem Interesse, weil England das am längsten industrialisierte Land Europas ist und hier, wenigstens im Bereich der Staatskirche, ähnliche soziologische Bindungen der Gemeinden wie in Deutschland aus dem MA in die Gegenwart hineinreichen. Diese Bindungen haben in der I. auch in England den Arbeiter nicht bei der Kirche zu halten vermocht. Er steht ihr gleichgültig gegenüber. Es fehlt eine gemeinsame Sprache. Den Spalt zwischen Kirche und Arbeiter zu überbrücken und eine neue Verbindung herzustellen, ist eines der größten kirchlichen Probleme im heutigen England. Da der Arbeiter nicht in die Kirche kommt, muß die Kirche zu ihm kommen. Der Industrie- und der Arbeiterpfarrer bringen ihm das Evangelium in die Fabrik. Die Arbeiterfrauen sucht man auf dem Wege der sog. Hausgruppen in die Kirche zu ziehen: In den Wohnungen einiger Gemeindeglieder finden unter Leitung des Pfarrers oder seiner Helfer kurze Andachten statt, gefolgt von freien Diskussionen. Die Jugend wird manchmal mit einer auf den Sonntagsgottesdienst folgenden Rock'n Roll-Sitzung in die Kirche gelockt. Da Kinos in England sonntags erst nach 16 Uhr öffnen, sind die Kindergottesdienste auch in den I.n recht gut besucht.

W. G. Peck, Outline of Christian Sociology, London 1949 - Joost de Blank, The Parish in Action, New York 1954 - E. Wickham, Church and People in an Industrial City, ebd 1957.
K. J. M. Boggis

Industriemission → Missionsunternehmungen.

Industriepädagogik

1. Geschichtliche Voraussetzungen - 2. Wesen und Auftrag - 3. Erscheinungsformen: a) Pflichtschulwesen - b) Weiterführendes Schulwesen - c) Zweiter Bildungsweg - 4. Beitrag der Wirtschaft

1. Die Entwicklung der → Industrie (: I. II) und die dadurch bedingte strukturelle Veränderung der sozialen Wirklichkeit haben zu der Erkenntnis geführt, daß das überkommene Bildungsgeschehen durch pädagogische Reformen ergänzt werden müsse, die den von der modernen Technik gestellten Aufgaben gerecht werden. Die Bedeutung dieser Aufgaben wird in ihrem Ausmaß erst bewußt angesichts des internationalen Wettbewerbs, den die technische Entwicklung ausgelöst hat. Eindrucksvoll zeigt sich dieser in der friedlichen Durchdringung der sog. Entwicklungsländer, um die sich sowohl der Westen als auch der Osten mit wechselnden Erfolgen bemühen. Industrialisierung ist also nicht an politische Ideologien gebunden, tritt aber stets gepaart mit der Notwendigkeit eines Bildungsbemühens auf. Die aus der allgemeinen Wirtschaftspädagogik erwachsene I. hat zentrale Fragen der klassischen Bildungslehre (→ Bildung) in neue Perspektiven gerückt und einen umfangreichen Katalog neuartiger Probleme (zB Ausbildung der »Ungelernten«, »Zweiter Bildungsweg«, Freizeit-Gestaltung) zu bearbeiten begonnen, von denen auch eine Befruchtung der → Pädagogik und des → Bildungswesens zu erwarten ist.

2. Das Ethos der I. ist abhängig von der Deutung und Wertung des Phänomens der → Technik. Die Bekämpfung der Maschine um jeden Preis ist ebenso wie die Klage, daß Technik nur das Klimakterium der Kultur sei (O. → Spengler), einer gerechteren Einstellung gewichen. Eine optimistische Auffassung hält, von der Philosophie des deutschen → Idealismus (: II) ausgehend, den Menschen für berufen, mit Hilfe der Technik das Reich der Freiheit auf Erden zu schaffen, oder sie sieht ihn, von religiösen Motiven ausgehend, befähigt, durch die Technik enthüllender Fortsetzer des göttlichen Schöpfungswerkes zu sein. Eine dritte Wesensdeutung versteht die Technik als bloße Methode, die »von sich aus keine selbständige Wertart begründet« (E. → Spranger) und ihre Ziele stets einer außer ihr liegenden Sinngebung entnimmt. Als Arsenal von Verfahrensweisen ist Technik zum Guten wie zum Bösen verfügbar, aber gerade diese ethische Indifferenz belädt den Menschen mit einer Verantwortung, der sich nicht zuletzt die I. anzunehmen hat, die sich einer aus christlichem Boden gewachsenen »Humanisierung der Technik« verpflichtet weiß.

So erscheint die I. der christlich-humanistisch bestimmten Pädagogischen Provinz eingeordnet, bringt aber zugleich in ihr eine entscheidende Wandlung zuwege, indem sie neben dem klassischen Bildungsgut in verstärktem Maße die »Realien« zur Geltung bringt. Notgedrungen muß sie das an W. v. → Humboldt anknüpfende vorwiegend literarisch-ästhetische Bildungsbemühen durch ein realistisches ergänzen, das den Anforderungen von Gegenwart und Zukunft inmitten einer technisierten Welt entspricht. Da die Industrie zudem unter den kulturellen Mächten eine Rangstufe erreicht hat, von der sie in alle Lebensbereiche hineinwirkt, kann sich die I. auch nicht auf eine von Fabriken und Kontoren gebildete Industriedomäne beschränken, sondern ihre Anliegen müssen im allgemeinbildenden so gut wie im berufsbildenden Schulwesen zur Geltung kommen, wenn die Jugend für Leben und Beruf in der industriellen Gesellschaft tüchtig werden soll.

3. Es geht in der I. nicht nur um praktische Erweiterung und theoretische Vertiefung fachlicher Ausbildung, sondern auch um die Heranbildung von Führungskräften (Industriemeistern, Technikern, Ingenieuren, leitenden Angestellten), die für ihre gehobenen Aufgaben im Betrieb menschliche Qualitäten benötigen. Für die Verbindung beider Aufgaben ist noch kein einheitlicher Stil gefunden. Die Lösungsversuche sind mannigfach, stehen aber oft unverbunden nebeneinander. In der BRD hat die Kulturautonomie der Länder trotz der Koordinierungsbestrebungen der Ständigen Konferenz der Kultusminister und des Deutschen Ausschusses für das Erziehungs- und Bildungswesen eine politisch einheitliche Gestaltung des Schulwesens bisher verhindert. Dagegen gibt es erfolgreiche Bestrebungen der wirtschaftlichen Spitzenverbände - Deutscher Industrie- und Handelstag (DIHT), Bundesvereinigung der Deutschen Arbeitgeberverbände (BDA), Bundesverband der Deutschen Industrie (BDI) und → Gewerkschaften (: II) -, innerhalb des einheitlichen Wirtschaftsgebietes der BRD auch einheitliche Richtlinien für die betriebliche Ausbildung zu erarbeiten. Da Arbeitgeber und Arbeitnehmer als → Sozialpartner gleichermaßen danach trachten, mit der Berufsausbildung auch die Menschenbildung zu fördern und die werktätige Jugend zu verantwortungsbewußten Staatsbürgern zu erziehen, sind beide an einer engen Verbindung der gemeinsamen pädagogischen Anstrengungen von Betrieb und Schule interessiert. Darüber hinaus haben die mit der europäischen Integration zusammenhängenden Fragen (→ Europa: II) auch zu internationalen industriepädagogischen Begegnungen und Gesprächen geführt (Tagungen des »Europäischen Instituts für Berufsausbildung« [Paris], in Genf, Florenz, Lille und Rom seit 1950). Obwohl noch kein geschlossenes industriepädagogisches System besteht, lassen sich doch einige Erscheinungsformen der I. kennzeichnen, die für ihre Weiterentwicklung im staatlichen, kommunalen und privaten Schulwesen der BRD wichtig bleiben werden.

a) Industriepädagogische Erwägungen sind einerseits mitentscheidend geworden für die Fortentwicklung des *Pflichtschulwesens:* Aus der freiwillig besuchten Fortbildungsschule (Abend- und Sonntagsschule) wurde die heutige →*Berufsschule* als berufsbegleitende Pflichtschule, die die ihr vom Gesetzgeber zugedachte Verantwortung nur bei weiterem Ausbau wird tragen können; schon fordert man einen »zweiten Berufsschultag« und die Hochschulausbildung der Gewerbelehrer, die in einigen Bundesländern (Hamburg, Nordrhein-Westfalen, Saargebiet) bereits besteht. Aber auch die Tendenz zur Verlängerung der Volksschulpflichtzeit um ein *9. und 10. Schuljahr* (Berlin, Hamburg, Schleswig-Holstein haben das 9. Schuljahr der → Volksschule bereits eingeführt, andere Bundesländer streben es an) ist von industriepädagogischen Erwägungen mitbestimmt: Die Unreife des 14jährigen Jugendlichen gegenüber den Anforderungen des betrieblichen Arbeitsdaseins und die Schwierigkeiten der rechten Berufswahl erfordern im Anschluß an die bisherige Volksschulzeit mindestens ein eigenes »Berufsfindungsjahr«.

b) Andererseits findet die I. ihre Ansatzpunkte auch in vielen freiwillig besuchten Zweigen des *weiterführenden Schulwesens,* so im Realschulwesen, das teils als → *Mittelschule* (Realschule), teils als *Mathematisch-naturwissenschaftliches* → *Gymnasium* (Oberrealschule) seit der Mitte des 19.Jh.s eine ständig aufsteigende Entwicklung erfahren hat. Das Abschlußzeugnis der Mittelschule oder das Versetzungszeugnis in die Klasse 11 eines Gymnasiums (»mittlere Reife«) berechtigt nach zweijähriger praktischer Fachausbildung zum Besuch einer Ingenieur- oder ähnlichen höheren → Fachschule. Gerade der Ausbau des *Fachschulwesens* ist, von industriepädagogischen Motiven durchwirkt, seit langem mit besonderer Aufmerksamkeit betrieben worden, und zwar mehr von Fachverbänden oder kommunalen Körperschaften als vom Staat: Die *Berufsfachschule* (Gewerbeschule) als Schule mit ganztägigem Unterricht, die in ihrer fachlichen Grundlegung die betriebliche Ausbildung teilweise vorwegnimmt, setzt keine praktische Ausbildung voraus, kann also im unmittelbaren Anschluß an die Volksschule besucht werden; sie bereitet auf qualifizierte gewerbliche Berufe vor und führt zu einer Verkürzung der späteren Lehrzeit. Die eigentliche *Fachschule* setzt dagegen eine berufliche Grundausbildung voraus, um zu gehobener Berufstätigkeit mit eigener Verantwortung zu befähigen. Eine nochmals höhere Stufe bilden die *Ingenieurschulen* oder entsprechenden höheren Fachschulen, die in die technischen und betriebswirtschaftlichen Grundlagen je einer größeren Berufsgruppe (zB Hochbau, Tiefbau, Maschinenbau, Elektrotechnik) einführen, für die neben vertiefter Grundlagenausbildung auch eine größere fachtheoretische Spezialisierung notwendig ist. Die *Technische Hochschule* überhöht und trägt das gesamte industriepädagogische Bildungswesen und ist unter der Idee einer Technischen Universität um eine fruchtbare Verbindung zwischen Ingenieur-Wissenschaften und Universitas litterarum bemüht.

c) Neben diesen relativ geradlinigen und bereits traditionell gewordenen Bildungswegen, die die unvermeidlichen Gefahren eines allzu starren »Berechtigungswesens« bei sich haben, ist die I. in jüngerer Zeit auch am Ausbau von Querverbindungen und nachträglichen Übergängen aus einer Bildungsbahn in die andere interessiert. So soll die *»Fachschulreife«* auch von der Volksschule aus für befähigte werktätige Jugendliche erreichbar gemacht werden. Hierfür haben *Berufsaufbauschulen* als ein möglicher Weg besondere Bedeutung erlangt; sie sehen in Nordrhein-Westfalen eine 7semestrige Ausbildung (12 Wochenstunden an 3 Abenden) vor und können schon vom 2. Lehrjahr ab besucht werden; neben Mathematik und Naturwissenschaften werden Geschichte, Erdkunde und eine Fremdsprache gelehrt, und das Fachwissen wird in einer gewählten Richtung (zB Metall, Bau) vertieft. Doch gibt es noch andere Möglichkeiten zusätzlicher Ausbildung, um das Zeugnis der »Fachschulreife« von Volksschule und Berufslehre aus zu erreichen. Ähnliche Probleme des Übergangs ergeben sich angesichts der *»Hochschulreife«,* die bisher im Normalfall auf dem klassischen »ersten« Bildungsweg des Gymnasiums erreicht wurde, nun aber auch für befähigte Berufstätige und begabte Fachschulabsolventen ermöglicht werden soll, und zwar nicht bloß als »Fakultätsreife«, die nur die Fortsetzung des Studiums in der dem bisherigen Weg entsprechenden Fakultät erlaubt, sondern als volle Legitimation für jedes akademische Studium. Während das *Abendgymnasium* den »ersten« Bildungsweg in dreieinhalb Jahren gedrängt wiederholt und das sog. *»Begabtenabitur«* auf autodidaktische Einzelfälle beschränkt bleibt, sind seit einigen Jahren im »Oberhausener Institut zur Erlangung der Hochschulreife«, im »Braunschweig-Kolleg«, im »Propädeutikum« Wilhelmshaven und in der »Technischen Oberschule« Stuttgart neue Modelle für eine Brücke vom Beruf zur Hochschule geschaffen worden.

Alle diese Bemühungen um Erschließung der »Fachschulreife« wie der »Hochschulreife«, aber auch davon unabhängiger leitender Funktionen für befähigte, bisher aber nicht berechtigte berufstätige Volks- und Mittelschulabgänger faßt man neuerdings mit dem Ausdruck *»Zweiter Bildungsweg«* zusammen – ein schulpolitisch stoßkräftiger, aber mißverständlicher Begriff, da er ein ganzes Bündel von Wegen mit verschiedenartigen Zielen zusammenfaßt. Das Motiv des sozialen Aufstiegs strebsamer Einzelner und die Sorge der I. um qualifizierten Nachwuchs begegnen sich hier.

4. Die gewerbliche Wirtschaft ist in ihrer von früh auf gewachsenen Selbstverwaltung stets um den Auf- und Ausbau einer wirksamen I. bemüht gewesen. Der 1908 gegründete »Deutsche Ausschuß für Technisches Schulwesen« (DATSCH) verschaffte der betrieblichen Praxis bei der Ausbildung des technischen Nachwuchses maßgeblichen Einfluß. Er erstrebte ein umfassendes technisch-praktisches Unterrichtswerk und hat neben elementaren Lehrbüchern eine Reihe von Lehrgängen (zB für Feinmechaniker, Former, Klempner, Maschinenschlosser, Maurer, Schmiede) erarbeitet, die bis zu seiner »Überführung« in das »Reichsinstitut für Berufserziehung« (nach 1933) wegweisend gewesen sind. Ergänzt wurden diese Bestrebungen durch die Leistungen des »Deutschen Instituts für Technische Arbeitsschulung« (DINTA), das von 1923–25 bestand und seine Aufgabe vor allem in der »industriellen Menschenführung« sah. Es bildete betriebliche Führungskräfte in eigenen Lehr- und Anlernwerkstätten aus und schuf auch psychologische Prüfungslaboratorien. Nach 1945 haben die drei Spitzenverbände der Wirtschaft (s. 2) gemeinsam den »Arbeitsausschuß für Berufsausbildung« gegründet, dem die Erarbeitung und Koordinierung aller industriepädagogischen Maßnahmen aufgegeben ist. Die genannten Spitzenverbände sind seit 1953 auch Träger der 1947 vom DIHT gegründeten »Arbeitsstelle für betriebliche Berufsausbildung« in Bonn, die die Grundsätze einer Berufsordnung erarbeitet, nach denen zu entscheiden ist, ob eine Tätigkeit als »Beruf« anzuerkennen ist. Für einen anerkannten »Beruf« entwickelt sie das »Berufsbild«, das als Grundlage der Ausbildung gilt und in den Lehrvertrag zwischen Betriebsleiter und Lehrling aufgenommen werden muß. Sodann wird das Berufsbild durch »Prüfungsanforderungen« für die Lehrabschlußprüfungen vor den Industrie- und Handelskammern, durch »Berufsbildungspläne« zur Unterstützung der betrieblichen Ausbilder und durch Darstellung der körperlichen, geistigen und charakterlichen »Berufseignungsanforderungen« ergänzt, um Berufswahl und Berufsberatung zu erleichtern. Diese vier Ordnungsmittel werden vom Bundesminister für Wirtschaft staatlich anerkannt und bilden die Grundlage für eine einheitliche Ausbildung in den Betrieben. – Neben den Ausbildungsberufen gibt es die Anlernberufe. Die Zahl der gewerblichen Anlernlinge mit einer zumeist nur zweijährigen Anlernzeit beträgt seit Jahren durchschnittlich etwa 10% der gewerblichen Lehrlinge. Neben echten Anlernberufen mit zweijähriger Jugendlichen-Ausbildung gibt es auch unechte, für die eine kurzfristige Erwachsenen-Einarbeitung genügt. Infolge der Mechanisierung und Automatisierung vieler betrieblicher Produktionszweige werden ständig mehr hochqualifizierte Fachkräfte benötigt, die zur organisatorischen Fertigungsvorbereitung, zur Herstellung der Fertigungsmittel, zur Wartung, Überwachung, Entstörung und Reparatur der Maschinen und Apparate fähig sind. Die klassischen Typen technischer Lehrberufe (zB Werkzeugmacher, Maschinenschlosser, Elektromechaniker; Laboranten, Chemie-Facharbeiter usw) werden daher keine Entwertung erfahren, sondern an Bedeutung gewinnen.

Die Heranbildung von *Industriemeistern* macht Fortschritte. Als Bindeglied zwischen Betriebsleitung und Arbeiterschaft übernimmt der Industriemeister vornehmlich drei Funktionen: Planung und Einrichtung des Produktionsablaufs nebst Verteilung und Überwachung der Teilarbeiten; Sorge für ein störungsfreies Zusammenwirken aller Mitarbeiter in einem freundlichen Betriebsklima; maßgebliche Beteiligung an der »Ausbildung der Ausbilder«. Demgemäß wird eine überbetriebliche Ausbildung von Industriemeistern in besonderen fünfsemestrigen Lehrgängen verfolgt.

Wie die Unternehmer, so sind auch die Gewerkschaften als Interessenten an einer der modernen Arbeitswelt gerecht werdenden I. und ihren erzieherischen wie sozialpolitischen Problemen um eine sinnvoll planende Ordnung zwischen Berufsbedarf und Berufsdeckung, um hinreichende Vermehrung vorbildlicher Lehrwerkstätten und um stärkeres Zusammenwirken von Lehrwerkstatt und Berufsschule bemüht.

E. Hiller, Die Ausbildung des Industriemeisters als Weg zum Betriebserfolg, 1951 – Beiträge zur Reform der Berufserziehung, hg. v. P. Luchtenberg u. E. Krause, 1952ff – P. Luchtenberg, Berufsausbildung in der BRD, 1954 – E. Krause, Der Industriemeister, 1954 – Ders., Industrielle Berufsausbildung, 1955 – J. Riedel, Arbeitspädagogik im Betrieb, 1958. – Wirtschaft u. Berufserziehung, hg. vom DIHT – Informationen über das berufliche Bildungswesen, hg. im Auftrage des Bundesvorstandes des DGB. *P. Luchtenberg*

Infallibilität *(Unfehlbarkeit)* ist nach kath. Lehre die Irrtumsfreiheit, die der Lehrverkündigung der → Kirche (: III. IV) eignet, soweit sie alle Gläubigen unwiderruflich verpflichtet. Träger der I. sind: a) Das ordentliche und allgemeine → *Lehramt* (: I), wie es in der übereinstimmenden Lehrverkündigung der gesamten Jurisdiktionshierarchie verwaltet wird; b) das ökumenische → *Konzil,* wenn seine Lehrentscheidungen vom Papst bestätigt und promulgiert werden; c) der *Papst* persönlich, wenn er ex cathedra spricht, dh wenn er als oberster Hirt und Lehrer aller kath. Christen einen bestimmten Satz aus dem Bereich der Glaubens- oder Sittenlehre (de fide vel moribus) der ganzen Kirche anzuerkennen vorschreibt.

Den konziliaren und päpstlichen Lehrentscheidungen kommt die I. nur zu, wenn sie »feierliche Entscheidungen« sind. Die letzte derartige Entscheidung war die päpstliche Definierung der leiblichen Aufnahme Marias in den Himmel (1950; → Mariologie). Das Kriterium der Allgemeinheit, an das die I. der ordentlichen Lehrverkündigung gebunden ist, läßt sich nicht immer leicht feststellen, so daß schon darum die feierlichen Entscheidungen nützlich und in Zweifelsfällen unentbehrlich sind. Doch sind schon die päpstlichen → Enzykliken als vornehmste Äußerung des ordentlichen kirchlichen Lehramts auch geeignet, die Allgemeinheit und damit die I. einer Lehrentscheidung zu bewirken.

Gegenstand der I. ist formell die Feststellung, daß eine bestimmte Lehre in der Offenbarung enthalten ist, entweder in der Hl. Schrift oder in der Tradition. Materiell sind unmittelbarer Gegenstand der I. alle in der Offenbarung enthaltenen Glaubens- und Sittenlehren, mittelbar die sog. kath. Wahrheiten, dh alles, was mit der Offenbarungslehre begrifflich (philosophische Voraussetzungen der Dogmen und theologische Konklusionen aus ihnen) oder geschichtlich (dogmatische Tatsachen, darunter bes. die Feststellung, daß eine bestimmte, im Sinne ihres Autors verstandene Glaubensmeinung irrig ist; → Heiligsprechungen; die dogmatische und ethische

Einwandfreiheit der gemeinkirchlichen Gesetzgebung) so verknüpft ist, daß seine Leugnung auf die Offenbarungslehre zurückwirkt. Die I. ergreift nur die Lehrsätze selbst und die Möglichkeit ihrer Begründung, nicht hingegen die in concreto gegebene Begründung selbst, die also nicht notwendig endgültig ist.

Die Kirchen der Reformation lehnen die I. in allen ihren Formen ab (→ Lehramt: II).

Die Glaubensüberzeugung von der I. der Kirche als solcher (vgl. 1Tim 3, 15, wo die Gemeinde als Säule und Grundfeste der Wahrheit bezeichnet ist) wird schon von → Irenäus (Adv. haer. III, 4, 1) sachlich in einer Weise vertreten, die der heutigen kath. Lehre entspricht. Von der Lehrgewalt der Konzile überhaupt ist die der ökumenischen Konzile nicht von Anfang an klar unterschieden; jedoch wurde die I. später ein Leitbegriff für die Ausbildung und distinkte Erfassung dieser Konzilsart. Während abend- und morgenländische Kirche in diesen beiden Punkten übereinstimmten und übereinstimmen (→ Katholizismus: I, → Orthodoxe Kirche: II), ist die Lehre von der I. des Bischofs von Rom auf jene beschränkt geblieben. Zunächst trat sie nur in der ebenfalls schon bei Irenäus (aaO III, 3, 2) ausgesprochenen Überzeugung eines Glaubensprimats der Kirche von Rom auf (→ Papat und Primat); noch der Dictatus Papae → Gregors VII. (spätestens 1075), der im ganzen die persönliche Stellung des Papstes zum Thema hat, legt die I. nicht ihm, sondern der »Romana Ecclesia« bei (Nr. 22. 26). Daß die persönliche I. des Papstes im Früh-MA noch nicht allgemeine Lehre war, zeigen die Verurteilung →Honorius' I. durch das Konzil von Konstantinopel 681 als Häretiker wie die Tatsache, daß die im Dictatus Papae für den Papst beanspruchte Prärogative persönlicher Heiligkeit (Nr. 23) bes. an der Kritik gescheitert ist, die damals herkömmlich an der Lehrhaltung einiger Päpste geübt wurde. Erst seit → Thomas von Aquino wurde die persönliche I. des Papstes allmählich zu einer Sententia communis, eine Entwicklung, die auch Konziliarismus (→ Reformkonzile) und → Gallikanismus nur vorübergehend aufhalten konnten. Der endgültigen Definierung der I. als Dogma durch das → Vatikanum (1870) gingen freilich nochmals sehr heftige Auseinandersetzungen und Gegenströmungen voraus, unter Berufung bes. auf die anfechtbare Lehrhaltung der Päpste → Liberius, → Vigilius, Honorius I. Unter den damaligen Gegnern der päpstlichen I. finden sich hervorragende Bischöfe (→ Hefele, → Ketteler), Kirchenmänner (→ Acton) und Gelehrte (Franz → Brentano, → Döllinger). Jedoch hat nur die Opposition der → Altkatholiken dauernde Bedeutung erlangt.

Qu.: cc. 1323. 1326 CIC - Denz. 1832-40 (Vatikanum) - Kath. Lehr- u. Handbücher des → Kirchenrechts, der Fundamentaltheologie (→ Theologie: IV), der → Dogmatik. - Lit.: A.STOLZ, De Ecclesia, 1939, 40ff - J.BEUMER, Sind päpstl. Enzykliken unfehlbar? (ThGl 42, 1952, 262-269) - B.BRINKMANN, Gibt es unfehlbare Äußerungen des »Magisterium Ordinarium« des Papstes? (Schol. 28, 1953, 202-221) - CHR.BUTLER, The Church and infallibility, London 1954 - DDC VI, 691ff. - Gesch.: Qu.: MIRBT, Reg. s. v. Kirche 2 (Irrtumslosigkeit); Papst 11 - K.HOFMANN, Der »Dictatus Papae« Gregors VII., 1933, 58ff - FEINE, Reg. s. v. Unfehlbarkeit - L.LENHART, Das Franz Brentano-Gutachten über die päpstl. I. (Arch. f. mittelrhein. KG 7, 1955, 295-334).

H.Barion

Infamie, im kath. Kirchenrecht die (kirchliche) Ehrlosigkeit. Sie besteht im Verlust des guten Rufs bei rechtschaffenen und gereiften Gläubigen, soweit dieser Ehrverlust auf einem kirchlichen Delikt oder auf unsittlichem Lebenswandel beruht. Die diesen Ehrverlust voraussetzende, auf Kleriker und Laien anwendbare Vindikativstrafe der *Infamia iuris* tritt bei gewissen Delikten des gemeinen Rechts (darunter: Übertritt zu einer nichtkath. Religionsgemeinschaft, Eucharistie-Schändung, Bigamie, Duell, qualifizierte Sittlichkeitsdelikte, Realinjurien gegen Papst, Kardinäle, Legaten) von selbst oder durch entsprechenden Urteilsspruch ein. Wo sie nicht vorgesehen ist, tritt an ihre Stelle die nicht den Strafen zurechenbare *Infamia facti,* wenn der faktische Ehrverlust vom Ordinarius festgestellt wird. Bei beiden Arten ist der Betroffene vom Empfang und der Ausübung kirchlicher Weihen und Amtsrechte ausgeschlossen oder auszuschließen; jene hört auf bei Dispens seitens des Hl. Stuhles, diese, wenn der Ordinarius die kirchliche Ehre für wiederhergestellt erklärt.

cc. 2291 n. 4; 2293-2295 CIC - DDC V, 1358ff - F.J.RODIMER, The canonical effects of infamy of fact, Washington 1954 - V.A. TARARCZUK, Infamy of law, ebd 1954 - Lehrbücher des → Kirchenrechts. - Gesch.: PLÖCHL II, 255f - B.LÖBMANN, Der kanonische I.-begriff in seiner geschichtl. Entwicklung, unter besonderer Berücksichtigung der I.lehre des Franz Suarez (Erfurter theol. Studien 1), 1956.

H.Barion

Inflation und Deflation → Wirtschaftsphasen.

Ingemann, *Bernhard Severin* (1789-1862), dänischer Dichter, war in seiner Jugend stark von der schwärmerischen deutschen → Romantik beeinflußt, wurde aber durch → Grundtvig veranlaßt, die Geschichte des dänischen MA dichterisch zu gestalten. In Romanen und in einem Gedichtzyklus zeichnete er 1824-37 lebensvolle Bilder der Vergangenheit. Seine Grundsicht ist religiös: Aufgangszeiten sind dadurch bedingt, daß das Volk am Gottesglauben festhält. Von den Ideen der Hl. → Allianz ausgehend, preist I. das Zusammenwirken von König und Kirche. Als Dichter geistlicher Lieder ist I. vornehmlich orthodox, doch ohne größeres Interesse für das Dogmatische. Bes. berühmt sind seine »Morgen- und Abendlieder« (1837-39).

I.s Morgen- og Aftensange, hg.v. S.HOLM, Kopenhagen 1944. - K.GALSTER, I.s historiske Romaner og Digte, ebd 1922.

G.Tolderlund-Hansen

Ingolstadt, *Universität.* Schon 1459 von Papst Pius II. bewilligt, wurde die Universität 1472 nach dem Vorbild von → Paris gegründet. Herzog Ludwig der Reiche stattete sie mit den Privilegien der Universität → Wien aus, an der bisher die meisten Bayern studiert hatten (4 Hauptfakultäten). Auch die Konstitutionen und Statuten wurden denen von Wien nachgebildet (allerdings ohne Teilung in Nationen). 1472 fanden 489 Immatrikulationen statt, bis ca 1500 jährlich etwa 200. Aufsehenerregende Neuerungen waren: a) die Teilung der Artistenfakultät in zwei selbständige Sektionen mit eigener Verwaltung: *via antiqua* und *via moderna* (wegen dauernder Streitigkeiten wurden sie 1478 auf Befehl des Herzogs vereinigt); b) der Gehorsamseid an den Hl. Stuhl, den die päpstliche Gründungsbulle für Graduanden vorsah, was nahezu den ersten Beleg dieser Art in der gesamten Universitätsgeschichte bedeutet, da keiner anderen Universität bei ihrer Gründung eine solche Auflage *von außen* gemacht worden war; c) das Collegium Georgianum, das 1494 nach Pariser Vorbild und im Gegensatz zu den meisten deutschen Kollegien nicht für die an der Universität lehrenden *Magister,* sondern für 11 arme *Studenten* bestimmt war. Durch → Celtis, → Aventin und die Hebraisten Petrus Schwarz (Niger), Joh.Böschenstein und → Reuchlin nahm die Artistenfakultät bald einen führenden Platz im deutschen Humanismus ein. In der Reformationszeit schob sich die theologische Fakultät unter → Eck stärker in den Vordergrund und machte I. zu einer Hochburg des kath. Geisteslebens und der Gegenreformation. So wurde der Magister Arsacius Seehofer (RE XVIII, 124ff), der als Melanchthonschüler paulinische Vorlesungen gehalten hatte, 1523 zum Widerruf gezwungen, wogegen Argula von → Grumbach öffentlich auftrat. Auch Luther schaltete sich mit einer Kampfschrift ein (WA 15, 95ff). Zur Stärkung der theologischen Fakultät, die nach Ecks Tod (1543) in eine schwere Krise geraten war, entsandte Papst Paul III. auf Bitten Herzog Wilhelms IV. 1549 einige der führenden Jesuiten, an ihrer Spitze → Salmeron und → Canisius. Das Hauptgewicht bildete jedoch weiterhin die seit 1562 den anderen Fakultäten gleichgestellte und 1588 an die Jesuiten übergegangene Artistenfakultät. Zu den markantesten Erscheinungen dieser Periode zählen die Theologen → Eisengrein, → Gregor von Valencia, → Laymann und die Philologen → Gretser und → Balde. Seit dem 16.Jh. gewann auch die juristische Fakultät, die 1623 von Ferdinand II. das Kleine Palatinat erhielt, an Bedeutung. Mit Ickstadt, der auf die bayerische Kulturpolitik im Sinne des aufgeklärten Absolutismus einwirkte, und Adam Weishaupt, dem Stifter der → Illuminaten, reichte ihr Einfluß im 18.Jh. weit über I. hinaus. Durch die Aufhebung des Jesuitenordens (1773) wurden bes. die theologische und die philosophische Fakultät betroffen, obwohl einige Exjesuiten ihre Lehrstühle behielten, so der Theologe → Stattler, desgleichen J.M. → Sailer. Dessen Berufung war für den neuen Geist kennzeichnend. 1799 bzw. 1800 wurde die Universität nach Landshut, 1826 nach → München verlegt.

C.Prantl, Gesch. d. Univ. I., 1872 - A.Sandberger, Rechts- u. kulturhistor. Beitr. z. Frühgesch. d. Univ. I. (Hochschulkundl. Forsch. 1), 1931 - G.Frhr.v.Pölnitz, Denkmale u. Dokumente z. Gesch. d. Univ. I., 1942 - P.Lehmann, Eine histor.-terminolog. Wanderung durch die Univ. I. (SAM 1957, 5). - Weitere Lit. s. H.Rashdall, The Universities of Europe II, (Oxford 1895, 1936) Nachdr. 1942 u. 1951², 275ff - Erman-Horn II, 783ff - F.Gall, Die Archive d. dt. Univ. (Archivalische Zs. 50/51, 1955, 141-151) - L. Boehm, Univ. I., Jurist. Fakultät (Hofpfalzgrafen-Register, hg.v. Heroldsausschuß, o.J. [1958]). *L.Morenz*

Initiation (Einweihung) ist die Bezeichnung für eine Folge von Riten (→ Rites de passage) und Unterweisungen, mit deren Hilfe eine radikale Änderung des religiösen und sozialen Status des Einzuweihenden herbeigeführt wird. - Man unterscheidet drei Haupttypen der I.: 1. Kollektivrituale, durch die sich der Übergang zum Erwachsenenalter vollzieht und die für alle Glieder der Gemeinschaft obligatorisch sind (→ »Pubertäts-Riten«, »Stammes-I.«, »Altersklassen-I.«). - 2. Eintrittsriten in Geheimgesellschaften, Bünde oder → Bruderschaften (: I), die nur ein Geschlecht zulassen und ihre jeweiligen Traditionen sorgfältig geheimhalten. In der Mehrzahl sind es → Männerbünde, jedoch gibt es auch Weiberbünde. In der antiken Mittelmeerwelt und im Vorderen Orient hatten dagegen beide Geschlechter Zutritt zu den → Mysterien, und trotz gewisser Unterschiede im Typ lassen sich auch die griechisch-orientalischen Mysterien zu den → Geheimbünden rechnen. - 3. I. durch mystische → »Berufung«, auf der Stufe primitiver Religionen zum → Medizinmann oder Schamanen (→ Schamanismus). Entscheidendes Merkmal dieser Kategorie ist u.a. die persönliche religiöse Erfahrung. Die I. der Männerbünde und die schamanistische I. stehen sich jedoch ziemlich nahe. Zur Unterscheidung hilft vor allem das in den schamanistischen I.en stark hervortretende ekstatische Moment (→ Ekstase).

In der Altersklassen-I. vollzieht sich das Aufrücken des Jünglings in den Stand eines verantwortlichen Gliedes der Gemeinschaft. Der Novize wird nicht nur mit Verhaltensweisen, Praktiken und Einrichtungen der Erwachsenen vertraut gemacht, sondern auch mit den Mythen und heiligen Überlieferungen des → Stammes, den Namen der Götter und der Geschichte ihrer Taten; bes. geht es um die mystischen, aus der Urzeit (→ Chaos, → Schöpfung: I) datierenden Beziehungen zwischen dem Stamm und den überirdischen Wesen. Sehr häufig umfassen die Pubertätsriten auch sexuelle Aufklärung. Die I. bedeutet den Schritt aus dem Naturmodus zum Kulturmodus, dh Einführung in die Welt der geistigen Werte. Anläßlich der I. erlebt die gesamte Gemeinschaft eine religiöse Regeneration: die I.sriten sind nur Wiederholung des Wirkens der überirdischen Wesen in der Vorzeit (vgl. → Feste: I).

Zu jeder Pubertäts-I. gehört eine Anzahl mehr oder weniger dramatischer »Prüfungen«: Trennung von der Mutter, Isolierung im Busch unter Aufsicht eines Instruktors, Verbot des Genusses gewisser tierischer und pflanzlicher Nahrung, Zahnausschlagen, Zirkumzision, in gewissen Fällen auch Subinzision (→ Beschneidung), Aderlaß usw. Ebenfalls einen Teil der I.sprüfungen bildet das Zeigen heiliger Gegenstände wie → Schwirrholz, Götterbilder usw. Meist enthält die Pubertäts-I. das Motiv von »Tod und → Auferstehung«. Schon bei gewissen australischen Stämmen gilt das Ausschlagen eines Schneidezahns als »Tod« des Neophyten; bei der Beschneidung zeigt sich diese Symbolik noch deutlicher. Die im Busch isolierten Novizen werden den → Geistern (: I) angeglichen: sie können sich nicht der Finger bedienen, sondern müssen die Nahrung direkt mit dem Munde aufnehmen, wie man es von den toten Seelen glaubt; bisweilen bestreicht man sie mit Lehm, um sie gespensterähnlich erscheinen zu lassen. Die Buschhütten sind als → Drache oder Meerungeheuer vorgestellt, das die Neophyten verschlungen hat und in dessen Leib sie bis zu ihrer → »Wiedergeburt« oder »Auferstehung« bleiben: der rituelle → Tod wird teils als descensus ad inferos, teils als regressus ad uterum interpretiert; die »Auferstehung« ist daher bisweilen als »Wiedergeburt« verstanden. Teilweise werden die Novizen symbolisch begraben, oder man glaubt an ein Vergessen der Vergangenheit: sie kennen Familie, Name, Sprache nicht mehr und müssen alles neu lernen. Die I.sprüfungen arten zuweilen zu regelrechten Quälereien aus.

Schon auf der Urstufe (→ Australien: I) kennt die Pubertäts-I. mehrere Grade, die nicht allen gleich zugänglich sind. Die Meinung dabei ist, daß sich das Heilige nicht durch die ersten Offenbarungen ausschöpfen läßt. Die Vertiefung religiöser Erfahrung und Erkenntnis erfordert spezielle Berufung oder überdurchschnittliche Willenskraft und Intelligenz. Die Eintrittsriten der Geheimbünde entsprechen zunächst völlig den Stammes-I.en: Absonderung, Foltern, Mutproben, »Tod und Auferstehung«, Namengebung, Lernen einer Geheimsprache usw. Trotzdem lassen sich neue Elemente erkennen: stärkeres Hervortreten des Geheimnischarakters, besondere Grausamkeit der Mutproben, beherrschende Rolle des Ahnenkults (Personifikation durch Masken), Fehlen des Höchsten Wesens (→ Hochgottglaube) in den Zeremonien. Die Weiberbünde haben besondere I.sprüfungen, denen Aufklärungen über → Fruchtbarkeit, Empfängnis und → Geburt folgen. Vgl. auch → Arkandisziplin.

Die schamanistischen I.en bestehen in ekstatischen Erlebnissen (→ Traum, → Vision, Trance) sowie in einer durch Geister oder Altschamanen erfolgenden Belehrung über schamanistische Technik, Namen und Funktionen der Geister, Mythologie und Genealogie des Klan, Geheimsprache usw. Bisweilen, zB bei den Burjaten (→ Altaische Religion), vollzieht sich die I. öffentlich in einem reichbewegten Ritual; das Fehlen eines solchen ist jedoch nicht gleichbedeutend mit einem Fehlen der I. überhaupt, die auch im Traum oder ekstatischen Erlebnissen des Neophyten vor sich gehen kann. In Sibirien und Zentralasien verfällt der angehende Schamane in schwere Krankheit und psychopathische Krisen; man glaubt ihn von Geistern und Dämonen gepeinigt, die hier die Rolle des I.smeisters übernehmen. Zum Erscheinungsbild dieser I.skrankheiten gehören körperliche Folter, Ausmergelung, Ersetzung der Eingeweide und Erneuerung des → Blutes, ein Aufenthalt in der Unterwelt (→ Hölle; Unterweisung durch Seelen verstorbener Schamanen und durch Dämonen), ein Aufstieg zum → Himmel und schließlich »Auferstehung« zur neuen Seinsweise des Geweihten, der persönlich mit Göttern, Geistern und Dämonen in Verbindung treten kann. Die gleiche Grundstruktur zeigen die I.en der australischen Medizinmänner.

Das wenige, was man von I.en in Eleusis und in den hellenistischen Mysterien weiß, läßt vermuten, daß das Zentralerlebnis des Mysten in einer mit Tod und Auferstehung der Gründergottheit zusammenhängenden Offenbarung bestand. Der Offenbarungsakt bedeutete für den Mysten den Eintritt in ein neues Sein, das ihm gleichzeitig ein optimales Los nach dem Tode sicherte.

H.Schurtz, Altersklassen u. Männerbünde, 1902 - H.Webster, Primitive Secret Societies, New York (1908) 1932² - A.vanGennep, Les rites de passage, Paris 1909 - E.M.Loeb, Tribal I. and Secret Societies (Univ. of California Publications in American Archeology and Ethnology 25, 3), Berkeley 1929 - A.E.Jensen, Beschneidung u. Reifezeremonien bei Naturvölkern, 1933 - A.P.Elkin, Aboriginal Men of High Degree, Sidney 1946 - W.-E.Peuckert, Geheimkulte, 1951 - M.Eliade, Birth and Rebirth. The Religious Meanings of I. in Human Culture, New York 1958. - Weitere Lit. bei den genannten Einzelartikeln. *M.Eliade*

Inkarnation, *religionsgeschichtlich.* Die Vorstellung von einem göttlichen Wesen, das in das Fleisch (dh einen menschlichen Körper) eingeht, gehört in den vielschichtigen Bereich der → Erscheinungsformen der Gottheit. I. ist von der zeitweiligen (!) Metamorphose der Gottheit in eine Menschengestalt zu unterscheiden, wie sie in Mythen und Sagen der antiken Welt begegnet (→ Theophanie). - Im → Buddhismus (: I), bes. dem Mahâyâna-Buddhismus, hängt die I. mit der Lehre vom → Karma bzw. der → Seelenwanderung zusammen. So ist im → Lamaismus der Dalai-Lama eine I. Buddhas. Im späteren Buddhismus in → Japan (: II) gilt der zum Heiligen erhobene Nichi-Ren (13.Jh.) seinen Anhängern als I. des Buddha Visiḥtacanta (»der lebende Buddha als I. des wirklichen Buddha«). Im → Hinduismus herrscht die Lehre vom Herabsteigen des Gottes in die Welt (→ Avatâra); → Krishna und Rama sind I.en des Gottes → Vishnu. Der fatimidische Kalif al-Hakim (1017 nChr) wurde in Ägypten zur (letzten) I. des göttlichen Geistes erklärt und erfuhr bei den → Drusen maßgebende Verehrung - ein weiter Schritt vom Selbstverständnis → Muhammeds als Allahs Prophet! - Mittelbar kann man von einer I. reden, wo der König und Heilsgarant als Sohn der obersten Gottheit angesehen wird (→ Sohn Gottes: I), so in → Ägypten (: II, 1), bei den Klassikern des chinesischen Konfuzianismus (→ China: II), im → Shintoismus → Japans (: II), zeitweilig in → Babylonien (: II, 10) und in Israel, wo der judäische König (Ps 2, 7) die Messiaswürde durch die Adoption als »Sohn« empfängt (→ Königtum, sakrales; → Königtum Gottes im AT). Mit der Königs-I. verwandt ist die in der antiken Welt begegnende Vorstellung, daß der Ur-Ahn des Königsgeschlechtes göttlicher Herkunft sei (→ Homer). Der → Herrscherkult der hellenistisch-römischen Zeit gilt dem König als »erschienenem Gott«. - Die Aussagen des NT von der Gottessohnschaft Jesu (→ Erlöser: II, 2; → Sohn Gottes: II) zielen teils auf die Messiaswürde, teils auf die Natur des Erlösers (Joh 1, 14). Der lange Streit der altchristlichen Theologie über die rechte Lehre von der I. Christi, die Zweinaturenlehre, den Modus der hypostatischen Union und ähnliche Probleme (→ Christologie: II) muß im Zusammenhang mit den vorgenannten Vorstellungen von der Möglichkeit und Bedeutung der I. gesehen werden. Doketische Ideen einer zeitweiligen »Erscheinung« in menschlicher Gestalt wurden ausgeschieden, ebenso »modalistische« oder »adoptianische« Lehren. - Die → Elkesaiten sahen in ihrem Stifter eine Re-I. Christi.

ERE VII, 183 ff - Chant (Reg.). - Weitere Lit. s. bei den genannten Artikeln. *F.C.Grant*

Inklusen oder *Reklusen* (griech. ἔγκλειστοι, lat. inclusi, reclusi, dt. Klausner) sind Einsiedler, sowohl Männer wie Frauen, die sich für längere Zeit oder auf Lebenszeit in einer Zelle einschließen (einmauern) ließen, um Gott in der Abgeschiedenheit durch Gebet und fromme Betrachtung zu dienen. Wie die meisten Formen übersteigerter → Askese geht auch dieser Brauch auf den Orient zurück, wo er sich bereits im 4.Jh. nachweisen läßt (→ Mönchtum: II). Für die Kirche und dort bes. für die Mönchsorden waren die I. immer ein besonderes Problem, da sich der Einsiedler schon als Typ in einer allumfassenden Gemeinschaft nur schwer einordnen läßt. 692 wurde deshalb im sog. Trullanum bestimmt, daß die I. mindestens 3 Jahre im Kloster gelebt haben müssen und danach die Zelle nicht wieder verlassen dürfen. - Im Abendland sind die ersten I. durch den Bericht → Gregors von Tours für das 6.Jh. belegt. Sie standen hier unter stärkerer kirchlicher Kontrolle und meist mit einem Kloster (Benediktiner, später auch Zisterzienser) in Verbindung. - Oft waren die Zellen an die Mauer einer Kirche angebaut und durch ein kleines Fenster mit der Kirche verbunden, um den I. die Teilnahme an Gottesdienst und Sakramentsempfang zu ermöglichen. - Angelehnt an die → Benediktinerregel verfaßte zuerst der fränkische Priester Grimilach (oder Grimleich) eine »Regula solitariorum« (MPL 103, 573 ff), der eine Reihe weiterer im Laufe des MA folgen. - Zu Ausgang des MA verlor das I.tum mehr und mehr an Bedeutung. Es ist aber vereinzelt noch bis zum 17.Jh. nachweisbar.

L.A.A.Pavy, Les recluseries, 1875 - A.Basedow, Die I. in Deutschland, vornehmlich in der Gegend des Niederrheins um die Wende des 12. u. 13.Jh.s, 1895 - L.Pfleger, Zur Gesch. der I. am Oberrhein am Ausgang des MA (HPBl 139, 1907, 501-513) - P.M.Baumgarten, I. bei St.Peter in Rom (ebd 141, 1908, 6-15) - L.Gougaud, Ermites et reclus, Ligugé 1928 - O.Doerr, Das Institut der I. in Süddeutschland im MA, 1934. *A.Erler*

Inkorporation. Das bes. im Spät-MA weitverbreitete Streben nach Konzentration bzw. Umlagerung kirchlichen Vermögens und Einkommens bedient sich der Benefizienkumulation als Form der Einkommens- und der I. (= Einverleibung) als entsprechender Rechtsfigur der Vermögenskonzentration. Die Ausbildung der I. als Rechtsinstitut reicht ins 12.Jh. zurück; im 14.Jh. ist sie voll durchgebildet. Ursprünge, Rechtsinhalt und Rechtsfolgen des Instituts werden in der neueren Forschung wieder lebhaft diskutiert. Die Untersuchungen haben sich völlig auf die I.surkunden verlagert. Gerade in diesen aber tritt zT der Begriff der I. erst im 14.Jh. auf. - Die I. gibt die Nutzung des Vermögens und der Einkommenstitel eines kirchlichen Vermögensträgers dem bedachten kirchlichen Institut als Dauerregelung. Objekt der I. sind vorwiegend Pfarreien und andere beneficia minora; Empfänger kirchliche Korporationen: Bistümer, Domstifte, Kollegiatstifte, Klöster und Konvente aller Orden, später auch Spitäler und seit Ende des 14.Jh.s zunehmend die Universitäten. Gegenstand der Einverleibung ist zunächst die wirtschaftliche Ausstattung, welche der Vermögensmasse der aufnehmenden Korporation eingegliedert wird und ihr die wirtschaftliche Verfügung über sie gibt. Die Einverleibung ergreift auch die Spiritualia der Benefizien, jedoch in abgestufter Weise. Die verschiedenen Formen der I. unterscheiden sich nach Umfang und Art des Verfügungsrechts über die Temporalia, nach der Verbindung von Temporalia und Spiritualia und nach dem Umfang des Verfügungsrechts über die Spiritualia. Oftmals wird nur der ususfructus übertragen, vielfach nur das Pfründvermögen und nicht auch das Fabrikgut (→ Kirchenfabrik). Die Befugnis zur Vornahme der I. liegt bei Bischof und Papst; landesherrliche I.en sind Analogiebildungen und erstrecken sich nur auf die Einverleibung von Patronatsrechten (→ Patronat) in die Vermögensmasse von ihnen mitgestifteter Korporationen. Die Rechtspersönlichkeit der einverleibten Benefizien bleibt erhalten. Voraussetzung für die Vornahme ist der Patronatsbesitz des Empfängers und die Vakanz der zu inkorporierenden Pfründe. – Gegen die Praxis und vor allem Häufung der I.en wenden sich schon im 13.Jh. Diözesan- und Provinzialsynoden; die Proteste nehmen im 14. und 15.Jh. zu und greifen auch auf die Publizistik über. Unbestreitbar hat die Häufung der I.en zur viel besprochenen »Proletarisierung« des Weltklerus im Spät-MA beigetragen. Nach vergeblichen Anläufen auf den → Reformkonzilen des 15.Jh.s hat erst das → Trienter Konzil die I. für Pfarrkirchen verboten.

FEINE I (s. Reg., Lit.) - D.LINDNER, Die I. im Bistum Regensburg während des MA (ZSavRG, Kan. Abt. 36, 1950, 205-327) - DERS., Die I. im Bistum Regensburg seit dem Konzil von Trient (ebd 37, 1951, 164-220). *Cl.Bauer*

Inkubation, ἐγκοίμησις, Tempelschlaf. Um im →Traum ein →Orakel zu empfangen, legt sich der Ratsuchende (meist ein Kranker) im → Tempel oder am Kultort nach ritueller Vorbereitung zum Schlaf nieder. In ältester Zeit wird (wohl weil der Schlafende sich an der Erde hinstreckt und sie »hört«) das I.sorakel von der Gê oder von Pluton (vgl. Strabon 14, 1, 44) erwartet oder von solchen → Heroen, die (zuvor Seher) in die Erde hinab entrückt wurden: So Amphiaraos, bes. in Oropos (über die dort geübten Zeremonien s. Philostrat, Vita Apoll. 2, 37; vgl. IG VII, 235), und Trophonios zu Lebedaea (= Livadia); Pausanias 9, 39 beschreibt sein dortiges Erlebnis; vgl. Plutarch, De gen. Socr. 26. Ort solcher Orakel sind meist Höhlen oder Erdspalten. – Es lag wohl an der Ausbreitung des → Asklepios-Kultes, daß sich die I. vom späten 6.Jh. vChr an fast ganz darauf hin verengt, Orakel für Kranke zu sein. Sie konnte vor vielerlei Heil-Göttern stattfinden (nachmals bes. vor → Isis und → Serapis); typisch aber ist sie für die Heilbehandlung im Asklepios-Tempel, wo sie regelmäßig vorgenommen wurde. Unentbehrlich war dabei: vor der I. die Vorbereitung des Kranken durch heilkundige Priester, Einhaltung der von diesen verordneten Diät (oft → Fasten) und → Waschungen, → Reinigungen → Opfer und → Gebet; nach der I. die Ausdeutung des empfangenen Traumes wieder durch die Priester. – Die I. ist die ganze Antike hindurch geübt worden (inschriftliche Zeugnisse reichlich aus Epidauros [IG IV², 121ff], Papyrus-Zeugnisse vom Sarapieion in Memphis; ferner wichtig Aristophanes, Plutos 660ff, und Cicero, de div. I, 96; als kaiserzeitliches Zeugnis Aristides, or. 21-26; auch Pap. Oxyrrh. 1381). In der Frühzeit des Christentums traten an die Stelle des Asklepios heilkräftige Heilige (zB → Kosmas und Damian, der Erzengel → Michael, die Hl. → Thekla), so daß noch geraume Zeit die I. vor diesen Heiligen ausgeübt wurde. – Von der I. klingt etwas nach im Märchen von dem Mann, der das Gruseln lernen wollte.

L.DEUBNER, De incubatione (Diss. Leipzig), 1900 - M.HAMILTON, I. or the Cure of Disease in Pagan Temples and Christian Churches, St.Andrews 1906 - O.WEINREICH, Antike Heilungswunder, 1909 - A.S.PEASE, Komm. zu Cicero de div. I, 96, Illinois 1923 - E.ROHDE, Psyche II, 1925⁹·¹⁰, 58. 96ff - R.HERZOG, Die Wunderheilungen von Epidauros, 1931 - WM II, 227f - A.D.NOCK, A vision of Mandulis Aion (HThR 27, 1934, 53-104). - Weitere Lit. s. → Asklepios.

H.Dörrie

Inkunabeln sind typographische (also mit gegossenen Einzelbuchstaben hergestellte) Drucke zwischen 1445 und 1500. Ihre Gesamtzahl beträgt mehr als 10 Mill. Exemplare, die sich auf annähernd 40 000 Werke, Broschüren und Flugblätter verteilen. Sie entstanden in rd 260 Druckorten von 17 Ländern Europas; doch haben die 3 Gebiete Deutschland, Italien und Frankreich über 90% aller I. hergestellt. Das lat. Wort incunabula bedeutet die Windeln: die Drucke des 15.Jh.s sind in einer Zeit entstanden, als die Buchdruckerkunst (→ Buchhandel: I) noch in der Wiege lag; daher nennt man sie auch Wiegendrucke. Die I. bringen beinahe das gesamte wissenschaftliche und volkstümliche Geistesgut, soweit es im 15.Jh. lebendig war. Die Mehrheit der I. enthält kirchlich-theologische Schriften (bes. die scholastische Literatur seit 1250, aber auch, in ansteigendem Maße, die Werke der Väter). Dann folgen die klassisch-humanistischen und die juristischen Werke; ihnen gegenüber tritt die Zahl der medizinischen, naturwissenschaftlichen und mathematischen Bücher zurück. Gegen Ende des 15.Jh.s mehren sich die mit Holzschnitten illustrierten volkstümlichen Bücher. – Die Inkunabelkunde beschäftigt sich vor allem mit der äußeren Form des Buches, die sich zT eng an die Handschriften anlehnte. Verfasser, Titel, Drukker sowie Ort und Zeit des Erscheinens werden nicht am Anfang, sondern am Schlusse angegeben. Wenn diese Angaben fehlen, müssen die Drucke durch Vergleichen ihrer benutzten Typen mit denen der bereits identifizierten Drucke bestimmt werden. – Man spricht auch von I. des Kupferstichs, der Lithographie usw, wenn die Erstlingswerke dieser Techniken gemeint sind.

K.HAEBLER, Typenrepertorium der Wiegendrucke, 1904-24 - DERS., Hdb. der Inkunabelkunde, 1925. Seit 1904 Kommission für den Gesamtkatalog der Wiegendrucke in der Preuß. Staatsbibliothek Berlin; Katalog bis F (Federicis) erschienen. - Veröffentlichungen der Gesellschaft für Typenkunde des 15.Jh.s, 1903ff - Der Buchdruck im 15.Jh., eine Bibliogr., 1929-36. *A.Ruppel*

Innere Mission

1. Name und Wesen - 2. Vorbereitende Einzelunternehmungen - 3. Wicherns Ganzheitsschau der Aufgabe der I.M. und ihre »klassische Zeit« - 4. Geschichtlicher Fortgang - 5. Wiederaufbau nach 1945 - 6. Grundsätzliches

1. Die I.M. gehört in den umfassenden Bereich der → Diakonie, unter der das NT alle die christliche Gemeinde aufbauenden Dienste versteht. Sie knüpft geschichtlich an Johann Hinrich → Wichern an, der ihr Wesen maßgeblich bestimmt hat. Nach seiner Mitteilung hat sich ihr Name im Rauhen Hause als Bezeichnung für eine »Missionsarbeit innerhalb der Christenheit gegenüber der Mission außerhalb derselben« gebildet. – I.M. ist für Wichern Realisierung der im Glauben an Christus gegründeten, zur Tat drängenden Liebe, die »für Christum wirksam, ihn verklären und zu ihm retten will«. Sie ist eine an sich selbst zu vollziehende Aufgabe der Kirche. Wichern schreibt das Adjektiv »innere« in der Regel klein. Die Schreibung »Innere Mission« deutet an, wie sich der begriffliche Akzent zuungunsten ihres dynamischen Verständnisses stärker auf das Institutionelle der ihr dienenden Organisationen und Anstalten verlagert hat. Wichern sagt: »Als i.M. gilt uns nicht diese oder jene einzelne, sondern die gesamte Arbeit der aus dem Glauben an Christum geborenen Liebe, welche diejenigen Massen in der Christenheit äußerlich und innerlich erneuern will, die der Macht und Herrschaft des aus

der Sünde direkt oder indirekt entspringenden mannigfachen äußeren und inneren Verderbens anheimgefallen sind, ohne daß sie, wie es zu ihrer christlichen Erneuerung nötig wäre, von den jedesmaligen geordneten christlichen Ämtern erreicht werden.« Sie bedarf der Anstalten und der Zusammenschlüsse. Aber es ist nach Wichern »ein praktisch sehr nachteilig wirkender Irrtum, die i.M., wie es nicht selten geschieht, mit irgendwelchen einzelnen Anstalten und Einzelbestrebungen zu verwechseln oder sie darauf beschränken zu wollen.«

2. Als Diakonie hat die I.M. eine mit dem NT beginnende reiche Vorgeschichte. Unmittelbare *Vorläufer* erwachsen ihr aus dem → Pietismus und der → Erwekkung (: I); aus der pädagogisch und sozial tätig werdenden → Aufklärung weisen Linien zu ihr hinüber (→ Pestalozzi). – A.H. → Francke schafft in den Franckeschen Stiftungen in Halle (seit 1694) einen Mittelpunkt für seine umfassende kirchlich-praktische Tätigkeit und wirkt mit bei der Gründung der Bibelanstalt des Frhrn.v. → Canstein (1710). J.A. → Urlsperger gründet 1780 in Basel die vor allem in Württemberg sich ausbreitende Deutsche → Christentumsgesellschaft zur Förderung des Reiches Gottes durch gemeinsame Liebeswerke. J.Fr. → Oberlin entfaltet seit 1767 im Steintal eine vielseitige soziale Tätigkeit und wird der Vater der Kleinkinderschule. Aus der »Kinderrettungsarbeit« von J.D. → Falk (seit 1813) geht der Lutherhof in Weimar hervor. Auf dem gleichen Gebiet betätigen sich seit 1819 die Gründungen des Grafen von der → Recke-Volmarstein in Oberdyk und Düsselthal, denen später weiter ausgedehnte Anstalten in Kraschnitz (Schlesien) folgen, sowie die von Chr.H.Zeller 1820 geschaffene Anstalt in Beuggen, wo gleichzeitig freiwillige Armenschullehrer (Vorläufer der Berufsarbeiter der I.M.!) ausgebildet werden. – Wichern erwähnt 1849, daß seit ca 1750 fast 100 Rettungsanstalten für Kinder entstanden und allein in Württemberg 23 mit insgesamt mehr als 1000 Kindern vorhanden seien. Es gibt → Bibelgesellschaften und Gesellschaften zur Verbreitung von Traktaten und Erbauungsschriften (mehrere seit 1811). In Berlin hatte Joh. Evang. → Goßner, in Hamburg Amalie → Sieveking sich der Kranken und Armen angenommen. – Gleichzeitig mit Wicherns Anfängen beginnt die Wirksamkeit von Th. → Fliedner. Er hatte 1826 Anregung zur Entstehung der ersten Gefängnisgesellschaft gegeben. Nach Aufnahme der ersten entlassenen weiblichen Strafgefangenen 1833 macht er drei Jahre später mit der Gründung von → Kaiserswerth den Anfang zu einem durch ihn geprägten Werk weiblicher Diakonie (Kinderpflege, Lehrdiakonie, Krankenpflege), das weltweite Bedeutung gewinnen sollte, und rief 1844 die Duisburger Diakonenanstalt zur Heranbildung von Pastoralgehilfen für Krankenpflege, Armenpflege, Kinderpflege und Gefangenenfürsorge ins Leben.

3. Wichern, stark durch Luther und die Erweckung bestimmt, war bereits durch seine 1833 im Rauhen Hause bei Hamburg begonnene Kinderrettungsarbeit (Familienprinzip!), sein Gehilfeninstitut (später Brüderanstalt), seine Gedanken zur Gefängnisreform (→ Gefängniswesen: II) und seine seit 1844 erscheinenden »Fliegenden Blätter aus dem Rauhen Hause« bekannt geworden, als seine auf dem ersten Deutschen Ev. → Kirchentag in Wittenberg am 22.9.1848 gehaltene Stegreifrede seinen Ruf als »Vater der I.M.« begründete. Sie wird – es ist das Jahr des Kommunistischen Manifestes! – das geschichtlich wirksamste Moment der Veranstaltung. Die Rede bedeutet die ev. Stellungnahme zu den sozialen Schäden und den mit ihnen Hand in Hand gehenden Lockerungen religiöser und sittlicher Bindungen und Ordnungen und ist ein flammender Bußruf an die Kirche, die vernachlässigte Tat der »rettenden Liebe« einzusetzen: »Es tut eines Not, daß die ev. Kirche in ihrer Gesamtheit erkenne: die Arbeit der i.M. ist mein! ... die Liebe gehört mir wie der Glaube! Die rettende Liebe muß ihr das große Werkzeug, womit sie die Tatsache des Glaubens erweist, werden.«

Das nächste Resultat war die Bildung des *Central-Ausschusses für die i.M. der Deutschen Ev. Kirche (CA)*. Unter Wicherns maßgeblichem Einfluß macht er es sich in seinem Statut vom 9.1.1849 zur Aufgabe, bereits vorhandene Anstalten zu fördern, weitere Gründungen anzuregen, selbständige – dh eigene – Unternehmungen, bes. für überregionale Zwecke, ins Leben zu rufen, Schriften herauszugeben und zu verbreiten und für die Heranbildung von Berufsarbeitern der i.M. Sorge zu tragen. Organisatorisch wird die Bestellung von Agenten und freiwilligen Korrespondenten in allen Landesteilen vorgesehen. Die Zentrale (in Hamburg und Berlin) soll beraten und auf gegenseitige Förderung der einzelnen Unternehmungen sowie auf deren Zusammenschluß unter fachlichen und regionalen Gesichtspunkten hinarbeiten. Jährlich soll ein Kongreß für die i.M. der deutschen ev. Kirche stattfinden. Präsident wurde der Bonner Universitätskurator v. Bethmann-Hollweg, Vizepräsident Fr. Jul. → Stahl, das Organ des CA die Fliegenden Blätter. Seither stellt er im Rahmen seines Statuts das führende Gremium der I.M. in Deutschland dar.

Die grundlegenden Gedanken seiner Kirchentagsrede, ergänzt auf Grund seiner umfangreichen und damals einzigartigen Stoffkenntnis und erweitert durch eine Fülle von organisatorischen Vorschlägen, vereinigt Wichern zu der im April 1849 erschienenen Denkschrift an das deutsche Volk *»Die i.M. der Deutschen ev. Kirche«*. Sie ist die klassische und in ihrer Gesamtschau bis heute programmatische Schrift der I.M. – Die I.M. ist für Wichern orientiert an dem Gedanken des auf Erden sich stoßweise entfaltenden Reiches Gottes als eines Reiches der rettenden Liebe. Die (verfaßte) Kirche kann die I.M. verwirklichen, sie kann auch »sowohl Gegnerin als selbst Objekt der i.M. sein« (»So ist die Reformation ein durchgreifender Akt der i.M.«, 1857). Sie steht im Dienste der Kirche und »ist nicht eine Lebensäußerung außer und neben der Kirche«. Ihr Objekt sind die Getauften (damals fast alle), wobei ihre Tätigkeit »nie eine solche werden darf, welche die Gemeinde als kirchliche Gemeinde auflöst, statt sie zu erbauen«. Als Leitbild schwebt Wichern die ev. Volkskirche im christlich-sozialen Staat vor. Dieser hat die »tragbaren Umweltverhältnisse« zu schaffen, unter denen die »Wiederherstellung der verantwortlichen Person« geschehen kann (K.Janssen). – Die Arbeit der I.M. beruht auf dem allgemeinen → Priestertum aller Gläubigen und ist »die Entfaltung und Betätigung der Glaubens- und Lebenskräfte der ganzen wahrhaftigen Christenheit in Kirche, Staat und allen Gestalten des sozialen Lebens zur Überwindung alles Unchristlichen und Antichristlichen« (so 1857; 1847: »die freie Liebesarbeit des heilerfüllten Volkes zur Verwirklichung der christlichen und sozialen Wiedergeburt des heillosen Volkes«). – Mit einem umfassenden Blick für gottwidrige Zustände und Verhältnisse verbindet Wichern die überzeugende Einsicht von der Notwendigkeit der Ganzheit christlichen Dienstes mit der helfenden Tat und dem missionierenden Worte, die der Ganzheit des Volkes in allen Ständen, Berufen und Bildungsschichten zu gelten habe. – Die von ihm geforderten Einzelunternehmungen zum Zwecke einer christlichen Erneuerungsarbeit in Familie, Staat und Kirche waren fast alle in gewissem Umfange schon vorhanden. Auch die Heranbildung von Berufsarbeitern der I.M. hatte im Rauhen Hause, in der Duisburger Diakonenanstalt und im Kaiserswerther Diakonissenhaus bereits begonnen. Epochemachend aber wirkte Wicherns mitreißender Appell an die Gesamtheit der Kirche, die Einleitung einer großangelegten organisatorischen Arbeit durch die Schaffung des CA und nicht zuletzt sein fortdauernder persönlicher Einsatz.

Die auf den Wittenberger Kirchentag folgende Zeit bis zum Eintritt Wicherns in den Staatsdienst 1857 hat man die *»klassische Zeit« der I.M.* genannt. Sie ist gekennzeichnet durch Errichtung von Rettungsanstalten und Kleinkinderschulen, durch Kampf um die → Sonntagsruhe, durch Bekämpfung der → Prostitution und der Trunksucht (→ Suchten), durch Bemühungen um Verbreitung von Bibeln, Traktaten und christlicher Literatur, durch Unternehmungen zur seelsorgerlichen Betreuung von Eisenbahnbauarbeitern, »Hollandgängern«, Torfarbeitern, durch deutsche und ausländische Diasporaarbeit (→ Diaspora: II), durch Inangriffnahme von → Seemanns- und Auswanderermission (→ Auswanderung: II), die zwangsläufig zur Anknüpfung von ökumenischen Beziehungen führte, durch Gründungen von Jünglings- und Gesellenvereinen. In besonderer Weise beispielhaft für die Zukunft wirkte die Gründung des Hamburger Vereins für I.M. mit der speziellen Zielsetzung der → Stadtmission (1848) und die Schaffung der ersten Herberge zur Heimat durch Prof. Cl. → Perthes in Bonn (1854; → Heimatfremdenfürsorge). 1857 hatte der CA bereits 119 Agenten und 88 Korrespondenten.

Der von Wichern erstrebte christliche Staat erwies sich als Utopie. Auch als Vortragender Rat im Innenministerium vermochte er seine Bemühungen um Gefängnisreform, Fürsorge für Strafentlassene und Strafrechtsreform nicht zu dem erstrebten Erfolge zu führen. In der »neuen Ära« nach Friedrich Wilhelms IV. Rücktritt wurde ihm »sein christliches Staatsideal vor die Füße geworfen« (M.Gerhardt).

An theologischer *Kritik* hat es vor allem in den Kreisen des konfessionellen → Luthertums (: II) zunächst nicht gefehlt. Es sah in der von Wichern so stark vertretenen Vereinsarbeit eine Unterhöhlung der Autorität des von Gott gesetzten geistlichen Amtes und die Gefahr der Auflösung der geordneten Gemeinde, in der unionistisch erscheinenden Haltung der I.M. eine Erweichung der dogmatischen Abwehrfront (L.A. → Petri: Phantastereien; A.F.O. → Münchmeyer: Schlinggewächs am Baum der Kirche). Der → Liberalismus (: IV) warf ihr u.a. reaktionäre Haltung und propagandistischen Mißbrauch ihrer praktischen Arbeit vor. - Auch W. → Löhe, neben Fliedner der größte Vertreter der diakonischen Seite der I.M. in ihrer Anfangszeit, wandelte erst nach und nach seine ablehnende Stellung. Neben seiner »Gesellschaft für Innere und Äußere Mission im Sinne der luth. Kirche« schuf er 1854 ein Diakonissenhaus, das später durch Pflegeanstalten erweitert und zu einer süddeutschen Zentrale der I.M. wurde (→ Neuendettelsau).

4. Auf die klassische Zeit der I.M. folgt eine Periode mangelnder schöpferischer Initiative. Andererseits nehmen die Gründungen von Anstalten und Vereinen, Einzelarbeiten und organisatorische Zusammenschlüsse ihren Fortgang (Jünglingsvereine, Jungfrauenvereine, Sonntagsschulen, Sonntagsblätter, Kampf um die Sonntagsheiligung, Eingaben im Interesse der Hebung der Sittlichkeit, Trinkerasyle). In den Kriegen 1864, 1866, 1870/71 üben Diakone Felddiakonie. Dem Rheinischen Provinzialausschuß für I.M., der - als erster - 1849 ins Leben trat, folgt die Bildung weiterer Vereine und Konferenzen für I.M. in Provinzen und Landschaften. Die jetzt in der Regel nur noch in zweijährigen Abständen tagenden Kongresse für I.M. bleiben die großen Gelegenheiten zur Erörterung einschlägiger Probleme. Auch die immer dringender werdende soziale Frage gibt Anlaß zu Referaten. Aber eine leitende Idee und eine wirksame Inangriffnahme bleiben aus. Man tritt nicht »auf den Kampf- und Tummelplatz der Bewegungen« (Wichern), die die Welt erschüttern. V.A. → Hubers Eintreten für den Gedanken der Genossenschaft und der »Selbsthilfe der arbeitenden Klassen« sowie Wicherns Gedanken über »christliche Assoziation der Hilfsbedürftigen für deren soziale Zwecke« ist keine Gefolgschaft beschieden. Die Kirche findet keinen Zugang zur → Arbeiterbewegung, und diese gerät in immer unheilvollerer Weise in ein antichristlich bestimmtes Gegenüber zu ihr.

Im letzten Viertel des 19.Jh.s und in den anschließenden Jahren bis zum 1. Weltkrieg gewinnen die Unternehmen der I.M. an Umfang und organisatorischer Festigung. Die Träger gleichartiger Arbeitsgebiete gehen dazu über, sich zu Fachverbänden zusammenzuschließen: 1877 Mäßigkeitsverein vom Blauen Kreuz in Genf gegründet, alsdann in Deutschland wirksam; 1883 Deutscher Verein gegen den Mißbrauch geistiger Getränke; 1883 Christlicher Verein junger Männer mit dem Prinzip der Missionierung an Jugendlichen durch Jugendliche (→ Jugendvereinigungen: I); 1889 Allgemeine Konferenz der deutschen Sittlichkeitsvereine; Entstehung von Vorasylen, Frauenheimen, Zufluchtsstätten; 1890 Verband ev. Jungfrauenvereine; seit 1891 Aufkommen der → Gasthausmission; 1895 Comitee für deutsche ev. → Seemannsmission; 1895 Verband deutscher Rettungshäuser und Erziehungsvereine (1920: Ev. Reichs-Erziehungsverband); 1897 Verband ev. deutscher → Bahnhofsmission; 1899 Deutsch-ev. Frauenbund und Ev. Frauenhilfe (→ Frauenverbände); 1904 Verband christlicher → Hospize; 1910 Ev. Preßverband (→ Presse: III); 1913 Deutscher Diakonenverband; 1915 Kaiserswerther Verband deutscher Diakonissen-Mutterhäuser; 1916 Zehlendorfer Konferenz (→ Diakonie, 5); 1916 Verband deutscher Krüppelheime (→ Krüppelfürsorge) u.a.

Im gleichen Zeitraum erwachsen den Wichernschen Anliegen starke Impulse durch überragende Persönlichkeiten. - Unter der 1872 übernommenen Leitung durch Friedr.v. → Bodelschwingh wird aus einer kleinen Epileptikeranstalt bei Bielefeld der Anstaltskomplex *Bethel*. Diese größte Stätte ev. → Liebestätigkeit (: II) vereinigt in ihrem Bereiche Pflege- und Krankenhäuser für Epileptiker und Gemütsleidende, handwerkliche und wirtschaftliche Betriebe im Dienste der Kranken, Wohnungen der Mitarbeiter und Ausbildungsstätten für Diakonissen und Diakone, für Studenten und Kandidaten der Theologie (Arbeit »mit der blauen Schürze«) sowie für Missionare der äußeren Mission und schließt ihre kranken Bewohner in den tragenden Rahmen einer anstaltlichen Gemeinde. Die Sorge des »Vaters« stößt ins Gebiet der sozialen Probleme vor. Sie gilt den »Brüdern von der Landstraße«, für die er die Arbeiterkolonien Wilhelmsdorf bei Bielefeld, Freistatt im Wietingsmoor, Hoffnungstal, Lobetal und Gnadental bei Berlin ins Leben ruft. Das Wandererarbeitsstättengesetz (1907) verdankt seine Entstehung der Mitarbeit Bodelschwinghs im Landtag. Der Gedanke der vorbeugenden Fürsorge läßt ihn Arbeiterwohnheime schaffen. Die Darbietung des Evangeliums, das Mittel der Seelsorge, eine Pädagogik der Liebe, die Indienstnahme der heilenden Kraft der Arbeit für seelisch krankes und ungeordnetes Leben (Brockensammlung, Landwirtschaft, Bodenkultivierung, »Arbeit statt Almosen«), eine hervorragende Fähigkeit, zu organisieren und Menschen zur helfenden Teilnahme zu bewegen - das alles kennzeichnet die Art seiner Wirksamkeit. Der Grundzug dankbarer Freude, der Bodelschwinghs Wesen bestimmt, wirkt sich auf den Geist seiner Kranken aus.

Ein nüchterner Blick für die Wirklichkeiten dieser Welt läßt ihn nicht auf einen christlichen Staat hoffen, hindert ihn aber nicht, sich nachdrücklich für »barmherzige Gesetze« einzusetzen. Seine im Evangelium wurzelnde Eschatologie weiß um die Grenzen menschlicher Möglichkeiten, ohne daß sie seine Aktivität lähmt. - Sein Sohn Friedrich v. → Bodelschwingh führte sein Werk im gleichen Geiste weiter.

Sozialpolitisch und volksmissionarisch wirksam, wird Adolf → Stoecker der nach Wichern größte Mahner der Kirche an ihren Auftrag gegenüber den ihr Entfremdeten und »der lebendige Kommentar zu Wicherns Gedanken« (F.Mahling). Der konservative, an Bibel und Bekenntnis gebundene, 1874 nach Berlin berufene Hofprediger beschreibt es als Pflicht der Kirche, »überall in Politik und Sozialpolitik, in Presse und Parteiwesen die Gedanken und Grundsätze des Evangeliums praktisch, öffentlich, furchtlos, durchgreifend geltend zu machen«. Die Idee der → Volkskirche im christlichen Staat gewinnt neue Kraft. Neben der Seelsorge an den einzelnen fordert er die öffentliche Seelsorge an der »Volksseele«. Die vernachlässigte soziale Frage, die Tatsache der alleinigen Vertretung der Interessen der → Arbeiter (: II) durch die → Sozialdemokratie und der Einfluß des liberalen Judentums rufen ihn auf den politischen Kampfplatz. Sein Auftreten in der Eiskellerversammlung am 3.1.1878 wird der Geburtstag der Christlich-sozialen Partei (→ Christlich-sozial) und - nach seinem eigenen Wort - »der Anfang einer stürmischen, großen, reichen Bewegung sozialer, politischer, religiöser Art«. Auf seine Anregung entsteht 1890 der Ev.-soziale Kongreß (→ Evangelisch-sozial), in dem neben dem Staatssozialisten Adolf → Wagner und dem Vorsitzenden des Gesamtverbandes der seit 1882 entstehenden ev. Arbeitervereine (→ Arbeiterbewegung, 2), Pfr. Ludw.Weber, auch weiter links stehende Kreise vertreten sind. - Seit 1877 leitete Stoecker die Berliner → Stadtmission. Die Zahl der Stadtmissionare und die aufgebrachten Gelder wuchsen erheblich. Die Positiven Parochialvereine gewannen im Zuge der von ihm entfachten »Berliner Bewegung« unerwarteten Umfang und Einfluß.

Auch Pfarrer Friedr. → Naumann, angeregt durch Wichern, Stoecker und Theod.Lohmann (Begründer der Gewerbeaufsicht zum Schutz der Fabrikarbeiter und Mitglied des CA), führt die soziale Aufgabe der I.M. in die Politik. Er deutet das Reich Gottes sozialethisch und verkündet »Jesus als Volksmann«, der in erster Linie die sozialen Nöte beheben wolle. Dem im Grunde patriarchalischen Denken Stoeckers stellt er ein Denken gegenüber, das »von unten her« die Verhältnisse mit den Augen der »arbeitenden Brüder« sehen will. Diese versucht er unter Mitarbeit von Paul → Göhre seit 1890 ebenfalls in Arbeitervereinen zu sammeln. - Naumann erstrebt ebenso wie Stoecker eine Erneuerung der sozialen Gemeinschaft. Der Gegensatz zwischen der älteren Richtung der »Christlich-sozialen« und den »Jungen« aus Naumanns Kreisen führt jedoch 1896 dazu, daß Stoecker, Weber und fast alle »Positiven« aus dem Ev.-sozialen Kongreß austreten und sich zu der Freien kirchlich-sozialen Konferenz, dem späteren Kirchlich-sozialen Bund (→ Kirchlich-sozial), zusammenschließen. (Stoecker: »Der grundsätzliche Unterschied zwischen beiden Gruppen liegt darin, daß die Jungen in einer großen Annäherung an die Sozialdemokratie und an den Liberalismus die Sache des Proletariats vertreten.«)

Pastor → Siegmund-Schultze gründet 1911 im Berliner Osten die Soziale Arbeitsgemeinschaft, die soziales Verständnis wecken und Kontakte zwischen den einander entfremdeten sozialen Schichten herstellen will.

Im 1. Weltkrieg stellt die I.M. Helfer auf den Kriegsschauplätzen, verbreitet ev. Schrifttum und kann in ihre Anstalten Verwundete und Kranke aufnehmen. Zunehmende Entsittlichung in Heer und Heimat veranlaßt u.a. Gerh.Hilbert (Rostock), anknüpfend an Paul → Wurster und zurückgreifend auf Wichern, nachdrücklich zur Pflege der vernachlässigten Volksmission (→ Evangelisation) aufzurufen. - Der Weg der I.M. in der Weimarer Republik ist gekennzeichnet durch ihre Einflußnahme auf die soziale Gesetzgebung (Reichsjugendwohlfahrtsgesetz vom 9.7.1922 u.a.; → Jugendfürsorge) und die praktische Mitarbeit ihrer Verbände und Einrichtungen bei den fürsorgerischen Bemühungen des Staates und der Kommunen. Die Fürsorgepflichtverordnung vom 13.2.1924 erkennt die Selbständigkeit der freien → Wohlfahrtspflege an und verpflichtet die öffentliche Fürsorge zur Zusammenarbeit mit ihr. Die Volksmission erfährt u.a. durch Gerh.Füllkrug eine wesentliche Belebung (»Entweder wird die I.M. jetzt innerste Mission an unserm Volke, oder sie bleibt eine ewig mit Geldmangel kämpfende Summe von Wohlfahrtseinrichtungen und Liebestätigkeiten: ein großer Lazarettzug«, 1920). Die apologetische Arbeit der I.M. erhält 1921 einen Mittelpunkt in der Apologetischen Zentrale in Spandau (→ Apologetik: IV, 5). - Der Hitlerstaat bringt der I.M. ebenso wie der Kirche eine fortschreitende Erschwerung ihrer Arbeitsmöglichkeit und bewirkt den Einbruch einer entarteten Theologie. Aber sie behält die Kraft, Front zu machen gegen den → Euthanasie-Gedanken und unter Führung von → Bodelschwingh (, 2), Pastor Braune (Lobetal) und Bischof → Wurm den Kampf gegen die Aktion zur Vernichtung → »lebensunwerten« Lebens zu betreiben. 20-30 000 Kranken dürfte sie das Leben gerettet haben. Bodelschwingh ist über die Grenzen kirchenpolitischer Gruppen hinweg in jenen Jahren der Mann eines großen Vertrauens.

5. Der *Wiederaufbau* der I.M. nach 1945 stand ebensosehr im Rahmen der Gesamtnot eines zerstörten und gespaltenen Deutschlands wie im Zeichen eines zähen Aufbauwillens. Als vordringliche Aufgaben für sie erwiesen sich die Bahnhofsmission, sodann die Erstellung von Jugendwohnheimen und Altenheimen. - Eine neue Verantwortung für die soziale Gestaltung der Gegenwart wurde wirksam, eingedenk der Erkenntnis, daß die Christenheit nicht nur darauf aus sein dürfe, entstandene Wunden zu heilen, sondern gerade sie dazu berufen sei, Wunden zu verhindern und Krankheits*ursachen* zu bekämpfen, und daß sie von der »rettenden« Liebe zur »gestaltenden« Liebe (Huber) gelangen müsse. Dieses Wirksamwerden der gestaltenden Liebe und die helfende Veranlassung der Hilfsbedürftigen zur brüderlichen *Selbst*hilfe, damit diese an die Stelle der Verbrüderung *für* die Hilfsbedürftigen trete - nach Wichern Merkmal »einer künftigen Epoche der christlich-rettenden Liebesarbeit« -, forderte Eugen Gerstenmaier als die Verwirklichung von »Wichern II«. Unter seiner maßgeblichen Mitarbeit entstand 1945 das → Hilfswerk der Ev. Kirche in Deutschland. - I.M. und Hilfswerk vereinbarten unter dem 8.3. 1957 eine durch Kirchengesetz bestätigte Ordnung über ihren Zusammenschluß zu dem Werke *»I.M. und Hilfswerk* der Ev. Kirche in Deutschland«. Seine Arbeit umfaßt 10 Fachgruppen (männliche und weibliche Diakonie, Berufsarbeiter und -arbeiterinnen; Frauenarbeit; Jugendarbeit; Gesundheitsfürsorge; Erziehungsarbeit; Gefährdetenfürsorge, sittliche Volksschäden; Heimatfremde, Auslandsdeutsche; Presse, Volksbildung; soziale Arbeit; Volksmission, Evangelisation). Zum Werke gehörten am 1.1.1959 in der BRD mit West-Berlin 107 Mutterhäuser und Schwesternschaften mit 39 296 Schwestern, 15 Diakonenanstalten mit 4271 Diakonen und -anwär-

tern, 3603 Anstalten und Heime der geschlossenen Fürsorge (Gesundheits-, Erziehungs-, Wirtschaftsfürsorge) mit 231 509 Betten, 4522 Einrichtungen der halboffenen Fürsorge (darunter 4057 Kindergärten, -horte und -krippen mit rd 300 000 Plätzen), 5248 Einrichtungen der offenen Fürsorge (darunter 4681 Gemeindepflegestationen mit 5944 Schwestern).

6. Unaufgebbare *Aufgabe der I.M.* ist es, sich der *Gesamtheit* menschlicher Not im Geiste Jesu Christi anzunehmen. Ihr Dienst ist darum »die Verkündigung des Evangeliums und die brüderliche Handreichung der christlichen Liebe« (Statut des CA). Beides gehört für sie, wenn auch die Akzente in den einzelnen Arbeitsgebieten verschieden gelagert sein können, in einer inneren Einheit untrennbar zusammen. Über die Nöte des einzelnen hinausdenkend, muß sie ein offenes Auge für die Nöte im Volksganzen (kirchlicher, sittlicher, sozialer Art) haben. – In bezug auf ihr Verhältnis zur Kirche stellt die Grundordnung der → Evangelischen Kirche in Deutschland (: I. II) vom 3.12.1948 fest, »daß die diakonisch-missionarischen Werke Wesens- und Lebensäußerung der Kirche« sind und die EKD die in ihrem Gesamtbereich arbeitenden Werke der I.M. ungeachtet ihrer Rechtsform fördere. Rechtlich sind bei mannigfachen Differenzierungen zwei Grundtypen von Werken und Einrichtungen der I.M. zu unterscheiden: der eigenständige und der kircheneigene Typ. Wichern hat den anfänglichen Gedanken, die I.M. müsse an ihrer Selbstauflösung arbeiten, bis die Kirche in ihren festen Ämtern der Not wehren könne, später nicht mehr erwähnt. Sie wird der Kirche dann am wirksamsten dienen können, wenn ihr in ihrer Rechtsform die Möglichkeit der freien Entfaltung eigener Initiative und der Auswertung ihrer Erfahrung gewährleistet ist. – Staatlicherseits erfahren die Werke der I.M. Förderung. Sie entlasten ihrerseits die öffentliche Fürsorge. Aufgabe der »politischen Diakonie« ist »der Kampf um die diakonisch gebotene Korrektur des Leitbilds der staatlichen Sozialpolitik und damit des Leitbilds des Staates überhaupt« (Gerstenmaier).

Außer der Lit. zu → Diakonie, → Hilfswerk, → Liebestätigkeit: II: J.H.WICHERN, Die i.M. der Dt. ev. Kirche. Eine Denkschrift an die dt. Nation, 1849; Neudr. (1933) 1948^2 – DERS., Ges. Schriften, 6 Bde, 1901–08 (III: Prinzipielles zur I.M.) – DERS., Ausgew. Schriften, hg.v. K.JANSSEN, Bd I, 1956 (mit umfangr. Einl.) – DERS., Sämtl. Werke, hg.v. P.MEINHOLD, Bd IV/1, 1958 – RE XIII, 90ff; XXIV, 105ff – RGG^1 III, 515ff; RGG^2 III, 271ff – M.HENNIG, Quellenbuch zur Gesch. der I.M., 1912 – A.ADAM, Nationalkirche u. Volkskirche im dt. Protestantismus, 1938 – W.BRANDT, Die Gesch. der I.M. im 19.Jh. (Amtsblatt der EKD, 1948, 54–60) – E.FREUDENSTEIN, Vom Wesen und Werden der I.M., 1948 – M.GERHARDT, Ein Jh. I.M. Die Gesch. des Central-Ausschusses für die I.M., 2 Bde, 1948 – DERS., I.M. (KG-Quellenhefte 3), 1949 – J.KÜHNE, Vom Aufbruch echter Liebe, 1949 – K.KRUMMEL, Das Problem der Rettung bei J.H. Wichern, 1949 – G.NOSKE, Wicherns Plan einer kirchl. Diakonie, 1952 – G.WASSE, Die Werke u. Einrichtungen d. ev. Kirche, 1954 – ESL 502ff – H.H.ULRICH, Die Kirche u. ihre missionarische Aufgabe, 1955 – H.-D.WENDLAND, Die Kirche in der modernen Gesellschaft, (1955) 1957^2 – E.SCHLETH, Der profane Weltchrist, 1957 – EKL II, 323ff – CH.BOURBECK–H.-D.WENDLAND, Diakonie zwischen Kirche u. Welt, 1958 – R.GRUNOW, Wichern – Ruf u. Antwort, 1958. – Zs.en: Die I.M., Monatsblatt des Werkes I.M. u. Hilfswerk der EKD (1844–1906: Fliegende Blätter aus dem Rauhen Hause) – Das missionarische Wort, seit 1947. *W.Schütz*

Innitzer, *Theodor* (25.12.1875 bis 9.10.1955), Kardinal (1933), * in Weipert-Neugeschrei (Sudetenland), 1902 Priester, 1913 o. Prof. für NT in Wien, 1929/30 österreichischer Sozialminister unter dem Kanzler Schober, 1932 Erzbischof von Wien. – Sein Hauptinteresse galt der seelsorgerlichen Arbeit der Kirche und der Verwirklichung kath. Soziallehre. I.s lautere Persönlichkeit war den Gegebenheiten des politischen Lebens nicht gewachsen. Darum unterlag auch sein Verhalten nach dem Einmarsch Hitlers in Österreich (März 1938) später starker Kritik. Nach dem Willen I.s sollte der Neubau des kirchlichen Lebens seit 1945 ganz abseits von der Politik nur den Erfordernissen der Seelsorge gemäß geschehen. Nun konnten Einrichtungen wie etwa das Wiener Seelsorgeamt (seit 1938) und das Theologische Laienjahr (seit 1939) Frucht tragen.

Vf. u.a.: Joh. d. Täufer nach d. Hl. Schrift u. d. Tradition, 1908; Die Parabeln der Evangelien, 1909; Die soz. Aufgabe d. Schule, 1935; Der göttl. Glaube, 1939; Die Stimme d. Kirche zur soz. Frage, 1946. Hg. der Theol. Studien der Leo-Gesellschaft, 1914–32. – Über I.: W.KOSCH, Das kath. Deutschland II, 1933, 1837 – J.FRIED, L.HAIBÖCK u.a., Kardinal I., 1945 – HerKorr 10, 1955/56, 195–198. *W.Sucker*

Innocentianum. Die unter diesem Namen zusammengefaßten, von → Innozenz III. auf dem 4. Laterankonzil (1215) erlassenen Glaubens- und Reformdekrete betonen bes. die auf dem → Papsttum beruhende Solidarität der christlichen Völker. Ihr geistiges Band ist der gemeinsame, von der Sedes apostolica magistra bewahrte und verkündete Glaube, ihr rechtliches Band die geistige Ein- und Unterordnung unter die röm. Kirche als »caput et fundamentum ecclesiae«. Die Glaubensdekrete beziehen sich auf die Irrlehren des → Joachim von Fiore (→ Tritheismus) und → Amalrich von Bena (Pantheismus), der → Albigenser und → Waldenser. Bei der Herausstellung der von diesen geleugneten Lehren (Trinität, Inkarnation, Erschaffung aller Dinge durch Gott, Auferstehung des Fleisches) wird bei der Abendmahlslehre hier erstmals der terminus »transsubstantiatio« für Wesensverwandlung kirchlich sanktioniert (→ Abendmahl: II, 2a). Die Straffung der Ketzergesetzgebung und Einführung der bischöflichen → Inquisition entsprach dem Bewußtsein der Zeit. Die Reformdekrete galten der Ausbildung des Klerus und der Belebung der Volkspredigt, des Sakramentenempfangs und der Krankenseelsorge. Can. 21 macht die jährliche Beichte und Osterkommunion für jeden Gläubigen zur Pflicht (→ Bußwesen: II, 2a). Wurden die → Franziskaner 1209/10, die → Dominikaner 1216 bestätigt, so erging jetzt andererseits ein Verbot uferloser Ordensgründungen (can. 13). Die nach → Zisterzienser-Vorbild für alle Orden eingeführten Generalkapitel und regelmäßige Provinzialsynoden sollten das Fortwirken der Reform sichern. Viele dieser Dekrete gingen in die kirchliche Gesetzgebung ein.

Text bei MANSI XXII, 981ff – E.FRIEDBERG, Corpus Iuris Canonici II, 1881, 5ff – Denz. 428ff. – Lit.: HEFELE^2 V, 872ff – J.C.VAN RONKEL, Symbolum, Leiden 1897 – DACL I, 1924ff – P.DESLANDRES, Les grands concils de Lateran, Paris 1913 – ST.KUTTNER, Joh.Teutonicus, das 4. Laterankonzil u. die Compilatio quarta (StT 125, 1946, 608 bis 634) – H.TILLMANN, Innozenz III., 1954 – F.KEMPF, Papsttum u. Kaisertum bei Innozenz III., Rom 1954. *L.Lenhart*

Innozenz I., *Papst* 21.12.402 bis 12.3.417 (heilig, Tag: 28.7.), Römer, wohl Sohn seines Vorgängers → Anastasius I. Den Ost- und Westkirchen gegenüber vertritt I. energisch den Gedanken des römischen Primats (→ Papsttum: I); er fordert nicht nur wie → Siricius oberstes Verordnungs- und Aufsichtsrecht, sondern auch Recht zur Lehrentscheidung, geht gegen Häretiker vor und tritt für strenge Disziplin ein (u.a. Zölibat der Kleriker). Im Streit zwischen → Theophilus von Alexandrien und → Chrysostomus steht I. zu diesem und sucht vergeblich zu schlichten. So kommt es zum Bruch mit Konstantinopel und Alexandrien. Während I. 410 noch versucht, den Hof in Ravenna von dessen gotenfeindlicher Politik abzubringen, erobert Alarich Rom, schont aber kirchliches Eigentum. – Von I. sind etwa 36 Briefe erhalten.

MPL 20, 463ff – CSEL 35, 41ff (Collectio Avellana) – DUCHESNE, LP I, 88ff. – Über I.: RE IX, 106ff – H.GEBHARDT, Inn. I. (Phil. Diss.

Leipzig), 1901 - DThC VII, 1941ff - LThK V, 408f - CASPAR I, 296ff - ALTANER 319. *U.Treu*

II., *Papst* 14.2.1130 bis 23.9.1143, Gregor Papareschi. Von einer Minderheit gegen → Anaklet II. gewählt, floh er nach Frankreich, erlangte aber durch → Bernhard von Clairvaux allgemeine Anerkennung. Lothar III. sagte ihm gegen Versprechung der (1133 erfolgten) Kaiserkrönung Hilfe gegen den mit den Normannen verbündeten Anaklet zu. Aber erst als sich Anaklets Nachfolger → Viktor IV. unterwarf, wurde 1139 das Schisma durch das 2. Laterankonzil beendet und Roger gebannt. Trotzdem mußte I. ihn im Vertrag von Mignano mit Apulien belehnen, nachdem er in Rogers Gefangenschaft geraten war. 1143 verlor er durch Errichtung der kommunalen Freiheit in Rom (Senat) seine Hauptstadt.

JAFFÉ I, 840ff - DUCHESNE, LP II, 379ff - WATTERICH II, 174ff - MPL 179, 26ff. - P.KEHR, Die Belehnung der südital. Normannenfürsten (AAB 1934, 1) - P.F.PALUMBO, Lo scisma del 1130, Rom 1942 - A.FLICHE-V.MARTIN, Histoire de l'Eglise IX/1, Paris 1948, 948 - HALLER III, 25ff. - Weiteres s. u.

(III.), *Gegenpapst* 29.9.1179 bis Jan. 1180, Landus von Sezze, nach dem Tod → Calixts (III.) gegen Alexander III. aufgestellt, kam bald in dessen Gefangenschaft nach La Cava.

JAFFÉ II, 431. - Weiteres s.u.

III., *Papst* 8.1.1198 bis 16.7.1216, Lothar Graf von Segni, * ca 1160, wurde unter → Clemens III. Kardinal. Als jüngster der national-römischen Kardinäle zum Papst gewählt, vollendete er mit überragendem politischem Geschick, aber auch vom Glück begünstigt, das Werk → Gregors VII.: das → Papsttum (: II, 2) gewann eine Stellung über allen weltlichen Reichen. Rom als päpstliche Hauptstadt, Unabhängigkeit (libertas) des Patrimoniums, möglichst in den Grenzen alter Schenkungsurkunden, Oberhoheit über Sizilien, Sicherung der Christenheit gegen Ketzer und Heiden sind seine Ziele. Er erreichte das italienische Ziel durch Eingriff in den deutschen Thronstreit (→ Friedrich II.), durch Appellation an nationale Gefühle, durch Lavieren im französisch-englischen Kriege und geniale Behandlung der feindlichen Könige. Ähnlich glänzend ist das geistige Werk des Juristen und Gesetzgebers: I. weiß seine Ideen juristisch zu formen und findet dadurch selbst bei einem so inkonsequenten Verhalten wie im 4. → Kreuzzug Zustimmung. Dabei bleibt er bei aller repräsentativen Herrscherwürde menschlich liebenswürdig, wohlwollend gegen Bittsteller und Arme. Höhepunkt seiner Regierung ist das 4. Laterankonzil von 1215, auf dem in Form eines kanonischen Prozesses die Absetzung Ottos IV. und die Anerkennung Friedrichs II. durchgeführt und ein neuer Kreuzzug vorbereitet wird (zum theologischen Ergebnis des Konzils s. → Innocentianum). Aber ein plötzlicher Tod löschte sein erfolgreiches Leben früh aus.

WERKE: MPL 214-217 - Regestum I. III. super negotio imperii, Faksimile ed. W.M.PEITZ, Codices Vaticani sel. 16, Rom 1927; ed. F.KEMPF, Misc. Historiae Pontificiae 12, Rom 1947 - Acta I. papae III. ed. TH.HALUSCYNSKYJ, Pontificia commissio ad redigendum iuris canonici Orientalis Fontes, sér. III, Vol. 2, Vatikanstadt 1944 - De miseria, ed. M.MACCARRONE, Lugano 1955 - Studien u. Vorarbeiten zur Edition der Register Papst I. III. (MIÖG 65, 1957, 237-368). - POTTHAST R I, 1ff - DUCHESNE, LP II, 451ff. - F.HURTER, Gesch. Papst I. III., 4 Bde, (1834ff) 1841-43[3] - A.LUCHAIRE, I. III., 4 Bde, Paris 1906-08 - M.MACCARRONE, Chiesa e Stato nella dottrina di papa I. III. (Lateranum NF 6), Rom 1940 - DERS., Il Papa vicarius Christi (Misc. Pio Paschini I, 1948, 427-500) - DERS., Nuovi Studi su I. III. (Riv. Stor. della Chiesa in Italia 9, 1955, 393-412) - DERS., I. III. e la famiglia di S.Tommaso (ebd 10, 1956, 165-192) - P.BELPERRON, La croisade contre les Albigeois..., Paris 1946 - HALLER III, 296ff - F.KEMPF, Papsttum u. Kaisertum bei I. III., Rom 1954 - DERS., Zu den Originalregistern I. III. (QFIAB 36, 1956, 86-137) - S.STICKLER, Imperator vicarius Papae (MIÖG 62, 1954, 165-212) - H.TILLMANN, Papst I. III., 1954 - F.BOCK, Studien zu den Originalregistern I. III. (Archivalische Zs. 50/51, 1955, 329-364) - DERS., ebd 54, 1958, 206-210 - D.MANSILLA, La Documentacion Pont. hasta I. III., Rom 1955 - EKL II, 331f. - Weiteres s.u.

IV., *Papst* 25.6.1243 bis 7.12.1254, Sinibald Fieschi aus Genua, Jurist in Bologna, Auditor der Kurie, Kardinal und Vizekanzler, Rektor der Marken und Legat in Oberitalien. Die Einheitlichkeit der päpstlichen Gewaltenlehre seit I. III. manifestiert sich in dem Satz: Papa iudex est omnium. I. setzte als Papst die Vernichtungspolitik → Gregors IX. gegen die Staufer fort und stellte sich unter den Schutz der französischen Waffen, indem er mit genuesischer Hilfe vor → Friedrich II. nach Lyon floh. Im Mittelpunkt des dort abgehaltenen Konzils stand die orientalische Frage. Man bemühte sich um die Mongolen als Hilfe gegen die Muslim. Gegen Friedrich II. wurde die Anklage des Meineides und der Ketzerei erhoben und in der letzten Sitzung vom 17.7.1245 die Absetzungssentenz publiziert. Die Befriedung Italiens ist I. auch nach Friedrichs Tode nicht geglückt. Die imperiale Gewalt in Deutschland hat I. durch Legaten wahrgenommen. Sie wußten die Prärogative auch für die Küstenländer an der Ostsee und für die Einrichtung der nordischen Kirchen an sich zu bringen. Aber die Orientpolitik scheiterte, der Mongolenplan schlug fehl, → Ludwigs IX. Kreuzzug wurde ein Mißerfolg. Ebensowenig glückte eine Verständigung mit dem byzantinischen Kaiser Vatatzes, obwohl I. zu Konzessionen bereit war. Die Finanzreform durch Cencius machte die Kurie zur Geldmacht. Die Christenheit mußte die schweren Bürgerkriege innerhalb des Imperiums finanzieren. Das führte zu Angriffen der hohen englischen Geistlichkeit auf den Papst und zu scharfer Kritik aus Kreisen der → Ghibellinen (vgl. die Erlasse Manfreds und den »Pavo« des → Alexander von Roes).

Vf.: Apparatus in quinque libros decretalium, Venedig 1578. - POTTHAST R II, 943ff - Les Registres d'I. IV., 4 Bde, ed. E.BERGER (Bibliothèque des écoles franç. d'Athènes et de Rome sér. II, 1), Paris 1884ff - G.ABATE, Littere »secrete« d'I. IV. (Miscellanea Francescana 55, Rom 1955, 317-373). - Vita I. IV. ed. J.PAGNOTTI, Archivio della reale società romana di storia patria 21, Rom 1898 - P. PELLIOT, Les Mongols et la Papauté (ROC 24, 1924, 225-335) - E. TISSERANT, ebd 336-355 - G.A.DONNER, Kard. Wilhelm v. Sabina, Helsingfors 1929 - P.VOGEL, Nikolaus v. Calvi (Diss. Münster), 1939 - HALLER III, 259ff - F.BOCK, Studien zu den Registern I. IV. (Archivalische Zs. 52, 1956, 11-48). - Weiteres s.u.

V., *Papst* 21.1. bis 22.6.1276, Petrus von Tarantasia OP, Ordensprovinzial für Frankreich, 1272 Erzbischof von Lyon, 1273 Kardinal von Ostia, begleitete → Gregor X. als angesehener Theologe - man stellte ihn neben → Thomas von Aquino und → Bonaventura - nach Lyon, 1898 seliggesprochen. Politisch unterstützte I. Karl von Anjou; er bestätigte ihn als Senator von Rom und Vikar in Tuscien.

Regesten u. Lit. bei M.-H.LAURENT, Le bienheureux I. V. (StT 129), Rom 1947. - Weiteres s.u.

VI., *Papst* 13.12.1352 bis 12.9.1362, Stefan Aubert, Jurist, 1338 Bischof von Noyon, 1342 Kardinal. Der sittenstrenge und sparsame Papst machte die Wahlkapitulationen sofort rückgängig und begann mit Reformen. Mit der Reorganisation des → Kirchenstaates beauftragte er den Kardinal → Albornoz. Zu → Karl IV. hatte er gute Beziehungen und ließ ihn durch einen Legaten krönen. I. vermittelte zwischen Frankreich und England den Frieden von Bretigny (1360) und schritt gegen Pedro IV. von Aragon und Pedro I. von Kastilien ein. In Süditalien begünstigte er die französische Partei. Seine Bemühungen um eine Union mit den Griechen waren erfolglos.

DUCHESNE, LP II, 492ff - E.WERUNSKY, Die ital. Politik I. VI. u. Kaiser Karls IV. 1353/54, Wien 1878 - DERS., Gesch. Kaiser Karls IV., Bd II, Innsbruck 1892 - E.DÉPREZ, Lettres closes, patentes et curiales se rapportant à la France I (Bibliothèque... [s.o.]), Paris 1909 - G. MOLLAT, Les papes d'Avignon, ebd (1912) 1950[9], 90ff - E.BALUZE, Vitae Paparum Avenionensium I, ed. G.MOLLAT, ebd 1914, 309ff - K.H.SCHÄFER, Die Ausgaben der apost. Kammer unter I. VI., 1914 - P.GUIDI, La coronazione di I. VI. (Festschr. f. P.Kehr, 1926, 571-590) - E.DUPRÉ, I papi d'Avignone, Florenz 1939, 108ff - F.BOCK, Einführung in das Registerwesen des Avignonesischen Papsttums (QFIAB 31, 1941, 7f) - H.HOBERG, Die Inventare des päpstl. Schatzes in Avignon 1314-1376 (StT 111), 1944, 117ff - DERS., Die Einnahmen der apost. Kammer unter I. VI., 1955 - M.GIUSTI, I Registri Vaticani (StT 165), 1952, 404ff. - Weiteres s.u.

VII., *Papst* 17.10.1404 bis 6.11.1405, Cosmas Migliorati aus Sulmona, Schüler des Juristen Lignano, Lehrer in Perugia und Padua, durch → Urban VI. Kollektor in England, 1387 Erzbischof von Ravenna, 1389 von Bologna, unter → Bonifatius IX. Kardinal, 1390 Legat in Oberitalien. I. war friedliebend und tüchtig, mußte aber Ladislaus von Anjou 1405 Rom überlassen, wodurch das Konzil vereitelt wurde, ebenso die Reorganisation der römischen Universität.

A.KNEER, Zur Vorgesch. Papst I. VII. (HJ 12, 1891, 347-350) - P.BRAND, I. VII. ed il delitto di L.Migliorati (Studi e Doc. di storia e diritto 21, 1900, 179-215) - RepGerm II, 19 - M.GIUSTI, StT 165, 1952, 418 - Dt. Reichstagsakten V/2, 1956, 679. - Weiteres s.u.

VIII., *Papst* 29.8.1484 bis 25.7.1492, Giovanni Battista Cibò aus Genua, wurde Bischof von Savona und Molfetta, unter → Sixtus IV. Datar und Kardinal. Als Papst spielte er keine glückliche Rolle, weder im Zerwürfnis mit Ferrante von Neapel während des Baronenkrieges noch in der orientalischen Frage (Prinz Dschem, Türkenkongreß 1489) noch in den verwandtschaftlichen Verbindungen mit den Medici. Die Blüte der Malerei in Rom bezeichnen Namen wie Mantegna, Pinturicchio, Perugino; den Aberglauben der Zeit die Hexenbulle vom 5.12.1484 (→ Hexen: II).

v.PASTOR III, 1924[5], 167ff - M.GIUSTI, StT 165, Rom 1952, 433ff. - Zu II.-VIII.: RE IX, 106ff - LThK V, 408ff - DThC VII, 1940ff - EC VII, 6ff (jeweils Lit.). *F.Bock*

IX., *Papst* 29.10. bis 30.12.1591, Giovanni Antonio Facchinetto, * 1519 Bologna. Die größten Wirkungen I.' liegen in der Zeit vor seinem kurzen Pontifikat. 1566 Nuntius in Venedig, 1583 Kardinal, führte I. die Geschäfte → Gregors XIII. Seit → Sixtus V. hatte er hohe Kurienämter inne. Nach der Wahl durch die spanische Partei setzte er die prohabsburgische Politik und die Unterstützung der Ligue gegen Heinrich IV. von → Frankreich (: I, 4) fort. I. hinterließ zahlreiche (noch ungedruckte) theologische und philosophische Schriften.

v.PASTOR X, 576ff - DThC VII, 2005 (Lit.) - EC VII, 19 (Bibliogr.).

X., *Papst* 15.9.1644 bis 7.1.1655, Giambattista Pamfili, * Rom, seit 1601 Jurist im Dienst der Kurie, 1621 Nuntius in Neapel, begleitete den Kardinallegaten Fr. Barberini d.Ä. nach Frankreich und Spanien, 1626 Nuntius in Madrid, 1629 Kardinal. I. wurde gegen den Widerstand des Pariser Hofes zum Papst gewählt, mit Vorsicht begünstigte er Spanien. Die Anerkennung der Selbständigkeit Portugals verweigerte er. 1648 protestierte er erfolglos gegen den → Westfälischen Frieden. I. suchte die von → Mazarin unterstützten Nepoten seines Vorgängers (→ Urban VIII.) aus ihren Ämtern zu verdrängen. Gegen die Türken half er Venedig. 1653 verurteilte er in der Bulle »Cum occasione« (Denz. 1092ff) 5 Sätze aus C.Jansens »Augustinus« (→ Jansenismus). Wie Urban VIII. förderte I. die Künstler (u.a. Borromini, Lorenzo Bernini; Umgestaltung der Basilika S.Giovanni in Laterano, Obeliskenbrunnen auf der Piazza Navona). Der ehrgeizigen und habgierigen Witwe seines Bruders, Olimpia Maidalchini, gewährte er weitgehenden Einfluß.

A.TAURETTO, Vita Innocentii, Bologna 1644 - J.CIAMPI, I. X. Pamfili e la sua corte, Imola 1878 - W.FRIEDENSBURG, Regesten z. dt. Gesch. aus d. Zeit d. Pontifikats I. X. (QFIAB 5. 6), 1902/03 - v.PASTOR XIV, 1ff (Bibliogr.) - DThC VII, 2005f - EC VII, 19ff.

XI., *Papst* 21.9.1676 bis 11.8.1689, Benedetto Odescalchi, * 1611 Como, unter → Urban VIII. Jurist an der Kurie, 1645 Kardinal, war bis 1650 Legat in Ferrara, wo er als »Vater der Armen« berühmt wurde, seit 1650 Bischof von Novara. Bei der Wahl von 1670 (→ Clemens X.) hatte ihn die französische Partei abgelehnt. Im nächsten Konklave gewählt, festigte der energische, sittenstrenge und uneigennützige Papst seine Autorität durch Behörden- und Klosterreformen, durch Ordnung der Finanzen und Verwaltung und durch sein eigenes Vorbild. Trotz Widerstands der Kardinäle bekämpfte er den → Nepotismus. - I. verurteilte zweimal den Laxismus und → Probabilismus der Jesuiten (1679: Denz. 1151ff; 1680: Denz. 1218) und setzte die Wahl des Thyrsus Gonzales zum General durch (1687). Dagegen mußte er unter französischem Druck 1688 der Verwerfung von 68 Sätzen des Quietisten → Molinos zustimmen (Denz. 1221ff) und dessen Gönner, Kardinal Petrucci, maßregeln. - Das seit → Clemens X. verschlechterte Verhältnis zu → Frankreich (: I, 5) wird beherrscht vom Streit um die → Regalien. Auf den Protest von I. antworteten die französischen Bischöfe 1682 mit der Déclaration du clergé (vgl. Denz. 1322ff), in der die Grundsätze des → Gallikanismus zusammengefaßt sind. I. hob das Asylrecht der Gesandten in Rom auf, was den Konflikt mit Frankreich verschärfte. Die Hugenottenverfolgungen nach 1685 mißbilligte er. In Kurköln unterstützte I. die Wittelsbacher gegen Ludwig XIV. Trotz französischer Gegenwirkung erreichte er das Bündnis zwischen Polen, Österreich und Venedig gegen die Türken, durch das Wien 1683 entsetzt wurde. Der Seligsprechungsprozeß für I., den → Clemens XI. einleitete, kam unter → Benedikt XIV. zum Stillstand.

Epistolae Innocentii XI. ad principes, ed. J.J.BERTHIER, 2 Bde, Rom 1891/95 - F.DE BOJANI, I., Sa correspondance avec ses nonces, 3 Bde, ebd 1910-13. - M.IMMISCH, Papst I. XI., 1900 - L.O'BRIEN, I. and the Revocation of the Edict of Nantes, Berkeley 1930 - J.ORCIBAL, Louis XIV. contre I., les appels au futur concile de 1688 et l'opinion française, Paris 1949 - v.PASTOR XIV, 669ff - DThC VII, 2006ff (Lit.) - EC VII, 22ff. *H.Liebing*

XII., *Papst* 12.7.1691 bis 27.9.1700, Antonio Pignatelli, * 1615 in Neapel, Nuntius in Florenz und Wien, Legat in Polen, 1681 Kardinal und Erzbischof von Neapel, als Kompromißkandidat der spanisch-kaiserlichen und der französischen Partei nach langem Konklave gewählt. I. bekämpft mit Erfolg den → Nepotismus (1692 Bulle »Romanum decet pontificem«) und versucht, die Zustände im Kirchenstaat zu reformieren. → Frankreich (: I, 5) gegenüber gelingt der Ausgleich, da Ludwig XIV. seinem Klerus den Widerruf der gallikanischen Erklärung (→ Gallikanismus) von 1682 aus politischen Gründen konzediert. ZT durch Wiens Ungeschick veranlaßt, geht I. auf die französische Seite und empfiehlt schließlich die Thronfolge von Ludwigs XIV. Enkel in Spanien. - In den innerkirchlichen Streitigkeiten entscheidet sich I. gegen die quietistische Mystik der Frau von → Guyon und ihren Verteidiger → Fénelon. Die Hoffnungen der Jansenisten (→ Jansenismus) hat I. nicht erfüllt, im → Ritenstreit und im Kampf um den → Probabilismus die Entscheidung hinausgeschoben.

Bullarium Innocentii XII., Rom 1697 - M.BROSCH, Gesch. des Kirchenstaates I, 1880, 451ff - J.v.DÖLLINGER-H.REUSCH, Gesch. d. Moralstreitigkeiten in d. röm.-kath. Kirche I, 1889, 120ff - J.ZIEKURSCH, August d. Starke u. d. kath. Kirche (ZKG 24, 1903, 86-135. 232-280) - v.PASTOR XIV/2, 1930, 1073ff.

XIII., *Papst* 8.5.1721 bis 7.3.1724, Michele Angelo Conti, * 13.5.1655 zu Poli bei Palestrina, seit 1690 in der päpstlichen Diplomatie, 1695 (Titular-)Erzbischof von Tarsos und Nuntius in Luzern, 1698 in Lissabon, dort mit den Jesuiten verfeindet, 1706 Kardinal. Nach wechselvollem Konklave gewählt, vermag er politische Schwierigkeiten in Italien auszugleichen. Im Streit um den →Jansenismus hält er an der Geltung der Bulle »Unigenitus« (1713) fest. Im → Ritenstreit den Jesuitengeneral zum Gehorsam zu zwingen, gelang ihm nicht mehr.

M.MAYER, Die Papstwahl I.' XIII., 1874 - E.MICHAUD, La fin de Clément XI et le commencement du pontificat d'Innocent XIII (1721) (RITh 5, 1897, 42-60. 304-331) - v.PASTOR XV, 392ff.

K.G.Steck

Innsbruck, *Universität.* Obwohl I. erst durch das österreichische Konkordat von 1933 zum Bistum (für Nord- und Ost-Tirol und Vorarlberg) erhoben wurde, erhielt es in langsamem, von Jesuiten gefördertem Aufbau seit 1669 eine Universität mit 4 Fakultäten, 1677 rechtlich fundiert durch die kaiserliche Stiftungsurkunde und die päpstliche Bestätigungsbulle; 1781 wurde sie im Gefolge des → Josephinismus zu einem Lyzeum umgewandelt, 1786 wiedererrichtet, 1810 abermals zu einem Lyzeum herabgesetzt. 1822 wurde der Rest des theologischen Studiums aufgehoben. Kaiser Franz I. restituierte 1826 die juristische und die philosophische Fakultät, aber erst nach dem Konkordat von 1855 wurde die theologische Fakultät 1857 gegen liberalen Widerstand im Anschluß an das seit 1839 bestehende Ordenskolleg der SJ neu gegründet. Die medizinische Fakultät trat 1869 hinzu. Die theologische Fakultät blieb bei rascher Blüte das Angriffsziel des liberalen Bürgertums, bis sie sich 1874 als k.k. Fakultät (bis 1918), seit 1891 nur mit Jesuiten besetzt, durchsetzte. Den liberalen Angriffen folgten nationale, aber die Fakultät wurde in der ersten österreichischen Republik stark gefördert und durch das Konkordat von 1933 gesichert (584 Hörer bei 9 Ordinarien und zahlreichen Dozenten). Am 22.7.1938 wurde sie bald nach der nationalsozialistischen Machtergreifung in Österreich aufgelöst; die Professoren wurden fristlos entlassen. Als kirchliches Institut hat Pius XI. sie alsbald restituiert, doch wirkten ihre Professoren zumeist im Ausland (Sitten, Kt. Wallis). Im Okt. 1945 erfolgte die Wiedereröffnung. 1957 zählte sie 473 Studenten und 26 Dozenten (darunter 9 Ordinarien). Zu ihren bedeutenden Gelehrten zählen: H. → Grisar, der probabilistische Moraltheologe H.Noldin († 1922), der Liturgiewissenschaftler J.A. → Jungmann, der Religionshistoriker K. Prümm, ferner Hugo Rahner (KG) und K.Rahner (Dogmatik). Ihr Organ ist die ZKTh (Bd 80, 1958).

J.PROBST, Gesch. der Univ. I. bis 1860, Bd I, 1869 - Die Univ. I., Festschr. 1928 - Hundert Jahre Theol. Fakultät I. (= ZKTh 80, 1958, 1-234).

Ernst Wolf

Innungen → Handwerk.

In partibus infidelium (i.p.i.), bis 1882 kirchenamtlicher Titelzusatz für die seitdem so genannten → Titularbischöfe. I.p.i. besagte, daß sich die Gebiete, die bei der Titulatur genannt werden, »im Bereich der Ungläubigen« befinden.

H.Barion

Inquisition, Name einer gerichtlichen Institution zur Verfolgung von Häretikern, die in MA und Neuzeit von großer Bedeutung war. Der sog. I.sprozeß geht im Gegensatz zum Akkusationsverfahren von dem Prinzip aus, daß die richterliche Gewalt die rechtserheblichen Tatsachen festzustellen (zu erfragen: inquirere) habe, und zwar sowohl im Sinne der Feststellung von Delikten überhaupt als auch als Maxime der Verhandlung im Prozeß. Funktionen des I.sprozesses wurden mindestens seit der Karolingerzeit im fränkischen Reiche ausgeübt, wobei schwer zu sagen ist, wieweit ein - vielleicht durch die Kirche vermittelter - römisch-rechtlicher Einfluß vorliegt. Auch die Kirche befolgte bei der Feststellung und Bestrafung kirchlicher Vergehen das I.sprinzip. Eine I. mit der Folge *strafrechtlicher Sühne* wurde erst möglich, als das Christentum Staatsreligion geworden war und der → Staat (: III) die Abweichung vom Christentum und rechten Glauben zu verfolgen begann. Auch im frühen MA leisteten sich Staat und Kirche in gewissem Maße Rechtshilfe: Der Staat stellte gewisse kirchliche Delikte seinerseits unter Strafe. Damit wurde die Grundlage für die I. als besondere Institution gelegt. Ihre völlige Ausbildung erfolgte aber erst im hohen MA und ging den damals stärker hervortretenden Häresien parallel. Während die I. zunächst von den Bischöfen gehandhabt wurde, trat seit dem Ende des 12.Jh.s die vom Papst ausgehende I. hervor. Durch diese Zentralisierung gewann die I. entscheidend an Wirksamkeit und Machtfülle. Die I.sgerichte waren zunächst Wandergerichte. So sandte um 1200 → Innozenz III. zwei Zisterziensermönche als päpstliche Legaten zur Bekämpfung der → Albigenser nach Südfrankreich. Diese Beamten der I., unter denen man → Franziskaner und → Dominikaner am häufigsten antrifft, genossen besondere Vorrechte und Vollmachten. Das päpstliche Institut zur Bekämpfung der Ketzer erhielt den Namen *Sanctum Officium* (hl. Amt) und stabilisierte sich zusehends, was u.a. darin zum Ausdruck kommt, daß die I.sgerichte nun in den Städten einen ständigen Sitz einnehmen. Neben der Bekämpfung der Ketzerei verfolgte die I. Alchemisten (→ Alchemie), → Hexen (: II), Wahrsager usw. Sie übte auch die Bücherzensur aus (→ Zensur).

Die I. wurde zunächst in Italien eingeführt und entfaltete ihre Wirksamkeit vornehmlich hier sowie in Südfrankreich und Spanien. In Spanien wurde die I. sogar Staatseinrichtung; die konfiszierten Gelder flossen in die Staatskasse. Die spanische I. ist bekannt durch die mit großem Pomp gefeierten Autos-da Fé (= actus fidei, Akte des Glaubens), durch welche die Urteile der I. vollstreckt wurden. Ihre Intensität nimmt in Richtung auf die nordischen Staaten ab. Von den in Deutschland umherziehenden Inquisitoren ist → Konrad von Marburg (13.Jh.) am bekanntesten, der aber nach nur zweijähriger Wirksamkeit von dem erregten Volk erschlagen wurde. Das Vorgehen der I. gegen bestimmte Gruppen von Sektierern war häufig mit politischen Motiven vermischt: so im Kampf der Kirche gegen den Templerorden (→Ritterorden) zusammen mit König Philipp IV. von Frankreich. Auch wirtschaftliche und Standesinteressen haben bisweilen das Eingreifen der I. ausgelöst oder beschleunigt, so beim Kampf gegen die → Stedinger und beim Vorgehen gegen die Juden (vor allem in →Spanien; → Judentum: II). Von besonders grausamen Unterdrükkungen größerer Gruppen sind zu nennen: die Verfolgung der → Beginen und Begarden im 14.Jh. in den Niederlanden, der → Waldenser und → Katharer in Spanien und Frankreich, der Evangelischen und Muslim (Moriscos) im Spanien des 16. und 17.Jh.s. - Die Verbindung von I. und Politik wurde seit der Reformation notwendigerweise noch stärker. Die I. spielt in der Bewegung der → Gegenreformation eine bedeutende Rolle und hat sich in kath. Staaten bis ins 19.Jh. hinein gehalten (Aufhebung zB in Spanien erst 1808, in Portugal 1820). - Auch die frühe *ev.* Kirche hat Andersdenkende zT rücksichtslos verfolgt (Verbrennung → Servets in Genf 1553). Schärfer noch als die kath. wandte sich die ev. Kirche gegen die → Täufer. Doch ist es bei den Evangelischen niemals zur Ausbildung einer I. im Sinne einer Zentralbehörde für die Reinerhaltung des Glaubens gekommen. Die Anlehnung der ev. Kirchen an miteinander rivalisierende Landesherren stand einer solchen Entwicklung entgegen. – Untersuchungsverfahren und Vollstreckung der I. richteten sich naturgemäß nach dem weltlichen Strafrecht, das im späten MA und in der Renaissance bes. grausam war. Auch die Massenneurosen dieser Epoche (Hexenglaube und Hexenprozesse) gingen mit der I. eine unheimliche Verbindung ein.

Die I. ist eine Einrichtung der kath. Kirche, die am meisten zur *Kritik* herausgefordert hat und die das beliebteste Beispiel ist, wenn die kath. Kirche des MA gebrandmarkt werden soll. Von kath. Seite verweist man dagegen auf den schweren Existenzkampf der Kirche gegen die Ketzer, auf die allgemeine Grausamkeit der damaligen Justiz und die psychopathischen Erscheinungen des MA. Doch gehen sowohl die Angriffe als auch zT die Verteidigung am Kern der Sache vorbei. Die Kritik macht es sich einfach, wenn sie sich unhistorisch auf den Boden des liberalen Staatsdenkens stellt. Das MA dachte anders; es nahm vor allem die Einheit von Staat und Kirche als vorgegeben hin. Die Staatskirche verfolgte deshalb natürlicherweise die kirchlichen Delikte genauso wie die weltlichen; stellte doch ein Angriff auf die Religion zugleich einen Angriff auf den Staat dar. Die Verfolgung des Religionsdeliktes war dem MA also eine Selbstverständlichkeit. Es ist weiter natürlich, daß die I. sich der zeitgenössischen Mittel der Strafverfolgung bediente, und es muß auch darauf hingewiesen werden, daß ihr genau überliefertes Verfahren zT mit großem Ernst und juristischer Gewissenhaftigkeit durchgeführt wurde (so zB das gegen → Hus). Nicht die I. als solche, sondern die *Auswüchse,* zu denen diese Institution unter den verschiedensten politischen und soziologischen Einflüssen führte, könnten vom historischen Standpunkt aus kritisiert werden. Und selbst unter diesem Gesichtspunkt wird man nicht die I. verdammen können, ohne das MA und die Renaissance überhaupt verurteilen zu müssen. Eine echte Beurteilung und vielleicht Verurteilung der I. kann nicht auf historischer, sondern allein auf religionsphilosophischer Ebene erfolgen. Es geht um die Frage, ob die → Kirche (: VI) das Recht oder sogar die Pflicht hat, den irrenden Bruder um seiner Seligkeit und des Bestandes der hl. Kirche willen notfalls mit Gewalt zu *überzeugen.* Kann der »Rechtgläubige« weiter so viel göttliche Erkenntnis und Erleuchtung beanspruchen, daß er die Autorität erhält, den »hartnäckigen Ketzer« aus der kirchlichen und menschlichen Gemeinschaft auszustoßen? Fordert die Liebe zu dem *irrenden* Mitchristen *Tolerierung* oder *Züchtigung?* – So gesehen ist die Frage der I. eine dauernd aktuelle Frage.

Aus der umfangreichen Lit.: H.CH.LEA, History of the I. in the Middle Ages, 3 Bde, New York 1888; dt. bearb. v. H.WIECK u. M.RACHEL, hg.v. J.HANSEN, 1905-13 - Corpus documentorum inquisitionis haereticae pravitatis Neerlandicae (seit 1028), hg.v. P.FRÉDÉRICQ, 5 Bde, Gent 1889-1906 - DERS., Geschiedenis der Inquisitie in de Nederlanden, 2 Bde, 1892/98 - P.FLADE, Das röm. I.sverfahren in Deutschland bis zu den Hexenprozessen, 1902 - E.SCHÄFER, Beiträge zur Gesch. des span. Protestantismus u. der I. im 16. Jh., 3 Bde, 1902 - O.PFÜLF SJ, Ein parteiloses Wort über die I. (StML 77, 1909, 290-302. 412-424) - G.BUSCHBELL, Reformation u. I. in Italien um die Mitte des 16. Jh.s, 1910 - Gesch. der span. I., bearb. v. P.MÜLLENDORF, 3 Bde, 1911/12 - L.v.PASTOR, Allg. Dekrete der röm. I. aus den Jahren 1555-97 (HJ 33, 1912, 479-549) - H.THELOE, Die Ketzerverfolgungen im 11. u. 12.Jh., ein Beitr. zur Entstehung der päpstl. Ketzerinquisitionsgerichte, 1913 - W.MAURER, Bekenntnis u. Sakrament, 1939, Kap. 3 - H.MAISONNEUVE, Etudes sur les origines de l'inquisition, Paris 1942 (Lit.) - H.W.SCHRAEPLER, Die rechtl. Behandlung der Täufer, 1957. - Vgl. auch die Lit. zu → Toleranz: II.

A.Erler

Insemination, *künstliche*

1. Terminologie - 2. Entwicklung und Indikationen - 3. Methodik und Ergebnisse - 4. Ärztliche Standesethik und k.I. - 5. Rechtsfragen - 6. Die Einstellung der Kirchen

1. Bei der k.I. oder Samenübertragung wird männlicher Samen in die weiblichen Geschlechtsorgane eingebracht, ohne daß ein Geschlechtsverkehr (Kohabitation) der Partner erfolgt. Der I. kann das Eindringen einer Samenzelle in die weibliche Eizelle folgen. Erst wenn eine solche Imprägnation (lat. praegnans = schwanger) eintritt, ist der Begriff »Befruchtung« berechtigt. I. und Befruchtung sind verschiedene biologische Ereignisse, die örtlich, zeitlich und funktionell differieren. Die k.I. darf daher nicht als »künstliche Befruchtung« bezeichnet werden. Das sich aus dem befruchteten Ei nach einer k.I. entwickelnde Kind ist kein »Kunstkind«, da die I.sart keinen Einfluß auf den Befruchtungsvorgang hat. – Bei der *homologen oder homogenen I.* wird der Samen des Ehemannes auf die Ehefrau übertragen. Eine *heterologe oder heterogene I.* liegt dann vor, wenn die k.I. mit dem Samen eines Mannes erfolgt, der mit der Empfängerin nicht ehelich verbunden ist.

2. Die k.I. hat heute in der Tierzucht eine große Bedeutung (s. Eibl). Die ersten Erfahrungen mit der Samenübertragung wurden in der Biologie, Zoologie und Physiologie bereits im 18.Jh. gewonnen. Nur sehr zögernd wandte sich die Humanmedizin dieser Möglichkeit eines Eingriffes in die intime Sphäre des Fortpflanzungsgeschehens zu. Die in Deutschland nur selten ausgeführte heterogene I. findet Anwendung bei einer Zeugungsunfähigkeit des Ehemannes oder bei Kinderwunsch unverheirateter Frauen. Die homogene I. ist medizinisch indiziert, wenn eine natürliche I. durch Vereinigung der beiden Ehepartner aus anatomischen oder funktionellen Gründen nicht möglich ist. Eine k.I. kann nur dann zur Befruchtung führen, wenn im Samen genügend vollwertige Samenzellen (Spermien) vorhanden sind und wenn bei der Frau sichergestellt ist, daß Eizellen aus den Eierstöcken in die durchgängigen Eileiter aufgenommen werden. Fehlen die männlichen oder weiblichen Keimzellen oder sind die Eileiter der Frau verschlossen, so muß jede k.I. erfolglos bleiben.

3. Bei der k.I. wird der vorher untersuchte männliche Samen dann in die Gebärmutter eingespritzt, wenn mit größter Wahrscheinlichkeit eine befruchtungsfähige Eizelle in den Eileiter aufgenommen worden ist. Die Injektionen müssen mehrfach vorgenommen werden. Die Erfolge der homogenen I. überschreiten kaum die 15-20%-Grenze. Nach heterogener I. treten etwa dreimal häufiger Schwangerschaften ein (Payne).

4. Während die homogene I. bei strenger Indikationsstellung als vertretbar angesehen wird, lehnt die deutsche Ärzteschaft die heterogene I. weitestgehend ab. Die amerikanische Gesellschaft für Sterilitätsforschung (American Society for Study of Sterility) bezeichnete 1955 die heterogene I. als eine »ethische, moralische und wünschenswerte Form der ärztlichen Behandlung«. Ein Komitee verschiedener nordischer Staaten hat die heterogene I. grundsätzlich gestattet, doch müssen für die Durchführung bestimmte Vorbedingungen erfüllt sein.

5. Noch kennt das geschriebene deutsche Recht keine k.I. Die homogene I. »sollte materiellrechtlich keinerlei Schwierigkeiten bieten, wenn der Mann zugestimmt hat« (Geiger). Die heterogene I. wird in Deutschland zumeist abgelehnt und ist nach Ansicht vieler Juristen angreifbar und rechtswidrig (Dölle, Geiger, Mayer).

Strafbar ist sie bei Einverständnis aller Beteiligten bisher nicht, obwohl sie den Tatbestand der Kindesunterschiebung zu erfüllen scheint. Zivilrechtlich besteht auch nach einer schriftlichen Einverständniserklärung des Ehemannes die spätere Möglichkeit einer Anfechtung der Ehelichkeit des Kindes. – In den verschiedenen Staaten der USA sind die rechtlichen Auffassungen über die heterogene I. durchaus unterschiedlich (Schatkin). Während das Oberste Gericht in Chicago die heterogene I. verurteilt (Rudolf), hat der Supreme Court in New York schon mehr als 20 000 Kinder, die nach einer heterogenen I. geboren sind, als ehelich anerkannt (Chevalier). – Nach französischem Recht und in England sind die nach einer heterogenen I. geborenen Kinder unehelich, und der Samenspender kann bestraft werden. Nach schweizerischem Recht ist jedes Kind legitim, das nach der Eheschließung geboren wird (Chevalier).

6. Die ev. Kirche verurteilt die heterogene I. (Mayer); die kath. Kirche verbietet sie und lehnt auch die homogene I. ab, wenn die Samengewinnung nicht moralisch einwandfrei erfolgt. Nach Ansicht der anglikanischen Kirche kann die homogene I. erlaubt werden, eine heterogene I. ist dagegen verboten.

R.M.Chevalier, Künstl. Befruchtung oder Adoption in steriler Ehe (Gynéc. prat. 4, Paris 1953, 7) – H.Dölle, Die künstl. Samenübertragung. Eine rechtsvergleichende u. rechtspolit. Skizze (in: Festschr. f. E.Rabel I, 1954, 187–250) – W.Geiger, Rechtsfragen der I. (Ärztl. Mitt.en 39, 1954, 756–764) – Sh.Payne-R.F.Skeels in: Fertility and Sterility 5, 1954, 32 – S.B.Schatkin, ebd 40 – A.Mayer Kritisches zur künstl. heterologen I. (Nova Acta Leopoldina NF Bd 17, Nr. 116), 1955 (Lit.) – J.Fletcher, Morals and Medicine, London 1955, 100ff – W.Rudolf in: Med. Klinik 50, 1955, 335f – H.W. Vasterling in: Medizin heute 5, 1956, 238–242 – F.Bloemhof, Das Problem der k.I. beim Menschen (ZEE 2, 1958, 15–36) – K.Eibl, Lehrbuch der Rinderbesamung, 1959. *H.W.Vasterling*

Inspiration

I. Religionsgeschichtlich – II. Inspiration der hl. Schrift, dogmengeschichtlich – III. Inspiration der hl. Schrift, dogmatisch. – Vgl. u.a. →Bibel: III, →Ekstase, →Geist, →Offenbarung, →Schriften, heilige

I. Religionsgeschichtlich

1. Begriff – 2. Anwendung auf Menschen – 3. Anwendung auf hl. Schriften

1. Der Begriff I., »Einhauchung« (lat. inspiratio, griech. ἐπίπνοια, ἔμπνευσις, hebr. n^e^šamā), ist der Vulg. zu 2Petr 1, 21 (spiritu sancto inspirati locuti sunt sancti Dei homines) und 2Tim 3, 16 (scriptura divinitus inspirata) entnommen und wird in bezug auf Menschen und auf hl. → Schriften auch für analoge fremdreligiöse Erscheinungen verwendet. Er bezeichnet eine Form der → Offenbarung, der letztlich die Vorstellung einer substantiellen Übertragung göttlichen → Geistes zugrunde liegt, die so materiell wie die Aufnahme von Nahrung gedacht werden kann (Ez 2, 8ff; 4Esr 14, 39f; Apk 10, 9f). Als unmittelbare göttliche Einwirkung äußert sich die I. in Erkenntnis und Mitteilung übernatürlicher Einsichten (vgl. Hi 32, 8: inspiratio omnipotentis dat intelligentiam). In psychologischer Hinsicht ist die I. unabhängig von Willen und Intellekt. Jedoch bedingt eine Prädisposition für I., daß deren Form von Vorstellungen der betreffenden Umwelt mitbestimmt wird. – Von der göttlichen I. ist eine falsche, satanische zu unterscheiden; nach späterer Tradition hat der → Teufel die Paradiesschlange inspiriert. Die dualistischen Sekten der Alten Kirche sahen teilweise das AT als vom Satan inspiriert an. – Im säkularen Gebrauch findet sich der Begriff I. für Anregungen zum künstlerischen Schaffen, wie sie → Nietzsche in »Ecce homo« bei der Darstellung der Entstehung von »Also sprach Zarathustra« klassisch geschildert hat.

2. *Das menschliche I.serlebnis,* das sich im Zustand des → Enthusiasmus vollzieht und oft die Kennzeichen der → Ekstase trägt, kann durch technische Mittel angeregt sein oder als unmittelbares Ergriffenwerden eintreten. Die Schamanen (→ Schamanismus) versetzen sich auf Grund psychischer Anlagen und methodischen Trainings in einen Trancezustand, der ihnen I.en ermöglicht. Als Mittel bedienen sie sich dabei des Schlagens der Trommel, des → Tanzes und des Genusses von Narkotika. – Äußere Mittel zur Erlangung der I. finden sich auch noch in höheren Religionsformen. Selbst im AT sind sie bezeugt: → Elisa wird beim Klang des Saitenspiels von der »Hand Jahwes« ergriffen (2Kön 3, 15) oder empfängt die I. im Zustand des starren Hinblickens (2Kön 8, 11), Deutero-Sacharja berichtet von Einschnitten in die Haut (Sach 13, 6). – In der Antike war das bekannteste Beispiel für den Vorgang der I. die Pythia des delphischen → Orakels. Sie wurde inspiriert durch ein πνεῦμα μαντικόν, das aus dem Erdspalt aufstieg, über dem sie saß. Aber nicht nur für Weissagungen am Heiligtum verwandten die Griechen den Begriff der I. Sie gebrauchten ihn im religiösen Sinne auch für die künstlerische I. und sahen alle Dichter als ἔνθεοι an; das früheste Beispiel hierfür findet sich in den Eröffnungsversen der Ilias und Odyssee, in denen Homer seine Dichtung auf die Eingebung der Muse zurückführt. Bei Vergil (Aen. 6, 11) inspiriert Apollo der Sibylle den Sehergeist. – In systematischer Hinsicht stammen die wichtigsten außerchristlichen Äußerungen zur I. von Platon, Philo und den islamischen Theologen. → Platon (Phaidros 244ff; Ion 533dff; Menon 99c; Apol. 7) hat die in der menschlichen Seele beim Eintritt göttlicher Offenbarungen vorgehende Wandlung im Zusammenhang mit der Entmächtigung des menschlichen Verstandes gesehen und die für ihn mit der prophetischen wesensgleiche dichterische Begeisterung als Resultat der I. angesprochen. Nach → Philo (Leg. alleg. I, 31f) ist der göttliche Geist beim Schöpfungsakt (Gen 2, 7) den Menschen geschenkt. Daneben kennt Philo eine spezielle Verleihung des Geistes an Auserwählte, bes. als πνεῦμα προφητικόν (De special. leg. IV, 49). Im Islam bezeichnet waḥy die dem Propheten → Muhammed übermittelte Offenbarung, während die I. der Heiligen und der Künstler ilhām heißt. Beide Begriffe sind von dem Terminus technicus für dämonische Einflüsterungen, wiswās, scharf unterschieden.

3. Die Idee der *Schrift-I.,* die sich in verschiedenen Religionen findet, zielt auf die Herausstellung des übermenschlichen und damit unantastbaren und absolut normativen Charakters hl. Texte. Der himmlische Ursprung dieser Texte kann einmal unmittelbar vorgestellt sein: nach Ex 24, 12 hat Gott die ersten Gesetzestafeln selbst geschrieben (vgl. auch äthHen 93, 2; Jub 5, 13; 16, 9; 32, 21). Bei mittelbarer Schrift-I. beruht die Entstehung hl. Bücher auf dem Zusammenwirken der göttlichen causa principalis und der causa instrumentalis der menschlichen Verfasser. Hierbei kann der menschliche Anteil unterschiedlich hoch eingeschätzt werden, je nachdem ob literarisch freie Gestaltung göttlicher I. oder eine Verbal-I. angenommen wird, bei der in mechanischer Weise jedes einzelne Wort, ja die hebr. (AT) und arabischen (→ Koran) Vokalzeichen auf göttliche Einwirkung zurückgeführt werden. Eine genaue Festlegung auf eine der verschiedenen Möglichkeiten von Schrift-I. ist in den jeweiligen Religionen meist nicht getroffen bzw. in der theologischen Auseinandersetzung kontrovers. – Die wichtigsten Beispiele für Schrift-I. finden sich im → Hinduismus und im → Islam. Die Inder teilen ihre religiöse Literatur in die beiden Gruppen von shruti und smriti auf. Smriti (»Erinnerung«) gilt als Menschenwerk, während mit shruti (»das Hören«) durch hl. Seher

der Menschheit vermittelte Texte übernatürlichen Ursprungs bezeichnet werden: die vier → Veden und ihre Nachfolgeliteratur, bes. die → Upanishaden. - Nach der Vorstellung Muhammeds existierte im Himmel bei Allah ein Prototyp seiner Offenbarungen (umm al-kitāb) auf einer »wohlverwahrten Tafel« (Koran 85, 21). - Im alten → Ägypten (: II) wurden hl. Schriften gern auf den Schreibergott Thot als Urheber zurückgeführt. - Aus neuerer Zeit gelten als inspirierte Texte das Buch Mormon der → Mormonen und das Ofudesaki der aus dem → Shintoismus hervorgegangenen Religion von Tenrikyo.

H. Vollmer, Vom Lesen u. Deuten hl. Schriften, 1907 - J. Orr, Revelation and I., London 1910 - ERE VII, 346ff - T. Andrae, Die Person Mohammeds in Lehre u. Glauben seiner Gemeinde, Uppsala 1917 - Ders., Mystikens psykologi, Stockholm 1926 - Ders., Mohammed, 1932 - H. Leisegang, Der hl. Geist, 1919 - Ders., Pneuma Hagion, 1922 - G. Nioradze, Der Schamanismus bei den sibirischen Völkern, 1925 - J. Horovitz, Koranische Unters.en, 1926 - HIsl (s.v. ilhām; umm al-kitāb; waḥy) - A. Bertholet, Die Macht der Schrift in Glauben u. Aberglauben (AAB 1948, 1) - M. Eliade, Le chamanisme et les techniques de l'extase, Paris 1951; dt. 1957 - J. Leipoldt-S. Morenz, Hl. Schriften. Betrachtungen zur Religionsgesch. der antiken Mittelmeerwelt, 1953 - G. Lanczkowski, Hl. Schriften. Inhalt, Textgestalt u. Überlieferung, 1956. *G. Lanczkowski*

II. Inspiration der hl. Schrift, dogmengeschichtlich

1. Begriff - 2. Wurzeln des ausgebildeten I.sdenkens - 3. Alte Kirche und MA - 4. Reformation und Orthodoxie - 5. Nachorthodoxe Theologie und Neuzeit. - Vgl. → Bibel: III, → Wort Gottes: III

1. Der *Begriff* der I. kommt in NT insofern vor, als 2Tim 3, 16 vom AT als »Schrift« gesagt wird, sie sei θεόπνευστος. Dieser Begriff ist dann (ungenau) in der Vulgata mit (scriptura) divinitus inspirata wiedergegeben; wahrscheinlicher ist der Sinn: von Gott (oder von Gottes Geist) durchweht (vgl. Mt 22, 43). Daß die Schrift (zunächst des AT) bei aller Beachtung der Menschlichkeit und Geschichtlichkeit des Zeugnisses auf Gottes eigene Selbstbekundung zurückweist, zeigt sich im AT ebenso an der Gesetzesüberlieferung (Sinai-Tradition) wie am Selbstbewußtsein der → Propheten (am schärfsten Jer 1, 7. 9; 23, 28), die Jahwes »Raunung« aussagen oder zu denen Jahwes Wort ergangen ist. Vgl. im übrigen Mi 3, 8; Ez 11, 5; Jes 48, 16; 61, 1. Für das NT ist 2Petr 1, 21 oft genannt (immerhin nur auf die »Weissagung« bezogen). Wichtiger ist, daß Paulus sein eigenes Wort von dem des Kyrios unterscheidet und dementsprechend für dieses die entscheidende Autorität beansprucht (1Kor 7, 6. 10. 12. 25). Damit ist die eigene nicht beseitigt (1Kor 7, 40): sein Wort ist Gottes, nicht des Menschen Wort (1Thess 2, 13; → Bibel: II B, 1).

2. Die *Wurzeln des ausgebildeten I.sdenkens* liegen trotz der Bekundungen des AT wie des NT nicht in der Bibel selbst, sondern im Judentum und (jüdischen) Hellenismus. Beide unterscheiden sich insofern, als das (wesentlich) palästinische Judentum zwar Gottes Werk an den Urhebern der Schrift und durch sie entschieden behauptet, dabei jedoch die menschliche, geschichtliche Eigenart der Autoren respektiert (at. Denken). Der jüdische Hellenismus dagegen versucht die Eigenart der Autoren auszuschalten und begibt sich damit in die Gefolgschaft der hellenistischen Vorstellung: die Urheber von Schriften tiefster Weisheit waren in einer göttlichen Manie begriffen, die ihr Eigensein auslöschte. Bes. → Philo hat die Schriften des AT auf Propheten und insofern - für den Regelfall - auf die → Ekstase zurückgeführt.

3. Die *ältere christliche Theologie* knüpft zunächst an die hellenistische Auffassung an. Die später oft wiederholten Vergleiche der biblischen Schriftsteller mit einer vom Pneuma gespielten Cythara oder Lyra finden sich früh (Ps.-Justin, Coh. ad Gr. 8 [MPG 6, 256]); der Vergleich des Pneuma mit einem Flötenspieler begegnet schon bei → Athenagoras (Leg. 9 [MPG 6, 908]), und die Erstrekkung der I. bis auf die einzelnen Wörter vertritt bereits → Irenäus (Adv. haer. III, 16, 2 [MPG 7, 921]). Jedoch bringt die Auseinandersetzung mit dem zeitgenössischen Ekstatikertum (→ Montanismus) insofern eine Ernüchterung mit sich, als im Blick auf die Schrift das ekstatische Moment zurücktritt: Personale Vergleiche treten an die Stelle solcher, die die Person zum unpersönlichen Instrument machen. Der maßgebende Begriff wird bald der des »Diktats«, das der Geist ausgeübt habe (dictamen; so andeutend schon bei Irenäus, aaO II, 28, 2 [MPG 7, 804]; vollendet bei Augustin, zB De consensu evang. I, 35, 54 [CSEL 43, 60]). Die Ekstase erscheint jetzt als Merkmal der falschen Prophetie; sie kommt als Kategorie für die Einschätzung der biblischen Schriftsteller nicht mehr in Betracht. Schon für → Origenes besteht die (vom Gesamtbestande der Schrift angenommene) I. nicht in der ekstatischen Auslöschung des Bewußtseins, sondern in dessen höchster Erleuchtung und zugleich höchster Besonnenheit. Gelegentlich wird von einer alle Wörter umfassenden I. gesprochen (Clemens, Protr. IX, 82, 1 [GCS 12, 62]; Origenes, Comm. in Psalm. [MPG 12, 1081]; Hieronymus, Comm. in ep. ad Eph. I, 1, 8 [MPL 26, 481]); doch ist diese Ansicht für Origenes wie auch für Hieronymus gerade Ansporn, nach dem ursprünglichen Text zu fragen, und sie hindert in der Regel nicht die Annahme verschiedener Grade der I., wie sie schon das Judentum gekannt hatte. Die Abstufung zeigt sich am schärfsten bei → Theodor von Mopsuestia. Insofern in der Alten Kirche und erst recht im MA die Autorität der → Kirche (: III) diejenige der Schrift umspannte, ergab sich keinerlei Nötigung zu einer Entfaltung der I.slehre. Im Kampf mit der Häresie haben freilich die Kirchenväter gelegentlich die maßgebende Stellung des geschriebenen Wortes betont (bes. → Cyprian und → Augustin). Damit wird aber die Hochschätzung der → Tradition (: VI) nicht beeinträchtigt. - Im MA haben alle Scholastiker die überkommene I.svorstellung bewahrt. Im Spät-MA zeigt sich eine Verschärfung der Begriffe, und zwar sowohl bei den Konziliaristen als auch im Spätnominalismus (zB bei Gabriel → Biel), erst recht bei den an den Rand der Kirche gedrängten Augustinisten (bes. → Wiclif). Bei den letzteren beginnt ein Gegensatz zwischen der inspirierten Schrift und der Tradition, soweit sie nicht durch jene gedeckt ist, aufzubrechen. Die positive Seite dieser Anschauung (die Schrift deckt die Tradition, und daher ist der Schrift - im Grunde »allein« - zu glauben) findet sich jedoch auch in der kirchlich anerkannten Theologie (zB bei Thomas, S.Th. I q. 1 a. 8).

4. *Reformation und Orthodoxie* haben ein schlechterdings neues → »Schriftprinzip« ebensowenig geschaffen wie ein schlechterdings neues I.sverständnis. Beides war vorgegeben, letzteres unter Einschluß der von der → Orthodoxie entwickelten Begrifflichkeit. Neu war die Wucht, mit der sich das inhaltliche Zeugnis der Schrift gegenüber aller überkommenen Theologie, Frömmigkeit und Tradition durchsetzte. Neu war im wesentlichen der hermeneutische Ansatz (→ Hermeneutik). Die I.slehre trat demgegenüber zunächst stark zurück. Sie wird vorausgesetzt, auch in straffen Zügen dargelegt (so bei Calvin, Inst. I, 6-8, ohne unmittelbare Thematik). Aber gerade der I.svorgang, über den sich schon Theologen des späten MA Gedanken gemacht hatten, bleibt zunächst unerörtert. Daß die → Bibel (: III) Gottes → Wort (: III) ist, indem sie es bringt, daß sie Gottes »Brief« an uns ist, daß Gott hier sein eigener Zeuge ist - daran liegt alles. Von da aus kann → Luther gelegentlich inhaltliche »Kritik« üben (zB am Jak), → Calvin historische und philo-

logische; und doch haben beide Reformatoren – und mit ihnen alle anderen – die überkommene I.sauffassung geteilt. Wenn Calvin das → testimonium Spiritus Sancti internum als reformatorische Neubildung in die Lehre von der hl. Schrift einführt, so geht es ihm dabei um die Vergewisserung, die der Glaube nie aus noch so unanfechtbaren innerweltlichen Kriterien, sondern einzig aus Gottes Selbsthandeln in der Schrift und durch sie gewinnt. Er hat der »Selbstevidenz« der Schrift kein neues, etwa »subjektives« Kriterium hinzugefügt, wohl aber alle vorfindlichen Kriterien ihrer den Glauben herbeiführenden Kraft beraubt. Teilte er zugleich die überkommene I.svorstellung, so entzog er ihr doch den Charakter des »objektiven« Herkunftsbeweises. – Die orth. Dogmatik ist in dieser Hinsicht andere Wege gegangen. Sie übernahm, wie die Reformatoren, die I.slehre der Überlieferung (was auch das →Tridentinum schon getan hatte, Sess. IV, Denz. 783). Sie konnte auch den Gedanken der Verbal-I. in der Tradition schon finden (s. 3). Aber gegenüber dem in Trient bekräftigten massiven Geltungsanspruch der Kirche versuchte sie – überwiegend –, die I. historisch zu vergegenständlichen, sie zugleich als historisch gegenständliches Faktum psychologisch aufzugliedern und in alle Folgerungen hinein durchzuführen.

Die historische Vergegenständlichung brachte es mit sich, daß die Autorität der Bibel wesentlich auf ein im »Damals« geschehenes Wirken des → Geistes (: V) an den in ihrer Person und geschichtlichen Lage fast wesenlos werdenden Autoren gestützt wurde. Damit ergab sich eine Gleichstellung von Offenbarung und Schrift (Luthardt), aber zugleich eine reine Historisierung beider. Ferner ergab sich, daß die Schrift, wenn sie schon bis in jeden Buchstaben hinein unmittelbar Werk des Geistes war, auch in gleicher Weise an der Vollkommenheit und Irrtumslosigkeit Gottes teilhatte. Das führte im Blick auf die Sprache, den Stil und die in der Schrift zu findenden »Widersprüche« zu erschreckenden Folgerungen, wie sie den Reformatoren, namentlich Calvin, ganz ferngelegen hatten. Endlich führte die historische Vergegenständlichung zu der Meinung, die in ihrer Gesamtheit vom Geist diktierte Schrift könne nur etwas linear Einheitliches sagen: Luthers (und anderer) Grundsatz, die Schrift sei → Gesetz (: V, 5) und Evangelium, oder etwa Calvins Unterscheidung von minae und promissiones (ähnlich → Melanchthon) blieben zwar zT erhalten, aber nur derart, daß die beiden Wirkungsweisen der Schrift psychologisierbare Abläufe in der gleichen Linie wurden und der dialektische Charakter verkannt wurde. Doch haben sowohl → Voetius als auch bes. die Vertreter der Föderaltheologie (→Bund: IV) die Uniformierungstendenz wieder aufgehoben: Voetius zB grenzt quantitativ das autoritative Wort aus dem vorgegebenen (und inspirierten) Schriftinhalt aus (Sel. disp. I, 30ff), während die Föderaltheologie die gesamte (inspirierte) Schrift als Zeugnis eines dem Reich Gottes entgegenführenden Geschichtsverlaufs versteht und damit einer geschichtlichen Differenzierung wieder die Tür öffnet.

Die historisch vergegenständlichte I. wurde von der späten Orthodoxie ausgebaut (bes. durch Abr. →Calov): Man unterschied zwischen dem impulsus ad scribendum, der suggestio rerum und der suggestio verborum. Die biblischen Autoren handeln wie andere Schriftsteller, nur handeln sie auf Grund jener suggestio, die ihnen ihre Eigentlichkeit nimmt. Der Supranaturalismus, der diese Darstellung beherrscht, ist offenkundig. Der Versuch →Calixts, nur für die Glaubenswahrheiten eine suggestio, für die historischen Angaben aber nur eine directio anzunehmen, stieß auf heftigen Widerstand. Von einer Zeugenschaft der biblischen Autoren war erst recht nicht die Rede.

Die Ausdehnung der I. auf alle einzelnen Worte war nur eine Folgerung aus dem Ansatz. Die »Verbal-I.« (s.o.) wird jetzt systematisch auf die quantitative Gesamtheit der kanonischen Schriften angewandt. Der im Gedanken der Verbal-I. steckende Impuls, das in der Schrift uns treffende Wort nicht quantifizierbar zu machen, kommt nicht zum Durchbruch. Vielmehr wird die Quantifikation schon früh bis in die äußerste Konsequenz vorgetrieben: auch die hebräischen Vokalzeichen sind inspiriert; so hatten es schon → Flacius und ausführlicher Joh. → Gerhard angesehen, so findet es sich auch bei Joh. → Buxtorf und in der Helvetischen Consensusformel von 1675 (can. I–III).

5. In der *nachorthodoxen* Theologie hat die I.slehre tiefe Erschütterungen und Wandlungen erlitten. Diese hatten ihren Ursprung teils in der → Aufklärung, die die supranaturalen Voraussetzungen der älteren Auffassung nicht mehr teilte und deren Folgerungen (bes. die sprachliche, stilistische, historische Vollkommenheit der inspirierten Schrift) als unwirklich erkannte. Der Ursprung lag aber ebenso stark in der Fortsetzung der Föderaltheologie: in dem bei → Vitringa und dann erst recht bei → Bengel auftretenden »heilsgeschichtlichen« Denken (→ Heilsgeschichte), für das die Schrift zugunsten der in ihr sich bekundenden Geschichte relativiert wird; diese Geschichte ist Offenbarung, und die (hohe) Autorität der Schrift besteht darin, daß sie diese Geschichte bezeugt. Aus dieser Anschauung entstand der Gedanke der »Real-I.«, wie er sich dann bei → Menken, in anderer Form bei → Hofmann und → Rothe wiederfindet: Stets ist die Schrift selbst Element und Ausdruck des geschichtlichen Heilshandelns Gottes und in dieser Eigenschaft Werkzeug, vermöge dessen der Christ an diesem Heilshandeln Anteil gewinnt. Der → »Biblizismus« dieser Theologie ist »heilsgeschichtlich«.

Wesentlich neu ist der Weg, den → Schleiermacher beschreitet. Für ihn ist der Begriff des hl. Geistes identisch mit dem des »Gemeingeistes der christlichen Kirche« (Der christl. Glaube, 2. Aufl., § 130, 2). Dieser ist seinerseits auf das Reich Gottes gerichtet, und im einzelnen Menschen, der an ihm teilhat, bewirkt er sowohl Rezeptivität als Aktivität. Die Apostel sind nun aber als die ursprünglichsten Nachfolger Christi auch am stärksten und am aktivsten als Träger des von ihm ausgegangenen Geistes anzusehen. Insofern sind sie inspiriert; ihre »Gedankenerzeugung« ist vom Geist »eingegeben«. Ebenso indessen ist auch die Bewahrung des apostolischen Zeugnisses Gabe des Geistes, ja, »der Sinn für das wahrhaft Apostolische« ist »eine in der Kirche sich allmählich steigernde Geistesgabe« (aaO 4). Es ist der Gedanke der »Personal-I.«, den Schleiermacher hier entwickelt. Er läßt sich unmittelbar, wie ersichtlich, nur auf die nt. Zeugen anwenden. Der Gemeingeist Israels ist nicht der der Kirche, und das AT ist daher dem NT an Autorität unterlegen. Immerhin hat Schleiermacher die I. in ein deutliches Verhältnis zu der von den biblischen Autoren erlebten und bekundeten Geschichte zu bringen versucht. Daher konnten auch die späteren »Heilsgeschichtler« – wie etwa Hofmann – Gedanken Schleiermachers aufnehmen, jedoch mit der Modifikation, daß sie den Geist strenger in seinem Gegenüber zur Kirche verstanden.

Besonders folgenreich ist die I.slehre → Kählers geworden. Er versteht die Schrift (zunächst das NT) als die »Urkunde der kirchengründenden *Predigt*«. Daher nimmt er, im Gegensatz zu Schleiermacher und vielen anderen, auf die subjektiven Zustände der Autoren wenig Bedacht, und ihre Einordnung in die Geschichte besagt nicht verrechenbare Historizität. Aus dem gleichen Grunde kann er auch das AT für inspiriert halten, insofern es, an seinem geschichtlichen Ort entstanden, für die glaubende Gemeinde nur zusammen mit dem NT auftritt, sich aber mit diesem gemeinsam an der Gemeinde als wirksam erweist. - Zur Diskussion in der Gegenwart vgl. → Inspiration: III, 4.

Vgl. außer der im Text genannten Lit.: J.CHR.K.V.HOFMANN, Der Schriftbeweis, 1852ff - R.ROTHE, Zur Dogmatik, 1863 - J. DELITZSCH, De inspiratione scripturae sacrae quid statuerint patres apostolici et apologetae secundi saeculi, 1872 - W.HERRMANN, Die Bedeutung der I.slehre für die ev. Kirche, 1882 - C.GORE, The Holy Spirit and I. (in: Lux Mundi, 1889) - W.KOELLING, Prolegomena zur Lehre von der Theopneustie, 1890 - DERS., Die Lehre von der Theopneustie, 1891 - H.CREMER, Glaube, Schrift u. hl. Gesch., 1896 - M.KÄHLER, Dogmat. Zeitfragen I. (1898) 1907² - RE IX, 183ff - R.H.GRÜTZMACHER, Wort u. Geist, 1902 - F. KROPATSCHEK, Das Schriftprinzip der luth. Kirche I (einziger Bd), 1904 - J.ORR, Revelation and I., 1910 - H.E.WEBER, Hist.-krit. Schriftforschung u. Bibelglaube, 1914 - DERS., Reformation, Orthodoxie, Rationalismus, 1937ff - W.VOLLRATH, Das Problem des Wortes, 1925 - K.GIRGENSOHN, Die I. der Hl. Schrift, (1925) 1926² - P.SCHEMPP, Luthers Stellung zur Hl. Schrift (FGLP 2, 3), 1929 - E.SCHAEDER, Das Wort Gottes. Eine syst. Unters. (BFChTh II, 22), 1930 - G.C.BERKOUWER, Het problem der Schriftkritiek, 1938 - O.WEBER, Grundlagen der Dogmatik I, 1955 - H.KARPP, Prophet oder Dolmetscher? Die Geltung der LXX in der Alten Kirche (Festschr. f. G.Dehn, 1957, 103-117). - Vgl. auch die Lit. zu → Bibel: III, → Inspiration: III.

O.Weber

III. Inspiration der hl. Schrift, dogmatisch

Im gegebenen Rahmen kann das Bild der Dogmatik seit Schleiermacher nur im Überblick vorgestellt werden. Historische, typologische und systematische Analyse ergeben das nachstehende Schema:

Metaphysisches Interesse	Metaphysische Kategorien: Identität	Personalität	Impersonalität
1. Methode	Ekstase	Kooperation	Diktat
		Kopernikanischer Chok	
2. Verbürgung	Zirkel	Finalität	Wirkung
		Kantianischer Chok	
3. Träger	Selbstbewußtsein	Verfassergeist	Ideen
		Darwinistischer Chok	
4. Entwicklung	Dialektische Theologie	Historismus	Modernismus

Daß der Skopus der I.sbegrifflichkeit geistesgeschichtlich bedingt ist, wird meist übersehen. Wie stets wirken frühere Stufen des metaphysischen Interesses weiter fort und werden von den Dogmatikern des 19./20.Jh.s in verschiedener Weise berücksichtigt. Die Darstellung folgt den Hauptmotiven der jeweiligen I.slehre.

1. Bis zum Virulentwerden des Kopernikanischen Choks bestimmt die Frage nach der *Methode* der I. das Bild wesentlich. Die *ekstatische* Identifizierung von göttlichem und menschlichem Ich war seit dem → Montanismus verdächtig. F.A.Philippi repristiniert mit der Ergriffenheit → Philos die theopneustische Vermählung von Gottes- und Menschengeist. - Eine verschiedenartig *kooperierende* Relation (causa principalis und causa instrumentalis) setzen Kirchenväter, Scholastik und röm.-kath. Dogmatik voraus. Das hierfür seit → Chrysostomus beliebte Bild der zwei Naturen Christi (s.u.) entspricht um der christologischen Anhypostasie der Menschennatur willen nur bedingt. - Die *Diktat*-Konzeption verwandelt den Apostel in ein Neutrum (Flöte, Plektron, Griffel). Das kosmologisch erschütterte 17.Jh. bildet sie *kompensatorisch* zur altprot., zäh (gebrochen) fortlebenden Verbal-I. fort (L. → Gaussen, E. → Henderson, W. Kölling, K.F.Nösgen).

2. Wodurch sich I. *verbürge*, ist das neue thematische Motiv, das in den I.sbegriff eingeht, nachdem Auflösung der Himmel in »optischen Schein« und »Wohnungsnot« für Gott (D.Fr. → Strauß) eingetreten waren. Man kann nicht fremdbürtig I. der Schrift beweisen, um dann u.a. Christus in ihr zu finden (J.A.H. →Ebrard). Die I. ist *causa spontanea:* Wort wirkt Glaube, Glaube ist der I. des Worts gewiß (A.W. → Dieckhoff). Diesen *Zirkel* hat Strauß gegen C.I. → Nitzsch (Manifestation und I.) als prot. »Achillesferse« gerügt. E. → Schaeder bekennt sich zum zirkelhaften In- und Miteinander objektiv wortvermittelten Geistes und subjektiver I.sgewißheit. H. → Vogel bestimmt I. als göttliches Sich-selbst-hörbar-, sprechbar-, schreibbar-machen für Ohr, Mund, Hand des Menschen. - In klassischer Weise ist für J.Chr.K.v. → Hofmann die I. als *causa finalis* Gewißheit. I. ist dies, daß »ein Mensch etwas redet..., was um einer ungemeinen *Bestimmung* willen von Gott gewollt ist«. Wo aber ungemeine Bestimmung sei, will auf *geschichtlichem* Wege erkannt sein: AT und NT sind I. als teleologisch-eschatologische »Schriftdenkmäler« oder geschichtswirkende »Urkunden« (L.Ihmels u.a.) - eine aus der Neologie (→ Aufklärung: III, 3b) stammende Konzeption. Nicht »Nachweisbarkeit besonderer Zustände« der Apostel ist für M. → Kähler I., sondern der »durchsichtig werdende Zusammenhang mit der ganzen offenbarenden Geschichte« (ähnlich J.→ Kaftan). - I. als *causa efficiens* zeigt sich im 19./20.Jh. bes. im pietistisch-biblizistischen Feld (→Biblizismus). Jeder Bibelleser wird »unfehlbar« (positiv oder negativ) »völliger Charakteränderung« unterworfen (→Weitbrecht). Für Fr.A.B. → Nitzsch erweist sich I. als »einzigartige Erbauungskraft«. »Kraft« der Schrift ist nach H. → Cremer Begriffsinhalt von »I.«. P. → Althaus nimmt I. als Ausdruck für die erfahrene Autorität des mit uns handelnden Gotteswortes. Für E. → Brunner ist Christus kein »Rede-Wort«. Das Apostel-Zeugnis von ihm ist durch ein *Wie* bevorrechtigt: alle folgenden Generationen kommen durch dies »Mittel« zum Glauben.

3. Seit dem *Kantianischen Chok* ist das *Träger*-Problem aktuell. I. verlagert sich transzendental von den Urkunden auf geistige Haltungen und Formalgestalten. Für → Schleiermacher verdichtet sich das christliche *Selbstbewußtsein* im Apostelkreis am stärksten und geschichtsträchtigsten. In der Klarheit ihres Bewußtseins mußte jeder Widerspruch gegen den Geist Christi entdeckt werden. Diese (nur das NT betreffende) sog. »Personal-I.« ist ebensowenig eigentlicher Personalismus wie K.H. Sacks Manifestation und I. als »Hineinbildung« des »alles Denken und Sein der Welt tragenden« Logos oder die Vorstellungen der idealistischen Theologen, unter denen u.a. A.E.Biedermann und R.A. → Lipsius polemisch mit den Mystikern verglichen wurden, die das »lumen internum« über das »verbum externum« stellen. P. → Tillich bezeichnet nicht-ekstatische I.slehren als dämonisch und möchte I. als »Ekstase«, als »Ergriffenheit vom Grunde des Seins und Sinns her« aufgefaßt wissen. - Mit einem besonderen *Verfassergeist* läßt J.T. → Beck den Apostel im Zeugnisberuf ausgerüstet sein, so daß er alle Wahrheit in seinem Geisteszeugnis geschichtswirksam vermittelt. J.A.Dorner sieht selbständige, geisterfüllte Personen mit graduell verschiedener historischer Bewußtheit wirken; F.H.R. → Frank beschränkt deren Unfehlbarkeit auf heilsnotwendige Wahrheiten. Für K.F.A.Kahnis ist I. geistgesteigerte Erinnerungskraft (Joh 14, 26). H.L. → Martensen und A. → Vilmar fassen I. als Funktion des göttlich eingesetzten Amtes auf, jener als paradiesische (mystisch-romantische) »christliche Begeisterung«, dieser

als »Potestät«, die zur Verbal-I. in ausschließender Alternative steht. H.Haering sieht die Apostel aktuell vom Geist zu höchster Aktivität »intensiviert«; für H.Stephan ist I. ein »Greifen Gottes nach ihnen«. I. »gestaltet den Menschen so, daß er Gottes Wort zu sagen vermag« (A. → Schlatter); sie ist eine das Erkenntnisvermögen erhöhende Summe von Charismen (R. → Seeberg). R. → Rothe wie A. → Ritschl (und die → Ritschlianer) möchten den Begriff I. aufgeben. Als mithandelnde geniale Personen begleiten die biblischen Verfasser den Geschichtsprozeß der Offenbarung. »Nur eine besondere Seite unseres Glaubens« ist unsere Vorstellung, daß Gott mit ihnen war (Rothe). Für Ritschl entsteht die Schrift geschichtlich aus dem sich offenbarungsgemäß verhaltenden Menschengeist; ihre Priorität gilt relativ (im Hinblick auf das spätere kirchliche Schrifttum). Mit der Vorstellung, daß nur ein »authentisch at.« bedingter »*Ideen*-Kreis« (oberster dogmatischer und ethischer Normen) legitim christlich sei, steht Ritschl zugleich unter der folgenden Kategorie der sog. »Real-I.«. J.Chr.Fr. Steudel u.a. sehen um Christus offenbarende Gedankenkreise, deren Verbindlichkeit zentripetal zunimmt. Nach A.D.Chr.Twesten wirkt der Hl. Geist die richtige Darstellung der Heilsideen nach Sinn und Zweck und die Auswahl dessen, was ideell von Bedeutung ist.

4. Der elementare geschichtliche Einfluß des darwinistischen Entwicklungsdenkens (Kulturprotestantismus) rief den Protest der jungen → *Dialektischen Theologie* hervor, die eine neue transzendente Souveränität des in übergeschichtlicher Identität sich selbst bezeugenden Wortes verkündete. Der → *Historismus* löste die Schrift in einen unaufhaltsamen Zeitfluß immer neuer religiöser Äußerungen und Gestalten auf; der röm.-kath. *Modernismus* (→ Reformkatholizismus) setzte im Bilde der Jahresringe, die den Baum umgeben, ein substantielles Wachstum des Offenbarungsgutes voraus.

Die Dogmatiker der *Gegenwart* (einschließlich der oben im Hauptmotiv genannten) stehen theologiegeschichtlich unter dem Einfluß aller vorgegebenen Motivschichten und Motive. Dies kommt bes. da zum Ausdruck, wo detailliert formuliert wird (W.Wiesner) oder unter dem Leitsatz, daß das »bezeugte Wort vollmächtig das geschehene Wort aussagt«, die altprot. Affektionenlehre (→ Bibel: III, 5a) neu ausgelegt (O.Weber) oder summenhaft verdichtet wird. So faßt K. → Barth die »Theopneustie« als besondere »Gehorsamsstellung« der biblischen Verfasser wie als »Selbsterschließung« des göttlichen Geheimnisses. Unter Ablehnung der Kategorien von Doketismus, Ebionitismus, Mantik und Mechanik ist die Schrift in ihrer Weise »wie Jesus Christus selber wahrer Gott und wahrer Mensch«. Sie *ist* Gottes → Wort (: IV) und *hat* Priorität im Perfekt, Präsens und Futurum. Wir genügen der Objektivität der I. damit, daß wir auf das Genüge-leisten-Wollen verzichten. Der Kinderschreck einer »trotzig postulierten«, abgekapselten »Verbalinspiriertheit« faßt die Schrift als ein »Stück höherer Natur« auf. Dennoch gibt es Real-I. nur als Verbal-I. (in der konkreten Gestalt des biblischen Wortes). Der analytische Satz: »Die Bibel ist Gottes Wort« gilt, weil die Schrift Wort *Gottes* ist, weil sie *Werk* und wirkendes *Wunder* Gottes ist, dem wir betend entgegenzugehen haben. Jede I.slehre muß die *Realität der Einheit* zwischen Geist und Schrift ebenso betonen wie die Tatsache, daß diese Einheit *freie Tat der Gnade Gottes* und für uns immer Inhalt einer Verheißung ist.

Im Sinne dieser Forderung erwächst der Dogmatik die Aufgabe, die I. als eine Wirklichkeit zu verkünden, die durch unsere vorgegebenen Kategorien, Strukturen und zeitgeschichtlichen Perspektiven nur tangential gerandet werden kann. Der *doxographisch*-theopneustische Charakter der Schrift, in der, mit der und durch die die Herrlichkeit Gottes in Transzendenz und Kondeszendenz die Gemeinde ergreift, sprengt jede Kategorie, der er unterworfen werden soll, und widersetzt sich der Verdrängung durch Begriffshypostasen. Auch das Lehrstück von der I. kann als Folge-Glaube der Inkarnation nur als umfassende Doxologie vorgetragen werden.

Außer den Schriften der genannten Dogmatiker u. der Lit. zu → Bibel: III, → Inspiration: II: J.B.Nisius, Die Encyklika Providentissimus Deus u. die I. (ZKTh 18, 1894, 627-686) - P.Gennrich, Der Kampf um die Schrift in der dt.-ev. Kirche des 19.Jh.s, 1898 - A. Nösgen, Die luth. Lehre von der I., 1908 - H.Lusseau, Essai sur la nature de l'I. scripturaire, 1930 - F.Fabbi, La »condiscendenza« divina nella ispirazione biblica secondo s. G.Grisostomo (Bibl 14, 1933, 334-347) - E.Florit, Ispirazione e inerranza biblica, 1943 - B.B.Warfield, I., 1948 - A.Bea, Die Instrumentalitätsidee in der I.slehre (Festschr. f. A.Miller, 1951, 47-65) - W.Lemp, Zur Auseinandersetzung mit dem Pietismus über die Verbal-I. (Für Arbeit u. Besinnung 5, 1951, 431-435) - Th.Schreiner, Ist die Bibel Gottes Wort? (ebd 6, 1952, 12-16) - M.Oehler, Zur Frage der I. (ebd 52-54) - Zur Frage der Verbal-I. Äußerung des Landesbruderrates der Württ. Bekenntnisgem. (ebd 7, 1953, 62-66) - P.Brunner, Umrisse einer Lehre von der Autorität der Hl. Schrift (ELKZ 9, 1955, 135-137) - Th.Süss, Menschenwort u. Gotteswort. Zur Frage der Schrift-I. (ebd 311-316) - R.Prenter, Skabelse og Genløsning, 1955; dt.: Schöpfung u. Erlösung, 1958, § 5 - C.F.Evans, The I. of the Bible (Theology 59, London 1956, 11-17) - J.Levie, L'Ecriture sainte, parole de Dieu, parole d'homme (NRTh 78, 1956, 561-592. 706-729) - K.Rahner, Über die Schrift-I. (ZKTh 78, 1956, 137-168) - S.Trooster, De Heilige Geest en de menswording bij de Griekse Vaders (Bijdragen 17, Maastricht 1956, 117-151) - J.R.Macphail, The Authority of the Bible (SJTh 9, 1956, 14-30) - J.Coppens, L'I. et l'inerrance biblique (EThL 33, 1957, 36-57).

W.Philipp

Inspirationsgemeinden. Gegen Ende des 17.Jh.s traten vielerorts in Deutschland und in der Schweiz einzelne pietistische Inspirierte auf, die von der Orthodoxie heftig bekämpft wurden. Anfang des 18.Jh.s fanden sie entgegen dem Reichsrecht bei den Wetterauer Reichsgrafen in Büdingen, Isenburg und Wittgenstein Asyl, ohne daß es zur Bildung von I. gekommen wäre. Erst unter dem Einfluß ekstatisch erregter → Camisarden wie Jean Allut und Elie Marion (deutsche Übersetzung des Théâtre sacré des Cévennes) entstanden vorübergehend in Halle und Berlin I. Seit 1711 fanden sich in der Wetterau 10 I. zusammen, zu denen noch 12 Gebetsgemeinschaften in der Pfalz, in Württemberg und in der Schweiz zu rechnen sind. Sie polemisierten heftig gegen die »falschen« Inspirierten, die sich ihnen nicht anschlossen. Der ehemalige württembergische Pfarrer Eberhard Ludwig Gruber (1665-1728) und der Pfarrerssohn und Sattler J.Fr. → Rock (1678-1749) sowie 6 andere »Werkzeuge« verkündeten in den Versammlungen nach Suggestivgebet, Gesang und Schriftbetrachtung unter heftigen Konvulsionen (Glossolalie, Gliederverrenkungen, Kreischen, Wälzen, »Mundschlappern«) im Ich-Stil Wort und Willen des sich - nach ihrer Überzeugung - neben dem Schriftzeugnis stets neu offenbarenden Gottes in einer Art von Trance. Auf Reisen suchten sie die Zahl der »Erwählten« voll zu machen. Aus Mangel an »Werkzeugen« (zuletzt blieb nur Rock als Prophet übrig) verkümmerten sie rasch. Auswanderungen nach Pennsylvanien und Auseinandersetzungen mit den Herrnhutern lichteten die Reihen. Erst am Anfang des 19.Jh.s bewirkte die → Erweckungsbewegung ein neues Aufflackern der I. Dem energischen Einschreiten der preußischen wie der hessischen Regierungen wichen viele Mitglieder zwischen 1842-46 nach Amerika aus (→ Amana-Society). Die restlichen Gruppen in Deutschland zerfielen.

Kurze, gründliche u. überzeugende Unterweisung von dem inneren Wort Gottes, 1714; 24 Regeln der wahren Gottseligkeit u. hl. Wandels, 1716; Zs.: Geistl. Fama, 1730/40. - M.Goebel, Gesch. der wahren I. von 1688-1850 (ZHTh 24, 25, 27, 1854/55/57) - W.Ha-

DORN, Die Inspirierten des 18.Jh.s mit bes. Berücksichtigung ihrer Beziehungen zur Schweiz (SThZ 17, 1900, 184-224) - CHR.KOLB, Anfänge des Pietismus u. Separatismus in Württ., 1902 - RE IX, 203ff; XXIII, 691 - CH.BOST, Les Prophètes des Cévennes au XVIIIe siècle (RHPhR 5, 1925, 401-430). *E.Beyreuther*

Instituta saecularia → Weltliche Institute.

Institution

1. Sozialwissenschaftlich - 2. Rechts- und Staatswissenschaftlich - 3. Theologisch

1. Vom lat. »institutio« (Anordnung, Einsetzung, Einweisung) abgeleitet, bezeichnet der Begriff in der neueren *Sozialwissenschaft* zweckrationale oder auch nicht-rationale Verhaltensstrukturen von relativer Dauerhaftigkeit, die - historisch entwickelt - den Menschen von der permanenten Neuverwirklichung seiner Lebensantriebe entlasten. Das Problem der I.en stellt sich bes. in der technisch-autonomen »Spätkultur«: Verhaltensweisen, die durch Natur, Sitte und Religion selbstverständlich waren, werden bezweifelt und müssen künstlich gefestigt und gesteuert werden; institutionalisierte Gewohnheiten und Haltungen bestimmen das Leben der → Gesellschaft. Zu dieser »integrativen« (entlastenden) Wirkung der I.en kommt eine »kumulative« hinzu: vorhandene I.en erzeugen in einer bestimmbaren Proportion neue. Die I.en sind dem Strukturwandel der Gesellschaft unterworfen und darum zahlenmäßig nicht definierbar; das Gesamtleben der Gesellschaft kann als »Synthese« von I.en beschrieben werden. Der Begriff beginnt in der positivistischen Sozialphilosophie des 19.Jh.s eine Rolle zu spielen (J.Ch.S.deSismondi, J.St.→ Mill), geht dann bes. in die amerikanische Soziologie, aber auch Geistes- und Gesellschaftsgeschichte des 20.Jh.s ein. Es bleibt dabei offen, ob der Prozeß der I.alisierung logischen, teleologischen oder naturwissenschaftlichen Gesetzen unterliegt (H. → Spencer, V.Pareto) oder ob er kulturmorphologisch regellos erfolgt (Th.Veblen, J.O.Hertzler, B.Malinowski, F.Allport).

2. In der Weiterführung der historischen Rechtsschule, aber auch Hegel-Marxscher Gesellschaftslehre gewinnt der Begriff für die *Rechts- und Staatstheorie* der Jh.wende Bedeutung: wo man den → Staat nicht mehr als göttliche oder naturrechtliche Ordnung, sondern als Integrationszentrum im Gesellschaftsprozeß betrachtet, wird er zur I. unter I.en (E. → Durkheim, L.Duguit). Bes. in der Verfassungstheorie erweist sich institutionelles Denken als fruchtbar (M.Hauriou): Das in der Verfassung zusammengefaßte → Recht entsteht selbst aus der Versachlichung verschiedener gesellschaftlicher Faktoren: der »grundlegenden Idee«, dem »Werk der Gründung« und der »unbestimmten Zahl von milieubedingten Staatsbürgern«. Das Verfassungsrecht nimmt damit teil an der Dynamik der Gesellschaft. Diese I.entheorie ist zwar auch scholastisch-naturrechtlich ausgelegt worden (G. Renard: I.en als »Seinsarten«), aber die in ihr gemeinte Sache konnte weiter in die Rechts- und Staatslehre aufgenommen werden, bes. von R.Stammler (Recht als »stete Bewährung einer absoluten Harmonie des je denkbaren Wollens«), H.Welzel (Recht als »sachlogische Struktur« des je richtigen Verhaltens), H.Heller (Staat als »organisierte Handlungs- und Wirkungseinheit«) und R.Smend (Staat als »Prozeß beständiger Erneuerung« in »persönlicher, funktionaler und sachlicher Integration«). Dieses institutionelle Denken ist zwar lebendiger und anpassungsfähiger als eine thetische Rechtslehre, ist aber vor den Gefahren einer politischen Relativierung des Rechts nur geschützt durch eine stets kritische politische Theorie (Smend: der Staat als »Teil der geistigen Wirklichkeit!«). Dann aber wird es möglich, die positive Rechtsprechung elastisch dem Wandel der sozialen Strukturen anzupassen, geschichtlich »richtiges Recht« zu finden - wobei zwischen I.en im sozialwissenschaftlichen und juristischen Sinn unterschieden werden muß: Der »Sprung« von der einen in die andere bezeichnet den Übergang von der Verhaltensweise in die rechtliche Norm.

3. Diese Intentionen (s. 1. 2) werden neuerdings von der *ev. Theologie* in interfakultativen Gesprächen aufgenommen (zuerst Göttingen 1949), um normative Verhaltensweisen (»Ordnungen«, »Mandate«) theologisch neu zu durchdenken und gemeinsame Fragen zwischen Theologie, Sozial- und Rechtswissenschaft für die Praxis der drei Fakultäten fruchtbar zu machen. Folgende Übereinstimmungen des noch offenen Gesprächs zeichnen sich ab: a) I.en sind gekennzeichnet durch eine strukturelle Einheit von vorgegebener »Stiftung« und aufgegebener »Annahme«. Läßt sich auch ein »Stiftungsakt« biblisch-historisch nicht festlegen, so weisen I.en doch zurück auf einen Ursprung im Herrenwillen Gottes, einem Willen, der dann im gehorsamen Vollzug seinen »Gebotscharakter« offenbar werden läßt. Die Doppelheit von status und actus ist logisch und zeitlich nicht aufhebbar; sie stellt einen strukturellen »Grundbezug« menschlichen Daseins im Lichte des Wortes Gottes dar. - b) Die Zahl von I.en ist nicht limitiert: neben Ehe, Kirche und Staat kommen Sachherrschaft, Arbeit (Wirtschaft) und weitere Rechts- und Sozialverhältnisse in Betracht. - c) I.en sind »gegenseitig unverfügbar«, dh das in ihnen gesetzte Verhältnis ist einmalig, kontingent; eine Überschneidung und Hierarchie von I.en (wie zB im kath.→ Subsidiaritäts-Prinzip) bleibt ausgeschlossen. - d) Für den verpflichtenden Inhalt der I. ist die personale Relation entscheidend (wie sie zB für die → Ehe [: VI] leichter einsichtig zu machen ist als für das → Eigentum [: III. IV]). - e) »Gebotenes« Handeln in den I.en ist vornehmlich gekennzeichnet durch die Momente der Herrschaft und der Stellvertretung (Füreinander).

Schwierig bleibt die Einordnung der I.en in den Gesamtzusammenhang theologischen Denkens: Deutet sich hier auch ein glücklicher Mittelweg zwischen naturrechtlicher Fixierung und positivistischer Relativierung des göttlichen Gebotes an, so bleibt doch die Frage, wie die vorfindlich erkennbaren I.en mit dem Gebot Gottes zusammenhängen. Kann man die Gebundenheit des Menschen in bestimmte I.en auch als glaubensmäßige Gebundenheit im Prozeß der Heilsgeschichte beschreiben (H.Dombois)? Oder muß man sich - indem man zwischen der vorgegebenen »Ontik« der I.en und einer dem Glaubenden aufgegebenen »Noetik« unterscheidet (G.Gloege, E.Wolf) - darauf beschränken, den jeweiligen »Gebotscharakter« eines Lebens in I.en zu erheben (D.Bonhoeffer, K.Barth)? Die I.en müßten dann als ein »zwischenzeitlicher« Ort der Heiligung und Berufung des Christen verstanden werden, wandelbar und steter Erneuerung im »kairos« bedürftig, vor ihrer Verabsolutierung durch die Unterwerfung unter Gottes Gericht bewahrt (H.-D.Wendland). In dieser Form könnte der Begriff der I. in seiner sozial- und rechtswissenschaftlichen Weite rezipiert werden: Theologisches Denken öffnet sich der Faktizität gesellschaftlicher Wirklichkeit, um darin den gebotenen Willen Gottes zu erfragen. Die → »Eigengesetzlichkeit« der I.en wird zur »Gottesgesetzlichkeit«, indem der Glaubende in der I. Gericht und Rechtfertigung erfährt. Damit bleibt eine Mythisierung vorhandener I.en im Banne eines theologischen Konservativismus ebenso ausgeschlossen wie eine dialektische Entgegensetzung von geschichtsbedingter »I.« und kontingentem »Ereignis« (J.L.Leuba). Die I. - als Konkretion des Gebots in der Geschichte menschlicher Gesellschaft -

schließt das »Ereignis« ein, denn sie ist nicht ablösbar von dem aktuell in Freiheit bewährten Glauben.

M.HAURIOU, Leçons sur le mouvement social, Paris 1899 - DERS., Précis de droit constitutionnel, Paris (1923) 1929² - DERS., La théorie de l'I. et de la Fondation (in: La Cité moderne et les transformations du droit, Paris 1925) - R.SMEND, Verfassung u. Verfassungsrecht, 1928 - J.O.HERTZLER, Social I.s, New York 1929 - G.RENARD, La théorie de l'I., 2 Bde, Paris 1930/39 - F.H.ALLPORT, Institutional Behavior, Chapel Hill/N.C. 1933 - ESS VIII, 84ff - H.HELLER, Staatslehre, Leiden 1934 - G.H.MEAD, Mind, Self and Society, Chicago (1934) 1952⁹ - A.GEHLEN, Der Mensch, (1940) 1955⁵ - DERS., Probleme einer soziolog. Handlungslehre (in: Soziologie u. Leben, Festschr. f. C.Brinkmann, 1952, 28-61) - DERS., Urmensch u. Spätkultur, 1956 - B.MALINOWSKI, A Scientific Theory of Culture and Other Essays, Chapel Hill/N.C. 1944 - W.FRIEDMANN, Legal Theory, London (1944) 1953³ - A.MONTANER, Der I.alismus als Epoche amerik. Geistesgesch., 1948 - E.WOLF, Naturrecht u. Gerechtigkeit (EvTh 7, 1947/48, 233-253) - D.BONHOEFFER, Ethik, (1949) 1956³ - Kirche u. Recht, ein vom Rat der EKD veranlaßtes Gespräch über die christl. Begründung des Rechts, 1950 - Die Treysa-Konferenz 1950. Über das Thema »Gerechtigkeit in bibl. Sicht«, Genf 1950 - J.L.LEUBA, L'I. et l'Evénement Neuchâtel 1950; dt. 1957 - H.WELZEL, Naturrecht u. materiale Gerechtigkeit, (1951) 1955² - H.DOMBOIS, Naturrecht u. christl. Existenz, 1952 - DERS. (Hg.), Familienrechtsreform, 1955 - DERS. (Hg.), Recht u. I., 1956 - DERS., Zur Begegnung zwischen Rechtswissenschaft u. Theol. (KuD 3, 1957, 61-74) - H. SCHELSKY, Über die Stabilität von I.en, bes. Verfassungen (Jb. f. Sozialwiss. 3, 1952 [1954], 1-21) - DERS., Ist die Dauerreflektion institutionalisierbar? (ZEE 1, 1957, 153-174) - G.DEHN-E.WOLF, Gottesrecht u. Menschenrecht (ThEx NF 42), 1954 - HWSW V, 294ff - W.-D.MARSCH, Christolog. Begründung des Rechts? (EvTh 17, 1957, 145-170. 193-218) - EKL II, 343ff - H.-D.WENDLAND, Über das Verhältnis von Ontologie u. Eschatologie in der christl. Soziallehre (PhJ 66, 1958, 194-204). *W.-D.Marsch*

Institutum Judaicum, ein Institut, das das Studium der hebräischen Sprache und jüdischen Literatur, zumeist zur direkten oder indirekten Förderung der → Judenmission zur Aufgabe hat. Das erste wurde von Johann Heinrich Callenberg 1728 in → *Halle* gegründet und bestand bis 1792. - In *Berlin* gründete H.L. → Strack 1833 ein I.J., das nach Stracks Tode seinen missionarischen Charakter verlor, 1925 H. → Greßmann, 1928 J. Jeremias zum Leiter bekam und 1933 geschlossen wurde. Aus ihm ging eine lange Reihe »Schriften des I.J.« (seit 1886) hervor. - 1886 gründete Franz → Delitzsch in *Leipzig* das I.J. (später Delitzschianum genannt). Nach seinem Tode übernahm 1890 die Leitung G. → Dalman, 1903 O.v.Harling, der zugleich Missionsdirektor des Ev.-Luth. Zentralvereins für Mission unter Israel war, 1935 H.Kosmala, der das I.J. nach Wien verlegen mußte, wo es 1938 aufgelöst wurde. Von 1934 an hatte es vom Ev.-Luth. Zentralverein für Mission unter Israel die Herausgabe der Zeitschrift »Saat auf Hoffnung« übernommen. Es war getragen und in Anspruch genommen von Missionsgesellschaften verschiedener Konfessionen und Nationen (Skandinavien, Holland, Schweiz, Schottland). 1948 wurde es unter Leitung von K.H.Rengstorf in Münster wieder eröffnet, in Verbindung mit der Universität getragen vom Ev.-Luth. Zentralverein für Mission unter Israel und gefördert von der Franz Delitzsch-Gesellschaft. Der Erfüllung seiner alten Aufgaben, sowohl die Kenntnis des Christentums unter den Juden wie die des Judentums unter den Christen zu fördern als auch den Arbeitern der Judenmission eine wissenschaftliche Ausbildung zu geben, dienen Übungen sowie die jährlich durchgeführten Franz Delitzsch-Vorlesungen, die Fortführung der »Schriften des I.J. Delitzschianum«, die Herausgabe und Übersetzung rabbinischer Texte. Die Bibliothek des Leipziger I.J., die nach 1933 beschlagnahmt und dem »Institut zur Erforschung der Judenfrage« in Jena ausgeliefert wurde und verlorengegangen ist, ist durch eine neue ersetzt. - Ein weiteres I.J. wurde 1956 in *Tübingen* unter Leitung von O.Michel gegründet.

Fünfzig Jahre I.J. Delitzschianum 1886-1936, Wien 1937 - O.v. HARLING (sen.), Um Zions willen, 1952 - O.v.HARLING (jun.), Kirche u. Israel (KJ 80, 1954, 285-335). *W.Holsten*

Instruktionskurse, *apologetische,* gehen auf die Initiative von Carl Gunther Schweitzer zurück, der in Zusammenarbeit mit Helmut Schreiner die »Apologetische Centrale« ins Leben rief (1925-26; → Apologetik: IV, 5). Charakteristisch für diese apologetische Arbeit ist die Besinnung auf die *Methodik.* In Abwehr der für das 19.Jh. kennzeichnenden »alten« → Apologetik (: III, 2) wurde in Weiterführung der Grundkonzeption von Karl → Heim eine »neue Apologetik« statuiert (vgl. C.G. Schweitzer, Antwort des Glaubens, 1929). Ihr ging es um folgende apologetische Instruktionen: Zunächst Kennenlernen und objektive Darstellung der gegnerischen Position, um diese außerchristliche Weltanschauung »besser zu verstehen, als sie sich selbst versteht«. Sodann Richtigstellung der antichristlichen Kritik und Entlarvung ihrer Karikatur. Ferner, als »offensives« Element, Erkennen der »wunden Punkte« und schwachen Stellen mit der Feststellung, daß jene Weltanschauung eine Lösung der entscheidenden Lebensfrage nicht ermögliche. Endlich die positive Darstellung der »Antwort des Glaubens« in konkreter Beziehung zu den Fragen der Zeit und kompromißlose Bezeugung der christlichen Wahrheit. - Man unterscheidet 3 Typen der I.: »Laienschulungskurse« (mit Vertretern verschiedenster Berufsgruppen), »Ständische Kurse«, die auf bestimmte Berufe beschränkt waren, »Führerkurse« zur Ausbildung bes. qualifizierter Kräfte. Die Arbeit der Apologetischen Centrale, die hinsichtlich der apologetischen Lehrgänge einen Höhepunkt erreicht hatte, wurde 1935 verboten. Sie fand nach dem Kriege in den ev. → Akademien eine neuartige Fortsetzung. *W.Künneth*

Intellektualismus, im 19.Jh. entstandener polemischer Begriff, der eine einseitige Überschätzung des Intellektes in Deutung und Vollzug des menschlichen Lebens bezeichnet. Diffuser als → Rationalismus (: I) umfaßt I. geschichtlich und sachlich extrem Divergentes und hat nur als Gegenbegriff zu → Voluntarismus fester umrissenen Gehalt bekommen, so daß I. auch positiv verstandener Titel für eine Lehre werden konnte, die in Ethik oder Metaphysik einen Primat des menschlichen oder göttlichen Intellekts vor dem Willen behauptet.

A.LALANDE, Vocabulaire technique et critique de la philosophie, Paris (1902ff) 1956⁷, 522ff - M.WUNDT, Der I. in der griech. Philosophie, 1907 - P.ROUSSELOT, L'intellectualisme de S.Thomas, Paris (1908) 1936³ - RGG³ III, 300ff - EF II, 1457ff. *L.Oeing-Hanhoff*

Intelligibel. Sein ist nach → Parmenides → Sein des → Denkens und daher auch der Erkenntnis. Dieser doppelte Bezug des Seins beherrscht die Problematik des I.en als des geistig Erfaßbaren gegenüber dem sinnlich Wahrnehmbaren und macht seinen Begriff auf seinem geschichtlichen Gang zum Spiegel letzter Voraussetzungen abendländischen philosophischen Denkens. → Platon vertiefte den Gedanken des Parmenides, indem er die Welt der Erscheinungen in den → Ideen als dem eigentlich Seienden und wahrhaft Wißbaren gründen ließ. Sie sind Objekt des reinen Denkens und bilden die Sphäre des I.en (νοητὸς τόπος, Rep. 508c). Ihre Vielzahl, die in der Idee des Guten als dem »Jenseits des Seins« (ἐπέκεινα τῆς οὐσίας, Rep. 509b) wurzelt, wird im → Neuplatonismus zum Sein des göttlichen Nous, der als i.e Welt (κόσμος νοητός) das Urbild der Erscheinungswelt darstellt. Sein Wesen ist als die Einheit von Denken und Sein Ursprung und Ziel aller Intelligibilität. Die Spekulation der → Patristik, vor allem die → Augustins, identifizierte den mundus intelligibilis mit den Gedanken Gottes als den Urgründen des Seins (rationes aeternae) und gewann so in personifizierter Form eine letzte Einheit, wie sie einem menschlichen Urdesiderat entspricht: Gottes Gedanke ist sein Wort, und sein Wort ist seine Tat (vgl. → Kants intellectus archetypus). Damit war das Fundament gelegt für die Fortführung des patristischen Programms in der Theologie des MA, den Glauben i. zu machen (credo ut intelligam); für das ontologische Argument (→ Gottesbeweise) war im voraus die innere Begründung gegeben, und die → Erkenntnistheorie konnte mit der Voraussetzung arbeiten, daß die objektive Ordnung der Dinge der logischen Ordnung unserer Begriffe korrespondiere, also i. sei. → Wahrheit (: II) wird in diesem Denken primär transzendental-ontologisch verstanden, und alle spekulative Bemühung kann nur die Verifizierung der rationes aeternae in der Welt zum Gegenstand haben, gleichgültig, ob diese am Anfang oder am Ende des Erkenntnisprozesses stehen. → Bonaventura gewinnt über das *Wort* als Gottes Ebenbild ein Verständnis der Ideen, die der Philosoph in Gott zu schauen vermag und die ihm die Intelligibilität der Welt als die in Stufen verwirklichte Exemplarität Gottes (umbra, vestigium, imago) enthüllen. → Thomas von Aquino dagegen schreitet von den sinnlichen Substanzen fort »ad substantias intelligibiles, de quibus principaliter intendimus« (In VII Met. l. 2), und er ergreift in den erarbeiteten species intelligibiles die rationes aeternae. - Die Herrschaft des Philosophems von der Intelligibilität alles Seienden bricht → Ockham. Er kehrt das Verhältnis von Idee und Einzelding um; ihm entschwindet die Welt der rationes aeternae, und die schon in der Vergangenheit wirksamen empiristischen Erkenntniselemente gewinnen die Oberhand. Die konkrete Wirklichkeit abtastend muß das Erkennen die statuierten Begriffe fortgesetzt am Individuellen erproben. An die Stelle der i.en essentiae und ihrer nicht mehr überzeugenden Konsequenzen treten die der mathematischen Methode zugänglichen → Naturgesetze. → Leibniz versucht daher, das I.e als mathesis generalis in einer scientia universalis zu retten: der intellectus ipse als Anlage umgreift es, und es ist das letzte Ziel seiner Aktualisierung. - Dieser rationalen → Metaphysik des I.en versetzte Kant den Todesstoß. Es wird zum unerkennbaren → Ding an sich und ist nur noch in der Sphäre des Ethischen zu greifen: das → Postulat der Freiheit zwingt die praktische Vernunft zur Anerkennung der Existenz des sittlichen Subjekts in einer i.en Welt. - → Hegels Erneuerung der Tendenz der vorkantischen metaphysischen Tradition führte das ontologische Wahrheitsverständnis vergebens zu einer neuen Höhe. Der Marburger → Neukantianismus dagegen verknüpfte die platonische Ideenlehre mit dem naturwissenschaftlichen Gesetzesdenken und versuchte mit Hilfe der transzendentalen Methode, die i.e Welt in eine formale Bewußtseinsgesetzlichkeit zu transformieren. Doch war sein Prozeßdenken nur das Vorspiel einer neuen Metaphysik, die als → Existenzphilosophie den Tod des traditionellen, vom Universalen her verstandenen I.en kündete. - Vgl. → Idee, → Idealismus.

N.Hartmann, Grundzüge einer Metaphysik der Erkenntnis, (1921) 1949⁴ - Eisler I, 761 ff - J.Ritter, Mundus intelligibilis, 1937 - M.Müller, Sein u. Geist, 1940 - Ders., Existenzphilosophie im geistigen Leben der Gegenwart, (1949) 1958 - K.-H.Volkmann-Schluck, Plotin als Interpret Platos, (1941) 1957². *J.Klein*

Intention

1. Philosophisch - 2. Theologisch: a) In der röm.-kath. Sakramentslehre und Moraltheologie - b) Luthers Kritik am i.-Begriff. - I. = Intention, i. = intentio

1. »I.«, bereits in der scholastischen Logik Ausdruck für das erfassende Bezogensein auf etwas (Unterscheidung zwischen »i. prima« und »i. secunda« als zwischen dem Erfassen von Einzeldingen und dem begrifflicher Gebilde, Allgemeinheiten), gewinnt *in der modernen Philosophie* durch → Brentano und → Husserl Bedeutung als Bezeichnung der Grundstruktur des Bewußtseins überhaupt: alles → Bewußtsein ist Bewußtsein-von-etwas, ist gegenständlich bezogen (»I.alität«). Über den bloßen Aufweis dieser Struktur hinaus sieht Husserl in der phänomenologischen Analyse der I.alität (der mannigfaltigen Korrelationen von Akt und Gegenstand, Noesis und Noema) einen Weg, die Konstitution (die »Möglichkeit«) von Gegenständen überhaupt - und damit letztlich der »Welt« - verständlich zu machen (daher, in bewußter Beziehung zur Problematik Kants: »transzendentale → Phänomenologie«). Sein Ansatz wurde einflußreich für einige zeitgenössische Philosophien, so für die Anthropologie und Ethik → Schelers, der das Wesen der Person im Vollziehen von Akten erblickt; vor allem aber für → Heideggers Werk »Sein und Zeit« und damit für die sog. → Existenzphilosophie. In Heideggers wesentlich neuem, u.a. Gedanken der → Lebensphilosophie aufnehmenden Ansatz tritt an die Stelle der »I.alität des Bewußtseins« das »In-der-Welt-sein des Daseins«. Erst durch diesen Ansatz wird nach Heidegger eine Überwindung der cartesischen Trennung von Bewußtsein und Welt möglich, die im Gedanken der I.alität zwar angelegt, doch von Husserl nicht eigentlich vollzogen worden war. Andere zeitgenössische Richtungen, bes. solche positivistisch-sprachanalytischer Prägung halten den Begriff der I. als einer Beziehung zwischen Bewußtseinsakten und Gegenständen für bloße philosophische Konstruktion, der kein aufweisbarer Tatbestand entspreche. Allgemein kann noch heute gelten, was Heidegger 1928 (in der Vorbemerkung zu Husserls Phänomenologie des Zeitbewußtseins) vom Ausdruck »I.alität« sagte: er ist »kein Losungswort, sondern Titel eines zentralen *Problems*«.

J.B.Kosák, Das Wesen der geistigen I.: Das transzendierende Meinen (in: Philosophia, Belgrad 1936, 25-52. 53-66) - E.Fink, L'Analyse intentionnelle et le problème de la pensée spéculative (in: Problèmes actuels de la Phénoménologie, hg.v. H.L.van Breda, Brüssel 1952, 53-87) - G.Funke, Zur transzendentalen Phänomenologie, 1957. - Vgl. die Lit. zu →Husserl u. →Phänomenologie. *H.Delius*

2. a) Für die *röm.-kath. Theologie* sind vornehmlich folgende Unterscheidungen wichtig: hinsichtlich des Aktes der i. selbst i. actualis (i. als bewußter Willensakt), virtualis (als Auswirkung des Willensaktes), habitualis (als nicht mehr festgehaltener, aber auch nicht widerrufener Willensakt, zB bei Trunkenheit, Hypnose oder infolge großen Zeitabstandes von dem Willensakt), interpretativa (als bloß vermutete, zB bei der Spendung der Letzten → Ölung an Bewußtlose); hinsichtlich des Gegenstandes i. explicita, clara, determinata (mit ausdrücklicher, klarer, bestimmter Erfassung des Intendierten) und i. implicita, confusa, indeterminata; hinsichtlich der Willenshaltung i. absoluta (ohne Bedingungen) und i. conditionata (unter Bedingungen).

α) In der Lehre von den → Sakramenten (: I) liegt die Notwendigkeit der i. dogmatisch fest. Der Priester, überhaupt der Spender des Sakraments, nimmt nämlich nach kath. Anschauung eine Mittlerstellung zwischen Gott und Mensch ein; er ist an der Bewirkung der Sakramentsgnade, wenn auch nur in untergeordneter Weise, beteiligt. Um das Wirksamwerden der Gnade zu sichern, ist daher die i., »wenigstens zu tun, was die Kirche tut« (Denz. 854), beim Sakramentsspender erforderlich. Eine weitergehende Forderung als die vom → Tridentinum dogmatisierte kann aus praktischen Gründen nicht erhoben werden; denn die → Taufe (: III) zB kann gültig von jedem Menschen, also auch dem Ketzer, Heiden oder Gottlosen gespendet werden, bei denen man kaum mehr als eine i. implicita und confusa, zu tun, was die Kirche tut, voraussetzen kann. Es genügt der Wille, den religiösen Ritus zu vollziehen, wie ihn die wahre Kirche Christi vollzieht. Strittig war lange, ob eine i. interna notwendig sei. Das Tridentinum hat keine Entscheidung getroffen. Ambrosius Katharinus fand Anklang und Widerspruch mit seiner 1547 literarisch vertretenen These, es genüge eine i. externa, dh die i., den äußeren Ritus ernstlich zu vollziehen, ohne dabei an die geistliche Wirkung zu denken, vielleicht gar mit der geheimen i., sich nur zu belustigen ohne jede wirkliche Absicht, ein Sakrament zu spenden. Für Katharinus spricht das Prinzip der Rechtssicherheit; denn nur die i. externa ist wirklich kontrollierbar. Trotzdem ist die Forderung der i. interna heute zwar nicht Dogma, aber allgemeine Meinung. Das Minimum an i., das gefordert werde, könnten die Gläubigen auch bei den schlechtesten Priestern voraussetzen, so daß kein vernünftiger Grund bestehe, die Gültigkeit der gespendeten Sakramente wegen mangelnder i. anzuzweifeln. Eine Folge ungültiger Ordinationen vor allem, die das ganze sakramentale Leben der Kirche in Frage stellen könnte, werde Christus nie zulassen. Erforderlich ist eine i. determinata, absoluta und mindestens virtualis; i. actualis ist erwünscht. Ein Sakrament, das ohne i. interna gespendet wurde, muß sicherheitshalber konditional wiederholt werden. Auch auf seiten des Sakramentsempfängers ist i. erforderlich, jedoch nur insoweit er im Gebrauch seiner Vernunft ist, also zB nicht bei Säuglingen. Es wird aber eine weniger vollkommene i. gefordert als vom Spender. Passive Neutralität freilich genügt nicht. Die Art der für die Gültigkeit geforderten i. hängt von der Art des Sakraments ab. Nur für den Empfang der Eucharistie als solcher ist keinerlei i. erforderlich. Für den Empfang des Sakraments der Ehe ist nur die i. notwendig, eine Ehe einzugehen; sogar die i., das Sakrament der Ehe auszuschließen, hindert das Zustandekommen des Ehesakraments nicht. Ein besonderes Problem sind die in der Kirchengeschichte begegnenden Zwangsordinationen und Zwangstaufen.

β) Die → Moraltheologie unterscheidet den der Handlung immanenten Zweck (finis operis) und den vom Handelnden darüber hinaus mit der Handlung erstrebten Zweck (finis operantis) oder die Handlung in ihrem Sachgehalt und die i. des Handelnden. Da sowohl die Handlung wie die i., jede für sich genommen, gut oder böse sein können, ergeben sich folgende Möglichkeiten: Ein guter Akt wird durch eine gute i. vermehrt gut. Ein böser durch eine böse vermehrt böse. Ein indifferenter wird durch die i. gut oder böse. Eine schwer sündliche i. macht einen guten Akt total böse. Eine leicht sündliche macht ihn weniger gut oder (nach anderer Meinung) zur läßlichen Sünde. Ein böser Akt wird durch eine gute i. nicht gut. Eine böse i., die nicht der totale und unmittelbare Grund eines guten Aktes ist, macht diesen nur teilweise böse. Es kommt jedenfalls neben der Handlung entscheidend auf die i. an. Es bedarf der bona i. oder, wie die deutschen Katholiken sagen, der *»guten Meinung«*. Es ist nützlich, möglichst oft »gute Meinungen« zu »erwecken« oder zu »machen«. – Eine Zuspitzung bekommt die i.-Lehre durch ihre Verbindung mit der Verdienstlehre (→ Verdienst: IV). Ein Würdigkeitsverdienst (meritum de condigno) wird nur erworben, wenn die i. gemäß 1Kor 10, 31 auf die Ehre Gottes gerichtet ist. Die bona i. fällt hier mit der Gottesliebe zusammen. Durch die Liebe werden gute Akte übernatürlich verdienstlich. Die i. actualis ist zwar wünschenswert, aber nicht erforderlich, zudem praktisch oft unmöglich: man kann im Alltag nicht immerfort an Gott denken. Die i. virtualis genügt. Und diese ist mit dem sakramental eingegossenen Liebeshabitus gegeben, so daß es zum Würdigkeitsverdienst nur noch eines ehrenhaften und moralisch guten Handelns bedarf. – Der i.-Begriff hat einen sehr weiten Anwendungsbereich. Der Priester kann durch seine i. die Früchte der von ihm zelebrierten → Messe Lebenden oder Verstorbenen »zuwenden«. Gebete, zB das Vaterunser, können mit einer i. gesprochen werden: der Papst gibt regelmäßig für bestimmte Zeitabschnitte → »Gebetsmeinungen« bekannt. Zum Erwerb von → Ablaß ist die i. erforderlich, ihn zu erwerben. Viele Ablässe können durch die i. des Erwerbers zwar nicht Lebenden, aber Verstorbenen zugewendet werden.

b) *Luther* kritisiert den i.-Begriff von der Schrift und Gewissenserfahrung her. Beide verurteilen den ganzen Menschen als Sünder. Die Erneuerung des Herzens kann nur im zuversichtlichen Glauben an Christus von Gott erbeten werden. Mit dem Bestreben, eine i. zu machen, bleibt man auf dem Boden der Werke (WA 56, 500, 15 bis 501, 18). Auf diese Weise kommt es nicht zu einer Willensumkehr, sondern höchstens zu einer schwächlichen Willensregung ohne nachhaltige Wirkung, zu einem »Willenchen von einem Willen« (voluntatula voluntatis, aaO 359, 20). Ein gemachter Wille ist nicht echt; er verbirgt dürftig den alten Adam und verführt zum Selbstbetrug. Luther stellt die »boneintentionarii« mit den Juristen zusammen, welche die Gerechtigkeit unter Teilaspekten betrachten (aaO 449, 4). Daß seine Kritik nicht grundlos war, zeigt die Geschichte der → Kasuistik (: III; vgl. → Pascal, Lettres Provinciales VII: De la méthode de diriger l'intention selon les casuistes). – Luther protestiert ferner gegen den spätscholastischen Gedanken, der Mensch könne aus eigenen Kräften die Gebote »nach der Substanz der Akte« erfüllen, werde damit aber der i. des Gesetzgebers nicht gerecht und gehe darum verloren. Diese i. sei, daß der Mensch sich des Gnadenbeistandes bediene. Hier wird die Gnade zu einer Auflage, dh ihrem Wesen zuwider zum Gesetz gemacht und überdies die Gottentfremdung des Menschen bagatellisiert, die es zu einer Gebotserfüllung nach der Substanz der Akte gar nicht kommen läßt. – Auch in der Sakramentslehre ist das Wertlegen auf die i. ein Zeichen von Gesetzlichkeit. Die Sakramentsgabe (→ Sündenvergebung) beruht ganz auf Gottes Vergebungswort, das in Christus, seinem Sterben und Auferstehen, ein für allemal gesprochen ist. Die → Sakramente sind Aufruf und Einladung zum Glauben. Die »Gültigkeit« (dh Gnadenwirksamkeit) der Sakramente kann nicht von der Erfüllung bestimmter Bedingungen abhängig gemacht werden. Gottes Verheißungswort ist gültig. Wo es im Glauben angenommen wird, da ist Vergebung der Sünden; wo nicht, da hilft auch keine i.

Außer den Lehrbüchern der kath. Moral- u. Pastoraltheologie u. Aszetik: RGG[3] III, 2071f (Lit.) – M. Müller, Ethik u. Recht in der Lehre von der Verantwortlichkeit, 1932 – DThC VII/2, 2267ff – A. Hayen, L'Intentionnel dans la philosophie de St. Thomas d'Aquin, (1942) 1954[2] – EC VII, 66ff (Lit.) – S. Breton, Conscience et intentionnalité, 1956.

E. Schott

Interdikt, im kath. Kirchenrecht eine Kirchenstrafe (→ Disziplinarrecht, 1), die, ähnlich wie die → Exkommunikation, den Betroffenen von gottesdienstlichen Gütern ausschließt, jedoch im Unterschied zu ihr seine Gemeinschaft mit der Kirche nicht unterbricht. Das Personal-I. trifft die Gläubigen unmittelbar, das Lokal-I. mittelbar, indem es die Austeilung oder den Empfang dieser Güter an bestimmten Orten untersagt. In beiden Fällen kann es als General-I. verhängt werden, das einen territorialen Bereich (zB Staat, Diözese, Pfarrei) oder Personenkreis (zB die Gläubigen einer Diözese oder

Pfarrei) trifft, oder als Partikular-I., bei dem nur einzelne Stätten oder Personen betroffen sind. Das Lokal-I. zessiert an Weihnachten, Ostern, Pfingsten, Fronleichnam und Mariä Himmelfahrt; ferner ist die Sterbenden-Seelsorge immer erlaubt. Die lokale oder personale Interdizierung eines Staates oder einer Diözese ist dem Hl. Stuhl vorbehalten. Das I. ist im allgemeinen Zensur (→ Strafrecht: III), einzelne Formen können aber auch als Vindikativstrafen verhängt werden. - Das I. hat sich im Früh-MA entwickelt, aber nur bis ins Hoch-MA reale Wirkung gehabt. In der Neuzeit ist es kaum noch verhängt worden (im 20.Jh. nur in engster lokaler Bedeutung).

cc. 2255. 2268-77. 2291 n. 1. 2 CIC - Lehrbücher des kath. →Kirchenrechts - A.Haas, Das I., 1929 - E.J.Conran, The I., Washington 1930 - DDC V, 1464ff. - Gesch.: Plöchl I, 233. 387; II, 349ff - Feine, Reg. s. v. I. - H.Maisonneuve, L'interdit dans le droit classique de l'église (Mélanges L.Halphen, Paris 1951, 465-481).

H.Barion

Interim

1. Als *»Augsburger* I.« bezeichnet man das Reichsgesetz, mit dem nach dem Schmalkaldischen Krieg auf dem sog. »geharnischten« Reichstag von Augsburg die Religionsfrage in → Deutschland (: I, 2a) gelöst wurde (30. 6.1548). Verfaßt von Reformkatholiken wie Julius →Pflug und Michael →Helding und dem ev. Hofprediger Joh. → Agricola, formell eingebracht durch die Kurfürsten Joachim II. von → Brandenburg (: II, 2) und Ottheinrich von der → Pfalz, sollte es zunächst für alle Reichsstände gelten; aber wegen des kath. Widerstandes wurde es zur Sonderregelung für die Protestanten. Mit seinen Lehrartikeln erweist sich das I. als Werk humanistisch-erasmischer Reformkatholiken und kommt den Evangelischen, soweit dies kath. möglich erscheint, entgegen: Rechtfertigungslehre von Regensburg 1541, Messe als Gedächtnis des Opfers Christi, Übergehen von → Ablaß und → Fegfeuer. Auch Restituierung von Kirchengut ist nicht verlangt. Die »große« Konzession an die Protestanten ist vorläufige Gewährung von Laienkelch und Priesterehe. Dagegen sollen kath. Zeremonien in weitem Maße wiedereingeführt werden. - Dieses Augsburger I. wurde von den Katholiken im allgemeinen abgelehnt und von den Gnesiolutheranern (→ Flacius, → Amsdorff u.a.) schärfstens bekämpft. Andere Protestanten nahmen es gezwungen an (Süddeutschland), ließen es sich aufreden oder sagten Annahme zu, ohne etwas zu tun, unter (nachträglicher) Entschuldigung mit der Resistenz der Untertanen. Von den Gefangenen war → Philipp von Hessen nachgiebig, Johann Friedrich von Sachsen blieb fest.

2. Das von → Moritz - ihm war vom Kaiser Integrität in religiöser Hinsicht zugesagt worden - in dem neuen Kursachsen eingeführte *»Leipziger* I.« ist nicht eine »abgeschwächte Form« des Augsburger I.s, sondern das Werk humanistisch geprägter ev. Theologen (→ Georg III. von Anhalt u.a.), die von der ev. Lehre nicht abzuweichen gesonnen, aber bereits seit 1544 um eine hochkirchlich-zeremoniale Kirchenordnung in → Sachsen bemüht waren und behaupteten, mit der neuen Regelung nur den status quo der Mehrzahl der Gemeinden für das ganze Kirchengebiet verbindlich zu machen. - Mit dem Passauer Vertrag bereits waren die beiden I. erledigt; nur hatte der durch das Leipziger I. ausgelöste → Adiaphoristische Streit die Kirche Luthers unwiderruflich gespalten.

J.E.Bieck, Das dreyfache I., 1721 - A.v.Druffel, Briefe u. Akten zur Gesch. des 16.Jh.s III, 1882, bes. 42ff - Schl. IV, 38 259-38 330 - F.Lau, Georg III. von Anhalt (WZ Leipzig 3, 1953/54, 139-152) - E.-O.Reichert, Amsdorff u. das I. (Diss. Halle), 1955 (Masch.).

F.Lau

Interimsethik ist der Terminus, mit welchem A. → Schweitzer die Ethik Jesu nach den Synoptikern (bes. → Bergpredigt) bezeichnete. Sie trägt nach Schweitzer den Charakter eines Interims: Unter dem Eindruck des nahen Weltendes fordert Jesus unter Zurückstellung aller weltlichen Ansprüche eine Buße (μετάνοια) als sittliche Erneuerung, die es bald im Gericht vorzuweisen gilt. Diese Interpretation der Ethik Jesu ist eine Folge der sog. konsequenten → Eschatologie (: IV, 2): Die apokalyptische Naherwartung erfordere eine besondere, weltablehnende, radikale Bereitschaft zum Dienen, dem bald das Herrschen im Reiche Gottes folgen werde. Diese eschatologische Erwartung müsse als dogmatische Hülle gesehen werden, die, einmal abgestreift, das Wesentliche der heroischen Liebesethik Jesu an den Tag bringt. Bei den mannigfachen Versuchen, über Schweitzer hinaus auch die eschatologische Sicht positiv für die → Ethik zu werten, hat der Terminus I. an Bedeutung verloren. In den neueren theologischen Versuchen, das Eschatologische existentiell (Bultmann, Buri), heilsgeschichtlich (Cullmann), christokratisch (Barth) oder pneumatologisch zu verstehen, verliert die Bezogenheit auf das *Ende* der Geschichte an Bedeutung, um dem *Jetzt* als Entscheidung vor Gott Platz zu machen.

A.Schweitzer, Das Messianitäts- u. Leidensgeheimnis, (1901) 1956³ - R.Bultmann, Jesus, (1926) 1951² - G.Sevenster, Ethiek en eschatologie in de synopt. evangelien, 1929 - F.Holmström, Det eskatologiska motivet i nutida teologi, Stockholm 1933; dt.: Das eschatolog. Denken der Gegenwart, 1936 - M.Werner, Die Entstehung des christl. Dogmas, 1941, 36ff - O.Cullmann, Christus u. die Zeit, (1946) 1962² - Ders., Parusieverzögerung u. Urchristentum (ThLZ 83, 1958, 1-12; Lit.) - H.Beintker, Eschatologie u. Ethik (ZSTh 19, 1954, 416-445). Ferner F.Buri u. A.N.Wilder, s. Lit. zu → Eschatologie: IV.

H.van Oyen

International Bible Reading Association, *Internationale Bibellesevereinigung,* 1882 entstanden als Erweiterung der seit 1840 von der interdenominationellen Sunday School Union in England herausgegebenen gemeinsamen Sonntagsschul-Lektionen (International Lessons). Bereits 1910 hatte die I.B.R.A. etwa eine Million Mitglieder; heute arbeitet sie in über 30 Sprachen. In englischer Sprache gibt sie 7 verschiedene Reihen von täglichen Bibellesen heraus, 3 für Kinder verschiedenen Alters, 1 für Jugendliche, 3 für Erwachsene. Verantwortlich für die Veröffentlichungen der I.B.R.A. ist ein Ausschuß, der aus Vertretern der National Sunday School Union, der British and Foreign Bible Society und der Christlichen Studentenbewegung besteht. *H.-H.Schrey*

International Council of Christian Churches, fundamentalistische Gegengründung zum Weltrat der Kirchen (→ Fundamentalismus). Er ging aus dem 1941 von dem Führer einer fundamentalistischen Splittergruppe (Bible Presbyterian Church), Carl McIntire, gegründeten American Council of Christian Churches hervor. Die Führer des I.C.C.C. unterstellen dem Weltrat der Kirchen vor allem eine modernistische, prokommunistische, pazifistische und prokath. Einstellung. Der Versuch, die Veranstaltungen der → ökumenischen Bewegung zu stören, wurde außer in Amsterdam 1948 auch auf dem Missionsfeld unternommen (1951 panamerikanische ev. Konferenz in São Paulo, Brasilien, aus der die Latin American Alliance of Christian Churches entstand; in Manila Konferenz christlicher Kirchen in Asien), jedoch ohne größeren Erfolg. Die - wahrscheinlich viel zu hoch angegebenen - Zahlen der Anhänger in den USA schwanken zwischen 1-2 Mill.

C.McIntire, Modern tower of Babel, Collingswood/N.J. 1949 - R.L.Roy, Apostles of Discord, Boston 1953 - F.E.Mayer, The religious bodies of America, St.Louis 1954, 502. *H.-H.Schrey*

Internationale judenchristliche Allianz → Judenchristentum: II.

Internationaler Missions-Rat

1. Historische Voraussetzungen - 2.-4. Die Edinburgher Konferenz und ihre Weiterarbeit - 5. Gründung des IMC - 6.-11. Konferenzen des IMC - 12. Die Beziehungen zwischen IMC und Ökumenischem Rat der Kirchen

1. Die *historischen Voraussetzungen* des 1921 gegründeten IMC (International Missionary Council) bilden die der Zusammenfassung aller Arbeit in der Mission dienenden Bemühungen im 19.Jh. Es sind dies: die Missionskonferenzen in Asien, die sechs Missionskonferenzen in England und den USA zwischen 1854 und 1900, die ständigen beratenden Körperschaften im Westen, die sich mit dem Missionseinsatz befaßten (dazu gehörten die Kontinentale Missionskonferenz [1866], der Ausschuß der deutschen ev. Missionen [1885] und die Foreign Missions Conference of North America [FMC, 1893]), sowie die Entwicklung christlicher Studentenbewegungen (→ Studentengemeinde: I; → Studentenbund für Mission) und des Christlichen Studentenweltbundes (1895).

2. *Die Weltmissionskonferenz von Edinburgh* (1910) stand am Beginn der → Ökumenischen Bewegung. Aus der Konferenz ist mittelbar die Bewegung für Glauben und Kirchenverfassung (Faith and Order; H. → Brent) erwachsen, primär jedoch - durch den von ihr eingesetzten Fortsetzungsausschuß - der IMC. An der Konferenz nahmen 17 außerordentlich befähigte asiatische Kirchenmänner teil, die die zukünftige Bedeutung der → »jungen« Kirchen in der Weltchristenheit symbolisierten. Edinburgh war ferner ein starker ökumenischer Impuls für eine Anzahl jüngerer Männer, u.a. John → Baillie, Otto → Dibelius, William → Temple. - Die Konferenz beeinflußte vor allem die Planung des missionarischen Einsatzes, intensivierte die Gebefreudigkeit, schuf neue Unternehmungen christlicher Zusammenarbeit und legte drei Grundsätze für eine ökumenische Organisation fest: proportionale und offizielle Repräsentation, Vertretung aller Konfessionen, Kompromißlosigkeit hinsichtlich der wesentlichen Glaubensgrundsätze, jedoch ohne volle und vorher festgelegte theologische Übereinstimmung. - Für die Bildung eines internationalen Rates für missionarische Zusammenarbeit wurde ein Fortsetzungsausschuß gebildet.

3. Der *Fortsetzungsausschuß* und seine Untergruppen erfüllten unter J.R. → Mott als Vorsitzendem und J.H. → Oldham als Sekretär noch vor 1914 einen Teil ihres Auftrages. Seit 1912 erschien »The International Review of Missions« (IRM). Motts Reisen in Asien führten zur Gründung Nationaler Christenräte (→ Einigungsbestrebungen: V, 3). Die Entstehung ähnlicher Institutionen in Europa und Afrika schuf die Grundlagen für eine weltweite Zusammenarbeit. - Während des 1. Weltkrieges wurde der Fortsetzungsausschuß weitgehend arbeitsunfähig. Gleichwohl wirkte sein Sekretariat (1913 kam Kenneth Maclennan, 1916 Betty D.Gibson als Mitarbeiter Oldhams dazu) mit Hilfe der Conference of British Missionary Societies (CBMS) weiter, Mott durch die FMC. Die Frage der deutschen → Missionen (: I) stand im Vordergrund. Oldham konzentrierte seine Arbeit auf die Erhaltung der Freiheit der Mission.

4. Die CBMS und die FMC schufen, die vorangegangene Arbeit aufnehmend, 1918 das *Emergency Committee of Cooperative Missions*. Oldham arbeitete als dessen Sekretär weiter; Art. 438 des Versailler Vertrages, der das deutsche Missionseigentum von der Enteignung ausnahm und den deutschen Missionen zurückgab, war in erster Linie sein Verdienst. Der Ausschuß führte die schwierige Aufgabe der Versöhnung durch, und die nordamerikanischen und europäischen Missionsgesellschaften forderten die internationale Zusammenarbeit der Missionen.

5. Der IMC wurde im Okt. 1921 offiziell in Lake Mohonk (N.Y.) gegründet. Wegen der unerledigten Kriegsschuldfrage war der deutsche Ausschuß nicht vertreten, doch trat er dem IMC bei. Der IMC regte die Arbeit an den Fragen eines weltumfassenden Einsatzes der Missionen an, trat für religiöse Freiheit und damit für die der Mission ein, gab die IRM heraus und wurde ermächtigt, Weltmissionskonferenzen einzuberufen. - 1921 eröffnete A.L.Warnshuis (1877-1958) das New Yorker Büro des IMC, 1927 William → Paton das Londoner Sekretariat im Edinburgh House. Zu den wichtigsten Fragen der 20er Jahre gehörten die Bemühungen um die Wiederaufnahme der Arbeit deutscher Missionen in Übersee, ferner die → Juden- und Mohammedanermission (→ Islam: III), afrikanische Angelegenheiten, die Arbeit in Lateinamerika, die Rassenfrage (→ Rasse: III) und die Schaffung christlicher Literatur für Asien und Afrika.

6. Die 1. Versammlung des IMC auf dem Ölberg in *Jerusalem* (1928) war eines der großen Ereignisse der Ökumene. Von den 251 Teilnehmern kam nahezu ein Viertel aus Asien, Afrika und Lateinamerika. Zum ersten Mal waren die »jungen« Kirchen stark vertreten, und ihre Selbständigkeit wurde als Ziel der Missionsarbeit betont. Christlich-soziale Anliegen wie die Rassenfrage, dörfliche und industrielle Probleme sowie der → Säkularismus (: III) wurden erörtert. - Gegenüber den vorherrschenden religionsgeschichtlichen Aspekten stand die Christologie im Zentrum, wie die von W.Temple entworfene Botschaft zeigt. M. → Schlunk, K. → Hartenstein, H.Kraemer sahen sich gleichwohl veranlaßt, das theologische Klima der Konferenz zu kritisieren. Damals wurde das Committee on the Christian Approach to the Jews (→ Judenmission) gebildet; bemerkenswerte neue Missionsbewegungen in Japan und China erhielten hier ihren Anstoß. Die in Jerusalem gewonnenen Erfahrungen veranlaßten Oldham, als Vorbereitungssekretär für die Konferenz von Oxford 1937 zu fungieren. - Kurz nach Jerusalem gründete der IMC sein von J.Merle → Davis geleitetes Department of Social and Economic Research sowie sein International Committee on Christian Literature for Africa. - 1934 erlebte die deutsche Missionsarbeit infolge der staatlichen Einschränkung von Geldüberweisungen auf die Missionsfelder eine Krise; der IMC trat sofort mit aller nur möglichen Unterstützung in Aktion. - In den 30er Jahren half der IMC den Bewegungen für Glauben und Kirchenverfassung und für Praktisches Christentum (→ Ökumenische Bewegung, 1. 2) vor allem in organisatorischen Fragen. 1938 wurde Paton einer der beiden Generalsekretäre des Ökumenischen Rates der Kirchen (World Council of Churches) und führte diese Tätigkeit ohne Aufgabe seines IMC-Postens bis zu seinem Tode 1943 weiter.

7. Bei der *Konferenz von Tambaram* (1938) im Madras Christian College (Südindien) waren die Kirchen Asiens und Afrikas zahlenmäßig so stark vertreten wie nie vorher. H.Kraemers für Tambaram geschriebenes Buch »Die christliche Botschaft in einer nichtchristlichen Welt« betonte die radikale Diskontinuität zwischen der Offenbarung Gottes in Jesus Christus und jeglicher sog. natürlicher Offenbarung in der nichtchristlichen Religion und hatte einen starken Einfluß auf die Konferenz. Leidenschaftlich betonten die »jungen« Kirchen die Notwendigkeit der sichtbaren Einheit der Kirchen um ihres Zeugnisses willen. Im übrigen ging es in Tambaram um die Ausbildung der geistlichen Amtsträger, die wirtschaftlichen Grundlagen der selbständigen Kirchen, die christ-

liche Literatur und das Zeugnis der »jungen« Kirchen in den sozialen Verhältnissen ihrer Umwelt. Tambaram schloß Kirchen und Missionen unter der Vorahnung des kommenden Krieges neu zusammen.

8. Der vom IMC getragene *Orphaned Missions Fund* (Fonds für verwaiste Missionen) betreute von 1940-55 die während des 2. Weltkrieges von der Heimat abgeschnittenen Missionen und Missionare; er hieß später Inter-Missions Aid (Hilfe von Mission zu Mission). Mehr als 10 Mill. Dollar trugen dazu bei, daß europäische, bes. deutsche Missionen ihre Arbeit im Kriege fortsetzen bzw. später wieder aufnehmen konnten.

9. Der IMC trat 1947 erneut zu einer Konferenz in *Whitby* bei Toronto (Kanada) zusammen; sie war eine erneute und theologisch klare Demonstration für die Einheit der Weltchristenheit. Whitby unterstrich die Untrennbarkeit von Kirche und Mission und wies auf die Verantwortung der Kirche für die missionarische Verkündigung des Evangeliums in der ganzen Welt hin, wobei die Losung von Edinburgh (1910) ihrem Sinn entsprechend gedeutet wurde: »Evangelisation der Welt« (→ Mission und Evangelisation) bedeutet nicht Bekehrung der Welt. Die Forderung nach »expectant evangelism« (erwartungsvoller Verkündigung) entsprang dem Glauben, daß unter Christi Herrschaft über alles Leben nur eine totale Verkündigung seitens der ganzen Kirche die Sendung der Kirche in der Welt erfüllt. Die Konferenz rief die »jungen« und »alten« Kirchen zu der in Christus gegebenen Einheit und folglich zur »Partnerschaft im Gehorsam« gegen den Willen Gottes auf. - Die 40er Jahre brachten einen umfassenden Wechsel in der Leitung des IMC. Oldham war 1938 zurückgetreten. Als sich 1942 auch Mott zur Ruhe setzte, wurde James C. Baker Präsident. Ihm folgte 1947 John A. → Mackay. John W.Decker wurde Nachfolger von Warnshuis, Norman Goodall von Paton. Im selben Jahr wurde Charles W.Ranson erster Generalsekretär. 1949 traten Glora M.Wysner und Erik W.Nielsen (der letztere mit der Forschungs- und Studienarbeit betraut) in das Sekretariat ein. 1951 wurde Rajah B.Manikam zugleich für den Ökumenischen Rat der Kirchen Sekretär für Ostasien.

10. Im Sommer 1952 trat der IMC in *Willingen* (Deutschland) zusammen. Man bemühte sich, die Theologie der Mission im Zusammenhang der Frage nach der Kirche neu zu bestimmen. Die Konferenz stellte fest, daß die Mission zum Sein der Kirche gehört, und verflocht aufs engste die Mission der Kirche mit der Frage ihrer Einheit. Zwar konnte man sich nicht im einzelnen über die theologische Grundlegung der missionarischen Verpflichtung der Kirche einigen, bes. in der Frage ihres eschatologischen Verständnisses. Doch wurde festgestellt, daß die Mission im dreieinigen Gott begründet ist (→Mission: III) und sie sich stets nur »unter dem Kreuz« lebend verstehen kann. Darüber hinaus untersuchte man u.a. die Frage der Berufung des Missionars (→Missionarsausbildung), die Rolle der Missionsgesellschaft und die Formen missionarischen Einsatzes (→ Missionswissenschaft: I).

11. Die jüngste Vollversammlung des IMC fand 1958 in → *Ghana* statt. Die wichtigste Entscheidung war die grundsätzliche Annahme eines Planes für die Integration des IMC mit dem Ökumenischen Rat der Kirchen. Man erwartet, daß der vorgeschlagene Plan auf der 3. Vollversammlung des Ökumenischen Rates (1961) angenommen wird. - Die in Willingen besprochenen theologischen Fragen wurden in Ghana vertieft. Besonderen Nachdruck legte der IMC auf das theologische Studium in den Kirchen Asiens und Afrikas. Generalsekretär Ranson wurde Direktor einer Stiftung für den Ausbau theologischer Seminare. Roland K.Orchard und George W.Carpenter wurden als neue IMC-Sekretäre bestätigt; J.E.Lesslie Newbigin, Bischof in der Kirche von → Südindien, wurde in der Nachfolge Mackays zum neuen Präsidenten, Walter Freytag u.a. zu Vizepräsidenten gewählt.

12. Die *Beziehungen zwischen IMC und Ökumenischem Rat der Kirchen* begannen 1939 durch den Verbindungsausschuß beider Räte und erlangten nach der Vollversammlung von Amsterdam (1948) wachsende Bedeutung. Die beiden Räte unterhielten den Ökumenischen Pressedienst, die Kommission der Kirchen für internationale Angelegenheiten (Commission of the Churches on International Affairs), das Ostasien-Sekretariat (das 1957 von der East Asia Christian Conference und deren Generalsekretariat abgelöst wurde) und seit 1954 die Studienabteilung des Ökumenischen Rats. Sie unternahmen im Rahmen der zwischenkirchlichen Hilfe gemeinsame Unterstützungsaktionen. Seit 1948 bezeichneten sich beide Räte offiziell als »in Verbindung mit« dem anderen stehend. Gleichzeitig war man weithin überzeugt - eine Überzeugung, die in Asien stark war, in Nordeuropa und Lateinamerika jedoch Bedenken begegnete -, daß beide Räte aus theologischen und praktischen Gründen nicht länger getrennt nebeneinander bestehen, sondern sich im Ökumenischen Rat der Kirchen als einer Bewegung für Mission und Einheit zusammenschließen sollten.

A.W.SCHREIBER, Die Edinburger Weltmissionskonferenz, 1910 - World Missionary Conference, 9 Bde, London 1910 - Minutes of the IMC, New York/London 1921ff - The Jerusalem Meeting of the IMC, 8 Bde, London 1928 - M.SCHLUNK, Von den Höhen des Ölberges, 1928 - DERS. (Hg.), Das Wunder der Kirche unter den Völkern der Erde, 1939 - The World Mission of Christianity, 1928 - The Tambaram/Madras Series, 9 Bde, London 1939 - The World Mission of the Church, 1939 - W.FREYTAG-K.HARTENSTEIN-C.IHMELS, Der große Auftrag, 1948 - C.W.RANSON, Renewal and Advance, 1948 - K.S.LATOURETTE-W.R.HOGG, World Christian Community in Action: World War II and Orphaned Missions, 1949 - W.R.HOGG, Ecumenical Foundations: A History of the IMC and its Nineteenth Century Background, 1952 (Lit.); dt.: Mission u. Ökumene, 1954 - N.GOODALL (Hg.), Missions under the Cross, 1952 - W.FREYTAG (Hg.), Mission zwischen Gestern u. Morgen, 1952 - DERS. (Hg.), Mission in der gegenwärtigen Weltstunde, 1958 - R.ROUSE-S.C. NEILL, A History of the Ecumenical Movement 1517-1948, 1954; dt. 1957/58 - W.ANDERSEN, Auf dem Wege zu einer Theol. der Mission, 1957 - R.K.ORCHARD, The Ghana Assembly of the IMC, London 1958.

W.R.Hogg

Intonation, 1. im → gregorianischen Gesang die vom Geistlichen angestimmten Anfangsworte eines liturgischen Stückes, das dann vom → Chor weitergeführt wird; in der → Messe (: IV) »Gloria in excelsis Deo« und »Credo in unum Deum« (Beginn des → Gloria und des → Credo). Die I. ist bei den achtzehn verschiedenen Gloria-Melodien, die das → Graduale enthält (von denen jedoch nur fünf häufiger gebraucht werden), zT von hoher Schönheit, obgleich sie jeweils nur wenige Töne umfaßt. Für die I. des Credo gibt es nur zwei Weisen; die ältere (aus dem 11.Jh.) hat → Bach, an den Brauch der I. anknüpfend, als große siebenstimmige Fuge ausgestaltet dem Credo der → h-moll-Messe vorangestellt. - 2. Kurze improvisierte oder aufgezeichnete Orgelstücke, die dazu dienen, für einen folgenden liturgischen Gesang die Tonart anzugeben oder das Gemeindelied einzuleiten (zB von A. und G. → Gabrieli 1593, B.Schmid d.J. 1607, J.E.Kindermann, S.Scherer). - 3. Der Ausgleich der Töne eines Musikinstruments, so bes. der einzelnen Pfeifen eines Registers bei der → Orgel.

MGG VI, 1365ff.

S.Hermelink

Introitus

1. Kirchenmusikalisch - 2. Liturgisch

1. *Kirchenmusikalisch* ist der I. (von introire »hineingehen«) ursprünglich der Gesang vor Beginn der

→ Messe, beim Einzug des Liturgen in die Kirche: Zunächst ein Psalm, der dann, wohl im 5.Jh. (Papst Cölestin?), durch eine → Antiphon ergänzt wurde, die das Volk, später die Schola cantorum nach jedem Vers sang, bis die Zeremonie beendet war. Als Gesang der Schola wurde diese Antiphon kunstvoller und ausgedehnter, so daß sie Hauptbestandteil des I. wurde. Der Psalm trat zurück. Schon seit dem 8.Jh. begann man, nur einen Vers und die kleine → Doxologie zu singen; die I.-Antiphon wird seitdem vor dem Psalm und nach der Doxologie gesungen. Dem römischen I. entsprechen ähnliche Gesänge in den übrigen lat. Liturgien; nur in Mailand entbehrt die »Ingressa« des Psalms. Der I. ist ein → de tempore-Gesang. Sein Text ist der Hl. Schrift, zumeist dem Psalter entlehnt. Seine ersten Worte sind vielerorts zu Namen des betreffenden Sonntags geworden. Im frühen MA ist der I. gern tropiert worden (→ Tropus); später wurde er durch Orgelspiel bereichert, das ihn einleitete oder mit ihm alternierte. In der Reformation wird der I. teils beibehalten, oft in deutscher Übersetzung, teils durch ein Gemeindelied ersetzt; auch die Verbindung beider Möglichkeiten wird versucht.

P.Wagner, Einführung in die gregor. Melodien I, (1895) 1911^{3}; III, 1921 - DACL VII, 1212ff - J.A.Jungmann, Missarum sollemnia I, (1948) 1949^{2}, 397ff - Leiturgia II, 59ff - MGG VI, 1375ff.

E.Jammers

2. Da Luther den Ersatz des I. durch ein Gemeindelied kannte - die Gloria-patri-Strophen im EKG erinnern daran -, sollte eigentlich (in luth. Liturgien!) die Form des I. nur da ein liturgisches Problem sein, wo es kein Gemeindelied als I. gibt. Ein solches, womöglich noch mit Gloria-patri-Strophe, *und* I. (ob als »Eingangsspruch« des Pfarrers und - von ihm oft in unschöner Weise eingeführtes - Gloria patri der Gemeinde, ob als strenger I. im Sinne röm. Überlieferung [VELKD]), ist eine freilich schwer zu beseitigende Verdoppelung dieses Liturgiestückes.

Leiturgia II, 59-67 (J.Beckmann). *W.Jannasch*

Intuition. Als »I.« (von lat. »intueri« = anschauen) bezeichnet man allgemein das gleichsam schauende Erfassen von etwas (zB einer theoretischen Sachlage, einer Situation, eines Charakterzuges), sofern es sich plötzlich einstellt und in der Regel von einem Gefühl zweifelloser Wahrheit der so gewonnenen Einsicht (Evidenz-Erlebnis) begleitet ist. Als eine Art höherer, »intellektueller« → Anschauung (wie sie ursprünglich → Plato im Begriff der νόησις als nichtsinnlichen Schauens der Ideen konzipierte) wird die I. häufig dem diskursiven → Denken gegenübergestellt, durch das der menschliche Verstand, einzelne Momente aufsammelnd und verknüpfend, der Erkenntnis eines komplexen Zusammenhanges zustrebt, während ein intuitives Erfassen aller Zusammenhänge nur einem göttlichen Wesen zugedacht werden könne (vgl. zB Kant, Kritik der reinen Vernunft, B 72). → Schelling charakterisiert die intellektuelle Anschauung als »ein Wissen, das zugleich ein Produzieren seines Objektes ist«. - Im besonderen ist jedoch die häufig als »schöpferische Eingebung«, »Inspiration« bezeichnete I. zB des Künstlers, in der sich diesem die anschauliche individuelle Ausdrucksgestalt für ein ihm Vorschwebendes offenbart, von der theoretischen I. zu unterscheiden, in der eine allgemein geltende Sachlage erfaßt wird. Mathematiker, Naturwissenschaftler, auch Erfinder, berichten vom intuitiven, plötzlichen Finden einer lange vergeblich gesuchten Lösung. In systematischer Weise versuchte die → Phänomenologie die I. (als »Wesensschau«) zur Gewinnung evidenter Einsichten in die Struktur der Welt (des → Bewußtseins) einzusetzen. Von ihrer philosophischen Deutung sind zu unterscheiden die Versuche psychologischer Erklärung der I., die zB vermittels der Hypothese einer unbemerkten Aktivität des Unterbewußten unternommen worden sind. - In einem anderen Sinn des Ausdrucks bezeichnet man als I. das von Evidenz begleitete Erfassen elementarer, nicht mehr auf andere reduzierbarer (in einem weiten Sinne des Wortes) logischer Verhältnisse. So liegt in der Konzeption des → Descartes der Philosophie als einem System streng demonstrierbarer Erkenntnisse unbezweifelbare I. (mentis intuitus) zugrunde, und → Leibniz sagt in offenbar ähnlichem Sinne von den ursprünglichen Wahrheiten, daß sie aus sich selbst verstanden werden. Chr. → Wolff unterscheidet bereits im Sinne der heutigen Terminologie »intuitive« von »diskursiven« Urteilen. Auch bei den sog. englischen Empiristen findet sich Analoges: → Locke spricht von einer intuitiven Kenntnis der Axiome, und ähnlich erkennt → Hume dem Erfassen bestimmter »Relationen von Ideen« intuitive Evidenz zu. - Einen wiederum anderen Sinn hat der Ausdruck »I.« schließlich da, wo durch ihn das unmittelbare Innewerden eines irgendwie gearteten, aber jedenfalls nicht rational erfaßbaren Seins bezeichnet werden soll. Hierher gehört die Gottesanschauung der → Mystik sowie Theorien, nach denen in I. das unendliche → Sein, die absolute → Wirklichkeit, der Urgrund der Dinge u.ä. zu einer unmittelbaren Gegebenheit kommen soll. Für die neuere Philosophie ist hier bes. → Bergson zu nennen, der die I. als unmittelbares Erfassen der vom lebendigen Strom des Seins unaufhörlich neu hervorgebrachten individuellen Gestaltungen der verstandesmäßigen, sie veräußerlichenden und zerstörenden Zergliederung dieser Wirklichkeit gegenüberstellt. Ferner gehören hierher die Konzeptionen eines unmittelbaren Erfassens fremder Individualität durch Einfühlung und → Sympathie sowie vor allem → Diltheys, auch für → Geisteswissenschaften und → Psychologie einflußreich gewordene Konzeption eines (nacherlebenden) → Verstehens geschichtlicher und psychischer Zusammenhänge.

J.König, Der Begriff der I., 1926 - Eisler I, 773ff - A.Hufnagel, I. u. Erkenntnis nach Thomas v. Aquin, 1932 - S.J.Day, Intuitive Cognition. A Key to the Significance of the later Scholastics, St. Bonaventure/N.Y. 1947. *H.Delius*

Investitur, im kanonischen Recht des MA die Einweisung eines Geistlichen in ein Amt. Im Früh-MA war sie, angelehnt an den deutschrechtlichen Begriff der I. als der körperlichen Übereignung eines Grundstücks, zunächst die wesentlich private, sachenrechtliche, wie jene durch ein Symbol (I. zB mit Kirchenbuch, Glockenseil) bewirkte Leihe einer → Eigenkirche durch deren (laikalen) Herrn. Von den niederen Eigenkirchen griff diese Laien-I. dann Ende des 9.Jh.s auf die Bistümer und Abteien über, bei denen zu der sachenrechtlichen und primär als nutzbares Recht gedachten Leihe der Güter und der mit ihnen zusammenhängenden Rechte durch den Landesherrn die Übertragung öffentlich-rechtlicher Befugnisse hinzutrat. Indem diese I. mit Ring und Stab geschah, was im ganzen Abendland üblich wurde, machte sie zugleich die öffentlich-rechtliche Kirchenhoheit des Landesherrn sichtbar. Die weltlich-rechtlichen → Regalien und die geistlich-rechtlichen Amtsrechte der Bischöfe und Äbte wieder zu trennen, wurde im I.streit (→ Kaisertum und Papsttum, 5; → Papsttum: II) ernsthaft nur von staatlicher Seite versucht, während von kirchlicher Seite an ihrer Zusammengehörigkeit festgehalten und mit praktisch fast vollem Erfolg angestrebt wurde, die Regalien zu einem Annex der kirchlichen Rechte der geistlichen Reichsfürsten zu machen. Die im 12.Jh. erfolgende Trennung der Laien-I. von der Konsekration und ihre Umwandlung aus einer I. mit Ring und Stab in die Zepter-I. hatte für die Wahrung der staatlichen Rechte nur geringe Bedeutung. – Im geltenden kanonischen Recht ist der Terminus I. unbekannt; der Sache nach wird darunter die dritte Stufe bei der Besetzung eines benefizialen → Kirchenamtes, die Amtseinweisung, verstanden.

PLÖCHL I. II - FEINE (jeweils Reg. s. v. I., I.streit; Lit.) - DDC VI, 17ff (Lit.) - A.BECKER, Studien zum I.problem in Frankreich (Schriften der Univ. des Saarlandes), 1955 - G.B.BORINO, L'investitura laica dal decreto di Niccolò II al decreto di Gregorio VII (Studi Gregoriani V), Rom 1956, 345ff. *H.Barion*

Invitatorium → Stundengebet.

Inzensation (Beräucherung) → Weihrauch, 2.

Joachim von Fiore (ca 1130–1202), Exeget, Geschichtsdenker und Ordensgründer. Der Notarssohn aus Celico bei Cosenza wurde nach einer Palästinareise Zisterzienser in Sambucina, vor 1177 Abt in Corazzo, verließ aber um 1190 den Orden und gründete im kalabrischen Sila-Gebirge das Kloster S.Giovanni in Fiore und den Florenser-Orden, der sich nur in Italien verbreitete und im 17.Jh. erlosch. Viel wirksamer wurde die in unablässig grübelnder, historisch-typologischer → Schriftauslegung (: IV) begründete Lehre J.s, daß dem alttestamentlich-synagogalen Zeitalter Gott-Vaters und dem in 42 Generationen ihm analog verlaufenden neutestamentlich-klerikalen Zeitalter des Gottes-Sohnes bald ein drittes, mönchisches Zeitalter des Hl. → Geistes (: V, 4) folgen werde. Damit wollte J. die Kirchenlehre nicht anfechten, sondern an einem Wendepunkt »geistig verstehen« und weiterführen. Auch Päpsten und Königen seiner Zeit galt er als prophetischer Exeget. Nur ein (verschollener) Trinitäts-Traktat, der gegen → Petrus Lombardus polemisierte, wurde vom Laterankonzil 1215 verurteilt (→ Innocentianum). Erst seit ca 1240 galt J. den → Spiritualen der → Franziskaner als Prophet ihres Ordens; seine Schriften, die sie eigenmächtig ergänzten und aktualisierten (Pseudo-J.-Kommentare zu Jer, Jes u.a.), galten ihnen als »Evangelium aeternum« der mit ihnen anbrechenden Geist-Zeit. Seitdem wirkte J.s Lehre immer wieder als Verheißung einer Zeitenwende zu religiöser Vergeistigung.

Werke: Concordia novi ac veteris testamenti, Venedig 1519; Expositio in Apocalypsim; Psalterium decem chordarum, ebd 1527; Tractatus super IV Evangelia, ed. E.BUONAIUTI, 1930; De articulis fidei, ed. DERS., 1936; Adversus Judeos, ed. A.FRUGONI, 1957; Liber figurarum, ed. L.TONDELLI, (1940) 1953^{2}; De vita et regula S.Benedicti, ed. C.BARAUT, Analecta sacra Tarraconensia 24, 1951, 33-122; De septem sigillis, ed. M.REEVES u. B.HIRSCH-REICH, RThAM 21, 1954, 211-247. - Über J.: H.DENIFLE, ALKGMA 1, 1885, 49-142 (grundlegend) - H.GRUNDMANN, Studien über J.v.F., 1927 - DERS., Neue Forschungen über J.v.F., 1950 - E.BUONAIUTI, Gioacchino da F., 1931 - E.BENZ, J.-Studien (ZKG 50, 1931, 24-111; 51, 1932, 415 bis 455; 53, 1934, 52-116) - DERS., Ecclesia spiritualis, 1934 - J.CHR. HUCK, J.v.F. u. die joachit. Lit., 1938 - F.FOBERTI, G. da F. e il Gioachinismo antico e moderno, 1942 - L.TONDELLI, Da G. a Dante, 1944 - K.A.FINK in: Große Geschichtsdenker, 1949, 95-110 - F.RUSSO, Bibliografia gioachimitica, 1954 (dazu kritisch: B.HIRSCH-REICH, RThAM 24, 1957, 27-44) - M.W.BLOOMFIELD, J. of F., a critical survey (Traditio 13, 1957, 249-311; Lit.). *H.Grundmann*

Jobeljahr ist nach Lev 25, 8–10 jedes 7. Sabbatjahr (→ Erlaßjahr; daher die sich auf dieses beziehenden Verse 11f. 19–22), also jedes 49. (8) bzw. bei Mitzählung des vorhergehenden J.es das 50. (10f) Jahr (zur Terminberechnung vgl. Lev 23, 15f). Der Name ist nicht von jôbel »Widder(horn)« (daher Luther: Halljahr) abzuleiten (vgl. RH III, 5. 3), sondern wohl von jbl »bringen« (vgl. akkad. biltu »Ertrag, Geschenk«). Die Institution des Jobel bezweckt die boden- und personenrechtliche Restitution (→ Armenpflege: II, 2b; → Eigentum: I, 2): In dem von allen Israeliten gleichzeitig zu begehenden (Lev 25, 10; gegen North) »J.« soll (aus Not) verkaufter Grundbesitz sowie Hausbesitz in Dörfern und Levitenstädten an den ursprünglichen Besitzer zurückfallen (Lev 25, [14a]. 15f. 25–28. 31. 32f; vgl. 13. 23); wer sich selbst verkaufen mußte, soll (nicht wie Ex 21, 2; Dtn 15, 12 nach 6 Dienstjahren, sondern) im J. »zu seiner Sippe zurückkehren« (39–41. [47–54]; vgl. 10: d^{e}rôr »Freilassung«). In diese wohl in der Exilszeit entworfene, aber kaum je durchgeführte (vgl. bArak 32b. 33a) Konzeption wurde die konkurrierende ältere Institution der g^{e}ullā, des Rückkaufs, zu dem Verwandte in bestimmter Reihenfolge berechtigt bzw. verpflichtet waren, eingearbeitet (25. 31. 32; vgl. 24), dabei gegenüber Jer 32, 6ff; Ruth 4 etwas erweitert (Lev 25, 26f) und auf den Loskauf eines Israeliten, der sich selbst innerhalb des israelitischen Rechtsgebietes einem Schutzbürger (Beisassen; → Fremde: II) verkaufen mußte, ausgedehnt (47 bis 52; zum Loskauf gegenüber Nichtjuden in Babylonien vgl. Neh 5, 8). Durch die Verbindung dieser beiden Institutionen sollte – in Antithese zur frühkapitalistischen Königszeit – die Anhäufung von Grundbesitz in den Händen weniger Reicher (vgl. Jes 5, 8; Mi 2, 1f) vermieden und eine kontrollierbare regelmäßige Entlassung der israelitischen Unfreien (vgl. Jer 34, 8ff) gewährleistet werden. – In den Anordnungen über die Weihegaben an Grundbesitz (Lev 27, 16–25) ist das J. berücksichtigt, ebenso in Num 36, 4. Auch in Ez 46, 17 (»Jahr der Freilassung«) dürfte an das J. gedacht sein. – Die Jobelperiode von 49 Jahren liegt der Zeitrechnung des → Jubiläenbuches zugrunde (vgl. zB Jub 45, 13). Vgl. weiter 1QS X, 8.

Außer der Lit. zu → Leviticus u. → Heiligkeitsgesetz: EJud IX, 496ff - ALT I, 328 Anm. 1 - F.HORST, Das Eigentum nach dem AT (Kirche im Volk 2, 1949, 87-102) - R.NORTH SJ, Sociology of the Biblical Jubilee (AnBibl 4), 1954 (Lit.) - E.KUTSCH, Das Herbstfest in Israel (Theol. Diss. Mainz), 1955, 35ff (Masch.). - Zu akkad. Parallelen zum d^{e}rôr, nicht aber zum J., vgl. NORTH 61ff (Lit.).

E.Kutsch

Jochanan ben Zakkai (ca 1–80 nChr), bedeutender jüdischer Schriftgelehrter. J. hat noch bei → Hillel studiert, später in Jerusalem gelehrt und einen Schülerkreis um sich gesammelt. Zu Beginn des jüdischen Aufstandes gegen die Römer blieb J. in Jerusalem, entwich dann aber während der Belagerung und wurde im Lager Vespasians aufgenommen. Noch vor Beendigung des Krieges erlaubten ihm die Römer, in Jamnia (Jabne) eine neue Schule zu gründen, die dann zum Sammelpunkt für das palästinische → Judentum (: I) wurde. J. übte durch eine Reihe bedeutender Gelehrter, die aus seiner Schule hervorgingen, starken Einfluß auf die jüdischen Gemeinden aus, die sich nach dem Kriege neu konstituierten. In seiner Lehre, über die wir aus überlieferten Anekdoten, Aussprüchen und Gleichnissen in der rabbinischen Literatur manche Einzelheiten erfahren, stellte er den Gehorsam gegen das göttliche Gesetz als oberstes Gebot heraus.

W.BACHER, Die Agada der Tannaiten I, (1884) 1903^{2}, 22ff - A. SCHLATTER, J.b.Z., der Zeitgenosse der Apostel, 1899 - DERS., Gesch. Israels, (1901) 1925^{3}, 306ff - JewEnc VII, 214ff - SCHÜRER II, 432ff - UJE VI, 164ff (Lit.) - G.ALON, History of the Jews in Eretz Israel ..., 1952 (hebr.) - DERS., Studies in Jewish History ... I, 1957, 219ff (hebr.). *E.Lohse*

Joelbuch. Als zweite selbständige Einheit begegnet im → Zwölfprophetenbuch eine Schrift, die von einem Propheten *Joel ben Petuel* – über den sonst nichts bekannt ist – geschrieben sein will. – Das Büchlein gliedert sich in zwei Teile. Beziehen sich c. 1f auf Heuschreckenplage und Dürre, so haben c. 3f eschatologische Geschehnisse vor Augen. Damit aber ist schon das Hauptproblem der Auslegung des J.es genannt, das in der Frage des Verhältnisses beider Teile zueinander besteht. Die Beantwortung ist in mannigfacher Weise erfolgt, die von der scharfen Scheidung – bes. auch hinsichtlich der zeitlichen Ansetzung – bis hin zur Behauptung der Einheit reicht.

1. Dem in c. 1f Berichteten liegt eine konkrete Notsituation zugrunde. Dürre und Heuschreckenplage, wie sie seit Menschengedenken nicht vorgekommen waren, bringen das physische, aber auch das kultische Leben (Darbringung der Opfer) fast zum Erliegen. Zur Schilderung der Not tauchen auch Bilder der kanaanäischen Mythologie auf (Heuschrecken als Soldaten der Verderbensmächte 1, 6; 2, 2a β–11a); sie stehen in Beziehung zu Aussagen über die unmittelbare Nähe des »Tages Jahwes« (1, 15; 2, 1b. 2a α. 11b). Das bewirkt allgemeine Volkstrauer, die in Buße und Bitte, an denen sich auch die nicht zum Kult Verpflichteten (2, 16) beteiligen, ihren gottesdienstlichen Ausdruck findet. Als Grund der bestehenden Not wird die Abkehr von Jahwe erkannt. Rettung gibt es nur durch Herzensumkehr, die allem echten Kult zugrunde liegen muß (2, 12ff). Daraufhin erfolgt die Ankündigung der Behebung aller Not durch die neuerliche Gabe des Lebensnotwendigen durch Jahwe (2, 18–27). Auch hierbei wird die Beseitigung der Not zT durch die Übernahme kanaanäischer Motive (Kampf gegen die Verderbensmächte 2, 20) geschildert.

2. In c. 3 beginnt die Aneinanderreihung eschatologischer Bilder mit der Verheißung der Ausgießung des → Geistes (: II) Jahwes auf das ganze Volk (3, 1f); ihr folgt die Ankündigung kosmischer Ereignisse (3, 3f), aus denen es nur für den Rettung gibt, der den Namen Jahwes anruft (3, 5). – 4, 1–17 enthält zwei verschiedene Beschreibungen des eschatologischen → Gerichtes an den Fremdvölkern, das zum Zeitpunkt, da Jahwe »das Geschick Judas und Jerusalems wendet« (4, 1), stattfinden wird (→Eschatologie: II, 2c). In der ersten Ankündigung (4, 2f. 11 [?]. 12) ist Jahwe selbst Richter, der im Tal Jehoschafat (»Jahwe richtet«) die am Geschick seines Volkes Schuldigen bestrafen wird. Dies Stück ist erweitert durch den Abschnitt 4, 4–8, der mit dem Vorangehenden durch das Stichwort mkr verknüpft ist und das Schicksal des Jahwevolkes Tyrus, Sidon und Philistäa ankündigt, da sie die Judäer und Jerusalemer an die Ionier als Sklaven verkauft haben. – Die zweite Ankündigung (4, 9f. 13f) ist eine Aufforderung an die »Kriegshelden« des Gottesvolkes, das Gericht Jahwes an den Völkern im »Tal der Entscheidung« zu vollziehen (vgl. dazu etwa 1QM). – Dann folgt wieder eine Ankündigung kosmischer Ereignisse (4, 15. 16a). Beide Bilder werden durch V. 17 abgeschlossen, der das Geschick der Fremdvölker als Kriterium für das Gerichtshandeln des auf dem Zion wohnenden Jahwe kundgibt, der jede Entweihung der hl. Stadt unmöglich machen wird. – 4, 18–21 endlich verheißt das in paradiesischer Fülle sich manifestierende eschatologische Heil für Jerusalem und Juda, das sich auf dem dunklen Hintergrund der Verwüstung Ägyptens und Edoms, die sich des Blutvergießens an den Judäern schuldig gemacht haben, nur um so gewaltiger abhebt und von ewiger Dauer sein wird.

3. Die Diskussion um die Frage der Zusammengehörigkeit beider Teile hat immer wieder gezeigt, daß es entscheidend ist, wie man die Ankündigungen vom »Tage Jahwes« in c. 1f beurteilt. Meint man sie herauslösen zu können, so sind sie nachträgliche Einarbeitung dessen, der c. 3f anfügte. Verneint man das, so wird die innere Verbindung beider Teile möglich. Nun kommt man aber bei der Herauslösung der »Tag-Jahwe«-Stellen nicht ohne gewaltsame Eingriffe in das Textgefüge aus. So wird man sich die Entstehung des J.es doch besser als Zusammenarbeit verschiedenartigen Materials auf Grund einer konkreten Not denken, die in ihrer Bedrängnis über sich hinausweist auf die endzeitliche Klärung in Gericht und Heil. – Dem Interesse an der Verwendung von offensichtlich noch lebendigen mythischen Vorstellungen der kanaanäischen Religion entspricht die weitgehende Übernahme und teilweise Umdeutung bereits vorliegender Aussprüche der älteren Prophetie. Als Entstehungszeit des stark kultisch gebundenen Büchleins wird man am besten das 4. (oder 3.) Jh. vChr ansehen, als die nachexilische Gemeinde ihre physische Existenz allein in einem intakten gottesdienstlichen Leben gesichert sah (→ Judentum: I).

Die Kommentare zum → Zwölfprophetenbuch. Lit. bei O.Eissfeldt, EinlAT, 1956², 465f. 477ff. – Zu ergänzen ist: W.Cannon, »The Day of the Lord« in Joel (ChQR 103, 1927, 32–63) – R.E.Lattimore, The Date of Joel, S.Baptist Seminary 1951 – M.Treves, The Date of Joel (VT 7, 1957, 149–156). *M.Weise*

Zur *Auslegungsgeschichte* (s. auch → Schriftauslegung: IV, → Zwölfprophetenbuch):

Qu.: 5.Jh.: Julian v. Eclanum (Pseudo-Rufin; MPL 21). – 12.Jh.: Hugo (?) v. St.Viktor (MPL 175). – 16.Jh.: Seb.Tuscanus, Köln 1556 – G.Genebrardus, Paris 1563 – M.Quarré OFM, ebd 1575 – Elias Schadäus, Straßburg 1588 – Franciscus Bunny, London 1588 – Jak. Matthäus, Basel 1590 – Simon Simonides, Krakau 1593. – 17.Jh.: Salomo Gesner, Wittenberg 1614 – Joh.Heinr.Ursinus, Frankfurt 1641 – Joh.Stralius, Wittenberg 1650 – E.Pocock, Oxford 1691, Leipzig 1695 – Y.P.Pezron O.Cist., Paris 1693 – Cornelius Hasaeus, Bremen 1697. – 18.Jh.: Joh.Jak.Schurman, Wesel 1700 – Theod. van Toll, Utrecht 1700 – Herm. von der Hardt, Helmstedt 1708 u. 1720 – Joh.Wilh. Zierold, Frankfurt-Leipzig 1720 – Christ.Friedr.Bauer, Wittenberg 1741/42 – Siegm.Jak.Baumgarten, Halle 1756. – Vgl. E.F.K.Rosenmüller, Scholia in Vetus Testamentum VII/1, 1812, 436ff.

W.Werbeck

Jörg, *Josef Edmund,* kath. Publizist und Politiker, * 23.12.1819 zu Immenstadt, † 18.11.1901 zu Trausnitz ob Landshut. Nach Studien unter → Döllinger seit 1847 im Archivdienst, 1865 Mitglied des bayerischen Landtags, 1874–79 auch des Reichstags, Gegner Preußens und der kleindeutschen Lösung auch noch 1870/71; seit 1853 gab er die einflußreichen Historisch-politischen Blätter (→ Görres) heraus. J. war ein sachkundiger, freilich einseitiger Darsteller der innerev. Restaurationsbewegung nach 1848 und ihrer Gegenkräfte, auch im nordischen und amerikanischen Protestantismus, und machte als erster Katholik auf → Kierkegaard aufmerksam. Durch Aufsätze zur sozialpolitischen Entwicklung und seine Schrift von 1867 (s. Lit.) wurde J. neben → Kolping und → Ketteler zum Anreger des sozialen Katholizismus (→ Katholisch-sozial).

Vf. u.a.: Deutschland in der Revolutionsperiode 1522/26, 1851; Gesch. des Protestantismus in seiner neuesten Entwicklung, 2 Bde, 1858; Die neue Ära in Preußen, 1860; Gesch. der sozialpolit. Parteien in Deutschland, 1867. – Über J.: F.Binder in: HPBl 128/II, 1901, 773–792 – M.Doeberl in: Biogr. Jb. (hg.v. A.Bettelheim) VI, 1904, 429–433 – F.Woehler, J. u. die sozialpolit. Stellung im dt. Katholizismus, 1909 – M.Spahn in: Hochland 17, 1919/20, 273–283. 435 bis 443 – M.Poll, J.E.J. u. der Protestantismus (Catholica 4, 1935, 115–131) – Dies., J.E.J.s Kampf für eine christl. u. großdt. Volks- u. Staatsordnung, 1936 – H.J.Schoeps, Über das Frühecho S.Kierkegaards in Deutschland (ZRGG 3, 1951, 160f). *K.G.Steck*

Jørgensen, *Jens Johannes* (1866–1956), dänischer Dichter, fand daheim bei seiner Mutter in Svendborg echte, ev. Frömmigkeit. In Kopenhagen wurde er erklärter Freidenker, studierte Sprachen und Naturwissenschaft und lebte als freier Schriftsteller. Da er keinen Seelenfrieden fand, brach er um 1890 mit dem → Naturalismus und wandte sich dem französischen → Symbolismus zu, u.a. → Baudelaire und → Verlaine. Die Bekanntschaft mit einem jungen Konvertiten jüdischer Herkunft, Mogens Ballin, führte ihn 1896 in die römische Kirche. Das

Hauptmotiv in den Erzählungen seiner Jugend ist das Unvermögen des jungen Mannes, mit dem »Leben« in Kontakt zu treten, und das damit zusammenhängende Einsamkeitsgefühl. Die Bekehrung hat ihre Spuren in Gedichten hinterlassen, die zu dem poetisch und psychologisch Wertvollsten der dänischen Literatur gehören. In der Sammlung »Bekenntnis« (1894) kann man den einzelnen Phasen seiner Entwicklung bis zur Bekehrung genau folgen. In der Sammlung »Gleichnisse« (1896) hat J. einen klassischen Ausdruck für den Gegensatz zwischen Christentum und → Atheismus gefunden. In »Lebenslüge und Lebenswahrheit« (1896) polemisiert er intelligent, aber fast haßerfüllt gegen frühere Freunde. Würdiger rechnet er mit seinen Gegnern in der »Legende meines Lebens« (I-VII, 1916-28) ab, einer der detailliertesten und ehrlichsten Selbstbiographien der Weltliteratur. Viele Jahre lang lebte J. größtenteils in Assisi. Als kath. Schriftsteller ist er bes. durch seine Heiligenbiographien (u.a. über Franz von Assisi) bekannt; dichterisch ist seine Lyrik am bedeutendsten.

A.WALDEN, Der Dichterphilosoph J.J., 1904 - E.FREDERIKSEN, J.J.s Ungdom, Kopenhagen 1946. *G.Tolderlund-Hansen*

Johann → Johannes.

Johanna, angebliche *Päpstin.* Um die Mitte des 13.Jh.s taucht in verschiedenen Chroniken die später bes. in einer jüngeren Rezension des → Martin von Troppau (vgl. Duchesne, LP II, XXVIf) verbreitete Legende auf, daß nach dem Tode → Leos IV. († 855) eine aus Athen kommende gelehrte Dame unter Verheimlichung ihres Geschlechts mit Namen Joh.Anglicus über zwei Jahre die Papstwürde bekleidet habe. Während einer Prozession zum Lateran sei sie niedergekommen, an derselben Stelle gestorben und dort auch begraben worden. Nach Döllinger bildet eine römische Volkssage den Kern der Legende, die sich an die Statue und Inschrift eines heidnischen Priesters mit einem dienenden Knaben knüpfte. Die Glaubwürdigkeit der Sage haben erst → Aventin († 1534) und Panvinio († 1568) energisch erschüttert.

I.v.DÖLLINGER, Die Papstfabeln des MA, (1863) 1890², 1ff - RE IX, 254 - É.VACANDARD, La papesse Jeanne (Études de critique et d'hist. religieuse 4, Paris 1923, 15-39; Lit.; vgl. die Rezensionen RHE 20, 1924, 296*, Nr. 5401) - LThK V, 459f. *H.Fuhrmann*

Johannes, *der Apostel,* in den Synoptikern einer der Erstberufenen, öfters aus den Zwölfen (→ Apostel, 3) herausgehoben, in der Überlieferung des MkEv *hinter* → Jakobus (, 2) genannt, ist fast immer eng mit diesem verbunden, auch im gemeinsamen Auftreten. In der Apg erscheint J. nur neben → Petrus auf der Szene (3f; 8); der Verfasser setzt aber voraus, daß J. bekannter ist als sein Bruder (12, 2). → Paulus bezeichnet J. - neben → Jakobus (, 3) - in Gal 2, 9 als eine der Säulen der Jerusalemer Urkirche. Daß Mk 10, 39 der Märtyrertod der Zebedaiden ex eventu geweissagt sei, ist zweifelhaft (→ Jakobus, 2). Gegen ein gleichzeitiges Martyrium spricht die Formulierung Apg 12, 2 (vgl. außerdem Gal 2, 9). Euseb führt in h.e. III, 5, 2 beide Jakobus als Märtyrer auf, den ersten als Bruder des J., ohne dessen Martyrium zu erwähnen. Die Legende erzählt, sichtlich auf Grund von Mk 10, 39, im 2.Jh. von des J. »Taufe« in siedendem Öl (Tertullian praescr. 36, 3), dann vom Trank eines Giftbechers (ActJoh 9f [Bonnet II/1, 156f]), die ihm jedoch beide nicht schadeten, während sich für Origenes (in Mt tom. 16, 6) Mk 10, 39 an J. in dessen Verbannung nach Patmos erfüllte; eine Deutung von Mk 10, 39 auf den Tod des J. wird bis 400 nicht sichtbar (Anspielung auf ein Martyrium bei Afrahat hom. 21 [TU 3, 3f, 348]). Erst danach taucht die Behauptung auf, nach → Papias seien die Zebedaiden »von Juden beseitigt« worden. Hätte Papias das wirklich gesagt, so wäre die Überlieferung vom Märtyrertod des J. (im Widerspruch zur sonstigen Hochschätzung des Martyriums) in wenigen Jahrzehnten preisgegeben worden zugunsten der bereits in ActJoh als selbstverständlich vorausgesetzten vom natürlichen Tode des J. nach einem (langen) Wirken in → Ephesus, wie es seit Irenäus, für den seit seiner Jugend ein ephesinischer J. als der Apostel J. gilt (Euseb V, 20, 6; vgl. III, 23, 3f), immer wieder bezeugt wird. - Vgl. → Johannesapokalypse, 6a, → Johannesbriefe, 3, → Johannesevangelium, 4, → Johannes der Presbyter.

E.SCHWARTZ, Zur Chronologie des Paulus (NGG 1907, 263-299) - F.HAASE, Apostel u. Evangelisten (NTA 9, 1-3), 1922, 254ff - HENNECKE² 119f - H.PREUSS, J. in den Jh.en, 1939 - Forschungen in Ephesos IV/3, Wien 1951, 179ff (H.HÖRMANN zum J.-Grab). - Ferner (s. → Johannes der Presbyter): ZAHN 175ff - HIRSCH 140ff - BARRETT 83ff. *G.Delling*

Johannes, *der Täufer*

1. Quellen - 2. Wirksamkeit: a) Zeit, Ort und Art des Auftretens - b) Verkündigung und Taufe - c) Tod - 3. Religionsgeschichtliche Stellung - 4. Wirkung: a) J.jünger - b) Jesus - c) J.jünger und Christen

1. Als *Quellen* für die Geschichte J. des Täufers kommen nur die nt. Nachrichten und der Bericht des → Josephus (Ant. 18, 116-119) in Betracht. Die Täuferpartien des »slavischen Josephus« und der mandäischen Schriften (→ Mandäer) sind dagegen nur als Zeugnisse der Legendarisierung und Mythisierung des J. zu werten. Doch sind die Berichte des NT und des Josephus nicht frei von Tendenz. Die *nt. Nachrichten* sind von der Auseinandersetzung mit der Täuferverehrung der J.jünger (s. 4c) bestimmt und sind bestrebt, J. dem christlichen Messias Jesus unterzuordnen, indem sie ihn als seinen eschatologischen Vorläufer (Elias redivivus Mal 3: Synoptiker) oder als seinen »Zeugen« (JohEv) interpretieren und seine Verkündigung und Taufe als Weissagung auf Jesus und die christliche → Taufe (: II) deuten. In dieser Absicht wird der von J. angekündigte Feuertäufer durch den Geisttäufer ergänzt (Mt 3, 11 par: Q) oder verdrängt (Mk 1, 8; vgl. Apg 1, 5; 11, 16; 19, 1-7). Gerade weil Spannungen zwischen Absicht und Stoff der synoptischen J.darstellung bestehen, darf diese als gute Quelle gelten (Mk 1, 1-8; Mt 3, 1-12; Lk 3, 1-20). Die Legenden Lk 1, 5-25. 57-66 und das Lied Lk 1, 76-79 sind frei von christlicher Tendenz und dienen ausschließlich der Verherrlichung des J.; sie stammen wohl aus der Sekte seiner Jünger und spiegeln deren J.verehrung; die Nachricht über seine priesterliche Abstammung und über die Namen seiner Eltern wird trotz des Legendenstils der Erzählung zutreffen. Der Bericht über seinen Tod (Mk 6, 17-29 par) zeigt weder christliches noch täuferisches Interesse und ist eine volkstümliche Anekdote unbekannter Herkunft. - *Josephus* schildert J. als einen Tugendlehrer, seine Taufe als rituelle Reinigung des Körpers und bestreitet ausdrücklich ihren Bezug zur Sündenvergebung. Zu dieser harmlosen Darstellung paßt schlecht die Begründung der Festnahme des J. mit der Furcht des Antipas (→ Herodes) vor politischen (dh messianischen) Unruhen. Da Josephus auch sonst die messianischen Elemente der jüdischen Geschichte möglichst unterdrückt, wird man in seinem Bericht über die Predigt und Taufe des J. eine bewußte hellenisierende Umdeutung zu sehen haben.

2. a) Die *Wirksamkeit* des J. begann nach Lk 3, 1 im 15. Jahr des Tiberius, dh 28-29 oder (nach syrischer Zählung) 27-28 nChr. Doch ist auch ein früherer Ansatz möglich, da diese unkontrollierbare Notiz fraglich ist (Hölscher). Die Dauer seines Wirkens ist unbekannt. - J. trat »in der Wüste« auf und taufte im Jordan (Mk 1, 4f

par); der *Ort* seines Wirkens lag demnach am Unterlauf des Jordan (eine andere Tradition Joh 1, 28; 3, 23). Da Antipas ihn festnehmen ließ, wird er auf dessen Hoheitsgebiet Peräa, wenigstens zeitweise, gewirkt haben. Eine christliche Tradition, die den Taufort Jesu an der ḥadschla-Furt in der Nähe der Straße Jericho-Moab lokalisiert, hat viel für sich: Zugänglichkeit, fließendes Wasser und Wüste. Denn das Auftreten des J. »in der Wüste« ist kein christliches Postulat aus Jes 40, 3 (Mk 1, 3 par), sondern Tatsache (Mt 11, 7 par) und ist in der die jüdische → Eschatologie (: III) aufs stärkste bestimmenden Wüstentypologie begründet. Wenn J. sich wie ein Beduine kleidet und nährt (Mk 1, 6; Köhler), so wird man diese Art seines Auftretens nicht als Kulturfeindschaft oder → Askese (: IV, 1), sondern wie den Ort als Ausdruck dieser Wüstentypologie zu verstehen haben (Mt 11, 7-9. 18 par). Ob Lk 1, 15 ihn als → Nasiräer kennzeichnen soll, ist fraglich.

b) *Verkündigung* und *Taufe* des J. sind ganz von der eschatologischen Naherwartung bestimmt (Mt 3, 7-12 par). Seine *Gerichts- und Bußpredigt* wendet sich an das ganze Volk und fordert alle, auch die Frommen, zu radikaler Umkehr auf, die nicht nur sittliche Besserung, sondern vor allem Preisgabe der religiösen Sicherheit einschließt, um dem → Gericht (: III, 2) zu entgehen. Er verkündigt das *Kommen eines »Stärkeren«*, der die Unbußfertigen »mit Feuer taufen« (dh vernichten) wird. Diese mit keinem eschatologischen Titel benannte Gestalt ist offenbar ein transzendentes Wesen (zu »Stärke« als Göttlichkeitsprädikat vgl. Apk 5, 12; 7, 12), also nicht der davidische → Messias, aber auch kaum der → Menschensohn (die Wüstentypologie ist der Apokalyptik fremd); deutlich ist nur die Kennzeichnung als eschatologischer Weltrichter. – Die *Taufe* des J. gewinnt von ihrer Bezogenheit auf seine Bußpredigt und auf die Feuertaufe des Richters ihren Sinn: sie ist Ausdruck der Umkehr und verbürgt die Rettung vor dem Gericht. Sie ist ein eschatologisches Bußsakrament. Für den Ritus sind charakteristisch: Tauchbad in fließendem Wasser (Mk 1, 5. 9; Joh 3, 23), Einmaligkeit und Vollzug durch den Täufer (nicht durch den Täufling selbst). Aus dieser singulären Bindung der Taufe an seine Person erklärt sich die Bezeichnung des J. als »der Täufer« (auch bei Josephus; vgl. den Ausdruck »Taufe des J.« Mk 11, 30 par u.ö.). Von ihr her wird deutlich, daß J. sich nicht nur als Vorläufer des Richters, sondern in eins damit als Mittler des Heils verstanden hat.

c) J. wurde auf Befehl des Herodes Antipas hingerichtet. Darin stimmen die Berichte über seinen *Tod* überein (Mk 6, 17-29 par; Josephus Ant. 18, 118f). Sie differieren aber in der Motivation. Der Josephusbericht (politische Gründe) wird zutreffender sein als die über die Personalverhältnisse der Herodeer wenig informierte Anekdote Mk 6. Demnach starb J. in Machairus.

3. Die *religionsgeschichtliche Stellung* des J. ist schwer zu beurteilen. Eine überzeugende »Ableitung« seiner Botschaft und Taufe ist noch nicht gelungen; mehr als die Feststellung von Bezügen und Unterschieden zwischen ihm und seiner religiösen Umwelt wird nicht erreichbar sein. Relativ einfach ist diese Feststellung bei seiner *Verkündigung*. Seine Bußpredigt nimmt die der at. → Propheten auf; seine Naherwartung hat mancherlei Parallelen im zeitgenössischen Judentum (→ Eschatologie: III). Besonderheiten bestehen darin, daß die Drohung auch die Frommen einschließt und daß der Feuertäufer mit keiner Gestalt der jüdischen Erwartung identifiziert werden kann; aber wie dieser aus jüdischen Prämissen (Wüstentypologie, Apokalyptik) verständlich ist, so jene als Radikalisierung prophetischer Gedanken (Am 9, 7ff; Mi 3, 12; Jer 7, 3ff; 26, 1ff). Sehr viel problematischer ist die Frage nach der Herkunft oder dem Vorbild der *Taufe*. Nachdem die Versuche, sie von hellenistischen → Mysterien oder von den gesetzlich vorgeschriebenen rituellen Waschungen des Judentums abzuleiten, gescheitert sind, werden heute als Entstehungsmöglichkeiten diskutiert: die Proselytentaufe (→ Taufe: II), die Tauchbäder mehr oder weniger häretischer jüd. oder synkretistischer Gemeinschaften (→ Mandäer, → Essener, Sekte von → Qumran u.dgl.) und Weissagungen einer endzeitlichen Reinigung Israels (Ez 36, 25; Sach 13, 1). Diese letztere Möglichkeit liegt angesichts der zZ des J. florierenden Menge religiöser Waschungen aber fern und käme wohl nur als Akzidens in Frage. – Gegen die Ableitung aus der *Proselytentaufe* sprechen chronologische und sachliche Gründe. Es ist sehr fraglich, ob die Proselytentaufe schon zZ des J. als allgemein anerkannter Aufnahmeritus bestanden hat; sicher bezeugt ist sie erst für das Ende des 1.Jh.s nChr (1Kor 10, 1f setzt sie sicher nicht, Pesach 8, 8 par möglicherweise nicht voraus [Thomas], und das Schweigen des NT, Philos und des Josephus ist kaum Zufall). Außerdem hat sie kultisch-juristischen Sinn (Befreiung von heidnischer Unreinheit, Befähigung zur Teilnahme am jüdischen Kult), nicht aber sakramentalen und eschatologischen. – Von der J.taufe unterscheiden sich die Tauchbäder der uns bekannten *Taufsekten* dadurch, daß sie regelmäßig wiederholt werden. Aber hier findet sich das sakramentale Verständnis der Waschungen und ihre Verbindung mit der Buße (1QS III, 4f; V, 13f; Sib 4, 161ff [hier auch der eschatologische Aspekt]; weiteres bei Thomas). Bedenkt man, daß diese Sekten bei aller Verschiedenheit zu der großen Taufbewegung gehören, die seit ca 150 vChr Palästina und Syrien durchzog (Brennpunkt Ostjordanland) und die oft starke eschatologische Einschläge zeigte, so wird man mit der Möglichkeit rechnen, daß J. durch sie veranlaßt wurde, dem Tauchbad eine so zentrale Stellung in seiner eschatologischen Bußpredigt zu geben. Damit soll nur auf den historischen Hintergrund hingewiesen werden; der spezifische Sinn der J.taufe ist eine originale Schöpfung des Täufers.

Neuerdings wird häufig behauptet, J. habe ursprünglich zur *Sekte von → Qumran* gehört. Bei der räumlichen Nähe seiner Wirkungsstätte zu ihrer Niederlassung ist eine Bekanntschaft wahrscheinlich. Berührungspunkte bestehen zweifellos: a) Die religiöse Schätzung der Wüste und die Rolle von Jes 40, 3 (1QS VIII, 12ff; IX, 19; Mk 1, 3 par; Joh 1, 23); aber damit ist nur das Vorhandensein der weitverbreiteten Wüstentypologie hier und dort bewiesen. b) Die Verwandtschaft der Trias 1QS IX, 11 (ein Prophet, die Messiasse Aarons und Israels) mit der von Joh 1, 19ff; aber selbst wenn beidemal dieselben Gestalten gemeint sein sollten, beweist das nicht, daß J. jemals diese Messianologie vertreten hat. c) Die Verbindung von Buße und Taufe; doch werden grundlegende Unterschiede zugestanden. d) Die »Askese«; doch hat Mk 1, 6 bisher keine Entsprechung in den Qumrantexten. e) Aus Lk 1, 80 wird oft geschlossen, J. sei schon als Kind in das Wüstenkloster gekommen, entweder von seinem Vater zur Erziehung dorthin gegeben oder nach dem frühen Tod seiner betagten Eltern von den »Essenern« adoptiert; aber Lk 1, 80 ist eine literarische Klammer zu 3, 2, die schwerlich die Last solch romanhafter Konstruktionen zu tragen vermag. Da in allen sachlichen Punkten erhebliche Differenzen nicht geleugnet werden können, wird ein Austritt oder Ausschluß des J. aus dem Orden postuliert (woraus sich dann auch Mk 1, 6 erkläre): der religionsgeschichtliche Vergleich scheint als ein mageres Ergebnis im wesentlichen biographische Hypothesen zu zeitigen. – Die Qumrantexte bereichern aber in jedem Fall die Kenntnis des geistigen Milieus, in dem J. steht. Aber dieses ist daneben noch von andern Faktoren bestimmt. Als die wichtigsten werden die palästinisch-syrische Taufbewegung und die eschatologische Strömung zu gelten haben, beide in sich vielfältig und oft einander kreuzend. J. hat an beiden teil und nimmt prophetische Gedanken auf. Aber seine Erscheinung ist mehr als eine Kombination von Baptismus, Eschatologie und prophetischem Erbe.

4. a) J. richtete seine Botschaft an alle und wollte keine Sekte gründen. Doch das NT bezeugt die Existenz von *»J.jüngern«* als einer besonderen Gruppe (Mk 2, 18 par). Sie umfaßte gewiß nicht alle von J. Getauften (Mk 1, 5 par; Lk 7, 29 par), sondern einen engeren Kreis. Die Kennzeichen waren besondere Fastenbräuche (Mk 2, 18 par) und wohl auch eigene Gebete (Lk 5, 33; 11, 1).

b) Unter den Getauften war auch → *Jesus* (Mk 1, 9-11 par). Er hat vermutlich eine Zeitlang zu den J.jüngern gehört. Die nt. Überlieferung schweigt zwar darüber und sucht den Zusammenhang beider Gestalten zu lokkern (vgl. Mk 1, 9-11 mit Mt 3, 13-17; Lk 3, 21 f). Aber Jesus hat von J. stärkste Eindrücke empfangen, sah in dessen Wirken wie in seinem eigenen die Zeichen des nahen Gottesreichs (Mk 11, 29 f par) und nannte ihn den Größten unter den Menschen (Mt 11, 11 a par; vgl. 11, 7-9 par); vielleicht weist auch die Bezeichnung Jesu und der Urgemeinde als Nazoräer (später Selbstbezeichnung der syrischen Judenchristen und der Mandäer; → Nazaräer) auf seine ursprüngliche Zugehörigkeit zum Täuferkreis hin, wenn dieser Name »Observant« bedeutet. Über das Verhältnis des J. zu Jesus wissen wir (trotz Mt 3, 14 f; 11, 2 ff par; Joh 1, 29 ff; 3, 27 ff) nichts. Jesus ist erst nach dem Verschwinden des Täufers öffentlich aufgetreten – denn wenn er tatsächlich für den J. redivivus gehalten wurde (Mk 6, 14 ff; 8, 28), kann er nicht gleichzeitig mit ihm gewirkt haben (gegen JohEv) –, setzte seine Verkündigung fort und gewann einen Teil der J.jünger.

c) Zu Konkurrenten sind beide Jüngerschaften offenbar erst nach Jesu Tod geworden, als die Christen den Auferstandenen als den von J. Verheißenen verkündeten und die Taufe übernahmen. Die J.jünger hielten an der Heilsbedeutung der J.taufe fest; die Christen spielten ihre Geisterfahrung gegen die offenbar unpneumatische Täufersekte aus (Mk 1, 8 par; Apg 19, 1-7; Haenchen). Diese bildete die von J. für sich beanspruchte Mittlerstellung zur Heilsbedeutung aus, prädizierte ihn als prophetischen Messias und Vorläufer Gottes (Lk 1, 14-17. 76 f), als himmlisches Licht (Lk 1, 78 f; vgl. Joh 1, 8; 3, 30; 5, 35) und vielleicht als Logos (Joh 1, 1 ff); noch spät wird seine messianische Verehrung (Clem. Rec. I, 54. 60), ja die Erwartung seiner Wiederkunft (Syr. Clem. 54, 8) bezeugt. – Über die räumliche Verbreitung und zeitliche Dauer der J.sekte sind wir nicht genau unterrichtet. Ob sie über den palästinisch-syrischen Raum nach Ägypten und Kleinasien hinausgegriffen hat, hängt von dem historischen Wert von Apg 18, 24 – 19, 7 ab. Die Sekte scheint am Ende des 1.Jh.s ihren Höhepunkt gehabt zu haben und am Ende des 2.Jh.s bedeutungslos geworden zu sein; die christlichen Häresiologen erwähnen sie nicht mehr – oder unter anderen Namen. Ein Teil ist vermutlich in den syrischen Taufsekten aufgegangen, ein anderer lebt wohl in den Mandäern fort, deren Existenz in Palästina für ca 30 nChr gesichert sein dürfte (Macuch).

Außer den Darstellungen des Lebens Jesu (→ Jesus Christus) u. den Kommentaren zu den zitierten Stellen: M.Dibelius, Die urchristl. Überlieferung von J.d.T. (FRLANT 15), 1911 – RGG² III, 315 ff (Ders.; Lit.) – Ders., Jungfrauensohn u. Krippenkind (SAH 1932, 4 = Botschaft u. Gesch. I, 1953, 1-78) – M.Goguel, Au seuil de l'Évangile. Jean-Baptiste, 1928 – W.Michaelis, Täufer, Jesus, Urgemeinde, 1928 – G.Hölscher, Urgemeinde u. Spätjudentum, 1928 – Ders., Die Hohenpriesterliste bei Josephus u. die ev. Chronologie (SAH 1939/40, 3) – R.Reitzenstein, Die Vorgesch. der christl. Taufe, 1929 – E.Lohmeyer, Das Urchristentum I: J.d.T., 1932 – H.Schlier, Zur Mandäerfrage (ThR NF 5, 1933, 1-34. 69-92) – J.Thomas, Le Mouvement Baptiste en Palestine et Syrie, 1935 (Lit.) – L.Köhler, Der Anfang eines Evangeliums (Kleine Lichter, 1945, 79-86) – J.Jeremias, Proselytentaufe u. NT (ThZ 5, 1949, 418-428) – Ders., Hat die Urkirche die Kindertaufe geübt?, 1949 – W.Baumgartner, Zur Mandäerfrage (HUCA 23, 1950/51, 41-71) – Ders., Der heutige Stand der Mandäerfrage (ThZ 6, 1950, 401-410) – C.H.Kraeling, John the Baptist, 1951 – E.Käsemann, Die J.jünger von Ephesus (ZThK 49, 1952, 144-154) – Ders., Aufbau u. Anliegen des johann. Prologs (Festschr. f. Delekat, 1957, 75-99) – P.Vielhauer, Das Benedictus des Zacharias (ZThK 49, 1952, 255-272) – P.Winter, Magnificat and Benedictus – Maccabaean Psalms? (BJRL 37, 1954, 328-347) – Ders., The Proto-Source of Luke I (NovTest 1, 1956, 184-199) – N.A.Dahl, The Origin of Baptism (NTT 56, 1955, 36-52) – J.Steinmann, Saint Jean-Baptiste, 1956 – W.Schmauch, Orte der Offenbarung u. der Offenbarungsort im NT, 1956 – E.Stauffer, Probleme der Priestertradition (ThLZ 81, 1956, 135-150) – Ders., Jerusalem u. Rom, 1957 – A.S.Geyser, The Youth of John the Baptist (NovTest 1, 1956, 70-75) – P.Benoit, L'Enfance de Jean-Baptiste selon Luc I (NTS 3, 1956/57, 169-194) – W.H.Brownlee, John the Baptist in the New Light of Ancient Scrolls (in: K.Stendahl, The Scrolls and the NT, 1957, 33-53) – D.Howlett, The Essenes and Christianity, 1957 – R.Macuch, Alter u. Heimat des Mandäismus nach neuerschlossenen Qu. (ThLZ 82, 1957, 401-408) – J.A.T.Robinson, The Baptism of John and the Qumran-Community (HThR 50, 1957, 175-191) – Ders., Elijah, John and Jesus (NTS 4, 1957/58, 237-262) – Bauer, WB⁵ 760 (Lit.) – E.Segelberg, Maṣbūtā, Studies in the Ritual of the Mandaean Baptism, 1958.

P.Vielhauer

Johannes I., *Papst* 13.8.523 bis 18.5.526, wurde von Theoderich d.Gr. mit der kränkenden Mission beauftragt, in Byzanz zugunsten der arianischen → Goten zu vermitteln, die mit Kirchenkonfiskation und Zwangsbekehrung verfolgt wurden. J. verläßt damit als erster Papst Rom, hatte einen glänzenden Empfang, konnte aber und wollte wohl auch nicht alle Forderungen (Rückkehr der Zwangsbekehrten zum Arianismus) durchsetzen. Der dadurch mißtrauisch gewordene Gotenkönig ließ ihn nach der Ankunft in Ravenna zurückhalten, wo J. kurz darauf starb.

II., *Papst* 2.1.533 bis 8.5.535. Nach heftigem Wahlkampf von Athalarich zum Pontifikat bestimmt, wurde er von → Justinian genötigt, ein kaiserliches Glaubensedikt, in dem der theopaschitische Streit (→ Christologie: II, 5 b) durch Annahme der scythischen Formel entschieden worden war, nachträglich zu sanktionieren.

III., *Papst* 17.7.561 bis 13.7.574, hatte mit den Bemühungen um Rückgewinnung der im → Dreikapitelstreit abgefallenen Landeskirchen Erfolg. Besonders Nordafrika, Mailand und Ravenna nahmen die Beziehungen zu Rom wieder auf.

Caspar II, 183 ff (J. I.). 199 ff (J. II.) – Haller I, 255 ff (J. I.). 260 ff (J. II.) – Seppelt I, 255 ff (J. I.). 263 ff (J. II.). 292 f (J. III.) – Altaner 428 f.

F.Jürß

IV., *Papst* 24.12.640 bis 12.10.642, Dalmatiner. Noch als einer der Vikare des vakanten apostolischen Stuhles trat er dem irischen → Pelagianismus und später auf einer römischen Synode Anfang 641 dem Monotheletismus (→ Christologie: II, 5 c) entgegen, indem er zugleich die Orthodoxie → Honorius' I. verteidigte.

V., *Papst* 23.7.685 bis 2.8.686, Syrer. Er nahm als römischer Legat 680 am 6. ökumenischen Konzil teil, wurde als erster Papst sofort nach der Wahl ohne kaiserliche Bestätigung geweiht und unterstellte die sardinischen Bistümer Rom unmittelbar.

VI., *Papst* 30.10.701 bis 10.1.705, Grieche. In die oströmischen Thronwirren hineingezogen, konnte er sich gegen Tiberius (III.) und dessen Exarch Theophylakt dank der in Rom zusammengezogenen italischen Miliz behaupten. Den angreifenden Herzog Gisulf von Benevent bewog er durch Geschenke zur Umkehr.

VII., *Papst* 1.3.705 bis 18.10.707, Grieche. Ihm erstattete der Langobardenkönig das Patrimonium der cottischen Alpen zurück; der → Liber Pontificalis rühmt seine Bildung.

VIII., *Papst* 14.12.872 bis 15.12.882, Römer, vorher langjähriger Archidiakon der römischen Kirche. Obwohl er sich bemühte, das mit dem Pontifikat → Nikolaus' I. steigende Ansehen des → Papsttums (: II, 1) weiterhin zu heben, ist seine Regierung eine Zeit der Mißerfolge. Nach dem Tode Ludwigs II. (875) gab er die Kaiserwürde dem ihm genehmen Westfranken Karl dem Kahlen und wollte nach dessen Tode (877) den Grafen Boso von der Provence zum »Adoptivsohn« und König von Italien erheben; doch drangen die Ostfranken 879 auf Anerkennung Karls des Dicken als König und seine Krönung zum Kaiser (881). Den mehrfach bis Rom vorstoßenden Sarazenen mußte J. Tribut zahlen. → Formosus, damals Bischof von Porto, ließ er 876 angeblich wegen einer Verschwörung absetzen. Den von Nikolaus I. als Patriarchen von Konstantinopel abgelehnten → Photius erkannte J. an, ohne dafür das verlorene bulgarische Missionsgebiet zurückzugewinnen. Gegen den Willen der bayerischen Bischöfe bestätigte er Methodius als Erzbischof von Mähren (→ Konstantin und Methodius). Den Fuldaer Annalen zufolge ist er ermordet worden.

Zu IV-VIII: RE IX, 257ff - DThC VIII, 597ff - LThK V, 467ff. - Zu IV-VII: J. GAY, Quelques Remarques sur les papes grecs et syriens (Mélanges G.Schlumberger 1, 1924, 40-54) - CASPAR II, 528f. 620f. 636ff. - Zu VI-VII: O.BERTOLINI (→ Gregor II.). - Zu VIII: H. STEINACKER, Das Register Papst J. VIII. (Homenatge a A.Rubió i Lluch 1, 1936, 479-505; Briefe J. VIII.: MG Epp VII) - HALLER II, 139ff. 533ff - FR.E.ENGREEN, Pope John Eighth and the Arabs (Speculum 20, 1945, 318-330) - G.ARNALDI, Giovanni Immonide e la cultura a Roma al tempo di Giovanni VIII (Bull. dell'Ist. Stor. Ital. per il Medio Evo 68, 1956, 33-89).

IX., *Papst* Jan. 898 bis Jan. 900, aus Tivoli, Benediktinerabt. Gegen → Sergius III. von Lambert von Spoleto erhoben, krönte er diesen zum Kaiser, indem er zugleich Arnulf (→ Formosus) die Kaiserwürde aberkannte. Die Synodalbeschlüsse → Stephans VI., die Formosus verdammten, hob er auf.

X., *Papst* März/April 914 bis Mai 928, aus Tossignano (Romagna), vorher Erzbischof von Ravenna. Seine Erhebung verdankte er wohl der älteren Theodora (→ Papsttum: II, 1). Er organisierte sofort den Widerstand gegen die Sarazenen, die im Aug. 916 am Garigliano geschlagen wurden. Mit den Landeskirchen nahm er Verbindung auf (Synode von Hohenaltheim 916). Nach der Ermordung des 915 von ihm zum Kaiser gekrönten Berengar von Friaul (924) wurde J. von Theodoras Tochter Marozia (→ Papsttum: II, 1) gestürzt, eingekerkert und wahrscheinlich umgebracht.

XI., *Papst* März 931 bis Dez. 935/Jan. 936, wahrscheinlich Sohn Papst → Sergius' III. und Marozias; von seiner Mutter erhoben, von seinem Halbbruder Alberich II. (→ Papsttum: II, 1) gestürzt, im Kerker gestorben.

Zu IX-XI: RE IX, 260ff - DThC VIII, 614ff - LThK V, 469f - GINA FASOLI, I re d'Italia 888-962, 1949. - Zu X: O.VEHSE in: QFIAB 19, 1927, 181-204 - HALLER II, 199ff. 548ff.

XII., *Papst* 16.12.955 bis 14.5.964, vorher Oktavian, Sohn des Patricius Alberich II. von Tusculum (→ Papsttum: II, 1), der sich noch zu Lebzeiten → Agapets II. die Wahl von den Römern eidlich zusichern ließ. Gegen den Sohn Berengars von Ivrea, Adalbert, rief er 961 den deutschen König → Otto I., krönte ihn und seine Gemahlin Adelheid am 2.2.962 zum Kaiser und ließ sich den päpstlichen Besitz bestätigen (sog. Ottonianum). Als er sich aber wieder mit Adalbert verband, setzte ihn eine kaiserliche Synode wegen unsittlichen Lebenswandels ab (6.12.963) und erhob → Leo VIII. zum Papst; doch konnte sich J. bis zu seinem Tode mit wechselndem Glück behaupten.

RE IX, 262ff - DThC VIII, 619ff - LThK V, 470f - HALLER II, 204ff. 549ff - W.ULLMANN, The Origins of the Ottonianum (Cambridge hist. Journal 11, 1953, 114-128).

XIII., *Papst* 1.10.965 bis 6.9.972, Römer (Crescentier?), vorher Bischof von Narni. Die Römer baten nach dem Tode → Leos VIII. um Wiedereinsetzung → Benedikts V., aber Kaiser Otto I. erhob J., der Otto II. 967 zum Kaiser krönte und → Magdeburg den Rang eines Erzbistums mit primatialen Befugnissen gab.

RE IX, 264 - DThC VIII, 626ff - LThK V, 471 - HALLER II, 215ff. 554f - H.BEUMANN-W.SCHLESINGER in: Archiv f. Diplomatik 1, 1955, 132-156, bes. 163ff.

XIV., *Papst* Sept. 983 bis 20.8.984, vorher Petrus Canepanova, Bischof von Pavia, Erzkanzler für Italien. Als Anhänger Ottos II. gewählt, konnte er sich nach dessen Tod (7.12.983) gegen den mit byzantinischer Hilfe zurückkehrenden → Bonifatius VII. nicht halten, der ihn in der Engelsburg festsetzen und beseitigen ließ.

RE IX, 264f - DThC VIII, 628 - LThK V, 471 - HALLER II, 217f. 555f.

XV., *Papst* Aug. 985 bis März 996, Römer. Gegen die Bedrückung des Patricius Johannes Crescentius II. (→ Papsttum: II, 1) bat er Otto III. um Hilfe, starb aber vor dessen Romzug. 993 wurde in der ersten päpstlichen Kanonisation Bischof → Ulrich von Augsburg heiliggesprochen. Herzog Mieszko von Polen schenkte ihm um 990 sein Reich.

RE IX, 265 - DThC VIII, 628f - LThK V, 471 - F.SCHNEIDER in: MIÖG 39, 1923, 193-218 - M.UHLIRZ, Die Regesten des Kaiserreiches unter Otto III., 1956/57, Nr. 1026d.

XVI., *Papst* April/Mai 997 bis Mai 998, Grieche, Joh. Philagathos aus Rossano (Kalabrien). Günstling der Gattin Ottos II. Theophanu, 982 Abt von Nonantola, 988 Bischof von Piacenza, das gleichzeitig zum Erzbistum erhoben wurde. Als er sich dennoch von Johannes Crescentius als Gegenpapst des kaiserlichen → Gregors V. aufstellen ließ, setzte ihn Otto III. ab und sperrte ihn verstümmelt in ein Kloster.

RE IX, 265 - DThC VIII, 629 - LThK V, 471f - P.E.SCHRAMM in: HZ 129, 1924, 424-475, bes. 443ff - HALLER II, 220. 557.

XVII., *Papst* 16.5.-6.11.1003, Römer, von Crescentius eingesetzt. Unbedeutend.

XVIII., *Papst* 25.12.1003 bis Juni 1009, Römer, gleichfalls von Crescentius erhoben. Bei der Neubesetzung des Magdeburger Erzstuhles 1004 stellte er das Bistum → Merseburg wieder her und bestätigte das von Heinrich II. eingerichtete Bistum → Bamberg.

RE IX, 266 - DThC VIII, 629f - LThK V, 472 - H.BEUMANN-W. SCHLESINGER (s. → Johannes XIII.).

XIX., *Papst* April/Mai 1024 bis Nov. (?) 1032, vorher Romanus Graf von Tusculum. Sofort nach dem Tode seines Bruders → Benedikt VIII. aus dem Laienstande erhoben, krönte er 1027 in Anwesenheit der Könige Knut d.Gr. und Rudolf von Burgund Konrad II. zum Kaiser. Die Nachricht, daß er, vom byzantinischen Kaiser Basilius II. bestochen, den Bischof von Konstantinopel als ökumenischen Patriarchen habe anerkennen wollen, ist wohl falsch.

RE IX, 266f - DThC VIII, 630ff - LThK V, 472 - A.MICHEL in: HJ 70, 1951, 53-64.

XX. Einen solchen Papst gibt es nicht; wahrscheinlich durch Doppelzählung von J. XV. in manchen Papstkatalogen eingerückt.

DUCHESNE, LP II, XVIII. 260. 457 Anm. 4 - LThK V, 472.
H.Fuhrmann

XXI., *Papst* 8.9.1276 bis 20.5.1277, Portugiese, Petrus Juliani (Hispanus), bekannt als philosophischer Schriftsteller (bes. durch seine Summulae logicales, ein Kompendium der → Logik) und Arzt (seit 1273 auch Kardinal), begleitete → Gregor X. nach Lyon. Gewählt wurde er durch Bemühungen des Kardinals Joh. Gaetani Orsini, um den Volkstumulten beim Konklave in Viterbo ein Ende zu machen. J. hob die Konklaveordnung Gregors X. auf. Eine Überprüfung des Verhältnisses zu König Rudolf I., Karl I. und Byzanz kam über Anfänge nicht hinaus, da J. infolge eines Deckeneinsturzes bald starb.

Summulae logicales, ed. I.M.BOCHÉNSKI, Turin 1947. - DUCHESNE, LP II, 457 - POTTHAST R II, 1710ff - J.GUIRAUD-E.CADIER, Les Registres de Jean XXI. (Bibliothèque des Ecoles franç. d'Athènes et de Rome 12a, sér. III), Paris 1898 - R.STAPPER, Papst J. XXI., 1898 - Ü II, 455f. 758 (Lit.) - E.A.VAN MOÉ, L'envoi des nonces à Constant. par les papes Innocent V. et Jean XXI. 1276 (Mélanges d'archéologie et d'hist. 47, 1930, 39-62) - LThK V, 472f - M.GRABMANN, SAM 1936, 9 - EC VI, 590ff.

XXII., *Papst* 7.8.1316 bis 4.12.1334, Jacques Duèse aus Cahors, ausgebildet bei den Dominikanern, kam früh an den Hof in Neapel und wurde Kanzler Karls II. → Clemens V. machte ihn zum Bischof von Fréjus, dann von Avignon und 1312 zum Kardinal. Seine Wahl zum Papst verdankte er Karls II. Sohn Robert von Neapel, an dessen berüchtigter Denkschrift über die Schädlichkeit und Überlebtheit des Imperiums er Anteil gehabt hat und die seine Stellung zum Thronkampf in → Deutschland (: I, 1c) bestimmte. J. bezeugte seine Dankbarkeit gegenüber Robert durch Heiligsprechung von dessen Bruder Bischof Ludwig von Toulouse und durch Ungültigkeitserklärung der Vikarsernennungen in Italien durch Heinrich VII. Er machte Robert zum Vikar in Tuscien und zum senator und capitaneus in Rom, vollzog aber nicht die gewünschte Trennung der Lombardei vom Reich. Er unterstützte Roberts italienische Ziele, indem er die → Ghibellinen-Führer zu Ketzern erklärte. J.' Neffe Bertrand von Poget wurde als Legat mit weitgehenden Vollmachten nach Italien geschickt und machte Bologna zu seinem Sitz. Am 8.10.1323 eröffnete J. einen Prozeß gegen Ludwig IV., weil er ohne päpstliche Bestätigung die Regierung des Reiches angetreten hatte. Ludwigs Appellationen haben seine Verurteilung als Ketzer nicht aufhalten können; doch fand er theoretische Hilfe durch Franziskaner-→ Spiritualen und die Verfasser des »Defensor Pacis«, → Marsilius von Padua und → Johannes von Jandun. Sein von den Ghibellinenführern angeregter Italienzug scheiterte am Mangel an Mitteln und dem frühzeitigen Tod der besten Helfer. Das Gegenpapsttum unter → Nikolaus (V.) war durch die Unzulänglichkeit von dessen Person von Anfang an zum Mißlingen verurteilt. J.' Versöhnungspolitik gegenüber den lombardischen Anhängern Ludwigs hat ihm dort bald wieder die Oberhand verschafft. Neue Schwierigkeiten brachte dagegen der Italienzug Johanns von Böhmen, der sich mit Philipp VI. von Frankreich gegen Robert von Neapel verbunden hatte. Der Kaiser erlangte durch seinen Kanzler Heinrich von Thalheim wieder Einfluß in Italien, und Philipp VI. drohte dem Papst mit einem Ketzerprozeß. Aus diesen Verwicklungen sind die Versöhnungsversuche mit dem Kaiser (seit 1331) zu verstehen. Des Papstes kirchliche Organisationsarbeit, Neueinteilung von Bistümern, Kreuzzugszehnten, Fiskalismus, Ausbau der Kammer als Mittel einer autoritären Regierung hat vielfach Kritik hervorgerufen (→ Papsttum: II, 2). Kirchliche Prozesse für politische Ziele, einseitige Begünstigung der französischen Mächte haben den Grund gelegt für die Zertrümmerung der kirchlichen Einheit im Zeitalter der → Reformkonzile. - J. war von einfachen Sitten, sparsam und fleißig, hatte großes diplomatisches Geschick und praktische Erfahrung. An der Stilisierung der großen Denkschriften arbeitete er persönlich mit.

S.RIEZLER, Vatikan. Akten, 1891 - G.MOLLAT, Jean XXII. Lettres communes, 16 Bde (Bibl. des Ecoles franç. sér. 2a), Paris 1904-47 - A.COULON, Lettres secrètes et curiales relatives à la France (bis 1324), (ebd sér. 3a), Paris 1900-13 - A.FAYEN, Lettres de Jean XXII., Rom 1908-12. - E.GÖLLER, Die Einnahmen der apostol. Kammer, 1910 - K.H.SCHÄFER, Die Ausgaben der apostol. Kammer, 1911 - ST.BALUZIUS, Vitae Paparum Avenionensium, ed. G.MOLLAT, I, Paris 1914, 107ff - G.MOLLAT, Les Papes d'Avignon, Paris (1930) 1950⁹ - F. BOCK, Kaisertum, Kurie u. Nationalstaaten (RQ 44, 1935, 106-122. 169-220) - DERS., Einführung in das Registerwesen des avign. Papsttums (QFIAB 31, 1941, 2-4. 37-42; Lit. u. Tafeln) - DERS., Reichsidee u. Nationalstaaten, 1943, 225ff. 300ff - A.MERCATI, Dagli Instrumenta Misc. dell'Arch. Vat. (QFIAB 27, 1936/37, 137-177) - E.DUPRÉ-THESEIDER, I Papi d'Avignone, 1939 - H.HOBERG, Die Inventare des päpstl. Schatzes (StT 111), 1944, XIV. 1ff - G.BARRACLOUGH, Minutes of Papal Letters 1316/17 (ebd 165), 1952, 109ff - DHGE XII, 1109ff - G.TABACCO, La casa di Francia nell'azione pol. di Papa Giovanni XXII (Istituto storico Italiano, Studi storici fasc. 1-4), 1954 - E.PASZTOR, Per la storia di S.Ludovico d'Angiò (ebd fasc. 10), 1955 - EC VI, 592f.

(XXIII.), *Gegenpapst* 17.5.1410 bis 29.5.1415, † 22.11. 1419, Baltassar Cossa aus Neapel, kam nach bewegtem Vorleben unter → Bonifatius IX. an die Kurie, wurde 1402 Kardinal und Legat in Bologna, dann Nachfolger → Alexanders V. Durch Ladislaus aus Rom vertrieben, fügte er sich dem Vorschlag Kaiser → Sigismunds, Konstanz als neuen Konzilsort zu wählen (→ Reformkonzile); dort wurde er abgesetzt und nach einem Fluchtversuch in strenge Haft genommen. Nach Unterwerfung unter → Martin V. wurde er begnadigt und Kardinal von Tuskulum.

RepGerm III, 6f - H.FINKE, Acta Concilii Constantiensis IV, 1896-1928, 505ff. 756ff. 857 - DERS., StT 39, 1924, 157-163 - M. GIUSTI, StT 165, 1952, 418 - Dt. Reichstagsakten VII/2, 1956, 25.
F.Bock

XXIII., *Papst* seit 28.10.1958, Angelo Giuseppe Roncalli, * 25.11.1881 in Sotto il Monte b. Bergamo (Lombardei) als Kind einer Landarbeiterfamilie. J. kam 1892 auf das bischöfliche Knabenseminar in Bergamo. Das Studium der Theologie in Rom (seit 1900) beschloß er mit der Promotion zum Dr. theol. und der Priesterweihe (10.8.1904). Seit 1905 war er Privatsekretär des Bischofs von Bergamo, Graf Radini-Tedeschi, zugleich Prof. für KG, Patristik und Apologetik am dortigen Priesterseminar. Sein wissenschaftliches Arbeitsgebiet war die Zeit der nachtridentinischen »kath. Reform«. Den 1. Weltkrieg machte er im Sanitätskorps der italienischen Armee, später als Feldgeistlicher mit. 1921 von Benedikt XV. in die Kongregation De propaganda fide berufen, wurde er 1925 Titularerzbischof (auf den Titel von Areopolis), Apostolischer Visitator und (1932) Apostolischer Delegat in Bulgarien, 1934 Titularerzbischof von Mesembria, 1935 Apostolischer Delegat in der Türkei. Die Ernennung zum Nuntius in Paris (23.12.1944) stellte den Höhepunkt seiner diplomatischen Laufbahn dar. Seit 1952 war er zugleich ständiger Beobachter des Vatikans bei der UNESCO in Paris. Pius XII. kreierte ihn am 12.1.1953 zum Kardinal und ernannte ihn kurz darauf zum Patriarchen von Venedig. - Als Nachfolger → Pius' XII. wurde der fast 77jährige am 4. Tag des Konklaves gewählt (Krönung am 4.11.1958). Seine überraschenden ersten Amtshandlungen zeugen von großer Selbständigkeit und Entschlußkraft (Namenswahl, Kardinalsernennungen, Ämterbesetzungen an der Kurie, Konzilsplan). J. unterscheidet sich in seiner unzeremoniellen Art deutlich von seinem Vorgänger, doch sind gemeinsame Grundlinien sichtbar (Marienverehrung, Primatsanspruch Roms). Sein Augenmerk gilt bes. der Ostkirche.

Vf. u.a.: Il Cardinale Cesare Baronio nel centenario della sua morte Monza 1908; In memoria di mons. G.Radini-Tedeschi, Bergamo 1916; L'Eucaristia e la Madonna, 1920; Gli atti della visità Apostolica di S.Carlo Borromeo a Bergamo (Fontes Ambrosiani 13-18), Florenz 1936ff; Gli inizi del Seminario di Bergamo e S.Carlo Borromeo, 1939. - Über J.: Osservatore Romano 98, 1958, Nr. 253ff - MdKI 9, 1958, 94f - Klerusblatt 38, 1958, Nr. 22 (darin bes. L. Voelkl, 396-398) - HerKorr 13, 1958/59, 113-118 - AAS 50, 1958, 837ff - A.Lazzarini, J. XXIII., dt. v. Ä.Rusconi-Gerken, 1958 - E.Pecher, J. XXIII., 1958. *G.Maron*

Johannes, 1. *Juan de Avila* (1500-69), »Apostel von Andalusien« und asketischer Schriftsteller, * in Almodóvar del Campo (Neukastilien), jüdischer Neuchrist, studierte Rechtswissenschaft in Salamanca und Theologie in Alcalá, 1525 Priester, dann Wanderprediger und geistlicher Berater andalusischer Adelsfamilien. Von der Inquisition zeitweise des Illuminatentums verdächtigt, wurde er vom Erasmusfreund Erzbischof Manrique von Sevilla beschützt. J. (nicht → Ludwig von Granada) übersetzte unter dem Titel »Imitación« → Gersons »Contemptus mundi« (1536).

Vf. u.a.: Audi, filia, 1556, dazu die erst 1945 aufgefundenen »Avisos y reglas cristianas sobre el verso Audi filia«; Epistolario espiritual, 1578. - Neue GA mit Einl. u. Komm. von L.Sala Balust, Obras completas de J. de A., 2 Bde, Madrid 1952/53. - C.M.Abad, Ultimos inéditos del B.J. de A. (Miscelánea Comillas 13), 1950 - M.Bataillon in: Bulletin Hispanique 57, 1955, 5-44. *R.Konetzke*

2. *Bekkos*, der byzantinische Patriarch Johannes XI. (1275-82, † 1293), ist der bedeutendste Unionstheologe des 13.Jh.s. Zunächst gegen die → Einigungsbestrebungen (: I, 3) des Kaisers Michael VIII. eingestellt, ließ er sich durch die Schriften der Väter und auch des → Nikephoros Blemmydes von der Richtigkeit der lateinischen Position in der Frage nach dem Ausgang des Hl. → Geistes (: V, 3) überzeugen. Bei Abschluß der Union von Lyon wurde J. Patriarch und verteidigte nun die unionistische Theologie. Nach dem Tode Michaels VIII. verlor er seine Würde, wurde verbannt und aus der Kirche ausgeschlossen, ohne daß er deswegen den literarischen Kampf aufgegeben hätte. Sein wichtigstes Werk handelt »Über die Einheit und den Frieden der Kirchen von Alt- und Neurom«. Seine Sammlung patristischer Texte zugunsten der Union (»Epigraphai«) hat die späteren Unionsfreunde immer wieder befruchtet.

Wichtigste Werke in MPG 141. - Befriedigende Monographie fehlt. Vgl. DThC VIII, 656ff - V.Laurent, Echos d'Orient 29, 1930, 396-415. *H.-G.Beck*

3. *von Capestrano* (Abruzzen) OFM (1386-1456), 1690 heiliggesprochen (Tag: 28.3.). Von adliger Herkunft, studierte J. die Rechte in Perugia, wurde Vertrauensmann Ladislaus' von Neapel und dessen Richter in Perugia. Bei einer Fehde gefangengenommen, hatte er im Gefängnis Visionen, löste sich von den weltlichen Beziehungen und trat 1415 bei den → Franziskanern in Perugia ein. J. wurde einer der größten Wanderprediger des 15.Jh.s, hat Hussitenmission vor allem in Mähren getrieben (Prag blieb ihm verschlossen) und wirkte seit 1454 als Kreuzzugsprediger gegen die Türken. Die Rettung Belgrads 1456 ist sein Werk. Für die → Observanten der Franziskaner hat er 1446 von Eugen IV. die Unabhängigkeit innerhalb des Gesamtordens erlangt.

L.Wadding, Annales Minorum, Rom 1731ff, Bd X-XIII - AS Oct. X, 1869, 439ff - v.Pastor I⁵, 1925, 414ff u.ö. - A.Chiappini, La produzione letteraria di S.Giovanni da C., Gubbio 1927 (benützt den Nachlaß des J. im Konvent von C.) - LThK V, 484ff - EC VI, 531f. *F.Bock*

4. *Chrysostomus* → Chrysostomus, J.

5. *von Damaskus* (*Damascenus*), * ca 670, † wahrscheinlich ca 750, entstammt einer reichen Christenfamilie im Dienste des Kalifen. Bald nach 700 wurde er Mönch in Mar Saba bei Jerusalem, Priester und theologischer Berater des Patriarchen von Jerusalem. Seinen Ruhm verdankt er den Streitschriften gegen die Ikonoklasten (→ Bilder: III, 2; → Byzanz: II, 2). Er nahm aber auch zu zahlreichen anderen Kontroversen (Manichäer, Islam, Nestorianer, Monophysiten usw) Stellung. Seine Hauptschrift ist die »Quelle der Erkenntnis«, bestehend aus einer Dialektik, einem Abriß der Häresiengeschichte und der »Genauen Darlegung des orth. Glaubens« - eine der wenigen byzantinischen systematischen Darstellungen der Theologie im Anschluß an → Theodoret von Kyrrhos u.a. Daneben ist J. einer der bedeutendsten Prediger der byzantinischen Kirche. Er ist der Verfasser des Romans von → Barlaam und Joasaph. Ungelöst ist das Problem der sog. Sacra Parallela. Außerdem sind viele kleinere Schriften unter seinem Namen überliefert. - J. ist auf manchen Gebieten der Theologie, zB dem der Bilderlehre, ein originaler Denker, der seine Nachwelt stärkstens beeinflußt hat. In seiner theologischen Systematik ist er ein überlegener und kritischer Kompilator. Sein Einfluß auf die byzantinische Kirche bedarf noch genauerer Erforschung. - Vgl. → Abendmahl: II, 1 a; → Aristotelismus, 2 c; → Christologie: II, 5 d; → Gott: VII, 2.

Eine Überprüfung der unzulänglichen Ausg. der Werke (MPG 94 bis 96) von M.Lequien wird vom Byzant. Institut Scheyern vorbereitet. Wichtiger Vorbericht: J.Hoeck, Stand u. Aufgaben der Damaskenos-Forschung (OrChrP 17, 1951, 5-60). - D.Ainslee, John of Damascus, London (1901) 1906⁴ - D.Fecioru, Leben d. hl. J.D., Bukarest 1935 (rum.) - H.Menges, Die Bilderlehre des hl. J.v.D., 1938 - J.Nasrallah, Saint Jean de Damas, Harissa 1950 - E.M.Buytaert, Damascenus latinus (Franciscan Studies 13, 1953, 37-70) - B.Studer, Die theol. Arbeitsweise des J.v.D., Ettal 1956. *H.-G.Beck*

6. *João de Deo* (1495-1550), portugiesischer Heiliger, * in Montemor-o-Novo, südöstl. Lissabon. Nach abenteuerlichem Leben als Hirte, Soldat, Festungsarbeiter und Händler mit 42 Jahren bekehrt, widmet er sich der Krankenpflege. 1540 gründet er ein Krankenhaus in Granada. Unter seinen Nachfolgern entsteht der Orden der → Barmherzigen Brüder. Nach seinem Tode wurde von diesen in Montemor-o-Novo ein Krankenhaus für paralytische Kinder errichtet. 1630 selig-, 1690 heiliggesprochen. Fest: 8.3.

Schriften hg.v. O.Marcos, Madrid 1935. - Über J.: LThK V, 500 (Lit.) - L.Ruland, Gespräche um J. von Gott, 1947 - EC VI, 554f (Lit.). *L.Thomas*

7. *von Ephesus* (* in Amida um 507, † um 586), Vorkämpfer der Monophysiten (→ Christologie: II, 5) unter Justin II. und trotz mancher Kerkerhaft einer der wenigen der damaligen Zeit, die gegenüber dem orthodoxen Druck standhielten. J. war 30 Jahre in Konstantinopel, dann in Anatolien für seine Überzeugung tätig und errang missionarische Erfolge auch bei Heiden. Daneben entfaltete er eine bedeutende kirchliche Schriftstellerei, unter der bes. seine Kirchengeschichte (fast nur der zeitgeschichtliche Teil erhalten) als Quelle und Darstellung erster Ordnung hervorragt (hg.v. W.Cureton, Oxford 1853, und v. E.W.Brooks, CSCO III/3; Übers. v. R. Payne Smith, Oxford 1860, und v. J.M.Schönfelder, 1862). Ebenso wichtig ist seine »Geschichte der morgenländischen Seligen« (hg.v. E.W.Brooks, PO XVII/1, XVIII/2, XIX/2, 1923ff).

J.P.N.LAND, J., Bischof v. Ephesus, Leiden 1856 - DCB III, 370ff - RE IX, 301f - A.D'JAKONOV, Ioann Éfesskij, St.Petersburg 1908 (russ.) - A.BAUMSTARK, Gesch. d. syr. Lit., 1922, 181f - DERS. in: HO III/2-3, 1954, 186f (Werke; Lit.). *B.Spuler*

8. *von Fékamp* (ca 990-1078), Neffe und Schüler des Reformabtes Wilhelm von Volpiano, um 1017 Prior, 1028 Abt von Fécamp. Durch die neueren Forschungen steht diese vergessene Gestalt nun als einer der markantesten Mystiker zwischen → Gregor d.Gr. und → Bernhard von Clairvaux da. Von der Gebetssammlung »Orationes Anselmi« sind ihm sicher or. 16-19 zuzuweisen. Auch die pseudo-alkuinische »Confessio fidei« hat ihn zum Verfasser (dazu die »Confessio theologica«). Seine Mystik sprach sich ferner aus in der »Deploratio quietis et solitudinis derelictae«. Sein Schrifttum will »Theologie« im Sinne des östlichen Mönchtums und der griechischen Väter sein: Vollkommene Erkenntnis Gottes, die sich in der Form des Gotteslobes ausspricht. J. fußt auf der spekulativen Mystik → Augustins und der moralischen Gregors d.Gr. Die Originalität seiner Mystik besteht aber darin, daß er die Tendenzen beider in der Mystik der Vita vitalis zur Synthese führt.

J.R.GEISELMANN, Studien zu frühmittelalterl. Abendmahlsschriften, 1926, 51ff - A.WILMART, Auteurs spirituels et textes dévots du moyen âge latin, 1932 - J.LECLERCQ-J.P.BONNES, Jean de Fécamp (Etudes de Théol. et d'Histoire de la Spiritualité 9), 1946. *J.R.Geiselmann*

9. *von Gischala* (Galiläa), Führer der jüdischen Aufständischen in G. (66-70 nChr; → Judentum: I), mit denen er zunächst in Opposition zu dem aus Jerusalem entsandten → Josephus trat und dann, vor den Römern fliehend, nach Jerusalem zog. Unter seiner Führung besetzten seine Anhänger den Tempelbezirk, befehdeten das Synhedrium und die Priester und terrorisierten die Bevölkerung in der belagerten Stadt. Als die Römer in diese eindrangen, verteidigten J. und seine Leute in verzweifeltem Widerstand den Tempel und die Burg Antonia, entwichen dann in den Herodespalast und mußten hier schließlich den Widerstand aufgeben. J. wurde als Gefangener im Triumphzug des Titus aufgeführt und starb in Rom.

SCHÜRER I, 608. 617ff - JewEnc VII, 220ff - NOTH, GI 392ff. *E.Lohse*

10. *von Jandun* (Dép. Ardennes), † 1328, als magister artium der Pariser Universität Vertreter des → Averroismus, seit 1316 Kanoniker von Senlis, Freund des → Marsilius von Padua und Mitarbeiter an dessen »Defensor Pacis« (der Anteil des J. ist unbekannt). Beide flohen 1324/26 zu Kaiser Ludwig IV. und nahmen an dessen Romzug teil, wobei ihre Lehre von der Unabhängigkeit des → Kaisertums vom Papsttum in die Tat umgesetzt wurde und auch auf die Sentenz gegen → Johann XXII. Einfluß hatte (Berufung auf Otto I.). In dem päpstlichen Prozeß gegen die Verfasser des »Defensor« werden folgende Thesen als ketzerisch hervorgehoben: daß Christus den Zinsgroschen bezahlt habe als Zeichen seiner Unterordnung unter die weltliche Gewalt; daß Petrus nicht mehr Macht als die übrigen Apostel gehabt habe; daß der Kaiser den Papst ein- und absetzen könne; daß die Kirche Strafgewalt durch Übertragung vom Kaiser habe. - Ludwig hat J. zum Bischof (wohl Verweser) in Ferrara (1.5.1328) und zum Geheimen Rat gemacht (14.7.1328); † bald danach, wohl in Todi.

MG Constitutiones VI (s. Reg.) - Ü II, 615ff. 786 (Lit.) - R.SCHOLZ, Marsilius v.Padua, Defensor Pacis, 1932, LVIIIff - M.GRABMANN, Studien über den Einfluß der aristotel. Philosophie (SAM 1934, H. 2, 41-60) - EC VI, 566 - EF II, 760f. *F.Bock*

11. J. IV. *Jejunator* (Νηστευτής, der Fastende), Patriarch von Konstantinopel (582-595). Als solcher führte er, frühere Gepflogenheiten fortsetzend, den Titel »Erzbischof und ökumenischer Patriarch«, dessen Berechtigung von → Pelagius II. und mehr noch von → Gregor I. heftig, aber erfolglos, bestritten wurde. Veröffentlichungen lassen sich ihm mit Sicherheit nicht zuweisen; am ehesten kann die aus → Chrysostomus geschöpfte Predigt »Über Buße, Enthaltsamkeit und Jungfrauschaft« (MPG 88, 1937ff) als echt gelten.

RE IX, 302ff - V.GRUMEL, Les regestes des actes du patriarcat de Constantinople I/1, Paris 1932, 105ff - H.-G.BECK, Kirche, Theol. u. geistl. Lit. im Byzantinischen Reich (HAW XII, 2, 1), 1959, 417ff (Lit.). *J.Irmscher*

12. *von Kastl*, Benediktiner-Theologe um 1400. J. studierte wahrscheinlich in Prag, wurde vor 1399 Prior des oberpfälzischen Klosters Kastl (Bistum Eichstätt), dessen Reform damals auch andere süddeutsche Klöster erfaßte. Von den theologisch-asketischen Schriften des J. wurde nur »De adhaerendo Deo« öfters gedruckt unter dem Namen → Alberts d.Gr., daher viel beachtet, schon im 15.Jh. auch verdeutscht, ein eindringliches Kompendium mystischer Frömmigkeit im Rahmen kirchlicher Tradition. Erst M.Grabmann entdeckte den wahren Verfasser und Handschriften seiner anderen Werke: »De lumine increato« (Christus-Mystik; 1410), »De natura, gratia, gloria ac beatitudine in patria« (Gnadenlehre), »De sui ipsius vera et humili cognitione« (demütige Selbsterkenntnis führt zur Gotteserkenntnis), auch Kommentare zu den Pss, zur Benedikt-Regel u.a. Eine Schrift »De viris illustribus O.S.B.« ist verschollen. Wenig selbständig, aber innig und wirksam vermittelte J. das Gedankengut der Passionsmystik (→ Mystik: VI).

De adhaerendo Deo ed. J.HUYBEN, 1923; dt.v. W.OEHL, 1923. - M.GRABMANN, Mittelalterl. Geistesleben I, 1926, 487-524 (grundlegend) - VerfLex II, 1936, 603ff (Lit.) - R.BAUERREISS, KG Bayerns V, 1955, 88f. *H.Grundmann*

13. *Klimakus* (wahrscheinlich 579-649), auch Sinaites (nach dem Sinaikloster, dessen Abt er war) oder Scholastikus genannt, ein hervorragender Vertreter der frühbyzantinischen Asketik, führt seinen Beinamen nach seinem Hauptwerk, der nach der Jakobsleiter (Gen 28, 10ff) benannten Κλῖμαξ τοῦ παραδείσου (»Himmelsleiter«). Darin beschreibt er in 30 Gradus (Sprossen) in volkstümlicher Sprache ohne strenge logische und psychologische Ordnung, wie mit Hilfe der Askese der Mensch allmählich geläutert wird und schließlich zu Gott nachahmender ἀπάθεια und ἡσυχία gelangt. Die Schrift ist viel gelesen, kommentiert und übersetzt worden; ihr schloß sich das ein Idealbild des Klostervorstehers zeichnende »Wort an den Hirten« an.

Texte: MPG 88, 631ff. 1165ff; P.TREVISAN, 2 Bde, Turin 1941. - H.BALL, Byzantinisches Christentum, 1931, 1ff - ALTANER 482 (Lit.) - H.-G.BECK (s. 9) 446f. *J.Irmscher*

14. *vom Kreuz* (*Juan de la Cruz*; 1542-91), span. Karmelit, Kirchenlehrer (seit 1926) der → Mystik (: VI), * in Fontiberos b. Ávila, † in Ubeda, heiliggesprochen 1726 (Tag: 14.11.). - J. studierte bei den Jesuiten in Medina und trat 1563 in den dortigen Karmel ein. Von → Theresa von Ávila für die Ordensreform gewonnen, gründete er mit Gesinnungsfreunden die ersten Klöster der unbeschuhten → Karmeliter und war dann einige Jahre Spiritual im Kloster Theresas, bis die von den kirchlichen Oberen unterstützte Verfolgung durch die alte Richtung gegen die Reform einsetzte (1577/78 Gefangenschaft in Toledo). In den Leiden seines Kerkers ungewöhnlich begnadet, begann J. seine mystischen Erfahrungen in dichterischen Verhüllungen nach Art des Hhld zu beschreiben. So entstand der »Geistliche Gesang« (zwischen der Seele und ihrem Bräutigam Chri-

stus), dem er später (1584) seine »Erklärungen« beifügte. Während seines Priorats im Konvent von Calvario folgten »Der Aufstieg zum Berge Karmel« und »Die dunkle Nacht«, in Granada ferner die »Lebendige Liebesflamme«, von der wie auch vom »Geistlichen Gesang« eine doppelte Fassung vorliegt, die spätere (von fremder Hand?) mit dem Bestreben, mißverständliche Kühnheiten abzuschwächen. Dazu kommen einige kleinere Schriften, Maximen, geistliche Winke und Briefe. Durch Introversion mit starker Neigung zur Kontemplation und gedanklichen Systematik bei geringer praktischer Begabung unterscheidet sich J. von der psychologischen und zugleich aktiven Theresa. Die Systematisierungstendenz im Sinn des »Aufstiegs« (Reinigung, Erleuchtung, Einung) ist vorgebildet bei Augustin und Thomas von Aquino, die Lehre vom Seelengrund (der geistigen »Spitze«) bei der deutschen und flämischen Mystik. Die Betonung der Askese als Vorbereitung zur Beschauung ist neuplatonisch-monastische Tradition. Auf der Begegnung mit arabischer Mystik (in Granada) und der Auseinandersetzung mit den → Alumbrados beruht die Betonung der göttlichen Transzendenz in der mystischen Einheitserfahrung und die Distanzierung von schwelgerischen oder visionären Erlebnissen: Erst mit dem vollkommenen Selbstverzicht auch hinsichtlich des »Trostes« ziehen Friede und Freude ein.

Obras, hg.v. P.Silverio de S.Teresa, Burgos 1929ff; dt.: Sämtl. Werke, hg.v. P.Aloysius ab Immac. Conc., 5 Bde, 1924-29. - Über J.: J.Baruzi, St.Jean de la Croix et le problème de l'expérience mystique, Paris (1924) 1931² - P.Pourrat, La Spiritualité chrét. III, Paris (1925) 1942², 272ff - P.Bruno de J.M., St.Jean, Paris (1929) 1932² - A.Winklhofer, Die Gnadenlehre in der Mystik des hl. J.v.K., 1936 - EC VI, 543ff - W.Nigg, Große Heilige, 1946, 221ff - Ed.Stein, Die Kreuzeswissenschaft (nach J.v.K.), 1950. *O.Karrer*

15. *von Kronstadt, Iwan Il'jitsch Sergiev* (1829-1909). J. wuchs in ärmlichen Verhältnissen im Dorf Sura (Gouv. Archangelsk) auf; nach dem Priesterseminar besuchte er die Geistliche Akademie in Petersburg. Seit 1855 versah er mit beispielhafter Hingabe ein Pfarramt in Kronstadt. Seine seelsorgerlich-karitative Arbeit machte ihn in ganz Rußland bekannt. 1882 begründete er das erste »Haus der Arbeitsamkeit«, das Werkstätten, Asyl und Poliklinik vereinigte. Sein Einfluß erreichte den Höhepunkt durch Gebetsheilungen. Seine Schriften wurden viel gelesen. Die großen Mittel, die durch seine Hände gingen, benutzte er zum Bau von Kirchen und Klöstern. Trotz verschiedener Beurteilung schützte ihn die Kirche und übersah schwärmerische Züge bei seinen Anhängern. Schon bei Lebzeiten wurde er als »Heiliger« angesehen. Es bestehen Bestrebungen, ihn zu kanonisieren.

GesW, 1891-94 (russ.); Predigten u. Belehrungen, 1897-1908 (russ.); Mein Leben in Christus, 1894 (russ.; New York 1957), engl. 1897. - Über J.: S.Tschetwerikov, Die geistliche Erscheinung des Vaters J.K., Paris 1939 (russ.) - Graf A.A.Sologub, Vater J.K., New York 1951 - A.Semenov-Tjan-Schanskij, Vater J.K., ebd 1955. *R.Stupperich*

16. *Lektor von Freiburg* (ca 1250-1314), * in Haslach (Familienname Rumsik?), Dominikaner in Freiburg/Br., Lehrer der Theologie und um 1294 Prior. In der kanonistischen und moraltheologischen Spekulation bewandert, förderte er bahnbrechend eine wissenschaftliche Pastoral-Kasuistik, die aus den weit verstreuten Regeln und Räten die moraltheologischen Prinzipien heraushob und für den Beichtstuhl und das praktische christliche Leben bereitlegte. Bei seiner leicht lesbaren Sprache und seinen klaren Hinweisen wurde er der gelesenste Moral- oder Pastoral-Kasuist des MA.

Vf.: Registrum s. Tabula super textu et apparatu seu glossa Raymundi (→ Raimund v.Pennaforte); Additiones ad Summam Raymundi; Quaestiones casuales (nach 1277); Hauptwerk von 1290/98: Summa confessorum, ed. 1476 (dt. v. B.Huenlen OP, 11 Aufl. von 1472-98; franz. Auszug: Provins 1496); Statuta ex sexto libro decretalium addita; Manuale collectum de Summa confessorum; Confessionale. Von J. sehr wahrscheinlich auch das Defensorium Annae (zugunsten der Witwenschaft der hl. Anna), ined. British Mus. 6 E III, fol. 248-250. - Über J.: J.Quétif-J.Echard, Scriptores ordinis Praedicatorum I, 1719, 523ff - J.F.v.Schulte, Die Gesch. der Qu. u. Lit. des canonischen Rechts II, 1877, 419ff (Hss. u. Ausg.n) - J.Dietterle in: ZKG 25, 1904, 255-268 - H.Finke in: Zs. f. Geschichts-, Altertums- u. Volkskunde von Freiburg 36, 1920, 31-39 - DThC VIII, 761f (Lit.) - EC VI, 559f. *J.Vincke*

17. *Malalas* (der Rhetor), erster Vertreter der christlich-byzantinischen Mönchschronik. Von syrischer Abstammung, wohl in Antiochia geboren, gehört J. wahrscheinlich dem 6.Jh. an. Seine »Chronographie« trägt in den ersten 17 Büchern, die noch zu Lebzeiten Justinians veröffentlicht wurden, monophysitische Züge, während das bis 563 reichende, nicht vollständig erhaltene 18. Buch eine orth. Konzeption zeigt. Die in volkstümlicher Sprachform abgefaßte Weltchronik hat nicht nur auf Byzanz, sondern auch auf den Orient und die slawischen Völker gewirkt.

Text: MPG 97, 65ff; Neuausg. der Bücher IX-XII bei A.Schenk Graf v.Stauffenberg, Die röm. Kaisergesch. bei M., 1931, 1ff - G. Moravcsik, Byzantinoturcica I, (1942) 1958², 329-334 (Lit.) - Altaner 220. *J.Irmscher*

18. *von Montecorvino* (bei Salerno, * 1247, † 1328 in Kambalek [Peking]), OFM, seit 1279 Orientmissionar, verließ 1289 Rom mit Briefen → Nikolaus' IV. an Patriarchen und Fürsten des Orients, bes. auch an den mongolischen Großkhan. In dessen Residenz Kambalek blieb er als Begründer und erster Erzbischof der kath. Kirche in → China (: IV B, 1).

Drei erhaltene Briefe u. zeitgenössische Berichte kritisch hg.v. A. van den Wyngaert, Sinica franciscana I, Quaracchi 1929, 335ff (über J.: LXIXff). - Über J. (vgl. auch → China: IV B, → Johannes de Plano Carpini): A.van den Wyngaert, Jean de Mont Corvin, Lille 1924 - BiblMiss IV, 1928, 29ff, bes. 38ff (Lit.) - LThK V, 517 - EC VI, 572f - C.Silvestri, La vera patria di Giovanni da M., Rom 1954. *M.A.Schmidt*

19. *Moschus* (ca 550-619), byzantinischer Erbauungsschriftsteller, bereiste als Mönch Palästina, Ägypten mit Einschluß des Sinai, Syrien, Kleinasien und den griechischen Archipel und ging 614 nach Rom. Sein Hauptwerk Λειμών (»Wiese«, Pratum spirituale) behandelt teils auf Grund persönlicher Kenntnis, teils nach übernommenen Berichten erbauliche Episoden aus dem Leben berühmter, meist zeitgenössischer Asketen und ist eine erstrangige Quelle für das orientalische → Mönchtum (: II); infolge seiner volkstümlichen, vielfach anekdotischen Darstellung gehörte es zu den meistgelesenen Büchern des griechischen MA und verlockte zur Bearbeitung und Übersetzung.

Text: MPG 87, 2847ff. Weitere Ausg.n: D.-C.Hesseling, Paris 1931 - Th.Nissen, ByZ 38, 1938, 351-376 - M.-J.Rouet de Journel, Paris 1946. - Über J.: N.H.Baynes, The »Pratum Spirituale« (OrChrP 13, 1947, 404-414) - E.Mioni, Il Pratum Spirituale di Giovanni Mosco (ebd 17, 1951, 61-94) - H.-G.Beck (s. 9) 406f (Lit.) - Altaner 202f (Lit.).

20. *Philoponus*, nach seinem Beruf auch Grammatikus genannt, alexandrinischer Sophist und Theologe in der Mitte des 6.Jh.s, ein vielseitiger und fruchtbarer Schriftsteller. Der Aristoteleskommentator bemühte sich, die kirchliche Lehre mit der aristotelischen Philosophie auszusöhnen. In die trinitarischen Auseinandersetzungen griff sein vollständig nur syrisch erhaltener Διαιτητής (»Schiedsrichter«) ἢ περὶ ἑνώσεως ein, der J. als Vertreter des → Tritheismus kennzeichnet: Den drei Personen kommt nur eine begriffliche Einheit, keine Einheit der Natur zu.

Vollst. Verzeichnis der Schriften u. Ausg.n: PW IX, 1916, 1764ff. Theol. Inhalts sind neben dem Διαιτητής: De aeternitate mundi contra Proclum, ed. H.RABE, 1899; De opificio mundi, rec. G.REICHARDT, 1897; De paschate, ed. C.WALTER, Commentationes philologae Ienenses VI/2, 1899, 195-229. - Über J.: Ü I, 643. 197* (Lit.) - H.-D.SAFFREY, Le chrétien Jean Philopon et la survivance de l'école d'Alexandrie au VIe siècle (Revue des études grecques 67, 1954, 396 bis 410) - H.-G.BECK (s. 9) 385f (Lit.) - ALTANER 472. *J.Irmscher*

21. *de Plano Carpini* (Pian del Carpine bei Perugia, † 1252), OFM, seit 1221 in Deutschland, 1228 Leiter der teutonischen, 1230 der spanischen, 1233 der sächsischen Ordensprovinz (bis 1239), reiste 1245/46 als Legat → Innozenz' IV. zum Hof des Großkhans Kujuk bei Karakorum (→Mongolen), wurde nach seiner Rückkehr (1247) päpstlicher Gesandter bei → Ludwig IX. und 1248 Erzbischof von Antivari (Montenegro).

Vf. die historisch, geographisch, ethnographisch, kultur- u. religionsgeschichtlich wertvolle Historia Mongalorum, von deren zahlreichen Ausg.n nur genannt sei: A. VAN DEN WYNGAERT, Sinica franciscana I, Quaracchi 1929, 3ff. - Erläuterte Übers.: F.RISCH, J. de Pl.C., 1930. - Über J. zus. mit → Andreas v.Longjumeau, → Johannes v.Montecorvino, → Rubruk u.a. (vgl. auch → China: IV B): P.PELLIOT, Les Mongols et la Papauté (ROC 3. sér. 3, 1922/23, 3-30; 4, 1924, 225-335; 8, 1931/32, 3-84) - G.SORANZO, Il papato, l'Europa cristiana e i Tartari, Mailand 1930 (Lit.). - Über J.: BiblMiss IV, 1928, 1ff, bes. 5ff (Lit.) - LThK V, 524f - Encicl. Italiana XXVII, Rom 1935, 102 - EC VI, 596 - Fra Giovanni da Pian di Carpine; nel VII centenario della sua morte, Assisi 1953 - VII centenario de Fray Juan de Piancarpino (Misiones Franciscanas 37, Oñate 1953, 193-221). *M.A.Schmidt*

22. *der Presbyter*. Die Unterscheidung eines Pr.s J. von dem Apostel → Johannes geht auf Papiaszitate bei Euseb zurück. Nach h.e. III, 39, 4 behauptet → Papias im Vorwort seiner Auslegung von Herrenworten: Wenn einst »einer kam, der den Alten (πρεσβύτεροι) nachgefolgt, forschte ich nach den Aussagen der Pr., was (τί) Andreas oder was Petrus gesagt hat... oder was J. oder Matthäus oder irgendein anderer der Jünger des Herrn, und was (ἅ) Aristion und der Pr. J., (beide) Jünger des Herrn, sagen«. Wären mit *den* Pr.n die gleich darauf genannten Herrenjünger gemeint, dann wäre es nicht unmöglich, daß *der* Pr. J. bei Papias mit dem vorher genannten J. identisch sein soll. Wahrscheinlicher ist jedoch zu ergänzen: »den Aussagen der Pr. darüber, was...«; dann bilden die Pr. ein Zwischenglied zwischen den »Nachfolgern« und den zuerst genannten »Jüngern«. Auf den Pr. schlechthin beruft sich Papias III, 39, 15 (nach 14 ist das J.; neben Aristion). Pr. ist hier nicht Bezeichnung des Amtsträgers, sondern meint, wie im 2.Jh. häufig, den Lehrer der älteren Generation als Traditionsträger; nach Papias hätte als solcher der so genannte Pr. J. eine besondere Rolle gespielt - immer vorausgesetzt, daß Euseb Papias richtig wiedergibt. Euseb gewinnt nämlich mit Papias' Hilfe und unter Berufung auf die Erwähnung von zwei J.-Gräbern durch → Dionysius von Alexandrien (VII, 25, 16) zwei J. in Ephesus; dem Pr. möchte er die → Johannesapokalypse zuschreiben (III, 39, 6). Daß dieser in Ephesus gelebt habe, behauptet Papias keineswegs (er erkundigte sich in vergangenen Jahren, was der Pr. J. damals sagte; daß Papias den Pr. J. gehört habe, folgert offenbar erst Euseb [III, 39, 7]!); man kann ebenso an Palästina denken.

A.SCHLATTER, Die Kirche Jerusalems v. Jahre 70-130, 1898, 40ff - TH.ZAHN, FGNK VI, 1900, 79ff. 131ff - J.BELSER, Das Papiasfragm. bei Eusebius KG III, 39, 3. 4 (ThQ 97, 1915, 161-184) - P.VANNUTELLI, De presbytero J. apud Papiam, Rom 1933 - E.HIRSCH, Studien z. vierten Ev., 1936, 145ff - C.K.BARRETT, The Gospel acc. to St. John, London 1955, 88ff. *G.Delling*

23. *der Priesterkönig*, Held eines weitverbreiteten Sagenkreises, zuerst erwähnt bei → Otto von Freising. Dieser vernahm 1145 durch einen Bischof von Gabula, wenige Jahre zuvor hätte ein gewisser J., jenseits von Persien und Armenien im äußersten Osten wohnend, König und Priester, Christ wie seine Untertanen, die Perser und Meder geschlagen, sei jedoch dann durch die Ungunst der Umstände verhindert worden, der Kirche Jerusalems zu Hilfe zu eilen. Wenig später hat man diesem J. bereits einen von Fabeleien strotzenden Brief an verschiedene christliche Herrscher zugeschrieben, dessen Hauptstoff der Alexandersage entstammt. Heute sieht man in J. meist den Chinesen *Yeliutasche*. Dieser hatte in Turkestan das karakathaische Reich gegründet, war dessen erster Kukhan und besiegte 1141 den persischen Sultan Sandschar. Der wichtige Dienst, den er hierdurch - ohne es zu wollen - den Christen leistete, machte ihn zum würdigen Gegenstand für die christliche Sagenbildung. Ob er Christ gewesen ist, bleibt zweifelhaft. Papst Alexander III. sandte 1177 ein Schreiben an den König J., von dem ihm Gerüchte erzählt hatten.

G.OPPERT, Der Presbyter J. in Sage u. Gesch., (1864) 1870² - F. ZARNCKE, Der Priester J. (AGL 17, 1879, 827-1030; 19, 1883-86, 1-186) - RE IX, 311ff - F.KAMPERS, Kaisermystik des MA, 1924. - Vgl. die mehrfachen Hinweise u. Notizen in ByZ (s. Generalreg.). *W.Bauer*

24. *von Salisbury* (Saresberiensis), Philosoph und Historiker (ca 1120-80). Der geistvolle Vertreter der humanistischen Richtung im 12.Jh., die auf die Schule von → Chartres zurückgeht, ist sicher englischer Herkunft. Er studierte in Frankreich u.a. bei → Abaelard, Thierry von Chartres und → Gilbert Porreta und wurde Sekretär der Erzbischöfe Theobald und Thomas (→ Becket) von Canterbury. Mit diesem teilte er - gleichfalls verbannt - das Exil in Frankreich. 1176 wurde er Bischof von Chartres. In seinem Hauptwerk, dem Policraticus, gab er eine später häufig benützte Staatslehre (Frage des → Tyrannenmords). Das Metalogicon enthält die bekannte Darstellung der acht Auffassungen über die → Universalien. Das Fragment der Historia pontificalis (für 1148-52) zeigt seine humanistisch-realistische Anschauung auch im geschichtlichen Bereich. Die umfangreiche Briefsammlung ist als Quelle bes. für den Becket-Streit wertvoll.

Ausg.n: Policraticus ed. C.C.J.WEBB, 2 Bde, Oxford 1909 - Metalogicon ed. WEBB, ebd 1929 - Historia pontif. ed. R.L.POOLE, ebd 1927; danach mit engl. Übers. ed. M.CHIBNALL, London 1956 - Briefe ed. W.J.MILLOR-C.N.L.BROOKE mit engl. Übers., Bd 1, ebd 1955. - Über J.: C.SCHAARSCHMIDT, 1862 - C.C.J.WEBB, 1934 - J.SPÖRL, Grundformen hochmittelalterl. Geschichtsanschauung, 1937, 73ff - H.HOHENLEUTNER in: HJ 77, 1957, 493-500 (Lit.-Bericht). *H.Hohenleutner*

25. *Sarracenus*, Freund des J. von Salisbury (s. 24), vielleicht selbst Engländer, wirkte in Frankreich. J. kommentierte (um 1140?) die von J. Scotus (s. 26) übersetzte »Himmlische Hierarchie« des → Dionysius Areopagita, überarbeitete später (um 1166/67) die Scotus-Übersetzung aller Dionysiaca gründlich. Er hatte sich dafür im Oströmischen Reich selbst griechische Handschriften beschafft. Sein Dionysius-Text wirkte stark auf die Hochscholastik.

Dionysiaca, ed. P.CHEVALLIER, Paris 1937. Der Kommentar ist ungedruckt. - M.GRABMANN, Mittelalterl. Geistesleben 1, 1926, 454ff - G.THÉRY, Documents concernant J.S. (AHDL 18, 1950/51, 45-87; Lit.; angekündigte Forts. nicht erschienen). *P.Classen*

26. *Scotus Eriugena* († frühestens ca 870), kam ca 845 von Irland nach Frankreich und lehrte wahrscheinlich an der Hofschule Karls des Kahlen, der seine geistigen Gaben sehr zu schätzen wußte. Schon in seinem 851 gegen → Gottschalk geschriebenen Werk De praedestinatione in Konflikt mit der geltenden Tradition geraten (vgl. Denz. 320ff), vertiefte sich J. in das Studium der seinen westlichen Zeitgenossen wenig bekannten griechischen

Kirchenväter. U.a. übersetzte er die Werke des → Dionysius Areopagita (die Cael. Hier. kommentierte er später auch) und die Ambigua des → Maximus Confessor. Sein Einfluß auf die folgenden Jh.e der → Scholastik und → Mystik (: VI) besteht hauptsächlich in der Vermittlung der pseudodionysischen Spekulation. Ihr sind auch seine eigenen theologischen Werke verpflichtet: die 5 Bücher De divisione naturae, in denen er eigenständig und kühn sein Gesamtsystem entfaltet (abgeschlossen 866), daneben u.a. ein fragmentarischer Johanneskommentar wohl aus seinen letzten Jahren. Auf sein Hauptwerk beriefen sich später Pantheisten, so daß es 1210 zusammen mit der Lehre → Amalrichs von Bena verurteilt wurde. J. will sein Denken auf die Hl. Schrift gründen. In ihr als der wahren Autorität begegnet die göttliche Weisheit ebenso wie in der wahren Vernunft und in Harmonie mit dieser. Dem Urteil der Vernunft unterliegen die Autoritäten der kirchlichen Tradition. In der Schrift jedoch ist die Vernunft so enthalten, daß sie als das wahre Auslegungsprinzip oder der »höhere Sinn« der Schrift uns anleitet, alles auf dem Wege der »Teilung« als Selbstmanifestation Gottes zu verstehen – in zwei Stufen von »Theophanien«: »in Deo« (Gottes Wort und die in ihm enthaltenen causae primordiales) und »sub Deo« (Kreaturen) – und auf dem Wege der »Zurückführung« Sinn und Ziel aller geistigen Kreatur in der Vergottung zu sehen, die mit der Theophanie der Inkarnation anhebt und sich in jener der allgemeinen Rückkehr zu Gott vollendet.

MPL 122. – Über Teileditionen s. EC XI, 166 u. J.A.Willis, Annotationes in Johannem (Classica et Mediaevalia 14, Kopenhagen 1953, 233–236). – Über J.: RE XVIII, 86ff – H.Doerries, Zur Gesch. der Mystik: Erigena u. der Neuplatonismus, 1925 – Ü II, 164ff. 693 f – LThK III, 754 – DThC V, 401ff – M.Cappuyns, Jean Scot Erigène, Löwen-Paris 1933 (Lit.) – M.dal Pra, Scoto E. ed il neoplatonismo medievale, Mailand (1941) 1951² – J.M.Alonso, Teofanía y visión beata en Escoto Erigena (Revista Española de Teología 10, Madrid 1950, 361–389; 11, 1951, 255–281) – EC XI, 162ff – J.Gross, Ur- u. Erbsünde in der »Physiologie« des J.S.E. (ZKG 66, 1954/55, 254–271) – EF IV, 473ff (neuere Lit.). *M.A.Schmidt*

27. *von Skythopolis* mit dem Beinamen Scholastikus, griechischer Theologe der 1. Hälfte des 6.Jh.s, gehörte zur neuchalcedonischen Gruppe. Ein guter Kenner der klassischen Literatur, entfaltete er ein umfangreiches, nur in Fragmenten erhaltenes Schrifttum: gegen die Anhänger des → Eutyches und → Dioskur, zur Verteidigung des Chalcedonense (→ Chalcedon), zur Erläuterung des → Dionysius Areopagita.

Ch.Moeller, Le chalcédonisme et le néo-chalcédonisme en Orient de 451 à la fin du VIe siècle (A.Grillmeier-H.Bacht, Das Konzil von Chalkedon I, 1951, 637–720) – H.-G.Beck (s. 9) 370f – Altaner 473 (Lit.). *J.Irmscher*

28. *Teutonicus* oder J. von Wildeshausen (Oldenburg), OP († 1252 zu Straßburg), gelehrt und sprachenkundig, angesehener Prediger, wurde 1241 Generalmagister seines Ordens, nachdem er zuvor der Kirche in besonderen Aufträgen (1231 Kreuzzugsprediger gegen die → Stedinger, 1237 päpstlicher Gesandter in Bulgarien) und als Bischof von Bosnien (1233–37) und dem Orden als Prior der ungarischen (1231–33) und der lombardischen (1238 bis 1241) Provinz gedient hatte.

LThK V, 532f – → Dominikaner (bes.: Mortier I, 287ff; Walz 35ff u.ö.). *M.A.Schmidt*

Johannesakten. Die J. gehören zu den apokryphen Apostelgeschichten (→ Apokryphen: II). Sie werden erstmals von Eusebius erwähnt (h.e. III, 25, 6), der sie als ketzerisch verwirft und von Benützung in der Großkirche nichts weiß. Auch andere Kirchenväter bezeugen, daß die J. bei Häretikern im Umlauf waren, zB bei den → Enkratiten, → Manichäern und → Priscillianisten (vgl. Harnack I, 116ff). Auf dem 2. Nicänischen Konzil 787 wurde einiges aus den J. wörtlich angeführt und als »falsches Machwerk« entlarvt. – Wenn in der Stichometrie des → Nikephorus (, 3) dieses Buch gemeint ist, hätte es 2500 Stichen umfaßt; dann wären etwa zwei Drittel davon bis heute bewahrt. Im 5.Jh. sind die J. im kirchlichen Sinne überarbeitet worden; in dieser Form haben sie durch Übersetzungen weite Verbreitung gefunden (die syrischen J. haben nur sehr entfernte Beziehungen zu den ursprünglichen Akten). – Das Buch beschreibt verschiedene Taten des Apostels Johannes in Kleinasien. Dabei spielen Krankenheilungen und vor allem Totenerweckungen eine große Rolle; sie werden unter Anrufung von Gottes Namen bewirkt, um Gottes Allmacht zu zeigen und die Predigt zu unterstützen. Grundthema der Predigt ist die Absage an die Welt zur Gewinnung des ewigen Heiles der Seele. In c. 87ff wird in ungeschminkten Worten eine doketische Christologie gelehrt; merkwürdig ist auch der angeblich von Jesus am Vorabend der Kreuzigung aufgeführte Reigentanz mit Hymnen sowie die Lehre vom Lichtkreuz. Deshalb hat man den Verfasser in gnostischen Kreisen gesucht; C.Schmidt hat diese Meinung mit beachtlichen Gründen bestritten und ist für vulgär-christliche Abfassung eingetreten. Es ist unsicher, ob → Clemens von Alexandrien (adumbr. in 1Joh 1, 1; parallel zu c. 93) die J. gekannt hat; in den → Petrusakten sind sie wohl vorausgesetzt. Die Abfassung wird in der 2. Hälfte des 2.Jh.s anzusetzen sein, ohne daß eine nähere Begrenzung möglich ist. Entstanden sind die J. wohl in Kleinasien.

Text: R.A.Lipsius-M.Bonnet, Acta Apostolorum apocrypha II/1, 1898, 151ff. – Übers.: Hennecke² 175ff. – R.A.Lipsius, Die apokr. Apg.en u. Apostellegenden I, 1883, 348ff – A.Harnack, Gesch. d. altchristl. Lit. bis Eusebius I, 1893; II/1, 1897, 541ff; II/2, 1904, 173ff – C.Schmidt, Die alten Petrusakten (TU IV, 1), 1903, 120ff – Bardenhewer I, 574ff (Lit.) – M.R.James, The Apocryphal NT, 1924, 228ff – Altaner 62f (Lit.). *W.C.van Unnik*

Johannesapokalypse

1. Form – 2. Inhalt – 3. Geschichte der J.: a) Kanonizität – b) Auslegung – 4. Sprache und Text – 5. Quellen – 6. Entstehung: a) Verfasser – b) Abfassungszeit – c) Die Abfassung – 7. Hermeneutische Grundsätze – 8. Botschaft – 9. Die J. in der Kunst. – Vgl. Taf. 13, Bd II, vor Sp. 800

1. Die J. ist das einzige apokalyptische Buch des NT (zum übrigen apokalyptischen Material vgl. → Apokalyptik: III, 2). Das Buch führt sich ein als »Offenbarung Jesu Christi…, die er durch einen Engel seinem Diener Johannes zu verstehen gab«. Die Tatsache, daß Johannes unter Benutzung einer brieflichen Anrede das Buch den »sieben Kirchen in Asien« (1, 4–7) übersendet, bedeutet nicht, daß das Ganze als Brief anzusehen ist. Die Schlußverse des Buches (22, 10–21) zeigen, daß der Hauptteil (4, 1 – 22, 6) eine geschlossene literarische Einheit ist, zu der 1, 4 – 3, 22 eine Art Widmung darstellen. – Im übrigen zeigt das Buch keine klar erkennbare Gliederung. Die Teile greifen ineinander und überschneiden sich zT. Die Ausleger schlagen daher je nach ihrem Verständnis des Werkes recht verschiedene Einteilungen vor. Lohmeyer sieht zB in c. 14 das beherrschende Mittelstück, das von je drei Visionen umrahmt ist, während Bousset c. 14 als ein Zwischenstück betrachtet, dem vier Visionen vorausgehen und zwei folgen. Versteht man die J. als eine Apokalypse der Zukunft der Kirche, so wird man das Hauptstück am besten in drei Teile zerlegen: Ankündigungen des göttlichen Endgerichtes (c. 4–11), Kampf und Niederlage der Feinde der Kirche (c. 12–18), Vollendung der Kirche (c. 19–22).

2. In den einleitenden Worten (1, 1–3) führt sich der Schreiber als ein Prophet ein, der von den Dingen kün-

det, die sich in Kürze ereignen sollen. Die sorgfältige Wortwahl macht klar, daß die Gesichte zwar göttlichen Ursprungs sind und von Gott für seine »Diener« bestimmt sind, daß es sich aber darin nicht um ein Teilnehmen an den Ereignissen handelt, als hätten diese eine Art »übergeschichtliche« Realität. Vielmehr wird dem Seher in Bildern gezeigt, was die Zukunft bringen wird und wie Gott die Ereignisse der Geschichte lenkt. Einer briefartigen Begrüßung 1, 4-8 folgt die Vision des Menschensohnes, der zwischen den sieben Leuchtern einherschreitet (1, 9-20); sie zeigt, daß Christus der Urprung und der Herr alles kirchlichen Lebens ist. Die Siebenzahl der Leuchter macht die sieben Kirchen in Kleinasien zu Repräsentanten der gesamten Kirche. Die dem Seher diktierten Briefe (c. 2 und 3) bringen zum Ausdruck, daß die Kirche trotz der Mannigfaltigkeit ihrer geschichtlichen Formen in ihrem Ursprung eins ist. Die Gemeinden sind von außen wie von innen bedroht und werden ihrer Aufgabe in verschiedenem Maße gerecht. Dem entsprechen Christi Belohnungen und Drohungen. Die Voranstellung der Briefe deutet an, daß der Gesamtinhalt des Buches von unmittelbarer Bedeutung für das Leben dieser Gemeinden ist und sich nicht nur auf das Ende der Zeit bezieht. – Das Hauptstück beginnt mit einer Vision, die den Gottesdienst im Himmel beschreibt (c. 4), an dem außer Engeln und den vier kosmischen »Lebewesen«, dh den Grundkräften der geschaffenen Welt, auch die 24 Ältesten als Vertreter der Menschheit teilnehmen. Alles Folgende steht damit unter dem Zeichen der gemeinsamen Verehrung Gottes durch alle seine Geschöpfe. Das Lamm Gottes, das geschlachtet worden war, wird für würdig erfunden, die mit sieben Siegeln verschlossene Buchrolle zu öffnen, die Gott in seinen Händen hält: Der erhöhte Heiland hat das Vorrecht, Gottes Zukunftspläne nicht nur zu wissen, sondern auch auszuführen. Da c. 5 mit solchem Nachdruck den Heiland herausstellt, kann man annehmen, daß er nicht nur für das Öffnen der sieben Siegel, sondern auch weiterhin die maßgebliche Autorität ist. – Dem Aufbrechen der ersten vier Siegel in c. 6 entspricht das Kommen der apokalyptischen Reiter, die Elend über die Welt bringen. Das fünfte zeigt, wie den Seelen unter dem Altar, dh den Märtyrern des Gottesvolkes, Trost gebracht wird. Das sechste beschreibt in lebhaften Farben die Angst der Welt vor dem Zorn Gottes (ohne ein Zeichen von Reue). Einem Grundschema folgend, ist das sechste Ereignis (c. 7) eine Art Ruhepunkt vor der Entscheidung: Die Auserwählten werden versiegelt, um davor bewahrt zu werden, mit den Gottlosen zugleich unterzugehen. Das Öffnen des siebenten Siegels eröffnet die Reihe der göttlichen Drohgerichte, das Blasen der sieben Posaunen (c. 8; 9). Das Blasen der siebenten Posaune fällt zusammen mit dem Öffnen des himmlischen Heiligtums (11, 15-19). Wahrscheinlich deutet das auf den Tod Jesu und die Bildung der christlichen Gemeinde in Palästina hin. – In c. 12-15 folgen eine Reihe von Gesichten, die auf die letzten sieben Drohgerichte vorbereiten. Gottes Feind, der → Teufel oder Drache, und seine Helfer, die »Tiere«, treten nun deutlich in die Erscheinung. – Gegenüber der Anmaßung politischer Mächte sieht man in c. 14 das Lamm wie einen Feldherrn auf dem Zionsberg stehen, umgeben von dem Heer seiner Getreuen. Engel verkünden der Welt das »ewige Evangelium«, den Fall Babylons und das Gericht, das der Menschensohn über die abgefallene Welt halten wird. Bevor das aber geschieht, wird in c. 15 der Tempel im Himmel geöffnet, ein Zeichen, daß Gottes Gnade allen zur Verfügung steht. Gegen die, die nicht gekommen sind, werden dann vom Tempel die Gerichtsengel ausgesandt. Das Gericht wird in c. 16 näher beschrieben als sieben Zornesschalen, die von sieben Engeln über die Erde ausgegossen werden. C. 17 schildert die Herrlichkeit der »großen Dirne«, die auf dem Rücken des Tieres sitzend über die Völker herrscht und sie verführt, an ihrem gotteslästerlichen Tun teilzunehmen, bis sie schließlich durch das Lamm besiegt wird. Die Bedeutung ihres Falles wird unterstrichen durch den großen Trauergesang, den in c. 18 ihre Verbündeten und Handelsgenossen anstimmen und dem in 19, 1-8 die himmlischen Scharen den Lobpreis Gottes zufügen. – Die Weltgeschichte tritt nun in ihr allerletztes Stadium ein. Der himmlische Ritter auf dem weißen Rosse tritt in c. 19 zum Endkampf gegen die Macht des Bösen und seine irdischen Verbündeten an und besiegt sie mit dem Schwerte, das aus seinem Munde hervorgeht, dh mit der Macht seiner Wahrheit. Satan wird für 1000 Jahre gefesselt (c. 20), die Gläubigen regieren mit Christus während dieser Zeit, und die entschlafenen Bekenner werden zu diesem Zwecke vom Tode auferweckt. Aber dann kommt es zum Aufstand von → Gog und Magog und zu einer furchtbaren Entscheidungsschlacht, in deren Folge der Teufel und der Tod endgültig ihrer Macht beraubt werden. In einem gewaltigen Gericht wird der gesamten Menschheit ihr Schicksal zugemessen; wessen Name nicht im Buche des Lebens gefunden wird, wird mit ewigem Tod bestraft. – Die beiden letzten Kapitel beschreiben die Herrlichkeit und Schönheit der ewigen Gottesstadt. Der Himmel wird mit einer erneuerten Erde vereint (c. 21). Von nun an wohnt Gott bei seinem Volke, und niemand braucht mehr ein Übel zu fürchten. In einem Schlußabschnitt (22, 6-21) wird die Wahrheit aller dieser Gesichte von einem Engel und von Jesus selbst bestätigt. Der Seher verwahrt sich daher gegen alle, die an seinem Buche irgend etwas ändern, und beschließt seinen Bericht mit den Worten: »Amen, komm, Herr Jesus!«

3. a) In weiten Kreisen der alten Kirche erfreute sich die J. schon frühzeitig großer Beliebtheit. → Papias scheint sie mehrfach zitiert zu haben, → Ignatius kennt und benutzt sie. Die »Ältesten«, die → Irenäus als Gewährsleute zitiert, haben sie als Werk des Jüngers Johannes angesehen. → Justin behandelt sie als kanonische Schrift, ebenso das → Muratorische Fragment. Bei Montanisten (→ Montanismus) und Antimontanisten steht sie in gleichem Ansehen, und im 2.Jh. ist sie das wohl am häufigsten erwähnte Buch des NT. Rom scheint sie jedoch später als andere Städte für sich gewonnen zu haben. Bei → Hermas begegnet sie nicht; → Marcion lehnt sie bewußt ab, und gegen Ende des 2.Jh.s wird sie von den → Alogern und dem Presbyter Gajus in Rom dem Ketzer → Cerinth zugeschrieben. Für Alexandria ist ihre Geltung durch → Clemens, → Origenes und → Athanasius bestätigt. Allerdings war → Dionysius von Alexandrien (um 250) der Meinung, das Buch sei von einem Presbyter → Johannes (, 22), nicht von dem Jünger geschrieben. Aber auch er bezweifelt ihre kanonische Geltung nicht. Dagegen haben die Kirchen in Palästina und Syrien die J. seit dem 3.Jh. abgelehnt, und zwar gleicherweise die griechisch wie die syrisch sprechenden Kreise. Die J. fehlt in der Peschitta (→ Bibel: II B, 3 d). Die Stellung des → Eusebius ist schwankend: er möchte das Buch gerne völlig ablehnen, rechnet es aber schließlich zögernd zu den Homologumena. Trotz Athanasius hat es jedoch auch in der griechischen Kirche erst gegen Ende des 7.Jh.s (Trullanum, 691/92) offizielle kanonische Geltung erhalten, während es im Abendland in allen Kanonlisten verzeichnet ist. Weder → Luther noch → Calvin liebten die J., und der letztere schloß sie als einziges Buch des NT von seiner Auslegung aus. Luther war in seiner Abneigung offenbar stark bestimmt durch die phantastischen Auslegungen der Schwärmer,

benutzte das Buch aber später, weil er darin das Papsttum als → Antichrist (: II, 5) geweissagt zu finden glaubte. Die Reformation hat aber niemals die kanonische Geltung der J. bestritten. Puritaner und Pietisten hielten das Buch in hohem Ansehen, die ersteren als Kampfwaffe gegen Rom, die letzteren als Stütze für ihre Kritik an der Staatskirche.

b) Den ersten Kommentar zur J. hat wahrscheinlich der Apologet → Melito von Sardes geschrieben; sein Inhalt ist uns aber nicht bekannt. Dasselbe gilt von → Hippolyt. Wir wissen nur, daß er gleich vielen Christen des 2. und frühen 3.Jh.s das Kommen des 1000jährigen Reiches erwartete (→ Chiliasmus). Sein Protest gegen die allzu wörtliche Auslegung der Gesichte und Symbole der J. zeigt, daß diese Methode damals vielfach angewandt wurde. Der früheste erhaltene Kommentar stammt von → Viktorin von Pettau († 303), der gleichfalls Chiliast ist. In der Deutung des Tieres in c. 17 kombiniert er die Nerolegende mit der Theorie eines jüdischen Antichrist. Bei Viktorin wird erstmals die Rekapitulationstheorie klar ausgesprochen. Die Siebenerreihen sind nicht als aufeinanderfolgende Ereignisse zu verstehen, sondern als parallele Beschreibungen. → Ticonius (um 380) brach bewußt mit der chiliastischen Tradition. Nach ihm beschreibt die J. den Kampf Christi mit dem Teufel. Die sieben Köpfe und zehn Hörner des Tieres etwa sind nicht chronologisch als Reihen zu verstehen, sondern symbolisieren die Gesamtheit der christusfeindlichen Weltmächte. Durch die Kommentare des → Primasius (um 540), → Apringius (ca 550), → Beda Venerabilis (672-735) und Beatus de Liebena in Spanien (776) gewinnen die Ideen des Ticonius in einer Form, die seinen ursprünglichen Donatismus beseitigt, weiten Einfluß auf das frühe MA. Sie leben fort in der → Glossa Ordinaria. Grundsätzlich auf der gleichen Linie, wenn auch mit recht originellen Einzelheiten, bewegt sich der Kommentar des Berengaudus im 9.Jh. In der griechischen Kirche des MA wurde die J. nicht so häufig wie im Westen ausgelegt. Der Kommentar des → Andreas von Cäsarea in Kappadozien (um 600) war bes. populär, daneben auch der seines Zeitgenossen → Ökumenius. → Arethas von Cäsarea (um 900) bringt nichts Neues. Die griechische Auslegung verwirft den Chiliasmus und spiritualisiert im allgemeinen die J., deutet aber einige Züge kirchengeschichtlich. – Das Hoch-MA entwickelt als neuen Typ der Auslegung die weltgeschichtliche Methode, die sich allerdings in ihren allgemeinen Zügen schon bei Beda findet. → Joachim von Fiore († 1202) findet in der J. eine Beschreibung der sieben Perioden der Kirchengeschichte. Alle Symbole werden in phantastischer Weise auf geschichtliche Ereignisse bezogen. Joachim glaubt im Zeitalter des Antichrist zu leben, hofft aber, daß Christus durch einen neuen Mönchsorden diesen bald überwinden wird. Die zunehmende Kenntnis der Kirchengeschichte erlaubt es → Nikolaus von Lyra († 1329), diese in vielen Einzelheiten in der J. wiederzufinden. Das Millennium hat aber nach ihm schon mit der Begründung der Bettelorden begonnen. – Die sektiererischen und reformatorischen Bewegungen des ausgehenden MA folgen diesem Auslegungstyp, finden aber im Papsttum oder der »abtrünnigen« Kirche ihrer Zeit den → Antichrist (: II). Grundsätzlich die gleiche Linie verfolgen Luther und die luth. Auslegungen des 16. und 17.Jh.s, zB L. → Osiander (1580), → Höe v.Höenegg (1590), → Calov (1674). In Großbritannien ist die Entwicklung ähnlich. Abgesehen von P.Forbes (1612), der im ganzen eine spiritualistische Deutung vertritt, herrscht die weltgeschichtliche Auslegung vor (zB Joh.Napier, 1593; Th. Brightman, 1616; J.Mede, 1627), wobei man aber das Millennium gewöhnlich schon bei Konstantin beginnen läßt. Allen Exegeten dieser Zeit ist die stark antikath. Tendenz (bes. gegen die Jesuiten) eigentümlich. Die Jesuiten suchen die prot. Auslegung zu widerlegen, indem sie die Gesichte der J. entweder ausschließlich auf die Endzeit (zB Fr.Ribeira, 1591; → Cornelius a Lapide, 1625; Joh.Steph.Menochius, 1630) oder allein auf die Zeit des Sehers beziehen (L. ab Alcazar, 1614). Dem letzteren folgen vor allem → Bossuet (1688) unter den Katholiken und → Grotius (1644) unter den Protestanten. Nik.Collado (1581), → Pareus (1618) und bes. → Coccejus (1688) bauen die Rekapitulationstheorie weiter aus und legen die Grundlagen für → Vitringa (1705), J. → Lange (1730) und vor allem → Bengel (1740). Die letzten drei treten innerhalb des kirchlichen Protestantismus erstmals für eine zukünftige Deutung des Millenniums ein. Bengel glaubt sogar mit Hilfe einer gelehrten Chronologie dessen Beginn für das Jahr 1836 vorhersagen zu können. Ihm folgen → Jung-Stilling in Deutschland und der Engländer → Darby, dessen Prä-Millennianismus namentlich durch → Schofields Bibel und Lewis Sperry Chafer im heutigen angelsächsischen Protestantismus zahlreiche Anhänger gefunden hat. – Mit dem Aufkommen der kritischen → Bibelwissenschaft (: II) setzt namentlich in Deutschland eine neue Behandlung der J. ein. Man beginnt sich für den geschichtlichen Ursprung ihrer Symbole und ihre zeitgeschichtlichen Anspielungen zu interessieren (zB J.G. → Eichhorn, 1791; → Lücke, 1832; → De Wette, 1848; F.Bleek, 1862; H.G.A. → Ewald, 1862) oder bemüht sich um Quellenscheidung (zB Eb. Vischer, 1886; → Weizsäcker, 1886; F. → Spitta, 1889; D.Völter, 1904; J. → Weiß, 1904). Neue Wege der Forschung eröffnete → Gunkel mit seiner religionsgeschichtlichen Deutung (1895), dem sich → Bousset in seinem gelehrten und gründlichen Kommentar weitgehend anschloß ([1896] 1906²). → Lohmeyer (1926) und Olivier (1947) haben sich bleibendes Verdienst durch ihre Studien des rhythmischen Charakters der J. erworben. – Die mit Alcazar beginnende zeitgeschichtliche Auslegung der J. und die diese fortsetzende historisch-kritische Behandlung bedeutete freilich, daß man das Buch als religiös wertlos preisgab. Man wertete es lediglich als ein historisches Dokument des Urchristentums. Daneben finden sich jedoch im 19. und 20.Jh. viele Kommentare, die mit mehr oder weniger Geschick die kritische Methode mit einem religiösen Verständnis der J. zu verbinden trachten. Man unterscheidet gemeinhin zwischen geschichtlichen (oder eschatologischen) und praktischen Auslegungen. Diese Methode, am konsequentesten von Christina Rossetti gehandhabt (1892), bezieht alle Gesichte und Symbole der J. auf das ewig gleichbleibende Verhältnis des Glaubenden zu Christus. Eine ähnliche Deutung ist aber auch mit einer zeitgeschichtlichen Auslegung vereinbar (zB W.M.Ramsay, Lohmeyer, Lilje). In den Ereignissen und Erfahrungen der Urchristenheit sieht man die ewigen Gesetze göttlicher Geschichtslenkung offenbart. Die »geschichtliche« Methode kann weltgeschichtlich, kirchengeschichtlich oder reichsgeschichtlich orientiert sein, und selbst wenn das 1000jährige Reich als schon angebrochen vorgestellt wird, ist die Gesamtauslegung meist durch eine noch zu erwartende Vollendung bestimmt.

4. Schon frühzeitig hat man in der Kirche bemerkt, daß das Griechisch der J. zahlreiche Eigentümlichkeiten aufweist. Die Tatsache, daß die *Sprache* dieses Buches »in gar keiner Weise mit der des JohEv übereinstimmt«, veranlaßte schon Dionysius von Alexandrien, die J. einem anderen Verfasser zuzuschreiben (s. 3a). Kongruenz der Satzteile ist sehr häufig vernachlässigt, Präpositionen regieren oft im selben Satz verschiedene Fälle, der Artikel wird häufig gesetzt, wo er im gewöhnlichen Griechisch fehlt. Dazu kommen zahlreiche Hebraismen. Neuere

Studien (Swete, Moulton, Bousset, Charles, Olivier, J. Schmid) stimmen darin überein, daß das Griechisch der J. in zahlreichen Fällen von der Grammatik und Syntax der Koine abweicht und daß bei aller Unregelmäßigkeit im einzelnen doch eine auffallende Regelmäßigkeit im ganzen festzustellen ist. Dagegen bestehen noch beträchtliche Unterschiede in der Erklärung dieser Eigentümlichkeiten. Selbst der semitische Hintergrund der Sprache des Apokalyptikers ist bezweifelt worden (zB Moulton). Andere charakterisieren dieses Griechisch als barbarisch oder als grob nachlässig; es sei entweder eine Übersetzung aus dem Hebräischen, die ein Mann ohne genügende Sprachkenntnis angefertigt habe, oder Johannes habe sich beim Abfassen des Evangeliums eines Amanuensis bedient, während er auf Patmos seine eigene Sprache spreche. – Lohmeyer sieht in Sprache und Stil der J. eine bewußte Schöpfung des Verfassers. Mit gewaltiger sprachschöpferischer Kraft habe er seine Gedanken, die der jüdischen Tradition entnommen waren, in ein Griechisch gegossen, das den Gesetzmäßigkeiten dieser Tradition und damit auch der hebräischen Sprache mit rücksichtsloser Härte untergeordnet worden sei. Olivier schließt sich dem zT an, meint aber, daß manche Eigentümlichkeiten dem dichterischen Charakter des Buches zuzuschreiben seien. Mit bewußter Entschiedenheit und ohne Rücksicht auf die Grammatik sei in jedem neuen Vers das entscheidende Wort zum grammatischen Subjekt gemacht worden. Die Hypothesen von Lohmeyer und Olivier haben der Forschung neue verheißungsvolle Bahnen gewiesen, ohne daß man in ihnen schon die volle Lösung finden könnte. – Verstreut über die J. sind eine Reihe von Hymnen und Liedern (→ Formen: II, 2b; ähnlich im NT nur noch in Lk 1; 2). Als offenbare Schöpfungen des Verfassers zeugen sie für seine sprachkünstlerische Begabung. Selbst wenn man des Verfassers Behandlung der griechischen Grammatik »barbarisch« findet, kann man nicht umhin, seine Darstellung zu bewundern. Man muß sich nur hüten, an die J. die Regeln klassischer Komposition und Sprache heranzutragen. Für den Verfasser liegt der Zusammenhang der Geschichte in Gottes Plan und nicht in einer geschichtlichen oder geschichtsphilosophischen Ordnung. Daraus erklären sich sowohl die fast pedantisch durchgeführten Siebenerreihen wie auch die scheinbaren Unterbrechungen und Zwischenstücke. Der Verfasser schreibt eine gehobene Prosa von feierlichem Klang, die aber offenbar absichtlich abgesetzt ist gegen die poetischen Bestandteile (anders Lohmeyer).

Daß der *Text* der J. beträchtliche Schwierigkeiten bietet, zeigt ein Vergleich der Textausgaben (→ Text: II). Nur wenige ältere Hss. sind vorhanden (𝔓⁴⁷ S A C), und diese stimmen unter sich nicht überein. Es ist das Verdienst von Bousset und Charles, den Sprachgebrauch der J. als wichtiges Hilfsmittel zur Gewinnung eines kritischen Textes heranzuziehen. Da aber der Verfasser keine seiner sprachlichen Eigentümlichkeiten mit absoluter Konsequenz durchführt, lassen sich auch auf diese Weise nicht alle kritischen Fragen entscheiden. Touilleux schlägt vor, den alten Übersetzungen zu folgen, da diese auf ein früheres Stadium des griechischen Textes hinführten als die erhaltenen griechischen Hss. In seinen umfassenden Untersuchungen vertritt J.Schmid demgegenüber die Meinung, daß die Übersetzungen von untergeordneter Bedeutung sind. Nach ihm lassen sich vier voneinander unabhängige Texttypen feststellen, die durch A C, 𝔓⁴⁷ S, den Andreaskommentar und den byzantinischen Text vertreten sind. Die Gruppe A C, zu der auch der Text des Ökumenius gehört, wird von den meisten Forschern heute als überragend gut angesehen, während die letzten beiden Gruppen sich als spätere Rezensionen erweisen. Die Gruppe 𝔓⁴⁷ S stellt einen weiteren älteren Texttyp neben A C dar, wobei S viele Spuren von Nachlässigkeit und Verderbnis zeigt. Die beiden späteren Rezensionen haben sich zwar selbständig entwickelt, gehen aber auf einen gemeinsamen Typ zurück und haben gelegentlich gegenüber den älteren Textgruppen einen ursprünglicheren Text erhalten. Man wird wohl für den Text der J. genauso wie für die übrigen Bücher des NT anzunehmen haben, daß ihr Urtext unerreichbar ist, da der Text im 2.Jh. mit großer Freiheit behandelt wurde. Fraglich bleibt aber, ob sich der Text der alten Übersetzungen aus dieser Tatsache allein erklären läßt.

5. Die Sprache der J. steht dem AT näher als die irgendeines anderen nt. Buches. Überall finden sich Anklänge und Anspielungen, aber – vielleicht abgesehen von 2, 27 – nirgends läßt sich eine wirkliche Entlehnung oder ein Zitat nachweisen. Bes. häufig wird man an Gen, Ex, Jes, Jer, Ez, Dan und die Pss erinnert. Der Verfasser kennt das AT sehr gründlich. Er bedient sich seiner zuweilen in der Übersetzung der LXX, in anderen Fällen wahrscheinlich einer Vorstufe Theodotions und gelegentlich einer eigenen Übersetzung des MT, wobei er sich nicht selten in Kombinationen gefällt (zB 13, 7; 19, 6; 20, 11). Von den jüdischen → Pseudepigraphen scheint er vor allem Henoch, 4Esr und die TestXII genau zu kennen und sorgfältig studiert zu haben. Er sieht in ihnen Prophezeiungen und versteht sie im Lichte ihrer Erfüllung. – Die Auslegungsmethode ist dem pæšær in der → Qumran-Literatur und der → Damaskusschrift nahe verwandt. Der Seher schaut nicht nur bildliche Gesichte; auch die Worte des AT und der Pseudepigraphen werden von ihm in intellektuellen Visionen erfaßt. Johannes weiß sich in einer Zeitenwende lebend, in der die »Wahrheit« des AT verwirklicht wird. Dessen geschichtliche Ereignisse erscheinen als Typen dessen, was nun in entscheidender Weise geschieht, oder als Vordeutungen, die jetzt ihre »Erfüllung«, dh ihre volle Offenbarung finden. Die Wahrheit, dh die endzeitliche Verwirklichung, ist immer mehr als der Typus oder die Vorhersage, so wie der Baum mehr ist als der Samen, aus dem er erwuchs. Das erklärt die scheinbare Willkür, mit der Johannes das AT braucht. In Wirklichkeit ist ihm ja keine Freiheit der Auslegung gelassen, denn Vergangenheit und Gegenwart sind innerlich miteinander verknüpft durch das göttliche Wirken, das beide hervorbringt. Es ist daher ein Mißverständnis, wenn Gunkel und Greßmann die Endzeit in der J. als die Wiederherstellung der Urzeit verstehen. Die mesopotamische Idee eines zyklischen Zeitablaufes ist hier durch die von Plan und Ausführung ersetzt worden. Der Vorläufigkeit der Vergangenheit entspricht die Endgültigkeit der Werke Christi. – Johannes kann deshalb unbefangen das AT »verbessern«. Aus dem »Ich bin, der da ist« von Ex 3, 14 (LXX) wird »Ich bin, der da ist und der da war und der da kommt« in Apk 1, 8. Das zweite Glied fügt hinzu, daß Gott sich durch alle Geschichte hindurch gleichbleibt, und das dritte betont, daß er ein Gott ist, der »kommt«, dh Hilfe und Gericht bringt. In solchem Verfahren offenbart sich eine geistige Einstellung, die zwar mit der Gesetzesauslegung der Rabbinen nichts zu tun hat – der Verfasser der J. ist kein »schriftgelehrter«, sondern ein »unstudierter und ungebildeter« Mann (vgl. Apg 4, 13) –, die aber die Fähigkeit verrät, über Gottes Wege »geistlich« zu denken. Solche Haltung läßt sich weder als Traditionsgebundenheit noch als Freiheit der Tradition gegenüber erklären. Johannes beschreibt es als ein Im-Geiste-Sein (zB 1, 10), dh als einen Zustand, in welchem die Logik der geschauten göttlichen Wahrheit sowohl den Wert und die Geltung als auch die Grenzen der Tradition bestimmt. Die Hypothese einer jüdischen Grundschrift der J. oder jüdischer apokalypti-

scher Quellen, die nur leicht christianisiert worden seien, scheitert an der Perspektive, in der hier alles gesehen wird. Die jüdischen Apokalypsen sehen alles im Lichte einer noch nicht erfüllten Hoffnung, während der Seher auf dem Boden der Erfüllung steht. – Die → Religionsgeschichtliche Schule hat auf die Fülle mythologischer Stoffe hingewiesen, die in der J. auftauchen. Wenn aber das Buch nicht völlig falsch gedeutet werden soll, wie das bes. bei Boll der Fall ist, muß man zwei Gesichtspunkte im Auge behalten: Zu einem großen Teil handelt es sich bei diesen »Mythen« (→ Mythos: IV) um gemeinsemitisches Material, das der Seher im AT vorgefunden hat und das ihm deshalb bereits in einer israelitischen Deutung gegeben war (zB das Tier als Symbol der gottfeindlichen politischen Macht). Auch kann von einer einheitlichen Gnosis, in der damals die Mythologien des Nahen Ostens und Persiens zu einer Art Weltreligion vereinigt waren, keine Rede sein. Die Siebenerreihen zB haben ihren astrologischen Ursprung in der J. völlig verloren, und wenn auch der Gedanke einer eschatologischen Schlacht seine Wurzel in einem babylonischen Mythos von der Götterschlacht haben mag, so kam er dem Seher durch das Medium des AT zu. Die Weise, in der die mythologischen Bilder in der J. benutzt werden, zeigt, wie sehr sie dem Verfasser ausschließlich als Ausdrucksmittel für seine christlichen Gedanken dienen.

6. a) Bis zum Ende des 18.Jh.s wurde die J. allgemein dem Apostel → Johannes, dem Zebedaiden, zugeschrieben. Im 19.Jh. mehrten sich in rascher Folge die Stimmen, die der Tradition widersprachen. Der *Verfasser* sei ein unbekannter Judenchrist und Prophet gewesen, vielleicht mit dem Presbyter identisch, den Dionysius von Alexandrien für den Verfasser gehalten hatte (s. 3a), oder ein anderer Johannes, der einem kleinasiatischen Kreise angehörte, aus dem auch der Schreiber des → Johannesevangeliums hervorgegangen sei. Als Gründe für diese Ansichten werden vor allem die großen Unterschiede in Sprache und Stil zwischen dem JohEv und der J. angegeben. Daneben wird geltend gemacht, daß das JohEv völlig unapokalyptisch sei. Derselbe Mann habe nicht beide Werke verfassen können. An sich würde das nicht ausschließen, daß der Zebedaide wenigstens eines geschrieben haben könnte. Denn die syrische Martyrologie, in der der Tod des Jakobus und Johannes am selben Tag gefeiert wird, beweist ebensowenig, daß beide im selben Jahre starben, wie die Zusammenlegung im römischen Kalender es für Petrus und Paulus behauptet. Die Bestreitung der apostolischen Verfasserschaft muß die ganze Tradition des 2.Jh.s für unglaubwürdig erklären, obwohl Papias, Justin, Irenäus, Methodius, Hippolyt und der antimarcionitische Prolog zum LkEv dafür eintreten. Es fällt schwer, die Entstehung einer so »falschen« Tradition zu verstehen, da der Verfasser offenbar unter seinem eigenen Namen geschrieben hat und in der Kirche Kleinasiens wohlbekannt war. – Die Tatsache, daß in 18, 20 und 21, 24 die Apostel eine bevorzugte Stellung in der Kirche einnehmen, schließt apostolische Verfasserschaft ebensowenig aus wie des Paulus Hinweis auf den Primat der Apostel (1Kor 12, 28; Eph 4, 11). Andererseits sind die Argumente gegen die Tradition in neuester Zeit beträchtlich geschwächt worden, seitdem Forscher für einen gemeinsamen Verfasser der J. und des JohEv eingetreten sind. Daß die Behauptung der Unvereinbarkeit der beiden Bücher stark übertrieben ist, lehrt ein Vergleich der Sprache. Beide haben gegenüber dem übrigen NT eine ganze Anzahl zentraler Begriffe gemeinsam; sie allein gebrauchen solche Bilder wie Weinstock, Hirt, Lamm, Braut, Lebenswasser oder Christus als Sieger und als Wort Gottes. – Wie aber soll man andererseits die offensichtlichen Unterschiede zwischen den beiden Büchern erklären? Unterschiede im Lebensalter des Verfassers zur Zeit der Abfassung können kaum genügen. Lohmeyer findet die Erklärung in der Polarität von → Mystik (: IV) und → Eschatologie (: IV), die das ganze Urchristentum kennzeichne. Die sprachlichen Verschiedenheiten seien aus der Traditionsgebundenheit der Apokalyptik zu erklären. Das ist nicht unwahrscheinlich. Zusammenfassend wird man sagen dürfen, daß die Bestreitung der apostolischen Verfasserschaft der J. noch eine Reihe ungelöster Probleme enthält.

b) Bezüglich der *Abfassungszeit* ist die Tradition weniger einheitlich. Die Regierungszeiten des Claudius, Nero, Domitian und anderer Kaiser sind genannt worden; das zeigt, daß man schon im 2.Jh. nichts Genaueres darüber wußte. Die verschiedenen Versuche, aus dem Buche selbst Indizien für das Datum zu finden, beruhen zT auf fehlerhafter Exegese, zT sind die angezogenen Stellen nicht eindeutig genug. Immerhin lassen die Erwähnung des erneuten Erstarkens der jüdischen Feindschaft gegen die Christen und die Hinweise auf → Christenverfolgungen darauf schließen, daß die Schrift, wie schon Irenäus annahm, gegen Ende der Regierungszeit Domitians († 96) geschrieben wurde.

c) Forscher, die von der Annahme ausgingen, daß jedes biblische Buch eine klare logische Ordnung haben müsse, haben die einheitliche *Abfassung* der J. bestritten oder zum mindesten gemeint, daß die ursprüngliche Anordnung an manchen Stellen von einem Redaktor gestört worden sei. Auf der anderen Seite stehen aber der einheitliche Sprachgebrauch, die gleichförmige Benutzung von Symbolen und von at. Material und die gleichartige eschatologische Sicht. Statt von Quellen zu sprechen, die ein Redaktor lose zusammengefügt hätte, wird man wohl eher an die originale Verwendung von Traditionsmaterial denken müssen. – Viel hängt davon ab, wie man sich die Entstehung des Buches vorstellt. Die prot. Forschung war weithin geneigt, in dem Hinweis auf Gesichte eine literarische Fiktion zu sehen. Es liegt aber näher, in dem Verfasser einen echten Visionär und zugleich einen echten → Propheten (: III A) im nt. Sinne zu sehen. Seine Vertrautheit mit der Tradition führte zu Gesichten, in denen diese Materialien teilweise mit zur Formung der Bilder beitrugen. In jedem Falle wird man aber daneben die originalen Züge beachten müssen, die ein Kennzeichen echter Visionen sind. Das Niederschreiben ist kaum während der Ekstase selbst erfolgt, sondern hinterher, wodurch Elemente der Reflexion und gelegentlich der Deutung wie auch Ermahnungen zum Aufmerken zu erklären sind. Die Hinweise darauf, daß der Verfasser mit den Empfängern die Trübsal, aber auch die königliche Würde Jesu teilt und daß er um des Evangeliums und seines Zeugnisses willen, das nichts anderes als Jesu eigenes Zeugnis ist, auf Patmos weilt, dient wie später bei → Ignatius dazu, die Wahrheit der Gesichte zu bestätigen.

7. Die Geschichte der Auslegung (s. 4b) zeigt, daß die J. mit außerordentlichen Problemen belastet ist. An ihrer Auslegung bewährt sich daher die Richtigkeit oder Unzulänglichkeit der *hermeneutischen Grundsätze*. Grundregel muß sein, daß ein Werk, das in seiner gegenwärtigen Gestalt einheitlich ist – und das ist die J. –, als Ganzes ausgelegt werden muß, selbst wenn es auf »Quellen« zurückgehen sollte. Die Grundfrage muß ferner sein: Was will der Schreiber seinen Zeitgenossen mitteilen? Die weitere Frage, was das Buch für den Christen der Gegenwart bedeutet, kann erst beantwortet werden, wenn die Exegese erledigt ist. – Der Verfasser will göttliche Offenbarungen mitteilen, nicht nur seine persönlichen Ansichten. Wir wissen zu wenig über die Entstehung der jüdischen → Apokalyptik (: II), um sagen zu können, ob

sie bloße Spekulation war oder auf Visionen beruhte. Aber in der J. beschreibt der Verfasser seine pneumatischen Erlebnisse, in denen ohne bewußte Vorbereitung die Gesichte plötzlich in sein Bewußtsein eintraten. Sie sind nicht als des Verfassers religiöse Deutung zeitgeschichtlicher Ereignisse zu verstehen. Aus der einzigartigen Natur dieser visionären Erlebnisse folgt, daß viele Einzelheiten des Buches dem Leser unverständlich bleiben müssen. Der Exeget hat davon auszugehen, daß Johannes sich dessen bewußt war, daß der erhöhte Jesus ihn durch seinen Engel erleuchtet hatte. In diesen Gesichten wird Gott nicht direkt gesehen, sondern dargestellt als handelnd durch Engel und den → Erlöser (: II). Dadurch ergibt sich dem Seher die Vermittlung zwischen Gott und → Geschichte. Die Gesichte symbolisieren nicht nur Gottes immer gleiche Verhaltensweise, sondern auch den Plan, den er mit seinem Volke in der Geschichte ausführt. Das kommt darin zum Ausdruck, daß Johannes seine Schau vom Sohne Gottes direkt empfängt und nicht wie die Propheten des AT nur zum Sprachrohr göttlicher Mitteilungen auserwählt ist. Es zeigt sich weiter darin, daß Johannes das Gottesvolk in seiner Gesamtheit seit der Schöpfung der Welt sieht, bes. in Israel. Es ist nicht auf die Christen beschränkt. Andererseits steht Jesus so sehr in der Mitte des Ganzen, daß es klar ist, daß Gott sich nicht ständig wiederholt in seinem Handeln. Mit dem irdischen Leben des Sohnes ist die Verwirklichung des göttlichen Planes in ihr entscheidendes Stadium eingetreten, und auch die Ereignisse des AT, zB der Durchzug durchs Rote Meer (15, 3-4), empfangen ihre Bedeutung vom Ende her. – Der Verfasser weiß sich als Prophet beauftragt, seine Schau an die Kirche weiterzugeben (vgl. die Sendschreiben). Gott hat sein Volk berufen, bewußt und aktiv an den Endereignissen teilzunehmen. Das erfordert Glauben, Geduld und Gehorsam zunächst vom Propheten, der nicht nur sein eigenes Los ohne Murren ertragen muß als Zeugnis für Jesus, sondern der vor allem auch kein Recht hat, eine eigene Meinung über die Zukunft zu äußern. Mag er sich auch noch so bedrückt fühlen von dem Gedanken an die Trübsal und das Leiden, die dem Gottesvolk in Gemeinschaft mit der sündigen Menschheit bevorstehen, so warnt er doch mit Nachdruck vor dem Versuch, sich ein anderes Bild der kommenden Dinge zu machen. Man würde durch solche ungläubige Selbsttäuschung nur das Los der Gottesfeinde teilen (22, 18-19). – Hieraus ergeben sich eine Reihe von *Regeln für die Auslegung* der J. Da die literarische Anordnung des Materials den Gesichten gegenüber sekundär ist, darf sie nicht die Auslegung beherrschen, wie das zB bei all denjenigen Auslegern der Fall ist, die das Buch nach Zahlengruppen angeordnet sein lassen. Die Bilder und Symbole sind ferner nicht nach ihrem ursprünglichen mythologischen Sinn zu deuten, sondern einerseits im Lichte ihres Gebrauches in der israelitisch-jüdischen Literatur, andererseits im Zusammenhang mit der Botschaft der J. im ganzen. Im Hinblick auf ihren visionären Charakter sind sie auch nicht als Beschreibungen zu behandeln, die wörtlich zu verstehen sind (zB die würfelförmige Gottesstadt), sondern als Hindeutungen auf Gottes erlösendes Schaffen und seine Ergebnisse in der Geschichte des Gottesvolkes. Dasselbe Symbol kann je nach dem Zusammenhang verschiedenes bedeuten; zB hat der Reiter auf dem weißen Pferde 6, 2 die Farbe des Todes, 19, 11 aber die der Reinheit. Weil die Bilder nur Gottes Verhalten, nicht aber bestimmte Handlungen symbolisieren, sind sie vieldeutig. Die Frau und ihr Kind in c. 12 bezeichnen zB Gottes Verhalten zur Menschheit und seine Erwählung. Daher vereinigt die Frau in sich Züge Evas, Israels als Gottes Frau, Marias und der Kirche, und entsprechend ist das Kind der Menschensohn, der Rest oder die Auserwählten, aber auch Jesus. Jeder Versuch, einen dieser Züge herauszulösen oder als den allein gemeinten zu bezeichnen, zerstört den symbolischen Charakter der Gesichte. – Die Zahlen in der J. sind in erster Linie symbolisch zu verstehen, nicht arithmetisch. Zwar findet es der Seher bedeutsam, daß auch in der geschichtlichen Wirklichkeit zuweilen symbolische Zahlen vorkommen, zB zwölf Stämme in Israel, oder Rom, die Stadt auf sieben Hügeln (17, 9); aber auch in solchen Fällen ist die Zahl in ihrem allgemeinsten symbolischen Sinne zu verstehen. Andererseits darf man im Hinblick auf die teleologisch-eschatologische Ausrichtung der J. die aufeinanderfolgenden Siebenerreihen nicht als einfache Rekapitulationen verstehen. – Im Lichte dieser Regeln ist es möglich, die verschiedenen in der Geschichte aufgetretenen Gesichtspunkte der Auslegung zu beurteilen. Die zeitgeschichtliche Methode hat richtig erkannt, daß der Seher eine Botschaft für seine Zeit hat. Sie nimmt aber zu Unrecht an, daß Johannes lediglich die Zeitverhältnisse deuten wollte, während er an ihnen die allgemeinen Züge der eschatologischen Gottesgeschichte aufweist. Insofern hat die welt- und kirchengeschichtliche Methode richtiger den umfassenden Charakter der johanneischen Prophezeiung erkannt. Aber nichts in der J. deutet darauf hin, daß bestimmte geschichtliche Ereignisse späterer Zeiten oder berechenbare Zeitspannen vorausgesagt werden sollen. Die endgeschichtliche Methode legt mit Recht den Nachdruck auf den eschatologischen Charakter des Buches; nur müßte das einschließen, daß das Ende als die Vollendung des göttlichen Heilsplans gesichtet wird und nicht lediglich als ein zufälliges zukünftiges Ereignis. Schließlich muß man anerkennen, daß die praktische Methode eine Grundwahrheit zum Ausdruck gebracht hat, nämlich daß man die göttlichen Voraussagen so lange noch nicht recht verstanden hat, als man nicht im Glauben darauf reagiert.

8. Was steht im Mittelpunkt der *Botschaft*, die der Seher verkündigen will? Negativ kann man sagen: nicht Gott. Wohl ist er gegenwärtig als der Thronende, als Urheber dessen, was in Kürze kommen muß. Aber tätig ist nicht er, sondern Christus oder Jesus, wie ihn Johannes mit Vorliebe nennt. Er ist das → Lamm, das von Anbeginn geopfert wurde (13, 8), er gibt Offenbarungen (1, 1-3), klopft an die Tür (3, 20) und öffnet die Schicksalsrolle (5, 6-13). Ihm ist die königliche Macht gegeben (11, 15), er weidet die Völker mit eisernem Stab (12, 5), kommandiert die Entscheidungsschlacht (14, 1), ist der Weltenrichter (14, 15-20), gibt vom Baum des Lebens zu essen (2, 7), führt das Buch des Lebens (13, 8; 20, 15) usw. – Mit gleichem Recht könnte man aber auch sagen, die J. beschäftige sich in erster Linie mit dem Gottesvolk. Denn das Buch ist nicht nur an die sieben Gemeinden, dh die wahre → Kirche (: II) gerichtet, sondern beschreibt auch sehr ausführlich ihre Schicksale, während wir von Jesus wohl hören, welche großen Dinge er tut, aber nicht, wie er sein Werk ausführt. Genauer aber wird man sagen müssen, daß die J. die Wechselbeziehung zwischen dem himmlischen Herrn und seinem Volk auf Erden beschreibt, wobei das letztere alle Auserwählten durch die ganze Geschichte hindurch umschließt. Das zentrale Geheimnis, das Johannes zu verkündigen hat, ist das Teilhaben der Gläubigen an Christus und seinem Wirken und Leiden, und daher auch an seinem schließlichen Triumph. In c. 4f steht das Lamm zB auf der Seite der Geschöpfe Gott gegenüber. Jesus ist nicht nur im Geist der Gläubigen gegenwärtig, sondern durch das Öffnen der Siegel wird er der Urheber der Endereignisse. Er schreibt als Herr der Kirche Briefe, durch die er ihre Glieder nach seinem Bilde formt, und indem er ihnen sein Siegel aufdrückt, bewahrt er das Leben, das er ihnen gegeben hat.

Das Gottesvolk ist nicht nur eine geschichtliche Größe, es steht im Rahmen des gesamten Weltalls, und so wie es von diesem bedingt wird, so bringt seine schließliche Errettung grundlegende Wandlungen im Universum hervor. Die 24 Ältesten nehmen zB mit den Engeln und den vier kosmischen Lebenskräften am Gottesdienst im Himmel teil (c. 4). Im Unterschied zur jüdischen Apokalyptik führt diese Perspektive aber nicht zu metaphysischen Spekulationen. Dagegen wird mit großem Nachdruck betont, daß das Leben auf Erden von zwei Kraftfeldern bestimmt wird, die sich gegenseitig ausschließen, dem Himmel und dem Abgrund, deren Zentren das Lamm und der Teufel (oder der Drache) sind. Die Menschen können sich frei entscheiden, aber sie haben nur Freiheit zum Dienste der einen oder der anderen Macht. Die J. betont immer wieder, daß es in dieser Welt keine neutrale Zone gibt, wo der Mensch einfach bei sich selbst sein kann. Die Welt des Abgrunds hält dem Himmel die Waage. Sie hat aber keine schöpferischen Fähigkeiten; sie ist ein Spiegelbild des Himmels, nur mit dem Unterschied, daß, was im Himmel zur Vollendung der Erde dient, im Abgrund zu ihrem Verderben führt. So entsprechen sich das Lamm und der Drache, die Frau mit der Sonne in c. 12 und die Dirne in c. 17, Babylon und das neue Jerusalem. Die himmlische Welt ist dazu bestimmt, sich dem Menschen mitzuteilen. Es ist dem Seher vergönnt wahrzunehmen, daß der Himmel nach der Erde hin geöffnet ist. Daraus ergibt sich die Dynamik der → Geschichte (: II A) und deren eschatologische Ausrichtung. Der Kampf des Glaubens gegen den Götzendienst enthüllt sich als Christi Werk in der Menschheit durch die Tatsache, daß er allen geschichtlichen Wahrscheinlichkeiten zum Trotz schließlich zum Siege führt. Der irdische Konflikt ist aber nicht verstanden als der Weg, durch den sich das Gottesvolk einer zeitlosen Herrschaft Christi bewußt wird, sondern als ein echter Kampf, den Jesus um seine Anerkennung führt.

Das zeigt sich darin, daß Jesus von seiner Kirche nicht erwartet, daß sie passiv auf die Offenbarung seines Triumphes harrt, sondern daß sie Zeugnis für ihn ablegen muß, auch wenn es das Leben kostet (zB 2, 13; 6, 9). Die Bedeutung der Glaubenden zeigt sich auch darin, daß ihnen ihre Werke nachfolgen (14, 13), dh daß sie dauernd ihre Wirksamkeit in der Geschichte ausüben. Zwar tritt der Erfolg nicht unmittelbar ein, so daß nicht nur die Seelen der Märtyrer, sondern auch die vier Lebenskräfte ständig ihr »Komm doch« ausrufen (c. 6f). Dem Seher ist es aber vergönnt, im Bilde des 1000jährigen Reiches den Sieg des Gottesvolkes in der Geschichte zu sehen. Die Menschheit braucht sich nicht mit Plato zufrieden zu geben mit dem Gedanken einer vollkommenen Welt außer Raum und Zeit. Durch das Opfer des Lammes ist das geschichtliche Leben der Menschheit sinnvoll geworden. Dieses Ziel wird aber nicht im Sinne → Hegels oder des modernen Fortschrittglaubens (→ Fortschritt) als eine stetige innerweltliche Entwicklung erwartet. Ist es auch übertrieben zu sagen, daß in der J. schließlich das ganze Gottesvolk zugrunde gehe, so sieht doch Johannes, daß die Mächte des Bösen das Gottesvolk ständig verfolgen. Das ist nach der Anlage des Buches ein Vorgang, der sich häufig in der Geschichte wiederholen wird. Babylon in c. 18 ist eben nicht nur das geschichtliche Babylon, sondern auch Jerusalem und Rom, und es wird immer wieder als Weltmacht in der Geschichte auftreten. Aber gerade durch diese Bedrängung des Gottesvolkes schwächt sich das Böse in unheilbarer Weise.

Der Sieg des Guten in der Weltgeschichte ist freilich noch nicht das eigentliche Ziel Gottes. Immer wieder wird in der J. mit Nachdruck verkündigt, daß Gott die Errettung zwar allen Menschen anbiete, daß er aber nicht gewillt sei, ihre Ablehnung unbegrenzt zu dulden. Die Kräfte des Abgrunds werden ihr Werk nicht ewig treiben. Sie werden schließlich »gefesselt«, und die abtrünnigen Menschen verfallen im zweiten Tode dem ewigen → Gericht Gottes (20, 11-15). Die himmlische Welt aber ist nicht ein Bereich unwirklicher Ideale. Gottes allerletztes Ziel ist eine Vereinigung der irdischen mit der himmlischen Welt, dh eine solche Umwandlung des Universums, daß in ihm die Kräfte des Verderbens nicht mehr wirken können. Damit erreicht das Menschsein seine Erfüllung.

Kommentare in Auswahl: Ev. in dt. Sprache: W.Bousset (MeyerK XVI^{6}), 1906 - Th.Zahn (KNT 18), 1924/26 - E.Lohmeyer (HNT 16), (1926) 1953^{2} - W.Hadorn (ThHK 18), 1928 - R.Kraemer, 1930 - J.Behm (NTD 11), (1937) 1949^{6} - H.Lilje, 1958^{5}. - In fremden Sprachen: H.B.Swete, 1907^{2} - R.H.Charles, 2 Bde (ICC), 1920 - A.Loisy, 1923 - S.Greydanus, 1925 - J.de Zwaan, 1925 - W. Hendriksen, (1939) 1944^{3} - Ch.Bruetsch, 1942^{3} - J.C.Barret, 1947 - A.Macrakis, 1948 - R.R.Preston-A.T.Hanson, 1949 - P.I.Bratsiotis, 1950 - E.A.McDowell, 1951 - W.Barclay, 1957 - D.W. Richardson, 1957 - M.C.Tenney, 1957. - Kath.: E.B.Allo, (1921) 1933^{3} - J.Sickenberger, 1942^{2} - A.Wikenhauser, 1947 - J.Bonsirven, 1951. - Lit. zu 3 s.u. - Zu 4: J.Haussleiter, Die lat. Apk. der alten afrikanischen Kirche (FGNK IV), 1891 - E.A.Abbott, Johannine Grammar, 1906 - H.J.Vogels, Unters.en zur Gesch. der lat. Apk.-Übers.en, 1920 - R.B.Y.Scott, The Original Language of the Apc., 1926 - M.R.James, The Apc. in Latin, 1927 - H.C.Hoskier, Concerning the Text of the Apc. I. II, 1929 - J.Schmid, Der Apk.-Text des Arethas von Kaisareia u. einiger anderer jüngerer Gruppen, 1936 - Ders., Unters.en zur Gesch. des griech. Apk.-Textes. Der K-Text (Bibl 17, 1936, 11-44. 167-201. 273-298. 429-460) - Ders., Studien zur Gesch. des griech. Apk.-Textes II: Die alten Stämme, 1956 - P.Gächter, Semitic Literary Forms in the Apc. and their Importance (ThSt 8, 1947, 547-573) - A.Olivier, Les premières strophes de l'Apc., 1947. - Vgl. auch die Kommentare v. Bousset, Swete, Lohmeyer u. Charles. - Zeitgeschichtl. Hintergrund: H.Gunkel, Schöpfung u. Chaos in Urzeit u. Endzeit, (1895) 1921^{2} - W.M. Ramsay, The Letters to the Seven Churches in Asia, 1909 - F.Boll, Aus der Offenbarung Johannis. Hellenist. Studien zum Weltbild der Apk., 1914 - W.Brückner, Das große u. das kleine Büchlein in der Offenbarung, 1923 - R.Schütz, Die Offenbarung des Johannes u. Kaiser Domitian (FRLANT NF 32), 1933 - P.Touilleux, L'Apc. et les cultes de Domitien et de Cybèle, 1935. - Gedankenwelt: I.Peschek, Geheime Offenbarung u. Tempeldienst, 1929 - P.Carrington, The Meaning of the Revelation, 1931 - A.Wikenhauser, Der Sinn der Apk. des hl. Joh., 1931 - J.Michl, Die Engelvorstellungen in der Apk. des hl. Joh. I: Die Engel um Gott, 1937 - A.Pieters, The Lamb, the Woman, and the Dragon, 1937 - V.Burch, Anthropology and the Apc., 1939 - H.H. Rowley, The Relevance of Apocalyptic, (1944) 1947^{2} - R.Gutzwiller, Herr der Herrscher. Christus in der geheimen Offenbarung, 1951 - M.Rissi (→ Geschichte: II A) - L.Goppelt (s. ebd) - A.Olivier, L'Apc. et ses enseignements, 1954. - Hermeneut. Prinzipien: A.H.Franke, Das AT bei Joh., 1885 - A.Chaufford, L'Apc. et sa interprétation historique, 1888 - A.Schlatter, Das AT in der johann. Apk. (BFChTh 16, 6), 1912 - C.Clemen, Die Bildlichkeit der Offenbarung Joh. (Festschr. f. J.Kaftan, 1920, 25-43) - H.E.Weber, Zum Verständnis der Offenbarung Johannis (Aus Schrift u. Gesch. Theol. Abh. f. A.Schlatter, 1922, 47-64) - L.Köhler, Die Offenbarung des Joh. u. ihre heutige Deutung, 1924 - C.Schneider, Die Erlebnisechtheit der J., 1930 - H.S.Bellamy, The Book of Revelation in History, 1942 - K.L.Schmidt, Die Bildersprache in der J. (ThZ 3, 1947, 161-177) - P.Gächter, The Role of Memory in the Making of the Apc. (ThSt 9, 1948, 419-452) - A.Farrer, A Rebirth of Images, 1949 - Ch.Bruetsch, Clarté de l'Apc., 1955. - Weiteres in den Kommentaren u. in dem Lit.-Bericht v. E.Lohmeyer, Die Offenbarung des Joh. 1920-1934 (ThR NF 6, 1934, 269-314; 7, 1935, 28-62).

O.A.Piper

9. a) Von den Theologen des 2. und 3.Jh.s werden die Gottesvisionen der J. als Bilder Christi und der Herrlichkeit des Himmels gedeutet (bes. → Irenäus). Auf diese Auslegung gehen folgende *Bildtypen* zurück: → A und O als → Christussymbol nach Apk 1, 8 und 21, 6 (Inschriften, zB Priscilla-Katakombe, 3.Jh. [→ Katakomben: I]); die Bilder des thronenden Christus mit den vier Lebenden nach Apk 4, 6-7 (am frühesten in der

Apsis von Sta. Pudenziana, Rom, um 400), mit A und O (Tür von S.Sabina, Rom), mit den 7 Leuchtern nach Apk 4, 5 in S.Paolo fuori le mura (5.Jh.), verehrt von den 24 Ältesten nach Apk 4, 10 an der Fassade von Alt S.Peter (5.Jh.); das → Lamm auf dem Paradiesesberg nach Apk 14 (s. Taf. 12 Abb. 1) oder auf dem Thron-Altar in den Apsiden von Alt S.Peter (4.Jh.) und von Cosma e Damiano (2. Viertel des 6.Jh.s). Seit dem 4.Jh. gehören diese Darstellungen der J. zum Apsis- und Fassadenprogramm. Sie finden sich auch an → Sarkophagen (Ravenna) und Gebrauchsgegenständen (→ Ampulle von Monza, 6.Jh.). Sie haben im MA eine reiche Nachfolge: Die *Maiestas* mit den → Evangelistensymbolen (→ Ezechielbuch, 6; vgl. Taf. 13 Abb. 1. 2), oft in Verbindung mit den 24 Ältesten (Moissac, 12.Jh.) oder mit A und O (Ravello, Domtür). Das *Himmlische Jerusalem mit dem Lamm* erscheint über dem Altarraum (Schwarzrheindorf, 12.Jh.). Radleuchter symbolisieren die himmlische Stadt (Hildesheim, Dom). Das *Jüngste Gericht* wird zum monumentalen Thema der Westwand (St.Johann, Müstair, 9.Jh.; Torcello, 12.Jh.) und des Portals (Autun, 12.Jh.). Daneben verbinden sich apokalyptische mit anderen christologischen bzw. liturgischen Vorstellungen des MA und prägen neue Bildtypen: Aus der Anbetung des Lammes (Apk 7) entsteht das *Allerheiligenbild* (Genter Altar). Das → Marienbild verbindet sich mit dem des apokalyptischen Weibes zur Mondsichelmadonna. Das Himmlische Jerusalem wird zum Sinnbild der Ecclesia.

b) Die ersten *Illustrationen* der J. sind vermutlich in Italien im 5./6.Jh. entstanden (Neuß). Sie sind überliefert in den Handschriften der J., die seit dem 9.Jh. in drei unterschiedlichen Gruppen nachweisbar sind: die spanischen Beatus-Handschriften, die gallischen (Trierer Apokalypse) und die italischen Apokalypse-Folgen (Bamberger Apokalypse). Die italische Gruppe hat eine reiche Nachfolge in den englischen und französischen Zyklen der J. des 13./14.Jh.s (Apokalypse in Paris, Bibl. Nat., Cod. 403). Auf diese gehen der Teppich von Angers (1375) und die illustrierten deutschen Blockbuch-Apokalypsen des 15.Jh.s zurück. → Dürers 1498 erschienene Apokalypse gehört zu den stärksten Bildfindungen der Spätgotik (s. Taf. 13 Abb. 3). Die Illustrationen des 16.Jh.s übernehmen seine Bildgedanken. Das gilt noch für den Apokalypse-Karton von → Cornelius (1843-67).

c) Die *monumentalen Apokalypse-Folgen* stehen im Zusammenhang mit liturgischen Lesungen. Die ältesten sind in S.Elia bei Nepi und Anagni (11.Jh.) erhalten. Zu den bedeutendsten gehören die Fresken von Cimabue in S.Francesco, Assisi. Der umfassendste Zyklus befindet sich im Dom-Baptisterium von Padua (15.Jh.). Voll von apokalyptischen Motiven sind Signorellis Orvietaner Fresken. Im 16.Jh. treten apokalyptische Darstellungen – außer in → Bibelillustrationen (: II) – zurück. Dagegen gehören sie mit zum Bildprogramm barocker Kirchen: die Anbetung des Lammes (Weingarten), → Michaels Kampf mit dem Drachen (Rott am Inn), Christus in der Glorie (Neresheim), das Jüngste Gericht (in der Wies). – In der Moderne sind sowohl Einzelmotive (Teppich von J.Lurçat, Assy, 1947 [s. Taf. 13 Abb. 4]; M.Barraud, Universitätskapelle zu Fribourg, 1946) wie auch die Vision als Ganzes (M. → Beckmann, 1942; R.Bergholtz, Apokalypse-Fenster für Hägarsten) dargestellt worden.

H.Wölfflin, Die Bamberger Apk., (1918) 1921² - C.Schellenberg, Dürers Apk., 1923 - M.R.James, The Apc. in Art, 1931 - W. Neuss, Die Apk. des hl. Johannes in der altspan. u. altchristl. Bibelillustration, 1931 - RDK I, 751 ff (Ders.; Lit.) - G.Bandmann, Ein Fassadenprogramm des 12.Jh.s u. seine Stellung in der christl. Ikonographie (Das Münster 5, 1952, 1-21). *R.Feldhusen*

Zur *Auslegungsgeschichte* (s. auch → Schriftauslegung: IV):

Qu.: 3.Jh.: Hippolyt (Fragmente ed. H.Achelis, GCS I/2, 1897, 231-247) - Origenes (Scholia ed. C.H.Turner, JThS 13, 1912, 386 bis 397; 25, 1924, 1-16) - Viktorin v. Pettau (MPL 5; CSEL 49, ed. J.Haussleiter). - 4.Jh.: Tyconius (ed. A.Amelli, Spicilegium Casinense III/1, 1897, 261-331). - 5.Jh.: Gennadius v. Marseille (Pseudo-Augustin; MPL 35; vgl. RepBibl II, Nr. 1495. 2445). - 6.Jh.: Primasius v. Hadrumetum (MPL 68) - Apringius v. Beja (ed. M.Férotin, Paris 1900; ed. A.C.Vega, Escorial 1941) - Cassiodor (MPL 70) - Ökumenius (ed. H.C.Hoskier, Ann Arbor 1928) - Andreas v. Cäsarea (MPG 106; ed. Jos.Schmid, Studien zur Gesch. des Apk.-Textes I, 1955). - 7.Jh.: Pseudo-Isidor v. Sevilla (ed. K.Hartung, 1904). - 8.Jh.: Beda Venerabilis (MPL 93) - Ambrosius Autpertus (Maxima Bibl. vet. Patrum, Lyon 1677ff, Bd XIII, 403-657) - Alkuin (MPL 100; Apk 1-12) - Beatus v. Liebana (ed. H.A.Sanders, Rom 1930). - 9.Jh.: Haimo v. Auxerre (MPL 117) - Berengaudus (Pseudo-Ambrosius; MPL 17). - 10.Jh.: Arethas v. Cäsarea (MPG 106). - 12.Jh.: Anselm v. Laon (MPL 162) - Bruno v. Segni (MPL 165) - Rupert v. Deutz (MPL 169) - Richard v. St.Viktor (MPL 196) - Dionysius bar Salibi (ed. J.Sedlacek, CSCO Script. Syri Ser. II, tom. 101, 1909/10) - Joachim v. Fiore, Venedig 1527. - 13.Jh.: Martin v. Leon (MPL 209) - Alexander Minorita (ed. A.Wachtel, MG, Qu. zur Geistesgesch. des MA, Bd I, 1955) - Pseudo-Albertus Magnus (in: Opera ed. Borgnet, Paris 1890ff, Bd 38, 465-792) - Thomas v. Aquin (Opera XXIII, Parma 1869, 324ff. 512ff). - 14.Jh.: Joh.Vitalis de Furmo, Venedig 1600 (für weitere Ausg.n vgl. RepBibl II, Nr. 1155) - Friedr. v. Venedig OP, Venedig 1515, 1519 - Joh.Purvey, hg.v. M. Luther, Wittenberg 1528. - 15.Jh.: Bernardinus v. Siena (in: Opera IV, Paris 1635) - Annius v. Viterbo, Köln 1507. - 16.Jh.: Franz Lambert v. Avignon, Marburg 1528 - Melchior Hofmann, 1530 - Petrus Serranus, Alcalá 1536 - Theod. Bibliander, Basel 1549 - David Chyträus, Wittenberg 1563 - Benedikt Arius Montanus, Antwerpen 1588 - Joh.Winckelmann, Frankfurt 1590 - Matth.Höe von Höenegg, Leipzig 1590 - G.D.Lindanus, Löwen 1590 - Franciscus Ribera SJ, Lyon 1592 - Joh.Napier, Edinburgh 1593, Frankfurt 1627. - 17.Jh.: Benedikt Pereira SJ, Lyon 1606 - Th.Brightman, Frankfurt 1609 - Blasius Viegas SJ, Köln 1613 - Ludw.v.Alcasar SJ, Antwerpen 1614/19 - David Pareus, 1618 - Joseph Mede, Cambridge 1627 - Joh.Gerhard, Jena 1643 - Joh. de la Haye, Paris 1644 - Joh.Cluver, Lübeck-Stralsund 1647 - Gerh.Grabius, Hamburg 1647 - Joh.Crell, Amsterdam 1656 - Hieron.Kromayer, Leipzig 1662 - Joh. de Silveyra, Lyon 1663 - Franciscus Gomarus, Amsterdam 1664 (Opera; Apk 1-5) - Daniel Herväus, Lyon 1684. - 18.Jh.: Campegius Vitringa, Franeker 1705 - Isaak Newton, Observations upon ... the Apc., London 1732 - J.A.Bengel, (1740) 1758³.

Lit.: J.Haussleiter, Die Kommentare des Victorinus, Tichonius u. Hieronymus zur Apk. (ZWL 7, 1886, 239-257) - W.Bousset in: MeyerK XVI⁶, 1906, 49ff - J.Sickenberger, Die Deutung der Engel der 7 apokalypt. Gemeinden (RQ 35, 1927, 135-149) - Ders., Die Messiasmutter im 12. Kap. der Apk. (ThQ 126, 1946, [357-427] 361-389) - Dict. de la Bible, Suppl.-Bd I, 1928, 321ff (Lit.) - N.B. Stonehouse, The Apc. in the Ancient Church, Grand Rapids 1929 - J.Schmid, Die griech. Apk.-Kommentare (BZ 19, 1931, 228-254) - W.Kamlah, Apk. u. Geschichtstheol. Die mittelalterl. Auslegung der Apk. vor Joachim v. Fiore, 1935 - A.Skrinjar, Les sept esprits (Bibl 16, 1935, 1-24. 113-140) - Ders., Antiquitas christiana de angelis septem ecclesiarum (VD 22, 1942, 18-24. 51-56) - A.Wachtel, Die weltgeschichtl. Apk.-Auslegung des ... Alex.v.Bremen (FS 24, 1937, 201-259. 305-363; auch separat) - L.E.Froom (→ Danielbuch) - S.Bovo, Le fonti del Commento di Ambrogio Autperto sull'Apocalisse (Studia Anselmiana 27/28, 1951, 372-403) - J.Kosnetter, Die Sonnenfrau (Apk 12) in der neueren Exegese (Festg. Innitzer, Wien 1952, 93-108). *W.Werbeck*

Johannesbriefe

1. a) Allgemeiner Charakter der J. - b) Die Redaktion des 1Joh - c) Quellenanalyse des 1Joh - 2. Der theologische Gehalt des 1Joh - 3. Verfasser und Zeit des 1Joh - 4. Der 2. 3Joh: a) Inhalt und Situation - b) Verfasser. - Vgl. → Comma Johanneum

1. a) Unter den sog. → katholischen Briefen des NT finden sich drei Schriften, die als J. bezeichnet werden. Wirkliche Briefe sind von ihnen nur 2. 3Joh. Sie beginnen mit dem brieflichen Präskript, in dem der Absender und die Adressaten genannt sind, und sie schließen mit dem brieflichen Gruß. Beides fehlt in 1Joh, einem eigenartigen Schriftstück, dessen Form ohne Analogie ist und das aus Verlegenheit gelegentlich als Traktat oder als Homilie bezeichnet wird. Am einfachsten nennt man es wohl ein »Manifest« oder ein Mahnschreiben, das von

einer Person (oder einer Gruppe?), die auf Autorität Anspruch erheben kann, an christliche Gemeinden gerichtet ist, die in Gefahr stehen, einer Irrlehre zu verfallen. Mag der Verfasser dabei einen begrenzten Kreis von Gemeinden im Auge haben, so redet er doch in einer Weise, daß alle Christen angeredet sind.

b) Warnungen vor der Irrlehre verbinden sich im *1 Joh* mit Mahnungen zur entsprechenden christlichen Lebensführung. Diese Motive sind sachlich miteinander verbunden und wechseln einander ab, ohne daß eine überlegte Gliederung in der Folge der einzelnen Abschnitte zu entdecken wäre. Es läßt sich nur ein (für die Homilie charakteristisches) Schema wahrnehmen, insofern auf dogmatische Ausführungen (2, 18-27; 4, 1-6) eine Paränese folgt (2, 28 - 3, 24; 4, 7 - 5, 4a). Umrahmt sind diese Stücke von 1, 5 - 2, 17 und 5, 4b-13, einer Paränese und einer christologischen Belehrung. Vorausgeschickt ist ein Proömium (1, 1-4), in dem der Verfasser die Motive des brieflichen Präskripts kunstvoll verwendet, wie er denn dem ganzen Schreiben den Schein gibt, ein Brief zu sein, durch wiederholte Wendungen wie »dieses schreibe ich euch«. Man fragt sich daher, ob dem Proömium nicht ein Schluß entspricht, der in ähnlicher Weise dem traditionellen Briefschluß nachgebildet ist. Eine solche Schlußwendung liegt tatsächlich in 5, 13 vor, und die Vermutung dürfte begründet sein, daß das Schreiben ursprünglich mit 5, 13 abschloß. Von einer späteren *Redaktion* wäre dann 5, 14-21 angefügt worden. Dafür lassen sich auch andere Gründe anführen, vor allem, daß die Unterscheidung von zwei Klassen von Sündern 5, 16f den Ausführungen über das dialektische Verhältnis von Sünde und Sündlosigkeit 1, 5ff widerspricht. Man muß also, ebenso wie beim → Johannesevangelium (, 1 a), mit einer kirchlichen Redaktion rechnen. Diese dürfte auch sonst eingegriffen haben und Wendungen der traditionellen jüdisch-urchristlichen → Eschatologie (2, 28; 3, 2; 4, 17) und der Lehre von der Entsühnung durch das → Blut Christi (1, 7 b; 2, 2; 4, 10 b) eingefügt haben.

c) Eine Analyse des (von den zu vermutenden redaktionellen Zusätzen befreiten) Schreibens macht es wahrscheinlich, daß der Verfasser von 1Joh eine schriftliche *Quelle* verwendet hat, die in Form und Inhalt einer im → Johannesevangelium (, 1b) verwendeten Quelle (den »Offenbarungsreden«) verwandt ist. Diese Quelle dürfte den Partien zugrunde liegen, die sich durch einen besonderen Stil auszeichnen, der der Ausdruck eines religiösen Dualismus ist (→ Johannesevangelium, 1b. c β). Für ihn sind die kurzen apodiktischen Sätze, die im antithetischen Parallelismus membrorum verlaufen, charakteristisch (zB 1, 5-10; 2, 4-5. 9-11; 3, 4-15). In diesen Stücken kann man die (zu vermutende) Bearbeitung durch den Verfasser leicht abheben.

2. Das Interesse des Verfassers von 1Joh ist die Festigung der christlichen Gemeinden im rechten Glauben gegenüber der Verführung durch *Irrlehrer* (→ Häretiker im Urchristentum). Diese sind nicht etwa Juden oder Heiden, sondern Christen, die behaupten, ihrerseits die rechte christliche Erkenntnis zu besitzen, nach dem Urteil des Verfassers aber abtrünnige Irrlehrer sind (2, 19), in deren Auftreten er sogar die Erfüllung der Weissagung vom Auftreten des → Antichrist (: I) in der Endzeit erblickt (2, 18). Da der Verfasser ihnen gegenüber betonen muß, daß Jesus der Christus, der Sohn Gottes, sei, daß Jesus Christus im Fleisch gekommen sei, so handelt es sich offenbar um Gnostiker (→ Gnosis: II, 11), die zwischen Jesus und Christus unterscheiden und in dem Menschen Jesus nicht die Inkarnation des himmlischen, präexistenten Christus sehen wollen, die also eine Art → Doketismus vertreten, verwandt dem Doketismus des → Cerinth. In die gleiche Richtung weist es, daß sie, wenn sie auch nicht geradezu Libertinisten sind, sich doch vermöge ihrer Erkenntnis als sündlose Licht- und Gotteskinder wissen und das Gebot der Bruderliebe mißachten. Für den Verfasser ist es charakteristisch, daß er zwar die Begriffe des gnostischen → Dualismus (: II, 2) wie Tod und Leben, Lüge und Wahrheit, Licht und Finsternis, Erkenntnis u.dgl. übernimmt und gleichfalls die Sätze von der Gegenwärtigkeit des Lebens (wohl auch vom Gezeugtsein aus Gott, vgl. bes. 3, 9) und von der Sündlosigkeit der Christen, daß er aber das gnostische Verständnis entscheidend korrigiert, ähnlich wie es im → Johannesevangelium (, 2c. 3) geschieht. So oft und nachdrücklich auch vom Erkennen die Rede ist, so ist doch der Begriff des Glaubens der beherrschende. Der → Glaube (: III) ist es, der die Welt besiegt hat (5, 4). Das Zeichen aber des Sieges über die Welt, des Übergangs aus dem Tode, ist die vom Glauben unablösbare → Liebe (3, 14); in ihr ist also das Leben Gegenwart. Damit ist wie im → Johannesevangelium (, 3) die traditionelle Zukunfts-Eschatologie »entmythologisiert«, ohne daß damit eine Zukunft geleugnet wird, in der es zur Schau kommen wird (3, 2). Korrigiert ist auch der gnostische Satz von der Sündlosigkeit, indem der Verfasser - und zwar als der erste im Urchristentum - die Paradoxie der dem Glaubenden (als dem aus Gott Gezeugten) geschenkten Freiheit von der Sünde (3, 6. 9) und des stets notwendigen Sündenbekenntnisses (das der Vergebung gewiß sein kann) erfaßt hat (1, 6-10).

3. Die Verwandtschaft des 1Joh mit dem JohEv ist deutlich hinsichtlich der Sprache und der Gedanken. Ob *der Verfasser derselbe* ist wie der des Evangeliums, ist umstritten und nicht mit Sicherheit zu sagen. Einige immerhin vorhandene Differenzen machen es zweifelhaft, so daß man wohl besser annimmt, daß das Evangelium und der 1Joh aus dem gleichen Kreis (der gleichen »Schule«) stammen, und daß der Verfasser des Briefes ein Schüler des Evangelisten ist. Sowenig uns dieser bekannt ist (→ Johannesevangelium, 4), sowenig der Verfasser des 1Joh. Nach der bis auf → Irenäus zurückgehenden Tradition wäre der Verfasser des JohEv wie des 1Joh derselbe, und zwar der Zebedaide → Johannes; doch läßt sich diese Tradition nicht halten (→ Johannesevangelium, 4). Sowenig das JohEv von einem Augenzeugen geschrieben sein kann, sowenig auch 1Joh; 1, 1 bezeugt nicht etwa die Augenzeugenschaft, ja, der Vers behauptet sie überhaupt nicht. Der Verfasser schließt sich hier in dem »Wir« (von dem »Ich« des Verfassers 2, 1. 7. 8. 12-14. 21. 26; 5, 13 unterschieden) mit den anderen (rechtmäßigen) Verkündigern zusammen und will durch die Verben der Wahrnehmung (»was wir gehört haben« usw) gegenüber der Irrlehre zum Ausdruck bringen, daß der Gegenstand der Verkündigung und des Glaubens (»das, was von Anfang war«, »das Wort des Lebens«) als konkrete Person in der Geschichte erschienen ist. Die Zeit, in der 1Joh geschrieben ist, wird wie die des JohEv die Zeit um 100 sein, vielleicht etwas früher. Nach Eusebius hat → Papias den 1Joh gekannt.

4. a) Der *2. 3Joh* sind wirkliche Briefe; sie für Fiktionen zu halten, wie gelegentlich vermutet worden ist, besteht kein Grund. 2Joh ist an eine Gemeinde gerichtet, an welche, wissen wir nicht, 3Joh an einen sonst unbekannten Gaius. - 2Joh ist in Sprache und Inhalt dem 1Joh sehr nah verwandt. Das Gebot der Liebe wird eingeschärft und vor den Irrlehrern wird gewarnt, die leugnen, daß Jesus Christus im Fleisch gekommen sei. Mit ihnen soll alle Gemeinschaft abgebrochen werden. 3Joh, ebenfalls mit 1Joh sprachlich verwandt, legt dem Adressaten die Pflicht der Gastfreundschaft gegen wandernde Brüder ans Herz, und zwar offenbar in einer kritischen Situation. Denn aufs schärfste wird ein (sonst nicht bekannter) Dio-

trephes getadelt, der gegen jene Pflicht verstößt und auch die Autorität des Verfassers des Briefes nicht anerkennt, ja, ihn schmäht. Er wird bezeichnet als der, der »der Erste sein möchte« (»der auf seinen Vorrang Bedachte«, 9), und man hat in ihm wohl den Führer der Gemeinde zu sehen, der für die Geschlossenheit der Einzelgemeinde unter der Leitung eines (»monarchischen«) Bischofs kämpft gegen das institutionell nicht geregelte Wirken christlicher Wanderprediger. 3Joh wäre dann ein interessantes Dokument von dem kirchenrechtlichen Konflikt zwischen der sich bildenden kirchlichen Organisation und dem freien Charismatikertum der älteren Zeit. Statt dessen ist neuerdings vermutet worden, daß 3Joh nicht einen kirchenrechtlichen, sondern einen dogmatischen Konflikt bezeugt, daß nämlich Diotrephes die kirchliche Orthodoxie vertritt gegenüber einem Christentum, das, wenn es auch die (doketische) Gnosis bekämpft, doch selbst ein gnostisierendes ist (so Käsemann). Möglicherweise schließt sich beides nicht aus.

b) Daß 2.3Joh vom selben *Verfasser* geschrieben sind, wird nicht zu bezweifeln sein; dagegen ist zweifelhaft, ob dieser der gleiche ist wie der von 1Joh. Als Verfasser nennt sich ein »Alter« (πρεσβύτερος). Daß ein ursprünglich hinzugefügter Eigenname gestrichen worden sei, ist eine vage Vermutung. Offenbar ist der Verfasser eine Person, die unter dem Titel »Alter« in weiteren Kreisen eine Autorität war. Er mag zu den von Papias genannten »Alten« (→ Johannesevangelium, 4) gehört haben, und da unter diesen ein → Johannes (, 22) eine besondere Rolle spielte, ist begreiflich, daß die Tradition die beiden Briefchen dem Johannes zuschrieb, der dann als der Zebedaide galt. Sicher bezeugt sind die beiden Briefe erst durch → Clemens von Alexandrien. Irenäus kennt 2Joh, während die Bezeugung von (1Joh und) 2Joh durch → Polykarp mindestens sehr unsicher ist. Nach → Origenes gehören 2.3Joh nicht zu den allgemein anerkannten Schriften; im Kanon der syrischen Kirche haben sie bis zum 6.Jh. gefehlt (→ Bibel: II B, 3d).

Zum Ganzen s. die sog. Einl.en in das NT u. die neueren wissenschaftl. Kommentare: F.Büchsel, Die J. (ThHK 17), 1933 - J.Bonsirven, Epîtres de St.Jean, Paris 1935 - C.H.Dodd, The Johannine Epistles (Moffat, NTC), London 1946 - H.Windisch, Die kath. Briefe (HNT 15), 3. Aufl. v. H.Preisker, 1951, 106ff - R.Schnackenburg, Die J. (HBK XIII, 3), 1953. - Außerdem zum Ganzen: H.H.Wendt, Zum 1Joh (ZNW 22, 1923, 57-79) - O.A.Piper, 1Joh and the Didache of the primitive Church (JBL 66, 1947, 437-451). - Zu 1b: Th.Häring, Gedankengang u. Grundgedanke des 1Joh (Theol. Abh.en f. C.v.Weizsäcker, 1892, 171-200) - E.Nagl, Die Gliederung des 1Joh (BZ 16, 1922, 77-92) - E.Lohmeyer, Über Aufbau u. Gliederung des 1Joh (ZNW 27, 1928, 225-263) - R.Bultmann, Die kirchl. Redaktion des 1Joh (In memoriam E.Lohmeyer, 1951, 189-201). - Zu 1c: E.v.Dobschütz, Johann. Studien (ZNW 8, 1907, 1-8) - R.Bultmann, Analyse des 1Joh (Festg. f. A.Jülicher, 1927, 138-158) - F.Büchsel, Zu den J.n (ZNW 28, 1929, 235-241) - H. Braun, Literar-Analyse u. theol. Schichtung im 1Joh (ZThK 48, 1951, 262-292) - W.Nauck, Die Tradition u. der Charakter des 1Joh (WUNT 3), 1957. - Zu 3: C.H.Dodd, The First Epistle of St.Jean (BJRL 21, 1937, 129-156) - W.F.Howard, The common Authorship of the Johannine Gospel and Epistles (JThS 48, 1947, 12-25). - Zu 4: A.v.Harnack, Über den 3Joh (TU XV, 3), 1897 - H.H.Wendt, Zum 2.3Joh (ZNW 23, 1924, 18-27) - E.Käsemann, Ketzer u. Zeuge (ZThK 48, 1951, 292-311). *R.Bultmann*

Zur *Auslegungsgeschichte* (s. auch → Schriftauslegung: IV, → Katholische Briefe):

Qu.: 3.Jh.: Clemens v. Alex. (MPG 9; GCS III, 1909). - 4.Jh.: Chrysostomus (MPG 64, Fragmente zu 1Joh). - 5.Jh.: Augustin (MPL 35; 1Joh). - 13.Jh.: Martin v. Leon (MPL 209; 1Joh) - Nik.v. Gorran OP, Antwerpen 1617. - 15.Jh.: Hieron. Savonarola, Sermone über 1Joh, Venedig 1536. - 16.Jh.: Luther (WA 20 u. 48; 1Joh) - Zwingli (ed. Schuler-Schulthess VI/2, 320ff; 1Joh) - Hieron. Zanchius in: Opera VI, 1613 (1Joh) - Aeg. Hunnius in: Opera IV, Frankfurt 1606 (1Joh). - 17.Jh.: Joh.Lorinus SJ, Lyon 1609 - Faustus Socinus (Opera I, Amsterdam 1656, 157-263; 1Joh) - Franciscus Gomarus, Amsterdam 1664 (Opera) - M.Simon (Opera II, Rotterdam 1665, 173-428; 1Joh). - 18.Jh.: Joachim Langen, Halle 1713.

Lit.: A.Bludau, Der Beginn der Kontroverse über die Echtheit des Comma Johanneum (1Joh 5, 7f) im 16.Jh. (Der Katholik 82/II, 3. Folge Bd 26, 1902, 25-51. 151-175) - Ders., Das C.J. im 16.Jh. (BZ 1, 1903, 280-302. 378-407) - Ders., Das C.J. in den oriental. Übers.en u. Bibeldrucken (OrChr 3, 1903, 126-147) - Ders., R.Simon u. das C.J. (Der Katholik 84, 3. Folge Bd 29, 1904, 29-42. 114 bis 122) - Ders., Das C.J. in den Schriften der Antitrinitarier u. Sozinianer des 16. u. 17.Jh.s (BZ 2, 1904, 275-300) - Ders., Das C.J. bei den Griechen (ebd 13, 1915, 26-50. 130-162. 222-243) - Ders., Das C.J. in dem Glaubensbekenntnis von Karthago vom Jahre 484 (ThGl 11, 1919, 9-15) - Ders., Der hl. Augustinus u. 1Joh 5, 7. 8 (ebd 379 bis 386) - Ders., Das C.J. bei Tertullian u. Cyprian (ThQ 101, 1920, 1-28) - Ders., Das C.J. bei Eucherius u. Cassiodor (ThGl 19, 1927, 149-156. 418) - E.Nebreda, El C.J. y San Agustin (Illustr. del Clero 19, 1925, 260-262. 268-271. 292-294. 297-300. 321-324; 20, 1926, 20-22. 158-161. 206-208. 239-242. 268f. 300-302) - Dict. de la Bible, Suppl.-Bd II, 1934, 67ff. *W.Werbeck*

Johannesbund, nach Johannes dem Täufer benanntes Werk der kath. Heimatmission, gegründet 1919 von J. Haw, Sitz Leutesdorf a.Rh. Der J. will die einem neuen Heidentum anheimgefallene Welt (»Weiße Heiden«) für Christus den König zurückgewinnen. Mittel dazu sind: Schulung der Laien für das Apostolat, Förderung der Exerzitien, Verbreitung der Anbetung des Altarsakramentes, Herausgabe guter Schriften, Errichtung von Heimen für Obdachlose. Der Bund gliedert sich in Johannesmissionare, Johannesschwestern von Maria-Königin und Apostolische Helfer (Priester-Oblaten, Ritter U.L.F., Marienmägde).

Schrifttum: »Der Rufer« (Beilage »Tägl. Bibelbetrachtung«); »Hoffnung« (zur Rückgewinnung der Abgeirrten); »Maria siegt«; »Gott will es« (für Exerzitienbewegung); »Wir Königskinder«. *R.Mayer*

Johannesevangelium

1. Der literarische Charakter des J.s: a) Die Ordnung und die Redaktion des Textes - b) Die Quellen - c) Sprache und Stil - 2. Die Stellung in der Geschichte des Urchristentums: a) Das Verhältnis zur Geschichte Jesu und der Urgemeinde - b) Das Verhältnis zu Paulus - c) Das Verhältnis zur Gnosis - 3. Die Theologie des J.s - 4. Verfasser, Zeit und Ort der Abfassung

1. Auf die verschiedenen Fragen, die das J. aufgibt – die Fragen nach dem Verfasser, nach dem Verhältnis zu den Synoptikern, zur Geschichte Jesu, nach seiner Stellung in der Geschichte des Urchristentums und in der Religionsgeschichte –, lassen sich, soweit überhaupt möglich, die Antworten nur finden, wenn der *literarische Charakter des J.s* erkannt ist. Dieser läßt sich aber nur bestimmen, wenn zwei kritische Fragen beantwortet sind.

a) Die Frage, ob die Form, in der der Text des J.s durch die Überlieferung geboten wird, die ursprüngliche ist, ist nicht eine textkritische im engeren Sinne als die Frage nach der Zuverlässigkeit der handschriftlichen Überlieferung. Kritische Fragen in diesem Sinne spielen für das J. eine relativ geringe Rolle (zB 1, 13. 18. 41; 3, 34; 6, 69; 7, 53 - 8, 11; 14, 3). Dagegen ist die Frage, ob die vorliegende *Ordnung des Textes* die ursprüngliche ist, unabweisbar und wird viel diskutiert. Die wichtigsten Beispiele, die eine Störung der ursprünglichen Ordnung vermuten lassen, sind: Die Stellung von c. 6 hinter c. 5 erscheint als unmöglich; denn wenn sich Jesus nach 6, 1 »auf die andere Seite« des Sees begibt, so ist er offenbar vorher auf der einen Seite des Sees gewesen, aber c. 5 spielt in Jerusalem. Die Sache ist in Ordnung, wenn man c. 5 hinter c. 6 stellt. - 7, 15-24 ist an seiner jetzigen Stelle unverständlich und dürfte in den Zusammenhang von c. 5 gehören, weil das Stück auf die in c. 5 erzählte Sabbatheilung Bezug nimmt. - 10, 19-21 ist nur als Schluß eines größeren Komplexes verständlich. 10, 22ff dagegen scheint die Einleitung zur Hirtenrede zu sein, zu der 10, 1-18 gehört und die durch 10, 19-21 zerrissen ist. Die

Hirtenrede aber kann schwerlich unmittelbar auf c. 9 gefolgt sein. - 12, 44-50 ist ein situationsloses Stück ohne Zusammenhang mit seiner Umgebung. - Die Ordnung in c. 13-17 ist offenbar zerstört: 14, 30f leitet unmittelbar zur Passionsgeschichte über, also zu c. 18. Offenbar folgte c. 14 ursprünglich auf c. 15-17, wenn man nicht zu der (sehr unwahrscheinlichen) Hypothese greifen will, daß c. 15-17 später (vom Verfasser des J.s selbst?) eingefügt sind.

Solche und andere Aporien haben zu verschiedenen Versuchen geführt, die mutmaßlich ursprüngliche Ordnung wiederherzustellen. Natürlich sind solche Versuche hypothetisch, und wodurch die Unordnung verursacht worden ist (etwa durch Blattversetzung), läßt sich nicht sagen. Ist aber die Annahme, daß die überlieferte Ordnung nicht die ursprüngliche ist, begründet, so folgt, daß der überlieferte Text die Arbeit einer *Redaktion* ist. Daß das J. von einer Redaktion herausgegeben worden ist, geht aber auch daraus hervor, daß mit c. 21 ein Anhang angefügt ist, nachdem das ursprüngliche Werk mit 20, 30f abgeschlossen war.

Auf eine Redaktion weisen aber auch einige Sätze innerhalb des J.s, die den Zusammenhang formal oder auch sachlich stören (zB 3, 24; 4, 2; 18, 9. 32), vor allem solche, die eine dogmatische Tendenz verraten, nämlich solche, die den Sakramentsglauben und die Eschatologie betreffen. Daß sie redaktionelle Zusätze sind, ist zwar umstritten; aber die Versuche, sie als ursprünglich zu verteidigen, erwecken wegen ihrer Künstlichkeit kein Vertrauen. Was *die Sakramente* betrifft, so dürfte 6, 51b-58 eine redaktionelle Einfügung sein. In ihr wird die vorausgehende Rede, in der Jesus bzw. die von ihm geschenkte Offenbarung unter dem Symbol des Lebensbrotes dargestellt wird, auf die Eucharistie bezogen, in der Jesu Fleisch und Blut genossen wird. Ebenso ist 19, 34b-35 offenbar eine redaktionelle Glosse, in der die Begründung der Sakramente im Kreuzestode Jesu gegeben wird. Die Sätze unterbrechen den Zusammenhang und machen sich auch verdächtig durch die Berufung auf einen Augenzeugen. - Was *die → Eschatologie* (: IV, 6) betrifft, so ist offenbar 5, 28f eine Glosse, die die traditionelle Zukunfts-Eschatologie wieder einführen will gegenüber den klaren Aussagen, die dieser entgegen die Gegenwarts-Eschatologie vertreten: 5, 25f (vgl. 3, 18f; 4, 23; 9, 39; 11, 25f). Auch in dem das Sakrament einführenden Stück 6, 51b-58 findet sich in V. 54 die Zukunfts-Eschatologie (und von da aus ist sie auch in die Verse 39. 40. 44 eingetragen worden) und ebenso in dem Zusatz »am letzten Tage« in 12, 48.

Das J. ist also offenbar von einer Redaktion herausgegeben worden, die als kirchliche bezeichnet werden muß, weil sie den Sakramentsglauben und die Zukunfts-Eschatologie in das J. hineinkorrigierte, die ihm ursprünglich fremd waren. Für die kirchliche Orthodoxie erschien das Evangelium offenbar als bedenklich oder gefährlich und mußte entsprechend redigiert werden.

b) Die Frage nach dem literarischen Charakter des J.s ist ferner die Frage nach dem Verhältnis des Evangelisten zur Überlieferung: wieweit ist sein Evangelium eine freie Komposition, wieweit ist in ihm überliefertes Gut verarbeitet? Es ist die viel diskutierte Frage nach den *Quellen des J.s.* Ob der Evangelist die synoptischen → Evangelien gekannt hat, ist umstritten und zum mindesten sehr zweifelhaft. Hat er sie gekannt, so sind sie jedenfalls nicht eine Quelle für ihn in dem Sinne, wie das MkEv eine Quelle für das Mt- und LkEv gewesen ist, sondern dann wollte er sie interpretieren (nicht etwa ergänzen).

Die Tatsache, daß sich das J. von den Synoptikern unterscheidet und daß diese zweifellos ein früheres Stadium der Überlieferung darstellen, hat früher oft zu der Frage geführt, ob dem J. ein älteres Evangelium zugrunde liegt, das der Evangelist bearbeitet hat. Der Grundriß, der dem Ganzen die Einheit des Evangeliums gibt, würde dann am Anfang des literarischen Prozesses stehen. Die Versuche, eine solche Grundschrift herauszuarbeiten, dürfen jedoch als gescheitert bezeichnet werden. Es dürfte vielmehr umgekehrt liegen, daß die Einheit am Schluß steht, dh daß der Organismus des Evangeliums, das Gerüst der Komposition, die eigentliche Schöpfung des Evangelisten ist, der für seine Komposition verschiedene Quellen benutzt hat, seien es schriftliche Quellen, sei es mündliche Tradition.

Die Frage nach den Quellen ist deshalb so schwer zu beantworten, weil die Sprache des J.s eine so einheitliche zu sein scheint, daß zu kritischen Scheidungen kein Anlaß geboten ist. Indessen kann die Einheit der Sprache darauf beruhen, daß der Evangelist seine Quellen in durchgreifender Weise redigiert hat, und eine genauere Beobachtung zeigt auch erhebliche Unterschiede der Sprache in einzelnen Partien, vor allem zwischen den erzählenden Berichten und den Reden und Diskussionen. Ferner lassen sich gewisse Wendungen und Sätze erkennen, die offenbar auf den Evangelisten zurückgehen, Übergangswendungen und Erläuterungen, die sich mehr oder weniger deutlich von dem benutzten Stoff abheben. Das ist zB in der Passionsgeschichte völlig deutlich, in der ja sicher überlieferter Stoff verarbeitet ist. Das zeigt aber auch schon die Analyse des Prologs, dem offenbar ein Hymnus zugrunde liegt, den der Evangelist sozusagen durch seine Anmerkungen kommentiert hat. Ferner wird die Individualität des Evangelisten erkennbar durch eine bestimmte Manier, die Diskussionen zwischen Jesus und anderen Personen aufzubauen, zB die Technik des Mißverständnisses. Hat man auf diese Weise ein Bild vom individuellen Stil des Evangelisten gewonnen, so kann man mit einiger Vorsicht eine Quellenanalyse vornehmen.

Abgesehen von einigen Stücken, die aus der mündlichen Tradition stammen werden, lassen sich drei Quellen mit einiger Wahrscheinlichkeit erkennen. Zunächst eine *Sammlung von Wundergeschichten,* deren Stil mit dem der synoptischen verwandt, jedoch weiter entwikkelt ist. Daß diese Geschichten einer schriftlichen Quelle entstammen, wird dadurch wahrscheinlich gemacht, daß die Zählung der Wunder in 2, 11 und 4, 54 als erstes und zweites nicht wohl vom Evangelisten stammen kann, weil sie zu der Erwähnung mehrerer Wunder 2, 23; 4, 45 im Widerspruch steht. Auch ist der Rückblick auf Jesu Wundertätigkeit 12, 37 schwer als Formulierung des Evangelisten verständlich, weil im Ganzen des Evangeliums die Wunder den Reden durchaus untergeordnet sind. Die Schlußwendung 20, 30 klingt so, als sei sie dem Schluß einer Sammlung von Wundergeschichten entnommen. - Ferner als Quelle eine *Sammlung von Reden* Jesu, die als »Offenbarungsreden« bezeichnet werden können. Sie unterscheiden sich von der Prosa der Wundergeschichten durch ihre poetische Form, die vom Stil der synoptischen Jesusworte charakteristisch verschieden ist. Zu den stilistischen Eigentümlichkeiten gehört es zB, daß die Sätze dieser Reden apodiktische, begründungslose Sätze sind, deren je zwei durch Parallelismus verbunden sind, oft antithetisch und zwar so, daß die Antithese nicht in einem einfachen Gegensatz zur These besteht, sondern deren Umkehrung ist (zB 3, 18. 36; 8, 23). Die Form entspricht dem Inhalt, insofern diese Sätze den eigentümlich johanneischen Dualismus zum Ausdruck bringen (s. 1c β). Die Reden sind nach einem Schema gebaut, das mit gewissen Variationen drei Motive umfaßt: die Selbstprädikation des Offenbarers

(»Ich bin«), die Einladung bzw. den Ruf zur Entscheidung, die Verheißung (und Drohung), den »Krisenspruch«. Die stilistischen Eigentümlichkeiten finden sich nicht nur in größeren zusammenhängenden Reden Jesu wie in c. 3; 5; 10; 15, sondern auch in kleineren Redestücken. Der Evangelist hat offenbar mehrfach eine aus seiner Quelle übernommene Rede einer Diskussion zugrunde gelegt wie in c. 6; 14; 16, aber auch in 3, 1ff; 5, 17ff; 10, 22ff; ja, es scheint, daß er eine in der Quelle gegebene Lichtrede in einzelne Stücke zerlegt hat, die er in verschiedenen Zusammenhängen verwertet (8, 12; 9, 4f; 11, 9f; 12, 35f. 44-50). Gewiß läßt sich über den Bestand der Quelle keine Sicherheit erreichen; daß sie aber den Rede- und Diskussionspartien des Evangeliums zugrunde liegt, dürfte durch die (offenbar redaktionellen) Erläuterungen, die so oft aus dem Stil der Worte herausfallen, sehr wahrscheinlich gemacht werden. - Schließlich die *Passions- und Ostergeschichten* c. 18-20. Daß der Evangelist hier einer schriftlichen Quelle folgt, ist evident. Es geht einmal daraus hervor, daß er Einzelheiten bringt, die er nicht im Sinne seiner theologischen Gedanken auswertet (zB die Verleugnung des Petrus, die Verlosung des Mantels Jesu, die Ortsangabe 19, 13, das Begräbnis). Ferner daraus, daß sich von seiner Vorlage redaktionelle Zusätze mehr oder weniger deutlich abheben. Dafür zwei Beispiele: In 18, 13f. 24 ist als Hoherpriester Kaiphas eingefügt und dadurch eine Konfusion verursacht worden; in der Quelle war offenbar Hannas der Hohepriester. - In der Ostergeschichte 20, 1-18 ist vom Evangelisten 20, 2-10, der Wettlauf des Lieblingsjüngers und des Petrus, eingefügt. Die Quelle für die Passions- und Ostergeschichten des J.s sind nicht etwa die Synoptiker (oder einer von ihnen), wie die Unterschiede, zB in der Datierung des Todes Jesu (s. 2a), zeigen.

Die Quellenanalyse läßt schon ein deutlicheres Bild vom literarischen Charakter des J.s erstehen. Ein Evangelium wie die Synoptiker ist das J. auch, insofern es das auf das Wirken des Täufers folgende Wirken Jesu in Worten und Taten darstellt und mit den Passions- und Ostergeschichten schließt. Im übrigen unterscheidet sich das J. aber durchaus von jenen. Während diese, abgesehen von der Passionsgeschichte, durchweg Einzelstücke, die in der mündlichen Tradition schon geformt waren, »mit bescheidenen redaktionellen Mitteln zu einem Ganzen« zusammenordnen (→ Evangelien, formgeschichtlich, Sp. 751), wobei das LkEv dem Mk- und MtEv gegenüber einen gewissen Fortschritt aufweist (→ Evangelien, synoptische, 2d), hat das J. den Stoff zu umfassenderen, von einem leitenden Thema bestimmten Einheiten geformt und die ganze Darstellung kunstvoll gegliedert. (Weiteres über das Verhältnis zu den Synoptikern s. 1c β.) Das zeigt klar, daß nicht eine Grundschrift am Anfang des Evangeliums steht, sondern daß die Einheit des Ganzen, der Organismus der Komposition, die Arbeit des Evangelisten ist, der über seine Quellen mit souveräner Kunst verfügt.

c) α) Zu einem vollständigen Bild vom literarischen Charakter des J.s gehört auch die Charakteristik seiner *Sprache*. In neuerer Zeit ist wiederholt die Hypothese verfochten worden, daß das uns vorliegende J. die griechische Übersetzung aus der aramäischen Urfassung sei. Der Nachweis dafür ist nicht überzeugend. Die semitisierende Sprache des J.s braucht nur zu zeigen, daß das Griechisch des Evangelisten, der vielleicht selbst von Herkunft Semit war, vom Semitischen beeinflußt ist. Ein Beweis dafür, daß das ganze Evangelium aus dem Semitischen übersetzt ist, könnte nur erbracht werden, wenn Übersetzungsfehler aufgezeigt werden können in der Weise, daß einzelne Wörter oder Sätze erst dann einen einleuchtenden Sinn gewinnen, wenn sie ins Semitische zurückübersetzt werden. Nun lassen sich in der Tat einige Übersetzungsfehler wahrscheinlich machen (zB 1, 9. 12; 8, 44), nirgends aber in den Stücken, die der Redaktion des Evangelisten zuzuschreiben sind. Es läßt sich daher mit Sicherheit sagen, daß das J. als ganzes griechisch verfaßt worden ist; nur für die Quelle der »Offenbarungsreden« hat man Grund, sie für eine Übersetzung aus dem Semitischen zu halten. Ob sie, wenn das zutrifft, dem Evangelisten schon in Übersetzung vorlag oder von ihm selbst übersetzt worden ist, läßt sich nicht entscheiden.

β) Wichtiger ist die Erkenntnis des *stilistischen Charakters*, der durch einen *Vergleich mit den Synoptikern* deutlich hervortritt. Das am Schluß von 1b Gesagte muß dafür noch ergänzt werden. Sind bei den Synoptikern die ursprünglich kurzen Einzelstücke der Tradition (Logien, Apophthegmen, Wundergeschichten) durch einen primitiven redaktionellen Rahmen verbunden und entsteht der Schein von zusammenhängenden Reden nur durch bloße Aneinanderreihung von Logien (und Gleichnissen), so bietet das J. größere einheitliche Kompositionen. Ein Mittel seiner Kompositionstechnik ist es, daß Wundergeschichten und Reden oder Diskussionen in der Weise kombiniert werden, daß das Thema der Rede bzw. der Diskussion durch das vorhergehende Wunder präludiert wird, indem das Wunder als Symbol für die folgende Rede oder Diskussion dient (zB in c. 5; 6; 9; 11). Die Reden aber sind nicht aneinandergereihte Logien, sondern zusammenhängende Reden über ein Thema, das im Grunde in allen das gleiche ist: die Person Jesu als des Offenbarers, jedoch stets in neuer Symbolik und nach neuen Richtungen entwickelt. Die Diskussionen sind völlig anders konstruiert als die synoptischen Schul- und Streitgespräche. Jesus antwortet den Gegnern oder Jüngern nicht mit einem schlagenden Logion, sondern mit Worten der Selbstoffenbarung, der Verheißung, der Drohung, dem Ruf zur Entscheidung (s. 1b). Das Gespräch besteht auch nicht aus einem einzigen Gang von Frage und (als Gegenfrage oder in Bildform gegebener) Antwort, sondern in einem Hin und Her der Diskussion. Dabei dient die Technik des Mißverständnisses, zu dem doppeldeutige Begriffe oder Aussagen den Anlaß bieten, der Anknüpfung oder Fortführung des Gesprächs, wie das »von neuem geboren werden« 3, 3f, das »Lebensbrot« 6, 27ff, das »fortgehen« 7, 34; 8, 21.

Von Herrenworten, die ihre Parallelen bei den Synoptikern haben, begegnen im J. nur wenige, und sie sind in einen größeren Zusammenhang verflochten (2, 19; 4, 44; 12, 25f; 13, 16. 20; 15, 20). Es fehlen völlig die für die Predigt Jesu bei den Synoptikern so charakteristischen → Gleichnisse (: II, 3). Statt ihrer finden sich die großen Bildreden vom Hirten c. 10 und vom Weinstock c. 15, die etwa als Symbolreden (nicht als Allegorien) bezeichnet werden können. In ihnen wird im Grunde nicht ein Vergleich gegeben, sondern der Hirt und der Weinstock sind Symbole für Jesus: er *ist* der Hirt, der Weinstock, wie er das Licht, das Lebenswasser, das Lebensbrot *ist*. Das sagen überall die »Ich-bin«-Worte, die bei den Synoptikern keine Parallelen haben.

Die Doppeldeutigkeiten und Mißverständnisse der Reden und Diskussionen gehören einer bestimmten Sprache an, der *Sprache des → Dualismus* (: II, 3), für die die Doppeldeutigkeiten und Mißverständnisse nicht etwa nur technische Mittel des Dialogs sind. Es ist vielmehr die Sprache eines Dualismus, in der der Gegensatz von Eigentlichem und Uneigentlichem und deren Verwechslung im unerleuchteten menschlichen Denken zum Ausdruck gebracht wird. Es entsprechen sich Form und Inhalt. Jesus ist nicht wie bei den Synoptikern der Lehrer, der über Gesetzesfragen diskutiert, der Prophet, der die hereinbrechende Gottesherrschaft verkündigt, sondern der Offenbarer Gottes, der nur von seiner Person und seinem Verhältnis zum Vater und von dem Verhältnis der Menschen zu ihm redet. Er disputiert nicht über Sabbat und Fasten, über Reinheit und Ehescheidung, wie zB der Disput über den Sabbatbruch c. 5 und c. 9 zeigt. Denn hier geht es nicht um die Frage, wieweit das Sabbatgebot für den Menschen Gültigkeit hat und wie es (durch das Liebesgebot) begrenzt ist, sondern um die Vollmacht Jesu als des Offenbarers. Jesus redet von seinem Gekommensein, das das → Gericht (: III, 5) für die Welt bedeutet, da es das Kommen des Lichtes ist, und von seinem Gehen, durch das er den Seinen den Weg bereitet, während es für die »Welt« den Untergang bedeutet. Er kämpft nicht gegen die pharisäische Unwahrhaftigkeit und gegen die Selbstgerechtigkeit der Gesetzesfrommen, sondern gegen den Unglauben an seine Person. Auch die Passionsgeschichte ist in das Licht des johanneischen Stiles gestellt - ganz abgesehen noch von der Darstellung des letzten Mahles (das kein Passamahl ist) und den Abschiedsreden, die keine Analogie bei den Synoptikern haben. Die Dialoge vor dem Hohenpriester und bes. vor Pilatus sind völlig umgestaltet. Die Motive der Offenheit und Verborgenheit (18, 20), der Wahrheit und des In-die-Welt-Kommens (18, 37) sind eingetragen, ebenso das Motiv des Doppelsinnes der Königsherrschaft Jesu (18, 32ff), und mit dem doppelsinnigen »Es ist vollbracht« (19, 30) scheidet Jesus. Die Charakteristik der literarischen Eigenart des J.s führt unmittelbar zur Frage nach seinem Ort in der Geschichte des Urchristentums und in der Religionsgeschichte und damit auch nach seinem theologischen Gehalt.

2. a) Das Verhältnis des J.s zu den Synoptikern zeigt schon seine *Entfernung von der Geschichte Jesu und der Urgemeinde*. Das den Synoptikern zu entnehmende Bild des Wirkens und der Predigt Jesu (→ Jesus Christus) ist durch eine Neugestaltung ersetzt. Spiegelt sich in dem von den Synoptikern verarbeiteten Stoff die Geschichte der Urgemeinde wider, so ist davon im J. kaum noch etwas zu bemerken. Die charakteristischen Probleme: die Frage des Gesetzes, des Kommens der Gottesherrschaft (bzw. seine Verzögerung), der Heidenmission, der Gemeindedisziplin spielen im J. keine Rolle. Einzig das Problem des Verhältnisses zu → Johannes dem Täufer (und seiner Jüngerschaft) ist geblieben. Dieses machte ja auch, wie Apg 19, 1 ff zeigt, der hellenistischen Gemeinde zu schaffen. Wohl steht Jesus im J. im Kampf mit den »Juden«. Aber diese sind für das J. die Repräsentanten der ungläubigen »Welt«. Daß sie als solche auftreten, beruht einerseits darauf, daß der Evangelist, wenn er den Kampf der Offenbarung mit der »Welt« in der Form eines Lebens Jesu darstellen wollte, natürlich die Juden als Gegner Jesu auftreten lassen mußte; andrerseits aber auch darauf, daß die christliche Gemeinde unter der Feindschaft der Juden zu leiden hatte (vgl. 9, 22; 16, 1-3). Die »Juden« des J.s sind nicht mehr wie bei den Synoptikern das jüdische Volk in seiner Differenzierung: Schriftgelehrte und Fischer, Zöllner und Dirnen, Fromme und Sünder, sondern schlechthin »die Juden«, differenziert nur manchmal in die Führer und die »Menge«, wobei als Führer die Hohenpriester und die Pharisäer genannt werden und die Pharisäer als eine behördliche Instanz erscheinen können. Die Sachlage wird am deutlichsten daran, daß Jesus gar nicht mehr als Angehöriger des jüdischen Volks und der jüdischen Gemeinde erscheint, sondern ihr als ein Fremder gegenübersteht und das Gesetz der Juden »euer Gesetz« nennt (8, 17; 10, 34).

Die Entfernung von der Geschichte Jesu und der Urgemeinde schließt nicht aus, daß das J. im einzelnen zuverlässige historische Daten erhalten hat. Dazu gehören zwar nicht die Festreisen Jesu, die nur ein redaktionelles Mittel zur Gliederung des Stoffes sind, wohl aber sehr wahrscheinlich die Datierung der Kreuzigung Jesu auf den 14. Nisan statt auf den 15. wie bei den Synoptikern. In den zahlreichen Ortsangaben, die eine gewisse Kenntnis Palästinas verraten, spiegelt sich vermutlich die Geschichte des alten palästinischen Christentums wider.

b) Meinte man früher vielfach, das J. als den Höhepunkt einer Entwicklung verstehen zu müssen, die von der Urgemeinde über Paulus zu ihm führt, so muß diese Konstruktion jetzt aufgegeben werden aus der Einsicht, daß die Theologie des J.s nicht als eine Fortbildung der paulinischen verständlich ist. Der Kampf gegen die »Juden« im J. liegt auf einer ganz anderen Linie als der des → *Paulus* gegen das jüdische Gesetz; so fehlt denn auch im J. der paulinische Begriff der »Gottesgerechtigkeit« überhaupt. Die paulinische Lehre von der Heilsgeschichte von Adam über Mose bis zu Christus hat im J. keine Entsprechung, wie denn auch der Schriftbeweis im J. kaum eine Rolle spielt. Es besteht jedoch eine gewisse Gemeinsamkeit zwischen J. und Paulus, die teils auf die gemeinchristliche Sprache zurückgeht, teils und vor allem darauf, daß beide von der religiösen Sphäre des → Hellenismus und der Begrifflichkeit ihrer Sprache beeinflußt sind. So stimmen beide bis zu einem gewissen Grade überein in der dualistischen Terminologie, wenngleich der spezifisch paulinische Gegensatz »Fleisch - Geist« im J. ganz zurücktritt. Eine gewisse Übereinstimmung besteht auch in der → Christologie, die bei beiden von der gnostischen Erlöserlehre beeinflußt ist (s. 2c und → Erlöser: II, 4a). Die Unterschiede zeigen, daß das J. nicht in der Linie der paulinischen Gedankenwelt steht. Bei allen Unterschieden in der Denkweise besteht jedoch eine tiefe sachliche Gemeinschaft, vor allem darin, daß beide das eschatologische Geschehen als ein im Gekommensein Jesu anhebendes und in der Gegenwart sich fortvollziehendes verstehen (→ Eschatologie: IV, 5. 6), was freilich im J. erst radikal durchgeführt worden ist. Im Zusammenhang damit steht es, daß der Dualismus, der in der Gnosis nicht nur ein anthropologischer, sondern auch ein kosmologischer ist, bei Paulus wie im J. dadurch »entmythologisiert« ist, daß für beide die Welt als Gottes Schöpfung gilt, und daß daher auch der Gottesbegriff durch die paradoxe Vereinigung von Gericht und Gnade charakterisiert ist.

c) Schon die Sprache des J.s mit ihrer Begriffswelt zeigte, daß sie einem Dualismus entstammt, wie er für die → *Gnosis* (: II, 3) charakteristisch ist. Da sich Parallelen zwischen J. und → *Philo* von Alexandria finden, hielt man früher vielfach die alexandrinisch-jüdische Religionsphilosophie, als deren Hauptvertreter uns Philo bekannt ist, für die Voraussetzung der Theologie und Sprache des J.s, vor allem wohl veranlaßt durch den Begriff des → Logos (Wort), der im Prolog des J.s erscheint und der bei Philo eine große Rolle spielt. Indessen hat sich das als ein Irrtum erwiesen, da im J. jegliche philosophische Gedankenbildung fehlt. Die Parallelen erklären sich vielmehr daraus, daß auch Philo unter dem Einfluß des gnostischen Denkens steht.

Der Versuch, im Gegensatz dazu den Logos des J.s aus der *jüdischen Spekulation* über das hypostasierte Wort Gottes, die »Memra«, abzuleiten, scheitert daran, daß »Memra« nie absolut gebraucht wird, sondern stets determiniert durch den Genetiv »Gottes« (oder gleichwertige Determinationen). Das absolute »der Logos« kann nur aus der Gnosis stammen. Nun hat man neuerdings vermutet, daß die dualistische Begrifflichkeit des J.s aus einem sektiererischen Judentum stammt, das durch die neugefundenen *Texte aus den Höhlen am Toten Meer* bezeugt wird (→ Qumran). In einigen Stücken dieser Texte findet sich in der Tat der charakteristische Dualismus von Licht und Finsternis; aber diese Texte bezeugen doch nur, daß es ein vom gnostischen Dualismus beeinflußtes Judentum gab (was man übrigens schon vorher wissen konnte). Es fehlt aber in diesen Texten die gnostische Erlösergestalt, wie sie im J. vorausgesetzt ist. Als die nächsten Parallelen zum J. bieten sich die Briefe des → Ignatius von Antiochien, die den Einfluß einer syrischen Gnosis auf die Christologie bezeugen, und neben ihnen die → Salomo-Oden an. Eine Fülle von Parallelen findet sich in den mandäischen Schriften (→ Mandäer), deren Redaktion freilich erst im 7.Jh. erfolgt ist, die aber viel altes Material enthalten.

Die Grundzüge des *gnostischen Erlösermythos,* dessen konkrete Ausgestaltung im einzelnen variieren kann, sind die folgenden: Aus der Lichtwelt wird eine göttliche Gestalt auf die von dämonischen Mächten beherrschte Erde herabgesandt, um die Lichtfunken, die aus der Lichtwelt stammen und infolge eines Falles in der Urzeit in menschliche Leiber gebannt sind, zu befreien. Der Gesandte nimmt menschliche Gestalt an und tut auf Erden die ihm vom Vater aufgetragenen Werke, wobei er vom Vater nicht »abgeschnitten« ist. Er offenbart sich in seinen Reden (»Ich bin der Hirt« usw) und vollzieht so die Scheidung zwischen den Sehenden und den Blinden, denen er als ein Fremdling erscheint. Die Seinen hören auf ihn, und er weckt in ihnen die Erinnerung an ihre Lichtheimat, lehrt sie ihr eigentliches Selbst erkennen und lehrt sie den Rückweg in die Heimat, in die er selbst, ein erlöster Erlöser, wieder emporsteigt (→ Erlöser: II, 1. 5b).

In der Sprache dieser Mythologie beschreibt das J. das Wirken Jesu als des Offenbarers. Er ist der präexistente Gottessohn, herabgesandt vom Vater und mit Vollmacht ausgerüstet. Mit dem Vater in Einheit verbunden, vollbringt er im Gehorsam die ihm aufgetragenen Werke. Er offenbart sich in seinen Reden (s. 1c β) und vollzieht damit die große Scheidung. Während er den Blinden als ein Fremder erscheint, dessen Sprache sie nicht verstehen, erkennen ihn die Seinen und empfangen von ihm das Leben, das Licht, die Wahrheit. Nach vollbrachtem Werk steigt er wieder empor (das Kreuz ist seine Erhöhung und Verherrlichung) und wird die Seinen nach sich ziehen bzw. zu sich holen.

Die Grundzüge des gnostischen Erlösermythos sind unverkennbar; ebenso aber auch, daß *bestimmte Motive des Mythos ausgeschieden* sind: einmal die kosmologische Begründung des Charakters der Welt und der Situation der Menschen; sodann vor allem das Motiv der Präexistenz des inneren menschlichen Selbst, das nach gnostischer Vorstellung von Natur des Heils teilhaftig ist. Während daher in der Gnosis der Ruf des Offenbarers nur die Erinnerung an die wahre Natur des menschlichen Selbst weckt, stellt er im J. den Menschen vor die Entscheidung des Glaubens.

3. Die Wahrnehmung der Unterschiede zwischen J. und gnostischer Erlösungslehre führt zu einer klareren Erfassung der *Theologie des J.s.* Wie der Evangelist es wagen konnte, sein Evangelium mit Verwendung der gnostischen Begrifflichkeit zu schreiben, wird verständlich, wenn man sieht, daß im gnostischen Mythos ein bestimmtes Verständnis von Welt und Mensch seinen Ausdruck findet, an das der Evangelist anknüpfen konnte - eine Frage, auf die das Evangelium die Antwort war. Dem gnostischen Mythos liegt das Wissen zugrunde von der Verlorenheit des Menschen in der Welt, in der er sich als Fremdling empfindet. Die Gnosis hat die Unweltlichkeit des menschlichen Selbst entdeckt und zugleich seine Weltverflochtenheit und Weltverfallenheit. Damit hat sie die Unweltlichkeit Gottes in einem radikalen Sinne gedacht und damit auch die Vorstellung von Erlösung und Offenbarung. Erst Offenbarung kann die Wirklichkeit dessen bringen, was die Welt vorspiegelt, schenken zu können: das Leben, das Licht, die Wahrheit, die Freiheit. Die Sehnsucht nach diesen Gütern durchzieht das menschliche Leben, und in ihr hat der Mensch sozusagen die richtigen Begriffe, um das Wort der Offenbarung verstehen zu können.

Daran knüpft das J. an, wenn sich Jesus als das wahre, das echte Licht, als das wahre Brot, als den wahren Weinstock (= → Lebensbaum) vorstellt. In ihm als dem Offenbarer sind die wahren Heilsgüter gegeben. *Der Gedanke der → Offenbarung* (: IV) ist hier radikal gefaßt, indem die Offenbarung nur in dem Rufe Jesu zu ihm selbst besteht und nicht in der Mitteilung kosmogonischer und anthropologischer Lehren wie in der Gnosis. Es ist ja sehr merkwürdig, daß Jesus im J. wiederholt sagt, daß er das mitteile, was er beim Vater gesehen oder gehört hat (zB 3, 11; 8, 26. 40), daß er aber nirgends solche Mitteilungen gibt. Der mythologische Sinn solcher Redeweise ist also preisgegeben, und es ist mittels ihrer nur zum Ausdruck gebracht, daß Jesu Wort ein autoritatives, aus dem Jenseits erklingendes, von Gott autorisiertes Wort ist. Der Ruf dieses Wortes ist der Ruf zum → Glauben (: III, 3a), und dh zur Entscheidung für Gott gegen die Welt. *Der Dualismus des J.s* ist also nicht wie in der Gnosis ein kosmologischer, sondern ein Entscheidungs-Dualismus. Das bedeutet: Die Verlorenheit des Menschen an die Welt ist nicht Schicksal, sondern Schuld; die Welt gewinnt ihren gottfeindlichen Charakter durch den Menschen, während sie doch göttliche Schöpfung ist; die → Erlösung (: III, 3) vollzieht sich nicht erst im Tode des Menschen, wenn sein göttliches Selbst in die Lichtwelt emporsteigt, sondern schon jetzt in der gegenwärtigen Existenz des Menschen (vgl. bes. 3, 18f. 36; 5, 24; 11, 25f). Dem Glaubenden, der nicht mehr »aus der Welt« ist, dh ihr nicht mehr angehört (17, 14. 16), wird verheißen, daß Jesus ihn (nach dem Tode) in die himmlischen Wohnungen holen wird (14, 3); dort wird er die Herrlichkeit des Gottessohnes schauen (17, 24). Damit ist - in gnostischer Begrifflichkeit - die traditionelle eschatologische Hoffnung neu interpretiert.

Ist der Glaubende gewissermaßen »entweltlicht«, so wird er doch nicht aus der Welt herausgenommen (17, 15), sondern hat in der Welt die Gebote Jesu zu halten, dh einerseits treu im Glauben zu beharren (14, 21), andrerseits das »neue«, dh in Jesu Liebe begründete Gebot der Bruderliebe zu erfüllen (13, 34f; 15, 12). So »bleiben« die Glaubenden »in ihm« - was nicht eine mystische Einigung mit ihm bedeutet, sondern die Treue zu seinem Wort bzw. das Umfangensein von diesem seinem Wort. Von der *Mystik* des J.s zu reden, ließ man sich oft durch einige Formeln verführen, die in der Tat aus der Mystik, bzw. einer gnostischen Mystik, stammen (10, 14f; 14, 20; 17, 21. 23). Indessen kennt das J. weder die mystische Meditation noch das Kulminationsphänomen der mystischen Frömmigkeit, die Ekstase. Der Glaubende bleibt auf Erden immer unterwegs, und in der konkreten Lebensführung vollzieht sich die »entweltlichte«, die »eschatologische« Existenz (vgl. bes. 15, 1ff). Jesus ist nur so die Wahrheit und das Leben, daß er der Weg ist. Aber indem er der Weg ist, ist er zugleich die Wahrheit und das Leben (14, 6). Die Begegnung mit ihm und seinem Wort macht das Jetzt zum eschatologischen Jetzt (5, 24), und im verkündigten Wort bleibt die Offenbarung die kritische Macht gegenüber der Welt (16, 8-11).

4. Über den *Verfasser,* die *Abfassungszeit* und den *Abfassungsort* des J.s läßt sich nichts Sicheres sagen. Der Abstand von der Geschichte Jesu und der Urgemeinde

(s. 2a) zeigt, daß die *Zeit der Abfassung* nicht zu früh angesetzt werden darf. Die Distanz zu den Synoptikern braucht indessen nicht zu groß angesetzt zu werden; sie ist mehr eine sachliche und geographische als eine chronologische. Das Verhältnis zu Paulus erlaubt keinen Schluß auf die Datierung. Bei keinem der Apostolischen Väter (→ Altchristliche Literaturgeschichte, 2) wird das J. zitiert; vielleicht war es dem → Justin bekannt, doch hat er es jedenfalls nicht den anderen Evangelien gleichgestellt. Vielleicht war es auch dem → Papias bekannt. Jedenfalls kennt → Irenäus das J. Hat man früher die Abfassung des J.s in die Zeit von 100 bis 150 datiert, so muß man doch wohl bis in das Ende des 1. Jh.s hinaufgehen auf Grund einiger Papyrusfragmente, die aus der ersten Hälfte des 2. Jh.s stammen und zeigen, daß das J. in der Zeit von 100 bis 150 in Ägypten bekannt gewesen ist.

Die semitisierende Sprache der Quellen des J.s wie des Evangelisten selbst zeigt, daß die *Heimat des J.s* im Osten zu suchen ist. Für Syrien spricht die Verwandtschaft mit Ignatius und mit den Oden Salomos. Für Kleinasien (Ephesus), daß das J. seit Irenäus einem in Kleinasien wirkenden Johannes zugeschrieben wird. Diesen hält Irenäus und die Tradition nach ihm zwar für den Apostel → Johannes, den Zebedaiden; es kann aber nur der von Papias genannte, aber nicht als Apostel, sondern als »Herrenschüler« und als »Alter« (Presbyter) bezeichnete → Johannes (, 22) gewesen sein, der vielleicht der Verfasser der → Johannesapokalypse ist. Möglich ist, daß das J. in Syrien verfaßt und in Kleinasien redigiert worden ist. Als *Verfasser* kommt jedenfalls der Apostel Johannes nicht in Frage, schon wegen des Abstandes des J.s von der alten Überlieferung, aber auch weil der Zebedaide Johannes schon früh von den Juden getötet worden ist, wie aus Mk 10, 39 hervorgeht und durch einige altkirchliche Zeugnisse bestätigt wird, bes. durch ein Papiasfragment, dessen Echtheit nicht wohl bezweifelt werden kann. Nach dem redaktionellen Nachtrag c. 21 wäre der Verfasser des J.s ein Augenzeuge gewesen, und zwar der »Lieblingsjünger«, dessen rätselhafte Gestalt 13, 23; 19, 26f; 20, 2-10 begegnet (schwerlich ist er mit dem neben Petrus 18, 15f genannten »anderen Jünger« identisch) und der auch in der redaktionellen Glosse 19, 35 gemeint sein wird. Für den Evangelisten ist er vielleicht überhaupt keine historische, sondern eine symbolische Gestalt; der Redaktor hat ihn jedoch für eine historische Person gehalten und ihn vielleicht mit jenem kleinasiatischen »Alten« identifiziert. Muß dies unsicher bleiben, so ist doch soviel sicher, daß der Verfasser des J.s nicht der Zebedaide Johannes und überhaupt nicht ein Augenzeuge gewesen ist.

Zum Ganzen s. die sog. Einl.en in das NT u. die neueren wissenschaftl. Kommentare: TH.ZAHN, Das Evangelium des Joh. (KNT 4), 1921[5,6] - A.LOISY, Le quatrième Evangile, 1927[2] - J.H.BERNARD, A critical and exegetical Commentary on the Gospel acc. to St.John (ICC), 2 Bde, 1928 - G.H.C.MACGREGOR, The Gospel of John, 1928 - A.SCHLATTER, Der Evangelist Joh., 1930 - W.BAUER, Das J. (HNT 6), 1933[3] - E.HIRSCH, Das vierte Evangelium, 1936 - E.C.HOSKYNS, The Fourth Gospel, 1947[2] - M.-J.LAGRANGE, Evangile selon Saint Jean, 1948[7] - C.K.BARRETT, The Gospel acc. to St.John, 1955 - R.H.LIGHTFOOT, St.John's Gospel, 1956 - R.BULTMANN, Das Evangelium des Joh. (MeyerK II[15]), 1957 (ErgH 1958). - Außerdem zum Ganzen: B.W.BACON, The Fourth Gospel in Research and Debate, 1910 - W.FR.HOWARD, The Fourth Gospel in Recent Criticism and Interpretation, (1931) 1955[4] - PH.MENOUD, L'Evangile de Jean d'après les recherches récentes, (1943) 1947[2] - J.BEHM, Der gegenwärtige Stand der Erforschung des J.s (ThLZ 73, 1948, 21-30) - E.HAENCHEN, Aus der Lit. zum J. 1929-1956 (ThR NF 23, 1955, 295-335).

Zu 1a: W.H.RAMSAY, The relation of the Fourth Gospel to the Christian Cultus, 1933 - CL.T.CRAIG, Sacramental Interest in the Fourth Gospel (JBL 58, 1939, 31-41) - R.F.HOARE, Original Order and Chapters of St.John's Gospel, 1944 - DERS., The Gospel of St. John, arranged in its conjectural Order, 1949 - W.MICHAELIS, Die Sakramente im J., 1946 - O.CULLMANN, Les sacrements dans l'évangile johannique, 1951 - H.CLAVIER, Le problème du rite et du mythe dans le quatr. Evangile (RHPhR 31, 1951, 275-292) - DERS., La structure du quatr. Evangile (ebd 35, 1955, 174-195).

Zu 1b: E.HIRSCH, Studien zum vierten Ev. (BHTh 11), 1936 - DERS., Stilkritik u. Literaranalyse im vierten Ev. (ZNW 43, 1950/51, 129-143) - J.JEREMIAS, Johann. Literarkritik (ThBl 20, 1941, 33-46) - E.C.BROOME, The Sources of the Fourth Gospel (JBL 63, 1944, 107-121) - E.RUCKSTUHL, Die literar. Einheit des J.s, 1951 - CH. GOODWIN, How did John treat his sources? (JBL 73, 1954, 61-75) - B.NOACK, Zur joh. Tradition, 1954.

Zu 1c α: A.SCHLATTER, Sprache u. Heimat des vierten Evangelisten, 1902 - C.F.BURNEY, The Aramaic Origin of the Fourth Gospel, 1922 - CH.T.TORREY, The Aramaic Origin of the Gospel of John (HThR 16, 1923, 305-344) - M.BURROWS, The Joh. Prologue as Aramaic Verses (JBL 43, 1924, 67-69) - DERS., The original Language of the Gospel of John (ebd 49, 1930, 95-139) - E.C.COLWELL, The Greek of the Fourth Gospel, 1931 - J.DE ZWAAN, John wrote in Aramaic (JBL 57, 1938, 155-171) - M.BLACK, An Aramaic Approach to the Gospels and Acts, (1946) 1954[2].

Zu 1c β: H.WINDISCH, Joh. u. die Synoptiker, 1926 - M.BLUMENTHAL, Die Eigenart des joh. Erzählungsstiles (ThStKr 106, 1934/35, 204-212) - T.SIGGE, Das J. u. die Synoptiker, 1935 - P.GARDNER-SMITH, St.John and the Synoptic Gospels, 1938 - K.KUNDSIN, Charakter u. Ursprung der joh. Reden, 1939 - DERS., Die Diskussion über die Ego-Eimi-Sprüche des J.s (Charisteria Joh.Köpp ... oblata, 1954, 95-107) - E.SCHWEIZER, EGO EIMI (FRLANT NF 38), 1939 - O.CULLMANN, Der joh. Gebrauch doppeldeutiger Ausdrücke (ThZ 4, 1948, 360-372) - C.H.DODD, Some Johannine »Herrenworte« with Parallels in the Synoptic Gospels (NTS 2, 1955/56, 75-86) - H.BEKKER, Die Reden des J.s u. der Stil der gnost. Offenbarungsrede (FRLANT NF 50), 1956.

Zu 2a: K.KUNDSIN, Topolog. Überlieferungsstoffe im J., 1925 - J.JOCZ, Die Juden im J. (Judaica 9, 1953, 129-142).

Zu 2c: F.BÜCHSEL, Joh. u. der hellenist. Synkretismus, 1928 - H. ODEBERG, The Fourth Gospel, 1929 - L.SCHMID, J. u. Religionsgesch., 1933 - A.LOISY, Le Mandaisme et les origines chrétiennes, 1934 - E.PERCY, Unters.en über den Ursprung der joh. Theol., 1939 - H. FISCHEL, Jewish Gnosticism in the Fourth Gospel (JBL 65, 1946, 157-174) - C.H.DODD, The Interpretation of the Fourth Gospel, 1953 - F.M.BRAUN OP, L'Arrière-fond Judaïque du quatr. Evangile et la communauté de l'Alliance (RB 62, 1955, 5-44).

Zu 3: H.PRIBNOW, Die joh. Anschauung vom »Leben«, 1934 - J.SCHNEIDER, Die Christusschau des J.s, 1935 - D.FAULHABER, Das J. u. die Kirche, 1938 - J.DUPONT, Essais sur la Christologie de St.Jean, 1951 - F.MUSSNER, ZωH. Die Anschauung vom »Leben« im 4. Ev., 1952 - BULTMANN, NT §§ 42ff.

Zu 4: ED.SCHWARZ, Über den Tod der Söhne Zebedäi, 1904 - W. HEITMÜLLER, Zur Joh.-Tradition (ZNW 15, 1914, 189-209) - W.LARFELD, Die beiden Johannes von Ephesus, 1914 - W.F.LOFTHOUSE, The Disciple whom Jesus loved, 1936 - H.C.SNAPE, The Fourth Gospel, Ephesus and Alexandria (HThR 47, 1954, 1-14) - J.N.SANDERS, Those whom Jesus loved (NTS 1, 1954/55, 29-41). *R.Bultmann*

Zur *Auslegungsgeschichte* (s. auch → Schriftauslegung: IV u. die bei → Evangelien, synoptische genannten Kommentare zu den 4 Evangelien):

Qu.: 3.Jh.: Origenes (MPG 14; GCS IV, ed. E.PREUSCHEN). - 4.Jh.: Didymus v. Alex. (MPG 39, Fragmente) - Chrysostomus (MPG 59). - 5.Jh.: Augustin (MPL 35; CChr 36, 1954) - Cyrill v. Alex. (MPG 73 u. 74) - Ammonius v. Alex. (MPG 85, zT unecht). - 8.Jh.: Alkuin (MPL 100). - 9.Jh.: Christian v. Stavelot (MPL 106) - Kommentar eines Schülers des Theodor Studites, ed. K.HANSMANN, 1930 - Joh.Scotus Eriugena (MPL 122, Fragmente). - 13.Jh.: Bonaventura (Opera VI, Quaracchi 1893, 239ff. 535ff). - 14.Jh.: Meister Eckehart (Joh 1, 1 - 3, 34 in: Die lat. Werke III, Lfg. 1-4, 1936-53). - 16.Jh.: Luther (WA 46: Joh 1 u. 2; WA 47: Joh 3 u. 4; WA 33: Joh 6-8; WA 45: Joh 14 u. 15; WA 46: Joh 16; WA 28: Joh 16-20) - Melanchthon (CR 14 u. 15) - Erasmus Sarcerius, 1540 - Wolfg.Musculus, Basel 1545 - Hieron. Osorius, Rom 1552 (Opera) - Joh.Brenz, Frankfurt 1553 - Angelico Buonriccio, Venedig 1569 - Franciscus v. Toledo SJ, Rom 1588 - Nik.Hemmingius (= Niels Hemmingsen), Basel 1591 - Aeg.Hunnius, Wittenberg 1608 (Opera). - 17.Jh.: Serafino Capponi OP, Venedig 1604 - Benedikt Pereira SJ, Lyon 1608-10 - Franciscus Ribera SJ, ebd 1623 - Franciscus Gomarus, Amsterdam 1664 (Opera).

Lit.: F.CAVALLERA, L'interprétation du chap. VI de s. Jean. Une controverse exégétique au Concile de Trente (RHE 10, 1909, 687 bis 709) - W.VÖLKER, Herakleons Erklärung des J.s (Diss. Halle), 1922 (Masch.) - R.DEVREESSE, Notes sur les chaines grecques de Saint

Jean (RB 36, 1927, 192-215) - M.Comeau, Saint Augustin exégète du IVe Evangile, Paris 1930 - W.v.Loewenich, Das Johannes-Verständnis im 2.Jh., 1932 - S.Frankl, Interpretatio Joh 6, 54 in primo temporis spatio Concilii Tridentini (Collectanea Theologica 17, 1936, 424-431) - K.Burdach in: Der Gral 1938, 49-105 (zu Joh 19, 33ff) - L.Turrado, Doxa en el Evangelio de S.Juan segun S.Cirilo de Alejandria, Rom 1939 - V.Morel, Deductor omnis veritatis. Joh 16, 13 bij Tertullianus (StC 16, 1940, 194-206) - H.Rahner, Flumina de ventre Christi. Die patrist. Auslegung von Joh 7, 37. 38 (Bibl 22, 1941, 269-302. 367-403) - A.Colunga, La vida eterna en S.Juán segun los comentarios de S.Alberto Magno y S.Tomás (Ciencia Tomista 65, 1943, 121-143) - J.N.Sanders, The Fourth Gospel in the Early Church. Its Origin and Influence on Christian Theology up to Irenaeus, Cambridge 1943 - J.Tapia, El sentido eucarístico (von Joh 6) en los teólogos posttridentinos (ATG 6, 1943, 5-120) - H.P.V.Nunn, The Fourth Gospel in the Early Church (Evangelical Quarterly 16, 1944, 173-191. 294-299) - L.Nemoy, A tenth Century Criticism of the Doctrine of the Logos (JBL 64, 1945, 515-529) - J.Leal, El sentido soteriológico del cordero de Dios en la exégesis católica (Joh 1, 29f) (Estudios Eclesiásticos 24, 1950, 134-138. 147-182) - R.Barraza, El concepto de la remisión de los pecados (Joh 20, 23) en la exégesis medieval (Diss. Gregoriana), 1951 - J.Förster, Die Exegese des 4. Evangeliums in den Joh.-Homilien des Chrysostomus (Diss. Berlin), 1951 (Masch.) - H.Gollwitzer, Zur Auslegung von Joh 6 bei Luther u. Zwingli (In memoriam E.Lohmeyer, 1951, 143-168) - J.Gennaro OFM, Exegetica in prologum Ioannis sec. maximos ecclesiae doctores antiquitatis Christianae (Studia Antoniana 4), Rom 1952 - H.J. Mumm, A critical Appreciation of Origen as an Exegete of the Fourth Gospel (Diss. Hartford Seminary), 1952 - H.Dembowski, Das Johannesverständnis des Origenes (Diss. Göttingen), 1953 (Masch.) - J.L.McKenzie SJ, The Commentary of Theodore of Mopsuestia on Joh 1, 46-51 (ThSt 14, 1953, 73-84) - A.Rivera, Nota sobre el simbolismo del milagro de Caná en la interpretación patrística (Estudios Marianos 13, 1953, 62-72) - J.-E.Ménard, L'interprétation patristique de Joh 7, 38 (Revue de l'Université d'Ottawa 25, 1955, 5-25) - P.Savio, Ricerche sopra la Santa Sindone (Joh 19, 40; 20, 5) (Salesianum 17, 1955, 319-390) - A.Orbe, En los orígenes de la exégesis juanea (Joh 1, 3), Rom 1955 - Ders., El primer testimonio del Bautista sobre el Salvador (Joh 1, 15-18) segun Heracleon y Origenes (Estudios Eclesiásticos 30, 1956, 5-36) - G.Haendler, Lat. Auslegungen zu Joh 21, 17 (in: »Solange es heute heißt«, Festg. f. R.Hermann zum 70.Geb., 1957, 78-92). *W.Werbeck*

Johannesminne (Johannestrunk, -segen, -wein), ein → Sakramentale in Gestalt eines Gedächtnis-(Minne-)Trunkes zu Ehren des Evangelisten Johannes. Bereits im 6.Jh. in Gallien als Christianisierung des germanischen Minnetrinkens bekannt, war die J. zunächst eine private Andachtsübung mit ungeweihtem Wein. Im 12.Jh. bildete sie sich als eine deutsche Sitte unter dem Einfluß der Legende, derzufolge Johannes einen vorher gesegneten Giftbecher ohne Schaden leerte, zu einer kirchlichen Segnung aus. Am 27.XII. (Nürnberg: 24. VI.; Regensburg: 1. I.) wurde die J. nach der Messe geweiht und mit der Formel »Bibe amorem s. Ioannis« in der Kirche gespendet oder mit nach Hause genommen. Sie soll gegen Gift und Gefahren schützen. Auch wurde sie als Ehetrunk nach der Brautmesse gereicht (Augsburger Rituale 1487; heute noch in Altbayern). Hier ist die J. mit dem germanischen Ehetrunk identifiziert.

Braun, LH 146 - LThK VII, 201 - CKL I, 961 - J.Pinsk, Sakramentale Welt, 1938 - J.Kempf-K.Faustmann, Hdb. der Liturgik, 1950^10, 137 - M.Schmaus, Kath. Dogmatik IV/1, 1952^4, 102ff - L. Eisenhofer-J.Lechner, Grundriß der Liturgik des röm. Ritus, 1953^6, 149. 298. *K.Dienst*

Johannespassion, Vertonung der Leidensgeschichte Christi (→ Passion) nach Johannes. Unter den bedeutenden Werken der Art zB von L. → Lechner und Chr. → Demantius (1594 und 1636, für → a-cappella-Chor) ragt die J. von H. → Schütz (1665, für unbegleitete Solostimmen und Chor) durch eindringliche Deklamation hervor. Am bekanntesten ist die am Karfreitag 1723 in Leipzig erstmals aufgeführte J. von J.S. → Bach. Bach hat, dem Brauch der Zeit folgend, den Bibeltext durch Liedstrophen und eigene (?) madrigalische Dichtungen (zT nach B.H. → Brockes, »Der für die Sünde der Welt gemarterte und sterbende Jesus«, 1712) oratorienmäßig erweitert und musikalisch als Rezitativ (Evangelistenbericht, Rede Einzelner), Chorsatz (Eingang, → Turbae, Schluß), Arie und Choral (betrachtendes Verweilen) in der reichen Vokal- und Instrumentalbesetzung der → Kantaten (lediglich ohne Blechbläser) gestaltet. Bachs J., herber und düsterer als die berühmte → Matthäuspassion, ist vielleicht das geschlossenste Großwerk des Meisters. - Eine nennenswerte J. wurde seither nicht geschaffen.

Lit. zu Bachs J. bei W.Schmieder (→ Bach, 2) 353f. *S.Hermelink*

Johanneum, eine Evangelistenschule in Wuppertal-Barmen zur Ausbildung junger Männer für den Missions- und Evangelistendienst innerhalb der ev. Landeskirche. Das J. stellt seine Brüder, die bei ihrem Eintritt zwischen 20 und 30 Jahre alt sein sollen und einen Beruf erlernt haben müssen, nach dreijähriger Ausbildung Gemeinden, Gemeinschaften und Vereinen zur Verfügung, um »insbesondere durch einfache, volkstümliche und erweckliche Verkündigung des Wortes mitzuhelfen an dem Werk der Rettung der Verlorenen und der Pflege der Geretteten«. Die Brüder (zZ 410 im Dienst) arbeiten gegenwärtig innerhalb von → Stadtmissionen, in der kirchlichen Jugendarbeit, im → Gnadauer Verband als Prediger oder Gemeinschaftspfleger sowie im kirchlich-sozialen Dienst. Das J. wurde am 2.4.1886 in Bonn durch Th. → Christlieb gegründet und 1893 unter Th. → Haarbeck, Leiter des J. von 1890-1918, nach Wuppertal verlegt. Kirche und Gemeinschaft gegenüber unabhängig, wird es von Kreisen der Erweckungsbewegung getragen. Leiter ist zZ Pastor Herm.Haarbeck. *H.Hohlwein*

Johannisfeste. Von den 3 *Johannes dem Täufer* gewidmeten Festen wurde das der Empfängnis (24. IX.) nie ins Missale aufgenommen (erste Bezeugung 5.Jh.). Das sehr verbreitete Geburtsfest (ebenfalls 5.Jh.) wurde zuerst nach Epiphanias begangen, dann im Westen auf den 24. VI. gelegt (6 Monate vor Christi Geburt, Lk 1, 36). Da es hoher Festtag war, behielt es die Reformation bei. Das Fest der Enthauptung, ebenfalls aus dem 5.Jh., kam erst in Spanien, dann in Rom in den Heiligenkalender (24. IX., endgültig 29. VIII.). In der Reformation ging es bald unter. - Das Fest *Johannis Evangelistae* ist ein Begleitfest von → Weihnachten. Ursprünglich am 29. XII. mit Jakobus begangen (im Orient am 26. IX., außerdem ein Todesgedenktag), später am 27. XII. als Fest der Assumptio, steht es heute zwischen dem Stephanustag (26. XII.) und dem Fest der unschuldigen Kindlein (28. XII.): der martyr voluntate, non opere zwischen dem martyr voluntate et opere und den martyres opere, non voluntate. In der Reformation beibehalten, verlor das Fest seinen Charakter durch Weihnachten.

RE IX, 328ff - K.A.H.Kellner, Heortologie, (1901) 1906^2, 160ff - R.Lansemann, Die Heiligentage in der Reformationszeit, 1939 - Rietschel-Graff 154ff. *J.Beckmann*

Johannsson, *Gustaf* (1844-1930), finnischer ev. Theologe, Sohn eines pietistischen Pfarrers. 1875-85 Dozent und Prof. der Dogmatik und Ethik in → Helsinki, 1885 Bischof von Kuopio, 1892 Bischof von Savonlinna, 1899 bis zu seinem Tod Erzbischof von → Åbo/Turku. J. erhielt entscheidende Impulse von J.T. → Beck, vertrat aber den Volkskirchengedanken. Luth. Konfessionalismus war ihm fremd, aber sein Staatsbegriff machte ihn gegenüber dem Zarentum allzu nachgiebig. Sein massiver Biblizismus führte zur Ablehnung des Liberalismus wie auch der Ökumene und N. → Söderbloms. J. hat einen bis heute entscheidenden Einfluß auf die finnische Theologie ausgeübt (→ Finnland: II, 2).

O. Tiililä, Uuden elämän etiikka, Helsinki 1940 - Y. Alanen, G.J., Porvoo 1947 - G. Sentzke, Die Theol. J.T. Becks u. ihr Einfluß in Finnland II, Helsinki 1957. *W.A. Schmidt*

Jonabuch

1. Überlieferungsort - 2. Inhalt und Aufbau - 3. Stoffgeschichtliches - 4. Literarhistorisches - 5. Gattung - 6. Zeit - 7. Skopus. - J. = Jona, Jb. = Jonabuch

1. Das Jb. steht im hebr. Kanon an 5., in LXX an 6. Stelle des → Zwölfprophetenbuches. Während die anderen elf Stücke hauptsächlich Prophetenworte überliefern, bietet das Jb. eine Erzählung.

2. J. soll auf Befehl Jahwes der Stadt → Ninive das Gericht ansagen. J. flieht jedoch nach → Tarsis. Dies die Exposition (1, 1-3). Der erste Akt (1, 4 - 2, 11) entfaltet ein erstes Mal die Botschaft. Jahwes Taten beherrschen die Szene: er löst durch den Sturm alles weitere aus (1, 4); die Furcht vor ihm (10. 14-16) bestimmt das Handeln der Seeleute; seine Befehlsgewalt über den großen Fisch (2, 1. 11) bringt J. wieder ans Land. Im Schiff ist der Prophet zusammen mit den Verehrern anderer Götter (1, 5) und wird zum Bekenntnis vor dem Heidentum (9) genötigt. Die große Ehrfurcht der heidnischen Seeleute wird als Ereignis lebendiger Umkehr geschildert. Die Wiederholung des Stichwortes »fürchten« (5. 9. 10. 16) deutet die Frage an, wo die wahrhaft Jahwefürchtigen zu suchen seien. - In die Schlußszene ist ein Danklied (2, 3-10) eingeschaltet (s. 4). Der Ergänzer beabsichtigt wohl, mit dem Gebet die Hinwendung J.s zu seinem Gott zu verdeutlichen. - Der zweite Akt beginnt in 3, 1f mit einer Wiederaufnahme von 1, 1f. J. geht nun gehorsam nach Ninive (3) und verkündet, es werde in vierzig Tagen untergehen (4). - Retardierend, die Spannung steigernd, mag nach 3, 4 ursprünglich 4, 5 gestanden haben; diese Zwischenszene nimmt die Frage des Lesers auf: »Was wird nun in der Stadt geschehen?« - Ninive glaubt und fastet (5). Der König tritt an die Spitze der Bußbewegung (6f), die die »Abkehr eines jeden von seinem bösen Wandel« (8) zum Ziel hat, in der Hoffnung, daß Gott sich von seinem Zorn abkehre (9). Gott nimmt sein Wort der Buße wegen zurück, das Gericht wird nicht vollstreckt (10). So geradlinig die Szenenfolge bis hierher ist, so ist doch eben mit 3, 10 das das Schlußkapitel bewegende Problem geschürzt: das vom Propheten verkündete Wort geht infolge der Wirkung des Wortes auf die Hörer nicht in Erfüllung. - So behauptet J. zornig (4, 1) vor Gott, um die Unbeständigkeit des Gerichtswortes aus dem überlieferten Bekenntnis (vgl. 4, 2b mit Ex 34, 6; Jo 2, 13; Ps 86, 15; 103, 8) gewußt zu haben und deshalb geflohen zu sein (2a). Indem so die Erzählung kunstvoll den ersten Akt ins Schlußkapitel hineinzieht, erreicht sie ihren dramatischen Höhepunkt: der Prophet möchte endgültig durch den Tod aus Jahwes Dienst scheiden (3). Jahwe stellt J.s Zorn in Frage (4). (Zu 4, 5 s.o.; die »Hütte« stört unmittelbar neben dem Rizinus.) Auf Befehl Jahwes wächst eine Rizinusstaude (6), doch ein Wurm bringt sie zum Welken (7), und der von Jahwe befohlene Glutwind macht J., des Schattens beraubt, gänzlich sterbensmüde (8). An seinem Kummer um die Pflanze (9) soll J. Jahwes Mitleid um Ninive verstehen lernen, ist doch dies so viel größere Objekt mit seiner Riesenzahl erbarmenswürdiger Menschen und Tiere ein Geschöpf der Mühe Jahwes. J. - und damit der Leser - wird gefragt, ob nicht der verkehrte Mensch die liebevolle Umkehr im Handeln Gottes verstehe.

3. *Stoffgeschichtlich* ist das Jb. vielschichtig. Sowohl israelitische wie außerisraelitische Überlieferungen sind festzustellen. - J. selbst begegnet in 2Kön 14, 25; aber nicht mehr als Name und Vatersname werden aufgenommen. Die dort genannten Zeitumstände des 8.Jh.s spielen keine Rolle. Vielmehr hat man wohl die ziemlich unbekannte Gestalt des alten Propheten gewählt, um mit ihr eine Botschaft um so freier erzählerisch gestalten und andere Überlieferungen mit ihr verknüpfen zu können (ähnlich Hiob, vgl. Ez 14, 14. 20). - In c. 1f erscheinen Erzählmotive, die abgewandelt sowohl in der griechischen Sage wie in Indien, Ägypten und anderwärts zu belegen sind. Sie besagen, daß ein Mensch von einem Tier verschlungen wird und nach einer Zeit unversehrt ans Licht kommt (zB → Herakles, vgl. MPG 71, 615; 126, 931). Literarische Abhängigkeit ist für das Jb. nicht nachzuweisen. Der Erzähler nimmt allerlei Motive aus Seemannserzählungen auf, die das nachexilische Israel kennt (vgl. Ez 27, 25ff; Ps 107, 23ff), um sie der Botschaft dienstbar zu machen. - In der 2. Hälfte des Jb.es ist die Abhängigkeit von biblischen Prophetenüberlieferungen stärker, so in c. 3 von Jer-Überlieferungen. Vor allem 3, 10 und damit das Thema erinnert an Jer 18, 7f; 26, 3. 13. 19; 36, 29-31; aber auch die »Umkehr eines jeden von seinem bösen Wege« (8) an Jer 25, 5; 26, 3; 36, 3; ja, vielleicht ist das Verhalten Ninives, des Königs und seiner Großen als Gegenstück zu Jerusalem, Jojakim und seinen Ministern in Jer 36 gezeichnet (vgl. 3ff. 7. 12ff. 29ff mit Jon 3, 8f. 5. 6f. 10; Feuillet). Die Anklänge an den »Völkerpropheten« (Jer 1, 5) sind fraglos stärker als die an assyrische Überlieferungen über Bußtage (Schaumberger; vgl. E.F. Weidner, AfO Bh. 6, 1940, 13f). - In c. 4 treten Züge der → Elia-Überlieferungen hervor (vgl. V. 3. 8 mit 1Kön 19, 4b; ferner Wurm, Fisch, Rizinus und Hütte im Jb. mit Raben, Ginsterbusch und Höhle in 1Kön 17, 6; 19, 3. 9).

4. *Literarhistorisch* erscheint die Erzählung im ganzen einheitlich. Zwar ist es möglich, daß ursprünglich c. 1f eine selbständige Legende neben c. 3f war; denn die Wiederaufnahme von 1, 1f in 3, 1f zeigt eine nachträgliche Verknüpfung an (Kuhl). Doch die Einschmelzung ist vollständig, da 1, 2 (10) auf c. 3 hinweist und 4, 2 an 1, 3 erinnert. Der Wechsel von Elohim in 3, 3 - 4, 1. 6-11 mit Jahwe in 4, 2-4 könnte, auch wegen der Parallele von 4, 3 und 8, an eine ältere Elohimschicht in c. 3f denken lassen; aber auch hier vernäht Jahwe-Elohim in 4, 6a unzerreißbar. - Dagegen ist der Psalm 2, 3-10 wegen der inhaltlichen Spannungen (Dankopfer im Heiligtum!) wahrscheinlich eingetragen, denn die sonstigen Gebete fügen sich dem Gang der Erzählung viel besser ein, obwohl auch sie Überlieferungsgut aufnehmen (1, 14; 4, 2f). - Sonst ist nachträgliche Überarbeitung nur noch in der Glosse 1, 8a β zu erkennen, die, 7a β aufnehmend, in 1, 9 nicht bekannt ist; ferner in der Umstellung von 4, 5, vielleicht durch ein Abschreiberversehen (s. 2).

5. Die *Gattung* dieser reifen Erzählkunst ist die weisheitliche Lehrerzählung (→ Weisheitsdichtung). Historisch-biographisches Interesse liegt fern; darum fehlt J.s Heimat und Zeit (2Kön 14, 25) und auch der Name »des Königs von Ninive« (3, 6). Es liegt typisierende Dichtung vor, die Seeleute und Niniviten als Modellfälle für Heiden zeichnet, so wie J. als typischen Israeliten. Weltweite Bildung, die von Tarsis wie von Ninive, von seemännischem wie von höfischem und kultischem Brauchtum weiß, ist für den weisheitlichen Grundzug bezeichnend. Der Wille zum Einprägen liebt Wiederholung von Stichworten (jr' in 1, 5. 9. 10. 16; nḥm in 3, 9. 10; 4, 2; mnh in 2, 1; 4, 6. 7. 8; ḥws in 4, 10. 11) und wichtigen Sätzen (4, 3. 9) wie Verhaltensweisen (1, 10ff; 3, 5ff). Fragen (4, 9ff; vgl. 1, 7. 11; 4, 4), die in J. den Leser treffen, wollen Erkennt-

nis wecken, vor allem in dem für die Lehrerzählung charakteristischen Schlußsatz. Der Dichter versteht sich dabei als Ausleger des alten Jahwebekenntnisses (4, 2b; vgl. 1, 9; 3, 9f).

6. Schon die Sprache des Jb.es weist in *nachexilische Zeit*: seltene, aramaisierende Vokabeln und Konstruktionen. Die Elia- und Jer-Überlieferungen gehören schon zur literarischen Bildung. J. und Ninive sind Größen längst vergangener Tage, die man wie Hiob und Daniel als Typen gestalten kann. Offenbar haben die Zeitgenossen des Verfassers regen Kontakt mit dem Heidentum, so daß die Abgrenzung ihnen zur Aufgabe geworden ist. Die Fragen der Zeit → Nehemias und → Esras nach der reinen Gemeinde und nach der Erfüllung der Gerichtsworte über die Völker stehen im Hintergrund.

7. In dieser seiner Zeit (ca 4.Jh.) bewegen den Erzähler zwei Fragen: Welches Ziel verfolgt Gott mit den Völkern? Welche Aufgabe fällt Israel dabei zu? Wiederholungen unterstreichen, daß die Völkerwelt zu Jahwe kommen soll (1, 10. 14. 16; 3, 8), wobei die falschen Götter kaum betont sind (1, 5), dagegen stark die Herrschaft Jahwes über alle Welt, über Seesturm und Wüstenwind, Großstadt und Meer, Tiere und Pflanzen. Die Umkehr der Heiden (1, 16; 3, 5ff) ist umschlossen von der in immer neuen Worten bezeugten Abkehr Gottes von seinem Zorn und seinem mitleidigen Erbarmen (1, 15b; 3, 9f; 4, 2. 11). – Diesem Willen Gottes zur Bekehrung und Rettung der Völker soll Israel dienstbar werden. In J. wird man nicht einen Vertreter der Prophetie sehen dürfen (er heißt im Jb. nie »Prophet«), vielmehr ist in ihm Israel dargestellt. Das prophetische Amt ist Israels Zeugenamt unter den Völkern (Dtjes 43, 8ff; hat der Name J. = »Taube« zeichenhafte Bedeutung? vgl. Hos 7, 11; 11, 11; Gen 8, 8ff). Dies ist der eigentliche Sinn seiner Erwählung. Fast satirisch (1, 5f) trifft die geheime Paränese der Lehrdichtung den jüdischen Partikularismus. – Das Jb. mahnt aber nur indirekt. Es bezeugt, daß Jahwe sein Ziel auch mit einem widerspenstigen Israel erreicht. – Vgl. → Malerei und Plastik: I.

Kommentare zum → Zwölfprophetenbuch. – Lit. bei O.Eissfeldt, EinlAT, 1956², 493ff. Ferner: P.Friedrichsen, Krit. Übersicht der verschiedenen Ansichten von dem Buche J. nebst einem neuen Versuche über dasselbe, 1841 – H.Schmidt, J., 1907 – RGG² III, 366ff – I.B.Schaumberger, Das Bußedikt des Königs von Ninive bei Jon 3, 7. 8 in keilschriftl. Beleuchtung (Misc. Bibl. 2, 1934, 123–134) – A. Feuillet, Les sources du livre de J. (RB 54, 1947, 161–186) – Ders., Le sens du livre de J. (ebd 340–361) – M.Ronner, Das Buch J., 1947 – A.R.Johnson, Jon 2, 3–10. A Study in Cultic Phantasy (Studies in OT Prophecy, 1950, 82–102) – G.v.Rad, Der Prophet J., 1950 – G. Fohrer, ThR NF 19, 1951, 315f; 20, 1952, 262f (Lit.) – J.Lindon, Le livre de J. (Editions de Minuit, 1955, 7–63) – A.Parrot, Ninive u. das AT (Bibel u. Archäologie I), 1955 – W.Vycichl, Jonas u. der Walfisch (Muséon 69, 1956, 183–186) – B.S.Childs, J., A Study on OT Hermeneutics (SJTh 11, 1958, 53–61) – H.Bardtke, Der Erweckungsgedanke in der exilisch-nachexil. Lit. des AT (BZAW 77, 1958, 9–24) – E.Haller, Die Erzählung von d. Propheten J. (ThEx 65), 1958 – R.Martin-Achard, Israël et les nations (Cahiers Théologiques 42, 1959, 45–48) – H.W.Wolff, Die Bibel Gotteswort oder Menschenwort? Dargestellt am Buch J., 1959. *H.W.Wolff*

Zur *Auslegungsgeschichte* (s. auch → Schriftauslegung: IV, → Zwölfprophetenbuch):

Qu.: 11.Jh.: Theophylakt (MPG 126). – 15.Jh.: Hieronymus Savonarola in: Alcuni sermoni devoti, Venedig 1556. – 16.Jh.: Luther (WA 19) – Petrus Artopöus, Stettin 1545 – Joh.Bugenhagen, Wittenberg 1550 – Joh.Ferus (Wild), Lyon 1554 – Nik.Selnekker, Leipzig 1567 – Seb.Tuscanus OESA, Venedig 1573 – Joh.Pomarius, Magdeburg 1579 – Petrus Baronus, London 1579 – Joh.Jak.Grynäus, Basel 1581 – Franciscus Feuardentius OFM, Köln 1594. – 17.Jh.: Berthold Krackewitz, Hamburg 1610 – Franciscus Junius in: Opera theol. I, Genf 1613 – Joh.Phil.Miläus, Heidelberg 1614 – Dietrich (Theod.) Schnepff, Rostock 1619 – Joh.Treminius, Oriolae 1623 – Joh.Bapt. Uwen, Antwerpen 1640 – Andreas Mylius, 1640 – Gabriel Acosta, Lyon 1641 – Joh.Heinr.Ursinus, Frankfurt 1642 – Franciscus de Salinas SJ, Lyon 1652–55 – Joh.Crocius, Kassel 1656 – Balth. Scheidius, Straßburg 1659 – Joh.Gerhard, Jena 1663, 1676 – Aug.Pfeiffer, Wittenberg 1671 – Friedr.Alb.Christian, Leipzig 1683. – 18.Jh.: Gerh. Outhof, Amsterdam 1723 – Herm. von der Hardt, Helmstedt 1723. – Vgl. E.F.K.Rosenmüller, Scholia in Vetus Testamentum VII/2, 1813, 359ff.

Lit.: A.Penna, Andrea di S.Vittori: il suo commento a Giona (Bibl 36, 1955, 305–331). *W.Werbeck*

Iona-Gemeinschaft → Bruderschaften: III, 2c.

Jonas *von Orléans* (um 780–842/43), aquitanischer Herkunft, nach Absetzung → Theodulfs 818 durch Ludwig d.Fr. zum Bischof von Orléans erhoben. J. zählte neben → Agobard von Lyon und → Ebo von Reims zu den führenden Köpfen jener Bischofsgeneration, die, zZ Karls d.Gr. literarisch ausgebildet, jetzt einen maßgeblichen Anteil an der Lenkung nicht nur der Reichskirche, sondern auch der fränkischen Reichspolitik beanspruchte und in den Konflikten zwischen Ludwig und dessen Söhnen durchsetzte. J. formulierte seine kirchliche Adelsethik in »De institutione laicali« (vor 828) und präzisierte die Königsethik in »De inst. regia« (831 oder 834). Auf verschiedenen Reformsynoden zwischen 825 und 837 verschaffte er, zT als Redaktor der Beschlüsse, seinen Ideen, die später auf → Hinkmar von Reims wirkten, weite Anerkennung. An das AT, Augustin u.a. Väter anknüpfend, forderte J. vom Herrscher Wahrung des göttlichen Rechts und des Friedens, Kirchenschutz und Kirchenfreiheit, Lenkung des Reiches nach Gottes – von den Bischöfen interpretiertem – Willen. Der Papst wird nicht erwähnt. Nach 840 bekämpfte J. in »De cultu imaginum« die Lehren des → Claudius von Turin.

Werke: MPL 106. – Manitius I, 374ff – J.Reviron, Les idées politico-religieuses d'un évêque du IXe siècle..., Paris 1930 (mit Edition von De inst. reg.) – Wattenbach-Levison 3, 311f (Lit.); Bh. 59 (Lit.). *P.Classen*

Jonas, *Justus* (1493–1555), * Nordhausen, Jurist und Theologe, studierte in Erfurt und Wittenberg. In Erfurt schloß sich J. dem Humanistenkreis um → Mutian an und wandte sich mit ihm der überschwenglichen Verehrung des → Erasmus zu, den er im Auftrag des sächsischen Kurfürsten in der Sache → Luthers (1519) besuchte. Seit 1518 Prof. des kanonischen Rechtes in Erfurt, ging er in Wittenberg als Propst des Allerheiligenstiftes zur Theologie über und kämpfte gemeinsam mit Luther um die Reform des Stifts (1521–25), nahm an allen wichtigen Reichstagen teil und vermittelte zwischen Melanchthon und → Agricola, zwischen Luther und → Bucer. Seine juristischen Kenntnisse kamen bei verschiedenen Visitationen, bei der Abfassung von Kirchenordnungen (Zerbst, Herzogtum Sachsen, Halle) und Gutachten sowie im Wittenberger Konsistorium zur Geltung. Bes. wichtig sind seine Übersetzungen zahlreicher Schriften Luthers und Melanchthons. Als erster unter den Reformatoren setzte er sich literarisch für die Priesterehe ein. J. führte die Reformation in Halle durch, wo er Sup. war (1541–47). Er weilte am Sterbebett Luthers und hielt die Leichenpredigt in Eisleben. Durch den Schmalkaldischen Krieg aus Halle vertrieben, führte er ein unstetes Leben (1547 Hildesheim, 1548–50 Halle, wo er nicht amtieren durfte, 1550 Koburg, 1552 Regensburg, 1553–55 Eisfeld). J. war Wegbereiter der luth. → Orthodoxie. – Vgl. → Gesangbuch: I, 1c.

G.Kawerau, Briefwechsel des J.J., 2 Bde, 1884/85 – RE IX, 341ff; XXIII, 698 – LThK V, 553f – Schl. I, 391f; V, 134 – W.Delius, J.J., 1952 – Ders., Die Reformationsgesch. der Stadt Halle, 1953. *W.Delius*

Joppe (griech.; hebr. Japho, arab. jāfa), Stadt an der südlichen Küste Palästinas. Archäologisch ist die Besiedlung außer im Neolithikum seit der Spätbronzezeit nachgewiesen. Die inschriftlichen Quellen beginnen mit der Palästinaliste Thutmoses III. (15.Jh.) und den → Amarna-Tafeln (14.Jh.). Im AT wird die nichtisraelitische Stadt (Jos 19, 46) als Einfuhrhafen für Zedernholz aus dem Libanon (2Chr 2, 15; Esr 3, 7) und als Ausgangspunkt der Flucht Jonas (Jon 1, 3) genannt. Erst nach der Eroberung durch den Makkabäer Simon (1Makk 14, 5) wurde die Stadt jüdisch (141 vChr). - Im NT begegnet J. in Apg 9, 36-43 (Tabitha) und 10, 5. 8. 23. 32; 11, 5. 13 (Petrus bei Simon dem Gerber). Das heutige Jaffa, 1948 stark zerstört, bildet nur noch einen südlichen Vorort der zu Anfang des Jh.s entstandenen israelischen Großstadt Tel Aviv.

SCHÜRER II, 128ff - S.TOLKOWSKY, The Gateway of Palestine. A History of Jaffa, 1924 - RLV VI, 134 - F.SCHOLTEN, Palästina I.II, 1930 (Bildmaterial) - F.-M.ABEL, Géographie de la Palestine II, 1938, 355f - ALT I. II (Reg.) - M.FALKNER, AfO 17, 1954-56, 461; 18, 1957, 213f. *E.Jenni*

Jordan → Kanaan: I.

Jordan, 1. *von Giano,* Franziskaner, * um 1195 bei Spoleto, † nach 1262, begraben in Magdeburg. Er schloß sich 1217/18 dem hl. → Franz an, ging 1221 mit anderen Brüdern nach Deutschland, wirkte in Salzburg, Speyer, Mainz, seit 1224 in Erfurt als Kustos für Thüringen, zeitweise Provinzial-Vikar für Böhmen-Polen und Sachsen. 1262 um Aufzeichnung seiner Erinnerungen gebeten, schilderte er lebensvoll seine Begegnung mit Franziskus und die Anfänge des Ordens in Deutschland.

Chronica fr. Jordani hg.v. H.BOEHMER, Paris 1908; übers. in Franziskan. Quellenschriften 6, 1957. - E.J.AUWEILER, The »Chronica fr. J. a G.« (Diss. Washington), 1917. *H.Grundmann*

2. *von Sachsen* (* wahrscheinlich in Burgberg bei Dassel [Westfalen], ertrunken 1237 auf der Rückkehr von Palästina, magister artium und baccalarius theologiae in Paris, 1220 OP, 1221 Provinzialprior der Lombardei, 1222 Nachfolger des → Dominikus als Generalmagister. Die Amtsführung dieses großen Predigers und Seelenführers und unermüdlichen Reisenden war für die Ausdehnung und die führende Rolle der → Dominikaner in Kirche und Wissenschaft entscheidend.

Vf. u.a.: Libellus de principiis Ordinis Praedicatorum (Monumenta XVI [→ Dominikus], 25ff); Briefe hg.v. B.ALTANER, 1925; dt. v. J.MUMBAUER, 1927; in Ausw. bei W.OEHL, Dt. Mystikerbriefe des MA, 1931, 152ff; Litterae encyclicae in: AFP 22, 1952, 177-185 (TH.KAEPPELI). - Über J.: → Dominikaner (bes.: Monumenta I, 99ff - MORTIER I, 137ff - WALZ 28ff u.ö.) - AS Febr. II, 720ff - H.C. SCHEEBEN, Der literarische Nachlaß J.s v.S. (HJ 52, 1932, 56-71) - DERS., J. der Sachse, 1937 - DERS., Beiträge zur Gesch. J.s v.S., 1938 (Lit.) - LThK V, 559 - A.WALZ, Intorno alle lettere del beato Giordano di Sassonia (Angelicum 26, Rom 1949, 143-164. 218-232) - EC VI, 439ff. *M.A.Schmidt*

Jordanis, kath. Gote, erst notarius, nach seiner conversio wahrscheinlich Geistlicher oder Mönch, schrieb um 551 wohl im Balkangebiet (Saloniki?) eine unbedeutende römische Geschichte sowie »De origine actibusque Getarum«, einen Auszug aus → Cassiodors verlorener Gotengeschichte mit dürftiger Weiterführung bis 551. J. bejaht das Imperium, verherrlicht aber zugleich die → Goten, deren älteste, zT mythische Geschichtsüberlieferung nur durch ihn bekannt ist.

Werke ed. TH.MOMMSEN, MG AA V/1, 1882; dt. v. W.MARTENS, Geschichtsschreiber der dt. Vorzeit, 6.Jh., Bd 1, 1884. - RE IX, 347ff - MANITIUS I, 210ff - PW IX, 1916, 1908ff (grundlegend) - WATTENBACH-LEVISON 1, 75ff (Lit.) - F.GIUNTA, Jordanes e la cultura dell' alto medio evo, Palermo 1952. *R.Buchner*

Joris (= Georgsohn), *David* (1501/02-56), * in Flandern, Glasmaler. 1528 wegen Störung einer Prozession aus Delft ausgewiesen, schloß er sich, von M. → Hofmann, S. → Franck und der → Deutschen Theologie beeinflußt, den friedlichen → Täufern an. 1536 erlebte er seine Berufung zum visionären Propheten, der die Apokalyptik verinnerlicht und einen reinen Spiritualismus vertritt. Selbst von Leichtfertigkeit nicht frei, predigt er seinen Schülern asketischen Wandel. Seit 1538 verfolgt, gab er seinen Beruf auf, lebte als fruchtbarer Schriftsteller von den Gaben der Anhänger, seit 1544 als Jan van Brugge mit den Seinen in Basel und gebärdete sich reformiert. Erst ein Streit unter seinen Schwiegersöhnen führte dort 1559 zum Ketzerprozeß und zur Verbrennung seiner Leiche. Anhänger hielten sich in Holland und Norddeutschland bis ins 17.Jh.

Vf. u.a.: 't Wonderboeck, 1542. - Über J.: F.NIPPOLD, D.J. (ZHTh 33, 1863, 3-166; 34, 1864, 483-673; 38, 1868, 475-591) - BWGN IV, 575ff - R.H.BAINTON, D.J., 1937 - P.BURCKHARDT, D.J. u. seine Gemeinde in Basel (Basler Zs. f. Gesch. u. Altertumskunde 48, 1949, 5-106). *J.F.G.Goeters*

Jorissen, *Matthias* (1739-1823), Kaufmannssohn aus Wesel, Vetter → Tersteegens, Predigtamtskandidat in Duisburg. Wegen einer scharfen Predigt gegen vornehme Spötter 1768 vom Pfarrdienst in Preußen ausgeschlossen, war J. Pfarrer an holländischen Gemeinden, 1782-1818 deutscher Pfarrer der Niederländischen Ref. Gemeinde in Den Haag. - J.s Hauptgabe an die ref. Kirche ist die deutschsprachige »Neue Bereimung der Psalmen« (1798), die, da A. → Lobwassers Umdichtung veraltet war, immer dringender wurde (→ Gesangbuch: I, 1e). J.s Psalmenbearbeitung fand in den ref. Gemeinden rasch Eingang und ist noch heute weit verbreitet.

KOCH VI, 525f - ADB XIV, 533f - A.LAUFFS, M.J. (Ref. Jb. 2, 1927, 83-96) - RGG³ III, 373 - FR.A.HENN, M.J., der dt. Psalmist, 1955 - Hdb. zum EKG II/1, 1957, 267f. *W.Lueken*

Josaphat (hebr. jᵉhôšapaṭ), *König von → Juda,* etwa 872-851 vChr, also Zeitgenosse des Königs → Ahab von → Israel. Als zuverlässige *Quellen* für seine Regierungszeit kommen nur einige in das → Deuteronomistische Geschichtswerk aufgenommene Notizen aus den »Tagebüchern der Könige von Juda« (→ Königsbücher) in Betracht (1Kön 22, 41f. 45? 48-51). Die Propheten-Erzählungen 1Kön 22, 1-37; 2Kön 3, 4-27 können nur mit Vorbehalt verwertet werden, da sie ursprünglich keine Königsnamen nannten und ihre überlieferte Einordnung in die Zeit J.s möglicherweise nicht richtig ist. Auch die mancherlei recht konkreten Nachrichten über militärische und innenpolitische Maßnahmen J.s in den → Chronikbüchern (2Chr 17-20) müssen beiseite gelassen werden, da sie sich teils jeder Nachprüfung entziehen, teils wahrscheinlich in andere Zeiten gehören. Die geschichtliche Bedeutung der Regierungszeit J.s besteht darin, daß sie die *Beendigung der Grenzstreitigkeiten zwischen Israel und Juda* (→ Jerobeam I.) und eine Entspannung im Verhältnis der beiden Nachbarstaaten zueinander brachte (1Kön 22, 45), die in der Vermählung Jorams, des Sohnes J.s, mit Athalja, einer Tochter Ahabs und → Isebels, ihren sichtbaren Ausdruck fand (2Kön 8, 26). Daß die Verschwägerung der beiden Königshäuser eine Beteiligung J.s an israelitischen Feldzügen zur Folge gehabt hätte (so 1Kön 22, 1ff; 2Kön 3, 4ff, zum Quellenwert s.o.), ist möglich, aber nicht sicher. Auf einem anderen Gebiet, dem des *Überseehandels,* hat J. sich jedenfalls gegen ein Zusammengehen mit dem Nordreich gesträubt (1Kön 22, 50). Sein - freilich schon in den Anfängen gescheiterter - Versuch, von Ezion-Geber aus eine Expedition nach → Ophir zu unternehmen (1Kön 22, 49), hat zur Voraussetzung, daß Juda damals noch einmal die schon von → David errungene (2Sam 8, 13f), unter → Salomo wieder verlorengegangene (1Kön 11, 14ff)

Vorherrschaft über die → Edomiter besaß (1Kön 22, 48, vgl. 2Kön 3, 8ff), bevor sie endgültig verlorenging (2Kön 8, 20-22). - Die Verschwägerung mit der Dynastie → Omris hatte wenige Jahre nach J.s Tode schwerwiegende Folgen für die Davididen: Nach der Ermordung der Omriden und des judäischen Königs Ahasja durch → Jehu usurpierte *Athalja,* die letzte Überlebende aus dem Hause Omris, den judäischen Königsthron und ließ alle Angehörigen der Dynastie Davids töten. Nur ein Säugling, Joas, ein Sohn Ahasjas, konnte gerettet werden. Ihn erhob man, als Athalja nach 6jähriger Herrschaft gestürzt wurde, auf den Thron, und durch ihn wurde die legitime Linie der Davididen fortgesetzt.

Vgl. die Darstellungen der Gesch. → Israels u. die Kommentare zu den → Königsbüchern u. → Chronikbüchern. - W.F.ALBRIGHT, The Judicial Reform of J. (Alexander Marx Jubilee Volume I, 1950, 61-82). *R.Bach*

Josenhans, *Friedrich Joseph* (1812-84), * in Stuttgart, 1849-79 Inspektor der → Basler Mission, † in Leonberg. J. vertrat nach seiner Indienreise 1851/52 eine straff-zentralistische Missionsorganisation. In der damaligen Lage war diese Ordnung ein Segen, hatte aber im Blick auf die selbständige Entwicklung der einheimischen Christen Nachteile. Durch das Vorbild einer willensstarken Persönlichkeit, durch patriarchalische Zucht und durch gediegenen Unterricht (Missionslehre) war J. Erzieher einer Generation von Missionaren.

J.HESSE, J.J., ein Lebensbild, 1895 - W.SCHLATTER, Gesch. der Basler Mission I. II, 1916 - RE XXIII, 701ff - W.OEHLER, Gesch. der dt. ev. Mission I, 1949, 172ff. 296ff. *H.Dürr*

Joseph, 1. *Patriarch.* a) Innerhalb der J.serzählung, genauer gesagt der Erzählung von »J. und seinen Brüdern« (Gen 37; 39-50) ist der → Jakobsegen (49) ein Einschub, und die jetzt verzahnte Segnung der J.ssöhne Ephraim und Manasse durch → Jakob (48) nimmt mit ihrer stammesgeschichtlichen Orientierung eine - letztlich nach Palästina weisende - Sonderstellung ein. Anders als die zu Sagenkränzen (→ Sagen: II) zusammengefaßten Vätergeschichten handelt es sich bei der J.serzählung um eine durchkomponierte *Novelle,* in der alles planvoll miteinander verknüpft ist (47, 13ff hätte freilich unmittelbar nach 41 ,55 einen besseren Platz). Die Darstellung ist mit der äußeren und inneren (!) Bewegtheit der Szenen und der zur Steigerung angewandten Wiederholung der Motive (Träume; Begegnung mit den Brüdern) von einer hohen Erzählkunst. Unverkennbar ist die Aufnahme von Motiven des → Märchens (: II); zu 39, 1-23 vgl. AOT 69ff; ANET 23ff. Dies und gewisse Unebenheiten im Ablauf (eigentlich *müßte* J. der jüngste Sohn sein u.a.m.) haben Gunkel und Greßmann nach einer Urform fragen lassen; doch bleibt hier vieles fraglich. Die politischen Aussagen des Idrimi von → Alalach (BASOR 118, 1950, 11-20) zeigen nur in (anders orientierten!) Einzelheiten zufällige Berührungen. Keinesfalls darf man annehmen, daß eine anonyme oder von einer anderen Hauptperson handelnde Erzählung erst sekundär auf »J. und seine Brüder« übertragen wurde (so Gunkel in RGG² III, 374f). - Sowohl der → Jahwist als auch der → Elohist (Musterbeispiel für den Redaktor sind c. 37 und 42f; die → Priesterschrift ist nur am Rande beteiligt) haben die Erzählung gleichartig tradiert, sie muß also älter als beide sein und könnte schon in der Ära Sauls umgelaufen sein. Andererseits nennt und kennt die Credo-Stufe beim Thema »Ägypten« (vgl. u.a. Jos 24, 4) nur »Jakob und seine Söhne« (Noth). - Die religiöse Grundkonzeption der Erzählung sieht in Jahwe den verborgenen Helfer, der durch menschliche Irrungen hindurch alles zum Besten lenkt (45, 5ff; 50, 20; beachtlich das Fehlen von Theophanie und Gottesrede). Nicht nur hierin nimmt die J.serzählung in der → Genesis eine Sonderstellung ein, sondern auch in ihrer der älteren → Weisheit parallel laufenden didaktischen Tendenz (v.Rad). Der sich bewährende Charakter J.s, seine Redekunst, Klugheit und Gottesfurcht sind zugleich Leitbilder der Erziehung: Ob einer arm geboren wurde, ja auch aus dem Gefängnis heraus (Pred 4, 13ff: Anspielung auf J.?), kann er - Deo volente - zum Minister aufsteigen! - Die Kenntnis der ägyptischen Verhältnisse in hohen Kreisen und bei Hofe (42, 23; 43, 32; 41, 42ff; vgl. AOB 188f) sowie der Sozialstruktur des Landes (47, 13-26) ist aus den Beziehungen der Weisheitskreise verständlich (die ägyptischen Namensformen weisen nach Albright auf das 12./10.Jh.). Ein »historischer« Ansatz des hebräischen Wesirs J. wird weder durch die → Hyksos-Deutung des Josephus noch durch die → Amarna-Situation (anders Rowley) legitimiert; es ist schwerlich Zufall, daß die J.serzählung weder den amtierenden Pharao noch dessen Residenz zu benennen weiß (der unzweifelhaft geschichtliche Aufenthalt »Israels« in Ägypten muß unabhängig von J. [und auch dem »Hause J.«] datiert und interpretiert werden). - Bemerklich ist die auch in Dtn 23, 8 (vgl. Festschrift Bertholet, 1950, 183-186) begegnende ägyptenfreundliche Einstellung der Erzählung: Protektion der Einwanderung und Ehrengeleit der Leiche Jakobs, Heirat von → Joseph und Aseneth; umgekehrt hilft J. dem Lande durch seine klugen Maßnahmen (47, 13ff; der ätiologische Hintergrund ist nicht mit dem Skopus identisch!). Im traditionellen Aspekt von Ägypten als dem »Haus der Knechtschaft« zu sprechen war nur möglich, wenn man dessen neuen Pharao damit kennzeichnete, daß er »von J. nichts wußte« (Ex 1, 18).

b) J. ist, wie der → Jakobsegen bes. deutlich zeigt, Eponym einer in Mittelpalästina ansässigen Stämmegruppe (→ Stämme Israels); sein Grab sucht man bei Sichem (50, 25; Jos 24, 32), sein Haftort ist vielleicht das »machiritische« Dotan (37, 17). Die Kennzeichnung J.s als des »Geweihten unter seinen Brüdern« (Gen 49, 26) zielt wohl auf Sauls Kriege. Mittelpalästina ist das Wohngebiet des zu umstrittener Zeit dorthin gekommenen »Hauses« J. (Ri 1, 22f. 35; Jos 17, 14ff; 1Kön 11, 28; Täubler versteht das ri'šôn l^ekāl bêt jôsep in 2Sam 19, 21 als »früher denn das Haus J.«). Mehrfach dient der Terminus auch für das Nordreich (Am 6, 6; Ps 80, 2; Ez 37, 16. 19; Sach 10, 8), in poetischer Wendung kann er sogar ganz Israel bezeichnen (Ps 77, 16; 81, 6; Ob 18).

c) Die J.serzählung hat mit ihren lebendigen Szenen die christliche Kunst immer angezogen (vgl. u.a. Bilder und Radierungen von → Rembrandt). Neben J.s-Dramen des 16.Jh.s existiert ein Roman von → Grimmelshausen (1667) und ein vierteiliges Werk von Thomas → Mann (1934-43). Von → Händel wurde 1743 ein Oratorium »J.« geschrieben; R.Strauß komponierte 1914 die »J.s-Legende«.

Zu 1 a. b: Außer den Kommentaren zur → Genesis u. den Darstellungen der Gesch. → Israels: H.GUNKEL, Die Komposition der J.s-Geschichten (ZDMG 76, 1922, 55-71) - H.GRESSMANN, Ursprung u. Entwicklung der J.s-Sage (Eucharisterion für Gunkel I, 1923, 1-55) - NOTH, ÜPent 226ff - H.H.ROWLEY, From J. to Joshua, London 1950, bes. 117ff - G.V.RAD, J.sgesch. u. ältere Chokma (VT Suppl. 1, 1953, 120-127) - CH.T.FRITSCH, God was with him. A theol. study of the J. narrative (Interpretation 9, 1955, 21-34) - W.F.ALBRIGHT, Recent discoveries in Bible lands, New York 1955, 77f; dt.: Die Bibel im Licht der Altertumsforschung, 1957, 86f - J.M.A.JANNSEN, Egyptian Remarks on the Story of J. (Ex Oriente Lux 14, 1955/56, 63-72) - S.MOWINCKEL, »Rahelstämme« u. »Leastämme« (BZAW 77, 1958, 129-150) - E.TÄUBLER, Biblische Studien. Die Epoche der Richter, 1958, 176ff. - Zu 1c: A.V.WEILEN, Der ägypt. J. im Drama des 16.Jh.s, 1887 - H.PRIEBATSCH, Die J.sgesch. in der Weltlit. (Diss. Breslau), 1937. *K.Galling*

2. a) Der als *Vater Jesu* genannte J. wohnte nach Lukas in Nazareth in Galiläa (Lk 1, 26; 2, 4. 39; vgl. Joh 1, 45). Nach Mt 2, 22f wohnte er zuerst in Bethlehem und ließ sich erst nach der Rückkehr aus Ägypten in Nazareth nieder. An weiteren Kindern neben → Jesus werden vier Söhne und eine Anzahl von Töchtern genannt (Mk 6, 3 par). Der Beruf J.s – und nach den besseren Textzeugen von Mk 6, 3 auch derjenige Jesu – war der eines τέκτων (Mt 13, 55). Damit ist gewiß der Holz verarbeitende Zimmermann und kaum der mit Holz und Steinen hantierende Bauhandwerker im allgemeineren Sinne gemeint. Die Evangelisten lassen J. (im Unterschied zu → Maria) außerhalb der Kindheitsgeschichten nicht mehr auftreten, was auf seinen frühen Tod schließen läßt. Die entscheidende Bedeutung seiner Gestalt liegt darin, daß Jesus durch ihn als der Messias aus dem Geschlecht Davids ausgewiesen werden soll (Mt 1, 20; Lk 1, 27; 2, 4). Vor allem ist dies in den sog. Stammtafeln der Fall, deren verschiedene Traditionen über die jüngsten Vorfahren J.s nicht in Einklang zu bringen sind (vgl. Mt 1, 15f mit Lk 3, 23f). Auch der Ausgleich des Legendenkranzes um die → Jungfrauengeburt (: I) mit den auf J. auslaufenden Stammtafeln hat den Redaktoren Matthäus und Lukas sowie der späteren Textüberlieferung Schwierigkeiten bereitet (Mt 1, 16; Lk 3, 23. 33). Im JohEv unterstreicht die Bezeichnung Jesu als Sohn J.s (Joh 1, 45; 6, 42) die ärgerniserregende irdische Herkunft des Fleisch gewordenen Gottessohnes und drückt somit eine antidoketische Tendenz aus.

Außer den Kommentaren zu den → Evangelien: H. Gressmann, Das Weihnachtsevangelium, 1914 – E. Lohmeyer, Gottesknecht und Davidssohn, 1945 – U. Holzmeister, De S. J. quaestiones biblicae, Rom 1945. *Chr. Maurer*

b) Auf den Bildwerken der *altchristlichen* Zeit wurde J. – niemals allein, sondern immer zusammen mit Maria und dem Kind – als Mann in jugendlichem Alter dargestellt. Als Attribute wurden ihm entweder ein Wanderstab (Teilnehmer der Flucht) oder ein Beil, Säge o.ä. (Handwerker) beigegeben. Seit dem 5./6. Jh. wird J. als bärtiger (oder auch kahlköpfiger) alter Mann (oder Greis) dargestellt. Diese Darstellungsform blieb bis ins MA hinein in Geltung, wurde aber in der neueren abendländischen Tradition durch die Vorstellung vom im rüstigen Mannesalter stehenden Verlobten der Herrenmutter verdrängt. – Die apokryphen Evangelien (Protev, Pseudo-Matthäus-Evangelium, Buch der Abstammung Marias) spinnen die Andeutungen der kanonischen Evangelien weiter aus, bringen aber verworrene und widerspruchsvolle Züge in das J.sbild. Bei den Kirchenvätern findet sich J. gelegentlich erwähnt (bes. im Zusammenhang mit der → »Josephsehe«). Der Ursprung des J.skultes dürfte in der ägyptischen Kirche zu suchen sein, in der die Schrift »von J. dem Zimmermann« (4./5. Jh.) entstanden ist. Das Lebensende des J. wurde hier – im Anschluß an altägyptische Elemente – phantasievoll ausgestaltet. Bei dieser Erzählung dürfte es sich um eine Art Propagandaschrift für ein J.sfest handeln, das aber nicht als Umdeutung eines altägyptischen Festes der Nilschwelle betrachtet werden kann. – In der griechischen Kirche gab es kein eigenes J.sfest, sondern nur ein Gedenken am Sonntag nach Weihnachten. Das abendländische J.sfest am 19. März scheint auf einen Schreibfehler (Josephus statt des Joserus der älteren → Martyrologien) zurückzugehen (J. zuerst erwähnt im Martyrologium von Reichenau um 850). Die scholastische Theologie nahm an J. steigendes Interesse: → Rupert von Deutz, → Bernhard von Clairvaux, später → Gerson, d'Ailly (→ Petrus, 1) und → Bernhardin von Siena. Die apokryphen Züge lebten in der → Mariendichtung, im → Passional und in den → Weihnachtsspielen weiter fort bzw. wieder auf. 1479 erschien das J.sfest im Breviarium Romanum, 1621 wurde es durch Gregor XV. zum gebotenen Feiertag erhoben. Dadurch erhielt der J.skult neben der → Marienverehrung eine selbständige Stellung und wurde Gemeingut des röm.-kath. Volkes. J. wurde zum Patron vieler Länder, Ordenskongregationen, Bruderschaften und Vereine erhoben (→ Joseph, Orden). Am 8.12.1870 erklärte ihn Pius IX. zum Schutzpatron der ganzen Kirche; am 1.5.1955 bestimmte Pius XII. den 1. Mai zum Fest des hl. J. des Handwerkers. Kirchlich anerkannt wurden die Litanei (1909) und die Präfation (1919) vom hl. J., die Andacht zu J.s Herzen dagegen verboten. Innerhalb der röm.-kath. Kirche versuchte die liturgische Bewegung, den J.skult wieder mehr ins liturgische Ganze einzuordnen, während die offizielle Kirche eher zu einer weiteren Förderung des J.skultes neigt. In der pseudowissenschaftlich-volkstümlichen J.sliteratur wurden selten die Grenzen des guten Geschmacks und der theologischen Vertretbarkeit eingehalten.

O. Pfülf, Die Verehrung des hl. J. in der Gesch. (StML 38, 1890, 137–161. 282–302) – RE IX, 361ff – J. Seitz, Die Verehrung des hl. J. in ihrer geschichtl. Entwicklung bis zum Konzil von Trient, 1908 – LThK V, 564f (Lit.) – DThC VIII, 1510ff (Lit.) – DACL VII, 2656ff (Lit.) – S. Morenz, Die Gesch. von J. dem Zimmermann (TU 56), 1951 (Übers. mit ausführl. Kommentar) – H. Engberding, Der Nil in der liturg. Frömmigkeit des Christl. Ostens (OrChr 37, 1953, 56–88) – H. Rondet, J. v. Nazareth, 1956. *E. Hammerschmidt*

Joseph II. (13.3.1741 bis 20.2.1790), Deutscher Kaiser, Sohn Franz I. (von Lothringen), 1764 zum röm. König gewählt, seit 1765 Kaiser, zunächst Mitregent seiner Mutter Maria Theresia in den österreichischen und böhmischen Ländern, seit Nov. 1780 Alleinherrscher. J. faßte in seinen Grundanschauungen die religiösen, politischen, sozialen und wirtschaftlichen (Merkantilismus, Kameralismus) Ideen der Aufklärungszeit zusammen und suchte sie schrittweise, später überstürzt in einer Reformpolitik durchzusetzen, die, vielfach zum Scheitern verurteilt, dennoch aus → Österreich einen modernen Staat machte, ihm für ein Jh. Großmachtstellung schuf und bei dem nicht aufzuhaltenden Verfall das Deutsche Reich vor gewaltsamem Umsturz bewahrte. J.s Außenpolitik zielte auf Ausdehnung und Abrundung der habsburgischen Hausmacht, unterschätzte aber den deutschen Föderalismus (Fürstenbund), die Stärke der Rivalität Preußens, die politische Stabilität Frankreichs, vor allem die Mängel der eigenen militärischen Möglichkeiten (Türkenkrieg, 1787f) und hatte am Bündnis mit Katharina II. zu wenig Halt. Das bayerisch-niederländische Tauschprojekt mußte so schließlich aufgegeben werden; ebenso der Abtausch der Toskana gegen Württemberg und die Rückforderung des Thurgaus. Neben Gebietserwerbungen bei der Teilung → Polens 1772 brachte der Bayer. Erbfolgekrieg 1778/79 nur noch das Innviertel ein. Die werdende Donaumonarchie suchte J. durch den Aufbau eines zentralistischen, bürgerlichen deutschen Beamtenapparats als Einheitsstaat zu gestalten (Vereinigte Hofkanzlei), stieß aber auf heftigen Widerstand in Ungarn, dem er 1790 bis auf Toleranzpatent und Bauernbefreiung nachgeben und die Stephanskrone aus Wien zurücksenden mußte. Zum Reformwerk gehört auch ein klarer Instanzenzug im Gerichtswesen, ein neues Allg. Gesetzbuch (1786/1811) und eine Strafrechtsreform (Josephina, 1788). In den Dienst seiner österreichischen und seiner Reichspolitik stellte J. die Nationalkirchliche Idee zusammen mit religionspolitischen und sozialen Reformen. Ziel war ein von allen »Äußerlichkeiten« gereinigtes Christentum um Meßopfer und Nächstenliebe mit stark rationalistischem, utilitaristischnaturrechtlichem Grundzug. So sollte eine harmonische Ordnung der Welt der Menschheit Fortschritt und Glück im Rahmen umgreifender staatlicher Bevormundung des gesamten kulturellen und wirtschaftlichen Lebens verschaffen. J.s Ratgeber, Fürst W.A.D.Kaunitz († 1794), Hauptverfechter des Gedankens der Staatsräson und der habsburgischen Vorherrschaft, aber auch der Zurückdrängung feudaler Gewalten und der Bauernbefreiung, vor allem der Toleranzidee (→ Toleranz: II), jedoch stark französischer Kultur zugewandt, verlor später an Einfluß. Überzeugt von der Notwendigkeit eines aufgeklärten Absolutismus bestimmt J. seine politische Linie selbst, die als ausgestalteter → Josephinismus lange über seinen Tod hinaus nicht nur für Österreich bestimmende Bedeutung gewann. Kirchenpolitisches Programm, und zwar in Verbindung mit verständiger Bemühung um bessere kirchliche und seelsorgerliche Betreuung (Neuordnung der österreichischen Landeskirche, »Religionsfonds« aus geistlichem Vermögen samt konfisziertem Klostergut zu staatlicher Verwaltung der kirchlichen und Besoldungsbedürfnisse), für Hebung der theologischen Bildung (staatliche Generalseminarien statt bischöflicher Anstalten, im Rahmen allgemeiner, die 7jährige Schulpflicht einschließender Unterrichts- und Studienreform, deren Besuch auch Bedingung für den Ordenseintritt war), für Beseitigung der Auswüchse der Volksfrömmigkeit (was stärksten Widerstand wachrief) und für konfessionelle Befriedung der durch die → Gegenreformation abgewirtschafteten Erblande, war ein febronianistisches Staatskirchentum (→ Febronianismus). Die Erblande sollten von ausländischen Bischöfen und Ordensoberen gelöst und die päpstliche Macht beschränkt werden (Beseitigung des kurialen Dispensrechtes, der → Exemtionen, Einführung des → Plazet, Kontrolle des Verkehrs mit Rom). → Pius VI., der 1782 J. in Wien aufsuchte, und der Nuntius → Garampi konnten hier nur wenige Zugeständnisse erreichen. In Österreich sind → Jansenismus und febronianistische Ideen auch an der inneren Umgestaltung des Katholizismus (Gottesdienstordnung von 1783 mit Betonung der Predigt usw) beteiligt, während in den Niederlanden, in Belgien und in Ungarn dagegen Aufstände drohten. Kirchen- und sozialpolitische Maßnahmen (Bauernbefreiung, Förderung des Bildungs- und Gesundheitswesens, gesetzliche Regelung der Kinderarbeit, Gewerbeförderung durch Lokkerung der Zunftverfassung und durch Schutzzölle, Siedlungspolitik) vereinigen sich im »Klostersturm«, der Aufhebung aller Orden (rd 400 Klöster), die nicht der Krankenpflege und Erziehung dienten. Das Toleranzpatent vom selben Jahr (13.10.1781) gewährte den »Akatholiken« neben der »dominanten« römischen Religion, also den Protestanten, und den Angehörigen des orth.-anatolischen Glaubens ein »privatum religionis exercitium« und unter besonderen Voraussetzungen die Errichtung von Bethäusern (ohne Turm, Glocken und öffentlichen Eingang) und Schulen sowie den Erwerb der Bürgerrechte, akademischer Grade, von Grundbesitz und gewerblicher Selbständigkeit.

An seinem Reformwerk war J. intensiv beteiligt sowohl durch Studienreisen ins Ausland wie durch inkognito (als Graf von Falkenstein) durchgeführte Inspektionsreisen. Nach dem Tod seiner geliebten Gemahlin Isabella von Parma (1763), seines einzigen Kindes und nach der Erlösung aus seiner 2., rein politischen Ehe mit Maria Josepha von Bayern († 1767, Tochter Karls VII.) war J. ein tief einsamer Mann, an dem Zeitgenossen das »Herz« vermißten, der ausschließlich seinem Staatsaufbau lebte. Zu Kunst und Philosophie hatte er kein Verhältnis. Er war ein Staatsmann von hohen Fähigkeiten (aber kein Feldherr), dessen Beurteilung noch heute zwischen dem Bild des Befreiers und Volksfreundes einerseits, des starren Despoten andererseits schwankt. J. gehört zu den großen Pionieren eines modernen staatlichen und sozialen Lebens, der erneut Österreich mit Deutschland und Europa verbunden hat und seinen Erblanden auch unter seinen Nachfolgern Leopold II. und Franz II. eine führende politische Stellung gewann.

Eine zureichende Biogr. fehlt. - Korrespondenz: DAHLMANN-WAITZ, Quellenkunde der dt. Gesch., 1932⁹, 11798/99. - A.J.GROSS-HOFFINGER, Leben u. Regierung J.s II., 4 Bde, 1835-37; 1847²: Gesch. J.s II. - O.LORENZ, J. II. u. d. belg. Revolution, 1862 - G. WOLF, Das Unterrichtswesen in Österreich unter Kaiser J. II., 1880 - G.FRANK, Das Toleranzpatent Kaiser J.s II., 1882 - J.F.BRIGHT, J. II., London 1897 - H.SCHLITTER, Die Regierung J.s II. in d. österr. Niederlanden I, 1900 - RE IX, 365ff (K.MÜLLER) - O.CRISTE, Kriege unter Kaiser J. II., 1904 - H.FRANZ, Studien zur kirchl. Reform J.s II., 1908 - P.v.MITROFANOW, J. II., seine polit. u. kulturelle Tätigkeit, 2 Bde, 1910 (russ., dt. v. V.v.DEMELIC) - G.HOLZKNECHT, Ursprung u. Herkunft d. Reformideen J.s auf kirchl. Gebiet, 1914 - Biogr. WB zur dt. Gesch. (H.RÖSSLER-G.FRANZ), 1952, 410ff - G.MECENSEFFY, Gesch. d. Protestantismus in Österreich, 1956, 209ff. *Ernst Wolf*

Joseph ben Gorion, ein Patrizier in Jerusalem zZ des großen Aufstandes gegen die Römer (66 nChr), stand neben dem Hohenpriester Anan an der Spitze der Freiheitsregierung und wurde i.J. 68 hingerichtet. Die jüdische Überlieferung verwechselt ihn später mit → Josephus und schreibt ihm fälschlicherweise die Autorschaft des Buches »Josippon« zu, eine volkstümliche Geschichte der Juden von 539 vChr bis 70 nChr, die nach S.Zeitlin aus dem 5. oder 6.Jh. stammt und in verschiedenen Versionen überliefert ist.

EJud IX, 425 (Lit.) - M.KAMIL, Des J.b.G. (Josippon) Gesch. der Juden (zēnā ayhūd), 1938. *E.L.Rapp*

Joseph Bryennios (ca 1350 bis ca 1431), byzantinischer Polemiker, vertrat den byzantinischen Patriarchen als Reformator und Visitator bes. auf den Inseln Kreta und Cypern. In zahlreichen Schriften wandte er sich gegen lateinerfreundliche Strömungen. Die Sammlung seiner Missionspredigten auf Kreta ist eines der wichtigsten Kulturdokumente für das innere Leben der orth. Christen zu Beginn des 15.Jh.s. Dazu kommt eine aufschlußreiche Briefsammlung.

GA hg.v. E. → BULGARIS, 3 Bde, 1768-84. - Über J.B.: N.B. TOMADAKIS, J.B. u. Kreta um 1400, Athen 1947 (neugriech.) - R.J. LOENERTZ, Pour la chronologie des œuvres de J.B. (REByz 7, 1949, 12-32) - DHGE X, 993ff. *H.-G.Beck*

Joseph und Aseneth. Nach Gen 41, 45 gab der ägyptische König Asnath, die Tochter des ägyptischen Priesters Potiphera, seinem Wesir → Joseph zum Weibe. Im Anschluß an diese Notiz entstanden im Judentum zahlreiche Legenden über J.u.A., die auch in christlichen Kreisen weiter entfaltet wurden. Der Anstoß, daß J. eine Heidin heiratete, wurde in den Legenden dadurch beseitigt, daß man von deren Bekehrung erzählte. In einem auf jüdischer Grundlage beruhenden christlich-gnostischen Roman heißt es, daß J. die Heidin A. erst heiratete, nachdem diese von einem Engel himmlische Speise in Gestalt einer Honigwabe erhalten hatte und durch deren Genuß unsterblich geworden war.

P.BATTIFOL, Studia Patristica, fasc. 1/2, Paris 1889/90 - SCHÜRER III, 399ff - JewEnc II, 172ff - E.W.BROOKS, J. and A., London-New York 1918 - C.LUCERNA, Asseneth, 1921 - RIESSLER 497ff - UJE I, 536f. *E.Lohse*

Joseph *von Volokolamsk* → Iosif.

Joseph, *Orden vom Hl. J.* Der hl. → Joseph ist Patron vieler kath. Ordenskongregationen, Bruderschaften, Gesellschaften und Vereine, bes. der Handwerker und Arbeiter.

1. *Männliche Orden und Kongregationen:* a) *Söhne des hl.J. (Josephiten),* 1817 in Grammont (belgische Prov. Ostflandern) als Priestergenossenschaft zum Zweck der geistlichen Leitung von Unterrichtsanstalten gestiftet; das Mutterhaus befindet sich in Velm (belgische Prov. Limburg). Die Satzungen wurden 1930 endgültig genehmigt. - b) *Brüder vom hl.J.,* 1864 auf Ceylon zur Katechese gestiftet. - c) *St.J.-Brüder,* 1865 in Kleinzimmern (Kr. Dieberg, Hessen) durch → Ketteler zur Leitung einer Erziehungsanstalt errichtet. - d) *Missionare vom hl. J. (Josefinos Misionéros),* 1872 für Volksmission, Erziehung und Exerzitien in Mexiko gegründet und 1903 als Genossenschaft von Priestern und Laienbrüdern päpstlich bestätigt. - e) *Brüder vom hl.J.,* Franziskaner-Tertiaren, 1873 in Heerlen (Niederlande, Limburg) als »Brüder Pius' IX.« errichtet mit Anstalten für Nervenleidende und andere Kranke. - f) *Oblaten des hl.J.von Asti (I Giuseppini d'Asti),* 1879 in Asti (Prov. Alessandria, Oberitalien) gestiftet; die Konstitution wurde 1929 bestätigt. - g) *Brüder vom hl.J.,* 1921 zur Katechese auf Madagaskar errichtet. - Untergegangen sind die *J.sbrüder von Lyon,* 1835 zur Rettung verwahrloster Jugendlicher in Oullins (Dep. Rhône) gegründet und seit 1848 bzw. 1888 nicht mehr bestehend, ferner die *Einheimischen J.sbrüder* in China (1857 errichtet, 1878 aufgehoben).

2. Von den *weiblichen Orden und Kongregationen* seien erwähnt: a) *Hospitaliterinnen des hl.J. von Bordeaux,* 1638 von Maria Delpesch de l'Estang gegründet. Die Genossenschaft breitete sich rasch über Frankreich aus. 1658 wurde das in La Rochelle bestehende Haus Ausgangspunkt der Ordensstiftung b) der *Hospitaliterinnen vom hl.J., genannt von der Vorsehung (Sœurs de St.-J. de la Providence).* - c) *Hospitaliterinnen des hl.J. von La Fléche* (Anjou), 1642 von Marie de la Fére ins Leben gerufen und seit 1666 Orden; die Ordenssatzungen enthalten als viertes Gelübde die Armenpflege. - d) *Schwestern vom hl. J. von Le Puy-en-Velay* (Dep. Haute Loire), 1650 durch den Jesuiten Jean-Pierre Médaille und Bischof Henry de Maupas du Tour als Kongregation für den Dienst in Spitälern und für die Erziehung der weiblichen Jugend ins Leben gerufen. Die namentlich in Waisenhäusern, Haushaltungsschulen, Rettungsanstalten und Mädchenschulen tätige Kongregation hat mehrere selbständige Zweige: α) *J.sschwestern von Chambéry* (Dep. Savoie), hervorgegangen aus den nach der französischen Revolution von Erzbischof Joseph Kardinal Fesch in Lyon zusammengefaßten Schwestern, mit zahlreichen Niederlassungen auch in Italien, den USA, Skandinavien, bes. in Dänemark und Norwegen; in Deutschland (St. Josefs-Missions-Schwestern) besteht eine Niederlassung in Albachten (Kr. Münster/W.) mit ca 200 im Ausland tätigen Schwestern; β) *Schwestern vom hl.J. von St.-Jean de Maurienne* (Dep. Savoie), 1821; γ) *J.sschwestern von Bourg-en-Bresse (Les Sœurs de Saint J. de Bourg),* 1819; δ) *Schwestern des hl.J. vom → Guten Hirten* (, 3); u.a.m. 50 dieser heute bestehenden J.sgenossenschaften, die alle auf die Gründung der Schwestern von Puy zurückgehen, streben eine Wiedervereinigung an, zu deren Vorbereitung 1947 die Gebetsgemeinschaft *Römische Union der J.sschwestern* gebildet wurde. - e) *Barmherzige Schwestern vom hl. J. von Emmitsburg* (Maryland, USA; *Mother Seton Sisters of Charity*), 1809 von der Konvertitin Elisabeth Bailey Seton mit Tracht und Regel der → Vinzentinerinnen gegründet und 1850 deren Mutterhaus in Paris angeschlossen. - f) *Schwestern vom hl.J. von Cluny* (Dep. Saône-et-Loire; *Sœurs des St.-J. de Cluny*), 1806 durch Anna Maria Javouhey (1779-1851) ins Leben gerufen und 1819 als Genossenschaft errichtet mit weltweiter Missionstätigkeit in Übersee, bes. in fast allen französischen Besitzungen. Das Mutterhaus mit dem Noviziat ist in Paris, Niederlassungen bestehen in Italien (Suore di San Giuseppe di Cluny), Portugal (Congregação das Irmãs de S.José de Cluny), Spanien, in der Schweiz, England, Irland und anderen Ländern. - g) Die *J.sschwestern von der Erscheinung* oder *von Albi,* 1830 in Gailhac (Dep. Tarn) im Bistum Albi zur Pflege von Hilfsbedürftigen errichtet (Mutterhaus in Marseille), arbeiten bes. im Vorderen Orient. - h) *J.sschwestern vom Heiligsten Herzen,* 1866 in Südaustralien mit Konstitutionen nach dem Vorbild der → Jesuiten für Katechismusunterricht, Caritas und Pfarrhilfe gegründet, 1888 päpstlich approbiert; Mutterhäuser bestehen in Sydney und Perthville. - i) *Schwestern vom hl.J.* in Trier, 1891 für soziale Aufgaben als Frauenkongregation des Dritten Ordens der Franziskaner (→ Franziskanerinnen) entstanden. Die 1929 bestätigten Regeln sind der Societas Jesu entlehnt. Sie geben der Genossenschaft von Ignatius her ein Gepräge, wie es so spezifisch sonst in Deutschland noch bei den → Englischen Fräulein, den Töchtern vom → Herzen Mariä, Sacré-Cœur-Schwestern und Schwestern Unserer Lieben Frau vorhanden ist. - k) Ebenfalls eine Frauenkongregation des Dritten Ordens der Franziskaner ist die *St.J.-Kongregation von Ursberg* (Krumbach/Schwaben) in dem früheren Prämonstratenserstift, 1897 von Dominikus → Ringeisen zur Pflege von Blinden, Taubstummen, Epileptikern und Krüppeln gestiftet mit heute nahezu 1000 Profeßschwestern und Novizen. - l) *Caritasschwestern vom hl.J.,* 1928 entstanden mit dem Mutterhaus in Höngen bei Geilenkirchen (Aachen). - Insgesamt bestehen mehr als 130 Kongregationen von J.sschwestern oder weibliche Genossenschaften vom hl.J. (Arme Schwestern, Dienerinnen, Missionsschwestern, Töchter vom hl.J.). - Ferner gibt es Erzbruderschaften sowie religiöse Vereinigungen vom hl.J., u.a. den St.J.s-Missionsverein in Köln-Bayenthal, 1862 zur Seelsorge an den kath. Deutschen im europäischen Auslande gestiftet. Vgl. auch → St.Josephsgesellschaft für auswärtige Mission.

Zu 1a-g: RE IX, 364f - HEIMBUCHER II, 447. 453. 428. 21. 419. 450 - LThK V, 565f - ESCOBAR II, 1266f - EC VI, 823; VIII, 1100; IX, 31. - Zu 2a-l: RE IX, 365 - HEIMBUCHER I, 653; II, 495. 24. 492f. 511f. 497f. 467. 510f. 27f. 30 - A.BOIS, Les Sœurs de Saint-J., Filles du Petit Dessein (de 1648 à 1949), 1950 - H.FASSBINDER, Mutter Gertrud, Gründerin der Schwestern vom hl. J. von Trier, 1954 - EC XI, 1560 ff.

W.Göbell

Josephinismus bezeichnet weniger ein System als vielmehr die Praxis eines in den österreichischen Ländern Habsburgs schon früh angestrebten, unter Maria Theresia ausgeweiteten und von → Joseph II. vollendeten absolutistischen Staatskirchentums zur Überwindung innerstaatlicher Spannungen. Es handelt sich um eine sowohl kirchen- und staatspolitische wie auch religiös-geistige Haltung, die die österreichische Politik bis 1867 fast durchgängig, darüber hinaus mit einzelnen Momenten bis zur Gegenwart bestimmt und auch über Österreich hinaus gewirkt hat. Man wird den J. nicht, wie es einseitige kath.-kirchenrechtliche Beurteilung übt, als Extrem zersetzender Aufklärung auf → Macchiavelli und → Rousseau zurückführen dürfen, sondern seinen konservativ-reformerischen Zug zu beachten haben. Im Hintergrund steht das in den österreichischen Ländern frühzeitig einsetzende Streben nach → landesherrlichem Kirchenregiment, das 1445 unter Friedrich III. seine Höhe erreichte und in der österreichischen Gegenreformation (Ferdinand II. und III.) weiterhin gekräftigt wurde. Auch Leopold I. und Karl VI. griffen so gelegentlich in innerkirchliche Verhältnisse ein. Hinzu kommen im 18.Jh. Geheimprotestantismus, vor allem kath. Aufklärung bei den Benediktinern und Piaristen, jansenistischer → Reformkatholizismus, der seinen Mittelpunkt in Prag im Kreis um Seibt hatte, Ideen des → Febronianismus, auch von Ordens- und Weltgeistlichkeit aufgenommen. Das alles führt zu einer Wendung gegen die Mißbräuche barocker Frömmigkeit und die herkömmliche Vorstellung von geistlichen, vor allem päpstlichen Rechten. Maria Theresias einflußreicher Leibarzt van Swieten († 1772), später auch sein Sohn, und Fürst Kaunitz suchen von da aus den Klerus ebenso wie die feudalen Zwischengewalten zwischen Dynastie und Volk mit naturrechtlichen Gründen zugunsten eines staatskirchlichen → Territorialismus (→ Pufendorf, → Thomasius) auszuschalten, das jesuitische Bildungsmonopol zu brechen, kirchliche Mißstände in einer Reduktion des Christentums auf Meßopfer und Nächstenliebe (im Anschluß an Schriften → Muratoris) abzustellen. 1769 wurde als oberste staatskirchliche Behörde die geistliche Hofkommission errichtet, 1773 der → Jesuiten-Orden aufgehoben. Joseph II. vollendete den theresianischen Reformkatholizismus durch Vermehrung der Pfarreien, Errichtung von Armen- und Krankenhäusern, Neugliederung der Landeskirche, Errichtung von Generalseminarien im Zusammenhang einer Verstaatlichung des Schulwesens, Bildung des »Religionsfonds«, Aufhebung nicht sozial tätiger Klöster und durch seine Toleranzgesetzgebung. Er gliederte die Kirche völlig in das staatliche Wohlfahrtsprogramm ein, indem er sie zugleich ausländischen Einflüssen entzog, wehrte aber auflösende Tendenzen der Aufklärung ebenso ab wie febronianistische Verselbständigungsversuche des eigenen hohen Klerus (→ Emser Kongreß). Zusammen mit größerer Freiheit für Bürger- und Bauerntum wirkte das in den konfessionell und national vielschichtigen habsburgischen Ländern vereinheitlichend. Das neue Beamtentum wurde zum Träger dieses J., den auch führende kirchliche Männer (Abt → Rautenstrauch u.a.) begrüßten. Josephs Nachfolger haben unter dem Eindruck der französischen Revolution den J. zwar etwas eingeschränkt, aber grundsätzlich beibehalten. Im Allgemeinen Bürgerlichen Gesetzbuch (1811) setzte er sich auch im Zivilrecht durch. Der J. wurde so zur geistigen Grundlage des dynastischen Einheitsstaates, dem sich freilich der ständische Nationalismus der Tschechen und Magyaren entgegenstellte. Nach 1848 gewann der J. in einem neuen Absolutismus wieder an Kraft gegenüber liberalistisch-nationalistischen Tendenzen. Das Konkordat von 1855 nahm ihm aber durch Freistellung des Klerus viel von seiner politischen Wirkung. Gleichwohl holte man sich in → Österreich auch nach dem Zusammenbruch der Donaumonarchie (1918) aus seinem Erbe staatskirchliche Prinzipien, während die mit ihm verbundene religiöse Verflachung zusammen mit den staatskirchlichen Ideen den → Nationalsozialismus Hitlers geistig mitbestimmte. In der modernen Problematik des Verhältnisses von → Kirche und Staat stellt der J. einen geschichtlich sehr wirksamen Versuch des Zusammenschlusses auseinanderstrebender Kräfte religiöser, kultureller und nationaler Art dar. - Ähnliche Reformen wie Joseph II. führte sein Bruder Leopold II., Großherzog von Toskana, im Verein mit Bischof → Ricci (, 2; Synode von Pistoja, 1786) durch. Sie hielten sich trotz päpstlicher Verurteilung (Pius VI., Auctorem fidei, 1794).

Qu.: F.Maass, Der J. Qu. zu seiner Gesch. in Österreich 1720-90, 3 Bde (Fontes rerum Austriac. II, 71-73), 1951-56; Bd IV: Der Spät-J. 1790-1850 (Fontes II, 74), 1957. - E.Winter, Der J. u. seine Gesch., 1943 (geistesgeschichtlich) - F.Valjavec, Der J., (1944) 1945² (politisch-weltanschaulich) - Sach-WB zur dt. Gesch. (H.Rössler-G.Franz), 1958, 466ff.

Ernst Wolf

Josephsehe, in der kath. Aszetik eine Ehe, bei deren Abschluß die Ehegatten sich verabreden, gemäß dem Vorbild der nach kath. Glaubenslehre nicht vollzogenen Ehe zwischen Maria und → Joseph die Ehe nicht zu vollziehen. Der bloße Nichtgebrauch einer Ehe, bes. erst in späteren Jahren ihres Bestehens, begründet keine J. im aszetischen Sinne, wie er auch keine kanonistischen Probleme aufgibt. Ob die J. eine kanonistisch gültige Ehe ist, hängt von dem Inhalt der Verabredung und ihrem begrifflichen Verhältnis zum ehebegründenden Konsens (→ Ehe: VI, 2c) ab. Eine Verabredung, die das eheliche Recht ausschließt, macht den Konsens und damit die Ehe ungültig, wenn sie im Konsens eingeschlossen ist; wenn sie erst nach der Konsensabgabe zustande kommt, ist sie selbst ungültig, weil mit dem Konsens unvereinbar. Die konsenswidrige Wirkung der Verabredung kann auch nicht dadurch umgangen werden, daß man den Nichtvollzug der Ehe als Auflage statt als Bedingung erklärt, weil auch die Auflage den anderen Teil verpflichtet. Der gleichgerichtete Verzicht beider Ehegatten auf das Fordern des ehelichen Rechts wirkt jeweils nur einseitig und läßt die eheliche Pflicht bestehen. Er gilt darum kanonistisch nicht als konsenswidrig, obwohl auch er mit dem kanonistischen Hauptzweck der Ehe, der Kindererzeugung, begrifflich kaum vereinbar ist. Die ganze Frage ist kanonistisch, zT lebhaft, umstritten.

A.Knecht, Hdb. des kath. Eherechts, 1928, 591 Anm. 1 (Lit.).

H.Barion

Josephus, *Flavius*

1. Leben - 2. Werke - 3. Bedeutung

1. J., * 37/38 nChr in Jerusalem aus angesehener Priesterfamilie, machte sich früh mit den Richtungen seines Volkes bekannt, lebte länger in der Wüste bei einem Einsiedler und trat dann, 19 Jahre alt, in Jerusalem als Pharisäer (nicht als ihr Schriftgelehrter) an die Öffentlichkeit. Seine erste Mission war eine erfolgreiche Fahrt nach Rom zur Befreiung einiger Priester. Die Rückkehr erfolgte in den Anfängen des jüdischen Krieges (→ Judentum: I, 3). J. wurde nach Galiläa gesandt, wo er, vielfältig angefeindet, den Kampf vorbereitete. Vespasian schloß ihn in Jotapata ein und nahm es nach 47 Tagen. J. ergab sich ihm unter zwielichtigen Umständen und weissagte ihm sein späteres Kaisertum, wodurch er sein Leben rettete und dann die Freiheit erlangte. So nahm er an der Belagerung Jerusalems teil, ging nach dem Fall der Stadt als Freund der flavischen Kaiser (daher *Flavius* J.) nach Rom und widmete sich dort unter ihrer Gunst seiner den Interessen seines Volkes geltenden Schriftstellerei. † Anfang des 2.Jh.s nChr.

2. J. sandte zunächst eine (nicht erhaltene) aramäische Geschichte des Krieges gegen Rom in den Osten. Diese hat er 75/79 nChr griechisch herausgegeben (De Bello Iudaico), wobei er mit → Antiochus IV. begann und mit dem Fall von Masada 73 nChr schloß. Seine These ist, daß an dem Krieg vor allem der boshafte Unverstand der → Zeloten schuld gewesen sei. - Mittelalterliche altrussische Hss. bieten eine oft abweichende Fassung, die Eisler auf J. selbst zurückführt und aus der er ein politisch-messianisches Leben Jesu erschließt. Diese These wird mit Recht allgemein abgelehnt wie auch Eislers hohe Meinung vom altrussischen Text überhaupt. - 93/94 schrieb J. die »Jüdischen Altertümer« (Antiquitates Iudaicae), worin er die Geschichte des israelitisch-jüdischen Volkes von der Schöpfung bis zum Ausbruch des Krieges gegen Rom in erbaulich-apologetischer Erweiterung des AT und unter Verwendung verschiedener Quellen erzählt hat. Den Abschluß wohl einer zweiten Ausgabe dieser Schrift bildet seine Lebensbeschreibung (Vita), in der er in Abwehr der Vorwürfe des → Justus von Tiberias sein Leben kurz skizziert und seine umstrittene Tätigkeit in Galiläa ausführlich darstellt. Sein letztes Werk, die Apologie (auch Contra Apionem genannt), ist eine glori-

fizierende Verteidigung des jüdischen Volkes, seiner Geschichte, Überlieferungen, Gesetze und seiner Gottesanschauung gegen Mißverstand und antisemitische Verleumdungen (wichtig durch seine Manetho-Exzerpte für die Geschichte Ägyptens, bes. in der Zeit der → Hyksos).

3. Ohne J. würden wir die Geschichte der Judenschaft in Palästina und der Diaspora in dem Jh. vChr und nChr weder in ihrem tatsächlichen Verlauf noch in ihren Strömungen erkennen können. Allerdings folgt J. oft kritiklos disparaten Quellen, übergeht die Innenseite des historischen Geschehens, das er auch nur ungleichmäßig ausführlich darstellen konnte, er verzeichnet dazu bewußt das Bild der Zeloten. Vorsichtig benutzt bietet er aber unschätzbares Material, auch an Quellen und Urkunden. Von der Geschichte und Eigenart des Judentums entwirft er ein Bild, das Griechen und Römern verständlich sein und ihnen imponieren sollte. Auch in dieser Verzeichnung kann er wesentliche Züge des damaligen Judentums erkennen lassen. Sein Charakter erscheint uns nicht unbedingt erfreulich. – Zum sog. Testimonium Flavianum vgl. → Jesus Christus, 2.

Qu.: Krit. Ausg. von B.Niese, 1887-95, dass. ohne Apparat 1888 bis 1895. - Weitere Ausg.n: S.A.Naber, 1888-96; mit engl. Übers.: H.St.J.Thackeray u. R.Marcus, 1926ff (Loeb); mit ital. Übers.: G. Ricciotti, 1937ff. - H.St.J.Thackeray, A Greek Lexicon to J., 1930ff. - Alte Übers.: Hegesippi (= J.) qui dicitur historiae ed. V.Ussani, 1922f (freie Übers.) - Ps. Rufin u. Cassiodor, ed. J.Froben, 1524. - Altruss. Übers.: V.Istrin, P.Pascal u. A.Vaillant, La prise de Jérusalem I. II, 1934/38 (mit franz. Übers. u. Komm.). - Moderne Übers. des J.: franz. mit Komm.: Th.Reinach, 1900ff; dt. Übers. (nicht genügend): H.Clementz, 1899ff; dt. Übers. von Bell.Jud. I-III: O.Michel u. O.Bauernfeind, 1959. - Teilübers. des altruss. J.: A.Berendts u. E.Grass, Fl.J. vom jüd. Kriege Buch I-IV, 1924-27 - E.Klostermann, Apocrypha III, 1911². - Lit.: Schürer I, 74ff - PW IX, 1934ff (G.Hölscher) - J.A.Montgomery, The Religion of Fl.J. (JQR 11, 1920/21, 277-305) - R.Laqueur, Der jüd. Historiker Fl.J., 1920 - W.Weber, J. u. Vespasian, 1921 - H.St.J. Thackeray, J., the Man and the Historian, 1929 - S.Rappaport, Agada u. Exegese bei Fl.J., 1930 - J.F.Foakes Jackson, J. and the Jews, 1930 - A.Schlatter, Die Theol. des Judentums nach dem Bericht des J., 1932 - E.Bin Gorion (Berdyczewski), Das Leben des Fl.J., 1934 - W.R.Farmer, Maccabees, Zealots and J., 1956. - Zum altruss. J.: R.Eisler, Jesus basileus u basileusas (= Jesus, ein nicht zur Herrschaft gekommener König) I. II, 1929/30 - W.Bienert, Der älteste nichtchristl. Jesusbericht, 1936 - E.Bickermann, Sur les versions vieux-russes de Fl.J. (in: Mélanges Fr.Cumont, 1936, 53-84) - F.Scheidweiler, Sind die Interpolationen im altruss. J. wertlos? (ZNW 43, 1950/51, 150-178) - A.Rubinstein, Observations on the Old Russian Version of J.'s Wars (JSS 2, 1957, 329-348). *W.Foerster*

Josia, 639-609 vChr *König von → Juda*. Seine Regierung fällt in die Zeit des Niedergangs des assyrischen Reiches, dessen Vasall Juda unter J.s Vorgängern → Ahas, → Hiskia und → Manasse gewesen war. Seine kultpolitischen Maßnahmen lassen erkennen, daß seine Politik auf die *Emanzipation von der assyrischen Herrschaft* hinauslief. Er beseitigte den von Staats wegen gepflegten assyrischen Kult (2Kön 23, 4-7. 11f; Oestreicher, Greßmann). Diese Maßnahme ist zeitlich nicht festzulegen. Die im Rahmen des → Deuteronomistischen Geschichtswerkes vorgenommene literarische Verknüpfung der beiden wichtigsten Quellen für die Regierungszeit J.s, des »Reformberichtes« (2Kön 23, 4-8. 10-15. 19f) und des »Gesetzesauffindungsberichtes« (22, 3 - 23, 3. 21-23. 9. 24), erweckt zwar den Eindruck, alles in c. 22f Berichtete falle in das 18. Jahr J.s (22, 3; 23, 23), dh 621 vChr. Aber das ist gewiß nicht zutreffend. Der Reformbericht, der, offenbar auf Grund der offiziellen judäischen Annalen und darum sicherlich in chronologischer Ordnung, die verschiedenen kultpolitischen Maßnahmen J.s aufzählt, umfaßt nämlich einen wesentlich größeren Zeitraum als nur jenes eine Jahr und verlegt die ersten antiassyrischen Maßnahmen in die Zeit vor den Auswirkungen der Gesetzesauffindung (23, 8). (Ob die Datierung der Reform schon in das 12. Jahr J.s in 2Chr 34, 3 auf zuverlässiger Überlieferung beruht, ist allerdings sehr fraglich; vgl. Galling, ATD XII.)

Die Auffindung eines im Tempel deponierten Gesetzbuches in seinem 18. Jahr veranlaßte J. zu einer über die antiassyrischen Maßnahmen weit hinausgehenden *Kultreform*. Dieses Gesetzbuch ist identisch mit dem → Deuteronomium bzw. einer Urform desselben (so nach → Hieronymus und anderen Kirchenvätern → De Wette 1805 und fast alle Neueren). Das ergibt sich aus den handgreiflichen Beziehungen sowohl des noch zu J.s Lebzeiten abgefaßten (vgl. den Widerspruch zwischen 2Kön 22, 20 und 23, 29) Gesetzesauffindungsberichtes als auch des Reformberichtes zum Dtn. Nach dem ersteren schloß J. unter dem Eindruck der in dem Gesetzbuch enthaltenen Drohungen (22, 11. 13. 16; vgl. Dtn 28) und nach Befragung der Prophetin Hulda (22, 12ff) auf Grund des Buches einen Bund (offenbar zwischen Jahwe und dem Volk) ab (23, 1-3) und ließ das Passa (→ Feste: II, 3) erstmalig in der in dem »Bundesbuch« geforderten Weise »in Jerusalem« feiern (23, 21-23; vgl. Dtn 16, 5f), blieb dabei allerdings insofern hinter den Forderungen des Dtn zurück, als er die in Jerusalem versammelten (dazu s.u.) Landpriester, wohl auf Grund des Widerstandes der Jerusalemer Priesterschaft, nicht zum Priesterdienst im Tempel zuließ (23, 9; vgl. dagegen Dtn 18, 6-8). Nach dem Reformbericht sorgte J. durch die Beseitigung der nichtjahwistischen Kulte (23, 8b. 10. 13f) für die Reinheit und durch die Aufhebung aller jahwistischen Kultstätten außerhalb Jerusalems (23, 8a β) für die Einheit des Jahwekultes. Mit diesem tiefen Eingriff kam er der Grundforderung des Dtn nach, den *einen* Jahwe nur an *einem* Heiligtum zu verehren (Dtn 12, 13f). Allerdings ging er darin über die Forderungen des Dtn hinaus, daß er die Priester jener Heiligtümer nicht, wie es das Dtn voraussetzt, in ihren Ortschaften beließ, sondern sie zur besseren Kontrolle im Bereich des Stadtstaates Jerusalem konzentrierte (23, 8a α). Diese Maßnahme spiegelt sich in der Liste der Priesterstädte Jos 21, die zwar in der Umgebung von Jerusalem, nicht aber auf dem judäischen Gebirge zwischen Jerusalem und Hebron Priesterstädte nennt. Nach der Annexion der Provinz Samaria (dazu s.u.) dehnte J. seine Aktionen auch auf deren Gebiet aus (2Kön 23, 15. 19). Bei ihrer kultpolitischen Orientierung schweigen die beiden Berichte 2Kön 22 und 23 darüber, ob J. auch die sozialen Forderungen des Dtn durchsetzte, was Jer 22, 15f jedoch nahelegt.

Neben diese innere Restauration trat in den späteren Regierungsjahren J.s eine durch eine zielbewußte *Annexionspolitik* betriebene äußere Restauration. Zunächst schob J. die judäische Nordgrenze ein Stück nach Norden in das Gebiet der assyrischen Provinz Samaria hinein vor. Das folgt aus 2Kön 23, 15, wonach J. seine Reformtätigkeit auf das außerjudäische Heiligtum von → Bethel ausdehnte. Dieser Stand der Dinge spiegelt sich in der im Rahmen des → Josuabuches (c. 15; 18; 19) verwendeten judäischen Ortsliste, die A.Alt als ein Verzeichnis der Gaue des Reiches Juda zZ J.s erklärt hat: Der Gau von Jos 15, 61f; 18, 21-24 schließt mit Bethel, Ophra und Jericho einen Streifen ehedem israelitischen Gebietes ein. Im Nordwesten ragt der Gau von Jos 15, 45; 19, 41-46 weit in das ehedem philistäische Gebiet um Ekron hinein. – Später gelang J. darüber hinaus die Annexion der gesamten Provinz Samaria (2Kön 23, 19f). Auch in das Ostjordanland scheint er hinübergegriffen zu haben (Ortsliste eines ostjordanischen Gaues Jos 13), und schließlich annektierte er die assyrische Provinz Megiddo (Galiläa mit der Jesreelebene; 2Kön 23, 29; vgl. auch 2Chr 34, 6; ob in Jos 19 eine galiläische Ortsliste der letzten Jahre J.s verarbeitet ist, ist umstritten). J. zielte demnach letztlich auf eine Wiederherstellung des Reiches → Davids. Dieser großangelegte Restaurationsversuch wurzelte zwar in einem wiedererwachenden Nationalbewußtsein, aber seine entscheidende Voraussetzung war doch das durch den Zerfall von → Assyrien (, 4) in Palästina entstehende Vakuum, und er war in seinem Bestand bedroht, sobald sich eine andere Großmacht anschickte, in die Ansprüche Assyriens auf den Besitz Palästinas einzurücken. Darum unternahm J. den zwar folgerichtigen, aber aussichtslosen Versuch, den ägyptischen Pharao Necho daran zu hindern, den Resten des assyrischen Heeres gegen die Babylonier zu helfen und gleichzeitig Syrien und Palästina in Besitz zu nehmen. Er trat ihm i.J. 609 vChr bei Megiddo in den Weg, fand dabei aber den Tod. Damit brach sein Lebenswerk zusammen, und sein Sohn Jojakim mußte die ägyptische Oberhoheit anerkennen. An deren Stelle trat nach dem Sieg der Babylonier über die Ägypter bei Karkemisch (605 vChr) und der anschließenden Eroberung Syriens und Palästinas durch → Nebukadnezar die babylonische Oberhoheit; knapp zwei Jahrzehnte später kam es zur endgültigen Beseitigung des Staates Juda und der davidischen Dynastie (→ Exil, → Zedekia).

Vgl. außer den Darstellungen der Gesch. → Israels, den Kommentaren zu den → Königsbüchern u. der Lit. zu → Deuteronomium: TH.OESTREICHER, Das Deuteronomische Grundgesetz (BFChTh 27, 4), 1923 - H.GRESSMANN, J. u. das Dtn (ZAW 42, 1924, 313-337) - A.BENTZEN, Die J.nische Reform u. ihre Voraussetzungen, Kopenhagen 1926 - O.PROCKSCH, König J. (Zahn-Festg., 1928, 19-53) - A. ALT, Judas Gaue unter J. (PJ 21, 1925, 100-116 = ALT II, 276-288) - DERS., Eine galiläische Ortsliste in Jos 19 (ZAW 45, 1927, 59-81) - DERS., Bemerkungen zu einigen judäischen Ortslisten des AT (BBLAK 68, 1951, 193-210 = ALT II, 289-305) - DERS., Festungen u. Levitenorte im Lande Juda (ALT II, 306-315) - M.NOTH, Studien zu den hist.-geogr. Dokumenten des Josuabuches (ZDPV 58, 1935, 185-255) - DERS., Israelitische Stämme zwischen Ammon und Moab (ZAW 60, 1944, 11-57, bes. 49-52) - E.JUNGE, Der Wiederaufbau des Heerwesens des Reiches Juda unter J. (BWANT IV, 23), 1937 - F.M.CROSS-D.N.FREEDMAN, J.s Revolt against Assyria (JNES 12, 1953, 56-58) - V.MAAG, Erwägungen zur deuteronomischen Kultzentralisation (VT 6, 1956, 10-18) - E.W.TODD, The Reforms of Hezekiah and J. (SJTh 9, 1956, 288-293). *R.Bach*

Iosif *von Volokolamsk* (russ.: Volockij, weltlicher Name Ioann Sanin), russ. Mönch und Kirchenpolitiker (1439/40-1515). I. gründete 1479 ein streng koinobitisches Kloster bei Volokolamsk (Bezirk Moskau), das rasch zu großem Vermögen und kirchenpolitischem Einfluß kam. Die Klosterregel forderte vor allem völligen Gehorsam, genaue Erfüllung der detaillierten kultischen Vorschriften und körperliche oder geistige Arbeit. Die Notwendigkeit umfangreichen Besitzes verteidigt I. mit dem Hinweis auf die soziale und kirchenpolitische Aufgabe der Klöster. Gegen die Ketzer fordert I. Anwendung staatlicher Zwangsmittel, bes. der Todesstrafe. Der theokratische Absolutismus des Moskauer Reiches fand in I. und seinen Anhängern seine ideologische Begründung und kirchenpolitische Stütze. EinezT heftige Opposition gegen seine Richtung ging von Nil Sorskij aus. - I. schrieb außer der Klosterregel zahlreiche Traktate, bes. gegen die Ketzer.

I.SMOLITSCH, Russ. Mönchtum, 1953 (Lit.) - N.A.KAZAKOVA-J.S. LUR'JE, Die antifeudalistischen häret. Bewegungen in Rußland vom 14. bis zum Beginn des 16.Jh.s, Moskau-Leningrad 1955 (russ.) - I.KOLOGRIWOW, Das andere Rußland, 1958. *L.Müller*

Josquin Desprez, * um 1440, † 1521 (?), führender Komponist seiner Zeit, wirkte lange in Italien (Mailand, Rom, Ferrara), zeitweilig auch in Verbindung mit König Ludwig XII. von Frankreich und der niederländischen Regentin Margarete von Österreich, zuletzt als Propst in Condé-sur-l'Escaut. Der im Zuge seiner 19 Messzyklen und etwa 90 Motetten ausgereifte, von Luther bewunderte → A-cappella-Stil galt bis zur Mitte des 16.Jh.s als vorbildlich und bezeichnet wie hier so auch in seinen etwa 70 weltlichen Werken die Überwindung des mittelalterlichen Konstruktivismus zugunsten einer humanisierten musikalischen Sprache. Die bedeutendste seiner Messen ist die »Missa Pange lingua«; der Schwerpunkt innerhalb der Motetten J.s verlagert sich mehr und mehr zu den Psalmen. Der Liedstil erreicht seine feinste Ausprägung in den späten Chansons.

GA hg.v. A.SMIJERS, Amsterdam 1921 ff. - Über J.: A.W.AMBROS, Gesch. der Musik III, (1868) 1891³ - MGG VII, 190 ff. *H.Osthoff*

Josua (hebr. jehôšua' = »Jahwe hilft«), stereotyp als »Sohn des Nun« bezeichnet, nach dem im AT überlieferten Bild Diener und Nachfolger des → Mose und Führer der → Stämme Israels bei ihrer Landnahme im Westjordanland. Die historische Gestalt, die sich hinter diesem überlieferten Bild verbirgt, ist nicht leicht zu fassen. Daß J. der Führer Israels bei der Landnahme gewesen sein sollte, unterliegt schon deswegen der Kritik, weil die Landnahme, entgegen der Darstellung des → Josuabuches, gar nicht ein einheitlicher Akt der Gesamtheit der Stämme war (vgl. dagegen das der Wirklichkeit näherstehende Bild in Ri 1, das eine Führergestalt nicht kennt; vgl. → Israel: I). Da die Mehrzahl der Erzählungen, aus denen die Darstellung der Landnahme in der ersten Hälfte des J.buches zusammengesetzt ist, nur das Stammesgebiet von Benjamin deckt, also offenbar ursprünglich nur die Landnahme Benjamins zum Hintergrund hat, läge es nahe, J. als den Führer nur dieses einen Stammes bei dessen Landnahme anzusehen. Aber da er Ephraimit war (Jos 24, 30), ist auch das kaum wahrscheinlich. Außerdem ist die Gestalt J.s in den fast ausnahmslos ätiologischen und darum viel stärker an ihren jeweiligen lokalen Haftpunkten als an geschichtlichen Persönlichkeiten interessierten Erzählungen überlieferungsgeschichtlich nur so lose verankert, daß man anzunehmen hat, sie sei in diese Erzählungen erst eingedrungen, als diese bereits zur Darstellung der Landnahme Gesamtisraels dienten. Dieses Eindringen J.s in die Darstellung der Landnahme Israels aber hat zur Voraussetzung, daß er schon zuvor als eine Gestalt von gesamtisraelitischer Bedeutung galt. Als eine solche ist er denn auch in der Tat in zwei Überlieferungskomplexen abseits der Landnahmedarstellung fest verwurzelt: a) Nach Jos 17, 14-18 hat das »Haus Joseph«, als es sich bei J. wegen ungenügender Landzuteilung beschwerte, von ihm den Rat bekommen, sich durch Rodung (17, 17f) bzw. durch Kolonisation des Ostjordanlandes (17, 15) neuen Siedlungsraum zu erschließen. In dieser Notiz erscheint J. als Appellationsinstanz zur Schlichtung unausgeglichener Ansprüche der Stämme untereinander, ist also etwa mit den sog. »Kleinen Richtern« des → Richterbuches (Ri 10, 1-5; 12, 7-15) zu vergleichen. - b) Nach der Erzählung vom sog. »Landtag zu Sichem« (Jos 24) geht das gesamtisraelitische Heiligtum von → Sichem sowie der dort geübte Kult und das dort überlieferte Recht auf eine Einsetzung durch J. zurück. Nach diesen beiden Überlieferungskomplexen wäre J. in der Frühzeit Israels eine von der Gesamtheit der Stämme anerkannte Autorität auf dem Gebiet der inneren Ordnung des Zwölfstämmebundes gewesen. Ob er sich darüber hinaus als Heerführer betätigt hat, ist nicht sicher. Das ließe sich jedenfalls nach dem oben Gesagten nicht den ätiologischen Sagen des J.buches entnehmen, sondern allenfalls den nicht ätiologischen Kriegserzählungen Jos 10, 1-15; 11, 1-9, in denen die Gestalt J.s indessen überlieferungsgeschichtlich auch nicht sehr fest verwurzelt zu sein scheint.

Vgl. die Darstellungen der Gesch. → Israels u. die Kommentare zum → Josuabuch. - A.ALT, J. (BZAW 66, 1936, 13-29 = ALT I, 176-192) - W.F.ALBRIGHT, The Israelite Conquest of Canaan in the Light of Archaeology (BASOR 74, 1939, 11-23) - K.MÖHLENBRINK, J. im Pentateuch (ZAW 59, 1942/43, 14-58) - H.H.ROWLEY, From Joseph to J., London 1950 (Lit.). - Weitere Lit. s. → Josuabuch.

R.Bach

Josuabuch

1. Inhalt - 2. Literarkritisches - 3. Geschichtliches. - J. = Josua, Jb. = Josuabuch

1. Das Jb. besteht aus zwei Teilen: c. 1-12 Eroberung, 13-24 Verteilung des Westjordanlandes. - Nach dem Tode des → Mose wird sein persönlicher Diener → Josua bin Nun von Jahwe beauftragt, den Jordan zu überschreiten und das Land der Verheißung zu erobern (1). Nach Erkundung Jerichos (2) führt J. das Volk über den Jordan nach dem → Gilgal (3; 4), wo das Volk beschnitten wird und Passa feiert. Durch die Erscheinung eines himmlischen Heerführers ermutigt (5), schreitet J. zur Eroberung von Jericho und weiter Ai, dessen Fall nach anfänglichem Mißerfolg (Achan) eintritt (6-8). Die Gibeoniten erreichen durch List für die Tetrapolis Kirjat Jearim, Gibeon, Beeroth, Kefira ein Bündnis mit Israel (9), das Anlaß zur Schlacht bei Gibeon für den Süden und am Wasser Merom für den Norden wird (10; 11). Eine Liste der besiegten Könige (12) schließt den ersten Teil ab. Der zweite berichtet über die den einzelnen Stämmen zugefallenen Gebiete, die nach ihren Grenzen und Orten beschrieben werden (13-21), regelt die Beziehungen der östlich des Jordan ansässigen → Stämme Israels zu den westjordanischen (22) und bringt nach einer Mahnrede J.s an das Volk (23) die Verpflichtung auf den → Bund (: II) mit Jahwe auf dem Reichstag zu Sichem und eine Notiz über den Tod des J. (24).

2. Die vom babylonischen Talmud (baba bathra 14b) vertretene Ansicht, daß J. der Verfasser sei, scheitert an 4, 14; 24, 29ff. Die ältere *Literarkritik* nahm das Jb. mit dem → Pentateuch zum Hexateuch zusammen und stellte eine Weiterführung der Pentateuchquellen (vor allem E D P) fest. Aber die Zuweisung der Grenzbeschreibungen und Ortslisten an die → Priesterschrift ist ein Irrtum. Wie Alt gezeigt hat, gehören die Ortslisten in die Zeit des → Josia, die Grenzbeschreibungen in die Richterzeit. Das ganze Jb., und nicht nur der erste Teil, ist vom Deuteronomisten zusammengestellt als Teil des von Noth erarbeiteten → Deuteronomistischen Geschichtswerks. Der Deuteronomist stützte sich dabei für den ersten Teil in der Hauptsache auf eine Reihe von vielleicht in Gilgal tradierten ätiologischen Sagen aus dem benjaminitischen Gebiet, einige judäische (10, 28ff) und rubenitische (22) Traditionen sowie auf die bereits genannten Listen. Jüngere Ergänzungen und Glossierungen sind vielleicht in c. 3 und 4 und in 8, 30ff festzustellen.

3. Das vom Jb. entworfene *Geschichtsbild* ist seit langem umstritten. Ältere Gegengründe sind gewonnen aus der fast völligen Beschränkung der Erzählungen 2-10 auf das benjaminitische Gebiet, aus der Notiz 3, 16, die einen nördlicheren Übergang bei der Furt ed-dāmije nahelegt, aus der eingesprengten Notiz 8, 30ff, die den jetzigen Zusammenhang durchbricht, und aus der Wahrscheinlichkeit, daß Juda von Süden her besiedelt wurde. Gegen die einseitige Konzeption einer gewaltsamen Landnahme wurde die Möglichkeit einer freundlicheren Durchdringung auf dem Wege des Weidewechsels (→ Israel: I) erwogen. Der stärkste Angriff kommt neuerdings von der Seite der → Archäologie (: I). Die neueren Grabungen in → Jericho haben gezeigt, daß es dort keine spätbronzezeitliche Mauer gegeben hat (was eine Besiedlung kleineren Ausmaßes nicht ausschließt). Die Zerstörung von → Ai (et-tell) zeigt, daß diese dem Namen nach den Israeliten nicht mehr bekannte Stadt bereits im Ausgang des 3.Jt.s zerstört und erst im 11./10.Jh. spärlichst besiedelt wurde. Umgekehrt ist die Zerstörung der Stadt Ḥazor in der Zeit der Landnahme durch die Ausgrabung gesichert, obwohl keine Beweise dafür vorliegen, daß Israeliten die Zerstörer waren. Schließlich ist damit auch die Frage nach der Person des nach Ephraim gehörigen J. aufgeworfen. - So ist das Jb. mehr ein Zeugnis dafür, wie sich der Deuteronomist die Landnahme vorstellte, weniger dafür, wie sie wirklich stattgefunden hat. Geschichtlich wertvoll sind als Zeugnis für die vollzogene Landnahme die Grenzbeschreibung, für Josias Organisation die Ortsliste.

Kommentare: C.STEUERNAGEL (HK I/3, 2), (1899) 1923² - M. NOTH (HAT I, 7), (1938) 1953² - FR.NÖTSCHER (Echter-Bibel), 1950 - H.W.HERTZBERG (ATD 9), 1953. - A.ALT, Judas Gaue unter Josia (PJ 21, 1925, 100-116 = ALT II, 276-288) - DERS., Das System der Stammesgrenzen im Buch J. (Sellin-Festschr., 1927, 13-24 = ALT I, 193-202) - J.GARSTANG, The foundations of Bible History. Joshua Judges, 1931 - M.NOTH, Studien zu den historisch-geographischen Dokumenten des Jb.es (ZDPV 58, 1935, 185-255) - K.MÖHLENBRINK, Die Landnahmesagen des Buches J. (ZAW 56, 1938, 238-268) - Z.KALLAI-KLEINMANN, The Town List of Judah, Simeon, Benjamin and Dan (VT 3, 1958, 134-160). *L.Rost*

Zur *Auslegungsgeschichte* (s. auch → Schriftauslegung: IV):
Qu.: 3.Jh.: Origenes (MPG 12; GCS VII, 1921, ed. W.A.BAEHRENS). - 5.Jh.: Augustin (MPL 34; CSEL 28, 1. 2, ed. ZYCHA) - Theodoret v. Cyrus (MPG 80). - 6.Jh.: Prokop v. Gaza (MPG 87, 1). - 8.Jh.: Pseudo-Beda (MPL 93). - 9.Jh.: Hrabanus Maurus (MPL 108). - 12.Jh.: Rupert v. Deutz (MPL 167). - 15.Jh.: Alphonsus Tostatus (Opera Bd VIII. IX, Venedig 1728). - 16.Jh.: Calvin (CR 25) - Martin Borrhaus, Basel 1557 - Victorin Strigel, Leipzig 1567 - Joh.Ferus, Köln 1571 - Andreas Masius, Antwerpen 1574 - David Chyträus, Rostock 1577 - Benedikt Arias Montanus, Antwerpen 1583. - 17.Jh.: Nikolaus Serarius SJ, Mainz 1609/10 - Cosmas Magalianus SJ, Tournai 1612 - Joh.Drusius, Franeker 1618 - Fabricius Paulutius, Rom 1625 - Jak.Bonfrerius SJ, Paris 1631 - Emanuel de Naxera, Antwerpen 1650 - H.Marcellus SJ, Würzburg 1661 - Phil. Ludw.Hanneken, Gießen 1665 - Frans Burmann, Utrecht 1675 - Joh.Adam Osiander, Tübingen 1681 - Seb.Schmid, Hamburg 1693 (Jos 1-8). - 18.Jh.: H.Monterde, Valencia 1702 - Jak.Felibien, Paris 1704 - L.Helbig, Köln 1717.

Lit.: A.J.MICHALSKI, Raschis Einfluß auf Nik. v. Lyra in der Auslegung des Buches J. (ZAW 39, 1921, 300-307). *W.Werbeck*

Jovinian. Bald nach 385 findet der Asket J. als Kritiker asketischer Verdienstauffassungen in Rom begeisterte Anhänger und scharfe Gegner. Wie die Gegenschriften des → Hieronymus noch erkennen lassen, ist J.s Zentralgedanke die stufenlose Einwohnung Gottes in den Gliedern der Kirche bei der Taufe. Von daher ergibt sich ein straffer Zusammenhalt der kritischen Thesen: Gleichheit der Verdienste von getauften Jungfrauen, Witwen und Ehefrauen; Unvermögen des Teufels über die plena fide in der Taufe Wiedergeborenen; Unterschiedslosigkeit von Fasten und verdanktem Speisengenuß; bei Bewahrung der Taufe *ein* himmlischer Lohn für alle. → Ambrosius schreibt den Anhängern J.s Leugnung der Jungfrauengeburt zu. Die Kirche lehnte die radikalisierende Konzeption J.s ab und exkommunizierte ihn 390/91 in Rom und Mailand. Im pelagianischen Streit (→ Pelagianismus) werden seine Sätze ketzerpolemisch schablonisiert und verschwinden dann aus der altkirchlichen Diskussion.

W.HALLER, J. (TU NF 2, 2), 1897 - RE IX, 398ff - F.VALLI, Un eretico del sec. IV (Didaskaleion NS 2, 1924, 1-66) - DThC VIII, 1577ff - H.A.VAN BAKEL, Circa Sacra, 1935, 136ff - EC VI, 646f.

M.Tetz

Jowett, *Benjamin* (1817-93), liberaler Theologe, * in London, † in Headley Park, Hants. Nach Besuch der St. Paul's-Schule (London) und des Balliol-College (Oxford) wurde J. dessen Fellow (1838), Tutor (1842) und anglikanischer Priester (1845). In Oxford begründete er seinen Ruf als Erzieher und Universitätsreformer. Als liberalem Theologen begegnete ihm starke Kritik wegen seines Kommentars zu den Paulusbriefen (1855); sie erreichte ihren Höhepunkt nach Erscheinen seines Beitrags »Zur Auslegung der Schrift« in »Essays and Reviews« (1860). Der Verurteilung wegen Irrlehre entging J. nur dank rechtstechnischer Verteidigung. J. blieb liberaler Theologe, ohne noch theologische Werke zu publizieren. 1855 wurde er Regius Prof. für Griechisch, 1870 Master von Balliol. Sein wachsender Einfluß reichte weit über Oxford hinaus. Balliol wurde Oxfords führendes College für spätere Kirchen- und Staatsleiter. J. machte bes. deutsche Philosophie (Hegel) zum Gegenstand des Studiums in Oxford. 1870 erschien sein bedeutendstes Werk, eine Übersetzung der platonischen Dialoge.

E. Abbott-L. Campbell, Life and letters of B.J., 2 Bde, 1897/99 - DNB Suppl. III, 49 ff - G. Faber, J., 1957 (Bibliogr.). *S.G.F.Brandon*

Joyce, *James* (1882-1941), irischer Romanautor. Nach Erziehung in Jesuitenschulen und Studium in Dublin verläßt er Familie, Kirche und Heimat. Hauptorte des selbst auferlegten Exils sind Triest, Paris und Zürich. Den fast unbeachteten Gedichten »Chamber Music« (1907) folgen die realistischen Kurzgeschichten »Dubliners« (1914). Der autobiographische Roman »A Portrait of the Artist as a Young Man« (1916) schlägt erstmals »die sieben Grundtöne in der Lebensmelodie von Stephan Dädalus« an: Sünde, Kunst, Geist, Empörung, Verbannung, Einsamkeit, Stolz (E.R.Curtius). Nach dem Drama »Exiles« (1918, → Ibsen nachahmend) entfaltet J. seine Eigenart voll in »Ulysses« (1922). In 12 Teilen, jeder sprachlich anders gestaltet, wird, den Phasen der Odyssee entsprechend, ein Tag im Leben und Bewußtseinsstrom des Künstlers Dädalus und des Journalisten Leopold Bloom dargestellt. In symbolischer Beziehung auf Odysseus als Urbild des Mannes werden die Bereiche des Unbewußten aus dem vorsprachlich-ungeformten Stadium, verwoben mit Beschreibung, Erzählung, Dialog und innerem Monolog, in einem orgiastischen Wirbel von Neologismen sprachlich gefaßt. Noch weiter geht »Finnegans Wake« (1939). Angeregt durch G. → Vico wird die archetypische Identität alles Menschlichen unter der Mannigfaltigkeit der äußeren Erscheinungen als Traumwelt eines Dubliner Wirtes dargestellt, wobei C.G. → Jungs Konzeption vom Kollektivbewußtsein wohl die psychologische Basis abgab. - Die Bedeutung J.s beruht auf seinem aus Scholastik, Ignatianismus, Theosophie und Psychoanalyse zusammenfließenden, die Dingwelt auflösenden Realismus, der das Unbewußte in den Griff des sprachlich aussagbaren Bewußten zwingen will.

Letters, ed. S. Gilbert, London 1957. - E.R. Curtius, J.J. u. sein Ulysses, 1930 - H.S. Gorman, J.J., London (1941) 1949² - W.Y. Tindall, J.J., His Way of Interpreting the Modern World, New York 1950. *G.Müller-Schwefe*

Iran

I. Politisch-ethnologisch - II. Religionsgeschichtlich - III. Parsismus - IV. Iranische Religion, Judentum und Urchristentum - V. Persien, altkirchlich - VI. Mission in Iran - VII. Zoroastrismus im Westen. - Vgl. auch → Ahriman, → Amesha Spenta, → Avesta, → Fravaschi, → Jeziden, → Iranistik, → Mazdak, → Mazdaznan, → Medien, → Ormazd, → Zarathustra

I. Politisch-ethnologisch

Das iran. Volkstum umfaßte im Altertum weit über die gegenwärtigen Staatsgrenzen hinaus zunächst im Osten Belutschistan (im neuen Staat Pakistan aufgegangen), Afghanistan, in Rußland die autonomen Sowjetrepubliken Turkmenistan, Uzbekistan und Tadschikistan, Teile des Kaukasus (Alanen, heute Osseten), die Nordküste des Schwarzen Meeres (Skythen und Sarmaten). Von dem ganzen später im Norden stark türkisierten Gebiet erhalten wir lange keine historische Kunde. Lediglich West-I. mit den uralten Kulturen im Zagros tritt seit dem 3.Jt. vChr durch sumerische und akkadische Zeugnisse deutlicher hervor. Dort waren in den fruchtbaren Hochtälern seit je kulturtragende Nationen ansässig (von Süden nach Norden gehend): in der Susiana (Chusistan; → 3 F 4) die Elamier, in Luristan (→ 3 F 3) die Kassiten (Κοσσαῖοι, Κίσσιοι), in Kurdistan die Guti und Subaräer sowie die später das Mitannireich begründenden Churriter, endlich (1. Hälfte des 1.Jt.s) die Mannäer, Muṣaṣiräer und die das vorindogermanische Substrat der Armenier (→ Armenien: I) bildenden Urartäer, an die sich westlich die Chatti (vorindogermanische → Hethiter) schlossen. Diese lange vor der semitischen und indogermanischen Einwanderung seßhaften Volksstämme haben durch Eigennamen oder Inschriften Zeugnisse ihrer »asianischen« agglutinierenden Sprachen hinterlassen. Auf dieses Völkersubstrat legt sich im 2.Jt. die erste Schicht *arischer* Einwanderer, die wohl aus den Steppen Turkistans nach Westen ins Tiefland vorstießen, wo sie in Babylon die Kassitendynastie (17.-12.Jh.) und im oberen Mesopotamien das → Mitanni-Reich (15. bis 13.Jh.) mit seinen Nachfolgestaaten begründen. Indisch oder iranisch klingende Eigennamen und Fachausdrücke (zB der Pferde- und Wagenkultur) lassen an dem arischen Charakter der Führungsschicht keinen Zweifel. Der in I. nicht Raum findende Überschuß der arischen Völkerwanderung läuft nach Osten über die Pässe Afghanistans und Belutschistans nach dem Industal ab, wo sich auf einer vorarischen Kultur dann das indische Volkstum entwickelt.

Den Einbruch in den Westen vollzogen die inzwischen zu Iraniern umgebildeten arischen Neusassen jedoch erst nach ihrer Einigung durch die Meder (→ Medien) um 700 vChr und die sie aus der Führung verdrängenden Perser, die unter dem Achämeniden Kyros das Lyderreich des Kroisos zerstören und Babylon erobern (539; → Babylonien: I, 4). Kambyses erweitert das Reich durch die Eroberung → Ägyptens (525), Dareios durch Kriegszüge im Westen (Balkan) und Osten (Indien). Der Kampf gegen die nordiranischen Skythen (Saka) beansprucht immer wieder die Kraft des Achämenidenreiches, das i.J. 330 vChr → Alexander d. Gr. anheimfällt.

Ethnographisch teilt sich Alt-I. auf in die *West*stämme der Meder im Norden (Rhagā bei Teheran; Ekbatana [→ 3 F 3], heute Hamadan) und der Perser im Süden (Pasargadä; Persepolis bei Schiras). Den Persern verwandt schließen sich im Süden die Landschaften Karamāna (Kerman), Asagarta (Baschakert?), Maka (Mekran) an. Ostiranier (östlich der Zentraliranischen Wüste) sind die Arachosier, Areier (Herat), Gandharer (Kandahar), Sattagyden und Baktrier (Balch). Saken und Soghdier (Ferghana), Chorasmier (Oase Chiwa), Daher und Massageten (südwestl. des Aralsees) sowohl wie die Hyrkanier (Gurgan) und bes. die Parther (Chorasan) bilden die Nordostiranier (→ Iranistik). Sarmaten und Skythen (später Alanen, heute Osseten), nördl. des Kaukasus und Schwarzen Meeres bis zur Donau und an die germanischen Stämme im Westen anschließend (Bastarnae: Tacitus, Germ. 46), sind die eigentlichen Nordiranier. Während die Weststämme der Meder und Perser sich zu den politischen Geschichtsträgern I.s heranbilden, scheint der schriftlose Osten ein früher Herd iranischer Geistigkeit gewesen zu sein, aus dem schließlich die iran. Staatsreligion des Zarathustrismus hervorgeht (→ Iran: II).

Die alte Stammesverteilung läßt sich in den Landschaften I.s noch heute dialektgeographisch ablesen. Bes. augenfällig ist das Eigenleben der ostiran. Provinzen

(Paschtu in Afghanistan). Aber auch zwischen medischem und persischem Gebiet ist die Zäsur deutlich. Als bedeutsame Verschiebung *innerhalb* der Stämme ist der Einbruch der Skythen (Saka) im 2.Jh. vChr aus Nordost-I. nach der Gegend am Hamun-See, der alten Drangiane, zu werten, die seitdem den Namen »Sakenland« führt. Geschichtlich nicht greifbar ist die nur sprachlich erschließbare Wanderung der Belutschen aus nordwestlicher Gegend (Transkaukasien, Aserbeidschan?) nach Südost-I. (Mekran, Kerman bis nach Chorasan). - Hingegen haben die *fremden* Völkerwanderungen tiefe Spuren hinterlassen, bes. die große zentralasiatische Welle, welche offenbar schon die alten Skythen bedrängt und zu unaufhörlichen Einfällen getrieben hat. Abgesehen von der Kaukasusgrenze, die der Kimmerier- und Skythensturm im 8. und 7.Jh. vChr überrennt, erscheint im 6.Jh. die chorasanische Einfallspforte wie eine offene Wunde, in der sich die Edelsten verbluten (Kyros 529). Seit dem 3. und 2.Jh. vChr kämpfen hier Parther (Arsakiden) und die ihnen seit 225 nChr folgenden Sassaniden (»Neuperser«) gegen die skythischen Stämme (später Hephthaliten oder Weiße Hunnen genannt; in der Sage Turan). In islamischer Zeit drängt *türkisches* Volkstum die altansässige iran. Bevölkerung des Nordostens in die Städte und festen Weiler zurück (Tadschiken oder Sarten genannt). Als Turkmenen und Tartaren dringen diese Scharen weit nach Westen vor. Die alte medische Landschaft Aserbeidschan ist heute dem Volkstum und (von wenigen Resten abgesehen) der Sprache nach ein türkisches Land. Der Mäzen und Mitbegründer der neupersischen Schriftsprache, Fürst Maḥmūd im afghanischen Ghaznā, ist Türke. 1017 gründet Toghrul Beg, aus der Bucharei kommend, sein vorderasiatisches Großreich mit Isfahan als Hauptstadt, dessen Teilfürstentümer sich noch lange behaupten, das kleinasiatische als →»Türkei« bis in die Gegenwart. Von Samarkand aus unternimmt der Mongolennachkömmling Timur (Tamerlan: 1333-1405) seine Eroberungszüge, die ihn über Persien und Georgien bis nach Moskau führten und ihm ganz Vorderasien sowie im Osten Indien zu Füßen legten. Diese Heerscharen bestanden aber nicht nur aus Türken, sondern inzwischen hatten die →*Mongolen* unter Dschingis Chan (1155-1227) ihr Weltreich begründet und unter Hulagu und seinen Ilchanen eine neue Fremdherrschaft in Persien aufgerichtet. Während aber Mongolen nur noch in Afghanistan leben (die schiitischen Hazāre), sind Turkstämme allenthalben über das heutige Persien verbreitet.

Überall in I., bis nach Chorasan und Afghanistan, tritt zu dem angestammten iran. Element und dem aufgepfropften Türkentum aus Zentralasien als dritter ethnischer Faktor noch das semitische Volkstum der *Araber*, die im 7.Jh. nChr eindrangen und sich oft stammesweise in ganzen Landstrichen ansiedelten. Gegenüber der ihnen kulturell überlegenen Umwelt haben sie jedoch ihr Arabertum nicht erhalten können. Nur im südlichen Zagros, vor allem in Fars, gibt es eine geschlossene Gruppe arabischer (und arabisch sprechender) Stämme unter den Chamse. Außerdem spricht in dem mit dem Irak aufs nächste verknüpften Chusistan (Susiane) das platte Land im Gegensatz zu Stadt und alten Dörfern weitgehend arabisch, und zwischen den Lurstämmen (Bachtiaren) zelten südmesopotamische Beduinen und Halbnomaden. - Türkisch war die Sprache iran. Höfe schon bald nach der Islamisierung. Lehnte sich doch die nationale Erneuerung an die vom Kalifat in Bagdad abgefallenen östlichen Fürstentümer an, die von Türken und Mongolen beherrscht wurden (Seldschukiden, Ilchaniden, Timuriden usw). Als I. endlich seit dem Untergang des Sassanidenreiches (7.Jh. nChr) durch Schah Ismā'īl (1499 bis 1527) wieder seine Nationalstaatlichkeit erhält und unter Schah 'Abbās dem Großen (1587-1629) als Weltmacht neben dem Osmanischen Reiche steht, ist die interne Sprache dieser Sefewiden (bis 1722) abermals türkisch und bleibt es auch unter den Kadscharen (bis 1925).

Die politischen Grenzen des heutigen I. stellen dem alten I. gegenüber also ein Rumpf-I. dar, dem als wichtigste alte Stammesländer verloren gegangen sind: Afghanistan, das 1720 selbständiges Emirat wird, nebst Belutschistan (1876 britisch, seit 1947 zu Pakistan); die Bucharei, die schon in den letzten Jh.en der Sassaniden türkisch und nach wechselvollen Schicksalen in den 60er und 70er Jahren des 19.Jh.s russisch wird; im Kaukasus Daghestan (Derbend, Baku 1723 russisch), dazu nach den Verträgen von Gulistan (1813) und von Turkmānčāi (1828) Schirwan, Karabagh, Schaki und Teile von Talisch; schließlich sind weite Gebiete Kurdistans beim Irak und bei der Türkei. Diesen zT nicht nur politisch, sondern auch volkstumsmäßig verlorenen Stammesländern steht innerhalb der Grenzen I.s ein erhebliches türkisches Volkstum (bes. in Aserbeidschan) und eine nicht unbeträchtliche arabische Bevölkerung (Chusistan im Süden) gegenüber sowie der Selbständigkeitswille der sunnitischen Kurden (sowjetische Grenzregulierungsversuche seit 1945). Die unter Parthern und Sassaniden geläufige Unterscheidung von Ērān und Anērān, dh den Ländern iran. und nichtiran. Zunge ist längst gegenstandslos geworden. Einigendes Band ist für I. weitgehend die auch unter Türken und Arabern herrschende schiitische Form des → Islams (sunnitisch nur Kurdenstämme), welche indes wiederum auch außerhalb der Landesgrenzen im Irak (drei Fünftel der Bevölkerung) und in Afghanistan (die mongolischen Hazāre) sowie in Südrußland ihre große Anhängerschaft besitzt.

A.v.Gutschmid, Gesch. I.s u. seiner Nachbarländer von Alex. d.Gr. bis zum Untergang der Arsaciden, 1888 - W.Geiger-F.Justi-P.Horn in: Grundr. d. iran. Philologie II, 1896-1904, 371-611 - P. Schwarz, I. im MA..., 1896ff - ERE VII, 418ff (Iranians) - P.Sykes, A History of Persia I. II, London (1915) 1930³; Neudr. 1951 - A. Christensen, Die Iranier (HAW III, 1, 3, 3, 1), 1933 - Ders., L'I. sous les Sassanides, Kopenhagen (1936) 1944² - W.Hinz, I., 1938 - C.Brockelmann, Gesch. d. islam. Völker u. Staaten, (1939) 1943² - B.Spuler, Die Mongolen in I., (1939) 1955² - Ders., I. in frühislam. Zeit, 1952 - Ders., Gesch. d. islam. Länder (HO VI), 1952ff - A.T. Olmstead, The History of the Persian Empire (Achaemenid Period), Chicago 1948.

W.Eilers

II. Religionsgeschichtlich

Die im 2.Jt. vChr aus Zentralasien einwandernden noch ungetrennten Indoarier (→ Iran: I) bringen als Vätererbe ihre indogermanische Glaubenswelt mit sich (in der sog. arischen Stufe). Nach der Seßhaftwerdung wirken bodenständige Kulte und bes. im Westen die altorientalische Hochkultur ein. Während sich die nach → Indien (: II) abgedrängten Stämme den dortigen Kulten überlagern (Annahme des Linga-Kultus u.a.m.), setzt auf dem Hochland ein Ringen zwischen ererbter Frömmigkeit und vorderasiatischer Religiosität ein, das schließlich in einer im einzelnen nicht verfolgbaren Umwertung der alten in Indien weitergeltenden Begriffe gipfelt (daiva, lat. deus »Gott« = »Dämon, Teufel«) und wohl schon bald zur Annahme einer abstrakt-persönlichen Allgottheit mit ausgeprägt sittlichem Charakter führt, dem als »Weisheit« (mazdah-) bezeichneten »Herrn, Herrgott« (ahura, → Ormazd; altind. asura, später = »Dämon«). Arische Götter der Vorzeit wie Mitra (→ Mithras) werden beibehalten oder unter anderen Namen weiterentwickelt wie Vərəϑraγna (> Varahrān > Bahrām; d.i. altind. Vṛtra'han, Beiname des Indra, der im Avesta zu einem Teufel geworden ist). Während berühmte vedische Götternamen wie Varuna

(→ Vedische Religion) verschwinden (durch Ahuramazda ersetzt), haben sich andere erhalten, die wieder in Indien unbekannt erscheinen, vor allem die Fluß- und Fruchtbarkeitsgöttin Ardvī Sūrā Anāhitā (neupers. Nāhīd »Venus«). Rätselhaft ist die Ersetzung des indogermanischen Wortes für Feuer auch im Gottesnamen Agni durch das schwer ableitbare Ātarš (neupers. ātaš neben ādur, āzar). → Sonne, → Mond und → Sterne bleiben auch im Mazdayasna weiterverehrt, ebenso Naturkräfte wie der → Wind (Vayu), die → Erde (Zam), das → Feuer (s.o.) und das → Wasser (Apām napāt).

Für die Beurteilung der iran. Religion ist der zeitliche Ansatz → Zarathustras entscheidend. Greift man zu hohem Alter, so wäre der → Dualismus (: I) und die Einführung Ahuramazdas sein Werk. Geht man bis ins 6.Jh. vChr herab, so muß man den Glauben an den Allgott Mazdah für die Zeit vor Ausbildung seiner Lehre voraussetzen, da Personennamen wie Mazdaka (→ Mazdak) für Hochlandfürsten des 8.Jh.s assyrisch überliefert sind. Damit dürfte auch die dualistische Weltansicht schon *vor* Zoroaster aufgekommen sein, und zwar einerseits in Auseinandersetzung mit den altorientalischen Kulturen, andererseits im Gegensatz zu der in Indien weiter entwickelten altarischen Religion (iran. Stufe). Im Westen lag das Priestertum in der Hand des medischen Stammes der → Mag(i)er (vergleichbar den → Leviten). In diesem Stadium trat Zarathustra mit seiner Lehre von Osten her auf und gab der iran. Religion die endgültige Form iran. Religiosität (Gatha-Stufe). In ihr treten die altarischen Gottheiten einschließlich der jüngeren arischen Abstraktionen ganz zurück, und das frühere Kult- und Opferwesen wird leidenschaftlich bekämpft. Dualistische Tendenzen vereinfachen sich zur Lehre der beiden Zwillingsgeister (→ Ahriman), jedoch unter der Oberherrschaft Ahuramazdas, welchen als eine Art Hofstaat die 7 Unsterblichen Heiligen umgeben (→ Amesha Spenta). Diese aus den Gathas (→ Avesta) ablesbare »reine« Verkündigung Zarathustras scheint sich jedoch im Westen nur kurz oder überhaupt nicht recht durchgesetzt zu haben, da schon um 400 vChr unter Artaxerxes II. und III. Mithra- und Anahitverehrung offiziell sind (Statuen). Tempel und Standbilder dürften aber bei einem Teil der iran. Stämme schon vor Zarathustra verpönt gewesen sein (Herodot I, 131).

Die Durchdringung I.s mit zoroastrischer Lehre und deren Weiterentwicklung spielt sich im Bereich der Achämeniden- und Arsakidenherrschaft ab. Unter den Yašts (→ Avesta) reichen einige Götterhymnen in vorzarathustrische Zeit zurück, während das religiöse Gesetz des Vendidad (Vidēvdāt) ganz jungen Datums ist. Die archaische Sprache der Gathas muß schon den ersten Achämeniden schwer verständlich gewesen sein; der Übergang zum Mitteliranischen bedingte Aufzeichnung und Kommentierung der religiösen Literatur unter den Arsakiden. Die eigentliche Restauration des Glaubens und Organisation in einer Staatskirche fand in früher Sassanidenzeit statt (3.Jh. nChr), als schon ein erheblicher Teil des alten Kanons verlorengegangen war. Die Überlieferung nennt die Namen verschiedener Reformatoren, vor allem einen Tansar, während nach den Pehlewi-Inschriften bei Persepolis ein Großmobed namens Kartīr (Kartēr) der eigentliche Organisator gewesen zu sein scheint. Zur Weiterentwicklung unter dem Islam vgl. → Iran: III. VII.

Missionsartige Erfolge hatte der Mazdaglaube bes. in → Armenien (: I), wo weder die mitgebrachten (phrygischen?) Gottheiten der Armenier noch die im Lande verehrten der Urartäer (Χάλδοι) geschichtlich überlebt haben, sondern allein iran. wie Aramazd, Tīr, Anahit, Vaghan (d.i. Vərəϑraγna, s.o.). Mit dieser nationalarmenisch umgefärbten iran. Religion hatte sich das um 400 eindringende Christentum auseinanderzusetzen (→ Iran: V). In Armenien muß jedenfalls mit der iran. Sprache auch die iran. Religion (wohl in nicht spezifisch zoroastrischer Ausprägung) tief ins Volk gedrungen sein, während man nach dem Zeugnis des großen Grabmonumentes von Antiochus I. (1.Jh.vChr) den Eindruck hat, daß in Kommagene der Iranismus mehr am Herrscherhaus haftete. – Über den weit nach Westen gedrungenen Mithraskult s. → Mithras. – Über die iran. Elemente in anderen Kulten vgl. → Jeziden, → Mandäer und vor allem → Manichäismus. Auch Judentum und Christentum (→ Apokalyptik: II. III, → Eschatologie: III. IV, → Geister: II, → Hölle, → Paradies, → Qumran, → Teufel: II; → Iran: IV) sowie der → Islam (Hārūt und Mārūt; → Amesha Spenta), bes. die in Persien und im Irak herrschende Schia, stehen unter iran. Einfluß. – Der Zervanismus, der den Dualismus zwischen → Ormazd und → Ahriman in neuem Monismus durch den Begriff des zrvan akarana = αἰών ἄπειρος (vgl. → Aion) zu überbrücken sucht, ist eine Theologie, nie jedoch eine selbständige Religion gewesen.

A.V.W.Jackson, Die iran. Religion (in: Grundr. d. iran. Philologie II, 1896-1904, 612-708) – J.H.Moulton, Early Zoroastrianism, London 1913 – M.N.Dhalla, Zoroastrian Theology, ebd 1915 – R. Pettazzoni, La religione di Zarathustra, Bologna 1920 – ERE XII, 862ff (Zoroastrism) – O.G.v.Wesendonk, Das Wesen der Lehre Zarathustras, 1927 – Ders., Das Weltbild der Iranier, 1933 – L.H. Gray, The Foundations of the Iranian Religions, Bombay um 1929 – E.Benveniste, The Persian Religion according to the Chief Greek Texts, Paris 1929 – H.Lommel, Die Religion Zarathustras nach dem Awesta dargestellt, 1930 – H.S.Nyberg (→ Ahriman) – G.Widengren, Hochgottglaube im alten I., 1938 – Ders., Stand u. Aufgaben der iran. Religionsgesch. (Numen 1, 1954, 16-83; 2, 1955, 47-143) – W.B.Henning, The Disintegration of the Avestic Studies (Transactions of the Philological Society 1942, 40-56) – Stig Wikander, Feuerpriester in Kleinasien u. I., Lund 1946 – J.Duchesne-Guillemin (→ Ahriman) – Ders., The Western Response to Zoroaster, Oxford 1958 – Kaj Barr, Avesta oversat og forklaret, Kopenhagen 1954 – R.C.Zaehner (→ Ahriman) – Ders., A Postscript to Zurvan (BSOAS 17, 1955, 232-249) – Mary Boyce, Some Reflections on Zurvanism (ebd 19, 1957, 304-316). *W.Eilers*

III. Parsismus

Trotz religiösem und wirtschaftlichem Druck durch die Muslims (→ Islam: I) waren große Teile des iran. Volkes ihrem Glauben treu geblieben, wanderten aber schließlich in einer fast unbemerkten Emigration nach Gudscherat in Indien aus, wo ihnen unter Hindus freie Ausübung ihres Kultes gewährleistet war. Die mitgenommenen heiligen Schriften schrieben sie immer wieder ab, so daß das Gros der Pehlewi-Literatur einschließlich der → Avesta-Codices aus Indien stammt. Wie man aus Neryosangs Sanskrit-Übersetzung des Avesta ersieht, bestand noch durch Jh.e eine zuverlässige Tradition, die sich in dem Maße zu verschlechtern scheint, als die äußere Stellung des Parsentums in Indien wächst. – Noch immer in Bombay zentriert, wo sie viele Feuertempel und den berühmten Turm des Schweigens (daχme) auf dem Malabar Hill unterhalten, haben sie sich, bes. als Händler, über ganz Indien verbreitet. Ein wichtiger Teil der Industrialisierung geht auf Parsengründung zurück (Tata-Eisen- und Textilwerke). Auch an der Freiheitsbewegung (→ Indien: I) nahmen sie durch Unterstützung des Svaraj tätigen Anteil. Als reiche Gönner haben sie auch zur Besserung der Lage ihrer in I. verbliebenen Glaubensgenossen beitragen können (→ Iran: VII).

Religiös sind die Parsen auf dem ohnehin erstarrten Standpunkt des Mazdayasna am Ausgange des Sassanidenreiches bzw. der frühislamischen Zeit stehen geblieben, ohne ihre Theologie im eigentlichen Sinne weiterzuentwickeln. Europäisches Interesse hat zu einer Neubeschäftigung mit den alten Glaubensgütern und einer erfreulich regen Herausgebertätigkeit geführt (Editionen zahlreicher bekannter und unbekannter Pehlewi-Werke). Wie ihre Umgangs- und Schriftsprache längst das Gudscherati geworden ist, so sind auch in Sitten und Lebensstil viele indische Züge eingedrungen, die sich sogar somatisch kundtun. Eine religiös gültige Eheschließung ist nur unter Parsen möglich. Niemand kann zum arischblutsgebundenen Parsismus übertreten; moderne Mischehen - immer häufiger mit Europäerinnen - stellen ein Problem dar. Der Zutritt zu Feuertempeln und bes. der Anblick des heiligen → Feuers ist Fremden strengstens verwehrt. Parsen und Zoroastrier der Neuzeit (schon bei Tavernier, 17.Jh.) leugnen leidenschaftlich die Feueranbetung, die sie allegorisch deuten, und bestreiten mit Recht ein Gebot der allerdings geschichtlich gut bezeugten Verwandtenehe. Der Kult besteht aus Opferzeremonien mit Haoma-Trank (parāhōm), heiligen Barsom-Zweigen (durch Messingdrähte dargestellt) und gemurmelter Rezitation des Yasna (→ Avesta) unter endlosen Anrufungen der Yazatas und → Fravaschis. Reinigungsriten (→ Waschungen mit verdünntem Kuhurin), Totenaussetzung und Leichenfeier sowie bestimmte Feste machen äußerlich das charakteristische Gepräge des Parsentums aus. Jeder Zoroastrier kennt das Ahunavairya-Gebet (Yasna 27, 13 erklärt durch Yasna 19) und das Ašavahišta-Gebet (Yasna 27, 4 mit Kommentar in Yasna 20) auswendig, ohne deren Sinn recht zu verstehen. Das sittliche Verhalten ist beherrscht von der Forderung »Gutes denken, Gutes reden, Gutes tun« (humata, hūχta, hvaršta, neupers. andīša-i-nīk, guftār-i-nīk, kardār-i-nīk). - Vgl. → Iran: II. VII.

M.Haug, Essays on the Sacred Language, Writings and Religion of the Parsees, (Bombay 1862) London 1907[4] - Dosabhai Franiji Karaka, History of the Parsis, including their Manners, Customs etc, 2 Bde, London 1884 - J.J.Modi, The Religious Ceremonies and Customs of the Parsees, Bombay (1885) 1931[2] - Ders., Catechism of Zoroastrian Religion, ebd 1911 - D.Menant, Les Parsis. Hist. des communautés zoroastriennes de l'Inde, Paris 1898 - V.Henry, Le Parsisme, ebd 1905 - ERE IX, 640ff (Parsis) - Kai-Ḫusrau Šahruḫ, Furūġ-i-mazdayasnī, Bombay 1338 (= 1919) - I.J.S.Taraporewala, Zoroastrianism (in: Religion in the 20th century, ed. V.Ferm, New York 1948, 17-43) - J.C.Tavadia, Die mittelpers. Sprache u. Lit. der Zarathustrier, 1956.

W.Eilers

IV. Iranische Religion, Judentum und Urchristentum

1. Problemgeschichtliches - 2. Iran. Religionen und Judentum - 3. Iran. Religionen und Urchristentum

1. In der neuzeitlichen *Erörterung* über Iranismus, Judentum und Christentum hat es sich vornehmlich um drei Problemkreise gehandelt: a) Geleitet vom Interesse an der nt. Eschatologie richteten Forscher wie Stave, → Söderblom und → Bousset die Aufmerksamkeit auf iran. → Apokalyptik (: I), Engellehre (→ Geister: I) und → Eschatologie, die mit entsprechenden Erscheinungen des antiken Judentums verglichen wurden. - b) Aus religionsgeschichtlichem Interesse an → Gnosis und → Mystik suchte bes. R. → Reitzenstein, mit Hilfe von Mandäismus (→ Mandäer) und → Manichäismus gnostisch erscheinende, von ihm mythisch interpretierte Vorstellungen des → Hellenismus, des Judentums und des Urchristentums auf ein volkstümliches iran. »Mysterium« zurückzuführen. - c) Seit der Entdeckung der → Qumran-Texte richtet sich das Interesse erneut auf den physisch-ethischen Dualismus, der in diesen Texten in einer an den Iranismus erinnernden Weise vorkommt.

2. Daß das nachexilische → *Judentum* (: I) trotz seinem Widerstand gegen alles Heidnische vom Iranismus nicht unberührt blieb, ist von vornherein sehr wahrscheinlich. Die in Babylonien verbliebenen (→ Diaspora: I) und die in Palästina lebenden Juden waren 539-331 vChr Untertanen der Perser; auf chaldäisch-iran. Gebiet gab es zahlreiche und bedeutende jüdische Diasporagemeinden, in deren Raum das → Tobit-, → Esther- und → Danielbuch (bes. c. 1-6) beheimatet sind; seit ca 200 vChr wurden Juden in Medien, seit ca 150 vChr in Mesopotamien von den Parthern beherrscht. Dennoch darf man bedeutende jüdische Vorstellungen nicht ohne weiteres aus der iran. Religionswelt ableiten. Einzelne Überlieferungen dürften schon von der chaldäisch-iran. Umgebung übernommen sein, zB die Geschichte vom Wettkampf der persischen Hofpagen im 3. → Esrabuch (3, 1 - 4, 42), die Gestalt → Asmodis im Tobitbuch sowie das Purim-Fest (→ Feste: II, 6a) u.ä. in Est. Das berechtigt jedoch nicht dazu, die Entlehnung iran. Gutes zu verallgemeinern. Einmal ist zu beachten, daß dem Judentum der Zeit allem Anschein nach weder die Verkündigung → Zarathustras noch überhaupt die altiran. Religion, sondern ein auch allgemein-vorderorientalische Bestandteile umfassender, chaldäisch-iran. Synkretismus begegnet ist. Hier können die iran. Elemente, unter denen in den Jh.en um die Zeitenwende neben zoroastrischen und persischen auch mithrazistische und zervanistische, medische und parthische Überlieferungen eine Rolle spielten, von den chaldäischen und allgemein vorderorientalischen Einschlägen kaum unterschieden werden. Zum andern sind die Quellen zum chaldäisch-iran. Synkretismus des betreffenden Zeitraums höchst fragmentarisch. Die für den Vergleich von Judentum und Iranismus ergiebigsten persischen Schriften sind erst spätantik oder mittelalterlich, und in welchem Umfang es aramäische Übersetzungen gegeben hat, die den Juden der Antike einen Zugang zum → Avesta usw hätten ermöglichen können, ist bis heute ungeklärt. Drittens läßt sich von den umfassenderen Motivkomplexen des Judentums (Apokalyptik und Dualismus), die mit iran. Vorstellungen vergleichbar erscheinen, kein einziger anführen, der nur vom Iranismus erklärt werden könnte. Diese Motivkomplexe erscheinen in ihrer vorliegenden Gestalt mit einer vom AT herkommenden jüdischen Vorstellungswelt organisch verbunden. - Folgendes sind die wichtigsten Themen für den Kontakt zwischen Iranismus und Judentum: a) Die Gottesbezeichnung »der Hochbetagte« in Dan 7, 9. 13. 22. Es gibt Analogien im Zervanismus; der Ausdruck findet sich aber bereits in den Texten von → Ugarit. b) Die Neigung zum physisch-ethischen Dualismus, zur dramatisch-heilsgeschichtlichen Gegenüberstellung von Licht und Finsternis, Gut und Böse, Gerechtigkeit bzw. Wahrheit und Lüge. Im Judentum findet sich dieser Dualismus am ausgeprägtesten in den → Qumran-Texten, bes. in 1QS III, 13 - IV, 26; bemerkenswerte Analogien gibt es in den Gatha-Liedern Yasna 30, 1-8; 45, 2; aber der Aussagenkomplex 1QS ist der Gesetzesobservanz des Kontextes ganz einverleibt und steht der iran. Theologie inhaltlich nicht so nahe, wie es zunächst scheint. c) Das dramatisch-heilsgeschichtliche Periodenschema (→ Weltperioden), u.a. die Lehre von den vier Weltreichen (Dan 2, 1-49; 7, 1-28; vgl. Bundahišn 34, 1-9; Bahman Yašt 1, 1-5; vgl. aber auch Hesiod, Werke und Tage 109-210). d) Die Verkündigung von einem göttlichen → Mittler, der als archaischer → Urmensch, als inkarnierter Prophet und als künftiger Welterlöser (→ Erlöser: I) erscheinen kann. Im Judentum ist dies bes. der → Menschensohn in den → Henochbüchern, im Iranismus Gayōmart-Zarathustra-Saošyant; in beiden Fällen läßt sich jedoch ein Zusammenhang der Gestalten nicht eindeutig beweisen. e) Die systematisch entwickelte Lehre von Engeln (→ Geister: I. II) und vom → Teufel (: I. II). Bei den jüdischen Vorstellungen handelt es sich um eine Weiterentwicklung at. Aussagen, die

u.U. durch iran. Analogien beschleunigt wurde. f) Die voll entfaltete Lehre über eine individuelle → Auferstehung (: I, 4; II, 4; III) und → Vergeltung (: I. III). Aber diese Motive waren auch vor dem Kontakt mit Persien auf semitischem Boden und im AT vertreten. g) Schließlich die Bestrafung der Gottlosen durch Feuer, zB Dan 7, 10f, bes. äthHen 67, 4-7 und in 1QM; vgl. u.a. Bundahišn 30, 18-20; das glühende kosmische → Feuer war jedoch auch ein bekanntes griechisches, bes. stoisches Motiv. - Am auffallendsten ist von den genannten Übereinstimmungen die zwischen dem Dualismus der Qumran-Texte und dem der Gatha-Lieder. Hier könnte eine direkte Übernahme iran. Traditionen vorliegen. Diese aber geographisch und historisch zu erklären, scheint vorläufig unmöglich. Zu beachten ist auch, daß die Qumran-Texte bisher nur unbedeutende Beispiele für iran. Lehnwörter aufweisen; das oft vorkommende »raz« (»Geheimnis«) wurde vom Danielbuch übernommen. - Es dürfte zur Erklärung der Analogien zwischen Iranismus und Judentum angebracht sein, nur in bezug auf Einzelheiten mit einer direkten Übernahme, im allgemeinen aber und bes. in bezug auf wichtigere Theologumena nicht mit einer Influenz, sondern mit einer Konvergenz zu rechnen. Andererseits können sich Faktoren, die im Judentum schon Voraussetzungen hatten, unter indirekter Einwirkung des Iranismus weiterentwickelt haben. Es handelt sich wahrscheinlich überhaupt um eine allgemein vorderorientalische Verschiebung des Zeitgeistes, die allem Anschein nach auch das Griechentum betroffen hat. Die nähere Entwicklung eines gnostischen Weltbildes (→ Gnosis) auch im Judentum (zB → Philo) dürfte sich so am ehesten erklären. Anders ist das Verhältnis beim Mandäismus, der während seiner Entwicklung im Osten allerlei chaldäisch-iran. Elemente in sich aufgenommen hat. Ebenso sind offenbar manche Lehrtraditionen des nachchristlichen Judentums in der babylonischen Diaspora direkt vom chaldäisch-iran. Synkretismus übernommen worden.

3. Bisweilen hat man es unternommen, grundlegende Aussagen der *urchristlichen* → Christologie (: I) und → Eschatologie (: IV) aus I. herzuleiten, zB die Verkündigung vom → Menschensohn und vom → Reich Gottes. Meist kommt man aber über abstrakte Kombinationen nicht hinaus. Eine konkrete Fühlungnahme Jesu und seiner Jünger mit iran. Lehren und Überlieferungen ist weder nachweisbar noch aus geschichtlichen Gründen wahrscheinlich. Was im NT an den Iranismus erinnern kann, läßt sich im allgemeinen als eine Entfaltung jüdischer Motive verstehen, die freilich ihrerseits möglicherweise chaldäisch-iran. beeinflußt waren. Doch finden sich auch im NT Einzelaussagen, die als orientalische Wandermotive auf iran. Boden gewachsen sein können. Um eine solche Einzelheit kann es sich zB beim Hahn der Passionsgeschichte (Mt 26, 34. 73 par) handeln, weil dieser »persische Vogel« (so Aristophanes, Suidas) gerade in der iran. Mythologie eine charakteristische Rolle spielte (HWDA III, 1333ff; Lit.). Vor allem können einige Motive der → Johannesapokalypse, deren Verfasser und Leser sicher mit gewissen nach Kleinasien verbreiteten iran. Religionsformen in Verbindung gekommen waren, zT auf Vorstellungen des chaldäisch-iran. Synkretismus bezogen werden (die 7 Geister in Apk 1, 3 u.ö., → Amesha Spenta; der Feuer- und Schwefelsee von Apk 14, 10 usw, der zwar auf jüdische Überlieferungen zurückgeht [zB äthHen 67, 4-7], aber gerade wegen der anzunehmenden Vertrautheit der kleinasiatischen Leser mit iran. Vorstellungen über den Weltuntergang eine wichtige Stellung im Schlußdrama bekommen konnte). - Weitgehender war jedenfalls der Einfluß des Iranismus auf die orientalische → Gnosis, auf andere Erscheinungen des östlichen Christentums bis tief ins MA hinein und auf den → Islam.

Außer der Lit. zu → Qumran: E.Stave, Über den Einfluß des Parsismus auf das Judentum, 1898 - N.Söderblom, La vie future d'après le mazdéisme, 1901 - E.Böklen, Die Verwandtschaft der jüdisch-christl. mit der pers. Eschatologie, 1902 - W.Bousset, Die jüd. Apokalyptik, 1903, 36ff - A.Bertholet, Zur Frage des Verhältnisses von pers. u. jüd. Auferstehungsglauben (Festschr. F.C.Andreas, 1916, 51-62) - I.Scheftelowitz, Die altpers. Religion u. das Judentum, 1920 - E.Meyer, Ursprung u. Anfänge des Christentums II, 1921, 58ff - R.Reitzenstein, Das iran. Erlösungsmysterium, 1921, 70ff. 231ff - Bousset, Rel. - A.v.Gall, Basileia tou Theou, 1926 - F.Nötscher, Altoriental. u. at. Auferstehungsglaube, 1926, 64ff - C.H. Kraeling, Anthropos and Son of Man, 1927, 74ff - H.Gressmann, Die oriental. Religionen im hellenistisch-röm. Zeitalter, 1930, 124ff - R.Otto, Reich Gottes u. Menschensohn, (1934) 1940², 9ff. 141ff. 334ff - J.Bidez-F.Cumont, Les mages hellénisés I, 1938, 41ff. 217ff. 225ff; II, 1938, 259ff - W.Staerk, Die Erlösererwartung in den östl. Religionen, 1938, 147ff. 495ff - J.Duchesne-Guillemin, Ormazd et Ahriman, 1952, 71ff - Ders., The Western Response to Zoroaster, 1958, 86ff - G.Widengren, Der iran. Hintergrund der Gnosis (ZRGG 4, 1952, 97-114, bes. 100ff) - Ders., Stand u. Aufgaben der iran. Religionsgesch. (Numen 1, 1954, 16-83; 2, 1955, 47 bis 134, bes. 107ff) - Ders., Quelques rapports entre juifs et iraniens à l'époque des parthes (VT Suppl. 4, 1956, 197-241, bes. 215ff) - H. Ringgren, Esther and Purim (SEÅ 20, 1955, 5-24) - R.Mayer, Die bibl. Vorstellung vom Weltenbrand. Eine Unters. über die Beziehungen zwischen Parsismus u. Judentum, 1956 - Ders., Monotheismus in Israel u. in der Religion Zarathustras (BZ NF 1, 1957, 23-58) - E.Schweizer, Gegenwart des Geistes u. eschatologische Hoffnung bei Zarathustra, spätjüd. Gruppen, Gnostikern u. den Zeugen des NT (The Background of the NT and its Eschatology [Dodd-Festschr.], 1956, 482-508, bes. 485ff).

B.Reicke

V. Persien, altkirchlich

Von → Antiochien aus wurde dem Christentum durch eine starke jüdische Diaspora der Weg in die Adiabene gewiesen, wo der aus der → Abgar-Legende (Edessa) bekannte Apostel Addai (→ Thaddäus) gewirkt haben soll. Auch Perser - zT leitende Beamte - wurden schon damals für Christus gewonnen. Von → Edessa aus fand das Christentum Eingang im Zweistromlande (bes. im Norden); bis zur persischen Eroberung 224 (Sassaniden, → Iran: I) waren hier 17 Bistümer vorhanden (eine von Mĕšīḥā-zechā [6.Jh.] stammende, jedoch unsichere Angabe, da die Märtyrerakten vor 325 nur 7 Gemeinden namentlich nennen). - Die Christen wurden anfänglich geduldet, konnten sich aber dem weit verbreiteten Täufertum (→ Mandäer), dem im 3.Jh. neu belebten Zoroastrismus (→ Iran: III) und dem hier entstehenden → Manichäismus gegenüber nicht voll durchsetzen. Sie mußten sich also gleichzeitig gegen den Staat und gegen diese Religionen organisieren. Dadurch erhielt die Kirche manches an äußerer Härte, was ihr an territorialer Geschlossenheit fehlte (→ Iran: VI). - Die Ansiedlung christlicher römischer Kriegsgefangener (bes. seit 260: Niederlage Kaiser Valerians) stärkte das Christentum sehr: erst damals scheint die Landeshauptstadt Seleukeia-Ktesiphon (→ 3 E 4) ein Bistum erhalten zu haben. Die vielen Kämpfe mit dem (seit 313) christlichen Rom ließen die Christen freilich gefährlich erscheinen. So kam es bes. zwischen 340 und 379, dann um 420 und schließlich zwischen 446/50 zu oft grausamen Verfolgungen, von denen die zahlreich erhaltenen Martyrien (hg.v. P.Bedjan, 7 Bde, Paris 1890-97; G.Hoffmann, Syr. Akten pers. Märtyrer, 1880; O.Braun, Ausgewählte Akten pers. Märtyrer, 1915) eine gerade in ihrer Nüchternheit erschütternde Kunde geben. Sie sind zugleich eine wichtige Quelle über das innere Leben der Kirche, von dem uns außerdem noch → Afrahat berichtet. Im 4.Jh. verbreitete sich das → Mönchtum (: II) mehr und mehr (bes. im Ṭūr 'Abhdīn), offenbar noch nicht unter ägyptischem Einfluß (so A.Vööbus). Von hier aus waren asketische Ideale weit verbreitet, die zeitweise offenbar zur Forderung nach dem Zölibat Getaufter führten: darüber gab es im 5. und 6.Jh. heftige Auseinandersetzungen. - 410 erklärte die Kirche sich auch aus politischen Gründen für autonom und nahm die Beschlüsse von → Nicäa an; doch bildete die weitere Verwendung des Diatessarons (→ Tatian) eine Besonderheit. 424 wurde der Katholikos (»Allgemeiner Bischof«) als Haupt der Kirche für unabsetzbar erklärt; gegen ihn gab es keine Appellation nach außerhalb. Im 5.Jh. machte sich mehr und mehr der Nestorianismus geltend, der 484/86 auf 2 Synoden amtlich angenommen wurde und der pers. Kirche ein eigenes konfessionelles Gepräge verlieh (weiter → Nestorianer: I).

J.Labourt, Le christianisme dans l'Empire Perse, Paris 1904 - E. Sachau in: SAB 1916, 958-980 - K.Lübeck, Die alt-pers. Missionskirche, 1919 - F.Haase, Altchristl. KG, 1925 - A.Vööbus, Celibacy..., Stockholm 1951 - J.Leipoldt in: HO VIII, 1958. - Weiteres s. → Nestorianer: I, → Assyrische Kirche.

B.Spuler

VI. Mission in Iran

Die neuere Mission in I. beginnt mit Henry → Martyn, der i.J. 1811 in Schiraz eintraf; er übersetzte das NT ins Persische und legte damit die Grundlage für die weitere Arbeit. - 1832 kam J.Perkins von den amerikanischen → Presbyterianern (: II) nach I. und eröffnete eine »Mission für die Nestorianer«, da man eine unmittelbare Tätigkeit unter den Muslim für erfolglos hielt. 1870 entschied sich die Mission jedoch zur Ausdehnung ihrer Arbeit und wurde in »The Mission to Persia« umbenannt. 1870 begann mit Dr. Bruce auch die Church Missionary Society (CMS) der → Anglikanischen Kirche (: II) in Süd-I. (Zentrum in Isfahan, → 15 A 1). - Seitdem haben beide Gesellschaften ärztlich und erzieherisch gearbeitet; die Amerikaner besitzen 6 Zentren im nördlichen I., die CMS 4 im Süden. 1941 wurden sämtliche Schulen von der Regierung geschlossen und die Gebäude aufgekauft.

Aus der Missionsarbeit erwuchsen zwei Kirchen: die Ev. Kirche (presbyterianisch) und die Bischöfliche Kirche in I. (anglikanisch). Beide Kirchen sind sehr klein (insgesamt 3-4000 Glieder, ohne Ausländer). Die Mehrzahl entstammt den alten armenischen und assyrischen Kirchen. Beide Kirchen werden immer stärker auf nationaler Basis organisiert. Die Aussichten auf eine geeinte Kirche sind bedauerlicherweise nur gering. - Die Christen aus dem → Islam (: III), dem Judentum (→ Judenmission) und dem Zoroastrismus zählen ca 800, ferner 2500 Armenier und Assyrer. - 1953 brachte die politische Krise unter Mossadeq die Arbeit der CMS fast zum Erliegen; die Möglichkeiten für Missionsarbeit sind jedoch seitdem gewachsen, obwohl in Zukunft Ordinierte Einreiseschwierigkeiten haben werden. Die Bischöfliche Kirche hat zZ vier einheimische ordinierte Geistliche. Die ärztliche Tätigkeit (zB → Christoffel-Blindenmission) steht im Vordergrund; sie wird von der Regierung eher gefördert als vordem. Der geringe Nachschub an Ärzten und Schwestern ist freilich enttäuschend. - Die amerikanische, die britische und andere Auslands-Gemeinden sind bes. in den Ölgebieten stark angewachsen; ihre Geistlichen werden von den beiden Kirchen im Lande berufen. Sie verbinden die Seelsorge an den Ausländern mit der Arbeit unter den einheimischen Christen; dadurch wird die Integration der Arbeit gefördert. - Die Assemblies of God, die → Adventisten, die Brüdergemeine (→ Brüderunität: II) und einige andere Gemeinschaften arbeiten ebenfalls im Lande. Die röm.-kath. Kirche tut wenig unmittelbare Arbeit unter den Muslim, hat jedoch einigen Einfluß und einige Gewonnene.

O.Suratgar, I sing in the Wilderness, 1951 - V.Cronin, The Last Migration, 1956 - C.S.Milfrod, The Middle East - Bridge or Barrier, 1956 - K.Cragg, The Call of the Minaret, 1956 - H.Lörner, Die religiöse u. missionarische Lage in I. (AMN 36, 1956, 27-29).

W.J.Thompson

VII. Zoroastrismus im Westen

Iran. Glaubensvorstellungen haben schon in alter Zeit nach dem Westen übergegriffen. → *Armenien* (: I) unterliegt früh einer totalen Iranisierung, die sich in Sprache, Kultur und vor allem in der Religion geltend macht (→ Iran: II). Der *Irak* kann bis heute die Spuren mehrfacher Perserherrschaft nicht leugnen (Residenzen Babylon und Ktesiphon, später Bagdad: eigentlich ein iran. Mannesname; Baustil; Lehnwörter im Irakarabischen). Hier kam wohl auch das → *Judentum* (: I) des Exils mit dem iran. Wesen in enge Berührung und griff iran. Gedanken auf, die auf diesem Wege auch in christlicher Abwandlung begegnen (→ Iran: IV). Wohl über Kleinasien dringt iran. Gedankengut nach Hellas (Plato); später ist die → Gnosis davon durchtränkt. → Mandäer und → Jeziden hängen von ihm ab; der konsequente Dualismus der Manichäer (→ Manichäismus) u.a.m. sind rein iranisch. Der Kult des Soldatengottes → Mithras dringt bis zu Donau und Rhein vor.

Mit der Islamisierung I.s verlagert sich das Schwergewicht des Zoroastrismus nach Indien (Parsismus: → Iran: III). Die Vorstellungen des daheim gebliebenen iran. Volkes wirken als Unterströmung innerhalb der *Schia* weiter (→ Islam: I), deren Ḥadīṯ iran. Sitten und Anschauungen nachträglich heiligt (Neujahrsfest, Prozessionsformen; Züge der Anāhit im Bilde der hl. Fāṭima u.a.m.). Die zu einem winzigen Rest zusammengeschrumpften alten Mazdaverehrer werden nunmehr Zardušti »Zoroastrier« oder - mit tadelndem Beiklang - Gabr (Herkunft unbekannt) bzw. Ātašparast »Feuerverehrer« genannt. Da die Zoroastrier von der Schia als Nichtheiden geduldet wurden (→ Iran: III), konnten noch im Frühislam Glaubensschriften in Pehlewi wie der Dēnkart (→ Avesta) abgefaßt werden. Von großen noch benutzten Feuertempeln berichten die Historiker und Geographen des MA, allerdings auch von Schändungen (Fällung der Zoroaster-Zypresse von Kischmar in Chorasan durch den Kalifen Mutawakkil i.J. 861 nChr). Erst als die Schia durch die Sefewiden (1501-1722) Staatsreligion wird, geht es rasch mit dem Zoroastrismus bergab (nach Chardin noch im 17.Jh. Feuertempel in Nadschafabad westlich von Isfahan). Unter den Ḥasan-Ḥusain-besessenen Kadscharen, die auch die Passionsspiele (taʿziye) in besonderen Bauwerken (Ḥusainiyye) offiziell machen, wurden die schließlich um Jesd und Kerman zentrierten Zoroastrier stark drangsaliert. Hier griffen reiche und angesehene Glaubensbrüder Indiens helfend ein. Berühmt wurde der Parsenmillionär Mānogjī Līmjī Hōšang Hātariyā, der mit anderen indischen Glaubensgenossen dem Schah die jährliche Steuer aller persischen Zoroastrier bezahlte. Für Schulen, Krankenhäuser und den Druck von Büchern kamen Sammlungen aus Indien. In Teheran verrät der Feuertempel (dar-i-mihr, ātaškade) seine indische Herkunft schon im Stil, während - anders als in Indien - der dortige Turm des Schweigens (daχme) neuerdings durch einen Zementfriedhof bei Qaṣr-i-Fīrūze ersetzt worden ist. Für Jesd hat in der Jüngstvergangenheit Peshotanji Marker eine höhere Schule nebst Feuertempel und Waisenhaus gestiftet. Endgültig räumte mit der Bedrückung der persischen Zoroastrier Resa Schah Pahlawi auf (1925-41), unter dem sehr viele Zoroastrier aus den Gemeinden von Jesd und Kerman nach Teheran zogen, wo sie jetzt als reiche Kaufleute und Grundstücksbesitzer wohnen. Inzwischen ist auch das Interesse der aufgeklärten und nationaldenkenden Bildungsschicht I.s am Zoroastriertum erwacht (Schriften von Pūr-i-Dā'ūd u.a.). Auch haben sich die Zoroastrier (im Gegensatz zu

Juden oder armenischen und chaldäischen Christen) schon immer als einzelne bei den Muslims wegen ihrer Zuverlässigkeit und Sittenstrenge hoher Achtung erfreut. Unter dem Einfluß der Parsen Indiens wurde (ähnlich wie bei den Juden und Christen I.s von Europa her) die abgesunkene Bildung gehoben; religiöse Sitten haben dabei eine Angleichung an Indien erfahren (sidra d.i. das weiße Zoroastrierhemd und kustī d.i. die Gebetsschnur bei den Frauen; → Iran: III). Anstelle der wohl ganz ausgerotteten Haoma-Pflanze dient ihnen eine Ephedra-Art (šūre oder kahlā), die sie niemals als Brennholz verwenden dürfen.

Die Zoroastrier bilden eine feste Gemeinschaft, die sich durch robusteren Körperbau und auf dem Lande (bei Jesd: Ardakān, Taft) durch ihre weiße Gewandung schon äußerlich hervorhebt. Wie die Juden in Hamadan und Isfahan ihren spätmittelmedischen Jargon beibehalten haben oder die Chaldäer (Assyrer, Nestorianer) ihr Aramäisch, so sprechen die persischen Zoroastrier untereinander ihr Darī, eigentlich die »Hofsprache«, eine neuerliche Fehlbezeichnung für ihren alten Nordwest-Dialekt, der ihre Überlieferung bestätigt, wonach sie als Landbesitzer (dihqān) der Gegend um Rai (Teheran) nach den sich langsamer dem Islam erschließenden Gebieten von Jesd und Kerman (→ 15 A 1) gezogen seien. Ihre alte Tradition hat sich gegenwärtig noch am reinsten in und um Jesd erhalten. Aus Geschäftsgründen sind gelegentlich Zoroastrier wie Juden zur → Bahai-Religion übergetreten.

A.V.W.Jackson, Persia past and present, New York 1906 - ERE VI, 147ff (Gabars); XII, 862ff (Zoroastrism) - M.Aurang, Yaktāparastī dar Irān-i-bāstān, Teheran 1334 (= 1955) - W.Eilers, Kultische Kontinuität (Atti dell' VIII Congresso internazionale di storia delle religioni, Firenze 1955, 209-215). - Unterhaltungs-Zs. Hūχt, Teheran, seit 1328 (= 1949). *W.Eilers*

Iranistik

1. Wesen und Entwicklung - 2. Umfang und Aufgaben: a) Westiran - b) Ostiran - c) Nordiran. - Zur Geschichte und Kultur Irans vgl. → Iran: I-III. VII

Von gelegentlichen Monographien abgesehen (etwa Thomas Hyde, Veterum Persarum et Parthorum et Medorum religionis historia, Oxford 1760²), beginnt die Geschichte der I. mit der Entdeckung des → Avesta durch A.H.Anquetil du Perron (1731-1805; franz. Übers. 1771). Reisende bringen die ersten Texte altpersischer Keilinschriften nach Europa, deren Entzifferung seit G.F.Grotefend (1775-1853) zum Schlüssel der gesamten → Assyriologie und vorderasiatischen Altertumskunde wird (1802). Entsprechend der Mittellage → Irans (: I) zwischen Mesopotamien und Indien blickt auch die I. gleichzeitig nach Westen und nach Osten. Von der indisch-arischen Philologie und Indogermanistik her erschließen sich ethnologisch-linguistische Zusammenhänge für Altiran, von der Semitistik (Aramäisch) und Islamkunde her (Arabisch, Türkisch) das arsakidisch-sassanidische und muslimisch-mittelalterliche Iran sowie (mit Ausnahme des Sakischen) die ganze Schriftgeschichte. Auf dem Gebiete des Neupersischen ist die störende Zwischenstellung Indiens und der Türkei (Urdu-Aussprache in England, osmanische Aussprache auf dem Kontinent) erst in der Gegenwart geschwunden. Während das neupersische Schrifttum und die dahinterstehende Kultur des MA im Zusammenhang mit arabistischen und turkologischen Studien durch die → Islamforschung zugänglich wird, hängt die Aufhellung des Altertums an der Keilschriftforschung (assyrische Königsannalen, Achämenideninschriften), den klassischen Quellen und bes. an der indo-iranischen Philologie. Indologen (→ Indologie) sind die Sachwalter auch der (früher Zend genannten) avestischen Texte. Wo die Methode der Sprachvergleichung versagt (R.Chr.Rask, 1787-1832; Franz Bopp, 1791-1867), muß der Inhalt kombinatorisch erschlossen werden. Auf die jüngere Parsentradition, bes. von M.Haug herangezogen, ist wenig Verlaß (Ferd.Justi, 1837-1907); die ältere (Neriosengh) hingegen besitzt noch wertvolles Überlieferungsgut (E.Burnouf, 1801-52; Vendidad-Ausg. 1829ff, Yasna-Kommentar 1833). N.L. Westergaard (1815-78), Fr.Spiegel (1820-1905) und Justi legen die Grundlagen zum richtigen Verständnis der hl. Schriften (Avesta und die mittelpersische Pehlewi-Literatur). Chr.Bartholomae (1855-1925; Altiran. WB, 1904; Zur Kenntnis der mitteliran. Mundarten, 1916-25), K.F.Geldner (1852-1929; große Avesta-Ausg. 1886-96), A.V.W.Jackson (1862-1937) und Hans Reichelt (1887 bis 1939; Grammatiken) bauen darauf eine solide Avestaforschung weiter. Das Dunkel über dem schwierigen Pehlewi erhellt sich zB durch H.F.Junkers (* 1889, Berlin) Ausgabe des Frahang-i-Pahlavīk, eines mittelpersischen Ideogrammverzeichnisses (1912), durch Bartholomaes Studien (zB: Zum sassanidischen Recht, 1918-23) und durch H.S.Nybergs (* 1889, Uppsala) Hilfsbuch des Pehlevi (1928-31). E.Herzfelds (1879-1948) Sammlung der sassanidischen Inschriften (Paikuli, 2 Bde, 1924) läßt den Werdegang der Pehlewi-Schrift und ihrer aramäischen Ideogramme zurückverfolgen. Wichtig ist die erst kürzlich bei Persepolis entdeckte umfangreichste Sassanideninschrift Schapurs I. (Trilingue). Ein von W.B. Henning organisiertes Corpus Inscriptionum Iranicarum (seit 1955) wird nicht nur das gesamte mittelpersische Material vorlegen, sondern auch die seit F.H.Weissbachs (1865-1944) Ausgabe (1910) stark vermehrten Achämenideninschriften, deren Grammatik von Spiegel (1864), Meillet-Benveniste ([1914] 1931²) und R.G. Kent (1877-1952; Old Persian, [1950] 1953²) erarbeitet wurde. Die iranische Etymologie findet ihre fähigsten Bearbeiter in P. de Lagarde, Paul Horn und Heinr. Hübschmann (1848-1908), womit das Studium der heutigen Mundarten Hand in Hand geht. Die verschiedenen Dialekte werden in Sprachproben gesammelt und morphologisch wie ethnologisch untersucht (im Westen bes. durch V.A.Zukovsky [1858-1918] und Oskar Mann [1876-1917]; im Osten durch G.A.Grierson [1851-1941] und G.V.Morgenstierne [* 1892, Oslo]). In Wilh.Geigers (1856-1943) und E.Kuhns (1846-1920) »Grundriß der iranischen Philologie« (1895-1904) werden Linguistik (Bd I) sowie Geschichte, Geographie, Literatur und Religion (Bd II) behandelt. Dieses Werk bildet Höhepunkt und Abschluß der I. vor der Entdeckung der Texte aus → Turfan. Hier blieben außer türkischen und indischen Schriftstücken manichäische, christliche und buddhistische Texte in mehreren iranischen Sprachen erhalten: Vom Westiranischen das Mittelpersische (Pārsīk) und Parthische (Mittelmedische: Pahlavīk); vom Ostiranischen das Sakische (auch Khotanesische, früher Nordarisch genannt) und das Soghdische (die Sprache der Landschaft um Samarkand). Die Erschließung des Materials, die noch in vollem Gange ist, knüpft sich an Namen wie F.W.K.Müller (1863-1930) und Carl Salemann (1849-1916), an F.C.Andreas (1846-1930), W. Lentz (* 1900, Hamburg), W.B.Henning (* 1908, London), Mary Boyce (Westiranisch), an R.Gauthiot (1876 bis 1916), E.Benveniste (* 1902, Paris), H.Reichelt (s.o.), Friedr.Weller (* 1889, Leipzig), O.Hansen (* 1902, Berlin), Henning, I.Gershevitch (* 1914, London; Soghdisch), an Sten Konow (1867-1948), E. und M.Leumann, H.W.Bailey (* 1899, Cambridge; Sakisch).

2. Nach ihren *sprachlichen Quellen* gliedert sich die I. in drei große Hauptgebiete.

a) *Westiran* darf als der am besten erforschbare Teil Irans gelten. Hier laufen Archäologie und Inschriften sowie Überlieferungen einander ergänzend zusammen (Akkader, AT, Griechen, später Syrer, Talmud, Araber, Armenier). Keilschriftliche Namen u.dgl. aus dem 2.Jt. (Kassiten, Mitanni) lassen die Iranier als eigenes Volkstum aus der arischen Erobererschicht noch nicht heraustreten und machen eher einen indischen Eindruck. Hingegen sind Namen von Zagrosfürsten und einige Ortsnamen in den assyrischen Annalen des 1.Jt.s bereits iranisch, und zwar im wesentlichen medisch. Mit dem medischen Reich (→ Medien) beginnt auch die Überlieferung bei den Griechen (Herodot, Ktesias), wenn auch medische Sprachreste inschriftlich noch nicht gefunden sind. Dem medischen Nordwesten (Kurdistan, Aserbeidschan bis Teheran und Isfahan) steht als Stammland der *Perser* der mundartlich verschiedene Südwesten gegenüber mit Luristan, Fars und Kerman als Hauptprovinzen. Wichtigste Quelle sind die Inschriften der Achämenidenkönige (6.-4.Jh.) in der altpersischen Grundsprache (Buchstabenkeilschrift) und in Übersetzungen. Aus babylonischen, jüdischen, griechischen und ägyptischen Quellen tritt ein reiches Eigennamenmaterial hinzu. - Die Arsakiden (Partherkönige, seit ca 250 vChr) verwenden eine vielleicht als mittelmedisch zu begreifende Amtssprache, das sog. Pahlavīk, sind aber aus eigenen Inschriften kaum bekannt. Hingegen verwenden die ihnen folgenden Sassaniden (ab 226 nChr) die Sprache ihrer Stammsitze, also das Mittelpersische oder Pārsīk. Die älteren sassanidischen Inschriften fügen der amtlichen Pārsīk-Fassung eine Pahlavīk-Version sowie die griechische Übersetzung bei. An außeriranischen Quellen bietet das im Armenischen erhaltene Lehngut die wichtigste Information über das Nordwestiranische, für das Südwestiranische bes. das Syrische und Arabische. Seit Anfang des 20.Jh.s ergänzen die manichäischen Turfanfunde mit mittelpersischen und parthischen Texten das Bild. Vor allem läßt sich auf Grund dieser eindeutig phonetisch geschriebenen Quellen das sog. Buchpehlewi der zoroastrischen Traditionsliteratur aufhellen, die ideogrammdurchsetzte südwestiranische Amtssprache der Sassaniden (sollte also eigentlich Pārsī und nicht Pahlavī heißen!). Schon im achämenidischen Amtsverkehr hatte sich das aramäische Alphabet durchgesetzt und beherrscht die mitteliranische Zeit bis zur islamischen Eroberung, die in Iran die arabische Schrift offiziell macht (um 650). Inschriften sowohl wie das vieldeutige Buchpehlewi (durch Buchstabenzusammenfall nur noch 14 Zeichen statt 21) bedienen sich weitgehend der aus aramäischer Schreiberpraxis überkommenen Ideogramme, deren Klärung zugleich eine Aufgabe der Semitistik ist. - Das sassanidische Pārsīk setzt sich als Allgemeinsprache durch und tritt in islamischer Zeit (um 900) als *Neu*persisch in Erscheinung, mit arabischen Buchstaben geschrieben und zuerst im Osten (Ghazna) zur Literatursprache entwickelt. Die beiden größten persischen Dichter, Saʿdī und Ḥāfiẓ, stammen aus dem südwestiranischen Schiras, der Hauptstadt von Fars. Die Dialektgeographie der Gegenwart spiegelt getreu alte Stammesverhältnisse wider. Nordwestiranisch ist auch die Sprache der Zoroastrier in Kerman und Jesd (→ Iran: VII).

b) Nach *Ostiran* gehört trotz erhobenen Bedenken die Sprache des → Avesta, in seiner ältesten Gestalt durch die Gathas vertreten. Selbst das jüngere Avestische steht bei aller Fehlerhaftigkeit noch auf einer wesentlich älteren Stufe als das schon stark dezimierte Altpersische. Das Avesta-Alphabet mit über 50 Zeichen notiert zugleich gewisse Züge eines kantilierenden Vortrages, welche die alte Sprachwirklichkeit verdecken. Anderseits fehlt es an genau entsprechenden Sprachzeugnissen der mitteliranischen Periode, um den Zusammenhang des Avestischen mit neuiranischen Dialekten des Ostens (Afghanistan, Pamir) sicherzustellen. - Als nördliches Ostiranisch auf mitteliranischer Stufe darf man seit den → Turfan-Funden das Soghdische und Sakische bezeichnen. Das *Soghdische,* einst in der Sogdiana (altpers. Suguda) gesprochen und durch einige Sprachproben bei al-Bīrūnī (um 1000 nChr) bezeugt, erscheint in drei nach der Religion bestimmten Dialekten und Schriften. Die buddhistischen Texte sind in sog. Sūtra-Schrift, die manichäischen in dieser und der sog. manichäischen Schrift (aus palmyrenischer Kursive) und die christlichen in syrischer und gelegentlich auch soghdischer Schrift geschrieben. Nur die letztere hat aramäische Ideogramme, die anderen beiden Schriften sind phonetisch. Die buddhistischen Handschriftenreste des Britischen Museums (nebst den alten Briefen) hat H.Reichelt 1928 und 1931 herausgegeben. Einen Teil der in Nestorianisch und Estrangelo geschriebenen christlichen Fragmente findet man bei O. Hansen, Berliner sogdische Texte (1941/54). Das in besonderer Schrift geschriebene manichäische Material ist nur zum geringsten Teil veröffentlicht. - Das *Sakische* (Altkhotanesische) ist in indischem Brāhmī geschrieben. Es ist die altertümliche Sprache der einst östlich der Sogdier lebenden Saken, welche in Nordwestindien ihre 500jährige Sakafremdherrschaft begründeten (Münzlegenden) und schließlich in Iran die alte Provinz Drangiana (Sīstān) okkupierten. Die Texte (7.-10.Jh.) sind größtenteils buddhistische Übersetzungsliteratur. - Ganz neuen Datums sind die *chorasmischen* Studien, die vorwiegend auf der aus dem 12.Jh. stammenden Interlinearübersetzung der arabischen Muqaddimatu'l-adab des Zamaḫšarī beruhen. Dies in arabisch-persischer Schrift geschriebene Buch sowie zwei andere Literaturwerke mit chorasmischen Beispielsätzen geben die noch im 14.Jh. blühende Sprache der Bewohner der Oase Chiwa südlich des Aralsees, der alten Provinz Chwārazmiš, wieder. - Zu den *ostiranischen Mundarten* der Gegenwart gehört das südöstlich von Samarkand in einem Seitenteil des Zarafšān gesprochene Yaghnobī, das dem Soghdischen nahesteht. Weiter im Süden schließen die eigentlichen Pamirdialekte an.

c) Als einer selbständigen *nordiranischen* Gruppe angehörig ist das heute im Kaukasus gesprochene *Ossetische* mit seinen zwei Hauptmundarten (Iron, Digoron) anzusehen. Die zT islamisierten Osseten sind die Nachkommen der im Verlauf der Völkerwanderung bis nach Spanien gedrungenen *Alanen.* Als Vorfahren gelten die Skythen und Sarmaten Südrußlands, deren Namen altossetisches Gepräge zeigen.

H.Reichelt, Iranisch (Grundr. d. idg. Sprach- u. Altertumskunde II/4, 2, 1927, 1-84; Forschungsüberblick) - HO IV, bisher Abschn. 1, 1958: Linguistik (gegenwärtiger Stand). - Vgl. noch: W.B.Henning, Bibliogr. of Important Studies on Old Iranian Subjects, Teheran 1950 - H.W.Bailey, The Persian Language (in: A.J.Arberry, The Legacy of Persia, Oxford 1953, 174-198). - Zu 2a: O.Mann, Kurdisch-Persische Forschungen, 1906ff - A.Ghilain, Essai sur la langue parthe, Louvain 1939. - Zu 2b: R.Gauthiot-E.Benveniste, Essai de grammaire sogdienne, Paris 1923-29 - I.Gershevitch, A Grammar of Manichean Sogdian, Oxford 1954. - E.Leumann, Zur nordarischen Sprache u. Lit., 1912 - Ders., Buddhist. Lit., Nordarisch u. Dt., 1920 - Sten Konow, Saka Studies, Oslo 1932 - Ders., Khotan-Sakische Grammatik, 1942 - M.Leumann, Sakische Hss.proben, 1934 - H.W.Bailey, Khotanese Texts I-III, Cambridge 1945-56. - Zeki Velidi Togan, Khorezmian Glossary of the Muqaddimat al-Adab, Istanbul 1951 - A.A.Freiman, Chorezmijskij Jazyk, Moskau-Leningrad 1951. - G.A.Grierson, Ishkashmi, Zebaki and Yazghulami, London 1920 - G.Morgenstierne, An Etymological Vocabulary of Pashto, Oslo 1927 - Ders., Indo-Iranian Frontier Languages, ebd 1929-56 - H.F.Junker, Yaghnobi Studien, 1930 - W.Lentz, Pamir-Dialekte I, 1933 - H.Sköld, Materialien zu den iran. Pamirsprachen, Lund 1936. - Zu 2c: H.Hübschmann, Etymologie u. Lautlehre der osset. Sprache, 1887 - Vsevolod Miller, Die Sprache der Osseten, 1903 - M.Vasmer, Die Iranier in Südrußland, 1923 - L.Zgusta, Die

Personennamen griech. Städte der nördl. Schwarzmeerküste, Prag 1955. *W.Eilers*

Iranschähr, *Hossein Kazemzadeh,* * 10.1.1884 in Täbris, wirkte 1918-35 als Schriftsteller und Journalist in Deutschland und ließ sich 1936 in Dagersheim (St.Gallen) nieder. Er gründete 1942 eine mystisch-esoterische Schule und 1949 die Monatsschrift »Welt-Harmonie«. I. will die intellektualistisch-materialistische Haltung überwinden und durch mystisch-esoterische Schulung und meditatives »Herzdenken« den »Geistesmenschen« des zukünftigen Zeitalters entwickeln.

Vf. u.a.: Bärg Ssäbs (Grüne Blätter), (1933) 1938²; Leben u. Sprüche der Sufi-Meister des Islam, 1934; Die Ursachen des Leides, (1936) 1945²; Das Mysterium der Seele, (1936) 1949²; Der Weg zur Lebensweisheit u. Glückseligkeit, 1938; Der Pfad zur Jüngerschaft, 1938; Mensch u. Kultur im kommenden Zeitalter, (1939) 1942²; Eine Einweihung in der Friedensburg, 1942; Grundlagen der neuen Erziehung, o.J.; Der Weg zum Völkerfrieden, 1956. *K.Hutten*

Irbe, *Kārlis,* * 7.8.1861 in Kurland als Sohn eines lettischen Landwirts, † 23.3.1934, studierte Theologie in Dorpat, war 1887 Pastor an einer deutschen Gemeinde in Moskau, 1888-1905 in Livland, seit 1892 zugleich Propst, 1905-15 Direktor eines lettischen Gymnasiums in Riga, 1917-20 Präsident des lettischen ev.-luth. Konsistoriums in Rußland. 1922 zum ersten lettischen ev.-luth. Bischof gewählt und von Erzbischof → Söderblom geweiht, trat er 1931 zurück, weil er das von der Regierung erlassene Gesetz über die Enteignung der deutschen Domkirche in Riga zugunsten lettischer Gemeinden als kirchenfremden Übergriff mißbilligte (→ Baltische Länder, 12). - I. war bei der Schaffung der Kirchenverfassung Lettlands führend tätig, gründete das lettische Theol. Institut und das lettische kirchliche Gymnasium und gewann durch die Kraft und Wucht seiner Persönlichkeit viel Autorität. *R.Wittram*

Irenäus, 1. Bischof *von Lyon,* der wichtigste der sog. altkath. Väter. Er war Grieche aus Kleinasien, wo er in Smyrna als Knabe noch → Polykarp gehört hatte. Um 177 ist er in Rom als Abgesandter der Lyoner Gemeinde, um dort bei → Eleutherus gegen einen Bruch mit den → Montanisten zu intervenieren. 177/78 wird I. in Lyon Nachfolger des Märtyrerbischofs → Pothinus. Im Interesse des kirchlichen Friedens mahnt er → Viktor von Rom zur Duldung der kleinasiatischen Osterpraxis (→ Ostern, 1). Den Späteren galt I. als Märtyrer. - Seine Schriften nennt Euseb (s. Index bei Schwartz III, 67f), der auch Fragmente aus wichtigen Briefen aufbewahrt. Erhalten ist, aber nur in lat. (und zT in armen.) Übersetzung (um 200 oder um 400?), das Hauptwerk »Entlarvung und Widerlegung der angeblichen Gnosis« (Adv. haereses, ca 180; → Altchristliche Literaturgeschichte, 3b) und das nur armen. überlieferte Werk »Der Erweis der apostolischen Verkündigung« (Epideixis), eine kurze Darstellung der Gotteslehre und Christologie. In Adv. haer. I. II bietet I. wichtige Referate und Exzerpte über die christliche → Gnosis (: III, 3d) des 2.Jh.s. Diese haben auch nicht an Gewicht verloren, seitdem in Nag Hammadi (vgl. ebd) eine koptisch-gnostische Bibliothek aus dem 4.Jh. aufgetaucht ist. Im Gegenteil hat sich gezeigt, mit welcher Sorgfalt (s. Adv. haer. IV praef. 1) I. die gnostischen Systeme dargestellt hat (Sagnard 62ff). - Gegenüber dem Dualismus im Gottesbegriff der Gnosis und ihrem Doketismus in der Christologie entwikkelt er (Buch III-V) im Sinne des werdenden Katholizismus unter ständigem Rückgang auf das NT - er ist der erste, der von ihm in geschlossenem Beweisgang Gebrauch macht - die kirchliche Lehre von dem einen Schöpfer- und Erlösergott (→ Gott: V, 4), der sich in dem Menschen Jesus offenbart. Auf der Inkarnation liegt der Nachdruck; I. ist in der Lehre von der Vergottung der Menschheit durch den menschgewordenen Gott (→ Christologie: II, 2b; → Erlösung: IV, 2) der Vorläufer des → Athanasius. Die Wahrheit der kirchlichen Lehre liegt in ihrem Alter, und die Zeugenreihe der Bischöfe, exemplifiziert an Rom (III, 3, 2), bürgt für die → Tradition (: VI). Um sie zur Geltung zu bringen, macht I. Anleihen bei ungenannten kirchlichen Schriftstellern. Dadurch erhält sein Werk etwas Unausgeglichenes und fordert zur Suche nach seinen Quellen heraus (Bousset, Loofs). Aber die Spannungen erklären sich aus der bewußten Beibehaltung des Alten (zB auch des → Chiliasmus; → Eschatologie: V, 2c). Die οἰκονομία bedeutet in urkirchlich schroffer Antithese: was Adam verdarb, macht Christus wieder gut (recapitulatio = Wiederherstellung), ebenso aber, gegen die Gnosis keinen Bruch in der Heilslehre duldend, die → Heilsgeschichte von der Schöpfung bis Christus (recapitulatio = Zusammenfassung). Die Glaubenseinheit kann durch alte Lehrabweichungen ebensowenig aufgehoben werden wie durch alte Verschiedenheiten in der Praxis (Widmann). In diesem Traditionalismus zeigt sich der Kirchenmann I.; er hilft durch die Berufung auf Bibel, Glaubensregel und bischöfliche Sukzession die Fundamente des kath. Kirchentums festzulegen.

Ausg.: W.W.Harvey, 2 Bde, 1857 (Adv. haer.) - F.Sagnard, SC 34, 1952 (Adv. haer. III) - TU 31, 1, 1907 (Epideixis, armen. mit Übers.; diese 1908² separat). - Dt. Übers. beider Werke: BKV² 3.4, 1912. - Über I.: W.Bousset, Der jüd.-christl. Schulbetrieb, 1915 - Fr.Loofs, Theophilus v. Antiochien (TU 46, 2), 1930 - P.Nautin, Patristica I, 1953 (zu den Fragmenten) - S.Lundström, LUÅ NF Avd. 1, Bd 51, 3, 1955 (zur lat. Übers.) - M.Widmann, I. u. seine theol. Väter (ZThK 54, 1957, 156-173) - A.Bengsch, Heilsgesch. u. Heilswissen ... in Adv. haer. (Erfurter Theol. Studien 3), 1957 - Altaner § 27 (Lit.). - Neuere Lit. zu einzelnen Stellen: E.Lanne, RechSR 43, 1955, 524-535 - J.Doignon, ebd 535-544 - L.-M.Froidevaux, ebd 44, 1956, 408-421 - B.Botte, Irenikon 30, 1957, 156 bis 163 - P.Nautin, RHR 101, 1957, 37-78 - R.M.Grant, VigChr 11, 1957, 148f - J.Smith, Bibl 38, 1957, 24-34 - S.Lundström, ZKG 69, 1958, 111f. *W.Eltester*

2. *von Tyrus* (auch I. Comes, † ca 450), unbekannter Herkunft, begleitete → Nestorius (als Privatmann?) 431 zum Konzil von → Ephesus (, 2), versuchte dann dessen Lehrmeinung am Hof durchzusetzen, wurde aber mit Nestorius 436 verbannt. 443 trotz zweimaliger Ehe zum Bischof von Tyrus geweiht, wird er auf Betreiben der Monophysiten 448 wiederum, jetzt in seine Vaterstadt verbannt; dort schreibt er seine »Tragoedia«, eine Geschichte des nestorianischen Streites (→ Christologie: II, 4c) mit reichem Aktenmaterial.

Originalschriften bis auf einen Brief (ACO I/4, 60f) verloren; seine Tragödie ist in entgegengesetzter Tendenz im Synodicon des Diakons Rusticus verwertet (ACO I/4). - Über I.: PW V/2, 2126ff - Bardenhewer IV, 252ff - ACO I/4, X-XV (lat.) - LThK V, 590 - DThC VII, 2533ff. *K.Junack*

Irenäus, *Christoph* (1522-95), * in Schweidnitz, Student in Wittenberg, ab 1545 Rektor in Bernburg und Aschersleben, hier seit 1552 im geistlichen Amt, 1562 Pfarrer in Eisleben, 1566 Hofprediger des weimarischen Herzogs Johann Wilhelm, am Altenburger Kolloquium beteiligt, flacianischer Streittheologe (→ Flacius), Bekämpfer der luth. Einigungsbestrebungen des Val. → Andreä. 1570 Sup. in Neustadt/Orla, weicht I. vor Übergang dieses Kreises an Kurfürst August nach Weimar aus (1571), flüchtet nach Kollision mit dem Konsistorium und führt nun ein unstetes Wanderleben. 1582-85 ist er Pfarrer in Horn (Niederösterreich), bis 1590 7mal vertrieben, † wohl in Buchenbach (Jagsttal).

Vf. u.a. eine Postille, Apostolikumpredigten u. Erbauungsschriften. - Über I.: ADB XIV, 582 - RE IX, 411ff - RGG² III, 388 - R.Herrmann, Thüring. KG II, 1947 (Reg.; Lit.). *R.Jauernig*

Irenicus (Friedlieb), *Franciscus* (1495-1559 oder 1565), * in Ettlingen, besuchte G. Simmlers Lateinschule in Pforzheim, studierte in Tübingen mit Melanchthon und A. → Blarer, wurde in Heidelberg Rektor des Katharinenkontuberniums und kam durch Luthers Disputation vom 26.4.1518 zur Reformation. Mitglied der philosophischen Fakultät, dann 1522 Stiftsherr und Hofprediger des Markgrafen Philipp I. in Baden-Baden, heiratete I. 1524 in Eßlingen, wohin er seinen Herrn zum Reichsregiment begleitet hatte. 1526 ging er als Berater des Markgrafen mit nach Speyer. 1530 schied er aus Philipps Dienst und wurde 1531 von Wolf von Gemmingen als Pfarrer und Leiter an die Lateinschule nach Gemmingen berufen, † ebd.

Vf. u.a.: Exegesis Germaniae, (1518) 1728². - Über I.: K.F.Vierordt, Gesch. der ev. Kirche im Großherzogtum Baden I, 1847, 111 u.ö. - ADB XIV, 582 - RGG² III, 388f - CKL I, 969 - G.Kattermann, Die Kirchenpolitik Markgraf Philipps I. von Baden, 1936, 20 u.ö. (Lit.). *F.Hauss*

Irland

I. Iroschottische Kirche - II. Von der Romanisierung bis zur Gegenwart. - Vgl. Karte 10 »England« (Bd II, Sp. 473f)

I. Iroschottische Kirche

1. Innere Entwicklung - 2. Äußere Missionsarbeit

1. Die durch → Kelten besiedelte Insel *Erin* (Scotia, Hibernia) wurde um 400 von → Britannien aus christianisiert, vielleicht unter gleichzeitiger Einwirkung von → Gallien her. Im 5.Jh. bereits beginnt die Sonderentwicklung der irischen Kirche: die Römer verlassen die britische Insel, die heidnischen Jüten, Sachsen und Angeln (→ Angelsachsen) sperren die Verbindung zum christlichen Festland; I. gestaltet eine *Mönchskirche*. Anders als in der römischen Bischofskirche, aber auch anders als in der britischen Abtbischofskirche von Wales und Cornwall, leitet in I. der Abt eines Großklosters den kirchlichen Sprengel und bedient sich für Weihen und Segnungen eines klostereigenen Mönchbischofs. Die Äbte der zahlreichen Kleinklöster sind seine Pfarrer. Die Klöster zeichnen sich aus durch strenge Lebensführung (»Insel der Heiligen«), wissenschaftliches Interesse (Kenntnis des Griechischen), künstlerische Schrift- und Buchmalerei. Armagh (→ 10 C 4), Clonard und Bangor ragen hervor. In I. blieb die vordionysische Osterrechnung (→ Ostern), die → Tonsur des Vorderkopfes (Johannistonsur), ein abweichendes Ritual, die unbehinderte Erörterung mancher auf dem Festlande verfemter Lehrmeinungen (→ Arius usw). - Die Weltflucht der irischen Mönche führte zur Missionsarbeit, insofern auch zu neuer Weltverbindung und, in der Berührung mit der angelsächsischen, römisch-benediktinischen Kirche, zu starker Einschränkung der irischen Sonderart: schon 636 bekennt sich der irische Süden durch Cummian, 697/716 auch der Norden durch → Adamnan und → Egbert den Heiligen zu den römischen Ostern.

2. Die iroschottische *Missionsarbeit* hebt mit dem Außendienst des älteren → Columba (, 1) an: 563/65 Gründung des Großklosters Hi-Jona (vor Firth of Lorne), dann Seelsorge an irischen Auswanderern, schließlich Verwendung bei den heidnischen Kaledoniern (Pikten), die ihn zum »Apostel → Schottlands« werden läßt. Von Hi dringt das Christentum zu den Orkney- und Shetland-Inseln, sogar bis nach → Island vor. Das Tochterkloster Lindisfarne (Holy Island; → 10 E 3) schickt Glaubensboten zu den Angelsachsen, bis die berühmte Synode von Streaneshalch-Whitby (664; → England: I, 2) zugunsten der Bischofskirche von → Canterbury entscheidet. Die Iren rücken ab; doch bleibt im englischen Norden viel von ihrem Geist; daher der weiterhin rege Besuch der irischen Klosterschulen, die Absonderung der northumbrischen Kirchenprovinz → York (735) und in der Festlandsmission das Nebeneinander und Gegeneinander des irisch erzogenen Northumbriers → Willibrord und des römisch-benediktinisch gebildeten Westsachsen → Bonifatius. - Der jüngere → Columba (, 2) wird zum größten Pionier iroschottischen Einsatzes auf dem Festland, verankert in den Großklöstern → Luxeuil (590) und → Bobbio (612), durch seinen Schüler → Gallus in → St.Gallen, bis hier ebenso wie bei den viel weniger belangvollen Gründungen des → Disibod, → Fridolin, → Goar, → Pirmin, → Trutpert die → Benediktinerregel eindringt und alles irisch gefärbte Klosterwesen abtut.

A.W.Haddan-W.Stubbs, Councils and ecclesiastical documents II, Oxford 1878 - H.Zimmer, Über die Bedeutung des irischen Elements für die mittelalterl. Kultur (PrJ 59, 1887, 27-59) - Ch.de Smedt, Acta sanctorum Hiberniae, Edinburgh 1888 - Ch.Plummer, Vitae sanctorum Hiberniae, 2 Bde, Oxford 1910 - Ders., Bethada náem nérenn. Lives of Irish saints, 2 Bde, ebd 1922 - L.Gougaud, Les chrétientés celtiques, Paris 1911 - Ders., Gaelic pioneers of christianity. The work and influence of Irish monks and saints in continental Europe, Dublin 1923 - W.Levison, Die Iren u. die fränk. Kirche (HZ 109, 1912, 1-22 = Ausgew. Aufsätze, 1948, 247-263) - J.M.Flood, Ireland, its saints and scholars, 2 Bde, London 1917/20 - H.Graham, The early Irish monastic schools, Dublin 1923 - J.P.Fuhrmann, Irish mediaeval monasteries on the Continent, Washington 1927 - K.Pfister, Irische Buchmalerei, 1927 - J.F.Kenney, The sources for the early history of Ireland, New York 1929 - F.Flaskamp, Die Anfänge friesischen u. sächsischen Christentums, 1929 - Ders., Wilbrord-Clemens u. Wynfrith-Bonifatius (Festschr. »St.Bonifatius«, 1954, 157 bis 172) - J.Ryan, Irish monasticism, Dublin 1931. - Vgl. die Lit. zu → Irland: II. *F.Flaskamp*

II. Von der Romanisierung bis zur Gegenwart

1. MA - 2. Der Kampf gegen die Einführung der Reformation - 3. Der irische Freiheitskampf des 19.Jh.s - 4. Gegenwartsstatistik

1. Die Romanisierung I.s beginnt gegen den Widerstand irischer Mönche mit der Einführung römischer Riten (Tonsur) und der römischen Osterberechnung (Synoden von Mag Léna 629/30 [?] und Whitby 664 [→ Irland: I]). Vom Ende des 8.Jh.s bis ins 11.Jh. hatte die Kirche unter den Einfällen der Wikinger und den Kämpfen der irischen Könige schwer zu leiden. Einige Zeit bestand ein heidnischer Normannenstaat. Gegenüber dem sittlichen Niedergang und der Säkularisierung des religiösen Lebens setzte im 9.Jh. durch die → Inklusen und durch die Céli Dé (Culdeer) innerhalb des Mönchtums eine Reformbewegung ein. Anders geartet war die Reformbewegung des 12.Jh.s: Sie erstrebte eine völlige Romanisierung der Kirche I.s. Sie entstand durch den Gegensatz zwischen Armagh, welches als angebliche Gründung → Patricks den Primat über I. beanspruchte, und dem unter anglo-normannischem Einfluß gegründeten Bischofssitz von → Dublin (ca 1040), der Beziehungen zu → Canterbury aufgenommen hatte. Diese durch → Anselm und → Lanfrank von Canterbury angebahnte Entwicklung wurde nach Übernahme der Macht in I. durch Heinrich II. Plantagenet (1169) auf Betreiben des Erzbischofs → Malachia von Armagh und seines Nachfolgers Gelasius auf den Synoden von Kells (1152) und Cashel (1171/72) in Anwesenheit römischer Legaten vollendet. Eine Synode von Dublin (1177) erkannte die englische Oberherrschaft an; doch hielten der Widerstand gegen die politische Abhängigkeit, die Zurücksetzung der irischen Kleriker und die Eingriffe des Königs in die Kirche trotzdem an. Daraus folgten im 13.Jh. erneute Streitigkeiten um den Primat zwischen Armagh und Dublin. Die Päpste haben sich mehrfach um die Rechtsgleichheit der Iren und Engländer in I. bemüht. - Seit der Synode von Kells bestehen die vier Erzdiözesen: Armagh (Primat; → 10 C 4), Dublin

(→ 10 C 5), Cashel (→ 10 B 6) und Tuam (→ 10 B 5). Mit der Romanisierung kamen die Orden der Augustiner, Dominikaner und Franziskaner nach I. Der Niedergang der Orden im 15.Jh. und eine »Description of Ireland« (1515) zeigen, daß die Kirche I.s reformbedürftig war.

2. Die kirchliche Lösung vom Papst unter Heinrich VIII. von → England (: I, 3) sollte durch den Provinzial der englischen Augustiner-Chorherren, George Browne (seit 1536 Erzbischof von Dublin), im königlichen Auftrag auch in I. verwirklicht werden. Sie stieß auf den heftigen Widerstand der irischen Kleriker, bes. des Primas Cromer von Armagh. Erst nach Entfernung der irischen Geistlichkeit aus dem Parlament wurde die kirchliche Suprematie Heinrichs VIII. anerkannt. Der bisherige Titel des englischen Königs »Lord of Ireland«, der I. als Lehen des hl. Stuhles kenntlich machte, wurde in »King of Ireland« umgewandelt (1541). Bilderstürmerei, Aufhebung von Klöstern und Beschlagnahme der kirchlichen Wertgegenstände beunruhigten I. Der kirchlichen Neuerung folgte eine Anglisierung der Iren. Nach vorübergehender Wiederherstellung des Katholizismus durch Maria Tudor (1553-58) folgten weitere Unterdrückungsmaßnahmen gegen die kath. Kirche durch → Elisabeth I. (Verbot der Messe, Zwang zum Besuch anglikanischer Gottesdienste). Auch wirtschaftliche Maßnahmen sollten den Widerstand brechen. Zahlreiche Iren wurden Märtyrer, andere wanderten aus. Elisabeth errichtete 1591 das Trinity College in Dublin, das mit einer Universität verbunden wurde, an der Mitglieder der verschiedenen Denominationen wirkten. - Der Aufstand der Iren i.J. 1641, bei dem viele Anglikaner getötet wurden, führte zu einem blutigen Feldzug → Cromwells (1649-52) und zu harten Ausnahmegesetzen (Ausschluß der Katholiken vom Parlament und von den Staatsämtern). Die durch Wilhelm von Oranien im Vertrag von Limerick (1691) den Katholiken versprochene Glaubensfreiheit wurde schon 1695 durch neue Gesetze aufgehoben (Verbot kath. Schulen, kath. Unterrichts, Besuch ausländischer Schulen, Waffentragen, Mischehen u.a.). Die Folge war die Auswanderung von Katholiken und Zuwanderung von Engländern, die schließlich zwei Drittel des Bodens in Besitz hatten. Nach Aufhebung des Edikts von Nantes (1685; → Frankreich: I, 5) kamen auch zahlreiche Hugenotten nach I.

3. Unter dem Einfluß des Toleranzgedankens wurden seit der Mitte des 18.Jh.s einige Ausnahmegesetze aufgehoben (Erlaubnis zur Erbpacht 1778, zum Erwerb von Grundbesitz und Gründung von kath. Schulen 1783, Freigabe des kath. Gottesdienstes 1791, Zulassung zum Advokatenberuf 1792, Freigabe der Erziehung 1793, Gewährung des aktiven Wahlrechtes, Abschaffung der Verpflichtung zur Teilnahme am anglikanischen Gottesdienst). Im St.Patrick-Kolleg zu Maynooth (1795) konnte nunmehr die Ausbildung irischer Kleriker vor sich gehen, die bisher im Ausland geschehen mußte. Das Kolleg wurde im 19.Jh. der geistige Mittelpunkt der kath. Kirche I.s. - Am 1.1.1801 wurde I. mit England durch die legislative Union (United Kingdom of Great Britain and Ireland) vereinigt, nachdem die Katholiken im irischen Parlament mit dem Versprechen der Emanzipation gewonnen waren. Aber erst nach langen Kämpfen stellte die Emanzipationsbill (13.4.1829) die volle Gleichstellung der Katholiken her. Sie ist ein Erfolg des zähen Kampfes, den Daniel O'Connell (1775 bis 1847) als politischer Führer der irischen Katholiken seit 1811 geführt hatte. Eine Folge der Emanzipation war der Zehntkrieg (1830-38) zwischen Katholiken und Anglikanern. - Ein vorübergehender Erfolg der Katholiken war 1858 die Gründung der im MA vergeblich erstrebten Universität, deren erster Rektor J.H. → Newman war. Sie bestand nur bis 1883. - Die Entstaatlichung der anglikanischen Kirche in I. (1871) bedingte eine neue Verfassung; sie wird seitdem durch eine Generalsynode geleitet und gehört zur Anglikanischen Kirchengemeinschaft (→ Anglikanische Kirche: I, 8) und zur → Lambethkonferenz. - Die mit dem Trinity College verbundene Universität wurde zur königlichen Universität, neben der die National University of Ireland (1909) entstand. - Die nationale irische Bewegung (seit 1872) verlangte Homerule (Selbstregierung und -verwaltung, Rückgabe des Landes an die Iren.) Gegen das Vorgehen der Geheimbünde mußte zeitweilig sogar der Papst eingreifen (Sinnfeiner-Aufstand 1916). Am 6.12.1921 wurde der Freistaat Eire gebildet, der 1949 souverän wurde. Nord-I. blieb Bestandteil des Empire.

4. Eire mit ca 2,9 Mill. Einwohnern ist zu über 90⁰/₀ kath. Die episkopale Church of Ireland mit zwei Erzbistümern (Armagh und Dublin) entspricht in allem Wesentlichen der → Anglikanischen Kirche. - Nord-I.: Katholiken 471 329, Presbyterianer 410 259, Church of Ireland 353 025, Methodisten 66 544, andere Denominationen 69 552; zusammen 1 370 709.

R.Hassenkamp, Gesch. I.s von der Reformation bis zu seiner Union mit England, 1886 - A.Bellesheim, Gesch. der kath. Kirche in I., 3 Bde, 1890/91 - RE IX, 413ff - H.Holloway, The Reformation in I., 1919 - St.I.Seymour, The Puritans in I. 1647-1661, 1921 - W.A. Phillips, History of the Church of I., 3 Bde, 1933/34 - LThK V, 596ff - EBrit XII, 592ff. 628ff - B.White, Irish monastic and episcopal Deeds a. d. 1200-1600, 1936 - I.Carty, Bibliography of Irish History 1870-1921, (2 Bde, 1936ff) 3 Bde, 1949 - I.C.Beckett, Protestant Dissent in I. 1687-1780, 1948 - W.Delius, Gesch. der irischen Kirche von ihren Anfängen bis zum 12.Jh., 1954 - I.A.Reynolds, The Catholic Emancipation Crisis in I. 1823-29, 1954 - Official Year-Book of the Church of England, 1957, 122ff. *W.Delius*

Irradiation → Erleuchtung.

Irrational (ἄλογον) heißt zunächst dasjenige, was von der → Vernunft nicht erfaßt werden kann, weil es entweder überhaupt unfaßbar oder nur in emotionalen Erfahrungen zugänglich ist. Man kann ferner zwischen i.en psychischen Erlebnissen (→ Gefühl, Affekt, Strebung, → Intuition u.dgl.) und den von ihnen erfaßten i.en Gegenständen unterscheiden (zB Materie, Leben, Zufälliges, individuelle Existenz, personale Bezüge). Von der Theologie wird der → Glaube sowie der Bereich der → Offenbarung gerne als i. bestimmt. Ferner kann ein Wesen, das keine Vernunft besitzt, sowie alles Sinnlose als i. bezeichnet werden. Die Vielfalt der Bedeutungen von Vernunft, ratio, λόγος und ihr geschichtlicher Wandel bedingt die Vielfalt der Bedeutungen des Wortes i. - Erstmals wird in der *griechischen Mathematik* ein Begriff von i. präzisiert: I. ist das Verhältnis inkommensurabler Strecken (zB von Diagonale und Seite beim Quadrat). Die Bewältigung des I.itätsproblems durch die griechischen Mathematiker ist ein wesentlicher Schritt in der Ausarbeitung der Methode des streng begrifflichen, von der Anschauung unabhängigen Beweisens, das für die exakten Wissenschaften verbindlich geblieben ist. - → Platos Lehre von den Teilen der Seele (λογιστικόν als rationaler, ἐπιθυμητικόν als i.er Teil, dazwischen das θυμοειδές) bereitet den *psychologischen* Begriff des I.en vor; sein Preis des Wahnsinns (μανία als Aufschwung zum Göttlichen) wendet sich gegen die Sophistik und ihre oft naive Überschätzung der Möglichkeiten der Vernunft. In der aristotelischen Metaphysik (IX, 2) sind die i.en Vermögen (δυνάμεις) dadurch gekennzeichnet, daß sie blind nur einer einzigen Betätigung fähig sind - im Gegensatz zu den rationalen Vermögen, die verschiedener und entgegengesetzter Betätigungen fähig sind. Der durch Plato und → Aristoteles begründete Vorrang des Rationalen vor dem I.en bleibt für die Folgezeit maßgebend (vgl. jedoch → Mystik). – Eine Betonung i.er Momente findet sich in der *Neuzeit* vor allem dort, wo der universale Erkenntnisanspruch der modernen Wissenschaft und der Vernunftglaube der Aufklärung kritisiert wird. Die Theorie des → Gemeinsinns und die → Ästhetik des 18.Jh.s gehören ebenso in diesen Zusammenhang wie → Pascal und → Hamann, → Rousseau und die → Romantik. Von *I.ismus* kann man jedoch erst dann sprechen, wenn das I.e zum Prinzip aller Dinge erhoben wird. Er ist eine für die Philosophie des 19. und des beginnenden 20.Jh.s charakteristische Erscheinung (→ Schopenhauer, → Kierkegaard, → Nietzsche, E.v. → Hartmann, → Bergson, → Klages). Auf die Schulphilosophie übt er kaum eine Wirkung aus, hat aber um so größeren Einfluß auf die Entstehung der Weltanschauungen (→ Weltbild: IV). In der Gegenwart ist der Bereich des I.en (Paradoxien!) vor allem in der → Existenzphilosophie und in der → dialektischen Theologie wesentlich. – Der Hinweis auf die Bedeutung i.er Bereiche entspringt nicht selten einer berechtigten Kritik an einem zu engen oder zu einseitig gefaßten Vernunftbegriff. Ein prinzipieller I.ismus ist jedoch ein Widerspruch in sich selbst und basiert nur zu oft auf einer nicht streng genug durchgeführten Selbstkritik des Denkens.

R.OTTO, Das Heilige, (1917) 1947[28] – N.HARTMANN, Grundzüge einer Metaphysik d. Erkenntnis, (1921) 1949[4] – A.BÄUMLER, Kants Kritik der Urteilskraft I: Das I.ismusproblem in der Ästhetik u. Logik des 18.Jh.s, 1923 – G.RALFS, Das I.e im Begriff, 1925 – A.KONRAD, I.ismus u. Subjektivismus, 1939 – H.LÄUBIN, Studien zum I.itätsproblem, 1941 – E.R.DODDS, The Greeks and the I., 1951 – G.LUKACS, Die Zerstörung der Vernunft, 1954. *W.Wieland*

Irrenseelsorge

1. Begriff – 2. Zur Geschichte der I. – 3. Allgemeine Probleme – 4. I. in der Anstaltsfürsorge – 5. Aufgaben des Gemeindepfarrers

1. I. ist Seelsorge, die sich an geistig oder seelisch kranke oder abartige Menschen wendet. Der seelsorgerlichen Begegnung erwachsen hier einzigartige Probleme, da die Personalität dieser Menschen in Frage gestellt und der Zustand des Kranken für den Seelsorger nicht mehr einfühlbar ist. Dennoch ist es sachlich nicht zu rechtfertigen, wenn die moderne Seelsorgelehre sich in der Regel auf die Behandlung der psychotherapeutisch ansprechbaren Fälle beschränkt. Vielmehr ist gerade die Stellung zu dem Menschen an der äußersten Grenze eine entscheidende Probe auf die Bereitschaft, echte → Seelsorge am wirklichen Menschen als Aufgabe anzuerkennen.

2. Im NT geschieht das dadurch, daß es die Heilung von »Dämonischen« durch Jesus berichtet. Es sieht also im Geisteskranken Menschen, deren Personalität durch außerpersönliche zerstörende Kräfte überwältigt worden ist. Die alte Kirche hat daraus die Aufgabe des → Exorzismus (: II. III) abgeleitet, den sie freilich bei jeder Taufe anwandte. Sie sah also im Geisteskranken nur einen symptomatischen Grenzfall für einen Zustand, in dem sich jeder Mensch vorfindet, sofern er nicht unter der Herrschaft Gottes steht. Dennoch ist die Behandlung der Geisteskranken offensichtlich sehr lange unter der Herrschaft des Gedankens geblieben, daß man die Gesellschaft vor ihrer Gemeingefährlichkeit schützen müsse. Dem entspricht auch der Zustand der seit dem 14.Jh. nachweisbaren Irrenanstalten. Erst im Laufe des 19.Jh.s sind humanere Behandlungsmethoden entwickelt worden, für die Epileptiker und die Schwachsinnigen bes. im Raume der → Inneren Mission (F.v. → Bodelschwingh d.Ä.). Heute sind eine ganze Reihe von operativen, medikamentösen, aber auch psychischen und pädagogischen Beeinflussungsmöglichkeiten dieser Leiden vorhanden, die in vielen Fällen eine Rückkehr ins bürgerliche Leben ermöglichen.

3. Nach wie vor sieht sich die I. vor der Notlage, daß die Umwelt ihrer Aufgabe weithin verständnislos gegenübersteht. Das Schlagwort vom → »lebensunwerten Leben« spielt noch immer eine unheilvolle Rolle. Sachliche Aufklärung und Wiedergewinnung der biblischen Schau des Problems sind entscheidende Voraussetzungen dafür, daß die Aufgabe der I. zulänglicher bewältigt wird. Für den Seelsorger selbst spielen die religiös mitbestimmten Krankheitsbilder eine besondere Rolle. Sie können im Rahmen fast aller Psychosen und Neurosen auftreten und sind anscheinend noch keineswegs geklärt. Die Einfühlbarkeit der Zustände ist als erster Anhaltspunkt zur Orientierung geeignet, ohne jedoch mehr als das zu sein. In jedem Falle hat die I. dem Kranken zu bezeugen, daß die Gemeinschaft Gottes und der christlichen Gemeinde mit ihm fortdauert.

4. Die moderne Anstaltsfürsorge ist bestrebt, eine dem Kranken angepaßte Umwelt zu schaffen. Sie sucht im Rahmen des Möglichen den unversehrten Personrest des Kranken anzureden und zu erhalten, indem sie ihm verantwortliche Tätigkeit ermöglicht, die Sorgen um seine Familie erleichtert (→ Familie: V) und gegebenenfalls die Rückkehr in sie ermöglicht. Die I. nimmt an diesen Bemühungen teil, indem sie durch Gottesdienst und Sakramentsverwaltung sowie durch Einzelaussprache die Kranken im Glauben zu festigen sucht. Enges Zusammenwirken mit dem behandelnden Arzt ist dabei unerläßlich.

5. Im Stadium der Vor- und Nachbehandlung treten die Aufgaben der I. auch an den Gemeindepfarrer heran. Er sollte in der Lage sein, die Angehörigen über die Behandlung ihrer Kranken zu beraten, aber auch auf den Kranken selbst seelsorgerlich einzuwirken. Unerläßlich ist die strenge innere und äußere Ordnung des Tageslaufes, die Beachtung der Selbstmord-Gefahr, die bei manchen Krankheiten (bes. Schizophrenie) gegeben ist, aber auch die beständige und regelmäßige Betreuung des manisch-depressiven Kranken. Zur Seelsorge am Neurotiker sind Grundkenntnisse der → Psychotherapie erwünscht.

Arzt u. Seelsorger, Schriftenreihe, hg.v. C.SCHWEITZER, 20 H.e, 1926–29 – K.SCHNEIDER, Religionspsychopathologie, 1928 – W.TRILLHAAS, Die innere Welt, 1952 – H.FICHTNER, Kompendium der Krankenhausseelsorge, o.J. (1957) (Lit.) – DERS., Metaphysik der seelischen Störung, 1957. – Zs.: Wege zum Menschen. *K.Janssen*

Irrlehre. Der Begriff I. enthüllt seine inhaltliche Tiefe nur im Licht des *biblischen* Glaubens und als Antithese zum Begriff *Bekenntnis* (vgl. neben → Bekenntnis: V, 3b die gesamte Entfaltung). Hier erweist sich I. als zeitgeschichtlich wechselnder Ausdruck bleibender Gottes- und Evangeliumsfeindschaft der nach Selbstbehauptung, Akt und Sein sündigen Geschöpfe. Wie eine Stadt durch die Mauerringe der Jh.e hindurch wächst, wirft die »Versammlung Gottes« (ἐκκλησία τοῦ θεοῦ) immer neue (zeitlich-existentiell geforderte) Bastionen mit spezifischer »Schußrichtung« gegen die I. auf (→ Dogma: II). So sehr die ersten inneren Mauerkerne Aufbau und Leben der Gemeinschaft bestimmen, so wenig genügt ihre Besetzung, wenn neue I. mit neuen Waffen aus neuer Richtung im neuen Vorfeld andrängt – eine im → Kirchenkampf wiedergewonnene Erfahrung der Gemeinde (→ Barmen).

Die eigentliche thematische Problematik beginnt dort, wo zu vermuten steht, daß sich die Antithese *Bekenntnis und I.* unversehens in die Rivalität von *Lehre und I.* verwandelt hat. Bei klarer Diagnose der Evangeliumsfeindschaft altkirchlicher, mittelalterlicher und neuzeitlicher *Häresien* (→ Häresie: I) ist die Möglichkeit nicht apriori auszuschließen, daß die jeweils siegende »Orthodoxie« eine metaphysische Anti-Doktrin durchsetzte, anstatt doxologisch Raum für das Evangelium freizukämpfen. Die metaphysische Perversion des Bekennens, unter der die I. dem Glauben ihr eigenes Gesetz aufzwingt, ihn unter anthropologische, naturreligiöse Kategorien drängt, ist ein bes. quälendes Prinzip in der Methodik des → Antichrist (2Kor 11, 14). In Konsequenz dieser Sicht kann die Meinung entstehen, daß die kath. Großkirche die »erfolgreichste Häresie« darstelle (M.Werner), die Lehre von der päpstlichen → Infallibilität »die einzige absolute Ketzerei« sei (S.Holm). Falls der theologische Historismus nicht von vornherein auf die Wahrheitsfrage verzichtet, leitet er von hier aus das Recht ab, Lehre und I. als sich aneinander steigernde geschichtliche Zufälligkeiten aufzufassen (→ Dogma: II, 4). Die Häretiker sind »die Elite in der geschichtlichen Entwicklung« (W. Nigg), das Ungewöhnliche wirkt faszinierend. Die Maßnahme schließlich, alle Wahrheit nur auf seiten der »I.n« zu suchen, liegt nicht fern (G. → Arnold): »Der Kirche gegenüber hat der Ketzer immer recht« (Holm), ist »jeder wahrhaft religiöse Mensch ein Ketzer« (B.Shaw). Biblisch-ev. Erkennen, Bekennen, Entscheiden geht nicht selten quer durch den metaphysischen Antagonismus von Lehre und I. hindurch. Versuche, den Glaubensentscheid überzeitlich zu objektivieren, verwandeln regelhaft einstige befreiende doxologische Freude in metaphysische »Bürden« (Mt 23, 4), in mehr oder minder heilswichtige, geistige Aneignungsleistungen (prot. → Orthodoxie). Es gibt auch kein »Im-Voraus« der I.-Entscheidung. Daß die konfessorische Formel »leider regelmäßig zu spät« kommt (Barth, KD I/2, 708), ist mit ihrem Entscheidungscharakter gegeben und gilt im röm. Katholizismus als bewußt anzuerkennendes Prinzip der I.-Bekämpfung.

I.-Systeme (→ Sekten) existieren funktional: Jeder größere Weltanschauungskörper (→ Marxismus, → Islam, röm. → Katholizismus usw) besitzt einen Planetenschwarm von I.-Systemen, die sich in je verschiedenem *Abstand* (Verhältnis der Massengewichte, der zentrifugalen und zentripetalen Kräfte) um ihn bewegen. Vielfach werden die »Planeten« zu Zentralkörpern weiterer Satellitengruppen, wie in der sog. »Pulverisation« des amerikanischen Protestantismus (→ Vereinigte Staaten).

Vielfältige *Motive* können den Vorgang der *Dissensus-Bildung* einleiten: Anhaltend bleiben frühe Gruppen (→ Judenchristentum) oder Doktrinen (→ Pelagianismus) hinter der Entwicklung der Großgemeinschaft zurück. Sozial tief stehende Schichten fühlen sich nicht mehr verstanden und aktivieren primitivreligiöse Elemente. Bestimmte → Weltbilder werden buchstäblich oder religiös sakralisiert (Satanisierung des Kopernikanismus im heutigen → Fundamentalismus; geistlicher Ptolemäismus der röm.-kath. Dogmatik). Die gestaute Woge des (früh- und spätantiken) Paganismus schlägt zurück (→ Eigenschaften Gottes). Psychopathen und Träger überwertiger Ideen sammeln suggestible Schichten unter psychiatrisch typischen Programmen.

Hier wie allenthalben, wo sich Konfessionen oder Sekten wechselseitig als I. bekämpfen, spielen die natürlichen elementaren *Strukturen* der menschlichen *»reinen Religion«* (Metaphysik) eine verhängnisvolle, oft blutige Rolle. Ihr Zwangscharakter läßt geistige Größen sich traubenartig nach dem Prinzip der »Mitte«, »Linken«, »Rechten« auffasern, löst doxologische Durchbrüche in dialektisch ringende mystische, personalistische, objektivistische Strukturen auf, zieht bei Absolutsetzung einer Struktur sofort den nicht minder ergriffenen Gegenschlag der anderen nach sich. Ihre Unentrinnbarkeit ist anthropologisch aufschlußreich (→ Sünde), ihr apriorisches Selbstbewußtsein folgenschwer; isoliert und radikalisiert wirken sie zwangsläufig entmenschlichend (Hl. → Krieg, → Inquisition). Sie besitzen ebenso reale konfessionalisierende Kräfte, wie sie die Optik der I.-Polemik zu färben pflegen: Ostkirche erscheint als identitätsphilosophischer, selbsterlösender Mystizismus, Rom in östlicher Perspektive als prunkender, objektivistischer Pantheismus - ein beide Größen befehdender → Protestantismus versteht sich gern reaktiv als geschichtsenthusiastischen Personalismus und wird als entsprechende I. von den andern Kirchen bekämpft. Im Feld prot. Sekten wird das biblisch-reformatorische sola gratia durch mystische Erlebnisse, objektivistische Ämter, Sakramente, Heilsgarantien, personalistische Aktivitäten, Heilskollektive, Apokalypsen abgestützt, aufgehoben, ersetzt; der Fanatismus nimmt mit dem Grad der Metaphysizierung regelhaft zu. Heteronome Strukturen pflegen apriorisch instinktiv gewittert zu werden, wie etwa im Modernismus (→ Reformkatholizismus) die Theologie H. → Schells, der den Gottesbegriff des »Seins selbst« aktpersonal anreichern wollte. Die (jungjesuitische) Renaissance solcher Tendenzen zeigt die Monotonie des metaphysischen Alternierens.

Die Meinung, daß man das *Wesen* von Lehre und I. anhand kontingenter Dogmen ablesen könne (Symbolik), ist nur sehr bedingt richtig und hat allenthalben zu umfassenderen Methoden (Typologie, → Phänomenologie, moderne → Konfessionskunde) geführt.

Wie *Jesus Christus* unter den automatenhaften Reaktionen seiner religiösen Umwelt starb, die einen typischen Mikrokosmos religiöser Strukturen unter jüdischem Vorzeichen darstellte, führt echte → Nachfolge regelhaft in das Leiden an und unter einer kirchlich, konfessionell, schwärmerisch, weltanschaulich, politisch etikettierten Metaphysik. Die *biblische* → *Offenbarung* (: VI) und der durch sie geweckte → *Glaube* bedeuten an sich und als solche Krisis und Ende der apriorischen »reinen Religion«. *Herrlichkeit* und → *Gnade* Gottes und die durch sie gewirkten *Heilsfakten* werden in der Schrift in souveräner Freiheit mit verschiedenartigen Verkündigungsmitteln tangential gerandet: die religiöse Hypostase, das gnostische Motiv werden zum erlösten, geschöpflichen Verkündigungsmittel; die Reduktionsversuche des → Marcion und → Tatian werden verworfen. Entsprechend kann *Paulus* in oft bewunderter Weise ganz diskrepante Verkündigungsmedien für Juden, Griechen, Schwache, Starke, Petriner, Jakobus-, Apollosleute usw zulassen, ohne I. vorauszusetzen. Hier »geht alles aus dem Glauben« (Röm 14, 23). Andererseits greift er kompromißlos ein, sobald Herrlichkeit und Gnade Gottes durch selbstvergötzende Anmaßung (2. → Korintherbrief), durch objektiv-kosmologische (→ Kolosserbrief) oder personal-nomistische (→ Galaterbrief) Kategorien verstellt werden. Hier ist das »andere Evangelium«, der »andere Christus«, der »andere Geist«. Hier gilt es, »Geister zu scheiden« (1Kor 12, 10), dämonischen Paganismus zu brechen (2Kor 11, 14f), mit dem Ärgernis des Kreuzes zu schockieren (Gal 5, 11), notfalls im Anathema Gotteszorn auf dem Gipfel der Bußpredigt aufleuchten zu lassen (Gal 1, 6-10), vor allem aber in der konfessorischen Doxologie »Herr ist Christus« autistische, kosmische, nomistische I. zu entthronen (Röm 10, 9; 1Kor 12, 3; Phil 2, 11). - Schon in den → *Pastoralbriefen* zeigt sich eine doppelte Verschiebung: nicht das Verkünden Christi »auf allerlei Weise« (Phil 1, 18), sondern die »schöne Lehre« (διδασκαλία) zieht den Ton auf sich; nicht das Evangelium, sondern der Glaube wird zum Maßstab der I. Ausführliche Anweisungen regeln den Umgang mit ihren Vertretern (1Tim 1, 3. 20; 2Tim 2, 25; Tit 1, 9-11; 3, 10f). - Im *Frühkatholizismus* bezieht sich → *Justin* (dial. 80, 4) unmittelbar auf das I.-Verfahren der Synagoge zurück. Im dogmengeschichtlichen Ringen strukturiert sich die östliche Kirche zunehmend nach dem Gesetz spätantiker Wesensmystik, die westliche nach dem Gesetz frühantiker Seinsmetaphysik, in deren Konsequenz die ansteigende, unumkehrbare Objektivierung liegt (vgl. → Häresie: I, → Sekten: II. III). – Während → *Calvin* weltliche Strafen für I. billigte, wollte → *Luther* sie nur geistlich bekämpft wissen – mit ihr verbundenen öffentlichen Aufruhr ausgenommen. Kriterium der I. ist die Hl. Schrift, die »allein der rechte Lehrherr und Meister über alle Schrift und Lehre auf Erden ist« (WA 7, 317). Dies gilt nicht formal und um ihrer selbst willen, sondern um »des rechten Gottes des Glaubens«, um Jesu Christi willen, den die Schrift bezeugt und den die I. verleugnet, so daß von hier aus ihr ganzes System verdirbt, wie eine gesprungene Glocke (WA 54, 159). Wo die absolute Gnade des Werkes Christi »pro me« verdunkelt wird, »geht der Zank und alle Ketzerei an« (WA 37, 46). – Unter den Verwerfungen des → *Augsburgischen Bekenntnisses* wird auf die schweizerische Abendmahlslehre das singulär milde »improbant« (CA X) angewandt – eine Maßnahme, die mit verschärfter Wendung gegen die röm. Lehre in Wechselbeziehung zu stehen scheint (W.Maurer). Im Werdevorgang der → *Konkordienformel* wird auf namentliche »Personalverdammung« verzichtet: die Verwerfung trifft Lehre, nicht Personen. Im Interesse der ref. Länder versuchte → Elisabeth von England intensiv, aber vergeblich auf das Bekenntnis Einfluß zu nehmen: das »damnamus« der Konkordie reicht in die Sphäre weltpolitischer Entscheidungen, ohne sich ihnen pragmatisch zu unterwerfen (Gensichen). Die Vorrede rechtfertigt die Zurückweisung von I. bes. mit dem schon von Luther angezogenen Vorgang der Hl. Schrift, die um der Besserung willen »maledeiet, was wider das Evangelium handelt« (WA 8, 706). – Vgl. → Lehrzuchtverfahren: I. II.

J.Garzend, L'inquisition et l'hérésie, 1912 – H.J.Iwand, Rechtfertigung u. Christusglaube, 1930 – L.Brun, Segen u. Fluch im Urchristentum, 1932 – H.Bornkamm, Das Wort Gottes bei Luther, 1933 – ThW I, 179ff. 356f (αἱρέομαι, ἀνάθημα) – J.Brosch, Das Wesen der Häresie, 1936 – W.Maurer, Bekenntnis u. Sakrament I, 1939 – Ders., Zum geschichtl. Verständnis der Abendmahlsartikel in der CA (G.Ritter-Festschr., 1950, 161–209) – H.Nachtigäller, Sektierertum u. Psychose (Diss. Bonn), 1940 – M.Werner, Die Entstehung des christl. Dogmas problemgeschichtlich dargestellt, (1941) 1953² – O.Cullmann, Die ersten christl. Glaubensbekenntnisse (ThSt [B] 15), (1943) 1949² – J.O.Sanders, Heresies ancient and modern. Analysis and scriptural Refutation, 1948 – E.Berghoff, Die Bedeutung des Sektenwesens in der Medizin (Wiener klin. Wochenschrift 6, 1949, 513–517) – W.Nigg, Das Buch der Ketzer, (1949) 1953² – P.Hayoit, Les délits d'hérésie, d'apostasie et de schisme (Revue diocésaine de Tournai 5, 1950, 134–139) – E.Brunner, Das Mißverständnis der Kirche, 1951 – S.L.Greenslade, Schism in the Early Church, 1953 (Ursachenfrage) – W.Schulte, Sektierer u. Schwarmgeister psychiatrisch gesehen (DtPfrBl 53, 1953, 295–297) – S.Holm, Die Bedeutung der Ketzer für die Kirche (Schweizer. Theol. Umschau 24, 1954, 136–143) – F.H.Littell, Kirche u. Sekte (Ökumen. Rundschau 3, 1954, 57–63) – W.v.Loewenich, Häresie, Schisma, Konfession (Eckart 24, 1954/55, 1–9) – F.Blanke, Kirchen u. Sekten, 1955 – H.-W.Gensichen, Damnamus, 1955 – L.Goppelt, Kirche u. Häresie nach Paulus (W.Elert-Gedenkschr., 1955, 9–23) – W.Haaren, Interkonfessionelle Grenzziehungen (ELKZ 9, 1955, 356–358; zu Gensichen) – M.Wittenberg, Zum Problem der I. in at. Sicht (Luth. Blätter 7, 1955, 66–73) – M.Meinertz, Σχίσμα u. αἵρεσις im NT (BZ NF 1, 1957, 114–118). – Weiteres s. → Häresie: I, → Sekten: II. III.

W.Philipp

Irving, *Edward* (4.8.1792 bis 7.12.1834), nicht der Gründer, aber zu Beginn ein sehr bedeutendes Glied der → Katholisch-apostolischen Gemeinde. * in Annan (Südschottland), aufgewachsen unter extrem presbyterianischen Einflüssen, mathematisch und theologisch interessiert, wird er 1812 Rektor in Kirkcaldy. Freundschaft verbindet ihn mit Th. → Carlyle. 1819 ist I. Hilfsprediger bei → Chalmers in Glasgow. Seit 1822 an der national-schottischen Gemeinde in London, wird I. ein berühmter Volksprediger. 1824 kommt er mit prophetischen Bestrebungen von H. → Drummond (, 1) u.a. in Berührung. 1830 hört er von Mary Campbell die Zungenrede. I. läßt diese Gabe seit 16.10.1831 in seinem Gottesdienst zu. Darauf suspendiert ihn die schottische Generalsynode für ein Jahr (1832); das eigene Presbyterium enthebt ihn vollends und endgültig des Amtes. Bei der Absetzung wurden gewisse Sonderansichten beanstandet, u.a. die bes. in »The Orthodox and Catholic Doctrine of Our Lord's Human Nature« (1830) vertretene Anschauung von der Sündigkeit der menschlichen Natur Jesu. I.s Eschatologie und seine Bemühung um Wiedererweckung der apostolischen Geistesgaben hatte gewisse Wirkung auf J.N. → Darby. Vgl. auch → Angelsächsischer Einfluß.

M.Hohl, Bruchstücke aus dem Leben u. den Schriften E.I.s, (1840) 1850² – The collected Writings of E.I., 5 Bde, hg.v. G.Carlyle, 1864/65. – Über J.: RGG² III, 396f (Lit.) – DNB XXIX, 52ff (Lit.) – A.L.Drummond, E.I. and his circle, London 1938 – New Century Cyclopedia of Names II, 1954, 2136.

O.Eggenberger

Irvingianer → Katholisch-apostolische Gemeinde.

Isaac, *Henricus* (ca 1450–1517), hervorragender Komponist flämischer Abstammung, wirkte in Italien (Florenz) und am Hofe Kaiser Maximilians I. Zu den Hauptwerken seines geistlichen Schaffens gehören über 20 Messen und der erst 1550–55 in 3 Teilen zu Nürnberg gedruckte »Choralis Constantinus«, eine monumentale Sammlung polyphoner Officium → de tempore-Motetten. Von I.s weltlichen Kompositionen über französische, italienische und deutsche Texte zeichnen sich bes. die mehrstimmigen deutschen Lieder, darunter das berühmte »Innsbruck, ich muß dich lassen«, durch hohe Qualität aus.

H.Osthoff, Die Niederländer u. das dt. Lied, 1938 – MGG VI, 1417ff.

H.Osthoff

Isaak (hebr.: jiṣḥaq), *Patriarch,* ist als Sohn → Abrahams und Vater von Esau und → Jakob in der → Genesis der mittlere der drei Erzväter. Der *Name,* wohl Kurzform für jiṣḥaq-'el (Gott lächelt zu), entspricht gemeinsemitischer Namensbildung auf Grund vorisraelitischer Vorstellungen (andere Deutung: er [das Kind] lächelt) und wird volksetymologisch mit dem ungläubigen Lachen Saras (Gen 18, 12ff J) oder Abrahams (17, 17 P) oder der Leute (21, 6b J) oder dem dankbaren Lachen Saras (21, 6a E) erklärt.

Der Namensträger ist eine im Süden Palästinas beheimatete (24, 62; 25, 11 Beer-Laḥai-Roi; 21, 14; 26, 23. 33 Beerseba) geschichtliche Einzelperson, um die sich in seiner Sippe eine ursprünglich selbständige mündliche Tradition bildete, von der in der Gen nur dürftige mosaikartige Reste (hauptsächlich c. 26) erhalten sind. Sie spiegeln die Kulturverhältnisse der Wanderhirten aus der Zeit vor der Landnahme wider (Weidewechsel, gelegentlicher Getreideanbau, Brunnenrechte). Spuren von Beziehungen zu benachbarten Stadt- und Stammesgebieten sind im Vertrag mit Abimelech von Gerar (26, 23ff) und in der ursprünglich zur I.tradition gehörigen → Ismael-Sage (16, 7ff J; 21, 9ff E) erhalten. Am Heiligtum von → Beerseba, wo die Träger der I.überlieferung seßhaft wurden (Simeon? [Alt, Zimmerli] oder Teile der späteren Josephstämme [Jepsen], was die Aufrechterhaltung der Verbindung des Nordreichs zum Ahnherrn I. [Am 7, 9. 16; 1Kön 19, 3; Am 8, 14] erklären würde), ist die lokale Kultsage auf I. übertragen und die dortige kanaanäische Gottheit mit dem Gott I.s (păḥăd jiṣḥaq Gen 31, 42. 53 = Verwandter I.s?) verschmolzen worden, der in der nachmosaischen Zeit mit → Jahwe identifiziert wurde (26, 24f; vgl. 21, 33; 46, 1). Die Verknüpfung I.s mit Jakob scheint in den Josephstämmen nach deren Landnahme in Mittelpalästina erfolgt zu sein, ehe unter dem Einfluß judäischer Kreise die Vorschaltung der Abrahamüberlieferung zu dem dreiteiligen Väterschema geführt hat. Dabei sind Motive der alten I.tradition (Gefährdung der Ahnfrau 26, 6-11; die Brunnensagen von Beerseba und der Vertrag mit Abimelech 26, 12ff) auf Abraham übertragen worden (12, 9ff; 20, 1ff; 21, 22ff); ebenso die Reste der Theophanie- und Kultsage von Beerseba (26, 24f; vgl. 21, 33), die auch in die Jakob-Josepherzählung Aufnahme gefunden hat (46, 1). Die genealogische Verknüpfung der drei Erzväter hatte weiter zur Folge, daß die Gestalt des alternden I. als Nebenfigur in die Jakobsgeschichten (25-27) und die des jungen I. in die Abrahamserzählungen (16; 21f; 24) eingesetzt wurde. Die literarische Ausformung und theologische Verklammerung der Erzählungen von I. als dem Sohn der Verheißung (18, 10ff; 21, 1ff) und Empfänger des Abrahamssegens (26, 2ff. 24f) ist das Werk des → Jahwisten und → Elohisten. - An die beiden letztgenannten Motive schließt die → Priesterschrift an (17, 15ff). Sie verzichtet auf die alten I.traditionen und erwähnt im Rahmen ihrer künstlichen Chronologie nur die Geburt und Beschneidung I.s (21, 2ff) als »Bundeszeichen« (vgl. 17, 11. 19), ferner seinen Stammbaum (25, 19f), die Erteilung des Abrahamssegens an Jakob und dessen Entsendung zu Laban durch I. (28, 1ff), schließlich I.s Tod und Begräbnis im Ahnengrab bei Hebron (35, 27ff; vgl. 49, 31).

Außer der Lit. zu → Abraham: W.Zimmerli, Gesch. u. Tradition von Beerseba im AT, 1932 - Noth, ÜPent 114ff. 170f. 208f - J.J. Stamm, Der Name I. (Festschr. H.Schädelin, 1950, 33-38) - B.Gemser, Vragen rondom de Patriarchenreligie, 1958. *A.Weiser*

Isaak, 1. *von Antiochien,* ein schon im frühen MA mit andern Persönlichkeiten verwechselter syrischer Dichter, † um 460. I. war wohl längere Zeit Priester in seiner Heimatstadt, wo er offenbar Weltliches, aber auch das NT poetisch behandelte. Dadurch trug er zum Vordringen des Syrischen in das hellenisierte Küstengebiet bei (→ Altchristliche Dichtung, 3).

A.Baumstark, Gesch. d. syr. Lit., 1922, 63ff - Ders. in: HO III/2 bis 3, 1954, 174 (Echtheitsfragen, Werke, Lit.) - GCAL I, 437.

2. *von Ninive,* ein nestorianischer Asket (oder zwei?) der 2. Hälfte des 7.Jh.s, der nach 5 Monaten auf sein Amt in Ninive verzichtete und seitdem als Einsiedler in der Susiana lebte; zuletzt erblindet. Nach → Ebed Jesu soll er »über das geistliche Leben und die göttlichen Geheimnisse und Gerichte sowie die Versuchung« geschrieben und 7 Bde hinterlassen haben. Doch sind nur Bruchstücke erhalten, auch in griech., äthiop. und arab. Übersetzung (diese hg.v. P.Sbath, Kairo o.J. [um 1945]).

J.B.Chabot, De S.Isaaci Ninivitae vita, Löwen 1892 (hält I. für *eine* Person!) - Ders., Muséon 59, 1946, 345-351 - A.Baumstark, Gesch. d. syr. Lit., 1922, 223ff - Ders. in: HO III/2-3, 1954, 181 - GCAL I, 436ff (alles mit Werken, Lit., Echtheitsfragen). *B.Spuler*

Isaak, *Stephan* (1542-97), * in Wetzlar, Sohn des jüdischen »Lehrers« *Johannes I.*, 1546 in Marburg mit seinem Vater luth. getauft, 1548 in Löwen mit ihm zur kath. Kirche übergetreten. I. studierte in Köln und in Löwen Theologie, war 1564/65 Prof. der hebr. Sprache in Duay, 1565-84 Priester an St.Ursula in Köln, bedeutend als Kontroversprediger, resignierte am 24.4.1584, verließ Köln und trat in Kurpfalz zum ref. Glauben über. 1584 bis 1591 war er Pfarrer an St. Peter in Heidelberg, 1591 bis 1597 Pfarrer und Sup. in Bensheim an der Bergstraße. I. ist interessant als »Mann aller Religionen«, bedeutend nur in seinen Streitpredigten wider die Evangelischen.

Selbstbiogr. (bis 1584): Wahre u. einfältige Historia Stephani Isaaci..., 1586. - Über I.: A.G.Stein, Die Pfarre zur Hl. Ursula in Köln, 1880 - ADB XIV, 609f - W.Rotscheidt, St. I., 1910 - W. Diehl, Reformationsbuch der ev. Pfarreien des Großherzogtums Hessen (Hess. Volksbücher 31-36, 1917, 435f) - Ders., Hassia sacra III, 1928, 333. *H.Steitz*

Isebel

1. Im AT - 2. Im NT

1. I., Tochter des phönizischen Königs Ethbaal (richtiger: Ittobaal), *Gemahlin des Königs → Ahab von → Israel* (1Kön 16, 31) und Mutter der israelitischen Könige Ahasja und Joram sowie der judäischen Königin Athalja (→ Josaphat). Die Vermählung des israelitischen Königs mit der phönizischen Prinzessin ist symptomatisch für die von der Dynastie → Omris gepflegte Politik, mit dem Kanaanäertum innerhalb und außerhalb des Staates Israel Freundschaft zu pflegen. Sie ist zwar nicht, wie man oft gemeint hat und wie es sich offenbar auch der Deuteronomist denkt (1Kön 16, 31f), der Anlaß für die offizielle Einführung der → Baal-Verehrung in → Samaria, die andere, innenpolitische Gründe hat (→ Ahab), aber Kanaanäertum und Baal-Verehrung in Israel hatten in I. gewiß einen starken Rückhalt. Dem entspricht es, daß sie das von ihr in den → Elia-Erzählungen gezeichnete (in Einzelheiten freilich legendäre) Bild als eine erbitterte Feindin der Jahwe-Verehrung darstellt, die sich über israelitisches Herkommen bedenkenlos hinwegsetzt: Beim Justizmord an Naboth, hinter dem der Gegensatz zwischen israelitischem und kanaanäischem Bodenrecht steht, erscheint sie als die treibende Kraft (1Kön 21); unter ihrem Schutz und in ihrem Sold sollen Hunderte von Baal-Propheten gestanden haben (1Kön 18, 19), und man sagt ihr nach, die israelitischen Jahwe-Propheten ermordet (1Kön 18, 4. 13) und auch Elia mit ihrer Feindschaft verfolgt zu haben (1Kön 19, 2). - Als im Zusammenhang mit der Revolution des → Jehu die Dynastie Omris ausgerottet wurde, fand auch I. den Tod. Trotz der Ablehnung, mit der die jahwistischen Kreise ihr und ihren »Hurereien und Zaubereien« (2Kön 9, 22) gegenüberstanden, kann der Bericht über ihre Ermordung (2Kön 9, 30ff) eine heimliche Anerkennung ihrer königlichen Haltung angesichts des Todes kaum unterdrücken: Sie besetzt im vollen Schmuck das »Erscheinungsfenster«, um ihren Anspruch auf den Thron zu dokumentieren, und überschüttet den Aufrührer mit beißendem Spott. Auf Jehus Befehl wird sie von ihren eigenen Leuten aus dem Fenster gestürzt und unten von den Pferden zertrampelt.

Vgl. die Darstellungen der Gesch. → Israels u. die Kommentare zu den → Königsbüchern. *R.Bach*

2. In Apk 2, 20 ist mit I. nicht eine Gemeindegruppe in Thyatira gemeint, sondern eine einzelne, als Prophetin führende Vertreterin der im Sendschreiben an Pergamum → Nikolaiten genannten Bewegung; ihre Anhänger glaubten sich auf Grund besonderer geistlicher Erkenntnis Unsittlichkeit und Teilnahme am heidnischen Kult gestatten zu können. Diese Bewegung mündet in die → Gnosis und zeigt schon in ihren Anfängen im 1. → Korintherbrief Verbindung mit Frauenemanzipation wie in Thyatira. I. ist hier, ähnlich wie Bileam in Apk 2, 14, »Typus«, dh der Name drückt das Urteil aus, daß diese Frau nicht genannten Namens in der Gemeinde von Thyatira die gleiche Rolle spielt wie I. im Volk Israel (s. 1), nämlich die der Verführerin zu heidnischem Wesen.

Ihr Einfluß ist nicht gering gewesen (V. 24: »die übrigen«). Apk 2, 22f kündet ihr als Gericht an eigene Krankheit, große Not über die, die mit ihr (in eigentlichem, nicht übertragenem Sinn) Ehebruch getrieben haben und den wohl plötzlichen Tod (Seuche?) ihrer leiblichen Kinder (nicht ihrer Anhänger). Dadurch wird der wahre Charakter dieser nicht leicht zu durchschauenden Bewegung »allen Gemeinden« (V. 23) enthüllt.

Vgl. die Kommentare zur → Johannesapokalypse, bes. W.BOUSSET, R.H.CHARLES, TH.ZAHN, E.LOHMEYER, W.HADORN. - Ferner: ThW III, 218. *W.Foerster*

Isenbiehl, *Johann Lorenz* (1744-1818), kath. Aufklärungstheologe, * in Heiligenstadt/Eichsfeld, † in Oestrich (Rheingau). Nach Studien in Mainz Seelsorger der kath. Gemeinde in Göttingen, wo er unter den Einfluß von J.D. → Michaelis kam. 1773 wurde er Prof. der morgenländischen Sprachen und der Exegese in Mainz. Er bestritt 1774 in Thesen den messianischen Charakter von Jes 7, 14. I. wurde abgesetzt, wegen mangelnder theologischer Kenntnisse ins theologische Seminar zurückverwiesen und - nach erneuter Verfechtung seiner These 1778 - sogar im Gefängnis des Vikariatsgerichts inhaftiert; nur durch eine Unterwerfungserklärung kam er frei (1779). Er erhielt ein Kanonikat in Amöneburg, das er durch die Säkularisation wieder verlor.

Vf. u.a.: Corpus decisionum dogmaticarum Ecclesiae Catholicae, 1777; Neuer Versuch über die Weissagung von Emmanuel, 1778; De rebus divinis tractatus introducentes in universam V. et N.T. scripturam et theologiam christianam, 1787. - Über I.: ADB XIV, 618ff - KL VI, 960ff (Lit.) - v.PASTOR XVI/3, 260. 377ff - EC VII, 248. *G.Maron*

Isenmann (Eisenmenger), *Johann* (ca 1495-1574), * in Hall, verbringt sein ganzes Leben im Bannkreise seines Landsmannes → Brenz, seit 1524 als Pfarrer von Hall, seit dem → Interim als Schicksalsgenosse und Mitarbeiter in Württemberg (Pfarrer in Urach und Sup. in Tübingen; Verteidigung der Confessio Virtembergica). † als Abt von Anhausen.

G.BOSSERT, Das Interim in Württ., 1895 - DERS., J. I. (Blätter für württ. KG 5, 1901, 141-158) - RE IX, 443f - E.BIZER, Confessio Virtembergica, 1952. *W.Maurer*

Ishiwara, *Ken,* Kirchenhistoriker, * 1.8.1882 in Tokio, studierte in Tokio und in Heidelberg (bei H.v. → Schubert), lehrte 1923 an der Universität Tokio und seit 1924 an der Tohoku Universität, war 1940-48 Präsident des Christlichen Studentinnen-College, Tokio; seit 1952 Prof. für KG an der Aoyama Gakuin Universität, Tokio. I.s Bedeutung beruht in der Grundlegung der wissenschaftlichen Erforschung des Christentums für Japan (mit und nach Seiichi Hatano [† 1950]) und in der Aufrechterhaltung der Verbindung mit der deutschen theologischen Wissenschaft.

Vf. u.a. (alles jap.): Gesch. des Christentums, (1934) 1952²; Einführung in das NT, 1935; Unters. zum Christentum im MA, 1952. *H.Nakagawa*

Isidor, 1. *von Pelusium,* * 360/70 wohl in Alexandria, † um 435. Von I.s äußeren Lebensumständen ist neben wenigen, den Briefen zu entnehmenden Einzelheiten zuverlässig nur bekannt, daß er als Mönchsvater bei Pelusium (→ 1 C 2) in der Einsamkeit lebte. Er war Priester, offenbar aber nicht Mönch oder Abt in einem Kloster. Erhalten sind ca 2000 griech. Briefe (davon 49 auch in lat. Übersetzung) bes. exegetischen, aber auch asketischen, praktisch-theologischen usw Inhaltes. Theologisch und rhetorisch gebildet, steht I. methodisch (mit besonderer Verehrung für deren Schüler Joh. → Chrysostomus) der antiochenischen Exegetenschule nahe. Orthodox im Sinne des → Nicänischen Symbols verteidigt er die Gottheit Christi gegen die Arianer. Eine feste Formulierung für das Verhältnis der beiden Naturen in Christus, deren Trennung sowohl als auch Vermischung er scharf verneint, fehlt offenbar noch.

MPG 78 (griech.); ACO I/4, 9ff (lat.). - Zur handschriftl. Überlieferung vgl. M.SMITH in: HThR 47, 1954, 205ff. - RE IX, 444ff - BARDENHEWER IV, 100ff - A.SCHMID, D. Christologie I.s v.P. (Paradosis 2), 1948 (Lit.) - ALTANER 238 (Lit.). *J.Dummer*

2. *von Sevilla* (ca 560-636), seit 599 Nachfolger seines Bruders → Leander als Metropolit von Sevilla. I. nahm am Toledaner Konzil von 610 teil, präsidierte der Synode in Sevilla 619 und dem Toledaner Konzil 633. Obwohl im chronologischen Aufbau seiner Weltchronik (bis 615 bzw. 624) die alte Vorstellung vom Imperium als Weltreich nachklang, vertrat I. die politische Autonomie der Teilreiche innerhalb der christlichen Völkergemeinschaft. Sein spanisch-gotischer Patriotismus fand in seiner Historia Gothorum beredten Ausdruck. Im Papst sah I. das Haupt der Kirche und den Vicarius Dei; aber das 2. ökumenische Konzil von → Konstantinopel lehnte er ab. Daraus ergab sich auch ein Vorbehalt gegenüber Rom. I. beeinflußte über → Spaniens Grenzen hinaus die Kultur des werdenden Abendlandes, bes. durch seine Etymologien, die bedeutendste Enzyklopädie des MA, und durch die Sententiae, sein auf → Augustin und → Gregor d.Gr. beruhendes theologisches Hauptwerk. Weit verbreitet waren I.s Differentiae (Synonyma und Begriffserklärungen), De natura rerum (Kosmologie), De ecclesiasticis officiis (liturgische Einrichtungen und Ämter) und De viris illustribus (christliche Literaturgeschichte im Anschluß an → Gennadius, von 616/18). I. verfaßte ferner exegetische Schriften, eine Apologie gegen die Juden, eine Mönchsregel u.a.m. - Zu Unrecht hat man I. die große spanische Kanonessammlung (Hispana) zugeschrieben.

GA hg.v. F.AREVALO, 7 Bde, Rom 1797-1803 (= MPL 81-84). - Neuausg. d. Etymologiae v. W.M.LINDSAY, 2 Bde, Oxford 1911 - Gotengesch. u. Weltchronik: MG AA XI, 241ff. 391ff. 506. - Einzeleditionen u. Lit.: Analecta Sacra Tarraconensia 17, Barcelona 1944ff - WATTENBACH-LEVISON 1, 86ff - ALTANER 458ff. - Ferner: J.FONTAINE, Isidore de Séville et la culture classique dans l'Espagne wisigothique (Etudes Augustiniennes 7), Paris 1958. *E.Ewig*

Isis und Osiris, ein altägyptisches Götterpaar (Geschwister und Gatten), gehören zu den »Kindern der Nut« und des Geb (→ Ägypten: II, 1). *Mythen*fragmente erzählen, daß sie in der Vorzeit als gutes und gerechtes Königspaar herrschten und → Ackerbau und Götterkulte einführten. O. wurde von seinem Zwillingsbruder Seth ermordet und zerstückelt oder ertrank im Nil. I. und Nephthys klagten um ihn, suchten und fanden seinen Leichnam oder dessen Teile und setzten ihn wieder zusammen. I. warf sich über den toten Bruder-Gatten, belebte seinen Phallus und empfing → Horus (→ Ägypten: II, 2). O. wurde von Anubis (RÄRG, s.d.) balsamiert und rituell bestattet und beherrschte, zu einer Art neuen Lebens erwacht, Unterwelt und Tote. Horus wurde von seiner Mutter I. in Delta-Sümpfen geboren und aufgezogen, bekämpfte Seth, spendete seinem Vater O. das Horusauge und erhielt im Göttergericht die Herrschaft über die Lebenden. Dies sind die wesentlichen Züge des alten Mythos, der später in → Plutarchs ausführlicher Darstellung vielfach gewandelt erscheint. - Wir kennen bes. zwei Arten von *Kulthandlungen,* in denen das göttliche Drama des O. begangen wird: die jährlichen Festspiele (zB in Abydos), gipfelnd in Mysterien der → Auferstehung (: I) des O. in Korn und Saat; ferner die Bestattungsriten beim Tode des Pharao (bzw. seit dem 2.Jt. jedes Ägypters), die O. mit dem Toten eins werden und als jeweils individuellen »O. NN« zum Himmel aufsteigen und hier in Einheit mit dem Sonnengott zum Allgott werden lassen. Hier wird der Gott O. mit dem Menschen zugleich *erlöst* (→ Ägypten: II, 2. 3). Diese → Erlösung findet später in den → Mysterien der hellenistischen, von → Alexandria ausgehenden, I.- und → Serapis- (= O.-Apis-)Religion schon zu Lebzeiten des dazu berufenen Mysten statt. Auch I. erlangt jetzt Weltgeltung als Göttin des →Himmels, der Unterwelt, der → Erde und der Meere und wird als Allgöttin πολύμορφος, πολυώνυμος und αἰώνιος genannt und bes. als Retterin aus Not und Heilerin von Krankheiten verehrt.

F. CUMONT, Die oriental. Religionen im röm. Heidentum, 1910, 88ff - RÄRG s.v. Abydos, Anubis, Beisetzung, Isis (Lit.), Jenseitsglaube, Kornmumien, Mysterien (Lit.), Osiris (Lit.), Sarapis, Stundenwachen. *H. Jacobsohn*

Islam

I. Religionsgeschichtlich und politisch - II. Die biblische Botschaft gegenüber dem Islam - III. Christliche Mission unter Mohammedanern

I. Religionsgeschichtlich und politisch

1. Die Lehre Muhammeds - 2. Ausbreitung des islam. Reiches - 3. Die Grundlagen des Glaubens - 4. Die Tradition - 5. Das Recht - 6. Dogmatische Richtungen - 7. Die Schia - 8. Die Mystik - 9. Moderne Strömungen. - Karte 16 »Der Islam im 7. u. 8. Jh.« auf Sp. 909f. - Vgl. ergänzend → Islamforschung, → Islamische Philosophie, → Kalif, → Kleinasien, 4, → Koran, → Kunst: II 1 (religiöse Kunst des I.), → Mahdi, → Moschee, → Muhammed, → Wahhabiten

Als einzige nachchristliche Weltreligion ist der I. seitens der christlichen Kirchen - von den byzantinischen Apologeten bis in die Gegenwart - als Häresie oder als böswillige Verdrehung christlicher Wahrheiten angesehen worden; aus dieser Haltung resultiert häufig auch eine Unkenntnis seiner Lehren und Praktiken. - Das wichtigste Erbe, das der I. aus seinem altarabischen Mutterboden (→ Arabien: I) mitbrachte, ist die schon damals zu hoher Vollkommenheit entwickelte arabische Sprache, die als Sprache des heiligen Buches des I. ihre Spuren von Westafrika bis Indien hinterließ.

1. Der Stifter des I., → Muhammed, gewann etwa in seinem 40. Jahre durch Visionen und Auditionen die Gewißheit, daß ihm ein göttlicher Auftrag zuteil geworden sei. Seine Verkündigung bezieht sich zunächst auf das drohende → Gericht Gottes (: I, 4), das über die verstockten Weltkinder hereinbrechen wird, wie es schon frühere ungehorsame Völker vernichtet hat. Die Schrecknisse des Jüngsten Tages werden skizzenhaft geschildert: Auf einer Waage werden die Taten gewogen (→ Ägypten: II, 3), in einem Buch sind die Taten des Menschen aufgezeichnet. Diese Andeutungen wurden von der späteren Theologie und Volksfrömmigkeit in mannigfachen Formen ausgemalt (zB Überschreiten einer haardünnen Brücke [→ Iran: II]). - Den an der Auferstehung zweifelnden Mekkanern wurde das Wunder der Schöpfung entgegengehalten, und da der Erschaffer und Wiederbeleber nur *einer* sein kann, rückt zwangsläufig der Glaube an den *einen* Gott in den Mittelpunkt der Predigt (Sure 112; → Monotheismus: I). Pflicht des Menschen ist es, sich von ganzem Herzen und ganzer Seele diesem einzigen Gott, dem Allmächtigen, Barmherzigen, hinzugeben. Das arabische Wort *islām* meint völlige Hingabe in den Willen Gottes, und derjenige, der diese Hingabe realisiert, ist Muslim. Er weiß sich dem Schöpfer und Richter verantwortlich, er glaubt an seine offenbarten Bücher (Tora, Psalter, Evangelium, Koran), seine Propheten (von Adam über die Erzväter, Moses, Jesus und viele andere bis zu Muhammed), an seine Engel (Schutzengel, Erzengel, Todesengel, Schreiberengel im Grabe usw; → Geister: I) sowie an den Jüngsten Tag und führt im Bewußtsein der überall spürbaren Gottesgegenwart sein Leben entsprechend den göttlichen Geboten. Erfüllung kultischer Pflichten, Ausübung der Barmherzigkeit, Rechtlichkeit stehen als Forderungen Gottes in der Predigt Muhammeds nebeneinander: daher die völlige Durchdringung weltlicher und geistlicher Belange in der islamischen Kultur. - Die Auswanderung Muhammeds nach Medina (→ 16 E 4; hiǧra, 622) wurde mit Recht zum Anfang der islamischen Zeitrechnung gemacht; denn während sich der Prophet vorher nur als Fortsetzer der großen prophetischen Religionen fühlte, vollzieht er in Medina den Bruch. Muhammed will nun die seiner Meinung nach durch Juden und Christen verfälschte, reine, monotheistische Abrahamsreligion wieder aufrichten, deren Zentrum die Ka'aba in Mekka (→ 16 E 4) gewesen sein soll; damit rückt die (630 erfolgte) Rückeroberung der Heimatstadt in den Mittelpunkt seiner Politik.

2. Als Muhammed 632 starb, hatten ihm fast alle Araberstämme gehuldigt; nach seinem Tode brachen Aufstände aus, die der erste Kalif Abu Bakr erfolgreich niederwerfen konnte. Die Frage der Nachfolge Muhammeds hatte die junge Gemeinde vor schwere Probleme gestellt; das Prophetenamt war abgeschlossen, und für die Nachfolger blieb nur die Leitung der Gemeinde, auch im Krieg, und der Vorsitz beim Gebet. Geistliche Autorität hat der → Kalif nicht mehr als jeder rechtschaffene Mann seiner Gemeinde. - Nach Abu Bakrs Tod (634) folgte ihm der gewaltige Omar (634-644), puritanischer und ernster Verfechter des neuen Glaubens, nach dessen Ermordung Othman (644-656), mit dessen Herrschaft die Begünstigung des altmekkanischen Geschlechtes Omajja begann, schließlich Ali ibn Abi Talib (656-661), Vetter des Propheten und Gatte seiner Tochter Fatima. Die Periode dieser ersten vier Kalifen gilt für die islamische Überlieferung als das *goldene Zeitalter*. - Die arabischen Heere eroberten 635 Damaskus, 639-641 Ägypten, 640-644 Persien (vgl. Karte 16); das Land wurde nach festen Prinzipien verteilt, Pensionen für die Krieger ausgesetzt, Siedlungen arabischer Gruppen angelegt. Unter Othman wurde die Redaktion des → Koran unternommen. Die Vetternwirtschaft der Omajjaden, die dem Mu'awija die Schlüsselstellung als Statthalter von Syrien verschaffte, führte jedoch zu inneren Kämpfen. Ali erhob sich mit zwei Gefährten und wurde - von den Irakern unterstützt - 656 Kalif; er hatte jedoch sowohl mit dem unbotmäßigen Mu'awija wie mit den sich von seinen eigenen Truppen abspaltenden radikalen Chariǧiten (s. 6) zu kämpfen und wurde 661 ermordet. Damit war für Mu'awija der Weg zum Kalifat frei; bis 750 herrschte das Haus der *Omajjaden* (mit Sitz in Syrien), und die arabischen Heere brandeten bis zum Atlantik (691), nach Byzanz, Südfrankreich (711), Transoxanien (711) und Sind (711) vor. Beim Regierungsantritt des zweiten Omajjaden, Yazid, erhob sich Husain, ein Sohn Alis und Enkel des Propheten, als Kronprätendent, wurde aber am 10. Muharram 680 mit seinen Anhängern bei Kerbela vernichtend geschlagen. In Mekka erhob sich ein Gegenkalif, der die heilige Stadt bis 692 in der Hand hatte. Im Irak, wo die Partei Alis, die Schia, vorherrschend war, entwickelten sich erstmals Lehren über die Wiederkunft eines jetzt in der Verborgenheit lebenden Nachkommens Alis; dort spitzte sich auch das Verhältnis zwischen den zum I. übergetretenen Nichtarabern (mavālī) und der arabischen Herrscherschicht zu, weil die ersteren zu Recht völlige Gleichberechtigung forderten. Aus allen diesen Strömungen entwickelte sich, von Persien ausgehend, die Bewegung, die das Kalifat für das Haus Muhammeds beanspruchte und nach einem Sieg über die Omajjaden (750) einen Nachkommen von

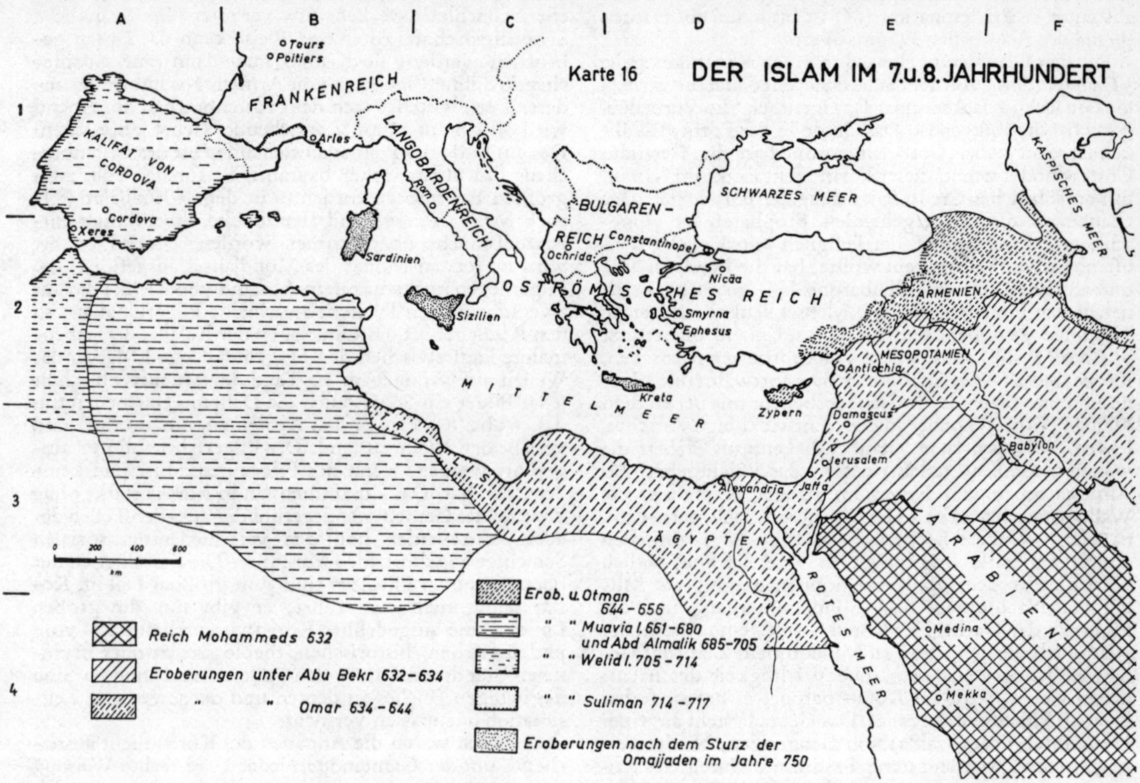

Muhammeds Oheim Abbas zum Kalifen einsetzte. Die *Abbasiden* herrschten bis 1258 und wurden dann vom Mongolensturm hinweggefegt. Doch hatten sich schon vom 9.Jh. an die Randstaaten des Reiches selbständig gemacht; die eigentliche Macht ging an türkische Söldnerführer über. Der letzte der Omajjaden floh nach Spanien und gründete dort ein arabisches Reich, dessen Herrscher 929 ebenfalls den Titel Kalif annahmen und das bis 1031 bestand. Dann drangen fanatische Berbergruppen, Almoraviden und Almohaden, auf Bitten der spanisch-arabischen Fürsten ein, um gegen die vordringenden Christen zu kämpfen; von den sich neu bildenden Kleinstaaten hielten sich die Banu Ahmar in Granada bis 1492. – In Ägypten ging die Macht 969 an die von Nordafrika kommenden schiitischen *Fatimiden* über. Die ihnen folgenden *Ajjubiden* (1171–1250), durch ihren loyalen Sultan Saladin in den → Kreuzzügen bekannt, erkannten das Bagdader Kalifat nominell an. Die *Mamluken,* die sie ablösten und den Mongolensturm 1260 in Syrien zum Stehen brachten, gewährten dem angeblich letzten Abbasidensproß Zuflucht. 1517 wurden sie ihrerseits von den Osmanen vernichtet, die diesen Abbasiden nach Istanbul mitnahmen. Im 11.Jh. hatten die türkischen *Seldschuken* ihre Herrschaft über → Iran (: I) ausgedehnt und drangen 1071 nach Anatolien ein; aus den Trümmern ihres mächtigen Reiches erhob sich im 14.Jh. das Geschlecht der *Osmanen,* das mit der Eroberung Istanbuls 1453 eine höchst wichtige Position gewann, seine Herrschaft bis an die heiligen Stätten Arabiens und nach Ungarn ausdehnte und zur Vormacht islamischer Kultur wurde (→Türkei: I). – Schon um 1000 war Mahmud von Ghazna von Afghanistan aus in Nordwestindien eingefallen; dort bildeten sich dann selbständige Fürstentümer. Das Reich der → Mongolen (: I) zerfiel. Später errichteten die Nachfahren des gewaltigen Timur in Herat und Samarkand wichtige Kulturzentren; von dort drang der Timur-Enkel Babar nach dem Pandschab vor und gründete das indische Moghulreich; das Gebiet des I. reicht heute bis nach → Indonesien. – Vom 16.Jh. an zeigt sich in allen islamischen Gebieten ein Stagnieren des geistigen Lebens und politischer Verfall; erst durch die Berührung mit europäischer Zivilisation haben sich die islamischen Staaten geistig und politisch neu auszurichten versucht.

3. Die *Grundlage* für das Leben jedes einzelnen Muslim wie der islamischen Staaten bildet seit Muhammeds Tagen der → Koran, der (im Ergebnis theologischer Diskussionen) als Gottes unerschaffenes Wort, offenbart in klarer arabischer Sprache, anerkannt und daher als absolut unfehlbar angesehen wird. Nur der rituell Reine darf ihn berühren oder ihm lauschen; seine Rezitation ist erbaulich und verdienstvoll, auch wenn, wie oft, der Sinn nicht verstanden wird. – Die Stellung des Menschen wird im Koran verschieden gezeichnet: einerseits ist er höher als die Engel, die sich vor Adam niederwerfen mußten (Satan, der sich weigerte, wurde verstoßen: 2, 30–37). Die erste Sünde des Menschen hat keine ansteckende Wirkung, eine Erbsünde gibt es nicht; der Mensch ist von Natur gut und ändert sich nur unter Umwelteinflüssen. Dagegen ist die absolute Bindung des Menschen an Gott durch Sure 7, 171 angedeutet, die von dem zwischen Gott und der präexistenten Menschheit

geschlossenen Urvertrag spricht (wichtiger Text für die islamische Mystik). Die Spannung zwischen Freiheit und absoluter → Prädestination (: I) ist bis heute ein Hauptthema der islamischen Dogmatiker.

Für den Gläubigen gelten, durch den Koran geregelt, 5 *Hauptpflichten*, von denen die erste, das *Glaubensbekenntnis* (šahāda; → Bekenntnis: I), eigentlich die Vorbedingung für die anderen ist. Das Credo in der Form »Es gibt keinen Gott außer Gott, Muhammed ist der Gesandte Gottes« findet sich in dieser Form nicht exakt im Koran. Ein ausführliches Credo hat sich später entwickelt. Der Glaube an die vorhergehenden Propheten ist eingeschlossen; Muhammed, der lediglich »ein Knecht, dem offenbart worden ist«, sein wollte, hat die korrigierende und abschließende → Offenbarung (: I) gebracht. Doch haben sich um seine schlichte Menschlichkeit zahlreiche Legenden gewoben, und im Volksglauben, unterstützt von der Mystik, wird er zum Vollkommenen Menschen, Krone und Ziel der Schöpfung. Die fortwährende Nennung seines Namens im Glaubensbekenntnis neben dem Namen Gottes konnte dieser Entwicklung Vorschub leisten. – Neben dem Glaubensbekenntnis stehen die weiteren »Säulen« (arkān) des I.: das Pflichtgebet, das Almosengeben, das Fasten im Monat Ramadan, die Wallfahrt nach Mekka. – Das *Pflichtgebet* (ṣalāt, pers.-türk. namāz; → Gebet: I, 5b) hat das Bild der islamischen Kultur am stärksten geprägt. Es wird fünfmal täglich verrichtet: in der Stunde vor Sonnenaufgang, am Mittag und Nachmittag, nach Sonnenuntergang und bei Einbruch der Nacht. Der Koran nennt keine Anzahl der ṣalāt, doch dürften schon zu Muhammeds Zeit fünf Gebete üblich gewesen sein. Die Wichtigkeit des nächtlichen Gebets wird im Koran betont; es hat sich aber nicht als Pflicht durchgesetzt. Das Gebet besteht aus einer bestimmten Folge (rakʿa) von Beugungen, Niederwerfungen usw, während derer bestimmte Suren des Koran rezitiert werden; durch überpflichtmäßige rakʿas kann das Gebet verlängert werden. Für das Gebet ist absolute rituelle Reinheit erforderlich, dh nach kleinen Verunreinigungen (durch aus dem Körper gehende Stoffe sowie Schlaf und Ohnmacht) die kleine Waschung (Hände bis zum Ellenbogen, Füße und Kopf), nach großen Verunreinigungen (Geschlechtsverkehr, → Menstruation u.ä.) die Ganzwaschung (einschließlich Haar), beide unter unberührtem fließendem → Wasser (→ Reinigung: I). Ohne diese → Waschung darf auch kein Koran berührt werden. Waschung, Gebet und jede andere religiöse Pflicht werden durch die formulierte Absicht (niya) eingeleitet. Das Gebet kann an jedem reinen Ort verrichtet werden; es ist verdienstlich, das am Freitagmittag gehaltene Hauptgebet, bei dem in der Moschee eine kurze Predigt gehalten und für die Obrigkeit gebetet wird, in der Gemeinschaft anzuhören. Frauen sind ebenso wie Männer zum Gebet verpflichtet. Für die feierliche Verrichtung des Gebetes sind im Laufe der Zeit → Moscheen (masǧid »Ort der Niederwerfung«, ǧāmiʿ »versammelnd«, die Freitagsmoschee) erbaut worden, die als Innenausstattung nur die Gebetsnische (miḥrāb, mit Richtung nach Mekka, → Orientation) und die Kanzel (mimbar) enthalten; charakteristisch sind die Minaretts, von denen zum Gebet gerufen wird, und die Brunnen für die Waschung (→ Kunst: II I). – Das *Almosengeben* (zakāt) ist eine genau geregelte Steuer (Koran 9, 60), die, richtig ausgeführt, eine gesunde Besteuerung der Reichen und gute → Armenpflege (: I) einschließt. – Das → *Fasten* (: I) im Monat Ramadan dürfte noch heute die am strengsten eingehaltene Pflicht sein, obgleich es, da der Fastenmonat durch alle Jahreszeiten wandert (das islamische Mondjahr von 354 Tagen verschiebt sich jährlich um 11 Tage), bes. im Sommer äußerst anstrengend ist. Vom Erscheinen der ersten Dämmerung bis Sonnenuntergang ist Essen, Trinken, Rauchen, Geschlechtsverkehr usw verboten. Bei Krankheit, Schwangerschaft, Alter und Reise kann das Fasten gebrochen werden; doch muß man dann eine entsprechende Sühne (Speisung von Armen, Nachholen zu anderer Zeit) leisten. Nach dem Fastenbrechen am Abend wird oft ein aus 33 rakʿa bestehendes Gebet gesprochen. Das am Ende des Ramadan stehende Fest des Fastenbrechens (ʿīd ul-fiṭr; şeker bayrami) ist für das Volk zum größten Feiertag geworden. – In der → *Wallfahrt* (: I) nach Mekka (ḥaǧǧ) sind altarabische, ihres Sinnes entleerte Bräuche übernommen worden. Die Pilgerfahrt wird im letzten Monat des Mondjahres ausgeführt; die Pilger legen in bestimmtem Abstand von Mekka das aus zwei ungenähten Tüchern bestehende Pilgerkleid an; zu den Riten gehört das Umkreisen der Kaʿaba, der siebenmalige Lauf zwischen den Hügeln Ṣafā und Marva, das Weilen auf ʿArafa. Am 10. Tage des Monats schlachtet jeder Pilger ein Schaf (auch die Daheimgebliebenen tun das, wobei das Fleisch den Armen zugute kommt) und verläßt den Weihezustand. Die Pilgerfahrt soll nur ausgeführt werden, wenn der Pilger gesund ist und keine Schulden hat. Das Zusammensein in Mekka stärkt ohne Zweifel das Gemeinschaftsgefühl der aus allen Teilen der Welt kommenden und den verschiedensten sozialen Schichten angehörenden Muslime. – Die Einzelheiten der obengenannten Pflichten sind zum größten Teil im Koran selbst nicht ausgeführt; er gibt nur die großen Linien. Eine ausgedehnte Koranwissenschaft hat – vom philologischen, historischen, theologischen oder mystischen Standpunkt aus – den äußeren und inneren Sinn des heiligen Buches zu deuten und der jeweiligen Zeitsituation anzupassen versucht.

4. Jedoch waren die Angaben des Koran nicht ausreichend, um der Gemeinde in jeder Lage rechte Weisung zu geben; so fragte man sich, wie der Prophet gehandelt haben würde oder gehandelt hatte. Der Wert der → *Tradition* (: I) war schon im vorislamischen Arabien sehr groß; entsprechend Koran 54, 5 (»Wahrlich, in dem Gesandten Gottes habt ihr ein schönes Vorbild…«) bemühte sich nun der Gläubige, das Beispiel Muhammeds bis ins Detail nachzuahmen. Die Sunna, die »Gewohnheit« des Propheten, wird in sich selbst zu einer Auslegung und Ergänzung des Koran; seine Worte wurden gesammelt und durch die Generationen weitergegeben. Daß sich dabei sehr viel gefälschtes Material einschlich, ist klar; aus den Ḥadithen (Überlieferungsprüchen) sind daher nicht so sehr die Lehren Muhammeds als die sich widersprechenden Lehrmeinungen der ersten Jh.e zu erkennen (Goldziher). Aus der Fülle der Ḥadithe sammelten am Ende des 9. Jh.s einzelne Gelehrte – vor allem Buchari († 870) und Muslim († 875) – die vertrauenswürdigsten und klassifizierten sie. Die Sammlungen der genannten Gelehrten werden als ṣaḥīḥ »gesund« bezeichnet, dh ohne Fehler und Schwächen in der Überlieferungskette. Die Ḥadithkritik beschränkt sich nämlich auf die Untersuchung, ob die zum Propheten zurückführende Kette der Tradenten (isnād) so beschaffen ist, daß keine Unstimmigkeiten zwischen Zeit, Alter, Ort usw der verschiedenen Glieder auftreten; eine große Literatur entstand, um die Lebensumstände der Tradenten zu untersuchen. Trotz der scharfen äußeren Scheidung von echtem und unechtem Gut sind zahllose fremde Einflüsse im Ḥadith zu bemerken; christliches, jüdisches und klassisches Weisheitsgut ist auf diesem Wege in den I. eingeströmt. Zahlreiche im Koran nicht erwähnte, aber das äußere Bild des I. bis heute bestimmende Züge sind aus der Überlieferung zu belegen, zB die → Beschneidung (meist zwischen 4. und 9. Lebens-

jahr, gelegentlich bald nach der Geburt). Rituelle Einzelheiten ebenso wie rechtliche und soziale Fragen sind zunächst durch entsprechende Ḥadithe eingeführt worden.

5. Doch konnten auch Koran und Tradition zusammen nicht alle strittigen Fragen lösen. Sie mußten, vor allem in juristischer Hinsicht, weiterentwickelt werden. Man bediente sich dabei entweder des Analogieschlusses (qiyās) oder der Spekulation (ra'y); der Iraker Abū Ḥanīfa († 767), dessen Lehrmeinungen sich bei allen türkischen Völkern verbreiteten, wurde von seinen Gegnern wegen einer gewissen Bevorzugung der Spekulation angegriffen. Mālik ibn Anās († 795) vertrat eine streng der Medina-Tradition folgende Richtung, während sein Schüler Schāfiʿī († 820) erstmals eine Systematisierung der rechtlichen Ordnung begann. Aḥmad ibn Ḥanbal schließlich († 855), dessen Lehre in Zentralarabien weiterlebte und im MA (Ibn Taimijja) wie in der Neuzeit (→ Wahhabiten) vorzügliche Theologen hervorbrachte, ist mehr Traditionalist als Jurist.

Die vier, nur geringfügig voneinander abweichenden *Rechtsschulen* (madhhab), neben denen einige kleinere früh verschwunden sind, stehen gleichberechtigt nebeneinander; man hat nie versucht, sie zu vereinigen; die großen theologischen Schulen hatten Unterrichtsräume für alle madhhabs. Ein Ḥadith sagt: »Meine Gemeinde wird nie in einem Irrtum übereinstimmen.« Damit ist die Wichtigkeit der vierten Quelle der Rechtsprechung angedeutet: des consensus (iǧmāʿ). Der iǧmāʿ – später meist als Übereinstimmung der Gelehrten über einen bestimmten Punkt bzw. die Annahme einer Neuerung aufgefaßt, ohne daß sich irgendwo Widerspruch dagegen erhebt – »kann theoretisch keinen Traditionstext abrogieren, aber nach Ansicht der Juristen anzeigen, daß der dort geübte Brauch nicht mehr geübt wird«. Damit werden die Gesetzesgelehrten zu Hütern der Tradition. Der iǧmāʿ war zunächst schöpferisch und gab die Möglichkeit zur Anpassung an veränderte politische und rechtliche Verhältnisse; doch seit man vom frühen 11.Jh. an den Gelehrten das Recht zur freien Meinungsfindung aus Koran und Tradition (iǧtihād) abgesprochen und sie an die vorher durch iǧmāʿ sanktionierten Bräuche gebunden hatte, legte sich eine immer starrer werdende Mauer von Überlieferungen um den I. Die Modernisten in Indien, Ägypten und der Türkei haben daher versucht, die Mauer des iǧmāʿ zu durchbrechen und wieder aus Koran und Sunna eine zeitgemäße Interpretation des I. zu gewinnen.

Das ganze Leben des Muslim ist in das Gefüge der *šarīʿa* eingebaut, welche »die Gesamtheit der auf die Handlungen des Menschen bezüglichen Vorschriften Allahs« ist. Da der I. alle Lebensverhältnisse religiös wertet, umfaßt sie religiöse Pflichtenlehre, Kultus, Recht, Politik. Man unterscheidet zwischen der Pflicht, die jeder einzeln auszuführen hat (farḍ al-ʿayn), und der Pflicht, die durch das Zusammenwirken mehrerer ausgeübt wird (farḍ al-kifāya; hl. → Krieg [: I]), und legt genau fest, wer zu welcher Handlung verpflichtet (mukallaf) ist. Die šarīʿa ist nicht kodifiziert worden (nur ihr vermögensrechtlicher Teil 1869 in der meǧelle des Othmanischen Reiches), sondern mündlich weitergegeben. Der Kadi hatte über ihre Ausführung zu wachen. Doch hat sich neben ihr immer das alte Gewohnheitsrecht der verschiedenen Völker gehalten, mit dessen Hilfe in der šarīʿa nicht erwähnte Probleme gelöst werden konnten. Alle Handlungen sind in fünf Kategorien eingeteilt: obligatorisch, empfohlen, gleichgültig, unerwünscht, verboten; außerdem gilt die Einteilung in gültige oder ungültige Handlungen, beide Gruppen können sich überschneiden. – Das *Erbrecht* ist kompliziert, und obgleich Muhammed das Los der → Frau (: I) erheblich verbesserte, ist sie doch im Erbgang benachteiligt. – Das *Eherecht* gestattet dem Mann bis zu vier legitime Gattinnen, dazu beliebig viele Konkubinen. Wenn eine Sklavin dem Herrn ein Kind geboren hat, wird sie beim Tode des Herrn frei. Doch ist die Polygamie keineswegs so verbreitet, wie vermutet wird; da das Gesetz völlig gleichmäßige Behandlung aller Frauen befiehlt, schließen die Modernisten, daß damit das Gebot zur Einehe implizit ausgesprochen sei. Dem Gesetz nach steht der Frau das Recht zu, ihr eingebrachtes Vermögen selbst zu verwalten. Im frühen I. war die Frau, wie aus der Geschichte belegt werden kann, verhältnismäßig frei, und bis ins 14.Jh. haben Frauen als Gelehrte eine Rolle gespielt. Die völlige Absperrung ist eine Folge veränderter sozialer Einflüsse. Die Scheidung kann vom Mann ohne Begründung ausgesprochen werden, doch kann die Frau zurückgenommen werden, bevor 3 Regelperioden vorüber sind; dreimaliges Aussprechen der Scheidungsformel macht Wiederverheiratung mit derselben Frau unmöglich, wenn sie nicht inzwischen anderweitig verheiratet gewesen ist. – Die *Sklaverei* hat Muhammed nicht abschaffen können; doch da kein freigeborener Muslim Sklave werden kann, ist Versklavung in der Welt des I. praktisch ausgeschlossen. – Das *Strafrecht* unterscheidet: talio, wobei der Schuldige getötet oder verstümmelt werden kann bzw. Blutgeld zu zahlen hat; ḥadd, gesetzlich festgelegte Strafen für bestimmte Verbrechen (Unzucht, Diebstahl usw); dem Richter überlassene Strafen. – Der *staatsrechtliche* Teil der šarīʿa beschäftigt sich vor allem mit der Frage des Kalifats, um das die ersten innerislamischen Kämpfe entbrannten (→ Kalif). Bei der Eroberung Ägyptens durch die Osmanen 1517 wurde der letzte angebliche Abbasidenkalif (s. 2) nach Istanbul gebracht; von da an beanspruchte der osmanische Herrscher den Kalifentitel, und im Vertrag von Küçük Kaynarca (1774) wurden aus politischen Gründen die religiösen Belange der Kalifen in historisch unrichtiger Weise betont. Nach der Abschaffung des Sultanats in der → Türkei (1.1.1922) ließ Atatürk das »geistliche« Kalifat noch bestehen, das erst am 3.3.1923 aufgehoben wurde. – Die šarīʿa umfaßt auch die *Haltung des Muslim zu den Nichtmuslimen*. Der Glaubenskrieg (ǧihād) wurde nicht zur sechsten »Säule« des I.; der Koran (2, 257) konstatiert: »Kein Zwang im Glauben«. Freilich schließt die Koranaussage, daß Muhammed »als Erbarmung für die Welten« gekommen sei, missionarischen Anspruch ein. Der Glaubenskrieg wird in medinensischen Suren behandelt, zunächst aber als Kampf gegen Angreifer und Abgefallene, dann erst gegen die Ungläubigen. Jedoch stehen die Schriftbesitzer (Juden, Christen, später Sabier und Zoroastrier) im Gegensatz zu den Polytheisten, die kein heiliges Buch vorweisen können, bei Zahlung einer bestimmten Steuer (ǧizya) unter dem Schutz der Muslime; doch mußten sie sich in Kleidung von den Gläubigen unterscheiden. Berufsverbot bestand für Andersgläubige nicht; sie konnten sich unter ihren eigenen geistlichen Oberhäuptern verwalten. Zwangsweise Übertritte waren sehr selten und hätten auch die Steuerpolitik der muslimischen Herrscher gestört. Erst mit der politischen Schwächung des I. steigerte sich seine Strenge gegen Andersgläubige.

6. Die geistige Auseinandersetzung mit dem Christentum hat auf die islamische *Dogmatik* in verschiedener Hinsicht Einfluß ausgeübt. Die erste dogmatische Frage im alten I. war die nach dem rechten *Imam*. Das Problem, wieweit der Leiter der Gemeinde nach seinen ethischen Qualitäten zu beurteilen sei, führt sofort zu der Frage von Glauben und Werken. Die Chariǧiten, die sich nach der Schlacht von Siffin von Ali getrennt hatten (s. 2), weil er sich einem menschlichen Urteil unterwarf, erkannten keinen Glauben ohne Werke an und erklärten

den, der eine große Sünde begehe, als vom I. abgefallen. Die Würde des Imams (Leiter der Gemeinde) kommt nur dem Makellosen zu, »und sei er ein abessinischer Sklave«. Nur an Randgebieten der islamischen Welt konnten sich diese ethischen Maximalisten halten (Oman, Nordafrika). Ihnen gegenüber meinte das Gros der Frommen, charakterisiert durch die Murǧiiten (die »Aufschiebenden«), man müsse das Urteil über den Zustand eines Menschen Gott überlassen, und »das Sunni-Prinzip war, die Grenzen der Tolerierung so weit wie möglich zu ziehen. Keine große religiöse Gemeinschaft hat jemals den kath. Geist voller besessen oder ist bereiter gewesen, ihren Mitgliedern die weitestgehende Freiheit zu erlauben, vorausgesetzt, daß diese die Mindestforderungen des Glaubens annahmen...« (Gibb). - Die Frage nach *freiem Willen* und *Prädestination* hat die Muslime früh berührt; aus dem Koran lassen sich beide Anschauungen stützen. Die Ǧabriten, die ǧabr (absoluten Zwang) vertraten, hielten dafür, daß alles vorherbestimmt sei; die Qadariten gaben eine Verantwortlichkeit des Menschen für seine Taten zu. - Zwischen Chariǧiten und Murǧiiten entwickelte sich die *Muʿtazila,* die sich zunächst in der Frage, was die Stellung des Sünders sei, von beiden Richtungen trennte. Die Muʿtazila hat die Entwicklung der islamischen Dogmatik tief beeinflußt. Sie verteidigt den freien Willen des Menschen, versucht vor allem gegen von Persien einströmende dualistische Tendenzen (→ Iran: II) die absolute Einheit Gottes zu beweisen, gibt in der Diskussion der Vernunft eine wichtige Rolle und setzt sich mit griechischen Denkmethoden auseinander. Dadurch half sie, die einfache medinensische Tradition mit den Erfordernissen des sich ausweitenden, mit fremden Kulturen in Berührung kommenden Reiches zu verbinden. Die am Ende des 8.Jh.s sichtbare iranische Infiltration führte zur schärfsten Formulierung des Einheitsbekenntnisses (tauḥid), zur Ablehnung irgendwelcher Ähnlichkeit zwischen Gott und Schöpfung (gegen den → Anthropomorphismus der Traditionarier); wenn Gottes Attribute mit ihm gleichewig wären, würden sie seine Einzigkeit beeinträchtigen, sie sind vielmehr geschaffen. Deshalb ist auch der Koran, Gottes Wort, nicht wesensgleich mit Gott, sondern geschaffen. An diesem Punkte entzündete sich der jahrzehntelange Kampf der Muʿtazila mit der Orthodoxie, der mit dem Sieg der orthodoxen Anschauung, daß der Koran ungeschaffen sei, endete. - Der zweite wichtige Punkt muʿtazilitischer Lehre ist, daß Gott gerecht sein muß (→ Gerechtigkeit Gottes: I); jedes auf Erden geschehene Unrecht muß im Jenseits vergolten werden. Da Recht und Unrecht hier nach menschlichem Maßstab angesehen werden, besteht die Gefahr, daß dem freien Menschen ein unfreier Gott gegenübergestellt wird. Unter drei abbasidischen Kalifen (ab 827) war die muʿtazilitische Glaubensrichtung offizielle Doktrin, wurde dann verfolgt und verschwand langsam. Ihre Methoden wurden, auf die Orthodoxie übertragen, zur Grundlage der islamischen Scholastik. Ašʿarī († 935) brachte die typische Vermittlungstheologie, die - ähnlich wie im Osten die Anschauungen seines Zeitgenossen Maturīdī - schließlich das islamische Denken geprägt haben: alle göttlichen Attribute sind »ohne Wie« zu verstehen; der Mensch ist weder ganz frei noch ganz unfrei; er erwirbt seine ihm vorherbestimmten Taten; die Kette von Ursache und Wirkung ist nur eine Gewohnheit Gottes; darum ist Wunder, »was die Gewohnheit durchbricht«. Die scholastische Denkweise beherrscht bis heute den von der Rationalität seiner Religion überzeugten Muslim.

7. Während sich nach der Schlacht von Siffin die Chariǧiten abgespalten hatten, hielt sich bei Ali die Gruppe seiner ergebenen, meist irakischen Anhänger, die Šīʿat ʿAlī. Eine besondere Vorliebe für Ali und die Seinen besteht auch in nicht-schiitischen Kreisen. Aber in der Schia bildete sich eine Umformung gewisser islamischer Lehren heraus: den allgemeinen Grundsätzen des I. wird noch der Glaube an den Imam, den aus Muhammeds Hause stammenden wahren Führer der Gemeinde hinzugefügt. Man glaubt, daß Muhammed den Ali kurz vor seinem Tode in sein esoterisches Wissen eingeweiht habe. Ali selbst wurde zu seinem Mißfallen schon von einigen Anhängern religiös verehrt und wird in der Überlieferung zum größten Helden und Weisen. Die Tragödie von Kerbela, der Tod Husains und seiner Familie (s. 2), verstärkte das tragische Moment in der Schia; die Erinnerung daran ist noch heute in allen schiitischen Gebieten lebendig und hat Hunderte von Dichtern zu Elegien und Passionsspielen inspiriert. - Die ersten typisch schiitischen Vorstellungen bildeten sich um Muhammed ibn al-Ḥanafīya, den Sohn Alis von einer anderen Frau als der Fatima: nach Ansicht seiner Jünger ist er nicht gestorben, sondern wird eines Tages wiederkommen, um die Erde mit Gerechtigkeit zu erfüllen, wie sie zZ mit Ungerechtigkeit erfüllt ist. Dieser Parusieglaube wurde dann auf die jeweils letzten Glieder der mit Ali beginnenden Imamreihe übertragen; der »verborgene Imam« lenkt die Welt. Der Imam enthält eine göttliche Lichtsubstanz, doch ist nicht geklärt, ob sie automatisch auf den ältesten Sohn übergeht oder sich in irgendeinem Kind zeigt. Die Gräber der Imame (Kerbela, Neǧef, Kum) sind beliebte Wallfahrtsorte und Begräbnisplätze. - Die Anschauung, daß die Schiiten die Sunna nicht anerkennen, ist unrichtig; sie halten sich im Gegenteil sehr streng an die Überlieferung, legen aber natürlich stärkeres Gewicht auf die alidisch gefärbten Worte. Ihre Gelehrten nehmen das Recht der freien Forschung aus den Quellen für sich in Anspruch. - Die gemäßigte Gruppe der Schiiten, die sich auf den 740 getöteten Imam Zaid stützt, steht den Sunniten sehr nahe und legt auch kein Gewicht darauf, ob der Imam von Hasan oder Husain abstammt; ihre Staatengebilde haben sich noch heute im Jemen gehalten. - Die übrigen Gruppen erkennen nicht Zaid, sondern seinen Bruder als Imam an und führen die Reihe weiter: die seit 1502 in Iran die Staatsreligion bildenden *Zwölferschiiten* bis zu dem angeblich als Kind 874 entrückten Muhammed al-Mahdī, während die *Siebenerschia* bei Ismail stehen bleibt. Die Siebenerschia teilt sich in verschiedene Gruppen, von denen im 9.Jh. die Karmaten die islamische Welt beunruhigten und den schwarzen Stein der Kaʿaba für 22 Jahre entführten. Sie lehrten gnostische Ideen von der Evolution des als Mikrokosmos aufgefaßten Menschen; der Koran wird allegorisch ausgelegt. - Aus ismailitischen Strömungen leiten sich auch die im 10.Jh. von Nordafrika nach Ägypten strömenden *Fatimiden* (angebliche Nachkommen der Fatima) ab. Von ihren Herrschern ist der auf geheimnisvolle Weise 1021 verschwundene Ḥākim zu erwähnen, den seine Anhänger als Inkarnation Gottes erklärt hatten und auf den noch heute die → Drusen harren. Ein Sproß der Fatimiden wurde bei einer erneuten Spaltung der Linie (1094) von dem ismailitischen Propagandisten Ḥasan-i Sabbāḥ auf seine Burg Alamut in Persien gebracht, von der die Bewegung der unter Haschisch-Einfluß zu jeder Tat fähig gemachten Assassinen ausging. Aus der Familie des von Ḥasan-i Sabbāḥ geschützten Nizārī entwickelte sich die noch heute in Indien unter dem Agha Khan eine bedeutende Rolle spielende schiitische Gruppe; auch andere ismailitische Gruppen sind in Indien vertreten. - Unter den weiteren schiitischen Gruppen sind die Nusairis in Syrien, welche in Ali eine erste Emanation der Gottheit sehen, und die ʿAlī-Ilāhī in Persien zu nennen, die ebenfalls Ali göttliche Ehre er-

weisen. Allen gemeinsam ist die esoterische Auslegung des Koran, die stufenweise Initiation in die Geheimnisse des Glaubens sowie die Lehre vom Abstieg und der Wiederaufwärtsentwicklung der Seele. Ferner sehen alle Schiiten in den drei ersten Kalifen Usurpatoren. In Persien hat sich im 19.Jh. aus der Schia der → Babismus und die → Bahai-Religion entwickelt.

8. Der I. hätte in der wachsenden Gesetzlichkeit und den immer feineren dogmatischen Unterscheidungen ersticken müssen, wenn sich nicht aus der koranischen Predigt eine *mystische Strömung* (→ Mystik: II) entwikkelt hätte. Aus dem Koran ließen sich weltverneinende, dem Menschen die furchtbare Drohung des Gerichts vor Augen haltende Stellen finden, und die Frommen der ersten Jh.e meditierten erschrocken über diesen Versen und hielten sich von der verweltlichten Gesellschaft fern. Durch supererogatives Fasten und nächtliche Gebete suchten die Asketen Gottes Gebote soweit wie möglich zu erfüllen. Armut wurde ihr Ideal - zunächst äußere Armut als Freiheit von den gefahrbringenden Gütern dieser Welt, dann innere Armut als das Genügehaben an dem ewigreichen Gott. Ernste Selbstprüfung, Kampf gegen die Triebe, gegen Selbstgefälligkeit und Nachlässigkeit führen den Menschen näher zu Gott, und in einer Vertiefung des Begriffes der völligen Ergebung in den Willen Gottes wird das tawakkul, das absolute Gottvertrauen (das oft auf jedes eigene Tun quietistisch verzichtet), in den Mittelpunkt gestellt. Geduld, ja Zufriedenheit und Dankbarkeit bei Schicksalsschlägen sind dem Frommen die wichtigsten Tugenden. In die streng asketische Frömmigkeit dringt dann das Moment der mystischen Liebe ein, erstmalig ausgesprochen durch die Irakerin Rābiʿa al-ʿAdawīya († 801), die - unter Absehen von Paradies und Hölle - nur noch Gott um seiner selbst willen in glühender Liebeshingabe dienen wollte. Der Begriff der Liebe zu Gott wurde von der Orthodoxie lange angegriffen, da für sie der Gehorsam die höchste Tugend war; doch konnte sich die Mystik auf Koran 5, 59 stützen (»Er liebt sie und sie lieben Ihn«), worin das Geheimnis der zuvorkommenden Liebe Gottes ausgesprochen war. Im Irak, in Ägypten (Dhū'n-Nūn) und in Chorassan breitete sich die mystische Bewegung im 9.Jh. gewaltig aus. Den Wollgewändern zufolge, die die Asketen trugen (ṣūf), nannte man sie Sūfī, die mystische Bewegung ist als Taṣawwuf bekannt (→ Sufismus). Unter den großen Meistern des Taṣawwuf im Irak wurde der mystische Pfad systematisiert, die verschiedenen geistigen und seelischen Zustände klassifiziert. Während hier noch die Spannung zwischen Schöpfer und Geschöpf deutlich aufrechterhalten wird und in den theoretischen Formulierungen wie in den wunderbaren einfachen Gebeten der großen Mystiker anklingt, lassen sich bei dem Perser Bāyazid Bisṭāmī († 874) pantheistische Töne vernehmen: Weintrinker, Wein und Schenke sind eins. Auch hat er dem fanā, dem Entwerden in Gott, stärkeren Wert beigemessen als dem baqā, dem Bleiben in Gott, das die irakische Schule betont. Den Gipfel der frühislamischen Mystik bildet Ḥallāǧ, der 922 hauptsächlich aus politischen Gründen grausam hingerichtet wurde. Er hat die Lehre vertreten, daß der Mensch in seltenen Augenblicken der → Ekstase der persönliche und lebendige Zeuge Gottes werden könne, und hat den Ausspruch gewagt: »Anā al-Ḥaqq«, »Ich bin die schöpferische Wahrheit«; er kennt das »Licht Muhammeds« als uranfängliche Größe. Für Ḥallāǧ ist die große Kraft das Leiden, in dem sich Gott selbst zeigt. Er hat auch das Gleichnis vom Falter, der sich in die Flamme stürzt, erstmalig im I. geprägt, und ist für die späteren Mystiker und Dichter zum Muster des leidenden Liebenden geworden.

Die folgende Periode ist reich an Mystikern, die zT versucht haben, die Erfahrungen der Früheren gegen die Vorwürfe der Orthodoxie abzuschirmen. Besonders Qušairīs († 1074) »Sendschreiben« ist hier erwähnenswert. Aber die eigentliche Versöhnung erfolgte durch den großen mystischen Theologen Abū Ḥāmid al-→Gazzālī († 1111), der in seiner »Wiederbelebung der Religionswissenschaften« ein höchst wertvolles Werk der gemäßigten, für jedermann verständlichen Mystik gab, das bis heute die islamische Frömmigkeit beeinflußt hat. - Dagegen entwickelte sich der Taṣawwuf in den Werken des Spaniers Ibn ʿArabi († 1240) zu einem komplizierten gnostisch-theosophischen System, in welchem das stets im Mittelpunkt islamischen Denkens, speziell der Mystik, stehende Dogma von der »Einheit Gottes« zu seiner monistischen Konsequenz geführt wurde: Gott und Welt verhalten sich zueinander wie Wasser und Eis, wir selbst sind die Attribute, durch welche wir Gott beschreiben; wir sind für ihn notwendig, damit er sich manifestieren kann. Der Prophet wird zum Vollkommenen Menschen, dem Bindeglied zwischen Gott und Welt. Diese Lehre von der Einheit alles Seienden (waḥdat al-wuǧūd) hat sich vom 13.Jh. an über alle islamischen Länder verbreitet und eine bedauerliche geistige Erstarrung zur Folge gehabt. Für den Sufi spielt schon früh neben den regulären Gebeten der dhikr eine Rolle, die formelhafte Wiederholung bestimmter Gottesnamen oder Koranverse; auch das Hören von → Musik (: II), speziell kunstvolle Koranrezitation, oder der Anblick eines schönen Menschen konnte zur Ekstase beitragen. Alles das spiegelt sich in der mystischen Dichtung wider, die bes. im persisch-türkisch-indischen Raum seit dem 11.Jh. auf lyrischem wie auf didaktischem Gebiete die schönsten Blüten hervorgebracht hat (zB Ǧelāladdīn Rūmī, † 1273 in Konya, dessen Mathnawi ebenso wie sein Divan ein ganzes Kompendium des Taṣawwuf ist). - Der suchende Fromme sollte sich aber nicht allein auf den gefahrvollen Weg zu Gott begeben; um die großen Meister bildeten sich private Zirkel, vom 11.Jh. an regelrechte Orden (→Mönchtum: I), von denen bis heute die Qādiriya (von ʿAbdul Qādir Gīlānī, † 1166), Rifāʿiya (nach ihrem dhikr als heulende Derwische bekannt), Mevlewiya (auf Ǧelāladdīn Rūmī zurückgehend, »tanzende Derwische«), die Naqšbendiya (mit wahrscheinlich indisch beeinflußter stiller Meditation), in Indien die Čištiya usw zu nennen sind. Durch schlichte, volksnahe Predigt und gewisse Wunderkräfte der Derwische haben die Orden den I. in die entlegensten Gebiete getragen und sind noch heute wichtige Missionare. Andererseits hat die geforderte absolute Bindung an den Scheich das selbständige religiöse Leben sehr gelähmt und manchem Mißbrauch Raum gegeben. Die → Heiligenverehrung (: I, 1), die dem keinen Mittler zwischen Gott und Mensch anerkennenden I. ursprünglich völlig fremd war, beherrscht durch den Einfluß der Mystiker den Volksglauben weitester Kreise.

9. Der lähmende Einfluß einer Pseudomystik, zusammen mit der starren Bindung an mittelalterliche Überlieferungen, schienen den I. entwicklungsunfähig zu machen. Doch zeigten die seit der Mitte des 18.Jh.s und vor allem im 19.Jh. auftretenden *Erneuerer*, daß und wie sich I. und moderne Welt wohl vereinen lassen. ʿAbdul Wahhāb, strengster Hanbalit, verband sich mit dem Hause Saʿūd in Zentralarabien und setzte eine völlige Rückkehr zum puritanischen Urislam (gegen Gräberdienst, Mystik, aber auch Rauchen) durch. Die Türken vertrieben die → *Wahhabiten* 1819 aus den heiligen Stätten; doch durch den Aufstieg des Hauses Saʿūd nach dem ersten Weltkrieg gewann die radikale Richtung in ganz Arabien die Herrschaft. Mit strengster Korantreue verbindet sich Aufgeschlossenheit für das moderne so-

ziale und politische Leben; die staatliche Ordnung ruht auf der šarīʿa. – Ähnliche Gedankengänge finden sich in der als *salafiya* (von salaf, »Altvordern«) bezeichneten Bewegung, die gleichfalls den iǧmāʿ ablehnt und sich nur auf Koran und Sunna beruft. Angeregt wurde sie durch Ǧemāladdīn Afġānī († 1897), der, in Indien mit den modernistischen Gedanken vertraut, vor allem in Ägypten Anhänger fand. Muhammed ʿAbduh und Muḥammad Rašīd Riḍā († 1935) suchten in der Zeitschrift al-Manār die Vereinbarkeit des I. mit moderner Gedankenwelt und seine Reformfähigkeit zu beweisen. – Indien hatte die Modernisierung zunächst vom kulturellen Standpunkt begonnen, um den Engländern gegenüber die Bildungsfähigkeit des I. zu verteidigen. Männer wie Syed Ameer Ali haben in ihren weitverbreiteten Büchern ein ideales I.bild gezeichnet, und die Gründung des muslimischen College, später der Universität Aligarh ist für die Erziehung im europäischen Geiste gebildeter Muslime höchst bedeutsam geworden. Seinen wichtigsten Vertreter hat der indische I. in dem Dichterphilosophen Sir Muḥammad Iqbal (1873–1938), der nicht nur in englischen Vorlesungen, sondern in seinem gesamten auf Persisch und Urdu verfaßten poetischen Werk entgegen der jedes Streben hemmenden pantheistischen Pseudomystik die Aktivität des Menschen in den Mittelpunkt stellt und den Wert der Persönlichkeit betont. Ein tiefdringendes Studium deutscher und englischer Philosophie gab ihm die Möglichkeit, eine weitgehende Synthese von islamischer Kultur und europäischem Denken zu schaffen. Mit Recht wird er als der große Anreger der islamischen Republik Pakistan gefeiert. – Indien hatte schon im MA in verschiedenen Strömungen Annäherungen zwischen I. und → Hinduismus aufgewiesen; der Dichter Kabir, dann die tolerante Religionspolitik Akbars sind hier zu nennen. Die 1880 in Lahore gegründete Gruppe der *Aḥmadiyya* versuchte neue Wege der I.-Mission. Ihr Stifter, Mirza Ghulām Aḥmad (1836–1908), erklärte sich für den → Mahdī (wie gleichzeitig der Mahdī im Sudan), den am Ende der Zeiten erscheinenden Rechtgeleiteten, und für den wiedergekehrten Jesus, der nach Aḥmads Lehre in Srinagar gestorben ist. Die Propaganda der Aḥmadiyya, die den Glaubenskrieg verwirft und sich 1914 in zwei Zweige teilte, erstreckt sich von Japan bis England. Anders als die Orthodoxie erlaubt sie Übersetzungen des Koran in die Landessprachen und hat einen gewissen Anhängerkreis in Europa werben können. – In Nordafrika gründete Muḥammad ibn Ali in der Mitte des 19.Jh.s die *Senusiya*, einen Derwischorden, der jedoch alle emotionalen Mittel zur Ekstaseerzeugung ablehnt und sich auf die Vereinigung mit Muhammed konzentriert, welcher nun in allen sozialen und politischen Fragen als Vorbild nachgeahmt wird, was die Senusiya zu großen kulturellen Leistungen befähigt hat.

Das Anliegen aller modernistischen Richtungen, der Jugendbünde usw ist die Angleichung des I. an die moderne Weltordnung. Im Eifer der Entdeckungsfreude haben sie dabei in der Koranexegese gelegentlich übers Ziel hinausgeschossen. Die Spannung zwischen dem Nationalismus und dem allgemein islamischen Solidaritätsbewußtsein hat sich in den letzten Jahrzehnten verständlicherweise verschärft. Aber die Ausbreitung des I. hält an, und die ursprüngliche Dynamik des I. zeigt sich auch in Ländern, die offiziell laizistisch sind, zB in der → Türkei.

Außer der Lit. zu den eingangs genannten ergänzenden Artikeln vgl. allgemein: I.Goldziher, Vorlesungen über den I., (1910) 1925^{2} – EI^{1}; EI^{2} – G.Pfannmüller, Hdb. der I.-Lit., 1923 – Ch.Snouck Hurgronje, Verspreide Geschriften I–VI, 1923–27 – Ders., Der I. (Chant I, 648–756; Lit.) – C.H.Becker, I.studien I. II, 1924/31 – G. Bergsträsser, I. u. Abendland, 1929 – RGG^{2} III, 404ff (Lit.) – A. Guilleaume (Hg.), The Legacy of I., Oxford 1931 – Ders., I., London 1955 – HIsl – R.Hartmann, Die Religion des I., 1944 – H.R. A.Gibb, Mohammedanism, London 1949 – A.S.Tritton, I., ebd 1951 – F.M.Pareja, Islamologia, Rom 1951 – R.Jockel, Islam. Geisteswelt, 1954 – EKL II, 394ff. – Zu 1 vgl. die Lit. zu → Muhammed. – Zu 2: Th.Arnold, The Caliphate, Oxford 1924 – C.Brockelmann, Gesch. der islam. Völker u. Staaten, (1939) 1943^{2} – B.Spuler, Chalifenzeit, 1952 (Lit.). – Zu 3 vgl. die Lit. zu → Koran. – Zu 4: I.Goldziher, Mohammedan. Studien I. II, 1889/90 – A.J.Wensinck, A Handbook of Early Muhammadan Tradition, Leiden 1927. – Zu 5: Th.W.Juynboll, Hdb. des islam. Gesetzes, Leiden 1910 – D.Santillana, Istituzioni di diritto musulmano malichita I, Rom 1926 – G.Bergsträsser, Grundzüge des islam. Rechts, 1935 – J.Schacht, The Origins of Muhammedan Jurisprudence, Oxford 1950. – Zu 6: W.M.Patton, Ahmed ibn Ḥanbal and the Miḥna, Leiden 1897 – J.Wellhausen, Die religiös-polit. Oppositionsparteien im alten I. (AGG NF V/2), 1901 – A.J.Wensinck, The Muslim Creed, Cambridge 1932 – A.S.Tritton, Muslim Theology, London 1947 – L.Gardet-Anawati, Introduction à la théologie musulmane, Paris 1948 – R.J.McCarthy (Übers.), The Theology of al-Ashʿari, 1953. – Zu 7: R.Strothmann, Die Zwölfer-Schia, 1926 – D.M.Donaldson, The Shiite Religion, London 1933 – Nasir-i Chosrau, Kitab ǧāmiʿ al-ḥikmatain, ed. H.Corbin u. M. Moin, Paris 1953. – Zu 8: Hujwiri, Kashf al-maḥdjūb, übers.v. R.A.Nicholson, London 1911 – R.A.Nicholson, The Mystics of I., ebd 1914 – Ders., Studies in Islamic Mysticism, Cambridge 1921 – R.Hartmann, al-Ḳuschairis Darstellung des Sufitums, 1914 – L. Massignon, La Passion d'al-Hallaj, martyre mystique de l'I., 2 Bde, 1922 – Ders., Essai sur les origines du lexique technique de la mystique musulmane, (1922) 1954^{2} – Ders., Recueil des textes inédits, Paris 1929 – J.K.Birge, The Bektashi Order of Derwishes, London 1937 – A.J.Wensinck, La pensée de Ghazzali, Paris 1940 – F.Meier, Vom Wesen der islam. Mystik, Basel 1942 – A.J.Arberry, Introduction to the History of Sufism, London 1948 – R.Brunel, Le Monachisme errant dans l'I., Paris 1953 – H.Ritter, Das Meer der Seele, Leiden 1955. – Zu 9: R.Hartmann, Die Wahhabiten (ZDMG 78, 1924, 176–213) – Ders., Die Krisis des I., 1928 – Sir Muhammad Iqbal, Six Lectures on the Reconstruction of Religious Thought in I., Lahore (1930) 1954^{3} – Ders., Buch der Ewigkeit, dt.v. A.Schimmel, 1957 – H.R.A.Gibb, Modern Trends in I., Chicago 1946 – K.Cragg, The Call of the Minaret, New York 1956 – W.C.Smith, I. in Modern History, Princeton 1957. – Zs.en: Revue du Monde Musulman, Paris 1906ff (ab 1927: Revue des Etudes Islamiques) – Der I., 1910ff – The Moslem World, New York 1911ff – Die Welt des I.s, 1913–42; NS: Leiden 1951ff – Islamica, 1924–38 – Islamic Culture, Hyderabad 1927ff – Studia Islamica, Paris 1953ff – Islamic Quarterly, London 1954ff. – J.D.Pearson, Index Islamicus 1906–1955. A Catalogue of Articles on Islamic Subjects in Periodicals and other collective Publications, Cambridge 1958.

A.Schimmel

II. Die biblische Botschaft gegenüber dem Islam

1. Historisch – 2. Systematisch: a) Monotheismus und Trinität – b) Erlösungslehre – c) Offenbarungen und Prophetentum – d) Theokratie

1. Dem I. gegenüber befand sich die Kirche anfänglich in einer gewissen Hilflosigkeit und Verlegenheit. Auch wurde die neue Religion nicht ganz ernst genommen. Man nannte Muhammed das »Tier« oder einen »Lügenpropheten«, den I. den »Glauben des Tiers«, eine »Sekte« oder einen Aberglauben (Johannes von Nikiu, → Johannes Damascenus). Erst die abendländische *Kirche des MA*, die in den → Kreuzzügen den I. näher kennengelernt hatte, trat in eine systematische Auseinandersetzung mit ihm ein. Noch immer heißt zwar der I. eine »nefanda secta«, eine »pessima haeresis«; noch immer sieht man in ihm nur einen Abfall vom Christentum. Aber man bemüht sich um objektive Kenntnis und Beurteilung, auch dort, wo man ihn widerlegt (»Confutatio Alcorani« des → Ricaldo da Monte Cruce, † um 1320). Den Höhepunkt dieser Konfrontation der christlichen Botschaft mit dem I. bildet das Lebenswerk des → Thomas von Aquino, die »Summa de veritate catholicae fidei contra gentiles«, die wahrscheinlich als Handbuch für die Ausbildung von Mohammedanermissionaren geschrieben wurde. Der Titel zeigt, daß der I. nun als → Heidentum, also als eine eigene, dem Christentum gegenüber-

stehende Religion erkannt wird. Praktisch hat diese neue Erkenntnis Raimundus → Lullus (1233-1315) in der von ihm entwickelten und zur geistlichen Fechtkunst ausgebildeten Kontroversmethode angewandt. - In neuer Weise brach das I.problem zZ der *Reformation* in der christlichen Theologie wieder auf. Damals standen muslimische Eroberer vor der Ostgrenze des christlichen Abendlandes (1529 Belagerung Wiens, 1543 Eroberung Budapests durch Sultan Suleiman). Luther sieht im I. nicht nur Heidentum, sondern (neben dem Papsttum) eine der entscheidenden antichristlichen Mächte der Endzeit. Nach Luther hat die weltliche Obrigkeit die Pflicht zur militärischen Abwehr der Türken; die Kirche kann gegen den Feind des Evangeliums nur beten; ja sie hat in ihm eine Zuchtrute Gottes über die Sünden der Christenheit zu sehen. Den antichristlichen Charakter des I. findet Luther in seiner Gesetzlichkeit, seiner Vernunftgebundenheit und natürlich in der Ablehnung der Erlösung durch das Kreuz, der Gottessohnschaft Christi und der Trinität. - Mit der *Aufklärung* beginnt eine Periode des Sympathisierens mit dem I. Hadrian → Reland ließ 1705 die erste objektive Darstellung des I. erscheinen. → Lessing (»Nathan der Weise«) und → Carlyle (»Helden und Heldenverehrung«) sind für diese Haltung typisch. In der Mitte des 19.Jh.s setzt die moderne, rein historische → Islamforschung ein, die zur Kenntnis und zum Verständnis des I. Wesentliches beigetragen hat. - Das theologische Gespräch mit dem I. und über ihn beginnt erst wieder mit dem Anbruch des modernen *Missionszeitalters*. Missionare wie K.G. → Pfander (1825-65 im Kaukasus, in Indien und in Konstantinopel) und S.W.Koelle (1855-59 in Ägypten und Palästina, seit 1862 neben Pfander in Konstantinopel) versuchen durch einen sorgfältig geführten Schriftbeweis darzutun, daß der I. mit der biblischen Heilsbotschaft in Widerspruch stehe; als überzeugte Biblizisten pietistischer Herkunft leisten sie dafür den Nachweis durch exakte Gegenüberstellung von → Koran und Hadith einerseits und Bibelwort anderseits. Ebenfalls von der missionarischen Praxis her hat G.Simon (1896-1907 in Sumatra) die Begegnung von christlicher Botschaft mit dem I. inmitten einer animistischen Umwelt beschrieben. Für das englische Sprachgebiet leistete Samuel M. → Zwemer (1891-1930 im Orient) einen ähnlichen Dienst. H.Kraemer (1922-35 in Indonesien) hob in einer neuen theologischen Betrachtung des I. im Anschluß an die bekannten Bemerkungen → Pascals in den Pensées als seine charakteristischen Merkmale hervor: einen Rationalismus, der »keine Fragen und keine Antworten hat«, einen »versteinerten Offenbarungsbegriff«, eine »ereignislose Beziehung zwischen Gott und Mensch«, eine »äußerliche Vorstellung von Sünde und Heil«, einen »überhitzten Monotheismus«, einen Gnadenbegriff, der mit Willkür eins ist, einen verweltlichten Begriff der Theokratie, - alles Elemente, die den I. als »Religion des natürlichen Menschen« kennzeichnen. Kraemer empfiehlt, die christliche Botschaft nicht als eine »Gruppe von Lehren« darzustellen, sondern, unter Verzicht auf eine »doktrinäre Begegnung«, den Muslim zum Eintritt in die »lebendige Welt des biblischen Realismus« einzuladen.

2. Immer im Wissen darum, daß die christliche Botschaft, obwohl in einzelnen Sätzen ausgesprochen, eine unlösbare innere Einheit bildet, sollen nun die wesentlichen Glaubenslehren einander gegenübergestellt werden.

a) Der islam. → *Monotheismus* (: I) ist im Gegenüber zur christlichen → *Trinitäts-Lehre* erwachsen. Er ist Monotheismus in undialektischer Spannungslosigkeit, in mathematischer Eindeutigkeit, in absoluter Transzendenz. Da der → Islam (: I) jeden → Anthropomorphismus schroff ablehnt, werden alle Aussagen über Gott zu rationalistisch-philosophischen Prinzipien: die Allmacht zur unbeschränkten Omnipotentialität, die Allwissenheit zur deterministischen Prädestination, die Allgegenwart (bei den Mystikern) zum Pantheismus, die Barmherzigkeit zur grundlosen Willkür. Unter den Namen Gottes fehlt das Wort Vater und unter seinen Eigenschaften die Liebe. Die christliche Trinität, zuweilen als polytheistische Dreiheit von Gott, Maria und Jesus mißverstanden, ist dem Muslim vor allem deshalb ein Anstoß, weil ihm die Gottessohnschaft (auch sie grob sinnlich mißverstanden) eine unerlaubte Vermenschlichung Gottes scheint. Obwohl der I. Jesus als Prophet, ja als sündlosen Menschen hoch verehrt, lehnt er den Namen »Gottes Sohn« als Gotteslästerung ab, während er ihn bedenkenlos den Messias, das Wort Gottes, den Gesandten Gottes nennt.

b) Als Religion der Werkgerechtigkeit sagt der I. zum stellvertretenden *Erlösungstod Christi* am Kreuz ein radikales Nein. Da ein gerechter Prophet nicht unschuldig sterben kann, hat Gott in letzter Minute den Leib Jesu durch denjenigen eines andern Menschen ersetzt (→ Doketismus), und da die Bedingungen zum Heilsempfang nur im Glauben an Allah und seinen Propheten sowie in der Unterwerfung (»islam«) unter die an → Muhammed ergangene endgültige Offenbarung besteht, bedarf der Mensch keiner → Erlösung durch einen Mittler. Der Glaube macht selig, freilich trotz wörtlicher Ähnlichkeit in ganz anderm Sinn als in der reformatorischen Lehre. Eine letzte Unsicherheit bleibt allerdings bestehen: auch bei orthodoxestem Glauben und bei peinlichster Gesetzeserfüllung bedarf der Muslim beim → Gericht (: I, 4) der Fürsprache Muhammeds - womit der Prophet nachträglich doch zum Mittler geworden ist.

c) Ohne zu der Frage nach der Echtheit oder Unechtheit der von Muhammed empfangenen »Offenbarungen« Stellung zu nehmen, geht es im folgenden nur um den theologischen Inhalt des Begriffs der → Offenbarung (: I). Sein Kennzeichen ist eine geschichtslose Statik: im Himmel ruht seit Urzeiten der gesamte Offenbarungsinhalt; er wird gleichsam ratenweise den verschiedenen Völkern durch deren → Propheten übermittelt: den Juden durch Mose, den Christen durch Jesus, den Arabern durch Muhammed. Da aber alle vorhergehenden Offenbarungen verfälscht sind, ist die letzte die endgültige, die alle früheren aufhebt. Sie ist aber keine Geschichte schaffende Heilstat, da das persönliche Heil durch die Glaubensunterwerfung unter die Offenbarung bewirkt wird. Der Prophet ist deshalb nur das Empfangsgerät und der Lautsprecher für die göttliche Wahrheit; darum auch die wörtliche Fixierung der Botschaft und die Sakrifizierung des kodifizierten Offenbarungsinhalts: »Das Wort ward Buch«. - Den Begriff des Propheten verdankt der I. zweifellos den biblischen Religionen. Er hat ihn aber mißverstanden als den Verkündiger einer zeitlosen Wahrheit. Vor allem hat er übersehen, daß der biblische Prophetenbegriff streng christozentrisch ist: auf Christus hinweisend und von Christus Zeugnis gebend.

d) Auch der Begriff der → *Theokratie* stammt aus den biblischen Religionen. Israel wollte und sollte eine Gottesgemeinde auf Erden sein. Jesus hat das Kommen des Gottesreichs angekündigt. Für den I. heißt Theokratie die totale Herrschaft der göttlichen Offenbarung über alle Gebiete des menschlichen Lebens. Darum fällt im I. religiöse, politische und kulturelle Gemeinschaft zusammen. Während das → Corpus Christianum längst zerbrochen ist, lebt das Corpus Islamicum in unerschütterter Geschlossenheit weiter: »Kirche« und Staat sind eins, das Staatsvolk ist das Gottesvolk, das religiöse Gesetz (»shariah«) ist Staatsgesetz. Das Reich Gottes ist ein »Reich von dieser Welt« geworden. Die Folge dieser

Gleichsetzung ist, daß die Herrschaft des I. mit allen Mitteln, also auch durch den »hl. → Krieg« (: I) ausgebreitet, der Sieg der Sache Gottes immer zugleich in der politischen Größe des islam. Staates sichtbar werden muß, daß die Glaubensgemeinde immer nur eine siegende, triumphierende und nie eine leidende, unterliegende sein kann. Wie zum Kreuz Christi, sagt der I. auch zum Kreuz der Gemeinde Nein. Darum besteht die islam. Eschatologie im totalen Sieg des I., dh in der Unterwerfung der ganzen Welt unter den Glauben und in der endgültigen Vernichtung der Ungläubigen.

Nicht Streitgespräch und Widerlegung kann Aufgabe der Begegnung christlicher Botschaftsträger mit dem islam. Menschen sein, sondern nur geduldiges, liebendes Zeugnis für das ev. Heilsangebot, im Wissen um die tiefen Verschiedenheiten und im Glauben, daß Christus nicht gegen Muhammed, sondern auch für den Muslim gestorben ist.

S.M.Zwemer, Der I., 1909 - Ders. u.a. (Hg.), I. and Missions. Lucknow Conference, London 1911 - H.Kraemer, Die christl. Botschaft in einer nichtchristl. Welt, 1940 - J.W.Sweetman, I. and Christian Theology, 3 Bde, London 1945-55 - E.Kellerhals, Der I., (1945) 1956² - G.Simon, Die Welt des I. u. ihre Berührung mit der Christenheit, 1948 - J.Chr.Wilson, The Christian Message for I., New York 1950 - J.S.Trimingham, The Christian Church and I. in West Africa, London 1955 - W.Freytag, Der I. als Beispiel einer nachchristl. Religion (EMZ 12, 1955, 97-104) - K.Cragg, The Call of the Minaret, New York 1956. *E.Kellerhals*

III. Christliche Mission unter Mohammedanern

Seit den frühesten Zeiten des I. haben die Christen versucht, den Muslim eine systematische Darstellung des christlichen Glaubens zu geben. Die ersten Kontakte fanden jedoch zwischen Eroberten und Eroberern statt und bedeuteten keine echte missionarische Annäherung. Das erste nachweisbare Streitgespräch wurde 639 in der Nähe von Aleppo zwischen dem Patriarchen Johannes von Antiochien und 'Amr ibn al-'As, dem muslimischen Eroberer Mesopotamiens und Nordsyriens, abgehalten. Dem Patriarchen ging es nicht so sehr um die Bekehrung der Muslim als darum, »der Kirche Christi zu helfen und sein Volk zu trösten«. Aus ähnlichen Motiven handelte → Johannes von Damaskus (ca 700-749). Er betrachtete den I. als »die jüngste christliche Häresie« und schrieb Traktate mit Frage und Antwort, die den Christen zeigen sollten, wie muslimischen Argumenten über den Glauben zu begegnen sei. Derartige Diskussionen führten byzantinische Schriftsteller im 10./11.Jh. und auch noch später. - Die → *Kreuzzüge* leiteten ein neues Kapitel muslimisch-christlicher Beziehungen ein. Die geistliche Vitalität der → Franziskaner und → Dominikaner trieb die Mönche im 13.Jh., den Muslim das Evangelium zu predigen. → Franz von Assisi selbst war 1219/20 der Wegbereiter erst in Ägypten, dann in Syrien. Der große Dominikanerprediger unter den Muslim war im 13.Jh. → Ricaldo da Monte Cruce (1290 bis ca 1300 in Bagdad). In seiner »Confutatio Alcorani« legte er Verhaltensregeln für neue Missionare nieder; er betonte, daß es wichtiger sei, den Glauben zu lehren als das Ritual zu erklären. Raimundus → Lullus, der dritte große Missionar dieses Jh.s, hielt sich in Palästina, Ägypten und Nordafrika auf. Er wandte sich offen gegen die üblen Methoden der Kreuzzüge und forderte dringend, daß sich die Christen gegenüber den Muslim der Liebe und Selbstaufopferung befleißigten. Theologisch bedeutsam war die »Sichtung des al-Koran« (um 1460) durch → Nikolaus von Kues. - Im *16.Jh.* schrieben über und gegen den I. die Protestanten Theodor → Bibliander und Hans Ungnad von Sonegg; jener schrieb lateinisch, und dieser übersetzte viele Schriften in die Balkan-Sprachen, damit sie unter Türken wirken konnten. In diesem Jh. begann auch unter Franz → Xavier die jesuitische Mission in → Indien (: IV). Die ersten jesuitischen Missionare gelangten 1580 an den Hof des muslimischen Groß-Mogul Akbar. Sie wurden dort dazu ermutigt, mit muslimischen Schriftgelehrten öffentliche Streitgespräche zu führen, deren Ergebnisse in der Schrift des Hieronymus Xavier »Ein Spiegel, der die Wahrheit zeigt« (1609) festgehalten sind. Das 18.Jh. war missionarisch weitgehend ereignislos; die kath. Missionen wurden immer mehr von der Arbeit in den östlichen orth. Kirchen in Anspruch genommen, von der sie hofften, sie würde zur künftigen Bekehrung der Muslim führen. - Das *19.Jh.* begann mit der kurzen und hingebungsvollen Arbeit des jungen Engländers Henry → Martyn, der 1806 nach Indien und 1811 nach Schiraz kam (→ Iran: VI). 1928 erreichte C.G. → Pfander von der → Basler Missionsgesellschaft Persien und legte bald ein gelehrtes Kompendium der Apologetik und Polemik an (Mizan al-Haqq, »Waage der Wahrheit«), das zum klassischen Werk für Missionare in muslimischen Gebieten wurde. In dem Maße, in dem die prot. Missionsbewegung in Indien und dem Nahen Osten an Macht und Einfluß gewann, folgten andere Missionare nach, u.a. E.M.Wherry, Sir William Muir, G.H.Rouse, Canon Sell, W.St.Clair Tisdall.

Im Laufe der Zeit wurde - mit Ausnahme von Afghanistan, Zentralchina und Saudi-Arabien - fast die ganze islamische Welt von christlichen I.-Missionen überzogen, mindestens bis zu einem gewissen Grade. Es war Samuel → Zwemer, der die Christenheit unablässig an ihre Aufgaben gegenüber den Muslim mahnte. Seit den Jahren nach 1880 sind in *Algerien, Marokko* und *Tunesien* (→ Nordafrika: III) amerikanische und britische Missionsgesellschaften tätig gewesen. Die Algiers Mission Band, die North Africa Mission und die Methodist Episcopal Church arbeiten heute noch weitgehend unter Muslim. Die französische ref. Kirche weiß sich neuerdings auch ihren muslimischen Nachbarn gegenüber verantwortlich. In → Ägypten (: V) erlitten die Missionen aus → England (: IV) und → Frankreich (: IV), die dort eine sehr bedeutende Arbeit geleistet hatten, durch die politische Entwicklung i.J. 1956 einen Rückschlag; viele Missionare mußten abreisen. Bes. wurden die anglikanische Church Missionary Society (CMS) und die Egypt General Mission davon betroffen. Die amerikanische United Presbyterian Mission (→ Presbyterianer: II), die 1854 begann, arbeitet in diesem Gebiet mit ihrem Netz von Schulen und ihrer ärztlichen und dörflichen Arbeit weiter in engem Kontakt mit der großen ev.-koptischen Kirche. Zu den übrigen Missionen gehören u.a. die Assemblies of God, die Peniel Missionary Society, die Pentecost Faith Mission, die Standard Mission und die → Adventisten (: II). Im → *Sudan,* wo die CMS um 1840 mit ihrer Tätigkeit begonnen hatte, nahmen nach 1900 auch die amerikanischen United Presbyterians, die schwedischen Lutheraner und die Sudan Interior Mission (international) die Arbeit auf. Ebenso arbeiten dort die Sudan United Mission (international) und die Reformed Church of America. In → *Äthiopien* (: V) und Eritrea sind die größeren und älteren Missionen die Schwedische Ev. Mission, die Sudan Interior Mission, die Adventisten und die United Presbyterians.

In *Jordanien,* im *Libanon* und in *Syrien* arbeiten viele Missionen nebeneinander. Die American Presbyterian Mission begann 1823 in Beirut, die CMS 1851 in Jerusalem. 1860 schuf die britische Syrien Mission in Syrien ein Erziehungswerk für Mädchen. Das 1860 von Joh. → Schneller in Jerusalem gegründete → Syrische Waisenhaus führt nach 1950 seine Arbeit im Libanon fort. 1867 wurde in Jerusalem das der Brüder-Unität gehörende Lepra-Heim eröffnet. Die dänische Orient-Mission übernahm die Arbeit der früheren Irish Reformed Presbyterian Mission in Zentral-Syrien. Die American Reformed Presbyterians ließen sich in Lattakie und Umgebung nieder. Später kamen die Assemblies of God, der → Lutherische Weltbund, die → Quäker, die Southern Baptists, die Adventisten u.a. ins Land. In der → *Türkei* (: II) nahm der (kongregationalistische) American Board 1826 die Arbeit auf. Nachdem diese Mission eine blühende armenische ev. Kirche aufgebaut hatte, stand sie nach 1918 einer völlig veränderten Situation gegenüber, da fast alle (überlebenden) Armenier die Türkei verlassen mußten (→ Armenien: III). Die Mission arbeitet nun fast ausschließlich unter türkischen Muslim. Die United Mission of *Iraq* wird von fünf amerikanischen Denominationen unterstützt. Die *arabische* Mission der Reformed Church of America arbeitet im südlichen Irak und in Kuweit, Bahrein und Maskat. In Aden haben die Dänische Mission und die Church of Scotland Mission schulische und ärztliche Aufgaben übernommen (→ Arabien: II). Die beiden Hauptmissionen im → *Iran* (: VI) sind die American Presbyterian Mission im Norden und die CMS im Süden.

Die größeren Missionen, die in → *Pakistan* arbeiten, sind die amerikanischen → Methodisten, die amerikanischen → Presbyterianer, die → Baptisten (australische, britische und amerikanische), die Presbyterian Church of Wales, die CMS und die → Heilsarmee. Die Missionsarbeit unter den Muslim in → *Indonesien*, bis 1941 hauptsächlich von niederländischen Missionsgesellschaften getragen, wurde inzwischen weitgehend von den einheimischen Kirchen übernommen. Ihnen helfen Missionare europäischer und amerikanischer Missionsgesellschaften.

Eine statistisch einwandfreie Errechnung der Christen aus dem I. in diesen Missionsgebieten ist unmöglich. Nach bisher vorgenommenen Schätzungen soll es sich um nicht mehr als 100 000 ehemalige Muslim handeln, die meisten davon in Südasien, also in den am weitesten von Arabien, dem Herzstück des I., entfernten Gebieten. Die Wirkung der christlichen Missionen kann freilich nicht an solchen Zahlen gemessen werden. Denn ebenso wichtig wie einzelne Bekehrungen, die zur Taufe führen, ist sicherlich die Wirkung christlicher Verkündigung und christlichen Lebens, selbst wenn sich diese Wirkung nicht unmittelbar in der Taufe zeigt: Der I. wird mit dem Evangelium konfrontiert. Hier setzt, stellvertretend für die Muslim, die Hoffnung auf Jesus Christus ein. – Fast unüberwindbare *Hindernisse* für die Bekehrung sind die Kohäsion des Muslim gegenüber seiner Kultur, die Solidarität zu seiner nationalen Bruderschaft und folglich das Bewußtsein, sein Volk zu verraten, wenn er – »desertierend« – einen anderen Glauben annimmt. So besteht eine der wichtigsten Aufgaben der I.-Missionen darin, Christus selbst zum Muslim sprechen zu lassen als jemand, der die tiefsten loyalen Gefühle des Muslim erfüllt, nicht aber (in westlicher Verzerrung) sie zu zerstören sucht. Der Near East Christian Council studiert diese und andere Probleme; sein Direktor Dr. Kenneth Cragg behauptet, daß es »muslimische Gründe für den Glauben an Jesus Christus gibt«; der Missionar müsse also mit dem Muslim denken und fühlen und jene muslimischen Gründe für den Glauben erwecken.

E. Stock, The History of the Church Missionary Society, 1899 bis 1916 – J. Richter, Mission u. Evangelisation im Orient, (1908) 1930² – The Muslim World, 1914ff – L. Levonian, Moslem Mentality, 1928 – L. Bevan Jones, Christianity Explained to Muslims: A Manual for Christian Workers, 1938 – J.T. Addison, The Christian Approach to the Moslem, 1942 (Lit.) – H.G. Dorman jr., Toward Understanding I, 1948 – G. Simon, Die Welt des I. u. ihre Berührung mit der Christenheit, 1948 – Latourette VI, 6ff – A.K. Cragg, The Call of the Minaret, 1956 – R.P. Johnson, Middle East Pilgrimage, 1958. *H.G. Dorman jr.*

Islamforschung wurde im Abendlande schon im MA betrieben, insofern die Christen genötigt waren, sich mit einer Religion auseinanderzusetzen, die an vielen Stellen (Vorderasien, Süd- und Insel-Italien, Spanien, Nordafrika) weit in altchristliches Gebiet eingedrungen war und unter den dort einheimischen Christen (das gilt vor allem für Vorderasien und Ägypten) zahlreiche Konvertiten gefunden hatte. Das christliche Abendland glaubte, die Muslime nicht nur mit der Waffe, sondern auch durch Mission bekämpfen zu müssen. Dazu war es nötig, ihre Sprachen und ihre religiösen Schriften kennenzulernen. Die Notwendigkeit dazu ergab sich auch aus der Tatsache, daß die → Islamische Philosophie in arabischer Sprache und die Übersetzungen aus dem Griechischen, die sie über das Syrische übernommen hatte (→ Syrische Literatur), dazu naturwissenschaftliche und medizinische Schriften sich als für das Abendland hochbedeutsam erwiesen. Auch sie mußten nun in steigendem Maße (nicht nur durch den oder jenen bekehrten Muslim oder durch Juden) zugänglich werden.

Unter dem Druck dieser Sachlage beschloß das Konzil von Vienne 1311, fünf Universitäten zur Errichtung eines Lehrstuhls für Arabisch aufzufordern: Bologna, Oxford, Paris, Rom und Salamanca. Den hier wirkenden Gelehrten erschloß sich das Arabische freilich nur recht langsam und anfangs ziemlich mangelhaft; das machte sich in den von hier ausgehenden Übersetzungen deutlich bemerkbar. Im Rahmen der arabischen Studien kam eine I. insofern in Gang, als man versuchte, Übersetzungen des → Korans anzufertigen und, auf sie gestützt, »Widerlegungen« des Islams auszuarbeiten in einer Weise, wie das schon Raimundus → Lullus versucht hatte und wie das bis zur Aufklärung hin üblich blieb. Schon bald mußte man aber die Erfahrung machen, daß die Muslime gar nicht nur vom Koran ausgingen, wenn sie diskutierten, vielmehr eine sehr reichhaltige »Tradition« (Hadīth) besaßen (→ Islam: I), deren gründliche Kenntnis Voraussetzung für jede wirkliche Auseinandersetzung gewesen wäre. Da es an ihr fehlte, schlug der Versuch einer Bekehrung auf geistiger Grundlage völlig fehl, und das Ziel der I. des MA (falls man dafür diesen Namen überhaupt wählen darf) wurde nicht erreicht. (Daß ein Muslim christlicher Mission gegenüber auch beim Vorliegen ganz anderer wissenschaftlicher Voraussetzungen so gut wie immun ist, konnte man damals noch nicht wissen; vgl. → Islam: III.)

So lag die Bedeutung der genannten Lehrstühle vorderhand in der Vermittlung arabischer Sprachkenntnisse und muslimischer Gelehrsamkeit an das Abendland. Dazu trat im *Reformationszeitalter* mit der Wiederbelebung der Kenntnis des Hebräischen die Möglichkeit, das Arabische zu dessen Erklärung heranzuziehen und es damit im Raume des AT zu verwenden. Von dieser Konstellation war die orientalistische Forschung bis ins 18. Jh. hinein geprägt: sie war *Arabistik*, die sich zuerst in den Niederlanden (u.a. Jak. Golius, 1596–1667; Alb. Schultens, 1686–1750; beide in Leiden), dann in Frankreich, England und im 18. Jh. auch in Deutschland (J.D. → Michaelis) mehr und mehr entwickelte, aber erst von J.J. Reiske (1716–74) in Halle zu einer wirklich selbständigen Disziplin erhoben wurde. Neben dieser Arabistik, die sich im 19. und 20. Jh. großartig entwickelte und als solche noch heute in voller Blüte steht (vgl. auch → Semitische Sprachen), hat sich die I. im wissenschaftlichen und modernen Sinne erst allmählich entwickelt. Antoine Issac, Baron Silvestre de Sacy in Paris (1758–1838), wurde auch zum Begründer einer Schule, die sich mit dem Arabischen nicht nur linguistisch und literarisch (alt-arabische Poesie), sondern auch historisch und religionsgeschichtlich beschäftigte. Den eigentlichen Durchbruch zur I.

bedeutete aber erst das Lebenswerk von vier Männern. Ignaz → Goldziher erkannte die Bedeutung der islamischen Überlieferung (des Hadīth) und erwies ihn als Niederschlag der theologischen Meinungskämpfe der ersten drei Jh.e nach der Hidschra. Christiaan Snouck Hurgronje (1857-1936, Leiden) studierte die Durchsetzung des Islams in einem seiner jungen Missionsgebiete, nämlich → Indonesien, und legte damit die Wechselwirkungen von Islam und Nationalität dar. Julius → Wellhausen lehrte die geistigen und weltlichen Triebfedern in der islamischen Entwicklung des 1.Jh.s nach der Hidschra (7./8.Jh. nChr) scheiden. Carl Heinrich Becker (1876-1933; 1925-30 preußischer Kultusminister) schließlich nahm eine Reihe von Problemen der islamischen Religionsgeschichte in Angriff und wies damit vielen den Weg für weiterführende Forschungen, unter denen Leone Caetani (1869-1935; seit 1917 Herzog von Sermoneta) besonders genannt zu werden verdient.

Neben ihnen hat Theodor Nöldeke (1836-1930, Straßburg) die Erforschung des *Korans* auf neue Grundlagen gestellt; hier haben sich seither Rich.Bell (1876-1952, Edinburgh), Régis Blachère (* 1900, Paris), Rudi Paret (* 1901, jetzt Tübingen) u.a. betätigt. Die Erforschung von → *Muhammeds Persönlichkeit* hat durch Frants Buhl (1850-1932, Leipzig und Kopenhagen), Tor Andrae (1885-1947, Uppsala), W.Montgomery Watt (* 1909, Edinburgh) u.a. neue, entscheidende Impulse erfahren. Richard Hartmann (* 1881, zuletzt in Berlin), Sir Hamilton Gibb (* 1895, Oxford und Harvard-University), Francesco Gabrieli (* 1904, Rom), Johann W.Fück (* 1894, Halle) u.a. haben die Entwicklung der *islamischen sunnitischen Theologie* verfolgt; Louis Massignon (* 1883, Paris), Hellmut Ritter (* 1892, Frankfurt/M. und Konstantinopel), Fritz Meier (* 1912, Basel) u.a. beschäftigen sich vorwiegend mit der *Mystik* (dem → *Sufismus*), Rudolf Strothmann (* 1877, Hamburg), Wladimir Ivanow (* 1885, Indien) u.a. mit den *kleineren* islamischen *Konfessionen* (vor allem den Zweigen der *Schiiten*). Daneben sind auch zahlreiche Gebiete der *Profangeschichte* der islamischen Länder, der *historischen Geographie* und der *Volkskunde* unter Berücksichtigung auch der religiösen Aspekte behandelt worden. Auch die *Numismatik*, die *Epigraphik* sowie die *Kunst* des Islams mit ihren zT religiös bedingten Problemen *(Bilderfeindschaft!)* haben führende Bearbeiter gefunden (u.a. Friedrich Sarre [1865-1945, Berlin], Ernst Herzfeld [1879-1948, lange in Berlin], Ernst Kühnel [* 1882, Berlin]). Bei der engen Verflechtung von *Recht* und Religion im Islam kommt dessen Bearbeitung (u.a. durch Theodoor W. Juynboll [1866-1948, Utrecht], David Santillana [1855 bis 1931, Tunis und Rom], Gotthelf Bergsträsser [1886 bis 1933, München], Carlo Alfonso Nallino [1872-1938, Rom], Joseph Schacht [* 1902, jetzt in New York]) entscheidende Bedeutung zu.

Aus den unmittelbaren Berührungen des Tages heraus ist seit dem 18.Jh. auch in *Österreich-Ungarn, Polen* und *Rußland* eine Beschäftigung mit den islamischen Völkern erwachsen, die sich vor allem den → *Türken* und *Tataren* als unmittelbaren Nachbarn zuwandte und die schließlich zur Entstehung der modernen *Turkologie* (gespalten in allgemeine Turkologie - mit Mongolistik - und in Osmanistik = Kunde der osmanischen Türken) geführt hat, eines heute voll ausgebildeten Wissenschaftszweiges, dem auch für die I. (im Rahmen der Türk-Völker) Wesentliches verdankt wird. Ebenso ist der Islam in den einzelnen *arabischen Ländern* (einschließlich Nordafrika), in *Äthiopien, Iran, Pakistan* und *Indien, Mittelasien, China, Indonesien* usw zum Gegenstande von Spezialuntersuchungen gemacht worden.

Die *Ergebnisse* der I. haben unsere Kenntnis von der Entwicklung und dem inneren Wesen des Islams auf tragfähige Grundlagen gestellt und den Islam als religiöses Phänomen erst wirklich verständlich gemacht. Daß sie in vielen Punkten das Mißfallen gerade überzeugter Muslime hervorrufen mußten, ist klar. So ist im Rahmen der Orientalistik gerade die I. von dieser Seite heftigen Angriffen ausgesetzt, wobei man glaubt, ihr mit der »Unterstellung missionarischer Absichten« ein negatives Kriterium anheften zu sollen. Dabei wird von islamischer Seite meist vergessen, daß nicht-muslimische I. in vielem notwendigerweise zu andern Ergebnissen kommen *muß*, als sie der orthodoxe Islam lehrt. Gerade orthodox-theologischen Muslimen fehlt bis heute fast durchweg die kritische Distanz zu einer wirklich historischen Betrachtung ihrer eigenen Religion, wie sie die christliche Theologie in den letzten Jh.en erarbeitet hat: eine Folge auch der Tatsache, daß der Islam keine Aufklärung erlebt hat. Daß eine solche Forschung möglich sei, ohne den Wesensgehalt der eigenen Religion zu zerstören, erscheint dem Muslim unmöglich, und vielleicht nimmt er hier unbewußt Rücksicht auf den niedrigen Bildungsstand der breiten Masse der Muslime, für die von hier wirkliche Gefahren auftauchen könnten. Bei einer wissenschaftlichen Diskussion mit Muslimen wird es deshalb - ohne die andersartige Problematik der *Mission* zu verkennen - darauf ankommen, am Beispiel des durch historische Forschung gestärkten (und nicht geschwächten!) christlichen Selbstbewußtseins zu beweisen, daß ähnliche Zielsetzungen der Orientalistik im islamischen Bereiche jedenfalls kein destruktives Ziel haben.

E.LITTMANN, Der dt. Beitrag zur Wissenschaft vom Vorderen Orient, 1942 - U.MONNERET DE VILLARD, Lo studio dell'Islam in Europa nell XII e nel XIII sec., Rom 1948 - G.TUCCI, Italia e Oriente, o.O. 1949 - B.SPULER-L.FORRER, Der Vordere Orient in islamischer Zeit (Wissenschaftl. Forschungsberichte 21), Bern 1954 - J.W.FÜCK, Die arab. Studien in Europa bis in den Anfang des 20.Jh.s, 1955 - I.J.KRATSCHKOWSKI, Die russ. Arabistik, 1957. - Zum *Grundsätzlichen* vgl. B.SPULER, Islamisches Selbstbewußtsein (Die Welt als Geschichte 18, 1958, 14-25).

B.Spuler

Islamische Philosophie

1. Übertragung antiker Überlieferung in den Islam - 2. Innerislamische Entwicklung zu philosophischer Begriffsbildung - 3. Abgrenzung und Inhalt der i.Ph. - 4. Grundzüge der i.Ph. im engeren Sinne - 5. Bedeutung der i.Ph. für Geschichte und Idee der Philosophie. - Zu den islamischen Namen und Sachverhalten vgl. → Islam: I

1. Schon im 7.Jh. hatte der Islam mit dem Sassanidenreich (→ Iran: I. V) auch die nestorianische, mit Teilen von → Byzanz (: II) die jakobitische Kirche unter seine Botmäßigkeit gebracht. In beiden Kirchen hatte das Interesse an den griechischen Wissenschaften, das durch eine häretische Neigung zu freierer Forschung gegenüber einer nur der Logik zugänglichen Dogmatik miterklärt werden dürfte, zu einer ausgedehnten Übersetzertätigkeit geführt. Hervorzuheben sind bei den → Nestorianern (: I) die Schulen von → Edessa (489 geschlossen und in → Nisibis weitergeführt) und Gondēschāpūr (Blüte im 6.Jh.), bei den → Jakobiten das Kloster Qēnnešrē (seit dem 6.Jh.) und der Priester und Arzt Sergius von Rēš'ainā († 536) sowie der Araberbischof → Georg. Ins Syrische übertragen wurden zunächst Gnomologien mit moralischer oder »philosophiegeschichtlicher« Abzweckung, zT dem Pythagoras (→ Pythagoreer), → Plutarch u.a. Autoritäten zugeschrieben; dann nach und nach, zT mehrfach (Hermeneutik, Analytica priora), alle Schriften des aristotelischen Organon (mit auffälliger Vernachlässigung der Analytica posteriora), die pseudoaristotelische Schrift De mundo, die Eisagoge des → Porphyrius, Traktate des → Dionysius Areopagita, Popularschriften metaphysisch-»physikalischen« Inhalts. Es gab auch schon Darstellungen (Sergius), Einleitungen (Atha-

nasius von Bālād, † 686) und Kommentare (Severus Sēbōkt, † 666; → Jakob von Edessa; Georg) zur aristotelischen Logik.

Seit der Mitte des 8.Jh.s wurde alles ins Arabische weiterübersetzt; hinzu kamen neue Übersetzungen ins Syrische, die ebenfalls meist ins Arabische weiterübersetzt, zT auch schon von diesem beeinflußt wurden, dazu direkte griechisch-arabische und - neuerdings in Spuren faßbar - (griechisch/syrisch-)pehlevi-arabische Übersetzungen. Die beherrschende Rolle spielte die nestorianische Schule des Ḥunain ibn Isḥaq († nach 870 in Bagdad). Ins Arabische übersetzt wurden nun auch die naturwissenschaftlichen und medizinischen Schriften der Griechen: Ptolemäus, Euklid, Hippokrates, Galen; die restlichen Schriften des → Aristoteles (außer der Politik) sowie seiner Kommentatoren Alexander von Aphrodisias, → Johannes Philoponus (beider Physikkommentare wurden von Qūsṭā ibn Lūqā al-Baʿlabakkī, † um 912, übersetzt), Themistius, Olympiodor, → Simplicius; → Platos Timäus, Gesetze, Staat, weniger vollständig Sophistes, Phädrus, Phaedo; die → Hermetica. Die »vorsokratische« Philosophie blieb weiterhin pseudepigraphisch, die Epikureer kannte man vielleicht, die → Stoa kaum. Dieses Erbe wurde nicht in historischer Unterscheidung der einzelnen Autoren, sondern, wie schon in den Schulen → Syriens (: III) und → Ägyptens (: IV) im 3.-6.Jh., als die einheitliche Weisheit der Griechen gesehen, deren Hauptexponent der »göttliche« Aristoteles war. Inhaltlich war sie für die Araber de facto meist → Neuplatonismus in der Nachfolge mehrerer hellenistischer Aristoteleskommentatoren (s.o.), der sog. Theologie des Aristoteles (= Auszüge aus Buch 4-6 der Enneaden des → Plotin) und des gleichfalls pseudoaristotelischen und ins Arabische übersetzten Liber de causis (= Auszug aus der Στοιχείωσις θεολογική des → Proklos).

2. Mit vielen auf diese Weise im Islam bekanntgewordenen Gedanken konvergierten bestimmte Tendenzen zu rationaler Begriffsbildung in seinen nichtorthodoxen Schulen und Sekten bzw. religiös-politischen Oppositionsparteien. Sie hatten sich gebildet, weil die sunnitische Koranexegese und Traditionswissenschaft ihrer Zeit auf wichtige Fragen, namentlich Neubekehrter, zunächst keine Antwort wußte. So bedurften die Ḫariǧiten für die Beurteilung des rechten Kalifen weder der šīʿitischen Sukzessionsprinzipien noch des quietistischen murǧitischen Vertrauens auf das zukünftige Gottesgericht, sondern der Vernunft; die Qadariten bedurften zur Begründung ihres Protestes gegen die Prädestinationslehre der Ǧabriten einer Theorie über die Bedingungen von Freiheit gegenüber jedwedem Nomos; die Muʿtaziliten brauchten zur Reinhaltung des Gottesbegriffes von gleichewigen Eigenschaften eine Lehre über das Verhältnis von Einheit und Vielheit sowie Wesen und Attributen, ähnlich die Karrāmiten eine Lehre über Substanz und Akzidentien; die Qarmaṭen konnten sich zur Individuierung des gegenüber (theokratisch motivierter) politischer und sozialer Unterdrückung eigenwertigen Menschen gleichfalls auf die Vernunft stützen. Die damit in die theologische Diskussion hineingekommenen philosophischen Begriffe wurden zur Herausforderung für die Sunna und dann in verschiedener Weise von al-Ašʿarī, al-Māturīdī, al- → Ġazzālī und nach ihm zB von an-Nasafī († 1142) zur besseren Begründung ihrer Glaubenslehre verwertet; insofern gehören auch gewisse Sektenlehren und »Die philosophischen Systeme der spekulativen Theologen im Islam« (Buch von M.Horten, 1912) zur i.Ph. (→ Mutakallimūn).

3. Die Sätze der im engeren Sinne sog. i.Ph.n sind oft mit denen der *nichtorthodoxen* Gruppen engverwandt, wo nicht schon direkte Beziehungen nachgewiesen sind, zB zwischen der Muʿtazila und al-Kindī, zwischen den Qarmaṭen bzw. Ismāʿīliten und den Lauteren Brüdern. Deshalb wechselte die Bewertung philosophischer Theorien häufig mit den jeweiligen Tendenzen der abbasidischen Innenpolitik. Mit den *orthodoxen* Theologen teilen die i.Ph.n die Überzeugung, daß ihnen die Benutzung philosophischer Begrifflichkeit erlaubt sei; dagegen sind sie zB an leiblicher Auferstehung, Höllenstrafe und Paradieseslohn, an Allahs Vorherwissen und an seinem zeitlichen Vorrang vor der Welt nicht interessiert und denken auch nicht daran, aus der Šarīʿa einen verpflichtenden Charakter ihrer Beweisführungen abzuleiten. Vielmehr sind ihre Interessen theoretisch-wissenschaftlich wie in der Antike und damit auch wieder zweckfreier geworden als die der avantgardistischen Sekten. Doch sind die i.Ph.n deshalb nicht einfach traditionsimmanente Fortsetzer griechischen Denkens, und zwar weil viele über die Benutzung jener anerkannten Begrifflichkeit hinaus eine scholastische Harmonie mit dem Glauben des → Koran anstreben, sich von der islamischen Religion gewisse Denkaufgaben vorgeben lassen, und weil sie die Wissenschaften insgesamt auf einen gegenüber der Antike auch qualitativ neuen Stand weiterbringen. Denn die Philosophie ist im Islam ähnlich wie im Altertum und im europäisch-mittelalterlichen Schulbetrieb (→ Artes liberales) ein integrierender Bestandteil oder gar das Ganze des Gesamtsystems der Wissenschaften. Unter den vielen Gliederungen dieses Systems ist eine aus dem 10.Jh. typisch, welche zwischen arabischen und alten oder nichtarabischen Wissenschaften unterscheidet. Zur ersten Gruppe gehören Glaubenslehre, Jurisprudenz, Sprach- und Traditionswissenschaft, Dichtkunst, mythische Geschichte und islamische Chronographie, zur zweiten Gruppe Medizin, Geographie, Musik, Mathematik, Naturwissenschaften, Astronomie, Astrologie, Alchemie bis hin zur Edelstein-, Drogen- und Parfümkunde, schließlich die Philosophie. Diese findet sich in selbständiger, wenn auch oft in die anderen Sachgebiete eingeschalteter logischer, metaphysischer u.a. Thematik, als die auf viele Gegenstände hinzielende deduktive Methode und als ontologische Konsequenz oder Voraussetzung von Sachverhalten und somit als Krönung oder Propädeutik der diesen entsprechenden Wissenschaften. Die meisten sog. i.Ph.n vertreten die Mehrzahl dieser Wissenschaften, überwiegend aus der zweiten Gruppe, und erfüllen damit das enzyklopädische Ideal ihrer Zeit. - Mithin weist bei der i.Ph. das Attribut »islamisch« nicht nur auf den Islam als Religion, sondern auch auf ihn als Kultur. In ihrem ganzen Komplex ist die i.Ph. zwar vom Bestande der antiken Literatur abhängig geblieben; doch lernt man heute neben Fortschritten in den »empirischen« Wissenschaften auch in der Philosophie den Aufweis neuer → Aporien und ihre Überwindung durch gründlichere Theorien würdigen, am besten vorerst bei → Avicenna. Die Voraussetzungen dafür (kritische Texteditionen und semantische, von den lateinischen Äquivalenten der mittelalterlichen Übersetzungen [s. 5] zunächst absehende Erfassung des philosophischen Wortschatzes) werden erst seit kurzem nach und nach erfüllt. Daraus schon erwachsene Erkenntnisse können sich im folgenden Summarium leider nicht niederschlagen.

4. Die fast synkretistische Gestalt, in der das antike Erbe überliefert wurde, macht es begreiflich, daß es eine Geschichte der i.Ph. im Sinne des Wechsels von Systemtypen o.ä. nicht gibt. Es läßt sich höchstens eine mehr neuplatonische Richtung im Osten von einer mehr aristotelischen Richtung im Westen unterscheiden. Für die erstere ist die Theologie des Aristoteles (s. 1) beispielhaft. Sie entwickelt, frei von aller willkürlichen kosmischen

Architektonik, aus einer hochdifferenzierten Darstellung der Verhaltensweisen der (substanzhaft verstandenen) Seele (nafs) ein spirituelles Weltbild. Es umfaßt Gott bzw. Seiendes oder Urlicht; Hochwelt oder oberste Form, zerfallend in die (Welt der) ʿuqūl/νόες und darunter die (Himmelswelt der) anfus/ψυχαί; Nieder- oder Sinneswelt, zerfallend in Natur und Einzeldinge. Der Aufbau dieser Bereiche ist weniger wichtig als die verzweigten Kausalitäts- und Ordnungsverhältnisse, in denen sie stehen. - Diese Schrift hat Philosophie und Dogmatik der Folgezeit entscheidend mitbestimmt; doch gehen die wesentlichen paraphrasierenden Züge in ihr vielleicht noch nicht auf einen Mohammedaner, sondern auf einen christlichen Syrer (Johannes aus Euphemeia?) zurück. Sie war al-Kindī († 870) bekannt, der mit Recht als der erste »Philosoph der Araber« gilt, weil seine Bemühungen um Realitätserkenntnis im neuplatonischen Sinne neben der rationalen Deutung der Gotteslehre einen sehr breiten Raum einnahmen. Vom letzteren Interesse schon unabhängig sind die komplexen Anschauungen des Ibn Zakarīyā ar-Rāzī (Rhazes, † wohl 932), von denen eine - ähnlich hinter vielen theologischen Systemen stehende - Atomenlehre erwähnt sei. - In der 2. Hälfte des 10.Jh.s wurde die Enzyklopädie der Lauteren Brüder von Basra aus 51 (52) Abhandlungen zusammengestellt. Sie umfaßt eklektisch das gesamte Wissen ihrer Zeit, dessen einzelne Zweige in der Theorie den neuplatonischen Seinsstufen zugeordnet waren und damit Etappen auf dem Wege zum erlösenden Wissen innerhalb des Ordens wurden, zugleich aber auch, politisch akzentuiert, Geistesfreiheit und umfassendere Bildung rechtfertigten, als die Orthodoxie zugestand. Schon kurz vor ihnen hatte al-→ Fārābī, darin aristotelisch, die Philosophie ganz der Theologie übergeordnet, während Ibn Miskawaih († 1030) unter Verwendung von Volkstraditionen eine ausschließlich vernunftgemäße Tugendlehre versuchte. Beide waren dem Avicenna bekannt. Mit dem 11.Jh. ging die Pflege der theoretischen Philosophie aus dem Irak und Persien nach Kairo über (Ibn al-Haiṯam = Alhazen, † 1038); im Osten wurde sie für die sich durchsetzende Orthodoxie von al-Ġazzālī teils abgelehnt, teils rezipiert, zeitigte aber noch späte Synthesen wie die des Faḫr ad-Dīn ar-Rāzī († 1210) und des Ṭūṣī († 1273) sowie die Theosophie aš-Šīrāzī's († 1640).

Ibn Masarra († 931), der selbst eine pseudo-empedokleische Emanations- und Illuminationstheorie vertrat, begründete die Kenntnis der Philosophie in Spanien. Im 11.Jh. wurden dort die Schriften der Lauteren Brüder bekannt und regten zunächst → Avicebron und Baḥja ibn Paquda an, wie überhaupt die i.Ph.n im Westen mehr als im Osten durch bewußten Austausch wie durch Problemkontroversen ständig mit der → Jüdischen Philosophie verbunden blieben. Der Haupttradent aristotelischen Gedankenguts wurde dann Ibn Bāǧǧa (Avempace, † 1138), der sich bewußt an al-Fārābī anschloß, während Ibn Tufail († 1185) von Avicenna die Romanfigur des »Lebenden, Sohn des Wachen« übernahm und sie als Vertreter der außerhalb der von der Religion geprägten Gesellschaft stehenden Menschen schilderte, der seine richtigen Erkenntnisse allein aus der »Natur«betrachtung gewinnt. Dies ist auch der geheime Tenor, der dem Bemühen seines Schülers → Averroes um die Definition des universalen, auch außerhalb des Islam wirkenden Intellekts zugrunde liegt. Mit ihm findet die klassische i.Ph. - nicht ohne Nachläufer wie Ibn Sabʿīn († 1270) - einen organischen Abschluß. Denn Ibn Ḫaldūn († 1406) steht völlig außerhalb der bisherigen Tradition: sein einzigartiger Versuch, in der Vorrede zu seinem Geschichtswerk allgemeine Gesetze über Aufstieg, Blüte und Ende von Stämmen, Dynastien und Staaten aufzustellen, hat nichts als seine eigene politische Erfahrung im Elend der nordafrikanischen Kleinstaaterei, in den Ungerechtigkeiten der Mamlukenherrschaft und im Verhängnis des Mongolensturms zur Voraussetzung.

5. Nach dem Fall Toledos (1085) und Saragossas (1118) reisten christliche Gelehrte aller Länder nach → Spanien, um sich Übersetzungen der i.Ph.n zu verschaffen. Vor allem → Toledo wurde unter Erzbischof → Raimund das Zentrum einer vielseitigen Übersetzertätigkeit, welche auch die jüdischen Philosophen einbezog. Auf die arab., hebr. und syr. Erstfassungen folgten oft Zwischenübersetzungen ins Hebräische, Spanische und Arabische. Unter den Christen, die ins Lateinische weiterübersetzten, war vor → Dominicus Gundissalinus *Gerard von Cremona* der bedeutendste; er ließ sich bis zu seinem Tode (1187) in Toledo nieder und übersetzte 71 Schriften. Bis 1200 lagen die wesentlichsten mathematischen und naturwissenschaftlichen Schriften der Antike sowie die aristotelische Metaphysik zusammen mit den Ergänzungen und Neuleistungen der Araber in lateinischer Fassung vor; bis 1260 folgten die restlichen überlieferten Schriften des Aristoteles und seiner Kommentatoren, während das (aus direkter griechischer Überlieferung durchaus noch lebendige) neuplatonische Erbe hier eigentümlich zurücktrat. In der europäischen Philosophiegeschichte datiert von hier an einer der wenigen großen, in der Vielzahl seiner Positionen sogleich von »rechts« (→ Thomismus) bis nach »links« (→ Averroismus) reichenden Neuanfänge.

Doch liegt die Bedeutung der i.Ph. nicht nur in dieser Vermittlung. Vielmehr haben Probleme wie das der → Zeit und der Verhältnisse von → Vernunft und → Offenbarung (: V), Weltursache und Schöpfer, wiewohl in der christlichen Patristik schon bedacht und von daher den i.Ph.n zT bekannt, zu Thesen gereizt, in denen Früheres nicht wiederholt wird. ZB wirft Averroes dem Avicenna die Nichtunterscheidung von ġāʾib und šāhid, νοούμενον und φαινόμενον vor, weil dieser Welt und Zeit (als Kategorie der intelligiblen Welt) für ewig hält, und will nur auf das letztere die Kategorie der Zeit, und das bloß in begrenzendem Sinne, angewandt wissen. Solche und viele andere Theorien (→ Nominalismus!) berechtigen zu dem Urteil, daß die i.Ph. im weiten Bereich der im kantischen Sinne dogmatischen Philosophie Möglichkeiten aufgezeigt hat, die sonst unerkannt geblieben wären.

Bibliogr.v. J.P.de Menasce in BEStPh 6, 1948 (dort auch Übersicht über die Arbeiten von M.Horten u. die einschlägigen Art. in EI[1], EI[2] u. GAL). - Vgl. ferner außer der Lit. zu → Averroes, → Avicenna, → Farabi, → Gazzali: S.Horovitz, Der Einfluß d. griech. Skepsis auf d. Entwicklung d. Philosophie bei d. Arabern, 1915 - T.de Boer, De Wijsbegeerte in den Islam, Haarlem 1921 - H.H. Schaeder, Das Individuum im Islam (Biologie der Person 4, 1929, 913-955) - J.Schacht, Der Islam (RGL 16), 1931 - G.Klinge, Die Beziehungen zwischen christl. u. muslimischer Theol. im MA (Moslemische Revue 12, 1936, 46-65) - Galeni Compendium Timaei Platonis (Plato Arabus I), ed. P.Kraus u. R.Walzer, London 1951 - E.Bloch, Avicenna u. die aristotel. Linke, 1953 - R.Walzer, Islamic Philosophy (History of Philosophy Eastern and Western II, ed. S.Radhakrishnan, London 1953, 120-148) - M.Vali-ud-Din, Sufism (ebd 170-187) - B.Spuler, Hellenist. Denken im Islam (Saeculum 5, 1954, 179-193) - Psychologie d'Ibn Sina d'après son œuvre aš-Šifa, hg. (arab.) u. übers. (franz.) v. J.Bakoš, 2 Bde, Prag 1956 - Averroes' Commentary on Plato's Republic, hg. (hebr.) u. übers. (engl.) v. E.I.J.Rosenthal, Cambridge 1956 - A.J.Arberry, Revelation and Reason in Islam, London 1957 - S.Wilzer, Unters.en zu Gazzalis Kitab at-Tauba II (Islam 33, 1957, 51-120) - Ibn Khaldun, The Muqaddimah, transl. by F.Rosenthal 3 Bde, New York 1958 - E.I.J.Rosenthal, Political Thought in Medieval Islam, Cambridge 1958.

C.Colpe

Island, Insel im nördlichen Atlantischen Ozean mit 103 000 qkm und ca 160 000 Einwohnern (davon

62 000 in Reykjavik). I. ist seit 1944 eine selbständige Republik. Das »Allthing« hat zwei Kammern.

1. Die ersten Bewohner I.s waren irisch-schottische Mönche (Ende des 8.Jh.s; → Irland: I, 2). Um 860 wurde die Insel von norwegischen Wikingern entdeckt, und von 874-930 siedelten sich etwa 400 Familien an (Landnahme), die meist aus Westnorwegen stammten. Das mitgebrachte Heidentum erlebte auf I. eine Spätblüte (→ Germanische Religion, → Edda). 981 setzten die ersten christlichen Missionsversuche ein. Entscheidend wurden die durch politische Macht gestützten Missionsbestrebungen des norwegischen Königs Olaf Tryggvason (→ Norwegen: I); auf dem Allthing (Volksvertretung) i.J. 1000 wurde die allgemeine Einführung des Christentums mit gewissen Vorbehalten (Genuß von Pferdefleisch, Kinderaussetzung, heimliche Opfer; aufgehoben 1016) beschlossen. Die kirchliche Organisation wurde im Laufe des 11.Jh.s durchgeführt; 1104 kamen die Bistümer Skálholt und Hólar unter → Lund, 1154 unter → Drontheim. In die zweite Hälfte des 12.Jh.s gehört u.a. die für I. eigenartige Sagaliteratur, realistische Erzählungen aus der Zeit der Landnahme und den folgenden Jahrzehnten; durch ihre einfache, wirklichkeitstreue Darstellung geben die Sagas ein plastisches Bild des altisländischen Lebens. Um 1200 setzt eine Zeit voll innerer Unruhen und Kämpfe zwischen den einzelnen Häuptlingsgeschlechtern ein, die 1262 mit der Unterwerfung I.s unter die Oberherrschaft des norwegischen Königs endet; mit Norwegen kam I. dann 1387 an Dänemark. Mit dem Verlust der staatlichen Unabhängigkeit begann der wirtschaftliche und geistige Verfall des Landes. Trotz der Untauglichkeit und Verweltlichung der Geistlichkeit und trotz des sittlichen Tiefstandes der Bevölkerung war die Macht des Katholizismus über die Gemüter in den letzten Jh.en des MA stärker als je. Von einer geistigen Vorbereitung der Reformation kann kaum die Rede sein.

2. Mit der neuen Lehre wurden die Isländer durch die damals rege Handelsverbindung mit Deutschland, bes. Hamburg, bekannt. 1533 kehrte der Sohn des Bischofs Gottskálkur von Hólar (1498-1520), Oddur Gottskálksson († 1556), aus Deutschland als überzeugter Lutheraner zurück und gewann als Schreiber des Bischofs von Skálholt den jungen Gisli Jónsson und den Verwalter des Bischofshofes. Doch mußten die Sympathien für die Reformation noch geheimgehalten werden. Oddur verdankten die Isländer die erste Übersetzung des NT ins Isländische (1540 in Roskilde gedruckt) sowie eine Übersetzung von → Corvins Postille. Der eigentliche Vorkämpfer der Reformation auf I. war Gissur Finarsson; er wurde der erste ev. Bischof der Insel (1540-48). 1538 setzte der Kampf um die Reformation durch Einführung der Kirchenordnung Christians III. ein (1537; → Dänemark: I, 2). 1541 wurde sie im südisländischen Bistum Hólar durchgesetzt; aber erst nach der Hinrichtung des letzten kath. Bischofs Jón Arason und seiner zwei Söhne am 6.11.1550 wurde der Sieg der neuen Ordnung sichergestellt (1552). Der erste bedeutende ev. Bischof I.s war Gudbrandur Thorláksson (1571-1627) von Hólar; zu seiner Zeit erschienen 1584 die erste vollständige → Bibelübersetzung (: V, 2 k ε), 1589 ein Gesangbuch, 1594 ein Graduale und eine Hauspostille.

3. Der Humanismus des 17.Jh.s mit seinem Interesse für die nationale Vorzeit fand in dem gelehrten Propst Arngrímur Jónsson († 1648) und dem Bischof Brynjólfur Sveinsson (1639-74, † 1675) hervorragende isländische Vertreter. Ein Zeitgenosse Sveinssons war der aussätzige Pfarrer Hallgrímur Pjetursson († 1674), dessen »50 Passionspsalmen« den Höhepunkt der ev. geistlichen Dichtung I.s bedeuten. Diese ergreifenden Lieder haben durch 200 Jahre das religiöse Leben der Insel entscheidend beeinflußt und sind bis heute auf I. das meistgelesene Buch. Der bedeutendste Prediger I.s ist Bischof Jón Vidalin von Skálholt (* 1666; 1697-1720; Hauspostille, 2 Bde Passionspredigten); seine volkstümlichen Bußpredigten gehören gleichfalls zu den verbreitetsten religiösen Büchern I.s. Die wirtschaftlichen Verhältnisse I.s waren in dieser Zeit trostlos. Hinsichtlich der sittlichen Hebung der Bevölkerung führte auch das tatkräftige Eingreifen der dänischen Pietisten nach ihrer Niederlage in Dänemark zu keinem dauernden Ergebnis. Die eingehende Kirchenvisitation durch den Nordschleswiger und späteren seeländischen Bischof Ludwig Harboe (1741-95) konnte bei der Ungunst der Verhältnisse nur wenig erreichen. Doch kamen die volkswirtschaftlichen und bevölkerungspolitischen Ideen der dänischen Aufklärung der Insel zugute. 1772-78 erschien die erste isländische Kirchen- und Landesgeschichte des Bischofs Finnur Jónsson von Skálholt (1754-85; s. Lit.). Sein Sohn Hannes Finnsson (1785-96 Bischof von Skálholt) und bes. der Justitiarius Magnús Stephensen (1762-1833) arbeiteten im Sinne der theologischen Aufklärung. 1801 wurde ein neues rationalistisches Gesangbuch eingeführt, 1802 das Bistum zu Hólar aufgehoben und mit dem nach Reykjavik übergesiedelten südisländischen Bistum vereinigt, 1805 die Lateinschule zu Bessastadir gegründet (1846 nach Reykjavik verlegt). Hier fand der Rationalismus eine Pflegestätte, während er sonst kaum von Bedeutung war.

4. Nach 1830 wurde I. sowohl *politisch* als auch *kirchlich* reorganisiert. In den Vordergrund traten hierbei Dichter (Bjarni Thorarensen [1786-1841] und Jónas Hallgrímsson [1807-45], beide bis zu einem gewissen Grad von der → Romantik beeinflußt) und Pfarrer, bes. Tómas Saemundsson, der Gründer der Zeitschrift »Fjölnir«. Leiter der politischen Freiheitsbewegung war der gelehrte Philologe und Historiker Jón Sigurdsson (1811 bis 1879), Gründer der Zeitschrift »Félagsrit«. Die geschichtliche Tradition vereinte sich hier mit dem liberalen Anspruch auf politische Freiheit. Die Geistlichkeit spielte in der Selbständigkeitsbewegung eine erhebliche Rolle. Diese führte Schritt um Schritt zum Siege: 1843 wurde das Allthing wiedereingesetzt, 1854 schaffte man das dänische Handelsmonopol ab, 1874 erhielt I. Selbstverwaltung, und die luth. Kirche wurde als Staatskirche anerkannt. 1918 erlangte I. seine volle staatliche Selbständigkeit und war nur durch Personalunion mit Dänemark verknüpft. 1944 wurde diese Union aufgehoben, und I. wurde Republik. I. befindet sich zZ dank der modernen Technik in reißender Entwicklung. Überall sind Straßen und Brücken gebaut worden, allenthalben finden sich Kraftwerke, Krankenhäuser, Schulen, neue Wohnbauten und zahlreiche neue Kirchen (u.a. in Hólar). Die Bevölkerungszahl ist stark gestiegen.

1843 erhielt I. eine eigene Predigerschule. Deren Leiter wurde der spätere Bischof Pjetur Pjetursson († 1891), Verfasser eines bedeutenden kirchengeschichtlichen Werkes (s. Lit.). Als I. eine Universität erhielt, ging die Predigerschule als theologische Fakultät in sie ein (4-5 Professoren). Von hervorragender Bedeutung im geistigen Leben sind nach wie vor die Dichter, unter ihnen viele Pfarrer. Erweckungsbewegungen modernen Stiles hat es so gut wie gar nicht gegeben. Doch erlangte der K.F.U.M. (C.V.J.M.) nicht unbeträchtliche Verbreitung; sein Begründer Fridrik Fridriksson (* 1868) ist heute noch tätig. Im 20.Jh. kam es theologisch und kirchlich zu einem Gegensatz zwischen der liberalen Richtung und einer mehr orthodoxen Gruppe. Leiter der Liberalen war lange Zeit Prof. Haraldur Nielsson († 1928), der gleichzeitig dem Spiritismus zugeneigt war (dieser spielt auch unter den Pastoren eine erhebliche Rolle). - Die zerstreute Besiedelung und die großen Entfernungen bereiten natürlich dem kirchlichen Leben große Schwierigkeiten. Immerhin erleichtern auch hier moderne Straßenanlagen und Verkehrsmittel die Verbindung. - Die isländische Kirche ist eine *Staatskirche* (einziger Bischofssitz in Reykjavik). Der Bischof wird von den Pfarrern und Theologie-Professoren gewählt (erhält ein Kandidat drei Fünftel der Stimmen, so ist er gewählt; andernfalls kann die Regierung zwischen den Kandidaten entscheiden). Außerdem gibt es zwei Ordinationsbischöfe, deren einzige bischöfliche Funktion die Weihe des neuen Bischofs ist. Es besteht keine apostolische → Sukzession. Insgesamt hat I. in über 21 Propsteien bei 276 Kirchspielen 109 Pfarrer. Die meisten Kirchen sind Staatseigentum, einzelne auch noch Privatbesitz. Etwa 98% der Bevölkerung sind Anhänger der Staatskirche. Innerhalb dieser gibt es einige luth. Freikirchen. Sekten sind fast gar nicht vertreten. Eine kleine Gruppe von Katholiken besteht hauptsächlich aus Ausländern.

Die *Volksbildung* steht in I. auf sehr hoher Stufe. Trotz der geringen Bevölkerungszahl gedeiht eine reiche nationale Literatur. Das isländische Volk hat die Kontinuität mit der Sagazeit in eigentümlicher Weise bewahrt und es zugleich vermocht, sich einer modernen Technik und Gesellschaftsordnung anzupassen.

FINNUR JOHANNAEUS, Historia ecclesiastica Islandiae, 4 Bde, Havniae 1772-78 - PJETUR PJETURSSON, Historia ecclesiastica Islandiae. Ab anno 1740 ad annum 1840, ebd 1841 - Diplomatarum Islandicum I-XI, Kopenhagen 1857-1902, Reykjavik 1900-25 - C.KÜCHLER, Gesch. der isländ. Dichtung der Neuzeit (1800-1900), 2 Bde, 1896/1902 - RE IX, 453ff - L.CROUZIL, Der Katholizismus in den skandinav. Ländern I, 1906, 51ff - A.BONUS, Isländerbuch, 3 Bde, 1907 - P.HERRMANN, I. in Vergangenheit u. Gegenwart, 3 Bde, 1907-10 - O.P.MONRAD, Religion u. Kirche auf I. (ChW 22, 1908, 30f. 65 bis 67. 89-91. 113-115. 150-152. 206-208. 257-259) - Thule. Altnord. Dichtung u. Prosa, hg.v. F.NIEDNER, 24 Bde, 1912ff (für die KG bes. Bd 23) - JON HELGASON, I.s Kirke fra Reformationen til vore Dage, Kopenhagen 1922 (isländ. Ausg.: Kristnisaga Islands I. II, Reykjavik 1925-27) - DERS., I.s Kirke fra dens Grundlaeggelse til Reformationen, ebd 1925 - J.C.F.HOOD, Icelandic Church Saga, London 1946 - B.MAGNÚSSON, Gudfrødengatal 1847-1957, Reykjavik 1957 (kurzes biogr. Lexikon aller isländ. Theologen seit 1847). - Vgl. ferner die isländ. Zs.en »Skírnir« (seit 1826), »Eimreidin« (seit 1894), »Prestafélagsritid. Tímarit fyrir kristindóms - og kirkjumál« (seit 1919), und die dt. Zs.en »Mitteilungen der I.freunde« (seit 1913), »Dt.-Nord. Zs.« (seit 1927). *V.Waschnitius (Hal Koch)*

Ismael, ein in Israel (vgl. den Mörder des Gedalja 2Kön 25, 23. 25) und bei verwandten Völkern (vgl. u.a. die Texte von → Mari) häufiger vorkommender Personenname. Nach einem - wirklichen oder fiktiven - Ahnherrn dieses Namens benannte sich der Nomadenstämmeverband der I.iten. Dieser Verband, der außerhalb des AT nirgends belegt ist, umfaßte nach der erst in der → Priesterschrift überlieferten, aber gewiß auf älterer Tradition beruhenden Liste Gen 25, 13-16 zwölf Unterglieder, war also wohl ein amphiktyonischer Kultverband, dessen Bereich in der Sinaiwüste zu suchen ist (Gen 16, 14; 25, 18). Das AT kennt die I.iten teils als das in Palästina seßhafte Israel gelegentlich bedrohende Feinde (Ri 8, 24; Ps 83, 7), teils als friedliche Kamelkarawanenführer (Gen 37, 25ff); einzelne I.iten tauchen hier und da in Israel auf (2Sam 17, 25 [text. em.]; 1Chr 27, 30). - In Gen 16, 1-16 J; 21, 8-21 E erscheinen die I.iten personifiziert in ihrem Ahnherrn I., der als Bruder → Isaaks gilt. Diese Überlieferung setzt vermutlich eine alte Beziehung der Träger der Isaak-Tradition zu dem Verband der I.iten voraus. Nach Gen 16, 14 wurde I. am Brunnen Beer-Laḥai-Roi geboren; nach Gen 24, 62; 25, 11 wohnte Isaak am Brunnen Beer-Laḥai-Roi. Dieser Brunnen, der an einer nicht genau bestimmbaren Stelle in der südlich des Westjordanlandes gelegenen Wüste anzusetzen ist, war danach wohl der (kultische) Treffpunkt der Isaak-Leute und der I.iten. Ob die Gestalt der Mutter I.s, der »Ägypterin« Hagar, die die genealogische Verbindung zu → Abraham und überhaupt zur Erzvätergenealogie herstellt, ursprünglich zur I.-Tradition gehört, ist nicht sicher zu sagen, zumal Hagar eine Personifikation des Nomadenverbandes der Ps 83, 7; 1Chr 5, 10. 19f; 27, 31 erwähnten Hagriten sein könnte (Ps 83, 7 stehen I.iten und Hagriten nebeneinander). - In Gal 4, 22-31 verwendet Paulus die Hagar-I.-Tradition allegorisch. Der islamischen Überlieferung gilt I. als Ahnherr der Araber.

F.-M.ABEL, Géographie de la Palestine I, 1933, 294ff - NOTH, ÜPent 118ff. *M.Noth*

Israel

I. Geschichte - II. Chronologie der Könige von Israel und Juda - III. Der moderne Staat

I. Geschichte

1. Grundlagen des nationalen Selbstbewußtseins - 2. Grundsätzliches zur Rekonstruktion der Vorgeschichte - 3. Halbnomadentum der Frühzeit - 4. Landnahme in Palästina - 5. Der israelitische Zwölfstämmeverband - 6. Die Überlieferungen des Zwölfstämmeverbandes - 7. Das Leben der Stämme in Palästina - 8. Die Staatenbildung Sauls - 9. Das Großreich Davids - 10. Das Nebeneinander der Staaten I. und Juda - 11. Der Eingriff der Assyrer - 12. Die Restauration Josias und ihr Schicksal. - Die weitere Geschichte ist unter → Judentum behandelt. - Vgl. auch → Zehn verlorene Stämme

1. Das *nationale Selbstbewußtsein* I.s ist durchaus geschichtlich begründet; es beruht wesentlich auf der Überzeugung der Volksangehörigen, in Palästina (→ Kanaan) nicht autochthon und den dortigen wie überhaupt den älteren Kulturvölkern völlig fremd zu sein, hingegen mit den jüngeren Völkerschaften, die ähnlich wie I. im Zuge der sog. aramäischen Wanderung gegen Ende des 2.Jt.s vChr von Osten her große Teile Palästinas und Syriens besetzten (→ Aramäer, → Ammoniter, → Moabiter, → Edomiter), alte Verwandtschaftsbeziehungen zu haben, aber auch in deren Kreis noch einen engeren, aus der Herkunft der eigenen Stämme von einem gemeinsamen Ahnherrn erklärten Zusammenhang darzustellen und überdies in der festen Gebundenheit an Jahwe (→ Gott: II) die göttliche Garantie für dauerndes Eigenleben in der Geschichte zu besitzen. Die Genealogien der → Genesis bringen I.s Auffassung seines Verhältnisses zu den näheren und ferneren Nachbarvölkern in echt antiker Weise zum Ausdruck. Ob dieses nationale Sonderbewußtsein erst nach der Landnahme der israelitischen Stämme in Palästina entstanden ist, oder ob seine Wurzeln und damit die Anfänge des Volkstums etwa in die Zeiten zurückreichen, als die Stämme I.s noch halbnomadisch an der Peripherie des Kulturlandes lebten, ist kaum mit Sicherheit zu sagen.

2. Einzelheiten über die *Vorgeschichte der → Stämme I.s* lassen sich nur schwer feststellen. Zeitgenössische Nachrichten über sie im Schrifttum der benachbarten Kulturvölker darf man von vornherein kaum erwarten; ihre eigene Überlieferung aber, die durch viele Generationen nur mündlich weitergegeben und erst spät schriftlich aufgezeichnet wurde, war um so weniger imstande, ein getreues Bild der Frühzeit festzuhalten, als deren Lebensverhältnisse nicht lange fortbestanden. Was man sich von den Vorfahren erzählte, das galt in der Regel nicht als Erinnerung an die Sondergeschichte der alten Volksteile, sondern entweder als gemeinsames Erlebnis des Volksganzen unter Führung eines einzelnen Helden (so bei → Moses und → Josua) oder als persönliche Geschichte der Ahnherren, die im Schicksal der Nachkommen fortwirkt (so bei → Abraham, → Isaak und → Jakob). Die vorgeschichtliche Überlieferung steht also ganz im

Schatten späterer, erst nach der Landnahme der Stämme I.s in Palästina geschaffener Zustände und kann daher als unmittelbares historisches Zeugnis nur für das geschichtliche Selbstbewußtsein der bereits auf dem Boden Palästinas seßhaften Stämme gelten (zum einzelnen s. 6). Aus der Unsicherheit darüber, was in diesem Sagenschatz auf echte Erinnerung an volks- oder stammesgeschichtliche Vorgänge oder an bestimmte Führergestalten zurückgeführt werden darf, erklären sich die weitgehenden Unterschiede in den Rekonstruktionsversuchen der neueren historischen Forschung, die man wohl niemals ganz wird ausgleichen können.

3. Gewisse Grundzüge werden von dieser Unsicherheit nicht berührt. So vor allem das Hervorgehen der Stämme I.s aus den *halbnomadischen Lebensformen* der Randgebiete Palästinas, wo Rind- und Kleinviehzucht nebst sporadischem → Ackerbau die Wirtschaft bestimmen und volle Seßhaftigkeit die Ausnahme ist. Nur von hier aus ist die noch in der Zeit nach dem Übergang in das Kulturleben jahrhundertelang bewährte Stärke der Stammesorganisation I.s zu verstehen; desgleichen die von der Sage festgehaltene Erinnerung an alte Beziehungen zu anderen Stämmen, die dauernd auf jener Stufe verharrten; vor allem aber auch die religiöse Bindung an einen Gott, dessen ältesten Wohnsitz auf Erden man noch lange hernach draußen in der Wüste kannte, und im Zusammenhang damit die in I.s Religion dauernd fortwirkende Kritik an den Einrichtungen und Lebensformen des Kulturlandes (→ Rekabiter; → Propheten: II). Die mit dem Überwiegen der Viehwirtschaft gegebene Beweglichkeit erklärt ferner die Nachrichten von zeitweiliger Abwanderung an den Ostrand des Nildeltas (Abraham, Jakob) und legt den Gedanken nahe, daß auch die ersten Beziehungen zum palästinischen Kulturland auf dem Weg des Weidewechsels, der sog. Transhumanz, angeknüpft wurden. Doch geht es kaum an, die mit bestimmten Örtlichkeiten im Inneren Palästinas (meist mit → Heiligen Stätten [: II]) verbundenen Vätersagen von solchen Beziehungen abzuleiten; sie verdanken ihre Form vielmehr wahrscheinlich erst der Zeit nach der endgültigen Übersiedlung ins Kulturland.

4. Die *Landnahme der Stämme in Palästina* erfolgte entgegen der generalisierenden Darstellung des → Josuabuches, dessen Grundstock an alten Erzählungen es in Wirklichkeit fast nur mit Benjamin zu tun hat, in einer Reihe von Einzelvorstößen (vgl. Ri 1), teils vielleicht von Süden, teils von Osten her über den Jordan hinweg. Sie konnte nur gelingen, weil Palästina wie geographisch so damals auch politisch tief zerklüftet war (Stadtstaatwesen; vgl. → Kanaan: II). Je nach Örtlichkeit und politischer Situation führten infolgedessen die Einwanderungsschübe der Stämme I.s zu sehr verschiedenen Ergebnissen: Der eine Stamm setzte sich in längst besiedeltem Kulturland fest und mußte sich der dort herrschenden fremden Gewalt beugen (Issachar: Gen 49, 14f), der andere ließ sich neben kanaanäischen Stadtgebieten nieder und trat mit deren Machthabern in ein Vertragsverhältnis (Benjamin: Jos 9), ein dritter vernichtete die vorgefundene Stadtherrschaft und trat in ihre territorialen Rechte ein (→ Kaleb), wieder andere suchten sich ein noch kaum besiedeltes Gebiet aus, wo ihre Selbständigkeit gesichert war (→ Juda). Auch völlige Mißerfolge, Rückschläge (Simeon und Levi: Gen 34) und weiteres Abwandern kamen vor (Dan: Ri 18). Unsere Nachrichten reichen nicht aus, um die ganze Buntheit der Vorgänge zu erfassen, und noch weniger gelingt die zeitliche Fixierung der einzelnen Stadien der Bewegung (nur daß die Landnahme des Hauses → Joseph zu den spätesten Stadien des ganzen Vorgangs gehört, ist ziemlich sicher); denn die chronologischen Angaben über diese Periode im AT gehören einem sekundären Stadium an, und die sicher datierbaren außerbiblischen Zeugnisse für die damalige Geschichte Palästinas stehen mit der Landnahme I.s nirgends in unmittelbarer Verbindung. Wahrscheinlich gehen die ersten Anfänge der Einwanderung bis weit in die Periode der ägyptischen Herrschaft über das Land zurück; ihr Ende fällt wohl erst in das 12.Jh. vChr. Klar ist hingegen das *territoriale Ergebnis:* In der Hauptsache nur die schwach besiedelten Bergländer westlich und zT auch östlich des Jordans gingen jetzt in den Besitz I.s über; die Ebenen verblieben ihren alten Herren, soweit sich nicht die → Philister und deren Verwandte etwa zur gleichen Zeit ihrer bemächtigten.

5. Erst nachdem sich die israelitischen Stämme auf dem Boden Palästinas zusammengefunden hatten, begann ihre gemeinsame Geschichte. Sie schlossen sich nämlich, wohl kurz nach der Landnahme des Hauses Joseph und möglicherweise auf dessen Initiative hin, zu einem *sakralen Stämmeverband* zusammen. Dieser Stämmeverband war der erste Träger des *Namens* I., von dem wir wissen (die Vorgeschichte des Namens, eines Personennamens geläufiger Bildung, ist nicht mehr aufzuhellen), und mit ihm blieb der Name fortan verbunden, obwohl er später daneben auch Größen bezeichnete, die sich mit dem israelitischen Stämmeverband nur noch teilweise deckten (so zunächst den Staat Sauls [s. 8], dann das seit David [s. 9] und stärker noch seit Salomos Tod [s. 10] dem Staate Juda gegenübertretende »Nordreich« und schließlich, nach dessen Untergang [s. 11], die Bevölkerung des Staates bzw. der Provinz Juda als den allein verbliebenen Rest des alten I., an den sich die Hoffnung einer Wiederherstellung des einst Gewesenen knüpfte). Dieser Zusammenschluß der israelitischen Stämme zu einem gemeinsamen Kult hat Parallelen in der näheren und ferneren Umwelt I.s. Vor allem sind ähnliche Erscheinungen aus der Frühgeschichte Griechenlands und Italiens bekannt, wo sich ebenfalls solche sakralen Verbände um gemeinsame Heiligtümer zusammenschlossen (sog. »Amphiktyonien«), die u.U. auch politischen Einfluß gewinnen konnten, ohne jedoch ihren Mitgliedern die Selbständigkeit ganz zu nehmen. Das deutlichste Zeugnis für die Existenz eines derartigen sakralen Stämmeverbandes auch in der Frühzeit I.s ist das mit geringen Veränderungen dauernd bewahrte System der zwölf → Stämme I.s. Denn die mit Bewußtsein gewählte und festgehaltene Zwölfzahl, die auf der monatlichen Abwechslung der beteiligten Gruppen in der Versorgung des gemeinsamen Heiligtums beruht, ist für solche Zusammenschlüsse typisch. – Daß einige Stämme, die schon früh zur Bedeutungslosigkeit herabgesunken sind, nicht nur gleichberechtigt neben den anderen stehen, sondern regelmäßig an der Spitze der Liste der zwölf Stämme erscheinen, also offenbar einmal besondere Rechte genossen haben, und daß außerdem die sechs Stämme an der Spitze der Liste immer eine geschlossene Gruppe bilden, im genealogischen System der zwölf Söhne → Jakobs zusammengefaßt also Söhne Leas, deutet auf eine *Vorstufe* des Zwölfstämmeverbandes hin: Vor der Bildung der Zwölferamphiktyonie scheinen die Leastämme bereits zu einer Sechseramphiktyonie zusammengeschlossen gewesen zu sein. – Das gemeinsame Kultobjekt, um das sich der Zwölfstämmeverband zur Verehrung Jahwes, »des Gottes I.s«, zusammenfand, war die → Lade Jahwes. Ihr Standort und damit das *Zentralheiligtum* wechselte im Laufe der Zeit; die Stationen, die die at. Überlieferung noch erkennen läßt, sind → Sichem, → Bethel, → Gilgal und → Silo.

6. Der Kultus des Zwölfstämmeverbandes war die Stätte, an der die später im → Pentateuch zusammengefaßten *Überlieferungen über die Vorzeit I.s* gepflegt wur-

den. Diese Überlieferungen sind von geschichtlicher Bedeutung bes. als Zeugnisse des Glaubens und des geschichtlichen Selbstbewußtseins I.s, so gewiß jede einzelne von ihnen auf mehr oder minder sicher greifbare historische Ereignisse zurückgeht. Sie alle setzen I. als geschlossene Größe schon voraus und geben damit zu erkennen, daß sie vom Standpunkt des Zwölfstämmeverbandes aus geformt sind, während sie ursprünglich gewiß nur die Erlebnisse kleinerer Gruppen zum Gegenstand hatten. - Unter diesen Überlieferungen ist die wichtigste die von der *Herausführung aus Ägypten;* sie war das »Urbekenntnis I.s« (→ Bekenntnis: II, 1) und besaß fundamentale Bedeutung für I.s Erwählungsglauben (→ Erwählung: I). Zur historischen Voraussetzung hat sie die Abwanderung einer Gruppe von Halbnomaden in das Nildelta, ihre Heranziehung zu Fronarbeiten, ihre Flucht aus Ägypten und ihre Rettung vor den sie verfolgenden Ägyptern; sie gehört also in den größeren Zusammenhang des Fluktuierens nichtseßhafter Menschengruppen über die ägyptisch-asiatische Grenze hinweg, für das aus ägyptischen Quellen und dem AT manche Parallelen bekannt sind (AOT 97; TGI 34f; Gen 12, 10ff). - Ebenfalls der Legitimierung des Erwählungsglaubens diente die *Erzväter*-Überlieferung (→ Abraham, → Isaak, → Jakob), in deren Zentrum die Verheißung von Landbesitz und zahlreicher Nachkommenschaft steht. Sie geht zurück auf halbnomadische Gruppen, in denen ein bestimmter Kult, der Kult des »Gottes der Väter«, gepflegt wurde. Dieser Kult leitete sich jeweils von dem Ahnherrn her, dem der betr. Vätergott erstmalig erschienen war, um ihm den Besitz des begehrten Kulturlandes zuzusichern. In der chronologischen Ansetzung dieser Offenbarungsempfänger und Kultstifter gehen die Meinungen weit auseinander (Albright u.a.: Anfang des 2.Jt.s vChr; Noth u.a.: Zeit der aramäischen Wanderung, also gegen Ende des 2.Jt.s vChr). - Die → *Sinai*-Überlieferung endlich, die von einer Gottesbegegnung I.s an einem Gottesberg in der Wüste berichtet und von einem Bundesschluß zwischen Jahwe und I. sowie der Unterstellung I.s unter das ihm mitgeteilte Gottesrecht (→ Gesetz: II, 2a. 3), hat fortgewirkt als die Festlegende eines wohl regelmäßig gefeierten Festes der Bundeserneuerung (→ Bund: II; vgl. auch → Feste: II, 8). Ihr Hintergrund wird der Aufenthalt einer Gruppe von später in I. aufgegangenen Sippen an einem auch von anderen Stämmen (zB den → Midianitern) besuchten Wallfahrtsheiligtum sein. - Die Verknüpfung der drei genannten Überlieferungen zu einem in sich geschlossenen Erzählungszusammenhang ist überlieferungsgeschichtlich sekundär. Weder die durch sie hergestellte chronologische Folge der Ereignisse noch die von ihr behauptete Einheitlichkeit der an den Ereignissen beteiligten Menschengruppen hat daher Anspruch auf Glaubwürdigkeit; es ist vielmehr wahrscheinlich, daß von den einzelnen Ereignissen jeweils verschiedene Gruppen betroffen waren. In welchem Überlieferungskreis die Gestalt des → *Moses* ursprünglich beheimatet gewesen ist, läßt sich kaum noch mit Sicherheit ausmachen.

7. Die *Wirkung des Übergangs zur Seßhaftigkeit* war gewiß nicht ein schnelles Hineinwachsen der Stämme I.s in die alte Städtekultur Palästinas; dazu standen sie den Städten zunächst viel zu fremd gegenüber. Aber auch an eine allgemeine Verschmelzung mit der vorgefundenen Landbevölkerung darf man kaum denken, solange die Stämme im Interesse ihrer Selbstbehauptung ihre Geschlossenheit wahrten. Erst mit der allmählich eintretenden Umbildung ihrer Verbände in landschaftliche und örtliche Gruppen wurde ein Einströmen fremder Elemente möglich. Für den Anfang war die Hauptsache der Übergang von der halbnomadischen zur bäuerlichen Wirtschafts- und Siedlungsweise und damit die Bindung an die Scholle. Dabei blieb das Bewußtsein der Zusammengehörigkeit der Stämme zunächst im wesentlichen auf das Gebiet des gemeinsamen Kultus am Zentralheiligtum beschränkt und wirkte sich noch kaum auf die Gestaltung des politischen Lebens aus. Hier überwogen die Sonderinteressen der einzelnen Stämme und führten zu Sonderentwicklungen, besonders, wo durch Restbestände des alten kanaanäischen Staatensystems die Gruppen der Stämme I.s voneinander abgeschlossen waren (→ Juda). Was man im → Richterbuch über israelitische Aktionen in dieser Periode liest, betrifft daher fast immer nur einzelne Stämme oder kleine Gruppen von solchen, die sich gegen Übergriffe der Nachbarn im Kulturland (→ Philister, → Ammoniter, → Moabiter) oder gegen eindringende Nomaden (→ Midianiter) zur Wehr setzten (die → »Richter« sind die Führer in solchen Kämpfen). Wo es einmal zu einer gemeinsamen Unternehmung größeren Stils gegen eine Koalition kanaanäischer Stadtstaaten kommt (→ Debora), da wird eine Beteiligung des judäischen Südens schon gar nicht mehr erwartet, und auch von den anderen Stämmen bleiben mehrere fern. Der sakrale Zusammenschluß der Stämme hatte also durchaus nicht ein politisch-völkisches Zusammengehörigkeitsbewußtsein zur selbstverständlichen Folge.

8. Ein übergreifender nationaler Zusammenhang bildete sich vielmehr erst verhältnismäßig spät, und zwar veranlaßt durch eine bes. gefährliche Bedrohung von außen, die um die Wende vom 2. zum 1.Jt. zur *ersten israelitischen Staatenbildung* führte (der Reichsgründungsversuch *Abimelechs* von Sichem aus [Ri 9] wollte Israeliten und Kanaanäer vor einen Wagen spannen und scheiterte eben daran in kürzester Zeit). Unter dem beiderseitigen Druck der Philister im Westen und der Ammoniter - vielleicht auch anderer Nachbarn - im Osten vermochte der von → *Samuel* zur Führung designierte Benjaminit → *Saul* die Stämme I.s (ob mit Einschluß oder unter Ausschluß des judäischen Südens?) dahin zu bringen, daß sie ihm regelmäßige Heerbannfolge leisteten, sooft er sie zu kriegerischer Verteidigung der nationalen Ansprüche aufrief. So entstand das Reich I. auf der Basis der alten Stammesorganisation, als eine Staatenbildung durchaus unkanaanäischer Art, nur den Reichen der verwandten Völkerschaften im Ostjordanland vergleichbar (→ Königtum in Israel). Zu einer inneren Durchbildung des neuen Staatslebens kam es unter Saul noch nicht; sein Erliegen in einem letzten Zusammenstoß mit den Philistern schien auch das Reich zu vernichten.

9. Die überraschende Wendung, die nach dieser Katastrophe der geniale → *David* der Gesamtgeschichte Palästinas gab, bedeutete zwar eine Wiederherstellung des Reiches I., aber um den Preis seiner Einordnung in ein größeres Ganzes: die staatliche Zusammenfassung des Südens zu dem Reiche → Juda durch David war unmittelbar vorhergegangen, die Ausdehnung seiner Herrschaft über die nichtisraelitischen Randstaaten im Westen und Osten folgte. Mochte nun auch der nationale Vorrang I.s in diesem komplizierten *Großreichs*gebilde gewahrt bleiben, so war doch seine Selbständigkeit bedroht, wenn es auf die Dauer in einen so wenig nationalen Rahmen gespannt wurde. Schon die Aufstände Absaloms und Sebas unter David, dann wieder die Reibungen unter → Salomo zeigen I.s innere Resistenz gegen die neue Gestaltung seiner Lage. Salomos Versuch, das Reich oder doch den Hof ganz in die internationale Kultur der Zeit hineinzustellen, verschärfte nur den Gegensatz.

10. Es ist daher nicht überraschend, daß sofort nach Salomos Tod das Großreich Davids zerfiel und nun die Absage I.s an die Davididen den längst erwachsenen

Dualismus zwischen dem Reiche I. und Juda zur vollen Versteifung brachte. Zu einer Wiederherstellung der Personalunion zwischen I. und Juda ist es in der Folgezeit nie mehr gekommen. Den Verlauf der Geschichte beider Reiche durch die zwei nächsten Jh.e im einzelnen zu verfolgen, geht hier nicht an, da zu seiner Erklärung von Fall zu Fall außer den Schwankungen des politischen Gleichgewichts zwischen beiden auch die Verschiebungen der übrigen Kräfte im ganzen palästinisch-syrischen Staatensystem heranzuziehen wären. Im allgemeinen ist zu sagen, daß auf eine Periode ernster Spannung unter den ersten Königen nach Salomo (*Israel:* → Jerobeam I., Nadab; dann neuer Anfang: Baesa, Ela; *Juda:* → Rehabeam, Abia, Asa) mit dem Aufkommen der Dynastie Omris (→ Omri, → Ahab, Ahasja, Joram; *Juda:* → Josaphat, Joram, Ahasja) eine Zeit entschiedener *Vormachtstellung I.s* folgt, die jedoch durch die zunehmende Überlegenheit des → *Aramäer-Reiches* von → Damaskus um ihre volle Auswirkung gebracht wird. Die tiefste Demütigung durch die Aramäer aber erleben beide Reiche erst, nachdem in I. die Dynastie → Jehus zur Herrschaft gekommen ist (Jehu, Joahas, Joas, → Jerobeam II., Sacharja; *Juda:* illegitime Herrschaft der Athalja [→ Josaphat], Joas, Amasja, Asarja-Ussia), und nur der starke Druck → *Assyriens* (, 3) auf das Reich von Damaskus ermöglicht ihnen in der ersten Hälfte des 8.Jh.s (→ Jerobeam II.) eine Erholung. Inzwischen aber hat sich bes. in I. das seit David dem Reiche einverleibte Kanaanäertum so weit durchgesetzt, daß die neue Blüte sehr viel mehr ihm als dem echten Israelitentum zugute kommt.

11. Eine noch viel schwerere Krise folgte in der zweiten Hälfte desselben Jh.s, da die Assyrer in der Absicht, ein Weltreich mit Einschluß Ägyptens aufzurichten, das ganze syrisch-palästinische Staatensystem über den Haufen warfen (→ Assyrien, 3). Das Reich I., das nach dem Sturz der Dynastie Jehus eine Revolution nach der anderen erlebte (→ Menahem, Pekahja, Pekah, → Hosea), erlag infolge seiner überwiegend antiassyrischen Einstellung dem Großreich ganz. Zuerst (733 vChr) wurden seine Außengebiete im Westen, Norden und Osten, dann (722 vChr) sein Restbestand (→ Samaria) in *assyrische Provinzen* verwandelt; um seine politische Eigenbetätigung war es damit für immer geschehen. Die Könige von Juda (Jotham, → Ahas) handelten klüger, indem sie rechtzeitig in eine Vasallenstellung zu den assyrischen Großkönigen eintraten. Die damit gegebene Beschränkung ihrer Selbständigkeit verschärfte sich dann aber sehr, als → Hiskia im Zusammenhang mit einer allgemeinen Empörung nach Sargons Tod (705 vChr) eine Emanzipationspolitik trieb: Sanherib nahm ihm daraufhin (701 vChr) sogar die ganze judäische Landschaft ab, und wenn diese auch früher oder später den Davididen zurückgegeben wurde, so war doch an der vollen Abhängigkeit von Assur bis zu dem raschen Zerfall dieses Weltreiches nach Assurbanipals Tod (631 vChr) nicht mehr zu rütteln (→ Manasse, Amon). Die inneren Wirkungen dieses Jh.s können hier nicht besprochen werden; das Entscheidende war, daß das alte nationale Selbstbewußtsein nunmehr zerbrach (→ Propheten: II B).

12. Es bedeutet daher in jedem Sinne *Restauration,* wenn → *Josia* angesichts des Zerfalls der Assyrermacht dazu überging, sich von dem Vasallitätsverhältnis zu emanzipieren, die assyrischen Provinzen in seiner Nachbarschaft zu annektieren und so womöglich das palästinische Gesamtreich Davids in neuer Form wiederherzustellen. Dauernder Erfolg hätte diesem groß gedachten Versuch nur beschieden sein können, wenn auch die entscheidende Voraussetzung von Davids politischer Schöpfung, nämlich die Freiheit Palästinas von Einmischungen auswärtiger Mächte, wieder eingetreten wäre. In Wirklichkeit folgte einer kurzen Oberhoheit der Ägypter über Palästina und Syrien die stabile Herrschaft der Chaldäer (→ Babylonien: I, 4). So mußte Josias Werk mit seinem Tode zerfallen. Das Reich Juda (Joahas, Jojakim, Jojachin, → Zedekia) geriet in neue Abhängigkeit und büßte seine Emanzipationsversuche erst mit der Deportation von König (Jojachin) und Oberschicht, dann mit voller Vernichtung und Umwandlung in eine babylonische Provinz (→ Exil). Damit erreicht die politische Geschichte I.s ihr vorläufiges Ende: Die Restauration Judas im Zeitalter der Perserherrschaft bedeutet keine volle Rückkehr zu dem, was einstens war (vgl. → Judentum: I).

Gesamtdarstellungen: B.STADE, Gesch. des Volkes I. I, (1887) 1889[2]; II, 1888 - R.KITTEL, Gesch. des Volkes I. I, (1888) 1932[7]; II, (1892) 1925[6]; III/1. 2, 1927/29 - J.WELLHAUSEN, Israelitische u. jüd. Gesch., (1894) 1958[9] - H.WINCKLER, Gesch. I.s in Einzeldarstellungen I. II, 1895/1900 - A.KLOSTERMANN, Gesch. des Volkes I., 1896 - C.H.CORNILL, Gesch. des Volkes I., 1899 - H.GUTHE, Gesch. des Volkes I., (1899) 1914[3] - S.ÖTTLI, Gesch. I.s bis auf Alexander den Großen, 1905 - C.F.LEHMANN-HAUPT, I. Seine Entwicklung im Rahmen der Weltgesch., 1911 - E.SELLIN, Gesch. des israelitisch-jüd. Volkes I. II, 1924/32 - A.LODS, I. des origines au milieu du VIIIe siècle, 1930 - A. JIRKU, Gesch. des Volkes I., 1931 - E.AUERBACH, Wüste u. Gelobtes Land I. II, 1932/36 - TH.H.ROBINSON-W.O.E.OESTERLEY, A History of I., 1932 - G.RICCIOTTI, Storia d'Israele, 1932; dt.: Gesch. I.s, 1953 - W.F.ALBRIGHT, The Biblical Period (The Jews; Their History, Culture and Religion, hg.v. L.FINKELSTEIN, 1949, 3-66) - DERS., Syrien, Phönizien u. Palästina (Historia Mundi, hg.v. F.VALJAVEC, II, 1953, 331-376) - M.NOTH, Gesch. I.s, (1950) 1956[3] - H.M.ORLINSKY, Ancient I., 1954 - E.L.EHRLICH, Gesch. I.s, 1958. - Vgl. die Lit. zu den im Text genannten Einzelartikeln.

† A.Alt (R.Bach)

II. Chronologie der Könige von Israel und Juda

1. Die → Königsbücher verzeichnen für die einzelnen Könige in I. und Juda sowohl die Dauer der Regierungszeit als auch (bis zum Untergang des Nordreiches) für den jeweiligen Regierungsantritt das entsprechende Regierungsjahr des Nachbarkönigs. Das Hauptproblem der Chronologie liegt darin, daß sowohl die Gesamtsummen der Regierungszahlen (bes. von Jehu/Athalja abwärts) differieren als auch die Synchronismen vielfach untereinander sowie mit den Angaben über die Regierungsdauer und zudem beide Zeitangaben mit israelitisch-assyrischen Synchronismen in Widerspruch stehen. Trotz zahlreicher, auch methodisch unterschiedlicher Lösungsversuche ist bis heute (1959) die Aufstellung einer allseitig anerkannten Zeittafel nicht gelungen. Zunächst hatte man seit Wellhausen die Synchronismen als sekundär errechnet und deshalb als wertlos verworfen, die Regierungsdaten aber trotzdem nur unter teils freier, teils an assyrische Daten angelehnter Änderung der überlieferten Zahlen ermitteln können. Ebenso führte eine spätere Höherbewertung der Synchronismen (Kugler, Lewy) allein nicht zum Ziel. Auch die Annahme mehrerer, meist erschlossener Mitregentschaften, bei denen sich die Regierungszahlen zweier Könige dadurch überschneiden, daß der Nachfolger schon zu Lebzeiten seines Vorgängers die Regierung teilweise oder ganz ausübte, läßt verschiedene Möglichkeiten offen (vgl. Jepsen mit Thiele). Weiter führt die Erkenntnis, daß die einschlägigen Zahlenangaben sich auf mehrere Zählsysteme zurückführen lassen, in die sich auch die außermasoretische Zahlenüberlieferung einordnet (Begrich). Diese Zahlenreihen haben aber kaum schon dem Redaktor der Königsbücher in Form einzelner Chroniken vorgelegen. Vielmehr gehen alle Zahlenangaben auf eine zu rekonstruierende synchronistische Königschronik (für die Zeit von David bis Hiskia) zurück; bei ihrer Übernahme gab der Umstand, daß diese Chronik zwar die Regierungsjahre vom

Beginn der (tatsächlichen oder beanspruchten) Regentschaft, also auch einer Mitregentschaft, an zählt, als »Regierungsantritt« aber immer den Anfang der Alleinherrschaft versteht, Anlaß zu Mißverständnissen, die sich in diesen Zählsystemen (zusammen mit Versuchen, jene zu beseitigen) niedergeschlagen haben (Jepsen).

Die aus den Zählsystemen gewonnene Aufstellung entspricht den Synchronismen mit der Geschichte → Assyriens und → Ägyptens (: I). Diese ermöglichen aber zumeist nur die Ansetzung eines bestimmten Ereignisses aus der Regierungszeit eines Königs in ein feststehendes Jahr unserer Zeitrechnung, nicht aber die Gleichsetzung mit einem bestimmten Jahr dieses Königs (2Kön 17, 6; 18, 10 und 2Kön 18, 13 schließen einander aus; der erste Synchronismus ist sicher falsch, der zweite umstritten [→ Hiskia]; nicht ganz eindeutig sind die assyrischen Parallelen zu 2Kön 15, 30). Nur die Chronik Gadd (Tod → Josias im Juni 609) und die Chronik Wiseman (erste Eroberung Jerusalems am 2. Adar [16. März] 597) ergeben sichere Synchronismen, durch die die Chronologie der letzten judäischen Könige jetzt eindeutig festliegt.

2. Das zweite Problem ist die Frage, wie die Könige beider Staaten ihre Regierungsjahre gezählt haben. Bei Vordatierung - im Ägypten der 2., 12. und 26. Dynastie nachweisbar - wird das Jahr eines Thronwechsels dem Vorgänger als letztes und dem Nachfolger als erstes zugerechnet, so daß bei der Summierung der Regierungszeiten jedem König ein Jahr abgezogen werden muß. Bei Nachdatierung - in → Babylonien (: I) und Assyrien geübt - beginnt Jahr 1 des Nachfolgers erst an dem auf den Thronwechsel folgenden Neujahr; die Zeit bis dahin gilt als »Anfang der Regierung«. Kurzregierungen, die sich nicht über ein Neujahr hinaus erstrecken, werden in beiden Fällen nur mit der tatsächlichen Dauer (zB: 3 Monate) angegeben und bei der Addierung der Regierungszeiten nicht mitgezählt. Für die letzte judäische Königszeit ist Nachdatierung nachzuweisen (vgl. bes. Jer 26, 1; 27, 1; 28, 1; 49, 34), für die Frühzeit der beiden Staaten wegen des ägyptischen Einflusses Vordatierung anzunehmen und durch das Zahlenexperiment wahrscheinlich zu machen. Die Nachdatierung hat unter assyrischem Einfluß wohl seit → Menahem und Hiskia Eingang gefunden. - Die Königsjahre entsprachen dem Kalenderjahr (→ Chronologie: III, 1), das in Israel bis zum Ende des Staates im Herbst wechselte, während man in Juda wohl zZ der Könige Ahas/Hiskia, vielleicht beim Antritt des Hiskia, vom Herbst- zum Frühjahrskalender überging.

3. Die nachstehende *Tabelle* folgt Begrich, für die Reihe Athalja-Jotham den Korrekturen von Jepsen. Mitregentschaft ist bezeugt für Jotham (2Kön 15, 5), dessen Regierungszeit wohl ganz in die Zeit der Krankheit Asarjas fällt wie auch noch ein Teil der Regierung des → Ahas (Lewy, Jepsen), sowie vorausgesetzt für → Josaphat (vgl. 1Kön 15, 23), Joram (vgl. 2Chr 21, 3) und Asarja. Die für → David und → Salomo überlieferten je 40 Regierungsjahre (2Sam 5, 4 = 1Kön 2, 11; 1Kön 11, 42) sind wohl runde Zahlen, so daß für die tatsächliche Regierungszeit beider Könige kein sicherer Anhalt gegeben ist. Daß die Zählung der Regierungsjahre → Jerobeams I. ein Jahr vor Rehabeam beginnt, hat seinen Grund in einem Prätendentschaftsversuch Jerobeams in der letzten Zeit Salomos (1Kön 11, 26ff). In → Omris 12 Jahren ist die Zeit seines Kampfes mit Thibni enthalten; als sein Antritt gilt wie bei Jerobeam I. der Beginn seiner Alleinherrschaft. Thibni und Athalja wurden offenbar in der Reihe der Könige nicht mitgezählt. - H = Jahr mit Herbstanfang; Fr = Jahr mit Frühlingsanfang.

David (»40 Jahre«)
Salomo (»40 Jahre«) bis H 926/5

Juda		*Israel*	
Rehabeam	H 926/5-H 910/09	Jerobeam I.	H (927/6) 926/5 bis H 907/6
Abia	H 910/09-H 908/7		
Asa	H 908/7-H 868/7	Nadab	H 907/6-H 906/5
		Baesa	H 906/5-H 883/2
		Ela	H 883/2-H 882/1
		Simri	H 882/1
		(Thibni	H 882/1-H 878/7)
Josaphat	H (872/1) 868/7 bis H 851/0	Omri	H (882/1) 878/7 bis H 871/0
Joram	H (852/1) 851/0	Ahab	H 871/0-H 852/1
	bis H 845/4	Ahasja	H 852/1-H 851/0
Ahasja	H 845/4	Joram	H 851/0-H 845/4
(Athalja	H 845/4 bis H 840/39)	Jehu	H 845/4-H 818/7
Joas	H 840/39 bis H 801/0	Joahas	H 818/7-H 802/1
Amasja	H 801/0-H 773/2	Joas	H 802/1-H 787/6
Asarja (Ussia)	H (786/5) 773/2 bis 735/4	Jerobeam II.	H 787/6-H 747/6
Jotham	H 757/6-H 742/1	Sacharja	H 747/6
		Sallum	H 747/6
Ahas	H 742/1-Fr 726/5	Menahem	H 746/5-H 737/6
		Pekahja	H 736/5-H 735/4
		Pekah	H 734/3-H 733/2
Hiskia	Fr 725/4-Fr 697/6	Hosea	H 732/1-H 724/3
		Samaria erobert Dez./Jan. 722/1	
Manasse	Fr 696/5-Fr 642/1		
Amon	Fr 641/0-Fr 640/39		
Josia	Fr 639/8-Fr 609/8 († Juni 609)		
Joahas	Juni-Sept. 609		
Jojakim	Fr 608/7-Fr 598/7 († Dez. 598)		
Jojachin	Dez.-März 598/7		
Zedekia	Fr 597/6-Juli/Aug. 587		

F.X.Kugler, Von Moses bis Paulus, 1922 - J.Lewy, Die Chronologie der Könige von I. u. Juda, 1927 - J.Begrich, Die Chron. der Könige von I. u. Juda (BHTh 3), 1929 (Lit.) - S.Mowinckel, Die Chron. der israel. u. jüd. Könige (AcOr 10, 1932, 161-277) - R.Fruin, Oudtest. Studiën III-V (NThT 21, 1932, 215-230; 22, 1933, 36-48; 23, 1934, 49-60) - W.F.Albright, The Chron. of the Divided Monarchy of I. (BASOR 100, 1945, 16-22) - Ders., ebd 130, 1953, 4-11; 143, 1956, 28-33 - E.R.Thiele, The Mysterious Numbers of the Hebrew Kings, Chicago 1951 (Lit.) - Ders., VT 4, 1954, 185-195 u. BASOR 143, 1956, 22-27 - Ders., The Question of Coregencies Among the Hebrew Kings (A Stubborn Faith. Papers ... Presented to Honor W.A.Irwin, Dallas 1956, 39-52) - A.Jepsen, Die Quellen des Königsbuches, 1953 - A.Carlier, La chron. des rois de Juda et d'I., Paris 1953 - D.J.Wiseman, Chronicles of Chaldaean Kings, London 1956 (mit Wiederabdruck der Chronik Gadd) - E.Kutsch, Zur Chron. der letzten judäischen Könige (Josia bis Zedekia) (in: ZAW 71, 1959).
E.Kutsch

III. Der moderne Staat

1. Das Werden - 2. Die Gestalt - 3. Das Wesen

1. Die entscheidende Voraussetzung für die *Entstehung* des modernen Staates I. ist die zu keiner Zeit preisgegebene innere Verbindung der Judenheit mit der palästinensischen Heimat (→ Judentum: II. III), die von chiliastischen Kreisen namentlich der englischen Christenheit geteilt wurde. Sie zu realisieren unternahm, sieht man von Plänen und Gedanken des Rabbiners Z.H.Kalischer (1795-1874), des »Kommunistenrabbi« Moses Hess und philanthropischen Unternehmungen ab, zunächst die unter dem Druck des russischen → Antisemitismus entstandene Bewegung der »Zion Liebenden« (chobᵉbê ṣijôn), der der Arzt Leo Pinsker (1821-91) - vor allem mit seiner Schrift »Autoemanzipation« (1882) - grundlegende Dienste leistete, sodann der von Theodor → Herzl begründete → Zionismus. Die vom ersten Zionistenkongreß in Basel 1897 erhobene Forderung »einer öffent-

lich-rechtlich gesicherten Heimstätte in Palästina« fand eine erste Anerkennung in der Balfour-Deklaration vom 2.11.1917, nach welcher die britische Regierung die »Schaffung einer nationalen Heimstätte in Palästina für das jüdische Volk« tatkräftig zu fördern versprach, und ihre Erfüllung in dem UN-Beschluß vom 29.11.1947, der eine Teilung → Palästinas (: II) und die Errichtung eines selbständigen jüdischen Staates vorsah und das Ende des englischen Völkerbundmandats (1920) auf den 15.5. 1948 festsetzte. Die Ausrufung des neuen Staates beantworteten die arabischen Staaten mit einem Krieg, in dem sich I. gegen die vielfache Übermacht zu behaupten vermochte und der 1949 mit einem Waffenstillstand endete, dem bisher (1959) noch kein Friedensschluß gefolgt ist.

2. Voraussetzung der Staatsgründung waren die verschiedenen Einwanderungswellen und die Siedlungsarbeit, namentlich in der Form der Gemeinschaftssiedlungen der Kibbuzim, in denen das Prinzip der unbezahlten Arbeit und der völligen Versorgung durch die Kibbuzimgemeinschaft herrschte, neben die mehr und mehr andere Formen genossenschaftlicher und privater Siedlung traten. Die Beschränkung der Einwanderung durch das Weißbuch der britischen Regierung vom Mai 1939, die zur illegalen Einwanderung zwang, fiel nach der Gründung des Staates I., der Juden nicht nur aus Europa, sondern auch aus dem Jemen, Irak, Iran und Indien, Nordafrika und auch aus Nord- und Südamerika aufnahm, so daß die Bevölkerung von 655 000 bei der Staatsgründung bis 1957 auf 1 762 000 anwuchs. Eine Art Regierung (neben dem britischen Hochkommissar) bildete bereits zur Mandatszeit mit dem Nationalrat die Jewish Agency for Palestine, die der Mandatsregierung mit beratender Funktion unterstand. Sie widmete sich dem Aus- und Aufbau der Landwirtschaft und Industrie und schuf die für eine spätere eigene Übernahme der Regierung nötigen Institutionen. Dazu gehörte eine Organisation zum Schutz vor Überfällen der Araber, die Hagana, offiziell eine illegale Organisation, deren sich jedoch notfalls auch die Mandatsregierung bediente. Aus ihr entstand die israelische Armee, die, auf allgemeiner Wehrpflicht – auch der Frauen! – beruhend, die bei gewissen Einwanderergruppen fehlende oder höchst lückenhafte Schulbildung ergänzt, aus ihnen eine Einheit formt und auf ihre Weise und nach ihren Möglichkeiten Hilfe beim Aufbau des Landes leistet. An ihm hat entscheidenden Anteil die ebenfalls schon vor der Staatsgründung entstandene Histradut, die zugleich Gewerkschaft und größter Unternehmer ist, Träger sowohl sozialer als auch kultureller Einrichtungen. Im Parlament, der Knesset, sind mehrere Parteien vertreten, am schwächsten die Kommunisten und die religiösen Gruppen.

3. I. ist ein Judenstaat, aber nicht im eigentlichen Sinn ein jüdischer Staat. Die Sprache der Bibel ist zwar in modernisierter Ausweitung Staatssprache, aber darum nicht mehr heilige Sprache, und zur Bibel besteht eine innere, aber nur selten religiöse Beziehung; die biblische Geschichte begründet die Verbundenheit mit dem Boden Palästinas, die Propheten werden Künder der Ideale des Friedens und der Gerechtigkeit. Der Staat I. stellt eine neue Art von Assimilation dar; er will moderne Demokratie sein. Die Verfassung I.s kennt nicht den Begriff der Staatsreligion, sondern vertritt den Grundsatz der religiösen Neutralität. Dennoch hat die kleine gesetzestreue Minderheit die Macht, gewisse rituelle Forderungen gesetzlich zu verankern, und jeder Übertritt eines Juden zum Christentum wird als Volksverrat empfunden und christliche Mission abgelehnt. Es bleibt der Eindruck, daß I. auch in der Säkularisierung unter einem Rufe steht und handelt, der höher ist als zB die wirtschaftliche Vernunft, die es nicht zulassen würde, unausgesetzt aus aller Welt Einwanderer aufzunehmen.

CH.WEIZMANN, Memoiren. Das Werden des Staates I., Zürich 1953 – H.J.FISCHER, I. – Werden u. Gesch. eines jungen Staates (Polit. Studien 53, 1954, 265–288) – W.ZIMMERLI, Das neue I. (EvTh 17, 1957, 479–495) – M.Y.BEN-GAVRIEL, I. Wiedergeburt eines Staates (Janus-Bücher 4), 1957 (Lit.) – K.SCHUBERT-R.VOGEL, I., Staat der Hoffnung, 1957 – TH.C.VRIEZEN, Der Nahe Osten in der Brandung, 1958 (Lit.).

W.Holsten

Israel im NT und in der Alten Kirche. Der Name I. bezeichnet im NT das jüdische Volk in seiner Eigenschaft als Volk Gottes. Dadurch unterscheidet er sich von der Bezeichnung »Jude«, die dort manchmal etwas Herabsetzendes hat, wie sie auch im vorchristlichen Sprachgebrauch bei heidnischen Autoren zwar nicht unbedingt Feindseligkeit, aber meist zum mindesten das Gefühl einer Verschiedenheit laut werden läßt. Es ist charakteristisch, daß »Jude« sehr selten bei den Synoptikern, dagegen sehr oft im JohEv (70mal) vorkommt, wo es häufig das jüdische Volk in seiner Gegnerschaft gegen Christus meint, während der Name I. eine sehr seltene Ausnahme darstellt. Paulus nennt sich einen Israeliten oder Hebräer, nicht aber Juden. Ist damit der Name I. geradezu terminus technicus des »Gottesvolkes«, so stellte die jüdische Opposition gegen die christliche Botschaft ein schwieriges Problem, dessen Lösung Paulus in Röm 9–11 zu bringen sucht. Noch keiner der nt. Autoren überträgt den Namen I. ausdrücklich auf die christliche Kirche, es sei denn Gal 6, 16. Aber wenn Paulus von »I. nach dem Fleische« spricht (1Kor 10, 18) und die Apk sich gegen die wendet, »die da sagen, sie seien Juden und sind es nicht« (2, 9; 3, 9), so denken beide offensichtlich auch an ein anderes I., an die wahren Juden – das Wort hat hier nichts Herabsetzendes –, dh an die Kirche. Aber keiner von beiden will den zum Christentum bekehrten Juden den Vorteil dieser Benennung entziehen. Es handelt sich um eine erweiterte Anwendung, nicht um eine Übertragung. Die Allegorie vom Ölbaum (Röm 11, 17ff) zeigt klar, daß die Juden die rechtmäßigen Inhaber des Titels, die Heiden aber lediglich Pfropfreiser auf dem alten Stamme sind. – In der Folgezeit nimmt mit der Verminderung des jüdischen Zustroms in die Kirche der Gegensatz zwischen den zwei I. bestimmtere Formen an. Als die durch Christus erlöste Heidenschaft ist die Kirche das neue I. Die Vorrechte der → Erwählung sind auf sie übertragen worden (Tertullian, Adv. Jud. 1–3; Const. Apost. VII, 36, 2). Selbst in der Vergangenheit ist sie das einzige wahre I. (Didaskalia II, 26, 2). Sie ist älter als das Judentum, das eine Abweichung von der authentischen, durch die Patriarchen geübten Religion ist; so wird Gal 3, 7 interpretiert: »die des Glaubens sind, das sind Abrahams Kinder«. Die Hebräer, die vor den Juden da waren und nichts vom Gesetz wußten, sind schon Christen (Euseb, h. e. I, 4, 4; Praep. Ev. 7, 6). Im Verhältnis zum überzeitlichen I., das mit der Kirche gleichgesetzt wird, sind die Juden einfach Apostaten. Ihr einziges Erbteil ist das Ritualgesetz, in dem die Kirche entweder – allegorisch – eine Vorform der christlichen Institutionen oder eine Strafe sieht, die Gott dem sündigen Volke auferlegte (Didaskalia VI, 16, 1). Sie haben kein Recht mehr auf den Titel I., nicht einmal auf den Namen Juden (Augustin, Enarr. in Psalm. 75, 2). Wenn sie als besondere Gemeinschaft bis zu ihrer Bekehrung am Ende der Zeiten weiterbestehen, so nur, um durch ihre Verkommenheit Zeugnis für die Wahrheit des Christentums abzulegen (ebd 58, 1). Eine reiche, gegen die Juden gerichtete Literatur, die in erster Linie die Gläubigen vor der jüdischen Propaganda und Anziehungskraft schützen soll, entwickelt diese Gedankengänge.

A.L.Williams, Adversus Judaeos. A Bird's Eye View of Christian Apologiae until the Renaissance, 1935 - ThW III, 356ff - N.A.Dahl, Das Volk Gottes, 1941 - B.Blumenkranz, Die Judenpredigt Augustins, 1946 - M.Simon, Verus I. Etude sur les relations entre Chrétiens et Juifs dans l'Empire Romain, 1948 - A.Oepke, Das neue Gottesvolk, 1950 - W.Maurer, Kirche u. Synagoge, 1953 - J. Munck, Paulus u. die Heilsgesch., 1954 - E.Dinkler, Prädestination bei Paulus (Festschr. f. G.Dehn, 1957, 81-102). *Marcel Simon*

Israel, *Georg* (1505-88), * Ungarisch-Brod (Mähren), wanderte 1548 nach Preußen aus, lebte in Marienwerder, dann in Posen. I. war Begründer der → Brüderunität (: I, 4) in → Polen, seit 1558 Unitätsrichter dort, später für die ganze Unität. 1579 ging er nach Mähren, † in Leipnik.

R.Kruske, G.I. (Diss. Breslau), 1894 - W.Bickerich, Ev. Leben unter dem weißen Adler, 1925 - J.Th.Müller, Gesch. der Böhm. Brüder, 3 Bde, 1922-31. - Tschech. Lit.: J.Bidlo, Die Brüderunität in ihrem ersten Exil, 4 Bde, 1900-32 - R.Rican, Die Böhm. Brüder, ihr Ursprung u. ihre Gesch., 1957. *H.Renkewitz*

Israelitismus, *britischer* → Zehn verlorene Stämme.

Italien

1. Das altchristliche I. - 2. Bis zum Sturz der päpstlichen Weltherrschaft - 3. Bis zur Reformation - 4. Bis zum Untergang des Kirchenstaates - 5. Das kath. I. der neuesten Zeit - 6. Der Protestantismus in I. seit Anfang des 19.Jh.s - 7. Statistisches. - Karte 17 »Italien einschließlich Sizilien (6.-16.Jh.)« s. Sp. 949f; vgl. auch Karte 14 »Mittelmeergebiet« auf Sp. 685f

1. Die christliche Botschaft erreichte → Rom um die Mitte des 1.Jh.s und erregte nach Sueton einen heftigen Streit unter den Juden der Hauptstadt. Bald darauf setzt der → Römerbrief bereits eine größere heidenchristliche Gemeinde voraus. Als Paulus nach I. kam (58/59), gab es auch in Puteoli Christen (Apg 28, 14). Eine missionarische Tätigkeit des Petrus in Rom bleibt unsicher (→ Petrustradition). Die Gemeinde wurde durch die Verfolgung Neros (64) schwer getroffen. Gegen Ende des 1.Jh.s konnte sie in den inneren Kämpfen der Gemeinde zu Korinth durch ihren Vorsteher → Clemens I. intervenieren (1Clem). Das Christentum verbreitete sich rasch in Mittel-I.; 60 Bischöfe nahmen 251 nChr an einer röm. Synode teil, und der Klerus Roms zählte 155 Personen (darunter 46 Presbyter). Im 3.Jh. genoß die röm. Kirche große Autorität, weil im Westen allein ihre Bischofsliste bis zu den Aposteln zurückging; vielfach nahm sie eine selbständige Stellung gegenüber der östlichen Tradition ein. Ihre Bischöfe hatten in Rom selbst mit Irrlehrern (→ Marcion, → Valentin, → Theodotus, → Sabellius) und Schismatikern (→ Hippolyt, → Novatian) zu kämpfen, sie besaß aber auch rechtgläubige Schriftsteller (zB → Justin). Die Kirchensprache war bis zur Mitte des 3.Jh.s griechisch, jedoch verfaßte → Minucius Felix um 200 seinen Dialog »Octavius« lateinisch, und noch älter waren die Anfänge der lateinischen → Bibelübersetzung (: II). Die älteste christliche → Malerei (: I) ist in den → Katakomben Roms und Süd-I.s erhalten. In Nord-I. war das Christentum spärlicher verbreitet, nahm aber nach dem Sieg → Konstantins (313) rasch zu. Unter dem Einfluß des Ostens bildeten sich hier von Rom unabhängige Zentren wie → Ravenna, → Aquileja und → Mailand (→ Kirchenverfassung: II). Der → arianische Streit fand auch in I. Widerhall, aber die Bischöfe Roms stellten sich immer auf die Seite der Orthodoxie und stärkten dadurch ihre Autorität. Konstantin hatte die Hauptstadt nach → Byzanz (: I) verlegt, und zwischen dem alten und neuen Rom entwickelte sich in den folgenden Jh.en eine oft schwere kirchliche Rivalität (→ Byzanz: II). Nach dem Tode → Theodosius' d.Gr. (395) wurde das Reich wieder geteilt (→ Imperium Romanum), und der bereits im 3.Jh. begonnene politische und kulturelle Verfall I.s schritt, durch die Barbareneinfälle beschleunigt, fort. Das Heidentum, das noch im 4.Jh. zäh widerstanden hatte, wich im 5.Jh. rasch zurück. Die weltliche Literatur wurde arm und scholastisch, die neue lebendige Kultur war die kirchliche (→ Zeno von Verona, → Ambrosius von Mailand, → Hieronymus). - Unter der Herrschaft der arianischen Ostgoten (493-553; → Goten, 3) blühte die lateinische Literatur wieder auf (→ Boethius, → Cassiodor); aber bald entstanden scharfe religiöse und politische Gegensätze, die die Fusion der Ostgoten mit der einheimischen Bevölkerung verhinderten. Unter → Justinian (527-565) wurde die Reichseinheit vorübergehend wiederhergestellt, Byzanz gewann religiösen und künstlerischen Einfluß auf I., obwohl die monophysitenfreundliche Politik des Kaisers Schwierigkeiten verursachte (→ Dreikapitelstreit). Mit der Invasion der → Langobarden (568) begann das »barbarische« MA I.s. Das byzantinische I. mit der Hauptstadt Ravenna mußte sich auf die Küstenländer und den Süden beschränken. Die allmähliche Bekehrung der Langobarden zur kath. Kirche vermehrte die Autorität Roms, dessen Bischof auch die weltliche Gewalt in der Stadt und Umgebung gewann (Patrimonium Petri). Die Abhängigkeit Roms von Byzanz war nur nominell. Unter dem verstärkten Einfluß Roms verloren auch die Metropolen Mailand und Aquileja ihre kirchliche und politische Autonomie. Das geistliche Leben wurde durch das cönobitische → Mönchtum, bes. durch die Gründungen von Vivarium (Cassiodor, 540), → Montecassino (→ Benedikt von Nursia, ca 529) und Bobbio (→ Columba d.J., 614) gefördert. Neue schwere Unruhen verursachte der Bilderstreit (→ Bilder: III). Kaiser Leo III. (717-741) löste wegen der päpstlichen Opposition das byzantinische I. von Rom los und brachte den Süden unter die Obödienz von Konstantinopel. Die letzten langobardischen Könige bemühten sich, I. unter ihrer Herrschaft zu vereinigen, stießen aber auf den Widerstand der Päpste. Das von den Langobarden bedrohte Rom schloß, mit Zustimmung von Byzanz, ein Bündnis mit den → Franken (754), das in I. eine völlig neue Lage schaffen sollte.

2. Die Intervention der Franken, die Gründung des → Kirchenstaates (756) durch die Pippinsche Schenkung und das Ende der langobardischen Herrschaft (774) waren die Folge. → Karl d.Gr. kam zur Hilfe der Päpste wiederholt nach I.; am Weihnachtstag 800 wurde er in der Peterskirche von Leo III. zum Imperator Romanorum gekrönt. Das langobardische Reich wurde an das Frankenreich angeschlossen; der Süden blieb weiterhin unter byzantinischer Herrschaft. Dann besetzten die Sarazenen Sizilien und bedrohten ganz Süd-I. bis nach Rom (846), so daß Leo IV. die »Civitas Leonina« zum Schutz der Peterskirche errichten mußte. - Der Zerfall des Frankenreichs begünstigte die autonomen örtlichen Gewalten in I. Im 10.Jh. war das → Papsttum tief gesunken, und in Rom herrschten völlig anarchische Zustände. → Johannes XII. wandte sich an → Otto d.Gr. um Schutz. Otto wurde in Rom zum Kaiser gekrönt (962) und gliederte das ital. Reich in das später sog. Heilige Römische Reich Deutscher Nation ein. Im 11.Jh. gründeten die → Normannen unter Robert Guiskard im Süden I.s ihr neues Reich und entrissen bald darauf den Sarazenen Sizilien. 1054 kam es zum endgültigen Bruch mit der griechischen Kirche. - Im 10. und 11.Jh. erlebte I. ein Erwachen des Asketismus (→ Nilus, → Kamaldulenser, → Vallombrosaner). Die von Kaiser Heinrich III. unterstützte Reformbewegung (→ Cluny) trug zur Erneuerung des Papsttums bei, bes. durch Mönche wie → Petrus Damiani und Hildebrand (→ Gregor VII.). Der Investiturstreit wurde hauptsächlich in I.

A B C D E F
1 2 3 4 5 6 7 8
KARTE 17
ITALIEN (IM 6.-16. JAHRHUNDERT)
Grenzen des Kirchenstaates im Spätmittelalter
0 100 200 km
Trient
FRIAUL
Udine
Aquileja
Legnano
Mailand
Vercelli
MARK VERONA
Vicenza
Padua
Grado
Venedig
LOMBARDEI
Turin
Alessandria
Cremona
Po
Mirandola
Parma
Modena
EMILIA
ROMAGNA
Genua
Bologna
Ravenna
TUSCIEN
Rimini
Lucca
Pisa
Arno
Florenz
PENTAPOLIS
Ancona
ADRIA
Siena
Perugia
Assisi
SPOLETO
Spoleto
KORSIKA
Viterbo
Reate
PATRIMONIUM PETRI
Sutri
Farfa
Rom
Ostia
Velletri
Anagni
Fondi
Aquino
Monte Cassino
Siponto
CAPUA
Capua
Benevent
BENEVENT
Trani
Bari
Conza
Neapel
Acerenza
Brindisi
Salerno
Sorrent
Amalfi
SALERNO
Tarent
APULIEN
Otranto
TYRRHENISCHES MEER
Cosenza
Cotrone
KALABRIEN
Messina
Reggio
Palermo
Monreale
SIZILIEN
Catania
Syracus
ROM
1 S.Maria Aventinese 2 S.Sabina 3 S.Stefano rotondo 4 SS.quattro Coronati 5 S.Clemente 6 S.Gregorio 7 S.Giovanni e Paolo 8 S.Maria in Cosmedin 9 SS.Cosma e Damiano 10 S.Cecilia 11 S.Maria in Trastevere 12 S.Pietro in Vincoli 13 S.Pudenziana 14 S.Lorenzo in Damaso 15 S.Maria della Rotonda 16 S.Maria antiqua 17 S.Prisca 18 S.Martino ai Monti 19 S.Vitale 20 S.Marcello – Die Hauptkirchen sind unterstrichen
vor 600 gegründete Kirchen
Th.: Thermae A.: Antoninianae (Caracallae) C.: Constantini D.: Diocletiani N.: Neronianae T.: Traianae – C = Capitolium
CF = Circus Flaminius Col. = Colosseum P = Pantheon SD = Stadium Domitiani TP = Theatrum Pompei
CR: sog. Casa di Rienzi PB: Palazzo Borghese PC: Palazzo Colonna PF: Pal. Farnese
PM: Pal. Massimi PO: Pal. Orsini PV: Palazzo di Venezia
VB: Villa Borghese VL: Villa Ludovisi
Straßen der Kaiserzeit
Mauer Aurelians (270 – 275)
Mauer Leos IV. (847 – 855)
Mauer Urbans VIII. (1623 - 1644)
S. Agnese
S. Costanza
VB
Via Flaminia
Tiber
Via Nomentana
Campus Vaticanus
Horti Domitiae
Vatikan
S.Pietro
Engelsburg
Campus Martius
Castra Praetoria
QUIRINALIS
VIMINALIS
S.Lorenzo fuori le Mura
S.Maria Maggiore
Via Tiburtina
CAPITOLINUS
ESQUILINUS
SS.Marcellinus et Petrus
Via Aurelia
Trastevere
PALATINUS
S.Croce in Gerusalemme
S.Giovanni in Laterano
CAELIUS
AVENTINUS
Mausoleum Helenae
0 500 1000 1500 Meter
S.Paolo fuori le Mura
S.Sebastiano
Via Appia

ausgekämpft und förderte die Entwicklung des kanonischen Rechts (Dekret des → Gratian). Wie in Nord-I., so entstand durch eine religiös-politische Volksbewegung (→ Arnold von Brescia) auch in Rom eine freie Kommune, die aber nur kurze Zeit bestand (1142-55). Die nordital. Städte schlossen sich in einem Bund (Lega Lombarda) zusammen. Dessen Sieg über → Friedrich Barbarossa ermöglichte die freie Entwicklung der Städte, die die Zukunft der ital. Geschichte gestalten sollten. Die Einkreisung des Kirchenstaates durch die Verbindung mit den Normannen (Ehe Heinrichs VI.) legte den Grund zu neuen Kämpfen mit der Kirche und den ital. Städten, die sich für (→ Ghibellinen) oder gegen (Guelfen) ein Bündnis mit dem Kaisertum entschieden. Im Endkampf mit den Staufern (→ Kaisertum und Papsttum) bot die röm. Kurie Karl von Anjou die Gebiete Unter-I. und Sizilien an, die 1266 unter französische Herrschaft gerieten. Diese Politik erwies sich als höchst gefährlich, denn sie brachte die Kurie in Abhängigkeit von Frankreich. Zwischen → Bonifatius VIII. und Philipp IV. kam es zu einem harten Kampf, der die »babylonische Gefangenschaft« der Päpste in Avignon zur Folge hatte. - Für die ital. Frömmigkeit des 12. und 13.Jh.s waren ev. Erneuerungsbewegungen wie die der Arnoldisten, → Humiliaten und → Waldenser mit ihrer ausgedehnten Diaspora von Bedeutung. Auch die → Katharer waren in Nord- und Mittel-I. stark verbreitet. Zur Belebung der röm. Kirche trugen die → Franziskaner bei, die zT von dem Spiritualismus und der apokalyptischen Hoffnung → Joachims von Fiore beeinflußt waren. In dieser Zeit entstanden die ersten ital. Universitäten (Salerno, Neapel, → Bologna, Padua; Rom erst 1303). Die theologische Wissenschaft des MA erreichte ihren Höhepunkt mit → Thomas von Aquino und → Bonaventura. - Neben der lateinischen entwickelte sich die ital. religiöse Literatur mit der »laude sacra« von → Franz von Assisi (Sonnengesang) und → Jacopone da Todi. Der Ghibelline → Dante Alighieri gab in der »Divina Commedia« ein vollkommenes System der mittelalterlichen Weltanschauung. Die Frömmigkeit dieses Jh.s fand ihren Ausdruck u.a. in einer erneuerten christlichen Kunst (→ Kirchenbau: III, → Malerei und Plastik: II. III).

3. Nachdem die Papstresidenz 1309 nach Avignon verlegt war (→ Papsttum: II, 2), führte das mittelalterliche Kaisertum seine letzten unglücklichen Kämpfe in I.: Heinrich VII. und Ludwig der Bayer versuchten durch ihre Feldzüge die erschütterte kaiserliche Autorität zu befestigen. Gegen Papst → Johannes XXII. standen Ludwig die franziskanischen → Spiritualen und → Marsilius von Padua mit seiner antiklerikalen Staatstheorie zur Seite. Das Mißlingen beider Feldzüge führte zum endgültigen Untergang des universalen Kaisertums. Die hl. Stadt erlebte die Episode der Wiederaufrichtung der röm. Republik durch Cola di → Rienzo (1347). → Gregor XI. kehrte 1377 nach Rom zurück, und bald darauf brach das abendländische Schisma aus (1378-1415), das dem geistigen Leben I.s sehr schaden sollte. Weder die Ermahnungen der → Katharina von Siena noch das → Reformkonzil von Pisa (1409) konnten aus dieser Not helfen. Im 14.Jh. entwickelten sich die relativ demokratischen Kommunen zu größeren *Stadtstaaten,* die in der Folgezeit von einzelnen, für die ital. Renaissance bedeutsamen Mäzenatenfamilien meist diktatorisch regiert wurden (Mailand, Mantua, Modena, Ferrara, Florenz). Nach langen Kämpfen wurde durch den Frieden von Lodi (1454) unter den größeren ital. Staaten ein gewisses politisches Gleichgewicht geschaffen. Mit dem ital. Feldzug Karls VIII. von Frankreich begann (1494) eine 35jährige Periode der Kämpfe zwischen Frankreich und Habsburg um die ital. Herrschaft. Habsburg blieb Sieger (Sacco di Roma 1527, Kaiserkrönung → Karls V. 1530). - Die ital. → *Renaissance* des 15.Jh.s bedeutete einen völligen Bruch mit dem Geist des MA, um neue Lebensanschauungen aus der heidnischen Antike zu gewinnen. Der → Humanismus richtete sich kritisch gegen allerlei kirchliche Tradition (zB L. → Valla) und schuf die Grundlagen einer neuen ital. Kultur. Aber er entwickelte auch eine christlich-neuplatonische Mystik (Akademie von Florenz, Marsilio → Ficino, → Pico della Mirandola), die eine »restitutio christianismi« erstrebte und manche Strömungen der Reformationszeit, bes. im Ausland, stark beeinflußte. Die Kunst blieb in ihren Themen weithin kirchlich gebunden, aber in der Gestaltung kündete sich ein neuer Geist an (Donatello, → Fra Angelico, Bramante, → Leonardo da Vinci, → Raffael, → Michelangelo). Die Päpste, die die Kunst an ihrem Hof förderten, waren moralisch aufs tiefste gesunken und trieben eine nepotistische Politik (→ Nepotismus). Der Kirchenstaat unterschied sich damals mit seinen begrenzten weltlichen Zielen kaum von den anderen ital. Fürstentümern. → Savonarola, der seine mutige Stimme gegen die verderbte Kurie → Alexanders VI. erhoben hatte, wurde verbrannt (1498). Auch das Konzil von Pisa (1511) und das V. Laterankonzil (1512-17) bewirkten keinen Aufschwung.

Die Botschaft der *Reformation* drang in I. auf allerlei Wegen bereits in den 20er Jahren des 16.Jh.s ein und wurde in vornehmen Humanistenkreisen oft freundlich aufgenommen. In der 2. Hälfte des Jh.s verbreitete sie sich überall auch in den niederen Volksschichten bis nach Sizilien. Fest organisierte Gemeinden bildeten sich jedoch nur bei den *Waldensern,* den Reformierten in *Piemont* und Täufern auf *venetianischem Gebiet* (hier verbreitete sich auch die luth. Reformation, bes. durch Handelsbeziehungen zu Oberdeutschland). Unter den ersten Evangelischen waren einige Franziskaner (zB der Märtyrer Baldo Lupetino, ein Onkel des → Flacius), Exegeten und Theologen wie A.Brucioli, der die Bibel übersetzte, der Augustinerchorherr H. → Zanchi aus Bergamo und der Bischof von Capodistria, P.P. → Vergerio. Die → Täufer hielten 1550 eine stark besuchte Synode in Venedig ab. Ein wichtiges Zentrum des ev. Glaubens war der Kreis um den Spanier Juan de → Valdes in Neapel (1534 bis 1541), in dessen Frömmigkeit → Alumbrados-Mystik und erasmianische, aber auch luth. Gedanken zusammenflossen. Zu seinem Kreis gehörten Vertreter der neapolitanischen Aristokratie, zB G. → Caraccioli, Giulia → Gonzaga, Vittoria → Colonna, ferner der Humanist M.A.Flaminio, der Augustinerchorherr P.M. → Vermigli, der Kapuzinergeneral B. → Ochino und P. → Carnesecchi. In Beziehung zu Valdes stand auch Benedikt von Mantua, Verfasser der feinsten und viel gelesenen Schrift der ital. Reformation (»Beneficio di Cristo«, viel luth. Gut). Weitere wichtige Herde der Reformation waren Lucca (Vermigli, C.S. → Curione, A. → Paleario), Modena (L.Castelvetro) und Ferrara. In Ferrara suchten viele → Hugenotten (u.a. Cl. → Marot) Zuflucht bei der ev. gesinnten französischen Herzogin → Renata d'Este, die → Calvin dort besuchte. Anders war die Lage unter der französischen Herrschaft (1536-59) in Piemont, das oft von prot. Gouverneuren regiert wurde. Nicht nur bei den → Waldensern, die sich der schweizerischen Reformation anschlossen (1532), sondern im ganzen Gebiet von Piemont bildeten sich zahlreiche ref. Gemeinden, die in regem Verkehr mit Genf standen.

4. Die → *Gegenreformation* wirkte sich in I. bes. heftig aus. 1542 reorganisierte → Paul III. die röm. → Inquisition. Die Verfolgung wütete unter → Paul IV. Caraffa, der auch → Morone und einige Bischöfe wegen ev. Gesinnung in der Engelsburg einsperren ließ (1557). Die

kath. Reaktion erreichte ihren Höhepunkt unter → Pius V. Viele Protestanten mußten um des Glaubens willen auswandern. Bes. stark war der Zug nach Genf, wo eine »ecclesia peregrinorum« entstand. Aus Sizilien kam G.C.Pascali, der Calvins »Institutio« ins Italienische übersetzte. Die Flüchtlinge trugen zur Förderung der Reformation in ihrer neuen Heimat - bes. in der ital. Schweiz - kräftig bei. Die → Antitrinitarier, zB F. → Sozzini und → G.Biandrata, fanden eine Zuflucht in → Polen bzw. → Siebenbürgen. In I. selbst starben viele Märtyrer aus allen Volksschichten, u.a. der Waldenser-Pastor G.L.Paschale (1560), Carnesecchi (1567) und Paleario (1570), die in Rom verbrannt wurden. Die waldensischen Gemeinden in Kalabrien wurden völlig vernichtet (1561). Im Gebiet von Piemont verfolgte Herzog Emanuel Philibert die Waldenser in den Alpen und rottete die ref. Gemeinden in der Ebene aus. Am Ende der Regierung Gregors XIII. war der Protestantismus - abgesehen von den Waldenser-Tälern in Piemont - in ganz I. ausgelöscht. Der bekämpfte ev. Glaube befruchtete andererseits indirekt die Theologie eines Morone, → Pole, → Contarini u.a., die einst Beziehungen zu dem valdesianischen Kreis in Neapel oder zu den europäischen Reformbewegungen gehabt hatten. - Anzeichen einer geistlichen Erneuerung (kath. Reform; → Gegenreformation, 2d) zeigten sich bereits in den ersten Jahrzehnten des 16.Jh.s. Damals entstand das Oratorium der göttlichen Liebe in Rom (1515) und in anderen ital. Städten zur Pflege der Frömmigkeit. Zu ihm gehörten u.a. → Sadolet, G.P.Caraffa (→ Paul IV.) und → Giberti. Von größter Bedeutung war die Entstehung der Gesellschaft Jesu (→ Jesuiten), die den Glauben und die Ethik des ital. Volkes mit ihrem Geist zu durchdringen vermochte. Nach diesem neuen Typus der → Regularkleriker wurden die Gemeinschaften der → Theatiner, → Somasker und → Barnabiten gegründet. Neben solchen und anderen neuen oder reformierten Orden waren die → Kapuziner überall eifrige Vorkämpfer der kath. Reform. Einen besonderen Charakter hatte das Oratorium von F. → Neri in Rom, das mit seinen vielseitigen seelsorgerlichen und kulturellen Interessen einen bedeutenden Einfluß auf das niedere Volk wie auf die kuriale Aristokratie ausübte (→ Oratorianer). Eine hervorragende Gestalt der kath. Reform war der Kardinal C. → Borromäus. Das → Tridentinische Konzil (1545-63) war der Ausgangspunkt des neuen kurialen Katholizismus und trug dazu bei, daß die ital. Frömmigkeit der Neuzeit eine eigenartige jesuitische Prägung erhielt. Zu den bedeutenden Geistern des nachtridentinischen I. gehören die Kirchenhistoriker C. → Baronius, P. → Sarpi und S. → Pallavicino; der größte Theologe und Polemiker jener Zeit war R. → Bellarmin, der berühmteste Prediger P. Segneri. Die Literatur verlor die Höhe der früheren Periode; dennoch zählte zu ihr ein Dichter wie Torquato Tasso († 1595). Künstlerisch waren zur Zeit der kath. Restauration nicht wenige große Meister tätig: V. → Tizian († 1576), P.Veronese († 1588), die drei Carracci, G.Reni († 1642). In der → Musik (: V) begründete → Palestrina die klassische kath. Kirchenmusik. Die freie Forschung in den Naturwissenschaften und der Philosophie wurde vom hl. Offizium bekämpft (G. → Bruno, → Galilei).

Das politische Leben I.s stagnierte unter der spanischen Herrschaft (1559-1713). Im Friedensvertrag von Utrecht (1713) trat Spanien alle seine ital. Gebiete an Österreich ab, das damit die Vorherrschaft auf der Halbinsel erlangte. Auch der Kirchenstaat, der jede politische Bedeutung verloren hatte, stützte sich von da an - und bis zu seinem Untergang - auf Wien. - Die durch aufgeklärte Fürsten geleitete Reformbewegung kam in fast allen ital. Staaten (mit Ausnahme des Kirchenstaates) zur Auswirkung. Toskana konnte sich - nach der Lethargie zur Zeit der letzten Medici - unter dem Großherzog Leopold zu neuem Glanz erheben. Der jansenistische Bischof Scipione de' → Ricci von Prato und Pistoja versuchte mit Unterstützung der josephinischen Politik (→ Josephinismus) des Großherzogs die toskanische Kirche zu reformieren und hielt eine Synode in Pistoja ab (1786), die die gallikanischen Artikel (1682; → Gallikanismus) aufnahm; er wurde aber verurteilt und mußte sich unterwerfen. Der → Jansenismus verbreitete sich bes. in Ligurien, Pavia (G.Tamburini) und selbst in Rom. Der aufgeklärte Absolutismus der romanischen Staaten und die Schwäche des Papstes → Clemens XIV. führten 1773 zur Auflösung des Jesuitenordens. Ein schwacher Ersatz dafür waren die → Redemptoristen (1732) und die → Passionisten (1720), ihre Konkurrenten in der Volksmission. Im 18.Jh. erfuhr das Leben I.s eine Erneuerung. Hervorragende Vertreter der historischen Wissenschaft waren L.A. → Muratori, G.D. → Mansi, die vier → Assemani und G.B. → Vico. In der Dichtung zeigten G.Parini und V. Alfieri den Geist des erwachenden I.

Die Gedanken der französischen Revolution (→ Frankreich: I, 7) waren unter dem ital. Bürgertum weit verbreitet, als → Napoleon seinen 1. Feldzug nach I. unternahm (1796-97), der zur Bildung neuer Republiken führte (Cisalpinische, Ligurische, Parthenopeische 1799; Piemont kam 1802 zu Frankreich). Nach der Gefangennahme → Pius' VI. wurde auch der Kirchenstaat Römische Republik (1798) und 1809 aufgelöst. → Pius VII. wurde dem 1801 abgeschlossenen Konkordat zum Trotz verbannt (Savona, Fontainebleau). Nach dem Sturz Napoleons stellte der → Wiener Kongreß die alten ital. Staaten wieder her. Das → Papsttum (: III) verfügte alsbald die Wiederherstellung des Ordens der Jesuiten; die Inquisition und die → Index-Kongregation wurden neu errichtet, die Bibelgesellschaften und Geheimbünde (→ Freimaurerei, → Carbonari) vom Papst verdammt und die ganze öffentliche Bildung im Kirchenstaat fast ausschließlich dem Klerus überlassen. Aber der unter Napoleons Herrschaft entwickelte nationale und demokratische Gedanke wirkte gegen die reaktionären Regierungen fort und hielt das Land in ständiger Unruhe, die zu den ersten revolutionären Bewegungen des *Risorgimento* (1820-21: Neapel und Piemont; 1831: Bologna) führte (G. → Mazzinis »Junges I.« [Giovine Italia]). Der rückständige Papst → Gregor XVI. stützte sich auf Österreich, so daß starke antikirchliche Strömungen verschiedener Färbung entstanden. Der radikale Republikaner Mazzini beseelte seine politische Aktion durch die Schau einer von Gottes Geist geführten Menschheit, in der jede Nation und bes. I. ihren Beitrag liefern sollte. Daneben entwickelte sich die neuguelfische Richtung mit bedeutenden Vertretern der Romantik (A. → Manzoni, S.Pellico, M.d'Azeglio), die die kath. Tradition für die Erneuerung I.s auswerten wollte. Der Philosoph V. → Gioberti gab der Hoffnung Ausdruck, das Papsttum werde die ital. Staaten in einer Föderation unter päpstlicher Führung zusammenschließen. Diese politische Bewegung war von Versuchen begleitet, die kirchlichen Dogmen mit einer zu erneuernden ital. Philosophie zu versöhnen (Gioberti, A. → Rosmini, T.Mamiani). Der Liberalismus der ersten Jahre → Pius' IX. war aber nur eine Episode, die mit der Flucht des Papstes nach Gaeta (Nov. 1848) und mit der röm. Republik Mazzinis endete. Unter dem Schutz Frankreichs und Österreichs kehrte Pius IX. 1850 als ausgesprochener Feind des Liberalismus (→ Syllabus, 1864) nach Rom zurück. Nur außerhalb I.s konnte Rom seinen Einfluß auf die kath. Welt stärken. 1850 gründeten die Jesuiten die Zeitschrift »La civiltà cattolica«, 1854 verkündete der Papst das Dogma der unbefleckten Empfängnis (→ Mariologie), 1870 tagte das → Vatikanum. – Das Königreich Sardinien, der einzige liberale ital. Staat nach dem unglücklichen Krieg 1848/49, konnte durch die kluge Politik → Cavours die Führung der Einheitsbewegung übernehmen und innerhalb zweier Jahrzehnte das Land befreien; 1859 gewann Sardinien mit Hilfe Napoleons III. die Lombardei, 1860 schlossen sich Toskana, Modena, Parma und die päpstliche Romagna an, während Garibaldi das Königreich beider Sizilien eroberte. 1861 wurde das Königreich I. proklamiert, das 1866 durch das Bündnis mit Preußen Venetien dazu gewann. Während des deutsch-französischen Krieges besetzte das ital. Heer Rom (20.9.1870). – Die Beziehungen zwischen Kirche und Staat wurden von Anfang an nach dem liberalen Grundsatz Cavours – »libera chiesa in libero stato« – geregelt, der sich in zahlreichen antiklerikalen Gesetzen verwirklichte und dem ital. Staat einen nicht-konfessionellen Charakter gab. Bereits 1848 wurden die Jesuiten aus Piemont ausgewiesen, 1850 hoben die Siccardischen Gesetze die geistliche Gerichtsbarkeit auf, 1855 verloren viele Orden den Charakter einer juristischen Person durch das Klostergesetz, 1860 wurde die Zivilehe, 1863 die konfessionslose Schule eingeführt. Nach den 1866/67 erlassenen Gesetzen konnten die damals existierenden Kongregationen nur noch als Privatvereine weiterbestehen; ihre Güter wurden in 5%ige Staatsrente verwandelt. Das Garantiegesetz (13.5.1871) regelte die Beziehungen des ital. Staates zum Vatikan.

5. Der ital. Staat löste 1873 die theologischen Fakultäten auf, schaffte 1877 den Religionsunterricht in den mittleren Schulen ab, schloß 1890 die Priester aus den karitativen Kongregationen aus und erlaubte keine Besitzergreifung der Benefizien ohne königliche Genehmigung. Durch die ständige Opposition der röm. Kirche gegen die Bildung eines einheitlichen ital. Staates und endlich durch die Proklamation Roms zur Hauptstadt I.s wurde die Seele des ital. Volkes zwischen Vaterlandsliebe und Kirchentreue zerrissen. Der Antiklerikalismus entwickelte sich (von der freimaurerischen Propaganda begünstigt) sehr stark und konnte auch auf die seit 1876 von Linksparteien gebildeten Regierungen einwirken. Die Klerikalen hatten sich auf päpstlichen Befehl zunächst von jeder aktiven Teilnahme am politischen Leben ferngehalten. Nur allmählich kehrten die Katholiken zum politischen Leben zurück: 1874 bewilligte der Katholikenkongreß in Venedig die Teilnahme an den Kommunalverwaltungen, 1889 gründete G.Toniolo die »Unione Cattolica per gli Studi Sociali«, das soziale Interesse wurde auch von → Leo XIII. durch die Enzyklika → Rerum novarum (1891) gefördert. Seit den 80er Jahren erwachten die Orden zu neuem Leben und konnten bes. die → Salesianer (Don → Bosco) ihre intensive sozialpädagogische Tätigkeit entwickeln. 1904 gestand → Pius X. (1903–14) zu, daß einzelne Katholiken zu Abgeordneten gewählt würden. Neben den konservativen Katholiken entwickelte sich die »Christliche Demokratie« (Democrazia Cristiana) unter der Leitung der Priesters R.Murri, der aber von der Kurie während des Kampfes gegen den Modernismus exkommuniziert wurde (1909; er unterwarf sich erst kurz vor dem Tode 1944). → Benedikt XV. blieb während des 1. Weltkrieges streng neutral; seine Friedensvermittlungen blieben ohne Erfolg. I. verlangte den Ausschluß des Vatikans von der Friedenskonferenz (Vertrag von London 1915), damit die »röm. Frage« nicht in einem internationalen Kongreß aufgeworfen würde. Trotzdem nahm der internationale Einfluß des hl. Stuhles stark zu, und durch die Leiden des Krieges näherte sich das ital. Volk wieder seiner Kirche. 1919 wurde der »Partito Popolare Italiano« von dem sizilianischen Priester Don L. → Sturzo gegründet, eine Partei, die 1921 bereits 107 Abgeordnete im Parlament besaß. Der → Faschismus brach mit der Tradition des ital. unkonfessionellen Staates, bekämpfte die → Freimaurerei und erhob aus politischen Motiven den Katholizismus zur Staatsreligion. Mussolini führte den Religionsunterricht in den Volksschulen obligatorisch und in den mittleren fakultativ ein, auch verbesserte er den ökonomischen Stand des Klerus. Andererseits verlangte er die totalitäre staatliche Jugenderziehung und setzte die Auflösung aller kath. Jugendvereine durch (1928). Am 11.2.1929 unterschrieben Mussolini und Kardinalstaatssekretär → Gasparri die sog. Lateranverträge, dh einen Vertrag, ein Konkordat und eine Finanzkonvention. Der Vertrag erkannte den röm. Katholizismus als »die alleinige Staatsreligion« und die Souveränität des hl. Stuhls in den internationalen Beziehungen an. Er schuf den neuen kleinen Kirchenstaat (Città del Vaticano), dem einige Basiliken und Paläste mit dem Recht der Exterritorialität hinzugefügt wurden. Der hl. Stuhl erklärte seinerseits die »röm. Frage« für endgültig gelöst. Das Konkordat gewährte der kath. Kirche die freie Ausübung der geistlichen Gewalt, den Schutz des hl. Charakters Roms und die Befreiung vom Militärdienst der in sacris ordinierten Kleriker. Exkommunizierte Priester sollten (Art. 5) aus staatlichen Ämtern (in direktem Kontakt mit dem Publikum) entfernt werden (Fall → Buonaiuti). Die kirchliche Ehe, der Religionsunterricht als »Grund und Krone der öffentlichen Bildung« und die juristische Person der Orden wurden wieder anerkannt. Nach der Finanzkonvention sollte I. dem hl. Stuhl 750 Mill. Lire und 1 Md. in Staatsrenten als endgültige Abfindung zahlen. Nach einer neuen Auseinandersetzung wegen der Jugenderziehung (1931) bestanden zwischen der faschistischen Regierung und dem hl. Stuhl gute Beziehungen. Während des 2. Weltkrieges hielt sich → Pius XII. neutral und übte gelegentlich eine sehr vorsichtige Kritik an der faschistischen Diktatur, die er als ein starkes Bollwerk gegen den Kommunismus immer gutgeheißen hatte. Nach der Proklamation der ital. Republik (2.6.1946) konnte die von A.De Gasperi reorganisierte Democrazia Cristiana wichtige politische Stellungen erobern. Mit Zustimmung der kommunistischen Partei ließ sie von der ital. gesetzgebenden Versammlung die Lateranverträge in das ital. Grundgesetz eintragen. Seit der ersten republikanischen Legislaturperiode hat die Democrazia Cristiana das Land regiert und dem ital. Staat einen immer mehr konfessionellen Charakter gegeben. Die → *Katholische Aktion* hat sich bes. durch den Laienapostolat auf allen Gebieten des politischen und kulturellen Lebens stark entwickelt. Kommunisten wurden exkommuniziert (1.7.1949).

Ein neues Lebenszeichen der kath. Kultur zeigte sich in der thomistischen Forschung (→ Aeterni Patris, 1879; Gründung der Thomasakademie, 1880). Mit dem Versuch, den Vatikan und das neue I., die kath. Lehre und das Zeitbewußtsein in Einklang zu bringen, bereitete der Liberalkatholizismus (neben den nur zT hierhin zu rechnenden C.M.Curci und G.→Bonomelli) den Modernismus (→ Reformkatholizismus) vor. Seine ital. Vertreter waren u.a. U.Fracassini († 1950), G.Semeria († 1931), A. → Fogazzaro und bes. E. → Buonaiuti. In einer anderen Richtung entwickelte sich die kath. Kultur I.s unter Benedikt XV. Er veröffentlichte den → Codex iuris canonici (1917) und gründete durch A.Gemelli die Universität des »Sacro Cuore« in Mailand (1920). Unter Pius XI. wurden das päpstliche Institut für christliche Archäologie (1925), das päpstliche Athenäum Antonianum (1933) und die päpstliche Akademie der Wissenschaften (1936) gegründet. Aber die kath. Kultur bleibt mit einigen Ausnahmen (die Neuthomisten M.F.Sciacca und G.Mazzantini [→ Neuthomismus]) der Laienwelt in I. völlig fremd. In den 20er und 30er Jahren herrschte die neuhegelianische Philosophie von B. → Croce und G. Gentile. Sie wurde im wesentlichen durch den Existentialismus (N.Abbagnano, L.Pareyson; → Existenzphilosophie, 1c) oder den kath. Spiritualismus (E.Castelli, A. Guzzo) abgelöst.

6. Vom ital. *Protestantismus* der Reformationszeit waren am Anfang des 19.Jh.s nur noch die piemontesischen → Waldenser übriggeblieben. Dazu kamen einige *ausländische Gemeinden,* die sich im Laufe der Zeit in verschiedenen Städten gebildet hatten: Venedig (Mitte des 17.Jh.s), Livorno (1773), Triest (1778), Turin (in der Kapelle der britischen Legation im 18.Jh., in der der preußischen Botschaft seit 1829), Bergamo (1807), Rom (1819), Genua (1823), Neapel (1826, von A. → Monod gegründet), Florenz (1826), Mailand (1850). Die preußischen Botschafter B.G. → Niebuhr und Chr.v. → Bunsen in Rom und F.L.v. Waldburg-Truchsess in Turin konnten in der 1. Hälfte des 19.Jh.s den Protestantismus in I. wirkungsvoll schützen. Die Gesandtschafts-Gemeinde in Rom hatte als Pfarrer u.a. R. → Rothe, A. → Tholuck, H.Abeken und H.v.d. → Goltz. Deutsche ev. Gemeinden bestehen zZ in Neapel, Rom, Florenz, Genua, San Remo, Mailand, Meran, Bozen, Venedig und Triest. Abgesehen von Meran haben sie sich 1948 zu der »Ev.-Luth. Kirche in I.« zusammengeschlossen. 1957 sind ihr die ital. ev. Gemeinden Torre del Greco und Torre Annunziata (Neapel) beigetreten. Auch andere ausländische prot. Kirchen sind durch verschiedene Gemeinden vertreten, so die Church of England (seit 1842 gehört I. zur Diözese Gibraltar), Church of Scotland und die American Episcopal Church. Sie alle haben so gut wie keine Beziehungen zum ital. Protestantismus. - Die Evangelisation unter den Italienern begann Mitte des 19.Jh.s und war eine Frucht des → Réveil in Genf und des Revivals in England (bes. durch die → Darbysten). Diese Bewegungen wirkten auf die Waldenser wie auf die ital. politischen Flüchtlinge, die einige ev. Gemeinden im Ausland gründeten: Malta (ca 1845), London (1847) und Genf (1850). Führende Gestalten dieser ev. gewordenen Flüchtlinge waren u.a. L.Desanctis (vorher röm. Pfarrer und Inquisitor), B.Mazzarella (Richter, dann Prof. der Philosophie und Abgeordneter im ital. Parlament), Graf P.Guicciardini aus Florenz und A. → Gavazzi. Nach ihrer Rückkehr nach I. begannen sie das Evangelisationswerk in Piemont (1854) und Toskana (1860) und gründeten die »Chiesa Evangelica Italiana« in einem gewissen Gegensatz zu der Waldenser Kirche. 1854 kam es zwischen beiden zum Bruch. 1865 spaltete sich die Chiesa Evangelica Italiana in die »Chiesa dei Fratelli« darbystischer Prägung (P.Guicciardini) und die »Chiesa Libera Italiana« mit nationalpolitischen Interessen (A.Gavazzi). Die letztere wurde von den Methodisten aufgesogen (1904). Die Waldenser Kirche begann die Evangelisation in Piemont i.J. 1848 und dehnte sie allmählich auf ganz I. aus. Die wichtigsten Gemeinden sind Turin (1848), Genua (1852), Nizza (1853, seit 1939 der »Eglise Reformée« angeschlossen), Florenz (1860), Mailand (1860), Palermo (1861), Catania (1862), Venedig (1867), Rom (1870) und Triest (1919). Auch auf dem Lande entstand eine ausgedehnte ev. Diaspora. 1855 gründete die Waldenser Kirche ihre theologische Fakultät in Torre Pellice, die später nach Florenz (1860) und Rom (1922) verlegt wurde. - 1860 begannen die wesleyanischen Methodisten aus England ihre Mission in I. (Gemeinden: Rom, Mailand, Florenz, Parma, Padua, Neapel, Palermo); 1873 nahm die amerikanische methodistische Episkopalkirche die Arbeit auf. 1946 vereinigten sich die beiden Methodistenkirchen und bildeten die »Chiesa Evangelica Metodista d'Italia«. Die englischen Baptisten begannen 1866 ihre ital. Mission und gründeten mehrere Gemeinden, die sich 1923 den amerikanischen Baptisten anschlossen. Seit 1956 bilden sie die »Unione delle Chiese Evangeliche Battiste d'Italia«. 1866 entstand eine englisch-baptistische »La Spezia Mission for Italy« (heute »Associazione Missionaria Evangelica Italiana«). In I. wirken auch die Heilsarmee (seit 1887), die Britische Bibelgesellschaft (seit 1866, in Rom seit 1870) und der CVJM (seit 1851). Nach 1945 haben sich die amerikanischen Sekten vermehrt. Die Verkündigung der → Pfingstbewegung hat bes. im Süden Erfolg. - Waldenser, Methodisten und Baptisten arbeiten unbeschadet ihrer konfessionellen Ausprägung einmütig an der Evangelisation I.s. 1920 wurde ein Ev. Kongreß in Rom gehalten, der ein gemeinsames Gesangbuch beschloß. 1946 bildeten Waldenser, Methodisten und Baptisten einen Bundesrat der ev. Kirchen I.s (»Consiglio Federale delle Chiese Evangeliche d'Italia«), der sich bei der Vertretung des gesamten ital. Protestantismus gegenüber den staatlichen Behörden als nützlich erwies. Bes. eng ist die Zusammenarbeit zwischen Waldensern und Methodisten. Eine Frucht der ökumenischen Bewegung ist das 1951 eingeweihte Jugenddorf Agape in den Waldenser Tälern.

Vertreter einer beginnenden prot. Kultur in I. waren in der 2. Hälfte des 19.Jh.s der Philosoph B.Mazzarella (1818-82; schrieb u.a. »Critica della Scienza«, 1860) und der Kirchenhistoriker Em. → Comba († 1904). Aus dem 20.Jh. sind zu erwähnen der Bibelübersetzer und Exeget G.Luzzi (1856-1948) sowie U.Janni (1865-1938), 1908-37 Leiter der Zeitschrift »Fede e Vita«. G.Gangale (* 1898), ein Baptist aus Kalabrien, leitete die Wochenzeitschrift »Conscientia« (1922-27) und den Verlag »Doxa« (Rom-Mailand, 1927-32). Die Baptisten gaben die geistig hochstehende Zeitschrift »Bilychnis« (1912-32) heraus. Der von K. → Barth beeinflußte ital. Protestantismus wirkte bes. durch die Zeitschriften »Gioventù Cristiana« (1931-40) und »Protestantesimo« (seit 1946).

Die ev. Bewegung konnte sich in der seit dem Risorgimento von liberalen Gesetzen gewährten Freiheit entfalten. Die Lage änderte sich gänzlich mit dem faschistischen Gesetz über die zugelassenen Kulte (24.6.1929). Die Amtsausübung der Pfarrer wie auch die Eröffnung neuer Betsäle bedurfte staatlicher Erlaubnis. Die ganze Tätigkeit der ev. Gemeinden war durch Polizeigesetze kontrolliert und beschränkt. In die neue ital. Verfassung wurde der mehrdeutige Satz aufgenommen: »Alle religiösen Konfessionen sind vor dem Gesetz gleich frei« (Art. 8). Die Verfassung sagt weiter: »Ihre (dh der religiösen Minderheiten) Beziehungen zum Staat werden durch ein auf Grund gegenseitiger Verhandlungen vereinbartes Gesetz geregelt.« Dieses Gesetz ist bis heute (1959) noch nicht herausgegeben worden. Die Folge war, daß staatliche Toleranzmaßnahmen auf Grund alter faschistischer Gesetze das freie ev. Gemeindeleben störten, bis endlich der Verfassungsgerichtshof diese Gesetze für ungültig erklärte (1956-58).

7. Die *kath. Kirche* ist in 288 Diözesen eingeteilt; sie umfassen Rom, 7 suburbikarische Sitze und folgende 18 Kirchenprovinzen: Abruzzen, Benevent, Kalabrien, Kampanien, Emilia, Toskana, Latium, Ligurien, Lombardei, Lukanien-Salernitano, Marken, Piemont, Apulien, Romagna, Sardinien, Sizilien, Umbrien und Venetien. - Die Zahl der *Protestanten* stieg von 32 975 bei ca 25 Mill. Einwohnern i.J. 1861 auf 82 569 bei rd 42,2 Mill. Einwohnern i.J. 1931. Die späteren Volkszählungen (die letzte 1951: ca 47,5 Mill. Einwohner) haben die Verschie-

denheit der religiösen Konfessionen nicht berücksichtigt. Die Leitungen der verschiedenen ev. Kirchen, Sekten und Institutionen teilen folgende Angaben mit: Waldenser 29 311; Baptisten (einschließlich Kindern und Missione della Spezia) 14 290; Chiesa dei Fratelli ca 10 000; Methodisten 6842; Lutheraner ca 6000 (ohne Meran); Pfingstleute 500 Gemeinden (die genaue Mitgliederzahl ist selbst der Zentralverwaltung unbekannt); die Heilsarmee ist mit 60 Offizieren in 36, der CVJM (männlich und weiblich) in 12 Ortschaften tätig.

Außer der Lit. zu → Rom u. → Papsttum vgl. allgemein: F. UGHELLI-N.COLETI, Italia sacra, 10 Bde, 1717-22 - DACL VII, 1612 ff - RGG² III, 445 ff (Lit.) - Encicl. Italiana XIX, 1933, 693 ff; II: 1938-48, 1949. 72 ff - M.SEIDLMAYER-TH.SCHIEDER, Gesch. d. ital. Volkes u. Staates, 1940 - EC VII, 374 ff - L.SALVATORELLI, Sommario della Storia d'Italia, 1957 (Lit.). - Zu 1 außer der Lit. bei → Imperium Romanum: A.v.HARNACK, Die Mission u. Ausbreitung des Christentums, 2 Bde, (1902) 1924⁴ - LIETZMANN I-IV. - Zu 2 (vgl. auch → Waldenser): A.DRESDNER, Kultur u. Sittengesch. der ital. Geistlichkeit im X. u. XI.Jh., 1890 - EM.COMBA, I nostri protestanti avanti la Riforma e durante la Riforma, 2 Bde, 1895/97 - L.HARTMANN, Gesch. I.s im MA I-IV/1, 1897-1915 (I, 1923²) - G.VOLPE, Movimenti religiosi e sette ereticali nella società medievale italiana, 1922 - DERS., Il Medioevo, (1923) 1958³ - A.BRACKMANN, Der »röm. Erneuerungsgedanke« u. seine Bedeutung für die Reichspolitik der dt. Kaiserzeit, 1932 - D.L.DOVIE, The Nature and Effect of the Heresy of the Fraticelli, 1932 - E.BENZ, Ecclesia spiritualis, 1934 - H.GRUNDMANN, Relig. Bewegungen im MA, 1935 - E.JORDAN, L'Allemagne et l'Italie au XIIe et XIIIe siècle, 1936 - G.TELLENBACH, Libertas. Kirche u. Weltordnung im Zeitalter des Investiturstreites, 1936 - A. DE STEFANO, Riformatori ed eretici del medioevo, 1938 - G.PEPE, Il Medioevo barbarico d'Italia, (1941) 1959⁴ - W.GOETZ, I. im MA, 2 Bde, 1942 - G.FALCO, La santa romana repubblica, (1942) 1954² - R.MORGHEN, Il Medioevo cristiano, 1951 - E.WERNER, Pauperes Christi, 1956 - S.SAVINI, Il catarismo italiano e i suoi vescovi nei secoli XIII-XIV, 1958. - Zu 3: J.BURCKHARDT, Die Kultur der Renaissance in I., 1860 (GA der Werke Bd 5, 1930) - C.CANTU, Gli eretici d'Italia, 3 Bde, 1865-67 - G.JALLA, Storia della Riforma in Piemonte, 2 Bde, 1914/36 - P.CHIMINELLI, Bibliogr. della storia della Riforma religiosa in Italia, 1921 - F.C.CHURCH, The Italian Reformers 1534 bis 1564, 1932 - E.WALSER, Ges. Studien zur Geistesgesch. der Renaissance, 1932 - F.CHABOD, Per la storia religiosa dello stato di Milano durante il dominio di Carlo V (in: Annuario del R. Istituto Ital. per l'età moderna e contemp., 1936-37), 1938 - D.CANTIMORI, Eretici italiani del Cinquecento, 1939; dt.: Ital. Häretiker der Spätrenaissance, 1949 - E.GARIN, L'umanesimo italiano, 1952 - DERS., Medioevo e Rinascimento, 1954 - F.RUFFINI, Studi sui Riformatori italiani, 1955 - S.CAPONETTO, B. Spadafora e la Riforma protestante in Sicilia (Rinascimento 7, 1956, 219-341) - DOMINGO DE STA.TERESA, Juan de Valdes, 1957. - Zu 4 u. 5: R.DE CESARE, Roma e lo stato del papa dal ritorno di Pio IX al XX settembre, 2 Bde, 1907 - P.TACCHI-VENTURI, Storia della Compagnia di Gesù in Italia, 2 Bde, (1910/22) 1931/51² - M.CLAAR, Gesch. des modernen I.s (seit 1700), 1915 - H.BASTGEN, Die röm. Frage, 3 Bde, 1917/18 - F.QUINTAVALLE, Storia dell'unità italiana 1814-1921, 1926 - B.CROCE, Gesch. I.s von 1871-1915, 1927 - A.C.JEMOLO, Il giansenismo in Italia prima della Rivoluzione, 1928 - DERS., Chiesa e stato in Italia negli ultimi 100 anni, (1948) 1955⁴ - G.MOLLAT, La question romaine. De Pie VI à Pie XI, 1932 - C.SPELLANZON, Storia del Risorgimento, 5 Bde, 1933-50 - A.DELLA-TORRE, Il cristianesimo in Italia dai filosofisti ai modernisti, o.J. - L.SALVATORELLI, Il pensiero politico italiano dal 1700 al 1870, (1935) 1949⁵ (Lit.) - ST.JACINI, La crisi religiosa del Risorgimento. La politica ecclesiastica italiana da Villafranca a Porta Pia, 1938 - B.MATTEUCCI, Scipione de'Ricci. Saggio storico-teologico sul giansenismo italiano, 1941 - F.RUFFINI, I giansenisti piemontesi e la conversione della madre di Cavour, 1942 - G.VOLPE, L'Italia moderna I-III, 1946-52 - E.CODIGNOLA, Illuministi, giansenisti e giacobini nell'Italia del Settecento, 1947 - V.DEL GIUDICE, La questione romana e i rapporti fra stato e chiesa fino alla conciliazione, 1947 - M.PETROCCHI, La Controriforma in Italia, 1947 - D.MARCO, Il tramonto dello Stato pontificio, 1948 - FR.MAGRI, L'azione cattolica in Italia, 2 Bde, 1953 - G.SPADOLINI, L'opposizione cattolica da Porta Pia al' 98, 1954. - Ferner die Lit. zu → Buonaiuti, → Carbonari, → Faschismus, → Reformkatholizismus. - Zu 6: E.SCHUBERT, Gesch. der dt. ev. Gemeinde in Rom 1819 bis 1928, 1930 - C.CRIVELLI SJ, I Protestanti in Italia, 2 Bde, 1936/38 - ST.JACINI, Un riformatore toscano dell'epoca del Risorgimento. Pietro Guicciardini, 1940 - TH.ELZE-EUG.LESSING, Gesch. der prot. Bewegungen u. der dt. ev. Gemeinde A.C. in Venedig, 1941 - L. SANTINI, A.Gavazzi. Aspetti del problema religioso del Risorgimento, 1955 - G.SPINI, Risorgimento e protestanti, 1956. *V.Vinay*

Itio in partes bezeichnet die Ersetzung des Mehrheitsprinzips durch den Gedanken der amicabilis compositio in Grundfragen einer religiös geteilten Gemeinschaft. Auf die seit 1645 erhobene Forderung der ev. Stände wurde in Art. V § 52 des → Westfälischen Friedens den ev. und kath. Ständen das Recht verliehen, durch Erklärung die Abstimmung in gesonderten Körpern zu verlangen. Der Gedanke, daß unter verschiedenen Richtungen in Sachen des Bekenntnisses kein Mehrheitsentscheid möglich, daß jedem Teil bei auftretenden Bedenken aus dem Bekenntnis gesonderte Abstimmung (dh praktisch ein Vetorecht) zugestanden sein müsse, ist seit dem 19.Jh. in → Kirchenordnungen (: II) oft anerkannt. Die preußische Kabinettsorder vom 6.3.1852 schrieb das Verfahren für den Ev. Oberkirchenrat vor (vgl. ferner Kirchengemeinde- und Synodalordnung Wiesbaden vom 4.7.1877, § 71). Gegenwärtig findet sich der Grundsatz in der Grundordnung der EKD (Art. 27), in den Verfassungen der EKU (1951 Art. 17), der Ev. Kirche von Westfalen (1953 Art. 132), der Ev. Kirche im Rheinland (1952 Art. 186; nur Sollvorschrift) und in der Grundordnung der Ev. Kirche von Berlin-Brandenburg (1948 Art. 126; Ausnahme der widersprechenden ref. Minderheit von der Geltung des Beschlusses).

P.SCHOEN, Das Ev. Kirchenrecht in Preußen, 3 Bde, 1903-10 - LIERMANN - FEINE - S.GRUNDMANN, Der Luth. Weltbund, 1957.

U.Scheuner

Ituräa, nach den Ituräern genannte Landschaft im Norden Palästinas (Jetur ist nach Gen 25, 15; 1Chr 1, 31 ein Wüstenstamm), wurde nach 1Chr 5, 19 von ostjordanischen Stämmen bedrängt. Wie Josephus berichtet (Ant. XIII, 11, 3 § 319), wurden die obergaliläischen Ituräer der hasmonäischen Zwangsbeschneidung unterworfen; doch saß das Gros zweifellos nördlicher, im und am Antilibanon. Ihre räuberische Veranlagung, aber auch ihre Tüchtigkeit als Bogenschützen (vgl. Cicero, Phil. II, 112) bekunden immer noch ihre Herkunft. - Zu Beginn des 1.Jh.s vChr ist I. ein »ansehnliches Staatswesen« (Schürer) unter Ptolemäus, Sohn des Mannäus, mit der Hauptstadt Chalkis (nahe ʿandschar, unmittelbar nördlich der Straße Damaskus-Beirut). Sein Sohn Lysanias wird von Antonius hingerichtet, ein Teil seines Reiches der Kleopatra übergeben und an den Ituräer Zenodorus verpachtet, nach dessen Tode von Augustus den Herodianern geschenkt. Ein kleineres Gebiet im Süden erhält dann zusammen mit der Trachonitis (vgl. Lk 3, 1) Philippus (→ Herodes, 2). Das eigentliche I. unterstand 41-48 Herodes von Chalkis. Später wird I. der römischen Provinzialverwaltung eingegliedert und verschwindet aus der Geschichte.

SCHÜRER I, 707 ff - ALT II, 391 f. 409. *H.W.Hertzberg*

Jubiläenbuch oder *Kleine Genesis* ist erhalten in kleinen hebräischen Fragmenten aus → Qumran Höhle 1, vollständig in einer äthiopischen und zu einem Drittel in einer lateinischen Übersetzung, die beide auf eine griechische Übersetzung des hebräischen Originals zurückgehen. Es ist ein teils erweiterter, teils gestraffter haggadisch-halachitischer Midrasch zu Gen 1 bis Ex 12. Der Engel des Angesichts erzählt dem Mose die Geschehnisse von der Schöpfung an bis zur Einsetzung des Passa in der Nacht des Auszugs aus Ägypten. Dabei liegt der Nachdruck einmal auf einer genauen Datierung der einzelnen Ereignisse nach Jubiläen (49 Jahre, vgl. Lev 25), Jahrwochen und Jahren (Sonnenjahr von 364 Tagen; → Chronologie: III, 2), dann auf dem Einhalten priesterschriftlicher kultischer Forderungen schon durch Noah und Abraham, schließlich auf den aus den Erzählungen heraus entwickelten Rechtsgrundsätzen, die bes. ein strenges Sittenrecht postulieren und das Sabbatgebot einschärfen. Gegenüber der Tora gewinnt das Wochenfest (→ Feste: II, 4b) an Bedeutung. Der älteste Bestand des → Henochbuches liegt vor und wird zitiert. Das Buch gehört in den Kreis von → Qumran und hat die → Damaskusschrift beeinflußt, dürfte also der 1. Hälfte des 1.Jh.s vChr angehören. Streckenweise berührt es sich mit dem sog. Genesis-Apokryphon von Qumran, dem jedoch die Datierung nach Jubiläen und anscheinend auch die halachischen Elemente fehlen.

Hebr. Fragmente: D.Barthélemy-J.T.Milik, Qumran Cave I, 1955, 82ff. - Äthiop. Text: A.Dillmann, 1859 - R.H.Charles, The Book of Jubilees, 1902. - Lat. Text: A.M.Ceriani, Monumenta sacra II/1, 1861. - Übers.en: Kautzsch, AP 31ff (E.Littmann) - Charles, AP II, 1ff - Riessler 539ff. - Lit.: F.Bohn, Die Bedeutung des Buches der Jubiläen (ThStKr 73, 1900, 167-184) - L.Finkelstein, The Book of Jubilees and the Rabbinic Halaka (HThR 16, 1923, 39-61) - S.Zeitlin, The Book of Jubilees, its Character and its Significance (JQR 30, 1939/40, 1-31; vgl. 35, 1944/45, 458f; 36, 1945/46, 187 bis 189) - H.H.Rowley, Criteria for the Dating of Jubilees (ebd 183-187) - R.North, Sociology of the Biblical Jubilee, 1954, 70ff (Lit.: XXXf) - J.Morgenstern, The Calendar of the Book of Jubilees, its Origin and its Character (VT 5, 1955, 34-76). *L.Rost*

Jubiläumsjahr (Anno Santo, hl. Jahr). Ein starker Zustrom von Pilgern nach Rom, die sich auf das Gerücht, daß am 1.1.1300 zur Jh.wende ein vollkommener Ablaß in der Peterskirche zu gewinnen sein werde, auf den Weg gemacht hatten, führte Papst → Bonifatius VIII. dazu, am 22.2.1300 in der Bulle Antiquorum habet fidem diesen Ablaß zu verkünden. Die Behauptung eines damals 107 Jahre alten Mannes, schon 1200 habe sein Vater einen solchen Ablaß erworben, wurde durch die Nachforschungen in den vatikanischen Archiven nicht bestätigt, aber fortan der Jubiläumsablaß (→ Ablaß, 2) für alle 100 Jahre in Aussicht genommen, für Fremde nach 15maligem Besuch der Peters- und der Pauluskirche, für Einheimische nach 30maligem Besuch. Der Zuzug der Gläubigen war ungeheuer. Clemens VI. ließ darum auf Bitten der Römer schon 1350 das zweite J. folgen. Beim 3. J. (1390) wurde die Frist auf 33 Jahre festgesetzt, vor dem 6. (1475) durch Paul II. in der Bulle Ineffabilis vom 19.4.1470 der Zwischenraum auf 25 Jahre verkürzt, obwohl schon das Jubiläum von 1423 den Reformkonzilen von Pisa und Konstanz zu herber Kritik der damit verbundenen päpstlichen Habsucht Anlaß gegeben hatte. Alexander VI. verkürzte auch die für die Rompilger zur Erlangung des Ablasses vorgeschriebene Zeit. Das J. 1500 brachte als Neuerung die Zeremonien der Öffnung des goldenen Tors. Von da an bis 1775 folgten die Jubiläen regelmäßig in 25jährigen Abständen. 1800, 1850 und 1875 fielen sie aus, zT der politischen Verhältnisse wegen; doch war auch das Jubiläum von 1825 sehr schlecht besucht gewesen. Leo XIII. nahm den Brauch 1900 mit dem 20. J. wieder auf. Das letzte wurde 1950 gefeiert. Die heutigen Verkehrsmittel haben zu einem gewaltigen Wiederaufleben dieser Festjahre mitgeholfen. Das J. reicht von Weihnachten bis Weihnachten. Vor der ersten Vesper des Weihnachtsfestes wird vom Papst ein seit dem vorhergehenden J. vermauertes Tor der Peterskirche mit einem Hammer aufgeschlagen, dann schnell erweitert und während des ganzen J.es von Geistlichen bewacht; dieselbe Zeremonie vollziehen Kardinäle oder Legaten im Lateran, in St. Paul und Maria Maggiore. Nach einem Jahr wird dies heilige oder Jubiläumstor nach der Vesper am Vortage von Weihnachten wieder feierlich vermauert. Das J. bringt den Gläubigen mancherlei Vorteile außer der Möglichkeit, zu wiederholten Malen den Jubiläumsablaß zu gewinnen. Der Beichtvater hat erhöhte Befugnis, kann von den sonst höheren kirchlichen Instanzen vorbehaltenen Sünden (Casus reservati) lossprechen, Gelübde in andere gute Werke umwandeln, ebenso vorgeschriebene Werke durch andere ersetzen. Seit 1500 verleihen die Päpste in der Regel den Jubiläumsablaß in dem auf das J. folgenden Jahr der gesamten kath. Kirche, meist auf kürzere Zeit (etwa ein halbes Jahr), damit allerorts die Frommen, die nicht nach Rom pilgern konnten, seiner teilhaftig werden können. Nur wenige Ablässe bleiben während des J.es bestehen; die meisten sind dann suspendiert.

Außerhalb dieser ordentlichen J.e wurden *außerordentliche Jubiläen* schon früh einzelnen Ländern und Städten gegeben. Dafür war eine (später ermäßigte) Abgabe in Höhe der Wallfahrtskosten nach Rom zu entrichten. Solche außerordentliche Jubiläen wurden auch bei besonderen Anlässen für die ganze Kirche erklärt, so bei Amtsantritt der Päpste, bei der Wiederberufung des Konzils von Trient, bei der 50jährigen Wiederkehr der Verkündigung des Dogmas von der Unbefleckten Empfängnis, in Notzeiten und in den Jahren, wo die ordentlichen Jubiläen ausfielen. Sie sind bedeutend kürzer als die ordentlichen, 15 Tage, auch 3 Monate. Nur das außerordentliche Jubiläum zu Ehren des → Vatikanums dauerte mehrere Jahre.

RE IX, 545ff - F.Beringer-A.Steinen, Die Ablässe, ihr Wesen u. Gebrauch, 2 Bde, 1920[15] - LThK V, 665ff - EC VI, 678ff - L'Anno Santo 1950. Cronistoria del Grande Giubilleo, 2 Bde, Vatikanstadt 1953 - EKL II, 440f. *† W.E.Schmidt (A.Erler)*

Jubilus, nach der Definition Augustins (Enarr. in ps. 32, 1, 8): sonus quidam significans cor parturire, quod dicere non potest. Mit J., Melodia oder Neuma als gleichbedeutenden Worten wird bes. die ausgedehnte Melodie auf dem Schluß-a des → Halleluja, aber auch den letzten Silben einiger → Responsorien bezeichnet. Als ein fast textloser Gesang ist der J. später als die übrigen, textgebundenen liturgischen Gesänge zur Geltung gelangt, hat dann aber mit dem 7.Jh. wegen seiner kompositorischen Möglichkeiten, als das Interesse für die meisten übrigen Gesänge erlosch, eine große Blüte erlebt und einen bunten Farbenreichtum entfaltet. Mailand kannte den Vortrag von 2 verschiedenen J. beim Halleluja, die fränkische Liturgie sogar ein »neuma triplex« bei einigen Responsorien. Aus ihm entwickelte sich dann die liturgische → Sequenz und ein großer Teil der Tropen (→ Tropus). - Vgl. → Liturgik: III.

Lit. s. → Halleluja, 1. *E.Jammers*

Jud *(Judae), Leo* (1482-1542). Im Elsaß (Gemar) geboren und geschult (Schlettstadt), studierte er seit etwa 1500 in Basel vermutlich zuerst Medizin und wurde ca 1505 durch Thomas → Wyttenbach, bei dem er gemeinsam mit → Zwingli Vorlesungen hörte, für die Theologie gewonnen. J. war zuerst Pfarrer im elsässischen St. Hippolyte, dann als Nachfolger Zwinglis in Einsiedeln, hierauf seit 1523 als der begabteste Helfer und tapferste Mitkämpfer Zwinglis in Zürich (an St.Peter). In theologisch-praktischer Hinsicht ragt J. hervor als erster Verfasser und Herausgeber einer deutschen Taufformel in der ev. Schweiz sowie verschiedener, in Zürich und anderwärts noch lange im Gebrauch stehender Katechismen (bearb. von O.Farner, 1955), in denen er erstmalig die ref. Zählung des Dekaloges einführte. Außerdem machte er sich bes. als Übersetzer alter (Augustin, → Thomas a Kempis) und zeitgenössischer (Erasmus, Luther, Zwingli) Autoren verdient; auch ist er als der eigentliche Leiter der die Zürcher Bibelübersetzung erarbeitenden »Prophezei« anzusprechen (→ Bibelübersetzungen: IV, 3a). Theologisch nicht selbständig, sondern völlig in der Gefolgschaft Zwinglis denkend (nur nach dessen Tod neigte er vorübergehend zu → Schwenckfeld hin), hat er (zusammen mit Heinr. → Bullinger) vor allem dazu beigetragen, daß die von Zürich ausgegangene reformatorische Erneuerung die Katastrophe von Kappel (1531) überstand.

JOH. JUD, Hist. Beschreibung..., in: Miscellanea Tigurina III, 1724, 1-82 (vom Sohn 1573 geschriebene Biogr.) - C. PESTALOZZI, L.J., 1860 - ADB XIV, 651ff - RE IX, 550ff - RGG² III, 459 (Lit.) - L. WEISS, L.J., Ulrich Zwinglis Kampfgenosse, 1942. † *O. Farner*

Juda, *einer der zwölf → Stämme Israels.* Seine Zugehörigkeit zum israelitischen Stämmeverband (und innerhalb desselben zur älteren Gruppe der Leastämme) findet in den Sagen der → Genesis ihren genealogischen Ausdruck darin, daß sein *heros eponymus* als Sohn → Jakobs und Leas gilt (Gen 29, 35). Auch die Sage von J. und Tamar (Gen 38) enthält u.a. Stammesgeschichtliches (Beziehungen zu den Kanaanäerstädten im Westen, Gliederung des Stammes). - Der *Name* J. (nicht Jahwe-haltig!) scheint ursprünglich eine geographische Bezeichnung gewesen zu sein, die am Gebirgsrücken südlich von Jerusalem haftete (vgl. »Gebirge J.« Jos 20, 7; 21, 11; »Wüste J.« Ri 1, 16; Ps 63, 1) und die erst nach der Landnahme in diesem Gebiet zum Stammesnamen wurde. - Das *Siedlungsgebiet* J.s, der bewaldete und zuvor nur schwach besiedelte Gebirgsrücken Südpalästinas mit seinem West- und Ostabfall (Hauptort: → Bethlehem), bot dem Stamm gute Möglichkeiten für Ackerbau (Weinbau: Gen 49, 11f) und Viehwirtschaft. Es wird im Osten begrenzt durch das Tote Meer, im Norden durch einen Gürtel kanaanäischer Stadtstaaten, im Westen durch die Territorien der Philisterstaaten in der Küstenebene (→ Pentapolis) und einiger kanaanäischer Stadtstaaten im Hügelland, während sich im Süden, von der Gegend um Hebron an südwärts, die Wohngebiete verwandter Stämme anschlossen. Die von siedlungsgeographischen Postulaten beherrschte Grenzbeschreibung in Jos 15, 1-12 geht im Westen (Einbeziehung des Hügellandes und der Küstenebene) und im Süden (Einbeziehung der Wohngebiete der südlichen Nachbarn J.s) über den tatsächlichen Besitzstand weit hinaus. Der Gürtel kanaanäischer Stadtstaaten im Norden schnürte J. von dem Gros der Stämme Israels ab und förderte eine überaus folgenschwere Sonderentwicklung. J. schloß sich nämlich mit den in seiner südlichen Nachbarschaft ansässigen Stämmen (→ Kaleb, Othniel, Kain [→ Keniter], Jerachmeel und Simeon), mit denen es die Weidegerechtsame im Negeb (→ Kanaan: I) teilte (1Sam 27, 10), zu einer größeren Einheit, dem *großjudäischen Stämmeverband,* zusammen. Der Zusammenschluß dieser Stämme ist die Voraussetzung einiger Anekdoten über ihre gemeinsame Landnahme (Ri 1, 1ff; Jos 15, 13ff), er hat zu jener idealisierenden Grenzbeschreibung in Jos 15 geführt und ist vor allem die Grundlage für die weitere Sonderentwicklung J.s seit → David. Der großjudäische Stämmeverband hatte, ebenso wie der in den Stämmen J. und Simeon sich mit ihm überschneidende israelitische Stämmeverband, seine Wurzeln in einem sakralen Zusammenschluß der Stämme zu einem gemeinsamen Kult an einem gemeinsamen Heiligtum. Der kultische Mittelpunkt des Verbandes war das zentral gelegene Heiligtum von → Hebron. Die dort gepflegte → Abraham-Überlieferung wird der gemeinsame Besitz des ganzen Verbandes gewesen sein. Sonst läßt das AT über die Institutionen und Traditionen dieser großjudäischen »Amphiktyonie« nichts Sicheres mehr erkennen. - Die Konstituierung des *Staates J.* unter David (wieweit J. etwa schon zum Staate → Sauls gehört hatte, ist nicht mehr zu ermitteln) verfestigte die Sonderstellung J.s gegenüber den Nordstämmen. Die Grundlage bildete der ältere Stämmeverband. Er - und nicht etwa nur der Stamm J. - ist gemeint, wenn von der Erhebung Davids zum König über das »Haus J.« berichtet wird (2Sam 2, 4). Denn das von David zur Residenz gewählte Hebron war das Zentrum des großjudäischen Verbandes. Die Sonderentwicklung J.s wurde durch die infolge der Erhebung Davids zum König auch über → Israel (: I) zustandegekommene Personalunion mit dem Nordreich (die eine Verlegung der Residenz nach → Jerusalem [: II] zur Folge hatte) kaum gehemmt und nahm, als die Personalunion nach dem Tode → Salomos zerbrach, ungehindert ihren Fortgang. Während der ganzen Dauer seines Bestehens blieb der Staat J. unter der Herrschaft der weiterhin in Jerusalem residierenden Davididen (2 Unterbrechungen: Die Gewaltherrschaft der Athalja [→ Josaphat] und die zeitweilige Unterstellung der Landschaft J. unter die Herrschaft der Philister durch die Assyrer [→ Hiskia]). Gegenüber dem Nordreich herrschte zunächst ein ausgesprochen feindseliges Verhältnis, bis unter → Josaphat eine Entspannung eintrat. Von der Mitte des 8.Jh.s vChr an geriet J. in Abhängigkeit vom assyrischen Großreich (→ Ahas) und wurde zu Beginn des 6.Jh.s durch die Babylonier seiner Eigenstaatlichkeit beraubt. Dabei wurde sein Gebiet geteilt. Der südliche Teil wurde zu der südlichen, später → Idumäa genannten Provinz geschlagen, während das alte Stammesgebiet von J. → Samaria unterstellt und erst in der Perserzeit zu einer *Provinz* mit eigenem Statthalter erhoben wurde (→ Judentum: I, → Nehemia).

Vgl. die Darstellungen der Gesch. → Israels (bes. NOTH, GI 56ff u. Reg.) - A. ALT, J.s Gaue unter Josia (PJ 21, 1925, 100-116 = ALT II, 276-288) - DERS., Das System der Stammesgrenzen im Buche Jos (Festschr. E. Sellin, 1927, 13-24 = ALT I, 193-202) - DERS., Nachwort über die territorialgeschichtl. Bedeutung von Sanheribs Eingriff in Palästina (PJ 25, 1929, 80-88 = ALT II, 242-249) - DERS., Bemerkungen zu einigen judäischen Ortslisten des AT (BBLAK 68, 1951, 193-210 = ALT II, 289-305) - DERS., Festungen u. Levitenorte im Lande J. (ALT II, 306-315) - Weiteres zur Territorialgesch. J.s: ALT I. II, Reg. »Stämme« u. »Staaten« - M. NOTH, Das System der zwölf Stämme Israels (BWANT IV, 1), 1930, 107f - DERS., Eine siedlungsgeographische Liste in 1Chr 2 u. 4 (ZDPV 55, 1932, 97-124) - DERS., Die Ansiedlung des Stammes J. auf dem Boden Palästinas (PJ 30, 1934, 31-47) - DERS., Zur hist. Geographie Südjudäas (JPOS 15, 1935, 35-50). *R. Bach*

Judäa ist die amtliche lateinische bzw. griechische Bezeichnung (nach der Wortbildung ein Adjektiv: Ἰουδαία χώρα) des Landesteils in Palästina, der sich etwa mit den alten Stammesgebieten von Juda und Benjamin deckt. Der Name findet sich Tob 1, 18; 1Makk 3, 34 u.ö., dann häufig im NT. Das von den »jüdischen« Rückwanderern besiedelte Gebiet um Jerusalem untersteht zunächst dem persischen Statthalter in → Samaria; erst durch Nehemia (Neh 5, 14) wird J. selbständiger Bezirk im Perserreich (Alt), für den Münzen und Krughenkel den Namen jhd (Sukenik) bezeugen. Die verwaltungsmäßige Trennung Samariens von J. begünstigt die Versteifung der religiösen Unterschiede. J. greift östlich bis an den Jordan und das Tote Meer, im Süden bis Beth Zur (→ Idumäa), westlich bis an den Gebirgsrand. Durch die Hasmonäer (→ Judentum: I) erweitert sich der nunmehrige Staat J. über ganz Palästina bis ins Ostjordanland. Infolge des Eingreifens der Römer unter Pompejus verbleiben nur die wirklich von Juden bewohnten Gebiete beim jüdischen Staat, dh die Landschaften J. im engeren Sinn - einschließlich der Distrikte Aphairema, Ramathaim und Lydda -, → Galiläa und → Peräa; doch hat → Herodes das Verlorene weitgehend zurückerhalten. Nach der Absetzung des Archelaus wird J. (mit Samarien und Idumäa) der römischen Provinz Syrien zugeschlagen und einem besonderen Prokurator (Luther: Landpfleger) unterstellt. Im jüdischen Krieg erhält Palästina den Status einer eigenen Provinz unter dem Namen J., und so ist es bis zum Barkochba-Aufstand geblieben. Danach wird von Hadrian die Provinz in »Syria Palaestina« umbenannt; nur inoffiziell bleibt daneben (vgl. Noth) der Name J. erhalten.

RE IX, 556ff (Lit.) - E.L.SUKENIK, Paralipomena Palestinensia (JPOS 14, 1934, 178-184) - A.ALT, Die Rolle Samarias bei der Entstehung des Judentums (Festschr. f. O.Procksch 1934, 5-28 = ALT II, 316-327) - DERS., Zur Gesch. der Grenze zwischen J. u. Samaria (PJ 31, 1935, 94-111 = ALT II, 346-372) - M.NOTH, Zur Gesch. des Namens Palästina (ZDPV 62, 1939, 125-144). - Vgl. Lit. zu → Idumäa (HÖLSCHER, KAHRSTEDT). *H.W.Hertzberg*

Judas, 1. genannt *Barsabbas,* angesehenes Mitglied der Jerusalemer Gemeinde, überbringt (ebenso wie → Silas) als Begleiter des → Paulus und → Barnabas der Gemeinde in Antiochien das sog. Aposteldekret (Apg 15, 22ff; → Heidenchristentum, 8). Als erwecklicher Prediger (Prophet) benutzt er den Aufenthalt, um die Brüder im Glauben zu stärken, ehe er nach Jerusalem zurückkehrt (Apg 15, 32f). Weiteres ist über ihn nicht bekannt.

2. *Bruder Jesu* nach Mk 6, 3; Mt 13, 55, laut Jud 1 Verfasser des → Judasbriefes. Von ihm persönlich ist sonst nichts bekannt. Seine unter Domitian als kleine Bauern in Palästina lebenden Enkel wurden einem Bericht Hegesipps zufolge (bei Euseb, h. e. III, 19f. 32) dem Kaiser vorgeführt, der die Ankunft Christi fürchtete, nach eingehendem Verhör aber als ungefährlich entlassen. Noch unter Trajan sollen sie gelebt haben, als Bekenner und als Verwandte des Herrn mit führenden Stellungen in der Kirche ausgestattet (vgl. Hennecke[3] 315f).

3. *»Der Galiläer«* (Apg 5, 37; Josephus, Ant. 18, 1, 1. 6; 20, 5, 2; Bell. Jud. II, 8, 1; 17, 8; VII, 8, 1; Euseb, h.e. I, 5), ein Schriftgelehrter aus Gamala, Mitbegründer der → Zeloten-Partei, wirkte nach Absetzung des Archelaus (→ Herodes, 2) bei der Aufreizung des Volkes gegen die Steuereinschätzung des → Quirinius mit. Seine Anordnung hinter Theudas (dieser trat i.J. 44 auf) in Apg 5, 37 ist unrichtig (vgl. J.Klausner, Jesus von Nazareth, 1930, 207f. 272).

4. J. *Jakobi,* nach den Apostellisten des Lukas (Lk 6, 16; Apg 1, 13) einer der Zwölf. Mk 3, 18 bietet statt dessen → Thaddäus, Mt 10, 3 Thaddäus oder → Lebbäus. Bei der Kürze und Unsicherheit der Überlieferung ist nicht zu entscheiden, ob Thaddäus und Lebbäus Beinamen für J. sind oder eine ganz andere Person bezeichnen. Ob »Jakobi« Sohn oder Bruder des Jakobus heißt, ist gleichfalls unsicher, und Identifikationsversuche (als Bruder des Jakobus Alphäi oder Herrnbruder) sind müßig. Die Skepsis verratende Frage des J. in Joh 14, 22 nimmt spätere Angriffe des Unglaubens (→ Celsus) vorweg (vgl. R.Bultmann, Das Evangelium des Johannes [MeyerK II[15]], 1957, 481 mit Anm. 2-5).

5. *Iskarioth,* der einzige Nicht-Galiläer unter den Zwölf, steht am Ende der Apostelliste mit dem Zusatz »der ihn verriet« (Mk 3, 19 par), fehlt aber in Apg 1, 13. Sein Beiname Iskarioth ist nicht sicher zu deuten, gemeint ist aber wohl eine Ortsbezeichnung (vgl. Bauer, WB[5] 752). Nach Joh 6, 71; 13, 2. 26 Sohn eines Simon, nach 12, 6 unredlicher Geldverwalter der kleinen Wanderschar, verließ er nach der letzten Mahlzeit in Jerusalem die Gemeinschaft vor dem Gang nach Gethsemane, um die Schar der Häscher dorthin zu führen. Nach der Darstellung des JohEv wird er zu seiner Tat von Jesus selbst ausgesondert und fortgeschickt, so daß er die Abschiedsreden nicht mehr mit anhört (Joh 13, 18ff; 13, 31 vgl. 6, 64). Mt 27, 3-10 berichtet, daß J. sich aus Reue erhängte. Sein in Apg 1, 18ff legendär ausgestaltetes, schreckliches Ende gibt Veranlassung zur Ersatzwahl des Apostels → Matthias (vgl. dazu den Bericht des → Papias, Hennecke[2] 130). Diese Angabe wie die Tat selbst verbieten die Annahme, daß J. keine historische Gestalt sei; denn 1. kann man nicht erklären, warum sich die Urgemeinde durch solche Erfindung unnötige Schwierigkeiten bereitet haben sollte, und 2. spricht die wachsende Tendenz dagegen, den Verrat nicht ohne Wissen, sondern sogar auf Anweisung Jesu geschehen zu lassen und als notwendig in das Heilsgeschehen einzuordnen. Man sieht daraus, wieviel Not dieser Vorfall der Urgemeinde bereitet hat (Mk 14, 18-21 par; deutliche Apologetik in Joh 6, 64-67; 13, 18-30). Über Mk 14, 10f par hinaus wissen Lk 22, 3; Joh 13, 2. 27, daß J. heilsgeschichtlich gesehen ein notwendiges Werkzeug des Satans war (dazu Joh 17, 12). Auf jeden Fall fehlt in der urchristlichen Darstellung jegliche Polemik gegen ihn, und man hat ja seinen Namen in der amtlichen Apostelliste trotz der Ersatzwahl nicht gestrichen. - Nach der Lehre der → Kainiten besaß J. eine höhere Erkenntnis in bezug auf den göttlichen Heilsplan. Seine positive Wertung geht daraus hervor, daß er entweder die Absicht Jesu, die Wahrheit zu zerstören, verhindert habe, oder die widerwilligen Herrscher dieser Welt zur Kreuzigung Christi zwang, so daß er durch diese Tat der Menschheit zum Heil verhalf. - In der Geschichte der Auslegung dieser J.tradition (s. Lüthi) schwankt die Beurteilung zwischen dem Sohn der Finsternis und dem tragischen Helden, der an der Person seines Meisters irre wurde, weil dieser seine Messiashoffnung nicht erfüllte. Eine relativ positive Wertung findet sich bei K.Barth. Eigenartig ist die Deutung J.Klausners, J. habe Jesus als gefährlichen Verführer erkannt und sich nach Dtn 13, 2-12 veranlaßt gesehen, ihn als Irrlehrer auszuliefern. Neben die Frage des Motivs zum Verrat ist neuerdings eine andere getreten, was denn J. eigentlich verraten habe: das beim Abendmahl offenbarte Messiasgeheimnis (H.Preisker) oder das Jesuslogion über den Tempel (M.Goguel)? Solche Thesen setzen eine Teilnahme des J. am Prozeßverfahren voraus, und davon wissen die Evangelisten nichts. - Vgl. Taf. 18 Abb. 3.

Zu 5: W.WREDE, J.I. in der urchristl. Überlieferung (Vorträge u. Studien, 1907, 127-146) - W.BAUER, Das Leben Jesu im Zeitalter der nt. Apokryphen, 1909, 173ff (Qu.-Hinweise aus den Kirchenvätern) - RGG[2] III, 461f - J.KLAUSNER, Jesus v.Nazareth, 1930, 446ff - E.STAUFFER, Jesus, 1957, 11. 86 - W.GRUNDMANN, Die Gesch. Jesu Christi, 1957, 309 - P.VIELHAUER in: Festschr. f. G.Dehn, 1957, 63f - E.BARNIKOL, Das Leben Jesu der Heilsgesch., 1958, 332f. - Zur Auslegungsgesch.: BARTH, KD II/2, 508ff - E.FASCHER, Das Weib des Pilatus (HM 20), 1951, 9f. 13 - K.LÜTHI, J.I. in der Gesch. der Auslegung von der Reformation bis zur Gegenwart, 1955 - DERS., Das Problem des J.I. - neu untersucht (EvTh 16, 1956, 98-114). *E.Fascher*

Judasbrief. Dieses mit einer ganz allgemein gehaltenen Zuschrift (1f) beginnende und mit einer an den Schluß des → Römerbriefes gemahnenden Doxologie (24f) endende Schriftstück (Epistel) will von einem Judas, Bruder des Jakobus verfaßt sein. Nach ziemlich einhelliger Ansicht kann mit diesem → Jakobus nur der Bruder des Herrn gemeint sein, so daß → Judas, der sich ebensowenig wie Jakobus (1, 1) einen Apostel nennt, keinesfalls unter die Zwölf gerechnet werden darf. Es ist der Mk 6, 3 genannte Judas, der sich durch stillen Hinweis auf seinen viel bekannteren Bruder den Lesern empfehlen möchte. Judas muß eine begonnene Abhandlung über das gemeinsame Heil beiseitelegen, weil ein Mahnschreiben zum Kampf für den ein für allemal überlieferten Glauben vordringlicher ist (3); haben sich doch in die Christenheit (von einer einzelnen Gemeinde oder einer Gruppe von Gemeinden wie zB in Galatien ist nicht die Rede) Menschen eingeschlichen (nicht »falsche Brüder« wie noch Gal 2, 4), die Gottes Gnade in Schwelgerei verkehren und den alleinigen Herrn Jesus Christus verleugnen (4). Dem einer Androhung ähnlichen Hinweis auf das Strafgericht über die Wüstengeneration, die gefallenen Engel und die Sodomiter (5-7) folgt eine Charakteristik der Irrlehrer (8-16), in die eine an ihnen sich erfüllende Weissagung Henochs eingefügt ist (15); darauf die Mahnung, an den Lehren der Apostel festzuhalten, des früher gegebenen Hinweises auf kommende Spötter zu gedenken, am allerheiligsten Glauben festzuhalten und der Barmherzigkeit Jesu Christi zum ewigen Leben zu harren (17-21). Einem Ratschlag zur Behandlung der Irrenden (22f) folgt die Doxologie. - Die Irrlehrer werden als Träumer (8), als Psychiker ohne Geist (19), als ausschweifend (4. 10. 18), dabei noch gewinnsüchtig und schmeichlerisch (16) charakterisiert. Es sind wohl Vertreter einer → Gnosis (: II, 9), welche - hochmütig auf eigene Offenbarungen pochend - jeglichen Kampf gegen die Begierden des Fleisches und den allerheiligsten Glauben (20) mißachten, der auf der Aposteltradition über Gott, den Herrn Jesus Christus und den Hl. Geist beruht. Werden sie damit für schlichte Christen zur Gefahr, so droht ihnen doch das Schicksal aller gegen Gott Aufsässigen, wie Kain, Bileam und Korah. - Die starke Betonung der Tradition wie das unbedenkliche Heranziehen von Apokryphen spricht für die Abfassung des J.es gegen Ende des 1.Jh.s, dh die Zeit, in der Domitian die Enkel jenes Judas zitierte (→ Judas, 2), so daß an den Herrnbruder als Verfasser schwerlich zu denken ist. Ältester Zeuge ist der 2. → Petrusbrief, der in c. 2 den J. benutzte. Das kanonische Ansehen des J.es war wegen Benutzung apokrypher Schriften lange umstritten (Euseb rechnet ihn unter die Antilegomena, in der syrischen Kirche steht er nicht offiziell im Kanon; → Bibel: II B, 3; → Katholische Briefe). Erst seit Athanasius wird der J. voll anerkannt.

Vgl. außer RGG² III, 462f die Einl.en in das NT von A.JÜLICHER-E.FASCHER (1931⁷, § 17), P.FEINE-J.BEHM (1950⁹, § 29), W.MICHAELIS (1954², § 29) sowie H.WINDISCH-H.PREISKER, Die Kath. Briefe (HNT 15), 1951³, 37ff (jeweils Lit.). Ferner: A.ADAM in: ZKG 68, 1957, 46. *E.Fascher*

Zur *Auslegungsgeschichte* (s. auch → Katholische Briefe):
Qu.: 3.Jh.: Clemens v. Alex. (MPG 9; GCS III, 1909). - 16.Jh.: Luther (WA 14) - Adam Sasbout OFM, Köln 1568. - 17.Jh.: Franciscus Junius, Genf 1613 (Opera Bd I) - Jacques Boulduc, Paris 1620 - Joh.Ludw.Wolzogen, Amsterdam 1656. *W.Werbeck*

Judenchristentum

I. Im Altertum - II. Im Mittelalter und in der Neuzeit

I. Im Altertum

1. Definition und Quellen - 2. Geschichte - 3. Lehre und Lebensformen - 4. Geschichtliche Bedeutung

1. Mit J. im weiteren Sinn kann man sämtliche christlichen Gruppen der frühen Kirche bezeichnen, deren Glieder ausschließlich oder im wesentlichen aus geborenen Juden bestehen und die sich bewußt auf dem Boden des → Judentums halten. Aber da man die von der heidenchristlichen Großkirche völlig gelösten judenchristlichen Gruppen des Ostjordanlandes mit dem seit Irenäus bekannten Ketzernamen → Ebioniten zu bezeichnen pflegt, wird unter J. hier nur das der heidenchristlichen Großkirche (→ Heidenchristentum) vorauf- und parallellaufende palästinensische J. verstanden. Wir sind über dieses J. nur sehr unzureichend unterrichtet, da der einzige zusammenhängende Bericht, die → Apostelgeschichte, keine direkten Quellen aus der Urgemeinde (→ Urchristentum) zu enthalten scheint und die überkommenen Nachrichten dem Geschichtsbild der späteren heidenchristlichen Kirche einordnet, und weil Rückschlüsse aus den synoptischen → Evangelien, dem → Jakobusbrief und der → Johannesapokalypse nur unsichere Schlüsse erlauben. Die Versuche, aus den Quellenschriften der → Pseudoclementinen Erkenntnisse für Leben und Lehre der judenchristlichen Urgemeinde zu gewinnen (Schoeps) oder eine der späteren kirchlichen Theologie vorausliegende judenchristliche Theologie aus zahlreichen frühkirchlichen Schriften zu erschließen (Daniélou), sind schwerlich gelungen.

2. Die *Entstehung* des J.s fällt mit der Entstehung der → Kirche (: II) zusammen. Obwohl es vermutlich von Anfang an in Galiläa und Jerusalem christliche Gemeinden gegeben hat, können wir über die Besonderheiten der galiläischen Judenchristen nur unsichere Vermutungen aufstellen, insbesondere nicht sicher sagen, ob die galiläischen Erfahrungen der → Auferstehung Christi (: I) geschichtlich mit den Jerusalemer Erfahrungen parallel liefen, ihnen vorangingen oder nachfolgten. Wenn es darüber hinaus wahrscheinlich ist, daß das palästinensische J. ein bunteres und geographisch weiter verzweigtes Bild bot, als uns die Quellen erkennen lassen (vgl. Gal 1, 22), haben wir doch nur Kenntnis von der judenchristlichen Gemeinde in *Jerusalem*. Nach dem Bericht der Apg hat ein ekstatisches Erlebnis die durch die Auferstehungserfahrung erneut zusammengeschlossenen Jünger Jesu dazu veranlaßt, mit der Botschaft von dem Auferstandenen vor die jüdische Öffentlichkeit zu treten. Wie groß und rasch der Erfolg dieser Mission gewesen ist, wissen wir nicht, deutlich ist aber, daß sich sehr bald die christusgläubigen Juden zu einer neuen religiösen Gemeinschaft zusammenschlossen, die durch den Aufnahmeritus der → Taufe (: II) schon formal vom jüdischen Gesamtvolk geschieden war. Auch ist wahrscheinlich, daß sich diese judenchristlichen Gruppen zunächst innerhalb des jüdischen religiösen Lebens, bes. im Rahmen der Gesetzesbeobachtung hielten, während es durchaus fraglich ist, ob angesichts der Predigt von der messianischen Erhöhung des Gekreuzigten die Sympathie der jüdischen Öffentlichkeit selbst in dieser Frühzeit auf seiten der Judenchristen war (gegen Reicke). Zu einer offenen Stellungnahme gegen die judenchristliche Gemeinde kam es, als sich in größerem Umfang Diaspora-Juden an die Gemeinde anschlossen. Denn obwohl sich schwerlich klären läßt, inwieweit die dem → Stephanus in Apg 7 in den Mund gelegte Rede die Anschauungen der als »Hellenisten« bezeichneten Diaspora-Judenchristen zuverlässig wiedergibt, so ist doch deutlich, daß in diesen Kreisen eine stärkere Opposition gegen die traditionelle jüdische Frömmigkeit herrschte, die zu offener Feindschaft auf seiten der Juden führte (weder der Zusammenhang der »Hellenisten« mit → Qumran [Cullmann] noch des Stephanus mit einer tempelfeindlichen Strömung im Diaspora-Judentum [Simon] hat sich erweisen lassen). Ist die Vertreibung dieser Diaspora-Judenchristen aus Jerusalem zum mindesten *eine* Wurzel der Entstehung gemischter Christengemeinden aus ehemaligen Juden und Heiden in Syrien und der → Diaspora (: I), so hat dieses hellenistische J. zwar durch seine Tradition großen Einfluß auf das Leben und die Gedankenwelt der entstehenden Heidenkirche ausgeübt, hat jedoch als *selbständige* Größe nicht lange weiterbestanden.

Das Jerusalemer J. aber konnte seine Einheit nicht wahren, als das Problem der Gemeinschaft mit den gemischten Christengemeinden der Diaspora eine Lösung forderte. Obwohl vermutlich gelegentliche Aufnahmen von Heiden in judenchristliche Gemeinden stattgefunden haben (Cornelius, Apg 10), hat man schwerlich grundsätzlich auf die Beschneidung dieser übergetretenen Heiden verzichtet. Nun aber trat dem J. die Tatsache entgegen, daß in der Diaspora in größerem Umfang Heiden in die christlichen Gemeinden aufgenommen worden waren, denen weder die Beschneidung noch die Erfüllung des at. Gesetzes in seiner pharisäischen Weiterbildung auferlegt worden war. Auf dem Apostelkonzil (→ Paulus), über das wir Gal 2 einigermaßen sichere Nachrichten entnehmen können, während Apg 15 nur abgeblaßte oder verzerrte Traditionen bietet (gegen Strothotte), zeigte sich das Nebeneinander zweier Richtungen in der judenchristlichen Urgemeinde: die einen fordern die Eingliederung der bekehrten Heiden in die jüdische Religionsgemeinschaft, die »Säulen« aber (Jakobus, Petrus und Johannes) waren bereit, dem Paulus und Barnabas die gesetzesfreie Heidenmission im heidnischen Gebiet zuzugestehen. Von da an scheinen diese beiden Gruppen im J. nebeneinander bestanden zu haben, und vermutlich waren es radikal gesetzliche Jerusalemer Judenchristen, die hinter der judaistischen Gegenmission gegen Paulus in Galatien und Korinth standen. Für die weitere Geschichte des palästinensischen J.s fehlen uns freilich die Quellen. Von dem Märtyrertod des Führers der paulusfreundlichen Gruppe, des Herrenbruders → Jakobus, i.J. 62 berichtet Josephus (Ant. XX, § 200), von der Auswanderung der Jerusalemer Judenchristen bei Ausbruch des römisch-jüdischen Krieges nach → Pella im Ostjordanland Eusebius (h. e. III, 5, 2; Brandons Einwände gegen diese Nachrichten sind unbegründet, vgl. Elliot-Binns); vermutlich entstanden nach 70 von neuem vereinzelte judenchristliche Gemeinden in Palästina, bis sie nach der Niederschlagung des hadrianischen Aufstandes (135) endgültig verschwanden (Eusebius, h.e. IV, 5f). Das Judentum hat seinerseits aber die Christen aus der Volksgemeinde ausgestoßen, als es Ende des 1.Jh.s die Verfluchung der »Ketzer und Christen« in das → Schmone 'Esre aufnahm.

3. Das schwierigste Problem in der Bestimmung der geschichtlichen Situation des palästinensischen J.s ist die Frage seiner Stellung zum umgebenden Judentum. Nach der Darstellung der Apg haben sich die ersten Christen zunächst ganz im Rahmen des jüdischen gottesdienstlichen Lebens gehalten und nur das Recht der Verkündigung von der messianischen Würde des auferstandenen Jesus in Anspruch genommen; erst mit dem Aufkommen der hellenistischen Gruppen entstand die Feindschaft, die zur Vertreibung der Hellenisten aus Jerusalem führte (→ Heidenchristentum). Im Anschluß an diese Schilderung hat man das Verhältnis von J. und Judentum als eine sich allmählich auflösende Kontinuität interpretiert (Goppelt), auf der anderen Seite aber auch vom Selbstbewußtsein der judenchristlichen Urgemeinde aus angenommen, das palästinensische J. habe sich von Anfang an im Gegensatz zum Judentum gewußt (Strecker). Eine sichere Antwort wird sich angesichts der Quellenlage überhaupt nicht geben lassen. Geht man von der äußeren Erscheinungsform der judenchristlichen Urgemeinde aus, so ergibt sich ein komplexes Bild. Einerseits ist nicht zu bestreiten, daß die ersten judenchristlichen Gemeinden sich im Rahmen der jüdischen Volks- und Kultgemeinde gehalten haben und daß diese gesetzliche Grundhaltung Voraussetzung für die Opposition der Mehrheit des J.s gegen das Aufkommen der gesetzesfreien Heidenmission gewesen ist; insofern ist das J. nicht eigentlich eine sich absondernde jüdische Sekte, sondern eher eine Lehrgruppe wie die → Pharisäer oder die → Sadduzäer gewesen. Andererseits aber bedeutete schon die Aufnahme in die christliche Gemeinde durch die Taufe eine klare Trennung der Judenchristen von den übrigen Juden; ferner war die gemeinsame Mahlfeier ein kultischer Akt, der eine Absonderung von der Gesamtheit des Volkes bedeutete; und schließlich kam auch die eigene Gemeindeordnung einer Abschließung des eschatologischen Heilsvolkes von der Gesamtheit des ungläubigen Volkes gleich. Die geschichtliche Besonderheit der judenchristlichen Gemeinden läßt sich also erst dann ganz bestimmen, wenn der heilsgeschichtliche Anspruch und die religiösen Lebensformen genauer erkannt sind.

Das Selbstbewußtsein des J.s kennzeichnet sich dadurch, daß die gegenwärtige Gemeinde Prädikate des endzeitlichen Gottesvolks auf sich bezieht. Mit dem Wissen um das Aufgenommensein des Messias in die göttliche Herrlichkeit war gegeben, daß die Gemeinden, die das Zeugnis dieser Erhöhung anvertraut erhalten hatten, sich als das Israel der Endzeit wußten (→ Israel im NT). Indem die Judenchristen als »die Heiligen« von dem ungläubigen Heilsvolk getrennt waren, indem ihnen als den »Erwählten« (→ Erwählung: II) die Verheißungen des alten Bundes galten, war die neue → Gemeinde (: I, 3) grundsätzlich vom alten Heilsvolk getrennt. Dieser Anspruch, das endzeitliche Gottesvolk zu sein, tat sich darin kund, daß die Zwölf (→ Apostel, 3) als die »Säulen« des endzeitlichen Gottestempels Jesu Anspruch auf den Glauben des ganzen Heilsvolkes repräsentierten (Mt 19, 28) und daß dem → Petrus als dem Verwalter dieser endzeitlichen Gemeinde das Recht zugeschrieben wurde, die Zugehörigkeit zum Gottesreich zu bestimmen und zu verweigern (Mt 16, 18f). Auch der Ehrentitel der »Armen«, der der Jerusalemer Gemeinde im besonderen gegolten zu haben scheint (Gal 2, 10; → Armut: I, 2), beweist, daß diese Gemeinde des auferstandenen Messias sich als die wahren Frommen der Endzeit wußte. Es ist freilich äußerst fraglich, ob dieser Anspruch einen *rechtlichen* Charakter trug und ob darum die von Paulus den Uraposteln versprochene Kollekte den Charakter einer verpflichtenden Abgabe hatte (Holl); denn sowohl das Verhalten der Urapostel auf dem Apostelkonzil wie der Selbständigkeitsanspruch des Paulus zeigen deutlich, daß die geschichtliche Wirklichkeit der Zeugenschaft für den geschichtlichen Jesus und den Auferstandenen, nicht aber eine an Jerusalem als die heilige Stadt gebundene Vorzugswürde die bleibende Bedeutung der Muttergemeinde begründete.

Über die *Lebensformen* des palästinensischen J.s sind wir nur sehr unzureichend unterrichtet. Unzweifelhaft ist, daß die Taufe, doch wohl in Übernahme des Brauchs der Jünger → Johannes des Täufers, in sehr früher Zeit allgemein gebräuchlich geworden ist und sowohl den Sinn der Sündenvergebung wie den der Aufnahme in das durch den endzeitlichen Gottesdienst gekennzeichnete Gottesvolk hatte. Bedeutete die Annahme der Taufe unter Zueignung an den auferstandenen Gekreuzigten schon eine bewußte Trennung von der jüdischen Religionsgemeinschaft, so erst recht die Teilnahme an den gemeinsamen Mahlzeiten. Die These, daß in der Urgemeinde eine Mahlfeier stattfand, die in bloßem Brotgenuß oder in gemeinsamem Genuß von Brot und Salz bestand, ist darum unwahrscheinlich, weil sich nicht zeigen läßt, daß die gemeinsame Mahlfeier jemals ohne bewußten Anschluß an das letzte Mahl Jesu stattgefunden hat, und weil diese Bezugnahme jedenfalls ein grundsätzlich ohne Wein gefeiertes Gemeinschaftsmahl unmöglich machte (→ Abendmahl: I, → Ebioniten). Völlig eindeutig ist aber, daß sich in diesen nach rückwärts auf das letzte Mahl des scheidenden Jesus und nach vorwärts auf die als nah erwartete Erscheinung des Auferstandenen in Herrlichkeit bezogenen Mahlfeiern das Bewußtsein, das endzeitliche Gottesvolk und damit die zur Teilnahme an der Gottesherrschaft Berufenen zu sein, immer von neuem Ausdruck verlieh. – Recht wenig wissen wir auch über die *äußere Ordnung* des palästinensischen J.s. Aus dem Bericht über das Apostelkonzil ergibt sich mit einiger Wahrscheinlichkeit, daß das Nebeneinander einer Ältestenverfassung und der Führung durch den engeren Kreis der »Säulen« die Lebensformen der Urgemeinde einerseits mit den jüdischen lokalen Gemeinden, andererseits mit der Besonderheit der Jüngerschaft Jesu verband (der Kreis der »Sieben« dürfte die führende Gruppe der hellenistischen Judenchristen gewesen sein). Daß allmählich der Herrenbruder Jakobus als mehr oder weniger monarchischer Führer in die Rolle der »Zwölf« einrückte, ist nur ein Zeichen für die festgehaltene Beziehung auf den Zusammenhang mit dem geschichtlichen Jesus. Die Berichte über die Gütergemeinschaft, bei denen die Berührung mit der Qumran-Gemeinschaft bes. auffällig ist (→ Qumran, 5), erlauben nicht, den soziologischen Charakter dieser Gemeinschaft genauer zu bestimmen, zeigen aber immerhin deutlich, daß die Armut nicht zwangsmäßig war, auch nicht mit kollektivem Besitz sich verband, sondern einen mehr spontanen und weniger prinzipiellen Charakter trug und darin sich als Folge des eschatologischen Berufungsbewußtseins erweist. Recht fraglich ist, ob die Urgemeinde eine eigene Literatur hervorgebracht hat; die Annahme einer umfangreichen aramäischen Literatur der Urgemeinde (Torrey) ist völlig unbewiesen.

Die grundlegende Glaubensüberzeugung der Urkirche war die Bejahung des persönlichen Anspruchs Jesu, der kommende Menschensohn zu sein, auf Grund der Erfahrung von der Auferstehung des Gekreuzigten. Dieser Glaube nahm zweifellos schon in der Urgemeinde verschiedene Würdeprädikate der jüdischen Eschatologie auf und bekannte sich so zu Jesus als dem kommenden Messias, zu dem leidenden Gottesknecht, der für unsere Sünden gestorben war (1Kor 15, 3), und zu der Einsetzung des Auferstandenen in die Würde des himmlischen Herrseins (→ Christologie: I). Die damit gegebene Anrufung des Auferstandenen als »Unser Herr« (→ Maranatha, 1Kor 16, 22, vgl. 1, 2) kennzeichnet das J. als Kultgemeinschaft, die sich durch das neue Kultobjekt früher oder später von dem Judentum lösen mußte, das an der Offenbarung des Schöpfergottes in der Geschichte seines Heilsvolkes festhielt.

4. Damit ist schon gesagt, daß die *geschichtliche Bedeutung* des J.s nicht so sehr in der Frühformung kirchlicher Formen und Glaubensgedanken liegt, als vielmehr in der beispielhaften Beziehung auf die nur durch das Zeugnis der Augenzeugen weiterzugebende Geschichte des Menschen Jesus und seiner Auferstehung und darüber hinaus in der geschichtlichen Verbindung mit dem in diesem Menschen sich vollendenden Handeln Gottes mit dem Volk seiner Wahl. Damit ist andererseits aber gegeben, daß der für den Glaubenden gottgewollte Übergang der Verkündigung von Jesus Christus zu den Heiden die geschichtlichen und sachlichen Möglichkeiten einer auf das alte Heilsvolk beschränkten judenchristlichen Kirche aufhob und daß darum das J. nur als unentbehrliche, aber auch auf seine einmalige geschichtliche Aufgabe beschränkte Erscheinung möglich gewesen ist.

G.HOENNICKE, Das J. im ersten u. zweiten Jh., 1908 - K.HOLL, Der Kirchenbegriff des Paulus in seinem Verhältnis zu dem der Urgemeinde (SAB 1921, 920-947 = HOLL II, 44-67) - E.LOHMEYER, Galiläa u. Jerusalem, 1936 - W.G.KÜMMEL, Kirchenbegriff u. Geschichtsbewußtsein in der Urgemeinde u. bei Jesus (SyBU I), 1943 - M.GOGUEL, La naissance du Christianisme, 1946, 105ff - H.J.SCHOEPS, Theol. u. Gesch. des J.s, 1949 (Lit.); dazu W.G.KÜMMEL, StTh 3, 1951, 188-194; G.BORNKAMM, ZKG 64, 1952/53, 196-204; R.BULTMANN, Gn 26, 1954, 177-189, u. in Auseinandersetzung damit H.J. SCHOEPS, Urgemeinde, J., Gnosis, 1956 - S.G.F.BRANDON, The Fall of Jerusalem and the Christian Church, 1951 - M.SIMON, Saint Stephen and the Jerusalem Temple (JEH 2, 1951, 127-142) - DERS., St. Stephen and the Hellenists in the Primitive Church, 1958 - C.C.TORREY, The Aramaic Period of the Nascent Christian Church (ZNW 44, 1952/53, 205-233) - L.GOPPELT, Christentum u. Judentum im ersten u. zweiten Jh. (BFChTh II, 55), 1954 - B.REICKE, Die Verfassung der Urkirche im Licht jüd. Dokumente (ThZ 10, 1954, 95-111 = The Scrolls and the NT, 1957, 143-156) - DERS., Glaube u. Leben der Urgemeinde (AThANT 32), 1957 - S.E.JOHNSON, The Dead Sea Manual and the Jerusalem Church of Acts (ZAW 66, 1954, 106-120 = The Scrolls..., 129-142) - O.CULLMANN, The Significance of the Qumran Texts for Research into the Beginnings of Christianity (JBL 74, 1955, 213-226 = The Scrolls ..., 18-32) - G.STROTHOTTE, Das Apostelkonzil im Lichte der jüd. Rechtsgesch. (Diss. Erlangen), 1955 (Masch.) - G.STRECKER, Christentum u. Judentum in den ersten beiden Jh.en (EvTh 16, 1956, 458-477) - DERS., Das J. in den Pseudoklementinen (TU 70), 1958 - C.ELLIOT-BINNS, Galilaean Christianity, 1956 - J.DANIÉLOU, Théologie du Judéo-Christianisme = Histoire des doctrines Chrétiennes avant Nicée I, 1958. - Lit.-Berichte von W.G.KÜMMEL: ThR NF 14, 1942, 81-95; 17, 1948/49, 3-50. 103-142; 18, 1950. 1-53; 22, 1954, 138-170. *W.G.Kümmel*

II. Im Mittelalter und in der Neuzeit

1. Zur Begriffsbestimmung - 2. Im MA - 3. Einzelne bedeutende Judenchristen der Neuzeit - 4. Erste Zusammenschlüsse - 5. Lichtenstein, Rabinowitsch, Lucky - 6. Judenchristliche Allianzen - 7. Kirchenkampf in Deutschland - 8. Gemeinden in Amerika - 9. Abram Poljak - 10. Zur gegenwärtigen Lage. - Vgl. → Judenmission

1. Nach dem Untergang des altkirchlichen → Judenchristentums (: I) kann von einem einheitlichen J. nicht mehr die Rede sein, jedoch begegnen in den nachfolgenden Zeiten Christen jüdischer Herkunft mit ihren eigenen Fragen und einige Erscheinungen typischen J.s. - Der *Begriff* »Judenchrist« ist nicht völlig eindeutig. Zur Unterscheidung von den Erscheinungsformen in den ersten 3 Jh.en hat man versucht, neue Bezeichnungen zu finden (etwa »Christen jüdischer Abstammung«, »Christen aus Israel« o.ä.). Die Judenchristliche Allianz (s. 6) versuchte 1957 als vorläufige Formulierung folgenden Satz aufzustellen: »Bei Judenchristen handelt es sich um Menschen jüdischer Herkunft, die an Jesus Christus als den Messias Israels und ihren persönlichen Heiland glauben und auch ihre Zugehörigkeit zum alten Gottesvolk nach der Taufe bejahen.« - Unter Judenchristen werden aber - nach einem in Deutschland seit dem Kirchenkampf (s. 7) verbreiteten Sprachgebrauch - im folgenden ganz allgemein »Christen jüdischer Herkunft« verstanden.

2. *Im MA* (→ Judenmission) kamen neben den Zwangstaufen (wie bei den Marranen in Spanien, die trotz der Taufe Juden blieben) auch echte Bekehrungen vor. Außer den Vorfahren → Anaklets II. wären u.a. der Erzbischof Julian von Toledo († 690) oder der Bischof → Paulus von Burgos zu nennen. Nationale Eigenarten spielten im kirchlichen Leben nur eine geringe Rolle; das scheint in besonderer Weise für den Angehörigen der »prima gens« zu gelten, der mit der Taufe dem »wahren Israel« einverleibt wurde. Einzelne Judentaufen blieben Individualgeschehen. Nicht selten fand der getaufte Jude in der Kirche und Gemeinde keine rechte Heimat; die Synagoge hatte ihn als »Abtrünnigen« ausgestoßen, in der christlichen Gemeinde blieb er oft Außenseiter und wurde nicht wirklich aufgenommen.

3. Von *einzelnen bedeutenden Judenchristen der Neuzeit* können nur wenige namentlich genannt werden. So der Orientalist der Universität Heidelberg Immanuel → Tremellius (1510-80), der den Genfer Katechismus (für Judenmission) ins Hebräische übersetzte. Die beiden Freunde Isaac → da Costa (1798-1860) und → Capadose (1795-1874) übten großen Einfluß in der niederländischen Orthodoxie aus. Ferner der Berliner Kirchenhistoriker Aug. → Neander (1789-1850), der aus Dessau stammende Carl Caspari (1814-92), Prof. an der norwegischen Universität Christiania und »Lehrer von ganz Skandinavien«, oder Friedr.A.Philippi (1809-82), führender Lutheraner in Rostock und Dorpat. Die Gründerin des Diakonissenhauses Nonnenweier am Rhein, Regine Jolberg (1800-70), stammte wie der erste anglikanische Bischof von Jerusalem, M.S.Alexander (1799 bis 1845), aus jüdischer Familie. Kath. Christen waren

zB Johann Emanuel Veith (1787-1876) und Edith Stein (1891-1942). Als bedeutende ev. Politiker seien Friedr. Jul. → Stahl (1802-61), der Führer der preußischen Konservativen, und der englische Ministerpräsident Benjamin Disraeli (1804-81) erwähnt. Daß es manchem der Genannten gelang, völlig in der neuen Gemeinschaft der Kirche aufzugehen, während andere lebenslang mehr oder weniger dort »Fremdlinge« blieben, liegt zT im verschiedenen Verständnis des Judentums als Glaubens- oder Volksgemeinschaft begründet.

4. *Erste Zusammenschlüsse* haben ihren Grund in dem Gefühl der Fremdheit nicht weniger Judenchristen in der kirchlichen Gemeinschaft (s. 2). - Eine logenartige Vereinigung von Judenchristen entstand um 1770 in Amsterdam. → Zinzendorf dachte an eine judenchristliche Gemeinschaft innerhalb der Brüdergemeine und ihrer judenmissionarischen Arbeit. Ähnliche Gedankengänge finden sich auch bei dem ref. Pfarrer Franz Pétavel (1791 bis 1870) in Neuenbürg/Schweiz. - Anderer Art sind zwei Bewegungen im Osten: die Sekte der »Judaisierenden« der russischen Kirche und die jüdische antitalmudische Gemeinschaft der »Frankisten« des Pseudomessias J.Frank (seit 1755 in Polen).

5. In der zweiten Hälfte des 19.Jh.s entstanden im Ostjudentum, das von der Juden-Emanzipation (→ Judentum: III) kaum berührt war, die ersten größeren judenchristlichen Gemeinschaften. - Jechiel *Lichtenstein* (1831 bis 1912) aus Jassy/Rumänien, ein Anhänger des → Chassidismus, bekam durch Beschäftigung mit dem NT den Anstoß zur Bildung eines Kreises von Gleichgesinnten. Typisch ist sein Versuch, als Jünger Jesu die Verbindung zur Synagoge aufrechtzuerhalten. Auch als Lehrer am Leipziger → Institutum Judaicum Delitzschianum betrachtete er sich als Glied der »Urgemeinde in Jerusalem«; in der sächsischen ev.-luth. Kirche wollte er nur Gastrecht genießen. - Josef *Rabinowitsch* (1837-99), * in Kischinew/Südrußland, kam durch Lichtenstein in Beziehung zu christlichen Gedanken (1884 Veröffentlichung seiner Thesen zur Lage der Juden in Südrußland). Rabinowitsch wollte auf Sabbat-Heiligung und Beschneidung nicht verzichten und eine »Gemeinschaft von Israeliten des Neuen Bundes« schaffen, die anderen christlichen Gruppen gegenüber völlig unabhängig sein sollte (Passa-Feier als »Passa des Neuen Bundes«). Nach dem Tode des Gründers zerfiel die Bewegung; eine behördliche Anerkennung hatte man nicht erreicht. Reste bestanden bis zum 2. Weltkrieg. - Theophil *Lucky* (1854-1916) diente seinem Ziel der Gründung einer judenchristlichen Kirche in Galizien vor allem literarisch. Er hielt die talmudischen Speise-Gebote, verkehrte aber in christlichen Kreisen; um seine jüdischen Volksgenossen für Jesus zu gewinnen, blieb er dem »Talmudjuden ein Talmudjude«. Seine Aufrichtigkeit gewann ihm manchen Freund; ein Erfolg war ihm freilich nicht beschieden.

6. In London wurde 1813 eine Vereinigung der »Söhne Abrahams« gegründet, die in mancher Hinsicht als Vorläuferin der i.J. 1865 entstandenen *»Judenchristlichen Allianz«* angesehen werden kann. Die Gründer der Allianz blieben Glieder ihrer Kirchen (Anglikaner, Methodisten, Baptisten usw), wollten sich aber zum Zwecke eines korporativen Zeugnisses gegenüber dem noch unbekehrten Israel wie gegenüber den »nicht-jüdischen« Kirchenchristen zusammenschließen. - Am 8.9.1925 wurde die *»International Hebrew Christian Alliance«* (IHCA) bei einer Tagung von Judenchristen in London gegründet. Die 5. Internationale Tagung der IHCA (1937 in Budapest) lehnte nach eingehenden Erörterungen den Gedanken einer eigenständigen judenchristlichen Kirche ab. - Nationale judenchristliche Allianzen bestehen gegenwärtig in Großbritannien, Amerika, Österreich, Dänemark, Frankreich, Deutschland, Holland, Ungarn, Israel, Norwegen, Polen, Rumänien, Schweden, Schweiz, Südafrika und Australien (die Verbindungen zu Gruppen in Osteuropa sind allerdings zZ unterbrochen). Neben der Vierteljahresschrift »The Hebrew Christian« (Zentrale in London) existiert für das deutsche Sprachgebiet ein eigenes Blatt »Der Zeuge« (hg. vom Europa-Sekretär); einzelne Landesgruppen haben eigene Veröffentlichungen. - Die IHCA ist einerseits tätig in der Fürsorge für notleidende Judenchristen (zB Hilfsmaßnahmen während der Verfolgung im Hitlerreich, Ausbildung von getauften Juden für den Missions- und Pfarrdienst), andererseits bemüht sie sich um ein neues Verständnis der Besonderheit des judenchristlichen Schicksals in der Ökumene wie auch gegenüber Israel.

7. Hatten frühere Judenverfolgungen im allgemeinen nur den »Religionsjuden« gegolten, so wurde das mit der Annahme der »völkischen« Rassen-Theorie (→ Antisemitismus) bes. im nationalsozialistischen Staat anders; die Verfolgung richtete sich nun auch gegen getaufte Juden (Nürnberger Gesetze). Die Nationalkirchliche Einung Deutscher Christen (→ Deutsch-christliche Bewegungen, 2) regte mit ihrer »Godesberger Erklärung« 1939 die Gründung eines »Institutes zur Erforschung und Beseitigung des jüdischen Einflusses auf das kirchliche Leben des deutschen Volkes« (in Jena) an. Die Kirchenleitungen von Thüringen, Sachsen, Mecklenburg, Anhalt und Lübeck schlossen Christen jüdischer Abstammung aus den Gemeinden aus und verboten Judentaufen. In verschiedenen deutschen Landeskirchen wurden die Pfarrer jüdischer Abstammung aus dem Dienst entfernt (»Arier-Nachweis« entsprechend den staatlichen Gesetzen zur Ausschaltung der ca 30 »nichtarischen« von 18 000 ev. Pfarrern; → Kirchenkampf). - Die eindringlichen Proteste der → »Bekennenden Kirche« hatten wenig Erfolg. Im Rahmen des Möglichen leistete hervorragende Arbeit das von der BK 1938 als Hilfsstelle für Christen jüdischer Abstammung geschaffene »Büro Pfarrer Grüber« in Berlin mit Nebenstellen an verschiedenen Orten (Beratung und Betreuung aller Art, auch Auswanderungshilfe; auf kath. Seite wirkte die Verfolgtenfürsorge beim Deutschen → Caritas-Verband, Freiburg [Dr. Gertrud Luckner]). Landesbischof D. → Wurm setzte sich gegenüber staatlichen Stellen für Judenchristen und die sog. »Mischlinge« ein. Die von Gruppen der Deutschen Christen vorgesehene Errichtung einer »Judenchristlichen Kirche« wurde literarisch bes. eindringlich von G.Jasper und H.Ehrenberg abgelehnt.

8. Eine neue Art von Judenmission versuchen in den USA wie in Kanada einige judenchristliche Gemeinden, die entweder völlig selbständig sind oder einer presbyterianischen, luth. oder anglikanischen Kirche angehören. Man wird gespannt sein dürfen, wie sich solche Gemeinden in Großstädten Amerikas entwickeln. - In der Notzeit nach dem 2. Weltkrieg wurde in Deutschland durch ihre Hilfeleistungen an notleidende Judenchristen die »First Hebrew Christian Synagogue« des Dr. A.Michelson in Los Angeles (USA) bekannt.

9. Der Journalist *Abram Poljak* (* 1900 in Jekaterinoslaw) gründete nach seiner Bekehrung 1935 die »Judenchristliche Union« in Jerusalem (später »Judenchristliche Gemeinde«), die über kleine Anfänge nicht hinausgekommen ist. Auch der Versuch eines Zusammenschlusses aller Judenchristen im neuen Staate Israel (1950) zur »Union der Messianischen Juden« schlug fehl. Als Poljak 1951 seine Tätigkeit nach Europa (bes. Schweiz und Süddeutschland) verlegte, fanden seine Vorträge zwar größeres Interesse; doch wurden seine Bemühungen von den Judenchristen in Europa fast einhellig abgelehnt. 1952 gründete er die *»Judenchristliche Reichsbruderschaft«*

(1954 in *»Reichsbruderschaft Jesu Christi«* umbenannt). - Ob aus der Poljak-Bewegung, die sich von ihrem judenchristlichen Anfang entfernt hat und einen prophetischen Auftrag erfüllen will (Gründung des Staates Israel = Zeichen der nahen Endzeit), im Laufe der Zeit eine neue Sekte entsteht, läßt sich noch nicht sagen.

10. Mit der Entstehung des Staates → Israel (: III; 1948) traten auch für das J. ganz neue Probleme auf (→ Judenmission). Einem christlichen Zeugnis gegenüber der Judenheit Israels ist die Aufsplitterung der in Israel lebenden Judenchristen in viele kirchliche Gemeinschaften recht hinderlich. Es darf angenommen werden, daß es auch dort einmal zur Bildung einer »Jungen Kirche« kommt, die dann vermutlich auch jüdische Bräuche übernehmen wird. Die Errichtung einer rein judenchristlichen Kirche in Israel würde den Ausschluß der christlichen Araber aus dieser Kirchengemeinschaft nach sich ziehen.

Die Heimatlosigkeit vieler Christen jüdischer Abstammung in christlichen Kirchen außerhalb des Staatsgebietes Israel dürfte aufs Ganze gesehen kaum durch Bildung judenchristlicher Gemeinden behoben werden können. Der Zusammenschluß von Judenchristen sollte vielmehr als »engere Sammlung der Nahen - nicht Scheidung von anderen« (Holsten) interpretiert werden. - Die Frage des J.s bedarf in jedem Fall einer neuen theologischen Besinnung. Ausgangspunkt könnten dabei die 1956 in Bossey ausgearbeiteten Thesen sein, in denen es u.a. heißt: »Nach der Lehre des Paulus haben der aus dem Judentum zu Christus Bekehrte und der aus der heidnischen Welt Bekehrte nichts voreinander voraus... das Wort des Paulus besagt jedoch nicht, daß alle Unterschiede der Herkunft und der Kultur verloren oder verschwunden seien... Inwieweit der zu Christus Bekehrte die Verbindungen mit seinem eigenen Volk beibehält oder in der Nation aufgeht, der er angehört, ist eine Frage des Treue-Verhältnisses zu seinem Herrn... Der aus dem Judentum kommende Christ dient der Kirche als ein ständiger Hinweis auf die Treue Gottes zu den Verheißungen seines Bundes und er dient dem jüdischen Volk als lebendiger Hinweis auf die Rettung, die Gottes allmächtige Kraft durch Jesus Christus bewirkt.«

Zum Ganzen: J.F.A.de le Roi, Die ev. Christenheit u. die Juden, 3 Bde, 1884-92 - R.Brunner, Judenchristl. Dilemma (Judaica 4, 1948, 274-292) - J.M.Oesterreicher, The Apostolate to the Jews, New York 1948 (kath.) - J.Jocz, The Jewish People and Jesus Christ, London 1949 - K.H.Rengstorf, J. heute (Saat auf Hoffnung 1950, 145-162) - Ders., Die eine Kirche aus Juden u. Heiden (Viva vox evangelii, Festschr. f. H.Meiser, 1951, 231-245) - O.v.Harling, Kirche u. Israel (KJ 1953, 285-335) - G.Hedenquist, The Church and the Jewish People, London 1954 - G.Jasper, Der Judenchrist als Zeichen Gottes für Israel u. die Kirche (Judaica 11, 1955, 134-178) - F.Majer-Leonhard, Christuszeugen aus Israel, 1955. - Zu 2: P. Browe, Die Judenmission im MA u. die Päpste, Rom 1942 - W. Maurer, Kirche u. Synagoge, 1953. - Zu 4: Über die »Judaisierenden« s. A.Amann, Abriß der ostslaw. KG, Wien 1950, 170ff. - Zu den »Frankisten«: K.Schubert, Die Religion des nachbibl. Judentums, 1955, 182ff. - Zu 6: H.D.Leuner, Ein Christuszeugnis aus Israel (Judaica 8, 1952, 94-116). - Zu 7: G.Kittel, Die Judenfrage, 1933 - H.Ehrenberg, 72 Leitsätze zur judenchristl. Frage, 1933 - G.Jasper, Die ev. Kirche u. die Judenchristen, 1934 - Die ev. Kirche in Deutschland u. die Judenfrage, Genf 1945 - W.Niemöller, Kampf u. Zeugnis der Bekennenden Kirche, 1948 - H.Hermelink, Kirche im Kampf, 1950. - Zu 8: F.v.Hammerstein, Verantwortliche Gemeinde in Amerika, 1957, 126ff. - Zu 9: Schriften von Poljak: Das Kreuz im Davidstern, 1937; Die Jüd. Kirche, 1945. - Monats-Schrift: Judenchristl. Gemeinde. - Über Poljak: Hutten 158ff. - Zu 10: W.Holsten, Missionswissenschaft 1933-1952: Zur Judenfrage (ThR NF 21, 1953, 136-161; Lit.) - Ders., Die Ethnischen Gruppen u. das Reich Gottes (Die Ev. Diaspora 4, 1958, 218) - Bossey-Bericht (ER 9, 1957, 303-310). - Vgl. auch »Freiburger Rundbrief« (Beiträge zur Förderung der Freundschaft zwischen dem Alten u. dem Neuen Gottesvolk im Geiste beider Testamente. Geschäftsstelle: Dr. G.Luckner, Freiburg/Br. - Deutscher Caritas-Verband; laufende Veröffentlichungen von kath. Seite).

F.Majer-Leonhard

Judenchristliche Reichsbruderschaft → Judenchristentum: II, 9.

Judenmission

1. Kath. J. - 2. Prot. J. - 3. Gegenwärtige Situation. - Zum Grundsätzlichen s. → Judentum: IV

Die christliche → Mission (: III C) begann als J. Jesus wußte sich in erster Linie »zu den verlorenen Schafen aus dem Hause Israel« gesandt (Mt 10, 6). Auch Petrus und Paulus wandten sich zuerst an die Juden. Die immer abweisendere Haltung der Juden schuf dann aber eine Kluft zwischen Christen und Juden, die durch das Ghetto-System, die vollendete Verkehrung des Prophetismus in Talmudismus und die wachsende Feindschaft gegen die Juden (→ Antisemitismus, 2) noch vergrößert wurde.

1. Massenübertritte fanden bald nur unter Gewalt und Verfolgung statt. Solche »Bekehrungen« kamen im MA leider nur allzuoft vor (→ Judentum: II). Die Kirche war oft an den Judenverfolgungen mitschuldig, verlor aber nicht ganz ihr Verantwortungsgefühl für die Juden. Nicht selten nahmen die Päpste die Juden in ihren Schutz; Gregor I. verabscheute und verbot Zwangstaufen (→ Judentum: II). Eine andere Methode, Juden für den christlichen Glauben zu gewinnen, bestand in der Anordnung von öffentlichen Disputationen mit christlichen Theologen; dabei sollten die Juden ihren Glauben vor den Christen erklären, wodurch diese Disputationen unabhängig von ihrer Zwecksetzung eine positive Bedeutung hatten. Judenverfolgungen nahmen allmählich ab. Oft versuchte die Kirche, einzelne Juden durch Belohnungen zu gewinnen. - Trotz unwürdiger Methoden konnte die J. im MA gewisse Erfolge aufweisen. In allen Jh.en gab es zahlreiche Proselyten, die aus aufrichtiger Überzeugung zum Christentum kamen. Manche stiegen zu wichtigen öffentlichen Positionen auf und förderten ihrerseits die J. (zB → Paulus von Burgos). Papst Paul III. gründete 1550 in Rom ein Haus der Katechumenen für übertretende Juden. - In England betrieb man im 12. und 13.Jh. eine so erfolgreiche J., daß sich die Juden darüber beim König beklagten. Der Prior von Bermondsey, Richard, errichtete um 1200 ein »Hospital of Converts«, das so stark besucht wurde, daß eine Reihe von Filialen errichtet werden mußten. In Deutschland kam es während dieser Zeit meist nur durch Zwang zu Judentaufen. - Die kath. Kirche betreibt auch in der Neuzeit eine umfassende J. In Frankreich wirkten im 19.Jh. die Brüderpaare → Ratisbonne und Lehmann im Auftrage Gregors XVI., gründeten eine Nonnenkongregation und errichteten 1862 das Kloster Ecce Homo in Jerusalem sowie Anstalten für J. in verschiedenen Ländern. - Die kath. J. arbeitet meist unter dem Namen »Paulus-Werk«.

2. Die Reformation weckte neues Interesse für das jüdische Volk. → *Luthers* Stellung zu den Juden war nicht gleichbleibend. In der Schrift »Daß Jesus ein geborener Jude war« (1523) verurteilt er Gewaltmethoden und will, daß man »sie säuberlich unterweise, es sollten ihrer recht viele Christen werden«. Er begründet die J. mit der Bibel, der Auserwähltheit Israels und der Wiedergutmachung seines Leidens. Später äußert sich Luther, enttäuscht über die »Halsstarrigkeit« der Juden, wieder schärfer (»Von den Juden und ihren Lügen«, 1543); aber er schließt seine letzte Predigt mit einem Gebet für die Juden. - Im 17. und 18.Jh. gab es nur vereinzelte Ansätze zur J. In Straßburg wurde 1650 das erste Institutum Judaicum gegründet, von wo u.a. Esdras Edzard (1629 bis 1708) ausging, der 51 Jahre in Hamburg wirkte und einen Fonds zur Förderung der J. stiftete. - Bedeutsam

für die J. wurde der *Pietismus*, für den die Bekehrung der Juden unter einem eschatologischen Vorzeichen stand. Aus dem von J.H.Callenberg (1728-92) in Halle gegründeten → Institutum Judaicum gingen über 20 Missionare hervor, darunter Stephan Schultz, der Europa, Kleinasien, Palästina und Ägypten bereiste. Die Brüdergemeine (→ Brüderunität: II) war die erste Kirche, die *als solche* J. betrieb und in deren Kirchengebet die Fürbitte für die Juden aufgenommen wurde (1741). - Der Rationalismus erstickte diese Ansätze. Neues Leben für die J. kam von England. In London wurde am 15.2.1809 die London Society for Promoting Christianity amongst the Jews (jetzt: Church Missions to Jews [CMJ]) gegründet, die in England, Marokko, Algier, Tunis, Äthiopien, Ägypten, Palästina und Iran arbeitete; sie veranstaltete die erste Übersetzung des NT ins Hebräische (1817), später die der ganzen Bibel ins → Jiddische. Andere J.s-Gesellschaften sind: British Jews Society (1842; England, Israel, Südafrika, Südamerika, Australien), Mildmay Mission to the Jews (1876), Church of Scotland Jewish Mission (1841; Budapest bis 1939, Ägypten bis 1957, Israel). 1841 wurde ein anglikanisches Bistum in Jerusalem errichtet, dessen erster Inhaber, Bischof M.S. Alexander, jüdischer Herkunft war. - Der englische Advokat Lewis Way führte den Gedanken der J. aufs Festland. 1822 wurde als erste deutsche Gesellschaft für J. die Berliner Israelsmission gegründet (ursprünglich: »Gesellschaft für Beförderung des Christentums unter den Juden«). Ihr bedeutendster Mitarbeiter, H.L. → Strack († 1922), gründete in Berlin ein → Institutum Judaicum (1883) und gab die Zeitschrift »Nathanael« heraus; Arbeitsfeld: Berlin, Posen, Czernowitz, Stanislau (bis 1939). Von anderen Gesellschaften (u.a. in Köln, 1843) ist bes. der Ev.-luth. Centralverein für Mission unter Israel (Leipzig, 1871) zu nennen, der alle luth. J.en zu vereinigen versuchte und von Franz → Delitzsch begründet wurde. Delitzsch errichtete auch das → Institutum Judaicum Delitzschianum (1880) und erweiterte es durch ein Seminar (1886); seine Übersetzung des NT ins Hebräische (1877) ist noch heute unübertroffen. - In Skandinavien entstanden: Den Norske Israelsmisjon (1844) in Norwegen (bis 1939 in Ungarn und Rumänien, dann in Israel); Svenska Israelsmissionen in Schweden (1875) mit Arbeit in Südosteuropa, Kleinasien, Rußland, Preßburg und Wien bis 1939, jetzt in Schweden, Österreich, Frankreich und Marokko; Danska Israelsmissionen in Dänemark (1885; Algier, Jaffa); Finska Missionssällskapet in Finnland (Jerusalem). - In Holland und der Schweiz gibt es J.s-Gesellschaften, die hauptsächlich im eigenen Lande arbeiten. - In Osteuropa besteht mit Ausnahme des »Guten Hirten« in Ungarn keine J. mehr.

Nach 1945 war von der europäischen Judenschaft nur ein Siebtel übrig, nachdem etwa 6 Mill. Juden dem Nationalsozialismus zum Opfer gefallen waren (→ Judentum: III). Hilfe für die Verfolgten und Überlebenden wurde zuerst von der schwedischen J. organisiert, dann von Propst H.Grüber (Berlin) in Zusammenarbeit mit dem Ev. → Hilfswerk. Aus Wien wurden durch die schwedische J. in den Jahren 1938-41 rd 1000 Erwachsene und 2000 Kinder gerettet, nach dem Krieg ca 1000 überlebende jüdische Kinder betreut. - In Deutschland begann der Centralverein 1945 wieder zu arbeiten, die Berliner J. seit 1947. Ein sammelndes Organ ist der seit 1948 bestehende Ev. Ausschuß für Dienst an Israel unter Leitung von K.H.Rengstorf (Münster); er veranstaltet regelmäßige Studientagungen zum Thema »Kirche und Judentum«. - Das akademische Interesse an der J. wird immer stärker; die schwedische J. gründete nach dem Kriege ein theologisches Forschungsinstitut in Jerusalem, wo seit 1951 Theologen aus Skandinavien und anderen Ländern studieren. - In Israel arbeiten gegenwärtig die englische, schottische, dänische und norwegische J. sowie viele freikirchliche Missionare. - In Amerika, wo die Hälfte aller Juden lebt (ca 6 Mill.), betreiben Lutheraner, Methodisten, Presbyterianer und etwa 30 freikirchliche Gesellschaften J.; die größte ist der American Board of Missions to the Jews (New York, 1894) mit Arbeit in Amerika, Kanada, Buenos Aires, Paris und Israel. Die Zion Society for Israel (luth., 1878) arbeitet in Nord- und Südamerika. Das kirchliche Interesse für die J. ist in den USA im Wachsen. Koordinierendes Organ für die im National Council of Churches (New York) zusammengeschlossenen Kirchen ist das American Committee on the Christian Approach to the Jews.

3. *Die gegenwärtige Situation* ist durch internationale Zusammenarbeit, eine gewandelte Beurteilung Jesu durch jüdische Forscher und die Entstehung des Staates → Israel (: III) gekennzeichnet. Während J. früher hauptsächlich von Einzelnen und Gesellschaften neben der Kirche betrieben wurde, beschlossen die J.s-Gesellschaften auf den Konferenzen in Budapest und Warschau (1927), den → Internationalen Missions-Rat (IMC) um Aufnahme der J. in sein Arbeitsprogramm zu bitten; nach der Weltmissionskonferenz in Jerusalem (1928) bildete der IMC ein Unterkomitee: The IMC's Committee on the Christian Approach to the Jews (IMCAJ, 1930). Auf dessen Anregung sprach der Ökumenische Rat der Kirchen (seit 1951 im IMCAJ vertreten) in Amsterdam 1948 (→ Ökumenische Bewegung) die Verpflichtung der Kirchen aus, »die Verantwortung für die J. als normalen Teil der Gemeindearbeit zu betrachten«. Der IMCAJ mit etwa 30 angeschlossenen Kirchen und J.s-Gesellschaften fördert Gespräche zwischen Kirche und Synagoge, ermuntert zum Studium der J., deren biblischer Begründung, Stellung zur Weltmission, zum Staat Israel, zu den Verheißungen usw, ordnet Studientagungen und internationale Sommerkurse an. In diesem Sinne wirken auch das Delitzschianum in Münster und das Schwedische Theologische Institut im israelischen Jerusalem (s. 2). Dieselbe Zielsetzung haben die Zeitschriften »News Sheet« (Edinburgh), »Saat auf Hoffnung« (Münster) und »Judaica« (Zürich).- Die veränderte Einstellung des Judentums gegenüber Jesus von Nazareth zeigt sich an J.Klausners gleichnamigem Buch (Jerusalem 1922); von jüdischer Seite setzte seitdem eine umfassende Leben-Jesu-Forschung ein, die aber das Messiastum Jesu nach wie vor streng ablehnt (→ Jesusbild der Gegenwart, 2). - Vgl. auch → Gesellschaften für christlich-jüdische Zusammenarbeit.

RE XIII, 171ff - F.Heman-G.v.Harling, Gesch. des jüd. Volkes, 1927 - H.J.Schoeps, Jüdisch-christl. Religionsgespräch in 19 Jh.en, 1937 - Ders., Theol. u. Gesch. des Judenchristentums, 1949 - G.Lindeskog, Die Jesusfrage im neuzeitl. Judentum, 1938 - P.Browe, Die J. im MA u. die Päpste, 1942 - Die christl. Haltung gegenüber den Juden. Bericht vom Komitee IVb in Amsterdam, 1948 - J.Jocz, The Jewish People and Jesus Christ, 1949 - A.K.E.Holmio, The Lutheran Reformation and the Jews, 1949 - G.Hedenquist, The Church and the Jewish People, 1954 - A.Barth, Der moderne Jude u. die ewigen Fragen, 1957. *B.Pernow*

Judentum

I. Vom Exil bis Hadrian - II. Bis zur Neuzeit (135-1780) - III. Neue Zeit und Gegenwart - IV. Judentum und Christentum in nt. Zeit. - Ergänzend vgl. bes. → Apokalyptik: II, → Auferstehung: IV, → Eschatologie: III, → Gebet: III, → Geist: III, → Gesetz: III, → Gott: III, → Gottesdienst: III, → Jüdische Philosophie, → Jüdische Theologie, → Mischna, → Mission: II, → Musik: III, → Mystik: III, → Offenbarung: III, → Schriftauslegung: II, → Sünde: III, → Talmud

I. Vom Exil bis Hadrian

1. Persisch-griechische Zeit bis Antiochus III. - 2. Von Antiochus IV. bis zum Auftauchen der Römer - 3. Die römische Periode bis Hadrian

Für die äußere und innere Geschichte des (palästinischen) J.s vom Ende des → Exils bis zum Aufstand des → Simon bæn Kosba stehen ungleichwertige Quellen zur Verfügung. Es sind dies das → Esrabuch (: I), das → Nehemiabuch, Partien der Antiquitates und das Bellum Judaicum von der Hand des → Josephus, die beiden ihrerseits schriftliche und mündliche Überlieferungen auswertenden → Makkabäerbücher, vereinzelte Notizen bei klassischen Autoren und bei den Rabbinen, ferner das → Danielbuch sowie einzelne Andeutungen in den → Apokryphen (außer 1.2Makk) und → Pseudepigraphen. Neuerdings sind noch die (nichtbiblischen) Texte von → Qumran hinzugetreten.

1. Die mit der endgültigen Unterwerfung Judas (587) verbundene Deportation der Oberschicht vergrößerte die jüdische Gemeinde im → Exil und veranlaßte andererseits Nebukadnezar, die verbleibenden Alt-Judäer der Provinzleitung in → Samaria zu unterstellen. Beides bedeutete aufs Ganze gesehen zwar eine erhebliche Änderung der politischen Lebensweise, aber keinen eigentlichen Bruch der religiösen Tradition. Obschon das Tempelgebäude zerstört war, setzten die Alt-Judäer den Kult fort (nur nach der chronistischen Sicht [→ Esrabuch: I] war der [rechtmäßige!] Kult zwischen 587 und der Rückkehr der Golagemeinde unterbrochen!). Die provisorische Regelung in Babylonien gestattete der Gola, dh den Exilierten, das Beieinanderwohnen. Unter Verzicht auf einen Kult mit Altar-Opfern hielten sie an ihrer Überlieferung fest: → Sabbat und → Beschneidung wurden zu »Konfessionsmerkmalen«; → Ezechiel stärkte den Glauben der ersten, Dtjes (→ Jesajabuch, 2) den der zweiten Exilsgeneration. Die »heilige Geschichte« wurde in der sog. → Priesterschrift neu gestaltet. Innerhalb der Sippen und Geschlechter hat man die Familientraditionen aufrechterhalten, wie die Gola-Liste in Esr 2/Neh 7 beweist. – Der 539 in Babylon einziehende Achämenide Kyros gestattete – analog seiner auf Befriedung ausgerichteten Einstellung gegenüber babylonischen Kulten – auch die Wiederherstellung des → Tempels in Jerusalem (Esr 6, 3-5). Die Leitung übertrug er (dem Davididen? In Esr 1, 8 trägt er den Titel nāśî' »der Fürst«) Scheschbazar; dieser scheiterte mit seinem Vorhaben wahrscheinlich durch die Opposition der Leute von Samaria. Ob er für das Amt eines (Unter-)Statthalters vorgesehen war, ist trotz des Titels pæḥa in Esr 5, 14 zweifelhaft. Vermutlich ist er nach einiger Zeit wieder nach Babylon zurückgekehrt. Schwerlich hatte er 538 eine ihn begleitende Rückkehrergemeinde neben sich, wie es Esr 1, 1-11 substituiert. Diese »ersten Zionisten« werden frühestens unter Kambyses um 525, wahrscheinlich erst zZ des Darius 522/21 herübergekommen sein (Galling: Naboned); sie bildeten mit 40 000 Seelen etwa ein Drittel der damaligen Diaspora in Babylon. Mit Alt wird man in dem Davididen Serubbabel wohl nur (mindestens primär!) den »Rückführungskommissar« und noch nicht den Statthalter von Juda zu sehen haben, da Juda ja noch immer einen Appendix zu dem um Juda vergrößerten Samarien bildete. Es ist schwerlich Zufall, daß der syrische Satrap um 518 vChr wegen des Tempelneubaus mit den »Ältesten« der Rückkehrer verhandelte, in seinem Bericht (Esr 5, 9f) an den Großkönig Serubbabel aber nicht gesondert erwähnt. Daß dieser jedoch – neben dem späteren Hohenpriester Josua – einen führenden Rang einnahm, ergibt sich daraus, daß er im Führungsgremium der »Zwölf« als primus inter pares zuerst genannt wird (Esr 2, 1f). Diesem Gremium haben sich – vielleicht erst nach Überwindung einiger Schwierigkeiten (vgl. Sach 5, 1-4) auch die Alt-Judäer unterstellt. Inzwischen war es nämlich unter dem Drängen der Propheten → Haggai und → Sacharja mit Zustimmung des Darius zum Neubau des Tempels gekommen (520; vollendet 515), der durch das Gewicht seiner Tradition → Jerusalem (: II) zum zentripetalen Mittelpunkt werden ließ. Die damals auftauchenden messianischen Hoffnungen für Serubbabel klangen bald ab; bemerkenswert ist das Nebeneinander von Josua und Serubbabel in Sach 4 (anders in Sach 6, 9-15). – Beim Thronwechsel von Darius auf Xerxes (485) erhoben die → Samaritaner erstmals (vergeblichen) Einspruch gegen die sich abzeichnende Separation; erfolgreicher waren sie beim Regierungsantritt des Artaxerxes (465, vgl. Esr 4, 6-23). Die Befestigung Jerusalems mit Mauern mußte sistiert werden. Wahrscheinlich hat der zeitweilig höchst bedrohliche Aufstand des syrischen Satrapen Megabyzos den Perserkönig überzeugt, daß es ratsam sei, unruhige Provinzen durch Hulderweise stärker ans Reich zu binden. So kommt i.J. 445 vChr der Diasporajude und Mundschenk des Königs, → Nehemia, als (erster? s.o.) Statthalter der gegenüber Samarien nun selbständigen Provinz Juda nach Jerusalem, baut gegen mancherlei von außen kommende Widerstände (bes. von seiten Sanballats, des samarischen Statthalters) die Mauern und festigt die Position Judas. Innenpolitisch vertrat Nehemia die strenge Observanz, was nicht ohne Widerstand gelang, da bestimmte Kreise der Oberschicht (alte und neue) Beziehungen zu den Samaritanern und anderen Nachbarn pflegten (vgl. Neh 13). Der Ausgang seiner Statthalterschaft (um 425?) ist unbekannt. Sein Nachfolger war Bagohi-Bagoas, ein gebürtiger Perser (vom Großkönig wohl bewußt als in innerjüdischen Divergenzen »unparteiisch« ausgewählt). Er ließ auch zunächst der Priesterschaft das ius in sacra und suchte – aus politischen Erwägungen! – die Spannungen zu den (der Jahwereligion zugehörenden?) Söhnen Sanballats zu mindern, was uns – mehr zufällig – an einem gemeinsamen Memorandum zugunsten des jüdischen Tempels in → Elephantine deutlich wird. Gerade dies aber brachte ihm die stärkste Kritik der Priesterschaft ein. Völlig verfahren wurde die Situation dadurch, daß er sich unter den Zadokiden einen Anwärter auf das Hohepriesteramt suchte, der dann – um schneller zum Ziel zu kommen – seinen als Hoherpriester amtierenden Bruder ermordete (Ant. XI, 7, 1). Die Erregung der Juden dürfte wenig später bei Hofe bekanntgeworden sein, auch daß Bagoas als an dem Mord nicht ganz unbeteiligt gelten konnte. Artaxerxes aber mußte alles daran gelegen sein, in Juda alsbald friedliche Verhältnisse zu schaffen, da der (endgültig 395 Faktum gewordene) Abfall der Satrapie Ägypten drohte. So entsandte er – um 400 vChr – den Priester und Schreiber → Esra als »Kirchenkommissar« nach Jerusalem. Daß die Initiative dazu (primär) von der babylonischen Diaspora ausging, ist keineswegs so sicher, wie man vielfach gemeint hat (u.a. Ed.Meyer). Unbestritten aber ist, daß die Diaspora davon überzeugt sein konnte, Esra würde die Angelegenheit in Juda und Jerusalem (Esr 7, 14) im Sinne der Orthodoxie regeln. Esra stellte auch bei seinem kurzfristigen Aufenthalt in Jerusalem die Ordnung wieder her, wozu nicht zuletzt die Lösung der Mischehen gehörte. Bagoas war der letzte (ob abberufene?) Statthalter. Juda wurde nunmehr einem Ältestenrat (γερουσία) unterstellt, den der Hohepriester leitete (Josephus kennzeichnete später seinen Lesern dieses Regiment als »Theokratie«). Damals erhielt die Provinz (der »Kirchenstaat«) das Münzrecht – der Stempel lautete: Jehud (auf einer Münze des 3.Jh.s stand der Name eines Hohenpriesters). – Die sog. Mauerbauliste in Neh 3 gewährt eine Vorstellung von dem Umfang der kleinen Provinz, die dieses Ausmaß wohl seit 587 besaß, woraus sich die Unterstellung unter das größere Samarien erklärt. Die Einwohnerzahl von Juda wird die 100 000 nicht wesentlich überschritten haben.

Der Herrschaftswechsel vom letzten Achämeniden zu → Alexander d.Gr. berührte Syrien und Palästina dadurch stärker, daß dieser alsbald gegen Ägypten vorstieß und dabei den Widerstand von → Tyrus und → Gaza sowie den von Samaria brechen mußte (332 vChr). Die Judäer unterstellten sich dem neuen Oberherrn, der seinerseits naturgemäß keinen Anlaß hatte, die ihnen von den Persern zugestandene freie Religionsausübung einzuschränken. Die in Ant. XI, 8, 5 geschilderte Szene »Alexander in Jerusalem« ist legendär; die Legende sollte die Kontinuität der Privilegien anschaulich machen. Schwerlich Hab 1f (so B.Duhm), wohl aber Sach 9, 1-8 (Elliger) dürfte auf den Alexanderzug anspielen. - Die nach dem Tode Alexanders (323) ausgebrochenen Diadochenkämpfe endeten für Syrien-Palästina mit der Oberhoheit der → Ptolemäer, die dort fast genau ein Jh. hindurch ihre Herrschaft ausübten (301-198). - Sowohl von den nach Skylax (Galling) phönikisch gewordenen Städten der Küste (→ Saron) als auch von Ägypten her konnte dem J. in Palästina griechisches Wesen (→ Hellenismus) bekannt werden, und das ist auch ohne Zweifel geschehen, wenngleich es sich im einzelnen schwer greifen läßt (vgl. → Predigerbuch). Aufs Ganze gesehen dominiert die Tradition, und die πάτριοι νόμοι bestimmten Leben und Sitte. Der inzwischen abgeschlossene → Pentateuch - als die absolut genommene Tora des Mose (→ Gesetz: II. III) - erhält kanonisches Gewicht, auch beginnt man die »Propheten« als 2. Teil des Kanons (→ Bibel: I B) zu sammeln. Erwuchs die Thematik neuer Bücher der persischen Periode noch ausschließlich vorgegebenen Voraussetzungen (→ Jonabuch, → Ruthbuch, → Hiobbuch), was auch vom → Judithbuch gelten darf, so zeigen sich daneben auch neuartige Aspekte, so die → Auferstehung (: III, 4) der Toten in der sog. Jesajaapokalypse (→ Jesajabuch, 1) und die Hypostasierung der → Weisheit im 1. Teil der Spr. In orthodoxer Sicht zeichnet das chronistische Geschichtswerk die Geschichte Jerusalems von David bis Esra-Nehemia (→ Chronikbücher).

Antiochus III. (223-187), unter dem das Reich der → Seleukiden den Kulminationspunkt seiner Machtentfaltung erreichte, mußte zwar 217 wieder aus Phönikien und Palästina weichen, sicherte sich aber diese Gebiete durch den Sieg bei (→ Cäsarea-)Paneas (198). Bei dem Herrschaftswechsel stellten sich die Juden auf die Seite des Seleukiden, und dieser bestätigte in zwei Erlassen (Ant. XII, 3, 3; TGI 76f) verbunden mit Schenkungen die Privilegien des Tempels (und des Kultpersonals) sowie das Recht zur traditionellen Lebensweise; das Edikt erlaubte nämlich allen Angehörigen des Volkes, nach den väterlichen Gesetzen zu leben. Faßt man diese Erlaubnis als Anordnung, so bedeutete sie zugleich eine Waffe in der Hand der Orthodoxen gegenüber »Abtrünnigen«! Damals, jedenfalls schon vor der Krise von 175, bezeichneten sich diese als ḥasîdîm (Ἀσιδαῖοι, die »Frommen«); ihre eschatologisch orientierte Theologie stand politischem Aktivismus entgegen, wenn es nicht um den status confessionis ging (1Makk 2, 42). Das um 180 vChr entstandene Spruchbuch des → Jesus Sirach stand dem Nomismus der Orthodoxen nahe. Wesentlich uneinheitlicher erscheinen die »Hellenisten«, die sich niemals zu einer festen Gruppe zusammenschlossen. Sie waren vornehmlich in Jerusalem und unter den oberen Schichten (Laien und Priestern) zu finden. Allen war eine gewisse Weltoffenheit eigen, viele tendierten zu engem (auch politisch engem) Kontakt mit den fremden Machthabern, und die dezidiert »Liberalen« wünschten griechische Lebensweise sichtbar zu dokumentieren (Gymnasion in Jerusalem: 2Makk 4, 12).

2. Daß der Verfall und Untergang des Seleukidenreiches von so entscheidender Bedeutung für das J. in Juda werden sollte, lag keineswegs in der Natur der Sache. Schicksalhaft wirkte die Politik → *Antiochus' IV.* (175 bis 164) dadurch, daß sie störend in die innere Ordnung der Provinz und des jüdischen Kultus eingriff. Verschiedene Motive spielten dabei eine Rolle; die Überlieferungen sind (vgl. Bickermann und Gaster) von einander widersprechenden Aspekten bestimmt (Aufruhr der Juden; Tempelberaubung durch den König; Fremdenfeindlichkeit des J.s; gewaltsame Hellenisierungstendenzen des Antiochus; Hybris der Heiden gegen die Geschichtsziele Gottes [→ Danielbuch]). Nicht übersehen werden darf, daß sich die Konflikte zwischen Antiochus IV. und dem J. nur in Palästina (Juda) abspielten (irgendwelche Judenverfolgungen in der Diaspora des seleukidischen Reiches hat es nicht gegeben!). Das erklärt sich aus der Besonderheit der Verwaltungsspitze dieser seleukidischen Provinz: hier war der Repräsentant des Königs zugleich als Hoherpriester das Haupt der Kultgemeinde. Kam es also zwischen Priesterfamilien hinsichtlich ihres »Kandidaten« zu Rivalitäten, so wurde der politisch notwendige Eingriff des Königs zugleich ein solcher in innerjüdische Verhältnisse. Dergestalt bekamen die Absetzung → Onias' III. und das Neben- und Gegeneinander der Hohenpriester Jason und Menelaus - dieser ganz auf seiten des Königs - ein besonderes Gewicht. Der (bereits vom Ägyptenfeldzug zurückkehrende?) für seine Kriege stets geldhungrige Antiochus zog 169 nach Jerusalem, um die Tempelschätze zu rauben, wobei er sich nicht scheute, das Heiligtum zu betreten! *Das* wird den Aufruhr der Juden ausgelöst haben, den Antiochus mit der Zerstörung der Mauern Jerusalems beantwortete. Entscheidender war die neue Ordnung in Jerusalem: auf dem Südosthügel wurde eine Akra genannte πόλις gegründet, in der die »Antiochener« zusammen mit politisch zuverlässigen jüdischen Hellenisten wohnten, und dieser Akra wurde der Tempel assoziiert! Damit nicht genug, verbot Antiochus in einem Erlaß (1Makk 1, 41ff) den Juden ein Leben nach den väterlichen Gesetzen (keine Opfer und Feste, kein Sabbat, keine Beschneidung, Konfiszierung der Torarollen!). Den Höhepunkt bildete (Ende 167) die Entweihung des Heiligtums durch die Errichtung eines Scheusals (keine Kultstatue, sondern ein neuer → Altar [: II, 2]) und die Überweisung des Tempels an den Kult des Olympischen Zeus (2Makk 6, 2). Auf dem Lande erzwang man überdies noch das - politisch gewertete - Opfern auf heidnischen Altären. Alle diese das J. im Kern treffenden Maßnahmen lösten die tumultuarischen Vorgänge aus, die man nach dem Beinamen des Judas (s.u.) den Kampf der *Makkabäer* zu nennen pflegt, wie auch die verschieden weit reichenden Geschichtsdarstellungen in zwei zu den Apokryphen gerechneten Büchern die Bezeichnung → Makkabäerbücher erhalten haben. Das Signal zum bewaffneten Widerstand gab in Modeïn (el-midje östl. von Lydda) der aus priesterlichem Geschlecht stammende Mattathias, der das Opfern ablehnte und einen Abtrünnigen nebst dem syrischen Beamten tötete (1Makk 2, 15ff). Mattathias stammte aus der Familie eines gewissen ḥasmônî - griech. Ασμων(αιος) -; daher nennt man das Geschlecht der Freiheitskämpfer auch (bes. in der 2. Phase) die *Hasmonäer*. Mit seinen Anhängern und Söhnen floh Mattathias in die Wüste. Nach seinem Tode (166) übernahm sein drittältester Sohn *Judas* die Führung. Er, der wie ein Hammer dreinschlug, erhielt den Ehrennamen »der Hammerartige« (ὁ μακκαβαῖος, der Makkabäer). Er schuf sich eine reguläre Kampftruppe, für die bei Abwehrkämpfen das Sabbatgebot sistiert war, und konnte in mehreren erfolgreichen Schlachten die gegen ihn eingesetzten seleukidischen Truppen schlagen und sich - mit Ausnahme der Akra von Jerusalem! - zum Herrn Judäas

machen. So kam es im Frühjahr zu einem Friedensschluß, den der Feldherr Lysias in des Königs Auftrag schloß (2Makk 11). Das hinderte nicht, daß Judas und sein Bruder Simon in Kleinkriegen sich bedrängter Glaubensgenossen annahmen, die in Nachbarterritorien wohnten. Ende des Jahres 164 - etwa zur gleichen Zeit starb Antiochus IV. im fernen Osten - ließ Judas den Tempelplatz reinigen, und durch ein feierliches Opfer wurde das Heiligtum dem legitimen Kultus zurückgegeben. Zur Erinnerung an diese Stunde feierte man später das Chanukkafest (→ Feste: II, 6b). Während die Orthodoxen den »Kirchenkampf« nunmehr als beendet ansahen, drängte Judas zur Weiterführung des Kampfes. Vornehmlich ging es ihm um die Akra, die er im Hochsommer 163 belagerte. Der inzwischen auf den Thron gelangte Antiochus V. Eupator kam der Akra zu Hilfe, und Judas mußte mehrere Niederlagen einstecken. Die Thronwirren (Kämpfe in Antiochia; das Auftauchen des Demetrius im Herbst 162) hellten den Horizont für die Makkabäer auf. Unter den »Frommen« kam es zur Spaltung (vgl. 2Makk 14, 6 mit 1Makk 7, 12ff): nur ein Teil stellte sich in die Front der Makkabäer, die Friedfertigen hielten es mit dem von Eupator eingesetzten (vgl. Mölleken) und von Demetrius bestätigten Hohenpriester Alkimos. Judas hatte inzwischen die Fühlung mit Rom aufgenommen, da die Besteuerung durch die Seleukiden wieder gestiegen war. Den ihm entgegentretenden Nikanor konnte er zwar schlagen, unterlag aber im Jahr darauf dem Bakchides und starb auf dem Schlachtfeld (160). Die Sache der Makkabäer, die nun des Judas Bruder *Jonathan* in die Hand nahm, wäre verloren gewesen, wenn nicht neue Thronwirren der Bedrohung ein Ende gesetzt hätten. Jonathan gewann die Freiheit des Handelns zurück und regierte von dem nördlich von Jerusalem gelegenen Michmas aus (als »Richter«). Von Demetrius I. zu Alexander Balas schwenkend (153/52), konnte er seine Position festigen, hernach sogar Demetrius II. für sich gewinnen. Das gestattete ihm nicht nur eine Landausweitung ins Gebiet Samariens hinein, sondern hatte zur Folge, daß er, der Nicht-Zadokide, von den Seleukiden als Hoherpriester eingesetzt wurde und dazu Amt und Titel eines »Feldherrn« und »Teilherrschers« erhielt (Herbst 152). Unmittelbar in die Auseinandersetzung des Kronprätendenten hineingezogen, wurde Jonathan schließlich von Tryphon gefangengesetzt und 143 in Sykaminos bei Haifa ermordet (vgl. Kraeling in JNES 7, 1948, 199ff). Galt vielleicht *er* den Leuten von Qumran als der »Lügenpriester« und Gegenspieler des »Lehrers der Gerechtigkeit« oder war das erst Jannäus (vgl. → Habakukkommentar; → Qumran, 3)? *Simon* erlangte von Demetrius II. politische Zugeständnisse und nannte sich mit Zustimmung des Volkes »Großer Hoherpriester, Feldherr und Anführer der Juden« (141). Er erzwang die Räumung der Akra und erweiterte das Gebiet Judäas. 140 wurde ihm sein Amt in der Erbfolge bestätigt (1Makk 14). So wurde Simon der Gründer der Dynastie der Hasmonäer. Er prägte die ersten Hasmonäer-Münzen. Auch von den Römern wurde er anerkannt. Nach Überwindung verschiedener Störungen regierte er unangefochten bis zu seinem zu Beginn des Jahres 134 erfolgten Tode (er wurde durch seinen Schwiegersohn ermordet). Auf ihn folgte sein Sohn Johannes *Hyrkan I.* (134-104), in dessen Anfangsjahren die hasmonäisch orientierte Darstellung des Religionskrieges (1Makk) abgeschlossen wurde. Auf ihn (oder auf Simon?) dürfte die Anlage einer Königsburg auf dem Westhügel Jerusalems zurückgehen und auf Jonathan der Ausbau der Tempelplatzbefestigung zur Burg (Baris, später Antonia genannt). - Die mit Hilfe von Söldnern (!) durchgeführten Kriege im Ostjordanland, gegen → Samaria (Zerstörung des Tempels auf dem Garizim 128 vChr) und gegen das (dann judaisierte) → Idumäa im Süden waren reine Machtkämpfe und unterlagen innerjüdischer Kritik. - In dem halben Jh. seit dem Eingreifen Antiochus' IV. hatten die verschiedenen Kreise und Gruppen des J.s ganz konkrete Entscheidungen fällen und Positionen beziehen müssen. Von der Aufspaltung der »Frommen« war schon die Rede. Die sich »absondernden« → Pharisäer gerieten nach Ant. XIII, 10, 5 mit Hyrkan in Konflikt, der sich von den aristokratischen → Sadduzäern eher verstanden wußte, die zwar religiös konservativ waren, aber in politicis hellenistischer dachten. Unter den Rigoristen kam es zu Sonderbildungen von Gruppen, die die Gesetzlichkeit im Kultisch-Rituellen mit asketischen Tendenzen (→ Askese: III) verbanden und zugleich von apokalyptischen Hoffnungen erfüllt waren. Das sind die → Essener und die (mit ihnen gleichzusetzenden?) Frommen von → Qumran. In diesen geistigen Raum gehören auch die Anschauungen verschiedener (erst im Laufe des 1.Jh.s verfaßten) pseudepigrapher Bücher, zB → Jubiläenbuch, → Henochbücher, → Himmelfahrt Mosis und die → Testamente der zwölf Patriarchen. - Nach dem Tode Hyrkans sicherte sich Aristobul (104) mit Intrigen und Mord den Königsthron. Ihm folgte sein Bruder *Johannes* (Jannai = Jannäus) mit dem Beinamen Alexander (103-77); auf zweisprachigen Münzen nannte er sich König Jochanan - König Alexander. Er kämpfte mit wechselndem Glück, brachte aber schließlich ein Gebiet zusammen, das etwa dem Reiche Salomos an Umfang gleichkam. Er hatte zugleich das Amt des Hohenpriesters inne; den Pharisäern war er verdächtig und verhaßt. Es ist nicht unwahrscheinlich, daß *er* für die Leute von Qumran der schädliche Lügenpriester war (s.o.). Ihm folgte für 10 Jahre seine Witwe als Königin, im Amt des Hohenpriesters waltete ihr Sohn Hyrkan II., der nach 67 mit seinem Bruder Aristobul II. um die Herrschaft rang, wobei sich Hyrkan der Mithilfe des Nabatäerkönigs versicherte. Die Entscheidung fiel durch die im kleinasiatisch-syrischen Raum nunmehr direkt fußfassende Macht der *Römer*.

3. Die Rivalen Hyrkan und Aristobul bemühten sich (63) in Damaskus um die Gunst des Pompeius, der zunächst einer Entscheidung auswich. Aristobul sicherte sich aus eigenem Entschluß seine Herrschaft, mußte sich aber dann wenig später im befestigten Tempelbezirk gegen Pompeius verteidigen. Nach 3monatiger Belagerung war sein Traum zu Ende, und er wurde mit seinen beiden Söhnen Alexander und Antigonus Gefangener der Römer. Hyrkan überließen die Römer letztlich nur das Amt des Hohenpriesters. Damals erhielten die Küstenstädte Palästinas ihre Selbständigkeit, ebenso die Städte der → Dekapolis. Dem Hohenpriester Hyrkan unterstanden nur die Gebiete derjenigen, die sich zum Jerusalemer Kult hielten, dh also → Judäa, das Binnenland von → Galiläa und im Ostjordanland ein Territorium, das → Peräa genannt wurde. Obschon Hyrkan in diesen Bereichen nur beschränkte Funktionen besaß, wurden diese i.J. 57 durch den Provinzstatthalter Gabinius noch weiter eingeengt. Die Gegenaktionen des aus Rom geflohenen Aristobul und seiner Söhne konnte Gabinius alsbald niederschlagen. - Dem Sieger → Cäsar unterwarf sich Hyrkan (48 vChr), so daß ihm das erbliche Priesteramt erneut bestätigt wurde. Der Hyrkan zur Seite stehende Hausmeister Antipatros übernahm die Verwaltung des durch Joppe und Teile der Ebene Jesreel vergrößerten »jüdischen« Gebietes; an seinen Sohn Phasael übergab er Judäa und Peräa und an dessen Bruder Herodes Galiläa (was Hyrkan widerwillig hinnehmen mußte). In den nach Cäsars Tod auch in Palästina

einsetzenden Wirren fand Antipatros den Tod. Hyrkan sprach sich Marc Anton gegenüber schließlich für die beiden Antipatrossöhne aus. Der überraschende Vorstoß der Parther (40) ermöglichte es dann freilich dem Sohn Aristobuls, Antigonus, die Macht zunächst an sich zu reißen, doch konnte sich mit Roms Unterstützung schließlich *Herodes* (37-4) durchsetzen. (Über seine Bauten, sein Regiment, seine Intrigen und seine Stellung zum orthodoxen J. vgl. →Herodes und seine Nachfolger, 1 b.) Nach seinem Tode (4 vChr) teilten sich seine Söhne in die Herrschaft: Archelaus übernahm Judäa, Samaria und die Küste bis → Cäsarea (, 1), Antipas Galiläa und Peräa und Philippus das Gebiet um den See Genezareth. Nach verschiedenen Zwischenlösungen (→ Herodes, 2) wurde Agrippa I., ein Enkel des Herodes, noch einmal König über den Gesamtbereich (37-44). Dann übernahm ein römischer Prokurator die Verwaltung des offiziell Judäa genannten Gebietes; die innerjüdische Gerichtsbarkeit des Synedriums (→Sanhedrin) ließ man unangetastet (→Gemeindeverfassung des Judentums in römischer Zeit). Nicht nur die römische Oberhoheit, sondern vor allem die hohen Steuern erbitterten die Juden, und unter Führung der → Zeloten begann sich der latente Widerstand immer stärker nach der Seite eines offenen Aufstandes hin zu entwickeln. Nach ersten Kampfberührungen und vergeblichen Interventionen (u.a. durch Agrippa II.) rief der gescheiterte Prokurator Florus den syrischen Statthalter Cestius herbei (66), der aber die begonnene Belagerung Jerusalems aufgab und beim Rückzug vernichtend geschlagen wurde. Nun trat Rom zum Großangriff auf die unbotmäßige Provinz an. Der von Nero beorderte Feldherr Vespasian bezwang Galiläa und seine Festungen (u.a. das von →Josephus verteidigte Jotapata), unterwarf später Peräa und trat zur Belagerung von Jerusalem an. Hier kam es bald zu revolutionären Streitigkeiten unter den Eingeschlossenen, da nicht wenige den Widerstand für sinnlos hielten. Der in den Thronwirren nach Neros Tod durch seine Legionen zum Kaiser ausgerufene Vespasian überließ seinem Sohne *Titus* die weitere Belagerung Jerusalems, die dieser zum blutigen und siegreichen Ende führte (August 70 nChr). Im Lauf der nächsten Jahre fielen dann noch die Fluchtburgen Herodeion (südl. Bethlehem), Machairus (östl. des Toten Meeres) und das schwer bezwingbare Felsennest Masada (vgl. ZDPV 56, 1933). Nunmehr war das »Iudaea capta« der Siegesmünze Vespasians eine unabänderlich scheinende Wirklichkeit!

Der Tempel war bei der Belagerung Jerusalems in Flammen aufgegangen, der Opferkult hatte ein Ende gefunden, das Priesteramt erlosch. So verlor das J. mit der Zerstörung des Tempels seine »Mitte« - nicht aber seine Existenz! Es blieb, wie draußen in der → Diaspora (: I, 4), auch in der nun kaiserlichen Provinz eine religio licita. Das geistige Leben hatte sich schon vorher in der → Synagoge und in den zT divergierenden Schulen der Rabbinen (→ Hillel) einen vom Tempeldienst unabhängigen Platz geschaffen. Jetzt wurde für das Torastudium in dem südl. Joppe gelegenen Jabne (Jamnia) ein Zentrum geschaffen (→ Jochanan ben Zakkai, → Gamaliel, 2); hier gab man - um 90 - dem palästinischen Kanon des AT seine Gestalt. Nach dem Kriege gegen Hadrian (s.u.) ging man herüber nach Galiläa, wo sich die Gelehrtenschulen (→ Mischna) in Sepphoris und → Tiberias konzentrierten. Das geistige Ringen um die Not und die noch verborgenen Geschichtsziele Gottes spiegelt sich in der Apokalypse des Esra und Baruch (→ Esrabücher: III, → Baruchschriften, 2). - Im Gegensatz zu der Zeit des jüdischen Krieges sind wir über die Zeit von Trajan bis Hadrian nur höchst unvollkommen unterrichtet. Es scheint so, daß das von Hadrian ausgesprochene generelle Verbot der Beschneidung und vor allem sein Plan, in Jerusalem einen Juppitertempel zu errichten, die Flamme des Aufstandes auflodern ließ. Führer war der zeitweilig (→ Akiba) geradezu als Messias angesehene → Simon bæn Kosba (bekannter unter dem Namen Bar Kochba). Ihm gelang es 132, die römische Besatzung aus Jerusalem zu verdrängen. Der wohl wieder aufgenommene Kultus und die nach den Jahren der »Befreiung« zählenden eigenen Münzen vermochten nicht darüber hinwegzutäuschen, daß es mit der Freiheit jederzeit ein Ende nehmen konnte. Simon bæn Kosba wurde bald mit seinen Scharen hin und her gejagt und schließlich in Beth-Ter (ch. jehud bei bittīr) gestellt, das 135 nChr von den römischen Legionen erstürmt wurde. Jerusalem, jetzt Aelia Capitolina geheißen, durfte kein Jude mehr betreten, das Wort Judäa wurde in den römischen Kanzleien gestrichen, und das Gebiet hieß - mit Aufnahme eines älteren, der (philistäischen) Küste geltenden Namens - fortan unter Zuordnung der hellenistischen Städte in seinem Bereich: (Syria-)Palästina. - Die schwere Enttäuschung über den Ausgang des zweifellos auch als Glaubenskrieg verstandenen Aufstandes hatte zur Folge, daß sich das orthodoxe J. von aller → Apokalyptik (: II) distanzierte, woher es sich u.a. auch erklärt, daß außer dem → Danielbuch keine jüdische Apokalypse im Kanon des AT Aufnahme fand. Der Bibelauslegung in → Haggada und → Halacha galt nunmehr die Arbeit der Schriftgelehrten des J.s (→ Schriftauslegung: II).

Außer den Darstellungen der Gesch. → Israels (soweit diese bis in die röm. Zeit durchgeführt sind): Ed. Meyer, Die Entstehung des J.s, 1896 - Schürer - A.Schlatter, Gesch. Israels von Alexander d.Gr. bis Hadrian, 1925 - RGG² III, 469ff - E.Bickermann, Der Gott der Makkabäer. Unters.en über Sinn u. Ursprung der makkab. Erhebung, 1937 - Ders., Institutions des Séleucides, Paris 1938 - K.Galling, Die syrisch-palästinische Küste nach der Beschreibung bei Pseudo-Skylax (ZDPV 61, 1938, 66-96) - Ders., Denkmäler zur Gesch. Syriens u. Palästinas unter der Herrschaft der Perser (PJ 34, 1938, 59-79) - Ders., Judäa, Galiläa u. der Osten i.J. 164/63 (PJ 36, 1940, 43-77) - Ders., The Gola-List according to Ezra 2/Neh 7 (JBL 70, 1951, 149 bis 158) - Ders., Von Naboned bis Darius (ZDPV 70, 1954, 4-32) - A.Reifenberg, Ancient Jewish Coins, Jerusalem (1940, hebr.) 1947² - Ders., Israel's History on Coins from the Maccabees to the Roman Conquest, London 1953 - Th.H.Gaster, La révolte des Maccabées (Evidences 29, 1952, 27-33) - F.M.Abel, Hist. de la Palestine depuis la conquète d'Alexandre jusqu'à l'invasion arabe, 2 Bde, Paris 1952 - S.W.Baron, A social and religious History of the Jews I. II, New York 1952 - H.H.Rowley, Menelaus and the Abomination of Desolation (Stud. Orient. J.Pedersen, Kopenhagen 1953, 303-315) - Alt II, 316-362 - W.Mölleken, Geschichtsklitterung in 1Makk (Wann wurde Alkimus Hoherpriester?) (ZAW 65, 1953, 205-228) - J.Klausner, History of the Second Temple, 5 Bde, Jerusalem 1954 (hebr.) - A.Mittwoch, Tribute and Land-tax in Seleucid Judea (Bibl 36, 1955, 352-361) - W.R.Farmer, Maccabees, Zealots and Josephus. An inquiry into Jewish Nationalism in the Greco-Roman Period, New York 1956.

K.Galling

II. Bis zur Neuzeit (135-1780)

1. In Palästina und Babylonien - 2. In Europa bis zum 12.Jh. - 3. Im Spät-MA - 4. Zu Beginn der Neuzeit - 5. In der Zeit der Aufklärung

1. Nach der vernichtenden Niederlage des Bar Kochba (135 nChr; → Judentum: I, 3) wurden zwar die harten Edikte Hadrians gegen die jüd. Religion (Verbot der Beschneidung, der Sabbatheiligung, der Lehrhäuser und der Ordination von Schriftgelehrten) durch seinen Nachfolger wieder aufgehoben (bis auf das Verbot, Jerusalem zu betreten), aber das Verdienst, die jüd. Gemeinde gerettet zu haben, gebührt dem Rabbinismus. Er festigte sie durch verschärften Abschluß von allem Nichtjüdischen, bes. vom → Hellenismus, stellte sie noch entschiedener als bisher auf das Religionsgesetz, das er während der Notzeit weitherzig und weise handhabte, und führte die schon vorher begonnene Kodifizierung der → Ha-

lacha, der »mündlichen Lehre«, zu Ende. Von den verschiedenen Kodifizierungen setzte sich gegen Ende des 2.Jh.s die → Mischna durch, die neben der Bibel zur zweiten Norm wurde. Zahlreiche aus Palästina Ausgewanderte oder Vertriebene banden die → Diaspora (: I) um so enger an die alte Heimat, so daß bald kein wesentlicher Unterschied mehr zwischen Diaspora- und Palästina-J. bestand. Die Kommentierung der von den Tannaiten überkommenen Mischna setzten die sog. Amoräer fort; so entstanden gleichzeitig in Palästina und Babylonien die beiden → Talmude, der palästinensische und der babylonische. Babylonien, schon seit dem ersten → Exil jüd. Kolonie und zum Partherreiche gehörend, wurde seit 150 nChr aufs neue Zuflucht der Juden vor den Römern; hier lebten sie in autonomen Gemeinden mit einem Exilarchen an der Spitze, der sie vor der Regierung vertrat. Unter den die Parther ablösenden Persern bedrückte die Reaktion des Mazdaismus (→ Iran: II) das J., doch hielt sie die Feindschaft gegen Rom auf seiten der Perser. Im → Imperium Romanum verbesserte Caracallas Gesetz, das den Provinzialen das römische Bürgerrecht verlieh (212), auch die Lage der Juden. Sie durften an der Verwaltung teilnehmen, waren aber auch zum Militärdienst verpflichtet. Erst unter → Konstantin begann die Degradierung: zwar blieb die jüd. Religion noch religio licita, aber das J. in Palästina, Syrien und im Westen geriet unter die Abhängigkeit des christlichen Staates, und die Judengesetzgebung erfolgte nunmehr unter dem Einfluß der Staatskirche. Theodosius II. erließ 417 und 423 weitere Beschränkungen. → Justinian verfolgte neben christlichen Ketzern und Samaritanern auch die Juden, untersagte die ungesäuerten Brote beim Passa, verlangte Bibelverlesung in griechischer Sprache und verbot den Unterricht in der »deuterosis« (Mischna?). Sein Corpus iuris civilis wurde für die Judengesetzgebung des MA maßgebend. - Während dieser Zeit schritt die babylonische Gemara ihrer Vollendung entgegen (Ende des 5.Jh.s). Die → Midrasch-Literatur erfuhr einen beträchtlichen Aufschwung (u.a. der Midrasch Rabba zum Pentateuch und den fünf Megillot). Neujahr und Versöhnungstag gewannen immer mehr den Charakter von Bußtagen. Aus dem umgebenden Volkstum drang die Magie ein. Neben den Exilarchen traten in der autonomen Verwaltung die Schulhäupter, die seit dem 7.Jh. in Babylonien *Gaonen* hießen. Als 638 die islamischen Araber Jerusalem eroberten, war Babylonien jüd. Zentrum. → Muhammed, anfangs auf die Bekehrung der Juden zum Islam hoffend, hatte sich während seiner Medina-Periode mit ihnen verfeindet und die jüd. Stämme in seiner Heimat unterdrückt (624-628). Doch räumte er den Juden (wie den Christen) als »Schriftbesitzern« die Stellung von sog. ḏimmî's (Schutzbefohlenen) ein. Der Exilarch - mit dem Titel naśî' - vertrat die Judenschaft vor dem Kalifen. Die Geltung des Talmud neben der Bibel führte, wohl auch unter dem Eindruck der Streitigkeiten im → Islam (Šî'a gegen Sunna), aber auch von alter Opposition genährt, zur Rebellion der → Karäer (nach 750). Ihr Pochen auf die Alleingeltung der Schrift nötigte die Rabbinen zur Beschäftigung mit dem Hebräischen und bereitete dessen Renaissance vor. Der erste Gegner erstand den Karäern in → Saadja von Fajjum, Gaon von Sura († 942); er lieferte die erste systematische Darstellung der jüd. Religion in seinem religionsphilosophischen Werk »Glaubenslehren und Erkenntnisgründe«. Das Bedürfnis, den mehr oder weniger verwahrlosten Text der hl. Schrift korrekt vorzutragen, führte zur Fixierung seiner Vokalisation durch die *Masoreten* (→ Bibel: I C, 3; → Bibelhandschriften: I, 3). Um die Mitte des 11.Jh.s schloß das Gaonat in Babylonien seine Pforten. Das Erbe der Gaonen besteht in der Hauptsache aus einer umfangreichen Gutachten-(Responsen-) Literatur über gesetzliche Fragen. Wie schon die Tannaiten, so kodifizierten auch die Gaonen halachische Stoffe (Sammelwerk: Halachôt g^e^dolôt). Ins 10.Jh. fällt auch der Beginn einer durch → Gnosis und → Neuplatonismus beeinflußten apokryph-theosophischen Literatur mit Spekulationen über Gott und Engelhierarchien; sie wurde den Tannaiten R. Ismael und R. → Akiba zugeschrieben und enthielt meistens Schilderungen des Jenseits. Das von Abraham hergeleitete Buch »J^e^ṣîra« mit gnostisch-emanatistischer Buchstabenmystik, das Saadja kommentierte, wurde ein Vorbote der → Kabbala. Neben → Schriftauslegung (: II; Predigt) und → Gebet (: III) trat in der Synagoge jetzt eine liturgische Dichtung lyrischen Charakters: gereimte Hymnen, sog. pijjûṭîm (ποιητικά). Ihre bekanntesten Vertreter (die sog. paiṭanîm) sind Jannai und Elazar ben Kalir (8./9.Jh., in Palästina?).

2. Das Schwergewicht des J.s hatte sich inzwischen nach *Westen* verschoben. Die ältesten jüd. Siedlungen in Europa befanden sich auf dem Balkan, in Italien, Spanien und Portugal. In besonderem Ansehen stand die große jüd. Gemeinde in Rom; daneben waren die Gemeinden von Mailand, Ravenna, Siena bedeutend, in Süditalien von Puteoli, Neapel, Tarent, Capua, auf Sizilien von Syrakus, Palermo, Agrigent. Im Kriege zwischen Byzanz und den Ostgoten in *Italien* (535-555) hielten die Juden im allgemeinen zu den → Goten, da das germanische Recht ihnen mehr Lebensraum gewährte. Das erstarkende → Papsttum trieb eine maßvolle Judenpolitik, verwarf die Zwangstaufe (→ Judenmission), war freilich auch mißtrauisch gegen den jüd. Proselytismus. → Gregor d.Gr. hoffte, die Juden durch Vergünstigungen (Steuerermäßigung für Neubekehrte, Unterstützungen) zu gewinnen; er bekämpfte den durch jüd. Vermittlung betriebenen Sklavenhandel mit Kriegsgefangenen. - Unter den Merowingern in *Frankreich* erfuhren die Juden Beschränkungen: das Konzil von Orléans 533 verbot die Heirat zwischen Christen und Juden; Juden durften nicht Richter über Christen sein. Gelegentlich kam es zu Gewaltakten, unter Chilperich auch zu Zwangstaufen (582). Die Siege der Muslime im Osten über christliche Heere legte man auch den Juden zur Last, die mit den Muslimen die Leugnung der Gottheit Christi gemeinsam hatten. Größere jüd. Gemeinden gab es in Paris, Orléans und Tours. - In *Spanien* sympathisierten die Juden mit der westgotischen Herrschaft, solange diese arianisch war; dies war die natürliche Folge gegen die auf der Synode von Elvira (306) geübte Bedrückung. Seit dem Übertritt König Rekkareds I. (586-601) zum Katholizismus wurden jedoch den Juden zahlreiche Beschränkungen auferlegt. Erzbischof → Isidor von Sevilla schrieb eine antijüd. Polemik. Der eigentliche Plan, die Juden restlos aus dem Westgotenreich zu vertreiben, erwies sich aber als undurchführbar. So bedeutete die arabische Eroberung der Pyrenäenhalbinsel 711 für die Juden eine Befreiung. In *Frankreich* stellte Kaiser Ludwig der Fromme (814-840) als erster die Juden unter kaiserliche Vormundschaft; einzelnen Juden verlieh er aus wirtschaftlichen Gründen besondere Schutzurkunden. Ein heftiger Gegner dieser Schutzpolitik war → Agobard von Lyon. Das sich anbahnende Lehenssystem entzog die Juden allmählich der kaiserlich-königlichen Gewalt; an ihre Stelle trat der Graf oder der Bischof, die sie besteuerten oder von ihnen liehen. - In *Deutschland* befanden sich die wichtigsten jüd. Siedlungen in den Bistümern im Westen und am Rhein: Metz, Trier, Köln, Mainz, Worms, Speyer, ferner in Regensburg, Magdeburg und Merseburg. Seit 1050 traten die Juden Süddeutschlands, Lothringens und Böhmens in Handel,

Wirtschaft und Grundbesitz auffälliger hervor. Kaiser Heinrich IV. übernahm 1090 über sie die Schutzvormundschaft und verbriefte ihre Rechte. Damals bildete die französische und deutsche Judenschaft eine Einheit; für die am Rhein lebenden Juden war Lothringen das Zentrum. Hier fand auch der in Babylonien untergegangene Talmudismus eine neue Stätte. Metz, Mainz und Worms erhielten Talmudschulen. In Mainz wirkte um 995 der Talmudist Gerschom ben Jehuda (genannt Me'ôr hagôlā, Leuchte des Exils) mit vielen Schülern, die, wie einst die Gaonen, religionsgesetzliche Gutachten ausstellten. 1065 gründete → Raschi nach Studien in Worms und Mainz eine Talmudschule in seiner Heimat Troyes. Seine Kommentare zur Bibel und zum Talmud sind noch heute für das orthodoxe J. maßgebend und haben auch auf die christliche → Schriftauslegung (: IV) eingewirkt (u.a. → Nikolaus von Lyra, → Luther). – Durch die Verschiebung des Schwerpunktes jüd. Lebens von Osten nach Westen am Ende des 1.Jt.s nChr wurden auf einige Zeit *Afrika* und *Italien* zu besonderen Stationen. Aus dieser Zeit und diesen Ländern ist wenig Halachisches in der jüd. Literatur erhalten, desto mehr Midraschim. Zu den Kultdichtern jener Epoche gehören Schefatja und Amittai in Oria (Apulien) um 900. Dort lebte auch der älteste hebräisch schreibende Mediziner des europäischen J.s, Schabbatai Donolo († 983), und in Italien entstand die berühmte hebräische Paraphrase des → Josephus, die jüd. Chronik des sog. Josippon (vor 950; → Joseph ben Gorion). Im arabischen *Spanien* traten die Juden im Anfang des 10.Jh.s in den Vordergrund. Chasdai ibn Schaprut, um 940 in Cordova, wo eine Talmudschule entstand, wurde Höfling des Kalifen ʿAbd ur-Raḥman III. und seines Nachfolgers. Nach Zerfall des dortigen Kalifats bildeten sich jüd. Zentren in Granada, Lucena und Sevilla. Samuel ha-Lewi ibn Nagdela (Samuel ha-Nagid) aus Cordova († 1055), Staatssekretär des Emirs von Granada, schrieb eine zT noch erhaltene Einleitung in den Talmud und besang als erster jüd. Dichter auch weltliche Motive. Prosawerke pflegten die Juden auf arabisch, Poesie auf hebräisch zu verfassen. Die jüd.-arabische Renaissance, die in Spanien 400 Jahre früher als die → Renaissance in Italien aufkam, zeigt sich als Fortsetzung des Hellenismus, der sich schon in Bagdad mit dem Arabismus und dem Persertum verschmolzen hatte. In dieser Synthese empfingen die Muslime und auch die Juden Spaniens das Erbe des → Plato, → Aristoteles, → Plotin, al-→ Farabi und → Avicenna. Jehuda Chajjug und Ibn Ganach (um 1050) führten die hebräische Grammatik und Lexikographie weiter, Salomon ibn Gabirol (→ Avicebron, ca 1020–70) verfaßte den Meqôr Ḥäjjîm (Lebensquell), eine neuplatonische Emanationslehre unter dem Aspekt des Makro-Mikrokosmos, die in lateinischer Übersetzung auch von der christlichen → Scholastik benutzt wurde. Auf die Theologie des Muslims → Gazzali gehen die »Herzenspflichten« (Farā'iḍ al-qulūb, hebr. Ḥôbôt ha-lebabôt) des Bachja ibn Paquda zurück (1040), die zum weitverbreiteten jüd. Andachtsbuch wurden und vielleicht auf die Exerzitien des Ignatius von → Loyola eingewirkt haben. – Die → *Kreuzzüge* (1096–1215) bedeuten einen Wendepunkt für das abendländische J. Da Juden und Muslime von den Christen auf dieselbe Stufe gestellt wurden, gab es während der drei ersten Kreuzzüge (1096, 1147, 1189/90) zahlreiche jüd. Märtyrer, bes. in Frankreich, Rheinland, Böhmen und Palästina. Auch der Kampf der Kirche gegen die Häretiker (→ Albigenser usw) trug zur Isolierung der Juden bei; die Lateransynode 1215 unter → Innozenz III. schrieb ihnen Sondertracht vor und versagte ihnen öffentliche Ämter. Kaiser, Könige und Adel übernahmen zwar ihren »Schutz«, ließen sich aber dafür geldlich entschädigen und konfiszierten gelegentlich die jüd. Vermögen. Erträglicher war ihre Lage in *Italien* und *Spanien,* abgesehen von der Periode der fanatischen Almohaden in Spanien (1147/48). Den Verfolgten standen die kastilischen Könige zunächst freundlich gegenüber und boten ihnen Asyl. In *Frankreich* beschlagnahmte Philipp II. das gesamte jüd. Vermögen und wies 1182 alle Juden aus, hob aber 1198 das Edikt wieder auf. Nach *England* waren die Juden seit 1066 in stärkerer Zahl eingewandert, erst nach Cambridge und Oxford, dann nach London. Dort wurden sie bald Inhaber des Kreditgeschäftes und als solche in die Krisen des Wirtschaftslebens verwickelt. In *Deutschland* wurde der Kaiser in Nachfolge des römischen Cäsars ausschließlicher Protektor der Juden. Die Leiden, die die Kreuzzüge für die Juden brachten, verstärkten die Trennung zwischen Juden und Christen und veranlaßten jüd. Gemeinden zum Zusammenschluß in größeren Verbänden. Seit 1150 gab es Konferenzen (weʿadîm) der Rabbinen, die erste unter dem berühmten Tosafisten Rabbenu Tam in Frankreich. Dort erreichte der Talmudismus im 12.Jh. seinen Höhepunkt. Die → Kasuistik (pilpul) wurde auf die Spitze getrieben, die Gemara erhielt durch die sog. Tosafisten »Zusätze« (tôsafôt). Die ersten Tosafisten stammten aus der Familie Raschis in Troyes, unter ihnen ragten hervor Samuel ben Meir und Rabbenu Tam (1100–71). Noch heute stehen die tôsafôt am Rande der Talmudausgaben. Als Reaktion auf die überspitzte Kasuistik und gefördert durch Verfolgungen trat im J. die → Mystik (: III) stärker zutage: Rabbi Samuel Chasid in Speyer († 1180), sein Sohn Jehuda und sein Schüler Elazar Roqeach aus Worms stellten in dem von ihnen verfaßten »Buch der Frommen« (Sefer Chasidim) Gebet und Wandel über halachisches Wissen. Die synagogale Poesie bewegte sich in Elegien auf die Märtyrer. Ebenfalls im 12.Jh. erreichte in *Spanien* die jüd.-arabische Renaissance ihren höchsten Glanz durch Dichter und Philosophen (→ Jüdische Philosophie): Mose → Ibn Esra schrieb profane und sakrale Dichtungen und mühte sich um den Ausgleich zwischen Philosophie und Offenbarung. → Jehuda ha-Levi († ca 1140) verfaßte Hymnen auf Zion und bes. das religionsphilosophische Sefer ha-Kuzari, eine klassisch gewordene Apologie der jüd. Religion auf irrationaler Grundlage (→ Jüdische Theologie). Abraham → Ibn Esra († 1167) exegesierte die Bibel mit Neigung zur Mystik. Abraham Ibn Dawud († 1180) versuchte, wenn auch unzulänglich, in seinem Werk »Erhabener Glaube« eine Synthese zwischen → Aristotelismus und jüd. Religion und griff den Kuzari des Jehuda ha-Levi an; besser gelang diese Synthese dem bedeutendsten Philosophen des J.s, Mose ben Maimun (→ Maimonides, † 1204), dessen Wirkungen weit über die Synagoge hinausreichten. Von Maimonides haben wir ein Sendschreiben an die Juden in *Jemen* (Südarabien), die dort, wahrscheinlich seit dem 2.Jh. nChr, am Rande der jüd. Geschichte lebend, altertümliche Riten (u.a. besonderes Akzentsystem im Bibeltext, besonderes Gebetbuch) bewahrt haben. Ihnen benachbart, aber ganz abseitig entwickelten sich die Falascha in *Abessinien* (→ Äthiopien: II, 3). – In *Südfrankreich* wurde David → Kimchi († 1235) der maßgebende Hebraist des MA; er verfaßte eine hebräische Grammatik nebst Lexikon und einen Bibelkommentar mit philologischer Tendenz. Die Familie der Tibboniden (bes. Jehuda ibn Tibbon, † 1190; Samuel, † 1230) wurde berühmt durch ihre Übersetzungen von Werken arabischer und jüd.-arabischer Religionsphilosophen aus dem Arabischen ins Hebräische.

3. Infolge der Leiden der Kreuzzüge wanderten deutsche Juden nach *Polen* und *Rußland* aus; seit 1150 gab es dort größere jüd. Gemeinden. Im *Westen* verschlimmerte

sich ihre Lage durch die Errichtung der → Inquisition und deren Unterstellung unter den rasch aufblühenden → Dominikaner-Orden, der sich die Bekehrung der Juden zum Ziel setzte. Nach 1150 wurde es Sitte, daß Dominikaner öffentlich mit Juden über Dreieinigkeit, Mutter Gottes, wunderbare Geburt Jesu, Erbsünde, Messias disputierten; auch auf jüd. Seite gab es Berufsdisputanten (zB Natan Offizial und sein Sohn Josef, 13.Jh.). Jüd. Renegaten gaben sich zu Angriffen auf ihre Glaubensgenossen her. Die Folge war die öffentliche Verbrennung des Talmud in Paris und an anderen Orten (1242) und die Ausweisung der Juden aus Frankreich unter Philipp dem Schönen (1306). 1290 waren sie schon aus England ausgewiesen worden. In *Spanien,* wo Kastilier und Aragonier über die Almohaden gesiegt hatten (1212), bezogen Juden die verlassenen maurischen Siedlungen. Im aragonischen Barcelona, dem Hauptsitz der Dominikaner, disputierte Paulus Christiani 1263 mit Mose bar Nachman (Nachmanides), der ihm standhielt, ohne daß die Juden davon Vorteil gehabt hätten. Das 13.Jh. war bei den spanischen und französischen Juden vom Streit um den Maimonismus erfüllt. Zeitweilig verbündete sich die jüd. Orthodoxie sogar mit der Inquisition gegen die Maimonisten. Im Kampfe gegen die Philosophie stand zunächst auch die → *Kabbala,* eine jüd. umgebildete Gnosis mit neuplatonisch-mystischem Einschlag. Das schon ältere mystische Buch »J^{e}ṣîra« (s. 1) gewann an Ansehen; Grundlage der Kabbalistik wurde der Zohar, herausgegeben als Sammlung verschiedener Schriften anonymer Herkunft von Mose de Leon Ende des 13.Jh.s in Kastilien. In *Deutschland* teilten sich Kaiser, Lehnsherren und Städte in die Vormundschaft über die Juden; sie wurden kaiserliche »Kammerknechte« (servi camerae nostrae). Ihre Lage wurde erschwert durch die Ritualmordbeschuldigungen und den Vorwurf der Hostienschändung. Auch in *Spanien,* wo sie um die Mitte des 14.Jh.s in die Hofpolitik geraten waren, mußten sie gegen Ende des Jh.s schwere Verfolgungen auf sich nehmen. Unter Einfluß des aus Deutschland nach Kastilien ausgewanderten Talmudisten Ascher ben Jechiel entstand dort eine neue Art von Kodifikatoren der → Halacha, die sog. Dezisoren (pôs^{e}qîm), die bestrebt waren, endgültige Entscheidungen (p^{e}saqîm) zu sammeln. Ascher ben Jechiel selbst verfaßte den Gesetzeskodex Arba'a Ṭûrîm (»die vier [Edelstein-]Reihen«, dh vier Abschnitte über die Halacha), der Vorläufer und Grundlage des späteren Šulḥan 'Arûk geworden ist. In *Frankreich* endete das 14.Jh. mit der Ausweisung der Juden unter Karl VI. Von Südfrankreich nahm der Vorwurf der Brunnenvergiftung anläßlich des Schwarzen Todes seinen Ausgang und löste die schwerste aller mittelalterlichen Judenverfolgungen in Mitteleuropa aus. Schon unter Ludwig dem Bayern (1314-47) hatte es Verfolgungen gegeben, aber die mit der Seuche einhergehenden stellten alles Bisherige in den Schatten: 1348/49 wurden ca 300 jüd. Gemeinden in Elsaß, Rheinland, Thüringen, Bayern und Österreich vernichtet, der Rest nur noch geduldet. Die Hussitenkriege brachten den Juden erneuten Niedergang; der Franziskaner → Johannes von Capestrano predigte 1450 in Süd- und Ostdeutschland nicht nur gegen die Türken, sondern auch gegen die Juden. Durch die beständige Absperrung im Ghetto und den andauernden Druck verengte sich der jüd. Geist: das Interesse der Rabbinen galt nur noch den Fragen des Ritus und Kultus. – Die Vereinigung der Königreiche Kastilien und Aragon unter Ferdinand und Isabella (1469; → Spanien) unterstellte die jüd. Scheinchristen (Marranen, hebr. anûsîm, »Gezwungene«) der Inquisition. Nach Bezwingung der letzten Mauren in Granada hatte sie die endgültige Ausweisung der Juden aus Spanien (1492) und Portugal (1497) zur Folge; die Vertriebenen fanden Zuflucht in Navarra, Nordfrankreich, Italien, bes. aber in der Türkei. Dabei erfuhr vor allem die Kabbala einen gewaltigen Aufschwung. Sefardische Juden errichteten in Konstantinopel und Saloniki Druckereien. Auch italienische Juden wandten sich nach Palästina, unter ihnen der Mischna-Kommentator Obadja de Bertinoro († ca 1500), dessen Kommentar heute am Rande jeder Mischna-Ausgabe steht. Jakob Chabib in Saloniki verfaßte einen Auszug der haggadischen Stoffe des Talmud in dem weit verbreiteten 'Ên Jä'^{a}qob. Josef → Karo († 1575) schrieb nach dem Vorbild der Arba'a Ṭûrîm des Jakob b. Ascher sein Gesetzeskompendium Bêt Jôsef, wovon der berühmte Šulḥan 'Arûk ein Auszug ist (s.o.).

4. Die Entdeckung der Antike, darunter der → Apokryphen und → Pseudepigraphen, des von den Juden ganz vergessenen → Philo von Alexandrien und des Flavius → Josephus durch die Humanisten ging an den Juden nicht spurlos vorüber und gab vielen, zunächst denen in Italien, einen weiteren Gesichtskreis und stärkere geistige Anregung. Azarja de Rossi aus Mantua († 1578) schrieb unter dem Einfluß von Philo das ketzerische Buch Me'ôr 'ênäjim (Leuchte der Augen) mit Abhandlungen über die LXX und jüd. Altertümer. Der Skeptiker Leon Modena aus Venedig († 1648) kritisierte heimlich den Talmud und den Zohar und polemisierte gegen das Christentum. Josef del Medigo aus Kreta († 1655) versuchte eine Synthese von Kabbala und Humanismus. In Deutschland, wo sich die Juden durch sog. štädlanîm (Fürsprecher) beim Kaiser vertreten ließen (zB durch Josel von Rosheim, † 1554), brachte der Humanismus den Streit um den Talmud und die jüd. Literatur zwischen den Dominikanern und → Reuchlin; das Laterankonzil trat auf die Seite Reuchlins. Die Reformation besserte die Lage der Juden nicht wesentlich. → Luther hoffte zunächst auf die Bekehrung der Juden zum Evangelium (»Daß unser Herr Jesus Christus ein geborener Jude sei«, 1523) und bekämpfte sie heftig, als seine Hoffnung sich nicht erfüllte (»Von den Jüden und ihren Lügen«, 1543). Das Verhältnis der Reformatoren zu den Juden wurde frühzeitig durch die mancherlei Sekten, bes. durch die → Antitrinitarier, belastet, deren Leugnung der Trinität der rabbinischen Polemik zugute kam. → Bucer empfahl dem Landgrafen von Hessen die Vertreibung der Juden, zumindest ihre Beschränkung auf das mosaische Gesetz unter Ausschluß des Talmud, Verbot des Bauens von Synagogen und des Handels. Andererseits trat → Osiander gegen die Beschuldigung des → Ritualmordes (: II) auf. In Prag und Wien wurden in der 2. Hälfte des 16.Jh.s die Juden erneut unter kaiserlichen Schutz gestellt. Das bedeutendste jüd. Zentrum in *Deutschland* wurde damals → Frankfurt/M.; die Reaktion darauf war ein Aufstand der Bevölkerung Frankfurts (1614). Im Laufe des 17.Jh.s, bes. während des 30jährigen Krieges, traten Juden meist als Hofbankiers und Heereslieferanten in Beziehung zu ihrer Umwelt. – Innerhalb der jüd. Gemeinden beherrschte nach wie vor die religionsgesetzliche Kasuistik das Feld. Der Prager Rabbi Jomtob Lipmann Heller († 1654) schrieb einen noch heute gebrauchten Kommentar zur Mischna. David Gans in Prag († 1613) hinterließ eine bis 1592 reichende Chronik (Ṣæmaḥ David), die im ersten Teil die jüd. Geschichte, im zweiten die Weltgeschichte in Form trockener Annalen enthält und auf älteren deutschen Chroniken beruht. Aus dem Ende des 16.Jh.s stammt das bes. bei den jüd. Frauen verbreitete Ṣe'æna u-Re'æna (»Kommt und seht«), eine jüd.-deutsche Paraphrase der biblischen Geschichte, verfaßt von dem aus Polen stammenden Jakob ben Isaak. In *Polen* wurden die Juden nach Einführung des Wahlkönigtums (1562) immer ab-

hängiger vom Adel und von den Städten. In den Städten eingeengt, drängten sie aufs Land, und es bildeten sich jüd. Dorfkolonien mit jüd. Pächtern. Ende des 16.Jh.s konstituierte sich in Polen der sog. Qahal (»Gemeinde«, später speziell »Gemeindevorstand«), vom Staat als autonom anerkannt, mit untergeordneten Verbänden und Genossenschaften. Die Qehalîm ihrerseits schlossen sich zu Landtagen zusammen, zB auf der Messe zu Lublin (16.Jh.). In den Elementar- und Talmudschulen blühte die → Kasuistik. Aus Italien kam die Kabbala um 1600 auch nach Polen. Reformation und Sekten, bes. die Antitrinitarier, belebten dort das Religionsgespräch zwischen Christen und Juden in neuer Form: Isaak Troki aus Litauen verfaßte seine berühmte Polemik Ḥizzûq Aemûna (»Ermutigung des Glaubens«), die auf die Aufklärung (→ Voltaire, D.F. → Strauß) gewirkt hat. – Sefardische Judenfamilien, deren Vorfahren in den Jahren nach 1492 aus der Pyrenäenhalbinsel vertrieben worden waren, fanden eine Zuflucht in *Holland*. Dort gab es Rabbinen mit humanistischer Bildung (u.a. Manasse ben Israel in Amsterdam), aber auch Häretiker: der Marrane Uriel → da Costa († 1640), der 1612 zum J. zurückkehrte, kritisierte die jüd. Tradition und wurde in den Bann getan. Ein gleiches Geschick erfuhr 1656 der jüd. Philosoph Baruch → Spinoza. Die vom Humanismus und von den Vorboten der Aufklärung bedrohten jüd. Gemeinden waren für den Pseudomessianismus anfällig, der sich zB in der Bewegung des → Sabbatai Zewi in Smyrna (1626 bis 1708) kundtat, 1666 seinen Höhepunkt erreichte, auch nach dem Bankrott des Sabbatai noch lange nachwirkte und sogar Christen in seinen Bann zog. Ein Typus der Zeit war der Pseudomessias Jakob Frank (1726 bis 1791) in Smyrna und Saloniki, der schließlich mit seinen Anhängern zur römischen Kirche übertrat. – Bitteres Leid erlebte das *Ost-J.* um die Mitte des 17.Jh.s durch den Aufstand des Kosakenhetmans Chjelmnizki in der Ukraine; die gegen die Gutsherren kämpfenden Bauern dezimierten auch die jüd. Gemeinde; die Invasion der Russen und Schweden gab ihnen den Rest. Seit 1650 wiederholten sich in den polnischen Städten regelmäßig die Pogrome. Ganze Gemeinden fielen der Vernichtung anheim.

5. Gegen Ende des 17. und zu Beginn des 18.Jh.s brachte der aufgeklärte Absolutismus den Juden gewisse Milderungen. Katharina II. von → *Rußland* lockerte die strengen Bestimmungen über die seit 1650 in Rußland wieder zugelassenen Juden, zumal durch Angliederung Weißrußlands und der Krim an das Zarenreich Juden zu russischen Untertanen geworden waren. – In → *Österreich* schwankte die Obrigkeit immer wieder zwischen Ausweisung und Zulassung. Die aus den Franzosen- und Türkenkriegen herrührenden Finanznöte brachten jüd. Finanzmänner, sog. kaiserliche Hoffaktoren (zB Samson Wertheimer und Samuel Oppenheimer in Wien), an den Hof. Maria Theresia wies die Juden aus Prag aus, ließ sie aber bald danach zurückkehren. Die Einverleibung Galiziens brachte Österreich eine erhebliche Vermehrung des jüd. Bevölkerungsanteils. – In → *Preußen* verfügte der Große Kurfürst 1671 die Zulassung jüd. Einwanderer, beschränkte aber gleichzeitig die Möglichkeit zur Familiengründung. Unter König Friedrich I. wuchs die jüd. Gemeinde Berlin rasch zu größerer Bedeutung heran. Friedrich II. unterschied zwischen »ordentlichen« und »außerordentlichen« Schutzjuden. – In *Hamburg* wuchs die jüd. Gemeinde im 18.Jh. erheblich und wandelte sich gleichzeitig aus einer sefardischen zu einer aschkenasischen (zu dieser Unterscheidung s. → Gottesdienst: III, 4). Ihre Rabbinen standen in den innerjüd. Auseinandersetzungen in vorderster Linie, zB der Kabbalist und heimliche Anhänger des Sabbatai Zewi, Jonatan Eibeschütz in Hamburg und sein Gegner Jakob Emden in Altona. Eine besondere Rolle spielte die jüd. Gemeinde in *Frankfurt/M.*; sie stand infolge der engen Verbindung Frankfurts mit dem kaiserlichen Hofe in Wien zwischen Kaiser und Magistrat. Dort schrieb der christliche Hebraist Johann → Eisenmenger 1700 sein »Entdecktes J.« und Jakob Schudt seine »Jüd. Merckwürdigkeiten« (1714–18). An den deutschen Fürstenhöfen der Zeit lebten jüd. Finanzmänner als Favoriten, zB Lehmann in Dresden, Behrens in Hannover, Süß Oppenheimer in Stuttgart (hingerichtet 1738). Oft stürzten sie ebenso rasch, wie sie emporgekommen waren, und ihr Wirken war dem Ansehen der jüd. Gemeinden schädlich. Der Absolutismus suchte die Autonomie der jüd. Verbände gelegentlich zurückzudrängen, zB durch die Ernennung von sog. Landesrabbinern in Schlesien 1744 und anderswo. – Nach *England* waren die Juden unter → Cromwell wieder zurückgekehrt. In *Spanien* verfolgte die Inquisition noch bis zum Beginn des 19.Jh.s die Marranen (s. 3). Um die Mitte des 18.Jh.s begann die → *Aufklärung* auch in die jüd. Gemeinden einzudringen; sie wurde dort Haskala genannt. – Eine positive Spätblüte der → Kabbala, geboren aus dem aufrichtigen Bedürfnis nach persönlicher Frömmigkeit, war der durch den Fuhrmann Israel → Baal-Schem-Tob († ca 1760) in Podolien und Wolhynien begründete → Chassidismus; er kam rasch empor und verbreitete sich im ganzen Ost-J. als Reaktion auf die Erstarrung der religionsgeschichtlichen Tradition, die überspitzte Kasuistik und die Verarmung des inneren Lebens.

H.Graetz, Gesch. d. Juden, 11 Bde, (1853–75) 1923[2–5] – Ders., Volkstümliche Gesch. d. Juden, 3 Bde, o.J. – F.Heman, Gesch. d. jüd. Volkes seit der Zerstörung Jerusalems, (1908) hg.v. O.v.Harling, 1927[2] – G.Karpeles, Gesch. d. jüd. Lit., 2 Bde, 1909 – S.Dubnow, Weltgesch. d. jüd. Volkes, übers.v. A.Steinberg, 10 Bde, 1925–29 – J.Höxter, Quellenbuch zur jüd. Gesch. u. Lit., 5 Tle, 1927–30 – J.Kastein, Eine Gesch. d. Juden, 1931 – A.Waxman, A History of Jewish Lit., 3 Bde, 1933 – S.W.Baron, A Social and Religious History of the Jews, 8 Bde, 1951–58 – S.Grayzel, A History of the Jews, 1952 – E.L.Dietrich, Die hebr. Lit. der nachbibl. Zeit (HO III, 1953, 70–132).

E.L.Dietrich

III. Neue Zeit und Gegenwart

1. Emanzipation – 2. Assimilation – 3. Reform – 4. Die neue Emanzipation – 5. Statistik

1. Das J. in der neuen Zeit ist ein neues J.; die Ghettoexistenz, die ihm aufgenötigt (→ Judentum: II) und zugleich eigen war, wird aufgehoben. Die *Emanzipation* macht dem äußeren erzwungenen Ghetto ein Ende. Die Voraussetzungen für sie schafft in den englischen Kolonien Nordamerikas die stark at. bestimmte Haltung der → Puritaner, in Europa und dann auch in Amerika die → Aufklärung. Unter ihren Wegbereitern ist neben → Lessing der Kriegsrat Christian Wilhelm Dohm zu nennen. In seinem Buch »Über die bürgerliche Verbesserung der Juden« (1781) vertritt er die These, daß die Mängel, die man den Juden vorwerfe, eine Folge ihrer Entrechtung seien und daß die Gewährung gleicher Rechte sie zu guten Bürgern machen werde. Grundsätzlich werden sie – wenn auch die Durchführung im einzelnen Schwankungen und Einschränkungen zeigt – in den von 1776 an erlassenen Declarations of Rights der Vereinigten Staaten von Nordamerika, in Europa in den Toleranzerlassen → Josephs II. (1781ff) gewährt. Entscheidend wurde die Französische Revolution (→ Frankreich: I, 7) mit ihrer »Déclaration des droits de l'homme et du citoyen« (1789; → Menschenrechte: I). Unter dem Einfluß des Dohmschen Grundgedankens verlieh am 27.9.1791 die Nationalversammlung jedem Juden das Bürgerrecht, wenn er den Bürgereid leistete. Damit wurde grundsätzlich und zwangsläufig den Juden der Charakter einer »Nation« aberkannt und die Rolle einer

Konfession zugewiesen. Wenn → Napoleon auf den 17.2.1807 das »Große Synhedrion« als eine Art von jüd. Konzil nach Paris einberief, so brachte dies nicht die von vielen erhoffte Autonomie zusätzlich zur Gleichberechtigung, wohl aber eine zentralistische Ordnung des Gemeindewesens, die freilich auch, wie sich bereits unter Napoleon zeigte, zum Mittel leichterer Beherrschung des J.s werden konnte. Mit Napoleon zog die bürgerliche Gleichberechtigung der Juden und seine Ordnung ihres Gemeindewesens auch in Italien, Holland und die westdeutschen Territorien ein. In Preußen brachte die Reorganisation nach der Niederlage von 1806/07 den Juden die Emanzipation. Die Städteordnung (1808) machte sie zu städtischen Bürgern, und das unter dem Einfluß Hardenbergs und Wilhelm v. → Humboldts erlassene »Edikt, betreffend die bürgerlichen Verhältnisse der Juden in den preußischen Staaten« (1812) erkannte sie als »preußische Staatsbürger« an. Nach gewissen Rückschlägen und sogar kleineren Pogromen in der nach den Befreiungskriegen einsetzenden Reaktion brachte der an vorderster Stelle von Gabriel Riesser (1806-63) geführte Kampf um die volle Gleichberechtigung Fortschritte im Abbau noch bestehender Rechtsbeschränkungen, der freilich, vom → Antisemitismus heftig bekämpft, erst 1918 zu seinem endgültigen Ziele kam. In Italien und, wenn man von der Dreyfus-Affäre absieht, in Frankreich - Spanien hatte keine jüd. Gemeinden - war ein stetiger Fortschritt zur vollen Gleichberechtigung der Juden zu verzeichnen. In England wurde sie 1858 durchgeführt. Dagegen blieben die Juden Rußlands unter stetiger, nur in ihren Formen wechselnder Bedrückung, die oft in blutigen Pogromen Ausdruck fand. Toleranz herrschte, von gelegentlichen, durch Ritualmordmärchen ausgelösten Ausbrüchen des Fanatismus abgesehen, in den Balkanstaaten mit Ausnahme Rumäniens und in der Türkei, in sehr viel geringerem Maße dagegen in den anderen islamischen Ländern, bes. in Marokko. Für die Unterdrückten setzten sich Juden der Länder der Emanzipation ein unter Führung von Männern wie Moses Montefiore (1784-1885) in England und Isaac Adolphe Crémieux (1796-1880) in Frankreich und in Vereinigungen wie der »Alliance israélite universelle« und dem »Hilfsverein der deutschen Juden«.

2. Der Öffnung des äußeren Ghettos entspricht der Auszug aus dem inneren Ghetto, das nicht nur ein erzwungenes, sondern selbst gewählt war. Erster Ausdruck dieses Auszuges ist die *Assimilation*. Sie ist grundsätzlich damit gegeben, daß das J. das Bewußtsein verliert, Nation zu sein, und sich darauf beschränkt, als Konfession zu gelten. Und sie ist letztlich der Versuch der Loslösung von der Tradition. Die Eingliederung in das staatsbürgerliche Gefüge der Wirtsvölker bedingte die Übernahme ihrer kulturellen Werte. Anfänger der Assimilation ist Moses → Mendelssohn (1729-86), der, schon als Knabe von der Lehre des → Maimonides begeistert, die Ehrenrettung des aus der Synagoge ausgestoßenen → Spinoza im J. einleitete, das J. einerseits hinsichtlich seiner Lehre als eine Vernunftreligion und dogmenlos, andererseits als geoffenbartes Gesetz verstand, das für ihn noch uneingeschränkt verbindlich bleibt. Ferner öffnete er das J. der abendländischen Bildung, u. a. indem er durch Übersetzung biblischer Bücher ins Deutsche für das Recht der deutschen Sprache bei den Juden gegen das → Jiddische eintrat. Was Mendelssohn in sich vereinigte, fiel in der Folge auseinander. Auf der einen Seite wurde die jüdische Tradition grundsätzlich festgehalten, freilich so, daß ihr eine Beziehung auf die Menschheit gegeben wurde, auf der anderen Seite wurde sie von der Reform an das Humane preisgegeben, aus dem geoffenbarten Gesetz mehr oder weniger natürliche oder vernünftige Religion. Das erstere war der Fall bei Isaac Bernays und Samson Raphael → Hirsch, die die Einmaligkeit der Offenbarung und die Geltung des geoffenbarten Gesetzes vertreten und dem gesetzestreuen J. entscheidende Bedeutung, eine Art Apostelamt für die Völker zuschreiben. Es war in anderer Weise der Fall in der »Wissenschaft des J.s«, der es um die geschichtliche Erkenntnis des J.s ging. Wenn das J. damit grundsätzlich aufhörte, eine absolute Wahrheit zu sein, so fiel doch in der Wissenschaft des J.s zT unter dem Einfluß → Herders und der → Romantik alles Gewicht auf seine konkrete individuelle Gestalt; sie half dem Juden, sich seines J.s bewußt zu werden oder zu bleiben. Begründet wurde sie von Leopold Zunz (1794 bis 1886); er gab 1823 als Organ des 1819 in Berlin gegründeten »Vereins für Cultur und Wissenschaft des J.s« die »Zeitschrift für die Wissenschaft des J.s« heraus. Neben ihm haben ihren Platz Nachman Krochmal (1780 bis 1840), Salomo Juda → Rapoport (1790-1867), Isaak Markus Jost (1793-1860) und Samuel David → Luzatto (1800-65). Positiv historisch versteht die Wissenschaft des J.s Zacharias Frankel (1801-75) und fördert sie bes. durch die 1852 gegründete »Monatsschrift für Geschichte und Wissenschaft des J.s«. Seine Vermittlungstheologie erhielt ein Zentrum in dem 1854 gegründeten »Jüd.-theologischen Seminar, Fraenkelsche Stiftung« in Breslau, dessen Leiter Frankel wurde und das es den Lehrern zur Pflicht machte, »auf dem Boden des positiven und historischen J.s fortzubauen«; an ihm wirkten u.a. Heinrich Graetz, Jakob Bernays, Freudenthal und Manuel Joel. In gleichem Geiste wirkte die Landesrabbinerschule in Budapest (1877), an der David Kaufmann und Wilhelm Bacher lehrten, die Israelitisch-Theologische Lehranstalt in Wien (1893), das Jewish Theological Seminary of America in New York (1886) u.a. In Padua war schon 1829 das Collegio Rabbinico gegründet worden, dem Isaak Samuel Reggios 1827 in hebräischer Sprache in Wien erschienene Schrift »Tora und Philosophie« als Programm diente. Das orthodoxe J. erhielt in Berlin ein Zentrum in dem durch Israel Hildesheimer geschaffenen »Rabbinerseminar für das orthodoxe J.« (1873), an dem neben Hildesheimer David Hoffmann und Abraham Berliner wirkten, die das »Magazin für die Wissenschaft des J.s« (1874-92) herausgaben.

3. Die Wissenschaft des J.s wird zur *Reform*, wenn der Begriff der Entwicklung eine Art dogmatischen Rang bekommt. Der Entwicklungsbegriff stellt die Autorität der biblischen und vor allem der nachbiblischen Tradition in Frage oder löst sie auf. Es entsteht das liberale J. im eigentlichen Sinn. Dieses tilgt vielfach mit peinlicher Gewissenhaftigkeit aus dem J., was irgend nationale Färbung hat, insbesondere die Erwartung eines Messias und einer Rückkehr nach Palästina. Zunächst wurden noch ohne theoretische Grundlegung Versuche einer Reform des synagogalen → Gottesdienstes (: III) unternommen, den zuerst in Berlin 1815 Israel Jacobson möglichst dem prot. anzugleichen suchte, namentlich durch Gebrauch der deutschen Sprache, durch Einführung von Predigt und Orgel. In Hamburg wurde 1818 der erste Reformtempel errichtet. Fragen der synagogalen Reform wie auch die Messiasfrage und die Sabbatfrage beschäftigten und erregten die Rabbinerversammlungen in Braunschweig 1844, Frankfurt 1845 und Breslau 1846. Der führende Kopf der Reform war Abraham → Geiger (1810-74), der mit seiner »Wissenschaftlichen Zeitschrift für jüd. Theologie« (1835-47) und »Jüd. Zeitschrift für Wissenschaft und Leben« (1862-74) größten Einfluß übte. Neben ihm steht Samuel Holdheim (1806 bis 1860), der eine radikal anationale Tendenz vertritt. Seinen Mittelpunkt erhielt das Reform-J. in der »Hochschule für die Wissenschaft des J.s« in Berlin (1872), an

der u.a. Steinthal und David Cassel lehrten. In Budapest wirkte im Sinne des → Liberalismus Leopold Löw (1811 bis 1875), in Paris Théodore Reinach, Gründer der Union Libérale Israélite (1907), in England C.G. → Montefiore, Mitbegründer von »The Jewish Religious Union« (1902) und Mitherausgeber der Jewish Quarterly Review. In Amerika wurde auf der durch Kaufmann Kohler einberufenen Pittsburger Konferenz 1885 ein Programm des liberalen J.s angenommen, in dem die Synthese zwischen J. und moderner Humanität vollzogen wurde, 1875 das liberale Hebrew Union College in Cincinnati unter Isaac M. Wise gegründet. Das liberale Welt-J. schloß sich zusammen in »The World Union for Progressive Judaism«. - Die geschichtliche Betrachtung des J.s und die Erforschung seiner Geschichte brachte sehr bald auch die Beteiligung an der Forschung über die Entstehung des Christentums und gesteigertes Interesse an dem geschichtlichen Jesus als jüdischem Menschen, ebenso eine Auseinandersetzung mit dem Christentum in religionsphilosophischen jüdischen Arbeiten von Samuel Formstecher (Die Religion des Geistes, 1841) und Samuel Hirsch (Das System der religiösen Anschauungen der Juden und sein Verhältnis zum Heidentum, Christentum und zur absoluten Philosophie, 1842) bis zu Constantin Brunner (Unser Christus oder das Wesen des Genies, 1921) und Max Brod (Heidentum, Christentum, J., 1922). - Im liberalen J. liegen die Voraussetzungen auch für Versuche einer → jüdischen Theologie, da Glaubensaussagen vor dem Religionsgesetz den Vorrang bekommen. In der Regel handelt es sich in den systematischen Versuchen um einen ethischen Monotheismus. Auf der einen Seite steht dabei Salomo Ludwig Steinheim (Die Offenbarung nach dem Lehrbegriff der Synagoge, 1835-65), der mit seiner Offenbarungstheorie sich zwar von der Orthodoxie abhebt, aber vom Liberalismus dadurch geschieden ist, daß er Offenbarung im scharfen Gegensatz zum menschlichen Selbstbewußtsein als absolut einmalig und als einzige Quelle der Gotteserkenntnis versteht. Auf der anderen Seite steht Kaufmann Kohlers »Grundriß einer systematischen Theologie des J.s« (1910), dem Offenbarung »die Erscheinung Gottes auf dem Spiegelbild der Seele« und »der jüd. Volksgenius ... Schöpfer des religiösen Gedankens« ist. Die tiefste systematische (aber philosophische) Darstellung des J.s ist die des Neukantianers Hermann → Cohen (Die Religion der Vernunft aus den Quellen des J.s, [1919] 1929²); die führende Gestalt des liberalen J.s der jüngsten Zeit ist Leo → Baeck. Von besonderer Bedeutung für Forschung und Lehre des J.s wurden die »Akademie für die Wissenschaft des J.s« in Berlin (seit 1918) und die Hebräische Universität zu Jerusalem (1925), auf der zwar Judaica getrieben werden, die aber, wenn man es so ausdrücken kann, keine »theologische Fakultät« besitzt.

4. In der neuesten Zeit hat der 1. Weltkrieg äußere und innere Veränderungen der Lage und des Zustandes des J.s gebracht. Indem die westlichen Teile Rußlands in neuen Staaten enger mit dem eigentlichen Europa verbunden wurden, wurde das Leben der Ostjudenheit der Westjudenheit intensiver bekannt, und Martin → Bubers Bemühen um die Interpretation und Vermittlung des → Chassidismus fiel nun auf bereiteten Boden. Franz → Rosenzweig beginnt bei theoretisch liberalem Standpunkt immer stärker jüdisch traditionelle Formen in sein persönliches Leben zu übernehmen. Am wichtigsten ist das Anwachsen des → Zionismus, der insofern als eine *neue Emanzipation* zu gelten hat, als in ihm das J. um seine Anerkennung als Nation, nicht mehr als Konfession kämpft. Er erfährt stärkste Steigerung, als durch den Nationalsozialismus die deutschen und in den von ihm eroberten Ländern die übrigen Juden Europas fast ausgerottet werden. Diese physische Vernichtung wird von manchen als das Ergebnis der Emanzipation und als Beweis gegen sie gewertet. Mit der Gründung des Staates → Israel (: III) ist die Frage und Aufgabe der Diaspora nicht gelöst, sondern neu gestellt; es ist die Frage nach einem J. jenseits von Assimilation und Zionismus.

5. *Statistik:* Europa einschließlich UdSSR und Türkei 3 461 450 (29%); Nord- und Südamerika 6 063 362 (51%); Asien 1 753 296 (14,5%); Afrika 600 750 (5%); Australien und Neuseeland 58 013 (0,5%). - Israel 1 762 000.

I. ELBOGEN, Ein Jh. Wissenschaft des J.s, 1922 - RGG² III, 486ff - M. WIENER, Tradition u. Kritik im J. (in: P. TILLICH [Hg.], Protestantismus als Kritik u. Gestaltung, 1929, 347-407) - DERS., Jüd. Religion im Zeitalter der Emanzipation, 1939 - H.J. SCHOEPS, Jüd. Glaube in dieser Zeit, 1932 - G. LINDESKOG, Die Jesusfrage im neuzeitlichen J., Uppsala 1938 - K. SCHUBERT, Die Religion des nachbibl. J.s, 1955 - Yearbook I (Publications of the Leo Baeck Institute of Jews from Germany), London 1956 (Lit.) - German Jewry (The Wiener Library. Catalogue Series Nr. 3), ebd 1958. *W. Holsten*

IV. Judentum und Christentum in nt. Zeit

Die Zusammenhänge und das Gegenüber von antikem J. (vor der Normierung durch → Mischna und → Talmud) und frühem → Christentum (: I) können letztlich nur an Einzelproblemen (wie → Gesetz, → Erlösung usw) aufgezeigt werden; hier handelt es sich allein darum, die historischen Voraussetzungen zusammenzufassen.

Im J. wurde → Jesus geboren, in ihm lebte, lehrte und starb er. Obwohl er bei den Synoptikern stets mit »Rabbi« angeredet wird, macht es doch seine ständige Opposition zu der sich damals ausbildenden Gesetzlichkeit und Äußerlichkeit wenig wahrscheinlich, daß er selbst ein Schriftgelehrter (soper) war. Die wichtigste »Belehrung«, die er empfing, war wohl der Einfluß von oder in dem Kreis um → Johannes den Täufer. Jesus predigte im wesentlichen dieselbe Botschaft wie Johannes und wurde wie dieser messianischer Prophet. Da sogar Rabbi → Akiba ein Jh. später noch in → Simon bæn Kosba den Messias erkennen konnte, ist offenbar, daß die messianische Verkündigung Jesu als solche für das J. nicht die Grenzen des Tragbaren überschritt. - Der andere Pol der Predigt Jesu war die Erfüllung des Gotteswillens als rechte Bereitung für die kommende Gottesherrschaft (→ Jesus Christus, 10). Auch hier befand er sich noch mitten im J. Obwohl zu verschiedenen Zeiten und von verschiedenen Schulen unterschiedlich aufgefaßt, ist der Gotteswille immer innerstes Anliegen des J.s gewesen (→ Gott: III). Aber durch Radikalisierung des Verständnisses von Gottes Forderungen zog sich Jesus die Feindschaft der → Pharisäer zu. Hingerichtet wurde er freilich von den Römern, weil sie ihn wohl (zu Recht) mit einer messianischen Bewegung verknüpften, die in ihren Augen notwendig (in diesem Fall jedoch zu Unrecht) Aufstand bedeutete.

Entgegen allen Erwartungen fand die kleine Schar Jesu nicht mit ihm zusammen ihr Ende. Wenige Tage nach seinem Tode erlebten seine Anhänger ihn als auferstanden (→ Auferstehung Christi: I). Sie deuteten das so, daß Gott ihn nun als den »Menschen« eingesetzt habe, den er verkündigt hatte: als den Christus. So begannen sie nicht nur seine eigene Botschaft zu verkünden, sondern ihn selbst als die Erfüllung seiner Botschaft. Sie wollten ihre jüdischen Genossen dazu bringen, sich ihnen anzuschließen, nicht indem sie das J. verließen, sondern indem sie in dessen Innerstes eindrangen: der wahre qᵉhāl jāhwǣ zu werden, Gottes für die Endzeit geheiligte → Kirche (: II). Jedoch hat immer nur ein Bruchteil der palästinischen Bevölkerung zu den Christusgläubigen gehört. Die Zukunft der Kirche lag in der Diaspora (→ Judenchristentum: I, → Heidenchristentum). In den ersten Jahrzehnten nach der Gemeindegründung in Jerusalem kam die christliche Botschaft nach → Antiochia. Von dort zog der hellenistische Jude → Paulus aus (Apg 11, 26; 13, 2ff; vgl. Gal 2, 11), um das Verständnis jener Botschaft, wie es ihm offenbart war (Gal 1, 12), zu vielen Zentren des hellenistischen J.s zu bringen. Über das ihm bekannte J. hat Paulus folgende theologische Folgerungen entwickelt: Die Erwählung Israels bleibt in Kraft, aber die Zugehörigkeit zum Gottesvolk (vgl. Gal 6, 16) ist nicht eine Sache des biologischen, sondern des geistlichen Erbes (Röm 9, 6f; 4, 16; 1Kor 10, 18). Deshalb ist es nicht nötig, buchstäblich ein Jude zu werden, um zu Gottes Volk zu gehören. Daher dürfen die Heiden nicht beschnitten werden (Gal 5, 2). Die wahre Beschneidung gilt dem Herzen, nicht dem Leib (Röm 2, 29). Das Heil hängt allein von Gottes →Gnade (: III) ab: es erfordert die schlechthinnige Umkehrung des natürlichen menschlichen Verlangens, sich eines Anspruchs gegen Gott zu »rühmen«, für den der Mensch seinen Lohn verlangt. Die wichtigste Grundlage für das Rühmen des Juden, wie es Paulus bei sich und anderen erfahren hatte, war das Gesetz und seine verdienstliche Erfüllung. Deshalb galt des Apostels Kampf dem → Gesetz (: IV) - nicht als einem Weg zum Leben (denn seine ethischen, nicht rein rituellen Vorschriften bleiben »heilig, gerecht und gut«, Röm 7, 12), sondern als Stufenleiter zum Heil. Seit Paulus ist der rettende Zugang zu dem Gott Abrahams, Isaaks und Jakobs als dem Gott und Vater Jesu Christi für alle Menschen von dem nationalistischen und ritualistischen »Zaun« befreit worden, der den meisten Heiden den Weg versperrt hatte.

Für die Christen ist die Kontinuität durch das Christusereignis nicht zerbrochen, sondern gerade hergestellt: durch Christus sind sie das neue, eschatologische Israel (→Israel im NT). Doch bleibt jenes »andere Israel« bestehen, das sich von denselben Wurzeln des 1.Jh.s zum talmudischen Rabbinismus entwickelte, der bis in die letzten Jh.e fast ausschließlich das → Judentum (: II. III) konstituierte. Wie kann es zwei »Israel« geben? Kein Christ hat je so scharf sein Erschrecken über dieses Paradox ausgedrückt wie Paulus (Röm 9-11). Während nur wenige Christen je seinen Optimismus voll geteilt haben, daß u.U. das ganze Israel zu dem christlichen Israel »eingehen« werde, haben doch die meisten Christen und viele Juden mit ihm dieses Paradox als ein unerforschliches Geheimnis erkannt. - Neben der Kontinuität darf aber ebenso die Diskontinuität von J. und Christentum nicht übersehen werden; beides soll vermutlich die Ölbaumallegorie in Röm 11, 16ff zum Ausdruck bringen. Die Kirche ist daher eine neue Schöpfung. Ihr Gegensatz zum J. wird vom →Johannesevangelium (, 2a) im Begriff der »Welt« grundsätzlich gefaßt und bleibt trotz vieler Gemeinsamkeiten solange unaufhebbar, als Gottes eschatologisches Handeln in Jesus von Nazareth und damit dessen Herrsein (κυριότης) vom J. verneint wird. - Dem Christen bleibt es offen zu bedenken, daß der »Ungehorsam«, unter den »Gott alle Menschen beschlossen hat« (Röm 11, 32), nicht zeitlich begrenzt ist auf den Ungehorsam der Heiden *vor* der Bekehrung und den jüdischen Ungehorsam *bis* zur Bekehrung, sondern sich, ebenso wie Gottes endliches Erbarmen, auf *alle* Menschen und menschlichen Einrichtungen, christliche wie jüdische, bezieht. Welche Form dieses Erbarmen annehmen wird, kann niemand sagen. Einstweilen aber bleibt für beide Teile die verborgene Möglichkeit, daß der Jude, der das Christentum versteht und achtet, wie auch der Christ, der das J. achtet und versteht, beide gemäß dem Heilswillen Gottes bestehen, ähnlich wie Paulus es den vorläufig »Verstockten« seiner eigenen Zeit zugestanden hat. - Vgl. → Judenmission.

BILL. I-IV - G.F.MOORE, Judaism in the First Centuries of the Christian Era, 1927-32 - R.BULTMANN, Das Urchristentum im Rahmen der antiken Religionen, (1949) 1954² - M.BUBER, Zwei Glaubensweisen, 1950 - S.SANDMEL, The Genius of Paul, 1958. *K.Grobel*

Judex (Richter), *Matthäus* (1528-64), * Dippoldiswalde, Wittenberger Student, in Magdeburg Konrektor des Gymnasiums, dann Diakonus an St. Ulrich bei Joh. → Wigand. 1560 mit diesem zu → Flacius und Simon → Musäus als Prof. nach Jena berufen, wurde J. mit beiden 1561 wegen Eiferns gegen Errichtung des Weimarer Konsistoriums mit Bann und Druckzensur entlassen. Aus Magdeburg wurde er 1562 ausgewiesen und zog nach Wismar zu Wigand. Er starb vor Antritt des Predigtamtes in Rostock. J. verfaßte die Magdeburger KO vom 3.4.1554, war Mitarbeiter und Gubernator der Magdeburger Centurien (→ Kirchengeschichte: I) und an den flacianischen Streitigkeiten in → Jena stark beteiligt.

Corpus doctrinae (1565), hg.v. C.M.WIECHMANN, 1865. - Über J.: AUG.BECK, Joh.Friedrich d. Mittlere II, 1858, 129 (Lit.) - ADB XIV, 655 - RGG² III, 495 - K.HEUSSI, Gesch. d. theol. Fakultät zu Jena, 1954 (Reg.). *R.Jauernig*

Judithbuch (J. = Judith). Das Buch J. gehört zu den → Apokryphen des AT. Das hinter der griechischen Übersetzung stehende hebräische Original ist nicht mehr erhalten. Der griechische Text, auf den die syrischen, lateinischen und äthiopischen Tochterübersetzungen zurückgehen, liegt in verschiedenen Rezensionen vor. Als ältester Textzeuge ist 1946 ein Ostrakon aus der zweiten Hälfte des 2.Jh.s nChr mit Teilen von 15, 1-7 bekannt geworden. Aus jüngerer Zeit stammen hebräische und aramäische Bearbeitungen des Buches mit einer zT einfacheren Form der Erzählung.

Nach seinem Inhalt ist das Buch J. eine Geschichtslegende: Holophernes, der Feldherr des Assyrerkönigs Nebukadnezar, unterwirft die widerspenstigen Völker des Westens (1-3). Trotz der Warnung des Ammoniters Achior will er auch die zum äußersten Widerstand entschlossenen Israeliten angreifen (4-6). Es kommt zur Belagerung der Stadt Bethulia (Betylua) in der Gegend von Dothan (7). In der höchsten Not wagt es die fromme und schöne Witwe J. (»Jüdin«), ins Lager der Feinde zu gehen. Sie betört den Feldherrn durch List und Schönheit; wie er nachts vom Weine trunken sie begehrt, schlägt sie ihm das Haupt ab und kehrt damit nach Bethulia zurück (8-13). Achior bekehrt sich zum jüdischen Glauben; das durch den Tod des Feldherrn verwirrte feindliche Heer wird von den Israeliten vernichtend geschlagen. Von allen hoch geehrt singt J. einen Hymnus auf Gott, der den Sieg gewährt hat. Sie stirbt hochbetagt als Vorbild der Frömmigkeit, Keuschheit und Gesetzestreue (14-16).

Die historischen und geographischen Angaben des Buches springen mit der Wirklichkeit ziemlich frei um. Nebukadnezar gilt als König der Assyrer (1, 1). Er wohnt in der 612 zerstörten Stadt Ninive und regiert noch nach der eben erst erfolgten Rückkehr der Israeliten aus dem Exil (4, 3; 5, 19) und nach der Wiederherstellung des Tempels (515 vChr). Geographische Schwierigkeiten bereitet zB das Itinerar des Feldzuges in 2, 21-28. Zwar gehen die persischen Namen Holophernes und Bagoas (12, 11) wahrscheinlich auf die Generäle Orophernes und Bagoas zurück, die an den Kriegszügen des Artaxerxes III. Ochus gegen Phönizien und Ägypten um 350 vChr beteiligt waren. Aber historische Ereignisse sind trotzdem in der Erzählung nicht mehr greifbar. Eine offene Frage bleibt auch, ob die Hauptperson J. und ihre Heldentat irgendeine geschichtliche Erinnerung reflektieren, oder ob hier nur ein volkstümlich-sagenhaftes Erzählungsmotiv Verwendung gefunden hat.

Als Dokument eines leidenschaftlichen kriegerischen Glaubens an die Auserwähltheit des jüdischen Volkes und einer strengen Gesetzesfrömmigkeit, die als Vorbedingung für Gottes Hilfe gilt, gehört das J.buch in die Zeit der Makkabäerkämpfe in den beiden letzten Dritteln des 2.Jh.s vChr (→ Judentum: I, 2).

Ältere Komm.: A.Scholz, (1885) 1896²; Kautzsch, AP I, 147ff (M.Löhr); Charles, AP I, 242ff (A.E.Cowley). - Neuere (kath.) Komm. u. Übers.en: A.Miller, 1940; F.Stummer, 1950; A.Barucq, 1952; H.Bückers, 1953. - Carl Meyer, Zur Entstehungsgesch. des Buches J. (Bibl 3, 1922, 193-203) - I.de Vuippens, Darius I, le Nabuchodonosor du livre de J., 1927 - G.Brunner, Der Nabuchodonosor des Buches J., 1940 - C.Steuernagel, Bethulia (ZDPV 66, 1943, 232-245) - J.Schwartz, Un fragment grec du Livre de J. (RB 53, 1946, 534-537) - F.Stummer, Geographie des Buches J., 1947 - Alt II, 359f - J.Steinmann, Lecture de J., 1953 - O.Eissfeldt, EinlAT, 1956², 725ff (Lit.) - J.M.Grintz, Sefer J^e^hudith, 1957. *E.Jenni*

Zur *Auslegungsgeschichte* (s. auch → Schriftauslegung: IV):
Qu.: 9.Jh.: Hrabanus Maurus (MPL 109). - 16.Jh.: Jak.Pamelius (MPL 109) - Victorin Strigel, Leipzig 1571 - Nik.Serarius SJ, Mainz 1599. - 17.Jh.: Caspar Sanctius SJ, Lyon 1628 - Didacus de Celada SJ, ebd 1637 - Jos. de la Cerda, ebd 1641 - L.Vellosus SJ, ebd 1649. - 18.Jh.: A.J.Neuville SJ, Paris 1728 - L.Mauschberger SJ, Olmütz 1758. *W.Werbeck*

Jüdisch-christliche Zusammenarbeit → Gesellschaften für christlich-jüdische Zusammenarbeit.

Jüdische Philosophie

1. Allgemeines - 2. Der Kalam und die j.Ph. - 3. Neuplatonismus - 4. Der Aristotelismus und seine Gegner - 5. Ende und Nachwirkungen der j.Ph. des MA - 6. J.Ph. seit dem Eintritt der Juden in die moderne Kulturwelt. - J.Ph. = Jüdische Philosophie, Ph. = Philosophie

1. Wesentlich für die j.Ph. ist, daß sie versuchte, die Grundsätze des → Judentums mit der jeweils zeitgenössischen Ph. zu versöhnen. Da viele der jüd. Lehren nicht mit der jeweils gängigen Ph. übereinstimmten, mußten die jüd. Philosophen oft die zeitgenössische Ph. kritisieren. Die j.Ph. muß sich dabei immer wieder mit bestimmten Themen beschäftigen, zB Weltschöpfung, Offenbarung, Willensfreiheit, anthropomorphe und anthropopathische Stellen in der Bibel, die Autorität für die Ethik, Lohn und Strafe Gottes und die einzigartige Stellung des jüd. Volkes als des erwählten Gottesknechtes. - Ein besonderer Zug der j.Ph. ist es, daß sie nicht von Organisationen und Institutionen hervorgebracht wird, sondern von begeisterten Einzelnen. Wie das Judentum keine kirchliche Organisation hat, die es lenkt, so auch keine allgemein anerkannten Autoritäten. Die jüd. Philosophen hatten so gut wie niemals Gemeindeämter inne; die Anerkennung ihrer Lehren hing von der Wirkung ihrer Worte ab. Deshalb hat die j.Ph. einen stark individualistischen Charakter. - Die j.Ph. erwacht nur in den Zeiten, in denen die Juden in enger Fühlung mit dem nichtjüd. zeitgenössischen Denken lebten. Das geschah dreimal in der jüd. Geschichte: vom 3.Jh. vChr bis zum 1.Jh. nChr unter dem Einfluß der → griechisch-römischen Philosophie; von 900-1500 unter dem Einfluß der → islamischen Philosophie; vom Ende des 18.Jh.s an unter dem Einfluß der modernen europäischen Ph. (vgl. auch → Jüdische Theologie). Die Werke der jüd. Philosophen sind jeweils fast alle in der zeitgenössischen Landessprache geschrieben: griechisch, arabisch oder deutsch.

Die Schriften der jüd.-hellenistischen Philosophen sind mit Ausnahme der Werke Philos fast völlig verlorengegangen (→ Philo, → Griechisch-römische Philosophie, 2c). Sie bildeten im jüd. Denken nur eine Episode und hatten auf die talmudische Vorstellungswelt keine Wirkung. Auch die j.Ph. der Neuzeit hat im jüd. Denken nur eine untergeordnete Rolle gespielt; jüd. Philosophen wie → Spinoza und → Bergson haben zwar zur allgemeinen Ph. einen bedeutenden Beitrag geleistet, aber es gab kaum wirklich *jüd.* Ph. Nur die j.Ph. des MA entwickelte sich stetig und übte bleibenden Einfluß aus, der noch heute in der → jüdischen Theologie spürbar ist.

2. a) Die j.Ph. des MA erwuchs unter dem Einfluß der → islamischen Philosophie, die den Juden auf Grund der engen Verwandtschaft arabischen und jüd. Denkens vertraut war. Der *Kalam*, der in ständigen Streitgesprächen, bes. über den Anthropomorphismus des → Korans und den Ausgleich zwischen sittlicher Verantwortung und der Prädestinationslehre, die Lehren des → Islam (: I) zu klären und ihnen eine philosophische Grundlage zu geben versuchte (→ Mutakallimun), regte ohne weiteres die jüd. Denker an. Seine geistige Gottesauffassung und Betonung der Willensfreiheit vertrug sich durchaus mit dem jüd. Denken religiöser Prägung, bes. in einer Zeit, als Skepsis und Sektenwesen sich im Judentum ausgebreitet hatten. Die Zeit war reif dafür, in einem wohldurchdachten philosophischen System den ethischen Rationalismus, das Gottesgesetz, die Willensfreiheit und Gottes Lohn und Strafe als jüd. Lehren durchgreifend zu begründen.

b) Der bedeutendste jüd. Lehrer, der diese Aufgabe in Angriff nahm, war der Gaon → *Saadja ben Josef* aus Fajjum in Ägypten (892-942). Sein »Buch über Glaubenssätze und Meinungen« (arab.: Kitab al-Amanat wal Iʿtiqadat; hebr.: Sefær ha-æmûnôt w^e^ ha-deʿôt) lehrt, daß Vernunft und Offenbarung miteinander übereinstimmen und die von Gott empfangenen Grundwahrheiten philosophisch begründet werden müssen. Saadja ist jedoch der Meinung, daß die Offenbarung in sich selbst allein wesentlich und wichtig ist; die Aufgabe der Ph. ist es, sie zu erklären und zu verdeutlichen, wie auch den ungebildeten Gläubigen von Zweifeln und Ungewißheiten zu befreien, die sich aus dem Studium der Schrift ergeben könnten. Er gibt zu, daß die philosophische Schlußfolgerung ein wichtiges Mittel ist, die Wahrheit jedweder Lehre zu prüfen, die den Anspruch erhebt, eine Offenbarung von Gott her zu sein. Auf dieser Grundlage macht er sich daran, solche Stellen in der Bibel, die offensichtlich der Vernunft widersprechen, wegzuerklären oder umzudeuten.

c) Andere jüd. Philosophen jener Zeit folgten in ähnlicher Weise dem Kalam, ob sie nun zu der talmudischen (rabbinischen) Gruppe oder zu den → Karäern gehörten. Von diesen gingen *Josef al-Basir* (Anfang des 11.Jh.s) und sein Schüler *Josua ben Jehuda* sogar noch weiter als Saadja, insofern sie die Bedeutung der Vernunft betonten und den Glauben an die Offenbarung von der Existenz und Weisheit Gottes abhängig machten. Die karäischen Philosophen folgten weiterhin dem Kalam-System bis hin zu *Aron ben Elia* aus Nikomedien (14.Jh.).

3. a) Der erste neuplatonische Philosoph, Saadjas älterer Zeitgenosse *Isaak ben Salomo Israeli* (845-940), hatte nur geringen Einfluß auf jüd. Denken, doch wirkte er auf die christliche → Scholastik. Etwa ein Jh. später machte der berühmte hebräische Dichter *Salomo ben Jehuda ibn Gabirol* (→ Avicebron) mit seiner »Quelle des Lebens« (M^e^qôr ḥâjjîm, lat. Fons Vitae) einen weit tieferen Eindruck. Gabirol liebte die neuplatonische Emanationslehre (→ Neuplatonismus), die das Universum als stufenweise Entfaltung von der Einheit Gottes bis zur Vielheit der Formen versteht. - Gabirols tief mystische Lehren sprachen nicht so sehr die späteren jüd. Denker an als die christlichen Scholastiker, die ihn unter dem Namen Avi-

cebron kannten und seine Lehre übernahmen, daß geistige Substanzen Materie und Form besäßen.

b) Die späteren jüd. Philosophen der neuplatonischen Schule folgen weithin Gabirols Gedanken, wobei sie zu zeigen versuchen, daß sie mit dem Judentum vereinbar sind. Der eindrücklichste von ihnen ist *Josef ibn Zaddik* († 1149), der Verfasser des »Mikrokosmos«. Er entwickelt ein wohlgegliedertes System, das auf der neuplatonischen Idee beruht, wonach der Mensch im Kleinen die Welt im Großen widerspiegelt und in der Selbsterkenntnis den Schlüssel zur Welterkenntnis besitzt. *Bachja ibn Paquda* (Ende des 11.Jh.s) kann unter die jüd. Neuplatoniker gerechnet werden, obwohl er in erster Linie Ethiker ist, wie seine »Herzenspflichten« (Ḥôbôt ha-lᵉbabôt) zeigen. In dem einzigen theoretischen Kapitel seines Buches, der Lehre von Gott, folgt er den Lehren des Kalam in seinen Beweisen für die Existenz Gottes und entwickelt seine eigene Lehre von der Schöpfung aus den Lehren des Kalam. Doch enthält seine Lehre vom Wesen Gottes neuplatonische Züge, insofern Gott als das erste, ursprüngliche Eine betrachtet wird und die Prädikate der Einheit, Existenz und Ewigkeit nur als negative Definitionen Gottes gelten. Seine Ethik gründet einzig auf der Bibel und dem Talmud.

c) Der Verfasser des »Kuzari«, → *Jehuda ben Samuel ha-Levi* (1. Hälfte des 12.Jh.s), folgt den Lehren → Gazzalis in seiner strengen Kritik des zeitgenössischen philosophischen Denkens (vgl. auch → Jüdische Theologie). Für Jehuda kann sich das wahre religiöse Leben nur im Judentum entfalten und wird unter den anderen Völkern nicht verbreitet, bis der Messias kommt. Obwohl Jehuda die philosophischen Lehren aufs strengste kritisiert, ist er indirekt durch philosophisches Denken beeinflußt. Seine Gottesauffassung ist neuplatonisch, und in seiner Lehre vom göttlichen Einfluß auf die Menschheit gebraucht er in unvertretbarem Maße philosophische Kategorien. Er behauptet, daß das Wesen der Materie darüber entscheidet, welche Form ihr Gott verleiht, und in der Frage der suprarationalen Gottesbeziehung betont er, die besondere dafür nötige seelische Veranlagung finde sich einzig beim jüd. Volk. Er glaubt an die Weltschöpfung als an eine spontane Handlung von seiten eines allmächtigen Gottes.

4. a) Seit der 2. Hälfte des 12.Jh.s bekam der → Aristotelismus entscheidenden Einfluß auf die j.Ph., obwohl ihr viele neuplatonische Züge verblieben. In dieser Zeit trat der Gegensatz zwischen der biblischen Religion und der j.Ph. deutlich hervor. Die Hauptunterschiede waren: Die persönliche Gottesvorstellung als Schöpfer und Weltherrscher im Gegensatz zu der unpersönlichen Materie des Aristoteles; die Idee einer besonderen Schöpfung gegenüber der Ewigkeit der Materie und die Betonung der Willensfreiheit gegenüber jeglichem Fatalismus. Ein anderes Problem bildete die von der Offenbarung her sich ergebende Frage, wie der überindividuelle aktive Intellekt - oder das Höchste Seiende - mit dem menschlichen individuellen Intellekt in Verbindung treten konnte. Unter aristotelischem Einfluß neigten die jüd. Denker jener Zeit dazu, die Unsterblichkeit auf den Bereich des Gedankens zu beschränken; sie war nicht eine freie Gabe Gottes, sondern die Folge der durch den Intellekt erreichten Vollkommenheit.

b) *Abraham* → *Ibn Daud* († ca 1180 als Märtyrer) war der erste jüd. Aristoteliker, aber sein »Erhabener Glaube« (Aemûna rama) drang nicht sehr tief in die Sache ein. Seine Schrift wurde bald durch das klassische Werk des jüd. Aristotelismus, den »Führer der Schwankenden« (arab.: Dalalat al-Ḥairin; hebr.: Môr'æ Nebûchîm) des *Moses* → *Maimonides* († 1204) übertroffen. Wie der Titel zeigt, schrieb Maimonides sein Werk, um den Glauben derer zu stärken, die sich durch die offensichtlichen Widersprüche zwischen den philosophischen Lehren und der Bibel hatten verwirren lassen. Zu diesem Zweck ging er weiter als je ein jüd. Denker vor ihm mit der Behauptung, daß man über Gott keine positive Aussage machen könne und daß unsere Kenntnis von ihm nicht mehr enthalte als die Tatsache seiner Wirklichkeit und das Erfassen der Wirkungen, die aus ihm hervorgehen. Andererseits hielt Maimonides an dem Willensmäßigen in der Beziehung zwischen Gott und Mensch fest, was in gewissem Maße die Idee eines persönlichen Gottes wiederherstellt. Auch verwirft er die aristotelische Auffassung von der Ewigkeit der Welt und den Gedanken einer ständigen Emanation, den die arabischen Philosophen mit jenem verbunden hatten. Auf Grund dieser Kritik, die für die christlichen Scholastiker → Albert d.Gr. und → Thomas von Aquino beispielhaft wurde, konnte er einen Aristotelismus entwickeln, der theistisch bestimmt war und gleichzeitig die Willensfreiheit auf seiten Gottes und des Menschen in Betracht zog. Wie Bachja wandelt Maimonides die ethische Religion der Bibel und des Talmud mit ihrer Betonung treuen Gehorsams auch bei solchen Geboten, die keine vernünftige Grundlage zu haben scheinen, in eine Religion der Betrachtung und des Vernünftelns. Demzufolge wurde Maimonides bald nach seinem Tode von den Vertretern der Tradition scharf angegriffen, während seine Anhänger ihn als den größten jüd. Lehrer seit Moses priesen.

c) Der Bruch zwischen den Verfechtern und Gegnern der Lehren des Maimonides hatte heftige Angriffe auf die j.Ph. von seiten der orthodoxen Gläubigen zur Folge. Dabei rief man die nichtjüd. Obrigkeit in Nordspanien und der Provence an, die Lehren der einen oder der anderen Seite zu unterdrücken; so begann die verhängnisvolle Zensur jüd. Literatur, die bis in die Neuzeit andauerte. Dennoch fand die j.Ph. während dieser ganzen Zeit bis zur Austreibung der Juden aus Spanien (1492) nicht wenige Anhänger. Die meisten der späteren jüd. Philosophen folgten einfach den Linien, die Maimonides gezogen hatte, und unterschieden sich nur in dem Nachdruck, den sie auf den einen oder anderen Teil seiner Lehre legten. Wenn es Auseinandersetzungen gab, so ergaben sie sich nicht aus der inneren Entwicklung, sondern durch von außen kommende Kräfte. Zu diesen besonderen Einflüssen gehört die Deutung der aristotelischen Gedanken durch den arabischen Philosophen *Ibn Roschd*. Unter denen, die er bes. beeinflußte, war *Isaak Albalag* (13.Jh.), der bereit war, die Ewigkeit der Welt zuzugeben und die Lehre von der »zweifachen Wahrheit« anzunehmen; ferner *Mose Narboni* (14.Jh.), der Maimonides und Ibn Roschd kommentierte und dabei oft die Lehren des letzteren gegen jenen vertrat.

d) Der auch als Mathematiker und Astronom berühmte → *Levi ben Gerson* (Gersonides, † 1344) war in seinen »Kriegen des Herrn« (Milḥamôt adonaj) sogar noch stärker von Ibn Roschd (und Aristoteles) beeinflußt. Er vertrat den Gedanken einer ewigen, unerschaffenen Materie, der Gott die wesentliche Form gab, der sie ihre wirkliche Existenz verdankt. Daraus schließt er, daß Gottes Wissen sich nur auf allgemeine Formen erstreckt; so löst sich für Gerson der Widerspruch zwischen dem Vorherwissen Gottes und der menschlichen Willensfreiheit. Ibn Roschds Auffassung von der Unsterblichkeit verwirft Gerson und schließt sich eng an den arabischen Aristotelismus an. - *Ḥasdai ben Abraham Çrescas* († 1410) wehrte sich mit seinem »Licht Gottes« ('Ôr adonaj) scharf gegen die Lehren der aristotelischen Schule und kämpfte um ihre völlige Überwindung. Er griff die aristotelische Physik an und kam der modernen Naturwissenschaft mit seiner Auffassung vom Raum und seiner Lehre von der räumlichen Unbegrenztheit sehr nahe. Doch vor allem verwirft er den intellektuellen Weg zur Religion und behandelt den Glauben mehr von der gefühlsmäßigen Seite. Für Crescas ist Gott nicht die höchste Vernunft, sondern die höchste Liebe, und der Weg zu ihm geht für den Menschen über die Liebe und nicht über die Erkenntnis.

5. Die schöpferische Zeit der mittelalterlichen j.Ph. schließt mit Crescas; die jüd. Philosophen, die ihm folgten, waren meist Eklektiker ohne große Originalität. Sogar die vielgelesenen »Grundsätze« (Iqqarim) von Crescas Schüler *Josef Albo* († 1444) sind nur eine - nicht immer befriedigende - Zusammenstellung bestimmter Gedanken von Maimonides und Crescas. Sie unterscheiden sich von der früheren j.Ph. lediglich darin, daß sie größeren Nachdruck auf die wesentlichen Lehren des Judentums legen. In Italien blieb die j.Ph. von den neuen Gedankenströmen der Renaissance unberührt und folgte der mittelalterlichen Tradition. Die einzigen Ausnahmen waren *Juda Abravanel,* bekannter als *Leone Ebreo,* dessen »Dialoghi di amore« die Liebesmystik des italienischen Neuplatonismus mit der j.Ph. verbanden, und *Josef del Medigo* (1591-1655), ein Schüler → Galileis, der die neuen Gedanken, die durch das Aufkommen der → Naturwissenschaft in die Welt einbrachen, zwar verstand, sich aber von ihnen nicht dazu verleiten ließ, irgendeine neue j.Ph. zu schaffen.

6. a) Für mehr als ein Jh. trat dann das jüd. philosophische Denken zurück gegenüber den Spekulationen der → Kabbala, der messianischen Bewegung des → Sabbatai Zewi und der mystischen Ethik des → Chassidismus. → Spinoza zeigt den Einfluß des Studiums mittelalterlicher j.Ph. in seinem Schreiben und Denken; aber als er mit der jüd. Tradition zu brechen wagte, hatte er keine jüd. Anhänger. Im 18.Jh. übernahm *Moses → Mendelssohn* (1729-86) die Aufgabe, das Judentum mit den Lehren der zeitgenössischen Ph. auszusöhnen. Was er vollbrachte, war jedoch mehr eine Verteidigung des Judentums als die Entwicklung eines ihm zugehörigen philosophischen Systems. Im Grunde will sein »Jerusalem« darlegen, daß es keine besondere jüd. Religions-Ph. gibt. Das Judentum ist nicht eine offenbarte Religion, aber eine offenbarte Gesetzgebung. Deshalb konnte Mendelssohn den ethischen Zügen des Judentums großen Nachdruck verleihen und zugleich seine rein kultische Seite bejahen. So verteidigte er das → Judentum (: III, 2) in einer Weise, die dann die jüd. Kantianer fortsetzten.

b) Die einzigen modernen jüd. philosophischen Werke entstanden aus den nachkantischen Spekulationen von 1830/40. S.Formstecher (1808-89) schloß sich in seiner »Religion des Geistes« eng an → Schelling an; *Samuel → Hirsch* (1805-89) bezog in seiner »Religions-Ph. der Juden« (1842) seine Gedanken von → Hegel. Doch verwarfen beide die pantheistischen Elemente, die sie bei ihren Lehrern fanden. Wo diese das Christentum als die höchste Form der Religion betrachtet hatten, beanspruchten Formstecher und Hirsch diese Stellung für das Judentum; sie waren mit Schelling und Hegel darin einig, daß sie alle Religionen als Stufen eines Entwicklungsprozesses sahen und insofern als Teile einer Ganzheit. *Salomon Ludwig Steinheim* (1790-1866) kam von einer anderen Seite an die Ph. heran. In seiner »Offenbarung nach dem Lehrbegriffe der Synagoge« (1835) strebte er danach, die Offenbarung von einem religiösen Glauben zu einer philosophischen Wahrheit zu erheben, weil nämlich bloße Vernunft niemals absolute Gewißheit erreichen kann, welche als freie Gabe Gottes nur zu den Propheten und durch die Propheten kommt. Diese Position fand bei den Juden seiner Zeit keinen Widerhall. Anstatt ihren Glauben auf philosophischer Grundlage zu verteidigen, nahmen sie ihre Gründe lieber aus der Geschichte, auf die sich das meiste in der »Wissenschaft des Judentums« jener Zeit bezog (→ Judentum: III, 3).

c) Erst gegen Ende des 19.Jh.s erwachte innerhalb des Judentums in freilich geringem Maß ein Interesse an j. Ph. *Moritz Lazarus* (1824-1903) bot in seiner »Ethik des Judentums« (I. II, 1898/1911) ein wohldurchdachtes, obgleich in einigen Punkten unvollständiges System jüd. Ethik auf philosophischer Grundlage. *Hermann → Cohen* (1842-1918), der hervorragendste Vertreter des Marburger → Neukantianismus, nutzte dessen Bemühungen für sein Werk »Die Religion der Vernunft aus den Quellen des Judentums« (1919). Darin bemühte sich Cohen, ein vollständiges System des Wissens vom Denken als Quelle für die Wirklichkeit zu entwerfen. Der Gottesgedanke, bes. wie ihn die Propheten Israels geschaffen haben, ist Garant der Sittlichkeit; es handelt sich nicht darum, das Wesen Gottes zu erkennen; der Mensch muß bloß den Willen Gottes entdecken, und wenn er Gott wahrhaftig liebt, wird er ihm auch gehorchen. Daraus ergibt sich die Notwendigkeit all der vielen Gebote in der jüd. Religion. Aus der Messiaserwartung, die einen so wichtigen Platz im jüd. Denken einnimmt, macht Cohen das Kommen eines künftigen goldenen Zeitalters im Leben der Menschheit.

Im 20.Jh. hat ein antirationalistischer Zug zur Mystik die jüd. Denker beeinflußt, die philosophischen Ansichten aufgeschlossen waren. Doch gehören ihre Gedanken mehr in das Gebiet der Theologie als der reinen Ph. (vgl. zB → Baeck, → Buber). Das Vorherrschen eines zionistischen Nationalismus (→ Zionismus), der Existenzkampf des Judentums in der Gegenwart und der auch außerhalb des Judentums begegnende Säkularismus haben die Pflege j.Ph. bei den Juden zurücktreten lassen.

S.Munk, Melanges de philosophie juive et arabe, 1859 - M.Eisler, Vorlesungen über die jüd. Philosophen des MA, 1870/76 - M.Joel, Beiträge zur Gesch. der Ph., 2 Bde, 1876 - Ph.Bloch, Die jüd. Religions-Ph. (in: J.Winter u. A.Wünsche, Die jüd. Lit. seit Abschluß des Kanons II, 1894, 697-793) - Jak.Guttmann, Die Scholastik des 13.Jh.s in ihren Beziehungen zum Judentum u. zur jüd. Lit., 1902 - D.Neumark, Die j.Ph. des MA, 2 Bde (unvollendet), 1907/10 - I.Husik, A History of mediaeval Jewish Philosophy, 1916 - JüdLex IV, 1348ff (Jul.Guttmann: Jüd. Religions-Ph.) - Ü II, 723ff (Lit.) - H.J.Schoeps, Gesch. der jüd. Religions-Ph. in der Neuzeit I, 1935 - L.Baeck, Mittelalterl. Popular-Ph. (in: Aus drei Jt.en, 1958, 290 bis 345). - Zu 6 vgl. die Artikel über die genannten Philosophen (Lit.).

S.Cohen

Jüdische Schriftauslegung → Schriftauslegung: II.

Jüdische Theologie. Versteht man Theologie als das Bemühen, kraft des Logos das Sein Gottes zu untersuchen, oder als das Bemühen, den Glauben einer Menschengruppe sinnvoll darzustellen, so kann man streng genommen von einer j.n Th. nicht reden. Denn grundsätzlich richtig ist der Sachverhalt wiedergegeben in Moses → Mendelssohns Worten: »Unter allen Vorschriften und Verordnungen des mosaischen Gesetzes lautet kein einziges: du sollst glauben, sondern alle heißen: du sollst tun«; »die Israeliten haben göttliche Gesetzgebung, Lebensregeln, ... aber keine Lehrmeinungen, keine Heilswahrheiten«. Uneingeschränkt verbindlich ist im → Judentum nur die Tora (→ Gesetz: III). In Glaubensfragen dagegen gibt es bestenfalls einen consensus plurium; an einem consensus omnium besteht kein vitales Interesse. Deshalb ist auch der Terminus »orthodoxes« (dh rechtgläubiges!) Judentum nicht korrekt (er meint ein den Geboten - auch den rituellen - gehorsames Judentum). Glaubensfragen erscheinen dem Judentum als metaphysische, als Fragen philosophischer Spekulation; das gilt grundsätzlich auch von der Messiasfrage. Von der Beschäftigung mit der Metaphysik aber wird dringend abgeraten. Wo Glaubensaussagen gemacht werden, sind sie einzig aus der Tora herzuleiten, zu der mit Abstand Belege aus den anderen Bibelteilen treten. Die Tora ist freilich nicht nur die schriftliche im AT, sondern ebenso die mündliche, die nach der Tradition gleichfalls von Gott dem Mose auf dem Sinai mitgeteilt wurde. Von der Tora gilt: »Wende sie um und um, denn in ihr ist alles enthalten« (Pirke Aboth 5, 25). - Gleichwohl sind nun unter diesen Einschränkungen eine Reihe von Versuchen einer j.n Th. zu nennen. Es ist von ihr vor allem zu reden in den Epochen, in denen die Berührung mit nicht-j.r Th. bes. intensiv war, mit der → islamischen Philosophie im spanisch-arabischen Raum des MA und mit der christlichen Theologie (und der deutschen Philosophie) im Zeitalter der Emanzipation. J.Th. ist in diesen beiden Epochen insofern wesentlich voneinander verschieden, als es in der ersten um den Nachweis der Übereinstimmung jüdischen Lehrgehalts mit der Vernunft geht, ohne daß die → Tradition (: IV) selbst der Kritik ausgesetzt würde, in der letzteren dagegen die Tradition selbst zum Problem wird. - Für → Saadja ben Joseph Gaon (882 bis 942) stellt sich die Übereinstimmung des Inhaltes der Offenbarung und der Vernunftwahrheit so dar, daß jener grundsätzlich der Vernunft erreichbar ist, die Offenbarung also nur pädagogischen Zweck hat für die im Vernunftgebrauch irgendwie Behinderten, und daß, was in der Tradition der Vernunft zu widersprechen scheint, entsprechend gedeutet werden muß. Für Salomo ben Jehuda ibn Gabirol (→ Avicebron, 1020-1050/70) stellt sich jene Einheit so dar, daß die Vernunft durch den Glauben gekrönt wird; doch hat sein (nur in lateinischer Übersetzung erhaltenes und stark neuplatonisch gefärbtes) Werk »Die Lebensquelle« bis ins 19.Jh. hinein als das Werk eines christlichen oder muslimischen Theologen gelten können. Bachja ben Joseph ibn Pakuda entwikkelt seine Lehre von den »Herzenspflichten« von der Vernunft wie von der Schrift und Überlieferung her. Entschieden antirationalistisch und traditionstreu ist →Jehuda ben Samuel Ha-Levi, dem Glaube und philosophische Spekulation völlig auseinanderfallen. In seinem berühmten Hauptwerk, dem »Kusari«, führt der Chazarenkönig, der mit seinem Volke im 8.Jh. zum Judentum übergetreten war, ein Gespräch mit einem Philosophen, einem christlichen und einem muslimischen Theologen. Dabei bekennt der Rabbi, von dem König nach seinem Glauben befragt, nicht den Glauben an den Gott der »spekulativen« Religion, sondern an »den Gott Abrahams, Isaaks und Israels, den, der die Israeliten ... aus Ägypten geführt ..., und an alles, was in der Tora enthalten ist«. Dennoch aber steht ihm fest, daß die Tora und Tradition nichts der Vernunft Widersprechendes enthalte. Wenn man im Unterschied zu Jehuda Ha-Levi Mose ben Maimon (→ Maimonides, 1135-1204), den bedeutendsten und berühmtesten jüdischen Denker des MA, als Rationalisten bezeichnen kann, so steht ihm gleichwohl die Autorität der Tradition fest. Aber die Tradition wird philosophisch gedeutet in der Überzeugung, daß sie mit der Vernunft übereinstimme, und diese philosophische Deutung bekommt ein solches Gewicht, daß letztlich eben im Unterschied zur Tradition die Praxis der Theorie untergeordnet wird. Diese Haltung, die vor allem in des Maimonides »Führer der Verirrten« (= Schwankenden) zum Ausdruck kommt, wird in seinem Gesetzeswerk Mischne Tora nicht zurückgenommen. In seinem Kommentar zum Mischnatraktat Sanhedrin gibt er eine in 13 Grunddogmen zusammengefaßte jüdische Glaubenslehre, die außer dem Bekenntnis zu Gott dem Schöpfer und seiner Einheit das Bekenntnis enthalten, daß »das Prophetentum unseres Lehrers Mose wahr ist und daß er der Meister aller Propheten war, die vor ihm waren und nach ihm kamen«, und daß »die ganze Tora ... unserem Lehrer Mose - Friede sei mit ihm - gegeben wurde« und daß »diese Tora nie vertauscht werden und daß keine andere vom Schöpfer - gelobt sei sein Name - ausgehen wird«, daneben auch das Bekenntnis zum Erscheinen des Messias und zur Auferstehung der Toten. Joseph Albo (1380-1440), der in seinem Sefer Ikkarim (Buch der Grundlehren) eine Systematisierung der jüdischen Glaubenslehren versucht, kommt zu drei Grundlehren: dem Glauben an das Dasein des einzigen, einigen, höchsten Gottes, dem Glauben, daß die Tora unmittelbar von Gott uns gegeben wurde, und dem Glauben, daß Gott ein gerechter Richter sei, der die Handlungen der Menschen nach Verdienst und Schuld belohnt und bestraft. - Da im Zeitalter der Emanzipation jüdisches Denken die - freilich nicht immer und nicht von Anfang an bewußte - Tendenz hat, von der lebensgestaltenden Tradition loszukommen, kann jetzt von j.r Th. nur unter noch größeren Einschränkungen als vorher die Rede sein. Indem sie stark durch das Bemühen bestimmt wird, sich gegen christliche Dogmatik abzugrenzen, wird sie, im Widerspruch zu ihrer eigentlichen Art, dieser analog und stellt mit den Mitteln der deutschen Philosophie das Judentum als Religion des reinen Monotheismus der Mittlerlosigkeit, des Willens und des Fortschrittsoptimismus dar. - Nicht als j.Th. bezeichnet werden kann die neuerdings rege gewordene Mitarbeit von Juden an der historisch-kritischen Erforschung des AT und NT. - Vgl. auch → Judentum: III, → Jüdische Philosophie.

J.Winter-A.Wünsche (Hg.), Gesch. der rabbinischen Lit. während des MA u. ihrer Nachblüte in der neueren Zeit, 1894 - J.Höxter, Quellenbuch zur jüd. Gesch. u. Lit. II, 1928 - M.Wiener, Tradition u. Kritik im Judentum (in: P.Tillich [Hg.], Protestantismus als Kritik und Gestaltung, 1929, 347-407) - Ders., Jüd. Religion im Zeitalter der Emanzipation, 1933 - H.J.Schoeps, Jüd. Glaube in dieser Zeit, 1932 - J.Breuer, Fundamentals of Judaism, New York 1949 - K.Schubert, Die Religion des nachbiblischen Judentums, 1955.

W.Holsten

Jülicher, *Adolf,* Neutestamentler und Kirchengeschichtler, * 26.1.1857 in Falkenberg, † 3.8.1938 in Marburg, 1882 Prediger am Waisenhaus in Rummelsburg bei Berlin, 1888-1923 Prof. in Marburg, seit 1925 nahezu erblindet. J. war ein bedeutender Vertreter historisch-kritischer Wissenschaft, ein aufrechter Demokrat und charaktervoller Verfechter der akademischen Selbstverwaltung. Hervorzuheben sind bes. seine Arbeiten über die → Gleichnisse (: II, 3) Jesu und die in den letzten Lebensjahren mit Hilfe von Assistenten betriebene Rekonstruktion der Itala (→ Bibelübersetzungen: III).

Vf. u.a.: Die Gleichnisse Jesu I, (1888) 1899^{2}; II, (1899) 1910^{2}; EinlNT, (1894) 1931^{7} (mit E.Fascher); Die Religion Jesu u. die Anfänge des Christentums (in: Die Kultur der Gegenwart, hg.v. P.Hinneberg, I/4, 1, [1905] 1909^{2}, 42-131); Neue Linien in der Kritik der ev. Überlieferung, 1906; Paulus u. Jesus, 1907; Die Gesch. des NT (SNT I, [1907] 1917^{3}, 1-30); Der Brief an die Römer (ebd II, 223 bis 335); Hat Jesus gelebt?, 1910; Die Entmündigung einer preuß. theol. Fakultät im zeitgeschichtl. Zusammenhang, 1913; Selbstbiogr. in: Die Religionswiss. der Gegenwart IV, 1928, 159-200. Hg.: Itala. Das NT in altlat. Überlieferung (zum Druck besorgt v. W. Matzkow) I: MtEv, 1938; II: MkEv, 1940; III: LkEv, 1954. - Festg. für A.J. zum 70.Geb., 1927.

E.Fascher

Jünger, *Ernst,* * 29.3.1895 in Heidelberg. Vom Unbehagen in der bürgerlichen Welt und abenteuerlichen Drang ergriffen, macht der Primaner einen mißglückten Versuch, zur Fremdenlegion zu gehen (»Afrikanische Spiele«, 1936). Im 1. Weltkrieg gewinnt J. als Stoßtruppführer den Pour le mérite und einen beinahe legendären Ruhm. Bis 1923 dient er in der Reichswehr, studiert Naturwissenschaften und lebt seit 1925 als freier Schriftsteller. - Die frühen Werke, u.a. das Erstlingswerk »In Stahlgewittern« (1920), gestalten den Krieg in heroischer Sicht. Von 1925-33 wirkt J. als nationalrevolutionärer Publizist. Hierbei entwickelt er in »Die totale Mobilmachung« (1930) und »Der Arbeiter« (1932) den »heroischen Realismus«, die einzig bedeutende deutsche Darstellung des totalitären → Nihilismus. Das Christentum wird mit kürzesten Worten abgetan: es verfällt unaufhaltsam der auflösenden Macht der Technik. Nationalsozialistische Mitarbeitsangebote lehnt J. jedoch ab und zieht sich 1933 von der Politik zurück. – Dem Roman und der Publizistik ist eine weitgreifende und metaphysisch intendierte Essayistik zugeordnet: »Blätter und Steine« (1934), bes. aber »Das abenteuerliche Herz«, in der zweiten Fassung (1938) ein nach Inhalt und Form überaus typisches Buch. »Auf den Marmorklippen« (1939) ist sicherlich die bekannteste Schrift der »inneren Emigration«, freilich weniger ein Widerstandsroman als vielmehr eine zeitlos gültige Darstellung von Anarchie und Nihilismus. Bedeutsam ist darin auch die Hinwendung zum Christentum, die zu der für J. charakteristischen Verbindung von Lebensmetaphysik, Mythos und dogmatisch ungebundenem Christentum führt. – Im 2. Weltkrieg dient J. als Kompanieführer in einem Sicherheitsbataillon und später im Stabe des Militärbefehlshabers von Frankreich in Paris. Er steht der Verschwörung vom 20.7.1944 nahe und leistet seinen Beitrag mit »Der Friede« (1941-43), in dem er für einen gerechten, christlich fundierten Weltfrieden plädiert. Über Krieg und Nachkrieg gibt ein umfangreiches Tagebuch Auskunft: »Gärten und Straßen« (1942), »Strahlungen« (1949) und »Jahre der Okkupation« (1958). Aufschlußreich sind die Bemerkungen zu einer eingehenden und eigenwilligen Lektüre der Bibel. In jene Jahre fällt auch die Arbeit an den Reisetagebüchern, in denen J.s Stil letzte Klarheit und Bildkraft erreicht: »Myrdun« (1943), »Atlantische Fahrt« (1947), »Ein Inselfrühling« (1948). – »Heliopolis« (1949), ein »Weltroman«, eröffnet die Schau auf eine zukünftige Ordnung der Menschheit. Die hier ausgesprochenen gnostischen Überzeugungen bilden die Antithese zu J.s Dialektik der Welt, dem Gegenspiel von Krieg und Frieden, Schöpfung und Zerstörung, Liebe und Haß. Andererseits erörtern die Essays »Über die Linie« (1950; M.Heidegger gewidmet) und »Der Waldgang« (1951) die Möglichkeiten freien und wahren Seins in dieser Zeit. Christentum und Kirche werden ohne eindeutige Entscheidung geprüft. Die Erzählung »Besuch auf Godenholm« (1952) gestaltet die für J. so bedeutsamen Phänomene von Mythos und Magie. In »Der gordische Knoten« (1953) wägt J. die Geisteskraft des Westens gegen die chthonische Macht des Ostens, wobei er allerdings dem ex oriente lux nicht gerecht wird. Der glänzende Essay »Das Sanduhrbuch« (1954) ist dem Problem der Zeit gewidmet. Der kurze Roman »Gläserne Bienen« (1957) bietet eine Vorausschau auf das Zeitalter der Automation.

GesW sind geplant. – Bibliogr.: K.PAETEL, E.J., eine Bibliogr., 1953 – A.MOHLER, Die Schleife, Dokumente zum Weg von E.J., 1955. – Über J.: H.BECHER SJ, E.J., Mensch u. Werk, 1949 – H. MÜLLER-SCHWEFE, E.J., 1951 (prot.) – A.MOHLER (Hg.), Freundschaftl. Begegnungen, 1955 (Festschr.) – G.LOOSE, E.J., Gestalt u. Werk, 1957.

G.Loose

Jüngerschaft

1. Wesen und soziologische Struktur – 2. Faktoren des Zusammenhaltes – 3. Faktoren der Auflösung

1. J. läßt sich als eine Gruppe von Menschen verstehen, die sich an eine Persönlichkeit anlehnen, der sie außeralltägliche Eigenschaften im Sinne einer charismatischen Begabung (so Max Weber) zusprechen; dadurch fühlen sie sich auch untereinander in anderer Weise verbunden als mit sonstigen Menschen. J. stellt eine der reinsten Formen der → Ich-Du-Beziehung dar und ist mit aus diesem Grunde kleinzahlig und kurzlebig. J. findet sich innerhalb nicht primär religiöser wie auch innerhalb primär religiöser Sphären. Hier ist nur von der letzteren die Rede.

2. *Faktoren des Zusammenhalts* sind die Einheitlichkeit der Mitglieder in bezug auf sozialökonomische und kulturelle Herkunft sowie auf Lebensgestaltung (im extremsten Falle: Gütergemeinschaft früherer amerikanischer religiös-kommunistischer Siedlungen); ferner das Losgelöstsein der Mitglieder aus anderen, im extremsten Falle aus allen sonstigen Vergesellschaftungsgebilden, zB aus der → Familie.

3. *Faktoren der Auflösung* bzw. der Umwandlung in andere Gebilde sind: a) Bevorzugung eines Mitgliedes durch den Führer, was zu Auseinanderfall und u.U. zu Absplitterung führen kann. b) Existenz eines Mannes innerhalb der J., der sich den andern überlegen fühlt und als solcher eine neue J. begründet. c) J. löst sich bes. dann auf, wenn die Bewegung über den Kopf des Führers hinauswächst und dieser durch einen radikaleren verdrängt wird. Ein charakteristisches Beispiel ist → Irving. d) Der Tod des Führers und der Kampf um die Nachfolge, etwa zwischen seinem Sohn und einem andern, was oft, zB bei → Sikhs und → Mormonen, mit dem Siege des letzteren endet. e) Die Übernahme der Macht nach des Führers Tod durch einen Menschen, der einem Spezialtyp innerhalb der soziologischen Kategorie des »Zweiten« zugehört. Er beansprucht nicht, besondere Offenbarungen erhalten zu haben; wohl aber schafft er unter Verwendung von Führerworten ein Programm und darüber hinaus eine Institution. Dies führt stets zu Assimilation, Großzahligkeit und J.seliminierung, zB Abu Bekr (→ Islam), → Elias von Cortona, → Melanchthon, Brigham Young (→ Mormonen). f) Mission unter verschiedenartigen Völkern hat Relativierung, Rationalisierung und Bürokratisierung im Gefolge und eliminiert die Ich-Du-Beziehung. g) Der Tod aller Mitglieder der J., die den Führer noch gekannt hatten und sich auf ihn berufen konnten. All dies bringt die Wandlung zur → Sekte, die noch etliche Züge der J. in sich enthält, oder zur assimilatorischen Massenkirche (→ Kirche: I) mit sich. Demgegenüber erstehen neue Protestler mit J., Ausschließung, Neugründung und abermaliger Institutionalisierung. – Vgl. → Bruderschaften: I, → Gemeinschaften, religionsgeschichtlich.

E.TROELTSCH, Die Soziallehren der christl. Kirchen u. Gruppen (Ges. Schriften I), (1912) 1923³, bes. 58ff. 286ff. 749ff – MAX WEBER, Wirtschaft u. Gesellschaft I, (1920) 1956⁴, 245ff (grundlegend) – F.SIEGMUND-SCHULTZE (Hg.), Die ev. Kirchen der Niederlande, 1922 – J.WACH, Meister u. Jünger, 1925 – DERS., Relsoz., bes. 151ff (Lit.) – H.HOLZAPFEL, Die Sekten in Deutschland, 1925 – M.R.HUNTER, Brigham Young, Salt Lake City 1940 – J.C.ARCHER, The Sikhs, Princeton 1946 Kap. 6f – P.HONIGSHEIM, Religionssoziologie (Die Lehre von der Gesellschaft, hg.v. G.EISERMANN, 1958, 119-181; 127f: »Soziologie des Zweiten«).

P.Honigsheim

Jugend, *anthropologisch.* Obwohl die Umgangssprache das Wort J. als gleichbedeutend mit → Kindheit benutzen kann, unterscheidet man in der Psychologie die J. von der Kindheit als deren zweite Phase, gleichbedeutend mit Pubertät oder zusammenfassend für Vorpubertät und Pubertät. Meist bestimmt die Pubertätspsychologie den Anfang dieser Periode an der Erfahrung des Jugendlichen selbst: das Leben sei jetzt nicht mehr selbstverständlich, es sei oft unlustbeladen und bedrückt durch ein Gefühl der Befremdung. Unverbunden stehen daneben anthropometrische Daten über die seit ca 1925 bekannte zunehmende Verfrühung der Menarche (Anfang der Menstruation) u.ä. und über die damit verbundene längere Pubertät und den späteren Eintritt in die Erwachsenheit. Verborgen bleibt dabei jedoch der innere Zusammenhang dieser beiden Aussagen. Worauf beruht der obengenannte Bedeutungsverlust der vertrauten Verhältnisse? Er findet seinen Ursprung in der neuen Sinngebung des Lebens, die das Großwerden mit sich bringt, das wesentlich auch in der Leibsphäre erlebt wird. Nach schnellem Wachstum in der Vorpubertät kann sich der Jugendliche nicht mehr einfach als Familienkind verstehen. Bald stellen sich weitere Entwicklungserscheinungen ein, welche die erotische Bedeutung des anderen und des Jugendlichen selbst für den anderen möglich oder aktuell machen. Dem Beobachter kündet sich diese Entwicklung durch einen gewissen Narzißmus des Jugendlichen an. Die psychologische Fachliteratur hat einerseits von »Ergänzungsbedürftigkeit« gesprochen, anderseits ein »übertriebenes Selbstgefühl« und ein »gehobenes Ursprünglichkeitsgefühl« betont. Diese Bezeichnungen treffen tiefere Schichten als die, welche nur die Ruhelosigkeit, Gefühlsaufwallung usw der J. ins Auge fassen. Wo das Erkennen und Ergreifen von Werten als Charakteristikum der J. angesehen wird (→ Spranger), scheint eine gewisse Übereinstimmung mit amerikanischen Auffassungen zu bestehen, die hier allerdings nur von Anpassung, Sozialisierung, Konventionalisierung reden. Die Übereinstimmung ist also nur äußerlich. Spranger u.a. haben im wesentlichen ein Kapitel philosophischer → Anthropologie (: II), vorwiegend idealistischer Herkunft, vor Augen, indem sie in der jugendlichen Entwicklung die Ordnungen des objektiven Geistes zum Durchbruch kommen sehen. Mit bloß psychologischen Argumenten kann man dieser Auffassung weder adäquat beikommen noch sie bekämpfen. Denn es geht hier nicht nur um die Psyche der J. Die Auseinandersetzung des Jugendlichen, der nicht mehr Kind sein will, mit den sozialen und geistigen Tatsachen der Gesellschaft bezieht den ganzen Hintergrund seiner Stellung in der historischen Welt mit ein und kann an verschiedenen Orten sehr verschieden aussehen. Daß das Pubertätserlebnis als Krise und sogar als krisenhafte Phase unterbleiben kann, ist gesicherte Tatsache (Langeveld u.a.).

Neben den Veränderungen im jugendlichen Selbsterlebnis und in seinem Verhältnis zur Welt ist das Bild des Jugendlichen dem Kinde gegenüber auch durch ein *neues Verhältnis zur älteren Generation* gekennzeichnet. Schon das größere Kind wird von Erwachsenen und älteren Kindern auf größere Verantwortungsfähigkeit angesprochen. Es wird mehr oder weniger schon in die Lebensverhältnisse der Erwachsenen (Geschlecht, Arbeit, Politik, Kirche) aufgenommen. Der Entwicklungsschritt, der hiermit getan ist, beruht wiederum auf geistig-historischen und soziologischen Vorentscheidungen und ist nicht rein psychologisch zu erschöpfen. »Pubertär« ist daran nur, daß in primitiven Gemeinschaften die Geschlechtsreife vorausgesetzt wird. Darüber hinaus ist das Verhältnis der Generationen nur äußerlich vom Altersunterschied bedingt. Wesentlicher sind die menschlichen Verantwortungen, die man schon oder noch nicht angetreten hat. Am deutlichsten zeigt sich der Übertritt zur verantwortlichen Generation beim Entstehen von Vater- und Mutterschaft. Die eigentliche J. ist zu Ende, wo die Erwachsenen und ihre Institutionen dem jungen Menschen schon mit der selbstverständlichen Voraussetzung der vollen Verantwortungsreife entgegentreten. Wo dagegen der junge Mensch in einer Gemeinschaft aufwächst, die das eigene Suchen nach Sinn und Wahrheit erlaubt, vielleicht sogar durch lange Vorenthaltung ernsthafter Lebensverantwortungen dazu nötigt, entwickelt sich eine eigene geistige Periode, in der dem Jugendlichen alles Neue zur Aufgabe wird: er selbst, seine Beziehung zu sich und zum Mitmenschen, zum anderen Geschlecht, zu Sinn und Wahrheit; auch seine Stellung im Beruf, in der Ausbildung, in Studium, Arbeit, Gesellschaft, Kultur werden problematisch. Viele dieser typischen Jugendprobleme, wie sie etwa Spranger beschrieben hat, gelten bezeichnenderweise nur für Schüler, kaum auch für Lehrlinge, Jungarbeiter oder junge Erwachsene gleichen Alters in einfachen Kulturverhältnissen. Sinn und Wahrheit werden nicht problematisch, wo man sich bloß konventionell oder traditionell an sie anzupassen braucht. Die anthropologisch-pädagogische Bedeutsamkeit der ermöglichten verlängerten J. in gehobenen Kulturverhältnissen liegt deshalb darin, daß der Jugendliche sich nicht nur möglichst schnell und reibungslos anpassen soll, sondern Gelegenheit zu einem eigenen produktiven Verhältnis zur Sinn- und Wahrheitsfrage erhält. Dabei treten in der J. neben objektiver Distanzierung oder gefühlsgeladenem Protest zuweilen auch Krisen des kindlichen Glaubens und Krisen im Erlebnis der zu erreichenden Tiefe auf, Krisen, die in gehobener oder deprimierter Stimmung erlebt werden. Solche Gefahren ungenügender Integration und Individuation sind die normalen Risiken dieses Alters, sofern es von den Erziehenden, von der Öffentlichkeit und vom Jugendlichen selbst mehr oder weniger deutlich als ein Zwischenstadium zwischen der bereits abgeschlossenen Kindheit und dem trotz physischer Reife noch nicht voll erreichten Status des verantwortlichen und mündigen Erwachsenen erfahren und verstanden wird. Welche Verhaltensweisen der J. als alterstypisch gestattet werden, hängt von sozialen Maßstäben ab. Der Unterschied zwischen »erwachsen« und »jugendlich« kann dabei von Gemeinschaft zu Gemeinschaft verschieden sein. Die ethische Frage, inwiefern man der J. gewisse Leistungen – zB auf dem Gebiet der Arbeitsbelastung und des Militärdienstes – schon zumuten darf, ist damit eng verbunden. Im Laufe der letzten 200 Jahre hat die Humanisierung der gesellschaftlichen Verhältnisse und die Entwicklung eines mehr wissenschaftlich durchdachten Bildes von Kindheit und J. zu einer Toleranz des Kindlichen (van den Berg) geführt. Anderseits wird der J. heute intellektuell meist mehr zugemutet als in vergangenen Epochen, und diese intellektuelle Verfrühung umfaßt auch breitere Volksgruppen als früher. Die J. wird jetzt in vielen Hinsichten mit Lebensfragen konfrontiert, die sie in einem traditions- und bindungsarmen Raum selber lösen muß. Von Land zu Land, von sozialer Gruppe zu sozialer Gruppe und von Epoche zu Epoche entstehen so recht verschiedene Bilder der J. und ihrer Entwicklung, deren Charakteristika sich auch bei Knaben und Mädchen nach Intensität und Geschwindigkeit noch wesentlich unterscheiden können. Welches Bild der J. als pädagogisch wünschenswert angestrebt werden soll, ist nicht schon durch die menschliche Natur festgelegt. Zur Natur des Menschen gehört vielmehr gerade der Zwang zur Entscheidung und zum Entwurf dessen, der er werden will und soll. – Vgl. → Jugendpsychologie: I.

E. Spranger, Psychologie des J.alters, (1924) 1955[24] – A. Portmann, Biologische Fragmente zu einer Lehre vom Menschen, (1944) 1952[2] – A. Petzelt, Kindheit, J., Reifezeit, 1951 – A. Busemann, Prolegomena zu einer Theorie der menschl. J. vom psycholog. Standort aus (Jb. für Psychologie u. Psychotherapie 1, 1952, 97–107) – Ders., Ist die menschl. J. wirklich ein bloßer »Entwicklungsprozeß?« (Vorträge des XX. pädagog. Ferienkurses), Freiburg/Schweiz 1956 – N. Beets, De grote jongen, Utrecht 1954 – M.J. Hillebrand, Die seelisch-geistige Entwicklung in anthropolog. Betrachtung (Studium Generale 7, 1954, 491–500) – H. Scheuerl, Das Spiel. Sein Wesen, seine pädagog. Möglichkeiten u. Grenzen, 1954 – E.A.A. Vermeer, Spel en spelpaedagogische problemen, Utrecht 1955 – J.H. van den Berg, Metabletica of Leer der Veranderingen, Nijkerk 1956 – M.J. Langeveld, Studien zur Anthropologie des Kindes, 1956 – Ders., Die Schule als Lebensraum des Kindes. Versuch einer Anthropologie der Schule, 1959 - Rencontre, Encounter, Begegnung. Contributions à une psychologie humaine, hg.v. F.J.J.BUYTENDIJK, Utrecht 1957 - D.P.AUSUBEL, Theory and Problems of Child Development, New York 1958. *M.J.Langeveld*

Jugendbewegung

I. Geschichte und Bedeutung - II. Jugendbewegung und ev. Kirche - III. Kath. Jugendbewegung - IV. Sozialistische Jugendbewegung. - Vgl. → Jugendvereinigungen und Jugendwerke

I. Geschichte und Bedeutung

1. Begriff - 2. Geschichte: a) Bis zum 1. Weltkrieg - b) Bis 1933 - 3. Gegenwärtige Bedeutung

1. Der *Begriff* J. bezeichnet ein soziologisches, psychologisches und geistesgeschichtliches Phänomen, das schwer zu fassen ist, da es nicht nur, ja nicht einmal zum größeren Teil in feste organisatorische Formen eingegangen ist. Neben bestimmten »Bünden« gab es zahllose Kreise ohne feste Form sowie Einzelgänger, die sich mit mehr oder minder großer Berechtigung als Träger der J. fühlten. Auch niveaumäßig gab es erhebliche Unterschiede von hoher geistig-sittlicher Verantwortung bis zum substanzlosen Individualismus, der bis an die Grenze des Vagabundierens reichte. Selbstverständlich kann man die J. als eine Erscheinungsform des psychologisch zu verstehenden Gegensatzes zwischen den Generationen betrachten oder sie in Parallele zu geistigen Bewegungen der jungen Generation wie der Burschenschaft von 1815 sehen. Aber mit solcher Einordnung wäre für das Verständnis der Eigenart dieser Erscheinung des 1. Drittels des 20.Jh.s wenig gewonnen. Vor allem muß davor gewarnt werden, unter J. die Summe aller Organisationen und Verbände zu verstehen, die sich dem Wohle der Jugend widmeten. Wer also zB das umfassende Handbuch »Die deutschen Jugendverbände« von 1931 (s. Lit.) zu Rate zieht, wird darin eine Vielzahl von Jugendorganisationen finden, die mit J. nichts zu tun haben, in denen sich aber vielleicht hier und da J. regte. Man wird darin ferner Zusammenschlüssen der Jugend begegnen, die dem Begriff J. entsprechen. Sie sind vornehmlich unter dem Abschnitt über die »bündische« Jugend zu finden. Der Abschnitt nennt jedoch auch Gruppen, die dem Geiste der J. fernstehen. Schließlich aber: das Handbuch bringt begreiflicherweise nichts über die weiten Bereiche der J., die sich nur in losen und wechselnden Freundeskreisen darstellten. Eine erste Hilfe, sich in der Fülle der Selbstdarstellungen, die das Handbuch bietet, unter dem Gesichtspunkt »J.« kritisch zurechtzufinden, könnte das erste literarische Dokument der J. geben: »Freideutsche Jugend. Zur Jh.feier auf dem Hohen Meissner 1913«.

2. a) Als den *Ursprung* der J. pflegt man den Gymnasiastenkreis in (Berlin-)Steglitz zu betrachten, der sich Ende 1901 unter Führung von Karl Fischer den Namen »Wandervogel« gab. Durch diesen Namen ist in jüngerer Zeit die Vorstellung entstanden, die J. sei vornehmlich eine Bewegung zur Förderung des Jugendwanderns gewesen. Da aber bes. nach dem 1. Weltkriege viele Einzelgänger in verwegener Kleidung oder undisziplinierte Gruppen von Jungen und Mädchen, die mit buntbebänderten Mandolinen und Gitarren, nackten Beinen und wehenden Haaren Deutschland, ja Europa von Skandinavien bis Sizilien durchquerten, in der öffentlichen Meinung »Wandervögel« waren, ist der gute alte Name in Mißkredit geraten. Spricht man heute mit Vertretern der jungen Generation von J. oder Wandervogel, so zeigt sich zumeist, wie stark dieses Zerrbild nachwirkt. Darum muß nachdrücklich gesagt werden, daß die J. sowohl von jugendpflegerischer Förderung der Wanderlust wie von jenen Entartungserscheinungen zu unterscheiden ist. Wohl aber muß sie mit einer kulturkritischen Bewegung in Zusammenhang gesehen werden, die etwa durch so verschiedenartige Namen wie Wilhelm Heinrich Riehl, Paul de → Lagarde, Friedrich → Nietzsche, Carl → Spitteler, Julius Langbehn, Ferdinand Avenarius (Dürerbund, Kunstwart), Friedrich Lienhard, Paul Schultze-Naumburg und Hermann Lietz umschrieben werden kann. Das Eigentümliche an der J. ist, daß die Jugend aus den kulturkritischen Gedanken der älteren Generation in selbständiger Weise Folgerungen zog und sie in einem erkämpften eigenen Lebensraum zu verwirklichen trachtete. Es ist das spezifisch Jugendliche, daß die Jugend nicht im Protest verharrte, sondern zur Verwirklichung drängte. Aus dem Protest gegen leere Anstandsregeln der bürgerlichen Gesellschaft drängte sie zu einem unmittelbaren und ungezwungenen menschlichen Begegnen. In der Abwehr der städtischen Vermassungserscheinungen suchte sie die freie Entfaltung der Individualität in gewachsener Gemeinschaft. Gegen den Zwang der Mode und der Uniform setzte sie die eigengeprägte Kleidung, gegen die Unnatur der bürgerlichen Kleidung eine jugendliche, der Gesundheit dienende Tracht. Selbstverständlich bot das Wandern die beste Möglichkeit zu solcher Eigengestaltung. Der junge Wandervogel fügte sich in der Schule oder Lehre wohl mehr oder minder gutwillig in die Vorschriften bürgerlichen Anstands, aber er sah mitleidig auf seinen Altersgenossen, der sie niemals durchbrach, um ein freies, romantisches Leben zu führen, der vielmehr seine Freizeit (mit Bier und Zigarren) vergeudete und bemüht war, schnell in die Lebensform der Erwachsenen zu schlüpfen. - Das Wandern aber führte die J. bald über ihren ersten Ansatz hinaus. In den Wandervogelgruppen trafen auf der Fahrt und beim »Nestabend« Gymnasiasten mit jungen Menschen anderer Lebenskreise zusammen, und die aus der Stadt fliehende Wandervogelgruppe traf wiederum auf das Bauerntum. So fand die J. den Weg zu einer neuen sozialen Gesinnung, von der sie in der Welt der Erwachsenen nur schwache Spuren wahrnahm. Der Begriff »Volk« füllte sich für sie mit einem Inhalt, der es ihr unmöglich machte, ihn in einem abwertenden Sinne zu gebrauchen. Sie lernte einen hohlen Patriotismus zu verabscheuen, und ihr nationales Gefühl trennte sich von parteipolitischen Parolen. In der bäuerlichen Umwelt begegnete ihr das echte → Volkslied und machte sie gegen das sentimentale »Volkslied«, das sie in der Schule gelernt hatte, kritisch. So entstand 1908 das erste Liederbuch der J., der »Zupfgeigenhansl«, hg.v. Hans Breuer (gefallen 1918). Vor allem jedoch ist für die J. eine Wandlung des Autoritätsbegriffes kennzeichnend. Sie lehnte mehr und mehr bloß überlieferte und beanspruchte Autorität ab. Wo sie hingegen ein Mitfühlen und Verstehen sah, erkannte sie freudig Autorität an. Sie *suchte* Autorität und bejahte die *gefundene* dankbar. Dafür ist die Selbstdarstellung des »Jungwandervogels« in »Freideutsche Jugend« (s. Lit.) bezeichnend: »Die Entstehung der Wandervogel-Bewegung ist mit Recht eine Empörung der Jugend gegen den Zwang der Schule und des Elternhauses genannt worden. Man schämte sich dessen später [1913!] mit Rücksicht auf die Werbetätigkeit der Bünde, sagte, es gehöre der Vergangenheit an, man wolle nunmehr etwas Positives und keine Empörung mehr. Man pries die gesundheitlichen Vorteile des Wanderlebens und bemühte sich um die Gunst der erziehenden Mächte, insbesondere der Schule, und damit traf man die inneren Werte der Bewegung an der Wurzel. Wenn auch zugegeben sei, daß seit dem Einsetzen der Schulreform eine erhebliche Besserung der Jugenderziehung begonnen hat und das Revolutionäre, rein Verneinende von der Wandervogel-Bewegung abgestreift worden ist, so liegt doch ihr Sinn immer noch in dem Alleinsein der Jugend unter

sich, in der Möglichkeit, alle Lebenswünsche und erkennbaren Lebenswerte auch einmal ohne Vorgesetzte und Autorität zu erörtern: der Führer der Gruppe rechnet dabei zur Jugend, denn er ist nie Vorgesetzter, immer Freund, mit gleichen Rechten und größeren Pflichten. Es zeigt eine bedenkliche Verkennung der selbsterzieherischen Kräfte der Jugend, daß die Lehrerschaft, vielfach auf Veranlassung der vorgesetzten Behörde, in die Bewegung drängte, so daß heute weit über die Hälfte der deutschen Wandervogel-Ortsgruppen von Oberlehrern und Lehrern geleitet werden. Dazu hat die Jugend sich den Wandervogel nicht geschaffen.« Gegen niemand setzte sich die J. mehr zur Wehr als gegen den wohlwollenden Erwachsenen, der ohne wirkliches Verstehen und Anteilnehmen an dem stürmischen Wollen sich ihr widmete, in dessen Munde aber alles, was die Jugend bewegte, einen falschen Ton bekam. Vor allem erbitterte sie das Verhalten der Älteren, die ihr erzählen wollten, daß sie das von der Jugend Erstrebte schon längst gemeint und getan hätten. Es ist begreiflich, daß der Hohn, mit dem die J. gegen solche Vertreter der älteren Generation reagierte, wiederum ihr zur Last gelegt wurde. Mit der J. fragte Gustav Wyneken als einer ihrer gefundenen und anerkannten Führer: Reformphilistertum oder Jugendkultur? Nicht irgendeine Lebensreform müsse das Ziel sein, sondern eine neugeartete Jugend, die eine Jugendkultur erarbeitet. Die Jugend ist Zukunft in der Gegenwart. Das dürfe nicht nur chronologischen Sinn haben. Die Aufgabe der J. sei unendlich schwerer und edler als ein Sicheingliedern in die allgemeine Reformerei. – Bewußt stellte die Jugend am 12./13.10.1913 ihr Fest auf dem Hohen Meissner den vielfältigen patriotischen Feiern zum Gedächtnis der Schlacht bei Leipzig entgegen. Mit diesem Fest, nicht mit einem Kongreß, wollte die »Freideutsche Jugend«, wie der Name nun lauten sollte, ihren Weg antreten. Unter den Freundesworten Älterer, die das Vorhaben der Jugend grüßten, ragt Alfred Webers Gruß hervor: »Ich meine, daß wir Älteren nicht zu viel Ratschläge erteilen und nicht zu sehr versuchen sollten, Ziele zu setzen für die junge Generation, die sich heute findet. Die größte Gefahr, die einer J. drohen kann, ist, nicht auf sich selbst zu stehen. Was sie will, muß sie fühlen, und was sie fühlt, das soll sie tun. Das Beste an der heutigen Jugend ist, daß sie sich auf sich selbst, eine innere Form, nach der sie strebt, besinnt. Sie möge es tun, ohne die Älteren viel zu fragen und ohne sich an Äußeres zu verschenken...« (Freideutsche Jugend 165).

Im ersten Aufruf zum Meissner-Fest, der von 13 Verbänden ausgegangen war, hieß es: »Ihr Selbst frei zu entwickeln, um es dann dem Dienst der Allgemeinheit zu widmen, ist die höchste Aufgabe der Jugend. Allem geschraubten und gezwungenen Wesen stellen wir Natürlichkeit, Wahrhaftigkeit, Echtheit, Gradheit gegenüber; aller Engherzigkeit das ernste, freie Gefühl der Verantwortlichkeit! Statt des Strebertums aufrechte Überzeugungstreue! Statt der Blasiertheit Jugendfreude und Empfänglichkeit; Ausbildung und strenge Selbstzucht statt der Vergeudung der Jugendkraft!« (ebd 3). Auf dem Fest selbst wurde die gemeinsame Gesinnung durch die berühmten Sätze proklamiert: »Die Freideutsche Jugend will nach eigener Bestimmung, vor eigener Verantwortung, mit innerer Wahrhaftigkeit ihr Leben gestalten; für diese Freiheit tritt sie unter allen Umständen geschlossen ein. Zur gegenseitigen Verständigung werden Freideutsche Jugendtage abgehalten. Alle gemeinsamen Veranstaltungen der Freideutschen Jugend sind alkohol- und nikotinfrei.«

b) Vor Beginn des Krieges konnte nur noch ein Vertretertag der Freideutschen Jugend im März 1914 in Marburg abgehalten werden. Das erste Heft der in Marburg begründeten Zeitschrift »Freideutsche Jugend« (hg. v. Knud Ahlborn) erschien im Dez. 1914. Im Krieg hat die J. einen großen Teil ihrer jungen Führerschaft verloren. Walter Flex (gefallen 1917) hat dieser Generation in seinem Kriegsbuche »Wanderer zwischen beiden Welten« (1918) in der Gestalt des Wandervogels Ernst Wurche ein eindrucksvolles Denkmal gesetzt. Ernst Wurches Wort »Rein bleiben und reif werden, das ist die schönste und schwerste Lebenskunst« ist in den Nachkriegsjahren vielen jungen Menschen zum Leitsatz geworden, Ausdruck ihrer »idealistischen« Grundhaltung. – Die *Nachkriegszeit* stellte die J. vor schwere Entscheidungen. Die Protesthaltung der Vorkriegsjahre war gegenstandslos geworden; denn die bürgerliche Umwelt war zerbrochen. Jugendlich-romantisches Ausweichen in die Natur gab es freilich auch jetzt noch, aber es erfuhr aus den Reihen der Jugend selbst heftige Kritik. Die J. verlangte nach Mitverantwortung. Auch das Autoritätsproblem verlagerte sich. Die aus dem Kriege Heimkehrenden waren gereift, und nicht wenige hatten sich zu einem bestimmten Wege entschlossen. Es mußte daher in den Verbänden selbst zu einem Generationsgegensatz kommen, der zu mannigfachen Spannungen führte. Ein Beispiel dafür ist die Lösung des »Kronacher Bundes alter Wandervögel« aus dem Wandervogel (1920): Wandervogel-Frontsoldaten stellten bei einem Wiedersehenstreffen fest, daß sie dem Wandervogel der Jüngeren innerlich nicht mehr zugehören konnten. Zehn Jahre später konnte der Kronacher Bund berichten, daß er der einzige Bund der freien J. sei, der zu einem teilweisen Einsatz seiner Glieder im öffentlichen Leben gelangte. Im Erziehungs- und Schulwesen, in der sozialen Arbeit, in den Berufsgilden – zB der »Techniker-Gilde« (1924) –, auch im politischen Leben setzten sich die Kräfte des Bundes ein (Die deutschen Jugendverbände 65). Ähnliches kann freilich auch von andern Kreisen gesagt werden, vor allem von der 1925 gegründeten »Gilde Soziale Arbeit« (s. 3). – Die nachwachsende Generation des Wandervogels bildete neue Bünde und Gruppen und schloß sich 1926 mit der inzwischen auch in Deutschland erstarkten, von England herkommenden Pfadfinderbewegung (→ Jugendvereinigungen: I) zum »Bund der Wandervögel und Pfadfinder«, seit 1927 »Deutsche Freischar« genannt, zusammen. An die Stelle einer kulturkritischen Programmlosigkeit rückte mehr und mehr ein erzieherischer Wille. Das Wichtigste aber war, daß in den Jahren nach dem 1. Weltkriege der Geist der J., wie er sich auf dem Hohen Meissner bekundet hatte, in vielen alten Organisationen aufbrach. Hatten diese, wie etwa die Verbände der konfessionellen und freien Jugendpflege, Berufsverbände, studentische Korporationen, Gewerkschaften und politische Parteien, früher um die Jugend geworben, so sahen sie sich jetzt dem Anspruch der jungen Generation gegenüber (Bund fahrender Gesellen im Deutschnationalen Handlungsgehilfenverband, Sozialistische Arbeiterjugend, Jungsozialisten u.a. [→ Jugendbewegung: IV]). Stürmisch forderte die Jugend vielfach eine Umgestaltung der Prinzipien und Lebensformen der Verbände im Geiste des Hohen Meissner. Es kam zu Absplitterungen; denn die alten Verbände hatten ein traditionelles Schwergewicht, das es ihnen leicht machte, sich dem Wollen der Jugend zu verschließen. So blieb zB der Kampf jugendbewegter Gruppen in den studentischen Korporationen um einen neuen Lebensstil dank des Schwergewichtes der Altherrenschaften vergeblich. Anderseits zeigte sich in der J. selbst mehr und mehr eine Aufspaltung nach politisch-völkischen, sozialistischen, weltanschaulichen oder religiösen Richtungen. Dazu kam, daß die großen soziologischen Gebilde allmählich ein Geschick entwickelten, die Formen der J. äußerlich nutzbar zu machen und für die Werbung der Jugend zu verwenden. Je weniger die Jüngsten vom Geiste der ursprünglichen J. erfahren hatten, desto leichter gingen sie auf solche Methoden ein. Das traurigste Beispiel solchen Mißbrauches ist die Entstehung der »Hitler-Jugend«. In ihrer Selbstdarstellung im Handbuch »Die deutschen Jugendverbände« heißt es (254f): »J. ist heute nicht mehr nur Reaktion gegen den kulturellen Zerfall, wie zB eines Fischer... Persönlichkeiten sollen sich jungbewegt, die Wirklichkeit erkennend, mit einer festen Weltanschauung für ein festes Staatsziel einsetzen... Um den Staat sich kümmernd, nationalsozialistisch, hart brutal kämpfend, wehrhaft und frei erlebend, sich in seinen Jungkräften auswirkend, jugendbewegt, das sind wir!« Schon 1924 hatte Wilhelm → Stählin, einer der anerkannten Führer der J., vor den Gefahren der völkischen Strömung innerhalb der J. gewarnt (s. Lit.): »Nun marschieren dieselben jungen Menschen in Reih und Glied in völkischen Verbänden, weil die drängende Not unseres Volkes sie zu Tat, Zucht und Opfer ruft. Sie sind bereit, für Deutschland zu kämpfen und zu sterben, weil sie an einen Weltberuf ihres Volkes im Dienst der göttlichen Gedanken glauben. Aber wenn sie nun merken müßten, daß sie nur für ein eitles, selbstgenügsames Volk, für leere, äußere Macht oder gar nur für die Macht einzelner über die anderen zu kämpfen begonnen hätten; wenn sie merken müßten, daß ihre innerste Not nicht empfunden und ihre heiligste Glut belächelt wird, daß es nur Auge um Auge, Zahn um Zahn gegangen ist, ein Kampf des Hasses und der Rache, darin alles höhere und reinere Wollen wie in einem unreinen Feuer verzehrt worden ist; wenn sie merken müßten, daß gar keine neue Ehrfurcht und keine Weihe, keine Güte und keine Brüderlichkeit um sie her sind, und daß in ihrem Volk gar kein Raum ist für einen neuen Adel: dann müßte diese Jugend aus ihrem Kampf heimkehren, betrogen und enttäuscht, hundertmal mehr als die deutschen Burschen vor 100 Jahren, und trauernd um Deutschland. Unser Volk und unsere Jugend vor dieser Enttäuschung zu bewahren, ist unsere Verantwortung.« Viele Männer und Frauen aus der echten J. freideutscher oder christlicher Prägung haben so gedacht, aber das Unheil nicht aufhalten können. In der Widerstandsbewegung gegen die nationalsozialistische Gewaltherrschaft haben aus ihren Kreisen nicht wenige gelitten oder ihr Leben verloren.

3. Die J. hat sich vielseitig *ausgewirkt*. Um 1930, ein Menschenalter nach der Entstehung des Wandervogels, konnte man feststellen, daß sie die alten Formen der Jugend*pflege* aufgelockert hatte. Zwar waren oft die Lebensformen der J. nur äußerlich übernommen worden, aber es gab auch echte Wirkungen, zB im Verhältnis zwischen den Jugendlichen und den leitenden Erwachsenen, in der Gestaltung der Zusammenkünfte, in der Pflege des Musischen, in der Wandlung des Liederschatzes, in der Selbsttätigkeit der Gruppenmitglieder. Die Jugend*pflege* verwandelte sich in Jugend*führung*, wie auch umgekehrt in den Kreisen der ursprünglichen J. die nachwachsende Generation mehr und mehr nach Führung verlangte. – Von größter Bedeutung war die J. für das *Jugendherbergswesen*, das heute aus dem Leben der Jugend nicht mehr fortzudenken ist (→ Jugendherberge). Aber auch die *Jugendgesetzgebung* (Reichsjugendwohlfahrtsgesetz 1920; → Jugendfürsorge) und die → *Schulreform* (Reichsschulkonferenz 1920) wären ohne die J. nicht denkbar. In der *pädagogischen Bewegung* war die J. von entscheidendem Einfluß. Nicht nur die pädagogische Theorie hat von ihr stärkste Anregungen empfangen (→ Pädagogik: II); die J. hat auch zu neuen Lebens- und Arbeitsformen der Schule und zur Entstehung eines neuen Lehrertyps beigetragen, der sich trotz mancher Übertreibungen und Irrungen klar ausgeprägt und bewährt hat (Landerziehungsheime, Schullandheime, »Wendekreis«; s. Lit. unter Jöde). Die → *Singbewegung* (Walter Hensel, Fritz Jöde) hat weit über die Jugendkreise hinausgewirkt und Schul- und → Hausmusik tiefgreifend umgewandelt (Finkensteiner Bund, Musikantengilde). Ebenso ist das → *Volksbildungswesen* (Volkshochschulen, Heimvolkshochschulen) in seiner heutigen Gestalt im wesentlichen den Kräften der J. zu verdanken. Fast noch wichtiger als solche greifbaren Ergebnisse ist die Auswirkung von Männern und Frauen, die aus der J. stammen, im praktischen Leben. In der »Gilde Soziale Arbeit« sammeln sich seit 1925 (und seit 1945 wieder) Männer und Frauen, die jetzt als leitende Beamte im Bereich der Sozialarbeit oder als praktische Fürsorger, als Erzieher oder Wissenschaftler, als Jugendrichter, Erziehungsberater oder Ärzte tätig sind. Sie bilden eine Gemeinschaft, die von ihrem Jugenderleben her geprägt ist, in der alle Unterschiede des Ranges oder der persönlichen Bedeutung vor der gemeinsamen Verantwortung zurücktreten. Auch ein »Freideutscher Kreis« von Männern und Frauen, die heute in verantwortlicher Arbeit stehen – viele von ihnen waren nach 1933 ausgeschaltet –, hat sich gebildet.

H. Blüher, Wandervogel, 1912 (eigenwillige Deutung!) – Freidt. Jugend. Zur Jh.feier auf dem Hohen Meissner 1913 – P. Natorp, Hoffnungen u. Gefahren unserer J., 1914 – G. Wyneken, Was ist Jugendkultur?, 1914 – A. Messer, Die freidt. J., 1919 – F. Jöde, Pädagogik deines Wesens. Gedanken der Erneuerung aus dem Wendekreis, 1919 – W. Stählin, Der neue Lebensstil, 1919 – Ders., Fieber u. Heil in der J., (1922) 1928[5] – Ders., Die völkische Bewegung u. unsere Verantwortung, o.J. (1924) – Ders., Schicksal u. Sinn der dt. Jugend, (1926) 1927[2] – Th. Herrle, Die dt. J. in ihren wirtschaftl. u. gesellschaftl. Zusammenhängen, (1921) 1924[3] (stark verzeichnend) – R. Guardini, Neue Jugend u. kath. Geist, (1921) 1927[2] – H. Schultz-Hencke, Die Überwindung der Parteien durch die Jugend, 1921 – K. Korn, Die Arbeiter-J., 1922 – H. Schlemmer, Der Geist der dt. J., 1923 – V. Engelhardt, Die dt. J. als kulturhist. Phänomen, 1923 – Fr. W. Foerster, Jugendseele, J., Jugendziel, o.J. (1923) – Ch. Lütkens, Die dt. J., ein soziolog. Versuch, 1925 – R. Thurnwald, Die neue Jugend (Forschungen zur Völkerpsychologie u. Soziologie VI), 1927 – E. Frobenius, Mit uns zieht die neue Zeit, o.J. (1927) – O. Stählin, Die dt. J., 1929 – PädLex II, 1134ff – H. Hartmann, Die junge Generation in Europa, 1930 – H. Siemering (Hg.), Die dt. Jugendverbände, 1931 – LPäd (F) II, 961ff.

W. Uhsadel

II. Jugendbewegung und ev. Kirche

1. Mißverhältnis von J. und Kirche – 2. Einbruch der J. in die kirchliche Jugendpflege – 3. Ergebnisse der Begegnung von J. und Kirche

1. Die → Jugendbewegung (: I) verdankt ihre Entstehung u.a. der Tatsache, daß die Jugend von dem Wort der Kirche nicht mehr erreicht wurde. Die Kirche gehörte für die J. zu der bürgerlichen Welt, von der sie sich löste. Die Lösung stellt sich im großen ganzen als völlige Gleichgültigkeit und als Wendung zu einer romantischen Naturfrömmigkeit dar. Auch Ansätze zu einer völkischen Religiosität zeigen sich schon früh, ohne freilich für die J. charakteristisch zu sein. – Die J. der Zeit vor dem 1. Weltkrieg war in der Kirche innerlich heimatlos. Sie war von einer starken Zuversicht erfüllt, sich ein Jugendreich bauen zu können und damit zu einer neuen Welt beizutragen. Von der Kirche erwartete sie dafür keine Hilfe. Es lag der ursprünglichen J. auch fern, nach jenseitigen Bindungen zu suchen; sie war rein diesseitig ausgerichtet. Dennoch war sie in ihrem innersten Wesen eine religiöse Bewegung. Das zeigt ihre schroffe Ablehnung aller Versuche, sie für ein reformerisches Ausbessern des Bestehenden zu gewinnen. Sie suchte vollkommene Lösungen und glaubte an eine Lebensgestaltung und Sinnerfüllung aus »un-bedingtem« Wollen. Daß diese Grundhaltung mit dem Evangelium nicht vereinbar war, ist selbstverständlich; aber es ist zu bedauern, daß sie inner-

halb der Kirche kein seelsorgerliches Verständnis fand. So blieb die Führung der J. in den Händen unkirchlicher oder antikirchlicher Erwachsener, denen die Jugend ihr Vertrauen geschenkt hatte.

2. Erst der Zusammenbruch von 1918 brachte eine *Wandlung*. Ein starkes religiöses Fragen, das sich nun auch der Kirche zuwandte, setzte ein, vornehmlich von der aus dem Kriege heimkehrenden Wandervogelgeneration getragen. Von kirchlicher Seite fand die Jugend nun auch ein tiefes seelsorgerliches Verstehen. In den Reihen der ev. Jugend (→ Jugendvereinigungen: I), die mehr oder minder bewußt den Weg zur Gemeinde suchte, fand Wilhelm → Stählin großes Vertrauen. Mehr nach der Seite der bündischen Jugend wirkte Ludwig Heitmann, während Paul → Tillich, Günther → Dehn und Hermann Schafft in der sozialistischen → Jugendbewegung (: IV) starkes Echo fanden. Innerhalb der herkömmlichen kirchlichen Jugend*pflege* brach zuerst im »Bund deutscher Jugendvereine« (B.D.J., gegr. 1909) die J. durch. Auf der Magdeburger Tagung 1919 trat die Jugend »im Bewußtsein eigener Verantwortung« neben die Pfarrer, und die Pfarrer stellten sich ebenso bewußt in die Reihen der Jugend. 1921 sprach Wilhelm Stählin auf der Heidelberger Tagung zu 5000 Jungen und Mädchen über »Jesus und die Jugend«; sein Vortrag löste leidenschaftliche Aussprachen aus. 1922 übernahmen Stählin und Gotthold Donndorf die Leitung des B.D.J. – Von den »Neuland-Kreisen« (Guida Diehl) löste sich um die gleiche Zeit der *»Christdeutsche Bund«* (Leopold → Cordier, Friedrich Langenfass), aus den »Bibelkreisen« (→ Bibelarbeit, 2) ging der *»Bund der Köngener«* hervor (Wilhelm Hauer, damals noch Christ; Rudi Daur). In der *»Neuwerk«-Bewegung* (Schlüchterner Jugend) sammelten sich Freideutsche, Sozialisten, Glieder der Bibelkreise und Studenten, vornehmlich aus der D.C.S.V. (Eberhard → Arnold [→ Akademikervereinigungen: I]). Sie drängte stark zur Verwirklichung einer christlichen Lebensgemeinschaft als Zelle eines neuen Lebens in ländlichen Siedlungsversuchen mit Volkshochschulaufgaben (Habertshof, Emil Blum). Diese Durchbrüche der J. blieben nicht ohne Rückwirkung auf die alten Verbände, die sich nun mehr und mehr den Lebensformen der J. anpaßten, indem sie sich teils zueigen, teils nur zunutze machten, was in der J. lebte. Die Jugend selbst pflegte in jenen Jahren einen scharfen Unterschied zwischen echter Verwirklichung und bloßer Übernahme solcher Lebensformen zu machen. Wer Gelegenheit hatte zu vergleichen, konnte sich leicht von der inneren Berechtigung dieser Unterscheidung überzeugen. So zeigte zB das Liedgut in den traditionellen Verbänden eine Mischung von »beliebten« Wandervogelliedern und Liedern, die von der genuinen J. abgelehnt wurden, nicht weil sie christlich waren, sondern weil sie sie als flach und sentimental empfand. Dementsprechend zeigte auch die Art des Singens und Musizierens – wie der gesamte Lebensstil der Gruppen – unverkennbare Unterschiede. Dennoch darf jene Rückwirkung der J. auf die alten Verbände nicht nur negativ gesehen werden. Sie hatte stark erzieherische Bedeutung, die tief in das Gemeindeleben drang.

3. Die Begegnung der J. mit der Kirche vollzog sich vielfach auf Wegen, die abseits von geplanter Verkündigung und Unterweisung lagen. In den Gruppen wurde etwa der Wunsch nach Beschäftigung mit der bildenden Kunst vergangener Zeiten wach. Junge Arbeiter und Lehrmädchen lernten Dürer oder Matthias Grünewald kennen, sie vertieften sich in die großen Bauwerke der Gotik (im Bilde oder auf der Fahrt) oder die romanische Buchmalerei und schmückten ihre Stube mit guten Reproduktionen. Auf dem Wege über das echte Volkslied fand die J. den Zugang zum reformatorischen Choral. Jugend aller Stände und Bildungsstufen sang im Chor, musizierte alte geistliche Musik oder spielte mit innerer Hingabe und Ergriffenheit mittelalterliche geistliche Spiele. So fand die J., die ihr religiöses Suchen zunächst wahllos bei Meister Eckehart oder Franz von Assisi, aus der Bhagavadgîtâ oder Dostojewski, Angelus Silesius' »Cherubinischem Wandersmann« oder Kierkegaard zu befriedigen suchte, den Weg zur Bibel und zur Gemeinde. Der empirischen Kirchengemeinde blieb sie vielleicht noch lange fremd und stand ihr kritisch gegenüber, aber aus dem Leben mit den großen Zeugnissen christlicher Vergangenheit nahm sie die Inhalte der christlichen Botschaft in ganz neuer Weise auf. Die Pfarrer ihrerseits lernten vielfach durch das selbständige Fragen und Drängen der Jugend, das sich aus solcher Gemeinschaftsarbeit ergab, neue Wege der Unterweisung zu suchen und sahen sich auf reformpädagogische Methoden (→ Arbeitsschule, Gruppenunterricht oder → Kunsterziehung) verwiesen. Auch zum gottesdienstlichen Leben drängte die Jugend. Im Wandervogel hatte sie die gemeinschaftbildende Kraft von Fest und Feier erfahren. Nun meinte sie, diese Erfahrung auch auf den ev. Gottesdienst anwenden zu dürfen. Neben die christlich verstandene Sonnenwendfeier (Johannisfest) trat der → Jugendgottesdienst, oft von der Jugend selbst »gestaltet« und als Ausdruck ihres Wesens verstanden. Die liturgiegeschichtliche Unwissenheit der ev. Pfarrer kam ihr dabei zustatten. Sie fand ein weites Feld der Betätigung, auf dem sie ungehindert durch theologisches Besserwissen darstellen konnte, was ihr Freude machte. Trotz aller berechtigten theologischen Kritik muß gesagt werden, daß die Jugend auf diese Weise ihren Weg zum »allgemeinen Priestertum« fand und die Freudigkeit und Lebendigkeit der Jugendgemeinde die Gemeinde der Erwachsenen oft in den Schatten stellte. Die liturgiewissenschaftliche Arbeit der letzten Jahrzehnte (→ Liturgik: II) hat ihrerseits nicht wenig durch die Begegnung mit der J. gewonnen.

L.HEITMANN, Großstadt u. Religion I, (1913) 1921^{2}; II, (1919) 1924^{2}; III (über die J.), 1920 – W.STÄHLIN, Jesus u. die Jugend, (1921) 1926^{3} – DERS., Vom Sinn des Leibes, (1930) 1951^{3} – O.PIPER, J. u. Protestantismus (Jugend u. Religion 2), 1923 – E.STANGE, Weg u. Sendung der ev. Bewegung innerhalb der Jugend (ebd 9), 1924 – F. LANGENFASS, Die reformatorische Botschaft in der J., 1924 – H. SCHAFFT, Vom Kampf gegen die Kirche für die Kirche, 1924 – L.CORDIER, Ev. Jugendkunde, 3 Bde, 1926-29 (Quellenstücke u. Lit.) – H.-D.WENDLAND, Das religiöse Problem in der J. (in: C.SCHWEITZER [Hg.], Das relig. Deutschland I, 1928, 209-238) – W.UHSADEL, Freier Gehorsam. Gesch. des B.D.J., 1932 – DERS., Die Kirche im Erziehungswerk. Die reformpädagog. Schulversuche in ihrem Verhältnis zur Kirche, 1939 – DERS., Der Beitrag der J. zur Erneuerung der christl. Unterweisung (in: Kosmos u. Ekklesia, Festschr. für W.Stählin, 1953, 229-240) – K.B.RITTER-W.STÄHLIN, Kirche u. Menschenbildung, (1933) 1950^{2}.

W.Uhsadel

III. Kath. Jugendbewegung

Die kath. J. entstand mit der 2. Welle der deutschen → Jugendbewegung (: I). Ihre Gruppen wurzeln meist in Gründungen vor 1914, die dann von der J. erfaßt wurden oder von denen sich Teile abzweigten, die im alten Verbandswesen kein Genügen fanden (»Jungborn«; »Kreuzfahrer«; »Normannsteiner«, aus »Neudeutschland« hervorgegangen). Zusammenschlüsse nach dem Krieg traten hinzu: so die »Großdeutschen«, eine sozialpolitisch bestimmte Arbeitsgemeinschaft (Nik.Ehlen); die »Werkjugend« aus der Arbeiterschaft; in Österreich »Neuland«; die sudetendeutschen »Staffelsteiner«. Den Impulsen der deutschen J. hat sich am stärksten *»Quickborn«* geöffnet (1909 von B.Strehler in Neisse gegründet, 1915 mit anderen Gruppen, so mit der studentischen Verbindung »Hochland«, vereinigt); 1919 wurde Burg Rothenfels/Main erworben, alsbald Mittelpunkt und

Heimat bündischen Lebens, seit 1924 auch weiterer Kreise; 1939 konfisziert, wurde sie 1948 zurückgegeben (1927-39 R. → Guardini, seit 1948 H.Kahlefeld Burgleiter). Von Rothenfels gingen die stärksten Wirkungen der kath. J. auf Kirche und Welt aus, seit 1948 in gewandelten Formen (Akademie). - Nach der im Untergrund überstandenen nationalsozialistischen Zeit sind nach 1945 »Quickborn« und »Neudeutschland« wiedererstanden. Der Bund der Deutschen Kath. Jugend (geistiges Zentrum Haus Altenberg, Zentrale Jugendhaus Düsseldorf) ist seit 1945 Zusammenschluß aller kath. Jugendverbände (→ Jugendvereinigungen: II), sowohl aus der Überlieferung der J. wie anderer Verbände. Inzwischen haben sich die Unterschiede zwischen J. und Jugendpflege weithin ausgeglichen, obschon nicht übersehen werden darf, daß - bes. in der Mittelschicht des »Quickborn« - der Geist der kath. J. stark weiterwirkt.

Das Charakteristische der kath. J. ist nicht zu fassen, wenn man sie bloß als organisatorischen, kath. eingefärbten Zweig der deutschen J. versteht. Das Typische in Lebensgefühl und Lebensform, den emphatischen Willen zur Wahrhaftigkeit und Natürlichkeit, den Drang zur »Gemeinschaft«, demokratische Grundhaltung, Ablehnung autoritärer Formen der Erziehung und des gemeinsamen Lebens in Gruppe und Bund, soziale Offenheit, die neue Spontaneität und vieles mehr hatte sie mit den meisten Bünden der J. gemein. Aber dieses Gemeinsame stand hier im Raum kath. Glaubens und der Kirche und hatte sich also mit einem Anspruch auf das Ganze der Person und des Daseins auseinanderzusetzen, der nicht weniger bejaht wurde als die als geschichtsmächtig empfundene Besonderheit der J. Dieser Auseinandersetzung verdankte die kath. J. ihre Eigenständigkeit, vor allem aber eine neue, jedoch durchaus kritische Unbedingtheit des Verhältnisses zu Glaube und Kirche. Indem die kath. J. die Forderung der J., wahrhaftig zu sein, auch religiös ernstnahm und als Frage an den Glauben begriff, erfuhr sie die Tragfähigkeit des Glaubens in einer neuen Tiefe. Das Wort Guardinis vom »Erwachen der Kirche in den Seelen« war in erster Linie aus dieser Erfahrung gesprochen. Aus der Zugehörigkeit zur J. wie zur Kirche in ihrer Geschichtlichkeit ergaben sich kräftige Spannungen; aber diese wurden ganz durchgetragen, daraus erwuchsen sowohl Kraft, Fülle, Selbständigkeit des Glaubens wie ein besonderes Gefühl für die innere Gefährdetheit der Zeit, für ihre lebendigen Kräfte, ferner Begegnungsfähigkeit und Bereitschaft, sich, wo gefordert, zu stellen. - Zu politischen Vorwürfen, die der deutschen J. gemacht wurden, darf gesagt werden, daß die kath. J. sich gegenüber dem Nationalsozialismus durchgängig als immun erwiesen hat; mit ihm gab es nirgendwo ein Einvernehmen. Daß diese Fähigkeit zu widerstehen sich mehr aus religiösen Quellen als aus politischen gespeist hat, mindert dieses Zeugnis ihrer Echtheit nicht. - Bedeutsam für eine Grundfrage moderner Erziehung ist die in der kath. J. geglückte Verbindung von Freiheit und Ordnung; von ungegängelter Gestaltung bündischen Lebens, der Ungescheutheit und Spontaneität des Fragens und Antwortens aus spannungsvollem geistigem Reichtum, der Freude am Leib und der als Schöpfung begriffenen Natur - und Anerkennung gültiger Autorität und der wesentlichen Ordnungen des Daseins. Die Autonomieforderung der Meißnerformel (→ Jugendbewegung: I, 2a), deren Lebensgefühl sie zwar teilte, die Idee einer nicht nur altersstufengemäßen, sondern selbstherrlichen Jugendlichkeit, einer nicht in objektiven Normen gehaltenen und an der Wahrheit partizipierenden, bloß subjektiven Wahrhaftigkeit, eines nur sich selbst verantwortlichen Lebens lehnte die kath. J. ab; ebenso aber die überlieferten Formen jugendpflegerischer Führung, die dem Selbstverständnis dieser Jugend keinen Raum ließen. Die Auseinandersetzung darüber mit anderen Bünden wurde rückhaltlos geführt; Bewußtheit in den grundlegenden Entscheidungen gehörte überhaupt zu ihren Wesensmerkmalen; das »Thing«, die offene, oft leidenschaftliche Diskussion, hatte den größten Raum auf den bündischen Treffen, hier wie dort. - Wo die aus der vorbündischen Zeit stammende Abstinenz von Alkohol und Nikotin Grundsatz war, wurde sie ein Symbol der Absage an die sinnentleerte Geselligkeit etwa der studentischen Verbindungen, zu denen eindeutige Gegnerschaft bestand, aber auch der Absage an die zivilisatorische Genußhaltung überhaupt. Für die Entwicklung neuer Formen gemeinschaftlichen Lebens, von Fest und Feier war sie als Durchgang Voraussetzung. Ihre Bedeutung lag aber tiefer: in Verbindung mit der bewußten Gestaltung eines klaren, in der Mitte zwischen ungehemmter Nähe und unnatürlicher Distanz liegenden Verhältnisses zum anderen Geschlecht wurde sie begriffen als asketische Bedingung der beanspruchten neuen Freiheit, als Sicherung vor dem Abgleiten in jugendbewegte Libertinismen und vor den Gefahren, die das Pathos der Freiheit in der J. mit sich brachte. - Die Pflege der Laienkünste in der J. verband sich vor allem in Rothenfels mit dem religiösen und einem neuen gemeindlichen Bewußtsein und führte zu gemeindenahen Formen der Liturgie (Liturgische Bewegung [→ Gottesdienst: V B, 1h]); zu den großen Festzeiten finden sich alljährlich viele Hunderte aus allen Alters- und Bildungsstufen in Rothenfels ein. Neue Wege geistlicher Übung wurden entwickelt. Die pädagogischen, sozialen, politischen Ideen wurden von der christlichen Wahrheit her durchdacht und erprobt und vom ordnenden Wesen der Kirche durchformt. Die Offenheit in den nichtkath. Raum erbrachte fruchtbare, weitwirkende Begegnungen. - Die Auswirkungen dieser Bewegung der Generation zwischen den Kriegen sind außerordentlich und überall feststellbar.

Neue Jugend u. kath. Geist, 1920 - R.Guardini, Quickborn, Tatsachen u. Grundsätze, 1921 - W.Gurian, Die dt. J., 1923 - F.Messerschmid, Liturgie u. Gemeinde, 1939 - J.Cron, 30 Jahre Bund Neudeutschland, 1949 - Burg Rothenfels, 1955. *F.Messerschmid*

IV. Sozialistische Jugendbewegung

Eine selbständige J. innerhalb der sozialistischen Gesamtbewegung entstand in Deutschland erst mehrere Jahre nach dem Kampf der Behauptung gegen das Sozialistengesetz (1878; → Sozialdemokratie: I). 1904 schlossen sich in Berlin 24 Jugendliche, deren Zahl bald bis auf 300 anwuchs, zum »Verein der Lehrlinge und jugendlichen Arbeiter Berlins« zusammen. Sie wollten mit den ihnen gegebenen Mitteln des Protestes in Versammlungen und in der Presse auf Mißstände in der Behandlung der → Arbeiterjugend aufmerksam machen (Zeitschrift: »Die arbeitende Jugend«). Die anfallende Tätigkeit wurde ausschließlich von Jugendlichen geleistet. - Unabhängig davon vollzog sich die Gründung des »Vereins der jugendlichen Arbeiter Deutschlands« (Sept. 1904) in Mannheim. Hier nahm sich der Rechtsanwalt und spätere Reichstagsabgeordnete Ludwig Frank der Jugend an (Zeitschrift: »Junge Garde«). - Das gemeinsame Ziel beider Richtungen war die kulturelle und geistige Förderung der Arbeiterjugend und der Kampf um die Besserung ihrer materiellen Lage, bes. hinsichtlich der Entlohnung und → Arbeitszeit sowie der Forderung nach Urlaub. Die Mittel zur Verwirklichung dieses Wollens waren Pflege der → Solidarität und Gemeinschaft durch Wanderungen, ein wachsendes Liedgut, Musik, belehrende Vorträge und Kurse, namentlich solche, die eine wissenschaftliche »Weltanschauung« ermöglichen sollten.

Diese Geistigkeit war eine Mischung von romantischem Schwärmen, idealistischer Begeisterung und realistischem Positivismus. Hinzu trat die Warnung vor Alkohol- und Nikotingenuß und deren Verbot in den Heimen und bei Veranstaltungen. 1907 gab es 9000 Mitglieder und 18 000 Leser der Zeitschriften. - Das Verhältnis der sozialistischen J. zur Politik zeigt ein wechselndes, für die Geschichte der → Arbeiterbewegung überhaupt interessantes Bild. In Preußen waren politische Vereine Jugendlicher verboten. Darum gaben sie sich als unpolitisch aus und verlegten sich auf Belehrung; man vermied alles, was nach »praktischer Politik« aussehen konnte. Hauptaufgabe war die Erziehung zu sozialistischer Weltanschauung. Das führte zu zahlreichen Konflikten, in denen sich die Regierungsorgane nicht einheitlich verhielten. Dazu kam, daß auch die Partei keine selbständige Politik der Jugendlichen wünschte.

Die zweite Phase der Vereinsbildung wurde durch das 1908 erlassene *»Reichsvereinsgesetz«* herbeigeführt. Danach durften Personen unter 18 Jahren nicht Mitglieder von politischen Vereinen sein und weder an Versammlungen solcher Vereine noch an öffentlichen politischen Versammlungen teilnehmen (§ 17). Daraufhin lösten sich die meisten Vereine der sozialistischen Jugend auf. Es bildeten sich aber *Jugendausschüsse,* bestehend aus Erwachsenen, die sozialistischen Organisationen (Partei, → Gewerkschaften) angehörten. Sie waren der Organisationsstamm. Die Jugendlichen wurden von ihnen betreut, gehörten aber rechtlich keiner Organisation an. Alle örtlichen Jugendausschüsse wurden in der beratenden *»Zentralstelle für die arbeitende Jugend«* (Berlin) zusammengefaßt. Ihr erster Vorsitzender war der spätere Reichspräsident Friedrich Ebert (Zeitschrift: »Arbeiter-Jugend«, 1914 über 100 000 Bezieher). - 1914 verfügte die deutsche Arbeiterjugend trotz der Erschwerung ihrer Arbeit seitens der Regierung über 837 Jugendausschüsse, 391 Jugendheime und viele eigene Jugendbibliotheken.

Der Ausbruch des 1. Weltkrieges und die Spaltung innerhalb der → Sozialdemokratie (: I) ließen das selbständige Leben der J. nahezu erlöschen. Es flammte aber als Folge der Revolution sofort wieder auf. Viele Hindernisse fielen fortan weg; der Freiheit der eigenen Entfaltung stand nichts mehr im Wege. Die »Zentralstelle für die arbeitende Jugend« wurde durch den »Verband der Arbeiterjugendvereine Deutschlands« ersetzt. Die alten Vereine erstanden wieder. - Die weitere Geschichte der Arbeiter-J. läßt sich an den Reichsjugendtagen ablesen. Der erste wurde in unbeschreiblichem Enthusiasmus 1920 in Weimar gefeiert mit dem feierlichen Bekenntnis zur klassischen Zeit der deutschen Dichtung und zur Pflege eigener Arbeiterjugenddichtung. Aber von Jahr zu Jahr wurden die Reichsjugendtage politischer und kämpferischer; 1931 traten die Teilnehmer straff diszipliniert und uniformiert in Erscheinung. Der Enthusiasmus für Geist und Bildung wandelte sich zum Kampfruf für Demokratie und Freiheit gegen nazistischen Totalitarismus. Er hatte keinen Erfolg. Die Arbeiterjugend und ihre Führer mußten in den Untergrund oder in die Emigration flüchten, wo sie Kontakt mit der ausländischen Jugend hielten und die inländische mit Informationen versorgten.

Heute ist die sozialistische Jugendorganisation unter dem Namen »Die Falken« zusammengefaßt (ca 8-18jährige). Sie steht unter Schutz und Betreuung durch die Partei. Höhepunkte ihres Gemeinschaftslebens sind Jugendtage, Zeltlager mit weitgehender Selbstverwaltung und Selbsterziehung zu demokratischer Gemeinschaft (Kinderrepubliken). Zur J. sind auch die »Jungsozialisten« zu rechnen als freie Arbeitsgemeinschaft innerhalb der Partei; sie umfaßt das Alter bis zu 35 Jahren. In vielen Bereichen arbeiten »Falken« und »Jungsozialisten« zusammen. Ihre besonderen Aufgaben sind die Belebung internationaler Kontakte, die Diskussion der Grundsatzprobleme, die Aktivierung der Werbetechnik durch Benutzung moderner Hilfsmittel der → Propaganda und deren Einsatz in den Wahlkämpfen. Geistig sind bis heute ungelöste Probleme gestellt, bes. durch die optimistisch idealistische Haltung und das Verhältnis zur christlichen Religiosität, ferner durch die Abspaltung der Kommunistischen Jugendinternationale.

Die proletarische J. in Deutschland. Jahresbericht d. Zentralstelle f. d. arbeitende Jugend Deutschlands, 1914 - K.KORN, Die Arbeiter-J. Einführung in ihre Gesch., 1922 - C.BONDY, Die proletarische J. in Deutschland, 1922 - W.MÜNZENBERG, Die proletarische J. bis zur Gründung d. kommunist. Jugendinternationale, 1929 - Jahrbuch d. Sozialdemokr. Partei Deutschlands 1952/53, 222ff; 1956/57, 287ff - E.LINDSTAEDT, Mit uns zieht die neue Zeit, 1954 - Sozialist. Jugend Deutschlands. Die Falken, 1955 - JOH. SCHULT, Aufbruch einer Jugend, o.J. (1956).

G.Wünsch

Jugend- und Wohlfahrtsdienst, *Ev.* Der ev. JWD erwuchs aus der Notwendigkeit, die Arbeit der → Inneren Mission an die Bedingungen der Sozial- und Jugendgesetzgebung (→ Jugendfürsorge) der Weimarer Republik anzupassen. Hier wurde gefordert, daß die freie → Wohlfahrtspflege in hohem Maße für die Fürsorgearbeit aktiviert werde. Die daraus erwachsende Zusammenarbeit mit den Jugend- und Wohlfahrtsämtern der Städte und Länder machte eine entsprechende Organisation in diesen Bereichen nötig. Sie erfolgte meist auf Vereinsgrundlage und übernahm häufig auf dem Wege der Delegation von den amtlichen Stellen die selbständige Durchführung gesetzlicher Aufgaben verschiedenster Art. Die Auseinandersetzungen zwischen Kirche und Staat während des Dritten Reiches führten fast überall zu einer Umbildung dieser Arbeiten im Sinne eines kirchlichen Gemeindedienstes, sei es der Inneren Mission, sei es der eigenständigen Gemeindediakonie. Das ist bis heute im wesentlichen beibehalten worden. Es handelt sich dabei um Gemeinde- oder um Synodaldienststellen, die in der Sozial- und Jugendhilfe in meist wieder sehr enger Zusammenarbeit mit den staatlichen und kommunalen Behörden stehen. Häufig ist auch heute wieder die Delegation zahlreicher Aufgaben, zB auf dem Gebiete der Adoptionsvermittlung, des Pflegekinderwesens und anderer Arbeitsgebiete erfolgt. Meist ist heute die Arbeit so geregelt, daß ein enges Zusammenwirken auch mit den Pfarrämtern und sonstigen kirchlichen Dienststellen organisatorisch sichergestellt ist. Problematisch ist jedoch nach wie vor die diakonische Aktivität der einzelnen Kirchengemeinden, die dringend einer weiteren Belebung bedarf.

Das diakonische Amt der Kirche, hg.v. H.KRIMM, 1953 - Diakonie der Kirche in einer veränderten Welt, hg.v. G.BRENNECKE, 1956.

K.Janssen

Jugendfürsorge und Jugendpflege

1. Begriffe - 2. Geschichtliche Voraussetzungen - 3. Pädagogische Fragen - 4. Rechtliche Grundlagen - 5. Aufgabenbereiche der JH - 6. Organisationen und Verbände - 7. Gegenwartsprobleme. - JF = Jugendfürsorge, JH = Jugendhilfe, JP = Jugendpflege, JWG = Jugendwohlfahrtsgesetz von 1923. - Vgl. → Fürsorgeerziehung, → Jugendgericht, → Jugendschutz

1. Das seit etwa 1900 gebräuchliche Begriffspaar JF und JP bezeichnet die Gesamtheit der öffentlichen Hilfen, die dem Wohle der Jugend dienen sollen. Sie ergänzen oder ersetzen, soweit erforderlich, die Leistungen der Familie, des Staates und der Kirche. Seit dem JWG von 1923 faßt man JF und JP als JH zusammen; jedoch blieb die Trennung in der Praxis bestehen. In der Literatur werden gelegentlich JF und JH identifiziert. Juristisch bezeichnet JP Erziehungsarbeit, die der unbescholtenen, nicht verwahrlosten, lediglich objektiv durch Zeitver-

hältnisse und allgemeine Entwicklungsschwierigkeiten gefährdeten Jugend gilt. Dagegen hat es die JF mit Minderjährigen zu tun, die von unmittelbaren Gefahren wirtschaftlicher, gesundheitlicher oder charakterlich-sittlicher Art bedroht oder ihnen schon erlegen sind. Sie soll der Verwahrlosung im Einzelfalle vorbeugen oder sie beseitigen.

2. Die moderne JH entstand nach vorhergehenden Ansätzen im Pietismus und Rationalismus aus der Begegnung der deutschen → Erweckungsbewegung des 19.Jh.s mit der Industrie- und Großstadtgesellschaft dieser Zeit. Zwar setzte die Süddeutsche Rettungshausbewegung zunächst bei der jungen Generation an, die sie als Opfer der Napoleonischen Kriege vorfand (Chr.H.Zeller); aber sehr bald richtete man allgemein sein Augenmerk auf die Lage, die mit der Massengesellschaft gegeben war. In ihr war die junge Generation an den Rand der produzierenden Gesellschaft gedrängt. Hatte in der überschaubaren Gemeinschaft des Dorfes und der Kleinstadt die Jugend einen festen Platz in Brauch, Sitte und Arbeitswelt, so trat nunmehr ein Zustand ein, in dem die Stellung der jungen Generation in der → Gesellschaft unsicher wurde. Sie bedurfte nun weitergehender Hilfen, um sich in die Gesellschaft und ihre Institutionen einzuordnen. In dieser Lage verbanden sich der Missionswille der Erweckungsbewegung mit ihrer Einsicht in die sozialen Wandlungen ihrer Zeit zu lebhafter Aktivität auf dem Gebiete der JH. JF und JP sind also ihrem Ursprung nach als Reaktion der verantwortlichen Gesellschaft auf die inneren und äußeren Wandlungen der sozialen Struktur zu verstehen. Sie sind in einer parallelen Entwicklung entstanden und haben zunächst auch ihre innere Zusammengehörigkeit bejaht.

3. Als Lebensformen der JH traten Jugendverein und Jugendheim fast selbstverständlich hervor. In ihnen sollte die bedrohte Jugend Gelegenheit haben, sich ihr eigenes Jugendland und ihre eigene »pädagogische Provinz« zu gestalten. Man rief also die Kräfte der gegenseitigen Erziehung und der Selbsterziehung der Jugend, um das zu ersetzen, was den gesellschaftlichen Institutionen an Sorge- und Prägekraft verlorengegangen war. – Die JH stieß auf die Symptome der sozialen Wandlungen in der Gestalt von innerlich und äußerlich entordneten jungen Menschen. Für die → Erziehung kam alles auf die Deutung dieses Befundes an. Es war → Wicherns entscheidende Einsicht, daß man diese Symptome nicht als Schuld des jungen Menschen auslegen dürfe. Er deutete sie vielmehr als die Folge eines schuldhaften Versagens der Gesellschaft selbst. Damit war die Trennung von JF und JP grundsätzlich ausgeschlossen. Man konnte die Methoden unterscheiden; aber grundsätzlich war die Frage der gesellschaftlichen Verantwortung für die junge Generation überall gestellt. Eine vorschnelle Qualifizierung eines Teiles der jungen Generation als defekt oder krank war damit ausgeschlossen. Die JF und die JP hatten es unter verschiedenen Vorzeichen mit dem Schicksal der Jugend in einer Gesellschaft zu tun, in der die Lebensformen der jungen Generation überhaupt fragwürdig geworden waren. Erst mit der fortschreitenden Säkularisierung der bürgerlichen Gesellschaft hat man die unmittelbar bedrohte Jugend auch bürgerlich disqualifiziert und die Trennung der Begriffe JF und JP durchgesetzt. Heute tritt die innere Einheit dieser Begriffe wieder klar hervor. Es geht darum, mit erzieherischen Mitteln der Jugend wieder eine klare Stellung in der modernen Gesellschaft zu geben.

Als erste und dringendste Aufgabe war damit von Anfang an eine Sozialreform zugunsten der Jugend gefordert. Die JH sucht der älteren Generation ihre Gesamtverantwortung für die Jugend einzuprägen und ihr den »behüteten Raum« zu schaffen, in dem die Jugend trotz der Entordnung der Gesellschaft eine gesunde Erziehung und echte Geborgenheit erfahren kann. Nur so können Vorbeugung und Verhütung ernsterer Schäden gewährleistet werden. – Statt einer repressiven und negativen erzieherischen Haltung, die nur ein Herumkurieren an den Symptomen wäre, nahm die Pädagogik der JH stets eine positive Haltung zum jungen Menschen ein. Sie bejahte die Freiheit und Selbstverantwortung der Jugend in ihrem Bereich und erwartete von dieser Haltung, daß sie auch die junge Generation zu einer positiven Haltung zur Gesellschaft führen würde. Das vorbehaltlose Ja zum bedrohten Menschen ließ es nicht zu, daß er zu einem Objekt wohlgemeinter Besserungsversuche degradiert wurde. Vielmehr bedarf der Mensch in der Massengesellschaft der Hilfe zu einem rechten Gebrauch der Freiheit. Die Aufhebung des Subjekt-Objekt-Verhältnisses in der erzieherischen Begegnung und die Erziehung als Angebot der Freiheit sind in der Praxis der JH erwachsen und von ihr lange vor der Aufnahme dieser Prinzipien in die moderne Reformpädagogik praktiziert worden. – Als bes. kritisch erwies sich von Anfang an die Beziehung der jungen Generation zu → Familie, Staat und Kirche. Folgerichtig sind als Arbeitsformen der JH die familienartige Erziehungsgruppe, ferner aber staatsbürgerliche und kirchliche Erziehung praktiziert worden. – Die christlichen Kirchen haben auf dem Gebiete der JH einen wichtigen Pionierdienst getan. Sie haben nicht nur die noch heute im wesentlichen als gültig angesehene Deutung der bedrohlichen Symptome im Leben der jungen Generation erarbeitet, sondern auch die Lebensformen der Heime und Jugendgruppen geschaffen. Vor allem haben sie auch die Ausbildungsformen für den sozialpädagogischen Dienst an der Jugend entwickelt (→ Sozialpädagogik, Männliche → Diakonie, Wohlfahrtsschulen). Vor allem aber haben sie erkannt, daß die Bewältigung des sozialen Problems der Jugend nicht von privaten und kirchlichen Bemühungen allein erwartet werden könne. Daß der moderne Staat in der JH eine seiner wesentlichen Aufgaben sieht, ist auch den Bemühungen der christlichen JH zu danken.

Praktisch wurde die JH als sozialpolitische, als vorbeugende und als heilende Arbeit gestaltet. Dabei erscheint die vorbeugende Arbeit zu einem erheblichen Teil in der Form der JP, während die heilende überwiegend (aber nicht ausschließlich) der JF zufällt. Die Bemühungen um eine soziale Neugestaltung sind gemeinsame Aufgabe aller Träger der JH. – Man unterscheidet offene, halboffene und geschlossene Arbeitsformen der JH. Bei der offenen Form verbleibt der Betreute in seiner Familie. Bei der halboffenen Form befindet er sich tagsüber oder auch nur stundenweise in einer Einrichtung der JH. Befindet sich der Jugendliche dauernd in einem Heim (Jugendwohnheim, Erholungsheim, Erziehungsheim), so handelt es sich um geschlossene JH. In allen Fällen freilich soll die Familie für eine aktive Mitarbeit gewonnen werden.

4. Zu einer *rechtlichen Ordnung* der JH ist es erst verhältnismäßig spät gekommen. Zunächst trat die private, insbesondere christliche Initiative stellvertretend für die Gesellschaft ein. Staatliche Stellen wurden nur tätig, wenn Armenrecht oder Kriminalität der Jugend dies erforderlich machten. Als wichtigste Gesetze sind zu nennen: JWG von 1923 (Ersatz durch ein Jugendhilfegesetz in Vorbereitung), das Jugendgerichtsgesetz, das Jugendschutzgesetz und das (bisher erst in einigen Ländern bestehende) Jugendarbeitsschutzgesetz machen zZ den wesentlichen Bestand der JH-Gesetzgebung aus. Dringend erwünscht ist eine gesetzliche Regelung der JP durch ihre Einbeziehung und stärkere Betonung im

JWG, ferner angesichts der weitgehenden Verschiebung der Verhältnisse ein Gesetz, das die Berufsausbildungsbeihilfen einheitlich regelt und den neuen Gegebenheiten anpaßt.

5. Bei allen *Aufgabengebieten* der JH steht das erzieherische Anliegen im Mittelpunkt. Das gilt auch da, wo wirtschaftliche oder gesundheitliche Gefahren Maßnahmen auslösen. Tätigkeitsbereiche, die zu der JP gezählt werden, sind: → Jugendschutz, Freizeiterziehung, Berufsförderung. Als Einrichtungen kommen in Betracht: → Jugendherbergen, Jugendwohnheime, Heime der offenen Tür, Lesestuben, Jugendbüchereien, Spiel- und Sportplätze, Archive für Tonträger sowie Bild- und Filmbänder. Tätigkeiten der JF sind: Pflegekinderschutz, Vormundschaftswesen, bes. Amtsvormundschaft für uneheliche Kinder, Schutzaufsicht, → Fürsorgeerziehung, Jugendgerichtshilfe als Mithilfe im Jugendstrafverfahren (→ Jugendgericht), Freiwillige Erziehungshilfe, Erziehungsberatung, heilpädagogische Einrichtungen (→ Heilpädagogik).

6. Die JH ist Aufgabe der Öffentlichkeit. An ihr nehmen nicht nur behördliche, sondern weit überwiegend freie Kräfte teil. Nach dem JWG haben die Jugendämter die Tätigkeit der freien JH anzuregen und zu fördern und nur »gegebenenfalls« zu ersetzen. Eine Reihe von Aufgaben kann auch delegiert werden (§§ 4. 6. 11 JWG). – *Organe* der behördlichen JH sind die Jugendwohlfahrtsbehörden: Jugendamt, Landesjugendamt, ferner die Ausschüsse für JP auf Gemeinde-, Kreis-, Bezirks- und Landesebene, ebenso die Jugendpfleger bei den gleichen Stellen. Ein Bundesjugendamt wird angestrebt; einen Teil seiner Aufgaben nimmt heute das »Kuratorium für Jugendfragen« wahr, das bei der Durchführung des Bundesjugendplanes beratend tätig ist. – Die freie JH hat ihre Träger in den Spitzenverbänden der freien Wohlfahrtspflege mit den entsprechenden Referaten und Fachverbänden sowie in den durch den Bundesjugendring zusammengeschlossenen Jugendverbänden. Der Zusammenarbeit zwischen behördlicher und freier JH dient die Arbeitsgemeinschaft für JP und JF (AGJJ). Der »Allgemeine Fürsorgeerziehungstag« (AFET) faßt die behördliche und freie JF zusammen. Der »Deutsche Verein für öffentliche und private Fürsorge« schließt die JF mit der gesamten → Wohlfahrtspflege zusammen. Eine Reihe internationaler Verbände dient dem Erfahrungsaustausch zwischen den verschiedenen Ländern.

7. Die sozialen Umschichtungen erscheinen heute als dauernde, immer wieder fast revolutionsartige Bewegung des gesellschaftlichen Ganzen, das weit über die Arbeitswelt im engeren Sinne hinausgreift. Die Anpassung der Erziehung an diese Bewegung ist eine dauernde Aufgabe dieser in hohem Maße beweglich gewordenen Gesellschaft. Die JH hat unter diesen Umständen als Daueraufgabe zu gelten, die die Zusammenfassung aller Kräfte zu planvoller und weitschauender Arbeit erforderlich macht. – Die Verbindung zwischen behördlicher und freier JH setzt voraus, daß eine auf Toleranz, Verständnis und Anerkennung der inneren Selbständigkeit beruhende Einstellung innerhalb der Jugendbehörden wirksam bleibt. Innerhalb der behördlichen JH muß die zentrale Stellung der pädagogischen Belange auch da gewährleistet werden, wo Gesundheitsamt, Arbeitsamt oder Gewerbeaufsichtsamt Maßnahmen der JH vornehmen. Vor allem aber müssen JP und JF ihre gemeinsame Verantwortung für die junge Generation sehen lernen.

W. Backhausen u.a., Die ev. Anstaltserziehung, 1922 – Kommentare zum JWG von E. Friedeberg-W. Polligkeit ([1923] 1953[3]), W. Muthesius (1950), H. Riedel (1952) – J. Beckmann, Ev. JF, 1929 – W. Jentsch, Das Jugendwerk der Kirche, 1938 – H. Lades-F. Scheck-F. Stippel, Hdb. der Jugendwohlfahrt, 1950 – Hdb. der Heimerziehung, hg.v. F. Trost, seit 1952 (Lit.) – Fachwörterverzeichnis für Jugendwohlfahrtspflege und Jugendrecht, 2 Tle, hg.v. R. Sieverts, O. Villinger, O. Hapke, 1955 – E. Knirck, Die junge Gesellschaft, 1957 – G. Wurzbacher u.a., Die junge Arbeiterin, 1958. – Schriftenreihen: Wegweiser für die JH (ev.) – Beiträge zur JH (seit 1951) – Studienblätter für ev. Jugendführung (hg.v. O. Wölber) – Hdb. für JH, hg.v. Ministerium f. Volksbildung der DDR, 1953. – Zs.en: Sozialpädagogik (ev.) – Jugendwohl (kath.) – Unsere Jugend – Zentralblatt f. Jugendrecht u. Jugendwohlfahrt. *K. Janssen*

Jugendgericht

1. Begriff – 2. Geschichte – 3. Leitende Gedanken – 4. J.sverfassung – 5. Maßnahmen – 6. J.shilfe – 7. J.e und Jugendfürsorge, Fragen der freien Jugendhilfe

1. J.e gehören zur allgemeinen Gerichtsbarkeit. Ihnen ist die Rechtsprechung über Verfehlungen übertragen, die Jugendliche verübten.

2. Vor allem unter amerikanischem Einfluß hat sich in Deutschland das J. seit 1908 dank aufgeschlossener Richter zunächst ohne gesetzliche Grundlage eingebürgert. Das erste J.sgesetz (JGG) von 1923 wurde 1953 (in der DDR 1952) durch das heute gültige JGG abgelöst.

3. Die J.sbarkeit, davon ausgehend, daß ein junger Mensch nach anderen Gesichtspunkten beurteilt werden müsse als ein Erwachsener, rechnet damit, daß die Straftat entwicklungsbedingt, »episodenhaft« und »zufällig« zustande gekommen ist. Sie kann freilich auch durch anomale Pubertätsentwicklung, ungünstige Umwelteinflüsse oder anlagebedingte verbrecherische Neigung bedingt sein. Daraus ergibt sich, daß eine ausgeprägte Individualisierung und pädagogische Abzweckung der zu ergreifenden Maßnahmen (Spezialprävention) vorzuwalten hat, während die Gesichtspunkte der Generalprävention und der Vergeltung zurückzutreten haben. Damit ist grundsätzlich der Gedanke der → Erziehung als tragend für die Jugendstrafrechtspflege anerkannt. Ihr Ziel ist es, den Rechtsbrecher für eine geordnete Lebensführung zu gewinnen, statt seinen Willen durch eine für immer belastende Strafe zu brechen. Auch die Verfehlung eines Jugendlichen verdient Strafe. Aber »was ein Mensch verdient, ist noch nicht, was ihm hilft« (Wichern). Darum gilt hier der Grundsatz: »Strafe nicht, wo du erziehen kannst!« (W. Becker). Diese Gesichtspunkte wurden bei der Neuregelung des Jugendstrafrechtes auch auf die 18–20jährigen ausgedehnt. Bei dieser Altersstufe hat der Richter je nach dem Entwicklungsstand des Täters zu entscheiden, ob Jugend- oder Erwachsenenstrafrecht anzuwenden ist. Damit wird das Jugendstrafrecht der modernen → Jugendpsychologie gerecht, die erkannte, daß trotz der beschleunigten körperlichen und intellektuellen Reifung die charakterliche und sittliche Reife häufig spät eintritt.

4. Der Amtsrichter als Jugendrichter bzw. das Jugendschöffengericht ist für die Verfehlungen Jugendlicher außer den Kapitalsachen zuständig. Diese werden der Jugendkammer übertragen, die aus drei Richtern und zwei Jugendschöffen (einem Mann und einer Frau) besteht (auf Vorschlag des Jugendwohlfahrtsausschusses zu bestellen). Die Einheit von Jugend- und Vormundschaftsrichter ist möglichst weit gewahrt. Jugendrichter und Jugendstaatsanwälte müssen juristisch geeignet und pädagogisch befähigt und erfahren sein. Die Zusammenarbeit mit dem Jugendamt ist durch die J.shilfe gewährleistet.

5. Mittel der erzieherischen Einwirkung auf den Jugendlichen sind Erziehungsmaßregeln, Zuchtmittel und Jugendstrafe. Sie gelten grundsätzlich als Formen der Jugendhilfe. Als Erziehungsmaßregeln kommen »Weisungen«, Schutzaufsicht und → Fürsorgeerziehung in Frage. Zuchtmittel sind Verwarnung, Auferlegung besonderer Pflichten, Jugendarrest. Diese Maßnahmen sind

nicht Strafen im Rechtssinne und kommen nicht ins Strafregister. Sie sollen dem Jugendlichen nur seine Verantwortlichkeit klar machen. Reichen diese Maßnahmen nicht aus (bei etwa 5% der Fälle), so tritt Jugendstrafe ein, die in Jugendstrafanstalten vollzogen wird. Im Falle einer möglichen Bewährung muß der Richter für die Bewährungszeit Weisungen erteilen und Bewährungsaufsicht und -hilfe sicherstellen.

6. Die J.shilfe üben die Jugendämter im Zusammenwirken mit den freien Verbänden der Jugendhilfe (→ Jugendfürsorge) aus. Sie soll auf Grund ihrer Ermittlungen alle für den Jugendlichen wichtigen Gesichtspunkte hervorheben und kann dem Jugendrichter Vorschläge machen. Eine neue fürsorgerische Einrichtung der Justiz selbst ist der Bewährungshelfer. In der Regel hauptamtlich als »verlängerter Arm des Jugendrichters« tätig, hat er im Rahmen der Bewährungshilfe erziehend auf den jungen Menschen einzuwirken.

7. Durch die Neuregelung der J.e droht eine Zweispurigkeit der Jugendhilfe, da die Zusammenarbeit zwischen J.en und behördlicher und freier Jugendhilfe noch nicht abschließend geregelt ist. Zu wünschen ist die grundsätzliche Ausdehnung des Jugendstrafrechtes auf alle Jugendlichen und Heranwachsenden.

W. Becker, Textausg. des JGG (Aschendorffs Jurist. Handbücherei), 1953. - K. Peters, Jugendstrafrecht, 1948 - D.v. Caemmerer, Probation, 1952 (Lit.). *K. Janssen*

Jugendgottesdienst. Als kirchliche Einrichtung zur Pflege der konfirmierten Jugend war der J. zunächst nichts anderes als ein Doppelgänger der → Christenlehre. Wie diese nach der Einführung der → Konfirmation (: I) die kirchliche Katechisation der konfirmierten Jahrgänge übernahm, so sollte seit dem Anfang des 19. Jh.s auch der J. dazu dienen, die Verbindung dieser besonders gefährdeten Jahrgänge mit der Kirche zu erhalten. Dabei war die Bezeichnung vielfach unklar und uneinheitlich. Teils sollte der J. die in Verfall geratene Christenlehre ersetzen (Nitzsch, um 1817), teils verstand man darunter diese selbst (Palmer 1844, zusammen mit der → Schulandacht) oder später auch den → Kindergottesdienst (Eisenacher Konferenz 1888). Nur ganz gelegentlich wurden eigene »Jugendpredigten« gefordert (Jugendpfarramt Stuttgart 1864) und wirkliche J.e eingerichtet. Auch spätere kirchenamtliche Empfehlungen (Rheinprovinz 1920, Pommern 1921) lassen erkennen, daß der J. als Mittel der → kirchlichen Unterweisung sich nicht allgemein durchgesetzt hatte. Er blieb auf vereinzelte, für die Gesamtheit bedeutungslose Ansätze beschränkt.

Die seit der Mitte des 19. Jh.s aufkommende Arbeit an der männlichen und weiblichen Jugend (→ Jugendvereinigungen: I) war vom Geist der → Erweckungsbewegung bestimmt. Ihre Lebensformen waren die Bibelstunde, der Gebetskreis und die evangelistische Ansprache. Dagegen trat der J. in ein neues Entwicklungsstadium durch die Impulse der → Jugendbewegung nach 1918. Hier verband sich die Offenheit für eine jugendgemäße Wortverkündigung mit einem neuen Verständnis für liturgische Formen. In verschiedenen Kreisen sammelte sich die Jugend um Gottesdienste, die stark von einem romantischen Lebensgefühl getragen waren und in denen in freier Gestaltung alles zu Worte kam, was die Jugend ansprach, von den alten Liturgien bis zu den zeitgenössischen Dichtern. Ein besonderes Gewicht lag auf der kirchenmusikalischen Gestaltung (Chöre, Wechselgesänge, Einzelstimmen, Instrumente) und auf symbolischen Handlungen (→ Singbewegung). Hier ging es nicht darum, durch einen kirchenamtlich eingerichteten J. erst eine Jugendgemeinde zu schaffen. Es entstanden vielmehr Gottesdienste, die von der Jugend selbst gestaltet und getragen wurden und die daher auch nur von einem schon bestehenden bündischen Kreis durchgeführt werden konnten (W. Stählin im »Kreuzle« in Nürnberg; K. Dienel in Berlin u.a.).

Diese Anregungen wurden in den folgenden Jahrzehnten von der kirchlichen Jugendarbeit aufgenommen und verarbeitet. Zum inneren und äußeren Ausbau des J.es trug seit 1926 vor allem O. Riethmüller bei (Entwürfe für Sprechchöre und Sprechchorfeiern). In der Zeit des → Kirchenkampfes (seit 1933) führte der engere Anschluß an die Kirche (»Gemeindejugend«) und die erzwungene Beschränkung auf die Verkündigung ganz von selbst dazu, daß der J. als Ort der Sammlung und des gemeinsamen Bekennens noch deutlicher hervortrat. Er ist seitdem ein nicht mehr wegzudenkendes Mittel der kirchlichen Jugendarbeit. Die verantwortlichen Stellen sind fortlaufend um seinen Ausbau bemüht (vgl. die Zeitschriften und ihre Werkhilfen).

Die Entwicklung zum Gottesdienst der → »Jungen Gemeinde« führte dazu, daß ein Gegensatz zwischen kirchenamtlicher Veranstaltung und freier Gestaltung durch die Jugend heute nicht mehr besteht. Dazu gehört vor allem die Selbsttätigkeit der Jugendgemeinde durch Chöre, Wechselgesänge, Sprechchöre, Einzelstimmen, Instrumente, Posaunenchöre, Lektorendienst, Diakonisches Gebet, Dankopfer, Spielgruppen, Kirchenschmuck usw. Um eine seelsorgerliche und wahrhaft jugendgemäße Wortverkündigung im J. muß in jeder Generation neu gerungen werden. Trotzdem bleiben noch offene Fragen. Unbefriedigend ist nach wie vor das unsichere Suchen und Experimentieren in der liturgischen Gestaltung. Ebenso ist das Verhältnis der Gemeinschaft in Gottesdienst und Sakrament zu dem geschichtlichen Erbe der Erweckungsbewegung noch ungeklärt.

In jüngster Zeit sind die Jugendverbände dazu übergegangen, die Frage des J.es in den größeren Zusammenhang einer gottesdienstlichen Besinnung hineinzustellen. Damit werden die geschichtlich geprägten Grundformen auch für den J. bedeutsam: Der ungeteilte Gottesdienst mit Wort und Sakrament, der Predigtgottesdienst und die Horen. Das Suchen nach freier, schöpferischer Gestaltung wird damit nicht unterbunden, aber von falschen Akzenten befreit (Werkstelle für Spiel und Feier, U. Kabitz und E. Lange). Das Gespräch über Liturgie und Erweckung soll dazu beitragen, historisch bedingte Spannungen im Selbstverständnis der Jugendarbeit und im Umgang der Jugend mit dem Gottesdienst zu überwinden. Damit kann die Junge Gemeinde wieder anknüpfen an die Traditionen der Reformationszeit, in der es zwar keinen eigenen J. gab, wo aber die Jugend durch ihren Chordienst aufs engste mit dem Gottesdienst der Gemeinde verbunden war. So können heute die Probleme des J.es nicht mehr isoliert gelöst werden. Sie sind eine Teilfrage innerhalb der übergreifenden Aufgabe, Jugend und Gemeindegottesdienst im Rahmen des Gesamtkatechumenats in das rechte Verhältnis zueinander zu bringen.

O. Göhling, Feiernde Jugend, 1922 - L. Cordier, Ev. Jugendkunde I, 1925; III, 1929 - W. Schäfer, Junge Gemeinde u. ihr Gottesdienst, 1935 - Th. Voss, Neuordnung ev. Jugendarbeit, 1935 - O. Wölber (Hg.), Jugend im Gottesdienst, 1956. *K. Frör*

Jugendherberge. J.n bieten der wandernden Jugend eine Aufenthalts- und Übernachtungsstätte und wollen eine bestimmte Lebensauffassung unter ihren Gästen verwirklichen. Zwar stehen J.n jedem Jugendlichen (Jugendherbergs-Ausweis) bis zum Alter von 25 Jahren offen, doch fordert die Heimordnung eine Grundhaltung, die der Gesinnung der deutschen → Jugendbewegung (: I) verwandt ist: »Wandern um seiner selbst willen,

Liebe zu Natur, Heimat, Meiden von Nikotin und Alkohol, Mitverantwortung für Sauberkeit und Ordnung in der J. und für eine vorbildliche Gesittung innerhalb der Herbergsgemeinschaft.« - Schüler- und Studentenherbergen in Schutzhütten der Ostalpen (um 1900) lassen sich als Vorläufer der J. ansprechen. Die erste Not-J. richtete der Lehrer R.Schirrmann 1909 in seiner Volksschule in Altena/Sauerland ein. Gemeinsam mit dem Fabrikanten W.Münker rief er im selben Jahr zur Gründung eines *Deutschen Jugendherbergswerkes* auf. Seitdem sind Vereinscharakter und private Initiative für den Ausbau des Netzes von J.n bestimmend gewesen. Die als Landes-, Kreis- und Ortsverband gegliederte Vereinigung ist auch heute bei entscheidender staatlicher Unterstützung verantwortlicher Träger des Herbergswerkes. Die Zahl der J.n ist seit 1912 stetig - nach den Notzeiten 1918/19 und 1945/47 sprunghaft - angestiegen. 1956 übernachteten 7,7 Mill. Jugendliche in 711 J.n der BRD. - Zwei Fakten der heutigen Jugendsituation fordern das Jugendherbergswerk heraus, sich neuen Aufgaben zu stellen: a) Die Zielsetzung der J., ausschließlich den Wanderern zu dienen, setzt eine wandernde oder radelnde Jugend voraus. Wieweit man motorisierten Jugendlichen Unterkunft gewähren soll, muß diskutiert werden. - b) Neubauten von J.n und Umgestaltung älterer Bauten werfen die Frage auf, ob solche Häuser mit der Belegung während der Hauptwanderzeiten sinnvoll ausgenutzt werden. Wenn Schulklassen künftig die J. als Standbleibe das ganze Jahr über nutzen, wird ein neuer Herbergstyp nötig, der den Charakter eines Schullandheims gewinnen muß. - Nach deutschem Vorbild und mit den gleichen Grundsätzen sind seit 1925 auch im Ausland J.n entstanden. Die *International-Youth-Hostel-Federation,* 1932 in Amsterdam gegründet, umfaßte 1956 30 nationale Jugendverbände mit 3111 J.n.

LPäd (F) II, 988ff. *C.Hagener*

Jugendliteratur

1. Begriff - 2. Historisch - 3. Das Problem der J.

1. Unter J. versteht man Literatur für Kinder und Jugendliche. Die → Jugendbewegung (: I) hat die J. zuweilen als die von der Jugend geschaffene Literatur aufgefaßt. Sie glaubte an die Schöpferkraft des jugendlichen Geistes; aber die Tagebücher, Aufsätze, Briefe und Gedichte sind durchweg nicht »Literatur«, weil sie keinen über das schreibende Individuum hinausweisenden Wert haben. Sie dienen dem jugendlichen Schreiber zur inneren Befreiung, zur Selbsterprobung; Tagebücher ersetzen den verstehenden Freund, sie sind »Ausdruck für die wogende Innenwelt des Selbst« (→ Spranger). Daß sie das leisten, macht ihren (subjektiven) Wert aus. Als Dokumente jugendlicher Erlebnisstadien, als psychologische Materialien wurden sie zuweilen veröffentlicht, nicht als Literatur.

2. a) Eine eigene Literatur für die Jugend gibt es seit der Erfindung des Buchdrucks. Sie dient zuerst der *religiösen Lehre.* Das älteste Buch dieser Art, »Der Seelen Trost« (seit 1478), bietet biblische, Heiligen- und Märtyrergeschichten, die jeweils an die 10 Gebote anschließen. Vor Luther gibt es schon *Katechismen,* die in die Glaubenslehre und in die Bibel einführen. Der kleine → Katechismus (: II) Luthers und der → Heidelberger Katechismus sind dann Jh.e hindurch *die* Kinderbücher gewesen. Die *»Fibel«* gibt man den Kindern, solange sie die Bibel nicht lesen können. Der Pietismus verstärkt das Interesse am biblischen Erzählgut. Die »Biblischen Historien« J.Hübners (1714), J.J. → Rambachs »Erbauliches Handbüchlein für Kinder« (1734), J.P.Millers »Erbauliche Erzählungen der biblischen Geschichten« (1759) u.a.m. erscheinen, bis zu Christoph v. → Schmids und J.P. → Hebels »Biblischen Geschichten« (1801 bzw. 1808) und Selma → Lagerlöfs »Das Kindlein von Bethlehem«. In der lehrhaften Tendenz verwandt sind die »Zuchtbüchlein«, die in großer Zahl auftraten. - b) Die *Aufklärung* in England hat in Kritik und Gegenbild die alte Welt überwinden wollen: Swift in galliger Schärfe, Defoe im konkreten Gegenbild. Aber die Kinder haben die Satire (»Gullivers Reisen«) ins Liebenswürdig-Groteske umgedeutet und sich den »Robinson« zum Bilde ihrer zeitlosen Knabensehnsucht gestaltet. Der schon 1721 in deutscher Sprache erschienene Robinson (1719 englisch) wurde von J.H.Campe in dialogischer Form, unerträglich lehrhaft, bearbeitet (1779), nachdem → Rousseau ihn im »Emile« zum Knabenbuch erklärt hatte. Zahllose Neuauflagen, Neubearbeitungen und Nachahmungen folgten bis zu Marryats »Masterman Ready« (Sigismund Rüstig), J.F.Cooper, Sealsfield, Gerstäcker und dem oft abgelehnten, aber immer wieder gelesenen Karl May. Realistische Abenteuer, in denen sich der Junge selbst wiedererkennt, sind auch heute ein Bedürfnis für die Vorreifezeit. - c) Die Aufklärung hat auch die *Jugendschrift* geschaffen. In den gleichen Formen wie den Erwachsenen belehrt und unterhält man den Jugendlichen. F.E.v. → Rochow hat zuerst den »Bauernfreund«, eine Sammlung belehrend-moralischer Geschichten für die Erwachsenen, dann erst den »Kinderfreund« geschrieben (1776). Die älteren Knabenspiegel (J.Wickram, 1554) bekommen jetzt tausendfache Nachfolge. Chr.Felix → Weiße hat schon vor Rochow einen Kinderfreund herausgebracht (1775). Kinderzeitschriften entstehen; Campe, Chr.G. → Salzmann, J.G.Zimmermann, J.L. → Ewald bis Chr.v.Schmid und J.P.Hebel und viele andere schaffen unermüdlich mit mehr oder weniger Glück. Es sind Meisterwerke dieser Art entstanden wie der »Pole Poppenspäler« von Th. → Storm, der »Pinocchio« von C.Collodi (1881), der übersetzt und nacherzählt wurde. Die Jugendschriften dieser Kategorie sind heute Legion. Man unterscheidet Jungen- und Mädchenbücher, da sich vom 9. Lebensjahr an die Lese-Interessen differenzieren. »Die Mädchenbücher werden zwischen dem 8. und 12. Lebensjahr, bei langsamer Leseentwicklung zwischen dem 10. und 14. Lebensjahr gelesen« (Bamberger). - d) Schon in der Aufklärungsepoche beginnt man sich für das *vorliterarische Volksgut,* für Kinderreime und Kindergeschichten zu interessieren. D.Newbery, ein tüchtiger, englischer Buchhändler des 17.Jh.s, der als erster eine Kinderlesehalle eingerichtet hat, gab die Nursery rhymes »The mother goose melodies« heraus. Die Volksbücher (→ Volkserzählung) waren in billigen Drucken verbreitet. Das → *Märchen* (: I), das die Mütter ihren Kindern erzählten, wurde literarisch zuerst in der Kunstform gepflegt, die sich von den »Contes de ma Mère l'Oye« des Charles Perrault (1697) herleitet. Sie wurden übersetzt, nachgeahmt und weitererzählt. Erst im → Sturm und Drang beginnt die pietätvolle Sammlertätigkeit, die in der → Romantik ihre schönsten Früchte bringt. Die Anstöße → Herders wirken sich bei Tieck, Achim v. Arnim, E.M. → Arndt, Bechstein und Simrock aus, am schönsten in der Sammlung der »Kinder- und Hausmärchen« der Brüder → Grimm (1812-22). Hier sprach das Märchen in seiner echten Form, wörtlich wie es erzählt wurde: eine Neuentdeckung der Romantik, erfrischend nach so viel absichtsvoller Kunst! Bechstein, der auf J.K.A.Musäus zurückgreift, brachte Märchenbücher heraus, die L. → Richter illustrierte. Aber auch die → *Sagen* (: V) wurden von den Brüdern Grimm (1816), Bechstein (1853) und vielen anderen gesammelt. Die *Volksbücher* traten aus Anonymität und Verachtung hervor und wurden gesammelt, bearbeitet, nachgeahmt

und gelesen: Haimonskinder, die schöne Melusine, der Kaiser Oktavian, die schöne Magelone, Fortunatus. Sie lieferten den Romantikern Motive für Novellen und Opern. Gustav Schwab (1835) und Simrock (1839) gaben Sammlungen heraus. - Diese Entdeckungen befruchteten die Dichter: Tieck, → Kerner, E.T.A. → Hoffmann, Cl. → Brentano, W.Hauff, → Mörike und - den größten unter ihnen - H.Chr.Andersen. Sie schufen Kunstmärchen, die zT zur großen Literatur gehören. Die Kinderlieder regten die Güll, → Fröbel (Kinder- und Koselieder, 1844), Reinick, Hey, Dieffenbach und Klaus Groth an. Ein ganz englisches Märchen mit seiner grotesken Phantastik ist Carrolls »Alice's adventures in Wonderland« (1865); Barrie hat die Gestalt des Peter Pan (1904), der Amerikaner Lofting die des Dr. Dolittle geschaffen (1920). So sind aus den Wurzeln der Volksdichtung die schönsten, reichsten und seltsamsten Blüten entsprossen. - e) Hatte die Romantik die Einstimmung des Volkhaften mit dem Kindlichen fruchtbar erkannt, so wirkt sich das Interesse für das Kind auch in liebenden *Erfindungen* aus: der »Struwwelpeter«, die genialen Bildergeschichten für Kleinkinder des Arztes H. Hoffmann (1845), ist eine neue Form der Kinderliteratur, auch der »Max und Moritz« von W.Busch (1850). - f) Zuletzt nach den Sagen, den Volksbüchern, den Robinsonaden wird der Jugendliche für die *Literatur* selbst reif. Einfache Romane und Novellen sind ihm zugänglich. Die Dichtungen der Hauff, Chamisso, Scheffel, G.Freytag, Dahn, Storm, C.F. → Meyer, G. → Keller führen ihn zum Literaturverständnis seiner jeweiligen Gegenwart. - g) Reine *Bilderbücher* gibt es nur für Kleinkinder; sonst haben sie Text bei den Bildern, der belehrende, unterhaltende, moralische, religiöse, patriotische Absicht haben kann. Das Muster des belehrenden Bilderbuchs ist der von Goethe gepriesene »Orbis pictus« des → Comenius, der den Kindern ein realistisches Latein beibringen wollte. Über → Basedow, Bertuch und viele andere hat sich diese Art fortgepflanzt bis heute. Aber seit der Kunsterziehungsbewegung sind hier künstlerisch wertvolle Werke entstanden. Den älteren Illustratoren (L.Richter, Spekter) sind Künstler gefolgt, die für Kinder echte Kunstwerke schufen: E.Kreidolf, Else Wenz-Viëtor, Arpad Schmidhammer, O.Ubbelohde, E.Liebermann u.a. Die Babar-Bilderbücher (Jean de Bounhoff) aus Frankreich sind beliebt geworden. - h) Es scheint fraglich, ob man das *Sachbuch*, das jungen Menschen geschichtliche, naturwissenschaftliche, technische Erkenntnisse, einen Einblick in Wirtschaft und Beruf vermittelt, zur Jugend-»literatur« rechnen darf. Die Leiter der Jugendbüchereien tun es jedoch, weil das Sachbuch gemäß der recht realistischen Grundeinstellung der Jugend nach 1945 eine große Rolle in der Lektüre der Jugendlichen spielt.

3. Das *Problem der J.* wurde erst von dem Hamburger H.Wolgast mit seinem Buch »Das Elend unserer J.« (1896) ausdrücklich gestellt. Die Kunsterziehungsbewegung (→ Kunsterziehung) liefert Wolgast die These: »Die Jugendschrift in dichterischer Form muß ein Kunstwerk sein.« Er beruft sich auf den Satz Storms: »Wenn du für die Jugend schreiben willst, so darfst du nicht für die Jugend schreiben.« Alle belehrenden, patriotischen, erbaulichen und moralischen Tendenzen werden von Wolgast als unkünstlerisch abgewiesen. - Nach den Richtlinien Wolgasts arbeiteten die Vereinigten Jugendschriftenausschüsse, die in der »Jugendschriften-Warte« die literarische Produktion bewerteten und anregten. Die heutige Massenproduktion von Jugendbüchern macht eine öffentliche Beobachtung nötig. Seit 1953 arbeiten in der BRD »Bundesprüfstellen«, die die Jugend vor Gefährdung durch → Schund und Schmutz behüten sollen. Sie gehen gegen die comic strips, die Gangsterromane und sexuellen Sensationsbücher vor; die Verleger sorgen durch »Selbstkontrollausschüsse« für ihr Ansehen.

Die Literatur hat Lesealter zu charakterisieren unternommen. Nach Charlotte Bühler folgen auf das Struwwelpeter-Alter (3./4. Lebensjahr) das Märchenalter (vom 4. bis zum 8./9. in städtisch-gebildeten, bis zum 10./11. Lebensjahr in ländlichen und einfachen Verhältnissen), das Sagenalter (9./10. Jahr) und dann das Robinsonalter (11.-13. Jahr), bevor der junge Mensch zur großen Literatur reift. - Die J. wurde von den Pädagogen Fronemann, S.Rüttgers, Scharrelmann, Gansberg und Ackerknecht aus den Fesseln des Wolgastschen Ästhetizismus gelöst.

In der *Schüler-* wie in der *Jugendbücherei* (→ Volksbüchereien) werden den lesehungrigen Jugendlichen Bücher für alle ihre Ansprüche geboten. Die Lesebedürfnisse der Jugend wurden trotz → Film, → Rundfunk und illustrierten Zeitschriften nicht ungünstig verändert. Es wird heute wohl mehr gelesen als früher, wahrscheinlich aber flüchtiger. - Die erzieherische Bedeutung der J. ist außerordentlich groß. Die Gesittung einer Menschengruppe pflanzt sich heute nicht mehr bloß im Mitleben fort, sie bedarf der Befestigung und Durchklärung in Wort und Gedanke. Die reifen Glieder der Gruppe nehmen die Bilder der Gesittung in zunehmendem Maße durch das Auge wahr: Photographie, Film und → Fernsehen. Der Rundfunk spricht zum Ohr, aber massenhaft und unpersönlich. Das Buch allein zwingt zur Vertiefung in einen Gedankengang, zur Hingabe und zum Aufbau einer inneren Welt; es vermag den Überblick und die Problemfähigkeit vorzubereiten, die zur geistig-sittlichen Meisterung unserer Welt erforderlich sind, aber auch die Besinnlichkeit, die dem religiösen Verständnis die Wege bahnt. Die Dichtung ist für die Jugend »Medium des Lebensverständnisses« (→ Dilthey); die J. vermittelt ihr Grundstimmungen, einfache Welt- und Menschenkenntnis, sie liefert ihr Materialien zur Gestaltung ihres Lebensplanes. Daraus ergibt sich die pädagogische Verantwortung für die J.

H.Wolgast, Das Elend unserer J., (1896) 1922[6] - H.L.Köster, Gesch. der dt. J., (1906) 1920[3] - S.Rüttgers, Über die literarische Erziehung als Problem der Arbeitsschule, 1910 - Ch.Bühler, Das Märchen u. die Phantasie des Kindes, (1918) neu hg. 1958 - A. Rumpf, Kind u. Buch, (1926) 1928[2] - W.Fronemann, Das Erbe Wolgasts, 1927 - PädLex II, 1170ff - Fr.Lichtenberger, Der neue Weg der dt. Jugendschrift, 1930 - J.Prestel, Gesch. des dt. Jugendschrifttums, 1933 - LPäd (B) I, 789ff - I.Dyrenfurth-Graebsch, Gesch. des dt. Jugendbuches, 1951 - LPäd (F) II, 966ff - P.Hazard, Kinder, Bücher u. große Leute, 1952 - Heiner Schmidt, Die Lektüre der Flegeljahre, 1954 - R.Bamberger, Jugendlektüre, 1955 - Probleme der J., Tagungsbericht, 1956. - Zs.en: Jugendschriftenwarte, seit 1896 - Littérature enfantine, hg.v. Bureau international d'éducation in Genf.

F.Blättner

Jugendmusikbewegung, Jugendmusik → Singbewegung.

Jugendpfarrer, *Evangelischer*

1. Grundsätzliches - 2. Geschichtliches - 3. Gegenwärtige Aufgaben

1. Standen am Anfang der Entstehung des Jugendpfarramtes fürsorgerische und diakonische Gesichtspunkte stark im Vordergrund, so muß seine Stellung in der Kirche heute im Rahmen des der Gemeinde aufgetragenen Gesamtkatechumenates gesehen werden. Wie sich die Kirche vom Evangelium her vom Kind bis zum Greis jedes Gemeindegliedes anzunehmen hat, so ist sie auch an die Jugend gewiesen, wobei unter »Jugend« im allgemeinen die 10-25jährigen verstanden werden. Wenn auch ein wesentlicher Teil der Jugendarbeit von den ev. Verbänden wahrgenommen wird (→ Jugendvereini-

gungen: I), so muß doch die Kirche als die Gemeinde aller Altersstufen von sich aus Einrichtungen schaffen, die der Jugend der Gemeinde dienen. So entsteht in der Kirche das Jugendpfarramt. Der J. soll jungen Menschen die Botschaft von Jesus Christus verkündigen und ihnen helfen, den Weg in die Gemeinde Jesu Christi zu finden und in dieser Gemeinde zu leben. Die zunehmende Arbeit unter der Jugend der Kirche erfordert auch eine wachsende Zahl von Theologen, die den Sonderauftrag der Jugendarbeit bekommen. Dabei ist es zunächst unwesentlich, ob dieser Auftrag haupt- oder nebenamtlich wahrgenommen wird. Es ist das Bemühen der J., die Arbeit unter der Jugend der Kirche in ständiger und enger Verbindung mit den Jugendwerken wahrzunehmen. Die zunächst möglichen Konflikte zwischen dem Jugendpfarramt und den Jugendwerken sind im Laufe der Zeit weithin durch vertrauensvolle Zusammenarbeit abgelöst worden. Die Tatsache, daß die Kirche Theologen mit der Jugendarbeit beauftragt, bedeutet nicht, daß sich die übrigen Pfarrer der Kirche im Rahmen ihres Gesamtauftrages nicht auch an die Jugend gewiesen wüßten. Da es aber nicht jedem Pfarrer möglich ist, sämtliche Arbeiten in einer Gemeinde zu tun, und auch die Gaben für die einzelnen Arbeitszweige verschieden verteilt sind, erscheint es gut, vor allem in größeren Gemeinden, in Synoden, Kirchenkreisen und Dekanaten bes. geeignete Pfarrer für den Dienst an der Jugend zu berufen.

2. Das erste Spezialjugendpfarramt wurde in Württemberg am 1.11.1863 von der Oberkirchenbehörde ins Leben gerufen. Es sollte sich vornehmlich der in die Großstädte zuwandernden Jugend annehmen. Durch seine Arbeit entstand eines der ersten Jugendhäuser und ein »Jugendverein«. Im Verlauf der nächsten Jahrzehnte wurden weitere Jugendpfarrämter eingerichtet (Essen 1894, Dortmund 1906, Breslau 1914, Düsseldorf 1916). In einem Erlaß des Ev. Oberkirchenrates in Berlin vom 10.1.1917 wird Wesen und Umfang der ev. Jugendarbeit festgestellt und außerdem über das Amt des J.s einiges in Richtlinien ausgesagt. Dabei ergibt sich, daß die Jugendarbeit der Vereine und Verbände bereits zur Selbstverständlichkeit geworden ist, aber auch, daß die Berufung von J.n weiter zugenommen hat. Schon in diesem Erlaß wird der Zusammenhang der Jugendarbeit mit den Gesamtaufgaben der Gemeinde an der getauften Jugend deutlich gesehen. Ferner hält der Erlaß es für gut, daß in größeren Gemeinden mit mehreren Pfarrern die Jugendpflege durch einen einzelnen Geistlichen geschieht. Es sei erwünscht, daß nach Möglichkeit in jedem Kreissynodalbezirk ein J. bestellt werde. Für jede Kirchenprovinz (heute Landeskirche) wird in geeignetem Benehmen mit der Vertretung der Provinz die Berufung eines J.s (heute Landes-J.s) gefordert. – Bis 1933 wurde die Bildung von Jugendpfarrämtern fast überall zur Selbstverständlichkeit. In ihnen wird in Zusammenarbeit mit der → Inneren Mission auch die Aufgabe der Fürsorge gesehen (→ Jugendfürsorge). Es entsteht der Reichsverband der ev. Jugendämter, dem bereits ca 200 haupt- und nebenamtliche J. angehören. Als unter dem Druck des Nationalsozialismus die Jugendwerke der Kirche ihre Aufgabe an den Jugendlichen bis zu 18 Jahren nicht mehr wahrnehmen konnten, fiel diese ganze Arbeit den Kirchen und Gemeinden zu. Aufs Ganze gesehen gehörten die J. in dieser Zeit der → Bekennenden Kirche an. Nur wenige waren an die deutsch-christlichen Kirchenleitungen gebunden. – Seit 1945 wurde die Arbeit der ev. Jugendverbände wieder aufgenommen, auch die Arbeit an den unter 18jährigen. Heute spielt die Jugendarbeit im kirchlichen Leben eine größere Rolle als je zuvor. Neben den üblichen Verbänden bilden sich Gemeindejugendgruppen, die sich keiner der bestehenden Gruppierungen anschließen. Das Jugendpfarramt wird ausgebaut, die Jugendarbeit in den Landeskirchen durch Bildung von Jugendkammern in ein stärkeres Miteinander gebracht.

3. Die J. in den Gemeinden, die nur in wenigen Fällen ausschließlich Jugendarbeit betreiben, sehen ihren Dienst zumeist darin, daß sie in Zusammenarbeit mit den verschiedenen Verbänden der gesamten Jugend der Gemeinde dienen wollen. In den Kirchenkreisen bzw. Dekanaten sind Kreis-J. berufen, die häufig aus den Mitarbeitern der verschiedenen Jugendgruppen einen Arbeitskreis gebildet haben, der die Gesamtaufgaben der Jugendarbeit plant. Die Landes-J. sind vielfach auch die Vorsitzenden der Jugendkammern, in denen sämtliche Jugendwerke und die Vertreter der Gemeindejugend ihren Sitz haben. Die wesentlichen Aufgaben der J. sind: Zusammenarbeit mit den Jugendwerken, Zurüstung von Mitarbeitern in Seminaren und Rüstzeiten, Durchführung von → Freizeiten, → Jugendgottesdiensten und Jugendevangelisationen, von Jugendwochen und ähnlichen Einrichtungen. Die Kreis- und Landes-J. nehmen ferner die Vertretung der ev. Jugend ihres Bezirks gegenüber den kirchlichen und staatlichen Behörden wahr. Viele haben sich in Gestalt von Rundbriefen und Nachrichtenblättern ein eigenes Organ geschaffen. Der große Aufwand der Kirche an Geld und Kräften für alle mit dem Jugendpfarramt zusammenhängende Arbeit darf nicht darüber hinwegtäuschen, daß der J. normalerweise nur einen Teil »seiner« Jugend erreicht und daß – dem Wesen der Sache entsprechend – eine wirksame öffentliche Kritik und Korrektur gerade *seiner* Tätigkeit fehlen muß.

L. Cordier, Ev. Jugendkunde I. II, 1925/26 – O. Riethmüller, Ev. Jugendführung heute, 1936 – H. O. Wölber, 12 Jahre Jugendarbeit, 1957 – EKL II, 1027ff.

W. Posth

Jugendpsychologie

I. Allgemeine Jugendpsychologie – II. Religionspsychologie des Jugendlichen. – Vgl. → Kinderpsychologie, → Jugend, anthropologisch

I. Allgemeine Jugendpsychologie

Unter J. versteht man die Psychologie der Reifezeit (Pubertät; → Jugend). Sie umfaßt etwa den Lebensabschnitt vom 11. bis zum 18. oder auch 21. Lebensjahr. Nach den heutigen Gepflogenheiten ist der Jugendliche mit 14 Jahren für die Lehre reif, mit 16 (neuerdings mit 18) zum Besuch aller Filme, mit 17 auch zum freiwilligen Eintritt in den Wehrdienst, mit 21 Jahren ist er mündig und kann wählen. Wie unsere Einstellung wechselt, zeigt die kürzliche Umstellung der Strafbarkeitsgrenze vom 18. auf das 21. Lebensjahr für volle Schuldfähigkeit. – Alle diese Daten sind mit Recht umstritten, denn das Reifetempo ist nie variabler als in der Pubertät, und das Reifsein muß immer in Beziehung gesetzt werden zu den wechselnden Erwartungen und Forderungen der Umwelt.

Hat man früher die Pubertät hauptsächlich als *biologisches Phänomen* gesehen, so betont man heute die soziologische und kulturelle Seite der Pubertätserscheinungen. Beide Betrachtungsweisen sind einseitig. Die menschliche Entwicklung ist zu jeder Zeit ein kompliziertes Zusammenwirken von Reife- und Lernvorgängen. In der Pubertät vollziehen sich wichtige Reifeschübe, es kommt aber jeweils auf die gesellschaftliche und erzieherische Umwelt an, wie das »Angebot der Natur« unterstützt oder gehemmt, aufgenommen oder vernachlässigt wird.

Die Anstöße zu dem leiblichen und seelisch-geistigen Umbau der Person kommen aus der Entwicklungstendenz der reifenden Natur selbst. Allein der körperliche Kräftezuwachs ist von einem Ausmaß, der die Einstellung und das Verhalten des Jugendlichen zu seiner Umwelt ändert, und schon diese Veränderung erfährt von der Umwelt eine verschiedene Bewertung: Beim Sport wird sie erwartet und hochgeschätzt, in der Schulstube führt sie oft zu unerwünschten Kraftproben. Am einschneidensten bleibt die *hormonale Umstimmung*, die den Jugendlichen genital geschlechtsreif werden läßt. Eine sexuelle Problematik des Jugendlichen tritt in jeder Gesellschaft auf, die nach den wirtschaftlichen Vorbedingungen und der vorherrschenden Sitte die Verheiratung praktisch erst weit nach dem 20. Lebensjahre erlaubt. Dem Jugendlichen bleibt keine andere Wahl, als zwischen dem Versuch zu absoluter Keuschheit und illegalen Formen einen Weg zu finden, der ihm erlaubt, seine Selbstachtung nicht zu verlieren. Sexualerziehung allein kann in unserer Gesellschaft dieses schwierige Lebensproblem für den Jugendlichen nicht lösen.

In die Pubertätszeit fällt sodann ein Erwachen *metaphysischer Bedürfnisse*, das sich in einem Suchen und Fragen nach letzten Orientierungspunkten und Maßstäben äußert, meist negativ beginnt (in der Form einer Ablehnung der vom Elternhaus übernommenen Leitbilder), aber in ein positives Suchen umschlägt, wenn Umwelt, Freundeskreis, Zeitsituation und Lebensschicksal diese Wendung ins Positive unterstützen und nicht zerstören. Neuere Untersuchungen haben diesen Vorgang nicht nur bei den Jugendlichen der sog. gebildeten und oberen Schichten bestätigt, sondern ebenso bei der Jugend der Volks- und Mittelschulen, dann meist in Form religiöser und kirchlicher, aber auch politischer und weltanschaulicher Bindungsbedürfnisse.

So zeigt in jeder Kultur (mit wenigen Ausnahmen) die Lebensproblematik der Jugendlichen in der Pubertät einige immer wiederkehrende Grundthemen: Die Ablösung von der Familie und die Übernahme der Lebensentscheidung in die eigene Verantwortung; die Lösung der sexuellen Frage; das Ausrichten nach ideellen Bezugspunkten, das sich meist in einer gesteigerten Welt- und Wertorientierung, im Suchen nach einem Weltbild und einer Weltanschauung äußert; das Finden eines angemessenen Berufes (das gilt auch noch im Zeitalter des Jobs, des häufigen Berufswechsels und der industriellen Gesellschaft); das Suchen nach einem sozialen Status, der Sicherheit, Mut, Selbstachtung und Selbstbehauptung erlaubt; das Entdecken von befriedigenden Freizeitinteressen.

Ein besonderes Problem der Pubertät unserer Zeit ist die *Akzeleration*. Damit ist eine Verfrühung aller wachstümlichen biologischen Vorgänge gemeint in Verbindung mit gesteigertem Längenwachstum. Sie beträgt bei einzelnen Kindern bis zu 2 oder 3 Jahre. Der Eintritt der Menarche (Beginn der Menstruation) wurde 1864 bei Berliner Mädchen im Durchschnitt auf 16;3 berechnet und dürfte heute im Durchschnitt bei 13;4 liegen. Die hormonale Umstimmung und der Pubertätswachstumsschub setzen aber schon zwei Jahre früher ein, bei Mädchen also heute etwa um das 11./12., bei Knaben um das 13./14. Lebensjahr. Die Ursachen für die Akzeleration werden in den modernen Lebensverhältnissen gesucht, sind aber noch nicht ganz geklärt. Die pädagogischen Konsequenzen der Akzeleration sind noch kaum durchdacht worden. Sicher ist, daß durch die Akzeleration die Pubertät nicht verkürzt, sondern verlängert wird, denn der Verfrühung der leiblichen Pubertätsvorgänge läuft eine weitere Hinausschiebung der beruflichen und gesellschaftlichen Selbständigkeit des Jugendlichen parallel. Gesichert ist auch, daß leibliche Entwicklung und seelisch-geistige Entfaltung nicht zwangsläufig parallel gehen. Man spricht heute bei vielen Jugendlichen mit Recht von leiblicher Frühreife und seelischer Unreife. Es gibt aber auch Jugendliche, die ihre Akzeleration seelisch harmonisch verarbeiten. Entscheidend ist für diese Harmonisierung immer noch die gemäße elterliche Erziehung und Führung. Gesichert dürfte auch schon sein, daß die Akzeleration keine Beschleunigung der intellektuellen Entwicklung bedeutet, wohl aber ein stärkeres Ansprechen auf alle erotischen und geschlechtlichen Reize. Die → Erziehung (: I) muß deshalb heute diese Kräfte früher geistig ansprechen und in Gesittung nehmen.

Ebenso große Anforderungen an Unterricht und Erziehung stellt der individuell unterschiedliche Eintritt der körperlichen Reifevorgänge (Streuung vom 11. bis zum 18. Lebensjahre). Ungewöhnlich früh reifende Mädchen fallen durch ihre veränderten Interessen aus ihrem Altersjahrgang heraus, stehen plötzlich allein und finden mitunter zu frühzeitigen männlichen Anschluß. Ungewöhnlich spät reifende männliche Jugendliche stehen ebenfalls plötzlich allein und werden u.U. unangenehme Einzelgänger, Streber, Musterschüler usw. Die Behauptung, Frühreife bedeute grundsätzlich Degeneration, ist nicht gerechtfertigt. Bei Intelligenten liegt der Eintritt der Geschlechtsreife im Schnitt etwa bei 12;5, beim intelligenten Durchschnitt etwa bei 13;5, bei Debilen etwa bei 14;5, auf Neuguinea etwa um das 16./17. Lebensjahr.

Durch die Akzeleration sind die Probleme der Sexualerziehung und -aufklärung, auch der → Koedukation und Koinstruktion neu gestellt. Da sich die intellektuelle Entwicklung nicht beschleunigt, das Werterleben dagegen vielleicht früher ansprechbar wird, kommt es auf erzieherische Gehalte an, die Werterleben zulassen, ohne intellektuell zu überfordern. Diese Folgerung hat auch Bedeutung für die religiöse → Erziehung (: II) und → kirchliche Unterweisung.

Ein nicht weniger schwieriges Problem ist die Frage nach den Ursachen für die Tatsache, daß gewisse Jugendkreise eine *Primitivpubertät*, andere eine *Kulturpubertät* durchmachen. Die Kulturpubertät äußert sich in einer Bezugsaufnahme zu geistigen Werten und Gehalten, in der Bereitschaft zur Übernahme überindividueller Verantwortung, in der Fähigkeit zu abstrakt-theoretischem Denken und in echter Jugendgeselligkeit. Die Primitivpubertät bleibt, was die Liebesbeziehungen betrifft, im Vital-Sexuellen stecken ohne erotische Überhöhung der Partnerschaft, das Denken bleibt konkret und eng auf den Nützlichkeitsstandpunkt bezogen, die verantwortliche Fürsorge bleibt instinkthaft auf die eigene Person und Familie beschränkt, die Interessen erfahren keine Vergeistigung, die Gefahr krimineller Bandenbildungen ist erheblich.

Was läßt die jungen Menschen die Pubertätszeit so unterschiedlich erleben und gestalten? Die intellektuelle Ausstattung? Die Kinderstube? Der Druck des frühen Broterwerbs innerhalb einer desillusionierten Erwachsenengruppe? Das Aufhören der Schule, dh einer Anregung und Verpflichtung für geistige Arbeit und geistigen Genuß? Sind es fehlende Hemmungen im geschlechtlichen Bereich? Sicher ist es keiner dieser Faktoren allein. Langeveld fordert: »Wir müssen Gelegenheit geben zum Pubertieren.« »Das bedeutet nicht, daß der Erzieher eine solche Phase in einer bestimmten Gestalt bei den Kindern künstlich hervorrufen soll.« Aber *pädagogisch* unabdingbar erforderlich ist: a) Entlastung von der strengen Berufsarbeit, dem Druck des Broterwerbs, Bewahrung vor dem frühzeitigen Hineingestoßenwerden in eine schon desillusionierte Erwachsenenwelt. – b) Verlängerung der Schulzeit bis zum 16. Lebensjahr für alle, wie es in USA und in Rußland schon allgemein verbindlich ist oder in nächster Zeit wird; ein reiches schulisches Angebot zum Finden des Begabungs- und Interessenschwerpunktes für

Beruf und Freizeit, Zentrierung der Ausbildung im Hinblick auf einen Beruf (dabei weder den Jugendlichen vom praktischen Handeln fernhalten noch in die volle Arbeitssituation zwingen). - c) Gelegenheit geben zur Betätigung der freischaffenden Phantasie im Malen, Schauspielen, Schreiben, Lesen usw, Gelegenheit zur gesitteten Begegnung der Geschlechter, wie es für die Jugendlichen der oberen Stände selbstverständlich ist, Gelegenheit zur Kultivierung der Bandenbedürfnisse dieses Alters in echter Jugendgeselligkeit. - d) Verstärkung der geistigen Anforderung; Aufgreifen des Verlangens nach ideellen Bezugs- und Orientierungspunkten, die beim Jugendlichen auch hinter skeptischer oder negativer Fassade vorhanden und für den Erzieher aufspürbar sind.

Der Verlauf der Pubertät wird am besten in *drei Phasen* dargestellt. Die erste Phase umfaßt das »Betroffensein von dem Neuen«, die Störung des seitherigen Gleichgewichtes, das Sich-nicht-mehr-Zurechtfinden in der gewohnten Welt (*Vorpubertät,* Tagträumer, negative Phase, zweite Trotzperiode, »Wendung nach innen«, Schuldgefühle, Gegenideal). Die zweite Phase ist eine *Phase des Experimentierens,* um sein eigentliches Ich, aber auch die eigenen Grenzen, die angemessene Welt und Gesellschaft zu entdecken. Es ist die Zeit, in der das Ausgefallene, die Extreme, die Grenzen ausprobiert werden, die Zeit der Abenteuerfilme, Abenteuerromane und Abenteuertaten. Die dritte Phase, meist als *Adoleszenz* bezeichnet, ist die Phase des Wiederfindens eines Gleichgewichtes, die Zeit der ersten positiven Taten, des ersten Verdienstes, der ersten Berufsprüfung, des ersten Eigentumserwerbes, der ersten Liebe, der Entstehung eines ernsthaften Lebensplanes usw.

Neben dieser generellen Betrachtungsweise der Jugend gibt es eine *epochal-psychologische* Betrachtungsweise, die die Eigenart einer Jugendgeneration in einer bestimmten historischen Epoche herauszustellen versucht (neuerdings bes. mit soziologischen Forschungsmethoden). Schelskys »Skeptische Generation« ist allerdings von den pädagogischen und psychologischen Experten kritisch aufgenommen worden. Das Bild der heutigen Jugend läßt sich auf keinen so einheitlichen Nenner bringen. Die moderne Jugendgeneration ist zwar nüchtern und kritisch, dh scheut vor kurzschlüssigen sozialen und weltanschaulichen Bindungen zurück, aber sie zeigt im einzelnen sehr bedeutsame Unterschiede. Ihre geistigen Probleme fallen durch das Netz der soziologischen Untersuchungsmethoden. - Erzieherisch ist es wichtig, daß wir den einzelnen Jugendlichen als Person und gleichberechtigten Partner für voll nehmen, auch und gerade wenn wir seine Unzulänglichkeiten und Schwierigkeiten sehen.

CH. BÜHLER, Das Seelenleben der Jugendlichen, (1922) 1925^3 - E. SPRANGER, Psychologie des Jugendalters, (1924) 1955^{25} (seit 1948 mit bedeutsamem Nachwort) - Manual of Child Psychology, hg.v. L. CARMICHAEL, New York (1946) 1954^2 - H. HETZER, Kind u. Jugendlicher in der Entwicklung, (1948) 1954^3 - W. ZELLER, Konstitution u. Entwicklung, 1952 - A. BUSEMANN, Krisenjahre im Ablauf der menschl. Jugend, 1953 - LPäd (F) II, 814f (Icherleben). 1015ff (J.); III, 1006f (Pubertät). 1074ff (Reifezeit) (alles v. H. ROTH) - M.J. LANGEVELD, Studien (→ Jugend) - E.H. ERIKSON, Kindheit u. Gesellschaft, 1957 - H. RÖSSLER, Jugend im Erziehungsfeld, 1957 - H. SCHELSKY, Die skeptische Generation, 1957.

H. Roth

II. Religionspsychologie des Jugendlichen

1. Jede Aussage über das tatsächliche Verhältnis des Jugendlichen zu Gott überschreitet die Grenze der Wissenschaft, da sie Gott in die Aussage einbegreift. Die Psychologie muß sich beschränken auf die Darstellung der Gesetze des innerseelischen Geschehens und die religiös-soziologische Untersuchung über die Stellung der Jugend zu Kirche und Christentum in ihrer gegenwärtigen Gestalt. Quantitative statistische Erhebungen müssen auf sehr gegenständliche Fragen eingeschränkt werden (Kirchenbesuch u.a.) und dringen nur schwer in tiefere Schichten des Verhältnisses der Jugend zur Religion (Gebet, Gotteserfahrung) ein. Bessere Ergebnisse haben autobiographische Äußerungen oder Befragungen in persönlichem Kontakt. Zu wesentlicher Erkenntnis führt allein der Umgang mit der Jugend in gegenseitigem Vertrauen, der es ermöglicht, die oft unklaren Äußerungen des religiösen Lebens richtig zu deuten. Diese Deutung hat immer psychologischen und theologischen Charakter zugleich.

2. Die religiöse »Entwicklung« ist nicht als Entfaltung des innermenschlichen Seelenlebens, sondern als Entwicklung des Gottesverhältnisses auf Grund von Erfahrung zu verstehen. Dabei ist der Erwachsene als Mittler der Gotteserfahrung von wesentlicher Bedeutung. In der → Kindheit bestimmen die Gesetze des Wachstums weithin auch den Charakter des religiösen Lebens. Vom Beginn der Pubertät an ist das nicht mehr der Fall. Jetzt wird das religiöse Leben in steigendem Maße durch begegnende Erfahrung und persönliche Entscheidung bestimmt. Infolgedessen kann sich das religiöse Gesicht der Jugend von Generation zu Generation völlig ändern. Bestandsaufnahmen haben immer nur Gegenwartswert.

Die Kräfte, die die Jugendentwicklung von innen her in Bewegung setzen, sind: das Erwachen des Selbstbewußtseins, der Wille zur eigenen Verantwortung und die geschlechtliche Reifung. Das wirkt sich im religiösen Leben des Jugendlichen notwendig aus.

Mit dem *Erwachen des Selbstbewußtseins* beginnt er seine religiöse Erfahrung aus der Kindheit auf ihren Wahrheitsgehalt zu überprüfen. Sein Glaube wird ihm »fraglich«. Das führt notwendig in eine Krise. Er erkennt die Fraglichkeit der Zeugen, auf die er sich bisher gläubig verlassen hatte. Zwiespältige Erfahrungen verwirren ihn. Wissenschaft und Glaube scheinen sich zu widersprechen. Jetzt werden auch Mißverständnisse offenbar, die im kindlichen Religionsunterricht entstanden sind (das Reich Gottes als Idealzustand, Seligkeit als Glück und göttliche Behütung als Lebensversicherung). Das führt zu Enttäuschungen und Konflikten, die an der Gesamtwahrheit des Glaubens irre machen.

Im *Willen zur eigenen Verantwortung* lehnt der Jugendliche jetzt jede autoritative Lösung ab. Er will der Wahrheit selbst gewiß werden. Dabei geht er versuchsweise manchen Fehlweg. Er versucht die Wahrheit der Offenbarung durch kritisches Denken zu ergründen. Er verallgemeinert subjektive Erfahrungen oder zieht falsche Schlüsse und neigt zu radikalen - er sagt: »klaren« - Lösungen. Dabei ist er tatsächlich nicht unabhängig von Autorität, wo sie sich als Macht erweist. So verfällt er dem Unglauben meist autoritativ, weil dieser das Mächtige im öffentlichen Leben ist. Er sucht deshalb Führung, aber er will den Führer selbst wählen. Dabei wählt er meist den Erfahrenen und Entschiedenen, der auch ihm Entschiedenheit zumutet, nicht den Bequemen, der seinen Wünschen liberal entgegenkommt.

Die *geschlechtliche Entwicklung* wirkt für das religiöse Leben vielfach ablenkend und störend. Sie richtet das Interesse auf das Körperliche und belastet mit starken Spannungen. Liebeserlebnisse füllen die Zeit und die Phantasie, sexuelle Verfehlungen führen zu schuldhaften Bindungen und können die gesamte innere Entwicklung zum Stillstand bringen. Die *Akzeleration* (→ Jugendpsychologie: I) bedeutet hier eine besondere Gefahr. In dieser Lage verhärtet sich der Jugendliche oft gegen den Gewissensanspruch, der ihn überfordert, und wehrt religiöse Mahnung durch Spott ab. Der religiöse Spott der

Jugend hat häufig hier seine Ursache. Er ist immer Abwehr und zeigt, daß das Leben in innere Gebundenheit geraten ist, aus der man keinen Ausweg sieht.

Die *begegnende Erfahrung* bestimmt die religiöse Entwicklung nicht gesetzmäßig nach dem religiösen Milieu, in dem der junge Mensch lebt. Sie läßt ihm immer die Freiheit der Entscheidung. Oft wenden sich Kinder aus wirklich frommen Elternhäusern vom Glauben ab, vielleicht, weil sie der hohe Anspruch bedrückt, während andere in religiös gleichgültiger Umgebung die innere Leere spüren und sich Gott und dem Glauben zuwenden. Das Erlebnis der Säkularisation des öffentlichen Lebens (→ Säkularismus: I) steht als Gegengewicht auch neben der stärksten Gotteserfahrung. Absichtliche Einwirkung (Unterricht, Ermahnung) hat für das innere Wachstum nur begrenzte Bedeutung. Die Seele wächst durch das, was in Wahrheit geschieht. Dafür hat der Jugendliche ein sehr feines Gespür. Er wird in seiner Stellungnahme weniger durch Lehren und Glaubenssätze bestimmt als durch die Erfahrung des wirklichen Lebens, hinter dem sich Gott als wirksam offenbart oder nicht. Die → Arbeiterjugend (: II) lehnte sZ das Christentum ab, weil sie ihm keine Lebenswahrheit abspürte. Sie sah, daß die Kirche sich mit dem – offenbar unchristlichen – kapitalistischen System verband und für die Lebensnot des → Arbeiters (: I) kein Verständnis hatte. Also konnte das, was sie verkündigte, nicht »wahr« sein und war »erledigt« (vgl. Dehn).

3. Die *gegenwärtige Jugend* hat religiös ein völlig anderes Gesicht als die Generation vor ihr. Sie lehnt den Glauben nicht mehr aus rationalen Erwägungen »grundsätzlich« ab und glaubt nicht mehr an die unbedingte Überlegenheit der Wissenschaft wie zur Zeit von → Haeckels »Welträtseln«. Auch der Haß der Arbeiterjugend gegen die Kirche ist verschwunden, nachdem die Kirche im Kampf gegen den absoluten Staat innere Kraft und in der Flüchtlingsnot Hilfsbereitschaft erwiesen hat. Anderseits fehlt heute auch das religiöse »Ringen und Suchen«, das der → Jugendbewegung ihr Gepräge gab. Die Ursache für diese Wende liegt offenbar in den erschütternden Erfahrungen der letzten Jahrzehnte. Die Ideale sind nicht wertbeständig gewesen. Der Mensch hat sich als einzelner schwach, oft jämmerlich schwach erwiesen. Er braucht also wohl Halt und Beistand. Das Leben ohne ordnende Macht endet im Chaos. Ist es die falsche Macht, die ordnet, endet es auch im Chaos. Man muß also nach der Wahrheit fragen, die die Kraft besitzt, das Leben in der rechten Weise zu ordnen und zu tragen. So ist die religiöse Haltung der gegenwärtigen jungen Generation offen. Sie ist bereit, mit dem Christentum – und auch der Kirche – einen Versuch zu machen. Aber diese Offenheit ist doch im Grunde eine sehr vorsichtige Haltung. Sie bedeutet nicht, daß die Jugend »fromm« oder »offen für Gott« oder auch nur religiös bewegt wäre. Sie fragt nur mit einer gewissen, auf Vor-Urteil verzichtenden, Erwartung, was am Christentum ist. Sie spürt irgendwie, daß es ernst zu nehmen ist, und sie ist bereit, mit ihm eigene Erfahrungen zu machen. Das ist erzieherisch gesehen eine fruchtbare, aber auch gefährliche Situation. Denn diese Jugend fragt nach dem »Erweis des Geistes und der Kraft«. Sie durchschaut alle Hohlheit, alle nur traditionelle Frömmigkeit. Sie will nichts wissen von Klischee, ist mißtrauisch gegen alle Phrase. Sie sucht Wahrheit, die ihre Gültigkeit nicht in klugen Worten erweist, sondern in der Kraft, das Leben zu rechter Erfüllung zu führen. Das Wort gilt dieser Jugend nur, wo es Ausdruck echten Lebens ist oder zum Leben hilft. Auch die Fragen richten sich meist auf konkrete Lebenssituationen. Hat das Christentum gültige und helfende Weisung, so ist man bereit, es ernst zu nehmen. Hier unterscheidet sich der höhere Schüler nicht wesentlich von der arbeitenden Jugend.

Dabei zeigt sich, daß die Jugend mit den traditionellen Formen und Inhalten des religiösen Lebens nur schwer etwas anfangen kann. Insbesondere spricht sie die kirchliche Verkündigung in der Predigt nicht mehr an. Diese scheint ihr »mit einem fremden und unangemessenen Pathos erfüllt« und deshalb »hohl«, selbst wenn man dem Pfarrer zubilligt, daß er es »bestimmt echt meint«. Auch die dogmatisch autoritative → Konfirmandenunterweisung und der auf geistige Problematik gerichtete Religionsunterricht der Höheren Schule trifft und bewegt den Schüler nicht mehr. Gerade die Jugend betont immer wieder, daß die Kirche neue Wege gehen müsse. So haben neue liturgische Formen des gemeinsamen Lebens (Morgenwache, Abendandacht) oder die Vertiefung des Gottesdienstes durch Verbindung mit der Feier des Abendmahls gerade in der Jugend ein offenes Ja gefunden. Und wo die Kirche in echter Führung wirkliche Aufgaben weist, entstehen lebendige »junge Gemeinden«.

4. Innerhalb dieser Gesamtlage reichen die *Erscheinungsformen des persönlichen religiösen Lebens* von völliger seelischer Entleerung bis zum lebendigen und tätigen Glauben im Bereich der Kirche. Es gibt zwar kaum einen Jugendlichen, der Gott grundsätzlich leugnet, aber auch nur wenige, für die der Glaube an Gott und Christus wirklich lebensbestimmend ist. Die meisten stehen dazwischen. Es gibt bestimmte *religiös negative Formen* des inneren Lebens. Wenn ein Jugendlicher weder im Elternhaus noch im Unterricht wirklich von Gott berührt worden ist, wenn er keine Erinnerung an göttliche Güte, Geborgenheit, Führung oder auch an Vergebung von Schuld hat, tritt ein Zustand innerer Verarmung ein, den man als *»seelische Versteppung«* bezeichnen kann. Die Organe religiöser Erkenntnis und Erfahrung sind dann verkümmert, weil sie nie gebraucht und geübt wurden. Da gibt es auch keine Offenheit mehr: »Ich finde, Rechnen und Deutsch ist wichtiger als Religion.« Frömmigkeit erscheint als (seltsames) Privatvergnügen: »Wer Lust hat, kann ja in die Kirche gehen.« Oder: »Der Pfarrer will auch leben und verdienen.« Auch die *theoretische Skepsis,* die für die göttliche Wahrheit Beweise fordert, statt sich ihr zu öffnen, ist religiös negativ, da sie auf einem Weg zur Wahrheit besteht, der nicht zum Ziele führt. Hier wirkt bes. die Höhere Schule, die den Schüler fast nur im kritischen Denken übt, oft praktisch als hohe Schule der religiösen Indifferenz. – Endlich führen schuldhafte Bindungen (sexuelle Verfehlungen, Schulbetrug) zu einer *ethischen Ablehnung* des christlichen Lebensanspruches, die nur durch grundsätzliche Umkehr zu positiver Haltung finden kann. *Religiös positive Formen* des inneren Lebens sind: die *Gesprächsbereitschaft,* auch wenn sie abwartend und kritisch ist, sowie die Bereitschaft, einen Gewissensanruf ernst zu nehmen. Dann das *Suchen* und *Fragen,* das der göttlichen Wahrheit zugewendet ist und mit möglicher Antwort rechnet. Der Suchende ist noch religiös vereinzelt. – Zur religiösen → Gewißheit und zur wirklichen Verbundenheit mit Gott kommt nur der, der es wagt, dem offenbarten Wort Gottes Vertrauen zu schenken und ihm zu gehorchen. Das führt notwendig zum tätigen Einsatz in der Verbundenheit mit der Gemeinde. Deshalb ist die gesündeste Form der jugendlichen Frömmigkeit die → *»Junge Gemeinde«* (nicht die kirchliche Jugendpflege!). Hier findet der Jugendliche die notwendige Führung und Hilfe und zugleich echte Aufgaben. – Das Endergebnis der religiösen Entwicklung ist bei den meisten nicht ein klares Ja oder Nein, sondern Unentschiedenheit oder Vorläufigkeit. Die Masse der Erwachsenen gelangt in ihrer religiösen Reife nicht wesentlich über den Stand des Vierzehnjährigen hinaus.

Denn Unentschiedenheit führt notwendig zum Stillstand der religiösen Lebensbewegung.

5. Für das erzieherische Verhalten ergeben sich folgende Erkenntnisse: a) Entschiedenheit des eigenen Lebens bei Geduld und Abwarten dem Jugendlichen gegenüber. Kein falscher Autoritätsanspruch, sondern helfende Haltung. – b) Vertrauen auch zu dem, der ablehnend scheint. Angriff und Kritik grundsätzlich als Wille zur Klärung positiv werten. Religiösen Spott als Ausdruck von Not betrachten. Ursachen suchen, dort helfen. – c) Das gesprochene Wort nicht überschätzen (Unterricht). Immer zugleich zur Erfahrung helfen und Beistand leisten. Kein weiches Gefallen-wollen, sondern Festigkeit in Fragen der Wahrheit. Klaren Anspruch erheben, aber ohne Nötigung. Nicht »moralisch« fordern, sondern die Aufgaben als Weg zur Lebenserfüllung aufweisen. – d) Im Unterricht nicht autoritative Lehre, sondern Gespräch. Den Jugendlichen als gleichen Gesprächspartner nehmen. Nicht fertige Ergebnisse (Glaubenssätze) anbieten, sondern Wege zur Erkenntnis weisen. Nicht nur das kritische Denken üben, sondern das meditative (offene, verstehenwollende) Denken als den gemäßen Weg zur Offenbarungswahrheit lehren und üben. – e) Den negativ Eingestellten und seelisch Entleerten nicht beschwatzen, sondern mit ihm leben und ihm zu Erfahrung helfen. Den theoretisch Kritischen nicht durch angeblich bessere Logik nötigen wollen, sondern ihm zeigen, daß nur Offenheit, Vertrauen und Wagnis zur Erkenntnis göttlicher Wahrheit führen. Den sexuell Gefährdeten nicht verurteilen, sondern ihm beistehen. Dem Suchenden nicht nur gedankliche Erkenntnisse geben, sondern Mut machen, daß er der Wahrheit gehorcht, ihn in lebendige Gemeinschaft stellen, Aufgaben weisen. Junge Gemeinde nicht an entleerte traditionelle Formen binden, sondern zu entschiedenem Leben in lebendiger Form helfen.

Außer der Lit. zur → Jugendpsychologie (: I): G.Bohne, Die relig. Entwicklung der Jugend in der Reifezeit, 1922 – Ders., Das relig. Erleben in der Pubertät (in: Pubertät, hg.v. E.Nolte, 1957, 84-112) – G.Dehn, Die relig. Gedankenwelt der Proletarierjugend, (1923) 1927² – O.Kupky, Die relig. Entwicklung von Jugendlichen (Archiv f. d. ges. Psychologie 49, 1924, 1-88) – L.Cordier, Ev. Jugendkunde, 3 Bde, 1925-29 – W.Gruehn, Psychologie der männlichen Jugend mit bes. Berücksichtigung der relig. Erscheinungen (in: Hdb. für das ev. Jungmännerwerk Deutschlands I, 1927, 49-162) – E.Eichele, Die relig. Entwicklung im Jugendalter, 1928 – E.Nobiling, Der Gottesgedanke bei Kindern u. Jugendlichen (Archiv für Religionspsychologie u. Seelenführung 4, 1929, 43-116). – Zur Gegenwart bes.: EMNID-Unters.en: Jugend zwischen 15 u. 24, 1953/55/56 – H. Schelsky, Die skeptische Generation, 1957 – E.Knirck, Die junge Gesellschaft, 1957 – W.Roessler, Jugend im Erziehungsfeld, 1957.

G.Bohne

Jugendschutz. Früher wurde J. nur im Sinne des Jugendarbeitsschutzes (→ Arbeitsrecht) verstanden; das Gesetz über Kinderarbeit und die → Arbeitszeit der Jugendlichen vom 30.4.1938 (RGBl. I, 437) führt amtlich die Bezeichnung »J.gesetz«. Hier finden sich die arbeitsrechtlichen Bestimmungen über den Schutz von Kindern und Jugendlichen im Arbeitsleben. Bereits 1838 erging in Preußen ein »Regulativ über die Beschäftigung jugendlicher Arbeiter in Fabriken«. Die fortschrittliche Entwicklung des 19.Jh.s brachte ständig Verbesserungen. Heute ist Kinderarbeit mit gewissen Ausnahmen grundsätzlich verboten. Das Gesetz, das in einzelnen Ländern der BRD (zB Niedersachsen) erneuert worden ist, befindet sich im Stadium der Neuberatung. Man erwartet in absehbarer Zeit einen umfassenden modernen Schutz der werktätigen Jugend im Betriebsleben. – Über den Arbeitsschutz hinaus wird J. heute viel weiter und umfassender gesehen. Hierher gehören namentlich der strafrechtliche J., zB der Schutz von Kindern vor Mißhandlung, Ausbeutung, vor Verletzungen der Unterhaltspflicht und vor Sittlichkeitsdelikten; ferner der Schutz der Jugend vor Auswüchsen der modernen Zivilisation. Im letzteren Sinne behandelt das Gesetz zum Schutz der Jugend in der Öffentlichkeit von 1951 in der Neufassung vom 27.7.1957 (BGBl. I, 1058), das an die Stelle einer Polizeiverordnung zum Schutze der Jugend von 1943 getreten ist, einzelne Jugendgefährdungen, zB den Aufenthalt Jugendlicher an sog. gefährdenden Orten, den Gaststättenbesuch und Alkoholgenuß, die Teilnahme an öffentlichen Tanzlustbarkeiten, an Varieté-, Kabarett- und Revueveranstaltungen, ferner ein Rauchverbot für Jugendliche unter 16 Jahren. Das Gesetz läßt Maßnahmen erzieherischer Art (vormundschaftsgerichtliche Weisungen) gegen Kinder und Jugendliche zu und droht den Erwachsenen, auch Eltern und Erziehern, in erster Linie aber Veranstaltern und Gewerbetreibenden, die die gesetzlichen Bestimmungen übertreten, Bußgelder und Strafen an. – Der Schutz der Jugend vor gefährdendem Schrifttum ist in dem Gesetz über die Verbreitung jugendgefährdender Schriften vom 9.6.1953 (BGBl. I, 377) geregelt. Eine besondere Bundesprüfstelle in Bonn nimmt die Schriften, die geeignet sind, Jugendliche sittlich zu gefährden (→ Schund und Schmutz), auf Antrag des Bundesinnenministers oder der Obersten Jugendbehörden der Länder in eine Liste auf. Die indizierten Schriften dürfen Jugendlichen unter 18 Jahren nicht zugänglich gemacht werden. Verkaufs- und Werbebeschränkungen sind vorgesehen. – Auch in weiteren Gesetzen, zB in der Gewerbeordnung, im Gaststättengesetz und im gesamten Polizeirecht finden sich Vorschriften über den gesetzlichen J. – Nach heutiger Auffassung ist aber J. nicht in erster Linie eine gesetzliche, sondern eine positiv-erzieherische Aufgabe. Schutz der Jugend am Arbeitsplatz erschöpft sich nicht in der Einhaltung bestimmter Vorschriften hinsichtlich der Arbeitszeitregelung, Ruhepausen, des Berufsschulbesuchs (→ Berufsschule), sondern umfaßt auch die Bemühungen um ein sittlich sauberes Betriebsklima, in dem die Jugend gedeihlich heranwachsen kann. Alle guten in der Jugend selbst schlummernden Kräfte sollen geweckt werden; insofern greift der J. in das Gesamtgebiet der Jugendpflege und Jugendförderung ein. Außerdem wird die Welt der Erwachsenen ständig auf die Erfordernisse eines schützenden Verhaltens gegenüber der Jugend hingewiesen. In diesem Sinne haben Jugendämter und freie Verbände J.wochen und sonstige Veranstaltungen durchgeführt, die eine Aufklärung der Bevölkerung, namentlich der Eltern und Erzieher, bezwecken. Die Bestrebungen auf dem Gebiete des gesetzlichen und erzieherischen J.es werden in einer »Bundesarbeitsgemeinschaft Aktion J.« (Sitz Hamm i.W.) zusammengefaßt. Die großen Wohlfahrts- und Jugendverbände, Gewerkschaften, Bundesjugendring, Lehrerverbände usw haben sich dort zusammengefunden. Träger des J.es sind in erster Linie Familie und Elternhaus, Schule und Kirche, Betriebe und Berufsorganisationen, Jugendverbände, daneben aber auch die Jugendämter, Gerichte, Polizei- und sonstige Behörden. – J. wird als »Nahtstelle« zwischen → Jugendfürsorge und Jugendpflege bezeichnet. Er ist gerade in der Gegenwart, in der die körperliche und seelische Verfassung der jungen Generation oft zu ernsten Besorgnissen Anlaß gibt, eine vordringliche Aufgabe der Gesellschaft.

Auch außerhalb der BRD wird der Gedanke des J.es mehr und mehr beachtet. In der DDR gilt die Verordnung zum Schutze der Jugend vom 15.9.1955 (GBl. 1955, 641). Während hier der J. unter einem politischen Aspekt gesehen wird, regeln andere Staaten den J. meist auf Spezialgebieten, so u.a. die Gesetze über die Bekämpfung von Schund und Schmutz. Wichtig ist hier das

Österreichische Bundesgesetz über die Bekämpfung unzüchtiger Veröffentlichungen und den Schutz der Jugend gegen sittliche Gefährdung vom 31.3.1950, das französische Gesetz Nr. 49/956 über die Jugendschriften vom 16.7.1949 und auch das frühere Landesgesetz von Rheinland/Pfalz zum Schutze der Jugend vor Schmutz und Schund vom 12.10.1949. Eingehende Bestimmungen enthält das schweizerische Strafgesetzbuch vom 21.12. 1937. In vielen Ländern ist der Filmbesuch der Kinder und Jugendlichen geregelt, wobei namentlich in England das Recht der Eltern auf Auswahl der Filme sehr stark berücksichtigt wird.

Kommentare zum Gesetz zum Schutze der Jugend in der Öffentlichkeit u. zu anderen J.gesetzen von A.Wahl ([1952] 1954²), H. Harrer (1952), W.Tillmann-K.Göke (1952), W.Becker-H.Seidel (1953), H.Riedel (1953), G.Potrykus (1954), O.Schilling (1955). - W.Becker, Wie schützen wir unsere Jugend vor Schund u. Schmutz? Kleiner Wegweiser für die Jugendhilfe, o.J. - Ders., Kleines Hdb. des J.es, (1957) 1958³.-Beiträge zum J. erscheinen laufend im Hoheneck-Verlag, Hamm i.W., u. im Verlag des Volkswartbundes, Köln. - Zs.en, die speziell den J. behandeln: »Ruf ins Volk«, Hamm i.W.; Fach-Zs. »J.«, Verlag Dr. Stoytscheff, Darmstadt. *W.Becker*

Jugendvereinigungen und Jugendwerke

I. Ev. Jugendvereinigungen - II. Kath. Jugendvereinigungen - III. Nichtkonfessionelle Jugendvereinigungen. - J. = Jugend, Jv. = Jugendvereinigungen. - Vgl. → Jugendbewegung

I. Ev. Jugendvereinigungen

1. Geschichtliches - 2. Innerdeutsche Zusammenschlüsse - 3. Gemeinsame Wesenszüge der ev. Jv. - 4. Freikirchliche Jv.

1. Die ev.Jv. verdanken ihr Entstehen in erster Linie dem → Pietismus. Zu Beginn des 19.Jh.s kam es zunächst zu örtlichen Zusammenkünften frommer junger Menschen. Die feste Form des Vereins gab diesen der 17jährige Blechschläger Carl W.Isenberg in Barmen-Gemarke mit dem ersten *Missionsjünglingsverein* (1823). Unter dem Gesichtspunkt sozialer Betreuung junger Menschen wurde 1832 in Basel der erste *»Verein für Sonntagssäle, Arbeiter, Lehrlinge und Knaben«* geschaffen, dem bald ähnliche Einrichtungen in deutschen Städten folgten. Beide Anliegen, das religiöse und das soziale, verband der ref. Prediger → Mallet 1834 in Bremen in seinem »Hilfsverein für Jünglinge«, wobei er den Mitgliedern seines Missionsjünglingsvereins die Verantwortung für den Hilfsverein übertrug. In dieser Gründung wird mit Recht der erste christliche J.verein gesehen. Leider trat der soziale Impuls in der Mitte des 19.Jh.s wieder zurück. Die Aufgabe der Hilfsvereine wurde von den Vereinen der → Inneren Mission übernommen. Das Bewußtsein der sozialen Verantwortung ist aber aus der ev.J.arbeit nie ganz geschwunden. Immer wieder sind solche Einrichtungen (Lehrlingsheime, Arbeitslosenhilfe usw) geschaffen worden. Bes. die J.pfarrämter (1863 erster → Jugendpfarrer in Stuttgart) wußten sich für diese Aufgabe verantwortlich. Mit voller Kraft wurde der soziale Dienst erst wieder nach 1945 aufgenommen (s. 2). – Zu einem überörtlichen Zusammenschluß kam es 1848, als 9 Vereine den »rheinisch-westfälischen Jünglingsbund« gründeten. 1859 folgte der ostdeutsche, 1869 der süddeutsche Bund.

Neue Antriebe bekam die in der Folgezeit stagnierende Arbeit durch die amerikanische Erweckungsbewegung. 1882 kam der Deutsch-Amerikaner Friedr. v.→ Schlümbach nach Elberfeld. Auf seine Anregung fand am Hermannsdenkmal bei Detmold das erste deutsche nationale Jünglingsfest statt. Auf ihn geht auch die Gründung des Christlichen Vereins Junger Männer (CVJM) in Berlin unter Forstmeister E.v. → Rothkirch zurück. Wesentliche Merkmale dieser neuen Vereinsform wurden die Unterscheidung von »eingeschriebenen« und »tätigen« Mitgliedern, die überkonfessionelle und überparochiale Arbeit, das eigene Haus, die Anstellung von hauptamtlichen Sekretären. 1900 wurde die Nationalvereinigung der Ev. Jünglingsbünde Deutschlands (heute: *Reichsverband der Ev. Jungmännerbünde*) gegründet. 1919 schlossen sich die CVJM innerhalb der Gesamtorganisation zu einer eigenen Arbeitsgemeinschaft zusammen. 1921 wurden die Leibesübungen unter der Bezeichnung *»Eichenkreuz«* zusammengefaßt. Die Arbeit der → *Posaunenchöre* ist ein wichtiger Dienst des Jungmännerwerks in den ev. Gemeinden. Sitz der Zentrale ist Kassel-Wilhelmshöhe. Angeschlossen sind der übernationale Bund YMCA, der Bund des Weißen Kreuzes, die christliche Arbeitsgemeinschaft deutscher Bäcker und Konditoren, der Deutsche Christliche Technikerbund, das Christliche J.dorfwerk Deutschlands (s. 3), der Heimatlosenlagerdienst (s. 3) und die Christlich-Akademische Vereinigung (CAV). Dem Weltbund der CVJM (Sitz Genf) gehört das Werk seit dessen Gründung (1855 »Pariser Basis«) an. Eine Sekretärsschule am Sitz der Zentrale in Kassel-Wilhelmshöhe bildet in 2jährigen Lehrgängen hauptamtliche Mitarbeiter heran.

Die *weibliche J.arbeit* folgte dem Vorbild der männlichen (zB Missions-Jungfrauenvereine). Bei den Mädchen wirkte sich die moderne Industriewelt später aus. Zunächst galt es, sich der Dienstboten anzunehmen. 1854 schuf Pastor Th.→ Fliedner in Berlin die erste Mägdeschule und Mägdeherberge. Frau Sofie Lösche gründete 1857 den ersten Sonntagsverein. Ihrer Anregung folgten später weithin die »Jungfrauenvereine«. Auf die Not der jungen Arbeiterinnen wies zunächst → Wichern beim Barmer Kirchentag 1860 hin. Der Freiburger Fabrikant Karl Mez schuf das erste Arbeiterinnenheim. Neue Anregungen kamen vom Verband der Freundinnen junger Mädchen (gegr. 1877 in Genf). Die Vorsitzende des badischen Zweiges, Marie Römmele, hat die Vereinsarbeit über die rein bewahrende Tätigkeit hinaus dem Ziel christlicher Gemeinschaft zugeführt. 1893 wurde unter Pastor Burckhardt der »Vorständeverband der Ev. Jungfrauenvereine Deutschlands« gegründet (seit 1913 »Ev. Reichsverband weiblicher J.«). Während auf der männlichen Seite der Gesamtverband auf Initiative der regionalen Bünde entstand und heute noch ein mehr föderalistisches Gepräge zeigt, ist die weibliche J.arbeit immer viel stärker von den Anregungen der Zentrale ausgegangen und abhängig gewesen. Die Jungmännerkreise wurden und werden vielfach von Laien geleitet, während die Führung der weiblichen Gruppen meist in den Händen von Pfarrern oder Pfarrfrauen lag. Angesichts der Überlastung des Pfarrers und des Mangels an Hausgehilfinnen entstehen an vielen Orten neue Leitungsprobleme. Seit 1945 besteht neben der Zentrale im Burckhardthaus in Berlin-Dahlem eine zweite für die BRD in *Gelnhausen*. Dem Weltbund der YWCA (Sitz Genf) ist der Verband seit 1895 angeschlossen. Seminare für kirchlichen Frauendienst (→ Bibelschulen) vermitteln die fachliche Befähigung zum Dienst in der Frauen- und J.arbeit.

Weitere Vereinigungen und Werke: Die Entstehung der *Schülerbibelkreise* geht auf das Jünglingsfest am Hermannsdenkmal zurück (1882, s.o.). Die am Ende der 20er Jahre gewählte bündische Arbeitsform (Bund Deutscher Bibelkreise) fand ihr Ende, als die Jungen 1934 nicht in die Hitlerjugend eingegliedert, sondern aus dem Mitgliedsverhältnis entlassen wurden. Nach dem 2. Weltkrieg wurden bewußt neue Wege der Schülerarbeit beschritten. Heute stehen die verschiedensten Formen kontinuierlicher Arbeit nebeneinander. Bes. eifrig wird die *»Schulwochenarbeit«* betrieben. Die *Mädchenbibelkreise* (MBK) arbeiten seit 1919 in ähnlicher

Weise vor allem unter den höheren Schülerinnen. Auch die MBK verzichten heute auf feste Mitgliedschaft. Seit 1924 besteht ein Seminar für ev. Gemeindedienst (vgl. auch → MBK-Mission). – *Der J.bund für Entschiedenes Christentum,* 1881 in den USA entstanden, kam 1894 nach Deutschland. Er arbeitet koedukativ. Seit 1900 besteht der »Deutsche Verband der J.bünde für EC«. Die meisten J.bünde gehören zu den landeskirchlichen Gemeinschaften und erfüllen in deren Raum Aufgaben wie Chorsingen, Krankenbesuche, Blätterverteilen. Die EC-Arbeit ist stets auf die Mission (bes. → Liebenzeller Mission) ausgerichtet gewesen. – Die *Christliche Pfadfinderschaft* (CP), auf die zu Beginn des 20.Jh.s gegründete Boy Scout-Bewegung Baden Powells zurückgehend, hat sich in Deutschland selbständig entwickelt und stand zwischen den Kriegen in der Arbeitsform der bündischen Jugend nahe. Seit 1945 gehört die CP dem Ring deutscher Pfadfinderbünde und der internationalen Boy Scout-Organisation an. Sie weiß sich der Erziehung zu verantwortungsbewußter Persönlichkeit verpflichtet und zum gehorsamen und dankbaren Leben in den Ordnungen Gottes gerufen. Ihre Ordnung steht unter dem freiwillig anerkannten Pfadfindergesetz und -versprechen. – Ähnlich ist die Struktur des *Ev. Mädchen-Pfadfinderbundes* im Ev. Reichsverband weiblicher Jugend (EMP, gegr. 1926, neu formiert 1947). – In einzelnen Kirchengebieten hat sich aus theologischen Erkenntnissen und aus der Erfahrung im »Dritten Reich« eine *Gemeinde-J.* gebildet, die sich als Stand der örtlichen Kirchengemeinde verantwortlich zugehörig weiß, ohne Verband zu sein und eine einheitliche Satzung zu haben. Sie läßt auch andere J.verbände als »J. der Gemeinde« gelten. Die meisten Kreise werden von Pfarrern oder Pfarrfrauen geführt und variieren vom offenen Club bis zur festgeformten Gruppe. In einzelnen Landeskirchen gibt es Arbeitsgemeinschaften der Gemeinde-J. In der DDR geschieht der kirchliche Dienst an der ev.J. in der offenen Form der → *Jungen Gemeinde.* Über die Rolle der → *Jugendpfarrer* in der J.arbeit s. dort. – Der *Bund Deutscher J.vereine,* der 1909 aus der Arbeit des ev.-sozialen Kongresses entstanden war, hat sich während des »Dritten Reichs« mit dem »Christdeutschen Bund« (1921 aus der Neulandjugendbewegung hervorgegangen) zusammengeschlossen und 1946 in einigen Kirchengebieten als *»Bund Christdeutscher J.«* seine Arbeit wieder aufgenommen (Wahlspruch: fromm - deutsch - weltoffen).

2. Der Nationalsozialismus brachte sämtlichen Formen ev.J. eine schwere Krise. Seit 1922 hatte der *»Ausschuß der ev.J.verbände«* bestanden, der gemeinsame Belange vor der Öffentlichkeit und vor dem Reichsausschuß der deutschen J.verbände vertrat und zu Aussprachetagungen zusammenrief. Angesichts der Bedrohung durch den NS-Staat schien es notwendig, alle Gruppierungen in einem straff organisierten *»Ev.J.werk«* zusammenzufassen. Der von Reichsbischof Müller widerrechtlich abgeschlossene Eingliederungsvertrag für die ev.J. in die Hitlerjugend setzte der bisherigen Arbeitsform praktisch ein Ende. »Lediglich Wortverkündigung« war noch erlaubt. Die Arbeit an den unter 18jährigen wurde jedoch auf dem Boden der Gemeinde meist von den bisherigen Kräften weitergeführt. Gruppen, die nicht fest im Evangelium gegründet waren, lösten sich auf. 1934 konstituierte die vorläufige Leitung der → Bekennenden Kirche unter Otto Riethmüller eine *J.kammer,* in der die J.werke mit den zur Bekennenden Kirche gehörenden Landesjugendpfarrern zusammenarbeiteten. In allen Landeskirchen überdauerte eine teils ansehnliche, teils nur kleine Gemeinde-J. das »Dritte Reich«. – Nach 1945 wurde die J.kammer neu formiert. Sie ist zusammengesetzt aus Vertretern der oben aufgeführten J.verbände und der Konferenz der Landesjugendpfarrer. Seit 1952 bildet sie, um die J.werke der Freikirchen (s. 4) erweitert, die *Arbeitsgemeinschaft der Ev.J. Deutschlands* (Sitz in Stuttgart). Eine gemeinsame Bibellese (seit 1852), Jahreslosung, Monatsspruch und Monatslied verbinden alle Arbeitsformen. Gemeinsames Zeichen ist das Kreuz auf der Weltkugel. – Aufgabe der J.kammer ist die Förderung gemeinsamer Anliegen (es bestehen Ausschüsse für Werk und Feier, J.politik, Sozialfragen, gesamtkirchliche Fragen, Ökumene), Vertretung gemeinsamer Belange nach außen, Fühlung mit anderen Arbeiten am Stand der J., ratsame Gutachten an die EKD, Beobachtung des öffentlichen Lebens im Blick auf die J., brüderlicher Rat nach Mt 18.

3. Als *gemeinsame Wesenszüge* aller ev.Jv. lassen sich anführen: a) Sie möchten ihren Gliedern zu einem *mündigen Christsein* verhelfen. Die Bestellung der Leitung kann deswegen nie nur nach demokratischen Regeln erfolgen. Vielmehr müssen die Verantwortlichen selbst im Glauben stehen und wissen, wohin sie die J. weisen wollen. – b) Sie sammeln die J. auf der Basis der *Freiwilligkeit.* Während die → kirchliche Unterweisung mehr oder weniger pflichtmäßig von fast allen getauften Jugendlichen besucht wird, müssen sich die Glieder der Jv. entgegen vielen andersartigen Einflüssen zum Eintritt und zur Aufrechterhaltung der Gliedschaft in den Jv. entschließen. Daher ist Voraussetzung für die Arbeit ein jugendgemäßes Programm und eine von der J. anerkannte Führung. Da heute – mindestens in der Großstadt – nur solche Menschen den Anschluß an die Gemeinde finden, die diesen bewußt suchen, bedeutet die Zugehörigkeit zu einer J.vereinigung eine »Einübung« in die Kirchengliedschaft. – c) Die Jv. erstreben – selbst wenn sie keine formale Mitgliedschaft kennen – *innere Verbindlichkeit* der Arbeit. Sie halten nichts von gelegentlichen anregenden Vorträgen und Veranstaltungen. Sie sind der Überzeugung, daß ein Christenleben nur in der *Gemeinschaft* wachsen kann. – d) Sie wollen ihre Glieder zum *Dienst* anleiten. Aus vielerlei Gründen nimmt die J. heute eine unbefristete Aufgabe ungern auf, während zu zeitlich und sachlich begrenzten Diensten viel Bereitschaft vorhanden ist (zB haben sich 1958 Hunderte von jungen Menschen für ein *»diakonisches Jahr«* zur Verfügung gestellt). – e) Die Zeit der → Jugendbewegung ist vorüber. J. von heute erstrebt nicht mehr ein eigenes J.reich neben der Gesellschaft. Sie sucht ihren Platz *in* dieser und will nicht als Mittel zu irgendeinem Zweck dienen. Es bedarf stets neuer Bemühungen, um sie in ihrer Freizeit zu *eigener Aktivität* und zu verantwortungsbewußter Gestaltung des persönlichen Lebens zu gewinnen. Anregungen für die Arbeit durch die Zentrale sind daher unerläßlich. – f) Daß sich die einstigen Verbände nach 1945 wieder konstituiert haben, hatte seinen Grund weniger in restaurativen Tendenzen einzelner als in der Tatsache, daß die Arbeitsformen den *verschiedenen Bedürfnissen* der J. entsprechen. – g) Die frühere Form der *Bibelstunde* wurde nach 1933 durch die → Bibelarbeit ersetzt, die ein gemeinsames Erarbeiten des Textes zum Ziel hatte. Heute stößt die biblische Verkündigung nicht selten auf besondere Schwierigkeiten, da sich die J. angesichts der vielen Reizeinwirkungen, denen sie ausgesetzt ist, nur schwer längere Zeit auf eine anscheinend fernliegende Sache konzentrieren kann. Bei den Jüngeren ist man meist zur kurzen Andacht übergegangen. Verschiedene Handreichungen bieten dem Leiter Hilfe für die Gestaltung der Abende. – h) Starkes Interesse finden einzelne Aktionen wie ländliche Bildungsseminare, Eheseminare, berufsständische Veranstaltungen (zB *Ev.J. auf dem Lande,* die im Haus

Altenkirchen eine zentrale Schulungsstätte hat). - i) Die *Beziehungen zu Kirche und Gemeinde* sind meist ohne Spannung, doch ist auch sachliches Nebeneinander zu finden. Die meisten Gruppen und Verbände sind auf die personelle und finanzielle kirchliche Hilfe angewiesen. - k) Mit großem Eifer hat sich die Arbeitsgemeinschaft der Ev.J. und in ihr bes. das Jungmännerwerk der sozialen Aufgaben angenommen. In Verbindung mit der Inneren Mission ist ein Sozialausschuß tätig. Im *Ev.J.-aufbaudienst* (EJAD) sind über 250 J.wohnheime zusammengeschlossen. Der *Heimatlosenlagerdienst* müht sich in seinen »Häusern für alle« um die J. in den Lagern. Das *Christliche J.dorfwerk* (seit 1947) will der jungen Generation zu einer aktiven Mitgestaltung ihres Lebensraums die Tore öffnen.

4. Die *freikirchlichen Jv.* arbeiten als Gemeinde-J. Es besteht: a) Das *J.werk der Methodistenkirche in Deutschland,* b) das *J.werk der Ev. Gemeinschaft in Deutschland,* c) das *Gemeinde-J.werk des Bundes Ev.-Freikirchlicher Gemeinden,* d) das *J.werk des Bundes Freier ev. Gemeinden in Deutschland,* e) die *J.arbeit der Brüdergemeine.*

L. Cordier, Ev. J.kunde I. II, 1926 - E. Stange, Hdb. für das ev. Jungmännerwerk Deutschlands I-III, 1927-31 - EKL II, 466ff.

Manfred Müller

II. Kath. Jugendvereinigungen

1. Geschichtliches - 2. Gegenwärtiger Stand - 3. Kath. Jv.

1. Die kath. J.arbeit im modernen Sinn des Wortes hat ihre Wurzeln in den → Marianischen Kongregationen für Jünglinge, die im 17.Jh. entstanden sind. Neue Impulse kamen von den → Katholikentagen (seit 1848). Auch → Wichern blieb nicht ohne Wirkung. Drei Merkmale sind im Unterschied zu den ev.Jv. schon von der Frühzeit an bis heute zu beobachten: Die enge Verbindung mit der Kirche, der Charakter einer sozialen Bewegung, die Bejahung einer ständischen Gliederung. - Als Vater der modernen kath. J.arbeit ist Adolf → Kolping anzusehen. Er kannte aus eigener Erfahrung die Nöte der jungen Handwerker und gründete daher 1846 in Elberfeld den ersten *Gesellenverein.* Auf weiblicher Seite bestanden zunächst nur die 1856 von München ausgehenden *Marienanstalten,* die der ev. Arbeit an den Hausgehilfinnen entsprachen. - Neuen Auftrieb bekamen die kath.Jv. in den 80er Jahren. 1895 wurde das »Zentralkomitee der Präsides der Kath.Jünglingsvereine Deutschlands« gebildet, 1896 der erste Diözesanverband in Paderborn gegründet. Gleichzeitig entstanden die Marianischen Mädchenschutzvereine (entsprechend der Ev. → Bahnhofsmission). 1908 erhielt die kath. Jungmännerarbeit eine Verbandszentrale im »Generalsekretariat der Kath. J.vereine Deutschlands« in Düsseldorf unter Leitung von Generalpräses Mosterts († 1926). Auf weiblicher Seite wurde ein Zentralverband erst 1915 geschaffen. Über den Einfluß der → Jugendbewegung (: III) vgl. dort.

2. Die kath. Jv. wurden vom Nationalsozialismus schwer verfolgt, einzelne Bünde verboten, Priester und Laien ins KZ gesteckt oder umgebracht. Der Kern der Arbeit aber blieb in der Form einer *Pfarr-J.* erhalten. Nach dem 2. Weltkrieg bildete sich 1948 der *»Bund der Deutschen Kath. J.«* als Zusammenschluß aller kath. Jv. Ziel und Aufgabe des Bundes ist »Not zu wenden in opferbereiter Tat - Ordnung zu bauen in selbstlosem Dienst - Freizeit zu gewinnen in Recht und Bindung - Frieden zu wirken in der Gemeinschaft der Völker - Christus zu tragen in Volk und Zeit«. Der Bund will ganze kath. Menschen formen, die in echter J.gemeinschaft zu ihren Aufgaben in Familie und Beruf, in Kirche und Volk sich heranbilden und in apostolischer Tat dem Reich Christi dienen. Der Bund steht stets bereit zum Dienst der → »Katholischen Aktion«. In gemeinsamen Führungs- und Aktionsaufgaben ordnet der Bund die Aktion der J. in Bistum und Gemeinde ein in die allgemeine Ordnung der kath. Aktion unter der Autorität des Bischofs. Der Bund ist eine föderative Gemeinschaft kath. Mannes- und Frauen-J. Die Bundesordnung stellt unbeschadet aller Sondersatzungen der verschiedenen Gliedgemeinschaften die gemeinsame Gesamtorganisation dar. Heute sind 17,2% des Gesamtbundes nach Berufsstand, Bildungsschicht oder Lebensform gegliedert. Der Aufbau vollzieht sich nach Altersstufen. Die Arbeit geschieht nach Geschlechtern getrennt. Zusammenarbeit besteht in der gottesdienstlichen Gemeinschaft und bei der älteren J. in gemeinsamen Aktionsaufgaben. Die Führungsstelle befindet sich seit 1953 wieder im J.haus in Düsseldorf. Der Bund ist der »Fédération internationale de la jeunesse catholique« (FIJC) in Rom angeschlossen.

3. *Kath.Jv.:* a) *Deutsche Kolpingsfamilie.* Ihr Ziel ist »der tüchtige Christ, der tüchtige Meister, der tüchtige Bürger, der tüchtige Familienvater« (Kolping). Die Kolpingsfamilie besteht aus den beiden in sich selbständigen Gruppen »Kolping« und »Altkolping« (spätestens ab 35 Jahren). Die Jungkolping-Gruppe umfaßt die 14-18jährigen. Sie gehört nicht zur Kolpingsfamilie, sondern zu den Pfarrjugendgruppen. - b) *Deutsche Pfadfinderschaft Sankt Georg.* Das innere Gesetz des Bundes - Bindung an die Ordnung Gottes - findet seinen Ausdruck im Pfadfinderversprechen, Pfadfindergesetz und Wahlspruch und wird durch ein Leben in der Gemeinschaft der kath. Kirche erfüllt. Ziel ist die Freiheit des Geistes und die Würde des Menschen, der Gott und aller Schöpfung in Ehrfurcht und Liebe begegnet. - c) *Die Christliche Arbeiter-J. Deutschlands* (CAJ) ist die Vereinigung kath. Jungarbeiter Deutschlands. Sie will als organisierte kath. Aktion die Frohbotschaft Jesu Christi in die gesamte Jungarbeiterschaft Deutschlands tragen, für das Wachstum, die Ehre und die Freiheit der Kirche sich mühen und das Standesbewußtsein und die Solidarität unter den Jungarbeitern wecken; sie erstrebt die Verwirklichung einer wahrhaft sozialen und christlichen Gesellschaftsordnung und will als Vertretung der jungen Arbeitswelt diesem Ziel dienen. - d) Der *Bund Neudeutschland - Jungenschaft* umfaßt Schüler der höheren Schulen. Er will das Leben in Christus im Geist gesunder J.bewegung verwirklichen: in innerer Wahrhaftigkeit, Natürlichkeit und Selbstverantwortung. Neben der Jungengemeinschaft besteht ein Hochschulring und ein Männerring. - e) Im *Verband der Marianischen Kongregation studierender J.* schließen sich männliche Studierende zusammen, um die Ziele der Kongregation im Sinn der Apostolischen Konstitution »Bis saeculari« vom 27.9.1948 und der Allgemeinen Regeln vom 8.12.1910 wirksamer verfolgen zu können. - f) Der *Bund der Kath. Deutschen Kaufmanns-J. im Verband* (KKV) will kath. Kaufmannspersönlichkeiten bilden, die für die christliche Lehre in Familie und Gesellschaft, in Wirtschaft und Staat eintreten und sie verwirklichen. - g) Der *Quickborn - Jüngerenbund* will eine Gemeinschaft von Jungen und Mädchen sein, die in musischer, politischer und religiöser Bildung ganze Menschen und mündige Christen formt. Viel Wert wird auf Wanderfahrten gelegt. Die »Mittlerengemeinschaft« arbeitet vor allem auch in Werkwochen und am gemeinsam herausgegebenen Werkblatt. - h) *Arbeitsgemeinschaft der Marianischen Kongregationen studierender Mädchen,* vgl. e). - i) Der *Heliandbund* ist aus kath. Mädchengruppen entstanden, die sich im Geist der J.bewegung zusammengefunden hatten. Seine 3 Aufgabenkreise sind: Frohes Jungsein, edles Frauentum, lebengestaltende Frömmig-

keit. - k) *Kath. Kaufmännische Frauen-J. St. Lydia,* vgl. f). - l) *Pfadfinderinnenschaft St. Georg,* vgl. b). - m) Der *J.bund des Frauenbundes* hat sich, auf der Tradition der kath. Frauenbewegung aufbauend, selbständig konstituiert. - n) Der *Berufsverband kath. Hausgehilfinnen in Deutschland* bezweckt die Förderung und öffentliche Vertretung der beruflichen, sozialen und wirtschaftlichen Interessen der Berufsangehörigen, ihre religiöse, sittliche, kulturelle und staatsbürgerliche Bildung. - o) *Christliche Arbeiter-J. - Frauen-J.* (CAFJ), vgl. c). - p) Die *Kath. Landjugendbewegung* (KLJB) dient der lebendigen Kirche, der gesamten Familie, dem verantwortungsbewußten Berufsstand, dem einträchtigen Dorf im sozial geordneten Volk. Mannes- und Frauen-J. sind selbständig, arbeiten aber zusammen. Das eigentliche Leben vollzieht sich in der Pfarrei. Ähnlich wie die Ev.J. auf dem Lande unterstützt sie eine größere Zahl von Schulungsstätten. - Ein selbständiger, dem Deutschen Sportbund angeschlossener Verband ist die *»Deutsche J.kraft«* für Sportpflege in kath. Gemeinschaft (gegr. 1920). Sie will der kath. J. und dem kath. Volk dienen zur Pflege von Gesundheit und Körpererziehung, Spiel und Sport aus kath. Geist und nach kath. Grundsätzen. Sie will dem deutschen Sport dienen in der Mitarbeit am Aufbau und in der Führung des Sports, bes. in der Erarbeitung und Durchführung eines guten Sportethos im Sinn des olympischen Gedankens.

W. Bokler, Altenberger Dokumente, Quellenschrift zur Kath. J.seelsorge u. -führung, 1954 - K. Friesicke u.a. (→ Jugendvereinigungen: III).

Manfred Müller

III. Nichtkonfessionelle Jugendvereinigungen

1. Verbände des Deutschen Bundesjugendringes - 2. Der Ring Politischer J. - 3. Die Freie Deutsche J.

1. Dem Deutschen *Bundesjugendring* (gegr. 1949) sind neben den konfessionellen Jv. folgende Verbände angeschlossen: a) Der *Bund der Deutschen Land-J.* ist innerhalb des Deutschen Bauernverbands ein selbständiger, nicht parteipolitischer Zusammenschluß, der im Rahmen der Einheit des bäuerlichen Berufsstandes auf berufliche, staatsbürgerliche und kulturelle Förderung und Weiterbildung der ländlichen J. Wert legt. Er steht auf christlicher Grundlage. Erfaßt werden junge Menschen beiderlei Geschlechts hauptsächlich im Alter von 16-25 Jahren. Neben Fachbildung wird Allgemeinbildung und umfassende Menschenbildung der Mitglieder erstrebt und das bäuerliche Kulturgut betont. Bedeutungsvoll sind die Bauernschulen mit Kursen von 4-7 Wochen (an der Bauernhochschule Fredeburg in der Regel 5 Monate). - b) Die *Deutsche J. des Ostens* (DJO) bekennt sich zur Charta der deutschen Heimatvertriebenen und will der J. bes. das Kultur- und Geistesgut des deutschen Ostens im Rahmen der deutschen und europäischen Kulturaufgabe erhalten. Auch Einheimische können Mitglieder sein. - c) Die *Deutsche Schrebergarten-J. im Verband Deutscher Kleingärtner* ist parteipolitisch und konfessionell nicht gebunden. Aus ihren Erziehungsgrundsätzen ist bes. zu erwähnen: Liebe zum Garten, Achtung und Ehrfurcht vor der Natur, Hilfsbereitschaft zu Mensch und Tier, Erziehung und Pflege des Körpers, Meidung von Alkohol und Nikotin. - d) Die *Deutsche Sport-J.* geht von der Erkenntnis aus, daß der Mensch eine Einheit von Leib, Seele und Geist ist. Von ihren Mitgliedern fordert sie zielbewußtes Streben nach höherer körperlicher und geistiger Leistung und nach sittlichen Werten unter Beachtung der Grundsätze sportlicher Kameradschaft. Die Sport-J. ist parteipolitisch, konfessionell und rassisch neutral. Der Übungs- und Wettkampfbetrieb geschieht getrennt nach Geschlechtern. Für die verschiedenen Sportarten bestehen 25 Fachverbände in 14 Landessportbünden. - e) Die *Deutsche Wander-J. im Verband der Gebirgs- und Wandervereine* strebt gesunde Lebenshaltung, einfachen, bescheidenen Lebensstil, saubere Lebensweise, Pflege von bodenständigem Volks- und Brauchtum, Schaffung neuer Wanderwege und -heime, Heranbildung von Wanderführern und Naturschützern an. - f) Die *Gewerkschafts-J.* (DGB) bildet ihre Gruppen teils auf Ortsebene, teils in Betrieben. Ihr Ziel ist staatsbürgerliche Erziehungsarbeit und Gemeinschaftsbildung, wirtschaftliche, gesundheitliche, kulturelle und geistige Förderung der J. Sie will die sozialen, wirtschaftlichen und beruflichen Interessen und Rechte der arbeitenden J. wahrnehmen und tritt für J.recht und → Jugendschutz ein. Ihre Tätigkeit ist jugendfürsorgerisch und jugendpflegerisch. Sie arbeitet mit an der Ausbreitung und Festigung der → Gewerkschaften und an der Heranbildung eines befähigten gewerkschaftlichen Nachwuchses. Sie ist unabhängig von Weltanschauungen und Konfessionen. Sie bildet einen Teil der Erwachsenenorganisation, führt aber ein Eigenleben. - g) Die *J. des Deutschen Alpenvereins* weckt und pflegt die Liebe zu den Bergen, die Kenntnis der Bergwelt sowie eine entsprechende Ausbildung und erzieht die J. in kameradschaftlichem Geist. - h) Die *J. der Deutschen Angestellten-Gewerkschaft* will ihre Mitglieder zu demokratischen Menschen erziehen und von der Notwendigkeit gewerkschaftlicher Arbeit überzeugen durch berufsfördernde Einrichtungen und Maßnahmen und durch Pflege eines gesunden Berufsbewußtseins die berufliche Entwicklung erleichtern. Sie ist konfessionell und parteipolitisch neutral. Zu ihr gehören alle Mitglieder der DAG bis 21 Jahre. Die Einteilung erfolgt in J.gruppen und Jungangestelltengruppen. »Scheinfirmen« sind Gruppen junger DAG-Mitglieder ohne bestimmte Altersbegrenzung. - i) Die *Naturfreunde-J. Deutschlands* bemüht sich um eine natürliche, für beide Geschlechter gemeinsame Erziehungs- und Bildungsarbeit in körperlicher, geistiger und sittlicher Beziehung. Dem Ziel, jugendliche Begeisterung für eine sozialistische Gemeinschaft in parteipolitischer Neutralität zu wecken, dienen hauptsächlich J.wandern und die daraus sich ergebende kulturelle Tätigkeit. Enthaltsamkeit von Alkohol und Nikotin wird erstrebt. Es bestehen Gruppen für 14 bis 25jährige und für Kinder von 6-14 Jahren. - k) Der *Ring deutscher Pfadfinderbünde* übernimmt in Verantwortung gegenüber der internationalen Pfadfinderkonferenz die Wahrung der Ziele, Grundregeln und Methoden des Pfadfindertums im Geist seines Gründers. Ihm gehört der Bund Deutscher Pfadfinder, die Pfadfinderschaft St. Georg und die Christliche Pfadfinderschaft Deutschlands an (→ Jugendvereinigungen: I, 1). - l) Der *Ring Deutscher Pfadfinderinnenbünde* ist die entsprechende Organisation für Mädchen. - m) Zur *Sozialistischen J. Deutschlands (Falken)* vgl. → Jugendbewegung: IV. - n) Den *Landesjugendringen* als Zusammenschluß der Jv. auf Landesebene gehören auch kleinere Jv. an, die nicht auf Bundesebene organisiert sind.

2. Der *Ring Politischer J.* wird von den Jungdemokraten, den Jungsozialisten und der Jungen Union gebildet und hat das Ziel, gemeinsame, aktive Maßnahmen zur Verhinderung antidemokratischer Einflüsse auf die junge Generation zu treffen. Er will den politischen Mißbrauch der deutschen J. unmöglich machen.

3. Die *Freie Deutsche J.* (FDJ, gegr. 1946) ist die einzige anerkannte J.vereinigung in der DDR. Nach dem 1955 in Erfurt angenommenen Statut ist sie ein Teil der alle patriotischen Kräfte vereinigenden Nationalen Front des demokratischen Deutschland. Sie erkennt die führende Rolle der Arbeiterklasse und ihrer Partei, der SED, an. Mit dieser will sie das Bündnis der Arbeiter-

klasse mit den werktätigen Bauern als Grundpfeiler der Arbeiter- und Bauern-Macht festigen und dabei bes. die Entwicklung des neuen Lebens der J. auf dem Lande fördern. Kinder von 6-14 Jahren gehören den »Jungen Pionieren« an.

K. Friesicke u.a., Hdb. der J.arbeit, hg.v. Dt. Bundesjugendring u. der Bundesarbeitsgemeinschaft J.aufbauwerk, 1955.

Manfred Müller

Jugendweihe

1. Geschichte - 2. Gegenwärtiger Stand

1. J.n haben in den → »Freireligiösen Gemeinden« (gegr. 1859) eine fast 100jährige Tradition; der »Deutsche Freidenkerverband« (→ Freidenker, 3b) übt sie seit seiner Gründung 1905, der → »Monistenbund« seit 1906. Die Teilnahme an der J. dieser Verbände war und ist freiwillig. Staatliche und parteiamtliche Förderung erfuhr die unter das Vorzeichen der nationalsozialistischen Ideologie gestellte Feier der J. während des »Dritten Reiches«. Gemeinsam ist allen Formen der J., ob sie freireligiös, religionslos oder antireligiös gehalten wird, die antikirchliche und antichristliche Zuspitzung. Sie stellt ein bewußtes und beabsichtigtes »Gegenstück« zur → Konfirmation dar und ist dieser in ihrem Vollzug antithetisch nachgestaltet. Zeitlich fällt die J. meist mit der Entlassung der Kinder aus der Volksschule zusammen; vielfach erfolgt Verpflichtung durch Handschlag und Ablegung eines Gelübdes.

2. Träger der J. sind in der *BRD* der »Bund freireligiöser Gemeinden«, der »Deutsche Volksbund für Geistesfreiheit« (gegr. 1949) und der »Monistenbund«, mancherorts auch besondere »Arbeitsgemeinschaften J.«. Jährlich werden einige Tausend Jugendliche der J. zugeführt (1958 in Hamburg ca 3000). Der Vorbereitungsunterricht dauert meist 6 Monate und ist allgemein-religiös oder ethisch-humanitär ausgerichtet. - In der *DDR* wird seit 1954, nachdem 1950 die bestehende Tradition abgebrochen worden war, eine allgemeine J. propagiert, für deren Durchführung ein »Zentraler Ausschuß für J. in der DDR« und auf den unteren Ebenen Kreis- und Ortsausschüsse verantwortlich sind. Die offizielle Interpretation sieht in der J. die feierliche Aufnahme der Schulentlassenen in die Gemeinschaft der werktätigen Menschen. Die Teilnahme soll freiwillig sein. Gesellschaftliche und berufliche Benachteiligungen von Jugendlichen, die an der J. nicht teilnahmen, sind vorgekommen, werden aber offiziell als unzulässig bezeichnet. Zunächst stellten sich die politischen Massenorganisationen, Betriebsräte und Elternausschüsse in den Dienst der Propaganda für die J. Seit 1957 wird staatlichen Organen die Werbung für die J. und ihre Durchführung zur Pflicht gemacht; die Lehrerschaft aller Schulen und sonstigen Bildungseinrichtungen ist angewiesen, sich für die J. aktiv einzusetzen. Die Vorbereitung (Ziel: ganzjährig) erfolgt in mehreren Unterrichtsstunden, denen anfänglich das atheistisch ausgerichtete »Sammelwerk zur Entwicklungsgeschichte von Natur und Gesellschaft« mit dem Titel »Weltall-Erde-Mensch« (hg.v. G.Buschendorf u.a., 1956⁴) zugrunde gelegt wurde. Zwar ist das Gelöbnis weltanschaulich neutral formuliert (Wohlfahrt, Vaterland, Völkerfreundschaft, Friede; seit 1958 ist das Stichwort »Sozialismus« hinzugekommen), aber die Kirchen in der DDR sehen auch in dieser Form der J. auf Grund mancher Anzeichen (atheistischer Charakter des Vorbereitungsunterrichts, Termin und Name der Handlung, Verlust des Freiwilligkeitscharakters u.a.m.) ein antichristliches Unternehmen, mit dessen Hilfe die Jugend der Kirche entfremdet und diese dadurch zum Aussterben gebracht werden soll. Die Kirchen betonen darum die grundsätzliche Unvereinbarkeit von J. und Konfirmation (so auch schon die »Ordnung des kirchlichen Lebens« der Kirche der APU vom 12.3.1930, Abschn. II, Ziff. 3, Abs. 3). Im praktischen Verhalten der Kirchen sind im Blick auf die Gewissensnöte vieler Jugendlicher und ihrer Eltern seit 1958 Milderungen eingetreten, ohne damit die grundsätzliche Stellungnahme preiszugeben; so ist Konfirmation unter bestimmten Voraussetzungen auch nach der Teilnahme an der J. möglich. Kirchliche Bemühungen um eine Änderung der gespannten Lage blieben bisher (Frühjahr 1959) erfolglos.

RGG² III, 563f - G.v.Frankenberg, Die Natur u. wir, 1948⁴ - K. Hutten, Freigläubige u. Freidenker (KJ 1949, 404-414) - J.Fischer-S.Hardung, Du u. Deine Welt, 1952 - S.Hardung-H.Schlötermann, Vom Wesen u. Leben der freirelig. Gemeinschaft, 1952 - H. Schlötermann, Weltfrömmigkeit, 1958. - Zs.en: Die Geistesfreiheit; Der Freidenker. - Für die DDR: Zs.: J. - Artikel in DtPfrBl seit 1955, bes. 58, 1958, 1-5. 29-33.

G.Niemeier

Jugoslawien

1. Bevölkerungs- und Konfessionsstatistik - 2. Geschichte der orth. Kirche - 3. Die kath. Kirche J.s - 4. Die Protestanten in J.

1. J., richtiger *Südslawien,* ist ein am 1.12.1918 aus bisher serbischen, österreichisch-ungarischen, montenegrinischen und (kleinen) bulgarischen Gebietsteilen geschaffener Staat, der bis 1929 amtlich »Königreich der Serben, Kroaten und Slowenen« hieß und schon dadurch die nationale Verschiedenheit seiner Bewohner aufzeigte, der eine religiöse entsprach.

Die Volkszählung von 1953 ergab: 6 983 544 Serben, 3 913 733 Kroaten, 1 462 961 Slowenen, 2 843 486 Bosnier, 1 303 906 Mazedonier, 419 625 Montenegriner, weiter Albanier, Deutsche (1948: 57 000, 1931 noch: 500 000), Ungarn, Türken, Italiener, Zigeuner sowie Splitter anderer slawischer Völker; Gesamtbevölkerung: 16 927 255. - Die Konfessionsstatistik von 1953 ergab: Orthodoxe: 41,5% = 7,0 Mill.; Katholiken: 31,8% = 5,4 Mill.; Muslime: 12,3% = 2,1 Mill.; Protestanten: 0,9% = 150 000; andere christliche Bekenntnisse (Unierte, Altkatholiken usw): 1,2% = 200 000; Konfessionslose: 12,3% = 2,1 Mill.

2. Die *orth. Kirche* J.s ist - als Folge der geschichtlichen Entwicklung - so gut wie ausschließlich auf das *serbische* (und montenegrinische) sowie das *makedonische* Volkstum beschränkt.

Ansätze zur Bildung christlicher Gemeinden im weitgehend latinisierten nördlichen Balkangebiete waren durch das Eindringen der Slawen im 6. und 7.Jh. völlig vernichtet worden. So wurde die Gewinnung der Neuzuwanderer für das Evangelium erneut zur Aufgabe der östlichen und westlichen Nachbarn. Beide setzten schon bald mit der Mission ein und stießen dabei aufeinander, so daß sich seit dem 9.Jh. ein erbittertes Ringen zwischen byzantinischer und abendländischer Auffassung des Christentums entwickelte, die eine starke Verbitterung auslöste und einer der Hauptgründe für die endgültige Spaltung von 1054 wurde.

Auf Grund der von → Konstantin und Methodius geschaffenen slawischen Liturgie gelang es 879/80, die Serben für einen Anschluß an Ostrom (→ Byzanz: II) zu gewinnen. In Grenzgebieten mußte auch die abendländische Kirche die Verwendung des Slawischen in der Liturgie zugestehen (was sich bis heute in den Bistümern Zengg, Sebenico und Veglia gehalten hat). 893 entstand in *Ochrida,* an der Grenzscheide zum bulgarischen Volkstum, ein erster kirchlicher Mittelpunkt, der freilich nach der Unterwerfung des ersten bulgarischen Reiches (→ Bulgarien) durch Byzanz 1018 in ein griechisches Bistum verwandelt wurde. Auch in Serbien war die Abhängigkeit von Ostrom keineswegs unbestritten. Im 11.Jh. schlossen sich selbständig werdende Lokalfürsten in der Ceta (dem heutigen Montenegro) zeitweilig an

Rom an und unterstützten die von den dalmatinischen Bistümern ausgehende abendländische Mission. – Erst das Aufkommen der Dynastie der *Nemanjiden* unter Stefan Nemanja in der Landschaft Raszien (Raška) seit 1183 hat – nach erneutem zeitweiligem Schwanken – schließlich die endgültige Hinwendung zu Ostrom und damit zur Orthodoxie gebracht, indem ein Sohn des Dynastiegründers, Rastko, der lange auf dem → Athos verweilt hatte, sich – unter dem Namen *Sabbas* (→ Sava) – in den Dienst der Kirche stellte. Ochrida wurde 1219 endgültig ausgeschaltet und eine serbische Landeskirche gegründet. Dadurch war die Kirche nun sowohl vom Westen als auch vom Lateinischen Kaiserreich in Konstantinopel (1204-61) abgehoben. Sabbas wurde ihr eigentlicher Gründer und Organisator. Sie wuchs auf 9 Bistümer an und erhielt kurz nach seinem Tode (1235) im Erzbistum *Peć* in Südserbien ihren Mittelpunkt. Spätere Glieder der Dynastie förderten sie weiter durch Kirchen- und Klostergründungen sowie Stiftungen. Seitdem gehört das serbische Volkstum zur Orthodoxie, und diese Religionszugehörigkeit ist – gerade in der Abgrenzung gegenüber den sprachlich nahe verwandten Kroaten – eines seiner wesentlichen Merkmale geworden. 1346 erfolgte angesichts des Niedergangs des Oströmischen Reiches die Gründung des serbischen Patriarchats, das 1375 auch von Konstantinopel anerkannt wurde. Damit hatte die serbische Kirche mit den Schwesterkirchen endgültig den gleichen Rang. Abendländische Propaganda in Serbien wurde nun staatlicherseits untersagt, und Einwirkungsversuche von dem zeitweilig schwankenden Montenegro aus fanden mit der türkischen Eroberung des Landes (zwischen 1389 und 1459) ihr Ende.

Dem *sunnitischen* → *Islam* gelang es, die → Bogomilen so gut wie geschlossen für sich zu gewinnen; auch eine Reihe führender serbisch-christlicher Familien scheint sich zur Aufrechterhaltung ihrer sozialen Stellung der neuen Religion zugewandt zu haben. Seither zerfällt das westliche Südslawentum in drei große Konfessionen: Orthodoxe, Muslime und römische Katholiken. Für das serbische Volk, das in seiner überwiegenden Mehrzahl der Orthodoxie treu blieb, wurde die Religion nun Hort des nationalen Wesens gegenüber den Türken. Dafür ergaben sich Bedrohungen von seiten des *Griechentums,* dem im Patriarchen von → Konstantinopel die Gesamtleitung aller Orthodoxen des Türkischen Reiches überantwortet worden war und das nun – wie schon früher – danach strebte, griechisches Volkstum und orth. Bekenntnis soweit wie möglich zur Deckung zu bringen. Schon 1459 wurde das Patriarchat Peć aufgehoben und die serbische Kirche Ochrida unterstellt. Die Hierarchie durchsetzte sich zunehmend mit Griechen. Dieser Entwicklung wurde einstweilen Einhalt geboten, als es unter Mitwirkung eines Großwesirs serbischer Abstammung, Meḥmed Ṣoqolly (eigentlich: Sokolović), gelang, 1557 das Patriarchat Peć wieder zu errichten.

War damit der griechische Einfluß weitgehend zurückgedrängt, so wandte sich die Hoffnung der Serben auf *Befreiung* von der türkischen Herrschaft anfänglich vor allem dem Westen zu: die Folge waren kurzfristige Unionsverhandlungen im 17.Jh. Sie fielen in sich zusammen, als sich die Hoffnung der Serben im 18.Jh. mehr und mehr auf Rußland (und nicht mehr auf Österreich) konzentrierte. Der Pforte blieb dieser Gesinnungswandel nicht unbekannt, und die dadurch gesteigerte Verdächtigkeit der Balkanslawen führte zu einer Steigerung des griechischen Einflusses am Sultanshofe in der Zeitspanne zwischen dem versuchten Abfall der Moldau (→ Rumänien) zu Rußland 1711 und dem Beginn des griechischen Freiheitskrieges 1821. Den griechischen Fanarioten gelang es 1766 erneut, das Patriarchat Peć (das freilich schon seit 1737 durch Griechen besetzt gewesen war) aufheben zu lassen und die Unterstellung der serbischen Kirche unter das Erzbistum Prizren und damit mittelbar Konstantinopel zu erreichen. Wiederum begann eine Durchsetzung der hohen Geistlichkeit mit Griechen.

Freilich traf dieser Wandel diejenigen Serben nicht mehr, die sich seit 1690 und in einer neuen Welle 1737 unter Führung der Pećer Patriarchen Arsen III., Crnojević, bzw. Arsen IV., Šakabenda, in den während der österreichischen Türkenkriege verwüsteten Landschaften *Slawonien* und *Süd-Ungarn* niederließen und dort (1716) eine eigene Hierarchie mit dem Mittelpunkte (endgültig seit 1741) *Karlowitz* in Syrmien gründeten. Ihr unterstand 1718/39 auch Nord-Serbien mit Belgrad. Die kirchliche Organisation dieser Gebiete war 1710 von dem weitergeführten Patriarchat Peć als rechtmäßig anerkannt worden, und die österreichischer Herrschaft unterstehenden Gebiete blieben ein Hort nationalen Serbentums ohne griechischen Einfluß.

Das gleiche gilt für die seit 1485 bestehende Metropolitie in Cetinje, der Hauptstadt *Montenegros.* Die dortigen Hierarchen waren seit 1516 zugleich weltliche Herrscher des von der → Türkei praktisch unabhängigen Gebirgslandes. Dieser Zustand hielt sich bis 1860 (seit 1697 im Hause Petrović-Njegoš meist vom Oheim auf den Neffen erblich).

Die Entstehung eines *Fürstentums Serbien,* das der Pforte nur nominell untertan war, i.J. 1812 beseitigte zwar die formale Abhängigkeit der Kirche von Konstantinopel nicht sofort (Autonomie erst 1832), erlaubte aber eine wachsende Reserbisierung der Kirche. Die Entwicklung wurde für das Fürstentum (seit 1882: Königreich) Serbien nach dem Balkankriege von 1877/78 i.J. 1879 durch Verleihung der kirchlichen Autokephalie gekrönt. Die Eroberung der südserbischen und makedonischen Gebiete in den beiden Balkankriegen 1912 und 1913 fügte dieser Kirche auch die bisher noch unmittelbar Konstantinopel unterstehenden Diözesen Prizren, Bitolj und Peć ein. Die serbischen Orthodoxen in *Bosnien* und der *Herzegowina* blieben über die Besetzung (1878) und Annexion (1908) dieser Gebiete durch Österreich-Ungarn hinweg dem Ökumenischen Patriarchat unterstellt.

Schließlich waren in *Dalmatien,* dessen Orthodoxe während der venezianischen Herrschaft ohne eigene Hierarchie geblieben waren, anfangs des 19.Jh.s zwei orth. Bistümer gegründet und diese 1815 der Metropolitie *Karlowitz* unterstellt worden. 1873 wurden sie von dort ausgegliedert und der (1870 neu errichteten, rumänischen) Metropolitie zu *Tschernowitz* im Buchenlande unterstellt. Auf diese Weise entstand eine zisleithanische orth. Hierarchie, neben der für die Serben die transleithanische mit dem Mittelpunkte Karlowitz stand. Karlowitz wurde 1848 zum Patriarchat erhoben und erhielt in den Jahren 1865/68 und 1875 eine eigene Kirchenverfassung, die von → Ungarn freilich 1912 suspendiert wurde.

Es war kein Wunder, daß das 1918 entstandene *Königreich Südslawien* danach strebte, die Aufspaltung des orth. Serbentums auf fünf Jurisdiktionen (Serbien; Karlowitz/Transleithanien; Tschernowitz/Zisleithanien; Konstantinopel für Bosnien und die Herzegowina; Erzbistum Cetinje für Montenegro) alsbald zu beheben und eine *einheitliche* orth. *Landeskirche* zu schaffen (→ Orthodoxe Kirche: I). Der Zusammenschluß erfolgte am 30.6. 1920, und der bisherige (seit 1905) Metropolit von Belgrad, Demetrios (Pavlović), wurde zum Patriarchen der serbischen Kirche erhoben. Er erhielt den historischen Titel: Metropolit von Peć, Erzbischof und Metropolit von Belgrad und Karlowitz, Patriarch der serbischen

Kirche. Die feierliche Inthronisation erfolgte am 28.8. 1924 in Peć. Dem Patriarchen unterstanden nun die 5 *Metropolitien:* Belgrad (= Patriarchat), Skop(l)je, Cetinje, Dabar in Bosnien (Sitz Sarajevo) und Banjaluka-Bihać (Sitz: Banjaluka), und 23 *Bistümer.* Dazu kamen 228 (zT sehr schwach besetzte) Männer- und 4 Frauenklöster.

Dem Patriarchen stand eine *Metropolitan-* und eine *Bischofssynode* für Fragen des Glaubens, der Liturgie und der kirchlichen Verwaltung zur Seite. Die äußere Verwaltung besorgte der Oberste Kirchenverwaltungsrat, die Rechtsfragen der Oberste Geistliche Gerichtshof. Die Belgrader theologische Fakultät wurde 1920 neu organisiert und besaß eine Reihe tüchtiger, nicht selten auch im Auslande ausgebildeter Lehrkräfte. Der Versuch einer Parallelgründung in Agram wurde aufgegeben. Eine Reformbewegung, die (ähnlich etwa der »Lebendigen Kirche« in → Rußland) die Möglichkeit einer zweiten Ehe für verwitwete Geistliche, die Heiratserlaubnis für Bischöfe und die Verwendung des Serbischen statt des Kirchenslawischen in der Liturgie forderte, wurde von der Hierarchie mit dem Hinweis auf das festliegende orth. Kirchenrecht, das nur ein Konzil ändern könne, abgewiesen. (Ähnliche Bestrebungen innerhalb der röm.-kath. Kirche Kroatiens führten damals zur Bildung einer altkath. Kirche dort.)

Von Serbien aus konnte seit 1921 auch die Entwicklung einer orth. Kirche in *Böhmen* und *Mähren* geleitet werden. Auch die Leitung der Orthodoxie in der *Karpaten-Ukraine* kam zeitweise in ihre Hand (→Tschechoslowakei). An dem Bistum Ofenpest für *Ungarn* wurde festgehalten. - Gemäß der führenden Stellung, die das Serbentum in dem neuen Staate J. errang, gelang es der orth. Kirche, sich als die maßgebende Konfession hinzustellen und 1937/38 den Abschluß eines Konkordats mit der Kurie zu verhindern. Da brachte die Besetzung und Aufgliederung des Landes 1941 eine *Zeit tiefer Bedrängnis,* die im Staate Kroatien in eine fast einjährige, blutige Verfolgung der Orthodoxen (und der Alt-Katholiken), nicht aber der Muslime, ausartete. Sie hinterließ einen nachhaltigen Haß zwischen beiden Völkern und Konfessionen. Da Patriarch Gabriel V. (Dožić-Medenica; seit 1938) das Land verlassen hatte, übernahm der sehr rührige Metropolit Josef von Skop(l)je die Verwaltung der Kirche, bis Gabriel im Herbst 1946 in die Heimat zurückkam. Zwar war J. nun wiederhergestellt und hatte sogar geringfügig an Umfang gewonnen (in Istrien und am Isonzo), aber auch die Orthodoxen sahen sich nun dem grundsätzlich religionsfeindlichen Staate *Marschall Titos* gegenüber; die Verfassung von 1946 verfügte die Trennung von Kirche und Staat, und die »Religionsfreiheit« wirkt sich vor allem im Sinne des Atheismus aus. In schwierigen Verhandlungen, die nur durch den Kontrast zur Stellung der röm.-kath. Kirche etwas erleichtert wurden, gelang es dem Patriarchen, einen Modus vivendi zu finden. Nachdem der aussichtsreichste Kandidat, Metropolit Josef von Skop(l)je, zeitweilig interniert worden war und in seine Diözese nicht mehr zurückkehren durfte († 1957), wurde 1950 Vinzenz (Prodanov; † 1958) zum neuen Patriarchen gewählt, der den Modus vivendi fortführte. Inzwischen war die Unterstellung der tschechoslowakischen und ungarischen orth. Kirche unter Belgrad 1946 vom Patriarchat Moskau zugunsten seiner eigenen Jurisdiktion beseitigt worden. Die theologische Fakultät in Belgrad wurde 1952 durch die Regierung von der Universität gelöst und blieb nur in der Stellung einer theologischen Akademie erhalten. Die publizistische Wirksamkeit der Kirche, die freilich stets geringer war als etwa in Rumänien, wurde stark beschränkt. Zwei Probleme erwiesen sich als bes. schwierig: der Ausgleich mit einem beachtlichen Teil der Geistlichkeit, der sich in einem *»Orth. Priesterverbande«* zusammenschloß, eine eigene Zeitschrift »Vesnik« (Bote) herausgab und mit Hilfe des Staates die Stellung der niederen Geistlichkeit gegenüber der Hierarchie zu stärken versuchte: hier ist eine endgültige Klärung und Abgrenzung noch nicht erfolgt; ferner der Wunsch der drei Diözesen in *Makedonien* nach innerer Autonomie und Zulassung der makedonischen Liturgiesprache sowie einer ausschließlich einheimischen Geistlichkeit. Diese Forderungen, gleich 1945 erhoben, fanden in der zentralistischen neuen Kirchenverfassung vom 12.6.1947 keine Berücksichtigung, sind aber in den letzten Jahren erneut aufgelebt und veranlaßten den Patriarchen Vinzenz kurz vor seinem Tode zu einer Inspektionsreise nach Makedonien und zu Verhandlungen über die Besetzung der dortigen drei vakanten Diözesen. Sie erfolgte am 5.10.1958 durch den neuen (seit 13.9.1958) Patriarchen German (Djorić; * 1899) im Sinne der makedonischen Wünsche; doch blieb die Jurisdiktion Belgrads erhalten.

Die *Verfassung* von 1947 hat Bischofssynode und Bischofsrat, oberstes Geistliches Gericht, Patriarchatsrat und Verwaltungsausschuß beibehalten und kennt die *Metropolitien* Montenegro, Skop(l)je, Dabar/Bosnien, Agram und Belgrad sowie 19 *Bistümer.* Dazu kommt ein serbisches Bistum in Chikago und der aufrechterhaltene Anspruch auf die Leitung der ungarischen und tschechoslowakischen Kirche. Die Bistümer sind jetzt regelmäßig besetzt, soweit nicht einzelne Hierarchen sich in staatlicher Haft befinden, was immer wieder vorkommt. - Nach der Auflösung kirchlicher Fonds und der Beschlagnahme großer Vermögenswerte ist die kirchliche Finanzlage sehr beengt und hängt weitgehend von der Gnade des Staates ab. Der Priester-Nachwuchs ist durch Krieg und Bürgerkrieg stark dezimiert, die Zahl der Theologiestudenten jedoch kontingentiert. Die - ohnehin vielfach nicht intensive - Kirchlichkeit der Serben wird durch all das, durch die atheistische Propaganda und das Verbot von Religionsunterricht in den Schulen auf eine harte Probe gestellt, hat sich aber mancherorts auch gestärkt. Der Patriarch und die Hierarchie bekunden ihr Vorhandensein durch häufiges Auftreten in der Öffentlichkeit.

Zu 1 u. 2: E.Picot, Les serbes de l'Hongrie, leur histoire, leur église, Paris 1873 - RE XVIII, 221f; XXIV, 502 - DThC II, 1035ff (Bosnie). 1754ff (Carlowitz) - R.Gruić, Die serb. orth. Kirche, 1921 (serb.) - A.Hudal, Die serb. orth. Nationalkirche, 1922 - Vl. Maevskij, Der serb. Patriarch Barnabas, 1930-37, u. seine Zeit, Neusatz 1932 (serb.) - K.S.Draganović, Massenübertritte von Katholiken zur »Orthodoxie« im kroat. Sprachengebiet zZ der Türkenherrschaft (OrChrP 3, 1936, 1-11) - Ders., Über die Gründe der Massenübertritte von Katholiken zur »Orthodoxie« im kroat. Sprachengebiet (ebd 3/4, 1937, 181-232. 550-599) - I.A.Pržić (Hg.), Die Gesetzgebung der serb. orth. Kirche, Belgrad 1939 (serb.) - L.Hadrovics, Le peuple serbe et son église sous la domination turque, Paris 1947 - V.Pospišil, Die Rechtsstellung des Patriarchen der serb. Kirche in der Kirchen-Verfassung von 1931 u. 1947, Brixen 1950 - W.Markert (Hg.), Osteuropa-Hdb.: J., 1954 (hier 172-191 Religion, mit Statistiken u. Konfessionskarte) - Ch.Jelavich, Some aspects of Serbian religious development in the 18th century (ChH 23, 1954, 144 bis 152). - Vgl. ferner die allg. Werke zur → Orthodoxen Kirche, zur → Konfessionskunde u. zur polit. Geschichte des Landes, bes. G. Stadtmüller, Gesch. Südosteuropas, 1950 (Lit.). - Amtliches Blatt des Patriarchats: Glasnik (monatlich, Belgrad; Aufl.: 2000); Organ des »Orth. Priesterverbandes« (s.o.): Vesnik (14täglich, Belgrad; Aufl.: 4000). - Laufende Berichterstattung: B.Spuler in der IKZ (halbjährlich seit 1939); gelegentlich auch in: Irénikon (Chèvetogne, Belgien); früher auch in »Echos d'Orient« (Paris). *B.Spuler*

3. a) Nach 1918 befand sich *die röm.-kath. Kirche* auf dem neuen »jugoslawischen« Staatsgebiet in einer schwierigen Stellung; ihr fehlte jede organisatorische und rechtliche Grundlage. Die überwiegende Mehrzahl der Katholiken J.s wurde durch die Grenzziehung von ihren

bisherigen, auf österreichisch-ungarischem Gebiet bestehenden Bistümern abgeschnitten. Verschärft wurde die Lage noch dadurch, daß fast sämtliche Kroaten und Slowenen zur röm.-kath. Konfession zählten und die konfessionelle Zugehörigkeit mit der Volkszugehörigkeit gleichgesetzt werden konnte. So wurde der aus der serbischen Expansion erwachsene Volkstumskampf zugleich ein Kirchenkampf. Die Katholiken wurden in der Armee, bei der Besetzung von Beamtenstellen und bei der Agrarreform benachteiligt. - Nach dem wirkungslosen Konkordat von 1914 kam ein neues erst nach langen Verhandlungen (1925-35) zustande. Nach dem Fehlschlagen der im Konkordat vorgesehenen Reorganisation der Bistümer ergab sich folgender - faktischer - Aufbau der röm.-kath. Kirche: 4 Erzbistümer (Bar, Belgrad, Split, Zagreb) und 15 Bistümer. In der Batschka und im Banat bestanden selbständige apostolische Administraturen. - Der Priesternachwuchs wurde an den Theologischen Fakultäten der Universität Zagreb (Agram) und Ljubljana (Laibach) sowie in insgesamt 16 Seminaren herangebildet. Im Königreich J. waren 13 Männerorden (vor allem Franziskaner und Dominikaner) sowie 7 Frauenorden tätig.

b) Im 2. Weltkrieg forderte die kath. Geistlichkeit wiederholt die Einstellung nationalistischer Verfolgungen der serbisch-orth. Bevölkerungsteile durch das kroatische autoritäre Regime; sie wandte sich vor allem gegen die erzwungenen Übertritte von orth. Gläubigen zur kath. Kirche. Trotzdem wurde seitens der (orth.) Serben der Kampf gegen die (kath.) Kroaten auch als Kampf gegen die kath. Kirche ausgetragen. 1945 wurde Erzbischof Stepinac von Zagreb (→Agram) wegen angeblicher Begünstigung kroatischer Kriegsverbrecher und Zwangskonversion orth. Gläubiger zu 16 Jahren Zuchthaus verurteilt. Die Ankündigung der Ernennung des Erzbischofs zum Kardinal führte 1952 zum Abbruch der diplomatischen Beziehungen zum Vatikan. Andere Bischöfe und Priester wurden unter dem Vorwand politisch-oppositioneller Betätigung verhaftet. Im Jahrzehnt nach 1945 waren zeitweise drei Bischöfe inhaftiert, zwei ausgewiesen und einer deportiert; ein Bischofssitz war verwaist. - Die Verfassung vom 31.1.1946 verbürgt Religionsfreiheit; 1953 wurde die Trennung zwischen Staat und Kirche durchgeführt, der Religionsunterricht verboten und die Bildung religiöser Vereinigungen untersagt. Der Kirchenbesitz wurde entschädigungslos enteignet. Nur noch 14 theologische Seminare können für den Priesternachwuchs sorgen. Die vatikanfeindliche sog. Patriotische Priesterbewegung (»Vereinigung des Heiligen Kyrill und Method«) fand bisher nur wenig Anhang. Die Kirchenaustritte liegen bei 10-12%.

Résultats définitifs du recensement de la population du 31 mars 1931. Livre II: Population de fait par confessions, Belgrad 1938 - K.S.Draganović, Le système général de l'Eglise en Yougoslavie, Sarajevo 1939 - La Chiesa nella Repubblica Jugoslava (La Civiltà Cattolica 97/III, 1946, 3-13. 318-324; 105/I, 1954, 716-730; 105/II, 1954, 105-120) - F.Cavalli, Il processo dell'Arcévescovo di Zagrebia, Rom 1947 - B.Spuler, Gegenwartslage der Ostkirchen u. ihre völkische u. staatl. Umwelt, 1948 - R.Pattee, The case of Cardinal A.Stepinac, Milwaukee 1949 - W. de Vries, Der christl. Osten in Gesch. u. Gegenwart, 1951 - Kirche in Not I-IV, 1952-57 - Une Eglise du silence. Catholiques de Yougoslavie, Paris-Brügge 1954 - A.Galter, Rotbuch der verfolgten Kirche, 1957.

4. a) Die verheißungsvollen Ansätze der *Reformation* bei Slowenen und Kroaten fanden in der Gegenreformation ein schnelles Ende. In der Vojvodina und im angrenzenden Kroatien bildete sich erst im 18. Jh. nach dem Rückzug der Türken ein neues, prot. durchsetztes Gebiet heraus (zumeist zugewanderte Slowaken, Ungarn und später deutsche Siedler). - Bei der Gründung des Königreichs J. (1918) wurden die bestehenden Gemeinden durch die Grenzziehung von ihren Mutterkirchen getrennt. Während der 20er Jahre wurden mehrere Versuche unternommen, eine Vereinigung der Protestanten in J. herbeizuführen. Sie scheiterten - ebenso wie der Plan einer Verwaltungsunion - zumeist an nationalen Gegensätzen. Es konstituierten sich drei voneinander unabhängige Kirchen: Slowakisch-luth. Kirche (62 000 Glieder), Deutsche Ev.-Christliche Kirche (Zusammenschluß aller nicht-slowakischen Lutheraner; 130 000 Glieder, davon 100 000 Deutsche), Ref. Christliche Kirche (65 000 Glieder, davon 50 000 Ungarn).

b) Durch die Kriegs- und Nachkriegsereignisse veränderte sich die Lage der Protestanten in J. erheblich. Die Deutsche Ev.-Christliche Kirche fand infolge Flucht, Deportation und Tod ihrer Glieder ihr vorläufiges Ende. Die im Lande verbliebenen deutschsprachigen Lutheraner zusammenzufassen und kirchlich zu betreuen, ist bis heute nicht gelungen. Sie gehören verschiedenen Gemeinden der neu organisierten Luth. Kirche an. Es haben sich insgesamt fünf Kirchenkörper gebildet: Slowakisch-luth. Kirche (55 000 Glieder), Freie luth. Kirche in Slowenien (24 000), Luth. Kirche in Kroatien und Bosnien-Herzegowina (10 000), Ev.-luth. Kirche in Serbien und der Vojvodina (17 000), Ref. Christliche Kirche in J. (36 000). Diese Kirchen haben sich 1952 zu einem Bund der Ev. Kirchen in J. zusammengeschlossen. Das Verhältnis zwischen ihnen und dem Staat ist durch das Gesetz über den Rechtsstatus der Religionsgemeinschaften von 1953 ebenso geregelt wie bei der orth. und röm.-kath. Kirche (s. 1. 2 b).

M.Murko, Die Bedeutung der Reformation u. Gegenreformation für das geistige Leben der Südslawen, 1927 - G.May, Qu. zur Gesch. der Protestanten in J., 1933 - LR 1, 1951, 16ff; 3, 1953, 425ff; 4, 1954, 188ff - Hans Koch, Der Protestantismus bei den Slawen (Ostdt. Wissenschaft 2, 1956, 82-115) - Die luth. Kirchen in der Welt, hg.v. Luth. Weltbund, 1957 - EKL II, 490f. † *Hans Koch*

Julian, 1. *Römischer Kaiser* Nov. 361 bis Juni 363 (Flavius Claudius Iulianus; *»Apostata«* ist Schmähname), Neffe → Konstantins, * 332. Trotz christlicher Erziehung wurde J. durch den Rhetor → Libanius zum Gegner des Christentums, zunächst von der alten Bildung her, dann durch den Theurgen Maximus von Ephesus durch Erlebnis der → Mysterien. Von diesen Studien weg wurde J. 355 zum Cäsar in Gallien ernannt; hier wirkte er 5 Jahre lang als Feldherr mit großem Erfolg. 361 fiel ihm die (seit 360 beanspruchte) Kaiserwürde durch den Tod Konstantius' II. zu. - Obwohl erklärter Gegner der Christen, wollte J. unparteiisch sein: Die Duldung blieb in Kraft, ja wurde auf alle Sekten ausgedehnt. Aber der Kirche wurden alle Privilegien entzogen, Wiederherstellung zerstörter Tempel auf Kosten der Kirche gefordert und hier und da durchgeführt. Bei Widersetzlichkeit oder bei Attentaten gegen heidnische Kultorte waren die Vermögensstrafen empfindlich. Aber Hinrichtungen um des Glaubens willen hat J. nicht verfügt; erst spätere Legende hat ihn den Christenverfolgern zugesellt. - Größte Tragweite hatte das Edikt, das Christen verbot, Grammatik, Rhetorik oder Philosophie zu lehren. Dadurch wurden Christentum und Bildung als unvereinbar statuiert - ein treffsicherer Versuch, das Christentum geistig zu isolieren und verkümmern zu lassen. - Mit Nachdruck förderte J. die Belebung der nichtchristlichen Kulte. Zugleich schärfte er in ausgedehnter Publizistik in seinen Zeitgenossen ein Verantwortungsgefühl für die alte Bildung und den alten Glauben. Er wollte vom Formelhaften zur Bewußtheit eines heidnischen Bekenntnisses gelangen, sein Fernziel war die Errichtung einer neuplatonisch (→Neuplatonismus) bestimmten Heiden-»Kirche«. J. war persönlich anspruchslos; er schaffte den Luxus der Vorgänger ab. Die Verwaltung, bes. die Finanz, wurde gereinigt und vereinfacht. - Alle diese Maßnahmen überlebten ihn nicht. Auf einem Feldzug gegen Persien (363) wurde er tödlich verwundet. Seine Nachfolger (Jovian und Valentinian) hoben alle Edikte J.s auf; der Sieg des Christentums war endgültig.

J.s Reden (I/1) u. Briefe (I/2) hg.v. J.BIDEZ, Paris 1932 u. 1924 (Bd II nicht erschienen). - Für alles Übrige, bes. die satirischen Schriften, s. noch immer die GA v. F.C.G.HERTLEIN, 1875/76. - Reste der Schrift κατὰ Χριστιανῶν ges. v. K.J.NEUMANN, 1880. - Hauptquelle für J.: → Ammianus Marcellinus, Buch 22-25. - Über J.: PW X, 26ff - J.BIDEZ, La vie de l'empereur Julien, 1930; dt. 1940 u. 1947 - LIETZMANN III, 262ff. *H.Dörrie*

2. Bischof *von Aeclanum* (Apulien), lehnt 418 mit 17 Bischöfen die epist. tractoria (→ Zosimus) ab und lebt als Vorkämpfer des → Pelagianismus gegen → Augustin bis zum Tode (ca 454?) im Exil (zT bei → Theodor von Mopsuestia und → Nestorius). J. bekämpft Augustins Lehre von Erbsünde und Konkupiszenz als Manichäismus, die erwählende Gnade als Fatum. Er verteidigt die Gerechtigkeit des Schöpfergottes, der jeden Menschen unschuldig erschafft, und die »Willensfreiheit, durch die der Mensch von Gott für selbständig erklärt wurde« (MPL 45, 1102). J. hat die asketische Tendenz des Pelagianismus abgeschwächt, seinen Rationalismus verstärkt (die Vernunft steht über Schrift und Tradition). Seine mit stoisch-aristotelischer Dialektik arbeitende Polemik verhärtete Augustins Position.

Vf.: 4 Bücher an Turbantius (u.a. Fragmente hg.v. A.BRUCKNER, 1910); 8 B. an Florus (6 B. bei Augustin, op. imp., MPL 45). Lit. über J.s Kommentare (antiochenische Exegese) s. ALTANER 339. - Über J.: A.BRUCKNER, J.v.Ecl., 1897 - HAW 8, 4, 2, § 1203 - G.DE PLINVAL, Pélage, Lausanne 1943 - Y.DE MONTCHEUIL, RechSR 44, 1956, 193-218 (Polemik Augustins gegen J.). *R.Lorenz*

3. Bischof von *Halikarnaß* († nach 527), Monophysit, floh 518 zu Beginn der Regierung Justins I. mit → Severus von Antiochien nach Ägypten, behauptete gegen diesen die Inkorruptibilität des Leibes Christi (→ Christologie: II, 5a). Christus litt und starb nach J. wirklich und physisch wie alle Menschen; aber während für diese das Leiden eine Zwangsfolge ihrer Sündhaftigkeit darstellt, hat es im sündlosen Christus den Charakter völliger Freiheit und damit Sühnewert. Eben dies sagt J. auch mit seiner zugespitzten Formel: Christus, in jeder Beziehung ἄφθαρτος (unvergänglich), sei »leidlos in Leiden und unsterblich im Tode, auch nach dem Fleisch«. Diese Formel hat die Kontroverse mit Severus ebenso belastet wie die Darstellung in Ketzer- und Dogmengeschichten.

Erhalten sind 3 Briefe J.s (in syr. Übers.). Für die Streitschriften ist man fast nur auf die Auszüge bei Severus angewiesen (154 Fragmente bei R.DRAGUET, J. d'H. et sa controverse avec Sévère d'Antioche sur l'incorruptibilité du corps du Christ, Löwen 1924). Der Hi-Komm. eines unbekannten Arianers d. 4.Jh.s wurde J. fälschlich zugeschrieben. - Über J.: RGG² II, 565f (Lit.) - DThC VIII, 1931ff - ODCC 753 - ALTANER 471f. *R.Draguet*

4. *von Speyer* († ca 1250), Kapellmeister am französischen Königshof und Chormeister im Pariser Franziskanerkonvent. J.s Bedeutung als Komponist zweier von ihm gedichteter Reimoffizien auf die Heiligen Franziskus und Antonius ist verschiedenartig beurteilt worden. Die frühere Auffassung, man könne ihn auf Grund der engen Anpassung von Wort und Ton einen R.Wagner des 13.Jh.s nennen, wurde von P.Wagner gründlich widerlegt: er spricht J.s Schaffen jede Originalität ab. Neuerdings findet E.Jammers bei J. Text und Musik in einem neuen Verhältnis, »das in Wortakzenten und Satzabschnitten Mittel der Ordnung sieht«.

Ausgaben der Reimoffizien J.s v. J.E.WEIS (1901), H.FELDER (Freiburg/Schw. 1901) u. E.BRUNING (Tornaci 1926). - Über J.: P.WAGNER, Einführung in die gregorianischen Melodien I, (1898) 1911³, 311ff - E.BRUNING, Giuliano da Spira e l'officio ritmico di S. Francesco (Note d'Archivio 4, 1927, 129-194) - E.JAMMERS, Wort u. Ton bei J.v.Sp. (Der kultische Gesang d. Abendl. Kirche, hg.v. F. TACK, 1950, 93-101). *W.Kahl*

Juliana *von Norwich* (1342 bis nach 1416), mystische Einsiedlerin, wurde vor 1404 Anachoretin an der St.Julianskirche in Conisford (Norwich). Es ist ungewiß, ob J. eine Nonne war. Eine schwere Krankheit im Mai 1373 fand in einigen Visionen ihren Höhepunkt. Die beiden darüber erhaltenen Berichte stammen von J. selbst. Der eine ist bald danach geschrieben, kurz und sachlich; der andere (1393) ist das Ergebnis langen Nachdenkens und weiterer Erleuchtungen; beide handeln vom Leiden und der Gottheit Christi, von Gottes Güte und Menschenliebe. J. ist eine echte Mystikerin; ihre Verkündigung, die sich streng an die Tradition (→ Mystik: VI) hält, ist durch Empfindung, Gedankentiefe, Klarheit im Ausdruck und einen unbesiegbaren Optimismus gekennzeichnet. J.s Schriften wurden bis zur Reformation viel gelesen.

Krit. Ausg. v. A.M.REYNOLDS in Vorbereitung. Kurze Fassung hg.v. DEMS., London 1958; Lange Fassung hg.v. G.R.HUDLESTONE, ebd 1952 - Franz. Übers. v. G.MEUNIER, Tours 1925; dt. Auswahl v. O.KARRER, Die große Glut, 1926, 484ff. - Über J.: P.MOLINARI, J. of N., London 1958. *M.D.Knowles*

Julius I., *Papst* 6.11.337 bis 12.4.352, spielte im → arianischen Streit (, 2) eine bedeutende Rolle. Nach ihrer Verurteilung im Osten flohen → Athanasius und → Marcellus von Ancyra 339/40 nach Rom. Indem J. ihnen die Gemeinschaft gewährte, stieß er die östlichen Bischöfe vor den Kopf und verwandelte den arianischen Streit in einen Konflikt zwischen Osten und Westen. So machte er das Schisma von Serdika (342) unvermeidlich. Der Westen unterstützte des Papstes Anspruch auf Oberhoheit über den Osten, der dort scharf abgelehnt wurde. J. starb, als seine Position unhaltbar wurde, und überließ es dem unglücklichen → Liberius, den Sturm zu bestehen. - Erhalten sind zwei Briefe, die Athanasius aufbewahrte. Um 400 wurde ihm von den Apollinaristen vieles fälschlich untergeschoben. In der Verehrung und in der Liturgie der syrischen → Jakobiten ist J. ein wichtiger Heiliger geblieben.

CASPAR I, 131ff - LIETZMANN III, 174ff - ALTANER 317. *H.Chadwick*

II., *Papst* 31.10.1503 bis 21.2.1513, Giuliano della Rovere aus Savona, * 1443, wurde von seinem Onkel → Sixtus IV. mit reichen Pfründen begabt und 1471 zum Kardinal erhoben. → Innozenz VIII. verdankte ihm seine Wahl; J. hatte großen Einfluß während dieses Pontifikats. Zu → Alexander VI. stand er in scharfem Gegensatz und hielt sich eine Zeitlang in Frankreich auf, begleitete auch Karl VIII. auf seinem Italienzuge. J.' Feindschaft gegen die Borgias blieb auch, als Alexander sich dem französischen König näherte. Letztlich verdankte er dem seine Wahl, die eine sofortige Kaltstellung Cesares bewirkte. J.' Nahziel war die faktische Herrschaft im Kirchenstaat, bes. in Bologna und Ferrara, wobei Venedig der mächtigste Gegner war (Liga von Cambrai). Das Ziel wurde durch überlegene Diplomatie und persönlichen, kriegerischen Einsatz erreicht. Rückschläge und Krankheit entmutigten ihn nicht. J.' Hauptabsicht war die Befreiung Italiens von den Franzosen. Es ging dabei hart an einem Schisma vorbei, als sich Ludwig XII. mit Maximilian I. verbündete und abtrünnige Kardinäle auf ein Konzil drängten. Dann brachten die Schweiz und Spanien militärische Hilfe. - J. hat seine Erfolge nicht als demütiger Priester erreicht, hat sich aber Ermahnungen des → Ägidius von Viterbo gebeugt. - Unter J. wurde Rom das Zentrum der → Renaissance.

J.v.DÖLLINGER, Beiträge zur polit., kirchl. u. Kulturgesch. der 6 letzten Jh.e III, 1882, 363ff (P. de Grassis Diarium) - L.FRATI, Le due spedizioni militari di Giulio II., Bologna 1886 - RE IX, 621ff - I.DE LA TOUR, Les origines de la Réforme II, 1909, 127ff - v.PASTOR III, 1924⁵⁻⁷, 659ff - A.RENAUDET, Le concile gallicane de Pise-Milan, Paris 1928 - E.RODOCANACHI, Le pontificat de J. II., Paris 1928 - LThK V, 715f - M.GIUSTI, StT 165, 1952, 438ff - EC VI, 750ff.

F.Bock

III., *Papst* 7.2.1550 bis 23.3.1555, Giovanni Maria del Monte, * 1487 Rom, nach juristischen Studien in Perugia und Siena (bei Ambrosius Catharinus) Kammerherr J. II., 1511 Erzbischof von Siponto (Manfredonia), seit → Clemens VII. in Verwaltungsämtern tätig, 1536 Kardinal, Mitglied der Reformkommission. J. eröffnete als Kardinallegat am 13.12.1545 das → Tridentinische Konzil, auf dem er mit Cervini (→ Marcellus II.) und → Pole die päpstliche Autorität gegen Konziliarismus und Kaiser vertrat. Er brüskierte den Kaiser 1547 mit der Verlegung des Konzils nach Bologna. Seine Wahl erfolgte erst nach 60 Abstimmungen. Den politischen Problemen war der heitere, leicht schwankende Renaissancepapst, der → Nepotismus trieb und repräsentative Vergnügen liebte, nicht gewachsen. Das lange unterbrochene Konzil berief J. am 1.5.1551 auf Drängen des Kaisers zur 2. Sitzungsperiode ein, obwohl Heinrich II. von → Frankreich (: I, 4) Widerspruch erhob und an Parma gegen den Papst Waffenhilfe leistete. - J. bestätigte 1550 die → Jesuiten endgültig und übergab ihnen das Collegium Romanum. Die Rekatholisierung Englands unter Maria erleichterte J. durch Verzicht auf die Kirchengüter.

v.PASTOR VI - DThC VIII, 1920f - LThK V, 717 - EC VI, 758ff - H.JEDIN, Gesch. des Konzils von Trient I. II, 1951/57 (s. Reg.).

H.Liebing

Julius Africanus, *Sextus,* * um 160 in Jerusalem, † nach 240, Laie. J.A. war vielleicht Offizier, mit König Abgar IX. von → Edessa befreundet. 224 kam er als Gesandter seiner Stadt Emmaus-Nikopolis (heute Amwas) zu Kaiser Alexander Severus und richtete für ihn die im Pantheon untergebrachte öffentliche Bibliothek ein. Noch vor 221 besuchte er → Alexandrien und die Katechetenschule, war bekannt mit → Bardesanes und → Origenes. - Von den umfangreichen Werken sind nur zwei Briefe erhalten: einer an Origenes, in dem er die Susannageschichte als apokryph nachweist; der andere (fragmentarisch) an einen Aristides, worin er die Unterschiede in der Genealogie Jesu (Lk 3, 22; Mt 1, 1) zu erklären versucht. - Fast ganz verloren sind die 5 Bücher der »Chronographie«, der ältesten christlichen Weltchronik. Sie beginnt mit der Weltschöpfung und endet mit dem Jahre 217 (Nachtrag bis 221?). - Bruchstücke sind von den 24 Büchern »Kestoi« erhalten (bisher als »Stikkereien« gedeutet, heute eher als »Amulettsammlung«), einem verworrenen Sammelwerk von Notizen aus Naturwissenschaft, Medizin, Landwirtschaft, Heerwesen und Magie.

GA fehlt. MPG 10, 63ff - Fragmente ohne »Kestoi« bei M.J.ROUTH, Reliquiae Sacrae, Oxford 1846ff², II, 238ff - Briefe ed. W.REICHARDT, TU 34, 3, 1909 - J.R.VIEILLEFOND, Jules Africain, Fragm. des Cestes, 1932. - Über J.A.: H.GELZER, S.J.A. u. die byzantin. Chronographie, 2 Bde, 1880/98 - RE IX, 627f - BARDENHEWER II, 263ff - PW X, 116ff - STÄHLIN 1346f - A.PUECH, Hist. de la Litt. grecque chrét. II, 1928, 465ff - LThK I, 117f - DThC VIII, 1921ff - W.BAUER, Rechtgläubigkeit u. Ketzerei im ältesten Christentum (BHTh 10), 1934, 11f. 162ff - QUASTEN II, 137ff - ALTANER 185f. *U.Treu*

Jumpers, um 1760 aufkommender Spottname für Zuhörer → Whitefields in Süd-Wales. Wie → Wesley in seinem Tagebuch berichtet, begannen sie nach der Predigt zu singen und wiederholten denselben Vers vielmals mit wachsender Begeisterung; dabei sprangen sie auf und nieder. Von den → Methodisten abgelehnt, wanderten einige J. nach den USA aus, wo dieselben Erscheinungen noch unter ihren Nachkommen begegnen.

WESLEYS Tagebuch zum 27.8.1763, 25.8.1774, 3.4.1786 - R.A. KNOX, Enthusiasm, 1950; dt.: Christl. Schwärmertum, 1957.

P.Scott

Jung, *Carl Gustav,* * 26.7.1875 in Kesswyl (Bodensee), Pfarrerssohn. Dem Studium der Medizin in Basel folgte langjähriges Wirken als Psychiater an der Universität Zürich und als akademischer Lehrer an dieser sowie später an der Technischen Hochschule Zürich (Freifächerabteilung; 1935 Prof.). Beides gab J. auf zugunsten seiner Praxis; als Therapeut (nicht mehr praktizierend) und Forscher lebt er in Küsnacht bei Zürich. - J.s Weltruf begann bereits mit seiner Entdeckung der affektiven Komplexe (1903-05, Komplextheorie), die nach der ersten Begegnung mit → Freud 1907 zu enger Arbeitsgemeinschaft mit diesem führte. Die Lösung J.s von Freud erfolgte 1912/13 damit, daß J. die deskriptive Libidotheorie Freuds erweiterte und durch sein energetisches Verständnis der libido vertiefte. Dies brachte ihn auf Grund eines umfassenderen Ganzheitsverstehens des Menschen in Gegensatz zur einseitigen Sexualtheorie Freuds. Seine eigene Psychologie (→ Tiefenpsychologie) bezeichnete J. schon etwa 1915 als »analytische Psychologie«, später als »komplexe« (nicht von »Komplex«, sondern vom komplexen, dh umfassenden Charakter dieser Psychologie her). 1948 entstand das C.G.J.-Institut (für analytische Psychologie) in Zürich. - Zu den wesentlichen Entdeckungen J.s gehört seine Typenlehre (extra- und introvertierter Typ, vier Grundfunktionen), seine These vom kollektiven Unbewußten, die Struktur seiner Psychologie mit den Stichworten Schatten, anima, persona, Selbst u.a., seine These von den Archetypen, seine Arbeiten zum Symbolproblem sowie zum Gesamtgebiet der Mythologie (→ Mythos: I) und dem der → Religion (: IV A). J.s Analyse der psychischen Komponenten der Religion und des religiösen Geschehens und Verhaltens ist hochbedeutsam und steht zZ im Brennpunkt des Interesses.

Vf. u.a.: Psychologische Typen, 1921; (Das Unbewußte im normalen u. kranken Seelenleben, 1926) Über die Psychologie des Unbewußten, 1943⁶; Über die Energetik der Seele, 1928; Seelenprobleme der Gegenwart, 1931; Die Beziehungen der Psychologie zur Seelsorge, 1932; Wirklichkeit der Seele, 1934; Die Beziehungen zwischen dem Ich u. dem Unbewußten, 1935; Psychologie u. Religion, 1940; Psychologie u. Alchemie, 1944; Antwort auf Hiob, 1952. GesW, 18 Bde geplant, 1958ff (bisher Bd XVI: Praxis der Psychotherapie). - Über J.: Die kulturelle Bedeutung der komplexen Psychologie, hg.v. Psycholog. Klub Zürich, 1935 (zu J.s 60. Geb.) - J.JACOBI, Komplex, Archetyp, Symbol, 1945 - DERS., Die Psychologie von C.G.J., 1946 (zur Einführung geeignet) - H.SCHAER, Religion u. Seele in der Psychologie von C.G.J., 1946 - V.E.v.GEBSATTEL, Christentum u. Humanismus, 1947 - J.GOLDBRUNNER, Individuation, die Tiefenpsychologie von C.G.J., 1949 - H.TRÜB, Heilung aus der Begegnung, 1951 - P. ZACHARIAS, Psyche u. Mysterium, 1954 - Studien zur analyt. Psychologie J.s. 2 Bde, 1955 (zum 80. Geb.) - W.BERNET, Inhalt u. Grenze relig. Erfahrung, 1955 - R.AFFEMANN, Psychologie u. Bibel, 1957 (Auseinandersetzung mit J.) - R.HOSTIE, J. u. die Religion, 1957 (Bibliogr., Lit.) - V.WHITE, Gott u. das Unbewußte, 1957.

O.Haendler

Jungbrunnen. Neben anderen Mitteln der Verjüngung (Jungschmieden, Umschmelzen, Altweibermühle) kennt die Volksüberlieferung das Baden in einem J. In der Neuzeit nur noch als Wunsch- und Scherzfiktion bezeugt (Bilderbogen, Fastnachtspossen), gibt es in → Sage, Volksglauben und -lied ältere geglaubte Vorstellungen von zauberischen J. Die Idee des J.s ist aus der allgemeineren Vorstellung vom → Lebenswasser hervorgegangen und wie diese orientalischer Herkunft. Dichtungen des MA schildern wiederholt J. (quecbrunnen), so → Wolframs Parzival und Titurel, Wigamur, Wolfdietrich, Abor und das Meerweib. Schon seit dem Ende des MA scheint die Vorstellung vom J. in scherzhafter Weise verwendet worden zu sein, zB im Thorner Spiel vom J. (1440) oder in einem Schwank von H. → Sachs. In der Kunst des MA und der Renaissance ist der J. ein oft variiertes Motiv (zB Lukas → Cranach d.Ä.).

J.GRIMM, Dt. Mythologie, (1835) Neudr. d. 4. Ausg. 1953, 488ff (Nachträge 167) - A.WÜNSCHE, Die Sagen vom Lebensbaum u. Lebenswasser, 1905 - A.MARTIN, Dt. Badewesen in vergangenen Tagen, 1906, 222ff - K.v.SPIESS, Der Brunnen der ewigen Jugend (MVG 22, 1918, 328-341) - HWDA IV, 840f; V, 972ff - A.SPAMER (Hg.), Die dt. Volkskunde, (1934/35) 1935², I, 367; II, 481 - C.-M. EDSMAN, Ignis divinus (SVSL 39, 1949) - F.WÜRTENBERGER, P.Bruegel d.Ä. u. die dt. Kunst, 1957, 45ff. *L.Röhrich*

Junge Gemeinde. Der Name J.G. taucht erstmalig nach 1945 im Bereich der heutigen DDR auf. Er bezeichnet dort, daß sich junge Menschen - nicht in vereinsmäßiger oder bündischer Form, sondern - im Rahmen der (Orts-)Gemeinde sammeln, um Jesus Christus in Wort und Tat zu bekennen. - Die Hinwendung der ev. Jugendarbeit zur Gemeinde wurde bereits vor 1933 angebahnt; nach 1933 konnten infolge der Bildung der Staatsjugend, die *alle* Jugendlichen erfassen und formen sollte, junge Christen nur noch als Jugend der Gemeinde zusammenkommen; sie scharten sich um Bibel und Bekenntnis und nahmen zT aktiv am Bekenntniskampf der Kirche teil. Die Synoden und die Leitungen der → Bekennenden Kirche betätigten ihre Verantwortung für die Fortführung und die Erneuerung der Jugendarbeit u.a. durch die »Jugendkammer der Bekennenden Kirche«. - Die positiven Erfahrungen während des → Kirchenkampfes legten es nahe, nach 1945 auch in Westdeutschland Jugend und Gemeinde stärker aufeinander zu beziehen. Auch in den ev. → Jugendvereinigungen (: I), die nach 1945 ihre Arbeit wiederaufnehmen konnten, ist die Ausrichtung auf die Gemeinde stark spürbar. An manchen Orten nennen sich die jungen ev. Christen auch im Bereich der BRD »J.G.«.

»Die J.G. ist die Jugend der Gemeinde.... Das Leben der Jugend in der Gemeinde ruht auf denselben Grundlagen wie alles Gemeindeleben. Es stellt sich daher dar in der Sammlung um Gottes Wort und Sakrament, im gemeinsamen Leben und im Gebet (Apg 2, 42)« (Ordnung des kirchl. Lebens der EKU bzw. der VELKD, 1955). - Innerhalb der Gemeinde versteht sich die J.G. als eigener »Stand« mit besonderen Aufgaben. Sie weiß sich zu missionarischem Dienst an jungen Menschen gerufen und wirkt mit ihren besonderen Gaben am Gemeindeaufbau mit (zB Mithilfe im Kindergottesdienst und bei den Gemeindeveranstaltungen, Kantorei und Posaunenblasen, diakonisches Jahr, ökumenische Aufbaulager). Die J.G. sieht sich dabei nicht als »Orden«, der bestimmte Ideale und Leitbilder verkündigt, sondern als Bruderschaft, für die sie junge Menschen auch anderer Lebenskreise gewinnen möchte.

Die J.G. versammelt sich im Gottesdienst der Gemeinde und in besonderen → Jugendgottesdiensten. Sie veranstaltet Jugendsonntage und trifft sich im übergemeindlichen Rahmen. Hier haben sachverständige Männer und Frauen der Kirche Gelegenheit, sich den Fragen der Jugend zu stellen und ihr Lebenshilfe für den Alltag zu geben. Auf → Freizeiten lernen junge Christen, »unter dem Wort« zu leben. Bei der *Gruppenarbeit* sollten die Erkenntnisse moderner Gruppenpädagogik stärker ausgewertet werden; so soll sich die Gruppe ihre Arbeitsaufgaben selbst stellen. Die Gruppe ist nicht Selbstzweck, sondern Durchgang; auch in ihr geht es immer um den *Einzelnen* in der Verantwortung vor Gott. Die → Bibelarbeit ist das Herzstück, doch ist jeweils und unter Berücksichtigung der Altersstufe zu entscheiden, in welcher Form und in welchem Ausmaß sie zu treiben ist. - J.G. wird nicht nur im Rahmen des → Katechumenats »betreut«, sondern schafft sich in der mündig gewordenen Welt durch ihr Bekennen einen Lebensraum, in dem Verkündigung und Lehre zu einer »Einübung im Christentum« werden.

L.CORDIER, Ev. Jugendkunde, 1926 - K.HENNIG, Kirchl. Jugendarbeit oder freies Werk?, 1947 - A.DEBOER, Unterwegs notiert, 1956. - Publikation der Jugendabt. des Weltrates der Kirchen, der Jugendkammern u. Jugendwerke in der EKD seit 1945. *W.Rott*

Junge Kirchen

1. Geschichtlicher Überblick - 2. Das Problem der j.K. - 3. Statistisches. - Vgl. → Kirchenbau: VII, → Malerei: VII

1. Der Begriff »j.K.« (younger churches) erscheint in der offiziellen Terminologie des → Internationalen Missions-Rats erstmals wohl 1927 in einem Zirkular von J. → Mott, dann allgemein seit der Missionskonferenz in Jerusalem 1928. Die Sache selbst hat die Mission seit je beschäftigt, zumal im prot. Bereich. Stellten schon die Ansiedlungen der »betenden Indianer«, die J. → Eliot schuf, ein Experiment bodenständiger Gemeindegründung dar, so hat die Dänisch-Hallesche Mission (→ Indien: IV, 3) vollends bewußt auf die »Eingeborenenkirche« hingearbeitet. Indische Bibelübersetzung und Kirchengesang waren dabei ebenso wichtige Stufen wie die Schule, das Katechetenseminar, die spontane evangelistische Tätigkeit indischer Christen und die Ordination des ersten Inders 1733, der sogar in seiner Tracht nichts »Fränkisches« haben sollte. Mochten spätere Missionsgenerationen sich stärker an abendländische Modelle anlehnen - das Wissen darum, daß in den Missionsgebieten »der Kirchen-Status anders sei als in Europa« (Tranquebar-Missionare, 1731), ging nie mehr ganz verloren.

Im Lauf der Missionsbewegung des 19.Jh.s gab man diesem Wissen missionsmethodisch prägnanten Ausdruck. R.Anderson, seit 1832 Sekretär des American Board of Commissioners for Foreign Missions, bezeichnete es 1856 - nach weiter zurückreichenden Vorerwägungen - als Ziel der → Mission (: III A), daß unabhängige Kirchen mit eigenem geistlichen → Amt (: IV) entstünden, die auch möglichst selbst für ihre Ausbreitung sorgen müßten. Etwa gleichzeitig kam Henry Venn, Sekretär der Church Missionary Society, zu übereinstimmenden Gedanken. 1861 erscheint bei ihm die Formel »self-support, self-government, self-extension«, die man freilich auch schon bei Anderson hat nachweisen wollen. Diese Parole hat, unbeschadet der in ihr verborgenen Verschiedenheit der ekklesiologischen Voraussetzungen und der Ansichten über die Durchführung, die Diskussion bis ins 20.Jh. hinein beherrscht. - In → Korea verwirklichte man die Pläne des presbyterianischen China-Missionars J.L. Nevius für eine »unabhängige, autarke und aggressiv missionarische Kirche«. Lag hier der Ton auf der finanziellen Selbständigkeit, so bei R. → Allen auf der engen Anlehnung an die apostolische Praxis und bei J.M. → Davis auf der wirtschaftlich-sozialen Entwicklung. Ein neues Moment trat hinzu, als Missionstheoretiker wie G. → Warneck und -praktiker wie B. → Gutmann und C. → Keyßer gegenüber dem angelsächsischen Programm der geistgewirkten und dementsprechend zu organisierenden Selbständigkeit der j.K. das schon von K. → Graul ins Auge gefaßte Ziel der »im Volksboden wurzelechten und entwicklungsfähigen Kirche« aufstellten. Wurde der Mission meist die Rolle des Erziehers zugewiesen, der den Reifungsprozeß der »eingeborenen« (native, indigenous) Kirche überwacht, so fehlte es auch nicht an Versuchen, diese pädagogische Funktion der Mission möglichst zu beschränken (Allen).

Noch bis Edinburgh 1910 war die grundsätzlich-methodische Erwägung der Praxis durchweg voraus. Die späteren Weltmissionskonferenzen (→ Internationaler Missions-Rat) sahen sich jedoch vor der Aufgabe, in gemeinsamer Beratung »alter« und j.K. der rasch fortschreitenden Entwicklung der Autonomie der j.K. in allen Weltteilen gleichsam a posteriori die rechte Deutung und Richtung zu geben. So holte Tambaram 1938 die längst fällige Besinnung auf das Wesen der Kirche nach, beantwortete Whitby 1947 die Frage nach dem Verhältnis von Mission und j.K. mit dem Wort von der »partnership in obedience« und suchte Willingen 1952 die Enge der Vennschen Formel durch den umfassenden Gedanken der »verantwortlichen Kirche«, der »universalen Kirche in einem gegebenen Gebiet«, endgültig zu überwinden. Auch die Bemühungen um eine Integration von Internationalem Missions-Rat und Ökumenischem Rat der Kirchen gehören in diesen Zusammenhang.

2. Es ist klar, daß sich der Begriff »j.K.« nicht nach Kriterien des Alters, der Größe, der finanziellen oder administrativen Autonomie bestimmen läßt. Auch von den j.K. gilt, daß »die Kirche nur in Christus verwurzelt sein kann« (Willingen 1952), daß sie also auch nicht erst nach Erlangen eines bestimmten »Reifegrades« zur Kirche wird. Der Widerstand, den die sog. j.K. selbst dieser Bezeichnung entgegenbringen, hat nicht nur psychologischen, sondern auch theologischen Grund. Die Konferenz von Ghana 1958 hat von den »alten« und j.K. mit Recht festgestellt: »Wenn sie Kirchen sind, sind sie alle gleichermaßen zur Mission gerufen«. Aber neben der universaltheologischen Komponente steht die partikular-empirische, gilt die Tatsache, daß in der missionarischen Verkündigung immer »*andere* Kirche« wird (W.Freytag). In dieser Erkenntnis liegt eine begrenzte Rechtfertigung mancher früheren Versuche, das Eigentümliche der j.K. zu bestimmen, nur daß heute das Bewußtsein der *alle* Kirchen umgreifenden Bindung an »Christi Sendung, nicht unsere« (Ghana 1958) den Ausgangspunkt bildet. Die spezifische Sendung der j.K. in diesem Rahmen ist vor allem bestimmt durch das missionarische Gegenüber zu lebendigen nichtchristlichen Religionen, und in zweiter Linie durch die Mitverantwortung für eine oft feindliche Umwelt. In dieser ihrer eigentümlichen Diaspora-Situation werden den j.K. das Leben in und aus der Hl. Schrift, die Entwicklung je eigener kirchlicher Lebensformen, die Bemühung um die Einheit der Kirchen (→ Einigungsbestrebungen: VII) und die Spannung zwischen eigenem Weg und ökumenischer Bindung zu bes. dringlichen Existenzfragen, bei deren Bewältigung die »alten« Kirchen und ihre Mission nur durch verstehendes, tätiges Zur-Seite-Stehen helfen – und ihrerseits lernen können.

3. Eine genaue *Gesamtstatistik* der j.K. ist nur schwer zu geben. Man rechnete 1957 mit folgenden Verhältniszahlen für den christlichen Bevölkerungsanteil: Afrika 16%, Asien knapp 3%; einzelne Gebiete: Japan 0,5%, China 1%, Indonesien 4,5%, Indien knapp 3%, Ceylon 8,8%, islamische Länder 0,05% (für Angaben über die Stärke der einzelnen j.K. vgl. WChH und Price [s. Lit.]). Das statistische Bild zeigt jedenfalls, daß die j.K. in der Regel eine Minorität darstellen; daß sie zwar durchweg wachsen, aber vielfach nicht mit der Bevölkerungszunahme Schritt halten; daß die Entwicklung eher auf breite Streuung als auf regionale Konzentration tendiert.

Umfassende Bibliogr. bei P.Beyerhaus, Die Selbständigkeit der j.K. als missionarisches Problem, 1956. – Ferner: K.Appenzeller, Das Problem der Bodenständigkeit von Christentum u. Kirche auf dem Missionsfeld in den Verhandlungen der Weltmissionskonferenz zu Edinburgh (Diss. Tübingen), 1940 – A.M.Chirgwin, The Younger Churches, 1944 – St.C.Neill, Was heißt »j.K.«? (EMZ 14, 1957, 39–46) – F.W.Price, The Younger Churches. Some Facts and Observations (Missionary Research Library, Occasional Bulletin 8, 1957, H. 6 u. 7; Lit.).

H.-W.Gensichen

Jungfrauengeburt

1. Religionsgeschichtlich – 2. Im NT – 3. Dogmatisch

1. Der Gedanke der J. eines Gottes, Heros (→ Heroen) oder → Heilbringers ist *außerhalb des Christentums* überraschend weit verbreitet. Es handelt sich dabei um einen *Vorstellungskomplex*, der mehrere Aspekte hat. a) Ursprungs- und Anfangsmythen beantworten die Frage nach einer außergewöhnlichen Entstehung von Göttern, mythologischen Wesen und Menschen durch die Erzählung von einer *wunderbaren Geburt*. Hierher gehören die (bes. in Amerika anzutreffenden) Mythen von der Entstehung von Göttern oder Kulturheroen wie des aztekischen Huitzilopochtli. – b) Konkret und eigentlich ist erst der Gedanke einer *J. ohne menschliche Zeugung* bzw. ohne menschlichen Vater, evtl sogar ohne Benutzung der Genitalorgane. Hier liegen zT dogmatische Interessen oder bestimmte rituelle bzw. moralische Bewertungen von Zeugungsakt, Geburt und Ehe bzw. Jungfräulichkeit vor. Die Mutter wird in verschiedener Weise als unberührt vor, bei und nach der Zeugung oder gar als unversehrt in der → Geburt gedacht. Die Heroen Hunahpu und Xbalanque des Maya-Mythos Popol Vuh werden aus dem → Speichel eines Getöteten von einer unbefleckten Jungfrau empfangen, der persische Weltheiland Saoshyant entsteht aus dem Samen → Zarathustras in einer Jungfrau. → Buddha geht als weißer Elephant in den Leib der Maya ein, aus ihrer Seite wieder aus. Danaë empfängt im Goldregen von Zeus den Perseus, Alkmene von Zeus den → Herakles und von Amphitryon darauf den Iphikles. Oder ein Gott zeugt, wie Amon-Re in der Gestalt des ägyptischen Königs (→ Ägypten: II), mit dem Menschenweib das Gottwesen des Thronfolgers. Zeugung und Geburt des Gottherrschers oder Sakralkönigs (→ Königtum, sakrales) nehmen einen besonderen Platz ein. – c) In höchster Steigerung kommt es zur Idee der *mutterlosen Geburt* von Gottwesen: der Pallas, der Aphrodite, des → Dionysos, des → Mithras. Hier wird, meist wohl in Spätformen, das Weibliche und Geschlechtliche überhaupt ausgeschaltet oder in den Hintergrund gedrängt. – d) Eine Sonderentwicklung stellt die *Idee der jungfräulichen Muttergöttin* dar, die sich bes. deutlich im Alten Orient und in der Antike, zT wohl unter Einwirkung der kultischen → Prostitution, als Kombination zweier Idealtypen der weiblichen Gottheit findet.

G.Faber, Buddhist. u. nt. Erzählungen, 1913 – A.Steinmann, Die J. u. die Religionsgesch., 1919 – ERE XII, 623f – E.Norden, Die Geburt des Kindes, 1924 – RGG² III, 569f – K.Sommerfeld, Die jungfräuliche Geburt, 1930 (marxistisch) – J.R.Spinner, Die Jungfrauschaft, 1931 – HWDA IV, 841ff – K.Kerényi, Das göttl. Kind in mythol. u. psychol. Beleuchtung, 1940 – Ders., Die Jungfrau u. Mutter in d. griech. Religion, 1952 – G.Guthknecht, Das Motiv der J. in religionsgeschichtl. Beleuchtung (Theol. Diss. Greifswald), 1952 (Masch.) – ThW V, 827f – O.Němeček, Die Wertschätzung der Jungfräulichkeit, 1953 (Lit.). – Vgl. die Lit. zu → Keuschheit: I.

K.Goldammer

2. *Das NT* setzt durchgehend als ganz selbstverständlich (Paulus sogar ausdrücklich: Gal 4, 4) die wirkliche, volle Menschheit Jesu voraus. Dazu gehört u.a. die Nennung der Eltern (→ Maria, → Joseph). Gelegentlich haben die Evangelisten (vgl. Lk 3, 23) oder spätere Hss. diese Angaben korrigiert; aber nur zwei Stellen weichen von dem allgemeinen Befund ab: Lk 1, 26–38; Mt 1, 18–25. Hier begegnet das Motiv der Zeugung aus dem Geist, damit zusammenhängend die Behauptung der vaterlosen Geburt (LkEv) bzw. der Nichtbeteiligung Josephs bei der Zeugung des Kindes (MtEv). Maria wird mittelbar (Mt 1, 23) oder unmittelbar (Lk 1, 27) Jungfrau genannt. Der Matthäus-Text wurde vom Evangelisten formuliert. Lukas benutzt eine ältere Legende, die aus einem Theologumenon der hellenistischen Gemeinde herausgewach-

sen sein dürfte. Wurde Jesus dort als → Sohn Gottes (: II) bezeichnet, lag es nahe, diesen Titel zu veranschaulichen, zumal die religiöse Umwelt dafür eine Reihe von Vorstellungen bereit hielt, mit denen die göttliche Herkunft ausgedrückt werden konnte. Auch dem hellenistischen Judentum waren solche Vorstellungen nicht fremd (vgl. Philo, De Cherub. 40ff). - Die Behauptung der Zeugung aus dem → Geist (: IV, 1) will die theologische Bedeutung bzw. die Würde des so Gezeugten, aber keinen biologischen Sachverhalt ausdrücken: auf Jesus angewandt steht sie mithin im Dienste der → Christologie. Die dann hinzutretende Bezeichnung der Mutter als Jungfrau stammt aus Jes 7, 14 (LXX) und liefert terminologisch die Grundlage des späteren Dogmas der J. Früh schon setzt die Biologisierung der Vorstellung ein, auch bei den Gegnern, wie der apologetische Zug in der Darstellung des MtEv erkennen läßt.

E.Norden, Die Geburt des Kindes, 1924 - J.G.Machen, The virgin birth of Christ, 1930 - F.Kattenbusch, Die Geburtsgesch. Jesu als Haggada der Urchristologie (ThStKr 102, 1930, 454-474) - K. Bornhäuser, Die Geburts- u. Kindheitsgesch. Jesu, 1930 - M.Dibelius, Jungfrauensohn u. Krippenkind (SAH 1932, 4 = Botschaft u. Gesch. I, 1953, 1-78) - P.R.Botz, Die Jungfrauschaft Mariens im NT u. in d. nachapost. Zeit (Kath. Diss. Tübingen), 1935 - H.Braun, Der Sinn der nt. Christologie (ZThK 54, 1957, 341-377, bes. 353ff).

W.Marxsen

3. Das natus ex virgine der kirchlichen Bekenntnisse hat seinen Grund allein in den Erzählungen Mt 1 und Lk 1. Es steht und fällt mit der historischen Glaubwürdigkeit dieser Texte (s. 2). Es läßt sich *dogmatisch* nicht als ein notwendiges und unveräußerliches Stück des Bekenntnisses zu Jesus Christus (→ Christologie: III) erweisen, weder als unerläßliche Voraussetzung der Sündlosigkeit Jesu noch als Bedingung seiner Gottessohnschaft (→ Schleiermachers Darlegungen darüber sind unwiderlegbar). Das Letztere würde heißen, daß man die Begriffe der Vaterschaft Gottes und der Sohnschaft Jesu nach Art des Heidentums biologisch mißversteht, im Widerspruche zu ihrem biblischen Sinn: die »Geburt aus Gott« und die irdische Erzeugung konkurrieren nicht miteinander. Ebensowenig hat die J. mit der sündlosen Reinheit Jesu zu tun. Da Jesus durch seine Mutter doch im Zusammenhange der gefallenen Menschheit bleibt (wenn man nicht mit der römischen Kirche die Sündlosigkeit Mariens postulieren will [→ Mariologie]), wäre das Postulat der J. nur dann sinnvoll, wenn man den geschlechtlichen Akt als sündig und sündig machend ansähe, auch das im klaren Widerspruche zum biblischen und christlichen Denken. Andererseits könnte die J. die Bedeutung eines *Zeichens* dafür haben, daß die Geburt Jesu ein schöpferischer Akt Gottes in einem Sinne ist, der von keiner anderen menschlichen Geburt gilt: obgleich Jesus im Zusammenhange der adamitischen Menschheit kommt und an ihrem Erbe teilhat (Röm 8, 3), geschieht in seiner Erzeugung die Menschwerdung Gottes und der Anfang der neuen Menschheit. Doch ist die Gewißheit um dieses Gotteswunder nicht an die Historizität der J. gebunden und wird daher auch durch die Einsicht in den legendären Charakter der Berichte nicht berührt.

F.Schleiermacher, Der christl. Glaube, 1830/31², § 97, 2 - Die Dogmatiken, bes. von R. → Seeberg, K. → Barth, E. → Brunner; von diesem auch: Der Mittler, (1927) 1947⁴, 288ff. *P.Althaus*

Jungius, *Joachim* (1587-1657), Philosoph, Mathematiker, Physiker, Mediziner und Botaniker, als Polyhistor → Leibniz vergleichbar. * in Lübeck, studierte J. in Rostock und Gießen Mathematik, Philosophie und Naturwissenschaften, wurde 22jährig Prof. der Mathematik in Gießen, studierte dann in Rostock und Padua (bis 1618) Medizin. Nach einem Wanderleben übernahm J. 1629 in Hamburg die Leitung des von → Bugenhagen gegründeten Johanneum und des »Akademischen Gymnasium«, die er zu hohem Ansehen brachte. Seine literarische Nachwirkung blieb gering, zumal seine bedeutendsten Schriften erst spät veröffentlicht wurden und sich an seinen Namen nicht epochale Entdeckungen knüpften wie die der Fallgesetze bei → Galilei, der analytischen Geometrie bei → Descartes. Dabei waren die Gedanken J.' in manchem radikaler und »moderner« als die seiner berühmteren Zeitgenossen: er führte die Atomtheorie (→ Atom) nicht als naturphilosophische Spekulation, sondern als experimentell zu prüfende Hypothese ein, verbannte die Endursachen aus der Wissenschaft, hob die Bedeutung mathematischer Verfahren und des Experiments in der Naturwissenschaft hervor. Seine »Logica Hamburgensis« teilt zwar den damals in der → Logik herrschenden Psychologismus, ist aber dennoch eine der besten Leistungen der Zeit vor Leibniz. Originell ist die These, daß die aristotelische Logik nicht, wie bei F. → Bacon und Descartes, als nutzlos verworfen, sondern *ergänzt* werden müsse.

Werke: Geometria empirica, 1628; Logica Hamburgensis, (1638) 1681, Neuausg. v. R.W.Meyer, 1957 (Bd I der GA, die die 1947 in Hamburg gegründ. »J.J.-Gesellschaft der Wissenschaften« vorbereitet). - Über J.: G.Guhrauer, J.J. u. sein Zeitalter, 1850 - E.Wohlwill, J.J. u. die Erneuerung atomist. Lehren im 17.Jh., 1887 - Beiträge zur J.-Forschung (Festschr. der Hamburg. Univ.), hg.v. A. Meyer, 1929 - A.Meyer-Abich, J.J. u. sein Werk (in: G.W.Leibniz, Vorträge der... in Hamburg abgehaltenen wiss.Tagung, 1946, 79-96) - Die Entfaltung der Wissenschaft (Vorträge der J.-Gedenktagung in Hamburg 1957), 1958. *G.Patzig*

Jungmann, *Josef Andreas,* * 16.11.1889 in Taufers (Südtirol), nach Pfarrdienst und weiteren Studien als Mitglied der SJ PDoz. und seit 1930 Prof. für Pastoraltheologie der kath.-theol. Fakultät in → Innsbruck, 1938 bis 1945 zwangsemeritiert, 1956 emeritiert, seitdem Honorar-Prof. J. gehört zu den führenden Liturgikern der kath. Kirche.

Vf. neben zahlreichen Aufsätzen u.a.: Gewordene Liturgie (Studien u. Durchblicke), 1941; Missarum Sollemnia I. II, (1948) 1958⁴; Das eucharistische Hochgebet, 1954; Vom Sinn der Messe als Opfer der Gemeinschaft, 1954; Der Gottesdienst der Kirche, (1955) 1957².

W.Jannasch

Jungreformatorische Bewegung → Kirchenkampf.

Jung-Stilling, *Johann Heinrich* (12.9.1740 bis 2.4. 1817), * in Grund (Siegerland). J. wurde von seinem Vater unter radikal pietistischen Einflüssen erzogen. Als Dorfschulmeister, Schneidergeselle und Hauslehrer kam er in enge Fühlung mit niederrheinischen Pietisten, den »Stillen im Lande«, nach denen er sich später »Stilling« nannte. 1762 hatte er ein Erweckungs- und Bekehrungserlebnis, das zu einer quietistischen Unterordnung unter die Leitung der Vorsehung führte. Noch vor 1770 kam er mit der → Aufklärung in Berührung und begann eine ausgedehnte augenärztliche Tätigkeit. 1770-72 studierte J. in Straßburg Medizin; → Herder und → Goethe vermittelten eine intensive Beschäftigung mit dem → Rationalismus und dem → Sturm und Drang. 1772-78 war J. Arzt in Elberfeld, bis 1784 Prof. für Kameralwissenschaften in Kaiserslautern, 1787 in Heidelberg, 1787 bis 1803 bei zunehmender ophthalmologischer und volksschriftstellerischer Tätigkeit in Marburg. 1803 wurde J. vom Kurfürsten Karl Friedrich von Baden in Dienst genommen und wirkte zuerst in Heidelberg, dann in Karlsruhe als »Patriarch« der → Erweckung (: I, 5). - Herkommend von einem die freiwaltende Vorsehung betonenden Pietismus geriet J. - ähnlich wie F.H. → Jacobi - durch die Einwirkungen des → Determinismus in schwerste Anfechtungen: die denkerische Bewältigung des Freiheitsproblems und der Gottesfrage wurde ihm unmöglich. Einzig die Erweise göttlicher Durchhilfe in seiner Lebensgeschichte bewogen ihn zum Festhalten an den Glaubensinhalten seiner Jugend; der zentrale Begriff (bes. in den wenig beachteten frühen Schriften) wird der der *Erfahrung*. Von da aus wird J. zum Vertreter der Lehre der providentia specialissima und veröffentlicht seine Lebensgeschichte in sechs Teilen (1777ff). Erst → Kants Kritik der reinen Vernunft befreite J. von seinen Zweifeln und ließ den Begriff der Erfahrung hinter mehr supranaturalistischen Gedankengängen zurücktreten. - Später begann unter dem Druck der Zeitereignisse das eschatologisch-apokalyptische Motiv vorzuherrschen. So richtete J. in der Volksschrift »Der Graue Mann« (1795-1816) seinen Bußruf an die dem Unglauben und dem Luxus verfallene Christenheit und beschrieb in seinem von → Bunyan angeregten Roman »Das Heimweh« (1794-96) den Zug der endzeitlichen Gemeinde nach dem rettenden Osten. Wichtig ist J.s Sinn für praktisch-christliche Arbeit und sein Bestreben, das Volk christlich zu beeinflussen.

Sämmtl. Schriften, 13 Bde u. 1 ErgBd, 1835-38. - Sendschreiben geprüfter Christen an weiland den geheimen Hofrath J.-St., hg.v. St.s ältestem Sohn JAKOB JUNG, 1833 - Briefe J.-St.s an seine Freunde, hg.v. A.VÖMEL, 1905. - Über J.-St.: M.GOEBEL, J.-St. als christl. Volksschriftsteller ... (Prot. Monatsbl. für innere Zeitgesch. 14, 1859, 15-71) - DERS., J.-St.s Jugendgesch. Zur relig. Gesch. Deutschlands im vorigen Jh.(ebd 15, 1860, 47-70. 109-135) - G.STECHER, J.-St. als Schriftsteller, 1913 - W.LÜTGERT, Die Religion des dt. Idealismus u. ihr Ende II, 1923 - H.R.G.GÜNTHER, J.-St. Ein Beitr. zur Psychologie des Pietismus, (1928) 1948² - E.SCHICK, J.-St.s Heimweh u. Heimat, 1943 - E.BENZ, J.-St. in Marburg, 1949 - M.GEIGER, Aufklärung u. Erweckung. Beiträge zur Erforschung J.-St.s u. der Erweckungsbewegung, 1960.

M.Geiger

Junilius (Junillus) **Africanus,** hoher Staatsbeamter (Quaestor sacri palatii) unter Justinian, schrieb um 551 die Instituta regularia divinae legis, eine biblische Einleitung. Das Werk ist die lateinische Bearbeitung eines ursprünglich syrischen und von dem Perser Paulus aus Basra ins Griechische übersetzten Schulbuches. J.A. vermittelte damit dem Abendland manches von der antiochenischen Exegese und der kritischen Kanonunterscheidung des → Theodor von Mopsuestia.

Text: MPL 68, 15ff; besser bei H.KIHN, Theodor v. Mopsuestia u. J.A. als Exegeten, 1880, 465ff. - Über J.A.: A.RAHLFS, Lehrer u. Schüler bei J.A. (NGG 1891, 242-246) - RE IX, 634f; XXIII, 719 - BARDENHEWER V, 274. 334ff - E.STEIN in: Académie royale de Belgique, Bulletin de la Classe des lettres... V/23, 1937, 365-390 (vgl. ByZ 38, 1938, 280).

E.Barnikol

Junius (du Jon), *Franciscus d.Ä.* (1545-1602), * in Bourges, † in Leiden. Als Genfer Student Schüler → Bezas, wird er 1565 franz. Prediger in Antwerpen und Flandern, zieht 1567 als Refugié in die Pfalz, wo er seit 1573 mit → Tremellio die lat. Bibelübersetzung bearbeitet, und wird 1576 Theologie-Prof. in Neustadt a.d.H., 1584 in Heidelberg, 1592 in Leiden. J.' Bedeutung liegt darin, daß er die theologische Tradition der Heidelberger Schule in die → Niederlande verpflanzte. Mit → Arminius unterhielt er einen Briefwechsel über die Prädestination, in dem er einen zwischen Supra- und Infralapsarismus vermittelnden Standpunkt einnahm. In der Föderaltheologie (→ Bund: IV) entwickelt er die Lehre vom Werkbund, deren Terminologie dann durch → Polanus ausgebildet wurde.

Vita nobilis et eruditi viri F.Junii etc ab ipso conscripta, 1595; auch in Opera theologica, 2 Bde, 1607 u.ö.; F.Junii Opuscula theologica selecta, ed. A.KUYPER, 1882. - Über J.: F.W.CUNO, F.J.d.Ä., 1891 - RITSCHL III, 311. 420ff - BWGN IV, 604ff (Bibliogr. u. Lit.).

J.F.G.Goeters

Jurieu, *Pierre* (1637-1713), führender hugenottischer Theologe, Enkel von Pierre → Du Moulin. J. studierte auf den hugenottischen Akademien → Saumur (Philosophie) und → Sedan (Theologie), reiste nach den Niederlanden und England und war 1660-74 ref. Pfarrer in Mer b. Blois, 1674-81 Prof. der hebr. Sprache in Sedan, 1681 bis 1713 Pfarrer und Prof. in Rotterdam. Nach der Aufhebung des Edikts von Nantes (1685) setzte er sich karitativ und politisch unermüdlich für die vertriebenen → Hugenotten ein (→ Frankreich: I, 5; vgl. bes. Réflexions sur la cruelle persécution que souffre l'Eglise réformée en France, 1685; Lettres pastorales adressées aux fidèles de France, 1686-89; anonym: Soupirs de la France esclave, 1689f). Rom gegenüber hielt er an der altref. Ablehnung fest. Mit den Lutheranern betrieb er eine unbedingte Einigung auf der Grundlage von Fundamentalartikeln (→ Einigungsbestrebungen: II, 2a), während er andrerseits nicht nur die → Sozinianer und → Arminianer, sondern auch die Pajonisten (→ Pajon) und die rigorosen Vertreter der → Prädestination (: III) verwarf. Als Theologen der Zeitenwende zeigt er sich durch den starken Einschuß rationaler Betrachtungsweise, sowohl in der Interpretation der Prädestination als auch in der Bestimmung der Fundamentalartikel, die er durch einen rationalen Religionsvergleich gewinnen will.

E. u. E.HAAG, La France protestante VI, Paris 1856, 104ff - C.VAN OORDT, P.J., Genf 1879 - RE IX, 637ff (unvollst. Bibliogr., Lit.) - H.E.WEBER, Reformation, Orthodoxie u. Rationalismus II, 1951, 153ff - M.GEIGER, Die Basler Kirche u. Theol. im Zeitalter der Hochorthodoxie, 1952, 344ff - M.SCHMIDT in: Gesch. der ökumen. Bewegung I, 1957, 121f.

M.Schmidt

Jurisdiktion, *Jurisdiktionsgewalt,* ist im kath. Kirchenrecht die Leitungsgewalt der → Hierarchie gegenüber den Mitgliedern der Kirche. Ihre Träger erhalten sie entweder zugleich mit einem Amt (ordentliche J.) oder als persönliche, nicht durch ein Amt vermittelte Vollmacht (delegierte J.) oder schließlich durch Suppletion seitens der Kirche im einzelnen Fall, wenn ein Kleriker, der seiner Weihe nach zu dem betreffenden J.sakt befähigt wäre, ihn ohne J. in einem Fall setzt, in dem entweder die (kirchliche) Allgemeinheit annimmt oder annehmen würde, daß er die notwendige J. besitzt, oder in dem positive und vernünftige Gründe das Vorhandensein der J. wahrscheinlich, wenn auch nicht zweifelsfrei machen. - Die kirchlichen Ämter bringen durchweg auch einen Anteil an der J. mit sich, aber nicht notwendig, da sie auf die Weihegewalt (→ Ordination: III) beschränkt sein können. Anderseits ist die Gesamt-J. der einzelnen Kleriker nur selten bloß ordentliche J.; in den meisten Fällen enthält sie auch delegierte J. Das hat bei den regierenden Bischöfen zeitweise zu heftigen Streitigkeiten mit dem Hl. Stuhl geführt (→ Episkopalismus, 1). Die J. ist nicht auf die Ordnung des äußeren kirchlichen Gemeinschaftslebens beschränkt, sondern greift auch in den inneren oder Gewissensbereich ein (→ Forum). - Die ordentliche J. wird in dem betreffenden Amt mitübertragen und erlischt mit seiner Erledigung. Je nachdem, ob das Amt als für sich selbständiges Amt ausgebildet ist (zB der regierende → Bischof) oder sein Träger als Stellvertreter neben einem anderen fungiert (zB der Generalvikar neben dem Bischof), wird die ordentliche J. unterschieden in eigenständige und stellvertretende (Iurisdictio ordinaria propria und vicaria). Die Träger ordentlicher J. in foro externo heißen Ordinarien; zu ihnen gehören: Papst, regierende Bischöfe und gleichgestellte Prälaten, die höheren Oberen in exemten Klerikalgenossenschaften (→ Kloster: III). Die J. des Papstes und der Bischöfe ist im Unterschied zu der J. der letzteren Gruppe auch territorial, nicht nur personal bezogen; sie werden daher als Ortsordinarien (Ordinarii locorum) zusammengefaßt. - Der Träger ordentlicher J. kann sie delegieren, soweit dies nicht ausdrücklich verboten ist. Die Weiterübertragung delegierter J. (Subdelegation) ist hingegen nur in begrenztem Ausmaß zulässig. Delegierte und subdelegierte J. erlöschen mit Erledigung des Auftrags, durch Zurücknahme seitens des (Sub-)Delegierenden und durch (annahmebedürftigen) Verzicht seitens des (Sub-)Delegierten. - Nach kath. Lehre ist die Hierarchie mit dieser streng rechtlich gemeinten Leitungsgewalt durch göttlich-rechtliche Einsetzung (Mt 16, 19; 18, 17-18) ausgestattet, besitzt also diese Rechtsgewalt ebenso unabhängig von staatlicher Übertragung oder Anerkennung, wie sie dafür auch keiner Grundlegung aus der Zustimmung ihrer Gläubigen bedarf. Anderseits ist diese kirchliche J. strikte auf die Getauften beschränkt, kann also gegenüber dem einzelnen nur auf seine gültige Taufe und auf den mit ihrem Empfang vollzogenen ausdrücklichen oder (Kindertaufe) implizierten, weder seitens der Kirche noch seitens des Getauften widerrufbaren Anschluß an die Kirche gestützt werden. - Vgl. → Gerichtsbarkeit: I; → Gesetzgebung, 1; → Lehrgewalt. Zur Geschichte s. → Kirchenverfassung: II. IV. V.

cc. 196-209 CIC - De Ritibus orientalibus et de Personis, pro Ecclesiis Orientalibus, cc. 138-153 (AAS 49, 1957, 473-476) - Lehrbücher des kath. → Kirchenrechts - DDC VI, 223 ff. *H. Barion*

Ius circa sacra bezeichnet die Rechte der weltlichen Gewalt in Kirchensachen. Ursprünglich als kirchliche Pflicht der christlichen Obrigkeit zur Fürsorge für den rechten Glauben verstanden, entwickelte es sich zu einem von religiösen Zielen entbundenen Teile der staatlichen Souveränität. Von dem ref. Theologen → *Pareus* (1608) als »potestas regia circa ecclesiastica« über die externa der Kirche geschaffen, wurde es durch die *luth. Orthodoxie* im 17. Jh. in die Dreiständelehre eingebaut, durch das Zusammenwirken des status politicus, ecclesiasticus und popularis beschränkt und gegen den Frühterritorialismus und ev. → Episkopalismus verwendet. - Der niederländische → *Territorialismus* (→ Grotius 1647) beanspruchte mit dem I.c.s. die volle Gewalt über die kirchlichen Organe und das kirchliche Recht mit Ausnahme der rein geistlichen Funktionen und der Gewissensfreiheit (Wurzel in zwinglischem und anglikanischem Staatskirchentum, Marsilius von Padua, naturrechtliches Souveränitätsdenken). - Für den → *Kollegialismus* der niederländischen Calvinisten (→ Voetius 1639) hingegen ist das I.c.s. nur eine → Kirchenhoheit des Staates, welcher die Autonomie der Kirche in Synoden, Gesetzgebung und Ämterhoheit zu beachten hat (Ausgleich der staatlichen Souveränität mit den synodal-presbyterialen Elementen des Calvinismus, der Föderaltheologie [→ Bund: IV] und dem naturrechtlichen Vertragsgedanken [→ Naturrecht: I]). - Auch in Deutschland wird das I.c.s. zT territorialistisch (→ Pufendorf, → Thomasius, J.H. → Böhmer), zT kollegialistisch (→ Pfaff, G.L. Böhmer, Wiese) entwickelt. - Auf kollegialistischer Grundlage wird schließlich im deutschen paritätischen Staat des *19. Jh.s* das I.c.s. zum Sammelbegriff der staatlichen *Kirchenhoheit*, die der Staat allen Religionsgesellschaften gegenüber ausübt und die von dem ev. landesherrlichen → Kirchenregiment streng zu unterscheiden ist. In dieser Gestalt war es der Schlüsselbegriff des Staatskirchenrechts bis zur WRV 1919. - *Inhaltlich* gehört zum I.c.s. seit dem Kollegialsystem das *ius reformandi*, die Zulassung und öffentlich-rechtliche Privilegierung eines kirchlichen Bekenntnisses betreffend, das *ius inspiciendi cavendi* zur Aufsicht über die Kirche (→ Plazet, Mitwirkung bei der Organisation und Besetzung der Kirchenämter und bei der kirchlichen Vermögensverwaltung, Amortisationsgesetze, → recursus ab abusu, Temporaliensperre usw) und das *ius advocatiae* auf Schutz und Förderung der Kirchen. - Vgl. → Kirche und Staat.

JOH. HECKEL, Cura religionis, ius in sacra, i.c.s. (KRA 117/118 [Festschr. U. Stutz], 1938, 224-298) - DERS., Marsilius v. Padua u. Martin Luther (ZSavRG Kan. Abt. 44, 1958, 268-336) - J. BOHATEC, Das Territorial- u. Kollegialsystem in der holländ. Publizistik des 17. Jh.s (ebd 35, 1948, 1-149) - M. HECKEL, Staat u. Kirche nach den Lehren d. ev. Juristen Deutschlands in d. ersten Hälfte des 17. Jh.s (ebd 42, 1956, 117-247; 43, 1957, 202-308). *M. Heckel*

Ius divinum

1. Theologisches und juristisches Verständnis - 2. In der röm.-kath. Dogmatik - 3. In der ev. Dogmatik

1. Göttliches Recht wird *theologisch* als Recht Gottes *auf* den Menschen, von daher als Recht Gottes *für* die Menschen verstanden. - Gottes Recht *auf* den Menschen bedeutet mittelbar i.d., sofern es im Gesetz (lex Mosis) Rechtspflichten begründet, die (in der Kirche) gegen Gott zu erfüllen sind; im Gebot Christi werden sie zu Forderungen, Gott (in der Kirche) zu loben, zu verkündigen und zu dienen. So wird i.d. zur Gottesdienstordnung (göttlichem Kirchenrecht). - Gottesrecht *für* die Menschen ist unmittelbar biblisch offenbart. Wo Gottes Rechtsoffenbarung mittelbar in Naturgesetzen gefunden wird, geht i.d. in »Naturrecht« über. - *Juristisch* bedeutet i.d. den obersten Rang kirchenrechtlich unbedingt verpflichtender Normen oder Institutionen, die alle andern bedingen und begrenzen (i.d. positivum). - Sich oft überschneidend, werden diese Begriffe in theologischen wie juristischen Lehrsätzen auseinander, nebeneinander, zueinander, gegeneinander gestellt. Durch wechselnde Definitionen von »göttlich« und »Recht« mehr und mehr verdunkelt, wurde der Gedanke des i.d. vielfach kontroverstheologisch mißbraucht und konfessionalistisch verengt.

2. In der *röm.-kath. Dogmatik* und Kanonistik gilt für das i.d. heute: Gemäß der Definition → Thomas von Aquinos (S.th. II/2 q. 57 a. 3) umfaßt i.d. → Naturrecht *und* positives Gottesrecht. Beides folgt aus der lex aeterna, der ewigen Wesensordnung Gottes, und steht im Verhältnis der Seins-Verwandtschaft (→ Analogia entis) - Gleichheit, Entgegengesetztheit, Getrenntheit und Indifferenz ebenso ausschließend wie Übereinstimmung einschließend. Naturrecht und geschichtliches Recht werden vom i.d. begründet und begrenzt. Miteinander (ineinander) fügen die drei Stufen des Rechts-Ordo sich zur Einheit dialektischer Unterschiedenheit. - Demgemäß versteht *röm.-kath.* → *Kirchenrecht* (: I A) lex divina positiva wie lex naturae als echte Rechtsquellen (CIC c. 27) und zusammen als i.d. (Fuchs). Das positive göttliche Recht (»Gesetz der Offenbarung« [→ Rerum novarum, ASS 23, 1890/91, 641]) heißt *traditio divina*. Es gliedert sich in lex divina vetus (vormosaische Rechtsoffenbarung), lex divina primitiva (mosaisches Gesetz), lex divina nova (Gesetz Christi). Die traditio divina ist unveränderlich, auch das oberste → Lehramt (: I) bleibt an sie gebunden. *Institutionen* des i.d. sind: Weihehierarchie (Klerikerstand, Bischofsamt), päpstlicher Primat, Sakramente (auch daraus abgeleitete Rechtsnormen).

3. In der *ev. Dogmatik* hat sich der Begriff i.d. kontroverstheologisch entwickelt. Bemüht, *alles* → Kirchenrecht (: I B) als ius humanum zu deuten, wurde i.d. verworfen oder als »geistliche« Ordnung vom natürlich-geschichtlichen Recht radikal getrennt.

a) Die *Auffassung der Reformatoren* vom i.d. war weniger verschieden als ihre spätere Auslegung in der Theologie. - Luthers → Zwei-Reiche-Lehre kennt kein dialektisches Ineinander (Miteinander) von i.d., ius naturae und ius humanum positivum. »Eigentliches« i.d. gibt es nur im status incorruptus, für den »geistlichen Menschen«, im »Reich Gottes zur Rechten«, als Ordnung der lex gratiae.

Das hier waltende »göttliche Naturgesetz« (lex divina) wird im »Reich Gottes zur Linken«, im status corruptus, vom »äußeren Menschen« nicht anerkannt (zumal es »Geist«, nicht Norm oder Institution, ist). Dieser »göttliche Rechtswille« (Dei voluntas lex! Heckel) ist weder der kosmischen Vernunftnatur noch der humanen Geschichtsnatur analog deutbar. – Zwingli dagegen rückte als Humanist das i.d. nah ans → Naturrecht. Sein Leitsatz »lex est lux« (»das Gesetz ist Licht«) öffnete einen Weg zur dialektischen Synthese göttlichen und weltlichen Rechts. – Melanchthon beschritt ihn gleichzeitig mit seiner »synergistischen« Rechtstheologie, die von → Oldendorp bis → Reinking den luth. Juristen biblische Weisung des Rechts gab. – Calvin fand i.d. positivum nicht nur in der Hl. Schrift, deren Richtschnuren für den menschlichen Ordnungswillen er als »christliche Politik« verstand; er fand auch im i.d. eine *reformatorische Begründung des Kirchenrechts* (Conf. Gall. art. 29). – *Gemeinsam* lehrten alle Reformatoren, daß in Taufe, Predigt und Abendmahl sowie in Schlüsselamt und Gemeindezucht göttliches Recht für die Kirche erkennbar sei (notae externae).

b) Dementsprechend findet sich in der *heutigen Lehre* vom i.d. keine Übereinstimmung; sie bewegt sich zwischen betont luth. Auffassungen, wie der vom »institutionellen« i.d. des geistlichen → Amts (: III) und der Kirchengewalt einerseits, und betont ref. Theologumena, wie dem vom »christokratischen« i.d. der biblischen Weisung und der Gemeindeordnung andererseits, hin und her.

c) Im ev. → Kirchenrecht (: I B) spiegelt sich diese Lage. Die Verfassungsgeber des 19. und beginnenden 20.Jh.s lehnten das i.d. ab. Es gebe – argumentierte man – in der ev. Kirche kein göttliches Recht. Kirchliches Recht könne nur geschichtlicher Notwendigkeit entspringen, nie aber dem → Bekenntnis (v.Scheurl), weil die Bibel Glaubensquelle, nicht Rechtsquelle sei (Kahl), andere Quellen für i.d. nicht anerkannt werden könnten, jedes »empirisch« wirksame i.d. die »Wesenskirche« zur »Rechtskirche« entstelle (G.Holstein). Erst im → Kirchenkampf wurde man sich der Unhaltbarkeit dieser Sätze bewußt (Barmer Theol. Erklärung 3; → Barmen, 2) und entdeckte wieder göttliches Kirchenrecht, zwar nicht in der Normierung, aber in der Einsetzung von Predigt, Sakrament und Schlüsselgewalt (Schlink). Dem folgten die Grundordnungen (→ Kirchenverfassung: VII) seit 1945. – Doch bekämpfen noch heute manche Lutheraner (Wehrhahn) jede Art von i.d. als »unreformatorisch«, und manche Reformierte (Schoch) verwerfen das i.d. als »unnützen, mißverständlichen Begriff«.

d) Diese *Streitlage* würde wohl am ehesten zu *überwinden* sein durch ein – von jedem *nur* kontroverstheologischen, reformationsgeschichtlichen und konfessionalistischen Aspekt befreites – dogmatisches Neu-durchdenken nicht nur des »divinum«, sondern auch des »ius«: eine wichtige Aufgabe zukünftiger Rechtstheologie.

Zu 2: PIUS XII., Ansprache vom 1.6.1941 (AAS 33, 1941, 196) – EICHMANN-MÖRSDORF I, 18 – JOS.FUCHS, Lex Naturae, 1955, 7ff. – Zu 3a: ERIK WOLF, Theol. u. Sozialordnung bei Calvin (ARG 42, 1951, 11-31; Lit.) – DERS., Die Sozialtheol. Zwinglis (Festschr. Guido Kisch, 1955, 167-188; Lit.) – CL.BAUER, Die Naturrechtsvorstellungen des jüngeren Melanchthon (Festschr. Gerh. Ritter, 1950, 244-255; Lit.) – JOH.HECKEL, Lex Charitatis, 1953, 52ff, bes. 68ff. 119ff (Lit.) – DERS., Im Irrgarten der Zwei-Reiche-Lehre, 1957 – ERNST WOLF, Zur Frage des Naturrechts bei Thomas v.Aquin u. bei Luther (Peregrinatio, 1954, 183-213). – Zu 3b: W.O.MÜNTER, Kirche u. Amt II: Die Gestalt der Kirche nach göttl. Recht, 1942 – E.BRUNNER, Gerechtigkeit, 1943, 54ff. 130ff – H.SCHREINER, Vom Recht der Kirche, 1947, 87ff – K.BARTH, Die Ordnung der Gemeinde, 1955, 63ff. 70ff. – Zu 3c.d: A.v.SCHEURL, Kirchenrechtl. Abh.en, 1873, 73ff – W.KAHL, Lehrsystem des Kirchenrechts u. der Kirchenpolitik I, 1894, 70ff – G.HOLSTEIN, Grundlagen des ev. Kirchenrechts, 1928, 51ff. 210ff – H.BARION, R.Sohm u. die Grundlegung des Kirchenrechts, 1931 – E.SCHLINK, Theol. der luth. Bekenntnisschriften, (1940) 1948³, 338ff – M.SCHOCH, Ev. Kirchenrecht u. bibl. Weisung, 1954, 98ff – H.WEHRHAHN, Kirchenrecht u. Kirchengewalt, 1956, 83ff.

Erik Wolf

Ius in sacra. Faßte das Reformations-Jh. die geistlichen Regentenpflichten des Landesherrn als → cura religionis zusammen, so baute das 17.Jh. seine Lehre vom → Landesherrlichen Kirchenregiment auf der Unterscheidung der inneren geistlichen Leitung der Kirche in Sachen des Glaubens und Kultus (potestas ecclesiastica interna, dem geistlichen Stand vorbehalten) von der dem Fürsten zustehenden Sorge für die äußere kirchliche Ordnung (potestas ecclesiastica externa) auf. Für sie wurde der Name I.i.s., bes. seit → Grotius aber → ius circa sacra gebräuchlich. Zu ihrem Inhalt gehört das ius reformandi, Gesetzgebung und Gerichtsbarkeit, die Aufsicht über die kirchlichen Ämter, ihre Errichtung und Besetzung, Berufung der Synoden, kirchliche Vermögensverwaltung und Schulerhaltung. In der geänderten Lage des paritätischen konstitutionellen Staates wird im 19.Jh. das ius circa sacra als Ausdruck der am Gemeinwohl ausgerichteten allgemeinen Kirchenhoheit des Staates, das I.i.s. als Bezeichnung der dem ev. Landesherrn zustehenden Episkopalrechte verstanden. – Vgl. → Kirche und Staat.

K.RIEKER, Die rechtl. Stellung der ev. Kirche Deutschlands, 1893 – JOH.HECKEL, Cura religionis... (→ Ius circa sacra) – M.HEKKEL (s. ebd).

U.Scheuner

Justin, * in Flavia Neapolis (Sichem; Nablus), nach philosophischer Ausbildung in Ephesus zum Christentum bekehrt, wirkte als christlicher »Philosoph« u.a. auch in Rom (einer seiner Schüler war → Tatian), wo er bei einem 2. Besuch unter Präfekt Junius Rusticus (163 bis 167) Märtyrer wurde, nachdem er durch seine Disputation mit dem Kyniker Crescens bekannt geworden war. Von den apologetischen, antihäretischen und theologischen Schriften (Apol. I, 26; Euseb, h.e. IV, 18, 1ff; Irenäus IV, 11, 2) ist trotz der hohen Verehrung der alten Kirche, die Zeugnisse einer späteren Apologetik ihm unterschob, vieles verloren. Das Erhaltene leidet in den echten Stücken, den sog. 2 Apologien an Antoninus Pius (138-161) und dem Dialog mit dem Juden Tryphon, an schlechter Überlieferung (→ Apologeten), die oft von der indirekten bei Euseb abweicht. Seine Schriften zeigen J. als Vertreter einer bewußten Synthese zwischen griech. Philosophie und Christentum, ohne daß dessen Offenbarungsanspruch aufgegeben wird. Trotz seiner sprachlichen Unbeholfenheit ist J. der bedeutendste Vertreter der frühkirchlichen → Apologetik (: II) des 2.Jh.s. Geistesgeschichtlich dem mittleren → Platonismus angehörend, stellt er dessen philosophische Dogmatik nicht nur für apologetische Zwecke, sondern auch für die Ausformung christlicher Dogmen (Schöpfungslehre bzw. Kosmologie, Logos-Christologie [→ Christologie: II, 2a], Ethik) in Dienst. Seine Werke sind zudem für die Geschichte der → Liturgie (: III), der LXX (→ Bibelübersetzungen: I), des nt. Textes und Kanons im 2.Jh. (→ Bibel: II B, 2) eine unentbehrliche Quelle.

Lit. für Ausg.n, Übers.en u. Forschungslit. bei QUASTEN I, 196ff; ALTANER 96ff. Ergänzend: A.EHRHARDT, J. Martyr's two apologies (JEH 4, 1953, 1-12) – C.W.DUGMORE, Sacrament and sacrifice in the early Fathers (ebd 2, 1951, 24-37) – D.BARTHÉLEMY, Redécouverte d'un chaînon manquant de l'hist. de la Septante (RB 60, 1953, 18-29) – R.M.GRANT, Aristotle and the Conversion of J. (JThS NS 7, 1956, 79-87. 246-248) – L.FERRERO, Struttura e metodo dell'Epitome di Giustino, 1957 – R.HOLTE, Logos Spermatikos (StTh 12, 1958, 109 bis 168).

C.Andresen

Justinian I., *byzantinischer Kaiser,* * 482, Mitregent unter seinem Oheim Justin I. (518-527), 527-565 Alleinherrscher, stellte zum letzten Mal die politische Einheit des Ostreichs mit Afrika und Italien her (→ Byzanz: II, 1). Die Vernichtung der dortigen Germanenreiche traf auch ihre arianischen Kirchen. J.s Gesetzgebung (Corpus Iuris) bezweckte die Sammlung des gesamten, auch des vorkonstantinischen, römischen Rechts, das er durch viele eigene Erlasse erweiterte. Hier werden auch zahlreiche kirchliche Rechtsfragen geregelt. Kirchliche Canones sollten wie staatliche Gesetze gelten. J. war der größte Kirchenbauer seit Konstantin (→ Byzantinische Kunst, 2b). Zugleich nahm er lebhaften literarischen Anteil an den dogmatischen Kämpfen seiner Zeit, schrieb gegen → Origenes wie gegen die Monophysiten (→ Christologie: II, 5b), verdammte Person und Lehre des → Theodor von Mopsuestia (→ Dreikapitelstreit) und erklärte sich am Ende seines Lebens für den Aphthartodoketismus (→ Julian, 3).

Theol. Schriften in MPG 86, 1. - Über J.: RGG² III, 575 - B. BIONDI, Giustiniano Primo, principe e legislatore cattolico, Mailand 1936 - ALTANER 477f (Lit.). *A.Ehrhardt*

Justiniani (Giustiniani), *Paul* (1476-1528), * Venedig, † Monte Soratte, Gründer der sehr strengen → Kamaldulenser-Kongregation von Monte Corona, studierte in Padua Philosophie und Theologie, trat 1510 als Mönch in Camaldoli ein, das er 1520 mit Dispens → Leos X. verließ, um Einsiedeleien mit eigenen Konstitutionen zu gründen. J. war mit Caraffa (→ Paul IV.) befreundet und verfaßte eine Denkschrift zur Kirchenreform.

A.FIORI, Vita del b. P.G., Rom 1734 - P.LUGANO, La congregazione camaldolese degli eremiti di Monte Corona, Frascati 1908 - J.SCHNITZER, Peter Delfin, 1926, 227ff - LThK IV, 510 - A.GIABBANI, Camaldolesi, Camaldoli 1944 - H.JEDIN, Gesch. d. Konzils v. Trient I, (1949) 1951² (s. Reg. s. v. Giustiniani, Tommaso) - EC VI, 833f (Bibliogr.). *H.Liebing*

Justus *von Tiberias*, jüdischer Historiker aus der Zeit um 70 nChr. Wie sein Zeitgenosse → Josephus verfaßte er (nach Angaben des Josephus [Vita] und christlicher Autoren) Schriften über die Geschichte der Juden. Doch sowohl sein Werk über die Geschichte der jüdischen Könige, das von Moses bis auf Agrippa II. führte, als auch seine Darstellung des jüdischen Krieges sind verlorengegangen.

SCHÜRER I, 58ff; III, 496f - A.SCHLATTER, Gesch. Israels, (1901) 1925³, 342ff - JewEnc VII, 398f - PW X, 1341ff - W.SCHMIDT-O. STÄHLIN, Gesch. der griech. Lit. II/1, 1920⁶, 601ff - UJE VI, 272. *E.Lohse*

Juvenal, *Bischof von Jerusalem* (422-458), auf die Machterweiterung seines Sprengels bedachter Kirchenpolitiker. Als ein erstes Paktieren mit → Cyrill von Alexandrien auf der Synode von → Ephesus 431 zerbrach, ging er dort zu den Antiochenern über. Die Synode von Ephesus 449 hingegen sah ihn auf seiten → Dioskurs von Alexandrien; doch erst der Wechsel zur dyophysitischen Partei auf dem Konzil von → Chalcedon 451 (→ Christologie: II, 4) ließ ihn sein Ziel erreichen. Wenn auch nicht die Ansprüche auf Phönikien und Arabien verwirklicht wurden, so erreichte er doch die Anerkennung → Jerusalems (: II) als 4. Patriarchat. Während sich die anfängliche Kritik → Leos I. (ep. 80, 3; 119, 4) erst allmählich legte, reagierten die monophysitischen Mönche Palästinas durch einen Aufstand (452/53), der J. nach Konstantinopel vertrieb. Kaiserliche Truppen, nicht die Briefe Leos I. (ep. 123; 124 = später tomus Leonis II) erzwangen seine Rückkehr (Sommer 453). Fortan galt er als Verteidiger des Chalcedonense (Leo, ep. 148-53). - Sein Versuch, das Weihnachtsfest für Jerusalem am 25. XII. einzuführen, scheiterte.

Neueste Lit.: E.HONIGMANN, J. of J. (DOP 5, 1950, 211-279) - DERS., Patristic Studies, 1953, 59ff, bes. 68ff - A.GRILLMEIER-H. BACHT (Hg.), Das Konzil v. Chalkedon II, 1953, 946ff. *C.Andresen*

Juvencus, spanischer Presbyter, ist der erste bedeutende epische Dichter der lateinischen Christenheit; um 330 schrieb er 4 Bücher »Evangelia« in Hexametern. Als hauptsächliche Quelle diente ihm eine altlateinische Übersetzung des MtEv. J. bemüht sich, so viel wie möglich den traditionellen epischen Stil beizubehalten, während der christliche Sprachgebrauch gemieden wird (→ Altchristliche Dichtung, 2b). Christliche Antike und MA haben das Werk fleißig gelesen; der literarische Einfluß ist bedeutend.

Ausg.: J.HUEMER, CSEL 24, 1891 (ungenügend). - Über J.: N. HANSSON, Textkritisches zu J., mit vollständigem Index Verborum, Lund 1950 (Lit., bereitet den Weg für eine neue krit. Ausg.) - ALTANER 366f. *Chr.Mohrmann*

Ivo, seit 1090 Bischof *von Chartres* (ca 1040-1115), entwickelte nach Wido von Ferrara aus Lehren → Augustins (: II, 5) die theoretische Grundlage für die Beilegung des Investiturstreits (→ Kaisertum und Papsttum), die in der Formulierung seines Schülers → Hugo von Fleury zur Geltung kam. Als hervorragender Kanonist verfaßte I. die nach Quellen geordnete Collectio tripartita. Wie → Abaelard (Sic et non) baute auch I. auf den Interpretationsregeln Bernolds von Konstanz seine harmonisierende Methode (Consonantia canonum) auf, von der → Gratian (Concordia discordantium canonum) stark beeinflußt wurde. Gratian benutzte ferner I.s zwar noch wenig geordnetes Decretum, in dem aber nahezu das gesamte Kirchenrecht aufgearbeitet war, und vor allem I.s besser systematisierte, allgemein hochgeschätzte und weitverbreitete Panormia.

Werke: MPL 161/62 - Yves de Chartres, Correspondence I, ed. J. LECLERCQ, Paris 1949. - Über I.: J.DE GHELLINCK, Le mouvement théol. du XIIe siècle, (Paris 1914) Brügge 1948², 445ff - RGG² III, 576 - A.VAN HOVE, Prolegomena (Com. Lov. in CIC I/1), Mecheln-Rom (1928) 1945², 329ff - A.M.STICKLER, Historia iuris canonici latini. Institutiones academicae I: Hist. font., Turin 1950, 179ff. 191. *B.Panzram*

Iwanow, 1. *Alexander* I. (1806-58), einer der bedeutendsten Landschaftsmaler der Welt, studierte 27 Jahre in Italien antike Kunst und lernte u.a. auch bei → Thorwaldsen. Spekulativ veranlagt, wandte er sich D.Fr. → Strauß zu, dessen Liberalismus er mit einem gewissen Mystizismus verband. So zeigt sein Hauptwerk »Christus erscheint dem Volk« (1858; wichtig die Skizzen!) die Abhängigkeit von Strauß. Diese führte ihn schließlich nach starken Glaubenszweifeln zu den bürgerlichen Revolutionären des 19.Jh.s.

D.ČYŽEVSKYJ, Zs. f. slav. Philologie 8, 1931, 368-387 - DERS., Aus zwei Welten, 1956, 291ff - O.WULFF, Die neuruss. Kunst, 1932, 137ff u.ö. - VL.FIALA, Die russ. realist. Malerei des 19.Jh.s, 1953, 87ff - M.ALPATOV, A.A.I. Leben u. Werk, 2 Bde, 1956 (russ.).

2. *Wjatscheslaw* I. (1866-1949), gleich bedeutend als Dichter wie als Philosoph und Philologe. I. erstrebte eine Synthese von Dionysos und Christus und wollte auf dieser Basis den Symbolismus überwinden, um, ähnlich wie → Dostojewski, einen geistigen Realismus »jenseits der Wirklichkeit« zu schaffen. Formal vereinigen seine Dichtungen höchste Erlebnisintensität mit der Kühle geschliffener Darstellung. Wie bei fast allen russ. Religionsphilosophen verbindet sich bei ihm liberaler Anthropozentrismus des Westens mit der Vergottungstheologie des Ostens. Von → Solowjew beeinflußt, wirkte er auf die russ. Symbolisten wie → Mereschkowski, Bjelyj und Blok ein. 1926 trat I. zum Katholizismus über.

W.I., Dostojewskij, 1932 - M.GERSCHENSON-W.IWANOW, Briefwechsel zwischen zwei Zimmerwinkeln, hg.v. N.v.BUBNOFF, 1948 - B.SCHULTZE, Russ. Denker. Ihre Stellung zu Christus, Kirche u. Papsttum, 1950, 421ff (Lit.) - A.STENDER-PETERSEN, Gesch. der russ. Lit. II, 1957, 513ff. 571f (Lit.). *K.Onasch*

K

Kaas, *Ludwig,* Prälat (1881–1952), kath. Priester, Prof. für Kirchenrecht in Trier (1918), Mitglied der Weimarer Nationalversammlung (1919) und des deutschen Reichstages (1920–33), 1926 Vorsitzender der Zentrumsfraktion, 1927 der Zentrumspartei, Mitglied des Preuß. Staatsrates (1921–33). K. emigrierte 1933 nach Rom, war an den Verhandlungen um das Reichskonkordat (in noch nicht ganz geklärter Rolle) beteiligt, wurde 1934 Apostolischer Protonotar, Sekretär der Päpstlichen Kongregation der Kirchenfabrik von St.Peter und begann die Ausgrabungen unter dem Petersdom.

Vf. u.a.: Die geistl. Gerichtsbarkeit der kath. Kirche in Preußen..., 2 Bde, 1915/16; Das apostol. Vikariat Ehrenbreitstein, 1917; Kriegsverschollenheit u. Wiederverheiratung, 1918. – Über K.: G.Schreiber in: ThRv 47, 1951, 137f – A.Kupper, Das Reichskonkordat (StZ 163, 1958/59, 278–302. 354–375). *K.Nitzschke*

Kabasilas, *Nikolaus,* byzantinischer Mystiker (ca 1320 bis ca 1363/90) aus Thessalonich, wahrscheinlich Laie, jedenfalls nie Metropolit von Thessalonich. Er ist (im Zeitalter des Palamismus [→ Gregor, 7]) Vertreter einer sakramentalen Christusmystik, die kaum Berührungspunkte mit den → Hesychasten aufweist (→ Mystik: V). Die Stufen des mystischen Aufstieges entsprechen den Stufen der kirchlichen Sakramente, die ontische und moralische Identität mit Christus ist das Ziel. – Hauptwerke des K. sind eine Erklärung der Liturgie und »Über das Leben in Christus« (MPG 150, 368ff). Dazu kommen Reden und Pamphlete zu den großen sozialen Fragen seiner Zeit und Predigten.

DHGE XI, 14ff – S. Salaville, N.C., Explication de la divine liturgie, Paris-Lyon 1943– E.v.Ivánka, Sakramentalmystik der Ostkirche, 1958 (Übers. u. Einl.) – M.Lot-Borodine, N.C., Paris 1958. *H.-G.Beck*

Kabbala (»Empfangen [durch Tradition]«; Roš haš. 7a u. ö., vgl. Abot 1, 1 [von der → Halacha]) heißt speziell im 13.Jh. die jüdische mystisch-theosophische Geheimlehre, die mit dem Anspruch auftritt, alte Offenbarung zu sein. Ihre erste Blüte erlebte die K. im 13.Jh. in Spanien als Reaktion auf Talmudismus und Rationalismus (→ Maimonides), nachdem ihr eine jahrhundertelange jüdische → Mystik (: III) vorausgegangen war. K. enthält schon das dem Abraham zugeschriebene Buch Jeṣira (»Schöpfung«, zwischen 500 und 900?), das die Welt aus Kombination der 10 göttlichen Emanationen und der 22 Buchstaben des hebräischen Alphabets entstehen läßt. 1280/90 erscheint in repristiniertem Aramäisch und im Stil eines homiletischen → Midrasch das anonyme Hauptwerk der K., der Sohar (»Glanz«, nach Dan 12, 3), dem Tannaiten Simon b. Joḥai u.a. in den Mund gelegt, wahrscheinlich aber von Mose de Leon in Spanien verfaßt. Im Sohar überwiegt die Theosophie über die Ekstase. Er lehrt die Existenz des uranfänglichen Ên-Sôp̄ (des Unendlichen, im Sinne des verborgenen Gottes), das in hierarchischer Abstufung 10 s^{e}pîrôt (von griech. σφαῖρα?) aus sich hervortreten läßt. Der Kosmos wird vorgestellt als Weltbaum oder großer Mensch (Makrokosmos), adam qadmôn (Urmensch); sein mikrokosmisches Abbild ist Adam, der erste Mensch. Wie in der alten → Gnosis (: I) entfalten sich auch in der K. Gottheit und s^{e}pîrôt in männlich-weiblicher Paarung und pflanzen sich nach unten durch Zeugung fort (zB Urmensch als Androgyn). Der Fromme hilft durch mystische Erfassung der Tora und Halacha, durch Gebotserfüllung, Gebet und kontemplative Verbundenheit mit Gott (d^{e}bequt) mit bei der Restitution (tiqqûn) der gefallenen Welt. Von den → Katharern der Provence stammt vielleicht die Lehre von der Seelenwanderung (gilgûl). – Die Vertreibung der Juden aus Spanien 1492 (→ Judentum: II) brachte für die bis dahin esoterische K. eine neue Blüte; bes. erhielt der Messianismus durch die K. neue Impulse. Zentrum dieser jüngeren K. wurde seit 1550 Safed in Obergaliläa mit den Schulhäuptern Mose Cordovero († 1570), Isaak Luria († 1572), dessen Schüler Ḥajjim Vital († 1620) u.a. Luria stellte neben die Emanation aus dem Ên-Sôp̄ als ihr Korrelat die Kontraktion (ṣimṣûm) der Gottheit (wodurch sie demütig der Kreatur Raum schafft), neben die Seelenwanderung die Seelenschwängerung (ʿibbûr), wobei eine fremde Seele zu einer schon vorhandenen in einen Körper eingeht. In der Andacht (kăwwana) zieht der Beter himmlische Kräfte herab, was zur Einbruchsstelle der Magie wurde, zu der Juden und Nichtjuden die K. zeitweilig mißbrauchten. Der kabbalistische Messianismus wurde zur Grundlage der Bewegung des → Sabbatai Ṣewi (17.Jh.). Letzter Ausläufer der K. ist der → Chassidismus des 19.Jh.s in Polen. – In der → Renaissance und im Christentum (→ Pico della Mirandola, → Reuchlin, → Agrippa von Nettesheim, Chr. → Knorr von Rosenroth, → Böhme, → Oetinger) sowie in der romantischen Naturphilosophie (→ Schelling) begegnen Einflüsse der K., die ihrerseits im Judentum bis heute vertreten ist.

G.Scholem, Major Trends in Jewish Mysticism, New York (1941) 1946²; dt.: Die jüd. Mystik in ihren Hauptströmungen, 1957 (ausführl. Lit.) – E.Benz, Adam, der Mythos vom Urmenschen, 1955 – Ders., Die christl. K., 1958. *E.L.Dietrich*

Kabiren, in der nördlichen und mittleren Ägäis verehrte Gottheiten, deren Namen, Anzahl, Charakter und Kulte große Schwankungen aufzeigen und demnach von vielseitigen Einflüssen künden. Die sie behandelnden Texte sind zumeist spät und durch ihren synkretistischen Charakter wenig ergiebig. Bessere Auskunft liefern die Ausgrabungen, vor allem diejenigen auf Samothrake und in Theben. Auf Samothrake, seit alters als die vornehmste Kultstätte angesehen, glaubt man Kultkontinuität bis in die vorgriechische Zeit verfolgen zu können. Leider ist der Name K. dort inschriftlich nicht belegt: die Inschriften sprechen immer nur von den μεγάλοι θεοί. Daß das Wort K. aus dem Semitischen herzuleiten sei (so schon → Scaliger), hat sich bisher nicht beweisen lassen, ist aber möglich. Mit dem Namen dürften dann auch andere Vorstellungen vom Osten vorgedrungen sein, vor allem diejenige vom Vater und Sohn,

Unter K etwa Vermißtes bitte unter C und Z suchen

einem göttlichen Paar, das in mehreren K.kulten auftritt. Die Kulte waren an vielen Orten mit → Mysterien verbunden; bes. berühmt sind die samothrakischen. Die μεγάλοι θεοί auf Samothrake verbreiteten sich in hellenistischer Zeit als Σαμόθρακες θεοί die Verkehrsstraßen des Meeres entlang nach Norden bis zur Westküste des Schwarzen Meeres, nach Süden bis Ägypten und wurden mit den → Dioskuren wegen ihrer Zweizahl und ihrer Funktion als Retter aus Seenot identifiziert.

PW X/2, 1919, 1399ff - P.Wolters-G.Bruns, Das K.heiligtum bei Theben I, 1940 - M.P.Nilsson, Gesch. der griech. Rel. I, (1941) 1955², 670ff; II, 1950, 95ff - B.Hemberg, Die K. (Diss. Uppsala), 1950 (Lit.) - K.Lehmann, Samothrace, A Guide to the Excavations and the Museum, 1955, 21ff (Lit.) - Ders. (Hg.), Samothrace, Excavations conducted by the Institute of Fine Arts of New York University (Bollingen Series LX), in Vorbereitung. *B.Hemberg*

Kabisch, *Richard* (1868-1914), ev. Theologe und Pädagoge, stand im Schuldienst und in der Lehrerausbildung. Er war in der nt. Wissenschaft einer der ersten Vertreter einer »konsequenten« religionsgeschichtlichen Betrachtung des Paulus und seiner Eschatologie, als Pädagoge einer der Überwinder von → Herbart, bes. wichtig für die Methodik des Religions- und Geschichtsunterrichts, gerade heute beachtenswert als Befürworter einer wohltemperierten Kulturreligion im Rahmen der allgemeinen, zumal der staatlichen Kulturerziehung.

Vf. u.a.: Die Eschatologie des Paulus in ihren Zusammenhängen mit dem Gesamtbegriff des Paulinismus, 1893; Wie lehren wir Religion?, (1910) 1923⁶. Weiteres RGG² III, 577f. - PädLex II, 1195ff - CKL I, 1008. *W.Jannasch*

Kadesch *(Barnea),* Oase im nordöstlichen Teil der Sinaiwüste, im AT im Zusammenhang mit der Abrahamsgeschichte (Gen 14, 7; 16, 14; 20, 1) und mit dem Wüstenaufenthalt der Israeliten (Num 20, 14. 16. 22; 33, 36f; Dtn 1, 2. 19. 46; 2, 14; Ri 11, 16f), speziell als Ausgangspunkt der Kundschafter (Num 13, 26; 32, 8; Dtn 9, 23) und als Schauplatz der Erzählung vom »Haderwasser« (Num 20, 1; 27, 14; Dtn 32, 51), sowie bei Beschreibungen der Südgrenze des Landes (Num 34, 4; Jos 10, 41; 15, 3; Ez 47, 19; 48, 28; wohl auch Ps 29, 8) genannt. Den Beinamen Barnea verwenden die deuteronomistischen Autoren. Der Name K. (»Heiligtum«), dazu die Gleichsetzung mit ʿēn mišpāṭ (»Gerichtsquelle«, Gen 14, 7) und die in der priesterlichen Literatur verwendete Bezeichnung meribat Qadeš (rîb »prozessieren«; vgl. auch Ex 17, 7), lassen auf ein altes Heiligtum mit sakraler Rechtsprechung schließen. Der Ortsname lebt in der 1842 von Rowlands entdeckten ʿēn ḳdēs, 80 km ssw. von → Beerseba, weiter. Unter der Gruppe von Quellen in dieser Gegend ist die 10 km nw. von ʿēn ḳdēs befindliche ʿēn ḳdērāt (mit Ruinenhügel und Überresten einer eisenzeitlichen Festung) die ergiebigste.

H.C.Trumbull, K.B., 1884 - C.L.Wolley-E.T.Lawrence, The Wilderness of Zin (PEF Annual III), 1914/15 - RLV XI, 4f - Dict. de la Bible Suppl. I, 993ff - F.-M.Abel, Géographie de la Palestine I, 1933, 152f; II, 1938, 412 - R.de Vaux, Nouvelles recherches dans la région de Cadès (RB 47, 1938, 89-97) - Noth, ÜSt 181f - Y.Aharoni in: Antiquity and Survival II/2-3, 1957, (287-298) 295f. *E.Jenni*

Kähler, *Martin,* syst. Theol., * 6.1.1835 in Neuhausen bei Königsberg/Pr., † 7.9.1912 in Halle/S., lehrte seit 1860 in → Halle, dazwischen 1864-67 in → Bonn. Als akademischer Lehrer gewann K. erst spät, aber dann in steigendem Maße, weitestreichenden Einfluß und wirkte auch persönlich und seelsorgerlich auf seine Schüler ein. Theologisch war er von → Rothe, → Tholuck, Jul. → Müller, → Beck, v. → Hofmann beeinflußt und mit H. → Cremer, Ad. → Stoecker (zugleich Verwandtschaft), Wilh. → Steinhausen und Heinr. → Hoffmann befreundet.

K.s »Wissenschaft der christlichen Lehre« kreist in »*Christlicher* Apologetik«, »*Ev.* Dogmatik« und »*Theologischer* Ethik« um den Rechtfertigungs- (»nicht rechtfertigenden«) Glauben, wobei K. »von dem Christenstande jedes Christen ausgehen« will. Gegen den Einwand, daß er somit in die Linie der »Bewußtseinstheologie« gehöre, betonte er, der Christenstand sei nicht als theologisch zu entwickelndes Bewußtsein, sondern als geschichtlich gewordener Stand gemeint. Das Bewußtsein helfe bloß, zu gliedern und das Fundamentale vom Nichtfundamentalen zu unterscheiden. - Bes. wichtig wurde K.s, im Gegensatz zur Leben-Jesu-Literatur vollzogene, Unterscheidung eines mit den Mitteln der Psychologie und kritischen Methodik gesuchten »historischen Jesus« von dem »geschichtlichen Christus« der biblischen Verkündigung. Das Problem, wie der → Glaube (: V) sich auf geschichtliche Tatsachen richten oder gar gründen könne (→ Lessing), wurde hier bes. eindringlich gestellt. Aber weit entfernt, auf die Lessingsche Gegenüberstellung von »zufälligen Geschichtswahrheiten« und »notwendigen Vernunftwahrheiten« zurückzugreifen, erklärte K. die biblischen Schriften, bes. die Evangelien, nicht als Quellen im eigentlichen Sinne historischer Methodik, sondern als Glaubenszeugnisse und Niederschläge der ursprünglichen Verkündigung, wie er auch - die Linie → Schleiermachers, v.Hofmanns u.a. fortführend - die → Bibel (: III) als die »Urkunde der kirchengründenden Predigt« bezeichnete und darauf ihre Autorität basiert sah. Die Bibel, so verstanden, ist selber eine geschichtliche Tatsache, und nicht zuletzt sie gehört, eben als Christusverkündigung, zu dem »geschichtlich wirksam Gewordenen« der Person Jesu Christi. Doch war schon das AT für K. »die Bibel Jesu«. - K. wird in der Gegenwart bisweilen mißverstanden. Ihm stand das geschichtliche Erdendasein des verkündigten Christus keineswegs am Rande (→ Christologie: III, 1a). Die These, daß wir Christus nur im Zeugnis seiner Gemeinde kennten, ist nicht im Sinne K.s, wenn solches Zeugnis ihn etwa ersetzen wollte. Wohl glaubten die Träger der Evangeliennachrichten über Jesus bereits an ihn als den erhöhten Christus. Aber vor dem Abschluß seines irdischen Lebens in Auferstehung und Erhöhung hatte auch ihnen nicht deutlich werden können, was und wer er war. So konnte auch der apostolische Bericht über sein Leben, wiewohl es die Züge des »schlechthin Einzigartigen« mit Recht trägt, nicht in *Jesu Worten* schon das ganze Geheimnis seiner Person und seines Wirkens sich aussprechen lassen. Gleichwohl war der erhöhte Jesus kein anderer als der irdische. Wenn wir uns an Gott wenden, dürfen wir gewiß sein, auf den Jesus Christus zu treffen, den wir kennen. Eine Tendenz zur → »Entmythologisierung« liegt K. fern. Dagegen gibt er dem Analogiegedanken Raum, daß eine »geschichtliche Größe« sich in ihrer »Geschichtsreife« ausspreche, »daß seine Mitlebenden sich ihm nicht entziehen und die Nachlebenden ihn nicht vergessen«; das Wesentliche seines Bildes also bleibt. - Die Bezogenheit des Glaubens auf geschichtliche Tatsachen kehrt überall in der Theologie K.s wieder, so auch in seiner Lehre von der *Mission.* Die → Mission (: III A) gehört auf Grund des universalen Sinnes des Evangeliums in dessen Wesen hinein. Der Christ erlebt als *Mensch* seine Bekehrung. Denn die Selbstbekundung Gottes betrifft Schuld und Versöhnung der Menschheit. Sie ist also gerade als Evangelium »allgemeingiltig«, das Bleibende auch gegenüber den sich wandelnden besonderen Erscheinungen in der Religionsgeschichte, überhaupt gegenüber allem sich menschlich Wandelnden. Dies aber nicht im zeitlos idealen Sinne, erst recht natürlich nicht im Sinne »untergeschichtlicher« biologischer, man könnte hinzufügen: magischer Relationen, sondern in *»übergeschichtlichem«* Sinne – ein Ausdruck, der bei K. eine besondere Rolle spielt. Denn die → Geschichte (: II C) ist ja gerade das Feld, in dem sowohl die menschliche Person wie die menschliche Gemeinschaft ihr Leben haben; und in eben diese Geschichte tritt kein Geringerer als Gott ein, endgültig in Christus, aber schon in der Erwählung seines ihm geheiligten Volkes, dessen Auftrag es war, den Weg von der Partikularität durch die Sendung Christi zur Universalität, dh zu dem hinzuführen, was jeden Menschen betrifft – ein Auftrag, an dem es allerdings gescheitert ist. Aber daß geschichtlich Einmaliges uns die Gegenwart und Selbstbekundung des ewigen Gottes verbürgt, liegt zugleich in der Linie des ἐφάπαξ des → Hebräerbriefes, der in der nt. Arbeit K.s eine bevorzugte Stelle einnahm.

Ist die Wesenszugehörigkeit der Mission zum christlichen Glauben klar, so ergibt sich auch der von K. herausgehobene Unterschied von *Mission* und *Propaganda*. Letztere ist von dem Proselytenmachen her bekannt und bedeutet Werbung für das Eigene, »Wiederholung dessen, was man selbst ist«, auch die Werbung für und die Pflanzung von institutionellen geschichtlichen Formen, auch eines bestimmten Kirchentums. Alles das gehört in den Bereich des geschichtlich Wandelbaren. Propaganda gilt gerade auch dem, was etwa als bloße Gestalt und »Erscheinung« der »Gattung« Religion zu betrachten ist. Die Mission dagegen will sich nicht für eine bloße Religionsgestalt einsetzen, sondern für den »unwandelbaren Kern« des Christentums, das universale Evangelium. Geschichtliche Formen, die sich natürlich auch angliedern, sind sozusagen das Zweite, so daß K. zu der These kommen kann, in der Mission bedeute die Kirchen*gestalt* eine mehr technische Frage. Wesentlich dagegen ist die »Kirche in den Kirchen«. »Kirche ist da, soweit Christus und sein Geist durch sein Wort wirkt...« – Daher handelt es sich um bewußte und ausdrückliche, nicht bloß um »unwillkürliche« Mission, wie letztere zwischen den mancherlei Religionsweisen im Gesamtgebilde der religionsgeschichtlichen Erscheinungswelt als naheliegend und gegeben erscheint. K. sieht in der religionsgeschichtlichen Betrachtungsweise den Entwicklungsgedanken vielfach am Werk und findet in ihm das Prinzip, daß »jedes in Beziehung zu anderem gedacht (wird), weil es durch anderes bedingt ist, – indem es sich davon unterscheidet und dadurch ergänzt«. Die Bibel aber kenne nicht »abgestufte Berechtigungen«, sondern in bezug auf die »Selbstoffenbarung Gottes« und ihre Deutung den »durchgreifenden Gegensatz von wahr und falsch, wirklich und nichtig«. K.s Missionslehre enthält einen erheblichen Teil der Grundzüge seiner Theologie überhaupt. – Fast stärker noch kommt K.s Gesamttheologie in seinem Buche über die »Versöhnung« heraus; darüber kann jedoch in der Kürze hier nicht berichtet werden.

Vf. bes.: Das Gewissen I, 1878; Die Wissenschaft der christl. Lehre, (1883) 1905³; Der sog. hist. Jesus u. der geschichtl., bibl. Christus, (1892) 1896², neu hg.v. E.WOLF (ThB 2), (1953) 1956² (mit Vorwort vom Hg.); Dogmat. Zeitfragen I: (1898) Zur Bibelfrage, 1907² (Neudr. 1937); II¹: Zur Lehre von der Versöhnung, 1898 (Neudr. 1937); II²: Angewandte Dogmen, 1908; III: Zeit u. Ewigkeit, 1913 (postum); M.K., Theologe u. Christ, Erinnerungen u. Bekenntnisse, hg.v. ANNA K., 1926 (im wesentl. Selbstbiogr.; Bibliogr.). – Vollst. Bibliogr. bis 1909 in: Hallesches Akademisches Vademecum, 1. Abt., Bd I, 1910, 6-10. – Neuere Ausg.n: Der Lebendige u. seine Bezeugung in der Gemeinde, 1937 (Auswahl von ANNA K., mit Einl. von J.SCHNIEWIND); Jesus u. das AT, 1938; Die Gesch. der prot. Theol. im 19.Jh. in Deutschland, hg.v. E.KÄHLER (in Vorbereitung). – Festschr.: Theol. Studien, 1905. – Über K.: RGG² III, 578ff – H.PETRAN, Die Menschheitsbedeutung Jesu bei M.K., 1931 (Lit.) – R.JELKE, M.K. als Anwalt der Laien (PBl 77, 1934/35, 321-327) – G.HILBERT, 100. Geb. M.K.s (AELKZ 68, 1935, 14-19) – Zu M.K.s 100. Geb. Gedächtniswort von F.K.SCHUMANN; Wort Gottes bei M.K., von G.HEINZELMANN (Hall. Univ.-Reden 64), 1935 – H.E. WEBER, M.K. als luth. Theol. (NKZ 47, 1936, 81-91. 109-117) – G.NIEMEIER, Wirklichkeit u. Wahrheit. Grundzüge u. Gestalt des theol. Systems M.K.s, 1937 – R.HERMANN, M.K.s bleibende Bedeutung (Wartburg 36, 1937, 324-327) – H.STRATHMANN, M.K. als Bibeltheol. (ThBl 47, 1937, 92) – MART.SCHULZE, K.-Renaissance (ThLZ 65, 1940, 55-60) – F.SPEMANN, M.K. (Begegnungen, hg.v. H.LILJE, 1949, 68-75) – J.SCHNIEWIND, M.K. (DERS., Nachgelassene Reden u. Aufsätze, hg.v. E.KÄHLER, 1952, 166-172) – EKL II, 503f. *R.Hermann*

Kämpfer für Glaube und Wahrheit. Der medial begabte *Emil Bergmann* (1861-1931) vernahm schon als Knabe die Kundgebungen des Geistes Luzinda, hatte Begegnungen mit Maria und Johannes und hielt sich für den verheißenen »Tröster«. Er und *Max Däbritz* (1874 bis 1947) veranstalteten seit 1890 spiritistische Sitzungen in Dresden und veröffentlichten dann die »Glaubenslehre« als Kundgabe des »Hohen Führers«. Ihre Anhänger sahen in ihnen die »zwei Zeugen« Josua und Serubbabel. Der »Bund der K. für Glaube und Wahrheit« (gegr. 1918 in Großlöbtau/Sachsen), dessen Glieder nach der Zeitschrift »Horpena, Der Kampf« (1922-36) auch Horpeniten genannt wurden, gliederte sich logenartig in 7 Kreise (Leitung durch 24 Älteste). Bis 1920 erreichte er 10 000 Mitglieder, blieb aber wesentlich auf Sachsen beschränkt. 1936 wurde er verboten und konnte auch nach 1945 in der DDR nur heimlich weiterarbeiten. Der Bund betrachtet die Kundgebungen Bergmanns als neue Offenbarungen und lehrt, daß die Seele sich so oft wiederverkörpern muß, bis sie ihre Fehler und Schwächen überwunden hat. Am Ende werden alle gefallenen Geister samt dem Satan in den Urstand zurückgekehrt sein. Die »zwei Zeugen« haben die Endzeit eingeleitet und werden beim nahen Anbruch des tausendjährigen Reichs sichtbar wiederkommen. Das Glaubensleben ist stark durch okkult-magische Elemente bestimmt.

E.BERGMANN, Die Glaubenslehre auf inspiriertem medialem Weg, 1901 – DERS.-P.HELLMICH, Perlen, Aphorismen aus dem Reiche der Weisheit, 1922 – M.DÄBRITZ, Die Persönlichkeit im All, 1912/13 – DERS., Die Verkündigung der Menschenrechte, 1919 – DERS., Zarathustra, Übermensch, Dyhanchoan, 1932 – DERS., Schicksalsgesetz der Wiedereinkörperung, 1934. – Kritisch: H.KIRCHER, Der Bund der K. für Glaube u. Wahrheit, 1928 – HUTTEN⁸ 411ff. *K.Hutten*

Kafka, *Franz* (3.7.1883 bis 3.6.1924)

1. Leben – 2. Tagebücher und Briefe – 3. Parabeln – 4. Erzählungen und Romane – 5. Verhältnis zum Religiösen

1. K. ist neben → Heine und Else → Lasker-Schüler einer der bedeutendsten jüdischen Dichter deutscher Zunge, aber ergreifender in seiner unbedingten Wahrheitssuche und jüdischer in der Gestalt und Thematik seiner erschreckenden Gleichniserzählungen. Der große Zauber, den er auf viele Menschen vor und nach dem 2. Weltkrieg ausgeübt hat (→ Existenzphilosophie, 2a; → Expressionismus: II, 6), hängt ebenso mit seiner verzweifelten Selbstbehauptung wie mit seiner verborgenen religiösen Fragestellung zusammen. Seine Jugend in Prag ist bestimmt durch die Vertauschung der jüdischen Glaubensgemeinschaft mit einer jüdischen Geistesgemeinschaft – am Altstädter Deutschen Gymnasium, an der Deutschen Karls-Universität, in den literarischen Zirkeln Prags (O.Pollak, M.Brod, F.Weltsch, O.Baum, E.Weiß) – und durch die Assimilierungsversuche an den Geist der Moderne (→ Darwinismus, → Nietzsche-Studium, → Brentano-Schule, Sozialismus). Etwa seit 1911/12 beginnt ein zunehmendes Interesse für jüdische Fragen, angeregt durch die Bekanntschaft mit dem jiddischen Theater und dem Ostjudentum (Freundschaft mit Jizchak Löwy, Begegnung mit dem Rabbi Langer in Ma-

rienbad 1916, Anteil an dem → Zionismus von M.Brod, Besuch der Jüdischen Hochschule und Studium des Hebräischen mit Dora Dymant in Berlin 1923/24). Parallel mit dieser jüdischen Rückbesinnung läuft das → Kierkegaard-Studium (mindestens seit 1917), das Interesse für → Flaubert und → Dostojewski, aber auch die Auseinandersetzung mit der eigenen Familie, bes. mit dem lebenstüchtigen Vater, dem K. später die Schuld an seinem verfehlten Leben geben wollte. Wichtige Lebensstationen: 1905 Dr. jur. in Prag, 1908-22 Tätigkeit in der Arbeiter-Unfall-Versicherungsanstalt, 1914 Verlobung und Entlobung mit F.B., 1917 Ausbruch der Tuberkulose, 1920 Begegnung mit Frau Milena Jesenská, 1923 mit Dora Dymant in Berlin, 1924 Tod an Kehlkopftuberkulose im Sanatorium Kierling bei Wien.

2. Die *Tagebücher* (1910-23) und *Briefe* (1902-24) gewähren Einblick in das innere Leben K.s. Die meisten Briefe sind an M.Brod gerichtet, K.s treuesten Freund und Nachlaßwalter; eine eigene Gruppe bilden die »Briefe an Milena«, die noch nicht veröffentlichten Briefe an die Braut F.B. und der »Brief an den Vater«. Die Selbstanalyse der Tagebücher im Stile → Hebbels, Grillparzers oder Flauberts ist in eine talmudische Spitzfindigkeit gebracht (»selbstbiographische Untersuchungen«). Die Traumwelt des inneren Lebens, Anfänge von Erzählungen, Reiseerfahrungen in Böhmen, Mähren, Deutschland (bes. Weimar), Italien und Paris, das Durchexperimentieren der jeweiligen Situation (Liebesbeziehungen, Verhältnis zum Beruf, zur Familie, zum Judentum), literarische Notizen, das Problem der Erkrankungen und Leiden stehen nebeneinander: in den »Tagebüchern« mehr das Geistig-Literarische, in den Briefen mehr das Persönliche. Die bedeutsamsten Themen sind die Erfahrung des Nichts, die Wirklichkeit der → »Angst« und die Auslieferung an »Gespenster«: »Jedes Wort, gewendet in der Hand der Geister - dieser Schwung ist ihre charakteristische Bewegung -, wird zum Spieß, gewendet gegen den Sprecher.« So sehr man auch darin die Dokumentation des europäischen → Nihilismus, den Ausdruck einer timiden Weltangst und einer selbstzerstörerischen Dialektik sehen kann, so steht dem die Tendenz zur Wahrheit, ein verborgenes Wissen um das Absolute und ein großes Maß an Mitmenschentum entgegen. Die »Betrachtungen über Sünde, Leid, Hoffnung und den wahren Weg« erweisen den religiösen Grund seiner Einsamkeit und seiner Angst, oder wenn nicht den Grund, dann sicher die religiösen Folgen nach dem Ausbruch der tödlichen Krankheit.

3. Aus der Konzentration auf das innere Leben erhalten auch die Erzählungen einen vorherrschenden Gleichnis-Sinn. So wird K. zum modernen Erneuerer der alten *Parabel*. Im »Prozeß«-Roman ist an entscheidender Stelle die Parabel »Vor dem Gesetz« eingelegt: Ein Mann begehrt Eingang in das Gesetz, läßt sich aber von dem Türhüter abschrecken und wartet nun vor dem Tor zum Gesetz, ob es ihm freigegeben würde. Als er schließlich zum Sterben kommt, erklärt der Türhüter, dies sei sein Zugang gewesen, jetzt werde er ihn schließen. Josef K. will diese Parabel dahin verstehen, daß die Lüge zur Weltordnung gemacht sei. Aber der Erzähler fügt hinzu, daß das nicht K.s »Endurteil« sei. Diese Parabel solle ein Bild des Lebens im Gleichnis vom Warten auf den Einlaß ins Gesetz geben (der Mann vom Lande) oder vielleicht sogar auch vom Dienst am Gesetz (der Türhüter). Die Parabeln K.s sprechen nicht vom Wahren wie die Parabeln des NT, sondern vom Notwendigen. Im »Landarzt« (1919) hat K. diese und andere Parabeln veröffentlicht: »Eine kaiserliche Botschaft«, die niemals den Wartenden erreicht; »Auf der Galerie«, wo das mitleidsvolle Weinen des Zirkusbesuchers im Gegensatz steht zu dem »Halt«, das er eigentlich in die Menge hinunterschreien müßte; »Ein Landarzt«, der dem Fehlläuten der Nachtglocke gefolgt zu sein meint, in Wahrheit aber die große Wunde entdeckt hat, die nicht zu heilen, nur hinzunehmen ist. Durch den Nachlaßband »Beim Bau der chinesischen Mauer« (1931) wurden weitere Parabeln bekannt: mythischer Herkunft »Das Schweigen der Sirenen«, »Prometheus«, literarischer Herkunft »Die Wahrheit über Sancho Pansa«, »Robinson Crusoe«, eigener Erfindung »Der Jäger Gracchus«, »Von den Gleichnissen« u.a. »Alle diese Gleichnisse wollen eigentlich nur sagen, daß das Unfaßbare unfaßbar ist, und das haben wir gewußt. Aber das, womit wir uns jeden Tag abmühen, sind andere Dinge... Würdet ihr den Gleichnissen folgen, dann wäret ihr selbst Gleichnisse geworden und damit schon der täglichen Mühe frei.« Das Ziel ist im Dunkeln, oder erst spät und jäh von einem jenseitigen Glanz erhellt; wirklich und überdeutlich aber sind die Behinderungen auf dem Wege zum Ziel. »Unsere Kunst ist ein von der Wahrheit Geblendetsein: Das Licht auf dem zurückweichenden Fratzengesicht ist wahr, sonst nichts.« So gelesen enthalten K.s Parabeln einen Schatz östlicher Lebensweisheit und zarter Lebensüberlegenheit.

4. Vom Parabelcharakter her sind die *Erzählungen und Romane*, die vielen wie Angsthalluzinationen erscheinen, am ehesten zu verstehen. So etwa die Erzählung von der »Verwandlung« (1916) eines Handlungsreisenden in einen Käfer und von dem Schicksal dieses Verwandelten mit seiner Familie; so die Reisenovelle »In einer Strafkolonie« (1919), in welcher das Problem der Strafe und ihres Verständnisses abgehandelt wird; so die groteske Erzählung vom Ende eines »Hungerkünstlers« (1924); so das Fragment »Der Bau«, das im Anschluß an ein Bild bei Kierkegaard entstanden sein könnte. Selbst die drei großen Romane sind anscheinend aus Parabeln entwickelt: »Amerika« (1927) aus der Parabel vom »Verschollenen«, der als junger Mann Europa verlassen mußte, in der Neuen Welt einen Zugang zum Leben finden will, aber nur zu der parabelhaften Rolle im »Naturtheater von Oklahoma« kommt; »Der Prozeß« (1925) aus dem Gleichnis von Josef K., der vor ein imaginäres Gericht gestellt wird und die Schwere des Lebens unter dem Bilde der Anklage und des Gerichtes sieht; »Das Schloß« (1926) aus dem Gleichnis von dem Landvermesser K., der in ein Dorf gerufen ist, aber keine schriftliche Anstellungsurkunde erhalten kann und darüber nicht zur Arbeit und zur Ruhe kommt. Auch die frühen Stücke »Beschreibung eines Kampfes« und »Hochzeitsvorbereitungen auf dem Lande« haben schon mit diesem Stil der Parabel zu tun, wie aus frühen Parabeln in den Briefen an O.Pollak deutlich wird. Im ganzen ist die Deutung bei diesen großen Erzählungen ungleich schwieriger als bei den eigentlichen Parabeln, weil nun eine große verwirrende Welt der Täuschungen und Getäuschten den überschaubaren Parabelsinn fast verstellt. Aber sicher ist, daß sowohl in den Tiererzählungen als in den Menschenerzählungen der Gleichnis-Sinn erst das Problem wie das Thema, von einer zarten oder sarkastischen Ironie umglänzt oder umblitzt, richtig erfassen lehrt.

5. So geht es in dem Werk K.s um die Möglichkeit eines unbedingten Lebens, wobei das Unbedingte immer wieder mit dem Bedingten konfrontiert wird. Im Grunde geht es um die Behauptung des Selbst vor dem Absoluten. Damit taucht ein großes religiöses Problem auf: Wenn das Absolute verborgen ist und das Bedingte als Scheinwelt in den Vordergrund rückt, ist es dann noch möglich, das Absolute vor der Übermacht der Scheinwelt zu retten und sichtbar zu machen? Das ist K.s eigentliches Problem, denn er meint, die Welt habe einen Eigenwert, so auch das Leben, das Selbst. Damit scheint sich

das »religiöse Verhältnis« auf ein »dauerndes Vertrauen zu etwas Unzerstörbarem« zu reduzieren. Andererseits sei der Glaube an einen persönlichen Gott eine Ausdrucksmöglichkeit des Verborgenbleibens des Göttlichen wie des Vertrauens. Die ungeheure Mühe, die sich K. im Leben wie im Schreiben gegeben hat, die Richtung auf das Absolute nicht verkümmern zu lassen, weder in einem Außenbild des religiösen Verhältnisses noch in einem Außenbild der Welt oder des Selbst, legt die ganze religiöse Problematik der Moderne bloß und ist als ein deutsch-jüdisches Vermächtnis an das Abendland anzusehen.

GA: 6 Bde, Berlin u. Prag 1935-37; 10 Bde, New York 1946^{3}ff, Frankfurt/M. 1950^{4}ff. - Biographien: M. Brod, F. K., eine Biogr., (1937) 1954^{3} - K.Wagenbach, F.K., eine Biogr. seiner Jugend, 1958. - Darstellungen: G.Anders, F.K. - pro u. contra, 1951 - M.Bense, Die Theorie F.K.s, 1952 - H.S.Reiss, F.K., 1956 - N.Fürst, Die offenen Geheimtüren F.K.s, 5 Allegorien, 1956 - W.Emrich, F.K., 1958. - Zum Problem Judentum u. Religion: M.Susman, Das Hiob-Problem bei K. (in: Der Morgen 5, 1929, 31-49) - W.Benjamin, F.K. (Jüd. Rundschau 1934, Nr. 102-104 = Schriften II, 1955, 196-228) - C.-E.Magny, K. ou l'écriture objective de l'absurde; Procès en canonisation (in: Les sandales d'Empédocle, 1945, 173-266) - A.Nemeth, K. ou le mystère juif, 1947 - R.Rochefort, K. ou l'irréductible espoir, 1947; dt. 1955 - M.Brod, F.K.s Glauben u. Lehre. K. u. Tolstoi, 1948 - Ders., F.K. als wegweisende Gestalt, 1952 - W.Grenzmann, F.K. Auf der Grenze zwischen Nichtsein u. Sein (in: Dichtung u. Glaube, [1950] 1957^{2}, 141-161) - H.J.Schoeps, Theol. Motive in d. Dichtung F.K.s (Neue Rundschau 62, 1951, 21-37) - E.Gürster, Das Weltbild F.K.s (Hochland 44, 1952, 326-337) - C.Heselhaus, K.s Erzählformen (DVfLG 26, 1952, 353-376) - W.Heldmann, Die Parabel u. d. parabol. Erzählformen bei F.K. (Diss. Münster), 1953 (Masch.) - Th.W.Adorno, Aufzeichnungen zu K. (in: Prismen, 1955, 302-342) - N.Braybrooke, Celestial Castles, an approach to Saint Teresa and F.K. (Dublin Review 229, 1955, 427-445) - P.Demetz, K., Freud, Husserl (ZRGG 7, 1955, 59-69) - C.Greenberg, The Jewishness of F.K. (Commentary 19, 1955, 320-324) - J.H.Seyppel, The Animal Theme and Totemism in F.K. (American Imago 13, 1956, 69-93) - F.Weltsch, The Rise and Fall of the Jewish-German Symbiosis: the case of F.K. (Leo Baeck Inst. Yearbook 1, 1956, 255-276) - Ders., Religion u. Humor im Leben u. Werk F.K.s, 1957. - Bibliogr.: R. Hemmerle, F.K. - eine Bibliogr., 1958 - A.Flores-H.Swander, F.K. Today, Madison 1958 - K.Wagenbach, F.K., 1958. *C.Heselhaus*

Kaftan, 1. *Julius* (1848-1926), * in Loit bei Apenrade, Bruder von 2, wurde 1873 Prof. in → Basel, 1883 in → Berlin, Mitglied und 1919 Vizepräsident des Ev. Oberkirchenrats. Mit A. → Ritschl bestimmte K. die Religion als »praktische Angelegenheit des menschlichen Geistes« (→ Neukantianismus) und zentrierte seine Theologie in der geschichtlichen Offenbarung in Christus. Unter den → Ritschlianern war K. stärker als zB W. → Herrmann religionsphilosophisch orientiert. Doch blieb seine Beweisführung für die geschichtlich evidente Vernünftigkeit und Allgemeingültigkeit des christlichen Glaubens ebenso wie die Betonung des Wertgedankens (→ Werturteil) nicht unbestritten (u.a. von M.Reischle). - Das vom Autoritätsprinzip des Wortes geforderte Dogma verstand K. mit Abgrenzung gegen → Erfahrungstheologie und → Historismus als Ausdruck des Glaubens, faßte es zugleich aber als »neues Dogma«. K.s Entwicklung vom Förderer der → Christlichen Welt zu deren Gegner dokumentierte seinen Gegensatz zum Offenbarungsverständnis der → Religionsgeschichtlichen Schule.

Vf. bes.: Das Wesen der christl. Religion, (1881) 1887^{2}; Die Wahrheit d. christl. Religion, 1888; Dogmatik, (1897) 1920$^{7-8}$; Philos. d. Protestantismus, 1917; Selbstbiogr.: Die Religionswiss. d. Gegenwart..., hg.v. E.Stange, IV, 1928, 201-232 (Bibliogr.). - Über K.: C.Stange, Der dogmat. Ertrag d. Ritschlschen Theol. nach J.K., 1906 (dazu Titius, ThLZ 32, 1907, 668ff) - K.Leese, Die Prinzipienlehre d. neueren syst. Theol...., 1912, 87ff - W.Elert, Der Kampf um das Christentum, 1921 - A.Titius, J.K. (ZThK NF 8, 1927, 1 bis 20) - RGG^{2} III, 581 - A.Heger, J.K.s theol. Grundposition im Verhältnis zu Schleiermachers Prinzipienlehre, 1930 - G.Niemeier, Die Methoden u. Grundauffassungen d. Religionsphilos...., 1930 - H.Stephan, Gesch. d. ev. Theol., 1938 - J.Rathje, Die Welt d. Freien Protestantismus, 1952 (s. jeweils Reg.).

2. *Theodor* (18.3.1847 bis 26.11.1932), * in Loit bei Apenrade, Bruder von 1. Nach dem Studium in Erlangen, Berlin und Kiel wurde K. Hilfsprediger in Kappeln, 1873 Pastor der dän. Gemeinde in Apenrade, 1880 Regierungs- und Schulrat in Schleswig, 1885 Propst in Tondern, 1886 General-Sup. für Schleswig, als Emeritus 1917 Pastor der luth. Gemeinde in Baden-Baden. - K. vertrat (im Gegensatz zu Gemeindeorthodoxie wie Neuprotestantismus) eine »tiefgründig-konfessionelle«, luth.-»reformatorische«, nicht »scholastische« (Einfluß → Ritschls), aber zT uneinheitliche »moderne Theologie des alten Glaubens« (→ Modern-positiv), arbeitete führend an der Allgemeinen Ev.-luth. Konferenz (→ Luthertum: III) mit und förderte die → ökumenische Bewegung. - Von Jugend auf von der schleswigschen Frage persönlich betroffen, deutsch-fühlend, aber mehr und mehr kritisch gegen die preußische Nordmarkpolitik, trat K. im Gegensatz zur Sprachenverfügung von 1888 für Wahrung der dänisch-nationalen Eigenart (bes. des kirchlichen Lebens) in Nordschleswig ein. Als General-Sup. entfremdete sich K. steigend dem Staatskirchentum und wirkte für eine bischöflich-geleitete Landeskirche als Gemeinde- und Volkskirche.

Vf.u.a.: Auslegung des luth. Katechismus, (1892) 1926^{7}; Der christl. Glaube im geistigen Leben der Gegenwart, (1896) 1904^{3}; Vier Kapitel von der Landeskirche, (1903) 1907^{2}; Moderne Theol. des alten Glaubens, (1905) 1906^{2}; Zur Verständigung über mod. Theol. d. alten Glaubens, 1909; Unterricht im Christentum, 1914; Was nun?, 1919; Erlebnisse u. Beobachtungen (Schriften d. Ver. f. Schlesw.-Holst. KG, 1. Reihe 14), (1924) 1931^{2} (Selbstbiogr.). - Briefwechsel mit 1 hg.v. W.Göbell, Kirche, Recht u. Theol. in 4 Jahrzehnten, 1959. - Über K.: W.Göbell, Th.K. (Schriften d. Ver. f. Schlesw.-Holst. KG, 2. Reihe 10, 1949, 7-26) - Ders., Zum kirchenrechtl. Problem der Zuordnung v. Bischofsamt u. kirchl. Verwaltung (MPTh 42, 1953, 133-142) - Ders., Der K.-Briefwechsel (ThLZ 81, 1956, 357-360). *E.H.Pältz*

Kagawa, *Toyohiko*, ev. Theologe, * 10.7.1888 in Kobe (Japan), wurde als Schüler Christ, studierte in Japan Theologie, in Amerika Sozialwissenschaften und steht als presbyterianischer Pfarrer im Kyodan (→ Japan: IV, 2a). Ziel seines Wirkens ist ein christlicher Sozialismus, wie er ihn von 1909-23 in einem Slum Osakas vorgelebt hat. Viele gewerk- und genossenschaftliche, soziale, kirchliche und missionarische Unternehmungen, im einzelnen oft erfolgreich, dienen ihm dazu, die christliche Gesellschaft zu schaffen, die auf der Kreuzesliebe gründet, Gottes Reich auf Erden verwirklicht und die Menschheit zur Gemeinde Jesu wandelt. Die theologische Begründung seines Wirkens ist freilich problematisch, ebenso das christliche Weltbild, das er einem von Naturwissenschaft bzw. Marxismus geprägten Weltbild entgegenstellt. Vom Staat bald verfolgt, bald gerufen, die Kirchen kritisierend, aber mit ihnen zusammenarbeitend, bleibt K. mit seinem tatkräftigen Bekenntnis zu Christus und zum Nächsten ein Vorbild für alle Zeiten.

Vf. über 130 volkswirtschaftl., soziolog., theol. Bücher, dazu Gedichte u. Romane. In dt. Übers. liegen vor: Auflehnung u. Opfer, 1929; Ein Stück Granatapfel, 1933; Weg im Zwielicht (ZW 14, 1938, 661-672); Ein Weizenkorn, 1954. - Über K.: C.Barth, Taten in Gottes Kraft, (1936) 1953^{4} - W.Axling, K., (1939) 1948^{3} - O. Marbach, T.K., 1939 - G.Rosenkranz, Flammendes Herz in Gottes Hand, (1948) 1954^{2} - C.H.Kurz, T.K., 1951 - L.Hennig, Zur Theol. K.s (EMZ 10, 1953, 129-137. 167-175) - Ch.M.Simon, K., 1959. *G.Rosenkranz*

Kahl, *Wilhelm* (1849-1932), bedeutender Rechtslehrer des Kirchenrechts (bes. des Staatskirchenrechts) und des Strafrechts sowie einflußreicher Politiker im kirchlichen und staatlichen Leben, seit 1879 Prof. in Rostock, Erlangen und Bonn, seit 1895 in Berlin. K. war führend an den → Einigungsbestrebungen (: IV, 3) im deutschen Protestantismus beteiligt (Deutscher Ev. → Kirchenausschuß, Deutscher Ev. → Kirchenbund). Als Synodaler (Angehöriger der Mittelpartei → »Evangelische Vereinigung«) hat K. dem preußischen Irrlehregesetz von 1910 (→ Lehrzuchtverfahren) die juristische Form gegeben, als Abgeordneter der Nationalversammlung 1919 und später des Reichstags (Deutsche Volkspartei) an der Gestaltung der staatskirchenrechtlichen Artikel der WRV und an dem Reichsgesetz über die religiöse Kindererziehung von 1921 mitgearbeitet. K.s Wirken bei der Strafrechtsreform (→ Strafrecht: II) zeigt ihn, bes. im Ringen um die → Todesstrafe, als einen von christlichem Ethos getragenen Juristen.

Die jurist. Fakultät der Univ. Berlin, Festg. der DJZ, 1910, 183ff - M. ALSBERG, W.K., 1929 (unvollst. Bibliogr.) - RGG[2] III, 583 - DJZ 37, 1932, 696-703 (unvollst. Bibliogr.) - Jurist. Wochenschrift 61, 1932, 1705-1707 - LThK V, 744 (unvollst. Bibliogr.). *H. Liermann*

Kain und Abel

1. Überlieferung - 2. Literarische Fragen - 3. Herkunft der Sage - 4. Nachwirkung

1. Nach Gen 4, 1 f waren K. und A. Söhne des ersten Menschenpaares. K. (= Schmied? vielleicht auch »Speer«, 1Sam 21, 16) wird als Landmann, A. (hebr. hæbæl = Nichtigkeit? eher = akk. aplu, Sohn) als Kleinviehzüchter vorgestellt. In der ersten Szene der stellenweise dunklen Erzählung Gen 4, 3-16 (V. 3-7) bringen beide gleichzeitig ein Opfer dar. Jahwe, offenbar körperlich zugegen (vgl. 3, 8), »schaut« jedoch nur auf A. und sein Tun. Die Annahme, die beiden hätten Jahwes Reaktion an irgendeinem Zeichen der Opferschau erkannt, ist unnötig; das hebr. Verb deutet vielmehr auf reale Gegenwart des Gottes. Ein Grund für die Bevorzugung A.s wird nicht angegeben; je nachdem vermutet man größere »Gerechtigkeit« bzw. mehr »Glaube« auf seiten A.s oder einen Vorzug der Gaben des Hirten vor denen des Bauern; oder man sieht hier ganz einfach eine nicht weiter begründbare Wahl Jahwes bzw. eine Versuchung K.s. - Vergeblich will Jahwe den erzürnten K. aufmuntern. In der zweiten Szene (V. 8) nimmt das Verhängnis seinen Lauf: K. erschlägt A. auf dem Felde. - Die Schlußszene (V. 9-16) bringt die Bestrafung K.s: Er kann nicht mehr Bauer sein, da ihm die mit Bruderblut getränkte Erde ihre Frucht verweigert; unstet wird er leben, fern vom »Angesicht Jahwes«, irgendwo »östlich von Eden«, im Lande Nod (»Heimatlosigkeit«), ausgestoßen aus schützenden Stammesverbänden. Nur eine furchtbare Fluchsphäre wird seine Existenz sichern: Eine feierliche, dh wirksame Erklärung Jahwes, verstärkt, konkretisiert und virtuell bereits ausgeführt durch ein ebenso wirksames, nicht weiter beschriebenes »Zeichen«, bedroht jeden Angreifer mit siebenfacher Vergeltung. - Von diesem K. heißt es weiter (4, 17), er habe eine »Stadt« gebaut und sie nach dem Namen seines Sohnes → Henoch genannt.

2. Da zwischen 4, 17 und 4, 3-16 gewisse Widersprüche bestehen, schreibt man die Stadtbauer- und die Brudermordgeschichte verschiedenen Quellen zu (J^1/J^2, L/J bzw. J/E [Mowinckel]; → Genesis) oder doch verschiedenen Traditionsstufen innerhalb des → Jahwisten. Wichtig ist die formgeschichtliche Beobachtung, daß V. 17 zu den nachfolgenden, mit biographischen Notizen gewürzten *Genealogien* gehört (4, 17-26; 5, 22; 10), während V. 3-16 zu den ausgeführten *Ursprungserzählungen* zu rechnen ist (2f; 11, 1-9). Der Jahwist hat diese Elemente zu einer theologisch geprägten übergreifenden Einheit zusammengefaßt.

3. Seit Stade wird K. mit den → Kenitern identifiziert. Das »Zeichen« wäre ein Stammeszeichen, das den Stamm unter den besonderen Schutz Jahwes stellte. Die ursprünglich der Ehre K.s dienende Erzählung wäre später, als sich die Israeliten von den zu Vaganten entarteten Kenitern zu distanzieren begannen, in malam partem abgewandelt worden. Die Gleichung K. = Keniter kann jedoch nicht als gesichert gelten. Viele Einzelheiten lassen eher an den Kreis der kosmologisch-anthropologischen Ursprungsmythen denken: K. als »Mann«, von Eva »mit Jahwe hervorgebracht« (V. 1; nach Borger: »von Jahwe gekauft«); daneben K. als Sohn des ersten Menschen (vgl. den wohl mit K. identischen Kenan, Sohn des »Menschen« Enoš, 5, 9); die Parallelität zu c. 3 (K. muß »vom Angesicht Jahwes« und vom bebauten Lande fort, lebt fortan »östlich von Eden«); vielleicht auch gewisse Anklänge an sumerische Mythen (→ Tammuz-Motive?; Castellino). Andere Hypothesen (Ehrenzweig) verknüpfen 4, 3-16 mit der Stadtbaunotiz V. 17 und verstehen das Ganze als Stadtgründungssage (Romulus-Remus-Motiv) oder auch als Protest gegen einen Fruchtbarkeitsritus mit → Menschenopfern (Brock-Utne). Auch hat man (nach dem Talmud, vgl. schon die sumerische Parallele ANET 41 f; J.J.A. van Dijk, La Sagesse suméro-accadienne, 1953, 65ff) aus der Heirat K.s V. 17 auf ein Eifersuchtsdrama zwischen den Brüdern geschlossen (Procksch).

4. Das spätere Judentum hat sich vor allem mit der »Gerechtigkeit« A.s und der Sündhaftigkeit K.s beschäftigt. Ebenso das NT: »A. der Gerechte« (Mt 23, 35 f) gilt als Vorbild des Glaubens (Hebr 11, 4), dessen Blut noch immer um Gerechtigkeit zu Gott ruft (ebd), übertroffen nur vom Blute Jesu, das die Versöhnung schafft (Hebr 12, 24). K., der Böse, ist Sinnbild für die Irrlehrer (Jud 11), da er, zum »Bösen« gehörig, böse Werke tut (1Joh 3, 12). Diese Schwarz-Weiß-Malerei hat auch bis in die neueste Zeit die christliche Exegese von Gen 4 bestimmt. Unter den Ausnahmen ist vor allem die besonnene Darstellung der »Erwählung« K.s und A.s durch Karl Barth zu nennen (KD II/2, 1942, 376. 391).

Außer den Kommentaren zur → Genesis: B. STADE, K. u. das K.-zeichen (ZAW 14, 1894, 250-318) - A. EHRENZWEIG, K. u. Lamech (ebd 35, 1915, 1-11) - RGG[2] III, 584f - ThW I, 6f - A. BROCK-UTNE, Die religionshist. Voraussetzungen der K.-A.-Gesch. (ZAW 54, 1936, 202-239) - S. MOWINCKEL, The Two Sources of Predeuteronomic Primeval History (JE) in Gen 1-11 (ANVAO 1937, 23-43) - C.A. KELLER, Das Wort OTH als Offenbarungszeichen Gottes (Diss. Basel), 1946, 69ff - N. STROSETZKI, K. u. Romulus als Stadtgründer (FF 28, 1955, 184-188) - G. CASTELLINO, Les origines de la civilisation selon les textes bibliques et les textes cunéiformes (VT Suppl. 4, 1957, 116-137) - R. BORGER, Gen 4, 1 (VT 9, 1959, 85 f). *C.A. Keller*

Kainiten. Irenäus (adv. haer. I, 31), Hippolyt (in dem verlorenen Syntagma) und Epiphanius (pan. 38) berichten von einer gnostischen Schule, die alle Wertungen des AT umgekehrt habe und gerade in → Kain, den Sodomiten, Esau, Korah usw die Träger der oberen göttlichen Kraft - die auch als ein dem Gnostiker zugeteilter und von ihm anzurufender Engel beschrieben wird - und des gnostischen Geheimwissens von der Machtlosigkeit des Schöpfers (der »Hystera«) und Gesetzgebers sah. Im NT habe Judas darum gewußt und deshalb Jesus verraten, nach der einen Richtung, um das die Mächte überwindende Kreuz zu ermöglichen, nach anderen, weil Jesus selbst von der einst gelehrten Wahrheit abgewichen sei. Dies sei der Inhalt ihres »Evangeliums des Judas«; außerdem benützten sie u.a. eine Schrift »Anabatikon Pauli« (vgl. 2Kor 12, 4). Es handelt sich also um eine Form der vulgären → Gnosis (: III, 2c), ähnlich den → Ophiten; vgl. auch → Barbelo-Gnostiker und → Sethianer. Ihre antinomistische Ethik deuteten die Häresiologen libertinistisch.

Lit. s. → Gnosis: III. *G. Kretschmar*

Kaiphas (»Seher« oder »Inquisitor«; Talmud: Qajjaph, Josephus: Kaiaphas), Beiname des Joseph, Schwiegersohns des → Hannas, Hoherpriester von 18-37 nChr. Während seiner Amtszeit erfolgten zahlreiche Bedrükkungen und Provokationen, die sich bis zum Zugriff auf Tempelgelder erstreckten (Josephus, Ant. 18 §§ 55-62 [Bell. Jud. 2 §§ 169-177]; Lk 13, 1; Philo, Leg. § 38). K. kann seine Stellung (damals prinzipiell ein Jahramt!) nur durch äußerste Nachgiebigkeit gegenüber → Pilatus behauptet haben; nach dessen Entsetzung verlor auch er das Pontifikat. Schon Hannas hatte den Pharisäern gegenüber eine einlenkende Politik betrieben. K. nahm sie auf, als die antisemitische Politik Roms dem Höhepunkt entgegentrieb. Diese Verständigung ermöglichte und bestimmte den Anfang der von den Pharisäern betriebenen Strafverfolgung Jesu (Joh 11, 45ff). Zum synedrialen Schuldspruch ist es erst durch das Eingreifen des Hohenpriesters (Mk 14, 60f) gekommen. Die römische Bestätigung des Urteils konnte K. erwirken, indem er eine Zwangslage ausnützte, in der sich der Sejansgünstling Pilatus nach der Hinrichtung seines Protektors für kurze Zeit befand.

Qu.: Josephus, Ant. 18 §§ 35. 95; Tos. Jeb. I, 10; Para III, 5; Ps. Clem. Rec. I, 44-71 (zweifelhaften Wertes). - Lit.: SCHÜRER II, 256f. 271 - J.JEREMIAS, Jerusalem zZ Jesu II A, 1929, 8; II B, 1937, 54 - E.STAUFFER, Jerusalem u. Rom, 1957, 67. 70. *E.Bammel*

Kaïris, *Theophilos* (1784-1853), griech.-orth. Priester und religiöser Aufklärer, * auf Andros. K. war nach philosophisch-naturwissenschaftlichen Studien in Pisa und Paris als ausgezeichneter Lehrer und Schulleiter in Smyrna und Kydoniä tätig. Ein glühender Patriot, nahm er am Freiheitskrieg → Griechenlands teil. Sein Hauptwerk war die Gründung eines Waisenhauses auf Andros (1835), in dessen schnell berühmt gewordener Schule K. selbst Naturwissenschaften und Religion unterrichtete. Wegen seiner aufklärerischen und theophilanthropischen (→ Theophilanthropen) Lehren wurde er durch die Hl. Synode zu Klosterhaft verurteilt. Wieder frei, ging er für zwei Jahre nach London, kehrte aber 1844 auf Grund einer freiheitlicheren religiösen Gesetzgebung in Griechenland zurück und gründete sein Waisenhaus neu. Hier vertrat er den »Theosebismus« (sein System der Gottesverehrung) noch öffentlicher als vorher. Erneut angeklagt, wurde er zu Gefängnishaft verurteilt und starb bald darauf.

Vf. bes. (griech.): Gnostiki oder kurze Darstellung der Erkenntnisse des Menschen, Athen 1849; Abriß der theosebischen Lehre u. Ethik, London 1852; Gebete u. hl. Gesänge der Frommen, ebd 1852. - Über K.: RE XIX, 669ff - K.BETH, Die orient. Christenheit der Mittelmeerländer, 1902, 369f - Neoteron enkykl. lexikon »Iliou« (Athen, o.J.), X, 48ff (Lit.). *G.Möckel*

Kaiser, *Georg,* Dramatiker, * 25.11.1878 in Magdeburg, † 6.6.1945 in Ascona, neben C.Sternheim das stärkste dramatische Talent zur Zeit des → Expressionismus (: II). K. verficht in mehreren Dramen die expressionistische Ideologie des ganz für den Mitmenschen lebenden, die Gesellschaft reformierenden Menschen: so den heroischen Opfergeist in den »Bürgern von Calais« (1914), die Erweckung der Gesellschaft zur Menschlichkeit durch einen Idealisten, der zeigt, wie jeder Mensch gleich schuldig, gleich unschuldig ist, jeder die Schuld des andern auf sich nehmen muß, in »Hölle, Weg, Erde« (1919). Mehr aber wahrt K. das alte tragische Drama. Expressionistische Ideale erscheinen als das Absolute, nach dem der Mensch strebt, woran er aber nur scheitert. In »Von Morgens bis Mitternachts« (1916) wird der Kassierer einer Bank aus seinem Berufs- und Familientrott herausgerissen, in ihm der Drang zum absoluten Leben erweckt. Er unterschlägt Geld, erlebt aber nur die Desillusionierung seiner Hoffnungen und erschießt sich. In »Nebeneinander« (1923) geht ein Pfandleiher unter, der ein Mädchen retten wollte; das Mädchen findet ihr bürgerliches Glück. In »Die Koralle« (1917) hat sich der Milliardär, Sohn eines im Industriemechanismus zugrunde gegangenen Arbeiterehepaars, zum Industrieführer aufgeschwungen, um dem »Furchtbaren« zu entfliehen, scheitert aber in seinen Kindern, die sich zum Furchtbaren bekennen. Sein Sohn sucht das Absolute im Sozialismus, scheitert aber auch an der Regierung, die Gas für die Rüstung braucht, und an sozialisierten Arbeitern, die produzieren wollen (Gas I. II, 1918/20). - Oft zeigt K. den Menschen, der sich den Besitz des Absoluten nur vortäuscht. Der Milliardär tut so, als bestehe das Furchtbare nicht, er beschwichtigt sein Gewissen durch Wohltätigkeit, läßt sich aber hierbei durch seinen ihm äußerlich völlig gleichenden Sekretär vertreten. Er erschießt diesen Sekretär, als er hört, daß dieser eine glückliche Jugend gehabt, läßt sich als Sekretär und Mörder seiner selbst verhaften, um des Sekretärs glückliches Leben sich zuzueignen. König Marke will Isoldes Untreue nicht sehen; als er dies muß, tut er so, als fördere er das ehebrecherische Verhältnis (König Hahnrei, 1913). In »Der Brand im Opernhaus« (1919) hat ein Kavalier des Rokoko ein armes Waisenkind als Idol der Treue und Reinheit geheiratet, erfährt durch den Brand, daß seine Frau mit einem Liebhaber in der Oper war: da erkennt er eine verbrannte Tote als seine Frau an und negiert die Existenz seiner noch lebenden Frau. - K. stellt seine Konzeptionen im Bau bühnenwirksam dar und gestaltet sie in einer spezifisch expressionistisch dramatischen, komprimierten und dynamischen Kunstsprache (durch Preisgabe des Artikels, ungewöhnliche Wendungen, syntaktische Verschiebungen und Verzerrungen). - In seinen späten Dramen seit der Emigration in die Schweiz (1938) mäßigt K. diesen Stil, behält aber die ihm eigentümlichen Themen bei (Der Gärtner von Toulouse, 1938; Rosamunde Floris, 1940). In den letzten Lebensjahren wandte er sich griechischen Dramenthemen zu (Griechische Dramen: Zweimal Amphitryon, Pygmalion, Bellerophon, 1949).

B.DIEBOLD, Der Denkspieler G.K., 1924 - M.FREYHAN, G.K.s Werk, 1925 - A.FIVIAN, G.K. u. seine Stellung im Expressionismus 1947 (Bibliogr.) - A.SCHÜTZ, Der Nachlaß G.K.s (Diss. Bern), 1949 - H.H.FRITZE, Über das Problem der Zivilisation im Schaffen G.K.s, 1955 (vollst. Bibliogr.) - O.MANN, G.K. (in: H.FRIEDMANN-O. MANN, Epxressionismus, 1956, 264-279). *O.Mann*

Kaiserswerth, heute Düsseldorf eingemeindet, ist Sitz des ältesten, 1836 von Th. → Fliedner gegründeten Diakonissenmutterhauses (→ Diakonie, 5). Mit ihm als Stätte der Leitung, Ausbildung, Sendung und Betreuung der Schwestern verbunden sind 6 Krankenhäuser mit 590 Betten, 5 Altersheime, 6 Häuser für Feierabendschwestern, 3 Fürsorgeheime für gefährdete Mädchen, 1 Volksschule mit Internat, 1 Freizeitheim, 1 Jugendwohnheim für die Schülerinnen der Pflegevorschule, 1 Heim für die Verbandsschwestern, 2 Kirchen. Die Theodor-Fliednerschule (Mädchengymnasium) ist seit 1952 der Rheinischen Landeskirche übergeben, im gleichen Gebäude hat aber das Mutterhaus noch Kindergärtnerinnen- und Jugendleiterinnenseminar, Haushaltungs- und Kinderpflegerinnenschule. Ein Soziales Seminar (für »Gruppenerziehung« und »kirchlichen Dienst in der Gemeinde«) besteht seit 1958. K. angegliedert ist die Gärtnerinnenschule, ferner die Werkstatt für ev. Paramentik, die Buchhandlung, die von einem Diakon geleitete Landwirtschaft und handwerkliche Betriebe. Außerhalb unterhält K. eine Volksschule mit Internat in Niederdollendorf bei Bonn, 2 Altersheime und ein Entbindungsheim für uneheliche Mütter (mit Säuglingsheim) in Godesberg, 4 Schwesternerholungsheime im Schwarzwald und in Oberbayern, ein Diakonissenheim in Rom (Hospiz, Altersheim und Krankenstation) und das Mädchenerziehungsheim Talitha kumi in Beitjala bei Bethlehem (Jordanien).

K.er Diakonissen und Verbandsschwestern (dh Schwestern im K.er Verband, die nicht Diakonissen sind) arbeiten außerhalb von K. in 5 rheinischen Krankenhäusern, dazu im Paul-Lechler-Krankenhaus (Tropengenesungsheim) in Tübingen, im deutschen Krankenhaus in Istanbul und in 10 Krankenhäusern und Wöchnerinnenheimen in Brasilien, ferner in 18 Altersheimen (1 in Kairo, 2 in Brasilien), 17 Kinder- und Jugendheimen (2 in Brasilien), 10 Kindergärten, 3 Handarbeitsschulen und auf 155 Gemeindeschwesternstationen (außer im Rheinland noch je 1 in Westfalen, Rom, Istanbul, Brasilien). Eine Schwester arbeitet im Dienst der → Leipziger Mission in Ostafrika, 2 in der Flüchtlingsbetreuung in Berlin, 1 als Vikarin in der Flüchtlingsgemeinde Wesel.

K. hat (Febr. 1958) 1280 Diakonissen (davon 45 Probeschwestern, 403 Feierabendschwestern) und 312 Verbandsschwestern (davon 123 Krankenpflegeschülerinnen), also 1021 arbeitende Schwestern. - K. ist (neben Berlin) auch Sitz der Geschäftsstelle des K.er Verbandes deutscher Diakonissenmutterhäuser (ca 28 000 Schwestern in 72 Mutterhäusern; → Diakonie, 5). Der K.er Verband ist der deutsche Zweig der von Fliedner 1861 gegründeten K.er Generalkonferenz, zu der außerdem noch 22 Mutterhäuser mit ca 5000 Schwestern in der Schweiz, in Österreich, Frankreich, Schweden, Finnland, USA, Brasilien, Indien und Japan gehören.

Für das Mutterhaus K. vgl. die Jahresberichte u. das Mitteilungsblatt für den Freundeskreis: Taube von K. - Für K.er Verband u. Generalkonferenz: EKL II, 505f. *R.Frick*

Kaisertum und Papsttum

1. Christentum und K. in der nt. und altkirchlichen Zeit - 2. Bis zu Karl d.Gr. - 3. Karolingische Zeit - 4. Grundzüge der weiteren Entwicklung - 5. Die Zeit der Salier und Staufer - 6. Seit Innozenz III. - Vgl. → Kirche und Staat, → Papsttum: I. II, → Staat: III

K. und P. galten im MA als die höchsten, von Gott gesetzten Gewalten der Christenheit, symbolisiert durch zwei Schwerter (nach Lk 22, 38), verglichen mit Mond und Sonne, Leib und Seele usw, zu einträchtigem Zusammenwirken bestimmt, wenn auch oft entzweit. In Wirklichkeit wurde freilich die vom Kaiser beanspruchte Autorität - ganz abgesehen von dem in → Byzanz (: II) bis 1453 fortbestehenden oströmischen K. - niemals im ganzen Abendland so unbestritten anerkannt wie die des → Papsttums (: II). Seine Traditionen und Rechte waren unsicherer und unstet, sein Verhältnis zum P. und zum Königtum anderer Staaten schon deshalb schwankend, nie eindeutig fixiert, sehr verschieden aufgefaßt und oft strittig. Die Wandlungen sind hier nur im Überblick zu skizzieren.

1. Schon im NT finden sich bisweilen Bezugnahmen auf das römische K. → Jesus wurde geboren, als Augustus zuerst »alle Welt schätzen ließ« (Lk 2, 1). Der Täufer → Johannes begann im 15. Jahr des K.s (ἡγεμονία, imperium) des Tiberius zu predigen (Lk 3, 1). Jesus sagt: »Gebt dem Kaiser, was des Kaisers ist«. → Paulus appelliert als römischer Bürger an den Kaiser und geht nach Rom. Er mahnt zum Gehorsam gegen die von Gott gesetzte (damals heidnische) Obrigkeit (Röm 13); wahrscheinlich galt ihm das römische Reich als die Macht, die noch die Schrecken des → Antichrist (: I) vor Christi Wiederkunft »aufhält« (κατέχων, 2Thess 2,7); wenigstens wurde seine Andeutung bald so verstanden. Schon → Tertullian beteuert, daß die Christen für den Kaiser und den Bestand des Imperiums beten, mit dessen Ende die Welt vergehe. Auch die Daniel-Prophetie der 4 Weltreiche (Dan 2) ließ die Christen glauben, das letzte, römische Reich müsse nach Gottes Plan bis zum Weltende dauern. Das K. der Christenverfolger → Nero und → Domitian erschien zwar in der → Johannesapokalypse als Antichrist-Macht, und noch für → Hippolyt von Rom war das Imperium die satanische Nachahmung des Reiches Christi. Doch seit → Konstantins Taufe und der Anerkennung des → Christentums (: III, 1) trat diese negative Wertung des K.s zurück hinter eine bes. von → Eusebius (, 2) verkündete »Reichstheologie«, die im K. den gottgewollten Wegbereiter des gleichzeitig entstandenen Christentums sah, in der Weltmonarchie die Entsprechung zum universalen Monotheismus, im Kaiser den Schützer und Vorkämpfer der Kirche gegen Heiden und Ketzer. → Augustin, zu dessen Zeit die Westgoten (→ Goten) in Rom, die → Vandalen in Nordafrika den Bestand des Reiches erschütterten, teilte nicht diesen Glauben an eine heilsgeschichtliche Zuordnung von Christentum und K., als sei von dessen Universalmacht und Dauer das Schicksal der Civitas Dei abhängig. Aber → Hieronymus, → Orosius u.a. vermittelten der Folgezeit den Gedanken providentieller Zusammengehörigkeit von K. und Christentum, römischem Reich und christlicher Kirche (→ Staat: III), der im byzantinischen Reich mit seinem theokratischen K. dauernd wirksam blieb (→ Cäsaropapismus).

2. Seit dem Ende des weströmischen K.s (→ Imperium Romanum, 4) und der Ostgotenherrschaft in Italien verblaßte im Abendland die Kaiseridee zugunsten des Bewußtseins der Zusammengehörigkeit christlich gewordener Germanenvölker und -staaten in einem → Corpus Christianum ohne gemeinsames politisches Haupt, mit dem Bischof von Rom, dem Nachfolger Petri, als höchster religiöser Autorität. Die Päpste wie die Römer sahen im oströmisch-byzantinischen Kaiser noch bis ins 8. Jh. ihr Staatsoberhaupt, das auch die → Papstwahl bestätigen mußte. Sie gewannen aber in ihrem Patrimonium weitgehende Autonomie. → Gelasius I. stellte 494 in einem im MA allbekannten Schreiben die »auctoritas sacrata pontificum« neben die »regalis potestas« der Kaiser: beide lenken gemeinsam die Welt, jene ist aber auch für das Seelenheil dieser verantwortlich. Die Zweigewaltenlehre bahnt sich hier an. Seit → Gregor I. mehr dem lateinisch-germanischen Westen als dem griechischen Osten zugewandt, sahen sich die Päpste des 8. Jh.s auf fränkische Hilfe gegen die → Langobarden angewiesen, da Byzanz versagte. Dafür sanktionierten sie die Thronbesteigung der Karolinger, übertrugen dem König der → Franken als »patricius Romanorum« den Schutz der römischen Kirche und bekamen von ihm das vorher von den Langobarden okkupierte Reichsgebiet Mittelitaliens geschenkt. Damit entstand der → Kirchenstaat, begann die Abkehr des P.s vom oströmischen K. Dessen Rechte wollte → Hadrian I. wohl selbst ausüben, wie es seine Datierung, Münzprägung u.a. verrät und am deutlichsten das in der 2. Hälfte des 8. Jh.s fingierte »Constitutum Constantini« (→ Konstantinische Schenkung). Danach hätte Kaiser Konstantin dem Papst Silvester I., der ihn taufte, die kaiserlichen Herrschaftszeichen und -rechte in Rom, Italien und den Westprovinzen überlassen und seine Residenz nach Byzanz verlegt, »weil der irdische Kaiser nicht Gewalt haben soll, wo vom himmlischen Kaiser das Haupt der christlichen Religion eingesetzt ist«. Die Herrschaft von K. und P. sollte also räumlich geschieden, auf Ost und West verteilt sein. Diese päpstliche Intention schlug jedoch fehl, als → Leo III. gegen seine römischen Widersacher den Frankenkönig Karl, der schon als Patricius dreimal in Rom gewesen war, als Helfer und Richter brauchte. Am Weihnachtstag 800

ließ er ihn von den Römern in der Peterskirche zum Kaiser ausrufen und krönte ihn. Seitdem gab es zwei Kaiser, die einander nach Kämpfen in Venetien und langen Verhandlungen anerkannten; beide beanspruchten kein Universal-K., Byzanz aber die legitime Nachfolge der römischen Kaiser.

3. Wie frühere Frankenkönige hat → Karl d.Gr. das K. wohl nicht erstrebt, eher mißachtet und sich als König dem Kaiser in Byzanz gleichgestellt oder überlegen gefühlt. Er akzeptierte (nach → Einhards Zeugnis unwillig) die traditionsreiche Würde, aber er verwandelte sie. Er kam seitdem nie wieder nach Italien, und nicht vom Papst und den Römern, sondern von den Franken in Aachen ließ er 813 seinen Sohn Ludwig zum Nachfolger im K. erheben. Ludwig d.Fr., der nie nach Rom ging, wurde zwar 816 in Reims von → Stephan IV. nochmals gekrönt; aber wiederum ohne Mitwirkung des Papstes und der Römer ließ er 817 in Aachen seinen ältesten Sohn Lothar zum Mitkaiser und Nachfolger wählen und krönen. Zugleich sollte eine »Ordinatio imperii«, eine neue Reichsverfassung, in der vom P. nicht die Rede ist, dieses »Aachener K.« für immer zur Klammer der unitas imperii machen, der Einheit des Franken- und Langobardenreichs mit der Schutzherrschaft über Rom und den Kirchenstaat. Diese Reichsordnung, die Ludwigs jüngeren Söhnen nur kleine Unterkönigreiche zudachte, setzte sich jedoch gegen das fränkische Herkommen gleichen Herrschaftsanspruchs aller Königssöhne nicht durch. Kaiser Lothar bekam im Vertrag von Verdun 843 nur das Mittelreich von Aachen bis Rom ohne Überordnung über seine Brüder als ost- und westfränkische Könige. Als er vor seinem Tod 855 auch seine Herrschaft unter drei Söhne aufteilte, schrumpfte das K. des ältesten Ludwig II. auf Norditalien zusammen. Nach ihm, der keine Söhne hatte, kam es wechselnd an west- und ostfränkische Könige oder italienische Markgrafen, bis es 924 erlosch. Es war aus der fränkischen Reichsverfassung, mit der es Ludwig d.Fr. dauernd eng verklammern wollte, schon unter seinen Söhnen schrittweise wieder ausgeschieden, um so enger aber mit Rom (statt mit Aachen) und mit dem P.verbunden worden. Als Lothar I. 823 nach Rom kam, wurde auch er nochmals vom Papst gekrönt. Seine »Constitutio Romana« von 824 bestimmte zwar, daß jeder neue Papst vor seiner Weihe dem Kaiser einen Treueid leisten und daß ein Vertreter des Kaisers ständig an der Verwaltung des Kirchenstaats beteiligt sein sollte. Da aber Lothars Nachfolger seit 850 nur noch vom Papst in Rom gekrönt wurden, bildete sich die Tradition, als habe der Papst über das K. als Schützer der römischen Kirche zu verfügen. Obgleich um 900 auch das P. unter römischer Adelsherrschaft verkümmerte wie das K. italienischer Potentaten, verband sich doch mit der Erinnerung an Karls K. der Glaube, in ihm setze sich, von den Griechen auf die Franken »übertragen«, das römische Imperium als letztes Weltreich fort bis ans Ende. Um 950, als es keinen Kaiser im Abendland gab, schrieb der Mönch → Adso an die westfränkische Königin Gerberga, die Schwester Ottos I., der Antichrist werde nicht kommen, ehe das römische Reich zerfällt, das nicht vollends vergeht, solange es Frankenkönige gibt, »qui Romanum imperium tenere debent«; einer von ihnen werde nochmals das ganze römisch-christliche Imperium vereinen und dann seine Krone in Jerusalem niederlegen. Diese Verheißung aus kaiserloser Zeit wurde zur Quelle späterer Kaisersagen und -prophetien.

4. Karolingische Traditionen und politisch-religiöse Erwartungen konnten allein das K. nicht erneuern, hätte nicht Heinrich I. die deutsche Königsmacht gefestigt und → Otto I. nach Überwindung schwerer innerer Krisen in die Mißstände der Lombardei und Roms eingreifen können. Schon als er 952 gegen den Usurpator-König Berengar nach Pavia zog, wollte er – wie auch Heinrich I. kurz vor seinem Tod – nach Rom, wurde dort aber abgewiesen und durch eine Empörung seines Sohnes heimgerufen. Nachdem er sich gegen die Aufrührer durchgesetzt und die Ungarn auf dem Lechfeld 955 endgültig abgewehrt hatte, konnte Otto I., nun mit dem Ruhm des Heidenbesiegers und -bekehrers, päpstlichen und lombardischen Hilferufen gegen Berengar folgen und sich am 2.2.962 in Rom von → Johannes XII. zum Kaiser krönen lassen. Seitdem blieb das K. bis 1806 mit dem deutschen Königtum verbunden, doch bis ans Ende des MA so, daß den in Deutschland gewählten und gekrönten König, der auch König Italiens (der Lombardei) und seit Konrad II. König von Burgund wurde, der Papst in Rom zum Kaiser zu krönen hatte. Darin liegt ein grundlegender Unterschied vom antiken und byzantinischen K., das weder an ein Königtum und seine Thronfolge gebunden war noch kirchlicher Krönung bedurfte, oft auch von Emporkömmlingen niederer Herkunft errungen wurde. Im Abendland konnte künftig nur der deutsche König (der das immer beanspruchte, sich deshalb seit dem 12.Jh. »römischer König« nannte) durch die päpstliche Krönung Kaiser werden. Oft war daher das K. lange vakant. Der erste Staufer Konrad III. wurde nie Kaiser, wenn er sich auch im Verkehr mit Byzanz so titulierte. Auch → Heinrich IV., nur von seinem Gegenpapst 1084 in Rom gekrönt, wurde von → Gregor VII. und seinen Nachfolgern nie als Kaiser anerkannt, ebenso Ludwig der Bayer, der sich nur von den Römern 1328 krönen ließ. Von den 17 deutschen Königen zwischen 1250 und 1556 wurden nur 5 vom Papst gekrönt. Seitdem erst titulierten sich dann alle deutschen Könige (wie schon Maximilian I.) ohne päpstliche Krönung als »erwählter römischer Kaiser«. Insofern war das K. im MA, doppelt bedingt durch die deutsche Thronfolge und die päpstliche Krönung, viel weniger kontinuierlich als in der Antike, in Byzanz, in der Neuzeit – oder als das P. Überdies reichte seine Herrschaft trotz mancher universalkaiserlicher Theorien, → Herrschaftszeichen und »Weltherrschaftsansprüche« nicht über die Königreiche Deutschland, Reichsitalien und Burgund hinaus; nur in Personalunion verbanden die Staufer damit das → Normannen-Erbreich Sizilien, das selbst Friedrich II. nicht als Kaiser, sondern als König regierte (wie das Königreich Jerusalem), so rhetorisch, ja mythisch seine Manifeste die Kaiseridee verklären mochten. Von den Königen Frankreichs, Englands, Spaniens wurde höchstens ein Vorrang der kaiserlichen Würde und Autorität zeitweise anerkannt, öfter bestritten oder ignoriert, von Dänemark, Polen, Ungarn nur zeitweise eine Lehnshoheit des deutschen Königs, auch wenn er nicht Kaiser war. Nur durch die Schutzherrschaft über Rom und das P., um derentwillen dieses K. i.J. 800 und wiederum 962 begründet wurde, konnte der Kaiser als Vogt der römischen Kirche indirekt eine maßgebende Wirkung auf das ganze christliche Abendland üben. Eben deshalb wurde sein Verhältnis zum Papst und vor allem die kaiserliche Einwirkung auf die Papstwahl – oder die päpstliche auf die deutsche Königswahl, die zum K. führte – zu einer oft strittigen, alle angehenden Entscheidungsfrage der mittelalterlichen Geschichte.

5. Schon Otto I. ließ den jungen Papst, der ihn nach der Krönung hinterging, von einer Synode absetzen und machte die Papstwahl von seiner Zustimmung abhängig. Otto III. ließ zuerst einen Deutschen, seinen Verwandten → Gregor V., dann den gelehrten Franzosen Gerbert, seinen Freund und Mentor, als → Silvester II. wählen. Mit ihm gemeinsam wollte er von Rom aus Reich und Kirche lenken und erneuern. Die damit unvereinbare

Konstantin-Schenkung lehnte er als Fälschung schroff ab. Doch sein hochstrebender Reformwille scheiterte, noch ehe er jung starb, am Widerstand der Römer wie der Deutschen. Erst Heinrich III. griff 1046 wieder wirksam in Rom ein, ließ drei rivalisierende Päpste absetzen und erhob, von den Römern zu ihrem Patricius ernannt, der die Papstwahl entschied, viermal deutsche Reichsbischöfe auf den Stuhl Petri, die die längst geforderte Reform der Kurie und der Gesamtkirche in Angriff nahmen. Sie führte erst zum Konflikt mit dem Reich, als für den unmündigen → Heinrich IV. seine Mutter und die Fürsten regierten und einen Papst anerkannten (→ Honorius [II.]), der sich nicht gegen den von den Kardinälen 1061 gewählten → Alexander II. durchsetzte, wie es seitdem keinem kaiserlichen Gegenpapst mehr gelang. Andererseits behaupteten sich auch die von → Gregor VII. begünstigten Gegenkönige nicht gegen Heinrich IV., der mit seinen Reichsbischöfen 1076 den Papst abzusetzen wagte, sich aber im nächsten Jahr als Büßer vor ihm in Canossa vom Bann lösen mußte. Gregor VII. hatte 1075 im »Dictatus papae« beansprucht: »Der Papst darf Kaiser absetzen«. Gleichwohl ist der bald darauf ausbrechende *Investiturstreit* nicht eigentlich ein Kampf zwischen P. und K. (das nach Auffassung der Gregorianer 1056-1111 vakant war), sondern zwischen Sacerdotium und Regnum, zwischen dem erneuerten und zentralisierten kanonischen Recht der hierarchischen Kirche, die autonom und »frei« werden wollte, und den herkömmlichen Königs- und Adelsrechten in der Kirche, auch in England und Frankreich. Weil aber der deutsche König auch Italien und Rom beherrschen und Kaiser sein wollte, verschärfte und verlängerte sich der Konflikt mit ihm, bis im Wormser Konkordat (1122) ein Kompromiß geschlossen wurde: Der Kaiser, aus Italien zurückgedrängt, verzichtete wie vor ihm andere Könige auf die Bischofsinvestitur, behielt aber weitgehende Verfügung über die Reichskirche und ihre Machtmittel. Obgleich dann die »freien«, vom Papst beeinflußten und bestätigten Wahlen Lothars III. (1125) und Konrads III. (1138) die dynastische Stetigkeit unterbrachen und schwere innere Kämpfe auslösten, konnte → Friedrich I. in Eintracht mit Fürsten und Bischöfen die Reichsmacht wieder nach Italien und Burgund richten und nachdrücklicher als je Kaiserrechte beanspruchen. Für sie berief er sich nun auch auf das römische Recht im Corpus iuris Justinians, das man in Bologna wieder studierte. Scharf wies er päpstliche und römische Ansprüche auf Verfügung oder Lehnshoheit über das K. zurück, das er allein von Gott habe. Als er aber die zwiespältige Papstwahl von 1159 durch ein von ihm berufenes Konzil gegen den von den meisten Kardinälen gewählten → Alexander III. entscheiden lassen wollte, bestritten ihm Frankreich und andere Mächte dieses Recht und erkannten seine Gegenpäpste nicht an. Nach 18 Kampfjahren mußte er nachgeben und versöhnte sich mit Alexander III., der 1179 die → Papstwahl durch die zwei Drittel-Mehrheit der Kardinäle unanfechtbar regelte. Barbarossa hoffte trotzdem, zu einem »ewigen Frieden« mit dem P. zu kommen, nachdem er sich auch mit den lange bekämpften Lombardenstädten und mit dem Normannenstaat Süditaliens verständigt hatte, dessen Erbin sein Sohn heiratete. Als er auf dem 3. Kreuzzug, den jetzt erstmals der Kaiser führte, 1190 ertrank, steigerte Heinrich VI. noch die Kaisermacht. Er wurde Lehnsherr auch über England, Armenien, Cypern; er wollte die deutsche Krone und damit das K. erblich machen und für immer mit dem Erbreich Sizilien vereinen, dafür das P. finanziell sichern und aufs engste dem Reich verbinden. Sein früher Tod 1197 und der lange Zwist um seine Nachfolge ließen diese kühnen Erbkaiserpläne ins Gegenteil umschlagen.

6. Als → Innozenz III. in den deutschen Thronstreit eingriff, formulierte er die von den Kanonisten angebahnten Theorien über das K., die ins Kirchenrecht eingingen: es sei vom Papst dem fränkisch-deutschen König »übertragen«; dessen Wahl und Eignung habe der Papst zu prüfen, der ihn zum Kaiser krönen soll. Unablässig erörterte man seitdem diese Lehre von der *Translatio imperii* und von der *Potestas directa* des Papstes, der auch das weltliche Schwert besitze und vom Kaiser zum Schutz der Kirche führen lasse. Innozenz III. selbst verhalf aber notgedrungen, da der von ihm gekrönte Welfe Otto IV. ihn schwer enttäuschte und bedrängte, dem Staufer → Friedrich II. zum Aufstieg, dessen aufs höchste gesteigerte Kaiseridee und -macht dann die unversöhnliche Feindschaft des P.s herausforderte. Gebannt und abgesetzt wie Otto IV., starb er 1250, ehe der Kampf um Italien entschieden war, den die Päpste mit französischer Hilfe gegen die letzten Staufer zu Ende führten. Erst Heinrich VII. wurde wieder in Rom gekrönt (1312, † 1313), während die Kurie in Avignon schon unter französischem Druck stand. Sein übersteigerter imperialer Anspruch löste schroffe Ablehnung des K.s überhaupt aus, das anderen, vor allem deutschen Zeitgenossen noch immer als unentbehrlich für den Fortbestand der Welt galt oder als notwendig für Frieden, Recht und Kultur der Menschheit wie in → Dantes Monarchia und Commedia. Nie zuvor wurde über K. und P. so viel diskutiert wie während des letzten langen Kampfes mit der Kurie, als nach der Doppelwahl von 1314 → Johannes XXII. ein Approbationsrecht beanspruchte, das weder Ludwig der Bayer noch die Kurfürsten gelten ließen. Vom Papst gebannt, erstmals nur von den Römern zum Kaiser gekrönt, bemühte sich Ludwig immer vergeblich um eine Verständigung mit der Kurie, die schließlich den Luxemburger → Karl IV. gegen ihn ausspielte. Er wurde 1355 in Rom gekrönt, ohne Machtziele in Italien zu verfolgen. Er sicherte aber auch durch die Goldene Bulle (1356), die den päpstlichen Approbationsanspruch überging, für immer die autonome Königswahl durch die Kurfürstenmehrheit und erreichte gleichwohl als erster seit den Staufern die Wahl seines Sohnes (Wenzel) zum Nachfolger, der freilich versagte und nie Kaiser wurde. Aber Karls jüngster Sohn → Sigismund wirkte noch einmal wahrhaft kaiserlich für die Kirche: unter seinem Schutz konnten allgemeine Konzilien auf Reichsboden die Christenheit repräsentieren, in Konstanz das lange Papst-Schisma heilen, in Basel die Reform der Kirche an Haupt und Gliedern versuchen (→ Reformkonzile). Sie mißlang wie die zugleich erstrebte Reichsreform. Vielmehr konzentrierte sich das Renaissance-P. auf seine italienische Territorial- und Kulturmacht, das Habsburger K. auf seine Hausmacht, deren Ausgreifen auf Burgund, Spanien, Italien zu neuen Kämpfen auch mit dem Kirchenstaat führte. Auch der letzte vom Papst (1530 in Bologna) gekrönte Kaiser → Karl V. vermochte mit seiner weitgespannten Kaisermacht und -idee die Kirchenspaltung durch die deutsche Reformation nicht aufzuhalten. Als er 1556 abdankte, überließ er das K. trotz päpstlichen Protestes seinem Bruder Ferdinand I., der sich wie schon Maximilian I. und alle späteren Kaiser nie vom Papst krönen ließ. Das römisch-deutsche K. war, wie anfangs das fränkische, vom P. unabhängig geworden – wie dieses längst von ihm. Beide hatten sich in langer Verschränkung und Auseinandersetzung ihrer Ansprüche gewandelt: das P. zum hierarchischen Führer der kath. Kirche, das K. zum noch immer eindrucksvollen Vorrangtitel des »Heiligen römischen Reiches deutscher Nation«. Nach dessen Auflösung eigneten sich im 19.Jh. andere Staaten diesen Titel an: Frankreich, Österreich, Rußland, England, das deutsche

Reich von 1871, ja Mexiko und Brasilien, bis im 20.Jh. das K. erlosch, während das P. dauert. Mit dem Veto- oder Exklusivrecht (→ Exklusive) des Kaisers von Österreich bei der Papstwahl verschwand 1904 der letzte Rest alten Kaiserrechts in der Kirche.

In Rom entstanden, vom Christentum heilsgeschichtlich gedeutet und mit seiner Symbolik und Liturgie verklärt, mit dem fränkischen und deutschen Königtum verbunden, vom P., das ihm vieles verdankte, gab und nahm, für den Schutz der römischen Kirche beansprucht, hatte das K. traditionsreich und doch wandelbar die politische Ordnung des Abendlandes zeitweise entscheidend bestimmen, aber nie völlig beherrschen können. Für → Deutschland (: I, 1 b) aber ist es im MA zum Schicksal geworden.

F.Kampers, Die dt. Kaiseridee in Prophetie u. Sage, 1896 - K. Heldmann, Das K. Karls d.Gr., 1928 - P.E.Schramm, Kaiser, Rom u. Renovatio, (1929) 1958² - E.Stengel, Regnum u. Imperium, 1930 - P.Rassow, Die Kaiser-Idee Karls V., 1932 - J.Adamek, Vom röm. Endreich der mittelalterl. Bibelerklärung, 1938 - M.Lintzel, Das abendländ. K. im 9. u. 10.Jh. (Welt als Gesch. 4, 1938, 423-447) - R. Holtzmann, Der Weltherrschaftsgedanke des mittelalterl. K.s... (HZ 159, 1939, 251-264) - E.Eichmann, Die Kaiserkrönung im Abendland, 1942 - W.Ohnsorge, Das Zweikaiserproblem im früheren MA, 1947 - G.Barraclough, The medieval Empire, Idea and Reality, 1950 - R.Folz, L'idée d'Empire en occident, 1953 - W. Holtzmann, Das mittelalterl. Imperium u. die werdenden Nationen, 1953 - F.Kempf, P. u. K. bei Innocenz III., 1954 - Ders., Das mittelalterl. K. (in: Mainau-Vorträge, hg.v. Th.Mayer, 3, 1956, 225-242) - J.Deér, Die Vorrechte des Kaisers in Rom (Schweizer Beitr. zur allg. Gesch. 15, 1957, 5-63) - W.Goez, Translatio imperii, 1958. - Vgl. die Lit. zu → Deutschland: I, 1, → Papsttum: II.

H.Grundmann

Kaland *(K.sbrüder, fratres calendarii)*, nach den Kalenden (Monatsanfang, wohl ursprünglich Versammlungstermin) benannte → Bruderschaften (: II) des Spät-MA in Nord- und Ostdeutschland, denen Kleriker und Laien, auch Frauen angehörten, um durch Gebete, Seelenmessen, Prozessionen und Beteiligung am Begräbnis dem Seelenheil der Mitglieder zu helfen, auch gemeinsames Mahl reihum auszurichten und Arme zu speisen. Um 1280 zuerst in Laer bezeugt, gab es im 14./15.Jh. vielerorts zwischen Holland und Livland, bes. in Westfalen, Thüringen-Meißen, Brandenburg einen K. mit eigenen Statuten, oft eigenem Haus, von einem geistlichen Dechanten geleitet, von einem Kämmerer verwaltet, ohne gemeinsame Organisation und Satzung, daher lokal verschieden und bisher nur einzeln, nicht zusammenfassend erforscht. Schon im 15.Jh. wird über üppige Schmäuse des reich gewordenen K. geklagt und gespottet. Wo die Reformation durchdrang, verschwand der K., während er in Westfalen mancherorts (Münster, Wiedenbrück, Wüllen) noch besteht.

L.v.Ledebur, Die K.verbrüderungen in den Landen sächs. Volks-Stammes (Märk. Forsch. 4, 1850, 7-76; erste Übersicht über 184 K.e) - G.Sello, Des Pfaffen Konemann Gedicht vom K. zu Eilenstedt (Zs. d. Harz-Vereins 23, 1890, 99-170; älteste Statuten, in dt. Versen) - J.Rautenstrauch, Die K.sbruderschaften, 1903 - M.Riemer, Die Entstehung der K.e im Bist. Halberstadt (Zs. d. Harz-Vereins 41, 1909, 1-27) - G.Wolpers, Die K.sbruderschaften im Eichsfelde, 1928 - A.Sellmann, Von westfäl. K.en (Jb. des Vereins f. westfäl. KG 33, 1934, 48-62) - C.Brod, Die K.-Brüderschaften in den sächs.-thüring. Landen (Neues Arch. f. Sächs. Gesch. 62, 1941, 1-26) - H. Heyden, Von dem K. in Pommern (Blätter f. KG Pommerns, 1941, H. 20/21, S. 47-57) - F.Flaskamp, Die K.sbruderschaft zu Wiedenbrück I. II, 1957/59 - Ders., Wilbrand Bante (Westfäl. Zs. 108, 1958, 221-238; Lit.) - EKL II, 512 (Lit.).

H.Grundmann

Káldi, *György* (1572-1634), ung. Jesuit, studierte in Rom, Prediger in Siebenbürgen und Wien, Prof. in Olmütz und Brünn, 1615 Direktor in Nagyszombat (Tyrnau) und seit 1625 in Pressburg. Unter weitgehender Verwertung der Arbeiten seines Ordensgenossen I. Szántó wie auch älterer prot. Übersetzungen verfertigte K. eine → Bibelübersetzung (: V, 2m; hg. 1626 in Wien), die in der röm.-kath. Kirche Ungarns allgemeine Anerkennung fand.

RE III, 118 - B.Holl, Beiträge zur Gesch. der K.-Bibel (in: »Magyar Könyvszemle«, 1956, 52-58; ung., Lit.).

B.Nagy

Kaleb war der Ahnherr und Eponym des Stammes der Kalibbiter, der im Rahmen des israelitischen Kulturlandbesitzes die Stadt → Hebron auf dem judäischen Gebirge mit ihrem Gebiet innehatte. K. gehörte nach Num 32, 12; Jos 14, 6. 14 (vgl. Jos 15, 17; Ri 1, 13; 3, 9) zum Stämmeverband der Kenizziter, von dem andere Teile nach Gen 36, 11. 15. 42 in das Volk der → Edomiter eingingen, der also von dem Steppen- und Wüstengebiet südlich und südöstlich von Palästina ausgegangen war. Eine ursprünglich kalibbitische Überlieferung, die in verschiedenen literarischen Schichten und Kombinationen in Num 13; 14; Dtn 1, 22-46; Jos 14, 6-14 vorliegt, erzählt, wie es dazu kam, daß die von Süden herkommenden Kalibbiter in den Besitz der schon vorisraelitischen Stadt und des damals wie heute durch seinen Traubenreichtum ausgezeichneten Gebietes von Hebron gelangten. Mit dem benachbarten und verwandten kenizzitischen Stamm Othniel, der sich in der Stadt Debir festsetzte, kam es nach Jos 15, 13-19; Ri 1, 10-15 zu einer Vereinbarung über den Besitz von »Wasserbecken«, der zwischen beiden wohl strittig gewesen war (Galling). Mit einigen anderen Stämmen auf dem judäischen Gebirge gehörte K. vermutlich in der Zeit vor der Staatenbildung zu einem Sechsstämmebund, der in dem Heiligtum von Mamre seinen Mittelpunkt hatte und den Gesamtnamen → »Juda« (im weiteren Sinne) führte. Darum wird K. verschiedentlich zu Juda gerechnet (Num 13, 6; 34, 19 vgl. Jos 14, 6; 15, 13; Ri 1, 19f; 2Sam 2, 1) und ist später in die Genealogie von Juda eingegliedert worden (1Chr 2, 9). Das Siedlungsgebiet von K. läßt sich nicht genau bestimmen. In der Verwaltungseinteilung des Staates Juda umfaßte der in Jos 15, 52-54 umschriebene Gau die Gebiete der beiden kenizzitischen Stämme K. und Othniel. Nach 1Sam 25, 3 hatte der »kalibbitische« Kleinviehherdenbesitzer Nabal noch weiter südöstlich in Maon (ma'în) gelebt, und nach 1Sam 30, 14 hatte K. einen (unbestimmten) Anteil am Negeb gehabt. Nach einer in 1Chr 2; 4 eingearbeiteten genealogischen Liste aus der Königszeit kam es zu einer Mischung judäischer und kalibbitischer Sippen in der Gegend von Thekoa.

M.Noth, ZDPV 55, 1932, 97-128 - Ders., ÜPent 143ff - Ders., GI 57f. 74f - K.Galling, Zur Lokalisierung von Debir (ZDPV 70, 1954, 135-141) - E.Mader, Mambre, 1957, 200ff.

M.Noth

Kalender → Chronologie.

Kâlî. In der vedischen Zeit (→ Veden) war K. als Name einer der sieben Feuerzungen mit dem → Feuer-Gott Agni verbunden. Danach und jetzt ist K. oder Kâlikâ (»die Schwarze«) einer der vielen auf die jeweilige Erscheinungsform, auf die Attribute und Handlungen gehenden Namen der Gattin des → Shiva. Als K. ist sie die grausame und blutdürstige Göttin. Sie wird dargestellt mit einer schwarzen Haut, acht Händen und einem abscheulich schrecklichen Gesicht, mit heraushängender Zunge und einer Schädelkette um den Hals. Sie tanzt auf den Leibern der gefallenen Feinde, der Dämonen. In jeder Hinsicht gleicht sie mehr einer Furie als einer Göttin. - K. ist die Schutzgöttin von K.-ghâta, aus dem bengalisch Kâlikâtâ und englisch Kalkatta-Calcutta wurde. Dieser Tempel soll einen übernatürlichen Ursprung haben und die zweite Zehe des linken Fußes der Shiva-

Gattin Parvati als Reliquie bergen. Dieses Heiligtum ist das ständige Ziel ungezählter Pilger. Täglich werden der Göttin Hunderte und an Festtagen wohl Tausende von Ziegen geopfert, manchmal auch Buffalos. - Ein viel gebrauchter Wechselname für K. ist Durga.

J.DOWSON, Classical Dictionary..., London (1879) 1957⁹ - W.J. WILKINS, Modern Hinduism, Calcutta (1887) 1900² - E.O.MARTIN, The Gods of India, London 1914 - R.FRÖLICH, Tamulische Volksreligion, 1915 - H.v.GLASENAPP, Der Hinduismus, 1922 - W.TH. ELMORE, Dravidian Gods in Modern Hinduism, Madras 1925 - W. FILCHNER-D.SH.MARÂTHE, Hindustan im Festgewand, 1953 (Reg.). *A.Lehmann*

Kalif (besser Chalif, arab. Chalīfa »Vertreter«, »Nachfolger«), der Titel, den das Oberhaupt der islamischen Gemeinde (→ Islam: I) von Anfang an (seit 632) getragen hat. Daneben trat 634 *Emir al-Mu'minīn* »Beherrscher der Gläubigen«. - Da → Muhammed als einziger Stifter einer Weltreligion bei Lebzeiten eine weltliche Herrschaft hatte begründen können, fiel auch seinen Nachfolgern, den K.en (Residenz bis 657 Medina), eine zugleich weltliche und geistliche Stellung zu. Sie waren innerhalb der islamischen → Theokratie auch Vorbeter (Imāme) der Hauptmoschee der Hauptstadt. So hat sich im Islam keine eigenständige Hierarchie herausgebildet, auch wenn die K.en selbst nicht zu den Theologen zählten. Das sakrale, persisch beeinflußte Gepräge des Chalifats erwies sich bes. seit dem Sturze der weithin weltlich gesinnten Dynastie der Omajjaden (661-750; Hauptstadt Damaskus) als wichtiger Faktor bei der Herausbildung des starken Gemeinschaftsgefühls der Muslime auch über nationale Unterschiede hinweg. Auch als die Abbasiden (750-1258; in Bagdad bzw. 838/83 Sāmarrā) seit dem 10.Jh. in ihrer politischen Herrschaft mehr und mehr auf das Zweistromland beschränkt und hier Hausmeier-Dynastien maßgebend wurden (Bujiden 945-1055; Seldschuken 1055 bis ca 1150), blieb dem K. die Anerkennung als oberster Herr der islamischen Oikumene (*Mamlakat al-Islām*). Faktisch unabhängige Herrscher (seit 860 immer häufiger mit dem Titel *»Sultan«*) in Iran, Indien, Mittelasien, Syrien, auch Ägypten und Nordafrika, ließen sich formell von ihm belehnen. Erst 929 (also *nach* den Fatimiden, s.u.) wagten die sunnitischen Omajjaden in Spanien (dort 756-1031) den Titel K. anzunehmen und dadurch die ideelle Einheit des Reiches formell zu sprengen. Nach der Ausschaltung des Bagdader Chalifats durch die → Mongolen 1258 unterhielten die Mamluken am Nil bis zur türkischen Eroberung 1517 (politisch freilich bedeutungslose) abbasidische K.en. Später führten die Großmoguln in Indien, seit 1360 zunehmend auch die osmanischen Sultane diesen Titel. In Anlehnung an die dem Westen geläufige Idee des Papsttums verstanden es die Türken seit 1774, die Sultane in ihrer Eigenschaft als K.en als geistliche Herren aller sunnitischen Muslime hinzustellen, was im 19.Jh. auch politische Bedeutung gewann (da der Muslim den K.en stets als geistlichen *und* weltlichen Herrscher betrachtet). 1924 schaffte die →Türkei nach dem Sultanat auch das Chalifat ab. Trotz einer in den Jahren nach 1920 starken Chalifats-Bewegung (bes. in Indien und den arabischen Ländern) hat seither kein muslimischer Herrscher den Titel K. angenommen, und die Chalifats-Bewegung ist praktisch erloschen. Das hat dem islamischen Selbstbewußtsein freilich keinen Abbruch getan. - Stellung und Anspruch der K.en auf Führung der muslimischen Gemeinde werden von den Schiiten von ihrer staatsrechtlich-soteriologischen Auffassung her bekämpft. Trotzdem hat die mächtige schiitische (ismailitische) Dynastie der Fatimiden in Nordafrika (seit 909) und (seit 969; bis 1171) in Ägypten den Titel K. geführt. Sie wurde im 11.Jh. eine ernste Bedrohung des Bagdader Chalifats.

W.BARTHOLD-C.H.BECKER, K. u. Sultan (Islam 6, 1915, 350-412) - T.W.ARNOLD, The Caliphate, Oxford 1924 - E.TYAN, Institutions du droit public musulman I: Le califat; II: Sultanat et Califat, Beirut 1954/57. - Chalifatsbewegung: M.BARAKATALLAH, The Khilafet, London 1924 - A.SANHOURY, Le califat, Paris 1926. - Zum Grundsätzlichen: B.SPULER, Islam. Selbstbewußtsein (Die Welt als Gesch. 18, 1958, 14-25). - Zur polit. Gesch. des Chalifats vgl. u.a.: DERS., Chalifenzeit, Leiden 1952. - Vgl. → Islam: I. *B.Spuler*

Kalir, *Eleasar,* einer der fruchtbarsten Dichter synagogaler Poesie des MA. Man weiß so gut wie nichts über sein Leben und seine Herkunft und setzte ihn früher zwischen dem 7. und 11.Jh. an, manchmal sogar in die Zeit der → Mischna-Lehrer. ZZ nimmt man allgemein etwa das 8./9.Jh. an. - Von K.s mehr als 22 Festgedichten (Pijjûṭîm) sind viele in Festgebetssammlungen (mit Ausnahme des sefardischen Ritus) aufgenommen worden. Seine Stoffe entnimmt er der →Halacha und der → Haggada. K. gilt als einer der ersten, die den Reim in die hebräische Dichtung des MA eingeführt haben. Während er das biblische Hebräisch im allgemeinen meisterhaft beherrscht, unterlaufen ihm vor allem bei Neubildungen Verstöße gegen die Grammatik, um derentwillen ihn u.a. schon Abraham → Ibn Esra angegriffen hat.

EJud IX, 819 (Lit.). *E.L.Rapp*

Kálmáncsehi Sánta, *Márton* (ca 1500-57), ung. Reformator, einer der ersten Bahnbrecher der helvetischen Richtung in → Ungarn. * in Kálmáncsa, studierte K. 1523-25 in Krakau, später wahrscheinlich auch in Deutschland. 1538 noch röm.-kath. Domherr und Schuldirektor in Gyulafehérvár, war er seit den 40er Jahren ev. Pastor, zuletzt in Debrecen, gleichzeitig auch Sup. in Ostungarn. Als Prediger, Glaubensstreiter und Organisator übte K. eine für die ung. ref. Kirche grundlegende Wirksamkeit aus. Theologisch sind bei K. ein starker Zwinglianismus, in der Abendmahlslehre auch der Einfluß → Bullingers und des Consensus Tigurinus, aber noch keine spezifisch calvinischen Elemente festzustellen.

Von K.s Schriften (u.a. ein Gesangbuch) ist nichts erhalten geblieben. - Über K.: A.SCHULLERUS, Die Augustana in Siebenbürgen, Hermannstadt 1914 - (Ung.:) G.NAGY, K.S.M. (in: »Calvinistische Charakterbilder«, 1930, 7-15) - G.PAPP, K.S.M., 1935 - I.RÉVÉSZ, Ung. ref. KG, 1938, 104ff (Lit.) - M.BUCSAY, Die Lehre vom hl. Abendmahl in der ung. Reformation helvet. Richtung (DTh 6, 1939, 261-281). *B.Nagy*

Kalocsa, neben → Erlau und → Gran das dritte *Erzbistum* im alten → Ungarn, 1001 von König Stefan I. gegründet, 1006 Erzbistum. Später haben die Erzbischöfe ihren Sitz nach Bács verlegt und besaßen bis zur Vereinigung von K. und Bács um 1135 innerhalb einer Kirchenprovinz 2 Kathedralen mit 2 Domkapiteln. Die Führung der Kreuzzüge gegen Ketzer und Türken war K. auferlegt. Erzbischof Tomori fiel 1526 bei Mohács. Seit dieser Zeit stand K. 170 Jahre lang unter Türkenherrschaft. Die Erzbischöfe kehrten erst seit dem 18.Jh. zurück. Vor dem Friedensvertrag von Trianon (1920) gehörten zur erzbischöflichen Kirchenprovinz außer der Erzdiözese K.-Bács die Bistümer Großwardein (rum. Oradea [ung. Nagyvárad], heutiger Sitz in Satu Mare [ung. Szatmár]), → Siebenbürgen und Csanád. Das Erzbistum hat zZ nur 119 Kirchen, 112 Pfarreien, 118 Diözesanpriester, 9 Seminaristen, 16 Ordenspriester, 23 Mönche und 164 Nonnen in 26 Niederlassungen bei 394 708 Seelen. In Ungarn wird das Hauptamt der röm.-kath. Kirche zZ durch Dr. Josef Grösz, den Erzbischof von K. versehen.

AnnPont 1958, 276. *A.Szekeres*

Kalthoff, *Albert* (1850-1906), * in Barmen, war 1888 bis 1906 Pastor in → Bremen. Dort begründete er mit O.Mauritz und F. → Steudel die in Deutschland nahezu einzigartige Richtung des theologischen Radikalismus, die bei der besonderen Struktur der bremischen Kirche - wenn auch scharf umstritten - einzelne Gemeinden nachhaltig bestimmen konnte. K.s Wandlung vom theologischen → Liberalismus zu einer radikalen Neubesinnung im Sinne eines idealistischen → Monismus blieb wegen seines frühen Todes fragmentarisch. - K. leugnete die historische Existenz Jesu und verstand die Entstehung des Christusmythos als sublimierten Ausdruck sozialer und ethischer Kräfte und Spannungen der römischen Kaiserzeit (→ Bibelwissenschaft: II, 5). Aus der monistischen Konzeption seiner religiösen Weltanschauung ergab sich ein unbegrenzt weites Offenbarungsverständnis. Seine Predigten orientierten sich an Gestalten der modernen Literatur (Nietzschepredigten) und am → Sozialismus. Kurz vor seinem Tode gründete er mit Ernst → Haeckel den → Monistenbund, dessen erster Vorsitzender er war. K. verstand Religion als weltumgestaltende Kraftmitteilung.

Vf. u.a.: Das Christusproblem, (1902) 1903²; Religiöse Weltanschauung, 1903; Die Entstehung des Christentums, 1904. - Über K.: A.TITIUS, Der Bremer Radikalismus, 1904 - A.SCHWEITZER, Gesch. der Leben-Jesu-Forschung, (1913) 1951⁶ - W.NIGG, Gesch. des relig. Liberalismus, 1937. *G.Huntemann*

Kalvarienberg. 1. Bezeichnung für Golgatha als Hinrichtungsstätte Jesu (Mk 15, 22 Vulg.: Calvariae locus, »Schädelstätte«). - 2. Anhöhe mit Kreuzigungsgruppe als Abschluß des → Kreuzweges (via Crucis, via Calvariae). Bekannte K.e sind Ahrweiler bei Frankfurt/M., Eisenstadt im Burgenland, der Sacro Monte von Varallo (Provinz Novara), ferner die eigenartigen, mit vielen Figuren versehenen Calvaires der Bretagne in Tronoën, Guimiliau, Plougastel-Daoulas. - 3. Nach dem K. bezeichnen sich die → Ursulinen von Ahrweiler, die benediktinischen Calvairiennes und verschiedene kleinere röm.-kath. Kongregationen wie die Kalvaristen, Brignoline oder Schwestern der Liebe U.L. Frau von Calvaria u.a.

DACL II, 1755f - KÜNSTLE I, 440ff - LThK V, 759f - HEIMBUCHER II, 23. 523. 632 - EC III, 400f - Catholicisme II, 399ff - A.PARROT, Golgotha et Saint-Sépulcre, 1955; dt.: Der Tempel von Jerusalem, Golgatha u. das Hl. Grab, 1956 - AnnPont 1958, 1149ff. 1547ff. *R.Pfister*

Kamaldulenser, → Einsiedlerorden, Zweig der → Benediktiner, 1012 vom hl. Romuald (952-1027) in Camaldoli (bei Arezzo) gegründet. Erst Romualds vierter Nachfolger, Rudolf, arbeitete 1082 besondere Satzungen aus, die Paschalis II. i.J. 1113 bestätigte. Der Orden faßte auch in Frankreich, Polen, Deutschland und Spanien Fuß und beteiligte sich anfangs an der Christianisierung Polens und Ungarns (→ Brun von Querfurt). Von den noch bestehenden drei Kongregationen (früher: 5) schloß Pius XI. i.J. 1935 zwei unter Camaldoli zusammen; die 1520 von P. → Justiniani gegründete Kongregation von Monte Corona blieb erhalten. Die K. sind der einzige Orden der kath. Kirche, der noch → Inklusen kennt. Während die Kongregation von Monte Corona nur Eremiten hat, gibt es in der von Camaldoli auch cönobitische Klöster. Der Orden hat (1958) in Italien, Polen, Spanien und den USA 8 Klöster und 10 Eremitagen mit insgesamt 270 Mitgliedern. Der weibliche Zweig der K.innen hat 4 Klöster mit 150 Nonnen.

J.B.MITARELLI-A.COSTADONI, Annales Cam., 9 Bde, Venedig 1755 bis 1773 - P.KEHR, Italia Pontificia III, 1908, 171ff - P.LUGANO, La Congreg. Cam. di Monte Corona, 1908 - W.FRANKE, Romuald v. Camaldoli, 1913 - P.CIAMPELLI-P.LUGANO, Italia ben., 1929, 231ff - HEIMBUCHER I, 315ff - A.ZIMMERMANN, Kalendarium I, 1933, 180ff - A.PAGNANI, Storia dei Ben. Camald., 1949 - J.LECLERCQ, Un humaniste Erémite, Paul Giustiniani, 1951 - PH.SCHMITZ, Gesch. des Benediktinerordens III, 1955, 25ff - DSp II, 50ff. *St.Hilpisch*

Kamerun

1. Staatliche Gliederung - 2. Ev. Mission. - Vgl. →Afrika: IV B. C

1. K. (→ 2 D 3) wurde 1885 als Schutzgebiet deutscher Besitz und nach 1918 in ein franz. (432 000 qkm, 3,2 Mill. Einwohner) und ein brit. (88 000 qkm, 1,5 Mill. Einwohner) Mandat aufgeteilt. Franz.-K. befindet sich im Rahmen der »Franz. Gemeinschaft« auf dem Wege zur staatlichen Unabhängigkeit. Im britischen Bereich hat der Süden politisch eine gewisse Verwaltungsautonomie innerhalb → Nigerias.

2. Die *Missionsarbeit* in K. begann 1845, als der englische Baptist Alfred Saker in Duala (→ 2 D 3) eine Zufluchtsstätte für ev. Flüchtlinge aus Fernando Po (→ 2 C 3) gründete. 1885 übernahm die → Basler Mission diese Arbeit (16 Hauptstationen, ab 1886 im Küstengebiet, danach auch im Waldland und seit 1903 im Grasland). 1914 zählte man 55 112 Christen und 3251 Taufbewerber. - Seit 1891 bauten die deutschen → Baptisten (: II) eine eigene Arbeit mit 5 Hauptstationen (1914) auf. - 1892 kamen von Gabun her die amerikanischen → Presbyterianer nach Süd-K. und arbeiteten unter den Bulu und Basa. - In *Franz.-K.* führte seit 1917 die Pariser Missionsgesellschaft (→ Frankreich: IV) die Arbeit der Basler und der baptistischen Missionare weiter. - 1920 setzte im Plateau unter vorwiegend muslimisch beeinflußter Bevölkerung die Arbeit der American Lutheran Church und die der Norwegischen Missionsgesellschaft ein. Nach 1945 begannen die »Lutheran Brethren« und der kanadische Zweig der Sudan United Mission im nördlichen Zipfel K.s südl. vom Tschadsee. Dort ist auch in den Mandara-Bergen seit 1958 die → Europäische Baptistische Missionsgesellschaft tätig. Insgesamt rechnet man zZ mit 500 000 ev. Christen in Franz.-K. (dazu 700 000 Katholiken). Die bedeutendste Kirche ist die »Église Évangelique« mit ca 70 000 Kommunikanten. Sie erhielt 1957 ihre Autonomie. Die enge Verbindung mit der »Union des Églises Baptistes«, die durch die Pariser Mission gegeben war, kommt heute durch den gemeinsamen Ausschuß beider Kirchen (CEBEC) zum Ausdruck. Neben dem Theologischen Seminar in Ndoungué ist die von sämtlichen prot. Kirchen K.s getragene Oberschule (Collège Évangelique) in Libamba bes. wichtig. - In *Brit.-K.* konnte die Basler Mission 1925 die Arbeit wieder aufnehmen. Die aus ihr hervorgegangene Presbyterianische Kirche hat zZ 56 000 Glieder. In Ost-Nigeria sind Verhandlungen mit drei Kirchen wegen einer Union im Gange. - Die baptistische Arbeit wurde ebenfalls seit 1925 gemeinsam von deutschen und deutsch-amerikanischen Baptisten fortgeführt. 1958 begann die Basler Mission im nördlichen Teil von Brit.-K. mit der Arbeit unter den Kirdi.

A.SCHLATTER, Gesch. der Basler Mission, 1916 - E.KELLERHALS, Ich will sie mehren u. nicht mindern (50 Jahre Basler Mission in K.), 1916 - F.RAAFLAUB, Gebt uns Lehrer (über die Schularbeit der Basler Mission), 1948 - C.P.GROVES, The Planting of Christianity in Africa, 1955ff - R.LEFÈVRE, Le Cameroun, 1957. *J.Hermelink*

Kamillianer (*Clerici regulares ministrantes infirmis,* OSC), gestiftet vom hl. Kamillus von Lellis († 1614). Dieser gründete 1584 in Rom zur Pflege der Kranken in Spitälern und Privathäusern eine »Kongregation« ohne Gelübde, die Sixtus V. bestätigte (1586) und Gregor XIV. zu einem Orden erhob (1591); den drei üblichen Gelübden fügte er als viertes die Krankenpflege bei. Mit Rücksicht auf die Kranken sah der Papst vom gemeinsamen Chorgebet ab. Die K. sind ein → Bettelorden und tragen auf dem Priesterkleide ein rotes Kreuz. 1600 wurde der Orden zu einem Priesterorden für alle geistlichen und leiblichen Werke der Barmherzigkeit erweitert. Konstitutionen wurden 1711/14, zuletzt 1934 erlassen. Die K. haben Klöster in Italien, Spanien, Frankreich, Holland, Deutschland, Österreich, Polen, England, USA, Brasilien, Formosa, Siam mit ca 1300 Mitgliedern. Heroisches leisteten sie bei Pest- und Choleraseuchen.

HEIMBUCHER II, 114ff - ESCOBAR I, 825ff - Bullarium Ordinis Clericorum regularium ministrantium infirmis, ed. P.KRAEMER, 1947. *Ph.Hofmeister*

Kaminski, *Heinrich,* deutscher Komponist, * 4.7.1886 in Tiengen (Schwarzwald), † 21.6.1946 in Ried (Oberbayern), Sohn Paul K.s, eines der Gründer der Altkath. Kirche. Nach Ausbildung in Heidelberg (→ Wolfrum) und Berlin (Juon, Kaun, Klatte) lebte K. seit 1914 in Ried. Zu seinen Schülern gehörte C.Orff. 1930-33 leitete K. eine Meisterklasse an der Preußischen Akademie der Künste und den Bielefelder Musikverein. - K.s in eigenwilliger Polyphonie und Klanglichkeit ausdrucksstarke Musik, die ihm »Klangwerdung ewiger Lebensgesetze« bedeutete, hat fast immer einen religiösen Bezug. Er schrieb u.a. geistliche Chorwerke mit Orchester, Motetten, Choral- und geistliche Volksliedbearbeitungen und Orgelwerke.

Ges. Aufsätze, 1930. - MGG VII, 470ff (Lit.). *W.Osthoff*

Kammin (nördl. Stettin, → 6 I 1), *Bistum.* Um 1176 wurde der Dom »St.Johannes baptista«(romanische Basilika nach dem Vorbild der erzbischöflichen Kathedrale von Lund) geweiht und ein Domkapitel errichtet. Gleichzeitig siedelte der Bischof von → Wollin nach K. über. Seitdem hieß das pommersche Bistum »ecclesia Caminensis«. Es wurde am 25.2.1188 von Clemens III. als exemt anerkannt. Bis Ende des 14.Jh.s hatte es gegen → Magdeburg und → Gnesen um seine Unabhängigkeit zu kämpfen. Es reichte vom Ryck bis zur Leba, umfaßte das Land Circipanien (bis Güstrow in Meckl.) sowie die Uckermark und Neumark (außer Küstrin). Nach dem Tode des letzten kath. Bischofs, Erasmus von Manteuffel († 1544), amtierten bis 1556 ev. Bischöfe, dann Mitglieder des Herzoghauses als Titularbischöfe. 1648 wurde das Stift säkularisiert, 1810 das Domkapitel aufgelöst.

R.KLEMPIN, Die Exemtion d. Bistums K. (Balt. Stud. 23, 1869, 195-276) - F.SALIS, Forschungen zur älteren Gesch. d. Bist. K. (ebd NF 26, 1924, 1-155) - R.SPUHRMANN, Gesch. d. Stadt K. in Pommern u. des K.er Domkapitels, (1912) 1924² - RGG³ I, 1441. *H.Heyden*

Kamoš (hebr. Kᵉmoš, Χαμως, akk. in Namen Ka[m]-mūš/šu; Etymologie unbekannt), der Stammesgott der → Moabiter, genannt in der → Meša-Inschrift und im AT (Num 21, 29; Jer 48, 7. 46; Ri 11, 24 wohl Fehler), wurde auf Höhen bei Dibon und von Salomo bis Josia auch bei Jerusalem (1Kön 11, 7. 33; 2Kön 23, 13: ein geduldeter Fremdenkult?) verehrt, erhielt nach 2Kön 3, 27 in der Not auch → Menschenopfer (→ Erstlinge). K. war vielleicht ein → Sonnen-Gott, da ihm auf der Stele von Bālūʿa (H.Th.Bossert, Altsyrien, 1951, Abb. 1232; ein anderes Bild Abb. 1231?), die nach Alt I, 208ff etwa ins 12.Jh. gehört, ein Sonnensymbol zugeordnet scheint. König Meša betrachtet sich als von K. berufen. Seine Gemahlin hat auf der Stele die → Mond-Sichel (?) als Symbol, hieß nach Meša-Inschrift Z. 17 aber anscheinend ʿAštar-K. (also eine Ištar-Gestalt? → Astarte). Auf antiken Münzen aus Rabbath-Moab (Areopolis) hat K. vielleicht die Gestalt eines römischen Kriegsgottes (G.F.Hill, Catalogue of the Greek Coins of Arabia, 1922, XLIII. 44).

RE X, 243ff. *W. v. Soden*

Kana (Qana) »in Galiläa« (so wohl im Unterschied zu dem K. südöstlich Tyrus, Jos 19, 28), wird im JohEv als Ort zweier Zeichen Jesu (2, 1. 11; 4, 46) und als Heimatdorf des Nathanael (21, 2) genannt und auch bei Josephus erwähnt. Es entspricht chirbet qana am Nordende der Ebene baṭṭof, Ruinenstätte eines arabischen Dorfes mit altisraelitischen Resten (Alt, PJ 23, 1927, 47). Die Gleichsetzung von K. mit kefr kenna, an der Straße Nazareth-Tiberias, dürfte aus Pilgerinteresse erfolgt sein.

G.DALMAN, PJ 8, 1912 (irrtümlich: 1913), 38f - DERS., Orte u. Wege Jesu, (1919) 1924³, 108ff - F.-M.ABEL, Géographie de la Palestine II, 1938², 412f. *H.W.Hertzberg*

Kanaan

I. Geographisch - II. Geschichtlich - III. Kanaanäische Religion. - K. = Kanaan, P. = Palästina. - Vgl. Karte bei → Palästina

I. Geographisch

1. Name und Grenzen - 2. Oberflächenformen - 3. Klima - 4. Gegenwärtige politische Gliederung

1. K. ist der vorisraelitische, schon im 15. und 14.Jh. vChr durch die Nuzi-Texte, die Idrimi-Inschrift und andere Texte aus → Alalach, durch die Texte aus → Ugarit, durch ägyptische Urkunden und die → Amarna-Briefe bezeugte Name des palästinisch-syrischen Küstenstreifens. Die Israeliten haben den Namen übernommen und gebrauchen ihn im weiteren Sinne, dh mit Einschluß des syrischen Streifens, oder - so gewöhnlich - im engeren, dh für das *Westjordanland.* Das *Ostjordanland,* das etwa → *Gilead* genannt wird, ist in diese Bezeichnung nicht mit eingeschlossen. Im folgenden soll aber auch vom Ostjordanland die Rede sein, also von P. in dem Sinne, wie wir diesen zunächst »Philisterland« bedeutenden Namen zu gebrauchen pflegen, als Bezeichnung des einstmals von den Israeliten behaupteten Gebietes. - Als *geographisches Gebilde* rechnet man dieses Land sachgemäß vom Unterlauf des nahr el-ḳāsimīje, des antiken Leontes, im Norden bis zum wādi ghazze und wādi el-ḥēsa (in der Höhe von → Gaza und der Südspitze des Toten Meeres) im Süden und vom Mittelmeer im Westen bis zur Pilgerstraße (Mekkabahn) und ihrer über el-muzērīb nach Norden gezogenen Fortsetzung im Osten. Das so umschriebene Gebiet umfaßt etwa 30 000 qkm (Westjordanland 20 000, Ostjordanland 10 000).

2. P. erhält sein Gepräge durch den das Gebirgsmassiv des Westjordanlandes von dem des Ostjordanlandes trennenden, 5-20 km breiten und unter dem Meeresspiegel liegenden (baḥret el-chēṭ bzw. baḥret el-ḥūle = Merom-See + 2, Genezareth-See — 208, Totes Meer — 394 m) *Jordangraben* (el-ghōr). Das *Ostjordanland* ist eine Hochfläche, die nach Westen steil zum Jordangraben abfällt und nach Osten allmählich in die Wüste übergeht, mit einer Durchschnittshöhe von 800-900 m. Seine höchsten Erhebungen sind tell esch-schēcha (1211 m) im Norden, umm ed-deredsch (1247 m) in der Mitte und nebi ōschaʿ (1096 m) bei es-salṭ. Die in tief eingeschnittenen Tälern dahinfließenden östlichen Nebenflüsse des Jordan, scherīʿat el-menādire (Jarmuk), nahr ez-zerḳā (Jabbok) und sēl el-mōdschib (Arnon), und das zum Südende des Toten Meeres strebende wādi el-ḥēsa (Sered?) teilen das Ostjordanland in die Landschaften dschōlān, ʿadschlūn, el-belḳā, an deren Westrand 1100 m über dem Nordende des Toten Meeres der Berg *Nebo* (Dtn 32, 49; 34, 1ff) gelegen ist, und el-kerak, von denen die beiden ersteren etwa dem alten → *Gilead,* die beiden letzteren *Moab* (→ Moabiter) entsprechen. Südlich des wādi el-ḥēsa schließt sich das Bergland *Seir,* das Kerngebiet der → Edomiter an. Das *Westjordanland* erscheint als ein Gebirge, das den südlichen Ausläufer des sehr viel höheren und einst an Zedern reichen *Libanon* (1Kön 5, 20ff; Ps 29, 5f; Hhld 4, 8ff) bildet und dessen oft plateauartig breiter Rücken im Norden (dschebel dschermaḳ 1199 m nordwestlich von

Safed) und Süden (ṣīrat el-bellā' 1027 m nördlich von → Hebron) die höchsten Erhebungen aufweist, während die Mitte niedriger bleibt: Ölberg 818 m, → Jerusalem 790 m, el-'aṣūr (nördlich von → Bethel) 1116 m, Ebal 940 m und → Garizim 881 m. Nach Osten fällt das Gebirge in einer Breite von 20-30 km jäh zum Jordangraben hin ab, nach Westen langsamer in einer Breite von 30-40 km. Hier im Westen ist dem Gebirge ein fruchtbares Hügelland vorgelagert, dessen südlichen Teil das AT *Schephela* (»Niederland«) nennt. Es geht allmählich in die Küstenebene über, die im Norden bei → Tyrus ganz schmal, im Süden bei Gaza aber etwa 25 km breit ist. In das Gebirge sind, namentlich in → Samaria und → Galiläa, mehrere Ebenen eingebettet, so die Jesreel-Ebene, die eigentlich aus zwei Ebenen besteht, der Ebene von → Jesreel im engeren Sinne (merdsch ibn 'āmir) und der Ebene von → Bethsean; der sie trennende Scheitelpunkt el-fūle liegt nur 62 m über dem Meeresspiegel. Diese große Ebene scheidet das seinerseits in zwei Staffeln, Ober- und Untergaliläa, aufgebaute Gebirge Galiläas von dem Samarias, während dies im Süden kaum merkbar ins Gebirge von → Judäa übergeht, das dann in das südliche Trockenland, den *Negeb,* ausläuft. Auch sonst ist der westjordanische Gebirgsstock von zahllosen westöstlichen und ostwestlichen Talschluchten durchzogen, die sich im Jordangraben und in der Küstenebene fortsetzen.

Die *Geologen* suchen diese Oberflächengestalt des Landes so zu erklären: P. besteht aus Ablagerungen der oberen Kreidezeit und des älteren Tertiärs, aus Cenoman, Turon, Senon und Eocän. Nach Schluß des Eocän über den Meeresspiegel gehoben, sind diese konkordant-horizontal gelagerten Schichten durch tektonische Störungen verschoben worden. Zunächst sind Einbrüche von Westen nach Osten entstanden wie die Jesreel-Ebene, sodann der gewaltige Einbruch des Jordangrabens, und gleichzeitig mit der Bildung dieses Grabens sind im Westen die Tafelschollen treppenförmig zur Tiefe gesunken, zT bis unter den Meeresspiegel. Im Jordangraben entstand ein Süßwassersee, der - weil abflußlos - versalzte und infolge von Klimaveränderung bis auf seinen heutigen Bestand, das *Tote Meer,* zusammenschrumpfte. Bei seinem allmählichen Rückgang hat er in mehreren Terrassen Mergel-Sedimente abgelagert. In die unterste Schicht hat sich der *Jordan* sein 4-6 m tiefes und bis zu 30 m breites Bett eingegraben. Mit der Entstehung der Jordansenke hängen vulkanische Bildungen in Galiläa, in der Umgebung des Genezareth-Sees und vor allem im dschōlān zusammen und weiter senkrechte, nur zT sichtbare Zerklüftungen der Kalkschichten. Am Ende der mittleren Diluvialzeit hat sich dann die Küste gehoben, und damals hat P. seine heutige Gestalt erhalten. Die weiteren Veränderungen sind auf Erosion durch Sonne, Wind und Wasser zurückzuführen. Im Gebirge hat das Wasser die Täler ausgesägt, und durch Zersetzung der obersten Schichten ist Acker-Erde entstanden. Im Jordangraben haben Wasser und Wind sonderbare Mergelbildungen hervorgerufen. In der Küstenebene haben die vom Gebirge kommenden Flüsse Erde angeschwemmt, und die Meeresströmung hat Nilschlamm hierher getragen. Zugleich aber sind Dünenbildungen ständig vorgedrungen.

3. P., zwischen dem 31° und dem 33° 15′ n. Br. gelegen, gehört zur *subtropischen Zone.* Die landschaftlichen Verschiedenheiten bedingen aber auch Verschiedenheiten der *Temperatur.* Auf dem Gebirge ist es rauher als in der Küstenebene oder gar im Jordangraben. Die Durchschnittstemperatur beträgt im Januar, dem kältesten Monat, auf dem Gebirge 7-9°, an der Küste 10-12° und im Jordangraben 12-12,6°; im August, dem wärmsten Monat, 22-25°, 24-27°, 30-31,6°. Frost kommt an der Küste und im Jordangraben kaum vor, in Jerusalem durchschnittlich 3-4 Tage im Jahr. - Die Monate Juni bis September sind ganz ohne *Niederschläge.* Die übrigen Monate weisen 50 bis 60 Regentage auf, die sich auf Oktober/November (»Frühregen«), Dezember bis März (»Winterregen«) und April/Mai (»Spätregen«) verteilen und in Jerusalem eine durchschnittliche Gesamtmenge von etwa 450 mm erreichen, womit der mitteldeutsche Jahresdurchschnitt von etwa 630 mm zu vergleichen ist. Wenn P. in den Sommermonaten völlig trocken ist, so liegt das außer an der ungleichmäßigen Verteilung des Regens daran, daß die Kalkschichten mit ihren vielen vertikalen Rissen sehr durchlässig sind und bei den fast senkrecht einfallenden Sonnenstrahlen die Verdunstung sehr viel stärker ist als bei uns. Auch ist die regionale Verteilung der Niederschläge sehr verschieden; die weitaus meisten Niederschläge bekommen die Küstenebene und als »Steigungsregen« die westliche Hälfte des westjordanischen Gebirges. Und während die Osthänge dieses Gebirges und der mittlere und südliche Teil des Jordangrabens ganz regenarm sind, ist der Westrand des ostjordanischen Berglandes wieder durch »Steigungsregen« begünstigt. Je weiter man nach Osten geht, um so geringer werden die Niederschläge. Das schnell in die Tiefe gesunkene Wasser kommt am Fuße der Gebirge in Gestalt von Quellen hervor, hier und da auch an Hängen im Gebirge selbst. In den Ebenen tritt es als hochliegendes Grundwasser auf. So sind die Siedlungen auf dem Gebirge, die keine oder doch keine ausreichende Quelle haben, auf Zisternen angewiesen. Gemildert wird die Trockenheit durch den im Sommer von dem Mittelmeerwind heraufgeführten Tau. - Was die *Winde* angeht, so weht im Sommer ein gleichmäßiger Nordwest-Wind, feucht und verhältnismäßig kühl, doch ohne Niederschläge. Im Winter herrschen veränderliche Winde, regenbringende West- und Südwest-Winde und der aus der Wüste kommende Ost-Wind, bald gefährliche Kälte herauffführend, bald - so im Herbst und Frühjahr - furchtbare Hitze (»Schirokko«). Daneben spielt sich der willkommene tägliche Ausgleich von Land- und Seewinden ab, die im Sommer die heiße Landluft zum Meer tragen und die kühlere Seeluft ins Land, im Winter aber umgekehrt dem Lande die wärmere Seeluft zuführen und dem Meere die kühlere Landluft.

4. Die sehr komplizierte *politische Gliederung* des Landes, im wesentlichen ein Ergebnis des Krieges von 1948, kann hier nur angedeutet werden. Zu *Jordanien* gehören das ganze Ostjordanland südlich des Jarmuk und im Westjordanland das samarische und das judäische Bergland mit der Altstadt von → Jerusalem (: IV). Hauptstadt ist 'Ammān am Oberlauf des Jabbok (→ Ammoniter). In der westlichen Neustadt von Jerusalem hat die Regierung des jungen Staates → *Israel* (: III) ihren Sitz. Sein Territorium erstreckt sich auf den Negeb, die Schephela, die Küstenebene, die Ebenen von Jesreel und Bethsean und das Bergland von Unter- und Obergaliläa bis zur Südgrenze des Staates *Libanon,* die in der Höhe von rās en-naḳūra, der »Tyrischen Leiter«, verläuft. Der dschōlān und die östlich anschließende Hauran-Ebene gehören zu → *Syrien.*

E. A. Speiser, The name *Phoinikes* (Language 12, 1936, 121-126) - B. Maisler, Canaan and the Canaanites (BASOR 102, 1946, 7-12) - Sidney Smith, The Statue of Idrimi, London 1949, 14, Z. 18-19 - D. J. Wiseman, The Alalakh Tablets, ebd 1953, Index 155 - C. H. Gordon, Ugaritic Manual, Rom 1955, Glossary 279. - Noth, WAT³ 1ff (dort alle wichtige Lit. zu 1-3) - M. du Buit, Géographie de la Terre Sainte I: Texte et index, II: Cartes, 1958. - Zu 4 (s. auch die Lit. zu → Israel: III): Th. C. Vriezen, Der Nahe Osten in der Brandung, 1958 (Lit.). - Vollst. Bibliogr. aus den Jahren 1878-1939 in P. Thomsen, Die Palästina-Lit., 1908-1958.

O. Eißfeldt (A. Kuschke)

II. Geschichtlich

1. Frühe Bronzezeit - 2. Mittlere Bronzezeit - 3. Späte Bronzezeit - 4. Übergang zur Eisenzeit und zur Geschichte Israels. - Zur späteren Geschichte vgl. → Palästina

1. Wenn auch die Anwesenheit des Menschen in P. schon für die ältere Steinzeit bezeugt ist (»homo galilaeus«, Mischung zwischen Neandertaler und homo sapiens, vgl. → Ausgrabungen: III, 5) und die feste Besiedlung des Landes jedenfalls in der jüngeren Steinzeit begann (→ Jericho), so werden uns die geschichtlichen Verhältnisse doch erst im 3.Jt. vChr, also in der *Frühen Bronzezeit,* in schwachen Umrissen erkennbar. Siedlung und Wirtschaft gediehen damals hauptsächlich in den von Natur offenen Landschaften, dh vor allem in den Alluvialebenen an der Küste südlich vom → Karmel, an der Bucht von Akko, in dem Querbruch bei → Megiddo und → Jesreel und im Jordan-Graben; von den Bergländern waren nur kleine Teile der Bodenkultur gewonnen, der Rest Wald- und Weideland. Den ägyptischen Ächtungstexten (s. 2) läßt sich entnehmen, daß die Zersplitterung P.s in kleine Stadtstaaten, die für die spätere Zeit so charakteristisch ist (s. 3), auch in dieser Frühzeit schon bestanden hat. Die Ortsnamen sind teils semitisch, teils nichtsemitisch. Daraus und aus einigen anderen Anzeichen schließt man, daß im Laufe des 3.Jt.s die bisherige, einstweilen nicht genauer zu bestimmende nichtsemitische Bevölkerung von einer semitischen Bevölkerungsschicht überlagert wurde. Diese ältesten bekannten semitischen Bewohner P.s nennt man konventionell Kanaanäer. (Der *Name* K. bzw. Kanaanäer, der im AT summarisch P. bzw. seine vorisraelitischen Bewohner bezeichnet, ist allerdings erst in der Mitte des 2.Jt.s vChr aufgekommen und hat zunächst ausschließlich die phönizische Küste und ihre Bewohner bezeichnet.) Soweit die → Ausgrabungen (: III) einen Einblick in die Verhältnisse des 3.Jt.s gewährt haben, lassen sie *ägyptische Kultureinflüsse* erkennen, und aus ägyptischen Quellen wissen wir von gelegentlichen bewaffneten Expeditionen der Pharaonen des Alten Reiches nach P. (→Ägypten: I, 4).

2. Der Aufstieg Ägyptens in der Blütezeit der 12. Dynastie (1991-1786 vChr) brachte P. in Abhängigkeit von den Pharaonen. Die wohl aus dem 19. Jh. vChr stammenden ägyptischen *Ächtungstexte,* die einer rituellen Zauberhandlung zur Vernichtung tatsächlicher oder möglicher Feinde des Pharao dienten, lassen indes erkennen, daß der ägyptische Herrschaftsanspruch auf Widerstände stieß, die wohl nicht so sehr von der alteingesessenen Bevölkerung ausgingen als vielmehr von einer damals neu eingewanderten Bevölkerungsschicht, die sich in der Nähe der Städte niedergelassen, dabei aber ihre alte Stammesorganisation zunächst noch beibehalten hatte. Nach Ausweis ihrer Personennamen handelte es sich dabei um Semiten, und zwar um die gleiche Schicht, die damals auch anderwärts in den Kulturländern des Alten Orients Fuß faßte und in → Babylonien (: I, 3) die 1. babylonische Dynastie gründete (→ Hammurabi). Von den für diese Einwanderer vorgeschlagenen *Namen* (Ostkanaanäer, → Amoriter, Protoaramäer) hat sich bisher noch keiner allgemein durchgesetzt. Es ist wahrscheinlich, daß die Fremdherrschaft der → *Hyksos* in → Ägypten (: I, 5) mit einem Übergreifen dieser neuen Einwandererschicht auch in das Nildelta in Zusammenhang steht. Die Folge waren erneute enge Beziehungen zwischen Ägypten und P. Darüber hinaus muß es aber in jener Zeit zu einem Einströmen neuer nichtsemitischer, vor allem churritischer und indogermanischer Bevölkerungselemente aus dem Norden gekommen sein, die das → Pferd und den Streitwagen, also eine neue Kriegstechnik, vermutlich aber auch die babylonische Keilschrift und -schriftsprache (→ Assyriologie, 2) und anderes Kulturgut ins Land brachten und sich als Herrenschicht über der alten Bevölkerung in den Stadtstaaten festsetzten. Doch fehlt es für diese Zeit noch sehr an schriftlichem und archäologischem Material, so daß wir die Eigenart dieser für die Geschichte des Landes sicher sehr bedeutungsvollen Periode einstweilen nur von der nächsten Folgezeit rückschließend erfassen können.

3. Der Gegenstoß der Ägypter nach ihrem Befreiungskampf im eigenen Lande von 1580 vChr an brachte P. und → Syrien (zeitweilig bis zum Euphrat) unter die Botmäßigkeit der *Pharaonen* des sog. »Neuen Reiches« bis auf Ramses III. um 1200 vChr (→ Ägypten: I, 6). Doch war die ägyptische Herrschaft technisch sehr wenig durchgebildet und wurde nur dann stark fühlbar, wenn die Pharaonen auf Feldzügen ins Land kamen. Für gewöhnlich gab es nur schwache Besatzungstruppen und einen unzureichenden Beamtenstab in P.; im übrigen verließ man sich auf die sehr zweifelhafte Treue der vorgefundenen Dynasten, die als Vasallen des Pharao für die Abgabenlieferung der kleinen Stadtgebiete verantwortlich waren. Endlose Fehden zwischen diesen und häufiger Abfall vom Oberherrn charakterisieren infolgedessen die politische Geschichte P.s in dieser Periode; der keilschriftliche Briefwechsel der Dynasten mit Amenophis III. und IV. (etwa 1400-1375 vChr), der in der Residenz des letzteren, heute tell el-ʿamārna im mittleren Ägypten (→ I B 4), 1887 gefunden wurde, gibt in diese chronischen Mißstände den besten Einblick (→ Amarna). In Dingen der materiellen Kultur hingegen bedeutet die Zeit der ägyptischen Herrschaft, die *Späte Bronzezeit* P.s, eine vordem nie erreichte Blüte, wenigstens in den Dynastensitzen, von denen mehr als einhundert aus zeitgenössischen ägyptischen Denkmälern mit Namen bekannt sind. Die Ausgrabungen zeigen, daß jetzt ein starker Import nicht nur aus Ägypten, sondern auch aus dem Bereich der ägäischen Kultur stattfand; die babylonischen Einflüsse sind viel schwächer. Bei den Schriftdenkmälern ist zu bedenken, daß sie uns in der Regel nur die noch immer sehr internationale Oberschicht, Dynasten und Adel der Städte, zeigen; die abhängige, mehr oder weniger rechtlose Masse der Bevölkerung tritt nur gelegentlich in die Erscheinung (vgl. → Hebräer).

4. Hatte schon das Großreich der → Hethiter (: I) den ägyptischen Besitzstand in Syrien erschüttert (P. wurde davon nicht mitbetroffen), so brach die ganze Herrschaft der Pharaonen auf asiatischem Boden unter dem Druck neuer Völkerbewegungen zusammen, die zu Anfang des 12.Jh.s vChr ihren Höhepunkt erreichten. In P. drangen von Syrien her die aus dem kleinasiatisch-ägäischen Gebiet kommenden → *Philister* und andere »Seevölker« ein, besetzten die Ebenen und führten hier das überkommene Stadtwesen fort, ohne sich freilich lange in ihrer Eigenart behaupten zu können, wie die rasche Degeneration der von ihnen mitgebrachten materiellen Kultur in der nun beginnenden *Eisenzeit* bes. deutlich zu erkennen gibt. Gleichzeitig aber oder zT sogar schon etwas früher erfolgte von Osten und Süden her die Landnahme der → *Stämme Israels* und östlich vom Jordan die der verwandten Völkerschaften (→ Aramäer, → Ammoniter, → Moabiter, → Edomiter) vor allem in den gebirgigen Gebieten, die erst damit eine intensive Besiedlung erfuhren. Die zunächst erhalten gebliebenen Reste des alten kanaanäischen Stadtstaatensystems wurden später in die neuen, auf nationaler Grundlage errichteten Staaten jener jungen Völker hineingezogen und teilten ihnen mit, was sie von ihrer Kultur gerettet hatten und was nun als ein Ferment der Zersetzung weiterwirkte. Vgl. → Israel: I.

MeyerG I/2; II/1 - F.BILABEL, Gesch. Vorderasiens u. Ägyptens vom 16.-11.Jh., 1927 - A.T.OLMSTEAD, History of Palestine and Syria, 1931 - W.F.ALBRIGHT, Palestine in the Earliest Historical Period (JPOS 15, 1935, 193-234) - DERS., From the Stone Age to Christianity, (1940) 1946²; dt. 1949 - DERS., The Rôle of the Canaanites in the History of Civilization (Studies in the History of Culture, Leland Anniversary Volume, 1942, 11-50) - A.ALT, Der Rhythmus der Gesch. Syriens u. P.s im Altertum (Beiträge zur Arabistik, Semitistik u. Islamwissenschaft, hg.v. R.HARTMANN u. H.SCHEEL, 1944, 284 bis 306) - B.MAISLER, Canaan and the Canaanites (BASOR 102, 1946, 7-12) - S.MOSCATI, I Predecessori d'Israele, Rom 1956 - H. SCHMÖKEL, Gesch. des alten Vorderasien (HO II, 3), 1957. - Zu den Ächtungstexten: K.SETHE, Die Ächtung feindlicher Fürsten, Völker u. Dinge (AAB 1926, 5) - G.POSENER, Princes et pays d'Asie et de Nubie, Brüssel 1940 - W.F.ALBRIGHT, New Egyptian Data on Palestine in the Patriarchal Age (BASOR 81, 1941, 16-21) - DERS., The Land of Damascus between 1850 and 1750 B.C. (ebd 83, 1941, 30-36) - A.ALT, Herren u. Herrensitze P.s im Anfang des 2.Jt.s vChr (ZDPV 64, 1941, 21-39) - M.NOTH, Die syrisch-palästinische Bevölkerung des 2.Jt.s vChr im Lichte neuer Quellen (ebd 65, 1942, 9-67). - Vgl. ferner die Lit. zu → Amarna, → Ausgrabungen: III, → Hyksos.

† A.Alt (R.Bach)

III. Kanaanäische Religion

Während bis 1930 die Darstellung der k.-phönizischen Religion auf die polemischen Aussagen des AT und auf späte, den Synkretismus ihrer Gegenwart widerspiegelnde griechisch-römische Nachrichten (vgl. → Sanchunjaton, → Philo Byblius, → Lucians Schrift »Über die Syrische Göttin«) angewiesen war und ältere Dokumente und Monumente wie die → Amarna-Briefe, die durch → Ausgrabungen (: II. III) dem Boden Palästinas und seiner Nachbarländer abgewonnenen Darstellungen von Göttinnen und vereinzelte phönizische Inschriften, vorab aus → Byblos, nur zu deren Ergänzung herangezogen werden konnten, hat sich das seit dem Beginn der Ausgrabungen im nordsyrischen Ras Schamra (→ Ugarit) gründlich geändert. Die Kanaanäer, die hier im 2.Jt. vChr die maßgebende Schicht gewesen sind, haben uns von ihren religiösen Vorstellungen und Bräuchen eine überwältigende Fülle von Zeugnissen hinterlassen, einerseits Götterbilder, Tempelruinen, Vorrichtungen für → Totenverehrung u.dgl., anderseits k. abgefaßte Texte, von denen die »großen« epische Erzählungen mythologischer oder sagenhafter Art enthalten, die »kleinen« Listen von Gottheiten und Opfern, Liturgien, Gebete u.ä. bieten.

An der Spitze des ugaritischen Pantheons steht → El, der Vater der Götter und Menschen, der als »König«, als »Schöpfer der Schöpfung« und bildhaft als »Stier« (→ Stierdienst) prädiziert und zugleich als »weise«, »gütig« und »gemütvoll« bezeichnet wird. Diese seine Art grenzt in gelegentlichen Charakterisierungen an Senilität, aber seine monarchische Stellung wird trotzdem allgemein anerkannt, auch von → Baal, der am ehesten als sein Rivale in Betracht käme. Nicht ganz klar ist Els Verhältnis zu → Dagon, der seit dem 3.Jt. vChr an vielen Stellen Vorderasiens, nach Ri 16, 23; 1Sam 5, 2-7 auch von den in K. ansässig gewordenen → Philistern verehrt worden ist. Abgesehen davon, daß Baal hier als Dagons Sohn erscheint, kommt Dagon in den »großen« Texten nicht vor. In den »kleinen« Texten wird er aber des öfteren genannt. Außerdem ist nach Ausweis zweier Weihe-Stelen von den beiden Ugarit-Tempeln der eine Dagon heilig, während der andere Baal gehört. Vielleicht hat El den Dagon als Haupt des Pantheons abgelöst, indem der Name Dagon dem zum Namen gewordenen Appellativum El »Gott« Platz machte. Eine Kalksteinstele zeigt El als bärtigen Gott auf einem Thron mit Adorantem davor (ANEP 493).

Der vitalste unter den Göttern ist Baal, der Herr des nördlich von Ugarit in die Wolken ragenden Zaphon, des späteren Mons Casius, ein Sturm- und Wolken-, → Gewitter- und → Regen-Gott, hinter dessen eigennamartig gebrauchter Bezeichnung Baal »Herr« der aus dem AT bes. als Gott der → Aramäer bekannte → Hadad, aber auch wohl Baalschamajim (»Himmelsherr«) steckt, dessen Kultus, wenn auch nicht in Ugarit, so doch sonst im k.en Bereich seit dem Ausgang des 2.Jt.s vChr vielfach bezeugt ist. Mehrere Bronzestatuetten sowie eine Kalksteinstele, auf der die von ihm getragene Lanze in ein Blitzbündel ausläuft, vermitteln von Baal eine sehr lebendige Anschauung (BRL 209ff, ANEP 481ff). Ganz sicher ist die Deutung dieser Bilder auf Baal freilich nicht; sie könnten sich auch auf den ihm ähnlichen Rescheph beziehen, der in den »großen« Texten kaum vorkommt, wohl aber in den »kleinen« erwähnt wird.

Eine sehr wichtige Rolle spielen im ugaritischen Pantheon die Göttinnen, vorab die auch Elat genannte → Aschera, → Astarte und → Anat. Von ihnen trägt Aschera, die Gemahlin Els und »Erzeugerin der Götter«, matronenhafte Züge, während Anat unter den dreien die kriegerischste und die sinnlichste ist. In Ägypten zutage gekommene, mit den ugaritischen Funden etwa gleichzeitige Darstellungen einer auf einem Löwen stehenden oder zu Pferde sitzenden k.en Göttin (AOB 271ff, ANEP 470ff) lehren das Wesen der Anat auch dann besser kennen, wenn sie nicht auf diese selbst, sondern nur auf eine ihr verwandte Göttin bezogen werden dürfen. Im übrigen legen von der Beliebtheit, deren sich Göttinnen als Förderinnen der → Fruchtbarkeit erfreut haben, die überall im k.en Bereich aufgetauchten weiblichen Idole ein beredtes Zeugnis ab. Die aramäische → Atargatis hat später das Erbe dieser k.en Göttinnen angetreten (→ Muttergottheiten).

Neben diesen Gottheiten, die auch aus anderen Quellen, u.a. dem AT, bekannt sind, stehen in Ugarit andere, von denen wir sonst wenig oder gar nichts hören. Das sind offenbar mehr mythologische Gestalten als eigentliche Kultgottheiten. Dahin gehören Baals Rivalen Aschtar, Jam und Mot. Mot, der wichtigste von ihnen, repräsentiert - seinem doch wohl »Tod« bedeutenden Namen entsprechend - die trockene, das Absterben der Vegetation herbeiführende Sommerzeit und steht mit Baal, der Verkörperung der Feuchtigkeit und Fruchtbarkeit, in einem sich Jahr für Jahr erneuernden und mit dem Wiederaufleben des zeitweilig dem Mot erlegenen Baal endenden Kampfe - auf Baal und Mot verteilte mythologische Veranschaulichung des später in → Adonis konzentrierten Naturgeschehens (→ Auferstehung: I). Mehr mythologische Größen als Kultgottheiten sind weiter die Sonnengöttin Schapasch, »die Leuchte der Götter«, und »der Erleuchter des Himmels«, der Mondgott Jerach, sodann die Koscharät, die freudigen Anlässen wie Hochzeit und → Geburt, und die Bakijät, die → Trauerbräuchen die religiöse Weihe geben, sowie Koschar, der Förderer aller Künste und Kunstfertigkeiten.

Vereinzelt sind von dem ugaritischen Pantheon positive Einflüsse auf die Jahwe-Religion ausgegangen. So hat diese die Vorstellung Jahwes als König der Götter und als Schöpfer der Welt wohl El entlehnt, was um so eher verständlich ist, als nach dem Zeugnis der Genesis die Patriarchen El und seine Hypostasen, darunter → Bethel, verehrt haben. Dagegen trifft die Auffassung, → Jahwe oder - so angeblich die älteste Form des Namens - Jaw, bei den Kanaanäern als Els Sohn gedacht, sei von → Mose den Kanaanäern entlehnt und an die Stelle seines Vaters El zum maßgebenden Gott erhoben worden, schwerlich zu. Aufs Ganze gesehen hat vielmehr das AT darin recht, daß die Jahwe-Religion zu der k.en allezeit in schärfstem Gegensatz gestanden hat und daß sich Israel dieses Unterschieds vornehmlich an der ihm eigenen Fernhaltung alles Sexuellen aus seiner Gottesvorstellung bewußt geworden ist (→ Gott: II, 3). Insofern wurde die k.e Religion für die israelitische als Kontrast-Parallele wirksam.

Auch bei den kultischen Einrichtungen und Bräuchen gibt es Unterschiede zwischen dem k.en und dem israelitischen Bereich. Aber die Gemeinsamkeiten in Tempelbauart (→ Tempel: II) und Kultausstattung, in Priesterhierarchie und Opferwesen überwiegen doch, was nur daraus erklärt werden kann, daß Israel hier von den Vorbewohnern seines Landes gelernt hat. Diese durch Nachrichten wie die von 1Kön 5-7 über phönizische Beteiligung am Tempelbau nahegelegte Annahme ist durch neuere Funde, u.a. die Aufdeckung k.er Tempel des 2.Jt.s vChr in Ugarit und Hazor, vollauf bestätigt worden. Das Vorhandensein von ekstatisch veranlagten und mit übernatürlichem Wissen begabten →Propheten, wie sie in Israel jedenfalls seit der Richterzeit eine große Rolle gespielt haben, ist für Ugarit bisher nicht nachgewiesen. Wohl aber sind solche Propheten durch die um 1100 vChr verfaßte ägyptische Un Amun-Erzählung für Byblos und durch die um 800 vChr anzusetzende Inschrift des Zakir für → Hamath bezeugt, wie denn die ein halbes Jh. ältere Erzählung vom → Gottesurteil am Karmel (1Kön 18; → Elia) uns solche k.en Propheten kennen lehrt. Auch hier ist also mit der Wahrscheinlichkeit, daß Israel durch K. beeinflußt worden ist, zu rechnen, wobei freilich keinen Augenblick übersehen werden darf, daß die prophetische Bewegung in Israel eine für K. ganz undenkbare Höhe erreicht hat.

Außer der Lit. zu den im Text genannten Artikeln: R.DUSSAUD, Le sacrifice en Israël et chez les Phéniciens, Paris 1914 - DERS., Les origines cananéennes, Paris (1921) 1941² - DERS., Le sanctuaire et les dieux phéniciens de Ras Shamra (RHR 105, 1932, 245-302) - DERS., Phéniciens (in: »Mana«. Introduction à l'hist. des Religions 1/II, 1947², 355-388) - DERS., Yahwé, Fils de El (Syria 34, 1957, 232-242) - AOB 81ff. 99f - O.EISSFELDT, Baal Zaphon, 1932 - HANS BAUER, Die Gottheiten von Ras Schamra (ZAW 51, 1933, 81-101; 53, 1935, 54-59) - CH.BOREUX, La stèle C. 86 du Louvre et les stèles similaires (Mélanges Syriens, Paris 1939, II, 673-687; Taf.) - J.B.PRITCHARD, Palestinian Figurines in Relation to Certain Goddesses known through Literature, Philadelphia 1943 - W.BAUMGARTNER, Ugaritische Probleme u. ihre Tragweite für das AT (ThZ 3, 1947, 81-100) - J.PEDERSEN, Kana'anaisk Religion (Illustreret Religionshistorie, Kopenhagen 1948, 191-212) - TH.H.GASTER, The Religion of the Canaanites (Forgotten Religions, ed. V.FERM, New York 1950, 111-143) - J.GRAY, Cultic Affinities between Israel and Ras Shamra (ZAW 62, 1950, 207-220) - DERS., The God *Yw* in the Religion of Canaan (JNES 12, 1953, 278-283) - DERS., The Legacy of Canaan (VT Suppl. 5), 1957 - F.LØKKEGAARD, A plea for El, the Bull, and other Ugaritic Miscellanies (Studia Orientalia Ioanni Pedersen, Kopenhagen 1953, 219-235) - DERS., The Canaanite Divine Wetnurses (StTh Lund 10, 1957, 53-64) - G.FOHRER, Die wiederentdeckte k.e Religion (ThLZ 78, 1953, 193-200) - ANEP 160ff. 304ff - I.E.S.EDWARDS, A Relief of Qudshu-Astarte-Anath in the Winchester College Collection (JNES 14, 1955, 49-41; Taf. III) - M.H.POPE, El in the Ugaritic Texts (VT Suppl. 2), 1955 - W.F.ALBRIGHT, Die Religion Israels im Lichte der archäol. Ausgrabungen, dt. 1956 - DERS., Die Religion Israels im Lichte der Altertumsforschung, dt. 1957 - G.CONTENAU, La Phénicie (in: E.DRIOTON u.a., Les religions de l'Orient ancien, Paris 1957, 65-70) - R.DE LANGHE, La Bible et la litt. ugaritique (Orientalia et Biblica Lovaniensia 1, 1957, 65-87) - DERS., Myth, Ritual and Kingship in the Ras Shamra Tablets (in: Myth, Ritual and Kingship, ed. S.H.HOOKE, London 1958, 122-148) - A.CAQUOT, Le dieu 'Athtar et les textes de Ras Shamra (Syria 35, 1958, 45-60) - M.J.DAHOOD, Ancient Semitic Deities in Syria and Palestine (in: S.MOSCATI, Le antiche divinità semitiche, 1958, 65-94) - Y.YADIN u.a., Hazor, The First Season, Jerusalem 1958, 83ff - DERS., Three Years of Excavation at Hazor (1955-57) (BiOr 16, 1959, 1-11; Taf. I-IV) - DERS., The Fourth Season... (BA 22, 1959, 1-20) - A.PARROT, Figurines divines (Syria 35, 1959, 163-170; Taf. IX-XII) - N. AVIGAD, A Phoenician Sanctuary in the Plain of Sharon (ILN May 16, 1959, 836f).

O.Eißfeldt

Kanada

I. Kirchengeschichtlich - II. Kanadische Missionen

I. Kirchengeschichtlich

Die *röm.-kath. Kirche* ist seit dem 17.Jh., als die Franzosen die heutige Provinz Quebec besiedelten, in K. tätig. Sie ist auch heute noch in erster Linie die Kirche der Franko-Kanadier (zwei Drittel der Katholiken). Mit der Quebec Act 1774 bestätigte England der Kirche die Rechte und Einkünfte, die sie unter franz. Herrschaft besaß. Sie hat seitdem stets dahin gewirkt, daß die Franko-Kanadier England gegenüber politisch loyal blieben. Im 19.Jh. wurde für die franko-kan. Minderheit im britisch-prot. bestimmten K. der kath. Glaube zum Symbol ihrer Eigenständigkeit. Kaum irgendwo bestimmt die kath. Kirche das gesamte öffentliche und private Leben so stark wie hier. - Von Quebec aus betreute die kath. Kirche im 19.Jh. die nach allen Teilen K.s einwandernden Iren. Die Indianermission wurde 1845 dem Orden der → Oblaten der Unbefleckten Jungfrau Maria übertragen. Oblatenpater Taché, später Erzbischof, wurde zum Organisator der kath. Kirche in West-K. Oblaten- und Benediktiner-Patres betreuten dann ebenso die nach 1880 aus Mittel- und Osteuropa einströmenden Katholiken und schufen konfessionell und volkstumsmäßig geschlossene Siedlungen (zB für deutsche Katholiken die St.Peters- und die St.Josephs-Kolonie in Saskatchewan). Nach dem Zensus von 1951 gehörten 6 069 496 = 43,3% der Bevölkerung der kath. Kirche an. Wichtige Laienorganisationen sind bei den Franko-Kanadiern die Société St. Jean Baptiste, bei Iren und sonstigen Katholiken die → Kolumbus-Ritter.

Die erste kompakte Gruppe *prot.* Einwohner waren die ca 45 000 United Empire Loyalists, die wegen ihrer probritischen Gesinnung während des Unabhängigkeitskrieges nach dem Frieden von 1783 aus den jungen Freistaaten vertrieben und in Ontario sowie in Neuschottland angesiedelt wurden. Sie wurden von der Englischen Staatskirche versorgt, die auch in K. zunächst besondere Privilegien besaß, etwa bei der Landverteilung. Bei allem Einsatz anglikanischer Missionsgesellschaften in K. blieb die → *Anglikanische Kirche* auch hier in erster Linie die Kirche der gehobeneren Schichten (1951: 2 060 720 = 14,7% der Bevölkerung; nach kirchlicher Zählung 1,2 Mill. aktive Mitglieder bzw. 542 000 Kommunikanten). - Größer ist die Zahl derer, die von einer der *prot. Freikirchen* erfaßt wurden. Oft gefährdete in den Neusiedlungsgebieten das Nebeneinander allzu vieler freikirchlicher Gruppen ein gesundes Gemeindeleben überhaupt. Der Versuch, sich über alle grundsätzlichen Gegensätze hinweg im Interesse der Arbeit an den Gemeinden zu verständigen, führte 1925 zum Zusammenschluß der Methodisten, etwa drei Fünftel der Presbyterianer und der nicht zahlreichen Kongregationalisten zur *United Church of Canada;* diese ist seither die zahlenmäßig führende prot. Kirche des Landes (1951: 2 867 251 = 20% der Bevölkerung; kirchliche Zählung: 912 939 aktive Mitglieder). Neben ihr besteht eine selbständige *Presbyterianische Kirche* weiter (1951: 781 747; kirchliche Zählung: 186 433). In den zahlreichen kleineren religiösen Gruppen lebt die Vielfalt des religiösen Erbes der verschiedenen Einwanderer-Volksgruppen weiter, wobei das Festhalten an der ererbten kirchlichen Bindung in den ersten beiden Generationen eine wesentliche Hilfe bei der Wahrung des angestammten Volkstums gewesen ist und umgekehrt. Die *Baptisten* (1951: 519 585; eigene Zählung: 245 323 aktive Mitglieder) sind in erster Linie Nachkommen englischer und amerikanischer Einwanderer; doch rechnet sich auch ein Teil der Rußlanddeutschen zu ihnen. Die *Lutheraner* sind deutscher und skandinavischer Abstammung; ihre Gemeinden wurden ausschließlich von den in USA entstandenen Synoden, oft in bedauerlicher Konkurrenz untereinander, aufgebaut (1957: 222 234 getaufte Lutheraner in 1038 Gemeinden). Rein deutscher Herkunft sind die *Mennoniten* (1951: 125 938). *Griechisch-orth.* Gemeinden wurden von einem Teil der eingewanderten Ukrainer und von den Russen geschaffen, und zwar auch hier in Anlehnung an die in USA entstandenen Gemeinden (1951: 172 271). Nicht wenige Anhänger haben auch die Pfingstbewegung (95 131), die Heilsarmee (70 275) und die Brüderkirchen (50 900). Ohne die Selbständigkeit der einzelnen Kirchen anzutasten, wurde zur Erleichterung ihrer Zusammenarbeit in praktischen Einzelfragen 1944 der Canadian Council of Churches gegründet.

A. DE BARBEZIEUX, Hist. de la province ecclésiastique d'Ottawa, 2 Bde, Ottawa 1898 - C.W. VERNON, Old Church in the New Dominion. The Story of the Anglican Church in C., London 1929 - S.D. CHOWN, The Story of Church Union in C., Toronto 1930 - CL.E. SILCOX, Church Union in C., New York 1933 - H. LEHMANN, Das ev. Deutschtum in K. (Jb. »Auslanddeutschtum u. Ev. Kirche«, 1935, 218-252) - DERS., Das Deutschtum in West-K., 1939, bes. Kap. 9 - LATOURETTE V, 1943, Kap. 2; VII, 1945, Kap. 6 - V.J. EYLANDS, Lutherans in C., Winnipeg 1945 - P. BERNIER, La situation présente du Catholicisme au C., 1946 - S.D. CLARK, Church and Sect in C., 1948 - G.C. PIDGEON, The United Church of C. The Story of the Union, Toronto 1950 - G. GOYAU, Les origines religieuses du C., Paris 1951 - F.X. TALBOT, Pionier Gottes unter den Huronen, 1952.
H. Lehmann

II. Kanadische Missionen

Bereits im 19. Jh. kam es in K. zur Gründung eigener prot. Missionsgesellschaften. Die kan. Baptisten der westlichen und östlichen Provinzen, die zunächst die Arbeit der Amerikanischen Baptistischen Missionsunion unterstützt hatten, begannen 1873 bzw. 1875 eine selbständige Mission unter den Telugu in Indien. Etwa gleichzeitig nahmen die Presbyterianer, Methodisten und Kongregationalisten auf verschiedenen Missionsfeldern die Arbeit auf; 1883 wurde die Missionary Society der Anglican Church of Canada (früher: Church of England in Canada) gegründet. Entsprechend der regen Anteilnahme der kan. Protestanten an der Weltmission traten in der 1. Hälfte des 20. Jh.s weitere Gesellschaften hinzu (u.a. 1917 die Pentecostal Assemblies of Canada). Die meisten von ihnen stehen in enger Zusammenarbeit mit Gesellschaften gleicher Konfessionsgruppen (→ Anglikanische Kirche: II, → Baptisten: II, → Pfingstbewegung: II, → Presbyterianer: II). Gegenwärtig gibt es 15 Gesellschaften; 1958 standen insgesamt 774 Missionare in der Arbeit. Die kan. Kirchen haben die Mission im Ausland stets erheblich unterstützt; so wurden 1957 fast 6 Mill. Dollar aufgebracht. Die United Church of Canada stellt als stärkste Mission fast zwei Drittel des Missionspersonals. Daneben ist die Arbeit der Baptisten (134 Missionare), der Pfingstbewegung (111) und der Presbyterianer (81) hervorzuheben. Arbeitsgebiete sind bes. → Indien, → China, → Korea, → Taiwan und → Japan; aber auch in → Afrika und Latein-Amerika sind kan. Missionen tätig.

H. GUNDERT, Die Ev. Mission, 1903⁴, 72ff - WChH 1957, 190ff - Fortlaufende Überblicke in IRM. *R.P. Beaver (W. Werbeck)*

Kannibalismus, Bezeichnung für Menschenfresserei (griech. Anthropophagie), von Caribes, Canibales, dem aus der Entdeckerzeit stammenden Namen für kriegerische → Indianer-Stämme im nördlichen Südamerika und den Antillen (Grundbedeutung: stark, tapfer, heilig), die bis in die Gegenwart als Anthropophagen bekannt waren. K. als Institution findet sich, ethnologisch gesehen, meist bei → Ackerbau-Völkern (→ Melanesien, West- und Zentralafrika, Süd-→ Amerika u.a.) und in bestimmten Hochkulturen (bes. im alten → Mexiko). Er beruht ursprünglich auf magischen und mythologischen Vorstellungen und ist oft ein Teil von Kulten mit → Menschenopfern und von Kriegsgebräuchen. K. zu kulinarischen Zwecken stellt eine sekundäre Entartung dar. In bestimmten Kultfeiern repräsentiert der betr. Opfermensch ein höheres Wesen oder eine Gottheit, durch das Verzehren des Menschen erhält man Anteil an überirdischen, göttlichen Kräften. So nannten die Azteken den rituellen K. teo-qualo »Gottessen«. Andere Motive des K. sind, einen Feind durch Verzehren seines Körpers gänzlich zu vernichten (→ Blutrache) oder sich die Lebenskraft eines Menschen anzueignen (→ Mana). So ist auch der Endo-K. zu deuten, nämlich das Konsumieren eines verstorbenen Verwandten oder Stammesmitgliedes, eine Sitte, die bereits in → Jäger-Kulturen wurzelt (→ Begräbnis: I). Zu profanem K. kann es bei Hungersnot kommen, wie zB bei Australiern (→ Australien: I) und → Eskimo. Letztere schließen allerdings einen Anthropophagen aus der Gemeinschaft aus.

E. VOLHARD, K., 1939 - G. FRIEDERICI, Amerikanistisches WB, 1947, 143ff - A.E. JENSEN, Mythus u. Kult bei Naturvölkern, 1951. - Vgl. → Ersatzgaben, → Mahlzeiten: I. *J. Haekel*

Kanon

I. Begriffsgeschichtlich - II. Kirchengeschichtlich

I. Begriffsgeschichtlich

1. K. als Bezeichnung der Geradheit und Exaktheit - 2. K. als Richtschnur - 3. K. als Grenzlinie - 4. K. als »Regel« und »Tabelle« - 5. Kirchlicher Sprachgebrauch - 6. K. als orth. Dichtungsgattung

1. Das Wort K. (κανών) ist von den Griechen aus einem semitischen Stamm gebildet worden. Qanæ (hebr.), qanja (aram.), qanû (bab.-ass.), gin (sumer.-akkad.) bezeichnet die ursprünglich in Asien heimische edlere Rohrart (arundo donax), die sich zur Herstellung von Körben, Waagebalken, Meßruten u. dgl. eignet. In der griechischen Literatur fehlt allerdings bei dem Wort K. die Bedeutung »Rohr« von Anfang an. K. ist schon bei Homer jede Stange, gleichgültig aus welchem Material sie hergestellt ist. Nicht die Verfertigung aus Rohr oder die Hohlheit, sondern nur die gerade Form wird mit K. bezeichnet. - Infolgedessen bekam das Wort einen sehr großen Anwendungsbereich. Alles, was durch seine *Geradheit* (später auch im übertragenen Sinn) gekennzeichnet ist, heißt K. Zunächst nennt so der Bauhandwerker das Richtscheit, das völlig gerade sein muß, um die Herstellung ebener Flächen zu ermöglichen. Das Richtscheit hatte eine gewisse Maßeinteilung; man konnte mit ihm vor allem Proportionen ermitteln und so die Genauigkeit (ἀκρίβεια) der Arbeit gewährleisten. Dadurch wurde K. zum Schlagwort für das *Exaktheitsstreben* des 5. und 4. Jh.s. Polyklet übernimmt den Begriff in das Gebiet der Kunst, und zwar offenbar im Sinne von »Verhältnismaßstab«. K. betitelt er eine Schrift, in der er das durchgängige Verhältnis aller Körperteile untereinander nach den Gesetzen der griechischen Ästhetik darstellte. Auch die Mathematiker handhabten ein dem der Bauhandwerker ähnliches, nur kleineres Richtscheit. Sie führten außerdem unter dem Namen K. ein Instrument zur Messung der Intervalle der Töne in die Musiktheorie ein. Auch als dieses, weil zu ungenau, längst nicht mehr in Gebrauch war, behielt diese Musiktheorie den Namen Kanonik, und ihre Vertreter, die Pythagoreer, hießen Kanoniker, heftig bekämpft von den »Musikern«, die das Eindringen der Mathematik in die Musiktheorie scharf ablehnten. Der Streit der beiden Richtungen ging durch das ganze Altertum hindurch bis hin zu → Boethius, der noch einmal die Lehrunterschiede zusammenfassend darstellte. Bei den Sophisten

griff die Exaktheitstendenz auf die Stiltheorie über: die Sätze sollten an einem K. gemessen und genau »abgezirkelt« werden. Hier ist schon die Übertragung des Begriffs aus dem stofflichen Bereich auf den geistigen erfolgt. Euripides, der späte Plato, der frühe Aristoteles forderten auch für die → Ethik Exaktheit: die Vernunft soll genaue Grenzen (ὅροι) zur Bestimmung des Sittlich-Guten abstecken. Bei Demokrit scheint K. Richtschnur zur Beurteilung jeder einzelnen wirklichen oder vermeintlichen Erkenntnis bedeutet zu haben. Jedenfalls hat → Epikur ihn so verstanden; dieser nannte sein Hauptwerk zur → Erkenntnistheorie, obwohl man zu seiner Zeit die Akribie-Forderung nicht mehr auf alle Gebiete des Geisteslebens ausdehnte, archaisierend K. Die Epikureer sprachen deshalb von Kanonik statt, wie sonst üblich, von Logik. Allerdings wurde in der Tat die formale → Logik zugunsten der Erkenntnistheorie von Epikur völlig vernachlässigt, so daß die Umbenennung auch sachliche Gründe hatte. Aber bereits in der älteren → Stoa war der herrschende Terminus in Erkenntnistheorie und Ethik nicht mehr K., sondern κριτήριον – übrigens auch bei Epikur selber.

2. Einen neuen Sinn erhielt K. bei → Aristoteles durch Übertragung auf den Menschen: der Verständige (φρόνιμος) ist für uns K., dh *Richtschnur* für unser Handeln, nachahmenswertes Muster. Dieser Sprachgebrauch bürgerte sich ein. Er findet sich in einem Grabepigramm, bei Epiktet, Plutarch, Philo, Lukian, also in der hellenistischen und frühkaiserlichen Popularethik. Auch die hellenistische Stillehre verwendet K. im Sinne von Muster. Für die Attizisten war vor allem Lysias K., den es nachzuahmen galt. Ihnen widersprachen die Asianisten, die anstatt zur Nachahmung zum Wettstreit mit der Klassik aufriefen. In der Kunst galt der Speerträger Polyklets als K. Hier bemerkt man deutlich den Bruch: Für Polyklet selbst (s. 1) war K. ein geeigneter Buchtitel im Sinne von Verhältnismaßstab als Ausdruck der Exaktheitsforderung seiner Zeit, für die Epigonen ist ein von ihm geschaffenes Standbild das Musterbeispiel für ein selbst unfruchtbares Geschlecht, das nichts Höheres kannte als die Alten nachzuahmen.

3. In der Ethik verband sich K. frühzeitig mit der ὅρος-Vorstellung (s. 2). K. ist die *Grenzlinie*, die nicht überschritten werden darf, die Richtschnur, an der man entlang gehen muß, um die Richtung auf das Gute und Gerechte nicht zu verlieren. Als Ausdruck für diese neue Vorstellung ist K. vor allem in der Staatslehre und Sozialethik häufig gebraucht worden. Ein solcher K. waren für die Bürger vor allem die Gesetze; sie dürfen nicht »übertreten« werden. Diese noch heute geläufige Metapher findet sich schon bei Aeschines. Demselben Vorstellungskreis entstammen die Wendungen »dem K. folgen« (Epiktet), »an ihm entlang gehen« (LXX, NT). Aber die Gesetze sind starr; darum wird ihnen im 5.Jh. die »Billigkeit« gegenübergestellt. → Aristoteles hat beide Begriffe eingehend untersucht. Nach ihm ist auch die Billigkeit ein K., aber ein biegsamer, der sich der Besonderheit des Einzelfalles anpaßt. Gesetz und Billigkeit schließen sich also nicht gegenseitig aus, sondern sind zwei einander ergänzende Arten der Gerechtigkeit. LXX (Mi 7, 4) und → Philo bezeichnen das at. Gesetz und jede seiner Einzelforderungen, bes. allerdings den Dekalog, als K. Im Gegensatz dazu verkündet Paulus (Gal 6, 16) im Kampf gegen die Judaisten als allein maßgeblichen K. die Freiheit in Christus. – Vom ὅρος-Denken her ergibt sich auch die Bedeutung: das Feststehende, das Abgegrenzte, speziell das Arbeitsgebiet, das mir zugewiesen und abgesteckt ist (so offenbar 2Kor 10, 13).

4. In der formalisierten Bedeutung des Feststehenden, Abgegrenzten wird K. überhaupt zur *»Regel«*. Philo sucht, offenbar um sich einen wissenschaftlichen Anstrich zu geben, nach κανόνες der Allegorese. In der Grammatik bekämpften sich zwei Richtungen: die Analogisten und Anomalisten. Den Sieg trug die Analogie davon, nämlich das Bestreben, möglichst alles in feste Regeln (κανόνες) zu bringen. Bei den Grammatikern der Kaiserzeit, deren Lehrbücher aus einer Masse starrer Flexionsschemata bestehen, wurde K. zu dem Begriff, den wir mit einer grammatischen Regel verbinden. Solche Schemata haben Tabellenform. So kam K. zur Bedeutung *»Tabelle«*, wobei mitschwingt, daß Tabellen Feststehendes, woran man sich orientieren kann, markieren. Die Tabellen der Astronomen hießen κανόνες, weil sie feste Anhaltspunkte im Wechsel der Zeiten bieten; ihre Verfasser nannte man Kanoniker. Ähnlich steht es mit den Geschichtstabellen der Chronographen und Historiker. K. war in der Metrik die Tabelle der Variationen eines Versmaßes, in der Musiktheorie die Tabelle der Schwingungszahlen der Töne nach den Berechnungen der einzelnen Musiktheoretiker. – Auch in das Steuerrecht ging K. zur Bezeichnung des Feststehenden ein. In der Steuerordnung der späteren Kaiserzeit verstand man unter K. die ständige jährliche Naturalabgabe im Unterschied zu dem außerordentlichen Zuschlag, dem πρόσθεμα oder πρόσκαιρον. In dieser Bedeutung ist K. seit dem 4.Jh. nChr in den Papyri sehr häufig. Es ist dort Oberbegriff für feststehende Steuern jeder Art. – Der verschiedene Sprachgebrauch wird an den Adjektiven deutlich, die mit K. verbunden werden: Das geistige Prüfungsinstrument, nach welchem das 5. und 4.Jh. suchte, wurde vor allem als »genau« bezeichnet; die »Richtschnur« und »Regel« dagegen, die später eine so große Rolle spielte, hieß »unüberschreitbar«, »sicher«, »fest«.

5. Auch in den *kirchlichen Sprachgebrauch* ging K. als Terminus ein, und zwar alsbald in doppelter Bedeutung: K. ist die Tabelle der von der Kirche als Urkunden göttlicher Offenbarung anerkannten Schriften (→ Bibel: I B; II B), ferner die Regel der Bußpraxis. Solche Regeln, die von Synoden erlassen wurden, stellte man zusammen zu einem Corpus Canonum und schuf so ein Ius Canonicum im Unterschied zum staatlichen Recht. Außerdem sprach man in der Linie von Gal 6, 16 von einem K. des Glaubens, lat.: regula fidei, wie überhaupt die lateinische Übersetzung von K. (sofern es nicht als Fremdwort übernommen wurde) regula (oder norma) lautete.

H. Oppel, KANΩN. Zur Bedeutungsgesch. des Wortes u. seiner lat. Entsprechungen (regula-norma) (Philologus Suppl.-Bd 30, H. 4), 1937 (Lit.) – ThW III, 600 ff. 979 ff – L. Wenger, Canon in den röm. Rechtsquellen u. in den Papyri. Eine Wortstudie (SAW 220, 2), 1942. Außerdem die Wörterbücher.

E. Schott

6. In der → *byzantinischen Kirchenmusik* ist der K. – nach → Troparion und → Kontakion – die späteste, im 8.Jh. aufkommende poetische Gattung, deren bedeutendste Vertreter (→ Andreas von Kreta, → Johannes von Damaskus, → Kosmas von Jerusalem) noch dem 8.Jh. angehören. Spätere K.dichter (zB → Theodor von Studion, Metrophanes von Smyrna) erreichen nur selten das sprachliche Niveau dieser großen Vorbilder. – Ein K. besteht aus 9 → Oden (die 2. Ode fehlt allerdings häufig), jede Ode wieder aus mehreren, metrisch übereinstimmenden Troparia (→ Hirmos). Die einzelnen Oden lehnen sich inhaltlich an die neun biblischen Oden an. Aufgabe des K.dichters war es, eine gedankliche Verbindung zwischen den zugrunde liegenden biblischen Oden und der liturgischen Bestimmung des K. (zB für den Ostersonntag) herzustellen.

Lit. s. → Hymnus, 2. – Dt. Übers.en bei K. Kirchhoff, Die Ostkirche betet, 1930 – Ders., Osterjubel der Ostkirche, 1940.

R. Schlötterer

Unter K etwa Vermißtes bitte unter C und Z suchen

II. Kirchengeschichtlich

1. Das Problem des Abschlusses - 2. Osten - 3. Westen - 4. MA - 5. Humanismus und Reformation - 6. Kath. Kirche - 7. Orthodoxie und Rationalismus - 8. 19.Jh. - Vgl. → Bibel: I B; II B

1. Die Entstehung des nt. K.s (zum AT vgl. → Bibel: I B) erstreckt sich über mehrere Jh.e (→ Bibel: II B). Der Versuch, die Sammlung der Schriften endgültig festzulegen, die für die Kirche normative Geltung haben, war mit erheblichen Schwierigkeiten verbunden. Schon in dem Augenblick, da man sich für die Grenze des K.s zu interessieren begann, war es nicht mehr möglich, den Ursprung jedes der in Frage kommenden Bücher eindeutig nachzuweisen. Man mußte sich damit begnügen, festzustellen, welche Bücher von der Kirche einhellig überliefert und angenommen seien und welche unsicher und umstritten seien. Je mehr sich allerdings der Traditionsgedanke entwickelte (→ Tradition: VI), desto größeres Gewicht bekam die Behauptung, die Kirche habe tatsächlich das von Gottes Geist inspirierte normative Schrifttum unversehrt von den Aposteln her bewahrt. Man beruhigte sich bei den Verzeichnissen, hinter denen eine kirchliche Autorität stand und in denen die Unstimmigkeiten möglichst weitgehend ausgeglichen waren. Die Bedenken gegen einzelne Bücher (→ Hebräerbrief, → Johannesapokalypse) blieben allerdings so stark, daß eine endgültige Fixierung des K.s nur gewaltsam möglich war. Von dieser Grundschwierigkeit ist die Geschichte des K.s bestimmt.

2. Das Verzeichnis des → Athanasius (→ Bibel: II B, 3c) vermochte sich im *Osten* nicht sofort durchzusetzen. Die Überlieferung, daß die Apk nicht zum K. zu zählen sei, blieb zunächst weit verbreitet. Das Konzil von Konstantinopel (692) machte den Versuch, den K. endgültig festzulegen. Es wurde aber keine Liste aufgestellt, sondern man begnügte sich damit, auf einige im Osten und Westen verbreitete Verzeichnisse und eine Anzahl anerkannter Väter zu verweisen. Da aber die angeführten Autoritäten nicht in allen Stücken übereinstimmten (Apk, at. Apokryphen), blieb die Frage im Grunde offen. Dieses Zwielicht ist für die östliche Kirche bezeichnend geblieben. Auch in den folgenden Jh.en muß der Hinweis auf die Überlieferung als Lösung des K.problems genügen. Im 17.Jh. brachte calvinistischer Einfluß die K.frage im Osten nochmals in Bewegung; Cyrill → Lukaris erklärte die at. Apokryphen für unkanonisch. Nachdem deren Kanonizität zunächst noch aufrechterhalten worden war, setzte sich im 18.Jh., vor allem auf Antrieb russischer Theologen (zB → Prokopowič), der Ausschluß immer mehr durch.

3. Die *westliche Kirche* gelangte im Gegensatz zur Ostkirche schließlich zu einer ausdrücklichen und präzisen Fixierung des K.s. Das Verzeichnis des Athanasius wurde weitgehend übernommen. → Rufinus stimmte im wesentlichen mit ihm überein (Hebr wird im Gegensatz zur weitverbreiteten westlichen Tradition als kanonisch bezeichnet, die Apokryphen des AT, Did, Herm als nicht kanonisch, aber lesenswert erklärt). Ähnlich → Hieronymus. Während bei Hieronymus kritische Erwägungen noch eine Rolle spielten, suchte → Augustin den K. festzulegen, indem er sich an diejenigen Schriften hielt, die von den wichtigsten Kirchen (apostolicae sedes) angenommen worden waren (De doctr. christ. II, 8). Die Konzile von Hippo (393) und Karthago (397) übernahmen im wesentlichen den von ihm auf diese Weise erarbeiteten K. (Apokryphen sind Bestandteil des K.s; andere Bücher als die kanonischen, ausgenommen die → Märtyrerakten, dürfen in der Kirche nicht gelesen werden). Bei diesen Beschlüssen wurde die Bestätigung Roms vorbehalten. Dasselbe Verzeichnis wie bei Augustin findet sich im Reskript → Innozenz' I. (405) und im sog. Decretum Gelasianum (Datierung strittig). Hebr wird hier (im Gegensatz zur Synode von Karthago) als Paulusbrief bezeichnet.

4. Der so begrenzte K. wurde durch das ganze *MA* im großen und ganzen unverändert als gültig überlieferte, göttlich inspirierte kirchliche Norm betrachtet; allenfalls schloß man gelegentlich die at. Apokryphen aus oder zog die Verfasserschaft des Paulus für Hebr in Zweifel (→ Isidor, → Thomas von Aquino, → Nikolaus von Lyra u.a.); bisweilen findet sich auch die Ansicht, daß nicht allen kanonischen Schriften dieselbe Autorität zukomme (→ Alanus ab insulis). In der fränkischen und englischen Kirche wurde seit dem 9.Jh. oft auch der gefälschte → Laodizenerbrief als kanonisch aufgeführt; diese merkwürdige Besonderheit scheint in einer Bemerkung des Papstes Gregor I. ihren Ursprung zu haben. Gelegentlich ist im MA auch die Neigung festzustellen, dem K. Missale, Dekretalen und Väterschriften anzugliedern; sie werden etwa mit den at. Apokryphen auf dieselbe Stufe gestellt (Hugo von St. Viktor).

5. Im ausgehenden MA wurden die Bedenken gegen einzelne kanonische Schriften wieder lebendiger; vor allem *Humanisten* trugen sie vor, am schärfsten → Erasmus (Hebr, Jak, Apk, 2Petr, 2.3Joh). Die Sorbonne nahm 1527 den K. gegen solche Angriffe in Schutz (iam non est fas christiano de illis dubitare). Von weit grundsätzlicherer Bedeutung als die Kritik der Humanisten ist aber die Kritik, die die *Reformatoren*, bes. → Luther, am K. geübt haben. Luther beurteilte die überlieferten Bücher nach dem Maßstab der von ihm erkannten Grundwahrheit des Evangeliums. Die Kanonizität läßt sich seiner Ansicht nach weder durch den Hinweis auf kirchliche Überlieferung noch durch den historischen Nachweis apostolischer Verfasserschaft feststellen. »Was Christum prediget, ist apostolisch.« Von diesem Gesichtspunkt her hebt Luther JohEv, Röm, Gal unter allen nt. Schriften heraus, während er Jak, Hebr, Jud, Apk an den Rand des K.s versetzte (→ Bibel: II A). Neben der inhaltlichen Kritik (Jak ist eine »recht stroherne Epistel«) spielen einzelne historische Erwägungen im Grunde nur eine zweitrangige Rolle. Trotz aller Kritik an einzelnen Büchern kann Luther auch die Schrift als Ganzes als Gottes Wort bezeichnen; jedenfalls übernimmt er den überlieferten K. → Calvin betonte ähnlich wie Luther, daß der Hl. Geist die Worte der Schrift als apostolisch und wahr erweise. Grundsätzlich wäre es darum auch ihm möglich gewesen, auf Grund des Zeugnisses des Hl. Geistes eine Unterscheidung innerhalb des K.s vorzunehmen. Er blieb aber zurückhaltender. Er ist weit mehr als Luther geneigt, den gesamten überlieferten K. als inspiriertes Gotteswort zu betrachten. Während Luther die at. Apokryphen für unkanonisch, aber lesenswert hielt, schloß Calvin sie überhaupt vom K. aus (vgl. dazu auch Confessio Gallicana). Eine merkwürdige Sonderstellung nimmt → Karlstadt ein. Im Gegensatz zu Luther erklärte er den K. in allen Teilen für verbindlich, zeichnete sich aber zugleich durch eine für seine Zeit scharfe historische Einsicht aus. Er teilte die kanonischen Schriften nach der Sicherheit ihrer Überlieferung in drei verschiedene Gruppen ein.

6. Bereits das Konzil von Florenz 1442 hatte sich mit dem K. befaßt. Im Decretum pro Iacobitis wird erklärt, daß derselbe Gott der Urheber des AT und des NT sei, und die einzelnen Schriften werden namentlich aufgezählt (Denz. 706). Die K.kritik der Humanisten und die Sicht der Reformatoren machten eine neue klare Stellungnahme nötig. Das → Tridentinische Konzil erklärte daher in Sess. IV vom 8.4.1546 (Denz. 784f), die von Gott geoffenbarte Wahrheit sei einerseits in schriftlichen

Zeugnissen und andererseits in mündlicher Überlieferung von der Kirche bewahrt worden. Die Aufzählung von 1442 wird ausdrücklich wiederholt und jeder, der eine der genannten Schriften oder auch nur einen Teil derselben nicht für kanonisch halten will, unter Anathema gestellt (Hebr wird als Paulusbrief bezeichnet). Damit hatte die *römische Kirche* die K.frage endgültig erledigt. Die Überzeugung, daß die Kirche in ihrer Überlieferung nicht geirrt haben könne, siegte über die historischen Bedenken. Der Vorschlag, die K.frage auf Grund einer kritischen Untersuchung zu behandeln oder wenigstens die kritischen Bedenken nicht auszuschließen (Madruzzo u.a.), vermochte sich auf dem Konzil nicht durchzusetzen. Auch dem Wunsch, eine Rangordnung der biblischen Bücher aufzustellen (→ Seripando u.a.), wurde nicht stattgegeben. Im 19.Jh. wurde die K.frage im Vorfeld des → Vatikanums nochmals aufgeworfen. Das Konzil bestätigte jedoch das Tridentinum und erklärte darüber hinaus bloß, die biblischen Bücher seien kanonisch, nicht weil die Kirche sie dazu erklärt, sondern weil sie sie als von Gott inspirierte bewahrt habe.

7. Die *prot. Theologen* hielten gegenüber dem Konzil von Trient daran fest, daß das Zeugnis des Hl. Geistes und keine andere Instanz die Autorität der kanonischen Bücher erweise. Das Bild verändert sich aber insofern, als die → Inspiration (: II) der überlieferten kanonischen Bücher immer mehr zur indiskutabeln Voraussetzung wurde. → Chemnitz etwa sieht die Autorität der Schrift dreifach begründet: in erster Linie in der Tatsache, daß sie durch den Geist inspiriert sei, dann in der Person der Verfasser und schließlich im Zeugnis der frühen Kirche, die sie rezipiert habe. Bei dieser Betrachtungsweise sind gewisse kritische Erwägungen und vor allem eine qualitative Unterscheidung im Sinne der sachlichen Bedenken Luthers nicht ausgeschlossen. Je mehr sich jedoch die Lehre der Inspiration verfestigt, desto mehr werden alle Bücher der Schrift grundsätzlich wieder auf dieselbe Ebene gestellt. Das eigentliche K.problem wird auf diese Weise wieder verdrängt. Eine wichtige Veränderung im Verhältnis zum K. brachte erst wieder → Semler. Er stellt die Forderung auf, daß »eine freie Untersuchung des K.s« nicht als unerlaubt betrachtet werden dürfe. Diese Forderung ist für die Folgezeit maßgebend geworden. Seine Bedenken gegen einzelne kanonische Bücher sind nur zT in historischen Erwägungen begründet, zum größeren Teil sind sie Ausfluß einer rationalistisch-moralisierenden Theologie (Apk ist »widerlich für den moralisch Denkenden«).

8. Seit Semler ist der K. vor allem in den prot. Kirchen einer ständigen kritischen Erforschung unterworfen. Diese kritische Arbeit führte zu der grundsätzlichen Bereitschaft, die einzelnen Schriften des K.s aus inhaltlichen wie aus äußeren Gründen qualitativ zu unterscheiden und gewissermaßen einen engeren K. im überlieferten K. zu bestimmen. »Die prot. Kirche muß Anspruch darauf erheben, in der genaueren Bestimmung des K.s noch immer begriffen zu sein« (Schleiermacher). Der überlieferte K. wird in der Regel zwar nicht verändert, er wird aber nicht als inspirierte Norm, sondern als historische Gegebenheit betrachtet. Gegenüber der kritischen Arbeit bleibt allerdings die Richtung lebendig, die Schrift in ihrer Gesamtheit ohne jede Kritik als Gotteswort hinzunehmen (pietistische Kreise, Gemeinschaften); in neuerer Zeit scheint sie wieder mehr Boden zu gewinnen (→ Fundamentalismus).

J.S.Semler, Abh. von freier Unters. des K.s, 1771 - C.A.Credner, EinlNT, 1836 - Ders., Zur Gesch. des K.s, 1847 - Ders., Gesch. des nt. K.s, 1860 - Ed.Reuss, Histoire du Canon des écritures saintes, 1863 - Th.Zahn, Gesch. des nt. K.s, 1888-92 - M.Jugie, Histoire du canon de l'AT dans l'église grecque et l'église russe, 1909 - A.Maichle, Der K. der bibl. Bücher u. das Konzil von Trient, 1929. - Weitere Lit. s. → Bibel: I B; II B; III.

L.Vischer

Kanoniker, *Chorherr,* das Mitglied eines → Domkapitels oder Stiftskapitels (→ Kollegiatstifte). Nach geltendem kath. Kirchenrecht gibt es: a) *wirkliche K.* Ihnen obliegen die Kapitelsaufgaben: Chorgottesdienst und – bei den Domkapiteln – Mitwirkung bei der Diözesanverwaltung (→ Bischof: II, 3. 4). Ferner soll bei den Domkapiteln und kann bei den Stiftskapiteln je ein K. als Theologus (theologische Lehrtätigkeit in der Kapitelskirche, heute meist im Priesterseminar) und als Poenitentiar (als Stellvertreter und mit den Vollmachten des Bischofs in der Verwaltung des Bußsakraments) tätig sein. An der Spitze der K. stehen die beiden Dignitäten (in manchen Kapiteln nur eine) des → Propstes und des → Dekans. Gemeinrechtlich steht die Ernennung der Dignitäten dem Papst, der übrigen K. dem Bischof zu; konkordatsrechtlich sind in Deutschland bei ihrer Auswahl auch die Kapitel beteiligt. – b) *Ehren-K.*, vom Bischof ernannt. Ihnen stehen nur die Abzeichen und Privilegien der wirklichen K. und ein Chorsitz zu. Die in den früheren preußischen Diözesen konkordatsrechtlich vorgeschriebenen *nichtresidierenden K.* haben außerdem das Recht der Mitwirkung bei der Bischofswahl; bei ihrer Ernennung wirken die Kapitel mit. – Zur Geschichte vgl. → Domkapitel, → Kollegiatstifte.

cc. 391-422 CIC - Lehr- u. Hdb.er des kath. → Kirchenrechts - DDC III, 471ff. 530ff.

H.Barion

Kanonisches Recht → Kirchenrecht: I A, 1.

Kanonissen sind Frauen, die sich einem gottgeweihten Leben widmen, ohne jedoch alle von den Mönchsregeln vorgeschriebenen Gelübde abgelegt zu haben und ohne dauernd an ihren Stand gebunden zu sein. Die K. sind vor allem fähig, Vermögen zu besitzen. Sie leben nicht in strenger → Klausur. Nach Austritt aus ihrer Gemeinschaft, dem Frauenstift, können sie eine Ehe eingehen. In der Neuzeit dienten die Stifter vor allem der Versorgung für adlige Fräulein. Stifter, die nicht bereits durch die Reformation aufgelöst waren, fielen im 19.Jh. der Säkularisation zum Opfer. Die nach der Reformation umgebildeten Damenstifter bestehen als reine Versorgungsanstalten meist adliger Frauen weiter (vgl. die kulturhistorisch reizvolle Darstellung des Damenkonvents in Th. → Fontanes »Stechlin«).

K.Schäfer, Die K.stifter im dt. MA, 1907 - Ders., K. u. Diakonissen, 1910 - A.Kalsbach, Die altkirchl. Einrichtung der Diakonissen, 1926 - LThK V, 783ff.

A.Erler

Kanontafeln, wie sie seit dem 16.Jh. in der röm. Kirche allmählich üblich wurden, haben im späten MA ihre Vorläufer in handschriftlichen Auszügen aus dem Ordo Missae (→ Messe: II) und dienen wie jene als Gedächtnisstützen für den Zelebranten, bes. bei den Messestücken, die er in gebeugter Körperhaltung zu rezitieren hat. *Vorgeschrieben* ist nur die mittlere, seit dem 16.Jh. übliche der drei K.n mit dem sog. kleinen Kanon, dem Konsekrationskanon, dem → Gloria und → Credo und weiteren, zT der Kommunion unmittelbar vorausgehenden Gebeten. Da die Gebete dieser Tafel secreto zu sprechen sind, heißt sie auch Tabella secretorum. Die auf der Evangelienseite stehende Tafel enthält das gewöhnliche Schlußevangelium der Messe aus Joh 1, die Tafel auf der Epistelseite das Kelchvermischungsgebet und den Lavabo-Psalm (25 Vulg.).

Braun, LH 153f - LThK V, 785 (Lit.) - C.Nordenfalk, Vier K. eines spätantiken Evangelienbuchs, 1937 - L.Eisenhofer-J.Lechner, Liturgik des röm. Ritus, 1953⁶, 104.

W.Jannasch

Kant, *Immanuel,* * 22.4.1724 in Königsberg, 1755 PDoz., 1770 Prof. für Logik und Metaphysik, † 12.2. 1804 in Königsberg

1. Theoretische Philosophie: a) Entwicklung - b) Kritik der reinen Vernunft: α) Aufgabe und Ergebnis - β) Transzendentale Ästhetik - γ) Transzendentale Analytik - δ) Transzendentale Dialektik - 2. Ethik und Religionsphilosophie - 3. Ästhetik, Teleologie, Rechts- und Geschichtsphilosophie - 4. Nachwirkungen

1. a) K.s philosophische Entwicklung, die sich im zweiten Drittel des 18.Jh.s vollzog, war zunächst durch die Kritik am System von Chr. → Wolff und die Analyse und Anwendung der Methode von → Newtons mathematischer Naturwissenschaft bestimmt. Die ersten Schriften K.s wollen zeigen: (im Anschluß an → Crusius) es ist nicht möglich, alle Grundsätze der Erkenntnis auf ein gemeinsames Prinzip zurückzuführen; insbesondere müssen die logischen Sätze vom zureichenden Grunde und vom Widerspruch von den Prinzipien der → Kausalität und der Realentgegensetzung unterschieden werden; wichtige ontologische Grundbegriffe sind bisher niemals zureichend erklärt worden, darunter der des Raumes (Wolffs Definition, der Raum sei eine Ordnung der zugleich seienden Dinge, ist tautologisch, → Leibniz' Theorie über die Abhängigkeit des Raumes von der Materie kommt in Widerspruch zu den Erkenntnissen von Mathematik und Physik [mit S. → Clarke und L. → Euler]); die metaphysischen Beweise der Existenz Gottes (→ Gottesbeweise) und der unsterblichen Seele sind nicht zwingend. - Um für alle Zukunft die Philosophie von solchen Mängeln zu befreien, stellte sich K. (ähnlich wie Lambert) die Aufgabe, die ihr angemessene Methode zu entwickeln und sie von der mathematischen Beweisart zu unterscheiden. Bei diesem Versuch begegnete er der → Erkenntnistheorie der Engländer, einem weiteren Moment, das die Entwicklung zur Kritik der reinen Vernunft gefördert hat. Er entdeckte »den Einfluß der subjektiven Bedingungen der Erkenntnis in die objektive«. Vor allem hat ihn → Humes Kritik an der unbedingten Geltung des Kausalitätsprinzips überzeugt, obwohl er nicht bereit war, »ihm in Ansehung seiner Folgerungen Gehör zu geben«: Die Notwendigkeit, die diesem Prinzip zukommt, ist zwar nur subjektiv, aber doch rational und nicht auf bloße Gewohnheit gegründet. K. teilte von nun an die Skepsis Humes gegenüber der metaphysischen Erkenntnis, unterschied sich aber vom Empirismus (→ Apriorismus) durch den Versuch, die Möglichkeit objektiver Erkenntnis aus einem neu zu bestimmenden Begriff der Vernunft und ihrer Gesetze zu begründen. Als es ihm 1769 gelungen war, von diesen Gesetzen Prinzipien a priori der sinnlichen Erkenntnis zu unterscheiden, verfügte er über die wichtigsten Prämissen seines kritischen Systems. Doch bedurfte es noch einer zwölfjährigen Arbeitszeit, um alle Konsequenzen des Ansatzes zu ziehen. Ihr erster Abschnitt endete i.J. 1772, in dem K. das Problem der transzendentalen Deduktion der Kategorien entdeckt hat; das endlich vollendete System der theoretischen Erkenntnis veröffentlichte er 1781 als »Kritik der reinen Vernunft«. Ihre »synthetische Lehrart« bot dem Verständnis große Schwierigkeiten, und so ließ K. i.J. 1783 die nach »analytischer Methode« angelegten »Prolegomena zu einer jeden künftigen Metaphysik, die als Wissenschaft wird auftreten können« folgen. Die kritische Ethik legte er in der »Grundlegung zur Metaphysik der Sitten« (1785) und der »Kritik der praktischen Vernunft« (1788) vor; die »Kritik der Urteilskraft« erschien 1790, »Die Religion innerhalb der Grenzen der bloßen Vernunft« 1793, der Entwurf »Zum ewigen Frieden« 1795 und »Die Metaphysik der Sitten« 1797. - In seinen naturwissenschaftlichen Forschungen hat K. eine noch heute gültige Theorie der Entstehung des Planetensystems auf Grund der Attraktions- und Repulsionskräfte von im Raum gleichmäßig verteilter Materie (1755) und eine richtige Erklärung der Passatwinde (1756) gegeben. In den ersten über diesen Gegenstand gehaltenen Vorlesungen hat er die wissenschaftliche Geographie begründet.

b) α) Die *Kritik der reinen Vernunft* will Umfang, Inhalt und Grenzen des Vermögens der → Vernunft bestimmen, die menschliche Einsicht zu erweitern. Sie befaßt sich also nicht mit den Erkenntnissen, die aus schon vorhandenen allein auf Grund der Gesetze der formalen → Logik gewonnen werden können (den analytischen), sondern stellt die Frage, wie Erweiterung unserer Erkenntnis ohne alle Erfahrung, wie synthetische Urteile → a priori möglich sind. Alle Urteile der Metaphysik und der Mathematik sowie einige der mathematischen Naturwissenschaft sind a priori und synthetisch. An der Geltung der letzteren kann im Ernst nicht gezweifelt werden. Doch die Fragen der → Metaphysik, dieser dem Menschen unentbehrlichen, aber noch immer von Grund auf kontroversen Wissenschaft, können ohne vorangehende Kritik (= Prüfung) des Vermögens der Vernunft offenbar nicht zur Entscheidung kommen. Ihr Ergebnis ist, daß der Anspruch der Metaphysik der Kritik (im negativen Sinn des Wortes, → Kritizismus) verfällt: Synthetische Urteile vor aller Erfahrung sind nur möglich in Beziehung auf mögliche Erfahrung, dh insofern sie die Bedingungen der Erfahrbarkeit von Gegenständen formulieren. Zu Unrecht aber besteht der Geltungsanspruch aller jener synthetischen Urteile, die sich auf Gegenstände beziehen, von denen wir niemals Erfahrungen machen können (zB das Ganze, das Erste, das Einfache in Raum und Zeit, die Seele, Gott).

β) Mathematische Urteile gründen sich (vermittels des Zahlbegriffes) auf die Vorstellung der → Zeit, geometrische auch auf die des Raumes. Die Frage, wie solche synthetischen Urteile a priori möglich sind, führt damit zur Analyse der Begriffe von Raum und Zeit. K. beweist zunächst, daß sie ihren Ursprung nicht im Verstand, sondern in der → Anschauung haben: sie sind Formen der Anschauung. Der Raum ist eine notwendige Vorstellung; denn es ist unmöglich, daß die Einbildungskraft eine Vorstellung vom Nichtsein des Raumes erzeugt. Und doch ist er kein Begriff, da Begriffe sich immer auf mehrere Gegenstände beziehen, es aber nur einen Raum gibt, der alle Teilräume in sich, nicht unter sich enthält. Auch können Begriffe, die wohlbestimmt sein müssen, niemals unendliche Vorstellungen sein. Unendlichkeit ist aber in der Raumvorstellung enthalten. - Es gibt also Anschauungen a priori. Wie sind sie möglich? Der Raum ist keine Anschauung von einem Gegenstand. Man kann ihn sich immer nur als erfüllten Raum vorstellen. So geht er zwar der Vorstellung möglicher Gegenstände voraus, ist aber ebensowohl notwendig auf sie bezogen. Beides zugleich ist nur möglich, wenn der Raum die Form unseres Vermögens ist, Anschauungen von Gegenständen zu empfangen. Andere Wesen könnten also, unbeschadet der Notwendigkeit im Bewußtsein der Vorstellung vom Raum, andere Anschauungsformen besitzen (zB vierdimensionale). Raum und Zeit sind somit nur Bedingungen des → Daseins der Dinge, insofern sie uns erscheinen, nicht aber ihres Daseins schlechthin.

γ) Weil unsere Anschauung von Dingen nur in Raum und Zeit geschieht, ist es möglich, a priori über alle uns erscheinenden Dinge zu urteilen. Diese Urteile setzen aber auch Begriffe a priori voraus, die ihren Ursprung in dem anderen Grundvermögen unserer Erkenntnis, dem Verstand haben. K. sucht ihr Prinzip und ihr System in einer Analyse des Selbstbewußtseins zu gewinnen. Das

Bewußtsein Ich ist oberste Evidenz unserer Erkenntnis. Sie muß sich in Beziehung auf jede unserer Vorstellungen herstellen lassen. Ich verbindet alle Vorstellungen zur Einheit eines → Bewußtseins. Die Bedingungen dieser Einheit, insofern sie die Einheit von Gegenständen ist, sind die → Kategorien, Begriffe von einem »Gegenstand überhaupt«, Formen, in denen sich die Einheit des Ich realisiert. – Die transzendentale Deduktion dieser Kategorien soll nachweisen, daß alle uns gegebenen Vorstellungen der Bestimmung durch diese Kategorien unterstehen, daß es also möglich ist, in Beziehung auf alle Vorstellungen in Raum und Zeit gegenständliche Erkenntnis zu gewinnen. Der Nachweis, daß die Kategorien Begriffe a priori von der Einheit eines Gegenstandes sind, läßt nämlich noch die Möglichkeit offen, daß sich die gegebenen Anschauungen nicht zur Einheit eines Gegenstandes fügen, daß sie zB nicht der wohlbestimmten Einheit eines Kausalzusammenhanges unterliegen. K. versucht, diese Möglichkeit auszuschließen, indem er auf die Tatsache verweist, daß wir uns die Zeit als einen einzigen Gegenstand vorstellen können. Diese Vorstellung ist aber nur vermittels der Einheit aller Gegenstände unter den Kategorien möglich, zB der Kausalität. Nur in einem eindeutig kausal bestimmten Gegenstand läßt sich die Einheit einer Zeitfolge feststellen. – Von dieser Deduktion unabhängig ist die Begrenzung unserer Erkenntnis auf Gegenstände als Erscheinung. Wenn Kategorien nur Formen der Einheit des Selbstbewußtseins in Beziehung auf gegebene Gegenstände sind, diese Gegenstände aber nur unter den subjektiven Bedingungen von Raum und Zeit gegeben werden, so können auch die Grundbegriffe gegenständlichen → Denkens nicht jenseits der Grenzen der Erfahrung in Raum und Zeit gebraucht werden. Wie Raum und Zeit, so sind auch die Kategorien zwar a priori, aber doch nur subjektiv gültig. Damit ist der Metaphysik der Boden entzogen, die Erkenntnis der Bedingung der Möglichkeit dessen erreichen wollte, was überhaupt ist.

δ) Im dritten Hauptteil der Kritik verfolgt K. zwei Ziele: Er will zeigen, daß die metaphysischen Disziplinen nicht einem willkürlichen Einfall und zufälligen Irrtum entspringen. Sie stellen der Vernunft notwendige Fragen, und ihre Beweise erzeugen eine unaufhebbare Illusion von Wahrheit. Ferner will K. einen indirekten Beweis für die Richtigkeit seiner transzendentalen Logik geben: Bei dem Versuch, den Begriff der Welt als Totalität der Dinge in Raum und Zeit zu denken, verwickelt sich die Vernunft in Widersprüche (→ Antinomie). Sie können nur gelöst werden, wenn man einsieht, daß man bei der Erkenntnis räumlicher Dinge wohl in indefinitum voranschreiten, niemals aber zur abschließenden Bestimmung eines Ganzen kommen kann. Der Lehrbegriff des transzendentalen → Idealismus (: I) bewahrt also die Vernunft vor dem philosophischen → Skeptizismus, dessen Methode es ist, die Wahrheit sich widersprechender Sätze zu beweisen, ohne eine Auflösung des Widerspruches anbieten zu können. – In späteren Jahren hat K. sich darum bemüht, die Fruchtbarkeit seines kritischen Prinzips in der Anwendung auf die → Naturphilosophie zu zeigen (in den »Metaphysischen Anfangsgründen der Naturwissenschaft« [1786] und im sog. Opus postumum [Bd 21. 22 der Akademie-Ausg.]).

2. Die Grenzbestimmung der reinen Vernunft sichert die Möglichkeit einer → *Ethik*. Denn sie zeigt, daß ebenso wie die metaphysischen auch jene Beweise unhaltbar sind, die alles, was überhaupt ist, aus Modifikationen der Materie in Raum und Zeit erklären. Also dürfen wir annehmen, daß → Freiheit (: III; die Fähigkeit, eine Handlung schlechthin anzufangen) möglich ist. Freiheit aber ist der Seinsgrund des Guten (nicht nur seine conditio sine qua non). Daß sie wirklich ist, wissen wir nicht durch Beweise, aber auf Grund eines »Faktums der Vernunft«: Wir sind zu bestimmten Handlungen durch einen → kategorischen Imperativ verbunden, dh die sittliche Forderung ergeht allgemein und apodiktisch (a priori), ohne Rücksicht auf entgegenstehende Antriebe (Neigungen) oder auf die Chancen der Verwirklichung in der Welt. Da sie (als kategorische) von keinem vorausgesetzten Zweck abhängig sein kann, ist ihr Inhalt die Allgemeinheit der Form des → Willens selbst. Sie setzt die Freiheit des Willens voraus, weil der Wille, der ihr untersteht, allen Widerstand von Neigungen überwinden soll und deshalb können muß. – Der subjektive Beweggrund des guten Willens ist »Achtung fürs Gesetz«, ein alle Neigung einschränkendes Gefühl, das vom Bewußtsein des Gesetzes »gewirkt wird«. – Die Kritik der praktischen Vernunft hat die negative Aufgabe, die Möglichkeit eines kategorischen Imperatives, der Freiheit und der Handlung allein aus Achtung gegen die Einwände der »empirisch bedingten praktischen Vernunft« zu verteidigen. – Gut (im subjektiven Sinne) ist zwar allein der gute Wille. Doch er muß letztlich dessen gewiß sein, daß der ihm aufgetragene Zweck nicht illusorisch ist, daß die Glückseligkeit der anderen des Glückes würdigen Menschen verwirklicht werden kann. Aber der Wille, sie zu »befördern«, ist von der Gunst des Weltlaufes abhängig, der alle gute Absicht zunichte machen könnte. Deshalb muß der sittliche Wille voraussetzen, daß die Natur unter die Bedingung des Guten gestellt ist. Der gute Mensch, der sich selbst recht versteht, muß daher das Dasein eines Gottes »postulieren«, muß »glauben«. – Aus dieser Moraltheologie entwickelte K. seine Theorie der Religion und ihrer Verwirklichung unter den Menschen »innerhalb der Grenzen der bloßen Vernunft« (dh nur mit philosophischen Mitteln, ohne »in die biblische Theologie einzugreifen«). Der Mensch hat einen natürlichen Hang zum Bösen, da er das moralische Gesetz nicht als ersten Grund seiner Willensbestimmung annimmt, sondern nur beiläufig und unter Vorbehalten befolgt. Für die zur Überwindung dieses Hanges notwendige »Revolution der Denkungsart« kann nur der ernstlich bemühte Mensch göttlichen Beistand erhoffen. Ideal kann ihm die »personifizierte Idee des guten Prinzipes in ihm« sein (der »Sohn Gottes«). In einem »ethischen Gemeinwesen« (der Kirche) tritt er unter seine Regierung.

3. Auch für das »Geschmacksurteil« hat K. Prinzipien a priori aufgewiesen (→ Ästhetik). Ihm liegt weder (wie nach A.G.Baumgarten) ein objektiver Begriff des Verstandes noch (wie nach Burke) ein Gefühl zugrunde, sondern das harmonische Spiel aktiver und passiver Leistungen des Subjektes. – In der → Teleologie wurden von K. Recht und Grenzen der Verwendung des Zweckbegriffes (→ Zweck) in der Erkenntnis der lebendigen Prozesse und der → Entwicklung in Natur und Geschichte bestimmt: Der Zweckbegriff ist eine notwendige »regulative Idee«, vermittelt aber keine Erkenntnis des Gegenstandes (ist also keine Kategorie). – In den »Metaphysischen Anfangsgründen der Rechtslehre« (1. Teil der »Metaphysik der Sitten«) wird der von → Rousseau für das Staatsrecht begründete Begriff der politischen Freiheit auch zur Grundlage eines Systems des Privatrechts gemacht. – Die geschichtsphilosophischen Schriften erkennen in dem Antagonismus der menschlichen Neigungen zur Gesellschaft und zur Vereinzelung das Entwicklungsgesetz der Kultur und gründen die Hoffnung auf einen ewigen Frieden (→ Friedensbewegung, 1) und die Bewahrung der republikanischen Verfassung auf einen Föderalismus zwischen unter einem Völkerrecht vereinigten Staaten, nicht auf einen Weltstaat, der zu »schrankenlosem Despotismus« führen muß.

4. K.s kritisches System hat wie die platonische Ideenlehre Epoche gemacht. In ihm sind alle Probleme der Philosophie der Neuzeit, die bis dahin in verschiedenen Ländern und Schulen entfaltet wurden, nach gemeinsamen Prinzipien bewältigt und auf eine höhere Stufe der Reflexion gebracht. Das philosophische Bewußtsein der Gegenwart, seine Problematik, seine Methode und auch seine Sprache, haben ihren Ursprung im Denken K.s (→ Philosophie: I). - Insbesondere gingen neuere Schulen der Philosophie in Nachfolge und Kritik von K. aus. Der spekulative → Idealismus (→ Fichte, → Hegel) versuchte, den von ihm bemerkten Widerspruch zwischen K.s Theorie der Erkenntnis und der von ihm selbst bei der Analyse des Subjektes verwendeten Methode in der Theorie einer absoluten Subjektivität zu lösen. Der → Neukantianismus wollte dagegen K.s System von »dogmatischen Restbeständen« unter Bewahrung des kritischen Prinzips reinigen (→ Cohen, → Rickert). → Positivismus und → Pragmatismus radikalisierten die kritischen Ergebnisse der kantischen Erkenntnistheorie. Die → Phänomenologie → Husserls entwickelte die Methode der subjektiven Deduktion weiter. → Jaspers' → Existenzphilosophie setzt K.s Theorie der Freiheit voraus und folgt in ihrer Methode der Kritik der praktischen Vernunft. - Vgl. auch → Buße, 3; → Ding an sich; → Gewissen, 5; → Gott: VII, 3; → Transzendentalphilosophie; → Transzendenz und Immanenz.

GA.en: hg.v. der Berliner Akademie (Werke, Briefwechsel, Nachlaß), 23 Bde, 1900-55; hg.v. K.Vorländer in der philos. Bibliothek, 10 Bde, 1904ff; hg.v. E.Cassirer, 10 Bde, 1912-18; hg.v. W.Weischedel, 6 Bde, 1956ff. - Ausgaben von Kollegnachschriften: Metaphysik, ed. K.H.L.Pölitz, 1821; ed. M.Heinze, AGL 14, 1894 - Philos. Hauptvorlesungen, ed. A.Kowalewski, 1924 - Ethik, ed. P. Menzer, 1924 - Philos. Religionslehre, ed. K.H.L.Pölitz, (1817) 1830^{2}. - WB.er: G.S.A.Mellin, Enzyclopädisches WB der krit. Philos., 6 Bde, 1797-1803 - R.Eisler, Kantlexikon, 1930. - Zs.: Kantstudien, begr. v. H.Vaihinger, 1896, seit 1954 hg.v. G.Martin. - Gesamtdarstellungen u. Biogr.: A.Riehl, Der philos. Kritizismus I, (1876) 1924^{3} - K.Vorländer, I.K.s Leben, 1911 - Ders., I.K., der Mann u. das Werk, 2 Bde, 1924 - E.Cassirer, K.s Leben u. Lehre, 1918 - H.Knittermeyer, I.K., 1939. - Kommentare u. Einzeldarstellungen: H.Vaihinger, Comm. zu K.s Kritik der reinen Vernunft, 2 Bde, 1881-92 (Lit.) - H.Cohen, Komm. zu I.K.s Kritik der reinen Vernunft, (1907) 1925^{4} - A.Messer, Komm. zu K.s Kritik der reinen Vernunft, 1922 - H.J.deVleeschauwer, La Déduction transcendentale dans l'oeuvre de K., 3 Bde, 1934-37 - H.J.Paton, K.s Metaphysic of Experience, 2 Bde, 1936 - J.Bohatec, Die Religionsphilosophie K.s, 1938 - R.Daval, La Métaphysique de K., 1951. - Syst. Schriften über K.: G.F.W.Hegel, Glauben u. Wissen, 1802 (GA Bd 1) - H.Cohen, K.s Theorie der Erfahrung, (1871) 1925^{4} - Ders., K.s Begründung der Ethik, (1877) 1910^{2} - Ders., K.s Begründung der Ästhetik, 1889 - E.Husserl, Erste Philosophie 1, (1923/24) ed. 1956 - M.Heidegger, K. u. das Problem der Metaphysik, (1929) 1951^{2}. - Für weitere Lit. vgl. außer den im Text genannten Artikeln: Ü III, 488ff. 709ff - K.Vorländer, Gesch. der Philosophie II, 1955^{9}, 339ff.

D.Henrich

Kantate, ein mehrsätziges Gesangstück, vorwiegend für Einzelstimmen, mit Instrumentalbegleitung, entstand als Gattung im 17.Jh. in Italien im Gefolge der Oper und umfaßte in der Regel zwei Arien gegensätzlicher Art und Rezitative, die den Sinnzusammenhang herstellen. Hauptmeister sind L.Rossi, → Carissimi, Cesti, Stradella und A.Scarlatti. - Die von Haus aus weltliche italienische K. wurde zum Vorbild für die deutsche *Kirchen-K.*: Seit 1700 bevorzugten die prot. Kantoren bei der Komposition der sonntäglichen → Figuralmusik anstelle reinen Bibel- oder Kirchenliedtextes zunehmend madrigalische Perikopenumdichtungen, wie sie E. → Neumeister (Kirchen-K.n I-V, 1700-16), S.Franck u.a. in ganzen Jahrgängen vorlegten (Gliederung: Chor, Rezitativ, Arie, Arioso, Choral), und welche die musikalischen Mittel der italienischen Oper (ausdrucksvoller Sologesang, reiche Instrumentation) verlangen. J.Ph. → Krieger, Kaiser, → Händel, → Telemann, Fasch u.a. haben zahllose solcher K.n komponiert. Auch die meisten der etwa 200 bekannten K.n von J.S. → Bach sind diesem Typus zuzuzählen, doch ist das musikalische Gewebe hier vielfach von der Substanz des → Chorals durchdrungen; bei den sog. *Choral-K.n* verzichtet Bach ganz auf freie Texteinlagen und gestaltet die einzelnen Liedstrophen abwechselnd als Chor, Rezitativ, Arie oder Choral. Gegen 1790 geriet die K. in Verfall; erst in der Gegenwart gibt es wieder einzelne Versuche, die Gattung neu zu beleben (Bornefeld, Reda). - Bachs K.schaffen, unerschöpflich in der deutenden Kraft musikalischer Gesichte, überragt das seiner Zeitgenossen weit und hat oft den (kaum erfüllbaren) Wunsch nach genereller Wiedereinbeziehung in den Gottesdienst geweckt (→ Kirchenkonzert, → Kantatengottesdienst).

W.Voigt, Die Kirchen-K.n J.S.Bachs, (1911) 1928^{2} - E.Schmitz, Gesch. der weltl. Solo-K., (1914) 1955^{2} - W.Neumann, Hdb. der K. Bachs, 1947 - MGG VII, 553ff. *S.Hermelink*

Kantatengottesdienst war (→ Kantate) etwa zwischen 1680 und 1770 der ev. Gottesdienst vieler luth. Gemeinden in Mittel- und Norddeutschland, die auf eine regelmäßige »regulierte Kirchenmusik« (J.S. → Bach) Wert legten. *Heute* ist der Versuch einer Gemeinde, Kantaten im Hauptgottesdienst musizieren zu lassen, etwas Außergewöhnliches; seine Berechtigung will grundsätzlich durchdacht sein, auch wenn der jeweilige Pfarrer musikliebend ist oder seinem Kantor ungern zuwiderhandelt: a) Vor allem die Bachschen Kantaten, zumal die zweiteiligen, die die Predigt umrahmen, verlängern die Gottesdienstzeit; man kann sie also nur in Abständen der Gemeinde zumuten. - b) Die Texte gerade auch der Bachschen Kantaten geben heute sprachlich und dichterisch manchen Anstoß; ihn kann man (abgesehen von äußerst sparsamen, musikalisch nicht immer ungefährlichen Textänderungen) nicht dadurch beseitigen, daß man der Gemeinde keinen Text in die Hand gibt. Sie *muß* ihn unbedingt vor sich haben, wenn die Kantate verstanden und so zu einem Stück des Gottesdienstes werden soll. - c) Namentlich moderne Kantaten führen die Gemeinde u.U. in einen ihr so fremdartigen Klangbereich, daß darunter die »Erbaulichkeit« leiden kann. - d) Fast immer wird man bei K.en bezahlte Kräfte brauchen. Daß sie *bezahlt* werden, ist kein Unglück, auch der Pfarrer wird bezahlt! Problematisch ist, daß diese unentbehrlichen Helfer oft der christlichen Gemeinde und ihrem Auftrag fremd gegenüberstehen. Wenigstens wird man dafür sorgen müssen, daß die Art ihres Auftretens der Gemeinde keinen Anstoß gibt. - Jedenfalls wäre es ein großer Schade, wenn die für die ev. Verkündigung so unschätzbaren »großen Kirchenmusiken« Bachs und seiner Vorgänger wie modernen Nachfolger in den Kirchen wieder zum Schweigen kämen, weil die genannten Probleme nicht nüchtern und weise gemeistert werden. - Manches würde leichter, wenn man die K.e als besondere Andachten, etwa abends, hält, weil dann Gemeindeglieder, die derartige Kirchenmusik ablehnen, nicht um ihren Gottesdienst kommen. - Stets sollte sich der Pfarrer mit Text und Musik der jeweiligen Kantate genau vertraut machen; denn er wird bedenken müssen, was ein vollmächtiger Verkündiger in Tönen, wie zB J.S.Bach, neben ihm als Prediger bedeutet.

W.Jannasch, Liturgische Feierstunden, 1927 - RGG^{2} III, 613f (Lit.) - J.Hennings-W.Stahl, Musikgesch. Lübecks II, 1952, bes. 49ff. 175ff. *W.Jannasch*

Kantional. 1. In der Musikwissenschaft bezeichnet man als K. Hss., die »Cantiones« des späteren MA enthalten. Sie entbehren sinnvoller Anordnung, wie ja auch die »Cantio« keinen liturgischen Charakter hat (MGG II, 778ff).

2. Im tschechischen und deutschen Sprachbereich Böhmens und Mährens gab es seit der hussitischen Bewegung zahlreiche Sammlungen geistlicher, meist volkssprachlicher Lieder; schließlich standen K.e der → Brüderunität (ältestes noch *ohne* Melodien 1501), der Utraquisten (→ Huß, 2), der Lutheraner und der Katholiken nebeneinander, und der Begriff K. deckte sich durchaus mit dem des Gesangbuchs; noch → Comenius gab ein tschechisches K. heraus (Amsterdam 1659).

3. In Deutschland lag es bei der führenden Stellung des liturgischen → Chors im luth. Gottesdienst nahe, besondere Gesangbücher für den einstimmigen und vor allem den mehrstimmigen Chorgesang zu schaffen, die vielfach im Titel oder in der Vorrede als K. bezeichnet wurden. Schon das Wittenberger Chor-Gesangbuch Joh. → Walthers (1524) ist hier charakteristisch. Neben K.en, bei denen der einfache homophone vierstimmige Chorsatz auf die Begleitung des Gemeindegesanges Rücksicht nahm (»K.stil«) - daher die Verlegung des Cantus firmus in den Diskant seit Lukas → Osiander 1686 -, wurde in anderen K.en die polyphone Choralaussetzung oder die Choralmotette beibehalten. Der ref. Kirchengesang kannte den K.stil seit C. → Goudimel (1565), dessen Sätze seit A. → Lobwassers Übertragung (1573) auch für Deutschland bedeutsam wurden. - Hervorragende Komponisten des 17.Jh.s wie S.Calvisius, B. Gesius, H.L. → Haßler, M. → Prätorius und J.H. → Schein sind noch heute durch ihre für die K.e geschaffenen Sätze bedeutsam. In der Neuzeit versteht man unter K. eine musikalische Ergänzung der kirchlichen Agende (Mecklenburg 1868f, Bayern 1941, Kleines luth. K.e 1950f).

HDEKM I/1, 534ff (Qu.) - MGG VII, 611ff (Lit.). 630ff (Lit.) - EKL II, 528f (Lit.).

W.Jannasch

Kantor. Das Amt des K.s, des für die Kirchenmusik verantwortlichen Vorsängers, gehörte in der frühmittelalterlichen Kirche zum niederen, danach zum eigentlichen Klerus. Während in der kath. Kirche bis heute die Domkapellmeister und die K.en in Klöstern geweihte Priester sind, wurde in der Reformation das K.enamt von Nicht-Geistlichen versehen. Freilich blieb es im Luthertum noch bis zur Aufklärung ein akademisches Amt, für das Universitätsstudium Vorbedingung und das zumeist mit dem Lehramt an einer Lateinschule verknüpft war. Vielfach ist daher das K.enamt Durchgangsstation zum Pfarrberuf gewesen. Vom späten 18.Jh. ab wurde es nach und nach zwangsläufig mit dem Amt des Volksschullehrers verbunden. Heute wird angestrebt, das Wort K. wieder als Amtsbezeichnung für hauptamtliche Kirchenmusiker vorzubehalten.

A.WERNER, Vier Jh.e im Dienste der Kirchenmusik. Gesch. des Amtes u. Standes der ev. K.en... seit der Reformation, 1933 - G. PIETZSCH, Bildung u. Aufgaben des K.s im MA u. Frühprotestantismus (Die Musikpflege 4, 1933/34, 221-235) - W.M.LUTHER, Die gesellschaftl. u. wirtschaftl. Stellung des prot. K.s (MuK 19, 1949, 33-40) - W.GURLITT, Zur Bedeutungsgesch. von musicus u. cantor bei Isidor v. Sevilla (AAMz 1950).

W.Blankenburg

Kantorei nannte man in älteren Zeiten den im Dienst einer Kirche oder eines Fürstenhofes unter der Leitung eines → Kantors stehenden Sängerchor. Handelte es sich im MA dabei um Berufschöre, so seit der Reformation im prot. Bereich um freiwillige Zusammenschlüsse von Bürgern, vornehmlich an Orten ohne Hofkapellen und leistungsfähige Schulchöre. In der Gegenwart, in der der Gebrauch des Wortes neu aufgelebt ist, versteht man unter K. speziell einen Musizierkreis, der - entgegen der Auffassung der Restauration des 19.Jh.s - nicht einem → a cappella-Ideal huldigt, sondern den recht verstandenen älteren K.en, bes. dem Vorbild von Michael → Prätorius folgend ein vokal-instrumentales gottesdienstliches Musizieren pflegt. Vornehmlich sind die Bemühungen von H.Bornefeld und W.Ehmann zu nennen.

H.BORNEFELD, K.sätze, 1930ff - Ev. K.buch, hg.v. E.EHMANN, 1954 - MGG VII, 635ff (Lit.).

W.Blankenburg

Kanzel

1. Kunstgeschichtlich - 2. Theologisch

1. K. (von cancelli) oder *Predigtstuhl* heißt in christlichen Kirchen der erhöhte, von einer Brüstung umgebene und durch eine Treppe zugängliche Standplatz des Geistlichen bei der Predigt. Die K. hat über sich meist ein baldachinartiges Dach zur Stimmverstärkung, den Schalldeckel. - Vorgänger der K., die nur der Predigt dient, war der *Ambo* (A.; von ἀναβαίνω »hinaufsteigen«; auch analogium, bema, pyrgus, pulpitum, tribunal). Schon die Quellen des 3. und 4.Jh.s erwähnen einen erhöhten Platz, der zur Verlesung der Schrift, für Psalmsänger, gelegentlich auch als Predigtplatz des Bischofs diente. - Der A., ein mit Brüstung versehenes Podest, war durch eine oder zwei symmetrisch angelegte Treppen zugänglich und stand entweder frei im Schiff oder war unmittelbar mit den Altarschranken verbunden. Reste frühchristlicher A.nen aus Stein in verschiedener Form finden sich fast rings um das Mittelmeer (zB in → Ravenna, 6.Jh.). - Nördlich der Alpen entdeckte man A.-Sockel des 6.Jh.s in den beiden Trierer Bischofskirchen, außerdem A.fragmente aus karolingischer Zeit in Trier, S.Maurice und Romainmôtier. Über die A.-Aufstellung im 9.Jh. gibt der St.Gallener Plan Aufschluß. - Die Quellen des Früh- und Hoch-MA berichten häufig auch von edelmetallgeschmückten A.nen (erhalten, wenn auch nicht unverändert, ist der kostbare goldene A. Heinrichs II. im Aachener Münster). - In Italien hat man vom 12.-14.Jh. viele freistehende steinerne A.nen geschaffen, oft mit reichem plastischem Schmuck. In manchen Kirchen finden sich auch zu Seiten der Schola cantorum zwei einander gegenübergestellte A.nen. Nördlich der Alpen scheint in der gleichen Zeit der freistehende A. nicht sehr verbreitet gewesen zu sein. Seit dem Aufkommen der → Lettner im späten 12.Jh. ersetzt in Deutschland und Frankreich in Kathedral- und Ordenskirchen häufig die Lettnerbühne oder -kanzel den A.

Nur der Predigt dienende K.n, wie sie heute üblich sind, finden erst im späteren MA Verbreitung. Vorläufer der festen Predigt-K.n sind bewegliche, einfache kastenförmige Predigtstühle aus Holz (zB bei den Bettelorden schon im 13.Jh.). Die Errichtung von ständigen Predigt-K.n in den Kirchen wird seit dem 15.Jh. allgemeiner Brauch. Die gotische K. ist wie die der folgenden Jh.e meist im Schiff angebracht - nur bei kleineren Kirchen bisweilen am Triumphbogen - und lehnt sich gewöhnlich an einen Mittelschiffspfeiler oder bei einschiffigen Kirchen an die Wand an. Eine Vorschrift über Anbringung an der Evangelien- oder Epistelseite gab es nicht. Als Material dient Holz oder Stein, nur ausnahmsweise Terrakotta oder Schmiedeeisen, im 18.Jh. auch Stuck. Der in der → *Gotik* meist polygonale, bisweilen auch runde oder rechteckige K.korb wird häufig von einem freistehenden Pfeiler oder von einem Stützenkranz getragen. Gotische K.n auf Konsolen, die wohl ihre Vorbilder in den Refektoriums-K.n der Klöster haben, sind seltener. Die K.treppe wird um den Mittelschiffspfeiler oder entlang der Wand geführt, bisweilen liegt sie auch in der Wand. Schalldeckel finden sich nur bei einem Teil der gotischen K.n, erst seit dem 16.Jh. werden sie allgemein üblich. Die künstlerisch hervorragendsten gotischen K.n, die nicht nur kunstvolles Maßwerk, sondern auch reichen Figurenschmuck tragen, sind im Süden des deutschen Sprachgebietes entstanden (zB im Straßburger Münster und in St.Stephan, Wien). Eine sehr eigenwillige spätgotische Lösung bietet die sog. Tulpen-K. im Freiberger Dom. - Die K.n der → *Renaissance* und auch noch die meisten *Barock*-K.n des 17.Jh.s behalten die in der Gotik ausgebildete polygonale Grundform bei. Dem architektonischen Gerüst des gern mit Säulen und Pilastern geschmückten K.korbes ordnen sich Ornament und figürliche Plastik ein. Überreich werden oft die Schalldeckel mit architektonisierenden Aufbauten und Figuren verziert. Anstelle des K.fußes tritt häufig ein figürlicher K.träger. In den letzten Jahrzehnten des 16.Jh.s wird es Brauch, die K.treppen durch reiche Portale abzuschließen. - Noch die K. des 17.Jh.s ist wie die der vorangehenden Jh.e ein selbständiger architektonischer Aufbau, der dem Kirchenraum auch nachträglich zugefügt werden kann. In der Spätzeit des→Barock (: I), bes. in Süddeutschland und in Österreich, wird die K. unverrückbarer Teil der gesamten barocken Raumkonzeption, Dekorationsstück des Kirchenraumes (→ Kirchenbau: IV). Der meist sphärisch geschwungene K.-korb, jetzt fast immer freischwebend, balkonartig an der Wand angebracht, wird wie der Schalldeckel von üppigem Ornament und freiplastischen Figuren überspielt. K.korb und Schalldeckel - bis dahin meist unverbunden - erscheinen als malerische Einheit. Um die Mitte des 18.Jh.s entstandene K.n (zB Zwiefalten, Ottobeuren, Wallfahrtskirche Wies) bieten Höhepunkte dieser Entwicklung. Unter den verschiedenen, eigenwilligen K.-gebilden jener Zeit finden sich Schiffe und sogar die Weltkugel. - Das Bemühen des Barock, die K. mit den anderen Ausstattungsstücken der Kirche zu einer künstlerischen Einheit zusammenzufügen, kommt in strengeren Formen auch in den prot. K.altären (→ Altar: III C) zum Ausdruck. - Der → *Klassizismus* kehrt zu einfachen, meist runden oder quadratischen K.n mit sparsamem ornamentalem und figürlichem Schmuck zurück. Das spätere 19.Jh. verwandte bei K.bau historisierende Formen und hat zahlreiche neugotische und sogar pseudoromanische K.n geschaffen. - *Außen-K.n* an Kirchen, die in Italien seit dem 12.Jh. nachzuweisen sind, gibt es in Deutschland häufiger seit der Spätgotik und auch in allen folgenden Jh.en. Sie dienten zur Segenspendung, zum Vorzeigen von → Reliquien und für Predigten. An Wallfahrtsorten und bes. auf Friedhöfen finden sich öfter auch frei aufgestellte Predigt-K.n, sog. *Frei-K.n.*

DACL I/1, 1130ff - F.Rademacher, Die K. ... in Deutschland bis zum Ende d. Gotik (Zs. f. christl. Kunst 34, 1921, 123-156. 171-186) - L.Eisenhofer, Hdb. der kath. Liturgik I, (1932) 1941² - H.Mayer, Dt. Barock-K.n (Studien z. dt. Kunstgesch. H. 287), 1932 - A.Henle, Die Typenentwicklung d. süddt. K.n d. 18.Jh.s (Diss. Heidelberg), 1933 - A.Wiesenhütter, Die prot. K. (MGkK 39, 1934, 189-198) - RDK I, 627ff. 1293ff - RAC I, 363ff - EC X, 318ff - E.Doberer, Studien zu dem A. Kaiser Heinrichs II. im Dom zu Aachen (Forschungen z. Kunstgesch. u. christl. Archäol. 3, 1957, 308-359; Lit.).
H.Claussen

2. Die dankbare Freude ev. Gemeinden am wiedergewonnenen Gotteswort führte in der Reformation bisweilen dazu, an den künstlerisch ausgestalteten K.n theologische Gedanken zum Ausdruck zu bringen (Lübecker Marien-K. 1533/34, K. der Stadtkirche zu Villach 1555, beide mit theologisch bedeutsamen Reliefs bzw. figürlichem Schmuck und mit Bibelsprüchen); doch sind grundsätzliche theologische Erwägungen über die K. als solche damals nicht angestellt worden. Die Aufgabe, die Kirche ganz schlicht als die notwendige Stätte für jeden gottesdienstlichen Gebrauch zu gestalten, wurde so nüchtern behandelt, daß hinsichtlich der K. die Frage der guten Hörbarkeit und Sichtbarkeit des Predigers allein entscheidend war. Von dieser Haltung der reformatorischen Väter ist noch heute zu lernen. Auch das *luth.* Verständnis von Wort und Sakrament legt es keineswegs nahe, K. und Abendmahlstisch (→ Altar: III C) gegeneinander auszuspielen und von der Theologie her an die Architekten schwer erfüllbare, weil aus einem verschwommenen Denken geborene Forderungen zu stellen. Wo *alte* Kirchen in Benutzung sind, wird man daher die K. an der überlieferten Stelle belassen, wenn sie ihre gottesdienstliche Aufgabe dort wirklich erfüllt, und gewisse Unbequemlichkeiten (zB Benutzung umklappbaren Gestühls) ertragen müssen. Bei Wiederaufbauten oder Neubauten wird man dagegen die K. im möglichster Nähe des Abendmahlstisches (seitlich oder dahinter) aufstellen. Von einem etwa vorhandenen → Lesepult sollte sie sich durch ihre Gestaltung deutlich unterscheiden. Selbstverständlich wird eine wirklich ausreichende K.beleuchtung, die weder Pfarrer noch Gemeinde stören darf, und ausreichender Platz für die Ablage von Büchern benötigt. Vor einem Schalldeckel sollte man sich auch heute nicht scheuen, wenn er akustisch notwendig ist.

Leiturgia I-III (Reg.) - Rietschel-Graff (Reg.). *W.Jannasch*

Kanzelparagraph, als § 130a des StGB durch das erste → Kulturkampf-Gesetz vom 10.12.1871 auf Anregung der liberalen bayrischen Regierung in das StGB eingefügt und durch Gesetz vom 26.7.1876 erweitert, aufgehoben durch das dritte Strafrechtsänderungsgesetz vom 4.8.1953. Der K. bedrohte Geistliche und Religionsdiener mit Gefängnis oder Festungshaft, wenn sie öffentlich oder in einer Kirche Angelegenheiten des Staates in einer den öffentlichen Frieden gefährdenden Weise erörterten oder entsprechende Schriftstücke verbreiteten. Während des → Kirchenkampfes ist er gegen Vertreter der → Bekennenden Kirche häufig angewendet worden. In die Strafgesetzentwürfe der 20er Jahre war eine entsprechende Vorschrift schon nicht mehr aufgenommen worden.

W.Kahl, Lehrsystem des Kirchenrechts u. der Kirchenpolitik, 1894, 361ff - Erik Wolf, Anwendbarkeit u. Auslegung des »K.en« in der Gegenwart (AevKR 3, 1939, 81-98) - G.Franz, Kulturkampf, 1954, 165ff. *E.Ruppel*

Kanzelrecht. Das K. ist Ausfluß der im → Pfarramt kirchenrechtlich geordneten Befugnisse der öffentlichen Wortverkündigung und hängt mit der dem Pfarrstelleninhaber in der Parochie übertragenen Betreuung eines bestimmten an die Predigtstelle gewiesenen Seelsorgebezirks zusammen. Es gibt dem Gemeindepfarrer das Recht auf die ausschließliche Benutzung der Kanzel in der der Pfarrstelle zugehörigen Kirche. Dient die Predigtstelle mehreren Pfarrern, so steht ihnen das K. gemeinsam zu. Das K. wird in den kirchlichen Ordnungen vielfach generell zugunsten bestimmter überparochialer Dienste der geistlichen Leitung eingeschränkt. So ist den Inhabern des leitenden geistlichen Amtes von Landeskirchen, Kirchenprovinzen, Kirchenkreisen u.ä. das Recht der Wortverkündigung auf allen Kanzeln ihres Dienstbereiches eingeräumt. Dem K. des Pfarrstelleninhabers entspricht die Verantwortung für eine mit dem Bekenntnis der Landeskirche zu vereinbarende Wortverkündigung durch andere Prediger, denen er in Ausübung seines K.s die Kanzel im Einzelfall überläßt. *G.Wendt*

Kanzleiregeln *(Regulae cancellariae)* sind von den Päpsten für ihre Regierungszeit verkündete Normen und Instruktionen für die materielle und formale Behandlung der von der Apostolischen Kanzlei zu expedierenden päpstlichen Verfügungen in Gratial- und Justizsachen, bes. aus dem Bereich des Pfründenwesens (→ Provisionen, → Exspektanzen, → Dispensationen, Indulte); auch → Reservationen wurden darin ausgesprochen. Unter → Johannes XXII. nach 1320 erstmals zusammenhängend aufgezeichnet und von den Nachfolgern teils ergänzt oder erweitert, teils geändert oder aufgehoben, erhielten sie durch → Benedikt XIII. 1394 eine systematische Ordnung. Ihre anfänglich schwankende Zahl, unter → Innozenz VIII. auf 70 vermindert, belief sich seit → Clemens XI. auf 72. Seitdem (1700) blieb auch der Text unverändert. Durch die Reformen → Pius' X. und den → Codex Iuris Canonici büßten sie ihre durch Vereinbarungen (→ Konkordate, → Zirkumskriptionsbullen) ohnehin stark eingeschränkte Geltung ein.

Ausg.n der K. von Johannes XXII. bis Nikolaus V.: E.v.OTTENTHAL, Regulae cancellariae apostolicae, 1888 - K. späterer Päpste bei JACKOWSKI (s.u.) 9f - Clemens XI.: A.REIFFENSTUEL, Ius canon. universum L. 3 Tit. 5, (1700) Venedig 1760, III, 104-112 - Leo XII.: Regulae, ordinationes et constitutiones cancellariae apostolicae, Rom 1823. - Ausführlichster Kommentar: J.B.RIGANTI, Commentaria in regulas, constitutiones et ordinationes cancell. apost. I-IV, Rom 1744-47. - Lit.: H.BRESSLAU, Hdb. der Urkundenlehre I, (1889) 1912², 349ff - E.GÖLLER, Die Kommentatoren der päpstl. K. vom Ende des 15.Jh.s bis zum Beginn des 17.Jh.s (AkathKR 85, 1905, 441 bis 460; 86, 1906, 20-34. 259-265) - L.JACKOWSKI, Die päpstl. K. u. ihre Bedeutung für Deutschland (ebd 90, 1910, 1-47. 197-235. 432 bis 463) - EC X, 663f. *J.Bauermann*

Kapelle, seit dem 9.Jh. Bezeichnung eines kleineren Kirchenraums zu gelegentlichem gottesdienstlichem Gebrauch, meint ursprünglich einen Reliquienbehälter für den Mantel (lat. capa, mittellat. capella, franz. chapelle) des hl. → Martin, den die Merowingerkönige ständig bei sich führten (Chr.Rauch, RGG² III, 617). Die K.n standen allein oder dienten als Teil größerer Gebäude zur Bewahrung von → Reliquien. Im frühen MA begegnen sie als Michaels-K. auf Türmen oder Emporen (Westwerke). Nach der Reformregel von → Cluny (→ Hirsau) entwickelten sich K.nkränze an Chorumgang und Querhaus, bedeutsam für die Entwicklung der französischen → Gotik. Später kamen K.n an Langhausseiten der Kirchen auf in Ausnützung der Strebepfeiler für den Innenraum und dienten bes. in Deutschland (Spätgotik bis Barock) zu verschiedensten Zwecken: als Tauf-, Beicht-, Grab-, Familien-, Gedenk-, Wallfahrts-K. usw. - Auch in Profanbauten gab es eingebaute K.n, in Burgen und Schlössern vielfach als Doppel-K., sowie in Rathäusern, Palästen, Bürgerhäusern, Klöstern, ferner bei einzelstehenden Bauernhöfen, schließlich auch als Friedhof-, Weg- oder Brücken-K. Vom liturgischen Dienst in besonderen K.n (Michaelsoratorien) wurde der Begriff vom leitenden Geistlichen auf kirchliche Chöre, später instrumentale Musikgruppen übertragen (vgl. MGG VII, 657ff); dann profaniert: Tanz- und Militärmusik-K., bes. an den Höfen. - Vgl. → Kirchenbau.

DACL III/1, 406ff - RDK IV, 196ff (Doppel-K.). *H.Hampe*

Kapernaum (hebr. »Dorf des Nachum«), Siedlung (Mt 9, 1 πόλις) am See Genezareth mit seit alters jüdischer Bevölkerung, ist eine in den Evangelien oft erwähnte Stätte des Wirkens Jesu in Galiläa, damals Grenzort zwischen den Gebieten des Philippus und Herodes Antipas mit römischer Polizeistation (Centurio Mt 8, 5ff; Lk 7, 1ff), gehörte zur Toparchie Taricheae-Magdala. Lk 7, 5 schreibt dem Centurio (Proselyt!) die Erbauung einer Synagoge zu. K. ist nach Euseb, Onomasticon 174, 23 in tell ḥum, 4 km westl. der Mündung des Jordan anzusetzen. Hier gab es einen kleinen Fischerhafen, ein durch Mühlen, Ölquetschen usw aufgewiesenes Dorf sowie eine aus kostbarem (weil nicht unmittelbar zu gewinnendem) Kalkstein erbaute, neuerdings teilweise wieder aufgebaute → Synagoge, die in den Anfang des 3.Jh.s nChr gehört.

G.ORFALI, C. et ses ruines, 1922 - RGG² III, 617f - E.L.SUKENIK, Ancient Synagogues in Palestine and Greece, 1934 - BL 891f - ALT II, 447-451 - E.R.GOODENOUGH, Jewish Symbols in Greco-Roman Period I-III, New York 1953ff. *K.Galling*

Kapff, *Sixt Karl (von),* * 22.10.1805 in Güglingen (Württ.), † 1.9.1879 in Stuttgart. Als Student in Tübingen (1823-28) mit W. → Hofacker befreundet, war K. entschiedener Pietist und stand als Repetent gegen D.F. → Strauß. K. wurde 1833 Pfarrer in → Korntal, 1843 Dekan in Münsingen, 1847 in Herrenberg, 1850 Mitglied des Konsistoriums, General-Sup. von Reutlingen und Prälat, später (1852) Stiftsprediger in Stuttgart. - Politisch streng konservativ, doch nicht unkritisch gegen Mißstände, versuchte K. den Pietismus in landeskirchliche Bahnen zu lenken, förderte Innere Mission und ev. Allianz. Er blieb den Bestrebungen der Herrnhuter Predigerkonferenz und der → Christentums- bzw. → Basler Missionsgesellschaft verbunden, bekämpfte jedoch den Deutschen → Tempel scharf. Publizistisch diskreditierte K. ohne tieferes Verständnis G.L. → Bauer, Strauß und die »mythische Schule«.

Vf. u.a.: Communion-Buch, (1840) 1901²⁶. - Über K.: K.KAPFF, Lebensbild von S.C.v.K., 2 Bde, 1881 - ADB XV, 99ff (Bibliogr.) - Württ. KG, hg.v. Calwer Verlagsverein, 1893 - RE X, 30ff - Württ. Väter III, (1905) 1924², 122ff - K.MÜLLER, Die relig. Erweckung in Württ., 1925 - CKL I, 1023 - H.HERMELINK, Gesch. d. ev. Kirche in Württ., 1949, 373ff - HERMELINK III, 433ff u.ö. *E.H.Pältz*

Kaphthor, im AT traditioneller Name für die Urheimat der → Philister (Am 9, 7; Jer 47, 4; Dtn 2, 23; vgl. Gen 10, 14 = 1Chr 1, 12; Jub 8, 21). Der Name findet sich auch außerhalb des AT, so in den alphabetischen Texten von → Ugarit, wo kptr als Wohnsitz des kṯr-w-ḫss, des Gottes des Handwerks und der Künste, genannt ist (ʿnt VI, 14), ferner, in der Form kaptara, in Keilschrifttexten aus Assur (in einem geographischen Text, der das Reich Sargons von Akkad beschreibt, als Land »jenseits des oberen Meeres« bezeichnet), → Mari und Ugarit und schließlich, in der Form kftjw, in ägyptischen Texten, wo er ein Land und Volk bezeichnet, von dem die Ägypter Tribut empfingen. Wo immer die Texte etwas Genaueres erkennen lassen, ist K. ein Insel- oder Küstengebiet mit hoher materieller Kultur. Ägyptische Darstellungen der kftjw und ihrer Kunsterzeugnisse und die Angabe des AT, die Philister stammten aus K., weisen auf *Kreta* oder doch wenigstens auf den kretisch-ägäischen Raum. Die Südküste Kleinasiens (Müller, Wainwright: Cilicien; vgl. LXX Am 9, 7; Dtn 2, 23: Kappadozien) kommt weniger in Betracht.

W.M.MÜLLER, Asien u. Europa, 1893, 337ff - MeyerG II/1, 105ff - W.F.ALBRIGHT, A Colony of Cretan Mercenaries on the Coast of the Negeb (JPOS 1, 1921, 187-194) - J.HEMPEL, Westliche Kultureinflüsse auf das älteste Palästina (PJ 23, 1927, 52-92) - CH.VIROLLEAUD, K. dans les Poèmes de Ras Shamra (RES 1937, 137-141) - G.A. WAINWRIGHT, Caphtor-Cappadocia (VT 6, 1956, 199-210). - K. in Keilschrifttexten: Syria 20, 1939, 111f (Mari) - J.NOUGAYROL, Le palais royal d'Ugarit III, 1955, Nr. 16.238, Zl. 10 - O.SCHROEDER, Keilschrifttexte aus Assur verschiedenen Inhalts, 1920, Nr. 92, Zl. 41. - Zum letztgenannten Text: W.F.ALBRIGHT, Babylonian Geographical Treatise on Sargon of Akkad's Empire (JAOS 45, 1925, 193-245) - RLA I, 237ff (E.FORRER) - E.WEIDNER, Das Reich Sargons von Akkad (AfO 16, 1952/53, 1-24). *R.Bach*

Kapital

1. Zum K.begriff - 2. Bedeutung des K.s für Produktion und Einkommensverteilung. - Vgl. → Geld: II, → Kapitalismus

1. Ursprünglich aus der Kreditwirtschaft stammend und eine ausgeliehene Geldsumme (capitalis pars debiti) im Unterschied zum → Zins (usura) bezeichnend, ist der

K.begriff später in der Volkswirtschaftslehre in verschiedenen Bedeutungen verwendet worden, so daß einige Verwirrung entstand und man gut daran tut, ihn nach Möglichkeit zu vermeiden. Die wichtigsten dieser Bedeutungen sind: K. als »produzierte Produktionsmittel«, K. als produktiv genutztes Sachvermögen (Sach- oder Real-K.), K. als nomineller Gegenposten des produktiv genutzten Sachvermögens (Nominal-K.), schließlich K. als Finanzierungsmittel (Geld-K.). - Hierzu einige kurze Erläuterungen: Unter *»produzierten Produktionsmitteln«* versteht man jene der Produktion gewidmeten Sachgüter, die nicht reine Naturgaben sind. Zu einem gewissen Grade sind auch die Bodennutzungen produziert, so daß fast alle Produktionsgüter hierunter fallen. Die »produzierten Produktionsmittel« werden der → Arbeit (: II, 2) und der Natur als »3. Produktionsfaktor« an die Seite gestellt. - Schließt man Grund und Boden, soweit er der Produktion gewidmet wird, mit ein, so ist man beim *Sach-* oder *Real-K.* angelangt. Als K. werden die mit diesem Begriff erfaßten Sachgüter bezeichnet im Unterschied zu den konsumtiv genutzten (dauerhaften und kurzlebigen) Gütern. - Der als *Nominal-K.* bezeichnete nominelle Gegenposten des Real-K.s tritt nur in einer Wirtschaft mit Geldrechnung auf. Das der Produktion gewidmete Vermögen wird hier mit Hilfe der doppelten Buchführung in zweifacher Weise erfaßt: als reales Vermögen (Sachgüterbestände) und als abstraktes rechnerisches Vermögen, das im Sachvermögen »investiert« ist. Diese doppelte Betrachtung hat sich in den privaten Produktionsunternehmungen entwickelt, die abstraktes Vermögen in Form von Geldbeträgen in konkreten Gütern investieren und mit Hilfe der abstrakten Gegenrechnung den Erfolg ihrer Tätigkeit messen. Sie ist durchaus auf die Volkswirtschaft übertragbar (volkswirtschaftliche Buchführung). Das nominale Produktivvermögen ändert seine reale Form im Zuge des Ersatzes der durch Abnutzung unbrauchbar gewordenen Einheiten in Anpassung an den technischen Fortschritt und an Veränderungen in der Zusammensetzung der Produktion. - Der Zuwachs an Produktivvermögen erfolgt immer in der Weise, daß dem Realzuwachs ein entsprechender Nominalzuwachs gegenübersteht. Der Nominalzuwachs bedeutet, daß Einkommen entstanden ist, das nicht für konsumtive Zwecke verwendet wurde (gespartes Einkommen). Soweit das gesparte Einkommen nicht bei den investierenden Produktionseinheiten selbst auftritt, müssen diese sich *Finanzierungsmittel (Geld-K.)* beschaffen, das entweder aus Ersparnis anderer stammt oder aus einer Geldbereitstellung der Banken, die diese Ersparnis kompensiert, oder schließlich aus einer Geldschöpfung der Banken (→ Geld: II). Im letzteren Fall, der in einer wachsenden Wirtschaft immer zu einem gewissen Grade gegeben ist, bildet sich die Ersparnis uno actu mit dem zusätzlichen realen Produktivvermögen.

Das in der »kapitalistischen Wirtschaft« (→ Kapitalismus) mit Privateigentum an den Produktionsmitteln in den privaten Produktionseinheiten (Unternehmungen) investierte Nominalvermögen tritt - damit kommen wir zu betriebswirtschaftlichen Unterscheidungen - in 4 Formen auf: als Eigen-K. der → Unternehmer; als Eigen-K. der in Gesellschaftsform betriebenen Unternehmungen, das, abgesehen von den sog. Rücklagen, indirekt Eigentum der Anteilseigner (Aktionäre usw) ist; als verselbständigtes Stiftungsvermögen; als Fremd-K., das den Unternehmungen als Darlehen (zT in Wertpapierform) zur Verfügung gestellt ist. Für die Überlassung des Fremd-K.s werden vereinbarte Zinsen bezahlt, während die Nutzung des Eigen-K.s durch Unternehmergewinne und Dividenden entgolten wird, die sich nur dann als Residualeinkommen (Überschüsse der Erlöse über die gesamten Kosten einschließlich Zinskosten) erzielen lassen, wenn die Produktion marktgerecht ist und entsprechend honoriert wird. Nur ausnahmsweise werden den Produktionseinheiten Nutzungen realer Produktionsmittel zur Verfügung gestellt (Verpachtung von Grundstücken und Gebäuden).

2. Durch die Verwendung eines sich laufend vergrößernden Bestandes sachlicher Produktionsmittel läßt sich die Produktion bei gleichem Arbeitsaufwand (aber natürlich veränderter Art der Arbeitsleistungen) immer ergiebiger gestalten. Die → Technik erschließt beständig neue Möglichkeiten für die Erzeugung und Verwendung von »Real-K.« und führt zusammen mit der Ersparnis und der unternehmerischen Disposition und im Verein mit einer Steigerung der Arbeitsleistungen »an sich« eine Erhöhung des → Lebensstandards herbei. In der Marktwirtschaft mit Privateigentum an den Produktionsmitteln ist jedoch mit dieser Entwicklung ein sehr bedenklicher Tatbestand verknüpft. Das → Eigentum (: III, 2) am Produktionsvermögen ist sehr einseitig verteilt. Dies hat zur Folge, daß die K.erträge nur einer relativ kleinen Schicht zufließen, während die Masse der Einkommensempfänger auf Arbeitseinkommen angewiesen ist, das aus unselbständiger Arbeit stammt. Da den Vermögenseigentümern und bes. den Unternehmern ständig Besitzeinkommen zufließt, aus dem sie in der Regel sehr viel mehr sparen können als die Arbeitnehmer aus dem Arbeitseinkommen, ergibt sich die Tendenz zu einer immer ungleichmäßigeren Einkommensverteilung. Es ist eine schwierige Aufgabe der → Wirtschaftspolitik, eine Teilhabe breiter Schichten am Produktionsvermögen herbeizuführen, ohne die Vermögensverteilung gewaltsam zu ändern oder in die privatwirtschaftliche Einkommensbildung und freie Einkommensverwendung einzugreifen. Ein Zurückdrehen der → Wirtschaft in einen Zustand, in dem jeder kleiner selbständiger Produzent und selbst Eigentümer seiner Produktionsmittel ist, ist undenkbar. In einer sozialistischen Wirtschaft mit Gemeineigentum an den Produktionsmitteln kann, sofern die rationellste Verwendung der Produktionsmittel angestrebt wird, auf die Berechnung von Zinskosten auf das Produktionsvermögen zwar auch nicht verzichtet werden, doch fließen hier die Vermögenserträge der Gemeinschaft zu. Doch ist die sozialistische Lösung (→ Sozialismus: I) wegen der Gefahren, die der persönlichen Freiheit von einem wirtschaftlich omnipotenten Staat drohen, in Frage gestellt.

D. Ricardo, On the Principles of Political Economy and Taxation, (1817) 1821^3, Kap. VI - K. Marx, Das K., 3 Bde, 1867-94 - E.v. Böhm-Bawerk, K. u. K.zins, 2 Bde, (1884/89) 1921^4 - W. Eucken, Kapitaltheoret. Unters.en, (1934) 1954^2 - J.R. Hicks, Value and Capital, (1939) 1946^2 - J.A. Schumpeter (→ Kapitalismus) - E. Preiser, Der K.-begriff in der neueren Theorie (in: Die Unternehmung im Markt, Festschr. f. W. Rieger, 1953, 14-38) - H. Haller, K., K.bildung u. K.ertrag im System der gesamtwirtschaftl. Rechnung (ebd 66-95) - HWSW V, 480ff. 488ff (Lit.) - HWBW II, 2959ff (Lit.).
H. Haller

Kapitalismus

1. Weltgeschichtliche Voraussetzungen - 2. Weltgeschichtlicher Sinn - 3. Macht und Machtmißbrauch - 4. Formwandel - 5. Sozial- und Wirtschaftsreform - 6. Triumph und Ausblick

1. K. ist nach seinen Theoretikern das einzig mögliche, nach seinen Kritikern das historisch und logisch erste, aber daher noch unvollkommene von zwei möglichen Systemen des wirtschaftlichen Rationalismus, in dem der Leistungsgrad durch Gegenüberstellung von Ertrag und Kosten in der Produktionseinheit, der Unternehmung (→ Betrieb), ermittelt und der höchste Leistungsgrad durch individuelle Initiative angestrebt und immer weiter erhöht wird (→ Produktivität). Historische *Voraussetzungen* des einzigartigen Systems sind u.a.: a) Die

puritanische Wirtschaftsgesinnung, die den Gewinn als Zeichen göttlicher Billigung für die geleistete → Arbeit und als Gelegenheit zu nochmaliger Erweiterung der Produktion und Erhöhung des Leistungsgrades ad maiorem gloriam Dei auffaßt und ihn dem privaten Genuß weitgehend vorenthält, auch die immer neue Mühe bei Einführung immer neuer Methoden geringschätzt; b) die (doppelte) Buchführung, die alle für die Produktion relevanten Vorgänge auf einen Nenner bringt und erst dadurch den Leistungsgrad zu ermitteln gestattet; c) auf dieser rechenhaften Grundlage die technologische Auswertung der naturwissenschaftlichen Entdeckungen für ungeahnte Produktionserhöhung (→ Technik); d) ein »freier« Arbeits- und Bodenmarkt zur Ermittlung der sachlichen Arbeits- und Bodenkosten, wodurch der viel ältere, lokal begrenzte K. der Handelsplätze erst zum herrschenden Wirtschaftssystem, nämlich zum Arbeits- und Produktionssystem vervollständigt wurde, während Arbeits- und Bodennutzungen überall sonst an besondere Methoden »gebunden« und auf besondere, sozial gebilligte Ziele gerichtet werden (zB Arbeitstradition, Handwerkerstolz usw); e) eine in diesem technischen Sinne fortschrittliche Regierung, eine Bezeichnung, die auf den absoluten Staat der kapitalistischen Anfänge zutrifft, da er um seines eigenen Steuer- und Machtzuwachses willen als »Merkantilismus« die wirtschaftlichen Kräfte des → Bürgertums schult und durch mancherlei Privilegien fördert, bis sie ihm entwachsen und ihre eigene liberale Regierung an die Stelle setzen, die die gesellschaftsumwälzenden Erfordernisse des industriellen → Fortschritts erleichtert und glättet. – Diese sehr unvollständige Aufzählung legt den Zweifel nahe, ob und in welcher Abwandlung K. sich in ein anderes historisch-kulturelles Klima verpflanzen läßt.

2. Den Leistungsgrad zu erhöhen ist der subjektive und objektive *Zweck* des Systems. Höherer Leistungsgrad senkt die Arbeitskosten pro Einheit des Produkts und läßt entweder eine höhere Gewinnspanne zwischen Preis und Kosten als in konkurrierenden Betrieben zu oder erlaubt, diese zu unterbieten und durch ihren Ruin den eigenen Absatz zu erweitern. Der Gewinn aber verschwindet, sobald das neue tiefere Kosten- und Preisniveau sich allgemein durchsetzt; erst eine weitere Erhöhung des Leistungsgrades wird neuen Gewinn bringen. Daher ist vom Standpunkt der ganzen Gesellschaft das Ergebnis eine fortlaufende Produktivitätserhöhung: pro Kosteneinheit mehr Produkte, pro Produkteinheit geringere Kosten, wachsende Gütermengen für wachsenden Konsum. Dies ist der Ruhm des Systems: es heilt Hunger und Krankheit, hebt den → Lebensstandard, verlängert die durchschnittliche Lebensdauer (Indien 32, USA 69 Jahre!) und reißt für den Absatz der wachsenden Massenproduktion allmählich alle sozialen → Klassen in den Aufstieg hinein.

M.a.W.: steigende Produktivität löst das soziale Problem. Das fast in aller Geschichte unerträgliche Nebeneinander von → Reichtum und → Armut hat stets den Gedanken an Einkommensausgleich nahegelegt – einen zweifelhaften Ausweg, weil großer Reichtum sich meist nur bei wenigen findet und seine Verteilung auf viele Arme diesen nur wenig nützt, überdies aber die arithmetische Operation die auf längere Frist entscheidende Frage nach dem psychologischen Zusammenhang zwischen Einkommensunterschieden und Leistungsanreiz verkennt. Die sozialgeschichtliche Bedeutung des Puritanismus (→ Puritaner) besteht nicht darin, daß er den K. geschaffen hat – die umfangreiche gegen Max → Webers These gerichtete Literatur stößt offene Türen ein, weil es kapitalistische Einsprengsel in andere Strukturen stets gab –, sondern daß er durch Umstülpung des Wertungssystems, durch Zerreißung der Identität von Reichtum und üppigem Leben den Reichtum zum bloßen Mittel der endlosen, nie in Üppigkeit umgesetzten Reichtumserweiterung machte. 60 bis 80% des Gewinns gehen stets in die Produktionserweiterung, und diese muß früher oder später in allgemeine Konsumerweiterung ausmünden. Die letztere also ist das historisch entscheidende Resultat der ungeheuren Bewegung. Das soziale Problem wird nicht durch Einkommensausgleich innerhalb eines mehr oder weniger starren Rahmens gelöst, sondern durch absolute Hebung aller Einkommen: wenn alle genug haben und in naher Zukunft mehr erwarten, so stört es nicht wesentlich, daß manche voraus sind. Die Reichen werden reicher, aber die Armen gewinnen sogar noch mehr, und im übrigen sind nicht mehr die Ärmsten, sondern die etwas besser Gestellten die zahlreichste Gruppe.

3. Puritanische Disziplin war ursprünglich religiöse Disziplin. Der von ihr geformte Menschentypus bleibt aber bestehen, wenn das religiöse Bewußtsein verblaßt, und ist nun ganz rationalistisch auf quantitative Leistung eingestellt. Wenn der Gewinn nach wie vor der Kapitalbildung statt dem Luxusverzehr (→ Luxus) dient, so ist nun das Motiv erkennbar, das dem Puritanismus und dem → Rationalismus immer verborgen bleibt: das *Machtstreben*. → Kapital ist → Macht (: III. IV) über die Menschen und Dinge, deren produktiven Gebrauch es organisiert. Darin liegt keine Kritik: ohne Macht kann nichts Gutes vollbracht werden, obgleich Macht natürlich jedem Mißbrauch offensteht, nicht anders als das Leben, von dem es ein so wichtiger Aspekt ist. Man kann Macht nicht abschaffen, weil nur sie Menschen organisiert: man muß sie begrenzen und überwachen – und auch dies erfordert Macht. Bedenklich ist daher nicht die Macht als solche, sondern die allem Rationalismus eigene Leugnung der Macht, weil sie irrational ist, in unserem Falle ihre Verkleidung als die bloße rationale Funktion der Betriebsorganisation und -disziplin. Daher hat in der Geschichte des K. der *Machtmißbrauch* eine gewaltige Rolle gespielt: offene Gewalttätigkeit zur Niederhaltung von Konkurrenten und von Arbeitern und Arbeiterorganisationen; Wertpapierschwindel in großem Stile, um Sparern das Geld aus der Tasche zu ziehen und ihre in Aktien verbrieften Ansprüche dann durch falsche Börsengerüchte zu entwerten; Wucherpreise für Land oder Waren in besonderen Zwangslagen usw, sehr häufig unter stillschweigender Duldung durch die Behörden und Gerichte. Erst allmählich hat die öffentliche Meinung im Rechtsstaat und die wachsende Macht der Demokratie solche Gewinnquellen versperrt. Allgemeiner ist unbestreitbar, daß ein System im Dienste des Profitstrebens die Selbstsucht anstachelt und zu einer Art von sekundärer Tugend erhebt. Das Urteil wird davon abhängen, wie groß die durch die Macht ermöglichte Leistung ist und wie fair die Machthaber sich gegenüber schwächeren Verbrauchern, Arbeitern und sonstigen Kontrahenten verhalten. – Und doch, wenn alles dies gesagt ist, bleibt das geschichtliche Ergebnis eines so vielfältigem Mißbrauch offenen Systems erstaunlich. Denn Machtmißbrauch ist in den nichtkapitalistischen Ländern alten und neuesten Stiles sicher nicht geringer. Aber das Elend und die Krankheiten in den unentwickelten Ländern erlauben keinen Zweifel, daß dem Menschen ein sehr großes Stück → Rationalisierung, dh rationaler Herrschaft über die Natur und die eigene Arbeit, lebensnotwendig ist.

4. Wenn die kapitalistische Wirtschaftsmacht auch von allen Seiten her eingeengt ist (s. 5), so hat sie sich doch durch die Erweiterung ihres eigenen Herrschaftsbereiches ungemein verstärkt. Sie hat dabei freilich auch

ihre *Form* geändert. Während der freie – von merkantilistischer Bevormundung befreite – K. in der Konkurrenz vieler kleiner Betriebe begann, ist doch → Konkurrenz um moderne ökonomische Rationalität dynamisch und wird durch die technischen Erfindungen noch besonders dynamisiert. Dynamische Konkurrenz führt also zur Überlegenheit des kapitalstärkeren Betriebes mit teurerer Ausrüstung, überproportional höherer Produktion und daher niedrigeren Kosten pro Stück und somit zum mehr oder weniger vollständigen → Monopol, dem (dialektischen) Gegenteil der Konkurrenz. Zugleich wächst die technologisch erforderliche Betriebsgröße über die Möglichkeit der Finanzierung aus individuellem Privatvermögen hinaus; durch das Aktienwesen wird die Expansion aus den vielen kleinen Ersparnissen der außerhalb des Geschäftslebens Stehenden finanziert. Einerseits wird dadurch das → Eigentum an der wachsenden → Industrie verbreitert und allmählich demokratisiert, dabei aber freilich in einen bloßen Zahlungsanspruch verwandelt, der mit dem Eigentum an einem Haus, einem Feld, einer Werkstatt keinen menschlichen Inhalt gemein hat. Anderseits wird die Herrschaft der Betriebsleitung um so absoluter, je mehr nominelle Eigentümer da sind (bei einigen amerikanischen Gesellschaften mehrere Millionen Aktionäre): die Herrschaft über die Unternehmung wächst nun um »anderer Leute Geld« (Adam → Smith) und würde ins Grenzenlose wachsen, wenn nicht Sozialgesetzgebung, → Wirtschaftspolitik und die Ungewißheiten der internationalen Entwicklungen ihr Grenzen zögen.

5. Das Hauptproblem des K. liegt nicht im Mißbrauch seiner Macht (s. 3), sondern gerade in deren rechtem Gebrauch für die Erhöhung des produktiven Leistungsgrades im Dienste der gesellschaftlichen Konsumerhöhung. Daß Produktion ein bloßes Mittel im Dienste des Konsums ist und je nach technischer, rechenhaft ermittelter, unaufhörlich umgewälzter Zweckmäßigkeit andere Methoden, andere Menschen, andere Standorte benutzen muß, ist ein nur dem ökonomischen Rationalismus verständlicher Satz. Der Bibel ist es selbstverständlich, daß inmitten aller Eitelkeiten des Lebens nichts besser ist, als daß der Mensch fröhlich sei in seiner Arbeit (Pred 3, 22). Denn die → Arbeit ist der Hauptteil des Lebens und muß menschlich sein, wenn das Leben menschlich sein soll. Leistungsgrad ist aber eine technische, nicht eine menschliche Kategorie, und K. ist daher gerade wegen seiner Produktivität eine de-humanisierende, entpersönlichende Institution, da sie den Menschen an der wechselnden Marktbewertung des Konsumzweckes mißt, in dessen Dienst er arbeitet und dessen Versagen ihn, den Menschen, buchstäblich wertlos macht. Dies ist die soziologische Bedeutung des Arbeitsmarktes, der das soziologische Kernstück des K. bildet (s. 1d). Gerechtfertigt wird dieser Gesellschaftsbau eben durch den Zweck, Konsumerhöhung, und jeder Mensch gewinnt als Verbraucher, was er als Produzent aufgibt und was, in sich selbst unmeßbar, als »irrational« und daher als wertlos gilt. Alle vor-rationalen Systeme versuchen im Prinzip, die Befriedigung aus der Arbeit und die Befriedigung aus den Früchten der Arbeit ins Gleichgewicht zu bringen; sie irren meist zugunsten der Produzenten. Für den ökonomischen Rationalismus besteht kein solches Problem (daher auch für den →Kommunismus nicht), Arbeit hat keinen menschlichen Wert. Die gewaltige Leistung des K. kostet einen gewaltigen Preis; für einen geringeren Preis als den völliger Konzentration auf den einen Punkt auf Kosten des Gleichgewichts der menschlichen Seele wäre sie nicht möglich. Dies ist die Tragödie des K.

In ihr drohte der K. vorzeitig zugrunde zu gehen. Oder anders: das System drohte an der inneren Spannung zwischen dem herrschaftlichen Willen zum immer höheren Leistungsgrad und den mißachteten menschlichen Regungen und Reaktionen zu explodieren. Schon in den Jahren nach 1830 gab es vielerorts blutige Revolten, längst ehe der → Marxismus der Protestbewegung ein freilich verengtes Bewußtsein und Programm verlieh. Der Protest hatte zwei Ansatzpunkte: Ausbeutung und Wirtschaftskrise, die moralische und die technische Unordnung in einem System unregulierter → Freiheit zugunsten der Starken und dezentralisierter Initiative ohne Gleichgewicht. Um den K. vor sich selbst zu retten, wurde es nötig, den Profit und damit das mögliche Höchstmaß der Expansion zu beschneiden, nämlich die → Arbeitszeit gesetzlich zu begrenzen, den → Lohn durch die widerwillig zugelassenen Koalitionen der Arbeiter (→ Gewerkschaften: I) zu erhöhen, die Alten, Kranken und Arbeitsunfähigen zu versorgen, Schulbildung und Gesundheitspflege aus öffentlichen Mitteln zu erweitern, die Elendsviertel der Industriestädte mit öffentlichen Subventionen umzubauen usw. Dies alles kostete Profite, entweder durch Lohnzahlungen oder durch Beiträge oder durch → Steuern. Aber es beschwor nicht nur die drohende soziale Katastrophe, sondern bereitete auch positiv der kapitalistischen Expansion den Boden durch Verbreiterung der Kaufkraft zur Aufnahme der wachsenden Massenproduktion. Neue oder verstärkte Behörden hatten den kurzfristigen Geldstrom zu stetigen und versuchten auch die langfristige Investition zu überwachen, zum Schutze nicht etwa nur der Arbeitsplätze, sondern der gesamten industriellen → Gesellschaft vor den unberechenbaren Folgen eines Zusammenbruchs. Der ganze Umbau ging ohne umfassendes Programm vor sich, mit pragmatischen Eingriffen von Notstand zu Notstand, meist durch konservative, der liberalen Wirtschaftsfreiheit mißtrauende Regierungen. Im Ergebnis wurde die Sozial- und Wirtschaftsreform die positive Grundlage der Produktions- und Konsumerweiterung im K. über die alten Klassengrenzen hinweg in einer in Maßstäben, Ansprüchen und Lebenszielen vereinheitlichten, wenn auch nicht gleichheitlichen Gesellschaft (→ Sozialpolitik).

Um sich nicht revidieren zu müssen, besteht die marxistische Kritik auf der ungebrochenen Identität des K. und rechnet die Reformen nur als Bestechungsgelder, während die Liberalen der alten Schule (→ Liberalismus: I. II) im gleichen Geist über die Selbstaufgabe des K. klagen – für beide gibt es eben nichts als den stilreinen K. und den stilreinen Kommunismus. Das tatsächliche Gebilde ist alles andere als stilrein: es weist viele verschiedenartige Einbauten kollektivistischen und zentralistischen Stiles in den ursprünglichen Bau des reinen Individualismus auf und sichert dadurch nicht nur die Breite von Freiheit und Wohlstand, sondern gerade auch die Reste des ursprünglichen K., die unternehmerische Initiative. Der K. wurde gerettet, indem er vermindert wurde; er wurde vermindert, um ihn zu retten. Hundert Jahre lang hundertmal wiederholt, hat dieser Prozeß etwas grundsätzlich Neues geschaffen: ist es noch K.?

6. Aber freilich, gerade durch seine radikale Demokratisierung, dh durch die Überwindung der Klassenherrschaft, hat der K. geistig die gesamte Demokratie durchdrungen. Erhöhung des Leistungsgrades ohne Rücksicht auf den produzierenden Menschen zugunsten des verbrauchenden Menschen aller Klassen ist sein Ruhm und bleibt sein Ziel auch weiterhin, nun mit allgemeiner uneingeschränkter Billigung. Irgendwo auf dem Wege der Produktionserhöhung muß aber das Niveau erreicht sein, wo die Bedürfnisse der Menschen ihre Sättigung finden. Zeugnis dessen ist das überproportionale Wachstum der Reklame (→ Werbung), die für den Produk-

tionsaufstieg über das Notwendige hinaus den Absatz schaffen, nämlich neue Bedürfnisse erfinden und den Menschen aufdrängen muß. Ein Halten gibt es da nicht, denn die Menschen wollen mehr, und die gewaltige Maschinenbau-Industrie muß zusätzliche und stärkere Maschinen bauen, wenn sie nicht selbst arbeitslos werden und das ganze System mit sich in die Krise reißen will (→ Wirtschaftsphasen). Es ist logisch, daß das dynamische System der ökonomischen Rationalität (des K. jetzt und des noch nicht so hoch entwickelten Kommunismus später) in seinem höchsten Triumph sein Ende finden muß. Aber werden die Menschen verstehen, daß nun, gerade weil das Wirtschaftsproblem gelöst ist, eine ganz neue Zeit anhebt, die die → Wirtschaft ein- und unterordnen muß?

W.SOMBART, Der moderne K. I. II, (1902) 1928^{6}; III, (1927) 1928^{2} - DERS., Luxus u. K., (1912) 1922^{2} - DERS., Der Bourgeois, (1913) 1923^{3} - M.WEBER, Die prot. Ethik u. der Geist des K. (in: Ges. Aufs. zur Religionssoziologie I, [1920] 1947^{4}, 17-206) - DERS., Wirtschaftsgesch., (1923) 1924^{2} - A.MÜLLER-ARMACK, Entwicklungsgesetze des K., 1931 - DERS., Genealogie der Wirtschaftsstile, (1941) 1944^{3} - J.A.SCHUMPETER, Capitalism, Socialism and Democracy, New York (1942) 1950^{3}; dt. (1946) 1950^{2} - K.POLANYI, The Great Transformation, ebd 1944 - E.HEIMANN, Wirtschaftssysteme u. Gesellschaftssysteme, 1954, bes. 18ff - DERS., Vernunftglaube u. Religion, 1955, Kap. IX - HWSW V, 510ff (DERS., Lit.). *E.Heimann*

Kapitel- und Verseinteilung in der Bibel

1. Liturgische und praktische Gründe führten schon früh zu einer Unterteilung der einzelnen *at. Bücher*. Größere oder kleinere Sinnabschnitte (»offene« und »geschlossene« Paraschen) sind bereits der Mischna bekannt (vgl. zB Megillah III, 4-6). Eine noch ältere, von der überlieferten abweichende Einteilung zeigt 1QIs^{a}. Von dieser Gliederung zu unterscheiden ist eine andere, bei der die Tora (Gen-Dtn) zur Sabbatlesung in Palästina für einen Dreijahres-Zyklus in 154 »Sedarim« (Ordnungen), in Babylonien für einen jährlichen Zyklus in 54 »Paraschen« aufgeteilt wurde; in Analogie dazu wurde auch das übrige AT in Sedarim untergeteilt. - Im *NT* hat → Eusebius von Cäsarea, angeregt durch eine Evangelienharmonie des Ammonius von Alexandria (3.Jh.), zur Aufstellung einer Art Synopse die 4 Evangelien in 355+233+342+232 (= insgesamt 1162) numerierte Abschnitte gegliedert, die er, je nachdem sich der Stoff in allen, mehreren oder nur in einzelnen Evangelien fand, in 10 Kanones einordnete, die dann gegebenenfalls die Parallelstellen anzeigten (s. Nestle). Für die Einteilung von Apg, Paulus- und Kath. Briefen in κεφάλαια (capitula, »Kapitel«) war ein Werk aus dem 4.Jh. (nicht: 458) von besonderer Bedeutung, das unter dem Namen eines → Euthalius überliefert ist. Daneben bieten die meisten Hss. eine (oft doppelte) Einteilung des nt. Textes in größere Abschnitte, häufig auch mit Überschriften und Inhaltsangaben. - Mit diesen älteren Untergliederungen stimmt die *moderne Kapiteleinteilung* nicht überein. Diese geht vielmehr erst auf die um 1205 zu datierende Vulgata-Einteilung des Stephan → Langton, Prof. in Paris (später Erzbischof von Canterbury), zurück, die bald darauf durch → Hugo von St. Cher († 1263) noch eine weitere Untergliederung der einzelnen Kapitel in mit A-G bezeichnete Abschnitte erfuhr. Im hebr. AT finden sich Langtons Kapitelzahlen zuerst in einer Hs. des frühen 14.Jh.s; ins griech. NT gelangten sie erst spät in einzelnen westlichen Hss.

2. Die Einteilung in *Verse* ergab sich bei den poetischen Texten des *AT* aus deren rhythmischer Gliederung von selbst und wurde von da auf die Prosa ausgedehnt (vgl. zB schon Meg IV, 4). Gegenüber 15842 Versen der Palästinenser und 5888 Versen der babylonischen Juden hat der MT des Ben Ascher 5845 Verse. - Für das *NT* suchte man eine Zeitlang dem Bedürfnis namentlich der Vorleser durch kolometrische Schreibweise Rechnung zu tragen, dh man begann für jede Sinneinheit (Kolon; nicht zu verwechseln mit dem Stichos als der Raumeinheit für die Bezahlung der Abschreiber) eine neue Zeile (zB Codex D für Evangelien und für Paulus). - Die *heutige Verseinteilung* hat der Pariser Buchdrucker Robert → Stephanus durchgeführt und in seine griech.-lat. Ausgabe von 1551 aufgenommen. Die Verseinteilung für das AT entnahm er der hebr. Bibel. Die erste Bibelausgabe mit Verszählung in beiden Testamenten ist eine franz. Übersetzung von 1553; ein Psalter von 1563 und ein ganzes AT von 1571 übernahmen als erste die Verszählung in die hebr. Bibel. Der »textus receptus« des NT (→ Text: II) hielt sich dagegen an eine abweichende Verseinteilung des Theodor → Beza von 1565. - Luther hat die Kapitel in Sinnabschnitte untergeteilt; Psalmen und Sprüche druckte er kolometrisch. Erst 1586 übernahm eine Wittenberger Bibel die neue Verszählung.

CHR.D.GINSBURG, Introduction to the Massoretico-Critical Ed. of the Hebrew Bible, London 1897 - C.STEUERNAGEL, EinlAT, 1912, 39ff - R.H.PFEIFFER, Introduction to the OT, N.Y.-London 1941, 80ff - O.EISSFELDT, EinlAT, 1956^{2}, 846. - HERM.v.SODEN, Die Schriften des NT in ihrer ältesten erreichbaren Textgestalt I, 1902, 388ff. 637ff - A.JÜLICHER-E.FASCHER, EinlAT, 1931^{7}, 571ff. 609f - H.J. VOGELS, Hdb. der Textkritik des NT, 1955^{2}, 23ff - E.NESTLE, NT Graece, 1957^{23}, Einl. IV, 2. *E.Kutsch*

Kapitularien (capitularia) heißen nach ihrer äußerlichen Einteilung in capitula die Gesetze und Verordnungen der karolingischen Herrscher. Dem Inhalt nach unterscheidet man »capitula legibus addenda«, dh Gesetze zur Ergänzung der Volksrechte (leges barbarorum), für deren Gesetzeskraft die Zustimmung des Volkes oder einer Reichsversammlung erforderlich war (bestritten), von den »capitula per se scribenda«, dem eigentlichen Königsrecht. Dieses wurde im Gegensatz zu dem nur für den jeweiligen Volksstamm gültigen Volksrecht meist als Reichsrecht mit territorialer Geltung erlassen und erhielt seine Gesetzeskraft durch die königliche Banngewalt. Die »capitula missorum« dagegen sind meist Dienstanweisungen für die Königsboten (missi); bisweilen sind auch hier Gesetze oder Verordnungen inseriert. Entsprechend der Stellung, die die fränkischen Herrscher über die Kirche ihres Landes einnahmen, enthalten die K. auch kirchliche Rechtssatzungen, oft untermischt mit weltlichen Materien, so daß die früher beliebte Scheidung in capitularia ecclesiastica und mundana als Einteilungsprinzip von geringerem Wert ist. Ein offizielles Verzeichnis des geltenden Rechts anzulegen, haben die fränkischen Könige versäumt. Um so größere Bedeutung hatte deshalb die private Sammlung des Abtes Ansegis von Fontanella (von 827), welche ebenso wie die umfangreiche Fälschung des → Benedikt Levita in der Praxis wie eine amtliche Sammlung benutzt wurde.

Ausg. in: MG Capitularia regum Francorum, 2 Bde, 1883-93. - H.BRUNNER, Dt. Rechtsgesch. I, (1887) 1906^{2}, 539ff - WATTENBACH-LEVISON, Bh., 1953 - H.CONRAD, Dt. Rechtsgesch. I, 1954, 186ff. 203f - F.GANSHOF, Wat waren de Capitularia? (VAA 1955, Nr. 22 = Recherches sur les Capitulaires [Revue d'hist. du droit français 1957, Nr. 1], auch als Separatdruck in den Ver. d. Société d'histoire du droit, 1958). *A.Erler*

Kaplan (lat. capellanus), ursprünglich Bezeichnung der Kleriker bei der Kapelle des fränkischen Königshofes; nach dem CIC ein Geistlicher der besonderen Seelsorge (zB laikale klösterliche Genossenschaften, Bruderschaften, Militär). - In einem engeren Sinn heißt K. der Inhaber einer capellania, dh einer an Kapellen oder Altären gestifteten Meß- oder Predigt-Pfründe; letztere waren am Ausgang des MA bes. angesehen und daher für die Verbreitung der Reformation wichtig. In vielen Diözesen heißen die verschiedenen Hilfspriester K.e. Ihre Rechtsstellung richtet sich nach CIC cc. 471-478 und dem Partikularrecht. Das ältere Luthertum (→ Bugenhagen) hat die Bezeichnung K. übernommen, sie aber bald durch andere wie → Diakon u.ä. ersetzt.

P. HINSCHIUS, Das Kirchenrecht der Katholiken ... II, 1871, 321 ff - RE X, 46ff - A. WERMINGHOFF, Verfassungsgesch. der dt. Kirche, (1907) 1913² - DACL III, 390ff - Theol.-Prakt. Quartalschr. 72, 1919, 337-348 (J. RETTENBACHER) - T. SCHÄFER, Die Kirchenämter nach dem CIC II, 1922, 99ff - ZSavRG Kan. Abt. 20, 1931, 457 bis 544 (K. FRÖLICH) - LThK V, 40f. 805 f - EICHMANN-MÖRSDORF (s. Reg.). *K. Dienst*

Kapler, *Hermann* (2.12.1867 bis 2.5.1941), 1925-33 Präsident des Ev. Oberkirchenrats in Berlin und des Deutschen Ev. → Kirchenausschusses. K. hat an der Leitung und Verwaltung der altpreußischen Kirche (→ Preußen) und an den Bemühungen um einen engeren Zusammenschluß der deutschen Landeskirchen hervorragenden Anteil gehabt. Zu seiner vielseitigen Arbeit gehörten u.a. die Pflege der ev. → Auslandsgemeinden (: I) und ihre Überleitung auf den → Kirchenbund, das kirchliche → Disziplinarrecht, die Neugestaltung der Kirche und ihres Verhältnisses zum Staat nach 1918, abschließend mit dem Staatskirchenvertrag von 1931. Auf der Stockholmer Weltkonferenz (→ Ökumenische Bewegung, 3) führte K. die deutsche Delegation. Aus hohem nationalem Verantwortungsbewußtsein kämpfte er gegen die Kriegsschuldlüge.

Vf. u.a.: Die Neuregelung des Verfahrens bei Beanstandung der Lehre von Geistlichen (Preuß. Pfarrarchiv II, 1910, 97-128); Zur Kriegsschuldfrage (Verhandl. der altpr. Generalsynode 1927, II, 129-163). - Über K.: B. KARNATZ in: Das ev. Deutschland, 1937, 410f - Gesetzblatt der DEK, 1941, 13 f (Nachruf). *B. Karnatz*

Kapuziner und Kapuzinerinnen (*Ordo Fratrum Minorum Capuccinorum,* OFMCap), die bedeutendste Reform innerhalb des → Franziskaner-Ordens nach der endgültigen Scheidung in → Observanten und → Konventualen. Angebahnt wurde sie 1525 durch den Observanten Matthaeus Serafini. Er war bestrebt, die Franziskanerregel buchstäblich zu beobachten (auch spitze, angenähte Kapuze und Bart). Die treibende Kraft war Serafinis Bruder Ludwig Tenaglia, der 1528 von → Clemens VII. die kanonische Errichtung erwirkte. Das Volk nannte die Brüder bald K. Der neue Verband - wie die Franziskaner ein → Bettelorden im engeren Sinn - hatte zunächst einen eigenen Generalvikar unter dem General der Konventualen; 1619 gab Paul V. einen eigenen Ordensgeneral. Anfangs waren die K. Einsiedler, aber die Missionstätigkeit in der Schweiz und in Deutschland machte Seelsorge bei Weltleuten notwendig. 1574 kamen die K. nach Paris, 1581 nach Altdorf (Schweiz), 1585 nach Antwerpen, 1599 nach Freiburg/Br. und England. Bald wanderten sie auch in die Mission (Ägypten, Hl. Land, Konstantinopel, Brasilien, Indien). Große Verdienste erwarb sich der Orden durch seine volkstümliche Missionstätigkeit; er leitet auch das Seraphische Liebeswerk (→ Caritas, 3d). Benedikt XIV. übertrug ihm für immer das Amt des Apostolischen Palastpredigers. 1754 hatte der Orden 63 Provinzen mit fast 33 000 Mitgliedern. Durch die Verfolgungen und Säkularisierungen im 19.Jh. stark dezimiert, besitzt er nach eifriger Aufbauarbeit gegenwärtig 64 Provinzen mit über 15 300 Mitgliedern. Die Konstitutionen von 1529 wurden zuletzt i.J. 1926 verbessert. Bedeutende Ordensgenossen waren die hl. Laienbrüder Felix Cantalice und Konrad von Parzham, der hl. Ordensgeneral Laurentius von Brindisi sowie der hl. Märtyrer Fidelis von Sigmaringen. - Die *K.innen* sind → Klarissen nach der ersten Regel der hl. Klara mit eigenen Konstitutionen (1927). Sie wurden 1538 in Neapel von Laurentia Longo gestiftet. Die sog. Trentatre, die stiftungsgemäß nur 33 Mitglieder haben, stehen unter dem Ordensgeneral, die übrigen unter den Bischöfen. Die Klöster der einzelnen Länder bilden meist Föderationen.

HEIMBUCHER I, 724ff. 824ff - Collectanea Franciscana, 1931ff - A. RACHL, Neuere u. neueste Lit. zur Gesch. des K.ordens (FS 20, 1933, 309-332) - LThK V, 808ff - Monumenta historica Ordinis Minorum Capuccinorum, 7 Bde, Assisi 1937-55 - Caeremoniale Romano-Seraphicum ad usum F.M.Capuccinorum, 1944 - P. HILDEBRAND, De Kapucijnen in de Nederlanden en het Priusbisdom Luik, 10 Bde, Antwerpen 1945-56 - M. A POBLADURA, Historia Ordinis Fratrum Minorum Capuccinorum, 1947ff - Lexicon Capuccinum, 1951 - H. FELDER, General u. Erzbischof Bernhard Christen von Andermatt u. die Erneuerung des K.ordens, 1952 - Jus Seraphicum, 1955ff - TH. GRAF, Die K. (Orden der Kirche 2), 1957. *Ph. Hofmeister*

Karäer, seit dem 9.Jh. nChr Bezeichnung der Anhänger der bedeutendsten jüdischen Sekte, die Anfang des 8.Jh.s von *Anan ben David* gegründet wurde als Zusammenfassung zahlreicher Sektensplitter, bes. in Persien. Ursprünglich hießen sie »Ananiten«. Qara' îm oder b^enê miqra bedeutet »Bibelleser«. Al-Karkasani u.a. wollen die Spaltung schon auf die Zeit → Jerobeams I. zurückführen. - Die in → Mischna und → Talmud kodifizierte mündliche Tradition des rabbinischen Judentums wird scharf abgelehnt, obwohl spätere karäische Gelehrte auch dort Anleihen gemacht haben. Auf Grund der Maxime Anans: »Forschet tüchtig in der Tora und verlaßt euch nicht auf meine eigene Meinung« gilt die Schrift als die einzige Autorität des Glaubens und Lebens, was aber auch nach dem Tode des Stifters die Spaltung der K. in zahlreiche Parteien und Gruppen zur Folge hatte. Die Lehre Anans war so streng, daß es K.n fast unmöglich war, unter Andersgläubigen zu leben; daher wanderten einzelne Gruppen, zB »die um Zion Trauernden« nach Palästina aus, um dort asketisch leben zu können. - Der bedeutendste Vertreter im 9.Jh. war wohl Benjamin ben Mose Al-Nahawandi († ca 860). Man kann in ihm den ersten Dogmatiker und Religionsphilosophen der K. sehen. Um den Gottesbegriff von allen anthropomorphen Vorstellungen rein zu halten, führte er die Logos-Lehre → Philos in die Bibelexegese ein. Im 10. und 11.Jh. folgte die reichste Epoche der karäischen Literatur, die in dieser Zeit eine Anzahl namhafter Gelehrter auf allen Gebieten, bes. aber der Sprachwissenschaft und → Schriftauslegung (: II) aufweisen kann. Der arabisch schreibende Al-Karkasani (Anfang 10.Jh.) ist der Hauptvertreter dieser Epoche. Dem rabbinischen → Judentum (: II), das durch die Polemik der K. in eine schwierige Lage geriet, erstand ein hervorragender Verteidiger in → Saadja Gaon († 942). - Abgesehen von einem bedeutenderen Dichter, Mose ben Abraham Dari (2. Hälfte des 13.Jh.s in Ägypten), beginnt schon zu Anfang des 12.Jh.s der allgemeine Niedergang der K. im Orient. Das Schwergewicht verlagert sich in den byzantinisch-türkischen Raum (bis zum 15.Jh.). Auch hier begegnen tüchtige Bibelkommentatoren, die aber zT schon unter dem Einfluß Abraham → Ibn Esras stehen. Die Eroberung von Byzanz (1453) und die Austreibung der Juden Spaniens (1492), die von den türkischen Herrschern wohlwollend aufgenommen wurden, schufen eine neue Lage. Zum ersten Male gibt es eine Annäherung und geistige Befruchtung zwischen K.n und rabbinischen Gelehrten. Im 17. und 18.Jh. wandern K. auf die Krim und nach Litauen. Nach karäischer Tradition soll der litauische Großfürst Vitold die Ansiedlung von K.n nach 1392 in Troki, Luzk und Halicz ermöglicht haben. Das 19.Jh. brachte den K.n Rußlands Vorteile durch die Befreiung von verschiedenen Steuern (1795). Dank der Bemühungen des einflußreichsten karäischen Gelehrten dieser Periode, Abraham ben Samuel Firkowitsch († 1874), der freilich auch vor Fälschungen nicht zurückschreckte, erreichten die K. (im Gegensatz zu den übrigen Juden) sogar die Gleichberechtigung. Hohe Offiziere der zaristischen Armee (Denikin, Wrangel u.a.) waren K. Im 20.Jh. ging die Zahl der K. hauptsächlich wegen der durch rigorose Gesetze erzwungenen Ehelosigkeit überall zurück. Um 1930 lebten auf russischem Gebiet noch etwa 10 000 K., in der übrigen Welt etwa 2000, so in Halicz, Troki, Wilna, Konstantinopel, Kairo, Jerusalem, Hit (am Euphrat) und in New York (1942 ca 100 Familien). - Am hinderlichsten für die Ausbreitung der K. ist die Rikkub-Theorie, nach der gemäß Gen 2, 24 auch Verschwägerte als Blutsverwandte gelten. Auch im übrigen Ritus und Kultus unterscheiden sie sich stark vom übrigen Judentum. Ihre Speisegesetze gehen weit über die des Judentums hinaus. - Die moderne Beschäftigung mit dem hebr. Bibeltext und den Massoreten (P.Kahle; → Bibelhandschriften: I, 3) und mit den Schriften von → Qumran haben die K.-frage wieder aktuell werden lassen, obwohl erst ein kleiner Teil des reichen Materials über die K. gesichtet und erschlossen ist.

Bisher beste Übersicht u. Lit. in EJud IX, 923ff. - S.Asaf, Die Anfänge der K. in den Ländern des Ostens (Zion 1, 1936, 208-251; hebr.) - UJE VI, 314ff - L.Nemoy, Karaite Anthology, New Haven 1952 (dazu S.Szyszman, VT 5, 1955, 328-335) - P.Kahle, ThLZ 77, 1952, 401-412 - S.Szyszman, VT 2, 1952, 343-348; 4, 1954, 201-205; 6, 1956, 309-315 - Ders., Die K. in Ost-Mitteleuropa (Zs. f. Ostforschung 6, 1957, 24-54) - Z.Ankori, Elijah Bashyachi. An Inquiry into his Traditions concerning the Beginnings of Karaism in Byzantium (Tarbiz 25, 1955, 44-65; hebr.). *E.L.Rapp*

Karatepe, Burgruine auf dem Westufer des Ceyhan (Pyramus) in Kilikien, 22 km südöstl. von Kadirli (→3 A 1). Die Grabungen H.Th. Bosserts (1946-51) ergaben nur geringfügige Überbleibsel von Bauten innerhalb der Burgmauern und unbedeutende Kleinfunde. Um so wichtiger sind Reliefs und Inschriften auf den Orthostaten an den Wänden der beiden Burgtorwege. Halb in phönikischer Sprache und Schrift, halb in luwischer Sprache und hethitischen Hieroglyphen abgefaßt, bilden sie bei ungefähr gleichem Inhalt eine Art Bilingue (→Epigraphik: I, 3 b). Daher ihre einmalige Bedeutung für die Entzifferung der hethitischen Hieroglyphen (→ Hethitologie). Azitawadda, König der Danunier, aus dem Hause des Mopsus, bezeichnet sich darin als Gründer der Stadt gleichen Namens. Zur Macht erhob ihn ein gewisser Awariku (wohl dem aus Annalen Tiglatpilesers III. bekannten Urikki gleichzusetzen). Damit gehören die Denkmäler vom K. ins 8.Jh. vChr. Die provinziell-rustikalen Reliefs zerfallen wie die Inschriften in zwei Gruppen: Den phönikischen Inschriften entsprechen Reliefs mit stark ägyptisierenden, phönikischen Motiven, den Hieroglyphen solche mit Darstellungen luwisch-aramäischen Charakters wie in → Karkemisch und Šam'al.

H.Cambel, K. (Oriens 1, 1948, 147-162) - H.Th.Bossert, Die phönikisch-heth. Bilinguen vom K. (ebd 163-192; 2, 1949, 72-120; Jb. für Kleinasiat. Forschung 1, 1951, 264-295; 2, 1952, 167-188. 293 bis 338) - Ders. u.a., Die Ausgrabungen auf dem K. (1. Vorbericht), 1950 - A.Alt, Die phönik. Inschriften von K. (WO 1, 1949, 272 bis 287). - Zu Danuier (= Adana?) vgl. Syria 35, 1958, 263-275. *A.Moortgat*

Kardinal, *Sanctae Romanae Ecclesiae Cardinalis,* ranghöchste Würde der kath. Kirche nach dem Papst. Die K.e bilden eine eigene Körperschaft, das *Sacrum Collegium,* das in die drei Ordnungen der K.-Bischöfe (zugleich Bischöfe der → suburbikarischen Bistümer), K.-Priester (mit Bischofsweihe) und K.-Diakone (mit Priesterweihe) gegliedert ist. An seiner Spitze steht der Bischof von Ostia als K.-Dekan und Primus inter pares, während das Amt des Kämmerers (Vermögensverwaltung) jährlich wechselt. Die K.e werden frei vom Papst ernannt (kreiert). Gelegentlich wird die Kreierung nicht publiziert, sondern in pectore (in petto) reserviert, so daß der Name des Ernannten unbekannt bleibt und er seine Kardinalsrechte erst mit der Publikation ausüben kann, wenn auch sein Dienstalter auf die → Reservation zurückdatiert wird. Die K.e besitzen außer zahlreichen liturgischen und jurisdiktionellen Privilegien die Privilegien der protokollarischen Gleichstellung mit den Prinzen regierender Häuser, die auch einen etwaigen persönlichen Adelsrang auslöscht, der roten Farbe von Gewand (Ordens-K.e behalten ihre Ordensfarbe) und Hut, des Titels Eminenz. Das Amt der K.e ist gesamtkirchlicher Natur, nicht auf die lateinische Kirche beschränkt, wie sie auch »ex toto terrarum orbe« und aus jedem Ritus erwählt werden können. Sie sind die vornehmsten Berater und Helfer des Papstes, jedoch hängt ihr konkreter Anteil an der gesamtkirchlichen → Jurisdiktion von ihrer Eigenschaft und persönlichen Bedeutung als Kurien-K.e (Residenz in Rom; Ausmaß ihrer kurialen Ämter) ab und ist mit der Eigenschaft als K. nur insoweit gegeben, als den K.en die → Papstwahl vorbehalten ist.

Seit dem Früh-MA hießen die am päpstlichen Gottesdienst beteiligten vornehmsten römischen Kleriker - die heutigen suburbikarischen Bischöfe, die Vorsteher der Titelkirchen und die Pfalz- und Regionaldiakone - K. (von cardo »Türangel«); seit dem 12.Jh. ist dieser bis dahin auch außerhalb Roms für Kleriker an Bischofskirchen vorkommende Titel auf die römischen K.e beschränkt. Ihre Zahl wurde 1586 von Sixtus V. auf 70 festgesetzt; sie ist erstmalig bei der Promotion vom 15.12. 1958 darüber gestiegen (auf 74). Diese 74 K.e verteilten sich auf folgende Staaten: Italien 29; Frankreich 8; Spanien und USA je 4; Deutschland und Brasilien je 3; Portugal (mit Portugiesisch-Ostafrika), Kanada, Argentinien je 2; Großbritannien, Irland, Belgien, Polen, Österreich, Ungarn, Jugoslawien, Indien, China, Mexiko, Kuba, Kolumbien, Ekuador, Uruguay, Australien je 1; je 1 K. des westsyrischen und des armenischen Ritus. Die Internationalisierung des K.-Kollegiums ist in dieser Form erst in den letzten Jahrzehnten erfolgt; da der eigentliche Einfluß bei den Kurien-K.en (24 nach der Promotion von 1958: 21 Italiener, 2 Franzosen, 1 Armenier) ruht, hat sie vorwiegend repräsentative Bedeutung. - Das Kollegium der K.e geht bis ins 11.Jh. zurück. Es wirkte bis zur Errichtung der K.s-Kongregationen im 16.Jh. (→ Kurie) maßgebend an der Kirchenleitung mit (→ Kirchenverfassung: IV. V). Seit 1179 ist ihm die Papstwahl vorbehalten, einer der Gründe für das Bestreben auswärtiger Bischöfe, unter Beibehaltung ihrer Sitze auch K. zu werden. Solche auswärtigen K.e finden sich ebenfalls schon in der zweiten Hälfte des 12.Jh.s.

cc. 230-241 CIC - cc. 175-187 De Ritibus orientalibus et de Personis, pro Ecclesiis Orientalibus (AAS 49, 1957, 483-487) - Lehr- u. Hdb.er des kath. → Kirchenrechts - DDC II, 1310ff (Lit.). - Gesch.: Feine - Plöchl I, 290ff; II, 82ff - V.Pfaff, Die K.e unter Papst Coelestin III. (1191-98) (ZSavRG, Kanon. Abt. 41, 1955, 58-94) - H.-W.Klewitz, Reformpapsttum u. K.kolleg. Die Entstehung des K.kollegiums, 1957. - Vgl. die Lit. zu → Kurie. *H.Barion*

Karfreitag, von ahd. kara = Wehklage, bildete im 2.Jh. mit Karsamstag ein »biduum« des → Fastens (: II; → Fastenzeit). Die adoratio crucis (→ Kreuzesfeste), seit dem 4.Jh. (Jerusalem), änderte das nicht; die dabei im Westen gesungenen → Improperien tauchen im 7.Jh. auf. Die K.sfeier (ältere Gestalt, größere Zahl der Lesungen; Fürbittengebete; keine eigentliche Messe) geht in der Anlage auf den griech. Werktagsgottesdienst zurück.

Die ostkirchliche Praesanktifikatenmesse (→ Messe: I) hat der Westen seit dem 7.Jh. Hier war der K. im MA Kommuniontag aller, später (seit 1570) nur des Zelebranten; heute erstrebt man wieder den früheren Brauch. - In der Reformation ist der K. (Luthers »guter Freitag«) halber Feiertag mit Lesen und Predigen der Leidensgeschichte (Passionsharmonie → Bugenhagens); später wird er → Bußtag, in Preußen zeitweilig Konfirmationstag. Das Lesen oder Singen der Passion (Johannispassion - wie schon seit dem 4.Jh.! -, meist nachmittags) wurde in verschiedener Weise von Aufklärung und Pietismus kritisiert. Unter Lutheranern wird heute die Rückkehr zu kath. K.sbräuchen vorgeschlagen (kein Orgelspiel, Abräumen des Altars u.a.).

Außer den Darstellungen der → Liturgik (: II), bes. EISENHOFER-LECHNER u. RIETSCHEL-GRAFF (jeweils Reg.; Lit.): W.STÄHLIN-G. SCHUMANN (Hg.), Die Hl. Woche, 1951 - A.THIERBACH, Unters.en zur Benennung der Kirchenfeste in den roman. Sprachen, 1951, 89ff - B.CAPELLE, Der K. (LJ 3, 1953, 263-282) - J.A.JUNGMANN, Die Kommunion am K. (ZKTh 75, 1953, 465-470) - G.RÖMER, Die Liturgie des K.s (ebd 77, 1955, 39-93) - Die Liturgie der Karwoche, hg.v. Benediktinern der Erzabtei Beuron, 1957 - L.FENDT, Einführung in die Liturgiewiss., 1958 (Reg.). *H.Urner*

Karg, *Georg* (Parsimonius; 1512-76), * in Heroldingen, nach längerem Studium in Wittenberg dort 1537 Schloßkirchenkaplan, 1539 Pfarrer in Oettingen, 1547 in Schwabach, 1552 in Ansbach, 1556 auch General-Sup. (1538 in Haft, 1570 vorübergehend amtsenthoben). K. war ein selbständiger Denker. Er schuf die Dekanatsorganisation der Markgrafschaft Brandenburg-Ansbach-Bayreuth und der Grafschaft Öttingen sowie den ansbachischen Katechismus. - Goethe-Ahn.

RE X, 70ff - G.WILKE, G.K., sein Katechismus u. sein doppelter Lehrstreit, 1904 - J.M.REU, Qu. zur Gesch. des Katechismusunterrichtes I, 1904, 428ff. 578ff - MATTH.SIMON, Ansbachisches Pfarrerbuch, 1957, Nr. 1402 (Lit.). *Matth.Simon*

Karikaturen *in der Reformationszeit.* Die Karikatur (= K.) wurde als geistige Waffe in der Reformationszeit von allen Seiten benutzt in Originalzeichnungen, Holzschnitten, Kupferstichen, zur Illustration der → Flugschriften und Bücher, ja sogar in Gemälden und Medaillen. Die Thematik umfaßt alle Lebensgebiete. Im Mittelpunkt stehen naturgemäß die Angriffe gegen die verweltlichte römische Kirche. Die größten Zeitgenossen und Künstler waren an solchen K.en beteiligt. Einzelbilder vom Papstesel und Mönchskalb, aber auch Bildzyklen in Flugschriftenform mit gereimten Texten zu den Bildern (»Passional Christi und Antichristi«; »Wider das Papsttum zu Rom, vom Teufel gestiftet«; das Tier und die Hure der Apk mit dreifacher Krone selbst in Bibeldrucken) warfen die Wittenberger in den Kampf, unterstützt von den zahllosen K.en auf den Titelholzschnitten der anonymen Flugschriftenliteratur. Vor allem reizten die Personen zur K.: → Murner, → Eck und → Emser erschienen als Kater Murr, Schwein und Bock, aber ebenso Luther mit 2 oder gar 7 Köpfen, womit → Cochläus seine gefährliche Persönlichkeit anprangern will. Bald erscheinen auch K.en auf Luthers Ehe. Allegorische Darstellungen erreichen oft die Grenze der K., zB die Handzeichnung Peter Vischers, auf der Luther als Herkules das Volk befreit und zu Christus führt, während der tönerne Koloss der Weltkirche am Boden liegt. Das sieghafte Bündnis von Humanismus und Reformation wird illustriert durch den großen Holzschnitt »Triumphus Veritatis« und den ähnlichen »Triumphus Capnionis« (Reuchlins). - → Bibelillustration: II, 2d, → Graphik.

O.SCHADE, Satiren u. Pasquille aus der Reformationszeit, 3 Bde, 1856-58 - WA 9, 701ff; 54, 206ff - G.STUHLFAUTH, Das Bild als Kampflosung u. als Kampfmittel in der KG (Wege u. Ziele II, 1918, 458ff) - H.GRISAR-FR.HEEGE, Luthers Kampfbilder, 4 Bde, 1921-23 - H.ZIMMERMANN, Beiträge zu Luthers Kampfbildern (in: Mitt.en der Gesellschaft für vervielfältigende Kunst, 1925, 61-67) - DIES., Leipziger Luther-Spottbilder (in: Die dt. Buchillustration in der 1. Hälfte des 16.Jh.s, hg.v. M.GEISBERG, 1930, III, 3-7). *O.Thulin*

Karkemisch, Ruinenort nahe dem heutigen Djerabulus auf dem Westufer des Euphrat (→ 3 B 2), Brückenkopf für den Verkehr zwischen Mesopotamien und Anatolien (Identifizierung 1876 durch G.Smith). Grabungen des British Museum 1911-13 und 1920, Sammlung der Denkmäler im Bedestan in Ankara seit 1948. Reiche Funde an Tell Halaf-Keramik beweisen die Existenz der Siedlung bereits im 4.Jt. vChr. Die Inschriften aus → Mari zeigen, daß K. zZ → Hammurabis die Hauptstadt eines Königreiches war (Syria 20, 1939, 109). Bis zur Eroberung durch Šuppiluliuma (1395-55 vChr; → Hethiter: I) muß K. zum → Mitanni-Reich gehört haben. Während des Großreichs von Ḫattuša war K. hethitisches Unterkönigtum unter Prinzen der königlichen Familie (14.-13.Jh. vChr). Neuerdings wurden Verträge zwischen K. und → Ugarit bekannt (Ugaritica III, 1956, 1-93). Die wichtigsten Denkmäler sind nachhethitisch (9./8.Jh.), aus der Zeit, als K. Sitz eines nordsyrischen Kleinfürsten war. In K. behält aber das luwische Element gegen die überall um sich greifende Aramaisierung die Oberhand. Es kapituliert vor dem Assyrertum unter Sargon II. Abgesehen von den Befestigungen sind Bauten nur sehr unvollkommen wiedergewonnen worden. In den Darstellungen der zahlreichen Relieforthostaten vermengt sich das churrisch-mitannische Erbe mit dem kleinasiatisch-hethitischen. In der ausschließlichen Verwendung hethitischer Hieroglyphen, im Gegensatz zu Šam'al und → Karatepe, äußert sich das luwische Element und dessen völkische und historische Bindung an das Großreich der Hethiter.

Carchemish. Report on the Excavations at Jerabulus. I: Introductory (D.G.HOGARTH), 1914; II: The Town Defences (C.L.WOOLLEY), 1921; III: The Excavations in the Inner Town (SIR L.WOOLLEY) and The Hittite Inscriptions (R.D.BARNETT), 1953. - H.G.GÜTERBOCK, Guide to the Hittite Museum in the Bedestan at Ankara, Istanbul 1946 - DERS. in: JNES 13, 1954, 102-114. *A.Moortgat*

Karl der Große (742-814)

1. Herrschaftsgebiet - 2. Missionarische Unternehmungen - 3. K.s Kirchenverfassung - 4. Der geistige Aufschwung der fränkischen Kirche unter K. - 5. Persönlichkeit

1. K. wurde nach dem Tod des Vaters Pippin III. 768 mit dem Bruder Karlmann König der → Franken, nach dessen Tod 771 durch Verdrängung der Neffen allein König, 774 König der → Langobarden, 800 Kaiser, † in Aachen. - K. eroberte das Langobardenreich (773/74), unterwarf die Sachsen in zahlreichen blutigen Feldzügen (772-804), errichtete eine spanische Mark (795/801), beseitigte das bayerische Herzogtum (788), vernichtete das Awarenreich (795/96) und gliederte seinem Reich einen Kranz slawischer Tributstaaten von Wagrien bis Kroatien an (789-812). Er vollendete so den von Pippin II. begonnenen Neuaufbau des Frankenreiches und erweiterte dieses zum bedeutendsten Großreich des abendländischen MA, aus dem → Deutschland (: I, 1a), → Frankreich (: I, 2), italienische und spanische Teilreiche hervorgegangen sind. Die hegemoniale Stellung in Europa, die Herrschaft über Italien und vor allem Rom und die von seinem Vater begründete enge Verbindung von fränkischem Königtum und → Papsttum (: II) bereiteten die Kaiserkrönung durch Papst → Leo III. Weihnachten 800 in Rom vor, die alsbald zum Konflikt mit → Byzanz (: II, 2) führte. Im Kaisertum verbanden sich schon von den Zeitgenossen verschieden gedeutete und bewertete Momente: spätantik-christliche Reichstradi-

tion, germanische Hegemonialgedanken, römische Territorialherrschaft, die Idee eines Imperium christianum. Leos Krönungsakt, den K. nicht als konstitutiv ansah, wurde zum Präzedenzfall für die gesamte Kaisergeschichte des MA und zum Ausgangspunkt der Lehre von einer päpstlichen translatio imperii (→ Kaisertum und Papsttum, 3. 4).

2. Gegen die der *Mission* bisher kaum zugänglichen, das Frankenreich oft angreifenden → Sachsen unternahm K. zunächst Strafexpeditionen, zerstörte die Irminsul, schritt dann zur Unterwerfung fort und erreichte mehr oder weniger freiwillige Massentaufen (776/77). Der noch Jahrzehnte dauernde Widerstand wurde als Rebellion mit größter Härte niedergeworfen (Blutbad von Verden 782). Da die innige Verflechtung von Reich und Kirche das Christentum aller Reichsglieder voraussetzte, folgte der Eroberung eine bisher unbekannte Zwangsmission großen Stils, die aber den Sachsen eine höhere Kultur brachte und eine wesentliche Voraussetzung für die Entstehung des deutschen Reiches und Volkes schuf. In → Münster, → Osnabrück, Bremen (→ Hamburg: I), → Paderborn, → Minden und → Verden errichtete K. Bistümer. - Die Mission der → Friesen wurde unter → Gregor von Utrecht, → Liudger und → Willehad friedlich vollendet. Während die westlichen Slawen und Dänen außerhalb der Mission blieben, wurde von Passau, Salzburg und Aquileja aus das Christentum unter Südslawen und → Awaren im Donauraum verbreitet. Die Spanienfeldzüge waren noch nicht von Reconquista-Gedanken getragen, sondern dienten der Grenzsicherung. Gegen die Omajjaden von Cordova verband K. sich mit dem Kalifen Harun ar-Raschid von Bagdad, der ihm gewisse Schutzrechte über die Christen in Jerusalem einräumte.

3. Etwas überspitzt hat man K.s → *Kirchenverfassung* (: IV, 5) als Theokratie bezeichnet. Fränkischer Tradition gemäß blieb die zur Reichskirche gewordene fränkische Kirche dem König untergeordnet, der sie mit Hilfe seiner als Hofkapelle zusammengeschlossenen Hofgeistlichkeit leitete. Neben den Grafen waren die Bischöfe Träger der Reichsverwaltung; als missi sandte K. jeweils einen geistlichen und einen weltlichen Beauftragten paarweise durch das Land, um Grafen und Bischöfe zu beaufsichtigen und Reformen durchzuführen. Das → Kirchengut stand unter dem Schutz und im Dienst des Königs; Bistümer und Reichsabteien vergab er als → Eigenkirchen. Synoden und Reichsversammlungen, die nicht mehr klar geschieden wurden, ordneten unter K.s Leitung geistliches und weltliches Recht und nahmen → Kapitularien des Königs entgegen. Diese griffen tief in das kirchliche Leben ein, befahlen zB regelmäßige Predigten, Beichte, Volksunterricht, enthielten kirchliche Sitten- und Strafgesetze, regelten das Klosterleben usw. - Die Metropolitanverfassung (→ Kirchenverfassung: IV, 1) wurde langsam ausgebaut (→ Mainz, → Köln, → Trier, → Salzburg), die Diözesangrenzen fester umschrieben. - K. bestätigte Pippins Schenkung (→ Stephan II.) an die Päpste, führte sie aber nach der Eroberung des Langobardenreiches nur zum kleinen Teil durch. Er wurde als Schützer zum Herrn Roms und des werdenden Kirchenstaates, obwohl → Hadrian I. nicht ganz ohne Erfolg eine unabhängige Stellung erstrebte. Dem Papst räumte K. keine Jurisdiktion in der fränkischen Kirche ein. Er selbst hielt über → Leo III. Gericht. - Nicht kirchlicher Widerstand gegen K.s System, sondern die geistige Überlegenheit der das System durchführenden Bischöfe führte in der folgenden Generation zu dessen Auflösung.

4. Der *geistige Aufschwung* der fränkischen Kirche ist zwar nicht unmittelbar K.s eigenes Werk, aber indem er die hervorragendsten Köpfe seiner Zeit aus allen lateinischen Kirchen an sich zog (u.a. den Angelsachsen → Alkuin, den Schotten Dungal, den Spanier Theodulf, die Langobarden → Paulus Diaconus und → Paulinus von Aquileja, die Franken Arn von Salzburg und → Einhard), ihnen Bistümer und Abteien übertrug, eine Palastschule und »Hofakademie« gründete, machte er seinen Hof zum geistigen Zentrum Europas und schuf die äußeren Voraussetzungen für die sog. karolingische Renaissance. Unter K.s persönlicher Anteilnahme wurden Theologie, Grammatik, Dichtkunst und Kalligraphie gepflegt, der Kirchen- und Klosterbau gefördert; dies alles aber stand zugleich im Dienst der praktisch-pädagogischen Aufgabe, die geistliche, geistige und sittliche Bildung in Klerus und Volk des ganzen Reiches zu heben. - Von hohem Selbstbewußtsein getragen, fällte die fränkische Kirche dogmatische Entscheidungen mit dem Anspruch allgemeiner Geltung. Unter Alkuins Federführung, aber mit K.s Autorität (Synoden von Regensburg 792, Aachen 800) wurde der spanische → Adoptianismus (, 4) erfolgreich bekämpft. Die unter K.s Namen (von Alkuin und Theodulf?) verfaßten Libri Carolini verwarfen Bilderkult und Bildersturm der Byzantiner (→ Bilder: III, 2. 3) zugleich; unter K.s Vorsitz und Teilnahme von Bischöfen aller lateinischen Kirchen verurteilte die Synode von Frankfurt 794 das von Papst Hadrian anerkannte (7. ökumenische) Konzil von → Nicäa 787. Gegen päpstlichen Widerstand ließ K. das in Spanien und im Frankenreich übliche Filioque (→ Geist: V, 3) in das Symbol aufnehmen, andererseits ließ er 787 aus Monte Cassino den authentischen Text der → Benediktinerregel, 774 und 790 aus Rom die Kanones-Sammlung des → Dionysius Exiguus und das römische Sakramentar kommen, um Mönchtum, Kirchenrecht und Liturgie im Reich zu vereinheitlichen; damit wurde auch die von → Bonifatius geschaffene Verbindung zwischen Rom und der Reichskirche gekräftigt.

5. Persönliche Frömmigkeit und Diesseitsfreude, hohes Sendungsbewußtsein und kräftigen Machtwillen, rauhe Sitten und Bildungsstreben (er lernte im Alter Latein und etwas Griechisch), Härte und Rechtlichkeit wußte K.s starke *Persönlichkeit* zu vereinen. Für seine politisch geprägte Religiosität verwuchsen Kirche und Reich nicht nur institutionell, sondern auch geistig. Das Ziel eines Einheitsreiches mit Einheitskirche erreichte er nicht, viele oft wiederholte Anordnungen blieben Wunschbilder; sein Reichsbau trug, wie sich bald zeigte, die Keime des Zerfalls in sich. Dennoch hat K., wie selten ein Mann, seine Zeit geprägt; auf dem von Pippin und Bonifatius eingeschlagenen Weg zur geistigen und politischen Einheit des Abendlandes wurde ein gewaltiger Schritt vorwärts getan, der sich weit über die Grenzen des Frankenreiches auswirkte und auf vielen Gebieten den Zerfall des Karolingerreiches überdauerte. Die Klosterreform → Benedikts von Aniane, die Steigerung des päpstlichen Ansehens unter → Nikolaus I., die Einheitlichkeit geistiger Überlieferungen in der Kirche des Hoch-MA sind ohne K.s Wirken schwer denkbar. In Frankreich, Deutschland und zT Italien knüpften an K.s Person und Reich für Jh.e alle Reichstraditionen an. K. wurde als Idealfigur des christlichen Herrschers verherrlicht und bald als Heiliger verehrt; auf Wunsch Kaiser Friedrichs I. kanonisierte (Gegen-)Papst → Paschalis (III.) ihn 1165 formell.

Die Lit. bis 1953 bei GEBHARDT-GRUNDMANN I, 132-144. 606-610. Hervorzuheben u. zu ergänzen: HAUCK II, passim - E. CASPAR, Das Papsttum unter fränk. Herrschaft (ZKG 54, 1935, 132-266 = Neudr. 1956) - L. HALPHEN, Charlemagne et l'empire carolingien, Paris 1947 - H. FICHTENAU, Das Karoling. Imperium, 1949 - WATTENBACH-LEVISON 2, passim (Lit.) - E. DELARUELLE, Charlemagne et l'Église (Rev.

d'hist. de l'église de France 39, 1953, 165-199) - I problemi della civiltà carolingia (Kongreßbericht), Spoleto 1954. - Zu Einzelfragen: F.ANSPRENGER, Unters.en zum adoptianischen Streit im 8.Jh. (Diss. Freie Univers. Berlin), 1952 (Masch.) - J.FLECKENSTEIN, Die Bildungsreform K.s d.Gr., 1953 - H.FICHTENAU in: MIÖG 61, 1953, 276-287 (zu K.s Anteil an den Libri Carolini) - G.HAENDLER, Epochen karol. Theol. Eine Unters. über die karol. Gutachten zum byzant. Bilderstreit (ThA 10), 1958 - H.BEUMANN, Nomen imperatoris (HZ 185, 1958, 515-549; weitere Lit. zum Kaisertum) - F.L.GANSHOF, Recherches sur les Capitulaires, Paris 1958 (Lit.). - Weitere Lit. s. → Alkuin. *P.Classen*

Karl IV. (14.5.1316 bis 29.11.1378), *römischer Kaiser* und *König von Böhmen,* * in Prag als Sohn Johanns von Luxemburg und Elisabeths, einer Schwester des letzten Přemyslidenkönigs. In früher Kindheit wurde K. an den Hof des französischen Königs gebracht, übernahm 1331 den luxemburgischen Herrschaftsbereich in Oberitalien, kehrte aber bald in seine Heimat zurück, da er sich nicht behaupten konnte. Er wurde Markgraf in Mähren, schuf in Böhmen Ordnung und widmete sich der Sicherung Tirols für seinen Bruder Johann Heinrich. Nach Übernahme schwerwiegender Verpflichtungen gegenüber Papst → Clemens VI. wurde er 1346 zum Gegenkönig Ludwigs des Bayern gewählt, kämpfte bei Crécy auf französischer Seite gegen Eduard III. von England und wurde nach dem Tod seines Vaters in der Schlacht auch König von Böhmen. Bereits 1347 starb Ludwig der Bayer. Als der von der wittelsbachischen Partei aufgestellte Gegenkönig Günther von Schwarzburg 1349 der Herrschaft entsagt hatte, konnte sich K. IV. nach einer nochmaligen Krönung, diesmal in Aachen, der Verwirklichung seiner Pläne widmen. Durch Heirat und Kauf gelang ihm die Erweiterung der luxemburgischen Hausmacht auf deutschem Reichsboden. Die Oberpfalz, die beiden Lausitzen, Schweidnitz und Jauer wurden mit Böhmen vereinigt, die Mark Brandenburg kaufte K. den Wittelsbachern 1373 ab, womit die Luxemburger über 2 Kurstimmen verfügten. Die Erbeinigung mit den Habsburgern sollte den Anfall der Alpenländer an Böhmen vorbereiten, das Erbe nach Ludwig dem Großen hat dann in Ungarn K.s jüngerer Sohn → Sigismund angetreten. Die angestrebte Festigung der Westgrenze ist K. nicht geglückt. Er hat wohl 1361 die Grafschaft Savoyen in das engere deutsche Staatsgebiet aufgenommen und sich 1365 zum König des Arelats krönen lassen, 1378 aber die Reichsstatthalterschaft im Arelat dem Dauphin übertragen. In die italienischen Zustände hat sich K. nicht weiter eingemischt, seine Kaiserkrönung 1355 war kaum mehr als ein moralischer Erfolg. Die Abhängigkeit vom → Papsttum (: II) hat er behutsam gelockert, dessen Rückkehr aus Avignon nach Rom in die Wege geleitet und ist nach anfänglichem Zögern mit Entschiedenheit für den römischen Papst eingetreten, als nach der Wahl → Urbans VI. ein Schisma ausbrach. Die Goldene Bulle 1356 legte die Unteilbarkeit der Kurfürstentümer fest und regelte den Vorgang bei der Königswahl. Nach zähen Verhandlungen wurde 1376 die Nachfolge Wenzels im Reich gesichert. → Prag reifte unter K. zum geistigen und künstlerischen Mittelpunkt des Reiches heran. Bereits 1348 hat K. in der 4 Jahre vorher zum Erzbistum erhobenen Stadt als deutscher und böhmischer König das erste Studium generale in Mitteleuropa gestiftet. Zum Durchbruch des Neuhochdeutschen hat die Reichskanzlei beigetragen. K. beherrschte 5 Sprachen und verfaßte eine – für seine religiöse Haltung aufschlußreiche – Schilderung seiner Erlebnisse bis 1346 sowie eine Wenzelslegende (ein Fürstenspiegel wurde ihm zu Unrecht zugeschrieben). – Er verstand die Spannungen zwischen Tschechen und Deutschen zu mildern. Dieser ungewöhnlich kluge, zäh seine Ziele verfolgende Kaiser kann als »Europäer« gekennzeichnet werden.

Karoli IV. imp. Rom. vita ab eo conscripta, hg.v. W.BULST, 1950 - Die St.-Wenzelslegende Kaiser K.s IV., hg.v. A.BLASCHKA, Prag 1934 - MG Const. VIII, 1910-26 - A.HUBER, Regesten des Kaiserreichs unter K. IV., 1877, Additamenta 1889. - Lit.: H.FRIEDJUNG, Kaiser K. IV. u. sein Anteil am geistigen Leben seiner Zeit, 1876 - E. WERUNSKY, Gesch. Kaiser K.s IV. u. seiner Zeit, 3 Bde, 1880-92 - K.ZEUMER, Die goldene Bulle Kaiser K.s IV., 2 Bde, 1908 - K.BURDACH, Vom MA zur Reformation, 1912-37 - F.VIGENER, K. IV. (in: Meister der Politik II², 1923, 1-38) - H.REINCKE, Machtpolitik u. Weltwirtschaftspläne Kaiser K.s IV. (Hansische Geschichtsblätter 49, Bd 29, 1924, 78-116) - K.HAMPE, Kaiser K. IV. (in: Herrschergestalten des dt. MA, [1927] 1955⁶, 278-315) - G.PIRCHAN, Italien u. Kaiser K. IV. in der Zeit seiner zweiten Romfahrt, 2 Bde, Prag 1930 - J. PFITZNER, Kaiser K.IV., 1938 - J.ŠUSTA, Karel IV. Otec a syn (České Dějiny II/3), Prag 1946 - DERS., Karel IV. Za císařskou koronou (ebd II/4,) ebd 1948. *H.Zatschek*

Karl V. (24.2.1500 bis 21.9.1558), *deutscher Kaiser,* * zu Gent als Sohn Philipps des Schönen (Sohn Maximilians I.) und Juanas (Tochter Ferdinands und Isabellas von → Spanien), war schon in jungen Jahren präsumptiver Erbe eines weit verstreuten Reiches, bestehend aus den habsburgischen Erbländern Österreich und Burgund mit Ansprüchen auf Böhmen und Ungarn, den spanischen Reichen der Großeltern mit Neapel und Sizilien und den wachsenden Kolonien in der Neuen Welt. Seit dem Tode des Vaters (1506) wurde K., da die Mutter manisch depressiv und regierungsunfähig war († 1555), von der Statthalterin Margarete von Österreich als burgundischer Edelmann erzogen und mit 15 Jahren in den Niederlanden großjährig. 1517 ging er nach Spanien, um das Erbe Ferdinands († 1516) anzutreten. Diesen durch dynastische Verbindungen zusammengetragenen Besitz seinem Hause in Macht und Glanz zu erhalten, empfand K. als von Gott gestellte Aufgabe, in die er kühl und sachlich die politischen Heiratsverbindungen seiner Verwandten in ganz Europa einbezog. 1519 wählten ihn die Kurfürsten, gewonnen durch die von den Fuggern finanzierten Bestechungsgelder, aber auch getragen von den Erwartungen der öffentlichen Meinung für die Reform der Kirche, zum Kaiser. Die höchst konkreten Sorgen für seine Hausmacht verklärten sich K. dank der Ratschläge seines humanistisch gebildeten Großkanzlers Gattinara durch die Idee des universalen Kaisertums; in seinem Bewußtsein verband sich die höchste weltliche Würde mit der Verpflichtung, als Vogt der Kirche die Christenheit vor inneren und äußeren Feinden zu schirmen. Die Verschmelzung der dynastischen mit der sakralen Kaiseridee ist die Lebensaufgabe K.s geworden – in einer Zeit, in der die Überspannung des dynastischen und der Primat des universalen, noch ganz mittelalterlich empfundenen Gedankens das Gegenteil dessen darstellten, was in den sich gegeneinander abschließenden westeuropäischen Nationalstaaten sich anbahnte. Sein universaler Anspruch traf auf die erbitterte Feindschaft Franz' I. von → Frankreich (: I, 4), der in wechselnden Bündnissen mit England, dem Papst, den italienischen Staaten, den deutschen Ständen, sogar mit den Türken sich aus der habsburgischen Umklammerung zu befreien suchte, indem er wie einst gegen den burgundischen Vasallen in den Niederlanden und nach der Tradition der französischen Könige seit Karl VIII. im Reichslehen Mailand, der Verbindung zwischen den österreichischen Erblanden und Neapel, Fuß zu fassen strebte. Zur Schonung der Völker erbot sich einmal K. zum ritterlichen Zweikampf mit Franz I. (1536). K. gelang aber kein bleibender Erfolg; weder konnte er den Krieg nach Frankreich hineintragen noch die Freigrafschaft Burgund zurückgewinnen. Das Renaissance-Papsttum empfand sich in dem Augenblick, wo Martin → Luther das hierarchische System aufs äußerste bedrohte, im Streit um die Hegemonie mit den Staaten Italiens in erster Linie als säkulares

Haupt des Kirchenstaates. Es wünschte keine Fremdherrschaft in Italien und verschloß sich wegen der befürchteten Machtsteigerung des Kaisers sowohl seinem Ruf zum Kampf gegen die Ungläubigen als auch lange der Einberufung eines Konzils zur Reform der Kirche (→ Tridentinisches Konzil). Trotz der Bündnisse der Kurie mit seinen Gegnern und trotz kriegerischer Auseinandersetzungen mit den Päpsten (Sacco di Roma 1527) ist K. in seiner Devotion gegenüber der röm. Kirche nie irre geworden. Sein großes Ziel war, nach Befriedung der Verhältnisse in Europa als Kaiser ein Heer aus allen christlichen Nationen gegen die Türken zu führen, die 1529 zum ersten Mal vor Wien erschienen waren und Ungarn und die österreichischen Länder schwer bedrängten. Wohl gelang es K. vorübergehend, die türkische Herrschaft im westlichen Mittelmeer zu brechen (Tunis 1535), und seinem Bruder Ferdinand, in Ungarn Einzelerfolge zu erringen. Der Glaubenskrieg gegen die Türken aber scheiterte an den Spannungen der Mächte untereinander und an K.s nicht ausreichenden materiellen Reserven. In → Deutschland (: I, 2a) war in dem Maße, wie die Kirchenreform sich hinzog, nicht zu erwarten, daß sich die Stände von den Interessen eines Reiches leiten ließen, das nur Anhängsel einer viele nationale Gegensätze umfassenden dynastischen Herrschaft war. Die deutschen Territorialherren strebten nach Festigung ihrer Libertät. Besonders verhängnisvoll war es, daß K. jahrelang (1521-30, 1530-41) dem Reich fern blieb. Erst dadurch wurde die → Reformation zu einer nationalen Bewegung und die Bildung der politisch-prot. Partei im Schmalkaldischen Bund möglich. Obwohl K. jede Änderung des kirchlichen Herkommens ohne Billigung des Konzils verwarf, wurde die Einigung im Glaubenszwiespalt nach hinhaltenden Entscheidungen (Nürnberger Religionsfrieden 1532, Frankfurter Anstand 1539) auch eine politische Notwendigkeit: bei seinen ständigen Finanznöten konnte K. auf die Hilfe der Reichsstände nicht verzichten. Trotz seiner Verständigungsbereitschaft im Geiste des → Erasmus scheiterten wiederholte Ausgleichsverhandlungen auf Reichstagen (→ Augsburger Bekenntnis) und Religionsgesprächen. Im Schmalkaldischen Kriege (1546/47) gelang es K. zwar, die militärisch-politische Organisation des uneinigen Protestantismus zu sprengen, aber nicht, das Luthertum oder gar die Stände der kaiserlichen Gewalt zu unterwerfen. Der Plan einer gegen die politische Selbständigkeit der Reichsstände gerichteten Reichsliga scheiterte am Widerstand des kath. Bayern. Der Aufstand → Moritz' von Sachsen richtete sich gegen die »spanische Servitut«, mit der K. die Nachfolge seiner Erben im Kaisertum auf Generationen festlegen wollte, und brachte ihn in äußerste Gefahr. Schon das → Interim, erst recht der Passauer Vertrag (1552) und der → Augsburger Religionsfrieden entsprachen nicht K.s Tradition und Gewissen; die Abmachungen von 1552 und 1555 wurden ohne seine ausdrückliche Billigung von dem 1531 zum röm. König gewählten Ferdinand von Österreich abgeschlossen. Zu Tode erschöpft nach all den Fehlschlägen seines Lebens, längst auch in seiner Gesundheit gebrochen, übergab K. 1555/56 nacheinander die Niederlande und die spanischen Reiche seinem Sohne Philipp (aus der Ehe mit Isabella von Portugal, † 1539), die österreichischen Erblande und das Kaisertum Ferdinand. Es war das Eingeständnis, daß die Idee des sakralen Kaisertums keine Kraft mehr besaß. In stiller Beschaulichkeit lebte K., wenn auch noch Anteil nehmend an den Händeln der Welt, seit 1557 in der Nähe des Klosters San Yuste in Estremadura.

Qu. u. Lit. (bis 1937) sind verarbeitet bei K.BRANDI, Kaiser K. V., 2 Bde, (1937/41) 1941². Zu Einzelproblemen vgl. SCHL., bes. III Nr. 28340ff u. V Nr. 51055ff. - Neuere Arbeiten: P.RASSOW, Die Kaiseridee K.s V., 1932 - DERS., Die polit. Welt K.s V., (1941) 1946² - DERS., K. V., der letzte Kaiser des MA, 1957. *W.P.Fuchs*

Karlsbader Beschlüsse, gefaßt 1819 auf Initiative Friedrich Wilhelms III. und Metternichs gegen die auf ein unteilbares Deutschland gerichtete nationale und freiheitliche Bewegung der »Patrioten« und Studenten, die auf dem Wartburgfest (1817) der Allg. Deutschen Burschenschaft ihrer Enttäuschung über das politische Ergebnis der Freiheitskriege Ausdruck gegeben hatte. Die Ermordung Kotzebues durch den Theologiestudenten K. Sand aus dem von K.Follen geführten radikalen Kreis der »Unbedingten« rief den Gegenschlag der Regierungen hervor. Die zum Schutze des »monarchischen Prinzips« vom Bundestag bestätigten K.B. wandten sich gegen die »Zügellosigkeit« der Presse und der Universitäten: Druckschriften bis zu 20 Bogen unterlagen der Zensur, die Universitäten wurden überwacht (u.a. auch → Schleiermachers Predigten), die Burschenschaft verboten und die Turnplätze gesperrt. Der Geist der Restauration schlug in Reaktion um, als die in Mainz eingesetzte Zentraluntersuchungskommission mit ihren Demagogenverfolgungen begann. Von den Maßregelungen wurden → Arndt (, 1), Jahn, → Görres, → De Wette u.a. betroffen; zahllose Verdächtige flohen ins Ausland. In Preußen wurden die letzten Reformer aus dem Staatsdienst entlassen. Der absolutistische Polizeistaat des »Systems Metternich« erstickte die Meinungsfreiheit. In → Biedermeier-Kultur und Spätromantik (→ Romantik: II) fand das vom politischen Leben abgedrängte Bürgertum seine Welt.

H.v.TREITSCHKE, Dt. Gesch.II,1879, 491ff - M.HODANN-W.KOCH, Die Urburschenschaft als Jugendbewegung, 1917 - E.MÜSEBECK, Das Wartburgfest, 1917 - K.A.v.MÜLLER, Sand, 1925 - H.v.SRBIK, Metternich I, 1925, 593ff - F.SCHNABEL, Dt. Gesch. II, 1949, 258ff (Lit.). *K.Kupisch*

Karlstadt, *Andreas Bodenstein,* genannt K. (ca 1480 bis 1541), * in K. am Main, studierte 1499-1504 in Erfurt und Köln und kam 1505 als strenger Thomist nach → Wittenberg, wo er 1510 Dr. theol. und gleichzeitig Archidiakon am Allerheiligenstift wurde. Er hielt mit Erfolg Vorlesungen über die Metaphysik des → Aristoteles und über die Theologie des → Thomas von Aquino. Zu → Luther (: I), dem Schüler → Ockhams und → Biels, den K. 1512 zum Doktor promovierte, hatte er von vornherein ein kühles Verhältnis: Der ehrgeizige, herrschsüchtige, auf Erhöhung seines Einkommens bedachte Prälat und der von Gewissensängsten geplagte Bettelmönch waren nicht nur durch Schulmeinungen voneinander getrennt. Als Luther durch seine Auslegung der Pss und des Röm Aufsehen erregte, wollte K. ihn widerlegen. Das intensive Augustin-Studium, das K. deshalb betrieb, führte ihn jedoch auf Luthers Seite. K.s 151 Thesen vom 26.4.1517 und sein Kommentar zu Augustins »De spiritu et litera liber« (1517/19) beweisen das, zeigen aber auch, daß - im Unterschied zu Luther - für K. wie »für Augustin nicht der Gegensatz von Gesetz und Evangelium, sondern der von Gesetz und Geist konstitutiv ist« (E.Kähler). Mit → Augustin (: II, 3) lehrt K.: »Die Gnade bewirkt, daß wir das Gesetz lieben und erfüllen«, während für Luther das → Gesetz (: V, 5) »immer verklagend« bleibt (W.Elert). Hier liegt die Wurzel zu allen späteren Gegensätzen. 1519 kämpften beide in Leipzig noch gemeinsam gegen → Eck. Schon K.s Schrift »De canonicis scripturis« (1520), in der er sich gegen eine Geringschätzung des Jak wandte, wirkte auf Luther verstimmend. Zum Bruch führten die Ereignisse in Wittenberg während Luthers Wartburg-Aufenthalt: K., der im Juni 1521 aus Dänemark zurückgekommen war, wo er

Christian II. bei seinen Reformplänen beraten hatte, war anfangs viel zurückhaltender als → Zwilling und → Melanchthon, hielt dann aber als erster öffentliche deutsche Messen, bei denen er ohne Meßgewand Brot und Wein austeilte. Unter seiner Mitwirkung entstand die »Ordnung der Stadt Wittenberg« (24.1.1522), und um den »Bildersturm« zu verhüten, forderte er energisch die »Abtuung der Bilder«. Er glaubte, im Sinne Luthers gehandelt zu haben, und war tief enttäuscht, als er nach Luthers Rückkehr, des Übergriffs in ein fremdes Amt beschuldigt, auf seine Lehrtätigkeit beschränkt und durch Beschlagnahme von Manuskripten verärgert wurde. In dieser Zeit machte er eine Wandlung durch: K. legt den Dr.-Titel ab und läßt sich Bruder oder Nachbar Andres nennen; anstelle der Prälatentracht trägt er einen grauen Bauernrock und verrichtet ungeniert grobe Arbeit, weil er sich schämt, daß er bisher »unverdient der Armen Brot gegessen« habe. Mit Zustimmung Herzog Johanns übernimmt er seine (dem Archidiakonat »inkorporierte«) Pfarrstelle in Orlamünde, die ein unfähiger Vikar schlecht verwaltet hatte. Hier predigt K. täglich unter großem Zulauf; er reformiert den Gottesdienst, läßt deutsche Lieder singen, beseitigt Bilder und Orgeln, schafft die Kindertaufe ab. Den Laienchristen viel zutrauend, versteht er es, die Gemeinde zu aktivieren. Der Absagebrief, den die Orlamünder an → Müntzer schreiben, und das hitzige Gespräch, das sie am 24.8.1524 mit Luther im Rathaus führen, beweisen ihre auf Bibelstudium gegründete Selbständigkeit. K., der nach einer Zeit des »Stillschweigens« eine Reihe »mystischer« Traktate in Jena hat drucken lassen, wird dort am 22.8.1524 öffentlich von Luther zur Rechenschaft gezogen und im Sept. trotz des Einspruchs seiner Gemeinde mit Weib und Kind als Unruhestifter aus Sachsen vertrieben. Während des → Bauernkriegs hält er sich in Rothenburg auf, darf danach wieder eine Zeitlang in Sachsen ein kümmerliches Leben fristen, wandert 1529 erneut ins Elend und kommt über Holstein, Ostfriesland und Zürich nach Basel, wo er 1534 eine letzte Wirkungsstätte als Prediger und Prof. findet. Am Weihnachtsabend 1541 stirbt er, schon längst ein gebrochener Mann, an der Pest. Zu Anfang seiner Verbannung, im Herbst 1524, hatte er Abendmahlstraktate veröffentlicht, in denen er, mit sehr unzureichender biblischer Argumentation, die Realpräsenz bestritt (→ Abendmahl: II, 3a). Daraufhin zeichnete Luther in der Schrift »Wider die himmlischen Propheten« (1524/25) das Bild des »Schwärmers«, »Bilderstürmers« und »Aufrührers«, das heute noch viele für zutreffend halten, obgleich K. Luthers Vorwürfe durch seine bedeutendste, aber kaum beachtete Schrift »Anzeig etlicher Hauptartikel christlicher Lehre« (1525) weithin entkräftet hat. Er verstand sich selbst als einen »Nachfolger Christi«, dem mehr als Luther daran lag, daß »unsre geistliche Geburt geschieht in gründlichem Absterben unsres Eigenwillens«. Entscheidend schien ihm Jesu Wort: »An ihren Früchten sollt ihr sie erkennen« (Mt 7, 20).

H.Barge, A.B.v.K., 2 Bde, 1905 - Ders., Frühprot. Gemeindechristentum in Wittenberg u. Orlamünde, 1909 - K.Müller, Luther u. K., 1907 - W.Köhler, GGA 174, 1912, 505-550 - E.Hertzsch, K. u. seine Bedeutung für das Luthertum, 1932 - Ders., K.s Schriften aus den Jahren 1523-25, 1956/57 - E.Kähler, K. u. Augustin. Der Kommentar des A.B.v.K. zu Augustins Schrift »De spiritu et litera«, 1952 - NDB II, 356f.

E.Hertzsch

Karma (Nom. Sing. Neutr. der Sanskrit-Stammform Karman; im Pâli: kamma) bedeutet »Tun«, und zwar das aktive Handeln, die vollzogene Tat (zB Opferwerk) und die als Folge einer ethisch positiv oder negativ zu bewertenden Tat eintretende transzendente → Vergeltung derselben. Die Lehre vom K. ist ein Zentraldogma aller indischen Religionen (→ Indien: II), die indische Form des Glaubens an eine sittliche Weltordnung. Sie besagt, daß eine in diesem Leben ausgeführte Handlung von moralischer Bedeutsamkeit das → Schicksal in einer → Wiedergeburt nach dem Tode mitbestimmt. Sie tritt zuerst um 800 vChr (?) in der Brihadâranyaka-Upanishad IV, 4, 5 auf und hat im → Hinduismus, → Jinismus und → Buddhismus eine mannigfache philosophische Ausbildung erfahren. Gemeinsam ist allen Systemen die Anschauung, daß das K. automatisch wirksam ist, infolge einer weltgesetzlichen Notwendigkeit. Während bei den atheistischen (→ Atheismus: I) Heilslehren der Jainas und Buddhisten das K. die Stelle eines unparteiischen Richters vertritt, besteht für die theistischen Systeme der Brahmanen die Schwierigkeit, die Vorstellung von der mechanisch wirksamen Vergeltungskausalität des K. mit der von einer Allmacht Gottes in Einklang zu bringen. Dies geschieht zumeist durch die Annahme, daß Gott den anfangslos vor sich gehenden K.-Prozeß in Gang hält, oder dadurch, daß Gottes Aktivität auf soteriologische Funktionen beschränkt wird. Die K.-Theorie gibt dem Inder eine Erklärung dafür, warum die Lebewesen in der Welt so verschiedenartig sind (Pflanzen, Tiere, Menschen, Himmels- und Höllenbewohner), ein durch Kastenzugehörigkeit (→ Kaste: I), Herkunft, Gesundheitszustand, Vermögensverhältnisse usw von Anbeginn an differenziertes Schicksal haben und warum es dem Guten in diesem Leben oft schlecht, dem Bösen gut ergeht. Alles dieses wird auf die in einem früheren Dasein erworbenen → Verdienste oder auf eine Verschuldung in diesem zurückgeführt (→ Determinismus, 1). Hingegen wird angenommen, daß der Wille in diesem Leben frei und es dem Täter möglich sei, sich für die nächste Wiedergeburt eine gute oder schlechte Zukunft zu bereiten. Da jedes Dasein die Taten eines früheren zur Voraussetzung hat, jedes Tun aber wieder die Grundlage zu einer Wiedergeburt legt, ist der K.-Prozeß ohne Anfang und Ende. Er kann nur dadurch stillgelegt werden, daß die Erzeugung von neuem K. unmöglich gemacht wird. Dies geschieht nach vorhergegangener Läuterung durch → Askese (→ Bußwesen) usw in vielen Existenzen bei den theistischen Systemen durch einen Eingriff Gottes, bei den anderen durch Erreichung einer das K. vernichtenden selbsterworbenen Erkenntnis. - Vgl. → Gericht Gottes: I, → Gerechtigkeit Gottes: I, → Ordnung, → Theodizee: I.

ERE VII, 673ff - H.v.Glasenapp, Unsterblichkeit u. Erlösung in den ind. Religionen, 1938, 13ff - Ders., Die Philosophie der Inder, 1949, 397ff. - Speziell über die K.-Lehre der Hindus: E.W.Hopkins, Modifications of the K.-Doctrine (JRAS 1906, 581-593; 1907, 665-672). - Über die Theorien der Jainas: H.v.Glasenapp, Die Lehre vom K. in der Philosophie der Jainas (Phil. Diss. Bonn), 1915; über die der Buddhisten: L.de la Vallée Poussin, La doctrine de l'acte (JA 1902, 237-306; 1903, 357-450) - E.Lamotte, Le traité de l'acte de Vasubandhu (Mélanges chinois et bouddhiques 4, Bruxelles 1936, 151-288).

H.v.Glasenapp

Karmel (hebr. = Baumgarten; vgl. Am 1, 2; Hhld 7, 6) ist ein 20 km langer bis 550 m aufsteigender Bergrücken des samarischen Berglandes, in NW-Richtung sich bis zum Mittelmeer erstreckend und im Altertum bewaldet. Das Heiligtum des Gottes K. und die unmittelbar benachbarte Stätte des Jahwealtars (1Kön 18) ist entgegen der byzantinischen Tradition nicht am SO-Ende (el-muḥraka), sondern auf dem Vorgebirge südl. Haifa anzusetzen (Bereich des Elia-Klosters). Der Kult war zunächst kanaanäisch, in der Zeit zwischen David und Salomo gab es daneben noch eine Jahwestätte. Die Zugehörigkeit des K. zur tyrischen Einflußsphäre ist die Voraussetzung für den Kampf des → Elia. Alleinige Jahwestätte war der K. wohl nur bis 732 vChr; im 2.Jh.

nChr galt das Heiligtum des Vorgebirges als Filialkult des Zeus von Baalbek. - K. heißt auch eine Ortschaft in Juda (heute el-kirmil); vgl. u.a. Jos 15, 55; 1Sam 25, 2ff.

Außer den bei → Elia genannten Arbeiten von A.Alt, M.Avi-Yonah, O.Eissfeldt u. K.Galling: Cl.Kopp, Elias u. das Christentum auf dem K., 1929 - BL 892f. *K.Galling*

Karmeliter und Karmelitinnen (*Ordo Fratrum B.V. Mariae de Monte Carmelo,* OC). Um die Mitte des 12.Jh.s lebten auf dem Berge → Karmel mehrere Einsiedler, deren Oberer Berthold von Kalabrien war. Dessen Nachfolger Brocardus übergab 1209 dem Patriarchen Albert von Jerusalem eine Regel, die 1226 von Honorius III. bestätigt wurde. Fortgesetzte Bedrängnisse durch die Mohammedaner veranlaßten um 1240 die Eremiten (→ Einsiedlerorden), den Karmel zu verlassen und sich im Abendland niederzulassen. Innozenz IV. gewährte 1247 die (abgemilderte) Regel und reihte 1253 die K. den → Bettelorden ein. Unter dem General Simon Stock († 1265) breitete sich der Orden, der die Verehrung der Gottesmutter als besondere Aufgabe betrachtete (Skapulier U.L.F.), über ganz Mittel- und Westeuropa aus (ca 1250 in Würzburg, 1255 Nürnberg, in Frankreich von → Ludwig IX. begünstigt). Die durch das Schisma eingetretene Spaltung veranlaßte weitere Milderungen (Eugen IV.). Aber nicht alle Klöster nahmen sie an. Der Orden spaltete sich in → Observanten und → Konventualen. Eine wirklich durchgreifende Reform führten die hl. → Therese von Avila († 1582) und der hl. → Johannes vom Kreuz († 1591) durch. Das Volk nannte die Reformer »die Beschaulichen«, später »die Unbeschuhten« (Discalceati, OCD; → Barfüßer). Unter dem Schutze König Philipps II. und Papst Gregors XIII. entfaltete sich die Reform rasch, freilich nicht ohne Widerstand bei den Ordensoberen. 1587 bildeten die Unbeschuhten in Spanien bereits ein selbständiges Vikariat; Clemens VIII. gab ihnen 1597 einen eigenen General. Die Reform drang in Frankreich und Deutschland (Köln 1614, Wien 1622, Würzburg 1627) ein und übernahm auch Missionen (Persien, Syrien, Malabarküste, China, Brasilien, Mexiko, Kuba, USA). Die Wissenschaft wurde gepflegt (Complutenses und Salmanticenses); Therese und Joh. vom Kreuz sind die Klassiker der → Mystik (: VI), durch deren Pflege sich der strenge Orden vor allem auszeichnet. Auch bei den Beschuhten K.n kam es in nachtridentinischer Zeit zu Reformen. Der aufblühende Orden wurde in Frankreich durch die Revolution und das Vereinsgesetz (1901), in Deutschland und Italien durch die Säkularisationen, in Österreich durch den → Josephinismus schwer geschädigt, erholte sich aber im 19.Jh. teilweise wieder. Die Beschuhten K. haben den jerusalemischen, die Unbeschuhten durch Privileg Sixtus' V. den römischen Ritus. Habit und Skapulier sind kastanienbraun, der Mantel weiß. Die letzte Ausgabe der Konstitutionen erfolgte i.J. 1929, bei den Unbeschuhten i.J. 1928. - Die *Karmelitinnen* wurden vom Ordensgeneral Johannes Soretch († 1471) gegründet, 1452 von Nikolaus V. genehmigt und mit den Privilegien der Dominikanerinnen und → Klarissen versehen. Auch unter ihnen gibt es 2 Observanzen (Konstitutionen der Beschuhten 1935, der Unbeschuhten zuletzt 1928). Die Reform der hl. Therese, 1565 von Pius IV. bestätigt, fand rasche Verbreitung, bes. in Frankreich durch Kardinal Peter Berulle und Barbara Avillot, in Wien 1629, Köln 1631, München 1711. Klöster der Beschuhten bestehen in Spanien, Italien, Holland, Deutschland (Schlüsselau), Amerika, der Unbeschuhten in fast allen Ländern.

Heimbucher II, 54ff - LThK V, 839ff - A Chronicle of the Carmelites in Persia and the Papal Mission of the XVIIth and XVIIIth cent., 2 Bde, London 1939 - DDC II, 1354ff - DHGE X, 1070ff - E.M. Esteve-J.M.Guarch, La orden del Carmen, Madrid 1950 - Fr.de St.Marie, Mystik des Karmel, 1953 - Escobar I, 457ff - A.M.Tauscher van den Bosch, Die Dienerin Gottes Mutter Maria Teresa vom hl. Josef, Stifterin d. Karmelitinnen v. göttl. Herzen Jesu, 1954 - P.Albino del Bambino Gesù, Il Carmelo Spirito e vita, 1956 - H.Peltier, Histoire du Carmel, Paris 1958. *Ph.Hofmeister*

Karmelmission, *Ev.*, gegr. 1904, Heimatzentren in Schorndorf/Württ. und Rämismühle/Kt. Zürich, treibt Mohammedaner- und → Judenmission. Sie arbeitete bis 1948 in Palästina auf den Stationen Haifa, → Karmel, Akko und El-Bassa, und zwar in muslimischen Dörfern und jüdischen Siedlungen sowie unter Beduinen (auch in Syrien). 1948 wurde die Arbeit nach Libanon verlegt. Neue Stationen sind Beirut (Geschäftsstelle, Stadt- und Dörfermission), Dbayeh und Mejdelonna (Gemeinde- und Schularbeit in der ev. Diaspora). Beide Gemeinden gehören der Synode der Arabischen Ev. Kirche in Beirut an. Dazu kam Flüchtlingsarbeit in drei Lagern in Libanon, Seelsorge und Mission in 45 Gefängnissen Libanons, Syriens und Jordaniens und eine erweiterte Beduinenmission in Libanon und Syrien.

W.Sziel, Zeugendienst im Hl. Lande u. Nahen Osten. Die Ev. K., ihr Werden u. Wachsen, (o.J.) 1956² - F.Heinrici, Das Evangelium unter Beduinen, 1958. *E.Schmiedinghoff*

Karmiris, *Johannes* (* 1904), griechischer Dogmatiker, studierte in Athen, Bonn und Berlin; 1937 PDoz., seit 1942 o.Prof. an der Universität → Athen, zugleich 1945-50 im Kultusministerium und seit 1945 Königlicher Prokurator bei der Hl. Synode der Orth. Kirche von Hellas.

Vf. u.a. (meist griech.): Pachomios Rousanos u. seine... erstmalig hg. Werke (Bh.e zum Byzantinisch-Neugriech. Jb. 14), 1935; Orthodoxie u. Protestantismus I, Athen 1937; Die dogmat. u. symbol. Denkmäler der Orth. Kath. Kirche I. II, ebd 1952/53; Abriß der dogmat. Lehre der Orth. Kath. Kirche, ebd 1957; Die Ekklesiologie Basileios' d.Gr., ebd 1958. *Hildegard Schaeder*

Karo, *Joseph ben Ephraim* (1488-1575), * in Toledo, † in Safed, der bedeutendste Kodifikator des babylonischen → Talmud. Zunächst verfaßte er einen sehr ausführlichen Kommentar zu den 'Arba'ā Ṭûrîm des → Jakob ben Ascher und später einen zur Mišnē Tôrā des → Maimonides, dazu andere Werke auf verschiedenen Gebieten. Sein Hauptwerk ist das Talmudkompendium Šulḥan 'Arūḵ (»gedeckter Tisch«), das erstmals 1567 in Venedig erschien und seitdem - oft kommentiert - eines der meistgedruckten Werken des → Judentums (: II) wurde. Einerseits ist das Buch im Geiste eines starren Formalismus geschrieben, anderseits trägt es dem Strukturwandel im Wirtschaftsleben der Neuzeit weitgehend Rechnung und ist vor allem im Privatrecht recht elastisch. Die äußere Einteilung ist dieselbe wie die der Ṭûrîm. - Neben diesem äußerst nüchternen Lebenswerk soll K. auch Vertreter einer ekstatischen → Mystik (: III) gewesen sein. Das K. zugeschriebene Buch Maggid Mēšārîm (Bd I Lublin 1646, Bd II Venedig 1654) enthält neben Toraerklärungen mystische Offenbarungen, die dem Verfasser durch seinen Maggid (Mentor) übermittelt wurden. Die Autorschaft K.s wurde schon früh bestritten, zumal seine authentischen Werke dem Kabbalismus stark widersprechen.

EJud IX, 1004 (Lit.) - J.J.Greenwald, Harāb r. jôsef qarô ûzᵉmānnô, New York 1953. *E.L.Rapp*

Károlyi, *Gáspár* (1520/30-91), ung. ref. Theologe, * in Nagykároly, studierte u.a. in Deutschland und der Schweiz, um 1562 wahrscheinlich Prediger in Szatmár, seit 1563 Pastor in Gönc, bald auch Senior des Kaschau-Tales, 1584-87 in Tállya, dann wieder in Gönc. K. führte zähe Kämpfe gegen die → Unitarier nicht nur in Oberungarn, wo er zur Befestigung der ref. Kirche wesentlich beitrug, sondern als Kampfgenosse von → Melius auch in → Siebenbürgen. K.s Lebenswerk war die erste vollständige ung. Bibelübersetzung (1590), die zur Bibel des gesamten ung. Protestantismus wurde (→Bibelübersetzungen: V, 2m).

K.s kleine Schrift »Zwei Bücher von den Ursachen des Glücks u. Unglücks aller Länder u. Könige...« (1563, Neuaufl. 1931) gehört zur ung. prot. Theodizee-Lit. u. zeigt enge Beziehungen zur Wittenberger Geschichtstheol. u. Eschatologie. Vgl. dazu G.KATHONA, Das geschichtl. Weltbild von G.K., 1943 (ung.). - Zur K.-Bibel: RGG³ III, 637f (Lit.) - K.-Gedenkbuch, hg.v. B.VASADY, 1940 (ung.) - Einl. von L.M.PÁKOZDY zur neuen Revision der Gen-Übers., Budapest 1951 (auch engl. u. dt.) - J.HORVÁTH, Im Zeichen der Reformation, (1953) 1957², 311ff. 508f (ung., Lit.). *B.Nagy*

Karpokrates. In Rom trat zZ → Anicets eine Gnostikerin Marcellina auf, um die sich eine stark synkretistische Gemeinde scharte. Von dieser berichtet Irenäus magische Praktiken, daß sie die Ohrenversieglung (als Initiationsritus?) übe und Christusbilder neben Philosophenbildern verehre (adv. haer. I, 25). Ihren Schriften entnahm er eine von pythagoreischen und platonischen Elementen durchsetzte Lehre vom Zwang der Wiederverkörperung in der niederen, von Engeln geschaffenen Welt unter dem Archonten, von dem nur die Seele erlöst würde, die alle Verfehlungen (gegen die Mächte) abgetragen oder sofort die volle Freiheit (des Gnostikers) auf sich genommen habe. Diese kraft des Ursprungs bei Gott gemeinmenschliche Möglichkeit habe Jesus vor anderen ergriffen, prinzipiell stünde aber jeder Gnostiker ihm gleich. Dafür beriefen sie sich auf Herrenworte der Evangelien und Geheimüberlieferungen, offenbar der ägyptischen→Gnosis (: III, 3); denn→Celsus sah Salome, Mariamne und Martha als Gründerinnen oder Häupter der Sekte an (Origenes, c. Cels. V, 63f), deren einer Name Harpokratianer sei. Irenäus führt sie auf einen Gnostiker K. zurück, und → Clemens Alex. (strom. III, 5, 2ff) betrachtete dessen schon als Knaben verstorbenen Sohn Epiphanes als ihren Stifter. Offenbar ist der Mythos des ägyptischen Harpokrates-Kindes schon von der Sekte selbst aufgenommen worden, oder ein Harpokrates-Kultverein hat sich gnostisiert und christianisiert. Ob es daneben noch einen geschichtlichen Gnostiker K. gab, ist nicht mehr zu erkennen (seine Existenz wird von Kraft bestritten, von Altaner behauptet). Eine Schrift über die Gerechtigkeit, die Clemens Epiphanes zuschreibt und aus der er Fragmente zitiert, fordert Frauengemeinschaft mit naturrechtlicher Begründung.

Qu.: W.VÖLKER, Qu. zur Gesch. d. christl. Gnosis (SQS NF 5), 1932, 33-38. - Lit.: H.LIBORON, Die karpokrat. Gnosis, 1938 - H. KRAFT, Gab es einen Gnostiker K.? (ThZ 8, 1952, 434-443) - ALTANER § 24, 4. *G.Kretschmar*

Karpus, Papylus und Agathonike erlitten in Pergamum unter → Mark Aurel (oder unter Decius?) den Feuertod. Das griechische Martyrium steht dem ursprünglichen Berichte näher als das lateinische.

Text: R.KNOPF-G.KRÜGER, SQS NF 3, 1929³, 8-13 - Kommentierte Ausg.v. A.HARNACK, TU III/3. 4, 1888 - Übers.: BKV² 14. - Lit.: A.EHRHARD, TU 50, 1937, 2f - QUASTEN I, 183 - M. SIMONETTI, Studi agiografici, Rom 1955, 95-107 (Lit.) - ALTANER § 45. *H.Karpp*

Karsavin, *Lew Platonowitsch,* russ. Philosoph, * 1882 in Petersburg, † 12.7.1952 in Abes' (Sibirien), seit 1912 Prof. für Geschichte und Religionsgeschichte in Petersburg, 1922 aus Rußland ausgewiesen, 1928 Prof. in Kaunas, 1947/48 zu 10 Jahren Zwangsarbeit verurteilt. - Für die Philosophie und Geschichtsanschauung K.s ist → Solowjews Zentralidee der All-Einheit bestimmend geworden. Die All-Einheit umschließt Gott und Kosmos, der Kosmos ist das werdende Absolute, die Erfüllung des Seins der Gottheit. Alles Seiende wird dadurch zu einer Theophanie, jeder Mensch eine Fleischwerdung des Logos-Christus. Von hier aus gewinnt das kulturelle Handeln und selbst die sexuelle Liebe Rechtfertigung, ja Heilsbedeutung. Sinn der Geschichte ist die Schaffung des werdenden Absoluten, die Verwirklichung der All-Einheit. Als »theistisch« verwirft K. die Idee der Vorsehung, des Heilsplanes, der Satisfaktion, der absoluten Freiheit Gottes gegenüber der Schöpfung, den Wunderglauben. Mit all dem steht K. den panentheistischen Systemen näher als dem traditionellen Christentum, auch dem der Ostkirche. Am Ende seines Lebens soll er sich der röm.-kath. Kirche angeschlossen haben.

Vf. u.a.: Noctes Petropolitanae, Petersburg 1922 (russ.); Philosophie der Gesch., 1923 (russ.); Der Geist des russ. Christentums (in: Östl. Christentum, hg.v. N.v.BUBNOFF u. H.EHRENBERG, II, 1925, 307-377); Περὶ ἀρχῶν, Ideen zur christl.Metaphysik, Kaunas 1928. - Über K.: V.V.ZEN'KOVSKIJ, Gesch. d. russ. Philosophie II, Paris 1950 (russ.; engl. London 1953) - B.SCHULTZE, Russ. Denker, Wien 1950 (Lit.) - Nachruf auf K. von E.F.SOMMER in OrChrP 24, 1958. *L.Müller*

Kartäuser, → Einsiedlerorden, 1084 von Bruno von Köln († 1101 in der Kartause von La Torre, Kalabrien) im Tal von La Chartreuse (Carthusia) bei Grenoble gegründet. Der fünfte Prior der großen Kartause, Guigo († 1137), gab dem Orden die auf der → Benediktinerregel fußenden Statuten, die Innozenz II. 1143 bestätigte. Der Orden fordert stetes Schweigen, Gebet und Handarbeit sowie völlige Enthaltung von Fleischspeisen. Die Mönche wohnen in kleinen Häuschen, die eine Werkstätte und drei Räume enthalten, alle um den Innenhof erbaut und von einem Gärtchen umgeben. Zur Zeit seiner höchsten Blüte hatte der Orden 230 Kartausen (in Deutschland 18), verlor aber im 16.-19.Jh. fast seine Existenz. Heute gibt es 20 Kartausen mit 720 Mitgliedern (in Deutschland nur Hain bei Düsseldorf). Die Grande Chartreuse wurde den K.n 1940 wieder zurückgegeben. Der Orden erwarb sich besondere Verdienste um die theologische und aszetische Literatur (→Dionysius Rikkel). - Es gibt auch K.innen. Sie haben nur vier Klöster.

Annales Ord. Carthus. (1084-1429) ed. C.LE COUTEULX, 8 Bde, 1887-91 - M.M.GORSE, St.Bruno, 1902 - W.HEERMANN, Der weiße Mönch, 1921 - P.VAN DER MEER DE WALCHEREN, Das weiße Paradies, 1930 - E.BAUMANN, Les chartreux, 1928; dt. 1931 - DThC II, 2274ff - HEIMBUCHER I, 376ff - A.ZIMMERMANN, Kalendarium Benedictinum III, 1937, 143ff. *St.Hilpisch*

Karthago (phönik. Qart ḥadašt, »Neustadt«), von Tyrus aus wohl im 9.Jh. vChr an der Nordspitze Afrikas gegründet (→ 14 C 4), beherrschte um 500 vChr das westliche Mittelmeer und behinderte hier das Vordringen der Griechen. 146 vChr von den Römern zerstört, von Cäsar neu gegründet, war K. in christlicher Zeit Hauptstadt der römischen Provinz Africa proconsularis. Das Christentum wird zuerst in der jüdischen Gemeinde von K., deren Existenz durch die Nekropole von Gamart gesichert ist, Fuß gefaßt haben (vgl. → Nordafrika: I). Am 15.7.180 wurden die 12 → Scilitanischen Märtyrer in K. hingerichtet; ihre Akten sind das älteste Dokument der Kirchengeschichte K.s. Bis etwa 220 bilden die in blendendem Latein verfaßten Schriften →Tertullians deren einzige weitere Quelle. Bischof Agrippinus von K. hielt hier um 220 mit 70 afrikanischen und numidischen Bischöfen eine Synode, auf der die Ketzertaufe für ungültig erklärt wurde. Zwischen 235 und 248 wurde ein Bischof Privatus von Lambesis durch den Metropoliten Donatus von K. verdammt. Aber erst unter → Cyprian trat die Kirche von K. deutlich hervor und stand im → Ketzertaufstreit (255-257) gegen Rom. Das 4. und der Anfang des 5.Jh.s sind durch das donatistische Schisma gekennzeichnet (→ Donatismus). Am 19.10.439 eroberten die → Vandalen unter Geiserich die Festung K. Ein Vertrag mit Byzanz von 442 sicherte Geiserich Mauretanien, Numidien und Africa proconsularis zu. Für den kath. Klerus Afrikas begann damit eine schwere Verfolgung; es entstand eine afrikanische Vandalenkirche, an deren Spitze der vom König ernannte arianische Patriarch von K. trat, wie denn schon der kath. Metropolit von K. den Jurisdiktionsprimat über Afrika besessen hatte. Kaiser Justinian (527-565) gewann K. dem byzantinischen Reiche zurück (Sieg Belisars über die Vandalen bei Decimum am 15.9.533) und stellte die kath. Kirche wieder her, wobei er die Privilegien des Metropoliten von K. weitgehend bestätigte und in K. eine Basilika errichtete. Seit 640 flüchteten zahlreiche syrische und ägyptische Monophysiten vor den Arabern nach K., wo es dadurch zu Unruhen kam. 698 entriß Ḥassān b. an-Nu'mān al-Ġassānī, der muslimische Statthalter von Ifrīqija (Tunesien), K. den Byzantinern. Die byzantinische Kolonie floh größtenteils nach Sizilien und Malta, die große Masse der afrikanischen Christen scheint - mit Ausnahme einiger Gruppen (Afāriq) - ziemlich schnell den Islam angenommen zu haben. Die blühendste und wertvollste Landeskirche der westlichen Reichshälfte, deren geistige Selbständigkeit durch die großen afrikanischen Theologen Tertullian, Cyprian und → Augustin gekennzeichnet ist, war damit fast ganz verschwunden; an die führende Stelle konnte jetzt Rom als die »cathedra Petri« treten. Doch hat das Bistum K. noch im MA bestanden: so ist für 990 ein Jakobus, für 1073 ein Cyriacus als Metropolit von K. bezeugt. Durch Einfälle arabischer Beduinenstämme wurde das Land um diese Zeit völlig verwüstet, und als 1160 der Almohade 'Abd al-Mu'min (1094-1163) Ifrīqija eroberte, ging das christliche K. gänzlich unter: Christenmassaker werden ihm den Rest gegeben haben. An die Stelle K.s war inzwischen die muslimische Stadt Tunis getreten. - Am 25.8. 1270 starb in K. König → Ludwig IX. von Frankreich auf seinem erfolglosen → Kreuzzug gegen den Ḥafṣiden Abū 'Abd Allāh al-Mustanṣir bi'llāh von Tunis (1249 bis 1277). Am 15.6.1535 landeten Kaiser → Karl V. und Andrea Doria bei K., um den osmanischen Admiral Ḫair ad-Dīn Barbarossa († 1547) zu bekämpfen. - An der Stelle der antiken steht die heutige Stadt K. mit (1946) 4879 Einwohnern, seit 1884 Sitz eines röm.-kath. Erzbischofs mit Rang und Titel eines Primas von Afrika; Begründer und erster Inhaber dieser Würde war Kardinal Charles Lavigerie (1825-92).

DACL II/2, 2190ff (Lit.) - DHGE I, 705ff; XI, 1149ff (Lit.) - EI[1] II, 305. 483; IV, 907ff (Lit.). - G.Médina, L'expédition de Charles-Quint à Tunis (Revue tunisienne 1, 1906, 185-194. 301-307; vgl. G.Dolot, ebd 8, 1913, 497f) - P.J.Mesnage, L'Afrique chrétienne, 1912 - P.de Cenival, L'église chrétienne de Marrakech au XIIIe siècle (Hespéris 7, 1927, 69-83) - L.Bréhier, Une ambassade byzantine au camp de Saint-Louis devant Tunis (août 1270) (Mélanges Iorga, 1933, 139-146) - J.Vaultrin, Les basiliques chrétiennes de Carthage, 1933 - P.Romanelli, La riconquista africana di Giustiniano (Africa romana, 1935, 123-140) - G.Marçais, Comment l'Afrique du Nord a été arabisée (Annales de l'Institut d'Études orientales de la Faculté d'Alger 4, 1938, 1-22) - Ders., La Berbérie musulmane et l'Orient au MA, 1946 - A.Pellegrin, Hist. de la Tunisie, (1938) 1941[2] - R.Brunschvig, La Berbérie orientale sous les Hafsides des origines à la fin du XVe siècle, 1940-47 - A.Berthier, Les vestiges du christianisme dans la Numidie centrale, 1942 - Ch.Courtois, Hist. de l'Afrique du Nord des origines à la fin du MA, 1947 - G.G.Lapeyre-A.Pellegrin, Carthage latine et chrétienne, 1950 - P.Hubac, Carthage, 1952 - J.L.Miège, Les missions protestantes au Maroc 1875 à 1905 (Hespéris 42, 1955, 153-192) - J.D.Pearson, Index Islamicus 1906-1955, 1958 (Lit.). - Zs.: K., Revue d'archéologie africaine, seit 1950.

P.Kawerau

Karwoche, in der *kath.* Kirche die »stille Woche«, in der sich die Gemeinde in die Passionsgeschichte versenkt, die am Sonntag nach Matthäus, am Dienstag nach Markus, am Mittwoch nach Lukas, am Freitag nach Johannes gelesen (oder vom »Christus«, »Chronista« und »Succentor« gesungen) wird. Den kara- (dh Trauer-)Charakter hat die K. seit dem MA. Vorher schon wurde in ihr als der »hebdomada maior« Christi Sieg über den Tod gefeiert (daher noch heute die Triumphgesänge bei Palmweihe und -Prozession und der Festcharakter der Donnerstagsmesse). Die Liturgie ist - entsprechend dem »Gesetz von der Erhaltung des Alten in liturgisch hochwertiger Zeit« (A. → Baumstark) - sehr altertümlich, bes. an den letzten Tagen (triduum sacrum). Sehr alte Gebräuche wie die Entblößung des Altars und das Schweigen der Glokken erfuhren eine Umdeutung. - In der *ev.* Kirche, die anfangs nur → Gründonnerstag und → Karfreitag als »halbe Feiertage« beging und im 19.Jh. den Freitag zum »größten ev. Festtag« zu machen versuchte, bemüht man sich jetzt, wieder stärker Anschluß an die römische Liturgietradition zu bekommen. - Vgl. → Heilige Zeiten: II.

L.Eisenhofer-J.Lechner, Grundr. der Liturgik des röm. Ritus, 1950[5], 124ff - U.Björkman, Stilla veckan i gudstjänst och fromhetsliv, 1957.

E.Hertzsch

Kassel, *Universität* (1633-53). Die Universität K. entstand, als durch den Hauptakkord vom 24.9.1627 der Besitzstand der Universität → Marburg zwischen K. und Darmstadt geteilt worden und Marburg an Hessen-Darmstadt gefallen war; sie wurde nach der Rückkehr Marburgs aufgelöst. Die Kriegsumstände verhinderten den Ausbau; die einzige Gestalt von Bedeutung ist Joh. → Crocius.

W.Falckenheiner, Die Annalen u. die Matrikel der Univ. K. (Zs. des Vereins für hess. Geschichts- u. Landeskunde 28, 1893, 190-326) - R. Du Moulin-Eckart, Gesch. d. dt. Universitäten, 1929, 175ff.

W.Maurer

Kaste

I. Religionsgeschichtlich - II. Kastenfrage in der Mission

I. Religionsgeschichtlich

K. (von portugiesisch casta = »Geschlecht«, »Stamm«; der indigene Begriff ist jâti »Geburt« oder varna »Farbe«) bezeichnet gewöhnlich eine unter gemeinsamem Namen auftretende, auf gemeinsamen Ursprung, evtl als → Stamm zurückgeführte endogame Gruppe von Familien, die sich durch gleiche Beschäftigung und Lebensformen (→ Tabus, Tischgemeinschaft) miteinander verbunden fühlen. In ihr ist die arische Ständegliederung (Brâhmana »Priester«, Kshatriya »Krieger«, Vaishya »Viehzüchter« usw, Shûdra »dienende Volksschichten«, seit Rigveda X, 90; → Stand) mit totemistisch fundierten Berufsgruppen der Urbevölkerung zusammengewachsen, wofür die in den Brâhmanas wie auch späterhin als bes. niedrig eingestuften Gruppen der Wagenmacher (rathakâra) usw zeugen. Die Vier-Stände-Gliederung legt sich als Ordnungsprinzip über die Vielzahl von K.n, Unter- und von den Rechtslehrern aufgestellten Misch-K.n (samkara). Die in der Brâhmana-Zeit vorhandene Möglichkeit des K.nwechsels innerhalb eines Lebens ist später durch die Motivierung der K. im Rahmen der → Karma- und → Wiedergeburts-Lehre ausgeschlossen; erst neues Karma kann in einer späteren Existenz eine Änderung schaffen. Die strenge Abschließung der K.n führte zur steigenden Herabminderung der »unreinen« Berufsgruppen zu »Unberührbaren« (asprshya), die vom Kontakt mit den höheren K.n ferngehalten werden und, heute zum Hindutum gerechnet, nur an bestimmten Tagen Tempel betreten dürfen. - Da man als Hindu (→ Hinduismus: I) nur in einer der zahllosen

K.n geboren werden kann, ist die K. notwendig mit der Religion verknüpft. Als allgemeine Grundlagen des religiösen Verhaltens gilt die Anerkennung der → Veden, des Primats der Brahmanen (→ Vedische und brahmanische Religion) und die Verehrung der → Kuh. Vor allem für die drei oberen K.n sind → Initiation, Hochzeits- und → Trauerbräuche (: I) bindend. Der Glaubensinhalt ist, abgesehen von K.n mit Sondergottheiten oder Sekten-K.n (zB die Lingâyatas), nicht festgelegt. Im täglichen Leben sind unterschiedliche → Reinigungen (: I) und → Speiseverbote (: I) zu beachten. Eigene K.n-Jurisdiktion ahndet die Nichteinhaltung von K.nvorschriften mit Bußen oder K.nverlust. – Nach der indischen Verfassung darf die K.nzugehörigkeit nicht Anlaß zu irgendeiner Benachteiligung im sozialen Leben führen. Die zugesicherte freie Religionsübung aber gewährleistet in ihrem Bereich das Weiterleben der K.

E. Senart, Les castes dans l'Inde, Paris 1896 – A. Baines, Ethnography (Castes and tribes) (Grundriß d. indo-arischen Phil. II, 5), Straßburg 1912 – R. V. Russell, The tribes and castes of the Central Provinces of India I, London 1916 – N. K. Dutt, Origin and growth of caste in India I, ebd 1931 – A. Iyer, The Mysore tribes and castes I–IV, Mysore 1935ff – P. V. Kane, History of Dharmashâstra II, Poona 1941, 19ff – J. H. Hutton, Caste in India, Cambridge 1946.

H. Losch

II. Kastenfrage in der Mission

Die K.nfrage hat den Missionen größte Schwierigkeiten bereitet (→ Indien: IV); kaum ein anderes Problem ist mit ähnlicher Leidenschaft diskutiert worden. – Wenn sich ein Inder taufen lassen wollte, wurde er aus seiner K. ausgestoßen und sank dadurch auf die Stufe der »Unberührbaren« herab. Anrecht auf Familienvermögen und Broterwerb gingen verloren; höchstens als »Missionsdiener« konnte er weiterexistieren. Da nur wenige bereit waren, diesen Weg um Christi willen zu gehen, stellte sich für die Mission die Frage, ob sie dem K.ngefühl entgegenkommen und den Übertritt erleichtern könne oder ob sie die Sozialordnung der K. bekämpfen müsse.

Die kath. Mission hat sich dem Empfinden der Hindus sehr angepaßt. Wenn die → »Akkomodation« des Jesuiten Robert de Nobili auch von vielen kath. Missionaren kritisiert und manche anfechtbare Methode durch päpstliche Entscheidung verurteilt wurde, so wurde es doch unter seinem Einfluß in Südindien üblich, besondere Kirchen für Brahmanen zu bauen, die von Pariachristen nicht betreten werden durften. Oder es wurden in den Gotteshäusern Schranken errichtet, die jede Berührung ausschließen sollten.

Die Dänisch-Halleschen Missionare (ab 1706) waren ebenfalls duldsam gegenüber den äußeren K.nzeichen (Kleidung, Haartracht, Titel usw); im Gottesdienst wollten sie aber den Grundsatz von Gal 3, 28 zur Anerkennung bringen. – Anders die Haltung der angelsächsischen Missionen, die Anfang des 19. Jh.s die Führung in Südindien übernahmen. Die K. erschien ihnen als Erfindung Satans und als das Bollwerk des → Hinduismus. Darum sollten Christen und Katechumenen offen mit der K. brechen. Mindestens sollten sich die Pastoren, Katecheten, Lehrer und andere Missionsarbeiter öffentlich durch ein »Probeessen« (Trinken einer Tasse Tee, die ein Paria bereitet hatte) von der K. lossagen (Bedingung für die Anstellung). Dieses gesetzliche Vorgehen führte zum Abfall ganzer Gemeinden und zeitweilig zum Aufhören jeglichen missionarischen Einflusses auf die höheren Schichten des indischen Volkes. – Die → Leipziger Mission als Erbin der Dänisch-Halleschen Mission hielt an der »Tradition der Väter« fest, und K. → Graul verteidigte diese Haltung. Er stimmte darin zu, daß der K.nunterschied in der Gemeinde nicht bleiben sollte; man dürfe aber nicht übersehen, daß durch die Taufe die K. eine bürgerliche Einrichtung werde. Theologisch sei sie als »Mitteldìng« anzusehen. Sie bleibe für die Kirche auch dann ein Schade; aber die Unterschiede dürften nicht durch gesetzliche Maßnahmen unter Androhung der Absetzung erzwungen, sondern müßten durch seelsorgerliche Mittel erreicht werden. Die Leipziger Mission wurde wegen dieser Einstellung schwer angegriffen. Durch dissentierende Missionare aus den eigenen Reihen wurde der Gegensatz auch in die Heimat übertragen, so daß die Gesellschaft fast auseinanderbrach.

Heute sind die Gegensätze in den Hintergrund getreten. Das Problem ist dadurch erleichtert, daß sich durch die Binnenwanderung die Bindung an die K. sehr gelockert hat und durch die Entstehung neuer Berufe Männer und Frauen verschiedenster Herkunft zusammen arbeiten. Vor allem hat auch die indische Verfassung von 1950 die Gleichberechtigung aller Bürger ohne Unterschied der K. proklamiert. Das wirkt sich dahin aus, daß sich jetzt wieder mehr Inder aus den oberen Schichten taufen lassen. – Auch die kath. Missionen haben in letzter Zeit weithin die Schranken in den Gotteshäusern beseitigt.

K. Graul, Die Stellung der Ev.-Luth. Mission zur K.nfrage, 1861 – G. Schütze, Mission mit u. ohne K., 1870 – R. Handmann, Die Ev.-luth. Tamulen-Mission, 1903 – J. Richter, Indische Missionsgesch., (1906) 1924² – P. Dahmen, R. de Nobili, 1924 – J. Schmidlin, Kath. Missionsgesch., 1925 – J. A. Otto SJ, Mission u. K. in Südindien (ZM 31, 1941, 111–119).

C. Ihmels

Kastl, ältestes Benediktinerkloster im bayerischen Nordgau, 1102 von den Grafen K.-Habsberg als päpstliches Eigenkloster gestiftet. Bischof Gebhard von Konstanz erwirkte die Besiedlung durch Mönche aus Petershausen, einem Kloster des Hirsauer Reformkreises (→ Hirsau). K. konnte bereits 1118 das nahe Kloster Reichenbach ins Leben rufen. 1139 bestätigte Papst Innozenz III. dem Kloster die Exemtion von jeder bischöflichen Gewalt. Wirtschaftlichen Aufschwung nahm die Abtei unter Abt Hermann (1323–56), der ein Parteigänger Kaiser Ludwigs des Bayern und Verfasser der sog. K.er Reimchronik war. Nach der Mitte des 14. Jh.s war K. bes. unter dem Abt Otto Nortweiner (1377–1400) der Ausgangspunkt einer bekannten Reformbewegung. Ihr Träger und geistiger Vater war der Prior und Novizenmeister → Johannes von Kastl. Die K.er Reform übernahmen bis zur Reformation weit über 30 Klöster. König Sigismund verlieh dem Kloster trotz des Einspruches der Landesherren 1413 die Reichsständigkeit. Nach 1500 leiteten Verschuldung und schlechte Wirtschaftsführung auch den inneren Verfall der Abtei ein. Pfalzgraf Ottheinrich führte 1556 den luth. Glauben ein. 1636 wurden die Wirtschaftsgebäude den Amberger Jesuiten übergeben, 1782 traten deren Nachfolge die Malteser an. 1808 wurde das Kloster vollends säkularisiert.

J. Hemmerle, Die Benediktinerklöster in Bayern, 1951, 60ff – C. Wolff, K.er Reform, Statuten u. Gesch. (in Vorbereitung).

J. Hemmerle

Kasualien

1. Grundsätzlich – 2. Numerisch – 3. Historisch – 4. Praktisch

1. K. sind besondere Fälle (casus) im Pfarramt, die auf Grund persönlicher Bestimmtheit oder spezieller Voraussetzungen Verkündigung, → Seelsorge oder Ordnung kirchlichen Handelns variieren. Als »Amtshandlungen« faßt man sie strenger unter den pfarramtlichen Dienst. Ohne Rücksicht auf die Bezeichnung gilt aber: a) der Dienst der Kirche trägt stets persönlichen, nicht uniformen Charakter; b) die K. sind somit lediglich Sonderfälle des *einen* Auftrages der Kirche, also im Gehorsam gegen das 1. Gebot vor jeder Eigengesetzlichkeit kasueller »Rede« und Handlung zu bewahren;

c) weder Kirche noch Pfarrern steht es frei, im Zuge der Welt-, Kreatur- oder Gesellschaftsverklärung nach Belieben kirchliche Handlungen oder Bräuche einzuführen, zu erweitern oder mit sakramentalem Wesen zu imprägnieren. Die K., außer den beiden → Sakramenten (: I), sind Überlieferung, Sitte oder Brauch, also nicht heilsnotwendig und – im Gegensatz zu formaler Überbetonung – für den Glauben kein Gesetz. Das NT und die reformatorische Theologie fördern Abbau und Restriktion frommen Brauchtums, das sich im kultfreudigen Bereich der K. bes. gerne ansiedelt. Mit texttreuer Predigt und einfacher Ordnung (Gebete, Formeln, Lieder) wird bei den K. aller sachfremden Überwucherung gewehrt und dem Evangelium Vorrang und kritische Wirkung gesichert.

2. Man zählt zu den K. gewöhnlich → Taufe, → Konfirmation, → Trauung, Amtseinführung (→ Ordination, Investitur), Konversion, Krankenabendmahl, → Begräbnis (: III), Einweihungshandlungen, Benediktionen, zuweilen in den Agenden auch die → Beichte und in der röm. Kirche die → Exorzismen. Für den theologischen Rang ist wesentlich, ob die K. in der Schrift (Taufe, Amtseinsetzung), in der christlichen Sitte und Pietät (Trauung, Bestattung) oder im freien Ermessen begründet sind (Einweihungen, Segnungen).

3. Zu unterscheiden ist, was an biblischen Beispielen kultischer oder zeremonialer Handlungen kasueller Art (sei es mit oder ohne priesterliche Mitwirkung) vorliegt und für uns nicht verbindlich zu machen ist (Gen 17, 10ff; 50, 1ff; 2Chr 5-7; Tob 7, 15ff; vgl. → Beschneidung, 4; Mt 25, 6ff; 27, 59; Joh 11, 44; Apg 5, 6; 9, 37; 1Tim 4, 14) von der kirchengründenden Handlung (Mt 28, 19; Apg 8, 38; 10, 47ff) und gemeindebauenden Ordnung (Apg 6, 6; 13, 3). Fest- oder religiöse Bräuche (Joh 2; Jak 5, 14) sind als Formen ihrer Zeit zwar nicht Willkür, aber ohne ihre geschichtlichen Bedingungen nicht übernehmbar. Für nichtsakramentale K.handlungen gilt: »So manch Land, so manche Sitte«. Das mosaische Gesetz (Ex 25-30; Lev 1-8) und in seiner liturgischen Erbfolge der römische Ritus (in der speziellen → Liturgik) haben eine exakte Regelung der K.handlungen, da sie im ersteren Falle als Gottesgesetze gelten, im letzteren (Rituale und Pontificale Romanum) als wirksame Mittel, Heiligkeit oder übernatürliche Gerechtigkeit anzuzeigen bzw. zu bewirken, wobei Sakramente und → Sakramentalien unterschieden werden. Um der hier drohenden Verdinglichung der Gnade, dem Verdienstglauben und dem für die Gemeinde unverständlichen, weil damals fremdsprachlichen, rein formalen Zeremoniell zu steuern, entwarfen die Reformatoren als selbständige Formulare oder innerhalb der → Kirchenordnungen neue bzw. gereinigte Ordnungen (s. Lit.). Unter ihnen wurden Luthers Modelle (Taufbüchlein 1526^{2}; Traubüchlein 1529; Ordinationsformular 1535) beispielgebend und blieben es weithin. Die heutige Agendenreform bemüht sich, die K. nach Ordnung, Inhalt und Sprache als gottesdienstliche Handlungen zu verstehen.

4. *Praktisch* sind die K., als ein der Kirche aufgetragener Dienst, durch einen konkreten Text bestimmt. Der Fall wird unter das Wort, nicht das Wort unter den Fall gestellt. Die Kraft und Wahrheit des Evangeliums wird in das Leben hinein bezeugt, nicht aus dem Leben heraus »bewiesen«. Nur so unterliegt die Botschaft keiner Stimmung oder unwahren Schönfärberei (Bestattungsreden!). K.reden sind → Predigt. Gerade so wird auch die menschliche Seite des Falles wahrgenommen. Die besondere Betroffenheit durch Freude oder Leid verringert nicht, sondern erhöht die Wortbedürftigkeit der Hörer. Daraus erwächst die Pflicht exakter Vorbereitung der K., zumal durch Besuch, Gespräch und seelsorgerlichen Zuspruch. Daß viele Kirchenfremde nur noch bei den K. sich einfinden oder die K.handlungen erbitten, macht die K. um so wichtiger und verbietet schematische Erledigung. Über schwierige Fälle (Trauung Geschiedener, Bestattung von Ausgetretenen oder Selbstmördern, Wiederaufnahme) entscheidet der Pfarrer tunlichst im Benehmen mit den Kirchenältesten. → Kirchenzucht (: II) sollte nicht ausgerechnet bei den K. beginnen oder hier bes. konsequent sein wollen. Im Äußeren ist bei den K. allem Pomp zu wehren; Photographieren während der K.gottesdienste ist absolut zu verbieten. Besondere Darbietungen (Musik) müssen sachgemäß und künstlerisch wertvoll sein; dem Gemeindelied gebührt auch innerhalb der K. sein fester Platz.

Zum Grundsätzl. u. Geschichtl. vgl. die Lehrbücher der → Praktischen Theologie u. der ev. u. kath. → Liturgik. – Luthers Formulare: WA 12, 38ff; 19, 537ff; 30/III, 74ff; 38, 401ff; 23, 388ff; vgl. auch die Zusammenstellung bei O.Dietz, Luther-Agende, 1928. – Calvins Formulare: CR 34, 185ff. 203ff. – Zwinglis Formulare: CR 91 (= Sämtl. Werke IV), 335ff. 680ff. – H.G.Haack, Die Amtshandlungen in d. ev. Kirche, (1935) 1952^{2} – W.Trillhaas, Ev. Predigtlehre, (1935) 1955^{4}, § 17 – L.Fendt, Die Kasualrede (MPTh 32, 1936, 248 bis 261. 306-314. 351-360; 33, 1937, 19-23. 63-67. 127-129. 208-219) – Ders., Grundr. d. Prakt. Theol. I, (1938) 1949^{2}, 103ff – P.Schempp, Gottes Wort am Sarge, (1938) 1951^{2} – Ders., Gottes Wort zur Trauung, 1940 – H.Diem, Warum Textpredigt?, 1939 – F.Delekat, Die hl. Sakramente u. d. Ordnungen d. Kirche, 1940 – G.Dehn, Die Amtshandlungen d. Kirche, 1950 – Wasser, Ring u. Erde. Handreichung f. Lehre u. Ordnung in Taufe, Trauung u. Bestattung, hg.v. Pastoralkolleg Ilsenburg, (1953) 1954^{2} – K., Reden f. alle Fälle in d. Praxis d. Pfarrers, bisher 11 Bde, 1953ff – M.Mezger, Die Amtshandlungen d. Kirche I, 1957. – Vgl. auch d. Begleitworte d. liturg. Ausschusses zu d. neuen Agenden d. ev.-luth. Kirchen u. Gemeinden, 1952ff.

M.Mezger

Kasuistik

I. Religionsgeschichtlich – II. Jüdische Kasuistik – III. Kath. Kasuistik, geschichtlich – IV. Grundsätzlich

I. Religionsgeschichtlich

Religiöse K. entsteht, wenn moralische Konflikte (→ Gewissen) religiös durch die Klärung des jeweiligen Einzelfalles, wie ihn das Leben mit sich bringt, zu lösen gesucht werden. Solche »Fälle« und Möglichkeiten können dann gesammelt und systematisch entwickelt werden. K. ist also eine elementare Methode der Auseinandersetzung mit → Sünde und Schuld (→ Entsündigung, → Bußwesen). Die K. als situationsbezogene → Ethik ist geschichtlich älter als die normensetzende Gesittung, ist aber oft auch ein Spätstadium religiöser Moral, wenn sie an kodifizierte religiöse Sitten- und Rechtsnormen anknüpft und diese durch eine Fülle von Einzelvorschriften praktikabel zu machen versucht. Berührungen der K. des Sittenlebens mit dem (sakralen) Rechtsleben und mit der magischen Heilkunde sind zahlreich. Heute noch ist K. auch ein juristischer, medizinischer und soziologischer terminus technicus. Der religions- und kulturgeschichtliche Sprachgebrauch von K. ist übrigens uneinheitlich.

In der außerchristlichen Religionswelt begegnet K. vor allem zusammen mit Vorstellungen von → Rein und unrein, → Reinigungen und Sünde. Parallelen und innere Zusammenhänge mit Orakelwesen (→ Orakel), → Mantik und → Magie sind unverkennbar (bes. gut in babylonischen Texten überliefert). Bei den → *Naturvölkern* erfolgt die Sündentilgung häufig nach kasuistischer Methode. Diese wurzelt in den → Tabus und wird vertieft, wo der Priester als Charismatiker gilt. In den Religionen der *höheren und hohen Kulturen* finden sich Buß- und Beichtrituale, Tugend- und Sündenkataloge bzw. Zusammenstellungen ethischer Anweisungen, die stark an Kasuistisches erinnern, so zB in → Peru (Pettazzoni I, 134ff), in c. 125 des ägyptischen Totenbuches, in Gesetzbüchern wie denen des → Hammurabi oder Manu, im Parsismus (→ Iran: III). Babylonische → Beschwörungen sind oft voll von K. in Form von Sündenregistern und konstruierten Fällen. Auch in griechischen Sakralgesetzen und Kultsatzungen treffen wir Anfänge der Moral-K. Die Herausbildung des Buß- und Reinigungsgedankens in den Sonderkulten der Spätantike führt zur priesterlichen Beicht-K. (F.Cumont, Die oriental. Religionen im röm. Heidentum, [1910] 1931³, 38f). In den prophetischen Universalreligionen des Christentums und des → Islam (Fiqh-Bücher; vgl. Chant I, 707ff) entsteht K. ganz natürlich nach jüdischem Vorbild aus den legalistischen Grundlagen und aus der Verknüpfung von → Eschatologie und Ethik mit Staat und Gesellschaft und ihren Moralproblemen, während im → Buddhismus die Gebote des »Heiligen Pfades« und ihre Differenzierungen, die liturgische Beichtpraxis und die meditative Predigt Fragen der K. aufkommen lassen. Das buddhistische pâtimokkha stellt einen kasuistisch breit angelegten Beichtspiegel dar (Pettazzoni I, 284ff).

M.Jastrow, Die Religion Babyloniens u. Assyriens I, 1905, 325f. 329; II, 1912, passim - ERE III, 239ff - F.S.Steinleitner, Die Beicht im Zusammenhang mit der sakralen Rechtspflege in d. Antike (Phil. Diss. München), 1913 - O.Weinreich, Stiftung u. Kultsatzung eines Privatheiligtums in Philadelphia (SAH 1919, 16) - K.Latte, Hl. Recht, 1920 - RGG² III, 643f - R.Pettazzoni, La confessione dei peccati I-III, Bologna 1929-36 - A.Vögtle, Die Tugend- u. Lasterkataloge im NT (NTA 16, 4/5), 1936, bes. 56ff. - Vgl. die Lit. zu → Bußwesen: I, → Entsündigung, → Gottesurteil: I, → Recht: II, → Sühne, → Sünde und Schuld: I. *K.Goldammer*

II. Jüdische Kasuistik

Die K. ist zwar nicht, wie man gemeint hat, der jüd. Religion wesentlich, findet aber in ihr einen günstigen Boden insofern, als der skrupulöse Eifer um die Anwendung der göttlichen Gebote auf den Einzelfall die Neigung zu immer subtilerer Zuspitzung in sich selbst trägt und gleichzeitig, durch die Schranken des Daseins gehemmt, Erleichterung fordert. Der scharfsinnige Disput über die »Lehre« heißt in der Gemara (→ Talmud) pilpûl (Verb: pilpel, ursprünglich »Streit«, zB von Waisen um das Erbe, bei Jehuda han-Nasi um 180 nChr, Tos. BB VII), der Disputant bă'ăl pilpul oder pălpᵉlan, von der jüd. Tradition irrig auf pilpel »Pfeffer« bezogen (vielleicht schon in dem der Gaonenzeit angehörigen Traktat Sofᵉrim XV, 8); in Wahrheit handelt es sich um eine Reduplikation des Stammes pll (schon im AT: »unterscheiden«, wozu in der Gemara synonym: »er verstand eins aus dem andern«, Sabb. 31a). Beispiele älterer rabbinischer K. sind im NT Mk 7, 11; Mt 12, 11, in der → Mischna der Traktat Erubin, der die Härten des Sabbatgesetzes (über Sabbatweg, -bezirk und -mahl) durch drei Auswege zu erleichtern gestattet (»Vermischung« der Weggrenzen, Hofbezirke und Speisen), oder der Traktat Nedarim über die Formulierung gültiger und ungültiger → Gelübde. R.Abbahu (um 295) rühmt von Otniel, dem Sohn des Kenas (Jos 15, 17; Ri 1, 13; 3, 9), daß er vergessene → Halacha durch seine K. wiederherstellen konnte (Tem. 17a); dasselbe sagt R.Ḥanina (um 215) von sich selbst (Ket. 103b). R.Jehuda († 299) wünscht, wie schon sein Lehrer Rab († 247), nur denjenigen als Mitglied des Synhedrions, der das »Gewürm«, dh das Unreinste, durch K. aus der Tora für rein erklären kann (Sanh. 17a). So tritt u.U. der Zweck der K., die Halacha zu ermitteln, hinter der bloßen Übung zur Erlangung dialektischer Gewandtheit zurück, vgl. Abot VI, 1 (spät; K. als 11. unter den 48 Vorzügen der Tora-Frömmigkeit genannt). Daher hat die K. auch Gegner: R.El'azar bemängelt die Streitigkeiten und die Verwandlung der *einen* Tora in zwei seit der Zunahme der Schulen → Hillels und Schammais (Sota 37b). R.Jirmejahu muß wegen Belästigung seiner Kollegen mit K. das Lehrhaus verlassen (BB 23b, vgl. auch BM 85b; 96a). → Maimonides warnt seinen Schüler Ibn 'Aqnîn vor unnützem Disput. Das Ghetto steigerte durch Verengerung des Gesichtskreises die Neigung zur K.: wer sich nicht der Philosophie oder der → Kabbala verschreiben wollte, dem blieb nur der halachische Stoff mit seiner K. Zweimal erreichte die K. in der jüd. Geschichte einen Höhepunkt: zuerst am Ende des 11.Jh.s, als der Talmudkommentar des → Raschi (und vielleicht auch der Einfluß der christlichen Scholastik) die Rabbinen Nordfrankreichs zu »Zusätzen« (tôsafôt) zur Gemara (daher »Tosafisten«) anregte, die heute noch am Rande der Talmudausgaben stehen; dann im 16.Jh., als R.Jakob Polak († 1541 in Krakau) aus Regensburg und Nürnberg die dort aufgekommene Disputierkunst (ḥillûqîm) nach Polen verpflanzte und er und seine Schüler spitzfindige »Novellen« (ḥiddûšîm) zum halachischen Stoffe verfaßten, wobei die K. als Kunst, Beziehungsloses in Beziehung zu setzen bzw. Zusammengehöriges zu trennen, zum System erhoben wurde. Sie wurde so geradezu zum Selbstzweck und fand demgemäß unter den Rabbinen um die Wende des 16.Jh.s heftige Gegner, zB in R.Löw b. Beṣal'el von Prag (Lehrer des Polak) und Jesaja Horowitz.

I.J.Reines, Die K. in der Lit. Israels, 1887 (hebr.) - J.H.Weiss, Zur Gesch. der jüd. Tradition, 5 Bde, 1910 (hebr.) - S.Dubnow, Weltgesch. des jüd. Volkes, dt. v. A.Steinberg, Bd VI, 1927, § 41. *E.L.Dietrich*

III. Kath. Kasuistik, *geschichtlich*

1. Die Ursprünge der K. - 2. Ihre kirchliche Legitimation und klassische Zeit - 3. Die K. in der Defensive

1. Parallel mit der Rezeption des stoischen (→ Stoa) → Logos-Verständnisses im Christentum ging die des Nomosdenkens in seiner popularphilosophischen Fassung, das seinerseits mit dem jüdischen Gesetzesdenken sich verband, beides Konsequenzen des mit dem Ausbleiben der → Parusie notwendigen Schritts der urchristlichen Gemeinde der ἅγιοι in die → Geschichtlichkeit. In der dadurch bedingten frühchristlichen Synthese von → Gesetz (: V, 2) und Evangelium lag schon die Gefahr einer ins Gesetzliche abgleitenden kasuistischen Interpretation der Lehre Jesu, die alsbald die Unterscheidung von Sündenarten und die Aufsplitterung der Heiligkeitsforderung in einzelne *Verbote* nach sich zog. Schon bei den altchristlichen → Apologeten ist eine solche rationalethische Interpretation des Evangeliums eine Selbstverständlichkeit. Für die aus ihr erwachsende K. sei nur hingewiesen auf die Schutzschrift des → Athenagoras (32) und auf das Verständnis des Religiös-Ethischen bei → Tertullian: die Glaubensregel »umfaßt das Gesetz und auf Grund der Beobachtung des Gesetzes das Heil« (De praescr. 14).

2. Den legitimen Boden bereitete der K. vor allem die Bußdisziplin infolge ihrer rechtlichen Struktur (→ Bußwesen: II). Sie wirkte bis auf den Grund des Verständnisses der Verwirklichung des Christlichen, und am Ende der altchristlichen Zeit war ein Stadium der Entwicklung erreicht, in dem jeder sich zur Buße verpflichtet sah, soweit er nicht dem Stande der Mönche und Nonnen angehörte bzw. tatsächlich das Leben des Büßers auf sich genommen hatte. In dieser ausweglosen Situation wies die als Ergänzung der Bußpraxis aufkommende Beichtdisziplin einen neuen Weg, der mit der Aufspaltung der Verwirklichung des Christlichen in zwei Lebensformen und der dadurch bedingten definitiven Vergesetzlichung des Christlichen auch die endgültige Legitimierung der K. mit sich brachte. Von ausschlaggebender Bedeutung für diese Entwicklung waren die von den Iroschotten mit der Beichte importierten Bußbücher. Sie enthalten eine

präzise K., vor allem in bezug auf sexuelle Vergehen. Die sie ablösenden großen Beichtsummen (Summae confessorum oder casuum, zB des Robert von Flamesbury [12./13.Jh.], → Raimund von Penaforte, → Antoninus von Florenz, Sylvester → Prierias), welche die Anwendung der kanonischen Bestimmungen auf die Beichtpraxis lehren, sind die Vorläufer der nachtridentinischen großen kasuistischen Handbücher mit ihrem Streit um die Moralsysteme (→ Probabilismus) als dem Streit um *das* Instrument der K. Ihrer juristischen Fragestellung, die auch schon die nachscholastischen Moraltheologien im Anschluß an den Ethik und Recht umspannenden Gesetzesbegriff des → Thomas von Aquino beherrscht hatte, korrespondiert eine allgemein zur K. konvergierende praktische Theologie. Einer solchen hatte bes. die Bestimmung des Konzils von Trient (Sess. 14, c. 5), alle Sünden seien nach Art, Zahl und näheren Umständen zu bekennen, den Auftrieb gegeben, so daß diese Zeit zur klassischen Periode der systematischen Moral-K. wurde. Ihren Abschluß und ihre Vollendung erreichte sie in Alphons von → Liguori († 1787). Vertreter sind zB: → Sanchez, → Laymann, → Busenbaum, de → Escobar, Sporer († 1714), Elbel († 1756), Gury († 1866), d'Annibale († 1892), → Lehmkuhl, Noldin († 1922).

3. Von → Pascals Diskriminierung in seinen Lettres à un Provencial (1656/57) sollte die Moral-K. sich nicht wieder erholen. Seine Angriffe führten zwar bloß zu einer Beseitigung allzu grober kasuistischer Auswüchse, vermochten jedoch ihren im Wesen der kath. Theologie gründenden Ursprung nicht zu beseitigen. Das gilt in gleicher Weise von dem scharfen Angriff → Deutingers wie von den Bemühungen → Sailers, → Hirschers, Linsenmanns und von allen antikasuistischen Bestrebungen bis auf den heutigen Tag. Die immer wieder versuchte Zurückdrängung der zumal in den romanischen Ländern herrschenden K. entpuppte sich stets als die bloß praktische Frage nach einer positiven Aufgliederung von Disziplinen in der dem modernen Wissenschaftsverständnis unzugänglichen kath. Theologie. - Vgl. → Moraltheologie.

KL II, 2035ff - I.v.Döllinger-F.G.Reusch, Gesch. der Moralstreitigkeiten in der röm.-kath. Kirche I. II, 1889 - J.Mausbach, Die kath. Moral u. ihre Gegner, (1901) 1921[5] - RGG[2] III, 645ff - LThK V, 865ff. - Neuere kasuist. Hdb.er: D'Annibale I-III, (1874/76) Rom 1896/97[4] - Aug.Lehmkuhl, Theologia moralis I. II, (1883/84) 1914[12] - Ders., Casus conscientiae I. II, (1902/03) 1913[4] - A.Ballerini-D.Palmieri, Opus theologicum morale in Busenbaum medullam I-VII, Prato (1889/93) 1900/01[3] - F.A.Göpfert, Moraltheol. I-III, (1897) 1922/23[9] (hg.v. K.Staab) - E.Génicot-J.Salsmans, Institutiones theologiae moralis I. II, Brüssel (1897) 1951[17] (bearb. A.Gortebecke) - H.Noldin, Summa theologiae moralis I-III u. 2 Suppl.-Bde,(1899ff) 1956/57[31-37] (bearb. G.Heinzel) - P.Palazzini-A.Jorio, Casus conscientiae I. II, Turin 1958; III, Rom 1958. - Weiteres s. → Kasuistik: IV. *J.Klein*

IV. Grundsätzlich

1. Begriffliche Orientierung - 2. Grundsätzliche Stellungnahme - 3. Heutige Diskussion

1. K. besagt allgemein die Methode der Applikation einer Norm auf den Einzelfall (casus). Ihr eigentliches Gebiet ist das Recht, in dem K. ursprünglich den Sinn hat, am casus das in ihm sich manifestierende Gesetz zu finden (vgl. case law). Doch verschob sich die Bedeutung des Wortes dahin, daß es die Findung des im Einzelfall geltenden und anzuwendenden Gesetzes bezeichnet. So verstanden setzt die juristische K. ein das gesamte Recht umfassendes System von Gesetzen für das rechtlich relevante Handeln voraus. Die analoge Voraussetzung trifft auf die heute meist schlechthin als K. verstandene Moral-K. zu. Sie handelt von der Findung der ethischen Maxime, die das in concreto verpflichtende Sollen zum Ausdruck bringt, operiert also auch mit einem zu individualisierenden geschlossenen System ethischer Gesetzlichkeiten. Sie ist näherhin die Lehre von den Gewissensfällen (casus conscientiae), die sich aus den Konflikten in der Pflichtenlehre (→ Pflicht) ergeben. Grundsätzlich gehört demnach die Rechts-K. zur konkreten Rechtsfindung, während die Bewertung der Moral-K. von der vorausgesetzten Ethik abhängt. So ergibt sich einerseits die Notwendigkeit und Unentbehrlichkeit der K. für das Recht, andererseits ihre problematische Natur im Bereich der → Ethik.

2. Alle Moral-K. steht unter der Idee der totalen gesetzlichen Determination im Bereich des Praktischen, so daß es für sie keinerlei → Adiaphora gibt; für alles Tun des Menschen ist immer nur eines das richtige, hic et nunc zu verwirklichende Gute. De facto tritt aber in jeder normativen Ethik an die Stelle eines solchen grundsätzlichen Rigorismus eine Moral von bloß begrenzter, in diesem Umfang allerdings absolut verpflichtender Gesetzlichkeit, die eine Sphäre des ethisch bloß Erlaubten bestehen läßt und eine dementsprechende K. fordert. Für die kath. Theologie ist die Notwendigkeit der K. dadurch bedingt, daß eine ausgesprochen gesetzliche Ethik prinzipiell die Folge ihrer doppelten Moral und praktisch eine Voraussetzung für die Beichtdisziplin darstellt, wie denn auch geistesgeschichtlich beides miteinander verknüpft ist. Rechtsdogmatisch ist dieses Moralverständnis auf Grund der Infallibilität hinsichtlich der Sittenlehre definitiv. So erklärt sich die Bestimmung der kath. → Moraltheologie als einer normierten oder genormten Normwissenschaft (Tillmann I[4], 10). Das Dogma von der Möglichkeit der Beobachtung der Gebote durch die Gerechtfertigten gründet in diesem Moralverständnis und ebenso das von der Kirche beanspruchte Richteramt über alles, »in quibus inest ratio peccati« (vgl. cc. 1553 § 1. 2198 CIC). Dieser Sachlage gibt die alte Bezeichnung der K. als Iurisprudentia divina eindeutig Ausdruck. Sie resümiert die Zeit eines christlichen Denkens, das alles Normative rechtlicher, ethischer und religiöser Natur eindimensional sah: Ius naturale est, quod in lege et Evangelio continetur. Das vielberufene mare magnum der K. ist infolgedessen nicht nur in der eigentlichen Sittenlehre zu suchen, sondern vor allem auch im ius canonicum, in dem zB das Eherecht (→ Ehe: VI, 2) infolge irritierender Bestimmungen auf Grund rein formaler Betrachtungsweise den religiösen Forderungen vorgeordnet ist, wie denn überhaupt in der Sakramentenlehre (Gültigkeit und Erlaubtheit der Spendung, Bußwerke und Ablaß) und in der Liturgie ein unübersehbares Anwendungsgebiet der K. sich darbietet. Doch spielt sie auch in der Dogmatik eine nicht unbedeutende Rolle, wie die Tafel theologischer Gewißheitsgrade und Zensuren lehrt. Infolge dieser Omnipräsenz der K. in der kath. Kirche erklärt sich das Bestreben, sie nach Möglichkeit in die → Pastoraltheologie zu verweisen. Das kann jedoch als rein praktische Maßnahme ihre prinzipielle Stellung nicht tangieren. Denn diese ist eine Funktion der sichtbaren Rechtskirche und gründet im Wesen der natürlichen und übernatürlichen Seinsordnung mit ihrer durch die Entelechie bestimmten Struktur.

3. Daß K. im eigentlichen Sinne mit reformatorischem Denken nicht vereinbar ist, bedarf keines Wortes. Die Iurisprudentia divina vermag einen ev. Sinn nur anzunehmen, wenn sie als Rechtfertigung aus dem Glauben interpretiert wird. Unbedingte Wahrhaftigkeit in Selbsterkenntnis und Selbstsein ist durch die gesetzliche, heteronom kontrollierte Moral gefährdet, zumal das antike τὰ ἑαυτοῦ πράττειν infolge individualistischen Denkens sich in die Frage nach dem abstrakten Verhältnis des einzelnen zur Norm verwandelt hat und der K. die Tendenz

innewohnt, dem Individuum zu seinem subjektiven Recht gegenüber dem Gesetzesanspruch zu verhelfen. Die sog. Situationsethik (→ Ethik, 3c) hat daher wie ein Appell auf die K. gewirkt, aber jeder Versuch, durch die Vertiefung des Traktats der Klugheit der hier in Frage stehenden Individualisierung zu genügen, zeigt, daß damit lediglich eine methodische Vertiefung der K. selber erreicht werden kann. Infolge ihrer historisch und systematisch bedingten Bezogenheit auf die Lehre von der Sünde hat sie nur die Möglichkeit der weiteren Differenzierung ihrer eigenen Normen. Letztlich steht und fällt mit ihr die sie bedingende existentielle Welt des Katholizismus. Infolgedessen versagt hier die Methode der Konkordanz, und es heißt den Sinn von → Situation verkennen, wenn versucht wird, diese mit den alten circumstantiae der Schule erfassen zu wollen. Die existentielle Individualisierung fordert: Tue, was nur du tun kannst und was niemand anders an deiner Stelle tun könnte! Diese Maxime involviert mit der prinzipiellen Zerstörung der normativen Ethik die der K. Es bedeutet auch keine Einschränkung, vielmehr ihre Umdeutung, sie dem dialogischen Vollzug des sittlichen Lebens gleichzusetzen. Der festgehaltene Bezug zur Normenethik zerstört das dialogische Verhältnis, die → Norm steht zwischen Gott und Mensch. Auch der Versuch, einen Imperativ für das von den generellen Wesensnormen her nicht mehr faßbar Konkrete zugunsten der geschichtlichen Individualität zu statuieren, verharmlost die Fragestellung, sobald dieser Imperativ so bestimmt wird, daß er dem allgemeinen Prinzip nie widersprechen kann, während alle Erörterungen über die Hereinnahme des casus »in das religiöse Geheimnis« nur einer mystifizierenden Verdunkelung dienen. Es ist daher wohl zu verstehen, wenn die Enzyklika → »Humani generis« (12.8.1950) den Existentialismus zugunsten der Philosophie der »immutabiles essentiae« verwirft und wenn das Hl. Offizium die »decisiva et ultima agendi norma« urgiert unter Hinweis auf den verpflichtenden »objektiv richtigen Ordo, wie er durch das Naturgesetz bestimmt und auf Grund dieses Gesetzes mit Sicherheit gekannt ist«, sowie auf die Notwendigkeit der Applikation des objektiven Gesetzes auf den Einzelfall »attentis simul ac ponderatis, secundum regulas prudentiae, particularibus ›situationis‹ adiunctis« (AAS 48, 1956, 144). Wie immer die kritische Orientierung der Norm an den konkreten Gegebenheiten aufgefaßt und in die Deduktion einbezogen werden mag: die Herrschaft des Gesetzes und die Macht der K. sind korrelativ aufeinander bezogen, und im Schnitt zwischen leichter und schwerer Sünde gründet die der K. immanente Tendenz zum ethischen Minimismus. Dieser Tatsache gegenüber versagt jede Konstruktion einer existentiellen Ontologie. - Vgl. → Probabilismus.

Vgl. allgemein die Lehrbücher der → Moraltheologie u. die Lit. zu → Kasuistik: III. - Ferner: M. Pribilla, Klugheit u. K. (StZ 133, 1938, 205-216) - Th. Steinbüchel, Der Mensch in der Verantwortung (in: Festschr. f. Th. Müncker, 1948, 20-37) - A. Auer, Gesetz u. Freiheit im Verhältnis von Gott u. Mensch bei F.X. Linsenmann (in: Festschr. Th. Steinbüchel, 1948, 246-263) - N. Seelhammer, Situationsethik u. christl. Gewissen (TThZ 62, 1953, 80-90) - K. Rahner, Das Dynamische in der Kirche (Quaestiones disputatae 5), 1958 - F. Scholz, Situationsethik u. situationsgerechtes Verhalten im Lichte der jüngsten kirchl. Verlautbarungen (in: Festg. f. Th. Müncker, 1958, 32-50) - J. Klein, Skandalon. Um das Wesen des Katholizismus, 1958, bes. 366-392 - A. Troost, Casuistiek en Situatie-Ethiek (Diss. Utrecht), 1958 (ausführl., zumal neueste Lit.).

J. Klein

Katakomben

I. Christliche Katakomben - II. Jüdische Katakomben

I. Christliche Katakomben

1. Christliche K. sind unterirdische Friedhöfe, wie sie vielerorts im Westen und Osten des römischen Reichs angelegt wurden. Die bekanntesten und ausgedehntesten finden sich in → Rom, bes. an der Via Appia, der römischen Gräberstraße κατ' ἐξοχήν. Der Name Katakombe bezeichnet ursprünglich nur die Sebastians-Katakombe in Rom, die in einer Talsenke lag und darum »in catacumbas« genannt wurde; von dieser einen Katakombe ist die Bezeichnung im MA auf alle K. übergegangen (eine andere Erklärung der Bezeichnung bei A.M. Schneider, NAG 1951, 3f). Im Altertum hießen die K. Coimeterien (griech. κοιμητήρια) oder Hypogaeen. Eine Parallelerscheinung zu den christlichen sind die jüdischen → Katakomben (: II), die freilich die Ausmaße der christlichen nicht erreichen. Beide sind weder Neuschöpfungen noch voneinander abhängig, sondern gehen auf heidnische unterirdische Familiengrüfte republikanischer Zeit (u.a. Hypogaeum bei Antium; Scipionengruft) zurück, wo Typus und Grabformen der K. bereits vorgebildet sind. Die Gnostiker und christlichen Sektierer hatten eigene K. (zB Aureliergruft am Viale Manzoni in Rom). Die unterirdischen Grabstätten bilden freilich nur *einen Teil* der christlichen sepulkralen Architektur; daneben gab es zahlreiche oberirdische Friedhöfe wie im Heidentum.

2. Die K. bestehen aus einem weitverzweigten Netz von unterirdischen Gängen (Galerien) und Grabkammern (Cubicula); die letzteren dienten in der Regel als Familiengrüfte. Die Arbeit wurde von eigenen kirchlichen Beamten, den fossores, ausgeführt. Die Toten wurden bekleidet ins Grab gelegt. Bescheidene Grabbeigaben sind häufig bezeugt, Blumen und Kränze waren verpönt (→ Begräbnis: III, 1). Die übliche Grabform ist das Loculusgrab, das parallel zum Gang in die Wand eingegraben ist. Als Verschluß dienten Marmor- oder Ziegelplatten, die eine schlichte Inschrift trugen (meist nur Name und Todestag, mit dem Zusatz »in pace«) und nicht selten ein christliches → Symbol (: III) aufweisen. Daneben finden sich, bes. in den Cubicula, kunstvollere Grabformen: das Arkosolgrab und das Baldachingrab. Wohlhabende Christen ließen sich in Marmorsarkophagen beisetzen. Zahlreiche Gräber und Kammern sind mit Fresken geschmückt, die auf die christliche Auferstehungshoffnung Bezug nehmen; sie und die Sarkophagreliefs (→ Malerei: I) stellen die ältesten Zeugnisse christlicher Kunst (→ Altchristliche Kunst, 2) dar.

Voraussetzung für den Bau der K. war die geologische Beschaffenheit des Bodens. Besonders eignete sich das vulkanische Tuffgestein Italiens, das sich leicht mit Hacke und Spaten bearbeiten läßt, aber eine solche Konsistenz besitzt, daß die entstandenen Hohlräume nicht abgestützt zu werden brauchen. Während die römischen Cubicula durchweg klein sind (ca 3×3 m), weisen die K. anderwärts, wo das Gestein härter ist, Räume von weit größeren Ausmaßen, die zT dem Totenkult dienten, sowie ein anderes architektonisches System auf. Die Gesamtlänge allein der römischen K.-Gänge ist beträchtlich, läßt sich aber schwer berechnen und wird weithin überschätzt. Dasselbe gilt für die Zahl der Bestatteten. Die Gräber konnten zT zwei oder mehr Leichen aufnehmen und sind häufig wiederbenutzt worden.

3. Die K. sind aus *Privatgrüften* entstanden, die begüterte Christen auf ihrem Grundstück vor den Toren der Stadt für sich und ihre Angehörigen einrichteten. Hier fanden auch die christliche Dienerschaft des Hauses und andere unbemittelte Glaubensgenossen Aufnahme. Eine solche Familiengrabstätte weist außer der unterirdischen Area in der Regel einen Gräberbezirk unter freiem Himmel (sub divo) auf. Die unterirdische Anlage entspricht in ihren Ausmaßen der Größe des Grundstücks. Sie besteht entweder aus einem breiten Stollen, von dem zu beiden Seiten schmalere Nebenstollen ausgehen, oder aus einem rostartigen System von zwei längsgerichteten

Gängen und mehreren Quergängen. Bei Bedarf konnte das Niveau der Gänge tiefer gelegt und neuer Raum für Gräber gewonnen werden. Die Gruft war ins Grundbuch der Stadt eingetragen und mit dem Namen des Besitzers gekennzeichnet. - Die ältesten uns bekannten christlichen Grüfte dieser Art sind, wie Schneider für Rom nachgewiesen hat und durch den Stil der Malereien (→ Altchristliche Kunst, 2) bestätigt wird, um 200 entstanden. Damit sind frühere Ansetzungen überholt. Aus den beiden ersten Jh.en besitzen wir kein einziges sicher bezeugtes Christengrab. Wo die Christen damals ihre Toten beigesetzt haben, ist bis heute unbekannt. In Rom gab es vielleicht ältere K., die näher am Stadtrand lagen und demWachstum der Stadt zum Opfer fielen (Styger). Wahrscheinlicher ist, daß sich die Christen jener Zeit in oberirdischen Mausoleen beisetzen ließen, oft gewiß auch an der Seite ihrer heidnischen Familienangehörigen, wofür es noch aus dem 3.Jh. Beispiele gibt (Isola Sacra, Nekropole unter St.Peter). Als sicher darf gelten, daß sie die Leichenverbrennung auf Grund ihres Auferstehungsglaubens von Anfang an ablehnten.

4. Um 200 entstand in Rom auch der erste unterirdische *Gemeindefriedhof* (S.Callisto), der ebenfalls rostartig angelegt ist. Er war wohl für die Armen bestimmt (Schneider), die man in den Gängen bestattete. Wenige Jahrzehnte später wurden auf diesem Areal mehrere Cubicula angelegt. In dem einen (»Papstgruft«) ruhen die römischen Bischöfe des 3.Jh.s, in den anderen (»Sakramentskapellen«) offenbar Angehörige des niederen Klerus. Durch Schenkung von Familiengrüften und Erwerb anliegender Grundstücke wuchs der kirchliche Grundbesitz im 3.Jh. Es entstanden große zusammenhängende Komplexe, die nach und nach zu kirchlichen Massenfriedhöfen mit oft mehreren Stockwerken untereinander ausgebaut wurden. Um die Gräber wiederzufinden, brachte man häufig Erkennungszeichen an. In Zeiten der Verfolgung wurden die K. vom Staat konfisziert, danach der Gemeinde zurückgegeben (Euseb., h. e. VII, 11. 13). Daß sie den Christen damals als Schlupfwinkel und gottesdienstliche Versammlungsstätten dienten, ist unhistorisch. In den K. wurde lediglich begraben und (oft wohl auch in dem Bezirk sub divo) die Totenfeier (→ Begräbnis: III, 1) abgehalten.

5. Die vornehmsten Gräber der K. sind die der →*Märtyrer,* die den K., in denen sie ruhten, häufig den Namen gaben. Die Märtyrergräber unterscheiden sich in ihrer Anlage nicht von den Gräbern der einfachen Christen. Mit der zunehmenden → Heiligenverehrung (: II) im 4.Jh. wurden sie zu Kultstätten. Die Gläubigen drängten sich, in der Nähe der Blutzeugen bestattet zu werden (»ad sanctos« und »retro sanctos«). Pilgerinschriften (graffiti) kennzeichneten die Heiligengräber. → Damasus I. schmückte die römischen Märtyrergrüfte mit Epigrammen, die auf Marmortafeln gemeißelt das Verdienst der Heiligen kündeten. Am Todestag der Märtyrer fanden an ihren Ruhestätten jährliche Gedenkfeiern statt. Sie führten dazu, die Umgebung des verehrten Grabes auszubauen oder Coemeterialbasiliken (→ Basilika, 3) in oder über den K. zu errichten. Auf diese Weise sind nur wenige Heiligengräber in unverändertem Zustand auf uns gekommen.

6. Um 400 wurde in Rom die Sitte der K.-Bestattung zugunsten der Beisetzung sub divo aufgegeben, während man sie anderwärts (zB Neapel) noch im 5.Jh. übte. In der Folgezeit wurden nur noch die Märtyrergräber von Pilgern besucht. In dem Glauben, daß die Großzahl der K.-Gräber Märtyrergebeine enthalte, ließen die Bischöfe Roms in der Langobardenzeit ganze Wagenladungen von → Reliquien in die Stadtkirchen in Sicherheit bringen. Damit erlosch das Interesse an den unterirdischen Totenstädten. In der 2. Hälfte des MA gerieten sie in Vergessenheit, bis i.J. 1578 die erste römische Katakombe an der Via Salaria durch Zufall wiederentdeckt wurde. Jetzt begann man mit der Suche nach den K. und deren → Ausgrabung (: IV). Als der »Kolumbus der K.« gilt A. → Bosio. Seit der Mitte des 19.Jh.s haben G.B.de → Rossi und seine Schule die K.-Forschung zur Wissenschaft erhoben. Bei der Auffindung der K. und ihrer Märtyrergräber leisteten die Pilgeraufzeichnungen (Itinerarien) wertvolle Dienste. Eine Katakombe mit außergewöhnlichen Fresken kam erst i.J. 1956 an der Via Latina zutage.

Ältere Lit. in den Hdb.ern der altchristl. Kunst von C.M.Kaufmann, V.Schultze, O.Wulff u. in RE X, 794ff; XXIII, 788ff. - Neuere Lit.: O.Marucchi, Le Catacombe Romane, Rom 1933 - P.Styger, Die röm. K., 1933 - Ders., Röm. Märtyrergrüfte, 2 Bde, 1935 - Ders., Heidn. u. christl. K. (AuC, ErgBd 1 [Pisciculi], 1939, 266-275) - H.Achelis, Die K. von Neapel, 1936 - L.Hertling-E. Kirschbaum, Die röm. K. u. ihre Märtyrer, Wien (1950) 1955² - A. M.Schneider, Die ältesten Denkmäler der Röm. Kirche (Festschr. zur Feier des 200jähr. Bestehens der Akad. d. Wiss. in Göttingen, Phil.-hist. Kl., 1951, 166-195) - EC III, 1617ff - RAC III, 231 ff. - Pubblicazioni della Società »Amici delle Catacombe« (seit 1933) - Roma Sotterranea Cristiana, per cura del Pontificio Istituto di Archeologia Cristiana (seit 1936) - Fortlaufend unterrichtet RivAC.

E.Schäfer

II. Jüdische Katakomben

Versteht man unter K. unterirdische Grabanlagen mit Galerien (→ Katakomben: I, 2), so ist bislang in *Palästina* lediglich die K.-Anlage von Beth Schearim (šeḥ 'abrēq, Galiläa) aufgedeckt worden. Die auf engstem Raum ausgegrabenen Anlagen (bisher 26) enthalten nur vereinzelt Schiebegräber (Ḳoḳîm; vereinzelt in Längsrichtung ausgehauen, zumeist loculi genannt), meist Bogenbank- und Bogentroggräber (= Arkosolgräber; → Begräbnis: II, 1), aber auch Sarkophage (ein aufgemauertes Grab in Nr. 14 war wahrscheinlich das von Jehuda ha-Nasi [→ Mischna]). Hier war nach dem Ausscheiden Jerusalems (135 nChr) ein Hauptbestattungsplatz der Juden Palästinas und der Diaspora (durch Inschriften belegt), der bis zum 5.Jh. benutzt wurde. Bemerklich sind profane → Bilder (: II) einheimischer Arbeit neben → Symbolen (: II). Ein Sarkophag mit dem Leda-Motiv läßt den starken Einfluß der Umwelt bes. deutlich hervortreten. - Weit zahlreicher sind jüd. K. in der *Diaspora,* an den Inschriften (der Loculiverschlußplatten) erkennbar. Diese sind überwiegend griechisch, daneben lateinisch, vereinzelt hebräisch (Formeln): bis auf die Funde nach 1940 alle im CIJ. Nicht selten sind den Texten Symbole (Leuchter, Toraschrein) beigefügt. Eine Katakombe in Karthago im älteren Schiebegrabtyp hat pagane Deckenbilder. - Die bedeutendsten jüd. K. stammen aus *Rom* (bes. wichtig: Torlonia, Monteverde, Randanini). Die Anfänge liegen vermutlich noch im 2.Jh., die Hauptzeit ist das 3.Jh. Bei den Fresken von Torlonia sind jüd. Motive vorherrschend, dagegen zeigen die Cubicula von Randanini heidnische Themen: Viktoria mit einem nackten Jüngling, Fortuna, Genien, Vögel (u.a. der Pfau), Fische und Mischwesen des Meeres. Paganes begegnet auch auf den Loculiplatten und bes. bei den hier und andernorts gefundenen Sarkophagen. Der Ausweg, in den Cubicula von Randanini übernommene (sekundär miteinbezogene) heidnische Grabanlagen zu sehen, ist nicht gerechtfertigt. In den vermutlich eschatologisch-apokalyptisch zu erklärenden Bildern von Torlonia und Randanini zeigt sich ein bilderfreundliches Judentum der westlichen Diaspora, das in → Dura-Europos (: II) sein östliches Gegenstück hat.

CIJ I. II, 1936/48 - E.R.Goodenough, Jewish Symbols in the Greco-Roman Period I-III, Yale 1953 (Lit.) - EC III, 1637f. - Zu Beth Schearim: Final Reports (hebr.) u. Berichte in IEJ. *K.Galling*

Unter K etwa Vermißtes bitte unter C und Z suchen

Katechetik

1. Wort und Begriff - 2. Geschichte - 3. Gegenwärtige Probleme - 4. Kath. K.

1. Paulus verwendet das bei Josephus und Philo, nicht aber in der LXX vorkommende Verb κατηχεῖν, das zunächst nur »etwas berichten« bedeutet (so auch Lk 1, 4; Apg 21, 21. 24), für den Vorgang der Unterweisung in den Gegenständen des Glaubens (Röm 2, 18; 1Kor 14, 19; Gal 6, 6) und unterscheidet den κατηχῶν von dem κατηχούμενος; ebenso verwendet Lukas das Wort Apg 18, 25. In 2Clem 17, 1 wird die Vokabel von der Taufunterweisung gebraucht, bei → Tertullian ist ein besonderer Stand der Catechumeni als Taufbewerber zuerst bezeugt (De bapt.). Bei → Augustin (De catech. rud.) begegnet zum ersten Mal das Verb selbst als lateinisches Lehnwort und nur noch in der speziellen Bedeutung. - K. ist eine Disziplin der → Praktischen Theologie; sie entfaltet die Lehre von der christlichen Verkündigung, die im *Unterricht* der Kirche geschieht (→ Katechumenat, → Kirchlicher Unterricht: II). Sie steht in enger Zusammenarbeit mit der → Pädagogik, da es bei ihr um unterrichtliches und erziehendes Tun geht, und mit der → Psychologie, da sie an den Menschen gewiesen ist.

2. Die Form des Unterrichts ist noch bei Augustin (De catech. rud.) die narratio, wie auch die → Cyrill von Jerusalem zugeschriebenen mystagogischen Katechesen (i.J. 348) Lehrvorträge sind. Da diese Predigten zB in Rom gern in den Gemeindeversammlungen bes. am 3.-5. Fastsonntag gehalten wurden, gehen hier Katechese und Liturgie ineinander über. Eine eigene Form der Katechisation ist in der Alten Kirche noch nicht entwickelt worden, wenn auch die Begründung der Katechetenschulen - zB in → Alexandria - auf eine Ordnung der Unterweisung deutet (so wohl auch schon Hebr 5, 12ff). - Nachdem die Kindertaufe sich durchgesetzt hat, wird die bisher vor der → Taufe (: V) gehaltene Unterweisung unmöglich; sie wird nun den Eltern zur Pflicht gemacht (Synode von → Arles, can. 19); erst spät und vereinzelt werden auch die Kleriker auf diese Pflicht hingewiesen (1246 Béziers, 1254 Albi). Die Form der Erwachsenenunterweisung ist, bedingt durch die verbreitete Unkenntnis von Lesen und Schreiben, das ganze MA hindurch das Vor- und Nachsprechen oder auch das gemeinsame Sprechen; der Hauptstoff ist das Vaterunser und das Glaubensbekenntnis; erst gegen Ende des MA kommen bes. für die Fastenzeit die 10 Gebote, das → Ave Maria u.a. hinzu (→ Katechismus: I). Im Zusammenhang mit der Beichtpflicht (→ Bußwesen: II, 2 a) werden nach der Erfindung des Buchdrucks Beichtbüchlein mit den üblichen Fragen und Antworten zur eigenen Beichtvorbereitung gedruckt (Joh. → Gerson, Opus tripartitum; Tractatus de parvulis trahendis ad Christum). Das Beichtbüchlein des Frankfurter Magisters Joh.Wolff (Lupi; 1478) enthält zB Gedächtnissätze, um den Dekalog, die 5 Todsünden, die 8 Seligkeiten u.a. zu erlernen. Aber von K. kann für diese Zeit noch nicht die Rede sein.

Luther und seine Mitarbeiter stehen darin noch in der Tradition, daß auch sie den »mündlichen Unterricht« (→ Katechismus) des Memorierens und Abfragens beibehalten. Darüber hinaus entwickelt Luther gelegentlich neue und weiterführende Grundsätze, in denen er dazu anleitet, die Eigentätigkeit des Kindes zu wecken und seine Lernfreudigkeit zu erhalten (WA 19, 76ff; 30/I, 143). Diese Anregungen werden allerdings nur selten aufgenommen (Joh.Tetelbach, Das güldene Kleinot . . ., 1579; Luc. → Lossius, Historia passionis, 1559); das Hauptinteresse ruht darauf, die reine Lehre zu kennen und richtig - daher immer mit den gleichen, feststehenden Worten - wiederzugeben (Val. → Trotzendorf, Methodus doctrinae catecheticae, 1564; Andr. → Hyperius, De catechesi, 1570). - Trotz der unverkennbaren Fortschritte bei den Reformpädagogen (zB Am. → Comenius, Didactica magna, bes. Kap. 24) bedeutet erst der → *Pietismus* eine neue Epoche der K. durch die Hinzunahme biblischer Texte (Joh.Hübner, Zwey mal Zwey und fünfzig Biblische Historien, 1714; bis ins 19.Jh. mehr als 100 Aufl.) und die »Urteilsfrage« und »Gewissensfrage« zum Zweck der Erkenntnis, »Erleuchtung des Verstandes und Heiligung des Willens« (Hübner). Die mannigfaltigen Anregungen von Ph.J. → Spener (Einfältige Erklärung der christlichen Lehre, 1677; Theol. Bedenken . . ., 1702) und A.H. → Francke (Kurzer und einfältiger Unterricht . . ., 1702) werden von J.J. → Rambach zu einer ersten K. ausgebaut (Der wohlunterrichtete Katechet, [1722] 1762[10]), in welcher neben dem Katecheten und der Katechisation auch der Katechumene eine eigene Darstellung erhält. - Die *»sokratische Methode«* (L.v. → Mosheim, Sittenlehre der Hl.Schrift, 1742[3]; G.F.Dinter, Die vorzüglichsten Regeln der K., 1829) will mit der »Entwicklungsfrage« das Selbsturteil des Schülers fördern und ihn von sich aus Zusammenhänge sehen und verstehen lehren. Trotz → Pestalozzis Warnung vor dem »Maulbrauchen« und seinem Hinweis auf den »wahrhaft entwickelnden und mit den unwandelbaren Gesetzen der Bildung der Menschennatur gegründeten Religionsunterricht« (Bericht an die Eltern . . ., 1807) und trotz → Schleiermachers Hinweisen auf den »paränetischen Charakter« des Religionsunterrichts gerät die K. im 19.Jh. unter die Herrschaft der Herbart-Ziller-Reinschen »Formalstufen« (→ Herbart; T.Ziller, Vorlesungen über allgemeine Pädagogik, 1876; W. → Rein, Pädagogik in syst. Darstellung, 1912[2]) und wird weitgehend entkirchlicht; die theologische Frage hat nicht mehr das Hauptgewicht. - Gegenüber diesem »didaktischen Materialismus« (Fr.W. → Dörpfeld) bemüht sich die *»Erlebnismethode«* (E.Pfennigsdorf, Wie lehren wir Evangelium?, [1921] 1925[2]) um »gewissensmäßige Vertiefung«, »Bewertung« und »Aufruf zur Tat«. O. → Eberhard überführt aus der »Arbeitsschulbewegung« (→ Arbeitsschule) die Versuche, freie geistige Schülertätigkeit, Erlebnismöglichkeit und Tatpädagogik zu einer religiösen Lebenskunde, sozialethischem Tun und bewußter Gemeinschaftspflege zu vereinen, und will damit zugleich den Religionsunterricht verinnerlichen und für das Leben fruchtbar machen.

Der *neue Anstoß* kam aber von der theologischen Neubesinnung auf den Gegenstand der K. In gleicher Weise, wenn auch mit verschiedenem Gewicht, wirken sich die → Dialektische Theologie, die »Lutherrenaissance« und die Entwicklung der → Biblischen Theologie und später die Erfahrungen des → Kirchenkampfes so weitgehend aus, daß man von einer »kopernikanischen Wende« gesprochen hat. Als erster betont Th.Heckel, daß »Sach- und Inhaltsbestimmungen des Religionsunterrichts der Erörterung über Wege und Mittel der Darbietung vorangehen« müßten, und daß »die Methodik streng nach dem Anspruch der Sache zu bilden« ist. Neu ist bei ihm auch die Zielsetzung für den Religionsunterricht: ». . . beides in Kraft setzen, daß der ev. Religionsunterricht Zeugnis ist vom Worte Gottes an die Getauften, von der Gemeinde an die Gemeinde durch das Zeugenamt des Lehrers.« Die drei hier genannten Momente (Religionsunterricht als Bezeugung des Wortes Gottes, seine Gemeindegebundenheit, das kirchliche Amt des → Religionslehrers) sind bis heute bestimmend geblieben. G.Bohne lehnt den humanistisch-idealistischen Ansatz für den Religionsunterricht ebenso ab wie den dogmatischen und stellt ihm die Aufgabe, daß er, »mit Bewußtsein in der lebendigen Spannung zwischen der menschlichen und der göttlichen Wirklichkeit« stehend, »das ihm aufgetragene Wort Gottes dem jungen, werdenden Menschen in menschlicher Lebendigkeit und steter psychologischer Anknüpfung an seine Entwicklung sagt und ihn dadurch in die Entscheidung vor Gott stellt oder doch ruft«. In der Frage der Methode warnt Heckel davor, daß die Angst »vor falschem Psychologismus nicht zur Angst vor richtiger Psychologie« werde; Bohne weist gegenüber der Suche nach einer neuen Methode darauf hin, daß es »keine evangeliumgemäße Methode« gibt, und betont, es komme »im Grunde nicht auf die Methode, sondern auf die innere Haltung« an, für die er als konstitutive Momente die »persönlich klare Stellung zu Gott«, die »persönliche Frömmigkeit« und »zugleich die rechte pädagogische Haltung« bestimmt. Die in diesen beiden Stimmen beispielhaft skizzierte Wandlung des Ansatzpunktes der K. drückt sich auch darin aus, daß der überkommene Name »Religionsunterricht« ersetzt wird; Hammelsbeck spricht vom »kirchlichen Unterricht«, Rang von »christlicher Unterweisung«, Kittel von der »ev. Unterweisung« (= Unterweisung im rechten Umgang mit dem Evangelium); außerdem hat sich der Name → »Christenlehre« bes. in der DDR durchgesetzt. Hammelsbeck gewann aus den Erfahrungen des Kirchenkampfs die wegweisende Erkenntnis der Einheit des kirchlichen Unterrichts, der im Auftrag der Gemeinde geschieht, im Elternhaus beginnt und »das ganze Leben des Christenmenschen über nicht aufhört«.

3. K. kann als eine Disziplin der Praktischen Theologie ihre Arbeit, Forschung und Lehre nicht »voraussetzungslos«, sondern nur in der Bezogenheit auf den konkreten Menschen tun, an den sie gewiesen ist. K. stellt daher die wechselseitige Frage nach der unterrichtlichen Bedeutung theologischer Erkenntnisse, der theologischen Legitimität des konkreten unterrichtlichen Tuns und seiner wirklichen Bezogenheit auf den heranwachsenden Menschen. Darum bedarf die K. ebenso des ständigen Kontakts mit der Praxis wie mit den anderen theologischen Disziplinen und mit der Pädagogik und Psychologie, um einem Auseinanderklaffen von Theologie und dem Handeln der Kirche in ihrem Erziehungswerk zu steuern und andererseits zu verhindern, daß der Unterricht den Menschen verfehlt. – Nachdem die exegetische Theologie den kerygmatischen Charakter biblischer Texte aufgezeigt hat, fragt die K. nach ihrer Vergegenwärtigung in unterrichtlichen Formen, erörtert das Problem ihrer Anschaulichkeit und Stufengemäßheit und die Forderungen, die von hier aus an die Lehrpläne gestellt werden müssen. Ebenso ist das Verhältnis von biblischem und Katechismus-Unterricht (→ Katechismus: III) neu zu durchdenken. Versteht sich die → Kirchengeschichte als »Geschichte der Auslegung der Hl.Schrift« (G.Ebeling), so ergibt sich eine neue Zuordnung von biblischem und kirchengeschichtlichem Unterricht, eine andere Stoffverteilung und die Überwindung gelegentlicher (G.Bohne) Skepsis gegenüber dieser Aufgabe. – Wenn die Gegenwart die Praxis des Unterrichts nicht mehr als angewandte Theorie, sondern als Grundlage theoretischer Besinnung versteht, hat die K. das Methodenproblem grundsätzlich auf das Verhältnis von explicatio und applicatio hin zu durchdenken; der Unterricht ist weitgehend von einem methodischen Schematismus freizusetzen (H.Kittel u.a.). Inhalt und Umfang einer Grundunterweisung ist eine katechetische Aufgabe, die ebenso wichtig ist wie die Wiedergewinnung eines Gesamtkatechumenats, der nicht mit der Konfirmation abschließt, sondern den Schüler der weiterführenden Schule wie den jungen Arbeiter und Angestellten bis an die Schwelle des Erwachsenenalters begleitet. – Im Gespräch mit der Psychologie stehen u.a. Fragen der Entwicklung des Jugendlichen, einer religiösen Typologie, das Problem der → Tiefenpsychologie und die grundsätzliche Frage nach einer → Religionspsychologie im Gespräch. – Frühere Anregungen der Erlebnispädagogik für das Erzählen und der → Kunsterziehungs-Bewegung für die Verwendung des Bildes und das nachgestaltende Tun des Kindes sind neu aufgenommen worden und wirken sich bei Überlegungen über die Textgestaltung und bildliche Ausrüstung der Religionsbücher aus. Außerdem wird versucht, auch für den Religionsunterricht Arbeitsmittel zu gewinnen, an denen sich »das Kind frei und selbständig bilden kann« (P.Petersen).

4. Auch die *kath. K.* hat eine wesentliche Entwicklung durchgemacht. Gegenüber der »formal-methodischen« Reform am Beginn des 20.Jh.s spricht man heute von einer »material-kerygmatischen Erneuerung« der katechetischen Bewegung, welche die missionarische Aufgabe des Unterrichts betont. Die Unterweisung soll vor allem wieder Verkündigung sein, die lebensgestaltende Kraft besitzt; daher spricht Jungmann lieber von der »religiösen Unterweisung« als vom Religionsunterricht. Methodisch stehen sich die »Münchener« (textentwikkelnde) – Jungmann nennt sie textsynthetische – Methode (u.a. O.Willmann, H.Stieglitz) und die »Kölner« arbeitsunterrichtliche Methode (u.a. R.Pfeil) gegenüber, die beide auch Anregungen der »Erlebnismethode« von H.Kautz aufgenommen haben. Als Einzelfragen werden neben dem Bibelunterricht das → Kirchenlied, religiöse Lebenskunde, Gesinnungs- und Gewissensbildung, Gebetserziehung u.a. genannt; aber auch die katechetische Sprache und die durch die Altersstufen gestellten Aufgaben werden bes. beachtet. Als neue Aufgabe stellt sich die Behandlung des 1956 erschienenen »Kath. Katechismus der Bistümer Deutschlands«. Seit 1923 gibt es im Rahmen der »Konzilskongregation« das »Officium Catechisticum« als höchste kirchliche Behörde für alle Fragen der kath. K.

Vgl. zum Ganzen außer den Lehrbüchern der → Praktischen Theologie: RE X, 121ff – RGG² III, 648ff – ThR NF 6, 1934, 33-60. 96 bis 129. 175-206; 23, 1955, 336-369 – VF 1940, 12-18; 1941, 163-168; 1947/48, 46-51. 162-171 – EKL II, 555ff. – Zu 1: ThW III, 638ff – BAUER, WB⁵ 837f. – Zu 2 u. 3 vgl. die Lit. zu → Kirchliche Unterweisung: II. Ferner: L.CORDIER, Ev. Pädagogik I, 1932 – L.FENDT, K., (1935) 1951² – E.WISSMANN, Religionspädagogik bei Schleiermacher, 1935 – M.RANG, Hdb. für den bibl. Unterricht, (1939) 1948³ – G. MERZ, Von der Exegese zur Katechese, 1940 – O.HAMMELSBECK, Ev. Lehre von der Erziehung, 1950 – H.KITTEL, Der Erzieher als Christ, (1951) 1954² – M.STALLMANN, Die bibl. Gesch. im Unterricht (ZThK 51, 1954, 216-250) – E.DELCKER, Das ev. Erziehungsdenken heute u. unsere kirchl. Unterweisung (MPTh 44, 1955, 29-35) – J.WILHELMSMEYER-H.PIXBERG (Hg.), Heilmanns Quellenbuch der Pädagogik, 1955 – TH.ELLWEIN (Hg.), Die bibl. Botschaft in der Bildungskrise der heutigen Schule, 1956 – H.WAGNER, Differenzierung u. Strukturierung als Gegenwartsaufgabe der K. (ThLZ 81, 1956, 389-392) – F. HAHN, Die Ev. Unterweisung in den Schulen des 16.Jh.s, 1957 – G. OTTO, KG im Religionsunterricht (Die Sammlung 12, 1957, 32-43) – DERS., Methodik des Religionsunterrichts als theol. Problem (ZP 4, 1958, 231-241) – E.BOCHINGER, Die Anschaulichkeit des Religionsunterrichts als päd. u. theol. Problem (Diss. Tübingen), 1958 (Masch.) – H.STOCK, Studien zur Auslegung der synopt. Evangelien im Unterricht, 1959. – Zs.en: Religion in Education, London 1934ff; Ev. Unterweisung, 1946ff; Die Christenlehre, 1948ff; Der ev. Erzieher, 1949ff; Schule u. Leben, 1949ff. – Zu 4: LThK V, 880 – F.BÜRKLI, Hdb. der K., 1943 – J.A.JUNGMANN, K., 1953 – R.PFEIL, K., 1955. – Zs.en: Katechet. Blätter, 1875ff; Der kath. Erzieher, 1948ff.

H.W.Surkau

Katechismus

I. Katechismus im Urchristentum – II. Geschichtlich – III. Katechismus-Unterricht

I. Katechismus im Urchristentum

Zur Unterweisung der Täuflinge und Belehrung der Gemeinde sind schon in den ersten Jahrzehnten der Kirche einprägsame Sätze gebildet worden, in denen die christliche Lehre knapp zusammengefaßt wurde. Solche → Formeln (: II) lassen sich aus den nt. Schriften, in denen sie verwendet worden sind, erschließen, ohne daß dies die verschiedentlich geäußerte Vermutung rechtfertigen könnte, es habe bereits in nt. Zeit einen einheitlichen urchristlichen K. gegeben.

In der in fester Gestalt ausgeprägten Lehre (Röm 6, 17) wurde das → Bekenntnis (: III) zu Jesus Christus (vgl. 1Kor 15, 3-5; Phil 2, 5-11; 1Tim 3, 16 u.a.) weitergegeben und entfaltet. Hebr 6, 1f werden als Bestandteile des christlichen Elementarunterrichtes Abkehr von den toten Werken und Glaube an Gott, Lehre von Taufen und Handauflegung, Auferstehung der Toten und ewigem Gericht genannt. Neben dem Bekenntnis bildeten also paränetische Weisungen den Hauptinhalt der Lehrstücke (vgl. dazu den Aufbau der nt.Briefe, die fast stets neben einem »dogmatischen« einen »ethischen« Teil enthalten, zB Röm 1-11; 12-15). In diesen Mahnungen für den Lebenswandel der Christen sind at. Aussagen, jüd. Spruchweisheit, Weisungen aus der hellenistischen Popularphilosophie, Herrenworte und urchristliche Sätze katechismusartig zusammengefügt. Dazu gehören die weitgehend aus traditionellem Gut gestalteten Haustafeln (Eph 5, 22ff; Kol 3, 18ff; 1Tim 2, 8ff; 6, 1f; Tit 2, 1ff; 1Petr 2, 13ff), die Tugend- und Lasterkataloge (Röm 1, 29ff; 13, 13; 1Kor 5, 10f; 6, 9f; 2Kor 12, 20f; Gal 5, 19ff; Eph 4, 31; 5, 3ff; Kol 3, 5ff; 1Tim 1, 9f; 2Tim 3, 2ff), herkömmliche Regeln für das Verhalten gegenüber der Obrigkeit (Röm 13, 1ff; 1Petr 2, 13ff; Tit 3, 1) sowie die vielfach von katechetischen Gesichtspunkten bestimmte Ordnung von Herrenworten (zB in der → Bergpredigt) bzw. von christlicher oder verchristlichter Spruchweisheit (zB im → Jakobusbrief). Die schon von den Aposteln den Gemeinden übermittelten »Wege in Christo« (1Kor 4, 17) enthielten wahrscheinlich in katechismusartiger Form sittliche Weisungen für die Gemeinden. Diese »Wege« wurden dann in nachapostolischer Zeit zu ausführlichen Katechismen ausgestaltet, in denen der Weg zum Leben dem Weg zum Tode gegenübergestellt wurde (Did 1-6; Barn 18-20).

Vgl. die Lit. zu → Bekenntnis: III. - Ferner: A.Seeberg, Der K. der Urchristenheit, 1903 - Ders., Die Didache des Judentums u. der Urchristenheit, 1908 - G.Klein, Der älteste christl. K., 1909 - M. Dibelius, Die Formgesch. des Evangeliums, (1919) 1959³ - Ders., Der Brief des Jakobus (MeyerK XV), (1921⁷) 1956⁸, 1ff - Ders., Zur Formgesch. des NT (ThR NF 3, 1931, 207-242) - K.Weidinger, Die Haustafeln, 1928 - A.Vögtle, Die Tugend- u. Lasterkataloge im NT (NTA XVI, 4/5), 1936 - P.Carrington, The primitive Christian Catechism, 1940 - E.G.Selwyn, The First Epistle of St.Peter, (1946) 1947² - C.H.Dodd, Gospel and Law, 1951 - E. Lohse, Paränese u. Kerygma im 1Petr (ZNW 45, 1954, 68-89) - Ders., Glaube u. Werke (ZNW 48, 1957, 1-22) - G.Schille, Das Mt-Ev als K. (NTS 4, 1957/58, 101-114) - S.Wibbing, Die Tugend- u. Lasterkataloge im NT (BZNW 25), 1959.

E.Lohse

II. Geschichtlich

1. Wort und Begriff - 2. Die Entwicklung bis zur Reformation - 3. Luther und seine Zeit - 4. Die Weiterentwicklung luth. K.n - 5. Ref. K.n - 6. Unions-K.n - 7. Kath. K.n. - K. = Katechismus, K.n = Katechismen

1. Die Geschichte des Wortes K. beginnt im lat. Sprachbereich. Die Vulg. gibt das griech. κατηχεῖν sehr differenziert wieder: neben audire (Apg 21, 21. 24), edocere (Apg 18, 25), erudire (Lk 1, 4) steht Röm 2, 18 und 1Kor 14, 19 instruere, Gal 6, 6 catechizare. Damit ist die Gleichsetzung: »Catechizare est instruere« gegeben, die Leidradus (De baptismo) noch im 8.Jh. vollzieht (v.Zezschwitz I, 25). In dieser Bedeutung verwenden es Tertullian (Adv. Marc. IV, 29) und → Augustin (De fide et opp.) bes. für den Taufunterricht; Augustin nennt (aaO 6. 13) die Taufunterweisung Joh. des Täufers und des Philippus »catechismus« und beschreibt diesen Unterricht in De catechizandis rudibus. Es ist also der Vorgang der mündlichen Unterweisung gemeint, der ebenso mit dem Verb wie mit dem Nomen bezeichnet werden kann. Das Wort ist vermutlich eine Bildung des nordafrikanischen Kirchenlateins (v.Zezschwitz) und ist die Grundlage des spätgriech. κατηχίζειν und κατηχισμός. Auch als die Kindertaufe die Erwachsenentaufe verdrängt, bleibt das Wort im Gebrauch, obwohl der Taufunterricht vor der → Taufe (: V. VI) wegfällt, und bezeichnet nun alle den Taufakt vorbereitenden liturgischen Handlungen; auch das Kind wird vor der Taufe Katechumen. Später unterscheidet man strenger den → Exorzismus (bei dem nur das Kind beteiligt ist) von dem catechismus (bei dem die Paten - anstelle des Kindes - befragt werden und antworten; aber dieses Fragen und Antworten verstand man noch als den Unterricht, den die Competentes auf der letzten Stufe der Vorbereitungszeit durchmachten). Weil die Paten zur Weitergabe dieses Unterrichts verpflichtet sind (→ Katechetik), nennt noch Luther die Paten catechistae (Enders 7, 216, 7). Er versteht unter K. den Unterricht: »Im deutschen Gottesdienst ist ein grober, schlichter, einfältiger guter K. vonnöten. K. aber heißt ein Unterricht, damit man die Heiden, die Christen werden wollen, lehret und weiset, was sie glauben, tun, lassen und wissen sollen im Christentum« (WA 19, 76). Derselbe Sprachgebrauch liegt noch im Großen K. und in vielen KOen vor.

Da bes. die Scholastik jenen Frageakt vor der Taufe mit catechismus bezeichnet hatte, bildet sich ein zweiter Sprachgebrauch heraus, welcher K. als die beim Unterricht gebräuchliche Verfahrensweise bezeichnet. Luther schreibt in der »Deutschen Messe«: »Nicht alleine also, daß sie die Worte auswendig lernen noch reden, wie bisher geschehen ist, sondern von Stück zu Stück frage und sie antworten lasse, was ein jegliches bedeute und wie sie es verstehen« (WA 19, 76); wenn dieses Verfahren zu mühevoll sei, »so wird nimmermehr kein K. angerichtet werden«. Er verwertet hier seine eigene Erfahrung, »daß mancher Mensch drei vier Jahre predigen hört und lernt doch nicht auf ein Stück des Glaubens antworten, wie ich täglich wohl erfahre. Es steht in Büchern genug geschrieben, ja es ist aber noch nicht alles in die Herzen getrieben« (WA 19, 78). Die Stelle zeigt, daß Luther hier nicht ein reines Frage- und Antwortspiel meint, zumal er unmittelbar vorher das »Kinderspiel« der »secklin« und »beutlin« erläutert. Es ist auch zu beachten, daß sich für ihn dies Abfragen an die Predigt anschließt, als deren Beispiel er den »Catechismus deudsch« (also den sog. Großen K.) gibt: »...sonst geht's täglich zur Predigt und geht wieder davon, wie es hinzu gegangen ist. Denn man meinet, es gelte nichts mehr, denn die Zeit zu hören, gedenkt niemand etwas davon zu lernen oder behalten.« Luther ist also mißverstanden worden, wenn das Frageverfahren als die einzige dem K. sachgemäße Unterrichtsweise angesehen wird.

Gelegentlich bezeichnet Luther auch den zum Unterricht gehörenden Stoff als K.: »Diese Unterricht oder Unterweisung weiß ich nicht schlechter oder besser zu stellen, denn sie bereit ist gestellet von Anfang der Christenheit und bisher blieben, nämlich die drei Stücke: die zehn Gebote, der Glaube und das Vaterunser« (aaO 76). Mit dieser historischen Feststellung ist Luther zwar im Irrtum (s. 2), wenn auch die alte Kirche bereits eine kurze Zusammenfassung des christlichen Glaubensgutes kennt. → Cyprian versteht das Vaterunser als Zusammenfassung alles Betens (De or. dominica 28). Ähnlich wird das Symbol und das Doppelgebot der Liebe bes. von Augustin (nach Röm 9, 28 Vulg.) als das verbum abbreviatum beschrieben (De spir. et litt. 36 u.ö.). Die alte Kirche übernimmt nt. und schon jüdische Traditionen (→ Katechismus: I), wenn sie den Inhalt der christlichen Unterweisung leicht behältlich zusammenfaßt. – Wenn für Luther »in diesen drei Stücken... schlicht und kurz fast alles, was einem Christen zu wissen not ist«, steht, ergibt sich der Name K. für das Büchlein, in dem dieser Lehrstoff zusammengestellt ist, wie von selbst, wenn ihm darin auch andere zeitlich vorangingen (s. 4). – Der heutige Sprachgebrauch, der unter K. meist nur noch das Buch versteht, ist also eine Einengung und erschwert darum auch das Gespräch über den K.unterricht (→ Katechismus: III).

2. Beginnt also die Geschichte des K. als Buch erst mit Luther, so ist die *Geschichte des K.stoffes* so alt wie die → kirchliche Unterweisung (: I); aber dieser war nicht zu allen Zeiten der gleiche. Zweifellos ist die → *Bibel* (: IV) Unterrichtsgegenstand; aber wenn (so bei → Origenes, In Num. hom. 27, 1) die Bücher Est, Jdt, Tob und die Weisheitsbücher genannt werden, so ist der Zweck nicht Kenntnis der biblischen Botschaft, sondern Anweisung für eine christliche Lebensführung. → Athanasius fügt bezeichnenderweise die Did und Hermas hinzu, und Augustins »narratio« (→Katechetik) der Heilsgeschichte, die vom Sündenfall bis zum Endgericht führt, soll den Katechumenen »vom Glauben über die Hoffnung zur Liebe« leiten. Allerdings lernen die Taufbewerber die Schrift durch die Lesungen in den Gottesdiensten kennen; das Recht des Zugangs zur Schrift wird zB in Rom durch die traditio der 4 Evangelien (Sacram. Gelas. I, 34-36) dargestellt. Dabei werden zwar die Anfänge der Evangelien verlesen, aber die nachfolgende Ansprache erklärt nur das Sinnbild des Evangelisten. – Dagegen gehört das *Glaubensbekenntnis* (→ Apostolikum: I) überall zum festen Lehrstoff; das Symbol steht unter → Arkandisziplin und darf daher nur mündlich weitergegeben werden. Von den i.J. 348 gehaltenen 19 Katechesen des Bischofs → Cyrill von Jerusalem beschäftigen sich die 6.-19. mit dem Symbol; die traditio symboli erfolgt vor der Taufe. – Das → *Vaterunser* scheint im Abendland und Morgenland verschieden gewertet worden zu sein. Im Westen gehört es zum Katechumenenlehrstoff; Augustin nennt es das »tägliche Gebet«. Aber ein Verbot in den → Apostolischen Konstitutionen (VII, 44) deutet wohl darauf hin, daß es erst nach der Taufe gebraucht werden darf, da die Katechumenen erst mit der Taufe Kindesrecht erhalten. Im Morgenland scheint die Arkandisziplin noch strenger gewesen zu sein: erst die letzte (5.) der Mystagogischen Katechesen des Cyrill (diese folgen den oben genannten 19 *nach* der Taufe) bezieht sich auf das Vaterunser, nachdem die anderen die Abrenuntiation, Taufe, Salbung und Eucharistie – also alles nachträglich nach dem Vollzug! – behandelten. Mit der Arkandisziplin hängt auch der Name »Gebet der Glaubenden« für das Herrengebet zusammen. – In den → Kapitularien Karls d.Gr. wird verordnet, daß nur Pate stehen darf, wer das Glaubensbekenntnis und das Vaterunser in der Landessprache auswendig kann; damit sind beide als K.stücke auf germanischem Boden bezeugt. Die Catechesis theotisca von Weißenburg (9.Jh.) führt neben diesen beiden noch das → Athanasianum und die Große Doxologie, den Hymnus angelicus, an. Später gehört auch das → Ave Maria zum K.; Luther hat es in seinem Betbüchlein von 1522 beibehalten. – Dagegen fehlt in der Katechumenenbelehrung der alten Kirche der *Dekalog* durchweg. Natürlich kennt sie – so Augustin – eine Belehrung der Taufbewerber über ihren Lebenswandel, aber gerade bei ihm fehlt jeder Nachweis dafür, daß der Dekalog zum K. gehört; er bezieht sich vielmehr (zB in De fide et opp.) auf das Doppelgebot der Liebe. Erst der Beichtunterricht (→ Katechetik) und das Beichtverhör führen den Dekalog in den Unterricht ein, nachdem vorher die Predigt darüber volkstümlich geworden ist (→ Berthold von Regensburg, → Bonaventura, → Thomas von Aquino u.a.). Der früheste mittelalterliche K., der eine Behandlung des Dekalogs enthält (c. 9), ist das Speculum ecclesiae des Erzbischofs Edmund von Canterbury († 1246). Aber diese K.n dienen dem *Priester* bei der Beichte. – Inzwischen war der K.stoff so angeschwollen, daß die alten Patenhauptstücke und der Dekalog völlig überwuchert wurden. Der K. des Dederich von Coelde (1480; vgl. auch das Beichtbüchlein des Mag. Wolff, → Katechetik, 2) handelt zB von folgenden Dingen: Was man glauben (Symbol, Sakramente, Gebete), wie man nach dem Glauben leben (Gebote, Sünden [das sind zB die neun »fremden«, die »fünf rufenden«, die »sechs Sünden in den hl. Geist«]) und wie man in dem Glauben heilig sterben soll (7 Werke der Barmherzigkeit, 7 Gaben des hl. Geistes, 8 Seligkeiten usw). In der »Kurzen Form der 10 Gebote...« hat Luther nachgewiesen, wie diese Vielzahl der kirchlichen Gebote im Dekalog enthalten sei (WA 7, 211f). Der kath. Theologe K.Raab (1939) nennt Luther darum den »Riesen des K.«, weil »sein Leitgedanke ist, in der Stoffentfaltung nur zu geben, was das wirklich Zentrale und Wirksame ist für Glaube und Leben«.

3. Für das Verständnis von *Luthers K.n* ist entscheidend, daß sie aus seiner Predigttätigkeit herausgewachsen sind. 1516/17 predigte Luther über den Dekalog, später auch über das Vaterunser und Glaubensbekenntnis und begründete 1523 die Gewohnheit der jährlichen K.predigten, die → Bugenhagen und sein Hilfsprediger Seb. Fröschel aufnahmen. Seit 1525 wird diese Übung in der Weise verstärkt, daß viermal im Jahr je zwei Wochen lang an je vier Tagen der *Woche* neben den *sonn*täglichen K.-Frühpredigten über den K. gepredigt wurde. Zunächst wurden dabei nur die drei ersten Hauptstücke behandelt; seit Bugenhagen 1525 auch über die Taufe und das Abendmahl gepredigt hatte, treten die beiden Sakramente neben die alte Trilogie (Albrecht, WA 30/I, 441. 469). Die drei Predigtreihen vom Mai, Sept. und Dez. 1528 sind die direkten Vorläufer beider K.n (WA 30/I, 480ff. 550; s.u.). Anfang Jan. 1529 erscheinen die Tafeldrucke der ersten drei Hauptstücke, am 16. März die Tafeln mit den Sakramenten und der deutschen Litanei, etwas später die Gebete und die Haustafel. Nach Abschluß der Predigtreihe erscheint Anfang April der »Deudsch Catechismus« (dh der »Große« K.) und erst hernach (16. Mai?) die Buchausgabe des Kleinen K., die schon den Titel »Der kleine Catechismus für die gemeine Pfarherr und Prediger« trägt. Am 13.Juni erscheint eine Neuauflage unter dem Titel »Enchiridion. Der kleine Catechismus...«, gegenüber der vorigen um das Taufbüchlein, eine kurze Beichtform und mehrere Gebete vermehrt. Die Auflage von 1531 bringt erstmals die Vaterunseranrede und ihre Erklärung und – zwischen 4. und 5. Hauptstück eingeschoben – eine neue Beichtform: »Wie man die Einfältigen soll lehren beichten« (nicht etwa »Das Sakrament der Beichte«). Diese Ausgabe ist als die »letzter Hand« zu bezeichnen, spätere Erweiterungen, zB »das Amt der Schlüssel«, sind apokryph und pseudepigraph (vgl. Reu, Aland).

Luther hat sich in vielem an die Tradition des MA angeschlossen: er trennt beim Dekalog in der Zählung 9. und 10. Gebot und läßt das Bilderverbot aus, behält auch die Verkürzung des 1. und 2. Gebots und die Neufassung des 3.Gebots bei, die er vorfand, ebenso läßt er die Doxologie des Vaterunsers mit dem kirchlichen Brauch seiner Zeit aus. Demgegenüber hat er den Stoff entscheidend verkürzt (s.o.) und den K. vom Wortlaut bis in die Erklärungen hinein nicht nur durch die pädagogische Beschränkung auf das Zentrale des christlichen Glaubens und den Verzicht auf eine *künstliche* Systematisierung (doch vgl. WA 30/I, 182, 18-31; 193, 3-11), sondern vor allem durch die alle Hauptstücke durchziehende einheitliche theologische Ausrichtung auf die Rechtfertigung zu einer »Laienbibel« gemacht. Hierher gehört der Beginn der Gebotserklärungen, mit dem Luther nach Mt 7, 17ff und seinem Kommentar zu diesem Wort in dem Sermon »Von der Freiheit eines Christenmenschen« (Zum 23.) die Gebote nt. auslegt. Hierher gehört bes. die Einteilung und Auslegung des Credo, die nicht eine bloß formal neue ist, sondern, über eine → fides historica hinausführend, das Symbol als Ganzes kerygmatisch versteht und seine soteriologische Einheit herausstellt. Weiter muß hervorgehoben werden, daß er im 4. Hauptstück das ganze Christenleben unter die Taufe und damit unter Gottes das neue Leben schaffendes Handeln stellt und im 5. Hauptstück das Verhältnis von → Rechtfertigung und → Heiligung so bestimmt, daß die → Sündenvergebung schon das Leben ist. Endlich ist zu beachten, wie stark das »Wort« in den beiden Sakramenten betont wird.

4. Schon vor Luthers K.n liegen einige *andere Versuche* vor, zB die »Kinderfragen« der Böhmischen Brüder von 1502 (Eyn Christliche underwyßung der klynen kynder ym glauben), die nach einer freien Disposition verfahren, das Credo wie ein Motto voranstellen und Dekalog und Herrengebet lediglich berühren. Das »Bökeschen vor de leyen unde kinder« von 1525 enthält schon die 5 Hauptstücke in Luthers Reihenfolge und fast gleichlautend mit Luthers Text. Als Verfasser gilt Bugenhagen; Luthers Einfluß ist unverkennbar, bes. im Sakramentsteil. 1528 erscheint → Althamers »Catechismus. Das ist Unterricht zum Christlichen Glauben ... in frag weyß und antwort gestellt«. Dieser K. trägt als erstes Buch den Titel K. und ist zugleich auch der erste Landes-K. (für Brandenburg-Ansbach). Die »Christenliche underweyßung der Jungen« von Konrad → Sam (Ulm 1528) beginnt mit der später oft aufgenommenen Frage: »Bist du ein Christ?« Die Antwort bezieht sich auf den Glauben an das Wort Gottes und die Taufe. Ähnlich beginnen die »Fragstuck des Christenlichen Glaubens für die Jugend zu Schwebisch Hall« von Joh. → Brenz. Sie enthalten in 22 Fragen den Catechismus minor, in 86 Fragen danach den Catechismus maior, in dem die Bitten des Vaterunsers und die 10 Gebote einander zugeordnet werden (»Die erst bitt beschleußt das ander Gebot Gottes«). Die Umarbeitung von 1535 geht 1536 in die Württembergische KO über.

Die Nürnberger Kinderpredigten von → Osiander und Sleupner von 1533 stellen die erste Auslegung von Luthers Kleinem K. dar, denen weitere in Predigten (zB C. → Spangenberg) und noch mehr in Frage und Antwort (sog. »exponierte K.n«) folgen. Unter ihnen ist Joh. Tetelbachs »Das güldene Kleinot« einer der ersten (1568). Luthers K. wird dadurch zugleich systematisiert und mit dogmatischen Aussagen überfremdet; bemerkenswert ist allenfalls, daß einzelne exponierte K.n Bibelstellen, Liedstrophen und auch Bilder zur Erklärung Luthers heranziehen, wie es noch heute üblich ist. In diesen Zusammenhang gehören auch die »Fragestücke für die, so zum Sakrament gehen wollen«, die zum ersten Mal wohl um 1560 begegnen. Ein Darmstädter K. von 1625 bringt 35 solcher Fragen, von denen die meisten bereits aus der KO des Andr. → Hyperius von 1566 stammen und in die Hessische Agende von 1574 übergegangen sind (»Hessische Fragestücke«). Sie sind ursprünglich für die Konfirmandenprüfung gedacht und interpretieren Luther nach 1566 bzw. 1625. 1860 wurden sie von dem Schlitzer Pfarrer Konrad Euler zusammen mit dem Kleinen K. in der Form jenes Darmstädter K. von 1625 neu herausgegeben; sie waren bis zur Gegenwart in Gebrauch.

Die exponierten K.n zeigen, wie frei schon das 16.Jh. mit Luthers Text umging; es ist nicht verwunderlich, wenn der Rationalismus und auch der Pietismus versuchten, Luther zu ersetzen (Ph.J. → Spener, »Erklärung der christlichen Lehre«, 1677; Dresdener Kreuz-K., 1688; J.B. → Basedow, »Grundriß der Religion«, 1764; J.G. → Herder, »Luthers Catechismus«, 1800; usw), und tatsächlich verschwindet Luthers K. zu Anfang des 19.Jh.s weithin aus den Gemeinden und führt lediglich in den Gesangbuchanhängen ein fast verborgenes Dasein, bis er um die Mitte des Jh.s wieder entdeckt wurde (vgl. Reu, Quellen). Obwohl die K.n durch ihre Aufnahme in das → Konkordienbuch symbolischen Rang erhalten hatten, stand ihr Wortlaut nicht einfach fest. 1884 versuchte die Eisenacher Kirchenkonferenz eine durchgreifende Revision des Kleinen K. (Rückgang auf den Text von 1542) und Einführung eines Einheitstextes, aber ohne Erfolg. 1931 unternahm der Deutsche Ev. Kirchenbundesrat einen neuen Versuch (Rückgriff auf den ältesten erreichbaren Text von 1529), der sich wiederum nicht durchsetzen konnte. 1951 beschloß die Rostokker Generalsynode der VELKD einen Text (Rückgang auf den Text des Konkordienbuches), der möglichst umgehend in den Gliedkirchen eingeführt werden sollte. Die EKU ordnete 1953 eine eigene Textrevision an, da sie sich den Entwurf der VELKD aus gewichtigen Gründen nicht zu eigen machen konnte (vgl. Aland). Gemeinsame Beratungen unter Berücksichtigung des Textes von 1529 führten zu einer Einigung über den Text der 5 Hauptstücke und Erklärungen und die Herausnahme des von der VELKD zwischen dem 4. und 5. Hauptstück eingeschobenen »Lehrstücks vom Amt der Schlüssel und von der Beichte«, das katechetisch ein Novum darstellte.

5. In der *ref. Kirche* sind Zürich, Straßburg, Genf und Ostfriesland die Schwerpunkte der K.-Geschichte bis zum → Heidelberger Katechismus. Unter den Anfängen sind die Züricher K.tafel des Leo → Jud (1525) und das »Gesprächbüchlein« des Landauer Joh. → Bader (1526) zu nennen. In Straßburg erscheinen → Capitos »Kinderbericht« (1527), Martin → Bucers »Kurtze schrifftliche erklärung« von 1534 und sein »Kürtzer Catechismus« von 1537 (Glaube, Vaterunser, Dekalog – in ref. Zählung –, die Sakramente innerhalb der Lehre von der Kirche) sowie die K.n von Matth. → Zell (1536-37). Die Züricher Entwicklung spiegeln die K.n von Leo Jud (»Catechismus. Christliche klare und einfalte ynleitung ...«, 1534 [der unwissende Schüler fragt!]; »Kürtzer K.«, 1535 [der Lehrer fragt!]) und die katechetischen Arbeiten von H. → Bullinger wider, unter denen die »Catechesis pro adultioribus scripta« von 1561 die bedeutendste, wenn auch wegen der Länge (294 Fragen), praktisch kaum verwendbar ist. Für Genf sind die beiden K.n von → Calvin charakteristisch. 1537 erschien »Instruction et confession de Foy, dont on use en Leglise de genève«, 1541/42 der → Genfer Katechismus (Glaube, Gesetz, Liebesgebot, Gebet, Wort und Sakrament). Die 373 Fragen sind in 55 Abteilungen gegliedert, damit der K. in einem Jahr durchgepredigt werden kann. Von den in Ostfriesland gebräuchlichen K.n hat neben dem K. von Joh. → Laski (1545/46) der »Emdener K.« von 1554 Bedeutung erlangt und sich noch bis 1888 gehalten. Die ref. K.n behandeln neben den 5 Hauptstücken Luthers oft noch andere Lehrstücke und sind in den Erklärungen meist erheblich breiter; sie bemühen sich um einen zu-

sammenfassenden Überblick über die Glaubenslehre und geben der Polemik Raum.

6. Ein besonderes Problem stellte die → *Union* (: I). Wenn der K. Schulbuch war, wie in Nassau, hatte der Landesherr auch das Recht, auf Grund der Union für die Schule einen anderen K. einzuführen (»Ev.-christlicher Landes-K. für das Herzogtum Nassau 1831«), während den Pfarrern für den Konfirmandenunterricht die Benutzung eines beliebigen K. freigegeben wurde. War der K. nur im kirchlichen Gebrauch, so wurden entweder Luthers und der Heidelberger K. nebeneinander gebraucht oder besondere Unions-K.n eingeführt. Die bekanntesten waren bzw. sind der »K. für die ev. prot. Kirche im Großherzogtum Baden« (1836; 1856 und 1882 geändert, letzte Änderung 1928), »K. für die ev. unierten Gemeinden des Großherzogtums Hessen« von 1894 (nicht mehr im Gebrauch), »K. für die vereinigte prot.-ev.-christliche Kirche der Pfalz« von 1871 (neu bearbeitet) und der Rheinische »Ev. K.« von 1859, der ebenfalls umgearbeitet noch in einzelnen Gemeinden gebraucht wird. – Der »Versuch eines Luth. K.« von D. Bonhoeffer und F.Hildebrandt (s. Lit.) ist in der Grundhaltung luth., verzichtet aber auf die 5. Hauptstücke und versucht in 39 Fragen für seine Zeit (1932) aktuelle christliche Lehre darzubieten.

7. Die katechetische Arbeit der Reformation zwang auch die *kath. Kirche,* die Aufgabe des K. neu anzugreifen. Seit 1530 erschienen mehrere kath. K.n, unter denen die von G. → Witzel (1535) und Joh. → Dietenberger (1537) mehr den Typ eines Lehrbuches der Hauptstücke darstellen, während die K.n des Petrus → Canisius mehr den Charakter eines Lebensbuches haben. Von seinen Arbeiten ist der K. von 1559 (»Parvus Catechismus Catholicorum«, 1560; dt.: »Kurzer Unterricht vom kath. Glauben«) bis ins 19.Jh. so klassisch geworden, daß im deutschsprachigen Raum der gebräuchliche Ausdruck für K. »der Canisius« war. Der K. des → Bellarmin (»Dottrina cristiana breve da imparsi a mente«, 1558) wurde noch 1870 als Vorlage eines Welt-K. ins Auge gefaßt. Von großer Bedeutung wurde der auf Veranlassung des Konzils von Trient geschriebene »Catechismus ex decreto Concilii Tridentini ad parochos«, der wie die vorreformatorischen K.n für die Seelsorge bestimmt war (→ Römischer Katechismus). An seiner Ausarbeitung hatte Karl → Borromäus wesentlichen Anteil, die letzte deutsche Ausgabe (von M.Gatterer, 1928) erschien unter dem seine hohe Wertschätzung andeutenden Titel: »Das Religionsbuch der Kirche«. Ein Aufklärungs-K. war die »Religiös-sittliche Katechetik« von Vitus Winter (1811). 1847 erschien, bewußt an die Tradition (Mainzer K. von 1760, der auf den Canisius von 1714 zurückgreift) anknüpfend, der »Kath. K. oder Lehrbegriff…« des Jesuiten Jos. → Deharbe, der sich bemüht, durch Vollständigkeit und dogmatische Korrektheit der Lehre dem Fortschrittsglauben zu begegnen. In viele Sprachen übersetzt, war er bald ein Welt-K. geworden. Dennoch wurde er vor allem aus didaktischen Gründen angegriffen: seine 750 Fragen übersteigen das kindliche Fassungsvermögen weit, seine korrekte theologische Position setzt seinen erzieherischen Wert herab. 1925 kam der »Einheits-K.« mit nur noch 285 Fragen heraus, der sich aber nicht durchsetzen konnte. Nach längeren Vorarbeiten erschien 1955 der »Kath. K. der Bistümer Deutschlands«. Die Verfasser (u.a. Klemens Tilmann) versuchten, in 136 Lehrstücken die gesamte Glaubens- und Lehrwirklichkeit darzubieten. Einleitend handeln 3 Lehrstücke von der Berufung des Christen auf Erden, der Kirche als Hüterin und Lehrerin des Glaubens und der frohen Botschaft vom Reich Gottes. Danach folgt der 1. Hauptteil (41 Lehrstücke) »Von Gott und unserer Erlösung«; der 2. Hauptteil (46 Lehrstücke) handelt »Von der Kirche und den Sakramenten«; die 36 Lehrstücke des 3. Hauptteils sprechen »Vom Leben nach Gottes Geboten«, der 4. Hauptteil in 10 Lehrstücken »Von den letzten Dingen«. Ein Anhang bringt eine »Christliche Tages- und Lebensordnung«, Gebete und die Bücher der Hl. Schrift. Bei jedem Lehrstück folgen dem Lehrtext Anregungen zum selbständigen Erarbeiten der wesentlichen Gedanken (»Überlege«), 1–2 Fragen, kurze Vorsätze für das Glaubensleben (»Für mein Leben«), ein »Wort Gottes« (Bibelworte), »Aus dem Leben und der Lehre der Heiligen« und »Aufgaben«. Neben der großen pädagogischen und psychologischen Kraft und Weisheit der Bearbeiter ist das ernste Bemühen unverkennbar, die Bibel als Grundlage zu nehmen: die Kirche wünscht, daß das Wort Gottes eifrig gehört und gerne in der Hl. Schrift gelesen wird. Darum soll jedes christliche Haus die Bibel oder wenigstens das NT besitzen (51). Allerdings: »Wir dürfen nur solche Übersetzungen der Hl. Schrift benutzen, die von der Kirche genehmigt sind.« Demgegenüber wird Maria »unsere Mutter und Königin« (60) genannt, ihre Verehrung im 1. Gebot gelehrt (98) und die Kirche als Lehrerin des Glaubens (2) noch vor der »Frohen Botschaft vom Reich Gottes« (3) herausgestellt.

Vgl. außer der Lit. zu den im Text genannten Artikeln u. zu → Katechismus: III zu 1–4: RE X, 130ff (Lit. d. 19.Jh.s u. Übersicht über die um 1900 gebräuchlichen K.n) – RGG^2 III, 653ff (Lit. bis 1929) – BSLK 501–733 (Text u. Einl.) – Der Kl. K. D. M.Luthers, Berlin o.J. (von VELKD u. EKU gebilligter Text) – K.Aland, Der Text des Kl. K. in der Gegenwart, 1954 – Ders., Der neue Text des Kl. K. (MPTh 45, 1956, 95–117) – G.Dehn, Die einheitl. Textgestaltung von Luthers Kl. K. (ThLZ 79, 1954, 719–724). – Zu 5 s. die Lit. zu → Heidelberger Katechismus. – Zu 6: D.Bonhoeffer-F.Hildebrandt, Glaubst du, so hast du. Versuch eines Luth. K. (MPTh 28, 1932, 167–172) – Spruchbuch u. Liederbuch für die christl. Unterweisung in der Ev. Landeskirche in Württ., 1951 (mit K.) – H.Müller, Rheinische Unions-K.n (Monatshefte für ev. KG des Rheinlands 2, 1953, 97–104) – K. für die vereinigte prot. ev.-christl. Kirche der Pfalz, 1958^{24} – K. für die Ev. Landeskirche in Baden, 1958^{26}. – Zu 7 (vgl. die Lit. zu → Katechetik, 4): Kath. K. der Bistümer Deutschlands, 1956. – Ferner: LThK V, 880ff – K.Tilmann, Der prakt. Gebrauch des neuen K.types im Unterricht (Kath. Blätter 73, 1948, 16 bis 26) – Ders., Über den Katecheten (ebd 76, 1951, 235–239) – L. Fendt, Der neue kath. K. (MdKI 4, 1953, 81–84) – K.Erlinghagen, Der neue dt. K. (Der kath. Erzieher 8, 1955, 347–352) – A.Balduin, Politisch-soziale Bildung im neuen K. (ebd 9, 1956, 211–217) – H. Fischer, Einführung in den neuen K., 1956 – H.Bauer, Die Begegnung mit der kath. Kirche in der Katechetik (MdKI 8, 1957, 85–93) – F.Schreibmayr-K.Tilmann, Hdb. zum Kath. K., Bd III (bisher einziger), 1958 – H.G.Bloth, Der neue kath. K. im Rahmen der abendländ. K.tradition (Ev. Unterweisung 13, 1958, 136–140).

H.W.Surkau

III. Katechismus-Unterricht

1. Geschichtliches – 2. Gegenwärtige Fragen. – K. = Katechismus, K.n = Katechismen, KU = Katechismus-Unterricht

1. Luthers K.n sind aus der Predigt herausgewachsen (→ Katechismus: II, 3); der Große K. ist ein Predigtbuch, der Kleine K. ist seit dem ersten Buchdruck den Pfarrern gewidmet, weil er ihnen zeigen will, »den K. unter die Leute… bringen« (WA 30/I, 267). Die katechetischen Gottesdienste, die den K. »treiben«, von den Altgläubigen als »neues Gepränge« bespöttelt, werden von Luther bes. gefördert (WA 19, 79). Wo der K. getrieben wird, geschieht das Notwendigste, während die röm. Kirche viel unnötige Dinge treibe (WA 30/I, 465). Der K. soll die Hörer dahin führen, daß sie zum Sakrament gehen, das vernachlässigt wird (ebd 277); er soll sie auch weiter in die Schrift einführen (ebd 27). So gewinnen die K.-Examen eine besondere Bedeutung; sie sind nicht nur auf Wissen und Kennen aus (ebd 443), sondern auf Glauben und Bekennen. Zwar knüpft Luther hier an die Tradition an (zB das Manuale Curatorum des

Joh. → Surgant, Basel 1502), aber bei Luther geht es darum, daß sie ohne diese Kenntnis »keine Christen sein« können (ebd 212). Es geht ihm also darum, den Ertrag der Predigt zu sichern und so zu festigen, daß er zum Besitz der Hörer wird (→ Katechismus: II, 1). – Weil der KU so bestimmt wird, ist er die »Laienbibel«, das verbum abbreviatum oder consumans; er kommt von der Schrift her und geht auf die Schrift zu. Er ist keine Belehrung, die auf Lehrsätze aus ist; die K.verhöre reichen weit über eine Wissensprüfung hinaus; Luther selber bleibt ein Schüler des K., weil die Bewegung, die er darstellt – eben die von dem gepredigten Wort her zum gepredigten Wort hin –, nicht aufhört (WATR I, 966; V, 6288). – Damit ist der K. als theologische Aufgabe beschrieben – nicht der K. als Buch, sondern als Unterricht (→ Katechismus: II, 1). Zugleich ist deutlich, daß der K. schon unmittelbar nach Luther unter dem Einfluß humanistischer Bildungsgedanken mißverstanden worden ist, vielleicht im Ansatz schon da, wo er, ins Lateinische übersetzt, als Schulbuch zum Sprachunterricht dient (WA 30/I, 283 ff). Wird der KU einseitig als methodische oder stoffliche Aufgabe gesehen, so wird damit übersehen, daß gerade dieser Unterricht auf seine theologische Bedeutsamkeit befragt werden will. Um ein Mißverständnis des K. handelt es sich ebenso dort, wo die herkömmlichen Einwände der sprachlichen und religiösen Überforderung des Kindes durch den K. erhoben werden, wie auch dort, wo gut gemeinte Rettungsversuche ihn als das große erziehungswissenschaftliche Beispiel eines Glaubenszeugnisses bezeichnen, das genau kennenzulernen von größtem Wert zunächst für den Lehrenden und dann auch für den Schüler sein könnte. Damit ist der K. zur kirchengeschichtlichen Urkunde gemacht und sein eigenes Selbstverständnis beiseite geschoben worden. Die Folge ist, daß er als ganzes der → Konfirmandenunterweisung überlassen, in der Schule aber in »Anschlußstoffe« zerstückt wird. »Ganz unversehens sind wir in der letzten Erziehergeneration in den Verlust des K. hineingeglitten« (Hammelsbeck).

2. Die herkömmlichen Einwendungen gegen den KU pflegen ihn dem biblischen Unterricht (→ Bibel: IV) gegenüberzustellen und gehen von einem bestimmten Verständnis des beiderseitigen Verhältnisses aus, das mit den Worten Anschauung und Begriff bestimmt wird: die biblische Geschichte bietet die Anschauung, der K. den Begriff, und ebenso wie Anschauung und Begriff einander bedingen und ergänzen, begründet die biblische Geschichte das Dogma und drängt danach. Der K. ordnet und faßt zusammen, was die biblische Geschichte anschaulich dargeboten hat. Nun hat aber die → Bibelwissenschaft gezeigt, daß die theologischen Voraussetzungen dieses Verständnisses der biblischen Botschaft nicht zutreffen. Die in den biblischen Berichten vorliegende Veranschaulichung ist nicht das gleiche wie die pädagogische gleichnamige Kategorie (Stallmann). Zwar »fordert das knappe Kerygma von Passion und Ostern Veranschaulichung« (Bultmann, NT 86), aber offenbar ist das → Kerygma früher als der veranschaulichende Bericht, das Ganze früher als der Teil; veranschaulicht wird das Kerygma selbst, und dieses ist unanschaulich und will als unanschauliches geglaubt werden. Gerade die »anschaulichen« Berichte der Evangelisten entziehen sich einer Betrachtungsweise, die sie als einem direkt zugreifenden Verstehen offene historisch-psychologische Erzählungen nimmt. So kann auch nicht aus einer Zusammenfassung »anschaulicher« Züge ein K.satz erhoben werden. K. ist vielmehr kerygmatische Verdichtung, theologische summa, verbum consumans, das aus der Predigt des Kerygmas entspringt und den Hörer wieder an das Kerygma zurückweist. Darum bedingen eine Bibelinterpretation, die nach der Übereinstimmung ihres Ergebnisses mit der Lehre der Kirche fragt, und ein Nach-Denken der Lehre, das sie dem Zeugnis der Schrift gegenüberstellt, einander auf allen Stufen des Unterrichts. Dabei darf gewiß der Wortlaut des K. nicht verbindlich sein; seine Antwort kann unsere Antwort nur dann sein, wenn sie »übersetzt« wird, weil seine Fragen nicht notwendig die unseren sind. Der K. stellt bei dieser Übersetzung selbst eine hermeneutische Hilfe dar, da er aufzeigt, wie er von der Predigt her eine Brücke zu dem Hörer geschlagen, die Hauptstücke des Glaubens ausgesprochen und den Gehorsam des Glaubens erfordert hat.

So richtig es ist, bei dieser Übersetzungsarbeit von der Situation sich befragen zu lassen, ist der Ausgangspunkt nicht die Situation, sondern die Botschaft und die Fragen, die von ihr ergehen. Darum darf an den K. keine Systematik herangetragen werden, wenn sie nicht in ihm selber ausgesprochen ist (wie im → Heidelberger Katechismus). Zwar scheint auch Luther in der »Kurzen Form« von 1520 eine solche Systematik selbst zu meinen; aber in den K.n hat er sie ausdrücklich nicht ausgesprochen und hat sie auch nicht im Auge gehabt (vgl. Gottschick und Albrecht, WA 30/I, 446). Bes. oft wird – im Anschluß an jenes Wort Luthers in der »Kurzen Form« – die Ordnung der beiden ersten Hauptstücke so gesehen, daß das 1. das Gesetz als Sündenspiegel und das 2. das Evangelium darstelle; im 1. Hauptstück trete uns der fordernde, im 2. der gebende Gott entgegen. Abgesehen davon, daß hier sowohl der Begriff des Gesetzes wie auch der des Evangeliums zu eng gefaßt ist, spricht sich Luther im Großen K. ausdrücklich anders aus, indem er mit der bekannten (allerdings wohl nicht zutreffenden) Etymologie des Wortes »Gott« einsetzt: »Ein Gott heißet das, dazu man sich versehen soll alles Guten und Zuflucht haben in allen Nöten« (ebd 133). Luther hat hier in einer kerygmatischen Verdichtung des Gesamtzeugnisses der Bibel jene Bewegung von der Schrift zum K.satz vollzogen, die oben gemeint war und die den Hörer wiederum an das Zeugnis der Schrift weist, um die Wahrheit dieses Satzes zu prüfen. Indem diese Bewegung vom Hörer nachvollzogen wird, wird der K.satz zugleich geistig verarbeitet und angeeignet. Demgegenüber bedeutet jene Systematisierung, daß mit der kausalen Verbindung eine fremde Kategorie an den K. herangetragen wird. Der Rückgriff vom Kleinen auf den Großen K. ist ein Beispiel dafür, wie hinter einem Satz des Kleinen K. das Ganze des K. sichtbar gemacht werden kann; damit aber ist Anleitung gegeben, die Hauptsachen des christlichen Glaubens anzunehmen.

Außer der Lit. zu → Katechetik u. → Katechismus: II vgl. u.a.: J.Meyer, Histor. Kommentar zu Luthers Kl. K., 1929 – F.Cohrs, 400 Jahre Luthers Kl. K., 1929 – E.Wissmann, KU nach Luthers Kl. u. Gr. K., (1932) 1947^2 – J.Schieder, KU, (1933) 1951^6 – Ders., Sachgemäßer KU (ELKZ 5, 1951, 34-38) – G.Dehn, Die zehn Gebote. Nach Luthers Kl. K. erklärt, (1939) 1951^4 – H.Plejel, Katekesen som svensk Folkbok, 1942 – K.Barth, Dogmatik im Grundriß, (1947) 1949^2 – Ders., Die christl. Lehre nach dem Heidelberger K., 1949 – D.Hann, An Introduction to the Catechism, 1948 – F.H. Drinkwater, Teaching Catechism, 1949 – Ders., Fourteen Catechism plays, 1950 – O.Ziegner, Die Kirche vor ihrer Jugend. Die Theol. des Kl. K., 1950 – Ders., Die Bedeutung der Leitfragen u. Antworten im thüring. Lehrplanentwurf für die Christenlehre (Christenlehre 9, 1956, 303-309) – K.Kelber, Gesch. der K.predigt (ELKZ 4, 1950, 181-183. 200-203) – A.R.Browne-Wilkinson, The Teaching of Church Catechism, 1951 – N.M.Plum, Forlag til en revision of Luthers lille Katekismus med motivering, 1951 – H.Dietzfelbinger, Das christl. Glaubensbekenntnis im kirchl. Unterricht, 1953 – M. Stallmann, Die bibl. Gesch. im Unterricht (ZThK 51, 1954, 216 bis 250) – J.Kupfer, Krit. Unters. der Leitfragen im thüring. Christenlehre-Plan u. ihrer Voraussetzungen (Christenlehre 9, 1956, 309-324. 331-340) – J.Ljunghoff, Hur rädda Luthers lilla katekes åt vår tid?, 1957.

H.W.Surkau

Unter K etwa Vermißtes bitte unter C und Z suchen

Katechumenat

1. Begriff - 2. K. in der alten Kirche - 3. K. in der Heidenmission - 4. Kinder-K. in der ev. Kirche

1. K. bezeichnet den Stand der Katechumenen und die zu ihrer Unterweisung und Einübung getroffenen Maßnahmen und Einrichtungen. Der *Begriff* bezieht sich also auf Ungetaufte und ist in diesem Sinne noch heute in der kath. Theologie und Kirche in Gebrauch. Sein Anwendungsgebiet ist dann auf die alte Kirche und die Mission beschränkt. In der ev. Theologie und Kirche wird seit etwa 100 Jahren aber auch von einem K. der getauften Kinder gesprochen (in der kath. Kirche = »Katechese«).

2. Innerhalb des NT wird das Wort κατηχεῖν, das in der Antike wenig gebräuchlich war, von Paulus zu einem terminus technicus für die »Unterweisung im Glauben« geprägt (Gal 6, 6 u.ö.). Ferner wird eine enge Verbindung zwischen → Taufe (: II) und Belehrung der Täuflinge der Gemeinde zur Pflicht gemacht (Mt 28, 19f). Eine feste Ordnung des Taufunterrichtes ist aber nicht erkennbar. Andeutungen eines solchen treten erst in der Did hervor. Hier wird die Einprägung des Zwei-Wege-Katechismus vor der Taufe gefordert (Did 7). Im 2.Jh. gibt es zwar einen Katechumenenstand (Tertullian), jedoch scheint die Unterweisung noch privat erfolgt zu sein (Justin, Apol. I, 61, 2). Die Katechumenen werden noch nicht zur Gemeinde gezählt. Erst im 3.Jh. ist ein Stufen-K. nachweisbar. Die Kirchenordnung → Hippolyts (40-46) zeigt um 218 folgenden Zustand: Bei der Meldung zur → Taufe (: III) werden Bürgschaften von Gemeindegliedern für Lebensverhältnisse und Gesinnung des Bewerbers verlangt und die Motive der Meldung geprüft. U.U. wird ein Berufswechsel gefordert. Erst dann wird der Bewerber zum »Hören des Wortes« zugelassen. Er nimmt an der Katechumenenmesse teil (→ Messe: I), wird an einem gesonderten Platz in der Kirche bes. unterwiesen und vom »Lehrer« (der auch Laie sein kann) mit Friedenskuß, Handauflegung und Gebet entlassen. Die Bewerber bleiben meist etwa drei Jahre auf dieser Stufe des K.s. Sodann erfolgt eine erneute Prüfung des Lebenswandels, die sich bes. auf die diakonische Aktivität erstreckt. Danach erfolgt die Zulassung zum »Hören des Evangeliums«. Fortan findet tägliche Unterweisung statt, die mit → Handauflegung (: III) und → Exorzismus (: III) verbunden ist und in den letzten Tagen vor der Taufe vom Bischof selbst erteilt wird. Er nimmt eine letzte Sichtung der Bewerber vor und bereitet sich in gemeinsamem Fasten und Beten mit den Katechumenen auf die Taufe vor, die meist in der Osternacht stattfindet. Als Stoff der Unterweisung werden durchgehend Schriften des AT genannt, die auf ein vorwiegend ethisches Ziel dieses K.s schließen lassen (bei Origenes: Est, Jdt, Tob, Weish, bei Athanasius außerdem Did und Herm).

Im 4.Jh. macht der Massenzudrang zur Kirche eine festere Ordnung notwendig. Die Zugehörigkeit der Katechumenen zur Kirche steht nunmehr außer Zweifel, so daß ein sehr erhebliches Gewicht auf die Annahme des Bewerbers fällt. Der Taufbewerber meldet sich mit einem Bürgen bei dem Diakon, der dem Bischof oder Presbyter Anzeige macht und die Prüfung der Lebensverhältnisse und Motive vornimmt. Es folgt eine Einführungskatechese, die bei Augustin eine narratio der Heilsgeschichte darstellt und von Glaube und Hoffnung zur Liebe führen soll. Sie schließt mit Bekreuzung und Handauflegung, auch mit der Darreichung geweihten Salzes (Rom) und Exsufflatio. Erst zu einem häufig sehr viel späteren Zeitpunkt (gelegentlich erst auf dem Sterbebett) wird die Taufe vollzogen. Vom Katechumenen wird erwartet, daß er an der Katechumenenmesse teilnimmt. Die Anmeldung zur Taufe erfolgt zu Beginn der Quadragesimalfasten (scribi, nomendatio) und ist mit erneuter Prüfung verbunden. Der Bewerber gehört nunmehr dem Stande der φωτιζόμενοι oder competentes (in Rom electi) an. Bei der Vorbereitung ist die enge Verbindung zwischen Belehrung und liturgischen Handlungen zu beachten (Skrutinien). Die »Katechesen« des → Cyrill von Jerusalem (um 350) zeigen, daß jetzt die Erklärung des Taufsymbols im Vordergrunde steht, während die Erklärung der Sakramente erst nach ihrem Empfang (in 5 »mystagogischen Katechesen«) erfolgt. Im Abendlande spielt die traditio und redditio symboli und der oratio dominica eine wesentliche Rolle. Eine Intellektualisierung der Taufvorbereitung wurde bewußt vermieden und nur ein Minimum an Lernstoff gefordert. Methodisch wichtig bleibt die enge Verbindung von sittlicher und liturgischer Einübung im gesamten K., während die dogmatische Belehrung erst spät hervortritt und verhältnismäßig geringfügig bleibt. - Mit dem Abschluß der Christianisierung ist der K. rasch verfallen.

3. Der K. ist bei der Germanen- und Slawenmission nicht angewendet worden. Man taufte nach kurzer Vorbereitung der Täuflinge (Bonifatius 2 Monate, Donausynode von 796 40 Tage). Ähnlich verfuhr auch die Mission in Amerika (8-40 Tage). Dagegen errichteten die Jesuiten in Ostindien eigene K.shäuser (1552). Erst die gegenwärtige kath. Mission kehrt zu einem geordneten K. zurück. Teilweise wird sogar ein je zweijähriges Postulat und K. gefordert. Meistens wird jedenfalls eine Bewährungs- und Unterweisungszeit von 1-3 Jahren angestrebt. - In der *ev.* Heidenmission hat sich eine ähnliche Praxis entwickelt. Auch hier erfolgt bei der Meldung eine eingehende Sichtung und Prüfung der Bewerber, meist auch eine Vorstellung im Gottesdienst. Auf der ersten Stufe des K.s werden vor allem sittliche und kirchliche Bewährung, meist auch Aneignung der nötigen Kenntnisse (Katechismus) erwartet. Erst dann erfolgt die Aufnahme in den eigentlichen K. In ihm sind Belehrung und ethisch-kirchliche Einübung eng verbunden. Verschiedenartig wird das Ziel des K.s aufgefaßt. Während die pietistisch orientierten Missionen Bekehrung zum persönlichen Glauben vor der Taufe fordern, ist die luth. Mission in ihren Forderungen zurückhaltender.

4. Der *Kinder-K.* blieb in der alten Kirche der überwiegend funktionalen Einübung des christlichen Lebens durch die erziehende Gemeinschaft überlassen. Jedoch bahnte sich schon während des MA eine Institutionalisierung an, die bes. in der Festsetzung bestimmter Lernstoffe sichtbar wurde. Einen weiteren Ausbau brachte erst die Reformation. Die Katechismen (→ Katechismus: II) ermöglichten einen Kinder-K. in Haus und Schule, der durch die Vorbereitung auf die → Konfirmation abgeschlossen wurde. Die Säkularisierungswelle des 19.Jh.s machte dann eine erhebliche Ausweitung des Kinder-K.s erforderlich. Die häusliche Erziehung wurde bes. durch den → Kindergarten, der Religionsunterricht der Schule durch den → Kindergottesdienst ergänzt. Die Auseinandersetzungen zwischen Staat und Kirche im 20.Jh. führten dazu, daß der Konfirmandenunterricht erheblich ausgedehnt wurde. Eine Absicherung des Kinder-K.s durch kircheneigene Institutionen erscheint unter den heutigen Verhältnissen als unvermeidbar.

W.F.Höfling, Das Sakrament d. Taufe, 2 Bde, 1846/48 - G.v. Zezschwitz, System d. christl.-kirchl. Katechetik I, 1863 - J.Meyer, Gesch. d. K.s u. d. Katechese in den ersten 6 Jh.en, 1868 - F.M.Zahn. Taufordnung für d. ev. Heidenmission (AMZ 20, 1893, 345-368) - K.sordnung (d. Leipz. Mission f. Indien) (Ev.-luth. Missionsblatt 1894, 453-457) - RE X, 173ff - E.Strasser, Die Taufe in d. Gesch. d. dt. ev. luth. Mission, 1925 - LThK V, 884ff - O.Hammelsbeck, Der kirchl. Unterricht, 1947 - H.-W.Gensichen, Das Taufproblem in d. Mission, 1951 - H.J.Kanzow, Der K. in d. dt. ev. Mission (Diss. Münster), 1953 (Masch.) - J.A.Jungmann, Katechetik, 1953, 5ff (kath.) - EKL II, 566f.

K.Janssen

Unter K etwa Vermißtes bitte unter C und Z suchen

Kategorie, κατηγορία, »Anklage«, Terminus aus der griech. Gerichtssprache; Gegensatz: ἀπολογία. Die theoretische Bedeutung von κατηγορεῖν ist: heraussagen, was einer ist, positiv prädizieren. Als philosophischer Begriff begegnet K. zuerst bei Aristoteles: σχήματα τῆς κατηγορίας, Formen der Beilegung; davon κατηγορία (stets mit Plural), auch κατηγορήματα (lat. praedicamenta). – K.n sind Weisen, etwas auf sein Sein hin anzusprechen, die nicht auf andere und nicht aufeinander zurückgeführt werden können. Sie bestimmen (als κ. τοῦ ὄντος) den vielfachen Sinn von → Sein. Aristoteles entwickelte die Theorie, um sophistische Fangschlüsse, die auf einem undifferenzierten Seinsbegriff beruhen, bündig zu widerlegen. – → Kant hat die K.nlehre neu begründet. K.n sind nun jene Begriffe, die zusammengenommen den Begriff des Gegenstandes bestimmen. Kant leitet sie nach dem Vorbild von → Platon (Theait. 185) und → Leibniz aus dem Selbstbewußtsein ab. Heute werden oft auch die Grundbegriffe besonderer Klassen von Gegenständen oder Wissenschaften K.n genannt.

A. Trendelenburg, Gesch. der K.nlehre, 1846 – E.v. Hartmann, K.nlehre, 1896 – O. Külpe, Zur K.nlehre, 1915 (SAM) – E. Lask, Die Logik der Philosophie u. die K.nlehre (Ges. Schriften II), 1923 – O. Spann, K.nlehre, (1924) 1939² – P. Natorp, Vorlesungen über Prakt. Philosophie, 1925 – Ders., Philos. Systematik, 1958 – F. Brentano, K.nlehre, 1933 – H. Pichler, Einführung in die K.nlehre (KantSt, ErgH, NF H. 2), 1937 – N. Hartmann, Heinr. Maiers Beitrag zum Problem der K.n, 1938 – Ders., Der Aufbau der realen Welt (Grundriß der allg. K.nlehre), 1940 – Ders., Philosophie der Natur (Abriß der speziellen K.nlehre), 1950 – H. Heimsoeth, Zur Gesch. der K.nlehre (in: N. Hartmann, Der Denker u. sein Werk, 1952, 144-172) – H. Wein, N. Hartmanns »K.nlehre« u. die Idee einer »Strukturlogik« (ebd 173-185) – H.-J. Höfert, Kategorialanalyse u. physikal. Grundlagenforschung (ebd 186-207). *D. Henrich*

Kategorischer Imperativ. Die Lehre vom K.I. – das berühmteste, fast populäre Kapitel der Philosophie I. → Kants – kann nur im Zusammenhang seiner Ethik recht aufgefaßt werden: Jeder Mensch befolgt in seinem Handeln gewisse Regeln (zB »Willst du gesund bleiben, so lebe mäßig«, »Wenn du gut die Geige spielen willst, so übe«). Solche Regeln betreffen teils Ziele, die Menschen sich, wie das Violinspiel, frei wählen können; andere beziehen sich auf ein Ziel, nach dem alle Menschen schon immer trachten: Wohlbefinden und Glück. Jene Imperative nennt Kant »Geschicklichkeitsregeln«, diese »Ratschläge der Klugheit«. Beiden gemeinsam ist die Abhängigkeit von Absichten (»Wenn du dies Ziel erreichen willst, so sorge für dies Mittel«). Da nun alle Menschen tatsächlich glücklich sein wollen, treten Klugheitsregeln oft ohne Hinweis auf diese Absicht auf – und dies begünstigt eine eudämonistische Ethik (→ Eudämonismus). Trotzdem bleiben auch Klugheits- wie Geschicklichkeitsregeln »Wenn-so«-Sätze und sind (da Kant solche Sätze in der Urteilstafel der Kritik der reinen Vernunft »hypothetische« Urteile nennt) bloß »hypothetische« Imperative. Jedoch gibt es auch *unbedingt* gültige Forderungen (zB »Lüge nicht!«), die – nach derselben Urteilstafel – »k.« I.e heißen. Hypothetische Imperative empfehlen eine Handlung als gut zu einem bestimmten Zwecke; ein K.I. gebietet eine Handlung als *an sich* gut. Von jedem Zweck einer Handlung (ihrer Materie, wie Kant sagt) wird hier gänzlich abgesehen, deshalb kann das, was die gebotene Handlung gut macht, nur ihre bloße *Form* sein. Das Wesen eines solchen unbedingten Gebotes, dh eines Gesetzes der Sittlichkeit, besteht in seiner Gesetzlichkeit, d.i. seiner Allgemeinheit. Der K.I. (so Kant, genauer wäre: das *Prinzip* k.I.e) lautet also: »Handle nur nach derjenigen Maxime, durch die du zugleich wollen kannst, daß sie ein allgemeines Gesetz werde« (anderwärts auch: »zum allgemeinen Naturgesetz werde«). Handlungen, die den von Kant deshalb »unnachlaßlich« genannten Pflichten zuwiderlaufen, können bei Verallgemeinerung ihrer Maximen zum Naturgesetz nicht einmal *gedacht* werden (weil zB, wenn jeder lügen wollte, das Lügen unmöglich würde, da es Glauben an die Wahrhaftigkeit *voraussetzt*). Die Maxime eines Verstoßes gegen die sog. »verdienstlichen« Pflichten (wie seinem Nächsten zu helfen) vertrügen zwar ihre Verallgemeinerung, ohne sich aufzuheben; es wäre einem vernünftigen Willen als solchen aber unmöglich, einen solchen Zustand zu *wollen*. Die Reflexion auf die Verallgemeinerungsfähigkeit ist eine rein theoretische Überlegung: »Reine Vernunft ist für sich allein praktisch«. Daß wir uns der Forderung des Sittengesetzes unterworfen fühlen, ist für Kant »das Faktum der reinen Vernunft«. Im K.I. gibt sich unser Wille, sofern wir Vernunftwesen sind, selbst das Gesetz, ist darin autonomer, freier Wille. Wären wir *bloß* Vernunftwesen, brauchte der Wille nicht zu gebieten; der K.I. ist also die Forderung des Vernunftwesens in uns an das Naturwesen als Glied der sichtbaren Welt. Die Doppelexistenz als Glied eines Reichs der Zwecke (als → »Ding an sich«) und der Natur (als »Erscheinung«) ist die *menschliche* Weise zu *sein;* darum kann der K.I. auch formuliert werden: »Handle so, daß du die *Menschheit* sowohl in deiner Person als in der Person eines jeden anderen jederzeit zugleich als *Zweck,* niemals bloß als Mittel brauchst.« – So verschränken sich in der Lehre vom K.I. die wichtigsten Stränge der kantischen Philosophie – ob zur Krönung des Systems oder zu einem unentwirrbaren Rätsel, ist seit Kants Zeit umstritten. Hingegen ist die üblich gewordene Polemik gegen den »Formalismus« des K.I.s insofern Mißverstand, als Kant das große Verdienst seiner Lehre gerade in ihrer formalen Allgemeinheit sah.

I. Kant, Grundlegung zur Metaphysik der Sitten, 1785 – Ders., Kritik der prakt. Vernunft, 1797. – Außer der Lit. bei → Kant vgl. bes.: A. Buchenau, Kants Lehre vom K.I., (1913) 1923² – C.D. Broad, Five Types of Ethical Theory, London (1930) 1948⁴, 116ff – J. Ebbinghaus, Deutung u. Mißdeutung des K.I.s (Studium Generale 1, 1947/48, 411-419) – H.J. Paton, The Categorical Imperative, London (1947) 1953² – G. Patzig, Der Gedanke eines K.I.s (APh 6, 1954, 82-96). *G. Patzig*

Katerkamp, *Theodor,* kath. Theologe, * 17.1.1764 in Ochtrup (Westf.), † 9.6.1834 in Münster (Westf.). 1787 Priester, bis 1797 Erzieher von Clemens August und Franz Otto → Droste zu Vischering, dann bis 1806 im Hause der Fürstin → Gallitzin, seit 1808 Dozent und Prof. der KG und des Kirchenrechts in Münster, 1831 Domdechant. Nach und neben → Stolberg vertritt K. den Stil und Geist der kath. Erneuerung in der KG.

Vf. u.a.: KG (Einl. u. 5 Bde bis 1153), 1819-34; Über den Primat des Apostels Petrus u. seiner Nachfolger, 1820; Denkwürdigkeiten aus dem Leben der Fürstin A.v. Gallitzin, (1828) 1839². – Über K.: H. Brockmann, Zs. f. Philos. u. kath. Theol. 3, 1834, 113-132 – HPBl 130, 1902, 541-564 (Briefe) – RE X, 179f – St. Lösch, J.A. Möhler I, 1928 (Reg.). *K.G. Steck*

Katharer (vom griech. καθαροί, daher dt. »Ketzer«), Mitglieder der größten mittelalterlichen Sekte. Sie entstand im frühen 12.Jh., nicht genetisch verbunden mit dem → Manichäismus, doch in den Bahnen der → Gnosis (: I, 2c; III, 2b), angeregt durch die balkanischen → Bogomilen. Deren → Dualismus (: II, 4) folgte sie anfangs in gemäßigter Form und erstrebte mehr das im Abendland schon zuvor verfochtene Ideal der → Armut (: II, 6), der Wanderpredigt und des apostolischen Lebens. Die spiritualistische Lehre, die irdische Welt mit ihren Genüssen (Fleischspeisen, Ehe) sei von Satan, dem Gott des AT, geschaffen und beherrscht, verband sich mit der Forderung nach radikaler → Askese (: IV, 5).

Anziehend wirkten auch die Lehren von der → Seelenwanderung und der Selbsterlösung des Reinen, dessen Engelseele nach Eintritt in die Sekte zum Himmel zurückkehrt (Christus galt nur als Engel und Prediger, seine Passion als Illusion). So verbreiteten sich die K. seit 1143 rasch im Rheinland, in Nord- und Südfrankreich, England und Oberitalien. 1167 wurden sie durch den Bogomilen Niketas zum Radikaldualismus bekehrt (Konzil in St.Félix-de-Caraman bei Toulouse). Nur die südfranzösischen K., die → Albigenser, blieben dogmatisch und organisatorisch geschlossen. Nach Italien griffen die bogomilischen Lehrstreitigkeiten vor 1190 über. Sie führten zur Dogmatisierung der katharischen Lehren, zum Ausbau einer Bischofs-Hierarchie, zur strengen Scheidung zwischen Mitgliedern *(Perfecti)* und Mitläufern *(Credentes)*, zur Ritualisierung, bes. der sakramentalen Aufnahmezeremonie durch Handauflegung *(Consolamentum)*, und zur Abkehr vom evangelischen Ideal, das nun von → Waldensern u.a. weitergetragen wurde. Verfolgungen (Albigenserkrieg, → Inquisition) setzten den K.n zu, mehr noch das wirksame Gegenbeispiel von → Dominikus und → Franz von Assisi. Sie zogen sich auf ihr Dogma zurück, das sie verwirrend vielfältig auslegten und zT kath. Tendenzen annäherten. Seit ca 1250 sank ihre Bedeutung; Reste hielten sich jedoch in Südfrankreich bis 1330, in Italien bis 1412, im steten Kontakt mit den Bogomilen. Die K. schufen im Abendland den Typus des Ketzers und die → Sekte (: II) als Gegenkirche. Sie provozierten innerhalb und außerhalb der Kirche neue Bewegungen: die Formulierung der Dogmen, die Exegese bes. des AT, die Bemühung um einfaches evangelisches Leben. Mehr darin als in ihren im Kern unchristlichen Lehren, die wenig Nachahmung fanden, lag ihre bleibende Bedeutung; seit der Abwehr ihres Dualismus wurde das Abendland erst recht auf die Verchristlichung des Diesseits verwiesen.

H.Söderberg, La religion des Cathares, Uppsala 1949 - A.Borst, Die K., 1953 (Lit.) - H.Grundmann, Neue Beitr. zur Gesch. d. relig. Bewegungen im MA (AKultG 37, 1955, 129-182) - K.Esser, Franziskus v.Assisi u. die K. seiner Zeit (AFrH 51, 1958, 225-264).

A.Borst

Katharina, 1. *von Alexandria,* Heilige mit im Osten (Sinai, Katharinenkloster) und Westen weit verbreitetem Kult und als solche beliebtes Thema sakraler Kunst (vgl. Weigand). Tag: 25.11. K.s Attribute sind Buch, Rad und Schwert, auch Ring, Krone und Palme. Sie ist Schutzheilige u.a. der Pariser philosophischen Fakultät und gehört zu den 14 →Nothelfern. Der Name (Αἰκατερίνη, Ἑκατερίνη [Ecaterina], schwerlich aus Ἀεικαθαρινά) ist ungedeutet. Die in zahlreichen Redaktionen (s. Lit.) überlieferte Legende zehrt vom typischen Bestand der Heiligenleben und → Märtyrerakten, so daß ein geschichtlicher Kern nicht festgestellt werden kann. Der provozierten Disputation - gegen Kaiser Maxentius (Maximinus Daia?) - mit anschließender Bekehrung einstiger Gegner folgen nach weiteren vergeblichen Versuchen, die Zeugin verstummen zu machen, weitere Bekehrungen und schließlich die Hinrichtung.

Vgl. außer der Lit. zu → Hagiographie: H.Knust, Gesch. der Legenden der hl. K.v.A. u. der hl. Maria Aegyptiaca, 1890 (bespr. GGA 1890, 593 ff) - H.Varnhagen, Zur Gesch. der Legende der K.v.A., 1891 - RE X, 180ff - E.Weigand, Zu den ältest. abendländ. Darstellungen der Jungfrau u. Märtyrin K.v.A. (AuC ErgBd I, 1939, 279-290). - Ferner: Künstle II, 369ff - HWDA IV, 1074ff - AnBoll s.v. - Gegen Rendel Harris, der den Verfasser der griech. Passio in den Reden der K. aus der Apologie des → Quadratus schöpfen ließ (BJRL 7, 1923, 335ff; 8, 1924, 384ff), wandten sich mit Recht: J.A. Robinson (JThS 25, 1924, 246-253) u. bes. E.Klostermann-E.Seeberg (SGK I/2, 1924) sowie H.Erbse, Fragm. griech. Theosophien (Hamburger Arbeiten zur Altertumswiss. Bd 4, 1941, 122f. 140ff. 147ff), die das Verhältnis der Redaktionstypen untereinander u. auch zu → Johannes Malalas (J.Bidez, ByZ 11, 1902, 388ff) u. dem → Barlaam-Roman (MPG 96) zu bestimmen suchen.

H.Berthold

2. *von Genua* (dort * 1447, † 1510), durch Herkunft (Fieschi, → Innozenz IV., → Hadrian V.) und Heirat (1463 mit Giuliano Adorno) zur Aristokratie Genuas gehörend, wurde 1473, nach unglücklichen Ehejahren, durch eine Erleuchtung zu einem streng asketischen Leben mit ihrem bekehrten Gatten und zur Krankenpflege geführt. Das von ihrem Kreis zusammengestellte »Opus Catharinianum« mit seiner Mystik der reinigenden Liebe und ekstatischen Selbstverneinung und mit eigenartigen Visionen des Fegfeuers war einflußreich auf die kath. → Erbauungsliteratur (, 2) bis zu → Fénelon und Madame → Guyon. K. wurde 1737 heiliggesprochen.

Libro de la vita mirabile e dottrina santa de la Beata Caterinetta da Genova, Genua 1551; viele weitere Ausg.n (mit ähnlichen Titeln) u. Übers.en (auch einzeln des darin enthaltenen Trattato del purgatorio); dt.v. P.Lechner, Leben u. Schriften der hl. K., 1859; dt. in Ausw. v. L.Sertorius, K.v.G., 1939. - Über K.: AS Sept. V, 123ff - RE X, 184f - F.v.Hügel, The Mystical Element of Religion as studied in St.Catherine of Genoa and Her Friends, 2 Bde, London (1908) 1923² - LThK V, 892f - Umile da Genova, L'opus Catharinianum et ses auteurs (Revue d'Ascétique et de Mystique 16, Toulouse 1935, 351-380) - DHGE XI, 1506ff (Lit.) - EC III, 1145ff - Catholicisme II, 691ff - DSp I, 531ff; II. 290ff (Lit.).

3. *von Siena* (Familienname: Benincasa), * 1347 zu Siena, † 1380 zu Rom, OP (→ Tertiarin), verband asketisches, mystisches und visionäres Leben mit volksmissionarischer Tätigkeit. Durch ihren Anhängerkreis, (sprachlich bemerkenswerte) Briefe, Ratschläge an Regierende und persönliches Erscheinen als Mahnerin und Vermittlerin wirkte sie bis in die großen kirchlichen und politischen Angelegenheiten hinein, so auch auf und für die Päpste → Gregor XI. und → Urban VI. und gegen → Clemens (VII.). 1461 wurde sie heiliggesprochen. Es ist schwierig, ihre ursprünglichen, oft in Ekstase diktierten Worte von der Redaktion und Erweiterung durch die ersten Herausgeber zu unterscheiden.

Ausg.n: Epistolario di S.Caterina da S., krit. Ausg. v. E.Dupré Theseider, Rom 1940ff - Libro della divina dottrina, volgarmente detto Dialogo della divina provvidenza, hg.v. M.Fiorilli, Bari (1912) 1928² - Preghiere ed elevazioni, hg.v. I.Taurisano, Rom (1920) 1932². - Übers.en: u.a. K.v.S., Polit. Briefe, Übertragung u. Einführung v. F.Strobel, 1944 (Lit.). - Qu.: AS Apr. III, 861ff - Fontes vitae S.Catharinae Senensis historici, hg.v. M.H.Laurent u. F.Valli, Florenz-Mailand 1936ff. - Über K.: RE X, 186ff; XXIII, 747 - R. Fawtier, S.Catherine de Sienne, essai de critique des sources, 2 Bde, Paris 1921/30 - Ders.-L.Canet, La double expérience de Catherine Benincasa, ebd 1948 - LThK V, 894f - M.H.Laurent, Note di bibliografia cateriniana (Ecclesia 6, Città del Vaticano 1947, 379-382) - A. Levasti, S.Caterina da S., Turin 1947 (Lit.) - G.Kaftal, St.Catherine in Tuscan Painting, Oxford 1949 - DHGE XI, 1517ff - EC III, 1151ff - Catholicisme II, 696ff - DSp II, 327ff.

M.A.Schmidt

Kathedersozialisten → Sozialreform.

Katholikentage. Die deutschen K. führen ihre Geschichte auf die »Generalversammlung der kath. Vereine« zurück, die vom 3.-6.10.1848 in Mainz stattfand. Diese Vereine (→ Vereinswesen: II), deren Gründung erst 1848 durch die Gewährung des »Assoziationsrechtes« möglich geworden war, nannten sich zunächst »Pius-Vereine für religiöse Freiheit«. In Mainz schlossen sie sich zum »Kath. Verein Deutschlands« zusammen. Äußerer Anlaß war das Treffen zum »Dombaufest« in Köln im Sommer 1848, Präsident der Freiburger Prof. und badische Abgeordnete F.J.v.Buss, Teilnehmer waren u.a. die kath. Abgeordneten des → Frankfurter Parlaments. Damit sind die Wurzeln zum Verständnis dieser für den →Katholizismus (: II) in →Deutschland (: IV) typischen Veranstaltungen angedeutet: Es ging um die Eigenständigkeit des Religiös-Kirchlichen gegenüber einem politisch reglementierten Staatskirchentum in den deutschen Ländern, und zwar unter Verwendung der neuen Mittel: Vereine, Kundgebung, Proklamation und Zusammenschluß über den Rahmen der Diözese oder eines Bundeslandes hinaus. Dazu zeigte sich ein neues Verständnis der Verantwortung der Laien für die Lage der Kirche wie für die Weckung vertiefter religiöser Überzeugung im Volke. Gegenüber dem auch in den eigenen Reihen spürbaren Rationalismus erstrebten die Organisatoren, Priester und Laien, ein Bewußtmachen der religiösen Kräfte und ihrer Bedeutung für die politische und wirtschaftlich-soziale Entwicklung Deutschlands. Bezeichnend ist schließlich die betonte Anlehnung an das Papsttum als an eine übernationale religiöse Größe. – Von Anfang an bestehen enge persönliche Verbindungen mit der politischen Wirksamkeit der kath. Parlamentarier. Die Auseinandersetzung um die Stellung der Kirche im → Kulturkampf sieht → Windthorst ebenso als Redner am Katholikentag wie im Reichstag. Später überwiegen die sozialen Fragen (→ Katholisch-sozial), wobei die auf den deutschen K.n in Gang gesetzten sozialen Studien der Sozialpolitik der Päpste, zumal → Leos XIII., wichtige Unterlagen bieten. Hierbei arbeitete man in den ersten Jahrzehnten eng mit Österreich zusammen, wo zwischen 1850 und 1860 sechs der auch »Generalversammlungen der deutschen Katholiken« genannten K. stattfanden. – Innerhalb des deutschen Katholizismus ging die Wirkung der K. über die jährlichen Kundgebungen weit hinaus, da fast alle großen kath. Vereine Deutschlands mit ihren gesellschaftspolitischen wie religiösen Zielsetzungen hier ihren Ursprung haben. Nach dem 1. Weltkriege gilt das Interesse neben der eigentlichen religiösen Zielsetzung der wirtschaftlichen und kulturellen Not – zB den besonderen Großstadtproblemen – und der Stärkung der politischen Einigkeit der deutschen Katholiken, die sich an der politischen Verantwortung mitbeteiligt sehen. – Mit den immer größer werdenden Teilnehmerzahlen tritt das religiöse Gemeinschaftserlebnis stärker in den Vordergrund und das Suchen nach Formen der liturgischen Gestaltung, die der »Massenkundgebung« angemessen sind. 1865 waren in Trier 400 Teilnehmer anwesend, 1909 in Breslau am Eröffnungstage 26000, 1927 in Dortmund und 1956 in Köln nahmen jeweils an der Schlußkundgebung 120000 bzw. 700000 Personen teil. – Seit der politischen Aufteilung Deutschlands erhalten die K. wegen ihres gesamtdeutschen Charakters eine besondere Bedeutung. Erstmals gibt es K. in Berlin, deren Leitworte (1952: »Gott lebt«; 1958: »Unsere Sorge: der Mensch – unser Heil: der Herr«) die geistige Auseinandersetzung mit dem dialektischen und historischen Materialismus stark hervortreten lassen. – Die Verantwortung für die K. liegt beim Zentralkomitee der deutschen Katholiken (früher: der K.), dem aber durch die Sorge für die Durchführung der Beschlüsse und die Verbindung mit den ins Leben gerufenen Verbänden schon seit seiner Gründung 1869 eine für die kirchliche Arbeit der Laien auch über die K. hinausreichende Bedeutung zukommt. Präsident des Zentralkomitees ist seit 1947 Fürst Karl zu Löwenstein (Kleinheubach a.M.), Generalsekretär seit 1956 Heinrich Köppler (Bad Godesberg). – Am Tagungsort wird in enger Mitarbeit mit dem zuständigen Ortsbischof ein Lokalkomitee gebildet, das nicht nur die organisatorischen Fragen bearbeitet, sondern auch dafür sorgt, daß die gerade für diese Stadt und die umgebende Landschaft wichtigen Probleme nicht übersehen werden. Für die Tagung selbst wird ein Präsidium gewählt, das sich aus hervorragenden kath. Persönlichkeiten der verschiedensten Stände zusammensetzt.

Nach deutschem Vorbild wurden seit 1874 in Italien, seit 1889 in Spanien, seit 1900 in Australien, seit 1903 in der Schweiz sowie in den USA und Frankreich K. abgehalten.

J.B.Kissling, Gesch. der Dt. K., 1920/23 – L.Lenhart, Idee, Gestalt u. Gestalter des ersten dt. K.s in Mainz 1848, 1948. – Offizielle Berichte über die jeweiligen K. hg. v. Zentralkomitee der dt. Katholiken, Bad Godesberg. *Fürst K. zu Löwenstein*

Katholikos, in der orth. Kirche Titel des Vorstehers einer Landeskirche, und zwar nur in der Grusinischen orth. Kirche (seit ihrer Autokephalie, 448). Da »K.« dem Sinne nach → »Patriarch« entspricht, heißt heute der Leiter dieser Kirche (→ Georgien: I) »K.-Patriarch«. – »K.« hieß in altchristlicher Zeit auch der Leiter der (orth.) Kirche in → Armenien (: II), ebenso bei den nestorianischen Kirchen bis heute. Die Armenier haben auch in Konstantinopel und Jerusalem Katholikoi; als ihr oberster Ehrenvorsteher gilt aber der K. von Etschmiadzin (UdSSR). *St.Zankow*

Katholisch → Katholizität.

Katholisch-Apostolische Gemeinde oder *altapostolische Gemeinde* (der Name *»Irvingianer«* wird abgelehnt), entstand in den 30er Jahren des 18.Jh.s in England. Damals beschäftigten sich verschiedene Kreise mit den biblischen Prophezeiungen, zB die sog. »prophetische Schule« unter H. → Drummond in Albury, ein Kreis um einen Pfarrer Campbell mit Zungenreden und Heilungen in Schottland. Diese Gedanken wurden von E. → Irving in London aufgenommen. Der Glaube an eine Ausgießung des Hl. Geistes und die baldige Wiederkunft Christi wuchs. Die Weiterverbreitung der genannten Gaben wurde dann als Geistesausgießung verstanden. Der Hl. Geist gab Anweisung über die für eine Wiederkunft Christi nötige »göttliche Kirchenordnung«. Am 20.10. 1832 bezeichnete ein Prophet H.Drummond als Hirten. Dieser bestimmte Caird zum Evangelisten, dann Bayford zum Ältesten, am 31.10. Cardale zum Apostel, der »unter der überströmenden Kraft des Geistes« bebte. Die apostolische Ordination betrachtete man als Bestätigung für die Erneuerung der Verfassung der Kirche. Die neue Kirchenordnung mit den Ämtern wurde zuerst in den 7 Londoner Gemeinden eingeführt. Irving wirkte dabei als Engel. Die Zahl der Apostel stieg bis 1835 auf 12. Sie versammelten sich für ein Jahr in Albury, wo sie ein »Zeugnis an die Bischöfe und alle Geistlichen der Kirche von England und Irland« sowie »das Zeugnis der Apostel an die geistlichen und weltlichen Häupter der Christenheit« (1836) ausarbeiteten. Die Christenheit wurde in zwölf Apostelbezirke eingeteilt, wo sie von 1836–38 (1260 Tage) wirkten und später wieder hingingen. In Deutschland schlossen sich ihnen außer einzelnen Pfarrern u.a. der Theologie-Prof. → Thiersch, der PDoz. E.A.Roßteuscher und der Botaniker Wigand an. Als um 1860 bereits 6 Apostel, die doch alle die Wiederkunft Christi erleben sollten, gestorben waren, stellte sich die Frage der Wiederauffüllung der Zwölfzahl. Man betrachtete es als Gottes Wille, davon abzusehen (anders die → Neuapostolische Gemeinde). 1901 starb als letzter der Apostel für Süddeutschland und Österreich. Dadurch ist der Strom des Hl. Geistes, der durch die Apostel floß, unterbrochen. Die Mitgliederzahl ging seitdem stetig zurück (zZ noch einige tausend in verschiedenen europäischen Ländern). Die heutigen Reste, die sich zT, je nach Möglichkeit, zur ev. oder kath. Kirche halten, tragen dieses Zurückgehen mit dauernd lebendiger Hoffnung, u.a. nach Apk 8, 1. – Nach Ansicht der K.-Ap.G. hat Jesus Christus im Blick auf seine Wiederkunft Ämter gegeben: Apostel, Propheten, Evangelisten, Hirten, Lehrer. Stufen innerhalb des Amtes sind: Engel oder Bischof, Presbyter oder Ältester oder Priester, Diakon. Die Apostel sind nicht von oder durch Menschen, sondern durch Jesus Christus und Gott Vater unmittelbar gesandt. Sie übten mit den insgesamt sieben Sakramenten die Versiegelung als Sakrament der Geistverleihung für die Zwanzigjährigen. Heute wird als »Ersatz« für die durch den Apostel verliehene Versiegelung eine feierliche Darstellung im → Gottesdienst (: V B, 2d) geübt. Dieser betont nicht so sehr die Predigt als vielmehr die Anbetung Gottes. Im Mittelpunkt der stark liturgisch verstandenen Feier steht die hl. Eucharistie mit Abendmahl in englisch-hochkirchlicher Form. Viele Gebräuche und Gegenstände stammen von hier und aus der röm.-kath. Kirche. Die Grundeinstellung ist indessen eher evangelisch. Vom Reineinkommen wird der Zehnte unkontrolliert abgeliefert. Die K.-Ap.G. wollte die Kirchen zur Einheit zusammenrufen und die ganze Christenheit mit der Hoffnung auf des Herrn Nähe erfüllen. Die Entwicklung führte aber zur Gründung einer besonderen Gemeinschaft. Es wird jedoch betont, daß die K.-Ap.G. innerhalb der ev. Kirche stehe.

Die Entstehung des Werkes Gottes in unserer Zeit, 1896² - O. Eggenberger, Die neuapostolische Gemeinde, 1953 (Lit.) - Was glauben die andern?, (1954) 1954², 152ff - H. Leitz, Gottes Werk nicht Menschenwerk, 1954 - Hutten 15ff (Lit.).
O. Eggenberger

Katholische Aktion, im weitesten Sinne jede Tätigkeit von Laien (→ Klerus, 2) im Sinne der kath. Kirche, im üblichen engeren Sinne die organisierte Mithilfe der Laien am hierarchischen »Apostolat«. - Die 1868 gegründete »Società della Gioventu Cattolica Italiana« ist die Vorläuferin der späteren k.A. Der nationale Kongreß der italienischen Katholiken (seit 1874) gründete 1876 die »Operà dei Congressi«, um die Katholiken und alle ihre Vereinigungen in einer gemeinsamen Aktion für die Verteidigung der Rechte des Hl. Stuhles und der religiösen und sozialen Interessen der Italiener zu sammeln. Ihr Plan, als »christliche Demokratie« in die Politik einzutreten, wurde von Pius IX. abgelehnt (1877). Durch die Enzyklika → »Rerum novarum« (15.5.1891) erhielt sie großen Auftrieb und trat dennoch in die Politik ein. Die häufigen Konflikte zwischen der demokratisch eingestellten Jugend und der älteren autoritär denkenden Generation, die Pius IX. und Leo XIII. vergeblich zu schlichten versuchten, führten schließlich zur Auflösung der Operà dei Congressi am 30.7.1907. Die Gründung einer demokratischen Liga durch die Jüngeren wurde auch verboten, ihr Führer Murri exkommuniziert.

Schon am 11.7.1905 war die kath. Bewegung mit der Enzyklika »Il fermo proposito« in 4 Gruppen neu organisiert worden: 1. Unione popolare (nach dem Vorbilde des deutschen Kath. Volksvereins), die seit 1915 die Gesamtleitung übernahm; 2. Gioventu Cattolica in ihrer alten Form; 3. Unione economico-sociale (wirtschaftliche Hilfswerke und kath. Berufsverbände); 4. Unione elettorale (zur politischen Schulung und Sammlung der Katholiken für Gemeinde- und Provinzialwahlen). Dazu kam 1908 noch die Unione delle Donne Cattoliche. 1922 wurde die k.A. durch die Enzyklika »Ubi arcano« neu geordnet und erhielt 1923 neue Statuten, wobei die Unione popolare aufgelöst wurde. Pius XII. sieht in den Ständen - männliche und weibliche Jugend, Männer und Frauen - die vier Grundsäulen der k.A., die durch Lehrer, Akademiker u.ä. zu ergänzen sind.

Eine genaue *Definition* der k.A. zu geben ist nicht leicht. Kath. Autoren betrachten sie als etwas Wachsendes, das seine Form noch sucht. Pius XI. sprach von »Mitarbeit« und »Teilnahme« am hierarchischen Apostolat. Damit reichen ihre Aufgaben genauso weit wie dieses, dh sie entspringen wohl im Raum der Kirche und des Religiösen, können aber weit ins Politische vorstoßen, auch wenn eine parteipolitische Betätigung immer abgelehnt wird. Die k.A. versucht als verlängerter Arm der → Hierarchie die potestas indirecta der Kirche auszuüben, soweit es jeweils möglich ist. Daher ist die Organisation auch ganz verschieden; in den romanischen Ländern ist die k.A. als solche fest organisiert und zT konkordatär anerkannt, in anderen Ländern (zB → Deutschland [: IV, 2d]) bestehen nur Diözesanausschüsse, während die eigentliche Arbeit in den kath. Organisationen geleistet wird.

Aus der Differenz der Worte »Mitarbeit« und »Teilnahme« ergibt sich eine innere Spannung, die man bisher vergeblich zu lösen suchte. Auf dem 1. Weltkongreß der Laien (1951) wurde eine actio catholica und eine actio catholicorum unterschieden: die erste stehe unter der Leitung der Hierarchie, die zweite sei ein freies Apostolat der Gläubigen. Doch scheint sich diese Unterscheidung nicht durchzusetzen; Pius XII. subsumierte auf dem 2. Weltkongreß der Laien alle Laienarbeit unter die k.A. Hier entsteht immer wieder der Widerstreit zwischen dem Freiheitsstreben der »mündigen« Laien und dem Führungsanspruch der Hierarchie. Einige angesehene Autoren (Congar, Philips) möchten den Laien mehr Freiheit zubilligen, als es der strenge Wortlaut der päpstlichen Ansprachen zuläßt. - Vgl. → Fides Romana.

Zur Gesch.: E. Schlund, Die k.A. Materialien u. Akten, 1928 - J. Will, Hdb. der k.A., 1934. - Zur Gegenwart: Y. Congar, Jalons pour une théologie du laïcat, 1952; dt. 1957 - G. Philips, Le rôle du laïcat dans l'Église, 1954; dt. o.J. (1955; Lit.) - Bilan du monde. Encyclopédie catholique du monde chrétien 1958-59, 219-228.
K. Nitzschke

Katholische Briefe. Außer den → Paulusbriefen enthält das NT 7 Briefe, die - anders als jene - ihren Namen nicht nach den Empfängern, sondern nach den vermeintlichen Verfassern tragen: Jak, 1. 2Petr, 1.-3. Joh und Jud. → Eusebius (h. e. II, 23, 24f) sind sie als die »kath.« bekannt. Die Frage, ob dieses Eigenschaftswort sie als für die Allgemeinheit bestimmte oder als allgemein verbindliche Briefe charakterisieren soll, wird zwar in nt. Einleitungen (s. Lit.) erörtert, dürfte aber für die Schriftsteller der alten Kirche kaum von Bedeutung gewesen sein, wie deren Verwendung des Begriffes »kath.« erweist. Wenn der Alexandriner → Dionysius (ca 260) 1Joh im Gegensatz zu 2.3Joh »den kath. Brief« nennt (Euseb, h.e. VII, 25, 7. 10), so dürfte der Antimontanist Apollonius (ca 197) eben diesen 1Joh meinen, wenn er dem Ketzer Themison die Dreistigkeit vorhält, »in Nachahmung des Apostels einen kath. Brief verfaßt zu haben« (h. e. V, 18, 5). Er trägt diese Bezeichnung noch im 5. Jh. (bei → Sokrates und → Theodoret). Bisher nicht beachtet ist eine Mitteilung des → Clemens Alexandrinus in Strom. IV, 97, 3, wo das mit Zustimmung des Hl. Geistes von allen Aposteln verfaßte und von Paulus besorgte Schriftstück Apg 15, 23ff als »kath.« bezeichnet wird, dh hier wohl: allgemein gültig und verbindlich. Dasselbe gilt für ein von Jesus gegen Moses gerichtetes Wort über die Ehescheidung (nach Euseb, De eccl. theol. II, 20). Es ist ein kath. Wort. Für die Väter im Osten kann kath. aber nicht dasselbe heißen wie kanonisch (so im römischen Westen); denn Euseb (h.e. II, 23) weiß zwar von sog. kath. Briefen - Jak und Jud nennt er ausdrücklich -, bestreitet aber ihre Echtheit, obwohl sie zu seiner Zeit öffentlich verlesen werden (→ Bibel: II B, 3b). Andererseits berichtet er von → Dionysius von Korinth (h. e. IV, 23), daß dieser zahlreiche kath. Briefe an die Kirchen geschrieben habe, etwa an die Lakedämonier, an die Nikomedier, aber auch an die Römer. Ist der Kreis der Empfänger - wie zB im 1Petr - hier geographisch umgrenzt, so doch der Inhalt von allgemeinem Interesse. Euseb (VI, 14, 1) kennt also die Gleichung »kath. = kanonisch« noch nicht. - Ebensowenig läßt sich für alle 7 Briefe erweisen, daß sie für die Allgemeinheit bestimmt sind; das würde zB auf den → Epheser- und die → Pastoralbriefe eher zutreffen als für 2.3Joh. Wenn selbst Jud und 2Petr, die laut Zuschrift einen unbegrenzten Leserkreis umfassen könnten, Angaben enthalten, die nur bestimmten Menschen gelten, so dürfte das weniger mit dem Begriff des Kath. zusammenhängen als mit der damals beliebten Einkleidung in Briefform (→ Briefliteratur, 3). Im Abendland (nachweislich seit 382) hebt man die umstrittene Katholizität durch Kanonisierung auf. → Augustin spricht von *allen* nt. Briefen als den Evangelien beigeordneten epistolae canonicae. Die verschiedene Grundtendenz der beiden Briefgruppen kennzeichnet er treffend dahin, daß er bei Paulus den Glauben ohne Werke betont sieht, während die anderen Apostel nur einen Glauben in Verbindung mit den Werken anerkennen wollen (De fide et operibus XIV, 21). Denkt man an die handschriftlich am meisten bezeugte Reihenfolge der beiden Briefgruppen, so beginnen die Paulusbriefe mit Röm, die kath. Briefe mit Jak. Das dürfte schwerlich Zufall sein. Ob die Urapostel wirklich als Verfasser der Briefe anzusehen sind, können nur genaue Einzeluntersuchungen klären. Wie sehr das Urteil schwankt, zeigt Jak (Michaelis: ältestes Schriftstück des NT; Albertz: Produkt hellenistischer Frömmigkeit der zweiten Generation). Jülichers, von M.Dibelius (RGG² III, 678f) weiter ausgestaltetes Urteil dürfte zutreffen: Nicht Baumeister und Propheten der ersten Generation, sondern Lehrer von Traditionsgut und Durchschnittschristen einer Gemeindefrömmigkeit haben in diesen Briefen das Wort. Der langwierige Prozeß ihrer Kanonisierung spricht wohl für diese Einschätzung (außer 1Petr und 1Joh).

A.Jülicher-E.Fascher, EinlNT, 1931⁷, § 14 - P.Feine-J.Behm, EinlNT, 1950⁹, § 26 - W.Michaelis, EinlNT, 1954², § 10, 3. - Lit. zu den einzelnen Briefen s. → Jakobusbrief, → Johannesbriefe, → Judasbrief, → Petrusbriefe. *E.Fascher*

Zur *Auslegungsgeschichte* (s. auch → Schriftauslegung: IV):

Qu.: Griech. Katenen ed. J.A.Cramer, Catenae Graecorum Patrum VIII, Oxford 1840. - 4.Jh.: Didymus v. Alex. (ed. Fr.Zoepfl, NTA IV/1, 1914). - 5.Jh.: Cyrill v. Alex. (MPG 74) - Pseudo-Hilarius v. Arles (ed. A.Amelli, Spicilegium Casinense III/1, 1897, 205 bis 260). - 6.Jh.: Cassiodor (MPL 70) - Ökumenius (MPG 119). - 8.Jh.: Beda Venerabilis (MPL 93). - 11.Jh.: Theophylakt (MPG 125. 126). - 12.Jh.: Euthymius Zigabenus (ed. N.Kalogeras, Athen 1887) - Dionysius bar Salibi (ed. J.Sedlacek, CSCO Script. Syri Ser. II, tom. 101, 1909/10). - 15.Jh.: Joh.Huß (Historia et monumenta Joh. Hussii II, Nürnberg 1558, 105-229). - 16.Jh.: Calvin (CR 55) - Ambrosius Catharinus, Paris 1566 - Benedikt Arias Montanus, Antwerpen 1588. - 17.Jh.: Joh.Lorinus SJ, Lyon 1609 - Benedikt Justinianus SJ, ebd 1621 - Joh.Crell, Amsterdam 1656 (Opera Bd III) - Franciscus Gomarus, ebd 1664 (Opera) - Wilh.Estius, Paris 1666.

Lit.: K.Staab, Die griech. Katenenkommentare zu den kath. Briefen (Bibl 5, 1924, 296-353). *W.Werbeck*

Katholisch-sozial

1. Begriff und geistige Grundlagen - 2. K.-s.e Bewegung vor 1891 - 3. Die sozialen Weltrundschreiben Leos XIII. und Pius' XI. - 4. Die k.-s.e Bewegung von 1891 bis zur Gegenwart - 5. Internationale k.-s.e Organisationen. - Vgl. → Arbeiterpriester, → Gewerkschaften: III, → Katholische Aktion, → Parteien: V, → Sozialethik

1. K.-s. ist der Inbegriff aller Stellungnahmen kath. Christen zu den durch die industrielle Revolution entstandenen Problemen. Wenngleich die → Moraltheologie und die Soziallehre der Kirche grundsätzlich die Linien des sozialen Denkens und Handelns für den kath. Christen festlegen, bedarf es doch bei den großen sozialen und wirtschaftlichen Wandlungen der modernen → Gesellschaft immer neuer Konkretisierungen und spezieller Anwendungen auf die vielfältigen Probleme der sozialen Ordnung. Dabei zeigt die geschichtliche Entwicklung, daß bei aller Einigkeit im Grundsätzlichen doch ein weiter Spielraum der Meinungen besteht, vor allem in der Zeit, da die Kirche sich noch nicht autoritativ zu den sozialen Fragen geäußert hatte. Von Anfang an bedeutet die k.-s.e Einstellung einen Zweifrontenkrieg gegen den vom → Liberalismus getragenen → Kapitalismus einerseits und den zum Kollektivismus hinneigenden → Sozialismus andererseits, wobei in den ersten Phasen zumeist ein an der ständischen Gesellschaft des MA orientiertes gesellschaftliches Leitbild maßgebend ist (→ Stand, → Zunft).

Für die kath. Kirche war die soziale Frage niemals nur eine »Magenfrage«, also die Frage der Beteiligung der → Arbeiter an den wirtschaftlichen Gütern, sondern »eine Frage um die Stellung des Menschen in der menschlichen Gesellschaft, das ist um die Sicherung eines seiner Menschenwürde entsprechenden Platzes in der menschlichen Gesellschaft für einen jeden ohne Unterschied des Standes oder der Klasse oder Kaste oder Rasse oder was sonst immer, für einen jeden, der nach Gottes Ebenbild geschaffen ist« (v.Nell-Breuning). Es geht also um die Sicherung des geistigen und sozialen Lebensraumes in einer Gesellschaft, in der dieser Lebensraum für viele ihrer Glieder zu eng geworden ist. Diese Verpflichtung entstammt dem Prinzip der → Solidarität, dh der seinsmäßigen Verbundenheit von Person und Gemeinschaft, woraus sich die gegenseitige Haftung ergibt (einer für alle - alle für einen). Hinzu kommt der Grundsatz der → Subsidiarität, wie er in der Enzyklika Quadragesimo anno festgelegt wurde: was der einzelne leisten kann, soll seiner Initiative nicht entzogen und der Gesellschaft übertragen werden; ebenso sollen die größeren Gesellschaftsgruppen nicht übernehmen, was die kleineren Gemeinschaften leisten können. Damit wendet sich die kath. Soziallehre gegen den Aberglauben an die Alleinverantwortung des → Staates für alle Lebensbereiche und die Gefahr der kollektivistischen Vermassung. Weiter ist der Gedanke der sozialen Gerechtigkeit maßgebend, ein Begriff, der als solcher erst seit Pius X. verwendet wird, der Sache nach aber schon von je im naturrechtlichen Denken der Scholastik (→ Naturrecht: II) bekannt war. Es wird darunter vor allem die Wahrung des Gemeinwohls verstanden. Dazu gehört der Anspruch auf gerechten → Lohn und eine möglichst breite Streuung des → Eigentums. Außer der die Rechtsordnung bewahrenden Tugend der Gerechtigkeit bedarf es zum sozialen Zusammenleben noch der sozialen Liebe oder Barmherzigkeit (caritas socialis), unter der die freiwillige Gemeinschaftshilfe gegenüber den Notleidenden verstanden wird. Diese Grundsätze sind leitend sowohl in der theoretischen Besinnung und Schulung der kath. Kirche wie in der politischen (christliche Demokratie) und sozialen (christliche → Gewerkschaften [: III]) Aktion.

2. Längst ehe die offizielle Kirche durch ihre Weltrundschreiben Richtlinien zur sozialen Frage herausgab (s. 3), waren bes. in Frankreich und Deutschland Kräfte am Werk, die um eine Lösung rangen. Dabei wurde in *Frankreich* eher als in Deutschland die → Wirtschaft als das Kampffeld der neuen Gesellschaft erkannt. Dort entstanden sozialistische Schulen (→ Saint-Simon, Fourier), während in Deutschland das Politische als Frage nach der Verfassung des Staates und den Bürgerrechten im Vordergrund stand. Zudem war der deutsche Katholizismus des 19.Jh.s hauptsächlich agrarisch gebunden und stand der modernen Industrieentwicklung ferner. Obwohl der größte Teil der französischen Katholiken monarchistisch und bourgeois eingestellt war, zeigten sich schon in der 1. Hälfte des 19.Jh.s erste Ansätze zu

einem sozialen Katholizismus. Villeneuve-Bargemont (1784–1850) schrieb die erste christlich-soziale Schrift (Economie politique chrétienne, 1834), in der er für eine Organisation der Arbeiter eintrat und für ein Eingreifen des Staates, wenn das Sittengesetz sich nicht von selbst durchsetze. Graf Albert de Mun (1807–77) trat für den Kinderschutz in der Industrie ein. → Chateaubriand verurteilte in seinen »Mémoires d'outre tombe« die Lohnsklaverei. Um die Zeitschrift »L'Avenir« sammelte sich die liberale Gruppe (→ Lamennais, de Coux). Für Staatsintervention sprach sich Buchez (1796–1865, ein Schüler Saint-Simons) aus, der Vater der französischen Kooperativ-Bewegung. Von nachhaltigster Wirkung war der christliche Demokrat Fr. → Ozanam; er lehnte den Wirtschaftsliberalismus als Verletzung der Menschenwürde ab, forderte eine an den Bedürfnissen des Arbeiters, nicht an der Wirtschaftskonjunktur orientierte Lohngerechtigkeit, Assoziation der Arbeiter und Staatskontrolle der Wirtschaft. Sowohl de Mun wie Graf de la Tour du Pin (1834–1924) vertraten ein altständisches Gesellschaftsideal mit Patronage der führenden Klassen und Skepsis gegenüber aller »demokratischen Illusion«. Ähnlich konservativ war der Belgier Charles Périn (1815–1905), Prof. in Löwen, der den Patriarchalismus befürwortete und den Staatsinterventionismus ablehnte. Die ersten Ansätze zu einer sowohl Arbeitgeber wie Arbeitnehmer umfassenden Gildenordnung scheiterten, weil sie die gegenüber den mittelalterlichen Handwerksbetrieben (→ Handwerk) grundsätzlich andere soziale Struktur der modernen Industriegesellschaft (→ Industrie) verkannten.

In *Deutschland* setzen sich zuerst die Romantiker Fr.v. → Schlegel (1772–1829), Adam → Müller (1779 bis 1829) und Franz v. → Baader für eine zeitgemäße ständische Ordnung ein. Während Müller in der modernen Arbeitsteilung den Kern des sozialen Übels sieht, erfaßt Baader in dem Mißverhältnis von Besitz und Arbeit das Wesentliche des proletarischen Problems (Über das dermalige Mißverhältnis der Vermögenslosen oder Proletairs zu den Vermögen besitzenden Klassen der Sozietät ..., 1835). In der Durchsetzung christlich-sozialer Prinzipien (→ Christlich-sozial) sieht er die Garantie für eine Gesundung der Zustände. Er versteht darunter die »Einbürgerung der Proletairs« in eine ständisch geordnete Gesellschaft und die gerechte Entlohnung der Arbeit. Blieben die Gedanken der Romantiker auch wirkungslos, so treten in ihnen doch schon zwei Grundsätze hervor, die auch in Zukunft für die kath. Soziallehre leitend sein sollten: grundsätzliche Unterordnung der Wirtschaft unter die → Sozialpolitik, ferner die Wahrung eines gesunden Verhältnisses zwischen Ackerbau und Industrie. Diese Grundsätze sind auch bestimmend bei den beiden ersten praktischen Sozialpolitikern des deutschen Katholizismus, dem badischen Landtagsabgeordneten Franz Josef Ritter v.Buß (1803 bis 1878) und dem Zentrumsführer Aug. → Reichensperger (1808–95). Zur Wahrung der Krisenfestigkeit gegenüber dem wilden Spekulationstaumel der Gründerzeit sieht Buß für Deutschland die »Bewahrung der Natur eines ackerbauenden Staates« als Grundbedingung seines Bestandes an. Für die Arbeiter fordert er Arbeiterschutz, Krankenversicherung, staatliche Fabrikinspektion und die Gründung von Sparkassen als Anreiz zur Kapitalbildung. Reichensperger fordert eine Beschränkung der → Arbeitszeit auf 12 Stunden, Dezentralisation von Gewerbe und → Kapital, Schutzzölle zur Abwehr der rücksichtslosen Auslandskonkurrenz und eine Gliederung des Volkes in → Genossenschaften, Zünfte und Korporationen. Das Jahr 1848 brachte eine deutliche Abkehr von den Hoffnungen, die man auf den Staat setzte, und eine Betonung der religiösen Seite des sozialen Problems, zugleich aber auch organisatorische Fortschritte (1. Deutscher → Katholikentag in Mainz; → Kolpings kath. Gesellenvereine; kath. Presse- und Parteibildung unter → Radowitz). Der Mainzer Pfarrer, spätere Bischof W.E.Frhr.v. → Ketteler (1811–77) tritt mit seinen Adventspredigten 1848 gegen die Herzenshärtigkeit der Besitzenden und für eine »heroische Nächstenliebe« ein. »Wer die soziale Frage begreift, der erkennt die Gegenwart; wer sie nicht begreift, dem ist Gegenwart und Zukunft ein Rätsel.« – Allmählich wandelt sich das Denken der kath. Sozialpolitiker vom reinen Gesinnungsdenken und scharfen Antikapitalismus zur praktischen Forderung von Hilfsmaßnahmen, die im Rahmen der gegenwärtigen Ordnung zum Schutz der Arbeiter durchzusetzen sind. Ketteler fordert eine »korporative Reorganisation des Arbeiter- und Handwerkerstandes« und eine staatliche Sozialpolitik. Kolping tritt dafür ein, daß die soziale Frage »nicht in Gnade und Barmherzigkeit, sondern in Gerechtigkeit« gelöst werden müsse. 1871 wird in den Kreisen um die Christlich-sozialen Blätter (1868 von Kaplan Schings gegründet) ein staatliches → Arbeitsrecht gefordert, ferner Staatsfinanzierung der Produktivgenossenschaften, Minderung der Steuer- und Militärlast der Arbeiter und Beschränkung der Geldherrschaft. Die Entscheidung der grundsätzlichen Frage, ob es einer völligen Abwendung von der liberalen Wirtschaftsform und einer Hinwendung zu einer konservativ-ständischen Gesellschaftsordnung bedürfe oder ob der Kapitalismus durch sozialpolitische Maßnahmen menschlich erträglich gemacht werden könne, tritt zwischen 1877, dem Todesjahr Kettelers, und 1890 zurück zugunsten der parlamentarischen Tätigkeit der Zentrumspartei (→ Zentrum). Unter dem Druck der marxistischen → Sozialdemokratie und der christlich-sozialen → Arbeiterbewegung stellt 1877 Graf Galen den Antrag auf staatliche Förderung korporativer Verbände. Der Mitbegründer des 1890 ins Leben gerufenen »Volksvereins für das kath. Deutschland«, Franz Hitze (1851–1921), fordert anstelle des bisherigen Parteiwesens eine Gliederung des Volkes in 7 große Stände und daneben eine wirtschaftliche Ständevertretung, den Volkswirtschaftsrat. Dieser weitgehende Plan mußte zurücktreten hinter den auf die Wahrung der elementaren Persönlichkeitsrechte der Arbeiter gerichteten sozialpolitischen Forderungen von Georg Graf v.Hertling (1843–1919). Er erkannte die kapitalistische Ordnung als Gegebenheit an und suchte in ihr dem Arbeiter einen rechtsstaatlich zu verantwortenden Ort anzuweisen. – In *Österreich* wirkte Karl Frhr.v.Vogelsang (1818–90) im Sinne einer Wiederbelebung des christlich-germanischen MA in modernen Formen und der Verdrängung des Lohnvertrags durch den Gesellschaftsvertrag.

3. Die Kirche sprach ihr autoritatives Wort in → Leos XIII. Enzyklika → *»Rerum novarum«* (15.5.1891). Diese Enzyklika wurde die Magna Charta des sozialen Katholizismus und entschied die bisher noch offenen Fragen. Der Sozialismus wird als widerrechtlich abgelehnt, weil er das Naturrecht des → Eigentums bestreitet. Gegen die Überschätzung des Staates und seiner allumfassenden Fürsorge wird die Priorität des Menschen und der → Familie betont. Die soziale Frage kann nur in einem Zusammenwirken von Kirche, Staat und Vereinigung der Nächstbeteiligten gelöst werden. Die Kirche vermittelt die Einsicht, daß es eine Verbundenheit von Kapital und Arbeit gibt und nicht nur einen Antagonismus der beiden, sie tritt für religiöse Gesinnungspflege der Arbeitspartner und institutionelle Reform ein, zudem hilft sie durch ihre → Caritas. Der Staat hat zur Wahrung der Gerechtigkeit und zur Förderung des

Gemeinwohls einzugreifen. Damit bekennt sich der Papst eindeutig zum Interventionismus und zur staatlichen Arbeiterschutzgesetzgebung. Schließlich wird Koalitionsfreiheit für die Arbeiter als ihnen zustehendes natürliches Recht gefordert. Arbeiter und Arbeitgeber sollen je unter sich, aber auch gemeinsame berufsständische Vereinigungen bilden. - Eine zeitgemäße Fortbildung ist das Weltrundschreiben → Pius' XI. über die gesellschaftliche Ordnung *»Quadragesimo anno«* (15.5.1931). Als Wirkungen der Enzyklika Rerum novarum werden u.a. genannt der Ausbau einer christlichen Gesellschafts- und Wirtschaftswissenschaft, die Entwicklung des Staates vom reinen Rechts- zum → Wohlfahrtsstaat, die Schaffung eines Arbeitsrechtes, die Entstehung einer → Arbeiterbewegung (, 3) und die Organisierung des → Mittelstandes. Nochmals wird die Zuständigkeit der Kirche als Auslegerin des Sittengesetzes für die Fragen der gesellschaftlichen Ordnung hervorgehoben. Weiter wird die Doppelseitigkeit des Eigentums - als dem Einzelwohl wie dem Gemeinwohl dienend - herausgestellt und die Entproletarisierung durch Vermögensbildung bei den Lohnarbeitern sowie die Überwindung der heutigen Klassengesellschaft durch eine berufsständische Ordnung gefordert, in der soziale Gerechtigkeit und Liebe herrschen anstatt Machtgier und Klassenhaß.

4. Die Enzyklika Rerum novarum hatte in verschiedener Hinsicht Klarheit geschaffen: Weder der Kapitalismus als Wirtschaftssystem noch das Lohnverhältnis waren verworfen worden, auch nicht das Eingreifen des Staates, wohl aber die Auswüchse des Liberalismus und des Sozialismus. Damit war die utopische Periode des k.-s.en Reformismus abgeschlossen, und es begann die sozialpolitische, die auf dem Boden des Bestehenden mit Selbsthilfe- und Gesetzesmaßnahmen eine Besserung zu erreichen sucht. Schon in den 80er Jahren zeigen sich erste Anfänge einer organisatorischen Betätigung des sozialen Katholizismus. Auf dem Würzburger Katholikentag 1877 fordert Prof. Moufang (1817-90) Selbsthilfeverbände der Arbeiterschaft. 1879 entsteht auf Anregung des Fabrikanten Wiese nach dem Vorbild des französischen Unternehmers Léon Harmel der »Verband kath. Industrieller und anderer Arbeiterfreunde zur Hebung des Arbeiterstandes«. 1880 folgt die Gründung des Verbandes »Arbeiterwohl« in Aachen, der die »Verbesserung der Lage des Arbeiterstandes auf dem Boden des Christentums« zum Ziel hat. 1890, im Jahr der sozialen Februarerlasse Kaiser Wilhelms II. und der Internationalen Arbeiterschutzkonferenz in Berlin, wird der »Volksverein für das kath. Deutschland« in Mönchen-Gladbach gegründet, der bis 1933 das wichtigste Werkzeug zur Erziehung der Arbeiterschaft im Sinne des sozialen Katholizismus war. Gegen den interkonfessionellen Charakter der von Mönchen-Gladbach unterstützten Christlichen Gewerkschaften entstand um 1900 eine kath.-integralistische Opposition, die jedes Zusammengehen mit Nichtkatholiken aus Gründen der damit verbundenen religiösen Gefährdung ablehnte; dieser Verband (Sitz in Berlin) löste sich 1931 auf. Die Mönchen-Gladbacher Schule (Hitze, A.Pieper, H.Brauns) war der Mittelpunkt des sozialen und politischen Realismus der deutschen Katholiken. In den Jahren der Weimarer Republik lag die Verantwortung für die soziale Gesetzgebung und Verwaltung fast ausschließlich in den Händen sozialer Katholiken; vor allem die Leistungen des Reichs-Arbeitsministers H.Brauns (1868-1939) fanden internationale Anerkennung. H.Pesch (1854-1926) gab in seinem System des Solidarismus dem Sozialkatholizismus seine sozialphilosophische und nationalökonomische Begründung. Gegenwärtige Vertreter des Solidarismus sind O.v. → Nell-Breuning (* 1890), G.Gundlach (* 1892), G. → Briefs (* 1889), P.Jostock (* 1895) und H.Rommen (* 1897). Um eine Klärung des Begriffs des Christlichen Sozialismus bemüht sich die Schule Walberberg (E.Welty OP, * 1902) und der Frankfurter Kreis (Fr.Dessauer, * 1881; E.Michel, * 1889; W.Dirks, * 1901; E.Kogon) mit der Zeitschrift »Frankfurter Hefte«. - In *Österreich* formulierte Karl Lugmayer (* 1892) 1923 das Linzer Programm der christlichen Arbeiterbewegung (Zs.: Die Neue Ordnung). Die sog. Österreichische Schule (J.Ude, A.Orel) nahm eine äußerst kritische Haltung gegenüber dem Kapitalismus ein und wurde kirchlicherseits abgelehnt. 1932 ging aus der »Wiener Studienrunde kath. Soziologen« das umstrittene »K.-s.e Manifest« hervor. Politisch wollten I.Seipel (1876-1932) und E.Dollfuß (1892-1934) in Österreich den kath. Ständestaat verwirklichen, was durch den Anschluß an Deutschland 1938 vereitelt wurde. Die Bemühung um eine Annäherung von Christentum und Sozialismus ist heute in Österreich bes. erfolgversprechend. - In *Frankreich* bildete sich nach 1891 neben den bisherigen Sozialkatholiken (s. 2) die Gruppe der christlichen Demokraten, die die Politik des »ralliement« Leos XIII. im Sinne einer Verständigung mit dem Republikanertum und einer Ablehnung der Bevormundung der Arbeiter durch die oberen Klassen vertreten. Unterstützung fand die christliche Demokratie auch in der von Marc → Sangnier 1894 gegründeten Bewegung des »Sillon« (mit Zs. gleichen Namens). Als sich die anfangs kirchlich gutgeheißene Bewegung zu einer umfassenden demokratischen Bewegung ausweiten und allen ohne Rücksicht auf das Bekenntnis Platz bieten wollte, forderte Pius X. eine Umorganisation des Sillon auf diözesaner Ebene und eine Eingliederung in die kath. Aktion. Eine Gruppe von Linkskatholiken war während des 2. Weltkrieges noch in der Résistance tätig und sammelt sich heute um die Zeitschriften »Témoignage chrétien«, »Temps présent«, »Esprit« (hg.v. E. → Mounier, † 1950). Hier wird die Aufgabe in der Bildung einer dritten Kraft zwischen Ost und West, Kommunismus und Kapitalismus gesehen. Das Programm der christlichen Demokratie wird einerseits im »Mouvement Républicain Populaire« (MRP) zu verwirklichen versucht, deren Programm von Männern wie J. → Maritain (* 1882), E. → Gilson (* 1884), A.Gortais entworfen wurde, andererseits in den christlichen Gewerkschaften (»Confédération française des travailleurs chrétiens« [CFTC], gegr. 1919). 1903 wurde von dem Jesuiten → Leroy die »Action populaire« ins Leben gerufen, die ähnlich wie die seit 1904 bestehenden »Semaines sociales« Tagungen über soziale Fragen abhält (Zs.en: Les Dossiers de l'Action Populaire; Les Cahiers d'Action Religieuse). - Die k.-s.e Bewegung in *Belgien* stand anfänglich ganz unter dem Einfluß des sozialkonservativen Abbé Périn (1815-1905). 1886 regte A.Pottier die Lütticher sozialen Tagungen an, begründete die sog. »Lütticher Schule« und einigte die christlichen Arbeiter in der »Centrale syndicale belge«. Heutige Führer sind G.C.Rutten OP (* 1875), J.Leclercq (* 1891) und R.Kothen (* 1900). - In den *Niederlanden* kam es nach 1891 zur Gründung der röm.-kath. Staatspartei unter Führung von H.Schaepman (1844-1903). Die Arbeiter sind in dem »R.-K. Werkliedenbond« zusammengefaßt (publizistisches Organ: Katholiek Soziaal Weekblad). - In *Italien* datieren k.-s.e Bestrebungen erst seit der Enzyklika Rerum novarum. G.Toniolo (1845 bis 1918) gründete die »Unione cattolica per gli studi sociali« und vertrat eine berufsständische Ordnungsidee. Die mit modernistischen Ideen durchsetzte »Democrazia cristiana« Romolo Murris wurde von Papst Pius X. gemaßregelt. Die christlich-demokratische Partei (»Par-

tito popolare italiano«) unter Don Luigi → Sturzo (* 1871) konnte das Vordringen des → Faschismus nicht aufhalten. Die 1943 illegal unter A. de Gasperi gegründete »Democrazia cristiana« wurde nach 1945 die stärkste Partei. – In *Spanien* hat sich nach dem Bürgerkrieg (1936–39) im »Fomento social« in Madrid eine k.-s.e Bewegung gebildet (Zs. gleichen Namens). Seit 1945 besteht in Madrid das »Instituto Balmes de Sociologia«. – In *England* war Kardinal → Manning (1808–92) der erste große k.-s.e Führer. 1909 gründete der Jesuit Ch.Platre die »Catholic Social Guild« (Zs.: The Christian Democrat). In Oxford entstand 1921 zur Schulung von kath. Arbeitern das »Catholic Workers College«. 1940 stiftete Kardinal Hinsley (1865–1943) die Bewegung »The Sword of the Spirit«, die k.-s.es Gedankengut verbreitet und sich bes. um die Herbeiführung einer Wirtschaftsdemokratie, die Behebung der Wohnungsnot und die Volksbildung bemüht. Die Schriftsteller G.K. → Chesterton (1874–1936) und H.Belloc (* 1870) vertreten in der 1928 gegründeten »Distributive League« und der Zeitschrift »Weekly« das Mittelstandsprogramm des Distributionismus, dh die Zerschlagung der staatlichen und monopolistischen Konzerne zugunsten des gewerblichen Mittelstandes. – Sehr jung ist die k.-s.e Bewegung in den *USA*. Von 1919 datiert das »Bischöfliche Programm zum sozialen Neuaufbau« und die Gründung der »National Catholic Welfare Conference« in Washington, die später die Trägerin der großen Hilfsaktionen der amerikanischen Katholiken für die Notleidenden der ganzen Welt wurde. Der sozialen Aktion widmen sich auch der 1855 gegründete deutschamerikanische »Catholic Centralverein of America« (St. Louis) und die → Kolumbusritter (gegr. 1882). Der führende Theoretiker ist J.A.Ryan (1869–1945). Die 1938 in Chicago gegründete »American Catholic Sociological Society« fördert die k.-s.e Sache (Zs.: American Catholic Sociological Review, seit 1939). Aus dem Kreis um die 1932 gegründete Zeitschrift »The Catholic Worker« ging 1937 die »Association of Catholic Trade Unionists« hervor, die gegen die marxistische Klassenkampftheorie und für die Einigung der Arbeiterschaft im Rahmen der bestehenden Gewerkschaftsorganisationen kämpfte. – In *Kanada* besteht seit 1907 die »Action sociale catholique« in Quebec und seit 1921 die »Confédération nationale des travailleurs Catholiques«.

5. Seit 1909 besteht die in Köln gegründete »Christliche Internationale«, die 1920 etwa 3,5 Mill. christlicher Gewerkschaftler vertrat. Dem Studium der Sozialfragen im Lichte der kath. Moral diente die 1920 von Kardinal Mercier in Mecheln ins Leben gerufene »Union internationale d'Etudes sociales«, welche die Tradition der 1884–91 in Freiburg/Schw. bestehenden »Union de Fribourg« weiterführte. In Mailand wurde 1925 die »Union Catholique internationale du service social« gegründet; bis 1935 gehörten ihr 15 Nationen an. Mit den internationalen Problemen beschäftigt sich die 1917 in Freiburg/Schw. gegründete »Union Catholique d'Etudes internationales«. Seit Bestehen des Internationalen Arbeitsamtes in Genf (1919) arbeiten dort Katholiken mit (Zs.: L'Année sociale).

G.Weill, Hist. du catholicisme libéral en France 1828–1908, Paris 1909 – Ders., Hist. du mouvement social en France 1852–1924, ebd 1924[3] – L.Bergsträsser, Gesch. der polit. Parteien in Deutschland, (1921) 1955[8,9] – Ders. (Hg.), Der polit. Katholizismus. Dokumente seiner Entwicklung, 2 Bde, 1921/23 – G.Goyau, Ozanam, Paris 1925; dt. 1926 – W.Gurian, Die polit. u. sozialen Ideen des franz. Katholizismus 1789–1914, 1929 – R.P.Lecanuet, La vie de l'église sous Léon XIII., Paris 1930 – G.Gundlach, Die sozialen Rundschreiben Leos XIII. u. Pius' XI., 1931 – LThK II, 927ff (Ders.) – P.Jostock, Der dt. Katholizismus u. die Überwindung des Kapitalismus, 1932 – Ders., Grundzüge der Soziallehre u. der Sozialreform, 1946 – Ders., Die sozialen Rundschreiben, 1948 – W.Schwer, Der Kapitalismus u. das wirtschaftl. Schicksal der dt. Katholiken (Kirche u. Gesellschaft 6), 1932 – E.Ritter, Der Weg des polit. Katholizismus in Deutschland, 1934 – Ders., Die k.-s.e Bewegung Deutschlands im 19.Jh. u. der Volksverein, 1954 – J.Zirnheld, Cinquante années de Syndicalisme chrétien, Paris 1937 – A.Le Roy, Catholicisme social et organisation internationale du travail, 1937 – R.Kothen, La pensée et l'action sociales des Catholiques 1789–1944, Louvain 1945 – G.Hoog, Hist. du Catholicisme social en France 1871–1931, Paris 1946 – H.Rollet, Albert de Mun et le parti Catholique, ebd 1947 – Ders., L'action sociale des Catholiques en France 1871–1901, ebd 1948 – Ders., Probleme u. Perspektiven des franz. Sozialkatholizismus (Dokumente 7, 1951, 60–65) – Ders., Sur le chantier social. L'action sociale des Catholiques en France 1871–1940, Paris 1955 – O.v.Nell-Breuning-H. Sacher (Hg.), WB der Politik, 1947ff, bes. H. 3: Zur sozialen Frage (Lit.) – Ders., Die berufsständische Ordnung. Christl. Neuordnung von Wirtschaft u. Gesellschaft (Vorträge der 2. K.-s.en Woche), 1950 – A.Cuvillier, P.J.B. Buchez et les origines du socialisme chrétien, Paris 1948 – Catholicisme II, 703ff – V.G.Galati, La Democrazia cristiana in Europa, Rom 1950 – J.B.Duroselle, Les débuts du catholicisme social 1822–1870, Paris 1951 – J.N.Moody (Hg.), Church and Society. Catholic social and political thought and movements 1789–1950, New York 1953 – K.Buchheim, Gesch. der christl. Parteien in Deutschland, 1953 – M.Vaussard-J.Rovan, Hist. de la démocratie chrétienne I: France, Belgique, Italie; II: Le Catholicisme politique en Allemagne, Paris 1956 – M.P.Fogarty, Christian Democracy in Western Europe 1820–1953, London 1957 – E.Muhler, Die Soziallehre der Päpste, 1958 – K.H.Schürmann, Zur Vorgesch. der christl. Gewerkschaften, 1958. Zs.en: StZ, 1871ff – HerKorr, 1946/47ff – Die neue Ordnung, 1946/47ff. *H.-H.Schrey*

Katholizismus

I. Konfessionskundlich – II. Der Katholizismus der Gegenwart

I. Konfessionskundlich

1. Idee und Verwirklichung – 2. Lehrnormen und Rechtsnormen – 3. Lehre von der Kirche – 4. Anthropologie und Gnadenlehre – 5. Sakramente – 6. Kultus und Liturgie – 7. Gesetzesreligion – 8. Kirche und Welt – 9. Frömmigkeit – 10. Wesen des K. – Ergänzend vgl. bes. → Bruderschaften: III, 1, → Caritas, → Codex Iuris Canonici, → Corpus Iuris Canonici, → Deutschland: IV, → Heiligenverehrung: II, → Katholikentage, → Katholische Aktion, → Katholisch-sozial, → Katholizität, → Kirche: III. VI A, → Kirchenrecht: I A. II A, → Kirchenverfassung: IV. V, → Kongregationen, → Kurie, → Marienverehrung: I, → Mariologie, → Mönchtum: II, → Papsttum, → Presse: IV, → Reformkatholizismus, → Theologie: IV, → Ultramontanismus, → Una-Sancta-Bewegung, → Vatikan, → Vereinswesen: II, → Volksfrömmigkeit: I, → Zeitschriftenwesen: II, → Zentrum

1. Der heutige Sprachgebrauch versteht unter »kath.« im allgemeinen »röm.-kath.« im konfessionellen Sinn. Er hat sich aber erst seit der Aufklärung durchgesetzt und ist typisch für den Neuprotestantismus. Die Reformatoren und die altprot. Theologen verstehen unter »kath.« soviel wie »allgemein christlich«. Sie nennen die röm. Kirche nicht »kath.«, sondern »papistisch«, ohne ihr deshalb die »kath.« Züge völlig abzusprechen. Die Lutheraner beanspruchen, die wahre »kath.« Kirche zu sein. Luther nennt seinen Glauben »catholica fides« (WA 8, 96, 11). In den Operationes in Psalmos (1519–21) betont er, vom kath. Glauben niemals abgefallen zu sein (WA 5, 597, 28). Selbst in der überaus polemischen Schrift »Wider Hans Worst« (1541) versichert er, dieselbe Taufe zu halten wie die alte Kirche, die im Symbol »kath.« genannt wird (WA 51, 479, 25). Die Kirche heißt für Luther »eine einige hl. Catholica oder Christliche Kirche« (Kirchenpostille, Sommerteil 1527; WA 22, 300, 1). Melanchthon bekennt: »Wir müssen alle kath. sein« (CR 24, 399). Das entspricht der konservativen Einstellung des → Augsburger Bekenntnisses. Es versteht sich selbst als »catholica confessio« (AC 14, 15). Die abschließende luth. Bekenntnisschrift, die → Konkordienformel, sieht in der Geltung der drei altkirchlichen Symbole die »einmütige Übereinstimmung des kath. christlichen Glaubens« begründet (Epit., De com-

pendiaria regula II, 3). Nicht weniger als das → Luthertum (: I) hält aber auch der alte Calvinismus an dem universalen Verständnis von »kath.« fest. Umgekehrt hat die röm. Kirche weder im 16.Jh. noch jemals später den Anspruch preisgegeben, die alleinige »kath.« Kirche zu sein. Alle anderen christlichen Denominationen sind Sekten, Schismatiker, Häretiker, allenfalls »getrennte Brüder«. In der → Professio fidei Tridentina heißt es: »Ich erkenne die hl. kath. und apostolische röm. Kirche als die Mutter und Lehrerin aller Kirchen an«; der Gehorsam gegen den Papst wird ausdrücklich hinzugefügt (Denz. 999). Nach dem → Vatikanum ist allein der Primat Petri bzw. des Papstes »Prinzip und sichtbares Fundament der Einheit« (Denz. 1821). In dem Schreiben von Pius IX. an die Bischöfe von England vom 16.9.1864 heißt es (Denz. 1686): »Es gibt keine andere kath. Kirche als die, welche sich, erbaut auf dem einen Petrus, zu einem Leib in Einheit von Glaube und Liebe zusammenfügt.« An diesem Standpunkt hält auch die Enzyklika »Mystici corporis« von Pius XII. fest. Dem entspricht die Stellung des Papsttums zur → Ökumenischen Bewegung (, 6) und zur Frage der → »Una Sancta«. Während der Altprotestantismus der röm. Kirche den exklusiven Anspruch auf → Katholizität bestritt, hat man seit der Zeit des Pietismus und der Aufklärung den universalen Sprachgebrauch von »kath.« preisgegeben und die partikular-konfessionelle Verengung akzeptiert, ohne freilich den Absolutheitsanspruch der röm. Kirche zu sanktionieren. Indem man aber das Prädikat »kath.« an die röm. Kirche abtrat, hat man im Selbstverständnis einer modernen Relativierungstendenz nachgegeben und sich selbst nur noch als → »Konfession« unter Konfessionen betrachtet. Demgegenüber hat sich das wiedererwachte → Luthertum (: II) im 19.Jh. (→ Löhe, → Vilmar u.a.) auf die Katholizität als ein wesensnotwendiges Merkmal der Kirche besonnen. Heute wird das universale Verständnis von »kath.« nicht nur von der → Hochkirchlichen, sondern auch von der Ökumenischen Bewegung betont. Führende Männer des Weltluthertums haben sich zu dem »kath.« Charakter der luth. Kirche bekannt. Dieses erneute universale Verständnis von »kath.« hat sich aber im heutigen Sprachgebrauch bisher nicht durchgesetzt. Ihm steht nicht nur eine lange, andersartige Gewöhnung, sondern auch der bis heute festgehaltene Absolutheitsanspruch der röm. Kirche entgegen. Es ist für die Beurteilung des heutigen röm. K. entscheidend wichtig, ob er berechtigt ist, sich als »kath.« im universalen Sinn zu verstehen, oder ob er faktisch nur ein konfessionelles Sonderdasein als »kath.« verabsolutiert. Es geht m.a.W. um die Frage nach dem Verhältnis von Idee und geschichtlicher Verwirklichung.

Die Geschichte der kath. Kirche zeigt ein ständiges Ringen zwischen Universalismus und Integralismus. Vorherrschend ist aber doch die Tendenz auf Präzisierung, Zentralisierung, Vereinheitlichung und Ausscheidung von Sonder- und Nebenströmungen. In kontinuierlicher Steigerung wird, trotz mancher Gegenwirkung, aus der »kath.« die röm.-kath. Kirche. Bereits im NT steht neben dem → Universalismus (: III) der Pfingstgeschichte, der paulinischen Missionspraxis (1Kor 9, 22) und dem johanneischen Einheitsgedanken (Joh 17, 21) die fanatische Abgrenzung gegen den Häretiker (2Joh 10). Eine Verhärtung und Verschärfung des Kirchenbegriffes im antihäretischen Sinn zeigt sich in den → Pastoralbriefen. Der Terminus »Kath. Kirche« begegnet zum ersten Mal bei → Ignatius (Sm 8); Gegenwart Christi und Zugehörigkeit zum Bischof erscheinen dort gleicherweise konstitutiv für die Kirche. Im Kampf gegen → Montanismus, → Gnosis (: III) und → Marcion bekennt sich die Kirche zu den drei Normen: → Kanon (: II), Glaubensregel und Bischofsamt (→ Bischof: I). Mit den Häretikern (→ Häresie: I) soll nach → Tertullian kein Streit über die hl. Schrift geführt werden; es genügt, sich auf die Glaubensregel zu berufen (De praescr. 19, 1; 14, 5). Die Bischöfe stehen in der apostolischen → Sukzession; sie haben damit zugleich das »sichere Charisma der Wahrheit« (Irenäus, Adv. haer. IV, 26, 2). Der klassische Vertreter des altkirchlichen Episkopalismus ist → Cyprian. Die → Kirche (: III) ruht auf der Gemeinschaft der prinzipiell gleichgestellten Bischöfe (Ep. 33, 1; 71, 3). Außerhalb dieser bischöflich organisierten Kirche gibt es kein Heil (Ep. 73, 21; 66, 8). Einen Jurisdiktionsprimat des röm. Bischofs kennt Cyprian nicht (CSEL 3, 1, 436); auch Petrus besaß ihn nicht (De eccl. un. 4). Trotzdem bezeichnet Cyprian Rom als »Wurzel und Mutter der kath. Kirche« (Ep. 48, 3), als »die Hauptkirche, den Ausgangspunkt der priesterlichen Einheit« (Ep. 59, 14). Es war naheliegend, diese ideal-typologische Deutung des petrinischen und röm. Primats später in eine realrechtliche umzubiegen (→ Papat und Primat). In der Tat läuft die weitere Entwicklung des K. auf eine, durch mancherlei Gegenwirkung des → Episkopalismus und Konziliarismus (→ Reformkonzile) gehemmte, siegreiche Durchsetzung des → Kurialismus bzw. Papalismus hinaus. Die unfehlbare päpstliche Lehrautorität ist zum ersten Mal unter Hinweis auf Mt 16, 18 durch Papst → Hormisdas (514-23) begründet (Denz. 171-177). Das mittelalterliche → Papsttum (: II) verband damit den Gedanken der kirchlichen Weltherrschaft. Die Bulle »Unam Sanctam« (1302) erklärt die Unterwerfung unter den Papst für heilsnotwendig (Denz. 469). Das Schisma der → Orthodoxen Kirche (1054) hängt mit dieser Entwicklung zusammen. → Pius II. verbot 1459 die Appellation an ein allgemeines Konzil (Denz. 717); → Leo X. verurteilte auf der Lateransynode 1516 den Episkopalismus (Denz. 740). Das → Tridentinum brachte in der Frage Episkopalismus und Papalismus keine klare lehrmäßige Entscheidung (Denz. 960, 968); aber die Richtung auf den päpstlichen Zentralismus ist ganz deutlich. Die Beschlüsse des Konzils wurden erst durch die päpstliche Bestätigung rechtskräftig. Den Abschluß dieser Entwicklung brachte das → Vatikanum durch die endgültige Dogmatisierung des Jurisdiktionsprimats, des Universalepiskopats und der → Infallibilität des Papstes (Denz. 1821-40). Dem entsprechen aufs genaueste die Bestimmungen des → Codex Iuris Canonici (cc. 218 bis 229). Auf dieser Linie bewegen sich alle entscheidenden Äußerungen des nachvatikanischen Papsttums. Die geschichtliche Verwirklichung gibt die Antwort auf das Verständnis der kath. Idee in der röm. Kirche. Der päpstliche Zentralismus hat über die altkirchliche Autonomie gesiegt. »Kath.« bedeutet soviel wie »zur Papstkirche gehörig«. Der kirchenrechtlichen Zentralisierung entspricht die Vereinheitlichung der Liturgie, vor allem seit dem 16.Jh. Der Zentralismus ist Stärke und Schwäche zugleich. In merkwürdiger Spannung zu ihm steht aber zu allen Zeiten die universalistische Tendenz. Sie ist wirksam geworden in der Aufnahme von Motiven aus der allgemeinen Religionsgeschichte und in dem Einbau der platonischen und aristotelischen Philosophie in das kath. Denksystem. Sie äußert sich heute in dem Bemühen, die Glaubensspaltung des 16.Jh.s als ein Mißverständnis zu deuten. Man ist bestrebt, den Integralismus, der mit dem Zentralismus konsequent verbunden ist, im universalistischen Sinn zu interpretieren. Die kath. Idee (kath. = allumfassend) soll die geschichtliche Verwirklichung (kath. = röm.-kath.) überformen.

2. Das Juridische ist eine entscheidende Komponente im Wesen des K. Das → Dogma (: II, 3) hat Rechts-

charakter und das → Kirchenrecht (: I A) dogmatischen Charakter. *Lehr- und Rechtsnormen* gehören zusammen. Als Hauptquelle der kirchlichen Lehre gilt die hl. Schrift Alten und Neuen Testamentes (→ Bibel: III, 3 a). Sie hat Gott selbst zum Autor (Trid. Sess. IV; Vatikanum Sess. III, Denz. 1787/88). Nach der Enzyklika »Providentissimus Deus« (18.11.1893) darf die göttliche Inspiriertheit der Bibel nicht auf Aussagen über Glaube und Sitten eingeschränkt werden (Graß 30ff). Bedeutsam wurden in dieser Hinsicht die Entscheidungen der im Zusammenhang mit dem Modernismus eingesetzten → Bibelkommission, auf welche sich die Doktoren der hl. Schrift verpflichten mußten (Graß 36). Eine gewisse Auflockerung brachte die Bibelenzyklika von Pius XII. (30.9.1943; Graß 46f). Bei der Beurteilung der Wahrhaftigkeit und geschichtlichen Treue der hl. Bücher ist die Rede- und Schreibart der alten Verfasser zu berücksichtigen. Konservativer ist die gegen die »Nouvelle Théologie« (→ Frankreich: II, 1) gerichtete Enzyklika → »Humani generis« (12.8.1950; Graß 52). Das Tridentinum hat den Kanon des Florentinum von 1439 (mit Einschluß der at. Apokryphen) übernommen (Denz. 784). Als authentisch gilt heute die Vulgata Clementina von 1592; doch ist seit 1945 der Gebrauch der neuen lateinischen Psalmenübersetzung für das → Stundengebet gestattet (Graß 49). Die Bibelenzyklika von 1943 bekennt sich zu der Priorität des Urtextes (Graß 44). Die ihm gebührende »authentia critica« hebt aber die »authentia iuridica« des Vulgatatextes nicht auf. Seit dem Tridentinum ist der Druck von → Bibelübersetzungen (: IV, 4) nur mit kirchlicher Erlaubnis gestattet (Mirbt 481). → Bibelgesellschaften wurden im 19.Jh. mehrfach verboten (Graß 22; → Bibelverbot). Die heutigen Bestimmungen des CIC s. bei Graß 38. Im heutigen K. spielt die »Bibelbewegung« eine beachtliche Rolle (→ Bibelverbreitung).

Die Bibel als Quelle der christlichen Lehre ist eingebettet in die → Tradition (: VI. VII). Bereits → Vincentius von Lerinum hat das kath. Traditionsprinzip klassisch formuliert: »Was überall, was immer, was von allen geglaubt wurde« (Comm. II, 3). Das Tridentinum (Sess. IV; Denz. 783) wendet es antithetisch gegen das reformatorische Schriftprinzip; Schrift und apostolische Tradition sind »mit gleicher Liebe und Ehrfurcht« zu verehren. Die → Professio fidei Tridentina verlangt das Bekenntnis zu den apostolischen und kirchlichen Traditionen (Denz. 995), ebenso die Professio catholicae fidei, die heute jeder Priester ablegen muß (CIC cc. 1406–08). Darum ist jede Schriftauslegung »gegen den von der hl. Mutter Kirche festgehaltenen Sinn« oder »gegen die einhellige Meinung der Väter« (contra unanimem consensum Patrum) unerlaubt (Trid. Sess. IV, Denz. 786; wieder aufgenommen von Leo XIII., Enz. »Providentissimus Deus«, 18.11.1893, Denz. 1942). Es ist darum nicht möglich, wie in der Reformation, die Schrift radikal-kritisch gegen die kirchliche Tradition zu stellen. U.a. ist die Schriftauslegung an die Lehrentscheidungen der → Konzile gebunden (vgl. dagegen → Luther gegen → Eck!). Die Konzilsbeschlüsse treten aber im neueren K. zurück hinter den Festsetzungen des obersten → Lehramtes (: I). Die Tradition ist nicht immer klar und eindeutig. Bereits nach → Thomas von Aquino muß eine oberste Lehrinstanz in der Kirche vorhanden sein, und zwar in der Gestalt des Papsttums (S.Th. II/2 q. 1 a. 10). Das Tridentinum selbst hat in der Frage nach der obersten Lehrinstanz (Konzil oder Papst) keine Entscheidung getroffen, wohl aber die Bestätigungsbulle »Benedictus Deus« von Pius IV. 1564 (Mirbt 479). Die erste Lehrentscheidung des Papsttums ohne vorhergehenden Konzilsbeschluß ist die Dogmatisierung der »Unbefleckten Empfängnis« Mariens 1854 (Denz. 1641; → Mariologie). Die Anschauung von der Unfehlbarkeit päpstlicher Kathedralentscheidungen hinsichtlich kirchlicher Lehren, die Glaube und Sitten betreffen, wurde im → Vatikanum dogmatisiert (Denz. 1832–40). Derartige Entscheidungen sind »von sich aus, nicht dagegen durch einstimmigen kirchlichen Beschluß unveränderlich« (ex sese, non autem ex consensu Ecclesiae, irreformabiles; Denz. 1839). Pius XII. hat am 1.11. 1950 durch Dogmatisierung der leiblichen Aufnahme Mariens in den Himmel von dieser obersten Vollmacht Gebrauch gemacht (Denz. 3031–33). Päpstliche Rundschreiben (→ Enzyklika) gelten nicht im dogmatischen Sinn als unfehlbar; wenn sie aber in einer strittigen Frage Stellung nehmen, so kann diese nicht mehr als Gegenstand freier Meinungsäußerung unter den Theologen betrachtet werden (Enz. »Humani generis«, Denz. 3013). Durch die Dogmatisierung der Assumptio ist die Frage nach der Lehrnorm erneut akut geworden. Es läßt sich nämlich für das neue Dogma kein ernsthafter Schriftbeweis und auch kein eindeutiger Traditionsbeweis führen. Man hat es darum vorwiegend aus dem »Glaubenssinn« der Kirche begründet (consensus ecclesiae). Da die Kirche in ihrer Wahrheitsfindung vom hl. Geist geleitet ist, darf man danach annehmen, daß eine Überzeugung, die sich in ihr in langer Entwicklung durchgesetzt hat, eine von Gott geoffenbarte Wahrheit ist. »Daß die apostolische Kirche diese Lehre zu der ihren macht, dies sichert ihr die Apostolizität und den Offenbarungscharakter« (H.Volk, nach Graß 64). Diese Anschauung hängt zusammen mit dem »organischen« Verständnis der Tradition, das bereits vor 100 Jahren die Tübinger Schule entwickelt hat. Die Tradition ist nach → Möhler »der eigentümliche, in der Kirche vorhandene und durch die kirchliche Erziehung sich fortpflanzende christliche Sinn . . ., der Gesamtglaube der Kirche durch alle Jh.e hindurch« (Symbolik, 1834^3, 360f). Die sichtbare Kirche ist ja »der unter den Menschen in menschlicher Form fortwährend erscheinende, stets sich erneuernde, ewig sich verjüngende Sohn Gottes, die andauernde Fleischwerdung desselben« (ebd 335). Nach F.A.Staudenmaier (Die christliche Dogmatik I, 1844, 22) ist die Kirche selbst »die lebendige Tradition, in welche die Heilige Schrift nur aufgenommen ist, wie ein Teil in das Ganze. Durch diese Tradition ist die christliche Lehre nichts Stehendes, Starres, sondern ein ewig frisch ausgesprochenes Wort Gottes.« Dabei hat die Kirche heute dieselbe Autorität wie zur Zeit der Apostel und darum auch dieselbe Unfehlbarkeit (Graß 26; vgl. auch 24f). Es ist dabei zu bedenken, daß es sich bei Dogmen nach kath. Anschauung nicht um irrtumsfähige menschliche Überzeugungen, sondern um göttlich geoffenbarte, unfehlbare Wahrheiten handelt. Ihre Nichtanerkennung wird mit dem Anathema belegt (→ Exkommunikation, 1). Die Kirche vertritt eindeutig den dogmatischen Absolutismus; der dogmatische »Relativismus« wird u.a. in »Humani generis« verurteilt (Denz. 3011). Ein »neues« Dogma kann es nicht geben; alle Dogmen sind im depositum fidei (1Tim 6, 20) bereits keimartig enthalten; sie werden im Laufe der Geschichte, die als organische Entwicklung verstanden wird, entfaltet (→ Newman). Vom Dogma ist die theologische Lehrmeinung zu unterscheiden. Nur das dogma fidei ist absolut verpflichtend. Um selig zu werden, genügt für den Laien weithin die → fides implicita, die Bereitschaft, zu glauben, was die Kirche lehrt; eine fides explicita wird nur hinsichtlich der Grundanschauungen gefordert. – Eine nicht geringe Rolle in der Dogmenbildung spielt die ratio. So wird die assumptio logisch aus der immaculata conceptio gefolgert. Ebenso rational ist der dafür geführte Konvenienz- oder Dezenz-Beweis. Die → Scholastik ist ein gewaltiges rationales System. Das Vatikanum hat in stillschweigender Ablehnung des → Kant'schen Kritizismus die »natürliche Theologie« dogmatisch sanktioniert. Die rechte Vernunft kann die Fundamente des Glaubens beweisen (Denz. 1799). An den → Gottesbeweisen ist festzuhalten (Denz. 1806). Gegen den »Agnostizismus« der Modernisten wendet sich die Enzyklika »Pascendi dominici gregis« (Denz. 2072). Im → Antimodernisteneid heißt es: »Ich bekenne, daß Gott ... durch das natürliche Licht der Vernunft ... mit Sicherheit erkannt und daher auch bewiesen werden kann« (Denz. 2145). Entgegen den Bestrebungen der Nouvelle Théologie wird darum an der rationalen → Apologetik (: V) als theologischer Disziplin festgehalten.

Neben den Lehrnormen stehen die *Rechtsnormen* (→ Kirchenrecht: I A). Anstelle des alten → Corpus Iuris Canonici ist seit 1918 der → Codex Iuris Canonici (CIC) getreten. Er ist das Kirchenrecht des absoluten, nachvatikanischen Papsttums (vgl. den Schluß der Constitutio »Providentissima Mater Ecclesia« und die canones über das Papsttum, cc. 218ff). Der → Jurisdiktions-Primat über die ganze Kirche (c. 218 § 1) ist die Grundlage des gesamten Rechtes. Der Rechtsprimat ist zugleich Universalepiskopat, »eine ordentliche und unmittelbare Vollmacht gegenüber allen und jedem einzelnen der Hirten und Gläubigen, von jeder menschlichen Autorität unabhängig« (c. 218 § 2). Der CIC enthält viele dogmatische Bestimmungen, zB über die Sakramente. Das Kirchenrecht als → Ius divinum erscheint als Parallele zu dem göttlich geoffenbarten Dogma.

3. Die Frage nach der Lehrnorm ist letztlich im Selbstverständnis der kath. Kirche begründet. Die *Kirche* ist die »kath. Zentralidee« (Algermissen). Trotzdem ist das Bedürfnis nach einer ausgebildeten Ekklesiologie erst in der Neuzeit erwacht. Das Tridentinum bringt keine Definition. → Bellarmin spricht von einer Gemeinschaft, die »so sichtbar und greifbar« ist, wie das Königreich Frankreich oder die Republik Venedig (Disput. de controv. lib. III, c. 2; Mirbt 502). Demgegenüber betont man seit dem 19.Jh. mehr den geistlichen Charakter der Kirche. Nach Möhler durchdringen sich in der Kirche Göttliches und Menschliches. Sie ist die fortgesetzte Inkarnation, der Leib Christi. Diese Gedanken wurden vor allem durch Matth.Jos. → Scheeben († 1888) in wirksamer Weise fortgebildet. Die Kirche ist ihrem Wesen nach → Corpus Christi mysticum. Auch die soziologisch-hierarchische Seite der Kirche ist von hier aus zu deuten. Die Überbetonung des mystischen Elementes veranlaßte Pius XII. zu einer offiziellen Stellungnahme in der Enzyklika »Mystici corporis« vom 29.6.1943 (AAS 35, 1943, 193ff; vgl. Denz. 2286ff). Die Kirche ist der mystische Leib Christi. Daraus folgt, daß sie einzig, unteilbar und sichtbar ist. Sie ist keine rein pneumatische Größe. Als Leib Christi ist sie organisch und hierarchisch aufgebaut. Nur wer zu dieser einen, sichtbaren, organisch und hierarchisch gegliederten Kirche gehört, ist wirklich Glied der Kirche. Zur Kirche gehören zwar Sünder, nicht aber Häretiker, Schismatiker, Apostaten und Exkommunizierte. Wer aber ohne persönliche Schuld in der Häresie oder im Schisma lebt, steht »aus einem unbewußten Sehnen und Wünschen heraus schon in Beziehung zum mystischen Leib des Erlösers« (AAS 35, 1943, 243). Andererseits heißt es: »In einem gefährlichen Irrtum befinden sich diejenigen, die meinen, man könne Christus als das Haupt der Kirche umfangen, ohne daß man gleichzeitig treu seinem Stellvertreter auf Erden anhange« (ebd 211). Diesem Stellvertreter ist von Christus selbst die Leitung der Kirche übertragen. Die übrigen Oberhirten besitzen ihre Jurisdiktionsgewalt nur durch den Papst. Die Grundgedanken der kath. Ekklesiologie sind demnach folgende: a) Die Kirche ist eine göttliche Stiftung durch den historischen Jesus (vgl. Antimodernisteneid, Denz. 2145). - b) Die Kirche ist Corpus Christi mysticum. Das gilt aber nicht nur von der Gemeinde der Gläubigen, sondern von der »societas perfecta« »mit allen rechtlichen und gesellschaftlichen Bestandteilen« (AAS 35, 1943, 224). Ausdrücklich wird die Unterscheidung von Liebes- (Geist-) und Rechts-Kirche zurückgewiesen. Darum gibt es außerhalb der sichtbaren, dem Papst unterstellten Kirche kein Heil. Jedenfalls können die Häretiker und Schismatiker trotz ihres »unbewußten Sehnens« »ihres ewigen Heiles nicht sicher sein« (ebd 243). Die Christusbezogenheit darf nicht von der Treue zum Papst gelöst werden (vgl. auch Pius IX., Denz. 1647). - c) Die Kirche als Corpus Christi mysticum ist die fortgesetzte Inkarnation Christi. Sie ist »gleichsam die zweite Person Christi« (ebd 218). - d) Daraus folgt die Unfehlbarkeit der Kirche (1Tim 3, 15). Sie steht in ihren dogmatischen Entscheidungen unter der Leitung des hl. Geistes (Joh 16, 13). Die apostolische Sukzession garantiert die Gabe der Wahrheit. - e) Die Kirche ist das Reich Gottes auf Erden. Sie unterscheidet sich zwar als ecclesia militans von der ecclesia triumphans der Seligen im Himmel, aber sie hat den eucharistischen Christus sichtbar, greifbar gegenwärtig in ihrer Mitte. Die Kirche ist priesterlich-sakramentale Heilsanstalt. - f) Der ganze Kirchenbegriff läuft zu auf die monarchische Spitze. Der Primat des Papstes ist nicht nur ein Ehren-, sondern ein Rechtsprimat, »unmittelbar und direkt« von Christus dem Petrus und seinen Nachfolgern übertragen. Dieses Recht des Papstes ist göttliches Recht (Vatikanum, Denz. 1821/22). Das absolute, unfehlbare, unmittelbar von Christus eingesetzte Papsttum ist heute das entscheidende Wesensmerkmal der Kirche. Als Schriftbeweis dient in erster Linie das »Felsenwort« Mt 16, 18 (vgl. → Petrus, Apostel; → Petrustradition).

4. Der *Mensch* ist ein aus Geist und Körper zusammengesetztes Geschöpf Gottes (Denz. 1783). Die Seele ist unsterblich (5. Lateranense, Denz. 738). Zu dieser Natur des Menschen kam im Urstand das donum superadditum (eine zusätzliche Gabe) hinzu, wodurch der Mensch instandgesetzt wurde, Gott durch Glaube, Liebe und Hoffnung zu verehren (Denz. 1023). In diesem übernatürlichen Geschenk besteht die Gottebenbildlichkeit, die Ursprungsgerechtigkeit (iustitia originalis) des ersten Menschen (Cat. Romanus I, 2, 18-25). Als außernatürliche Gaben (dona praeternaturalia) gelten die Freiheit von der bösen Begierde (concupiscentia; Denz. 792), vom leiblichen Tod (Denz. 788) und vom Leiden (Denz. 789). Die genannten Gaben sind kennzeichnend für den Stand der erhöhten Natur (status naturae elevatae, Urstand), von dem wenigstens theoretisch der Stand der bloßen Natur (status naturae purae) zu unterscheiden ist. Das Tridentinum sagt darum von der Ursprungsgerechtigkeit des Menschen nicht »in der er geschaffen« (creatus), sondern »in die er gesetzt war« (constitutus; Sess. V, Denz. 788). Die iustitia originalis gehört nicht zur Natur des von Gott geschaffenen Menschen. Durch den Sündenfall hat Adam nach Tridentinum Sess. V die über- und außernatürlichen Gaben verloren (Denz. 788), also auch die Freiheit von der concupiscentia. Die Formel des Tridentinum, Adam sei nach Leib und Seele »verschlechtert worden«, kann thomistisch und skotistisch interpretiert werden. In letzterem Sinn hat Bellarmin formuliert, Adam nach dem Fall unterscheide sich von Adam vor dem Fall wie ein »Beraubter« von einem »Nackten« (De grat. prim. hom., c. 5). Durch die Ab-

lehnung des → Jansenismus hat die skotistische Deutung das Übergewicht erhalten (Denz. 1001ff, 1351ff). Nach Tridentinum Sess. VI ist der freie Wille zum Guten »keineswegs ausgetilgt, wenn auch in seinen Kräften geschwächt und gebeugt« (Denz. 793). Gegen → Bajus wird betont: Der freie Wille neigt nicht notwendig zur Sünde (Denz. 1027). Der Mensch befindet sich ohne die Gnade also im Stande der bloßen Natur. Die Natur ist nur im Hinblick auf den Verlust des übernatürlichen Urstandes verschlechtert, aber nicht in sich selber. Die im Christen bleibende concupiscentia ist nur ein »Zunder« (fomes), nicht eigentlich »Sünde« (peccatum). Sie wird von Paulus nur deshalb gelegentlich Sünde genannt, »weil sie aus Sünde stammt und zur Sünde hinneigt« (Sess. VI, Denz. 792).

Zur Aufstellung einer besonderen Rechtfertigungslehre war das Tridentinum durch den Gegensatz zur Reformation genötigt. Der Hauptton in der Gnadenlehre (→ Gnade: IV, 4) liegt auf den Sakramenten, »durch die alle wahre Gerechtigkeit ihren Anfang nimmt, vermehrt und bei Verlust wiederhergestellt wird« (Sess. VII, Eingang). Die → Rechtfertigung (: II) beginnt mit der vorauslaufenden Gnade (gratia praeveniens), dh durch die Berufung (vocatio), in der die Menschen »ohne eigene Verdienste« berufen werden, so daß sie durch die den Willen weckende und unterstützende Gnade (gratia excitans et adiuvans) für die Hinwendung zu ihrer Rechtfertigung disponiert werden: sie stimmen der Gnade freiwillig zu und arbeiten mit ihr zusammen. Der Mensch ist also insofern aktiv, als er die Gnade auch ablehnen kann; andererseits kann er sich nicht ohne die Gnade zur Gerechtigkeit wenden (Sess. VI, cap. 5; Denz. 797). Die Gnade ermöglicht ein Glauben, Hoffen und Lieben, dem die Rechtfertigungsgnade zugeteilt werden kann (Denz. 813). Verworfen werden das »sola fide« (Denz. 819), die rein imputative Rechtfertigung (Denz. 821) und die Gleichsetzung von gratia mit favor (Denz. 821). Die Rechtfertigung ist eine »Überführung in den Gnadenstand«, die übrigens nicht ohne die Taufe oder wenigstens den Wunsch (votum) nach ihr geschehen kann (Denz. 796). Die Erbsünde wird nicht bloß vergeben, sondern wirklich getilgt (Denz. 792); es bleibt nur die concupiscentia zurück, die aber nicht eigentlich Sünde ist. Die Rechtfertigung ist zugleich Heiligung und Erneuerung; Gnade und Liebe inhärieren. Es entsteht ein neuer habitus (Zustand) im Menschen. Die gratia habitualis (zuständliche Gnade) kann kleiner oder größer sein, je nach dem Maß, das der hl. Geist dem einzelnen zugeteilt hat, »und gemäß der eigenen Disposition und Mitwirkung eines jeden« (Sess. VI, c. 7; Denz. 799). Darum gibt es auch ein »Wachsen in der Rechtfertigung« (incrementum iustificationis, Denz. 803). Die Werke des Gerechtfertigten haben verdienstlichen Charakter; sie sind zwar »Gaben Gottes«, aber ebenso zugleich »Verdienste des Gerechtfertigten selbst«, die ein Anwachsen der Gnade bewirken (augmentum gratiae, Denz. 842). Das meritum de congruo, das Billigkeitsverdienst, läßt Gott gelten, obwohl er nicht dazu verpflichtet ist; das meritum de condigno, das Würdigkeitsverdienst, muß Gott belohnen (→ Verdienst: IV). Ein solches kann nur erwerben, wer sich im Stand der Gnade befindet und Werke verrichtet, die den Geboten Gottes oder den Kirchengeboten entsprechen. Der Christ im Stand der Gnade kann auch überpflichtige Werke (opera supererogatoria; Lk 10, 35) tun, wenn er sich an die → Evangelischen Räte hält, also etwa die Mönchsgelübde auf sich nimmt. Solche Werke begründen »überschüssige Verdienste«. Zu den → guten Werken gehört auch das Gebet. Darum mehrt die Menge der Gebete das Verdienst. Die Lehre vom → Ablaß legt genau die Verdiensthöhe verschiedener Gebetsformeln fest. So bringt etwa der Stoßseufzer »Mein Gott und alles« 50 Tage Ablaß. Gerade an diesem Punkt wird deutlich, daß die konfessionell verschiedenen Gnadenlehren Ausdruck einer verschiedenen Frömmigkeitsrichtung sind. Dem reformatorischen radikalen sola gratia steht in der kath. Gnadenlehre die Addition von göttlicher Gnade und menschlicher Leistung gegenüber. Symptomatisch ist das Festhalten am Begriff des meritum.

5. Die kath. Frömmigkeit ist wesentlich sakramentale Frömmigkeit; die Gnade ist sakramentale Gnade. Die Siebenzahl der → *Sakramente* (: I) wurde auf dem 2. Lyoner Konzil 1274 festgesetzt (Denz. 465). Bes. wichtig ist das Decretum pro Armenis in der Bulle »Exultate Deo« von Eugen IV. 1439 (Denz. 695ff). Zum Vollzug eines Sakramentes gehören die Materie, die Form und die »Person des Priesters, der das Sakrament mit der Absicht spendet, zu tun, was die Kirche tut« (Denz. 965; → Intention). Alle 7 Sakramente gelten als von Christus eingesetzt (Trid. Sess. VII, Denz. 844). Sie sind aber nicht alle heilsnotwendig (zB nicht Priesterweihe und Ehe). Taufe, Firmung und Priesterweihe verleihen einen unverlierbaren Charakter (character indelebilis); sie sind daher grundsätzlich unwiederholbar. Die Taufe kann höchstens unter »Vorbehalt« wiederholt werden (CIC cc. 745ff). Im Notfall kann das Sakrament durch den Wunsch nach dem Sakrament (votum sacramenti) ersetzt werden (Denz. 847). Die Sakramente wirken durch ihren bloßen Vollzug (ex opere operato) bei allen berechtigten Empfängern, »die keinen Riegel (obex) setzen« (Denz. 844ff). Das Zustandekommen des Sakramentes hängt nicht von der persönlichen Würdigkeit des Spenders und Empfängers ab. Beim Spender muß die Absicht (intentio) zum Sakramentsvollzug vorhanden sein; er kann aber auch im Stand der Todsünde ein gültiges Sakrament vollziehen (Denz. 855). Der Empfänger muß – außer bei der Taufe und bei der Buße – frei von Todsünde sein und Glauben im Sinn der Kirche haben; die reformatorische Forderung des persönlichen Heilsglaubens (fides specialis) wird abgelehnt (Denz. 851). Die zuständigen Amtsträger sind bei Firmung und Priesterweihe die Bischöfe, sonst die Priester. Die Taufe ist im Notfall auch durch einen Laien, ja sogar durch einen Heiden oder Häretiker vollziehbar (Denz. 696). – Die → *Taufe* (: III) ist »der Zugang zum geistlichen Leben« (Denz. 696). Sie ist wegen der Erbsünde heilsnotwendig; sie ist causa instrumentalis der Rechtfertigung (Denz. 799). Sie kann nur durch die Bluttaufe oder u.U. durch das votum ersetzt werden (Denz. 796). Die einzelnen Zeremonien sind durch das Tridentinum dogmatisch geschützt, wenn auch an sich nicht wesensnotwendig (Denz. 856). – Die → *Firmung* (confirmatio), seit dem 4./5.Jh. ein besonderer Akt neben der Taufe, ist dem Bischof vorbehalten. Sie soll gewöhnlich nicht vor dem 7. Lebensjahr erteilt werden (CIC c. 788). Sie ist nicht unbedingt heilsnotwendig; jedoch wäre es Sünde, sie aus Nachlässigkeit zu versäumen (CIC c. 787). – Die letzte → *Ölung* wird mit Mk 6, 13 und Jak 5, 14 begründet. Die wichtigsten Bestimmungen s. Denz. 700, 908, 909, 926; CIC cc. 940ff. – Der sakramentale Charakter der → *Ehe* (: VI, 2) wird aus Eph 5, 32 abgeleitet. Die Ehe ist unauflöslich (Mt 19, 5f). Sie entsteht durch die gemeinsame Willenserklärung (mutuus consensus) der Partner (Denz. 702). Das Tridentinum (Sess. XXIV) verlangt die Anwesenheit des Pfarrers und von 2 oder 3 Zeugen. Die heutigen Mischehengesetze s. CIC cc. 1058ff (→ Mischehe). Der → Zölibat steht höher als die Ehe (Denz. 981). – Die *Priesterweihe* (→ Ordination: III) ist die Voraussetzung für die Wirksamkeit der anderen Sakramente. Der Priester ist vor anderen Menschen aus-

gezeichnet durch die Fähigkeit zu konsekrieren und zu absolvieren (Denz. 961). Der character indelebilis bleibt auch bei Amtsenthebung und Exkommunikation erhalten; es kann aber eine Zurückversetzung in den Laienstand erfolgen (CIC cc. 211-214). Der Priesterweihe gehen die niederen Weihen voraus (Weihehindernisse s. CIC cc. 983-991). Der character indelebilis verleiht dem Priester beim kath. Volk ein hohes Ansehen. – Das Sakrament der *Buße* (→ Bußwesen: II) ist heilsnotwendig für alle Getauften, die in Todsünde gefallen sind (Denz. 916). Es ist an die → Absolution durch den Priester gebunden (Denz. 920). Zur Buße gehören Reue, Beichte und Genugtuung. Der alte Streit über Herzens- und Furchtreue (contritio und attritio) ist nicht entschieden. Alle Todsünden müssen in der → Beichte (: I) dem Priester bekannt werden, der seinerseits das → Beichtgeheimnis unbedingt wahren muß. Im Zusammenhang mit der Genugtuung (satisfactio operis) steht der → Ablaß (CIC cc. 911-936). Einer endgültigen Läuterung dient das → Fegfeuer. – Das Zentralsakrament, um das sich alle anderen gruppieren, ist das Altarsakrament, Eucharistie (→ Abendmahl: II) und → Messe (: II). In ihm ist Christus selbst nach Leib und Blut und mit seinem Opfer gegenwärtig. Die Transsubstantiationslehre wurde auf dem 4. Laterankonzil 1215 zum Dogma erhoben (Denz. 430) und als solches vom Tridentinum bestätigt (Sess. XIII, Denz. 884). Die Beschränkung der Gegenwart auf den Vollzug (das »in usu«) wird verworfen (Denz. 886). Durch die ständige reale Gegenwart des eucharistischen Christus wird der kirchliche Raum zum Gotteshaus (vgl. auch → Fronleichnamsfest). Die Eucharistie findet ihr letztes Ziel im Meßopfer (Trid. Sess. XXII). Es ist wesenhaft identisch mit dem Opfer auf Golgatha (Denz. 940). Die Identität wird sowohl als Vergegenwärtigung (Denz. 938) wie als Wiederholung verstanden. Subjekt des Opfers ist Christus selbst (Denz. 940), aber eben damit zugleich auch die Kirche als »zweite Person Christi«. Der Canon missae redet durchgängig vom Opfer der Kirche und nicht vom Selbstopfer Christi. Opfern kann nur der Priester; von einer Konzelebration der Gemeinde kann nur in übertragenem Sinn die Rede sein (Enz. »Mediator Dei«, 20.11.1947, Denz. 3000). Die rechtlichen Bestimmungen über die Messe s. CIC cc. 801-869. Die Messe kommt dem Verlangen nach dem Numinosen in hohem Maße entgegen; ihre religiöse Wirkung läßt sich von ihren dogmatischen Voraussetzungen nicht trennen.

6. Der K. ist eine ausgesprochen *kultische* Frömmigkeit. Das hängt zusammen mit seinem substantiellen Gnadenbegriff. Das wichtigste Instrument dieser Gnade ist das Sakrament. Die Kirche mit ihrem Kult und Sakrament ist Gnadenstätte. Zum Kult gehört der Priester und zur Hierarchie das Kirchenrecht; hier hängt eines am andern. Die Beteiligung am Kultus ist verdienstlich. Der Kult ist heilsnotwendig; er ist nicht nur Ausdruck, sondern auch Voraussetzung des religiösen Lebens. Mit seiner sinnlichen Wirkung kommt der Kult einem natürlichen Bedürfnis des Menschen entgegen (Denz. 943). Unter den verschiedenen Liturgien hat sich der röm. Ritus fast ausnahmslos durchgesetzt (→ Liturgie: III). Die wichtigsten liturgischen Bücher sind Missale, Brevier (→ Stundengebet), Rituale, Pontificale und → Caeremoniale. Die sinnlichen Formen (Gesten, Gewänder, Lichter, Weihrauch usw) sollen Symbole für einen überirdischen Gehalt sein. Historisch gesehen erklären sie sich freilich zugleich meist als Anleihen aus der Religionsgeschichte. Die großartigste liturgische Schöpfung des K. ist das → Kirchenjahr mit seinem wundervollen Rhythmus von feststehenden und wechselnden Stücken. Es will ebenso wie der gesamte Kultus der fortgesetzten Inkarnation des »Heiligen« (R. → Otto) dienen. So wird heute der Kultus als »Mysterienliturgie« verstanden (O. → Casel u.a.). Die liturgische Bewegung (→ Gottesdienst: V B, 1 h) erstrebt eine Erneuerung des K. aus dem Geist der alten, objektiven Liturgie (→ Beuron, → Maria Laach; R. → Guardini). Demgegenüber wird auf die »subjektiven« Andachtsformen (→ Rosenkranz, → Herz-Jesu-Kult, → Kreuzweg-Andachten usw) weniger Wert gelegt. Die Enzyklika »Mediator Dei« (20.11.1947) stellt sich im ganzen positiv zur liturgischen Bewegung, warnt aber vor Übersteigerungen und revolutionären Experimenten und nimmt zugleich die »subjektiven« Andachtsformen in Schutz.

7. Der K. ist nicht nur Hierarchie, Liturgie, rationale Theologie, Mystik; eines seiner Elemente ist die *Gesetzesreligion.* Darum spielt die → Moraltheologie in ihm eine große Rolle. Ihr Sitz im Leben ist der Beichtstuhl. Wegen der konkreten Entscheidung von »Gewissensfällen« kommt die Moraltheologie nicht aus ohne → Kasuistik (: III). Als Gesetzesreligion zeigt sich der K. in der Aufstellung des Glaubensgesetzes. Die Kirche verwaltet aber auch das Sittengesetz. Die Infallibilität erstreckt sich auf Glaube und Sitte. Die Kraft zum Guten wird wesentlich durch die Sakramente zugeführt. Die Theonomie der Ethik wird durch die Heteronomie gefährdet. Die Kirche droht mit Hölle und Fegfeuer und lockt mit ewigem Lohn. In entscheidenden moraltheologischen Fragen sind die Autoritäten zuständig; daran knüpft sich die Lehre vom → Probabilismus. Neuerdings wird von manchen Theologen betont, das persönliche → Gewissen sei auch für den Katholiken die letzte Instanz. Dem stehen offizielle Äußerungen der Kirche (Denz. 1690: Gewissensfreiheit ist »Freiheit des Verderbens«) sowie die Verurteilung von Luthers Berufung auf sein Gewissen entgegen. Das Gewissen hat sich an der Kirche zu bilden (Lortz) bzw. sich dem Urteil der Kirche zu unterwerfen. Bes. die jesuitische Moraltheologie und Kasuistik hat viel Gegnerschaft hervorgerufen. Während sich der Durchschnittschrist an die Gebote zu halten hat, hat sich der Mönch im Stand der Vollkommenheit die Befolgung der Evangelischen Räte zur Aufgabe gemacht. Die drei Grundgelübde (Armut, Keuschheit, Gehorsam; → Gelübde: IV) sollen vor der Hingabe an das eigene Ich bewahren. Luthers Polemik gegen das → Mönchtum (: II) ist einseitig; die vita monastica ist nicht immer »Werkerei«. Gewiß hat die Wirklichkeit des Mönchtums dem Ideal nicht immer entsprochen; aber es kam auch immer wieder zu Reformen. Das Mönchtum kann als lebendiger Protest gegen die Diesseitigkeit verstanden werden. Es liefert der Kirche wertvolle Hilfe in Theologie und Praxis.

8. Aus dem Selbstverständnis der Kirche ergibt sich ihre *Stellung zur Welt.* Das mittelalterliche Papsttum suchte die Herrschaft Christi durch Weltherrschaft der Kirche zu verwirklichen. Das geistliche und das weltliche Schwert gehören beide zur potestas ecclesiae (Denz. 468/69). Offiziell zurückgenommen wurden diese Ansprüche nie; praktisch sind sie außer Kraft. Die von der Kirche verhängten Strafen haben im allgemeinen keine bürgerliche Wirkung mehr. Das gilt auch vom → Interdikt (CIC cc. 2268-77) und von der → Exkommunikation (CIC cc. 2257-67). Der Absolutheitsanspruch der Kirche macht sich in ihrer Stellung zu den anderen Konfessionen bemerkbar. Die Ansicht, man könne in jeder Konfession selig werden, wurde vom Papsttum des 19.Jh.s als »Indifferentismus« abgelehnt (Denz. 1613, 1716, 1718). Höchstens bei unüberwindlicher Unkenntnis des K. könnten auch Nichtkatholiken selig werden (Denz. 1647, 1677). Pius XI. hat die offizielle Beteiligung an der → Ökumenischen Bewegung in der Enzy-

Unter K etwa Vermißtes bitte unter C und Z suchen

klika »Mortalium animos« (6.1.1928) mit der Begründung abgelehnt, das hieße Irrtum und Wahrheit gleichstellen. Zur → Una-Sancta-Bewegung hat Pius XII. in dem Monitum »Cum compertum« (5.6.1948) und in der Instructio »Ecclesia Catholica« (20.12.1949) Stellung genommen. Die röm.-kath. Kirche als societas perfecta kann keine wesentliche Ergänzung und Vervollkommnung erfahren; Christus hat seine Kirche nicht unzulänglich ausgestattet. Die Verwirklichung der Una-Sancta, die an sich in der röm.-kath. Kirche bereits da ist, kann nur in der Rückkehr der »getrennten Brüder« bestehen. Aus dem Selbstverständnis der Kirche ergibt sich die Forderung der prinzipiellen dogmatischen Intoleranz, mit der freilich menschliche und bürgerliche Toleranz vereinbar ist. Nach CIC c. 1351 soll niemand zum kath. Glauben gezwungen werden. Dem stehen aber auch andere Stimmen entgegen (vgl. Mirbt 634, 639). Viele Spannungen werden durch die Mischehengesetze hervorgerufen. – In großartiger Weise hat die Kirche das neuzeitliche → Vereinswesen (: II) in ihren Dienst gestellt. Die → Katholische Aktion ist nicht Laizismus, sondern Aktivierung der Laien unter priesterlicher Leitung. Gegen den gesteigerten Nationalismus des 19.Jh.s hat sich das Papsttum verschiedentlich gewandt (Denz. 1739), ebenso später gegen → Faschismus und → Nationalsozialismus. Gegenüber dem totalen Staat sollen Mensch und Familie in ihrem ursprünglicheren Recht geschützt werden, wobei das → Naturrecht als Normensystem verwendet wird. Das Verhältnis zum Staat wird vielfach durch → Konkordate geregelt. Die Trennung von → Kirche und Staat wird grundsätzlich verworfen (Syll. err., Denz. 1755). Auf eine bestimmte Staatsform hat sich die Kirche nicht festgelegt. Sie hat sich gelegentlich auch mit liberalen und revolutionären Strömungen verbinden können. Jedenfalls gibt es auch in der Neuzeit einen »politischen K.«. In → Deutschland (: IV) hat die Kirche durch das → Zentrum großen politischen Einfluß bekommen; ihm zur Seite stand eine gut organisierte → Presse (: IV). Durch die Enzyklika → »Rerum novarum« (15.5.1891), die auf die soziale Frage einging, hat sich → Leo XIII. den Ruhmestitel »Arbeiterpapst« erworben. Sie tritt ein für eine christliche Sozialpolitik, wendet sich aber gegen den marxistischen Sozialismus (→ Katholisch-sozial). – Die Kirche bestreitet das staatliche Schulmonopol und beansprucht ihrerseits das Recht, Schulen (bis hinauf zur Universität) zu gründen (CIC cc. 1372 ff). Die Simultanschule (→ Schule und Kirche) wird grundsätzlich abgelehnt (CIC c. 1374). Eine prinzipielle Äußerung zu Erziehungsfragen ist die Enzyklika »Divini illius magistri« von Pius XI. (31.12.1929; vgl. Denz. 2202–24). – Die Stellung der Kirche zur Wissenschaft ist zwiespältig; sie wird bejaht, findet aber ihre Grenze am Dogma. Der K. der Neuzeit hat den → Thomismus zum herrschenden System erhoben (Mirbt 616, Denz. 2191 f, CIC c. 1366 § 2; → Neuthomismus). Das Vatikanum bestreitet die Möglichkeit einer Differenz zwischen Glaube (im Sinn von Dogma) und Vernunft (Denz. 1797, 1817f). Der 1564 begründete → Index der verbotenen Bücher wird noch heute fortgeführt (CIC cc. 1384 bis 1405). Auch → Kants Kritik der reinen Vernunft steht auf dem Index (Ausg. von 1934). Die kath. Kritik an der »Moderne« (→ Troeltsch) will den Weg zu einer Ganzheits- und Einheitskultur des »christlichen → Abendlandes« frei machen.

9. Die kath. *Frömmigkeit* ist vielschichtig. Pagane Unterströmungen wurden von der Kirche assimiliert. Die Vulgärfrömmigkeit wird von der kath. Kirche ihren Gegnern gegenüber und zT wohl auch aus pädagogischen Gründen in Schutz genommen. So hat sich inmitten der Hochreligion die primitive Volksreligion fest angesiedelt. Die primitive Religion kennt den hl. Gegenstand wie → Reliquien und → Gnadenbilder oder den geweihten Gegenstand wie geweihte Kerzen, Rosenkränze, → Skapuliere u.ä. Zu den geweihten Objekten gehört vor allem das → Weihwasser, dem eine besondere exorzistische Kraft zugeschrieben wird. Über die Fülle der Benediktionen und → Sakramentalien, die weithin in der → Volksfrömmigkeit (: I) stark verwurzelt sind, weil sie den Alltag weihen, gibt das Rituale Romanum Auskunft. Auch der höhere Kultus enthält eine Reihe primitiver Elemente, die freilich heute allegorisch-symbolisch umgedeutet werden. Aus der primitiven Volksfrömmigkeit stammt auch der Wunderglaube, der u.a. in den zahllosen Heiligenlegenden einen Niederschlag gefunden hat. Die Heiligengeschichten des Breviers (2. Nokturn) beanspruchen nicht unbedingte historische Glaubwürdigkeit. An den Heiligen hängt das Herz des Volkes besonders. Dazu trägt auch die Spezialisierung der Heiligen für besondere Gegenden, Stände und Nöte bei. Das Tridentinum (Sess. XXV, Denz. 984 ff) hat die → Heiligenverehrung (: II) gegen die Reformation in Schutz genommen. Anbetung kommt den Heiligen freilich nicht zu. Die Heiligenverehrung belebt die Anschauung von der communio sanctorum und verankert das Überweltliche im Alltag, kann aber auch dem religiösen Egoismus und dem Aberglauben dienen. An der Spitze aller Heiligen steht Maria (→ Marienverehrung: I, → Mariologie), der eine »Überverehrung« (hyperdulia) gebührt. Die → Marienfeste ziehen sich wie die Christusfeste durch das ganze Kirchenjahr hindurch. → Lourdes und Fatima sind die größten Wallfahrtsstätten der Gegenwart (→ Wallfahrt: II). Die wichtigsten dogmatischen Bestimmungen der Mariologie sind: Die immerwährende Jungfrauschaft (Lateranense 649; Denz. 256), die Unbefleckte Empfängnis (1854; Denz. 1641), die Himmelfahrt (1.11.1950; Denz. 3033), die Sündlosigkeit (Trid. Sess. VI, can. 23; Denz. 833). Die Anschauung von der Miterlöserschaft Mariens ist bereits mehrfach von höchster Stelle ausgesprochen (Denz. 1940 a, 1978 a, 2291), aber bis jetzt nicht dogmatisiert worden. Die einzelnen Gnadenbilder Mariens erfahren eine Art Verselbständigung; man wendet sich mit seinem Anliegen an eine ganz bestimmte Madonna. Daß die Marienverehrung einem uralten menschlichen Verlangen nach dem Mütterlichen entspricht, hat ihr zu allen Zeiten einen besonderen Zauber verliehen. Biblisch ist die marianische Frömmigkeit der Gegenwart schwer zu begründen. – Über der Volksfrömmigkeit erhebt sich die aristokratische Frömmigkeit der Liturgie, der hohen theologischen Spekulation und der esoterischen Mystik. Das kath. Gebetsleben ist stark von mystischer Frömmigkeit durchzogen.

10. Fr. → Heiler hat folgende *Grundelemente* des K. herausgestellt: Die primitive Religion, die Religion des Gesetzesdienstes und der verdienstlichen Werke, die juridisch-politische Kircheninstitution, die rationale Theologie, die Mysterienliturgie, das asketisch-mystische Vollkommenheitsideal, das ev. Christentum im K. Diese 7 Grundelemente stehen aber nicht beziehungslos nebeneinander; das meint die Charakterisierung des K. als »complexio oppositorum« (Vereinigung der Gegensätze) keinesfalls. Sie will vielmehr gerade den Universalismus des K. zum Ausdruck bringen. Aber dieser Universalismus wird zusammengehalten durch die stärkste innere und äußere Einheit in Hierarchie, Liturgie und Dogma. Der K. ist die konservativste Macht der abendländischen Kultur; aber er hat sich auch immer wieder dem Fortschritt geöffnet und neuen Bewegun-

gen elastisch angepaßt. Er hat in großer Weite alle möglichen Elemente (Volksfrömmigkeit, antike Philosophie) in sich aufgenommen, und er huldigt zugleich einer exklusiven dogmatischen Intoleranz. Er dient dem Verlangen der Einzelseele nicht minder als dem Aufbau einer religiösen Gemeinschaft. Er ist dem Jenseits und dem Diesseits gleicherweise zugewandt. Die Einheit liegt für das kath. Bewußtsein in der Idee der Kirche, der Repräsentation des Göttlichen auf Erden. Sie muß nach ihrem Selbstverständnis wie die Gottheit, der sie dient, universal und exklusiv zugleich sein. Auch der Nichtkatholik wird die einmalige Größe dieser geschichtlichen Erscheinung, die Fülle und Tiefe des religiösen Lebens in der kath. Kirche, ihre geistige und kulturelle Leistung, ihre hohe pädagogische Weisheit, ihren Willen zur Hingabe an das Überweltliche bewundernd anerkennen. Er wird bei seiner Beurteilung nicht vergessen, daß der K. zutiefst von den Kräften des Evangeliums lebt. Die kritischen Bedenken werden bei dem Selbstverständnis der Kirche einsetzen. Traut sich die kath. Kirche nicht zuviel zu, wenn sie sich in dieser Weise als Repräsentation des Göttlichen betrachtet? Müßte die Spannung zwischen Idee und geschichtlicher Verwirklichung nicht ganz anders für das Selbstverständnis der kath. Kirche fruchtbar werden? Liegt das Ideal des wahrhaft Katholischen nicht jenseits aller konfessionell-geschichtlichen Ausprägung und Einschränkung?

Nachschlagewerke, kath.: CathEnc II, 499ff (Catholic). 744ff (Church) - DThC II/2, 1999ff (Catholicité); IV/2, 2108ff (Eglise) - LThK V, 968ff (Kirche) - EC III, 1443ff (Chiesa) - Der Große Herder V, 270ff (Kath. Kirche). - Ev.: RE XVII, 74ff; XXIV, 423ff (Röm. Kirche) - RGG^{2} III, 679ff (K.) - EKL II, 572ff (K.). 629ff (Kirche).

Qu.: Offizielles päpstl. Veröffentlichungsorgan: AAS, Rom, seit 1909; vorher: ASS, 1865-1908 - CIC - DENZ. - KH, seit 1907 - MIRBT - J.NEUNER-H.ROOS, Der Glaube der Kirche in den Urkunden der Lehrverkündigung, (1938) hg.v. K.RAHNER, 1949^{3} - Enzykliken (lat. u. dt. Text) in der Sammlung »Päpstl. Rundschreiben«. Herder-Verlag - Qu. zur Konfessionskunde, hg.v. K.D.SCHMIDT u. W.SUKKER, Reihe A: Röm.-kath. Qu., H. 1-6, 1954ff; H. 1: H.GRASS, Die kath. Lehre von der hl. Schrift u. von der Tradition, 1954.

Röm.-kath. Lit.: J.A.MÖHLER, Symbolik, (1832) 1921^{10} - M.J. SCHEEBEN, Hdb. der kath. Dogmatik, (1873) 1948$^{2.3}$ - J.POHLE, Lehrbuch der Dogmatik I-III, (1902-04) hg.v. M.GIERENS, 1936^{9} - J. MAUSBACH, Christl.-kath. Ethik (in: Die Kultur der Gegenwart, hg.v. P.HINNEBERG, Tl I, Abt. IV/2, 1909^{2}, 66-93) - R.GUARDINI, Vom Geist der Liturgie, (1919) 1953^{18} - B.BARTMANN, Grundriß der Dogmatik, 1923 - K.ADAM, Das Wesen des K., (1924) 1957^{13} - ALGERMISSEN (Lit.) - J.SCHMIDLIN, Papstgesch. der neuesten Zeit I-IV, 1933-39 - M.SCHMAUS, Kath. Dogmatik, 1948-58$^{3-5}$ - HERM. SCHMIDT, Brückenschlag zwischen den Konfessionen, 1950.

Außerröm. Lit.: K.v.HASE, Hdb. der prot. Polemik gegen die röm.-kath. Kirche, (1862) 1891^{5} - FR.LOOFS, Symbolik I, 1902 - L. FENDT, Die relig. Kräfte des kath. Dogmas, 1921 - FR.HEILER, Der K. Seine Idee u. seine Erscheinung, 1923 - DERS., Urkirche u. Ostkirche, 1937 - DERS., Altkirchl. Autonomie u. päpstl. Zentralismus, 1941 - J.MÜLLER-SCHWEFE (Hg.), Moderner K., 1926 - H.HERMELINK, Die kath. Kirche unter den Pius-Päpsten des 20.Jh.s, 1949 - U.VALESKE, Das Ringen um die Kirche in der neueren röm.-kath. Theol. (Diss. Göttingen), 1952 (Lit.) - Bibliogr. zum Gespräch zwischen den Konfessionen (MdKI 3, 1952, 61-64) - NIESEL, Symb. - E.WOLF, Peregrinatio, 1954 - W.v.LOEWENICH, Der moderne K., (1955) 1956$^{2.3}$ (Lit.) - DERS., Das Problem des »kath.« Luther (Dank an P.Althaus, 1958, 141-150) - DERS., Glaube, Kirche, Theol., 1958 - MULERT-SCHOTT - G.GLOEGE, Deutung des Daseins. Zur neueren Lit. über kath. Selbst- u. Weltverständnis (ThLZ 82, 1957, 11-22; Lit.) - J.KLEIN, Skandalon. Um das Wesen des K., 1958. *W.v.Loewenich*

II. Der Katholizismus der Gegenwart

1. Die lehramtlichen Verlautbarungen Pius XII. - 2. Der K. und die politischen Häresien - 3. Der K. und die Staaten - 4. Eine Kirche und verschiedene Katholizismen - 5. Der K. als Kulturmacht - 6. Statistik. - Vgl. ergänzend die bei → Katholizismus: I eingangs aufgeführten Artikel

1. Versteht man unter K. der Gegenwart zunächst die röm.-kath. Kirche der Gegenwart, so ist als erstes die das Leben der Kirche zuinnerst bestimmende Wirksamkeit des päpstlichen Lehramts darzustellen. Dabei kann man sich beschränken auf das Pontifikat → *Pius XII.* (1939 bis 1958), dessen *Lehrschreiben* (Enzykliken) sowohl die Bewegtheit des heutigen K. wie die Sorge der Kirche erkennen lassen, diese Dynamik zu steuern. Schon in seiner ersten Enzyklika (»Summi pontificatus«, 1939) treten einige Leitmotive des gegenwärtigen K. klar hervor: Die Sorge um die nichtkath. Christen und der Wunsch nach ihrer Heimkehr; die Erkenntnis des Substanzverlustes der Menschheit, wie er sich in der Grenzenlosigkeit der Staatsgewalt zeige; die Notwendigkeit der Wiedergewinnung des von der Kirche gehüteten → Naturrechts (: II), dessen Verlust als Grund für die Katastrophe bes. des Völkerlebens gilt; die Forderung souveräner Freiheit für die eigene Kirche; das Angebot, zum Frieden der Welt mitzuhelfen. Die Enzyklika »Mystici corporis« (1943) suchte die vom → Vatikanum nicht definierte Lehre von der → Kirche (: III, 5) zu entwikkeln und griff in die Bestrebungen, die Vorherrschaft des kirchlichen Institutionalismus zu brechen, reglementierend ein (→ Katholizismus: I, 3). Hier konnte sich das neue Kirchenbewußtsein vor allem auch der Laien gerechtfertigt finden, das in der kath. → Jugendbewegung (: III), in der Bibelbewegung (→ Bibelverbreitung) und in der Liturgischen Bewegung als »Erwachen der Kirche in den Seelen« (R. → Guardini) zutage getreten war. Die Enzyklika »Mediator Dei« (1947) verwandelte die Liturgische Erneuerungsbewegung in den Liturgischen Apostolat der Kirche, nahm ihre Anregungen zT auf und schränkte zu weitgehende Forderungen ein (→ Gottesdienst: V B, 1h). Zielte die Liturgische Bewegung auf »objektive Frömmigkeit«, so warnt die Enzyklika davor, die subjektiven Andachtsformen (selbst in der Meßfeier) als notwendige Betätigung des privaten Seeleneifers auszuschließen; auch die für konstitutiv erachtete Teilnahme der Laien am Meßgottesdienst und die Überwindung der Privatmesse werden nicht bejaht. Auch sonst hat Pius XII. die liturgische Entwicklung der Kirche wesentlich gefördert: Ein neuer lat. Psalter wurde approbiert (1945; → Psalterien), zweisprachige Rituale wurden für Frankreich (1947), Indien (1949) und Deutschland (1950) genehmigt; entgegen den Bestimmungen des CIC (c. 821) wurde die Abendmesse erlaubt; aus der Karsamstagliturgie wurde wieder die Feier der Osternacht (zuerst 1951), dann die → Karwoche überhaupt reformiert (1955, 1957). Der Förderung der biblischen Studien galt die Enzyklika »Divino afflante spiritu« (1943). Die Enzyklika →»Humani generis« (1950) erneuert den alten Versuch, die Kirche von der modernen Weltanschauung zu trennen, die das Produkt eines großen Abfalls sei (→ Syllabus errorum, 1864). - Die Lehrentwicklung der Kirche wurde entscheidend weitergetrieben durch das Dogma von der leibhaften Aufnahme Mariens in den Himmel (»Munificentissimus Deus«, 1950). Sie ist auch für die Frage nach dem Verhältnis von Bibel, Tradition und → Lehramt von größter Wichtigkeit. Die → Mariologie der Kirche hat die marianische Bewegung zum Schrittmacher, wie sie sich etwa im Kult der Madonna von Fatima darstellt (→ Marienverehrung: I, vgl. → Deutschland: IV, 2f). Zwei mariologische Weltkongresse in Rom (1954) und in Lourdes (1958) haben bereits eine lebhafte Diskussion über Maria als corredemptrix (Miterlöserin) und Mediatrix omnium gratiarum (Mittlerin aller Gnaden) gebracht und die Aussicht auf eine weitere mariologische Dogmenentwicklung eröffnet.

Auch dies ist bezeichnend, daß Pius XII. der röm. Kirche neue Selige und mehr als 30 Heilige gegeben hat.

Dabei ist zu beachten, daß sich im K. von heute das Heiligenbild tiefgreifend wandelt: Der Heilige ist nicht mehr der mächtige Erfüller des irdischen Glücksverlangens, sondern der wesentliche Mensch, dessen Leben gültige Antwort auf die Frage nach dem Menschen gibt. Das mittelmäßige Christentum ist nicht mehr das Normale und der Heilige bloß die Ausnahme, sondern die Verwirklichung des Christlichen bedeutet heute immer schon einen Heroismus. Die neuen Heiligen stehen im hellen Licht der Geschichte. In ihrer »Heiligenpolitik« richtet die kath. Kirche ihren Blick bezeichnenderweise auch nach den nordischen Ländern und bereitet die Seligsprechung des dänischen Konvertiten Nils Stensen (1638-86) vor. Man sucht auch sonst den verschiedenen Völkern Nationalheilige zu geben (zB schon 1920 → Jeanne d'Arc für Frankreich, → Nikolaus von der Flüe für die Schweiz).

2. Der K. hat es in der Gegenwart vor allem mit *politischen Häresien* zu tun. Schon → Pius XI. hatte sich gegen den atheistischen Kommunismus (1936) und gegen den → Nationalsozialismus (»Mit brennender Sorge«, 1937) gewandt. Das Verhältnis zum → Faschismus sollte das italienische Konkordat (1929) und das gleichzeitige Abkommen über die Lösung der Römischen Frage (Gründung des Vatikanstaates) entspannen (→ Italien, 5). Aber im Kampf gegen Faschismus und Nationalsozialismus wurde die Kirche zum wichtigen Bundesgenossen der westlichen Demokratien. Doch ist der Papst gleich nach 1945 auch für das deutsche Volk eingetreten und hat die Vertreibung der Ostdeutschen für ein großes Unrecht erklärt (Schreiben an die deutschen Bischöfe vom 1.3. 1948). Der Bolschewismus versucht, einen »progressiven K.« zu fördern, von dem er sich schließlich eine Trennung von Rom verspricht. Auch die Rückkehr der mit Rom → unierten Kirchen des Ostens im Herrschaftsbereich des Bolschewismus zum Moskauer Patriarchat ist unter politischem Druck geschehen. Die obersten Bischöfe in den östlichen Ländern gelten als die Männer des Widerstandes, deren man sich in der Tschechoslowakei (→ Beran), in Kroatien (→ Stepinač) und in Ungarn (→ Mindszenty) durch Inhaftierung und Verurteilung entledigte. Nur der polnische K. blieb bisher verhältnismäßig intakt (→ Polen). Aber der Kommunismus ist für die Kirche auch im Westen, bes. in Italien und Frankreich ein brennendes Problem. Durch das Kommunismusdekret (1949) ist zwar die Unvereinbarkeit von Kommunismus und kath. Glauben noch einmal unterstrichen worden. Aber jede Wahl in Italien beweist die Stumpfheit dieser Waffe. - Ein anderer gewaltiger Gegner der kath. Kirche ist der → Säkularismus, der nach »Humani generis« die Überwältigung der Menschheit durch den rein immanentistischen Geist des Evolutionismus ist. Indem er dem menschlichen Leben die transzendente Bestimmtheit raubt, bringt er die Kirche in eine paradoxe Situation: Einerseits gilt sie den Staaten als ein starker Bundesgenosse bei der Gestaltung freiheitlichen Lebens, andererseits wird sie selbst in die Verteidigungsstellung gedrängt. Deshalb gibt es heute zahlreiche Katholiken, die sich leidenschaftlich gegen die Entartung des K. zur Fassade wenden, hinter der zuletzt keine die Welt verwandelnde Kraft steckt.

3. Die kath. Kirche hat in den letzten Jahrzehnten versucht, mit den verschiedensten Staatsgestaltungen auszukommen. Zeichen dessen ist ihre Konkordatspolitik unter Pius XI. und XII. (→ Konkordate). Heute noch hat sie es etwa in → Spanien und → Portugal mit Diktaturen zu tun, in denen das freiheitliche Leben überhaupt bedroht ist. Im Blick auf Spanien zeigt sich eine eigentümliche Schwäche des K., dem es, wenn nur die Kirche anerkannt wird, unwichtig ist, ob der Staat die Freiheit seiner Bürger wahrt. Aus solcher Haltung entsteht, wie der letzte spanische Bürgerkrieg zeigt, leicht ein untergründiger Antiklerikalismus. In → Italien, wo das Konkordat im Gegensatz zur Verfassung den K. zur Staatsreligion machte, kann sich die Kirche nicht restlos gegen die starken, geschichtlich begründeten antiklerikalen Neigungen des Volkes durchsetzen. Im Grunde geht die Forderung des K. noch über die Anerkennung gleichberechtigter Partnerschaft hinaus: letztlich beansprucht die Kirche Weisungsgewalt über alle Gebiete des Lebens, auch über den Staat, weil sie die von Gott beauftragte Hüterin und Auslegerin des uralt-ewigen → Naturrechtes sei. Nur so ist die ungeheure Arbeitsleistung Pius XII. zu verstehen, der in seinen zahllosen Audienzen die Probleme des heutigen Lebens dem Urteil und der Wegweisung durch die Kirche unterstellen wollte. Dabei hat er freilich auch Widerspruch erfahren, so wenn er am Begriff des »gerechten Krieges« festhielt und im Interesse der dem Staat von Gott befohlenen Wahrung des Rechtes den Einsatz der → Atomwaffen nicht völlig ablehnte.

4. Ein solcher Widerspruch zeigt, daß *Kirche und K.* nicht ohne weiteres identisch sind. Offensichtlich können sie in einen relativen Gegensatz zueinander treten. Daher wird man den K. als den Wirkbereich der kath. Laien in der Welt von heute ansehen müssen. Dh es gibt viele Katholizismen, obwohl zuletzt jeder K. an die Kirche gebunden bleibt. Aber die kath. Kirche muß der Entstehung eines mündigen Laientums die größte Aufmerksamkeit widmen, weil es in dieser Frage um ihr Leben geht (in der Diaspora, in den Ländern unter ihr feindlichen Regimen, schließlich in Südamerika, wo ein katastrophaler Priestermangel herrscht, bes. in China, wo Hierarchie und Priester vertrieben oder inhaftiert sind). Diese Situation führt zur Frage nach der Diasporareife des K. und nach seiner Fähigkeit, sich auch dort zu erhalten, wo er des Zusammenhangs mit dem Amtspriestertum entbehrt. Hier hat in gewisser Weise die → Katholische Aktion ihren Ort als »Teilnahme der Laien an der eigentlichen Mission der Kirche, als eine Form der Mitarbeit der Laien an der Mission des Klerus«. Eigentliche → Laienbewegung aber ist etwas anderes. Hier wollen sich die Laien selbständig aus ihrem Glauben heraus der Welt aussetzen und sie gestalten. Die deutschen Katholikentage in Mainz (1948) und Bochum (1949) standen unter dem Gesetz dieser Laienbewegung. Aber seitdem haben sich die → Katholikentage mehr in den Bereich der Kath. Aktion begeben oder sind zu einer bloßen Selbstdarstellung der Kirche geworden. Es darf nicht verkannt werden, daß das Reden von der Kath. Aktion nicht prägnant ist; denn es gibt auch päpstliche Ausführungen, die deutlich zeigen, daß es in ihr nicht bloß um das spezifisch seelsorgerlich-religiöse Gebiet, sondern weit darüber hinaus um die kulturelle, karitativ-soziale, staatsbürgerliche und öffentliche Verantwortung gehen soll, also um die Wahrnehmung bestimmter gesellschaftspolitischer Aufgaben des K. durch seine je verschiedenen Organisationen.

Unter den Laien hat sich eine Kirchenkritik entwikkelt, die sich gegen den Kirchenpatriotismus, gegen das Traditionschristentum, gegen die institutionelle Verfestigung und religiös-moralische Machtpolitik der Kirche wendet (Ernst Michel). Alle Laienkritiker der Kirche leiden unter deren Selbstgenügsamkeit und bloßen Restaurationsfreudigkeit, die die Zeichen der Zeit verkennt und auf die apokalyptische Situation völlig unzureichend antwortet (→ Bernanos, Ida-Friederike Görres, E.Michel, O.Rögele, E. → Mounier, G. → Papini). In ihnen allen lebt die Sehnsucht nach einem realistischen K., der die Diaspora- und Missionssituation der Christenheit heute ernst nimmt. Die Notwendigkeit dieses Realismus hat man in Frankreich weit besser erkannt als in

Deutschland. Lebendige Kräfte des französischen K. bejahen entgegen der allgemeinen Linie die Trennung von Staat und Kirche und entwickeln einen neuen missionarischen Eifer. Aber gerade hier läßt sich der Laie nicht vom Priester trennen. Es war eine Laisierung des Priestertums, als die → Arbeiterpriester in Frankreich das proletarische Milieu nicht bloß studierten, sondern seine Bedingungen völlig auf sich nahmen. Dieser Laisierung des Priestertums steht in der »Nouvelle Théologie« (→ Frankreich: II, 1) eine Laisierung des theologischen Denkens zur Seite. Die Kirche hat jedoch die Bewegung der Arbeiterpriester ihres eigentlichen Charakters beraubt und der »Neuen Theologie« in der Enzyklika »Humani generis« ebenfalls Halt geboten.

Könnte man diesen K. einer bestimmten Laienbewegung universalistisch nennen, so ist daneben ein Laientum integralistischer Prägung zu beobachten. Dieser Integralismus gewinnt an der Geschichte Europas im 19. und 20.Jh. die Erkenntnis, daß der im bewußten Gegensatz zur Zeit gebaute »Eigenweg« der kath. Kirche schließlich der einzige Rettungsweg ist, während alles andere in Zersetzung und Untergang begriffen ist. Dieser integralistische K. sieht auf die Päpste der letzten hundert Jahre als auf die weltrettenden Wegbereiter und verneint mit ihnen die Solidarität zwischen kath. Kirche und modernem Geist.

Der Gegensatz verschiedener Formen des K. kann auch durch die Begriffe eines institutionellen und existentiellen K. oder – vor allem im deutschen Raum – des Links-K. (Th.Steinbüchel, E.Michel, W.Dirks, E.Kogon, F.Heer) und eines vom → Abendland-Gedanken bestimmten K. (»Abendländische Aktion«, »Abendländische Akademie«) beschrieben werden. Während der eine offen sein will für die Zukunft, sieht der andere in die Geschichte → Europas (: I) zurück und träumt von einer zeitgemäßen Wiederherstellung der Einheit der Staaten Europas unter der weltanschaulichen Führung der Kirche. Hierzu gehört die Verurteilung der → Reformation als jener Epoche, die Deutschland durch die Glaubensspaltung von der europäischen Gemeinschaft abschnitt (→ Maritain; vgl. auch den Einfluß von Donoso Cortés und seiner Geschichtsschau etwa auf E. → Langgässer und auf das kath. Staatsdenken der Gegenwart.) Das Abendlanddenken verurteilt also die Reformation als unselige Revolution und mit ihr zugleich die Französische Revolution. Es stellt die Gleichung auf: Christlich = kath. – Der Wille zur Überwindung der Reformation kann aber auch durchaus mit einer vertieften Auffassung ihrer historischen Notwendigkeit und der Größe ihrer führenden Gestalten Hand in Hand gehen. So hat etwa die Arbeit von Joseph Lortz dazu beigetragen, »ein würdiges und freimütiges Gespräch zwischen den Konfessionen um Luther und sein Werk« zu ermöglichen (H.Bornkamm). Bes. in der → Una-Sancta-Bewegung ist die Frage nach Luther und der Reformation nicht zur Ruhe gekommen. Das hat bestimmte Reaktionen der Kurie ausgelöst, die wiederum den Unterschied von Kirche und K. zeigen: In dem Monitum »Cum compertum« (1948) hieß es, daß diese Bewegung viel zu sehr die Persönlichkeit Luthers in den Mittelpunkt gestellt habe. Die das Monitum erweiternde Instructio »Ecclesia catholica« (1949) fordert, daß die Bischöfe »es auch mit allem Ernste fernhalten, daß man in der Darstellung der Reformations- und Reformatorengeschichte die Fehler der Katholiken übertreibt und die Schuld der Reformatoren abschwächt und daß man Nebensächliches derart ins Licht rückt, daß darüber das Allerwesentlichste, der Abfall vom kath. Glauben, kaum noch zum Bewußtsein kommt und empfunden wird«. – Übrigens haben Pius XII. und auch Vertreter der »Neuen Theologie« wiederholt darauf hingewiesen, daß das Schicksal der kath. Kirche nicht identisch sei mit dem Schicksal Europas, sondern daß der K. die Kraft in sich weiß, eine Symbiose auch mit anderen Kulturen einzugehen. Die Kirche umfaßt alle Kulturen; sie respektiert und fördert in ihnen allen die gültigen Werte, die der Reinigung und Erleuchtung durch die Kirche fähig sind. Darum muß, so sagt man, die falsche Gleichung Christentum = Abendland beseitigt werden. Es bedarf der Einsicht in die Gleichwertigkeit der kulturellen Traditionen etwa Asiens mit denen Europas. Es können der Kirche bei ihrem Eingang in die asiatische und afrikanische Kulturwelt wesentliche, ihr bis heute noch nicht gegebene Erkenntnisse bevorstehen.

5. Der Weg aus dem Ghetto ist dem deutschen K. vor allem auf dem Gebiete des *allgemeinen geistigen Lebens* geglückt. Er hat sich zu einer entscheidenden geistigen Macht aufgeschwungen (→ Deutschland: IV). Die Eigentümlichkeit dieser Situation ist dadurch gegeben, daß es nicht etwa zu einer neuen Gestalt kath. Kultur gekommen ist (wie zuletzt im → Barock), sondern der K. siedelte sich in der allgemeinen Säkularität an, der er so Impulse seines transzendenten Weltbezuges vermittelt. Die Tatsache, daß keine kath. Kultur erstrebt wird, hat zur ausgesprochenen oder stillschweigenden Voraussetzung die Anerkenntnis der allgemeinen kulturellen Situation, an der man mitarbeiten will. Man könnte an dieser Stelle von der (unausgesprochenen) Bejahung der Aufklärung durch den K. reden und von einer gewissen Bejahung der → Toleranz, ohne die das Leben im Westen nicht möglich ist.

Der Versuch der → Görres-Gesellschaft (gegr. 1876), eine eigenständige kath. Wissenschaft ins Leben zu rufen, hätte nur im Rückzug aus der Zeit Wirklichkeit werden können. Kath. Eigenständigkeit hat zwangsläufig die Ghettosierung zur Folge. – Erst als man sich nicht mehr bloß apologetisch verstand, war man der Gefahr entronnen, fernab der Wirklichkeit zu agieren; man gewann die Offenheit, die dann das kath. Denken zum wertvollen, aber mit vielen anderen geistigen Kräften notwendig konkurrierenden Bestandteil der allgemeinen Geisteslage macht. Wohl gibt es im deutschen K. eine Gruppe, die die Gründung einer kath. Universität erstrebt. Aber im Unterschied zu vielen anderen Ländern, in denen es kath. Universitäten gibt, hat sich der Wunsch in Deutschland bislang nicht verwirklichen lassen, weil es auch dem K. nicht gegeben war, die säkulare Geisteslage zu überwinden. Sie ist das Schicksal geblieben, dem er sich nicht entziehen kann. Einst hatte H. → Schell das Wort von der geistigen und wissenschaftlichen Inferiorität der Katholiken geprägt und die Aktivierung des Laienelements, eine freiere Entwicklung der theologischen Wissenschaft sowie kath. Inangriffnahme philosophischer, natur-, geschichts- und sprachwissenschaftlicher Forschung gefordert. Heute arbeiten die kath. Gelehrten überall an den Universitäten und Forschungsinstituten als Menschen kath. Glaubens auf je ihren Fachgebieten, ohne daß es dabei zu einer kath. Wissenschaft kommt.

Die heutige Bedeutung des K. auf *literarischem* Gebiet ist der über 50jährigen Arbeit zu verdanken, die in Deutschland vor allem mit Karl Muth (1867–1944) und seiner Gründung, dem »Hochland«, begonnen hat. Diese kath. Literaturbewegung, die im Anfang bisweilen für einen Zwillingsbruder des → Modernismus gehalten wurde, ist ohne die Verbindung zu theologischen Autoren wie Karl Eschweiler, Karl → Adam, Erich Przywara, Peter Lippert und Romano → Guardini nicht zu denken, die mit ihren »nachwissenschaftlichen« Publikationen weite Kreise der gebildeten Schicht über die Grenzen des K. hinaus beeindruckten. Die kath. Literaturbewegung setzt die Bejahung der wirklichen, kreatürlichen Natur durch die kath. Theologie und Philosophie voraus. Auch wird man Einflüsse von → Pascal und → Kierkegaard anzunehmen haben. - Noch ehe Karl Muth in Deutschland zu wirken begann, hatte er die Wirksamkeit des → Renouveau catholique in Frankreich kennengelernt. Schon 1886 hatte P. → Claudel seine Rückwendung zum kath. Glauben vollzogen, und seitdem wuchs die Zahl der kath. Dichter und Denker Frankreichs, die zur Elite der Nation gehören. Dabei geht es nicht bloß um eine neue Begegnung von Kirche und Kultur, sondern auch und gerade um die Wahrnahme eines prophetischen Amtes des kath. Schriftstellers unter den Zeitgenossen; dafür stehen die Namen von L. → Bloy, Ch. → Péguy, G. → Bernanos, J. → Maritain, G. → Marcel. - In Deutschland erreichte die kath. Literaturbewegung zunächst die literarische Gleichwertigkeit mit den anderen Kräften der deutschen Literatur (E. von → Handel-Mazzetti). Es lassen sich 3 Kreise unterscheiden: a) Die aus dem K. kommenden, aber ihn hinter sich zurücklassenden Dichter (u.a. H.v. → Hofmannsthal, R.M. → Rilke, H. → Carossa). b) Die kath. Dichter, die kath. Stoffe und kath. Weltansicht zum Gegenstand der Dichtung machen und damit den Stoff und Themenkreis des deutschen Romans erweitern (zB P.Dörfler, R. → Schaumann, G. von → Le Fort). Bes. erwähnt sei der Priesterroman, der in der Qualität von Bernanos' »Tagebuch eines Landpfarrers« über G. → Greenes »Die Kraft und die Herrlichkeit« bis zu H.M.Robinsons »Der Kardinal« reicht und zugleich auch dem Film das Milieu und das Leiden des Priesters in zT überdurchschnittlichen Leistungen erschlossen hat. c) Die kath. Schriftsteller, die ähnlich wie in Frankreich in manchen Augenblicken einen prophetischen Dienst wahrnehmen und ökumenisch wirksam werden: Th.Haecker, A. → Döblin, E. → Langgässer, E. → Schaper, R. → Schneider. Ein besonderes Problem bedeuten die zahlreichen → Konvertiten unter den Schriftstellern. Auch manches ev. Gut ist so dem K. zugeflossen. Überhaupt scheinen die großen Zeiten der spezifisch kath. Literaturbewegung bereits hinter uns zu liegen; heute sind die kath. Dichter selbstverständliche Teilnehmer der allgemeinen Literaturbewegung (vgl. etwa Heinr.Böll). - Der Name Franz → Werfels, der nicht konvertierte, aber durch manche seiner Werke zu den kath. Schriftstellern zu rechnen ist (»Das Lied von Bernadette«, »Der veruntreute Himmel«), macht schließlich auf den »Begierde-K.« jüdischer Intellektueller (auch → Bergson) aufmerksam. So wirkt die französische Jüdin S. → Weil mit ihren auch ins Deutsche übersetzten Werken tief auf den K. der Gegenwart und darüber hinaus (T.S. → Eliot) und gewinnt durch den Opfergang ihres Lebens geradezu den Charakter einer ungetauften Heiligen.

Die Dominikaner von Assy (Provence) haben ihre Kirche von nicht zum K. gehörenden Künstlern wie Braque, Léger, Bonnard, → Matisse und Lurçat ausschmücken lassen (vgl. Taf. 13 Abb. 4). Im Krankenhaus von Vence hat Matisse die Kapelle gebaut und ausgemalt, in Ronchamp hat Le Corbusier die Wallfahrtskirche gebaut (s. Abb. bei → Kirchenbau: V). Hier gewinnt der K. seine Universalität ganz, auch der Ungläubige ist von der Kirche beansprucht; denn die ganze Menschheit ist potentiell christlich. Das konnte wohl nur in Frankreich geschehen. - Die Ars sacra auf dem Gebiete der Architektur (→ Kirchenbau: V; zB Dominikus Böhm, Rudolf Schwarz, Hans Schädel), → Malerei und Plastik (: VI; einschließlich → Glasmalerei), der → Kirchengeräte und der → Paramentik ist aus ihrem apokryphen Winkeldasein herausgetreten und steht in vorderster Front der gegenwärtigen künstlerischen Bemühungen überhaupt. Hier vor allem zeigt sich der K. in der Mitte des heutigen Lebens. Seine christliche Diasporasituation ist überwunden, und das neue Kirchendenken und die liturgische Erneuerung tragen reiche Frucht.

6. Von den ca 2,5 Md. Erdbewohnern sind 465 Mill. kath. (Europa 47,2%, Amerika 42,8%, Asien 6,2%, Afrika 3,2%, Australien 19%, Südsee 0,6%). Die kath. Bevölkerung ist in Europa am dichtesten in Spanien (99%), Irland (99%), Luxemburg (96%), Belgien (95%), Portugal (91%), Italien (90%), Österreich (87%), Polen (85%). In der islamischen Welt des Vorderen Orients hat nur der Libanon eine starke kath. Minderheit von 36% der Gesamtbevölkerung. In der Minderheit gegenüber der orth. Kirche befindet sich der K. in Jugoslawien (35%), Rumänien (9,4%), Rußland (2,9%) und Griechenland (0,7%). In Großbritannien beträgt der kath. Anteil an der Gesamtbevölkerung 7,8%, in Dänemark 0,6%, in Island 0,32%, in Schweden 0,25%, in Norwegen 0,15%, in Finnland 0,05%. In den Niederlanden gibt es 40% Katholiken, in Deutschland und in der Schweiz je 37%. Die meisten süd- und mittelamerikanischen Staaten haben 90–98% Katholiken, die Zahlen über die USA werden mit 20–37% angegeben. Unter Pius XI. und Pius XII. verstärkte sich der übernationale Charakter der Kirche. - Die Missionsgebiete (zur Statistik vgl. die Einzelartikel) sind abhängig von der → Propaganda-Kongregation. Die Reife der → jungen Kirchen ist durch den Aufbau einer ordentlichen Hierarchie anerkannt worden; das alte System der → Apostolischen Vikariate wird bald verschwunden sein.

Vgl. die Lit. zu → Katholizismus: I. Ferner: RGG³ III, 695ff - HerKorr, seit 1946/47 - A.MANHATTAN, The Catholic Church against the 20th Century, London 1947 - DERS., The Vatican in World Politics, New York 1949 - H.HERMELINK, Die kath. Kirche unter den Pius-Päpsten des 20.Jh.s, 1949 - MdKI, seit 1950 (ev.) - W.SUCKER, Der dt. K. 1945-50 (KJ 78, 1951, 290–334; 79. 1952, 236-376; auch als Sonderdr.) - K.G.STECK, Der polit. K. als theol. Problem, 1951 - EKL II, 572ff (DERS.) - DERS., Der moderne K. u. seine Kritiker, 1958 - K.RAHNER, Gefahren im heutigen K., 1953 - DERS., Das freie Wort in der Kirche, 1954 - O.B.RÖGELE, Kirche u. öffentl. Meinung, 1953 - DERS., Kirche u. Politik, 1956 - R.GROSCHE u.a., Der Weg aus dem Ghetto, 1955 - W.V.LOEWENICH, Der moderne K., (1955) 1956²·³ (Lit.) - Bilan du Monde (Encyclopédie catholique du monde chrétien), 1958 - AnnPont 1959.

W.Sucker

Katholizität ist 1. im Verständnis des *röm.* → *Katholizismus* (: I, 5) eines der vier Merkmale oder Kennzeichen (nota) und zugleich Wesenseigenschaften (proprietas essentialis) der → Kirche (: VI A), die in unlöslichem wechselseitigem Zusammenhang eines aus dem → Nicaeno-Konstantinopolitanum abgelesenen vierfachen Merkmals (nota quadruplex), nämlich der Einheit, Heiligkeit, Apostolizität und K., für das Wesen der Kirche nicht nur signifikative, sondern auch konstitutive Bedeutung haben (Enzyklika → Pius IX. vom 16.9.1864, Denz. 1696). Die Dogmatiker differenzieren zumeist in catholicitas iuris sive virtualis, dh Fähigkeit, Auftrag und bewußtes Streben der Kirche, Weltkirche zu werden - insofern schließt die K. den Missionsauftrag ein -, und in eine sekundäre c. facti sive actualis, dh wirkliche raumzeitliche Welterstreckung der Kirche. Diese wird als (simultane) c. moralis verstanden oder auch als c. successiva, dh daß die Kirche im Laufe der Zeit sich ausbreitet bzw. daß sie (c. relativa) andere christliche Gemeinschaften der Zahl nach immer überragt. Es ist aber nicht notwendig und wird nicht behauptet, daß K. materiell vollständig (c. physica) sei; vielmehr ist sie formale K., gegründet in der Einheit und Indefektibilität der Kirche. Die Abtrennung anderer christlicher Glaubensgemeinschaften von der röm. Kirche bedeutet keinen Substanzverlust an K., ihre Rückkehr aber kann zu einer »Lebensausweitung« der K., zu ihrer vollen Aktualisierung führen. K. besagt also, daß die Kirche universal und allgemein sei, als einzige Heilsanstalt unterschiedslos für alle Menschen aller Zeiten bestimmt. Diese K. behauptet die röm. Kirche ausschließlich für sich im Zusammenhang mit jenen anderen auf die hierarchisch verfaßte, durch den Papst als sichtbares Haupt repräsentierte Kirche bezogenen notae. Der Schriftbeweis stützt sich auf Gen 12, 3; 26, 4; 28, 14; Ps 2, 8; 21, 26; Jes 2, 2; 60, 4; Jer 3, 17; Dan 2, 44; Mal 1, 15; Mt 24, 14; 28, 18; Mk 16, 15; Apg 1, 8; 1Tim 2, 4; Röm 10, 18. Der Väterbeweis beginnt mit der ersten Anwendung des Prädikats auf die Kirche bei → Ignatius von Antiochien (Sm 8, 2), nennt vor allem → Pacian (ep. 1, 4: christianus mihi nomen est, catholicus cognomen), → Cyrill von Jerusalem (Katech. 18, 20), → Augustin (De vera rel. 7, 12). Der Beweis aus der Geschichte der Kirche betont, daß sich die Kirche als kath. alsbald in absolut umfangreicher und gegenüber den Sekten stets relativ größerer Weise über den ganzen bekannten Erdkreis erstreckt habe. – Im Selbstverständnis der *orth.-anatolischen Kirche* entspricht dem röm. Begriff von K. der Begriff → Ssobornost.

2. Die K. als Idee spielt eine erhebliche Rolle im Zusammenhang von Union- und Reunionstendenzen, im *prot.* Lager zT auf dem Hintergrund des Selbstverständnisses der Kirchen der Reformation als »kath. Kirche« (vgl. J. → Gerhard, Confessio catholica usw als Auslegung von CA, 1634–37) oder der Idee des consensus quinquesaecularis als Einheit der Alten Kirche (vgl. G. → Calixt) oder als romantische Idee der Kircheneinheit in der Mannigfaltigkeit (→ Novalis, Die Christenheit oder Europa, 1799), auch in der → Erweckung (E.L.v. → Gerlach); aber auch die Entdeckung der K. der → Anglikanischen Kirche (→ Newman) und ihre Betonung bei den → Altkatholiken. Zu Beginn der → Ökumenischen Bewegung hat N. → Söderblom (Die Aufgabe der Kirche. Internationale Freundschaft durch ev. K. [Die Eiche 7, 1919, 129–136]) von *»ev. K.«* gesprochen, und zwar auf der Linie von Stockholm. F. → Heiler hat diese als zT religionsgeschichtlichen Begriff einer christlichen Frömmigkeitssynthese in Verbindung mit hochkirchlichen Ideen näher umschrieben: »innere Synthese der unvergänglichen Werte« kath. und ev. Christentums, die gegenüber röm.-kath. »Synkretismus« das Evangelium wieder in die Mitte rückt und persönliches Christentum mit kath. Kirchlichkeit und Formenfülle verbindet; Reinigung der röm. Kirche von unter- und widerchristlichen Elementen; Kircheneinheit in konfessioneller Mannigfaltigkeit; charismatisch-prophetische Autorität eines episkopalen Führungsamtes; ev. Beichte; das mysterium tremendum im Gottesdienst (Mysterienliturgie); Hereinnahme der Werte der Mystik in persönlich-ev. Umgestaltung; eine Kirche, »deren Seele ev. und deren Leib kath. ist« (Vortrag: Ev. K., 1919; in: F.Heiler, Das Wesen des Katholizismus, 1920, 92ff).

Außer den kath. Lehrbüchern der → Dogmatik: A.Göpfert, Die K. der Kirche, 1876 – R.Wallau, Die Einigung der christl. Kirche vom ev. Glauben aus, 1925 – F.Heiler, Ev. K. Ges. Aufsätze u. Vorträge I, 1926 – DThC II, 2000ff (Moereau) – G.Thils, La notion de la catholicité de l'Eglise dans la théologie moderne (EThL 13, 1936, 5–73) – Ders., Les notes d'Eglise dans l'apologétique catholique depuis la Réforme, Gembloux 1937, 29ff. 214ff – J.M.Congar, Chrétiens désunis, Paris 1937, 115ff – EC III, 1178ff – A.Garciadiégo, Katholikè Ekklésia, Mexico 1953 – Th.Sartory OSB, Die ökumen. Bewegung u. die Einheit der Kirche, 1955 – A.Rétif SJ, Catholicité, Paris 1956 – N.Schiffers, Die Einheit der Kirche nach J.H.Newman, 1956. *Ernst Wolf*

Katona *von Geleji, István* (1589–1649), die hervorragendste Gestalt der ref. Orthodoxie in → Ungarn. K. war seit 1621 Hofprediger der Siebenbürger Fürsten G. Bethlen und G.Rákóczi I. und II., seit 1633 auch Bischof. Seine Wirksamkeit befestigte für lange Zeit die Vorrangstellung der ref. Kirche in → Siebenbürgen. K. führte harte Kämpfe wider die → Unitarier und → Sabbatarier, aber auch gegen → Puritaner und → Presbyterianer, obwohl er das presbyterianische Prinzip theoretisch anerkannte und auch die prot. → Einigungsbestrebungen (: II) im Sinne von → Pareus und → Durie befürwortete. Seine »Canones«, die er im Auftrage der unter seinem Präsidium gehaltenen Synode von Szatmárnémeti (1646) redigierte, haben die Entwicklung des ref. Kirchenrechts in Ostungarn und Siebenbürgen jahrhundertelang beeinflußt. »Das große Gradual« (1636), ein Gesangbuch, das K. mit seinem Vorgänger im Bischofsamt bearbeitete, konnte gegenüber dem Psalterium Ungaricum von Szenczi Molnár keinen weitreichenden Erfolg erzielen. Desto bedeutsamer war K.s Wirksamkeit auf dem Gebiete der ung. Philologie.

Vf. u.a.: Praeconium evangelicum, 2 Bde, 1638/40; (ung.:) Das Geheimnis der Geheimnisse, 1645; Das Geheimnis der Erlösung, 3 Bde, 1645–49. – Über K.: K.Brassai, G.K.I.s Leben u. Werke, 1902/03 – L.Gál, G.K.I.s Wortverkündigung, 1939 – G.Nagy, Die Persönlichkeit von G.K.I., 1940 – Ders., G.K.I.s Eschatologie, 1941 – I.Révész, Die Nationalsynode von Szatmárnémeti u. die erste ung. ref. Erweckung, 1947. *B.Nagy*

Kattenbusch, *Ferdinand* (1851–1935), Prof. für syst. Theol. in Gießen, Göttingen und Halle. K. bezeichnete sich selbst mit Vorbehalt als Schüler A. → Ritschls, dem er dreierlei verdanke: die stetige Orientierung als Dogmatiker und Ethiker an der geschichtlich erkennbaren Person Jesu; das Verständnis für Luthers einsame Größe in der Geschichte der Christenheit; die Achtsamkeit auf die »Freiheit eines Christenmenschen« als die eigentliche Probe des Glaubens. K.s Hauptarbeitsgebiete waren → Konfessionskunde, Geschichte des → Apostolikums (: I), Luthers Theologie, Theologiegeschichte.

Bibliogr. (Hauptschriften bis 1929) in RGG² III, 702f; E.Stange, Die Religionswiss. der Gegenwart in Selbstdarstellungen V, 1929, 119–121. – Ferner: Selbstdarstellung, aaO 85–118; Die dt. ev. Theol. seit Schleiermacher, (1924⁴) 1934⁶. Hg. der ThStKr seit 1910. – Festgaben: ZThK NF 12, 1931, H. 4/5; ThStKr 103, 1931, H. 2/3; ZSTh 9, 1931, H. 2. – Über K. (außer der Selbstdarstellung): O.Ritschl, F.K. als Persönlichkeit, Forscher u. Denker (ThStKr 107, 1936, 289 bis 311). *E.Schott*

Kaufmann → Sozialtypen.

Kausalität

I. In der Natur – II. In der Geschichte

I. In der Natur

1. Klassische Physik und Philosophie – 2. Quantentheorie

1. Der neuzeitliche K.sbegriff darf wohl als Ergebnis einer Umdeutung der aristotelisch-scholastischen causa efficiens (→ Aristoteles, 3c) verstanden werden. Die unter dem Einfluß der aufkommenden → Naturwissenschaft (: I) stehende Philosophie des 17.Jh.s eliminiert die drei anderen causae: an die Stelle der causa materialis rückt der neuzeitliche Materiebegriff, dem Begriff der causa formalis begegnet man nunmehr mit Mißtrauen. Weder → Materie noch → Form betrachtet man als Ursachen. Die causa finalis gilt nicht mehr als Erklärungsprinzip, da man überzeugt ist, dem Denken in Finalitäten nunmehr die Erkenntnis der wahren, nämlich mechanischen Ursachen des Geschehens entgegenstellen zu können. Mechanische K. versteht das 17.Jh. und in seinem Gefolge die Popularphilosophie bis ins 20.Jh. als Verursachung der Geschehnisse durch Druck und Stoß. Die Undurchdringlichkeit der Materie erscheint hier, wie schon im antiken Atomismus (→ Atom, 1), zusammen mit einer der Materie von Anfang an mitgeteilten

Bewegung als Ursache des Geschehens in der Natur. → Leibniz erkennt die Ungenauigkeit der Entgegensetzung von K. und Finalität. Eine Uhr erfüllt genau dann den vom Uhrmacher intendierten Zweck, wenn sie mechanisch tadellos funktioniert. Mathematische → Naturgesetze lassen meist zwei Formulierungen zu: eine »kausale« durch Differentialgleichung und eine »finale« durch Integralprinzipien. ZB läuft das Licht nach den Differentialgleichungen der physikalischen Optik gerade so, daß es den Weg vom Ausgangspunkt zum Endpunkt in der kürzest möglichen Zeit zurücklegt (Fermatsches Prinzip). Der angemessene Oberbegriff für das mathematische Naturgesetz ist daher in aristotelischer Terminologie vermutlich weder die causa efficiens noch die causa finalis, sondern die causa formalis. Das Bewußtsein dieses Sachverhalts, das bei Leibniz wach war, war im 18. und zumal im 19.Jh. weitgehend verschüttet. Die abstrakte Physik des 20.Jh.s hat es neu erweckt. - Schon im 17.Jh. führt die strenge Anwendung des kausalen Denkens zum → Determinismus. Wird die K. gemäß dem Satz vom zureichenden Grund gedacht, wonach nichts was geschieht ohne einen zureichenden Grund dafür geschieht, daß es gerade so und nicht anders geschehen ist, so erscheint alles Geschehen kausal eindeutig vorbestimmt. → Laplace fingiert einen Geist, der alle Naturgesetze kennt und die Differentialgleichung, in der sie formuliert sind, vollständig lösen kann; dieser Geist müßte, wenn er den Zustand der Welt in einem bestimmten Zeitpunkt vollständig kennte, den Zustand der Welt in jedem früheren oder späteren Zeitpunkt auf Grund bloßer Rechnungen vollständig angeben können (Laplace'scher Dämon). - Für → Kant ist die K. eine der → Kategorien unseres Verstandes. Sie gehört damit zu den Bedingungen der Möglichkeit von Erfahrung. Die konkrete Vorstellung vom kausalbedingten Naturgeschehen wird durch Kants transzendentale Interpretation nicht geändert.

2. Die kausale Denkweise der klassischen Physik und Philosophie wurde erschüttert durch die *Quantentheorie*. In etwas zu populärer Weise spricht man von einem Versagen des Kausalgeschehens auf Grund der Heisenbergschen Unbestimmtheitsrelation (vgl. → Atom, 4; → Komplementarität). Tatsächlich ist das kausale Denken in der Quantentheorie in einem doppelten Sinn bewahrt, in einem dritten Sinn aufgehoben. - Bewahrt ist die K. im Sinne einer methodischen Voraussetzung. Dieser Sinn läßt noch eine doppelte Anwendung zu: Ernst Cassirer interpretiert in seiner Darstellung der Quantentheorie K. als das Bestehen eines Schemas mathematischer Naturgesetze. Hieran hat sich in der Quantentheorie nichts geändert, jedoch sind die Gesetze zT statistischer Natur. Sie geben nur die Wahrscheinlichkeit gewisser Ereignisse an. Der Determinismus der klassischen Physik ist damit aufgegeben. - Die streng determinierende K. des Geschehens bleibt zweitens praktische Voraussetzung für die Konstruktion von Meßapparaten, denn nur sie gestattet den eindeutigen Schluß vom Meßergebnis auf das Meßobjekt. Für den Bereich der Meßapparate ist also K. im alten Sinn Bedingung der Möglichkeit der durch sie vermittelten Erfahrung. Hingegen braucht nicht angenommen zu werden, daß dieselben Gesetze, die in einem Meßapparat gelten müssen, damit er als Meßapparat funktioniert, auch das Meßobjekt beherrschen. Bohr drückt dies durch die Formulierung aus, daß wir unsere unmittelbaren Erfahrungen stets mit Hilfe der klassischen Physik beschreiben.

Formuliert man das Kausalprinzip der klassischen Physik wie folgt: Ist der Zustand eines abgeschlossenen physikalischen Systems zur Zeit t_1 gegeben, so ist sein Zustand zu jeder anderen Zeit t_2 streng berechenbar, bleibt dieser Satz auch in der Quantentheorie unanfechtbar. Das Versagen des Determinismus tritt an zwei verschiedenen Stellen ein, je nachdem wie der Begriff des Zustandes gedeutet wird. Versteht man unter dem Zustand die Angabe der Bestimmungsgrößen nach den Prinzipien der klassischen Physik, so besagt die Unbestimmtheitsrelation, daß es naturgesetzlich unmöglich ist, allen dazu erforderlichen Bestimmungsgrößen gleichzeitig einen bestimmten Wert zu geben. Dann ist die Prämisse des obigen Satzes unerfüllbar. Versteht man unter dem Zustand den sog. reinen Fall der Quantentheorie (das was durch eine Messung wirklich maximal festgestellt werden kann), so bestimmt die Schrödinger-Gleichung in der Tat die Veränderung dieses Zustandes von t_1 bis t_2 mathematisch exakt; aber der so definierte Zustand liefert nur eine statistische Angabe über den Ausfall, den eine Messung haben wird, in der man eine andere Größe mißt als die in dem betreffenden Zustand definierte Größe. Man kann also beim Versagen des Determinismus nicht von einer Widerlegung des Kausalgesetzes, aber von der Unerfüllbarkeit der in ihm vorausgesetzten Bedingungen sprechen. - Die von Bohr und Heisenberg eingeführte sog. Kopenhagener Deutung der Quantentheorie versteht diesen Verzicht nicht als eine Folge subjektiven menschlichen Nichtwissens, sondern als die Aufhebung der vollen Objektivierbarkeit des Naturgeschehens. Die Unanwendbarkeit des klassischen Kausalprinzips erscheint dann nur als eine Folge der Unanwendbarkeit der klassischen Ontologie.

E. Cassirer, Das Erkenntnisproblem in der Philosophie u. Wissenschaft der neueren Zeit, 4 Bde, 1906-57 (mehrere Aufl.) - E. Wentscher, Gesch. des Kausalproblems in der neueren Philosophie, 1921 - W. Heisenberg, Die physikal. Prinzipien der Quantentheorie, 1930 - N. Bohr, Atomtheorie u. Naturbeschreibung, 1931 - M. Hartmann, Die K. in Physik u. Biologie, 1937 - H. Weiss, K. u. Zufall in der Philosophie des Aristoteles, Basel 1942 - C.F.v. Weizsäcker, Zum Weltbild der Physik, (1943) 1957[7] (bes. 80-117: Das Verhältnis der Quantenmechanik zur Philosophie Kants) - M. Born, Natural Philosophy of Cause and Chance, Oxford 1949 - H. Dolch, K. im Verständnis der Theologen u. der Begründer neuzeitl. Physik, 1954 (dazu H. Blumenberg in: PhR 3, 1955, 198-208). - Vgl. die Lit. zu →Kant.

C.F.v.Weizsäcker

II. In der Geschichte

Der Begriff der K. hat für die moderne Naturwissenschaft konstitutive Bedeutung (→ Kausalität: I). Die Anwendung dieses Begriffes auf die → Geschichte (: III) ist dagegen von vornherein problematisch, weil im Bereich des menschlichen Handelns mit einer K. ganz anderer Art gerechnet werden muß, die → Kant K. aus Freiheit genannt hat. → Schopenhauer hat in seiner Lehre von der vierfachen Wurzel des Satzes vom Grund die Motivation als die »K. von innen gesehen« bezeichnet und damit eine weithin wirksame Vermittlung zwischen Natur- und Freiheits-K. vorgeschlagen. Wie sich ein solches Vermögen, eine Reihe von Ursachen von selbst anzufangen, mit dem allgemeinen Kausalnexus, der die Natur konstituiert, vereinigen lassen soll, ist aber in Wahrheit - auch nach Kant - ein theoretisch unauflösbares Dunkel. Die Frage der K. in der Geschichte ist jedoch nicht unbedingt von der Lösung des Freiheitsproblems abhängig. So hat die sog. induktive Logik seit J.St. → Mill, der damit auf → Hume zurückgeht, die Erforschung der Gesetze sozialen Verhaltens mit denselben Mitteln gefordert, mit denen die Gesetze der Naturvorgänge erforscht werden (→ Geisteswissenschaften). In gewissem Sinne ist die Frage nach der K. in der Geschichte also gleichbedeutend mit der Frage, ob es historische Gesetze gibt, die sich ebenso unverbrüchlich durchsetzen wie die → Naturgesetze. Ein gutes Beispiel eines solchen historischen Gesetzes ist etwa der Umschlag der extremen Demokratie in die Tyrannis, wie überhaupt die von Platon (Rep. VIII) begründete Lehre von dem Kreislauf der Staatsverfassungen. Bekanntlich ist es in der Geschichtswissenschaft der letzten hundert Jahre eine vielumstrittene Frage, ob der Begriff des Gesetzes hier Geltung beanspruchen kann. (Vgl. den Streit um Lamprecht, der sich der Sache nach überall dort erneuert, wo eine neue Theorie der Geschichte vorgelegt wird, zB bei Toynbee.) Das Mißliche dieser Position liegt offenbar darin, daß nur sehr formalisierte Gesetzesaussagen mit der geschichtlichen Erfahrung nicht in Widerspruch geraten, aber entsprechend auch über dieselbe nichts Rechtes aussagen. Daher die ausdrückliche Gegenposition, die das Verfahren der Geschichtswissenschaft gegen das »nomothetische« Verfahren der Naturwissenschaften als »idiographisch« charakterisiert (Windelband, → Rickert).

Auf alle Fälle wird aber die Frage der K. in der Geschichte erst eigentlich zum Problem, wenn man das menschliche Freiheitsbewußtsein nicht einer deterministischen Theorie zuliebe als Illusion ansieht, sondern als ein phänomenologisches Faktum gelten läßt. Denn dann ist K. nicht eine allgemeine Kategorie, die, wie Kant gezeigt hat, den Gegenstand der Erkenntnis schlechthin konstituiert, sondern eine aus der menschlichen Erfahrung der Geschichte erwachsene Fragestellung. Ihre Wurzel liegt offenbar darin, daß der Fortgang der Ereignisse dem Wollen und Planen des Handelnden gegenüber eine eigene und überlegene Macht beweist. Es ist die Erfahrung der Geschichte, daß etwas mit uns geschieht und daß wir nicht wissen, wie uns geschieht. So erwächst angesichts großer geschichtlicher Katastrophen, zB dem Ausbruch mörderischer Kriege oder der Entstehung oder dem Untergang großer Weltreiche, die Frage des Menschen nach den Ursachen so gewaltiger, alle einzelnen bestimmender Ereignisse. – Diese Frage ist zunächst ganz menschlich gestellt, dh sie ist eine Schuldfrage. Ursache meint hier also αἰτία. Offenbar aber ist die Anwendung dieses moralisch-juristischen Begriffs auf die großen Ereignisse der Geschichte mißlich. Mindestens den Charakter einer Willensschuld wird man einer solchen Verursachung kaum je zuerkennen können. So verknüpft sich notwendig mit der Frage nach der αἰτία die andere Frage, wieweit sich das zu erklärende Ereignis schon vorher angekündigt hat und somit weit zurückliegende Ursachen hat. Die griechischen Mediziner und, ihnen folgend, Thukydides (zB I, 23) reden hier von πρόφασις, was nicht so sehr Vorwand bedeutet als vielmehr das wirkliche »Vorphänomen«, dh das, worin die Zukunft schon vorgreifend in Erscheinung trat. Die Frage nach der Ursache zielt also auf die bessere Erkenntnis der Erscheinung selbst, nicht auf ihre »Geschichte«.

Von K. in der Geschichte wird man hier noch nicht sprechen können, sondern erst dort, wo der Gedanke eines alles verknüpfenden Ursachenzusammenhangs gedacht wird, und das ist seit der stoischen Philosophie (→ Stoa) der Fall, deren Naturbegriff durch die Idee der series causarum bestimmt ist. Diesem philosophischen Entwurf entspricht, daß sich erst in hellenistischer Zeit in dem Sinne eine historische Fragestellung findet, daß man nicht bloß fragt, wie es war, sondern wissen will, wie es dazu gekommen ist. Es liegt in der Natur der Sache, daß diese Fragestellung in sich geschichtet sein muß, sofern die sich darbietenden einzelnen Vorgänge noch nicht die wahren Ursachen des Geschehens darstellen. So unterscheidet Polybius (III, 6-12) in der seither für uns vertrauten Weise zwischen Anlaß und Ursache (ἀρχή - αἰτία). Was die Katastrophe auslöst, braucht durchaus nicht ihre wahre Ursache zu sein. – Eine solche Frage nach den Ursachen schließt nämlich immer schon ein teleologisches Moment ein, insofern es offenkundig die Größe, der Folgenreichtum, mithin die geschichtliche Bedeutung eines Ereignisses ist, die überhaupt erst die Frage nach seiner Verursachung motiviert. Es handelt sich also hier nicht um einen strengen Kausalbegriff, der durch die Entsprechung von Ursache und Wirkung definiert ist. Vielmehr lehrt uns die geschichtliche Erfahrung die Wahrheit des Satzes »Kleine Ursachen – große Wirkungen«, die ja auch unser Freiheitsbewußtsein zu der Schärfe der Verantwortlichkeit zuspitzt.

Außer der Lit. zu → Geisteswissenschaften u. → Geschichte: III: A. Schopenhauer, Über die vierfache Wurzel des Satzes vom zureichenden Grunde, (1813) 1957 - K. Lamprecht, Moderne Geschichtswissenschaft, 1905 - H. Rickert, Die Grenzen der naturwissenschaftl. Begriffsbildung, 1929 - A. J. Toynbee, Studie zur Weltgesch., 1949 - J. Lohmann, Das Verhältnis des abendländischen Menschen zur Sprache (Lexis III/1, 1952, 5-49) - G. Picht, Die Erfahrung der Gesch., 1958.

H.-G. Gadamer

Kautsky, *Karl,* Sozialist, * 16.10.1854 in Prag, † 17.10.1938 in Amsterdam. Seit 1875 in der sozialdemokratischen Partei, trat K. zunächst publizistisch als Mitarbeiter Eduard Bernsteins hervor, ging jedoch 1881 und 1885 bis 1890 nach London, wo er eng mit → Engels zusammenarbeitete und von ihm nachhaltig beeinflußt wurde. 1883 gründete K. die Zeitschrift »Neue Zeit«, die unter seiner Leitung zu einem maßgeblichen Organ des → Marxismus wurde. Als Verfasser des theoretischen Teils des Erfurter Programms trat K. 1891 als Ideologe der deutschen → Sozialdemokratie (: I) hervor, in der er dann zu den entschiedensten Gegnern des Revisionismus Bernsteins gehörte. – K.s Grundposition stützt sich weniger auf die ökonomischen Analysen von → Marx als auf die »materialistische Geschichtsbetrachtung« (2 Bde, 1927), die Engels' »Antidühring« wesentliche Anregungen verdankt. K.s Einsicht in die historisch-soziologische Bedingtheit gesellschaftlicher Analysen konnte ihn nicht zur Aufgabe seiner orthodoxen Haltung bewegen, die nach 1918 zu seiner weitgehenden politischen Ausschaltung führte.

B. Kautsky (Hg.), Ein Leben für den Sozialismus. Erinnerungen an K. K., 1954 - E. Matthias, K. u. der K.anismus (Marxismusstudien II), 1957 (Lit.). - K.-Archiv u. Bibliogr. im »Internationalen Institut für Sozialgesch.« in Amsterdam.

E. Thier

Kautz, *Jakob* (ca 1500 bis nach 1532), * in Großbockenheim (Pfalz), seit 1524 Prediger in Worms, wurde 1527 durch → Denck und → Hätzer für das Täufertum gewonnen und unterstützte sie vermutlich auch bei der Übersetzung der Propheten. Als K.' Werk gilt die 1529 bei Peter Schöffer in Worms erschienene erste vollständige → Bibelübersetzung (: IV, 2, Sp. 1206). Seine gemeinsam mit Denck und Hätzer verfaßten 7 Thesen zu einer Disputation mit luth. Predigern führten zur Ausweisung von K. Als täuferischer Wanderprediger war er dann in Augsburg, Rothenburg o.d.T. und Straßburg tätig, wo er 1529 ausgewiesen wurde. Seit 1532 verschwindet er; † wahrscheinlich in Mähren.

L. Keller, Ein Apostel d. Wiedertäufer, 1882 - C. Gerbert, Gesch. d. Straßburger Sektenbewegung, 1889 - RE X, 192ff - RGG[2] III, 710f (Lit.).

G. Biundo

Kautzsch, *Emil* (1841-1910), Alttestamentler, * in Plauen/Vogtland, † in Halle, lehrte in Leipzig (seit 1869), Basel (1872), Tübingen (1880) und seit 1888 in Halle. Er schloß sich seit 1878 → Wellhausen an und vertrat dessen Thesen, jedoch ohne jeden Radikalismus. Seine wichtigsten Veröffentlichungen sind von seinem pädagogischen Anliegen bestimmt, so vor allem die Übersetzung des AT und die Neubearbeitung der Grammatik von → Gesenius, deren letzte von K. bearbeitete Auflage noch heute unentbehrlich ist. K. war Mitbegründer des Deutschen Vereins zur Erforschung Palästinas (1876).

Unter K etwa Vermißtes bitte unter C und Z suchen

Vf. bes. (Bibliogr. in: Kürschners dt. Lit.kalender 1910, 802): Über die Derivate des Stammes ṣdq im at. Sprachgebrauch, 1881; Grammatik des Bibl.-Aramäischen, 1884; Abriß der Gesch. des at. Schrifttums, 1897; Die Aramaismen im AT, 1902; postum: Bibl. TheolAT, 1911. - Hg.: HSAT, (1894) 1908-10^{3} (1922/23^{4} hg.v. A.BERTHOLET); W.GESENIUS, Hebr. Grammatik, 1878^{22}-1909^{28}; Die Apokryphen u. Pseudepigraphen d. AT, 1900. - Mit-Hg. der ThStKr 1888-1910. - Über K.: Biogr. Jb. u. dt. Nekrolog 15, 1910, 133-139 - F.KATTENBUSCH in: ThStKr 83, 1910, 627-642 - RE XXIII, 747ff.
R.Rendtorff

Kawerau, *Gustav* (1847-1918), ev. Pfarrer und Prof. für KG und prakt. Theol., zuletzt in Berlin, wo er auch Mitglied des Ev. Oberkirchenrats war. Als bedeutender Vertreter der historischen Theologie erforschte er bes. Luther und seine Umgebung (Mitbegründer des Vereins für Reformationsgeschichte). In der Auseinandersetzung mit → Denifle und → Janssen trat K. als sachlicher Polemiker hervor. Neben seiner Vorlesungstätigkeit übte er durch eine biblisch-apologetisch orientierte Predigt auf die akademische Jugend großen Einfluß aus.

Vf. u.a.: J.Agricola, 1881; Kaspar Güttel, 1882; Predigten, 1897/1899; Hieron. Emser, 1899; Luther in kath. Beleuchtung, 1911. - Hg.: Briefwechsel des Just.Jonas, 1884f; W.MÖLLER, Lehrb. der KG III, (1894) 1907^{3}; J.KÖSTLIN, M.Luther I. II, 1902f^{5}; mehrere Bände der WA und der Braunschweiger Ausg.; Forts. der Ausg. von Luthers Briefen, begonnen von L.ENDERS. - Über K.: RGG^{2} III, 711f - CKL I, 1048 - LThK V, 915 - Dt. Biogr. Jb. II, 266 - H.STEPHAN, Gesch. der ev. Theol., 1938, 217 - RIETSCHEL-GRAFF 902 (Bibliogr.) - Leiturgia II, 329. *K.Dienst*

Keach, *Benjamin* (1640-1704), führender Theologe der frühen englischen → Baptisten, * in Stoke Hammond (Buckinghamshire), seit 1668 Prediger in Horsleydown (London). K. predigte zunächst in Privathäusern, seit dem Indulgenzgesetz von 1672 in einer 1000 Personen fassenden »Kapelle« (dh Freikirche). Er wirkte als Prediger und Bibelerklärer (hermeneutisch wichtig: Tropologia, 1682, Erklärung der biblischen Bildersprache; Gospel Mysteries reveil'd, 1701, Erklärung der biblischen Gleichnisse), als Liederdichter und als Vorkämpfer für die Trennung von weltlicher Obrigkeit und Kirche (Gewissens- und Pressefreiheit, Zivilehe). Sein Buch »The Child's Delight: or Instructions for Children and Youth« (1702^{3}) ist eine der frühesten Darlegungen baptistischer Grundsätze auf englischem Boden.

DNB (Neudr. 1949/50) X, 1141ff. *M.Schmidt*

Keble, *John,* führender Vertreter des modernen → Anglokatholizismus, * 25.4.1792 in Fairford (Gloucestershire), † 29.3.1866 in Bournemouth. Als Mitglied des Oriel College in Oxford gab K., der bis dahin nur als christlicher Lyriker hervorgetreten war (The Christian Year, 1827), durch seine Predigt »On national Apostasy« (14.7.1833) das Signal zur Entstehung der → Hochkirchlichen (Oxford-)Bewegung (: I, 3). Die Predigt sagte dem staatskirchlich-liberalen Denken des Anglikanismus im 18.Jh. den Kampf an. Der Versuch, durch die Gründung von Vereinigungen Gleichgesinnter (Associations of the Friends of the Church) sein Anliegen zu fördern, wurde von J.H. → Newman und R.H.Froude verworfen. Daraufhin gab K. im Sept. 1834 der Bewegung in 4 Sätzen ein konkretes Programm: 1. Genuß des Leibes und Blutes Christi als einziger Weg zur Seligkeit; 2. das verordnete Mittel dazu ist die Eucharistie; 3. Gewähr für ihre geordnete Spendung ist der den Bischöfen und Priestern erteilte apostolische Auftrag; 4. die Freunde verpflichten sich, diesen Grundsätzen zum Siege zu verhelfen, und zwar durch eine opferwillige Aktivität, die vom persönlichen täglichen Abendmahlsempfang bis zum kämpferischen Einsatz reicht. In diesem Programm steckte als Kern die Wiederentdeckung des biblischen Opfergedankens. Später trat K. hinter Newman stark zurück und blieb stiller Dorfpfarrer in Hursley (Hampshire).

DNB (Neudr. 1949/50) X, 1179ff. *M.Schmidt*

Keckermann, *Bartholomäus* (1571-1609), ref. Philosoph, * in Danzig, nach kurzer Lehrtätigkeit als Prof. der hebräischen Sprache in Heidelberg seit 1601 Prof. der Philosophie am Danziger ref. Gymnasium illustre. K. gilt als der bedeutendste wissenschaftliche Kopf in der damaligen ref. Schulphilosophie. Gegner des Petrus → Ramus, ist er Vertreter des → Aristotelismus und der Metaphysik auch innerhalb der Theologie. Als Wissenschaftsmethodologe hat er sich um die Klärung der »analytischen« Methode der sog. disciplinae operatrices (im Unterschied von den disciplinae contemplativae) verdient gemacht und diese teleologische Methode auch auf die der Ethik verwandte Theologie angewandt (→ Orthodoxie). Innerhalb seines theologischen Systems, das inhaltlich an manchen Stellen (zB Prädestination) eine Abschwächung des Calvinismus, in Anlehnung an die kurpfälzische Tradition (→ Ursinus), bedeutet, stehen aber die religiös-praktische Tendenz und die rational-theoretische (zB spekulative Gotteslehre) unvermittelt nebeneinander.

GA, 2 Bde, Genf 1614 (darin auch K.s Systema theologiae, 1602). - Über K.: RE X, 195f - P.ALTHAUS, Die Prinzipien der ref. Dogmatik im Zeitalter der aristotel. Scholastik, 1914, 18ff. 76ff. 138ff - RITSCHL III. IV (s. Reg.) - W.H.ZUYLEN, B.K. Sein Leben u. Wirken (Diss. Tübingen), 1934 - H.HEPPE-E.BIZER, Die Dogmatik der ev.-ref. Kirche, (1935) 1958^{2} - K.BAUER, Aus der großen Zeit der theol. Fakultät zu Heidelberg, 1938 - O.WEBER, Grundlagen der Dogmatik I, 1955, 66. 74ff. *† L.Zscharnack (O.Weber)*

Kedar, nach Gen 25, 13 einst ein Glied des ismaelitischen Stämmeverbandes (→ Ismael), erscheint in at. Texten, die, soweit datierbar, der Zeit vom 7.-5.Jh. vChr angehören, als Hauptvertreter der nomadischen Bewohner der Palästina südlich und östlich benachbarten Wüsten mit den charakteristischen Eigenarten des nomadischen Lebens (Zelte, Kleinvieh und Kamele, Karawanenhandel: Jes 42, 11; 60, 7; Ez 27, 21; Hhld 1, 5). Sie wohnen für Israel am Rande des Gesichtskreises (Jer 2, 10) und gelten als Feinde der Kulturlandbewohner (Jes 21, 16f; Jer 49, 28f; Ps 120, 5). Nach Inschriften Assurbanipals haben die assyrischen Könige Sanherib, Assarhaddon und Assurbanipal mit K. (Ḳadri, Ḳidri) feindliche Auseinandersetzungen gehabt. Dabei werden verschiedene Könige von K. genannt, die mehrfach allgemein auch als »Könige von Aribi« (Arabien) bezeichnet werden (vgl. das Nebeneinander von K. und »Arab« in Ez 27, 21). Bei Assurbanipal kommen zwei verschiedene »Könige« von K. gleichzeitig nebeneinander vor. In einer aramäischen Inschrift auf einer im östlichen Nildelta gefundenen Silberschale vom Ende des 5.Jh.s vChr wird genannt ein »Kain, Sohn des Gesem, König von K.«. Der hier erwähnte Gesem ist vielleicht identisch mit dem »Araber Gesem« von Neh 2, 19; 6, 1. 2. 6. Weniger sicher ist, ob auch der »gšm« einer lihjanischen Inschrift von el-ʿöla mit diesem Gesem gleichzusetzen ist. Noch Plinius (nat. hist. V, 12) nennt die Leute von K. in der Form »Cedrei«.

J.A.MONTGOMERY, Arabia and the Bible, 1934, 201 - M.STRECK, VAB 7, 1916, CCLXXX-CCLXXXV - F.M.CROSS, BA 18, 1955, 46f - W.CASKEL, Lihyan und Lihyanisch, 1954, 90. *M.Noth*

Kehr, *Paul Fridolin* (28.12.1860 bis 9.11.1944), Historiker, studierte in Göttingen und München, entscheidend beeinflußt durch Sickel in Wien und durch Reisen nach Verona, Venedig und Rom, Prof. in Marburg und Göttingen. Mit Unterstützung der dortigen Gelehrten Gesellschaft begann er die Sammlung der Papsturkunden bis 1198, übernahm selbst deren Bearbeitung für Italien (Italia Pontificia, 8 Bde, 1906–35) und Spanien (AAB 1926, 2) und hatte entscheidenden Einfluß auf die mittelalterliche Forschung als Leiter des Preuß. Historischen Instituts in Rom, der MG und der Preuß. Archive. Er nahm den Plan einer Germania sacra wieder auf und bezog historische Forschungen in die Aufgaben der Kaiser-Wilhelm-Gesellschaft ein. Die Gründung der Piusstiftung geht auf K. zurück.

Nachlaß im Dt. Zentralarchiv, Abt. Merseburg. - Biogr.: Ital. Erinnerungen, Rom 1940. - Über K.: DA 8, 1951, 26–58. *F.Bock*

Keim, *Karl Theodor,* * 17.12.1825 in Stuttgart, † 17.11. 1878 in Gießen. Seit 1843 Student in Tübingen, war K. Schüler F.Chr. → Baurs und H. → Ewalds, Hauslehrer in Ulm, 1851 Repetent in Tübingen, 1856 Pfarrer in Stuttgart und Eßlingen. Nach Arbeiten zur Reformationsgeschichte (bes. → Württembergs) widmete sich K. seit seiner Berufung als Prof. für NT in → Zürich (1860; seit 1873 in → Gießen) vorwiegend der Geschichte des Urchristentums und der alten Kirche. Selbständig gegenüber der Tübinger Schule, produktiv in gründlichen literarkritischen Einzelforschungen, beabsichtigte K. im Gegensatz zum »ungeschichtlichen« Verständnis Jesu (im altkirchlichen Dogma, bei den Kenotikern [→ Kenosis, 2] und bei → Strauß) konsequent historisch-genetisch die »menschliche Auffassung Jesu ohne Verzicht auf seine Hoheit« darzustellen. K.s »Geschichte Jesu von Nazara« (3 Bde, 1867–72) war eine beachtliche Leistung, teilte aber die Problematik der Leben-Jesu-Forschung (→ Bibelwissenschaft: II, 4) seiner Zeit.

Vf. außerdem u.a.: Schwäbische Reformationsgesch. bis zum Augsburger Reichstag, 1855; Der geschichtl. Christus, (1865) 1866³; Gesch. Jesu nach den Ergebnissen heutiger Wissenschaft (NB: für weitere Kreise) übersichtlich erzählt, (1872) 1873³ (NB: 1875); Celsus' Wahres Wort, 1873; Aus dem Urchristentum, 1878; Rom u. das Christentum, hg.v. H.Ziegler, 1881 (mit Biogr.). - Über K.: ADB XV, 534 - F.Nippold, Hdb. d. neuesten KG III/1, 1890³, 419ff - O.Pfleiderer, Die Entwicklung der prot. Theol., 1891, 305ff - RE X, 198ff; XXIII, 752 - A.Schweitzer, Gesch. d. Leben-Jesu-Forschung, (1906) 1951⁶ - RGG² III, 715 - E.Barnikol, Das Leben Jesu..., 1958. *E.H.Pältz*

Keith, *George* (1638–1716), englischer Theologe, * in Peterhead, Aberdeenshire. Nach theologischen und mathematischen Studien (1658 Magister) schloß er sich 1663 den → Quäkern an. Dieser Schritt brachte ihn bis 1684 mehrmals in schottische und englische Gefängnisse. Seine Standhaftigkeit und Bekenntnisfreudigkeit brachte ihm bei den Quäkern hohes Ansehen; auch gewann er durch seine apologetischen Schriften großen Einfluß. 1681/82 war K. Lehrer an Quäkerschulen, 1685–91 versah er in East-Jersey den wichtigen Posten eines Surveyor-General. Als Lehrer an der neuen Quäkerschule in Philadelphia überwarf er sich mit führenden Quäkern. Daraus entstand eine Spaltung zwischen dem offiziellen Quäkertum und den Anhängern von K., die sich wegen ihrer theologischen Annäherung an den Calvinismus »Christian Quakers« nannten. Gegenseitige erbitterte Polemik verhinderte eine Aussöhnung. 1693 nach London zurückgekehrt, wurde K. von den Quäkern ausgeschlossen und hielt nun eigene Versammlungen in Turners Hall. 1699–1702 betätigte er sich als Agent der S.P.-C.K. (→ Anglikanische Kirche: II, 1) gegen das Quäkertum und trat 1700 zur anglikanischen Kirche über, von der er 1702 die Priesterweihe empfing. 1702–04 unternahm er im Auftrag der S.P.C.K. eine freilich erfolglose Bekehrungsreise zu den amerikanischen Quäkern. 1705 wurde er Pfarrer in Edburton (Sussex) und agitierte bis zum Tode weiter gegen das Quäkertum.

E.Williams, G.K., Kirby (N.Y.) u. London 1942. *P.Held*

Kelchentziehung. Die Kommunion wurde bis ins 13.Jh. im Westen unter beiderlei Gestalt empfangen, bei der → Kranken- und → Kinderkommunion mittels intinctio. Bei der Taufkommunion sollte nach → Wilhelm von Champeaux († 1121) nur der Wein genügen. Dagegen begründet der Scholastiker → Alexander von Hales († 1245) mit seiner Lehre von der Konkomitanz (→ Abendmahl: II, 2a) den Kelchverzicht. → Thomas von Aquino († 1274) lobt die zu seiner Zeit »in manchen Kirchen« geübte K. wegen der darin zu erblickenden »höchsten Ehrfurcht und Vorsicht« gegenüber dem Sakrament; in der übersteigerten Ehrfurcht vor der heiligen Materie (vgl. schon Tertullian, De corona militis 3) liegt wohl der Hauptgrund dafür, daß sich das Volk die K. gern gefallen ließ. Hatten noch Synoden von Clermont (1095) und London (1175) die Vollkommunion eingeschärft, ja die intinctio nur notfalls geduldet, so stellt das Konstanzer Konzil (1415) den Laienkelch schon unter Strafe (Sess. XIII). Für ihn und gegen die K. kämpften die Hussiten (→ Huß); den Utraquisten Böhmens wurde er von 1433–1621 erlaubt. In der luth. Reformation war er Symbol des Kampfes gegen die Priesterkirche (Bugenhagen, Wedder de Kelkdeue, 1532), weshalb man sich *zeitweilig* (Augsburger → Interim 1548, römisches Kelchindult für eine Reihe deutscher Diözesen 1564) zu Entgegenkommen bereit fand. Bleibend gültig blieb für die kath. Kirche die Entscheidung des → Tridentinums (1551, Sess. XXI, can. 1). - Die Ostkirchen lehnen die K. mit einer der prot. ähnlichen laienfreundlichen Begründung ab.

J.Smend, Kelchversagung u. Kelchspendung in der abendländ. Kirche, 1898 - L.Eisenhofer, Hdb. der kath. Liturgik, (1912) 1932/1933², 212ff - DACL III/2, 2463ff - RGG² III, 716f - H.Preuss, Die Gesch. der Abendmahlsfrömmigkeit, 1949 - Rietschel-Graff 337. 341 - M.Schmaus, Kath. Dogmatik IV/1, 1952³·⁴, 341ff (Lit.) - EKL II, 871ff. *H.Urner*

Keller, 1. *Adolf,* ev. Theologe, * 7.2.1872 in Rüdlingen (Schweiz), studierte Theologie und Philosophie in Basel, Berlin und Genf, war 1896–99 Hilfspfarrer in Kairo, 1899–1924 Pfarrer in Burg am Rhein, Genf und Zürich. K. ist einer der Initiatoren der → ökumenischen Bewegung in Europa. Sein ökumenisches Interesse bewies K. in der Mitarbeit am → Weltbund für internationale Freundschaftsarbeit der Kirchen und als Sekretär des Schweizerischen Ev. Kirchenbundes und des amerikanischen Federal Council. Außerdem betätigte sich K. als sozialwissenschaftlicher und kirchenkundlicher Forscher. So leitete er das nach der Weltkirchenkonferenz von Stockholm 1925 gegründete Internationale sozialwissenschaftliche Institut und gab die sozial-kirchliche Zeitschrift »Stockholm« heraus (1928–31).

Vf. u.a.: Eine Philosophie des Lebens (H.Bergson), 1914; Dynamis. Formen u. Kräfte des amerikan. Protestantismus, 1922; Der Weg der dialekt. Theol. durch die kirchl. Welt, 1931; Religion and the European Mind, London 1934; Church and State on the European Continent, ebd 1936; Christian Europe to-day, ebd 1942; Amerikan. Christentum heute, 1943; Wiederaufbau der Welt, 1944; Zeitwende, 1946. - Über K.: K.Fueter-G.Gloede, A.K. (Ökumen. Profile VI/2), 1955. *H.-H.Schrey*

2. *Gottfried,* * 19.7.1819 in Zürich, † 15.7.1890 ebd, der bedeutendste Vertreter des sog. poetischen → Realismus in der deutschen Literatur. Schon früh (1824) verlor K. seinen Vater und wurde ohne feste Führung zum Autodidakten, der auf langen und oft schmerzlichen Umwegen zum Dichter reifte. 1834 von der kantonalen Industrieschule gewiesen, versuchte er ohne Glück zuerst in Zürich, dann 1840–42 unter Entbehrungen in München sich zum Kunstmaler auszubilden; von 1842 bis 1848 lebte er wieder in Zürich und schloß sich eng an die deutschen politischen Emigranten an (Freiligrath,

Herwegh, Hoffmann v.Fallersleben, W.Schulz), die sich um das »Literarische Comptoir« von L.A.Follen und Julius Fröbel scharten. 1845 erschienen in Fröbels »Deutschem Taschenbuch« K.s »Lieder eines Autodidakten«, 1846 ein Band »Gedichte« in Heidelberg. Ein Stipendium seiner Vaterstadt führte ihn 1848-50 selbst nach Heidelberg, wo er ohne systematische Vorbereitung bei Jakob Henle anatomische, bei Hermann Hettner literarhistorische Studien trieb, bes. aber in den Bann → Feuerbachs und seiner atheistischen Philosophie geriet. Von 1850-55 setzte K. seine eigenwillige Ausbildung in Berlin fort und bemühte sich vor allem - wiederum erfolglos - um das Theater und Drama. Doch entstand hier sein großer Erstlingsroman »Der grüne Heinrich« (1853/55), wie hier auch der Keim zu den wichtigsten seiner späteren Werke gelegt wurde. Ende 1855 kehrte K. nach Zürich zurück; mit den Jahren wuchs sein literarisches Ansehen, aber seine Existenz blieb ungesichert. 1861 erhielt er dann das Amt des ersten Staatsschreibers der Kantonsregierung, das er mit größter Pflichttreue bis 1876 innehatte, so sehr es sein dichterisches Schaffen auch hinderte. Erst die Altersphase war ganz dem Einbringen der Ernte gewidmet. - K.s erzählerisches Werk spannt sich wie ein Regenbogen über die Erde als ein die Wirklichkeit heiter verklärendes Farbenspiel, ein Lächeln unter Tränen. Es steigt von dem schwermütigen Jugendroman »Der grüne Heinrich« zu dem Novellenkranz »Die Leute von Seldwyla« (I. II, 1856/74) auf; im Zenith seiner Erzählkunst stehen die »Sieben Legenden« (1872). Von den reifen Zyklen der »Züricher Novellen« (1876/77) und des »Sinngedichts« (1882) kehrt K. aus dem dichterisch überhöhten Raum der Geschichte und heimatlichen Landschaft in dem Altersroman »Martin Salander« (1886) zur Gegenwart und damit zum Bekenntnis zur nationalen Gemeinschaft zurück. Der Ausgleich und die Spannung zwischen schöpferischer Einzelpersönlichkeit und staatsbürgerlicher Bindung kennzeichnen sein Schaffen. - K.s Verhältnis zur Religion ist nur mit größter Vorsicht zu bestimmen. Seine Begegnung mit Feuerbach bedeutet nicht primär eine theologische oder philosophische Entscheidung, sondern nur die Legitimation der auf sinnliche Erfahrung gegründeten dichterischen Erkenntnis (»Dies, was ich sehe, ist die Wahrheit, und nicht das, was ich weiß«). Aus der »stillen Grundtrauer, ohne die es keine rechte Freude gibt«, quillt sein Humor. In ihm läutert und klärt sich die tiefreligiöse Erfahrung der Zeitlichkeit und Endlichkeit unseres Daseins zum dichterischen »Trost der Kreatur«.

Sämtl. Werke, Hist.-krit. Ausg. v. J.Fränkel u. C.Helbling, 24 Bde, 1926-49; Ges. Briefe, krit. Ausg. v. C.Helbling, 4 Bde, 1950f; Sämtl. Werke u. ausgew. Briefe hg.v. Cl.Heselhaus, 3 Bde, 1956-58. - Über K.: E.Ermatinger, G.K.s Leben. Mit Benutzung von J.Baechtolds Biogr., (1915) 1950[8] - F.Burri, G.K.s Glaube, 1944 - Th.G.Hegglin, G.K.s Glaube in neuer Sicht (Schweizer Rundschau 45, 1945/46, 395-400) - G.Lukacz, G.K., 1947 - E.Ackerknecht, G.K. Gesch. eines Lebens, 1948 - H.Boeschenstein, G.K. Grundzüge seines Lebens u. Werkes, 1948 - W.Zollinger-Wells, G.K.s Religiosität, 1954 - M.Rychner, G.K. (in: Die großen Deutschen III, 1956, 364-375). *M.Greiner*

3. *Samuel* (1856-1924), Pastor und Evangelist, * in Petersburg. Als deutscher Pastor in Südrußland erlebte K. tiefgehende Erweckungen. 1890 wurde er Generalsekretär der deutschen Sittlichkeitsvereine, 1892 Pfarrer in Düsseldorf, 1898 freier Evangelist (→ Evangelisation, 1b). K. verstand es, das erweckliche, zur Entscheidung rufende Evangelium den Gebildeten, auch den Kirchenfremden, in eigener Sprachgestalt zu sagen. Mit den großen Kollekten seiner stets stark besuchten Versammlungen finanzierte er Missionsstationen. - Vgl. → Eisenacher Bund.

Vf. außer Romanen (zT unter dem Pseudonym Ernst Schrill) u.a.: Mein Abendsegen, (o.J.) 1930[8]; In der Furche (Predigten), (o.J.) 1927[4.5]; Auferstehung des Fleisches, 1913; Aus meinem Leben I. II, 1917/22; Meine Minuten, 1918; Sonnige Seelsorge, 1918. - Hg. des Monatsblattes »Auf dein Wort«. - L.Weichert, S.K. Eine Ährenlese, 1925 - E.Bunke, S.K.: Gottes Werk u. Werkzeug (Zeugen des gegenw. Gottes, 5), 1949. *H.Brandenburg*

Keller-Gemeinschaft. Der Deutsch-Schweizer *Joh. E.Keller,* ursprünglich Katholik, sammelte durch seine in Berlin vor dem 1. Weltkrieg begonnene Schriftstellerei Kreise um sich, die aber nie zu einer festen Organisation zusammenwuchsen. Er vertrat eine apokalyptisch gesättigte Geschichtsauffassung. Danach sind die → zehn verlorenen Stämme Israel aus Medien als Germanen nach Europa eingewandert und haben dann die Heidenchristenheit gebildet. Deren Entwicklung und Abfall ist in den 7 Sendschreiben (Apk 2f) dargestellt. Mit K. ist die Periode von Philadelphia angebrochen, und die Wiederkunft steht nahe bevor. An der damit verbundenen Entrückung werden nur die teilhaben, die ihre Liebe zu Christus durch ein tägliches »Sich-Töten« bewähren. Sie empfangen die ganze Erlösung, auch des Leibes. Wer vor der Wiederkunft stirbt, beweist damit, daß er nicht zu den Kindern Gottes gehörte. - Als sich die Parusie verzögerte und K. selbst 1950 starb, schloß sich ein Teil seiner Anhänger anderen apokalyptischen Kreisen an.

K. vf. u.a. (alles Berlin, o.J.): Das Reich Gottes in seiner Entwicklung; Abraham, der Vater der Gläubigen, im Offenbarungslichte der hl. Stadt; Die ganze Erlösung, Gottes Werk in Christo Jesu; Gottes Hilfe in der Not nach dem 91. Psalm; Der Sieg des Reiches Gottes; Der Wegbereiter des Herrn. - Kritisch: Hutten[5] 172ff. *K.Hutten*

Kelten. Für die Kenntnis von der Religion der alten K. stehen außer den nicht zahlreichen unmittelbaren Berichten aus der Antike (s. Lit.) viele inschriftlich überlieferte Götternamen, Darstellungen auf Stein und Weihungen zur Verfügung. Weiteres Material, wenn auch aus viel späterer Zeit und zT durch eine christliche Brille gesehen, bietet die reiche mittelalterliche Sagenliteratur in Irland, aber nur weniges die entsprechende kymrische Literatur aus Wales. Erst zT herangezogen und ausgenutzt (vgl. immerhin H.Hartmann, Der Totenkult in Irland, 1952) ist die volkskundliche Überlieferung. Viel wertvollen Stoff enthält die Beschreibung Irlands von Giraldus Cambrensis († ca 1220).

Aus der Antike kennen wir eine Fülle von *Götternamen,* ohne daß wir uns trotz der Interpretatio Romana (vgl. dazu Röm. Germ. Komm. 1923, 14. Bericht) - von Ausnahmen abgesehen - eine genaue Vorstellung machen können. Von den großen Göttern erwähnt Lucan eine Dreiheit: Teutates, Esus, Taranis (vgl. Ét. Celt. 8, 1958, 41ff). Auf Inschriften begegnen u.a. ein (Mars) Camulus, (Mars) Caturix (»Kampfkönig«), Cernunnus (ein Gott mit einem Hirschgeweih), (Apollo) Grannus (ein Heilgott, wie der folgende), Lenus (Mars), Sucellus (Silvanus; ein Totengott mit einem Hammer oder Schlägel), ferner ein Tarvos Trigaranus (ein Stier mit drei Kranichen). Unbekannt ist der einheimische Name eines dreiköpfigen Gottes (vgl. Pettazzoni, Journ. Celt. Studies 1, 1950, 35ff) und eines Radgottes (letzterer mit Juppiter gleichgesetzt), dessen Rad vielleicht im Mainzer Wappen fortlebt (vgl. E.Jung, Germanische Götter und Helden in christlicher Zeit, 1922, 248f). Am weitesten verbreitet, bes. durch ihre Verehrung im römischen Heere, ist die Pferdegöttin (→ Pferd) Epona. - Des öfteren treten *Götterpaare* auf, zB Ancamna mit Lenus Mars bzw. Mars Smertrius, ein Mercurius (nur so genannt) mit Rosmerta oder Apollo Grannus mit Sirona, in deren Namen das indogermanische Wort für »Stern« enthalten ist. Fast immer zu dritt (vgl. Siebourg, Bonner Jb.er 138, 1933,

103ff) erscheinen die → Muttergottheiten der Matronae, auch Matres (Matrae) genannt, die bes. am Rhein, dort aber auch von germanischer Seite verehrt wurden; auffälligerweise ist gewöhnlich eine von ihnen jünger dargestellt als die beiden anderen. Wie ihre Beinamen beweisen, ist ihr Kult und ihre Verehrung jeweils örtlich beschränkt und gebunden. - In den kelt. *Tempeln,* die häufig - anders als die griechisch-römischen → Tempel - rechteckige oder runde Gestalt haben, sind auch Menhire (vgl. dazu H.Kirchner, → Dolmen) als Götterbilder nachgewiesen (vgl. Koethe, Germania 16, 1932, 276ff). Damit geht zusammen, daß ältere vorgeschichtliche Kultstätten zT bis in die kelt. Zeit hinein benutzt worden sind (vgl. Roeder, Bonner Jb.er 148, 1948, 81ff). Den Übergang vom Menhir zum Gottesbild zeigt der sog. Obelisk von Pfalzfeld mit menschlichem Kopf (vgl. ebd 145, 1940, 195 mit Abb.). Dies leitet hinüber zu hl. → Steinen, Hügeln und → Bergen, → Bäumen und Wäldern, → Quellen, Bächen und Flüssen (→ Wasser). Göttlich verehrt sind die Vogesen (Vosegus), der Schwarzwald (Abnoba) und die Ardennen (Arduinna); vgl. die Weihung an die Flußgöttin der Günz (Gontia; Germania 14, 1930, 39).

Wenig weiß die Überlieferung des MA von den alten *Göttern* zu berichten, obwohl man sich in Irland stets bewußt geblieben ist, daß die alten Sagen der vorchristlichen Zeit angehörten. Wir finden wohl, aber heroisiert, die Gestalt eines »guten Gottes« (ir. Dagda), auch Ollathair (»Allvater«) genannt. Sein Bruder Ogma, der das aus Strichen bestehende Ogam-Alphabet erfunden haben soll, ist schon von Lucian unter dem Namen Ogmios als Gott der Beredsamkeit erwähnt. Nuadu Arggatlám (»Silberhand«), dessen Name in einer kymrischen Sage als Llud Law Ereint auftaucht, entspricht lautlich dem altbritannischen Gott Nodonti (Dsg). In derselben mittelkymrischen Sage kommt daneben ein Mabon vab (»Sohn«) Modron vor; er ist als Apollo Maponus im römischen Britannien verehrt worden, und Modron dürfte die alten Matronae widerspiegeln. Auf Lug, einen weiteren Verwandten des Dagda, wird von der irischen Sage der Lugnásad (»Lug-Festversammlung«) am 1. Aug. zurückgeführt, dem gleichen Tage, an dem einst in Lyon (Lugudunum = »Lug-Burg«) ein Fest zu Ehren des Kaisers Augustus stattfand. Während in Lyon die Lugoves (Mehrzahl zu Lug) als Schutzgötter verehrt wurden, berichtet eine irische Sage (Scéla Mucce Meic DaThó § 20), daß um Fer Loga (»Mann des Lug«) abends die Mädchen von Ulster mit dem Spruch »Fer Loga, mein Liebling« getanzt hätten. ZT noch heute ist der alte Totengott Donn in Irland bekannt (vgl. Müller-Lisowski, Béaloideas 18, 1948, 142ff; Ét. Celt. 6, 1953/54, 21ff), während eine alte Frühlingsgöttin Brigit mit der Heiligen dieses Namens zusammengeflossen sein dürfte (vgl. Lehmacher, Rhein. Jb. für Volkskunde 4, 1953, 125ff). Vom Kontinent wären hier die drei Marien oder drei Jungfrauen zu erwähnen (vgl. die eingehende Untersuchung von Zender, Rhein. Vierteljahrsblätter 10, 1940, 159ff; weitere Parallelen bei Jung, aaO 177ff); ein südfranzösisches Beispiel sind Les Saintes Maries an der Rhonemündung.

Weit verbreitet und alt ist in Irland der Glaube an das *Síd-Volk,* übermenschliche, meist unsichtbare Wesen, deren unterirdische Wohnsitze in Hügeln gedacht und in der Nacht vor Allerheiligen auch für die Augen der Menschen geöffnet sein sollen. Heute sind sie - engl. »fairies« genannt - im Volksglauben zT mit anderen Spukgestalten, gelegentlich auch mit den Totengeistern zusammengeworfen. Aus ihnen mögen, wenigstens bis zu einem gewissen Grade, die Vorstellungen über die mittelalterlichen Feen erwachsen sein. Andere dämonische Wesen der alten Zeit sind die weiblichen Schlachtgeister, zB die Morrígain (»Mahren-Königin«) oder die Bodb (»Krähe«), die in verschiedener Gestalt, manchmal auch in der Mehrzahl, auftretend gedacht sind. Daneben spielen → Riesen, später auch → Zwerge, in den irischen Sagen eine Rolle. Im See haust ein Untier (ir. béist, péist < lat. bestia; kymr. afanc), dessen Reflexe wir in der Beowulf-Sage und in dem immer wieder behaupteten Untier des Loch Ness in Schottland wiederfinden.

Auch die *»geis«* ist erst aus der späteren literarischen Überlieferung bekannt. Unter dem irischen Ausdruck »geis« versteht die Sage ein Verbot (→ Tabu), gewisse Dinge zu tun oder abzuschlagen, deren Nichtbeachtung den Tod nach sich zieht. Vielleicht gehören gallische Völkernamen wie Bran(n)ovices (»Raben-Kämpfer«) und Lemovices (»Ulmen-Kämpfer«) hierher; vom Freitod des Eburonenkönigs Catuvolcus berichtet Cäsar, daß er »taxo« (= gall. *eburos) »se exanimavit«. Von alten heidnischen Schwurformeln sind uns → Sonne und → Mond, gelegentlich um andere Paare (zB Meer und Land) erweitert, einmal Sonne und Wind (ir. grian ocus gaeth) überliefert (vgl. T.F.O'Rahilly, Early Irish History and Mythology, Dublin 1946, 298). In irischen Sagen gilt eine Wendung nach rechts als glückhaft, eine solche nach links als Unheil (→ Links und rechts). Etwas Besonderes ist die irische Anschauung, zu der man in Indien Verwandtes findet, daß ein Niedriggestellter gegen einen Höhergestellten durch → Fasten Macht und Recht erlangt (vgl. Zs. f. celt. Philologie 15, 1925, 260ff). Analog kann die christliche Legende berichten, die Heiligen Irlands hätten gegen Gott gefastet (vgl. R. Ir. Ac. Proc. 29 C, 1911/12, 157; für Britannien vgl. auch Nennius § 47). Öfter begegnet in den irischen Sagen die Vorstellung, daß die Überirdischen von einer fernen Insel gekommen seien; Mag Mell (»Feld der Freuden«), Tír na mBan (»Land der Frauen«), später auch Tír na nÓc (»Land der Jungen«) sowie Emain Ablach (ablach = »apfelreich«) sind die Namen. Wer dorthin gelangt, dem soll ewige Freude und Jugend gesichert sein. Heute ist diese Insel zT als Toteninsel und Reich des Donn gedacht. Im Kymrischen entspricht die Ynys Afallach, latinisiert Insula Avallonis oder Insula Pomorum (vgl. Chotzen, Ét. Celt. 4, 1948, 255ff), auf die der totwunde König Arthur entrückt sein soll. Über »Les éléments celtiques de la légende du Graal« unterrichtet Vendryes (Ét. Celt. 5, 1950/51, 1ff). Daß die alten K. an die Unsterblichkeit der Seelen und eine Wiedergeburt geglaubt hätten, berichten die antiken Autoren. Charakteristisch sind für die frühe K.zeit die Wagengräber; auch an diese Sitte hat sich eine Erinnerung in der irischen Sage gehalten (vgl. Ét. Celt. 8, 1958, 26).

Gleichmäßig wichtig für die kelt. Religion und Kultur sind die *Druiden;* das beste Zeugnis für ihre wissenschaftlichen Leistungen ist der Kalender von Coligny im Sequanerland (vgl. Mac Neill, Ériu 10, 1926/28, 1ff). Für sie sollen nach den antiken Berichten Eiche und Mistel hl. Pflanzen gewesen sein, und wohl zu Recht hat schon Plinius ihren Namen mit der Eiche zusammengebracht (ir. druí < *dru-uids = »Eichen-Wisser«). Neben ihnen werden von Strabo οὐάτεις genannt (ir. fáith). In der älteren irischen Überlieferung ist deutlich ein Unterschied zwischen druí und fáith zu spüren. Der druí ist ein Mann, der etwas aus gelerntem Wissen heraus beantworten kann (zB ob der heutige Tag gut ist, einem Jungen die Waffen zu verleihen). Der fáith, häufig auch weiblich gedacht, spürt und sieht dagegen divinatorisch zukünftige Ereignisse (wie ein Prophet), weshalb fáith auch der irische Ausdruck für den biblisch-christlichen Propheten ist.

Einzelheiten über die kelt. Götterverehrung usw sind

uns nicht bekannt; die antiken Autoren berichten von → Menschenopfern (: I). Über die religiösen Vorstellungen sagen die theophoren altgallischen Personennamen etwas aus: zB Esu-genus (»der seinen Ursprung in Esus hat«), Esu-nertus (»der seine Kraft in Esus hat«) oder Ande-camulus (vielleicht »dem Camulus ergeben«; vgl. griech. ἔνθεος). Ebenso dürften die mit sacro- zusammengesetzten Namen hierhergehören. Die Annahme, daß ein neugeborenes Kind die → Wiedergeburt eines verstorbenen Bruders oder Schwester sei, zeigen die Namen Ate-gnatus, fem. -gnata (»wieder-geboren«), lat. Restitutus. Daß die Gallier glaubten, von einem göttlichen Urvater abzustammen, wie Cäsar berichtet, verbindet sie mit vielen anderen Völkern.

Grundlegend für die antiken und frühmittelalterl. hagiograph. Zeugnisse sind die Sammlungen von I.Zwicker, Fontes historiae religionis Celticae I-III (FHR V, 1-3), 1934-36. - Ausführlichste neuere Darstellung: J.Vendryes, La religion des Celtes (in: Mana II, Paris 1948, 237-320; Lit.). Die wichtigstenWerke u. Aufsätze der Zeit von 1939-52 behandelt J.Pokorny in den Wissenschaftl. Forschungsberichten (Geisteswiss. Reihe; ed. K.Höhn), Bd II, Bern 1953, 95-186. Zu T.F.O'Rahilly, Early Irish History and Mythology, Dublin 1946 vgl. Pokorny, ebd 117ff. *R.Hertz*

Keltische Philologie. Obwohl der innere Zusammenhang der keltischen Sprachen schon lange bekannt war, beginnt die eigentliche K.Ph. erst mit dem Historiker J.K.Zeuss (1806-56). Ausgehend von der Tatsache, daß sich die antiken Quellen in der Trennung von →Kelten und Germanen (→ Germanische Religion) öfters widersprechen, kam ihm der Gedanke, ob sich nicht mit Hilfe der uns erst aus späterer Zeit bekannten keltischen und germanischen Sprachen die ethnologische Zugehörigkeit der einzelnen Völkerschaften auf Grund ihres in den alten Quellen überlieferten Namen-Materials feststellen ließe. Im Laufe dieser Untersuchungen (vgl. »Die Deutschen und die Nachbarstämme«, 1837) wurde Zeuss auf die in Süddeutschland, in der Schweiz und Oberitalien befindlichen altirischen Handschriften aufmerksam. Ihrem Studium und der Kenntnis der gesamten keltischen Sprachen war sein späteres Lebenswerk gewidmet (Ergebnisse in der »Grammatica Celtica«, 1853). - Hatte man noch in den 30er Jahren des 19.Jh.s gezweifelt, ob die keltischen Sprachen wirklich indogermanisch seien, so ist es das Verdienst von F.Bopp (1791-1867; »Über die celtischen Sprachen vom Gesichtspunkte der vergleichenden Sprachforschung«, 1838), diesen Zweifel endgültig beseitigt zu haben. - Auf den Vorarbeiten von Bopp und Zeuss haben dann die Deutschen H.W.Ebel (1820-74), E.Windisch (1844-1918), H. Zimmer (1851-1910), Kuno Meyer (1858-1919) sowie der Italiener G.I.Ascoli (1829-1907), der Wiener A.Holder (1840-1916), der Schweizer R.Thurneysen (1857 bis 1940), der Däne H.Pedersen (1867-1953), der Tscheche J.Baudiš (1883-1933), der Holländer A.G.van Hamel (1886-1945) und der Amerikaner T.P.Cross (1879-1952) weiter aufgebaut (die noch lebenden Forscher der K.Ph. sind hier wie im folgenden nicht mitaufgeführt).

Während die K.Ph., bes. auf dem Kontinent, lange und in stärkerem Maße mit der indogermanischen Sprachwissenschaft (→ Indogermanen) verbunden blieb, war sie in den Ländern, in denen heute noch eine keltische Sprache erhalten ist, teilweise mehr philologisch und heimatgeschichtlich ausgerichtet. - In *Frankreich* kannte man immer schon das Bretonische, und dementsprechend stand diese Sprache neben dem Altgallischen auch meist im Vordergrund des Interesses. Hier wären vor allem J.F.M.M.A.Le Gonidec (1775-1838), Vicomte T.C.H.Hersart de Villemarqué (1815-95), H.d'Arbois de Jubainville (1827-1910), J.Loth (1847-1934), E.Ernault (1852-1938), F.Vallée (1860-1949) und G.Dottin (1863-1927) zu nennen. Dazu tritt noch H.Gaidoz (1842 bis 1932), der Gründer der ersten und für lange Jahre einzigen Fachzeitschrift (Revue celtique 1-51, Paris 1870 bis 1934). - Ähnlich ist auf den *britischen Inseln* das Irische, Schottische und Kymrische (die Sprache von → Wales; engl. Welsh) bis heute lebendig. Mit dem Irischen beschäftigten sich hauptsächlich oder ausschließlich E. O'Curry (1796-1862), J.H.Todd (1805-60), J.O'Donovan (1809-61), W.Stokes (1830-1909), E.J.Hogan (1831-1917), R.Atkinson (1839-1908), C.Plummer (1851-1927), P.S.Dinneen (1860-1934), D.Hyde (1860 bis 1949), J.Strachan (1862-1907), J.Mac Neill (1867 bis 1945), E.J.Gwynn (1868-1941), R.A.S.Macalister (1870-1950), O.J.Bergin (1872-1950) und T.F.O'Rahilly (1883-1953), um nur einige der wichtigsten Namen zu geben. - Für das *Schottische*, das sich erst spät vom Irischen getrennt hat, mit dessen einheimischer Überlieferung die übrige Welt aber schon im 18.Jh. durch die berühmten ossianischen Fälschungen - oder soll man sagen: Neu- und Nachdichtungen, obwohl sie von Macpherson als Originale ausgegeben wurden? - bekanntgeworden war, hatte man verhältnismäßig früh ein auch modernen Anforderungen genügendes Wörterbuch (Dictionarium Scoto-Celticum, 1828), ferner ein Wörterbuch mit Aussprachebezeichnung (M'Alpine, A Pronouncing Gaelic Dictionary, 1845^{2}) sowie ein solches mit erläuternden Abbildungen (ed. E.MacDonald, 1902; rev. Edition by E.Dwelly, [1911] 1949^{5}) herausgebracht; vgl. auch das etymologische Wörterbuch von A.MacBain (1896). - Ebenso war in *Wales* die Kenntnis und Beschäftigung mit der älteren Sprache und Literatur nie abgerissen. Dadurch daß die Gestalten der kymrischen Sage wie König Arthur, Perceval (Parzival) - vgl. auch die unter dem Namen von Merlin laufenden Prophezeiungen - in die Weltliteratur eingegangen sind, ist auch außerhalb von Wales und über die K.Ph. hinaus das Interesse an diesen Gestalten und Stoffen bis heute lebendig geblieben. Hier wären D.S.Evans (1818-1903), Sir J.Rhys (1840-1915), J.G.Evans (1852-1929), Sir J.Morris-Jones (1864-1929), Sir E.Anwyl (1866-1914), W.J.Gryffudd (1881-1954) und J.Lloyd-Jones (1885-1956) zu nennen.

R.Thurneysen, Die kelt. Sprachen (Die Erforschung der indogerm. Sprachen I, Straßburg 1916, 281-305; ältere Lit.) - H.Bauersfeld, Die Entwicklung der kelt. Studien in Deutschland, 1937 - R. Hertz, Dt. Beitrag zur K.Ph. (»Das Parlament« 8, Nr. 21 vom 28.5. 1958, S. 9). *R.Hertz*

Kemp, *Johannes Theodorus van der* (1748-1811), gründete 1797 die »Nederlandsche Zendelinggenootschap«, die erste neuere Missionsgesellschaft der → Niederlande (: IV), nachdem er in England von der Gründung der → Londoner Mission gehört hatte. Während der ersten Hälfte des 19.Jh.s war sie die wichtigste Gesellschaft. Schon vor 1797 arbeitete v.d.K. in Süd-Afrika. Er hatte sich nach einem bewegten Leben bekehrt, als seine Frau und Tochter bei einer Segelfahrt ertranken und er selbst gerettet wurde. Bei seiner Arbeit unter den Hottentotten (→ Afrika: IV B, 1 b) hatte er Schwierigkeiten, als er die schlechte Behandlung der Schwarzen durch die Weißen stark kritisierte.

RGG^{2} III, 724 - A.D.Martin, Dr. v.d.K., London 1932. *J.Blauw*

Ken, *Thomas* (1637-1711), 1684 Bischof von Bath und Wells, führender Vertreter der → Non-Jurors, dh der streng legitimistisch und altkirchlich-kath. eingestellten Anglikaner, die die Absetzung Jakobs II. und die Thronbesteigung Williams III. von Oranien verwarfen. 1691 deshalb als Bischof abgesetzt, erklärte sich K. im Gegensatz zu vielen seiner Gesinnungsfreunde gegen die Bestellung und Weihe neuer Bischöfe. Persönlich pflegte er eine asketische, mystisch angehauchte Frömmigkeit. Seine Lieder »Awake my Soul« und »Glory to thee, my God« fanden Eingang ins anglikanische Gesangbuch (→ Kirchenlied: I, 6). - Vgl. → Caroline Divines.

E.H.Plumptree, Life of Bishop K., 1890² - DNB (Neudr. 1949/50) X, 1287ff. *M.Schmidt*

Keniter, halbnomadischer Stamm auf dem südjudäischen Gebirge, im Negeb (wo ein Gebiet nach ihm benannt ist: 1Sam 27, 10), vielleicht südöstlich von → Hebron (Jos 15, 55-57). Die K. sind in der Wüstenzeit mit israelitischen Stämmen befreundet (1Sam 15, 6), werden gelegentlich zu Juda gerechnet (1Sam 30, 29) und leben im 8.Jh. in festen Wohnsitzen (Num 24, 21f). In der Richterzeit begegnet in Galiläa eine kenitische Familie, die insgeheim Jahwes hl. → Krieg (: II) unterstützt, auch wenn sie nicht offiziell daran teilnimmt (Ri 4, 11. 17; 5, 24). - Der Ursprung der K. bleibt dunkel: Das Kinim in 1Chron 2, 55 ist ungeklärt; aus 1Sam 15, 6 geht hervor, daß sie unter → Amalekitern wohnten, nicht aber zu ihnen gehörten. Zu den → Midianitern zählt sie die in diesem Punkte verworrene Tradition insofern, als »Hobab, der Schwiegervater Moses« bald als Midianiter (Num 10, 29), bald als K. gilt (Ri 4, 11, vgl. 1, 16 LXX). - Alle weiteren Vermutungen über die Geschichte der K. entbehren sicherer Grundlage: Der Name (= arab. »Schmied«?) soll auf einen Schmiedestamm, Gen 4, 1-16 (wo → Kain Eponymus der K. ist?) auf vagabundenartige Existenz am Rande des Kulturlandes deuten. Ebenso muß man der »K.hypothese«, wonach die Israeliten den Jahwekult von den K.n übernommen hätten (→ Gott: II, 2a), mit Vorsicht begegnen.

J.Morgenstern, HUCA 15, 1940, 127-131 - H.H.Rowley, From Joseph to Joshua, London 1950, 149ff (Lit.) - K.-H.Bernhardt, Gott u. Bild, 1956, 125ff - Noth, GI 57f. *C.A.Keller*

Kennett, *White* (1660-1728), Dekan (1708) und Bischof (1718) von Peterborough in England. Durch seine Beteiligung an den Synodalauseinandersetzungen von 1697-1712 geriet K. als Anhänger der Hannoverschen Thronfolge und der Regierung Walpole in die Politik hinein; trotz seiner Freundschaft mit G. → Hickes stellte er sich gegen die → Non-Jurors. Später widmete er sich auf der Grundlage kritischer Quellenforschung historischen Studien und der Erhaltung amtlicher Dokumente. K. war ein fähiger, wenn auch herrischer Bischof; er setzte sich u.a. für die Gründung von Armenschulen sowie für die S.P.C.K. und S.P.G. (→ Anglikanische Kirche: II, 1) ein.

DNB XXXI, 2ff - G.V.Bennett, W.K., London 1957 (vollst. Bibliogr.). *D.Carter*

Kennicot, *Benjamin* (1718-83), englischer Theologe, 1767 Bibliothekar, 1770 Kanonikus in Oxford (Christ Church), veröffentlichte unter Beihilfe eines aus Engländern und Deutschen bestehenden verschiedenwertigen Mitarbeiterstabes eine umfangreiche Variantensammlung zum Text des AT: Vetus Testamentum Hebraicum Cum Variis Lectionibus, 2 Bde, Oxford 1776 bis 1780. Herangezogen wurden zum Vergleich mit dem textus receptus etwa 600 - meist junge - hebr. Hss., 52 Drucke und 16 samaritanische Codices. Die Beschränkung auf den Konsonantentext und das gegenüber heute zu uniforme Material mindert den Ertrag der im ganzen gleichwohl wertvollen Sammlung der Varianten.

DNB XXXI, 10ff - EJud IX, 1157f. *K.Galling*

Kenosis

1. Im NT - 2. Dogmatisch

1. Der im Grundbestand fast allgemein für vorpaulinisch gehaltene Hymnus Phil 2, 6ff preist den Präexistenten als den, der die Gottgleichheit des machtvoll Wirkenden (1Kor 8, 6) darangibt und in das Dasein eines machtlosen Sklaven eingeht. Christus (Phil 2, 5) entäußerte sich freiwillig (ἑαυτόν) der göttlichen Existenzweise im Sinne der Preisgabe der Machtfunktion, die er mit der des gehorsamen Dienens in der geschichtlichen Existenz eines Menschen vertauscht. Der Paulinische Kommentar dazu in 2Kor 8, 9 begründet diese Selbstberaubung in Christi Liebeswillen. Sachlich entsprechend kann Kol 1, 19 sagen, daß die göttliche Liebesfülle im Heilsmittler Wohnung genommen hat. Als gehorsame (10, 7) Preisgabe seiner Machtstellung beurteilt das Kommen des Schöpfungsmittlers (1, 2) auch der Hebr (2, 9); hier wird durch 5, 8 die Einheit zwischen dem Sohn, der Gottes Ebenbild ist (1, 3), und dem, der durch Leiden Gehorsam lernt, festgehalten. Der irdische Jesus in der Sicht des JohEv ist gänzlich abhängig von Gott (5, 19; 14, 31) und zugleich in fortwährender Kommunikation mit ihm (10, 30; 3, 13 ℜ); er bleibt (als der ins Fleisch gekommene Sohn) der Welt schlechthin übergeordnet (3, 31) und besitzt eine ihm vom Vater gegebene δόξα (17, 22; 1, 14); freilich ist sie nicht die des Präexistenten (17, 5), des Gott wesensgleichen Schöpfungsmittlers (1, 1-3). Das spezielle Problem der eigentlichen K. liegt offenbar dem NT fern infolge seines ganzheitlichen Person- und seines Gottesverständnisses (→ Gott: III), dem gemäß es den Christus vor allem als Funktionsträger sieht (zB 1Kor 15, 28).

H.Schumacher, Christus in seiner Präexistenz u. Kenose, Rom 1914/21 - F.Büchsel, Christologie des Hebr, 1922, 16ff - E.Lohmeyer, Kyrios Jesus (SAH 1927/28, H. 4) - E.Käsemann, Kritische Analyse von Phil 2, 5-11 (ZThK 47, 1950, 313-360) - O.Michel, Zur Exegese von Phil 2, 5-11 (Theol. als Glaubenswagnis, Festschr. K.Heim, 1954, 79-95). *G.Delling*

2. Der *dogmatische* Begriff der K. ist im Anschluß an Phil 2, 7 (»er entäußerte sich selbst«, s. 1) gebildet. Gegenstand besonderer Lehre wird er in der altluth. Theologie, also auf dem Boden des Dogmas der communicatio idiomatum (→ Christologie: III, 1b) in seiner luth. Ausgestaltung. Man unterscheidet die beiden Stände Christi. Sein irdisches Leben ist der Stand der Selbstentäußerung. Aber wie ist diese K. zu denken? Die altluth. Theologie versteht Phil 2, 7 so, daß das Subjekt der K. der menschgewordene Sohn, also der Gottmensch ist. Sie besteht darin, daß er während seines Erdenlebens nach seiner menschlichen Natur auf den Gebrauch der ihm auch in seiner Menschheit durch die Vereinigung mit der Gottheit mitgeteilten Majestätseigenschaften verzichtet (M. → Chemnitz und die Gießener Theologen) oder wenigstens ihren fortgehenden Gebrauch verbirgt (→ Brenz und die Tübinger). Von einer K. der Gottheit, des ewigen Sohnes ist nicht die Rede: nach seiner göttlichen Natur nimmt der Gottmensch auch auf Erden an der überweltlichen Herrlichkeit und Herrschaft des Vaters teil. Die Gießener und Tübinger wollten unter Voraussetzung des genus maiestaticum der communicatio idiomatum Raum schaffen für die echte Menschlichkeit des Lebens Christi auf Erden. Aber dazu taten sie nicht genug. Das Problem blieb. Hier setzen die »Kenotiker« des 19.Jh.s ein (Sartorius, Liebner, → Hofmann, G.Thomasius, F.H.R. → Frank, W.Geß). Diese brechen mit der altluth., auch von Luther und Calvin vertretenen Exegese der Phil-Stelle und nehmen die altkirchliche wieder auf: Subjekt der K. ist nicht der Menschgewordene, sondern der Menschwerdende. Und zwar bezieht sich die K. auf das göttliche Sein des ewigen Sohnes selbst; sie besteht in einer »Selbstbeschränkung

des Göttlichen« (Thomasius). Das war ein Bruch mit der ganzen christologischen Tradition. Die → Konkordienformel (Epit. 8, 39) hatte den Gedanken völlig abgelehnt. Die Kenotiker sahen sich zu diesem Ausweg aus der Schwierigkeit gedrängt: die unkenotische orthodoxe Lehre gefährde die Einheitlichkeit der gottmenschlichen Person Jesu, die Einheit seines Bewußtseins, oder das echte Menschsein, in jedem Falle also die volle Wahrheit und Ganzheit der Menschwerdung. Des Näheren lehren die Kenotiker verschieden. Nach Thomasius verzichtet der Sohn bei der Menschwerdung auf die relativen, weltbezogenen Eigenschaften der Gottheit, die Allmacht, Allgegenwart, Allwissenheit, behält aber die immanenten, die das Wesen der Gottheit ausmachen und ihr unveräußerlich sind: Macht, Wahrheit, Heiligkeit, Liebe. Jener Verzicht ist ein Akt der Freiheit und der Liebe. So bleibt der Sohn eben in diesem Akte mit sich als Gott, dessen Wesen die Freiheit und die Liebe ist, identisch. Frank bestimmt die K. als »Depotenzierung des Sohnes-*bewußtseins* des Sohnes«. Der Logos »setzte sein Sohnesbewußtsein um in die Form sich entwickelnden, endlichen Menschenbewußtseins, so zwar, daß der Menschensohn seiner als Gottessohn bewußt ward und blieb«. Sein endliches Menschenbewußtsein war »vermöge seiner Gottesbildlichkeit fähig, Gefäß für diesen göttlichen Inhalt, menschlicherweise Bewußtsein des ewigen Sohnes zu sein«. Noch weiter geht Geß. Er gibt den überlieferten Lehrsatz von Gottes unveränderlichem Wesen ganz auf und läßt den Logos auch auf die immanenten Eigenschaften sowie auf sein ewiges Selbstbewußtsein verzichten, dh auch auf das göttliche sichselbst-Setzen. Man muß bei Geß fragen, ob von einer Gegenwart Gottes in dem Menschen Jesus überhaupt noch etwas bleibt.

Die K.-Lehre der genannten Theologen hat kaum Nachfolge gefunden. Dennoch ist sie nicht ohne bleibende Bedeutung. Ihre Kritik der orthodoxen luth. Lehre vom genus maiestaticum ist unwiderlegbar. Die orthodoxe Lehre ebnete den Unterschied der Stände des Herrn ein; die Kenotiker machen mit ihm wieder Ernst. Die Erhöhung betrifft nicht nur, wie in der Orthodoxie, die menschliche Natur Christi, sondern ihn ganz. Auch gebührt den Kenotikern das Verdienst, den traditionellen Begriff der Unveränderlichkeit Gottes durch ihre Erwägungen zum Problem gemacht zu haben. Aber ihre Theorien der K. lassen sich nicht halten. Der Versuch einer Teilung innerhalb der Gottheit, einer relativen Entgöttlichung Gottes verbietet sich sowohl theologisch (im engeren Sinne) wie christologisch. Er verletzt das vere Deus, ohne doch das vere homo zu erreichen, und vergeht sich damit an dem christologischen Mysterium. Aussagen über das Selbstbewußtsein Christi als menschliches und göttliches zu machen, geht über die Befugnis und die Möglichkeiten des theologischen Denkens hinaus.

Das Paradox der Menschwerdung darf nicht durch solche Theorien ermäßigt werden. Die volle Spannungshöhe des Bekenntnisses zu Jesus Christus muß erhalten bleiben. Eben in der wahrhaftigen, unverkürzten, unverwandelten Menschlichkeit Jesu ist Gottes *ganze* Herrlichkeit und Macht für uns da. Die Christologie muß vom Kreuze aus denken: in der völligen Ohnmacht, in der Todesnot des Gekreuzigten, aus der man keine »göttliche Natur« heraushalten darf, waltet die volle ungeminderte Gottheit Gottes. Was Paulus als Wort des Herrn für sein eigenes Leben vernahm (»die Kraft vollendet sich in der Schwachheit«, 2Kor 12, 9), das erkennen wir im Glauben an Jesus Christus als ein Gesetz des Lebens Gottes selbst. An dieser Erkenntnis zerbricht freilich die alte Fassung der Unveränderlichkeit Gottes. Die Christologie muß ernst damit machen, daß Gott selbst in dem Sohne wirklich in das Leiden eintritt und eben darin ganz Gott ist und bleibt. Dieses Gotteswunder kann man nicht durch eine Theorie rationalisieren wollen, die Gott nur soweit in Jesus Christus gegenwärtig und wirksam sein läßt, als es die Grenzen des Menschlichen nach unseren Begriffen nicht sprengt. Aber ebensowenig darf man die Gottheit ontologisch in dem Menschsein Christi direkt aufzuweisen unternehmen. Die Gottheit ist unter dem Menschsein verborgen da, nur dem Glauben offenbar, aber nicht anzuschauen, daher jenseits jeder Möglichkeit einer Theorie. Daß es so steht, daß Gott in die Verborgenheit seiner Gottheit unter der Menschlichkeit eingeht, das ist die K.

G. THOMASIUS, Christi Person u. Werk, (1852-61) 1886/88², § 40ff - F.H.R. FRANK, System der christl. Wahrheit, (1878/80) 1893/94², § 34 - W. GESS, Das Dogma von Christi Person u. Werk, 1887 - O. BENSOW, Die Lehre von der Kenose, 1903 - RE X, 246ff; XXIII, 752f (F. LOOFS). - Auseinandersetzung mit den Kenotikern in allen neueren Dogmatiken. - Vgl. die auslegungsgeschichtl. Lit. zu → Philipperbrief. *P. Althaus*

Kensit, *John* (1853-1902), * in London, Mitglied der anglikanischen Kirche, gründete 1890 »The Protestant Truth Society« und wurde deren erster Sekretär. K.s Lebensinteresse war der Kampf gegen die → Hochkirchliche Bewegung (: I) zugunsten des ev.-ref. Protestantismus. K.s Methoden taten seiner Sache jedoch großen Schaden. Er unterbrach Gottesdienste, wo er kath. Neigungen entdeckte, kämpfte gegen die katholisierende Revision des Book of → Common Prayer und organisierte junge Prediger als »Kensit Crusade and Wicliffe Preachers«. Er protestierte öffentlich gegen die Ernennung von Creighton (1897), → Winnington-Ingram (1901) und → Gore (1902) zu Bischöfen. K. starb in Liverpool infolge einer Verletzung, die er bei einem antiprot. Aufruhr erlitt. - Die K. Crusade besitzt 5 Missionshäuser und 1 Seminar. Ihr Organ ist »The Churchman's Magazine«.

J.C. WILCOX, J.K., Reformer and Martyr, (1902) 1927² - DNB Suppl. 1901-11, 389f - ODCC 764. *P. Scott*

Kenya, britische Kolonie und Protektorat in Ostafrika (→ 2 G/H 3/4) mit 582 600 qkm und (1956) ca 6 Mill. Afrikanern, 30 000 Arabern, 150 000 Indern und 60 000 Europäern. Ca 450 000 gehören der röm.-kath. Kirche, 600 000 anderen christlichen Bekenntnissen an. Die meisten Kirchen sind unabhängig, wenn auch auf Missionspersonal angewiesen. Die Qualität des christlichen Lebens ist unterschiedlich; daß die Kirche jedoch wahrhaft Fuß gefaßt hat, haben jene Christen bewiesen, die - vielfach unter Einfluß der → Erweckung (: II) in Uganda - bereit waren, während des Mau-Mau-Aufstandes (1952) für ihren Glauben zu sterben. - Die christliche Botschaft wurde erstmals 1844 von → Krapf nach K. gebracht, der im Auftrag der anglikanischen CMS missionarische und philologische Forschungsarbeit tat. Im Anfang arbeitete die Mission vornehmlich in Siedlungen freigelassener Sklaven, machte jedoch erst nach 1900 Fortschritte, als sie in das Hochland vorstoßen konnte. Die Arbeit geschah durch ärztlichen und erzieherischen Dienst und durch die Heidenpredigt. Um 1920 gab es kaum noch eine Gegend in K., in der nicht Missionare tätig waren. - Die wichtigsten prot. Missionsgesellschaften haben ausgezeichnet zusammengearbeitet. Die → Bibelübersetzung wurde gemeinsam unternommen, und jede Mission hatte ihr vereinbartes Arbeitsgebiet. Auf der Konferenz von Kikuyu (1913) entstand der Plan einer geeinten Kirche (→ Einigungsbestrebungen: VII, 1). Die 1918 gegründete Allianz der Prot. Missionen stellte eine enge Zusammenarbeit zwischen den vier größten prot. Missionsgesellschaften her. 1924 wurde der Missionsrat von

K. gegründet, 1932 ein Berater für Schulfragen ernannt und 1943 der Christliche Rat von K. gebildet. Dieser Rat führte nach dem Mau-Mau-Aufstand mit Hilfe der Regierung und des Ökumenischen Rates der Kirchen ein ausgedehntes Wiederaufbauprogramm durch. - Die Beziehungen zwischen den Missionen und der Regierung waren normalerweise gut, obgleich die Missionen die Regierung kritisierten, wenn - wie zB während des Mau-Mau-Aufstandes - die Rechte der Afrikaner verletzt wurden. Die Missionen leisteten die erste erzieherische und ärztliche Arbeit unter den Afrikanern; später suchte die Regierung ihre Mitarbeit und gab in wachsendem Maße großzügige finanzielle Beihilfen. Um 1950 wurde das Schulwesen unter den Afrikanern verstärkt ausgebaut, und die Missionen wurden aufgefordert, sich weitgehend daran zu beteiligen, wobei die Regierung die Kosten trug. Die → ärztliche Mission zeigte eine ähnliche Entwicklung. - Politische Ereignisse wirkten sich sehr stark auf die Missionen und Kirchen aus. Während der beiden Weltkriege wurden die Missionare von der Neukirchener Mission in Pokomo zurückberufen, aber mit Hilfe anderer Missionen, bes. der → Methodisten (: II), konnte die Arbeit fortgeführt werden. Beide Kriege bewirkten starke geistige Störungen, denen jedoch eine rasche Entwicklung auf erzieherischem, sozialem, politischem und wirtschaftlichem Gebiet folgte, die wiederum auch auf die Missionen wirkte. Die Land- und Arbeits-Kontroversen der 20er Jahre riefen bes. unter den Kikuyus scharfe Antipathien gegen die Regierung und gegen die Weißen hervor. Als einige Missionen eine starre Haltung gegenüber der Beeinträchtigung der Rechte der Frauen einnahmen, sank die Zahl der Kirchenglieder stark ab. 1952 brach als Folge der früheren Unruhen der Mau-Mau-Aufstand aus und störte das Leben der Kikuyus, ja sogar der ganzen Kolonie.

J. Kenyatta, Facing Mount K., London (1938) 1956 - T.F.C. Bewes, Kikuyu Conflict, ebd (1953) 1954 - L.S.B. Leakey, Mau-Mau u. die Kikuyus, 1953 - E. Huxley, K. today, London 1954 - E.M. Wiseman, Kikuyu Martyrs, ebd 1958. *J.A.R.Watt*

Kepler, *Johannes* (1571-1630), * in Weil der Stadt (Württ.). Nach Theologiestudium in Tübingen (1589 bis 1594) war K. Lehrer der Mathematik und Moral am Gymnasium zu → Graz. Durch die Protestantenverfolgungen vertrieben, ging er 1600 zu dem Astronomen Tycho de Brahe nach Prag und wurde dessen Nachfolger als Hofastronom Rudolfs II. 1612 Gymnasial-Prof. in Linz, war er seit 1616 heimatlos, bald in Regensburg, bald in Ulm oder Sagan; eine von Wallenstein veranlaßte Berufung als Prof. der Mathematik nach Rostock schlug er aus, † auf der Reise nach Straßburg in Regensburg. - K.s drei Gesetze der Planetenbewegung bedeuten den Übergang zur neuzeitlichen Astronomie und stehen neben → Galileis Mechanik und Gilberts Untersuchungen über den Magneten an der Pforte zur neuzeitlichen → Naturwissenschaft (: I) überhaupt. Indem → Kopernikus das heliozentrische System wieder einführt, greift er antike Gedanken auf (Aristarch) und bleibt in deren Rahmen, da er die Planeten auf Kreisen mit Epizykeln laufen läßt. Indem K. die sorgfältigen Beobachtungen Tycho Brahes nur mit Ellipsenbahnen darzustellen vermag, opfert er die antike Vorstellung, die himmlischen Körper könnten nur auf dem Kreis als der vollkommensten Kurve laufen. Seine Vorstellung einer von der Sonne ausgehenden Kraft, die die Planeten bewegt, bedeutet den Einbruch der Mechanik in die Astronomie. Vollendet werden diese Gedanken von → Newton. - K.s Weltbild muß wohl als eine stark mathematische Version des christlichen → Neuplatonismus bezeichnet werden. In seiner Weltharmonik faßt er musikalische Intervalle, astrologische Aspekte und Geschwindigkeitsverhältnisse in den Planetenbahnen unter dem Oberbegriff der Harmonie zusammen. Er definiert als harmonisch Zahlenverhältnisse, die aus regelmäßigen Teilungen des Kreises hervorgehen. (Nur das mit dem idealen Lineal und Zirkel Konstruierbare hat für ihn mathematische Existenz: eine Analogie zum Intuitionismus heutiger Mathematiker.) Die Seele des Menschen nimmt diese Harmonien, die ihrer eigenen Natur entsprechen, ohne bewußte Reflexion wahr. Der Mensch, nach Gottes Bild geschaffen, denkt in der Naturwissenschaft Gottes Schöpfungsgedanken nach. - K., dem schwäbischen Luthertum entstammend, übt und vertritt konfessionelle Toleranz. Da er sich von der luth. Ubiquitätslehre (→ Abendmahl: II, 3) nicht überzeugen kann, verweigert er die unqualifizierte Unterschrift unter die → Konkordienformel, verliert dadurch die Möglichkeit der Anstellung in der Heimat und wird in Linz vom Abendmahl der Lutheraner ausgeschlossen. Mehr als ein Jahr seines Lebens verliert er durch den schließlich erfolgreichen Versuch, seine Mutter vor der Hinrichtung als Hexe zu retten.

GA hg.v. Chr. Frisch, 8 Bde, 1858-72. Neuausg.: J.K., GesW, hg.v. M. Caspar, seit 1937. - Über K.: Ü III, 130ff. 645 (Lit.) - RGG³ III, 727f (Lit.) - M. Caspar, J.K., (1948) 1950² - C.G. Jung-W. Pauli, Naturerklärung u. Psyche, Zürich 1957.

C.F.v.Weizsäcker

Keplerbund, am 8.6.1907 in Frankfurt/M. von E. Dennert (1861-1942) gegründet. Zweck des Vereins war »die Förderung der Naturerkenntnis in der Gesamtheit unseres Volkes bei vorurteilsfreier Erforschung der Natur und ihrer Gesetze und unter Festhaltung der sittlichen Kräfte des Christentums, wie beides in der Person → Keplers vereinigt ist, nach dessen Name sich der Bund nennt«. In literarischen Veröffentlichungen und in zahlreichen Lehrkursen, vor allem in dem bis 1920 in Bad Godesberg unterhaltenen Bundeshaus ging es dem K. darum, »auf dem Boden der Freiheit der Wissenschaft« der »Wahrheit zu dienen« und »dem im materialistischen Dogma befangenen Monismus und der von ihm ausgehenden atheistischen Propaganda, die sich zu Unrecht auf die Resultate der Naturwissenschaft beruft«, entgegenzuwirken. Er wies auf die Grenzlinie zwischen → Naturwissenschaft und Glauben hin, indem er scharf zwischen dem naturwissenschaftlichen Weltbild und der Weltanschauung unterschied, die - auf der modernen, aber wandelbaren Naturwissenschaft gegründet - »Realitäten des Menschenlebens berücksichtigt«, »das sind die Gebiete der Sünde und des Schuldbewußtseins, die sittliche Verantwortung, das Pflichtgefühl, die Liebe..., das große Gebiet des sittlichen Lebens«. Mit seiner Arbeit gewann der K. etwa 8000 Mitglieder. - Nach dem 1. Weltkrieg war der Kampf gegen den atheistischen → Monismus (: II) gegenstandslos geworden, weil er sich mit dem politisch radikalen → Sozialismus (: I) verbunden hatte. Der K. bemühte sich, seit 1920 unter der wissenschaftlichen Leitung von K. Bavink (1879-1947), mit dem Sitz in Detmold, die Beziehungen zwischen Naturerkenntnis und Weltanschauung »frei von antikirchlicher und antireligiöser Agitation, aber auch frei von apologetischer Tendenzmacherei« zu pflegen. Bavink erkannte, daß Heisenbergs Arbeit über die »Unbestimmtheitsrelationen« (1927; → Atom, 4) dem K. insofern die Basis entzog, als die Physik ihrerseits von einem biologischen Mechanismus Abstand nahm und so mittelbar das Tor zum Glauben freigab. Dem Wirken des K.es, der seit 1923 nur noch aus einem Kuratorium bestand, wurde 1941 durch das Verbot der Bundeszeitschrift »Unsere Welt« (seit 1909) ein Ende gesetzt.

E. Dennert, Die Naturwissenschaft u. der Kampf um die Weltanschauung. Ein Wort zur Begründung des K.es, 1908 - Ders., Weltbild u. Weltanschauung, 1908 - DERS., Ist Gott tot?, (1908) 1922⁷ - B.BAVINK, Ergebnisse u. Probleme der Naturwiss., (1914) 1954¹⁰ - DERS., Das Weltbild der heutigen Naturwiss., 1947 - Wandlungen u. Fortschritte in Wiss. u. Weltanschauung, Festschr. zum 70. Geb. von E.Dennert, hg.v. W.DENNERT, 1931 (Lit.) - Die Natur, das Wunder Gottes, hg.v. DEMS., (1938) 1955⁶. *H.Hohlwein*

Keppler, *Paul Wilhelm* (1852-1926), Bischof (geadelt 1899), * in Schwäb. Gmünd, † in Rottenburg. K. war ein bedeutender kath. Prediger, Erbauungsschriftsteller und Kunstkritiker. 1883 wurde er Prof. für NT in Tübingen, 1894 für Moraltheologie und Homiletik in Freiburg/Br. Er suchte die Homilie als Predigtform zu beleben. 1899 Bischof von → Rottenburg, veröffentlichte er 1902, stark beeinflußt von dem »Rembrandtdeutschen« Julius Langbehn, eine Rede über »Wahre und falsche Reform«, die durch scharfe Stellungnahme gegen den → Reformkatholizismus überraschte.

Vf. u.a.: Die Komposition des JohEv, 1884; Wanderfahrten u. Wallfahrten im Orient, (1894) 1922; Wahre u. falsche Reform, (1902) 1903³; Aus Kunst u. Leben, (1905) 1908³; Mehr Freude, (1909) 1935; Leidensschule, (1914) 1924; Predigt u. Hl. Schrift, 1926. - Über K.: G.HASSL, P.W.v.K., 1928 - Die Diözese Rottenburg u. ihre Bischöfe, hg.v. F.STÄRK, 1928, 222-239 - A.DONDERS, P.W.v.K., 1935 - LThK V, 932 - EC VII, 679f. *G.Maron*

Keret → Ugarit, 3.

Kerner, *Justinus* (1786-1862), * in Ludwigsburg, † in Weinsberg, Arzt und Dichter der Romantik. Nach Studium in Tübingen mit → Uhland wirkt er als Amtsarzt an verschiedenen Orten Württembergs und lebt seit 1819 in Weinsberg. Bezeichnend für ihn gegenüber den Begründern der deutschen → Romantik (: II) ist seine feste, durch den Beruf bestimmte Lebensform und seine enge Heimatbindung an Schwaben (Gedicht »Der reichste Fürst«), aber auch eine Verdünnung der romantischen Dichtungssubstanz. Er knüpft an das Volkslied an (»Wanderlied«, »Der Wanderer in der Sägemühle«) und verharmlost in seiner Erzählung »Die Heimatlosen« Ideen des → Novalis. Als Mediziner schon halb dem 19.Jh. angehörig, sucht er einen Zugang zum Transzendenten, indem er nach den empirischen Bedingungen der Geistererscheinungen forscht.

Sämtl. Werke, hg.v. R.PISSIN, 1914 - Briefwechsel mit seinen Freunden, 1897; mit O.Wildermuth, 1927. - Über K.: H.STRAUMANN, K. u. d. Okkultismus in der dt. Romantik, 1928 - H.O.BURGER, Schwäbische Romantik, 1928. *P.Requadt*

Kerschensteiner, *Georg,* * 29.7.1854 in München, † 15.1.1932 ebd. Ursprünglich Volksschullehrer, dann nach Studium der Mathematik und Promotion Gymnasiallehrer, 1895-1919 Stadtschulrat in München. Als solcher entwickelte er im Kampf gegen den Herbartianismus (→ Herbart) neue Grundsätze für den Volksschulunterricht in den Realien und für den naturkundlichen Unterricht, den er auf anschauliche Erfahrung und praktisches Tun gründete. K. zeigte die Bedeutung des praktischen Interesses und der manuellen Fertigkeiten für alle Bildungsarbeit (Werkunterricht). Vor allem gestaltete er die Münchener Fortbildungsschule zur → Berufsschule um, wobei er den Unterricht mit praktischer Arbeit in Lehrwerkstätten verband. Das wurde vorbildlich weit über Deutschland hinaus. In der Verteidigung seiner Reformen, vor allem in den sog. »Begriffsschriften«, entwickelte er die Theorie des Vorranges der Berufsbildung vor der Allgemeinbildung, der staatsbürgerlichen Erziehung und der → Arbeitsschule. Als Honorar-Prof. der Pädagogik an der Universität München (seit 1918) versuchte er, im Anschluß an → Rickert und die → Dilthey-Schule zu einem umfassenden System der → Bildung und der Bildungsorganisation zu gelangen, ohne die Frische seiner ursprünglichen Konzeption bewahren zu können. Es wird heute darauf ankommen, diese gegenüber der Gedankenblässe der Altersschriften neu zu entdecken und in den Zusammenhang der pädagogischen Reformbewegung kritisch einzuordnen.

Vf. u.a.: Die staatsbürgerliche Erziehung der dt. Jugend, (1901) 1931¹⁰; Die Entwicklung der zeichnerischen Begabung, 1905; Grundfragen der Schulorganisation, (1907) 1954⁷; Der Begriff der staatsbürgerlichen Erziehung, (1910) 1950⁷; Begriff der Arbeitsschule, (1912) 1953¹⁰; Charakterbegriff u. Charaktererziehung, (1912) 1929⁴; Wesen u. Wert des naturwissenschaftl. Unterrichts, (1914) 1952⁴; Das Grundaxiom des Bildungsprozesses u. seine Folgerungen für die Schulorganisation, (1917) 1953⁸; Die Seele des Erziehers u. das Problem der Lehrerbildung, (1921) 1949⁴; Theorie der Bildung, (1926) 1931³; Theorie der Bildungsorganisation, 1933. - Über K.: Selbstdarstellung in: Die Pädagogik der Gegenwart, 1926, 45 bis 96 - L.WEBER, Schichtung u. Vermittlung im pädag. Denken G.K.s, 1936 - M.KERSCHENSTEINER, G.K., (1939) 1954³ - G.WEHLE, Praxis u. Theorie im Lebenswerk G.K.s (Göttinger Studien zur Pädagogik, NF 1), 1956 - TH.WILHELM, Die Pädagogik K.s, 1957 - H.NOHL, G.K. (in: Erziehergestalten [KVR 55], 1958, 63-68). *E.Weniger*

Kerygma

I. Im NT - II. Dogmatisch

I. Im NT

Κήρυγμα steht im NT verhältnismäßig selten (8mal, inklusive Parallelen, dazu im kurzen Mk-Schluß). Dagegen findet sich häufig das Verb κηρύσσειν, das die Tätigkeit des Herolds (κῆρυξ) bezeichnet: »ausrufen«, »proklamieren«, »verkündigen«, »predigen«. Die Erscheinung Jesu Christi im NT ist von K. begleitet und umgeben: So wird nach dem Bericht der Evangelien das Auftreten Jesu vorbereitet durch das K. des Täufers: »Tut Buße, denn das Reich Gottes ist nahe herbeigekommen!« Jesus selbst nimmt diese Verkündigung auf. Sein ganzes öffentliches Wirken steht im Dienste solcher Proklamation der Nähe des Gottesreiches. Er sendet seine Jünger aus mit demselben Auftrag (Mt 10, 7 par). Nach seiner Auferstehung wird er selbst Gegenstand des K.s der Apostel. - Somit hat κηρύσσειν hauptsächlich zu Objekten: das Reich, den Christus, das Evangelium, das Wort. Doch entwikkelt sich immer mehr auch der absolute Gebrauch des Verbs als terminus technicus im Sinne von »predigen« (vgl. Mk 3, 14; Apg 10, 42; Röm 10, 14f; 1Kor 9, 27). Diese Entwicklung läuft parallel mit derjenigen von εὐαγγελίζεσθαι, das denselben Sinn hat. Entsprechend steht κήρυγμα an einigen Stellen mit Genetivus obiectivus (Röm 16, 25: Ἰησοῦ Χριστοῦ; im kurzen Mk-Schluß: τῆς αἰωνίου σωτηρίας), anderswo dagegen absolut im technischen Sinne (vgl. zB 1Kor 1, 21).

K. kann im NT in drei Bedeutungen gebraucht werden: für den *Inhalt* der Verkündigung (vgl. »K. des ewigen Heils«), für den *Akt* bzw. das *Ereignis* der Verkündigung, schließlich für das *Amt* der Verkündigung. - Es ist keineswegs zufällig, daß gerade dieses Wort zum terminus technicus für die nt. Predigt (die Predigt Jesu und die Predigt von Jesus) werden konnte. Darin kommt zum Ausdruck, daß die hier begegnende Wahrheit keine allgemeine und zeitlose ist, sondern den Charakter eines geschichtlichen Ereignisses, einer einmaligen Tat Gottes hat. Somit bedarf sie zu ihrer Mitteilung in erster Linie nicht der Lehre, sondern der Proklamation. Da die Tat Gottes kosmische Relevanz und entscheidende Bedeutung für die Situation des Menschen hat, impliziert der Indikativ des K.s im NT, sowohl bei → Jesus selbst als auch in der apostolischen Predigt, wesensnotwendig den Imperativ des Rufs zur Buße, zur Neuorientierung des Lebens an der proklamierten Wahrheit. - Eine der erstaunlichsten Tatsachen des ganzen NT liegt darin, daß Jesus zunächst als Träger des K.s vom → Reich Gottes (: I) auftritt, hernach aber selber zum Inhalt des

K.s wird. Dieser Wandel ist im Ostergeschehen begründet, worin für den Glauben offenbar wird, daß das Kommen Jesu selbst die entscheidende Heilstat Gottes, die Erfüllung der eschatologischen Verheißung des Gottesreiches ist. So hat das urchristliche K. seinen Grund im Ereignis der → Auferstehung Christi (: I).

ThW III, 682ff - BULTMANN, NT. *H.Ott*

II. Dogmatisch

1. Der Begriff K. in der gegenwärtigen theologischen Diskussion - 2. Das Wesen des K.s - 3. Die im Begriff K. enthaltenen theologischen Probleme - 4. K. und Hl. Schrift - 5. K. und Dogmatik - 6. K. im praktischen Vollzug der Predigt

1. Der *Begriff* K. taucht zwar schon in früherem theologischem Schrifttum gelegentlich auf (zB bei J.S. → Semler, der »K.« und »Dogma« einander gegenüberstellt - »K.« freilich in einer vom heutigen Gebrauch differierenden Bedeutung), doch ist sein Aktuellwerden (zB in der Debatte um K. und Mythos [→ Entmythologisierung]), die Erhebung dieses nt. Wortes zum programmatischen theologischen Begriff, ein Kennzeichen der gegenwärtigen theologischen Situation. - Diese Entwicklung ist einerseits in einer Wandlung der Anschauungen der nt. Wissenschaft begründet. Die *Formgeschichte* ist, generell betrachtet, zum Ergebnis gekommen, daß es für den Historiker heute nicht möglich ist, zur Erkenntnis eines gesicherten Tatsachenbestandes des historischen Lebens Jesu durchzudringen (→ Evangelien, formgeschichtlich). Die Berichte der Evangelien sind immer schon theologisch geprägt und auf die Verkündigung von Jesus Christus als dem Herrn abgezweckt. Wir stoßen in den Texten des NT auf das apostolische Christus-K. und können nicht hinter dieses zurückgehen. So ist K. zum Leitbegriff eines neuen exegetischen Verständnisses des spezifischen historischen Charakters des nt. Zeugnisses geworden. Vorbereitet wurde diese Einsicht durch M. → Kähler, der dem »sog. historischen Jesus« den »geschichtlichen, biblischen Christus« gegenüberstellte. Kähler formulierte gegenüber den Versuchen der Leben-Jesu-Forschung, die wirkliche Geschichte Jesu Christi als Biographie zu rekonstruieren, den Satz: »Der wirkliche [dh der wirksame] Christus ist der gepredigte Christus.« Er redete auch vom *»Bild Jesu Christi«* in den Texten des NT und von da aus in der Verkündigung der Kirche. Durch dieses »Bild«, das in der Predigt Gestalt gewinnt, wirkt Christus selbst und prägt sich dem Glaubenden ein. Das »Bild« ist die Erscheinung Jesu Christi selbst im Medium des gepredigten Wortes. - Daneben hat der K.-Begriff in seinem heutigen Gebrauch noch eine zweite Wurzel. Sie hat mehr dogmatischen Charakter und hängt zusammen mit dem Einfluß der → Existenzphilosophie auf die Theologie. Die gegenwärtige Situation in der → Systematischen Theologie (: II B) ist gekennzeichnet durch ein neues Ernstnehmen der Verkündigung und ihrer besonderen Problematik. So ist die → Dialektische Theologie aus der notvollen, kritischen Lage des Predigers hervorgegangen, der als Mensch den Anspruch Gottes weiterzugeben hat (K. → Barth). Im Zusammenhang damit hat man die → Geschichtlichkeit des → Glaubens (: V) neu erkannt: daß der Glaube nicht als intellektueller Akt, als assensus zu irgendwelchen historischen Mitteilungen oder allgemeinen Wahrheiten zu verstehen ist, sondern daß er eine existentielle → Entscheidung des Menschen vor Gott ist. Die »kerygmatische Theologie« R. →Bultmanns, die den Begriff des K.s bes. betont, will durch sachgemäße Interpretation der nt. Texte das in denselben enthaltene K. freilegen, so daß die Texte dem, der sie vernimmt, kein falsches Ärgernis bieten, indem sie ein sacrificium intellectus von ihm fordern, sondern ihn vor das wirkliche Paradox und Skandalon der einmaligen Heilstat Gottes und damit in eine echte geschichtliche Entscheidungssituation stellen. K. wird hier zum methodischen Leitbegriff der theologischen Exegese biblischer Texte im einzelnen und könnte sinngemäß etwa mit »Anspruch« übersetzt werden (wobei natürlich nicht *irgendein* Anspruch, sondern *dieser* spezifische Anspruch der Christus-Verkündigung gemeint ist). - So hat der theologische Begriff K. eine *doppelte Herkunft*. Wohl sind die beiden Linien, auf denen er sich erklären läßt, miteinander verwandt. Das zeigt sich an der Gestalt Bultmanns, der in seinem Werk formgeschichtliche Arbeit und kerygmatische Theologie im Sinne existentialer Interpretation vereint. Doch bleibt infolge jenes Doppelaspektes eine für die künftige theologische Arbeit vermutlich fruchtbare Spannung im Begriff des K.s bestehen.

2. Dem Wortsinn nach bedeutet K. so viel wie »Proklamation«. Damit ist es bestimmt als eine Verlautbarung in Worten, die mehr ist als nur Mitteilung, mehr auch als eine simple Aufforderung. Das *Wort* erhält hier eine besondere Qualifikation: *»Im Worte ist das Heilsgeschehen präsent.«* Das Wort von Christus ist »im eigentlichen Sinne autorisierte, verfügende Verkündigung, herrscherlicher Erlaß« (Bultmann). Daraus erklärt sich die Doppelstruktur des → Kerygmas (: I) im NT: daß das K. in einem einzigen Akte beides, Indikativ und Imperativ, Ruf zur Buße, enthält. Inhalt des K.s ist auf jeden Fall die Tat Gottes, der als der Deus pro nobis, als der uns zugewendete, begegnende, sich offenbarende Gott in Jesus Christus endgültig am Menschen gehandelt hat. Der Indikativ der Verkündigung dieser Tat ist nicht denkbar, nicht verstehbar ohne den Imperativ des Bußrufs. Andererseits würde dieser spezifische Imperativ seinen Charakter verlieren und zum bloßen »Du sollst« werden ohne die Verwurzelung im Indikativ. So gehört die Durchdringung von Indikativ und Imperativ zum Wesen des K.s.

3. Infolge seiner spannungsgeladenen Einheit stellt dieser Begriff die Theologie vor verschiedene *Probleme*. So wäre zB zu fragen, ob das eigentliche K. im jeweiligen Wortlaut, in der Verlautbarung der Proklamation, oder ob es lediglich in dem ihr innewohnenden Anspruch bestehe. Das letztere würde mehr dem K.-Verständnis der »kerygmatischen Theologie« entsprechen, das erstere dagegen mehr dem K.-Verständnis, wie es sich aus den formgeschichtlichen Anschauungen ergibt und wie es sich bei Kähler findet. Der Entscheid, der hier zu fällen ist, hängt davon ab, wie man das *Wesen der Sprache* und des *Verstehens* bestimmt (→ Hermeneutik). Wird die Sprache verstanden als bloßes Instrument von Mitteilungen und Vehikel von Ansprüchen, so wird das K. ohne weiteres reduziert auf einen »reinen Anspruch«. Wird indessen die Sprache (→ Sprachphilosophie) ursprünglicher verstanden als Horizont des menschlichen → Daseins, in der Weise, daß der Mensch seine Mitteilungen und Ansprüche nicht erst »nachträglich« ins Gewand der Sprache kleidet, um sie weiterzugeben, sondern daß die Sprache selbst allererst das geschichtliche Wesen des Menschen konstituiert, so wird unter »K.« nicht nur der Anspruch, sondern ineins damit auch die Proklamation als Sprache, als Text und Wortlaut, zu verstehen sein. - Ein weiteres Problem ergibt sich im Blick auf das Verhältnis von K. und Heilsgeschehen: Soll der Satz, daß das Heilsgeschehen im K. präsent sei, dahin verstanden werden, daß das Heilsgeschehen ausschließlich im K. Wirklichkeit hat, oder ist das K. als Wort Hinweis auf eine heilsgeschichtliche Wirklichkeit (→ Heilsgeschichte), die über alle Worte hinausgeht? Auch hier dürfte wiederum das erstere dem K.-Verständnis der kerygmatischen Theologie Bultmanns entsprechen. - Charakteristisch am Begriff des K.s ist in der heutigen Lage vor

allem sein *programmatischer Zug*. K. wird zum Leitbegriff der Exegese (→ Hermeneutik), der → Dogmatik und der → Homiletik. In diesem Wort, wie es heute gebraucht wird, liegt der Ansatz zu einer neuen, wesentlichen und umfassenden Bestimmung der Sache, um die es in der Theologie im ganzen geht. So ist der Begriff K. auch geeignet, die Kontinuität und sachliche Einheit der drei Hauptdisziplinen theologischer Arbeit, der exegetischen, systematischen und praktischen Theologie, deutlich werden zu lassen.

4. K. heißt das gepredigte Wort. Es geht in der Theologie um die Predigt. Die Predigt der Kirche gründet in der Hl. Schrift (→ Bibel: III). Von dort her gewinnt sie ihre Autorität als K., als → Wort Gottes (: IV), als »autorisierte, verfügende Verkündigung« (vgl. → Bullingers Satz in der Conf. helv. post.: »Praedicatio verbi Divini est verbum Divinum«). Um diese spezifische Autorität des K.s recht zu verstehen, ist ein spezifisches Schriftverständnis nötig, das man als das *»kerygmatische Schriftverständnis«* bezeichnen könnte: Die Autorisierung des K.s der je gegenwärtigen kirchlichen Predigt durch die Schrift beruht nicht darauf, daß die Predigt Sätze der Schrift reproduziert, sondern darauf, daß sie das K. der Schrift aufnimmt. Damit ist gesagt, daß die Schrift selber nicht insofern Gottes Wort ist, als sie historische Nachrichten oder allgemeine Wahrheiten enthält, sondern insofern, als sie ihrerseits K. ist. Als K. ist sie auf der ganzen Linie von Menschen gesprochenes und geschriebenes und also historisch bedingtes, historisch zu erfassendes Wort. Es lassen sich innerhalb der Schrift keine Grenzen zwischen »Menschenwort« und »Gotteswort« ziehen! Doch hat dieses Wort eben als menschlich-historisches den Charakter der *Antwort* auf ein historisch nirgends faßbares Wort Gottes, das als solches zugleich Gottes Tat ist, und dh nun eben: den Charakter des K.s, der Proklamation, des Lobpreises (prae-dicatio) der »großen Taten Gottes«. Das Wort Gottes ist also in der Schrift nirgends als solches »vorfindlich«, konstatierbar. Doch indem die Kirche das Wort der Schrift als K., dh nun aber als Antwort (oder auch: als »Zeugnis«) vernimmt, vernimmt sie durch die Vermittlung dieser Antwort selber das ursprüngliche Wort Gottes und wird damit befähigt, im Vollzug des eigenen K.s ihrerseits zu antworten.

5. Die → Dogmatik überwacht die kirchliche Verkündigung (materiell) hinsichtlich ihrer »Schriftgemäßheit« und (formell) hinsichtlich ihrer Verständlichkeit. Sie hat es mit dem K. zu tun, aus welcher Tatsache sich das Desiderat einer *»kerygmatischen Dogmatik«* ergibt: Dogmatische Sätze sind nicht Wiedergabe allgemeiner Wahrheiten. Sie können ihrem Wesen nach nichts anderes sein als → Bekenntnis (: IV) des als Glied der → Kirche (: IV) verantwortlich denkenden Dogmatikers im Hinblick auf das K. der Kirche, und insofern haben sie selber in gewissem Sinne K.-Charakter (vgl. dagegen → Dogmatik, 3).

6. K. ergeht »aus Glauben in Glauben« (Röm 1, 17). So verlangt es vom Prediger (wie vom Dogmatiker und in gewissem Sinne auch vom Exegeten) verantwortliche Entscheidung. Der Prediger kann die Verantwortung für seine Verkündigung niemals abwälzen auf das »Es steht geschrieben«. – Das Problem der → Predigt (: II) ist, daß sie K., »verantwortliche Antwort«, bleiben muß. Ihr droht nämlich stets die Gefahr des Abgleitens in bloße (belehrende oder rhetorisch-pathetische) Reproduktion biblischer oder traditioneller dogmatischer Sätze. Ihr droht der konventionelle Stil, der »Predigtjargon«, der an der existentiellen Situation des Hörers vorbeiredet. Der Prediger wird, um das K. zu halten, in absoluter Redlichkeit die menschliche Situation (die eigene wie die der Hörer) vor Augen haben müssen. So wird die Verkündigung davor bewahrt, sich mit Problemen abzugeben, die nicht die wirklichen Probleme der Menschen ihrer Zeit sind, und damit unverständlich zu werden, ihren K.-Charakter zu verlieren. Sie wird, wenn sie die existentielle Situation des Hörers trifft, *drei Strukturmomente* aufweisen: Sie ist Aufweis der menschlichen Situation vor Gott (als Predigt der Sünde und des Gerichtes), Proklamation (als Predigt der Heilstat Gottes) und Appell zum konkreten Lebensvollzug (als Predigt der → Heiligung). Diese drei Momente sind einander notwendig zugeordnet und konstituieren in ihrer wechselseitigen Durchdringung das Wesen der Predigt als K.

M.Kähler, Der sog. hist. Jesus u. der geschichtl., bibl. Christus, (1892) neu hg.v. E.Wolf, (1953) 1956² - K. u. Mythos I-IV, hg.v. H.W.Bartsch, 1948-55 - H.Schlier, K. u. Sophia (EvTh 11, 1950/1951, 481-507) - H.Diem, Theol. als kirchl. Wissenschaft I. II, 1951/1955 - Ders., Der irdische Jesus u. der Christus des Glaubens, 1957 - Bultmann, NT - Ders., Allg. Wahrheiten u. christl. Verkündigung (ZThK 54, 1957, 244-254) - H.Ott, Verkündigung u. Existenz, 1956 - G.Ebeling, Theol. u. Wirklichkeit (ZThK 53, 1956, 372-383). - Vgl. die Lit. zu → Entmythologisierung. *H.Ott*

Kerz (Cârţa), Zisterzienserabtei St.Maria de Candelis in → Siebenbürgen, ca 1200 als Filiale von Egres gegründet, verdient um Kolonisation und Kultivierung. 1420 und 1432 von Türken zerstört, wurde K. 1474 infolge Mißwirtschaft und Verfall der Zucht von König Matthias aufgelöst. Die Güter fielen an die Kirche von Hermannstadt (Sibiu).

L.Reissenberger, Die K.er Abtei, 1894 - L.H.Cottineau, Répertoire topo-bibliogr. des abbayes et prieurés I, Mâcon 1939, 1513. *H.Zimmermann*

Kerzenweihe. Am 2. Febr., dem Fest »Mariä Reinigung«, an dem auch der Darstellung Jesu im Tempel und der Begegnung (hypapante = Name des Festes in der Ostkirche) gedacht wird (Evangelium: Lk 2, 22-32), werden Kerzen durch fünf Gebete, Weihwasserbesprengung und Beräucherung geweiht »zum Gebrauch der Menschen und zur Gesundheit des Leibes und der Seele«. Die Kerzen trägt man bei der anschließenden Prozession, die heidnische Lustrationsumgänge verdrängt hat, und während der Messe (»Mariä Lichtmeß«); sie gelten, ebenso wie die am Karsamstag geweihte Osterkerze, als Sinnbild Christi, sind ein hochgeschätztes → »Sakramentale« und werden bei Geburt, letzter Ölung, Gewitter usw benutzt. Mit kreuzweis verbundenen geweihten Kerzen wird am 3. Febr. der »Blasiussegen« (gegen Halskrankheiten) erteilt. – Das Fest ist schon im 4.Jh. (durch → Ätheria) für Jerusalem, die Prozession im 7.Jh. und das Lichtertragen im 8.Jh. (durch Beda) bezeugt.

L.Eisenhofer-J.Lechner, Grundr. der Liturgik des röm. Ritus, 1950⁵, 150f. *E.Hertzsch*

Keßler, *Johannes* (1502/03-74). Aus armer St.Galler Familie stammend, wurde K. Schüler des → Erasmus in Basel. Mit einem Landsmann begegnete er im »Schwarzen Bären« in Jena 1522 dem von der Wartburg zurückkehrenden, als Ritter verkleideten Luther. K. studierte dann in Wittenberg bei Luther und bes. Melanchthon. Nach St.Gallen heimgekehrt, wurde er Sattler, hielt aber trotz Einspruchs der Behörden sog. »Lesinen«, dh Bibelauslegungen. Er war Mitarbeiter → Vadians in der St.Galler Reformation, seit 1537 Lehrer an der Lateinschule und Hilfsprediger. Nach Vadians Tod (1551) übernahm K. immer mehr die Leitung der St.Galler ev. Kirche und des Reformationswerkes in der Nordostschweiz. Er hat sich auch als Chronist einen Namen gemacht.

Vf. u.a. eine Biogr. Vadians, gedr. 1865. K.s kirchen- u. kulturhist. wertvolle »Sabbata« (Aufzeichnungen aus den Jahren 1519-39) zuletzt hg.v. T.SCHIESS-G.MEYER v.KNONAU (1911) u. von W.EHRENZELLER (1945). - Über K.: RE X, 264f; XXIII, 753 - W.NÄF, Vadian u. seine Stadt St.Gallen, 1944/57. *O.E.Straßer*

Keswick-Bewegung, englische → Heiligungsbewegung, die 1875 unter dem Einfluß des Erweckungspredigers R.P. → Smith entstand und alljährlich eine Konferenz in Keswick (Nordengland) veranstaltet, grundsätzlich allen Kirchen und Denominationen offensteht, aber überwiegend von der Evangelical Party innerhalb der anglikanischen Kirche unterstützt wird. Der Einfluß auf die deutsche → Gemeinschaftsbewegung war zeitweise stark. Jahresbericht: Keswick Week.

CH.F.HARFORD, The K. Convention, 1907 - W.B.SLOAN, These Sixty Years. The K. Convention, 1935 - S.BARABAS, So Great Salvation. The History and Message of the K. Convention, 1952. *M.Schmidt*

Ketteler, *Wilhelm Emmanuel Frhr. v.*, * 25.12.1811 in Münster, † 13.7.1877 in Burghausen (Salzach), aus westfälisch-kath. Adel, Jurist im preußischen Staatsdienst, den er wegen des → Kölner Kirchenstreits verließ. Innerlich gewandelt, wurde er nach theologischen Studien in München (bei → Döllinger u.a.) 1844 Priester, kurze Zeit Pfarrer im Westfälischen, Propst an St.Hedwig in Berlin und 1850 Bischof in Mainz. Als Mitglied des → Frankfurter Parlaments hatte er sich durch sein Auftreten auf dem 1. Mainzer → Katholikentag 1848 als Anhänger der neuen kath. Kirchlichkeit einen Namen gemacht. Seine Mainzer Predigten behandelten »Die großen sozialen Fragen der Gegenwart« (gedr. 1849), die Lehre vom Eigentum im Anschluß an → Thomas von Aquino, sind aber kein wirkliches Programm des sozialen Katholizismus. Dem Bischof K. gelingt es, die neue Kirchlichkeit in Klerus und Laienschaft durchzusetzen; symptomatisch dafür sind die Lahmlegung der kath.-theol. Fakultät → Gießen (, 6) und die Errichtung einer bischöflichen Lehranstalt in Mainz. In den Kämpfen um die oberrheinische Kirchenprovinz blieb ihm zwar die Nachfolge auf dem Freiburger Erzbischofsstuhl versagt, aber bes. im hessischen Bereich erzielte er viele Konzessionen.

K.s kirchenpolitischer Kampf gegen den → Liberalismus (: III) für möglichste Begrenzung der Allgewalt des Staates ist zunächst bedeutsamer als sein bes. von → Leo XIII. gerühmter Beitrag zur sozialen Frage. Seine Schrift »Deutschland nach dem Kriege von 1866« (1867) hat den großdeutsch gesinnten Katholiken den Übergang in das neue Reich erleichtert. Im → Kulturkampf lag ihm vor allem an der einheitlichen Haltung der preußischen Bischöfe, an der unerschütterlichen Festigkeit im Grundsätzlichen und an einer gewissen Beweglichkeit im Taktischen. Den Friedensschluß wünschte er sich auf Kosten des Liberalismus. Aber an ein Zusammengehen von → Zentrum und → Sozialdemokratie, »von Weihwasser und Petroleum« (K.Hase), dachte er für seine Person nicht. Er verwarf die Mitgliedschaft kath. Arbeiter in der sozialistischen Partei. Es gab aber Stadien seines sozialpolitischen Denkens und Wirkens, die ein solches Nein nicht unbedingt erwarten ließen. In der Schrift »Die Arbeiterfrage und das Christentum« (1864) hatte er das Lohngesetz in der Formulierung → Lassalles anerkannt und dazu bemerkt, daß »die Arbeit bei uns durchaus eine Ware geworden ist, die daher auch allen Gesetzen der Ware unterliegt«. In der Grundfrage: Selbsthilfe oder Staatshilfe räumte er der staatlichen Intervention wichtige Befugnisse ein. An die Stelle der ursprünglich gemeinten → Sozialreform mußte auch für K. die mildernde → Sozialpolitik treten. Ohne in seinen Erkenntnissen und Forderungen bes. originell oder gar revolutionär zu sein, hat K. durch den Ernst seiner Stellungnahme, die Offenheit für die Tatsachen und vor allem das Gewicht seines kirchlichen Amtes den sozialen Katholizismus wesentlich mitheraufgeführt (→ Katholisch-sozial, 2). - Im allgemeinen Bewußtsein aber hat sich K. am stärksten fixiert durch sein ursprüngliches Nein zur Promulgierung der Primatsdogmen der → Infallibilität und des Universalepiskopats, die er durch einen Fußfall vor → Pius IX. noch in letzter Minute modifiziert sehen wollte. Doch hat er sich der Konzilsentscheidung (→ Vatikanum) alsbald unterworfen (Das unfehlbare Lehramt des Papstes, 1871).

Schriften K.s (Auswahl) hg.v. JOH.MUMBAUER, 3 Bde, (1911)1924; Predigten hg.v. J.M.RAICH, 2 Bde, 1878; Briefe von u. an K. hg.v. DEMS., 1879; Hirtenbriefe hg.v. DEMS., 1904. - Über K.: O.PFÜLF, 3 Bde, 1899 - G.KRÜGER, 1911 - F.VIGENER, 1924 - TH.BRAUER, K., der dt. Bischof u. Sozialreformer, 1927 - W.FRANZMATHES, K. auf den Wegen der kath. Seelsorge, 1927 - DERS., Bischof v.K., Gedenkschr. z. 50. Todestag, 1927 - L.NEUEFEIND, Bischof K. u. d. soziale Frage sZ, 1927 - U.RIED, K.s Stellung zum Infallibilitätsdogma (HJ 47, 1927, 657-726) - FR.HERWIG, Der große Bischof (Roman), 1930 - W.HOYAN, The Development of Bishop v.K.s Interpretation of the Social Problem (Diss. Cath. Univ. of America), Washington 1946 - P.TISCHLEDER, Der Totalismus in der prophet. Vorschau K.s, 1947 - O.H.MÜLLER, K., 1947 - R.AUBERT, Mgr. K. ... et les origines du catholicisme social (Collect. Mechl. 32, 1947, 534-539) - P.JOSTOCK, Bischof K. als sozialer Erwecker (Kirche in der Welt 5, 1952, 221-226). *K.G.Steck*

Kettenbach, *Heinrich von* (ritterliche Herkunft unsicher, vermutlich aus Kettenbach/Taunus, † 1524 oder später), lebte, nachdem er 1522 das Ulmer Franziskanerkloster verlassen hatte, vielleicht in Augsburg und dem Bistum Bamberg. Er verfaßte 1522-23, beeinflußt von seinem Ordensbruder → Eberlin von Günzburg, 9 deutsche ev. Flugschriften. K.s sonstige Lebensumstände sind unbekannt. Mit dem ehemaligen Ulmer Franziskaner Hans Rot(t) gen. Johann Locher von München († wohl 1524) ist er kaum identisch.

ADB XV, 676ff - L.KELLER in: Monatshefte der Comenius-Gesellschaft 8, 1899, 184f (u. 254f) - RE X, 265ff - O.CLEMEN, Flugschriften aus den ersten Jahren der Ref. II/1: Die Schriften H.s v.K., 1908 (226ff K.s Biogr.) - P.KALKOFF, Die Prädikanten Rot-Locher, Eberlin u. K. (ARG 25, 1928, 128-150) - RGG² II, 1774 - A.E.BERGER, Die Sturmtruppen der Ref., 1931, 59f. 217ff. 344ff - SCHL. I, 404; V, 139. - Für die Identifizierung: K.SCHOTTENLOHER, Flugschriften aus den ersten Jahren der Ref. (Zs. f. Bücherfreunde 11/2, 1907/08, 464-468) - DERS., Der Münchner Buchdrucker Hans Schobser 1500 bis 1530, 1925, 136ff - H.AUPPERLE, Bildkatalog über Drucke aus der ersten Hälfte des 16.Jh.s: Vorläufiges Verz. zur 2. Lfg., 1958, 12f Nr. 61. *H.Volz*

Kettler, *Gotthard*, * um 1517 in Westfalen, † 1587 in Kurland, war seit ca 1537 im Deutschen Orden in Livland, 1559-62 dessen letzter Meister. Nach dem Zusammenbruch im Russenkrieg (→ Baltische Länder, 2) wurde K. unter polnischer Lehnshoheit erster Herzog von Kurland, wo sein Haus - er war mit Anna von Mecklenburg vermählt - bis 1737 regierte. K. war der Begründer der luth. Kirche Kurlands durch Visitationen, Kirchenbau, die von zwei Mitarbeitern verfaßte KO von 1570, Anfänge des Schulwesens und kirchliche Versorgung der lettischen Bevölkerung. Das lettische »Handbuch« (1587) mit einer Übersetzung von Luthers kleinem Katechismus, 26 Lutherliedern, Psalmen und anderen Liedern, Agende und Perikopensammlung war nach dem ältesten lettischen Literaturdenkmal (Übersetzung des → Canisius'schen Katechismus 1585) für das geistliche Schrifttum und die Sprachentwicklung der Letten grundlegend.

F.v.KLOCKE, G.K. (in: Westfäl. Lebensbilder II, 1931, 411-438) - E.TREULIEB, Die Reformation der kurländ. Kirche unter G.K. (in: R.WITTRAM [Hg.], Balt. KG, 1956, 77-86). *R.Wittram*

Ketzertaufstreit (Kt. = Ketzertaufe). Als sich im 2.Jh. der Begriff der Rechtgläubigkeit festigte, stand die

Kirche vor der Frage, ob die von Häretikern oder Schismatikern gespendete → Taufe (: III) gültig sei. → Tertullian verwarf De bapt. 15 die Kt., und eine karthagische Synode setzte unter Agrippinus um 220 diese Meinung im prokonsularischen Afrika und in Numidien durch. Kleinasiatische Synoden von Synnada und Ikonium geboten um 235 die Taufe übertretender Montanisten (→ Montanismus), da diese den Geist nicht besäßen. Der eigentliche K. entbrannte, als die afrikanische Kirche (→ Nordafrika: I) auch die Taufe der → Novatianer nicht anerkannte, obwohl deren Schisma die Disziplin, nicht die Lehre betraf. → Cyprian unterschied nicht zwischen Schisma und Häresie; für ihn hing die Gültigkeit der Taufe (und Weihe) an der Spendung in der einen Kirche bischöflicher Sukzession. Er gründete die → Sakramente (: I) auf die → Kirche (: III), nicht diese auf jene. Auch verwarf er die Unterscheidung einer den Häretikern möglichen Taufe zur Sündenvergebung und der kirchlichen Taufe, die zugleich den Geist verleihe: auch die Vergebung könne nur spenden, wer selbst den Geist habe. Ein Beschluß von Cyprians Kirchenprovinz gewann zunächst die numidischen Bischöfe für die Verwerfung der Kt. Eine afrikanisch-numidische Synode vom Frühjahr 256 teilte dieselbe Entscheidung Bischof → Stephan von Rom mit und erwartete seine Zustimmung, ohne ihm Vorschriften machen zu wollen. Aber dieser suchte die römische Auffassung, die Kt. vergebe kraft Anrufung des Namens Jesu wenigstens die Sünde und bei Aufnahme in die Kirche genüge wie bei den Büßern die Handauflegung, auch in Afrika durchzusetzen; er verbot die Wiedertaufe als Neuerung und drohte widerstrebenden Bischöfen mit dem Abbruch der kirchlichen Gemeinschaft. Eine Synode von 87 Bischöfen aus allen afrikanischen Provinzen (aber ganz wenigen aus Mauretanien) erneuerte am 1.9.256 das frühere Urteil. Stephan verweigerte ihren Abgesandten als Gebannten Audienz und Quartier. → Firmilian von Cäsarea trat entschieden an die Seite der Afrikaner und erklärte die Ablehnung der Kt. in Kleinasien für alte Überlieferung, in Afrika für eine gute Neuerung. Vergeblich suchte → Dionysius von Alexandria zu vermitteln; doch der Tod Stephans und Cyprians verhinderte die Kirchenspaltung. Noch 256 oder bald danach verteidigte ein Unbekannter (aus Mauretanien?) in der Schrift De rebaptismate die Kt.: sie gewähre wie jede Wassertaufe ein (noch zu festigendes) Anrecht auf das Heil; erst die Geisttaufe spende in der bischöflichen Handauflegung wirklich die Vergebung und den Geist. Im Streit mit dem → Donatismus folgten die afrikanischen Katholiken dem übrigen Abendland in der Anerkennung der Kt. → Augustin vollendete deren theologische Rechtfertigung, indem er an ihr Geltung und Wirkung unterschied. Die östliche Kirche verwarf zT jede Kt. (so die → Apostolischen Konstitutionen); doch überwog immer mehr die Anerkennung der richtig gespendeten Taufe (zB der Novatianer, nicht der Montanisten).

Qu.: Cyprian, Epp. 69-75; Ps.-Cyprian, De rebaptismate (Florileg. Patrist. 11, 1916); Euseb, h.e. VII, 2-9. - Lit.: RE X, 270ff; XXIII, 753 - H.v.Soden, Der Streit zwischen Rom u. Karthago über die Kt. (QFIAB 12, 1909, 1-42) - Ders., Sententiae LXXXVII episcoporum (NGG 1909, 247-307) - DThC II/1, 219ff - RGG² III, 734f - G.W.H. Lampe, The Seal of the Spirit, 1951, 170ff - DHGE XIII, 1152ff - EKL II, 595f - Altaner 157f.

H.Karpp

Keuschheit

I. Religionsgeschichtlich - II. Ethisch und pädagogisch. - Vgl. → Sexualethik, → Sexualpädagogik, → Zölibat

I. Religionsgeschichtlich

Der Gedanke, daß → Askese (: I) dem Menschen innere → Macht verleiht, wird von vielen Völkern bes. auf die geschlechtliche Enthaltung bezogen. Man assoziiert die charismatischen und pneumatischen Kräfte der Heilbringer, Eremiten und »hl. Männer« gern mit der Vorstellung eines keuschen Lebenswandels: K. muß Macht geben, und dies hatte bestimmte Bräuche zur Folge. Wir beschränken dabei den Begriff K. am besten auf solche Fälle, in denen die Enthaltung als »Vorleistung« in eine Art Vertrag mit übermenschlichen Mächten eingeht, um das glückliche Gelingen irgendeines Unternehmens oder das Heil der Gemeinschaft zu verbürgen. Ferner ist K. objektiv mit einer Forderung von seiten der Gemeinschaft an bestimmte Personen sowie subjektiv (meist) mit einem → *Gelübde* (: I) verbunden. - Zu unterscheiden sind situative, gruppenspezifische und an Personen gebundene institutionelle Regelungen.

a) Zeitweilige geschlechtliche Enthaltung wird bei vielen → Naturvölkern geübt vor wichtigen Unternehmungen wie Jagd (→ Jäger), Fischfang, Sammeln von Feldfrüchten, Ernte, vor der Aufführung schwieriger Bauwerke u.dgl., bes. auch vor Kriegszügen. Manchmal fordert man die kürzere oder längere Zeit dauernde Enthaltung nur von den unmittelbar Beteiligten, manchmal auch von den Daheimbleibenden, oft mit → Fasten verbunden. - Sehr merkwürdig ist das K.sgebot für Neuvermählte für die ersten Nächte nach der Hochzeit (→ Ehe: I). Diese (nach Tob 8, 18) als »Tobiaszeit« bezeichnete Enthaltung scheint sich bes. bei semitischen Stämmen zu finden, doch gibt es ähnliche Bräuche bei manchen Naturvölkern. Enthaltsamkeit gegenüber der → Frau (: I) während der → Schwangerschaft und → Menstruation wird fast durchweg geboten.

b) Viele menschliche Gesellschaften schließen - jenseits von den durch Inzest (und Endogamie) gezogenen Grenzen - auch Partner als sozial und *mithin* ethisch »unmöglich« aus: Angehörige anderer → Rassen (Weiße bei Naturvölkern, umgekehrt Farbige bei Weißen in Ländern mit nachwirkender kolonialer Struktur), niederer Stände, bes. aber niederer → Kasten. Die Meidungs-Distanz gegenüber »unreinen« Kasten (»Unberührbaren«) ist bes. im → Hinduismus stark ritualisiert und oft geradezu neuropathisch aufgeladen; sie bezieht sich nicht nur auf den Sexualverkehr, sondern bereits auf den Sozialkontakt, ja den bloßen Anblick »möglicher«, aber verbotener Objekte der Versuchung. Die pathetische Überhöhung der K. zum »hl. Wandel« (brahmacarya) dürfte in solchen gruppenspezifischen Meidungen gründen.

c) Oft wird K. von bestimmten Personen gefordert, sei es zu deren eigenem Heil, sei es zum Heile der Gemeinschaft. Gilt die Forderung temporärer K. schon für die Neophyten der Jugendbünde und Kriegerorden wie auch der antiken → Mysterien (zB Eleusinien), so wird sie für die Mitglieder der Mönchsorden zur unabdinglichen, lebenslänglichen Observanz (→ Mönchtum: I, → Buddhismus: I). - Weitverbreitet ist auch die Institutionalisierung der jungfräulichen K. Sie knüpft religionspsychologisch an den Archetypus des »göttlichen Mädchens« an (bei den Griechen: Kore, Artemis, Athena Parthenos). Die K. ist stets eine »kultische K.«, dh die Jungfernschaft gehört einem Mächtigen (Fehrle); die römischen Vestalinnen galten als »Bräute des Feuers« (→ Herd). Im alten Sizilien gab es den Nymphenreigen jungfräulicher Göttinnen, denen eine »Herrin« vorstand. Bei → Festen trat eines der Mädchen als Vortänzerin auf. Ganz ähnlich in Samoa und sonst in → Polynesien, wo der Jungmädchenverband von der Dorfjungfrau angeführt wurde, deren Unberührtheit von integrierender Bedeutung für die Wohlfahrt der Gemeinschaft war. Typisch damit verbunden waren die öffentliche Jungfernprobe (rituelle Defloration), der »Pfeiler der Reinheit« im Rundhaus mit Asylkraft gegen sexuelle Angriffe und die enge Verbindung mit der jungfräulichen Mondgöttin. - Vgl. → Frau, → Jungfrauengeburt, → Reinheit, → Unzucht, → Unreinheit. - Zur K. im frühen Christentum vgl. → Askese: IV, → Ehe: III A.

T.W.RHYS DAVIDS-H.OLDENBERG, The Pâtimokkha (SBE XIII), Oxford 1881 - E.FEHRLE, Die kultische K. im Altertum, 1910 - B.Z. SELIGMAN, Studies in Semitic Kinship (BSOS 3, 1923/25, 51-68. 263 bis 280) - B.MALINOWSKI, Sex and Repression in Savage Society, London 1927 - R.GOODLAND, A Bibliography of Sex Rites and Customs, ebd 1931 - W.E.MÜHLMANN, Krieg u. Frieden, 1940 - DERS., Arioi u. Mamaia, 1955 - C.G.JUNG-K.KERÉNYI, Das göttl. Mädchen, Amsterdam 1941 - H.WEBSTER, Taboo, Stanford 1942 - F.STUMMER, Das Buch Tobit, 1950 - RÄRG 375f - J.CAZENEUVE, Les rites et la condition humaine d'après des documents ethnographiques, Paris 1957.

W.E.Mühlmann

II. Ethisch und pädagogisch

1. Ethisch - 2. Pädagogisch

1. Theologisch betrachtet ist K. ein bestimmter Aspekt der → Heiligung (: III). Ihre Definition als geheiligte Sexualität verhindert, daß die Sexualität negiert oder - im anderen Extrem - als autonomer Lebensbezirk betrachtet wird. Die Geschlechtlichkeit ist ein so integrierender Teil der Ganzheit des menschlichen Lebens, daß sie dem schützenden und bewahrenden Gebot Gottes nicht entzogen werden kann oder darf. Ebensowenig wie das Menschsein in der Sexualität aufgeht, kann man sich diese als nicht dazugehörend denken. Gen 1, 27 und Gen 2, 18-25 sind in dieser Hinsicht für die christliche → Ethik grundlegend. Da der Mensch immer in der Differenzierung und Zusammengehörigkeit der Geschlechter lebt - der einzigen fundamentalen, strukturellen Differenzierung, in der er existiert -, hat die Ethik hiermit auch vollkommen Ernst zu machen. Der Grund für die K. ist also die Ehrfurcht vor dem Menschen in der Totalität seiner leiblichen und seelischen Existenz als Geschöpf Gottes. - Jahrhundertelang hat eine einseitig asketische Auffassung des Begriffes K. diese als Verneinung oder Verdrängung der Geschlechtlichkeit betrachtet. Oft wurde sogar die geschlechtliche Beziehung zwischen Mann und Frau in der → Ehe (: V) als eine um der Erzeugung willen tolerierte Unkeuschheit betrachtet. Man vergaß, daß eine keusche geschlechtliche Beziehung durchaus möglich ist, während die Verneinung oder Verdrängung der Sexualität fast immer unkeusch ist. Denn sie beruht auf der falschen Auffassung, daß die Geschlechtlichkeit im Grunde genommen ein un- oder untermenschliches Etwas ist, so daß es ein Beweis reiner und unbefleckter Menschlichkeit sei, wenn man sich darüber erheben und frei vom Menschen des anderen Geschlechtes leben könne. Im Unterschied dazu bedeutet K., daß der Mensch die Ausrichtung der Geschlechter aufeinander niemals absichtlich ignoriert oder verleugnet, sondern sie immer dankbar und freudevoll anerkennt. Die K. hält den Menschen davon zurück, sich selbst krampfhaft ausschließlich als Geschlechtswesen zu sehen (→ Vitalismus, Sexualismus), und hindert ihn gleichzeitig daran, sich selbst als Geschlechtswesen Gewalt anzutun (das Ideal der Sublimierung der Sexualität, überspannte Akzentuierung der Virginität). Keusch sind demnach alle Formen der Sexualität, bei denen der eine Mensch den anderen nicht zum Objekt herabwürdigt, sondern ihn als Subjekt anerkennt. Keusch ist der eheliche Geschlechtsverkehr als Ausdruck der gegenseitigen Liebe, auch dann, wenn die Möglichkeit einer Erzeugung ausgeschaltet werden darf (→ Geburtenregelung). Keusch ist die Enthaltsamkeit, wenn sie von einem gemeinsamen Beschluß der Ehegatten getragen und als Äußerung der gegenseitigen Liebe und Anerkennung empfunden wird. Unkeusch ist die → Homosexualität, weil gerade sie auf der Ausschaltung des anderen Geschlechts beruht. Unkeusch ist auch die Masturbation, wenn sie darauf abzielt, in absichtlich gewählter Einsamkeit nur sich selbst zu genießen und zu genügen. Keusch ist sie jedoch, wenn sie im Rahmen der grundsätzlichen Zweisamkeit der Ehe, im Blick auf die Ausrichtung der Geschlechter aufeinander stattfindet. Wenn nämlich in einem bestimmten Fall Mann und Frau nach gemeinsamer Überlegung beschlossen haben, zur Anwendung einer homologen künstlichen → Insemination überzugehen, wozu Sperma des Ehemannes benötigt wird, so verliert die Masturbation ihren selbstbefleckenden Charakter. Die K. hält den Menschen davon ab, rein animalisch, triebmäßig zu leben. Wer keusch zu leben versucht, respektiert nicht nur sich selbst, sondern auch seinen Mitmenschen in seiner subjektiven Eigenart. Es ist die Aufgabe der Ethik, die Bedeutung der K. für den einzelnen wie für die Gemeinschaft darzulegen. Namentlich die → Sozialethik hat hier ein wichtiges Arbeitsfeld. Ebenso kann der Staat mittels der Gesetzgebung die Entwicklung der → Sitte (: II) auch in dieser Beziehung günstig beeinflussen.

2. Die Bedeutung der K. für den einzelnen und für die Gemeinschaft hat aber auch weitgehende *pädagogische Konsequenzen*. Ist in bezug auf das Individuum das Ideal der harmonischen gereiften → Persönlichkeit das Ziel der → Pädagogik (: II. III) und bezüglich der Gemeinschaft das Schaffen und Instandhalten der sozialen Bedingungen dazu, so bekommt die Erziehung zur K. eine besondere Bedeutung. Dies gilt sowohl im allgemeinen Sinn, zB was die Erziehung zu bestimmten Lebensgewohnheiten betrifft, als auch im besonderen Sinn, wenn man an die spezielle sexuelle Erziehung denkt. Im Hinblick auf den ersten Punkt ist es wichtig, auf die Bedeutung der → Koedukation als Vorbereitung zur gesunden Entfaltung eines gesellschaftlichen Lebens hinzuweisen, in dem Männer und Frauen miteinander arbeiten und sich gegenseitig ergänzen. Hinsichtlich der sexuellen Erziehung im engeren Sinn muß sich die Pädagogik von den einseitig intellektualistisch-rationalistischen Zielsetzungen freimachen, die sie so lange beherrscht haben. Das Beibringen der nötigen Kenntnisse über die Sexualität genügt nicht. Der Mensch soll diese Kenntnisse auch gebrauchen und anwenden können. Charakterentwicklung, Gewöhnung an Ordnung und Ruhe, Erziehung zu emotionaler Ausgeglichenheit und zum Respekt vor der menschlichen Persönlichkeit in ihrer individuell bestimmten Eigenart u.a.m. sind mindestens ebenso wichtig wie das Vermitteln von Kenntnissen. Da die → Familie (: IV) für die Erziehung von hervorragender Bedeutung ist, kommt auf ein gesundes und ausgeglichenes Eheleben der Eltern viel an. - Die sexuelle Erziehung hat von einem tiefen Respekt vor dem Menschen als Geschöpf Gottes auszugehen. Die Aufklärung sei sachlich korrekt, möglichst unbetont und passe sich dem Fassungsvermögen desjenigen an, dem sie gegeben wird. Von großer Bedeutung ist die Erziehung zu einem reinen Gefühl für die → Normen, damit der heranwachsende Mensch lernt, seine Haltung sich selbst und seiner Umgebung gegenüber zu bestimmen. Dies gilt zumal im Hinblick auf Äußerungen der modernen Kultur wie Presse, Radio, Film u.dgl., die bisweilen in sehr raffinierter Weise von einem banalen Sexualismus durchsetzt sind. Auf jeden Fall halte man das Schamgefühl (→ Scham) rein, weil hierin die K. gründet. - Vgl. → Askese: V.

F.W.FOERSTER, Sexualethik u. Sexualpädagogik, (1907) 1952[6] - E.SPRANGER, Psychologie des Jugendalters, (1924) 1953[23] - BARTH, KD III/1, 41ff (Auslegung von Gen 1, 27f; 2, 18f); III/2, 45ff; III/4, 54ff - O.KROH, Sexualerziehung aus sozialethischer Verantwortung (Jb. f. Psychologie u. Psychotherapie 1, 1952/53, 489-512) - F.BLOEMHOF, Het Vraagstuk der bewuste Geboortebeperking, o.J.

(1953) - DERS., Das Problem der künstl. Insemination beim Menschen (ZEE 2, 1958, 15-36) - T.HESEKIEL, Eltern antworten. Eine Hilfe zur Aufklärung unserer Kinder, o.J. (1955) - G.N.GROEGER, Verantwortliche Elternschaft, o.J. (1958). *F.Bloemhof*

Keussen, *Rudolf*, * 24.8.1877 in Krefeld, † 28.12.1944 in Bonn, Religionsphilosoph im Anschluß an B.Erdmann und R. → Otto, suchte als altkath. Theologe die Vermittlung zwischen kritischer Rationalität und konservativer Gläubigkeit. Nach dem Studium in Bonn und München wurde K. 1899 Priester, 1908 Regens des Bischöflichen Seminars in Bonn, 1921 PDoz. in Köln und nach Pfarrdienst in Konstanz und Karlsruhe seit 1935 Prof. am Altkath. Seminar der Universität → Bonn (, 3); seit 1925 Mit-Hg. der Berner Internationalen Kirchlichen Zeitschrift (IKZ), Freund und Berater von Bischof → Kreuzer.

Vf. u.a.: J.H.Newman, 1902; Bewußtsein u. Erkenntnis bei Descartes, 1906; Die Willensfreiheit als relig. u. philos. Grundproblem, 1935; Religion als Erlebnis, Mythos, Logos u. Dogma, 1943. *W.Küppers*

Kevelaer, Stadt im Kreise Geldern, Bistum Münster, seit 1642 beliebter Wallfahrtsort (→ Wallfahrt: II) mit einem → Gnadenbilde der Maria »consolatrix afflictorum« (Trösterin der Betrübten). Das Bild, ein Holzschnitt, ist die Kopie eines Bildes aus Luxemburg, das eine Statue wiedergibt, die 1626 in Pestzeiten in einem hohlen Baum gefunden sein soll. Das Bild wurde 1892 durch den Bischof von Münster feierlich gekrönt. Die alte kleine Wallfahrtskapelle (sog. Kerzenkapelle) stammt aus dem Jahre 1649, die heutige große dreischiffige Wallfahrtskirche wurde 1858-64 erbaut und ist seit 1923 Basilica minor. Die Wallfahrtsleitung und -seelsorge hatten früher die → Oratorianer, heute die Pfarrgeistlichkeit, die von der Bruderschaft der »Canisianer« unterstützt wird. K. ist seit 1892 Sitz einer Klarissenabtei. Außerdem bestehen Niederlassungen der → Clemens- und der → Vorsehungsschwestern.

P.CLEMEN, Die Kunstdenkmäler des Kr. Geldern, 1891, 41ff - F. DYKMANS, K., das Marienheiligtum, 1951. *K.Nitzschke*

Keynes, *John Maynard* (1942 Lord K. of Tilton), * 5.6.1883 in Cambridge, † 21.4.1946 in Bretton Woods. Sein Vater war Prof. der Nationalökonomie in Cambridge, seine Mutter zeitweilig Bürgermeister dieser Universitätsstadt. K. besuchte die Public-School von Eton und studierte am King's College in Cambridge. Er gehörte durch seine Erziehung der englischen Oberschicht an und trat nach Beendigung seines Studiums zunächst in den Staatsdienst. Als Mitglied der englischen Delegation nahm er an den Friedensverhandlungen in Versailles (1918) teil. Auf Grund seiner Einsichten schrieb er das Buch »Die wirtschaftlichen Folgen des Vertrags von Versailles« (1919; dt. 1922), das ihn mit einem Schlage in aller Welt, bes. auch in Deutschland bekannt machte. - K. war vielseitig begabt. Bekannt sind seine mathematischen Studien und seine künstlerischen Interessen. Er war Mitglied des Verwaltungsrats einer großen englischen Versicherungsgesellschaft und gleichzeitig Dozent in Cambridge. Während des 2. Weltkrieges war K. ständiger Berater des englischen Schatzamtes. Für die Nachkriegswirtschaft hatte er umfangreiche Währungspläne ausgearbeitet. - Sein Hauptwerk »Theorie der Vollbeschäftigung« (The General Theory of Employment, Interest and Money, 1936) zog die wissenschaftlichen Konsequenzen aus den Erfahrungen der Weltwirtschaftskrise 1929/32. Ein wesentliches Ergebnis seines Werkes ist der Nachweis, daß die Lehren der klassischen Nationalökonomie auf der stillschweigenden Annahme wirtschaftlichen Gleichgewichts beruhen und daher dort alle wirtschaftlichen Veränderungen als Gleichgewichtsverschiebungen behandelt werden, während die moderne → Wirtschaft sich ständig in Bewegung, dh entweder in einer Ausweitung oder in einer Depression (oder Rezession) befindet (→ Wirtschaftsphasen). K. zeigte, wie das Beschäftigungsvolumen einer Wirtschaft primär vom Ausmaß der Bruttoinvestitionen (einschließlich eines Ausfuhrüberschusses) und dem Umfang der in Anspruch genommenen Konsumkredite abhängig ist, und wie sekundär die Sparquote oder deren reziproker Wert, »der Hang zum Verbrauch«, sowie das Ausmaß der Desinvestitionen das Verbrauchsvolumen und die Verteilung der Vermögensbildung zwischen Sparern und Unternehmern bestimmen. - Die K.ianer haben seine wirtschaftspolitischen Einsichten zu einem Glaubensartikel gemacht und die Lehre von der → Vollbeschäftigung zum Rang einer modernen Sozialreligion erhoben. K. war kein Anhänger einer Vollbeschäftigung um jeden Preis, bes. nicht um den einer Inflation. - Vgl. → Wirtschaftstheorien.

L.R.KLEIN, The K.ian Revolution, New York 1947 - D.D.DILLARD, The Economics of J.M.K., ebd 1948 - A.PAULSEN, Neue Wirtschaftslehre. Einführung in die Wirtschaftstheorie von J.M.K., 1950 - R.F.HARROD, The Life of J.M.K., London 1951 - A.H.HANSEN, A Guide to K., 1953; dt.: K.s ökonomische Lehren, 1957. *P.Binder*

Keyserling, *Graf Hermann* (* 20.7.1880 in Könno, Livland, † 26.4.1946 in Innsbruck-Mühlau), philosophisch Kantianer, religiös Protestant, sucht von einem sehr freien und spirituellen Christentum her eine für alle Religionen, vornehmlich aber für Katholizismus und Buddhismus gültige, welt- und geschichtsüberlegene, »ökumenische« Basis zu gewinnen. Die Methode, deren er sich dabei bedient, ist nicht die - gleichfalls meisterhaft beherrschte - wissenschaftliche Reflexion, sondern die philosophische Meditation. Mit ihrer Hilfe gelangt er zum »Sinn«, der in den einzelnen Religionssystemen seinen verschiedenen, jeweils vollgültigen Ausdruck erlangt. Dieser verschiedene Ausdruck sind die jeweiligen Glaubenslehren, die historisch und psychologisch als ebensoviele *Vorurteile* erscheinen. Denn Glaube und Wissen sind nach K. voneinander unabhängig. Aber der sinnhafte Glaube ist ein Förderungsmittel des metaphysischen Erkennens, wobei es nicht darauf ankommt, woran man glaubt und ob der Glaube dem kritischen Denken standhält. Religiöse Gestaltung ist ohnedies nur menschlichen Ursprungs, und Gott selber könnte sich niemals anders als im Rahmen unserer religiösen Vorurteile und Irrtümer offenbaren. Sie sind gerechtfertigt, wenn der Glaube der Selbstverwirklichung dient. Da nun auf die Beweisbarkeit nichts ankommt, kann der metaphysisch Begabte (im Gegensatz etwa zu → Lessing und seinem Nathan) kein Aufklärer und kein vorurteilsloser Freigeist sein. Grundsätzlich wird die religiöse Wahrheit, von Reflexion und Wissenschaft her gesehen, nur durch theologisches Scheinverstehen und Mißverstehen von Geschlecht zu Geschlecht weitergereicht. - K.s Philosophie verlagerte sich mit zunehmendem Alter von der Metaphysik, die er gleichwohl nie aufgegeben hat, zur Psychologie, für die er von jeher höchste Begabung zeigte. Seine Psychologie der Religionen ist bis zur Selbstaufgabe unparteiisch, aber wie alles, was bei ihm nach Doktrin und Theorie aussieht, unverbindlich. Darum ist er religionsphilosophisch und ideologisch auf nichts festzulegen. In all diesem ist er Relativist und nur in bezug auf den meditativen Sinngehalt seines Einwirkens und Ausstrahlens unbedingt und verbindlich. Auf dieser rein geistigen Grundlage hat K. den Weltreligionen ihre metaphysische Wahrheit zugestanden und bestätigt. Seine *»Schule der Weisheit«* (gegr. 1920) war keine Lehranstalt, sondern sollte seine Impulse weitergeben und so den Gang der Geschichte beeinflussen.

Vf. u.a.: Unsterblichkeit, (1907) 1920³; Das Reisetagebuch eines Philosophen, (1919) 1932⁸; Schöpferische Erkenntnis, 1922; Wiedergeburt, 1927; Südamerikanische Meditationen, (1932) 1950²; Das Buch vom persönlichen Leben, 1936. - Über K.: P.FELDKELLER, Graf K.s Erkenntnisweg zum Übersinnlichen, 1922 - M.BOUCHER, La Philosophie de H.K., 1927. *P.Feldkeller*

Keyßer, *Christian,* ev. Missionar, * 7.3.1877 zu Geroldsgrün (Bayern), 1899-1920 im Dienst der → Neuendettelsauer Mission in →Neuguinea, seitdem im Heimatdienst. Er wirkte bahnbrechend durch seine am NT ausgerichtete Ganzheitsmethode: Erfassung der ganzen Volksgruppe durch das Evangelium (→ Gruppenbekehrungen), Einbeziehung aller Lebensgebiete in dessen Bereich, Mitbeteiligung der ganzen → Gemeinde (: V) an den Aufgaben und der Verantwortung, Schaffung einer Vielheit von Ämtern.

Vf. u.a.: Aus dem Leben der Kaileute (in: R.NEUHAUSS, Deutsch-Neuguinea III, 1911, 1-242); WB der Kate-Sprache (Zs. f. Eingeborenen-Sprachen, 7.Bh.), 1925; Anutu im Papualande, (1925) 1958²; Eine Papua-Gemeinde, (1929) 1950²; Gottes Weg ins Hubeland, (1936) 1949²; Der Christenfresser, (1939) 1954². - F.EPPELEIN, Chr.K., ein Gefolgsmann M.Luthers u. W.Löhes? (Festschr. zum 70. Geb. von Dr. Chr.K.), 1949/50 (Lit.). *G.Pilhofer*

Kiel, *Universität*

1. Allgemein - 2. Theologische Fakultät

1. Die Gründung der »Christiana Albertina« erfolgte mit vier Fakultäten 1665 durch Herzog Christian Albrecht von Gottorp (1659-94) unter Mitwirkung seines Kanzlers J.A.Kielman von Kielmanseck (1612-76) auf Grund eines kaiserlichen Privilegs (1652). Nach anfänglicher Blüte gewann die Gründung erst wieder Bedeutung, als Herzog Peter Ulrich als Peter III. den russischen Zarenthron bestieg und seine Gemahlin Katharina II. als Vormund ihres Sohnes Paul die Regierung des Gottorper Staates übernahm. Auf den Rat des ehem. gottorpischen Staatsmannes Caspar v.Saldern (1710-86) wurden Reformen eingeleitet. Die Wiedervereinigung des holsteinischen Restfürstentums der Gottorper mit dem Herzogtum Holstein durch Verzicht des Großfürsten Paul (1773), die Förderung durch den Staatsmann Andreas Peter Bernstorff (1735-97), durch die Kuratoren Detlev Graf v.Reventlow (1712-83), dessen Sohn Fritz v.Reventlow (1755-1828) sowie durch den nach K. gerufenen Theologen J.A. → Cramer als Prokanzler bzw. Kanzler leiteten einen neuen Abschnitt in der Universitätsgeschichte ein. Männer wie der Prof. der Kameralistik Aug.Chr.H.Niemann (1761-1832), der Kantianer Karl Leonh. Reinhold (1758-1823), der Jurist Anselm v. Feuerbach (1755-1833), die Historiker Dietr.Herm.Hegewisch (1740-1812) und Fr.Chr.Dahlmann (1785 bis 1860) lassen K. vollen Anteil an der deutschen Geistesgeschichte gewinnen. Das Erwachen des deutschen Nationalbewußtseins und die Frage der historischen Landesrechte der Herzogtümer im schleswig-holstein-dänischen Gesamtstaat ließen die Universität eine hervorragende Rolle in der schleswig-holsteinischen Bewegung spielen. Neben Dahlmann waren bes. der Staatsrechtler Nic.Falk (1784-1850), die Mediziner Franz Herm.Hegewisch (1783-1865) und Christ.H.Pfaff (1773-1852), die Historiker Joh.Gustav Droysen (1808-84) und Georg Waitz (1813-86) sowie der Theologe Aug.Twesten für die Geschichte des Landes von Bedeutung. - Mit der Annexion → Schleswig-Holsteins durch Preußen 1867 wurde K. zu einer preußischen Hochschule. Nach 1945 ist - abgesehen von den Kliniken - am Westrand der Stadt eine »Neue Universität« entstanden. 1946 wurde eine landwirtschaftliche Fakultät errichtet. In K. studieren besonders viele skandinavische Studenten (Sommer 1959: 226 bei insgesamt 5183).

2. Die *theologische Fakultät* wurde zuerst mit drei ordentlichen Professuren errichtet. Dem luth. Bekenntnisstand des Herzogtums Gottorp und der durch Georg → Calixt beeinflußten gemäßigten Einstellung der Landesherrschaft in Glaubensfragen entsprechend, forderten die Statuten der Fakultät Gleichmäßigkeit in der Lehre. Daher hielt man sich in den dogmatischen Streitigkeiten zurück. In dieser Richtung wirkten der erste Dekan Peter → Musäus, daneben der ihn überragende Chr. → Korthold sowie Paul Sperling (1605-79). Die einheitliche Richtung der Fakultät wurde mit der Berufung des Pietisten Hinrich Muhlius (1666-1733) unterbrochen. Heftige Auseinandersetzungen führten 1706 zu weitgehender Einräumung von Lehrfreiheit im Rahmen des luth. Bekenntnisstandes. Dann wurde auch die theol. Fakultät von dem Niedergang der Universität betroffen und gewann erst seit 1773 mit der Reformperiode unter Joh.Andr. → Cramer, der 1775 das Homiletische Seminar gründete, wieder einen angemessenen Rang. Dem → Rationalismus (: II), wie ihn bes. G.T.Zachariä (1729 bis 1777), S.G.Geyser (1739-1808) und K.Lüdemann (1805-89) vertraten, suchte man von seiten des orthodoxen Pietismus (→ Erweckung: I, 5c) ohne rechten Erfolg durch die Berufung von Joh.Fr. → Kleuker entgegenzuwirken (1778). Durch →Twesten (1814-35) und durch die Wirkung von Claus → Harms fand zeitweise der luth. → Konfessionalismus Eingang; mit G.S.Francke (1763-1840) die → Vermittlungstheologie, deren Vertreter dann bes. Joh.Fr.B.Köster (1791-1878) und A.F.L. Pelt (1799-1861) waren. Die Auseinandersetzungen zwischen luth. Konfessionalismus und der → liberalen Theologie in der zweiten Hälfte des 19.Jh.s fanden an der Fakultät ihren Höhepunkt in dem Streit von R.A. → Lipsius (1830-92) gegen Bischof Wilh.Koopmann († 1871). Die Ablehnung des Kleinen Katechismus durch O. → Baumgarten (seit 1894, Prakt. Theol.), dessen Entfernung 1902 von einem Drittel der Geistlichkeit des Landes gefordert wurde und dem auch der General-Sup. Th. → Kaftan scharf entgegentrat, führte zu neuen Auseinandersetzungen. Wesentlich wurde der Einfluß von Franz → Rendtorff und nach Baumgarten von Heinr. Rendtorff (* 1888). - Seit Ende des 19.Jh.s lehrten im AT: Aug.Klostermann, E. → Sellin, W.Caspari, H. Schmökel; daneben Fr.Baethgen, zeitweise K.Elliger und Volkmar Herntrich. - Im NT: B. → Weiß, Th.v. → Zahn, E.Haupt, Aug.Franke, E.Grafe, E. → Schürer, F.Mühlau, J.Leipoldt, A.Seeberg, J.Kögel, H. → Windisch, J. → Schniewind, H.-D.Wendland; daneben H.K. Lüdemann, E.Klostermann, R.Schütz, R.Schneider. - Syst. Theol.: R.A. → Lipsius, Fr. → Nitzsch, E. →Schaeder, A.Titius, H.Mandel, H.Mulert; daneben O.Ritschl, H.Engelland, R.Schneider. - KG und DG: W.Möller, H.v. → Schubert, G. → Ficker, K.D.Schmidt, H.v.Campenhausen; daneben A. → Eichhorn, H.Hermelink, E.Kohlmeyer, H.Bauke, E.Barnikol, J.Wagenmann. - Prakt. Theol.: K.Lüdemann, G. → Kawerau, O.Baumgarten, H.Rendtorff (1926-30), W.Bülck, G.Fiedler, H. Rendtorff (1945-56). - Religionswissenschaft, Philosophie: O.Lempp, W.Schultz. - Religionsgeschichte bzw. Missionswissenschaften: H.Schomerus, M.Schlunk, W. Freytag, Bischof H.Meyer. - Ordinarien sind 1959: M. Redeker (Syst. Theol.), P.Meinhold (KG und DG), H. W.Hertzberg (AT, Palästinakunde), W.Schultz (Syst. Theol., Religionsphilosophie und -geschichte), H.Greeven (NT, Sozialethik), G.Hoffmann (Prakt. Theol.); außerdem sind tätig: E.Lohse (NT), H.Kraft (KG und DG), W.Vollborn (AT, Hebr. Sprache), W.Göbell

(Neuere und Schlesw.-Holst. KG), Fr. Heyer (Neuere KG und Auslandskirchenkunde), J.Heubach (Prakt. Theol.), G.Bohne (Ev. Erziehung und Unterricht), J. Hermelink (Missionswissenschaft).

JOH.THIESS, Biograph. Nachrichten von allen Lehrern der Theol. zu K., 1800-03 - H.RATJEN, Gesch. der Univ. zu K., 1870 - C.E. CARSTENS, Gesch. der theol. Fakultät zu K., 1875 - W.BÜLCK, Gesch. des Studiums der prakt. Theol. an der Univ. K., 1921 - Festschr. zum 275jähr. Bestehen der Christian-Albrechts-Univ. in K., 1940 (die theol. Fakultät wird nicht behandelt) - K.JORDAN, Die Christian-Albrechts-Univ. K. im Wandel der Jh.e, 1953 - FR.VOLBEHR-R. WEYL, Professoren u. Dozenten der Christian-Albrechts-Univ. zu K. 1665-1954, 1956[4]. *W.Göbell*

Kierkegaard, *Søren Aaby,* * 5.5.1813 in Kopenhagen, † 11.11.1855 ebd

1. Leben und Schriften - 2. Grundzüge von K.s Denken: a) Die Folge der Stadien - b) Existenzdialektik, Paradox und System - c) Das »Sokratische« innerhalb der Christenheit

1. K.s Leben spielt sich, abgesehen von drei kurzen Aufenthalten in Berlin, wo er 1841 noch → Schelling hört, in Kopenhagen ab. Er studiert von 1830-40 Theologie. Das Studium ist begleitet und unterbrochen von ausgedehnter literarischer und philosophischer Lektüre (u.a. Romantik; Platon, Hegel). Nach dem theologischen Examen beendet er seine Studien mit einer Dissertation über den »Begriff der Ironie mit ständiger Rücksicht auf Sokrates« (1841). Sein Vermögen erlaubte es K., als freier Schriftsteller ohne Rücksicht auf den Erfolg seiner Schriften zu leben. - K.s Leben ist arm an Ereignissen. Er wächst in einem durch die Brüdergemeine bestimmten, wohlhabenden Elternhause auf und steht ganz unter dem Einfluß seines frommen schwermütigen Vaters, durch dessen religiös einseitige, »menschlich gesehen wahnsinnige« Erziehung er bereits als Kind in seinem unmittelbaren Verhältnis zur Welt gebrochen wird. Von Jugend auf ist die »Totalerinnerung« des Gewissens (Mt 12, 36) seine Grunderfahrung. Vor der »Radikalkur«, die das »Christentum« ist, sucht er in intensive ästhetische und philosophische Bildung auszuweichen: Selbst schwermütig und durch die ästhetische Kultur der → Romantik bestimmt, ist K. offen für die Reflexion der unendlichen Subjektivität auf sich selbst. Aber seine christliche Gewissenserfahrung, die Erfahrung der »qualitativen Verschiedenheit des Sünders von Gott« hindert ihn, im künstlerischen Erlebnis der Identität von Gefühl und Universum oder in der inneren Gewißheit des Genies über die »Identität von Notwendigkeit und Freiheit« (Goethe, Romantik) Ruhe zu finden. - K. sucht in der Verlobung mit Regine Olsen (1840) und durch den Entschluß, ins Pfarramt zu gehen, von seiner Schwermut freizukommen; aber er wird ihrer nicht Herr. Sie tritt auch zwischen ihn und seine Braut, so daß er nicht heiraten kann. Damit erreicht die Lebenskrise ihren Höhepunkt (1841): K. erfährt sich als Ausnahmeexistenz, die durch eine unüberwindliche geistige Natur ausgeschlossen ist von der Teilhabe am Allgemein-menschlichen, die er doch wünscht und zugleich als seine sittliche Pflicht bejaht. Er leidet, »unschuldig« schuldig sein zu sollen und keinen Weg zu finden, der die Schuld an der Braut von ihm nimmt. - Von dieser Lage der »Suspension« eines Menschen, den seine Bildung und der Wille zur ethischen Bindung nur noch tiefer in die Schwermut geführt haben, geht K. in seinen Schriften aus. Er zeigt, daß gerade die Ausnahme die Regel bestätigt: sie kann sich nur dann noch als Person verstehen, wenn sie auch angesichts ihres faktischen Nichtvermögens an den ethisch-religiösen Existenzkategorien festhält und sich ihr Schuldigsein in Reue zueignet. Nur wenn der existierende Geist so in Reue die »Wiederholung« als »Losung der Ethik« anerkannt hat, ist der Weg frei zur Aneignung des Religiösen im strengen Sinne und zu seiner »Wiederholung«, der Befreiung von der Schuld in der Vergebung der Sünden, der »Wiederholung« der faktisch verlorenen Zugehörigkeit zu Gott (Wiedergeburt). Diesen Erfahrungsweg der Existenzstadien hat K. in den *pseudonymen Schriften* dargestellt: Fingierte Autoren, deren Name teils auf die Einsamkeit des »Suspendierten« und seine Gewissensprüfung hindeutet (zB Viktor Eremita, Johannes de Silentio, Frater Taciturnus), teils auf die Konsequenz seines prüfenden Denkens (Constantin Constantius, Johannes Klimakus), lassen in Gedankenexperimenten vorgestellte Figuren sich bis in ihre radikalen Konsequenzen ausleben und so die »Kategorie« jedes Stadiums ausmessen. Die pseudonymen Schriften erscheinen in rascher Folge: 1843 »Entweder-Oder«, »Furcht und Zittern«, »Die Wiederholung«; 1844 »Der Begriff Angst«, »Philosophische Brokken«; 1845 »Stadien auf dem Lebenswege«; 1846 »Abschließende unwissenschaftliche Nachschrift«. Außerdem hat K. insgesamt 84 erbauliche und christliche *Reden* verfaßt (als geschlossen konzipierte Folge u.a. »Taten der Liebe«, 1847; »Christliche Reden«, 1848). Die erste Rede erscheint gleichzeitig mit »Entweder-Oder«, die letzte verfaßt K. 1851, als er, zum Angriff auf die dänische Staatskirche entschlossen, seine persönlichen Verhältnisse überdenkt und abschließt. Die Reden bringen intellektuell nichts Neues hinzu; gleichwohl gehen sie über die pseudonymen Schriften hinaus: sie entfalten die religiöse Existenz in dem Reichtum ihrer Innerlichkeit, erweisen die Bedeutung der in den Pseudonymen gewonnenen religiösen Kategorien und bestätigen die Versicherung K.s, daß die »Duplizität seiner Schriftstellertätigkeit« nur ein vorübergehender Aspekt sei: auch als Autor »ästhetischer« Schriften ist K. wesentlich religiöser Schriftsteller. - Die *Tagebücher* beginnen 1834 und sind bis 1854 meist sehr genau geführt. In ihnen fragt K. mit skrupulösem und leidenschaftlichem Ernst danach, wer er ist, wo er steht, was er zu tun hat, um selbst zu *der* Existenz zu kommen, auf die seine Schriften hinweisen. Auf dem Wege von einer »Dichterexistenz an der Grenze zum Ethisch-Religiösen« bis hin zur christlichen »Geistesexistenz« liegen einige für K. bedeutsame Ereignisse. Die Auseinandersetzung mit dem Kopenhagener Witzblatt »Der Korsar« (1845/46) klärt sein Verhältnis zur Umwelt: Im Reflexionszeitalter nivelliert die öffentliche Meinung (Presse!) alles zur Menge, nur nicht den Einzelnen, der in einem Gottesverhältnis erster Hand zu existieren wagt (vgl. »Eine literarische Anzeige«, 1846). Die Revolution von 1848 bestätigt ihm, daß »der Einzelne« der »Engpaß« ist, durch den das Zeitalter »hindurch muß«. - Hatte K. bisher in Bischof → Mynster (→ Dänemark: I, 4) den verehrungswürdigen Repräsentanten des Bestehenden gesehen (vgl. »Buch Adler«, 1847, postum erschienen), so wirft er Mynster nun vor, daß er die Verweltlichung der Kirche (die Lüge der bestehenden Christenheit), ihre Verquickung mit Staat und Gesellschaft, ja sogar mit der öffentlichen Meinung durch seine Autorität decke. Einige Schriften bereiten den Angriff auf die Kirche vor, bes. die sog. *Antiklimakus-Schriften:* »Die Krankheit zum Tode« (1849), »Einübung im Christentum« (1850; ferner: »Der Gegenwart zur Selbstprüfung empfohlen«, 1851; »Urteilt selbst«, 1852, postum erschienen). Die pseudonymen Schriften hatten experimentierend - also in der Form dialektischer Dichtungen - in sich steigernden Graden der Innerlichkeit (= Klimax) bis hin zum Glauben geführt. Antiklimakus mißt und beurteilt die humane Existenz und die bestehende Christenheit am Maßstab der Geistesexistenz als der dem Glauben entsprechenden »Situation«. Nun gehört auch der Dich-

ter, also K. selbst, zu den Gerichteten. Antiklimakus steht über ihm, während er bisher seinen pseudonymen Autoren überlegen war. Damit ist die größte Nähe zum »Christlichen« erreicht, die innerhalb des Dichterischen möglich ist: Aus dem scheinbar ästhetischen Schriftsteller ist der religiöse Denker geworden, der sich dem Spott der öffentlichen Meinung ausgesetzt hat und der darum kämpft, die Schwermut zu überwinden, damit er »reden« kann. Er darf nicht mehr nur Existenzmöglichkeiten dichten, sondern er soll erwecken, → Situation schaffen, offen angreifen. Auch hier kommt intellektuell nichts Neues hinzu. Der existierende Denker bestimmt den eigenen Standort innerhalb des Bestehenden neu und damit das Ausmaß an Konsequenzen, die er durch sein Handeln sich zuzuziehen bereit ist. Bisher war – in der Schrift »Ist es erlaubt, sich für die Wahrheit totschlagen zu lassen?« (erschienen in »Zwei kleine religiöse Abhandlungen«, 1849; vgl. weiter »Über den Gesichtspunkt meiner Tätigkeit als Schriftsteller«, 1849, postum erschienen 1859; dort stellt K. den dialektischen Aufbau seines Werkes und den Zusammenhang von Leben und Werk dar) – nur die Voraussetzung angegeben, unter der der offene Angriff erlaubt wäre: die bestehende Christenheit mitsamt der Kirche müßte unter die Kategorie Unwahrheit gebracht werden dürfen. Indem K. 1854 diese äußerste Entscheidung wagt bis hin zu der Aufforderung, »dem öffentlichen Gottesdienst, wie er jetzt ist, fernzubleiben, weil man so eine Schuld weniger hat«, ist er den Weg der Existenzstadien bis zur äußersten Konsequenz zu Ende gegangen. Das Ziel, für das er sich nun bereitet, ist die Gestalt des Märtyrers (des Glaubenszeugen), der seine eigene Katastrophe dialektisch richtig arrangiert, um dem Christentum innerhalb der Christenheit wieder Eingang zu verschaffen. Zu dieser von K. erwarteten Konsequenz hat es bei der liberalen Öffentlichkeit des 19.Jh.s wohl nicht kommen können. – Als Bischof Mynster bei seinem Begräbnis am 5.2.1854 als Glaubenszeuge gefeiert wurde, hatte K. das große Faktum, auf das er seit Jahren wartete. Am 18.12.1854 veröffentlicht er einen vom 5.2. datierten Artikel, in dem er Mynster die Eigenschaft des Glaubenszeugen abspricht. Im Mai 1855 faßt er seine Aktion in einem eigenen Organ zusammen, dem »Augenblick« (9 Nummern bis zum Sept. 1855): Wenn die Christenheit, und in ihr bes. die Geistlichen, mit dem Maßstab der Gleichzeitigkeit mit Christus (s. 2c) gemessen werden, dann zeigt sich, daß das Christentum des NT unter uns nicht existiert. K. starb unversöhnt mit der Kirche, aber gewiß, seinen Auftrag ausgeführt zu haben.

2. a) Den Zugang zu der *Folge* sich verinnerlichender *Existenzstadien* gewinnt K. durch eine Neubestimmung der → Idee: K. bestimmt sie mit → Hegel als die Einheit des Endlichen und des Unendlichen. Aber während nach Hegel das Einzelne (Endliche, Zeitliche) Konkretion des allgemeinen Lebens (des Unendlichen, Göttlichen) ist, in das es aufgehoben oder mit dem es vermittelt wird, ist für K. das Einzelne, nämlich dieser vor Gott seiner selbst bewußte, sich selbst wählende persönliche Geist, das Allgemeine oder das Unendliche, das alles Vorgegebene (natürliches Dasein, Herkunft, Vergangenheit) »übernimmt«. Nicht das unendliche Leben des Weltgeistes, der sich im Geschichtsprozeß verwirklicht, sondern der individuelle existierende Geist, der eine eigene Lebensgeschichte hat, ist die »Synthese des Endlichen und des Unendlichen« oder die Verwirklichung der »Idee«. Dem *ästhetischen Stadium* gehören alle Zustände unmittelbarer Lebenseinheit (des Glückes, der Jugend, des Erotischen, des Genies u.a.) und die Zustände ihrer Umkehrung in Unglück, Schwermut und Verzweiflung zu. »Ästhetisch« ist der Zustand im unmittelbaren Erlebnis, für den das »unendliche«, Erfüllung gewährende Sein außerhalb des wählenden Handelns liegt. Je deutlicher sich zeigt, daß der Genießende in seinem Erlebnis nicht aufgeht, weil er nicht in der gefühlten Einheit mit seinem Gegenstande bleibt, um so mehr gerät er in Angst: er ist nur mit sich selbst »identisch« als der, der er ist und zu sein hat, dem nichts außerhalb seiner selbst Liegendes die Last der Existenz abnimmt (Entweder-Oder I; Begriff Angst). – Die → Angst ist nur dadurch zu überwinden, daß das Individuum sich als den wählt, der es ist: als existierenden persönlichen Geist *(ethisches Stadium)*. Der *Mensch* ist *Geist;* die Angst zeigt, daß dieses Grundsein keine naturhafte Gegebenheit ist. Der Mensch *ist* Geist nur, wenn er die Nötigung zur »Existenz« aus dem Ruf der Angst heraushört und sich als die Freiheit ergreift, die er ist. Als persönlicher → Geist (: VII) ist er allen seinen Zuständen überlegen. In der inneren Handlung der Reue vermag er sie mitsamt seinem ganzen endlichen → Dasein in die unendliche → Verantwortung zu übernehmen, zu »wiederholen«. Der Wählende wird dessen gewiß, daß hinter der Unruhe der Angst sich die Forderung Gottes verbarg, an den er sich nun für ewig, dh ein für allemal und unbedingt gebunden weiß. Das »Ethische« ist also immer auch religiös. – *Religiöses Stadium:* Die ethische Freiheit stößt an Grenzen, deren sie nicht Herr wird. Das Religiöse im strengen Sinne beruht darauf, daß die Wiederholung für den existierenden Geist nicht aus der ethischen Wahl hervorgeht, sondern aus dem Glauben daran, daß bei Gott alle Dinge möglich sind. Nunmehr tritt Gott, der bereits als Grund und als Herr der Freiheit anerkannt ist, mit seiner Allmacht zwischen den existierenden Geist und seine Zukunft (Abraham in »Furcht und Zittern«), zwischen ihn und sein Vermögen, ethisch zu handeln (der Jüngling der »Wiederholung«). Erst hier erhalten das Problem der Suspension und der Ausnahme die Antwort, die K. hat geben können. Die menschliche Existenz verweist gerade in ihren Grenzzuständen auf Gott als »Zwischenbestimmung«. Der Bruch, den das Religiöse im strengen Sinne setzt, führt nicht nur über das ethische Stadium hinaus, sondern auch über die *»Religiosität A«*. In ihr ist die handelnde Reue zur leidenden Reue geworden, die versteht, daß der Mensch sich niemals ganz einholt und daß sie das Schuldig-Gewordensein nicht rückgängig machen kann. Der Mensch hält den richtenden Ernst dieser → Anfechtung nicht aus; er weicht der Strenge der Rechenschaft vor Gott aus, wenn er zB im Humor das Leiden der Endlichkeit und der Schuld wegscherzt und dadurch einen »humanen« Ausgleich zwischen Gott und Mensch gewinnt, in welchem das menschliche Ewigkeitsbewußtsein das Höchste ist (vgl. Jean Paul). Im »Begriff Angst« wird die Grenze der Freiheit, also die negative Voraussetzung des Glaubens, in ihrem »psychologischen« Aspekt beschrieben: Der Mensch vermag aus sich heraus die »Synthese des Endlichen und des Unendlichen« (»die Synthese von Zeit und Ewigkeit im Augenblick«) nicht zu setzen, obwohl er als Geist auf sie angelegt ist. Diese paradoxe Lage bezeugt sich in der Angst; denn Angst ist unmittelbares Vorblicken auf die eigene künftige, noch unergriffene Möglichkeit (die Möglichkeit vor der Möglichkeit); sie hebt jede vermeintliche Geborgenheit im »Ästhetischen« und »Ethischen« außerhalb des »Religiösen« auf, sie isoliert die Freiheit auf ihr Genötigtsein zur Existenz (= zur Synthese = zur Wahl). Die »Philosophischen Brocken« ziehen die Folgerung und setzen die positive Voraussetzung des Glaubens *(Religiosität B)*: Die Subjektivität, die im ethischen Stadium die Wahrheit zu sein beanspruchte, erweist sich faktisch als die Unwahrheit. Zwar bleibt es bei dem methodischen Ansatz, daß der Mensch persön-

lich existierender Geist ist und alle wesentlichen Aussagen über ihn in bezug auf seine Freiheit gemacht werden müssen; aber diese ist immer schon »verspielt«. Daher bedarf es eines neuen Beginnes, den die Freiheit aus sich nicht zu setzen vermag. Der neue Beginn ist der »Gottmensch« Christus, der in der »Fülle der Zeit« dem Sünder seine unaufhebbare Zugehörigkeit bestätigt und ihm mit der Vergebung die »Wiederholung« seiner Geborgenheit (aber nun: in Gott) schenkt. Dieses paradoxe Heilsfaktum wird angeeignet im Glauben. Der → Glaube (: V) ist zwar ein Akt der → Entscheidung, aber er ist doch etwas qualitativ anderes als der Akt der Selbstwahl. Die ethische Wahl erreicht die Wiederholung durch sich selbst; insofern ist das ethische Verhältnis zu Gott »immanent«; der Glaube aber bezieht sich auf eine »Transzendenz«, durch die er sich nicht nur ermöglicht, sondern sogar gewirkt weiß; insofern ist er ein Wunder oder ein Paradox.

b) Um den paradoxen Charakter des Glaubens vor Mißverständnissen zu schützen, hat K. die ihm eigene Methode der *Existenzdialektik* ausgebildet; dieser Aufgabe dient außer den »Philosophischen Brocken« bes. die »Abschließende unwissenschaftliche Nachschrift«. Die Dialektik der Existenz wird aus dem Gegensatz von quantitativem und qualitativem Denken entfaltet. *Quantitatives* Denken ist in den exakten Wissenschaften zu Hause, dort werden meßbare Größen im Verhältnis von Ursache und Wirkung einander zugeordnet. Im Gegensatz dazu setzt die Freiheit sich selbst voraus; sie ist nur durch den Sprung der Entscheidung zu sich selbst zu erreichen, der *qualitativ* heißt, weil sich in ihm erweist, als wer und wie der Einzelne existiert. Wenn der Glaube seinen Gegenstand nur im qualitativen Sprung erreicht, dann ist dieser Gegenstand für den Verstand paradox: er kann weder als objektives Faktum festgestellt noch durch allgemeine Lehren gestützt werden; er *ist* also nur für denjenigen, der durch das Ärgernis der objektiven Ungewißheit hindurch zu glauben wagt. K. bezeichnet auch die spekulative Vernunft Hegels als quantitatives Denken: der spekulative Denker steht - nach K. - außerhalb der Existenz an einem Anfang außerhalb der Zeit, von dem aus er den Weltgeist als die eine lebendige Substanz zu denken versucht, die in sich steigernden Stufen der Bewußtheit Subjektivität wird, bis sie im Menschen zu sich selbst kommt; die → Geschichte erscheint als der Prozeß der Menschwerdung Gottes, dessen abschließende unüberbietbare Gestalt die Konstruktion des Ganzen im *System* der Philosophie ist. Daher kann der Philosoph göttliches und menschliches Leben identisch setzen und die Sprache des Dogmas für seine Apotheose der Geschichte in Anspruch nehmen. Aber »es gibt kein System des Daseins«. Der existierende Denker bleibt an die je eigene Zeitlichkeit gebunden, deren Möglichkeiten er »denkt«, um in ihnen zu existieren. Nur in der Zeitlichkeit, in der er genötigt ist, »unter dem Satz des Widerspruchs« zu existieren, gibt es ethisches Handeln. Das System dagegen »kennt keine Ethik«; denn der dialektische Prozeß der Existenz vollendet sich je und je im Augenblick und ist darum unabgeschlossen, während der spekulativ dialektische Prozeß der Geschichte das Ganze der Zeit umfaßt und nur von einem imaginären Standort jenseits der Zeit als Ganzes überblickt werden könnte. - Die Bezeichnung Christi als des »absoluten Paradox« ist aus der Polemik gegen Hegel zu verstehen: »Gott in der Zeit« oder »in der Knechtsgestalt«, dem Verstand ein Ärgernis und nur dem Glauben zugänglich, ist ein geschichtliches Faktum, das dennoch nicht *die* Gegenständlichkeit gewinnt, die der spekulative Philosoph als Erscheinung des Weltgeistes im System »mediieren« könnte. Nur durch den Bruch mit allen humanen Möglichkeiten (der »Immanenz«), also nur innerhalb des »Absurden« wird im Vertrauen auf die »Transzendenz« der Offenbarung der Neubeginn in der »Fülle der Zeit« erreicht.

c) Das Paradox wurde von → *Sokrates* geahnt; er hatte die »Idee als Grenze«; er wußte, daß die Existenzwahrheit objektiv nicht erkannt werden kann. Hinter der Ironie, mit der er alle positiven Ergebnisse auflöst, steht das Wissen darum, daß nur diejenige Wahrheit den existierenden Geist binden kann, die er frei hervorbringt. Existenz läßt sich nur indirekt mitteilen, und Sokrates ist ihr erster Lehrer. Auch für die Überlieferung der Glaubenswahrheit innerhalb der Christenheit gilt »das Sokratische«: *die indirekte Mitteilung;* denn »objektive Ungewißheit, festgehalten in leidenschaftlicher Innerlichkeit, das ist Wahrheit, die einzige Wahrheit, die es für einen existierenden Geist gibt«. Es gibt keine objektiven Autoritäten oder Institutionen, die die Wahrheit des Glaubens garantierten; es gibt auch keine in dem Abstand der Generationen gegründete objektiv größere Nähe oder Ferne zum absoluten Paradox. Die einzige Gewißheit und die einzige Nähe ist der Glaube selbst, durch den der Glaubende im Augenblick der Aneignung seinem Gegenstand *gleichzeitig* wird, weil er das Verhältnis zu Gott als seine eigene zeitliche Möglichkeit wählt. - Dieser methodischen Einsicht entsprechen nicht nur die Pseudonyme, sondern das gesamte Schrifttum K.s. Ihre existenzdialektische Form soll die Reden gegen das quantitative Denken sichern: gegen die objektive Wissenschaft mit ihrer Verwechslung von Offenbarung und historischen Resultaten, gegen das System und den Beweis der Wahrheit des Christentums durch seine Entfaltung in der Weltgeschichte. Indem die Existenzdialektik die 1800 Jahre christlicher Geschichte wegschafft, als ob sie nie gewesen wären, zielt sie auf die *Gleichzeitigkeit* des Glaubenden mit Christus. Der Gegensatz zum spekulativen Denken macht verständlich, daß K. analog dem absoluten Paradox des Gottmenschen und dem paradoxen Faktum der Berufung zum Apostel zunächst das Faktum der → Ordination für die Legitimierung der christlichen Predigt in Anspruch nimmt. Aber indem sich die Forderung der Gleichzeitigkeit gegen den Amtsträger wendet, wird die Berufung auf objektive Gegebenheiten (Lehre, Sakrament, Amt) zum Einwand gegen ihn, dh gegen die Autorität der *bestehenden Kirche* und den Wahrheitsanspruch der bestehenden Christenheit. Nur die vollendete Geistesexistenz oder der in der Nachfolge mit Christus gleichzeitig gewordene *Zeuge* hat die Vollmacht, die Forderungen des nt. Christentums direkt geltend zu machen. Dieser Zeuge aber wird in der zur Menge entarteten Christenheit zum Märtyrer werden. - K. wollte weder Prophet sein noch Reformator der Kirche; er versteht sich als *Korrektiv*. Das Korrektiv orientiert das humane Dasein und die bestehende Christenheit in sich selbst. Es schafft Situation, indem es sie nötigt, ihre Existenz mit der »Idee« zu vergleichen und sich klar zu werden, wo sie stehen. Weiter reicht sein Auftrag nicht.

Vgl. → Anthropologie: III, 4 b; → Eigenschaften Gottes, 4 c; → Entscheidung, 3; → Erlösung: V, 4; → Ewigkeit: II, 5 d.

Ausg.n u. Übers.en: Samlede Värker, hg.v. A.B.Drachmann, J.L.Heiberg u. H.O.Lange, 15 Bde, Kopenhagen (1901-06) 1920-36² - Papirer, hg.v. P.A.Heiberg, V.Kuhr u. S.Torsting, 20 Bde, 1909 bis 1948 - Efterladte Papirer, hg.v. H.P.Barfod u. H.Gottsched, 9 Bde, 1869-81 - Breve og Aktstykker vedrørende S.K., hg.v. N Thulstrup, 2 Bde, 1953/54 - GesW, hg.v. H.Gottsched u. Ch. Schrempf, 12 Bde, (1909-12) 1922-25² - GesW, übers. u. kommentiert v. E.Hirsch (Abt. 16 v. H.M.Junghans), 1950ff - Jubiläumsausg., hg.v. H.Diem u. W.Rest, 1950ff (Auswahl, auch der Briefe u. Tagebücher). - Bibliogr. u. Kritik der Lit.: R.Jolivet, K. (BEStPh 4), 1948 - M.Theunissen, Das K.bild in der neueren Forschung u. Deutung (1945-1957) (DVfLG 32, 1958, 576-612). - Biogr. u. Einführung: W.LOWRIE, K., Oxford 1938 - DERS., Das Leben S.K.s, dt. 1955 - A.PAULSEN, S.K., Deuter unserer Existenz, 1955 - H.DIEM, S.K., Spion im Dienste Gottes, 1957. - Ferner bes.: E.GEISMAR, S.K., seine Lebensentwicklung u. seine Wirksamkeit als Schriftsteller, dt. 1929 - RGG³ III, 747 ff (DERS., Lit.) - E.HIRSCH, K.studien, 3 Bde, 1930/31 - K.LÖWITH, Von Hegel zu Nietzsche, (1941) 1953² - H. DIEM, Die Existenzdialektik von S.K., 1950 (dazu W.ANZ in: ThR NF 20, 1952, 26-72) - J.SLØK, Die Anthropologie S.K.s, Kopenhagen 1954 - W.ANZ, K. u. der dt. Idealismus, 1956. *W.Anz*

Kießling, *Johann Tobias* (1742-1824), Nürnberger Kaufmann, handelte seit 1763 mit Drogen und Gewürzen in Österreich. K.s Bedeutung liegt in der Hilfe, die er als Glied der Deutschen → Christentumsgesellschaft nach 1781 den Toleranzgemeinden in Oberösterreich, Kärnten, Steiermark, Westungarn angedeihen ließ. Sie ermöglichte den Bau von Bethäusern, Schulen, Pfarrer- und Lehrerwohnungen und deren Ausstattung mit Bibeln und Andachtsbüchern. Durch den österreichischen Staatsbankerott 1811 verlor er sein Vermögen und mußte die Österreichfahrten einstellen, sorgte aber noch immer für seine Glaubensbrüder.

G.MECENSEFFY, Der Nürnberger Kaufmann J.T.K. u. die österreich. Toleranzgemeinden (Jb. d. Gesellschaft f. d. Gesch. d. Prot. in Österreich 74, 1958, 29-70; Lit.). *G.Mecenseffy*

Kiew *(Kiev)*

1. Geschichte - 2. Höhlenkloster

1. K., Stadt und Metropolie in der → Ukraine, war im frühen MA als Hauptstadt → Rußlands gleichzeitig Vorort des russ. Christentums. Der von → Photios für das Jahr 867 bezeugte Bischof der Russen hat vielleicht in K. residiert, doch wird dieses Bistum K. gegen Ende des 9.Jh.s wieder untergegangen sein. Wahrscheinlich bald nach der offiziellen Einführung des Christentums durch → Vladimir wurde K. Sitz eines von Konstantinopel abhängigen Metropoliten (seit 1039 namentlich bezeugt). Bald entstanden bedeutende Bauten (bes. Sophienkirche, um 1037) und zahlreiche Klöster. Seit dem 12.Jh. sank die Bedeutung K.s, 1240 wurde es durch die Tataren vollständig zerstört. Die Stadt verödete, nur das Höhlenkloster (s. 2) und die Metropolie blieben bestehen. 1299 verließen auch die Metropoliten die Stadt und zogen in das neue Zentrum des Reiches (um Moskau), nannten sich aber weiterhin »Metropoliten von K. und ganz Rußland«. 1362-1686 stand K. unter litauischer und polnischer Herrschaft und kam unter starkem westlichem Einfluß neu zur Blüte. Zunächst wurde die kirchliche Einheit mit Moskau mühsam aufrechterhalten. Nachdem dieses die Florentiner Union abgelehnt hatte, wurden seit 1458, gegen die Ansprüche → Moskaus, zT durch den Papst selbst, Metropoliten von K. ernannt, die sich aber nur in dem litauisch-polnischen Westen durchsetzen konnten. Sie waren bis 1596 in ihrer Stellung zu Rom schwankend. 1596 vollzog der K.er Metropolit mit fast allen Suffraganen die Union mit Rom (Brester Union; → Unierte Kirchen). Aber die Masse des Volkes folgte der Hierarchie nicht, K. wurde zum Brennpunkt des Abwehrkampfes. 1620 wurde neben der unierten eine nicht-unierte, von Konstantinopel abhängige Metropolie K. gegründet. 1631 gründete Petrus → Mogila ein orth. Kollegium, das zum Bildungszentrum der Orthodoxie in der Ukraine wurde und eine wichtige Rolle in der Übermittlung der westlichen Kultur an das Moskauer Reich spielte (seit 1804 Geistliche Akademie). Mit der Eingliederung K.s in den Verband des russ. Reiches (endgültig 1686) verfiel die Union. Die unierte Metropolie K. ging 1805 ein; die nicht-unierte wurde schon 1685 aufgehoben. K. war von nun an eine Diözese der russ. Kirche ohne Suffraganbistümer. Nach 1917 wurde die Jurisdiktionsgewalt des dem Patriarchen von Moskau unterstehenden Metropoliten über die Kirche der Ukraine wiederhergestellt. Die 1919 geschlossene Geistliche Akademie wurde 1947 wieder eröffnet.

D.AINALOV, Gesch. d. russ. Monumentalkunst der vormoskovitischen Zeit, 1923 - A.AMMANN, Abriß der Ostslaw. KG, 1950 (Lit.) - J.ASEEV, Das alte K., Moskau 1956 (russ.) - M.K.KARGER, Das alte K. I, Moskau-Leningrad 1958 (russ.) - LUDOLF MÜLLER, Zum Problem d. hierarch. Status u. d. jurisdiktionellen Abhängigkeit d. russ. Kirche vor 1039, 1959. - Weiteres s. → Ukraine. *L.Müller*

2. Das *Höhlenkloster* (Pečerskaja Lavra), eines der größten Heiligtümer des russischen Volkes, entstand etwa um 1030/37 bei K. und wurde alsbald zum wichtigsten religiösen und kulturellen Mittelpunkt der K.er Rusj, später der Ukraine und Rußlands. Seit 1169 als → Laura bezeichnet, offiziell seit 1786. Der Hauptorganisator des klösterlichen Lebens nach der → Studiten-Regel war Abt Feodosij (1062-1074). Das im 13.Jh. entstandene »Pečerskij Paterikon« (Pečerskij Paterik, eine Sammlung von Heiligenlegenden) spiegelt das Leben des frommen Abtes und der Asketen wider. - In den ausgedehnten Höhlen (Katakomben) des Klosters sind die Reliquien vieler Asketen aufbewahrt. Im 16. bis 17.Jh. war es der Hort der Ostkirche im Kampf gegen die Unionspropaganda des Katholizismus (Buchdrukkerei). Hochgeschätzt beim Volke, ist es bis heute der Anziehungspunkt für Tausende von Pilgern aus allen Teilen der Ukraine und Rußlands. Das Kloster besitzt fünf große Steinkirchen mit vielen → Ikonen, Ornaten u.a., aber keine großen Ländereien. Um 1914 hatte es ca 200 Mönche. 1927 wurde es von der Sowjetregierung aufgehoben. Die im 2. Weltkrieg stark beschädigte Laura wurde 1946 der Kirche zurückgegeben und wiederhergestellt (zZ etwa 80 Mönche).

L.K.GOETZ, Das K.er Höhlenkloster als Kulturzentrum des vormongolischen Rußlands, 1904 - Das K.er Pečerskij Paterikon, hg.v. D.ABRAMOWITSCH, 1911 (russ.) - G.P.FEDOTOV, The Russian Religious Mind, 1946 - DERS., A Treasury of Russian Spirituality, 1948 - J.ROUËT DE JOURNEL, Monachisme et monastères Russes, Paris 1952 - Russ. Heiligenlegenden, hg.v. E.BENZ, 1953 (Auszüge aus dem Paterikon, dt.) - I.SMOLITSCH, Russ. Mönchtum, 1953 (Lit.) - A.M. AMMANN SJ, Unters.en zur Gesch. der kirchl. Kultur u. des religiösen Lebens bei den Ostslawen I, 1955 (Lit.). *I.Smolitsch*

Kilian, irischer Missionar, wurde um 688 in Würzburg mit seinen Gefährten Totnan und Koloman getötet. Die Erhebung der Reliquien erfolgte 752 durch Bischof Burchard. K. galt seit dem 9.Jh. als ostfränkischer Heiliger, wurde auch in Paderborn verehrt. Fest: 8.7.

Passio in: MG Script. rer. Merov. V, 711 ff. - AS Jul. II, 599 ff - W. DEINHARDT, Frühmittelalt. Patrozinien, 1933, 128 ff - A.BRACKMANN, Germania Pontificia III, 1935, 168 ff - A.BIGELMAIR in: Würzb. Diözesan-Geschichtsblätter 16/17, 1954/55, 104-130 - J.DIENEMANN, Der Kult des Hl. K. im 8. u. 9.Jh., 1955. *H.Büttner*

Kimchi. Die bedeutendsten Vertreter dieser jüdischen Gelehrtenfamilie in Südfrankreich sind *Joseph* K. und seine Söhne *Mose* und *David*. Der letztere (1160-1235 in Narbonne) ist neben → Raschi der populärste Bibelexeget der Juden (→ Schriftauslegung: II), der trotz seiner antichristlichen Polemik auch von Christen (→ Fagius) hochgeschätzt und öfter übersetzt wurde. Wie Abraham → Ibn Esra sucht er den natürlichen Sinn des Textes und sieht in der Grammatik die Hauptgrundlage der Exegese. Als Grammatiker (Sēfer miklōl) und Lexikograph ist er trotz seines hohen Ansehens Epigone. Bekannt geworden ist er auch als Verteidiger des → Maimonides. - Vgl. → Judentum: II, 2.

W.J.DE WILDE, Messianische opvattingen der middeleeuwsche exegeten Rasji, Aben Ezra en Kimhi, 1929 - EJud IX, 1233 ff (Lit.) - M.S.SEGAL, Pāršanūt hămmiqra, (1943) 1952². *E.L.Rapp*

Kind Jesu, *Schwestern vom armen K.e J.* Auf Anraten des Apostolischen Vikars von Luxemburg, J.Th.Laurent, entschlossen sich um 1840 verschiedene Mädchen Aachens zu einem gemeinsamen Leben, um der Sorge für gefährdete Kinder besser obliegen zu können. Die treibende Kraft war Klara Fey († 1894), die sich durch einen besonderen Umgang mit Gott und erzieherische Begabung auszeichnete (Seligsprechungsprozeß 1916 eingeleitet). Der Verband erhielt 1847 und 1862 die staatliche, bischöfliche und päpstliche Genehmigung. Konstitutionen mit der → Augustinerregel wurden 1888 und 1923 erlassen. Der → Kulturkampf bewirkte die Verlegung des Mutterhauses nach Simpelveld in Holland. Die Kongregation hat zZ 6 Provinzen. Die Schwestern verehren bes. die Geheimnisse der hl. Kindheit. Sie unterhalten Kindergärten, Waisenhäuser, Mädchenschulen und Pensionate.

HEIMBUCHER II, 484ff - LThK III, 1028; V, 965 - Schwester ANGELICA, Mutter Clara Fey u. der Geist ihrer Stiftung, 1956.

Ph.Hofmeister

Kinder gelten auf den untersten Stufen der wirtschaftlichen Entwicklung - bei wandernden → Jäger- und Sammlerstämmen - eher als eine Last denn als ein Segen. Infolge der harten Daseinsbedingungen erfahren sie wenig Pflege. Da die Mutter bis ins dritte, vierte Lebensjahr hinein zu stillen pflegt, ist eine zu rasche Folge der Geburten unerwünscht (→ Geburt). Zweit- und Drittgeborene werden daher nicht selten mit Rücksicht auf das ältere Kind getötet, oder aber ihre Ernährung und Pflege bleiben so schlecht, daß sie alsbald zugrunde gehen. Die Säuglingssterblichkeit ist bei diesen Wildbeutern 60% und höher, und nur kräftige K. überleben überhaupt. Wirklich willkommen ist erst das heranwachsende Kind, das sich selbst schon helfen kann und beim Sammeln und anderen kleineren Arbeiten, später bei der Jagd mittut. K. bei zivilisatorisch schwach bewaffneten Stämmen muten den europäischen Beobachter oft »altklug« und »unkindlich« an, es fehlt ihnen die kindliche Unbeschwertheit, die wir für natürlich halten, die aber ein Ergebnis bes. günstiger und gesicherter Lebensumstände ist. - Erst bei seßhaften Stämmen mit gesicherterer Nahrungsversorgung und geringerer Lebensgefährdung durch → Krankheiten, Naturkatastrophen und äußere Feinde kommt die Freude am Nachwuchs zur Entfaltung; aber auch dann noch nicht ungehemmt. Als Gegenmotiv wirkt vor allem der Abscheu vor Anomalien. Mißgestaltete und schwächliche K. werden auch auf dieser Stufe meist noch getötet oder ausgesetzt. Aber auch ominöse Deutungen (→ Omen) können Tötung veranlassen, zB wenn ein Kind mit den Füßen voraus oder mit einem schon durchgebrochenen Zahn zur Welt kommt (Ila-Bantu). Auch → Zwillinge gelten bei fast allen → Naturvölkern als Monstrosität: meist wird einer von beiden getötet, mitunter beide. Manchmal aber ist die Einstellung zu Zwillingen ambivalent, dann kann der Abscheu-Affekt in kultische Verehrung umschlagen (Sternberg).

In das *religiöse Leben* der Gruppe sind K. auch sonst auf mannigfache Weise verflochten. Opfer von K.n werden nicht selten dargebracht zur Abwehr von Hungersnot, Seuchen und anderen Katastrophen (→ Menschenopfer: I). Volkstümliche Überlieferungen beweisen, daß die Opferung von K.n als Bauopfer auch den Germanen bekannt war. Religionsgeschichtlich bemerkliche Beispiele der Opferung von K.n sind das kanaanäisch-phönizische → Moloch-Opfer und im alten → Mexiko (: I) die K.-opferungen an die → Regen-Götter: Wenn dabei die K. weinen, wird es Regen geben. - In besonderer Weise aber sind K. mit Heilbringermythen verknüpft. Der religionspsychologische Typus des »göttlichen Heilandskindes« (→ Heiland) ist in den primitiven Religionen oft keimhaft zu finden. Dem frühen Christentum ist dieser Typus sowohl aus jüdischer als auch aus hellenistischer Wurzel zugewachsen (Kindheitsgeschichten des Apollon, → Dionysos, → Herakles, → Mithras usw). Er findet sich weiter im Osten aber auch in den hinduistischen → Krishna- und → Rama-Legenden sowie in der legendären Ausgestaltung der Überlieferungen von der wunderbaren Geburt und der Kindheit des → Buddha (bes. im Lalitavistara; → Jungfrauengeburt, 1). In all diesem Erzählungsgut bekundet sich natürlich eine *reale und neue* freundliche Zuwendung zum Kinde. Umgekehrt haben diese Legenden und ihre Ausgestaltung in Brauchtum, geistlicher Dichtung und Kunst die liebevolle Zuwendung zum Kinde psychologisch ermutigt.

K.T.PREUSS, Die Eingeborenen Amerikas (RGL 2), 1926 - N.MILLER, The Child in Primitive Society, London 1928 - L.STERNBERG, Der Zwillingskult in China u. die indischen Einflüsse (Baessler-Arch. 13, 1929, 31-46) - DERS., Der antike Zwillingskult im Lichte der Ethnologie (ZE 61, 1930, 152-200) - B.NYBERG, Kind u. Erde, Helsingfors 1931 - B.GOETZ, Die Bedeutung des Opfers bei den Völkern, 1933 - O.EISSFELDT, Molk als Opferbegriff im Punischen u. Hebräischen, 1935 - W.E.MÜHLMANN, Rassen- u. Völkerkunde, 1936 - DERS., Die Problematik des Kindes in ethnologischer Sicht (Kölner Zs. f. Soziol. 6, 1952/53, 452-456) - C.G.JUNG-K.KERÉNYI, Das göttl. Kind, 1941 - J.W.M.WHITING-J.L.CHILD, Child Training and Personality, New Haven/Conn. 1953.

W.E.Mühlmann

Kinderarbeit → Jugendschutz, → Sozialgeschichte, → Sozialpolitik.

Kinderbischof ist ein Schulkind am Tage → Gregors I., des Patrons der Schulen (12. März); zwei andere Kinder stellen seine Kapläne, die übrigen die Gemeinde dar. In der Kirche hält der K. eine meist in Reimen verfaßte Predigt; bei dem anschließenden Umzug werden die Eltern ermahnt, ihre Kinder zur Schule zu schicken, denn der Gregoriustag ist im MA auch Beginn des Schuljahres. Das kirchliche Schulfest endet mit einer Beschenkung der Kinder (meist Brezeln und anderes Backwerk). Bei dem Fest, das jahrhundertelang in Deutschland sehr beliebt war, kamen zeitweise auch Auswüchse vor, wie ein Salzburger Synodalbeschluß (1274) beweist. Der K. spielte auch an St. Nikolaus (6. Dez.) und am Tag der Unschuldigen Kindlein (28. Dez.) eine Rolle. Letzte Erwähnungen des Brauches im 18.Jh.

Monumenta Germ. Paedagogica 41, 1907, 160. 162; 42, 1908, 110. 155 - BRAUN, LH - LThK V, 955.

E.Hertzsch

Kinderfürsorge

1. Geschichte - 2. Wesen und Aufgaben - 3. Säuglingsalter - 4. Kleinkindalter - 5. Schulkindalter - 6. Mitarbeiter und Berufe in der K. - 7. Gesetzliche Grundlagen - 8. Ev. Organisationen. - Vgl. → Jugendfürsorge

1. Fürsorge für unversorgte Kinder ist in der biblischen Welt zu allen Zeiten ein wichtiges Anliegen gewesen. Im AT hebt bes. das Dtn (10, 18; 26, 12; 27, 19 u.ö.) diese Pflicht gegenüber den Waisen hervor. Der Hinweis auf das Pflichtversäumnis des Volkes gegen die unversorgten Waisenkinder, deren Vater Gott ist (Ps 68, 6), gehört zum festen Bestande der prophetischen Scheltreden (zB Jes 1, 23; 10, 2; Ez 22, 7; Mal 3, 5). Das NT nimmt diese Mahnungen auf (Jak 1, 27) und ordnet darüber hinaus das Kind ganz allgemein den Hilfsbedürftigen zu (Mk 10, 13-16 par; Mt 18, 5f. 10). Wer es aufnimmt, nimmt Jesus selbst auf. Auch in der alten Kirche ist die → Waisenfürsorge (: I) den Gemeindegliedern immer wieder eingeschärft worden. Wahrscheinlich hat man auch bereits relativ früh für ausgesetzte Kinder Sorge getragen (→ Findelhäuser). Als Form der Hilfe ist für die ersten Jh.e die Familienpflege vorauszusetzen, da eigene Heime erst

unter Justinian nachweisbar sind (Wöchnerinnenheime, Brephotrophien, Orphanotrophien). Das MA hat die Aufgaben wohl in der Hauptsache durch private Fürsorge der Familien gelöst. Jedoch haben sich auch die meisten Spitalorden und einige Frauenklöster der Findelkinder und der Waisen angenommen. Gegen Ausgang des MA wächst die Zahl der Waisenhäuser, und die Reformation hat diese Bewegung gefördert. Der Pietismus hat das Werk fortgeführt. Jedoch scheint erst der Aufklärung das Verdienst zuzukommen, die Aufgabe der K. allseitig durchdacht und auf neue Grundlagen gestellt zu haben. Im »Waisenhausstreit« (seit 1773) räumte man mit den unzulänglichen Erziehungsmethoden dieser Häuser auf, schloß eine Anzahl von Heimen und regte eine geordnete Familienpflege an. Jedoch zeigte sich bald, daß auch die natürliche Familie vorbeugender Hilfen bedürfe. Auf dem Gebiete der → Kleinkindererziehung wirkte J.F. → Oberlin seit 1770 bahnbrechend, indem er in der »poêle à tricoter« (Strickstube) und den »conductrices de la tendre jeunesse« den Prototyp des Kindergartens und der Kindergärtnerin schuf. Seinem Beispiel folgten bald einsichtige Männer in Frankreich und England (R. → Owen). Von England aus empfing Th. → Fliedner die Anregung, 1836 ein Kleinkinderschullehrerinnenseminar in → Kaiserswerth zu gründen. J.H. → Pestalozzi gab die entscheidenden Anregungen, die pädagogischen Aufgaben neu zu durchdenken. Er hat damit aufs stärkste nachgewirkt. Zunächst war es die → Erwekkungsbewegung, die seinen Ruf aufnahm und eine K. großen Stils realisierte. Ihre → Erziehungsanstalten (: I) und Erziehungsvereine haben tatsächlich die moderne K. begründet. Die umfassende Schau der Aufgaben der K., die entschiedene Deutung dieser Aufgaben im christlichen Sinne und als soziales Anliegen, die Neugestaltung der Heim- und Familienpflege, ferner auch das Bemühen um die Verbesserung der Erziehung aller Altersstufen in der natürlichen Familie bedeuten einen epochemachenden Schritt zu einer modernen K. Es ist also nicht gerechtfertigt, die Leistungen der Erweckungsbewegung nur in dem engen Rahmen der → Rettungshaus-Bewegungen zu sehen. Wohl aber wirkt diese Bewegung bald mit vielen weiteren Anregungen zusammen, wobei bes. die Frauenbewegung (→ Frau: V, 1a), die → Arbeiterbewegung und die pädagogische Bewegung (→ Pädagogik: I) zu nennen sind. Hervorzuheben ist dabei der Anstoß, der von → Fröbel ausging und eine Reform der Kleinkindererziehung einleitete. – Ebenso wichtig war daneben die Tatsache, daß auch der Staat sich nach und nach in die Bestrebungen der K. einschaltete (Verbot der Kinderarbeit 1837; → Sozialgeschichte). Jedoch hat es noch lange gedauert, bis die K. zur Pflichtaufgabe staatlicher Stellen erhoben wurde (Jugendwohlfahrtsgesetz [JWG] 1924; → Jugendfürsorge). Im Zusammenwirken vieler Kräfte ist im Laufe des 19.Jh.s die heutige K. erwachsen. Gewiß ist das 20.Jh. weit davon entfernt, im Sinne E.Key's »das Jh. des Kindes« geworden zu sein. Aber es kann doch gesagt werden, daß die Sorge für das bedrohte Kind als wichtigste Aufgabe sowohl des modernen Staates wie der kirchlichen → Liebestätigkeit (: II) anerkannt ist und daß sie von einer breiten Öffentlichkeit wirklich mitgetragen wird.

2. Die K. hat die *Aufgabe,* sich der Notstände des Kindes anzunehmen, soweit die Familie ihnen nicht begegnet. Sie erfaßt das Kind in der Zeit zwischen seiner Entstehung und der Schulentlassung. Dabei treten drei Lebensabschnitte hervor: Säuglingsalter (einschließlich vorgeburtlicher Fürsorge; 1.–2.Lebensjahr) oder frühkindliche Phase, Kleinkindalter (2.–6. Lebensjahr), Schulkindalter (heute 7.–14. Lebensjahr). Jede dieser Altersstufen stellt besondere Probleme und Aufgaben für die K.

3. Im Rahmen der *frühkindlichen* K. tritt zunächst die besondere Lage des *unehelichen* Kindes hervor. Auch heute ist es als bes. bedroht anzusehen, zumal seine Rechtsstellung trotz Art. 121 WRV und Art. 6 GG noch nicht befriedigend geregelt ist. Eine tatsächliche Gleichstellung des unehelichen Kindes mit dem ehelichen ist, im Unterschied zur DDR, bis heute nicht erreicht worden. Es wird eine Aufgabe der kirchlichen → Seelsorge bleiben, an dem Abbau der weitverbreiteten ablehnenden Haltung der Bevölkerung gegenüber dem unehelichen Kinde mitzuarbeiten. Diese Haltung erschwert nur zu oft die erzieherische Lage eines solchen Kindes in unverantwortlicher Weise. Die christliche Gemeinde sollte die Schutz- und Hilfsbedürftigkeit des unehelichen Kindes und seiner Mutter bereitwillig anerkennen und so die Reform des Unehelichenrechtes anbahnen. Nach dem geltenden Recht soll für das uneheliche Kind bereits vor der Geburt ein Pfleger bestellt werden (§ 38 JWG), der nach der Geburt des Kindes sein Vormund werden kann. Ihm fällt u.a. die Regelung der Unterhaltsansprüche des Kindes zu. Als Amtsvormund tritt das Jugendamt pflichtmäßig ein. Die Mutter selbst kann als Vormund bestellt werden. Auch die Sorge für die werdende Mutter gehört in diesen Zusammenhang. Mutterschutz und Gesundheitsfürsorge haben hier Bedeutung auch für die K. Beratung und Hilfe gewähren Beratungsstellen, die meist bei den Gesundheits-, Wohlfahrts- und Jugendämtern bestehen. – Ebenso gilt hier die *Säuglingsfürsorge* als wichtige Aufgabe. Diese kann heute nicht mehr als nur gesundheitliche Aufgabe begriffen werden. Vielmehr haben neuere psychologische Forschungen eindeutig erwiesen, daß der frühkindlichen Altersstufe eine grundlegende Bedeutung für die weitere Entwicklung des Kindes zukommt (→ Kinderpsychologie: I). Man weiß heute von kaum ausgleichbaren Schäden seelischer und geistiger Art, die durch fehlende oder auch falsche Liebe der Mutter zu ihrem Kinde entstehen. Diese Einsichten haben besondere Bedeutung für die innere Gestaltung von Mütter- und Säuglingsheimen. Sie sollen nach Möglichkeit dazu helfen, daß die Mutter ein positives und liebevolles Verhältnis zu ihrem Kinde gewinnt. Wo eine Trennung des Kindes von seiner Mutter aus zwingenden Gründen unvermeidbar ist und Heimbetreuung notwendig wird, ist eine ausreichende Besetzung des Heimes mit liebevoll arbeitenden Kräften unerläßlich, um eine echte Individualisierung der Pflege und Betreuung zu ermöglichen. Ähnliche Grundsätze gelten für die Krippe. In ihr finden Säuglinge, deren Mütter berufstätig sind, tagsüber Aufnahme. Hygiene und technische Vollkommenheit reichen auch hier nicht aus, um dem gerecht zu werden, was das Kind pädagogisch bedarf. Vielmehr müssen die Betreuungsgruppen so klein sein, daß individuelle Beobachtung jedes Kindes und intime persönliche Zuwendung zu ihm möglich bleiben. – In diesem Zusammenhang sind die wichtigsten Hilfsmaßnahmen der K. zu nennen, die bei einer Trennung des Kindes von seiner Mutter eintreten. Zwar strebt man heute nach Möglichkeit an, daß auch das uneheliche Kind bei seiner Mutter verbleibt. Vielfach wird jedoch auch heute eine *Adoption* des Kindes durch andere Eltern erforderlich. Diese soll in möglichst frühem Alter erfolgen. Die gesetzlichen Bestimmungen über die Annahme an Kindes Statt sind angesichts des Kinderelends der Nachkriegszeit wesentlich erleichtert worden. Jedoch muß das zuständige Jugendamt seine Zustimmung zu der Adoption erteilen und so versuchen, das Wohl des Kindes sicherzustellen. – Ähnliches gilt für *Pflegekinder.* Auch hier bedarf es der (widerruflichen) Erlaubnis des Jugendamtes zur Aufnahme von Pflegekindern. Dem Jugendamt steht auch die Aufsicht darüber zu, ob das

körperliche, geistige und sittliche Wohl des Pflegekindes bei seinen Pflegeeltern gewährleistet ist. Heime, die Pflegekinder aufnehmen, sowie Vereinigungen der Jugendhilfe können jedoch von bestimmten Vorschriften (zB der sonst bestehenden Meldepflicht) befreit werden. Auch sie müssen jedoch eine regelmäßige Kontrolle der Pflegestellen und eine sachgemäße Betreuung der Kinder gewährleisten. - Die für das ganze Leben entscheidende Bedeutung der frühkindlichen Altersphase (s.o.) macht es erforderlich, daß die frühkindliche Fürsorgearbeit neu durchdacht und verstärkt wird. Eine Arbeit an Kindern dieser Altersstufe, die sich auf hygienische und Ernährungsfragen beschränkt, wird ihren wirklichen Bedürfnissen bei weitem nicht gerecht. Es bedarf vielmehr der Zärtlichkeit, der herzlichen Liebe und der unermüdlichen Beschäftigung mit ihnen, wenn sie zu voller Entfaltung bes. des seelischen, aber auch des körperlichen und geistigen Lebens gelangen sollen.

4. Ähnlich wie das frühkindliche Alter ist auch das *Kleinkindalter* durch die Entwicklung der sozialen Verhältnisse stark betroffen. Die → Familie (: III. IV) in der landwirtschaftlich orientierten Gesellschaft, die etwa bis zur Verstädterung das soziale Bild beherrschte, stellte eine Lebensgemeinschaft dar, in der ein großer Geschwisterkreis, die gemeinsame Arbeit und der Feierabend, meist auch die Mitwirkung der Großeltern bei der Erziehung eine Fülle von ständiger Betreuung und Hilfe für das Kleinkind sicherstellte. Die heutige Kleinfamilie hat einen großen Teil der Erziehungstradition abbrechen lassen, die früher von den Großeltern gesichert wurde. Ebenso ist die wichtige gegenseitige Erziehung im Geschwisterkreise stark verringert. Vor allem aber beschränkt sich die Gemeinsamkeit der Familie fast überall auf die Freizeit, da die Eltern außerhalb des Hauses berufstätig sind. Es handelt sich bei dieser für das Kleinkind oft verhängnisvollen Wandlung nicht etwa um die Folgen des bösen Willens der Eltern, sondern weithin um eine nicht rückgängig zu machende Entwicklung, die aus gesamtwirtschaftlichen und zwingenden persönlichen Gründen nicht ohne weiteres im Einzelfalle aufgehoben werden kann. Sie macht, wie schon Pestalozzi, Fröbel u.a. sahen, ergänzende und ersetzende sozialpädagogische Hilfen unentbehrlich. Weithin wird nur durch solche Maßnahmen die Überleitung des Kindes in die Gemeinschaft der Altersgenossen möglich werden. - Die größte Bedeutung hat in diesem Zusammenhange der → *Kindergarten.* Dieser stellt in Deutschland eine überaus komplexe Größe dar. Einerseits ist er von Oberlin und Fliedner durchaus als »Kleinkinderschule« gesehen worden, in der die Kinder an ein geordnetes Gemeinschaftsleben herangeführt werden sollten. Beiden war dabei der Gedanke wichtig, daß bes. die bedrohte christliche Erziehung des Elternhauses ergänzt oder auch ersetzt werden könne. Andererseits hat Fröbel dem Kindergarten die Aufgabe der Menschenerziehung durch das Mittel des → Spieles zugewiesen. In der Neuzeit melden sich immer stärker Gedanken zu Worte, dem Kindergarten auch eine Vorschulaufgabe zu geben (Schulkindergärten). Angesichts der noch immer steigenden sozialpädagogischen Bedeutung dieser Einrichtung bleibt jedenfalls zu beachten, daß die Aufgaben neu durchdacht und geklärt werden müssen, wenn man den Bedürfnissen der Familie und des Kleinkindes gerecht werden will. Eine Ergänzung der elterlichen Erziehung durch die Anleitung zum Spiel, zum Umgang mit Altersgenossen, zu Ordnung und Reinlichkeit, vor allem die Gestaltung einer fröhlichen Kinderheimat sind Aufgaben, die dem Kindergarten zufallen. Zu diesen Aufgaben gehört auch die dem kindlichen Verständnis und seiner Aufnahmefähigkeit wohl angepaßte Einführung in die Welt des Glaubens (biblische Geschichte, Gebet, Lied). Dabei ist vor einer religiösen Überfütterung und Überforderung ebenso zu warnen wie vor einer Vernachlässigung der christlichen → Erziehung (: II). In vielen Fällen gilt es auch, beratend und mahnend auf die häusliche Erziehung einzuwirken. Die Kindergärtnerin nimmt also an der Aufgabe der Erziehungsberatung funktionell teil. Entsprechend ist auch in Heimen und Tagesstätten für vorschulpflichtige Kinder zu verfahren. - Besondere Notstände der früh- und kleinkindlichen Fürsorge liegen heute weithin auf dem Lande vor. Auch hier muß die Zahl der Hilfsmaßnahmen vermehrt und die K. verstärkt werden. Hier sind bes. für arbeitsreiche Zeiten Erntekindergärten und ähnliche Einrichtungen wichtig.

5. Die K. umfaßt auch Hilfen für das *Schulkind,* soweit sie nicht die Schule gewährt. Diese Aufgaben fallen dem Jugendamte zu, das aber die freie Jugendhilfe (→ Jugendfürsorge), zumal die kirchliche, daran zu beteiligen hat. Auf dem Gebiete der Gesundheitsfürsorge ist bes. die Kindererholung zu nennen, wobei nicht zu übersehen ist, daß auch die Mütter- und die Familienerholung in gewissem Umfange für das Kind wichtig sind. Aber auch die drohenden Erziehungsschäden bedürfen in diesem Alter einer ständigen Beachtung. Ihrer hat sich vor allem die Erziehungsberatung anzunehmen. Diese ist also in erster Linie pädagogisch orientiert (nicht nur volkshygienisch oder tiefenpsychologisch) und soll bes. den Eltern behilflich sein, ihre Erziehung recht zu gestalten. Die Kinder verbleiben darum auch während der Beratung im Elternhause, soweit nicht aus heilpädagogischen Gründen oder anderen Notständen heraus Aufnahme in ein Heim notwendig wird. Die funktionelle Erziehungsberatung fällt vor allem den Kräften der Familienfürsorge (→ Familie: V), aber auch dem Kindergarten, der Schule, der → Gemeindehelferin und dem Seelsorger zu. Diese werden häufig rechtzeitig eingreifen und drohende Schäden verhüten oder doch begrenzen können. Sie sollten aber auch zu erkennen vermögen, wann die Hilfe einer sachkundigen Erziehungsberatungsstelle notwendig wird, und das bedrohte Kind ihr dann zuführen. Die institutionelle Erziehungsberatungsstelle führt Psychologen, Ärzte, Fürsorger(innen) und Pädagogen zu einer Arbeitsgemeinschaft zusammen, die sich des Kindes annimmt. Die Wege der erzieherischen und therapeutischen Beeinflussung sind heute reich entwickelt, so daß oft sehr wirksam geholfen werden kann. Der Ausbau des bestehenden Netzes von Erziehungsberatungsstellen und bes. die Teilnahme der → Inneren Mission an dieser Aufgabe ist dringend zu fordern. - Wichtige Hilfen für das Schulkind sind auch Häuser der offenen Tür, Lesehallen und Bibliotheken für Kinder. Indem sie die Kinder an wertvolle Gehalte des geistigen Lebens heranführen, wirken sie in großem Umfange vorbeugend und heilend. - Jedoch sind auch in dieser Altersphase Hilfen für solche Kinder nicht zu entbehren, deren Eltern während des Tages berufstätig sind. Wenn auch bis heute volle Klarheit über die wirkliche Zahl der sog. »Schlüsselkinder« nicht zu gewinnen ist, die bis zur Rückkehr ihrer Eltern nach der Schule sich selbst überlassen sind, so ist doch das Problem sehr ernst. An institutionellen Hilfen kommen neben den schon genannten Häusern der offenen Tür vor allem → Kinderhorte in Frage. Das Kinderheim tritt ein, wenn aus irgendwelchen Gründen, zB wegen Erkrankung der Hausfrau, eine zeitweilige Unterbringung der Kinder notwendig wird. - Im übrigen tritt im Rahmen der K. eine große Anzahl von Einzelfällen auf, die Spezialeinrichtungen beanspruchen. Blindheit, Taubheit, Körperbehinderung, Schwachsinn, Verwahrlosung, aber auch Beeinträchtigungen sonstiger Art machen meist eine heilpädagogische Behandlung in entsprechenden

Spezialheimen oder Kliniken erforderlich (→ Blindenfürsorge, → Schwachsinnigenfürsorge, → Heilpädagogik).

6. Neben die »klassischen« sozialen Berufe der Diakonisse und des → Diakonen sind im letzten Jh. mehrere *Sonderberufe* getreten, die die weitgehende Spezialisierung der Einzelaufgaben beweisen. Als wichtigste Berufe der K. sind zu nennen: Säuglingsschwester, Kinderpflegerin, Kindergärtnerin und -hortnerin, Wohlfahrtspfleger(in) (mit besonderem Fachgebiet Jugendfürsorge), Heimerzieher(in). Die Ausbildung erfolgt an entsprechenden Seminaren und Schulen und ist meist staatlich geregelt und anerkannt. Die Innere Mission verfügt über zahlreiche Ausbildungsstätten für diesen Bereich und ermöglicht dadurch vielen jungen Menschen einen sehr befriedigenden Beruf in diesem Arbeitszweig.

7. Die *gesetzliche Grundlage* der K. in der *BRD* bilden im wesentlichen folgende Bestimmungen: GG vom 8.5. 1949, Art. 6, 11; BGB, Buch 4, §§ 1303-1308. 1589. 1591 bis 1600. 1603-1605. 1609. 1616-1625. 1626-1698 (Familienrecht und Recht des ehelichen Kindes). 1705-1895 (Recht des unehelichen Kindes u.a.). 1666; Gesetz über die religiöse Kindererziehung vom 15.7.1921; Ehegesetz von 1936, §§ 74. 75; Jugendwohlfahrtsgesetz vom 1.4. 1924 (verschiedene Novellen!); Jugendschutzgesetz, 1938; Gesetz zum Schutze der Jugend in der Öffentlichkeit, 1952 (→ Jugendschutz); Gesetz über den Vertrieb jugendgefährdender Schriften, 1953; Mutterschutzgesetz, 1952. Soweit es sich um überwiegend fürsorgerische Probleme handelt, ist auch die Fürsorgepflichtverordnung heranzuziehen. Über die Versorgung von Körperbehinderten und Viersinnigen bestehen Sondergesetze. - Die Gesetzgebung befindet sich angesichts der raschen sozialen Wandlungen der Gegenwart im Fluß. Angestrebt wird eine stärkere Betonung der vorbeugenden K., ferner eine Konzentrierung der Funktionen der K. beim Jugendamt, das zu einer Jugendbehörde erweitert werden soll, endlich ein stärkerer Ausbau der freiwilligen Tätigkeit auf dem Gebiete der gesamten → Jugendfürsorge. - In der *DDR* sind im wesentlichen folgende Bestimmungen als gesetzliche Grundlage der K. maßgebend: Art. 30 Abs. 2 und Art. 32 der Verfassung der DDR vom 7.10.1949, Jugendgerichtsgesetz vom 23.5. 1952, Jugendgesetz vom 8.2.1950 (dazu verschiedene Anordnungen und Durchführungsverordnungen), Jugendschutz-Verordnung vom 15.9.1955, Gesetz über Mutter- und Kinderschutz und die Rechte der Frau vom 27.9.1950.

8. Die deutsche K. ist aus der lebendigen christlichen Gemeinde erwachsen (s. 1). Auch heute bietet sie sehr viel Raum für die Aktivität einer neu zu belebenden Gemeindediakonie. Zur Hilfe bereite Persönlichkeiten und Familien könnten gerade in der K. lebensnahe, individuelle Dienste leisten. Aber auch durch Bereitstellung von Menschen für die mannigfachen Berufe und Dienste in der K. könnte viel Segen gestiftet werden. - *Organisatorisch* liegt (in der BRD) die Arbeit am vorschulpflichtigen Kinde im wesentlichen bei der »Arbeitsgemeinschaft für ev. Kinderpflege«, für das ältere Kind und die Jugend bei dem »Ev. Reichs-Erziehungs-Verband«. In Deutschland bestehen zZ 63 Heime und Abteilungen für Mutter und Kind mit 4165 Plätzen, 417 Waisen- und Erziehungsheime mit 26 000 Plätzen, 3978 Kindergärten, -horte und -krippen mit 240 000 Plätzen, ferner 62 Mütter-, Ehe- und Erziehungsberatungsstellen sowie 33 Pflege- und Adoptionsvermittlungsstellen der Inneren Mission. Diese nimmt also in einem sehr erheblichen Umfange an der öffentlichen K. teil.

Kleinkinderfürsorge, hg.v. Dt. Ausschuß f. Kleinkinderfürsorge, 1921 - H. Beutel, Kirche u. Jugendwohlfahrt, 1925 - L. Mayer-Kulenkampff, Kinder in Not (Sozialpäd. Arbeitshefte 1), 1950 - LPäd (F) II, 1160ff - G. Suhr, Vater an Vaters Statt, 1955.

K. Janssen

Kindergarten ist die Form der gemeinsamen Erziehung 3-6jähriger Kinder, die auf → Fröbel zurückgeht. Die gemeinsame Erziehung vorschulpflichtiger Kinder begann karitativ und sozialpädagogisch. Pfarrer → Oberlin († 1826) entwickelte im Elsaß Kleinkinderbewahranstalten für Kinder erwerbstätiger Mütter. Sie fanden in europäischen Großstädten Verbreitung, weil die anwachsende Industrie Frauen als billige Arbeitskräfte bevorzugte. Die erste deutsche Anstalt entstand 1802 in Detmold. → Fliedner griff die Aufgabe für die Diakonissen auf. Aus diesen Ansätzen erwuchs der Verband der »Ev. Kinderpflege«, seine Einrichtungen werden heute K. genannt. Man hat die Zielsetzung Fröbels aufgenommen. Seine Begründung wurzelt in der romantischen Weltschau: er erkannte für die Ausprägung der in jedem Menschen angelegten Gestalt die Notwendigkeit, die kindlichen Kräfte von der ersten Regung an zu pflegen. 1840 ist das Gründungsjahr des K.s, zunächst eines Frauenvereins, der den Müttern ihre Aufgabe ins Bewußtsein rufen und sie über die Familie hinaus zu gemeinsamem Streben führen wollte. Die ersten Kinderspielkreise hatten seminaristischen Charakter, um Erzieher für solche Kinderführung zu bilden und die eigenen Bildungsweisen des → Spiels (: II) zu entwickeln. Fröbels System der »Spielgaben« (Kugel, Walze, Würfel usw als Bau- und Legespiele) war das methodische Zentrum seiner Bemühungen. In dem mathematischen Aufbau der Gaben verbarg sich die romantische Vorstellung, das Kind werde im spielenden Umgang mit kosmischen Elementen sich innerlich ordnen und die Gesetze des Lebens ahnend erfassen. Ansatz für die pädagogische Führung ist die Pflege der kindlichen Tätigkeit. »Gib deinem Kinde Gelegenheit, sich ... in sich zu entwickeln. Ist dadurch die Knospe seines inneren Lebens geschwellt, so bricht sie schon von selbst auf, allein fordere bis zur Schulfähigkeit und Reife keine anderen äußeren Zeichen dieser inneren Erstarkung und Entwicklung als die Sachdarstellung der Tat selbst. Die Kindheit... ist vor allem die Zeit... der inneren Erstarkung und der unsichtbaren Ausbildung des Gemüts, des Geistes. Die Schule ist die Zeit der hervortretenden, auch äußerlich erscheinenden, sich bewußt werdenden Gemüts- und Geisteskraft. Hier habt ihr die so wichtige Grenze zwischen Schulfähigkeit und Vorschulfähigkeit und zugleich deren Kennzeichen, die leider häufig zum Nachteil des Kindes überschritten wird...« Diese Erkenntnis, daß in der Zeit vor der Schule eine eigene Bildungsaufgabe zu erfüllen ist, bestimmt heute noch die K.arbeit im westlichen Deutschland. Im Ausland, aber auch in der DDR ist mehr die Idee einer Auflockerung des Schulbeginns bestimmend geworden, wobei der K. Vorschulcharakter annimmt. In der BRD versteht man den K. als bewußte Pflege der Eigenformen der frühen → Kindheit (→ Kleinkindererziehung). Auch in der deutschen Schweiz und in Österreich bemüht man sich um Spielpflege im Sinne Fröbels und versucht vorgreifende schulische Tendenzen abzuwehren. In den Ländern, die den K. dem Schulwesen als Vorschule eingegliedert haben, erstrebt man dagegen einen möglichst bruchlosen Übergang vom Spielen zum Lernen, was auch Ziel der Methode von Maria → Montessori ist. Man unterstützt damit aber die frühe intellektuelle Wendung des Kindes. Wird die pädagogische Führung vom strukturellen Unterschied der geistigen Formen des Kleinkindes und Schulkindes her aufgebaut, so zeigt sich, daß nicht alle gesetzlich schulpflichtigen Kinder (→ Schulpflicht) schulreif sind. Für diese ist in Deutschland die Einrichtung des Schul-K.s getroffen, der zum Schulwesen gehört und den Kindern ein Jahr Nachreife gewährt.

Die K. sind in Deutschland vornehmlich sozialpädagogische Einrichtungen; sie werden von Gemeinden und Verbänden getragen und haben den karitativen und sozialen Auftrag neben dem pädagogischen festgehalten. In Notzeiten tritt die pädagogische Verpflichtung, einen Halbtags-K. allen Kindern zugänglich zu machen, oft in den Hintergrund. Man versteht dann den K. nur als Familienersatz für Kinder erwerbstätiger Mütter und fürchtet, ein zu reichliches Angebot von K.plätzen könne die Mütter verführen, sich ihrer Erziehungspflicht ohne Not zu entziehen. Ein gut geleiteter K. vermittelt aber den Eltern auch ein tieferes Verständnis für ihr eigenes Kind. Elternerziehung ist eine wichtige sozialpädagogische Aufgabe; sie nach Fröbels Vorbild vom K. aus aufzubauen, ist ein bes. zu empfehlender Weg, weil so Mütter erreicht werden, die von sich aus keine institutionelle Mütterschule besuchen würden. Die deutschen K. sind meist Systeme von mehreren Kindergruppen, die von je einer Kindergärtnerin geleitet werden, während das Ganze von einer Jugendleiterin geführt wird. Die Ausbildung hat Fröbel in den Grundzügen selbst angelegt. Heute erfolgt sie in Fachschulen für Kindergärtnerinnen und Hortnerinnen (→ Kinderhort) in 2jährigen Kursen. Mittlere Reife ist Voraussetzung. Nach 3jähriger Berufsarbeit kann eine 2jährige Weiterbildung zur Jugendleiterin erfolgen.

F.Fröbel, Ges. Schriften III, hg.v. W.Lange, 1863 - Fröbels Theorie des Spiels I-III, hg.v. E.Blochmann, L.Klostermann u. E. Hoffmann (Kl. päd. Texte 4. 16. 21), 1931/37 - HPäd IV, 75ff (Lit.) - U.Graf, Zur Gesch. des K.s, 1935 - M.Kiene, Das Kind u. der K., 1953 - Beiträge für Kleinkindererziehung in Familie u. K. (Internat. Konferenz Hamburg 1953), hg.v. A.Niegl, 1954. - Zs.en: K., 1860 bis 1944, fortges. seit 1948 als »Menschenerziehung«; NF: Blätter des Pestalozzi-Fröbel-Verbandes, seit 1950; Christl. Kinderpflege, seit 1892, NF: Ev. Kinderpflege, seit 1950; Unsere Jugend, seit 1949. - Vgl. auch die Lit. zu → Eltern, → Familie: III. *E.Hoffmann*

Kindergottesdienst

1. Geschichte - 2. Aufgabe - 3. Ordnung - 4. Methodik: a) Der »Stoff« - b) Kindergemeinde und Gesamtgemeinde - c) Gruppendarbietung und Kinderpredigt - 5. Die Träger des K.es

1. 1781 begann Robert Raikes sein Werk der →»Sonntagsschule« in London. Freiwillige Helfer unterrichteten verwahrloste Kinder im Lesen und Schreiben und in Biblischer Geschichte. Die englische Sonntagsschule fand schon früh Aufnahme in Hamburg, wo Pastor → Rautenberg zunächst Kindern, die keine Schule besuchten, sonntäglich einen zweistündigen Unterricht in Lesen, Biblischer Geschichte und Katechismus erteilen ließ. Bald wurde diese Arbeit auf ihren christlichen Auftrag eingeengt und erreichte viele Hamburger Kinder (J.H. → Wichern als »Oberhelfer«). In Amerika, wohin die Sonntagsschule von England aus überging, war sie von vornherein auf die christliche Unterweisung beschränkt. Von dort aus gingen starke Einflüsse auf die deutsche Arbeit aus. Der Amerikaner Woodruff und der deutsche Kaufmann Bröckelmann bereisten von etwa 1850 an ganz Deutschland und warben für die Sonntagsschule. 1865 entstand die erste württembergische Sonntagsschule in Stuttgart. Nur zögernd trat die Kirche in die Verantwortung für diese Aufgabe ein. Einer der Bahnbrecher war der Dresdner Oberhofprediger F.W. → Dibelius, der 1887 auf dem Kongreß für Innere Mission in Dresden die Bezeichnung »K.« für diese Arbeit durchsetzte und ihr im Raum der *Kirche* weitere Geltung verschaffte. Diese Aufgabe förderten bes. Paul → Zauleck/Bremen (Kinderpredigten und Kindergesangbuch) und nach ihm Joh.Piersig/Bremen und Adolf Lichtenstein/Berlin.

2. Die Entwicklung von der Sonntagsschule zum K., von der freien missionarischen Arbeit zur Kinder-Kirche hat in den ersten Jahrzehnten des 20.Jh.s vor allem zur Betonung der *Sonntagsfeier* geführt. In der Zeit des → Kirchenkampfes empfing der deutsche K. seine besondere Aufgabe durch den *Lehrauftrag* der Kirche, der in der schulischen Unterweisung immer weniger wahrgenommen werden konnte. Die wichtigsten Biblischen Geschichten mußten im K. vermittelt werden, der → Katechismus und die Lieder der Kirche in seiner Gottesdienstordnung. - Mit der Neuordnung der → Kirchlichen Unterweisung setzt auch die Neubesinnung auf die besondere Aufgabe des K.es ein. Wohl stehen K. und kirchliche Unterweisung (Religionsunterricht) beide unter dem Verkündigungsauftrag der Kirche. Jedoch hat die kirchliche Unterweisung vornehmlich die Aufgabe, dem Bescheidwissen der getauften Kinder der Gemeinde zu dienen; zu ihrer Aufgabe gehört auch das Aneignen, Lernen und Einprägen. Der K. ist die sonntägliche gottesdienstliche Versammlung der Kindergemeinde, die im Hören, Beten, Loben und Danken Antwort gibt auf Gottes Wort, das in Jesus Christus in diese Welt gekommen ist. Am Sonntag, dem Auferstehungstage des Herrn, ruht auch die Kindergemeinde von ihrer Arbeit und stimmt in das Lob Gottes ein.

3. Lange hat in der Frage der *liturgischen Ordnung* des K.es viel Willkür geherrscht. Der entscheidende Anstoß zur Neuordnung ist bereits 1931 von dem Oldenburger Pfarrer Erich Hoyer ausgegangen, der auch für die Ordnung des K.es die organische Verbundenheit mit allen Lebensäußerungen der Gemeinde forderte, also auch mit ihrem → Gottesdienst. Die Gruppenunterweisung der Kinder sollte aus ihrem bisherigen Platz in der Mitte des Gottesdienstes herausgelöst und ganz an den Anfang gerückt werden. Immer mehr setzt sich diese Ordnung heute im deutschen K. durch. Sie führt zu einer stärkeren Geschlossenheit des Gottesdienstes, da die Kindergemeinde nun recht vorbereitet die sonntägliche Schriftlesung hören, die Lieder und Gebete aufnehmen kann. Der Aufbau der Gottesdienstordnung führt (unter den gebotenen Einschränkungen und Vereinfachungen) die Kindergemeinde in den sonntäglichen Gottesdienst ihrer Kirche ein. 1952 entstand von diesen Voraussetzungen aus eine Agende für den K., die für die östlichen Gliedkirchen der EKU herausgegeben wurde. Die Luth. Liturgische Konferenz hat für die luth. Kirchen die gleiche Aufgabe angegriffen. Entsprechend setzt sich in den neueren Kindergesangbüchern allgemein der Wille durch, schon mit der Kindergemeinde die Kernlieder des ev. Gottesdienstes einzusingen.

4. a) Die Gestalt der *Textpläne* ist für die Methodik des K.es von großer Bedeutung. Nicht die Vermittlung fortlaufender biblischer Textgruppen ist seine Aufgabe. Vielmehr tritt an die Stelle dieses mehr lehrhaften Zieles (das in der kirchlichen Unterweisung seinen Platz hat) die sonntägliche → Perikope des betreffenden Sonntags oder ein Textwort, das in organischem Zusammenhang zu dem Alten Evangelium des betreffenden Sonntags steht. Die Kindergemeinde hört in ihrem Gottesdienst das besondere Wort, das an diesem Sonntag bestimmend ist für die Verkündigung in der Gesamt-Kirche und Gemeinde. So entstand seit 1945 eine Perikopen-Ordnung (zuerst von K.Korth und W.Thiel entworfen), die in den ev. Kirchen Berlins und der DDR in Gebrauch ist. In den Kirchen der BRD ist man, unter Berücksichtigung des → Kirchenjahres in der Zeit von Advent bis Pfingsten, im wesentlichen bei einem Plan mit fortlaufenden Geschichten nach der Ordnung der biblischen Bücher geblieben.

b) Die Methodik der Darbietung und Verkündigung

der biblischen Botschaft im K. ist entscheidend bestimmt durch die Situation einer *Kinder*-Gemeinde mit Gruppen von (etwa) 6-13jährigen Kindern. Man hat (mit gewissem Recht) das Dasein eines besonderen K.es als einen Notstand der Kirche bezeichnet. Die Laienhelfer traten für die Eltern ein, die ihre Kinder weithin nicht mehr in den Gottesdienst der Gemeinde mitnahmen und in sein Verständnis einführten. Die Helfer haben also eine väterliche und mütterliche Aufgabe im K. Ihr Beispiel, ihre Haltung im Mitvollzug des Gottesdienstes ist wichtig für die Kindergemeinde. Die Kinder müssen sehen und erfahren, wie die christliche Gemeinde ihren Gottesdienst hält. Die holländische und die Schweizer Sonntagsschularbeit haben sich bes. um die psychologischen und methodischen Voraussetzungen des Gruppensystems bemüht. Die psychologischen Gesetze der kindlichen Altersstufen wurden fruchtbringend auf die Darbietung in der Gruppe angewendet. Im deutschen K., zumal in der Arbeit der Freikirchen, wurde diese methodische Aufgabe aufgegriffen. Das Liebesgebot Jesu Christi fordert die Bemühung um die Nächsten in ihrer besonderen Situation.

c) Wichtigste Aufgabe des *Helfers* vor seiner Gruppe ist die erzählende und verkündigende Auskunft von den großen Taten Gottes. Nicht das freie Unterrichtsgespräch kann hier - schon aus Zeitgründen - methodisch vorherrschen. Die Fragen der Kinder müssen nach Möglichkeit schon in der Darbietung aufgefangen und verarbeitet sein unter Ausnutzung aller vom Text her gegebenen anschaulichen Momente. Nicht die *Katechese* ist die gegebene Form der Gruppenunterweisung. Die Kinder sind eingeladen, »die Geschichte zu sehen, die da geschehen ist«, auch für sie. - Die Aufgabe des *Pfarrers* ist es dann, den Zuspruch und Anspruch dieses besonderen göttlichen Wortes der Kindergemeinde zusammenfassend und in ihrer Sprache zu bezeugen. Das Finden der den Text aufschließenden Frage ist eine Aufgabe, die im K. nicht im gleichen Maße der Selbsttätigkeit der Kinder überlassen werden kann, wie im kirchlichen Unterricht. Auch die abschnittweise Wiederholung der Geschichte ist nicht die Aufgabe der Verkündigung des Pfarrers. Vielmehr muß dieser mit einigen wenigen, das Kerygma des Textes aufschließenden Fragen die Kindergemeinde soweit führen, daß sie bereit wird, das besondere Wort Gottes zu hören, das ihnen hier begegnet. Hierbei darf die Bekehrung der Kinder nicht zur Methode werden. Jedoch stehe das »Du bist der Mann« der Geschichte Gottes mit den Menschen ganz im Vordergrund. - Von hier aus ist die heutige Bemühung um die rechte Gestaltung der Kinderpredigt (K.Korth) zu verstehen, die schon Zauleck (und vor ihm → Zinzendorf) als wichtige Aufgabe gesehen hatte und die in der Brüdergemeine bis in die Gegenwart hinein die Regel war.

5. Im Raum der EKD ist der K. heute allgemein als *Aufgabe der Kirche* und ihrer Gemeinden anerkannt. Jede Gemeinde hat ihren K., der in der Regel vom Pfarrer, in ländlichen Pfarreien aber auch von Laien geleitet wird (→ Laiendienst). Weit überwiegend ist das Gruppensystem mit Laienhelfern in Übung. Wo größere Helferkreise bestehen, vertritt ein Ordner die Anliegen des K.es in der Gesamtgemeinde und sorgt für den persönlichen Zusammenschluß des Helferkreises und die laufenden organisatorischen Aufgaben. Die Helferkreise im K. gehören zu den ersten wichtigen Ansätzen verantwortlicher Laienarbeit im deutschen Protestantismus. Schon von hier aus, ebenso aber auch wegen der dargestellten methodischen Aufgaben ist den gelegentlich heute auftretenden Bestrebungen zu begegnen, die um der größeren liturgischen Geschlossenheit willen das Helferamt einschränken oder abschaffen möchten. - Die fachliche und methodische Förderung der Arbeit geschieht in der BRD durch den »Gesamtverband der K.e«. In der DDR wird die Arbeit durch eine Arbeitskonferenz der Beauftragten der einzelnen Landeskirchen geleitet, an deren Spitze ein zum Vorsitzenden dieser Konferenz gewählter Leiter steht. Beide Organisationen führen Helfer- und Leiterrüstzeiten durch (→ Freizeiten) und geben Fachzeitschriften für die K.-Arbeit heraus, die insbesondere der sonntäglichen Vorbereitung dienen. In den Freikirchen liegt die Leitung der Arbeit in der Ortsgemeinde vielfach in Händen von Laien. Auch hier wird eine rege methodische Arbeit fortlaufend geleistet.

E. VAN KOETSVELD, Kinderpredigten, 2 Bde, 1902 - E. RENKEWITZ, Die mich frühe suchen, finden mich (Kinderstunden aus der Brüdergemeine), 3 Bde, 1905-12 - P. ZAULECK, Vom lieben Heiland. Kinderpredigten für alle Sonn- u. Festtage, 2 Bde, (1913/14) 1921³ - FR. ZAULECK-J. PIERSIG, Theorie u. Praxis des K.es, (1914) NB 1928 - R. EMLEIN, Der K., Handreichung für Leiter u. Helfer, 1914 - J. PIERSIG, Sonntagsschule u. K. im Wechsel der Zeiten, 1925 - A. LICHTENSTEIN, Die Feste des Kirchenjahres im K., 1932 - DERS., K. u. Helferarbeit, 1934 - E. HOYER, K. u. Gemeindegottesdienst, 1933 - R. HUPFELD, Wie begegnet der Herr Christus unseren Kindern in Verkündigung u. Feier des K.es (in: »Fröhlich am Werk«, 1937, 31 bis 55) - J. LUNDA, Kinderpredigten, 1938 - E. JUNG, Sonntagsschule als K., 1943 - K. KORTH, Denn solcher ist das Reich Gottes, 1951 - W. THIEL, Gehilfen ihrer Freude, 1952 - O. SÖHNGEN-W. THIEL, Agende für den K., 1952. - Zs.en: Der K.; Ev. Kinderkirche (BRD); Handreichungen für den K. (DDR); Der Kinderfreund (Methodisten-Kirche).

W. Thiel

Kinderhort ist eine sozialpädagogische Einrichtung für Schulkinder, deren Familienerziehung infolge Erziehungsschwierigkeiten des Kindes (Schulschwänzen), Erwerbsarbeit beider Eltern, Wohnungsmängel u.dgl. unzulänglich ist. Die Kinder erhalten Mittagessen und Hilfe bei den Schularbeiten und werden in Gruppen zu Spiel und altersgemäßer Interessenpflege zusammengeführt. Oft sind K.e mit → Kindergärten zu Tagesheimen kombiniert; diese Form ermöglicht es, Geschwister nicht zu trennen. Man erstrebt den Charakter der Wohnstube, von der aus die Kinder auch am Leben freier Jugendgruppen teilnehmen. Die Arbeit wird von Kindergärtnerinnen und Jugendleiterinnen ausgeübt. Man bemüht sich, männliche Jugendliche als freiwillige Helfer heranzuziehen.

Lit. s. → Kindergarten. *E. Hoffmann*

Kinderkommunion als die Sitte, *unmündigen* getauften Kindern die Kommunion zu reichen, bürgerte sich mit der Kindertaufe (→ Taufe: III; → Erstkommunion) um die Wende des 2.Jh.s im Westen (Cyprian, Augustin) und im Osten (Apost. Konst. VIII, 12f) ein: die Kommunion galt als Höhepunkt der Taufhandlung und erschien einigen Kirchenvätern als heilsnotwendig. Man spendete die K. bei *Säuglingen* durch den in Wein eingetauchten Zeigefinger des Priesters, *Kindern* reichte man mit dem Kelch das in Wein getauchte Brot (so noch Paschalis II. um 1118; Ordo Rom. XI n. 103 und ältere Rituale). - Während die Orth. Kirche in dieser Form bis heute an der K. festhält, kam sie im Abendland im 13.Jh. (ohne ausdrückliches Verbot) allgemein aus der Übung. Gründe dafür waren eine dinglich verstandene Heiligkeit der Elemente (Furcht, das Heilige zu verschütten), die im 12.Jh. dazu führte, den Kindern ungeweihtes Brot und Wein zu reichen (Entleerung der K.), sowie die Ausbildung der Konkomitanzlehre (→ Abendmahl: II, 2a), deren Folge der Kelchentzug und damit auch die Abschaffung der K. war. Als Ersatz für die K. reichte man hier und dort den Kindern, meist bei der → Einsegnung der Wöchnerin, vom Ablutionswein (→ Spülkelch) des Priesters (noch Köln 1720). - Das IV. Laterankonzil 1215 legte die Kommunionspflicht mit dem Eintritt der anni discretionis fest. Diese wurden als beginnender Vernunftgebrauch (etwa 7. Lebensjahr; nach AkathKR 1930, 187 bereits Konzilsmeinung) oder als Pubertätsjahre (10.–14., im → Jansenismus 18.–20. Lebensjahr) gedeutet. Die Verschiedenheit in der kirchlichen Praxis beseitigte das Tridentinum nicht. In Sess. XXI c. 4 verneinte es ausdrücklich die Heilsnotwendigkeit der K., bestritt aber gleichzeitig, daß sie nutzlos und unwirksam sei. Daher wurde die alte Praxis der K. nicht verworfen. Ein besonderes Verbot der K. findet sich erst im RitRom Pauls V. und im CIC (c. 854 § 1). Einheitliche Normen in bezug auf die anni discretionis legten Pius X. (Dekret »Quam singulari« vom 8.8.1910) und der CIC (cc. 854, 859 § 1, 860) fest: Sobald die Kinder zum Vernunftgebrauch kommen, was grundsätzlich mit dem vollendeten 7. Lebensjahr angenommen wird, beginnt die Kommunionspflicht. Über die Disposition entscheiden Beichtväter und Eltern. Die Fähigkeit, die göttliche von der gewöhnlichen Speise zu unterscheiden (sowie die kindliche Erfassung der heilsnotwendigen Wahrheiten) genügen hier (CIC c. 854 § 2f). Die Vorbereitung geschieht in einem Unterricht, der weniger auf Belehrung als auf Anregung des Willens der Kinder ausgerichtet ist. Anstelle der verbotenen K. propagiert die kath. Kirche, bes. seit Pius X., die deren Sakramentsverständnis entsprechende *Frühkommunion.* – Die *ev. Kirche* kennt von Anfang an keine K. In Wittenberg war sie ohnehin nicht mehr üblich gewesen. Auch stehen dogmatische Gründe der K. entgegen: Der Glaube des Empfängers konstituiert zwar nicht das → Abendmahl (: III, 1); aber Christus kann nur im Glauben empfangen werden. Dieser Glaube ist nach dem NT »Annahme des Kerygmas von Christus« (Röm 10, 14–17; ThW VI, 209). Er setzt somit eine eingehende Unterweisung voraus, die bei unmündigen Kindern nicht möglich ist. Dasselbe gilt für die Frühkommunion.

RE X, 289ff – L.Landrieux, La première communion, 1911 – RGG[1] III, 1122 – Braun, LH 162 – P.Browe, Die K. im MA (Schol. 5, 1930, 1–45) – Ders., Die Pflichtkommunion im MA, 1940, 129ff – H.A.Heiser, Die K. im Geiste der Kirche I. II[4], 1931; III, 1932 – F.X. Bauer, Zur Gesch. der feierl. Kindererstkommunion (ThGl 25, 1933, 563–590) – LThK VI, 106ff – EC IV, 132ff – Rietschel-Graff 902 (Reg.) – M.Schmaus, Kath. Dogmatik IV/1, 1952[4], 345. 387 – L.Eisenhofer-J.Lechner, Grundriß der Liturgik, 1953[6], 274. – Über die anni discretionis: J.Ernst in: AkathKR 107, 1927, 433–497; 110, 1930, 136–153 – F.Gillmann, ebd 108, 1928, 556–617; 110, 1930, 187–192. – Vgl. auch → Erstkommunion. *K.Dienst*

Kinderpsychologie

I. Allgemeine Kinderpsychologie – II. Religionspsychologie des Kindes. – Vgl. → Jugendpsychologie, → Kindheit

I. Allgemeine Kinderpsychologie

1. Begriff und Aufgabe – 2. Geschichte – 3. Schulen und Theoriebildungen – 4. Forschungsmethoden – 5. Spezifische Probleme – 6. Problematik der Phasenlehre – 7. Ergebnisse

1. Die K. ist ein abgrenzbarer Bereich der Entwicklungspsychologie und der psychologischen Persönlichkeitslehre. Während man unter Entwicklungspsychologie alle psychologischen Bemühungen um die Aufhellung der Entwicklungsvorgänge im Tier- und im Menschenleben (phylo- und ontogenetisch) versteht, ist mit Kinder- und → Jugendpsychologie eine »besondere Entwicklungslehre der Kindheit und der Reifezeit« (O. Kroh) gemeint, die heute auch den charakterologischen u.a. Aspekte umfaßt. Die Schwierigkeiten der Erforschung kindlicher Wachstumsvorgänge, bes. seelisch-geistiger Art, liegen in der Problematik des menschlichen Entwicklungsprozesses. Die menschliche Entwicklung ist nicht einfach eine Auswicklung von »in nuce« vollendet vorpräparierten Anlagen, die in einem unveränderlich festliegenden Prozeß Erwachsenenform annehmen, sondern menschliche Entwicklung hat sich nach neueren Forschungsergebnissen als ein kompliziertes Ineinander von Reife- und Lernvorgängen erwiesen, dh innere Wachstumsschübe, Erfahrungsverarbeitungen, Erziehungseinflüsse und Neuentdeckungen bzw. Neuleistungen wirken beim Aufbau der Person in eigenartiger Weise zusammen. Entsprechend spielen in der K. biologische, psychologische, soziologische und pädagogische Aspekte und Forschungsmethoden eine Rolle. Ziel der K. bleibt ein besseres Verständnis der Entwicklung des Kindes im Blick auf seine seelisch-geistige Menschwerdung als Voraussetzung für Entwicklungshilfen und Erziehung.

2. Die *Geschichte* der → Pädagogik (: I) ist auch eine Geschichte der Entdeckung des Kindes. Namen wie → Comenius, → Pestalozzi, → Rousseau, → Fröbel, → Montessori bedeuten hier Wegmarken. Der Anfang der wissenschaftlichen Erforschung des Kindesalters wird gewöhnlich mit Preyers Buch »Die Seele des Kindes« (1882) angesetzt. Es beschränkt sich aber im Grunde noch auf das Physiologische und auf die ersten Lebensjahre. Das erste grundlegende, echt kinderpsychologische und gleichzeitig wissenschaftlich bahnbrechende Werk ist das von W.Stern: »Die Psychologie der frühen Kindheit« (1914). Mit der Entwicklung der K. sind die Untersuchungen von K.Groos, K. und Ch.Bühler, K. Koffka, A.Freud, G.Binet, E.Claparède, H.Werner, O. Kroh, H.Hetzer, A.Busemann, W.Hansen u.a. untrennbar verknüpft. Die heute bedeutendsten Forschungsstätten für K. sind die von L.M.Terman, A.Gesell, J.Piaget, M.J.Langeveld, H.Thomae u.a. Im übrigen ist heute die K. ein wichtiger Forschungszweig aller größeren psychologischen Institute in der ganzen Welt. Umfassendere Forschungsvorhaben werden von Biologen, Anthropologen, Medizinern, Psychiatern, Psychologen und Pädagogen als Teamarbeiten in Angriff genommen.

3. Die Interpretation der Untersuchungsergebnisse vollzieht sich nicht unabhängig von den *Forschungsrichtungen.* In diesem Sinne kann eine biologische (K.Bühler), psychoanalytische (S. und A.Freud), gestaltpsychologische (Koffka), verstehende (Spranger) und phänomenologische (Langeveld) K. unterschieden werden. Die Aspekte überschneiden sich aber. Die moderne K. zielt auf eine Integrierung der Aspekte (»klinische Orientierung«) und auf Zusammenarbeit der sie vertretenden Forscher. Der amerikanische Psychologe spricht in diesem Fall von »multiple approaches«. In der Praxis, zB in den Erziehungsberatungsstellen, wirken heute Ärzte, Psychologen und sozialpädagogisch geschulte Fürsorgerinnen zusammen. Das ist in noch ausgeprägterem Maße bei den Child Guidance Kliniken in den USA und England der Fall. Erst wenn die körperlichen, seelischen und geistigen Entwicklungsprobleme in ihrer Eigenart wie in ihrem wechselseitigen Zusammenspiel gesehen werden, bahnt sich ein adäquates Verstehen des menschlichen Werdens an. Es geht um eine umfassende »Anthropologie des Kindes« (vgl. Langeveld), die schließlich in eine allgemeine Lebenslaufforschung ausmündet und auch die weiteren Lebensphasen bis zum Greisenalter einbezieht.

4. Die zentrale *Methode* der K. ist die Verhaltensbeobachtung. Selbstbeobachtung fällt (je jünger das Kind ist, desto mehr) als Erfahrungsquelle fort. Kindheitserinnerungen Erwachsener sind wissenschaftlich zweifelhaft, können aber ausgewertet werden. Die ersten kinderpsychologischen Versuchspersonen waren die Kinder der Forscher. Erste empirische Beobachtungen mit gewissen systematischen Tendenzen finden sich schon bei Pestalozzi (»Eines Vaters Tagebuch«, 1774), Tiedemann (»Beobachtungen über die Entwicklung der Seelenfähigkeit

bei Kindern«, 1787) und → Darwin (»Biographische Skizze eines Kleinkindes«, 1877). Berühmt geworden sind die Elterntagebücher von M.W.Shinn (»The Biography of a Baby«, 1900), E. und G.Scupin (»Bubis erste Kindheit«, 1907) sowie C. und W.Stern (»Die Kindersprache«, 1907). Heute reichen die Untersuchungsmethoden von der freien Beobachtung (»auf freier Wildbahn«, beim Spiel usw) bis zum kontrollierten Versuch und Experiment, für die entsprechend ausgestattete Kinderbeobachtungszimmer zur Verfügung stehen. Man unterscheidet Querschnittsuntersuchungen, die möglichst viele Kinder (auch eine repräsentative oder zufällige Auswahl) gleicher oder verschiedener Jahrgänge vergleichen, und Längsschnittuntersuchungen, die an den gleichen Kindern über möglichst viele Entwicklungsjahre hin durchgeführt werden. Termans Longitudinal-Untersuchungen über die Lebensbewährung hochintelligenter Kinder erstrecken sich bereits über 35 Jahre. Ausgangspunkt und Ziel der Untersuchungen bleibt zuletzt aber immer das individuelle Kind. Insofern ist die »Einzelfalluntersuchung« (case study) ein unvergänglicher Bestandteil jeder Kinderforschung. Im einzelnen werden folgende Methoden und Verfahren angewandt: Befragungen, Schätzungen, Testmethoden (Persönlichkeits-, Intelligenz-, Leistungstests), Exploration, Lebenslaufanalyse (biographische Methode), Gelegenheitsbeobachtungen (anecdotal records), time sampling, Soziogramm, Zwillingsmethode, statistische Methoden, Deutung von Niederschriften, Selbstzeugnissen, Zeichnungen usw, Auswertung von Erziehungsakten, Gerichtsakten u.dgl. Wichtig für die kinderpsychologische Forschung sind Vergleiche mit der Tierverhaltensforschung und Vergleiche verschiedener Erziehungssysteme in Hoch- und Primitivkulturen. Gerade die vergleichende kulturanthropologische Forschung (M.Mead, E.Erikson u.a.) hat in letzter Zeit neue Einsichten in die Variabilität der menschlichen Entwicklung vermittelt.

5. Um die Schwierigkeiten zu beleuchten, vor denen eine K. steht, sollen einige *spezifische Probleme* wenigstens durch Fragen angedeutet werden. Gibt es eine wissenschaftliche Methode, das Anderssein des Kindes vom Erwachsenen her adäquat zu erfassen? Wieweit ist in der K. Einfühlung Voraussetzung für die Ergiebigkeit wissenschaftlicher Methoden? Wie greifen in der kindlichen Entwicklung Reife- und Lernvorgänge ineinander? Gibt es rein biologisch determinierte Entwicklungsphasen, etwa das Hinstreben zum aufrechten Gang? Oder sind alle menschlichen Verhaltensweisen von Lernprozessen mit abhängig? Was bedeutet für die seelischen Entwicklungsvorgänge der Ausfall bestimmter Entwicklungsreize und -anstöße (zB ungenügendes Spielmaterial, Fehlen des Vaters, kein Schulbesuch u.dgl.)? Was ist für eine bestimmte Altersstufe »normal«? Wie ist die Norm festzustellen? Was bedeuten dieser Norm gegenüber Verfrühungen und Verspätungen? Wie unterscheiden sich in ihrem Erleben und Verhalten Stadt- und Landkinder, Mädchen und Jungen? Wieweit ist ein Verhalten alterstypisch, wieweit ist es individuelle Eigenart? Wie kann die Verallgemeinerung von Beobachtungen an einzelnen Kindern und Auswahlgruppen gesichert werden?

6. In der ersten Hälfte des Jh.s sah die K. die Krönung ihrer wissenschaftlichen Forschertätigkeit in der Aufstellung einer *Phasenlehre*, die als »Modell der Gattung« gelten sollte. In diesem Sinne haben Ch.Bühler, O.Kroh, A. Busemann u.a. Phasenlehren entwickelt, die auch heute noch ihre begrenzte Gültigkeit haben. Je nach den Unterscheidungskriterien weichen sie nicht unerheblich voneinander ab. – Ch.Bühler: 0-1 Funktionsreifung und -meisterung; 2-4 »Ich« experimentiert mit der Umwelt; 5-8 Beginn der ersten Werkherstellung; 9-14 Entdeckung des Partners und Loslösung von der Familie; 15-19 Einverleibung in die Gruppe, Vorbereitung für die eigene Familie. – O.Kroh: Stadium der frühen Kindheit bis zur ersten Trotzperiode (Erhaltung); Stadium der eigentlichen Kindheit: 5-8 phantastischer Realismus, 8-10 naiver Realismus, 11-12 erster kritischer Realismus (Entfaltung); Stadium der Reifezeit (Gestaltung). – S. Freud: orale Phase (Säuglingszeit), anale Phase (Reinlichkeitsprobleme), frühgenitale Phase (Oedipus-Probleme), latente Phase (Grundschulzeit), späte genitale Phase (Pubertät). Alle Entwicklung scheint von der unentfalteten Einheit über die entfaltete Vielheit zur entfalteten Einheit zu streben (so schon Simmel). – Diese Phasen haben ihre Gültigkeit innerhalb eines relativ konstanten Kultursystems. Die vergleichende kulturanthropologische Forschung wies aber erhebliche Diskrepanzen nach, die nur so erklärt werden können, daß in den verschiedenen Kulturbereichen die kindlichen »Reifeangebote der Natur« sehr verschiedenen Forderungen und Aufgabenstellungen der Umwelt begegnen. Wo der mathematische Sinn nicht erweckt und geschult wird, reift keine »Rechenbegabung«; wo die sexuelle Betätigung nicht gehemmt wird, entstehen keine sexuellen Pubertätskonflikte usw.

7. Aus der Fülle des von der K. Erarbeiteten seien wenigstens einige wichtige grundsätzliche *Einsichten* thesenartig zusammengefaßt: a) K. ist nicht nur zum Verstehen des Kindes wichtig, sondern auch zum Verständnis des Erwachsenen und der Menschheit. – b) Es gibt in der Kindesentwicklung kein »Schimpansenalter«, das Kind ist immer Menschenkind. Das ist schon in der Säuglingserziehung zu respektieren. – c) Jede Entwicklungsstufe hat ihren Eigenwert und ihre eigene Lebensaufgabe, sie sind aber alle auch Durchgangsstufen. Die Stufen sind nicht nur quantitative Erweiterungen, sie enthalten auch Verwandlungen und Metamorphosen. Das Kind wird schon körperlich nicht nur größer, sondern macht einen »Gestaltwandel« (W.Zeller) durch; ebenso wandelt sich zB sein Weltbild von einem »magischen« zu einem realistischen. Auch Denkweisen, Gefühle und Bedürfnisse ändern sich qualitativ. Entwicklung bringt immer wieder Störungen des erreichten Gleichgewichts mit sich, Phasen des Experimentierens und Umorientierens. Die Störungen kommen teils »von innen«, aus Reifevorgängen, teils »von außen« durch soziale Forderungen. Die Reifevorgänge selbst vollziehen sich zT kontinuierlich, zT schubweise. – d) Jede Entwicklung ist nicht nur Reifen und Erzogenwerden, sondern auch Eigenwerk und Eigentat. Alle Erziehung zielt deshalb auf Selbsterziehung. – e) Kindliche Entwicklung ist nicht nur »Werdensfreude« und »sonniges Kinderland«, sondern ist auch schon voll »Unordnung und frühem Leid«. Entwicklung bedeutet Abbau (zB eidetischer Fähigkeiten, der Plastizität) *und* Aufbau. – f) Die Grunderfahrungen und Grunderlebnisse in der Kindheit, bes. in den Beziehungen zu Vater und Mutter (Liebe und Autorität, Angst und Freude), haben entscheidenden Einfluß auf die Charakterbildung. Das ist durch die psychoanalytische und psychotherapeutische Forschung erwiesen, allerdings nicht so, daß diese Grunderfahrungen endgültig determinierten. Die menschliche Plastizität ist auch in der Pubertätszeit noch erstaunlich groß. – g) Die Ergebnisse der K. haben die Bedeutung der → Erziehung (: I) nicht geschmälert, sondern noch mehr unterstrichen. Es kommt letztlich auf die Entfaltung der einsichtigen und verantwortlichen Handlungsfähigkeit des Menschen an.

W.Preyer, Die Seele des Kindes, (1882) 1923[9] – K.Groos, Das Seelenleben des Kindes, (1904) 1923[6] – R.Gaupp, Psychologie des Kindes, (1909) 1928[6] – W.Stern, Psychologie der frühen Kindheit, (1914) 1952[7] – K.Bühler, Die geistige Entwicklung des Kindes,

(1918) 1930^{6} - K.Koffka, Die Grundlagen der psychischen Entwicklung, (1921) 1925^{2} - H.Werner, Einführung in die Entwicklungspsychologie, (1926) 1953^{3} - A.Freud, Einführung in die Technik der Kinderanalyse, (1927) 1948^{3} - O.Kroh, Entwicklungspsychologie des Grundschulkindes, (1928) 1944^{22} - Ders., Psychologie der Oberstufe, (1932) 1944^{10} - W.Hansen, Die Entwicklung des kindlichen Weltbildes, (1938) 1952^{3} - H.Hetzer, Kind u. Jugendlicher in der Entwicklung, (1948) 1954^{3} - J.Piaget, Die Entwicklung der Intelligenz, 1948 - H.Remplein, Die seelische Entwicklung in der Kindheit u. Reifezeit, (1949) 1956^{6} - A.Gesell, Säugling u. Kleinkind in der Kultur der Gegenwart, (1952) 1953^{2} - Ders., Das Kind von fünf bis zehn, 1954 - M.J.Langeveld, Studien zur Anthropologie des Kindes, 1956 - E.H.Erikson, Kindheit u. Gesellschaft, 1957. - Amerik. Sammelwerk: Manual of Child Psychology, ed. L.Carmichael, New York (1946) 1954^{2}. - Beispiele für die vielen amerik. Bücher über »Child development«: A.T.Jersild, Child Psychology, Englewood Cliffs/N.J. (1933) 1958^{5} - G.G.Thompson, Child Psychology, Boston 1952.

H.Roth

II. Religionspsychologie des Kindes

1. Methode - 2. Wesen - 3. Entwicklung

1. Die Psychologie des kindlich-religiösen Lebens hat mit der allgemeinen → Kinderpsychologie (: I) nicht Schritt gehalten. Das liegt in der Schwierigkeit der Sache. → Religionspsychologie meint nicht nur einen menschlichen Seelenzustand, sondern das Existenzverhältnis des Menschen zu Gott. Damit überschreitet jede religionspsychologische Untersuchung die Grenze der strengen Wissenschaft. Beim Kind entstehen noch besondere Schwierigkeiten. Eigenes und (unverstanden) Übernommenes ist schwer zu scheiden. Befragungen wirken auf das Kind suggestiv. Dazu kommt die Ausdrucksarmut des Kindes für innere Erlebnisse. Statistische Untersuchungen verbieten sich von selbst. Fruchtbares Material ergeben Autobiographien (auch nicht ohne Fehlerquellen), Beobachtungen im vertrauten Verkehr mit Kindern, anekdotische Mitteilungen und Kinderzeichnungen. Die Deutung der religiösen Lebensäußerung ist in jedem Falle psychologisch und theologisch zugleich.

2. Das Kind ist kein »werdender Mensch«, sondern ein Mensch im vollen Sinne, nur in der Weise kindlichen Seins. Das gilt auch von seinem religiösen Leben. Die (immer noch nicht ganz überwundene) Auffassung → Rousseaus, daß das eigentliche religiöse Leben erst in der Pubertätszeit beginne und in der Kindheit nur »Nachahmung« sei, verwechselt die Gottesbeziehung mit dem metaphysischen Denken und ist verfehlt. Die Gründe gegen die Echtheit des kindlich religiösen Lebens (Abhängigkeit vom Erwachsenen, anthropomorphe Gottesvorstellung, naiv ich-bezogene Gebete, spätere Preisgabe des Kinderglaubens) sind nicht stichhaltig. In dem allem unterscheidet sich der Erwachsene vom Kind nur graduell, nicht wesenhaft. - Das Geheimnis des religiösen Lebens besteht nicht darin, daß der Mensch aus eigenem Denken auf ein höchstes Wesen schließt, sondern darin, daß er transzendente, die Grenze menschlicher Erkenntnis überschreitende Offenbarung empfangen und zu Gott in Beziehung treten kann. Es ist deshalb falsch, zu meinen, der Gedanke »Gott« müsse spontan aus dem Kinde aufsteigen. Das Kind erweist seine tatsächliche Lebendigkeit nicht durch religiöse Urheberschaft (die auch der Erwachsene nicht hat), sondern durch die Fähigkeit, göttliche Offenbarung aufzunehmen und ihr gemäß zu leben, einerlei, wer ihm diese Offenbarung vermittelt. Daß das Kind in der Lage ist, den - immer unzureichenden - Hinweis des Erwachsenen auf Gott zu verstehen und sich diesem Gott vertrauend und gehorchend zuzuwenden, ist das eigentliche Wunder seines religiösen Lebensanfangs, das ohne Mitwirksamkeit Gottes nicht zu denken ist. - Das Kind ist in seinem religiösen Leben von Anfang an auf Gott, nicht auf den Erwachsenen gerichtet. Aber es braucht den Erwachsenen als Zeugen der göttlichen Wahrheit und als Beistand. Am Anfang nimmt der Erwachsene das Kind gewissermaßen in sein eigenes Gottesverhältnis mit hinein (er lehrt es beten, indem er mitbetet). Er kann es religiös tragen oder zerstören. Das Kind ahmt den Erwachsenen nur im äußeren Verhalten nach (Händefalten, Kopfneigen), in Wahrheit läßt es sich zur Begegnung mit Gott führen und geht in seinem Erkennen und Tun oft weit über die Weisung des Erwachsenen hinaus. Es ist in seinem religiösen Leben zarter, verwundbarer, hilfloser als der Erwachsene, aber es steht wirklich vor Gott.

3. Alle *Lebensbewegung* vollzieht sich in Wachstum und Entscheidung. Beim Kind überwiegen die Wachstumsvorgänge, in denen es durch das bestimmt wird, was es empfängt. In seiner Entscheidung wird es zu Anfang noch weithin vom Erwachsenen geführt und getragen, doch ist es bereits in den ersten religiösen Äußerungen - etwa, wenn es »bereit-willig« mit der Mutter betet - mitentscheidend beteiligt, und Zwang, der das Kind vergewaltigt, kann es in seinem religiösen Leben zerstören.

Zwischen dem religiösen Leben in der Kindheit und im reifen Alter besteht ein fester *Lebenszusammenhang*. Das Kind kann religiöse Erfahrungen machen, die für das ganze Leben wirksam bleiben, und es kann durch religiös-unerfüllte Kindheit seelisch verarmen, so daß es später zu religiöser Erkenntnis und Erfahrung nahezu unfähig wird. Für die gesunde Entfaltung des religiösen Lebens ist es wesentlich, daß das Kind bereits die religiösen Grunderfahrungen macht: Geborgenheit und Führung, Gebot und Gewissensgehorsam, Schuld, Strafe und Vergebung, Gottesdienst und kirchliche Heimat.

Das Kind ist bereits *in der frühen Kindheit* in der Lage, die Wahrheit der christlichen Gottesoffenbarung in ihrem Kern zu erfassen: daß *Gott der Vater* aller Menschen ist, in dessen Hut man geborgen leben kann. Es begegnet Gott - bei rechter Leitung - meist zuerst im Gebet, wenn es sich für die Nacht unter seine Obhut stellt oder beim Tischgebet für seine lebenerhaltenden Gaben dankt. So sind Vertrauen und Dank die ersten Empfindungen, mit denen es sich Gott zuwendet. Dazu kommt der Gehorsam. Das Kind erkennt unmittelbar (oft besser als der Erwachsene), daß Gott der Behütende und Gebietende zugleich ist. Sein Gehorsam gegen die Gebote Gottes ist nicht »moralisch«, sondern »existentiell« zu verstehen. Es anerkennt die sittliche Autorität Gottes, auch wenn es seinem Gebot nicht gehorcht hat, indem es die Strafe als gerechten - aber auch wirklich sühnenden - Ausgleich anerkennt.

Seine *Gottesvorstellung* ist nicht so »grobsinnlich«, wie man oft meint. Es hält sich dabei zwar an Symbole aus seiner unmittelbaren Anschauung, ist sich aber der Symbolhaftigkeit seiner Vorstellung bewußt, wie aus Kinderzeichnungen (Bedeutungsgröße u.a.) klar hervorgeht. So kann es ohne Schwierigkeit Sätze wie: »Gott wohnt im Himmel« und »Gott wohnt im Herzen« miteinander vereinen. Auch der Erwachsene kann nur in Menschenweise und in menschlichen Bildern von Gott sprechen.

In der *schulfähigen Kindheit* wendet sich das Kind in (zunächst phantastischem, dann naivem und zuletzt kritischem) *Realismus* der Welt zu. Jetzt erwacht das Interesse für geschichtliche Offenbarung (biblische Geschichte). *Gott* wird erkannt als der *Schöpfer und Herr der Welt*, sein Wille als die sittliche Ordnung des Lebens, die Sünde als Quelle der Unordnung und die Erlösung als Hilfe in der Verlorenheit. Christus wird sehr tief verstanden als der Heiland. Er ist das Symbol der »heilen Welt«, in der es für jede Not eine Lösung gibt. Das Bewußtsein der heilen Welt ist für die gesunde Entwicklung des Kindes von wesentlicher Bedeutung.

Die *religiöse Grundhaltung* des Kindes ist wesensmäßig gesünder als die der meisten Erwachsenen, weshalb sie Jesus als beispielhaft für das Reich Gottes hinstellt. Es begegnet der göttlichen Offenbarung in uneingeschränkter *Glaubensbereitschaft* und Offenheit für Empfangen. Damit verbindet sich ein noch ungebrochenes Vertrauen zur Wahrhaftigkeit des Erwachsenen als Zeugen der Wahrheit. Das Kind hat ein starkes *Interesse an der Wahrheit* des göttlichen Geschehens. Es unterscheidet die biblische Geschichte als »wahre« Geschichte scharf von erfundenen Geschichten, die »nur« Märchen sind. Durch Vermengung von Märchen, Legende und biblischer Geschichte wird der Wahrheitssinn des Kindes verwirrt. Legenden sollten deshalb nicht vor dem dreizehnten Lebensjahr geboten werden. Das Kind hat die Fähigkeit, das Gehörte in nacherlebender *Phantasie* so zu erfassen, daß es ihm fast zum eigenen Erlebnis wird. Es erfaßt dabei die innere Wahrheit des Geschehens schauend, noch ehe es sie begrifflich denken kann. Dogmatische Formulierungen dürfen deshalb nicht verfrüht werden. Im anschaulichen Denken ist das Kind gebunden an das konkrete Geschehnis. Es erkennt noch keine großen Entwicklungslinien. Es sieht wohl das Heil und den Heiland, aber nicht die »Heilsgeschichte«.

Das *Denken* des Kindes ist meditativ: hinhörend, betrachtend, auf Verstehen gerichtet. Seine Fragen sind nicht kritisch-skeptisch, sondern positiv. Auch dort, wo es Zweifel äußert oder auf Unstimmigkeiten hinweist, erwartet es eine lösende Antwort. Es ist bereit, die göttliche Wahrheit auf das eigene Leben anzuwenden und ihr zu gehorchen, ist dabei freilich stärkeren Widerständen ohne Beistand nicht gewachsen.

Das *Weltbild* des Kindes entspricht der Wirklichkeit mehr als das der meisten Erwachsenen. Im Gegensatz zu einer einseitig mechanistischen Auffassung rechnet das Kind in gleicher Weise mit kausal-gesetzmäßigem Geschehen und mit Handeln aus Macht und Freiheit. Deshalb bereitet ihm der Glaube an göttliche → Wunder (: VII) keine Schwierigkeiten, wenn es den Sinn des Wunders von Gott her verstehen kann. Denn durch sinnvolle Machthandlung wird ihm die göttliche Ordnung des Daseins nicht gestört.

In der *Vorpubertät* beginnt die *Krisis* der kindlichen Frömmigkeit. Beim tieferen Eindringen in die Geschehnisse des Lebens erwachen die Fragen nach der Gerechtigkeit Gottes, dem unverschuldeten Leid, dem Verhältnis von Kausalgesetz und Wirken Gottes (Wunder). Auch hier erwartet das Kind zunächst lösende Antwort. Aber wenn die Antwort ausbleibt oder nicht befriedigt, können die Fragen zu grundsätzlichem Zweifel führen. Der heute so häufige negative Ausgang dieser Krisis ist nicht durch innere Gesetze der Entwicklung bedingt, sondern durch die religiöse Situation der Zeit, in der der Heranwachsende nicht die notwendige Hilfe findet.

Außer der Lit. zu → Kinderpsychologie: I: E.MÜLLER, Die Frömmigkeit des Kindes, 1925 - TH.LEUSCHNER, Die Religion der Kindheit, 1926 - A.MIEHLE, Die kindliche Religiosität, 1928 - DERS.-F. PAGEL, Religiöse Kindheitserlebnisse, 1930 - G.BOHNE, Warum unsere Kinder den Glauben verlieren, 1928 - E.NOBILING, Der Gottesgedanke bei Kindern u. Jugendlichen (ARPs 4, 1929, 43-215) - P.VOGEL, Ein Beitrag zur Religionspsychologie des Kindes (Archiv f. d. ges. Psych. 96, 1936, 311-466) - R.SCHOTT, Das Gewissen des Kindes, 1956 - H.KRAATZ, Das Kind zeichnet im biblischen Unterricht (in: K.FRÖR, Das Zeichnen im kirchl. Unterricht, 1958[3], 70 bis 91).

G.Bohne

Kindertaufe → Taufe: II-IV.

Kindheit, *anthropologisch.* In der philosophischen → Anthropologie (: II) fehlt bisher die Berücksichtigung des genetischen Aufbaus des menschlichen Lebens fast vollständig: Daß der Mensch zunächst Kind ist und wie er Kind ist, wurde anthropologisch noch wenig bedacht. In der physischen → Anthropologie (: I) fehlt anderseits die Berücksichtigung der erziehungsmäßig und vom Kinde selbst bestimmten Entwicklungs- und Seinsvariabilität. Die naive Voraussetzung einer »natürlichen« Entwicklung herrscht in der üblichen genetischen Psychologie noch vielfach vor. In der Erziehung hatte man es von vornherein zu sehr mit dem ganzen Kinde zu tun, als daß eine infrahumane anthropologische Stellungnahme dort weite Verbreitung finden könnte. Das Wort »Anthropologie« meint heute grundsätzlich den ganzen Menschen mit ausdrücklicher Berücksichtigung der konstituierenden Grundbestimmung seines Seins in Entwicklung, Erziehung und Selbstbildung. So kann auch unter K. hier nur ein Stadium des ganzen Menschen verstanden sein, des Menschen als sich bestimmenden Wesens in seiner aktuellen Beziehung zur Welt. Person, Welt und Weltbild sind dabei nicht trennbar (→ Jugend). Die Bedeutung des leiblichen Seins ist für das Kind mehr und etwas anderes als die der bloßen Veränderung körperlicher Organe und Proportionen. Weil das Kind noch ganz jung ist, läßt sich bei ihm der Leib noch nicht mit seiner Geschichte und nur ganz anfänglich mit seinem Ausdruck identifizieren. Er scheint in der Anfänglichkeit seiner Ausdrucksfunktion mehr zu verhüllen, als er in Erscheinung treten läßt. Die Naivität des Kindes und die Vorwegnahme erwachsener Maßstäbe im Verstehen des Kindes durch den Erwachsenen vergrößern diesen Anschein. Das Wachstum des kindlichen Körpers bedeutet für das Kind: ich werde sichtbar größer. Am eigenen Leibe bestätigt sich von früh an das Selbstgefühl, auch im Sinne des Betroffenseins von Hunger, Schmerz, Müdigkeit, eigener Unzulänglichkeit.

Das körperliche Wachstum ist aber nur die eine Seite. Der Leib registriert nur einen Teil der Entwicklungsgeschichte, deren Ganzes »Person« heißt. Diese Person ist ein Geschehen, nimmt sich selbst als Entschiedener und zugleich immer noch Sich-Entscheidender, als jemand, der ist und zugleich immer noch nicht ist. In dieser Hinsicht ist das Kind der Mensch, dem noch alles unentschieden ist und der deshalb nur existieren kann unter der Bedingung der ihm entschieden gebotenen Sicherheit. Aus dieser Sicherheit heraus ist Kindsein eine selbstverständliche Kreativität. Portmann hat darauf hingewiesen, daß jede menschliche Generation eine (geschichtliche oder kulturelle) Ausgangslage vorfindet, »die völlig neu ist – ohne daß diese Lage durch eine erbliche Veränderung des Menschen beeinflußt würde oder etwa selber eine derartige erbliche Änderung zur Folge hätte«. Das Kind, das von Anfang an in dieser Geschichtlichkeit steht, wiederholt nicht nur, sondern es entdeckt, erfindet, schafft Nie-Dagewesenes. Es schafft in der Sachwelt und in der personalen Welt, auch in der seines eigenen Ichs. Dort schafft es »sich« und bringt, auch fremden Gesetzen gehorchend, Neues zustande. Die Kategorie des schöpferisch Schaffenden ist eine anthropologische Fundamentalkategorie. Es ist kein freies Schaffen aus dem Nichts, wie eine Schöpfung Gottes. Es setzt auch weder besondere Begabung noch außergewöhnliche Umstände voraus. Sondern es kommt jedem Menschen als Menschen zu. Deshalb ist der Mensch in seinem Gestaltungsreichtum unvoraussagbar und demzufolge auch psychologisch nur unzureichend erklärbar, obschon rückblickend verstehbar.

Dem »Wachsen« des Kindes liegt zwar physisches Wachstum zugrunde, darüber hinaus aber wesentlich das Schaffen des Neuen. Dieses Schaffen setzt die Arglosigkeit voraus, sich zu wagen, die Welt in sich hereinzunehmen, ihr zu begegnen, in der Welt der anderen zu sein und andere in sich hereinzulassen. Dies Bei-der-Welt-sein des Kindes offenbart sich schon in seinem Blick, sobald es von »sich« wegschaut, im Greifen, im Gehen, das immer ein *Hin*gehen ist, usw. Zu dieser Sinngebung der Welt kann das Kind nur kommen, weil es Innerlichkeit hat und insofern diese Innerlichkeit angesprochen und beschützt wird, dh wenn wir als Erwachsene dieses der Sicherung bedürftige Wesen als Kind-für-uns annehmen, seiner Hilflosigkeit beistehen, seine Schwäche schützen, seine offene Welt vorläufig bestimmen. Erst damit ist das bloße Lebewesen als ein zu erziehendes zum Menschenkinde geworden, und seine Lebensgeschichte als eine Geschichte der Sinngebung nimmt ihren Anfang. Der Sinn, den das Kind der Welt verleiht, ist von viererlei Art: er ist offene Sinngebung, insofern er in gemeinsamen Termen gemeinsame Formen sucht; er ist persönliche Sinngebung, insofern er sich als Person verwirklicht; er ist kreative Sinngebung, insofern er Neues, bisher Ungedeutetes erfaßt; er ist unverbindliche Sinngebung, insofern er nur für das eigene Erleben gilt. Als Verwirklichung menschlicher Seinsmöglichkeiten vollzieht sich die Entwicklung immer nur auf Grund einer → Erziehung. Die lange Jugend des Menschen und seine Schöpferkraft bedingen die Erziehungsnotwendigkeit. Wo das Kind keiner Bild-Anbietung begegnet, wo es einen alles relativierenden Spielraum ohne Grenzen und Maßstäbe betritt, entsteht zügellose Willkür. Anderseits würde, wenn es Bildbestimmung unentrinnbar determinativer Art gäbe, das Menschliche aus der kindlichen Entwicklung verschwinden; es würde sich nur das Exemplar einer Sorte, ein infrahumanes Wesen bilden. Bindung und Freiheit, Sicherheit und Offenheit der Exploration sind gleichermaßen Konstituenten des Menschseins und Menschwerdens in der K. Die grundlegende Sicherheit, auf die das Kind seine explorativen Neubildungen aufbauen kann, sind an erster Stelle trieb- und gefühlsmäßig: Nahrung, Pflege, Beschützung, Liebe. Schon in der ersten Schicht der Fremd- und Selbstbestimmung bilden sich lebenswichtige Muster, die spätere Entwicklungsformen anbahnen bzw. beeinträchtigen.

Das Kind lebt in einer weitgehend seinen gefühlsmäßigen und verstandesmäßigen Deutungen offen liegenden Welt, es kann sich aber keine Welt aufbauen aus der reinen Unbestimmtheit. Zu den erwähnten grundlegenden Sicherheiten treten nicht determinierende, wohl aber die Freiheit einschränkende Grundtatsachen wie die Leiblichkeit, die Hilflosigkeit des Kindes, das tatsächliche Sosein der Menschen und Dinge und der eigenen Lebensgeschichte. Sie haben für Erziehung und Selbstbestimmung des Kindes eine zweifache Bedeutung als Bedingung und Möglichkeit. Zur Unfreiheit des Menschen gehört, daß es ihm nicht möglich ist, eine Welt zu haben und Person zu sein, ohne sich selbst und die Welt deutend zu bestimmen. Schon das Kind nimmt Stellung zu seinem Leib, zu den Mitmenschen, zur Gegenstandswelt und zu den Sinndeutungen und Gestaltungen des Geistes, die es vorfindet; darunter auch zu den Sinndeutungen seiner selbst. Ebenso gehört zur Bestimmung des Menschen die Tatsache seiner Endlichkeit, die sich dem Kinde in seiner biologischen Hilfsbedürftigkeit, etwa in Schlafbedürfnis und Hunger offenbart. Eine Tagesordnung, eine Reihe von lebensnotwendigen Ernstsituationen ergibt sich aus diesen Grundbestimmungen. Von hier aus entwickelt sich der Unterschied zwischen natürlichen Ernstsituationen und dem Sorgenfreisein des → Spiels. Zwar ist das kindliche Spiel noch nicht deutlich dem Ernst des Lebens entgegengesetzt, mit dem das Kind – in unserem Kulturkreis meist primär in der Schule – angesichts sozialer Forderungen und Aufgaben Bekanntschaft macht. Das Kind arbeitet noch nicht im Sinne der systematischen Behebung der fortwährend hereinbrechenden eigenen Endlichkeit. Der wesentliche Gegensatz zum Spiel ist nicht die Arbeit, sondern die eindeutig festgelegte Bedeutung der Gegenstände und Handlungen, wie wir sie zB in der Wissenschaft kennen. Aber wo das Kind durch Bejahung seiner wesensbestimmten Freiheitseinschränkungen und der offenen Sinngebung im Austausch mit den Mitmenschen sich und seine Welt erarbeitet, breitet sich seine Welt in realistischem Sinne aus. Dazu setzen es nicht nur seine eigenen geistigen Fähigkeiten oder irgendeine Form des Unterrichts instand, sondern auch die auf geistige Verarbeitung hin vorordnenden Kulturmittel: Gewohnheiten, Sprache, Weltbilder, Kenntnisse und Fertigkeiten, die es vorfindet. Seine Entwicklung wird weitgehend bestimmt von der Struktur dieser Mittel, von der Weise, wie sie ihm nahegebracht werden, und welche Formen der geistigen und materiellen Beherrschung der Welt sie ermöglichen. – Vgl. → Kinderpsychologie.

Lit. s. → Jugend. *M.J.Langeveld*

Kindheitsevangelien, Sammlungen von Erzählungen der Geburt, Kindheit und frühesten Jugend Jesu, die zT auch von seinen Eltern berichten. Das ihnen zugrunde liegende Interesse zeigt sich bereits in den Vorgeschichten des Mt- und LkEv. Überwiegt dort jedoch die Intention der Verkündigung, daß Jesus der Christus, der Gottessohn ist, so tritt in den K. das erzählerische Interesse zur Befriedigung der frommen Neugier in den Vordergrund. Die wunderbare Macht des göttlichen Kindes wird an immer phantastischeren Ereignissen demonstriert, ohne daß nach deren Sinn gefragt werden darf. Märchenmotive alter Überlieferungen von Götterknaben und Wunderkindern füllen und bestimmen die Erzählungen. Bei ihrer Sammlung ist jedoch nicht das biographische Interesse leitend (mit Ausnahme des Protev.). Die K. zeigen keine Entwicklung Jesu auf, sondern begnügen sich mit der Aneinanderreihung von Anekdoten. Sie verbreiten sich über den Bereich der Rechtgläubigkeit hinaus, ohne daß bestimmte dogmatische Interessen bei ihrer Entstehung leitend waren. Erst spätere Bearbeitung hat die zunächst fließende Grenze zur Ketzerei gezogen.

Das älteste Kindheitsevangelium ist das *Protev. des Jakobus,* das aus dem 2.Jh. stammt. Es liegt in über 30 griechischen Hss. und in einer Reihe Übersetzungen in lateinischer, syrischer, koptischer u.a. Sprachen vor. In zusammenhängender Darstellung wird das Leben der Maria erzählt, geleitet von dem apologetischen Interesse, zu erweisen, daß bei der Geburt Jesu jedes Zutun eines Mannes ausgeschlossen ist. Es mündet in die Vorgeschichte des Mt- und LkEv, denen gegenüber es jedoch in einer Reihe von Zügen (Geburt in der Höhle) selbständig ist. – Die *Kindheitserzählung des Thomas* (2.Jh.), die in zT voneinander abweichenden Fassungen in griechischer, lateinischer, slawischer, armenischer und syrischer Sprache vorliegt, ist eine Sammlung von Anekdoten über das Jesuskind, die mit der biblischen Geschichte vom Zwölfjährigen abschließt. Eine früher angenommene Beziehung zu dem von Hippolyt (V, 7) zitierten Thomas-Evangelium, das von gnostischen Naassenern stammt, ist wenig wahrscheinlich, wie auch zu dem kürzlich gefundenen Thomas-Evangelium von Nag Hammadi keine Beziehung besteht. Auf diese beiden K. gehen alle weiteren zurück. – *Die Geschichte von Joseph dem Zimmermann,* im 4.Jh. in Ägypten in griechischer Sprache verfaßt, aber nur in koptischer und darauf fußender arabischer Übersetzung erhalten, ist als Ursprung der → Joseph-Verehrung das Gegenstück zum Protev. und geht diesem in den Kindheitserzählungen parallel. – Das lateinische *Evangelium des Pseudo-Matthäus* aus dem 6.Jh. ist ebenso wie das spätere armenische Kindheitsbuch und das arabische Kindheitsevangelium Zeuge für die weitere Tradierung und Bearbeitung des Stoffes, die bis ins MA weitergeht, wo ein Teil der Erzählungen in der → Legenda aurea (13.Jh.) ihren Platz finden. - Die Wirkung der K. auf christliche Dichtung und Malerei ist bis in die Gegenwart spürbar. Von → Hroswitha von Gandersheim bis zu Selma → Lagerlöf sind die Erzählungen nachgedichtet worden.

Texte: Evangelia apocrypha, ed. C.Tischendorf, (1853) 1876² - E.Preuschen, Antilegomena, (1901) 1905² - P.Peeters, Les Évangiles apocryphes II: Les évangiles de l'enfance, rédactions syriaques, arabes etc, 1914. - Übers.: M.R.James, Latin Infancy Gospels, 1927 - F.Amiot, Évangiles apocryphes (La Bible apocryphe, ed. H.Daniel-Rops), 1952; dt. 1956 - W.Michaelis, Die apokryphen Schriften zum NT, (1956) 1958² - Hennecke³ I, 272ff (O.Cullmann; Lit.). - Abh.en: W.Bauer, Das Leben Jesu im Zeitalter der nt. Apokryphen, 1909 - S.Morenz, Die Gesch. von Joseph dem Zimmermann (TU 56), 1951 - Altaner 56ff (Lit.). *H.-W.Bartsch*

Kingo, *Thomas Hansen* (15.12.1634 bis 14.10.1703), Weberssohn, luth. Bischof von Fünen (seit 1677) und dänischer geistlicher Liederdichter. * in Slangerup auf Seeland, seit 1668 Pastor ebd. 1674 erschien der 1. Teil (Aandeligt Sjungekor), 1681 der 2. Teil seiner geistlichen Lieder. K.s geistliche Dichtung ist durch strenge luth. Orthodoxie bestimmt; mehrere seiner Lieder stehen noch heute im dänischen → Gesangbuch (: I, 2a. 4; → Kirchenlied: I, 4). Seine von unechter Rhetorik geprägten weltlichen Gedichte haben keine Bedeutung mehr.

Samlede Skrifter, hg.v. H.Brix, P.Diderichsen u. F.J.Billeskov Jansen, 3 Bde, 1939. - Über K.: A.Møller, Fra Psalmistens Værksted. En Studie over Th.K.s Passionssalmer (Kirkehistorisk Samlinger R. 6, Bd 1, 1933-35, 305-423. 548-569) - Ders., Gerhard og K. (NTT 36, 1935, 280-286) - DBL XII, 1937, 449ff (Lit.) - A.Jespersen, K. - Grundtvig (Præsteforenningens blad 44, 1954, 313-319. 337 bis 341). *W.Göbell*

Kingsley, *Charles,* * 12.6.1819 in Holne (Devonshire), † 23.1.1875 in Eversley (Hampshire). Nach dem Studium im King's College (London) und im Magdalen College (Cambridge) wirkte K. seit 1844 meist in dem armseligen Dorfe Eversley als anglikanischer Pfarrer und Seelsorger einer Bevölkerung von vorwiegend Wilddieben, Zigeunern und Analphabeten. So unmittelbar auf das soziale Elend hingewiesen, von der Reich-Gottes-Theologie F.D. → Maurices tief erfaßt und zum Widerspruch gegen die → Hochkirchliche Bewegung (: I) getrieben, wurde K. ein Herold der christlich-sozialen Bewegung in → England (: II, 4; → Christlich-sozial, 2a). Dabei dachte er in vielem konservativ, erwartete politisch das Entscheidende vom Oberhaus und pries den Krieg als den Erzieher zur Männlichkeit. Seine Romane (Yeast, 1848; Alton Locke, 1850; Hypatia, 1853), in denen er die Schäden der Zeit geißelte, wurden viel gelesen. 1851 erreichten Arbeiter in London die Rücknahme eines Predigtverbots. Später wandte er sich der Naturwissenschaft zu und glaubte, sie mit dem Glauben vereinigen zu können. 1851-54 war er Prof. der englischen Literatur in London, 1860-69 poetisierender Prof. der Geschichte in Cambridge, 1870 wurde er Domherr in Chester, 1873 in Westminster (London), 1874 reiste er nach Nordamerika und Kanada. Mit der Behauptung, der röm.-kath. Klerus habe kein ursprüngliches Verhältnis zur Wahrheit, forderte er 1864 → Newman heraus und veranlaßte dadurch dessen »Apologia pro Vita sua«.

Works, 28 Bde, 1880-85; 19 Bde, 1901-03; Pocket Edition, 10 Bde, 1895/96. - Über K.: J.J.Ellis, Ch.K., 1890 - M.Kaufmann, Ch.K., Christian Socialist and social Reformer, 1892 - J.A.R.Marriott, Ch. K., novelist, 1892 - E.Groth, Ch.K. als Dichter u. Sozialreformer, 1893 - F.Harrison, Ch.K.s Place in Lit., 1895 - C.W.Stubbs, Ch.K. and the Christian Social Movement, 1899 - L.Cazamian, Le roman social en Angleterre, (1900) 1904² - RE X, 305ff - Maria Meyer, Carlyles Einfluß auf K. in sozialpolit. u. religiös-ethischer Hinsicht, 1914 - A.Jacobsohn, Ch.K.s Beziehungen zu Deutschland, 1917 - M.F.Thorp, Ch.K., 1937 - G.Kendall, Ch.K. and his Ideas, 1947 - U.Pope-Hennessy, Canon Ch.K., 1948 - DNB XI (Neudr. 1949/50), 175ff. *M.Schmidt*

Kirchbach, *Esther von* (26.5.1894 bis 19.2.1946), geb. v. Carlowitz, studierte als Kriegerwitwe Philosophie und Theologie und war seit 1921 an der Seite ihres zweiten Mannes als Pfarrfrau in Dresden und Freiberg tätig, bes. in Jugend- und Frauenarbeit. Übergemeindlich wirkte sie u.a. in Pfarrfrauenkreisen, in der Bekennenden Kirche, in der Eheberatung, in der Schriftleitung der Zeitschrift »Jugendweg«, als Mitarbeiterin für Frauen- und Ehefragen im → Eckart-Kreis, als Rednerin auch in ökumenischer Arbeit. Ein umfangreicher Briefwechsel war die Frucht vieler Artikel in christlichen Blättern.

Vf. u.a.: Die Hausgemeinde, 1935; Von Sonntag u. Alltag, 1939; Unser Gästebuch, 1945; Das Reich um den Tisch (Sechs Abendmahlsbilder von Tintoretto), 1949. *A.v.Kirchbach*

Kirche

I. Phänomenologisch - II. Im Urchristentum - III. Dogmengeschichtlich - IV. Dogmatisch - V. Praktisch-theologisch - VI. Rechtlich - VII. Kirche und Sekte. - Vgl. auch → Gemeinde, → Kirchenverfassung, → Reich Gottes

I. Phänomenologisch

1. Grundsätzlich - 2. Haupttypen. - Vgl. → Gemeinschaften, religionsgeschichtlich

1. Rein soziologisch betrachtet ist K. als Vergesellschaftungsgebilde durch folgendes charakterisiert: Sie will im Gegensatz zu → Jüngerschaft, → Kultus und → Sekte eine größtmögliche Zahl von Menschen umfassen, macht auf sozialem Gebiet Konzessionen an die Umwelt und steht unter Leitung geschulter Theologen. Letztere sind andern Schichten gegenüber distanziert, hierarchisch gegliedert, entwickeln ein innerhalb gewisser Grenzen rational strukturiertes System von Glaubens- und Sittensätzen und drängen prophetische und ekstatische Elemente als ordnungstörend zurück.

2. Als soziologische *Haupttypen* lassen sich unterscheiden: a) Die noch nicht abgegrenzte Überschneidung von Staat und K. Sie findet sich zB, wenn sich indianische Jägernomaden in den Anden oder Viehzüchternomaden in Asien als Eroberer über seßhafte Pflanzenbauer gelagert haben. - b) Identität von Staat und K. mit einer Beamtenschaft, welche Funktionen beider Art ausführt (so mehrfach in der Geschichte → Chinas). - c) Staats-K. unter Kontrolle des Staats mit eigenen Funktionären, die aber vom Staat abhängig sind und mit Hilfe der Religion die Privilegien dominierender Schichten (deutsches Luthertum im 16./17.Jh.) oder den Erobererimperialismus (→ Assyrien, Persien [→ Iran], → Anglikanische Kirche) rechtfertigen sollen. - d) Universelle K., religionssoziologisch der reinste K.ntyp. Er wurde in Asien nie, im → Islam wegen der Rivalität der einzelnen staatlich-kirchlichen Einheiten nie restlos, im Calvinismus dagegen annäherungsweise, am klarsten aber im → Katholizismus verwirklicht. - e) Staats-K. unter Staatskontrolle, aber als Teil einer Universal-K. Die Funktionäre bleiben hier - anders als bei c) - ideologisch mit der Universal-K. verbunden, sind aber praktisch Beamte des Staates. Derartiges entstand, wenn der Staat in seinen Kämpfen gegen innere und äußere Gegner glaubte, alle seine Kräfte konzentrieren zu müssen. Die rationalistisch geschulten Juristen, welche dominieren, sind nicht primär dogmatisch interessiert und deshalb, soweit die staatskirchliche Ordnung nicht tangiert wird, religiös tolerant. Beispiele sind der → Gallikanismus und → Josephinismus (vgl. auch → Portugal, → Ricci,

→ Werkmeister, → Wessenberg). – f) Die → Freikirche will von Staat und Staats-K. frei sein, empfindet letztere oft als nicht »liberal« oder umgekehrt als nicht »gläubig« genug. Beispiele der ersten Art waren → Lichtfreunde, → Freie ev. Gemeinden u.ä., der zweiten Art niederländische Reformierte, welche sich deshalb von der Staats-K. trennten (→ Niederlande: I), desgleichen deutsche separierte Reformierte sowie die Altlutheraner (→ Luthertum: III), die beide die staatskirchliche → Union ablehnten.

E.TROELTSCH, Prot. Christentum u. K. in der Neuzeit (in: Die Kultur der Gegenwart, hg.v. P.HINNEBERG, Tl I Abt. IV/1, [1906] 1909^{2}, 431–755) – DERS., Die Soziallehren der christl. K.n u. Gruppen, (1912) 1923^{3}, bes. 427ff. 794ff – O.BÜTTNER, Die ev. Frei-K.n Deutschlands, 1916, Abt. IV u. VII – M.WEBER, Ges. Abh.en zur Religionssoziologie, 3 Bde, 1920/21 – DERS., Wirtschaft u. Gesellschaft, (1922) 1956^{4}, bes. 122ff. 245ff. 541ff – F.SIEGMUND-SCHULTZE (Hg.), Die ev. K.n der Niederlande, 1922 – L.v.WIESE, System der allg. Soziologie, (1924) 1933^{2}, 536ff – H.PESCH, Die gesellschaftl. Bedingtheit, Struktur u. Auswirkung des Staatskirchentums im kath. West- u. Mitteleuropa (Diss. Köln), 1929 – H.BECKER, Systematic Sociology on the Basis of the »Beziehungslehre« and »Gebildelehre« of L.v.Wiese, New York 1932, 624ff – DERS., Through Values to Social Interpretation, Durham 1950, 114ff. 248ff – H.R.NIEBUHR, The Social Sources of Denominationalism, New York 1940 – P.HONIGSHEIM, Religionssoziologie (in: Die Lehre von der Gesellschaft, hg.v. G.EISERMANN, 1958, 119–181).

P.Honigsheim

II. Im Urchristentum

1. Der alte und der neue Konsensus – 2. Das Wort ἐκκλησία – 3. Das Selbstverständnis der Ur-K. – 4. Jesus und die K.

1. Als O.Linton 1932 seine kritische Darstellung »Das Problem der Ur-K. in der neueren Forschung« schrieb, konnte er von einem alten, aber noch nicht von einem neuen Konsensus sprechen. 1942 aber fühlte sich F.M. Braun berechtigt, einen solchen neuen Konsensus zu präsentieren. Die → Ökumenische Bewegung hat dazu Anregungen gegeben und auch von den Ergebnissen profitiert.

Der *alte Konsensus* war von der Verfassungsfrage beherrscht (→ Kirchenverfassung: I). Die beiden Hauptprobleme waren »Gesamt-K. und/oder Einzelgemeinde« und die Entwicklung der Ämter (→ Amt: II). Die Gesamt-K. wurde als die Konföderation von Lokalgemeinden angesehen, der Episkopat als eine Fortentwicklung der ursprünglich kollegialen Struktur der Gemeindeleitung. Die neuen Anregungen, die → Harnack und → Sohm der Diskussion gaben, sprengen zwar diesen Rahmen noch nicht. Doch sieht schon Sohm mit E. → Schürer und C.v. → Weizsäcker den at. qahal/ἐκκλησία als die Wurzel des nt. K.nbegriffs an, wodurch das Problem von einer anderen Seite her in Angriff genommen werden konnte. Bes. die konsequente Unterscheidung Sohms zwischen Geist und Recht, Charisma und Organisation, Religion und Verfassung ist – obwohl im Rahmen der damaligen Diskussionslage zu verstehen – zugleich ein Vorstoß in Richtung auf den *neuen Konsensus*. – Dieser kann nicht ohne die Wiederentdeckung der nt. → Eschatologie (: IV) verstanden werden. Als F. → Kattenbusch 1921 seinen programmatischen Versuch machte, den Quellort der K.nidee zu finden, bewegte er sich in einer anderen Geisteswelt als Hatch, Harnack und Sohm: Als Ursprungsort der K.nidee betrachtet er die messianischen Vorstellungen des NT, dh also: die Ekklesiologie wurzelt a priori in der → Christologie (: I). Das Gesamtbild, das bes. von Kattenbusch und K.L. → Schmidt gezeichnet wurde, hat sich im ganzen durchgesetzt. Die zentrale Frage jedoch, ob und in welcher Weise Jesus selbst eine K. »wollte«, ist noch umstritten (s. 4). Die Beantwortung hängt am Verständnis des Messiasbewußtseins Jesu. – Die entscheidenden *Voraussetzungen* des neuen Gesamtbildes sind folgende: a) ἡ ἐκκλησία (τοῦ θεοῦ) ist von daher zu verstehen, daß dieser Begriff in der LXX Übersetzung von q^{e}hāl (jāhwǣ) ist. Der bewußte Gebrauch dieses LXX-Begriffes im NT bringt zum Ausdruck, daß die K. das Volk Gottes der Endzeit ist und sein will. b) Ein Messias ohne eine solche K. ist unverständlich; wer »Messias« sagt, meint zugleich auch »K.«. c) Entscheidend wird dadurch das richtige Verständnis der Relation von → Reich Gottes (: I) und K. – Diese drei thetischen Ansätze werden gegenwärtig zwar recht verschieden ausgeführt, doch bleibt die Diskussion innerhalb des gesteckten Rahmens.

2. Der *profangriechische* Gebrauch von ἐκκλησία (= ἐ.) als zusammentretende Volksversammlung begegnet auch in der Apg (19, 32. 39. 40); das Wort meint aber nur die jeweilige »Sitzung«; in den Zwischenzeiten gibt es keine ἐ. Hier wird der grundsätzliche Unterschied zur Verwendung von ἐ. als Bezeichnung der K. sichtbar, wodurch eine direkte Herleitung des nt. Sprachgebrauchs aus dem Profangriechischen unmöglich wird. Etymologisch bedeutet das Wort »etwas Herausgerufenes« (ἐκκλητοί sind die vom Herold herausgerufenen Bürger). Abwegig ist es, diese Etymologie theologisch auszunützen (Gott ruft in Christus die Menschen aus der Welt heraus). Weder ἐκκαλεῖν noch ἐκκλητός kommt im NT vor, und ἐ. steht niemals in einer Verbindung, in der diese Bedeutung des Wortes bewußt empfunden wird. – In der *LXX* kommt ἐ. etwa 100mal vor, immer für das hebr. Korrelat qahal. Bes. in Verbindung mit τοῦ κυρίου bzw. jāhwǣ wird es speziell in Dtn und 1.2Chr ein terminus technicus für das »Aufgebot Gottes«. – Die Texte von → *Qumran* verwenden vornehmlich ʿedā (LXX: συναγωγή) und jāḥad für die Gemeinde in ihrer Ganzheit und oft mit at. Anklängen, die deutlich machen, daß hier das wahre Israel der Endzeit gemeint ist. Jāḥad ist die Bruderschaft, der Kern der Bewegung, historisch (Dam) oder geographisch (1QS) gesehen. Qahal kommt sehr selten vor, aber der Gebrauch in 1QSa ist von besonderem Interesse. In 1, 4 ist damit die eschatologische Vollversammlung derjenigen beschrieben, die den Bund Gottes gehalten haben, um Versöhnung für das Land zu leisten. Alle, auch die kleinen Kinder und die Frauen, werden sich versammeln. In 2, 4 wird die Frage des Zutritts zur Gemeinde im Anklang an Dtn 23 verhandelt. In Dam kommt qahal 5mal und ʿedā 15mal vor. In 12, 6 ist es wieder in Verbindung mit Dtn 23 benutzt (die Situation ist der in Mt 18, 17 ähnlich), vgl. 15, 17; 14, 18 ist leider fragmentarisch, aber der Parallelismus macht glaubhaft, daß qahal hier wie in 1QSa (beide betonen die Versöhnung) auf die endgültige Vollversammlung der Messiaszeit hinweist.

In der griechisch-jüdischen Verwendung spielen zwei Tendenzen eine Rolle: a) 'E. steht unter dem Einfluß des allgemeinen griechischen Gebrauchs; b) wenn es aber biblisch und religiös gebraucht wird, hat es archaischen Klang und ist, wie schon qahal, speziell mit der Frage der Zugehörigkeit zum wahren Israel verbunden, einer Frage, für die die Reflexion über Dtn 23 im 1.Jh. vChr und nChr von besonderer Bedeutung war (Rost). Die Qumrantexte bestätigen diese Tendenzen. Qahal gehört nicht ihrer zentralen theologischen Terminologie an; wenn es vorkommt, ist es aber speziell eschatologisch gebraucht, während ʿedā (und jāḥad) eschatologische Begriffe sind, die diese Gemeinde als hier und jetzt etabliert beschreiben. In der → Mischna sind sowohl qahal wie 'edā archaische Worte. Im Griechischen wird συναγωγή mehr und mehr mit dem Kultgebäude und der Lokalgemeinde, die in ihm zusammenkommt, identifiziert. All dies stützt die Annahme, daß die Urgemeinde durch die Bezeichnung ἐ. bewußt den Anspruch erhob, das wahre Gottesvolk zu sein. Daß sie sich ἐ. τοῦ θεοῦ nannte, nicht mit LXX ἐ. τοῦ κυρίου (was zu der doppelten Bedeutung »Gott« und »Christus« weit besser gepaßt hätte), erklärt sich jetzt von den Qumrantexten her, in denen in der gleichen Zeit der terminus qᵉhāl 'el erscheint (1QM 4, 10; 1QSa 1, 25).

Erstaunlicherweise gibt es nun (wie bes. J.Y.Campbell betont hat) im NT selbst fast keine Belege für einen Gebrauch von ἐ., bei dem sein theologischer Begriffsinhalt - die wahre Gemeinde Gottes - zum Ausdruck käme (Apg 7, 38 spricht in der Weise des AT von der ἐ. in der Wüste). Hebr 12, 23 könnte vielleicht dafür gelten, steht aber im übrigen Sprachgebrauch so allein, daß zB K.L. Schmidt es für fraglich hält, ob hier der technische Gebrauch von ἐ. vorliegt. Der 1Petr (2, 4-10) beschreibt die K. explizit als das wahre Gottesvolk der Endzeit, aber hier fehlt das Wort ἐ. Niemals findet sich eine Anspielung auf einen at. Text, in dem ἐ./qahal in dieser Weise gebraucht ist (vgl. Hebr 2, 12/Ps 22, 23). Man könnte hier Apg 20, 28 anführen, vielleicht eine Anspielung auf Ps 74, 2 (wo aber συναγωγή/ʿedā steht). Von den σῶμα-Stellen und von Eph 3, 10. 21; 1Tim 3, 15 abgesehen, gibt es auch keine Stellen, an denen das Wort in solcher Verbindung auftaucht, daß man überhaupt einen theologischen Begriffsinhalt anklingen hören könnte. Wenn man darauf hinweist, daß das Wort im Singular und Plural (und zwar auch in der Vollform ἐ. τοῦ θεοῦ; Sing.: Apg 20, 28; 1Kor 1, 2; 10, 32; 11, 22; 15, 9; 2Kor 1, 1; Gal 1, 13; 1Tim 3, 5. 15; Plural: 1Kor 11, 16; 1Thess 2, 14; 2Thess 1, 4) promiscue vorkommt, so ist damit zwar deutlich, daß es nicht nur für die Einzelgemeinden, sondern auch für die Gesamt-K. steht, beweißt aber doch nicht, daß ἐ. eine eschatologische Realität ist, die in den Einzelgemeinden repräsentiert wäre. - So ist deutlich, daß ἐ. schon im NT aufs Ganze gesehen ein terminus technicus geworden ist, der ohne *bewußte* Verbindung mit der at. Idee vom wahren Gottesvolk dasteht. Dazu kommt, daß die bald beginnende theologische Besinnung über die K. ganz andere Richtungen einschlägt. Das gilt bes. von den Metaphern vom »Leib« und vom »Hausbau«. Die erste ist durch die Notwendigkeit motiviert, die Einheit zu bewahren, und hat im AT keinen Hintergrund. Die Einheit des Gottesvolkes war ja a priori vorhanden, wie es die der K. aus Juden und Heiden nicht sein konnte. Das Bild vom Hausbau benutzt zwar at. Elemente, folgt aber in seiner Entwicklung anderen Bahnen (→ Erbauung, 1). - So muß wohl ἐ. im NT tatsächlich als ein schlichter Terminus ohne bewußte theologische Assoziationen verstanden werden; möglicherweise war die Aufnahme dieses Terminus vom vorchristlichen Begriff ἐ./qahal beeinflußt.

3. Dem Verfasser der Apg verdanken wir die erste ausgeführte Interpretation der K. als einer geschichtlichen Realität. Indem er diese Realität in den Wirkungen des Hl. Geistes verankert, stimmt er im ganzen mit dem paulinischen Zeugnis überein, und auch die johanneische K. lebt in der Zeit des Parakleten, die der Jesuszeit überlegen ist (Joh 16, 17). - In der Sekte von → Qumran schließt die Zugehörigkeit zu dem »Neuen Bund« die reale Teilnahme am kommenden Zeitalter und die endgültige Zugehörigkeit zum wahren Israel ein. Insofern besteht eine grundsätzliche Ähnlichkeit zwischen Qumran und der nt. K. Diese Ähnlichkeit zeigt sich auch darin, daß die eschatologische Zugehörigkeit hier wie dort in der Kategorie der Vorwegnahme ausgedrückt wird. In beiden Gruppen ist die Vorwegnahme auf gewisse Ereignisse der nahen Vergangenheit gegründet.

Im NT findet sich diese Vorwegnahme in noch höherem Grade: Der Messias sitzt schon auf seinem Thron (Apg 2, 33-36). Er wird im Himmel bleiben bis zur → Parusie, aber er ist nicht ein Unbekannter, sondern Jesus, dessen Wirken auf Erden allen bekannt (3, 20f) und dessen Königsherrschaft in der K. wirksam und offenbar ist durch die eschatologische Gabe des Hl. Geistes, der jetzt schon das Leben der K. durchströmt (2, 33). Der → Geist (: IV) ist hier, im Anschluß an jüdisch-eschatologische Hoffnungen (vgl. 2, 17-21), der Geist Gottes, der dem Volk Gottes seit den letzten Propheten vorenthalten war, der aber jetzt zurückgekommen ist. So ist die K. dessen sicher, daß dieses neue Zeitalter nicht nur in Hoffnung und Glaube, sondern in der Realität des Geistes bereits gegenwärtig ist. - Man kann zwar fragen, ob dieses Verständnis der K. nicht eine Spätphase darstellt. Es könnte dann als Antwort auf das Problem der Parusieverzögerung verstanden werden. Jedoch hat schon bei Paulus der Geist die Funktion der Vorwegnahme: Der Geist ist die Erstlingsgabe, die Sohnschaft folgt (Röm 8, 23); der Geist ist das Pfand der Erlösung (2Kor 5, 5; vgl. 1, 22). Wenn Eph 1, 14 von dem Geist als Pfand unseres Erbes spricht, so stimmt das mit Gal 4, 6f überein.

Wer in der Qumrangemeinde lügt, wenn er seinen Besitz der Gemeinde übergibt, wird für ein Jahr exkommuniziert (1QS 6, 25); wer dasselbe in der K. tut, wird getötet (Apg 5, 1-11), denn er hat den Hl. Geist belogen. Wenn wir hier auch ein verschärftes Bild der »idealen« Gemeinde der christlichen Urzeit haben, könnte das doch gut als ein Beispiel des höheren Grades der eschatologischen Vorwegnahme in der K. gelten: Wenn der Geist gekommen ist, gibt es keinen Spielraum mehr für »barmherzige« Kasuistik (vgl. auch Mt 12, 32). - Daß sich die K. so verstanden hat, ist auch sonst deutlich. Gal 3, 22f wird die Geschichte Israels unter der Tora als eine Zeit gesehen, in der Gott dem Volk das endgültige Heil vorenthält, das jetzt im Glauben an Jesus Christus gegeben ist (vgl. Hebr 11, 40). 1Petr 1, 10-12 setzt die K. in denselben heilsgeschichtlichen Zusammenhang. So ist die Ur-K. eine heilsbewußte Gemeinde, die sich in eben der Zeit weiß, in der die Erfüllung der alten Verheißungen beginnt.

Innerhalb dieses das gesamte NT bestimmenden Verständnisses gibt es jedoch auch Probleme und Spannungen, zB das Verhältnis von Juden und Heiden (→ Heidenchristentum). Die Frage war nicht, *ob* man Heiden akzeptieren solle, sondern *wie* das zu geschehen habe. Wieweit man hier ohne Paulus gekommen wäre, läßt sich schwerlich sagen. → Paulus gründet seine Autorität als *der* Apostel für die Heiden auf eine spezielle und persönliche Offenbarung (Gal 1, 10ff), betrachtet aber seine Heidenmission auch als Mittel zur Bekehrung der Juden (Röm 9-11). Er sieht die K. ebenfalls im Licht der Heilsgeschichte, in der Gott und sein Volk die Hauptpersonen sind. Die Heidenchristen werden auf den guten Ölbaum Israel aufgepfropft (Röm 11, 24). Die gesamte Korrespondenz des Paulus ist den Problemen gewidmet, die diese Heidenmission hervorruft. Das verleiht seinem Kampf um die Einheit der K. besonderen Nachdruck - ein Problem, das für das alte Israel oder für die Judenchristen nicht dieselbe Aktualität haben konnte. Diese Einheit konnte nicht in der evidenten Einheit des Gottesvolkes gegründet werden; seine Gegner könnten ja sagen, daß er eben diese Einheit zersprenge. Paulus findet die Einheit in Christus. Von hier aus wird es verständlich, daß Paulus, und nur er, ausdrücklich von Christus her über die K. spricht, und zwar speziell unter der Metapher vom Leib (Röm 12, 5; 1Kor 10, 7; 12, 13. 27). Diese Metapher hat keine Relation zum Gottesvolkgedanken, sondern ist in der stoischen Rhetorik belegt. Sie ist für die paulinische K.nidee von großer Bedeutung und spielt in der späteren Theologie eine noch größere Rolle, bes. dort, wo sie mit der Inkarnationsidee verflochten wurde (so erst 2Clem 14). Die Metapher vom Leib bezeichnet bei Paulus eine Wesensgemeinschaft der Gläubigen mit Christus (1Kor 12, 12f unter Hinweis auf Juden und Heiden, vgl. Kol 3, 15). Im → Epheser- und → Kolosserbrief wird das Verhältnis zwischen Christus und der K. als das zwischen Haupt und Gliedern gesehen. Dabei mögen gnostische Ideen einwirken, jedenfalls öffnet diese Redeweise die Tür zur Spekulation. Doch bleibt die Einheit das sich durchhaltende Motiv, und das kosmische Nebenmotiv hat auch in dem heilsgeschichtlichen Absolutheitsanspruch, wie er zB 1Petr 1, 10–12 ausgedrückt ist, eine zutreffende Parallele. So auch in der johanneischen Tradition, wo die Einheit grundsätzlich noch stärker in Jesus Christus verankert ist (ἐ. kommt nur im 3Joh vor; das JohEv hat keine singularische Bezeichnung der Gemeinde), und zwar so, daß die Christen mit dem Vater, mit dem Sohn und miteinander eins sind, wie der Vater und der Sohn in Einheit sind. Die Christen sind die Schüler (Joh 13, 35; 15, 8), die Freunde (15, 13ff), die »Seinen« (13, 1; vgl. 10, 3f), die sich durch Glauben, Hören und Lieben als zur Herde und zum Weinstock gehörend erweisen.

Mit solchen Spekulationen tritt aber zugleich eine Verschiebung im K.nbewußtsein ein. In der Apg ist zwar die K. bereits Gegenstand der → Geschichtsschreibung (: II), aber sie bleibt doch eine selbstverständliche Realität. Die Christen *sind* die K., sie sind nicht *in* der K. Eben dies wollen auch die paulinischen Metaphern vom Leib Christi und die johanneische Betonung der »ontologischen« Einheit besagen. Sobald aber die Metaphern eigenes Leben bekamen und als schöpferische Theologumena weiterwirkten, wurde die K. zu einer den Christen gegenübergestellten Realität. – Diese Entwicklung wird oft als Institutionalisierung beschrieben. Es sollte freilich nicht vergessen werden, daß das theologische Denken in seiner Weiterentwicklung auch die kosmischen und heilsgeschichtlichen Elemente bewahrt. So ist die Häufung von ehrenden Partizipien und Adjektiven bei → Ignatius zu verstehen, was freilich nicht nur mit seiner Theologie, sondern auch mit seinem Stil (Asianismus) zusammenhängt. Die Einheit der K., die geographisch zersprengt ist, wird unter dem Bilde der Diaspora begriffen (1Petr 1, 1; Jak 1, 1; 1Clem inscr.); Did findet sie im Brot der Eucharistie vorgebildet. Die Präexistenz der K. (2Clem 14; vgl. Eph 1, 3ff) wie auch der Gedanke, daß die Welt um der K. willen geschaffen sei (Herm vis 1, 1, 6), sind neue Ausdrücke eines K.nbewußtseins, das dem eschatologischen Selbstverständnis der ersten Christen nahe steht. Hier Präexistenz, da ewiger Heilsplan Gottes, hier Teleologie, da frohe Gewißheit, daß in der K. der Zweck der → Heilsgeschichte sich verwirklicht. Und doch wird durch diese entwickelten Ausdrucksformen des K.nbewußtseins die K. als solche zum Objekt des Glaubens und zum Gegenstand der Spekulation, ist nicht mehr einfach der selbstverständlich vorgegebene Rahmen des Christseins. – Dieselbe Verschiebung wird auch durch die Entwicklung des Sakramentsverständnisses gefördert. Was ursprünglich die Nähe und Vorwegnahme des neuen Äons ausdrückte, so wie es auch in der Qumrangemeinde war und wie es in der Apg beschrieben ist, wird schon für Paulus die Anregung zu einem Denken, in dem → Taufe (: II) und Mahl (→ Abendmahl: I) in Verbindung mit dem ganzen Werk Christi theologisch ausgearbeitet werden (Gal 3, 27f; 1Kor 10 bis 11; 12, 13; Röm 6). – Eine ähnliche – man könnte sagen: innerlich notwendige – Entwicklung findet im Verständnis der Ämter (→ Amt: II) statt. Wieder ist es das Problem der Einheit, das die theologisch-ekklesiologische Entwicklung beherrscht; in den Ignatius-Briefen wird diese Einheit letztlich auf die Einheit der K. mit Christus und Christi mit Gott zurückgeführt (IgnEph 5). In einer früheren Situation, in der die Einheit mehr eschatologisch verstanden wurde (zB Apg 15; auch 1Kor 3), war auch das organisatorische Zusammenwirken verschiedener Leiter und Gruppen noch nicht präzisiert. Wo die Rolle der Amtsträger deutlicher abgegrenzt wird (zB in den Past), wird ein paulinisches Hauptwort wie »Glaube« als Inhaltsbegriff gebraucht (1Tim 4, 6; Tit 1, 13): ein Zeichen dafür, daß sich die K. ihrer Lehre in neuer Weise bewußt geworden ist.

4. Die zweite Hauptthese des neuen Konsensus (die erste war die terminologische Identität: K. = wahres Gottesvolk) besagt, daß ein Messias ohne sein Volk eine absurde Vorstellung wäre. So ist die K. schon implizit im Messiasglauben eingeschlossen. Diese Auffassung wurde von Dan 7 aus begründet (so bes. Kattenbusch, vgl. T.W. Manson), kann aber besser im Licht des oben Gesagten verstanden werden: Schlatter und Oepke haben betont, daß eine Gemeinde da ist, ob Jesus »seine« Gemeinde gründet oder nicht. So kommt es nicht darauf an, ob Jesus eine K. gestiftet hat oder nicht; die Frage ist vielmehr, wie das eschatologische Selbstverständnis Jesu (→ Jesus Christus, 9) in das Leben und die Konstitution des Volkes Gottes hineinspielte. Was »da« ist, ist das Volk; der Messias ist »sein« Messias. Zunächst Jesus zu betrachten und dann erst nach der K. zu fragen, ist unsachgemäß.

Das Wort ἐ. kommt in den Evangelien nur dreimal vor. Mt 18, 17 (bis) ist dabei von sekundärer Bedeutung, da ἐ. hier als konkrete Einzelgemeinde zu verstehen ist, vgl. 1QS 6, 1 (»die Vielen« = die vollberechtigten Mitglieder). In Mt 16, 18 geht es um → Petrus als den Fels, auf dem Jesus »seine ἐ. bauen wird«. Hier ist das aramäische Korrelat zu ἐ. wohl kᵉnîštaʾ, das aber stärker mit ʿedā und συναγωγή als mit qahal/ἐ. in Verbindung steht. Wenn Mt 16, 18 ein echtes Jesuswort ist, handelt es von einer Sondersynagoge, aber gewiß von einer solchen, der eschatologische Bedeutung zukommt (16, 19) und die mit den Orts-Synagogen im damaligen Palästina (→ Synagoge) wenig zu tun hat. Jedenfalls ist das Wort hier ein Übersetzungsproblem und besser der griechisch sprechenden Tradition zuzuschreiben (s. 2). – Von größerer Bedeutung ist das Futurum: »ich *werde* bauen«. Echtes Jesuswort oder spätere Gemeindetheologie – in beiden Fällen gehört diese ἐ. der Zukunft an, wenn sie von dem Erdenleben Jesu aus gesehen wird. Gab es – so muß die Frage gestellt werden – in dem eschatologischen »Zeitplan« Jesu, nach seinem Tode, aber vor dem endgültigen Kommen des Gottesreichs, eine Periode, in der er eine Versammlung seiner Jünger beabsichtigen konnte? Oder sind alle Texte, die von einer Zwischenzeit sprechen, als Verlegenheitsfrüchte des Problems der Parusieverzögerung anzusehen? Zwar ist klar, daß Jesus bei Lebzeiten keine abgegrenzte Gemeinde geschaffen hat. Den Zwölfen (→ Apostel, 3) sind gewiß die Thronstühle Israels versprochen, sie sind der Kern des wahren Gottesvolkes. Aber die Frage bleibt offen, ob sie eine solche Rolle in einer *K.* spielen sollten, denn hier wird wieder von der Zukunft gesprochen, und zwar von der Zukunft der endgültigen Wiedergeburt der Welt (Mt 19, 28; Lk 22, 29f).

Die ersten Glieder und Leiter der K. sind im ganzen mit den Jüngern Jesu von Nazareth identisch. Nun hatte Jesus seine Jünger zur Wachsamkeit aufgefordert, denn bald sollte das Reich Gottes kommen. Sie sollten nicht etwa nur seine Lehrsätze treu wiederholen. Später sind sie im Lichte der Ereignisse von Tod und Auferstehung Jesu und der Erfahrung des Hl. Geistes zu einem Selbstverständnis gelangt, das sie die K. nannten. Denn in dieser K. waren die Kräfte des Reiches gegenwärtig, die Zugehörigkeit zu diesem Reiche im Namen Jesu wurde antizipiert. Ob Jesus es *eben so* vorausgesagt hatte, wußten sie wohl nicht, fragten auch kaum danach. Sie waren von der Welle des eschatologischen Geschehens getragen. Wenn Mt 16, 18 ein Wort Jesu ist, waren seine Gedanken vielleicht einmal in einer solchen Richtung gegangen; unmöglich ist das nicht, kann aber kaum bewiesen werden.

Die K., wie sie im NT verstanden ist, muß aber prinzipiell als die Antwort der Jünger auf das, was Gott während und nach dem Erdenleben Jesu in ihm getan hatte, verstanden werden. Die Frage, ob Jesus eine K. wollte oder vorausgesehen hat, wird dadurch tatsächlich von der Mitte des Problems weggeschoben, denn sie paßt schlecht zu der Situation, in der sich die Jünger befanden. Jedenfalls haben sie die K. nicht als eine Verlegenheitslösung des Problems der Parusieverzögerung verstanden. Dafür waren sie viel zu dankbar und froh über das, was sie schon jetzt in der K. erfuhren.

Die ältere Lit. verzeichnen O.Linton, Das Problem der Ur-K. in der neueren Forschung, 1932 (Neudr. 1957; bespr. von F.Kattenbusch, ThStKr 105, 1933, 97-116) - ThW III, 502ff (K.L.Schmidt). Für die neuere Lit. s. F.M.Braun, Neues Licht auf die K., (franz. 1942) 1946; ferner die Forschungsberichte in ThR NF 5, 1933 (H. Windisch); 14, 1942; 17, 1948/49; 18, 1950; 22, 1954 (W.G.Kümmel). Vgl. auch die Lit. zu → Gemeinde: I, → Kirchenverfassung: I. - Lit. seit 1932: J.Y.Campbell, κοινωνία and its Cognates in the NT (JBL 51, 1932, 352-380) - Ders., The Origin and Meaning of the Christian Use of the Word ἐ. (JThS 49, 1948, 130-142) - R.Will, La conception de l'Eglise considérée comme le corpus Christi (RHPhR 12, 1932, 465-494) - M.Goguel, Jésus et l'Eglise (ebd 13, 1933, 197-241) - Ders., L'Eglise primitive, 1947 - Ders., Les premiers temps de l'Eglise, 1948 - E.Käsemann, Leib u. Leib Christi (BHTh 9), 1933 - H.Seesemann, Der Begriff κοινωνία im NT (BZNW 14), 1933 - L.Kösters, Die K. unseres Glaubens, 1935 - A.M.Ramsey, The Gospel and the Catholic Church, 1936 - F.Torm, Die erste christl. Gemeinde in ihrem Verhältnis zum Judentum (ZSTh 13, 1936, 403 bis 428) - L.Brun, Der kirchl. Einheitsgedanke im Urchristentum (ebd 14, 1937, 86-127) - A.Fridrichsen, Eglise et sacrement dans le NT (RHPhR 17, 1937, 337-356) - Ders., »Messias u. K.« u. »Die nt. Gemeinde« (in: Ein Buch von der K., [schwed. 1942] 1951, 29-50. 51-72) - C.C.Richardson, The Church in Ignatius of Antioch (JR 17, 1937, 428-443) - A.Wikenhauser, Die K. als der mystische Leib Christi nach dem Apostel Paulus, (1937) 1940² - R.N.Flew, Jesus and His Church, 1938 - L.Rost, Die Vorstufen von K. u. Synagoge (BWANT IV, 24), 1938 - K.L.Schmidt, Royaume, Eglise, Etat et Peuple (RHPhR 18, 1938, 145-173) - E.Sommerlath, K. u. Reich Gottes (ZSTh 16, 1939, 562-575) - E.Buonaiuti, Christologie u. Ekklesiologie bei S.Paulus (ErJb 1940/41, 295-335) - Archimandrit Cassian, Die Lehre des NT von der K. (IKZ 30, 1940, 1-12) - B.S.Easton, The Church in the NT (AThR 22, 1940, 157-168 = Early Christianity, ed. F.C.Grant, 1954, 121-134) - O.Eck, Urgemeinde u. Imperium (BFChTh 42), 1940 - F.J.Leenhardt, Etudes sur l'église dans le NT, 1940 - Ders., Réalité et caractères de l'Eglise (in: La sainte église universelle, Cahiers Théol. de l'Actualité protestante, Hors-Série 4), 1948 - W.Bieder, Ekklesia u. Polis im NT u. in der alten Kirche, zugleich eine Auseinandersetzung mit Erik Petersons K.nbegriff (Diss. Basel), 1941 - R.Bultmann, Die Frage nach der Echtheit von Mt 16, 17-19 (ThBl 20, 1941, 265-279) - Ders., The Transformation of the Idea of the Church in the History of Early Christianity (Canadian Journal of Theology 1, 1955, 73-81 = [dt.] Bultmann III) - Ders., NT (s. Reg.) - L.S.Thornton, The Common Life in the Body of Christ, 1941 - Ders., Christ and the Church, 1956 - O.Cullmann, Königsherrschaft Christi u. K. im NT, 1941 - Ders., Petrus: Jünger-Apostel-Märtyrer, 1952, 171ff - Ders., ThLZ 83, 1958, 1-12 - N.A. Dahl, Das Volk Gottes. Eine Unters. zum K.nbewußtsein des Urchristentums (SNVAO II, 2), 1941 - Ders., Christ, Creation and the Church (Festschr. C.H.Dodd, 1956, 422-443) - L.Cerfaux, La théologie de l'Eglise suivant S.Paul, (1942) 1948² - E.Percy, Der Leib Christi (LUÅ NF I, 38, 1), 1942 - G.Johnston, The Doctrine of the Church in the NT, 1943 - W.G.Kümmel, K.nbegriff u. Geschichtsbewußtsein in der Urgemeinde u. bei Jesus (SyBU 1, 1943) - Ders., Jesus u. die Anfänge der K. (StTh 7, 1953, 1-27) - Å.V.Ström, Vetekornet. Studier över individ och kollektiv i NT (ASNU 11, 1944) - St.Hanson, The Unity of the Church in the NT (ebd 14, 1946) - Ph.-H.Menoud, L'unité de l'église selon le NT (EThR 21, 1946, 265ff) - E.Schweizer, Das Leben des Herrn in der Gemeinde u. ihren Diensten (AThANT 8), 1946 - Ders., Unity and Diversity in the NT Teaching regarding the Church (ThToday 13, 1956/57, 471 bis 483) - A.Oepke, Der Herrenspruch über die K. Mt 16, 17-19 in der neuesten Forschung (StTh 2, 1948, 110-165) - Ders., Das neue Gottesvolk in Schrifttum, bildender Kunst u. Weltgestaltung, 1950 - Ders., Leib Christi oder Volk Gottes bei Paulus? (ThLZ 79, 1954, 363-368) - J.Jeremias, Der Gedanke des »Hl. Restes« im Spätjudentum u. in der Verkündigung Jesu (ZNW 42, 1949, 184-194) - J. Schniewind, Aufbau u. Ordnung der Ekklesia nach dem NT (Festschr. R.Bultmann, 1949, 203-207) - H.Schlier, Catholica, Bh.1, 1949 - Ders., Die Zeit der K., 1956 - J.C.Campbell, God's People and the Remnant (SJTh 3, 1950, 78-85) - P.N.Christensen, Wer hat die K. gestiftet? (SyBU 12, 1950) - A.Corell, Consummatum est: Eschatology and Church in the Gospel of St.John, ([Diss. Uppsala], 1950) engl. 1958 - W.F.Howard, The Church in the NT (ET 62, 1950/51, 207-210) - T.W.Manson, The NT Basis of the Doctrine of the Church (JEH 1, 1950, 1-11) - J.M.Nielen, Zur Grundlegung einer nt. Ekklesiologie (Festschr. Tillmann, 1950, 370-397) - J.de Zwaan, Some Remarks on the »Church-idea« in the Second Century (Mélanges Goguel, 1950, 270-278) - L.G.Champion, The Church of the NT, 1951 - O.Moe, Urchristentum u. K. (ThLZ 76, 1951, 705-710) - Th.Soiron, Die K. als der Leib Christi, 1951 - E.F.Bishop, »Church« in the NT (PEQ 85, 1953, 66-68) - G.A.Danell, The Idea of God's People in the Bible (in: A.Fridrichsen u.a., The Root of the Vine, 1953) - S.MacLean Gilmour, The Kingdom and the Church (Interpretation 7, 1953, 26-33) - E.Fascher, Jesus der Lehrer. Ein Beitrag zur Frage nach dem »Quellort der K.nidee« (ThLZ 79, 1954, 325-342) - F.-H.Kettler, Enderwartung u. himml. Stufenbau im K.nbegriff des nachapost. Zeitalters (ebd 385-392) - Sh.E.Johnson, The Dead Sea Manual of Discipline and the Jerusalem Church (ZAW 66, 1954, 106-120) - B.Reicke, Die Verfassung der Urgemeinde im Lichte jüd. Dokumente (ThZ 10, 1954, 95-113) - O.Schmitz, Die Grenze der Gemeinde nach dem NT (EvTh 14, 1954, 6-22) - J.Knox, The Early Church and the Coming Great Church, 1955 - D.M.Stanley, Kingdom and Church: The Structural Development of Apostolic Christianity in the NT (ThSt 16, 1955, 1-29) - G.Bornkamm, Herrenmahl u. K. bei Paulus (ZThK 53, 1956, 312-349) - Ders., Enderwartung u. K. im MtEv (Festschr. C.H.Dodd, 1956, 222-260) - P. Benoit, Corps, tête et plérôme dans les Epîtres de la captivité (RB 63, 1956, 5-44) - A.Feuillet, L'Eglise plérôme du Christ d'après Eph 1, 23 (NRTh 78, 1956, 444-472. 593-610) - A.Nygren, Christus u. seine K., 1956 - O.Betz, Die Geburt der Gemeinde durch den Lehrer (NTS 3, 1956/57, 314-326) - Ders., Felsenmann u. Felsengemeinde (ZNW 48, 1957, 49-77) - J.D.W.Kritzinger, Qehal Jahwe, 1957 - H.-J.Kraus, Das Volk Gottes im AT, 1958 - J.Reuss, Die K. als »Leib Christi« u. die Herkunft dieser Vorstellung bei dem Apostel Paulus (BZ NF 2, 1958, 103-127) - D.O.Via, The Church as the Body of Christ in the Gospel of Mt (SJTh 11, 1958, 271-286).

K.Stendahl

III. Dogmengeschichtlich

1. Wortgeschichte - 2. Alte K.: a) Apostolische Väter - b) Irenäus und Hippolyt - c) Origenes und die areopagitischen Schriften - d) Die lateinische K. - 3. Das MA: a) Anfänge - b) Entfaltung - 4. Die reformatorischen K.n: a) Luther - b) Melanchthon, Calvin und Zwingli - c) Die Täufer und Spiritualisten - d) Pietismus und Brüdergemeine - e) Das 19.Jh. - f) Die Ökumenische Bewegung - 5. Der nachtridentinische Katholizismus

1. Die in der Urgemeinde übliche Bezeichnung ἐκκλησία ist in der griechisch sprechenden Christenheit beibehalten und vom lateinischen Westen übernommen worden; die romanischen Sprachen gebrauchen Ableitungen von ecclesia: span. iglesia, franz. église, ital. chiesa. Die syrische K. dagegen hat die Bezeichnung ʿīdtā (ostsyr. ʿēdtā) aus der Peschitta des AT; indem sie also an hebr. ʿedā, nicht an qahal anknüpfte, hat sie die Versammlung der kultisch vollberechtigten Israeliten bei der Stiftshütte und im Tempel als Vorstufe der K. beurteilt und die christliche K. selbst als → Gemeinschaft der Heiligen verstanden, die auf Erden weilt, aber mit dem Ziel der ewigen Vollendung untrennbar verbunden ist. Die arabische Bezeichnung der K. als kanīsa schließt sich an das aramäische Wort für Synagoge, kanīšā, an; wegen der späten Zeit der Übernahme lassen sich jedoch keine Schlüsse aus diesem Tatbestand ziehen. Für die germanischen Sprachen ist die byzantinische Volksform κυρική (zu ergänzen: οἰκία), »Haus des Herrn«, die Grundlage der Wortbildung (Luther dachte irrtümlich an curia). Im elsässischen Ortsnamen Chirihhûnwîlârî (718 nChr)

wird chirihha zuerst greifbar; das Wort ist von arianischen Missionaren aus dem Gotenreich Theoderichs († 526) donauaufwärts und rheinabwärts getragen worden und hat im Alemannischen die Form kilche, im Mittelhochdeutschen kirche, im Englischen church, im Schwedischen kyrka angenommen. Das slawische cerkov geht wohl auf ein Grundwort κυρικόν zurück.

2. Im *Urchristentum* hatte sich die → Kirche (: II) als das neue Gottesvolk verstanden, das in Jesus Christus zum ewigen Heil erwählt und darum durch ihn aller Verheißungen, die dem Gottesvolk des alten Bundes gegeben waren, teilhaftig geworden ist. In diesem K.nbegriff verbindet sich der Gedanke der Gemeinschaft mit dem der Institution. Die Entwicklung der ersten Jh.e ist dadurch gekennzeichnet, daß die zunächst vorherrschende Vorstellung von Jüngergemeinde und Bruderschaft allmählich zurücktritt und die Idee der Institution langsam den Vorrang gewinnt.

a) In der → *Apostellehre* ist die K. die Schar der Gläubigen, die eng miteinander verbunden auf das jenseitige, herannahende Gottesreich zugeht und von Gott aus allen Gegenden der Welt für dieses Ziel gesammelt wird (Did 9, 4). Wie im → Barnabasbrief und im *Hirten des* → *Hermas* ist sie die Fortsetzung des at. Bundesvolkes, dessen jüdische Ursprungsmetaphysik übernommen wird. Heiliges Leben und gottesdienstliche Christusgemeinschaft durchdringen einander. In den Briefen des → *Ignatius* erscheint diese Einheit von Offenbarung, Liturgie und Ethik als Grundlage des K.nverständnisses und findet ihren Ausdruck darin, daß die Gemeindeordnungen als verpflichtendes Abbild der himmlischen Verhältnisse gelten. K. als zeitlich-geschichtliche Gemeinschaft und als geistliche Wesenheit im Himmel ist als Einheit gesehen; daher umschreiben die Aussagen über die Präexistenz der K. (2Clem 14) den Glauben an Gottes heilsgeschichtliche Anordnung.

b) Diese Grundlage ist von → *Irenäus* weiter entfaltet worden. Auch für ihn besitzt die K. pneumatische Wesensart: »In der K. hat Gott Apostel, Propheten, Lehrer (1Kor 12, 28) und die gesamte übrige Wirkungsmacht des Geistes eingesetzt, an der alle die keinen Anteil haben, die nicht zur K. herzueilen; ... wo nämlich die K. ist, da ist auch der Geist Gottes, und wo der Geist Gottes ist, dort ist die K. und alle Gnade« (adv. haer. III, 24, 1). Gegenüber den Gnostikern, die ausschließlich vom Geistcharakter der K. redeten und den Glauben als reine Aktualität der Vernunft werteten, war hier das unlösliche Miteinander von Geschichtlichkeit und Geist, von K. und Gottes Wirken betont. Auf der Grenzscheide von gegenwärtigem und künftigem Äon stehend, ist die K. als Paradies, dh als Ort der voreschatologischen Rettung mitten in die Welt gepflanzt (V, 20, 1). – → *Hippolyt*, der Schüler des Irenäus, hat diesen Ansatz weiter entfaltet. K. ist die Einmütigkeit im Hl. Geist; diese erscheint in der »hl. Versammlung der in Gerechtigkeit Lebenden« (Kommentar zu Daniel 1, 17, 7) und prägt sich in den verschiedenen Ständen der Gemeinde aus, während sie typologisch im Paradies vorgebildet ist. Sie gewährt ihren Gliedern die feste Anwartschaft auf die Vollendung des Heils im → Reiche Gottes (: II), da sie die Trägerin der Wahrheit und Heiligkeit, die rettende Arche in den Anfeindungen der Welt ist. Ihrem geistlichen Wesen nach lebt die K. im Himmel; auf Erden befindet sich nur ihre zeitliche Erscheinung, die nicht mit dem Wesen dieser Welt verknüpft ist. Christus wird bei seiner Wiederkunft die K. in das ewige Reich Gottes führen. – Hippolyts Gedanken stimmen mit dem Selbstverständnis der *östlichen K.n* überein, die sich als vollgültige Heilsgemeinde betrachteten und daher die sich weiter entwickelnden westlichen K.n als schismatisch beurteilten. Bei den → *Nestorianern* (: I) ist das Despositum fidei allein der eigenen K.ngemeinschaft zugeschrieben. Die dogmatische Betrachtung der K. tritt daher zurück vor den Erörterungen über die rechte K.nordnung, während in der *griechischen K.* auf der Grundlage eines im Dogma sich ausdrückenden Zusammengehörigkeitsbewußtseins (russ. → Ssobórnost) die mystagogische, heilsvermittelnde Kraft von Liturgie und → Ikonen betont wurde.

c) Die Wendung zum Spiritualen, die bei → Clemens von Alexandrien festzustellen ist, hat sich bei → *Origenes* unter dem Einfluß neuplatonischer Gedanken verstärkt. Er versteht Mt 16, 18 als von allen Gläubigen gesagt, soweit sie wahre »Nachahmer Christi« sind; in jedem dieser »Vollkommenen« ist nach seiner Überzeugung die von Gott aufgebaute K. vorhanden, die eine im Himmel lebende, geistliche Wesenheit ist. Daher kann er sich und seine Gesinnungsgenossen beschreiben als Menschen, die von der K. abzustammen wünschen (zu Mt 26, 20), und die Wüstenwanderung Israels als Weg der irdischen K. zu den geistlichen, himmlischen Gütern deuten (in Num hom. 27). – Diese spirituale Ekklesiologie fand ihren Höhepunkt in den *Schriften des* → *Dionysius Areopagita*. In ihnen ist die K. als Abbild des Reiches der himmlischen Geister dargestellt und darum als Wiederholung der dort herrschenden triadischen Ordnung beschrieben; dabei sind die kirchlichen Ämter in einer Weise hervorgehoben, die für die Gemeinde nur noch den Platz des untergebenen Standes übrig läßt, während die K. selbst als Herrschaft der Hierarchie erscheint. In dieser Gesamtschau hat der Byzantinismus die Grundlage seiner K.nauffassung gefunden.

d) Im *Westen* verlief die Entwicklung anders. Das K.nverständnis → *Cyprians* enthielt zwar die alte Vorstellung einer Personengemeinschaft, die als plebs credentium gekennzeichnet ist, brachte aber mit der starken Betonung des Amtsgedankens (→ Amt: III, 2) die rechtliche Seite derart in den Vordergrund, daß der anstaltliche K.nbegriff bei ihm fast voll entwickelt erscheint. Dennoch wird sein Satz: »Es gibt kein Heil außerhalb der K.« (salus extra ecclesiam non est, ep. 73) dahin verstanden werden müssen, daß die Zugehörigkeit zu der hl. Personengemeinde der Getauften eine Grundvoraussetzung des Heils ist; die Deutung im ausschließlichen Rechtssinne mißversteht die Haltung Cyprians. – Auf der Grundlage, die durch Hippolyt und Cyprian gelegt war, hat sich der → *Donatismus* erhoben und feste Gemeinden formen können. Den tieferen Sinn der donatistischen K.nauffassung hat → Ticonius (lib. reg. 2) in eine Darlegung der beiden Aspekte fassen können. Danach sind die Glieder der K. einerseits heilig und gesetzesgehorsam, anderseits stets der Buße bedürftig, und von dem zweigeteilten Leib Christi gelte, daß dessen göttliche Seite der Gottessohn selbst sei, während auf der menschlichen Seite Gott sich täglich verwirkliche, so daß das Ganze unablässig zum hl. Tempel Gottes erwachse. Diese Sicht der K. aber verlangte gerade von dem Träger des Amtes die unbestrittene persönliche Heiligkeit. – In der Luft nordafrikanischer Kirchlichkeit mit ihrer Verbindung von Rigorismus, griechischer Bildung und römischem Rechtsdenken (→ Nordafrika: I) wuchs → *Augustin* auf. Er hat die K. in vielfältigen Ausdrücken beschrieben: sie ist Haus Gottes, Familie Gottes, Leib Christi und damit Vollendung des Hauptes zum ganzen Christus, der mit dem spiritualen Haupt im Himmel weilt, mit dem Leib und den Füßen aber auf Erden steht. Den Gedanken einer »K. seit Abel« (de civ. Dei 18, 5) hat er aus der Tradition übernommen (zB clem. Rec. 3, 61; Hom. 19, 9, 5; 20, 5, 3); daneben läßt er die K. aus der Seitenwunde Christi entstanden sein oder auch mit der Geistausgießung am Pfingstfest beginnen. Entscheidend aber für sein Denken ist die Kennzeichnung der K. als Liebesgemeinschaft gläubiger Seelen. In der caritas hat sie den geistlichen Zusammenhang mit dem Gottesreich, als dessen irdischer Abschnitt, der in die Zeit hineinragt, die K. erscheint. Daher konnte er die K. sowohl mit der civitas Dei gleichsetzen (de civ. Dei 13, 16) als sie auch für das regnum Christi erklären (ebd 20, 9), ohne gehindert zu sein, die geschichtliche Erscheinung der K. als corpus permixtum, Mischung der Guten und Bösen, zu beschreiben. Innerhalb dieses Gesamtsystems hat die ecclesia catholica den Rang der geglaubten, vollkommenen K. inne und wird als solche »Mutter« genannt (de Gen. ad litt. 1, 1, 4). Das bedeutet mehr als derselbe Ausdruck bei Cyprian, der nur die Rechtsautorität der K. umschrieb. Augustin hegte ein ungebrochenes Vertrauen auf den kirchentreuen, erlösten Menschen, der zu der festgesetzten Zahl der Erwählten gehört; da diese congregatio sanctorum, der wahrhaft hl. Christen unsichtbar und Gott allein bekannt ist, kann freilich ein menschliches Urteil nichts über die K.ngliedschaft aussagen. Die in das Reich Gottes als dessen zeitlich-gegenwärtiger Teil eingefügte K. hat nach Augustins Überzeugung die innere Lebensmacht, die ihrer grundlegenden Botschaft das Gewicht der Wahrheit verleiht, so daß er sagen kann: »Ich jedenfalls würde dem Evangelium nicht glauben, wenn mich nicht die Autorität der kath. K. dazu bewegte« (ego vero Evangelio non crederem, nisi me catholicae ecclesiae commoveret auctoritas; c. ep. fund. 5).

3. a) Aus dem Reichtum dieser Ekklesiologie hat → Isidor von Sevilla den Einzelzug vom Beginn der K. zu Pfingsten festgehalten und mit ihm seine mittelalterlichen Leser auf das spiritualistische Erbe Augustins hingewiesen. Sobald dies für sich herausgestellt wurde, wie in der franziskanischen Theologie, mußte die sichtbare Erscheinung der K. fragwürdig werden. Anderseits boten die Schriften Augustins, die zu den theologischen Lehrbüchern des *MA* zählten, die Ansätze zu einer Weiterentwicklung des K.nbegriffes in der Richtung einer Verstärkung der äußeren Linien. - Die mittelalterlichen Theologen entnahmen seinen Anschauungen die Vorstellung von der Einheit der irdischen und der himmlischen K. Das Konzil zu Paris (829) bestimmte, die universale hl. K. Gottes sei ein Leib mit dem Haupte Christus; dieses corpus teile sich in zwei personae (Träger, Beauftragte), nämlich die persona sacerdotalis, den Klerus, und die persona regalis, die weltliche Obrigkeit. Diese Begriffe sind von → Gregor VII. versachlicht und zu Strukturlinien der K. als Institution verwendet worden, indem er sacerdotium und imperium unterschied und beide als Teile des corpus ecclesiae verstand. Der Ansatz ist dann von → Innozenz III. weiter entfaltet worden.

b) In der Geschlossenheit der K.nauffassung des MA wurzeln die Definitionen, die in dem Schlußabschnitt der *Bulle Unam sanctam* (1302) gipfeln, wonach die unsichtbare K. ganz in der sakramentalen Heilsanstalt der irdischen K. aufgeht, so daß die sichtbare K. auf geistlichem und auf weltlichem Gebiet unbeschränkte Macht besitzt. Der Widerspruch → *Wiclifs,* der die wahre K. von franziskanischer Theologie her als Jüngergemeinschaft verstand, hätte daher nur bei einer Änderung dieser Gesamtauffassung anerkannt werden können. Die große Wirkung Wiclifs beruhte darauf, daß er das franziskanische Ideal der Ur-K. mit der Verfassungsgestalt der National-K. verband; er hat damit einen wesentlichen Zug der → Anglikanischen Kirche (: I) vorgeprägt. Auf verwandter Grundlage stand Petrus Joannis → Olivi († 1298): er erklärte die Gemeinde der → Spiritualen als die wahre K. Jesu Christi. Die Ausbreitung der → Mystik (: VI) gefährdete die Grundlagen der K. noch stärker, so daß jetzt aus apologetischer Haltung heraus die ersten systematischen Traktate über den K.nbegriff entstanden (Johannes von Paris, † 1306; → Jakob von Viterbo, † 1308). Ihnen folgte in der Zeit, als in der Devotio moderna (→ Brüder vom gemeinsamen Leben) der einzelne auf dem Wege der Verinnerlichung das Himmelreich in der Seele suchte, die umfangreiche Summa ecclesiastica des Kardinals Juan de → Torquemada († 1468), worin die K. als weltumspannende und ausschließliche Sakraments- und Kultusgemeinschaft beschrieben war.

4. a) Im Anschluß an augustinische Gedanken hat → *Luther* die Unsichtbarkeit der K. des Glaubens aufs stärkste betont: sie ist geistlicher Wesensart und »eine geistliche ewige Gottesstadt« jenseits allen äußeren Anscheins (WA 2, 743), besteht vom Beginn der Welt bis zum Ende der Zeit, und Christus ist ihr Haupt (WA 6, 553); sie entsteht überall da, wo der → Glaube (: IV) das Wort der Verheißung ergreift (WA 6, 560), und der hl. → Geist (: V) sammelt sie (Kl. Kat.). Als creatura Evangelii (WA 2, 430) steht sie unter dem Kreuz, und weil man sie dort nicht sieht, muß man sie glauben (WA 31/II, 506). Die wahre K. ist verborgen (WA 18, 652). Die irdische Erscheinungsgestalt der K. dagegen ist von Gott mit Schwachheit bedeckt (WA 40/II, 106) und hat das Antlitz einer Sünderin (ebd 560). Sie steht neben dem weltlichen Regiment, ist aber nicht eine dinglich-rechtliche Anstalt, sondern eine Gemeinschaft von Personen. Luther lenkte mit dieser Auffassung, die seiner Rechtfertigungslehre entsprach (→ Rechtfertigung: II), indem sie den spirituellen und den empirischen K.nbegriff existentiell verknüpfte (W. Köhler), zum K.ndenken der Urchristenheit zurück und konnte darum die K. definieren als »die hl. Gläubigen und die Schäflein, die ihres Hirten Stimme hören« (ASm), dh als die Jüngergemeinde Jesu Christi. Auch insofern schloß er sich an die Zeit der alten K. an, als für ihn die Rechtsgestalt der K. konziliarer Natur und ihr Dogma das altkirchliche Bekenntnis war. - Luthers Lehre von den zwei Regimenten ist im Rahmen des nachaugustinischen Begriffs einer geschlossenen civitas christiana zu verstehen als Beschreibung der beiden Regierungsweisen Gottes innerhalb der Christenheit; geistliches und weltliches Regiment haben verschiedene Aufgaben, seine Träger aber gehören zur selben Christenheit. Die Lehre von den → Zwei Reichen meint jedoch das Gegeneinander von civitas christiana und Bereich des Unglaubens, stellt also die in dem Gehorsam des Glaubens lebende K. gegen das im Reiche des Teufels zusammengefaßte, außerhalb des hl. Geistes stehende übrige Menschengeschlecht (WA 18, 659). Diese beiden Reiche hat Luther auch die »beiden K.n« nennen können, die sich zuerst in Abel und Kain gegenüberstehen (WA 51, 477).

b) Dagegen hat → *Melanchthon* in humanistischer Weise die sichtbare K. mit Adam und Eva beginnen lassen und als erster die Begriffe ecclesia proprie dicta (K. im eigentlichen Sinne) von der wahren K. und ecclesia large dicta (K. im weiteren Sinne) von der empirischen K. gebraucht. Die ecclesia visibilis, die das gesamte kirchliche Dasein im weltlichen Bereich umfaßt, war für ihn Herrschaftsbereich Christi. Mit dieser Auffassung stand er dem Denken → *Calvins* nahe, dessen theokratisches K.nverständnis immer noch durch Augustin geprägt war. Die Definition des → Genfer Katechismus zu der Frage »Was ist die K.?« lautet: »Der Leib und die Gemeinschaft der Gläubigen, die Gott zum ewigen Leben vorherbestimmt hat.« Calvin hat stets als die beiden Hauptmerkmale der K. die lautere Predigt des göttlichen Wortes und die rechte Verwaltung der Sakramente genannt. Die → Kirchenzucht (: I), die er von M. → Bucer in Straßburg übernommen hatte, sollte die Zugehörigkeit zur Abendmahlsgemeinde sichern und verhüten, daß öffentlich Unwürdigen das Sakrament ausgeteilt werde. In manchen ref. Bekenntnisschriften ist die K.nzucht (disciplina) als drittes Merkmal der rechten K. bezeichnet, während Calvin sie als die tätige Sorge für die Lebendigkeit der K. betrachtete und mit den Nerven des Körpers verglich, die dem Wirken der Seele, dh der heilschaffenden Lehre Christi, die Bahn bereiten. Die Einheit des Leibes Christi, die auf Erden ein Gegenstand des Glaubens bleibt, wird erst bei der Wiederkunft sichtbar vollendet werden; dann wird der K. die volle Herrschaft der Erde übergeben werden. Der Vollkommenheitszustand der K. ist also Gegenstand der eschatologischen Hoffnung und zugleich Ziel des Weges durch die Zeit; in diesem Ineinander beruht die Kraft des calvinischen K.ngedankens. – → *Zwingli* hat von seinem humanistisch-spiritualistischen Denken aus den Begriff der unsichtbaren, wahren K. als der Gemeinschaft der Erwählten, die Gott allein bekannt sind, betont. Der Auftrag der christlichen Einzelgemeinde hat pneumatisch-charismatischen Charakter und besteht in der freien Predigt des göttlichen Willens in der Welt mit dem Ziel der Welterneuerung; wer dieser Verkündigung zustimmt, zeigt sich der wahren K. zugehörig. So ist die K. für Zwingli die innerliche Gemeinschaft der wahren Christen, die durch den Glauben untereinander verbunden ist, alle äußeren Angelegenheiten der K.ngemeinde (»Kilchhöre«) aber den christlichen Obrigkeiten übertragen hat, so daß Christengemeinde und Bürgergemeinde nur dialektisch unterscheidbar sind. Man wird diesen K.nbegriff nicht theokratisch nennen dürfen, sondern in ihm das Heraufziehen der volkskirchlichen Problematik zu erblicken haben, wie sie dann von R. → Sohm formuliert worden ist (→ Volkskirche).

c) Einen neuartigen K.nbegriff haben *die* → *Täufer* entwickelt. Vom radikalen Franziskanismus des SpätMA aus entfalteten sie den Gedanken einer Erneuerung der Urgemeinde in Gestalt einer Bruderschaft der geistbegabten Einzelnen. Die Wirkung dieser Idee wurzelte in der Überzeugung, daß die sichtbare Sammlung der Auserwählten jetzt vor dem nahen Hereinbrechen des jüngsten Tages zu geschehen habe. Diese Gemeinde der Heiligen, die ihr Erlöstsein als festen Zustand nahmen, mußte sich selbst absolut setzen. Sie verstand sich als beginnende Verwirklichung des Gottesreiches auf Erden und war geeint in dem Bekenntnis, daß die Bibel Gottes Wort sei, zerfiel aber bei der praktischen Gestaltung in eine Vielzahl von Sondergemeinschaften. Von den Täufern unterscheiden sich die → *Spiritualisten,* für die nur ein freiwilliges Zusammentreten der einzelnen, also der bloße Verein, aber keine K. möglich ist. Sie endeten im radikalen Individualismus, der sich mit der Menschheitsidee verband und insofern das Selbstverständnis der → Aufklärung vorbereitet hat.

d) *Ph.J.* → *Spener* hat die Grundanschauungen des Täufertums in den luth. Rahmen eingefügt; von dem zentralen Begriff des »neuen Menschen« ausgehend forderte er die entsprechende Erneuerung des K.nwesens, verstand also die K. als Gemeinschaft, die der Verwirklichung des Reiches Gottes auf Erden in der »Hoffnung besserer Zeiten« entgegenschreitet. Diese K., die den Fortschritt zur Bedingung ihres Daseins hatte, wurde als Institution festgehalten, innerhalb deren die Wiedergeborenen sich zu tätigen Vereinen zusammenfanden. – In der Brüdergemeine verband → *Zinzendorf* die Traditionen der mährischen Brüder mit dem milden Luthertum der Oberlausitz und schuf so eine K.ngemeinschaft, die vielen gläubigen Christen als ausgeglichene Idealgestalt erschien, während er selbst sie als die beste der vielen möglichen Weisen (»Tropen«) der geschichtlichen Erscheinung der K. verstand. → *Schleiermacher* hat diese Auffassung in philosophisch geklärter und verallgemeinerter Form ausgestaltet. K. war für ihn die Schar derer, in deren Herz und Gemüt die innere Bewegung Jesu weiterwirkte; sie konnte daher jeweils verschiedene Form annehmen, da jede K. als eigentümliche Gestaltung des christlichen Geistes aufgefaßt war.

e) In einer Zeit, da das Wort »Unkirchlichkeit« geprägt wurde (1820), hat diese Haltung Schleiermachers zu einer Verlebendigung des K.nbewußtseins geführt; daraus erwuchs dann wiederum eine Stärkung des konfessionell-kirchlichen Denkens. Die mittelbare Wirkung bestand jedoch in einer Angleichung des K.nbegriffs an die säkularen Gemeinschaftsformen. *R.* → *Rothe* beschrieb die wahre K. als das richtig aufgebaute Weltwesen selbst, das als Staat die bisher eigenständige K. in sich hineinnehme; angesichts des Endes aller Dinge schwinde der Begriff der unsichtbaren K. unaufhaltsam dahin. – *A.F.C.* → *Vilmar* hat demgegenüber die Unterscheidung von sichtbarer und unsichtbarer K. festgehalten, ohne beide scheiden zu wollen. Aufgebaut werde die K. allein von oben her, durch den hl. Geist selbst, durch Wort, Sakrament und Amt, und von diesen Stücken habe jede geschichtliche K. etwas Verlorenes wieder zu erstreben. Die Lehrentwicklung sei in das letzte Stadium eingetreten: die Ausbildung des K.nbegriffes sei die letzte große Aufgabe der kommenden Zeit. – *A.* → *Ritschl* schloß sich in seiner K.nauffassung wieder an Schleiermacher an, indem er die christliche → Gemeinde (: I, 4) als den Ort der geschichtlichen Nachwirkungen Jesu, des Urhebers der vollendeten geistigen und sittlichen Religion, verstand und den Stoff der Theologie dem Bewußtsein der Gemeinde entnahm. Er ersetzte den Begriff der unsichtbaren K. durch den des → Reiches Gottes (: III), dem er alle Gemeinschaftsformen des menschlichen Lebens zuordnete. – Dieses breite K.nverständnis konnte in einer Zeit der Gefährdung nicht festgehalten werden. Die Barmer Theologische Erklärung (1934; → Barmen, 2) bestimmte den Bereich der K. als die »Gemeinde von Brüdern, in der Jesus Christus in Wort und Sakrament durch den Hl. Geist gegenwärtig handelt«. Mit dieser Kennzeichnung der K. als »Ereignis« war der Gedanke der geschichtlichen Dauer freilich übergangen.

f) In der → *Ökumenischen Bewegung* sind alle die K.n zusammengeschlossen, die »unsern Herrn Jesus Christus als Gott und Heiland anerkennen«; dieser Grundartikel entstammt der Bewegung des CVJM, wo er zuerst 1855 in der sog. Pariser »Basis« formuliert worden ist. Die Ökumenische Bewegung führte mit innerer Notwendigkeit zu neuen Bemühungen um ein gemeinsames Verständnis von Wesen und Aufgabe der K. Auf der Weltkirchenkonferenz zu Lausanne 1927 stellte ein Bericht über »das Wesen der K.« in folgenden Stücken die Einigkeit fest: Die K., die durch den Willen des lebendigen Gottes gegründet wurde, ist die Gemeinschaft der an Jesus Christus Glaubenden und das erwählte Werkzeug der Heilsvermittlung; Merkmale der K. auf Erden sind die Anerkennung des Wortes Gottes in der hl. Schrift, das Bekenntnis zu Gott in Christus, die Verkündigung des Wortes, der Gebrauch der Sakramente, das Bestehen des Amtes und die Tatsache der Gemeinschaft in der Übung des Glaubens und der Liebe. – Die Vorarbeiten zu der Weltkirchenkonferenz in Lund (1952) haben auf dieser Grundlage aufgebaut. In den K.n des → Lutherischen Weltbundes ist die Behandlung des K.nbegriffs aufs neue aufgenommen worden.

5. Im → *Katholizismus* (: I, 3) fehlt bis zur Stunde eine dogmatische Definition des Wesens der K., so daß

sich die Ekklesiologie, deren Sätze durchweg noch unter Berufung auf Augustin begründet werden, bis heute im »vortheologischen Zustande« (Koster) befindet. Die Behandlung des Themas begann mit der abgrenzenden Besinnung im → Tridentinum und beschäftigte sich in der Hauptsache mit einer Darlegung der Sichtbarkeit der K. Wohl wurden die Kennzeichen der wahren K. (Einheit, Heiligkeit, → Katholizität und Apostolizität) behauptet, aber die Ekklesiologie erschöpfte sich in der Darlegung der hierarchischen Struktur der K. Auf dem → Vatikanum wurde in Anlehnung an die Darlegungen des deutschen Kanonisten Philipps ein eingehender Entwurf der »Constitutio dogmatica de Ecclesia Catholica« (Neuner-Roos 358ff) mit folgenden Abschnitten vorgelegt: »1. Die K. ist Christi geheimnisvoller Leib; 2. die christliche Religion kann nur in und durch die von Christus gegründete K. ausgeübt werden; 3. die K. ist eine wahre, vollkommene, geistige und übernatürliche sowie 4. eine sichtbare Gesellschaft; 5. ihre Einheit ist sichtbar und 6. zur Erlangung des Heils unbedingt notwendig; 7. außerhalb der K. kann niemand gerettet werden; 8. die Unvergänglichkeit und 9. Unfehlbarkeit der K.; 10. die kirchliche Vollmacht.« Auf der 4. Sitzung 1870 wurde daraus lediglich der 9. Abschnitt mit dem Lehrentscheid über den Vorrang des römischen Papstes beschlossen. Die anderen Stücke des Entwurfs sind jedoch weithin die Grundlage für die dogmatische Behandlung der Ekklesiologie geworden. – Dieses K.nverständnis wurde vom → Modernismus bezweifelt; gegen die Grundlagen richtete sich der Satz von A. → Loisy: »Jesus verkündigte das Reich Gottes, und gekommen ist die K.« Demgegenüber muß im → Antimodernisteneid (Denz. 2145) jeder kath. Theologe den Satz beschwören: »Der wirkliche und historische Christus hat, als er bei uns weilte, unmittelbar und ohne Zwischenstufen die K. gegründet.« Die Geistverheißung besagt, daß die institutionelle, hierarchisch geordnete K. über den Beistand des hl. Geistes fest verfügt. Nach der Enzyklika Mystici Corporis (1943) gehören nur die Vollmitglieder der römischen K. dem mystischen Leibe Jesu Christi an, und in der Enzyklika → Humani Generis (1950) ist festgelegt, daß das → Corpus Christi mysticum und die römische K. ein und dasselbe seien. Gemäß dieser Auffassung glaubt die K. an sich selbst (Schmaus).

A.F.C. Vilmar, Dogmatik, akademische Vorlesungen, hg.v. K.W. Piderit, II, 1874, 181 ff – R. Seeberg, Studien zur Gesch. des Begriffs der K., 1885 – F. Kattenbusch, Lehrbuch der vergl. Confessionskunde I, 1892, 330ff – A. Loisy, L'Evangile et l'église, Paris 1902, 111 – RE X, 325ff – DThC IV/2, 1920, 2108ff – O. Dibelius, Das Jh. der K.; Gesch., Betrachtung, Umschau u. Ziele, 1927 – E. Peterson, Die K., 1929 – RGG² III, 792ff – Die Weltkonferenz für Glauben u. K.nverfassung, dt. amtlicher Bericht über die Weltkirchenkonferenz zu Lausanne 3.–21.8.1927, hg.v. H. Sasse, 1929, 285ff. 480ff. 533ff – A. Farner, Die Lehre von K. u. Staat bei Zwingli, 1930 – E. Altendorf, Einheit u. Heiligkeit der K. Unters.en zur Entwicklung des altchristl. K.nbegriffs im Abendlande von Tertullian bis zu den antidonatist. Schriften Augustins (AKG 20), 1932 – M. Doerne, Gottes Volk u. Gottes Wort, eine Einführung in Luthers Theol. der K. (LuJ 14, 1932, 61–98) – Die K. Jesu Christi u. das Wort Gottes, ein Studienbuch über das Wort Gottes als Lebensgrund u. Lebensform der K., hg.v. W. Zoellner u. W. Stählin, 1937 – F. Heiler, Ur-K. u. Ost-K., 1937 – H. Scholz, Person u. Sache im Protestantismus, Gedanken eines Nichttheologen (EvTh 5, 1938, 347–358) – J. Neuner-H. Roos, Der Glaube der K. in den Urkunden der Lehrverkündigung, (1938) 1958⁵, 227ff – F. Heyer, Der K.nbegriff der Schwärmer, 1939 – M.D. Koster, Ekklesiologie im Werden, 1940 – Y. Congar, Esquisses du mystère de l'église, 1941 – Ders., Ecclesia ab Abel (Abh.en für Theol. u. K., Festschr. f. K. Adam, 1952, 79–108) – H.E. Weber, Theol. Verständnis der K. (ThLZ 73, 1948, 449–460) – H.-H. Schrey, Das Ringen um die K. in der schwed. Theol. der Gegenwart (VF 1949/50, 136–145) – A. Hamel, K. bei Hippolyt von Rom (BFChTh II, 49), 1951 – J.F. Stockmann, J. de Turrecremata O.P. ... doctrina de corpore Christi mystico, 1951 – W. Köhler, DG als Gesch. des christl. Selbstbewußtseins I, 1951³, 232ff; II, 1951, 438ff – W. de Vries, Zum K.nbegriff der nestorianischen Theologen (OrChrP 17, 1951, 95–132) – Ders., Der K.nbegriff der von Rom getrennten Syrer (Orientalia Christiana Analecta 145), Rom 1955 – H. Fagerberg, Bekenntnis, K. u. Amt in der dt. konfessionellen Theol. des 19. Jh.s, Uppsala 1952 (Lit.) – L. Newbigin, The Household of God. Lectures on the Nature of the Church, London 1953; dt.: Von der Spaltung zur Einheit. Ökumenische Schau der K., 1956 – Die K., Bericht der Theol. Kommission für Glauben u. K.nverfassung 1951 (KIT 176), 1955 – A. Nygren, Christus u. seine K., 1955 – H. Berger, Calvins Geschichtsauffassung, 1955 – Th. Sartory, Die ökumen. Bewegung u. die Einheit der K., ein Beitrag im Dienste einer ökumen. Ekklesiologie, 1955 – Erik Wolf, Die Sozialtheol. Zwinglis (Festschr. G. Kisch, Rechtshist. Forschungen, 1955, 167–188) – W. Elert, Abendmahl u. K.ngemeinschaft in der alten K. (Koinonia, Arbeiten des Ökumenischen Ausschusses der VELKD zur Frage der K.n- u. Abendmahlsgemeinschaft, 1957, 57–78) – S. Bulgakoff, Die Lehre von der K. in orth. Sicht (IKZ 47, 1957, 168–200) – H.J. Iwand, Zur Entstehung von Luthers K.nbegriff (Festschr. für G. Dehn, 1957, 145–166) – K.G. Steck, Eschatologie u. Ekklesiologie in der röm.-kath. Theol. von heute (MdKI 9, 1958, 81–90; Lit.) – M. Schmaus, Kath. Dogmatik III/1: Die Lehre von der K., 1958³⁻⁵ (Lit.) – Die theol. Arbeit in Minneapolis. Referate, Kommentare u. Dokumente der 3. Vollversammlung des Luth. Weltbundes, hg.v. E. Kinder, 1958, 128ff – H. Riedlinger, Die Makellosigkeit der K. in den lat. Hhld-Kommentaren des MA (BGPhMA 38, 3), 1958. – Vgl. die Lit. zu → Kirche: IV.

A. Adam

IV. Dogmatisch

1. Soziologisches und dogmatisches K.nverständnis – 2. Der Ursprung der K. – 3. Das Sein der K. – 4. Die Tätigkeit der K.

1. *Dogmatisch* muß der K.nbegriff primär heilsgeschichtlich bestimmt werden. *Soziologisch* gesehen ist die K. eine Religionsgemeinschaft wie viele andere (→ Kirche: I). Aber auch in ihrer soziologischen Wirklichkeit gehört die K. der göttlichen Offenbarungsgeschichte an. Die → Bibel (: III) läßt die Offenbarung Gottes die → Erwählung (: III) und Erhaltung der K. umfassen. Denn die → Offenbarung (: VI) Gottes zielt auf echte Persongemeinschaft zwischen Gott und Mensch, wie es aus der Menschwerdung Gottes hervorgeht. Die K. ist die im Laufe der Menschheitsgeschichte sich immer wieder ereignende Versammlung der von Gott zur Gemeinschaft mit sich erwählten und berufenen Menschen, das Bundesvolk Gottes. Weil Gottes Bundeswille gnädig (unverdient) und universal ist (niemanden vergißt), ist die K. paradoxerweise gleichzeitig eine partikulare und eine universale Gemeinschaft: partikular, weil sie durch die Gnadenwahl Gottes, in der Entscheidung des Glaubens entgegengenommen, zur Existenz kommt; universal, weil der Bundeswille Gottes mit dem Angebot des Heils alle Menschen sucht. Gott will, daß alle Menschen gerettet werden, obgleich tatsächlich im Laufe der Menschheitsgeschichte nicht alle Menschen in dem geheimnisvollen Einswerden von göttlicher Gnadenwahl und menschlichem Glauben in das Bundesvolk Gottes aufgenommen werden. Die K. ist daher nicht nur eine Summe gläubiger Einzelmenschen, sondern das neue, durch Gott erlöste Menschengeschlecht. Diese Spannung im Wesen der K. zwischen Partikularität und Universalität bewirkt es, daß das Wesen der K. niemals rein soziologisch bestimmt werden kann. Als Ergebnis der göttlichen Gnadenwahl ist die K. wohl »Glaubensgemeinschaft« und als solche eine im soziologischen Sinne sichtbare K., dh eine geschichtliche Tatsache. Als Vertreterin des neuen, erlösten Menschengeschlechtes, wie sie der universale Heilswille Gottes sieht, transzendiert sie jede partikulare Glaubensgemeinschaft, auch die der empirischen K., und ist somit eine verborgene K., dh ein eschatologisches Geheimnis. (Der Ausdruck »verborgene« K. ist dem geläufigen »unsichtbare« K. vorzuziehen, weil die K. in ihrem eschatologischen Geheimnischarakter nicht *hinter*, sondern *in* der »sichtbaren«, empirischen K. gegenwärtig ist.) So ist die K. als empirisch-soziologische

Größe aus ihrem dogmatisch bestimmten Wesen erklärbar, wogegen es unmöglich ist, das für die dogmatische Bestimmung der K. wesentliche eschatologische Geheimnis der K. aus deren empirisch-soziologischer Erscheinung abzuleiten.

2. Als das Bundesvolk der von Gott Erwählten und Berufenen hat die K. ihren *Ursprung* im → Worte Gottes (: IV); denn Gott ruft durch sein Wort diejenigen, die er wählt. Im Alten Bund ruft er durch das Wort des Gesetzes und der Verheißung, im Neuen Bund durch das Wort des Evangeliums und im ewigen Bund durch das Wort des letzten Gerichtes. Die K. hat daher eine Vorgeschichte als wartende K. im Alten Bund, eine Gegenwartsgeschichte als missionierende K. im Neuen Bund und eine Endgeschichte als verherrlichte K. in der Vollendung. Die Geschichte der K. entspricht somit der Offenbarung des dreieinigen Gottes (→ Gott: VI, → Trinität: IV). Als Schöpfer spricht Gott sein Wort in der Gestalt des Gesetzes und der Verheißung, als Erlöser in der Gestalt des Evangeliums, als Vollender in der Gestalt des eschatologischen Richterspruches. Wie Gott und seine → Heilsgeschichte eine Einheit in der Dreiheit ist, so auch die Geschichte der K. In der Gegenwartsgeschichte der K., der eigentlichen → Kirchengeschichte, ist die Vorgeschichte der K. im Alten Bund aufgehoben und die Endgeschichte der K. in der Vollendung vorweggenommen. In der K. des Alten Bundes offenbarte sich Gott der Schöpfer als der Herr des Gesetzes und der Verheißung. Zwar hat Gott allen Menschen sein Gesetz und seine Verheißung kundgegeben, da alle Menschen tatsächlich einer Forderung und einer Erwartung in dem ihnen von Gott geschenkten Leben innewerden. Aber Gott selbst erkennen sie dabei nicht, so wie er ist. Durch den Sinaibund mit Israel (→ Bund: II) offenbart Gott durch das formulierte → Gesetz (: II) und die damit verbundene Verheißung seinem Bundesvolk seine eigene Person als den gnädigen Herrn des Bundes. Im Bunde wird dem Volke Israel offenbart, was allen Menschen gilt. In der Bundesgeschichte vertritt Israel die Menschheit, weshalb auch im AT der Geschichte Israels die Urgeschichte der Menschheit vorangestellt wird. In Stellvertretung für die Menschheit erfährt Israel unter dem Gesetz, daß Sünder im Gottesbunde nicht standhalten können. Das Gesetz verdammt sie, so daß ihnen allein die zukünftige Erfüllung des Gesetzes als Hoffnung übrigbleibt. Weil Israel für alle verdammt wird - und diese Verdammung wird durch das Gesetz endgültig am gekreuzigten Christus vollstreckt -, gilt auch die Erfüllung der Verheißung an Israel in dem gekreuzigten und auferstandenen Christus allen Menschen. So kommen alle Menschen, auch die Heiden, zur Taufe von dem Gesetz und der Verheißung her, die Israel für alle getragen und festgehalten hat. Deshalb werden auch die Schriften des AT in der Gemeinde Jesu Christi dauernd gelesen und ausgelegt. Als Sünder gehören auch die getauften Glieder der K. Jesu Christi der »wartenden« K. an. Aus dieser wartenden K. herkommend hören sie das Evangelium, das sie zur missionierenden K. des Neuen Bundes macht. Obwohl die Glieder der K. des Neuen Bundes die Erfüllung der Verheißung an Israel hinter sich haben, müssen sie als Sünder auf die Vollendung harren, in der sie nicht mehr Sünder bleiben werden, sondern nur noch Gerechte. Im Glauben an die → Sündenvergebung (: III) nimmt die missionierende K. in ihrer Gegenwartsgeschichte hoffend die Endgeschichte der verherrlichten K. vorweg, wie sie im Schuldbekenntnis die Vorgeschichte der wartenden K. in ihre eigene Geschichte hineinnimmt (→ Bekenntnis: V). Im Wort des Evangeliums, das im eigentlichsten Sinne die K. in ihrer Gegenwartsgeschichte trägt, sind daher das Wort des Gesetzes und der Verheißung und das Wort des Endgerichtes mitenthalten. Als das Wort, in dem der Hl. → Geist (: VI) das Werk der Erlösung wirkt, schafft das Evangelium die K. als das geistige Volk des Neuen Bundes. Der Inhalt des Evangeliums ist die durch die Erfüllung der Verheißung in dem gekreuzigten und auferstandenen Christus gewirkte → Versöhnung (: VI) der sündigen Welt mit Gott. Seine Gestalt ist die → Taufe (: IV), worin der einzelne durch den Glauben in das Bundesvolk aufgenommen, wiedergeboren wird (→ Wiedergeburt: III), ferner die Verkündigung (in → Predigt und → Beichte), wodurch das Volk Gottes in der → Hoffnung (: III) durch alle Versuchungen des Teufels und der Welt dem Reiche Gottes in der Vollendung entgegengeführt wird, und das → Abendmahl (: III), worin das Volk Gottes aus Liebe zur Liebe mit Gott eins wird. Die K., die aus dem Evangelium in dieser dreifachen Gestalt lebt, ist gleichzeitig Spender und Empfänger des Evangeliums und so apostolische K., dh missionierende K., die von ihrem Herrn mit dem Evangelium, aus dem sie selbst lebt, in die Welt geschickt wird (→ Mission: III A). Als apostolische K. gliedert sie sich mit Notwendigkeit in Träger des → Amtes (: III), durch die sie das Evangelium spendet, und → Gemeinde (: I. II), in der sie das Evangelium empfängt. Nicht als ob das Amt vor der Gemeinde da wäre und die Gemeinde von den Amtsträgern ins Leben gerufen würde (»kath.« Mißverständnis), auch nicht als wäre die Gemeinde vor dem Amt da und das Amt nur eine freie Einrichtung seitens der Gemeinde (»prot.« Mißverständnis), sondern die gleichzeitig hörende (glaubende) und verkündigende (missionierende), apostolische K. ist nur in der personalen Polarität von Amtsträgern und Gemeinde da (→ Kirchenamt, 3). In der Existenz eines selbständigen, von Gott eingesetzten Amtes der Wortverkündigung und der Sakramentsverwaltung (»Predigtamt«) tritt das Ausgesandtsein der K. an die Welt hervor; in der → Berufung (: III) zu diesem von Gott eingesetzten Amt von Männern aus der Gemeinde durch die Gemeinde kraft des → Priestertums aller Gläubigen tritt das Sein der K. als Gemeinde der Glaubenden hervor. Man hat diese Gliederung der K. in Amtsträger und Gemeinde aus der Kreuzung zweier K.nideen erklärt: K. als (Heils-)Anstalt und K. als (Glaubens-)Gemeinschaft. Aber hier kreuzen sich nicht zwei entgegengesetzte K.nideen. Die K. *muß* gleichzeitig »Anstalt« und »Gemeinschaft« sein, weil sie aus dem Worte lebt, das sie bringt, wie es in CA VII klassisch zum Ausdruck kommt: »Es wird auch gelehret, daß alle Zeit müsse ein hl. christliche K. sein und bleiben, welche ist die Versammlung aller Gläubigen, bei welchen das Evangelium rein gepredigt und die hl. Sakramente laut des Evangelii gereicht werden.«

3. Als das aus dem geschichtlichen Israel hervorgehende und dem eschatologischen → Reiche Gottes (: III) entgegeneilende Bundesvolk ist die K. heilig und kath. (universal). Die *Heiligkeit* der K. (→ Heilig: IV, 5) drückt ihre Beziehung zu Gott aus. Sie ist *aus* der Welt in die Gottesgemeinschaft von Gott in Christus gerufene → Gemeinde (: I). In ihrer Heiligkeit steht die K. zur Welt im Widerspruch bis zur Verfolgung seitens der Welt. Aber eben in der Situation des Verfolgtwerdens durch die Welt ist die K. in die Welt gesandt, um ihr das Evangelium zu verkünden und um ihr mit Taten der Liebe zu dienen. Diese Beziehung der K. zur Welt ist ihre → *Katholizität.* Als hl. K. *kann* sie *nicht aus* der Welt sein, als kath. K. *muß* sie aber *für* die Welt da sein. Diese spannungsgeladene Einheit zwischen Heiligkeit (Gottesbeziehung) und Katholizität (Weltbeziehung) der K. spiegelt die Einheit von gottbezogener »Göttlichkeit« und weltbezogener »Menschlichkeit« in der Person Jesu

Christi, des menschgewordenen Gottessohnes, ab. Es empfiehlt sich jedoch nicht, um dieser Analogie willen die K. ohne weiteres als Erweiterung oder Wiederholung der Inkarnation zu bezeichnen, wie es mitunter geschieht (zB in der anglikanischen Theologie). Zwar wirkt der fleischgewordene Sohn Gottes als Gott und Mensch auch in und durch seine K., die deshalb mit Recht sein Leib genannt wird. Aber als Leib Christi ist die K. ihm als dem Haupte des Leibes untertan. Sie wirkt als sein Leib, indem sie ihm gehorcht. Von einer direkten Identität des Leibes mit dem Haupte, wie sie die Rede von der Erweiterung oder Wiederaufnahme der Inkarnation impliziert, kann keine Rede sein. Das wird auch aus der Tatsache ersichtlich, daß die Einheit der Heiligkeit und der Katholizität nicht wie die Einheit der beiden »Naturen« (→ Christologie: III) in der Person Christi eine unlösbare Einheit ist, sondern im Gegenteil eine höchst problematische. Die K. ist ständig in der Gefahr, ihre Heiligkeit auf Kosten der Katholizität oder ihre Katholizität auf Kosten der Heiligkeit zu behaupten. Im ersten Falle sucht sie sich über die Welt zu erheben, entweder mit dem theokratischen Anspruch, die Welt im Namen Gottes regieren zu wollen, um sie heilig zu machen, oder in dem sektiererischen Wahn, durch Weltflucht sich selbst heilig zu machen. Beides ist unmöglich, weil die Welt als Gottes gute Schöpfung einer Heiligung seitens des Menschen nicht bedarf (der → Heiligung [: III] bedarf nur der sündige Mensch) und weil der sündige Mensch nicht durch eigene Werke, auch nicht durch Weltflucht, heilig wird, sondern nur durch die → Rechtfertigung (: III) aus dem Glauben an Jesus Christus. Im zweiten Falle geht die K. in der Welt auf und wird verweltlicht, indem sie um ihrer äußeren Sicherheit willen den Wünschen der Welt, etwa in den Forderungen eines totalen Staates, bis zur Verleugnung ihres eigenen Bekenntnisses nachkommt oder indem sie sich, etwa um als → Volkskirche die Mehrheit des Volkes festzuhalten, einer oberflächlichen, unbußfertigen und minderwertigen Durchschnittsreligiosität vulgärer Art anpaßt. Die K. kann als hl. und kath. K., als freie K. wie auch als Volks- oder Staats-K. organisiert sein. Die Frage der → Kirchenverfassung oder des → Kirchenregimentes kann nicht dogmatisch beantwortet werden. Die Versuchung, die Heiligkeit auf Kosten der Katholizität zu behaupten, ist jedoch in der freien K., die Versuchung, die Katholizität auf Kosten der Heiligkeit zu behaupten, in der Volks-K. die größere. Die Aufgabe des → Kirchenrechtes ist es, die Problematik der Einheit von Heiligkeit und Katholizität in der K. lebendig zu halten. Wäre die K. nur hl., bedürfte sie keines Rechtes. Wäre sie nur kath., könnte ihr Verhältnis zur Welt mit dem Recht allein reguliert werden. Da sie aber zugleich hl. und kath. sein soll, kann sie weder das Recht entbehren noch kann ihr mit dem Recht allein geholfen werden. Die Rolle des Rechtes wird in der K. immer eine begrenzte sein. Und doch ist K.nrecht unentbehrlich. Es kann die rechte Einheit von Heiligkeit und Katholizität nicht herbeizwingen. Es kann aber die K. auf die Gefahr aufmerksam machen, das eine auf Kosten des anderen zu behaupten, und sie angesichts dieser Gefahr wach halten. – Neben Heiligkeit und Katholizität (→ Apostolikum) werden der K. gewöhnlich die Prädikate Einheit und Apostolizität zugeschrieben (→ Nicänisches Symbol). Die *Einheit* der K. ist die geschichtliche Verwirklichung ihrer Katholizität. Ist sie für alle da, kann sie nur eine einzige sein. Die Konfessionsspaltung ist daher eine harte Anfechtung für den Glauben an die Katholizität der K. und die ökumenische Arbeit eine notwendige Äußerung dieses Glaubens. Die *Apostolizität* der K. ist die geschichtliche Verwirklichung ihrer Heiligkeit. Die K. kann nicht hl. sein, dh Gott gehören und unter der Herrschaft Jesu Christi stehen, wenn sie im Widerspruch zu dem Zeugnis der Propheten und Apostel in den Hl. Schriften lebt. Die Reformation, dh die Zurückführung der K. zu ihrer apostolischen Norm, so oft sie von dieser abgefallen ist, ist daher eine notwendige Äußerung des Glaubens an die Heiligkeit der K. Die Spannung zwischen Heiligkeit und Katholizität der K. wird deshalb auch in der Spannung zwischen dem Willen zur Einheit (Ökumenik) und dem Willen zur Reinheit (Reformation) innerhalb der K. sichtbar. Die Einheit und die Apostolizität der K. zeigen die besondere Not der K. in der Gegenwart. Die K. ist in Hunderte von separaten K.ngemeinschaften gespalten. Die K. lebt in einer Welt, die im Widerspruch zu ihrer Botschaft steht. Wie kann die K. hier noch hl. und kath. K. sein? Diese Not spiegelt sich in der K.ngeschichte des 20.Jh.s in dem Ringen um die kirchliche Einheit in der → Ökumenischen Bewegung und in dem Bemühen um die Reinheit des Bekenntnisses in den Kämpfen zwischen → Kirche und Staat (→ Kirchenkampf).

4. Die eine, hl., kath. und apostolische K. ist als Leib Christi *in der Welt tätig*, indem sie an seinem, des Hauptes, Wirken als König, Priester und Prophet teilnimmt. Von drei gesonderten Ämtern Christi (→ Christologie: III, 2a) sollte man besser nicht reden, denn alle Taten Christi, die er vor Gott und an der Welt übt, haben sowohl königlichen und priesterlichen als auch prophetischen Charakter. Dasselbe gilt von den Taten der K. in der Teilnahme an Christi Tätigkeit. In Christus tritt die K. vor Gott mit ihrem Gebet und Lobpreis als einem Opfer der Lippen. Von sich aus kann die K. das nicht tun, weil sie aus Sündern besteht; nur kraft der Rechtfertigung durch den Christusglauben ist sie dazu fähig. So ist Christus selbst der Hohepriester, der ihr Opfer darbringt. Nur in ihm und durch ihn kann die K. opfern. Das → Gebet (: IV) der K. hat fürbittenden Charakter (→ Fürbitte). Sie betet nicht für sich allein, sondern für die ganze Welt, wie sie auch für die Welt dankt. Indem die K. für die Welt betet und dankt, nimmt sie nicht nur an dem Hohenpriestertum Christi, sondern auch an seiner königlichen Weltherrschaft teil. Denn durch das Gebet und das Lob der K. wird die Welt verwandelt. Ebenso wird dadurch Gottes Name der Welt verkündigt, weshalb dem Opfer des Gebetes und des Lobes auch prophetischer Charakter zukommt. Im → Gottesdienst wendet sich die K. auch direkt an die Welt, nämlich durch die Verkündigung, die ihrerseits auch immer Elemente des Gebetes und des Lobpreises enthält. Im Gebet und im Lobpreis dient die K. indirekt, in der Verkündigung direkt der Welt. Sie ist primär Teilnahme an der prophetischen Funktion Christi, sekundär aber auch Teilnahme an seiner Königsherrschaft und an seinem Priestertum, da das Wort immer herrscht und die Verkündigung immer vor Gottes Angesicht zu seinem Preis und unter Anflehen seines Beistandes geschieht. Als ein an den Menschen gerichteter Dienst führt die Verkündigung unmittelbar in den Dienst der Liebestaten über. Auch im Opfer des Gebetes und des Lobes, das primär vor Gott geschieht, dient die K. in Liebe den Menschen; denn das Gebet und das Lob kommen ihnen zugute. Aber in den Taten der → Liebe (: IV) geben sich die Glieder der K. unmittelbar dem Nächsten hin. Es gilt aber zu sehen, daß der Liebesdienst nicht nur »Moral«, sondern ein Teil des *Gottes*dienstes der K. ist. Denn die Taten der Liebe sind nicht Werke des → Gesetzes (: VI). Sie fließen aus dem Reichtum der aus → Gnade (: V) dem Sünder geschenkten → Gerechtigkeit (der Vergebung) und transzendieren in ihrer Spontaneität alle Forderungen des Gesetzes (der Moral). Letztlich gibt die Liebe nichts als das Leben selbst. Die Taten der Liebe, das Opfer der Hände, sind deshalb immer auch *Gottes*dienst. Sie geschehen zur Ehre Gottes

und verkündigen seinen Namen. Es ist für den Gottesdienst der K. entscheidend wichtig, daß das Opfer der Lippen (Gebet, Lobpreis, Verkündigung) immer von dem Opfer der Hände (Taten der Liebe am Nächsten) begleitet wird. Fehlt das Opfer der Lippen, so verwandelt sich das Opfer der Hände in »Werkgerechtigkeit«. Fehlt das Opfer der Hände, so verwandelt sich das Opfer der Lippen in loses Gerede. Als Gottesdienst haben auch die Taten der Liebe teil am königlichen, priesterlichen und prophetischen Werk Christi. Die Welt wird verwandelt und Gottes Name gelobt und verkündigt durch sie. Aber wie im Sein der K. (s. 3) kann sich auch in der Tätigkeit der K. eine falsche Heiligkeit (auf Kosten der Katholizität) und eine falsche Katholizität (auf Kosten der Heiligkeit) einschleichen. Das erste geschieht, wenn die K. vergißt, daß sie aus Sündern besteht, die Gott kein Opfer darbieten können, sofern sie nicht durch das einmalige Versöhnungsopfer Jesu Christi am Kreuze gereinigt sind, und sich deshalb vermißt, durch den Priester selbst das Golgathaopfer zur Versöhnung Gott darzubieten, wie es im sog. Meßopfer der röm.-kath. K. geschieht. Das Opfer der K. kann nur Dankopfer sein. Das Versöhnungsopfer hat Christus ein für allemal für uns dargeboten. Sein geopferter Leib und sein Blut wird von Gott als Heilsgabe im Sakrament gegeben. Es darf nicht von uns Gott als Opfer gebracht werden. Wo in dieser Weise das Versöhnungsopfer, Leib und Blut Christi, nicht mehr allein von ihm dem Vater dargeboten wird, sondern von uns, wird der ganze Gottesdienst in einen falschen Opferdienst verwandelt, alles wird Werkgerechtigkeit. – Eine falsche Katholizität entsteht, wenn die Taten der Liebe am Nächsten als der einzige und genügende Gottesdienst betrachtet werden. Der Gottesdienst wird dann säkularisiert und moralisiert. Denn → Gute Werke an sich sind kein Gottesdienst, sie können auch alles andere als Liebesdienst sein. Nur wenn sie aus der dankbaren Freiheit der von Gott Begnadigten fließen, sind sie Gottesdienst und Liebesdienst. Sie brauchen deshalb den eigentlichen Gottesdienst als ihren Quellort. Der Dienst im »Beruf« ist deshalb nicht ohne weiteres ein »Gottesdienst«, wie es in einer säkularisierten Form der luth. Berufsethik (→ Beruf: III, 3) behauptet wird. Der Dienst im »Beruf« kann auch bürgerlicher Pharisäismus sein und ist es wohl heute am häufigsten. Die K. dient gewiß auch der Welt durch Taten der Liebe. Aber als K. tun ihre Glieder diesen Dienst nur, wenn er immer zugleich Gottesdienst ist und bleibt und im eigentlichen Gottesdienst seinen Ursprung hat. Aber *so* erstreckt sich die Tätigkeit der K. vom Gottesdienst in der K. bis in die unscheinbarsten Alltagspflichten hinein. Das Meßopfer ist die Versuchung des Katholizismus, die säkularisierte Berufsethik die Versuchung des Protestantismus. In beiden Versuchungen verliert sich die K. in ihrer Tätigkeit. Im ersten Falle wird sie zur Synagoge, im zweiten zur Welt. Dort macht sie den Priester zum falschen Christus, hier die Welt.

Außer der Lit. zu → Gemeinde u. den Lehrbüchern der ev. u. kath. → Dogmatik (bes. von ALTHAUS, BARTH, ELERT, PRENTER, VOGEL, SCHMAUS): TH.HARNACK, Die K., ihr Amt, ihr Regiment, (1862) Neudr. 1947 - RE X, 315ff - O.DIBELIUS, Das Jh. der K., (1927) 1928[6] - RGG[2] III, 802ff (ältere Lit.) - D.BONHOEFFER, Sanctorum Communio, (1930) 1954[2] - DERS., Nachfolge, (1937) 1955[5] - K.BARTH, Die K. Jesu Christi (ThEx 5), 1934 - DERS., Die K. u. die K.n (ebd 27), 1935 - A.RAMSEY, The Gospel and the Catholic Church, 1936 - ERNST WOLF, K. u. Amt I. II, 1938/41 - H.ASMUSSEN, Die K. u. das Amt, 1939 - L.FENDT, K. (ThLZ 65, 1940, 1-9; Lit.) - F.K.SCHUMANN, K.neinheit u. Konfessionen (ZSTh 18, 1941, 192 bis 212 = Wort u. Gestalt, 1956, 292-310) - G.AULÉN u.a., En bok om kyrkan, 1942; dt. 1950 - H.SCHREINER, Vom Recht der K., 1947 - G.FLOROWSKY u.a., La sainte Eglise Universelle, 1948 - F.GOGARTEN, Die K. in der Welt, 1948 - H.E.WEBER, Theol. Verständnis der K. (ThLZ 73, 1948, 449-460; Lit.) - K.E.SKYDSGAARD, Reich Gottes u. K., 1950 - E.BRUNNER, Das Mißverständnis der K., 1951 - R.NEWTON FLEW, The Nature of the Church, 1951 - B.GIERTZ, Die K. Jesu Christi, 1954 - A.NYGREN, Christus u. seine K., 1955 - Die K., Bericht der Theol. Kommission für Glaube u. K.nverfassung (KIT 176), 1955 - H.DOMBOIS, Ordnung u. Unordnung in der K., 1957 - Theol. Kommission des Luth.Weltbundes: Die Einheit der K., 1957 - EKL II, 626ff - E.KINDER, Der ev. Glaube u. die K., 1958 (Lit.) - G.EBELING, Das Wesen des christl. Glaubens, 1959, 179 ff.

R.Prenter

V. Praktisch-theologisch

1. Allgemeines - 2. a) Das nt. Bild der Gemeinde - b) Recht und Grenzen biblizistischer Betrachtung - 3. K.ngeschichte, praktisch-theologisch gesehen - 4. Die K. in ihrer ständigen Wandlung - 5. Die K. in ihrer eigenen Verkündigung, ihrem Gebet, ihrem Lied - 6. Unbewältigte Gegenwartsprobleme der ev. K. - 7. Die Pr.Th. in ihrem Gegenüber zur K. - Pr.Th. = Praktische Theologie

1. Vor drei Jahrzehnten war man geneigt, praktisch-theologische Erwägungen zur Frage der K. anzustellen, *ohne* zwischen der K. des Glaubens, wie sie uns im NT entgegentritt und Gegenstand der Dogmatik ist, und der K. als soziologischem und rechtlichem Gebilde immer scharf zu unterscheiden. Inzwischen hat die K. einschneidende geschichtliche Erfahrungen gemacht. Der → Kirchenkampf in Deutschland und einigen anderen europäischen Ländern wurde durchgestanden. In der Nachkriegszeit hat sich, je nach den politischen Gegebenheiten, entweder der K.nkampf in verschärfter Form erneuert, oder es vollzog sich im Gegenteil ein vielfach nicht kirchlich, sondern wirtschaftlich bedingter, in vielem gleichfalls problematischer kirchlicher Neuaufbau. Hätte die ev. K. in den letzten Jahrzehnten *keine* in die Tiefe gehende theologische Bewegung erlebt, so würde sie dennoch durch ihre gegenwärtige Lage genötigt sein, die Frage nach ihrer rechten Existenz viel grundsätzlicher zu stellen als ehedem. Die → Praktische Theologie kann ihr bei der Antwort darauf eine große Hilfe sein. Hat sie doch nicht etwa nach den bequemsten Möglichkeiten für das kirchliche Leben zu suchen, sondern fortgehend die Lebensäußerungen der K. kritisch an ihrem Wesen zu messen und um Wege zur Reformation bemüht zu sein. Gewiß darf die Pr.Th., die ja nicht nur den werdenden Theologen, sondern gerade auch den kirchlichen Praktikern dienen soll, nicht übersehen, daß die K. u.a. auch eine soziologische Größe ist; aber sie würde ihren Dienst verfehlen, wenn sie nicht vor allem die Einzigartigkeit und Unwiederholbarkeit der nicht von Menschen erdachten und gemachten Gemeinschaftsform »K.« herausstellte.

2. a) Daher ist die Pr.Th. aufs höchste an aller Arbeit der nt. Wissenschaft interessiert, die das Wesen der Ekklesia als der von Jesus Christus und seinem Geist geschaffenen und beherrschten Gemeinschaft immer neu klärt und darstellt (→ Kirche: II). *Mit dem NT* wird sie auch für die Gegenwart nicht davon abgehen dürfen, daß Gemeinde Christi auch in ihrer kleinsten, bescheidensten und geringst entwickelten Form immer K. ist. *Mit dem NT* wird sie trotz aller begrifflichen Schwierigkeiten daran festhalten, daß in aller Vielfalt kirchlicher Gestalten und Gestaltungen die *Einheit* der K. dadurch gegeben bleibt, daß »die heiligen Gläubigen« da sind und »die Schäflein, die ihres Hirten Stimme hören« (ASm X; Joh 10, 3). Von der Unentwickeltheit und Armut dessen, was im NT Ekklesia heißt, wird sie immer neu lernen, daß auch die K. der Gegenwart u.U. an vielem arm sein kann, was man landläufig für kirchlich notwendig hält, wofern nur die Herrschaft Christi in allen Arten der Verkündigung zur Geltung kommt. Daß durch die Herrschaft dessen, der *für alle* das Kreuz trug, auch die K. heute Gemeinschaft derer zu sein hat, die einer des anderen Last tragen (Gal 6, 2), dh daß sie eine Seelsorge-Gemeinschaft ist, wird die Pr.Th. immer neu mit dem NT

zu lehren haben. Ja, auch die zZ ungern gehörte Tatsache, daß es zwischen der K. als den von Christi Geist Gesammelten und der von Gott geliebten und darum auch von den Christen zu liebenden Welt (Joh 3, 21) eine bleibende Distanz gibt (1Joh 2, 15), wird sie beim Auslegen des NT nicht verschweigen dürfen.

b) In alledem kommt das Recht und die Pflicht der Pr.Th. zu einer Art von »biblizistischem« Denken in der K.nfrage zur Geltung; dies Denken wird sich immer wieder bei der Entscheidung kirchlicher Gegenwartsfragen als hilfreich erweisen. Kirchliche Strenge wie kirchliche Weite werden in ihm ihre Wurzeln haben. Andererseits hat die Pr.Th. auch auf die Grenzen und Gefahren biblizistischen K.ndenkens hinzuweisen. Dankbar wird sie von einer unvoreingenommenen, wahrhaft geschichtlichen nt. Forschung lernen, daß mancherlei kirchliche Fragen von heute im NT nicht beantwortet werden, manches undeutlich bleibt, was ein enger → Biblizismus gern beantwortet haben möchte und mit Hilfe gewalttätiger Exegese als beantwortet hinstellt. Kein Biblizismus wird verhindern dürfen, Äußerungen kirchlichen Lebens zu entfalten, die, wie etwa die christliche Jugendunterweisung, im NT völlig im Hintergrund bleiben. Kein Biblizismus wird das Recht haben, das nt. Bild der gemeindlichen Ordnungen und Dienste (»Ämter«; → Amt: II) künstlich zu vereinheitlichen, um daraus dann bindende Regeln für die K. der Gegenwart zu entwickeln.

3. Die *Geschichte der K.* ist für das praktisch-theologische K.ndenken wichtiger, als gemeinhin angenommen wird. Bietet sie doch viele Musterbeispiele dafür, wie leicht die K. ihrem Wesen und Auftrag untreu wird; ebenso zeigt sie, daß es umgekehrt auch überraschende Zeiten der Rückbesinnung und Reformation gibt, in denen sich die Ekklesia des NT in einer der jeweiligen Gegenwart entsprechenden Gestalt erneut. Gerade für die Männer und Frauen auf dem kirchlichen Arbeitsfeld muß die Pr.Th. neben der üblichen K.ngeschichtsschreibung (→ Kirchengeschichte: I) auch eine solche fordern, die diesen innersten Bewegungen im Leben der K. liebevoll nachgeht; für den Pfarrer oder Lehrer wird es kein Schade sein, wenn er von daher bestimmte Erscheinungen und Gestalten der K.ngeschichte liebgewinnen lernt, an denen er das unberechenbare Walten des Schöpfergeistes in der K. sich und anderen deutlich machen kann. – Die Pr.Th. in ihrer Arbeit als akademisches Lehrfach sollte darüber hinaus die geschichtlichen Abschnitte ihrer einzelnen Unterdisziplinen zu einem kritischen Gesamtbild der Geschichte kirchlicher Lebensäußerungen zusammenzufassen suchen und daran zeigen, wie nachhaltig ihr bloßes Nebeneinander, ihr echtes Miteinander, ihr feindliches Gegeneinander den Charakter einer K.nzeit bestimmen kann.

4. Die K. teilt in fast allen ihren Gestaltungen mit anderen »religiösen Institutionen« den Hang zum Konservatismus. Schon in den Randschriften des NT wird das deutlich. Die Pr.Th. hat die Aufgabe, von ihrer Erkenntnis des Wesens der K. her diesem Konservatismus entgegenzuwirken, damit der Geist wehen kann, wo *er* will. Eine recht angewandte K.ngeschichte ist für sie dabei hilfreich; denn auf größere Zeiträume gesehen ist auch die K. trotz der konservierenden Kräfte in dauernder Wandlung und Bewegung. Die praktisch-theologische Besinnung hat dafür zu sorgen, daß das nicht nur theoretisch erkannt wird, sondern daß sich diese Wandlungen in der Praxis nicht selbst überlassen bleiben oder von politischen, soziologischen und wirtschaftlichen Größen abhängig werden; sie sollen sich vielmehr möglichst als Wandlungen zum Besseren, als wirkliche Reformationen, vollziehen. Eine entscheidende Frage für die Pr. Th. ist es, ob sie grundsätzlich eine Gegnerin der K. als Institution zu sein hat. In der Sicht des NT und der von ihm ausgehenden Geschichte der K. muß man diese Frage verneinen. Wohl steht es allein bei Gott, ob und wann sich in dem sichtbaren Gefäß »K.« Gemeinde Christi als *seine* Herrschaft über die Seinen ereignishaft verwirklicht, wohl weiß *er* allein, wer diese Seinen sind; aber das berechtigt nicht dazu, das Gefäß zu verachten, das bergende Hülle für göttliches Heilsgeschehen und Voraussetzung für seine Kontinuität in der Geschichte sein kann. Die Pr.Th. wird ebensosehr einer Vergöttlichung wie einer Verachtung der K. als Institution zu wehren haben. Sie wird die Vorläufigkeit der K. betonen. Sie wird davor warnen, sie mit dem Reiche Gottes zu verwechseln. Aber sie wird auch nie vergessen, daß Gottes Ratschlüsse mit der K. als Institution *sein* Geheimnis bleiben. Aus diesem Wissen wird ihr auch im Kampf mit Größen, die ihr als Abfall, als Gegenkirche, als → Sekte (: II) erscheinen, immer die Kraft zu einer letzten Geduld und Toleranz erwachsen, und sie wird versuchen, in der kirchlichen Praxis zu ihnen zu erziehen.

5. Es kann der Pr.Th. nicht gleichgültig sein, welches normative Bild die christliche → Gemeinde (: I) in ihren verschiedenen Versammlungen von ihrer eigenen Existenz gewinnt. Auch die K. in all ihrer Vorläufigkeit und Menschlichkeit ist Gegenstand des Glaubens und daher auch der Verkündigung. In einer Zeit, in der weithin alte und neue → Perikopen-Reihen aller Art für die Predigt wieder maßgeblich geworden sind, kann es nicht dem Zufall solcher Reihen überlassen bleiben, ob auch einmal die K. in der Predigt oder dem kirchlichen Vortrag »vorkommt«. Gerade im Blick auf ein rechtes K.nverständnis muß die regelmäßig geübte Lehrpredigt gefordert, müssen dafür sowie für Pfingst-, Kirchweih-, Reformationsfestpredigten u.ä. sinnvolle Texte und Ratschläge dargeboten werden. Auch die Art, wie in der K. für die K. gebetet wird, sollte viel ernstlicher theologisch durchdacht werden, als es gemeinhin geschieht. Die Muster und Anregungen, die die ev. Gemeinde für ihre Fürbitte für die K. von ev. Betern wie Luther und Calvin, Zinzendorf und bibelgebundenen Männern des 19.Jh.s, aber auch von Männern der modernen K.nkämpfe empfangen kann, sollten ernster genommen werden als die Sorge um den Zusammenhang mit der römischen Gebetstradition. Eine treue Benutzung der von Luther erneuerten → Litanei kann eine gute Erziehung zu kirchlichem Beten (und damit indirekt auch zu rechtem ev. K.ndenken) werden. Was *die* Verkündigung betrifft, die die Gemeinde in ihrem Liede selber übt, so ist es nicht gleichgültig, welche der von der K. handelnden Lieder der Gemeinde lieb gemacht werden. Das EKG bietet hier aus den Zeiten der reformatorischen Väter eine gute Auswahl; doch fehlen noch immer einige hier wichtige Lieder aus dem Kreis der böhmischen Brüder. Andererseits ist nicht jedes pietistische Lied, das von Zion oder christlicher Gemeinschaft handelt, wirkliches »Kirchen«-Lied. Umgekehrt wieder bedeutet die bescheidene Auswahl des EKG aus dem Liedschaffen des luth. Ex-Pietisten → Zinzendorf einen betrüblichen (einer Korrektur bedürftigen) Raub an kostbarem Liedzeugnis von der Herrschaft Christi in seiner Gemeinde. Auch die Frage, ob der K.nkampf das Lied der K., das von ihr selber handelt, kaum bereichert habe, wird einmal zu stellen sein.

6. Die Pr.Th. als kritische Bemühung um die rechte Existenz der K. kommt nicht um die Aufgabe herum, sich der unbewältigten kirchlichen Probleme ihrer Zeit anzunehmen. Dazu gehören jeweils auch die gängigen kirchlichen und kirchenpolitischen Schlagwörter, die in ihrer Halbwahrheit zu entlarven und auf ihren richtigen

Gehalt zurückzuführen sind (heute zB: »Ende des konstantinischen Zeitalters der Kirche«, »der mündige Mensch der Gegenwart«, »Verkündigung des Evangeliums ohne religiöse Verpackung«, »kirchliche Restauration nach 1945« u.a.). Das wichtigste Problem der ev. K. in der Gegenwart, auf dessen Lösung die Pr.Th. unermüdlich drängen sollte, ist das überaus vielschichtige und unbequeme Bibelproblem. Die Tatsache, daß es zweierlei Bibeln gibt, die der mehr oder weniger kritisch die Bibel lesenden Theologen und die der immer noch von irgendeiner unklaren Verbalinspiration beeinflußten, ja ihr nicht ungern überlassenen »Gläubigen«, schreit gen Himmel, ohne daß es die K. zu merken scheint. Die Frage, wieweit biblische Aussagen und Weisungen zeitbedingt sind, ist eine eminent praktische Frage für das gegenwärtige christliche Leben. Die Frage nach der rechten gegenwartsgemäßen Bibelübersetzung darf, wie Luthers Beispiel zeigt, *nie* zur Ruhe kommen. - Die einzelnen K.ngebilde müßten von der Pr.Th. immer wieder gefragt werden, ob es in Ordnung ist, wenn die alten innerev. Konfessionen zwar vielen Theologen wohlbekannt und wichtig sind, während schlichte Gemeindeglieder auf Grund eines Wohnungswechsels (Vertriebenenschicksale!) bald von dieser, bald von jener Konfession vereinnahmt werden. - Ob nicht das Bild der heutigen → »Jungen Kirchen«, in denen die Missionare mehr und mehr zu Beratern ihrer farbigen Brüder werden, in den alten K.n allmählich entsprechend auf das Verhältnis der Theologen zu den Gemeindegliedern zu übertragen wäre, sollten K.n, die sich ihres Gemeindekirchentums rühmen, immer wieder zu bedenken genötigt werden. Das von den modernen K.nordnungen so stark betonte Prinzip der selbständigen Gemeinde (= Ekklesia) dürfte nicht darüber hinwegtäuschen, wie unbewältigt der Einfluß und die Macht der K.nleitungen und ihrer Bürokratie ist, bis hin zu den Fragen nach dem »Charisma« der »großen Männer« in der K. und seinen Grenzen und nach dem Überwuchern der kirchlichen → Gesetzgebung. - Das Nebeneinander von Ortsgemeinden und freien Gemeindebildungen darf nicht dem Zufall überlassen, sondern muß grundsätzlich durchdacht werden. Daß die K.n heute entweder sehr viel Geld oder fast gar keins haben, und welche Geldquellen kirchlich gesehen die rechten sind, darüber sollte je eher desto besser theologisch gehandelt werden (→ Finanzwesen: III). Auch die Frage nach der Erziehung zu falscher oder rechter »Kirchlichkeit« müßte die Pr.Th. den K.nmännern immer wieder auf ihr Gewissen legen.

7. Je mehr sich die Vertreter der Pr.Th. in den Fakultäten und Hochschulen nicht nur als (manchmal unbequeme) Lehrer des Pfarrernachwuchses verstehen, sondern kraft ihrer K.nzugehörigkeit *und* ihres wissenschaftlich-theologischen Sonderfaches auch als berufene Beobachter und Kritiker des kirchlichen Lebens von einem grundsätzlichen ev. K.ndenken aus, desto sinnvoller wird sich das Gegenüber dieser Disziplin zur K. im Ganzen auswirken.

Außer der Lit. zu →Kirche: IV u. den Lehrbüchern u. Grundrissen der → Praktischen Theologie: RGG[2] III, 808 ff (Lit.) - K.BARTH, Die Schrift u. die K., 1947 - E.F.v.RABENAU, Die Gemeinde, 1948 - G. AULÉN u.a., Ein Buch von der K., 1950 - E.ZUR NIEDEN, Die Gemeinde nach dem Gottesdienst, 1955 - Credo ecclesiam, von der K. heute, hg.v. der Michaelsbruderschaft, 1955 - M.LANGHANS, K. auf neuen Wegen, 1957.

W. Jannasch

VI. Rechtlich

A. Kath. Kirche - B. Ev. Kirche

VI A. Kath. Kirche

Die rechtliche Betrachtung der K. kann positiv-rechtlich vom kirchlichen oder vom staatlichen bzw. vom geistlichen oder vom weltlichen Recht aus erfolgen. Nach kath. Lehre ist das kirchliche bzw. geistliche Recht jedoch eine in göttlicher Anordnung ruhende, von jeder außerkirchlichen Begründung oder Gewalt unabhängige Gegebenheit (→ Kirchenrecht: I A), so daß für sie eine Betrachtung der K. vom staatlichen bzw. weltlichen Recht aus entfällt. Ferner erkennt sie als göttlich begründetes kirchliches bzw. geistliches Recht nur das kanonische Recht an, so daß die rechtlichen Hauptpunkte der kath. Lehre von der K. aus diesem erhoben werden müssen. Sie lassen sich wie folgt bezeichnen: die rechtliche Formung ihres Seins (der Rechtsbegriff von der K.); die rechtliche Ordnung ihres Wirkens (die K. als Rechts-K.); die Möglichkeiten ihres rechtlichen Verhältnisses zum Staat (K. und Staat).

1. Der K.nbegriff des kanonischen Rechts hat eine konfessionelle, eine personelle und eine dogmatische Komponente. Der *konfessionelle* Rechtsbegriff von der K. beruht (cc. 1070 § 1. 1099 § 1 Nr. 1, § 2 CIC) auf der Abgrenzung der kath. K. gegenüber allen christlichen Gemeinschaften oder einzelnen Christen, die von ihr dogmatisch, dh durch → Häresie (: I, 2), oder disziplinär, dh durch → Schisma, abweichen. Die schismatische Abweichung besteht in der Weigerung, sich dem Papst unterzuordnen oder mit den ihm untergeordneten Mitgliedern der konfessionell verstandenen K. kirchliche Verbindung zu halten. Indem so das Schisma rechtlich ohne Bezugnahme auf den Glaubensstandpunkt, rein positiv-rechtlich und formal, definiert wird, ist die kath. K. im konfessionellen Sinne auch von außen her, dh ohne vorherige Anerkennung des kath. Glaubensstandpunktes, sichtbar, und weil die schismatische Abweichung mit jeder formell häretischen mitgegeben ist, ist diese rechtliche, von dem dogmatischen Standpunkt des Betrachters unabhängige Sichtbarkeit der K. im konfessionellen Sinn zugleich auch eine vollständige Sichtbarkeit. - Die *personelle* Komponente ist gestützt (c. 87) auf die → Taufe (: VII), deren sakramental gültige, dh formrichtig, ferner mit der Absicht, zu tun, was die Kirche tut (→ Intention, 2a α), und bei Verstandesmächtigen außerdem mit ihrem Einverständnis vollzogene Spendung den Getauften als Rechtsperson mit allen Christenrechten und -pflichten in die K. eingliedert. Der Kreis der personell verstandenen K. reicht also über den der konfessionell verstandenen hinaus und ist positivrechtlich, von außen her, nicht mehr eindeutig sichtbar, weil für seine Abgrenzung die nur von der kath. Tauflehre aus (nicht aber, wenn diese unberücksichtigt bleibt) feststellbare Tatsache der gültigen Taufe maßgebend ist. Soweit dem Band der kirchlichen Gemeinschaft ein Hindernis entgegensteht, zB die konfessionelle Abscheidung von der kath. K., oder soweit ein Getaufter einer Zensur (→ Strafrecht: III) verfallen ist, zessieren die kirchlichen Rechte dieser Getauften. Bei getauften Nichtkatholiken ist das auch dann der Fall, wenn ihre konfessionelle Nichtzugehörigkeit zur kath. K. von dieser als gewissensmäßig nicht schuldhaft anerkannt ist. - Die *dogmatische* Komponente des kanonistischen K.nbegriffs bezieht sich auf das Verhältnis der sichtbaren K. zur K. Christi als der unsichtbaren K. Dieses Verhältnis wird im kanonischen Recht als eines der gegenseitigen Bindung zwischen der K. Christi und jener K. bestimmt, in der die kirchliche → Hierarchie, dh vor allem Papst und Bischöfe, gefunden wird, weil nach göttlicher Anordnung (cc. 107. 108 § 3) diese Hierarchie der (sichtbaren) K. wesentlich ist und weil Christus der Herr dieser (sichtbaren) K. die Offenbarung zur Verkündigung anvertraut hat (c. 1322 § 1). Wegen dieser göttlich-rechtlichen Bindung an die kath. Hierarchie ist also die K. Christi nach kanonischem Recht nur in der kath. K. im konfessionellen Sinne zu

finden. Personal betrachtet reicht sie freilich darüber hinaus und umfaßt rechtlich alle Getauften. Doch gehören getaufte Nichtkatholiken seinsmäßig nur dann zur K. Christi, wenn sie im Gnadenstand sind, was hinsichtlich ihres eigenen K.nverständnisses die Voraussetzung einschließt, daß sie sich aus Gewissensgründen, also ohne moralische Schuld, von der kath. K. im konfessionellen Sinne getrennt halten.

2. Die dargelegte wesensmäßige Bindung der K. Christi an die kath. K. im konfessionellen Sinn schließt die Möglichkeit aus, die beiden Aufgaben der K. Christi, nämlich die Verkündigung der göttlichen Offenbarung und die Verwaltung der Sakramente des Neuen Bundes, losgelöst von der rechtlichen Ordnung der kath. K. zu erfüllen. Vom kanonischen Recht aus betrachtet ist daher die K. Christi auch ihrem *Wirken* nach wesentlich *Rechts-K.*, dh eine K., die sowohl in ihrer Verkündigung wie in der Verwaltung der Sakramente rechtliche Gesichtspunkte anwendet und anwenden muß. Es sind dies bei der Verkündigung (cc. 1322-24) die formelle Bindung an das kirchliche → Lehramt (: I) als Träger und an die von diesem als Dogma oder als zum kirchlich geordneten Glaubensbereich gehörige Lehrsätze hingestellten Glaubensmeinungen als inhaltliche Richtschnur, bei der Verwaltung der Sakramente (c. 731) ihre formrichtige Spendung durch rechtlich der Spendung fähige Diener und ihre Beschränkung auf die zur kath. K. im konfessionellen Sinn gehörenden Christen. - Der begriffliche Gegensatz zu dieser Rechts-K. ist mit dem populärtheologischen Terminus der *»Liebes-K.«* nur dann getroffen, wenn dieser Terminus nicht, wie es jedoch meist der Fall ist, nur die theologisch wie kanonistisch gleichermaßen unzulängliche isolierende Verselbständigung des der K. obliegenden Gebotes meint, die stets geforderte rechtlich einwandfreie Erfüllung ihrer Pflichten und Vollmachten im Geiste des Liebesgebotes Christi zu vollziehen. Eigentlicher systematischer Gegensatz zur Rechts-K. ist vielmehr, wie erst → Sohm mit voller Klarheit erkannt hat, die nur vom je gegenwärtigen Wirken des Pneumas geleitete und an keine rechtlich fixierte Vergangenheit gebundene Geist-K. Nach der oben (s. 1) dargelegten, in der Enzyklika »Mystici Corporis« Pius' XII. (1943) ausdrücklich bestätigten kanonistischen Doktrin koinzidieren Rechts-K. und Geist-K. in der konfessionell verstandenen kath. K.

3. Über das rechtliche Verhältnis der K. zum Staat vgl. → Kirche und Staat, 6.

Außer den kath. Lehrbüchern des → Kirchenrechts, der → Dogmatik, der Fundamentaltheol. (→ Apologetik: V, → Theologie: IV): DDC V, 158 ff - M. Schmaus, Kath. Dogmatik III/1: Die Lehre von der K., (1940) 1958[3-5] - H. Barion, Von der Tragweite des geltenden kanonischen Rechts (Festg. J. Lortz I, 1958, 549-586) - J. Klein, Skandalon. Um das Wesen des Katholizismus, 1958 - H. Schauff, De Corpore Christi Mystico ... Ekklesiologie des Konzilstheol. C. Schrader SJ, 1959.
H. Barion

VI B. Ev. Kirche

In Abkehr von der überkommenen Unterscheidung in sichtbare und unsichtbare K., auf der bei aller sonstigen Unterschiedlichkeit die Werke von → Sohm, → Kahl und → Holstein aufbauten, geht die ev. K.nrechtslehre der Gegenwart (→ Kirchenrecht: I B) von einem K.nbegriff aus, der sich in gleicher Weise von einem apparathaft-anstaltlichen Denken wie von einer kollegialistisch-genossenschaftlichen Betrachtungsweise fernhält. Die K. (→ Gemeinde: I) ist zuvörderst Stiftung und Herrschaft Christi und Wirken des sein Werk bis zur Wiederkunft des Herrn fortführenden Hl. Geistes. Sie ist »bruderschaftliche Christokratie« (Erik Wolf). Damit ist die vertikale Seite des K.nbegriffs zum Ausgangspunkt genommen und gleichzeitig klargestellt, daß die K. rechtlich nicht als ein Gemeinwesen mit religiöser Zielsetzung nach dem Vorbild des weltlichen Vereins- und Körperschaftsrechts verstanden werden kann, weil das die K. letztlich auf einen »menschlichen Selbstmächtigkeitsanspruch« (R. Smend) gründen hieße. Die Wendung vom anthropozentrischen zum christozentrischen K.nbegriff bedeutet jedoch nicht eine Vernachlässigung seiner horizontalen Seite. Unter dem Primat der Hauptschaft Christi ist die K. gleichzeitig »christokratische Bruderschaft« (Erik Wolf) und communio sanctorum.

Die Erfassung dieses Verhältnisses von vertikaler und horizontaler Seite des K.nbegriffs, die ein säkularisierendes Ausströmen in die »Welt« ebenso vermeidet wie eine pietistisch-spiritualisierende Verflüchtigung in das »Herz« des einzelnen frommen Menschen, spitzt sich kirchenrechtlich zu auf die Bestimmung des Standorts der K. in der Welt. In dieser Hinsicht hat sich das von J. Heckel in seinen Arbeiten über Luther neu zutage geförderte Begriffspaar *ecclesia spiritualis - ecclesia universalis,* zu denen als Drittes die *ecclesia particularis* hinzukommt, als fruchtbar erwiesen.

a) Die *ecclesia spiritualis* ist die unter der Hauptschaft Christi lebende Gemeinschaft der Gläubigen. Als Stiftung Christi ist sie eine Einrichtung des → ius divinum positivum. Das sie zusammenhaltende Band des Glaubens ist rein geistlicher Art, woraus sich ihr Name erklärt. Auch ihre Grundordnung ist von Christus gestiftet und beruht somit ebenfalls auf ius divinum positivum. Sie besteht aus dem Predigtamt einschließlich der → Schlüsselgewalt (: II) sowie den Sakramenten des → Abendmahls (: VI) und der → Taufe (: VII) als verba visibilia.

b) Christus hat die K. *in ihrer leiblichen Gestalt* als eine in dieser Welt existente Gemeinschaft von Menschen gestiftet. Diese leibliche Existenz der ecclesia spiritualis oder »ihre irdische Schauseite« (Heckel) ist die *ecclesia universalis.* Ecclesia spiritualis und ecclesia universalis sind somit wesensgleich. Die Unterscheidung bedeutet also *keinen doppelten K.nbegriff.* Von diesem Sein der K. ist nun aber der für den Menschen allein erkennbare äußere Schein zu trennen. In der K. gibt es auch Menschen, die zwar getauft, aber ungläubig, also bloße Namenschristen (hypocritae et mali admixti) sind. Sie sind jedoch in Wahrheit Mitglieder weder der ecclesia spiritualis noch der ecclesia universalis, was sich aus deren Wesenszusammenhang notwendig ergibt. Die ecclesia universalis ist somit nur dem äußeren Anschein nach, nicht jedoch in Wirklichkeit ein corpus permixtum. Alle Getauften müssen aber für das *menschliche* Urteil, dem im Unterschied zum göttlichen die Fähigkeit zur sicheren Unterscheidung von Gläubigen und Ungläubigen abgeht, als Mitglieder der K. *gelten,* sofern sie sich nicht selbst offenkundig von dieser getrennt haben.

c) Im Unterschied zur ecclesia universalis, die eine nichtorganisierte Personengesamtheit ist und dadurch eine unüberbietbare ökumenische Weite und eine einmalige missionarische Offenheit besitzt, sind ihre Teilgebilde, die *ecclesiae particulares,* kraft menschlichen (aber nicht weltlichen!) Rechtes *verfaßte* Institutionen. Der Begriff ecclesia particularis wird in einem doppelten Sinn gebraucht. Einmal versteht man darunter die räumlich-völkischen Aufgliederungen der ecclesia universalis, also die Ortsgemeinden, Landes-K.n, National-K.n und u.U. auch übernationale kirchliche Zusammenschlüsse. Diese Verwendung des Begriffes entspricht allein der Anschauung der Reformatoren, bes. auch Luthers. - Nach dem zweiten Sprachgebrauch sind ecclesiae particulares auch (und zwar in erster Linie) die Konfessions-K.n. Diese Verwendung des Begriffes wird problematisch, wenn man ihn, wie das die in der Ökumene verbreitete »Zweigtheorie« (»branchtheory«) tut, mit dem Organismusgedanken verbindet und unter Vernachlässigung der Wahrheitsfrage die Konfessions-K.n als in der Aufnahme der Botschaft Christi gleichwertige Zweige am Baume der ecclesia universalis begreift. – Andererseits birgt die Überbetonung der Ortsgemeinde die Gefahr des Independentismus in sich. Bedenken können sich ferner daraus ergeben, daß man innerhalb der Ortsgemeinde noch die Kultgemeinde ausscheidet und auf diese zu sehr den Akzent legt. Die »Doppelschichtigkeit« des K.nbegriffs (F. → Kattenbusch) lehrt, daß die Kultgemeinde nur ein – wenn auch sehr zentraler – Ausschnitt aus der in jeder Ortsgemeinde vorfindlichen ecclesia spiritualis ist.

Die alte Streitfrage, ob sich die K. aus der Ortsgemeinde von unten nach oben aufbaut oder ob sie sich von oben nach unten in Gemeinden aufgliedert, beantwortet sich nach dem Vorrang des göttlichen vor dem menschlichen → Kirchenrecht. Die ecclesia spiritualis samt ihrer Grundordnung ist göttlichen Rechts. Die ecclesia universalis als ihre leibliche Gestalt hingegen ist in ihren ecclesiae particulares der Gestaltung durch menschliche Rechtssetzung zugänglich. Diese kann nur unter strenger Bindung an die lex divina charitatis als das Grundgesetz der K. und an das ius divinum positivum als ihre Grundordnung erfolgen. Auf diese Weise kommt es innerhalb der ecclesia universalis zur Bildung von Ortsgemeinden. In jeder von ihnen verwirklicht sich dabei die ecclesia spiritualis in ihrer ganzen Fülle. Die ecclesia particularis als Ortsgemeinde ist darum die Grundlage jeder kirchlichen Organisation nach menschlichem Recht und aller darauf beruhenden größeren Partikular-K.n.

R.Sohm, K.nrecht I, 1892 (anastat. Neudr. 1923); II, 1923 – W. Kahl, Lehrsystem des K.nrechts u. der K.npolitik I, 1894 – G.Holstein, Die Grundlagen des ev. K.nrechts, 1928 – Elert, ML – Liermann – J.Bohatec, Calvins Lehre von Staat u. K., 1937 – Erik Wolf, Rechtsgedanke u. biblische Weisung (Forschungen der Ev. Akademie 5), 1948, bes. 65ff – Ders., Zur Rechtsgestalt der K. (in: Bekennende Kirche, M.Niemöller zum 60. Geb., 1952, 254-261) – J.Heckel, Initia iuris ecclesiastici Protestantium (SAM 1949, 5) – Ders., Lex charitatis (AAM 1953, 36; Lit.) – Ders., »Die zwo K.n« (ELKZ 10, 1956, 221-226; erw. Nachdr. in: Im Irrgarten der Zwei-Reiche-Lehre [ThEx NF 55], 1957, 40-66) – A.Erler, K.nrecht, (1949) 1957² (Lit.) – S.Reicke, K.nrecht (in: Einführung in die Rechtswiss., hg.v. R.Reinhardt, [1949] 1950², 361-392) – H.Wehrhahn, Die Grundlagenproblematik des dt. ev. K.nrechts 1933-1945 (ThR NF 18, 1950, 69-90. 112-147; 19, 1951, 221-252; Lit.) – Ders., K.nrecht u. K.ngewalt, 1956 – K.Barth, Die Ordnung der Gemeinde, 1955 (Sonderdruck aus: KD IV/2, § 67) – S.Grundmann, Der Luth. Weltbund, 1957, bes. 3ff (Lit.) – E.Kinder, Der ev. Glaube u. die K., 1958.

S.Grundmann

VII. Kirche und Sekte, *religionssoziologisch*

In der Geschichte des Christentums hat es niemals nur einen einzigen Typus der Glaubensgemeinschaft gegeben: sie hat sich antithetisch als »K.« und »Sekte« (= S.) entwickelt. Der letzte Hintergrund der Spannung zwischen K. und S. ist die verschiedene Weise, wie das Problem der → Geschichtlichkeit des Christentums gelöst und die Schrift ausgelegt wird. Die Universalität der → Kirche (: IV) bedeutet, daß diese als alles umfassen wollende Organisation grundsätzlich weltoffen ist, ihre Glieder zur Erhaltung der weltlichen Ordnungen aufruft (zB → Wehrpflicht) und sich selbst dieser Ordnungen zur eigenen institutionellen Sicherung bedient. Dem Gewinn an Weltlichkeit steht der Verlust an prophetischer Kritik der Welt, an innerer Zucht der Glieder und an unmittelbarer Liebesgemeinschaft untereinander gegenüber. Dieser Mangel ist zumeist der geschichtliche Anlaß zur S.nbildung geworden. Prinzipiell ist die S. eine »Freiwilligkeits-K.«. Im Gegensatz zur K. stützt sich die S. soziologisch meist auf die im Protest gegen die herrschenden Klassen stehenden Unterschichten. Als »äußerste Konsequenz des Bundes« (van der Leeuw) herrscht in ihr das Bewußtsein besonderer Erwähltheit, wozu subjektiv Bekehrung und persönliches Bekenntnis, oft auch die Erwachsenentaufe als Zeichen der rechten Stellung zu Gott gehören. Meist tolerieren die S.n die staatliche Ordnung, halten sich aber als separierte Heiligungsgemeinde von der politischen Verantwortung fern. Aus Gründen der Naherwartung des Herrn oder der Verpflichtung gegenüber dem absoluten → Naturrecht verzichten sie auf Rechtsübung, → Eid, Besitz und kriegerische Gewalt, wobei es allerdings neben dem leidenden und duldenden S.ntypus auch den aktiven und reformierenden gibt (so Mensching). Das Leben der S.n ist meist von »überwertigen Ideen« (W.Schulte) geleitet, und unter den Führern finden sich besonders viele fanatische, geltungssüchtige, dagegen unter den Geführten unsichere, suggestible Naturen. Da die S.n zumeist aus Protest gegen eine Verflachung der christlichen Botschaft in der Großkirche entstanden sind (→ Sekten: II), besteht ihre Tragik darin, daß sie zwar einen starken positiven Kern haben können, dann aber oft eine spezielle Sonderlehre so stark herausstellen, daß sie unfähig werden, das gesamte menschliche Dasein zu bewältigen.

Die Auseinandersetzung zwischen K. und S. (→ Sekten: IV) kann im letzten nicht mehr auf der Ebene der Religionssoziologie geführt werden. Denn einmal können sich die S.n im Lauf ihrer Geschichte so verändern, daß sie »kirchliche« Züge annehmen. Ferner ist der Streit zwischen beiden schließlich ein Streit um die Wahrheit des Glaubens und die Einheit der Kirche Jesu Christi. Führt der Protest des Sektierers am Ende zur »Auswanderung aus der Bibel« (Hutten), so macht er sich selbst zum Häretiker. Wird aber in K. und S. das Wort Gottes rein verkündigt, dann »ist in der... K. wie in der S. grundsätzlich sanctorum communio (Gemeinschaft der Heiligen) anzuerkennen und zu glauben« (Bonhoeffer). Daraus ergibt sich dann auch die Möglichkeit einer ökumenischen Zusammenarbeit von »K.n« und »S.n«, wobei als Kriterium der Glaubensgemeinschaft das → Bekenntnis (: V) zum einen Herrn der Kirche und die gegenseitige Anerkennung als Glieder am Leibe Christi zu gelten hat (so Littell).

Grundlegend: E.Troeltsch, Die Soziallehren der christl. K.n u. Gruppen, (1912) 1923³. – Auseinandersetzungen mit Troeltsch: L. Thimme, K., S. u. Gemeinschaftsbewegung, 1925 – D.Bonhoeffer, Sanctorum communio, (1930) 1954². – Ferner: M.Weber, Gesammelte Aufs. z. Religionssoziologie I, (1920) 1947⁴ – C.Mayer, S. u. K., 1933 – J.L.Neve, Churches and Sects in Christendom, Burlington (1940) 1952² – Å.V.Ström, Religion och gemenskap, Stockholm 1946 – G.Mensching, Soziologie der Religion, 1947 – Wach, Relsoz. (Lit.) – F.H.Littell, Church and Sect (ER 6, 1953/54, 262-276) – H.-H.Schrey, Die S.n als Frage an die K. (ZW 24, 1953, 626-631) – Hutten – Ders., Die Glaubenswelt des Sektierers, 1957 – van der Leeuw – E.Schweizer, K.Hutten u.a., Die Einheit der K. u. die S.n, 1957.

H.-H.Schrey

Kirche des Reiches Gottes. Der Schweizer *F.L. Alexandre Freytag* (1870-1947) schloß sich 1898 den → Zeugen Jehovas an und wurde Leiter ihres Genfer Büros. Aber seit 1917 überwarf er sich mit ihnen und gründete das »Philanthropische Werk« in Cartigny bei Genf. Seine Gemeinschaft ist bes. in der Schweiz, Frankreich, Deutschland, auch in Belgien, Italien und Österreich verbreitet und missioniert in einzelnen Teilen Afrikas und Amerikas. Sie verehrt ihn als den »Sendboten« der letzten Periode von Laodicea (vgl. Apk 3, 14ff) und hat seine Schriften kanonisiert. Im Zentrum seiner Lehre steht die Frage: Wie kann der Tod überwunden und das Leben verewigt werden? Zu diesem Zweck hat Freytag eine Welt- und Geschichtsdeutung entworfen, in der das »Weltallgesetz« eine entscheidende Rolle spielt. Es besagt, daß Gott die Liebe ist und auch der Schöpfung das Gesetz des Altruismus eingegeben hat. Aber mit dem Sündenfall brach der Egoismus in sie ein. Die Folgen waren nach dem »Gesetz der Gleichwertigkeiten« Verheerungen in der Natur, Haß, Krankheit und Tod. Freytag hat, wie ein Christus, das Weltallgesetz erneut verkündigt und damit das Ende dieser Welt und den Übergang zum kommenden Reich Gottes auf Erden eingeleitet. Seine Anhänger gliedern sich in die noch lebenden Angehörigen der »Kleinen Herde« der 144000, die sich wie Christus selbst zum Sühnopfer geben, und in die »Armee des Allmächtigen« (seit 1938), die das Gebot des Altruismus befolgt. Einige landwirtschaftliche Betriebe in Frankreich, Schweiz, Belgien und Deutschland wollen als »Versuchsstationen« durch praktische Verwirklichung des Weltallgesetzes Modelle des Reiches Gottes schaffen. - Eine Abspaltung in Frankreich unter J.B.Sayerce (* 1904) führte seit 1947 zur Gründung einer gleichnamigen Gemeinschaft (auch »Amis de l'Homme«). Die Mitgliederzahl beider Gruppen wird mit 71000 bzw. 52000 beziffert.

FREYTAG vf. u.a.: Botschaft an Laodizea, 1920; Die göttl. Offenbarung, 1921; Die Botschaft an die Menschheit, 1922; Das ewige Leben, 1933. - Zs.en: Zeitung für Alle (wöchentlich, seit 1918) - Der Anzeiger des Reiches der Gerechtigkeit (halbmonatlich, seit 1938). - Kritisch: HUTTEN[5] 141ff. *K.Hutten*

Kirche und Staat

1. Grundlagen - 2. Geschichtliche Entwicklung - 3. Eigenständigkeit der K. - 4. Systeme der Verbindung und Trennung von K. und St. - 5. Säkularer St. und kirchliches Eigenleben - 6. K. und St. nach kath. Auffassung. - Vgl. ergänzend → Finanzwesen, → Grenzen, → Kirche: VI, → Kirchengut, → Kirchenrecht: I, → Kirchensteuer: I, → Kirchenverfassung, → Kirchenverträge, → Körperschaften des öffentlichen Rechts, → Konkordat, → Parität, → Staat, → Staatsleistungen an die Kirche

1. Durch alle Zeiten hindurch bildet für die christliche K. wie für den St. ihr gegenseitiges Verhältnis ein grundlegendes Problem. Wie immer das Wesen der K. von ihr selbst und von einer Epoche verstanden wird, als die Gemeinde der Gläubigen versammelt die K. in ihrer irdischen Erscheinung die gleichen Menschen, die als Bürger unter der politischen Gewalt des St.es leben. Mit ihrer Botschaft ergreift die K. den ganzen Menschen und fordert dem St. gegenüber die Freiheit ihres Bekennens und ihres geistlichen Lebens. Der St. aber in seinen wechselnden historischen Formen nimmt den Menschen als seinen Bürger in Anspruch und tritt der K. als der Herr der weltlichen Ordnung und der Hüter des Friedens in dieser Welt gegenüber, der ihr darum auch mit gewissen Befugnissen der Aufsicht und Regelung begegnet. Ein solches Verhältnis der Auseinandersetzung, Abgrenzung und Spannung zwischen K. und St. besteht zu allen Zeiten, auch dort, wo ein atheistischer St. Aufgabe und Stellung der K. leugnet oder nur verkürzt anerkennt. Auch in der Negation, sogar in der Bekämpfung kann eine verborgene Anerkennung der Tatsache kirchlicher Gemeinschaft sich ausdrücken.

Die äußere Erscheinung der K. wie auch die Anschauungen über sie unterliegen ebenso wie Wirklichkeit und Theorie des → Staates (: I) steter geschichtlicher Veränderung. Wandelbarkeit ist auch das Zeichen des Verhältnisses von K. und St. Wenige Bereiche des öffentlichen Lebens reagieren mit so feiner Empfindlichkeit auf jede Umgestaltung der äußeren Form wie der inneren geistigen Struktur beider Partner, ja sogar auf jeden Wechsel des allgemeinen geistigen Klimas einer Epoche. Für das erste Jt. der K. kann man - seit der Wende unter → Konstantin - von einer K. und St. gemeinsamen Auffassung ihrer Aufgabe und ihrer Beziehung untereinander sprechen. Schon im MA gehen kirchliche und weltliche Ansicht oft weit auseinander, und vollends in der Moderne stehen sich in der Regel zwei getrennte Betrachtungsweisen gegenüber. Es gibt daher heute keine allgemeingültige Lehre über das Verhältnis von K. und St., sondern neben den aus langer Tradition erwachsenen kirchlichen Auffassungen eine Reihe von Grundtypen staatlicher Lösung dieses Fragenkreises, denen mit örtlicher Variation die Praxis der St.en folgt.

Die kirchliche Lehre gründet sich auf die Schrift. Sie entwickelt ein Bild des → Staates (: IV) in theologischer Sicht, das seine Aufgaben und Grenzen umreißt, und formuliert die Grundsätze für ein Zusammenleben der beiden Partner. Konnte diese Lehre für lange Zeiten auf ein christliches Regiment im St.e rechnen, so muß sie sich in der Gegenwart immer mehr mit einem verweltlichten oder gar atheistischen St. auseinandersetzen. Die staatliche Gesetzgebung hat seit der Aufklärung unabhängig von der kirchlichen Sicht oder selbst im Gegensatz zu ihr ein eigenes Rechtsgebiet entwickelt, das St.skirchenrecht, das die staatlichen Befugnisse gegenüber den K.n und den Raum der K.n in den weltlichen Gemeinwesen abzustecken unternimmt. Ein Mittel des Ausgleichs zwischen den verschiedenen Auffassungen in K. und St. stellt seit jeher der Vertrag dar, der aber Unabhängigkeit der Leitung der K. vom St. voraussetzt.

2. Man kann *die geschichtlichen Wandlungen im Verhältnis von K. und St.* in ihren großen Linien in folgende Abschnitte gliedern: Die Zeit der staatsfernen christlichen Gemeinde im heidnischen Weltreich bringt die grundsätzliche Distanz der K. vom politischen Gemeinwesen zur Geltung. Mit der Erhebung des → Christentums zur St.sreligion des römischen Reiches wird eine nahe Verbindung zwischen dem christlichen Herrscher und einer St.s-K. hergestellt, in der auch in dem an kirchlicher Selbständigkeit festhaltenden Westen der fürstliche Einfluß zeitweise übermächtigen Einfluß gewinnt. Erst im hohen MA vollzieht die K. in einem gewaltigen geistigen Ringen die Lösung aus dieser Verklammerung und stellt ihre Freiheit wieder her, löst aber mit der Forderung einer Überordnung der geistlichen Gewalt den Widerstand der werdenden National-St.en aus. Die Auseinandersetzung der universalen K. mit nationalem politischem Einfluß ist seither ein Grundzug der Beziehungen von K. und St. Die Reformation, in ihrer Lehre auf Selbständigkeit der christlichen Gemeinde gegenüber der weltlichen Obrigkeit gerichtet (→ Zwei-Reiche-Lehre), führt im geschichtlichen Ergebnis für den prot. Bereich die entstehenden K.ngebilde unter den Schutz und dann die Herrschaft des partikularen St.es, so daß → Landeskirche und St. in engste Verbindung treten. Die unter dem rationalen → Naturrecht und der → Aufklärung sich vollziehende Säkularisierung des St.es führt zu einer über die Toleranz zur konfessionellen Neutralität verlaufenden Distanz zu den K.n, mit der sich zugleich ein allgemeiner Anspruch auf hoheitliche Aufsicht über alle Vereinigungen seines Territoriums verbindet. Auf dieser Grundlage der konfessionellen Gleichheit und einer Betonung der (kirchlichen Gesichtspunkten gegenüber unabhängigen) souveränen Hoheit des St.es baut sich das St.skirchenrecht der neueren Zeit auf, das je nach dem Maß erhaltener Verbindung oder der Sonderung von K. und St., der fördernden oder abwehrenden Haltung des St.es und der Sicherung der Glaubensfreiheit verschiedene Typen staatlicher Stellung zur K. ausbildet.

a) Im *weltlich-heidnischen St.* der Antike strebt die K. danach, unter Respektierung des Gehorsams gegenüber der weltlichen Macht ihr eigenes Leben getrennt vom St. zu führen. Die Fortdauer der heidnischen St.sreligion, vor allem der → Herrscherkult, dessen Vollzug die K. als wider Gottes Gebot ablehnen muß, führt vom staatlichen Anspruch auf Bürgergehorsam aus zu Konflikt und Verfolgung. Unverlierbares Erbe dieser Epoche ist für die K. die Selbständigkeit ihrer Gemeinschaft gegenüber dem weltlichen Regiment und ihre Bereitschaft zur Prüfung der staatlichen Anordnungen am göttlichen Gebot.

b) *Nach Konstantin* gewinnt der christliche Herrscher in der K. eine beherrschende Stellung als von Gott erleuchteter Gesetzgeber. In → Byzanz (: II) und von ihm aus später im Kirchentum → Rußlands (: I) setzt sich diese Position zu einem vom Herrscher geleiteten St.skirchentum fort (→ Cäsaropapismus). Der Westen widerstrebt dieser Lösung und entwickelt die Vorstellung eines Nebeneinanders der pontifikalen auctoritas über die ganze Christenheit und der regia potestas des Kaisers (Papst → Gelasius I., 492–496). Staatliche Privilegien der K., der Grundsatz, daß der Herrscher den Glauben des Landes bestimmt, und bestimmender fürstlicher Einfluß im K.nwesen (Bischofsernennung) kennzeichnen auch das St.skirchentum der germanischen Reiche, dem der Einfluß der Grundherrschaft (→ Eigenkirche) besondere Züge verleiht. Die letzte Ausprägung dieser staatlichen Herrschaft ist das ottonisch-salische Reichskirchensystem mit sakraler Stellung des Königs, Einbau der Bischöfe mit weltlicher Hoheit in das politische Reichsgefüge und königlicher Hoheit über die Reichs-K. und ihr Gut einschließlich der Bestimmung der Bischöfe (selbst bei Wahl).

c) Gegenüber der kaiserlichen Oberherrschaft, die auch für das → Papsttum (: II) zur Geltung gelangte, vollzog die große *kirchliche Erneuerung* des 10.–12.Jh.s (→ Cluny, → Gregor VII.) eine an frühere Ideen anknüpfende Abgrenzung zwischen sacerdotium und regnum, die für die geistliche Gewalt die libertas ecclesiae und in schrittweiser Weiterführung der Lehre ihren Vorrang vor der weltlichen Macht beanspruchte (→Kaisertum und Papsttum). Der kaiserlichen Lehre von der unmittelbaren göttlichen Herkunft der Herrschermacht setzte man kirchlicherseits die Ableitung aller Gewalt aus päpstlicher Verleihung entgegen, kraft deren die Kurie eine in ihrer geistlichen Vollmacht begründete potestas indirecta in temporalibus beanspruchte. Mit dem Sieg dieser These sah sich die K. freilich der Macht der Einzelstaaten gegenüber, denen sie kaisergleiche Rechte und Unabhängigkeit zugesprochen hatte. So fand die Lehre der päpstlichen plenitudo potestatis, theoretisch festgehalten, im 14.Jh. an der wachsenden Macht des National-St.es und seiner nationalkirchlichen Tendenz ein Ende, auch wenn die Auffassung des → Marsilius von Padua, der die Unterordnung einer eng auf das geistliche Gebiet beschränkten K. unter den St. vertrat, nicht Allgemeingut wurde und die konziliare Bekämpfung der päpstlichen Suprematie scheiterte (→ Reformkonzile). Beide Richtungen boten aber in der Folge ein Arsenal von Ideen für die ständisch-demokratischen Tendenzen in K. und St. Für das spätere MA blieb ein dualistisches Miteinander von K. und St. beherrschend mit weiter kirchlicher Jurisdiktion über Kleriker, Ehe und Erbe sowie bestimmendem kirchlichem Einfluß auf Unterricht und Bildung (Universitätsprivilegien, Bücherzensur). Zugleich entwickelte sich die Vorstellung einer Aufgabe des Herrschers zu Schutz und Hilfe im K.nwesen, mit der sich nationalkirchliche Strebungen verbanden.

d) Die Lehre der *Reformation* richtete sich gegen diese überlieferte Weite der kirchlichen → Jurisdiktion und suchte die → Kirche (: III, 4) als geistliche Gemeinschaft in ihrer Unabhängigkeit von weltlichem Einfluß klar herauszustellen. Dem St. erkannte die luth. Auffassung nur eine helfende Stellung im kirchlichen Raum zu, und auch die calvinistische Lehre nahm ihn nur in diesem Sinne in Dienst. Die geschichtliche Anlehnung der prot. Bewegung an einzelstaatliche Mächte führte aber tatsächlich zur Bildung eines Landeskirchentums mit einem als → cura religionis und als → Episkopalismus begründeten landesherrlichen → Kirchenregiment. In → England (: I, 3) vollzog sich sogar ein offener Übergang der kurialen Suprematie auf eine königliche K.nhoheit. In der Struktur bleibt auch in dieser Zeit die dualistische Teilung der Jurisdiktion bestehen. Aber der ev. Herrscher übt zuerst mit historischer, dann mit territorialistischer Begründung (→ Territorialismus) eine Verfügung über die iura externa (→ ius circa sacra) der K. aus. Auch in den kath. Territorien finden sich im Absolutismus über die Advokatie hinausgehende Elemente landesherrlichen Einflusses auf die Bischofsnomination und die Vermögensverwaltung, bes. in Frankreich mit nationalkirchlichen Tendenzen verbunden (→ Gallikanismus).

e) Ein grundsätzlicher Wandel im Sinne eines Übergangs zu den modernen staatskirchlichen Anschauungen vollzieht sich mit dem Aufstieg des *rationalen → Naturrechts*. Er baut St. wie K. gleichermaßen als aus den Individuen gebildete Zweckgemeinschaften auf, gibt aber dem weltlichen Verband die unbeschränkte Souveränität auch über die auf seinem Gebiet wirkenden kirchlichen Gemeinschaften. Damit weicht auf der staatlichen Seite die dualistische Vorstellung eines unabhängigen Nebeneinanders von K. und St. der Betonung staatlicher Souveränität und Überordnung. Mit der nationalkirchlich-episkopalistischen Reformbestrebung des → Febronianismus teilt das St.sdenken der Aufklärung die Abneigung gegen den kurialen Zentralismus. Die Grundzüge des sich am Ende des 18.Jh.s ausbildenden »K.nstaatsrechts«, gegründet auf einseitige souveräne Setzung des St.es, ist in beiden Konfessionen nahe verwandt. Dem St. wird eine allgemeine → Kirchenhoheit zugesprochen, aus der neben dem ius reformandi ein Schutzrecht (ius advocatiae) und eine hoheitliche Einwirkung auf die äußeren K.nangelegenheiten abgeleitet werden. Maßstab dieser staatlichen Rechte ist das Wohl des St.es und die öffentliche Sicherheit. Aus dem weiter angenommenen Aufsichtsrecht (ius inspiciendi) leitet das 18.Jh. eine Reihe von Befugnissen ab, die die universale K. territorialistisch einengen: Das → Plazet für kirchliche Gesetze und Erlasse, den → recursus ab abusu als Anrufung staatlicher Instanzen gegen Entscheidungen kirchlicher Stellen, das → Exklusive gegen unerwünschte kirchliche Ernennungen, endlich die Befugnis zur → Säkularisation oder Zweckänderung schlecht verwalteten kirchlichen Vermögens. Die Verwirklichung dieser Grundsätze führt in Österreich, beginnend in Mailand unter Kaunitz (1768), zum K.nsystem des → Josephinismus. In Preußen ist ihr Ausdruck das Allgemeine Landrecht (1794). Grundzüge dieses Systems, bes. St.ssouveränität, einseitige St.sgesetzgebung und Vorrang der staatlichen Gesamtordnung, sind für das St.skirchenrecht der Folgezeit bestimmend geblieben.

f) Das *19.Jh.* bringt mit der französischen Revolution und der Auflösung der deutschen Reichs-K. das Ende des älteren St.skirchentums. In der Vielfalt der Strömungen dieser Epoche treten drei bestimmende Linien hervor: Glaubensfreiheit, zunehmende Autonomie der K. (auch auf ev. Seite), Aufhebung der Reste kirchlicher Jurisdiktion (Ehe, Schule) durch die vereinheitlichende bürgerliche Gesetzgebung des St.es. Auf dem Höhepunkt des → Liberalismus sucht der St. im deutschen → Kulturkampf (1872–75) und in der französischen Trennungsgesetzgebung (1904–08) seine Aufsicht über die kirchliche Verwaltung (mit antikurialer Tendenz) zu verstärken, in beiden Fällen mit geringem bleibendem Erfolg. Das 20.Jh. sieht in dem Trennungsdekret der Sowjetunion (5.2.1918) und im → Kirchenkampf (1933-45) das Bemühen des totalitären St.es, die K. in eine auf den Kultus eingegrenzte Winkelstellung zu drängen und damit zum Niedergang zu bringen. In den St.en freiheitlicher Verfassung ist teils in Ausübung der allgemeinen bürgerlichen Freiheit, teils gesetzlich oder vertraglich eine Erweiterung der kirchlichen Autonomie festzustellen, am stärksten in → Deutschland (: III. IV) nach 1945, aber auch im überlieferten St.skirchentum (England, Skandinavien) im Sinne der Auflockerung zu größerer kirchlicher Selbständigkeit. Im Verhältnis der christlichen K.n in den neuen St.en Asiens und Afrikas zeichnen sich noch keine festen Linien ab. Glaubens- und Vereinigungsfreiheit bilden hier vorerst die Grundlage.

3. In der Gegenwart ist die Vorstellung des MA von einem K. und St. umschließenden → Corpus Christianum aufgegeben. Ebenso tritt die seit dem 18./19.Jh. vordringende Auffassung, die die K. nur als religiöse Vereinigung im Rahmen der staatlichen Gebietshoheit erblickt, zurück, obwohl sie die staatliche Gesetzgebung immer noch beeinflußt.

a) Die kirchliche, in den freiheitlichen Ordnungen aber auch die staatliche Anschauung gehen davon aus, daß die → Kirche (: VI B), auch in der Gestalt einer partikularen K., eine unter der Herrschaft ihres Herrn stehende → Gemeinde (: II) der Gläubigen ist, die auch als geschichtliche Erscheinung aus eigener geistlicher Berufung und Kraft lebt. Diese *Eigenständigkeit der K.* gegenüber den weltlichen Gewalten begründet die grundsätzliche Unabhängigkeit ihrer Ordnung, Ämter und → Gesetzgebung von staatlichem Einfluß. Auch wo sich historisch Verbindungen zum St. ergeben und staatliche Einwirkungen rechtlich vorgesehen sind, wird diese → Freiheit (: II) des kirchlichen Lebens nicht aufgehoben. Im modernen St.skirchentum werden selbst staatliche Befugnisse zu Ernennungen und Gesetzgebung im kirchlichen Raum (England, Schweiz) mehr und mehr an den Vorschlag kirchlicher Gremien gebunden. Nur dort, wo der St. der K. besondere öffentliche Privilegien und Fähigkeiten (Steuererhebung, öffentliche Beurkundung, Mitwirkung an öffentlichen Einrichtungen) einräumt, leitet die kirchliche Instanz solche Befugnisse aus der staatlichen Verleihung ab. - Die Eigenständigkeit der K. ergibt sich in gleicher Weise aus der luth. → Zwei-Reiche-Lehre, wo sie aus der Eigenschaft der leiblichen K. als Wahrzeichen der geistlichen Gemeinde und ihres Unterschiedes zum Reich der Welt folgt, wie aus dem Gedanken der Königsherrschaft Christi, die Christus als Haupt der K. auch in ihrer irdischen Gestalt erblickt und daher allen weltlichen Gewalten den Eingriff in sie wehrt. - Die Idee der Eigenständigkeit wirkt sich auch im → Kirchenrecht (: I B) aus, das keiner weltlichen Ermächtigung bedarf. Die eigene Geltung des kirchlichen Rechts kann freilich dazu führen, daß es nicht mit der staatlichen Gesetzgebung übereinstimmt und sogar offene Widersprüche bestehen (zB kanonisches und bürgerliches Eherecht). Solche Gegensätze können bewirken, daß der St. kirchlichen Akten bürgerliche Wirkung abspricht, aber ihre freiwillige Erfüllung zuläßt (kirchliche Eheschließung), während die K. ihre Gläubigen auffordert, staatliche Ermächtigungen nicht auszuüben (zB → Ehescheidung) oder gar dem St.sgebot nicht zu folgen. Im allgemeinen streben K. und St. an, einen offenen Widerspruch ihrer Weisungen zu vermeiden. Als Mittel des Ausgleichs kirchlicher und staatlicher Auffassung dient seit dem MA (Wormser Konkordat 1122) der Vertrag (→ Konkordat, → Kirchenvertrag). Seine für beide Seiten bindende Kraft wird in der Gegenwart auch von der Kurie (Enzyklika »Immortale Dei«, 1885) und dem überwiegenden Teil der Lehre anerkannt. Sie wurzelt in der für beide unabhängigen Partner gemeinsamen rechtlichen Sphäre der Koordination (für die kath. K. wird sie durch das → Völkerrecht, für die ev. K.n durch eine über den St. hinausreichende gemeinsame Basis des Rechtsdenkens hergestellt).

b) Die Entfaltung der kirchlichen Eigenständigkeit wird durch die Gewähr voller Glaubens- und Vereinigungsfreiheit hinreichend gewährleistet. Sie schließt nicht eine öffentlich-rechtliche Stellung der K. ein, umfaßt aber die Möglichkeit des kirchlichen Zeugnisses in der Öffentlichkeit, dh die Möglichkeit, die Verkündigung durch Wort und Schrift (Presse, Beteiligung an den Massenmedia) zu üben, die Gläubigen in Vereinigungen zu sammeln und in Glaubensdingen zu unterrichten. Wo diese Weite des Wirkens in die Welt beschränkt oder verhindert wird, greift der St. in die Selbständigkeit der K. ein.

c) Aus der Eigenständigkeit ergibt sich eine *Grenzziehung* zwischen K. und St. Gemäß These 5 der Barmer Theologischen Erklärung (1934; → Barmen, 2) ist damit nicht nur eine Ein- und Unterordnung der K. im St., sondern nicht minder der Anspruch des St.es unvereinbar, die »einzige und totale Ordnung menschlichen Lebens« zu sein. Wo der totalitäre St. das ganze Dasein, daher auch das geistige Leben seiner Bürger in seinen Bann zu ziehen sucht, greift er auch in die Selbständigkeit der K.n ein. Die K. begegnet dem St. unabhängig von seiner Verfassungsform als der für Ordnung und Frieden der Welt notwendigen Institution mit Gehorsam und Loyalität. Das schließt eine Prüfung der staatlichen Weisungen und nötigenfalls eine Enthaltung von näherer Mitarbeit im St. für die Christen nicht aus (→ Widerstandsrecht).

4. Bis zum Ausgang des 18.Jh.s ergab sich aus dem politischen Grundsatz, kirchliche Einheit als Mittel staatlicher Einheit zu fordern, ein St.skirchentum, das nur *einem* Bekenntnis die Stellung der anerkannten Religion zuwies, andere Glaubensrichtungen dagegen höchstens duldete. Als der St. die seit dem 17.Jh. erhobene Forderung der Gewissensfreiheit aufgriff, ergab sich als erster Schritt die Gewährung von → Toleranz, dem in der ersten Hälfte des 19.Jh.s der Rückzug auf eine überkonfessionelle Stellung folgte. Die Verfassung des → Frankfurter Parlaments 1848 sprach sich in § 147 gegen ein St.skirchentum aus, und die Entwicklung der meisten deutschen Länder folgte ihr. Die um die Mitte des 19.Jh.s unter dem Wort »Freie K. im freien St.« hervortretende Idee der Trennung fand nur an einigen Stellen Verwirklichung. In erheblichem Maß blieb die neuere Entwicklung, bes. in Deutschland, Österreich und der Schweiz, bei der Form eines Zusammenwirkens von K. und St. Daraus ergeben sich für die moderne Zeit drei Haupttypen staatskirchenrechtlicher Gestaltung.

a) Das *St.skirchentum,* das System der Anerkennung einer Richtung als herrschende Religion, tritt in zwei Formen auf. Der *traditionelle* Typ ist durch historische Verbindung von K. und St. bedingt (England, Skandinavien, einzelne Schweizer Kantone). Hier ist bei voller Glaubensfreiheit einer K. die Stellung als öffentlichrechtlicher St.s-K. zugesprochen, neben der andere Bekenntnisse auf den Weg freier Vereinsbildung gewiesen sind. Dafür steht dem St. die Einwirkung auf die Besetzung der leitenden Ämter zu; notwendige K.ngesetze erläßt ganz oder teilweise das allgemeine Parlament. - Der andere, *kath.* Typ geht von der konkordatären Anerkennung der kath. Religion als der einzigen Religion des Landes aus (Italien 1929, Spanien 1953, Dominikanische Republik 1954). Anderen Religionsgemeinschaften wird eine - in manchen Fällen begrenzte - Glaubensfreiheit gewährt. Der herrschenden Religion kommt der St.

durch Anerkennung ihrer Eheschließungsform und sogar ihrer geistlichen Jurisdiktion über die Ehe entgegen. Auch hier handelt es sich um ein reduziertes St.skirchentum, mit freier Religionsübung verbunden.

b) Das *System der Trennung von K. und St.*, das eine öffentlich-rechtliche Stellung der K. ausschließt, kennt gleichfalls verschiedene Ausprägungen. In den USA findet sich eine Form, die das Ergebnis des Wunsches nach religiöser Duldung ist und die an das in der Bundesverfassung (1. Ergänzung 1791) enthaltene Verbot einer St.s-K. anknüpft. Im Verein mit der Glaubensfreiheit führt das zu freier Bildung von religiösen Gemeinschaften, die der St. nach Vereinsstatus behandelt, freilich mit größerer Achtung der inneren Freiheit. Der verfassungsrechtliche »Trennungswall« schließt jede St.sunterstützung der K. aus, ebenso den Religionsunterricht in der Schule. Von diesem im Ergebnis der K. freundlich gesinnten System unterscheidet sich die Trennung laizistischer Prägung, wie sie die französischen Trennungsgesetze 1904/08 verkörpern. Die öffentlich-rechtliche Stellung der K. wird beseitigt, ihr Vermögen staatlicher Aufsicht (oder bei deren Ablehnung der Einziehung) unterworfen, die Betätigung der K. im Unterricht beschränkt, die Beziehungen des St.es zu ihr abgebrochen. Die Zwischenzeit hat das System in Frankreich stark gemildert, aber für andere Länder (Genf 1907, Portugal 1911 [inzwischen aufgehoben], Mexiko 1917) hat diese radikale Separation als Muster gedient. Soweit sich damit die Gewähr bürgerlicher Freiheiten verbindet, vermag die K. auch in diesem Rahmen ihr Leben zu organisieren. Im Trennungssystem des totalitären St.es (sowjetisches Dekret vom 5.2.1918) dagegen wird die Vereinigungsfreiheit begrenzt und keine volle Möglichkeit des Wirkens in der Öffentlichkeit mehr zugestanden. Der → Nationalsozialismus offenbarte das Endziel seiner K.npolitik in der kirchlichen Ordnung im Warthegau (ab 1939), die den K.n nur mehr den Status eines privaten Vereins gab, den Eintritt nur Erwachsenen gestattete und eine strenge staatliche Aufsicht festlegte. Im kommunistischen Bereich wird die Trennung als Sicherung der politischen Aktion des Volkes vor dem als rückschrittlich verstandenen kirchlichen Einfluß gedeutet. Die Lösung jeder institutionellen Verbindung von K. und St., aber auch von K. und Schule, die Zurückführung der K. auf eine juristische Person verbindet sich in der DDR mit der Anerkennung der Gewissensfreiheit (Artikel 41 der Verfassung), vorbehaltlich ihres Mißbrauchs für verfassungswidrige oder parteipolitische Zwecke, und der Achtung vor der Wahrnehmung ihrer inneren Angelegenheiten durch die K. selbst. In der Praxis wird der freie kirchliche Raum jedoch im engen Sinn der Kultusübung verstanden.

c) Die *Ordnung des Zusammenwirkens von K. und St.* ergab sich für das deutsche St.skirchenrecht aus dem langsamen Rückgang der staatlichen Stellung. Bis 1918 schloß der Fortbestand des landesherrlichen → Kirchenregiments eine volle Gleichheit der Konfessionen aus, ließ aber eine lockere Parität zu. Unterschieden von den besonderen Rechten des ev. Landesherrn wurde die allgemeine K.nhoheit des St.es gegenüber allen Konfessionen, aus der sich ein als Gegenstück der Korporationseigenschaft der K. verstandenes Aufsichtsrecht ergab. Grundlegend blieb der Unterschied der inneren Angelegenheiten der K. (Lehre und Kultus), die der K. allein zustanden, und der äußeren und gemischten Fragen, an denen der St. mitwirkte. Die Weimarer Reichsverfassung (1919, WRV) legte als Ziel eine weitere Sonderung von K. und St. und die Ablösung der → Staatsleistungen (Art. 136. 138) fest. Gleichwohl hielt die staatliche Gesetzgebung an der überlieferten Aufsicht in diesem als »hinkende Trennung« (U.Stutz) bezeichneten System fest. Das Bonner Grundgesetz übernahm 1949 (Art. 140) das St.skirchenrecht der WRV, aber die Lehre (R.Smend) hat mit Recht die grundlegend geänderte Lage nach dem → Kirchenkampf zum Ausgang auch rechtlicher Neudeutung gemacht. In der Tat wird in der Gegenwart der Begriff der staatlichen → Kirchenhoheit aufgegeben, deren gesetzliche Ausgestaltung langsam vertraglich und gesetzlich abgebaut wird. Als Prinzipien des staatskirchenrechtlichen Verhältnisses treten in den richtunggebenden Verträgen der Länder Niedersachsen (1955), Schleswig-Holstein (1957) und Nordrhein-Westfalen (1958) mit den K.n ihres Landes neue Begriffe (freundschaftliche Zusammenarbeit, Eigenständigkeit der K. und freiheitliche Ordnung) hervor, die eine lose Zusammenordnung beider Partner zeigen. In Österreich ist das System der St.skirchenhoheit und der Anerkennung bestimmter Religionsgesellschaften erhalten geblieben, das sich mit einer speziellen Vereinsaufsicht des St.es verbindet; von ihr bleiben die inneren Angelegenheiten der K.n frei. Auch in der Schweiz lebt der Begriff der K.nhoheit fort, meist in Verbindung mit einer öffentlich-rechtlichen Stellung der anerkannten Gemeinschaften, wobei zT das nicht vorherrschende Bekenntnis nur eine öffentlichrechtliche Anerkennung für seine einzelnen Gemeinden besitzt. Die Glaubensfreiheit ist bundesverfassungsrechtlich gesichert.

5. Abgesehen von den Formen radikaler Trennung weist das *heutige St.skirchenrecht* überall verwandte Züge auf: Seine Quellen finden sich bes. im St.sgesetz, daneben in Verträgen zwischen St. und K. Die Abgrenzung der Kompetenzen zwischen K. und St. vollzieht die staatliche Verfassung und Gesetzgebung unter Achtung der Selbständigkeit der innerkirchlichen Ordnung (Art. 137 Abs. 3 WRV). Doch fordert der St. auch hier die Achtung des »für alle geltenden Gesetzes«, dh der Grundlagen seiner Rechtsordnung. In den gemischten Angelegenheiten, an denen beide Partner beteiligt sind (→ Friedhof, → Schule, → Ehe), behält der St. gleichfalls einen bestimmenden Platz. – Die grundlegende Norm des staatlichen Rechts ist die Glaubens- und Gewissensfreiheit. Sie umfaßt nicht nur die innere Meinung, sondern auch die Freiheit des Bekennens und der Betätigung des Glaubens. In bestimmter Richtung schützt der St. hiermit auch die Freiheit des einzelnen vor der K. selbst und ihrer Disziplin. Er gestattet den → Kirchenaustritt (: II), er gewährt Freiheit, die eigene religiöse Zugehörigkeit nicht zu offenbaren (Art. 136 Abs. 3 WRV). Dagegen stellt es einen unstatthaften Eingriff in kirchliche eigene Ordnung dar, wenn der St. der K. selbst gegen ihre Glieder – entgegen einer Lehrzucht – Glaubensfreiheit gebieten wollte. Mit der Glaubensfreiheit hängt auch der staatliche Schutz der Feiertage zusammen (→ Feste: VI, 3). Das → Elternrecht auf Erziehung dagegen (Art. 6 Abs. 2 GG) schließt das Recht auf Schulen eigenen Bekenntnisses nicht ein. Die notwendige Ergänzung der individuellen Glaubensfreiheit bildet die kirchliche Vereinigungsfreiheit, die sich auch auf Neugründungen und Zusammenschlüsse erstreckt (Art. 137 Abs. 5 WRV). – In diesem Rahmen entfaltet sich die kirchliche Selbständigkeit, die mehr ist als bloße Autonomie. Sie zeigt sich in der Gliederung der K., ihrer Ämterverleihung und → Gesetzgebung, aber auch in der selbständigen Begrenzung kirchlicher Gemeinschaften unabhängig von staatlichen → Grenzen. Dementsprechend hat sich ungeachtet seiner historischen Anlehnung an St. und St.sgrenzen das deutsche Landeskirchentum heute von dieser Bindung gelöst. Freiwillige Beschränkungen dieser Freiheit können die K.n als Gegenleistung auf sich nehmen, zB in Gestalt der »politischen Klausel«,

der Gestattung eines staatspolitischen Einspruchs gegen Besetzung leitender Ämter. – Ein wichtiges Moment der Zusammenarbeit von K. und St. ist die Ausstattung der K.n mit der Eigenschaft öffentlicher → Körperschaften. Sie erschließt ihnen das Besteuerungsrecht (→ Kirchensteuer: I) und die Möglichkeit, → Beamte (: II) zu halten. Daneben gehört zu dieser auf staatlicher Verleihung beruhenden Stellung der K. ihre Mitwirkung an öffentlichen Einrichtungen (Rundfunk, Schule). Für bestimmte Gebiete (→ Religionsunterricht in der Schule, theologische → Fakultäten) räumt der St. der K. sogar eine begrenzte Mitwirkung bei seinen Maßnahmen ein. In diesen Rahmen der öffentlich-rechtlichen Bevorrechtigung der K.n gehört auch der strafrechtliche Schutz der Religion und ihrer Einrichtungen, die Zeugnisbefreiung der Geistlichen und deren Freistellung vom Militärdienst (→ Wehrpflicht: II). Die früher gern mit den Korporationsrechten verknüpfte Aufsicht des St.es wird heute freilich mit dem Schwinden der K.nhoheit als nicht mehr bestehend angesehen. Unzweifelhaft ist es für die K. leichter, eine volkskirchliche Erfassung der Bevölkerung zu erhalten, wenn sie öffentlich-rechtliche Privilegien genießt. Daß sie aber dort, wo die bürgerlichen Freiheiten effektiv gesichert sind, auch mit Hilfe dieser ihre Organisation wirksam gestalten kann, zeigt das Beispiel des amerikanischen K.nwesens (→ Vereinigte Staaten: I).

E.Friedberg, Die Grenze zwischen St. u. K., 1872 – P.Hinschius, St. u. K., 1883 – K.Rothenbücher, Die Trennung von St. u. K., 1908 – G.Anschütz, Die Verfassung des Dt. Reiches, (1921) 1933^{14} – J.N.Figgis, The Divine Right of Kings, Cambridge 1922^{2} – Z. Giacometti, Qu. zur Gesch. der Trennung von St. u. K., 1926 – U. Lampert, K. u. St. in der Schweiz I-III, 1929-39 – G.J.Ebers, St. u. K. im neuen Deutschland, 1930 – A.Farner, Die Lehre von K.u.St. bei Zwingli, 1930 – A.Deissmann, Reichsverfassung u. K.nverfassung, 1931 – Lietzmann I. II – G.Masur, St.u.K. (HZ 148, 1933, 30-70) – A.Passerin d'Entrèves, La Filosofia Politica Medioevale, Turin 1934 – J.Bohatec, Calvins Lehre von St.u.K., 1937 – E.P.Greene, Religion and the State, New York 1941 – E.F. Jacob, Essays in the Conciliar Epoch, Manchester 1943 – H.Rahner, Abendländ. K.nhoheit, 1943 – E.Winter (→ Josephinismus) – W. Ensslin, Gottkaiser u. Kaiser von Gottes Gnaden (SAM 1943, 6) – Ders., Die Religionspolitik des Kaisers Theodosius d.Gr. (ebd 1953, 2) – M.S.Bates, Glaubensfreiheit, New York (1945) 1946^{2}; dt. 1947 – K.Barth, Christengemeinde u. Bürgergemeinde (ThSt[B] 20), 1946 – G.Ladner, Aspects of Medieval Thought on Church and State (Review of Politics 9, 1947, 403-430) – Studi Gregoriani per la storia di Gregorio VII, ed. G.B.Borino, 5 Bde, Rom 1947-55 – A.C. Jemolo, Chiesa e stato in Italia negli ultimi cento anni, Turin (1948) 1955^{4} – Ders., Lezioni di diritto ecclesiastico, Mailand 1959^{3} – W. Niemöller, Kampf u. Zeugnis der BK, 1948 – O.Dibelius, Grenzen des St.es, (1949) 1952^{2} – J.H.Kaiser, Die polit. Klausel der Konkordate, 1949 – W.Ullmann, Medieval Papalism, London 1949 – Ders., The Growth of Papal Government in the Middle Ages, ebd 1955 – H.Diem, Theol. als kirchl. Wiss. I, 1951 – K.Hallinger, Gorze-Kluny I. II (Studia Anselmiana 22-25), Rom 1951 – H.Marti, Glaubens- u. Kultusfreiheit, Bern 1951 – S.Mochy Onory, Fonti Canonistiche dell'idea moderna dello stato, Mailand 1951 – R.Smend, St. u. K. nach dem Bonner GG (ZevKR 1, 1951, 4-14) – E.Jacobi, St.u.K. nach der Verfassung der DDR (ZevKR 1, 1951, 113-135) – Ders., St.u.K. in der Sowjetunion (WZ Leipzig 4, 1954, 325-344) – F.Maass (→ Josephinismus) – H.v.Campenhausen, Kirchl. Amt u. geistl. Vollmacht in den ersten 3 Jh.en (BHTh 14), 1953 – W.Hamel, Die Bekenntnisfreiheit (ZgesStW 109, 1953, 54-77) – L.Pfeffer, Church, State and Freedom, Boston 1953 – J.Heckel, Lex charitatis (AAM 1953, 36) – Ders., Im Irrgarten der Zwei-Reiche-Lehre (ThEx NF 55), 1957 – Feine – Th.Maunz, Toleranz u. Parität im dt. St.srecht, 1954 – U.J.Cavelti, Die öffentlich-rechtl. Religionsgesellschaften im schweiz. St.skirchenrecht, 1954 – H.Gollwitzer, Die christl. Gemeinde u. die polit. Welt, 1954 – F.Kempf, Papsttum u. Kaisertum bei Innozenz III., Rom 1954 – W.Künneth, Politik zwischen Dämon u. Gott, 1954 – H.Liermann, K.n u. St., Quellensammlung, 2 Bde, 1954/55 – L.Santifaller, Zur Gesch. des ottonisch-salischen Reichskirchensystems (SAW 229, 1), 1954 – A.P.Stokes, Church and State in the United States, 3 Bde, New York 1954 – H. Tillmann, Papst Innozenz III., 1954 – Ernst Wolf, Peregrinatio, 1954 – Ders., Barmen, 1957 – Ders.-W.Schmauch, Königsherrschaft Christi, 1958 – A.Becker, Studien zum Investiturproblem in Frankreich, 1955 – G.Hillerdal, Gehorsam gegen Gott u. Menschen, 1955 – O.Tierney, Foundations of the Conciliar Theory, Cambridge 1955 – W.Maurer, Von Ursprung u. Wesen kirchl. Rechts (ZevKR 5, 1956, 1-32) – M.Pacaut, Alexandre III, Paris 1956 – B.Pfister-G.Hildmann, Widerstandsrecht u. Grenzen der St.sgewalt, 1956 – H.-D.Wendland, Die K. in der modernen Gesellschaft, 1956 – H.Dombois, Ordnung u. Unordnung in der K., 1957 – S.Grundmann, Der Luth. Weltbund, 1957 – G.Jacob-Chr. Berg, Ev. K. jenseits der Zonengrenze, 1957 – H.Raab, Die Concordata Nationis Germanicae in der kirchl. Diskussion des 17.-19.Jh.s, 1957 – N.F.Cantor, Church, Kingship and Lay Investiture in England 1089-1135, Oxford 1958 – F.Engel-Janosi, Österreich u. der Vatikan 1846-1918, 1958 – F.Führ, K. am Anfang einer neuen Zeit (ThEx NF 66), 1958 – P.Gürtler, Nationalsozialismus u. die ev. K.n im Warthegau, 1958 – E.Kinder, Der ev. Glaube u. die K., 1958 – H.Klecatsky-H.Weiler, Österr. St.skirchenrecht, Wien 1958 – U. Krüger, Das Prinzip der Trennung von St.u.K., 1958 – A.V.Murray, The State and the Church in a Free Society, Cambridge 1958 – A. Biéler, La pensée économique et sociale de Calvin, Genf 1959 – V.Del Giudice, Manuale di diritto ecclesiastico, Mailand 1959^{9} – H.-G.Beck, K. u. theol. Lit. im byz. Reich, 1959, 36ff (Lit.) – A. Kimme, Haupttypen der Christokratie (KuD 5, 1959, 117-132).

U.Scheuner

6. a) Für die heutige *kath. Lehre* über das rechte Verhältnis von K. und St. stehen grundsätzlich vier *Quellengruppen* zur Verfügung: zwei positiv-rechtliche, nämlich das geltende kanonische Recht (→ Kirchenrecht: I A) und das moderne, nach 1918 entwickelte Konkordatsrecht; zwei nicht normativ, sondern thetisch gehaltene und wissenschaftlich darlegende: die einschlägigen Kundgebungen des kirchlichen Lehramts und die auf allen oder einigen dieser drei Gruppen beruhenden Darstellungen der Auctores probati, dh jener Theologen, die kirchlich als im wesentlichen getreue und maßgebende Interpreten der kath. Lehre anerkannt sind. Die letzte Gruppe besitzt also keinen authentischen Charakter; sie hat daher wissenschaftlich nur subsidiären Wert und wird hier nicht weiter berücksichtigt. – Von den authentischen Quellen sind die Kundgebungen des kirchlichen Lehramts nur noch in der Form der päpstlichen Kundgebungen wichtig, während die der Bischöfe zwar vielfach für die wissenschaftliche Erfassung der Kirchenpolitik bedeutsam sind, aber für die authentische kirchliche Theorie des Verhältnisses von K. und St. keinen eigenständigen, sondern nur resümierenden oder zuweilen auch vorbereitenden Wert besitzen. Die päpstlichen Kundgebungen ihrerseits, genauer: die einschlägigen Enzykliken der letzten 100 Jahre, die alles Wesentliche enthalten, sind trotz der stets gewahrten Einheit ihrer jeweiligen Hauptthematik im einzelnen so vielschichtig, daß methodisch die Erfassung der heutigen kath. Lehre über K. und St. zunächst und vor allem auf dem positiven Recht aufbauen muß.

b) Der → *Codex Iuris Canonici* als die Zusammenfassung aller grundsätzlichen kanonischen Normen zum Verhältnis von K. und St. hat eine Reihe von ihnen mit wenn auch wechselnden und vereinzelt nicht einmal unmittelbar erkennbaren, so doch in der Substanz gleichbedeutenden Formeln als göttlichen Rechtes gekennzeichnet. Diese besonders herausgehobenen Kanones sind zugleich diejenigen, die das System der kath. Lehre über das Verhältnis von K. und St. tragen, wenn sie auch logisch nicht alle von gleichem konstruktivem Range sind. Als oberster und Wurzelkanon muß c. 100 § 1 gelten, in dem von der kath. Kirche als ganzer, dh hier von der → Hierarchie nach ihrem jeweiligen kanonisch-legitimen Bestand, sowie vom Apostolischen Stuhl festgestellt wird, daß sie kraft göttlicher Anordnung Rechtspersönlichkeit besitzen. Damit wird für beide beansprucht, daß sie souverän sind, dh unabhängig von jeglicher menschlichen, (genossenschaftlichen oder) hoheitlichen Begründung ihres rechtlichen Seins, und folgeweise auch autonom, unabhängig von jeder ohne oder gegen ihren Willen geübten Beschränkung ihrer inneren rechtlichen Selbstbestimmung. - Auf diesen Wurzelkanon lassen sich die allen nach geschichtlicher Erfahrung dem Eingriff des St.es bes. ausgesetzten Teilgebieten des kanonischen Rechts vorangestellten und untereinander zT wieder im Verhältnis von Grundsatz und Ableitung stehenden Fundamentalkanones zurückführen. Sie vindizieren im einzelnen die folgenden kirchlichen Rechte und Aufgaben gegenüber jeglichem staatlichen Eingriff: die gesamtbischöfliche Stellung des Papstes innerhalb der K. (c. 218 § 2) und sein Gesandtschaftsrecht (c. 265); Kultus (c. 1260) und Lehre (c. 1322 § 2), bes. auch hinsichtlich der Ausbildung des Klerus (c. 1352) und des kirchlichen Schul- und Hochschulwesens (c. 1375); Gütererwerb (cc. 1495 § 1. 1499 § 1) und das Recht, die K.nmitglieder zu besteuern (c. 1496); die kirchliche → Gerichtsbarkeit (c. 1553 § 1), bes. die Ehegerichtsbarkeit (c. 1960), beide jedoch unter Anerkennung der staatlichen Gerichtsbarkeit für die Fragen, in denen der St. auch oder allein zuständig ist (cc. 1553 § 2. 1961); Strafbefugnis (c. 2214 § 1) und -gerichtsbarkeit (c. 2198) für Delikte, die nur oder auch kirchlicher Natur sind, verbunden mit dem Anspruch, bei der Strafverfolgung kirchlicher Delikte u.U. auch den Einsatz staatlicher Machtmittel verlangen zu können. Abgerundet wird dieses kanonische System des Verhältnisses von K. und St. durch die (kirchlich-rechtliche) Androhung der → Exkommunikation gegen alle, die staatliche Gewalt anrufen oder einsetzen, um die Betätigung dieser Rechte seitens des Apostolischen Stuhles (c. 2333) oder seitens der K. überhaupt (c. 2334) zu behindern.

c) Das von den zitierten Fundamentalkanones des CIC proklamierte Verhältnis von K. und St. hat als Ziel, die religiöse Selbständigkeit der K., ihre Unabhängigkeit vom St. bei ihren eigenen Angelegenheiten in allen wesentlichen Punkten festzulegen. Dabei setzt der CIC, wie bes. die Schulkanones deutlich machen, als Normal-St. einen weltanschaulich und verfassungsmäßig pluralistischen St. voraus, innerhalb dessen die kath. Kirche als in ihrem Bereich und in ihren Aufgaben eigenständige Rechtsgemeinschaft lebt. Das *Konkordatsrecht* hat zu diesem positiv-rechtlichen kanonistischen Programm dreierlei hinzugefügt und es damit teils verdeutlicht, teils abgeändert: α) Als eine bloße Verdeutlichung kann man die durchgängige Tendenz aller heutigen → Konkordate betrachten, vom St. einen möglichst großen Ausschnitt aus dem dargelegten (s. 2) kanonistischen Programm kirchlicher Unabhängigkeit anerkennen zu lassen. Damit wird nämlich klargestellt - was im CIC mehr tendenziell als ex professo zum Ausdruck kommt -, daß die frühere (vgl. zB → Syllabus Pius' IX., 1864, These 55) summarische kirchliche Verwerfung der Trennung von K. und St. nicht mehr absolut aufrechterhalten, sondern differenziert wird und daß das, man könnte sagen Normalbild des CIC von ihrem gegenseitigen Verhältnis das der staatlich anerkannten oder das der »vertragsgesicherten Trennungs-K.« (U. → Stutz) ist. - β) Dieses Bestreben der modernen Konkordate, der vom CIC proklamierten kirchlichen Unabhängigkeit eine möglichst weitgehende staatliche Anerkennung zu sichern, verdeutlicht noch ein zweites, das aber zugleich eine gewisse Einschränkung ist: den mehr programmatischen als absoluten, mehr visierenden als immobilisierenden Charakter der CIC-Normen. In ihrer Gesamtheit und in ihrem Vollsinn sind sie in keinem der modernen Konkordate vom St. anerkannt worden; große und wichtige Bereiche des kirchlichen Anspruchs fehlen in einzelnen Konkordaten völlig (zB die Schulvorschriften im Polnischen, Preußischen, Badischen Konkordat) oder sind durch schon fast gleichmäßige Anerkennung staatlichen Mitspracherechts (zB für die Bindung der kirchlichen an die staatlichen → Grenzen oder für die politische Genehmheit der Bischofskandidaten) ersetzt worden. Sogar die Substanz des Wurzelkanons 100 § 1, der souveräne und autonome Charakter der kath. K. als moralischer Person, wird in mehreren Konkordaten (Lettisches, Rumänisches, Österreichisches) in ein öffentlich-rechtliches Gewand, also in staatliche, nichtkirchliche Rechtsform gekleidet. - γ) Schließlich erweitert das moderne Konkordatsrecht an einzelnen Stellen auch das CIC-Programm. Für den Außenstehenden am auffälligsten ist das hinsichtlich der Anerkennung der kath. als St.sreligion in mehreren Konkordaten (Italienischer Staatsvertrag von 1929 mit dem Apostolischen Stuhl, Konkordate mit Spanien und der Dominikanischen Republik) und hinsichtlich der darin beschlossenen, im einzelnen mehr oder minder weitgehenden Beschränkung der Öffentlichkeitsrechte nichtkath. Religionsgemeinschaften (während das konkordatsrechtliche Leitbild der vertragsgesicherten Trennungs-K. dadurch nicht berührt wird). Dieses Ziel ist im CIC formell nicht ausgesprochen und in dieser Präzisierung eine bisher nur konkordatsrechtlich gegebene Erweiterung der geltenden kanonistischen Theorie des Verhältnisses von K. und St. Praktisch nicht minder einschneidend, jedoch nur für Katholiken bedeutsam ist die zweite hierhin gehörende Erweiterung, nämlich die staatliche Sanktionierung der Unauflöslichkeit gültiger und kirchlich nicht scheidungsfähiger kath. Ehen in Ländern mit ziviler Ehescheidung. Sie wird in den betreffenden Konkordaten (mit Portugal und der Dominikanischen Republik) erreicht, indem der St. insoweit auf seine eigene Ehegerichtsbarkeit verzichtet; dies bedeutet rechtlich, daß er die Einschränkungen seiner eigenen, zivilrechtlichen und darum auch gemäß dem CIC (c. 1016) in seinem Rechtsbereich liegenden Sanktionierung des Ehebandes für die bezeichneten kath. Ehen nicht gelten läßt. Diese konkordatäre Regelung entbehrt bisher ebenfalls einer Grundlage im CIC, der (c. 2356) für die (kirchenrechtliche) Simultan-Bigamie nur geistliche, aus sich und ohne weltliche Unterstützung wirksame Strafen androht.

d) Die kirchliche Gesamttheorie des Verhältnisses von K. und St., deren authentische Fassung in den einschlägigen *Enzykliken* vorliegt, gibt dem auf ihnen beruhenden CIC-Programm seinen theoretischen, ebensowohl theologischen wie juristischen Hintergrund und Überbau, dessen letzte Grundlage nach wie vor mit der berühmten Formulierung Leos XIII. (Enzyklika »Immortale Dei«, 1885) dahin umschrieben werden kann, daß »Gott die Sorge für das Menschengeschlecht zwischen zwei Gewalten geteilt hat, der kirchlichen und der staatlichen, von denen jene für die göttlichen, diese für die menschlichen Dinge gesetzt ist. Jede von ihnen ist in ihrer Art die höchste, und jede hat einen, gemäß ihrer Natur und ihrer unmittelbaren Aufgabe umschriebenen begrenzten Bereich.« Im CIC ist die kirchliche Lehre vom Verlauf dieser Grenzlinie im einzelnen enthalten, in den Konkordaten ihre Teilverkürzung zugunsten eines Kompromisses mit staatlichen Ansprüchen. Wieweit diese konkordatäre Einschränkung des CIC-Programms ohne Verletzung des göttlichen Rechtes gehen könnte, ist bis jetzt noch ungeklärt.

e) Die vorstehend am Rechtsmaterial der Lat. K. entwickelten Feststellungen gelten in allem Wesentlichen auch für die *Orientalische K.*, da es sich dabei um göttliches Recht handelt, dessen normative Substanz und dessen zulässige konkordatäre Variierung für die ganze kath. K. gleich sind.

f) Die *Geschichte* der kirchlichen Theorie vom richtigen Verhältnis zwischen K. und St. ist in der Geschichte dieses Verhältnisses selbst (→ Kirchenverfassung) beschlossen.

Außer der Lit. zu → Kirche: VI A: A. OTTAVIANI, Institutiones iuris publici ecclesiastici II, (1926) 1948³ (wichtigstes Werk) - DERS., Compendium iuris publici ecclesiastici, (1936) 1955⁴ - J.J. BAIERL, The Catholic Church and the modern State, Rochester 1956 - F. SEGARRA, Iglesia y Estado, Barcelona 1956 - A. DORDETT, Die Ordnung zwischen K. u. St., 1958. *H. Barion*

Kirchenamt

1. Allgemeines - 2. K. in der röm.-kath. Kirche - 3. K. in der ev. Kirche. - Vgl. → Amt: II-IV

1. Das keltische Lehnwort »Amt« = Dienst (→ Amt: III, 1) hatte zu Luthers Zeit einen durchaus neutralen Sinn. In Luthers Übersetzung des AT tritt das vielfältig hervor, wenn auch der geistliche Sinn (kennzeichnend das häufige Vorkommen des Wortes in Num 3-18) überwiegt. Im NT steht noch *das* Amt, das der Haushalter der Ungerechtigkeit zu verlieren fürchtet (Lk 16, 3), neben dem Amt des *Wortes* (Apg 6, 4), das Gott gegeben hat und das die Versöhnung predigt (2Kor 5, 18). Bei dem Wort Amtmann, das im NT nicht vorkommt, überwiegt hingegen in Luthers Sprachgebrauch die weltliche Bedeutung. Im profanen Bereich hat das Wort Amt längst eine wachsende Bedeutung gewonnen und eine entsprechende Geschichte gehabt, die eng mit der des öffentlich-rechtlich geordneten Beamtentums verbunden ist. Es liegt im Wesen der ev. Staats- und Landeskirchen begründet, daß sie an dieser Geschichte stärkeren Anteil hatten als die röm.-kath. Kirche. Daher ist auf ev. Seite der Begriff des K.s viel differenzierter als auf der kath., und es ergibt sich so von vornherein die Frage, ob die vielfältige Verwendung des Wortes Amt in den ev. Kirchen nicht eher schädlich als heilsam war und ist, zumal hier die Korrektur durch eine Größe wie das kontinuierliche und autoritative röm. Kirchenrecht und seine lat. Bezeichnungen fehlt, wiewohl diese auch hier nicht einheitlich sind (officium, munus, → Beneficium).

2. Zwar kennt die *kath. Kirche* neben dem kirchenrechtlich sanktionierten K. auch ein solches in weiterem Sinne, nämlich »jedes Amt innerhalb der Kirche, das zu einer geistlichen Zweckbestimmung rechtmäßig ausgeübt wird« (O.v.Nell-Breuning), zB das des Küsters oder Organisten. Ihre moderne Dogmatik sagt viel Gutes über »die *Laien* als Träger kirchlicher Heilsfunktion«. Wie zB der → Laienapostolat zeigt, bleiben diese Dinge auch keineswegs auf dem Papier. Aber das K. im eigentlichen Sinne beruht allein auf göttlicher Anordnung und der damit in innerem Zusammenhang stehenden kirchlichen Gesetzgebung, ist nicht ein Akt, sondern eine Institution. Wenn für diese »Dauerinstitution mit besonderen Vollmachten und Verpflichtungen« im NT nur das Wort Diakonia übrigblieb, so ist damit auch nach kath. Auffassung gesagt, daß es im Sinn des NT kein K. ohne Dienst gibt (Schmaus). Aus dem einheitlichen K. des NT mit seiner Fülle von Ermächtigungen bildeten sich im Lauf der Kirchengeschichte zwei (nach vielen Theologen drei) Gewaltengruppen heraus, die Weihegewalt (potestas ordinis), die Jurisdiktions- oder Hirtengewalt (potestas iurisdictionis; → Jurisdiktion) und (evtl) die Lehrgewalt. Diese Gewalten überschneiden sich allerdings immer wieder, da zB die Weihegewalt nicht nur dem sakramentalen Bereich, die Hirtengewalt nicht nur der Ordnung des kirchlichen Lebens entspricht und die Lehrgewalt mit den beiden anderen Gewalten verbunden ist (→ Amt: III, 2). Da das kath. → Kirchenrecht (: I A) nicht als äußere Ordnung aufgefaßt, sondern dogmatisch als im Wesen der Kirche gegründet angesehen wird, sind auch die Aussagen des CIC (1918) für das Verständnis des kath. K.s bedeutsam: a) Errichtung eines K.s ist nur durch den Papst oder den Ortsordinarius möglich. b) Die Besetzung steht den zuständigen kirchlichen Oberen zu, »und zwar prinzipiell nach deren freiem Ermessen (provisio oder collatio libera) und ausnahmsweise unter Beachtung der Rechte Dritter (pr. oder coll. necessaria), wobei diesen die Bezeichnung oder designatio zusteht, die tatsächliche Verleihung als Konfirmation, Admission oder Institution aber in Händen der kirchlichen Oberen bleibt« (E.Foerster). c) → Simonie wie eigenmächtige Besitzergreifung eines K.s ist unter strenge Strafe gestellt. d) Während die collatio necessaria da Platz greift, wo ein anerkanntes Wahlrecht, Konkordatsbestimmungen oder Präsentationsrechte von Patronen (→ Patronat) vorliegen, kann in ganz besonderen Fällen ein K. auch durch collatio extraordinaria, sei es des Papstes, sei es des jeweils höheren Oberen, besetzt werden. - Ein K. kann, wie Ämter in anderen Bereichen, auf sehr verschiedene Weise erledigt werden. Der CIC trifft darüber eingehende Bestimmungen. Eine allgemeine Altersgrenze sieht er nicht vor. Bei den höheren kirchlichen Stellvertretungsämtern (Kardinalstaatssekretär, Generalvikar) endigt das Amt, wenn das Amt des Verleihers erledigt wird.

3. Auch in der *ev. Kirche* kann K. im weiteren Sinne jedes Amt bezeichnen, das den Aufgaben der Einzelgemeinde oder eines größeren Kirchenverbandes oder Kirchenganzen dient, vom Kirchendiener bis zum juristischen Präsidenten einer kirchlichen Verwaltungsbehörde. Da die Zahl der in der Einzelgemeinde wie in den kirchlichen Behörden Bediensteten stark gewachsen ist und ihre Dienste sich zT auf völlig neutralen Gebieten bewegen, ist der erweiterte Sinn des Begriffes K. der Klärung dessen, was ev. K. bedeutet, nicht förderlich. Es kommt hinzu, daß die aus dem weltlichen Recht entlehnte Unterscheidung von → Beamten und → Angestellten auch auf die Inhaber von K.ern im weiteren Sinne angewandt wird, kirchlich gesehen zu Unrecht, da auch ein auf Zeit Angestellter durchaus ein K. versehen kann. - Verwirrend wirkt auch, daß seit 1918 in immer zunehmendem Maße → Kirchenbehörden teils sich selbst als Ämter bezeichnen (Landeskirchenamt, Luth. Kirchenamt), teils K.er als nebengeordnete oder untergeordnete Dienststellen einrichten oder einrichten lassen (Katechetisches Amt, Amt für Kirchenmusik, Rechnungsprüfungsamt, Volksmissionsamt, Kirchliches Presseamt, Landesamt des ev. Männerwerks, Amt für Gemeindedienste, Kirchenbauamt); das setzt sich dann auch im Bereich der Kirchenkreise und Gemeinden fort (Kirchliches Rentamt, Kirchliches Jugend- und Wohlfahrtsamt, Gemeindeamt). Auch das → Pfarramt (s.u.) hat an dieser Entwicklung zum profanen Amtscharakter hin Anteil genommen, wie zB die Verdrängung des Wortes »Studierstube« durch »Amtszimmer« zeigt (M.Knöß). - Die neue Rechtsstellung, die die ev. Kirchen in Deutschland nach 1918 erlangt haben, dürfte die Hauptschuld an dieser wenig planvollen und wenig durchdachten Bevorzugung des Wortes »Amt« tragen. Angesichts dieser Entwicklung ist es schwer, *dem* ev. K., das von der luth. Reformation her *allein* nt. legitimiert erscheint, nämlich dem geordneten Dienst der Wortverkündigung in Predigt, Unterweisung und Seelsorge, wie den daraus abgeleiteten Diensten der Gemeinde- und Kirchenleitung durch den Begriff »Amt« seine Einzigartigkeit zu wahren. Es scheint so, als seien die ev. Kirchen durch die nicht unverschuldete Inflation an K.ern genötigt, an der entscheidenden Stelle auf den Amtsbegriff zu verzichten und zum schlichten nt. »Dienst« zurückzukehren. An den dogmatischen Aussagen über den Sinn dieses Dienstes

(→ Amt: III, 3) würde sich damit nichts ändern. Den Gefahren pfarrherrlichen Amtsbewußtseins wäre aber damit ein Riegel vorgeschoben.

G.F.PUCHTA, Einführung in das Recht der Kirche, 1840 - G.HOLSTEIN, Die Grundlagen des ev. Kirchenrechts, 1928 - RGG² III, 823ff (E.FOERSTER) - E.SCHWEIZER, Das Leben des Herrn in der Gemeinde u. ihren Diensten, 1946 - EICHMANN-MÖRSDORF I - E.KINDER, Der ev. Glaube u. die Kirche, 1958, 150ff (Lit.). *W.Jannasch*

Kirchenausschuß, *Deutscher Ev.*, 1903-22 *Organ der Deutschen Ev. Kirchenkonferenz.* Zu seinen 15 Mitgliedern gehörte der Vorsitzende der Konferenz; die übrigen wurden auf Grund ihrer Benennung durch die Kirchenregierungen von der Konferenz ernannt. Den Vorsitz führte der Präsident des Ev. Oberkirchenrats in Berlin. Die Gründung des K.es bedeutete für die kirchlichen → Einigungsbestrebungen (: IV, 3) einen Fortschritt. Während die Kirchenkonferenz (sog. Eisenacher Konferenz, 1853-1921) nur in zweijährigem Turnus tagte und ihre Aufgabe sich im wesentlichen darauf beschränkte, wichtige Fragen des kirchlichen Lebens zu besprechen, war der K. ein jederzeit handlungsfähiges Organ mit der Aufgabe, die gemeinsamen Interessen der Landeskirchen gegenüber anderen Religionsgesellschaften, gegenüber staatlichen Instanzen, bezüglich der Versorgung der ev. Deutschen im Ausland u.ä. zu vertreten. Durch Erlaß des Königs von Preußen mit den Rechten einer → Körperschaft des öffentlichen Rechts ausgestattet, konnte er Grundbesitz erwerben und Kirchenbauten durchführen (Rom, Daressalam, Windhuk u.a.). Aufschluß über die Wirksamkeit des K.es geben seine Berichte an die Kirchenkonferenz. Wegweisend war seine Denkschrift über die kirchlichen Aufgaben auf dem Gebiete der Auslandsdiaspora (1904). Auf Grund seiner Bibeltextarbeit übernahmen seit 1913 alle deutschen Bibeldrucke den vom K. genehmigten Text. Aus dem im Auftrage des K.es als wertvoll festgestellten gemeinsamen Gesangbuchbesitz wurde das Auslandsgesangbuch geschaffen. - Zum weiteren Ausbau der kirchlichen Einheit berief der K. 1919 den ersten Deutschen Ev. → Kirchentag nach Dresden ein und bereitete unter der Mitarbeit der vom Kirchentag gewählten 15 außerordentlichen Mitglieder die Bildung des Deutschen Ev. → Kirchenbundes vor. 1922-33 war der K. in veränderter Gestalt *Organ des Deutschen Ev. → Kirchenbundes.*

Protokolle der Kirchenkonferenz 1903ff im Allg. Kirchenblatt für das Ev. Deutschland - RGG¹ III, 1188ff. *B.Karnatz*

Kirchenaustritt

I. Theologisch - II. Rechtlich - III. Kirchenaustrittsbewegung. - Vgl. → Kirchenmitgliedschaft, → Kirchlichkeit

I. Theologisch

Der K. wird von den Konfessionen und innerhalb der EKD verschieden beurteilt. Die kath. Kirche verwirft den K. und bezeichnet ihn (cc. 1315. 2314 CIC) als Apostasie, die mit der von selbst eintretenden Strafe der → Exkommunikation bedroht ist. Die KO der Ev.-luth. Kirche von Oldenburg (Teil I, Art. 11) sieht eine Feststellung vor, »daß dieses Glied sich von der Gemeinschaft der Kirche geschieden hat«, und verordnet gottesdienstliche Bekanntgabe. Andere ältere (vgl. RGG² III, 826) und neue ev. KOen (u.a. Berlin-Brandenburg, Abschn. X, Art. 3; Rheinland, Art. 13) lassen die Möglichkeit des K.s ohne Androhung von → Kirchenzucht-Maßnahmen offen, wenn auch festgestellt wird, daß der Ausgetretene damit seine Rechte als Gemeindeglied verliert (Rheinland). Ausdrücklich ausgenommen wird die Teilnahme am Gottesdienst (Berlin-Brandenburg), die »jederzeit offen steht«. Überall wird daran festgehalten, daß die → Kirche (: V) den Ausgetretenen seelsorgerlich nachzugehen habe. - Die juristische Formulierung: »Weil die Taufe objektiv die Gliedschaft in der Gemeinde (Kirche) begründet, kann es kirchenrechtlich keinen gültigen Austritt aus der Gemeinde geben« (→ Gemeinde: II, 2a), ist theologisch einerseits zu weit, weil es auch tote Glieder in der Kirche gibt, andererseits zu eng, weil nicht das Fehlen, sondern nur die Verachtung der Taufe entscheidend sein kann (vgl. Luther, WA 10/III, 142; Calvin, Inst. IV, 15, 20). Darum gehört zur Spendung der → Taufe untrennbar die »Verkündigung des Evangeliums und die Unterweisung in Gottes Wort« (Erklärung zum Sakrament... [s. Lit.]), weil die Taufe nur dort zum Heil empfangen wird, »wo der Getaufte im Glauben sein Ja zur Taufe spricht« (ebd). Zwar kann der Mensch diese Gabe zurückweisen »und so durch Unglauben das neuschaffende Werk des Hl. Geistes vereiteln. Dann geht auch der Getaufte verloren, obwohl er die Taufe empfangen hat und durch sie gezeichnet bleibt.« Die Kirche kann von ihrer Fürsorge für die Getauften »auch durch einen Entschluß des Getauften nie entbunden werden«; den »Gleichgültigen oder im Abfall Begriffenen« ist »mit Ernst zu bezeugen, daß auch sie unter der Verheißung und dem Anspruch der einst empfangenen Taufe stehen, daß aber die dem ewigen Tode entgegengehen, die nicht als lebendige Glieder in Christo... erfunden werden« (ebd). - Der Satz »extra ecclesiam nulla salus« ist nach ev. Anschauung so zu verstehen, daß allein die Zugehörigkeit zu Christus heilsnotwendig ist. Aber zugleich gilt, daß es außer der Gemeinde, in der sein Wort verkündet und die Sakramente verwaltet werden, keinen anderen Ort der Offenbarung und damit auch nicht der Erkenntnis des Heils gibt; wer zum Glauben erweckt wird, ist damit zugleich in die Gemeinde gerufen; es gibt kein »legitimes Privatchristentum« (K.Barth) - außer in Zwangssituationen (Luther). - Die grundsätzlich mögliche und auch notwendige Kritik an der Kirche ist soweit legitim, als sie im Wort gründet; aber die Kirche sollte auch die Angriffe der → Freidenker besser verstehen als diese selbst und aus ihnen die Frage hören, ob sie in ihrem konkreten Handeln »im Sinne Luthers und der Augustana ... als Bruderschaft aller Gläubigen« (Maurer) verstanden werden kann, welche beispielhaft in der Welt die Freiheit des Menschen bezeugt, über ihr wacht und für sie eintritt (vgl. Barmer Erklärung, 2). Andererseits ist gegenüber den → Sekten festzuhalten, daß der Satz von der Rechtfertigung nicht perfektionistisch verstanden werden darf (vgl. Barmer Erklärung, 3) und daß »Erbauung« nicht ein uti et frui Deo sein darf (vgl. Luther, WA 2, 651). - Die Aussage, daß die Zugehörigkeit zu Christus heilsbegründend und heilsnotwendig ist, versteht sich als Verkündigung und Angebot des Evangeliums; sie ist als Glaubenssatz zu verkünden, nicht als gesetzliche Definition über die Grenze der Kirche zu handhaben. Die Tatsache des K.s als solche, nicht etwa erst sein heutiger Umfang zwingt die Kirche zu immer neuer Besinnung auf ihre Verkündigung, zur Überprüfung der Formen, in denen sie ausgerichtet wird und zur Suche nach Möglichkeiten, die nach der Regel von 1Kor 9, 19ff der »mündigen Welt« helfen, die Einladung des Evangeliums zu vernehmen (→ Gemeinde: III, 4).

Vgl. außer der Lit. zu den genannten Artikeln u. zu → Kirche: IV. V, → Kirchenaustritt: II. III, → Kirchenordnungen: II, → Kirchenzucht u.a.: Erklärung zum Sakrament der hl. Taufe (KJ 77, 1950, 41-46) - E.KURZ, Der K. gestern u. heute (Für Arbeit u. Besinnung 5, 1951, 394-399) - E.EBERHARD, Die Kirchlichkeit im Dritten Reich im Spiegel der Statistik (DtPfrBl 52, 1952, 690-692) - Ohne Verf.: Schweden, Die Kirche u. ihre Ausgetretenen (ebd 187) - K.BARTH, KD IV/1, 1953, § 62 - W.MAURER, Zur theol. Problematik des

kirchl. Mitgliedschaftsrechts (ZevKR 4, 1955, 337-360) - R.SMEND, Zum Problem des kirchl. Mitgliedschaftsrechts (ebd 6, 1958, 113 bis 127).
H.W.Surkau

II. Rechtlich

Infolge des character indelebilis der → Taufe ist nach der Auffassung aller christlichen Konfessionen für den Getauften eine unlösbare Bindung an die Kirche gegeben (→ Aufnahme in die Kirche). Da die *kath. Kirche* nur die *eine* durch sie selbst repräsentierte → Kirche (: VI A) anerkennt, ist folgerichtig ein K. nach ihrem kanonischen Recht nicht möglich. Auch wer sich äußerlich von der Kirche löst, sei es durch bloßen Austritt, sei es durch nachfolgenden Übertritt zu einer anderen Religionsgemeinschaft, bleibt nach kanonischem Recht an sie gebunden und ihrer Gewalt, bes. ihrer Strafgewalt, als Häretiker oder Schismatiker unterworfen. Deswegen kannte auch das MA kein Recht des K.s. Es trat erst in Erscheinung, als nach der Reformation mehrere Kirchen verschiedenen Bekenntnisses rechtlich verfaßt nebeneinander vorhanden waren und die Möglichkeit des Hinüberwechselns von der einen zur anderen gegeben war. Da diese Kirchen jedoch zunächst nach dem Grundsatz → cuius regio eius religio territorial geschlossene Gebietskörperschaften waren, konnte der K. regelmäßig praktisch nur durch Auswanderung in ein Territorium mit anderem Bekenntnis vollzogen werden. Der K. war zugleich Übertritt. Daß jemand überhaupt keiner Religionsgemeinschaft angehörte, war bis ins 19.Jh. hinein unvorstellbar. Es blieb lange umstritten, ob der reine K. ohne nachfolgenden Anschluß an eine andere Religionsgemeinschaft überhaupt möglich sei. Ältere Gesetze kannten nur den »Übertritt«, nicht den Austritt. In Preußen hat zB erst ein Gesetz vom 14.5.1873 Klarheit über die Zulässigkeit eines K.s ohne den im preußischen Allg. Landrecht II, 11 § 41 allein erwähnten »Übergang von einer Religionspartei zur andern« geschaffen. - Da die *ev. Kirche,* anders als die kath. Kirche, die Existenz mehrerer christlicher Kirchen nebeneinander anerkennt, kann sie auch die Möglichkeit des K.s bejahen, ohne ihn durch diese grundsätzliche Anerkennung zu billigen. Sie will ihn selbstverständlich nicht erleichtern. Deswegen hat sie, von Ausnahmen abgesehen (vgl. zB Bremisches Kirchengesetz betr. den Austritt aus der ev. Kirche vom 13.11.1922 [Allg. Kirchenblatt für das ev. Deutschland 72, 1923, 31f]), die Regelung des K.s der staatlichen Gesetzgebung überlassen. Sie befaßt sich in erster Linie mit dem Verhalten gegenüber zum K. neigenden oder ausgetretenen Mitgliedern, gegebenenfalls deren Wiederaufnahme, sowie mit dem Eintritt der aus anderen Religionsgemeinschaften zu ihr übertretenden Personen. (Vgl. zB die bayerische Bekanntmachung betr. Austritt aus der Kirche, Eintritt und Wiederaufnahme in die Kirche vom 31.5.1958 [Kirchl. Amtsblatt 63ff], welche das gesamte für Bayern geltende Recht unter Berücksichtigung der Gesetzgebung des Bundes und des Landes mustergültig zusammenfaßt.) Insofern berührt sich das Recht des K.s mit dem der → Kirchenmitgliedschaft. - Der paritätische moderne Staat war gezwungen, im Interesse des von ihm vertretenen Grundrechts der → Religionsfreiheit den K. gesetzlich zu regeln. Hier hat sich eine vielgestaltige Gesetzgebung herausgebildet. In Staaten mit Trennung von → Kirche und Staat untersteht der K. allein dem privaten Vereinsrecht. Man kann aus einer Kirche zur anderen wie aus einem Verein zum anderen ungehindert hinüberwechseln. Wo, wie in Deutschland, die Kirchen → Körperschaften des öffentlichen Rechts sind, muß die staatliche Gesetzgebung, schon im Hinblick auf die dem K. folgende Befreiung von der → Kirchensteuer, besondere Maßnahmen treffen. In der BRD ist der K. im wesentlichen durch die Gesetzgebung der einzelnen Länder und daher nicht einheitlich gestaltet. Insbesondere sind die Behörden, denen gegenüber der K. zu erklären ist, in den einzelnen Ländern - zT noch auf Grund älterer Landesgesetzgebung - verschieden, zB in Bremen die Kirchenbehörde, im ehemaligen Baden die Bezirksverwaltungsbehörde, im ehemaligen Preußen das Amtsgericht, in Bayern und Württemberg das Standesamt. Der K. Minderjähriger ist durch Reichsgesetz über die religiöse Kindererziehung vom 15.7.1921 bundesrechtlich geregelt. - *In der DDR* ist (Art. 47 der Verfassung) der K. »bei Gericht zu erklären oder als Einzelerklärung in öffentlich beglaubigter Form einzureichen«. Zur Entgegennahme der Erklärung über den K. ist jedes staatliche Notariat bzw. ein Beauftragter für das Personenstandswesen zuständig (Gesetz-Blatt 1956, 1288ff). »Die Entscheidung über die Zugehörigkeit von Kindern zu einer Religionsgesellschaft steht bis zu deren vollendetem vierzehnten Lebensjahr den Erziehungsberechtigten zu« (Art. 48). - Vgl. → Kirchenmitgliedschaft.

A.B.SCHMIDT, Der Austritt aus der Kirche, 1893 - StL I, 504ff - RGG² III, 826f (Lit.) - LThK V, 985f - LIERMANN 98f. 196f - DERS., Kirchen u. Staat I, 1954, 232; II, 1955, 350 - DERS., Die kirchl. Mitgliedschaft nach geltendem ev. Kirchenrecht (ZevKR 4, 1955, 382 bis 399) - FR.ARNOLD, Die Zugehörigkeit zur kath. Kirche nach kirchl. Recht (Österr. Archiv f. Kirchenrecht 3, 1952, 174 Anm. 10. 176f).
H.Liermann

III. Kirchenaustrittsbewegung in Deutschland

1. Geschichtlicher und statistischer Überblick - 2. Gründe der K. (= Kirchenaustrittsbewegung). - Vgl. → Kirchlichkeit

1. Die folgende Darstellung beschränkt sich auf die Kirchenaustrittsbewegung (= K.) in den deutschen ev. Landeskirchen. Die K. aus der kath. Kirche ist im »Kirchlichen Handbuch« (s. Lit.) behandelt. Von einer polemischen Erörterung über die Bedeutung der Austritte für die beiden großen christlichen Kirchen in Deutschland wird hier abgesehen; eine zuverlässige Konversionsbilanz läßt sich nicht aufstellen. Für die christlichen Kirchen außerhalb Deutschlands und für das Judentum fehlt es an vollständigem und einwandfreiem Material.

Die K. ist seit der Zeit vor dem 1. Weltkriege mit steigendem Interesse beobachtet worden, weil die Zahl der Kirchenaustritte plötzlich i.J. 1906 anschwoll und erst vom Jahre 1915 an - allerdings nur für kurze Zeit - nachließ. Seit Jahrzehnten gab es Kirchenaustritte, bes. seitdem es von 1873 an möglich war, den Austritt zu erklären, ohne dabei einem Vertreter der Kirche gegenüberstehen zu müssen (→ Kirchenaustritt: II). Nur in Württemberg muß heute noch derjenige, der seinen Austritt erklären will, eine pfarramtliche Bescheinigung darüber vorlegen, daß er dem Pfarrer seine Absicht mitgeteilt hat. Die Kirche erfährt im Normalfall den Austritt nicht von dem Ausgetretenen selbst, sondern von einer staatlichen Behörde. Dieses Verfahren, das im Staatsrecht oder Vereinsrecht keine Parallele hat, erleichtert den Austritt.

Die ev. Landeskirchen haben die Austritte seit 1884 jährlich ermittelt, sahen aber bis in das erste Jahrzehnt des 20.Jh.s hinein die K. nicht als beunruhigend an. Sie war nach den zur Verfügung stehenden Zahlen stärker der Ausdruck des Wechsels zwischen den Konfessionen als Zeichen einer radikalen Abkehr von der Kirche.

Die Zahl der Austritte aus den deutschen ev. Landeskirchen lag für die Zeit von 1884 bis 1905 zwischen 1800 und 6300 im Jahr (meist unter 4000). I.J. 1906 stieg sie plötzlich auf 17 400, schwankte bis 1914 zwischen 14 300 und 29 300 und fiel für die Zeit des 1. Weltkriegs stark ab (3700-8700). Ab 1919 aber erreichten die Austritte der Religionsmündigen eine ungewöhnliche Höhe:

1919:	240 000	1926:	200 000
1920:	315 000	1927:	175 000
1921:	260 000	1928:	170 000
1922:	160 000	1929:	170 000
1923:	120 000	1930:	225 000
1924:	85 000	1931:	245 000
1925:	145 000	1932:	220 000

Die K. schlug 1933 in ihr Gegenteil um. Da das Parteiprogramm der NSDAP den immer wieder zitierten und zumindest in den ersten Jahren geltend gemachten Programmpunkt des Eintretens für ein positives Christentum enthielt, strömten die Ausgetretenen geradezu in die Kirche zurück. Die Gegenüberstellung der Gesamtzahlen für die Austritte und Eintritte (einschließlich Übertritte und Rücktritte) läßt die sprunghafte Entwicklung deutlich erkennen:

Jahr	Kirchenaustritte	Kircheneintritte
1932	218 000	50 000
1933	57 000	324 000
1934	29 000	150 000
1935	52 000	77 000
1936	94 000	63 000
1937	320 000	38 000
1938	327 000	30 000
1939	378 000	21 000
1940	153 000	15 000

Wie die Zahlen zeigen, hielt die gegenläufige Bewegung nicht lange an und kehrte sich unter dem ständig zunehmenden Druck der Partei wiederum in eine bis zum 2. Weltkrieg stark ansteigende Austrittswelle um.

Entgegen weitverbreiteter Meinung waren nicht immer die Großstädte führend, obwohl zB Berlin, Hamburg, Braunschweig, Solingen und Städte des sächsischen Industriegebiets eine auffällige Unruhe und frühzeitiges Steigen der Austrittszahlen zeigen. In ganzen Landschaften war die Neigung zum Kirchenaustritt stark, nicht nur in den großen Städten dieser Gebiete.

Wie im 1. Weltkrieg nahm auch im 2. die Zahl der Austritte wieder ab. Nach 1945 gab es vorübergehend wieder mehr Eintritte als Austritte; dann aber stieg die Zahl der Austritte wieder an. Die Bewegung war uneinheitlich und zeigte im Bereich der BRD zeitlich voneinander abweichende Spitzen in den einzelnen Landeskirchen, die sich verhältnismäßig leicht durch den Zeitpunkt erklären, an dem steuerliche Maßnahmen wirksam wurden. Dagegen stieg die Zahl der Austritte im Bereich der DDR fast ständig an, unterschied sich aber in der Höhe in den Gebieten der einzelnen Landeskirchen.

Leider sind die statistischen Unterlagen für die Austritte nicht vollständig, da die Gebietsveränderungen seit 1919 die Erhebung und die Vergleiche erschwert haben und da für einige Landeskirchen in der Zeit des 2. Weltkrieges und danach keine Angaben beschafft werden konnten. Es ist daher nicht möglich, Bilanzen der Über- und Austritte aufzustellen. Das ist auch müßig, weil derartige Zahlen zur Fortschreibung der Bevölkerung nach der Religionszugehörigkeit nicht ausreichen; sie würden die Fortschreibung nach Geburten, Eheschließungen, Sterbefällen und Wanderungen ergänzen. Zeitliche Verschiebungen zwischen dem Austritt, dem Eingang der Austrittsmeldung bei der Kirchengemeinde und einem etwaigen Übertritt zu einer anderen Kirche oder Religionsgemeinschaft lassen sich statistisch nicht erfassen. Die Konversionsbilanz leidet ferner daran, daß die Konfession der Kinder nicht mit Sicherheit zu dem Übertritt der Eltern oder eines Elternteils in Beziehung gesetzt werden kann. – Durch die erzwungene Ost-West-Wanderung bei Ende des 2. Weltkriegs ist ein weiterer Unsicherheitsfaktor hinzugekommen. Eine in die Hunderttausende gehende Zahl Ausgetretener hat sich bei der Anmeldung am neuen Wohnort als Glied einer Kirche bezeichnet und ist damit ohne das in beiden großen Kirchen vorgeschriebene Verfahren stillschweigend in die Kirche zurückgekehrt.

Zur Verdeutlichung der hier gegebenen Hinweise ist in einer Tabelle für die Jahre 1950, 1953 und 1956 die Zahl der Austritte auf 10 000 Seelen angegeben. Die Berechnung beschränkt sich auf die Angaben für die Religionsmündigen, da auch in den letzten Jahren die Meldungen über die Aus- und Eintritte der Kinder unzuverlässig waren. Die Verhältniszahlen zeigen, daß trotz der relativ hoch erscheinenden absoluten Zahlen die Bedeutung der Kirchenaustritte im Verhältnis zur Gesamtseelenzahl vielfach überschätzt wird. Daher ist die Berechnung auf 10 000 Seelen nötig und nicht auf 100, weil die Prozentzahl unter 1 bleibt.

Kirchenaustritte von Religionsmündigen auf 10 000 Seelen

Landeskirche	1950	1953	1956
Berlin-Brandenburg	30	39	.
Pommern	.	19	42
Schlesien	61	85	71
Kirchenprovinz Sachsen	61	.	.
Westfalen	20	12	11
Rheinland	34	17	16
Hessen und Nassau	11	11	10
Kurhessen-Waldeck	11	8	6
Baden	9	12	11
Pfalz	7	7	6
Anhalt	33	75	81
Bremen	10	12	12
Sachsen	62	78	97
Hannover	10	8	8
Bayern	10	8	9
Schleswig-Holstein	39	11	12
Thüringen	50	60	62
Mecklenburg	24	26	46
Hamburg	55	39	40
Braunschweig	33	17	16
Lübeck	11	7	9
Schaumburg-Lippe	6	9	6
Württemberg	24	27	20
Oldenburg	16	11	10
Eutin	12	4	3
Lippe	9	4	4
Ref. Nordwestdeutschland	7	5	5

Die K. hat bis 1950 noch nicht den Umfang angenommen, den man vielfach vermutete. Das zeigt sich an dem Prozentsatz der Angehörigen von Weltanschauungsgemeinschaften und der Gemeinschaftslosen (einschließlich der Personen ohne Angabe) an der Gesamtbevölkerung, den die Ergebnisse der Volkszählungen bisher niedriger ausgewiesen haben, als nach den Zahlen über die Austritte zu vermuten war (→ Deutschland: V). Diese Erscheinung erklärt sich aus den Begleitumständen der Binnenwanderung (s.o.) und dadurch, daß Kinder getauft werden, deren Väter oder Eltern ausgetreten sind.

2. Die *Gründe* für den Entschluß zum Austritt aus der Kirche können statistisch nicht erfaßt werden. Sie lassen sich mit ziemlicher Sicherheit erkennen, wenn man das geistliche und politische Leben der Zeit verfolgt. Die starken Ausschläge der Austrittskurve deuten nicht auf bes. reges geistliches Leben innerhalb der Kirche und Auseinandersetzungen über dogmatische, liturgische oder andere innerkirchliche Fragen hin; denn

sonst müßte der Austritt weitgehend gleichbedeutend sein mit dem Übertritt zu einer anderen Konfession oder er müßte zeitlich zusammenfallen mit ernsten innerkirchlichen Spannungen. Die Konversionen (→ Kirchenmitgliedschaft), bes. zwischen der ev. und der kath. Kirche, hatten zudem, soweit das aus Vergleichen der Unterlagen geschlossen werden kann, sehr oft äußere Gründe. Vor allem beim Eingehen einer → Mischehe ist der Entschluß zur Konversion vielfach ein Akt der Anpassung an die Umwelt. Es hat ferner zeitweilig Abwanderungen aus den Landeskirchen zu den → Freikirchen (Altlutheraner [→ Luthertum: III], → Evangelische Gemeinschaft usw) und den christlich orientierten Sondergemeinschaften (→ Sekten) gegeben, bes. zu den → Neuapostolischen, zu den → Zeugen Jehovas und zur → Christengemeinschaft. So stark die Anziehungskraft etwa der Neuapostolischen als »Kirche der kleinen Leute« sein mag, so wenig lassen sich die großen Austrittswellen durch Übertritte zu anderen Kirchen oder Sondergemeinschaften allein erklären.

Schon in RGG² und in den früheren Jahrgängen des Kirchlichen Jahrbuchs wird festgestellt, daß die stärksten Wellen der Bewegung von außerkirchlichen, politischen Vorgängen ausgelöst wurden. Die Bindung des einzelnen an die Kirche hat sich seit der Jh.wende oft als schwächer erwiesen als seine Bindung an Gruppen, in denen er sich aus idealistischen, wirtschaftlichen oder soziologischen Gründen heimisch fühlte. Vor dem 1. Weltkrieg war der Kirchenaustritt eine politische Demonstration, die zwar bekämpft wurde, die aber keine Strafverfolgung nach sich zog. Der einzelne konnte seine Ablehnung der geltenden Staatsform auf dem Umweg über den Kirchenaustritt zum Ausdruck bringen, weil Kirche und Staat eng verbunden waren.

Trotz der Trennung von → Kirche und Staat blieben die Austrittswellen nach dem 1. Weltkrieg wiederum Anzeichen für die Kraft politischer Einflüsse auf die ehemaligen Glieder der Kirchen. Der Kampf um die bekenntnislose Schule und politische Auseinandersetzungen in einzelnen Teilen Deutschlands führten dazu, daß viele demonstrativ der Kirche den Rücken kehrten. Sie gaben damit ihrem Unwillen darüber Ausdruck, daß die Kirche – wie es schien – trotz mancher Ansätze die soziale Frage und die Gestaltung der politischen Freiheit nicht ernst nahm.

Waren die Austrittsbewegungen der ersten 30 Jahre des 20.Jh.s Ausdruck eines eigenen, gegen Bestehendes sich auflehnenden Willens, zumindest die äußere Bestätigung einer innerlich längst vollzogenen Trennung von der Kirche, so kann man das von der Austrittswelle der 30er Jahre nicht mehr sagen. Jetzt war nicht mehr der eigene Wille des Austretenden entscheidend für seinen Entschluß, sondern die Schwäche seines Willens. Er demonstrierte nicht, sondern er war nicht mehr in der Lage, sich dem ständigen Druck zu widersetzen, der von ihm den Kirchenaustritt forderte. Viele, die kurz vorher in die Kirche zurückgekehrt waren, traten wieder aus. Andere, vermutlich viel mehr als die zuerst Genannten, waren müde und ängstlich geworden. Man muß sich daran erinnern, daß der Druck durch die Funktionäre der NS-Partei sich auf den einzelnen oft so stark auswirkte, daß sein Austritt nicht Opportunismus war, sondern aus Angst vor Schlimmerem erklärt wurde.

Die K. nach dem 2. Weltkrieg ist im Bereich der BRD vielfach nur noch das Ergebnis eines Rechenexempels. Man kann Steuern sparen, wenn man aus der Kirche austritt, und man erleidet durch den Austritt keine Nachteile. Das ging so weit, daß Familienväter austraten, aber für Frau und Kinder die Dienste der Kirche in Anspruch nahmen, ohne etwas dafür zu leisten. Oft handelte es sich um »nachgeholte« Austritte von Ehefrauen, deren Männer seit Jahren ausgetreten waren und sich, als sie für die → Kirchensteuer der Frau in Anspruch genommen wurden, weigerten, diese Steuer aufzubringen. Im Bereich der DDR hat die K. nach dem 2. Weltkrieg in den meisten Fällen andere Gründe. Manche Menschen sind dem Druck, der sie zum Austritt aus der Kirche anhält, auf die Dauer nicht gewachsen, nicht nur dann, wenn die innere Bindung bereits locker geworden ist.

KJ 1ff, 1884ff – KH 1ff, 1908ff – RGG² III, 827ff – Kirchenaustritte aus den dt. ev. Landeskirchen u. Übertritte (Eintritte) zu den dt. ev. Landeskirchen in der Zeit von 1884 bis 1949 (Statist. Beilage Nr. 4 zum Amtsblatt der EKD vom 15.8.1952) – Die Kirchenaustritte u. -übertritte (-eintritte) in den Jahren 1950–1956 (Statist. Beilage Nr. 19 S. 16 zum Amtsblatt der EKD vom 15.6.1958) – H. Reich, Die Aus- u. Übertrittsbewegung 1884–1949 (KJ 1951, 363–385). *P. Zieger*

Kirchenbann → Exkommunikation.

Kirchenbau

I. Grundsätzliches zum Kirchenbau – II. In der alten Kirche – III. Im Mittelalter – IV. Im 16.–19.Jh. – V. Im 20.Jh. – VI. Im Bereich der orth. Kirche – VII. In den Missionsgebieten und den jungen Kirchen. – K. = Kirche, Kb. = Kirchenbau. – Vgl. ergänzend → Basilika, → Byzantinische Kunst, → Malerei und Plastik

I. Grundsätzliches zum Kirchenbau

Die Frage nach Stellung und Aufgabe der K. in der Welt zwingt dazu, auch das Verhältnis von K. und K.ngebäude jeweils neu zu durchdenken. Daß für beide das gleiche Wort gebraucht wird, zeigt, daß hier eine tiefere Verbindung empfunden wird, auch wenn sie nicht einfach auf »Inhalt und Form« zurückgeführt werden kann; denn zumindest »ev. Gottesdienst« kann »grundsätzlich überall gehalten werden, in jedem Raum und auch im Freien«. Aber schon aus »praktischen Gründen wird für eine an einen Ort gebundene Gemeinde ein K.ngebäude notwendig sein« (Rummelsberger Grundsätze). Darin werden sich, wie in jedem Bauwerk als einem Spiegel menschlicher Lebensvorgänge, Wesen und Art des kirchlichen Lebens ausprägen, dem es dient. Zunächst sind äußere Umstände weitgehend ablesbar, zB Seelenzahl und Finanzkraft der tragenden Gemeinde, ihre Stellung in der umgebenden Welt usw. Art und Vollzug des Gottesdienstes werden den hierfür verwendeten Raum und seine Einrichtung mitformen und erkennen lassen, ob er als »Versammlungshaus der feiernden Gemeinde«, als »Hörsaal« oder, als Rahmen für kultisch geformtes Handeln, zum »Sakralraum« gestaltet ist. Je eindeutiger und klarer solche Ausprägung eines bestimmten Charakters im gottesdienstlichen Vorgang mit architektonischen Mitteln auch im Raum gestaltet ist, desto stärker wird eine helfende Rückwirkung von diesem ausstrahlen auf Kraft und Lebendigkeit dessen, »was sich in und unter der gottesdienstlich versammelten Gemeinde begibt: der Begegnung mit dem gnadenhaft in Wort und Sakrament gegenwärtigen heiligen Gott« (Stählin). Ebenso kann eine Diskrepanz zwischen Gebäudeform und lebendigem Gebrauch zu empfindlicher Störung, ja selbst Verkümmerung des kirchengemeindlichen Lebens führen, ob es sich um die verfehlte Anfangsdisposition eines K.n-Neubaus handelt oder um Verlagerung in der Benutzung bestehender Gebäude infolge eines allgemeinen Kulturwandels oder erneuerter Auffassungen vom Gottesdienst. Die Geschichte des Kb.s ist reich an Zeugnissen solcher Wandlungen, wie sie am sinnfälligsten etwa im Gegensatz der römisch-imperialen zur frühchristlichen Baugesinnung, im Überspielen spätromanischen Körpergefühls durch die konstruktive Abstraktion der Gotik, in den Reformbauten der Mönchsorden sichtbar werden (→ Kirchenbau: III), nicht zuletzt in dem »raumwidrigen«, rein akustisch bedingten, ref. Gebrauch mittelalterlicher K.n (→ Kirchenbau: IV) als einer bewußten Auflehnung gegen die vorhergehende Übersteigerung sinnlich-bildhafter Einwirkungen. Immer von neuem muß daher auch ein bestehender Kb. aus den lebendigen Strömungen kirchlichen Lebens heraus betrachtet werden, wobei »Überständiges« (Th.Mann) zu überwinden ist, aber gleichzeitig verschüttete Einsichten aus vergangenen Schwerpunkten kirchlichen Glaubens für die Gegenwart neu aufleuchten können. So ist auch die Pflege alter Gebäudesubstanz ebenso wie kirchlicher Neubau stets neuschöpferisches Beginnen, das nur aus der geistigen Spannung zwischen der lebendigen Aufgabenstellung durch die kirchliche Bauherrschaft und ihrer zeitnahen Erfassung und Erfüllung durch den Architekten zur echten Form aus den der Baukunst immanenten Gesetzmäßigkeiten führt. Wo das gelingt, wird durch den Kb. nicht nur eine außerordentliche Hilfe gegeben sein, zum Eigentlichen und Wesentlichen des kirchlichen Auftrages hinzuführen. Es wird zugleich aus solcher Formkraft auch die größere, alle zeitgebundenen Gegensätze umfassende Gemeinsamkeit einer Epoche in ihrem »Stil« gleichnishaft aufleuchten, die nicht von Menschen allein geschaffen ist und die gerade die kirchlichen Bauwerke mit zu den reinsten Zeugnissen für den lebendigen Geist ihrer Zeit werden ließ.

J.FURTTEMBACH, K.gebäu in was Form u. Gestalt aufzubauen..., 1649 - L.C.STURM, Vollst. Anweisung aller Arten von K.n, 1718 - A.STURMHOEFEL, Zentralbau oder Langhaus, 1897 - O.MARCH, Der Gedanke des ev. Kb.s, 1904 - J.BIEHLE, Theorie des Kb.s vom Standpunkt des K.nmusikers u. Redners, 1913 - O.BARTNING, Das ev. Kb.-programm (in: Die Form 1, 1922, H. 3) - DERS., Der ev. Kultbau (in: Kultus u. Kunst, hg.v. C.HORN, 1925, 51 ff) - P.BRATHE, Der ev. Gottesdienst u. sein Raum, 1929 - D.MÜLLER, Kult u. Form (in: Der Kreis 8, 1931, 478-483) - H.WEIGERT, Das Sakrale in der christl. Baukunst (JLW 12, 1932, 178-193) - O.SÖHNGEN, K.naufbau in der Großstadt, 1934 - F.SCHUMACHER, Der Geist der Baukunst, 1938 - R. SCHWARZ, Betendes Werk. Ein Zeitbuch, 1938 - R.B.WITTE, Das kath. Gotteshaus, 1939 - K.B.RITTER, Die Liturgie als Lebensform der K., 1946 - G.KUNZE, Ev. Kb. vor neuen Aufgaben, 1947 - DERS., Lehre, Gottesdienst, Kb. in ihren gegenseitigen Beziehungen, 1949 (Lit.) - K.GRUBER, Der hl. Bezirk in der zukünftigen Stadt, 1949 - H.W.HEGEMANN, Vom bergenden Raum, 1953 - K.HAMPE, Kulturwandel (in: DERS., Das Hoch-MA, 1953⁴, 221-239) - Leiturgia I, 365 bis 436 (G.LANGMAACK) - W.STÄHLIN, Theol. Grundfragen des ev. Kb.s (in: O.BARTNING-W.WEYRES, K.n, Hdb. für den Kb., 1959, 209-230) - C.HORN-O.SENN, Entwicklung der Leitbilder des ev. Kb.s (ebd 231-264) - Architektur u. K. (in: Ökumen. Pressedienst Genf 26, 1959, Nr. 19, S. 8).

H.Hampe

II. In der alten Kirche

1. Entwicklung und Elemente - 2. Formen - 3. Verbreitung und Schulen: a) Im Westen - b) Im Osten. - Bildtafeln 19 und 20 nach Sp. 1376, Fig. 1-8 auf Sp. 1353f. - Vgl.ergänzend → Altchristliche Kunst, → Baptisterium, → Basilika, → Byzantinische Kunst, → Dura-Europos: III, → Martyrion

1. Über den Kb. in vorkonstantinischer Zeit sind wir kaum unterrichtet. Das einzige erhaltene Beispiel des 3.Jh.s ist die Haus-K. von → Dura Europos (: III). Eine eigentliche christliche Monumentalarchitektur entstand erst in der Zeit Konstantins d.Gr. Im konstantinischen Kb. sind die Ansätze der späteren Entwicklung enthalten, sowohl für das Längshaus, dessen wichtigster Typus die → Basilika ist, als auch für den Zentralbau (Antiochia, Oktogon; Rom, Lateransbaptisterium). - Bis ins 4.Jh. erbaute man hauptsächlich Bischofs- und Gemeinde-K.n. Seit konstantinischer Zeit wird die Gedenk-K. für die → Heiligen Stätten (: III) und die → Märtyrer wichtig, seit dem 5.Jh. die Kloster-K. Für diese Zwecktypen wurden die verschiedensten Plantypen von Zentral- oder Längsbauten angewandt. Oratorien und Mausoleen, meist private Stiftungen, errichtete man mitunter an den K.n, doch waren solche Bauten auch selbständig. Die → Baptisterien befinden sich stets in unmittelbarer Nähe oder im Verband mit den Bischofs- und Gemeinde-K.n. - Der Plan einer frühchristlichen K. besteht im allgemeinen aus folgenden *Elementen:* a) Vorbauten, wie Höfe, Atrium, Vorhalle (Narthex) oder Eingangsporticus, die meist an der westlichen (in Rom an der östlichen) Seite, seltener im Süden (Nordsyrien) liegen. b) Der Hauptbau zur Aufnahme der Gemeinde und des Sanktuariums mit dem → Altar (: III A) und dem Platz für die Priesterschaft. Der vom Subsellium für die Presbyter umgebene Bischofsthron befindet sich meist in der *Apsis,* vor welcher der Altar steht und die sich in ganzer Breite nach dem K.nschiff hin öffnet. Die Apsis ist bes. in der östlichen Architektur von Nebenräumen flankiert (Pastophorien: Prothesis und Diakonikon), die als Sakristeien, aber auch als Baptisterium oder Märtyrerkapelle (Nordsyrien) dienen können.

2. Der frühchristliche Kb. ist vorzüglich Innenarchitektur. Die Wand ist daher außen meist schmucklos, doch in manchen Gebieten durch Gesimse und Profile (Kleinasien, Syrien) oder Blendarkaden (Oberitalien, Dalmatien) gegliedert. Sie ist belebt durch die Öffnungen der Portale an der Westseite (Rom: Ostseite; Nordsyrien: Südseite) und der meist rundbogigen Fenster der Seitenschiffe oder des Umgangs und des Oberlichtgadens. Im Innern trägt die Wand Marmorverkleidung, Stuck, → Malerei (: I) und → Mosaik; der Wandschmuck ist meist nicht gleichmäßig, sondern richtet sich nach Rang und Funktion der Raumteile; daher sind vorzugsweise nur die Obergadenwände, die Apsis und das Sanktuarium mit Bildern geschmückt. Die Glieder des Aufbaus stehen überwiegend in der Tradition der römischen Reichsarchitektur, deren regionale Unterschiede fortgeführt und weiterentwickelt werden. Wichtigstes Element bleibt die Säule, doch erscheint daneben der rechteckige oder quadratische Pfeiler, vor allem im Gewölbebau. Es folgt das Gebälk. Anstelle des geraden Gebälkes tritt meist die Archivolte, die vor allem im östlichen Kb. nicht unmittelbar auf dem Kapitell, das eine reiche Ausbildung erfährt (R.Kautzsch, Kapitellstudien, 1936), sondern auf einem pyramidenstumpfartigen Kämpferstein aufruht. Säule, Gebälk, Archivolte tragen im Innern vor allem die Obergadenwände, charakteristisches Element der Basilika und des mehrräumigen Zentralbaus. Entscheidend für die Struktur und Gestalt ist die Art der Eindeckung. Bauten mit Holzeindeckung sind dünnwandiger, Gewölbebauten massiver; in ihnen tritt neben und an die Stelle der Säule häufig der massive Pfeiler. Holz- oder Gewölbekonstruktionen werden jedoch nebeneinander für fast alle Raumtypen angewandt: in der Basilika sind erstere häufiger, wobei der bemalte oder vergoldete Dachstuhl sichtbar bleiben oder durch eine geschmückte Flachdecke verkleidet werden konnte. Kuppeln, Tonnen- und Kreuzgewölbe erscheinen vorwiegend im Zentralbau. - Im Gegensatz zu heidnischen Sakralbauten (→ Kunst: II H) bevorzugt der Kb. kompliziertere Raumfügungen, Raumreihen und -gruppen, bei denen die einzelnen Raumglieder subordiniert sind. Diese Tatsache zeigt sich sowohl bei der Basilika als auch bei dem Zentralbau. Der einräumige römische Füllnischenbau wird zwar weiter angewandt (→ Baptisterium), aber wichtiger werden Zentralbauten mit innerem Umgang (u.a. Rom, Lateransbaptisterium und S. Costanza [s. Taf. 19 Abb. 1 und Fig. 2]; Garizim, Theotokos-K.), die eine reiche Entwicklung hatten. Durch dem runden oder polygonalen Zentrum angefügte, in den Umgang ausgreifende Raumnischen durchdringen sich die Raumteile (u.a. Bosra und Esra in Syrien; Konstantinopel, Hagioi Sergios und Bakchos; Ravenna, S. Vitale [s. Taf. 19 Abb. 3 und Fig. 7]). Zentralbauten in

Kreuzesform können einschiffig (Antiochia, Martyrion; Ravenna, Mausoleum der Galla Placidia) oder mehrschiffig (→ Basilika) sein. Rund- und Kreuzbauten werden auch miteinander vereint (Qalat Siman in Syrien; s. Taf. 20 Abb. 2 und Fig. 5) oder durchdringen sich (zB Rom, S. Stefano Rotondo). Der reine, richtungslose Zentralbau wird im Kb. nur sehr selten verwirklicht. Die Betonung der Längsachse durch die Vorbauten und durch das Sanktuarium bewirken das Vorwiegen der West-Ost-Richtung.

3. a) In konstantinischer Zeit ist → *Rom* (: II) das Zentrum des Kb.s im *Westen*. Durch Konstantin und seine Angehörigen wurden gestiftet: die fünfschiffige Bischofs-K. mit Querschiff am Lateran, die Gedenk-K.n über den Gräbern der Märtyrer Marcellinus und Petrus, Laurentius und Agnes (s. Taf. 19 Abb. 1) sowie für die Apostel an der Via Appia als dreischiffige Exedrabasiliken, die Gedenk-K.n für Paulus und Petrus, letztere nach dem Schema der Laterans-K. Erst kurz vor 400 entstand der Neubau über dem Paulsgrab nach dem Schema der Peters-K. Vom Ende des 4.Jh.s bis ins 6.Jh. ist für Rom die einfache dreischiffige Basilika charakteristisch (u.a. S. Clemente, S.Giovanni e Paolo, S.Sabina, S.Maria Maggiore). Selten waren Zentralbauten: für Mausoleen (Mausoleen der Helena und der Konstantina = S.Costanza; s. Taf. 19 Abb. 1 und Fig. 2), für Gedenk-K.n (S. Stefano Rotondo). Im 6.Jh. wurde die östliche Emporenbasilika eingeführt (Domitillakatakombe, S.Lorenzo fuori le mura, S.Agnese fuori le mura; vgl. zum Ganzen F.W.Deichmann, Frühchristliche K.n in Rom, 1947). Der Kb. Roms hat vor allem auf den abendländischen → Kirchenbau (: II) des MA eingewirkt. Während in *Süditalien* nur wenige frühchristliche Anlagen nachzuweisen sind (u.a. Basilika von Salemi, B.Pace in: Monumenti Antichi 26, 1916, 698ff; Zentralbau von Canosa, Palladio 2, 1938, 149f; Nocera, Baptisterium, M.Stettler in: RivAC 17, 1940, 88ff), sind in *Oberitalien* deutlich drei wichtige Zentren zu erkennen: Mailand, Ravenna und Aquileia, die zweifellos mit dem oströmischen Gebiet enger als mit Rom in Verbindung standen. *Mailand* bietet eine reiche Vielfalt: der alte Dom, eine Basilika; S.Simpliciano, ein Transeptbau; S.Nazzaro e Celso, ein Kreuzbau (G.Bovini, Actes V. Congr. Arch. Chrét. 1954, 135ff); S.Lorenzo und S.Aquilino, Zentralbauten (A.Calderini-G.Chierici-C.Cecchelli, La basilica di S. Lorenzo Maggiore, 1951). Für → *Ravenna* (: II) ist ein besonderer Typus der dreischiffigen Basilika charakteristisch, die auch Nebenräume an der Apsis haben kann (S. Giovanni Evangelista, S.Apollinare in Classe [s. Taf. 19 Abb. 4 und Fig. 8]). S.Vitale (s. Taf. 19 Abb. 3 und Fig. 7), zweifellos von Konstantinopel abhängig, ist der bedeutendste kirchliche Zentralbau des 6.Jh.s im Abendland (vgl. Deichmann, Frühchristl. Bauten ... von Ravenna, 1958 ff). *Aquileia* bewahrt die Reste einer der ältesten, im 2. Jahrzehnt des 4.Jh.s entstandenen Anlage, die aus zwei parallel liegenden dreischiffigen Hallen besteht. In der folgenden Zeit herrscht die Basilika vor, ebenso in dem benachbarten Grado. Eine Sonderform, die auch in Istrien und Dalmatien vorkommt und den Kb. des östlichen Alpengebietes stark beeinflußte, ist die K. ohne Apsis, mit halbrunder Priesterbank im Mittelschiff (G. Brusin-P.L.Zovatto, Monumenti paleocristiani di Aquileia e di Grado, 1957; Parenzo: B.Molaioli, Basilica Eufrasiana di Parenzo, 1943). Diesem Gebiet steht das östlich benachbarte *Dalmatien* nahe, in dessen Hauptstadt Salona Ausgrabungen eine Fülle von K.n ans Licht gebracht haben, unter denen die dreischiffige Basilika überwiegt. Wichtig ist der Memorialbau der basilica discoperta von Marusinac; die kreuzförmige K. des 6.Jh.s neben der basilica urbana erweist die Verbindung mit dem Osten (E.Dyggve, History of Salonica Christianity, 1951). Für die *nördlichen Gebiete*, von der Donau und dem Rhein bis nach Nordgallien, scheinen einfachste Bauten, rechteckige Säle oft ohne Apsis, charakteristisch zu sein (zB R.Egger, Actes V. Congr. Arch. Chrét. 1954, 73ff; Th.Kempf, ebd 61ff; H.Berger in: Ausgrabungen in Deutschland, 1958, 380ff). In den stark romanisierten Zentren erscheinen die Bautypen des Mittelmeergebietes: zB →Trier (: I) und → Köln (: I). Ähnliches ist für die anderen römischen Zentren anzunehmen. Die spärlichen Reste und Funde in *Südfrankreich* lassen kein klares Bild erkennen (J.Hubert, L'architecture religieuse du Haut Moyen Âge en France, 1952). – Eines der wichtigsten Gebiete des Kb.s ist *Nordafrika*, bes. Numidien (Tunesien) und das westliche Mauretanien (Algerien). Dreischiffige Basiliken eines besonderen nordafrikanischen Typus bilden die Mehrzahl; eine andere Eigenart sind schon seit konstantinischer Zeit (Orléansville) sieben- bis neunschiffige Basiliken. Wichtige Fundplätze sind u.a.: Karthago (J.Vaultrin, Basilique chrét. de Carthage, 1933), Tipasa (L.Leschi, Tipasa, 1950), Djemila-Cuicul (L.Leschi, Djemila, 1949), die Klosteranlage von Tebessa (A.Ballu, Le monastère de Tebessa, 1897; s. Taf. 19 Abb. 2 und Fig. 3). Zweifellos gingen vom westlichen Nordafrika Beziehungen nach *Spanien* (auch dort dreischiffige Basiliken); eine besondere Stellung haben die in Quaderstein errichteten westgotischen Bauten des 7.Jh.s. Während das westliche *Libyen* (Tripolitanien) eng mit Numidien zusammenhängt (J.B.Ward Perkins, Archeologia 95, 1953, 1ff), verbindet sich die *Kyrenaika* nach alter Tradition eher mit Ägypten (zB Ptolemais: G.Caputo in: Atti Congr. Naz. Storia Arch. 3, 1938, 159ff).

b) Seit den von → Konstantin nach 330 gestifteten kirchlichen Großbauten wird *Konstantinopel* das Zentrum des *Ostens*. Die kaiserlichen Stiftungen in den Provinzen wurden häufig in der Hauptstadt entworfen. Vor allem wurde in Konstantinopel der gewölbte Zentralbau ausgebildet; wichtigstes Beispiel ist die Hagia Sophia (s. Taf. 20 Abb. 1 und Fig. 6; vgl. → Byzantinische Kunst). Unmittelbar mit Konstantinopel hängen die *Gebiete um das Ägäische Meer* und die anschließenden der *Balkanhalbinsel* zusammen. Es überwiegen dreischiffige Basiliken, die wie die Konstantinopler K.n meist mit Emporen für die Frauen versehen sind. Wichtigste Bauten sind: Hagios Demetrios in → Saloniki (: I), Johannes-K. in → Ephesus (, 1), Zentralbauten in Hierapolis (P.Verzone, CahArch 8, 1956, 37ff) und Thasos (P.Lemerle, Byzantion 23, 1953, 531ff). Für das Innere *Kleinasiens* dagegen, wo

Fig. 1. Bethlehem, Geburtskirche, 4. Jahrzehnt des 4.Jh.s *(nach R.W.Hamilton, The Church of the Nativity, 1947)* – Fig. 2. Rom, S. Costanza, ca 338/50 *(nach M.Stettler in: RM 58, 1943, Beil. 1)* – Fig. 3. Tebessa (Algerien), Grundriß der Gesamtanlage, 5.Jh. *(nach A.Ballu, Le monastère byzantin de Thebessa, 1897)* – Fig. 4. Sohag (Ägypten), Weißes Kloster, Mitte 5.Jh. *(nach U.Monneret de Villard, Les couvents près de Sohag, 1925)* – Fig. 5. Qalat Siman (Syrien), Grundriß der Kirche des hl. Simeon Stylites, nach 476 *(nach H.C.Butler, Syria II B, 1920)* – Fig. 6. Istanbul, Hagia Sophia, geweiht 536, Grundriß der Gesamtanlage *(nach A.M.Schneider, Die Hagia Sophia zu Konstantinopel, 1939)* – Fig. 7. Ravenna, S. Vitale, geweiht 547 *(nach G.Bovini, S.Vitale di Ravenna, 1955)* – Fig. 8. Ravenna, S. Apollinare in Classe, geweiht 549 *(nach M.Mazzotti, S.Apollinare in Classe, 1954)*.

Unter K etwa Vermißtes bitte unter C und Z suchen

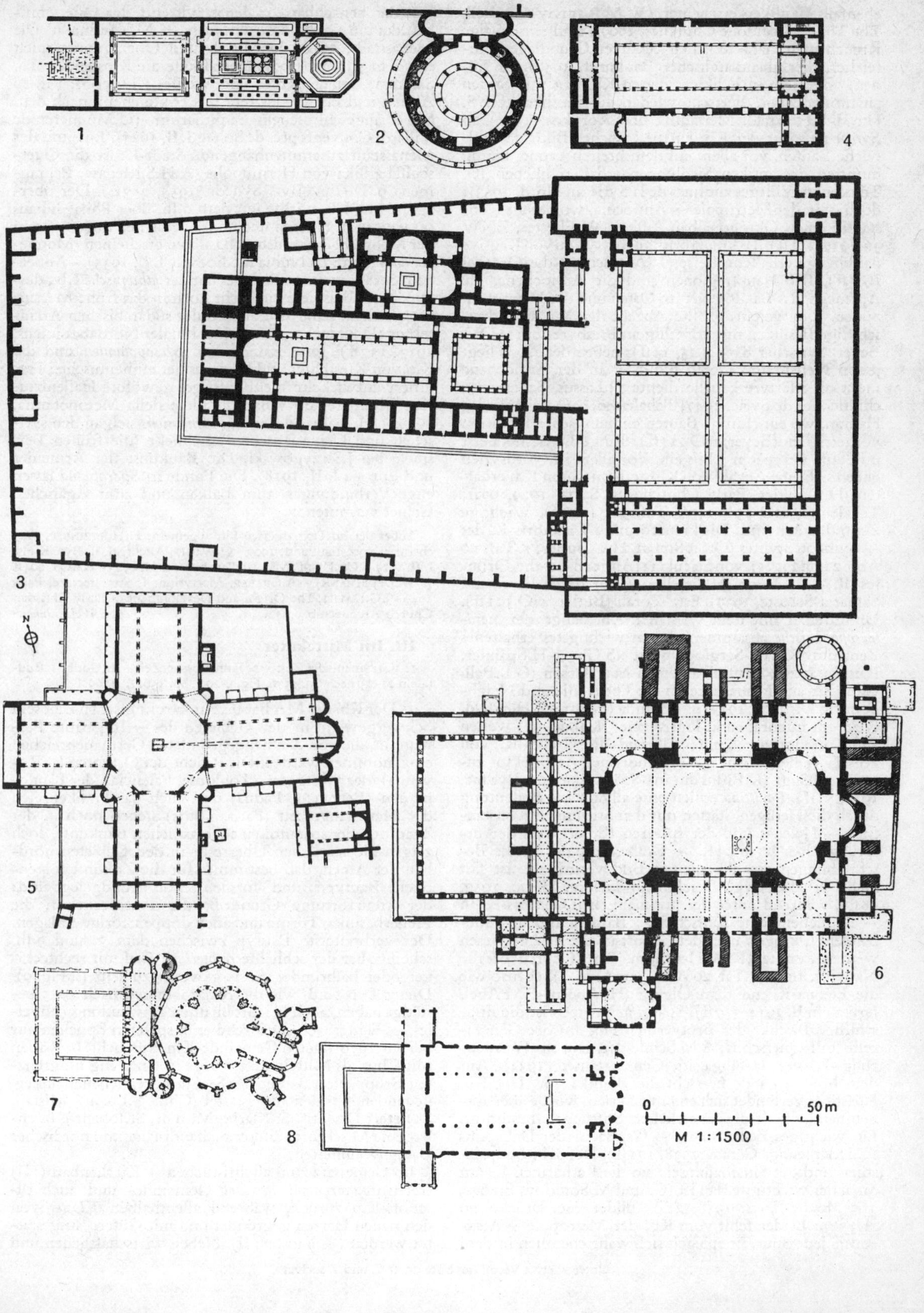

1
2
3
4
5
6
7
8
N
0
50 m
M 1:1500

ebenfalls Basiliken erscheinen (W.M.Ramsay-G.L.Bell, The Thousandandone Churches, 1909), sind einschiffige Kreuzbauten charakteristisch (S.Guyer, Grundlagen mittelalterlicher abendländischer Baukunst, 1950). Im Süden, vor allem in Kilikien, dessen Kb. eng mit Syrien zusammenhängt, herrscht wieder die Basilika (zB S. Guyer-E.Herzfeld, Meriamlik und Korykos, 1930). In *Syrien* gewährt der Kb. ein bes. reiches Bild, da zahlreiche Bauten, vor allem auf dem breiten Lande, häufig inmitten der antiken Siedlungen erhalten blieben (G. Tchalenko, Villages antiques de la Syrie du Nord, 1953); doch ist in der Metropole → Antiochia, wo bereits Konstantin einen Oktogonalbau stiftete (W.Eltester, ZNW 36, 1937, 251 ff), das kreuzförmige Martyrion von Kausiye das einzige erhaltene Beispiel (Antioch-on-the-Orontes II, 5 ff). Die Hauptregionen sind die Antiochene, die Apamene, das Basaltgebiet im Osten und der Hauran im Süden. Die weitaus größte Anzahl der K.n sind dreischiffige Basiliken mit dreiteiligem Presbyterium (H.W. Beyer, Syrischer Kb., 1925, 14 ff): neben der Apsis liegt je ein Nebenraum, deren südlicher in der Antiochene meist als Märtyrerkapelle diente (J.Lassus, Sanctuaires chrétiennes de Syrie, 1947; Tchalenko, aaO passim). Im Hauran, wo einschiffige Bauten einheimischer Tradition vorherrschen (Beyer, aaO 114 ff), dringt die Basilika erst im Laufe des späten 5.Jh.s ein. Vor allem in Nordsyrien haben sich eine Anzahl von Klöstern mit ihren K.n erhalten (H.C.Butler, Early Churches in Syria, 1929, 97 ff; Tchalenko, aaO 19 f. 145 ff, Taf. 50-54. 83 f). Wichtige Zentralbauten sind: Die kreuzförmige Wallfahrts-K. des → Symeon Stylites (Qalat Siman, H.C.Butler; s. Taf. 20 Abb. 2 und Fig. 5), von Seleukeia (Antioch-on-the-Orontes III, 35 ff), Bosra (H.Kraeling, Churches at Bosra and Samaria-Sebaste, 1937), Esra-Zorah (Butler, aaO 121 ff). Unmittelbar mit dem syrischen Kb. hängt der *nordmesopotamische* zusammen, dessen wichtigstes erhaltenes Zentrum Rusafa-Sergiopolis ist (S.Guyer-H.Spanner, Rusafa, 1926). Zentralbauten in Mayafarkin (G.L.Bell, Churches and Monasteries in the Tur Abdin and Neighbouring Districts, 1913) und Amida (F.Sarre-E.Herzfeld, Reise im Euphrat- und Tigrisgebiet II, 1920, 32) weisen auf Konstantinopel hin, während die Grabes-K. von Rusafa vielleicht mit der sassanidischen Architektur zusammenhängt (K.Erdmann in: Spätantike und Byzanz, 1952, 53 ff). *Palästina* erhielt eine allgemeine Bedeutung durch die Heiligen Stätten mit den Stiftungen Konstantins, → Helenas und der späteren Kaiser. Von der ursprünglichen K. am Hl. → Grabe, von der antike Beschreibungen ein allgemeines Bild vermitteln, ist fast nichts erhalten (vgl. Deichmann-Tschira, JdI 70, 1957, 88 ff), während unter der justinianischen Geburts-K. in → Bethlehem eine fünfschiffige Basilika mit anschließendem Oktogon über der Geburtsgrotte nachgewiesen werden konnte (R.W.Hamilton, The Church of the Nativity, 1947; s. Taf. 20 Abb. 3 und Fig. 1), ebenso wie die Eleona-K. auf dem Ölberg (H.Vincent-F.M.Abel, Jerusalem II, 1914, 337 ff). Später anzusetzen ist die dreischiffige Basilika der Brotvermehrung am See Genezareth (mit Querschiff; A.M.Schneider, Die Brotvermehrungs-K. von et-tâbga am Genezarethsee, 1934). Auf dem breiten Lande herrscht die Basilika vor. Der Kb. Palästinas verbindet sich eng mit Syrien, wurde aber ausnehmend durch die kaiserlichen Stiftungen bestimmt. Ein wichtiges Zentrum ist → Gerasa in der Dekapolis (C.H.Kraeling, Gerasa, 1938, 171 ff). Der Kb. Südpalästinas und der Sinaihalbinsel, wo die Katharinen-K. am Sinai der wichtigste Bau ist (G. und M.Soteriou, Εἰκόνες τῆς Μονῆς Σινᾶ, 1958, 2 ff), bildet die Brücke zu *Ägypten*. Leider fehlt vom Kb. der Metropole → Alexandria jede Spur. Er spiegelt sich wahrscheinlich in dem Kb. der benachbarten Menasstadt mit der Querschiffbasilika am Grabe des Märtyrers (K.M.Kaufmann, Die Menasstadt, 1910). In Mittel- und Oberägypten spielt seit dem 5.Jh. eine besondere Rolle die Kloster-K.: u.a. Sakkara; Sohag, Rotes und Weißes Kloster (s. Taf. 20 Abb. 4 und Fig. 4), letztere mit trikonchem, nach dem Schiff abgeschlossenem Sanktuarium (U.Monneret de Villard, Couvents près de Sohag I. II, 1925). Eine mit der Menasstadt zusammenhängende Stadt-K. ist die Querschiffbasilika von Hermupolis (A.H.S.Megaw, Pepragmena 9. Diethn. Byz. Synedr. 1955, 287 ff). Der oberägyptische Kb. wirkte seit dem 6.Jh. über Philae hinaus bis weit nach Nubien und dem nördlichen Sudan, wo in der Mehrzahl dreischiffige Basiliken erscheinen (Monneret de Villard, La Nubia medioevale I. II, 1935). – Außerhalb des Römischen Reiches hat der *äthiopische* Kb., dessen älteste Beispiele vielleicht noch in das frühe MA zurückreichen, seine Wurzeln in der südarabischen Architektur (D.Krencker, Ältere Denkmäler Nordabessiniens, 1913, 137 ff). Im sassanidischen *Mesopotamien* sind die K.n von Ktesiphon und Hira aus der einheimischen Tradition entwickelte mehrschiffige, gewölbte Hallenbauten (Monneret de Villard, Chiese della Mesopotamia, 1940, 1 ff), während der Kb. *Armeniens* sich an den syrischen und kleinasiatischen anschließt (die frühen Beispiele bei J.Strzygowski, Die Baukunst der Armenier und Europa I. II, 1918). Die Funde in *Südrußland* lassen enge Verbindungen zum Balkan und zum Ägäischen Gebiet vermuten.

Außer der im Text zitierten Lit. allgemein: H.Holtzinger, Altchristl. u. byz. Baukunst, 1909 – O.Wulff, Altchristl. u. Byz. Kunst I. II, 1914 – Ch.Diehl, Manuel d'art byzantin I, 1925 – RAC I, 604 ff (F.W.Deichmann) – A.Grabar, Martyrium I: Architecture, Paris 1946 – J.G.Davies, The Origin and Development of Early Christian Church Architecture, 1952.

F.W.Deichmann

III. Im Mittelalter

1. Vorromanische Zeit – 2. Romanische Zeit – 3. Gotik. – Bildtafeln 21-23 nach Sp. 1376, Fig. 9-20 s. Sp. 1361 f. 1369 f

1. Der Kb. des MA hat bis zur karolingischen Zeit sein Schwergewicht in den Gebieten des → Imperium Romanum, die von den neugegründeten Germanenreichen eingenommen werden. Die Reiche der Ostgoten (→ Ravenna), der Westgoten (Toulouse, Palencia), der Langobarden (Benevent, Padua) und auch das Frankenreich der Merowingerzeit (Paris, Tours) stehen noch in der Tradition der spätantiken altchristlichen Baukunst, doch zeigen die spärlichen Überreste in den Gebieten nördlich der Alpen, daß bestimmte für die Zukunft folgenreiche Bautypen und -formen schon grundgelegt sind: der kreuzförmige Grundriß, der Rechteckchor, die Pfeilerbasilika, Türme und auch doppelchörige Anlagen. Der verbreitetste Bautyp zwischen dem 7. und 9.Jh. scheint aber der schlichte *rechteckige Saal* mit rechteckiger oder halbrunder Apsis gewesen zu sein (s. Fig. 9). Dieser Typ fand, wie die Ausgrabungen nach 1945 bestätigt haben, auch bei Großbauten Anwendung (Nivelles, → Echternach), während er in späteren Epochen nur bei untergeordneten Gemeinde-K.n auftaucht. In Rätien mit Chur als Mittelpunkt wurde in einer eng umgrenzten Gruppe von Bauten der Saal mit drei nebeneinanderliegenden Apsiden ausgestattet (Chur, S.Lucius; Mistail, St.Peter; Disentis, St.Maria; Müstair, St.Johann), offenbar eine Mischform älterer mailändischer und nordischer Baugewohnheiten.

Im Gegensatz zum altchristlichen → Kirchenbau (: II) treten in *vorromanischer Zeit* Gemeinde- und auch Bischofs-K.n zurück, während allenthalben *Klöster* von den neuen Herren gegründet und mit Gütern ausgestattet werden (→ Kloster: II). Neben wirtschaftlichen und auch politischen Vorteilen war mit diesen Stiftungen auch das begehrte Bestattungsrecht verbunden, das dem Stifter den fürbittenden Gebetsdienst der Klosterinsassen und die Hilfe der in den → Reliquien anwesenden Heiligen sicherte. Für die aus »heidnischen« Verhältnissen kommenden neuen Herren war der Reliquienbesitz wirksamster magischer Schutz.

Während die frühesten abendländischen Klöster des 4.-6.Jh.s als asketische Lebensform des vorderen Orients über → Lerinum, Marseille, → Arles und Lyon über Aquitanien bis nach Burgund und auch in den Jura eindrangen und noch im Banne der spätrömischen Stadtkultur standen, erscheinen die Klostergründungen seit dem 7.Jh. von neuem Geist genährt: *iroschottische* (→ Irland: I) und *angelsächsische* (→ Angelsachsen) Missionare wissen die Interessen des germanischen Adels zu gewinnen und werden, da sie sich auf neue Weise an Rom und der → Benediktinerregel orientieren, zu Trägern einer neuen germanisch-romanischen Mischkultur. Oft liegen ihre Klöster wie Vorposten im Missionsgebiet außerhalb des ehemaligen Imperiums. Mit der römisch orientierten angelsächsischen Mission scheint die Wiederbelebung des *basilikalen* Bautyps und der *halbrunden Apsis* zusammenzuhängen.

Der Machtzuwachs der Karolinger im 8.Jh. hatte eine verstärkte Verbindung mit *Rom* zur Folge. Während die partikularen Dialekte der Bauschulen in den anderen germanischen Reichen zurücktreten – nur in Asturien (Spanien) hält sich ein Rest westgotischer Baugesinnung –, entfaltet sich im östlichen Frankenreich eine universale Baukunst, die sich vom Vorherigen deutlich unterscheidet. Anstelle des Saalbaus tritt bei fast allen Großbauten die basilikale Disposition (St.Denis, geweiht 775; → Fulda, Ratgarbau 791-819; → Paderborn, Salvator-K., geweiht 799 [s. Fig. 10]; → Köln, Dom, 870 geweiht). Anstelle des älteren Rechteckchors, der oft von kammerartigen Nebenräumen (Pastophorien) flankiert war – die altgallikanische → Liturgie (: III) kannte wie die orthodoxe die Vormesse mit Zubereitung der Eucharistie im Nebenraum der Prothesis, während die römische Liturgie die vereinfachte → Messe (: II) nur am Hochaltar vollzieht –, tritt als verbreitete Chorlösung die mit einem *Querhaus* verbundene *Rundapsis*. Dieser Typ greift über Jh.e hinweg die altchristliche römische → Basilika der konstantinischen Zeit wieder auf (St.Peter, Lateransbasilika) und wird die Grundlage für die meisten Bischofs-K.n des romanischen Zeitalters. Ebenso weist die häufige Anlage einer *ringförmigen Krypta* mit einer ein Heiligengrab bergenden Confessio (→ Altar: III A, 3b) unter dem Hochaltar auf eine römische Bauübung, die zuerst in einem Umbau der Peters-K. in Rom unter Papst Gregor I. im 6.Jh. greifbar ist (Fulda, Werden, Regensburg). Auch die in karolingischer Zeit auftauchenden *Kammerkrypten* (Soissons, St. Quentin, Steinbach) in Gestalt unregelmäßiger, nebeneinanderliegender Kammern sind möglicherweise architektonische Nachbildungen römischer → Katakomben, die in dieser Zeit zum großen Teil wiederentdeckt und zum Ursprung zahlloser Reliquientransferierungen geworden waren. Gleichzeitig beginnen auch die ersten Beispiele der später allein vorherrschenden *Hallenkrypta* mit freistehenden Stützen, die nicht mehr primär Raum für das Heiligengrab, sondern Andachtskapelle mit Marienaltar und Reliquienkammer ist. – Auch die Anfügung einer *Westapsis* in karolingischer Zeit (Fulda, Paderborn [s. Fig. 10], Köln, St.Gallen) geht wahrscheinlich auf die Vorbildlichkeit der nach Westen orientierten konstantinischen Basiliken in Rom zurück (→ Kirchenbau: II, 3a). In Fulda wird gegenüber dem Ostchor mit dem Salvatoraltar im Westen eine Apsis mit dem Grabaltar des → Bonifatius angefügt, um eine Analogie zum Petrusgrab in Rom zu schaffen. Doch ist bei der Ausbildung der doppelchörigen Anlagen zu berücksichtigen, daß die Vermehrung der Altarstellen in karolingischen Klöstern auch auf den Umstand zurückzuführen ist, daß für die zahlreichen Priestermönche Altarstellen für die zahlreichen Privat- und Votivmessen geschaffen werden mußten, für die der Hochaltar allein nicht genügte (→ Altar: III A, 4). – Während in vorhergehender Zeit sich bei den Bischofs- und Klosteranlagen mehrere K.n verschiedener Bestimmung mit je einem Altar zu Gruppen versammeln, vereinigt sich in der karolingischen Kloster-K. die Vielzahl der Altarräume zu einem komplexen Gebilde. In der Altaranordnung wird eine bipolare Tendenz wirksam (Altäre der Hauptpatrone im Osten und Westen), die aber durch den in der Mitte der K. aufgestellten *Kreuzaltar* aufgehoben wird. (Wahrscheinlich eine Anspielung auf die topographische Situation in der Grabes-K. in Jerusalem, wo zwischen Basilika und Grabesrotunde sich das Kreuz auf Golgatha erhob.) Die damit angelegte darstellende Funktion des kirchlichen Bauwerks findet ihre weitere Ausprägung in der *symbolischen Ausdeutung* der Himmelsrichtungen: im Osten im Apsisbild die Erscheinung der Majestät Christi, im Westen Darstellung des Jüngsten Gerichtes, dazu im Westen die Aufstellung eines gegen die feindlichen Mächte gerichteten hochgelegenen Michaelsaltares. Der um 820 angefertigte Plan für die Kloster-K. von St.Gallen (s. bei → Kloster: II) gibt deutlich Auskunft über diese in der Disposition der K. investierten Anspielungen. – Ein weiteres Kennzeichen karolingischer K.n ist die Einverleibung von *Türmen,* die als Chorturm (über dem Altar), als Vierungsturm (über der Kreuzung von Querhaus und Langhaus), als flankierende Treppentürme, vor allem aber im Westen als Doppelturm- oder Dreiturmgruppen auftreten können. Die eindrucksvollste Westbaulösung ist das auf die karolingische Zeit beschränkte sog. *Westwerk*: zentralbauartige, dreitürmig aufgipfelnde Anlagen, die im Innern an drei Seiten mit gestaffelten Emporen ausgestattet sind. Nach einer ansprechenden These (A. Fuchs) handelt es sich bei diesen mehr oder weniger stark von der Haupt-K. separierten Teilen um Gast-K.n für den Besuch des Kaisers, der ja die Reichsklöster als temporäre Residenz benutzte. Danach wäre das Westwerk ein nach dem Vorbild der Aachener Pfalzkapelle (s.u.) eingerichtetes Oratorium, von dessen mittlerer Westempore des Kaiser am Gottesdienst teilnehmen konnte. (Beispiele in Centula, → Korvey, Minden, Hildesheim, Werden, Lorsch und Reims.) Die Varianten dieser reichen Westbaulösung bestimmen die ganze deutsche Baukunst bis zur Gotik.

Die ordnende Kraft des karolingischen Kb.s äußert sich auch in der Systematisierung des Grundrisses. Im sog. *quadratischen Schematismus* (St. Gallen) wird deutlich, wie Quadrate, die aus dem Vierungsmaß abgeleitet sind, durch Aneinanderreihung den Grundriß bestimmen: 2-3 Quadrate im Langhaus, 3 im Querarm, 1 im Vorchor vor der Apsis. Wahrscheinlich handelt es sich um eine Einwirkung des älteren Kreuzbaus (zB Neustadt/Main, nach 768). Die Entwicklung geht in romanischer Zeit dahin, daß der quadratische Schematismus das ganze Bauwerk durchdringt und auch im Aufriß greifbar wird: *Stützenwechsel,* bei Wölbungsbauten sog. *gebundenes System,* dh Zuordnung von je zwei Seitenschiffgewölben zu einem quadratischen Mittelschiffgewölbe (s. Fig. 12. 14).

Das eindrucksvollste karolingische Bauwerk ist die Aachener Pfalzkapelle, die → Karl d.Gr. nach 768 begann und 805 durch Papst Leo III. geweiht wurde (s. Taf. 21 Abb. 1 und Fig. 11). Der polygonale Zentralbau war gleichzeitig Pfalzkapelle, Marienheiligtum, Reliquienschatzhaus und für den Kaiser bestimmtes Mausoleum. Ein bestimmtes Vorbild anzugeben, ist nicht möglich, doch steht das Bauwerk in der spätantik-altchristlichen Mausoleums- und Martyrientradition und zeigt im besonderen Hinweise auf die byzantinische Reichskunst Justinians im 6.Jh. (Säulenstellung in den Emporen; → Byzantinische Kunst). Der Hinweis auf die diesem Kunstkreise angehörende K. S. Vitale in Ravenna (s. Taf. 19 Abb. 3 und Fig. 7) kann aber wegen der großen typologischen Unterschiede nicht erschöpfend sein. Möglicherweise war das nächste Vorbild für Aachen die nicht mehr erhaltene Marien-K. Justinians im Blachernenpalast in Konstantinopel, von der wir wissen, daß sie zentral angelegt, wie Aachen im Besitz kostbarer Marienreliquien war und daß der Basileus von einer Empore am Gottesdienst teilnahm. - Die Aachener Pfalzkapelle hat unter den späteren *Pfalz-* und *Doppelkapellen* eine reiche Nachfolge gefunden, wie sie gelegentlich in den Quellen auch literarisch bezeugt ist (Nymwegen, Lüttich, Groningen, Muizen, Ottmarsheim, Essen, Mettlach, Hereford in England usw).

2. Der Niedergang des Karolingerhauses im späten 9. und frühen 10.Jh. hatte im Kb. die Folge, daß die gesetzten Typen sich verwischen und untereinander Verbindungen eingehen. So finden sich für die Westbauten mannigfaltige Varianten, und auch die Chorlösungen sind immer noch von der Auseinandersetzung zwischen Querhaus und dreiteiligem Chorschluß bestimmt. Doch bleibt bei den Großbauten der bipolare Typ der Basilika mit mannigfaltigen Turmaufbauten bestimmend. Die unter → Otto d.Gr. gegen Mitte des 10.Jh.s wieder mächtig belebte Bautätigkeit greift nun nach Osten aus und trägt in den neu gegründeten *Bischofs-K.n* fast immer den in karolingischer Zeit vorgeprägten Typ der mehrschiffigen, turmreichen, doppelchörigen Basilika mit Krypten vor. Auch die Querhäuser werden verdoppelt, so daß Ost- und Westteil der K. sich fast spiegelbildlich gleichen. Nach einem folgenreichen, wahrscheinlich ottonischen Umbau des Kölner Doms unter Bischof → Bruno, dem Bruder Ottos d.Gr., folgen in dichter Reihe die Dome in Magdeburg, Mainz, Lüttich, Paderborn, Augsburg, Worms, Bamberg, Münster, Regensburg, Metz und Merseburg. Die Ausdehnung dieser Anlagen war so gewaltig, daß bei den staufischen Erneuerungen dieser K.n im 12. und 13.Jh. durchweg der alte Grundriß und damit auch die wichtigsten Elemente des Aufbaus beibehalten wurden. Erst mit dem Straßburger Münster (1015) und den folgenden salischen Domen in Speyer (s. Taf. 22 Abb. 1), Goslar, Bremen und Würzburg tritt unter dem Eindruck der Reformbewegungen des 11.Jh.s wieder mehr der altchristliche Typ der längsgerichteten Basilika mit gleichförmigen Stützen und westlicher Eingangsseite hervor.

Auch im ottonischen *Klosterbau* erlebt der bipolare karolingische Typ seine Weiterentwicklung. St.Michael in Hildesheim (s. Taf. 21 Abb. 2 und Fig. 13), 1001-22 von Bischof → Bernward errichtet und zu seiner Grablege bestimmt, wird in seiner Prägnanz vorbildlich: echte ausgeschiedene Vierung, Stützenwechsel, Würfelkapitell. Bes. aufwendig und reich ausgestattet sind die hochadeligen Damenstifte und Nonnenklöster (Gernrode, gegr. 961; Essen, Neubau 1040-55; Nivelles, Neubau geweiht 1046). Ältere berühmte Klöster wie die auf der → Reichenau (Marienmünster in Mittelzell, St.Georg in Oberzell, Peter und Paul in Niederzell) werden erneuert und entfalten eine reiche liturgisch gebundene künstlerische Tätigkeit (Buchmalerei [→ Malerei: II], anderwärts Goldschmiede- und Elfenbeinarbeiten [→ Kunsthandwerk: II]).

Die Belebung der Bautätigkeit im 11.Jh. ist in ganz Europa zu beobachten. Ein dichtes Netz von K.n legt sich über das Land. Die Bauten ordnen sich zu verschiedenen Gruppen eigener Prägung, die durch die Wirksamkeit bestimmter Vorbilder bedingt ist. Jetzt erst kann man von bestimmten Landschaftscharakteren oder *Bauschulen* sprechen.

In *Deutschland* hatte die karolingische Baukunst im *Niederrhein-Maasgebiet* ihr Zentrum, die ottonische Architektur hinterließ in *Westfalen* und *Niedersachsen* die bedeutendsten Denkmäler. Nun, mit dem Salierhause, tritt der *Oberrhein* führend hervor: das Straßburger Münster (1015), die Kloster-K. in Limburg a.d. Haardt (1025) und vor allem der Speyrer Dom (ab 1030; s. Taf. 22 Abb. 1 und Fig. 14). Dieser, von Konrad II. und Heinrich III. begonnen und fast vollendet, war zur Grablege der salischen Dynastie bestimmt. Er zeigte in seiner ersten Planung Übereinstimmungen mit der etwas älteren Kloster-K. in Limburg a.d. Haardt, in der in reformerischer Gesinnung der klare Typ der altchristlichen Säulenbasilika angestrebt wurde: Westeingang, gereihte, gleichförmige Stützen, schlichte Einzelformen. Diese auch im Urbau Speyers greifbare Gesinnung wurde hier freilich abgewandelt durch einen gesteigerten Denkmalcharakter, der sich in reichen Säulenvorlagen am Chor und auch in einem mächtigen Westbau aussprach. Als nun unter Heinrich IV. der Konflikt zwischen → Kaisertum und Papsttum offen ausbrach, trat die frühere Verbindung mit den Reformbewegungen zurück. Nun wird ein neues Zurückgreifen auf die imperiale Antike deutlich, das in der Baukunst durch ein zunehmendes Interesse für den *Wölbungsbau*, reiche *Bauplastik* und die Einführung neuer Bauglieder *(Zwerggalerie)* anschaulich wird. Heinrich IV. berief um 1080 Werkleute aus Oberitalien, bei denen die handwerkliche Tradition der Antike über die Herrschaft der Langobarden hinweg bewahrt worden war. Dieser Umbau Speyers am Ende des 11.Jh.s war folgenreich für die gesamte deutsche Architektur. Nicht nur, daß sich im *Elsaß* im 12.Jh. eine ganze Bauschule an dieser ersten Setzung bildete, auch in den anderen deutschen Landschaften, in denen sich in staufischer Zeit eine neue Bautätigkeit regte, gaben die von Speyer ausgehenden Tendenzen, bes. die Wölbung, die Grundlage. In rascher Folge werden die Dome in Mainz, Worms und Bamberg erneuert, über → Maria Laach die neuen Bauideen am *Niederrhein* ausgebreitet. Freilich verbinden sie sich hier mit älteren karolingischen und ottonischen Gewohnheiten, aber man wird dabei bleiben müssen, daß die großartige *staufische Baukunst* im Kölner Raum (Groß St.Martin, St.Aposteln, St.Kunibert) und überhaupt am Niederrhein (Neuss, M.Gladbach,

---

Fig. 9. Reichenau-Mittelzell, Klosterkirche des Pirmin, 724/746 *(nach W.Boeckelmann in: Wallraf-Richartz-Jb. 18, 1956, 31)* - Fig. 10. Paderborn, Salvatorkirche, geweiht 799 *(nach B.Ortmann, Westfäl. Zs. 107, 1957. 344)* - Fig. 11. Aachen, Pfalzkapelle, geweiht 805 *(nach E.Gall, Dome und Klosterkirchen am Rhein, 1956, Fig. 3)* - Fig. 12. Eberbach, Zisterzienserkloster, geweiht 1186 *(nach H.Hahn, Der frühe Kirchenbau der Zisterzienser, 1957, 81)* - Fig. 13. Hildesheim, St.Michael, geweiht 1022 *(nach H.Koepf, Baukunst in 5 Jt.en, 1954, Abb. 203)* - Fig. 14. Speyer, Dom, geweiht 1063 *(nach E.Gall, aaO Fig. 36)* - Fig. 15. Pisa, Dom, begonnen 1063 *(nach G.Dehio-G.v.Bezold, Die kirchliche Baukunst des Abendlandes, 1887, Atlas Bd I, Taf. 68)* - Fig. 16. Cluny, Klosterkirchen II und III *(nach K.J.Conant in: J.Evans, The romanesquè Architecture of the order of Cluny, 1938, 69)* - Fig. 17. Toulouse, St.Sernin, Chorweihe 1096 *(nach M.Aubert, L'Eglise Saint-Sernin de Toulouse, 1933)*.

9

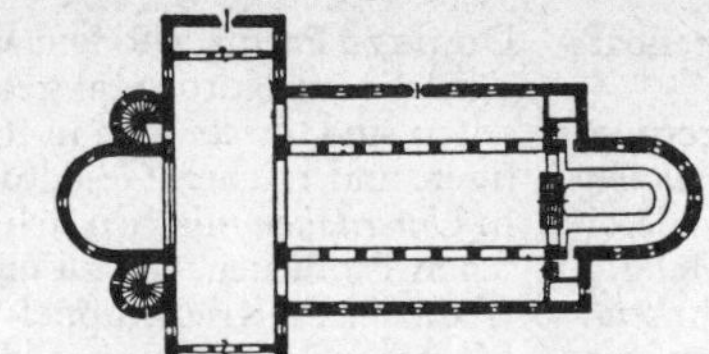

10

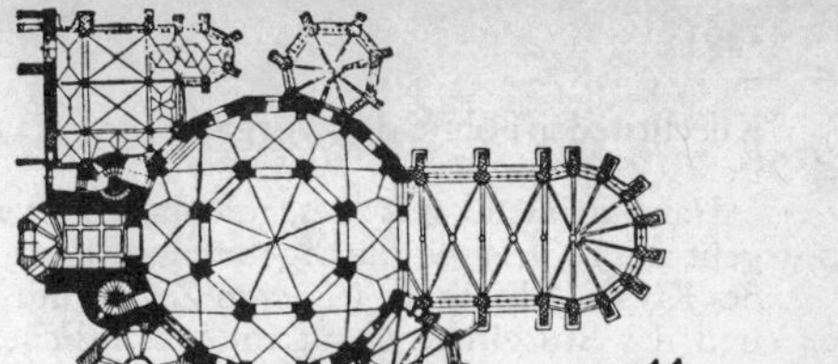

11

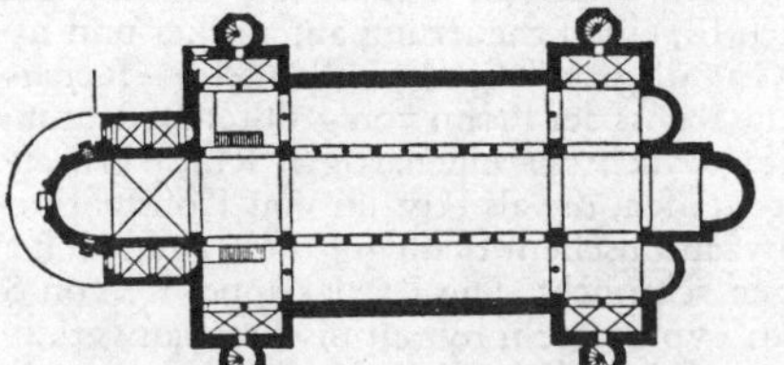

13

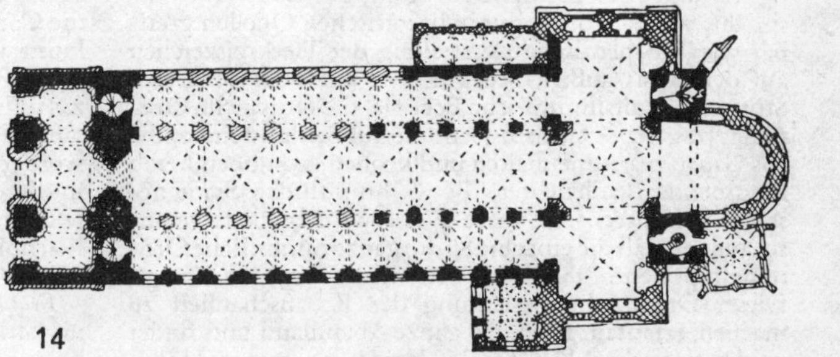

14

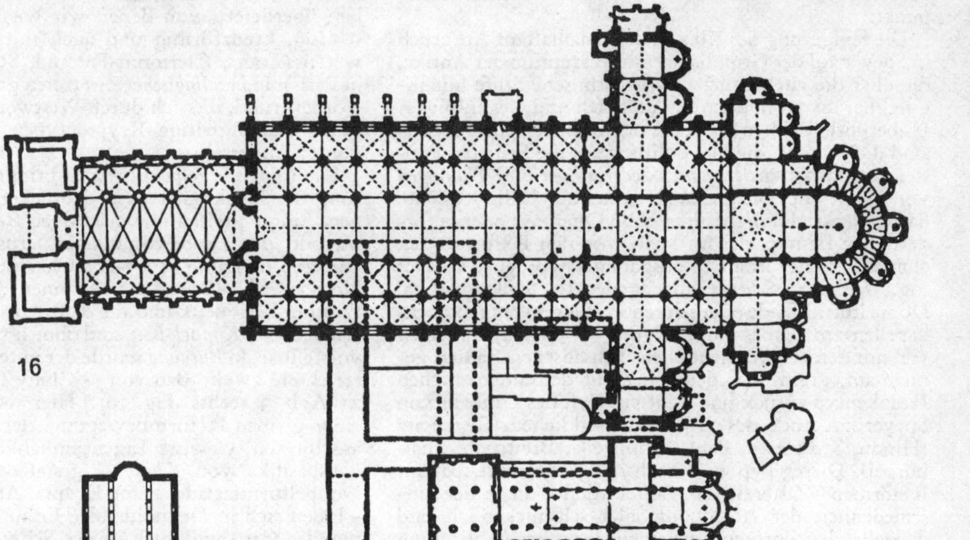

16

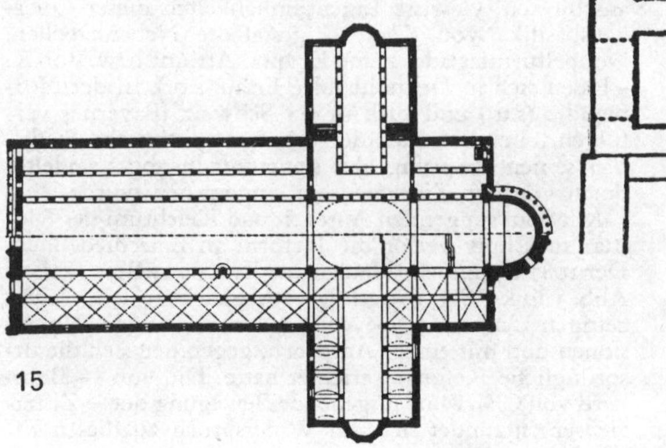

15

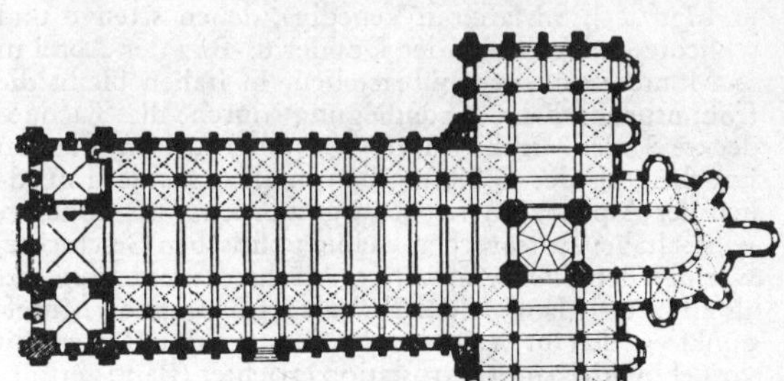

17

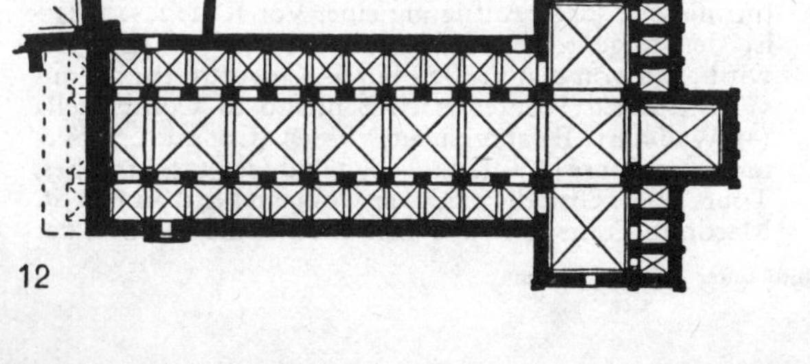

12

0 50 m

M 1:1500

Knechtsteden) ohne den Vorgang Speyers unvorstellbar ist.

Hand in Hand mit dieser denkmalhaften Steigerung geht im 12.Jh. eine durchgehende *figurale Ausgestaltung* des Kb.s. Während in früheren Zeiten die Wandmalerei und das liturgische Gerät im wesentlichen → Malerei und Plastik (: II) im Kb. vertraten, ist nun in zunehmendem Maße eine reichere Ausstattung zu beobachten, die figural und personal die Bedeutung des Bauwerks ausspricht, welche vorher nur in literarischen Quellen greifbar war (zB plastische Darstellung der Tierkreiszeichen auf der Apsis außen, Stuckfiguren auf oder über den Stützen, die die himmlische Ecclesia, die christliche Ordnung, tragen, → Christussymbole auf Schlußsteinen, die das Ganze zusammenhalten und krönen, von oben herab kommende Radleuchter, die als himmlische Stadt gestaltet sind usw). Auf diese Weise wird bildlich veranschaulicht, daß die einzelne K. die ganze himmlische Ordnung repräsentiert und im Gottesdienst vergegenwärtigt. Dieser Drang, die Bedeutung der K. anschaulich zu machen, erfaßt im 12.Jh. das ganze Abendland und findet in der gotischen Kathedrale des 13.Jh.s seinen Höhepunkt.

Die Steigerung des Kb.s zu denkmalhaftem Anspruch in Speyer auf der Grundlage einer Rezeption der Antike, die über die altchristliche konstantinische Stufe hinausging, hat im 11. und 12.Jh. Parallelen und Gegenspieler. Unberührt von dem Speyrer Vorgriff blieben in Deutschland die Gebiete, die sich politisch auf die Seite des Papstes gestellt hatten: *Bayern, Niedersachsen* und *Thüringen* vor allem. Hier pflegte man vornehmlich die schlichte flachgedeckte Pfeilerbasilika ohne Querhaus oder beförderte den Bautyp, der im 11.Jh. von den Reformorden cluniazensischer Prägung ausgebildet worden war. Das sog. *Hirsauer Schema* (flachgedeckte Säulenbasilika, Doppelturmfassade oder schlichter Westeingang, Nebenkapellen am Chor, ohne Krypta; → Hirsau) hat noch viel mit den südwestdeutschen frühsalischen Bauten gemeinsam, greift aber deutlicher auf den altchristlichen Basilikentyp zurück und steht zur Zeit des Umbaus von Speyer am Ende des 11.Jh.s in merklichem Gegensatz (Hirsau, St.Peter u. Paul, Paulinzella, Breitenau, Thalbürgel). Dieser Typ wird auch Ausgangspunkt späterer Reformen - Zisterzienser, Bettelorden -, die in der Entschiedenheit der Ablehnung aller schmückenden und darstellenden Formen noch weiter gingen (Ablehnung der Türme, der Wölbung, der runden Apsis, der reichen Ausstattung und der Verwendung von Edelmetallen).

Die Situation des romanischen Kb.s in Deutschland hat in *Italien* ihre Parallelen. Auch dort gibt es seit Mitte des 11.Jh.s aufwendige Großbauten mit reichem bildnerischem Schmuck (Dom zu Pisa [s. Taf. 22 Abb. 3 und Fig. 15], S.Marco in Venedig), denen strenge und schlichte Anlagen wie der Desiderius-Bau der Abtei in → Montecassino gegenüberstehen. In Italien bleibt die frühmittelalterliche Grundlegung durch die flachgedeckte Säulenbasilika immer wirksam, auch in späteren Epochen, als der Wölbungsbau in allen Ländern nördlich der Alpen vorherrschend geworden war; andererseits ist Italien, entsprechend seiner politischen Geschichte, wechselnden Einflüssen anderer Mächte stärker ausgesetzt als zB Deutschland. In der *Toskana* mit Florenz als Mittelpunkt werden im 11. und 12.Jh. feingliedrige Bauten mit vornehmer Marmorinkrustation errichtet (Baptisterium, S.Miniato al Monte), die Gestaltungsprinzipien der Frührenaissance vorwegzunehmen scheinen. Im Norden, in der *Lombardei,* entstehen, zT über älteren Grundrissen, Gewölbebauten mit schweren Bandrippen, gelegentlich Emporen und reichem Fassadenschmuck (S.Ambrogio in Mailand, S.Zeno in Verona, S.Michele in Pavia, die Dome zu Parma, Modena und Piacenza). Auch Baptisterien, die im Norden, abgesehen von Südfrankreich, sehr selten sind, erscheinen in Italien bis zum 13.Jh. in mächtigen und reichen Gestaltungen (Florenz, Parma, Pisa). In *Unteritalien* mischen sich normannische mit byzantinischen Einflüssen, die zu eigenartigen Bildungen führen (reduzierte Kreuzkuppel-K.n, Spitzbogendekoration, Mosaiken; Beispiele: S.Maria di Siponto bei Manfredonia, die Dome zu Trani, Bari, Monreale und Cefalù, die Capella Palatina in Palermo). In der staufischen Baukunst Unteritaliens erlebt die Bauplastik, vornehmlich unter Friedrich II., eine Erneuerung auf antiker und byzantinischer Grundlage, die für die italienische → Renaissance durch die Kunst der Pisani von größter Bedeutung werden sollte. - Auch der eigenartigen Kunst *Venedigs* muß gedacht werden, die als Rivalin von Konstantinopel sich mit byzantinischem Beutegut und erstaunlichen Nachbildungen schmückt. Die Kreuzkuppel-K. von S. Marco ist dem Typ nach ein byzantinisches Bauwerk.

Frankreichs mittelalterlicher Kb. bietet ein bes. mannigfaltiges Bild. Aus *merowingischer Zeit* sind nach den literarischen Quellen eine Reihe von großen Bauwerken überliefert, von denen wir wissen, daß sie mehrschiffig, kreuzförmig und auch mit Türmen angelegt waren (Tours, Clermont-Ferrand, St.Croix et Vincent in Paris). In *karolingischer Zeit* treten große Klöster in den Vordergrund, die sich durch Westwerke (Centula) oder durch mannigfaltige Kryptentypen auszeichnen (Flavigny, Auxerre).

Die folgende *romanische Zeit* bringt mit der Vermehrung der Denkmäler auch deutlichere Gruppenbildungen. Einige greifen mit mächtigen *Zentralbauten* auf das Vorbild der Grabesrotunde in Jerusalem zurück (St. Bénigne in Dijon, 1001-20; Charroux, 1096 geweiht; Neuvy, St.Sépulcre, 1042 begonnen); andere, wie Saint-Front in Périgueux und die damit zusammenhängenden *aquitanischen Kuppel-K.n,* sind ohne östliche Quellen nicht vorstellbar. In *Burgund* wurde der unter → Majolus 981 ff errichtete zweite Bau von → Cluny folgenreich (s. Taf. 21 Abb. 3 rechts, Fig. 16). Hier war der Ursprung einer großen Reformbewegung, der sich viele Klöster anschlossen. Gewisse Eigentümlichkeiten dieser Querhausbasilika von *Cluny* - gestaffelte Nebenkapellen, Doppelturmfassade, keine Krypta, Atrium bzw. Vor-K. - lassen sich in Deutschland (Hirsau, s.o.), in der Normandie (s.u.) und auch in der Schweiz (Payerne) verfolgen. Hier hat auch der sog. benediktinische *Staffelchor* seinen Ursprung, der seinerseits in abgewandelter Form von den Zisterziensern aufgegriffen wurde.

Mit dem steigenden Ansehen und Reichtum des Klosters in Cluny verlor die Reform an Entschiedenheit. Der 1087 begonnene Neubau der K. (Cluny III, s. Taf. 21 Abb. 3 links, Fig. 16) erfolgte, vergleichbar dem gleichzeitigen Umbau in Speyer (s.o.), in mächtigen Dimensionen und mit einem Anspruch, gegen den sich die ursprüngliche Reform gerichtet hatte. Die von → Bernhard von Clairvaux ausgehende Bewegung der → Zisterzienser entzündet sich am Widerspruch zu diesen Erscheinungen.

Der mit Cluny III vorgetragene Bautyp - fünfschiffige Querhausbasilika mit Umgangchor und Kapellenkranz, gleichförmigen Stützen, Wölbung und Doppelturmfassade (nach Anfügung einer Vor-K. 1122-1228) - ist der folgenreichste des mittelalterlichen Kb.s. Er wird auch von den großen *Pilger-K.n* vertreten, die auf verschiedenen Routen nach Santiago di Compostella (→ Wallfahrt: II) aufgesucht wurden (Conques, St.Sernin in Toulouse [s. Taf. 22 Abb. 2 und Fig. 17], Limoges, Tours usw). Grundlegend war wohl ein Neubau von St. Martin in Tours um 1000, eine Kirche, die schon in der

Merowingerzeit höchstes Ansehen genoß. An diesem Typ der riesigen, landschaftlich nicht gebundenen Pilger-K. orientiert sich dann später die klassische gotische Kathedrale nach 1190 (Chartres [s. Taf. 23 Abb. 1 und Fig. 18], Reims, Amiens, Köln); die Doppelturmfassade, die gleichförmigen Stützen, die Wölbung - bei den Pilger-K.n durchweg Tonnengewölbe -, die zwischen Stützen und Fenster eingeschobene Triforien- oder Emporenzone und auch der Chor mit Umgang und Kapellenkranz finden bei den Pilger-K.n zuerst ihre weithin vorbildliche Vereinigung. Dazu kommt eine reiche figurale Bauplastik, die sich zuweilen an der Fassade bildhaft versammelt (Santiago di Compostella).

Einzelne der genannten Elemente finden sich auch in den verschiedenen französischen Bauschulen seit dem Ende des 11.Jh.s, verbunden mit anderen landschaftsgebundenen Formen, die zT ihre Voraussetzungen in nicht mehr erhaltenen Vorbildbauten der frühromanischen Zeit haben. Das *Périgord* und die benachbarten Lande (das ehemalige Aquitanien) pflegen schon früh den *Kuppelbau* (Périgueux, Angoulême, Cahors), der aber in dem Augenblick unaktuell wird, da mit der Gotik das schmalrechteckige Kreuzrippengewölbe allgemein üblich wird. Einige wenige Kompromißlösungen mit Rippenkuppeln (Angers) werden für die westfälische und auch die italienische Baukunst des 13.Jh.s (Assisi) bedeutungsvoll.

Eigenartig und zugleich altertümlich ist auch eine Gruppe von K.n in der *Auvergne* mit dem Mittelpunkt Clermont-Ferrand (Orcival, Issoire, St.Nectaire): Tonnengewölbe, Emporen, Umgang mit Kapellenkranz, dazu ein schulterartig hochgezogenes Querhaus mit Vierungsturm. Die K.n der *Provence* sind durch die reiche und feine Bauplastik antikischer Prägung ausgezeichnet (Arles, Saint-Gilles). - Die reichste Architektur findet sich in *Burgund* mit Cluny, Vezelay, Autun und anderen Zentren, wo die K.n mit kannelierten Pilastern und antikisierenden Blendtriforien ausgestattet werden. In dieser Landschaft standen auch die Klöster des jüngeren Reformordens der → *Zisterzienser* (Citeaux, gegr. 1098, Pontigny 1114, Fontenay 1130-47). Diese K.n und ihre bald sich über ganz Europa ausbreitenden Filiationen (Eberbach [s. Fig. 12], Maulbronn, Fossanova) stehen in der burgundischen Bautradition - gewölbt, Strebebögen außen, breites Querhaus mit angelegten rechteckigen Kapellen -, reduzieren aber, der Gesinnung des Ordens gemäß, alle reichen Durchgliederungen und verzichten auf Apsisrundung, Türme, Glas- und Wandmalereien und auch auf die Bauplastik. Die Schönheit dieser gleichförmigen Anlagen liegt in der Strenge der Konstruktion und der Sauberkeit der handwerklichen Durchgestaltung.

Unter den verschiedenen Bauschulen Frankreichs, die übrigens nur einen Teil der außerordentlich mannigfaltigen Lösungen und Typen erfassen, ist die der *Normandie* wohl die folgenreichste geworden. In diesem Gebiet, in dem sich die unruhigen, in früherer Zeit brandschatzenden → Normannen niederließen und bald zu einem mächtigen, auch England bestimmenden Volke wurden, entstanden seit der Mitte des 11.Jh.s bedeutende K.n (Jumièges 1040-67, La Trinité in Caen 1062-83, St.Etienne in Caen 1064-87, Mont St.Michel). Sie knüpfen in der Querhausbildung mit Emporen an die ältere karolingische Tradition dieses Gebietes an, reflektieren im Staffelchor das Vorbild von Cluny II, bleiben ungewölbt, zeigen aber in der Aufrißgestaltung mit den plastischen Säulenvorlagen und den Emporen oder Triforien gewisse Tendenzen, die von der Gotik der Ile de France aufgegriffen werden (s. 3). Dieser normannische Typ, durch mächtige Doppelturmfassaden und überhaupt durch die großen Dimensionen ausgezeichnet, wirkte weit nach England (Norwich 1096, Durham, Ely, Peterborough) und hat auch im Maasgebiet gewisse Parallelen (Tournay).

3. Es ist irrig, den Beginn des *gotischen* Kb.s im Gebiet der *Ile de France* seit Mitte des 12.Jh.s ausschließlich als Fortsetzung der normannischen Architektur zu sehen. Zwar scheint das plastische Vorlagesystem der Normandie nachhaltig gewirkt zu haben, aber schon der Neubau der Abtei-K. in St.Denis unter Abt Suger nach 1137 zeigt deutlich, daß der Universalstil der → *Gotik* sich über die Dialekte der verschiedenen Landschaften erhebt und charakteristische Formen aus den verschiedensten Gebieten in sich versammelt. Schon der benachbarte, über 100 Jahre ältere Bau von St.Remi in Reims hatte gegliederte Stützen, Emporen und eine Doppelturmfassade. Zudem weist die an allen gotischen Kathedralen erscheinende reiche Bauplastik und die → Glasmalerei, die beide in der Normandie fehlen, auf andere Vorbilder, die im Umkreis der erwähnten großen Pilger-K.n (s. 2) zu suchen sind. Freilich wird schon am Chor von St.Denis klar, daß das *Kreuzrippengewölbe* mit seinem selbständigen Vorlage- und Dienstsystem in Verbindung mit einem außenliegenden *Strebewerk* zu formalen Konsequenzen führt, die zu allem Vorherigen Unterschiede schaffen. Es gibt keinen abendländischen Architekturstil, dessen Elemente weiter von den antiken Ausgangsformen entfernt sind, als die Gotik. Insofern bezieht sich das Beiwort »klassisch«, das der französische Kathedraltyp mit sich führt, nicht auf die Herkunft, sondern auf den normativen Charakter der Konzeption.

Während die romanische K. ein *Massenbau* war, dessen Teilräume sich neben- und übereinanderordnen, ist die gotische Kathedrale ein *Gliederbau*, der als eine struktive und räumliche Einheit konzipiert ist. Die Konzentration der lastenden und schiebenden Kräfte auf das Stützen- und Strebewerk erlaubt, die dazwischenliegende Mauer zu erleichtern und durch raumhaltige Zonen (Triforien) oder große Glasfenster zu ersetzen. Das komplizierte Gerüst der Strebepfeiler und -bögen gestattet zudem, die Dimensionen gewaltig zu steigern und die Materie bis zu einem abstrakt wirkenden Minimum zu reduzieren (s. Taf. 23 Abb. 1 und Fig. 18). Im Innern stellt sich der Eindruck ein, als ob man von nach oben immer lichter werdenden, schwebenden Zonen umgeben sei (diaphane Struktur), deren reale Begrenzung ungewiß bleibt. Die feinnervigen Kräftebahnen der Dienste und Rippen tragen den alles zusammenhaltenden und raumbildenden Gewölbebaldachin.

Es wäre töricht, die Erscheinung der gotischen Kathedrale mit der technischen »Erfindung« der freigemauerten Kreuzrippen, die durch den Schlußstein und die Verstrebung gehalten werden, begründen zu wollen. Ebensowenig ist die Begründung durch das in der Normandie vorgeprägte Denken in plastischen Gliedern erschöpfend. Vielmehr müssen wir die gotische Kathedrale mit ihren reichen Glasfenstern, die wie »ein Spiegel des Jenseits« wirken, mit ihrer vielfigurigen, hierarchischen plastischen Ausstattung, die am Portal, aber auch im Innern eine theologische Summa gibt, mit ihrer die Materie negierenden Struktion als eine Darstellung der himmlischen Ordnung begreifen, als Vergegenwärtigung des Heilsplanes, zu dem alle Möglichkeiten aufgerufen und weiterentwickelt werden. Alle Kennzeichen der gotischen Kathedrale - die *Lichtmetaphorik*, die *figurale Ausdeutung* der Architekturteile, die im Schlußstein gipfelnde *Konstruktion* - sind schon lange vorher in der exegetischen und symbolischen theologischen Literatur vorbereitet. Die gotische Kunst bringt sie nur zur Anschauung, läßt das Sehen als Instrument und Organ an der Heilserfahrung teilnehmen.

Daß die Möglichkeiten gerade in der Ile de France

gegen Mitte des 12.Jh.s aufgegriffen und entwickelt werden, hängt mit der neuen Situation des französischen *Königtums* und bes. auch mit einer wiederbelebten enthusiastischen Frömmigkeit zusammen, die auch im Kreuzzugsgedanken (→ Kreuzzüge) und in den Bestrebungen Bernhards von Clairvaux ihren Ausdruck findet. Gewiß hat auch die Pariser → *Scholastik* mit ihrem neuen, komplizierten und doch klaren Denksystem, das auch eine formulierte Ästhetik einschließt, das Verhältnis zur Form und die Handhabung der künstlerischen Elemente beeinflußt (vgl. Panofsky). Schließlich muß auch darauf hingewiesen werden, daß in dieser Zeit auch der Berufsstand des *Laienarchitekten* im modernen Sinne sich bildet, dessen Erfahrungsschatz in durchorganisierten Bauhütten bewahrt und überliefert wird.

Während im 12.Jh. die französischen Kathedralen noch Eigentümlichkeiten anderer Bauschulen reflektieren und mannigfaltige Varianten vortragen - zB gebundenes System mit Stützenwechsel und sechsteiligem Gewölbe, viergeschossiger Aufriß mit Arkaden-, Emporen-, Triforien- und Fensterzone, Chorumgänge ohne Kapellenkranz (Noyon, Paris, Bourges, Laon) -, manifestiert sich zu Beginn des 13.Jh.s in den K.n von Chartres (1194 begonnen; s. Taf. 23 Abb. 1 und Fig. 18), Reims (1211 begonnen) und Amiens (1220 begonnen) der Typ der klassischen Kathedrale: Doppelturmfassade mit drei Portalen, an deren Gewände Säulenfiguren stehen; das Tympanon durch figurierte Archivolten gerahmt; darüber eine Königsgalerie in Verbindung mit einem mächtigen Rosenfenster, das in einem vielfigurigen Glasfenster eine Abbreviatur des Kosmos bringt; drei- oder fünfschiffiges Langhaus mit gleichförmigen Bündelpfeilern, Triforium- und Fensterzone; querrechteckige Kreuzrippengewölbe; ein mehrschiffiges Querhaus, an das sich ein ausgedehnter Chor mit Umgang und Kapellenkranz anschließt. Mit diesem Typ war eine universale, tradierbare Formorganisation geschaffen, deren Reflex in der gesamten europäischen Architektur bis zum 15.Jh. zu beobachten ist (zB Köln, Straßburg, Canterbury, Leon, Mailand, Uppsala).

Trotz des uniformierenden Charakters der gotischen Baukunst über drei Jh.e hinweg sind aber auch zahlreiche Varianten und sogar entgegenstrebende Entwicklungen zu beobachten. Innerhalb der klassischen Formensprache der Ile de France und der Champagne wird schon im 13.Jh. deutlich, wie die angelegten Tendenzen auf Steigerung der Dimensionen und Beseitigung der Mauermasse an die technischen Grenzen des Realisierbaren stoßen. Die 1272 vollendete Kathedrale in Beauvais war so steil und von so waghalsiger Statik, daß 1290 schon die Gewölbe einstürzten und bei der Wiederherstellung die Pfeiler verdoppelt und das Strebewerk verstärkt werden mußten. Die Ste.Chapelle in Paris (1243-48) hat das Mauerwerk so weitgehend durch Glasfenster ersetzt, daß nur die dünnen Bündelpfeiler und das von scharfen Rippen getragene Gewölbe vom Steinbau übrigbleiben. - Auch ist im 14. und 15.Jh. in Frankreich zu beobachten, daß gleichsam als Antwort auf die strenge Ausgeglichenheit des 13.Jh.s nun Wucherungen der ornamentalen Sekundärformen *(Maßwerk)* Raum gegeben wird. Doch sollte man gewiß sein, daß auch diese »Entartungen« aussagefähig sind und im Dienste religiösen Aussagebedürfnisses stehen.

Außerhalb der Ile de France verbindet sich der Typ der gotischen Kathedrale auch mit den bodenständigen Überlieferungen und läßt so die verschiedenen landschaftlichen und nationalen Charaktere deutlich werden. In der *Normandie* behält man den älteren Vierungsturm bei (Coutances) und öffnet sich Gewohnheiten der englischen Frühgotik (Kathedrale von Rouen); im *Poitou* erscheint die Halle mit gleich hohen Schiffen und steigenden Gewölben (St. Pierre in Poitiers), im *Süden* schließlich kennt man den Saal mit eingezogenen Strebepfeilern, der eine spätgotische Raumdisposition vorwegnimmt (Albi).

Eine bes. charakteristische Gruppe bilden die *englischen* Kathedralen. Einige stehen eng bei den französischen Vorbildern (Canterbury, 1174 begonnen), doch bleibt die normannische Grundlegung immer wirksam. In dieser Richtung ist die Beibehaltung eines Vierungsturmes und die häufige Verwendung von Emporen zu verstehen. Auch die Vielgliedrigkeit des stabhaften Dienstsystems erinnert an normannische Gewohnheiten, zumal dieses Dienstsystem nicht in ein funktionelles Verhältnis zum Gewölbe gebracht wird; die reichen Rippenfigurationen mit vielstrahligen Mustern, oft auch Scheitelrippen, die das Langhaus in der ganzen Ausdehnung durchziehen, schaffen einen homogenen Raumabschluß, der mehr an die Flachdecke als an das raumartikulierende Joch des Kreuzrippengewölbes erinnert (Lincoln, York). Damit in Zusammenhang steht ein ausgeprägter Sinn für ununterbrochene vertikale Linien. In der Grundrißdisposition ist die außerordentliche Ausdehnung des rechteckigen Chores und die Verdoppelung des Querhauses eigentümlich.

Auch in *Italien* bleiben viele gotische Bauten in der Anordnung der Zierformen und im Flächencharakter der Fassaden- und Wandgliederung der älteren italienischen Architektur verpflichtet (Siena, Orvieto). Farbige Steinbehandlung im Sinne der älteren Inkrustation, Aufteilung der Wand in gerahmte Felder, Isolierung des sonst der K. einverleibten Turmes sind charakteristische Kennzeichen. Zudem ist deutlich zu beobachten, daß die Tradition der italienischen *Zisterzienser-* und *Bettelordensbaukunst* mit ihren bevorzugten Flachdecken, den kastenartigen klaren Räumen und den gereihten Querhauskapellen weithin bestimmend ist (S.Croce in Florenz). Einzig der Dom von Mailand, von nordischen Baumeistern errichtet, strebt mit seinem gewaltig dimensionierten Wölbungsbau gotischer Raumbildung nach.

In *Spanien* gibt es enge Berührungen mit dem gotischen Kathedraltyp (Leon, begonnen 1205, Burgos, Toledo), doch kommt es auch hier zu Sonderentwicklungen, die durch das Hervortreten des Hallentyps (Sevilla, Saragossa), die Beibehaltung eines belichteten Vierungsturmes und ein ganz eigenartiges Dekorationssystem, in dem sich gotische und maurische Elemente zu einem flächenbedeckenden Gespinst vereinigen (*Plateresk*-Stil), gekennzeichnet sind.

In *Deutschland* ist das Bild noch mannigfaltiger. Neben den Domen in Köln (begonnen 1248), Straßburg, Regensburg und Prag (Chor nach 1344), die in engem Anschluß an die französischen Vorbilder entstanden sind, gibt es zahlreiche Bauten, die auf eine Reduktion des durchorganisierten gotischen Baukörpers ausgehen. So ist es gewiß kein Zufall, daß gerade in Deutschland, dem

Fig. 18. Chartres, Kathedrale, begonnen 1194 *(nach M.Hürlimann-P.Clemen-P.Meyer, Gotische Kathedralen in Frankreich, 1951, 197)* - Fig. 19. Regensburg, Dominikanerkirche, begonnen um 1260 *(nach Die Kunstdenkmäler der Oberpfalz XXII/2, bearb. v. F.Mader, 1933, 62)* - Fig. 20. Annaberg, Annakirche, 1499-1520, Grundriß in Emporenhöhe *(nach E.O.Schmidt, Die St.Annenkirche zu Annaberg, 1908, 47)* - Fig. 21. Mantua, S.Andrea, erbaut von Alberti, 1470 *(nach J.Burckhardt, Geschichte der Renaissance in Italien, 1891³)* - Fig. 22. Rom, Tempietto bei S.Pietro in Montorio, nach 1499 *(nach J.Burckhardt, aaO)* - Fig. 23. Rom, St.Peter, Michelangelos Entwurf, 1547-64 *(nach J.Burckhardt, aaO)*.

Unter K etwa Vermißtes bitte unter C und Z suchen

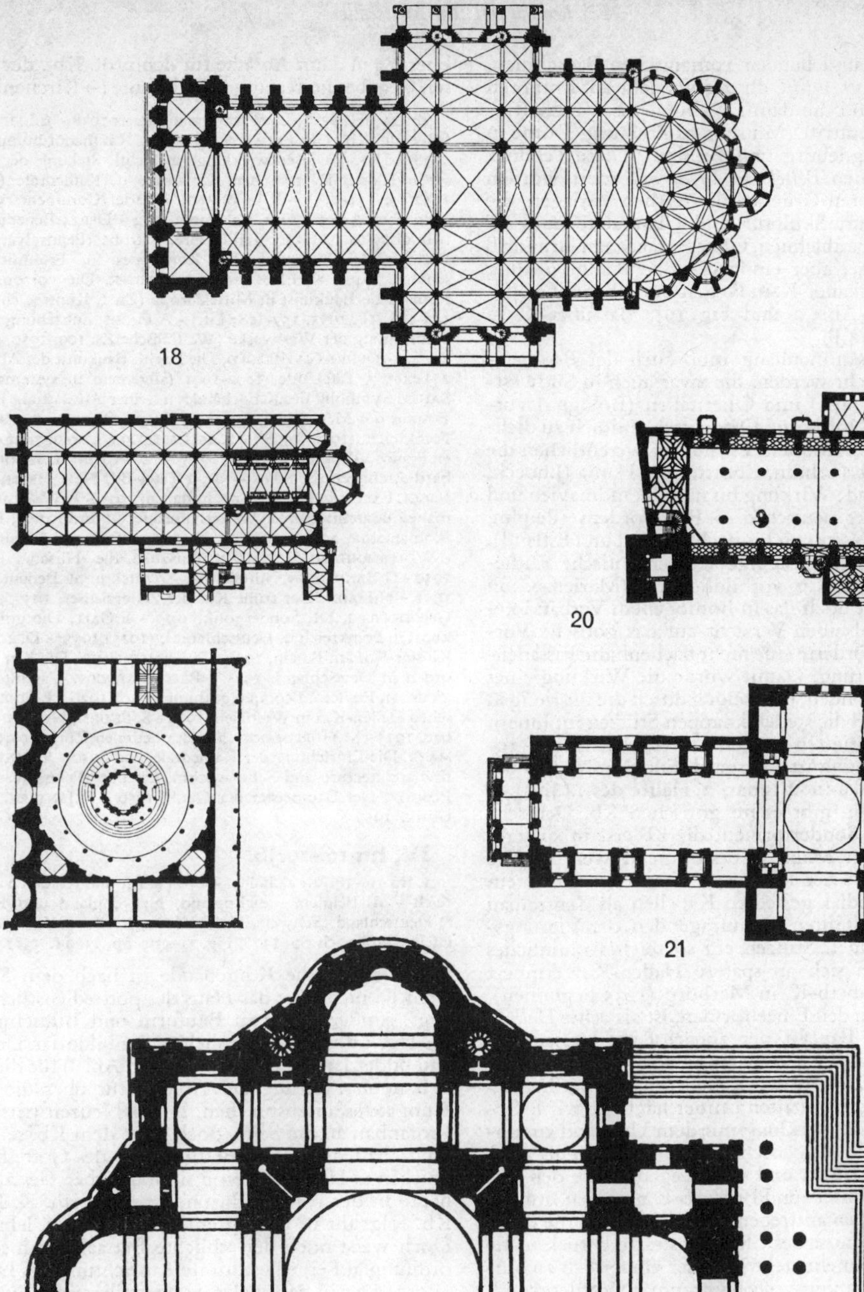
18
19
20
21
22
23
0
50m
M 1:1500

Lande mit den langlebenden romanischen Bauschulen, der *zweigeschossige Aufriß*, dh der Verzicht auf Emporen und Triforien, und die damit verbundene Wandhaftigkeit bes. häufig auftritt (Münster zu Freiburg, Dome in Halberstadt, Magdeburg und Breslau). Diese Tendenz mag auch von den *Bettelordens-K.n* befördert worden sein, die aus inneren Gründen die reichen Vorlagen, die diaphane Struktur, Skulptur und Glasmalerei und zT sogar das Gewölbe ablehnen. Über einfachstem Grundriß wird eine strenge, aber eindrucksvolle Raumwirkung erreicht (Dominikaner-K. in Regensburg, begonnen um 1260 [s. Taf. 23 Abb. 2 und Fig. 19]; Barfüßer-K. in Erfurt, 13. und 14.Jh.).

In diesem Zusammenhang muß auch der *Backstein*architektur gedacht werden, die zwar auch in Südwestfrankreich (Toulouse) und Oberitalien (Bologna) vorkommt, aber in Nord- und Ostdeutschland sich zu dichteren Gruppen versammelt. Es sind im wesentlichen die Gebiete der Mark (Lehnin, Chorin), der Hansa (Lübeck, Wismar, Stralsund; Wirkung bis nach Skandinavien und Holland) und des deutschen → Ritterordens (Pelplin, Thorn, Danzig; Wirkung bis nach Livland und Estland). Obwohl auch im Backsteingebiet der gotische Kathedraltyp bei vielen K.n vorbildlich ist (Marien-K. in Lübeck), bedingt doch das in homogenem Verband gemauerte Material einen Verzicht auf das gotische Vorlagesystem und förderte eine mehr flächenhafte Fassaden- und Wandgliederung. Damit wurde die Wirkung eines Massenbaus gewonnen, der freilich durch die oft riesigen Dimensionen und die steilen knappen Stützen im Innern und auch die figurierten Gewölbe unvergleichlich zu romanischer Bauübung ist (Stargard, Ende des 13.Jh.s begonnen; St.Nicolai in Wismar, 2. Hälfte des 14.Jh.s).

Schon im 13.Jh. gibt es im gotischen Kb. Deutschlands zahlreiche Sonderformen, die zT erst in späterer Zeit in stärkerem Maße stilbestimmend werden. Die Liebfrauen-K. in Trier (1242-53), über kreuzförmigem Grundriß mit radial gestellten Kapellen als Zentralbau errichtet, zeigt mit ihren frei aufragenden, den Vierungsbaldachin tragenden Stützen ein so reiches räumliches Leben, daß man sich an spätere Hallen-K.n erinnert fühlt. – Die Elisabeth-K. in Marburg (1235 begonnen), klar und streng in den Einzelformen, ist als echte *Hallen-K.* gegeben, ein Bautyp, der zunächst auf Hessen und Westfalen beschränkt (Dom zu Minden, um 1250-70; Soest, Wiesen-K., Mitte des 14.Jh.s), seit dem 14.Jh. auch in den anderen Landschaften immer häufiger wird. Gewiß hängt diese Entwicklung mit dem Umstand zusammen, daß nun die bürgerlichen *Stadtgemeinden* als Auftraggeber hervortreten und – im Gegensatz zu den Bedürfnissen der Kloster- und Bischofs-K.n – einen einheitlichen *Andachtsraum* anstreben, der nicht mehr die differenzierten Bedürfnisse des Chordienstes zu berücksichtigen braucht. Vielmehr steht jetzt der einheitlich zusammengefaßte, stimmungsvolle Kultraum im Vordergrund, der freilich durch Kapellenanbauten und separierte Gebetsstätten richtungslos und unbestimmt wirken kann. Ohne horizontale Gliederpunkte steigen die kristallinisch scharfen Pfeiler hoch und verschmelzen mit den reichen Rippenmustern, die das Gewölbe wie eine Schale zusammenfassen. Die Verschmelzung von Chor und Langhaus erinnert wieder an den Zentralbau, ein Eindruck, der sich bei der Einfügung von Emporen verstärkt (Pirna, Marien-K., 1466-1546). Die zunehmende Bedeutung der *Predigt* – schon die in den Städten ansässigen Bettelorden hatten auf diesen Teil des Gottesdienstes großes Gewicht gelegt – mag diese sammelnde, den Raum zusammenfassende Tendenz befördert haben (Nürnberg, St.Lorenz, 1445-72; Dinkelsbühl, St.Georg, 1448-92; Annaberg, 1499-1520 [s. Taf. 23 Abb. 3 und Fig. 20]). Hier lagen dann Ansätze für den prot. Kb., der von diesen Gegebenheiten ausgehen konnte (→Kirchenbau: IV).

Zu 1: J.HUBERT, L'art pré-roman, Paris 1938 – E.LEHMANN, Der frühe dt. Kb. Die Entwicklung seiner Raumanordnung bis 1080, 1938 – DERS., Die entwicklungsgeschichtl. Stellung der karolingischen Kloster-K. zwischen K.nfamilie u. Kathedrale (WZ Jena, 1952/53, 131-135) – K.J.CONANT, A Brief Commentary on Early Mediaeval Architecture, Baltimore 1942 – DERS., Benedictine Contributions to Church Architecture, Latrobe (Pennsylvania) 1949 – Berichte des Internationalen Kongresses für Frühmittelalterforschung, 1949ff – H.E.KUBACH-A.VERBEEK, Die vorromanische u. romanische Baukunst in Mitteleuropa (Zs. f. Kunstgesch. 14, 1951, 124-148; 18, 1955, 157-198; Lit.) – A.FUCHS, Entstehung u. Zweckbestimmung der Westwerke (Westfälische Zs. 100, 1950, 227-291). – Zu 2: G.DEHIO-G.v.BEZOLD, Die kirchl. Baukunst des Abendlandes, 2 Text-, 5 Tafel-Bde, 1892-1901 (allgemein u. systematisch) – J. SAUER, Symbolik des K.ngebäudes u. seiner Ausstattung in der Auffassung des MA, (1902) 1924^2 – J.BAUM, Romanische Baukunst in Frankreich, (1910) 1928^2 – R.DE LASTEYRIE, L'architecture religieuse en France à l'époque romane, Paris 1912 – A.KINGSLEY-PORTER, Lombard Architecture, 3 Text-Bde, 1 Tafel-Bd, New Haven 1916 – C. RICCI, Romanische Baukunst in Italien, 1925 – A.W.CLAPHAM, Romanesque architecture in Western Europe, Oxford 1936 – J.EVANS, The Romanesque architecture of the order of Cluny, Cambridge 1938 – WOLFBERNHARD HOFFMANN, Hirsau u. die »Hirsauer Bauschule«, 1950 – G.BANDMANN, Mittelalterl. Architektur als Bedeutungsträger, 1951 – H.HAHN, Der frühe Kb. der Zisterzienser, 1957. – Zu 3: K. GERSTENBERG, Dt. Sondergotik, 1913 – E.GALL, Die gotische Baukunst in Frankreich u. Deutschland I, (1925) 1955^2 – DERS., Dome u. Kloster-K.n am Rhein, 1956 – R.KRAUTHEIMER, Die K.n der Bettelorden in Deutschland, 1925 – R.DE LASTEYRIE, L'architecture religieuse en France à l'époque gothique, Paris 1926 – E.FINK, Die gotischen Hallen-K.n in Westfalen, 1934 – S.THURM, Norddt. Backsteinbau, 1935 – M.HÜRLIMANN, Engl. Kathedralen, Zürich 1948 – H.SEDLMAYR, Die Entstehung der Kathedrale, ebd 1950 – E.PANOFSKY, Gothic architecture and Scholasticism, Latrobe (Pennsylvania) 1951 – P.BOOZ, Der Baumeister der Gotik, 1956 – H.JANTZEN, Kunst der Gotik, 1957.

G.Bandmann

IV. Im 16.–19. Jh.

1. Im 16.–18.Jh.: a) Italien – b) Spanien und Kolonien – c) Frankreich – d) Belgien – e) England, Neu-England und Kolonien – f) Deutschland, Schweiz, Holland, Österreich – 2. Im 19.Jh. – Bildtafeln 24-28 nach Sp. 1376, Fig. 21-43 s. Sp. 1369 f. 1381 f. 1389 f

Das christliche K.ngebäude ist nach dem Sinne der alten K. nicht nur das Haus des gottesdienstlichen Vollzugs, sondern stellt in Bauform und Bildschmuck das Reich Gottes im anschaulichen Sinnbilde dar. Der Sakralbau bildet lange den vornehmsten Anlaß für die Künste, sich unter Führung der Architektur über die Welt als Sinnganzes auszusprechen. In der Neuzeit tritt ihm der Profanbau an die Seite, doch ohne dem Kb. seinen Vorrang abzulaufen. Die Bestimmung des Gotteshauses als objektives Heiligtum von sinnbildlicher Gestalt gilt bis heute in der röm.-kath. und griech.-orth. K. Der luth. Kb. folgt ihr in bedingtem Maße, der ref. lehnt sie ab. Doch weist noch der schlichte Betsaal durch seine Anordnung auf eine bestimmte Ausrichtung des Daseins.

1. a) Der in nationalen Sonderstilen über Europa verbreiteten → Gotik stellt *Italien* in der → Renaissance eine neue formale Gestaltungsnorm entgegen und eröffnet damit die Kunst der Neuzeit. Die florentinische Architektur ergreift um 1420 die antiken Ordnungen als Ausdruck des Verhältnisses von Masse und Kraft, Tragen und Lasten, des Aufbaus also nach dem Naturgesetz, und mit dem Ideal einer in harmonischen Proportionen ausgewogenen Schönheit. Rom prägt im 16.Jh. den klassischen Kanon zur sinnlichen Fülle und regelhaften Klarheit einer künstlerischen Gemeinsprache des Abendlandes aus.

Im Kb. der Renaissance (um 1420–1520) gehen die ästhetischen Impulse den religiösen voran. Die antiken Ordnungen durchgliedern das Gewände des basilikalen Sakralbaus, der wesentlich Innenraum bleibt; und zwar greift Brunelleschi (1377–1446) auf die altchristliche → Basilika zurück, doch über dem lat. Kreuz und mit der Vierungskuppel der romanischen Dome Italiens. S. Lorenzo und S.Spirito (1420 ff) in Florenz wirken durch ihr lichtes, human empfundenes Ebenmaß. L.B.Alberti dagegen entwickelt die Kreuzkuppel-K. S.Andrea zu Mantua (1470) unter dem Eindruck der Maxentiusbasilika als mächtigen tonnengewölbten Raum mit seitlich abstützenden Kapellen (s. Taf. 24 Abb. 1 und Fig. 21). Erst hier ist die ideale Schwerelosigkeit des mittelalterlichen Bauwerks ganz überwunden und ein wandumschlossenes Raumvolumen in voller sinnlicher Gegenwärtigkeit hingestellt. Vergeistigung bedeutet jetzt Harmonie der Abmessungen, rhythmischen Wohllaut der Gliederung. Das einfallende Licht wird wieder unverwandelt als Naturlicht verstanden. Der epochale Gegensatz dieses neuhumanistisch-christlichen Kb.s wie aller neueren Architektur zur Antike liegt aber darin, daß jene den Raum unreflektiert als das »Offene«, das göttlich durchwaltete All schlechthin empfand, während die Renaissance nach christlichem Verständnis den K.nraum als Ort der Kommunikation von Diesseits und Jenseits, als Medium der Verwandlung, selbst also schon als ein »Anderes« auffaßt. Raum als Form, der Antike höchstens ahnungsweise bekannt, bleibt das Hauptproblem der Baukunst der Neuzeit.

Die vollkommenste Raumform und entsprechend auch die äußerlich abgewogenste Baugestalt erblickt die Renaissance im Zentralbau. Obwohl liturgisch ungeeignet und bisher meist nur zu Tauf-K.n verwandt, wird diese Form jetzt in zahllosen Entwürfen und Bauten systematisch entwickelt. Noch von der Gotik her kam die von Brunelleschi vollendete Florentiner Domkuppel mit ihren Riesendimensionen, als Innenraum ungelöst, als Monument Stadt und Land beherrschend. Desselben Meisters Sakristei von S.Lorenzo (1421) dagegen, ein kleiner Innenraum, wirkt bahnbrechend. Byzanz liefert das griech. Kreuz und die Faltkuppel, das an den Alten geschulte geometrische Verfahren die fast abstrakt regelmäßige Form, Halbkugel über Kubus, Sinnbild kosmischer Harmonie. Es folgen (1430 ff) der Querbau der Pazzikapelle und der Torso von Albertis S.Maria degli Angeli, ein Achteck von Quadraten umkränzt, beide in Florenz. Besonders zentralbaufreudig ist die Lombardei, wo das spätantike Oktogon von S.Lorenzo in Mailand Vorbild wird. Das kuppeltragende griech. Kreuz erscheint am vollkommensten in Werken der Baumeistersippe Sangallo, Madonna delle Carceri zu Prato (1485) und Madonna di S.Biagio zu Montepulciano (1518), während die Madonna della Consolazione bei Todi (um 1510) vier halbkuppelgedeckte Konchenarme melodischer mit der Hauptkuppel zusammenstimmt.

Das fehlloseste Modell der hier vorschwebenden Idee aber schuf Bramante (1444–1514), der in Oberitalien mit → Leonardos Entwürfen bekanntgewordene Baumeister Julius II., in dem Votivtempelchen bei S.Pietro in Montorio in Rom (1502; s. Taf. 25 Abb. 1 und Fig. 22). Es ist ein überkuppelter, von Säulen umringter Zylinder, den ein kreisrunder Säulenhof umziehen sollte, ein idealtypisches System von formimmanenter Vollkommenheit also. Mit Bramantes Entwurf zum St.Petersdom endlich greift der Zentralbau nach der höchsten Aufgabe, die die Christenheit zu vergeben hatte. Der Gedanke war, über dem Apostelgrab eine Kuppel von der Größe des Pantheons auf die Mitte eines tonnengewölbten griech. Kreuzes zu setzen, ein gigantisches Projekt, die Synthese der alten und neuen Roma. Bramantes berühmte Planzeichnung von 1506 umstellt den auf vier Riesenpfeilern ruhenden Mitteldom nach Art der byzantinischen Fünfkuppel-K. mit vier Nebendomen, dazu kommen vier Ecktürme und ein reiches System säulenbestellter Nischen und Vorhallen. Der freie, aber durch das Gesetz der Proportion gebundene Zusammenklang der Teile zum Ganzen, das Ideal der Renaissance, stellt sich in diesem Entwurf unübertrefflich dar. Die Öffnung aller vier Hauptapsiden zu Eingängen allerdings entsprach dem kultischen Bedürfnis ebensowenig wie der Mangel praktischer Nebenräume. Erstaunlich bleibt, daß der Plan trotzdem in seinem Grundgedanken ausgeführt worden ist, wenn auch in verwandelter Gestalt. Die röm. K. muß doch wohl im Zentralbau einen wesentlichen Aspekt ihrer selbst wiederfinden. Nur sagt dieser nicht alles; das Inbild des über die Zeit erhabenen Seins bedarf der Ergänzung durch den Hinweis auf die Bewegung in der Zeit. Dieser tritt im Petersdom in Gestalt des Langhauses hinzu, und somit ist am Ende der 100jährigen Bauzeit doch die alte Form der Basilika zurückgewonnen, auch das gesamte Areal von Alt-St.Peter wieder bedeckt worden.

In der Gesinnung des Zeitalters setzt nämlich seit etwa 1520 ein Wandel ein. Der platonisierende Idealismus zerfällt in den Erschütterungen der Reformation und Gegenreform, während die Entdeckung neuer Naturgesetze und Erdteile das Weltbild umzuwälzen beginnt. Das 16.Jh. ist radikal im Glauben wie auch im Fragen; wo die Wirklichkeit als Harmonie erschienen war, tun sich Abgründe auf. Daher klingt auch die Sprache der Kunst anders als zuvor, nämlich disharmonisch und gewaltsam. Erst die Wissenschaft unserer Tage hat diesen Stil in seiner vollen Eigenart erkannt. Wir nennen ihn mit einem beiläufig eingebürgerten Wort den → Manierismus. Er dauert etwa von 1520 bis 1600 und verkörpert sich am bedeutendsten in → Michelangelo. Zugleich mit dem subjektiven Pathos seiner Form entsteht in gegensätzlicher Entsprechung die wissenschaftlich präzise Formulierung des klassischen Formenschatzes. In den Architekturtraktaten (»Säulenbüchern«) vornehmlich Vignolas (1507–63) und Palladios (1518–80) lehrbar niedergelegt, verbreitet sich das Rüstzeug des → Klassizismus über das ganze Abendland. Die Renaissance wird internationaler Stil, der sich alsbald in nationale Sonderarten verzweigt.

Hatte das MA, zumal im → Kirchenbau (: III), um die Kunstform als Gleichnis des Ewigen gerungen, so tritt im Manierismus die Chiffre »unendlich« in die Kunst ein. Ihr formales Symbol ist die Tiefenachse, die aus der bisher die Raumverhältnisse mehr objektiv organisierenden Perspektive als subjektiv dynamisches Ausdrucksmittel hervorgeht. Klassische Architektur und Perspektive vereint werden zum Mittel, »den Weltraum geregelt, abgegrenzt, gefestigt in die Hand des Menschen zu zwingen« (L.Bruhns). Und da die Achse einen Ablauf enthält, ist der Raum in seinem Verhältnis zur Zeit angesprochen. Dies alles geschieht auf rationalem Wege, mit empirisch gewonnenen Mitteln, doch bleibt die so gefaßte Wirklichkeit noch mit Ernst Gott zugewandt. Aber die Moderne hat begonnen, die Säkularisation der Werte und also auch dieses künstlerischen Symbolsystems ist hinfort möglich. Schon der Manierismus zeigt sich in seiner ersten, aus dem Zustande der Krise schaffenden Phase bis gegen 1550 fruchtbarer im Profan- als im Sakralbau. Artistisch und intellektuell, auch im Religiösen noch labil, leistet er zunächst im Kb. nichts Durchgreifendes. – A.Sangallo d.J. (1485–1546), seit 1538 Leiter des Petersbaus, hinterläßt für diesen ein Holzmodell, das den Stilwillen vor der Jh.mitte kennzeichnet. Hohe Wände ummauern den Baukörper. Ihre korrekten Ordnungen entstammen röm. Theatern, der Aufbau aber erscheint sinnwidrig umgestellt und in dieser Verschiebung wie erstarrt. Über Bramantes Pfeilerquadrat schiebt sich eine Kuppel aus doppelt umschnürendem Ring unvollständig hervor, zwei ungeheure Spitztürme flankieren die hier bereits auftretende, tief eingehöhlte Benediktionsloggia. Durch schachtartige Fenster wäre Kellerlicht in das Innere gefallen. Das Ganze zeigt die Meisterhand, aber auch das fast tragisch zu nennende Pathos ungelösten Übermaßes. Vasaris Umbau der Badia-K. zu Arezzo (um 1550) zerschneidet den Innenraum künstlich so, daß unter Verlust der Orientierung ein unaufhörlicher Wechsel der räumlichen Zustände hervorgerufen wird. In Oberitalien treten K.nbauten Tibaldis (1527-97) und Alessis (1521-72) mit ähnlicher Tendenz zu unstatischer Anhebung überschwer gebildeter Teile, starrer Vergitterung organischer Glieder, insgesamt zur Irrealisierung hervor. Wie in dialektischem Sprung soll Transzendenz gewonnen werden, und im labyrinthischen Hin und Her künstlich bereicherter Anordnung sucht man das Unendliche einzufangen.

Den notwendigen Schritt zu neu gesammelter Baugestalt hat noch der alte Michelangelo als Baumeister von St.Peter (1547-64; s. Taf. 24 Abb. 2 und Fig. 23) getan. Der Durchbruch zum positiven Glauben der erneuerten K. löst überall die zweite Stufe des Manierismus aus, die etwa mit der zweiten Hälfte des Jh.s zusammengeht. Jetzt entstehen die Bauten der Gegenreformation, eine Heerschar von K.n, Klöstern, Kollegien usw, aber auch eine neue, von durchlaufenden Achsenstrahlen beherrschte Stadt- und Profanbaukunst. Eine im Großen denkende Zeit organisiert das Bauen großzügig, nicht mehr mit der individuellen Problematik der Umbruchszeit, sondern unpersönlich, diszipliniert, enthaltsam, dafür aber mit überwältigender Wucht. Der sinnlich schmeichelnde »Jesuitenstil« ist nicht die Weise der Zeit Loyolas, sondern kommt erst im 17.Jh. auf.

Michelangelos Petersbau kehrt nochmals zur Zentralform zurück (s. Fig. 23). Auf vereinfachtem Grundriß werden alle Teile streng der Mitte untertan. Den Bauleib umhüllt ein Gewände, das mit seinen angespannten, durchhöhlten Zügen noch heute an den Rückfronten zu uns spricht. Pilasterpaare stemmen eine schwere Attika; darüber schwingt sich von den Säulenpaaren des Tambours an ein gelösteres Aufwärts zur Spitze empor. Die Peterskuppel wurde 1588-93 aufgesetzt. Ihr Umriß überhöht den von Michelangelo vorgesehenen Halbkreis um so viel, daß eine befreite Steigung ausgelöst wird, auch ist die Laterne schlanker. Daß diese Umdeutung aus verspannter Schwere ins Leichtere noch auf eine letzte Willensmeinung des alten Meisters zurückgehe, bleibt zweifelhafte Vermutung; jedenfalls meldet sich hier ein unbeschwerteres Zeitalter an.

Zuvor aber erbaut Vignola in Rom die Haupt-K. der → Jesuiten, Il Gesù (1568-84; s. Taf. 25 Abb. 2 und Fig. 24). Diese Kreuzkuppelbasilika ist der Prototyp des kath. Kb.s neuerer Zeit. Seine elementare Bedeutung liegt in der Synthese von Langhaus und Zentralbau, dh also der Raumsymbole für Zeit und Sein, die gefaßt ist in die Erlebnisform des Weges zum Licht. Von der ernsten Fassade zur Sammlung aufgefordert, sieht der Eintretende sofort ein strömendes Licht aus der Kuppel herab das Heiligste beglänzen. Er folgt dem Zuge dieses Lichtes, wie es die Seelenführung der Väter will. Im schwerelos einsinkenden farbigen Licht des gotischen Domes teilte sich das Ewige wie in einem Vorhof des Himmels dem Raume mit. Hier aber zieht eine Lichtsäule schwereüberwindend die Seele empor. Folgerichtig hat die → Malerei (: IV) bald darauf an den Gewölben den Himmel sichtbar aufgetan. Die Erbauer des Gesù jedoch hatten das Innere herb und streng gehalten. Nur wenn man sich den üppigen Schmuck daraus fortdenkt, tritt der ursprüngliche Charakter hervor. An die hohe Kuppel sind Querarme und Chor herangezogen zum knappen lat. Kreuz, das Langhaus ist ein tonnengewölbter Saal mit ebenfalls straff subordinierten kastenartigen Kapellen. Es hat Oberlicht, anders als der gleichmäßig helle Raum von S.Andrea in Mantua (s. Taf. 24 Abb. 1), dem Vignola die gedrungene Massenform entlieh. In geradem Zuge eilt das Gesims vorwärts, hart sind Lang- und Hochhaus gegeneinander geführt. Dieses Zusammenzwingen des Gegensätzlichen, der unbeugsame Dualismus der Gesinnung gehört noch dem Manierismus an; die hier formulierte Idee des bewegten Einheitsraumes weist vorwärts auf den → Barock (: I). Rom entwickelt den Typus des Gesù weiter; in S.Andrea della Valle (1591 bis 1650) und S.Ignazio (1626-85) verschmilzt das höher geführte und weiter gespannte Schiff samt Kapellen immer geschmeidiger mit der leichter emporgetragenen Kuppel. Doch ist dies nur der Anfang künftiger Verwandlungen dieser Form.

1614 stand Madernas (1556-1629) Langhaus von St. Peter samt der kraftvoll gegliederten Fassade mit Vorhalle und Benediktionsloggia fertig da. Die kultischen Motive hatten über die formalästhetischen gesiegt. Freilich versinkt die Kuppel hinter der Riesenschauwand, deren übermäßige Breite erst durch Berninis Petersplatz-Kolonnaden in einen ausgleichenden Rahmen gefaßt worden ist (s. Taf. 24 Abb. 2). - Den kuppelbedeckten Zentralraum, wie ihn → Raffaels Chigikapelle in S.Maria del Popolo bot, bildet Vignola um 1550 zum Tiefenoval um, eine Konzeption von unabsehbarer Fruchtbarkeit für den Sakral- und Profanbau. - Die basilikale K.nfassade, in Italien immer ein Thema für sich, wird im Anschluß an ein schon von Alberti gefundenes Schema entwickelt, mit zwei Ordnungen geschoßweise übereinander und vermittelnden Voluten. Zentralräume dagegen lassen die durchgehende »große« Ordnung zu. Diese bevorzugt Palladio auch an seinen Basiliken, denn sie erlaubt ihm die Evokation des röm. Tempels im manieristisch-mehrschichtigen Gefüge der K.nfront. Gehört doch auch sein gelehrt-idealistischer Klassizismus zu den kontrastierenden Elementen dieses komplexen Stils. - Palladio entfaltet in seinen Venezianer K.n das Raumerlebnis im Wechsel der Schaubilder. Das Innere des Gesù stellt sich von der Schwelle aus in einem einzigen großen Aspekt dar. S.Giorgio Maggiore (1565-80) dagegen weist mehrere innere Ansichten auf, und die Chortiefe wird durch ein Säulengitter hindurch nur erahnt. In beiden Fällen tritt das Bildhafte zum Körperhaften als Qualitas des Bauwerks. Der Redentore in Venedig (1577-92) zeigt sogar seine ganze Tiefe zuerst unbestimmt, wie in einem Bildrahmen; vorschreitend gewahrt man dann einen Kuppelraum, der nochmals hinter einer Kolonnade weitere Hintergründe verheißt. In der Abfolge optischer und leibhafter Erlebnisse bildet sich Gesamtwirklichkeit aus Raum und Zeit im funktionalen Verhältnis; aber anders als im Kb. des MA ist dieser Nachvollzug subjektiv ästhetisch, nicht objektiv liturgisch bedingt.

So gibt die krisenreiche Zeit zwischen 1520 und 1600 dem heraufkommenden → Barock (: I) die Elemente seines Schaffens vorgeformt in die Hand: die Idee der Synthese überhaupt, bes. des Lang- und Zentralbaus, den klassischen Kanon und die Achse, das Optische, den Subjektivismus, die Internationalität des Stils. Das 17. und 18.Jh. hat diese Ansätze überreich entfaltet. Die Fruchtbarkeit des Barocks gründet auf seiner Rückwendung zur organischen Natur der Dinge als Norm der Kunst. Die Scheu vor der als unendlich erfahrenen Welt weicht entschlossenem Zugriff, der Allraum wird vertraut. Alles gerät in strömende Bewegung, und Transzendenz bedeutet Ineinanderfließen der Erden- und Himmelsweite. - Bis zur Mitte des 17.Jh.s behält Rom die Füh-

1. Rom, Ruinen der Agneskirche und Mausoleum der Constantina (S. Costanza), ca 338/50 *(nach F. W. Deichmann, Frühchristliche Kirchen in Rom, 1948)*

2

2. Tebessa (Algerien), Ruine der Basilika, 5. Jh. *(nach R. Cagnat, Carthage, Timgad, Tébessa, 1927³, 141)*

3

3. Ravenna, S. Vitale, geweiht 547 *(nach F. W. Deichmann, Frühchristliche Bauten und Mosaiken von Ravenna, 1958, Abb. 287)*

4. Ravenna, S. Apollinare in Classe, geweiht 549 *(nach F. W. Deichmann, Frühchristliche Bauten und Mosaiken von Ravenna, 1958, Abb. 379)*

1. Istanbul, Hagia Sophia, geweiht 536 *(Aufnahme: Deichmann)*

4. Sohag (Ägypten), Weißes Kloster, Mitte 5. Jh. *(Aufnahme: Deichmann)*

3. Bethlehem, Geburtskirche, Rekonstruktion des Baus aus dem 4. Jahrzehnt des 4. Jh.s *(nach R. W. Hamilton, The Church of the Nativity, 1947)*

2. Qalat Siman (Syrien), alter Stich der Gesamtanlage mit der Kirche des hl. Simeon Stylites, nach 476 *(nach M. de Vogüé, Syrie Centrale, 1865-77, Taf. 145)*

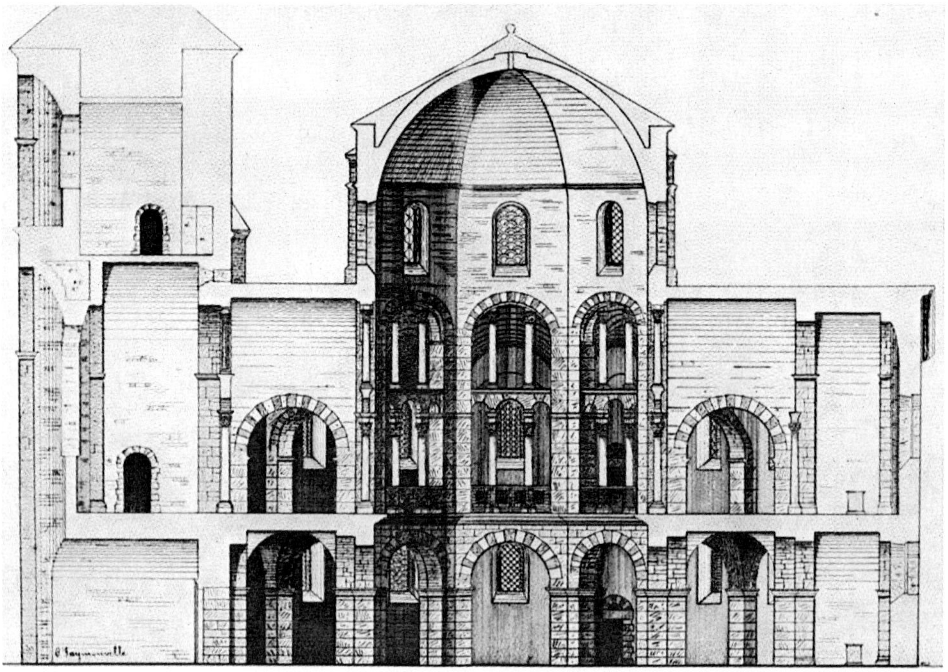

1. Aachen, Pfalzkapelle, geweiht 805 *(nach K. Faymonville, Der Dom zu Aachen, 1909, Tafel 2)*

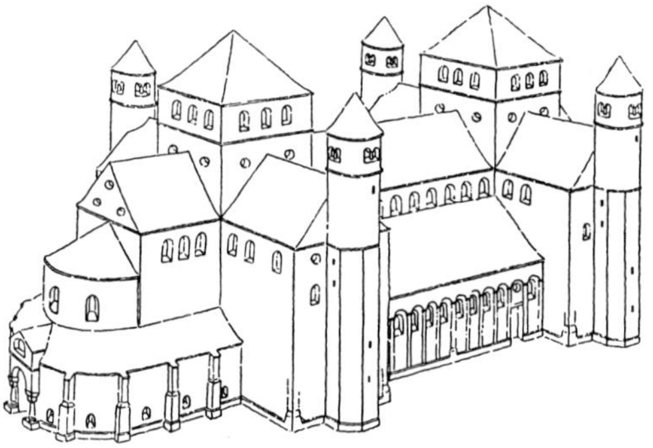

2. Hildesheim, St. Michael, geweiht 1022 *(nach H. Beseler – H. Roggenkamp, Die Michaeliskirche zu Hildesheim, 1954, 100)*

3. Cluny, Klosterkirche. Rechts der Majolusbau Cluny II (981 ff), links Cluny III, Zustand um 1120, vor Anbau der Vorkirche mit Doppeltürmen *(Rekonstruktion von K. J. Conant, A Brief Commentary on Early Mediaeval Church Architecture, Baltimore 1942, Taf. 43)*

1. Speyer, Dom, begonnen um 1030, Weihe 1063, Umbau nach 1080
(Foto: Archiv des Kunsthist. Instituts der Universität Bonn)

2. Toulouse, St. Sernin, Chorweihe 1096
(Bildarchiv Foto Marburg)

3. Pisa, Dom, begonnen 1063 *(Foto Brogi)*

1. Chartres, Kathedrale, begonnen 1194. Langhaus und nördl. Querhaus. Ohne die originalen Glasfenster
(Bildarchiv Foto Marburg)

2. Regensburg, Dominikanerkirche, begonnen um 1260
(Foto: Archiv des Kunsthist. Instituts der Universität Bonn)

3. Annaberg, Annakirche, 1499–1520
(Foto: Archiv des Kunsthist. Instituts der Universität Bonn)

1. Mantua, Kirche S. Andrea, erbaut von Alberti, 1470 *(Originalaufnahme)*

2. Rom, St. Peter mit Petersplatz, Luftbild *(nach L. Marchetti – C. Bevilaqua, Dome und Kathedralen Italiens, Novara 1955)*

1. Rom, Tempietto bei S. Pietro in Montorio, erbaut von Bramante, nach 1499 *(nach H. Wölfflin, Renaissance und Barock, 1926⁴, Abb. 1)*

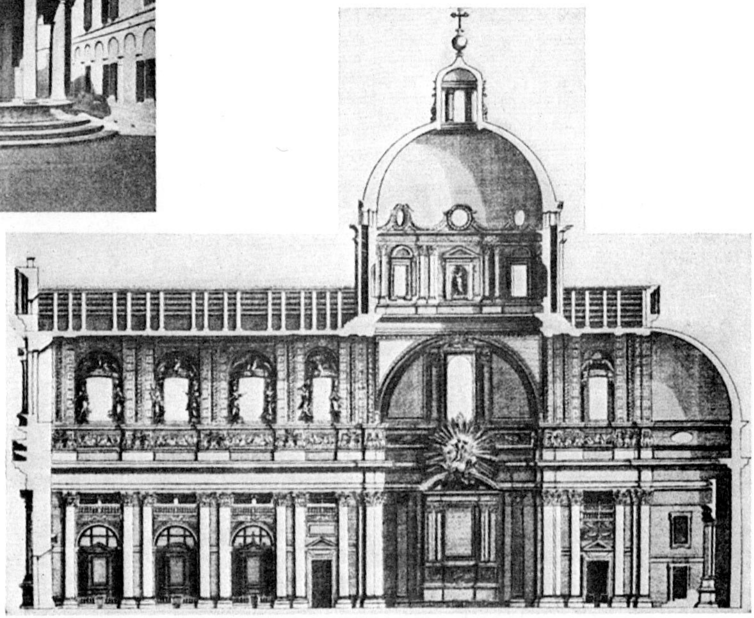

2. Rom, Il Gesù, erbaut von Vignola, 1568–84, Längsschnitt *(nach H. Wölfflin, aaO Abb. 64)*

3. Rom, Kirche S. Carlo alle quattro fontane auf dem Quirinal, erbaut von F. Borromini, 1638–41, nach einem Kupferstich von G. B. Falda *(nach G. Bucheit, Rom im Wandel der Zeiten, 1931)*

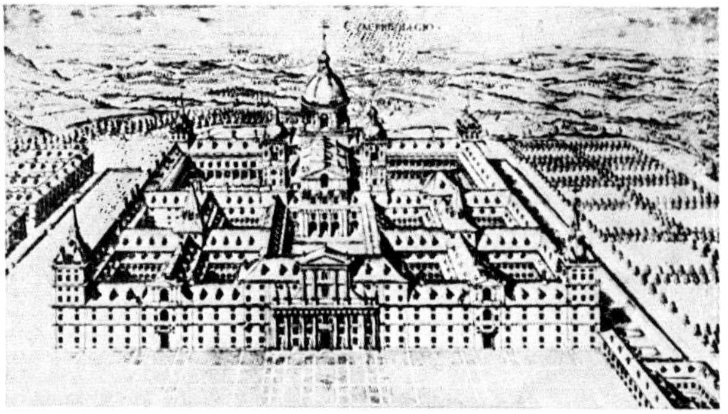

1. Escorial, Gesamtanlage, 1563–89, erbaut von J.B. de Toledo und J.de Herrera. Aus dem Stichwerk Herreras
(Bildarchiv des Kunsthist. Seminars der Univ. Heidelberg)

2. Cuzco (Peru), La Compañía, geweiht 1668, erbaut von Pater J.B.Gillis aus Gent *(nach Das Münster 12, 1959, 5)*

4. London, St. Paul's Cathedral, 1675–1710, erbaut von Chr.Wren *(nach London, 1939, 24)*

3. Paris, Eglise du Val de Grâce, 1645–65, erbaut von F.Mansart und Lemercier
(Bildarchiv Foto Marburg)

5. Wien, St. Karl Borromäuskirche, 1716–29 (1737), erbaut von J.B. Fischer von Erlach und Sohn *(nach G.Hagen, Österreich, o.J., 27)*

1. Lyon, Ehem. Hugenottenkirche, gen. »Le Paradis«, 1564 *(nach K.E.O.Fritsch, Der Kirchenbau des Protestantismus, 1893, Abb. 884)*

5

5. Dresden, Frauenkirche, 1726–38, erbaut von G.Bähr, zerstört 1945 *(nach Kunst und Kirche 20, 1957, 146)*

2. Schweidnitz (Schlesien), Friedenskirche, 1657–58, erbaut von A.v.Saebisch *(nach A.Wiesenhütter, Der ev. Kirchenbau Schlesiens, 1926)*

6

6. Melk (Donau), Benediktinerkloster, 1700–50, erbaut von J.Prandtauer *(nach G.Hagen, Österreich, o.J., 39)*

4. Amsterdam, Noorder Kerk, 1620–23, erbaut von H. de Keyzer *(nach Fritsch, aaO Abb. 861)*

3. Hingham/Mass. (USA), Old Ship Meeting House, 1681, erweitert 1731 und 1755 *(nach P.Thiry u.a., Churches and Temples, 1953)*

7. Steingaden (Schwaben), Wieskirche, Inneres, 1745–59, erbaut von D.Zimmermann *(nach G.Lill, Die Wies, 1952[2])*

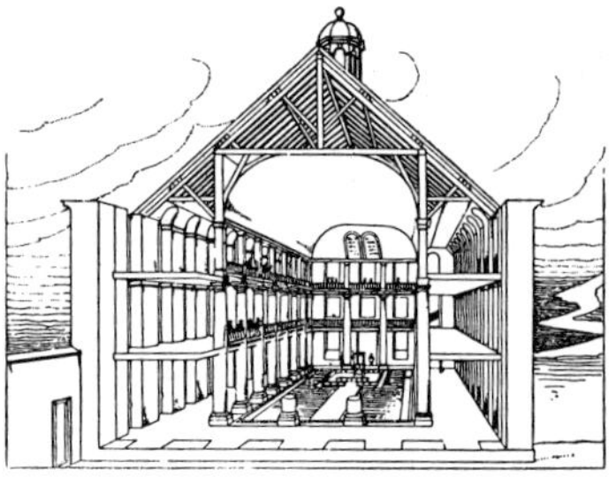

1. Charenton, Ehem. Hugenottenkirche, erbaut 1623 durch S. de Brosse, zerstört 1685. Perspektivischer Schnitt *(nach K.E.O.Fritsch, Der Kirchenbau des Protestantismus, 1893, Abb. 888)*

2. Karlsruhe, Ev. Stadtkirche, 1807-18, erbaut von Fr.Weinbrenner, Innenraum vor der Zerstörung 1944 *(nach M.Koebel, Fr.Weinbrenner, o.J., Abb. 27)*

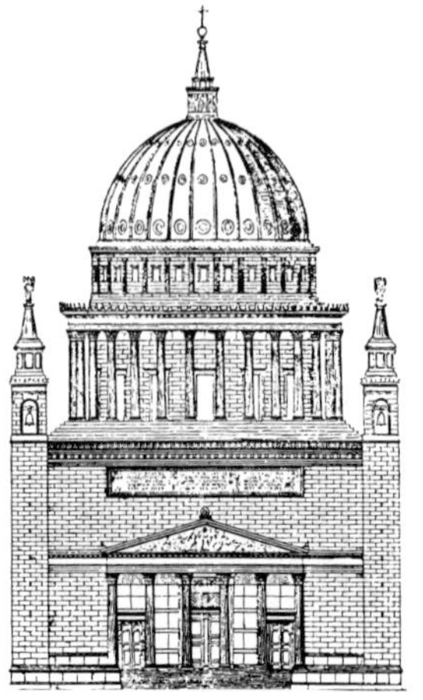

3. Potsdam, Nikolaikirche, 1830 bis 1837, erbaut von Fr.Schinkel *(nach Fritsch, aaO Abb. 289)*

4. Basel, Elisabethkirche, 1859-65, erbaut von F.Stadler *(Originalaufnahme)*

5. Wiesbaden, Reformationskirche am Ring, 1892-94, erbaut von J.Otzen. a) Äußeres, b) Innenraum *(nach Fritsch, aaO Abb. 734. 735)*

6. Wien, Kirche am Steinhof, 1904, erbaut von O.Wagner *(nach K.Oettinger, Österreich, Kunst und Kunstschätze, 1956, 92)*

7. Ulm, Garnisonkirche, 1908 (früher Stahlbetonbau), erbaut von Th.Fischer *(nach F.Schumacher, Strömungen in deutscher Baukunst, 1935, Abb. 112)*

1. Die »Sternkirche«, Entwurf 1922 von O.Bartning, Modell *(nach Kunst und Kirche 21, 1958, 5)*

2. Paris-Raincy, Notre Dame, 1923, erbaut von A. und G.Perret. Erste Kirche als Stahlbetonbau mit Serienelementen *(Aufn. H.Hampe)*

3. Köln (später Essen), Montagebau-Stahlkirche auf der Pressa, 1928, erbaut von O.Bartning *(Bildarchiv des Ev. Kirchenbauamtes Baden)*

4. Essen, Auferstehungskirche, 1930, erbaut von O.Bartning *(nach R.Biedrzynski, Kirchen unserer Zeit, 1958, Taf. 39)*

a

b

5a und b. Aachen, Fronleichnamskirche, 1930, erbaut von R.Schwarz *(nach Biedrzynski, aaO Taf. 18. 19)*

1. Luzern, St.Karl Borromäuskirche, 1933-35, erbaut von F.Metzger *(nach R.Biedrzynski, Kirchen unserer Zeit, 1958, Taf. 122)*

4. Madison/Wisc. (USA). First Unitarian Church, 1947, erbaut von F.L.Wright *(Bildarchiv des Ev. Kirchenbauamtes Baden)*

5. Portland/Oregon (USA), Zion Lutheran Church, 1951, erbaut von A.Belluschi *(nach P.Thiry u.a., Churches and Temples, 1953)*

a

b

2a und b. Basel, Johanneskirche, 1936, erbaut von Egender und Burckhardt *(nach F.Pfammatter, Betonkirchen, 1948, Abb. 39. 40)*

3. Pforzheim, Auferstehungs-Notkirche, 1946-48 (Musterbau in Montagebauweise für Serienherstellung der 48 Notkirchen in Deutschland), erbaut von O.Bartning, H.Hampe, A.Oswalt *(Aufn. H.Hampe)*

a

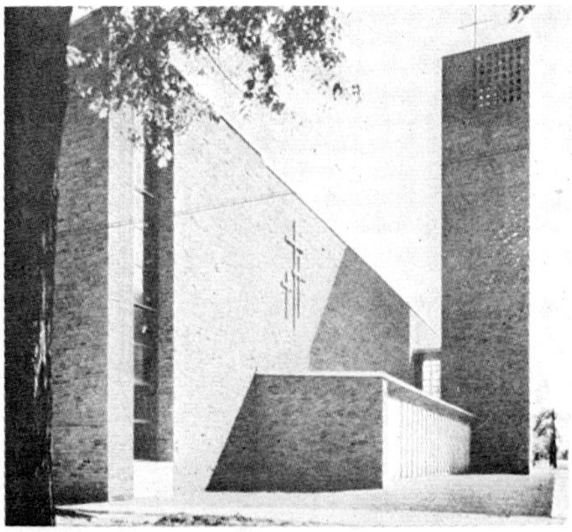

b

1. Minneapolis (USA), Christ Evangelical Church, 1951, erbaut von E.Saarinen u.a. *(nach E.D.Mills, Themodern Church, 1956, 45)*

3. Pforzheim, Matthäuskirche, 1953, erbaut von E.Eiermann und R.Hilgers, Altarplatz *(nach Kunst und Kirche 20, 1957, 20)*

6. Frankfurt/M., St.Michael, 1955, erbaut von R.Schwarz *(Bildarchiv des ev. Kirchenbauamtes Baden)*

2. Kariuzawa (Japan), Kath. St.Pauls-Kirche, 1950, erbaut von A.Raymond *(nach P.Thiry u.a., Churches and Temples, 1953)*

4. Freiburg/Br., Ludwigskirche, 1955, erbaut von H.Linde u.a., Innenraum *(Aufn. A.Pfau)*

5. Den Haag-Loosduinen, Advent-Kirche, 1955, erbaut von K.Sijmons *(nach Hervormde Kerkbouw na 1945, o.J., 117)*

1. Ronchamp (Frankreich), Inneres der Wallfahrtskirche Notre Dame du Haut gegen Osten, 1955, erbaut von Le Corbusier *(Aufn. H.Hampe)*

2. Ronchamp, Nordwestansicht *(Aufn. H.Hampe)*

3

3. Düren (Rhld.), Ref. Christuskirche, 1957, erbaut von Hentrich und Petschnigg, Inneres *(nach H.A. Maurer, Moderner Kirchenbau in Deutschland, 1958, 23)*

4. Chicago/Ill. (USA), Chapel des Illinois Institute of Technology, 1956, erbaut von L.Mies van der Rohe *(Bildarchiv des Ev. Kirchenbauamtes Baden)*

5. München-Gern, St.Laurentius, 1956, erbaut von E.Steffann und S.Östreicher, Inneres aus der Vorhalle gesehen *(nach R.Biedrzynski, Kirchen unserer Zeit, 1958, Taf. 74)*

1. Burgkirche, Iwan Assen II. bei Stanimaka (Bulgarien), 13 .Jh. *(Foto: Dr. Karl Eller, München)*

2. Marienkirche in Gračanica (Serbien), 1313–15 *(Bildarchiv Foto Marburg)*

3. Sophien-Kathedrale in Nowgorod, 1045–52 *(Bildarchiv Foto Marburg)*

4. Basilios-Kathedrale in Moskau, 1555–60 *(Bildarchiv Foto Marburg)*

1. Graskirche zu Namirembe in Uganda (Ostafrika), um 1900 *(Originalaufnahme)*

2. Sangalla, nördl. von Rantepao (Indonesien), Toradjakirche im Stil eines Toradjahauses, 1929 *(Originalaufnahme)*

3. Kirche der Jambemgemeinde in Ngasegalatu (Neuguinea), 1937/38 *(Originalaufnahme)*

4. Kath. Kirche in Bombay, 1956 *(Originalaufnahme)*

rung, dann folgt das Frankreich des Grand Siècle, bis im 18.Jh. der deutsche Spätbarock aus der Synthese italienischen und französischen Formguts eine letzte Vollendung erreicht. Kraft seiner Bestimmung zum anschaulichen Allsymbol bringt der kath. Kb. weiter die maßgebenden künstlerischen Lösungen hervor, daneben aber sucht die prot. Welt nach Formen für ihr kirchliches Bedürfnis, und die nördlichen Länder melden sich, nachdem sie erst ein produktives Verhältnis zum Klassischen gefunden, vernehmlich zum Wort. - Die Fülle der nun auftretenden Bauten kann hier nicht so eingehend besprochen werden wie die geringere Zahl der grundsätzlich bedeutenden Werke der ersten Zeit. Dafür mögen die nun entstehenden größeren Zusammenhänge hervorgehoben sein.

Im Triebe zu bewegter Einheit öffnet sich der Kb. auf seinen Vorplatz, verbindet sich vielfältig mit geistlichen und weltlichen Gebäuden zu Gruppen wie Stift und Palast, besetzt sichtbare Stellen in Stadtbild und Landschaft. In Berninis (1598-1680) abschließender Tätigkeit an St.Peter gehen K.n- und Städtebau, Dekoration und Regie ineinander über. Baldachin und Cathedra leihen dem Inneren einen leichteren Pulsschlag; die ovale Kolonnade (1656-67) hebt den an seinen Riesendimensionen gescheiterten Bau versöhnend in noch weiter gespannte Zusammenhänge hinaus. Das Ganze ist Sinnbild des weltumspannenden Auftrags der röm. K. - Pietro da Cortona (1596-1669) blendet der älteren K. S.Maria della Pace eine Fassade mit halbrund ausgreifendem Portikus vor und verbindet sie mit den seitlichen Hauswänden auf geringem Raume zu einem bühnenartigen Schauplatz (1656). S.Agnese verwandelt samt den flankierenden Palästen die Piazza Navona in einen Festraum. Auf der Piazza del Popolo stehen zwei Kuppel-K.n mit Tempelfronten wie eine Triumphpforte der Stadt Rom. Solche Beispiele haben Schule gemacht; es liegt darin ein neuer, sogar dem Altertum fremder Begriff der Gesamtwirkung und ein mächtiges Pathos der Würde und Schönheit des Daseins, in dessen Mitte sich die K. herrschend darstellt.

Unter den röm. Meistern seiner Zeit steht Borromini (1599-1667) als der Problematiker einer Architektur, die durch Knickung und kurvige Schwingung des Gewändes am Baukörper selbst als an einer in sich beschlossenen Form das Gefühl der Unendlichkeit wachruft. Die spekulative Artistik des Manierismus lebt hier fort in der entwickelten Sprache der Zeit, die über differenziertere stereometrische Vorstellungen verfügt. Borromini baut vorwiegend für Kongregationen, die seine anspruchsvolle Kunst zu schätzen wissen; umstritten und in Schwermut geendet, wurde der tiefsinnige Meister zum Lehrer der Deutschen des 18.Jh.s. - Seine kleine K. S.Carlo alle 4 Fontane (1638-41; s. Taf. 25 Abb. 3 und Fig. 25) ist gebildet aus einem Tiefenoval, dessen Bahn viermal symmetrisch nach einwärts schwingt. Anregung gab der geschweifte Grundriß eines Saals der Villa Hadrians. Vollsäulen in der Wand treiben die laufende Bewegung an, die illusionistisch kassettierte Ovalkuppel schwebt von Licht unterfangen in unbestimmter Höhe. Kein farbiger Prunk, keine Malerei; im Spiel der wie in eine »zweite«, höhere Wirklichkeit verwandelten, nicht aber »organisch« empfundenen Formen entsteht auf geringstem Raum ein Eindruck von Weite und Entrückung. Die in dreifachem Impuls vor- und rückschwingende Fassade, schmal an enger Straße, innerviert den davorliegenden Raum, ohne ihn faktisch zu umgreifen. Wieviel handfester wirkt dagegen C.Rainaldis (1611-91) S.Maria in Campitelli (1656), die Schauwand und Inneres im Säulenprunk röm. Thermen bühnenartig in die Tiefe staffelt, mit einem aus verdeckter Quelle hell beleuchteten Chorraum in rahmender Fassung als Abschluß, eine theatralische Steigerung von Palladios Redentore. Borrominis Universitäts-K. S.Ivo, der glanzvolle Umbau der Lateransbasilika zum Jubeljahr 1650, die Kollegien der Filippiner und der Propaganda Fide ragen aus der Fülle seiner Werke und Entwürfe hervor.

Aus diesem reichverzweigten Stamm hat der italienische Barock bis zur Mitte des 18.Jh.s eine überreiche Blüte hervorgebracht. Die Provinzen treten hervor, am bedeutendsten Piemont. Der gelehrte Theatiner Guarini (1624-85), Philosoph und Mathematiker, führt Borrominis Dialektik in der Weise fort, daß die Baugestalt fast abstrakt aus der Verknüpfung vorgestellter stereometrischer Körper entwickelt wird. Es entsteht ein lichtes Gerüst aus Stützen und gekrümmten Bögen, kurvigen Wandstücken und strahlig aufgelösten Gitterdomen; das Ganze entfaltet einen außerordentlichen Lichtzauber. Von seinen Entwürfen ist weniges ausgeführt, weniger erhalten. S.Lorenzo in Turin (1670), Zentralturm über kurvig aufgelöstem griech. Kreuz, Produkt einer überlegenen formalen Vorstellungskraft, wirkt auf die Phantasie wie auf die nachvollziehende Intelligenz. Guarinis Lichtbehandlung greift auf die Gotik zurück. Seine Kapelle des hl. Schweißtuchs am Turiner Dom trägt eine illusionistisch hochstrebende Pyramide, die von innen gesehen einen Eindruck fast wie der Freiburger Münsterhelm hervorruft. Diese Kunst mußte auf die Deutschen wirken. Ihnen hat Guarinis Tafelwerk »Architettura Civile« (1686, mit Text 1737) die auslösende Formel der Wölbung aus ineinander schneidenden Kuppelschalen über sphärisch gekrümmten Gurten vermittelt. Der Lehrtext bringt einen Traktat der darstellenden Geometrie für Baumeister. Ohne den Aufschwung der Mathematik im Zeitalter → Leibnizens und → Newtons ist die Architektur des Spätbarocks nicht denkbar. - Der in Piemont und anderwärts fruchtbare Juvara (1685 bis 1736) steht schon neben den transalpinen Meistern seiner Zeit. Kuppeldom und Stiftsbau seiner Superga über Turin (1717-31) bilden in Italien das glänzendste Beispiel der Nutzung einer beherrschenden Höhenlage.

b) Von den Nachbarländern hat sich *Spanien* am rückhaltlosesten der röm. Klassik verschrieben. So wollte es Philipp II. Die überreiche Platereske wird verworfen, in dem disziplinierten »zweiten« Manierismus Italiens der Ausdruck für das transzendente Selbstverständnis der Monarchie gefunden. In den Händen Juan de Herreras (1530-97), eines Enkelschülers Michelangelos, nimmt der Stil gemessene Strenge, unbedingte Haltung an. An den regelmäßig geschnittenen Baukörpern gibt der völlige Verzicht auf Ornament die bannende Wirkung der leeren Fläche frei, betont durch wuchtige Portale. Der Escorial (1563-89; s. Taf. 26 Abb. 1 und Fig. 26), entworfen von J.B. de Toledo und von Herrera ausgeführt, ist das nur in Spanien mögliche Symbol der theokratisch-monarchischen Ordnung einer bereits neuzeitlichen Welt. Der rechteckige, in Höfe unterteilte Block mit den Flanken aus Granit, besteckt mit Türmen und beherrscht von der Kuppel seines Zentraldoms, der St. Peter wiederholt, ein zur K.nburg gewordener Alkazar, umfaßt K., Königsgruft und Königswohnung, Kloster und wissenschaftliche Anstalten. Fremd im Umraum, im Grund- und Aufriß in Achsen verspannt, zieht der umgrenzte Bezirk in seiner immanenten Totalität ein All zusammen. - Unvollendet ist Herreras mächtiger Entwurf zur Kathedrale von Valladolid (1585) mit vier Türmen und viereckiger Kuppel. Die Akademie für Mathematik und Baukunst fördert seinen strengen Stil und gibt die Traktate Vignolas und Palladios sowie einen Vitruv heraus. Werke der Herreraschule sind u.a. S.Isidor el Real zu Madrid sowie die Kathedralen von Lima und Cuzco (s. Taf. 26

Abb. 2). Spanien verbreitet den röm. Kb. über seine *Kolonien* in Amerika und Asien, wo er noch im wuchernden Kleide exotischen Ornaments die Herrschaft Roms verkündet.

Im Mutterlande weicht das körperliche Bilden Italiens der Herrschaft der Fläche, als Leerwand oder als Träger in einer mit Macht wiederkehrenden Ornamentik. Über den klassischen Aufbau gewinnt das Gesetz der Reihe die Oberhand. Säulen, Pilaster und Gebälk bilden sich durch streifenförmige Verziehung in eine Art gemusterter Wandbespannung um. Der Baukörper wird weniger modelliert als aus geraden und gebogenen Flächen zusammengefügt, Raumtiefe durch Staffelung aufeinander bezogener bildhafter Eindrücke erweckt. Spanisch ist die Entsprechung von K.nfront und Hochaltar (Retablo), beide als vielstöckig aufragende Wand gebildet. Auch der K.ngrundriß löst sich ins Aufgereihte, wohl nicht ohne Erinnerung an die maurische → Moschee. Der Chor rückt ins Mittelschiff vor, umgeben mit hohen Schranken, die Orgeln tragen. Auch dies bricht die Richtungsbestimmtheit des basilikalen Wegbaus und seine Raumeinheit. Die Zweiturmfassade spielt eine größere Rolle als in Italien. Eine Zierde Spaniens bilden seine hohen Einzeltürme, die aus dem Minarett hervorgehen oder, wie der Glockenturm der Kathedrale in Cordoba und die berühmte Giralda in Sevilla, selbst umornamentierte Minarette sind. – Insgesamt weicht das Organische der klassischen Form vor immaterieller Bedeutung zurück; umgekehrt bricht aber ein rücksichtsloser Naturalismus durch, am Bauwerk in Gestalt formauflösenden Zierwerks.

Im Sinne der nationalen Stilkonstante umgebildet, hat der aus Italien kommende Barock das Land mit einer Fülle von Werken überzogen. Dabei verschiebt sich der Akzent. Die körperliche und räumliche Form wird unverändert übernommen; so bleibt der Zentralbau bis tief ins 18.Jh. Rundbau, das wandlungsfähige Oval kommt kaum auf. Die Rezeption ist verspätet, so tritt der Guarinistil erst nach ca 80 Jahren sprunghaft auf. Man hat daher der spanischen Baukunst die Produktivität abgesprochen. Allein auch hier entsteht Form, nur eben nicht nach Analogie der Natur, sondern aus freierer Phantasie. Der festgefügte Raum Italiens zieht sich ins Unbestimmte auseinander; malerische und perspektivische Effekte werden in dieser Blütezeit des spanischen Theaters reichlich genutzt (»Transparent« des Hochaltars der Kathedrale von Toledo, 1723). – Die 2. Hälfte des 17. und den Beginn des 18.Jh.s beherrscht der nach Churriguera (1650 bis 1723) benannte Ornamentstil, in dem sich Italienisches mit dem Rubensstil, Gotik und Maureske zu sinnverwirrender Überfülle mischt (Fassade der Kathedrale zu Granada um 1650, El Salvador zu Sevilla um 1730, Sakristei der Kartause von Granada um 1750). In dem sog. Plattenornament ist dagegen die hohe Fassade der Kathedrale von Santiago de Compostela aufgetürmt. Formen von mancherlei Art ordnen sich hier unter Aufgabe ihres Eigencharakters zu einem nur aus sich selbst deutbaren Flächengeschiebe zusammen.

Oft sind die Baumeister Fremde. Die Rund-K. des Jesuitenkollegs zu Loyola (1689–1738) ist von dem Römer Fontana entworfen. Ganz spanisch dagegen bleibt die von elf Kuppeln gekrönte Kathedrale von Saragossa (1753). Im Baskenlande ist die Hallen-K. mit Emporen bodenständig, in Katalonien ein Saalbautypus. Dies alles besteht unverbunden nebeneinander.

Mit der Bourbonenherrschaft sucht die spanische Architektur ihre Abseitigkeit zu überwinden. Neugegründete Akademien fördern die klassischen Studien; daneben setzt eine barocke Spätphase ein. Juvara weilt in Madrid, Frankreich liefert Anregung, S.Justo y Pastor zu Madrid schließt sich an Guarini an, auch die Kathedrale von Cadiz mit ihrer geschweiften Fassade, Rundchor und Konchen (begonnen 1720) setzen die Kenntnis dieses Meisters voraus. Rodriguez (1717–85) nimmt an S.Marcos zu Madrid (1750) in letzter Stunde noch die Kombination von Ovalen auf, die anderswo schon abstirbt. Wie die italienische kühlt sich gegen Ende des 18.Jh.s auch die spanische Baukunst ab; der Zentralbau S.Francisco el Grande in Madrid (1761), die Arbeiten des Franzosen Carlier, die Front der Kathedrale von Pamplona mit ihrem römischen Tempelmotiv (1783) lenken in den europäischen → Klassizismus ein.

c) In die transalpinen Länder ist die italienische Renaissance erst im 16.Jh., und zwar anfangs mehr als neuartiges Ornament eingedrungen. Erst Schritt für Schritt bricht sich ihr wesenhaftes Verständnis Bahn. Pflanzstätten sind bes. die Fürstenhöfe; die Könige von *Frankreich* haben an ihren Schloßbauten ganze italienische Werkstätten beschäftigt. So ist die französische Renaissance überwiegend Profanbau. An Gotteshäusern bestand im Lande der Gotik kein Mangel, und der Kb. streift nur zögernd die von dieser mächtigen Kunst vererbten Gewohnheiten ab.

Der französische Kb. bis um 1600 überformt im wesentlichen nur das gotische Gerüst im Renaissancegeschmack; dazu treten An- und Einbauten sowie Ausstattungsstücke, in denen das Klassische schon stärker zu sich kommt. – Die Domtürme von Tours (1507–47) mischen noch unbefangen ein nach oben hin zunehmendes Renaissancedetail in die gotische Vertikale. Die zweitürmige Westfassade von St.Michel in Dijon dagegen bildet bereits einen zusammenhängenden Stockwerkbau aus Säulenordnungen mit Kuppelhelmen, allerdings wieter in schlanker, gedrängter Strebung. Die dreistöckige Schaufront von St.Gervais in Paris (1616–21) endlich löst sich als korrekt durchgebildete dreistöckige Schauwand vom älteren Bauleib, in gewichtigen Ordnungen, mit Attika und Giebeln. Nur das Mittelfenster behält nachgotisches Maßwerk, auch wirkt das Ganze zu schmal und zu hoch. Der spätgotische Chor von St. Pierre zu Caen (1545) blüht in üppigem Schmuckwerk neuer Art aus; St.Eustache zu Paris (1532–1640) eilt reiferen Synthesen von Gotik und Klassik voraus als fünfschiffige gotische Basilika, die gleichwohl zu einer ungotischen Raumeinheit strebt, während alles Gliederwerk Zug um Zug tastend in die fremde Formenwelt übersetzt wird. St.Etienne-du-Mont ebenda (1517–1610) ist noch eine spätgotische Hallen-K.; schleierartig sind die Pfeiler mit Galerien durchwoben, zu denen die freitragende Doppelspindel des Renaissance-Lettners empor-

---

Fig. 24. Rom, Il Gesù, 1568-84, erbaut von Vignola *(nach J.Burckhardt, Geschichte der Renaissance in Italien, 1891³)* - Fig. 25. Rom, S.Carlo alle quattro Fontane, 1633-67, erbaut von Fr.Borromini *(nach N.Pevsner, An Outline of European Architecture, [1943] 1953⁴)* - Fig. 26. Escorial, Grundriß der Gesamtanlage (Ausschnitt), 1563-89, erbaut von J.B. de Toledo und J. de Herrera *(Bildarchiv des Kunsthist. Seminars der Univ. Heidelberg)* - Fig. 27. Paris, Eglise du Val de Grâce, 1645-65, erbaut von F.Mansart und Lemercier *(nach A.E.Brinkmann, Baukunst des 17. und 18.Jh.s in den romanischen Ländern, 1919, Abb. 204)* - Fig. 28. London, St.Paul's Cathedral, 1675-1710, erbaut von Chr.Wren *(nach K.E.O. Fritsch, Der Kirchenbau des Protestantismus, hg.v. der Vereinigung Berliner Architekten, 1893, Abb. 925)* - Fig. 29. Wien, St.Karl Borromäuskirche, 1715-37, erbaut von J.B.Fischer von Erlach und Sohn *(Bildarchiv des Kunsthist. Seminars der Univ. Heidelberg)* - Fig. 30. Berlin, Parochialkirche, 1695-1703, erster Entwurf von Nering, verändert ausgeführt durch Grünberg, Turm 1713 von Gerlach *(nach Fritsch, aaO Abb. 119).*

Unter K etwa Vermißtes bitte unter C und Z suchen

25

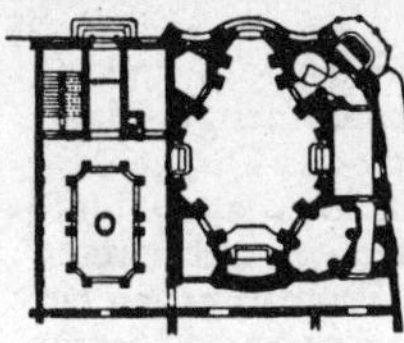

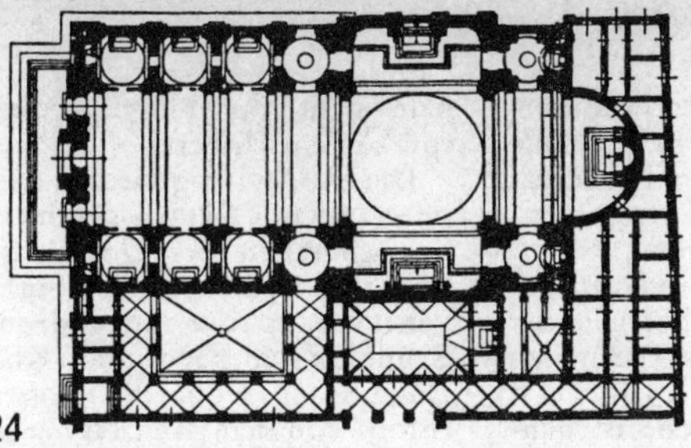

24

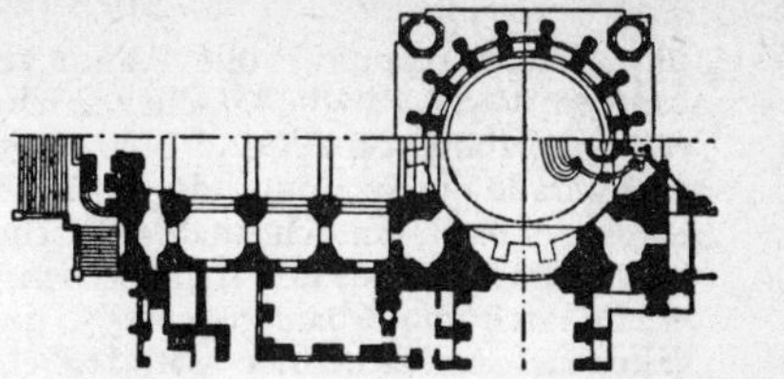

27

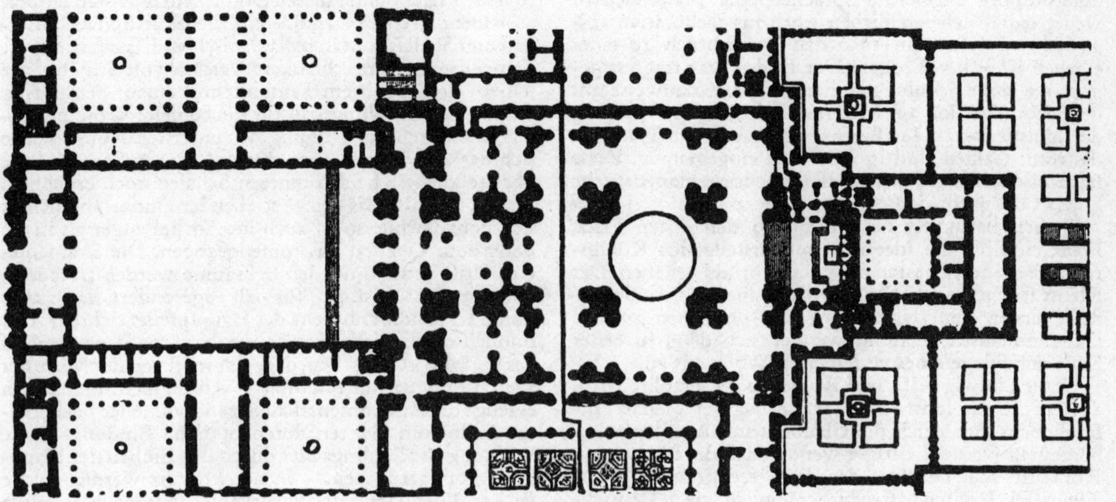

26

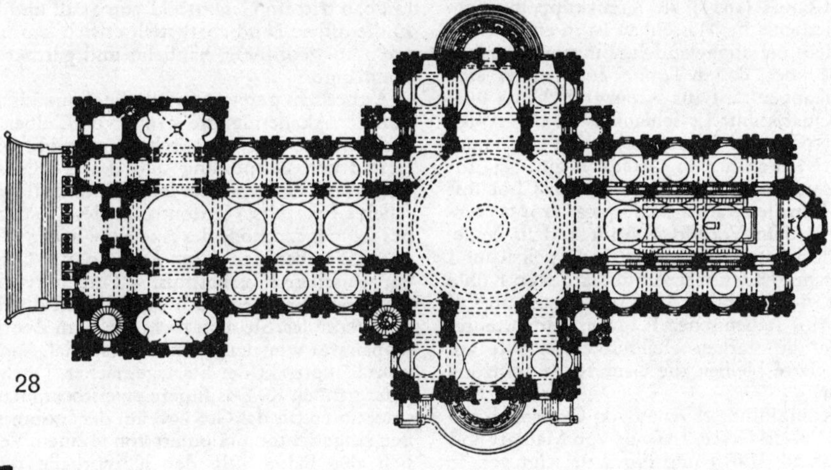

28

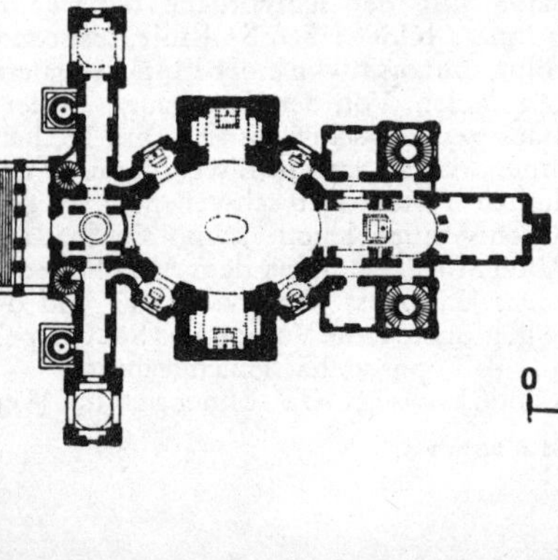

29

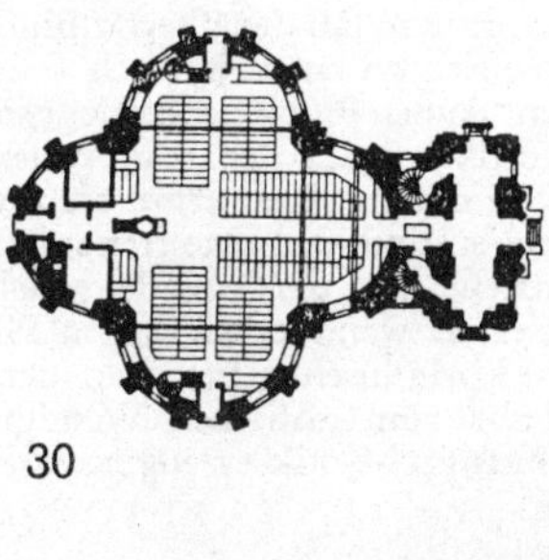

30

0 50 m

M 1:1500

führt. Dieser phantasievolle Raum zeigt wie die verwandten Werke, daß die Absicht zunächst auf individuelle Verschmelzung von Alt und Neu ausgeht, und sichtlich wird gerade die Spannung des im Grunde Unvereinbaren ausgekostet, ein echt manieristischer Zug.

Eine strengere, an den italienischen Theoretikern geschulte Richtung erbaut gegen 1570 die Grabkapelle der Valois an der Kathedrale von St.Denis als klassischen Rundtempel mit Kuppel, das einzige Beispiel seiner Art in Frankreich (1719 abgetragen). Die Sprache ist akademischer und zugleich von schärferer Eleganz als vergleichbar Italienisches. Noch ist die Renaissance Bildungsimport, angelernte Sprache. Aber Frankreich ist weder dabei stehengeblieben noch ins Dekorative ausgewichen; es hat um 1650 den Durchbruch zu einer eigenen Klassik vollzogen. Der Boden war tragfest genug; die lange Schulung an der gotischen Bauweise mit ihrer Konstruktion aus Maß und Zahl, die Verfeinerung der künstlerischen Intelligenz, aber auch die Tradition des röm. Gallien sind in das Neue eingegangen. Diese französische Klassik reift als feingliedrige klassizistische Spielart des europäischen Barocks heran.

Freilich behauptet der Profanbau den ersten Platz. Frankreich hat die Idee der weltdarstellenden Königsresidenz ausgebildet und damit ein Vorbild gegeben. Der Kb. ist fruchtbar und tüchtig, bleibt aber an Erfindungskraft hinter dem italienischen und deutschen zurück. Das rationalistische 18.Jh. wendet sich dann in erster Linie der Pflege eines verfeinerten Wohnstils zu.

Unter Ludwig XIII. und Richelieu (→ Frankreich: I, 4) setzt die absolutistische Normierung der Vielfalt Altfrankreichs ein. Auch die Glaubenseinheit soll wiederhergestellt werden; eifriger wenden sich die Blicke nach Rom. Im Kb. bedeutet das die Rezeption des Gesù-Typus. Die Jesuiten hatten bisher ähnlich wie in Deutschland das religiöse Gefühl durch bauliche Anknüpfung an die Gotik zu gewinnen versucht, jetzt wird ihre Pariser K. St.Paul-et-St.Louis (1627) als Kreuzkuppelbau erstellt. Aber der italienische Massenbau ist in ein aufsteigendes Kraftlinienspiel abgewandelt. Einzelpilaster leiten ins Gewölbe über, dessen Tonne durch tiefer eindringende Stichkappen fast ins Kreuzgratschema aufgelöst ist; der Querschnitt ist schlanker als der römische. St.Roch (1653 von Lemercier) kehrt zu einem der Notre-Dame angenäherten Grundriß zurück, mit Flachkuppel mitten im Langhaus und tiefem Chor mit Umgang und Kapellenkranz. St.Sulpice (1655) verfährt ähnlich mit dem Vorbild S.Andrea della Valle. Es entstehen Pfarr- und Ordens-K.n, Kapellen und Oratorien; gotische Bauten werden überarbeitet. Kühle Abgewogenheit, durchsichtige Struktur ersetzt überall das schwere Pathos italienischer Räume; feinverteiltes helles Licht löst die starken Helldunkelkontraste ab. Raison, ordre, clarté bleiben die Grundsätze französischer Geistigkeit.

Die von der Königinmutter Anna von Österreich gestiftete Votiv-K. Val-de-Grâce, 1645-65 von Mansart und Lemercier (s. Taf. 26 Abb. 3 und Fig. 27), zeigt gerade in ihrer betonten röm. Grundhaltung den unaufhaltsamen Strukturzerfall der übernommenen Form in Elemente, die sich zu einem typisch französischen System verbinden. Außen und innen zerlegt sich die Masse auch hier in Vertikalzüge, fialenartige Aufsätze umringen die Kuppel, an die die Kreuzarme als Ovalnischen so eng herangezogen sind, daß eine Art aufstrebender Zentralturm entsteht. An der Fassade weichen, wie überall, die massierten wandverwachsenen Pilaster Italiens der schlanken korinthischen Freisäule, deren licht rhythmisierte Reihe zum gotischen Wandgitter zurückkehrt. Klassizismus und Gotik erzeugen zusammen eine rationale Form von kühler Eleganz, in der sich die Substanz spürbar entschwert.

Der Kb. wird gern mit flankierenden Klostertrakten oder anderen Bauten symmetrisch zusammengeordnet. So beherrscht der Dom des Collège-des-Quatre-Nations das Seineufer, die Sorbonne-K. den alten Universitätsbau, der Invalidendom den ausgebreiteten Komplex seines Hospitals. Kb. und Städtebau gehen ein Bündnis ein, wobei die Achse nicht mehr wie im Manierismus von den Grenzen her in den Bezirk hineinwirkt, sondern von dessen Kern aus ins Endlose strahlt. - Der Kuppelturm der Invalides (1675-1706 von Hardouin-Mansart) strebt unter diesen Domen am höchsten empor, auslaufend in einen vergoldeten Obelisk als Spitze, Unterbau und Säulenfront in palladianischem Klassizismus, die Kuppel selbst eine schlankere Version von St.Peter. Sie schiebt sich aus ihrem Tambour mit einem Fensterring empor, der das Unterlicht für die bemalte Wölbung liefert, die durch die Öffnung der untersten Kuppelschale sichtbar das Innere überschwebt. Die äußere Kalotte übersteigt diese beiden inneren Schalen noch erheblich. Staffelt sich also das Ganze strebender empor und nähert sich dem Turme, so ist auch der Sockel enger als in St. Peter zum Quadrat zusammengezogen. Die Bramantes Grundriß entstammenden Eckräume werden trotzdem, und zwar in Kreisform, für sich abgesondert, dafür aber durch Radialdurchbrüche der Hauptpfeiler sichtbar. Der sinnlich nachzuvollziehende rhythmische Raumumlauf des Vorbilds ist erloschen, dagegen wird von der Mitte her alles auf einmal im Rundblick verständlich. Frankreich erzeugt die Zusammenschau der individueller behandelten Teile zum Ganzen durch optische Bindung. Diese Wirkung ist allerdings hier durch den Einbau der Napoleonsgruft verdorben. - In der Provinz werden solche Pariser Vorbilder teils wiederholt, teils nach lokalem Geschmack variiert. Der reiche Bestand ist aber durch Zerstörung, Verfall und Profanation dezimiert. Der Sakralbau tritt im Gesamtbild von Stadt und Land zurück. In die offene Landschaft stellt er sich kaum hinein, vielmehr in geordnete, bauliche und gärtnerische Zusammenhänge.

Ästhetisch geregelt wird die französische Baukunst von der Akademie, die - 1671 von Colbert gegründet - eine umfassende theoretische Begründung der Praxis auf Grund von Vermessung und des Quellenstudiums betreibt und Entstehendes laufend kommentiert. 1683 erscheint Perraults »Ordonnance des 5 espèces de colonnes selon la méthode des Anciens«. In der Wertung obenan steht neben den Alten Palladio, der Großmeister des europäischen Klassizismus. - Eine hervorragende Leistung des Zeitalters Ludwigs XIV. ist die Schloßkapelle von Versailles. Sie steht nicht mehr im Zentrum des Riesenpalastes wie der Dom im Escorial, sondern seitlich vom Haupttrakt der Staatsgemächer. Die Maße sind die einer großen K. Das Innere zweistöckig nach alter Hofsitte, unten für das Gefolge, auf der Empore für die Großen eingerichtet, präludiert von je einem Vestibül, worin sich der Salon mit der K.nvorhalle unnachahmlich kreuzt. Das Innere bildet einen Saal mit Apsisrundung, tonnengewölbt, umzogen von einer Emporengalerie aus korinthischen Säulen. Von der Königsloge an der Eingangswand aus gesehen schließen sich ihre Reihen optisch zusammen, das Seitenlicht filtert hindurch und erfüllt den hohen Raum mit schwebender Helligkeit. Solche Kulissenwirkung kannte schon ein Saal auf der gotischen Abtei St.Michel. Über dem Altar befindet sich die Orgel. Das Ganze ist würdevoll, klar und durchsichtig, eine geglückte neue Version der Ste.Chapelle zu Paris (13.Jh.), als Typus vielfach nachgeahmt.

Mit dem Tode Ludwigs XIV. öffnet sich der Weg zur

freieren Beweglichkeit von *Régence* und *Rokoko*. Diese Ornamentstile machen sich, anders als in Deutschland, im Außenbau kaum geltend; auch der Kb. hält sich darin sehr zurück, abgesehen von der Ausstattung. Ohne neue Grundgedanken werden Räume und Fassaden nur flüssiger und bewegter behandelt, mit vermehrter Pflege optischer Reize. St.Louis in Versailles (1743-54) bietet ein Beispiel. In den Ostprovinzen greift man im Wunsche nach weiter gespannter, lichterer Räumlichkeit gelegentlich zur Hallen-K. (Madeleine in Besançon, begonnen 1746; St.Jacques in Lunéville, 1730-45). - Einen letzten Impuls des Sakralbaus unter dem ancien régime löst *die klassizistische Welle* aus, die seit Mitte des 18.Jh.s Frankreich ergreift. Noch einmal streift das philosophische Raissonnement der → Aufklärung in einer baulichen Idealkonzeption den Dienst an der Transzendenz. Es handelt sich um die K. der Schutzheiligen von Paris, der hl. Genovefa. Eine Studienkommission bereist Italien; Antike, Hochrenaissance, dazu die französische Klassik gelten jetzt als Normen des Schönen. 1764-90 entsteht Soufflots Bau. Er ist heute zum »Panthéon« profaniert und räumlich durch die eingestellten Denkmäler verdorben. Den Grundriß, ein griech. Kreuz aus vier Quadraten mit Kuppeln, entleiht man der Frührenaissance, aber ragend steigt die Hauptkuppel empor, wie St.Paul in London (s. Taf. 26 Abb. 4) mit dem Säulentambour von Bramantes ursprünglicher Peterskuppel. Mit den idées anglaises kommt auch diese Anregung über den Kanal. Das Innere strebt röm. Thermen nach; erreicht ist eine lichtdurchflossene Raumweite, ohne Wärme, aber mit reichen Durchblicken. Außen tritt eine Kolonnade wie am röm. Pantheon vor die antikisch fensterlosen Wände. - Chalgrins St.Philippe-du-Roule (1768/69) wendet sich der altchristlichen Basilika zu; bereits liefert der *Historismus* dem puristischen Ideal seine Waffen. 1809 wird die Pariser Madeleine begonnen, zunächst auf Napoleons Befehl als Ruhmestempel der Armee. In die Kopie eines röm. Tempels ist heterogen eine Kuppelfolge eingestellt; die sinnliche Gesamtanschauung schwindet. Aus England kommt die *Neogotik;* 1772 erhält das Straßburger Münster einen Sockel aus »gotischen« Kaufbuden. Die Revolution setzt dann die Architektur zur Mitarbeit an der Planung einer besseren Zukunft des Menschengeschlechtes an.

d) *Belgien,* dh die ehem. österreichischen Niederlande, steht im Schnittpunkt deutschen und französischen Einflusses. Die eigene Art ist beweglich, breit, dem Malerischen zugeneigt. Die Stärke der Erfindung liegt in ornamentaler Behandlung der Fläche, und in der Ornamentik ergreift Antwerpen mit dem Stil des C.Floris (1514 bis 1575) die Führung in Nord- und Nordwesteuropa. Auch hier dringt im Gefolge der Gegenreformation im 17.Jh. der italienische Kb. ein, und es entstehen Ordens- und Wallfahrts-K.n in erheblicher Zahl. Verbindungen gehen zum Rheinland hinüber. Die übernommene Form wird locker behandelt und ornamental bereichert. Die Jesuiten-K. in Antwerpen (1615) entsteht als tonnengewölbter Saal, mit umlaufenden Emporen, einst von → Rubens ausgemalt, aber die Fassade folgt dem Basilikalschema von S.Ignazio in Rom. Der schöne Turm steht neben der Apsis. Frei behandelt ist der Zentralbau in Coebergers Wallfahrts-K. Scherpenheuvel (1609), als große Rotunde mit umlagernden Kapellen. Notre-Dame-d'Hanswyck zu Mecheln stellt ein Kuppelrund mitten ins Langschiff (Faidherbe, um 1660). Im 18.Jh. hat das daniederliegende Land wenig hervorgebracht, gegen Ende hin einen gepflegten Klassizismus (St.Jacques-sur-Coudenberg, Brüssel, 1776-87).

e) Auch in *England* hat das überreiche Erbe des MA im Kb. lange kein Bedürfnis entstehen lassen, zumal sich die anglikanische K. in den übernommenen Räumen ohne wesentliche Änderung einrichtete. Abgesehen von den Folgen des Bildersturms der Reformation sind sogar die mittelalterlichen K.n nirgends sonst im Innern so ungestört erhalten wie hier. - Die *Renaissance* kommt als Ornamentstil, der sich mit der üppigen Spätgotik kreuzt. Erst Iñigo Jones (1573-1651) führt mit einem Schlage den Palladianismus ein. Die klassizistische Form verliert an Dichte der Struktur und ersetzt diese durch das von jeher hier wirkende Gesetz der Reihe. Der Kb. erhält erst durch den großen Brand von London 1666 Auftrieb. Ch.Wren (1632-1723), Englands größter Architekt, entwirft und baut eine Fülle von K.n, die vorwiegend als Saalbauten dem Predigtgottesdienst dienen. Emporen bleiben einstöckig. Rechteck, Vieleck, Oval und Rund liegen hinter klassizistischen Säulenfronten, auch liebt man schöne Türme, mit säulengetragenem Helm bekrönt. Helligkeit, formale Regelstrenge, Sparsamkeit des Schmucks bestimmen den Charakter. Der Typus hat sich in *Neu-England* und den *Kolonien* weit verbreitet und wird durch die Betsäle der verschiedenen Denominationen ergänzt. Frühester Bau ist St.Paul von Jones (1631 bis 1638); von Wren: St.Stephen Walbrook (1672), St. Mary le Strand (1717); von Gibbs: St.Martin in the Fields (1721). - Doch hat die anglikanische K. mit St. Paul in London (1675-1710; s. Taf. 26 Abb. 4 und Fig. 28) auch den monumentalsten Kb. der gesamten prot. Welt geschaffen. In palladianischen Formen entsteht eine nach englischer Tradition langgestreckte dreischiffige Basilika mit Querhaus, über der Vierung ein Kuppelturm, nach Bramante mit Säulenumgang innen und außen schlank hochgeführt, alles in mächtigen Dimensionen. Das Pantheon in Paris und die Isaakskathedrale in Petersburg, das Kapitol zu Washington und Regierungsgebäude in aller Welt haben diese Kuppel nachgeahmt. Der lange Chor, ein Zugeständnis an den anglikanischen Kultus, birgt das Gestühl der Kanoniker, der Zentralraum die Kanzel. Zu den Pfarr-K.n Englands treten fein durchgebildete Kapellen, so in den Colleges der Universitäten. Den Klassizismus verdrängt zeitweise die *Neogotik,* die früh einsetzt und übrigens auch schon bei Wren sporadisch auftaucht.

f) Die ersten Ansätze zum *prot.* Kb. entstehen mit der Reformation in *Deutschland.* Entscheidend sind die neuen Erfordernisse des prot. → Gottesdienstes (: V B, 2; → Kunst: IV), der die Absonderung des Klerus aufhebt und die Gemeinde um Predigt und Abendmahl zusammenschließt; daher verlangt er Einheitlichkeit des Raumes, gute Akustik und genügend Sitze und ist um die sinngemäße Anordnung von → *Kanzel* und → *Altar* (: III C) bzw. - im ref. Kultus - *Abendmahlstisch* (im luth. Kultus auch → *Orgel*) bemüht. Es gilt, eine ev. *Predigt-* und *Gemeinde-K.* zu schaffen. - Schon die spätgotische Hallen-K. diente vorwiegend der Predigt (→ Kirchenbau: III, 3); sie besitzt Emporen, die Kanzel steht am mittleren Langhauspfeiler, die Querrichtung zeichnet sich ab. Diese bietet der Reformation einen wesentlichen Ansatz zur räumlichen Ordnung ihres Gottesdienstes. Das Gestühl wird in Blöcken um die Kanzel angeordnet, der Chor als Abendmahls-K. abgesondert. Heute noch stehen im ref. Holland solche Holzgehäuse quer zum Schiff in gotischen Basiliken; der nicht benutzte Chor ist öfters nur noch museal gehalten. Im luth. Kultus muß dagegen zugleich die Richtung auf den Altar hin bleiben; diese Schwierigkeit führt (um 1520) in Augsburger K.n zum Einbau von Drehstühlen. - Die ersten Neubauten sind Schloßkapellen der ev. Fürstenhäuser. Es sind Rechteckräume mit meist mehrstöckigen Emporen ringsum, durch die Kanzel an der Langseite zu Querräumen geprägt, mit dem Altar auf der Schmalseite

(Torgau 1544, Stettin 1577, Wilhelmsburg b. Schmalkalden 1587). Das von Lotter mit steinernen Emporen klassischer Ordnung geschmückte Augustusburg (1570) setzt bereits die Orgel über den Altar, Stuttgart (1553) stellt ihn dagegen in eine Chornische in der Mitte der Längswand und die Kanzel übereck daneben, eine wichtige Neuerung. Fortan wird der prot. Kb. in Deutschland überwiegend geprägt von den hohen Emporeneinbauten, die als Raum im Raume oft phantasievoll ausgestaltet sind, von festem Gestühl und der Tendenz zum Aufbau von Altar, Kanzel und Orgel übereinander. Der Querbau erhält sich und wird ergänzt durch die Zentralformen des Barocks. Die ref. *Schweiz* adaptiert wie *Holland* ältere Räume durch zentralisiertes Gestühl, im Chor mit dem Rücken zur Apsis. Neubauten haben Saalform (Amsterdam, Zuiderkerk, 1603–11), wie sie auch die Freikirchen pflegen (Brüdergemeine), wo nötig mit Emporen. Eingewirkt hat der von Ludwig XIV. beseitigte Tempel der → Hugenotten in Charenton (1. Bau 1606, zerstört 1621; 2. Bau von de Brosse 1623, zerstört 1685; s. Taf. 28 Abb. 1 und Fig. 34), der – ein Symbol des verfolgten Calvinismus – weithin in ref. Ländern Nachfolge fand. Daneben ist der älteste Hugenottentempel in Lyon (Le Paradis, 1564; s. Taf. 27 Abb. 1) als Vorbild wirksam, ein Oktogon, das über Holland (Willemstad 1595) auch in Amerika (Neu-Holland) Aufnahme fand (zB Bergen/N.J., 1680; ebenso Hugenotten-K. in Caen [»la pastete«], 1611). – Auch in Deutschland ist die Renaissance zuerst Ornamentstil, der sich auf Dekor und Einrichtung beschränkt; die venezianische Renaissance der kath. Fuggerkapelle in Augsburg (1509 bis 1510) bleibt vereinzelt. Größere Neubauten sieht erst das Ende des 16.Jh.s. Auf prot. Seite sind die luth. Stadt-K.n zu Bückeburg (1613/14) und Wolfenbüttel (1605–23) bedeutend, beides Hallen mit Schmuckformen nach der neuen Regel, die zweite in Aufbau und Raum schon massiger durchgebildet. In der symmetrisch angelegten Hugenottensiedlung Freudenstadt umfaßt Schickhardts K. (1601–08) eine Ecke des quadratischen Platzes als Winkelhaken aus zwei Schiffen, die bei Kanzel und Altar zusammenstoßen, je ein Turm an den Enden. Der Dreißigjährige Krieg unterbricht diese Ansätze.

Indessen ist die → *Gegenreformation* baulich vorgedrungen. Auch sie arbeitet anfangs mit der im transalpinen Manierismus häufigen Nachgotik. Die Jesuiten-K.n in Münster (1590–97) und Molsheim (1614–17) sind Emporenbasiliken mit Spitzbogen und Netzgewölben, aber italianisierendem Pfeilerwerk und Dekor. Die imponierendste der Gruppe ist Mariä Himmelfahrt zu Köln (1618 bis 1627). Mit St.Michael in München (1583–97) bringt der Orden den bedeutendsten deutschen Kb. der Zeit hervor. Der von mächtiger Tonne überwölbte Saal, von seitlichen Quertonnen abgestützt, darunter Kapellen und Emporen, ist nicht aus dem Gesù (s. 1 a), sondern aus dem heimischen Wandpfeilerbau abgeleitet; dazu tritt eine ferne Vorstellung von antiker Würde. Sustris fügte einen Langchor an, der den Tiefenzug einführt; entscheidend bleibt die erhabene Ruhe des Hauptschiffs. Die flächige Pilastergliederung und die Kassettierung des Gewölbes, alles in Weiß und Gold, nimmt zusammen mit dem weich einfallenden Licht dem Raum die Schwere. Die Hof-K. in Neuburg a.D. (1607–19) geht von der Freipfeiler-K. aus und fügt Emporen hinzu; zuerst prot., geht sie mit der Dynastie in kath. Hand über. Die Universitäts-K. in Würzburg (1586–91) legt den Emporen ihres hohen, schmalen Raumes die akademisch korrekte Abfolge der drei klassischen Ordnungen vor. – Auf der Suche ist auch der *Zentralbau*. Die Schöne Maria zu Regensburg (um 1520) bildet ein Sechseck mit fünf Halbkuppeln, Maria-Birnbaum (1661–68) eine Rotunde, Dettelsbach (1608–13) ein griech. Kreuz mit Sterngewölbe. Es sind Wallfahrts-K.n, die auch weiter gern an der Zentralform festhalten. Auf prot. Seite antwortet die niederländisch-wallonische Doppel-K. zu Hanau (1600 bis 1609). Auch Mausoleen bevorzugen die Zentralform, so Nossenis Kuppelbau in Stadthagen (1620–23) oder der Grabbau Ferdinands II. in Graz (1614–22), ebenfalls von einem Italiener. – Der folgenreichste Einbruch erfolgt über Salzburg, das sich in eine Residenz südlichen Stils verwandelt, und zwar durch Import röm. Monumentalform neuester Art. Der Dombau Solaris (1614–28) ist neben dem Langhaus von St.Peter der wichtigste damalige Kb. von italienischer Hand. Achteckkuppel und Kleeblattchor dürften an den abgerissenen romanischen Vorgänger erinnern. Mit weitreichender Wirkung führt die hohe doppeltürmige Westwand zugleich mit der Wiener Jesuiten-K. die nordische Zweiturmfront in neuer Fassung wieder ein.

Nach dem großen Kriege ist das wieder auflebende Bauwesen Deutschlands von Ausländern beherrscht, Italienern im kath. Süden, Niederländern und Hugenotten im prot. Norden; nur die von Schwaben ausgehende Bauschule der Thumb und Beer macht zunächst eine Ausnahme. Die Fremden bringen vorwiegend oberitalienische Formen bzw. den gezügelten Klassizismus des Westens herein, doch setzt sich deutsches Empfinden auch bei ihnen durch. Der Auftrag besteht auf kath. Seite vorwiegend in Stifts- und Predigtbauten der Orden sowie Wallfahrts-K.n. Auf prot. Seite sind Pfarr-K.n zu erstellen. Für sie empfiehlt der erste Theoretiker des prot. Kb.s, Joseph Furttembach (Ulm), in seiner Schrift »K.ngebäu in was Form und Gestalt ... mit geringen Unkosten aufzubauen« (1649) den Langbau kleiner K.n, in denen Taufaltar, Predigtstuhl und Orgel das »vornehmste Prinzipalstück« darstellen.

Auf kath. Seite bringt nach Anfängen in Prag und Wien die Theatiner-K. in München (Barelli und Zuccalli ab 1663) die röm. Kreuzkuppel-K. in bewegterer, reich dekorierter Form, auch die Fassade geht von S. Andrea della Valle aus; sie erhält zwei Türme zugefügt.

Fig. 31. Emden, »Neue Kirche«, 1643–48, erbaut von M.Faber *(nach K.E.O.Fritsch, Der Kirchenbau des Protestantismus, hg.v. der Vereinigung Berliner Architekten, 1893, Abb. 79)* – Fig. 32. Amsterdam, Noorder Kerk, 1620–23, erbaut von H. de Keyzer *(nach Fritsch, aaO Abb. 860)* – Fig. 33. Amsterdam, Westerkerk, 1620–31, erbaut von H. de Keyzer *(nach Fritsch, aaO Abb. 859)* – Fig. 34. Charenton, Ehem. Hugenottenkirche, erbaut 1623 durch S. de Brosse, zerstört 1685 *(nach Fritsch, aaO Abb. 890)* – Fig. 35. Schweidnitz (Schlesien), Friedenskirche, 1657–58, erbaut von A.v.Saebisch *(nach Fritsch, aaO Abb. 92)* – Fig. 36. Stockholm, St.Katharinen-Kirche, 1656–70, erbaut von J. de la Vallée *(nach Fritsch, aaO Abb. 808)* – Fig. 37. Hingham/Mass. (USA), Old Ship Meeting House, erbaut 1681, erweitert 1731 und 1755 *(nach H.Morrison, Early American Architecture, New York 1952, S. 81 Fig. 63)* – Fig. 38. Dresden, Frauenkirche, 1726–38, erbaut von G.Bähr, zerstört 1945 *(nach Fritsch, aaO Abb. 250)* – Fig. 39. Melk (Donau), Lageplan des Klosters (Ausschnitt), 1700–50, erbaut von J.Prandtauer *(nach C.Gurlitt, Geschichte des Barockstils, 1887–89)* – Fig. 40. Steingaden (Schwaben), Wieskirche, 1745–59, erbaut von D.Zimmermann *(nach G.Quehl aus: C.Lamb, Die Wies, 1937 und 1948)* – Fig. 41. Karlsruhe (Baden), Ev. Stadtkirche, 1807–18, erbaut von Fr.Weinbrenner, Gesamtanlage *(nach M.Koebel, Friedr. Weinbrenner, o.J., 25)* – Fig. 42. Potsdam, Nikolaikirche, 1830–37, erbaut von Fr.Schinkel *(nach Fritsch, aaO Abb. 288)* – Fig. 43. Basel, Neugotische Elisabethkirche, 1859–65 (»Eisenacher Regulativ«, s. → Kirchenbau: IV, 2), erbaut von F.Stadler *(nach Fritsch, aaO Abb. 908)* – Fig. 44. Wiesbaden, Reformationskirche am Ring, 1892–94, erbaut von J.Otzen *(nach Fritsch, aaO Abb. 736. 737)* – Fig. 45. Ulm, Garnisonkirche, 1908, erbaut von Th.Fischer *(nach F.Pfammatter, Betonkirchen, 1948, 37)*.

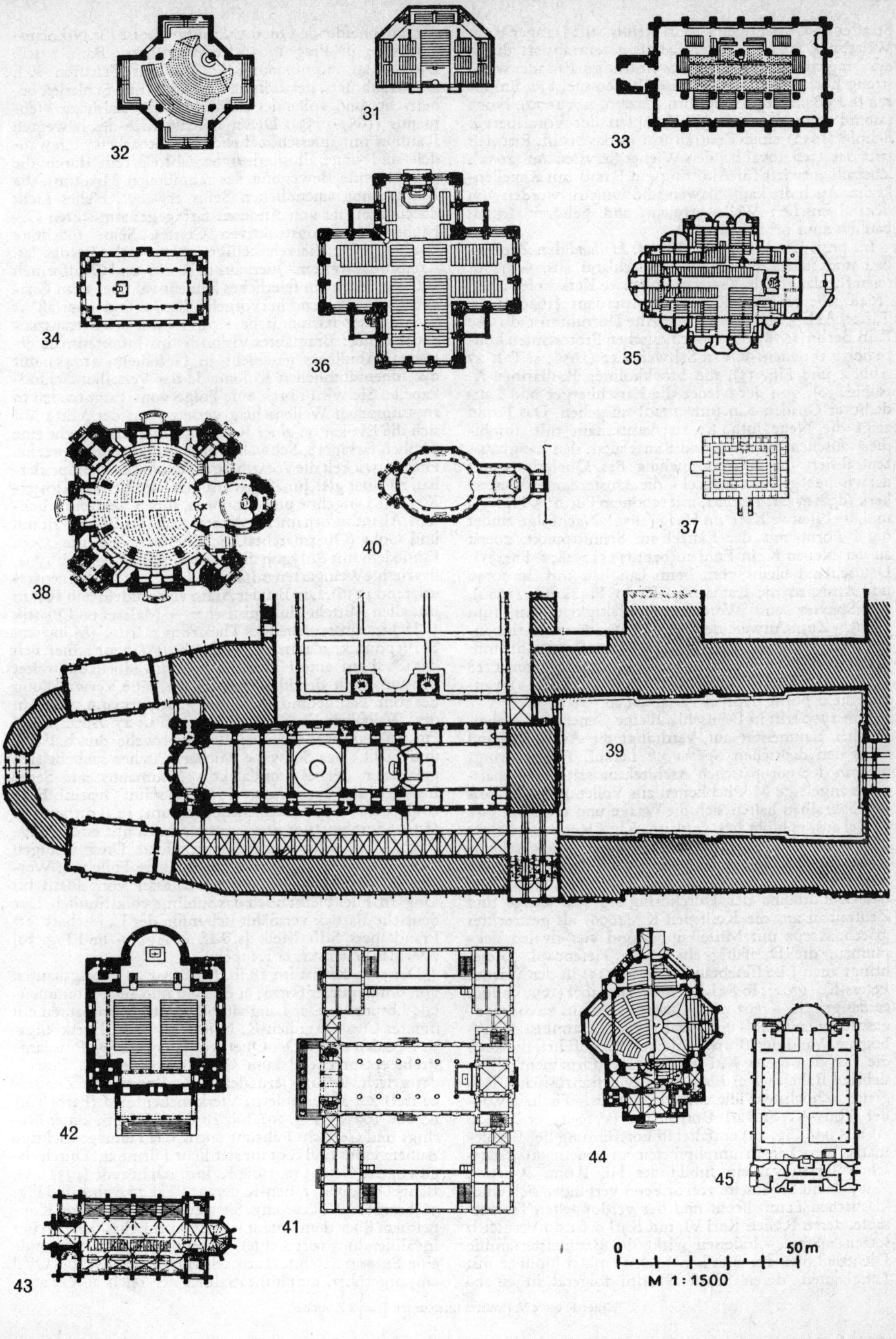
31
32
33
34
35
36
37
38
39
40
41
42
43
44
45
0
50m
M 1:1500

Straffer und wuchtiger wirkt Petrinis Stift Hauger K. in Würzburg (1670–91), der Langbau zentralisiert durch eine ragende Kuppel, die zweitürmige Fassadenwand streng hochgeführt. Die Jesuiten halten meist an Emporen fest (Bamberg, Paderborn, Luzern, um 1670). Noch tastend stellt die Stifts-K. Kempten der Vorarlberger Schule (1652) einen Zentralturm in das Schiff. Erstmals tritt das Tiefenoval bei den Wiener Serviten auf (1651), Zuccalli entwirft für Altötting ein Rund mit Kapellenkranz. Auch die kath. Slawen und Ungarn werden von der italienischen Welle erreicht und gehören fortan baulich zum orbis Romanus.

Im prot. Kb. bevorzugt das ref. *Holland* den Zentralbau und strahlt damit auf Deutschland aus. Genannt seien für das griech. Kreuz die Nieuwe Kerk in Haarlem (1648), die Noorder Kerk in Amsterdam (1620–23; s. Taf. 27 Abb. 4 und Fig. 32), die Alte Dorotheenstädtische K. in Berlin (1678), die den schlesischen Protestanten konzedierte »Friedens-K.« zu Schweidnitz (1656; s. Taf. 27 Abb. 2 und Fig. 35), die Stockholmer Katharinen-K. (s. Fig. 36), von der wieder die Hirschberger und Landeshuter Gnaden-K.n (um 1720) ausgehen. Das Rund zeigt die Neue luth. K. zu Amsterdam mit amphitheatralischen Emporen und Kanzelaltar, den Langbau – zentralisiert durch Verdoppelung des Querschiffs mit dazwischen gelegter Kanzel – die Amsterdamer Westerkerk (de Keyzer, 1620/21, mit schönem Turm; s. Fig. 33) und die Nieuwe Kerk im Haag (1650). Nachfolge findet die T-Form mit der Kanzel im Schnittpunkt, zuerst an der Neuen K. in Emden (bereits 1542–48; s. Fig. 31). Deutschland bleibt gern beim Langbau mit Emporen und Apsis, so die Katharinen-K. in Frankfurt (1680), die Speyrer und Wormser Dreifaltigkeits-K.n (um 1710). – Zum Anwalt des Zentralbaus, den er rationalistisch als Predigt-K. denkt, macht sich im Protestantismus der Theoretiker L.Ch. Sturm. Sein Traktat von 1718 (»Vollständige Anweisung aller Arten von K.n ...«) wandelt diese Form in allen Varianten ab.

Um 1700 tritt in Deutschland eine Generation einheimischer Baumeister auf, verdrängt die Ausländer und führt den deutschen *Spätbarock* herauf. Dieser bringt viele in der europäischen Architektur seit der Renaissance angelegte Möglichkeiten zur Vollendung. Profan- und Sakralbau halten sich die Waage und tauschen ihre Mittel aus, es blüht bes. der kath. Kb. Als erster vollzieht J.B. Fischer von Erlach (1655–1723) die Synthese italienischen Barocks und französischer Frühklassik zu einem höher differenzierten Stil. Seine Salzburger K.n schlagen das Grundthema der Durchdringung von Lang- und Zentralbau an, die Kollegien-K. (1696) als gestrecktes griech. Kreuz mit Mittelkuppel und vier ovalen Eckräumen, die Dreifaltigkeits-K. als Tiefenoval. Dieses bringt auch J.L. Hildebrandt (1668–1745) in der Wiener Peters-K. (1702); in St. Laurentius zu Gabel (1699) bildet er das griech. Kreuz nach Guarinis Art aus zusammengeschobenen Rund- und Ovalkörpern. Damit ist die gebogene Wand der Borrominischule eingeführt, die auch die Fassaden dieser K.n buchtet. Das Ornament bildet sich aus italienischen Elementen und französischer Régence zu höchster Fülle und Zartheit aus. – Fischers Wiener Votiv-K. St. Karl Borromäus (1716–25; s. Taf. 26 Abb. 5 und Fig. 29) entfaltet in Fortführung der Emblematik barocker Triumphpforten an einem majestätischen Tiefenoval ein Inbild des Hl. Röm. Reiches. Kuppel und Schauseite von St. Peter verbinden sich einer klassischen Tempelfront und der verdoppelten Trajanssäule, deren Reliefs Karl VI. mit Karl d.Gr. in Vergleich setzen sollten. – Indessen wirkt die Baumeisterfamilie Dientzenhofer aus Böhmen nach Franken hinüber mit Langbauten, deren Schiff Guarini folgend in einander anschneidende Querovale aufgelöst ist (St. Nikolaus-Kleinseite in Prag 1703, Břevnov 1715, Banz 1710). Diese Raumkombinatorik erfüllt das Schaffen K.J. Dientzenhofers, der Böhmen, Mähren und Schlesien beherrscht, und vollendet sich im Werke Balthasar Neumanns (1687–1753). Dieser hat die Idee des bewegten Raumes mit unerschöpflicher Fruchtbarkeit abgewandelt und ohne illusionistische Mittel, rein durch die schwingende Bewegung des räumlichen Mediums, die Empfindung unendlichen Seins erweckt. Helles Licht durchflutet die von Anderen farbig geschmückten Gebäude dieses konstruktiven Geistes. Seine mächtige Wallfahrts-K. Vierzehnheiligen (1743–75) löst das lat. Kreuz mit zweitem Querhaus in Rund- und Ovalformen auf, aus denen ein feierliches Säulenoval über dem Gnadenaltar schwebend hervorgeht. Endlos und unerfaßbar kreist dieser harmonische Kosmos um seine transzendente Mitte; Bramantes Vision ist ins Infinitesimale erhoben. Ähnliches geschieht in Neresheim (1745) mit der innenräumlichen Kolonnade der Versailler Schloßkapelle. Sie wird durch eine Folge von Raumovalen in rhythmischen Wellenschlag versetzt, aus der Mitte löst sich die Evokation einer Rotunde. – Bayern spricht eine sinnlich farbigere, Schwaben eine bedächtigere Sprache. Hier entwickelt die Vorarlberger Schule den Wandpfeilerbau zu einer gleichmäßig würdigen Familie von Kloster-K.n mit Langchor und Emporen, innen weiß mit dichtem Akanthusornament, Altäre und Gestühl in Braun und Gold (Obermarchtal, Schönenberg u.a. um 1700, Einsiedeln mit Polygon über der Gnadenkapelle ab 1704, das riesige Weingarten mit Kuppel 1723, St. Gallen zentralisierend 1756). Die Brüder Asam verwandeln den Raum mit allen Mitteln illusionistischer → Malerei und Plastik (: IV) in ein rauschendes Theatrum sacrum (München, St. Nepomuk, u.a.m.). In Weltenburg (1720) öffnet sich das Oval auf eine Himmelsglorie, am Hochaltar reitet lichtumstrahlt der hl. Georg herein, eine Verwandlung des röm. Pantheon. Die Brüder Zimmermann geben in der Wallfahrts-K. Wies (1746; s. Taf. 27 Abb. 7 und Fig. 40) ein Äußerstes an Raumschwebe durch Farbe und Licht. Der Schwabe Michael Fischer schließt sich gelassener der Raumdialektik Neumanns an. Seine Ingolstädter Franziskaner-K. (1739) schuf Guarinis Eckovale am Quadrat zu Lichtquellen um; in Rott am Inn (1759) durchsetzt er diese zentrale noch mit einer Langform, Wandel im Ruhenden schaffend. Diese wenigen Beispiele stehen für eine unübersehbare Fülle von Werken dieser und vieler anderer Meister vom Elsaß bis Ungarn. Hier bleibt noch das Sublime volkstümlich. Der deutsche Barock vermählt sich innig der Landschaft (zB Prandtauers Stift Melk [s. Taf. 27 Abb. 6 und Fig. 39] oder das Würzburger Käppele).

Der *prot. Kb.* ist im 18. Jh. fruchtbar an Predigtbauten von sinngemäßer Form; er erreicht nun auch monumentale Lösungen. Der Langbau bildet durch Einbauten ein inneres Oval (Ägidien-K. Nürnberg 1711, Dreikönigs-K. Dresden 1732). Der Querbau (Garnisons-K. Potsdam) strebt entsprechend zum Queroval (Kreuz-K. Posen), das griech. Kreuz (Jerusalemer K. Berlin, mit Zentralkanzel) zur abgerundeten Vierkonchenform (Parochial-K. ebd 1695; s. Fig. 30). Die Berliner Gruppe unter Nerings und Gerlachs Führung sucht dazu eine gewichtige Außengestalt und fügt ihr stattliche Türme an. Durch abgewogene Gestalt ragt die K. in Buch hervor (1731). G. Bährs Dresdner Frauen-K. (1726; s. Taf. 27 Abb. 5 und Fig. 38) bringt die Vollendung. Sie war ein zweischaliger Kuppelturm über dem Quadrat mit Chornische, dem Pariser Invalidendom verpflichtet. Innen um die Pfeilerrotunde eine Emporenarchitektur nach sächsischer Art, im Oval emporgeführt, amphitheatralisch der reich ausgestatteten Altarbühne mit Kanzel und Orgel zugewandt. Die in meisterhaftem Umriß hochgleitende Kuppel beherrschte Stadt und Land. Auch Sonnins St.Michael in Hamburg gewann aus den Emporen die innere Ovalform (1751). Der Bestand war einst reich. Kassel besaß edle Stücke prot. Kb.s (ref.: Oberneustädter K., 1698-1707; luth. K. am Graben, 1734-38). In den Schweizer Land-K.n nimmt er die Anmut des Rokoko an (zB Wädenswil/Kt. Zürich, 1764-67). Ein vornehmer Bau ist die luth. Ludwigs-K. in Saarbrücken (1758, von Stengel), ein Quersaal mit Turmaufsatz, im Stadtbilde gebietend. Ein schöner Turmbau ist Heiliggeist in Bern (um 1740).

2. Der *Neoklassizismus* des ausgehenden 18.Jh.s ist der erste literarisch diktierte Stil Europas und daher, wie geschmackvoll auch immer, doch unschöpferisch. Sein Kb. zehrt vom Barockerbe, das er rationalisiert und antikisch umkleidet (Kloster-K. St.Blasien 1783; Karlsruhe, ev. Stadt-K. [1807-18; s. Taf. 28 Abb. 2 und Fig. 41] und St.Stefan von Weinbrenner). - Die → *Romantik* löst sich von diesem Boden und sucht stilistische Wahltraditionen auf, zunächst ohne gründlichere Kenntnis, dafür mit eigenen Gedanken. Die oft traumhaften Planungen übertreffen das Gebaute auch im Kb., und dieses bleibt blaß. Thron und Altar stehen im Bunde, der Kultus der Konfessionen schlüpft unterschiedslos in die historische Hülle, sei sie antik (S.Francesco di Paola Neapel, 1840), altchristlich (St.Bonifazius München, 1835), romanisch (Altlerchenfelder K. Wien, 1848) oder gotisch (Ludwigs-K. München, 1829). → Schinkel gibt dem Projekt der Werderschen K. (Berlin) eine gotisch-klassische Alternativversion, doch hat seine Potsdamer Nikolai-K. (1830; s. Taf. 28 Abb. 3 und Fig. 42) als klassischer Kuppelbau eigene Haltung. Er ringt auch noch um eine Raumform für den ev. Kb.; man strebt jetzt von der Predigt-K. des Rationalismus wieder zur Hervorhebung des Altars. - Der seit 1848 vordringende Positivismus zieht seine künstlerischen Konsequenzen in der → Malerei (: V), nicht in der Baukunst. Zwar macht die Technik auch den Kb. zur Massenware, zumal in der Großstadt, doch der idealistische *Historismus* hält am Stilkleide fest, das bis zur Stilkopie getrieben wird (Votiv-K.Wien, 1856; Elisabeth-K. Basel von F.Stadler, s. Taf. 28 Abb. 4 und Fig. 43). Die von Viollet-le-Duc propagierte Gotik wird auch dem ev. Kb. in Deutschland von dem lähmenden »Eisenacher Regulativ« (1861) so gut wie vorgeschrieben. Bedeutend als Leistung von Historismus und Technik sind die umfassenden Restaurationen des mittelalterlichen Bestandes und seine stilgetreue Ergänzung (Kölner Dom ab 1842, Ulm, Regensburg). Zur *Neogotik* tritt die *Neorenaissance,* dann der *Neobarock.* Doch nicht aus dem Historismus, sondern aus einem neuen funktionalen Verständnis sollte die Regeneration kommen. Schon zu Ende des Jh.s stoßen Bauten wie Sacré-Coeur in Paris (1874) zu städtebaulicher Wirkung vor.

K.E.O.Fritsch, Der Kb. des Protestantismus von der Reformation bis zur Gegenwart, 1893 - J.Braun SJ, Die Kb.ten der belg. Jesuiten, 1907 - Ders., Die Kb.ten der dt. Jesuiten I. II, 1908/10 - Ders., Spaniens alte Jesuiten-K.n, 1913 - O.Schubert, Gesch. des Barock in Spanien, 1908 - M.Wackernagel, Baukunst des 17. u. 18.Jh.s in den german. Ländern (Hdb. der Kunstwiss., hg.v. F.Burger u. A.E. Brinckmann), 1915ff - A.E.Brinckmann, Baukunst des 17. u. 18. Jh.s in den roman. Ländern (ebd), (1915/16) 1930^5 - A.Haupt, Baukunst der Renaissance in Frankreich u. Deutschland (ebd), (1917ff) 1923^2 - H.Willich-P.Zucker, Baukunst der Renaissance in Italien (ebd), 1929 - M.Hauttmann, Gesch. der kirchl. Baukunst in Bayern, Schwaben u. Franken 1550-1780, 1921 - A.Wiesenhütter, Der ev. Kirchbau Schlesiens von der Reformation bis zur Gegenwart, (1926) 2. Aufl. neu bearb. u. hg.v. G.Hultsch, Das ev. Schlesien III, 1954 - Ders., Der prot. Kb. im dt. Osten, 1936 - G.G.Coulton, Art and the Reformation, (1928) Neudr. 1953 - RGG^2 III, 849ff (Kb. des Protestantismus; C.Horn) - M.D.Ozinga, De protestantsche Kerkenbow in Nederland, 1929 - E.F.Rines, Old Historic Churches of America, New York 1936 - G.Kubler, The Religious Architecture of New Mexico, Colorado Springs 1940 - H.Rosenau, The Synagogue and prot. Church Architecture (Journal of the Warburg and Courtauld Institutes 4, 1940/41, 80-85) - I.A.Berger, The Franciscan Missions of California, New York 1941 - W.Hager, Die Bauten des dt. Barocks, 1942 - O.Kerber, Von Bramante zu Lucas v.Hildebrandt, 1947 - J.F.Kelly, Early Connecticut Meetinghouses, 1948 - RDK II, 1265 ff (Brüdergemeine; Lit.) - A.Garvan, The prot. plain Style before 1630 (Journal of the Society of Architectural Historians 9, 1950, 5-13) - H.Morrison, Early American Architecture, New York 1952 - J.Summerson, Architecture in Britain 1530-1830 (The Pelican History of Art), (1953) 1958^3 - A.Blunt, Art and Architecture in France 1500-1700, 1953 - I.Dött, Prot. Quer-K.n in Deutschland u. der Schweiz (Diss. Münster), 1955 (Masch.) - V.Golzio, Il Seicento e il Settecento (Storia universale dell'Arte 5), 1955 - E.Kaufmann, Architecture in the Age of Reason, Baroque and Post-Baroque in England, Italy and France, Cambridge/Mass. 1955 - R.Wittkower, Art and Architecture in Italy: 1600-1750 (The Pelican History of Art), 1958 - N.Powell, From Baroque to Rococo. An Introduction to Austrian and German Architecture 1580-1790, 1959.

W.Hager

V. Im 20.Jh.

1. Bis 1918 - 2. Zwischen den Weltkriegen - 3. Not-K.n - 4. Wege der Gegenwart. - Bildtafeln 28-32 nach Sp. 1376; Fig. 44-64 s. Sp. 1389f. 1401f

1. Von den schöpferischen Impulsen, wie sie zunächst in kritischer Abkehr von historistischer Erstarrung an der Schwelle des 20.Jh.s allenthalben sichtbar werden, scheint der Kb. merkwürdig unberührt. Erstmals klingen solche, aufs Funktionelle gerichtete Tendenzen an, als 1891 für den Bau der Ring-K. in Wiesbaden (s. Taf. 28 Abb. 5 und Fig. 44) von Pastor Veesenmeyer und Architekt Prof. Otzen Grundsätze entwickelt wurden, die auf zahlreiche ev. Kb.ten des deutschen Kulturbereichs als *»Wiesbadener Programm«* Einfluß gewinnen sollten. In Ablehnung der »katholisierenden Neigungen« des 1861 in Eisenach von den Landes-K.en aufgestellten *»Regulativs für den ev. Kb.«* wird hier die radikale Forderung der prot. Predigt-K. theologisch unterbaut: Drei Kreuzarme eines zentral angelegten Raumes sollen Gemeindeemporen, der vierte Orgel- und Sängerempore aufnehmen, vor deren vorderer Abschlußwand die → Kanzel über dem Altar zweckmäßig für die Gemeinde angeordnet ist. Für die damaligen Groß-K.n war das eine verstandesmäßig einleuchtende Lösung, nicht ohne Bezug auf die rationalistische prot. Kb.tradition. Die eklektizistische Stilform der Wiesbadener K. läßt freilich die programmatische Radikalität noch nicht spüren. Auch die in der Folge, bes. im liberalen Südwesten, nach diesem Programm gebauten K.n (Ref. K. Osnabrück, 1892 von O.March; Paulus-K. Basel und Christus-K. Karlsruhe von Curiel und Moser; Friedens-K. Heidelberg, 1910 von Behaghel u.a.) folgen in ihrer formalen Gestaltung noch den *»Eisenacher Ratschlägen«,* die in gemilderter Wiederholung des *»Eisenacher Regulativs«* noch 1898 empfehlen, »die *Würde* des ev. K.ngebäudes... am *sichersten* durch Anschluß an die älteren, geschichtlich entwickelten und vorzugsweise im Dienst der K. verwendeten Baustile« zu erreichen. Immerhin führen räumliche Forderungen und Abmessungen des neuen Typs zur Auflösung blutleerer »Stilreinheit« und zur Mischung mit neueren Stilen bis zum → Klassizismus (Christus-K. Mannheim, 1911 von Ch.Schrade). Auch Anregungen des *»Jugendstils«,* wie sie in Verbindung mit dem 2. Kb.-kongreß in Dresden auf der Kunstgewerbeausstellung 1906 (von Fritz Schumacher) oder in der prunkvollen Christus-K. in Strehlen (1905 von Schilling und Gräbner) erstmals im Kb. aufgenommen wurden, konnten die in der kirchlichen Lebensform tief begründete Erstarrung kaum lockern. Eher zeigten schon die bescheideneren

hessischen Kb.ten von Fr.Pützer (Darmstadt) oder die in Karlsruhe unter H.Billings Einfluß von Curiel und Moser im sog. »Quadratstil« entwickelten K.n, bes. aber Th. Fischers kirchliches Bauschaffen (Erlöser-K. Schwabing 1901; Garnison-K. Ulm 1910 [s. Taf. 28 Abb. 7 und Fig. 45]; Erlöser-K. Stuttgart 1912) zukunftswirksame Ansätze. Nur zögernd öffnet sich der Kb. dem Anruf, der in jenem Jahrzehnt den profanen kulturellen Lebensbereich in künstlerisch schöpferischer Form durchgeistigt, wohl in Übereinstimmung mit einer gewissen Stagnation der liberalen geistlich-theologischen Sicht. Für den kath. Kb. gar schrieb ein Dekret der Erzdiözese Köln noch 1912 den »romanischen, gotischen oder sog. Übergangsstil« vor. Nur vereinzelte Stimmen wiesen weiter, wie Joh.Ficker mit seinem Bekenntnis zu *gegenwärtigem Kb.* (1905) oder die von Fr.Spitta und J.Smend ausgehende »Liturgische Bewegung« (→ Gottesdienst: VI, 2), die die K.nmusik (→Musik: VI) als Darbietung des göttlichen Wortes, nicht als schmückendes Beiwerk, neben die Predigt stellt und damit der kirchlichen Kunstpflege neue Wege wies. Auch P.Brathes Buch »Die Theorie des ev. K.ngebäudes« (1906), das den Zusammenhang von → Liturgie (: VI) und Kb. anklingen läßt, gehört hierher. Wichtige Impulse kamen von außen. Im Berliner Architektenverein wies Otto March 1904 auf die sittlich-sozialen Verpflichtungen der ev. K. hin, die *»bauliche Verkörperung fordern«*. Solche Besinnung fand bald Ausdruck in vielräumigen kirchlichen Baugruppen (Ev. K. Nikolassee, 1910 von E.Blunk; Paulus-K. Darmstadt, 1908 von Fr.Pützer) als Grundlage für engeren Zusammenschluß der Gemeinde und für neue städtebauliche Möglichkeiten im Kb. Als jedoch 1913 C.Gurlitt und G.Bestelmeyer auf dem »Kursus für kirchliche Kunst und Denkmalpflege« (Dresden) der Erkenntnis Bahn brachen, die Liturgie sei »Bauherrin« im Kb., riß mit dem 1. Weltkrieg die Entwicklung ab.

Das nicht zum deutschen Kulturkreis gehörende *Ausland* war von dieser ersten kirchenbaulichen Besinnung kaum berührt. Für die *angelsächsischen Länder* liegt das an andersartiger kirchlicher Lebensform im Nebeneinander »hochkirchlich« bewahrter mittelalterlicher Tradition (Riverside Church New York, von Pelton und Collens) und der »frühmodernen«, aus englischen Vorbildern des 17. und 18.Jh.s kommenden Bauform der *Meeting-Häuser*. Mit ihren betont unsakralen, der Synagoge typenverwandten Emporensälen sind sie, bes. in ihrer hölzernkolonialen Prägung, lebensnah geblieben (Old Ship Meeting House, Hingham/Mass. USA, 1681 [s. Taf. 27 Abb. 3 und Fig. 37]; Farmington/Conn. USA, 1771). Ansätze zu Neubildungen (Unitarian Church, Oak Park/Ill. USA, 1906 von Frank L.Wright) wurden daher zunächst durch den seit der Weltausstellung in Chicago vorherrschenden »Beaux Arts Style« erstickt. Im traditionalistischen kath. Bereich mußten vereinzelte Versuche, wie die erste Eisenbetongestaltung einer K. (St.Jean de Montmartre, Paris, 1894 von A. de Baudot), aufs Formale beschränkt bleiben. Während in den *nordischen Ländern* die ausgeprägte Gabe zur Synthese von Vergangenheit und Gegenwärtigem schon frühzeitig moderne Tendenzen in formaler Reduktion mittelalterlichen und klassizistischen Kb.erbes anklingen läßt (Immanuel-K. Kopenhagen, 1892 von Clemensen), haben der Kreis um P.Berlage in *Holland* und *Belgien* sowie die Wiener Sezession (K. am Steinhof, Wien, 1904 von O.Wagner; s. Taf. 28 Abb. 6) Beachtliches zur Entwicklung des Kb.s beigetragen.

Der Kb. des Protestantismus von der Reformation bis zur Gegenwart, hg.v. der Vereinigung Berliner Architekten, 1893 - H.Muthesius, Die neuere kirchl. Baukunst in England, 1901 - J.Ficker, Ev. Kb., 1905 - P.Brathe, Theorie des ev. K.ngebäudes, 1906 - C.Gurlitt, K.n, 1906 - G.Graf Vitzthum, Christl. Kunst im Bilde, 1911 - A.Wankel, Der dt. ev. Kb. zu Beginn des 20.Jh.s, 1914 - O.Schönhagen, Stätten der Weihe, 1919 - RGG² III, 849ff (C.Horn) - F.Schumacher, Strömungen in dt. Baukunst seit 1800, 1935 - Ders., Stufen des Lebens, 1935 - Steen E.Rasmussen, Nordische Baukunst, 1940 - G.Langmaack, Der Kb. der letzten 30 Jahre (in: Ev. Kb.tagung Rummelsberg 1951, 57-111).

2. Die Formkonventionen, die mit der Vorstellung anwendbarer historischer Stile den Kb., im Gegensatz zum profanen Bereich, bisher vom Wesentlichen getrennt hatten, waren 1918 im besiegten Deutschland zerfallen. Die technische Welt hatte das Leben zutiefst durchdrungen. Die Urgewalt technischer Bauten, noch 1889 Ausstellungssensation (Eiffelturm,) hatte tiefste sittliche Kräfte gerade bei schöpferisch verpflichteten Menschen geweckt. Ein Ringen um *»innere Wahrheit der Form«* und daraus neu hervorgehende Schönheit auch einfachsten Gebrauchsgutes hatte verbrauchte Stil- und Würdebegriffe abgelöst und sich in kühnen Brücken und Industriehallen (P.Behrens), Warenhäusern (Messel, Olbrich), Verkehrsbauten (P.Bonatz) und Festhallen (Jahrhunderthalle Breslau, 1912 von Max Berg) dokumentiert. Aus solcher Erkenntnis hatten sich im Mühen um die *»Wiedereroberung einer harmonischen Kultur«* schon 1907 Künstler und Werkstätten im *Deutschen Werkbund* zusammengeschlossen und auf der Kölner Ausstellung (1914) bei Kriegsausbruch überzeugende Ergebnisse gezeigt (H. Van de Velde, Bruno Taut u.a.). Neben dieser strengen, neuen Welt hatte der Krieg Einblicke in seelische Tiefen geöffnet, die nun in den Visionen des → Expressionismus (: I) mit vorher ungekannter Gewalt offenbar wurden. Im selben Jahr, in dem Walter Gropius im Sinne des Werkbundgedankens 1919 in Weimar (später Dessau) die subtile, neuen Ursprüngen schöpferisch-forschend zugewandte Arbeit des *»Bauhauses«* eröffnet, in dem Karl → Barths »Römerbrief« eine entscheidende theologische Wende einleitet, beginnt Otto → Bartning mit seiner wegweisenden Schrift »Vom neuen Kirchbau« aus eigenen Kb.erfahrungen nach dem *»sakralen Raum«* in der Gegenwart zu fragen. Er untersucht kritisch den Begriff »sakral« und sieht in der uns nicht mehr vollziehbaren örtlichen Gebundenheit einen Wesenszug für die »hochsakrale« Übereinstimmung von Raum- und Glaubensform im MA. Demgegenüber ist nach Bartnings Sicht auch der »ohne religiöse Hochspannung« fortgeführte kath. Kb. nur noch *»sekundär-sakral«*, während der sakrale Raum »vom Standpunkt der prot. K. für heute (1919) verneint werden muß, von einem konfessionell und parteilich weitesten, religiös strengsten Standpunkte dagegen für die Zukunft bejaht werden muß«, wenn Gott in dem durch die Gemeinde erfüllten Raum gegenwärtig ist. Mit dem Entwurf der *»Stern-K.«* (s. Taf. 29 Abb. 1 und Fig. 46) unterbaute Bartning 1922 die Erfahrung dieses Buches durch den Versuch, innerhalb eines großen, zeltartigen Gesamtraumes sich ergänzende Raumzonen für Predigt und sakramentale Feier zu schaffen (wie schon 1862 für die Thomas-K. Berlin von Gropius d.Ä. angeregt) und so zur »Kongruenz von gottesdienstlichem Geschehen und Raumspannung« vorzustoßen.

Noch bevor dieser Entwurf 1924 auf der Berliner »Tagung für kirchliche Kunst« zur Diskussion stand, wurde 1923 bei *Paris* die erste kompromißlose Gestaltung einer K. aus den Konstruktions- und Formelementen des Stahlbetons geschaffen: Notre Dame de Raincy von Auguste Perret (s. Taf. 29 Abb. 2 und Fig. 47). In demütiger Konsequenz zeigt dieser heute noch vorbildliche Bau die Möglichkeiten, die sich aus dem neuen Material in schlanken Säulen, Gewölbeschalen und lichtdurchgliederten Wänden für den sakralen Raum bieten. Für *Deutschland* wurde Perrets Bau Auftakt zu vielfältigen

Bemühungen um den neuen K.nraum: Allein 1924 fanden drei *Tagungen für Kb.* statt in Berlin, Halle und in Marburg, wo Martin Elsässer aus eigener Kb.erfahrung der Vorkriegszeit zur Bescheidung mahnend in die Tiefe der Probleme vorstieß. Die von Theologen und Künstlern erarbeiteten Ergebnisse wurden von Curt Horn 1925 herausgegeben. »Gleichgewicht von Altar und Kanzel unterm Kreuz« ist eine später bedeutsame Anregung von Pastor R.Boje in den »Leitsätzen zur Kieler kultischen Tagung« (1925), während K.B. Ritters Aufsatz »Liturgische Forderungen« (1926) die Verbindung von Kb. und → Liturgie (: VI) neu knüpft. Wie er gibt auch das gleichzeitig erschienene »Berneuchener Buch« den schon von Gurlitt gesehenen Zusammenhängen neue Weite mit der gestalterisch fruchtbaren These, daß »der Begriff ›Wort Gottes‹ aus der Beschränkung auf das geschichtliche Bibelwort... befreit werden« muß. Hier wird der Auftrag zur liturgischen Form sichtbar, der, von der Berneuchener Bewegung (→ Berneuchen) vorangetragen, nach 1945 in den meisten deutschen Landes-K.en zu neuer liturgischer Ordnung und so zur Grundlage des Kb.s wurde.

Aus aller Diskussion kristallisierte sich auf der Pressa-Ausstellung Köln 1928 in Otto Bartnings Stahl-K. (s. Taf. 29 Abb. 3 und Fig. 48) erste Verwirklichung: Eine zweigeschossige von Höfen umfriedete Gesamtanlage für den Raumbedarf der Gemeinde. Durch den Doppelzweck als demontierbares Ausstellungsobjekt und späterer Dauerbau (in Essen, im Kriege zerstört) konnte die gestalterische Konzeption selten klar zur Geltung kommen und die Augen für die Formgesetze des neuen Werkstoffs (Normalstahlprofile) öffnen (vgl. P.Gierkon, s. Lit.). - Wenn auch die Stahl-K. durch ihre ausstellungsbedingte Eigenart ein Einzelwerk blieb, so brachte sie doch - wie auch die gleichzeitige Stuttgarter »Werkbundsiedlung Weißenhof« - neue Erkenntnisse über die »Grundlagen für das Bauen«. In der Nikolai-K. Dortmund (1930 von Pinno und Grund) zeigten die Architekten neue Möglichkeiten eines Kb.s in Stahlbeton, nicht mit der von Perret dokumentierten Leichtigkeit allerdings, sondern mit einer für den westfälischen Bereich charakteristischen Erdenschwere neue Form im Hergebrachten verankernd. Zuvor schon hatte K.Moser mit der St.Antonius-K. in Basel (1927) einen allerdings städtebaulich beeinträchtigten Versuch kirchlicher Betongestaltung gemacht, der als »Seelensilo« alsbald durch heiteren Volkswitz sich dem Bewußtsein einprägte. Auch Bartning führte, während seine spätere Gustav-Adolf-K. in Charlottenburg (1935) situationsbedingt nochmals als kühner Keil expressiv aufsteigt, die Raumgedanken der »Stern-K.« unter Verzicht auf die erregende Form des Idealentwurfes nun in der Auferstehungs-K. Essen (1930) in knapper, klassisch beruhigter Gestalt durch (s. Taf. 29 Abb. 4 und Fig. 50). Nach einem Jahrzehnt des Ringens und Wagens um neue Wurzeln und Ausdrucksformen wird nun ein diesen Jahren eigentümliches Empfinden für die Sicherung des Gewonnenen in neuer, kosmischer Ordnung deutlich. Es vollzog sich ein Ausgleich zwischen Kräften des Verstandes und des Gefühls, der zugleich Annäherung der avantgardistischen mit mehr aus der Tradition arbeitenden Elementen war. Auch hier hatte man lange darum gerungen, die Vielfalt überkommener Erscheinungsformen auf tieferer Ebene zusammenzubinden. Gemeinsame Qualitäten wie handwerkliche Werkgerechtigkeit (Carl Schäfer), Ordnung des Raumes (F. Ostendorf), Körper, Raum und Fläche (G.Steinmetz), Maßstab (O.Gruber) und sinnlich-seelische Wirkungen von Material und Farbe (M.Laeuger) wurden ins Bewußtsein gehoben. Der Oberflächlichkeit bisheriger Stilbegriffe setzte Paul Ligetti (s. Lit.) die Hypothese geistiger Grundwellen im Generationenwechsel entgegen. Angesichts des tiefen Zusammenklanges einfachster Bauten aus allen Zeiten (wie sie etwa P.Schmitthenner wieder zu formen suchte) konnte die Idee *»zeitloser«* oder *»überzeitlicher«* Gestaltung entstehen (Alfons Leitl, s. Lit.). Bes. der durch Stilvorschriften bislang gehemmte kath. Kb. blühte unter solchem Suchen nach Ursprünglichkeit auf, zunächst noch unter romantisch-modischen Nebenschwingungen. Bedeutende Kb.meister werden in kurzer Folge in ihren Werken bekannt: Michael Kurz (St. Antonius Augsburg 1925-27), Dominikus Böhm (Kriegergedächtnis-K. Neu-Ulm 1926), Martin Weber (St. Bonifazius-K. Frankfurt 1926), Hans Herkommer (Frauenfriedens-K. Frankfurt 1927) u.a. Auf ev. Seite ragen German Bestelmeyer mit wohlabgewogenen Land-K.n und Kb.ten in Nürnberg, München und Bamberg sowie Martin Elsässer (Frankfurt-Niederursel) hervor.

Im Ziel dieser Entwicklung steht vollendete »Abstraktion« in der Fronleichnams-K. Aachen (1930) von Rudolf Schwarz, die für den kath. Kb. in Deutschland die entscheidende Wende ist (s. Taf. 29 Abb. 5 und Fig. 49). Durch konsequenten Verzicht auf alles Beiwerk, ja selbst Eigenwirkung von Konstruktions- oder Materialgefüge war hier, ohne den Typ überlieferter Bildungen zu verlassen, der Vorstoß zum Eigentlichen im Kb. gelungen, zum *reinen Raum.* Allein durch Proportion, Lichtführung und liturgische Klarheit wurde Raum auf neu erlebte Weise Sinnbild gottesdienstlichen Geschehens, die »leere Wand« hinter der »Grenze« des Altars Gleichnis der Transzendenz. Erst lange nach der gewaltsamen Unterbrechung des schöpferischen Prozesses durch die nationalsozialistische Kunstdiktatur konnte das Erlebnis dieses Kb.s von Rudolf Schwarz (s. Lit.) systematisch dargestellt und so zum Ausgangspunkt der revolutionierenden kath. Kb.entwicklung nach 1950 werden. - Zunächst war die lebendige Entwicklung abgeschnitten und ging auf die Nachbarländer, bes. die *Schweiz* über. Wichtig blieb immerhin, trotz aller staatlichen Behinderung kirchlicher Arbeit, die Möglichkeit, in einzelnen Werken die gewonnene Entwicklungsstufe ohne Zugeständnis an die herrschende Kunstauffassung reifen zu lassen. St. Engelbert in Köln (1933 von D.Böhm), ausgewogene Werke wie Bartnings Markus-K. Karlsruhe (1935) und Kreuz-K. Chemnitz (1936) oder eine in Selbsthilfe gebaute Notkapelle in der Eifel (von R.Schwarz und J. Krahn) sind hier besonders zu nennen; an ihnen wie auch an manchen ländlichen, »zeitlos« aus heimatlicher Situation gewachsenen K.n von Bestelmeyer, Brandi, Gsaenger, Hampe und Steinbach, Heim, Krüger, Langmaack, Seytter, Steffann und Wendland konnte sich erstes Neubeginnen nach dem Kriege in Deutschland orientieren.

Im *Auslande* sind aus dem für den deutschen Kb. so bewegenden zweiten Jahrzehnt außer konsequent weitergeführten, aber in formalistischer Verfeinerung nicht immer glücklichen Arbeiten des Perret-Kreises kaum bedeutsame Bildungen bekannt geworden. In *Kopenhagen* steigerte P.V.J.Klint bei der Grundtvig Gedächtnis-K. (1923) durch Vereinfachung alte Backsteintradition zu neuen Wirkungen. In *Holland* und *Belgien* entstehen ähnliche Versuche des Berlage-Kreises (K. in Zonnebeke, 1927 von H.Horte; K. in Bewerwijk, 1928 von A.Kropholler). Daneben blieb in der *Schweiz, England, Dänemark* und den *USA* auch der Klassizismus für den Kb. lebendig (Lukas-K. Aarhus, 1921 von K. Gottlob; Ref. K. Solothurn, 1923 von Meili; Zions-K. Douglaston/N.Y., 1926 von B.Grantham; Katharinen-K. Hammersmith, 1923 von R.Atkinson) und strahlte in Missionsgebiete (s.Taf. 34 Abb. 4) aus, falls nicht Eingeborenenbauweise (s.Taf. 34 Abb. 1) oder Einfühlungsgabe einzelner Architekten (A.Raymond, Japan; s. Taf. 34 Abb. 2) Sonderformen ergaben (→ Kirchenbau: VII). In den 30er Jahren wird neben kath. Kb.ten in *Italien* mit einer der deutschen parallelen Entwicklungstendenz (S. Michele in Foggia, 1938 von C.Petrucci; Chiesa parrocchiale in Sabaudia, 1933 von Cancellotti u.a.; Rund-K. S.Marzellino in Genua, 1934 von L.C. Daneri) und Bethäusern der *tschechoslowakischen* K. (St. Wenzel-K. Prag, 1930 von J.Gocar) bes. der *Schweizer* Kb. richtungweisend. In hervorragender Lage am Fluß bildet F.Metzger den dreischiffigen Hallentyp in Eisenbeton weiter (St.Karl Luzern, 1933-35; s. Taf. 30 Abb. 1 und Fig. 51), wie er in Raincy und in der Stahl-K. (s.o.) angeklungen war, allerdings geschlossener und schwerer mit hohem Fensterband. Mit weiteren K.n befestigte sich variierend dieser Typ (Maria-Lourdes-K. Zürich, 1935 von Metzger; kath. K. Dornach, 1939 von H. Baur), der später auf den kath. Kb. im benachbarten Baden ausstrahlen sollte (St.Pius Mannheim, 1955 von Rolli u.a.). Mit betonter Kargheit gestalten im ref. Basel die Architekten Egender und Burckhardt 1936 die Johannes-K. (s. Taf. 30 Abb. 2 und Fig. 52) als Stahlbau, im Vergleich zur Pressa-K. spürbar den »Sakralraum« ablehnend. Aus dem Wunsch, sakrales Pathos zu meiden, ist die Blickwand des einseitigen Raumes erstmals in freiem Gleichgewicht von Kanzel, Abendmahlstisch, Orgel und Sängerchor gestaltet, für den ev. Kb. ein wesentlicher Ausweg aus dem alten Dilemma zweier gleichwertiger Schwerpunkte. In der Ref. K. Zürich-Altstetten (1941 von W.Moser) wird dieser Weg fortgesetzt, indem die einem beherrschenden Freikreuz zugeordneten liturgischen Gewichte einem kontrapunktischen Gegenspiel von Raum und Fensterlicht eingefügt sind. Die Präzision der Ausführung in kultivierten Einzelheiten überschreitet übrigens hier, wie auch beim Hörsaal der First Church of Christian Science in Zürich (1938 von H. Hofmann), wohl bewußt die sakraler Wirkung gesetzte Grenze von Schlichtheit, um den Raum als nur *profanen Rahmen* der Gemeinde zu kennzeichnen.

O.Bartning, Vom neuen Kirchbau, 1919 - J.Ficker, Neuer ev. Kb. u. Diaspora-K.n, 1922 - C.Horn, Kultus u. Kunst, 1925 - R.Boje, Leitsätze zur Kieler kultischen Tagung, 1925 - K.B.Ritter, Liturg. Forderungen (in: Christentum u. Wirklichkeit 17, 1926) - W. Müller-Wulkow, Bauten der Gemeinschaft, 1928 - P.Gierkon, Die Stahl-K., Ev. Kultbau auf der Pressa, 1928 - G.Steinmetz, Grundlagen für das Bauen I: Körper u. Raum, 1928 - Neuzeitlicher Kb. Die Verhandlungen des 3. Kongresses f. ev. Kb. Magdeburg, Mai 1928 - G.Harbers, Ev. Kb. (in: Der Baumeister 29, 1931) - P.Ligeti, Der Weg aus dem Chaos, 1931 - P.Schmitthenner, Baugestaltung, 1932 - W.Distel, Prot. Kb. seit 1900 in Deutschland, 1933 - H. Lützeler, Der dt. Kb. der Gegenwart, 1934 - A.Leitl, Von der Architektur zum Bauen, 1936 - M.Laeuger, Kunst-Hdb.er I: Farbe u. Form, 1937 - W.Wendland, Die Kunst der K., 1939[1] - Rud. Schwarz, Vom Bau der K., 1947 - O.Gruber, Vom rechten Bauen, 1947 - F.Pfammatter, Beton-K.n, 1948 - G.Langmaack (s. 1) - P.Thiry-R.Bennet-H.Kamphoefner, Churches and Temples, 1953 - H.Hampe, Streifzug zum neuen Paris (Baukunst u. Werkform 6, 1953, 631-634) - D.Laag, Lit.verzeichnis des Instituts für Kb. Marburg, 1957ff - A.Siemon-O.Bartning, Vom Raum der Kirche, 1958. - Zs.en: Monatshefte für Baukunst, 1926-44 - Baukunst, 1927-31 - Baugilde, Zs. des Bundes Dt. Architekten, 1933-41. *H.Hampe*

3. Der Bau der 48 *Notkirchen* (= N.n) in Deutschland nach dem Zusammenbruch (1946-51) war ein so ungewöhnlicher Vorgang, daß es wert ist, ihn als solchen hier einzuschalten. Das Außenamt der ev. Kirche (→ Auslandsgemeinden: I) ließ 1939-45 in den für Deutsche erreichbaren Ländern durch O.Bartning Kb.ten besorgen. Hierbei kam Bartning mit Dr. Eugen Gerstenmaier in Beziehung, der als Mitarbeiter des Außenamtes schon damals Verbindung mit den ev. K.n im Ausland herstellte. Bei Kriegsende war es seine Idee, das → Hilfswerk der EKD aufzubauen, um die aus dem Ausland über die Ökumene in Genf heranfließenden Hilfsmittel zu empfangen und zu verteilen. Zum Ersatz zerstörter K.ngebäude stellte die Ökumene zunächst *Baracken* bereit, die nur kurzfristiger Behelf sein konnten. Als Gegenvorschlag entsprang aus Bartnings Montagebau-Erfahrungen »Stahl-K. Köln« (s. 2) die Idee, konstruktive Elemente für K.n vorzufabrizieren und den Gemeinden zu schenken; denn es gab damals in Deutschland weder geordnete Baubetriebe noch Baustoffe. In Heidelberg entstanden noch 1945 als Anregung für Genf in Planungsgemeinschaft Bartnings mit den Architekten Hermann Hampe und Alfred Oswalt Pläne und Modell einer solchen *Montage-K.* zugleich mit einer Darstellung, in wie verschiedenen Größen und Gestalten die Elemente verwendet und in aktiver Mitarbeit der Gemeinden unter Zugabe vorhandenen Trümmermaterials zusammengebaut werden konnten. Zur praktischen Erprobung wurde im Febr. 1946 von der Badischen Landes-K. die Errichtung einer *Musterausführung* im zerstörten Pforzheim beschlossen (s. Taf. 30 Abb. 3 und Fig. 53). Fundamente und statisch unbelastete Mauern wurden von den Gemeindegliedern selbst aufgebaut. Sodann wurden die werkstattfertigen Bauteile angeliefert und in 2 bis 3 Wochen aufgestellt. - Dieser Bauvorgang war für die Beauftragten der Ökumene so überzeugend, daß alsbald Mittel für 48 solcher N.n gestiftet wurden. Aus 7000 Festmeter Schwarzwaldholz wurden nun in wiedererstandenen Handwerksbetrieben die Elemente hergestellt und im eigenen Lastzug vier Jahre hindurch (1948-51) monatlich eine K. an die beschenkten Gemeinden geliefert, 13 davon in die damalige sowjetische Besatzungszone. Alle montagefähigen Teile wurden in Serie hergestellt; doch erhielt jede K. an Ort und Stelle ihre eigene Gestalt

---

Fig. 46. »Sternkirche«, Entwurf 1922 von O.Bartning *(nach Kunst und Kirche 21, 1958, 5)* - Fig. 47. Paris-Raincy, Notre-Dame, 1923, erbaut von A. und G.Perret *(nach F.Pfammatter, Betonkirchen, 1948, 38)* - Fig. 48. Köln (Essen), Stahlkirche auf der Pressa, 1928 (später in Essen aufgestellt, zerstört 1944), erbaut von O.Bartning *(nach Kunst und Kirche 21, 1958, 22)* - Fig. 49. Aachen, Fronleichnamskirche, 1930, erbaut von R.Schwarz *(nach Pfammatter, aaO 73)* - Fig. 50. Essen, Auferstehungskirche, 1930, erbaut von O.Bartning *(Bildarchiv des Ev. Kirchenbauamtes Baden)* - Fig. 51. Luzern, St. Karl Borromäuskirche, 1933-35, erbaut von F.Metzger *(nach Pfammatter, aaO 90)* - Fig. 52. Basel, Johanneskirche, 1936, erbaut von Egender und Burckhardt *(nach Pfammatter, aaO 88)* - Fig. 53. Pforzheim, Auferstehungs-Notkirche, 1946-48 (Musterbau in Montagebauweise für Serienherstellung), erbaut von O.Bartning, H.Hampe, A.Oswalt *(nach Die 48 Notkirchen, 1948)* - Fig. 54. Madison/Wisc. (USA), First Unitarian Church, 1947, erbaut von F.L.Wright *(Bildarchiv des Ev. Kirchenbauamtes Baden)* - Fig. 55. Minneapolis (USA), Christ Evangelical Church, 1951, erbaut von E.Saarinen u.a. *(nach E.D.Mills, The modern Church, 1956, 44)* - Fig. 56. Kariuzawa (Japan), St.Pauls-Kirche, 1950, erbaut von A.Raymond *(nach P.Thiry-R.Bennet-H.Kamphoefner, Churches and Temples, 1953)* - Fig. 57. Freiburg/Br., Ludwigskirche, 1951-54, erbaut von H.Linde und Arbeitskreis *(nach Badische Werkkunst, Jg. 1955, 7)* - Fig. 58. Pforzheim, Matthäuskirche, 1951-53, erbaut von E.Eiermann und R.Hilgers *(nach Baukunst und Werkform, Jg. 1954, 276)* - Fig. 59. Den Haag-Loosduinen, Advent-Kirche, 1955, erbaut von K.Sijmons *(nach Kunst und Kirche 20, 1957, 100)* - Fig. 60. Ronchamp (Frankreich), Wallfahrtskirche Notre Dame du Haut, 1955, erbaut von Le Corbusier *(Bildarchiv des Ev. Kirchenbauamtes Baden)* - Fig. 61. Düren (Rhld.), Ref. Christuskirche, 1957, erbaut von Hentrich und Petschnigg *(nach H.A.Maurer, Moderner Kirchenbau in Deutschland, 1958, 9)* - Fig. 62. München-Gern, St.Laurentius, 1956, erbaut von E.Steffann und Östreicher *(Bildarchiv des Ev. Kirchenbauamtes Baden)* - Fig. 63. Frankfurt/M., St.Micheal, 1955, erbaut von R. Schwarz *(Bildarchiv des Ev. Kirchenbauamtes Baden)* - Fig. 64. Chicago (USA), Chapel des Illinois Institute of Technology, 1954, erbaut von L.Mies van der Rohe *(nach E.D.Mills, aaO 83)*.

Unter K etwa Vermißtes bitte unter C und Z suchen

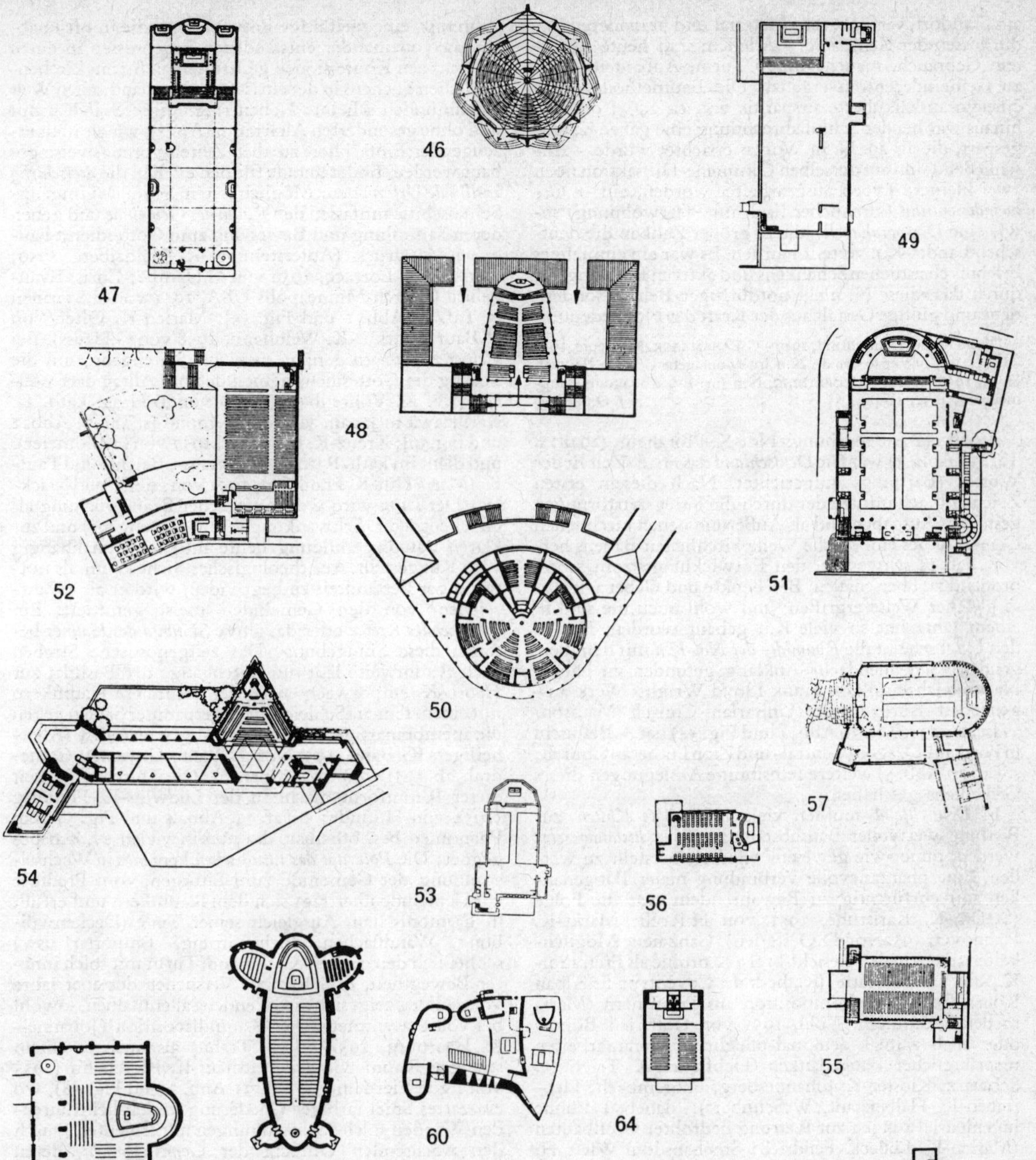
46
47
48
49
50
51
52
53
54
55
56
57
58
59
60
61
62
63
64
0
50 m
M 1 : 1500

aus Standort, verfügbarem Material und besonderen Bedürfnissen der Gemeinde. – Alle K.n sind heute in vollem Gebrauch, manche durch Turm, Anbauten u.dgl. zu Gemeindezentren ergänzt. Die Baumethode ergab eine vorauskalkulierte Ersparnis von ca 25%; darüber hinaus war bei der Schlußabrechnung eine ganze K. eingespart, die als 49. N. in Worms errichtet wurde. – Anschließend sind aus derselben Ökumene-Hilfsaktion noch zwei kleinere Typen ausgearbeitet worden, ein → *Gemeindezentrum* (kirchlicher Saal mit Pfarrwohnung) sowie eine *Diasporakapelle,* die in großer Zahl an die deutschen Landes-K.n verteilt wurden. Es war ein einmaliges Erlebnis christlichen Schenkens und aktiven Empfangens, durch das »diese N. nicht notdürftiger Behelf, sondern neue und gültige Gestalt aus der Kraft der Not bedeutet«.

Die 48 N.n in Deutschland, 1949 - G.Langmaack, Kb. heute, 1949 - H.Hampe, Die erste der dt. N.n im Montagebau (Neue Bauwelt H. 15, 1950, 61-63) - O.Bartning, N.n (in: Ev. Kb.tagung Rummelsberg, 1951, 42-44). † *O.Bartning*

4. Mit der Auferstehungs-Not-K. Pforzheim (1948; s. Taf. 30 Abb. 3) war für *Deutschland* das erste »Zelt in der Wüste« (Bartning) aufgerichtet. Nach diesem ersten Zeichen brach infolge der durch die Kriegszerstörungen gestellten Aufgaben und als Äußerung neuen kirchlichen Gemeinsinnes eine solche Welle kirchlichen Bauens hervor, daß es schwer ist, den Entwicklungsstrom schon ordnend zu überschauen. Beschenkte und Geber wurden in gleicher Weise ergriffen, und wohl noch nie sind in einem Jahrzehnt so viele K.n gebaut worden. Bes. in den *USA* scheint die *Raumidee der Not-K.n* mit dem bergenden »Scheunendach« Anklang gefunden zu haben. Nach gleichzeitig von Frank Lloyd Wrights Werk ausgehenden Anregungen (Unitarian Church Madison/Wisc. 1947; s. Taf. 30 Abb. 4 und Fig. 54) hat A.Belluschi in Portland/Oregon (Central- und Zion Lutheran Church; s. Taf. 30 Abb. 5) weitere feinsinnige Auslegungen dieses Gedankens geschaffen.

In *Deutschland* mußten viele *beschädigte Kb.ten* zur Rettung wertvoller Bausubstanz zunächst *instandgesetzt* werden, ohne »wie gewesen« wiederhergestellt zu werden. Eine phantasievolle Verbindung neuer Baugedanken mit ehrfürchtig zu Bewahrendem war die Folge (Stefans-K. Karlsruhe, 1951 von H.Rolli; Markt-K. Hannover, 1952 von D.Oesterlen). Ganz neue Möglichkeiten traten in den Gesichtskreis: K.nruine als Freiraum-K. und Gedenkstätte (Kathedrale Coventry; St.Alban Köln), freie Raumkomposition aus Trümmern (Maria in den Trümmern, Köln, 1951 von Gottfried Böhm) oder auch zeitnah-denkmal-pflegliches Herausarbeiten ursprünglicher Baugedanken (Liebfrauen-K. Trier, R. Schwarz; Kloster-K. Johannesberg, R.Steinbach; Liebfrauen-K. Halberstadt, W.Schubert); daneben kühne Ingenieurleistungen zur Rettung bedrohter Großbauten (Marien-K. Lübeck, Fendrich; Stephansdom Wien, H. Holey). Die italienische Denkmalpflege hat hier bes. Vorbildliches geleistet (R.Pane, s.Lit.). Solche Fragen bildeten anfangs neben Not-K.n und Notraumbau Hauptinhalt der *Ev. Kb.tagungen,* die sich – erstmals von Gerh. Kunze 1946 nach Hannover einberufen – in zweijähriger Folge sodann unter Leitung von Oskar Söhngen und Walter Heyer zusammenfanden, um grundsätzliche Fragen zwischen Architekten, Theologen, Künstlern und Gemeinden zu klären. Von hier, wie auch von regionalen Parallelveranstaltungen in diözesanen und landeskirchlichen Vereinen, den kirchlichen Bauämtern und Kunstdiensten sind gerade im Gedanken- und Erfahrungsaustausch wertvolle Anregungen ausgegangen.

Mit der in Deutschland 1949 einsetzenden kirchlichen *Neubautätigkeit* beginnt, anfangs durch Materialmangel gebremst, eine vielfältige Entwicklung, die in oft unabhängig voneinander entstandenen Ergebnissen in einen großen, den Konfessionen gemeinsamen Strom kirchenbaulichen Suchens in der christlich-abendländischen Welt einzumünden scheint: Neben *einschiffigen Saal-K.n* mit und ohne gesonderten Altarraum (Apsis), wie sie in überzeugender Einfachheit zu allen Zeiten vorzugsweise gebaut werden, findet gerade für den ev. Kb. die *dreischiffig basilikale Urform* neue Möglichkeiten. Schmale Umgang-Seitenschiffe umfassen den *Raum der Gemeinde* und geben deren Sammlung und Bewegung zum Gottesdienst baulichen Ausdruck (Auferstehungs-K. Heidelberg 1950; Christus-K. Lörrach, 1956 von H.Hampe; Christ Evangelical Church Minneapolis USA, 1951 von E.Saarinen [s. Taf. 31 Abb. 1 und Fig. 55]; Marien-K. Olten von H.Baur; Markus-K. Weinheim, 1958 von G.Hauss). Bei *kleineren Anlagen* genügt *einseitiger* Seitengang, um die Lösung der Gottesdienstgemeinde vom Alltag darzustellen (Ev. K. Vöhrenbach, 1952 von B.Haas; kath. K. Kariuzawa in Japan, von A.Raymond [s. Taf. 31 Abb. 2 und Fig. 56]; Kreuz-K. Konstanz, 1957 von H.Blomeier), und dient im kath. Ritus als Werktags-, Beicht- und Tauf-K. (Maria Hilf-K. Frankfurt, 1951 von Giefer und Mäckler). Der *Turm* wird wegen statischer Beanspruchung als Glockenträger (Schwankungen und Setzungen!) und zur klaren Baukörperbildung heute möglichst unabhängig vom Kb. gestellt. Aus theologischer Sicht kaum als notwendiger Bestandteil zu begründen, wird er als »Wahrzeichen« von den Gemeinden meist gefordert. Ein *bekrönendes Kreuz* oder das ältere *Sinnbild des Hahnes* betonen diese Sinngebung. Das zeitgenössische Streben nach Raumweite läßt die Seitengänge der Basilika zur *Hallen-K.* emporwachsen, in der der innere Raumkern mit einem feinen »Schleier« hochgespannter Säulen gegen die membranartige Außenschale abgeschirmt ist (Allerheiligen-K. Basel, 1951 von H.Baur; Coventry Cathedral, ab 1951 von Basil Spence). Die Durchsichtigkeit dieser Raumform macht in der Ludwigs-K. Freiburg (1954 von H.Linde; s. Taf. 31 Abb. 4 und Fig. 57) ein Phänomen bes. offenbar, das nun in vielen ev. K.n begegnet: Die *Polarität des liturgischen Vorgangs* in Wechselspannung der Gemeinde zum Liturgen, vom Prediger zur Gemeinde überträgt sich dem Raumkern und erfüllt in harmonischem Ausgleich seiner Teile (Deckenwölbung, Wandflächen, Lichtführung, Emporen usw) schließlich den ganzen Kb. bis zum Turm mit solch innerer Bewegtheit. In Schweizer Versuchen der 30er Jahre vorgebildet, zeigt sich diese Tendenz allenthalben, sowohl bei völlig asymmetrischer Raumdisposition (Johannes-K. Haarburg, 1951 von K.Trahn) als auch in einem strengen Raum wie der Matthäus-K. Pforzheim (1953 von Egon Eiermann; s. Taf. 31 Abb. 3 und Fig. 58), wo ein zartes Spiel farbiger Gliederung in den lichtführenden Wänden solche Schwingungen nur andeutet. Durch den wachsenden Umfang der *Gemeindearbeit,* deren Räume den gottesdienstlichen Kernraum bei Festen erweitern sollen (Christus-K. Godesberg, 1953 von Bartning und Dörzbach), wird diese Tendenz unterstützt, wo nicht gar übertrieben (Matthäus-K. München, 1955 von G.Gsaenger; Johannes-K. Taufkirchen, 1956 von A.O.Gulbransson).

Nahe innere Beziehung führt hier zu den *»exzentrischen Zentral-K.n«* ref. Prägung, wie sie für die *Schweiz* charakteristisch sind (Markus-K. Zürich, 1948 von A.H. Steiner; Thomas-K. Basel, Entwurf von O.Senn). In der Kapelle des Institute of Technology Massachusetts *USA* (1956 von E.Saarinen u.a.) hat dieser Typ eine interessante Monumentalisierung erfahren. Der »Ref. Kb. der *Niederlande* nach 1945« (s. Lit.) zeigt eine Fülle anregender Variationen dieses alten Themas (vgl. Taf. 31 Abb. 5 und

Fig. 59). Auch bei der sicheren Erfassung freier Bewegungsspannungen zwischen Wallfahrt und stiller Andacht im berühmtesten kath. Kb. der Gegenwart, Notre Dame du Haut bei Ronchamp in *Frankreich* (1955 von Le Corbusier; s. Taf. 32 Abb. 1. 2 und Fig. 60), mag ref. Geisteserbe unbewußt mit hineinspielen. Extrem gegensätzlich hierzu wurde in der Ref. K. Düren (1957 von Hentrich und Petschnigg; s. Taf. 32 Abb. 3 und Fig. 61) der exzentrische Kreuzraum des Wiesbadener Programms überzeugend zum echten Zentralbau mit rundem Altar in der Mitte gewandelt.

Sammlung der Gemeinde um den Hauptaltar als Folge gewandelten Gemeindebewußtseins ist auch ein Ziel des kath. Kb.s in *Deutschland,* »während man es Jh.e hindurch ganz natürlich gefunden hat, daß die Gemeinde nicht einmal gegenwärtig war« (Régamey). Liturgisches Erfordernis gibt hier weniger Anlaß zu »schwebendem Gleichgewicht« mehrerer Schwerpunkte. Der Altar dominiert, fast immer in symmetrischer Stellung; allenfalls wird der Raum bewegt von mehr additiver Zuordnung weiterer sakramentaler Räume für Nebenaltar, Beichte, Taufe, Andacht usw (Erlöser-K. Köln-Rath, 1954 von F.Schaller). Die betonte Hinwendung der Gemeinde zum Altar fördert in neuen Formen die räumlichen Anordnungen, die, allerdings mit dem »Zielpunkt Kanzel«, im 17. und 18.Jh. den prot. Kb. beschäftigten: Querraum (St.Laurentius München, 1956 von Steffann und Östreicher; s. Taf. 32 Abb. 5 und Fig. 62), Quadrat (Christkönigs-K. Neuss, 1955 von Leitl), Dreieck (Allerheiligen-K. Frankfurt, 1954 von Giefer und Mäckler), Fünfeck (St.Josef Karlsruhe, von Groh), Queroval (Heiliggeist-K. Freiburg, von Linde), exzentrisches Längsoval (St.Albert Saarbrücken, von G.Böhm), Kleeblatt (St.Michael Frankfurt, von Schwarz; s. Taf. 31 Abb. 6 und Fig. 63), Dreipaß (St.Rochus Düsseldorf, von Schneider-Essleben), Halbkreis (Heiligkreuz-K. Mainz, von Jörg), ja sogar T-Form (St.Maria Frechen, von Schwarz und Wimmenauer) und Winkelbau (St.Anna Düren, von Steinbach und Schwarz), letzterer für Konvents-K.n bevorzugt (Franziskaner-K. Köln von Steffann; Kapelle in Vence von Matisse). Dieser *Reichtum an Grundrißlösungen* verbindet sich immer stärker mit *irrational bewegtem Aufbau,* der den Weg in die Transzendenz spiegeln soll, bes. im Bereich von Würzburg (Hans Schädel), in Österreich (Clemens Holzmeister, W.Holzbauer u.a.) und im Werk von Gottfried Böhm. In der Überdeckung sichtbarer, rationaler Konstruktionsform ist Le Corbusier bisher am weitesten vorgestoßen. Gerade in der Lösung von solchen »irdischen« Bindungen liegt allerdings auch die Gefahr willkürlicher und theatralischer Effekte, die beim Kb. zu vermeiden sind. Das trifft auch für die Anwendung literarischer Leitbilder (zB »A ω«) auf das Bauwerk zu.

Die unmittelbar aus baulicher Konzeption wachsende, gleichnishafte Form, wie sie aller großen Baukunst eigen ist, ist bei solch einschränkendem Hinweis nicht gemeint. Gerade seelische Schwingungen, wie sie im religiösen Bereich seit je Urgestalten (Zelt, Höhle, Scheune, Wand, Schale usw) innewohnen, haben vielfältig neue Bestätigung gefunden. Die Ausdruckskraft überkommener Baustoffe als Gleichnis des Wahren sind in baulichen Schöpfungen ebenso neu gesehen wie die Möglichkeiten, Raumschalen fast schwerelos in farbigem Licht zu bilden. Selbst die Sehnsucht des Großstädters, Gottesdienst mit dem Erleben der Natur-Schöpfung zu verbinden, hat durch die Möglichkeit großer Glasflächen manche Erfüllung gefunden (Wayfarers Chapel, Palos Verdes/Cal., 1951 von Lloyd Wright; Chapel des Illinois Institute of Technology Chicago, von Mies v. d. Rohe [s. Taf. 32 Abb. 4 und Fig. 64]; K. zur Heimat, Berlin 1957 von Lehrecke und Romer; Wald-K. Otanieni Finnland, 1957 von Sirén). Umgekehrt wird Geborgenheit und Sammlung in der Wirkung geschlossener Wände gesucht, bei denen Licht aus verdeckten Öffnungen einfällt (Rosenkranz-K. Valladolid in *Spanien,* von Fisac; Chapel des Mass. Institute of Technology Cambridge in *USA,* von E.Saarinen; N. Dame Ronchamp, 1955 von Le Corbusier [s.o.]). Auch bei solchen Wegen bedarf es äußersten Feingefühls, um nicht theatralisch-unglaubwürdig zu wirken.

Noch ist nicht abzusehen, ob und in welcher Richtung sich Typisches aus den oft überraschenden Erscheinungen herausbilden wird; dennoch ist bei aller Gegensätzlichkeit der Lösungen neben den dargestellten verbindenden Antrieben durch liturgische Entwicklungen und Wertverschiebungen für den aufmerksamen Beobachter doch wohl auch ein stilhaftes Zusammenklingen der besten Leistungen bereits spürbar. Eine große Gesamtform im Kb. deutet sich als Möglichkeit an, in der »eine allgemeine christliche Kirche« als konfessionelle Spannungen polar übergreifende Einheit in der Welt erscheint.

O.Söhngen, Ev. Kb.tagung in Berlin, 1948 - Ders. in: ThLZ 80, 1955, 7-20 (Der Weg des Kb.tages 1946-54) - C.Horn, Die dt. Messe u. die Forderungen der liturg. Erneuerungsbewegung an den Kb. (in: Ev. Kb.tagung Berlin 1948, 58-90) - A.Fuchs, Zum kath. Kb. der Gegenwart (ThGl 39, 1949, 1-31) - R.Pane, Il restauro dei Monumenti (in: La Ricostruzione del Patrimonio artistico Italiano, Rom 1950, 13-107) - F.Thoma, Kb. heute, Wandel im Beharren, 1951 - W.Heyer, Grundsätze für die Gestaltung des gottesdienstl. Raumes der ev. K.n (in: Ev. Kb.tagung Rummelsberg 1951, 159-164) - Ders., Ev. Kb.tagung Erfurt 1954, Karlsruhe 1956, 1957 - H.Hampe, Der ev. Kb. im Nachkriegsdeutschland (Baukunst u. Werkform 1952, H. 4, 22-34) - Ders., Von der Spannweite kirchl. Bauens (in: Ev. Kb.tagung Erfurt 1954, 48-67) - H.Russel-A. Drexler, Built in USA Post-War Architecture, New York 1952 - W.Wendland, Die Kunst der K., 1953[2] - O.H.Senn, Der ref. Kb. gestern u. heute (Schweiz. Bauzeitung H. 16, 1954, 215-223) - P.Pie Regamey, Kirche u. Kunst im 20.Jh., dt. 1954 - Th.Klauser, Richtlinien für die Gestaltung des Gotteshauses aus dem Geist der Röm. Liturgie, 1955 - Badische Werkkunst H. 1/2, 1955: Kb. u. kirchl. Kunst, hg.v. Landesgewerbeamt Baden-Württ. - E.D.Mills, The modern Church, London 1956 - S.Giedion, Architektur u. Gemeinschaft, 1956 - A.Henze, Ronchamp, 1956 - W.Weyres, Neue K.n im Erzbistum Köln 1954-56, 1957 - A.Gommel, Ev. K.nkunst der Gegenwart in Württ., Verein für christl. Kunst, 1957 - Gemeinschaft christl. Künstler: Aus unserm Schaffen, 1957 - van Mourik te Velp, Hervormde Kerkbouw na 1945, s'Gravenhage 1957 - D.Laag (s. 2) - O.Bartning-A.Siemon, Vom Raum der Kirche, 1958 - A.Balestri, Chiese (Documenti Architettura 28), Mailand 1958 - R.Biedrzynski, K.n unserer Zeit, 1958 - O.Bartning-W.Weyres, K.n. Hdb. für den Kb., 1959 (Lit.). - Zs.en: Baukunst u. Werkform, seit 1947 - Das Münster. Zs. für Kunst u. Kunstwiss., seit 1947 - Kunst u. K., Vierteljahrsschrift für Kb. u. kirchl. Kunst, seit 1957. *H.Hampe*

VI. Im Bereich der orth. Kirche

1. Allgemeines - 2. Kaukasus - 3. Balkan - 4. Rußland. - Bildtafel 33 nach Sp. 1376. - Vgl. → Byzantinische Kunst

1\. Der Kb. der orth. K. entwickelt sich aus dem altchristlichen → Kirchenbau (: II) unter dem führenden Einfluß von Byzanz (→ Byzantinische Kunst) als dem Zentrum der Orthodoxie. Die Raumgestaltung des orth. Kb.s wird seit dem 9.Jh. bedingt durch die pomphafte byzantinische Liturgie mit ihrem »großen Einzuge« (→ Gottesdienst: V A, 2a β), die eine Schaubühne der kultischen Handlungen in der Mitte der K. erfordert. Dem entspricht die Umgestaltung des Kb.s durch Raumerweiterung der dreiteiligen Altarpartie mit zentralem Unterkuppelraum davor. Die spätere Abschließung des Altarraumes durch eine → Bilderwand materialisiert die ideelle Trennungsfläche zwischen Ost- und Mittelraum der K. Ersterer symbolisiert das Paradies, letzterer die - nach → Kosmas Indikopleustes viereckige - Erde unter der Kuppel des Himmels. Im Westen, wo die toten, des

Jüngsten Gerichtes harrenden Seelen weilen, breiten sich unter den K.nemporen die Gräber aus, und auf der Westwand wird das Jüngste Gericht dargestellt. So symbolisiert der Kb. der orth. K. das ewige göttliche Weltbild, das er mit Hilfe der Wandmalereien und → Ikonen ausmalt. - Die innere bewegende Kraft der Entwicklung des orth. Kb.s in den einzelnen Landschaften bildet die Auseinandersetzung der lokalen Kunst und ihrer spezifischen Voraussetzungen mit byzantinischen Einflüssen. In diesem Sinne steht der Kb. verschiedener orth. Länder als Träger vorwiegend orientalischer, auf Byzanz einwirkender Bauideen im Gegensatz zur eigentlich byzantinischen Baukunst, die noch antike Kunsttradition bewahrt. Der östlich orientierte Kb. hat, allgemein ausgedrückt, statisch-breiträumliche Tendenz im Gegensatz zum westlichen basilikalen dynamischen K.nraum. Dieser statische Raum entspricht dem Geiste der orth. Gläubigkeit, welche ein andächtiges Stehen vor Gott fordert, im versunkenen Beschauen des die evangelischen Ereignisse symbolisierenden liturgischen Mysteriums. Dementsprechend werden die byzantinischen Kreuzkuppel-K.n durch die Einbeziehung der Bilderwand und Emporen aus einem zentralen Raum in einen Breitraum umgestaltet. Am reinsten ist die orientalisch-christliche Raumauffassung in den breiträumigen K.n Mesopotamiens verkörpert (Chiar Elias, Der-el-Amr, Salah). Diese Bauidee entspricht dem Trikonchos-Typus und der armenischen Kuppelhalle. Bei seiner späteren Verbreitung konnten die Bauideen des orth. Kb.s nur in Rußland zur vollen Entfaltung kommen, weil in anderen orth. Ländern die islamische Eroberung hemmend wirkte.

2. Der *kaukasische* Kb. wird von Syrien beeinflußt (Ereruk-Basilika, 5.Jh.). - Das Aufblühen des armenischen und georgischen Kb.s vom Ende des 9.Jh.s - nach Überwindung der arabischen Herrschaft - wurzelt in altchristlichen Traditionen vorarabischer Zeit. Hohe Zentralkuppelbauten, von Zvartnoc (652-661) ausgehend, werden wiedergegeben in Ani (Gagikašen, 1001 bis 1020) - in Georgien: Bana (888-926) - oder vereinfacht in Oktogonen mit mehreren Exedren (Abugamrenc, 2. Hälfte des 10.Jh.s, Erlöser-K., 1036). Die in Ečmiadzin (→ Armenien: II) entstandene, vierapsidale Kreuzkuppel-K. (Kathedrale, 5.Jh., und Ripsime, 618) - in Georgien: Mcchet, Dževari (6./7.Jh.) - wird in Martvili (912-947) wiederholt und durch Eliminierung der Eckräume in Achtamar (915-921) vereinfacht. Die Kuppelbasiliken Armeniens entwickeln sich weiter von Gajane in Ečmiadzin (630) zur Kathedrale von Ani (989 bis 1001). Ihre Modifikation in Kreuzkuppelhallen-K.n bildet den führenden Typus des armenischen Kb.s (Achpat, Kloster, 967-991; Oromos-Kloster-K., 1038). - In der 2. Periode (12./13.Jh.) bekommt die Kuppelhallen-K. weitere Verbreitung, bes. in der Klosterarchitektur (Aričavank, 1201; Gošvank, 2 K.n: 1191, 1241). Freiraum-Einheit im Innern und Hochstreben der Außenmassen bilden die Grundtendenzen des armenischen Kb.s, die ihre klarste Verkörperung in den Kuppelhallen-K.n mit vier zweistöckigen Eckräumen finden (Gegard, 1215). Die Bildung dieser Einheit wird schon früh durch schmale Seitenschiffe und in sich geschlossene Eckräume angestrebt. Die klare kreuzförmige Baumassenkomposition des armenischen Kb.s wird außen durch Giebelüberschneidung ausgedrückt, in deren Mitte sich ein konisch bekrönter Tambour erhebt. Eine Besonderheit des armenischen Kb.s bilden geräumige Vorhallen, die meist mit einer auf 4 Säulen ruhenden Kuppel überdeckt sind: Monumentalisierung der armenischen Volkswohnung (Kloster Oromos, Viersäulenvorhalle, 1038). Georgische Kuppelbasiliken zeigen verlängerte Proportionen (Oški, 961; Mcchet, Kathedrale, 1. Hälfte des 11.Jh.s; Kutais, Kathedrale, 1003). Eigentümlich für Georgien ist die sog. Drei-K.n-Basilika mit Schiffen, die durch Mauern voneinander getrennt sind (Zweikuppel-Basilika in Gardzan, 7./8.Jh.).

3. Starke Verwurzelung in altchristlicher Tradition wirkt archaisierend auf den Kb. des *Balkans,* so daß die Basilika sich im MA fortsetzt (Aboba-Pliska, 9.Jh.; Prespa, Achills-K., 10.Jh.; Ochrid, Sophienhallen-K., Anfang des 11.Jh.s). Die Rotunden, auf römische Thermenanlagen zurückgehend (Sofia, Georgs-K.), wurden durch Umgang (Peruštica, Rote K., 5. [?] oder 7./8.Jh.) oder Säulenvorhof (Preslav, 9./10.Jh.) kompliziert. Basilikale Längsrichtung mit Tiefraumtendenz behalten noch die einschiffigen Kuppelbasiliken Bulgariens (Stanimaka, Iwan Assen II., 13.Jh. [s. Taf. 33 Abb. 1]; Mesembria, Erzengel-K.) und der ersten altserbischen Bauschule, Raška (Kuršumlija, 1168; Ras, Georgs-K., nach 1183). Die byzantinische Kreuzkuppel-K. im 9./10.Jh. wird noch von basilikaler Gestaltung beherrscht. Die mittelbyzantinische Kreuzkuppelanlage beeinflußt sehr spät den Balkan (zunächst in Ostbulgarien: Mesembria, Johannes-K., 10.Jh.) und setzt sich im Zweiten Bulgarischen Reich durch (Tirnovo, Demetrius-K., 1186; Peter und Paul, 14.Jh.; Ochrid, Klemens-K., 1295). - Der *serbische* Kb. des 13.Jh.s entwickelt in schöpferischer Verarbeitung des byzantinischen Einflusses in der Kreuzkuppel-K. Breitraumgestaltung (Žiča, 1208-21; Peč, ca 1233). Im 14.Jh. erlebt die mittelserbische Schule der Architektur eine Zeit der Steigerung byzantinischer Einflüsse, die jedoch nicht unmittelbar von der Hauptstadt, sondern von Griechenland ausgehen: Kreuzkuppel-K. mit einer Kuppel, die von 4 Pfeilern getragen wird (Staro Nagoričino, 1312; Gračanica, 1313-15 [s. Taf. 33 Abb. 2]; Dečani, 1327-35). K.n dieser Schule werden meistens mit 5 Kuppeln gekrönt. Das erweckt den Eindruck einer pyramidalartigen Höhenbewegung von den 4 Eckkuppeln zur mittleren Hauptkuppel. Gračanica ist die vollkommenste Verkörperung der Idee der stufenpyramidalen Steigerung der Baumassen, was kaum als »latente Gotik« bezeichnet werden kann (Sas-Zaloziecky), sondern als Ausdruck slawischen Formwillens (N.Brunov, Über den Stil der altrussischen Baukunst [Wiener Jb. f. Kunstwiss. 6, 1929, 7-26]). - Die dritte serbische, die *Morava-Bauschule,* charakterisiert der Trikonchos, der von Klosterbauten des Athos-Berges beeinflußt ist. Der kompliziertere, dreischiffige Trikonchos, bekrönt von einer Viersäulenkuppel und vier kleinen Eckkuppeln, hängt mit dem byzantinischen Kreuzkuppelsystem zusammen (Ravanica, 1376/77). Reduziert weist diese Anlage ein Schiff, eine Vorhalle und eine Kuppel (Kruševac, nach 1380) oder eine zweite Kuppel über der Vorhalle auf (Kalenić, 1407-13). - Der *walachische* und *moldauische* Kb. führt bis ins 19.Jh. den balkanischen Kb. weiter. Die Walachei übernimmt den einfachen Trikonchostyp von der Morava-Schule (Cozia, 1393), den sie islamisch und venezianisch ornamentiert (Dealu, 1500; Curtea de Arges, Bischofs-K., 1512-17). Einwirkungen von Byzanz sieht man in den Kreuzkuppel-K.n. Die reinste byzantinische Anlage ist die Nikolaus-K. in Curtea de Arges (nach Tafrali 13.Jh.). Spätere walachische Modifizierung findet sich in Târgoviste (Alte Metropole, 1518; Fürsten-K., 1589). Der moldauische Kb. knüpft zuerst an den serbischen Trikonchos an (Siret, 2 K.n um 1400), der unter dem Einfluß Siebenbürgens gotisiert wird (Patrauti, 1487). Später entwickeln sich langgestreckte, vielkuppelige Trikonchen (Sucevita, 1585).

4. Der *altruss.* Kb., durch altchristliche Traditionen unbeschwert, übernimmt unmittelbar von Byzanz den Kreuzkuppeltypus. Das russisch-slawische Formempfinden offenbart sich schon in den ersten fünfschiffigen

Sophien-Kathedralen (Kiew, 1017-46; Nowgorod, 1045 bis 1052, s. Taf. 33 Abb. 3) durch die plastisch-pyramidale Komposition der Baumassen mit vielkuppeliger Bekrönung. Von der zweiten Kiewer Bauschule ausgehend (Lawra-Kathedrale, 1073) verbreitet sich der Typus der dreischiffigen, sechspfeilerigen Kathedrale, wird aber bald reduziert zur vierpfeilerigen, kubischen Einkuppel-K. Diese Blockform entspricht dem Charakter der hölzernen russ. Blockhauswohnung, in Nowgorod mit organisch-»kristallinischen« Baumassen (Georgskloster, 1119-30; Neredica, 1198); in Vladimir-Suzdal wird die Wand durch Halbsäule und romanische Arkatur gegliedert (Nerlj, 1165/66; Vladimir, Koimesiskathedrale, 1185-89, Demetriuskathedrale, 1194-97). In Polock und später in Pskow entwickelt sich das Stufengewölbesystem, das möglicherweise aus Serbien kommt, obwohl neuerlich von sowjetischen Forschern umgekehrte Beeinflussung angenommen wird. Die Tektonik der nach Moskau berufenen italienischen Baumeister (Fioroventi: Koimesiskathedrale, 1475-79; Aloiso Novi: Erzengelkathedrale, 1505-09) wird vom Organischen überwunden. Im 16.Jh. befruchtet die traditionelle Holzarchitektur den Steinbau Moskaus in malerischen, turmartigen Kompositionen (Basilios-Kathedrale, 1555-60; s. Taf. 33 Abb. 4). Dieser pyramidale Hochdrang gipfelt in Fili (1693). – In den Kathedralen des 16./17.Jh.s wird der längliche Sechspfeilertypus wieder aufgenommen. In Pfarr-K.n dagegen herrscht breiträumliche Komposition: Nowgorod, Pskow schon seit dem 13./14.Jh., bis ins 17.Jh. in stützenlosen Saal-K.n Moskaus. Die K.n werden meist mit 5 Kuppeln bekrönt, deren Zwiebelform die Flamme des göttlichen Lichtes versinnbildlicht.

Der *neuruss.* Kb. seit Anfang des 18.Jh.s schließt sich an die europäische, auf den Grundlagen der Renaissance entwickelte Architektur an. Dabei nehmen westliche Baumeister starke Einwirkungen altruss. Tradition auf und passen ihre Bauten der Landschaft und dem Volkscharakter an. So nähert sich Rastrelli im Smolno-Stift (1748-55) den malerisch wirkenden vielkuppeligen, altruss. Klosteranlagen mit schmalpyramidalem Aufbau der Tor-K. (Projekt). Noch mehr »russifiziert« er die Andreaskathedrale in Kiew. Antikisiert ist die Transept-Basilika der Alexander-Newskij-Lawra-Kathedrale (1766 bis 1790) von Starow. Hellenistischen Geist verkörpert die Kazanski-Kathedrale in Petersburg (1801-11) von Wornichin, kompositionell nur entfernt an die Peters-K. in Rom angeknüpft. Die Isaakskathedrale als Kuppelbasilika von Montferrand gebaut (1817-57), beherrscht Leningrad durch eine kolossale goldene Mittelkuppel, die 4 Zwergkuppeln völlig erdrückt. Altruss. Bauweise, auf das Land geflüchtet, fristet dort ihr Dasein weiter, bes. in Holz-K.n, bis die orth.-nationalistische Reaktion der 2. Hälfte des 19.Jh.s die altruss. Tradition aufnimmt. Anfangs mißglückt Thon der Versuch der Nachahmung des byzantinisch-russ. Stiles in der Moskauer Erlöser-Kathedrale (1839-80). Weiter ahmte man Äußerlichkeiten des 17.Jh.s nach und schuf einen pseudoruss. K.n-stil, mit welchem auch das Ausland beglückt wurde (Nizza, Florenz von Preobrazenski; Darmstadt von Benois). Seit der Jh.wende gelangt man durch das Studium byzantinischer und altruss. Architektur zur Wiederverkörperung orth. Baugeistes (Moskau: Marfo-Mariinski-Kloster von Ščusev; Altgläubigen-K. von Bondarenko; Leipzig, Russische K. von V.Pokrowski). Die führende Rolle Rußlands im Kb. der orth. K. anfangs des 20.Jh.s bedingt, daß die orth. Länder sich an russ. Baumeister wenden, die versuchen, die nationalen Traditionen auf byzantinischer Grundlage auferstehen zu lassen (Sofia, Alexander-Newskij-Kathedrale von Pomeranzev). Historisch-archaisierende Richtung wirkt weiter im Kb. der heutigen russ. »Diaspora« und neuerdings auch in der Sowjetunion.

J.Strzygowski, Baukunst der Armenier u. Europa, 1918 - B.D. Filov, Gesch. d. Bulgarischen Kunst I. II, 1932/33 - M.Alpatov-N. Brunov, Gesch. d. Altruss. Kunst, 1932 - O.Wulff, Die neuruss. Kunst, 1932 - Beridze, Architektura Grusii, 1948 - S.Ja.Amiranaschwili, Gesch. der georg. Kunst I, Moskau 1950 (russ.) - V.M. Arutjunjan-S.A.Safarjan, Denkmäler armenischer Architektur, ebd 1951 (russ.) - Bošković, L'art médieval en Serbie et en Macédoine, 1951 - Derocco, Architecture monumentale dans la Serbie du Moyen Age, 1953 - N.Brunov, Mastera Drevne-Russkogo Zodčestva, 1953 - W.Sas-Zaloziecky, Byzant. Baukunst in den Balkanländern, 1955 - S.Georgieva-V.Velkov, Bibliographija na Bulgarskata Archeologija, Sofia 1957 - I.E.Grabar u.a. (Hg.), Gesch. d. russ. Kunst, bisher 2 Bde, 1957/58. *W.Ponomarew*

VII. In den Missionsgebieten und in den jungen Kirchen (vgl. Bildtafel 34 vor Sp. 1377)

Der Kb. ist in jeder Pioniermission eine der ersten und bei fortschreitender Sammlung von Gemeinden eine der wichtigsten Aufgaben. Nur relativ selten hat man – dem Rat Gregors d.Gr. folgend – heidnische Kultstätten in christliche Gotteshäuser umwandeln können (so auch im 18.Jh. in Südindien). Anfangs mußte in ungezählten Fällen die K. zugleich als Schulraum dienen (und umgekehrt) und war dementsprechend gebaut. Während man neuerdings Missionsbaumeister hat, mußte zuvor der Missionar auch als Architekt und Baumeister wirken: vom Holzschlag im Urwald, von der Holzbearbeitung, vom Ziegelbrennen bis zur Dachkonstruktion. Er mußte handeln, und zwar ohne fachliche Kenntnisse, ohne Beratung und oft genug mit Bauhelfern, die noch nie ein Gebäude dieser Art gesehen hatten. So gut wie immer fand anfangs die Stilfrage eine Lösung im Sinne des »Stall-Stiles«, der von zäher Lebenskraft ist und in der ständigen Geldnot eine zuverlässige Befürworterin hatte. Für die Beibehaltung des schlichten Zweckbaues sprachen oft auch örtliche und klimatische Gegebenheiten, zB ständige Erdbebengefahr, Zerstörungswut der weißen Ameisen, übergroße Feuchtigkeit, Unverständnis der Gemeinde. An selbstkritischer Durchprüfung des Vorhandenen und am Willen zum Besseren hat es bestimmt nicht gefehlt, auch nicht in der ev. Mission. Man kann freilich fragen, ob die Kritik früh genug einsetzte, ob sie radikal genug war und ob man immer bereit war, aus der Erkenntnis die nötigen Konsequenzen zu ziehen.

Gelegentlich knüpfte man an vorhandene ausgeprägte Baustile an. So in Südindien im Bereich der Thomaschristen (Beispiel: Chandragore, vor 400 nChr) und in der chinesischen Nestorianermission des 8.Jh.s. Beachtlich ist es, daß die Congregatio de Propaganda Fide (→ Kurie) in Rom schon 1659 angesichts der Gefahr des sich ausbreitenden Europäismus fragte, was es »unvernünftigeres« geben könne, »als Frankreich, Spanien, Italien oder ein anderes Land nach China übertragen zu wollen«. Bereits 1573 wollte P.Alessandro Valignano für die Chinesen Gotteshäuser im chinesischen Stil erbaut haben, und auch Matteo → Ricci hielt viel vom landesüblichen Pagodenstil. Tatsächlich aber galt in der Jesuitenmission in Mexiko, in China wie auch in Goa die Barock-Architektur weithin als ideal. Doch kam es auch zu echt chinesischen Bauten, wie das Beispiel der sog. Mutterkirche (Lao-t'ang) von Shanghai zeigt, deren Gründungsgeschichte bis 1615 zurückführt. In verschiedenen Ländern kam es bald zu wechselseitiger Stilbeeinflussung, bes. auch durch die Verwendung von Schmuckmotiven (Swastika = »Hakenkreuz« in der Goa-Barock-Architektur). – Leider aber herrschen bis in die Neuzeit europäische Bauformen vor. »Wir haben in alle diese Länder die schlechteste Architektur unserer ganzen Geschichte verpflanzt, die ganze Häßlichkeit der pseudogotischen und viktorianischen Kb.ten.« Daneben gibt es »Barockbauten«, »Neugotik« und »Museen der K.n-architektur« wie in Madras. Die Schuld daran ist nicht einfach den Missionaren zuzuschreiben. Man hat die Fragen wohl gesehen und auf Verbesserung durch spätere Generationen gehofft. Ernst ist ja auch die Sorge vor einer zu augenfälligen Angleichung an die vom Heidentum geprägten Bauarten gerade auch in den alten Kulturländern zu nehmen. Anders als die Missionare waren hier die neugewonnenen Christen bes. empfindlich. Ein einheimischer Baustil bei christlichen Bauwerken erinnerte sie allzusehr an ihre heidnische Vergangenheit und an den Kult, dem man entsagt hatte. Wirksam war und ist natürlich auch das Moment der Gewöhnung und das Hereinbrechen westlicher Bauart in den Großstädten. Und welchem Stil hätte man sich etwa in Afrika anpassen sollen? Freilich hat man auch da versucht, K.n im Stil der Rundhütten zu errichten (s. Taf. 34 Abb. 1).

Seit ca 1920 ist das Ziel, unter Berücksichtigung von Rasse, Nation, Volksart und Kultur eines jeweiligen Landes den »einheimischen Stil« bewußt zu pflegen, stark betont worden, sowohl in der ev. wie in der kath. Mission (vgl. Costantini). Gelungene Versuche finden sich zB in → Indonesien, wo sich die Batak auf Sumatra hervorgetan haben (s. Taf. 34 Abb. 2). Die christlichen Bergstämme von → Taiwan (Formosa), die nie eine K. gesehen haben, bauen ihre Gotteshäuser ganz selbstverständlich im vertrauten Dorfstil. Wie eine »echt afrikanische K.« aussehen müßte, kann niemand sagen, denn für Kultusausübung gedachte Baulichkeiten bieten sich nirgends zur Angleichung an. Die Frage wird diskutiert, wieweit das notwendig übernommene europäische Baugerüst afrikanisches Aussehen gewinnen und mit afrikanischen Formen und Symbolen verhüllt oder afrikanischen Augen erträglich gemacht werden kann. Die Kathedrale St.Anne vom Kongo in Léopoldville, die aussieht »wie ein Kongo-Kanu«, zeigt einen Versuch. Zweifellos wird mindestens der K.n- und erst recht der Altarraum durch afrikanische Künstler eine Eigengestaltung erfahren können. - Wirklich eindrucksvolle Bauwerke in einheimischer Bauweise finden sich naturgemäß im traditionsreichen asiatischen Raum, zB in Japan. In glücklicher Weise ist die Anpassung auch in Neuguinea (s. Taf. 34 Abb. 3), Honolulu, China und Indien vollzogen worden. Gerade weil es keinen allgemeinen »indischen« Baustil gibt, eröffnen sich mannigfaltige Möglichkeiten: mit Verwendung der Säulenhalle (Mandapam), der Türme (Gopuram), vieler Symbole und selbst des sarazenischen Stiles (Kathedrale von Dornakal, Allerheiligen zu Peshawar). Kabinettstücke, die dabei die Gefahr »synkretistischen Bauens« vermieden haben, sind das Christu-Kula-Ashram im südindischen Tirupattur, die Kapelle des Trinity College in Kandy auf Ceylon (»das Juwel singhalesischer Architektur«) und die unlängst in Bombay geweihte neue kath. K. im Gewand eines Hindutempels, die nur an dem Kreuz über der Kuppel und an einigen Dachstatuen als ein christliches Gotteshaus zu erkennen ist (s. Taf. 34 Abb. 4). - Realistischerweise muß man in Zukunft mit einem Mischstil rechnen, der die um die Welt gehende Eisen-Zement-Technik auf verschiedenste Weise mit den lokalen Bautraditionen zu verbinden weiß. Die Frage des Kb.s ist von großer Bedeutung für die Christianisierung eines Landes und für das Heimischwerden im Christusglauben.

J.B.Aufhauser, Umweltsbeeinflussung der christl. Mission, 1932 - J.Fleming, Heritage of Beauty, New York 1937 - Ders., Christian Symbols, ebd 1940 - C.Costantini, L'art Chrétien dans les missions, Paris 1949 - A.Lehmann, Die Kunst der Jungen K.n, (1955) 1957² (Lit.). *A.Lehmann*

Kirchenbaulast → Baulast.

Kirchenbauverein, *Ev.*, auf Anregung der Kaiserin Auguste Viktoria am 2.5.1890 konstituiert, um der Kirchennot in Berlin zu steuern, hat bis 1918 ca 22,3 Mill. Mark für zahlreiche Kirchen (u.a. die Kaiser-Wilhelm-Gedächtniskirche in Berlin) aufgebracht. Der K. bevorzugte für seine Bauten den altdeutschen Stil, eine Imitation des romanischen Stils, und regte die Gründung einer Mosaikanstalt an. Er beteiligte sich auch am Bau zahlreicher Gemeinde- und Pfarrhäuser, Betsäle und Diakonissenstationen in ganz Deutschland und in den Kolonien.

Jahresberichte im KJ. - Zusammenfassender Bericht u. Verzeichnis aller Bauten des K.s: KJ 1911, 344-348. *H.Hohlwein*

Kirchenbehörden sind die durch die kirchliche Rechtsordnung eingerichteten ständigen Organe, die die kirchlichen hoheitlichen Befugnisse in rechtlich geordneter Zuständigkeit wahrnehmen. Demgemäß haben in der kath. Kirche alle Amtsstellen für die Leitung und Verwaltung Behördencharakter, so die Kongregationen (→ Kurie, 4) und die päpstlichen Ämter in Rom, die Gerichtsbehörden (→ Gerichtsbarkeit: I), die Bischöfe und ihre Dienststellen (Generalvikariate, Ordinariate, Offizialate) und auch die Pfarrämter und Kirchenvorstände. Trotz des Widerspruchs der Reformation gegen ein Verständnis des kirchlichen Amtes vom Behördlichen her mußten in den ev. gewordenen Territorien für die Wahrnehmung der bisher von den bischöflichen Behörden zB in Ehesachen ausgeübten Funktionen Amtsstellen behördlicher Art geschaffen werden, was zunächst für den sächsischen Kurkreis in Gestalt eines → Konsistoriums geschah. Daß ihnen auch landesherrliche Beamte angehörten, verstärkte ihren hoheitlichen Charakter. Obwohl ursprünglich als K. gedacht, nahmen sie im Laufe des 18.Jh.s ganz den Charakter von Staatsbehörden an. Im Zuge der religiösen Neutralisierung des Staates im 19.Jh. (→ Kirche und Staat) wurden sie aus dem Staatsorganismus ausgegliedert und wieder K., wenn sie auch weiter unter dem Landesherrn als Inhaber des → Kirchenregiments oder zT auch dem Kultusminister standen und ihre → Beamten (: II) zwar als Kirchenbeamte fungierten, aber Staatsbeamte blieben. - Daß K. nach 1918 in der bisherigen behördlichen Tradition weiterarbeiteten, hat wesentlich zur Erhaltung der Kirchen als öffentlich-rechtlichen Organisationseinheiten beigetragen. Die K. stehen, abgesehen von einigen Verwaltungsbehörden, unter Leitung von Theologen und sind fast alle Kollegialbehörden, was die Beteiligung von Juristen und Laien ermöglicht. Die K. sind weiter als öffentliche Behörden im Sinne des staatlichen Rechts anerkannt, und zwar auf allen Stufen ihres Verfassungsaufbaus, also die Kirchenvorstände (Presbyterien), die Pfarrämter, die Kreiskirchenvorstände (Kreissynodalvorstände), die Landeskirchenämter und Kirchenleitungen, ebenso die kirchlichen Gerichte. Sie sind berechtigt, Siegel zu führen, und die von ihnen ausgestellten Urkunden sind zB im Grundbuchwesen öffentliche Urkunden. (In der DDR erkennen die staatlichen Grundbuchämter diese nicht mehr als öffentliche Urkunden an, sondern fordern notarielle Beglaubigung.) Die strafrechtlichen Schutzbestimmungen für die Tätigkeit von Behörden kommen ihnen zustatten, überhaupt nehmen sie an dem Verkehr der öffentlichen Behörden untereinander als solche teil, wenn auch die staatlichen Bestimmungen über Rechts- und Amtshilfe auf sie nicht unmittelbar anzuwenden sind. Dabei darf nicht übersehen werden, daß die Wirksamkeit der K., bes. im Verhältnis der übergeordneten zu den untergeordneten K., weit über das Behördliche und Obrigkeitliche hinausgeht, ähnlich wie in der kirchlichen Ordnung auch andere

Faktoren als die rein rechtlichen wirksam sind. – Nicht als K., da ohne Ausübung rechtlicher Gewalt nach außen, sind auf ev. Seite in den meisten Landeskirchen die Landessynoden anzusehen, ähnlich auf kath. Seite reine Ämter der Weihegewalt (mit → Jurisdiktion pro foro interno).

P. SCHOEN, Das ev. Kirchenrecht in Preußen I, 1903, 235f – J.V. BREDT, Neues ev. Kirchenrecht in Preußen II, 1922, 189ff – G. MEIKEL-W. IMHOF-H. RIEDEL, Grundbuchrecht II[5], 1958, Erl. zu § 29 Note 45. 47.
E. Ruppel

Kirchenbücher

1. Geschichtliches – 2. K. und Staat – 3. Verzeichnisse – 4. Aufbewahrung und Sicherung – 5. Bedeutung

1. a) Von *frühchristlichen*, mit späteren Matrikeln und K.n vergleichbaren Verzeichnissen ist nichts erhalten. Sehr wahrscheinlich kam die beachtliche kirchliche Liebestätigkeit nicht ohne Listen der Unterstützten aus. – War das Diptychon »das Notizbuch« des Altertums« (H. Achelis), so enthielten die *kirchlichen* Diptychen (vgl. RGG[2] I, 1948) Verzeichnisse der Märtyrer oder Namenslisten für die öffentliche Fürbitte. Die Bischofslisten verbanden bisweilen die Namen der Bischöfe mit geschichtlichen Nachrichten. Listen der Getauften und Verstorbenen sind zu vermuten. – Im *MA* verzeichneten Klerus, Klöster und Bruderschaften ihre Mitglieder. Um Alter, Taufe und Eheschließung zu beglaubigen, benötigte man »*lebende* Urkunden«, dh Augenzeugen. Wirkliche K. finden sich als Taufmatrikeln zuerst in Italien und Südfrankreich im 14. Jh. Im damaligen Deutschland machte U. → Surgant, Pfarrer von St. Theodor in Kleinbasel, um 1490 mit ihnen den Anfang (Matrikel jetzt im British Museum). Aus verschiedenen Bereichen und Motiven erwuchsen im MA Aufzeichnungen über Verstorbene; Memorial- oder Totenbücher bildeten die Grundlage der gottesdienstlichen Fürbitte für die → Armen Seelen (→ Nekrologien; → Anniversarien), die in den schon von der Reformation berührten Gemeinden Anstoß erregte. – Kirchenrechtliche Regelung des Matrikelwesens erstrebten mehrere spätmittelalterliche Teilsynoden. Das → Tridentinische Konzil führte (Sess. XXIV, 1563), um leichtfertigen Ehescheidungen vorzubeugen, Tauf- und Trau-Matrikeln ein. Das Rituale Romanum von 1614 ordnete Verzeichnisse der Verstorbenen an. Im ganzen ging die Einführung von K.n auf kath. Boden langsamer vor sich als in ev. Nachbarländern. Teile der österreichischen Monarchie erhielten sie erst 1784.

b) In den *ev.* werdenden Kirchen setzte der Kampf gegen die → Täufer eine glaubwürdige Bezeugung der vollzogenen Kindertaufe voraus. Schon vor der obrigkeitlichen Regelung gab es K., zB in Zwickau 1522, in Nürnberg 1524. Zwingli veranlaßte seinen Rat, sich der Sache anzunehmen (1526). Auch die reformierenden Fürsten sahen bald ihre Wichtigkeit. Die Nürnberg-Brandenburgische KO von 1533 verlangt als erste K. Ihren Siegesweg nach dem Norden beschloß Schweden und Finnland 1686.

2. *Staatlicherseits* erkannte man bald die Brauchbarkeit der K. als Personenstandsregister, am frühesten in Frankreich, wo sie Franz I. der Aufsicht bürgerlicher Gerichte unterstellte (1539), so daß folgerichtig Ludwig XIV. die Ablieferung der fertigen Register an den Amtsschreiber fordern konnte. Bei Einführung der Zivilehe (→ Ehe: VI, 3b) 1784 ging dann auch die Führung der Listen an die weltliche Stelle (Bürgermeister) über (→ Code civil, 1804). – In Deutschland beließen zwar die Staaten die Führung der K. den Kirchen, reglementierten sie aber nachdrücklich, um sie »zu fiskalischen, militärischen und statistischen Zwecken« (O. Friedrich) ausnutzen zu können. Eine Baden-Durlachische Visitationsordnung von 1739, bindende Vorschriften Friedrichs d. Gr., endlich das preußische Landrecht von 1794 (II, 11, §§ 481ff), das auch schon die Anfertigung von Doppelschriften verlangte, und das kursächsische Generale von 1799 beweisen die immer weniger kirchliche, immer stärker staatliche Auffassung der K. in der Aufklärungszeit. Damit verdrängte das Schema die behagliche Breite früherer Jh.e. Den Abschluß der Entwicklung bildet die Trennung von Personenstandswesen und K.wesen überhaupt, in Preußen zB 1874 angebahnt, für das Deutsche Reich durch die Personenstandsgesetzgebung von 1875 durchgeführt. Seitdem liegt die Führung der Personenstandslisten mit öffentlich-rechtlicher Geltung bei den Standesämtern, von deren Leitung Religionsdiener grundsätzlich ausgeschlossen sind. Nur aus den älteren K.n vor 1875, die in der Hand der Kirche verblieben, haben die Geistlichen Beurkundungen zu vollziehen. – In Österreich ist Anfang 1939 das deutsche Personenstandsrecht eingeführt worden und nach 1945 erhalten geblieben. Stark ist dagegen noch immer die Belastung der Geistlichen in der luth. Kirche Schwedens mit rein weltlichen Registerarbeiten. – Durch die Zivilstandsgesetzgebung haben die Kirchen volle Freiheit gewonnen, ihre K. nach eigenen Ordnungen zu führen. Für den Vollzug von Taufen und Trauungen sind sie von den Unterlagen abhängig geworden, die die Standesämter liefern. In den von den Standesämtern ausgegebenen Familienstammbüchern sind Rubriken für kirchliche Eintragungen vorgesehen.

3. Für fast jede ev. Landeskirche wie kath. Diözese, auch für einzelne Städte und landschaftliche Bezirke gibt es gedruckte Verzeichnisse von K.n (Gesamtübersicht fehlt zZ; leidlicher Ersatz: F. Wecken, s. Lit.; neuestes landeskirchliches Verzeichnis von W. Jensen, s. Lit.). Für die K. der jüdischen Gemeinden, die sog. »Judenregister«, die im 2. Weltkrieg im Original fast sämtlich vernichtet wurden, aber zT verfilmt worden waren, fehlt ein Gesamtverzeichnis, ebenso für die Militär-K., die, soweit sie den Krieg überdauerten, an verschiedenen Stellen verwahrt werden.

4. Im übrigen werden die K. nur aus besonderen Gründen zusammengezogen, so in den K.ämtern für größere Stadtgemeinden. Ältere K. sind zT in Archiven (etwa der Kirchenkreise oder der Propsteien, so in Schleswig-Holstein) deponiert. Sonst werden die K. grundsätzlich in den Gemeinden selbst aufbewahrt. Ihre erhöhte Sicherung als einmalige Dokumente ist durch Abschriften, die in den meisten Landeskirchen vorgeschrieben sind, und deren getrennte Aufbewahrung sowie durch eine systematische Verfilmung (so in Bayern, Schleswig-Holstein, Hamburg) gegeben. Doch haben leider in der Zeit von 1933 an keine systematischen Verfilmungen stattgefunden, so daß erhebliche Verluste von K.n festzustellen sind, bes. infolge des 2. Weltkrieges im Bestand der K. in den östlichen Gebieten Deutschlands. Für ganze Teile von Schlesien und Ostpommern sind keine K. mehr greifbar, während sie für Ost- und Westpreußen zT im Original oder Film erhalten blieben. – Eine einigermaßen hinreichende Übersicht über den Verbleib von K.n nach dem Kriege (einschließlich derer der deutschen Auslandsgemeinden) besitzt das Archivamt der EKD in Hannover. Es bemüht sich zudem ständig, allgemeine Hinweise für eine ordnungsgemäße Pflege der K. und damit eines sehr wichtigen Teiles der kirchlichen Archivalien überhaupt zu geben. – Auf kath. Seite ist das K.amt für Heimatvertriebene in München in gleicher Weise tätig.

5. Die Matrikeln des frühen MA (s. 1a) wie die eigentlichen K. sind reiche Quellen für die Geschichtsforschung aller Art wie für die Klärung rechtlicher Fragen (Erb-

schaften) bis hin zur Bevölkerungskunde, zur Soziologie und zu den Problemen der Volksgesundheit. Familiengeschichtliche und genealogische Forschungen sind auf sie angewiesen. Für die kirchliche Praxis sind sie aus kirchenrechtlichen Gründen auch heute nicht zu entbehren (Nachweis der Taufe bei der Konfirmation, für die Eheschließung, für die Patenschaft und die kirchliche Wahlberechtigung). Doch bedeutet die längst kirchenrechtlich geordnete Verantwortung des Pfarrers für die K.führung dort, wo keine Hilfskräfte oder Gemeindeämter vorhanden sind, oft eine erhebliche zeitliche Belastung für ihn. Dabei darf jedoch keinesfalls übersehen werden, daß die Beschäftigung mit den K.n dem Pfarrer wichtige Kenntnisse für seine Seelsorge einträgt. Eine sich heute immer mehr durchsetzende Ergänzung der K. ist die Gemeindekartei, deren Bedeutung für die gesamte pfarramtliche Wirksamkeit nicht leicht überschätzt werden kann, vorausgesetzt, daß die Kartei wirklich »lebt«.

Korrespondenzblatt des Gesamtvereins der dt. Geschichts- u. Altertumsvereine 1892-95, 1897, 1899 (K.verzeichnisse) - A.BAUCH, Über die ältesten Totengeläutbücher von St.Sebald u. St.Lorenz in Nürnberg (Archival. Zs. NF 8, 1899, 119-148) - J.GMELIN, Die Verwertung der K. (Dt. Geschichtsblätter 1, 1900, 157-170) - RE X, 354ff; XXIII, 755 (Lit.) - E.HEYDENREICH, Hdb. der prakt. Genealogie II, 1913, 28ff (Lit.) - RGG² III, 868ff (Lit.) - LThK VI, 1024f (Lit.) - G.BOSSERT, Art u. Entstehung unserer K. (DtPfrBl 40, 1936, 907f. 924f) - F.WECKEN, Taschenbuch für Familiengeschichtsforschung, 1951⁷, 137ff - E.WOEHLKENS, Pest u. Ruhr, 1954, 29f - W.JENSEN, Die K. Schleswig-Holsteins, der Landeskirche Eutin u. der Hansestädte, 1958² - EKL II, 658f. *W.Lampe*

Kirchenbund, *Deutscher Ev.* Der K. (1922-33) war ein Zusammenschluß der deutschen ev. Landeskirchen zu gemeinsamer Vertretung ihrer Interessen. Sie bekundeten damit den Willen, das lebendige Erbe der Reformation im öffentlichen Leben einheitlich zur Geltung zu bringen. Der K. war nicht nur wie der → Kirchenausschuß, dessen Aufgaben, Rechte und Pflichten er übernahm, ein Organ der Kirchenregierungen, sondern hinter ihm standen die 28 Landeskirchen selbst. Die vom Kirchenausschuß vorbereitete Verfassung war vom Kirchentag in Stuttgart (1921) einmütig angenommen. Auf dieser Grundlage wurde der K. am Himmelfahrtsfest 1922 in der Schloßkirche zu Wittenberg durch Vertrag der Landeskirchen begründet und 2 Jahre später vom Reichsminister des Innern auf Grund Art. 137 Abs. 5 Satz 3 der WRV als → Körperschaft des öffentlichen Rechts anerkannt.

Der K. hatte *föderativen Charakter:* den verbündeten Kirchen wurde volle Freiheit in Bekenntnis, Verfassung und Verwaltung und die Möglichkeit des Austritts zugesichert. Seine Aufgaben waren in unmittelbare und mittelbare gegliedert. Zu jenen gehörte die Wahrung der gemeinsamen Interessen im Verhältnis zum Ausland, zum Deutschen Reich, zu anderen Religionsgesellschaften und bei der kirchlichen Versorgung der ev. Deutschen im Ausland. Die mittelbare Tätigkeit vollzog sich in Anregungen, die den verbündeten Kirchen auf mannigfachen Gebieten gegeben werden konnten, aber auch in der Förderung freier kirchlicher Arbeitsorganisationen. – *Bundesorgane* waren der nach Art einer Synode aus 210 Mitgliedern jeweils für 6 Jahre gebildete und alle 3 Jahre zu einer ordentlichen Tagung zusammentretende *Kirchentag,* der in Anlehnung an die frühere Kirchenkonferenz aus Vertretern der Kirchenregierungen gebildete *K.esrat* und ein geschäftsführendes und vollziehendes Organ, für das aus der bisherigen Ordnung die Bezeichnung Deutscher Ev. → *Kirchenausschuß* übernommen wurde. Die 36 Mitglieder des Ausschusses wurden zur Hälfte vom K.esrat entsandt, zur Hälfte vom Kirchentag gewählt. Das Präsidium und die geschäftliche Leitung lagen in den Händen des ersten Verwaltungsbeamten der altpreußischen Kirche, dem hierfür das *K.esamt* zur Verfügung stand. K.esgesetze kamen durch übereinstimmende Beschlüsse des Kirchentages und des K.esrats zustande; sie wurden vom Kirchenausschuß im Allgemeinen Kirchenblatt für das Ev. Deutschland verkündet. Die Kosten des K.es wurden durch Umlagen aufgebracht. Die Ev. → Brüderunität (: II) in Deutschland und der Bund freier ev. ref. Gemeinden Deutschlands waren dem K. durch K.esgesetze von 1924 bzw. 1930 angegliedert.

Von der *Arbeit des K.es* geben die Berichte Zeugnis, die den Kirchentagen in Bethel 1924, Königsberg 1927 und Nürnberg 1930 erstattet wurden. Wiederholt wandte sich der Kirchentag an die Öffentlichkeit (Betheler Kundgebung zur Erneuerung des Volkslebens, Vaterländische Kundgebung des Königsberger Kirchentages, gleichzeitig Aufruf zum Kampf gegen die sittlichen Volksschäden und zur Heiligung des Geschlechtslebens – 1932 in Erinnerung gebracht durch den Aufruf des Kirchenausschusses »Wache Gewissen« –, Mahnung zu rechter Kirchlichkeit aus Anlaß der 400-Jahrfeier des Augsburger Bekenntnisses 1930). Kundgebungen des Kirchenausschusses nahmen mehrfach Stellung zu Fragen von Volk und Vaterland (Ermordung Rathenaus 1922, Besetzung der Westmark 1923, Versailler Diktat 1929, Kriegsschuldfrage 1931), aber auch zu inneren Fragen des Volkslebens wie etwa der Wohnungsnot und der sozialen Arbeit der Kirche (1925). Ein Kirchengesetz über den Anschluß deutscher ev. Kirchengemeinschaften, Gemeinden und Geistlicher außerhalb Deutschlands (1924) schuf die Grundlage zur Überleitung der bisher vorwiegend von der altpreußischen Kirche getragenen Auslandsarbeit auf den K. (→ Auslandsgemeinden: I).

Die Ereignisse des Jahres 1933 ließen den Apparat des K.es als zu schwerfällig erscheinen und verstärkten die Bestrebungen nach größerer Einheit. So verbanden sich die deutschen ev. Kirchen durch Vollziehung der Verfassung vom 11.7.1933 zur »Deutschen Ev. Kirche«. Auf sie gingen nach Art. 2 des Reichsgesetzes vom 14.7.1933 die Rechte und Pflichten des K.es über (→ Evangelische Kirche in Deutschland: I, 1).

G.SCHOLZ, Der Dt. Ev. K., 1924 - J.HOSEMANN, Der Dt. Ev. K. in seinen Gesetzen, Verordnungen u. Kundgebungen, (1926) 1932² - H.G.HAACK, Die ev. Kirche Deutschlands in der Gegenwart, 1929 - M.BERNER, Die rechtliche Natur des Dt. Ev. K.es, 1930. *B.Karnatz*

Kirchenchorwesen. Unter einem Kirchenchor (=K.) wird heute der freiwillige Zusammenschluß von Gliedern einer Kirchgemeinde zur Vorbereitung und Ausübung des vor allem mehrstimmigen gottesdienstlichen Gesanges verstanden. Derartige freie Vereinigungen gibt es (unter dem Einfluß der vor allem von der Schweiz ausgehenden Volkschorbewegung) erst seit den 20er Jahren des 19.Jh.s. Vom bürgerlichen Leben her übernahmen sie die Vereinsform für ihre Organisation. Ein Zusammenschluß von mehreren K.en erfolgte zuerst durch H. A. → Köstlin im »Ev. Kirchengesangverein für Württemberg«, der 1878 ein erstes Landeskirchengesangsfest veranstaltete. 1879 bildete sich durch die Initiative von L.Hallwachs ein entsprechender Kirchengesangverein in Hessen, dem Baden, Pfalz und Frankfurt/M. folgten. Alle fünf landeskirchlichen Zusammenschlüsse begründeten 1881 den »Ev. Kirchengesangverein für Südwestdeutschland«. Nach dem ersten Kirchengesangstag in Stuttgart (1882) erfolgte 1883 die Gründung des »Ev. Kirchengesangvereins für Deutschland«. 1884 schlossen sich Provinz Sachsen, Thüringen, Brandenburg, Ost- und Westpreußen sowie Schlesien, 1886 Bayern und 1887 Rheinland an. Um 1930 gab es 21 Landes- und Provinzialvereine mit rd 3000 Chören. Der »Ev. Kirchengesangverein für Deutschland« sah seine Hauptaufgabe in der »Förderung des ev. Kirchengesangs und der ev. Kirchenmusik«. Die Wiedergewinnung der originalen rhythmischen Fassungen der Kirchenliedweisen und die Pflege des gottesdienstlichen Wechselgesangs gehörten neben der chorischen Arbeit zu seinem besonderen Anliegen. 1926 entstand die »Deutsche Arbeitsgemeinschaft für Gesangbuchsreform«, die sich aus dem Vorstand des Kirchengesangvereins und den Gesangbuchsreferenten der Landeskirchen unter dem Vorsitz des Reichsobmannes zusammensetzt. Unter der Einwirkung der kirchenmusikalischen Erneuerungsbewegung (schon beim 30. Deutschen ev. Kirchengesangstag 1927 sprach W.Stählin über »Die Bedeutung der → Singbewegung für den ev. Kirchengesang«) änderte der Kirchengesangverein 1933 in Abwehr der bürgerlich-säkularen Vereinsform seinen Namen in »Verband ev. K.e Deutschlands«, wodurch er auf eine noch bewußtere und ausschließlichere Ausrichtung der Arbeit auf den Gottesdienst hinwies. Die Gestaltung des → Kirchenjahres sowie die Schaffung eines → Detempore-Liedplans gehörten in den folgenden Jahren zu den wichtigsten Aufgaben. 1939 wurde die dem K.verband traditionsgemäß obliegende Arbeit am Gesangbuch mit dem Ziel der Schaffung eines Gesangbuchentwurfs für die Deutsche Ev. Kirche wiederaufgenommen und ein Gesangbuchausschuß bestellt, der bis 1950 das EKG fertigstellte (→ Gesangbuch: I, 3c). - Der K.verband wird (wie im wesentlichen ehedem der Kirchengesangverein) von dem Reichsobmann, dem seit 1952 ein Geschäftsführender Reichsobmann zur Seite steht, dem Beirat und dem Zentralrat (die Vertreter sämtlicher Landesverbände) geleitet. Die bisherigen Reichsobmänner waren L.Hallwachs, H.A.Köstlin, Fr. Flöring und J.Plath. Seit 1933 ist Chr.Mahrenholz Reichsobmann; Geschäftsführender Reichsobmann ist Fr.Hofmann. Die Zahl der Landesverbände beträgt zZ 24 (angegliedert sind außerdem der Christliche sowie der Ev. Sängerbund), die der K.e rd 8500. Das Organ des Kirchengesangvereins war von 1887-1922 das »Korrespondenzblatt für den Ev. Kirchengesangverein für Deutschland« und von 1925-33 »Ev. Kirchengesangverein für Deutschland«. Im Auftrag des »Verbandes ev. K.e Deutschlands« wird »Der K.« herausgegeben. Außerordentlich groß ist die Zahl der Notenveröffentlichungen des Verbandes sowie der einzelnen Landesverbände, von denen das von R.Gölz bearbeitete und vom württembergischen Landesverband herausgegebene »Chorgesangbuch« die größte Verbreitung gefunden hat. - Vgl. → Chor, → Kirchenlied: II, → Musik: V. VI.

Denkschriften der Dt. Kirchengesangvereinstage u. der Sitzungen des Zentralrats von 1882-1936 mit dem Text der gehaltenen Vorträge u. Referate. - Ev. Kirchengesangverein 1877-1927, 1927 - 50 Jahre Ev. Kirchengesangverein für Deutschland 1883-1933, 1933 - Verwaltungsdienst für den Verband ev. K.e Deutschlands, hg.v. CHR.MAHRENHOLZ, 1957 (enthält eine vollst. Übersicht der Veröffentlichungen des Verbandes sowie der Landesverbände) - DERS., 75 Jahre Verband ev. K.e Deutschlands (MuK 29, 1959, 1-19; auch als Sonderdr.).

W.Blankenburg

Kirchendiebstahl. Diebstahl von »Gegenständen, welche dem Gottesdienst gewidmet sind«, aus einem »zum Gottesdienst bestimmten Gebäude« wird in der BRD und der DDR nach § 243 Abs. 1 Ziff. 1 StGB mit Zuchthaus bis zu zehn Jahren bestraft. Der CIC bedroht das Delikt außerdem mit strenger Kirchenstrafe (c. 2346).

RE X, 462f. *† E.Foerster (K.Hesse)*

Kirchendiener → Küster.

Kirchenfabrik (fabrica ecclesiae), kirchenlateinisch ursprünglich der »Kirchenbau«, bedeutet im Rechtssinne schon seit dem frühen MA den Inbegriff von Vermögensgegenständen und -rechten, die bes. zur baulichen Unterhaltung der örtlichen Kirche und ihrer Nebengebäude, für Sachbedarf des Gottesdienstes und anderer Einrichtungen (Friedhof), auch für die Dienstbezüge von weltlichen Kirchendienern bestimmt sind. Die K. setzt sich u.a. zusammen aus Liegenschaften (darunter das → Kirchengebäude selbst), Mobilien (zB Einrichtungsgegenstände, im MA bedeutsam das Lichtergut = luminarium) und dem Ertrag der verschiedenartigsten Zuwendungen (Oblationen, Gebühren, Kirchensteueranteile usw). Wie das Benefizialgut (Pfarrgut, → Beneficium) sondert sich die K. allmählich aus dem eigenkirchenrechtlichen Gesamtvermögen (→ Kirchengut) aus und verselbständigt sich seit dem 10.Jh. zur Stiftung mit eigener Rechtspersönlichkeit (»Kirchenstiftung«, »Gotteshausvermögen«). In der Neuzeit tritt bes. in der ev. Kirche die staatskirchenrechtliche Regelung stark in den Vordergrund (→ Baulast). Über die Verwaltung der K. in der kath. Kirche vgl. CIC cc. 1182 ff (Kirchrektor, u.U. mit K.srat).

LIERMANN 381f - EICHMANN-MÖRSDORF II, 306ff. - Weiteres s. → Kirchengut. *S.Reicke*

Kirchenfahne. K.n (vexilla), in der kath. Kirche heute fast ausschließlich Prozessionsfahnen, sind Kreuzfahnen, dh ihr Schaft endet in einem Kreuz, ihr Fahnentuch (ursprünglich von geringem Ausmaß, jetzt 1,30×1,50 m) ist an einem beweglichen Querholz angebracht. In Bogen, Zacken oder Fransen auslaufend, muß es religiöse Bilder oder Symbole tragen. Der liturgischen Farbenskala sind sie nicht unterworfen. Nach RitRom 9, 1, 5 müssen die K.n wirkliche *Fahnen* sein. Den kirchlichen Vereinen sind nur Flaggen und Wimpel erlaubt. - Die K.n haben ihr Vorbild im Labarum (→ Monogramm Christi) Konstantins d.Gr. (Euseb, Vita Const. 1, 28), das die Standarte des römischen Heeres voraussetzt. Die ältesten Darstellungen von K.n finden sich im Troparium von Prüm (ca 990) und auf einem Fresko der Unterkirche von S.Clemente zu Rom (ca 1070). Erste Erwähnungen bringen die Decreta → Lanfranks († 1089), das Testament Leofrics von Exeter (1073) und das Inventar von St.Père-en-Vallée zu Chartres (bereits 19 K.n). Vom 12./13.Jh. an begegnen K.n in vielen Inventaren, Ritualen und bei Liturgikern wie → Rupert von Deutz, Honorius, Durandus. Allmählich entwarfen bedeutende Künstler ihre religiösen Motive (→ Raffael, → Dürer). Auch die *Ostkirchen* kennen K.n mit Heiligenbildern, bes. des hl. → Georg, oder mit dem »Auge der Vorsehung«, oft von Bildern aus der Leidensgeschichte umrahmt. - Aus dem Labarum erwuchs die Symbolik der K. als Siegesfahne des Auferstandenen und als das rettende Zeichen aus Jes 7, 14. Das gab Veranlassung, das Triumphkreuz in der Osterzeit mit der Siegesfahne zu schmücken. - Aus der K. ist sicher das *Sakramentsfähnchen* (velamen) entstanden, das während der Predigt vor die ausgesetzte Monstranz auf den Altar gestellt wird, um diese dem Blick der Gemeinde zu entziehen (Ritenkongregation vom 10.5.1890, n. 3728, 2). Auch die eigentlichen Kirchenflaggen sind bannerartig. Die röm.-kath. Kirche führt seit dem 19.3.1809 die Farben gelb-weiß, zuvor rotgelb, vermutlich eine Kombination aus dem päpstlichen Wappen (goldene Schlüssel) und der Kreuzzugsfahne (weißes Kreuz auf rotem Grund). - In der *ev. Kirche* ist das violette Kreuz auf weißem Grund, das der Deutsche Ev. Kirchenausschuß am 9.12.1926 als K. beschloß, bereits weithin zum Symbol der reformatorischen Kirchen geworden. - Zum Lamm mit der Siegesfahne vgl. → Lamm Gottes.

J.BRAUN, Die liturg. Paramente, (1911) 1924² - RGG² III, 881f (Lit.) - C.ERDMANN, Die Wappen u. die Fahne der röm. Kirche, 1931 - LThK III, 939 - O.NEUBECKER, Fahnen u. Flaggen, 1939 -

R.W.Witte, Das kath. Gotteshaus, (1939) 1951² - R.Fattlinger, Liturgisch-prakt. Requisitenkunde, 1955. *F.Schmidt-Clausing*

Kirchengebäude. Das K. ist der Mittelpunkt des Lebens der christlichen Gemeinde bzw. des Pfarrvolkes. Hier ist allein die rechtliche Bedeutung zu würdigen, wobei sich unterschiedliche Bewertungen zwischen den einzelnen Konfessionen ergeben.

Die *Bewidmung* von Gebäuden zu gottesdienstlichen Zwecken bedeutet in der kath. Kirche die sachenrechtliche Einordnung des K.s in die dem profanen Gebrauch dauernd entzogene und dem kirchlichen Veräußerungsverbot unterstellte Rechtsgruppe der res sacrae. Die Bewidmung erfolgt durch Weihe (consecratio) oder bei minder wichtigen gottesdienstlichen Gebäuden durch Segnung (benedictio). Beide Akte sind der ev. Kirche unbekannt, der rechtsförmliche Charakter der Bewidmung ist hier zur kirchlichen Solennität abgeschwächt. Allerdings findet sich auch in der ev. Kirche die Unterscheidung der Zweckbestimmung zwischen K.n im engeren Sinne - »gottesdienstliche Gebäude« (dem profanen Gebrauch entzogen) - und »kirchlichen Gebäuden« (Pfarr- und Küsterwohnungen, Versammlungsräume der Gemeinde oder kirchlicher Vereine [→ Gemeindezentrum]). Vollends fehlt im ev. Bereich (Ausnahme: Anglikanische Kirche) die auf rechtlicher Rangordnung basierende kath.-kirchenrechtliche Unterscheidung zwischen Kathedralen (Bischofskirchen), Stiftskirchen, Basiliken, Pfarrkirchen, Kapellen usw, ebenso das - von der kath. Kirche freilich auch nur theoretisch aufrechterhaltene - → Asylrecht. - Die *Eigentumsverhältnisse* an K.n sind in Deutschland, abgesehen von der Reformation, weitgehend durch die → Säkularisation des beginnenden 19.Jh.s bestimmt. So ist die neuzeitliche Regelform, daß das K. im Eigentum der Kirche, meist der Ortskirchenstiftung (→ Kirchenfabrik) steht, nicht selten durchbrochen, indem Staat und politische Gemeinden als Eigentumsträger der K. im ganzen oder teilweise (zB Türme) erscheinen. Grundherrliches Laieneigentum, das früher unter der Geltung des → Eigenkirchenwesens vorherrschte, ist fast überall in die Rechtsform des → Patronats übergeleitet, das heute freilich durch fortschreitende Ablösung immer mehr an Bedeutung verliert. Bemerkenswert ist, daß in Frankreich auf Grund der radikalen Trennung von → Kirche und Staat (1905/06) Staat, Départements und Kommunen Eigentumsträger der K. sind, die kath. Kirche also nur Nutzungsberechtigter ist, was ihrer in der Gegenwart so lebensvollen Entfaltung aber keinen Eintrag getan hat. Über die verwickelten, von der Frage des Eigentums großenteils unabhängigen, meist vom Herkommen bestimmten Verpflichtungen zur baulichen Unterhaltung von K.n vgl. → Baulast, → Kirchenfabrik. - Die kirchenrechtlich bedeutsame Frage der *Gebrauchsüberlassung* von K.n *an andere christliche Glaubensgemeinschaften* findet in der Rechtsgestalt eines konfessionell zweiseitigen ständigen Mitbenutzungsrechts an K.n, dem sog. → Simultaneum, eine geschichtlich bedingte, außergewöhnliche Erscheinungsform. Vorübergehender Überlassung durch Vertrag steht die ev. Kirche gegenwärtig, besonders im Hinblick auf die Verhältnisse nach dem 2. Weltkrieg, aufgeschlossen gegenüber (vgl. zB die Richtlinien der Kirchenleitung der Ev. Kirche in Hessen und Nassau vom 17.1.1952, Amtsblatt der EKD 1952, 60f). Die kath. Kirche dagegen verbietet grundsätzlich die Zelebrierung der Messe in nichtkath. K.n (CIC c. 823) und betrachtet die Mitbenutzung von K.n durch andere Konfessionsgemeinschaften noch entschiedener als eine vorübergehende Notlösung. - Die Benutzung des K.s zu *nichtgottesdienstlichen Zwecken* (Konzerte, Theateraufführungen, Versammlungen u.a.) ist nach gemeinem kath. Kirchenrecht (CIC c. 1178) nur in sehr beschränktem Maße erlaubt (religiöse Tagungen, Religionsunterricht, kirchenmusikalische Darbietungen); in der ev. Kirche kann der Gemeinderat unter gewissen Voraussetzungen gemäß den Richtlinien der jeweiligen Kirchenleitung eine entsprechende Benutzung gestatten (auch etwa für Laienspiele). - Zur Frage des → *Offenhaltens* der ev. K. s. dort. - Erwähnt sei noch die von den Kirchen unterstützte, gesetzliche Festlegung des Staates, daß K. von hohem künstlerischem Wert dem staatlichen *Denkmalsschutz* unterliegen.

Liermann 319. 382 - Eichmann-Mörsdorf II, 296ff. - Vgl. → Kirchengut. *S.Reicke*

Kirchengebote *im Katholizismus* (praecepta ecclesiae, mandata ecclesiae) müssen zunächst in einem *umfassenden* Sinn verstanden werden als Bestimmungen göttlichen Rechtes (determinationes quaedam iuris divini); sie stellen sich schließlich in einer unübersehbaren Menge von Vorschriften dar, durch die sich die Kirche als Führerin ihrer Gläubigen bewährte und bewährt. K. sind in diesem Sinne nur konkrete Ausprägungen des natürlichen und positiven göttlichen Gesetzes für die ganze Vielfalt des Lebens der Gläubigen. - Im *engeren* Sinn heißen K. ganz bestimmte Vorschriften, die seit → Antoninus von Florenz († 1439) in der theologischen Literatur vorkommen und seit Petrus → Canisius ein fester Bestandteil der kirchlichen Katechismen sind. Da der → Katechismus (: II, 7) des Canisius in seiner kleinsten Form in fast alle europäischen Sprachen übersetzt wurde, sind die fünf K. alsbald weitverbreitet gewesen: 1. Du sollst die bestimmten Feiertage halten; 2. Du sollst an Sonn- und Feiertagen andächtig an der hl. Messe teilnehmen; 3. Du sollst die gebotenen Fast- und Abstinenztage halten; 4. Du sollst wenigstens einmal im Jahre deine Sünden beichten; 5. Du sollst wenigstens einmal im Jahr, und zwar zur österlichen Zeit, das hl. Sakrament empfangen. - Im Grunde sind die K. eine Auslegung des 3. Gebots des Dekalogs, durch die die Minimalforderung an die religiös-kirchliche Praxis der Katholiken fixiert wird; sie sind zwar im Gewissen verpflichtend, aber von ihnen kann dispensiert werden. Auch können sie unter bestimmten Zeit- und Standesumständen ganz ruhen oder wesentlich erleichtert werden, was zB mit dem 2. Kirchengebot immer geschehen ist und geschieht. Der neue Kath. Katechismus der Bistümer Deutschlands (1955) bringt die 5 K. durch die Zusammenhänge, in die er sie stellt, aus dem etwas peinlichen Geruch des Minimalismus. - In der → Moraltheologie erscheinen die K. gelegentlich (so bei Noldin-Schmitt; s. Lit.) erweitert, weil man sich offensichtlich der verhältnismäßigen Willkür der Aufstellung des Canisius bewußt ist. So erscheinen das Bücherverbot (→ Index), die rechte wirtschaftliche Versorgung der Geistlichen und das Verbot der Leichenverbrennung als weitere K. Die Moraltheologie unterscheidet ferner solche K., die universal gültig sind und alle Gläubigen verpflichten, von solchen, die nur partikular gelten für bestimmte Stände der Gläubigen.

Auch die *orth. Kirche* kennt unter dem Einfluß der römischen den Begriff der K., wahrscheinlich seit der Confessio orthodoxa des Petrus → Mogilas von Kiew (1638). In der Auslegung des Symbols spricht er beim Artikel von der Kirche von den 9 vornehmsten Geboten der Kirche: 1. Gott in Demut anzubeten und an Sonn- und Feiertagen an der hl. Liturgie teilzunehmen; 2. die gebotenen Fastentage zu halten; 3. den Klerus zu ehren; 4. viermal im Jahre zu beichten; 5. nichts Häretisches zu lesen; 6. Fürbitte zu leisten für geistliche und weltliche Obrigkeiten; 7. an besonders ausgeschriebenen Fasten und Prozessionen teilzunehmen; 8. das Gut der Kirche ihr nicht zu entfremden; 9. Hochzeiten nicht an kirchlich unstatthaften Tagen zu halten.

CIC cc. 1243-1254 - RE VI, 402ff - F.LOOFS, Symbolik I, 1902 (Reg. s.v. K.) - DThC III, 388ff - RGG² III, 883f (Lit.) - LThK IV, 11f - H.NOLDIN-A.SCHMITT, Summa Theologiae moralis III, 1954[28], 612ff. *W.Sucker*

Kirchengeräte sind alle beweglichen für den Kultus benötigten Gegenstände (nicht inbegriffen ist das bewegliche Mobiliar, zB → Lesepulte, Traghimmel und alle Textilien), also die → Altargeräte, liturgischen → Gefäße, Altar- und Vortragskreuze (→ Kreuz: II), → Leuchter (: II), Vasen, Opferstöcke, -büchsen, -teller, → Klingelbeutel, Kerzenanzünder und -löscher, Rauchfaß. Speziell röm.-kath. K. sind: → Kanontafeln, → Reliquiare, Kußtafeln (Paxtäfelchen), Stäbe (Hirten-, Bischofs-, Abtstab, Pastorale), Meßschellen (-glöckchen). Speziell griechische K.: Asterikos, Löffel, Rhipidion (Fächer, auch Hexapterygon genannt), Schere, Schwamm, Speer. In den letzten Jahrzehnten hat sich die Geräte gestaltende Kunst im ev. und kath. Bereich in steigendem Maße um sachgemäße und formschöne K. bemüht (→ Kunsthandwerk: II).

H.OTTE, Hdb. der kirchl. Kunst-Archäologie, 1883/84, 214ff - H.BERGNER, Hdb. der kirchl. Kunstaltertümer in Deutschland, 1905, 320ff - B.KLEINSCHMIDT OFM, Gesch. der christl. Kunst, (1910) 1926², 505ff - K.LÜBECK, Die liturg. Geräte der Griechen (ThGl 5, 1913, 441-454) - P.GRAFF, Gesch. der Auflösung der alten gottesdienstl. Formen in der ev. Kirche Deutschlands I, (1921) 1937², 99ff - F.W.VOLBACH, Metallarbeiten des christl. Kultes, 1921 - DERS., Kultgeräte der christl. Kirche, 1925 - Abtei Maria Laach, Die betende Kirche, (1924) 1927², 51ff - J.WEINGARTNER, Das kirchl. Kunstgewerbe der Neuzeit, 1926, 137ff - Neues Kirchengerät, hg.v. der Sächs. Landesstelle für Kunstgewerbe, 1930 - RUD.KOCH, Das Kirchengerät im ev. Gottesdienst, 1935 - CHR.MAHRENHOLZ, Pflege, Reinigung u. Instandhaltung der K., 1949 - RIETSCHEL-GRAFF 110ff (Lit.). *K.B.Ritter*

Kirchengeschichte

I. Kirchengeschichtsschreibung - II. In der kirchlichen Unterweisung. - Vgl. die Überblicke in den Artikeln → Christentum: I. II, → Geschichte: II A. B, → Altchristliche Kirche, → Mittelalter, → Reformation, → Gegenreformation, → Neuzeit, → Aufklärung: III. - Für die Hilfswissenschaften der K. s. →Archäologie: II, →Chronologie, → Diplomatik, → Epigraphik: II, → Geographie, → Münzkunde, → Paläographie, → Statistik. - Vgl. ferner → Dogmengeschichte, → Hagiographie, → Hymnologie, → Kirchenrecht: II, → Liturgik: II, → Missionswissenschaft, → Patristik

I. Kirchengeschichtsschreibung

1. Ks. als theologische Disziplin: a) Die Voraussetzungen im NT - b) Versuch einer theologischen Qualifikation - c) Andere Möglichkeiten - d) Verhältnis zur Profangeschichte - 2. Geschichte der Ks.: a) Alte Kirche - b) MA - c) Humanismus - d) Reformation - e) Täufertum, Spiritualismus, Pietismus - f) Aufklärung - g) 19. und 20. Jh. - Ks. = Kirchengeschichtsschreibung

1. a) Da das Evangelium in der Gestalt der Verkündigung als Verheißung und Anruf in die Geschichte eintritt, nicht als Summe von Lehren oder als Symbolisierung allgemeiner Wahrheiten, sondern als Ereignis und Ereigniszeugnis, hat es ein ursprüngliches Verhältnis zur Geschichte. Dieses wird dadurch intensiviert, daß die zentrale Bedeutung, die die Person Jesu Christi erhält, als Fortsetzung wie als kritische Erfüllung der Geschichte Israels begriffen wird. Von da aus ergibt sich das Begriffspaar von Heilsereignis und → Heilsgeschichte. Der Lebensweg Jesu stellt das Handeln Gottes mit der Menschheit nicht nur dar, sondern er *ist* es. Wenn aus diesem Lebensweg die Geburt als die Menschwerdung Gottes, die Kreuzigung als die Versöhnung des Menschen mit Gott, die Auferstehung und Himmelfahrt als die verheißende Verwirklichung des ewigen Lebens mit besonderer Betonung versehen werden, so geschieht dies nicht im Sinne der Isolierung. Vielmehr soll an diesen ausgezeichneten Punkten Sinn und Absicht, Ziel und Richtung, Tiefe und Gehalt dieser einmaligen Geschichte als einer Ganzheit deutlich werden.

Weil so das Evangelium Geschichte im vordergründigen und im tiefen Sinne ist, trägt das Selbstverständnis der ersten Christen einen durch und durch geschichtlichen Charakter (→ Geschichte: II A). Er zeigt sich sowohl in der Beurteilung der eigenen persönlichen Existenz unter der rückblickenden Gegenüberstellung von »einst« und »jetzt« (Lk 5, 10; Röm 7, 6. 17; 8, 1; Phil 3, 7; 1Kor 15, 9; 2Kor 5, 16; Eph 4, 22f; 1Petr 1, 14; 2, 10 u.ö.) wie in der vorwärtsgerichteten Erwartung des Ziels in der → Parusie des Herrn als auch in dem Nachdenken über den geschichtlichen Heilsweg Gottes. Von da aus empfängt die Gegenüberstellung von »Israel« und den »Heiden« ihr Gewicht. Die Urchristenheit wußte sich selbst als »neues Gottesvolk«, als »drittes Geschlecht«, als »wahres → Israel«. Infolgedessen wurden nicht allein alle wesentlichen Begriffe wie Gesetz, Priester, Opfer, Gemeinde geschichtlich gefaßt, sondern auch die Geschichte als ganze unter dem Gesichtspunkt der göttlichen Führung begriffen. In diesem Zusammenhang ist bemerkenswert, daß Paulus seine Darlegung über den heilsgeschichtlichen Sinn von Israels Geschick (Röm 9-11) mit einer Doxologie abschließt, die die *Gottes*erkenntnis zum Inhalt hat (Röm 11, 33-36): Gott ist nur auf geschichtlichem Wege wahrnehmbar. Es wird konkret das göttliche Handeln in der »Heilsgeschichte« nachgezeichnet und als eine erst durch seine eschatologische Vollendung abzuschließende Wirklichkeit erwartet. Weiterhin ist bemerkenswert, daß der → Hebräerbrief den Glaubensweg vom alten zum neuen Bunde im wesentlichen kontinuierlich versteht und daß auch das schroffste antijüdische Buch des NT, die → Johannesapokalypse, in der at. Symbolik denkt.

Dieses Geschichtsbewußtsein blieb nicht auf das urchristliche Zeitalter beschränkt. Es wurde vor allem in der Auseinandersetzung mit der Häresie und mit der spätantiken Polemik durch die christlichen → Apologeten laut. In jener ging es um die Frage der sachlich echten und damit geschichtlich gültigen Rechtsnachfolge Jesu und der Apostel, in dieser um die gottgewollte Ablösung der geschichtlichen und religiösen Epochen durch das Christentum als die Wahrheit. Darüber hinaus führte das urchristliche Geschichtsbewußtsein zur Kanonbildung mit der Aneignung des AT (→ Bibel: I B; II B; → Kanon: II). Gerade der endgültig gemeinte Kanon (des AT und NT) zielte durch seine inhaltlich geforderte beständige Beziehung auf das Urchristentum auf eine konkrete geschichtliche Wirklichkeit. Er erzeugte das durch die gesamte K. hindurchlaufende teils naive, teils bewußte und programmatische Verlangen, die innere Lebensform des Urchristentums durch eine mehr oder weniger getreue Nachbildung seiner äußeren Lebensform wiederzugewinnen. Gerade durch die Kanonbildung erhielt die K. einen bedeutungsvollen Maßstab. In sehr abgekürzter Weise lassen sich die urchristlichen Grundlagen für ein theologisches Verständnis der K. in die Schlagworte zusammenfassen: Das Wort als Geschichte; die Geschichtsmächtigkeit des Wortes.

b) Ist das Wort, die Botschaft (→ Kerygma), tatsächlich das Urdatum des Christentums, so wird K. als *Geschichte der Verkündigung und der Gestaltwerdung der Verkündigung* zu begreifen sein. K. ist Geschichte der Kirche Jesu Christi in ihrer Lebensbewegung; der Motor ihrer Lebensbewegung ist das Wort. Von da läßt sich alles weitere folgerichtig ableiten. Das Gestaltwerden der Verkündigung geschieht im persönlichen Leben; hier wird die theologische Biographie zur Aufgabe. Sie geschieht im Gemeindeleben; damit werden Geschichte des → Gottesdienstes, der → Kirchenverfassung und die Verhältnisbestimmung zur umgebenden »Welt«, bes. zum Staat (→ Kirche und Staat), umgriffen. Sie erfolgt weiterhin in der Lehrbildung (→ Dogmengeschichte, die von der Theologisierung des liturgischen Glaubensbekenntnisses ausgeht). Als Gestaltwerden der Verkündigung erscheinen die nationale Individualisierung (von den → Bibelübersetzungen bis zur Ausbildung völkisch-kirchlicher Stile), die Einflußnahme auf Sitte und Erziehung (Frage eines christlichen »Ethos«), die Erfüllung von bildender → Kunst (: III. IV; → Kirchenbau, → Malerei und Plastik), → Literatur und → Musik mit christlichen Gehalten und Themen, darüber hinaus die christliche Prägung des gesamten Geistes- und Bildungslebens der christianisierten Völker bis ins Organisatorisch-Institutionelle hinein (Aufbau und Grundverständnis der staatlichen Herrschaft: Gottesgnadentum, Dienst- und Pflichtbewußtsein, Gerechtigkeit; Gestaltung und inhaltliche Durchdringung des Schulwesens, gipfelnd in den theologischen → Fakultäten der Universitäten).

c) *Andere Möglichkeiten* eines theologischen Ansatzes der K. werden von dieser Orientierung am Wort der Verkündigung in ihrem Wahrheitsgehalt aufgenommen. Die bedeutungsvollsten sind der von E. → Seeberg vorgeschlagene Rückgang auf die Inkarnation als das zentrale Dogma, die Aufarbeitung der K. als Auslegungsgeschichte der hl. Schrift (G.Ebeling), als Geschichte der Gemeinde Jesu Christi, dh unter dem Leitgesichtspunkt des Kirchenbegriffs (W.Delius), schließlich als Missionsgeschichte (K.S.Latourette). Mit diesen objektiven Ansätzen ist die stark subjektiv gedachte Umwandlung der K. in Geschichte der persönlichen (und kollektiven) Frömmigkeit (G. → Arnold, A. → Neander, J.v. → Walter) überwunden. Die K. ist so an alle anderen theologischen Disziplinen angeschlossen, die sämtlich in der Bestimmtheit vom Wort der Verkündigung ihre Einheit haben.

d) Weniger klar läßt sich das bis zur theologischen Neuorientierung seit etwa 1918 als selbstverständlich vorausgesetzte Verhältnis zur *profanen Geschichtswissenschaft* bestimmen. Problemlos ist es, soweit die angewandten Methoden in Frage stehen; hier folgt die K. der Profangeschichte formal. Inhaltlich ist sie nicht in der Lage, den → »Historismus« mit seinen relativistischen Konsequenzen, die Verhältnisbestimmung von »Idee« und Persönlichkeit, den Begriff des »großen Mannes« und der Masse, der Individualität und der Institution u.ä. unbesehen zu übernehmen. Es ist charakteristisch, daß die inhaltlichen Grundfragen an das historische Denken, sowohl die hermeneutische nach dem zutreffenden Verstehen (→ Hermeneutik) als auch die kritisch-absolute nach dem letztgültigen, vielleicht »überhistorischen« Maßstab, von Männern erhoben wurden, die ursprünglich Theologen waren (→ Dilthey, → Troeltsch). Darin ist die Frage eingeschlossen, ob sich die K. als Teil der Universalgeschichte (dh als Geschichte des Christentums in religionsgeschichtlicher Analogie zu anderen Glaubensformen) verstehen darf, oder ob ihr von ihrer theologischen Qualität her maßstabbildende Kraft gegenüber der sonstigen Geschichte eignet, so daß theologische Grunderkenntnisse wie das Gegenüber von Inkarnation Gottes und geschichtlicher Niedrigkeit im Kreuze, von menschlich-irdischer Unerfülltheit und eschatologischer Erwartung, von schicksalhafter, vormenschlicher und übermenschlicher Gebundenheit und persönlicher Entscheidungsfreiheit auch für das Grundverständnis der Profangeschichte belangvoll werden, ja, ob schließlich die Säkularisierung, die Ausbildung eines relativ selbständigen Weltbegriffs, als theologische Funktion begriffen werden darf (Gogarten, Ebeling, eingeschränkt M.Schmidt).

2. a) Die *Anfänge der Ks.* liegen im NT selbst, vor allem im lukanischen Geschichtswerk, das die beherrschende Stellung des verkündigten Wortes überall erkennen läßt und darum in seinem zweiten Teil, der → Apostelgeschichte, geradezu zur Missionsgeschichte wird (→ Geschichtsschreibung: II). Daneben treten andere Prinzipien hervor, vor allem die Bedeutung des hl. → Geistes (: IV), der die Missionsgeschichte legitimiert, und diejenige der → Apostel, die die Träger des Geistes und Boten des Wortes werden. Kündigt sich in ihrer hohen Bewertung schon leise der Zug zu einem institutionalistischen Verständnis der → Kirche und der K. an, so wird dieser in der Aufstellung von Bischofsreihen unter dem Gesichtspunkt der apostolischen → Sukzession greifbar. Vermutlich haben die verlorenen Werke der Chronographen → Theophilus, → Hippolyt und → Junilius Africanus eine ähnliche Konzeption gehabt. Auf die Höhe führt die institutionalistische Tendenz → Euseb von Cäsarea, der »Vater« der Ks., der seine 10 Bücher der K. (bis 324) nicht nur chronologisch, sondern auch sachlich an die spätantike Kaisergeschichte anlehnt. Er bietet die Geschichte des Christenvolkes neben anderen Völkern, ihre Eigenart ist durch ihren Helden, den Heiland Jesus Christus, bestimmt. Die Regenten sind die Nachfolger der Apostel, die Kämpfe die Verfolgungen, die Unruhestifter und Feinde die Häretiker, die großen Männer die kirchlichen Schriftsteller. Die Aufnahme eines umfangreichen Quellenmaterials, das nur ungenügend eingearbeitet ist, wurde durch die große Bibliothek des → Origenes ermöglicht. Euseb sieht die Kirche nur bis zum Anfang des 2.Jh.s als rein an und läßt dann den häretischen Irrtum - von außen eindringend - beginnen. Damit wird er zum Vorläufer der Verfallstheorie in der K. Da er andererseits in den Bischöfen die Bewahrer des apostolischen Erbes erblickt, stehen Traditionsgedanke und Verfallsprinzip, wie später oft, in Wechselwirkung. Die eigentliche, wahre Kirche, die die Häretiker ausscheidet, ist für ihn ewig. Ergänzt wird seine K. durch seine »Chronik«, den Bericht über die palästinischen Märtyrer unter Diokletian, und das »Leben Konstantins«. - Eusebs Fortsetzer im gleichen Geiste wurden → Sokrates (bis 439), → Sozomenus (bis 423), → Theodoret (bis 428), → Philostorgius (bis 423), → Evagrius Scholasticus (bis 594), → Johannes von Ephesus (bis 571), → Nikephorus Kallisti (bis 610), der in der Manier des Thukydides und des Philostorgius eine noch nicht nachgewiesene Vorlage bearbeitete. Der kritische Sinn ist bei allen diesen Autoren wenig ausgebildet, am geringsten bei Nikephorus.

Im *Abendlande*, das gerade in der K. lange vom griechischen Erbe des Ostens lebt, beginnt die Ks. mit der Übersetzung und Ergänzung Eusebs durch → Rufinus († 410). → Hieronymus übersetzte Eusebs »Chronik« und führte sie bis 378 weiter. → Cassiodor (ca 480-570) schuf in der Historia tripartita, die er aus Sokrates, Sozomenus und Theodoret zusammenstellte und mit einer Fortsetzung versah, das Handbuch der K. für das MA und bis ins Zeitalter der luth. und ref. Orthodoxie. Er legte dabei das danielische Schema der vier Weltmonarchien als Ausdruck des göttlichen Geschichtsplans zugrunde, worin er wohl Hieronymus folgte, und nahm ebenfalls im Anschluß an diesen die aus antiken Traditionen stammende Theorie der Reichsübertragung von einem Staatsvolk auf das andere (translatio imperii) auf. Er ist wohl am stärksten durch die antike Geschichtsanschauung beeinflußt (Hauptquelle: Epitome des Junius aus den Historiae Philippicae des Trogus Pompejus). Mit dem politisch gedachten und daher auf die äußere Geschichte bezogenen Schema der 4 Weltreiche tritt als tiefere, nach der inneren Geschichte fragende Anschauungsform die Darstellung des göttlichen Weltplans nach Analogie der 6 Schöpfungstage in Konkurrenz – eine geschichtstheologische Weiterbildung von Grundgedanken des → Irenäus (bes. → Isidor von Sevilla, → Beda), die sich aber nicht voll durchsetzen konnte. Ihre Sicht des neuen Gottesvolks sowohl als Abschluß wie auch als heilsgeschichtlichen Anfang hat das christliche Geschichtsdenken allerdings von Irenäus über Augustin bis hin zu Lessings »Erziehung des Menschengeschlechts« in einer beinahe naiven Selbstverständlichkeit bestimmt und die noch für Chr.E. → Weismann (1745) gültige Bezeichnung der K. als »K. des NT« gezeitigt. Die Geschichte der Kirche erhält auf diese Weise unreflektiert und schwer begrenzbar sakralen, heilsgeschichtlichen Charakter. Unter solchem Aspekt schrieben → Sulpicius Severus (Chronicorum libri duo, 403) noch zurückhaltend, → Orosius (Historiarum adversus paganos libri VII, 418) auf Veranlassung → Augustins und → Prosper von Aquitanien (Chronicorum libri tres, nach 455) in Anlehnung an Augustin beredt Geschichte, wobei sich die Grenzen zwischen K. und Weltgeschichte verwischten. – Die »Christliche Geschichte« des → Philippus von Side († nach 426) ist verloren. Im ganzen bleibt bemerkenswert, in welchem Umfang und mit welcher Energie die alte Kirche, bes. seit Konstantin, historiographisch tätig wurde und die christlichen Maßstäbe auf dem Felde der Geschichtserkenntnis und Geschichtsdeutung durchsetzte. Die Durchdringung von prinzipieller Konzeption und schlichter Nachrichtensammlung bedarf für die meisten der altkirchlichen Historiker noch der Erforschung. Das gilt auch für Teilberichte oder unvollständig erhaltene Schriftsteller, zB für → Johannes von Ephesus. – Für die Elemente der Ks. stellte die alte Kirche sowohl grundsätzlich in der Vereinigung von Geschehen und Deutung als auch praktisch bes. durch die → Märtyrerakten und Heiligenleben methodische Formen und sachliche Gehalte zur Verfügung, die für den Aufbau einer theologischen Biographie als einer Grundeinheit der Geschichtsschreibung wesentlich wurden.

b) Das *MA* führte einerseits kompilatorisch und annalistisch die altkirchlichen Leistungen weiter (zB Epitome historiae sacrae, ein unter dem Namen Haimos von Halberstadt überlieferter Auszug aus Rufin; Chronographia tripartita des → Anastasius Bibliothecarius, beide im 9.Jh.), andererseits entwickelte es neue Kraft in der Territorial-Geschichte und -K. (→ Gregor von Tours, → Beda Venerabilis, → Adam von Bremen, → Ordericus Vitalis), die jeweils einen universalhistorischen heilsgeschichtlichen Prolog erhalten. Die Einheit von K. und Weltgeschichte spiegeln am stärksten das Speculum universale des → Vincentius von Beauvais (1244) und die Summa historialis des → Antoninus von Florenz (1480). Ein vielbenutztes Handbuch für den Geschichtsunterricht schrieb → Martinus Polonus († 1278) in seiner Chronik. Stärker k.en als weltgeschichtlichen Charakter trägt die Historia ecclesiastica des Bartholomäus von Lucca († 1327); ausgesprochen papalistisch gerichtet, bietet sie eine Erzählung der Ereignisse bis 1312. – Diesen Sammlungen und Überblicken trat als selbständige Konzeption mit großer Nachwirkung die franziskanisch-spiritualistische Geschichtstheologie gegenüber, die in → Joachim von Fiore († 1202) ihren geistigen Vater hat. Der Minorit Gerhard von Borgo San Donnino († 1275) eignete sie sich seit 1240/54 an (Liber introductorius in evangelium aeternum). Joachim ersetzte die herkömmliche Zweigliederung der Geschichte, die durch die Ankunft Jesu Christi bestimmt war, durch eine Dreigliederung, die er aus der Trinität schöpfte. Damit war die Eschatologie ins Diesseits herabgezogen und sowohl der Entwicklungs- als auch der Verfallsgedanke für die K. und die Gesamtgeschichte neu betont. Das trinitarische Schema, das nun als dritte Deutungskategorie neben das Bild von der danielischen Weltmonarchie und die Analogie der Schöpfungstage trat, wurde von Joachim durch eine Fülle biblischer Typologien und Allegorien reich ausgestaltet (drei Stufen: Gesetz, Gnade, Liebe; Wissenschaft, Weisheit, Fülle der Erkenntnis; Knechtschaft [Sklaven], Dienst [Söhne], Freiheit). Die beredteste Wiederaufnahme vollzog → Lessing in der »Erziehung des Menschengeschlechts«. Für die Ks. wurde Joachims Konzeption in Seb. → Francks Chronica oder Geschichtbibel (1531) und in G. → Arnolds Kirchen- und Ketzerhistorie (1699) bedeutungsvoll.

c) Der → *Humanismus* verstärkte einerseits die territorialhistorische und territorialkirchenhistorische Linie des MA durch ein betont nationales Interesse, für das die italienische → Renaissance (→ Macchiavelli, → Guicciardini) beispielgebend wirkte. Er drang sodann durch seine programmatische Forderung »ad fontes« auf eine kritische Bearbeitung der Quellen und legte damit den Grund zu einer exakten Geschichtsforschung. Das führte zu zuverlässigen Ausgaben der Kirchenväter (bes. durch → Erasmus), denen sich solche mittelalterlicher Quellen anreihen (zB → Otto von Freising durch Cuspinian). Im übrigen trennte der Humanismus Weltgeschichte und K. → Melanchthon machte 1520 in einem Entwurf zur Studienreform die Geschichte zur eigenen Disziplin und las selbst seit 1555 Universalgeschichte nach dem von ihm bearbeiteten Chronicon Carionis, in dem er die danielischen vier Weltmonarchien ganz politisch interpretierte. Die Universität Mainz schuf 1504 den ersten historischen Lehrstuhl. Auf solchem Boden, bes. in Melanchthons Schule, erwuchsen kirchenhistorische Leistungen und Handbücher (G. → Major, Vitae patrum in usum ministrorum verbi repurgatae, 1544; Heinr.Pantaleon, Chronographia ecclesiae christianae, 1550; Robert Barnes, Vitae Romanorum pontificum, 1536, mit Vorrede Luthers) und eine geregelte Lehrtätigkeit an den Universitäten. Der kritische Sinn des humanistischen Geschichtsforschers führte zur folgenreichen Zerstörung fundamentaler Geschichtslegenden (→ Konstantinische Schenkung und → Apostolikum durch L. → Valla). Die Verfallstheorie, die Joachim von Fiore vom Glauben her begründet hatte, wurde hier nüchtern philologisch-historisch entwickelt.

d) Für die *Reformatoren* gilt, daß sie sämtlich von einem starken k.en Bewußtsein getragen waren und darum nach Möglichkeit an ihnen verwandt erscheinende frühere Bewegungen »anknüpften« (so Luther in seinen Urteilen über die böhmischen Brüder, → Farel und → Beza in ihren Beziehungen zu den → Waldensern). Aus den geschichtstheologischen Anschauungen → Luthers – der Verhüllung von Gottes Handeln unter dem Gegenteil und unter dem Kreuz, der Verborgenheit der Kirche, ihrer Blüte unter der Verfolgung – erwuchs der folgenreiche Gedanke der Wahrheitszeugen in der Geschichte, den → Flacius Illyricus zu einem Catalogus testium veritatis (1556) ausbaute. Er bildete auch den Kern seines k.en Werkes, der Magdeburger Centurien (1559-74; Centurie I-XIII, dh K. der ersten 13 Jh.e; Centurie XIV-XVI, zT unvollständig, handschriftlich in Wolfenbüttel; Titel: Ecclesiastica historia... secundum singulas centurias...; Mitarbeiter: J. → Wigand, M. → Judex). Beherrschend war der antirömische Standpunkt. Scharfsinn und Stoffreichtum machten die Magdeburger Centurien zu einer gefährlichen Waffe im konfessionellen Kampfe, gegen die C. → Baronius mit den Annales ecclesiastici (bis 1198 reichend) 1588-1607 ebenbürtig antrat. Beide Riesenwerke teilen die humanistische Grundanschauung, daß die Kirche in den ersten

5-6 Jh.en rein war (consensus quinquesaecularis bzw. sesaecularis), unterscheiden sich aber voneinander durch die Beurteilung der folgenden Entwicklung, die für Flacius Abfall, für Baronius Festhalten des Erreichten bedeutet. Obwohl die Erziehung durch den Humanismus mit dieser consensus-Idee tief in die inhaltliche Bewertung eingriff, hatte sie ihr Schwergewicht im Formalen und Methodischen und führte zu entsprechenden Untersuchungen (D. → Chyträus, De lectione historiarum recte instituenda, 1565; Chr. → Pezel, Oratio de argumento historiarum et fructu ex illarum lectione petendo, 1568). Für das geschichtliche Selbstverständnis der Reformation wurde im luth. Bereich die Historia der Augsburgischen Confession (1576, lat. 1578) des Chyträus, im ref. die Histoire ecclésiastique des églises réformées au royaume de France (1580) Th.Bezas am wichtigsten. Der Gehalt des Kanonbegriffs, die Forderung der *reinen Kirche,* verschaffte sich hierin wegweisenden Ausdruck. Die polemische Orientierung brachte schon früh Geschichten der Gesellschaft Jesu von ev. Seite hervor (Elias Hasenmüller, Historia Jesuitici Ordinis, 1588; R. → Hospinian, Historia Jesuitica, 1619). Die ersten selbständigen k.en Vorlesungen hielt 1583 Andr.Wencel in Frankfurt/O., eigenes Lehrfach wurde die K. zuerst in Helmstedt. Das erste ev. Kompendium der K. verfaßte Joh. → Pappus (Epitome historiae ecclesiasticae, 1584; ergänzt von Eus.Böhme 1626 und Heinr.Kipping 1661). Ihm folgte das auf Anregung → Ernsts des Frommen von → Seckendorf begonnene, von J.H.Boecler ausgeführte (1666), von A. → Rechenberg (1723) im pietistischen, von E.S. → Cyprian (1723/35) im orthodoxen Sinne beendete Compendium historiae ecclesiasticae Gothanum. Der Helmstedter Theologe Chr.Reineccius gebrauchte 1583 zum ersten Male den Begriff »pragmatische Geschichte«. Auf ref. Seite suchte J.H. → Hottinger (Historia ecclesiastica Novi Testamenti, 1651-57) ein Seitenstück zu den Magdeburger Centurien zu schaffen.

In → *England* (: II, 3), das einerseits durch seine betont konservative Haltung gegenüber dem altkirchlichen Erbe, andererseits durch das starke Einwirken von Renaissance und Humanismus auf Theologie und Kirche, bes. aber durch den wiederholten jähen Wechsel der Staatskirchenpolitik zu k.en Darstellungen prädestiniert schien, bildete sich zwar ein überaus lebendiges kirchen- und volksgeschichtliches Selbstbewußtsein, jedoch kam es noch nicht zu einer eigentlichen Ks. Vielmehr ging das historische Empfinden in die dogmatisch-apologetischen Selbstdarstellungen der Kirche von England ein (bes. J. → Jewel, Apologia pro ecclesia Anglicana, 1562) und gestaltete darüber hinaus das kirchliche Glaubensbewußtsein als Märtyrerbewußtsein in den klassisch gewordenen Acts and Monuments von J. → Foxe (1563).

Der *röm. Katholizismus* setzte sich in dem Werk des Baronius (s.o.) sein erstes und für die Zukunft beispielhaftes gegenreformatorisches Denkmal. Ihm folgten die kurze Historia Societatis Jesu von J. → Gretser (1594) und das an Wert geringere Jubiläumswerk der SJ: Imago primi saeculi Societatis Jesu (1640). Eine umfangreiche geschichtliche Selbstdarstellung der Jesuiten sind die Historiae societatis Jesu (I-V, 1615-1759). Den großen kirchenhistorisch-gelehrten Angriff auf Luthers Reformation trug der Jesuit L. → Maimbourg in seiner Histoire du Luthéranisme vor (1680). Er löste damit (als Widerlegung) die äußerst sorgfältige und sachkundige Reformationsgeschichte des V.L.v. → Seckendorf aus (Commentarius ... de Lutheranismo, 1692). Aus gleicher konfessionell apologetischer Absicht ging V.E. → Löschers umfangreiche Materialsammlung »Vollständige Reformations-Acta und Documenta« (1720-29) hervor. - Im übrigen begründete der röm. Katholizismus, bes. in Frankreich, mit seinen zT heute noch nicht überholten Bemühungen in Editionen, historischen Hilfswissenschaften (→ Chronologie, → Diplomatik, Quellenkritik) und Materialsammlungen die moderne Geschichtswissenschaft überhaupt. Mit dieser glänzenden Arbeitsleistung, an deren Spitze die → Mauriner standen, wetteiferten die ref. Theologen Frankreichs; doch herrschte bei ihnen infolge der polemischen Orientierung die dogmatische Betrachtungsweise vor (vgl. zB J. → Daillé, Traité de l'employ des Saints Pères, 1632). Das führende k.e Werk wurden → Tillemonts Mémoires pour servir à l'histoire ecclésiastique des six premiers siècles (1693-1712). Neben den Maurinern zeichneten sich die → Bollandisten, → Hardouin, → Mansi, → Baluze und → Assemani aus. Der bemerkenswerte Versuch des jesuitischen Ordensgenerals → Aquaviva, 1612 in München ein Forschungsinstitut für K. zu gründen, blieb erfolglos. Eine altchristlich-kath. Gesamtdarstellung ohne polemische Schärfe, die sich darum im Anglikanismus einbürgerte und auch von Friedrich d.Gr. benutzt wurde, verfaßte C. → Fleury (Histoire ecclésiastique, 1691-1722, dt. 1752-76, lat. 1758-94).

e) Auch das *Täufertum* und die ihm verwandten urchristlich gerichteten Kreise waren von einem häufig eschatologisch gefärbten heilsgeschichtlich-k.en Bewußtsein getragen, das sich mitunter auch in historisch-kirchenhistorischen Darstellungen niederschlug. In beiden Bereichen war die Verfallsidee - mit und ohne Anknüpfung an Joachim von Fiore - zur Stelle (Th. → Müntzer, M. → Hofmann, B. → Rottmann, K. → Schwenckfeld). Die repräsentativen historischen Werke wurden einerseits Seb. → Francks Chronica oder Zeit- und Geschichtbibel (1531), andererseits die Geschichtbücher der Huterischen Brüder (→ Huter) in der zweiten Hälfte des 16.Jh.s, die - ähnlich wie J.Foxe mit seinen Acts and Monuments - dem Märtyrerbewußtsein die beherrschende Stellung gaben. - Der *mystische Spiritualismus,* bes. der des 17.Jh.s (→ Felgenhauer, → Betke, → Hoburg, → Breckling), baute dies zu seiner großen Verurteilung der konfessionell-institutionellen Kirche unter dem apokalyptischen Schlagwort »Babel« (Apk 18) aus. → Dippel faßte sie abschließend in den radikalen Satz, die große Babel sei durch Luther und die Reformation nicht überwunden, sondern nur geteilt worden. Die reine Kirche, die legitime Fortsetzung des Urchristentums, konnte daher nur bei den frommen Individuen sein. Der Verfallsgedanke wurde in den spiritualistischen Kreisen nicht allein auf die konstantinische Verbindung mit der weltlichen Obrigkeit, sondern auch auf die »dogmengeschichtliche« mit der spätantiken Philosophie bezogen, wobei Luthers Kritik am Aristotelismus aktualisiert und verschärft wurde. Alles hier Bereitgestellte faßte G. → Arnold zu seiner »Unparteiischen (dh überkonfessionellen) Kirchen- und Ketzerhistorie« zusammen (1699). Vorher und nachher zeichnete er ein liebevolles Bild des Urchristentums (bes. Die erste Liebe, 1696). Die »Kirchen- und Ketzerhistorie«, die den Gedanken des gläubigen Individualismus unter dem Oberbegriff der Wiedergeburt konsequent gegen den Institutionalismus der bisherigen Ks. durchführte, vollzog einerseits eine umfassende Säkularisierung, andererseits eine neue Sakralisierung der K. (in den wiedergeborenen Einzelnen). K. wurde Frömmigkeitsgeschichte. Aus der Einleitung ist die Bildung und Hervorkehrung des Begriffs »historische Wahrheit« bedeutungsvoll. Das ganze Werk wurde zur klassischen Darstellung der Verfallsidee (vgl. Goethe nach der Lektüre Arnolds: Die K. ist »Mischmasch von Irrtum und Gewalt«). Es wirkte auf die Folgezeit namentlich auch durch die Betonung der Innerlichkeit als des Kerns der Geschichte; die humanistisch-idealistische Formel »Geschichte als Bildungsgeschichte der Menschheit und des Menschentums« (→ Herder, → Goethe, → Schleiermacher) ist hier entsprungen. Eine historiographische Folge war die hohe Bewertung der Biographie und Autobiographie. - Als »kirchliche Reduktion« von Arnolds Werk darf die Introductio in Memorabilia ecclesiastica historiae sacrae Novi Testamenti (1744) des schwäbischen Pietisten Chr.E. → Weismann gelten. - Der → *Pietismus* war als Gesamterscheinung von einem ausgeprägten geschichtlichen Selbstbewußtsein erfüllt, zu dem die heftige Anfeindung das Ihre beitrug (vgl. bes. → Spener, Wahrhaftige Erzehlung dessen, was wegen des sog. Pietismi vorgegangen, 1700; A.H. → Francke, Segensvolle Fußstapfen des noch lebenden und waltenden Gottes, 1706ff). Er verstand sich mit Vorliebe als fortgehende Reformation und verhütete so eine naheliegende Kanonisierung von Luthers Werk und Zeit. Der orthodoxe Antipode Arnolds wurde auf dem Felde der Ks. E.S. → Cyprian.

f) Die Ks. der → *Aufklärung* (: III) setzt mit J.L. (v.) → Mosheim ein; seine Institutiones historiae ecclesiasticae Novi Testamenti (1726 u.ö.) bemühen sich um knappe Zeichnung, vollständige Quellenbenutzung, sachgerechte Anordnung und Zurückhaltung in der Urteilsbildung. Beobachtung und erzählende oder auch rein statistische Wiedergabe des Beobachteten ist das Ziel, »pragmatische« (an den Tatsachen orientierte) im Gegensatz zur »dogmatischen« Haltung die Aufgabe. Darum wird jetzt die Untersuchung gewichtiger als die Darstellung. Mit dieser Orientierung wurde Mosheim zum »Vater der modernen Ks.« (F.Chr.Baur). - Gleichzeitig trat als Sammler vor allem J.G. → Walch auf (Historische und theologische Einleitung in die Religionsstreitigkeiten der [bzw. außer der] ev.-luth. Kirche, 1730-39 und 1733-36). In dieser Hinsicht überbot ihn nur die Christliche K. von J.M. → Schröckh (45 Bde, 1768-1813, vollendet von H. G. → Tzschirner), die in rational supranaturalistischem Geiste mit aufgeklärter Methodik unter starker Hervorhebung des biographischen Elements verfaßt ist. H.Ph.K. → Henke überwand die Einteilung nach Jh.en durch sachliche Periodisierung (Allg. Geschichte der christlichen Kirche, 6 Bde, 1788ff). Der große Repräsentant aufklärerischer Ks. aber wurde der rationale Supranaturalist G.J. → Planck (Geschichte der christlich-kirchlichen Gesellschaftsverfassung, 1803-09). - Die Aufklärung begründete zugleich die → Dogmengeschichte, da sie im Dogma, wenn nicht eine Mißbildung, so doch eine merkwürdige, der genetischen Erklärung bedürftige Erscheinung erblickte. Damit führte sie der gesamt-k.en Betrachtung neue Energien zu, die sich erst im 19. und 20.Jh. auswirkten. Ihre eigentliche Leistung für die K. liegt in der Durchsetzung des prinzipiellen → Historismus im Sinne einer Aufhellung der Tatbestände und Zusammenhänge durch das immanente Kausalprinzip unter Preisgabe des heilsgeschichtlich-supranaturalen Charakters. Die von Arnold eingeleitete Säkularisierung gelangte hier auf die Höhe.

g) Der biographische Grundzug, den die mystisch-spiritualistische und, ihr folgend, die pietistische Ks. durch ihre Verwerfung der Kirche eingeführt hatte, behauptete sich über die Aufklärung hinweg ins *19.Jh.* hinein. Er gestaltete zwei repräsentative, auf lange hinaus bestimmende Werke, die History of the Church of Christ von Joseph und Isaac Milner (1794-1809) und A. → Neanders Allgemeine Geschichte der christlichen Kirche und Religion (1826-45 u.ö.). In beiden wird, dem neupietistischen Charakter der → Erweckungsbewegung gemäß, die K. zur Geschichte der Frömmigkeit. Der »Strom des christlichen Lebens« (Neander) soll hervortreten. Stärker romantisch-idealistisch konnte Neander die Gesamtentwicklung als »Durchdringungsprozeß des von oben hineingesenkten göttlichen Lebens mit dem menschlichen« bezeichnen. → Schleiermachers Theologie brachte, obwohl dem Geschichtsproblem offen, keinen unmittelbaren Ertrag für die Ks. → Gieselers Lehrbuch der K. (1824-57) hatte seinen Wert in der gründlichen Quellendarbietung, blieb jedoch in der Gestaltung unzureichend. In dieser Hinsicht ragte die feinsinnig, spätromantisch und spätidealistisch, stark künstlerisch charakterisierende, beim Einzelvorgang verweilende K. Karl → Hases hervor (Lehrbuch der K., 1834 u.ö.; K. auf der Grundlage akademischer Vorlesungen, postum hg.v. G.Krüger, 1890/92). Sie löste freilich den Gesamtverlauf unter der Grundhaltung idealistisch-romantischer »Anschauung« bis ins Anekdotenhafte auf. Den biographischen Aspekt machte die volkstümliche Reihe von Friedr.Böhringer zum Programm (Die Kirche Christi und ihre Zeugen, 1842-58).

Im entschiedenen Gegensatz dazu erwuchs in der Schule → Hegels das Bestreben, die K. als fortschreitende Erfüllung der Idee der Kirche zu verstehen. F.Chr. → Baur urteilte, daß bis zur Reformation die Idee danach verlange, in die Realität der Erscheinung einzugehen, seit der Reformation aber, sich daraus zurückzuziehen. Den gleichen Gedanken vertraten R. → Rothes nachgelassene Vorlesungen über K. (1875/76), die eine Zweiteilung vornahmen und die erste Epoche als die kath. oder kirchliche, die zweite als die prot. oder kirchenlose Zeit qualifizierten. Umgekehrt wollten A.F.C. → Vilmar und Th. → Kliefoth in der Herausbildung der Kirche das Kennzeichen der neuzeitlichen K. sehen, brachten allerdings keine Gesamtdarstellung hervor. Die »Universalkirchenhistorie« (1806) des Rechtshegelianers Ph.K. → Marheineke suchte die Inkarnation zum Grundprinzip, ihre wechselnde Erfüllung zum Schlüssel der geschichtlichen Entwicklung zu machen. Sie konnte so gegen den Neukatholizismus J.A. → Möhlers mit seiner direkten Identifikation von Idee und Erscheinung protestieren.

Im Gegenschlag zu diesen weitgespannten konstruktiven Entwürfen wurde seit dem Ende des spekulativen Deutschen → Idealismus der Ansatz der Ks. positivistisch bei der konkreten Tatsächlichkeit und Entwicklung genommen und in einer zunehmend verfeinerten Methodik durchgestaltet, so daß ein beispielloser Aufschwung der Forschung erfolgte und die Verbundenheit mit der Profangeschichte beständig zunahm bis zur Selbstverständlichkeit der Einordnung. Das 19.Jh. bis zum 1. Weltkriege profilierte sich immer schärfer als das Jh. der Geschichte: führende systematische Theologen wie Rothe und A. → Ritschl begannen als Kirchenhistoriker und hielten diese Beziehung innerlich fest (Rothe, Die Anfänge der christlichen Kirche und ihrer Verfassung I, 1837; Ritschl, Die Entstehung der altkath. Kirche, [1850] 1857^2; Geschichte des Pietismus, 1880-86). Der Kanonsbegriff mit seinem autoritativen Anspruch und die historiographische Ausgestaltung dieses Anspruchs durch G.Arnold wirkten insofern (großenteils halbbewußt) weiter, als die alte K. der ersten 3 Jh.e zum bevorzugten Forschungsgegenstand erhoben wurde. Repräsentativ und schulbildend geschah dies durch A. → Harnack, bei dem intensiver Fleiß, wissenschaftsorganisatorisches Geschick, Schärfe der Beobachtung, lebendige, oft parteiische Urteilsbildung mit einer an Augustin und Goethe genährten, nie zur Klarheit verantwortlicher Reflexion erhobenen Gesamtanschauung vom geistigen und religiösen Leben in glänzender Weise verbunden waren. Unter seinen im engeren Sinne k.en Werken nimmt »Die Mission und Ausbreitung des Christentums in den ersten drei Jh.en« (1902 u.ö.) den ersten Platz ein -

in ihrer Art eine großartige Gestaltung der missionarischen Grundauffassung der K. (s. 1b), versetzt mit einem idealistisch-kosmopolitischen Universalismus (Kulturtheologie). Epochemachend wirkte er in der → Dogmengeschichte. Teils als Gegenpol, teils als Ergänzung zu ihm kann der k.e Bestandteil des Gesamtwerks von E. → Troeltsch verstanden werden, dessen Interesse ausgesprochen der neuzeitlichen Entwicklung als der vollendeten Säkularisierung, andererseits der Ausbildung des christlichen (individuellen und sozialen) Ethos galt. Bei A. → Hauck ging ein heilsgeschichtlich-orthodoxes, aus der → Erlanger Schule stammendes Grundverständnis des Christentums eine Ehe mit einem starken Nationalempfinden ein. Seine K. Deutschlands (MA; 1887-1920 u.ö.) wurde durch Quellennähe, Charakterisierungskunst, Gestaltungskraft und Treffsicherheit in der Formulierung zu einem unerreichten Meisterwerk. Karl → Müller unternahm eine Gesamtdarstellung (1892 bis 1918, bis zum 30jährigen Kriege reichend; I, 1941^3), die stark soziologisch gerichtet war (Querschnittbilder) und den Forschungsertrag mit eigener Forschung souverän zusammenfaßte. Unmerklich veränderte sich der innere Gang der Ks. dahin, daß die kritische Quellenedition, die Untersuchung (vgl. die von Harnack hg. TU), die Monographie und die Darstellung eines begrenzten Zeitraums, weniger die theologische Biographie die Kennzeichen dieser Epoche (ca 1870-1914 und darüber hinaus) wurden. In der alten und mittelalterlichen K. bürgerte sich die Mitarbeit von Philologen (bes. E. → Schwartz), in der Erforschung des → Mittelalters und der → Reformation nach dem großen Beispiel → Rankes die von Profanhistorikern ein. Bes. durch Harnack erhielt die alte K. den Charakter des Musterfeldes für den wissenschaftlichen Anbau. In der Reformationsgeschichte entwickelten sich K. → Holl, H.v. → Schubert, H. → Boehmer (Schüler Haucks), W. → Koehler (Schüler Troeltschs), später Joh.v. → Walter, zu führenden Forschern, die die Arbeit der vorhergehenden Generation (Th. → Kolde, Th. → Brieger, J. → Köstlin, G. → Kawerau, Otto Zöckler) überlegen fortsetzten. Aus dieser verdienen H. → Reuter mit seinen sehr selbständig gedachten Forschungszielen (Augustinische Studien, 1887; Geschichte der religiösen Aufklärung im MA, 1875-77), Herm. Weingarten und G.V. Lechler mit ihrer Bearbeitung der K. Englands besondere Hervorhebung.

Der bedeutendste, weil ausgesprochen theologische Neuansatz wurde in und nach dem 1. Weltkriege von K. Holl im Zusammenhang seiner Lutherforschung und -deutung gewonnen und in fast gleichmäßiger Bearbeitung aller wesentlichen Epochen auf das Ganze der K. ausgedehnt. Seine (heftig umstrittene) Analyse von Luthers Rechtfertigungslehre unter dem theozentrischen Blickpunkt des göttlichen Urteils bewirkte die konsequente Befragung der k.en Gestalten und Erscheinungen auf ihren Gottesbegriff – durchgeführt in einer ebenso sorgfältig differenzierten wie sachlich energischen Interpretation, die im einzelnen immer den Blick auf das Ganze behielt (Ges. Aufs. zur K. I-III, 1923-28). Später wurde die theologische Arbeit K. → Barths für die k.e Betrachtung, bes. der Reformation und der Neuzeit, fruchtbar (Ernst Wolf, E. Bizer, zT W.v. Loewenich, für die altkirchliche DG W. Schneemelcher). Die theologische Prägung aller k.en Bemühungen wurde von nun an fast verbindlich und hatte eine ausgesprochene Nähe zur → Systematischen Theologie. Dies gilt ebenso für die meist reformationsgeschichtlichen Monographien aus der Schule Holls (H. Bornkamm, H. Rückert, F. Blanke, R. Stupperich, E. Vogelsang) wie für die ohne eindeutige Schulzugehörigkeit konzipierten von H.v. Campenhausen, H. Dörries, K.D. Schmidt, W. Eltester, W. Elliger, W. Maurer und A. Hamel. W. Völker arbeitete die mystisch-pneumatische Linie bes. in der Patristik heraus. E. → Seeberg begründete durch seine Synthese von Lutherforschung, Aufhellung des mystischen Spiritualismus und Zuneigung zum Deutschen Idealismus eine eigene Schule (E. Benz, P. Meinhold, W. Zeller, E. Peschke). Der positivistischen Orientierung blieben H. → Lietzmann und sein Schüler K. Aland sowie H. → Leube (Schüler Boehmers) im Interesse der wissenschaftlichen Unbestechlichkeit weithin treu. Lietzmann schuf auf diesem Grunde das reife Meisterwerk »Geschichte der Alten Kirche« (1932-44), das in seinem schlicht erzählenden, quellennahen, sachlich gehaltvollen Stil an Haucks Werk erinnert. E. → Hirsch, der von Holl ausging, verarbeitete eigenes Luther-, Fichte- und Kierkegaardstudium zu einer höchst eigenwilligen, die christliche Tradition an vielen Punkten polemisch abbauenden Schau der neuzeitlichen Kirchen- und Geistesgeschichte (zuletzt: Geschichte der neuern ev. Theologie I-V, 1949-54). – Die Gesamtdarstellung blieb gleichwohl unentbehrlich. Ihr diente seit 1849 das klassische »Lehrbuch der K.« von J. H. → Kurtz im Geiste milder luth. Neuorthodoxie. 1909-12 wurde es durch das Handbuch der K. von G. → Krüger ($1923-31^2$) ersetzt, das an die Stelle des älteren Lehrbuchs der K. von W. Moeller (neubearb. von H.v. Schubert und G. Kawerau) trat und sich seitdem als das umfassende Hilfsmittel behauptet. Kürzere Gesamtdarstellungen in Kompendienform gaben K. → Heussi, H. → Achelis, H.v. → Schubert (neubearb. von E. Dinkler), W.v. Loewenich, K. Aner, H. Schuster und K.D. Schmidt, eine größere Gesamtdarstellung als Frömmigkeitsgeschichte Joh.v. Walter. Durch eine stark künstlerisch-feuilletonistische Note brachte W. Nigg die K. weiteren Kreisen nahe (Große Heilige, 1946; Das Buch der Ketzer, 1949).

Die *deutsche röm.-kath. Theologie* widmete sich seit → Denifle mit zunehmender Intensität der Erforschung der Reformation und → Gegenreformation (H. → Grisar, J. Lortz, E. Iserloh, H. Jedin) samt ihren Bedingungen, während in der alten K. der Austausch mit der entsprechenden ev. Forschung nie abgerissen war. Hier wurden die französischen Werke von L. → Duchesne (Histoire ancienne de l'église, 1906-10) und A. Fliche-V. Martin (Histoire de l'église, 1935ff) maßgebend, aber auch diejenigen von A. → Ehrhard. Auch auf röm.-kath. Boden setzte sich der Zug zur Monographie siegreich durch (vgl. bes. die eindringenden Untersuchungen zur Geschichte des → Bußwesens, des Primats, des Dogmas; zahlreiche Biographien). – Für die *anglikanische Theologie* gilt einerseits die fortdauernde Schwerpunktverlagerung in die Patristik aus Gründen des kirchlichen Selbstverständnisses. Andererseits erfolgt unter der Führung von N. Sykes eine eindringende Bearbeitung der englischen (anglikanischen) K. in monographischer Weise und eine bedeutsame Beteiligung an der Lutherforschung (G. Rupp, Ph. Watson, J. Atkinson). Die Erforschung der puritanischen Komponente im englischen Christentum wird der nordamerikanischen Forschung überlassen (P. Miller, W. Haller, M.M. Knappen). – Aus dem nordamerikanischen Kongregationalismus ging die monumentale Gesamtdarstellung der K. als Missionsgeschichte von K.S. Latourette hervor (A History of the Expansion of Christianity I-VII, 1937-45). Von den *nationalen Darstellungen* seien bes. hervorgehoben: H. Bremond, Histoire littéraire du sentiment religieux en France (11 Bde, 1916-33), H. Koch-B. Kornerup, Den Danske Kirkes Historie (8 Bde, 1950ff) und die Arbeiten des nordamerikanischen Methodisten W.W. Sweet (The Story of Religions in America, 1931; Methodism in American History, 1933).

Zu 1a vgl. die Lit. zu → Geschichte: II A. - Zu 1b: R.ASTING, Die Verkündigung des Wortes im Urchristentum, 1939. - Zu 1c: E.SEEBERG, Ideen zur Theol. der Gesch. des Christentums, 1929 (= DERS., Menschwerdung u. Gesch., 1938, 1-49) - G.EBELING, K. als Gesch. der Auslegung der hl. Schrift, 1947 - H.KARPP, K. als theol. Disziplin (in: Festschr. f. R.Bultmann, 1949, 149-167) - W.DELIUS, K. - Gesch. der Kirche Jesu Christi, 1950. - Zu 2 allgemein: F.CHR. BAUR, Die Epochen der kirchl. Geschichtsschreibung, 1852 - J.TER HAAR, Historiographie der Kerkgeschiedenis, 1870 - W.KOEHLER, Idee u. Persönlichkeit in der K. (SgV 61), 1909 - DERS., Historie u. Metahistorie in der K., 1930 - E.SEEBERG, G.Arnold, die Wissenschaft u. die Mystik seiner Zeit, 1923 - DERS., Über Bewegungsgesetze der Welt- u. K., 1924 - E.C.SCHERER, Gesch. u. K. an den dt. Universitäten, 1927 - W.NIGG, Die Ks. Grundzüge ihrer hist. Entwicklung, 1934. - Zu 2a: F.OVERBECK, Über die Anfänge der Ks., 1892 - R. LAQUEUR, Eusebius als Historiker seiner Zeit (AKG 11), 1928 - K. HOLL, Die schriftstellerische Form des griech. Heiligenlebens (HOLL II, 249-269) - P.MEINHOLD, Geschehen u. Deutung im 1Clem (ZKG 58, 1939, 82-129) - DERS., Gesch. u. Exegese im Barn (ebd 59, 1940, 255-303) - J.DANIÉLOU, Die Geschichtstheol. des Irenäus (RechSR 34, 1947, 227-231) - J.-L.LEUBA, L'institution et l'événement, 1950; dt. 1957 - H.v.CAMPENHAUSEN, Tradition u. Geist im Urchristentum (Studium Generale 4, 1951, 351-362) - DERS., Kirchl. Amt u. geistl. Vollmacht (BHTh 14), 1953, 163ff - R.P.L.MILBURN, Early Christian Interpretations of History, 1954; dt. 1956 - H.CONZELMANN, Die Mitte der Zeit (BHTh 17), (1954) 1957² - W.GOEZ, Translatio Imperii, 1958. - Zu 2b: H.GRUNDMANN, Studien über Joachim v. Floris, 1927 - E.BENZ, Ecclesia spiritualis. Kirchenbegriff u. Geschichtstheol. der Franziskaner-Spiritualen, 1934 - H.ACHTERBERG, Interpretatio Christiana, 1937 - W.GOEZ (s.o.). - Zu 2c: H.v. SRBIK, Geist u. Gesch. vom dt. Humanismus bis zur Gegenwart, 1951. - Zu 2d: A.JUNDT, Les Centuries de Magdebourg ou la renaissance de l'historiographie ecclésiastique au XVIe siècle, 1883 - E. SCHÄFER, Luther als Kirchenhistoriker, 1897 - W.KOEHLER, Luther u. die K., 1900 - K.HEUSSI, Centuriae (in: Harnack-Ehrung, 1921, 81-96) - F.BLANKE, Der verborgene Gott bei Luther, 1928 - H.LILJE, Luthers Geschichtsanschauung, 1932 - R.KAPP, Heilige u. Heiligenlegenden in England, 1934 - H.SCHÖFFLER, Die Reformation, 1937 (Problem der Tradition) - H.-W.MÜLLER-KRUMWIEDE, Glaube u. Gesch. in der Theol. Luthers (FKDG 2), 1953 - H.BERGER, Calvins Geschichtsauffassung (SDGSTh 6), 1955. - Zu 2e: E.SEEBERG, G. Arnold (s.o.) - M.SCHMIDT, Die Interpretation d. neuzeitl. K. (ZThK 54, 1957, 174-212). - Zu 2f: K.HEUSSI, Die Ks. des J.L.v.Mosheim, 1903 - K.VÖLKER, Die Ks. der Aufklärung, 1921. - Zu 2g: H.JURSCH, Schleiermacher als Kirchenhistoriker, 1933 - FR.MEINECKE, Die Entstehung des Historismus, (1936) 1948² - TH.LITT, Prot. Geschichtsbewußtsein, 1939 - M.SCHMIDT, Grundlinien von Schleiermachers Geschichtsanschauung (Theol. Habil.-Schr. Leipzig), 1942 (Masch.) - W.KOEHLER, E.Troeltsch, 1942 - G.EBELING, Die Bedeutung der hist.-krit. Methode für die prot. Theol. u. Kirche (ZThK 47, 1950, 1-46). *M.Schmidt*

II. In der kirchlichen Unterweisung

1. Geschichtliches - 2. Zielsetzung - 3. Methodik

1. Die K. als eigener Gegenstand der → kirchlichen Unterweisung (: II) ist ein Spätling in der Entwicklung des kirchlichen Unterrichts. Trotz Augustins Forderung nach einer narratio der Heilsgeschichte bis zur Gegenwart der Kirche hin (De cat. rud.) hat sich die kirchliche Unterweisung während des gesamten MA darauf beschränkt, k.e Stoffe und Legenden als gelegentlich herangezogene Beispiele zu verwenden. Die Reformation hat sogar zT empfohlen, sich auf »Exempel aus der Schrift« (Luther) zu beschränken. Erst das 18.Jh. führte die K. als eigenen Unterrichtsgegenstand allmählich ein (S.T. Schönland, Katechetische Anleitung zur Kirchenhistorie, 1709). Aber erst im Laufe des 19.Jh.s wurde dieses Anliegen allgemein durchgesetzt, bes. vertreten von C. → Palmer und J.H. → Wichern. Die Frage ist aber bis in die Gegenwart hinein umstritten. Die Gegner einer k.en Unterweisung betonen, daß die K. keine »göttliche Offenbarung« enthalte (E.Sachsse) und kerygmatisch wenig nutzbar gemacht werden könne. In den bestehenden Lehrplänen wird jedoch überall, wenn auch in bescheidenem Umfange, k.e Unterweisung gefordert.

2. Die *Ziele* einer solchen Unterweisung werden sehr verschieden bestimmt. Wer die Aufgabe der kirchlichen Unterweisung einseitig kerygmatisch versteht, wird in der Regel aus der K. nur geeignete Stoffe und Begebenheiten auswählen. Soll aber die K. der Jugend zu verstehender Teilnahme am Leben der Kirche verhelfen, dann wird eine eingehendere Behandlung der K. notwendig und die Gewinnung eines Gesamtbildes erwünscht. Abgelehnt werden heute meist die Versuche, die K. für die Persönlichkeitsbildung nutzbar zu machen, indem man große Erscheinungen der K. zur »Idealbildung« der Jugendlichen verwendet. Auch eine apologetisch-polemische Zielsetzung wird heute meist verworfen.

3. Die *Methodik* der k.en Unterweisung hängt von dem angestrebten Ziele, aber auch von dem Alter der Kinder, der Schulart und vor allem von dem zu behandelnden Stoffe ab. In der Unterstufe wird grundsätzlich die Einzelgeschichte das Feld beherrschen. Auf der Oberstufe der Volksschule und der Mittelstufe der höheren Schule werden schwerpunktartig wichtige Epochen der K. (alte Kirche, Missionierung, Reformation, Äußere und Innere Mission) und hervortretende Gestalten der K. dargeboten werden können. Auf der Oberstufe der höheren Schule wird der Arbeitsunterricht eine wichtige Rolle spielen. Hier wird es möglich sein, einen zusammenhängenden Überblick über die K. zu gewinnen und dadurch ein tieferes Verständnis für Lehre und Leben der heutigen Kirche zu wecken. Wo Gesamtunterricht geübt wird, sollte sich auch die kirchliche Unterweisung durch Behandlung der Heimat-K. und allmähliche Weitung des Blickes in die Welt der Kirche an ihm beteiligen. Bei der Darstellung der Vergangenheit ist zu beachten, daß weder die Kirche noch die Persönlichkeiten idealisiert werden dürfen. Es gilt zu zeigen, daß es in der K. keine »Heiligen auf Goldgrund« gibt, sondern daß es Sünder sind, denen Gott ein Werk anvertraut hat. Deshalb muß auch die innere Problematik der k.en Entwicklung ausreichend hervortreten. Beispielerzählungen aus der K. werden bei der Behandlung biblischer und dogmatischer Stoffe häufig heranzuziehen sein.

Die Lehrbücher der → Katechetik, bes. C.PALMER, 1844; E. SACHSSE, 1897; R.KABISCH-H.TÖGEL, 1931⁷ - LPäd (F) II, 1202ff - K.ALAND, K. in Lebensbildern I, 1953 - J.ERB, Die Wolke der Zeugen I. II, 1954 - W.UHSADEL, Ev. Erziehungs- u. Unterrichtslehre, 1954, 55ff. 70ff. *K.Janssen*

Kirchengesetze → Gesetzgebung, kirchliche.

Kirchengewalt. Nach dem kanonischen Recht besteht die K. (potestas ecclesiastica) aus zwei Teilen: der *Weihegewalt* (potestas ordinis, p.o.) und der *Hirtengewalt* (potestas iurisdictionis, p.i.). Die Unterscheidung ergibt sich aus der zweifachen Wirkmächtigkeit Christi: er ist die das Leben der Kirche spendende und erhaltende und die sie ordnende und lenkende Kraft. Die *p.o.* ist sakramentalen Ursprungs und vermittelt durch die Taufe die unverlierbare Grundgliedschaft in der Kirche und durch die heilige Weihe ebenfalls unverlierbare besondere Gliedschaftsstufen, wodurch es zur Teilung in → Klerus und Laien kommt. Die p.o. verleiht somit einen sakramental geprägten, unzerstörbaren Charakter. - Die *p.i.* wird nicht sakramental, sondern durch Amtsverleihung erworben. Sie beruht bei den Stufen des päpstlichen Primats und des Episkopats auf göttlicher, bei den anderen Stufen auf kirchlich-menschlicher Einsetzung, steht (ebenso wie die p.o.) grundsätzlich nur den Klerikern zu (vgl. jetzt CIC c. 118), ist verlierbar und ermächtigt zur Leitung der Kirche, indem sie als gesetzgebende (p. legislativa), gesetzanwendende (p. iudiciaria) - sei es in strittigen (p. iudicialis), sei es in nicht-strittigen Fällen (p. administrativa) - oder als zwingende und strafende Gewalt (p. coactiva) tätig wird (vgl. c. 335 § 1).

Nur auf dem Hintergrund dieses Aufrisses der K. nach kanonischem Recht wird die K. nach reformatorischem Verständnis verständlich. *Nach luth. Lehre* umfaßt die p.o. die Befugnisse des allen Gliedern der ecclesia spiritualis (→ Kirche: VI B) aufgetragenen, zur öffentlichen Ausübung aber ohne irgendwelche hierarchischen Unterschiede den Pfarrern überantworteten ministerium verbi. Dieses ist als Amt der geistlichen Kirche positiven göttlichen Rechts und hat zum Inhalt die Wortverkündigung und Sakramentsverwaltung einschließlich der → Schlüsselgewalt (: II). Dazu gehört nach CA 28 »das Evangelium predigen, Sünde vergeben, Lehre urteilen und die Lehre, so dem Evangelio entgegen, verwerfen«. Hingegen fällt, obwohl an der gleichen Stelle genannt, nicht darunter »die Gottlosen, dero gottlos Wesen offenbar ist, aus christlicher Gemein ausschließen«. Diese Funktion des Kirchenbanns ist der Inhalt der *p.i. nach luth. Lehre.* Sie kommt nur bei schweren Verstößen gegen die Pflichten eines Christen, die er in der ecclesia spiritualis *und* ecclesia universalis hat, in Betracht. Hinzu tritt endlich die äußere Leitungsgewalt, die ausschließlich menschlichen Rechts ist, auf der Grundlage der göttlichen lex charitatis spiritualis zu führen ist, in der ecclesia universalis ihren Platz hat, in dieser der Gemeinschaft der Gläubigen, dh den Gliedern der ecclesia spiritualis, zusteht, für diese aber kraft menschlicher Rechtsordnung von den Trägern des öffentlichen Predigtamtes ausgeübt wird. Dadurch entsteht die das Luthertum kennzeichnende Gewaltenverknüpfung von Predigtamt und Leitungsgewalt, wodurch sich jedoch an dem Standort des ersteren im göttlichen, der letzteren im menschlichen Recht nichts ändert. Dieses Unterschieds muß man sich bewußt sein, wenn man (mißverständliche!) Begriffe wie »leitendes geistliches Amt«, »geistliche Kirchenleitung«, »Oberhirte« gebraucht oder neben das »Pfarramt« das »Bischofsamt« stellt.

Anders steht es im *Calvinismus.* → Calvin unterscheidet innerhalb der K. die lehrende (doctrina), die regierende (iurisdictio) und die (in Genf bei Rat und Bürgerschaft verbliebene) rechtsetzende Funktion (leges ferendae). Die erstere kommt dem auf göttlichem Recht beruhenden *ministerium verbi* der pastores und doctores zu und umfaßt außer der Predigt und Sakramentsverwaltung das Lösen und Binden in der Beichte. Die zweite hingegen fällt in die Zuständigkeit des *Konsistoriums,* das Theologen und Laien (seniores) zu einem kollegialen Organ vereinigt. Seine Aufgabe ist *auch* das öffentliche Bußwesen, also die p.i. nach luth. Verständnis. Aber die öffentliche Kirchen- und Sittenzucht ist nur ein *Teil* einer umfassenderen Tätigkeit, nämlich der die Einheit der Kirche sichernden *gubernatio.* Jene wird auf diese Weise mit der Leitungsgewalt verklammert und der Einheit der Kirche dienstbar gemacht.

Außer der Lit. zu → Kirche: VI B u. → Kirchenverfassung: VI: EICHMANN-MÖRSDORF I - W.O.MÜNTER, Begriff u. Wirklichkeit des geistl. Amts (BEvTh 21), 1955 (dazu J.HECKEL, ZSavRG Kan. Abt. 42, 1956, 523-532) - J.HECKEL, Das Decretum Gratiani u. das dt. ev. Kirchenrecht (Studia Gratiana III, 1955, 483-537) - H.WEHRHAHN, Kirchenrecht u. K., 1956 - M.KAISER, Die Einheit der K. nach dem Zeugnis des NT u. der Apostol. Väter (MThS III, 7), 1956.

S.Grundmann

Kirchengut

1. Begriff - 2. Alte Kirche - 3. Im Geltungsbereich des germanischen Rechts - 4. Kath. Kirche der Neuzeit - 5. Ev. Kirche - 6. Im staatlichen Recht

1. K. ist der Inbegriff der der Kirche zustehenden geldwerten Rechte, wobei diese Rechte teils dinglicher Natur (Eigentum oder dingliche Nutzungsrechte an Fahrnisgegenständen und → Grundstücken), teils obligatorischer Natur sind (Forderungsrechte, bes. die Ansprüche auf Leistungen der Gläubigen, zB auf → Kirchensteuern sowie sonstige Abgaben und → Gebühren [→ Finanzwesen], auch - vor allem in früheren Jh.en - auf Naturalreichnisse). Um ihren gottgegebenen Auftrag ausführen zu können, kann die Kirche des K.s nicht entraten. Seit ihrer frühesten Zeit hat sie daher eigenes Vermögen besessen und genutzt. Das kirchliche Recht hat dabei mit der Zeit eine Gliederung des K.s in verschiedene selbständige Vermögenskomplexe entwickelt, die bis in die unmittelbare Gegenwart hinein gültig geblieben ist.

2. Die *Alte Kirche* auf dem Boden des römischen Reiches hat vor → Konstantin d.Gr. in der Zeit der → Christenverfolgungen bereits eigenes Vermögen besessen und genutzt, und zwar nicht nur bewegliches Gut (Fahrnis), sondern in steigendem Maße auch Grundstücke, die auf Schenkungen (Oblationen) der Gläubigen beruhten. Ungeklärt ist, da die Kirche vor dem 4.Jh. keine eigene Vermögensfähigkeit besaß, die Frage des Eigentumträgers am K. (wahrscheinlich Treuhänder oder kirchliche Armen- und Begräbnisvereine). Unbestritten lag aber die Verwaltung des K.s schon im 3.Jh. in der Hand der Bischöfe. - Mit dem Wandel im Verhältnis von → Kirche und Staat seit 313, vor allem mit der Anerkennung der Rechts- und Vermögensfähigkeit der Kirche setzte sich dann vollends das rechtliche Prinzip der »Eigentums- und Verwaltungseinheit des Bistums« (Feine) durch: alles K. stand danach im Eigentum der Bischofskirche und wurde, von staatlicher Einwirkung durch → Immunitäts-Privilegien weitgehend geschützt und auch im übrigen vielfach privilegiert, ausschließlich durch den → Bischof verwaltet. Nur über den Bischof partizipierte - durch den Empfang von Stipendien und Landleihen (Prekarien) - der Klerus an den Erträgnissen des K.s, das jetzt auch durch staatliche Zuwendungen rasch an Umfang zunahm. - Jedoch erfuhr schon im 5.Jh. die uneingeschränkte Verfügungsmacht des Bischofs in Italien und bald auch in Spanien eine nicht unwesentliche Einschränkung, und zwar in zweifacher Richtung. Einmal setzte sich in der weiträumigen Kirchenprovinz Rom bezüglich der Verwendung der Erträgnisse des K.s allmählich der Grundsatz einer Vierteilung durch, wonach je ein Viertel für den Bischof, den Klerus, die Armen und die → Kirchenfabrik, dh den Kirchenbau, bestimmt sein sollte; in Spanien teilte die Kirche den Ertrag des K.s zwischen Bischof, Klerus und Kirchenfabrik. Daneben war noch entscheidender für die weitere Entwicklung, daß seit dem 5.Jh. in Italien, Spanien und Gallien die Landkirchen mehr und mehr die vom weltlichen und auch vom kirchlichen Recht anerkannte Vermögensfähigkeit erlangten. Das bedeutete, daß diese Kirchen nunmehr eigenes Vermögen unabhängig vom Bischof erwarben und daß dieses ihr K. jetzt unter Wegfall der Abhängigkeit vom Bischof ausschließlich von den jeweiligen Geistlichen genutzt wurde. Damit begann in den romanischen Ländern aus praktischen Bedürfnissen in ersten Ansätzen eine Entwicklung, die wenig später in den unter dem Einfluß des germanischen Rechts stehenden Gebieten des Abendlandes von einem ganz anders gearteten Ansatzpunkt her die rechtlichen Verhältnisse des K.s in Mitteleuropa von Grund auf umgestalten sollte.

3. *Im Geltungsbereich des germanischen Rechts,* vor allem im fränkisch-deutschen Reich, besaß an den Kirchen, die seit dem 6.Jh. auf privatem Grund und Boden neu errichtet wurden oder die, ursprünglich auf kirchlichem Boden errichtet, im Verlauf der → Säkularisationen des 8.Jh.s in laikale Hände fielen, der Grundherr (Eigenkirchenherr) nach dem auf dem germanischen Rechtsbegriff der Sachherrschaft, der Gewere, beruhenden Eigenkirchenrecht (→ Eigenkirche) die volle vermögensrecht-

liche Verfügungsgewalt über den auf seinem Grund und Boden stehenden Altar und dessen Zubehör (Gebäude, Ländereien und Hintersassen, Gerätschaften, Einkünfte usw). Altar und Zubehör bildeten ein einheitliches Sondervermögen im Eigentum des Grundherrn, geschieden zwar von dessen sonstigem, säkularem Vermögen, aber wie dieses vom Grundherrn als einträgliche Kapitalanlage genutzt. Mit diesem – durch zwei römische Synoden von 826 und 853 auch kirchenrechtlich anerkannten – Eigenkirchenwesen erfuhr somit nicht nur die → Kirchenverfassung (: IV, 5a) durch eine radikale Dezentralisation des Bistums, sondern auch das kirchliche Vermögensrecht durch eine entsprechende Aufgliederung des K.s eine einschneidende und nachhaltige Veränderung.

Doch beschränkte sich der Einfluß des germanischen Rechts nicht auf die Trennung des K.s der Nieder-(Land-)Kirchen vom bischöflichen K., vielmehr sollten beide Vermögensmassen im Verlauf der folgenden Entwicklung noch weitere Aufspaltungen erfahren. Zunächst schränkte seit dem 9.Jh. die → Kapitularien-Gesetzgebung der fränkischen Könige, vor allem das Aachener Kirchenkapitular von 818/819, die ungebundene Herrschaftsgewalt der Eigenkirchenherren über ihre Niederkirchen ein, indem sie den Bestand des K.s dadurch sicherte, daß sie eine ausreichende Dotierung der Kirchen verlangte, den Entzug der Ausstattung sowie eine Realteilung im Erbfall verbot und die Instandhaltung des realen K.s, bes. des Kirchengebäudes, der Aufsicht des Bischofs unterwarf. Gleichzeitig wurde strikt die wirtschaftliche Sicherstellung der Eigenkirchengeistlichen gefordert. So wurde beim K. der Niederkirchen künftighin unterschieden zwischen der Dotation der Kirche als solcher und dem Unterhalt des Geistlichen, der seit dem 9.Jh. durch die Belehnung des Geistlichen mit einem → Beneficium gesichert wurde. Aus der ursprünglichen Einheit des eigenkirchlichen Vermögens entwickelten sich damit seit dem 10.Jh. zwei rechtlich selbständige Stiftungsmassen: a) die – ihrem Umfang nach von Kirche zu Kirche sehr unterschiedliche – → Kirchenfabrik, zu der auch das Recht auf den → Zehnten und andere Abgaben und Gebühren (zB → Stolgebühren) gehörte, und b) das Benefizialgut (→ Beneficium im engeren Sinne, später »Pfründe«). An beiden Vermögensmassen besaß der Eigenkirchenherr nur noch sehr geringe Rechte (Zwischennutzungen – Interkalarfrüchte –, → Spolienrecht), bes. seitdem sich das Eigenkirchenrecht zum → Patronat wandelte. – Andererseits wurde das in der Hand des Bischofs verbliebene K. seit dem 9./10.Jh. mit der rechtlichen Verselbständigung des → Domkapitels geteilt in die bischöfliche → Mensa (mensa episcopalis) und das Kapitelgut (mensa capituli), das sich später nach dem Aufhören der vita communis des Kapitels noch einmal in verschiedene verselbständigte Kanonikate (canonicae praebendae = »Pfründen«) aufspaltete. Außerdem schichtete sich nach dem Vorbild der vermögensrechtlichen Entwicklung bei den Eigenkirchen auch das K. der Niederkirchen, die von alters her vermögensrechtlich zur Verfügung des Bischofs standen (zB ursprüngliche Taufkirchen), vom bischöflichen K. ab. Auch bei diesen Kirchen wurde also fortan zwischen Benefizialgut und Fabrikgut unterschieden wie entsprechend an der Kathedrale selbst zwischen bischöflichem Tafelgut und Fabrikgut neben dem Kapitelgut. – Besonderheiten zeigen die Rechtsverhältnisse des K.s in der Hand des römischen Bischofs und Papstes. Sie sind vor allem bestimmt durch das vom kurialen Fiskalismus des Hoch- und Spät-MA ausgebildete System von finanziellen Leistungsansprüchen der verschiedensten Art, wie den Papst-Zehnten, Servitien (Palliumsgelder und Konsekrationsservitien), → Annaten, Taxgebühren u.a.

4. In der neueren Zeit hat das K. der *kath. Kirche* zwar – von Diözese zu Diözese und von Kirche zu Kirche in sehr verschieden starkem Maße – mannigfache Veränderungen in seinem tatsächlichen Umfang erfahren, wobei die großen Verluste durch → Säkularisationen sowie die Erwerbsbeschränkungen durch staatliche Amortisationsgesetze von besonderer Bedeutung waren. An der theoretischen Gliederung des K.s hat sich jedoch in der Lehre des gemeinen kanonischen Rechts (→ Kirchenrecht: I A) kaum noch etwas geändert. So kennt der CIC von 1917 heute a) das Kirchenstiftungsvermögen oder die Kirchenfabrik, b) das Benefizial- oder Pfründenvermögen (bes. das bischöfliche Tafelgut, die Kapitelspfründen und das Pfarrgut), c) das Korporationsgut (das Vermögen der kirchlichen Korporationen, vor allem der Domkapitel, Stifter, Klöster usw), d) das Stiftungsvermögen (→ Stiftungen). Daneben wird unterschieden zwischen dem K. der Gesamtkirche, dem Diözesanvermögen und dem Ortskirchenvermögen, ferner bei den einzelnen Gegenständen des K.s zwischen res ecclesiasticae als den Sachen, die kirchlichen Zwecken zu dienen bestimmt sind ohne Rücksicht auf die Eigentumsverhältnisse, und bona ecclesiastica als den im Eigentum eines kirchlichen Instituts stehenden Sachen. Je nach dem Grad, in dem eine Sache des K.s dem überirdischen Ziel der Kirche dient, trennt das kath. Kirchenrecht weiterhin noch die res temporales (das gewöhnliche K.) von den res mixtae, dh den res spirituali annexae – also den mit einer res spiritualis (Sakrament, → Jurisdiktion, Lehre und Kultus) zusammenhängenden Sachen (zB → Beneficium, → Patronat) – und den res sacrae, die durch Konsekration oder Benediktion auf Dauer dem Gottesdienst gewidmet sind (→ Kirchengebäude, → Altar, gottesdienstliche Geräte, → Glocken, → Friedhöfe u.a.). – Der tatsächliche Bestand des kath. K.s ist örtlich sehr verschieden. In Deutschland ist der Liegenschaftsbesitz durch die Säkularisationen zu Beginn des 19.Jh.s stark dezimiert worden, während das Kapitalvermögen zum größten Teil durch Geldentwertungen verlorenging; wichtigste Vermögensbestandteile sind daher heute die Ansprüche auf Leistungen der Gläubigen, bes. auf Abgaben wie die → Kirchensteuer und auf → Gebühren, und der Anspruch auf → Staatsleistungen (vgl. → Finanzwesen: I).

5. Die *ev. Kirche* hat von ihrer Entstehung an aus ihrer reformatorischen Grundhaltung heraus die Bedeutung des K.s für die Erfüllung ihrer Aufgabe sehr gering – zu gering – eingeschätzt; daher hat die ev. Kirche nach den Säkularisationen des 16./17.Jh.s unter der Herrschaft des landesherrlichen → Kirchenregiments kaum eigenes Vermögen neu erworben. Lediglich die einzelnen Gemeinden besaßen und nutzten in unterschiedlichem Umfang eigenes K. Die Kirche als ganzes war dagegen in erster Linie auf Unterhaltszuschüsse des Staates angewiesen. So umfaßt auch heute nach dem Ende des landesherrlichen Kirchenregiments das K. der deutschen ev. Landeskirchen Grund- und Fahrniseigentum nur in verhältnismäßig geringem Maße (vor allem die → Kirchengebäude, die Pfarr- und Gemeindehäuser, Einrichtungsgegenstände usw neben → Grundstücken). Hauptsächlicher Bestandteil des ev. K.s sind vielmehr die Ansprüche auf → Staatsleistungen, auf → Kirchensteuern und auf die bauliche Unterhaltung der kirchlichen Gebäude (→ Baulast), daneben auch dingliche oder obligatorische Nutzungsrechte an Gegenständen, die in fremdem Eigentum, etwa des Staates oder der politischen Gemeinden, stehen (nicht selten Kirchengebäude und Pfarrhäuser). In der Nachwirkung kanonistischer Theorien kennt im übrigen auch das ev. Kirchenrecht noch eine gewisse Aufgliederung des K.s in selbständige Vermö-

gensmassen, wobei die Ortskirchenstiftung (→ Kirchenfabrik) von besonderer Bedeutung ist; doch darf dabei eine allgemeine Tendenz zur Zentralisierung des ev. K.s nicht übersehen werden. Vgl. → Finanzwesen: II.

6. Über die Behandlung des K.s im *staatlichen Recht* vgl. → Kirche und Staat, → Religionsgesellschaften, → Säkularisation.

FEINE (Lit.) - PLÖCHL (Lit.) - LThK V, 1047ff - EKL II, 831ff - Lehrbücher des ev. und kath. → Kirchenrechts. - Ferner die Lit. zu → Finanzwesen: I. II. *S.Reicke*

Kirchenhoheit. Unter K. wird die dem Staat allgemein kraft seiner souveränen Hoheit zustehende Aufsicht gegenüber den kirchlichen Gemeinschaften seines Gebietes verstanden. Der *Begriff* geht in seiner ältesten Wurzel zurück auf das sog. Territorialsystem (→ Territorialismus) der kirchenrechtlichen Deutung des landesherrlichen → Kirchenregiments, das die Rechte des Fürsten gegenüber der ev. Kirche aus seiner allgemeinen Stellung als Landesherr (statt speziell aus dem → Augsburger Religionsfrieden) ableitete. Umfaßt nach dieser Ansicht die landesherrliche potestas ecclesiastica alle landesherrlichen Rechte, auch die, die dem Fürsten durch die Reformation zufielen, so nahm man am Ausgang des 18.Jh.s eine Unterscheidung zwischen dem an sich den Kirchen zustehenden, aber von ihnen dem Fürsten übertragenen → Kirchenregiment und der allgemeinen dem Staat gegenüber allen Kirchen gegebenen K. vor (A.J. Schnaubert, Grundsätze des Kirchenrechts..., 1794, §§ 12. 48). Seitdem wurde der Begriff der K. zum bestimmenden Merkmal des deutschen, österreichischen und schweizerischen Staatskirchenrechts, so daß man den kirchlichen Zustand des 19.Jh.s nach Überwindung des Staatskirchentums als System der K. bezeichnen kann. Die WRV brachte 1919 eine erste Erschütterung der K.; doch blieb die K., wenn auch abgeschwächt, Grundlage der staatlichen Gesetzgebung bis zum 2. Weltkriege. In der Gegenwart ist der Begriff als Bestandteil des geltenden Staatskirchenrechts aufgegeben; es bestehen nur noch begrenzte gesetzliche Resttatbestände staatlicher Aufsicht über die Kirchen fort (→ Kirche und Staat).

Grundlage der K. (→ Ius circa sacra in der Ausdrucksweise des 19.Jh.s) ist die Staatsauffassung der Aufklärung, die dem → Staat in säkularer Anschauung absolute (souveräne) Gewalt über alle Vorgänge seines Gebietes zuspricht und daher auch die Kirchen als ihm untergeordnet betrachtet. Zwar achtet der Staat den Bereich der eigenen geistlichen Angelegenheiten der Kirche, er wahrt aber andererseits das Staatsinteresse kraft seiner allgemeinen Hoheit. Als Maßstab der K. erscheint schon im 18.Jh. der Gedanke, daß der Staat dadurch nachträgliche Einwirkungen der Kirchen auf »die öffentliche Wohlfahrt und Ruhe« abwehre (G.L.Böhmer, Principia Iuris Canonici, 1802⁷, § 22). - Seit der Mitte des 19.Jh.s tritt dagegen der begrenztere Gedanke hervor, der Staat habe das für alle geltende Gesetz zu sichern (vgl. österreich. Grundgesetz 1867, Art. 15; eidgen. Bundesverfassung 1874, Art. 50). Im Unterschied vom Kirchenregiment des Landesherrn, das ihm allein ohne parlamentarische Mitwirkung zustand, unterlag die K. der Gestaltung durch Verfassung und Gesetz. - Die K. stellt im weiteren Rahmen der staatlichen Hoheit gegenüber Verbänden eine spezifische, gegenüber den mit Korporationsrechten versehenen Kirchen wie gegenüber den in privatrechtlicher Form organisierten Religionsgesellschaften geübte Aufsicht dar (Ius circa sacra). Ihre nähere Ausgestaltung unterlag dem Gesetz, brauchte auch nicht notwendig für alle Kirchen gleichmäßig zu sein. Sie war, oft schon im 19.Jh., durch die Formel des Verfassungsrechts umgrenzt, die den Kirchen Selbständigkeit in ihren eigenen Angelegenheiten gewährte (Art. 15 Preuß. Verfassungsurkunde von 1850, geändert 1873). - Aus anderen Gründen, nämlich der Verbindung kirchlicher und öffentlicher Interessen, leitete sich der staatliche Einfluß bei den sog. gemischten Gebieten (Friedhof, Schule, Kirchensteuer) ab. - Nach 1918 hielt die überwiegende Meinung trotz Widerspruch, der auf das in Art. 137 WRV gewährte Selbstbestimmungsrecht der Kirchen hinwies (Ebers), an dem Bestand der K. fest. In neuer Deutung der fortgeltenden Vorschriften wird heute Wegfall der K. angenommen, ohne daß die positiven Einzelregelungen, die aus ihr entspringen, ohne weiteres als unwirksam anzusehen wären. Die Selbständigkeit der Kirchen ist nur mehr durch die Pflicht zur Achtung des »für alle geltenden Gesetzes«, dh der fundamentalen Rechtsgrundlagen der Staatsgemeinschaft begrenzt. In Österreich und der Schweiz hat sich diese Wendung nicht vollzogen, so daß dort das System der K. fortbesteht. - Vgl. → Kirche und Staat.

W.KAHL, Lehrsystem des Kirchenrechts u. d. Kirchenpolitik I, 1894 - G.J.EBERS, Staat u. Kirche im neuen Deutschland, 1930 - G. ANSCHÜTZ, Die Verfassung des Dt. Reiches vom 11.8.1919, 1933¹⁴ - R.SMEND, Staat u. Kirche nach dem Bonner Grundgesetz (ZevKR 1, 1951, 4-14) - K.HESSE, Der Rechtsschutz durch staatl. Gerichte im kirchl. Bereich, 1956. *U.Scheuner*

Kirchenjahr

1. Geschichtlich - 2. Grundsätzlich. - S. = Sonntag

1. Das Wort K. ist im Deutschen von der luth. Orthodoxie geprägt worden (zuerst nachgewiesen in der Postille des Joh.Pomarius 1589), um eine eigene kirchliche Zeitgliederung von Advent bis zum letzten S. n. Trinitatis gegenüber dem »bürgerlichen Jahr« abzuheben. Voraussetzung für diese Unterscheidung ist ein christlicher Festkalender, der sich durch das ganze Jahr zieht und alle von ihm erfaßten Gottesdienste prägt. In diesem Sinne wird das Wort K. heute meist gebraucht.

Der Grundstock des christlichen Festkalenders (→ Feste: III. IV) entstand, als die palästinensische Kirche jüdischen Feiertagen - teils typologisch-überbietend, teils antithetisch - eigene Gottesdienste entgegenstellte; er blieb aber gerade deshalb auf den at.-jüd. Kalender (→ Chronologie: III) bezogen. Im Rhythmus der Woche (→ Chronologie: IV, 3) trat neben oder an die Stelle des → Sabbats der → Sonntag als Tag der Auferstehung Christi, im Jahreszyklus vor allem die Ostervigil (→ Ostern) an die Stelle des Passafestes. Hier hat der Westen noch einmal umgebaut, Ostern an den S. gebunden und damit Wochen- und Jahres-Rhythmus einander angeglichen. Seitdem ist Ostern in keinem Kalender mehr datumsmäßig fixierbar; gerade das zeigt, wie wenig der jährliche Tag der Auferstehung Christi ursprünglich Vergegenwärtigung eines vergangenen Geschehens war, sondern ein »dogmatisches« Fest (Baumstark: Fest einer religiösen Idee) der Erlösung durch Christus. Das gilt auch entsprechend für die vorbereitende → Fastenzeit von (schließlich) 40 Tagen (»Quadragesima«) und die folgende Pentekoste, die 50tägige Freudenzeit, deren letzter Tag im Westen erst später eine Eigenbedeutung als Fest der Geistausgießung erhielt (→ Pfingsten). - Die Daten der beiden ursprünglich miteinander konkurrierenden Inkarnations- und Theophaniefeste des 4.Jh.s, → Epiphanienfest und → Weihnachten, entstammten jedoch nicht heilsgeschichtlicher Typologie, sondern - zumindest letztlich - kosmischer Sonnensymbolik. Gerade deshalb sind sie datumsmäßig im solaren Kalender fixiert (am 6.1. bzw. 25.12.) und fallen aus dem Wochenzyklus heraus. Ursprünglich traf das offenbar auch auf die ihnen seit dem 5.Jh. vorgeordnete - nach dem Vorbild von Ostern 40tägige - Fastenzeit zu;

erst später wurde der Beginn des → Advents von einem S. an gerechnet. Andere datumsmäßig feststehende Gedenktage waren schon länger in Brauch, bes. Märtyrertage wohl seit dem 2.Jh. – Seitdem besteht die Eigenart des kirchlichen Festkalenders darin, daß er im Datum veränderliche, »bewegliche«, und im Datum feststehende, »unbewegliche« Tage enthält. Die lat. Kirche unterscheidet zwar ein proprium de tempore und de sanctis, hat aber seit den röm. → Sakramentaren (6.Jh.) bewegliche und unbewegliche Feste zu einem, deshalb komplizierten K. verbunden und an seinem Ausbau und seiner Gliederung mit besonderer Liebe gearbeitet. – Triebkräfte für diesen Ausbau kamen in Ost und West bes. aus einem neuen historisierenden Verständnis der Feste, das schon im 4.Jh. einsetzte und den Rückgriff auf biblische Zeitangaben erlaubte. So ermöglichte in Jerusalem die → Karwoche ein dramatisches Nacherleben der Passion; anderswo wurde der 40. Tag nach Ostern zum → Himmelfahrtsfest, im MA der 8. Tag nach Weihnachten (der 1.1.) zum Fest der Beschneidung Christi (→ Herrenfeste). Dogmatische Bedürfnisse führten nach 431 zum ältesten → Marienfest am 15.8., im MA zum → Trinitatisfest am S. nach Pfingsten, zum → Fronleichnamsfest, und in der luth. Kirche zum → Reformationsfest. Der Wechsel der Jahreszeiten schlug sich im Westen in den 4 Fastenwochen der → Quatembertage nieder.

Die *Reformation* hat die Zahl der → Heiligen- und Festtage aus dogmatischen und wirtschaftlichen Gründen radikal zusammengestrichen und den Fastenzwang aufgehoben; das K. als ganzes ist aber in der luth. Kirche (feste Perikopenordnung) und bei den Anglikanern erhalten geblieben; in den ref. Gemeinden wurden im allgemeinen nur die großen Feste weiter gefeiert. Aber auch bei den Lutheranern ist die Konzentration auf die Hauptfeste und die S.e, deren Kette nun noch stärker mit dem Gang der biblischen Geschichte in Verbindung gebracht wird, kennzeichnend. So wird die Adventszeit im allgemeinen von der prophetischen und eschatologischen Erwartung her verstanden und verlor weitgehend ihren Bußcharakter (→ Advent). Die alten Begleitfeste des Christtages, der Tag des Stephanus (25.12.), des Apostels Johannes (27.12.; → Johannisfeste) und der Unschuldigen Kinder (28.12.), traten zurück; der 26.12. wird meist als 2. Weihnachtstag gefeiert. Der 1.1. ist vorwiegend → Neujahrsfest, Epiphanien, soweit gefeiert, in manchen Gegenden Missionsfest (wegen des Evangeliums Mt 2). Dafür wurden die S.e nach Epiphanien (1-6 je nach dem Ostertermin) über die überlieferten Perikopen hinaus auf die verborgene Herrlichkeit im Erdenwandel Jesu gedeutet; dem jeweils letzten S. n. Epiph. teilte man die Verklärungsperikope zu. Mit dem 9. S. vor Ostern beginnt die sog. Vorfastenzeit (Septuagesimae, Sexagesimae, Quinquagesimae oder Estomihi); die alte Fastenzeit ist im Verständnis weitgehend zur → Passionszeit geworden, ihr Beginn, → Aschermittwoch, wird fast nirgends begangen (S.e: Invocavit, Reminiscere, Oculi, Laetare, Judica, Palmarum); in die Zeit vor Ostern fällt oft noch die → Konfirmation. Zumindest die → Karwoche ist im allgemeinen geschlossene Zeit (→ Heilige Zeiten: II), in ihr sind → Gründonnerstag und → Karfreitag sehr viel stärker betont als im MA. Auf Ostern und Ostermontag folgen die S.e der Freudenzeit (Quasimodogeniti, Misericordias Domini, Jubilate, Kantate, Rogate, am Donnerstag danach Himmelfahrt, dann Exaudi), abgeschlossen durch Pfingsten; auch der Pfingstmontag hat fast überall Gottesdienste. Nach dem folgenden S., Trinitatis, werden die restlichen S.e des K.s durchgezählt, je nach dem Ostertermin 22-27. Während das spätere MA und die heutige röm. Ordnung (dort Zählung nach Pfingsten) an den letzten S.en dieser Reihe die Formulare der nach Epiphanias ausgefallenen S.e verwendet (nur der 24. und letzte S. n. Pfingsten ist selbständig), bekamen sie in den luth. Gebieten eigene Texte, die jeweils drei letzten S.e n. Trinitatis mit eschatologischem Gepräge. Der letzte S. im K. wird als → Totensonntag oder neuerdings »S. vom Jüngsten Tage« gefeiert; der Mittwoch davor ist weithin → Bußtag. – Dieser Übersicht liegen die gegenwärtigen deutschen Agenden zugrunde, die in weitem Umfang bereits von den liturgischen Reformbewegungen geprägt sind.

Außer der Lit. zu → Feste: IV, → Gottesdienst: V A, 1: A.BAUMSTARK, Liturgie Comparée, (1933) ed. B.BOTTE, 1953³ – J.A.JUNGMANN, Gewordene Liturgie, 1941 – P.BRUNNER, Die S.e im Jahre der Kirche (Der Gottesdienst an Sonn- u. Feiertagen. Unters.en zur Kirchenagende I/1, 1949, 79-109) – A.A.MCARTHUR, The Evolution of the Christian Year, 1953 – Leiturgia I, 437-534 (G.KUNZE).

G.Kretschmar

2. Das heutige ev. K. hat im wesentlichen die durch die luth. Reformation bestimmte Gestalt. Seine inner-ev. Unterschiede haben sich auf dem Kontinent stark ausgeglichen, während sie in Amerika und England (Lutheraner und Anglikaner gegenüber Denominationen und Freikirchen) noch wirksam sind. Jedenfalls tut die Frage, was das K. für die Evangeliumsverkündigung bedeutet, allenthalben not, da geschichtlich Gewordenes dem Willen Gottes widersprechen kann (Reformation!). Sicher zwingt das K. dazu, regelmäßig der »großen Taten Gottes« zu gedenken, und wehrt pfarrherrlicher Willkür und Einseitigkeit. Es schenkt die Freiheit, die einzelnen »Heilstatsachen«, unterstützt durch das → De tempore von Lied, Liturgie und Kirchenmusik, bes. hervorzuheben. Auch mag es für den Christen, der wie jeder Mensch vom Rhythmus der Zeit abhängig ist, durch *seinen* Rhythmus wertvoll sein. – Aber im K. lauern auch Gefahren. Es könnte über ihm vergessen werden, daß der Gehalt der großen Christusfeste zu *allen* Zeiten gilt; dann würden sie zu bloßen heidnischen Begehungen, und es könnte verschwiegen oder überhört werden, daß *alle* christliche Botschaft, getragen durch das Wort von Kreuz und Auferstehung, Kunde von dem Gott ist, der die Gottlosen gerecht und die Toten lebendig macht. Daher sollte man zB die → Passionszeit mit *gutem* ev. Gewissen am S. zu halten wagen, statt sie anhand der Fastenperikopen in Passionsandachten zu verbannen, und *alle* S.e der Freudenzeit bewußt der Osterbotschaft einräumen, statt den Imperativen alter Introitussprüche das Feld zu überlassen. – Zwischen dem überfeinerten K.-Empfinden mancher Theologen und dem der Gemeinden besteht im übrigen eine so große Kluft, daß die gemeindliche Erziehung und Unterweisung besser auf zentralere Dinge zu lenken wäre als auf das K. Für den Nicht-Theologen wird es immer unverständlich bleiben, wenn eine ev. »Kirche in der Welt« gegen das Eindringen einzelner bürgerlicher Feste in das K. polemisiert: Weshalb sollen Christen zwar Erntedank, aber nicht den Jahreswechsel gottesdienstlich feiern dürfen? Angst vor dem 1. Artikel, der doch im ev. Katechismus nicht ohne den 2. und 3. sein kann, verrät auch die Abneigung, dem Naturjahr, etwa in abendlichen Frühlings- oder Mittsommerfeiern, Platz im K. zu gönnen. – Die Gliederung der Trinitatiszeit ist trotz bisheriger Mißerfolge eine notwendige Aufgabe, die eng mit dem nur notdürftig gelösten Problem der → Perikopen zusammenhängt. – Der Reformation durch ein Fest zu gedenken, ist nicht so sehr durch → Bugenhagens einflußreiche Ordnungen gerechtfertigt wie dadurch, daß die ev. Kirche sich stets zu dem Geiste bekennen darf, der auch in der Kirchengeschichte die Seinen in alle Wahrheit leitet.

RGG³ III, 909ff – Leiturgia I, 437-534 (G.KUNZE; Lit.).

W.Jannasch

Unter K etwa Vermißtes bitte unter C und Z suchen

Kirchenkampf

1. Begriff, Geschichtsschreibung, Wesen - 2. Vorgeschichte - 3. Partei und Kirche - 4. Die kath. Kirche im K. - 5. Die »Kirchenwirren« 1933 und die Bildung der DEK - 6. Bekennende Kirche und Kirchenrecht - 7. Staatliche »Ordnungshilfe«, Reichskirchenminister, Reichskirchenausschuß, Lutherrat - 8. Ministerielle Einigungsversuche bei wachsender antikirchlicher Propaganda - 9. DEK im Kriege, Einigungswerk Bischof Wurms - 10. Ertrag des K.es. - Ergänzend vgl. bes. → Barmen, → Bekennende Kirche, → Dahlem

1. Als »K.« bezeichnet man meist die »Auseinandersetzungen« zwischen den Kirchen und dem durch den → Nationalsozialismus (NS) bestimmten Regime in → Deutschland (: III. IV) zwischen 1933 und 1945. Man sieht darin auch gelegentlich eine Parallele zum → Kulturkampf im 19.Jh. Beides trifft so allenfalls auf die kath. Kirche zu, nicht aber auf den Protestantismus in Deutschland und in den angrenzenden, ebenfalls von der NS-Herrschaft betroffenen Gebieten. Für ihn greift der K. tiefer und erweist sich als entscheidender Abschnitt in dem umfassenden Prozeß einer kirchlichen Selbstkritik und Erneuerungsbewegung, dessen Beginn sich zwar einigermaßen mit dem Jahr 1933 datieren läßt, dessen Ende aber nicht eindeutig durch das Jahr 1945 bestimmt ist und dessen Ertrag in den deutschen und außerdeutschen prot. Kirchen je nach der Reife des vorhandenen kirchlichen Selbstverständnisses in unterschiedlicher Weise eingebracht werden konnte, relativ am fruchtbarsten wohl bei der kirchlichen Neuordnung in den → Niederlanden. Da die Vorgänge in Deutschland sich aber nicht nur exemplarisch, sondern auch richtungweisend ökumenisch auswirkten und das bei weitem größte Ausmaß gewannen, kann eine Skizze des K.es sich auf sie beschränken.

Die *Geschichtsschreibung* des K.es steht noch in den Anfängen und wird seit 1955 durch eine vom Rat der EKD gebildete »Kommission der EKD für die Geschichte des K.es« (Vorsitz: Prof. D. K.D.Schmidt) systematisch gefördert und in ihren »Arbeiten zur Geschichte des K.es« planmäßig aufgenommen, zT im Anschluß an die bisherigen verdienstlichen Forschungen und Darstellungen durch einzelne. Dabei sind die Schwierigkeiten eines relativ kleinen zeitlichen Abstandes zu den Ereignissen und die Gefahr von bewußter wie unbewußter tendenziöser Verfärbung des Bildes immer wieder zu überwinden. Das Material liegt in zureichendem Maße in landeskirchlichen und staatlichen Archiven vor, vor allem aber in einem von Pfr. D. W.Niemöller in Bielefeld aufgebauten Archiv sowie in einem entsprechenden bei der Berliner Kirchlichen Hochschule. Eine erste Bibliographie (O.Diehn) zählt 5566 Titel und bedarf laufender Ergänzung und Fortführung. Eine Skizze im Grundriß ist gleichwohl unter gewissen Vorbehalten schon jetzt möglich.

Die Geschichte des K.es ist im Bereich des deutschen Protestantismus die Geschichte immer wieder neuer Versuche und wiederholter Rückschläge auf dem Weg der ev. Kirche zu einem theologischen Verständnis ihrer selbst, eine Geschichte des Wechsels von Bewährung und Versagen. Dies läßt sich an der kirchlichen Rechtsgeschichte leichter fassen als in anderen Bereichen kirchlichen Lebens und weist zugleich auf die starke Belastung durch die Vorgeschichte zurück. Das → »Stuttgarter Schuldbekenntnis« des Rates der EKD vom 19.10.1945 hat rückblickend in Form einer Selbstbeurteilung jenen Wechsel konstatiert und damit eine Heroisierung des K.es grundsätzlich abgewehrt. Das Verhältnis des K.es zur Geschichte des politischen Widerstands in Deutschland gegen die Gewaltherrschaft eines totalitär-weltanschaulichen Staates kann auf folgende Formel gebracht werden: Die oppositionellen Kräfte des K.es sind in gruppenweise verschiedener Stärke und Richtung aus aufgenötigter Defensive und passiver Resistenz gelegentlich auch zu einer aktiven »Widerstandsbewegung wider Willen« geworden, ohne politisches Programm, aber mit unbezweifelbarer politischer Wirkung. Die grundsätzliche theologische Frage des → Widerstandsrechtes bildete dabei ein noch nicht erledigtes zentrales Thema; nach der Stellung zu ihm lassen sich die »nonkonformistischen« Kräfte des K.es gruppieren.

2. Die *Vorgeschichte* verweist auf die kirchenpolitische und theologische Situation der ev. Landeskirchen zwischen 1919 und 1933. Mit dem Ende des 1. Weltkriegs und der damit eingetretenen Liquidierung des landesherrlichen → Kirchenregiments fanden sie sich in einer ihnen völlig neuen Lage. Sie mußten zwischen einer kompakten konservativen kirchlich-politischen und ev.-weltanschaulichen Tradition und einem neuen staatlichen Partner, der Weimarer Republik, auf dem unsicheren Boden einer »hinkenden« Trennung von → Kirche und Staat und fortschreitender Entkirchlichung der Massen endlich zu kirchlicher Eigenständigkeit gelangen. Stimmungsmäßig neigten die kirchlichen Kreise überwiegend zu einem aus der Niederlage von 1918 sich nährenden neuen Nationalismus. Dabei trat in der ererbten konservativen Verbindung von Thron und Altar an die Stelle des Throns »das Nationale«; deutschnationale und christlich-prot. Gesinnung wurden als zusammengehörig empfunden, nicht ohne gelegentliche Ausspielung des Lutherischen gegen die als calvinistisch-westlerisch abgelehnte Demokratie und die Einwirkung verschiedener »deutsch-kirchlicher« oder »deutsch-christlicher« Tendenzen (→ Deutsch-christliche Bewegungen) auf breite Schichten der ev. »Halbbildung«. Diese Mischung aus politisch-nationalem Ressentiment und theologischer Verworrenheit vernebelte in den Jahren nationalistischer Hochspannung auch leitenden kirchlichen Kreisen vielfach die Sicht. Die Lutherrenaissance war bei all ihren Verdiensten um Erneuerung des reformatorischen Erbes daran nicht unbeteiligt, während die → dialektische Theologie, soweit sie sich gegen jede Vermischung nationalistischer Tendenzen mit der Verkündigung wandte, zT eben darum angegriffen wurde, symptomatisch im »Fall → Dehn«. Man identifizierte sie mit der religiös-sozialen Bewegung oder rückte sie nicht selten auch an die Seite des Liberalismus der Freunde der → Christlichen Welt. Die wesentlich konservativen Gemeinschaftskreise begannen zT im NS so etwas wie eine politische Bußbewegung zu empfinden. Die Neugestaltung der Landeskirchen war zu einem gewissen verfassungsgeschichtlichen Abschluß gelangt, und ihre lockere Verbindung zum Zweck der Vertretung nach außen im Deutschen Ev. → Kirchenbund begann sich vor allem in der Sorge für die deutschen → Auslandsgemeinden zu festigen. Für das Verhältnis zum Staat bedeutete der → Kirchenvertrag der Ev. Landeskirchen mit dem Freistaat Preußen vom 11.5.1931 in kirchlicher Sicht eine neue »Macht- und Rechtsstellung« im öffentlichen Leben. Damit verband sich eine eigentümliche Politisierung im Bereich der synodalen Vertretungsgremien, ein kirchlicher Parlamentarismus der Richtungen.

3. Diese Kirche fand der NS auf prot. Seite vor. Bis etwa 1930 hatte er auf unmittelbare Hereinziehung der ev. Kirchen in seinen politischen Kampf verzichtet. In § 24 des Parteiprogramms hatte er den »Standpunkt eines positiven Christentums« proklamiert ohne konfessionelle Bindung, aber die Bekenntnisfreiheit durch den damals trotz der scharfsichtigen Warnung H.Sasses (KJ 59, 1932, 1-176) kaum durchschauten Satz eingeschränkt: »soweit sie nicht ... gegen das Sittlichkeits- und Moral-

gefühl der germanischen Rasse verstoßen«. 1931 ging man daran, auch die ev. Kirchen in den Kampf gegen das »Weimarer System«, gegen »Marxismus, Judentum und Zentrum« einzuspannen, Parteiformationen in die Kirchen zu führen und systematisch die ev. Wähler gegenüber neuen Parteien, wie zB dem »Christlich-Sozialen Volksdienst«, zu gewinnen. In die Synoden begannen neue, nationalsozialistisch beeinflußte Gruppen einzuziehen, zunächst in → Nassau und → Baden, dann bei den preußischen Kirchenwahlen von 1932, bei denen die »Deutschen Christen« (DC) als kirchenpolitische Gruppe nach einem vom Reichsorganisationsleiter der Partei dirigierten Wahlkampf unter Führung des Pfarrers J. Hossenfelder etwa ein Drittel der Sitze gewannen. Mit dem Anspruch einer großen volksmissionarischen Bewegung vertraten sie eine »schwärmerische«, einseitig Volk, Nation und Rasse als Schöpfungsordnungen und geoffenbarten »Volksnomos« (Stapel) proklamierende natürliche Theologie des 1. Artikels. Ihr Einfluß wurde von namhaften Theologen gefördert, wie vor allem von E. →Hirsch, der mit seinem tiefsinnigen Buch »Deutschlands Schicksal« (1920) diese Theologie von Luther und dem deutschen Idealismus her vorbereitet hatte und dann (»Christliche Freiheit und politische Bindung«, 1939) den NS als Rettung vor drohender Bolschewisierung begrüßte im Rahmen einer Deutung der Lage als »deutscher Übergang vom liberal-bürgerlichen Rechtsstaat mit christentumsfeindlichem marxistischem Einschlag zum nationalsozialistischen Kulturstaat mit dem Willen zu gemeinsamer Weltanschauung und Lebensordnung«. Die Parole der Rettung des christlichen → Abendlandes vor dem Bolschewismus hat auch noch während des K.es wiederholt den Widerstand gelähmt. Eine erste kräftige Gegenstimme, das am 11.1.1933 veröffentlichte »Wort und Bekenntnis Altonaer Pastoren in der Not und Verwirrung des öffentlichen Lebens« (H. → Asmussen u.a.), kann als Vorwegnahme späterer Erklärungen der → Bekennenden Kirche gelten.

4. Vernebelt wurde die Situation schließlich auch durch das diplomatische Verhalten der *kath. Kirche,* in der einzelne Theologen (zB Eschweiler und Lortz) den NS und seinen Kampf gegen den »politischen« Katholizismus begrüßten. Die Kurie schloß überraschend am 20.7.1933 das erste Reichskonkordat ab (→ Konkordat), eine moralische Legitimation des neuen Staates, die dieser angestrebt hatte. Nach dem Vorspiel trefflicher, aber rein apologetischer Abwehr der antichristlichen Weltanschauung des bald indizierten »Mythos des 20.Jh.s« A.Rosenbergs folgte später ein zähes Ringen im Kampf gegen die politische Gleichschaltung kath. Organisationen, um Bekenntnisschule und Ordenswesen (Devisen- und Sittlichkeitsprozesse). Der deutsche Episkopat verhielt sich bei der Abwehr im wesentlichen taktisch; nur einzelne, wie Kardinal → Faulhaber und der Münsterer Bischof Graf → Galen (, 2), nahmen offen Stellung. Die gemeinsame antibolschewistische Front und das Konkordat hielten trotz der staatlichen Übergriffe und Verfolgungen und trotz der deutlichen Enzyklika »Ardenti cura« →Pius' XI. (1937) Kirche und NS-Staat zusammen, obwohl andererseits sich so etwas wie eine Kampfgemeinschaft mit dem prot. Widerstand und eine Intensivierung der → Una-Sancta-Bewegung einstellten.

5. Der K. beginnt mit den ersten Fehlschlägen der im einzelnen wenig klaren NS-Kirchenpolitik, die unter dem Vorgeben »echter Ordnung« von Staat, Volk und Kirche die politisch brauchbare Staatskirche anstrebte, während die DC auf dem Weg proklamierter innerkirchlicher »Revolution« auf eine NS-christliche »Reichskirche« mit einem romantischen Programm (Reichstagung vom 3./5.4.) zusteuerten. Am 25.4. ernannte Hitler den Königsberger Wehrkreispfarrer Ludwig Müller zu seinem Bevollmächtigten für die Angelegenheiten der ev. Kirche und nahm seinerseits die Reichskirchenparole auf, offenkundig um die Kirchenrevolution der DC abzufangen. Gleichzeitig hatte der Präsident des preußischen Ev. Oberkirchenrates (EOK) und des Deutschen Ev. → Kirchenausschusses, D. H. → Kapler, begonnen, in Fühlung mit den Landeskirchen die Umbildung des Kirchenbundes zu einer föderalistischen Deutschen Ev. Kirche (DEK) vorzubereiten (Dreimännerkollegium: Kapler, → Marahrens, → Hesse; Loccumer Manifest vom 20.5. unter Beteiligung L. Müllers). Am 26./27.5. wurde in Eisenach Pfarrer F.v. → Bodelschwingh (, 2) gegen L.Müller von der Mehrzahl der Vertreter der Landeskirchen zum Reichsbischof »erkoren«, obwohl die neue Verfassung noch nicht rechtskräftig war. L.Müller protestierte mit »Rechtsgutachten«, unterstützt durch stürmische Forderungen der DC, zu deren »Schirmherr« er ernannt worden war (gleichzeitig neue Richtlinien der DC, 16.5., gemäßigt, Hauptverf. Prof. K.Fezer), und Hitler bekundete sein Mißfallen. Am 21.6. trat Kapler zurück; die kommissarische Beauftragung des rheinischen Gen.-Sup. D. Stoltenhoff mit den Präsidialgeschäften gab dem Preußischen Kultusminister Gelegenheit, eine Verletzung des Staatsvertrages zu behaupten und mit Hilfe des anstelle des Leiters der Kirchenabteilung, Dr. Trendelenburg, als Ministerialdirektor (später Staatskommissar) berufenen Wiesbadener Landgerichtsrats Aug. Jäger den Behördenapparat der Ev. Kirche der altpreußischen Union den DC auszuliefern. L.Müller bemächtigte sich des Kirchenbundesamtes und bildete den Verfassungsausschuß zT um. Bodelschwingh war, allerseits im Stich gelassen, am 24.6. zurückgetreten. Am 14.7. wurde die Verfassung der DEK als Reichsgesetz verkündet; die Staatskommissare in Preußen wurden zurückgezogen und auf den 23.7. reichsgesetzlich für die ganze Kirche Neuwahlen ausgeschrieben. Sie waren von Hitler zunächst gegen die radikalen DC und die Gewaltpolitik Jägers gedacht, wurden aber zuletzt von ihm doch zugunsten der DC unterstützt. Sie brachten einen überlegenen »Sieg« der DC über die von der Jungreformatorischen Bewegung gebildete Gruppe »Evangelium und Kirche«. Er führte zu einem radikalen Umbau der preußischen Landeskirchen. Müller wurde Landesbischof, die preußische Generalsynode vom 4.9. gliederte die Kirche in 10 »historische« Bistümer und in Propsteien, die überwiegend mit DC besetzt wurden. Ein Gesetz über die Rechtsverhältnisse der Geistlichen und Kirchenbeamten (unter Einschluß des Arierparagraphen) sollte den »Parlamentarismus« der Preußischen Kirche nach dem »Führerprinzip« durchgreifend umgestalten. Am 27.9. wählte die Wittenberger Nationalsynode L.Müller zum Reichsbischof. Die »Kirchenwirren« galten damit als abgeschlossen.

Das erwies sich als Selbsttäuschung. Die radikalvölkischen DC, unterstützt von Parteikreisen, wollten sofort die nationale »Vollendung« der Reformation, Entfernung alles Undeutschen aus Gottesdienst und Bekenntnis, »Entjudung« des Evangeliums und der Kirche, das »artgemäße« Christentum um eine nordisch-heldische Jesusgestalt. Ihre »Sportpalastkundgebung« vom 13.11. (DC-Gauobmann R.Krause) nahm das Programm bis auf eine Stimme widerspruchslos an, führte aber alsbald zum beginnenden Zerfall der DC, zum Rücktritt des von L.Müller gebildeten »Geistlichen Ministeriums« (Hossenfelder, Schöffel, O.Weber, Werner), zur Beurlaubung Hossenfelders von allen Ämtern und zum Umbau der DC (Reichsleiter Dr. Kinder, 28 sächsische Thesen, Hauptverf. Grundmann) sowie zum Beginn eines autokratischen Regimes Müller (Eingliederung des Ev.

Jugendwerkes in die Hitlerjugend, 20.12). Zugleich begann der bereits in Wittenberg angemeldete Widerstand des am 21.9. von M. → Niemöller u.a. gebildeten → Pfarrernotbundes, dem von den Kirchenführern nur die ehemaligen Gen.-Sup. O. → Dibelius und Weirich sowie Präses → Koch (, 2) angehörten.

6. Anfang 1934 sammelten sich neben dem Notbund bekennende Gemeinden zum Eintreten für das Evangelium und zu »theologischer Existenz« (K. → Barth). L. Müller suchte zunächst durch seinen »Maulkorberlaß« (4.1.) »geordnete Zustände in der DEK« wiederherzustellen und sie durch eine Fülle von rechtlich fragwürdigen Disziplinar- und Verwaltungsmaßnahmen zu erzwingen. Ein Empfang aller Gruppen (des Notbundes, der nicht-DClichen Landesbischöfe, der DC, des Reichsbischofs) bei Hitler am 25.1. führte nicht zu dem erwarteten Sturz Müllers, sondern zu einer Treueerklärung gegenüber dem Dritten Reich und einer Loyalitätserklärung gegenüber Müller seitens der Kirchenführer und zu diktatorischer Fortsetzung der Maßregelungen. Müllers »Rechtswalter« Jäger führte die gewalttätige und zT (→ Sachsen, → Schleswig-Holstein, Nassau-Hessen [→ Hessen: II], → Thüringen, → Hamburg, weniger in → Hannover) erfolgreiche Eingliederungspolitik gegenüber außerpreußischen Kirchen fort. Dieser Druck bewirkte eine Sammlung und Kräftigung der Opposition (auch in → Württemberg und → Bayern), die sich vor und bes. mit der 1. Bekenntnissynode der DEK in → *Barmen* (29./31.5.) als → *Bekennende Kirche* (BK) zu formieren begann und das Müllersche Reichskirchenregiment für illegitim erklärte. Neben der Barmer Bekenntniserklärung war die Feststellung zur Rechtslage insofern bes. wichtig, als sich mit ihr die Proklamation bekenntnismäßiger Verfassungsprinzipien verband, die zu einer noch heute folgenreichen Neuorientierung des ev. → Kirchenrechts (: I B) drängten (→ Bruderräte, Reichsbruderrat; Rat der DEK). Auf der Nationalsynode vom 9.8. in Wittenberg suchte Jäger die Zentralisierung der DEK gesetzlich abzuschließen. Seine Eingliederungspolitik war mit neuen Vorstößen wieder aufgenommen worden, scheiterte aber zuletzt am Widerstand der Gemeinden in Württemberg und Bayern. Am 23.9. wurde Müller im Berliner Dom als Reichsbischof eingeführt. Die 2. Bekenntnissynode der DEK in → *Dahlem* (19./20.10.) proklamierte daraufhin das für Preußen bereits praktizierte »kirchliche → Notrecht« für die ganze DEK. Schließlich griff der Staat ein: die gesamte Gesetzgebung der DEK im Jahr 1934, deren Rechtswidrigkeit in zahlreichen Einzelprozessen zutage getreten war, wurde aufgehoben. Jäger trat am 26.10. zurück, während Müller sich den Rücktrittsforderungen versagte. Hitler empfing am 30.10. die Landesbischöfe → Meiser, → Wurm und Marahrens. Das »System Müller-Jäger« war zwar gescheitert, aber auch das Interesse Hitlers an der Reichskirche geschwunden. Man ließ die DEK in ihren starken inneren Gegensätzen zwischen DClicher Reichskirche und der nach »zerstörten« und »intakten« Kirchen verschieden strukturierten BK stecken, wobei die »Mitte« wechselnd Anschluß suchte. Die BK versuchte eine *»Vorläufige Kirchenleitung* der DEK« (VKL: Marahrens, Koch, Breit, → Humburg, als Jurist Fiedler) aufzurichten (20.11.), die sich unter erheblichen inneren Spannungen (Dahlemer »Radikalismus«, Bestandssicherung und Kontinuitätsinteresse der intakten Kirchen; verschiedene »bekenntnismäßige« Einstellung zu Barmen, gerade auch im Verhältnis zur »Obrigkeit«; Austritt von Barth, Niemöller, → Immer und Hesse aus dem Reichsbruderrat) vergeblich um staatliche Anerkennung mühte. Die BK mußte so trotz Anwachsens ihrer Gemeinden, aber auch des Gegendrucks, an durchschlagskräftiger innerer Geschlossenheit verlieren und die Sicherheit ihrer kirchenpolitischen Stoßrichtung einbüßen, zumal der Vorsitzende der VKL von ihr betont bloß als Bekenntnis*bewegung* sprach.

7. I.J. 1935 setzte eine erste Welle staatlich begünstigter »neuheidnischer« Propaganda gegen die Kirche ein, gegen die sich VKL und Preußische Bekenntnissynode wandten. Erörterungen über kirchenpolitische Vorgänge in der Presse wurden untersagt, bei den preußischen Kirchenbehörden als bequeme Mittel staatlicher Einwirkung »Finanzabteilungen« eingerichtet und Ende Juni auch eine »Beschlußstelle« für Rechtsangelegenheiten der ev. Kirche reichsgesetzlich gebildet, die der BK den bislang meist erfolgreich beschrittenen Weg zu ordentlichen Gerichten verbaute. In dieser Lage trat in *Augsburg* am 4./6.6. die 3. Bekenntnissynode der DEK zusammen, die die Spannungen innerhalb der BK auf dem freundlicheren Hintergrund der soeben erfolgten Entlassung der zahlreich verhafteten Pfarrer mehr nach der konservativen Seite hin behob. Andererseits wurde der Bruderrat von der Synode »beauftragt«, für die Durchführung ihrer Beschlüsse zu sorgen und die VKL zu »beraten« (Wiedereintritt von Niemöller, Hesse, Immer). – Am 16.7. wurde der durch Gesetz schon vorgesehene Reichsminister für die kirchlichen Angelegenheiten, Hans Kerrl, ernannt, um als »Treuhänder« die Einheit der DEK zu »sichern« (*Gesetz zur Sicherung* der DEK vom 24.9., das in 17 Durchführungsverordnungen für die nächsten Jahre die Grundlage der staatlichen Kirchenpolitik wurde). Der Preußische Bruderrat richtete an ihn einen Protest gegen die Finanzabteilungen, aber der Staat setzte seine auf den Zerfall der BK gerichtete Politik fort. Er bildete einen vermittelnden *Reichskirchenausschuß* (RKA) unter dem ehemaligen Gen.-Sup. W. → Zoellner mit starker Beteiligung der »Mitte«, der die Leitung der DEK übernahm und so zugleich auch den Reichsbischof kaltstellte. Landes- und Provinzialkirchenausschüsse folgten in den meisten Kirchen, jedoch nicht in den extrem DClichen (→ Thüringen, → Mecklenburg). Die intakten Kirchen sowie Bruderräte in zerstörten konfessionell luth. Kirchen neigten unter der Voraussetzung echten kirchlichen Handelns zur Mitarbeit mit dem RKA (Vereinbarung vom 20.11.1936: »Wir stehen mit dem RKA hinter dem Führer im Lebenskampf des deutschen Volkes gegen den Bolschewismus«), andere Bruderräte lehnten sie prinzipiell ab. Die Gesamtlage war gefährlich vernebelt, und so brachte die 4. und letzte Bekenntnissynode der DEK in *Bad Oeynhausen* (17./22.2. 1936) die kaum zu vermeidende Spaltung der BK. Die 1. VKL unter Marahrens trat zurück, eine 2. VKL wurde durch den neu gebildeten Reichsbruderrat berufen (12.3.: Müller-Dahlem, Albertz, Böhm, Fricke, Forck, Dr. Günther). Die latenten, durch die Sorge vor der BK als neuer »Unionskirche« bestimmten konfessionellen Hintergründe, auf die auch die Verschiedenheit im Verhalten dem Staat gegenüber zurückweisen, wurden alsbald mit der als »luth. Neubesinnung« (Künneth) begrüßten Gründung eines *»Rates der Ev.-Luth. Kirche (!) Deutschlands«* (18.3.: Bayern, Hannover, Württemberg, luth. Bruderräte in zerstörten Kirchen) offenkundig. Seine Wurzel liegt in dem schon im April 1934 in Ulm geschlossenen »Luth. Bund«. Das Schwergewicht des nun zwangsläufig auch politisch werdenden Widerstands verschob sich zunehmend auf die preußische BK und die 2. VKL, während man sich auf dem konfessionellen Flügel der BK mehr mit weltanschaulich-apologetischen Auseinandersetzungen beschäftigte. Man distanzierte sich hier von der »hochverräterischen« *Denkschrift der 2. VKL* vom 4.6., die eine so nie wiederholte ausführlich begründete Kritik am Handeln des totalitären Staa-

tes übte, und von der mit ihr verbundenen Kanzelabkündigung vom 23.8. zunächst praktisch, später auch formell. Auch bei den DC traten Spaltungen ein. Ein Teil arbeitete mit dem RKA zusammen, der radikale Flügel formierte sich zur *»Nationalkirchlichen Einung«* bzw. zu den »Thüringer DC«, gegen die sich der RKA im Juni 1936 ein theologisches Gutachten erstatten ließ. Die wachsende antichristliche Propaganda (Entkonfessionalisierung des öffentlichen Lebens) veranlaßte auch eine Denkschrift des RKA, aber es gelang weder ihm noch dem Reichskirchenminister, die kirchenfeindliche Agitation zu beseitigen, auch nicht den Widerstand der extremen DC-Kirchen gegen den RKA. Die staatliche Ordnungshilfe war offenbar nicht aufrichtig gemeint, sondern nur Vorwand für eine künftige Liquidierung der Kirche durch sog. organisatorische Verkümmerung. Eine förmliche Mitarbeit der ganzen BK mit dem RKA hätte wahrscheinlich zur Preisgabe letzter Widerstandspositionen geführt, so sehr sich der RKA Ende 1936 wenigstens um innerkirchliche Anerkennung bemühte und sie auf den Kirchenführerkonferenzen mit den intakten Kirchen auch fand. Die DC-Kirchen rechneten hingegen auf eine radikale nationalkirchliche Lösung, und mit der VKL konnte sich der RKA über Barmen nicht verständigen. Auch für ihn wurde schließlich die gesamtkirchliche Bewegungsfreiheit im Bereich der *Ökumene* (→Ökumenische Bewegung, 3), die schon 1934 die BK anerkannt und mit ihr Fühlung aufgenommen hatte (Fanö: Präses Koch Mitglied des Ökumenischen Rates für praktisches Christentum), staatlicherseits abgeschnitten. Die ökumenische Ratstagung in Chamby hatte 1936 noch Vertretungen der BK und des RKA nebeneinander gesehen. Auf den Weltkirchenkonferenzen in Oxford und Edinburgh (1937) fehlte die DEK, obwohl Einladungen an die BK ergangen waren. Persönliche Behinderung Zoellners bot den letzten Anlaß zum längst fälligen Rücktritt des RKA (12.2.1937).

8. Die durch das Ziel organisatorischer Verkümmerung der Kirche bestimmte staatliche Kirchenpolitik wurde aber von 1937-45 in wechselnder Weise fortgesetzt. Zunächst übernahm der (ad hoc wieder in die Kirche eingetretene) Staatssekretär im Reichskirchenministerium Muhs bis Aug. 1938 mit Hilfe der Durchführungsverordnungen zum Sicherungsgesetz nach außen die Deckung und mit dem Ausbau der Finanzabteilungen (15. Durchführungsverordnung) nach innen die Exekutive. Zwar sah ein Erlaß Hitlers vom 15.2.1937 - ohne Beteiligung Kerrls - Neuwahlen zur Generalsynode vor; sie kamen aber nie zustande. Der Versuch der Kirchenführerkonferenz unter Marahrens, eine neue Leitung der DEK zu bilden, scheiterte. Die im Amt befindlichen Kirchenleitungen wurden zunächst für die »laufenden Geschäfte« anerkannt (13. Durchführungsverordnung), aber die noch vorhandenen Landeskirchenausschüsse sollten aufgelöst werden. BK und »Lutherrat« bemühten sich um Ausbau je ihrer eigenen kirchlichen Ordnungs- und Verwaltungskonzeptionen (Ausbildungswesen der BK, 1937 durch Himmler verboten; Kirchliche → Hochschulen [: I], seit 1935; Prüfungen, Predigerseminare, Ordinationen, Kollekten in der BK), nahmen aber auch fallweise zu den mit fortschreitender weltanschaulicher Totalisierung des Staates aufbrechenden Fragen Stellung (Rechtszerfall, politische und Judenverfolgung, Entkonfessionalisierung, rassische Aufnordung, Kriegsgefahr u.a.m.). Die 4. bis 12. Preußische Bekenntnissynode (→ Hallenser Synode, 10./13. 5.1937, bis Breslau, 16./17.10.1943) spiegeln dies bes. deutlich wider. Am 1.7.1937 wurde *M.Niemöller* verhaftet und nach dem Prozeß am 2.3.1938 widerrechtlich durch die Staatspolizei bis zum Zusammenbruch 1945 als »persönlicher Gefangener« Hitlers ins KZ verbracht. Auch die 2. VKL, die Bruderräte und zahlreiche, zT auch nicht zur BK gehörige Pfarrer wurden in den folgenden Jahren in verschiedener Weise vor allem staatspolizeilich gemaßregelt (Fürbitte-Listen!); 18 fanden zwischen 1937 und 1945 den Zeugentod (→ Märtyrer: III). - Im Juli 1937 suchten im *»Kasseler Gremium«* VKL (Müller-Dahlem), Kirchenführerkonferenz (Marahrens) und Lutherrat (Breit) noch einmal eine einheitliche Leitung der BK zu erreichen; aber über eine Denkschrift gegen A. Rosenbergs »Dunkelmänner« und »Rompilger« (31.10. 1937) hinaus kam man zu keinem wirksamen Handeln. Am 10.12.1937 wurde die Leitung der DEK dem Präsidenten des Berliner EOK, Dr. Werner, diejenige in den zerstörten Kirchen den juristischen Leitern der Verwaltungsbehörden übertragen (17. Durchführungsverordnung). Neue und auch tiefgreifende theologische Auseinandersetzungen rief der von Werner nach dem Anschluß Österreichs und, wie sich hinterher zeigte, ohne Forderung des Staates am 20.4.1938 angeordnete *Treueid der Pfarrer* auf den »Führer« wach. Er wurde nicht generell abgelegt, aber selbst die Preußische Bekenntnissynode hatte nach Vorantritt der meisten Landeskirchen zur Eidesleistung angewiesen. - In der zweiten Hälfte des Jahres 1938 versuchte der Reichskirchenminister, wieder aktiver, mit Hilfe der im *»Wittenberger Bund«* gesammelten Mitte und von Laienkreisen abermals eine Neuordnung und im Zusammenhang mit der *Gebetsliturgie* der VKL vom 30.9. aus Anlaß der Tschechenkrise eine endgültige Zerschlagung der BK. Er veranlaßte die Bischöfe der intakten Kirchen zum Bruch mit der VKL »aus religiösen und vaterländischen Gründen«. Im Hintergrund stand nicht nur die erste offene Bekundung der Kirchenfeindschaft der auch in den Besitz der militärischen Macht gelangten Partei auf ihrem Parteitag 1938, sondern vor allem der Trostbrief K.Barths an → Hromadka, der alle nationalen Ressentiments wachrief und selbst von der VKL in dieser Stimmung und ohne jedes theologische Verständnis als »politisch« abgelehnt wurde. Die BK geriet in ihre schwerste Krise. Aber auch das papierne Ergebnis des Kerrlschen Neuordnungsversuchs, das u.a. auch ein »Minderheitenrecht« in geistlichen Dingen vorsah, wurde dann Anfang 1939 zu den Akten gelegt, ein Parallelvorschlag der Kirchenführerkonferenz abgelehnt und ein dritter Weg (nach RKA und Wittenberger Bund) zur »Einheitsfront« beschritten: In der *»Godesberger Erklärung«* traten Thüringer DC und Mitte im April 1939 auf nationalkirchlicher Linie zusammen. Auf eine nur unwesentlich modifizierte Gestalt dieser Erklärung ließen sich aus dem Kreis der Kirchenführerkonferenz auch Marahrens, der Braunschweiger Bischof Johnsen und der Vorsitzende des Kirchenausschusses von → Kurhessen-Waldeck, Happich, ein, während die Konferenz der Landesbruderräte und die VKL eine eindeutig ablehnende Stellung bekundeten und Bayern sowie Württemberg nicht mitmachten. Die Folge war eine Krisis im Lutherrat. - Präsident Werner hatte schon vorher erklärt, daß er die Arbeit der Kirchenbehörden in Anlehnung an die Thüringer DC auf nationalkirchliche Grundsätze abgestellt habe. Gegen diese Aufrichtung eines »fremden Evangeliums« und gegen das dafür eingesetzte Verordnungswerk Werners (Stellenbesetzung, Disziplinargerichte, Kirchensteuer- und Kollektenwesen) protestierte die 8. Preußische Bekenntnissynode (Steglitz, 21./22.5.1939). Vermittlungsversuche Kerrls (Einschränkung der Finanzabteilungen, 21.7.1939; geistliche Vertrauensmänner bei rein juristischen Kirchenleitungen) konnten das offenkundige Auseinanderfallen der DEK nicht aufhalten.

9. Drei Tage vor dem Ausbruch des 2. Weltkriegs, am

29.8.1939, bildete Kerrl auch für die DEK einen *»Geistlichen Vertrauensrat«* (Marahrens, der nationalkirchliche Landesbischof Mecklenburgs, Schultz, und der geistliche Vizepräsident des EOK, Hymmen, später vorübergehend als Verbindungsmann der Reformierten noch O.Weber) neben Präsident Werner. Seine Tätigkeit erschöpfte sich im wesentlichen in (patriotischen) Aufrufen und in der Weitergabe staatlicher Anordnungen. Auch ein Amnestieerlaß für kirchliche Verfahren sollte der kriegsnotwendigen Beruhigung dienen. Aber die antichristliche Propaganda ging weiter, und am 6.7.1941 erschien ein vertrauliches Rundschreiben des Leiters der Reichskanzlei, Bormann, mit dem Programm der restlosen Beseitigung der Einflußmöglichkeiten der Kirche. Im Sept. versuchte man am Musterfall Warthegau die Umstellung der Kirche auf Vereinsrecht. Nach dem Tode Kerrls (14.12.1941) verschärfte sich unter Muhs der Druck der Finanzabteilungen. Durch die Einziehungen wurden, bes. in der BK, viele Kräfte der kirchlichen Arbeit entzogen. Ein Rest setzte, stark bedrängt, die Versorgung der Gemeinden, insbesondere die kirchliche Unterweisung (mit zT neuen und wegweisenden katechetischen Arbeiten) und den jeweils notwendigen Widerstand fort. 1941 war die ganze VKL zeitweilig in Haft. Die verschärfte Judenverfolgung führte zum Hilfswerk der VKL *(Büro Grüber)*, dessen Leiter (Grüber und Sylten) 1940 und 1941 nacheinander ins KZ kamen. Die nationalkirchlichen Kirchenleitungen hingegen ordneten den Ausschluß »rassejüdischer Christen« an, und die Deutsche Ev. Kirchenkanzlei empfahl den Kirchenleitungen, dafür zu sorgen, »daß die getauften Nichtarier dem kirchlichen Leben der deutschen Gemeinde fernblieben«. VKL und der Württembergische EOK protestierten in Wort und Tat. Gegen die 1940 beginnende, als »kriegsbedingt« angeordnete → Euthanasie-Aktion (Tötung → »lebensunwerten Lebens« in Pflegeanstalten) haben evangelischerseits (vgl. → Galen) mit teilweisem Erfolg vor allem Bischof → Wurm (19.7.), F.v.Bodelschwingh und Pfarrer Braune Einspruch erhoben. Das kirchliche Schrifttum wurde stark beschnitten und schließlich wegen »Papiermangels« fast ganz unterbunden. Kirchliche Feiertage wurden eingeschränkt, Taufe, Konfirmation, Trauung und Beerdigung sollten durch Parteifeiern verdrängt werden. Die kirchlichen Werke, vor allem die Jugendunterweisung, hatten mit wachsenden Schwierigkeiten zu kämpfen. In dieser Lage suchte man die »illegalen« Kandidaten, Vikare und Hilfsprediger der BK durch »Legalisierung« der amtlichen DEK einzugliedern. Gegen Ende des Krieges, bes. seit 1943, ließ sich die gesamte kirchliche Arbeit nur noch mühsam unter Mithilfe der erstaunlich aktiven Laienkräfte und der gelegentlich mit vollen Amtsrechten ausgestatteten Vikarinnen weiterführen, die sich auch in schwierigen Lagen bewährt haben. – Seit Dez. 1941 versuchte Bischof Wurm, in seinem *»Einigungswerk«* BK und Mitte stärker zusammenzuschließen (»13 Punkte«, Okt. 1942). Dies bildete den einen Ansatz zum Neuaufbau der Kirche als → Evangelische Kirche in Deutschland (: I) nach dem Krieg (Reichsbruderratssitzung in Frankfurt, 21./24.8.1945; Kirchenversammlung von Treysa, 28./31.8.; Übertragung der kirchenleitenden Funktionen des Bruderrats an den Rat der EKD und Vorläufige Ordnung der EKD), den der Preuß. Kirchenordnungsausschuß der BK im Dez. 1944 theoretisch vorbereitet hatte. Ein anderer Ansatz war der Lutherrat, aus dem schließlich, unter Preisgabe des Ziels einer luth. deutschen Gesamtkirche, die VELKD innerhalb der EKD hervorging (→ Luthertum: III). – Diese neuen Bildungen übernahmen aus dem K. viele Versuche und Aufgaben zu echter Neugestaltung, aber auch eine Fülle von Nöten und Lasten. Sie betrafen sowohl die Frage der Rechtskontinuität (am 15.7.1948 erklärte der Bruderrat der EKD den seit Barmen beschrittenen Weg des kirchlichen Notrechts mit der Grundordnung der EKD für beendet) wie auch theologische Grundsatzfragen, die während des K.es vielfach durch kühne und zT mehr intuitive Entscheidungen ohne Aufarbeitung des überkommenen kirchlichen und gemeinprot. Erbes praktisch gelöst werden mußten. Insofern kann das *Ende des K.es* als einer innerkirchlichen Erneuerungsbewegung nicht einfach mit dem Ende des NS-Drucks gleichgesetzt werden.

10. Den *Ertrag des K.es* hat man 1945 alsbald zu buchen versucht; seine exakte Bestimmung ist jedoch nicht einfach, für Rechtsstellung und Rechtsgestalt der ev. Kirchen in Deutschland verhältnismäßig noch am deutlichsten: Die ev. Kirche ist insofern in eine neue staatskirchenrechtliche Lage gebracht, als für sie dank der herausgeforderten Distanzierung vom Staat die letzten Reste eines Staatskirchentums beseitigt sind. Gleichzeitig hat sie sich stärker in ökumenische Zusammenhänge eingeordnet und von beidem aus eine neue Zuwendung zu Staat und Welt in freier Partnerschaft bzw. in Wahrnehmung des → Öffentlichkeitsauftrags der Kirche zu gewinnen begonnen. Für ihre eigene Rechtsgestalt hat die Kirche die Einsicht in die Bekenntnisbestimmtheit kirchlicher Ordnung und Ordnungen zurückgewonnen und damit die Frage nach einem eigenständigen Kirchenrecht. Im K. hat sie ferner gelernt, die Bedeutung der Theologie für das kirchliche Handeln ernst zu nehmen, nicht ohne die Gefahr einer einengenden »Verkirchlichung« theologischer Arbeit. Die Rückfrage nach der »Stimme der Väter« hat ihr die Aufgabe echter Rezeption des kirchlichen Erbes der näheren und ferneren Vergangenheit neu gestellt. Ebenso gewann sie ein neues Verständnis für die → Predigt als Verkündigung des Wortes Gottes und für die Liturgie als Ordnungsgestalt kirchlichen Lebens (→ Liturgik: II), freilich wiederum nicht ohne die Gefahr, diese einseitig zu überschätzen. Nicht zuletzt gewann sie auch vertiefte Einsicht für den Auftrag der Kirche, »Kirche für die Welt« zu sein, und zwar von ihrer Verkündigungsmitte her, und nicht bloß in einem mehr oder minder humanitär-karitativen Handeln. Ihre Verantwortlichkeit für das Menschsein des Menschen hat so an zwingender Kraft gewonnen. Aber dies alles bleibt eine zT noch wenig gelöste Aufgabe; und alles ist davon bedroht, in einem Selbstmißverständnis wieder privilegierter Kirche oder durch das Streben nach kirchlichen Machtpositionen verfälscht zu werden.

Außer der Lit. zu den Verweisartikeln: O.Diehn, Bibliogr. zur Gesch. des K.es 1933-1945 (Arbeiten zur Gesch. d. K.es I), 1958. – *Quellensammlungen:* JK 1-9, 1933-41 – J.Gauger, Chronik der Kirchenwirren, 3 Bde, 1933-35 – K.D.Schmidt, Die Bekenntnisse u. grundsätzl. Äußerungen zur Kirchenfrage (für die Jahre 1933-35), 3 Bde, 1934-36 – Chr.Stoll, Dokumente zum Kirchenstreit, 3 H.e, 1934 – W.Niesel, Um Verkündigung u. Ordnung der Kirche, 1949 (Beschlüsse der Preuß. Bekenntnissynoden) – Karl Barth zum K., hg.v. E.Wolf (ThEx 49), 1956 – W.Niemöller, Texte zur Gesch. des Pfarrernotbundes (KlT 180), 1958 – D.Bonhoeffer, Ges. Schriften, hg.v. E.Bethge, I. II, 1958/59. – *Gesamtdarstellungen:* A.Frey, Der Kampf der ev. Kirche in Deutschland, 1937 – N.Micklem, Nationalsocialism and the Roman Catholic Church, Oxford 1939 – St.Herman, It's your souls we want, New York 1942; dt. 1951 – J.Beckmann, KJ 1933-44, 1948 (Darstellung u. Dokumente) – W.Niemöller, Kampf u. Zeugnis der BK, 1948 – Ders., Die Ev. Kirche im Dritten Reich (Hdb. des K.es), 1956 – H.Hermelink, Kirche im Kampf, 1950 – K.Kupisch, Zwischen Idealismus u. Massendemokratie, 1955 – H.-H.Schrey, Die Generation der Entscheidung, 1955 – W.Conrad, Der Kampf um die Kanzeln, 1957 – EKL II, 737ff (H.Brunotte). – *Einzeldarstellungen:* P.Fleisch, Das Werden der VELKD (ZevKR 1, 1951/52, 15-55. 404-418) – Ders., Erlebte KG, 1952 – H.Brunotte, Die Entwicklung der staatl. Finanzaufsicht über die DEK von 1935-1945 (ZevKR 3, 1954, 29-55) - W.Niemöller, Die BK sagt Hitler die Wahrheit, 1954 - Ders., Die 2. Bekenntnissynode der DEK zu Dahlem (Arb. z. Gesch. d. K.es III), 1958 - Ders., Hitler u. die ev. Kirchenführer, 1959 - K.Kupisch, Sommer 1938 (EvTh 16, 1956, 252-273) - E.Wolf, Barmen, 1957 -P.Gürtler, Nationalsozialismus u. die ev. Kirchen im Warthegau (Arb. z. Gesch. d. K.es II), 1958 - D.v.Lersner, Die ev. Jugendverbände Württembergs u. d. Hitlerjugend 1933/34 (ebd IV), 1958 - G.Niemöller, Die 1. Bekenntnissynode der DEK zu Barmen, 2 Bde (ebd V. VI), 1959. - *Ertrag:* K.Barth, Die ev. Kirche in Deutschland nach dem Zusammenbruch des Dritten Reiches, 1945 - H.Diem, Restauration oder Neuanfang in der ev. Kirche?, 1946 - E.Schlink, Der Ertrag des K.es, 1947 - H.Wehrhahn, Die kirchenrechtl. Ergebnisse des K.es (EvTh 7, 1947/48, 313-323) - J.Beckmann, Der theol. Ertrag des K.es (Bekennende Kirche. Festschr. M.Niemöller, 1952, 75-87). *Ernst Wolf*

Kirchenkonferenz → Evangelische Kirche in Deutschland: I, 5.

Kirchenkonzert, Sammelbegriff für außergottesdienstliche Musikaufführungen im Kirchenraum. Die Einrichtung von K.en, älter als gemeinhin angenommen, geht (nach Söhngen) auf das Verbot der Instrumentalmusik im ref. Gottesdienst zurück, das schon im 16.Jh. in den niederländischen Hansestädten zur Veranstaltung von Konzerten in der Kirche als Ersatz für die aus dem Gottesdienst vertriebene Orgelmusik führte. Damit hängen vielleicht auch die berühmten, als *Abendmusik* bezeichneten K.e in der Lübecker Marienkirche (seit 1646 bezeugt) zusammen, für die zB → Buxtehude viele Vokal- und Orgelwerke geschaffen hat und die bis ins 19.Jh. fortgeführt wurden. Die Restaurationszeit brachte eine Blüte des K.s als Institution, sah aber zT auch schon das Fragwürdige des Herauslösens gottesdienstlicher Musik aus der liturgischen Zweckgebundenheit, ein Problem, das heute erneut diskutiert wird.

E.Preussner, Die bürgerliche Musikkultur, (1935) 1950² - MGG I, 32ff - O.Söhngen, Die Lübecker Abendmusiken (MuK 27, 1957, 181-191) - W.Lotz, Konzertante Abendmusiken? (ebd 28, 1958, 14-19. 117-127). *S.Hermelink*

Kirchenkunde wurde als »Ev.K.« seit etwa 1900 von P. → Drews als Zweig der → Praktischen Theologie gefordert und durch eigene Arbeiten und die Begründung der Reihe »Ev.K. Das kirchliche Leben der deutschen ev. Landeskirchen« (7 Bde, 1902-19) eröffnet. Sie sollte das Gebiet der »religiösen → Volkskunde« und der von → Schleiermacher in § 95 seiner »Kurzen Darstellung des theologischen Studiums« (1811) theoretisch entwickelten Disziplin der kirchlichen → Statistik (als »Darstellung des gesellschaftlichen Zustands der Kirche in einem gegebenen Moment«) verbinden. Der Name stammt von Cl. → Harms. Aufgabe der K. ist es, das jeweilige kirchliche Leben der Gegenwart in seiner Gesamtheit, von den äußeren Daseinsbedingungen und der Organisation bis hin zu religiöser Sitte und Vorstellungswelt, im Zusammenhang mit dem geschichtlichen Werden zu erfassen und so die Eigenart (Schian: »Individualität«) bestimmter Kirchentümer in einem möglichst geschlossenen Bild vorzuführen. Daher überschneidet sich die Aufgabe der K. zT mit derjenigen der → Konfessionskunde. Trotz lebhafter Diskussion der grundsätzlichen und programmatischen Fragen vor allem zwischen 1901 und 1911 hat sich aber die K. im akademischen Unterricht nicht durchgesetzt, hingegen im Ausbildungsplan der Predigerseminare einigen Raum gewonnen. Neben Drews hat bes. M. → Schian (RE XXIII, 756ff; Lit.!) sich um die Gestaltung dieser neuen Teildisziplin bemüht und die Arbeit von Drews fortgeführt. C.Clemen erweiterte das Arbeitsgebiet auf eine K. des Auslands (Studien zur praktischen Theologie, hg. mit K.Eder, M.Schian u.a., 8 Bde, 1901-31) und leitete so zu einer ökumenischen K. über, die F. → Siegmund-Schultze aufzubauen suchte (Sammlung Ekklesia, Bde 1-5 und 10, 1934-41). Neuerdings beginnt innerhalb der K. die Soziologie eine größere Rolle zu spielen, während Drews ursprünglich die »Psychologie des religiös-sittlichen Lebens« betont hatte.

P.Drews, »Religiöse Volkskunde«, eine Aufgabe der Prakt. Theol. (MkPr 1, 1901, 1-8) - Ders., Das Problem der Prakt. Theol., 1910 - Zahlreiche Beiträge in MkPr 1-6, 1901-06 - KJ - G.Dehn, Großstadtjugend, 1912 - Ders., Die religiöse Gedankenwelt der Proletarierjugend, (1923) 1926³ - Der Protestantismus der Gegenwart, hg.v. G.Schenkel, 1926 - P.Piechowski, Proletarischer Glaube. Die religiöse Gedankenwelt der organis. dt. Arbeiterschaft..., (1927) 1928⁶ - Ev. K., hg.v. W.Heienbrok, 1929 - M.Rumpf, Religiöse Volkskunde, 1933 - A.Jobst, Ev. Kirche u. Volkstum, 1938 - H.Grabert, Der Glaube des dt. Bauerntums I: Bauerntum u. Christentum, 1939 (polemisch) - G.Wurzbacher-R.Pflaum, Das Dorf im Spannungsfeld industrieller Entwicklung, 1954 - Die ev. Christenheit in Deutschland, hg.v. G.Jacob, H.Kunst, W.Stählin, 1958 - T.Rendtorff, Die soziale Struktur der Gemeinde, 1958 - J.Freytag, Die Kirchengemeinde in soziol. Sicht, 1959 - R.Köster, Die Kirchentreuen (Soziolog. Gegenwartsfragen 6), 1959 - Weltkirchenlexikon, hg.v. H.Littell u. H.H.Walz, 1959. *Ernst Wolf*

Kirchenlied

I. Geschichte des christlichen Kirchenliedes - II. Musikalisch - III. Das Lied in den jungen Kirchen. - G. = Gesangbuch. - Vgl. ergänzend → Gesangbuch: I-V, → Musik: I. V-VII, → Volkslied

I. Geschichte des christlichen Kirchenliedes

1. Begriff; Grenzen; Methodenfragen der Geschichte des K.es - 2. Anfänge; das K. im MA - 3. Das deutsche ev. K.: a) Reformationszeit - b) Nachreformatorische Zeit - c) 17.Jh. - d) 18.Jh. - e) 19. und 20.Jh. - 4. Das skandinavische ev. K. - 5. Das französische prot. K. - 6. Das anglo-amerikanische ev. K. - 7. Das niederländische ev. K. - 8. Das ev. K. in der Tschechoslowakei (sowie in Polen und Ungarn) - 9. Das deutsche K. in der kath. Kirche

1. a) K. ist das im Gemeindegottesdienst gesungene Lied. Sein jeweils lebendiger Bestand erscheint im G.; seine Geschichte fällt mit der des → Gesangbuchs (: I) weithin zusammen. Klar geprägt wurde der Begriff des K.es erst durch die Reformation: es ist die Hauptform der aktiven Teilnahme der Gemeinde an der Liturgie, anstelle des (priesterlichen) → Chors der römischen → Messe (: II; s. 3a). Der Psalmgesang im Gottesdienst Calvins (→ Psalmen: II, 2) ist eine Sonderart des K.es, vom luth. durch die ausschließlich biblischen Texte unterschieden. - Der Begriff K. umspannt also nicht das Ganze der geistlichen Lyrik. Seit 1650, mit dem Anschwellen der G.er, wurde die Grenze zwischen K. und »geistlichem Lied« allerdings fließend, bis zu neuer Rückbesinnung auf einen »Kern«. Dieser ist aber nicht durch hymnologische Machtsprüche ein für allemal festzulegen. Der Begriff des K.es bleibt geschichtlich bewegt, mit einem Einschlag von Zufälligem an der Peripherie. - Aus der Fülle der sog. geistlichen Lieder (über 100 000 deutsche schon 1850) hebt sich das K. durch zweierlei klar heraus: Es ist *gesungenes* Lied. Wort und (übernommene oder eigene) Weise bilden eine Einheit; darum ist ein G. ohne Notierung der Singweisen kein rechtes G. - Die leichte Übertragbarkeit der Melodien wird bei handwerklicher Herstellung von K.ern zur Gefahr; große Melodien wie die des »Morgensterns« und des »Wachet auf« (Ph. → Nicolai) dienten minderwertigen Texten zur Empfehlung. Für die Aufnahme in das G. ist die Eigenweise, die viele K.er früher oder später gewannen, bei sonst gleichen Gewichten ein Wahlmaßstab. - Das K. ist ferner sachlich und sprachlich durch die Bindung an die *Kirche* geprägt, zuerst an das *biblische Wort,* in dem das respondierende Wort der Christenheit Ursprung und Maß hat. Die Sprache des K.es ist damit nicht gefesselt; sie widerstrebt, wo singende Gemeinde ist, dem sakralen Archaismus. Was man oft den »objek-

tiven« Ton des K.es nannte, wird am besten beschrieben als die eigentümliche Strenge der Zuwendung zu Gottes Handeln, dessen Mitte und Ende Jesus Christus ist. → Bekenntnis (: V. VI) und Lobpreis (Exhomologese), gemeindlich-ökumenisches Rühmen der Wundertat Gottes, die immer größer ist als unser Herz: das ist das Geheimnis des K.es. Es verleiht seiner Sprache die Sachlichkeit, Zucht und Dichte des Ausdrucks. Von daher kommt dem K. die durchsichtige Einfalt und Vollmacht des zeitübergreifenden Wortes. Ein Bleibendes hält hier alle sprach-, stil- und zeitgeschichtlichen Unterschiede umschlossen. Gerade im »alten« Liede kann das »neue« (Ps 98, 1) hörbar werden und fortzeugend neue Lieder erwecken.

b) Theologische Besinnung, im Bunde mit der neuen Kirchenmusik (→ Musik: VI) und der → Singbewegung, hat am Liede der *Reformation* das Bild des K.es überhaupt neu erschlossen. Aber es wäre falsch, dieses Lied zur *kanonischen Norm* des K.es überhaupt zu erheben, wie es heute in Deutschland weithin geschieht. Zwei Irrungen wirken hier zusammen. Die *Geschichte* des deutschen ev. K.es mindestens seit ca 1650 stellte sich schon im 19.Jh., unter den Einflüssen romantischer Literaturhistorie (→ Vilmar u.a.) im Bunde mit theologischen Kampf- und Erneuerungsparolen, den Hymnologen als ein fortgehender *Verfall* dar (→ Gesangbuch: I, 3a. b; reiches Material bei Ph.Dietz, s. Lit.). Auch Ed.E.Kochs Periodisierung (bis 1648 »kirchliches Glaubenslied« mit vorherrschender Objektivität; bis 1756 »Andachtslied« mit vorherrschender Subjektivität) ist nach dem Schema des Abstiegs entworfen. Ähnliches ist mit der weithin eingebürgerten Stufenfolge: *»Bekenntnislied«* (mit Nebenformen), *»Erbauungslied«*, *»Meditationslied«*, *»Erlebnislied«* beabsichtigt. Abgesehen von Kirchengebieten mit bodenständigem pietistischem Liedgut (zB Württemberg) erfährt im Zeichen der K.-Restauration das pietistische, das brüderische, erst recht das spät-orthodoxe K. mit dem Nachklang bei → Gellert zunehmend unfreundliche Urteile. – Diese aus → Romantik und allgemeiner → Restauration stammende Idee eines fortschreitenden Verfalls hat in den letzten Jahrzehnten neue theologische und liturgische Impulse empfangen. So nimmt nun die Kritik am überlieferten Gemeingut, wie es sich im »Deutschen Ev. G.« (1915) darstellte, auch das K. des 17.Jh.s, die großen Namen dieser Blütezeit eingeschlossen, in scharfes theologisches Verhör: Schon damals dominiere der Ich-Ton, eine »Frömmigkeit«, die in erhöhter Ausdrucksvirtuosität sich selbst bespiegele, kurz, längst vor dem Pietismus eine allmähliche Auflösung des ev. Rechtfertigungsglaubens mit seinem wortgebundenen, kirchlich-gemeindlichen Zeugnis zugunsten einer Kultur des frommen Subjekts. – Richtige, ja fruchtbare Einzelerkenntnis wird hier mittels gewisser Postulate zu einer Doktrin überhöht. Das reformatorische Liedgut selbst in seiner Vielfalt führt jene Doktrin auf die rechten Maße zurück. Das beste Beispiel ist Luthers Evangeliumslied »Nun freut euch, lieben Christen gmein« (EKG 239). Str. 1 ist nahezu eine Definition des ev. K.es: gemeindlicher Lobpreis der Wundertat Gottes. Anstelle des Gemeindehymnus tritt Str. 2-6 das »Ich« der persönlichen Glaubensrede; Gottes Geschichte ist für »mich« eigens in Gegenwart gewendet. Das letzte Wort (Str. 7-10) gehört Christus selbst, er predigt »mir«; in diesen vier Strophen sind alle Funktionen christlicher Predigt - Lehre, Zuspruch, Vermahnung - beieinander. – Im K. gehören also ebenso wie im at. Psalter ein *Wir* und ein *Ich* wesentlich zusammen. Korrigiert wird hier auch das generelle Vorurteil gegen das sog. *Lehrlied*. Aber »Lehre«, recht verstanden, gehört für Luther und seine Mithelfer notwendig zur Predigt des Evangeliums und also zum K. (vgl. EKG 146; 154 bzw. 242; 243). Sogar das *Meditationslied* hat seinen Platz bereits bei Luther (EKG 16, 7ff), es ist keineswegs nur eine Form der Selbstzersetzung des K.es. – Die andere Irrung: das K. darf seinen Maßstab nicht an einem *verengten Begriff der* → *Kirche* (: V) gewinnen. Das kirchenlose Christentum, ein Mißverständnis der Reformation von Grund auf, ist in den letzten 50 Jahren durch ein Wiederfinden der Kirche des Evangeliums theologisch und praktisch überwunden worden. Jetzt gilt es darüber zu wachen, daß die wiedergefundene Kirche *evangelisch*, dh am Evangelium normiert bleibe. Auch für das ev. K. will dies bedacht werden! Dazu mögen folgende Hinweise dienen: a) Der Begriff K. will nicht *pan-liturgisch* verstanden sein. Der öffentliche → Gottesdienst (: V B) ist die ordnende Mitte der Gemeinde, aber nicht ihr Ganzes. → Gemeinde (: I) ist vollgültig gegenwärtig auch im *Hause*, wo man sich um das Schriftwort sammelt, betet und singt. Auch die *Schule* gehört dazu, soweit die christliche Unterweisung auf das Ganze wirkt. – b) Das K. ist nicht nur für Sonn- und Festtage gegeben. Alle Tage sind Gottes Tage. Wie konnten die Hymnologen der Restauration nur vergessen, daß das *Morgen-* und *Abendlied* eine älteste Urform von K. ist? Ihm zur Seite steht schon im 16.Jh. das sog. *Standes-* und *Kasuallied*, ebenso das sog. *Erbauungslied* für die Einsamen, Kranken, Angefochtenen. Das G. ist ein Buch auch für die »Hauskirche«. – c) Kirche heißt nach dem Evangelium in jeder Dimension auch *Gemeinde*, und im Evangelium selbst hat sie das Gesetz ihrer »Geschichtlichkeit« (G.Ebeling). Darum kennt sie keine Uniformität der Ordnungen und Formen. Um der Liebe willen hält sie Ordnung; in der Freiheit des Geistes Christi hält sie sich auch frei für den Wandel ihrer Formen. *Kein* G. ist das G. für immer. Das EKG kann nicht vollständiger Inbegriff des kennenswerten K.es sein, es ist nur das heute nötige Mindestmaß von singbaren Gemeindeliedern.

c) Für die *Geschichte* des deutschen ev. K.es hat das 19.Jh. die Quellen freigelegt; *Ph.* → *Wackernagels* großes Werk wurde für das 17.Jh. von *A.Fischer* in den gewiesenen Grenzen fortgeführt. Eine wissenschaftlich zureichend fundierte Gesamtschau der Geschichte des deutschen ev. K.es ist bis heute nicht gewonnen. Was seither neben gründlicher Sichtung des Stoffes, Lexika und Konkordanzen erschien, ist eine Anzahl Monographien über Dichter, Liedkreise, Sachfragen des K.es sowie einige zumeist einführende *Darstellungen* der Geschichte (s. Lit.). In den Handbüchern (zB zum EKG) wird vorwiegend *biographisch* verfahren, obgleich nicht so anekdotisch-erbaulich getönt wie selbst bei Koch. – Auch in neuesten Ansätzen wie dem JLH bleibt das Forschungsinteresse, trotz des erweiterten Horizonts, stark an die Fragen der Autorschaft bestimmter Lieder usw fixiert. Die *grundsätzliche Anonymität* des K.es, am Psalter wie an älteren G.ern anschaulich, hebt die Pflicht monographischer Bemühung um die wenigen unersetzbaren Dichter nicht auf. Das *neue Gesamtbild* der Geschichte des K.es wird aber nur unter dem heuristischen Prinzip der *liturgischen* Deutung gesucht werden können, das mit dem abgelehnten pan-liturgischen Fehlbegriff nicht zu verwechseln ist: K.-Geschichte ist zuerst und zuletzt G.-Geschichte; nur so überwindet sie den leidigen Zustand eines bloßen Annexes zur Kirchengeschichte, der ihrem Bilde noch durchweg anhaftet. – Ein wichtiger Aspekt dieser liturgischen K.-Historie ist die Erforschung der *formgeschichtlichen* Zusammenhänge. Dafür hat die Hymnologie von R.A. → Schröder Entscheidendes zu lernen (GesW III, 508-738): im K. sei, wie sonst nirgends, ein Stück antiker Kunstübung lebendig geblieben, »Humanistenpoesie« mit umgrenztem, doch variablem Themen- und Formenkanon. – Von der → Musikwissenschaft empfing die → Hymnologie seit 40 Jahren starke Hilfe. Ähnliche Hilfe wird sie, sorgsamer als bisher, von der Literaturwissenschaft suchen müssen. Auch im Interesse der ev. Gemeinde soll die Wissenschaft vom K. nicht ein Monopol der Theologie und der ihr verbündeten Kirchenmusikwissenschaft bleiben, wie sie es heute, fast allzu genügsam, zu sein scheint.

2. a) Das K. ist so alt wie die christliche Kirche selbst. Die Urformen des Christusbekenntnisses im NT (Phil 2, 6ff; 1Tim 3, 16 u.ä.) sind gottesdienstliche Hymnen (→ Formen: II, 2b). Vom at. Psalter sind zB die drei nt. → Cantica (Lk 1 und 2) unmittelbar beeinflußt. Eine Art Neuprägung des »Psalms« zeigt sich 1Kor 14, 15. 26. Die Trias ψαλμοί ὕμνοι ᾠδαί Kol 3, 16 umschreibt, wohl ohne scharfe Grenzen, die werdende Vielfalt der Formen; geistgewirkt (πνευματικαί) sind sie alle, nicht nur die ᾠδαί. Auch der Gemeindegesang hat vom Kultus der Synagoge (→ Musik: IV), bes. der hellenistischen, Wesentliches übernommen. – Kräftig entfaltete sich das K. um 200 in der *syrischen* Kirche. Die Psalmen des → Bardesanes, den → Salomo-Oden in der Mischung gemeinkirchlicher und gnostischer Motive verwandt, sind verloren. Im 4.Jh. wirkten die Hymnen und Lieder → Ephraems weit über Syrien hinaus. Zum Weiteren vgl. → Gottesdienst: V A 2, → Byzantinische Kirchenmusik sowie die dort genannten Einzelartikel.

b) Das *lat. K.* hat, wirksamer als → Hilarius von Poitiers, → Ambrosius von Mailand, selbst ein berufener Dichter, seiner Gemeinde als gesungenes »Bekenntnis zur Trinität« eingeübt. Das ganze Volk wird im Gesang bekennende Gemeinde. Diese Lieder zu den Tageszeiten, den Christusfesten, den Märtyrer- und Aposteltagen sind in ihrer konzis-sachlichen Sprache wie in der Einprägsamkeit ihres Vers- und Strophenbaus (jambischer Dimeter, viermal wiederholt, mit betonter Schlußsilbe, jeder Hymnus in 8 Strophen) das Muster des lat. Gemeindeliedes geworden: im römischen → Stundengebet als Modell des → Hymnus kanonisiert, aber auch im volkstümlichen Liede (lat. oder in der Volkssprache) bis heute unveraltet lebendig, obwohl in der römischen Messe durch den priesterlichen Chorgesang (→ Gregorianischer Gesang: I) weitgehend verdrängt. – Zeitgenosse des Ambrosius ist der größte lat. Kirchendichter (vor → Adam von St. Victor) Aurelius → Prudentius († ca 405). Nur Bruchstücke aus seinen Zyklen, die der schon zerfallenden spätantiken Kunstpoesie noch einmal den starken Atem christlichen Glaubens einhauchen, konnten K.er werden; unerreicht an sprachlicher Kraft und Kühnheit ist sein Begräbnislied »Iam moesta quiesce querela«. – Mit den → *Sequenzen,* zunächst arhythmischen Hilfstexten des → Halleluja (St.Gallen), bildete sich im 10.Jh. eine neue Gattung des K.es; im 12.Jh. wurde sie, zuerst in Frankreich, zum strophischen Kunstlied umgeformt. – Inzwischen war das K. längst unter die Regel des *Reimes* getreten. Die Strophenformen wuchsen ins Breite; neben dem ambrosianischen Vierzeiler gewann u.a. der trochäische Sechszeiler Raum, dessen sich → Thomas von Aquino für die Fronleichnamssequenz »Lauda Sion salvatorem« bediente. Die Lieder dieses Festoffiziums, bes. der Vesperhymnus »Pangue lingua ...« und das Stillgebet »Adoro te devote, latens deitas«, sind, obwohl an dichterischer Meisterschaft von manchen übertroffen, das geistlich lebendigste Zeugnis lat. Kirchenpoesie des MA (vgl. auch → Mittelalterliche Literatur).

c) Von dem schmalen Ausschnitt liturgischer Lieder innerhalb der Fülle jener Poesie (vgl. G.M. → Dreves-C.Blume, Analecta hymnica medii aevi, 55 Bde, 1886 bis 1922) gingen in den Besitz des »Volkes« nur einige Sequenzen und Antiphonen ein. Die liturgischen »Spiele« der Weihnachts- und Osterzeit (→ Weihnachtsspiele) gewinnen dem lat. Volksgesang (»In natali Domini«, »Puer natus in Bethlehem«, »Surrexit Christus hodie« u.a.) weitere Duldung und Übung. Die Praxis des → Wechselgesangs fördert, bes. im deutschen und böhmischen Gebiet, die Mischform von Kirchen- und Volkssprache; einige Lieder werden auch ganz in die Volkssprache übertragen, die in der klösterlichen Kunstdichtung (→ Evangelienharmonien u.a.) schon im 9.Jh. geistlich mündig wurde. Etwa im 10.Jh. kommt trotz der amtlichen Vorschriften ein eigenständiger Volksgesang auf, an das → Kyrie und an Sequenzen (»Victimae paschali«, »Grates nunc omnes« u.a.) angelehnt, meist Vierzeiler, mit Kyrieleis schließend. Diese *»Leisen«,* auch bei Wallfahrten und Prozessionen gesungen, wurden eine Hauptwurzel des ev. K.es (s. 3a). In die Tradition der Leise fügten sich auch die Lieder der → Flagellanten ein. Dem K. sind diese ekstatischen Laiengesänge nur mittelbar zuzurechnen, ebenso wie die geistlichen → Kontrafaktur-Lieder oder → Parodien weltlicher Lieder, denen der Kernbestand unserer Kirchenmelodien desto stärkeren Gewinn verdankt (→ Kirchenlied: II).

3. a) *Das ev. K. deutscher Sprache,* von → *Luther* und gleich ursprünglich vom deutschen Zweige der *Böhmisch-mährischen* → *Brüderunität* (: I) herkommend, ist im Kerne nichts anderes als die Erneuerung des ambrosianischen *Gemeinde*gesanges (s. 2b). Das Programm des ev. K.es gibt Luther, Formula Missae (WA 12, 218). In der »Deutschen Messe« 1526 hat das deutsche Lied schon seinen fest geordneten Platz. Die ersten Schritte mußte Luther in der Hauptsache selbst wagen. 24 von 32 Liedern des Wittenberger Chor-G.s 1524 (→ Gesangbuch: I, 1c) sind sein Werk; weitere 12 fügte er bis 1543 hinzu. Mithelfer aus dem engeren und weiteren Kreise waren schon 1524 J. → Jonas, P. → Speratus, Elis. → Cruciger, L. → Spengler, wahrscheinlich auch J. → Agricola; bald nachher H. → Sachs, S.Heyden, J. → Gramann, nicht zuletzt auch J. → Walter, Luthers engster Mitarbeiter bei der Deutschen Messe. In der schnellen Folge der Wittenberger, Erfurter und Leipziger G.er bis zu dem (künftig den Lutheranern fast als kanonisch geltenden) Babstschen (1545[1]) floß ein schon erprobter Bestand, vorwiegend luth. Herkunft, zusammmen: aus dem weiten *niederdeutschen* Bereich von Braunschweig über Lübeck, Rostock, Greifswald, Stettin bis Königsberg und Riga (N. → Decius, H. → Bonnus, J. → Slüter, J. → Freder, Andr. → Knöpken) wie aus den *oberdeutschen* Städten, voran Straßburg (W. → Capito, K. → Hubert, J.Englisch u.a.) und Augsburg. Auch in diesem wesentlich luth. K. um 1550 herrschen die *Psalmlieder* vor. Für das liturgische Lied haben die Niederdeutschen eine eigene Liebe und Gabe. Eine Werbekraft ohnegleichen hat gerade in den Anfängen das ev. Lehrlied (zB EKG 242; 243) bewiesen. Den Kern des Gutes von Babst[1] bildet ein zT vorreformatorischer Kanon von Festliedern; er weist bei Babst[1] allerdings noch eine (bald nachher gefüllte) Lücke auf: die Lieder des deutschen Zweiges der *Böhmischen Brüder.* Der nächst Luther bedeutendste Dichter der Frühzeit ev. K.es gehört zu ihnen: *M.* → *Weiße,* Herausgeber des ersten deutschen Brüder-G.s (1531), von Luther selbst gerühmt, an Dichtergabe wie in der Aneignung vorreformatorischer K.er ihm ebenbürtig. – Der dritte große Dichter der Ursprungszeit ist *Ambr.* → *Blarer,* im Konstanzer »New Gesangbuchle« (1536, 1540) mit Liedern hohen Ranges (EKG 100; 204; 281) auftretend, von Joh. → Zwicks Kirchen- und Schulgesängen (EKG 91; 336; 337) rühmlich begleitet. Die Konstanzer haben in den luth. G.ern erst durch Ph.Wakkernagel und Fr. → Spitta wirklich Eingang gewonnen.

Für das deutsche K. der Reformation bleiben *Luthers* Lieder das klassische Beispiel. Fr.Spitta (Ein feste Burg, 1905) versuchte, im ganzen nicht überzeugend, zwischen der »liturgischen Zweckpoesie« und dem persönlichen Zeugnisliede Luthers zu unterscheiden. In der Tat sind die Lutherlieder zunächst »Zweckpoesie«, ein Stück *Dolmetsch-Arbeit,* dh Übertragung von Psalmen und Hymnen in singbare deutsche Liedform. Luther versucht sich 1523 hier in einem bisher fremden Bereich. Die Hymnen für Advent und Pfingsten (EKG 1; 97), unter den Psalm-Verdeutschungen Ps 14; 124; 128, binden sich so eng an die Vorlage, daß auch die zugehörigen Kirchenmelodien der Härte und Sprödigkeit der Sprache nicht aufhelfen. Die 4 übrigen Psalm-Lieder (Ps 12; 67; 130) bieten in sparsam gebrauchter Freiheit schon eine ev. Auslegung. Erheblich freier bewegt sich dann die christlich-eschatologische Paraphrase von Ps 46, 2-8 (EKG 201); aber auch dies berühmteste Lutherlied bleibt ein deutscher Psalm (vgl. O.Eißfeldt, ThBl 1, 1922, 54ff). – Die dem Volksgesang jetzt zufallende liturgische Aufgabe fordert eine *deutsche Versfassung lat. Prosatexte,* zB des → Credo und des Tersanctus (von Luther in den biblischen Kontext nach Art der alten Reimhistorie eingefügt). Luthers Übertragungskunst kommt zur Vollendung im deutschen Te Deum: makellose liturgische Poesie bei strengstem Anschluß an den lat. Prosatext. – Der Dichter Luther zeigt sich, fast als wollte er sich verbergen, am reinsten, wo er nur als Bearbeiter (oder »Besserer«) erscheint, im *Ausbau einstrophiger Vorlagen,* zB lat. Antiphonen bzw. Hymnen (EKG 309; 98; 154), öfter noch deutscher Leisen (15; 99; 163). Hier ist das Größte, was dem Dichter Luther gelang, der Dreistrophenbau »Mitten wir im Leben...«. Auf der deutschen Fronleichnamsleise »Gott sei gelobet« ist Luthers ebenfalls dreistrophiges Abendmahlslied ähnlich kühn und großatmig aufgebaut. Souveräner als beide Texte geht Luthers Osterlied (EKG 76) mit der Vorlage Victimae paschali um. – Es gibt, trotz Spitta, unter Luthers 36 Liedern höchstens 7 *ohne Vorlage.* Neben dem schon als Modell des K.es gezeigten »Nun freut euch...« (s. 1b) führt in die erste Werdezeit des Dichters (1523) das »neu Lied von den zween Märtyrern Christi zu Brüssel verbrannt«, einsetzend im Ton der Volksballade: »Ein neues Lied wir heben an«, eine heils- und endgeschichtliche Selbsterhellung der Reformation in 12 Langstrophen. Aus der Spätzeit ist neben dem »Kinderlied auf die Weihnacht« (EKG 16) das »ander Christlied« (EKG 17), ein dicht geballtes Zeugnis von Luthers Rechtfertigungsglauben, nicht zu vergessen.

b) Das deutsche ev. K. der *nachreformatorischen Zeit* (ca 1560-1625) ist, im Unterschiede zur ersten Generation, vorwiegend *luth.*-kirchlich geprägt. → Zwingli hatte zwar, ebenso wie L. → Jud, geistliche Lieder gedichtet, die später zu Ehren kamen; aber im Zürcher Gottesdienst gab er dem Gesang keinen Raum. → Calvins Genfer Ordnung hatte den Gemeindegesang ebenso wie Luther aufgenommen, aber nur in der Form des Psalmliedes (s. 1a). Der Genfer französische Liedpsalter, mit der Fülle und Kraft seiner Melodien weit über die Sprachgrenzen ausgreifend, erhielt die lange maßgebende Verdeutschung durch den Lutheraner A. → Lobwasser (1573); andere vollständige »Bereimungen« (B. → Waldis 1553; später u.a. M.Opitz 1637) hatten keine breitere Wirkung. Erst durch M. → Jorissens neue Übertragung (1798), der bald andere sich beigesellten, wurde Lobwasser abgelöst. Durchbrochen wurde die Ausschließlichkeit des Psalmgesangs im deutschen ref. Bereich erst später (s. 3c). – Die deutschen G.er nach 1550 (zB Babst[2], Straßburg, Augsburg, Frankfurt/M., Nürnberg, Württemberg, alle mehrfach aufgelegt und erweitert) setzen die, von Luther selbst geübte, unbefangene Aufnahme nicht-luth. Liedgutes fort, vorerst des nahe verwandten der Böhmischen Brüder (G. 1566[3], mit P. → Herberts Liedern), aber auch mancher aus den Kreisen der → Täufer und der Schwenckfelder stammender Lieder (Ad. → Reisners Kernlied EKG 179 nach Ps 31). – H.Wepse in Stade (EKG 248) schuf eines der letzten selbständigen G.er mit plattdeutschen Gesängen. Den Hauptanteil am Fortgang des K.es hatte in diesem Zeitraum Mitteldeutschland, Sachsen, Thüringen, bald auch Schlesien. Zum Wittenberger Kreis gehört u.a. P. → Eber; für die weitere Entwicklung noch bedeutsamer ist N. → Herman, zT auch N. → Selnecker. Ihm gleichaltrig, vertreten B. → Ringwaldt und der Thüringer L. → Helmbold einen luth. Humanismus, dessen ev. Kern in Helmbolds Vertrauenslied (EKG 283) ebenso klar bezeugt ist wie in M. → Schallings Gebetslied (EKG 247). – Neue Motive klingen in zwei Kernliedern Ph. → Nicolais an, der im »Morgenstern« (EKG 48) die Jesusfrömmigkeit mit der Bildsprache des Hohenliedes zuerst ins ev. K. einführte. Gleichzeitig leitet der Görlitzer M. → Moller mit seinen verdeutschten »Meditationes... patrum« (1584/91) der Gebets- und → Erbauungsliteratur wie dem K. breite Einflußströme des späten MA zu, durch J. → Arnds »Paradiesgärtlein« und J. → Gerhards »Meditationes« verstärkt. In dem Sterbeliede M. → Behms zieht (noch plastischer als die Kurzfassung EKG 317 zeigt) die imitatio-Mystik der Passion Christi ins ev. K. ein, anstelle des Verheißungswortes Christi in Ebers sonst ähnlichem Liede EKG 314, 6f. Die »Bitte um ein seliges Sterben« wird jetzt, von Luther (EKG 309; 310) schon angestimmt, bei Herman (EKG 313), Eber, Behm, mit originaler Bildkraft bei J.Leon (EKG 315) fortgeführt, ein bevorzugtes Thema des luth. Liedes im 17.Jh. – Die Formenkonstanz bewährt sich in dem (oft unterschätzten) Gewicht der *Psalm*lieder, u.a. in dem vollständigen luth. Psalter C. → Beckers (1601), daneben aber auch in der Neuerweckung der Reimhistorie und des episch-balladesken biblischen Berichtsliedes, das wir aus dem G. der Böhmischen Brüder (Spuren EKG 2; 58; 79) kennen, beispielhaft in N.Hermans Evangelienliedern, im 17.Jh. von J. → Heermann neu aufgenommen.

c) Das *K. des 17.Jh.s* (ca 1625-95) ist aufs engste verbunden mit den Anfängen der neuen Kunstdichtung (→ Barock: II) und ihrer Pflege in den deutschen Sprach- und Dichtergesellschaften (seit 1617). Die Bedeutung des 30jährigen Krieges für das K. wird bis heute nicht selten überschätzt. – Eine weitere Zäsur in der Geschichte des K.es ist das Eindringen des pietistischen Liedes nach 1694; das spätorthodoxe Lied (auch noch im 18.Jh.) ist jedoch thematisch und sprachlich dem pietistischen näher als man denkt. – K. im strengen liturgischen Sinne ist in den G.ern des 16.Jh.s dem geistlichen Dichten des 17.Jh.s immer schon vorgegeben. Aber auch hier bildet sich Neues; neue Gesangsformen gewinnen im Gottesdienst Platz, wo Dichter und Musiker in enger Wirkgemeinschaft oder in Personalunion stehen. – Im übrigen dient das neue Lied zunächst dem »Hauskirchlein«, als Kasual- und Erbauungslied den liturgischen Liedschatz ergänzend. Bestimmte Motive wachsen dem K. aus der Dialektik des Barock zu: vor allem das Memento mori und die Todessehnsucht, damit verschmolzen eine methodisierte Sünden- und Bußmeditation, dies alles in die Moller-Arndsche meditative Passionsmystik (s. 3b) eingegliedert, am reinsten bei Heermann. Diese bis an die Grenzen des Glaubwürdigen wiederholten Zeugnisse der Sterbefreudigkeit stehen im barocken Daseinsgefühl dicht neben beschwingt-dynamischer Lebens- und Weltbejahung, die im Hiesigen ein Unendliches ergreifen will. – In keiner Epoche ist das K.

so intensiv von »Laien« mitgetragen wie jetzt; kein Dichter von Rang, der nicht auch geistlich dichtete: P. → Fleming, A. → Gryphius, Chr.v. → Grimmelshausen, neben ihnen M.Opitz (→Barock: II, 6) und bes. S. →Dach.

Noch dem Grundtyp des nachreformatorischen Liedes (s. 3b) gehört eine Reihe fest eingewurzelter Gemeindelieder zu, deren Dichter mit ihrem sonstigen Schaffen meist vergessen, zT nicht einmal sicher bekannt sind. Ein paar Beispiele: J. → Stegmanns »Schlußreime« EKG 208, mit der kostbaren → Vulpius-Melodie zu EKG 316; das längst Gemeindelied gewordene Tisch-Dankgebet M. → Rinckarts (EKG 228); von dem hochbegabten Thüringer Autodidakten Mich. Franck das Lied »Ach wie flüchtig« (EKG 327), binnen Jahresfrist (um 1650) als Einblattdruck durch halb Deutschland verbreitet. - Ein Ewigkeitslied, Nicolais Wächterlied ebenbürtig, eines der seltenen Zeugnisse luth. Eschatologie, das in dieser Zeit der »oberen Gemeinde« eingedenk bleibt, schuf J.M. → Meyfart (EKG 320). - Von der Zunftmanier des künftigen Weimarer Hof- und Preispoeten G. → Neumark ist sein gut ev. volksmäßiges Vertrauenslied EKG 298 noch kaum berührt. - Ämilie Juliane Gräfin von Schwarzburg-Rudolstadt, die gesprächige »Freundin des Lammes«, dichtete, gut orthodox und treuherzig, das Danklied EKG 236 und das Bittlied um ein seliges Ende (EKG 331). - Bestes Reformationserbe hütet in zeitüberdauernder Spracheinfalt der Theologe Joh. → Olearius, ein Meister der Hymnenstrophe (EKG 31; 144 u.a.). - Altes Liedgut wurde besonnen neugestaltet von J. → Gesenius und D.Denicke (Neues Hannoversches G., ab 1646), mit Zugabe bewährter eigener Lieder. Weniger Rühmliches ist von den »gebesserten« G.ern Chr.v.Stöckens (Holstein 1681) und H.A.Stockfleths (Culmbach 1690) zu sagen. - Von den Melodisten und Tonsetzern, die auch als Herausgeber von G.ern die Auswahl des künftig wirksamen Liedschatzes an erster Stelle mitbestimmten, dichteten eigene Lieder u.a. J.H. → Schein (EKG 321), J.A.Ahle, nicht zuletzt H. → Albert (EKG 345), neben S. → Dach (EKG 322) der Mittelpunkt des Königsberger Kreises. Aus ihm ist der Pfarrer G. → Weißel mit den zwei Gemeingut gewordenen Adventsliedern (EKG 6; 249) durch seine Freiheit von aller Schulmanier eine bes. erquickende Figur. Ähnliches gilt von dem Konrektor des Berliner Grauen Klosters, M. → Schirmer (EKG 7; 103), und von seinem Nachfolger S. → Rodigast (EKG 299). - Unter den nicht ganz so gewinnenden Zunftpoeten (meist in fürstlichen Diensten) blieben mit einzelnen Liedern wirksam S.v. Birken, einer der »Pegnitzschäfer« (EKG 67; 252); noch mehr volkstümlich der schlesische Poet, Musiker und Hofmann M.Apelles v. → Löwenstern (EKG 212; 380, nach antiken Odenmaßen!); ferner der Thüringer E. Chr. → Homburg (EKG 65) und der Hofrat Ah. → Fritsch (»Neue himmelsüße Jesuslieder«, 1670).

Über alle Dichter dieser Periode ragen vier Namen hoch hinaus: J.Heermann, P.Gerhardt, J.Rist, schließlich Joh.Franck (1618-77). Gleich Rist übte der Gubener Bürgermeister *Franck,* von S.Dach angeregt, weltliche und geistliche Poesie unbefangen nebeneinander. Die weltliche Dichtung ist vergessen. Desto stärker wiegen, selbst wenn ev. Theologen heute es nicht gern wahr haben, Francks K.er. Vor allem sein Abendmahlslied (EKG 157 mit notwendigen Glättungen für den Gemeindegottesdienst) will im Originaltext (F-T III, 96) gelesen sein (Str. 2f. 5f). Diese in eigenwüchsigen, »beides, Lachen und auch Zittern« polar zuordnenden Metaphern gestaltete Christusmystik ist genau die → unio mystica der orthodoxen luth. Dogmatik. Joh. → Crüger schenkte diesem nach Luther größten Sakramentslied ebenso wie dem anderen Juwel unter Francks Liedern (»Jesu meine Freude«, EKG 293) die rechten Weisen. Nichts kann den ev. Charakter dieser Jesusfreude, ihre Nähe zu Luthers Rechtfertigungsgewißheit so klar bekräftigen wie der Vergleich mit der geistlichen Hirtenpoesie des → Angelus Silesius. - Reichlicher als Franck hat *Joh.* → *Heermann* in seinen »Andächtigen Kirch-Seufftzern« und der in vier Jahren viermal neu aufgelegten, zT nach Opitz' Regeln vom Autor umgedichteten »Devoti musica cordis«, formal wie motivisch, dem Zeitalter des Jammertals und der Sympathie mit dem Tode Tribut gezollt. Dahinter steht bei ihm jedoch persönliche Erfahrung und Anfechtung. Ihr vieles aufwiegender Gewinn kommt in der eminent seelsorgerlichen Zeugniskraft seiner Hauptlieder (zB EKG 85; 209; 210; 393) ans Licht. Heermanns Christusglaube ist deutlicher als zB bei Gerhardt auch auf die Kirche und Gemeinde bezogen, man müßte Lieder wie EKG 210 nur neu in Gebrauch nehmen. (Zu den Evangelienliedern vgl. → Heermann.) - *J.* → *Rist,* Pfarrer nahe bei Hamburg, mit den vorpietistischen Reformern verbunden, aber auch Stifter des Elbschwanordens und kaiserlicher Pfalzgraf, ist ein Poet, der fast alles vermag, ebenso lebens- wie sterbensfreudig, an den Schrecknissen der Hölle seltsam inständig interessiert (EKG 324); dicht neben seiner zuweilen ärgerlichen Redseligkeit hat er das Charisma des liturgischen Wortes und Liedes wie sehr wenige ev. Dichter (am stärksten → Tersteegen, → Zinzendorf). Hier werden die Mittel des Kunstliedes Gefäße priesterlicher Anbetung und Sammlung (EKG 8; 229). Rists Lied gewann an Joh. → Schop und Th.Selle die ihm gemäßen musikalischen Interpreten. - *P.* → *Gerhardt* hat, von den ästhetischen wie religiösen Zeitmoden kaum berührt, auch keinem Dichterorden zugehört. Eben die Verborgenheit seiner persönlichen Geschichte offenbart das Geheimnis dieses größten deutschen Kirchendichters. Etwa 130 Lieder hat er hinterlassen (Rist das Sechsfache!); darunter ist viel schlichtestes Mittelgut, manches nahe am Hausbackenen. Für den Gottesdienst reicht die Auswahl im EKG (30 Lieder) voll aus. Aber um Gerhardt aus dem Ganzen zu verstehen, muß man die Auswahl erweitern. Dieser fröhliche Christ, bei dem sich ganz selten Spuren des larmoyanten »kläglichen« Bet-Stiles des 17.Jh.s finden, hat sein Eigenstes doch in den »Kreuz- und Trostliedern« gegeben: »Nicht so traurig...« (F-T III, 395), »Auf den Nebel folgt die Sonn« (ebd 422), weiter die in EKG 296 ausgeschiedenen Strophen (F-T III, 445, 3f. 9ff), schließlich das ganze Lied »Weg, mein Herz, mit dem Gedanken, als ob du verstoßen wärst« (ebd 382). Ganz in Luthers Sinn wird hier der Anfechtungs-Hintergrund des Glaubens erkennbar. Die strenge Wort- und Christusbindung von Gerhardts Gottvertrauen, sonst nur sparsam-verhalten bezeugt, wird in den Kreuzliedern ebenso mächtig wie in EKG 250 (nach Röm 8, 31ff) bekannt. In der dramatisch-dialogischen Abwehr des »Seelenfeindes« (F-T III, 382, 6f; 404, 4f; 445, 1-3) tritt das Wort von der Gerechtsprechung des Sünders mit Luthers Vollmacht hervor. Die scheinbar monologischen Meditationslieder erweisen sich dem sorgsamen Hörer als seelsorgerliche Dialoge. Die »Zufriedenheit« des Lebensgefühls, die sich zunächst als Vorspiel aufgeklärten Vorsehungsglaubens darstellen mag, wurzelt in der eigentümlich unbeirrbaren Gewißheit eines an Luther geübten theozentrischen Schöpfungsglaubens. In einer Zeit der Selbstbeseufzung und Weltmüdigkeit ist Gerhardts »Optimismus« lauterstes Gotteslob. Auch die Festlieder, das Normalmaß dieser Gattung im 17.Jh. übersteigend, mit ihrem unterm Kreuz doppelt reinen Jubelton, sein Neujahrslied, ebenso die Lob- und Dankpsalmen (EKG 230ff) zeigen eine kristallische Festigkeit ev. Glaubens im Bunde mit wacher und helläugiger Menschlichkeit, Seelsorger und Dichter in Person vereint. – Ein jüngerer Zeitgenosse, ihm an dichterischem Vermögen wohl vergleichbar, ist *Joh.Scheffler* (→ Angelus Silesius). Er ist nicht der erste, der in den »Geistlichen Hirten-Liedern der in ihren Jesum verliebten Psyche« (1657f), eng an die allegorische Auslegung des → Hohenliedes (: II) angelehnt, die Christusliebe in den Jesus-Eros hinüberspielen läßt; in der Kunst geistlich gewagtesten Spielens (»Laß meine Seel ein Bienelein/ auf deinen Rosen-Wunden sein«) übertrifft er alle seine Zeitgenossen. Die Beziehung dieser frommen Liebeslyrik zu Schefflers Konversion und seiner fanatischen antiprot. Polemik gibt ähnliche Rätsel auf wie die Zuordnung des »Cherubinischen Wandersmannes« zu jener Lyrik der »Heiligen Seelenlust«. – Auf die Poesie und Vorstellungswelt des Frühpietismus übte Scheffler eine suggestive Wirkung aus, die auch bei den Hallischen Dichtern das ev. Erbe beinahe verdrängte.

Die *ref. Kirche* empfing ihr eigenes K. noch im 17.Jh. durch *J.* → *Neander*. Kurz vor seinem frühen Ende, 1679, erschienen die »Bundeslieder und Dankpsalmen«, etwa 20 von den 57 (u.a. EKG 235) mit Neanders eigenen Melodien. Die Lieder bezeugen die durch Undereyck dem Dichter vermittelte biblische Bundestheologie. Doch anders als die pietistischen Dichter nach ihm hat Neander den offenen Blick für die Schöpfung als Ort des Königtums Gottes; er ist darin der Art P.Gerhardts ähnlich. – Fortgeführt wurde dieser Neuanfang ref. K.es durch Neanders Landsmann Fr. Ad. → *Lampe*, einen Schüler von → Coccejus; seine geistliche Dichtung, in der zuchtvoll beherrschten Fülle biblischer Bildkraft Neander noch übertreffend, hat in dem Liede vom Pilgrimstand (EKG 303, gekürzt) ihre Krone. – Nicht eigentlich ref., aber durch sein → Gesangbuch (: I, 2b) von 1736 in den ref. Gemeinden des Rheinlands früh wirksam ist der nächst Gerhardt größte ev. Kirchendichter deutscher Sprache, *G.*→*Tersteegen*. Als geistlicher Führer der »Stillen im Lande« wirkend, durch Übersetzungen und eigene Schriften Mittler des →Quietismus, ist er in seinen Liedern ein liturgischer Charismatiker höchsten Ranges, wie der Vergleich mit den gleichzeitigen Bemühungen um neue »erhabene« und »feierliche« Kirchenpoesie im Kreise → Klopstocks schlüssig zeigt. Gegen die Mystik Tersteegens ist vieles einzuwenden; in seinen Liedern aber ist Kirche im nt. Sinne gegenwärtig wie kaum irgendwo im K. nach 1550.

d) Die Geschichte des K.es ist nicht einfach eine Spiegelung der Kirchengeschichte überhaupt (s. 1c). Das ist für das *ev. K. des 18.Jh.s* neu zu bedenken. Je sorgsamer wir den Inbegriff des lebendigen Liedbestandes der ev. G.er um 1900 im Blick behalten, desto komplexer ist das Bild, desto stattlicher auch das Nach- und Nebeneinander der merkenswerten Namen. – Das K. des 18.Jh.s läßt sich behelfsweise in *drei Gruppen* ordnen: die des *Pietismus,* der *Spät-Orthodoxie,* der (kirchlich-konservativen) *Aufklärung.*

Im 1. Kreise *(Pietisten)* gehören nächst Tersteegen (s. 3c) dem ersten Range an: G. → Arnold, Chr.Fr. → Richter, J.J. → Rambach, Ph.Fr. → Hiller und N.L. Graf von → Zinzendorf. – Als Vorbereiter, G.seditoren und Mitsänger sind ihnen u.a. beizuordnen: L.Laurenti (Lorenzen; 1660–1722), J.A. → Freylinghausen, J.D. → Herrnschmidt; weiterhin neben J.H. → Schröder, J.K. → Schade, E.G. → Woltersdorf, K.H.v. → Bogatzky, J.J. → Winckler besonderer Aufmerksamkeit wert J.L.K.Allendorf (1693–1773), der talentierteste unter den Dichtern und Musikern der Köthener (und Wernigeroder) Lieder, einer virtuosen Spätform der »Hallischen Art«; schließlich, um Zinzendorfs Lieder und das G. der Brüdergemeine meistverdient, Chr. → Gregor. – Aus der 2. Gruppe *(Spät-Orthodoxe)* ist der Weimarer Hofrat Sal.Franck (1659–1725) zu nennen, auch Kantatendichter wie sein streitbarer antipietistischer Landsmann E. → Neumeister; ferner V.E. → Löscher, auch in seinen Liedern bezeugend, daß er noch anderes im Sinn hatte als die theologische und kirchenpolitische »Überwindung« des Pietismus. Sie alle übertrifft an Produktionsfülle wie an nachhaltiger Resonanz B. → Schmolck, bedenkenlos im Aufnehmen vorgefundener Motive, aber auch wie keiner sonst mit einfallsreicher Phantasie und der Kraft volkstümlich-barocker Bildsprache begabt. In seiner Nachbarschaft verdienen noch K. → Neumann und Ehrenfried Liebich (1713–80) Erwähnung. – In der 3. Gruppe *(kirchliche Aufklärung)* steht obenan Chr.F. → Gellert, dessen »Geistliche Oden« (1757) etwa zur Hälfte – 20–30 Lieder – bis um 1920 fester Bestand der G.er waren. Bei allem Erstaunen darüber darf man seine Lieder nicht nur nach ihrem moralisierenden Vokabular (Pflicht, Tugend, Glückseligkeit) beurteilen. Bis in die 2. Hälfte des 19.Jh.s erhielt der Gemeindegesang daneben durch J.S. → Diterich, J.K. → Lavater, J.G. → Klopstock, J.A. → Cramer, B.Münter (1735–93), Chr.Chr. Sturm (1740–86) sein Gepräge. Die drei Letztgenannten dichteten nach Klopstocks Vorbild und Maßstab. Seine Umdichtungen (»Veränderte Lieder« 1758; → Gesangbuch: I, 2c) wiesen auch dem zu Unrecht als »G.svandale« gescholtenen Berliner Diterich den Weg. Ein gutes Beispiel für die konservativ-aufklärerische Grundhaltung dieses Liedgutes, auch für den gern vergessenen Unterschied dieser Aufklärung vom sog. → Rationalismus, gibt das Hamburgische G. von 1842 (A.J. → Rambach).

Fragt man nach dem Gesamtertrag der geistlichen Dichtung des 18.Jh.s, so zeigt sich ein fast paradoxer Befund: K. im engeren Sinne wurde von drei Dichtern geschaffen, die (jeder auf andere Weise) das geschichtliche Kirchentum und seine Erbformen hinter sich ließen: Tersteegen, Zinzendorf und (trotz allem) Gellert. Die Radikalkritik am → Pietismus, die seit A. → Ritschl mit immer neu firmierten Gründen fortgeht, wobei gut theologische und ästhetische Normen sich mit mangelnder Fähigkeit sprachlichen und seelengeschichtlichen Verstehens wunderlich verbünden, dürfte nicht vergessen lassen, daß vor allem Zinzendorfs Erbe, auch in den wenigen Gemeingut gewordenen Liedern, eine von den bleibend kirchebildenden und -tragenden Kräften des ev. Christentums in der Neuzeit ist. An ihm wie an G.Arnold, Chr.Fr.Richter und ihrem Gegenpol innerhalb des Pietismus, dem heute fast vergessenen J.J.Rambach, hat die notwendige Revision der unguten Einzwängung der neueren K.-Geschichte in das Schema konträrer »-ismen« eine dankbare Aufgabe. G.Arnold schuf ein großartiges Zeugnis der theologia crucis im Geiste des jungen Luther, mitten unter abstruser Sophia-Lyrik und dem blutrünstigen »Grablied Babels«: das Lied »So führst du doch recht selig, Herr, die Deinen«. An Zinzendorfs Liedern macht jeder aufmerksame Benutzer des Brüder-G.s ähnliche Entdeckungen. – Das EKG tat recht, solche Lieder dem heute Notwendigsten zuliebe zurückzustellen. Doch kann es nicht die Meinung sein, diese kostbaren Schätze in das Museum bibliophiler Liebhaberdrucke zu verweisen, anstatt sie, wie es im 19.Jh. zB durch den Neudruck des → Porstschen G.es geschah, der Gemeinde zugänglich zu halten. Dieses Liedgut ist in einen hoffentlich nur vorübergehenden Wartestand versetzt.

e) Inzwischen mag die → Hymnologie das Ihre tun, entgegen den Tendenzen der Stunde, dem Liede der Pietisten und der kirchlichen Aufklärer, jedenfalls Gellerts, sein Recht zurückzugeben. Gegenüber dem *geistlichen Liede des 19.Jh.s* dürfte das, trotz allen Erkenntnissen, die uns Heutige mit der damals vollzogenen Restauration des K.es (→ Gesangbuch: I, 3 a. b) und ihrer Entsprechung bei M. → Claudius, E.M. → Arndt sowie den Dichtern der → Erweckung (: I) mitsamt ihren mannigfachen kirchlichen Folgeformen verbinden, noch schwerer sein als gegenüber dem des 18.Jh.s. Für einige wichtige Namen des 19.Jh.s (F.A. und F.W. → Krummacher, R. → Stier, Chr.G. → Barth, J.Chr. → Blumhardt, A. → Knapp, Ph. → Spitta) vgl. die Sonderartikel. Das EKG, Stammteil und gebietskirchliche Anhänge zusammengenommen, dürfte den probehaltigen Ertrag des 19.Jh.s ohne erhebliche Lücken festhalten. Irren wir nicht, so ist er relativ gering. Die ekklesiologische Selbstgewißheit, wie sie der Postulatbegriff des K.es (s. 1 a. b) bei den Restauratoren verrät, das allzu schnell fertige Verdikt über nebenkirchliche Neuansätze geistlichen Liedes, das Abreißen der Beziehung zur »weltlichen« Dichtung, alle diese Züge einer mehr reflektierten und reaktiven als gemeindlich lebendigen Kirchlichkeit setzen auch dem K. des 19.Jh.s seine Grenzen. - Behutsam, aber mit einiger Zuversicht darf man urteilen, daß das K. in den letzten 40 Jahren über diese Stagnation ein Stück hinausgeführt worden ist. Dichter wie Rud.A. → Schröder, bei dem sich persönliche Heimkehr-Erfahrung mit reifer Kennerschaft der Formgesetze geistlicher Poesie verbindet, und J. → Klepper, den das in der Anfechtung geübte »Aufmerken« auf das Wort der Bibel auch im Liede den gemeindlichen Zeugniston jenseits von »alt« oder »neu« treffen ließ, sind Neugestalter eines K.es, das auch die Melodisten und Musiker herzurief und seinen Weg zur Gemeinde findet. Der → Kirchenkampf hat auch die Sammlung der Gemeinde befördert, der dieses »neue« K. in der hier neuerweckten reformatorischen Zuordnung von Glauben und Anfechtung den ihr notwendigen Dienst tut. Die Neuentfaltung der Kirchenmusik (→ Musik: VI) mit ihrer bewußten Hinkehr zur Sache und zur Gemeinde hat die Hoffnungen für das neue K. schon kräftig gestärkt.

Allgemein: RGG¹ III, 1284ff. 1294ff; RGG² III, 913ff; RGG³ II, 1451ff - EKL I, 1532ff; II, 223ff (jeweils Lit.). - Texte zu 3: Ph. Wackernagel, Das dt. K. von der ältesten Zeit bis zu Anfang des 17.Jh.s, 5 Bde, 1864-77 - A.Fischer-W.Tümpel, Das dt. ev. K. d. 17.Jh.s, 6 Bde, 1902-16. - Für die Folgezeit vgl. die Art. über die einzelnen Dichter. - Anthologien: A.J.Rambach, Anthologie christl. Gesänge .... 6 Bde, 1817-33 - Geistl. Liederschatz, (1832) 1840² - A. Knapp, Ev. Liederschatz, (1837) 1891⁴ - A.F.W.Fischer, K.erlexikon, 1878/79; Suppl.-Bd 1886 - Chr.König, Kleines K.erlexikon, 1907. - Zur Gesch. bes. wichtig: Koch - Ph.Dietz, Die Restauration des ev. K.es, 1903 - W.Nelle, Gesch. des dt. ev. K.es, (1904) 1928³ - P.Althaus, Der Friedhof unserer Väter, (1915) 1948⁴ - P.Gabriel, Das dt. ev. K...., (1935) 1956³ - Die Welt des G.s, hg.v. O.Michaelis u. H.Poppen, 24 H.e, o.J. (1935-44) - R.A.Schröder, Die Kirche u. ihr Lied, 1937 - Ders., Dichtung u. Dichter der Kirche (GesW III, 1952, 508-738) - I.Röbbelen, »Theol.« u. »Frömmigkeit« im dt. ev.-luth. G. des 17. u. frühen 18.Jh.s (FKDG 6), 1957. - Periodica: MGkK, 1896-1941 - JLH, seit 1955.

M.Doerne

4. Das *skandinavische ev. K.* ist reformatorischen Ursprungs, doch hat es kirchlichen Gesang in der Muttersprache bereits im MA gegeben. Die ersten ev. Lieder der Brüder Olavus und Laurentius → Petri in *Schweden* waren teils Übersetzungen deutscher Lieder, teils eigene Dichtungen (1526). Das erste »Reichs-G.« von 1698 war in seinen Liedern (J. → Svedberg, Haqvin Spegel, I.Kolmodin, J.Arrhenius, S.Columbus, L.J.Lucidor, P.Brask, M.G. de la Gardie u.a.; erschienen bereits 1695) von der Orthodoxie geprägt, freilich einer von prot. Mystik und beginnendem Pietismus schon beeinflußten. 1819 wurde es von einem neuen abgelöst, an dem bes. J.O. → Wallin mit zahlreichen eigenen Dichtungen beteiligt war (ferner Fr.M.Franzén, S.J.Hedborn u.a.). Es war maßvoll »neologisch« (→ Aufklärung: III, 3b) und berücksichtigte den Stil des älteren schwedischen K.es. Pietistische Richtungen des 19.Jh.s haben es öfter kritisiert. Schwedische K.dichter des 20.Jh.s sind u.a. J.A. → Eklund, N. → Söderblom, E.Liedgren und N. → Beskow. Nachdem das Wallinsche G. 1921 einen Anhang erhalten hatte, in dem u.a. einige Lieder der »Erweckung« standen, wurde 1937 das heutige schwedische G. vom König bestätigt. - In *Finnland* gibt es, entsprechend der Zusammensetzung der Gemeinden, schwedischen und finnischen Kirchengesang nebeneinander. In den schwedischen Gemeinden wurde bis 1886 nach dem schwedischen G. von 1695 gesungen. Zu den fruchtbarsten K.dichtern in schwedischer Sprache gehörten im 19.Jh. J.L. → Runeberg, Z. Topelius und L.Stenbäck. Das gegenwärtige G. wurde 1943 angenommen. In finnischer Sprache erschien 1701 ein orthodoxes G. Im weiteren 18.Jh. überwogen Lieder von mehr volkstümlichem Gepräge und pietistische Gesänge (u.a. von Abr. und Anders Achrenius) in den Liedersammlungen. 1886 erschien ein von Elias Lönnrot ausgearbeitetes G., dem 1939 das gegenwärtige folgte, das vieles aus dem einheimischen Erbe der Erweckung bewahrt hat. - In *Dänemark* war nach der Reformationszeit (zu ihren G.ern vgl. → Gesangbuch: I, 1 d) H.Chr. → Sthen ein volkstümlicher K.dichter; ein konservativ gerichtetes G. von 1699 geht auf Th. → Kingo zurück, den Begründer einer selbständigen geistlichen Liederdichtung im Land, nachdem bis dahin der deutsche Einfluß vorgeherrscht hatte. E. → Pontoppidans G. von 1740 wurde vor allem durch die pietistischen Lieder von H.A. → Brorson wichtig, während die »Neologie« sich in dem G. von O.H.Guldberg (1778) durchzusetzen begann und in dem G. von 1798 völlig siegte. Das 19.Jh. war bes. durch N.F.S. → Grundtvig und B.S. → Ingemann eine große Zeit für das dänische K. (»Salmebog« von 1897; s. → Gesangbuch: I, 4; dort auch Näheres über das dänische G. von 1953). - In *Norwegen* tritt seit dem 17.Jh. eine eigene K.dichtung hervor. Bedeutende Dichter im Stil der Zeit waren zB A.C.Arrebo und Peter Dass. Die dänischen G.er wurden bis zur politischen Trennung der Länder (1814) auch hier benutzt. Das norwegische K. des 19.Jh.s trägt vor allem die Züge des überaus volkstümlichen Dichterpfarrers M.B. → Landstad (G. von 1869), neben dem W.A. → Wexels und A.Hauge zu nennen sind. Weiteres - auch über das Nebeneinander zweier Kirchensprachen im G. - s. → Gesangbuch: I, 4. - Das K. von *Island* zeigt u.a. Namen wie die von Hallgrímur Pétursson († 1674) und Matthias Jochumsson († 1920), die zu den größten Dichtern des Landes zählen.

E.Liedgren, Svensk psalm och andlig visa, Stockholm 1926. - K.-E.Forssell, Studier i Finlands svenska psalmbok av år 1943, Helsingfors 1955. - O.E.Thuner, Dansk Salme-Leksikon, Kopenhagen 1930. - J.Stene, Vår evangeliske salmeskatt, Oslo 1933.

A.Arvastson

5. a) Etwa 3 Jh.e lang war *das französische K.* fast ausschließlich biblisches *Psalmlied*. Den Anstoß dazu gab → Calvin, da nach seiner Lehre nur solche Lieder im Gottesdienst gesungen werden können, die Gott uns selbst in den Mund legt. In Straßburg (1538-41) hatte Calvin den deutschen Psalmengesang kennengelernt. So entstand 1539 das erste französische → Gesangbuch (: I, 1 e) mit Texten von Cl. → Marot und Calvin. Viele Melodien sind Straßburger Ursprungs, zB die Melodie »Es sind doch selig alle...«, die später als »Psaume des batailles« (Ps 68) große Berühmtheit erlangte. Für den Hugenottenpsalter (1562 vollendet, → Gesangbuch: I, 1 e) ist die kräftige, gedrungene Sprache, die sich eng an den hebräischen Text anlehnt, und die große Mannigfaltigkeit der Versformen bezeichnend. An der musikalischen Bearbeitung (127 Melodien) war bes. L.Bourgeois beteiligt. O.Douen u.a. sehen im Volkslied die Vorlage der

Psalmmelodien, während die neueste Forschung die Beziehungen zur Gregorianik aufdeckt. Durch Übersetzung (→ Gesangbuch: I, 1e) ist der Psalter auch für andere Kirchen bedeutsam geworden. In der französischen Kirche verhinderte das Psalmlied die Ausweitung zum allgemeineren Schriftlied, trotz Th. → Beza (Les saincts cantiques, 1595). Auch das vorreformatorische französische K. wurde nicht verwertet. Geistliche Dichtung und Kirchenmusik verloren die Verbindung mit dem Gottesdienst. Die weitere Geschichte des Psalters geht um die Erhaltung des Textes, der sprachlich mehrfach modernisiert werden mußte. An der Revision sind V.Conrart und La Bastide (Ausgaben von 1677 und 1679) und, nach der Aufhebung des Ediktes von Nantes (1685), die Genfer Kirche beteiligt. Heute werden die Psalmen nur noch in Auswahl gesungen, in der Schweiz nach der Übersetzung von R.L.Piachaud (Psautier romand), in Frankreich nach der Fassung von »Louange et prière«, an der Ch.Dombre stark beteiligt ist. Die Melodien haben heute durchweg die Originalform (in einigen Fällen Gloria patri-Strophe).

b) Der *»Choral«* (cantique) war gleichzeitig mit den ersten Psalmen im Entstehen begriffen und in Straßburg zur Blüte gekommen, bes. im G. von 1553. Später haben Hugenottenkirchen im Ausland (Leipzig, Berlin, Frankfurt) dem deutschen Kirchengesang Texte und auch Melodien entlehnt. Auch die Gesänge der Brüdergemeine wurden übersetzt. Als die Straßburger Kirche 1680 einen ständigen luth. Gottesdienst in französischer Sprache einführte, entstanden die »Cantiques spirituels«, die für Montbéliard, für Paris (Kapelle der Schwedischen Gesandtschaft) und im 19.Jh. für die ganze luth. Kirche Frankreichs von Bedeutung wurden. Den bedeutendsten Beitrag aber leistete B. → Pictet, der 1705 und 1708 seine »54 cantiques sacrez...« zu den Festen des Kirchenjahres herausgab. Diese Lieder, die auf Psalmmelodien gesungen wurden, fanden Eingang in den französischen Kirchengesang. Heute gibt es in allen französischen G.ern neben den Psalmen eine bedeutende Auswahl von wertvollen Chorälen aus alter und neuer Zeit bis hin zur Gegenwart.

c) Mit den Erweckungen des 19.Jh.s (→ Réveil) drang der breite Strom des *Erweckungsliedes* in den französischen Kirchengesang ein. Wegbereiter waren H.L. → Empaytaz, C. → Malan, H. → Lutteroth, R.W.Mac All, R.Saillens. Dieses subjektive, gefühlsmäßige Lied, oft von eigenartiger Glut erfüllt, entnimmt die Melodien der weltlichen Musik, bisweilen der Symphonik und der Romanze, wenn sie nicht diesem Stil nachkomponiert sind. Trotz seiner Mängel hat auch dieses Lied seine Bedeutung gehabt.

d) Seit dem Erscheinen der neuesten G.er (Psaumes et cantiques, 1926; Psautier romand, 1937; Louange et prière, 1939) sind *Neuansätze* zu verzeichnen, bes. bedingt durch die gegenwärtige liturgische Erneuerung. Diese wird von »Eglise et Liturgie« getragen. Sie spiegelt sich in den jüngsten ref. und luth. Agenden wider. Davon werden die »liturgischen Gesänge« stark berührt. Sie gehen auf das Straßburger G. von 1539 zurück und erhielten durch Eug. → Bersier (1874) sowie durch die Bemühungen der luth. Kirche einen kräftigen Antrieb. Erst jetzt entfaltet sich der Reichtum, nicht nur in der Liedform, sondern auch in Responsorien mit Prosatexten (Louange et Prière, [1939] 1957[4]; L'Office divin, 1946; L'Office divin de chaque jour, 1949; L'Office chanté, 1950; Louez Dieu, 1950; Recueil de cantiques de l'Eglise de la Confession d'Augsbourg, 1952). Das Psalmodieren versucht man nach englischem und altkirchlichem Modell. Auch Gélineaus Bestrebungen haben im ev. Raum Beachtung gefunden. Endlich wird der Kirchengesang von der Ökumene befruchtet, wobei die Tendenz zur Vereinheitlichung des gesamten französischen Kirchengesangs in Erscheinung tritt.

A tous chrestiens et amateurs de la Parole de Dieu, Genève 1543 - O.Douen, Cl.Marot et le psautier huguenot, 2 Bde, 1878/89 - E. Haein, Le problème du chant choral dans les Eglises réformées et le trésor liturgique de la cantilène huguenote (Thèse Montpellier), 1926 - L.Cordier, Der dt. ev. Liederpsalter, 1929 - P.Scherding, Psaumes et cantiques (in: L'esprit du culte protestant, 1942, 45-73) - G. Isely, Ainsi sont nés nos cantiques, 1952 - R.Pâquier, Chant et musique dans le culte (in: Traité de Liturgique, 1954, 130-137; Lit.) - H.Hasper, Calvijns beginsel voor den zang in den eredienst, 1955 - P.Pidoux, Über die Herkunft der Melodien des Hugenotten-Psalters (JLH 1, 1955, 113f) - Ders.-M.Jenny, Unters.en zu den Aulcuns Pseaumes et Cantiques mys en chant à Strasbourg 1539 (ebd 2, 1956, 107-111) - S.Fornaçon, Johann Crüger u. der Genfer Psalter (ebd 1, 1955, 115-120). *E.Muller*

6. a) *In den englisch sprechenden Ländern* nimmt der metrische Psalter die Stellung ein, die in Deutschland dem reformatorischen Gemeindelied eignet. Denn während sich weder → Coverdales »Ghoostly Psalmes and Spirituall Songes« (um 1535) noch das »Compendious Book of Gude and Godlie Ballates« (1539) der Lutherschüler James, John und Robert Wedderburn mit ihren Übersetzungen und Nachdichtungen luth. K.er durchsetzen konnten, eroberte sich zZ Elisabeths I. der in Anlehnung an Marot-Beza (s. 5a) verfaßte Psalter der aus Genf zurückgekehrten Flüchtlinge Sternhold, Hopkins, Kethe und Whittingham - ed. 1562 von J.Day, später 600 Neuauflagen - die Herzen der Briten im Sturm. Der 100. Psalm dieser »Old Version« (»All people, that on earth do dwell«, von Kethe) gehört bis heute zu den bekanntesten K.ern in englischer Sprache. Der ref. Einfluß, auf Grund dessen die Staatskirchen Englands und Schottlands (→ Anglikanische Kirche: I) bis weit ins 19.Jh. hinein am alleinigen Psalmengesang festgehalten haben, duldete im Gottesdienst fast ausnahmslos nur Paraphrasen biblischer Texte, voran der Psalmen. Auch die Freikirchen, die ihre bis zur Toleranzakte von 1689 verbotenen Gottesdienste nur allzu leicht durch Singen von K.ern verrieten, gaben dem Psalter grundsätzlich den Vorzug, so daß er auch in den USA bis zum Beginn des 19.Jh.s dominieren konnte. 1564 erhielt Schottland seinen »Ersten Psalter«, in den außer den Psalmen Sternholds und seiner Mitarbeiter auch Paraphrasen von Schotten (Craig, Pont u.a.) aufgenommen wurden. Diese Version wurde auf Beschluß des Langen Parlaments nach Verhandlungen mit der → Westminstersynode und der General Assembly 1650 durch den bis heute gültigen, auf F. → Rous zurückgehenden Psalter ersetzt, während die Iren Nahum Tate und Nicholas Brady für England ihre »New Version« (1696) verfaßten, die zwar die »Old Version« nicht verdrängen konnte, aber durch Wilhelm IV. »für alle Kirchen, die sie wünschten«, zugelassen wurde. Weit über hundert inoffizielle Versionen, die bis ins 19.Jh. hinein verfaßt worden sind, bezeugen, daß der Einfluß des Psalters schlechterdings nicht überschätzt werden kann.

b) Neben den Psalmen hat sich das eigentliche K. in England erst spät entwickeln können. Die Lieder G. → Withers (Hymns and Songs of the Church, 1622/23), obwohl für den kirchlichen Gebrauch geschaffen und von Jakob I. begünstigt, konnten sich ebensowenig durchsetzen wie die Lieder eines Herbert, J. → Taylor, Herrick, Vaughan, Dryden oder → Milton. Diese Dichter sind als Schöpfer von K.ern erst im 19.Jh. wiederentdeckt und ihre Lieder in die G.er aufgenommen worden. Das gilt auch für Crossman, Austin, → Keach, Barton und Mason, ja selbst für den heute hochgeschätzten Th. → Ken (»Awake my soul«, »Glory to thee, o God, this night«). Erst als 1703 in einem Anhang zur »New Version«

neben einigen Übersetzungen lateinischer Hymnen auch Lieder zu den christlichen Festen und sechs freie Nachdichtungen von Bibelsprüchen mit neuen Melodien erschienen und zugelassen wurden, setzte ein Wandel ein. Der Kongregationalist Isaac Watts (»When I survey the wondrous cross«, »O God, our help in ages past«) steht am Anfang dieser Periode. Seine Lieder, von denen etwa 400 bis heute gesungen werden, haben nicht mehr nur »die Freuden, Hoffnungen und Sorgen Asaphs und Davids« zum Inhalt, sondern preisen Christus. Watts hat rasch Schule gemacht. In seiner Denomination schufen → Doddridge, Hart, S.Browne und Gibbons K.er. Bei den Baptisten waren es u.a. J. und S.Stennet und Anne Steele, bei den Presbyterianern J.Grigg. Die eigentliche Blütezeit des englischen K.es aber setzt mit dem Beginn der methodistischen Bewegung 1738 ein. John → Wesley, der wie kein anderer seit Luther die Bedeutung des K.es für die Verbreitung christlicher Gedanken erkannte, hat gute Übersetzungen deutscher Lieder (Luther, Zinzendorf, Tersteegen u.a.) beigetragen. Als der größte K.-dichter englischer Zunge dürfte Charles → Wesley anzusprechen sein, in dessen über 6000 K.ern - darunter »Jesus, lover of my soul«, »Hark, the herald angels sing« - die Theologie der → Methodisten (: I) lebt. Ob man ihn freilich als den »größten K.dichter überhaupt« ansprechen darf (Julian), mag dahingestellt bleiben. Neben den Wesleys müssen Th.Oliver, A.M. → Toplady (»Rock of ages«) und die Dichter der »Olney Hymns«, die Anglikaner H.Newton und W. → Cowper genannt werden. Das 19.Jh. brachte eine schier unübersehbare Fülle neuer K.er. Sind auch weitaus die meisten nach Text und Melodie einer seichten Romantik verhaftet - und gerade dieser Typ überwiegt im Gebrauch bis heute -, so finden sich doch auch wertvolle Lieder unter den Dichtungen eines P.Keely, J.Montgomery, W.Hurn u.a. Neben Th.Cotterill haben bes. die Vertreter des »Oxford Movement« (→ Hochkirchliche Bewegung: I), vor allem J. → Keble und R. → Heber, aber auch → Newman und J.M.Neale mit ihren hervorragenden Übersetzungen altkirchlicher Hymnen das K. in der anglikanischen Kirche heimisch gemacht. Katherine Winkworth schuf vorbildliche Übersetzungen deutscher Choräle. Lieder von Chr. → Wordsworth, H.Bonar, H.F.Lyte (»Abide with me«), A.P.Stanley, Mrs. Alexander, H.Alford, H.W.Baker, J.Ellerton, F.W.Faber, W.How u.a. finden sich auch noch in den neuesten Ausgaben der G.er. Lieder des 20.Jh.s, u.a. von C.A.Allington, S.Baring-Gould, A.R. Greenaway und C.S.Phillips, wenngleich nur zT von bleibendem Wert, sind ebenfalls zahlreich vertreten. Das K. hat sich als ein einigendes Band zwischen den zahlreichen Denominationen erwiesen. Ein Stamm der gebräuchlichsten Lieder findet sich in allen G.ern. Da nicht nur englische Lieder in den USA, sondern auch amerikanische Lieder (u.a. von → Dwight, Sears, → Mühlenberg, Bryant, Longfellow, Holmes, Lowell, Wittier, Coxe und Palmer) in England gesungen werden, darf das anglo-amerikanische K. als eine Einheit betrachtet werden. Spezifisch amerikanisch ist hingegen der »Gospel Song«, der durch → Moody und → Sankey bekanntgeworden ist, aber trotz seiner Popularität kaum als K. anzusprechen sein dürfte. Auch im anglo-amerikanischen Bereich macht sich neuerdings das Bestreben geltend, die ursprünglichen Texte und die rhythmischen Urformen der Melodien wiederherzustellen und minderwertiges Liedgut durch wertvolles zu verdrängen.

Die Entwicklung des anglo-amerikanischen K.es führte im 19.Jh. zwangsläufig zu unzähligen Liedsammlungen, die erst im 20.Jh. durch Einheits-G.er der großen Denominationen verdrängt werden konnten. Die Einheits-G.er, für die die »Hymns Ancient and Modern« (1861[1]; bis heute das Haupt-G. der Anglikaner) richtungweisend wurden, betonen jeweils den konfessionellen Charakter und die Sondertradition. Vorbildlich ist etwa »Congregational Praise« (1951). Daneben gibt es G.er mit nationalem Charakter, zB »The English Hymnal«, »Songs of Praise« oder auch das »BBC Hymnbook«.

J.Julian, A Dictionary of Hymnology, (London 1892) 2 Bde, New York 1957 - F.J.Gillman, The Evolution of the English Hymn, London 1927 - W.Douglas, Church Music in History and Practise, ebd 1937 - B.Manning, The Hymns of Wesley and Watts, ebd 1942 - E.Routley, Hymns and Human Life, ebd 1952 - P.A.Scholes, The Oxford Companion to Music, ebd 1955[9] - Music in Church, Report of the Archbishops' Committee, Revised Edition ebd 1957.

F.Schlingensiepen

7. Schon ehe die Reformation in den → *Niederlanden* (: I) endgültig durchgeführt war, gab es dort halbkath., sakramentistische, luth. und mennonitische G.er, durch die man die kath. und bes. die weltlichen Lieder verdrängen wollte. Einige enthielten Lieder Luthers. Die 1540 in Antwerpen gedruckten »Souterliedekens« (Psalmlieder) von Willem van Zuylen van Neyevelt mit volkstümlichen Melodien hatten einen Anhang mit gern gesungenen geistlichen Liedern. Durch den Calvinismus wurden »freie« Dichtungen immer mehr eingeschränkt (seit ca 1560), und die → Dordrechter Synode (1618) ließ schließlich nur noch den Psalter, die 10 Gebote, das Vaterunser (von Luther!), ein in Reime gesetztes Credo und die → Cantica (in Liedform) zu. Obwohl es schon Psalmlieder von Jan → Utenhove gab, die zT die Genfer Psalmmelodien (s. 5a) benutzten, hatte die Synode von 1578 die eilig aus dem Französischen übersetzten Psalmlieder ihres Leiters Petrus → Dathenus angenommen, der freilich später selbst seine Arbeit als eine »Mißgeburt« verurteilte. Bald erschienene bessere, aus dem Urtext übersetzte Psalmlieder von Ph. → Marnix und die Psalmübertragungen des Dichters Jacob → Revius verdrängten Datheens Psalmen nicht, bis diese 1773 eine neue Bearbeitung ablöste, die trotz vieler Merkmale der Restauration und des Kompromisses und ungeachtet mancher neuerer Versuche (zB von Pfr. H.Hasper) bis heute benutzt wird. Im ökumenischen Rahmen arbeitet man zZ an einer Neufassung auf der Grundlage der schönen Genfer Melodien.

Während die luth., mennonitischen und anderen kleinen prot. Kirchen Hollands schon lange aus ihren eigenen G.ern auch andere als Psalmlieder sangen, hat sich die »Nederduits Hervormde Kerk« erst auf ihrer Synode von 1796 zu einer G.s-Erweiterung in dieser Richtung entschlossen (»Ev. Gezangen«, 1806). Ohne echte Loblieder, von rationalistischen und moralistischen Tendenzen geprägt, erhielt diese Sammlung durch Männer wie Van den Berg, Schaap, Rhynvis, Feith einen mehr vaterländischen als kirchlichen Charakter. Die aufgenommenen »ausländischen« Lieder waren deutsche der *eigenen* Generation. Dieses erste »Hervormde« G. wurde mehr als ein Jh. lang oft heftig umkämpft, zumal betont orthodoxe Kreise sich gegen »freie« bzw. nicht schriftgebundene Lieder im Gottesdienst wehrten. 1866 bekam das Buch einen Anhang, der sich trotz sprachlicher Schwächen enger an die Bibel anlehnte und mehr wirkliche K.er, zB von Luther und P.Gerhardt, enthielt. Seitdem haben sich in der Hervormde Kerk die Prinzipien über K. und G. allmählich geändert. Ein neues G. von 1938 enthält nach den Psalmliedern 306 andere Lieder, die erstmals nach dem Kirchenjahr geordnet und nach kirchlichen und ökumenischen Gesichtspunkten ausgewählt sind. Auch bringt es nun bessere Lieder aus dem eigenen Lande, zB von Joost v.d. → Vondel, Jan Luyken und von → Valerius. ZZ wird es neu bearbeitet.

Die niederländischen Lutheraner haben im Laufe der

Jh.e nicht weniger als 19 verschiedene G.er mit → de tempore-Charakter gehabt, die jeweils dem Geist und der Theologie der Zeit verhaftet waren. Während die alten luth. G.er - das »Bonner« von 1565, die beiden von Willem van Haecht (1579, 1582), auch noch das bis zur Mitte des 18.Jh.s gebrauchte »Woerdense Gezangboek« - fast sämtliche Lieder Luthers in oft wortgetreuen Übersetzungen enthielten, hatte das zweite synodale G. von 1887 nur noch vier (fragliche!) Lieder des Reformators. Eine Wende bedeutete schon das nicht offizielle, von der »Luthers Genootschap voor In- en Uitwendige Zending« 1892 herausgegebene und 1904 erweiterte G., das weithin eingeführt wurde und einen für seine Zeit beachtlichen Teil des luth. Liedbestands umfaßte (in Übersetzungen von J.E.Schröder und bes. von D.C.Meijer). 1955 hat dann die Besinnung auf Bekenntnis und Liturgie zu einem ganz neuen, nun wieder im Auftrag der Synode verfaßten G. geführt, dem »Evangelisch Luthers Gezangboek«, das eindeutig von der luth. G.bewegung geprägt ist. Es enthält zwar neben Lutherliedern auch noch einige pietistische und methodistische Lieder, aus ökumenischen Gründen auch mehrere Genfer Psalmen, schließt sich aber eng dem deutschen EKG bzw. dem Vorbild des Babstschen → Gesangbuches (: I, 1c) an. Erstmals in Holland hat es auch eine Gradualliedordnung.

Die Reformierten, die sich nach der »Afscheiding« von 1834 und der »Doleantie« von 1891 vereinigten, kehrten zunächst zum ausschließlichen Gebrauch der Psalmlieder zurück, vermehrten aber 1913 und kürzlich nochmals die wenigen vorhandenen K.er um mehr als 20, und zwar nach biblizistischen, nicht nach hymnologischen Gesichtspunkten. - Die Mennoniten, Remonstranten und die im »Protestantenbond« vereinigten Liberalen besitzen seit 1943 ein gemeinsames, ihrer Theologie entsprechendes G. mit jeweils eigenem Anhang.

J.van Iperen, Kerkelijke Historie van het Psalmgezang I. II. 1777 bis 1778 - J.C.Schultz Jacobi, Gesch. van het godsdienstig gezang bij de Luthersen in de Nederlanden (in: Bijdragen tot de gesch. der Ev. Luth. Kerk in de Nederlanden 4, 1843) - R.B.Jansonius, Gesch. van het kerkgezang bij de Hervormden in de Nederland, Amsterdam 1863 - J.A.N.Knuttel, Het Geestelijk Lied in de Nederlanden voor de Kerkhervorming, 1906 - J.H.Gunning, De Gezangenkwestie in de N.H.Kerk, Utrecht 1910 - W.J.Kooiman, Luthers kerklied in de Nederlanden, Amsterdam 1943 - G.v.d.Leeuw, Beknopte gesch. van het kerklied, Groningen 1948, § 26 - H.Hasper, Calvijns beginsel voor den zang in den eredienst, 's Gravenhage 1955. *W.Mudde*

8. Im *hussitischen Böhmen* erkannte man die Kraft des K.es als des gemeinsamen Ausdruckes des Glaubens und der Hingabe der ganzen Gemeinde an Gott. Es wurde daher auch didaktisch-pädagogisch hoch gewertet. → Huß selbst führte einige eigene Lieder in den Gesang seiner Gemeinde ein. Die Lieder der Taboriten (→ Huß, 2) betonen die opferwillige christliche Kampfbereitschaft. Die Prager pflegten auch den tschechischen *liturgischen* Gesang. Das Jistebnicer Kantional (um 1420) enthält schon über 80 tschechische Lieder. Mit dem Erlahmen der hussitischen Bewegung verlor zwar das Lied an Macht, aber das Singen blieb, und die Zahl der Lieder wuchs (»Literatenbruderschaften« zur Pflege des K.es). Als Liederdichter oder Herausgeber der hussitischen bzw. luth. Kantionale sind bes. V.Miřínský († ca 1492), Klim.Bosák († ca 1550), Jan Táborský († 1572), Jan Musophilus (Hg. des Kantionals von 1585), Jak.Kunvaldský (1572) und Tob.Závorka (1606) zu nennen. - Die → *Brüderunität* (: I, 3) setzte die Tradition fort und kehrte mit der Zeit auch zum liturgischen Gesang zurück. Gemeindelieder zu einzelnen Perikopen herrschten jedoch vor. Die vornehmsten Senioren (→ Lukas, → Augusta, → Blahoslav) verfaßten zahlreiche Lieder. Für das deutsche K. der Brüder ist M. → Weiße von grundlegender Bedeutung. Nach der Liedersammlung von 1501, die nicht nur für die Brüder bestimmt war, folgten größere G.er (→ Gesangbuch: I, 1c; II; III, 1; V, 1). In dem lang vermißten tschechischen Kantional des J.Roh (→ Horn) von 1541 (neu hg. 1927) erkannte man das eigentliche Vorbild der weiteren Ausgaben. Blahoslav hat mit feinem Geschmack die Texte und Melodien revidiert (1561, 1564). Als Handbuch für Sänger und Liederdichter schrieb er seine »Musika« (1558, 1569). → Comenius durchdachte die metrischen Grundsätze des K.es neu; in seine Edition (1659) bezog er auch deutsche und polnische Lieder ein.

In → *Polen* knüpfte die Reformation an einen reichen Vorrat älterer polnischer K.er an. Dazu kamen die deutschen luth. und die tschechischen brüderischen Vorlagen. Auch eine neue eigene Dichtung machte sich bald geltend. Mik.Rej und Jan Kochanowski (Psalter-Paraphrase 1578) widmeten sich dem geistlichen Liede. Sonst sang man Psalmen nach Jak.Lubelczyks kommentierter Bearbeitung (1558); später wurde bei den Reformierten die bibeltreue Übertragung von Mać.Rybiński nach den französischen Melodien (1590) eingeführt. Eine ähnliche Leistung verdanken die tschechischen Protestanten Jiří Strejc (1587), die Ungarn Albert Szenczi Molnár (1607). Für das polnische luth. K. sind die Kantionale von Jan Seklucjan (seit 1547) und Piotr Artomiusz (seit 1578) höchst bedeutsam. Die Reformierten erhielten ihre ersten G.er 1558/59 von Jan Zaremba, Ign.Oliwiński und Bart. Groicki.

In der ev. Kirche → *Ungarns* schätzte man lange den liturgischen Gesang. Noch 1636 gab der ref. Bischof → Katona das »Große Gradual« heraus. Das älteste magyarische Kantional war schon 1536 erschienen. Bes. wichtig wurden die »Christlichen Lieder« von G.Gönczi Kovács (1592). Das K. der beiden prot. Kirchen war wenig verschieden. Erst 1696 gab M.Ács eine ausdrücklich luth. Liedersammlung »Der jubelnde Himmelchor« heraus. - Das *tschechische und slowakische* luth. K. fand in der »Cithara sanctorum« (1636) des Exulanten Jiří Třanovský (Tranoscius), des »slawischen P.Gerhardt«, seine klassische Ausprägung. Später wurde sie durch neuere Lieder slowakischen und deutschen Ursprungs mit zahlreichen Kreuzes- und Exulantenliedern erweitert. Das pietistische Lied erklingt bes. in J.Liberdas einflußreicher »Harfe« (1732) und in J.Sargáneks großem »Leipziger Kantional« (1737). Auch der *magyarische* »Neue jubelnde Himmelchor« (1743) hat pietistischen Einschlag. Die *polnischen* G.er, die seit dem 17.Jh. meist in Thorn, Danzig und Brieg erschienen, lehnten sich gleichfalls an das zeitgenössische deutsche K. an. - Unter rationalistischem und auch romantischem Einfluß haben die besten *slowakischen* luth. Dichter (u.a. J.Kollár, K. Kuzmány) das K. »der neuen Stimmung« geschaffen. Ihr (noch immer tschechisches) »Ev. G.« von 1842 wetteifert mit der »Cithara«. Erst in neuester Zeit wird bei dem slowakischen luth. Gottesdienst auch slowakisch gesungen; der gleiche Anhang neuer Lieder überbrückt den Unterschied des »Kantionals« und des »G.es«. Den *tschechischen* Reformierten bot Fr.Šebesta neue Psalmen dar (1879), während L.B.Kašpar das traditionelle Lied im ev. Sinne stilistisch umbildete (1877) und zugleich das englische und deutsche Erweckungslied einließ. Die Freikirchen stimmten Töne inniger Frömmigkeit in gesteigertem Maße an (Al.Adlof). In *slowakischer* Sprache haben bes. die Schwestern K. und M.Roy Erweckungslieder verfaßt. Die *polnischen* »Zionslieder« und die *magyarischen* »Hossanah-Lieder« sind gleicher Art. In neuerer Zeit ist ernstes Bemühen um geläuterte Form und theologische Sauberkeit des *tschechischen* K.es zu merken. Das gilt noch mehr vom *magyarischen* K.; die ref. Kirche Ungarns hat 1948 ein neues, in diesem Sinne revidiertes G. mit Molnárs Psalmen angenommen.

Vgl. RE III, 426ff u. die Lit. zu → Brüderunität: I. - Tschech. u. slow. Lit.: K.KONRÁD, Die Gesch. des alttschech. hl. Gesanges, 2 Bde, Prag 1881/93 - Z.NEJEDLÝ, Die Gesch. des huss. Gesanges, (3 Bde, 1904-13) 6 Bde, ebd 1954-56² - D.OREL, Franuskantional, ebd 1922 - B.HREJSA, Kantionale in der Brüderunität (Reform. sborník 3, ebd 1931, 11-47) - F.HREJSA-J.B.ČAPEK-J.B.ŠIMEK, Der tschech. Psalmist J.Strejc, ebd 1937 - J.ĎUROVIČ, Die (slow.) ev. Lit. bis zur Toleranz, Martin 1940 (Lit.) - J.OBERUČ, Die Sammelschrift des »Ev.G.es«, Lipt. Mikuláš 1942 - A.ŠKARKA, Comenius, Geistl. Lieder, Prag 1952. - Zum poln. K.: K.VÖLKER, KG Polens, 1930 (Lit.). - Poln. Lit.: A.KAWECKA, Die prot. Kantionale in Litauen im 16.Jh. (Reformacja w Polsce 4, Warschau 1926, 128-139) - ST.KOT, J.Zaremba's Brester Kantional von 1558 (ebd 9/10, 1939, 443-456) - J.ŚLIZIŃSKI, Aus der lit. Tätigkeit der Böhm. Brüder in Polen, ebd 1959 (Lit.). - Zum ungar. K.: K.CSOMAS TÓTH, Der Gesang der ref. Gemeinde, Budapest 1950 (Lit.; magyarisch). *R.Říčan*

9. Das *vorreformatorische kath. K.* hat seine Wurzeln teils in den Leisen, teils in liturgischen → Hymnen, Choraltropen (→ Tropus) und → Sequenzen. Auch durch den Minnesang (→ Mittelalterliche Literatur: II) und das Meistersingerlied wurde das geistliche Lied beeinflußt. Gegen Ende des MA wurden Hymnen- und Sequenzübertragungen zahlreich; nur vereinzelt finden sich Umbildungen anderer gregorianischer Gesangsweisen. Bemerkenswert ist, daß die kirchliche Praxis gerade die ältesten Leisen enger in die lat. Liturgie verwebt, ohne den → gregorianischen Gesang (: I) dadurch zu beeinträchtigen oder gar zu ersetzen. Näheres zum kath. K. im MA s. 2b. - Als die Lieder der Reformation in die der alten Kirche treu gebliebenen Kreise eindrangen, setzte man den schnell sich mehrenden prot. G.ausgaben kath. entgegen. Außer den bei → Gesangbuch: I, 1f genannten sind das Dillinger G. als das erste kath. Diözesan-G. (1576, 1589), die Tegernseer G.er von Wallasser (1574, 1577, 1581), das vom böhmischen Pfarrer Hecyrus (Prag 1581), das Münchener (1586), das Innsbrucker (1588) und das Würzburger (1591) zu erwähnen. 1599 wurde in Köln ein G. auf Anordnung des Bischofs Eberhard von Speyer gedruckt (179 Lieder mit 112 Melodien, hier erstmalig »Es ist ein Ros entsprungen«). - Von den kath. gereimten Psalmenübertragungen sind bes. »Die Psalmen Davids« des Pfarrers K. → Ulenberg (Köln 1582 u.ö.) bedeutend, während sich »Die Harpffen Davids« (1659) des Jesuiten A.Curtz und »Die Psalmen des Königlichen Propheten Davids« (1658) des Bischofs von Würzburg, J.Ph.v.Schönborn, kaum einbürgerten. - Das *17.Jh.* brachte mit der Dichtung des → Barocks (: II) auch einen neuen K.typ, der aus der Volksfrömmigkeit der → Gegenreformation erwuchs. Er ist in Weise, Rhythmus und Text volkstümlich. Die Liederdichter und Komponisten dieser Zeit sind zumeist Ordensleute. Gegenüber dem alten K. weist das Barocklied gefühlsstarke, subjektive Züge auf. Das G. des Abtes David Gregor Corner (1625) enthält neben neuen Liedern hauptsächlich noch altes Liedgut. Das bedeutendste kath. G. der Barockzeit ist das für die Katechismusschulen in Köln hg. »Geistliche Psälterlein pp. Societatis Jesu« von 1623; es enthält viele Lieder des Jesuiten Friedr. von → Spee, dessen »Trutznachtigall« erst 1649 erschien. Für die Barockzeit charakteristisch ist die »Hl. Seelenlust« (1657) des Joh.Scheffler (→ Angelus Silesius). Die »Lieblich Kinder Cythar« (1632) und der »Seraph. Lustgart« (1635) der Kölner Franziskaner waren weniger bedeutend. Viel verbreitet war aber das »Himmlisch Palmgärtlein« (1660 u.ö.) des Jesuiten Wilh.Nacatenus. Erwähnt seien ferner das »Psalterspiel« (1666) und die »Himmlische Nachtigall« (1673) des Kölner Vicarius Peter Keyenberg, die Lieder der Kapuziner Procopius von Templin, Laurentius von Schnüffis und bes. das weit verbreitete G. des → Martin von Cochem. - Um die Mitte des *18.Jh.s* spiegelt sich in den Liedern der Geist der Aufklärung wider. Das alte K. wurde verdrängt, ebenfalls weithin die lat. Kultsprache. Unter dem Protest des Volkes mußte der gregorianische Choral der »Deutschen Singmesse« weichen. Ein G. des Übergangs ist die »Tochter Sion« (Köln 1741 u.ö.) des Heinr. Lindenborn mit 206 neuen Liedern. Beeinflußt von → Klopstock gaben die Jesuiten Fr.X. → Riedel (1773) und Mich.Denis (1774) ihre G.er mit neuen Liedern heraus. Die »Lieder und Hymnen zur Gottesverehrung des Christen« von I.H.v. → Wessenberg (1825) fanden große Verbreitung. Im moralisierenden Geiste → Gellerts dichteten der Breslauer Ign.Franz und der Osnabrücker Domvikar Rud. Deutgen ihre Texte. Die meisten noch heute gesungenen Lieder dieser Zeit (zB die Singmesse »Hier liegt vor Deiner Majestät«, die Lieder »Das Grab ist leer«, »O mein Christ, laß Gott nur walten«) brachte der Münchener Hofkammerrat Franz Seraph v.Kohlbrenner heraus. - Im *19.Jh.* erschienen mehrere Sammlungen älterer K.er von Ludw.Aurbacher (1831-33), J.Fr.Heinr.Schlosser (1851-52) und Jos. Kehrein (1859-63). Franz X. → Witt, der Vorkämpfer der kirchenmusikalischen Reformbewegung, schrieb das Vorwort zur 2. Aufl. (1869) der bes.erwähnenswerten Sammlung »Cantica Spiritualia« (1845-46). Das »Cantate« von Heinr.Bone (1847) zeichnet sich durch sorgfältige Bearbeitung alter Liedtexte aus. Bedeutend ist auch »O Christ, hie merk!« von G.M. → Dreves (1885), eine Sammlung alter geistlicher Volkslieder. Alle diese Werke aber überragt »Das kath. deutsche K. in seinen Singweisen« von Wilh.Bäumker (I-IV, 1883-1911), das einem allgemeinen kath. deutschen G. den Weg ebnen wollte. In der kath. → Jugendbewegung (: III) wurde das alte K. bes. gepflegt. Wegweisend wurden Herm. Müller (Kyrioleis, Kleiner Psalter geistlicher Lieder, 1923) sowie das »K.«, eine Auslese geistlicher Lieder (1938). 1947 stellte eine bischöfliche Kommission 74 Einheitslieder (E), durchweg ältestes Gut, für alle deutschen Bistümer zusammen. Darüber hinaus einigten sich die nordwestdeutschen Bistümer u.a. auf weitere einheitliche Fassungen in ihrem traditionellen Liedgut bei 63 Liedern (e). Beide Einheitsliedersammlungen (E und e) mit ihrer für echten Volksgesang erforderlichen und dienlichen Auswahl aus dem Liedgut aller Stilgattungen können einen Auftakt für eine wirkliche Erneuerung und Belebung des kath. K.es in deutscher Sprache bedeuten.

W.BÄUMKER, Das kath. dt. K. in seinen Singweisen I-IV, 1883 bis 1911 (Lit.) - K.BECKMANN, Heinr.Lindenborn, der Kölnische Diogenes, 1908 - M.SCHNEIDERWIRTH, Das kath. dt. K. unter dem Einfluß Gellerts u. Klopstocks, 1908 - A.SCHMECK, Die Lit. des ev. u. kath. K.es i.J. 1912, 1913 (mit Nachträgen u. Berichtigungen zu BÄUMKER) - O.URSPRUNG, Die kath. Kirchenmusik, 1931 - R.HEUL, Melodische u. rhythmische Wandlungen im kath.-dt. K. (Diss. Münster), 1932 - J.OVERATH, Das kath. K. (in: Hdb. der kath. Kirchenmusik, hg.v. H.LEMACHER u. G.FELLERER, 1949, 276-282) - G.BORK, Die Melodien des Bonner G.es in seinen Ausgaben zwischen 1950 u. 1630 (Beitr. zur rhein. Musikgesch. H. 9, 1955, 182-222) - J.GOTZEN, Das kath. K. im 18.Jh., insbes. in der Aufklärungszeit (Kirchenmusikal. Jb. 40, 1956, 63-86) - J.OVERATH, Unters.en über die Melodien des Liedpsalters von Kaspar Ulenberg (Diss. Köln), 1958. *J.Overath*

II. Musikalisch

1. Allgemeines - 2. Vorreformatorisches Quellgebiet - 3. Reformationszeit - 4. 17.Jh. - 5. 18.Jh. bis zur Gegenwart. - Melodiebenennung nach dem EKG

1. Das K. läßt sich in seiner Eigenart nicht begreifen ohne die Betrachtung der Melodie: in seiner ursprünglichen und vornehmsten Bestimmung - als integrierender Bestandteil des Gottesdienstes - tritt es uns als Erklingendes, als musikalische Gestalt entgegen. Zu allen Zeiten

gingen starke und rätselhafte Wirkungen des Kirchengesangs von der Kraft und »Süßigkeit« (Augustin) der Melodien aus; für das K. der Reformation, den ev. → Choral, dessen Wesen und Werden hier hauptsächlich dargestellt werden soll, gilt dies in besonderer Weise. Für die musikalische Vortragsweise liedartiger Gattungen der alten Kirche vgl. → Musik: V.

Für eine Erfassung des ev. K.es in seiner Gesamtheit liegt reichhaltiges Material bereit. Die Hymnologen des 19.Jh.s (u.a. C.v. →Winterfeld, Ph. →Wackernagel, Joh. → Zahn) haben mit der Sammlung des Gutes und eingehender Quellenforschung unschätzbare Vorarbeit geleistet, welche bis zur Gegenwart durch zahlreiche Einzelstudien und Neuausgaben ergänzt wurde. Auch finden sich bereits im 19.Jh. wertvolle Ansätze zu einer musikalischen Monographie des K.es (Winterfeld, → Tucher, → Wolfrum). Hier jedoch waren jener Zeit gewisse Grenzen gesetzt. Es ist zB nicht gelungen, das Wesen der sog. rhythmischen Weisen der Reformationszeit, auf deren Bedeutung und Wert man nachdrücklich hinwies, musikalisch überzeugend zu erklären; zahllose Auseinandersetzungen über die »metrisch-rhythmische Grundgestalt« (Schering) und die damit zusammenhängende Art der Melodieaufzeichnung in den G.ern waren die Folge. Ähnliches gilt für die Akzidentienfrage. Die Ursache jener Unsicherheit (deren Nachwirkung noch anhält) ist in der arglosen Anwendung eines nur für das 18. und 19.Jh. gültigen Musikbegriffs, zB des in Wirklichkeit erst seit der Bachzeit durchgebildeten Systems der musikalischen Taktarten, auf das K. zu sehen. Man hat inzwischen erkannt, daß die musikalische Gestalt des K.es anderen Bildungsgesetzen unterliegt, und hat deshalb bei der Vorbereitung des EKG eine Deutung der Melodiegestalt aus der musikhistorischen Situation, aus dem Stand der musikalischen Satzkunst ihrer jeweiligen (vermutlichen) Entstehungszeit versucht. Das Ergebnis hat in dem sorgsam differenzierten Notenbild des EKG (Taktstriche, halbe Taktstriche, fehlende Taktstriche, Zäsurstriche, verschiedenartige zT neugeschaffene Taktvorzeichnungen, Choralnoten usw) und in zwei damit zusammenhängenden Arbeiten von Chr.Mahrenholz und W.Blankenburg seinen Niederschlag gefunden. – Eine neuere umfassende Darstellung des K.es von musikalischer Seite fehlt bislang. Sie wäre aber auch von der Musikgeschichte allein her nicht möglich. Das ev. K. steht, obwohl es stets auch zeitbedingte Einzelzüge aufweist, seinem Wesen nach (ähnlich wie das → Volkslied) überhaupt außerhalb der Musikgeschichte im engeren Sinn (insofern sich dieselbe mit dem musikalischen Satz als Geistigem befaßt). Im K. hat sich bis in die Gegenwart etwas von jenem eigenartig innigen Wechselverhältnis von Dichtung und »Weise« erhalten, welche Lyrik ursprünglich generell auszeichnet. Die Choralmelodie stellt eine Art Musik dar, welche in besonderer Weise Sinn und Gestalt vom Text her erhält; ihre musikalische Gestalt sollte daher nicht losgelöst vom Text, als Musik in dem uns geläufigen Sinn betrachtet werden. In der Terminologie seiner Entstehungszeit ausgedrückt, welche die Musik in zwei Hauptbereiche, in *Musica plana* (oder choralis) und *Musica mensurata* (oder figuralis, → Figuralmusik) unterteilt: das K. als Gesang der Gemeinde im Gottesdienst (gleichgültig, ob mit oder ohne Begleitung der Orgel) ist der Musica plana zuzuzählen, zu der auch die mannigfachen Gattungen des → Gregorianischen Gesangs gehören. Ein wesentliches Kennzeichen zumindest hat das K. mit jenem gemein: der rhythmische Verlauf rechnet nicht (wie in der Figuralmusik) mit exakt faßbaren, nach Maß und Zahl geordneten Zeitverhältnissen, er richtet sich vielmehr nach dem Fluß (dem Versmaß) der Sprache.

Noch im 17.Jh. war das Bewußtsein dafür lebendig, daß das K. in dem Gebiete der Musica plana wurzelt, daß »solche Arien oder Melodien ohne Takt auch viel anmutiger nach Anleitung der Wort gesungen werden können« (Schütz im Vorwort zum Beckerschen Psalter 1628 und 1640); erst in der Bachzeit geht es – bei den Musikern – allmählich verloren, und es setzen die Versuche ein, auch in Choral- und G.ern (welche bis dahin die Melodien folgerichtig taktstrichlos aufzeichnen) das K. in ein autonom-musikalisches Taktsystem zu zwängen. In der → Choralbearbeitung war dies zwar von jeher üblich und notwendig. Aber eine dergestalt in einen kunstvollen Tonsatz eingebaute und deshalb »mensurierte« Melodie streift denn auch alsbald den Charakter als lebendig gesungenes Gemeindelied ab, sie unterwirft sich einem andersartigen Gesetz (dem Gesetz der in Maß und Zahl gefaßten Zeit). Umgekehrt kann man beobachten, daß ursprünglich der Polyphonie oder Tanzsätzen entstammende Weisen (zB »In dir ist Freude«) als Gemeindegesang stets gewisse bezeichnende, wenngleich oft nur geringfügige Modifikationen (Tempoänderungen, Einführung dehnender Atemzäsuren usw) erleiden, in denen für den Hellhörigen auch heute noch unverkennbar der Übergang aus dem Gebiet der Mensuralmusik in das durch eine Kluft getrennte Gebiet der Musica plana zum Ausdruck kommt.

Wie der gregorianische Gesang, so geht auch die K.-melodie zunächst von der Sprachgestalt (nicht vom Bedeutungszusammenhang der Worte) aus. Während aber Gregorianik vorwiegend (bes. in den kunstvolleren Gattungen) die syntaktisch-grammatikale Satzgliederung lat. Prosa und damit oft auch etwas von der liturgisch-oratorischen Gebärde zur Geltung bringt, hält sich das ev. K. an eine scheinbar noch viel mehr an der Peripherie liegende sprachliche Erscheinung, an das Akzentsystem deutscher Verse: K.weise ist zunächst einzig die Interpretation, die Verwirklichung des Versmaßes in Tönen.

Diese scheinbare Einschränkung ist es aber, welche die Choralmelodie in so hohem Maße zur Erfüllung ihrer ureigentlichen Zweckbestimmung befähigt, nämlich der gottesdienstlichen Gemeinde die einmütige Äußerung zu ermöglichen. Daß der Sprechchor in dieser Hinsicht höchst problematisch bleibt, hat man oft betont: gesprochene Rede ist die Ausdrucksweise des Individuums. Das gesungene K. aber bildet Gemeinschaft. Es schafft in doppelter Hinsicht Einheit: indem es die Stimmen aller Singenden nach Tonhöhe und Rhythmus in ein und derselben »Weise« zusammenfaßt, also auf mehr technisch-organisatorische Art, und indem es die Seelen- und Gemütskräfte in gleichem Sinne beeinflußt, »erhebt«, und in eine ganz bestimmte Richtung hinwendet und aufschließt. Diese zweite, tiefere Schichten ansprechende Wirkung der Choralmelodie, welche den singenden Menschen aus der nüchternen Umgangsstimmung des Alltags in eine veränderte Gemütsverfassung, in eine gewandelte Bewußtseinssphäre versetzt, wurzelt in rätselhaften Urbeziehungen zwischen Musik und Magie: sie bindet und läßt gleichzeitig den Gedanken, der Meditation des einzelnen freien Lauf.

Die Aufgaben und Wirkungsmöglichkeiten der Musik sind also nicht geringer, auch wenn direkte Beziehungen zum konkreten Bedeutungsgehalt des Textes fehlen. Im Prinzip schließen sich solche beim Strophenlied von vornherein aus. Hin und wieder vorkommende offensichtliche Anspielungen auf den Sinn einzelner Worte oder Wendungen der ersten Strophe (»Gen Himmel aufgefahren ist«) haben daher initialartig-ornamentalen Charakter. Aber auch die gelegentlich zu beobachtende Hervorhebung wichtiger Worte durch die Melodie sollte nicht als selbständiges Eingehen auf den Wortsinn gewertet werden: eine solche Worthervorhebung ist bei der Wurzelbetonung der deutschen Sprache bereits im Akzentsystem des Verses vorgegeben. Von autonom-musikalischer Ausdrucksfähigkeit oder einem ähnlichen Ausdruckswillen, wie sie die abendländische Kunstmusik (zB in den Arien → Bachs) kennzeichnen, kann beim K. keine Rede sein. Losgelöst vom Text sind die Melodien leer (daher ihre Symbolkraft: erklingen sie ohne Worte, werden diese unwillkürlich mitgedacht). Die Melodiesubstanz wird erst von der Sprachgestalt endgültig geprägt und mit Sinn erfüllt. Aber auch die Texte kommen - im gottesdienstlichen Raum - erst beim Erklingen auf eine »Weise« zu ihrem eigentlichen Leben, »die Leibhaftigkeit der Worte wird erst dann vollendet, wenn sie vom musikalisch bewegten Ton ergriffen wird« (Brunner). Es handelt sich also beim Verhältnis der Choralmelodie zum Liedtext um mehr als eine bloße Umhüllung des Textes mit Tönen, es handelt sich um eine innige gegenseitige Durchdringung, um völlige Synthese.

Es sind verhältnismäßig einfache Mittel, aus denen sich der ganze Reichtum und die unerschöpfliche Vielfalt des Melodiengutes erbaut. Rhythmische und melodische Elemente sind dabei aufs engste ineinander verwoben; sie ergänzen sich gegenseitig in der Gestaltung des jeweiligen Strophenbaus. In ihrem Zusammenwirken fällt der Melodieführung die bogenartige Gestaltung der Zeile zur Einheit und die Herstellung eines sinnvollen Zeilenzusammenhangs zu, zB durch Abkadenzieren auf verschiedenen Stufen oder durch Wiederholung der Stollenmelodie in barförmigen Strophen. Das Melos selbst folgt weithin Strukturgesetzen der kirchentonalen Linearität, etwa in der Abgewogenheit der einzelnen Melodieschritte (stufenweises Fortschreiten, Sprünge) oder in der Anwendung feststehender, für einzelne Tonarten bezeichnender Wendungen. Hieraus erklärt sich u.a. die eminente Bedeutung der Lage des Grundtons innerhalb des Gesamtverlaufs einer Melodie für deren Ethos, wie sie in der Gegenüberstellung der drei durartig-jonischen Weisen »Vom Himmel hoch« (tiefster Ton Grundton), »Es ist gewißlich an der Zeit« (Grundton in der Mitte) und »Herzlich lieb hab ich dich, o Herr« (Grundton in der oberen Hälfte des Gesamtbereichs) deutlich wird. Derartige Gestaltungsprinzipien haben bis in die Aufklärungszeit nachgewirkt; erst dann gingen sie verloren.

Dem rhythmischen Element obliegt vornehmlich die interne Gliederung der Zeilen und damit die eigentliche Umsetzung sprachlicher Versmaßbildungen in musikalische Gestalt. Das K. kommt dabei im wesentlichen mit zwei Grundwerten (Verhältnis 1:2) aus. Vereinzelte Punktierungen, Notenverkürzungen am Zeilenbeginn, Durchgangsnoten haben ornamentalen Charakter und berühren nicht den rhythmischen Gang. Folgende Arten der rhythmischen Versmaßinterpretation lassen sich feststellen: a) Anwendung gleicher Werte (Isometrik), wobei Zeilenbeginn und -ende (evtl Penultima), alter Psalmodierweise folgend, verlängert sein mögen, zB »Vater unser im Himmelreich«. b) Wiedergabe der betonten Silben durch langen Wert; hieraus ergibt sich bei Jamben und Trochäen dreizeitige Bewegung, zB »Erstanden ist der heilig Christ« oder (mit verlängertem Zeilenbeginn) »Nun laßt uns Gott dem Herren«; auch der (durch das Hebigkeitsprinzip verursachte) »schwebende« Rhythmus altdeutscher Volksliedmelodik hängt damit zusammen. c) Verwendung selbständiger, aus Längen und Kürzen gebauter Zierformen französischer Herkunft, zB »Die Sonn hat sich mit ihrem Glanz gewendet«. Ausgehend von diesen Grundtypen erschließt sich der ganze Gestaltenreichtum des K.es auf natürliche Weise. Obwohl das Versmaß durch die Melodie mittels zeitlich begrenzter Notenwerte und sogar durch Längen und Kürzen wiedergegeben wird, tritt dabei doch nicht (wie in der Kunstmusik) eine rhythmische Kraft autonom-musikalischer Provenienz (wie zB die Taktarten) in Funktion: der Orientierungspunkt der Stilisierung bleibt der im Vers geordnete Sprachrhythmus. Das durchaus Andersartige, in gewissem Sinn Archaische, das man zB beim Einsetzen des Gemeindegesangs nach kunstvollem Orgelspiel (oder des Schlußchorals bei Bachkantaten) bes. deutlich empfindet, hat wohl hierin seine Ursache. Zweifellos können viele Melodien, bes. wenn regelmäßig gebaute, geglättete Verse zugrunde liegen, scheinbar reibungslos im Schema einer musikalischen Taktart untergebracht werden: lediglich die Zäsurfrage am Zeilenende (Pausen? Fermaten? Kürzung der letzten Zeilennote?) läßt sich auch in solchen Fällen meist nicht befriedigend beantworten (vgl. das Beispiel »Jesus Christus herrscht als König« in MuK 28, 1958, 74ff). Aber diese Beobachtung zeigt, daß jede Projektion andersartiger rhythmischer Gliederung willkürlich ist und das eigentliche Wesen des K.es verzeichnet. Dies betrifft insbesondere auch den Zeilenübergang. Wie die Verse in loser Aneinanderreihung, nur durch den Atem getrennt, sich zur Strophe runden, so treten auch die einzelnen Melodiezeilen in freier Weise nebeneinander. Es gibt kein Gesetz, das übergreifend den Zusammenhang der Zeilen rational festlegen könnte. Die Notwendigkeit, Atem zu schöpfen, bleibt, wie beim Vers, Begründung und Regulativ der Zäsur; die innere Geschlossenheit eines rhythmischen Vorgangs reicht also nicht über die Zeile hinweg.

Als Ganzes stellt der ev. Choral also auch in seiner musikalischen Gestalt eine Gattung von höchst bemerkenswerter Eigenart dar, deren Erfassung unter dem Gesichtspunkt des ihr innewohnenden Gesetzes (nicht von seiten der Musik- oder Liturgiegeschichte allein) wohl lohnen würde. Zwei Wünsche werden aber schon aus dem hier Dargelegten begreiflich: Aufzeichnung *aller* Choralmelodien mit Zeilenstrichen (anstelle der Taktstriche) in künftigen G.ern, ferner Beherzigung der Mahnung → Osianders (s.u.), sich bei der Begleitung des Gemeindegesangs »in der Mensur oder Takt nach der Gemein aller dings zu richten, in keiner Note schneller oder langsamer, denn eine christliche Gemein selbigen Orts zu singen pfleget, damit der Choral und Figurata musica fein beieinanderbleiben und beides *einen* lieblichen Concentum gebe«, m.a.W. das besondere Wesen des ev. Chorals zu achten.

2. Der vielschichtige *vorreformatorische Quellbereich* des K.es ist im ganzen noch wenig durchforscht; die Ahnenreihe umfaßt neben der Frühgestalt des deutschen K.es selbst mannigfache andersartige musikalische Gattungen des früheren und späteren MA. Der → *Gregorianische Gesang* hat dem K. etwas von der ernsten und freudigen Grundhaltung und der ihm eigentümlichen farbigen Kraft des Melos vererbt. Manche Weisen gehen direkt auf *altkirchliche und mittelalterliche Stücke der Meßliturgie* zurück. So ist zB eine alte phrygische → Kyrie-Melodie (im heute gültigen → Graduale Romanum Kyrie II) notengetreu in der Weise »Kyrie, Gott Vater in Ewigkeit« (zur Übersetzung des → Tropus »Kyrie fons bonitatis«) erhalten. Ähnlich eine Credo-Melodie aus dem 14.Jh. in der herrlichen dorischen Weise »Wir glauben all an einen Gott«. In neue Strophenform gegossen, aber aus den melodischen Wendungen des gregorianischen Vorbilds gestaltet ist »Allein Gott in der Höh sei Ehr« (nach Gloria I) und »O Lamm Gottes unschuldig« (nach Agnus I) von Nik. → Decius sowie Luthers gewaltiges »Jesaja dem Propheten das geschah« (nach Sanctus XVII des Graduale). - Der Anfang einer → *Antiphon* (Puer

natus est nobis = Introitus der III. Messe am Weihnachtsfest) lebt weiter in Nik.Hermans »Lobt Gott, ihr Christen alle gleich«. - Bedeutungsvoll als Vorläufer des K.es ist aber bes. der → *Hymnus,* das mittelalterlich-gregorianische Strophenlied, ursprünglich wahrscheinlich selbst Gemeindegesang. Die kurzen, gemeißelten Strophen (in der Regel vier jambische Dimeter) zeigen in den zahlreichen erhaltenen Melodien vorwiegend syllabische Vertonung mit Untermischung zwei- und (seltener) mehrtöniger Ligaturen. Die dorische Weise des von → Ambrosius geschaffenen Hymnus »Veni redemptor gentium«, von der man eine Aufzeichnung bereits aus der 1. Hälfte des 12.Jh.s (in einem Hymnar aus Einsiedeln) kennt, erfuhr in den Weisen zu »Nun komm der Heiden Heiland«, »Verleih uns Frieden gnädiglich« und »Erhalt uns, Herr, bei deinem Wort« drei verschiedenartige Umbildungen. Der quaderhaft-lapidare Grundriß, welcher den Typus kennzeichnet, ist bes. schön in der Melodie zu Luthers »Komm, Gott Schöpfer, Hl. Geist« (nach »Veni creator spiritus«) erhalten. Auch andere Abkömmlinge, zB die phrygischen Melodien »Der du bist drei in Einigkeit« und »Christum wir sollen loben schon«, zeigen trotz der beibehaltenen Melismen diese Prägnanz und Knappheit des architektonischen Zeilenbaus, aber auch jene allen Hymnenmelodien eigentümliche, warmtönige Grundhaltung, welche dann auch in das ev. K. übergegangen ist. - Eine wichtige musikalische Vorläuferstellung haben auch die → *Sequenzen* (s.u.). Etwas vom Wesen frühesten christlichen Gesanges lebt in den Weisen fort, die Luther, in der melodischen Substanz unverändert, seinen Verdeutschungen des Te Deum (→ Ambrosianischer Lobgesang) und der → Litanei mitgegeben hat.

Eine zweite Gruppe bilden die nicht oder nur mittelbar aus der Gregorianik hervorgegangenen *vorreformatorischen deutschen (und lat.) geistlichen Lieder.* Diese wurden mit den zumeist unverändert übernommenen Weisen zum Kern des neuen reformatorischen Melodiengutes. Hier sind zunächst die *Leisen* zu nennen. Der Ursprung dieser ältesten nachweisbaren Art deutschen Volksgesangs im Gottesdienst (→ Kirchenlied: I, 2) erklärt neben der Bezeichnung der Gattung (von Kyrie eleison) auch die mancherlei gemeinsamen Züge der überlieferten Melodien, Anklänge an litaneiartige Floskeln, Wiederholung bestimmter Wendungen, Vorliebe für das Mixolydische u.dgl. In dieser Hinsicht zeigen zB die Leisen »Dies sind die heilgen zehn Gebot« (im MA zu dem Wallfahrtslied »In Gottes Namen fahren wir«), »Gelobet seist du, Jesu Christ« und das im Zusammenhang mit der Sequenz »Lauda Sion Salvatorem« gebrauchte »Gott sei gelobet und gebenedeiet« starke gegenseitige Anklänge. Die Melodie einer der ältesten Leisen, des schon im 12.Jh. belegten »Christ ist erstanden«, wurzelt in der aus dem 11.Jh. stammenden Ostersequenz des → Wipo »Victimae paschali laudes«. Auch die auffallend pentatonisch klingende Leisenmelodie »Nun bitten wir den Hl. Geist« (in leichter Umbildung mit dem Text »O süßer Herre Jesu Christ« im böhmischen Brüdergesang überliefert) hat eine gregorianische Wurzel: die Antiphon »Veni sancte spiritus«, die auch »Komm Hl. Geist, Herre Gott« (15.Jh.), einer der großartigsten vorreformatorischen Weisen, zugrunde liegt. Ebenso wie diese Melodie sind auch die Weisen von »Mitten wir im Leben sind« (in einem Graduale des 13.Jh.s, nach der Antiphon »Media vita in morte sumus«) und der Prozessions- und Bittgesang »Gott der Vater wohn uns bei« wenigstens der Haltung nach den Leisen verwandt.

Andersartig sind Melodien der seit dem späteren MA sich stark ausbreitenden → *Cantio* und ähnlicher Arten lat. Mönchspoesie. Viele dieser Lieder wurden schon vor der Reformation verdeutscht; in das ev. K. drangen sie meist über den böhmischen Brüdergesang ein. Das abwechslungsreiche, geschliffene Versmaß der Texte verleiht auch den Weisen bei grundsätzlich kirchentonaler Melodik eine gewisse Straffung und Eleganz. So »Gottes Sohn ist kommen« (Ave Hierarchia), »Der Tag, der ist so freudenreich« (Dies est laetitiae), »Da Christus geboren war« (In natali Domini), »Erstanden ist der heilig Christ« (Surrexit Christus hodie) oder »Christus, der uns selig macht« (Patris sapientia). In diesen Umkreis gehören auch die weihnachtlichen Weisen des »Quempas« (Quem pastores laudavere, daraus »Kommt und laßt uns Christum ehren« und Nunc angelorum gloria) und des bes. als lat.-deutsches Mischlied verbreiteten »Nun singet und seid froh« (In dulci jubilo - nu singet und seid froh), welche bei Weihnachtsspielen und Kindlwiegen erklangen.

Neben der musikalischen Tradition der Kirche hat aber offenbar das deutsche Lied bürgerlich-höfischer Art, das sog. → *Volkslied* des 15. und 16.Jh.s, nachdrücklich auf die Gestalt der reformatorischen Weisen eingewirkt. Im Volkslied fließen verschiedenartige Ströme mittelalterlicher Liedkultur zusammen. Die Gattung umspannt dem Inhalt nach weite Gebiete des profanen Lebensbereichs, aber auch geistliche Dichtung und Marienlieder. Ihre große Beliebtheit und Verbreitung geht aus den zahlreichen mehrstimmigen Bearbeitungen als Tenorlied hervor. Über das Volkslied ist die Vorliebe für die von den Meistersingern ausgebildete barförmige Strophe mit Stollenwiederholung und Abgesang in das K. eingedrungen. Darüber hinaus ist aber auch etwas von der Herzlichkeit, der Gemütstiefe und Wärme, welche als Unterton in der Melodik des deutschen Liedes mitschwingen, auf die K.weise übergegangen. Die Zahl der als Volksliednachbildung nachgewiesenen Choralmelodien wächst durch neuere Forschungen unentwegt; die Vorlagen nachfolgender Beispiele finden sich sämtlich schon in Quellen des 15.Jh.s: »Es ist gewißlich an der Zeit« (nach der Tageweise »Wach auf meins Herzens ein schöne«), »Herr Christ, der einig Gotts Sohn« (»Mein Freud möcht sich wohl mehren«, aus dem Lochheimer Liederbuch), »Lob Gott getrost mit Singen« (»Entlaubet ist der Walde«), »Nun lob, mein Seel, den Herren« (»Weiß mir ein Blümlein blaue«), »Es woll uns Gott genädig sein« (»Maria, du bist gnadenvoll«); mit anderem Strophenaufbau: »Kommt her zu mir, spricht Gottes Sohn« (»Wir wöllen singen und heben an«) und »O Welt, ich muß dich lassen« (»Innsbruck, ich muß dich lassen«). Nicht zufällig sind dies vorwiegend durartig-jonische Melodien: das Volkslied bevorzugt diesen Tonartenbereich. Man hat in diesem Zusammenhang neuerdings wieder mehr auf den *Meistergesang* als Melodiequelle u.a. für eine Reihe »jonischer Weisen im Oktavbereich« (Blankenburg) hingewiesen (»Vom Himmel hoch«, »All Morgen ist ganz frisch und neu«, »Ein feste Burg ist unser Gott« u.a.), welche offenbar zusammen mit der »Silberweise« von Hans → Sachs auf *ein* Modell zurückgehen; doch sind die Zusammenhänge noch nicht geklärt. Reine → Kontrafaktur ist selten; in der Regel erscheint der rhythmisch und melodisch abwechslungsreich gestaltete, ausgezierte Verlauf der Volksliedvorlage als Choralmelodie vereinfacht, gedrängt, auf die melodische Kernlinie reduziert. In solcher Stilisierung, die den Erfordernissen des Gemeindegesangs Rechnung trägt, nähern sich aber Gestalt und Ethos dieser aus dem Volksliedbereich stammenden Melodien wiederum fühlbar der Grundhaltung jener anderen, im Schoße kirchlicher Tradition verwurzelten musikalischen Gebilde. Sie nehmen gewisse, den Hymnen- und Sequenzenmelodien verwandte Züge an.

Das Verhältnis der reformatorischen Weise zu ihrem

musikalischen Quellbereich wird hier deutlich: es handelt sich dabei weniger um eine allgemeine Synthese der verschiedenartigen Einflüsse als um angleichende Umprägung des überlieferten musikalischen Gutes. »Was dem K. das letzte Gepräge der Vermählung von Kraft und Innigkeit verleiht, ist der Geist, der die Reformation beseelte« (Hasse). Die musikalisch unerschöpfliche Melodiegestaltung im einzelnen, welche aus der Begegnung des deutschen Volksgesangs mit den durch die römische Kirche überlieferten orientalischen und lat. Melodieelementen resultiert, erhält von dort her die innere Einheit.

3. Unter Luthers Anleitung und Mitwirkung entstand die erste Gruppe *frühreformatorischer Weisen*. Die klare und profilierte Konzeption des Reformators vom Wesen und von der rechten Art eines deutschen K.es umfaßt Wort und Weise in einem. Doch läßt sich der persönliche Anteil Luthers neben dem seiner Gehilfen und musikalischen Berater, der Thorgauer Kantoren *Konrad Rupsch* († 1525?) und *Johann → Walter,* nicht mehr restlos klarlegen. Die Schaffung der Weisen »Jesaja dem Propheten das geschah«, »Ein feste Burg ist unser Gott« und »Vater unser im Himmelreich« wird ihm bisher mit relativer Sicherheit zugeschrieben, mit großer Wahrscheinlichkeit zumindest auch »Christ lag in Todesbanden« (phrygisch) und »Mit Fried und Freud ich fahr dahin«. Dabei ist zu bedenken, daß im 16.Jh. Melodieschaffung nicht Neuerfindung, sondern Umbildung überkommenen Melodiengutes bedeutet. Die musikalische Redaktion kennt dabei alle Grade von der einfachen Übernahme bis zu umgreifender Neugestaltung des verwendeten Materials. Nur in diesem Sinne kann von Autorschaft gesprochen werden. Dies gilt bes. auch für die übrigen Musiker, deren Namen als Schöpfer reformatorischer Choralmelodien in Erscheinung treten. So für die beiden Straßburger Meister *Matthias Greitter* (ca 1490–1550) und *Wolfgang Dachstein* († 1553), welche mit »O Mensch, bewein dein Sünde groß« und »An Wasserflüssen Babylon« zwei der schönsten, offensichtlich im Einflußbereich des Meistergesangs entstandenen Weisen der Frühzeit geschaffen haben. Des weiteren sind hier neben dem Stettiner Pfarrer *Nik. → Decius* (1480–1529) *Benedikt Ducis* (ca 1480–1544) und *Sixt Dietrich* (1490 bis 1548), die vermutlichen musikalischen Bearbeiter des Konstanzer G.s (um 1534), bes. aber der mit Luther in Verbindung stehende, in Joachimstal (Böhmen) wirkende Kantor *Nik. → Herman* (1480–1561) zu nennen. Herman ist gleich bedeutend als Liederdichter wie als Melodieschöpfer. Seine Weisen, unter denen sich Kleinodien wie »Erschienen ist der herrlich Tag« und »Wir danken dir, Herr Jesu Christ« finden (vgl. auch 2), wurzeln zT in noch wenig erforschten Bezirken volkstümlicher Musikübung, wie den erzgebirgischen »Bergreihen« (Tanzlieder). Für die zahlreichen Weisen des Genfer Liedpsalters (s.u.) hat man außer *Louis Bourgeois* (ca 1510–61) neuerdings *Guillaume Franc, Guillaume de la Mole* und *Pierre Dagues,* sämtlich (wie Bourgeois) Kantoren der Genfer Peterskirche, als Verfasser nachweisen können. Aber diese wenigen Namen verschwinden im Gesamtbestand des Liedgutes: Dem Wesen nach, weithin aber auch in Wirklichkeit bleibt die reformatorische Weise anonym. Man betrachtet sie daher gewöhnlich unter dem Gesichtspunkt der Ursprungsgebiete (Wittenberg, Straßburg, Genf, daneben etwa Königsberg, Rostock, Hamburg, Augsburg, Nürnberg) und der Quellen.

Unter den zahlreichen mit Noten ausgestatteten Liedrucken der Reformationszeit erscheinen bereits 1524 zwei Grundtypen: das G. für die »Laien« oder für die Vorsänger im Gottesdienst mit einstimmig notierten Weisen in den beiden Erfurter → Enchiridien, und die Sammlungen mehrstimmiger Liedbearbeitungen für den Gebrauch der Kantorei in J. Walters »Geistlichem Gesangbüchlein« (→ Gesangbuch: I, 1c). Der Kompositionstechnik des frühen 16.Jh.s entsprechend liegen die Melodien bei Walters Sätzen gewöhnlich im Tenor. Mit 35 Weisen erscheint hier der Grundstock des Wittenberger Liedgutes. Die Mehrzahl dieser Kernmelodien steht heute wieder im EKG; viele davon wie »Es ist das Heil uns kommen her«, »Gelobet seist du, Jesu Christ«, »Nun freut euch, lieben Christen g'mein« oder »Aus tiefer Not schrei ich zu dir« haben sich ununterbrochen lebendig erhalten. Walters Gesangbüchlein wurde 1525, 1537, 1544 und 1551 (jeweils erweitert) neu aufgelegt. Die Enchiridien bringen insgesamt nur 16 Melodien (12 davon bei Walter), deren Zahl sich aber in den vielen Nachdrucken und Neuauflagen der folgenden Jahre rasch steigert. Zu den wichtigsten hymnologischen Quellen der Reformationszeit zählen das unter Luthers Aufsicht gedruckte G. von J.Klug »Geistliche Lieder aufs neu gebessert zu Wittemberg. D.Mart.Luth.« (1529, verloren; 1533², Faksimile-Neudr. 1954), in dem unter mehr als 50 in sauberem Mensuralnotendruck (Holzschnitt) einstimmig gegebenen Melodien erstmals »Ein feste Burg ist unser Gott« erscheint, sowie das prächtige, 1545 in Leipzig von Val.Babst gedruckte G. »Geistliche Lieder. Mit einer Vorrede D. Mart.Luth.« (Faksimile-Neudr. 1929), welches das Klugsche in Melodienzahl und Ausstattung (Bildschmuck) noch übertrifft (→ Gesangbuch: I, 1c; III, 1). – Die hymnologisch wichtigen Straßburger G.er sind die beiden 1526 und 1530 bei Wolf Köppel gedruckten sowie das berühmte, »für Stadt- und Dorfkirchen, lat. und deutsche Schulen« in kunstvollstem Rot- und Schwarzdruck ausgeführte und mit einer Vorrede Martin → Bucers versehene von 1541 (Format 33×28,5 cm, gotische Choralnoten; Faksimile-Neudr. 1953). – Einfallstor eigengeprägter, von der Wittenberger Weise unabhängiger Melodik ist das 1531 in Jungbunzlau gedruckte G. der Böhmischen Brüder, eine silbengetreue Verdeutschung tschechischer K.er (→ Kirchenlied: I, 8) von *Michael → Weiße* mit 112 teils in Choral-, teils in Mensuralnoten gegebenen Weisen (Faksimile-Neudr. 1957). Durch Nachdruck in Straßburg und Ulm und in Gestalt der mehrfach erweiterten Neuauflagen von 1544 (J.Horn, Nürnberg), 1566 (Prag?), 1580 (Nürnberg) und weiterer im 17.Jh. ist sein Inhalt in weiteste Kreise gedrungen. Die Weisen gehen überwiegend auf Hymnen, Sequenzen und auf lat. Lieder, zT auch auf geistlichen und weltlichen (tschechischen?) Volksgesang zurück. Stollenwiederholung fehlt hier fast gänzlich (knapp 10%). Etwas von der besonderen, musizierfreudigen und doch oft fremdartig anmutenden Atmosphäre, welche diese Weisen kennzeichnet, ist in »Es geht daher des Tages Schein«, »Sonne der Gerechtigkeit«, »Jesu Kreuz, Leiden und Pein« und den schon genannten Melodien (vgl. 2) bemerkbar. – Unter den mehrstimmigen Werken ragt die große, 1544 in Wittenberg von Georg Rhaw herausgegebene Sammlung »Neue deutsche geistliche Gesänge mit 4 und 5 Stimmen für die gemeinen Schulen« (Neudruck DDT 34) hervor, in der zu 75 Melodien 123 Tonsätze der namhaftesten zeitgenössischen Komponisten wie Ludwig → Senfl, Thomas Stoltzer, Martin Agricola, Arnold von Bruck, Balthasar Resinarius, Lupus Hellingk, Sixt Dietrich, Huldreich Brätel, Georg Forster, Stephan Mahu, Benedict Ducis vereinigt sind. Verglichen mit Walters schlichteren Sätzen überwiegt in diesen »mit sonderlichem Fleiß aus vielen erlesenen« Stücken kunstvoll dichtes kontrapunktisches Gewebe; die Choralmelodie bleibt aber, von geringfügigen Auszierungen abgesehen, unverändert und bildet noch immer, zumeist im Tenor, das Rückgrat der Komposition: ein eindrucksvolles Dokument deutsch-ev. Auffassung vom Wesen gottesdienstlicher Figuralmusik. Aus späteren Jahren sind bes. das »Schlesisch Singbüchlein aus göttlicher Schrift« des *Val.* → *Triller* (Breslau 1555, mit vielen Kontrafakturen) und das »Christliche Gesangbüchlein« mit Vorrede von *Cyr.* → *Spangenberg* (Eisleben 1568, daraus »Christ, der du bist der helle Tag«) zu nennen. - Ein andersartiges Fluidum umgibt die auf französischem Boden entstandenen Weisen des ref. Liedpsalters (→ Kirchenlied: I, 5a), der auf Calvins Veranlassung sukzessiv (Aulcuns Pseaulmes et Cantiques mys en Chant, Straßburg 1539; Pseaumes octante trois de David..., Genf 1551, vierstimmig von Bourgeois 1554) und 1562 (1560?) in Genf vollständig (123 Weisen) erschienen ist. Der Reiz dieser Melodiegebilde, in denen mittelalterlich-liturgisches Gesangsgut, wohl aber auch Elemente französischer Volksmelodik nachleben, liegt großenteils in der eigenständigen rhythmischen Stilisierung. Hier finden die eingangs erwähnten Zierformen Anwendung (Beispiele: »Sei Lob und Ehr dem höchsten Gut«, »Wenn wir in höchsten Nöten sein«, »Großer Gott, du liebst Erbarmen«, »Die Sonn hat sich mit ihrem Glanz gewendet«, »Wie nach einer Wasserquelle«). *Cl.* → *Goudimels* (1505 bis 1572) vierstimmige Fassung des vollständigen Genfer Psalters (1564; 1565², Faksimile-Neudr. 1935, Note gegen Note, Melodie meist im Tenor) erlangte große Beliebtheit, wurde vielfach übersetzt und noch im 17. und 18.Jh. ausgiebig verwendet; die deutsche Ausgabe von A. → Lobwasser (Leipzig 1573, über 60 Aufl. bis ins 18.Jh.) verdrängte dank der schlichten eingängigen Tonsätze bald die früheren, noch nach Art des deutschen Tenorliedes vertonten Psalmwerke wie das von *Burkard* → *Waldis* (Frankfurt/M. 1553; vierstimmige Sätze von J.Heugel) oder von *Sigmund Hemmel* (Tübingen 1569). In den Niederlanden erfuhren die »Souterliedekens« (Amsterdam 1540; → Kirchenlied: I, 7) ähnlich große Verbreitung; daher stammt zB »Was mein Gott will, das gscheh' allzeit« (weltlich Paris 1529). Während sich der Gebrauch der letzteren im wesentlichen auf das flämische Sprachgebiet beschränkte, haben die französischen Melodien als Typus gewirkt. Dies zeigt sich im ausgehenden 16.Jh. zB in der Rhythmik mancher der *Nik.* → *Selnekker* zugeschriebenen Weisen wie »Nun laßt uns Gott dem Herren« oder in *Johann Steuerleins* »Das alte Jahr vergangen ist« und im gesamten Melodieschaffen der folgenden Epoche.

Die Quellen, unter ihnen auch einzelne kath. G.er (Vehe, Leisentritt, Ulenberg-Psalter; → Gesangbuch: I, 1f), geben ein vielgestaltiges Bild der Choralmelodie im 16.Jh. In musikalischer Hinsicht haben die mannigfaltigen Erscheinungen - abgesehen von der Bindung an das Versmaß - im Grunde nur ein Gemeinsames: Grundriß und Aufbau aus dem Geiste und nach den Strukturgesetzen der → Kirchentöne. Dies betrifft auch den Duktus der Weisen in volksliedhafter Durmelodik. Daher die bewundernswürdige Geprägtheit, das Knorrige mancher Weisen, die unverbrauchte Wirkung der einzelnen melodischen Wendungen. Offensichtlich bevorzugt die Wittenberger Weise von allem Anfang an Isometrik (rhythmisch gleiche Notenwerte). Sie kommt damit der schwebenden Akzentverteilung des älteren deutschen Verses (»Nun komm, der Heiden Heiland«) und gleichzeitig den Anforderungen des Gemeindegesangs entgegen. Für die sog. rhythmischen Fassungen sind die zeitgenössischen Quellen nicht immer zuverlässig: oft wurde die melodieführende Tenorstimme mehrstimmiger Liedbearbeitungen mechanisch mit ihren satztechnisch bedingten Dehnungen und Synkopenbildungen in den G.ern abgedruckt. Man nimmt heute an, daß solche »Liedtenöre« (zB »Allein zu dir, Herr Jesu Christ«, »Mit Fried und Freud ich fahr dahin«, auch »Ein feste Burg ist unser Gott« in der älteren Fassung) keine Gemeindeliedfassungen darstellen (Blankenburg). Die Frage nach einer Originalgestalt frühreformatorischer Weisen ist also auch hinsichtlich der Quellenlage problematisch, wie denn überhaupt über die Praxis des Gemeindegesangs im 16.Jh. (Tempo, Anleitung durch Choralchor oder Vorsänger, → Alternatimpraxis, Orgelbeteiligung) abgesehen von häufigen Klagen über mangelnde Fortschritte (bes. in den luth. Gebieten) noch immer wenig Greifbares bekannt ist. Offenbar hat Luthers Idee vom Wesen des ev. Chorals nicht überall gleich schnell und ohne Rückschläge Gestalt gewonnen. Der Genfer Liedpsalter und die hinter ihm stehende straffe Gemeindezucht scheint hier eine wichtige Aufgabe erfüllt zu haben.

4. Der *Übergang zum 17.Jh.* ist gekennzeichnet durch das Aufkommen des Kantionalsatzes, wie ihn erstmals der württembergische Hofprediger L. → Osiander (50 geistl. Lieder und Psalmen ... kontrapunktsweise ..., 1586) verwirklicht hat. Die Melodien erscheinen hier als Oberstimme einfacher vierstimmiger Sätze Note gegen Note. Man hat deshalb Einflüsse der zeitgenössischen italienischen Musik (Madrigal, Monodie, Balletto) vermutet. Der Ausdruck »kontrapunktweise«, mit dem im frühen 16.Jh. mehrstimmiges Psalmodieren bezeichnet wurde, deutet aber eher darauf hin, daß Osiander jene alte, auf die Fauxbourdon-Praxis zurückgehende Technik im Sinn lag, bei der alle vier Stimmen gemeinsam in Konsonanz mit der gregorianischen Weise deklamieren. Das Klugsche G. 1533 überliefert eine Reihe solcher vierstimmiger Psalmodierformeln. Auch Goudimels erfolgreiche Psalmen fußen auf diesem Prinzip. Osianders Sätze unterscheiden sich aber von letzteren durch ihre ausdrückliche Bestimmung für den Gottesdienst: es sollte »eine ganze christliche Gemein, auch junge Kinder mitsingen können«, deshalb ist »der Choral in den Diskant genommen, damit er ja kenntlich, und ein jeder Laie mitsingen könne«. Hier entstand im Rückgriff auf eine alte Tradition durch Anpassung an die besonderen Erfordernisse des Gemeindegesangs etwas Neues: der schlichte vierstimmige Choralsatz. Die Bedeutung desselben für das K. ist groß. Es scheint, als habe die reformatorische Weise im Gehäuse des Kantionalsatzes erst zu sich selbst gefunden, ihr Wesen erst in der Interpretation als vierstimmiger Tonsatz die volle materielle Verwirklichung erreicht. In diesem musikalischen Satztypus wird die Vielgestalt der reformatorischen Weise als Einheit gefaßt; hier findet sich, hervorgebracht durch das Erscheinen einer vollständigen Dreiklangsbildung unter jeder einzelnen Melodienote, jene Stetigkeit und Begrenztheit der rhythmischen Bewegung, welche Voraussetzung ist für die musikalische Wiedergabe des Versmaßes, wie auch immer sie im einzelnen geschieht; hier tritt endlich die eigentümliche Tonartenwelt (die sog. mehrstimmigen Kirchentöne) offen zutage, deren Fluidum die Choralmelodie des 16. und weithin auch des 17.Jh.s umgibt. Fortan wird ev. Choral als vierstimmiger Satz gedacht: neue Melodien werden in dieser Gestalt veröffentlicht. Der Kantionalsatz, für den Figuralchor geschaffen, aber dem Gesetz choralen Singens unterworfen, lebt als Typus im Orgelbegleitsatz bis zur Gegenwart nach. Seine wichtigste Funktion erfüllt er aber im 17.Jh. in der Regulierung der mancherlei neuartigen musikalischen Zuströme zur K.weise.

Unter den zahlreichen → Kantional-Drucken sind die von S.Calvisius (1597), B.Gesius (1605), S.Marschall (Goudimels Psalmen, Melodie in der Oberstimme, Basel 1606), H.L. → Haßler (1608, mit meisterhaften Sätzen, Neudr. v. R.v.Saalfeld), G.Erythräus (1608), M. → Vulpius (1609), Landgraf Moritz v. Hessen (Psalmen, 1612) und bes. J.H. → Schein (1627, mit 212, darunter 55 eigenen Melodien) zu nennen. Das größte Kantional (746 Sätze) veröffentlichte M. → Prätorius als Bd 6-8 seiner Musae Sioniae (1609-10). Die Sammlung stellt alle Liedmelodien in den verschiedenen Fassungen, in denen sie in den Landeskirchen gesungen wurden, zusammen und bildet damit eine einzigartige Quelle für den gesamten luth.-prot. Liedbestand um 1600. Als Kantional schuf J. → Eccard die berühmten 5stimmigen »Geistlichen Lieder auf den Choral oder gemeine Kirchenmelodien durchaus gericht« (Königsberg 1597), in denen sich polyphone und liedmäßige Elemente verbinden. Nach 1630 werden Kantionalien wegen der sich allgemeiner durchsetzenden Orgelbegleitung seltener. Ihre Stelle nimmt der → Generalbaß-Satz in den G.ern ein. - Die Fülle des neuen Melodiengutes kann nunmehr viel eher als im 16.Jh. als die Leistung einzelner erfaßt werden. Die Namen der Beteiligten sind aus Kantionalien und später aus G.ern, die nun vielfach Musiker herausgaben, bekannt. Unter ihnen befinden sich namhafte Meister, deren Eigenart in den von ihnen geschaffenen oder bearbeiteten Weisen oft durchklingt. Zwei der herrlichsten Choralmelodien der ev. Christenheit, »Wie schön leuchtet der Morgenstern« und »Wachet auf, ruft uns die Stimme« von *Ph.* →*Nicolai* (1599), sind noch späte Beispiele der Melodiebeschaffung aus bekannten »Tönen« durch den Dichter (die Wurzeln weisen auf Straßburger Meistergesang). *B. Gesius* (ca 1560-1613, Marienkantor in Frankfurt/O.) eröffnet die Reihe der prot. Kantoren, die im 17.Jh. entscheidend an der Gestaltung des K.es mitgewirkt haben. Mit »Du Friedefürst, Herr Jesu Christ«, »O Christe, Morgensterne«, dem dorischen »Befiehl du deine Wege« und »Auf meinen lieben Gott« oder dem sieghaften phrygischen »Heut triumphieret Gottes Sohn« hat Gesius dem K. (meist aus älteren, zT weltlichen Vorlagen) einige seiner kernhaftesten Weisen zugeführt. Neben ihm sind *M.* → *Vulpius* (ca 1550-1615), Kantor in Weimar, dessen zT von der Singbewegung neu entdeckte edle Melodik (»Hinunter ist der Sonne Schein«, »Der Tag bricht an und zeiget sich«) mit Recht wieder bes. geschätzt wird, der Eccard-Schüler *J.Stobäus* (1580-1646) mit »Such, wer da will«, *M.Teschner* (1584-1634) aus Fraustadt mit dem klassischen »Valet will ich dir geben« (nach dem Volkslied »Ach Gott, wie weh tut scheiden«), des weiteren *M. Franck* (1573-1630), *B.Helder* (1585-1635) sowie der Leipziger Thomaskantor *J.H.* → *Schein* (1586-1630) mit der endgültigen Fassung von »Auf meinen lieben Gott« und »Machs mit mir, Gott, nach deiner Güt« zu nennen. Die überragende Persönlichkeit ist aber *J.* → *Crüger* (1598-1662). Von ihm enthält der Stammteil des EKG 20 Weisen. Als Berliner Nicolaikantor ist Crüger durch die Herausgabe der »Praxis pietatis melica« (→ Gesangbuch: I, 2c) seit 1647 und durch die Vertonung vieler Lieder von P. → Gerhardt bekannt geworden. Das Zwingende, Überzeugende, Innige, Markige seiner Weisen beruht auf der Verwurzelung seiner reichen melodischen Gestaltungskraft in der Tradition kirchentonaler Baugesetze und in einem angeborenen Sinn für das Besondere des ev. Chorals als musikalischer Gattung. Auch rhythmisch knüpft Crüger an ältere Typen, bes. an französische Psalmweisen an; manche Melodien gehen direkt auf solche zurück, so »Sei Lob und Ehr dem höchsten Gut« oder »Herzliebster Jesu«. Es ist nicht zuletzt jener den romanischen Metren innewohnende Reiz, der bei Crüger nachwirkt und vielen seiner neugeschaffenen Weisen wie »Fröhlich soll mein Herze springen«, »Schmücke dich, o liebe Seele«, »Lobet den Herren alle, die ihn ehren«, »Schwing dich auf zu deinem Gott«, »Wie soll ich dich empfangen« den weiten Schwung und das hochgemute Wesen verleiht. Vieles vom Crügerschen Wesen lebt fort im Schaffen seines Amtsnachfolgers, des durch Vertonung aller Lieder von P.Gerhardt hervorgetretenen *J.G.* → *Ebeling* (1637-76), so in »Warum sollt ich mich denn grämen« oder dem jonischen, weit ausgreifenden »Du meine Seele singe«. In Hamburg versah *J.* → *Schop* (1595-1667) 50 »himmlische Lieder« (1641/42) von J. → Rist mit vortrefflichen Weisen wie »Ermuntre dich, mein schwacher Geist«, »Werde munter, mein Gemüte« oder auch dem noch ganz auf dorischem Grundriß konzipierten, großartigen »Sollt ich meinem Gott nicht singen« (zu »Lasset uns den Herren preisen«) und schrieb der Stadt- und Domkantor *Th.Selle* (1599 bis 1633) »anmutige« (Zahn) Melodien mit Generalbaß zu weiteren Dichtungen Rists, darunter »Auf, auf, ihr Reichsgenossen«. Drei Dichterkomponisten haben ihren Liedern selbst Melodien beigegeben, die sich bis heute lebendig erhalten haben: *M.A.v.* → *Löwenstern* (1594 bis 1648), der den Rhythmus seiner Weisen, einer in französischen Humanistenkreisen beliebten Manier folgend, auf antike Versmaße baut, mit »Nun preiset alle« (alkäisch) und »Christe, du Beistand deiner Kreuzgemeine« (sapphisch), der mit *S.* → *Dach* befreundete Königsberger Domorganist *H.* → *Albert* (1604-51), Neffe und Schüler von H. → Schütz, mit »Gott des Himmels und der Erden«, und der von Albert in der Musik unterrichtete *G.* → *Neumark* (1621-81) mit dem wohlgebildeten g-dorischen »Wer nur den lieben Gott läßt walten«. - Das 17.Jh. schließt mit dem Schaffen der Genannten einen Höhepunkt, vielleicht die eigentliche Reifezeit in der Geschichte der Choralmelodie ein. Mag die frühreformatorische Weise quellfrischer anmuten: das Imponierende an dem nun erreichten Stadium ist das sichere Gefühl, mit dem der Typus in immer neuen Beispielen verwirklicht wird. Das gesunde Empfinden jener Generation für die besonderen Bildungsgesetze einer rechten Choralmelodie ist sicher aus dem nunmehr geregelten gottesdienstlichen Gemeindegesang selbst hervorgegangen. Es wurde aber dadurch gestützt, daß dieselbe auch als musikalische Gattung – in Gestalt des Kantionalsatzes – fest in der Musikvorstellung der Zeit verankert war. Auf diese Weise wurden auch Zuflüsse aus andersartigen Bereichen (zB vom Tanzlied, so »Heut triumphieret Gottes Sohn«, oder von der Orchestersuite mit → Hammerschmidts »Freuet euch ihr Christen alle«) assimilierend umgeprägt. - Erst im letzten Drittel des Jh.s machen sich auch beim K. stärkere Einflüsse der Monodie bemerkbar, jener in Italien im Gefolge der Oper entstandenen solistischen Ausdrucksmelodik, die in Deutschland bes. im weltlichen Generalbaßlied (→Musik: V) gepflegt wurde. Dies wirkt sich bes. in den Weisen von *A.* → *Krieger* (»Nun sich der Tag geendet hat«), *R.Ahle* (»Morgenglanz der Ewigkeit«, »Liebster Jesu, wir sind hier«), *A.Drese* (»Jesu, geh voran«), *J.* → *Neander* (»Wunderbarer König«, »Tut mir auf die schöne Pforte«) und anonymen wie »Lobe den Herren, den mächtigen König« (Stralsund 1667), »Lobe den Herren, o meine Seele« (Ansbach 1664), »Straf mich nicht in deinem Zorn« (Dresden 1694) aus; aber auch die farbige Melodik der Weisen späterer Herausgeber der Praxis pietatis melica, wie *P.Sohr* (* ca 1630; »Du Lebensbrot, Herr Jesu Christ«) und *J.Hintze* (1622-1702; »Gib dich zufrieden und sei stille«, »Siegesfürste, Ehrenkönig«) ist von dorther belebt, obgleich hier Crügers Kunst noch am ehesten nachwirkt. Hierher gehört auch die edle Melodik der geistlichen Lieder von *J.W.Franck* und *G.Böhm* auf Gedichte des Hamburger Pastors Elmenhorst (1681; 1700) sowie die Weisen in Schemellis von Bach bearbeitetem G. (1736; »Ich steh an deiner Krippe hier«), die aber nie Gemeindeweisen wurden. Das ursprüngliche Ziel der italienischen Expressivmelodik, einen bestimmten Affekt hervorzurufen, kommt zwar in diesen Abkömmlingen nicht überall gleichermaßen zur Auswirkung. Der weichere Duktus, der sie kennzeichnet, hat satztechnisch gesehen zunächst darin seinen Grund, daß die Melodik nunmehr ganz aus dem Geiste der Dur-Moll-Tonalität, wie sie im Laufe des 17.Jh.s aus der Generalbaßharmonik hervorwuchs, gebildet ist. Dies spiegelt sich auch in den Quellen: erstmals treten Tonartenvorzeichen auf. Bei diesem Wandel hat die Choralmelodie aber, wie die Folgezeit zeigt, manches von ihrem ursprünglichen Mark eingebüßt. – In reichem Überfluß hat das 17.Jh. → Choralbearbeitungen aller Art hervorgebracht. Neben großen Werken für die Kantoreipraxis (Prätorius, Haßler, Schein u.a.), zu denen später kantatenartige treten (→ Musik: V), gewinnt mit S. → Scheidts »Tabulatura nova« (1624) die Orgelmusik hervorragende Bedeutung. Vorbildhaft vereint finden sich hier die verschiedenen Arten, »einen Choral durchzuführen« (Schütz), wie sie dann von Generationen deutscher Organisten bis hin zu J.G. → Walther und J.S. → Bach gepflegt wurden (→ Orgel). All die Gattungen kunstvoller Figuralmusik können aber über den Gemeindegesang selbst wenig aussagen. Hymnologisch aufschlußreich ist jedoch Scheidts Görlitzer »Tabulaturbuch« (1650), in dem 100 »K.er für die Herren Organisten mit der christlichen Gemeine auf der Orgel zu spielen abgesetzt« sind. Die meisterhaften, überaus farbigen Sätze zeigen mit häufigen durchlaufenden Noten in den Mittelstimmen ein mäßiges Tempo des Gesangs und in den wenigen beibehaltenen rhythmischen Melodiefassungen bezeichnende Modifikationen an (vgl. aber Mahrenholz). Eine Zwischenstellung eigener Art kennzeichnet die Vertonung des Reimpsalters von C. → Becker durch *H. → Schütz* (1628 u.ö.). Schütz wollte sich »erstlich nach Art der alten Kirchengesänge richten und doch auch nach heutiger Musik akkommodieren«. In feinsinniger Weise sind hier eine Reihe verschiedener, aus dem Versmaß hergeleiteter rhythmischer Schemen in die fortlaufende Mensur eingebaut. Hier gibt es also keine Atemzäsuren irrationaler Dauer, hier läuft die Strophe als geschlossene Einheit ab, hier gilt das Gesetz von Maß und Zahl: Schützens Beckerpsalmen stellen eine Interpretation des Kantionalsatzes dar mit den Mitteln einer hochentwickelten Satzkunst; sie sind Figuralmusik, für den Kantoreigebrauch geschaffen. Dies ist vielleicht ein Grund dafür, daß die Melodien dieser unübertroffenen Sätze im Gemeindegesang sich nicht haben einbürgern können.

5. Das *18.Jh.* bringt mit Bachs Choralsatz die musikalisch bedeutsamste Erscheinung in der Geschichte der K.weise. Zwar ist der Bachchoral als Bestandteil der → Kantate nicht für den Gemeindegesang bestimmt; trotzdem hat er, eine musikalische Verwirklichung des Chorals als Genus (darin der Psalmweise Schützens verwandt), seither allen nachfolgenden Generationen bis zur Gegenwart die stärksten Eindrücke von der Größe und vom wirklichen Wesen des Chorals vermittelt und zB indirekt auch die Restaurationsbewegungen des 19.Jh.s gefördert. Bach stellt die Choralmelodie mittels des ganzen harmonischen Reichtums dar, der seiner auf dem → Generalbaß fundierten Musiksprache zur Verfügung steht. Doch erinnert die eigenartig plastische Führung der Mittelstimmen auch an die Verwurzelung der Gattung in der Welt des Kontrapunktes. Auf unbegreifliche Weise gelingt Bach die Fassung des kirchentonalen Elements. In der Nachzeichnung des Textgehalts, oft bis ins Detail, spiegeln sich die wechselnden Vorstellungsassoziationen des Singenden: hier geht der Bachchoral weit über den Kantionalsatz hinaus. Es hängt mit der Besonderheit der Generalbaßharmonik zusammen, bei welcher die einzelnen Klangflächen mit innerer Notwendigkeit auseinander hervorgehen, daß Bach Isorhythmik bevorzugt; trotz der Angleichung der rhythmischen Werte »erfahren die Glaubenslieder der Reformationszeit und Crügers innige Melodien durch Bach eine Heraushebung und Steigerung ihrer musikalischen und inhaltlichen Eigenart, wie nie vorher und nachher« (Hasse). – Auf die Geschicke des K.es selbst hat seit dem Beginn des Jh.s mit den in Halle gedruckten G.ern von J.A. → Freylinghausen (seit 1704 in vielen Aufl. bis gegen 1760), deren viele neue Melodien »von christlichen und erfahrenen Musicis hierselbst solchergestalt komponiert worden, daß sowohl die christlichen Liedern ziemende Lieblichkeit als Gravität wahrgenommen ist«, auch in musikalischer Hinsicht der Pietismus eingewirkt. Zwar lebt auch hier in Weisen wie »Eins ist not« (nach einem Lied von A. → Krieger) und »Macht hoch die Tür« zweifellos älteres Melodiengut fort, doch herrscht von Anfang an ein weicherer, beweglicher, gelegentlich zum Seichten neigender Ton vor (»Fahre fort«, »O Durchbrecher aller Bande«). Ähnlichen Charakters sind die anonymen sog. Köthenschen Einzeldrucke (ca 1730–36), denen »Jesus ist kommen« entstammt. Der Weg des pietistischen Liedes verläuft im späteren 18.Jh. und bes. im 19.Jh. weithin neben der Kirche in Gemeinschaften und Kreisen der Äußeren und Inneren Mission; dort ist der Nährboden »volkstümlicher«, oft süßlicher Melodik in der Art der → Reichslieder und jener Typen, die, wie »Harre meine Seele« von C.Malan und → Bortnjanskys »Ich bete an die Macht der Liebe«, lange Zeit aufdringlich in den Kirchenraum zurückgestrebt haben. – Wichtige Quellen sind die im 18.Jh. aufkommenden → Choralbücher, unter ihnen das württembergische »Neubezogene Davidische Harfen- und Psalterspiel« von J.G.Ch.Störl (1710; 2. und 3. Aufl. von J.G.Stötzel 1744 und 1777), die »Psalmodia sacra« des Gothaischen Kammerorganisten Ch.F.Witt (1715), G.Ph. → Telemanns »Fast allgemeines ev. musikalisches Liederbuch« (Hamburg 1730), welches »sehr viele alte Choräle nach ihren Urmelodien und Modis wiederherstellt«, sodann »Des ev. Zions musikalische Harmonie« des Nürnberger Ägidienorganisten C.H. Dretzel (1731) mit bedeutsamem Vorwort, und als umfangreichste Sammlung Balthasar Königs »Harmonischer Liederschatz« (Frankfurt/M. 1738) mit 1547 Melodien und mehr als 100 Varianten (hieraus zB »Ich will dich lieben, meine Stärke« und »O daß ich tausend Zungen hätte«). Die Aufzeichnungsweise – Melodie und bezifferter Baß – zeigt erstmals Taktstriche und (musikalisch von der Klangvorstellung der Generalbaßzeit begünstigt) ausgeglichene Werte, auch bei älteren Weisen. Hierzu erklärt Dretzel, er habe die Erfahrung gemacht, »daß die ungleiche Mensur nie konsonieren wollen«. Die Achtung des überkommenen Liedgutes ist unverkennbar; die Weisen des 16.Jh.s und der Crügerzeit bilden den Stamm und werden mit bemerkenswerter Vollzähligkeit weitergegeben; dazu treten viele meist anonyme neue Melodien von unterschiedlichem Werte (Witt 101, Dretzel 197, darunter 43 eigene, König 361), die sich nur vereinzelt als lebensfähig erwiesen haben. – Die Tradition des böhmischen Brüdergesangs lebt in Herrnhut weiter, wo seit der Gründung (1722) durch Graf → Zinzendorf Freylinghausens G. benützt wurde und *Ch. → Gregor* 1784 (nach einem handschriftlichen von 1755) das erste gedruckte Choralbuch der → Brüderunität (: II) herausgab, das dort fast unverändert bis 1927 benützt wurde. Bezeichnend für die Herrnhuter Atmosphäre ist »Herr und Ältster deiner Kreuzgemeine« (Württ. EKG 467). Gregors zahlreiche eigene Melodien zeigen, obwohl etwas steif, gesunden Sinn für das besondere Wesen des Gemeindegesangs. – Mit den einflußreichen Choralbüchern

der Jh.wende von *J.F.Doles* (Leipzig 1785), *J.Ch.Kühnau* (Berlin 1786, 1817^2), *J.A.Hiller* (Leipzig 1793, bis gegen 1900 in Gebrauch), *J.H.Knecht* (Stuttgart 1799), *J.G. Schicht* (Leipzig 1819, mit 190 eigenen Melodien) ist notierungsmäßig der heutige Stand erreicht: Vierstimmiger Satz auf zwei Notensystemen. Eine Ausnahme bildet das Züricher G. von *J.H.Egli* (1787, bis 1853 in Gebrauch), das in Chorbuchanordnung, die einzelnen Stimmen auf gegenüberliegenden Seiten, für vierstimmigen Gemeindegesang eingerichtet ist, wie er in der Schweiz und durch den Stuttgarter Stiftskirchenorganisten K.Kocher (1786-1872) in Württemberg zeitweilig angestrebt worden ist. In musikalischer Hinsicht macht sich nun der Einfluß des Rationalismus geltend; mit den Liedern → Gellerts und J.A. → Cramers wurden zT deren Vertonungen von Ph.E.Bach u.a. übernommen. Die vielen neugeschaffenen Melodien, welche jetzt (nach Knecht) »rührender, schöner, erhabener« sein, durch »frappante Abwechslung den wahren Ausdruck« erzielen sollten, wirken aber heute in ihrem religiösen Pathos unerträglich (zB »Wie groß ist des Allmächtgen Güte«, Württ. EKG 485). Man spürt den Riß in der Tradition. - Für eine unbefangene Beurteilung dieser eigentümlichen Periode in der Geschichte der Choralmelodie, die - im Schatten der Wiener Klassik - auch Liebenswürdiges wie J.A.P.Schulz' »Der Mond ist aufgegangen« hervorgebracht hat, fehlen wichtige Vorarbeiten. Insbesondere wären die widersprechenden Nachrichten und Vorstellungen über Art und Tempo des Gemeindegesangs oder auch über Funktion und Sinn der durch das ganze 18. und 19.Jh. (auch von Bach) angewandten Zeilen- und Strophenüberleitungen der Orgel sachlich zu klären.

Die nachfolgende Generation zumindest hat in jener Zeit nur Verfall gesehen und, angeregt durch die von der Romantik getragene → Palestrina-Renaissance (Thibaut, → Ett), seit den 30er Jahren des *19.Jh.s* auf Grund historischer Forschungen die Wiedererweckung des K.es in der alten Gestalt angestrebt. Entscheidend wirkte *C.v. → Winterfeld,* dessen monumentales Hauptwerk (Der ev. Kirchengesang und sein Verhältnis zur Kunst des Tonsatzes I-III, 1843-47) bis heute die Grundanschauung vom Wesen und Werden des ev. Chorals bestimmt. Die Blütezeit desselben erkannte er im 16. und der ersten Hälfte des 17.Jh.s; von seiner Darstellung erhoffte er eine Wiederkehr neuen, lebendigen Melodieschaffens. Im gleichen Sinne haben sich *G.v. → Tucher, L.Schöberlein, F.Layritz* (1808-59), *J. → Zahn* (kritische Sammlung von nahezu 9000 Melodien), *J.Faißt* (1823-94), *Ph. → Wolfrum, Fr. → Spitta,* auch *A.G.Ritter* (1811-85), *L. Erk* (1807-83), *W. → Nelle* u.a.m. eingesetzt. Dem Verständnis für die Schönheit und Überlegenheit des älteren K.es, das dadurch in weiteren Kreisen geweckt wurde, steht aber das fast völlige Versiegen in der Hervorbringung neuer K.er gegenüber. Auch die Wiedereinführung des als wertvoll erkannten älteren Liedgutes in den Gemeindegesang stieß auf Widerstand. Der »Rhythmusstreit« (rhythmische Fassung? Isometrie? Zwischenformen?), dem die (problematische) Vorstellung einer historisch faßbaren Urgestalt der Melodie (und damit die Beurteilung nach Maßstäben zeitgenössischer Musikästhetik) zugrunde liegt, ist nie überzeugend gelöst worden. Trotzdem blieb der Restauration ein Erfolg nicht versagt. Weitgehend sind ihre Erkenntnisse in dem unter Zahns Mitwirkung 1854 in Bayern eingeführten G. berücksichtigt, dessen Melodienfassung den Grundsätzen des »Deutschen Ev. G.s« der Eisenacher Kirchenkonferenz (→ Gesangbuch: I, 3a) folgt und das bis 1928 im wesentlichen unverändert in Gebrauch war. Auch Leistungen wie das von Fr.Spitta vorgelegte Straßburger G. von 1899 oder die besonnene und gediegene Lösung, die H.Langs Württ. Choralbuch von 1912 darstellt, beweisen ihre heilsame Auswirkung. Aber eigentlich gereift ist die Frucht erst nach über hundert Jahren in der musikalischen Gestalt des EKG (→ Gesangbuch: I, 3c). Nach mancherlei Kompromißlösungen im DEG (1927) wurde jetzt erstmals der Grundsatz durchgeführt, ausschließlich »originale Melodiefassungen«, »die ursprünglichen Formen der Weisen« zu bringen. Dies wäre nicht möglich gewesen ohne die Einwirkung der → Singbewegung, deren auf außerkirchlichem Boden gewachsene Ideologie etwa seit 1930 auch im Bereich der Kirchenmusik zu einer Erneuerungsbewegung geführt hat. Das Gedankengut der Restauration erhielt nun neue Akzente: unbekümmert um die historische Wirklichkeit sah man in der rhythmischen (und leittonlosen) Ausführung der reformatorischen Weise Mittel, um die Gemeinden aus dem schläfrigen, gefühligen Gewohnheitschristentum aufzurütteln. Es galt, im Vertrauen auf dessen regenerierende Kraft »den Kampf um das lebendige Singen aufzunehmen« (Gölz). Die sich unter der Jugend rasch ausbreitende Ideenwelt der Singwoche bildete bei der Vorarbeit für das EKG (seit 1938) den tragenden Untergrund. - Die Verwirklichung des »neuen Singens« im Gottesdienst führte allerdings häufig, zumal in den Jahren nach 1933, zu einer Straffung und »Steigerung des Gesangstempos, die weit über das Ziel hinausschießt« (Mahrenholz). Die schlimmen Auswüchse sind heute beseitigt. Doch haben viele Organisten noch nicht wieder zu der in viel tieferem Sinne lebendigen Begleitweise zurückgefunden, die Osiander (s. 1) fordert; vereinzelt wird nach ganz neuen, »linearen« Satztypen für die Orgelbegleitung des Gemeindegesangs gesucht (A.Schütz). - Neues lebenskräftiges Melodieschaffen hat sich, abgesehen von Ansätzen um 1940, bisher nicht in der von vielen erwarteten Breite eingestellt. Unter den sieben neuen Weisen des EKG scheint sich am ehesten das edelgebildete pseudo-phrygische »Die Nacht ist vorgedrungen« von *Joh.Petzold* (* 1912) einzubürgern, in dessen rhythmischem Fluß etwas vom Crügerschen Geiste lebt. Aus der ernsten Kraft der alten Tonarten schöpft auch *F. → Micheelsen* (* 1902; »Tröstet, tröstet«, »Brich uns, Herr, das Brot«, »O Christenheit«), während *F.Werner* (* 1898) mit »Der Tag ist seiner Höhe nah« an N.Hermans freundliche Kunst erinnert. Beispiele eigengeprägter Melodik in gleichen Notenwerten schufen *Ch.Lahusen* (* 1886, »Wir glauben Gott«) und G.Schwarz (* 1902, »Also liebt Gott die arge Welt«). Es wird sich zeigen müssen, was sich hiervon wie auch von den mancherlei neuen Melodien der landeskirchlichen Anhänge (von R.Zöbeley, H. Bornefeld, G.W.Albert u.a.) hält und ob das Suchen nach einer neuen Melodie aus dem Geiste des reformatorischen Vermächtnisses, aber mit den Tönen unserer Zeit, das hier spürbar ist, zum Ziel führt. Um das Schicksal des ev. Chorals als Gattung braucht, wie auch diese Entwicklung in Zukunft verlaufen mag, nicht gebangt zu werden. Er wird - nach menschlichem Ermessen - in unseren Gottesdiensten gesungen werden, solange dort das Wort der Bibel in deutscher Zunge erklingt. Zu tief ist seine musikalische Gestalt ursächlich mit der Besonderheit der christlichen Botschaft in der Sprache Luthers verbunden.

Zur Frage der Choralbegleitung s. → Orgel; über die Stellung des ev. Chorals in der Kirchenmusik allgemein vgl. → Musik: V.VI.

Standardwerke: C.v.WINTERFELD, Der ev. Kirchengesang I-III, 1843-47 - R.FRHR.V.LILIENCRON, Hist. Volkslieder der Deutschen vom 13.-16.Jh., 4 Bde, 1865ff - KOCH - L.SCHÖBERLEIN, Schatz des liturg. Chor- u. Gemeindegesanges nebst den Altarweisen I-III, 1865 bis 1872 - KÜMMERLE - ZAHN - W.BÄUMKER, Das kath. dt.K. in seinen Singweisen I-IV, 1893-1911 - P.WAGNER, Einführung in die gregorianischen Melodien I, (1895) 1911^3; II. III, 1912/21 - RE X, 443ff; XXIII, 764 - G.ADLER, Hdb. der Musikgesch. I. II, (1924) 1930^2 -

HDEKM, nach den Qu. hg.v. K.AMELN, CHR.MAHRENHOLZ, W. THOMAS unter Mitarbeit von C.GERHARD, 1941ff - MGG (bes. Art. Gemeindegesang, Gesangbuch, Lied) - Monumenta monodica medii aevi I, Hymnen, hg.v. B.STÄBLEIN, 1956. - Ferner: B.CHR.NATORP, Über den Gesang in den Kirchen der Protestanten, 1817 - P.MORTIMER, Der Choralgesang zZ der Reformation, 1821 - PH.WOLFRUM, Die Entstehung u. erste Entwickelung des dt. ev. K.s in musikal. Beziehung, 1890 - G.RIETSCHEL, Die Aufgabe der Orgel im Gottesdienst bis in das 18.Jh., 1892 - W.H.RIEHL, Prot. Kirchenmusik (in: Relig. Studien eines Weltkindes, 1894², 341-359) - K.NEF, Die Collegia Musica in der dt. ref. Schweiz von ihrer Entstehung bis zum Beginn des 19.Jh.s, 1897 - J.ZAHN, Handbüchlein für ev. Kantoren u. Organisten, 1899 - R.FRHR.V.LILIENCRON, Chorordnungen für Sonn- u. Festtage des Kirchenjahrs, 1900 - M.FRIEDLÄNDER, Das dt. Lied im 18.Jh., 1902 - PH.DIETZ, Die Restauration des ev. K.s, 1903 - F.ZELLE, Das erste ev. Choralbuch, 1903 - H.KRETSCHMAR, Gesch. des neuen dt. Liedes, 1911 - K.FUCHS, Takt u. Rhythmus im Choral, 1911 - J.PLASS, Der Rhythmus der Melodien unserer K.er, 1918 - H.J.MOSER, Der ev. Choral als rhythm. Gebilde, 1921 - DERS., Die ev. Kirchenmusik in Deutschland, 1954 - CHR.MAHRENHOLZ, Sam.Scheidt, 1924 - DERS., Das EKG, 1950 - A.SCHERING, Die metrisch-rhythm. Grundgestalt unserer Choralmelodien, 1924 - F.BLUME, Das monodische Prinzip in der prot. Kirchenmusik, 1925 - DERS., Die ev. Kirchenmusik, 1931 - G.MÜLLER, Gesch. des dt. Liedes, 1925 - H.MÜLLER, Germanische Choraltradition u. dt. Kirchengesang (Musica sacra 56, 1926, 285-289) - W.VETTER, Das frühdt. Lied, 1928 - FR.GENNRICH, Internationale mittelalterl. Melodien (ZfMw 11, 1929, 259-296. 321-348) - RGG² III, 929ff; IV, 310ff - K.AMELN, Die Fermate im ev. K. (MuK 3, 1931, 101-112) - U.LEUPOLD, Die liturg. Gesänge der ev. Kirche im Zeitalter der Aufklärung u. Romantik, 1933 - W.SCHULZ, Studien über das dt. prot. monodische K. des 17.Jh.s (Diss. Breslau), 1934 - J.PETZOLD, Die gedruckten vierst. Choralbücher für die Orgel der dt. ev. Kirche (1785-1933), 1935 - W.BLANKENBURG, Wertmaßstäbe für Choralweisen (MuK 18, 1948, 76-85) - DERS., Kann Singen Verkündigung sein? (ebd 23, 1953, 177-194) - DERS., Gesch. der Melodien des EKG (in: Hdb. zum EKG II/2, 1957, 45-120) - DERS., Der gottesdienstl. Liedgesang der Gemeinde (Leiturgia IV, 559ff) - K. BERGER, Barock u. Aufklärung im geistl. Lied, 1951 - W.BIBER, Das Problem der Melodieformel in der einstimmigen Musik des MA, dargestellt u. entwickelt am Lutherchoral, 1951 - W.WIORA, Die Melodien der Souterliedekens u. ihre dt. Parallelen (in: Kongr. Ber. Utrecht 1952, 1953, 438-449) - H.GLAHN, Entwicklungszüge innerhalb des ev. Kirchen-G.s des 16.Jh.s (ebd 199-210) - DERS., Melodiestudier I, Kopenhagen 1954 - P.BRUNNER, Zur Lehre vom Gottesdienst (Leiturgia I, 83-361) - E.JAMMERS, Der mittelalterl. Choral, 1954 - DERS., Dt. Lieder um 1400 (AcMus 28, 1956, 28-54) - THR. GEORGIADES, Musik u. Sprache, 1954 - G.BORK, Die Melodien des Bonner G.s (Diss. Köln), 1955 - A.SCHÜTZ, Zur Frage der Gemeindebegleitung mit der Orgel (MuK 25, 1955, 184-199) - R. JAUERNIG, Die Erneuerung des Kirchen-G.s im Herzogtum Sachsen (JLH 2, 1956, 121-127) - R.STEPHAN, Lied, Tropus u. Tanz im MA (Zs. f. dt. Altertum u. dt. Lit. 87, 1956, 147-162) - M.BLINDOW, Die Choralbegleitung des 18.Jh.s in der ev. Kirche Deutschlands (Kölner Beitr. z. Musikwiss. 13), 1957 - J.MÜLLER-BLATTAU, Zur Erforschung des dt. Liedes im MA (Musikforsch. 10, 1957, 107-113) - EKL II, 750ff - S.HERMELINK, Rhythmische Struktur in der Musik von H.Schütz (in: AfMw 16, 1959, H. 4) - DERS., Dispositiones Modorum. Die Tonarten in der Musik Palestrinas u. seiner Zeitgenossen, 1959. - Vgl. auch die Lit. zu → Kirchenlied: I, → Musik: V.

S.Hermelink

III. Das Lied in den jungen Kirchen

1. Bedeutung - 2. Das europäische und das Lied eigener Art - 3. Gehalt

1. Wo Kirche neu entsteht, entstehen auch singende Gemeinden. Das geschieht bei Völkern aller Art, ganz unabhängig von Reichtum oder Armseligkeit ihres musikalischen Erbes und ihrer Fähigkeiten. Man singt meist viel lebendiger, viel beteiligter, wenn auch ganz gewiß nicht immer »schöner«, als das in den alten Kirchen durchschnittlich der Fall ist. Es gibt viele Zeugnisse von Christen und Nichtchristen, daß dieses Singen als etwas ganz Neues, wesentlich zum Evangelium Gehörendes empfunden wird. »Jetzt können wir singen, denn Gott hat uns ein anderes Herz gegeben.« Von daher hat das Lied missionarische Bedeutung. Singende Christengruppen sind für viele Nichtchristen, nicht nur durch das im Lied verkündigte Wort, zum Zeugnis für das neue Leben geworden. - Bes. eindrucksvoll ist die tamulische Singpredigt: Da wird der biblische Text (oder seine erzählende Umschreibung) singend rezitiert, unterbrochen von kurzen Zusammenfassungen, die Zeile für Zeile von einem Chor vorgesungen und von den Hörern wiederholt werden. Durch Mitsingen wächst der einzelne mit der Gemeinde in die Antwort auf das verkündigte Wort hinein. Zugleich ist das Lied die Stelle, an der das eigene Verständnis des Evangeliums seinen ersten gemeindeprägenden Ausdruck findet und sich damit ein bestimmtes geistliches Wachstum vollzieht. Lange bevor eine eigene Theologie entsteht, ist das eigene Lied da. Es spiegelt nicht nur Tiefe und Grenzen dessen, was man vom Wort angenommen hat, sondern ist auch zugleich erster Ausdruck und starke Hilfe, wo geistlich Neues wächst. Erweckungs- oder auch Verfolgungszeiten sind in der jungen Christenheit häufig durch den Reichtum neu entstehender Lieder gekennzeichnet.

2. Freilich wächst das eigene Lied meistens erst nach einer Periode abendländisch-christlicher Beeinflussung. Zwar gibt es in wenigen Kirchen erste Lieder, die unter dem Eindruck des Evangeliums von Ungetauften nach einheimischer Art gedichtet sind und sich erhalten haben, wie das »Glockenlied« des Zulu Ntsikana. Auch haben einzelne Missionare von vornherein Lieder nach einheimischer Melodie verfaßt. Aber das hat sich nirgends durchgesetzt, weil die erste Christengeneration einheimische Melodien als heidnisch empfand. So beginnt das Singen mit dem vom Missionar übersetzten westlichen Lied - mit der Problematik, die jeder Übersetzung eignet. Selten kann sie die ursprüngliche Dichte des Ausdrucks in der an die Melodie gebundenen Zeilenzahl wiedergeben. Bei Tonsprachen tritt dazu der oft sinnentstellende Gegensatz von Sprachton und Melodie. Besser wird es, wenn in einer zweiten Stufe der Entwicklung eigene Lieder nach europäischen Melodien entstehen. Das geschieht in bes. reichem Maße bei Völkern, die keine starke Tradition gemeinsamen Singens haben. Meist als dritte Stufe tritt dann das nach Text *und* Melodie einheimische Lied auf, bei besonderen Gelegenheiten und auch im Gottesdienst, setzt sich dann aber schnell und kräftig durch. - Bei diesem Vorgang kann man zweierlei beobachten. So fremd anfänglich die westliche Melodie empfunden wird und soweit sie auch im Gebrauch später zurücktreten mag, sie wird doch beibehalten, weil sie »ein Stück unserer eigenen Herzensgeschichte geworden ist«. Weder bei westlichen noch bei einheimischen Melodien werden bestimmte Merkmale als geistlich empfunden. Geistlichen Charakter bekommt ein Lied durch seine Aussage und den gottesdienstlichen Gebrauch.

3. Über den Inhalt der Lieder in den jungen Kirchen kann man kaum allgemeingültige Angaben machen. Übersichten liegen meist nur von solchen Gesangbüchern vor, in denen noch das westliche Lied vorherrscht. Diese umfassen dieselben Inhalte wie in Europa. Innerhalb der einheimischen Dichtung trifft man das liturgische Lied und Psalmlieder verhältnismäßig selten an. Die drei stärksten Kategorien sind das Lehrlied, das die großen Taten Gottes besingt, manchmal bis zur Nacherzählung einzelner Evangelienperikopen; das Zeugnislied, das in Ich-Form die Glaubenserfahrung von Suchen und Finden, von Buße und Vergebung, Leid und Trost ausdrückt; das Missionslied, das von Kampf und Sieg singt.

P.WIEGRÄBE, Das alte u. das neue Lied im Ewelande, (1934) 1938² - E.MARX, Ntsikana (NAMZ 1936, 100-102) - G.ROSENKRANZ, Das Lied der Kirche in der Welt, 1951 - G.JASPER, Die missionarische Bedeutung des Liedes in den jungen Kirchen (PBl 91, 1951, 311-315) - J.KELLNER SJ, Der sakrale Charakter der Kirchenmusik in den Missionsländern (NZM 12, 1956, 81-91) - P.W.TEGETHOFF MSC, Das K. bei den Negern (ZM 40, 1956, 112-122).

W.Freytag

Kirchenmitgliedschaft

1. Bedeutung der Taufe für das Recht der K. - 2. Erwerb - 3. Verlust - 4. Rechte und Pflichten - 5. Neuere Entwicklungstendenzen

1. Das Recht der K. ist bei den großen christlichen Konfessionen unterschiedlich gestaltet. Dabei ist die verschiedene Einstellung zur → *Taufe* (: VII) und ihren Rechtswirkungen von grundsätzlicher Bedeutung. Die *kath. Kirche* nimmt unter Anerkennung der Gültigkeit der »Ketzertaufe« jeden auf die Trinitätsformel getauften Christen als ihr Mitglied in Anspruch. Die kath. K. ist zugleich infolge des character indelebilis der Taufe unverlierbar. Alle Häretiker und Schismatiker, also auch alle gültig getauften ev. Christen, sind nach kath. Auffassung der kath. Kirche zugehörig (→ Aufnahme in die Kirche, 1). Selbst der sog. »große Bann«, der zum excommunicatus vitandus macht, beendet nicht die K. Er ist lediglich eine an einem Mitglied der Kirche vollzogene Strafe (→ Exkommunikation, 1). Ebenso ist nach dem Recht der kath. Kirche ein → Kirchenaustritt (: II) nicht möglich. Wer in den vom staatlichen Recht gegebenen Formen aus der Kirche austritt, behält trotzdem die nach kanonischem Recht unverlierbare K. - Im Gegensatz dazu nehmen die *ev. Konfessionen* die K. eines in einer anderen Konfession getauften Christen nicht für sich in Anspruch, erkennen aber seine Gliedschaft in der Kirche Jesu Christi an. Insofern muß im ev. Kirchenrecht zwischen der metajuristischen Gliedschaft in der Kirche und der juristischen K. geschieden werden. - Entsprechend der unterschiedlichen dogmatischen Einstellung zur → Taufe (: IV), die bei den Reformierten Zeichen der Gliedschaft in der Kirche Jesu Christi ist, während sie bei den Lutheranern die Gliedschaft vermittelt, ist auch die juristische Bedeutung der Taufe für das Recht der K. verschieden. Sie ist in der luth. Kirche unabdingbare Voraussetzung für die K., während in der ref. Kirche K. eines Ungetauften denkbar ist. Deshalb kann im ref. Kirchenrecht von einem »Hineingeborenwerden« in die Kirche gesprochen und eine weitgehende Analogie zum Recht der Staatsangehörigkeit festgestellt werden. Jedoch sind auch bei den Konfessionen, welche die Taufe grundsätzlich als ianua ac fundamentum (CIC c. 737 § 1) der K. auffassen, gewisse Konzessionen gegenüber Ungetauften festzustellen, die ihnen eine mitgliedschaftsähnliche Stellung zukommen lassen. In der kath. Kirche ist insbesondere das kirchliche Begräbnis ungetaufter Katechumenen vom kirchlichen Recht zugelassen. Im Luthertum wird, entsprechend der eindeutigen Haltung Luthers in dieser Frage, die kirchliche Beerdigung ungetaufter Kinder christlicher Eltern gewährt.

2. Grundsätzlich sind jedoch Persönlichkeitsrechte in der Kirche an den *Erwerb der K.* gebunden. Dieser erfolgt in der Regel ipso iure. Die K. wächst dem Kind christlicher Eltern durch die Taufe zu. Kraft positiver bundesrechtlicher Regelung (Reichsgesetz über die religiöse Kindererziehung vom 15.7.1921, § 5) steht dem Kinde die Entscheidung darüber zu, »zu welchem religiösen Bekenntnis es sich halten will. Hat das Kind das zwölfte Lebensjahr vollendet, so kann es nicht gegen seinen Willen in einem anderen Bekenntnis als bisher erzogen werden« (annus discretionis). Die K. wird ferner durch den Zuzug in das Gebiet einer ev. Landeskirche erworben. Damit tragen die ev. Kirchen in Deutschland noch aus der Zeit des Staatskirchentums (→ Kirche und Staat) gebietskörperschaftsähnliche Züge an sich, indem sie den Christen ev. Bekenntnisses, der sich in ihrem Gebiet niederläßt, ohne weiteres als ihr Mitglied erfassen. »Ev. Bekenntnis« bedeutet in diesem Zusammenhang nicht, daß der Betreffende sich ausdrücklich zu dem Inhalt der Bekenntnisschriften der Kirche, deren K. er erwerben will, bekennt. Es genügt, wenn er kein »Anti-Bekenntnis« ablegt, was er durch Austrittserklärung bekunden kann. Insofern ist »ev. Bekenntnis«, in diesem Sinne genommen, neben der Taufe eine weitere rechtlich bedeutsame Voraussetzung für die K.

3. Wenn eine Person ev. Bekenntnisses aus dem Gebiet einer → Landeskirche in das einer anderen fortzieht, erwirbt sie nicht nur eine neue K., sondern es tritt zugleich *Verlust der bisherigen K.* ein. Auch daraus ist ersichtlich, daß im ev. Kirchenrecht K. und Gliedschaft in der Kirche Jesu Christi nicht gleichzusetzen sind. Das gilt selbst dann, wenn die K. durch → Kirchenaustritt (: II) verlorengeht. Es ist denkbar, daß jemand durch den Austritt sich nur von der Kirche als juristischer Körperschaft lösen will, ohne damit sein Christentum aufzugeben. Ferner kann es vorkommen, daß ein Kirchenmitglied durch Wegzug seine K. aufgibt, ohne durch Niederlassung im Gebiet einer anderen Landeskirche eine neue zu erwerben. Im Gegensatz zu Gliedschaft in der Kirche Jesu Christi ist die K. nur Mitgliedschaft in einer Körperschaft menschlichen Rechts. Sie erlischt deshalb auch mit dem Tode, obwohl sie noch gewisse Wirkungen nach dem Tode ausstrahlt (kirchliches → Begräbnis, Grab auf einem kirchlichen → Friedhof).

4. Die mit der K. verbundenen *Rechte* sind durch das positive Recht festgelegt. Sie sind je nach der Fähigkeit des einzelnen zur Ausübung dieser Rechte abgestuft. Man wird zB bei einem unmündigen Kind höchstens das Recht auf Mitwirkung der Kirche bei seiner christlichen Erziehung feststellen können. Beim konfirmierten Christen kommt das Recht auf Abendmahlsempfang hinzu. Mit dem vom positiven Recht festgesetzten Alter gewährt die K. schließlich das Recht auf aktives und passives Wahlrecht für kirchliche Körperschaften und Ämter. Jedoch wird man schon beim Kind, das noch kaum Mitgliedschaftsrechte ausüben kann, von einer vollständigen K. sprechen können. Die kirchliche Rechtsfähigkeit ist bereits in vollem Umfang vorhanden. Nur der Gebrauch der von ihr ausgehenden Rechte ist noch von anderen Voraussetzungen (→ Konfirmation, Alter) abhängig. - Die K. schließt die allgemeine *Pflicht* in sich, sich zur Kirche zu halten und ihr nicht grundsätzlich negativ gegenüberzustehen. Bei schweren Verstößen ist die K. Voraussetzung dafür, daß gegen das der Pflichtverletzung schuldige Mitglied mit den Mitteln der → Kirchenzucht vorgegangen werden kann. Als äußerstes Mittel der Kirchenzucht kannte das positive Recht einiger Kirchen früher die völlige Aufhebung der K. durch Ausschluß (→ Exkommunikation). Dieser ist seinem Wesen nach etwas anderes als der kath. Bann, der die K. nicht beendet. Der Ausschluß aus der Kirche unter Zerschneidung jeder Bindung an das ausgeschlossene Mitglied ist an sich dogmatisch zu rechtfertigen, weil die ev. K. dem menschlichen Recht angehört. Jedoch bestehen so schwere praktische Bedenken gegen die völlige Beendigung der K. von seiten der Kirche, daß auf dieses äußerste Mittel der Kirchenzucht im geltenden Recht verzichtet worden ist. - Eine weitere mit der K. zusammenhängende Pflicht ist die Verpflichtung zur Zahlung der → Kirchensteuer. Sie ist schon bei dem Kind vorhanden, das eigenes steuerpflichtiges Vermögen und Einkommen besitzt. Man kann in der Zahlung der Kirchensteuer ein stillschweigendes »Bekenntnis« (im weitesten Sinne) zur Kirche bei denjenigen ihrer Mitglieder erblicken, die sich im übrigen wenig oder gar nicht zur Kirche halten. Weitere Pflichten rechtlicher Art gehen aus der K. nicht hervor, da die ev. Kirche keine Rechtspflicht zum sonntäglichen Besuch des Gottesdienstes oder zur österlichen Kommunion kennt.

5. Die Leistungen der Kirche sind in den meisten Fällen

nicht eng an die K. gebunden. Das würde schon dem missionarischen Auftrag der → Kirche widersprechen. Ihre Gottesdienste stehen jedermann offen. Auch der Sakramentsempfang setzt nicht unbedingt die K. voraus. Er ist lediglich an die Konfessionszugehörigkeit gebunden (→ Abendmahl: VI). Die moderne Bevölkerungsbewegung hat ein *mitgliedschaftsähnliches Gastrecht* herausgebildet. Es hat die geschlossene örtliche Kirchengemeinde, in der ehemals die Mitgliedschaftsrechte so gut wie ausschließlich ausgeübt werden konnten, zwar nicht gesprengt, aber erheblich ausgeweitet. Institutionen wie Ev. → Akademien (: II), → Studentengemeinden, Kurpastorate, Anstalten der → Inneren Mission sind Beispiele für einen Zug in die ökumenische Weite, welche im Begriff ist, das alte Landeskirchentum in mancher Beziehung zu überwinden und der K. einen neuen und weiteren Inhalt zu geben. – Unter diesem Gesichtspunkt ist die früher viel erörterte Streitfrage, ob die K. durch eine Kirchengemeinde vermittelt werden muß oder eine *unmittelbare* K. darstellt, in den Hintergrund getreten. Das kirchliche Leben der Gegenwart hat sie praktisch zugunsten der Unmittelbarkeit entschieden, wenn auch noch da und dort im älteren positiven Recht die Vermittlung der K. durch die Gemeindemitgliedschaft ausgesprochen ist. Die grundsätzliche dogmatische und juristische Bedeutung dieser Entwicklung ist nicht zu unterschätzen. Sie führt über die Betrachtung der K. als Mitgliedschaft in einer menschlichen Korporation, als welche sie zunächst juristisch allein zu erfassen ist, hinaus. Denn es wird dadurch in das Bewußtsein gebracht, daß die K., obwohl sie von der Gliedschaft in der Kirche Jesu Christi zu unterscheiden ist und sich äußerlich als ein vom ius humanum geprägter Inbegriff von Rechten und Pflichten darstellt, in ihrem innersten Wesen doch nicht ohne die Bindung an diese metajuristische Gliedschaft begriffen werden kann. Die K. ist Teilhaberschaft an einer menschlichen rechtlich erfaßten Gemeinschaft. Das Ziel dieser Teilhaberschaft ist aber letztlich auf das Teilhaben an der Kirche als göttlicher Stiftung ausgerichtet.

E.Rietschel, Gilt die Taufe mit Recht als ausschließlicher Akt der Aufnahme in die Kirche? (DZKR 17, 1907, 253-291) - Ders., Das Verhältnis von Taufe u. Kirche, 1907 - J.V.Bredt, Neues ev. Kirchenrecht für Preußen II, 1922, 399ff - P.Schoen, K. u. Kirchengemeindemitgliedschaft nach den neuen ev. Kirchenverfassungen (Verwaltungsarchiv 30, 1925, 113-160) - F.Mess, Wer gehört der Kirche an? (AÖR NF 10, 1926, 1-123) - Sachse, Sind die Mitglieder ev. Freikirchen (Sekten) im Gebiet der Ev. Kirche der altpreuß. Union dieser Kirche steuerpflichtig? (Verwaltungsarchiv 32, 1927, 25-36) - E.Frhr.v.Dellinghausen, Der Erwerb der Kirchenangehörigkeit, 1933 - Liermann 37f. 192ff. 247f. 317f - Ders., Die kirchl. Mitgliedschaft nach geltendem ev. Kirchenrecht (ZevKR 4, 1955, 382-399) - Aug.Hagen, Die kirchl. Mitgliedschaft, 1938 - F.Arnold, Die Zugehörigkeit zur kath. Kirche nach kirchl. Recht (Österr. Archiv f. Kirchenrecht 3, 1952, 168-177) - H.Wehrhahn, Zur Kirchensteuerpflicht der Protestanten in Deutschland, 1952 - O.Heggelbacher, Die christl. Taufe als Rechtsakt nach dem Zeugnis der frühen Christenheit, 1953 - Eichmann-Mörsdorf I - W.Maurer, Zur theol. Problematik des kirchl. Mitgliedschaftsrechtes (ZevKR 4, 1955, 337-360) - R.Smend, Zum Problem des kirchl. Mitgliedschaftsrechtes (ebd 6, 1957/58, 113-127).

H.Liermann

Kirchenmusikschulen, *Ev.* Seit der grundsätzlichen Trennung von Organisten- und Lehreramt nach 1918 (→ Organist) wurden die ev. Landeskirchen nach und nach dazu gedrängt, die Sorge für den Organistennachwuchs selbst zu übernehmen. Die kirchenmusikalische Erneuerungsbewegung warf um die gleiche Zeit mit Nachdruck die Frage nach den Grundsätzen und Zielen der gesamten kirchenmusikalischen Ausbildung als einer in gleicher Weise musikalischen sowie kirchlichen Aufgabe neu auf (→ Musik: VI). Beides waren die Motive für die Gründung einer Anzahl von K. als landeskirchlicher Institute, während – abgesehen von den Lehrerseminaren – vorher die kirchenmusikalische Ausbildung nur auf wenigen staatlichen Musikhochschulen und zwar vornehmlich im virtuosen Orgelspiel getrieben wurde. Zwischen 1918 und 1939 entstanden die Kirchenmusikschule Halle (zuerst in Aschersleben), die Berliner Kirchenmusikschule in Spandau-Johannesstift und das Kirchenmusikalische Institut in Heidelberg. Deren jetzige Leiter sind Kirchenmusikdirektor (KMD) E.Wenzel, H.M.Schneidt und Dr. H.Haag. Kurz vor bzw. zumeist nach 1945 folgte dann eine ganze Reihe von weiteren Neugründungen, so daß heute in folgenden Orten K. bestehen: Bayreuth (KMD G.Lamprecht), Dresden (zZ unbesetzt), Düsseldorf (Landes-KMD G.Schwarz; bis 1957 in Wuppertal), Eisenach (KMD Prof. E.Mauersberger), Eßlingen (Prof. H.A.Metzger), Frankfurt/M. (Kantor Ph.Reich), Greifswald (KMD H.Pflugbeil), Görlitz (KMD H.Schneider), Hannover (Pastor Dr. K.F.Müller), Herford (Prof. Dr. W.Ehmann) und Schlüchtern (Pfarrer Dr. W.Blankenburg). Seit 1949 stehen sämtliche Institute durch die Einrichtung einer Direktorenkonferenz in ständiger Arbeitsgemeinschaft (Leiter zZ W.Blankenburg). Zu ihr gehören auch die Leiter der kirchenmusikalischen Abteilungen der staatlichen bzw. städtischen Hochschulen in Berlin (Prof. Dr. M.Schneider), Detmold (Prof. J.Drießler), Essen (KMD S.Reda), Frankfurt/M. (Prof. H.Walcha), Freiburg (Prof. P.Keßler), Hamburg (Prof. H.Fr.Micheelsen), Karlsruhe (K.L.Ziegler), Köln (Prof. Dr. H.Klotz), Leipzig (Prof. R.Köbler), Lübeck (Prof. Dr. J.Rohwer), Mainz (Kantor D.Hellmann), München (Prof. K.Richter) und Weimar (Prof. J.E.Köhler). Die Konferenz hat bisher die Ziele der dreistufig gegliederten kirchenmusikalischen Ausbildung, die A-, B- und C-Prüfungsbestimmungen, festgelegt und den Kirchenleitungen zur offiziellen Einführung zugeführt. Neuerdings wandte sich die Konferenz der Frage nach der Berücksichtigung der modernen Musikentwicklung in der kirchenmusikalischen Ausbildung zu. Allgemein streben die K. die Verbindung von streng musikalischer Fachausbildung mit zentraler gottesdienstlicher Ausrichtung an. Mehrere von ihnen geben zugleich die Möglichkeit zu katechetischer Ausbildung.

K.F.Müller, Bericht über die beiden ersten Direktorenkonferenzen (MuK 19, 1949, 67-77; 21, 1951, 161-172) - Festschr. zum 25jährigen Bestehen des Kirchenmusikal. Instituts von Heidelberg (1956) sowie zum 10jährigen von Schlüchtern (1957) u. Herford (1958).

W.Blankenburg

Kirchenordnungen

I. Altchristliche Kirchenordnungen - II. Ev. Kirchenordnungen. - K. = Kirchenordnung. - Vgl. → Kirchenverfassung

I. Altchristliche Kirchenordnungen

Der Begriff K. fehlt in der alten Kirche. Dort sprach man von einer »Lehre der Apostel« oder »Konstitutionen der Apostel« (andere Namen s.u.). In der alten Kirche gab es kein für die ganze Kirche gültiges Kirchenrechtsbuch. Die Quellen des Kirchenrechts sind sehr verschiedenartig; diesbezügliche Bestimmungen finden sich in apostolischen und bischöflichen Briefen, in den Entscheidungen der → Konzile usw, aber nicht in einem dem → Corpus Iuris Canonici vergleichbaren Buch. – Wenn man jedoch von altchristlichen K.en spricht, so meint man damit eine Gruppe von zT eng zusammenhängenden, anonymen Schriften, deren Inhalt mehr umfaßt als nur kirchenrechtliche Bestimmungen. Diese Bücher bieten nicht nur Anweisungen über Wahl und Verpflichtungen der Bischöfe, Priester, Diakone usw, sondern auch oft ausführliche Richtlinien für liturgische Handlungen und Gebetsformulare. In der einen K. wird zB über das Bußverfahren gesprochen, in der anderen nicht. In der Stoffanordnung läßt sich zuweilen eine bestimmte Systematik feststellen, zB in der »Apostolischen Überlieferung« (s.u.); aber das ist nicht immer der Fall: Die »Didaskalia« (s.u.) ist nicht planmäßig aufgebaut, voller Wiederholungen und mutet fast wie eine Predigt über verschiedene Themen an. Durch ihren umfassenden Inhalt vermitteln diese K.en ein interessantes Bild der Kirche ihrer Zeit und Umgebung; doch lassen sie viele Fragen auch unbeantwortet. – Als erste dieser K.en wurden 1563 die → Apostolischen Konstitutionen, ein großes und spätes Sammelwerk, herausgegeben. Erst die Entdeckungen des 19. und 20.Jh.s brachten eine Anzahl neuer Texte, die es allmählich ermöglichten, Werdegang und Entwicklung dieses Zweiges der → Altchristlichen Literatur zu überschauen. 1843 wurde die → Apostolische Kirchenordnung, 1861 die → Didaskalia Apostolorum, 1884 die → Apostellehre, 1899 das → Testamentum Domini zum ersten Male herausgegeben. 1900 veröffentlichte E.Hauler eine lückenhafte lateinische Übersetzung eines Kirchenbuches, das die Didaskalia, die Apostolische K. und die sog. Ägyptische K. umfaßte. Daneben traten auch noch überarbeitete Übersetzungen verschiedener Dokumente in orientalischen Sprachen ans Licht. Um die Aufhellung der Probleme dieser vielverzweigten Literaturgattung haben sich vor allem F.X. → Funk, A.v. → Harnack und Th.Schermann verdient gemacht. Die zT heute noch strittigen Datierungen und die Feststellung der Abhängigkeitsverhältnisse machten große Schwierigkeiten, da alle K.en pseudepigraphisch waren und den Aposteln zugeschrieben wurden. Ein sehr bedeutender und großer Fortschritt wurde erzielt, als 1910 Ed. → Schwartz und unabhängig von ihm 1916 R.H.Connolly nachwiesen, daß ein großer Teil Bearbeitungen der K. → Hippolyts aus dem Anfang des 3.Jh.s, der »Apostolischen Überlieferung«, sind. Nicht ganz ohne Widerspruch hat diese Ansicht sich schließlich durchgesetzt. Grunddokumente der K.en sind jetzt die Apostellehre, Apostolische K., Didaskalia, K. Hippolyts und die → Apostolischen Canones. Später wurden sie in verschiedenen großen Sammelwerken zusammengefaßt und den jeweiligen neuen Gegebenheiten durch Überarbeitung angepaßt. Damit haben diese späteren K.en doppelte Bedeutung, einerseits als Textzeugen eines verlorenen Originals (Hippolyt), andererseits als Zeugen ihrer eigenen Zeit. Speziell in den von der Großkirche abgespaltenen Kirchen des Ostens haben sie, namentlich Hippolyt, einen bedeutenden Einfluß ausgeübt.

H.Jordan, Gesch. der altchristl. Lit., 1911, 348ff (ältere Position; Lit.) – R.Lorentz, De Egyptische Kerkordening en Hippolytus van Rome (Diss. Leiden), 1929, 5ff (Lit.) – V.J.Bartlet, Church-Life and Church-Order during the First Four Centuries, Oxford 1943 – Altaner § 7 (Lit.). – Vgl. die Lit. zu den Einzelartikeln.

W.C.van Unnik

II. Ev. Kirchenordnungen

Ev.K.en sind in der Regel durch die »weltliche Obrigkeit« für Territorium oder Stadt erlassene Ordnungen des Aufbaus und Lebens der der → Reformation zugewandten Kirchenwesen, überwiegend im 16.Jh., die zugleich das bis dahin gültige kanonische Recht (→ Kirchenrecht: I A, 1) zT ersetzen bzw. dessen mit dem Fortbestehen des älteren Kirchenrechts übernommene Restbestände ergänzen. Heute sind sie im allgemeinen nur noch historische Quelle des → Kirchenrechts (: I B) und der → Kirchenverfassung (: VI), da sie inzwischen weithin durch neueres Recht ersetzt wurden.

Die Verhältnisse unmittelbar nach dem Reichstag von Speyer 1526 haben den ev. Reichsständen und freien Städten de facto freie Bahn zu selbständiger Ordnung der kirchlichen Angelegenheiten in ihren Gebieten und damit zur rechtlichen Begründung eines ev. Landeskirchentums (→ Landeskirche) bereitet, nachdem bereits einige Städte (Straßburg, Nürnberg, Magdeburg, Stralsund) vorangegangen waren. Motive älterer Bestrebungen zur Errichtung eines landesherrlichen → Kirchenregiments wirken dabei mit, zumal die Kurie selbst schon im 15.Jh. landesherrliche Mithilfe bei ihrer zentralistischen Politik gegenüber den Bischöfen in Anspruch genommen und damit den Fürsten ein gewisses Reformationsrecht praktisch zugestanden hatte, u.a. nach dem Grundsatz → Cuius regio, eius religio. Teilweises Aufhören der bischöflichen Jurisdiktion drängte zudem zu obrigkeitlicher Hilfe. Manche Landesordnungen des 15.Jh.s tragen bereits den Charakter von K.en. Theorien der notbischöflichen Pflicht der Obrigkeit tauchen etwa um 1524 auf. Noch vor 1526 beginnt im Herzogtum Preußen die landesherrliche Neuordnung des Kirchenwesens im ev. Sinn. Im Kurfürstentum Sachsen begann Herzog Johann 1525 mit → Visitationen zur Neuordnung, auch unter dem Eindruck des → Bauernkriegs. Das entscheidende Jahr ist 1526 sowohl für → Sachsen (erste Visitationen, Luthers »Deutsche Messe«) wie für → Hessen (Homberger Synode, unter Berufung auf den Speyrer Reichstagsabschied). Die Vorbereitung systematischer Durchführung beginnt mit → Melanchthons Visitationsinstruktion von 1527 und dem »Unterricht der Visitatoren« von 1528, bereits unter Auswertung von Visitationserfahrungen (Ordnung von Lehre und Gottesdienst, Schulwesen, Einsetzung von »Superattendenten« als Aufsichtsorgane, Katechismuspläne). Neben Preußen stellten Hessen und Schwäbisch-Hall bereits 1526 K.en auf, Sachsen erst 1539 (K. Herzog Heinrichs).

Der *Inhalt* der reformationszeitlichen K.en betrifft lehrmäßige Festsetzungen, Vorschriften für Gottesdienst, Sakramentsverwaltung und sonstige kirchliche Handlungen, für Schulwesen, für Ausbildung (Stipendiatenordnungen!), Prüfung, Vokation und Ordination sowie Abberufung der Prediger, für Anstellung von Lehrern, für Verwaltung der Kirchengüter, für Besoldungs- und Armenwesen (Kastenordnungen), für allgemeine innerkirchliche Aufsicht, gelegentlich auch Ansätze synodaler Ordnung. Die *Formen* sind sehr mannigfach, lassen jedoch weithin eine Gruppierung nach Familien zu: Auf der Braunschweiger K. → Bugenhagens von 1529 ruhen zB die K.en für Hamburg (1529), Lübeck (1531), Pommern (1534), zT Dänemark (1537) und Schleswig-Holstein (1542), Braunschweig-Wolfenbüttel (1543), Hildesheim (1544); sie wirkt sich auch auf andere niederdeutsche K.en aus, so zB auf die von Göttingen (1530); ihre Wurzel ist neben dem Unterricht der Visitatoren von 1528 Bugenhagens Schrift »Von dem Christenglauben ...« (1526). – Die Brandenburg-Nürnberger K. von 1533, zurückgehend auf die Visitationsordnung des Markgrafen Georg von 1528, bestimmt die K.en von Mecklenburg (1540), Markgrafschaft Brandenburg (1553), zT auch Herzogtum Württemberg (1536), Neumark (1538), Brandenburg (1540), Schweinfurt (1543), Schwäbisch-Hall (1543), Waldeck (1556) und die Kölnische Reformation (1543). – Die Württemberger K. von 1553, die sich an Schwäbisch-Hall anschließt, ist grundlegend für die K.en von Pfalz-Neuburg (1554, 1556), Pfalz-Zweibrücken (1557), Herzogtum Preußen (1557), Württemberg (1559), Leiningen (1566) und Hanau (1573). – Die Straßburger, die frühen hessischen K.en (1539) und die Kölnische Reformation gehen wesentlich auf → Bucer'sche Formen zurück und repräsentieren einen stark eklektisch verfahrenden Typus von K.en. Die Pfälzer K. von 1563 zeigt sogar Einwirkungen der Genfer Liturgie von 1542 und – über die Frankfurter K. 1554 – auch der Londoner K. des Joh. → Laski von 1550.

- Beschränkung auf wesentlich verfassungsrechtliche Stücke ist kennzeichnend für die nicht als Landesordnungen gestellten »freikirchlichen« K.en Westeuropas unter calvinistischem Einfluß: die französische Discipline ecclésiastique von 1559 (mit erheblichen Ausstrahlungen in die Niederlande und an den Niederrhein), das schottische Book of Discipline von 1560 und das Book of Common Order von 1564, während im Bereich der → Anglikanischen Kirche wieder die Liturgie für sich im Book of → Common Prayer (1549) neu gestaltet wird.

In Deutschland wurde die Ordnung des Kirchenwesens in der Zeit nach dem 16.Jh. im Zeichen eines ausgestalteten landesherrlichen Kirchenregiments und des landesfürstlichen → Summepiskopats mehr und mehr Sache staatlicher Gesetzgebung (umfassend im Preußischen Allgemeinen Landrecht 1794) oder, seit dem 19.Jh., Sache eines vom Staat wieder unterschiedenen (landesherrlichen) Kirchenregiments (Rheinisch-westfälische K., 1835); schließlich nach 1918 Sache der nun selbständigen Landeskirchen, die sich neue Verfassungen geben (→ Kirchenverfassung: VII). Nach 1945 taucht für den vor allem verfassungsrechtlichen Neubau wieder in stärkerem Maße die Bezeichnung als K. auf, verbunden mit einer gewissen Verstärkung der Elemente der Bekenntnisbestimmtheit und der Bezogenheit auf das gottesdienstliche Leben (→ Agenden) der Gemeinde (Lebensordnungen). In allen Fällen bleibt daneben geltendes kirchliches Recht in Kraft, soweit es nicht ausdrücklich oder faktisch abrogiert ist.

Sammlungen: AE.L.RICHTER, Die ev. K.en des 16.Jh.s I. II, 1846 - E.SEHLING, Die ev. K.en des 16.Jh.s I-V, 1902-13; fortgeführt durch das Institut für ev. Kirchenrecht (R.SMEND, O.WEBER, E.WOLF): VI/1. 2, VII/1. 2 (Niedersachsen), 1955/60; VIII/1. 2 (Hessen), 1960; IX (Franken), 1960. - K.RIEKER, Die rechtl. Stellung der ev. Kirche Deutschlands, 1893 - E.SEHLING, Gesch. der prot. Kirchenverfassung, (1907) 1914² - P.TSCHACKERT, Die Entstehung der luth. u. ref. Kirchenlehre, 1910 - RE X, 458ff - EKL II, 772f. *Ernst Wolf*

Kirchenpolitik

1. Wesen - 2. Träger - 3. Begründungen

1. *Das Wesen der K.* ist ebenso schwer wie das der → Politik (: I) überhaupt rein begrifflich zu bestimmen oder mit allgemeingültigen theoretischen Formeln auszudrücken. Allerdings ist die K. im Blick auf ihre Motive und Wirkungsbereiche gebundener als das entsprechende Handeln rein politischer Organe, aber sie unterliegt wie dieses mancherlei Modifikationen und von der geschichtlichen Entwicklung bestimmten Wandlungen. Gerade diese Tatsache rückt die K. in das Licht einer besonderen theologischen Problematik. Von dieser kann auch nicht abgesehen werden, wenn sich die K. auf Gebiete erstreckt, die nur innerkirchliche Ordnungen, das Verfassungswesen und die jeweilige Rechtsgestalt der empirischen Kirche umfassen. Ein rein juristisches Verständnis der K. würde ihren Zusammenhang mit den sonstigen Lebensäußerungen der → Kirche als einer Gemeinschaft der Gläubigen nicht gerecht werden. So hat die K. keine eigenständige Funktion, sondern gehört zu den Tätigkeiten, die sich aus der Existenz der Kirche und der Verantwortung ihrer Glieder in der menschlichen Gesellschaft und deren Ordnungen ergeben. Aber eine geschichtliche Betrachtung kann deutlich machen, wie verschieden Faktoren und Gegenstand der K. gewesen sind und wie sehr deren Motive wiederum von dem jeweiligen Selbstverständnis der Kirche abhängen.

2. *Träger der K.* kann, wie es die Entwicklung seit Konstantin d.Gr. gezeigt hat, *der Staat* sein (→ Kirche und Staat). Der Wille der Kirche kann in diesem Falle mitunter ganz in dem des Staates aufgehen. Allgemeine Politik und K. fallen dabei oft ineinander, wie es in der Geschichte der oströmischen Kirche zu beobachten ist. Es kann aber auch, wie es der dynamische Dualismus von → Kaisertum und Papsttum im abendländischen MA ergab, zu einem um den Führungsanspruch in der Christenheit sich entfachenden Streit kommen, der damals den Inhalt eines ganzen Zeitalters ausmachte. Mit der Entwicklung von Nationalstaaten ist die K. noch unmittelbarer Sache der staatlichen Organe geworden. Die Entstehung der Reformationskirchen hat, den geschichtlichen Umständen entsprechend, diesen Prozeß durch die Ausbildung des landesherrlichen → Kirchenregiments nur noch gefördert. Aber auch in den kath. Territorien haben die weltlichen Fürsten die K. zunehmend an sich gezogen. Erst im 19.Jh. und in Zusammenhang mit den Bestrebungen, Staat und Kirche zu trennen, beginnt die allmähliche Herauslösung der K. aus den staatlichen Hoheitsbereichen, ohne daß der moderne, religiös und konfessionell neutrale Staat dadurch sein Interesse an einer K. völlig aufgegeben hätte. - Träger der K. sind auch in den früheren Jh.en *kirchliche Organe* gewesen. Neben dem Papst haben einzelne Bischöfe und Äbte sowie verschiedene Orden eine K. getrieben. Eine besondere Rolle spielten die geistlichen Fürsten, die rein politische und kirchliche Funktionen vereinigten. In der ev. Kirche sind es, naturgemäß erst seit der Entwicklung von → Kirchenverfassungen (: VI), → Synoden und Kirchenleitungen, aber auch - wie im → Kirchenkampf zZ des Nationalsozialismus - selbständige Gruppen von Pastoren und Gemeindegliedern gewesen.

3. Die K. hat im Wandel der Zeiten die verschiedensten *Begründungen* erfahren. So war es in der byzantinischen Epoche die Ansicht von der Schirmherrschaft des Kaisers als des Gesalbten des Herrn (→ Cäsaropapismus). Seit der karolingischen Zeit war es der aus der augustinischen Staatslehre stammende Gedanke des rex iustus, wozu die von der Kirche vertretene Zwei-Schwerter-Theorie trat. In der ev. Kirche ist eine besondere Theorie der K. nicht entwickelt worden. Die vom Staat betriebene K. fand in den Rechten des Summusepiskopus und seiner Jurisdiktion und in den naturrechtlichen Ideen des Absolutismus eine hinreichende Begründung. Luthers verschiedene, durch konkrete Vorgänge veranlaßte Äußerungen sind erst in der Neuzeit als eine »Lehre« von den → zwei Reichen verstanden worden. Die Kritik an der staatlichen K. setzte im 19.Jh. in den Kämpfen um die → Union (: I) ein. Zu tiefergreifenden Begründungen der K., wobei auch die Frage des → Widerstandsrechts eine nicht unbedeutende Rolle spielte, ist es jedoch erst auf Grund der Erfahrungen im Kirchenkampf 1933-45 gekommen. Das neue Selbstverständnis der Kirche, die von der Bibel her begründete politische Verantwortung des Christen der Welt gegenüber, hat nicht nur zu einem völligen Bruch mit allen älteren Theorien der K. geführt, sondern auch die Diskussion über Recht und Grenze einer vom Evangelium gebotenen K. in Gang gebracht. Die verschiedenen »Worte« der Synoden und Bischofserklärungen seit 1945, etwa zur Frage der deutschen Wiedervereinigung, der deutschen Wiederbewaffnung und neuerdings der atomaren Aufrüstung sowie zur sozialen Daseinsordnung und Erziehung, haben kirchenpolitischen Charakter, machen aber auch in dem von der jeweiligen politischen Situation bedingten Wechsel der Tongebung und Akzentuierung die eingangs erwähnte, der K. anhaftende *theologische* Problematik sichtbar. Denn das Spannungsreiche, zugleich Ungeklärte und in seiner Art auch Einmalige der gegenwärtigen Situation besteht darin, daß auch von der Politik der staatlichen Organe, in Aktion und Reaktion, Einflüsse ausgehen, die auf den Kurs der K. bzw. ihrer

Träger nicht ohne Bedeutung sind. Daß die Stellungnahmen der Kirchen nicht einhellig sind, kennzeichnet nur den Krisencharakter der Situation, braucht aber die Einheit des Glaubens solange nicht ernsthaft zu gefährden, wie die K. als ein dem Wesen der Kirche entsprechendes, mit ihrem Auftrag unlösbar verbundenes und an Schrift und Bekenntnis sich ständig neu orientierendes Handeln verstanden wird.

Vgl. außer RGG² III, 949ff (Lit.) u. der Lit. zu → Harleß, → Kliefoth, → Löhe, → Stahl, → Vilmar: O.Dibelius, Das Jh. der Kirche, (1927) 1928⁶ - Ders., Nachspiel, 1928 - Ders., Grenzen des Staates, (1949) 1952³ - E.Brunner, Das Gebot u. die Ordnungen, (1932) 1939⁴ - H.Vogel, Wer regiert die Kirche? (ThEx 15), 1934 - H.Asmussen-E.Fiedler, Glaube u. Recht in der Kirche, 1934 - K.Barth, Die theol. Voraussetzungen kirchlicher Gestaltung (ThEx 28), 1935 - Ders., Rechtfertigung u. Recht, 1938 (ThSt[B] 1, 1944 = Eine Schweizer Stimme 1938-1945, [1945] 1953², 13-57) - Ders., Christengemeinde u. Bürgergemeinde (ThSt[B] 20), 1946 - Ders., Die Kirche zwischen Ost u. West (ThEx NF 17), 1949 - Ders., Polit. Entscheidung in der Einheit des Glaubens (ebd 34), 1952 - Ders., Brief an einen Pfarrer in der DDR, 1958 - A.de Quervain, Ethik II/1, 1945 - E.Berggrav, Der Staat u. der Mensch, (1946) 1950² - Ders., Staat u. Kirche in luth. Sicht, 1952 - KJ 1933-1944, 1948 - D.Bonhoeffer, Ethik, (1949) 1956³ - Ders., Ges. Schriften I, 1958 - W. Niesel, Um Verkündigung u. Ordnung der Kirche, 1949 - K.G.Steck, Polit. Katholizismus als theol. Problem (ThEx NF 27), 1951 - M.Fischer, Die öffentliche Verantwortung des Christen heute, (1952) 1953² - J.Heckel, Lex charitatis (AAM 1953, 36) - W.Künneth, Politik zwischen Dämon u. Gott, 1954 - H.Gollwitzer, Die christl. Gemeinde in der polit. Welt, (1954) 1955² - Ders., Die Christen u. die Atomwaffen (ThEx NF 61), 1957² - Hat d. Kirche geschwiegen? Das öffentl. Wort der Ev. Kirche in den Jahren 1945-1957, hg.v. G.Heidtmann, (1954) 1958³ - Thielicke, ThE II/1, 1955 - F.Delekat, Theol. u. K. (ThEx NF 46), 1955 - Macht u. Recht. Beiträge z. luth. Staatslehre der Gegenwart, hg.v. H.Dombois u. E.Wilkens, 1956 - W.Niemöller, Die Ev. Kirche im Dritten Reich, 1956 - H.J.Schoeps, Die konservative Rechtsstaatsidee in Preußen (in: Das andere Preußen, 1957², 11-114) - Ders., »Ev. Katholizität« (ebd 219-245) - Ernst Wolf, Barmen - Kirche zwischen Versuchung u. Gnade, 1957 - W. Schmauch-E.Wolf, Königsherrschaft Christi (ThEx NF 64), 1958.

K.Kupisch

Kirchenrecht

I. Wesen und Rechtsquellen - II. Kirchenrechtswissenschaft - III. Theologische Beurteilung

I. Wesen und Rechtsquellen

A. Kath. Kirche - B. Ev. Kirche. - Vgl. →Bekenntnis: VII, →Gesetzgebung, kirchliche, →Kirche: VI, →Kirche und Staat, →Naturrecht, → Recht: III sowie die Einzelartikel über die verschiedenen Rechtsquellen und Rechtssammlungen (→ Codex Iuris Canonici, → Corpus Iuris Canonici; → Bekenntnisschriften, → Kirchenordnungen: II)

A. Kath. Kirche

1. Schichten, Bezeichnungen - 2. Stoffbereich - 3. Quellen - 4. Formale Struktur - 5. Kirchliche Bedeutung

1. K. ist innerhalb der kath. Kirche, also als kath. K., aus zwei Rechtsmassen zusammengefügt: aus dem göttlichen, der Kirche vorgegebenen und von ihr nicht abänderbaren K. und dem menschlichen, von ihr selbst im Rahmen des göttlichen gesetzten und änderbaren K. Das göttliche K. (→ Ius divinum, 2) wiederum steht als positives göttliches Recht, als geoffenbartes Recht neben der ursprünglicheren Schicht göttlichen Rechtes, dem → Naturrecht, das wegen dieses »natürlichen« Charakters nur in Sachverhalten, die nicht spezifisch kirchlich sind, aber in dieser Beschränkung doch auch in die Kirche hineinwirken kann (zB im Recht der Verträge). So ist das kath. K. die Summe der Sätze des positiven göttlichen und des kirchlich gesetzten Rechtes, durch das Verfassung und Tätigkeit der → Kirche (: VI A) geordnet werden, vermehrt um einzelne Rechtssätze naturrechtlichen Inhalts.

Als Gesamtbezeichnung für diese Summe von Rechtssätzen werden die Termini »K. (Ius ecclesiasticum)« und »kanonisches Recht (Ius canonicum)« verwandt, beide jedoch seit je mit nicht ganz eindeutigem Sinn. Die Bezeichnung »kanonisches Recht« geht wurzelhaft zurück bis auf die paulinische Wendung vom Wandeln der Gläubigen nach dem »Kanon« der durch den Glauben bewirkten Neuschöpfung (Gal 6, 15f). Mit der Vereinzelung dieser »Regel« in einzelne Rechtssätze wurden auch die betreffenden kirchlichen Vorschriften Kanones und ihre Summe Ius canonum (canonicum), Ordo canonicus genannt, eine Entwicklung, die bei → Gratian schon abgeschlossen ist. Die Übertragung dieser Bezeichnung auch auf die Sammlungen des kirchlichen Rechts führte dazu, daß bes. deren größte, das → Corpus Iuris Canonici, diesen Namen erhielt. Er ist bei der Kodifizierung des K.s im CIC übernommen worden, ohne freilich damit einen eindeutig festgelegten Sinn zu erhalten. Denn als Ius canonicum wird im CIC sowohl das von der Kirche getragene Recht im Gegensatz zum Ius civile, dem staatlichen Recht, bezeichnet (c. 1523 n. 2) wie auch das nur kirchlich gesetzte im Gegensatz zum göttlichen K., dem Ius divinum (c. 1016). In diesem zweiten, engeren Sinn wird das Ius canonicum dann auch Ius ecclesiasticum genannt (c. 1926), so daß eine Zeitlang für den jetzigen CIC auch der Name »Codex Iuris Canonici Ecclesiastici« erwogen wurde, der freilich für diese, das göttliche Recht so umfassend einbeziehende Kodifikation zu eng gewesen wäre. Diese terminologische Differenzierung findet sich zwar auch schon im MA, hatte aber damals einen etwas abweichenden und in sich auch wieder unscharfen Sinn. Das Ius canonicum der kirchlichen Rechtssammlungen enthielt auch Bestimmungen, die in den Bereich des weltlichen Rechts hinübergriffen und daher nicht zum Ius ecclesiasticum gehörten, während umgekehrt im Corpus Iuris Canonici das neu entstehende Ius ecclesiasticum fehlte. Im deutschen wissenschaftlichen Sprachgebrauch werden die Termini »(kath.) K.« und »kanonisches Recht« durchweg als gleichbedeutend gebraucht und wird die etwa nötige terminologische Differenzierung zwischen den beiden Schichten des K.s nur durch Hinzufügung von »göttlich« und »(rein) kirchlich« bewirkt.

2. Der *Stoffbereich* des K.s läßt sich in Anlehnung an die prinzipiell vollständige, wenn auch systematisch nicht einwandfrei gegliederte Zusammenfassung des CIC umschreiben als a) *Verfassungs- und Verwaltungsrecht.* Hierzu gehören die grundlegenden formalen Rechtssätze über die (physischen und moralischen) Personen, über die Stände (→ Klerus und Laien, 2), die Weihe (→ Ordination: III) und → Jurisdiktionsgewalt, die Bildung von Gesetzes- und Gewohnheitsrecht; sodann das jeweils stark ins Verwaltungsrecht ausgreifende Ämterrecht mit den Untergruppen der allgemeinen Kirchenleitung (Papst, → Kardinäle, Röm. → Kurie, → Legaten; als nichtständiges Organ das allgemeine → Konzil) und der Leitung der Einzelkirchen (die hierarchischen Mittelstufen des Patriarchen und des Metropoliten; der → Bischof [: II] mit Diözesankurie und -klerus, bes. dem Pfarrklerus, sowie mit der Diözesansynode als nichtständigem Organ; die Missionshierarchie [→ Mission: III F]; die Partikularkonzilien); schließlich das Recht der Stände der Vollkommenheit, bes. das Klosterrecht (→ Kloster: III). - Zum Stoffbereich des K.s gehört ferner b) das vom CIC so genannte *Sachenrecht*, dessen Hauptteile das Recht der Sakramente (bes. das Eherecht [→ Ehe: VI, 2]), das Recht der hl. Orte und Zeiten, das Kultus- oder liturgische Recht, das Lehr-, Benefizial-, Vermögensrecht sind; c) das *Prozeßrecht* mit einem allgemeinen Teil und den Sondervorschriften für Straf-, Ehe- und Weiheprozeß sowie für eine Reihe von prozeßähnlichen summarischen Verfahren (formal gehört hier-

hin auch der Selig- und → Heiligsprechungs-Prozeß); d) das → *Strafrecht* (: III).

3. Der Auf- und Ausbau dieses sehr umfassenden Rechtssystems ist nur allmählich und mit großen Unterbrechungen vor sich gegangen. Die Phasen seiner Entwicklung spiegeln sich in der Geschichte der → Kirchenverfassung (: IV. V) wider; deren jeweilige Quellen sind daher im wesentlichen auch die Quellen des jeweils geltenden K.s. – Die *Quellen* des heute geltenden und in den AAS publizierten *gemeinen* K.s sind: a) Der → Codex Iuris Canonici, der in seinen göttlich-rechtlichen Vorschriften für die ganze Kirche, in der quantitativ weit überwiegenden Masse seiner rein kirchlichen Bestimmungen, soweit diese nicht vereinzelt als sog. interrituelles Recht auch die Orientalische Kirche einbeziehen, nur für die Lat. Kirche gilt. – b) Für die Lat. Kirche treten zum CIC hinzu: die Entscheidungen der Interpretationskommission (→ Codex Iuris Canonici), ferner die seit der Promulgation des CIC teils als päpstliche Erlasse, teils als solche der betreffenden Kardinalskongregationen ergangenen, den CIC ergänzenden und vereinzelt auch abändernden Einzelregelungen in Gesetzesform. Unter ihnen sind als bes. wichtig hervorzuheben: die neuen Prozeßordnungen (→ Gerichtsbarkeit: I, Lit.; bei der dortigen Aufzählung ist zu lesen: ...Eheprozeß, AAS 28, 1936, 313–372; für die Rota der Apostolischen Nuntiatur in Spanien, ebd 39, 1947, 155–163); die Ordnungen für die Hl. → Paenitentiarie (ebd 27, 1935, 97–113; → Kurie), für die → Weltlichen Institute, für die Ordensschwestern (→ Orden), für die → Militärseelsorge (ebd 43, 1951, 562–565), für die Auswanderer- und Flüchtlingsseelsorge (ebd 44, 1952, 649–704), für die Seemannsmission (ebd 50, 1958, 375–383). – c) Für die Orientalische Kirche (→ Unierte Kirchen) gilt der werdende CIC Orientalis. – d) Die Masse des liturgischen Rechts ist nicht in den vorstehend genannten Quellen, sondern in den liturgischen Büchern (→ Liturgik: II) zusammengefaßt.

Das *besondere K.* ist zum kleineren Teil wie das gemeine päpstlichen Ursprungs und dann in den AAS zu finden, nämlich etwaige Sonderregelungen für einzelne Diözesen und Kirchenprovinzen sowie bes. die mit einer Reihe von Staaten abgeschlossenen → Konkordate. Das nichtpäpstliche Recht, praktisch also das Recht der Diözesen (in den Diözesanblättern publiziert) und vereinzelt von Partikularkonzilien und das Recht der zu den Ständen der Vollkommenheit gehörenden Genossenschaften (den Außenstehenden durchweg nicht zugänglich), kann das gemeine Recht grundsätzlich nicht ändern und tatsächlich auch nicht wesentlich erweitern. Es ist daher trotz seines zT großen Umfanges mehr als Anwendung des CIC auf den jeweiligen Geltungsbereich denn als zusätzliche Rechtsmasse zu bewerten. – Das → *Gewohnheitsrecht* ist eine nur theoretisch wichtige Quelle des K.s.

4. Um die *formale Struktur* des K.s zu bestimmen, muß man es an der in dieser Hinsicht grundlegenden rechtsphilosophischen Unterscheidung von grundnormgebundener Einzelgestaltung und normenschaffender Dezision, anders ausgedrückt: an der Unterscheidung der rechtlich gebundenen Macht und eines der Bewahrung und Mehrung von Macht dienenden Rechtes messen. So betrachtet scheidet das nichtpäpstliche Recht als strukturell unwesentlich aus: seine Bindung an die Normen des gemeinen Rechts ist so eng und der ihm für Dezisionen gelassene geringe Spielraum ist auf das Ganze des K.s gesehen so peripher, daß es für die Anwendung dieser Unterscheidung zu schmal ist. Das gesamtkirchliche päpstliche Recht hingegen – das partikulare päpstliche Recht kann hier außer Betracht bleiben – ist, soweit es rein kirchlicher Natur ist, entsprechend der Stellung des Papstes als des obersten und durch keine kirchliche Instanz beschränkten Gesetzgebers formell durchaus Dezisionsrecht, eine Summe von Anordnungen, die die Rechtsgestalt der Kirche bestimmen und die nach dem Ermessen des Papstes ergehen, geändert und aufgehoben werden. Indessen ruht das rein kirchliche gemeine Recht trotz seines dezisionistischen Charakters auf einer Reihe von Grundnormen göttlichen Rechts, die den allgemeinen Aufbau der Kirchenverfassung nach innen an die Zweiheit von päpstlichem und bischöflichem Amt binden (cc. 107. 108 § 3), die Möglichkeit des geistlichen Tätigwerdens der Kirche von der durch Christus vorbestimmten richtigen Verwaltung der Sakramente abhängig machen (c. 731 § 1) und schließlich die Ordnung des Verhältnisses von → Kirche und Staat (, 6) in allen wesentlichen Punkten der kirchlichen Dezision vorwegnehmen. Darum ist auch das gemeine Recht der Kirche in der Substanz die in sich allerdings sehr stark dezisionistische Ausfüllung eines vorgegebenen Rahmens von göttlich-rechtlichen, unabänderlichen Grundnormen und nicht die ursprünglich auch in anderen Richtungen möglich gewesene und daher formal nur geschichtlich, nicht normativ begründete, rein tatsächliche Gestaltung der Verfassung und des Wirkens der Kirche. Diese normative, nicht dezisionistische Grundstruktur des gemeinen K.s prägt dieses so stark, daß sogar rein kirchliche und insofern eindeutig dezisionistische Normen des gemeinen Rechts, wenn sie durch ihre konstruktive Bedeutung systematisch (nicht formell) in die Nähe des göttlichen Rechts rücken, schließlich an dessen Unabänderlichkeit in der Form einer Irreversibilität der geschichtlichen Entwicklung teilnehmen. Klassisches Beispiel dafür ist der nur auf kirchlichem Recht beruhende → Zölibat des Lat. Klerus, der nach ausdrücklicher päpstlicher Erklärung (Benedikt XV. 1920 an den Erzbischof von Prag; AAS 12, 1920, 33–35) »niemals« mehr aufgehoben werden wird und den die Kurie langsam, aber zielbewußt auch auf die Orientalische Kirche ausdehnt.

5. Die *sachliche Bedeutung* des K.s für die kath. Kirche muß zunächst entwickelt werden aus seiner Aufgabe, die an die Hl. Schrift und an die mündliche Verkündigung der Apostel gebundene und mit ihnen grundsätzlich abgeschlossene Offenbarung in dieser geschichtlich gegebenen Form zu bewahren. Das K. ist also in erster Linie durch seine dogmatische Aufgabe bestimmt, die ganz unter das göttliche K. fällt. Dieses hat formal betrachtet gegenüber der Offenbarung die Aufgabe, für den durch göttliche Offenbarung gegebenen Inhalt eine eindeutige Fassung zu bieten, die es erlaubt, diesen Inhalt zu fixieren, die Verpflichteten an den so umschriebenen Inhalt zu binden und Abweichungen von ihm festzustellen. Diese Aufgabe bestimmt das Wesen, ihre Lösung begründet die Rechtsnatur des kath. K.s, das demgemäß mit jeglichem dynamischen Verständnis der Offenbarung als einer noch immer andauernden oder je und je sich neu ereignenden und anzueignenden Kundmachung Gottes unvereinbar ist und gegenüber solcher dynamischen Auslegung das Donum revelatum in seiner geschichtlichen Urgestalt fixiert und nur eine dieser Urgestalt homogene Entwicklung zuläßt. So betrachtet, sind also die Dogmen formal als Rechtssätze strukturiert (→ Dogma: II, 3). Das zeigt sich auch an bedeutsamen Analogien ihrer Struktur zu der des weltlichen Rechts, bes. an der Verselbständigung des Dogmas gegenüber seiner Begründung (→ Infallibilität; berühmtes Beispiel die Bulle »Unam sanctam« → Bonifatius' VIII. von 1302) und gegenüber dem etwa verwendeten nichttheologischen Begriffsmaterial seiner Formulierung (bes. deutliches Beispiel die Definierung des Verhältnisses von Seele und Leib durch das Konzil von Vienne 1312 unter Be-

zugnahme auf die aristotelische Materie-Form-Philosophie, die trotzdem nicht etwa als dogmatisch mitdefiniert gilt). Beide Erscheinungen finden ihre Parallele in der Verselbständigung des weltlichen Rechtssatzes gegenüber dem empirischen Willen des Gesetzgebers und in der nicht seltenen erweiternden oder einengenden Loslösung der vom Gesetzgeber verwandten Allgemeinbegriffe von dem Sinn, in dem er selbst sie verstanden hat oder in dem sie früher verstanden wurden (zB beim Begriff der Persönlichkeitsrechte).

Insofern die Offenbarung auch die Grundlinien der Kirchenverfassung enthält, fällt dem K. zugleich die Aufgabe zu, diese vom positiven göttlichen Recht vorgeschriebene Rechtsgestalt der Kirche zu wahren, eine Aufgabe, die quantitativ seinen Inhalt überwiegend bestimmt. Hier tritt auch das rein kirchliche Recht zum göttlichen hinzu, und beide in ihrer Gesamtheit konstituieren die Kirche als Rechtskirche, als eine Gemeinschaft also, die in ihrer äußeren Gestalt an eine geschichtliche, grundsätzlich abgeschlossene Offenbarung gebunden ist und in den Wesenszügen dieser äußeren Gestalt, wie sie das göttliche K. enthält, nicht geändert werden kann. Der begriffliche Gegensatz zu dieser Rechtskirche ist mithin nicht die auf rechtliche Ordnung ihres Gemeinschaftslebens verzichtende Liebeskirche, sondern die zu einer Zerbrechung überkommener Wesensformen fähige pneumatische → Kirche (: VI A, 2), die aber im übrigen im jeweiligen Stadium ihrer Entwicklung durchaus rechtlich geordnet sein kann und praktisch stets rechtlich geordnet ist, nur eben ohne jegliches Element unveränderlichen, göttlichen Rechts. Daß die kath. Kirche im Gegensatz hierzu eine Rechtskirche ist, beruht demgemäß ebenfalls nicht auf der Fülle ihres Rechts überhaupt, ist nicht quantitativ gemeint, sondern qualitativ, als Verwurzelung dieses Rechts selbst noch in seinen äußersten Verzweigungen im unabänderlichen, göttlichen Recht. Man kann daher sagen: ohne das als göttliches Recht anerkannte und definierte K. wäre die kath. Kirche nicht mehr die gleiche, ihre geschichtliche Identität beruht auf ihrem Recht.

Diese Rechtskirche darf aber nicht als geistliches Pendant zum Rechtsstaat als einem Staat, der eine einmal festgelegte Rechtsordnung solange innehält, als sie formell in Kraft steht, verstanden werden. Im ganzen Bereich des rein kirchlichen Rechts vielmehr gilt das K. nicht unverbrüchlich, sondern wenigstens theoretisch nur soweit und solange, als seine Befolgung nicht dem jeweils für kirchlich wichtiger gehaltenen Zweck im Wege steht. Hierfür ist das schlagende Beispiel c. 2222 § 1, der das von der Kirche im Prinzip (c. 2195 § 1) übernommene moderne rechtsstaatliche Axiom »keine Strafe ohne (vorhergehendes) Gesetz« zur Durchbrechung durch den zuständigen Ordinarius freigibt, wenn es die »konkrete Ordnung« erfordert. Damit ist eine letzte wichtige Charakterisierung des K.s gewonnen: seine beiden Massen, das göttliche und das rein kirchliche, unterscheiden sich nicht nur durch die gesetzgebende Instanz – Offenbarung, kirchliche Hierarchie – und in der Bindungskraft – unabänderlich, veränderlich –, sondern auch in der formalen Struktur. Das göttliche Recht duldet keine Abweichungen, wenn auch seine Verwirklichung nicht notwendig immer absolut zu sein braucht (vgl. → Kirche und Staat, 6 d); das rein kirchliche Recht kann nicht nur verändert, es kann in bestimmten Fällen vom zuständigen Ordinarius auch ohne formelle Abänderung und unter Fortdauer seiner verpflichtenden Kraft im übrigen im Einzelfall durchbrochen werden.

Die Frage, ob das K. in einem allgemeinen Sinn als Recht betrachtet werden kann, ob es sich also gleichberechtigt mit dem staatlichen Recht unter den einen Oberbegriff des Rechts einordnen läßt, wird außer von den Kanonisten meist nur gestellt, um verneint zu werden. Soweit man das K. als Recht im Vollsinn ansieht, gewährt man ihm gewöhnlich nur den Status eines innerhalb des staatlichen als des allumfassenden Rechtes begründeten und insofern zwar im modernen, weltanschaulich neutralen Staat autonomen, aber doch nicht eigenständigen Rechtes. Rechtsphilosophisch betrachtet läßt sich diese Charakterisierung des K.s im Gegensatz zum staatlichen Recht vergleichen mit dem seit Kant diskreditierten Versuch, 100 mögliche und 100 wirkliche Taler nach ihrem Begriff zu unterscheiden. Selbstverständlich hat im modernen Staat jeder Katholik nach seinem Ermessen die Freiheit, aus der Kirche auszutreten, eine Freiheit, die in dieser Form dem Staatsbürger fehlt; die Kirche ist keine Gemeinschaft (mehr), die wie der Staat auch durch äußeren Zwang zusammengefügt würde. Aber deswegen ist die formale Struktur ihres Rechts doch genau die gleiche wie die des staatlichen, und seine Kanones haben für den, der zur kath. Kirche gehören will, genau die gleiche, nicht vereinsmäßige, sondern hoheitliche, nicht anerkennungsbedürftige, sondern vorgegebene Autorität wie die Sätze des staatlichen Rechts für den Staatsbürger. Eine begriffliche Ausklammerung des kath. K.s aus dem Bereich des »eigentlichen« Rechts, die nur analoge Verwendung des Begriffes »Recht« im weltlichen und im (kath.-)geistlichen Bereich und auch seine Auffassung als staatlich autorisiertes, also nicht wurzelhaft eigenständiges Recht sind begrifflich nicht möglich. Auch für die formalrechtliche Betrachtung des K.s von außen bleibt es bei der mittelalterlichen Parallelisierung des Ius fori und des Ius poli im Ius utrumque.

Lit. s. → Kirchenrecht: II A. *H. Barion*

I B. Ev. Kirche

1. Die »Paradoxe Ordnung« des ev. K.s – 2. Ev. K. als Verkündigungsordnung – 3. Rechtsquellen des ev. K.s

K. ist Recht der → Kirche (: VI B), nicht des Staates; das Staatskirchenrecht (vom Inhaber politischer Gesetzgebungsmacht für die Kirche verordnet; → Kirche und Staat) ist kein K. Zwar hat ev. K. sein *Wesen in* der natürlich-geschichtlichen Welt, aber nicht *von* ihr. Aus dieser *Paradoxie* des ev. K.s folgt: im Verhältnis von Kirche und Recht gibt es keine harmonisierende Verschleifung, isolierende Trennung, identifizierende Gleichsetzung, neutralisierende Auflösung.

1. *»Paradoxe Ordnung« des ev. K.s* heißt: es ist ans → Bekenntnis (: VII) gebunden, aber auch Ergebnis von Kompromissen zwischen Kirche und »Welt«; gottesrechtlich gestiftet, doch als ius humanum gestaltet; geistliche Lebensordnung *und* historisch verpflichtende Tradition; kirchlichen Zielen dienend, jedoch staatlicher Gewalt angepaßt; Ausdruck einer mit andern unvergleichbaren Gemeinschaftsordnung, trotzdem verflochten mit öffentlichem oder privatem Korporationsrecht. – Diese Paradoxie bedingt mehrfache Möglichkeiten für die *Theorie des ev. K.s.* Sie rechtfertigt seine *Methodenvielfalt:* Kirchenordnung, notwendig geistlich *und* weltlich, muß nicht nur theologisch und juristisch, sondern auch historisch und soziologisch erklärt werden. Die Paradoxie des ev. K.s rechtfertigt aber auch seine *Erscheinungsvielfalt:* Kirchenordnung, notwendig universal *und* partikular, muß nicht nur ökumenisch, sondern auch konfessionell verstanden werden.

a) Demgemäß kann ev. K. aufgefaßt werden mittels *rechtsdogmatischer Methode* als systematische Beschreibung von juristischen Voraussetzungen, Funktionen, Folgen bestehender Institutionen und Normen kirchlicher Ordnung (»Objektives K.«: Ruck). *Problematisch* daran ist, daß die Kirche, so gedeutet, als »juristische Person« unter den → »Körperschaften des öffentlichen Rechts« (den Anstalten oder privaten Vereinen) erscheint. Ihre Funktionen sind aber mehr als Organ-Zuständigkeiten (Befugnisse). Bloße Übereinstimmung mit säkularen Rechtsbegriffen (Kirchen»gewalt«, → Kirchen»hoheit«, Souveränität, Gewaltentrennung) ordnet die Kirche noch nicht wesensgemäß; gibt ihr zwar äußerlich »Sicherheit«, begründet aber als »Legalität« keine »Legitimität«; verführt oft zu formaler Juridifizierung und Bürokratisierung einesteils, zur Entgegensetzung von Wesen und Ordnung der Kirche anderenteils. Jeder Versuch einer Scheidung von pneumatischer und institutioneller, geistlicher und empirischer, Liebes- und Rechts-Kirche verfehlt stets ihre Wesensordnung. *Andererseits* ist ein gewisses Maß juristischer Form auch für ev. K. unvermeidlich; technisch folgt kirchliche → Gesetzgebung, → Verwaltung und Rechtsprechung (→ Gerichtsbarkeit: II) weithin weltlichen Regeln. Gewisse Grundsätze und Grundbegriffe der allgemeinen Rechtslehre sind unentbehrlich. Auch bedarf ev. K. gesetzlicher Begrenzung und Kontrolle, weshalb Klagmöglichkeit vor kirchlichen Gerichten gegeben sein muß (ohne den Zivil- oder Verwaltungsprozeß einfach nachzuahmen).

b) Die *rechtshistorische Methode* – im 19.Jh. zur Herrschaft gelangt – deutet das ev. K. geschichtlich aus den ihm eigenen (reformationshistorischen) Traditionen; sie erstrebt Kontinuität des Verfassungslebens. *Problematisch* daran ist die empirische, konfessionalistisch und nationalistisch verengte Sinngebung des ev. K.s. *Andererseits* bleibt ev. K. immer *auch* historisch bedingt und deshalb jeder Versuch endgültiger Kirchenordnung verfehlt; gewachsenes Recht darf nicht übergangen, bewährte Überlieferung nicht mißachtet werden.

c) Die *rechtssoziologische Methode* – zu Beginn des 20.Jh.s ins ev. K. übernommen – deutet es politisch aus der Tatsache, daß Kirche ein gesellschaftliches Gebilde ist, das mit der Sozial- und Wirtschaftsentwicklung sich wandelt. *Problematisch* daran ist die materialistisch verengte Sinngebung des ev. K.s durch soziale Motive und Zwecke. *Andererseits* bleibt ev. K. immer *auch* sozial bedingt, steht in sozialen Verbänden, erfüllt darin seine Aufgabe. Es kann sich sozialer Verantwortung nicht entziehen.

d) Die – heute herrschende – *rechtstheologische Methode* steht dem Wesen des ev. K.s am nächsten. K. ist eine Funktion des theologischen Kirchengedankens, bedarf »dogmatischer Grundlegung« (K.Barth). Aber auch diese »Bekenntnisgebundenheit« des ev. K.s ist *problematisch*, denn: *Konfessions*theologisch folgt daraus eine je eigene Systematik, Methode und Teleologie für luth., ref., uniertes, anglikanisches usw ev. K. – wobei es auf das *Unterscheidende* ankommt! *Ökumenisch*-theologisch folgt daraus ein Fragen nach gemeinsamen historischen Ansätzen und gegenwärtigen Aufgaben, ein Betonen des (regionalen) Zusammenschlusses im ev. K. – wobei es auf das *Verbindende* ankommt! *Situations*theologisch meint es, daß jedes ev. K. eine aktuelle Ordnung (»ecclesia reformata semper reformanda esse«) sein müsse – wobei es auf das in der jeweiligen religiösen Lage *Verpflichtende* ankommt! *Kontrovers*theologisch meint es, daß jedes ev. K. eine spezifisch »prot.« Ordnung, kath. K. abwehrend, sein müsse – wobei es auf das *Streitige* ankommt! – Je nachdem entfaltet sich aus dem Wesen des ev. K.s das *Postulat* einer konfessionellen, vermittelnden, enthusiastischen oder polemischen Kirchenordnung. Doch versagt *jedes Modell*, weil *nur* konfessionalistisches ev. K. dem ineinander verschlungenen Entwicklungsgang der Kirchen und ihrer Ordnungen widerspricht; *nur* ökumenisch gewolltes ev. K., voreiligen Unionsplänen geneigt, vergißt, wie es Einheit nur *in* Unterschiedenheit geben kann; *nur* zeitgerechtes ev. K. sich den Schwankungen experimenteller Glaubensbewegungen mit permanentem Ordnungswechsel aussetzt; *nur* polemisches ev. K. das vom Ursprung her mit der alten Kirche Gemeinsame mißversteht.

e) Alle Methoden des ev. K.s sind demnach *dialektisch* zu verbinden und weder kontradiktorisch gegeneinander noch isoliert voneinander, auch nicht neutral nebeneinander, sondern in- und miteinander anzuwenden. Daraus folgt: Grundbegriffe eines »allgemeinen« ev. K.s dürfen weder nach einer *Einheits*methode aus dem rational angeblich »allgemeinen« Kirchenbegriff abgeleitet werden noch aus dem entsprechenden »allgemeinen« Rechtsbegriff. Untauglich ist auch eine *Kombinations*methode, die alle Systeme ev. K.s vergleicht, »insoweit sie aus *einem* Prinzip fließen« (Kahl). Für eine *Unions*methode, die »das« prot. K. in ein überkonfessionell-ökumenisches System bringen will, fehlt noch die Grundlage. Eine *Separations*methode schließlich, die sämtliche ev. K.e isoliert aufbaut, verkennt deren historische Verflechtung und genügt nicht der heute sich bildenden Ordnung der Ökumene.

f) Rechtstheologische Erfassung des ev. K.s bedeutet aber *nicht* eine konstruktive »Theologisierung« und erst recht keine totale »Vergeistlichung« des sachlogisch notwendig »Juristischen«. So darf es nicht zu einer Umwandlung jeden kirchlichen Rechtssatzes in einen Bekenntnissatz kommen, so wenig jedes Wort des Bekenntnisses rechtlich verpflichtet. Auch kann es im ev. K. den (für kath. Rechtstheologie legitimen) Begriff eines grundsätzlich unveränderlichen K.s nicht geben. Endlich darf keine »Spiritualisierung« des K.s stattfinden, die seiner historisch-soziologischen Gestalt inkommensurabel wäre.

2. Das ev. K. ist seinem Wesen nach *bekennendes K.* Das meint: es ist *Verkündigungsordnung*. – a) Als *Ordnung der Predigt*, des »praedicare« (Zusprechen der Heilsgewißheit des Evangeliums), fordert sie, daß *kein Stück* kirchlicher Ordnung die Verkündigung biblischer Weisung verhindere, jedes ihrer Ausbreitung diene, nicht aber der Konservierung von »Bestehendem« (Institutionen, Ämtern, Behörden, Anstalten, »Werken«); ferner, daß *kein Stück* kirchlicher Ordnung anders als nach biblischer Weisung ausgerichtet werde, jedes ihrer Richtschnur folge und sich hüte vor Anlehnung an philosophische oder politische Ideologien. – b) Als *Ordnung der Sakramente*, des »administrare« (Mitteilen der sichtbaren Zeichen gegenwärtiger Herrschaft Christi: → Taufe und → Abendmahl), fordert sie: *Taufordnung als Grundlage des ev. K.s* (niemand kann ungetauft Glied der Kirche werden), *Abendmahlsordnung als Grundlage des ev. K.s* (nur Teilnehmer am ganzen Gottesdienst der Gemeinde sind wahl- und amtsfähig) sowie *Lebensordnung als Grundlage des ev. K.s.* Sie muß die geistliche Wiedergeburt unter der gegenwärtigen Herrschaft Christi erkennen lassen (darf nie säkularem Recht nachgeformt sein). So ist kirchliche Verwaltung in jedem Bereich geistlich auszurichten; sie ist um der Verkündigung willen (funktionell), nicht um ihrer selbst willen (institutionell) da. Ihr Recht ist Dienstrecht, weder autoritär (von »oben«) noch plebiszitär (von »unten«) geordnet. – c) Als *Ordnung der Christokratie*, des »regnum Christi« (in einer Bruderschaft von Gleichen), fordert sie, daß ev. K. *diakonische Ordnung* ist. Indem es Gott und dem Nächsten dient, wird es (nicht nur in einem Spezialbereich, sondern) im ganzen zu einer *»Dienstordnung«*. Alles ev. K. ist dadurch *missionarische Ordnung*. Indem es vor der Welt Zeugnis gibt durch Üben von Nächstenrecht, Sichausrichten nach der lex Christi, glaubwürdiges Sichverhalten im rechtlichen

Verkehr mit der »Welt« (Verzicht auf Zwangsmittel), erweist es sich als *»Beispielsordnung«* (exemplarisch).

3. Im Begriff *Rechtsquelle* unterscheidet man den »materiell« normgebenden Willen von der »formell« gegebenen Norm selbst. – »Materielle« Quelle des ev. K.s ist der göttliche Rechtswille (Heckel) *für* die Kirche, ferner der menschliche Rechtswille *in* der Kirche, ausgeübt durch rechterzeugende und rechtanwendende Organe. Als »formelle« Rechtsquellen gibt es demnach das göttliche K. (Ius divinum) und das positive K. (Ius ecclesiasticum); letzteres teils als gesetztes, teils als ungeschriebenes (Gewohnheits-)Recht.

a) *Göttliches Recht* (→ Ius divinum) kennt das ev. K. zwar nicht im Sinn einer lehramtlich verwalteten kirchlichen traditio divina – es gibt keinen sog. »gesetzlichen Schriftgebrauch«, und die Bekenntnisdokumente sind nicht unabänderlich –, wohl aber als *biblische Weisung*. Ihre *Substanz* ist das Wort der ganzen Hl. Schrift, wobei die Weisung des AT nur im Licht des NT gilt. Nt. Weisung für ev. K. geben Christi Gebote für Gottesdienst und Gemeindezucht, ferner die apostolischen Regeln für die Ämter (Dienste) in der Gemeinde. At. Weisung für ev. K. geben das »Gesetz« (bes. der → Dekalog), ferner die prophetischen Vorschriften für das Volk Gottes. – Die *Funktion* der biblischen Weisung ist die von Richtschnuren (direktiven Grundsätzen), nicht die von Rechtssätzen (positivenRechtsnormen).Sie wirkt *grenzziehend* (korrektiv): was biblischer Weisung widerspricht, kann nie als positives ev. K. gelten. Sie wirkt *grundlegend* (autoritativ): was biblischer Weisung entspricht, ist für positives ev. K. maßgebend, legitimiert es. Sie wirkt *zielsetzend* (normativ): als Muster, dem alles positive ev. K. nachgeformt sein muß. – Ihre *Interpretation* fordert ökumenischen Sinn, jedoch *nicht* im Verstand einer »traditio humana« (Lehrmeinung der Väter der Reformation) oder eines »führenden« theologischen Lehrsystems (Orthodoxie oder Liberalismus); *nicht* im Verstand konfessionalistischer Theologie (→ Konfessionalismus), denn die Hl. Schrift (→ Bibel: III) bleibt norma normans aller Bekenntnisse; *nicht* im Verstand eines fundamentalistischen → Biblizismus, denn das Wort »steht hinter den Wörtern« des Bibeltextes (K.Barth).

b) *Menschliches Recht* (Ius ecclesiasticum) gibt es im ev. K. auf theologische wie auch auf juristische Weise. *Theologische Rechtsquellen* von normativem Ansehen sind im Bereich der EKD die → *Bekenntnisschriften*. Für die *Luth. Kirchen* sind dies bes. die (im → Konkordienbuch genannten) drei altkirchlichen Symbole (→ Apostolikum, → Nicaeno-Konstantinopolitanum, → Athanasianum), die CA (1530; → Augsburger Bekenntnis), die → Schmalkaldischen Artikel (1537), der Große und der Kleine → Katechismus (: II) Luthers (1529). Die → Konkordienformel (1580) gilt wegen ihres kontroverstheologisch gegen die Reformierten gerichteten Inhalts nicht in allen Luth. Kirchen Deutschlands. – Für die *Ref. Kirchen* ist allgemein rechtsverbindlich der → Heidelberger Katechismus (1563). Die Confessio Gallica (1529) und der → Genfer Katechismus (1542/45) gelten nur in »Französisch-Ref.« Gemeinden. Die Confessio Marchica (1614) gilt in den Ref. Gemeinden der EKU; das Dillenburger Bekenntnis (1578) und die Bentheimer Artikel (1613) gelten in einzelnen Gemeinden der BRD. – In den *Unierten Kirchen* gelten für *Verwaltungs*unionen die jeweils für ihre Gliedkirchen (Gemeinden) gültigen luth. bzw. ref. Bekenntnisschriften; *Konsensus*-Unionen haben ihren eigenen (aus luth. und ref. Bekenntnisschriften gemischten) Bekenntnisstand, der auch überkonfessionelle Lehrsätze, die in Unionsurkunden formuliert sind (zB zur Abendmahlsfrage), umfaßt. – *Formelle positive Rechtsquellen* sind diese Bekenntnisschriften insofern, als aus ihren Grundsätzen einzelne kirchliche Rechtssätze und Auslegungsregeln für solche abgeleitet werden. Im *luth. ev. K.* hat sich die ältere Lehre, wonach Bekenntnissätze nur »credenda«, keine »agenda« enthielten (J.H. → Boehmer), erst im 19.Jh. gewandelt. Heute wird nicht nur der Rechtscharakter von Sätzen der CA allgemein anerkannt, sondern auch die Pflicht, auf sie die Kirchenordnung zu gründen. So bekennen sich auch die meisten *unierten* Grundordnungen zur CA als Rechtsgrundlage für das Verhältnis von Amt und Gemeinde (art. IV, V, VII), für die Ordnung von »Wort und Sakrament« (art. XIV), für die Kirchenzucht (art. XXVII). Einige Luth. Kirchen behaupten sogar ihr Bischofsamt als rechtstheologisch in der CA fundiert. – Für *ref. ev. K.* hat der Bekenntnisstand seit jeher große Bedeutung, weil durch die Bekenntnisschriften Grundelemente der kirchlichen Ordnung gefordert sind; so die Mehrzahl der Ämter und ihre grundsätzliche Nebenordnung (Conf. Gall. art. 29), die presbyterial-synodale Leitung (Disc. III, 1), die Lehr- und Gemeindezucht (HK 85). – Innerkirchlich hat für den Gesamtbereich des deutschen ev. K.s erst die *Barmer Theologische Erklärung* (1934; → Barmen, 2) die rechtsbegründende Funktion des Bekenntnisses ausdrücklich (auch gegen den Staat) formuliert und praktiziert; dementsprechend verpflichten sich alle Grundordnungen heute zur Verteidigung des Bekenntnisstandes gegen Irrlehre und Totalitarismus.

c) *Juristische Rechtsquellen* sind heute im Bereich der *EKD* die *Grundordnung* vom 3.12.1948 mit den sie ergänzenden und auslegenden Ordnungen, die (mit Wirkung für die Gliedkirchen) erlassenen Gesetze auf dem Gebiet des kirchlichen Beamten-, Disziplinar- und Vermögensrechts sowie die Gesetze für die gemeinsame diakonische, missionarische und Diaspora-Arbeit. – Im Bereich der *Gliedkirchen der EKD* gelten teilweise noch ältere Verfassungen aus der Zeit nach 1920, teils nach 1945 beschlossene Grundordnungen (→ Kirchenverfassung: VII) mit zugehörigen Einzelgesetzen (zB Wahlordnungen), ferner eine reiche Partikulargesetzgebung und von der VELKD im Rahmen der Zuständigkeit für ihre Mitgliedskirchen erlassenes regionales ev. K. – *Subsidiäre* Rechtsquelle für gewisse grundsätzliche Teile des Patronatsrechts und Stiftungsrechts ist heute noch (freilich *nicht* im Bereich der Ref. Kirchen) das → Corpus Iuris Canonici in seinen einschlägigen Bestimmungen. – Die mit Regierungen einzelner deutscher Bundesländer abgeschlossenen *Staatsverträge* (→ Kirchenverträge) oder aus der Zeit vor 1945 bzw. 1933 stammenden → *Konkordate* gelten nur für staatskirchenrechtliche Belange, sie greifen in die innere Ordnung der EKD oder ihrer Gliedkirchen nicht ein.

Zu 1: R. Sohm, K. I, (1892) Neudr. 1923; II, 1923 – G. Holstein, Die Grundlagen des ev. K.s, 1928 – H. Wehrhahn, K. u. Kirchengewalt, 1956 – EKL II, 779ff. 789ff. – Zu 2: Erik Wolf, Rechtsgedanke u. bibl. Weisung, 1948 – Ders., Zur Rechtsgestalt der Kirche (in: Bekennende Kirche, M.Niemöller zum 60. Geb., 1952, 254-261) – D. Oehler, Ev. K. als bekennende Ordnung (Festschr. f. Fr.Giese, 1953, 195-213) – M. Schoch, Ev. K. u. bibl. Weisung, 1954 – K. Barth, Die Ordnung der Gemeinde, 1955. – Zu 3a: Joh. Heckel, Lex charitatis (AAM 1953, 36) – Lit. zu → Ius divinum. – Zu 3b: J.V. Bredt, Neues ev. K. für Preußen I-III, 1921-27 – E. Ruck, K., (1926) 1931² – Liermann – A. Erler, K., (1949) 1957² – F. Merzyn, Das Verfassungsrecht der EKD u. ihrer Gliedkirchen I-III, 1957ff. *Erik Wolf*

II. Kirchenrechtswissenschaft

A. Kath. Kirchenrechtswissenschaft – B. Ev. Kirchenrechtswissenschaft. – K. = Kirchenrecht, Kw. = Kirchenrechtswissenschaft

A. Kath. Kirchenrechtswissenschaft

1. Bis auf Gratian – 2. Gratian – 3. Von Gratian bis zur Reformation – 4. Von der Reformation bis zum CIC – 5. Seit dem CIC – 6. Orientalisches K.

1. Die Kw. beginnt im vollen Sinn erst mit → Gratian; in ihren Anfängen reicht sie aber in der Form der Quellensammlung bis in die Zeit der sich ausbildenden Rechtskirche, also bis ins 2.Jh. zurück. Auch als literarische Bearbeitung des K.s beginnt sie schon im Früh-MA.

a) Die *Quellensammlungen* als wissenschaftliche Bearbeitung des K.s zu betrachten, ist zulässig, wenngleich sie bis auf Gratian praktischen Zwecken dienten und nicht aus wenigstens zunächst zweckfreier Forschung entstanden sind. Auch und gerade in dieser praktisch bedingten Form setzten sie bei ihren Autoren eine gute Kenntnis des verfügbaren Rechtsstoffes und eine schon verhältnismäßig weit gediehene Einsicht in die normativen Grundlagen und Bedürfnisse der kirchlichen Verfassung und Verwaltung voraus. Ein präziser Anfang dieser Quellensammlungen und damit der wissenschaftlichen Bearbeitung des K.s läßt sich nicht angeben, weil zunächst Quellensammlung und verpflichtende Rechtsetzung weithin ineinander übergehen und die einzelne Quellensammlung durch Rückdatierung zur Quelle werden will und wird. Das zeigen sehr deutlich die Quellen und/oder Quellensammlungen der ersten Jh.e (→ Kirchenordnungen: I): Didache (→ Apostellehre), die KO → Hippolyts, → Didaskalia, → Apostolische Kirchenordnung, → Apostolische Konstitutionen mit den → Apostolischen Kanones.

Alle diese Sammlungen verbinden ihren kirchenrechtlichen Stoff mit Darlegungen, die über das Rechtliche hinausgreifen oder es noch nicht erreichen und die vor allem Ethik und Liturgie betreffen. Mit der Ausbildung einer ausgesprochen rechtlich gemeinten und formulierten Ordnung des kirchlichen Lebens durch die seit Beginn des 4.Jh.s immer bedeutsamer werdenden →Konzile treten daneben die reinen Rechtsquellen, die demgemäß zunächst als Konzilsbeschlüsse erscheinen, deren Sammlungen schon in der zweiten Hälfte des 4.Jh.s in griechische und lateinische auseinandergehen. Obwohl mit dem Aufkommen solcher reinen Rechtsquellen die an die wissenschaftliche Einsicht und Übersicht der Sammler gestellten Anforderungen an sich auf die Herstellung bloßer Kompilationen hätten absinken können, zeigt doch schon die älteste der westlichen Kanonessammlungen (zum griechischen K. s. → Kirchenverfassung: III), die bald nach dem Konzil von Serdika (343) in Rom gefertigte Zusammenstellung seiner Kanones mit denen von → Nicäa (325), eine über das Kompilatorische hinausgehende Tendenz, indem durch diese Zusammenfassung und durch gewisse Textänderungen die Sammlung ein Instrument »zur Erweiterung der päpstlichen Macht« wurde (E.Schwartz), wenn auch die dabei bezeigte Primitivität der Methode noch weit von dem wissenschaftlichen Glanzstück dieser verunechtenden Kanonistik, den Pseudo-Isidorien (s. 1b), absteht. Doch gibt es daneben auch Sammlungen, die eher den Rechtsstoff von unechten und partikulären Bestandteilen reinigen wollen und die mit der umfassenden Einbeziehung der päpstlichen → Dekretalen in ihre Sammlungen ihr Ziel, die quellenmäßige Grundlegung eines gemeinkirchlichen Rechtes, wiederum in einer wissenschaftlich durchaus richtigen Hinwendung auf das entscheidende Element der damaligen kirchlichen Rechtsbildung erreichen. Als erster und gleich auch hochbedeutender Sammler dieser Art darf → Dionysius Exiguus gelten.

Der schnell wachsende Stoff an Kanones und Dekretalen ließ die in allen diesen Sammlungen gepflegte historische Anordnung unhandlich werden. So bedeutete die Abfassung systematischer Sammlungen einen echten Fortschritt kanonistischer Tüchtigkeit, der freilich die Methode der historisch geordneten Sammlung noch nicht verdrängen konnte. Der wissenschaftliche Zweck dieser systematischen Sammlungen ist die Herstellung eines Rechtsbuches, das das ganze kirchliche Leben betrifft oder ein Einzelgebiet desselben umfassend behandelt. Die Reihe dieser Sammlungen beginnt mit der Breviatio canonum des Fulgentius → Ferrandus im 6.Jh.; als Einzelsammlungen sind bes. die Bußbücher (→ Bußwesen: II, 2a) wichtig geworden.

b) Eine besondere Stellung in der Geschichte der vorgratianischen Kw. nehmen die Pseudo-Isidorischen Fälschungen des 9.Jh.s ein, die mit der Kapitularienfälschung des → Benedikt Levita beginnen und in den → Pseudo-Isidorischen Dekretalen gipfeln. Dieses noch nicht befriedigend entwirrte Mosaik aus echten, verfälschten und gefälschten Quellen war die Gemeinschaftsarbeit einer Gruppe von Klerikern; ihre Fälschungsmethoden waren wissenschaftlich bereits so tüchtig, daß selbst → Hinkmar von Reims mit dem bes. gegen ihn gerichteten Produkt ihrer Arbeit nicht recht fertig geworden ist.

c) Die nunmehr vorwiegend systematisch arbeitende Sammlungstätigkeit führte in der folgenden Zeit zu manchen wissenschaftlich bedeutsamen und vielfach auch höchst einflußreich gewordenen Werken. Von ihnen dienten des → Regino von Prüm Sammlung »De causis synodalibus« (um 906) und das »Decretum« des Bischofs Burchard von Worms (um 1010) den praktischen Zwecken der Seelsorge. Von größter gemeinkirchlicher Bedeutung wurde eine Reihe von Sammlungen aus dem Kreise der Reformbewegung, deren programmatische Leistung von einer durchaus selbständigen und sehr bewußten Erfassung der damaligen kirchenrechtlichen Probleme zeugt. Unter den Kanonisten dieses Kreises ragen hervor Kardinal → Humbert von Silva Candida, → Gregor VII. mit seinem »Dictatus Papae«, Bischof Anselm von Lucca († 1086), Kardinal Deusdedit († 1097/1100). Anselm und → Ivo von Chartres leiten mit ihren großen Sammlungen dann schon zu Gratian über.

d) Die wissenschaftliche Leistung all dieser Kanonisten manifestiert sich vorwiegend in der Art und Weise, wie sie ihren Quellenstoff sammeln und präsentieren, ist also nur mittelbar faßbar. Trotzdem läßt sich feststellen, daß sie gegen Ende des vorgratianischen Zeitraums der Kw. zunehmend dichter und umfassender wird. Die theoretische Bearbeitung des K.s hat mit dieser Entwicklung nicht Schritt gehalten. Als erster hat → Isidor von Sevilla im Rahmen seiner enzyklopädischen Bestrebungen auch Rechtsprobleme ausführlicher behandelt, übrigens gleich mit solcher Wirkung, daß noch Gratian sich vielfach stark auf ihn stützt. Nach ihm ist als Verfasser bedeutender kanonistischer Abhandlungen eigentlich nur noch → Hinkmar von Reims zu nennen. Erst im 12.Jh. wird eine selbständige Kw. geschaffen.

2. Ihr Begründer war der in Bologna lehrende Kamaldulenser → Gratian. Auch wenn man hervorhebt, daß das 11.Jh. schon auf Verselbständigung und wissenschaftliche Durchdringung des kanonistischen Quellenstoffs hinstrebte, wie etwa das »Decretum« Burchards von Worms zeigt, und daß Gratian für seine »Concordia discordantium canonum« durch das ihm in Bologna vor Augen stehende glänzende Beispiel einer Neubegründung der Wissenschaft vom römischen Recht und durch die methodischen Fortschritte der damaligen Theologie Anregungen empfing, bleibt doch bestehen, daß er als erster eine Gesamtbearbeitung des kanonischen Rechts in Angriff nahm, die die Quellen gleichsam in die Anmerkungen verwies und über ihnen ein Lehrbuch aufbaute. Der Erfolg dieser Arbeit war durchschlagend, man darf sagen, in der Geschichte der Kw. einzigartig: »Von der Mitte des 12.Jh.s an bis zum Beginn der neueren Zeit ist das Corpus decretorum Gratian's die einzige Instanz, an die man sich in Lehre und Anwendung für das ältere Recht

hielt. Was nicht in Gratian's Decret stand, das galt für so gut als nicht vorhanden...« (Maaßen). Doch geht seine Bedeutung über diesen stofflichen Ertrag und Erfolg weit hinaus, indem er zugleich dem wissenschaftlichen Betrieb des K.s die Methode im Sinne einer Bindung an das vorgegebene Recht der Kanones und der Herausarbeitung ihrer rechtlichen Tragweite, eben die Konkordierung ihres Inhalts, mit einer Deutlichkeit vorzeichnete, die bis dahin unbekannt gewesen war und die mit einem Schlage das K. als eigene wissenschaftliche Disziplin begründete und es aus seiner Metökenrolle im Schatten der anderen theologischen Disziplinen befreite. Der Streit darum, ob man Gratian als den letzten theologischen oder den ersten juristischen Kanonisten bezeichnen soll, ist bei dieser Sachlage müßig, soweit er wissenschaftsgeschichtlich gemeint ist; insoweit wird man festhalten müssen, daß die neue Epoche des selbständigen K.s mit ihm beginnt. Aber die bes. durch → Sohm in Gang gebrachte und noch andauernde Diskussion über die geschichtliche Einordnung Gratians meint vor allem die Frage, ob er sachlich noch Theologe oder schon Jurist war und ob er, was damit zwar gerne verkoppelt wird, aber nicht notwendig eine parallele Distinktion zu sein braucht, noch das von Sohm so genannte altkath. K. vertrat oder schon das im Sinne Sohms neukath. K. begründet hat. In beiden Hinsichten wird man das Urteil noch offenlassen müssen, weil es bezweifelt werden kann, daß der Neubeginn der Kw. seit Gratian außer der wissenschaftsgeschichtlichen Grundlage auch noch diese sachliche eines methodischen und inhaltlichen Bruchs mit der bis dahin geltenden Auffassung des K.s hatte. Der methodische Bruch, die Entgegensetzung von theologischem und juristischem K., kann in dieser Schärfe nur behauptet werden, wenn man die strukturelle Verwandtschaft der Dogmen mit Rechtssätzen (→ Kirchenrecht: I A, 5) leugnet. Ob die von Sohm dem neukath. K. als Spezifikum zugeschriebene Aufspaltung des K.s in göttliches und rein kirchliches nur die präzise Erfassung und Lösung eines schon in den Anfängen des K.s auftretenden und seitdem immer wieder empfundenen Sachproblems oder die Einführung einer auch sachlich neuen Kategorie in die Handhabung des K.s und in sein wissenschaftliches Verständnis war, steht ebenfalls noch dahin. Aber wissenschaftsgeschichtlich bedeutet Gratians »Concordia« in der Tat den Einschnitt, der die Geschichte der Kw. in zwei große Zeiträume teilt.

3. Als erste Periode des zweiten Zeitraums darf man wissenschaftsgeschichtlich die Jh.e *bis zur Reformation* zusammenfassen. In der ersten Hälfte dieser Periode, die den Hochstand der Kanonistik des MA bedeutet, schuf sich diese in methodischer Anlehnung an die romanische Schwesterwissenschaft bes. in den → Glossen und → Summen Hilfsmittel für die Bearbeitung des K.s, deren Träger die → Dekretisten und → Dekretalisten waren. Als wissenschaftlich bes. bedeutsam ragen unter jenen hervor Paucapalea (wahrscheinlich der erste Schüler Gratians), Rolandus Bandinelli (→ Alexander III.), Rufinus (2. Hälfte des 12.Jh.s), Stephan von Tournai († 1203), Albertus de Morra (→ Gregor VIII.), → Gandulf, Sichard von Cremona († 1215), Huguccio, der Lehrer des späteren Papstes → Innozenz III. († 1210), Johannes Teutonicus († 1245), Bartholomäus von Brescia († um 1258). Führende Dekretalisten waren Bernhard von Pavia († 1216), Tankred († 1234 oder 1236), → Raimund von Penaforte, Sinibald Fieschi (→ Innozenz IV.), Hostiensis (der Kardinalbischof von Ostia Heinrich von Susa, † 1271), Johannes Andreae († 1348). Mit diesem, der unter seinen Zeitgenossen großes wissenschaftliches Ansehen genoß, erreichte die damalige Kw. ihren Höhepunkt; gleich nach ihm sank sie, zum großen Teil infolge der verworrenen kirchlichen Verhältnisse (abendländisches Schisma, Konziliarismus, vorreformatorischer Tiefstand des kirchlichen Lebens) stark ab. Das kirchenrechtliche Denkmal dieser Periode ist das seit Gratians Dekret allmählich zusammengewachsene → Corpus Iuris Canonici.

4. Die kath. Kw. *seit der Reformation* ging zum großen Teil noch lange, bis ins 18.Jh., auf den vom MA gewiesenen Bahnen der Kommentierung der Rechtsquellen weiter und brachte in den vielbändigen Werken von Fagnani († 1678), Reiffenstuel († 1703) und bes. Schmalzgrueber († 1735) ausgezeichnete dogmatische Zusammenfassungen des damaligen Rechtsstoffes hervor. Jedoch begann gleichzeitig schon der durch den Humanismus angeregte Aufstieg einer neuen, auf geschichtliches Verständnis des K.s und auf Kritik seiner Quellen bedachten Kw. Sie betätigte sich demgemäß zuerst in zT glänzenden Leistungen der Quellensammlung und -kritik, unter denen als ein bis heute wertvoller Höhepunkt die dreibändige »Ancienne et nouvelle Discipline de l'Eglise« von Louis → Thomassin († 1697) genannt werden muß. Neben ihm sei als der Gelehrte, der »für das canonische Recht die Zeit der geschichtlichen Rechtswissenschaft begründet« hat (v.Schulte), Prosper Lambertini (→ Benedikt XIV.) hervorgehoben. Daneben einher ging eine zT auch wissenschaftlich bedeutsame Streitschriftenliteratur, in der die großen, vor allem kirchenrechtliche Ziele verfolgenden Bewegungen des → Gallikanismus, → Febronianismus und → Josephinismus sich äußerten.

Im 19.Jh. ging die wissenschaftliche Führung im K. an die ev. Kw. (→ Kirchenrecht: II B) über. An der Leistung der kath. Kw. dieser Zeit hat die historisch-kritische Richtung den Hauptanteil. Die großen kath. K.s-Lehrer dieses Jh.s (→ Phillips, → Maaßen, v. → Schulte, R.v. → Scherer) sind teilweise vorwiegend in der Quellenforschung tätig gewesen, teilweise in ihren großen Lehrbüchern mit Eifer und Erfolg bemüht, die Ausbildung des K.s in die Darstellung seines geltenden Systems einzubeziehen und dieses auf seinem geschichtlichen Hintergrund zu verstehen. Durch ihr Beispiel und wissenschaftliches Ansehen haben sie so stark gewirkt, daß auch die nur rechtsdogmatisch interessierten großen Lehrbücher des kirchlichen Bereichs, unter denen als imposantes letztes Denkmal der kath. Kw. vor dem CIC das »Ius decretalium« (6 Bde, 1898ff) des späteren Jesuitengenerals F.X.Wernz (1842-1914) genannt werden muß, wenigstens durch formale Berücksichtigung der Rechtsgeschichte dieser Neubesinnung der Kw. sich anschlossen.

5. Am Ende des ganzen Zeitraums seit Gratian steht, auch als wissenschaftliche Leistung hervorragend zu nennen, die Kodifikation des noch geltenden, in vielem allmählich auch stark geänderten K.s im → Codex Iuris Canonici, der der Kw. ganz neue Impulse gab und so zugleich das erste Denkmal eines dritten Zeitraums der Kw. geworden ist, in dem sie sich sowohl nach der Seite der Monographien hin wie hinsichtlich der großen zusammenfassenden Darstellungen und Hilfsmittel schon sehr stark verzweigt hat.

6. Über die Wissenschaft vom orientalischen K. vgl. → Orthodoxe Kirche, → Unierte Kirchen.

Allgemeines: K.Hohenlohe, Grundlegende Fragen des K.s, 1931 - N.Lämmle, Beiträge zum Problem des K.s, 1933 - P.Fedele, Discorso generale sull'ordinamento canonico, Padua 1941 - A.Hagen, Prinzipien des kath. K.s, 1949 - DDC IV, 1446ff - A.Stiegler, Der kirchl. Rechtsbegriff, 1958 - J.Klein, Skandalon. Um das Wesen des Katholizismus, 1958. - Nachschlagewerk: DDC. - Zs.en: AkathKR, 1857ff - Apollinaris, Rom 1928ff - Archivio di Diritto Ecclesiastico, Padua 1939ff - Österr. Archiv für K., 1950ff - Revue de droit canonique, Straßburg 1951 ff - L'Année canonique, Paris 1953 ff - Geschichtlich: ZSavRG Kan. Abt., 1911 ff. - Zur Gesch.: FEINE (Lit.) - PLÖCHL I. II (Lit.) - Histoire du Droit et des Institutions de l'Eglise en Occident, hg.v. G.LE BRAS, Paris 1955 ff. - Qu. zum geltenden K.: → Codex Iuris Canonici - H.S.MAYER, Neueste K.s-Sammlung, 1953 ff. - Lehr- u. Hdb.er des geltenden K.s: EICHMANN-MÖRSDORF - F.X.WERNZ-P.VIDAL-P.AGUIRRE, Ius canonicum, 7 Bde, Rom 1923 ff (zT in 2. u. 3. Aufl.) - H.JONE, Gesetzbuch der lat. Kirche, 3 Bde, (1939/40) 1950/53² - Traité de droit canonique, hg.v. R.NAZ u.a., 4 Bde, Paris (1948/49ff) 1954ff² - A.ERLER, K., (1949) 1957² - G.J.EBERS, Grundriß des kath. K.es, 1950 - C.HOLBÖCK, Hdb. des K.s, 2 Bde, 1951.

H.Barion

II B. Ev. Kirchenrechtswissenschaft

1. Allgemeines - 2. Die Anfänge - 3. Im 17. und 18.Jh. - 4. Im 19.Jh. - 5. In der Gegenwart

1. Die Wissenschaft vom ev. K. nimmt in den weiteren Kreisen der Wissenschaftsgeschichte, dh in der Geschichte der deutschen Rechtswissenschaft einer-, der Kw. insgesamt anderseits, nicht den Platz ein, der ihr nach der Bedeutung ihres Gegenstandes zukäme. Sie hatte von jeher mit größeren Schwierigkeiten zu kämpfen als die anderen Rechtsdisziplinen. Die Blüte eines Zweiges der Rechtswissenschaft beruht auf der Gunst von drei Lebensbedingungen: alle Jurisprudenz bedarf als geistiges Leben des Auftriebs aus dem allgemeinen Geistesleben, als Normwissenschaft eines einigermaßen zusammenhängenden Bestandes von geltendem Recht, als praktische Wissenschaft einer breiten Praxis dieses Rechts, um sich damit dauernd auseinanderzusetzen. In diesen drei Richtungen ist die Wissenschaft vom ev. K. unverhältnismäßig ungünstiger gestellt als die vom kath. → Kirchenrecht (: II A). Art und Maß ihrer Abhängigkeit von ev. Theologie und von allgemeiner Geistes- und Rechtsgeschichte sind für sie ein immer neues, gerade heute wieder durchaus offenes Problem, gegenüber der Selbstverständlichkeit der Einbettung des kanonischen Rechts in Dogma und Theologie. Sie hat kein Corpus iuris und keine Kodifikation als Grundlage und hat Zweifel, ob es ein gemeines deutsches ev. K. gibt und ob und wie weit kanonisches Recht im ev. Bereich fortgilt. Sie hat nicht die grundsätzliche und einheitliche Praxis einer ökumenischen Zentrale vor sich, sondern die diffuse sehr verschiedener Landeskirchen und weltlicher Landesbehörden und die oft sehr zufälligen Entscheidungen weltlicher Gerichte. So ist eine ihrer Hauptaufgaben, oft durchaus an der Grenze der Wissenschaftlichkeit liegend, die immer neue übersichtliche Bereitstellung einer partikular zersplitterten positiven Stoffmenge.

2. Ihre *Anfänge* liegen nicht in der Rechtstheologie → Luthers, deren Zusammenhänge und Tiefe Joh.Heckel herausgestellt hat, auch nicht in der der Praxis unmittelbarer zugewendeten Begriffsbildung → Melanchthons, so sehr diese, wie ebenfalls Joh.Heckel gezeigt hat, sogar die tiefsten Fundamente der heutigen staatskirchenrechtlichen Grundbegriffe gelegt hat. Aber auch die zweite Hälfte des 16.Jh.s lieferte noch keinen festen Gegenstand eines ev. K.sdenkens. Eine Reihe eherechtlicher Monographien im Dienst der neuen Fragen neuer konsistorialer Eherechtspraxis ist von verschwindender Bedeutung gegenüber der rechtsbildenden Leistung der Zeit in ihren → Kirchenordnungen (: II). Und die vielgenannten Begründer des Episkopalsystems, Joachim Stephani (†1623; Institutiones iuris canonici, 1599 u.ö.) und Matthias Stephani (1576-1646; Tractatus de iurisdictione, 1611 ff), sind Kanonisten herkömmlicher Art, in deren System die Theorie des landesherrlichen Kirchenregiments keine große Rolle spielt.

3. Die folgenden beiden Jh.e hat man sich seit dem 18.Jh. gewöhnt als die Zeit der Aufeinanderfolge der »drei Systeme«, des → Episkopalismus, → Territorialismus und → Kollegialismus, zu verstehen, nicht ohne bedenkliche Beziehung auf die Dreiständelehre oder gefährliche Verabsolutierungen. Ihre Abfolge bezeichnet zutreffend die Folge vorrationalistischer und vernunftrechtlicher Kirchenjurisprudenz, dh eine Trivialität. Darüber hinaus gibt sie ein unrichtiges Bild: nicht nur, weil sie zu einseitig die Art der Rechtfertigung des landesherrlichen → Kirchenregiments sozusagen zum Leitfossil der Unterscheidung der geistesgeschichtlichen Schichten macht, sondern vor allem deshalb, weil die kirchenrechtliche Argumentation des 17.Jh.s viel zu komplex ist, um durch das eine Argument der Devolution oder Restitution der bischöflichen Gewalt 1552 und 1555 bezeichnend repräsentiert zu werden (M.Heckel). Beinahe jeder Schriftsteller der Zeit verwendet einerseits gedankliche Momente der Reformatoren und anderseits solche, die wie Vorgriffe in spätere Zeit erscheinen. Der hervorragendste aus der ersten Hälfte des 17.Jh.s, D.Th. → Reinking (1590-1664; De regimine saeculari et ecclesiastico, 1619 u.ö., bis 1736), zählt vor allem als Episkopalist, argumentiert auch theologisch, gilt aber vermöge seines schroff hoheitsrechtlichen Denkens mit Grund auch als Vorläufer des Territorialsystems, an das sich schon bei M.Stephani, dem bedeutenderen der beiden Brüder, Anklänge finden.

Deutlicher wird die eigentliche Entwicklungslinie an der Abfolge der literarischen Formen. - Die Literatur einer im Zusammenhange fortschreitenden Wissenschaft vom ev. K. setzt mit B. → Carpzovs (1595-1666) Iurisprudentia ecclesiastica seu consistorialis (8 Aufl. von 1649-1721; auch unter dem Titel »Opus definitionum ecclesiasticarum seu consistorialium«) ein. Mit der hier nach dem Institutionensystem geordneten, im einzelnen im Originaltext wiedergegebenen und sorgfältig kommentierten kursächsischen Konsistorialpraxis bot Carpzov statt des dilettantischen Positivismus der Vorgänger den Stoff selbst und aus der Praxis aufsteigend das System. Sein Verdienst, das des Begründers ev. Kw., liegt nicht in diesem System und seinen eklektischen Unklarheiten, sondern in der Darbietung eines Schatzes gepflegter und überlieferungsbewußter Praxis: »ein Meister der Summe und des Abschlusses...; der Geistesgeschichte seiner Zeit gehört er nicht als Gerechtigkeitsdenker, Systematiker oder Historiker, sondern als charakteristischer Leistungstyp an« (Wieacker 117). Der kursächsischen Prägung dieses Stoffes stehen andere landschaftliche Typen gegenüber, etwa der calixtinische (mit territorialistischer Tendenz) Herm. → Conrings (1606-81) oder der brandenburgische Joh.Brunnemanns (1608-72; De iure ecclesiastico tractatus, 6 postume Aufl. 1681-1735). Auf diesen und anderen Vorarbeiten fußend und weithin im Sinne seines Lehrers Sam.Stryk (1640-1710) schloß J.H. → Böhmer (1674-1749) diese Periode der Erfassung und Verarbeitung des kirchenrechtlichen Stoffs ab mit der umfassendsten und so nie wieder erreichten Bewältigung im Ius ecclesiasticum Protestantium (5 Bde, [1714-36] 1756-89⁵). Maßvoller Territorialist in der sachlichen Haltung, nicht unberührt vom Kollegialismus und dessen Begrifflichkeit, bekennt er sich doch schon im Untertitel seines Hauptwerks »usus hodiernus iuris canonici« (im Text: usus hodiernus iuris pontificii in terris Protestantium) zur Linie von Stryks Usus modernus Pandectarum, und vollends in der der Gegenwart so schwer verständlichen Anordnung nach dem System der Dekretalen und dem methodischen Ausgangspunkt des »de usu iuris canonici caute dijudicare«. Er ist nicht unberührt von → Pufendorfs (1632-94) vernunftrechtlichem Territorialismus, im Dienste von Gewissensfreiheit und Toleranz, im Zuge einer »autonomen Sozialethik« (De habitu christianae religionis ad vitam civilem, 1687) und von dem Aufklärungskampf des → Thomasius (1655-1728), aber er verläßt den luth. Boden nicht, festigt ihn durch umfassende kirchengeschichtliche und rechtsvergleichende Untersuchungen, bietet die Fülle des Stoffs an Rechtsetzung und Rechtspraxis und zugleich die Fülle der Argumente, getreu seiner Maxime, man solle nicht Autoritäten, sondern Vernunftgründe ins Feld führen.

Die Schwäche des Böhmerschen Werks liegt nicht in seinem Methodensynkretismus (freilich auf ungleich höherer Ebene als hundert Jahre vorher), auch nicht im Überholtsein des Gedankens des Usus modernus im vernunftrechtlichen Zeitalter, sondern darin, daß ihm die eigentliche Mitte fehlt. Vergleicht man es mit der K.stheologie der Loci Johann → Gerhards oder mit dem ref. System der Politica ecclesiastica (1663-76) des Gisbert → Voetius (1589-1676), so erscheint es als eine positive Kompilation hohen Ranges. Vor allem deshalb hat es keine eigentlichen Nachfolger gefunden. Allerdings ist es vor allem die Praxis gewesen, die nun für ein Jh. den Charakter der beiden nunmehr vorherrschenden Literaturgattungen bestimmte. Einerseits die des verständlichen, dh kollegialistischen Lehrbuchs für den akademischen Unterricht, für das als Träger öffentlicher Meinung entstehende Publikum, als Vorlage auch für den Gesetzgeber: die 7 Aufl. von G.Ludw.Böhmers (1715-97) Principia iuris canonici (1762-1802), die weithin die Vorlage für den K.stitel II 11 des Preußischen Allgemeinen Landrechts lieferten, und die 6 Aufl. von G.W.V.Wieses (1769-1824) Grundsätzen des gemeinen, in Deutschland üblichen K.s (1798-1849), die bezeichnenderweise nun ihrerseits das Allgemeine Landrecht zugrunde legten. Und anderseits die der nunmehr territorial dezentralisierten stofflichen Kompilationen für den Handgebrauch der territorialen Praxis, die erst im Laufe der Zeit in ihren Spitzenleistungen (Jacobson, Büff, P. → Schoen) in die eigentliche wissenschaftliche Literatur einmündet.

4. Mit der historischen Schule geht die um 1600 von Italien nach Frankreich gewanderte Führung in der Kw. überhaupt für einige Generationen auf Deutschland über. Der Bahnbrecher ist K.F. → Eichhorn (1781-1854; Grundsätze des K.s der Kath. und der Ev. Religionspartei in Deutschland, 2 Bde, 1831/33); indem er die ursprünglichen Quellen des ev. K.s, die → Bekenntnisschriften und die → Kirchenordnungen (: II) des 16.Jh.s zugrunde legt, macht er zugleich den Weg frei für neue grundsätzliche systematische Entwicklung ev. K.sdenkens. An ihn schließt Ludw.Aem. → Richter (1808-64; sein Lehrbuch in 8 Aufl. von 1841-86 führend) und seine Schule (P. → Hinschius 1835-98, E. → Friedberg 1837 bis 1910 [Verfasser des das Richtersche ablösenden Lehrbuchs, 6 Aufl. 1879-1909], R.Dove 1833-1907, u.a.; ihnen nahestehend O. → Mejer 1818-93, E. → Herrmann 1812-85, W. → Kahl 1849-1932, stärker luth. ausgerichtet A.v. → Scheurl 1811-93) an. Zwei Mächten verdankte dieser Kreis Auftrieb und Beeinträchtigung: der historischen Methode und der → Kirchenpolitik. Das neue kritische Verhältnis zu den Quellen führte Richter und Friedberg zu den kritischen Neuausgaben des → Corpus iuris canonici, Richter auch zu der des → Tridentinums, Hinschius des → Pseudoisidor - alles auf Kosten ihrer Leistung für das ev. K., dem nur Nebenfrüchte dieser Editionsleistungen zugute kamen: Richters Ausgabe der ev. KOen des 16.Jh.s (2 Bde, 1846), Friedbergs Ausgabe der Verfassungsgesetze der ev. Landeskirchen (mit wichtigen Einleitungen) 1885-98 (daran anschließend sein Buch über das geltende Verfassungsrecht der ev. Landeskirchen in Deutschland und Österreich 1888). Als »brauchbar«, dh als Helfer für die Neuordnung der kirchlichen Verhältnisse, wurde Richter 1846 nach Berlin berufen, in Fakultät und Oberkirchenrat Kollege und Gegner Fr.J. → Stahls, schließlich Vortragender Rat im Kultusministerium, so die kirchenpolitische Ära des Fachs einleitend. Zunächst zu dessen Vorteil: seine Auseinandersetzungen bes. mit Stahl und Mejer über die ev. → Kirchenverfassung (: VI) sind ein Höhepunkt in der Geschichte des Fachs, auf ihnen und Herrmanns Arbeiten beruht gutenteils die Kirchenverfassungsgesetzgebung der folgenden Jahrzehnte. Verhängnisvoller war die Beteiligung am → Kulturkampf, in dem gerade die führenden Vertreter des Fachs in amtlicher Eigenschaft oder ohne solche auf der Regierungsseite tätig waren. Gegenüber dem Ringen der Jahrhundertmitte um die Kernprobleme von Kirche und K. dringen in Durchbildung und Verständnis der neuen Kirchenverfassungen säkulare Elemente vor. Zugleich setzt sich der formalistisch-technische Rechtspositivismus der Zeit auch hier durch und erreicht in der Musterleistung von P. → Schoens (1867-1941) Ev. K. in Preußen (1903 und 1910; dazu Neues Verfassungsrecht der ev. Landeskirchen in Preußen, 1929) seine Vollendung in höchster Einseitigkeit. Und die sich bildende größte kirchenrechtliche Schule auf deutschem Boden, von U. → Stutz (1868-1938), hat sich der K.sgeschichte und vor allem der des mittelalterlichen K.s gewidmet und das ev. K. im ganzen nur mittelbar gefördert.

5. ZT eine Reaktion gegen die zeitgenössische Lage im Fach war das bedeutendste und problematischste Buch der Disziplin, R. → Sohms (1841-1917) K. (2 Bde, 1892/1922), mit seiner berühmten These: »Das K. steht mit dem Wesen der Kirche in Widerspruch.« Er hat damit wenig eigentliche Anhänger gefunden (zu nennen sind der Theologe E. → Foerster [1865-1945], der Theologe und Jurist Karl Rieker [1857-1927; Die rechtl. Stellung der ev. Kirche Deutschlands in ihrer geschichtl. Entwicklung bis zur Gegenwart, 1893]), aber bis heute um so stärker gewirkt mit der höchst bedeutenden nt. und kirchengeschichtlichen Begründung seiner These. G. → Holstein (1892-1931) hat die Disziplin in umfassender Begründung gegen ihn verteidigt (Die Grundlagen des ev. K.s, 1928), trotz hohen Ranges vermöge seines idealistischen Ansatzes heute nicht mehr überzeugend. Die Gegenbewegung, deren kirchengeschichtlicher Ausdruck Satz 3 der Barmer Erklärung (→ Barmen, 2) zur Rechtslage war: »In der Kirche ist eine Scheidung der äußeren Ordnung vom Bekenntnis nicht möglich«, ist um die Neugewinnung des in Positivismus und Formalismus untergegangenen Rechtsbegriffs für das K. bemüht, vor allem auf neuer ekklesiologischer Grundlage - so Joh. Heckel von der neu erhellten Rechtstheologie Luthers her; H.Wehrhahn (K. und Kirchengewalt, 1956; und vielfach sonst); von der → Dialektischen Theologie her K. → Barth, Erik Wolf (→ Kirchenrecht: I B), Ernst Wolf, H.Diem (Theologie als kirchl. Wissenschaft I, 1951, bes. 203 ff); von der Michaelsbruderschaft her H. Dombois (Ordnung und Unordnung der Kirche, 1957). Damit ist zugleich die noch ungelöste Aufgabe angegriffen, das eigene System des ev. K.s folgerichtig zu entwickeln und die Anlehnung an das kanonische zu überwinden, die sich in der Nachfolge J.H.Böhmers in der »kombinierenden Methode« der Lehrbücher von G.L.Böhmer über Richter, Mejer und Friedberg bis an die Schwelle der Gegenwart erhalten hat. Vgl. dagegen H.Liermann, Deutsches ev. K., 1933. - Als Gemeinschaftsarbeiten erscheinen in der Nachfolge der von R.Dove begründeten Zeitschrift für K. (1861-1917) seit 1951 die ZevKR, seit 1957 die Fortsetzung der von E. → Sehling (1860-1928) begonnenen Ausgabe der ev. KOen des 16.Jh.s.

J.F.v.SCHULTE, Gesch. der Quellen u. Lit. des Canonischen Rechts III, 1880 - R.STINTZING-E.LANDSBERG, Gesch. der dt. Rechtswissenschaft I-III, 1880-1910 - W.KAHL, Lehrsystem des K.s u. der Kirchenpolitik I, 1894, 17ff - JOH.HECKEL, Initia iuris ecclesiastici Protestantium (SAM 1949, 5) - DERS., Melanchthon u. d. heutige dt. Staats-K. (in: Festg. E.Kaufmann, 1950, 83-102) - DERS., Lex charitatis. Eine jurist. Unters. über d. Recht in der Theol. M.Luthers (AAM 1953, 36) - DERS., Das Decretum Gratiani u. das dt. ev. K. (Studia Gratiana III, 1955, 483-537) - H.WEHRHAHN, Die Grundlagenproblematik des dt. ev. K.s 1933-45 (ThR NF 18, 1950, 69-90. 112-147; 19, 1951, 221-252) - F.WIEACKER, Privatrechtsgesch. der Neuzeit unter bes. Berücksichtigung d. dt. Entwicklung, 1952 (grundlegend für die wissenschaftsgeschichtl. Zusammenhänge) - MARTIN HECKEL (→ Ius circa sacra) - R.SMEND, 200 Jahre Göttinger Kw. (ELKZ 10, 1956 [Brunotte-Festschr.], 235-237) - DERS., Wissenschafts- u. Gestaltprobleme im ev. K. (ZevKR 6, 1957/58, 225-240) - S.GRUNDMANN, Das ev. K. u. d. ökumenische Bewegung der Gegenwart (AÖR 84, 1959, 1-54, bes. 3ff). - Vgl. ferner die Artikel über die genannten K.slehrer (Lit.).
R.Smend

III. Theologische Beurteilung

1. Die Auseinandersetzung mit Sohm - 2. Theologie und K. - 3. Gegenwartsaufgaben des K.s

1. Die moderne Diskussion des K.s geht von *R.* → *Sohms These* aus: »Das Wesen des K.s steht zu dem Wesen der Kirche in Widerspruch.« Die rechtlich verfaßte und organisierte → Kirche (: VI B) steht zu der eigentlichen Kirche, die pneumatische Liebesgemeinschaft ist, in einer unüberwindlichen Diastase. Faktisch konnte Sohms These angesichts der nun einmal gegebenen Ordnungsfragen der Kirche nur zu einer rechtspositivistischen Ausgestaltung des K.s weiterführen. Diese war aber den Problemen, die sich mit dem Ende des landesherrlichen → Kirchenregiments (1918) und dem Auftreten des totalitären Staates (1933) ergaben, nicht gewachsen, so daß die Grundlagenproblematik des K.s um so bedrängender hervortrat. - Die Überwindung der Diastase zwischen der Kirche und ihrem Recht ist von allen Disziplinen der Theologie gefördert worden. Die nt. Forschung zeigte, daß der von Sohm vorausgesetzte Gegensatz zwischen pneumatischer und institutionell-amtlicher Leitung der → Kirche (: II) nicht bestanden hat. Die systematische und praktische Theologie suchten einen Kirchenbegriff zu entwickeln, der die → Kirche (: IV. V) als Stiftung Christi und menschliche, innerweltliche Gemeinschaft zugleich zu erkennen gestattete. Am schwierigsten ist die Lage auf dem Gebiete der Reformationsgeschichte geblieben, wo J.Heckel die völlige Eigenständigkeit des K.s auf Grund des Charakters der Kirche als von Christus gegründeter Liebesgemeinschaft zu entwickeln suchte. Es droht hier die Gefahr, daß die Frage nach der Ordnung faktisch ausgeklammert wird. Eine ähnliche Frage ist auch an K. → Barth und H.Dombois zu richten, die das K. aus der Liturgie ableiten wollen und so entweder von einem Gnade und Ordnung zu rasch vereinigenden allgemeinen Rechtsbegriff aus (so Dombois) oder durch die Identifizierung des Evangeliums mit einem Ordnungsfaktor (so Barth) an die Stelle der Sohmschen Diastase eine gefährliche Synthese zwischen der Kirche und ihrem K. herstellen. Andererseits ist es nicht angängig, das K. von der Kirche abzuspalten und den Begriff auf die »menschlich normative Ordnung« einzuschränken (gegen Ruppel). Als repräsentativ für die theologische Beurteilung des K.s hat der Satz der Barmer Theologischen Erklärung (→ Barmen, 2) zu gelten: »In der Kirche ist eine Scheidung der äußeren Ordnung vom Bekenntnis nicht möglich.«

2. Die Theologie hat das K. auf das in ihm vorausgesetzte Verständnis der Kirche zu prüfen. Dabei ist die im → Bekenntnis (: V. VI) der Kirche sich aussprechende Bindung an das Evangelium die notwendige Voraussetzung jedes K.sdenkens. Dieses hat also nicht konstitutive, wohl aber konsekutive Bedeutung (Brunstäd). Konstitutiv ist nach luth. Verständnis das ministerium verbi divini et porrigendi sacramenta, das kraft göttlicher Stiftung, also de iure divino (→ Ius divinum) besteht, jedoch von Menschen verwaltet wird und der menschlichen Ordnung, also des K.s bedarf, das de iure humano ist. Es hat die Gestalt menschlicher und innerweltlicher Rechtsordnung, bleibt aber auf den Stiftungszweck der Kirche bezogen, der diese an die geschichtlich gegebene Welt bindet. - Umgekehrt wird aber das K. auch Fragen an die Theologie zu richten haben. Die Fruchtbarkeit solcher Fragen hat das Beispiel R.Sohms deutlich gezeigt. Heute wird die Frage nach den Ordnungsfaktoren des innerweltlichen Lebens der Kirche bes. dringlich sein. Ein Kirchenbegriff, der diese Frage eliminiert oder durch den vorschnellen Hinweis auf die Unweltlichkeit der Kirche beantwortet, erweist sich dann als unzulänglich. Wesentlich wird es sein, über die Sohmsche Fragestellung in allen ihren Abwandlungen hinauszugelangen und den Doppelcharakter der Kirche als Stiftung und innerweltliche Gemeinschaft festzuhalten.

3. Die *Gegenwart* hat eine Reihe neuer Fragen an das K. gestellt. Von ihnen sind wenigstens die dringendsten zu nennen. Der moderne Wohlfahrtsstaat stellt die Frage nach der Bedeutung der christlichen → Liebestätigkeit (: II) in neuer Form. Dieses Problem hat auch eine kirchenrechtliche Seite und dürfte das Staats-K. noch intensiv beschäftigen. Die moderne Massengesellschaft erfordert ferner von den großen Gemeinschaften eine Durchrationalisierung der Organisationsformen. Die unvermerkte Übernahme dieser Lebensformen durch die Kirche aus analogen Organisationen der Gesellschaft vollzieht sich in einer bisher kaum wahrgenommenen und deshalb unkontrollierten Weise. Ihr kann aber nicht durch die Rückkehr zu romantischen Vorstellungen begegnet werden. Endlich ist mit der Ausweitung der modernen Weltsituation auch die ökumenische Frage neu gestellt, die auch eine Fülle kirchenrechtlicher Aspekte enthält.

Außer der Lit. zu →Kirchenrecht: I B: H.WEHRHAHN, Die Grundlagenproblematik des dt. ev. K.s 1933-1945 (ThR NF 18, 1950, 69 bis 90. 112-147; 19, 1951, 221-252; Lit.) - H.v.CAMPENHAUSEN, Kirchl. Amt u. geistl. Vollmacht in den ersten drei Jh.en (BHTh 14), 1953 - G.WASSE, Die Werke u. Einrichtungen der ev. Kirche (Gött. Rechtswiss. Stud. 11), 1954 - E.RUPPEL, Rechtl. u. nichtrechtl. Faktoren im kirchl. Organisationsleben (ELKZ 10, 1956, 229-231) - DERS., Forderungen für die Praxis des K.s (ZevKR 6, 1959, 285-294) - H.DOMBOIS, Ordnung u. Unordnung in der Kirche, 1957. - Zev KR, seit 1951.
K.Janssen

Kirchenregiment. Das reformatorische Zeitalter (CA XIV. XVIII) verwandte das Wort K. (ordo oder potestas ecclesiastica) zur Bezeichnung des geistlichen Regiments (→ Schlüsselgewalt: II), also für Wort- und Sakramentsverwaltung und geistliche Leitung. Die Tätigkeit des Landesherrn in der Kirche wurde dagegen mit den Begriffen der custodia utriusque tabulae zur Kennzeichnung der Sorge für den wahren Glauben und des praecipuum membrum ecclesiae als Ausdruck der Stellung des Fürsten als sonderliches Glied der Kirche und seiner Hilfe umschrieben (→ Cura religionis). Mit der nachreformatorischen Befestigung der Stellung des Landesherrn gewann der Begriff der potestas ecclesiastica indes eine andere Bedeutung und diente nun zur zusammenfassenden Charakterisierung der landesherrlichen Rechte in Kirchensachen, die seinem weltlichen Regiment (regimen saeculare) gegenübergestellt wurden. Dabei wurde der Begriff durch Aufnahme der zuerst von → Pareus ausgesprochenen Unterscheidung von interner kirchlicher Gewalt und potestas ecclesiastica externa näher abgegrenzt. Während die erstere als spiritueller Auftrag (Predigt, Sakrament, Hirtenamt) dem geistlichen Amt verbleibt, steht die potestas circa sacra, wie die äußere → Kirchengewalt auch genannt wird, dem Landesherrn zu. Den Rechtstitel hierfür entnahm die ältere Lehre im Zeichen des sog. → Episkopalismus, gestützt auf den → Augsburger Religionsfrieden, einer Verbindung mehrerer Gesichtspunkte. Sie berief sich auf die reichsrechtliche Suspension der bischöflichen → Jurisdiktion, aus der sie eine Übertragung (translatio, devolutio) dieser iura episcopalia auf den Fürsten ableitete, aber auch bereits auf die territoriale Hoheit (bes. für das ius reformandi) und auf theologische Vorstellungen (cura religionis). - Im Laufe des 17.Jh.s löste sich die Begründung des K.s von episkopalistischen Vorstellungen und wurde unter Behauptung einer von der Reformation vollzogenen Restitution ursprünglicher Rechte der Obrigkeit mit der allgemeinen Territorialhoheit verbunden (→ Territorialismus). Die Kirche steht im Staat, nicht unabhängig neben ihm. Der Inhalt des K.s umfaßte Berufung der Geistlichen, Visitation, kirchliche → Gesetzgebung, geistliche → Gerichtsbarkeit, Leitung von Synoden und Vermögensverwaltung sowie das Recht, den Glauben eines Territoriums für dessen Bewohner verbindlich festzulegen (→ Cuius regio). Auch die seit dem späteren 17.Jh. aufkommende Sicht der Kirche als collegium, als freier Zusammenschluß ihrer Glieder, änderte an dieser Auffassung nichts, wiewohl nun die innere Selbständigkeit der Kirche stärker betont wurde. Doch wurden seit dem Spätabsolutismus die staatlichen Rechte in Kirchensachen rein säkular vom Staatsinteresse (Sicherung der öffentlichen Sicherheit und Ruhe) her begründet und nun als Ausdruck des jedem Landesherrn über alle Kirchen seines Gebietes - gewissermaßen als Teil einer dem Staate über alle collegia zustehenden Aufsicht - gehörenden Majestätsrechts in kirchlichen Angelegenheiten aufgefaßt (J.G.Heineccius, Elementa iuris nat. et gentium, 1764^{7}, Lib. II, § 183). Von dieser → Kirchenhoheit wurde zugleich das K. als der von den ev. Kirchen dem Landesherrn übertragene Bereich der Einwirkung auch innerhalb der kirchlichen Organisation und Leitung (sog. kollegiale Rechte der Kirchen) gesondert. Im Zeichen dieser Auffassung der Aufklärung erreichte die sachliche Ausdehnung landesherrlicher Einwirkungen auf die Kirchen ihr höchstes Maß; vielfach war die Kirche weitgehend dem staatlichen Aufbau eingefügt. - Das 19.Jh. verstand unter K. das nur den ev. Landesherren aus der Reformation erwachsene, über die allgemeine Kirchenhoheit hinausgehende Einflußrecht (bischöfliche Rechte, → Summepiskopat). Es umfaßte die kirchliche Gesetzgebung, die Besetzung kirchlicher Ämter sowie die Beaufsichtigung der kirchlichen Finanz- und Vermögensführung. Der Landesherr übertrug die Ausübung dieser Rechte besonderen → Kirchenbehörden (→ Konsistorien, → Superintendenten usw). Die Entwicklung führte, namentlich nach 1848, fortschreitend zur Verselbständigung der kirchlichen Organisation gegenüber dem Staat und zu einer Beschränkung des sachlichen Umfangs des K.s. Der Landesherr beteiligte ferner in zunehmendem Maße an der Ausübung kirchenregimentlicher Befugnisse auch Presbyterien und Synoden und beschränkte damit seinen Einfluß. 1918 fiel das K. im überlieferten Sinne dahin. Versuche, es auf die neuen republikanischen Regierungen zu überführen (Preußen), wurden bald aufgegeben. - Damit ist der Weg zu einer neuen geistlichen Deutung dieses Begriffes wieder freigelegt. Die *luth.* Auffassung erblickt in dem durch Vokation entstehenden Amt des → Pfarrers (Bischofs) ein ministerium verbi, dem zugleich im Hirtenamt auch regimentliche Aufgaben zustehen. Diese Elemente des Regiments können in einem übergeordneten Bischofsamt (→ Bischof: III) verstärkt erscheinen. Das K. liegt also beim geistlichen Amt in seiner Zuwendung zur → Gemeinde (: II) und ist ohne geistliches Amt nicht im rechten Sinne geistlicher Leitung und kirchlicher Ordnung denkbar. Es hat seine Wurzel stets in der Vollmacht der → Kirche (: VI B) selbst, Kirche zu leiten kraft des geistlichen Amts (Schlink). - Die *ref.* Lehre hat stets an der Unabhängigkeit christlicher Ordnung von staatlicher Leitung festgehalten, obwohl auch die ref. Landeskirchen sich dem K. des Fürsten einfügten. Für sie ist die Gestalt des K.s im geistlichen Sinne in bestimmten Grundlagen bekenntnismäßig bestimmt. Die kirchliche Ordnung umfaßt verschiedene Dienste der Gemeinde. Auch nach ref. Ansicht wird die Vollmacht und Notwendigkeit des Amtes in der Ausübung des K.s anerkannt.

Im Recht der *kath.* Kirche entspricht dem K. die Aufgabe der geistlichen Leitung und Verwaltung, die durch den Begriff der potestas iurisdictionis umschrieben wird. Sie eignet der → Hierarchie des kirchlichen Amtes, im engeren hoheitlichen Sinne der bischöflichen Gewalt. - Dem *österreichischen* Staatskirchenrecht ist der Begriff des K.s im Sinne einer Staatsleitung wegen der kath. Wurzel dieses Rechtsbereichs fremd. - In der *Schweiz* gehörte der Begriff des K.s als staatlicher Leitung der Landeskirche dem älteren staatskirchenrechtlichen Entwicklungszustand an. - Vgl. zum Ganzen → Kirche und Staat.

K.Rieker, Die rechtl. Stellung der ev. Kirche Deutschlands..., 1893 - W.Niesel, Die Theol. Calvins, (1938) 1957^{2} - J.Heckel, Cura religionis (s. → Ius circa sacra) - E.Schlink, Theol. der luth. Bekenntnisschriften, (1940) 1948^{3} - H.H.Kramm, Bischof, Pastor u. Gemeinde, 1954 - P.Brunner, Vom Amt des Bischofs (SThKAB 9), 1955, 5ff - M.Heckel (s. → Ius circa sacra). *U.Scheuner*

Kirchensiegel. Das Siegel, aus Bild und Schrift gefügtes Zeichen einer Person oder Institution zu Beglaubigung und Verschlußschutz, war schon der Antike bekannt (→ Siegel und Gemmen). Erste kirchliche Siegel bei Päpsten des 7.Jh.s tragen nur Schrift; seit Viktor II. nehmen sie Bilder auf und gewinnen bei Paschalis II. († 1118) die typische Bleibullenform: Köpfe Peter und Pauls im Avers, Papstname im Revers. Siegel von Erzbischöfen, Bischöfen und Äbten kommen im 10.Jh. auf, zuerst in Metz, Toul, Mainz, Trier, Köln. Wie das Kaisersiegel gehen sie vom Brustbild zu Halbfigur und Vollporträt (Amtstyp) über; stehend seit 1100, sitzend um 1150. Damals führt sich das später für K. vorherrschende Spitzoval ein. Heiligenfiguren (Patrone) sind im spätgotischen Korporationssiegel vom Kloster bis zur Bruderschaft beliebt. Hier gewinnt das K. oft höchste künstlerische Ausdruckskraft des Reliefs. Neben der Einzelfigur stehen Szenen der Marienlegende, seltener des Lebens Christi; reine Symbolik ist nur auf Kleinsiegeln häufiger. Zahlreich sind Votivsiegel mit Anbetungsszene. Das spitzovale Kardinalssiegel geht Mitte des 15.Jh.s zuerst vom gotischen Baldachin zur Renaissance-Architektur über. Wappen verdrängen die Anbetungsszene. Seit dem 16.Jh. erstarrt auch die kirchliche Siegelkunst; Nachschnitte wandeln alte Vorbilder barock ab. Das Relief verflacht vom Wachs über Siegellack und Oblate zum Farbstempel des 19.Jh.s. - Das Siegel behält juristische Beweiskraft, verliert aber an öffentlicher Wirkung als Beglaubigungsmittel. In gehobener Urkundensphäre wahrt es Würde, weil die Kirchen im 20.Jh. auch auf dieses Feld ihrer Autonomie wieder aufmerksam werden, wie die um juristisch, historisch und künstlerisch gültige Form bemühten Siegelordnungen mehrerer Landeskirchen zeigen.

W.de Gray Birch, Seals, 1907 - Th.Ilgen, Sphragistik, 1912^{2} - J.Roman, Manuel de sigillographie française, 1912 - W.Ewald, Siegelkunde, 1914 - H.Bresslau-H.-W.Klewitz, Hdb. der Urkundenlehre II/2, (1931) 1958^{2}. *H.Stoob*

Kirchenslawisch. Unter K. versteht man ein Schrifttum, dessen Schriftzeichen im 10.Jh. in Bulgarien entstanden sind. Es wurde in Rußland von Peter I. durch das »bürgerliche Alphabet« (graždánka) abgelöst. Diese »Kirillica« geht zum größten Teil auf die griech. Majuskel und einige orientalische Zeichen zurück. Weit älter als die »Kirillica« ist die »Glagolica« (spr.: -za). Sie ist sehr wahrscheinlich von → Konstantin (Kyrill, † 869) selbst erfunden worden und geht auf die griech. Minuskel sowie eine größere Anzahl orientalischer Zeichen zurück. Man unterscheidet das Alt-K.e der glagolitisch und kirillisch geschriebenen Literaturdenkmäler (10.-11.Jh.) vom K.en der späteren Zeit. Dieses K.e hat bei den slawischen Völkern in Schrift, Grammatik und Syntax verschiedene Modifikationen erlebt. Die alte kursive Glagolica ist in Gestalt einer Steilschrift vor allem die Schrift der mit Rom unierten Orthodoxen in Serbien und Kroatien geworden.

A. Leskien, Hdb. der altbulgar. (altk.en) Sprache, (1871) 1955[7] - V. Jagić, Entstehungsgesch. der k.en Sprache, (1900) 1913[2] - N. van Wijk, Gesch. der altk.en Sprache I, 1931 - P. Diels, Altk.e Grammatik I. II, 1932/34 - L. Sadnik-R. Aitzetmüller, HWB zu den altk.en Texten, 1955. *K. Onasch*

Kirchensprache

1. K. im Unterschied zur Volkssprache - 2. K. und Bibelsprache - 3. K. und Umgangssprache. - Vgl. auch → Plattdeutsche Gottesdienste

1. Anfänglich war die christliche K. zunächst die Volkssprache, in Palästina also aramäisch, in den hellenistischen Gemeinden griechisch. In syrischen Gemeinden bildete früh das Syrische, in nordafrikanischen und italischen das Lateinische die K. Als sich das Lateinische etwa seit dem 3.Jh. im *Westen* durchsetzte, verblieben aus der griechischen Messe einzelne Bestandteile (Lesungen in der Papstmesse; das → Kyrie). Eine lat. K. gegenüber der Volkssprache gibt es erst, seit sich im Westen die romanischen Sprachzweige herausbildeten. Von nun an konnte die Gemeinde die Gottesdienstsprache höchstens noch bruchstückweise verstehen. - Die Konsequenz, mit der Rom auch in den neuen Kirchengebieten auf der lat. K. bestand, kam aus dem Wissen um den so gewonnenen Abstand zwischen dem priesterlichen Mysterium und dem in Ehrfurcht vor dem Unbegreiflichen zu haltenden Volk. Auch der Gedanke des kirchlichen Universalismus wirkte mit. Im *Osten* war man in sprachlicher Hinsicht weitherziger. Dort bilden das Griechische (κοινὴ διάλεκτος, 6./8.Jh.), → Kirchenslawische (= Alt-Bulgarische), Alt-Syrische, Alt-Armenische, Alt-Äthiopische und Koptische die K.n (W. Völker). - Den akath. Gruppen und Bewegungen des Westens war die Volkssprache in ihren Versammlungen selbstverständlich. Die Volks*predigt* wurde auch in der röm. Kirche stets in der Muttersprache gehalten. Dagegen wurden Messen in der Landessprache immer wieder verboten. Das → Tridentinum zeigt, daß auch die Haltung der Reformation daran nichts änderte. Doch drang schon vor der Reformation, noch mehr unter ihrem Einfluß, die Volkssprache im gemeindlichen Singen, namentlich in Deutschland, in den kath. Gottesdienst ein. Auch gestattet die röm. Kirche den → Unierten Kirchen des Orients ihre eigene K. - In Deutschland gehörte die »Deutsche Messe« zu den volkstümlichsten Errungenschaften der Reformation, wenn sich auch neben der deutschen K. lat. Liturgiebestandteile lange erhielten, teils auf Grund von Luthers Formula missae, teils infolge übernommener lat. Musiktexte. In der röm. Kirche suchte man zunehmend das Bedürfnis nach volkssprachlichem Gottesdienst durch Volksandachten zu befriedigen, die jedoch nicht als »Liturgie« gewertet werden. Auch haben sich heute unter mancherlei Schwankungen muttersprachliche Volksmessen u.ä. neben der noch immer herrschenden Messe in der K. stellenweise durchgesetzt. Endlich hat in der Collectio rituum für die deutschen Diözesen von 1950 die Volkssprache einen breiten Raum erhalten (→ Gottesdienst: V B, 1, → Messe: II).

2. Ein besonderes Problem innerhalb der allgemeinen Problematik der K. bildet die *Bibelsprache*. Mit geringen Ausnahmen ist die Bibel in den Ursprachen niemandem mehr zugänglich, von den Theologen und anderen Gelehrten abgesehen. Dennoch war bis zur Reformation in der röm. Kirche eine andere Bibel als die in der K. mindestens unerwünscht, stellenweise sogar verboten (→ Bibelverbot). Erst die Reformation hat hier, in der röm. Kirche wenigstens für den Privatgebrauch, einen Wandel gebracht. Überall aber kommt das »Wort Gottes« nur durch das Medium der Übersetzer zur Gemeinde. Schon daraus ergibt sich die bleibende Notwendigkeit von Bibelrevisionen (→ Bibelübersetzungen: VI) und neuen Übersetzungen und daraus wieder ein unvermeidlicher Abstand zwischen den *offiziellen* und den privat benutzten Bibelübersetzungen. Auch die Bindung der Pfarrer an die Kirchenbibel im Gottesdienst wird hier aktuell. Alle diese Fragen sind nie *endgültig* zu beantworten.

3. Der Unterschied zwischen der in Liturgie und Predigt gebrauchten K. und der Schrift- und *Umgangssprache* der Gemeindeglieder wird in der Öffentlichkeit heute als Not empfunden, zumal die K. beim Pfarrer auch im Verkehr mit seinen Gemeindegliedern immer wieder durchbricht. Die liturgische K. ist oft archaistisch, im Wortgebrauch und Satzgefüge schwer verständlich. Das wird kirchlicherseits nicht genügend bedacht. Nur bei den Berneuchenern (→ Berneuchen) ist man um eine neue Liturgiesprache bemüht. - In der → Predigt herrscht zwar nicht mehr die »Sprache Kanaans«, aber die Aufgabe, das *schon* übersetzte Bibelwort in die Denk- und Sprechweise der Gemeinde *nochmals* zu übersetzen, wird zu wenig erkannt. Die Gleichgültigkeit der jüngeren Theologengeneration hinsichtlich der Pflege der Muttersprache ist ebenso erschreckend wie ihre Neigung, den theologischen »Jargon« ihrer Lehrer auf die Kanzel zu bringen. Angesichts dieses Zustands ist das Schlagwort von den »Predigten, die nicht ankommen«, allzu berechtigt. Auch wenn zu vermuten ist, daß eine wirkliche Erneuerung der K. nur aus einer tiefgreifenden Erneuerung des Glaubens erwachsen kann, muß doch die Sorge um die Besserung der K. das kirchliche Leben dauernd beunruhigen, übrigens auch hinsichtlich des Tones kirchenamtlicher Erlasse und synodaler Kundgebungen.

K. Holl, Das Fortleben der Volkssprachen in Kleinasien in nachchristl. Zeit (Hermes 43, 1908, 240-254 = Holl II, 238-248) - A. Baumstark, Vom geschichtl. Werden der Liturgie, 1923, 78ff. 97ff - Braun, LH 198f - RGG[2] III, 963 (W. Völker; Lit.) - LThK V, 1028ff - L. Eisenhofer-K. Lechner, Grundriß der Liturgik des röm. Ritus, 1953[6], 43ff (Lit.) - W. Jannasch, Randbemerkungen zum Problem der Kirchenbibel (in: Antwort, Festschr. f. K. Barth, 1956, 571-581) - H. Buhr, Glossen zu einem Musterbeispiel der gegenwärtigen K. (ZThK 55, 1958, 372-393) - W. Schneemelcher (Hg.), Das Problem der Sprache in Theol. u. Kirche, 1959, bes. 55-67 (W. Schneemelcher). 85-111 (D. Müller). 112-124 (H.-R. Müller-Schwefe). *W. Jannasch*

Kirchenstaat. Als K. im weiteren Sinne bezeichnet man einen Staat, dessen Zweck es ist, einer Religionsgemeinschaft zu dienen (K.stum, Gegensatz: Staatskirchentum). - Im eigentlichen Sinne wird das vom Papst als weltlichem Herrscher regierte Gebiet K. genannt. Der K. ist 754 entstanden (donatio Pippini), 962 durch → Otto d.Gr. erneuert. Nach wechselvollen Schicksalen im MA und in der beginnenden Neuzeit wurde der K. 1809 durch → Napoleon beseitigt, 1814 wiederhergestellt, 1870 dem Königreich → Italien einverleibt, 1929 durch die Lateranverträge mit einem Gebiet von nur 0,44 qkm und ca 1000 Einwohnern als »Vatikanstadt« (Città del Vaticano) wiederhergestellt. Der K. ist somit der kleinste Staat der Welt. Er ist aber als souveränes, neutrales Territorium, das vom Papst als absolutem Monarchen regiert wird und ausschließlich dazu bestimmt ist, der kath. Weltkirche zu dienen, von großer politischer und völkerrechtlicher Bedeutung. - Vgl. → Papsttum.

J.v.Döllinger, Kirche u. Kirchen, Papsttum u. K., 1861 - M. Brosch, Gesch. des K.es, 2 Bde, 1880/92 - H.Bastgen, Die Röm. Frage, Dokumente u. Stimmen, 3 Bde, 1917/19 - H.Liermann, Staat u. Kirche in den Lateranverträgen (AÖR NF 18, 1930, 379-410) - Th.Frhr.v.Reck, Die Lösung der Röm. Frage, 1930 - LThK V, 1031 ff (Lit.) - EC XI, 1272 ff (Lit.) - E.E.Y.Hales, Papst Pius IX., Politik u. Religion, dt. 1957 - F.Engel-Janosi, Österreich u. der Vatikan 1846-1918, Bd I, 1958. *H.Liermann*

Kirchensteuer

I. Rechtlich - II. Theologische Beurteilung. - Vgl. → Finanzwesen, kirchliches

I. Rechtlich

1. Geschichtliches - 2. Grundsätzliches - 3. Grundzüge rechtlicher Gestaltung

1. Der Wandel der Wirtschaftsstruktur im 19.Jh., der Rückgang der Naturalwirtschaft, das Vordringen der durch Handel und Industrie bestimmten Geldwirtschaft (→ Geld: II) sowie die damit verbundenen sozialen Umschichtungen, ferner die Ablösung der für kirchliche Zwecke bestehenden Grundlasten (→ *Zehnten* u.a.) waren Anlaß, Geldabgaben nicht nur für die bürgerliche Gemeinde (→ Steuern), sondern auch für kirchlichen Bedarf zu erheben. Hinzu kam die Trennung des bürgerlichen vom kirchlichen Gemeindevermögen. Nachdem schon die Rhein.-Westf. Kirchenordnung (1835) eine Abgabepflicht der Gemeindeglieder geregelt hatte, folgten in der 2. Hälfte des 19.Jh.s K.gesetze in Hessen 1875, Württemberg 1887, Baden 1888, Bayern 1892. Meist waren anfangs die Kirchengemeinden steuerberechtigt, bald auch Landeskirchen. Nach Beendigung des landesherrlichen → Kirchenregiments (1918) gewannen die K.n für das → *Finanzwesen* (: I. II) der Kirchen zunehmend an Bedeutung; sie bringen heute für die kirchlichen Haushalte die weitaus wichtigsten Einnahmen.

2. Wie das Beispiel der deutschen, gegenüber dem Staat selbständigen Kirchen zeigt, ist es unzutreffend, K.n als Merkmal einer staatskirchlichen Verfassung der Kirche anzusehen. Zwar kennen die mit dem Staat eng verbundenen skandinavischen Volkskirchen ebenfalls K.n; demgegenüber wird aber zB für die Kirche von England, obschon in ähnlicher Verbindung mit dem Staate stehend, keine K. erhoben. - Die *kath. Kirche* nimmt (CIC c. 1496) für sich in Anspruch, daß der Papst für die ganze Kirche, die Bischöfe für ihre Diözesen das K.recht als eigenes, vom Staat unabhängiges kirchliches Hoheitsrecht besitzen. Wo der Staat es ablehnt, dieses K.-recht mit seinen Zwangsmitteln gegen zahlungsunwillige Steuerpflichtige durchzusetzen, kann die kath. Kirche nur mittels Kirchenzucht (zB Bann) ihrem Anspruch Nachdruck verleihen. - In der *ev. Kirche* wird nicht gleicherweise ein eigenes, vom Staat unabhängiges kirchliches Steuerrecht behauptet. Jedoch ist sie wie jede Gemeinschaft berechtigt, von ihren Mitgliedern Beiträge zur Deckung der Kosten ihres Dienstes zu verlangen. Solche Beiträge werden als K.n erhoben, weil die Kirchen nach der geschichtlichen Entwicklung des Verhältnisses von → Kirche und Staat in Deutschland eigenständige → Körperschaften des öffentlichen Rechts sind. Staatlich ist dies anerkannt in Art. 140 GG in Verbindung mit Art. 137 WRV, ebenso in manchen Länderverfassungen und in Verträgen zwischen Ländern und Kirchen. In Art. 43 Abs. 4 der Verfassung der DDR wird zwar das Besteuerungsrecht der Kirche ebenfalls anerkannt, doch werden ihr die Steuerunterlagen nicht mehr zur Verfügung gestellt. Die K. steht seit 1956 (Rundverfügung Nr. 2/56 des Ministeriums der Justiz) auf dem Rechtsniveau eines Beitrages, so daß staatliche Rechtshilfe nicht mehr in Anspruch genommen werden kann.

3. a) Im einzelnen besteht, geschichtlich bedingt und heute der Kulturhoheit der Länder sowie der Selbständigkeit der Landeskirchen entsprechend, eine Vielfalt landes- und kirchengesetzlicher Regelungen des K.-rechts. Je nachdem, wer K.gläubiger ist, werden *Orts-* und *Landes-K.n* unterschieden. Einige Kirchen kennen nur Orts-K.n oder nur eine Landes-K.; andere haben beide Formen. Die K.n sind in der Regel an staatliche oder kommunale → Steuern angelehnt, indem Zuschläge zu diesen als K. erhoben werden. Überall ist die zZ als 8 oder 10%iger Zuschlag zur Einkommen- (Lohn-)Steuer berechnete K. die wichtigste. Die Höhe dieses Zuschlags ist begrenzt durch den Bedarf und die sonstigen Einnahmen der Kirche (zB → Staatsleistungen); ihre Festsetzung durch Synoden oder kirchliche Steuervertretungen unterliegt in der Regel staatlicher Genehmigung. Außerdem werden, landeskirchlich verschieden, *Zuschläge* zur *Vermögensteuer*, zu den *Grundsteuermeßbeträgen* bei land- und forstwirtschaftlich genutztem Eigentum oder auch bei bebauten → Grundstücken erhoben, desgleichen vereinzelt Zuschläge zu den *Gewerbesteuermeßbeträgen*. Ein Sonderfall ist die Besteuerung juristischer Personen durch die badische Kirche, wo eine örtliche Kirchenbausteuer als Zuschlag zur Körperschaftsteuer besteht, deren Vereinbarkeit mit dem Verfassungsrecht wiederholt gerichtlich geprüft werden mußte. Mancherorts gibt es noch dingliche, auf Grundbesitz ruhende K.-lasten älteren Rechts. Teils als Orts-K., teils neben den K.n kennen manche Kirchen ein einfaches oder gestaffeltes *Kirchgeld*, das von allen Gemeindegliedern, die Einkommen haben, mitunter auch nur von solchen erhoben wird, die nicht kirchensteuerpflichtig sind.

b) *K.pflichtig* sind allgemein die Mitglieder der steuerberechtigten Kirche, doch greift das K.recht mancher Kirchen über diesen Personenkreis dort hinaus, wo zB der im Bereich der steuerberechtigten Kirche gelegene Grundbesitz oder Gewerbebetrieb besteuert wird, auch wenn der anderwärts wohnende Inhaber nicht zu dieser Kirche gehört *(Forensenbesteuerung)*. Diese Regelung läßt sich nur noch aus der staatskirchlichen Vergangenheit des Rechtsinstituts der K. erklären. Hiervon zu unterscheiden ist die in Steuergesetzen festgelegte *Haftung* eines der steuerberechtigten Kirche nicht angehörenden Ehegatten für die K. des zu dieser Kirche gehörenden andern Ehepartners. Die K.pflicht beginnt (→ Aufnahme) und endet mit der → Kirchenmitgliedschaft, wobei mitunter Stichtage zu beachten sind.

c) Zum Besteuerungsrecht der Kirche gehört auch, daß sie den *K.tarif* bestimmt. Soweit K.n als Zuschläge zu staatlichen Steuern erhoben werden, begibt sich die Kirche in Abhängigkeit von der staatlichen Steuerpolitik, wobei jede Änderung zB des Tarifs der Einkommensteuer die K. beeinflußt. Zugleich wird damit die Einkommensgrenze bestimmt, bei der die K.pflicht beginnt. Da aber jeder seinen Anteil an den Kosten des kirchlichen Dienstes tragen soll, wird, vom *Kirchgeld* abgesehen, in einigen Kirchen eine *Mindest-K.* erhoben. Sie ist der Ansatz zu einem besonderen K.tarif, wobei entweder bei Beginn der Einkommensteuerpflicht ein Mindestbetrag als K. berechnet wird oder die K.pflicht mit einem Mindestbetrag schon früher einsetzt.

d) Die *Verwaltung* der K.n ist Sache der Kirchen. In der BRD haben aber alle Kirchen von der Möglichkeit Gebrauch gemacht, die Verwaltung der zuschlagweise zur Einkommen- (Lohn-)Steuer erhobenen K.n auf die staatlichen Finanzbehörden zu übertragen; nur die bayerische Landeskirche verwaltet die K.n der zur Einkommensteuer Veranlagten selbst. Bei den Gehalts- und Lohnempfängern wird die Kirchenlohnsteuer vom Arbeitgeber einbehalten und über die Finanzbehörden den Kirchenkassen zugeleitet.

e) Ohne Unterschied, ob Orts- oder Landes-K.n oder beide Steuerarten erhoben werden, ist ein *Finanzausgleich* zwischen der Landeskirche und der Gesamtheit der Kirchengemeinden (Gemeindeverbände), desgleichen unter den Kirchengemeinden geboten, der wesentlich dadurch bestimmt wird, welche Lasten des kirchlichen Dienstes bei den Kirchengemeinden, Gemeindeverbänden oder der Landeskirche liegen.

Außer der Lit. zu → Finanzwesen: II u. den Lehrbüchern des ev. u. kath. → Kirchenrechts: H.Gefaeller, Die K. seit 1945 (ZevKR 1, 1951, 80-100. 382-403). *R.Weeber*

II. Theologische Beurteilung

Die K. wird von theologischer Seite häufig kritisiert. Am radikalsten ist dabei das Urteil, daß die Sicherung der kirchlichen Einkünfte durch dieses System auf einem für das glaubende Vertrauen gefährlichen Sicherheitsverlangen beruhe. Man fordert die Ablösung der K. durch ein Beitragssystem auf der Grundlage des freiwilligen Opfers der Gemeindeglieder. Dadurch glaubt man dann auch die zu weit gehende Abhängigkeit der kirchlichen Finanzwirtschaft vom Staat und seinen Organen überwinden zu können, die im K.system droht. Zugleich hofft man, auf diese Weise einer zentralistischen Tendenz der K.verwaltung zu entgehen, die die Einzelgemeinde und ihre Selbstverantwortung schädige. - Dieser »Lasterkatalog« der K. ist in sich uneinheitlich und verrät innere Zusammenhänge mit sehr verschiedenen Kirchenidealen. Das Verbindende ist zunächst nur die gemeinsame Haltung des Unbehagens an der Großkirche. Da aber auch diese von ihren Gliedern bewußte, tätige und opferbereite Teilnahme am Leben der Kirche erwarten muß, sind die einzelnen Elemente der Kritik auch für sie fruchtbar zu machen. Von der Weiterentwicklung des K.rechtes und der K.verwaltung der Kirchen ist eine Gestaltung zu fordern, die einerseits Wortverkündigung und Liebestätigkeit gewährleistet, aber auch das freiwillige Opfer und die Verantwortung jedes Gemeindegliedes in Übung bleiben und wieder wachsende Bedeutung für das kirchliche → Finanzwesen (: II) gewinnen läßt.

Vgl. die Lit. zu → Finanzwesen: II u. → Kirchensteuer: I. Ferner: H.Ehlers, Theorie u. Praxis der K. (JK 12, 1951, 517-520).

K.Janssen

Kirchenstühle (K. = Kirchenstuhl), dh Sitze, Stühle, Bänke für die am Gottesdienst teilnehmenden Laien im → Kirchengebäude (für den Klerus s. → Chorgestühl), hat es schon in altkirchlicher Zeit gegeben, in Mittel- und Nordeuropa *allgemein* jedoch erst seit dem späten 13.Jh. In Deutschland werden zugleich mit der Entstehung des gotischen → Kirchenbaus (: III) gemäß der verfeinerten Lebenshaltung des Spät-MA die Kirchen fast ausnahmslos mit K.en ausgestattet, und zwar im Gegensatz zu den romanischen Ländern in der Regel mit Kirchenbänken, die vielfach kunstvoll ausgestaltet werden (→ Kunsthandwerk: II), nicht selten aber das architektonische Bild des Kircheninnern wesentlich beeinträchtigen. - Gleichzeitig entwickeln sich besondere *K.-rechte:* einzelne Gemeindemitglieder erhalten ein ausschließliches Benutzungsrecht an bestimmten K.en bzw. Bankplätzen oder das Recht, sich selbst an bevorzugter Stelle - zT sogar im Chor der Kirche - einen eigenen Stuhl aufzustellen. Dieses Vorrecht kommt bes. dem Inhaber des → Patronats (Grundherrn) zu, ferner gibt es »Amts-« oder »Offizialstühle« für Ratsherren, Professoren und Beamte; an andere Gemeindemitglieder werden K.e, sofern sie nicht als Real-K.e (mit einem Grundstück verbundene), Familien- oder Erbstühle im dauernden Besitz von einzelnen oder Familien stehen, vom Patron oder der Kirche auf gewisse Zeit oder Lebenszeit verkauft oder vermietet, vielfach auch meistbietend versteigert. Bes. in der *ev. Kirche* erlangen die - örtlich sehr verschiedenen - K.rechte wegen der Stellung der Predigt im ev. Gottesdienst eine erhebliche Bedeutung. Die → Kirchenordnungen des 16.Jh.s und spätere staatliche Gesetze - vor allem das Preuß. Allg. Landrecht von 1794 (Teil 2 Titel 11 §§ 676ff) - vermögen freilich die mannigfachen Mißstände nicht zu beseitigen, so daß es immer wieder über K.rechte zu Streitigkeiten und gerichtlichen Prozessen kommt. Erst der im 19.Jh. einsetzende allgemeine Wandel des Sozialempfindens leitet eine fortschreitende Beseitigung der besonderen K.rechte und der lokalen K.ordnungen ein. Heute kennt sie die ev. Kirche nur noch in geringer Zahl, zT als Observanz, vorwiegend in ländlichen Gemeinden. - Über die K.rechte in der *kath. Kirche* s. CIC c. 1455 n. 3 und c. 1263 (bes. für Patrone und höhere Amtspersonen).

J.Grünewald, Die Rechtsverhältnisse an K.en in ihrer grundsätzl. Auffassung nach staatl. u. kirchl. Recht bes. in Preußen, 1927 (Lit.) - Liermann 382. - Zur kath. Kirche: P.Hinschius, Das Kirchenrecht d. Kath. u. Prot. IV, 1888, 341ff - Eichmann-Mörsdorf II, 351f.

S.Reicke

Kirchentag. Der *Name* K. wird für verschiedenartige Versammlungen kirchlicher Natur verwendet. In jedem Fall schließt er ein institutionelles Moment und einen Anspruch auf öffentliches Gehör ein; häufig verbindet sich mit ihm auch die Betonung der besonderen kirchlichen Mitverantwortung der sog. Laien (→ Klerus und Laien). So heißen in einzelnen Landeskirchen die Synoden auf der Landes-, Kreis- oder Gemeindeebene K.e. Aber auch öffentliche Jahresversammlungen von kirchlichen Werken und Verbänden unter Beteiligung einer breiteren Öffentlichkeit und ähnliche der Stärkung des kirchlichen Bewußtseins und der Volksmission (→ Evangelisation) dienende Veranstaltungen tragen da und dort den Namen eines K.es. Allmählich tritt jedoch diese allgemeine Bedeutung hinter der speziellen zurück. Im besonderen ist die Bezeichnung Deutscher Ev. K. (DEKT) dreimal bedeutsam geworden.

Die ersten beiden Ausprägungen gehören der *Geschichte* an. Im Frühjahr 1848 forderte ein in der Nähe von Frankfurt/M. regelmäßig zusammenkommender Kreis unter Leitung von Dr. Philipp → Wackernagel zum ersten Mal die Einberufung eines DEKT, zu der dann in der Folge namhafte Männer der Kirche und des öffentlichen Lebens aufriefen. Am 29.9.1848 wurde der erste DEKT in Wittenberg unter Teilnahme von etwa 500 Personen eröffnet. Er beschloß die Gründung eines Kirchenbundes, die aber nie wirklich zustande kam, gab sich selbst einen engeren und einen weiteren Zentralausschuß zur Leitung und kontinuierlichen Fortführung der Arbeit und wählte den Geh. Oberregierungsrat v.Bethmann-Hollweg aus Bonn und F.J. → Stahl zu Präsidenten. Er ist dem Bewußtsein der Nachwelt bes. durch die zündende Rede → Wicherns über den Beruf der Kirche zur Tat der Liebe und die daran anknüpfende Gründung des Centralausschusses für → Innere Mission erhalten geblieben. Es ist heute Zeit, darüber hinaus zu sehen, daß die Bedeutung der Gründung von 1848 in dem umfassenden Versuch liegt, die ev. Christenheit Deutschlands aus ihren verschiedenen kirchlichen, theologischen und politischen Lagern zur Mitte des reformatorisch verstandenen Evangeliums hin zu sammeln und sie von da her instand zu setzen, den Fragen der Zeit ins Auge zu sehen und die politischen und sozialen Aufgaben in einer sich umschichtenden Gesellschaft anzufassen. Beides ist nicht voll gelungen, und schließlich ist der ganze Versuch als ein Bruchstück liegen geblieben. Was einmal gewollt und auch was erreicht wurde, zeigen die Berichte der folgenden K.e (1849 Wittenberg, 1850 Stuttgart, 1851 Elberfeld, 1852 Bremen, 1853 Berlin, 1854 Frankfurt/M. usw, insgesamt 16 bis 1872), deren Studium einer heutigen Generation manche Sackgasse ersparen und sie vor mancher Überheblichkeit bewahren kann. - Zum *zweiten* Mal spielt der Name des DEKT eine Rolle, als sich vom 1.-5.9.1919 in Dresden Vertreter der Kirchenleitungen, der Synoden und der freien kirchlichen Verbände aus allen deutschen ev. Landeskirchen trafen mit dem Ziel der Vorbereitung eines föderativen Zusammenschlusses der Kirchen. Nachdem 1921 ein zweiter derartiger K. in Stuttgart getagt hatte, wurde 1922 in Wittenberg der Deutsche Ev. → Kirchenbund gegründet. In seiner Verfassung spielt »der DEKT« etwa die Rolle einer Bundessynode. Bemerkenswert ist, daß ihm über sein sonstiges verfassungsmäßiges Funktionieren hinaus ausdrücklich das Recht gegeben wird, »in Angelegenheiten, die das Gesamtinteresse des deutschen Protestantismus berühren, öffentliche Kundgebungen ergehen« zu lassen. Davon wurde 1924 in Bethel (soziale Frage), 1927 in Königsberg (nationale Aufgaben) und zuletzt 1930 in Nürnberg Gebrauch gemacht. - Ein *DEKT in neuer Form* erscheint, als die Ev.Woche in Hannover am 1.8.1949 beschloß, sich als solchen zu konstituieren und gleichzeitig eine Organisation dieses Namens zu schaffen. Reinold v.Thadden-Trieglaff, seit langem in der deutschen und internationalen christlichen Studentenbewegung führend, Laienmitglied des Bruderrats der → Bekennenden Kirche in den Jahren des Dritten Reiches und neben Paul → Humburg Begründer und Leiter der Ev. Wochen, hatte sich in schweren Kriegs- und Nachkriegsjahren in Verbindung mit anderen gelobt, das Seine dazu zu tun, daß nicht noch einmal eine moralisch unvorbereitete und geistlich unmündige Christenheit den Drohungen und Verlockungen eines totalitären Staates erliege. Aus sibirischer Gefangenschaft und anschließender Tätigkeit beim Ökumenischen Rat in Genf zurückgekehrt, veranstaltete v.Thadden, unterstützt von zahlreichen Freunden, noch einmal eine Ev. Woche. Sie gipfelte in der Gründung des neuen DEKT, wie er sich seitdem dem Bewußtsein unzähliger ev. Christen in → Deutschland (: III, 6) und aller Welt und dem geschichtlichen Bild der deutschen Nachkriegszeit unverwischbar eingeprägt hat.

Über die *äußere Entwicklung* gibt die Tabelle auf Sp. 1530 Auskunft. Zuerst wurden *jährliche*, dann *zweijährliche* Großveranstaltungen abgehalten, seit 1957 alternierend mit dem Deutschen → Katholikentag in den ungeraden Jahren. 1957 fand anstelle des in Thüringen geplanten K.es ein Herbsttreffen in Berlin mit Delegierten der 26 Landesausschüsse des DEKT aus Ost und West statt. - Zur technischen Vorbereitung am *Ort* wird jeweils etwa ein Jahr vor Beginn ein örtlicher Vorbereitungsausschuß gebildet, der sich in 25 Fachausschüsse mit insgesamt etwa 300 Mitgliedern aufteilt. - Unter der *Losung* werden Arbeitsthemen behandelt, die bereits 10 Monate vor dem K. in Gemeinden und kirchlichen Kreisen anhand des vom DEKT herausgegebenen Vorbereitungsheftes erarbeitet werden. Auf dem K. selbst sind sie Gegenstand von Referaten und Diskussionen in den Arbeitsgruppen. Im ganzen gibt es auf einem

Jahr	Ort	Losung	Dauer-teilnehmer	Schluß-ver-sammlung
1949	Hannover	Kirche in Bewegung	—	9 000
1950	Essen	Rettet den Menschen	25 370	180 000
1951	Berlin	Wir sind doch Brüder	91 600	300 000
1952	Stuttgart	Wählt das Leben	30 750	200 000
1953	Hamburg	Werfet euer Vertrauen nicht weg	40 900	250 000
1954	Leipzig	Seid fröhlich in Hoffnung	60 450	650 000
1956	Frankfurt a. Main	Lasset euch versöhnen mit Gott	61 700	500 000
1959	München	Ihr sollt mein Volk sein	40 000	350 000

K. etwa 500 Einzelveranstaltungen: Gottesdienste und Abendmahlsfeiern, → Bibelarbeit, Arbeitsgruppen, Vorträge, Konzerte, Theater- und Filmvorführungen, Ausstellungen usw. Höhepunkte sind der Eröffnungsgottesdienst und die Hauptversammlung. - Die *Dauerteilnehmer* machen den in der Regel von Mittwoch bis Sonntag laufenden K. im ganzen mit. Sie gliedern sich in Einheimische, Gäste aus der BRD, aus der DDR, aus dem Ausland. Unter den Dauerteilnehmern sind 25-30% Jugendliche. Neben den Dauerteilnehmern nimmt eine unbestimmbare, aber sehr hohe Zahl von Menschen jeweils an einzelnen Veranstaltungen eines K.es teil.

Neben diesen K.en stehen die von einzelnen Landesausschüssen des DEKT veranstalteten Landes- oder Kreis-K.e. Der erste K.skongreß (Hamburg 1958, unter dem Thema »Wirklichkeit heute«) diente der Weltorientierung und der Sammlung einer geistig führenden Schicht des deutschen Protestantismus. In enger Verbindung mit dem DEKT werden K.e in Holland, Frankreich (rassemblement protestant), Schottland (Kirk Week), Indonesien, Dänemark und in der Schweiz durchgeführt oder vorbereitet.

Elemente des *inneren Selbstverständnisses* des DEKT sind: Verlebendigung der christlichen Gemeinde durch Vertiefung des persönlichen Glaubens und schöpferische Teilnahme bes. der nichtbeamteten Glieder am Leben der Kirche; Wahrnahme christlicher Verantwortung im Leben der Welt durch die einzelnen, jeweils an ihrem Platz tätigen Christen wie durch Bildung einer lebendig wirkenden und bei aller notwendigen und wünschenswerten Vielfalt sich ihrer Verpflichtung gemeinsam bewußten ev. Christenheit; Verwirklichung der grundsätzlichen Ökumenizität der hier liegenden Aufgaben; volksmissionarische Erreichung der dem Leben der Kirche Fernstehenden; Darstellung der Zusammengehörigkeit der ev. Christen Deutschlands über die landeskirchlichen und politischen Grenzen hinweg. Diesen Zielen dient die Arbeit der Ausschüsse des DEKT, etwa der Publizisten, der Ökumene, der Künstler und bes. der 6 ständigen Arbeitsgruppenleitungen: (1) Kirche und Gemeinde, (2) Familie und Erziehung, (3) Volk und Staat, (4) Wirtschaft und Gesellschaft, (5) Dorf und Landwirtschaft, (6) Großstadt und Siedlung, ebenso die vom DEKT herausgegebene Literatur.

Der DEKT ist rechtlich, *organisatorisch* und finanziell unabhängig von der → Evangelischen Kirche in Deutschland (: II) und ihren Gliedkirchen, wenn er sich ihnen auch in der Verantwortung einer ev. Laienbewegung aufs engste verbunden weiß. Die Ordnung vom Nov. 1955 sieht also berstes Organ die Präsidialversammlung vor, der ca 90 Personen angehören. Die Leitung liegt in Händen des aus 12-17 Personen bestehenden Präsidiums, dessen Vorsitzender der Präsident ist. Ihm steht ein kleiner Präsidialrat zur Seite. Die laufenden Geschäfte werden vom Generalsekretariat geführt, dem neben einem geschäftsführenden und einem theologischen Generalsekretär eine kleine Zahl von hauptamtlichen Mitarbeitern angehören. Rechtsträger ist der »Verein zur Förderung des DEKT e. V.« Fulda, wo auch der Sitz des Präsidenten und des Generalsekretariats ist.

Für DEKT 1848-72 vgl. RE X, 476ff; für DEKT 1919-30 die Verhandlungsberichte im Verlag des Ev. Preßverbandes für Deutschland, Berlin-Steglitz, u. die Lit. zu Deutscher Ev. → Kirchenbund; für DEKT seit 1949 die Vorbereitungshefte, Berichts- u. Dokumentarbände je mit der Losung als Titel, erschienen im Kreuz-Verlag, Stuttgart. *H.H.Walz*

Kirchentöne, im mittelalterlichen Sinne: Oktavausschnitte aus dem diatonischen Tonsystem. Die verschiedene Lage des Haupt- und Finaltones (D, E, F oder G) bedingt eine verschiedene Stellung der Ganz- und Halbtöne. Der Oktavausschnitt kann vom Hauptton an aufsteigen (authentische Tonarten) oder um ihn herum gelagert sein (plagale Tonarten). Dementsprechend unterscheidet man 8 K., seit dem 10.Jh. mit griechischen Tonartnamen, die aber ihre alte Bedeutung verloren haben: Dorisch und Hypodorisch (D-Schluß), Phrygisch, Hypophrygisch (E), Lydisch, Hypolydisch (F), Mixolydisch, Hypomixolydisch (G). Die K. besitzen keinen Leittonschluß, ihre Kadenzen sind frei gebildet, geistigerer Art. Das System von 8 K.n (→ Oktoechos) stammt aus dem Orient. Der liturgische Gesang des Abendlandes beginnt als Rezitativ, wohl nur mit Umspielungen der beiden Rezitationstöne a und c - also gewissermaßen mit 2 K.n, doch richtiger ohne tonartliche Ordnung. Die Komposition von → Antiphonen und → Responsorien erweitert den tonalen Bestand. Die neuen Melodien werden nach Formeln und nicht bewußt nach der Struktur, dh nach der Halbtonlage, zu Tonarten geordnet, für die nach byzantinischem Vorbild Memorierformeln aufgestellt werden. Mit der Verpflanzung des → Chorals nach Frankreich macht sich eine neue strukturelle Tonauffassung geltend. Die Gesänge werden streng diatonisch. Der Finalton tritt in den Vordergrund, neben ihm die Confinalis (Quinte oder im Phrygischen die Sexte). Außerdem werden den 2×4 Tönen jetzt 2×2 andere Töne mit den Finalen c und a, offenbar heimischen Ursprungs, beigeordnet - zunächst angeblich von Karl d. Gr. -, dann erneut im wissenschaftlichen System von Glarean (Dodekachordon). Die neuen Töne entwickeln sich aber zum Dur-Mollsystem, das die K. im Zeitalter der → Generalbaß-Musik verdrängt.

J.Jeannin-J.Puyade, L'Octoëchos Syrien (OrChr NS 3, 1913, 82-104. 277-298) - A.Auda, Les modes et les tons de la musique, Paris 1931 - O.Gombosi, Studien zur Tonartenlehre des frühen MA (AcMus 10, 1938, 149-174; 11, 1939, 28-39. 128-135; 12, 1940, 21-52) - E.Werner, The Origin of the Eight Modes of Music (HUCA 21, 1948, 211-255). *E.Jammers*

Kirchenverfassung

I. Im NT - II. In der alten Kirche - III. Kirchenverfassung der Orth. Kirchen - IV. Kirchenverfassung Westeuropas im MA - V. Kath. Kirchenverfassung der Neuzeit - VI. Geschichte der ev. Kirchenverfassung - VII. Ev. Kirchenverfassung der Neuzeit in Deutschland. - K. = Kirche, KV. = Kirchenverfassung. - Vgl. ergänzend → Bischof, → Kirche, → Kirchenrecht

I. Im NT

Über die Anfänge der kirchlichen Organisation sind wenige brauchbare Nachrichten erhalten, deren Zufälligkeit nur ein lückenreiches Bild der Verfassungsentwicklung gewährt. An der Spitze der ältesten palästinensischen Gemeinden mit dem Zentrum Jerusalem (→ Urchristentum) scheinen in irgendeiner Weise die »Zwölf« gestanden zu haben, deren Kollegium bei der → Parusie in Kraft tretende Richt- und Regierungsgewalt zugeschrieben wurde (Mt 19, 28; → Apostel, 3). Wie sich daneben die Stellung der drei »Säulen« - des ersten Auferstehungszeugen → Petrus, des Herrenbruders → Jakobus und des Zebedaiden → Johannes -, der »Sieben« (→ Diakon, 1) und der → Apostel verhielt, ist unklar. → Paulus trat jedenfalls nach seiner Bekehrung mit Petrus und den übrigen »Säulen« in Verbindung, und so wenig die von ihm auf dem sog. Apostelkonzil mit ihnen getroffenen Vereinbarungen an eine juristisch faßbare Oberhoheit Jerusalems über die übrigen Gemeinden denken lassen, so ist doch sein respektvolles Verhalten der Urgemeinde gegenüber deutlich. Es äußerte sich in einer von ihm übernommenen und eifrig betriebenen Geldsammlung für ihre Armen, wenn er auch stets Versuchen, sich in seinen Gemeinden Einfluß zu verschaffen, im Bewußtsein seiner Würde als »Apostel Jesu Christi« scharf entgegentrat. Palästina stand dagegen unter Jerusalems Aufsicht (vgl. Apg 8). Neben den genannten Autoritäten, von denen schließlich Jakobus die beherrschende Gestalt wurde, besaßen diese Gemeinden gegen Ende des 1.Jh.s Presbyter (Apg 11, 30; 15; 21, 18), offensichtlich nach jüdischem Vorbild gebildete Kollegien, die möglicherweise schon zZ des Paulus bestanden, wenn er selbst auch nur die »Säulen« als Autoritäten nennt. In den von Jerusalem aus missionierten Gemeinden sind ebenfalls Presbyter als leitendes Kollegium zu vermuten. Ein anderes Bild bieten die paulinischen Gemeinden: ein leitendes Kollegium fehlte (→ Paulus, → Heidenchristentum, 7). Paulus setzte alles auf den → Geist (: IV), der die Fülle seiner Charismen der Gemeinde schenkt (Röm 12; 1Kor 12), unter denen die Gabe zu leiten, zu trösten, zu ermahnen (1Thess 5, 12) nur eine ist (Röm 12, 6. 8). Alle diese Gaben wollte er als »Dienste« angesehen wissen, durch die der »Leib Christi« »erbaut« wird. In diesem Sinne redete er von κοπιῶντες (1Kor 16, 16 u.a.), συνεργεῖν (ebd, vgl. Phil 2, 25; Kol 4, 11), προϊστάμενοι (1Thess 5, 12; Röm 12, 8), σύνδουλος (Kol 1, 7; 4, 12f). Wie die Apostel, → Propheten (: III A) und Lehrer vom Herrn »gesetzt« sind, so auch sie (1Kor 12, 28). Ihre Träger hat man zu achten (1Thess 5, 12f; 1Kor 16, 16; Phil 2, 29, vgl. Hebr 13, 17; 1Petr 5, 5), wie man auch den Unterweisenden materiell unterstützen soll (Gal 6, 6). Wie wenig hier an feste Ämter (→ Amt: II) zu denken ist und wie zurückhaltend Stellen wie 1Thess 5, 12; 1Kor 12, 28 (nachgeahmt Eph 4, 11); 16, 16 für die Schilderung der tatsächlichen Verhältnisse heranzuziehen sind, zeigt der Umstand, daß Paulus bei auftauchenden Schwierigkeiten nicht auf einen Leiterkreis zurückgreifen konnte; er hatte sich selbst bis in Einzelheiten hinein (1Kor 16, 2) um die Dinge zu kümmern und suchte vergeblich »Weise«, die zB Streitigkeiten zwischen Christen schlichten konnten. Er appellierte an die christliche Einsicht der Gesamtgemeinde, sich dem Gotte der Ordnung gemäß zu verhalten (vgl. auch 1Thess 5, 21; Apk 2, 2). Allerdings waren seine Gemeinden mehr als eine Schar enthusiastischer Pneumatiker: ihre Propheten, Lehrer usw waren schon eine Ordnungsmacht, freilich eine höchst schwankende: der Geist setzte Recht, und er wehte, wo er wollte. Daher gewannen auch die »Erstlinge« (1Kor 16, 15f; Röm 16, 5) und die Beherberger von Hausgemeinden (1Kor 16, 19; Röm 16, 5; Phlm 2; Kol 4, 15) keine folgenreichere Autorität. Gleichwohl verlangte bald die vorübergehende und dann ständige Abwesenheit des gemeindegründenden Missionars die Ausbildung festerer Formen, mitbedingt durch die Eigenart der christlichen

Botschaft, die als → Tradition (: V) verkündigt wurde. Noch zu Lebzeiten des Paulus finden sich in Philippi Episkopen (→ Bischof: I, 1) und Diakone (Phil 1, 1; die Verbindung auch 1Tim 3, 1f. 8), und in Kolossä hatte Archipp wohl eine dauernde Leiterstellung inne (Kol 4, 17, vgl. auch Hebr 13, 7. 17. 24). Handelt es sich hier offenbar um verwaltende Tätigkeit in der Einzelgemeinde, so waren die Apostel, Propheten und Lehrer anscheinend nicht örtlich gebunden. Eine scharfe Scheidung zwischen einer geistlichen Autorität der Geistbegabten und einem auf Grund verwaltender Tätigkeit erworbenen Einfluß ist nicht möglich. Die auch in der Terminologie sichtbare Mannigfaltigkeit an nicht eindeutig umrissenen Funktionen hat ihren Grund darin, daß sie nicht als für die K. konstitutiv angesehen wurden. Paulus selbst war an Organisationsfragen wenig interessiert, so kräftig er seine eigene Autorität als Apostel - weil mit seiner Predigt sachlich verknüpft - geltend machte. Daher ist die Nachricht Apg 14, 23 von der Einsetzung von Presbytern durch ihn und → Barnabas als unzutreffend anzusehen; sie spiegelt den Zustand zZ der Apg wider: Polyk 5, 2; 6, 1 kennt in Philippi Presbyter, die auch für andere paulinische Gemeinden erwähnt werden (Apg 20, 17. 28). Wie sie aber Apg 20, 28 als Episkopen bezeichnet sind, so beschreiben auch die → Pastoralbriefe die Presbyter als Episkopen (Tit 1, 5. 7); 1Petr, Jak, Apk kennen keine Episkopen: in örtlich verschiedener Weise verschmolzen das Altersprinzip der palästinensischen und das charismatische der paulinischen Gemeinden unter Zurückdrängung der pneumatischen Züge zugunsten einer auf kirchliche Ordnung achtenden (nebenberuflich tätigen) Beamtenschaft. Bis zum Ende des Jh.s werden sich in allen Gemeinden leitende Kollegien (mit schwankender Benennung) ausgebildet haben, ohne daß es zu einer über die Einzelgemeinde hinausgehenden Organisation kam. Die in den Pastoralbriefen enthaltenen K.nordnungen, die vielleicht schon den monarchischen Episkopat voraussetzen, sowie Apg und 1Petr zeigen zudem, wie ein deutliches Amtsbewußtsein entstand: als Hüter der Lehrtradition (παραθήκη) wurden die ordinierten (1Tim 4, 14; 2Tim 1, 6; vgl. Apg 6, 6) Presbyter-Episkopen für die K. unentbehrlich. Ihnen als Amtsträgern gebührt Hochschätzung, die sich wegen besonderer Verdienste steigern kann (1Tim 3, 1. 13; 5, 17). Eine von jüdischen Vorstellungen abhängige Amtsideologie und -terminologie kam auf (τόπος, κλῆρος, ποιμαίνειν; sie darf nicht zur Ableitung des Episkopenamtes aus dem Judentum verführen!), die die Einsetzung dieser Beamten auf die Apostel selbst zurückführte - in den Pastoralbriefen freilich noch indirekt mittels der Apostelschüler → Timotheus und → Titus - und schließlich dem Amt göttlichen Ursprung beilegte. - Vgl. → Gemeinde: II, 2. 3a.

A.v.Harnack, Die Mission u. Ausbreitung des Christentums in den ersten drei Jh.en, (1902) 1924[4] - H.Lietzmann, Zur altchristl. Verfassungsgesch. (ZWTh 55, 1914, 97-153 = TU 67, 1958, 141-185) - K.G.Goetz in: ZNW 30, 1931, 89-93 (Episkopen) - Bultmann, NT §§ 6. 8. 51f - J.Colson, Les fonctions ecclésiales aux deux premiers siècles, Paris 1956 (Lit.) - W.Nauck, Probleme des frühchristl. Amtsverständnisses (ZNW 48, 1957, 200-220; jüd. Einfluß) - The Scrolls and the NT, ed. K.Stendahl, New York 1957 (jüd. Einfluß) - H.v.Campenhausen, Die Begründung kirchl. Entscheidungen beim Apostel Paulus (SAH 1957, 2) - G.Konidaris, Zur Lösung der Quellenprobleme der KV. des Urchristentums (ZSavRG Kan. Abt. 44, 1958, 337-342; verfehlte Konstruktion) - G.Klein, Der Ursprung des Zwölferapostolats (Diss. Bonn), 1958. - Weitere Lit. (bes. Hatch, Holl, Greeven, v.Campenhausen) s. → Amt: II. *H.D.Altendorf*

II. In der alten Kirche

1. Das nachapostolische Zeitalter: a) Charisma und Recht - b) Bedeutung des 1Clem - c) Die Apostellehre - d) Die Ignatius-Briefe - 2. Der Klerus: a) Die Anfänge der Trennung von Klerus und Laien - b) Die Entfaltung der Ämter - 3. Die Entwicklung des Bischofsamtes: a) Der Inhalt der bischöflichen Tätigkeit - b) Wahl und Absetzung der Bischöfe - c) Die bischöflichen Amtsbezirke und die Metropolitangewalt - 4. Die Entstehung der Patriarchate: a) Die Anerkennung Alexandriens und Antiochiens in Nicäa - b) Konstantinopel - c) Die Stellung Roms - 5. Die Synoden: a) Das Synodalverfahren - b) Reichssynoden und Provinzialsynoden - 6. Reich und K.

1. a) Innerhalb der Mannigfaltigkeit verschiedener Ordnungen, wie sie sich in den heidenchristlichen Gemeinden herausgebildet hatte (→ Kirchenverfassung: I), ist im *nachapostolischen Zeitalter* in wachsendem Maße die Tendenz zur Vereinheitlichung erkennbar. Darüber, wie diese Tendenz entstanden ist, sind nur Vermutungen möglich. Angesichts der Gleichartigkeit, mit der sich die Grundzüge entfaltet haben, wird die Triebkraft kaum in äußeren Einflüssen gesucht werden dürfen. Welche Wurzeln für die Entstehung der KV. anzunehmen sind, darüber gehen die Meinungen bis heute auseinander; nur darin ist Übereinstimmung erzielt, daß die These von E.Hatch, das Bischofsamt sei aus säkularen Einrichtungen jener Zeit übernommen, nicht bejaht werden kann. Die Grundlagen der gemeindlichen und der übergemeindlichen Institutionen sind in dem Selbstverständnis der frühchristlichen K. selber zu suchen; in ihm aber sind die gottesdienstlich geeinte Einzelgemeinde, die gesamte K. in der Welt und die himmlische Wesenheit des Christusleibes als Einheit zusammengeschaut, so daß sich schon von hier aus das Verlangen nach Einheit der äußeren Einrichtungen erhob. Nirgends ist das Charismatische als Gegensatz des Ordnungsgedankens aufgefaßt worden: diese Grundstruktur, wonach die Betonung des Geistes Sätze sakralen Rechtes keineswegs unmöglich macht, ist heute in der Forschung anerkannt. Die Anfangszeiten der christlichen Gemeinde sind gerade durch das Mit- und Ineinander beider Linien gekennzeichnet, und R. → Sohms schroffe Entgegensetzung von Charisma und Kirchenrecht ist ein modernes Mißverständnis der frühchristlichen Verhältnisse. Dabei ist zu betonen, daß wir unser Verständnis des Begriffes KV. keinesfalls auf die christliche Frühzeit übertragen dürfen. Was heute als Amt bezeichnet wird, ist damals nur als »Dienst« gesehen worden. Durch die verschiedenen »Dienste« wird der Gemeinde das dargereicht, was sie für den Vollzug ihres Lebens bei dem Gange durch die Zeit braucht. Von einer Vormachtstellung des Amtes kann daher für die frühen Verhältnisse kaum gesprochen werden, da nach der herrschenden Überzeugung der frühchristlichen Zeit der Herr durch den → Geist (: V) die Entscheidungen bestimmte und sein Wille durch das Wort der lebendigen Lehre erfaßt wurde. Die Gemeinde fühlte sich Christus selbst unterstellt.

b) Von hier aus wird das wichtigste Dokument jener ersten Jahrzehnte, der *1.* → *Clemensbrief,* verstanden werden müssen. Was vor seiner Zeit selbstverständlich gewesen war, hat Clemens den Korinthern ausdrücklich befehlen müssen, und so erklärt er: Die Achtung vor denen, die bisher tadelsfrei die Dienste der Gemeinde versehen haben, verlangt ihre weitere Anerkennung selbst dann, wenn Träger eindrucksvoller Geistesgaben auftauchen. Die Begründung, die Clemens in c. 40-44 gibt, läßt erkennen, daß hier judenchristliche und vielleicht jerusalemische Tradition lebendig ist. Indem jetzt aber in der dritten Generation nach dem Tode Jesu die Ermahnung als ausdrücklicher Befehl verkündet wird, ist etwas Neues eingetreten. Man kann es mit einigem Recht als Wendung zum »Frühkatholizismus« bezeichnen: Die Erhebung der Ordnung aus dem zweiten Rang, dem der dienenden Selbstverständlichkeit, in die Bewertung als unverrückbare Notwendigkeit. In der Folgezeit erfolgte die Vereinheitlichung der kirchlichen

Ordnung wohl unter Wiederaufnahme jerusalemischer Traditionen, und → Rom wurde der naturgegebene Sitz solcher Bestrebungen. Nachdem Jerusalem zerstört war und die dortige Gemeinde ihren Einfluß verloren hatte, ist Rom die Erbin Jerusalems geworden. Diese geschichtliche Tatsache spiegelt sich, kann man sagen, darin wider, daß → Petrus, der Erstberufene des Apostelkreises, bald an die Spitze der röm. Bischofsliste gesetzt wurde.

In Korinth hatten nicht die »Presbyter« in ihrer Gesamtheit - man wird in ihnen die »Erstbekehrten« als die »Älteren« zu erblicken haben - die Leitung der Gemeinde inne, sondern »die eingesetzten Presbyter« (1Clem 54, 2), und diese werden genauer als die Bischöfe und die Diakonen umschrieben. Indem ihr Dienst mit dem Priesteramt des Alten Testamentes begründet wird, ist der Kultus als Feld ihrer Tätigkeit deutlich gemacht. Sie sind gewiß auch die Prüfer der Taufbewerber, die Spender der Taufe und die Verwalter der Eucharistie. Der Wunsch, die bewährten Männer zu verdrängen und durch neue Beauftragte zu ersetzen, deutet auf die Wirksamkeit der gleichen Mächte, gegen die schon Paulus in Korinth zu kämpfen hatte. Hinter der Forderung nach einem Wechsel der leitenden Personen dürften gnostisch geprägte Bestrebungen stehen; die Gnostiker kannten ja auch später noch kein festes Amt, sondern hatten den ständigen Wechsel der Leiter als Verfassungsprinzip (Tertullian, De praescr. haer. 41). Clemens fordert dagegen das Festhalten an der bestehenden Ordnung.

c) Die *Didache* (→ Apostellehre) dürfte alte palästinensische Ordnungen enthalten, die wahrscheinlich gegen Ende des 1.Jh.s als Richtschnur für den Aufbau junger Gemeinden in Ostsyrien niedergeschrieben worden sind. Die charismatische Tätigkeit wird nur noch für die freien Gebete nach der → Agape und für die Wortverkündigung erlaubt, während die Agapengebete selbst (Did 9 und 10) nach festem Formular wahrscheinlich vom Bischof der Gemeinde gehalten werden. Im Zusammenhang mit der eucharistischen Feier (14, 1f) wird die Wahl von Bischöfen und Diakonen angeordnet. Diese Stelle läßt sich am leichtesten dahin verstehen, daß eben diese Beauftragten die allsonntägliche Feier zu leiten haben. Damit aber ist ein bleibendes Amt geschaffen. Daß Presbyter nicht erwähnt sind, läßt sich mit der Selbstverständlichkeit der Einrichtung erklären: in jeder Gemeinde bildeten die Erstbekehrten den engeren Kreis.

d) Aus den Briefen des → *Ignatius* von Antiochien geht hervor, welche Verfassung in den angeschriebenen Gemeinden → Kleinasiens (, 3) zu Anfang des 2.Jh.s herrschte. In allen Gemeinden sind Bischöfe vorhanden; ihr Bereich scheint auch die zu den Städten gehörenden Landbezirke zu umfassen. Der Bischof ist der Vorsitzende eines Presbyteriums, das ihn als beratende Versammlung umgibt; Diener des Bischofs und der Presbyter sind die Diakonen. Jede Gemeinde hat nur *einen* Bischof, dem die Leitung der eucharistischen Feier anvertraut ist. Er handelt in der Vollmacht Jesu Christi, während das Presbyterkollegium die apostolische Autorität besitzt. Entscheidend wichtig ist die theologische Begründung, nach der diese Ordnungen das Abbild der himmlischen Verhältnisse sind. Hier erscheint die innere Triebkraft, die die geschilderte Struktur in der gesamten K. durchgesetzt hat; sie ruht darauf, daß am Ende der charismatischen Zeit die neue Bedeutung der Ordnung überall zutage tritt, nicht etwa auf dem theologischen Einfluß der ignatianischen Briefliteratur.

2. a) Dem → Bischof (: I) als der Spitze des kirchlichen Amtes waren stets → Presbyter und → Diakone neben- oder untergeordnet. Die reiche Gliederung der kirchlichen Tätigkeit, wie sie in den ersten → Kirchenordnungen (: I) festzustellen ist, läßt für die Anfänge auf einen Zustand schließen, in dem fast jedem Vollmitglied der Gemeinde eine Aufgabe zugeteilt war. Während sich in den griechischen und lateinischen Gemeinden sehr bald der Stand der Amtsträger, der *Klerus*, von dem der *Laien* abhob, haben in der syrischen K. zu Anfang längere Zeit hindurch besondere Verhältnisse bestanden. Hier bildete sich die Gruppe der »bnai qjāmā«, dh der »Angehörigen des Standes« (sc. der Heiligkeit), wie wir zuerst aus dem 7. Rundschreiben → Afrahats erfahren. Es handelt sich bei ihnen um die früheste Form der Asketen; sie lebten innerhalb der christlichen Gemeinde und übernahmen die verschiedensten Aufgaben in ihr (Krankenpflege, Dämonenaustreibung, Besuch der Witwen und Waisen oder Hilfe bei der Taufe). Hier war also neben den Presbytern und Diakonen eine breite Schicht von Männern und Frauen vorhanden, deren einziger Lebensinhalt der Dienst innerhalb der Gemeinde war und die sich von den Laien durch eine besondere Tracht unterschieden. Nach dem Aufkommen des → Mönchtums (: II) scheint der Stand der bnai qjāmā an Zahl stark zurückgegangen zu sein und nunmehr in ausgeprägter Weise die untere Schicht des Klerus, die sich zu einer Amtstätigkeit verschiedener Art innerhalb der Gemeinde verpflichtet hatte, dargestellt zu haben (G.Hoffmann). Auf der Synode zu Seleucia-Ktesiphon (485) ist dann unter Aufhebung der kirchlichen Verpflichtung zur Ehelosigkeit den Klerikern Ehe und Kinderzeugung gestattet worden, während diejenigen, die sich zur Enthaltung von der Ehe entschlossen, in ein Kloster gehen sollten. - In der abendländischen K. hat sich zusammen mit der stärkeren Trennung des Klerus von den Laien dagegen der Zug zum → Zölibat verstärkt, so daß die Gesetzgebung hier allmählich zu schärferen Bestimmungen überging. Nur die griechische K. nahm einen Standpunkt ein, der in der Mitte zwischen der ostsyrischen und der römischen Regelung blieb (→ Klerus und Laien, 1. 2).

b) In der K.nordnung → Hippolyts sind als *Dienste innerhalb der Gemeinde* der Stand des Bischofs, der Konfessoren, der Witwen, der Lektoren, der Jungfrauen, der Subdiakonen und der Heilkundigen erwähnt; in den → Apostolischen Konstitutionen (um 380 in Syrien oder in Konstantinopel zusammengestellt) finden sich darüber hinaus Bestimmungen über den → Lektor, den Exorzisten, den Ostiarius und den Psaltes. Daß aber diese reiche Entfaltung älterer Herkunft ist, kann dem Bericht Eusebs (h.e. VI, 43, 11) entnommen werden, wonach in der stadtröm. K. unter dem Bischof Cornelius (251-253) 46 Presbyter, 7 Diakone, 7 Subdiakone, 42 Akoluthen und 52 Exorzisten, Lektoren und Ostiarier vorhanden waren. Unter ihnen hatten die Diakone das Vermögen der K. zu verwalten und die Armenpflege auszuüben. Mit der Erhöhung der bischöflichen Macht und der Gründung von Gemeinden in allen größeren Orten sind die Vollmachten der Presbyter auf die Spendung der kirchlichen Sakramente ausgedehnt worden, so daß die Voraussetzung für die mittelalterliche Lehre vom Priesteramt gegeben war.

3. a) Der so begonnene Weg ist in den folgenden Jh.en mit der Ausgestaltung des *Bischofsamtes* weitergeführt und ausgebaut worden. Bereits die Apostellehre (Did 15, 1) hatte die Gemeinden darauf hingewiesen, daß der Dienst der Propheten und Lehrer ordnungsgemäß von den Bischöfen und Diakonen übernommen werde, die Tätigkeit der Charismatiker also auf die Inhaber des bleibenden Amtes überzugehen habe. Bei → Justin (Apol. I, 67) erscheint diese Entwicklung als abgeschlossen: Der Bischof ist an die Stelle der → Propheten (: III B) getreten und hält die Predigt. Seine Hauptaufgabe bestand

aber in der Leitung der Eucharistie, und diese Stellung unmittelbar im hl. Mittelpunkt des Gemeindelebens hat zu der raschen und einheitlichen Ausgestaltung seiner Macht geführt. Im Westen und im syrischen Osten ist dieser Gang der Dinge zuerst festzustellen. Als seinen Stellvertreter in der Leitung der Eucharistie konnte der Bischof zunächst bestimmen, wen er wollte, also entweder einen Presbyter oder einen Diakon; erst die Synode von → Arles (314) setzte in ihrem can. 15 fest, daß nur ein Presbyter beauftragt werden könne. - In der griechischen Kirche war die Entwicklung nicht einheitlich.

Das Bischofsamt wurde auf die Anordnung der Apostel zurückgeführt, wie zB die Apostellehre zeigt. Aber nirgends ist der Bischof der Nachfolger eines Apostels, vielmehr ist sein Amtshandeln innerhalb der Gemeinde nur auf den apostolischen Auftrag zurückgeführt worden. Der Bischof ist durch die Gemeinde gewählt worden; daß die benachbarten Bischöfe den Neugewählten weihten, bedeutete die Aufnahme in den Kreis derer, die in gleicher Weise tätig waren. Der Begriff der apostolischen → Sukzession kann für die Anfänge nur in dem Sinne aufrechterhalten werden, daß darunter die ständige Erfüllung des zuerst durch die Apostel erteilten Auftrages zur Gemeindeleitung verstanden wird.

Im Kampf gegen die → Gnosis (: III) hat sich die Bedeutung des Bischofsamtes erhöht, weil seinem Träger die Aufgabe zukam, die Tradition der Lehre zu wahren. Von hier aus fühlte man eine Notwendigkeit, die bis zu den Anfängen reichende, fortlaufende Reihe der Bischöfe zu kennen und festzuhalten. Indem man diese Reihe (successio) bis zu den Aposteln zurückverfolgte, meinte man die Gewähr für den apostolischen Ursprung der → Tradition (: VI) zu besitzen. Die früheste Bischofsliste wurde, soviel uns bekannt ist, um 180 durch → Hegesipp aufgestellt. Er sah in dem Bischofsamt, das fortlaufend ohne Unterbrechung weitergegeben worden sei, die feste Garantie für die Wahrheit der kirchlichen Predigt. Auch die jüngeren Gemeinden, die sich als Tochtergründungen älterer Gemeinden fühlten, haben sich in dieser Kette der Weitergabe echter Tradition gewußt, weil ihr Bischof seinen Auftrag von dem Leiter einer in der ununterbrochenen Reihe der Überlieferung stehenden Gemeinde erhalten hatte. Die Aufsicht der Bischöfe über die Lehre trat auf diese Weise zu ihrer Pflicht hinzu, über die rechte Verwaltung der Eucharistie und den gesamten Gottesdienst zu wachen. Ob diese Grundauffassungen sich bei → Hippolyt von Rom (um 220) schon dahin gewandelt haben, daß dem Bischof eine feste Amtsgnade zugesprochen ist, darf bezweifelt werden. Das Gebet bei der Handauflegung auf einen Neugewählten enthält nichts, was auf eine unmittelbare Übertragung des Geistes schließen ließe. Es zeigt vielmehr mit aller Deutlichkeit, daß Gott um die Ausgießung der Kraft seines Geistes, den er seinem geliebten Sohne Jesus Christus gegeben und den hl. Aposteln geschenkt hat, angefleht wird. Auch die Fähigkeiten zur rechten Ausführung der einzelnen Amtspflichten werden von Gott für den neuen Bischof erbeten. Das ist nicht eine durch Weihe vermittelte übernatürliche Ausstattung, die dann stufenweise auf die unteren Grade des Klerus übertragen werden könnte, sondern die gleiche Achtung des Geistes, wie wir sie aus der charismatischen Frühzeit kennen. Noch ist die Amtsvollmacht nicht als objektiver Ausfluß eines bischöflichen Urcharismas verstanden, sie hat ihren pneumatischen Charakter vielmehr behalten. Daher wird man zögern, bereits bei Hippolyt an ein Einströmen der Mysterienauffassung in die K. zu denken.

Entscheidend war dagegen die Steigerung, die der bischöflichen Macht im Anfang des 3.Jh.s in Syrien und in Rom auf dem Gebiete der Disziplin erwuchs. In der syrischen → Didaskalia war die Vollmacht des Bischofs zur Vergebung aller Sünden ausgesprochen und mit dem → Manasse-Gebet, das hier zum ersten Male erscheint, begründet worden: wie Manasse als der König, der Israel zum Götzendienst verführt hat, durch sein Gebet die Vergebung Gottes erlangt, so können auch diejenigen Gemeindeglieder, die durch eine Todsünde die kirchliche Gemeinschaft verloren haben, wieder in die zum Heil führende K. aufgenommen werden. In Rom hat Bischof → Calixt um 220, also etwa gleichzeitig, einen ähnlichen Schritt getan: er sprach dem Bischof die alleinige Befugnis zu, auch im Falle einer Todsünde den Reuigen wieder in die K. aufzunehmen (→ Bußwesen: II, 1 d). Diese Entwicklung brachte jedoch nichts grundsätzlich Neues; der Bischof hatte schon immer das Recht der Zulassung zur Eucharistie ausgeübt, und hier wurde ihm das letzte Stück dieses Rechtes bestätigt.

Daß dagegen Widerspruch laut wurde, kann nicht verwundern. Allzugroß war die Veränderung gegenüber den Zeiten, in denen die K. einen scharfen Rigorismus geübt hatte. Ein Teil der röm. Gemeinde wählte einen zweiten Bischof, → Novatian, und dieser verweigerte die Wiederaufnahme der Abgefallenen, weil er die Reinheit der Gemeinde aufrechterhalten wollte. Aber die neue Praxis war so willkommen und das Bischofsamt bereits so sehr gefestigt, daß der Widerspruch nicht durchdrang. In Rom und in Afrika hat sich der monarchische Episkopat, der von Ignatius rein pneumatisch umschrieben worden war, als oberste Einrichtung der Leitung in allen Stücken des Gemeindelebens und als Grundlage der K. entfaltet. Der Klerus, der die verschiedenen reich gegliederten Dienste vom Diakon über den Subdiakon und → Akoluthen bis zum Exorzisten, Lektor und Ostiarier verwaltete, erhielt sein bevollmächtigtes Haupt in dem Bischof, der die Kleriker befördern und entlassen konnte, das Vermögen der K. verwaltete und die K. nach außen vertrat.

In → Nordafrika (: I) ist in der decischen Verfolgung → Cyprian nach anfänglicher Zurückhaltung für die röm. Übung eingetreten und hat in seinen Briefen und Schriften die endgültige Ausgestaltung der bischöflichen Macht so eindrucksvoll begründet, daß diese Gestalt des Bischofsamtes die allgemeine Anerkennung erringen konnte. Der Abschluß dieser Entwicklung liegt bei → Leo I.; bei ihm ist das Gebet der Priester (sacerdotes) die unerläßliche Vorbedingung für die Erlangung der göttlichen Sündenvergebung. Die Wandlung des K.nbegriffes, die in der augustinischen Theologie mit ihrer Einbeziehung der K. in das Reich Gottes begonnen hatte (→ Kirche: III), wirkte sich nun dahin aus, daß nicht mehr von dem Jüngsten Gericht die alleinige Entscheidung über die Seligkeit erwartet wurde, sondern daß man glaubte, die Sündenschuld könne bereits vor dem Jüngsten Tage durch priesterliche Gebete gelöscht werden (Leo, Ep. 18, 3). Erst jetzt hat der Bischof die Macht erlangt, die in der älteren Forschung dem Vorgehen des Calixt zugeschrieben worden ist; und diese neue Entwicklung steht in engem Zusammenhang mit der mehr dinglichen Auffassung von der Wirkung der kirchlichen Handlungen. Die Wiederaufnahme des Büßers in die K. hatte sakramentalen Charakter erlangt, und der K. selbst war die sofort wirksame Lösegewalt beigelegt.

Die Anfänge dieser Entwicklung sind auch in → *Alexandrien* zu beobachten. Solange hier die einzige Christengemeinde Ägyptens bestand, galten die einfachsten Regeln: die Presbyter wählen den Bischof aus ihrer Mitte und setzen ihn mit einer Weihehandlung in sein Amt ein (Hieronymus, Ep. 146). Neben ihm wirken die charismatischen Lehrer, die, wie noch → Pantänus, → Clemens und → Origenes zeigen, von dem Bischof unabhängig sind. Erst → Demetrius (189-232) gewann die Oberhoheit über sie, indem er weitere Bischöfe in → Ägypten (: IV) bestellte. Mit ihrer Hilfe sprach er Origenes die in Palästina erlangte Presbyterwürde ab. In der Streitsache gegen die Novatianer stellte er sich auf die Seite des römischen Bischofs und bekundete so die gleiche Auffassung vom Inhalt der bischöflichen Vollmacht.

b) Die *Wahl* der Bischöfe hat von Anfang an in den Händen der Presbyter gelegen. Die Meinung, in der Apostellehre (Did 15, 1) sei das Wahlrecht der Gemeinden ausgesprochen (K.Müller), ist an die Voraussetzung geknüpft, daß diese Schrift an die Gemeindeversammlungen gerichtet sei. Nimmt man dagegen an, daß die Empfänger der Apostellehre die Presbyterien gewesen sind, so gilt hier die gleiche Ordnung, wie sie im 1Clem dargelegt wird und die auch in Alexandrien herrschte: die Presbyter wählen den Bischof. Die Gemeinde hat nur durch ihre *acclamatio* Anteil an der Wahl (→ Bischof: I, 3).

Die ersten Nachrichten über eine besondere Einsetzung des gewählten Bischofs in sein Amt, also seine → Ordination, lassen den Schluß zu, daß es sich um eine bereits bestehende Gewohnheit handelte. Auch daß in einigen Fällen der Vollzug der Wahl auf die Nachbarbischöfe übergegangen ist, wird als Weiterführung einer älteren Übung aus der Zeit der Ausbreitung zu verstehen sein. Mit dem Aufkommen des rein institutionellen K.nbegriffes konnte in diesem Verfahren aber eine Bestätigung der bischöflichen Amtsvollmacht gesehen werden.

Einem Bischof mußte, wenn er sich nach der geltenden Anschauung durch eigenes Verschulden von der K. getrennt hatte, das Amt abgesprochen werden. Wie das geschah, zeigt Cyprian (Ep. 67): Das kirchentreue Volk lehnte seine Amtshandlungen ab, und Cyprian sieht darin den Vollzug der potestas recusandi. Die afrikanische K. hat diesen Grundsatz bis in den Anfang des 4.Jh.s befolgt, und die donatistischen Gemeinden (→ Donatismus) haben sich lediglich durch dessen unbedingte Anwendung von der Groß-K. abgehoben. Nachdem Bischof Calixt um 220 in Rom die Norm aufgestellt hatte, daß die *Absetzung* eines Bischofs nur durch Bischöfe geschehen könne, ist dieser Grundsatz allmählich überall anerkannt worden. Das Recht der Absetzung war damit auf die Synoden, in denen sich die Bischöfe versammelten, übergegangen.

c) Das bischöfliche Amt ist von Anfang an seinem Wesen nach gleich geblieben, da es durch die allmähliche Vermehrung der Vollmachten in seinem Kern nicht verändert wurde. Die altkirchlichen Ordnungen zeigen, daß jeder Bischof seine Amtsgewalt unmittelbar von Gott entgegennimmt und daher Gott unmittelbar verantwortlich ist. Aber aus diesem theologischen Grundsatz folgte keineswegs die Einführung der *bischöflichen Verfassung* in allen Einzelgemeinden und ebensowenig die rechtliche Gleichheit der bischöflich geordneten Gemeinden. Da bei den Einzelgemeinden soziologisch und politisch die mannigfaltigsten Verhältnisse herrschten, haben sich von Anfang an Verschiedenheiten der Gemeindegestaltung ergeben. Nicht jede städtische Gemeinde hat einen Bischof gehabt, und manche Bischöfe unterstanden dem Bischof einer anderen Stadt. Die Landgemeinden waren keineswegs überall den benachbarten Stadtgemeinden eingegliedert, sondern besaßen in vielen Fällen einen eigenen Bischof, dem Presbyter und mindestens ein Diakon zur Seite standen. Aus diesen Verhältnissen ist der Schluß zu ziehen, daß die äußeren Bedingungen, wie etwa der Besitz des röm. Stadtrechtes, auf die Art der Gemeindeverfassung vielfach ohne entscheidenden Einfluß geblieben sind. Die Eigenart der Gemeindeverhältnisse selber hat die jeweilige Anwendung der allgemeinen Grundsätze bestimmt.

Aus den Missionsbedingungen ist es erklärlich, daß in manchen Gegenden die Bischöfe zunächst mit der Verwaltung weiter *Bezirke* betraut waren. So berichtet es → Theodor von Mopsuestia, und wir haben keinen Grund, ihm zu mißtrauen; nur darf der Inhalt seiner Nachricht nicht als die Regel gedeutet werden. In den Gegenden, von denen Theodor redet, wird in den Gemeinden, wo kein Bischof amtierte, der Verwalter der Sakramente eben als Vertreter des Bischofs gehandelt haben. Im Laufe der Zeit hat aber auch hier jede größere Gemeinde die Bischofsverfassung erhalten. Dabei hat sich die alte Verbindung mit der früheren Muttergemeinde nicht gelöst, so daß dem Bischof der Metropole gewisse Aufsichtsrechte blieben, und daraus hat sich nach einiger Zeit die Vorstufe der Metropolitangewalt entwickelt. Schon Ignatius hat sich als »Bischof Syriens« bezeichnet, und Euseb erzählt von einer amtlichen Besuchsreise des antiochenischen Bischofs → Serapion nach dem kilikischen Rhossos, wo er die Lehrentscheidung fällt, daß das → Petrus-Evangelium nicht zum Kanon gehöre. In → Lyon war um 177 → Pothinus zugleich Bischof von → Vienne und wahrscheinlich über noch weitere Gebiete Galliens. Um die gleiche Zeit war im Pontusgebiet Amastris der einzige Bischofssitz, und ähnliches galt von vielen anderen Teilen des röm. Reiches.

Diese Vorstufe der *Metropolitangewalt* war noch nicht einheitlich geordnet; die Befugnisse der besuchenden Bischöfe sind keineswegs gleicher Art gewesen. Diese Folgerung wird man aus dem Vergleich der Anfangsbedingungen mit dem Beschluß, den die Synode von → Nicäa (325) über die Ordnung der Provinzialsynoden faßte, ziehen dürfen. Es ist anzunehmen, daß erst damals die geordnete Metropolitangewalt zusammen mit dem Provinzialverband der Gemeinden als rechtlich gültige Regelung geschaffen worden ist. – Für → Gallien ergibt sich ein ähnliches Bild. Zu den ältesten bischöflichen K.n zählten (neben Lyon) → Arles und Marseille, und von beiden Sitzen aus entstanden Tochtergemeinden bis in benachbarte Provinzen hinein. Die Mutter-K.n aber behielten mit der Oberaufsicht die Verantwortung für die Ordnung der Neugründungen.

Der Bischof war unter den kirchlichen Amtsträgern die entscheidende Gestalt, und die bischöfliche Organisation ist bald überallhin ausgebreitet worden. Das Eigenleben der Gemeinden und die Einheit der K. haben in dem Amt des Bischofs ihre innere Verklammerung gefunden. Es war sehr selten, daß an einem Orte zwei Bischöfe eingesetzt wurden. In Neu-Cäsarea, wo es der Fall war, hatte jeder von ihnen wahrscheinlich einen Teil des zur Stadt gehörigen großen Landgebietes zu versehen, und in Ostsyrien kam es vor, daß in derselben Stadt ein Bischof für die Römer, ein zweiter für die Syrer bestellt wurde. In → Syrien (: III), im inneren → Kleinasien (, 3) und in Kappadozien waren die größeren Dörfer mit Bischöfen ausgestattet, die aber meist den Titel → Chorbischof (d.i. Dorfbischof) führten. Sie unterstanden einem Diözesanbischof und konnten nur die niederen Weihen erteilen. Can. 57 des Konzils von Laodicea (Mitte des 4.Jh.s) hob die Institution auf, sie verschwand aber erst allmählich.

4. a) Nachdem sich die bischöfliche Verfassung ausgebreitet und zur Festigung der Metropolitanverbände geführt hatte, brachte der nächste Schritt die Bildung der *Patriarchate*. Neue Verfassungsgrundsätze brauchten dazu nicht gefunden zu werden, da die tatsächlichen Verhältnisse sich schon in dieser Richtung entwickelt hatten. Die großen Mittelpunkte bedurften lediglich der

Anerkennung, so daß die Ansprüche kleinerer Bischofssitze damit von selbst erledigt waren. Diese Bestätigung des geschichtlich Gewordenen ist in can. 6 von Nicäa ausgesprochen: »Die alten Gewohnheitsrechte, die in Ägypten, Libyen und der Pentapolis bestehen, sollen dergestalt in Kraft bleiben, daß der Bischof von Alexandrien über alle diese (Gebiete) Amtsgewalt hat, da eben dies auch dem Bischof in Rom gewohnheitsrechtlich zusteht. In gleicher Weise sollen bei Antiochien und in den übrigen Eparchien die herkömmlichen Rechte gewahrt bleiben. Überhaupt steht fest, daß die große Synode bestimmt hat: Wer ohne die Zustimmung des Metropoliten Bischof geworden ist, der kann nicht weiterhin Bischof sein.« Mit diesem Beschluß waren die großen Sitze von Alexandrien, Rom und Antiochien herausgehoben und ihre Bischöfe zu Patriarchen erklärt, wenn sich auch der Satz in seiner unmittelbaren Abzweckung auf Alexandrien und in zweiter Linie auf Antiochien bezog, während Rom nur nebenher als Beispiel genannt war. Aber solche Beschlußformeln haben ihre eigene Kraft über den eigentlichen Anlaß hinaus, und so enthielt der Kanon tatsächlich die Anerkennung der Patriarchate. Dieser Inhalt wurde durch can. 7 bekräftigt, da in ihm für den Bischof von Jerusalem nur der Ehrenvorrang als »Gewohnheitsrecht und alte Überlieferung« festgehalten war. Der Titel → »Patriarch« ist erst im 6.Jh. geprägt worden.

In *Alexandrien* war das bestätigte Gewohnheitsrecht erst wenige Generationen alt, so daß eine offizielle Anerkennung notwendig erscheinen mochte. Der Bischof von Alexandrien trug zwar den Titel → Papas und ἀρχιεπίσκοπος, und seine Vorrangstellung in Ägypten war unbestritten, aber innerhalb der Gesamt-K. war sein Rang nicht in dem Maße gefestigt wie die Stellung der Bischöfe von Rom und Antiochien. Von hier aus läßt es sich erklären, daß Alexandrien sich in so vielen Stücken dem Vorgehen Roms angeschlossen hat, bes. in den Fragen der K.nordnung, des Symbols und des Kanons. Innerhalb seines Gebietes war die Macht des Bischofs in der Tat nur der von Rom vergleichbar.

Der alte Vorort der Reichsdiözese Oriens, die Großsyrien, Cilicien und Cypern umfaßte, war → *Antiochien*, das in kirchlicher, kultureller, politischer und wirtschaftlicher Hinsicht der unbestrittene Mittelpunkt war. Auf der Synode von 381 wurde die seinem Bischofssitz 325 zugesprochene Vollmacht dadurch hervorgehoben, daß sämtlichen Bischöfen der Reichsdiözese Oriens das Recht zur Wahl des Patriarchen zuerkannt wurde. Aber die Verhältnisse festigten sich nicht; i.J. 431 wurde → Cypern selbständig, und auf der Synode zu → Chalcedon (451) mußten die drei palästinensischen Provinzen an den Bischof von Jerusalem abgetreten werden. Auch Ostsyrien war nach dem Frieden von 363, der dem Vorrücken der persischen Macht bis vor die Tore Edessas folgte, von Antiochien getrennt: Der veränderten politischen Lage folgend begründete die nestorianische Synode von Seleucia-Ktesiphon 410 ein eigenes Patriarchat unter dem Bischof dieser Stadt, der den Titel → Katholikos erhielt. Um die Mitte des 6.Jh.s wurde dann Antiochien der Sitz des Patriarchen der monophysitischen K. Westsyriens, die durch das Wirken des → Jakob Baradaios entstanden war (→ Jakobiten).

b) In Kleinasien hat sich kein eigenes Patriarchat bilden können. → *Ephesus* besaß wohl die alte Tradition, und die Sendschreiben der Apk bezeugen einen gewissen »Provinzialverband«, aber über die damit gegebenen Metropolitanrechte ist der Bischofssitz Ephesus nicht hinausgekommen. Noch geringere Aussichten hatte → *Cäsarea* (, 1), die Hauptstadt der Diözese Pontus. Solange → Basilius d.Gr. dort als Bischof lebte, reichte sein Einfluß weit, sogar bis nach Armenien. Aber alles ruhte auf der persönlichen Wirkung des Basilius; es bildeten sich keine bleibenden Rechtsverhältnisse.

Dagegen hat der Bischof der neuen Reichshauptstadt → *Konstantinopel* bald eine überragende Machtstellung erlangen können, obwohl der alte Ort Byzantium nicht einmal Metropole einer Provinz gewesen war. Aber der Bischof am Orte der Kaisermacht erhielt durch die Synode von 381 den zweiten Rang, unmittelbar nach dem Bischof von Rom; diese Stellung wurde durch die Bestimmung gefestigt, daß die Bischöfe der östlichen Reichshälfte wahlberechtigt seien. → Theodosius d.Gr. hat mit dieser Rangerhöhung des Bischofs seiner Hauptstadt den Einfluß Alexandriens zurückgedrängt und das Zusammenwachsen von Reich und K. entscheidend gefördert. Zunächst erstreckte sich der Einfluß des Bischofs auf die drei Diözesen, die nicht zu einem der großen Mittelpunkte gehörten: Pontus, Asia und Thrazien. Als der Bischof von Alexandrien nach der obersten kirchlichen Macht griff, ließ das Kaiserpaar Pulcheria und Markian mit can. 28 des Konzils von Chalcedon gegen den Protest Leos I. die Bestimmungen von 381 erweitern: der Bischof von Konstantinopel wurde in die Rechte auf Pontus, Asia und Thrazien und die von Barbaren bewohnten Gebiete fest eingesetzt und auf diese Weise dem Bischof von Rom gleichgestellt. Er hatte in den genannten Bezirken die Metropoliten und in den Barbarenländern außerdem die Bischöfe zu weihen. Gleichzeitig wurde den Bischöfen von Konstantinopel, Alexandrien und Antiochien die Entscheidung über die Klagesachen gegen die Metropoliten ihrer Diözesen zugewiesen, so daß nunmehr die drei großen Sprengel des Ostreichs als Patriarchate fest umrissen waren. Aber die innere Triebkraft dieser Entscheidungen, die ja in einer Erhebung des hauptstädtischen Sitzes über die alten Mittelpunkte ihr Wesen hatte, wirkte weiter: in den monophysitischen Kämpfen (→ Christologie: II, 5a) löste sich nicht nur Antiochien, sondern auch Alexandrien von der Reichs-K., so daß am Ende der Bischof von Konstantinopel allein der »ökumenische« Patriarch wurde, neben dem nur noch Rom auf vergleichbarer Ebene stand.

c) Der besondere Rang des Bischofs von → *Rom* beruhte auf der Tatsache, daß die röm. Gemeinde, die als Gemeinde der Hauptstadt des Reiches stets ein besonderes Gewicht besaß, von der Zeit des Clemens an in viele Streitfragen als Trägerin der Rechts- und der Lehrtradition regelnd eingegriffen hatte (s. 1b) und auf eine Reihe hervorragender Bischöfe zurückblicken konnte. Bald kam die Berufung auf den Besitz der Gräber der beiden Apostel Paulus und Petrus hinzu (→ Petrustradition) und seit der Mitte des 4.Jh.s der Anspruch auf eine besondere Stellung der röm. Bischöfe als Nachfolger Petri. In Italien hatte der röm. Bischof eine unumstrittene kirchliche Herrschaftsstellung inne: Die Bischöfe aller Gemeinden wurden durch ihn oder seine Vertreter geweiht und konnten durch ihn auch abgesetzt werden; zu seiner Synode mußten sie erscheinen und hatten dort doch nur das Recht der Beratung. In der tatsächlichen Machtstellung des röm. Bischofs und in den akuten kirchenpolitischen Verhältnissen von damals ist der Grund zu sehen, weshalb die Synode von Serdika 342 in ihren Kanones gerade ihm das Recht zusprach, in Streitigkeiten über die Absetzung von Bischöfen anderer Patriarchate als Schiedsrichter zu urteilen. Der Umstand, daß diese Bestimmungen zunächst wenig bekannt geworden sind, kann nicht zur Bezweiflung der Synodalbeschlüsse selbst benutzt werden. Gerade das Streben nach Aufrechterhaltung der kirchlichen Einheit konnte zu dem Schritt von Serdika führen; wieweit er von nachhaltigem Erfolg begleitet war, ist von zweitrangiger Bedeutung. Die Bischöfe von Rom jedenfalls haben den neuen Auftrag, der ihnen aus den Synodalkanones zukam, als Erweiterung ihrer Macht verstanden und später im weitesten Sinne ausgelegt. Für die Gesamtbeurteilung des damaligen Standes der KV. ist die Tatsache grundlegend, daß die Synode zu dem Entschluß kam, die Streitigkeiten über die Geltung kirchlicher Personalentscheidungen sollten nicht vor ein kaiserliches Gericht gebracht, sondern einer kirchlichen Instanz als Appellationshof vorgelegt werden. Das war die folgerichtige Fortführung des can. 5 von Nicäa, wonach jede Provinz ihre Streitfragen durch eigene Synoden behandeln sollte. Daß man den Bischof von Rom zur letzten Appellationsinstanz erklärte, lag bei der damaligen kirchenpolitischen Situation nahe. Der Auszug der 76 eusebianischen Bischöfe war angesichts des Zurückbleibens von 94 orthodoxen Bischöfen unerheblich; die alte Zeit bemaß die Autorität einer Versammlung nicht nach der Zahl der Stimmen. Die Tatsache, daß sich → Hosius von Cordoba als Leiter der Synode zu den verbleibenden Bischöfen hielt, wog wesentlich schwerer; sie bedeutete die Zustimmung des Kaisers. – Mit Bischof → Siricius (384–394) zeigten sich die ersten Auswirkungen der Beschlüsse von Serdika: er erließ Erklärungen, die beanspruchten, für die ganze K. maßgebend zu sein, verlangte die Einführung der röm. Gewohnheiten, forderte die oberste Aufsicht und das oberste Anordnungsrecht. Zur Begründung dieser Ansprüche verwies er auf die Rechte, die der röm. Bischof als Nachfolger und Erbe des Apostels Petrus habe. Diese neue Auslegung brachte die früheren Hinweise auf Mt 16 in eine dem juristischen Denken jener Zeit angepaßte Gestalt und ist seitdem mit dem neuen K.nbegriff, der sich seit dem 5.Jh. entfaltete, verbunden geblieben. – Auf dieser Grundlage hat sich der röm. Patriarchensitz zum → Papsttum der lateinischen Kirche ausbauen lassen. Die große Gestalt Leos I. hat das Erreichte bewahrt und erweitert, die Provinzen außerhalb des italischen Herrschaftsbereichs mit ihren eigenen Metropoliten und Synoden in überlegener Weise gelenkt und in einer Zeit des Untergangs der alten politischen Ordnung die Einheit der K. gefestigt. Dazu gehörte die beständige Sorge für die dogmatische Einheit der Gesamt-K.; solange diese erhalten blieb, entstand aus der Teilung des Ganzen in Patriarchate keine Spaltung. Indem die Inhaber der Patriarchensitze einander ihre Wahl und die Namen neugewählter Metropoliten anzeigten, bekundeten sie ihre kirchliche Gemeinschaft.

5. a) Von den Ursprüngen her bildet *die Synode* einen wesentlichen Ausdruck des kirchlichen Lebens. Ignatius von Antiochien betrachtete die Presbyter als die Ratsversammlung des Bischofs, und die Abgesandten Roms tagten zusammen mit der Gemeinde von Korinth (1Clem). Nach den erhaltenen Berichten haben die ersten größeren Synoden in Kleinasien stattgefunden, wo um 170 über den → Montanismus beraten werden mußte und die Ausstoßung der Enthusiasten aus der K. beschlossen wurde. Im 3.Jh. vermehrte sich die Zahl der uns bekannten Synoden in den verschiedenen Gegenden. Mitglieder waren die Bischöfe, und ihre Versammlung handelte aus der Überzeugung heraus, vom hl. Geiste geleitet zu sein, also in der gleichen Vollmacht, mit der das Apostelkonzil (→ Paulus) gesprochen hatte; dem einzelnen Bischof war diese apostolische Vollmacht nicht zu eigen. Darum waren die Beschlüsse für die ganze K. bestimmt und wurden mit dem Ziel bekanntgemacht, daß sie überall angenommen würden. – Der Abstimmungsmodus der Synoden beruhte auf der Voraussetzung der wirksamen Gegenwart des hl. Geistes, so daß es weder namentliche Abstimmungen noch Mehrheitsbeschlüsse gab, sondern nur Voten hervorragender Mitglieder und danach die sich steigernden Akklamationen. Eine extreme Form dieser Verhandlungsweise wird in den Protokollen der ephesinischen Synode von 449 sichtbar. Die unterliegende Partei zog es meist vor, zu schweigen und die nächste Synode abzuwarten, auf der die Sache erneut vorgebracht werden konnte.

b) Die erste *Reichssynode* wurde von Konstantin 325 nach → Nicäa berufen; in ihr gab der Kaiser der bis dahin nur als geistliche Einheit verstandenen K. die reichsrechtlich gültige KV. Die auf dieser ersten »ökumenischen« Synode versammelten 318 (?) Bischöfe stellten die Vertretung der Gesamt-K. dar und beschlossen im Namen der K.; die Zustimmung des Kaisers aber stattete die Beschlüsse mit bindender Rechtskraft aus. Ein K.nrecht im Sinne R.Sohms ist daher erst mit Nicäa in die Geschichte der K. eingetreten. Daß sich die großen → Konzile, auf denen wichtige Glaubensentscheidungen gefällt waren, im Bewußtsein der K. als »ökumenisch« heraushoben, zeigt jedoch, daß noch in später Zeit ihr rein kirchlicher Gehalt als entscheidend gewertet wurde.

Als Rechtseinrichtung der K. wurden in Nicäa die *Provinzialsynoden* anerkannt. Ihre Aufgabe war die Verhandlung in erster Instanz über Klagen der Bischöfe und in zweiter Instanz über Klagen von Klerikern. Neben den ökumenischen Synoden sind also nach wie vor die Synoden der Provinzen oder auch kleinerer Bezirke zusammengetreten, um Angelegenheiten ihres Bereichs zu regeln. In Konstantinopel entstand schließlich die σύνοδος ἐνδημοῦσα, die »ortsständige Synode«, zu der die gerade in der Hauptstadt anwesenden (ἐνδημοῦντες) Bischöfe von dem Patriarchen geladen wurden. Hier ging es um einzelne kirchenrechtliche und personalpolitische Entscheidungen. Soweit in solchen kleineren Synoden Fragen von allgemeiner Bedeutung geregelt worden waren, sind ihre Kanones in die kirchenrechtlichen Sammlungen (K.nordnungen) des Ostens und Westens aufgenommen worden.

Daß die Entwicklung der K. reif war für das Zustandekommen großer Synoden, zeigt auch die Tatsache, daß die ostsyrische K. des persischen Reiches sich mit der Synode des Katholikos Isaak zu Seleucia-Ktesiphon 410 als Einheit konstituierte. Die Kanones von Nicäa wurden übernommen. Auf der Synode des Katholikos Dādīschōʿ zu Markabtā 423/24 wurde das Recht der Appellation an den Stuhl von Antiochien abgeschafft, so daß die Verbindung zum Abendland gelöst war. Die Kanones von Ancyra, Gangra, Laodicea und einer Synode von Cäsarea in Kappadozien wurden anerkannt. In den Verhandlungen werden zT sehr alte Ordnungen erkennbar.

6. Nachdem → Konstantin die K. anerkannt hatte, war das Verhältnis zwischen *Reich und K.* begründet, das → Theodosius mit der Vollendung der Reichs-K. zum Ziele führen konnte. Konstantin selbst war als Nichtgetaufter kein Vollmitglied der K.; infolgedessen konnte er sich 325, anläßlich der Synode von Nicäa, ohne inneren Bruch als τῶν ἐκτὸς ἐπίσκοπος, »Bischof der außerhalb (der K. Befindlichen)« bezeichnen, während er den christlichen Bischöfen die Gerichtsbarkeit innerhalb der K. überließ. – Das Kaisertum verband sich in der Folgezeit immer enger mit der K.; die Verknüpfung wurde so vorgestellt, daß die K. im Reiche lebe, der Kaiser aber in der K. Die dazugehörige Lehre von den zwei Gewalten ist von Papst → Gelasius (492–496) geschaffen worden: Die Bischöfe als die Beauftragten der K. haben die auctoritas, die »Geistesmacht«, weil sie die göttliche Lehre verwalten, der Kaiser aber ist der Träger der potestas, der »Vollzugsgewalt«, und durch diese beiden Kräfte wird die Welt regiert. Schließlich aber hat Gelasius die potestas ebenfalls der K. zugeeignet und von

den officia potestatis utriusque, den »Ämtern beider Gewalten« gesprochen. Mit diesem Ineinander, der lehrmäßigen Voraussetzung der mittelalterlichen Anschauungen, war für die K. die höhere Macht beansprucht. – Zunächst aber nahm die Entwicklung den entgegengesetzten Weg: → Justinian verband in der Person des Kaisers sacerdotium und imperium, so daß in diesem byzantinischen System (→ Cäsaropapismus) K. und Reich einander fast unscheidbar durchdrangen. Justinians Maßnahmen wirkten sich für zwei Jh.e dahin aus, daß der röm. Papst in den Rang eines Patriarchen der Reichs-K. hinuntergezwungen wurde. In dieser Zeit aber haben die Päpste die Struktur der kaiserlichen Machtausübung aus der Nähe kennengelernt, so daß sie fortan bei der Übernahme des Herrschaftsanspruches in ihren eigenen Auftrag das → Papsttum in seiner mittelalterlichen Gestalt auszubauen vermochten.

E. Hatch, The Organization of the Early Christian Church, Oxford (1881) 1882²; dt.: Die Gesellschaftsverfassung der christl. K.n im Altertum, übers. u. mit Exkursen versehen v. A. Harnack, 1883 – R. Sohm, K.nrecht I, 1892 – Ders., Wesen u. Ursprung des Katholizismus, (1909) 1912² – K. Müller, KG I/1, (1892) 1941³ – O. Braun, Das Buch der Synhados, 1900 – J.B. Chabot, Synodicon Orientale, ou recueil de synodes nestoriens publié, traduit et annoté, Paris 1902 – A.v. Harnack, Die Mission u. Ausbreitung des Christentums in den ersten drei Jh.en, (1902) 1924⁴, 459ff – Ders., DG II, 91ff – Ders., Entstehung u. Entwicklung der KV. u. des K.nrechts in den zwei ersten Jh.en, 1910 – Ders., Einführung in die alte KG, das Schreiben der röm. K. an die korinthische aus der Zeit Domitians (1Clem), 1929 – F.C. Burkitt, Early Eastern Christianity, London 1904; dt. 1907 – RE XX, 508ff – P. Batiffol, L'église naissante et le catholicisme, Paris 1909; dt. 1910 – O. Scheel, Zum urchristl. K.n- u. Verfassungsproblem (ThStKr 85, 1912, 403-457) – Th. Schermann, Ein Weiherituale der röm. K. am Schlusse des 1.Jh.s, 1913 (Lit.) – Ders., Die allg. K.nordnung, frühchristl. Liturgien u. kirchl. Überlieferung I: Die allg. K.nordnung des 2.Jh.s, 1914 – H. Lietzmann, Zur altchristl. Verfassungsgesch. (ZWTh 55, 1913/14, 97-153 = Kl. Schriften I, 1958, 141-185) – Ders., I-III – Akten der Ephesinischen Synode vom Jahre 449, syrisch mit G. Hoffmanns dt. Übers. u. seinen Anm.en hg.v. J. Flemming (AGG I/15, 1), 1917, 169f – C.H. Turner, Apostolic Succession (in: Essays on the Early History of the Church and the Ministry, ed. H.B. Swete, London [1918] 1921², 93-214) – G. Holstein, Die Grundlagen des ev. K.nrechts, 1928, 25ff – B.H. Streeter, The Primitive Church, studied with special reference to the Origins of the Christian Ministry, London 1929 – RGG² III, 968ff (Lit.) – Caspar I – Fr. Gerke, Die Stellung des 1Clem innerhalb der Entwicklung der altchristl. Gemeindeverfassung u. des K.nrechts (TU 47, 1), 1931 – O. Linton, Das Problem der Ur-K. in der neueren Forschung, Uppsala 1932 (Neudr. 1957; Lit.) – E. Rösser, Göttliches u. menschliches, unveränderliches u. veränderliches K.nrecht, von der Entstehung der K. bis zur Mitte des 9.Jh.s (Görresgesellschaft, Veröffentl. der Sektion f. Recht u. Staatswissenschaft 64), 1934 – G. Roethe, Zur Gesch. der röm. Synoden im 3. u. 4.Jh. (FKGG 11), 1937 – J.V. Bartlett, Church-Life and Church-Order during the First Four Centuries, with special reference to the early Eastern Church-Orders, Oxford 1943 (dazu W. Telfer, JThS 44, 1953, 224-226) – G. Dix, The Ministry of the Early Church (The Apostolic Ministry, Essays on the history and the doctrine of episcopacy, ed. K.E. Kirk, London 1947², 183-303); franz.: Le ministère dans l'Eglise ancienne, Neuchâtel-Paris 1955 – B. Poschmann, Der Ablaß im Licht der Bußgesch. (Theophaneia 4), 1948, 9ff – Feine (Lit.) – Ernst Wolf, Zur Entstehung der kaiserl. Synodalgewalt, zu ihrer theol. Begründung u. kirchl. Rezeption (K. u. Kosmos, hg.v. Kirchl. Außenamt der EKD, 1950, 153-168) – A. Vööbus, Celibacy, a Requirement for Admission to Baptism in the Early Syrian Church, Stockholm 1951 – M. Black, The Doctrine of the Ministry (ET 63, 1951/52, 112-116) – E. Kohlmeyer, Charisma oder Recht? Vom Wesen des ältesten K.nrechts (ZSavRG Kan. Abt. 38, 1952, 1-36) – H. Frhr.v. Campenhausen, Kirchl. Amt u. geistl. Vollmacht in den ersten drei Jh.en (BHTh 14), 1953 (dazu H. Dörries, GGA 209, 1955, 1-14) – Plöchl I – A. Adam, Erwägungen zur Herkunft der Did (ZKG 68, 1957, 1-47) – Ders., Die Entstehung des Bischofsamtes (WuD 5, 1957, 1-16) – H. Hess, The Canons of the Council of Sardica A.D. 343, a Landmark in the Early Development of Canon Laws, Oxford 1958 – Altaner 27f (Lit.) – H.-G. Beck, K. u. theol. Lit. im byzant. Reich (HAW XII/2, 1), 1959.

A. Adam

III. Kirchenverfassung der Orth. Kirchen

1. Grundsätzliches und geschichtliche Entwicklung – 2. Gegenwärtige Grundlinien der KV. – Vgl. → Orthodoxe Kirche: III (Orth. Kirche in der Emigration)

1. Die Verfassung der Orth. K.n beruht auf der Hl. Schrift, der Tradition und Praxis der apostolischen und nachapostolischen Zeit, auf den kanonischen Bestimmungen der ökumenischen → Konzile und auf dem Glauben an die Einheit, Heiligkeit, Katholizität und Apostolizität der K. Christi. Demnach wird in der sichtbar-äußeren Seite und dem Leben der K. auf bestimmte Organisation und Autorität Gewicht gelegt. Die höchste äußere Autorität ist *die K. selbst,* die Stimme, das Bewußtsein, das Gewissen der Gesamt-K. Vgl. die Antwort der orientalischen Patriarchen von 1848 an Pius IX.: »Der eigentliche Hüter der Frömmigkeit, des Glaubens in der Orth.K. ist der Leib der K., dh das Volk selbst« (Mansi XL, 407). Vorangestellt wird die *Hierarchie,* in Verbindung mit dem Prinzip der apostolischen → Sukzession, und innerhalb ihrer das *bischöfliche Amt,* bes. in dem liturgischen Dienst. Andererseits ist die Orth. K. keineswegs eine hierokratische K. Hier gilt im wesentlichen nicht das Prinzip pars pro toto, sondern pars in toto. Zunächst bezüglich des bischöflichen Amtes: alle Bischöfe untereinander haben gleiche Grundrechte, und der sog. erste Bischof oder Primas in der Verwaltung (der Metropolit oder der Patriarch) ist nur primus inter pares. Ferner sind die Bischöfe in ihren Diözesen keineswegs Autokraten, sondern auf die organische Gemeinschaft und Zusammenarbeit mit dem übrigen Klerus und dem Kirchenvolk, den Laien, angewiesen (→ Klerus und Laien, 1). Zur Klärung gemeinsamer kirchlicher Fragen vereinigten sich die Bistümer gewöhnlich entsprechend der territorialen politischen Einteilung in *Metropolien* (Reichsprovinzen) und diese zT in *Patriarchaten.* So entstanden die einzelnen *Landes- oder → Autokephalen Kirchen* mit jeweils unabhängiger innerer Verwaltung. Außer den vier orientalischen Patriarchaten der Frühzeit (Konstantinopel, Alexandrien, Antiochien, Jerusalem; → Kirchenverfassung: II, 4) sind das die Kirchen von → Cypern und → Georgien (:I), ferner die im späteren MA entstandenen Patriarchate von → Bulgarien, Serbien (→ Jugoslawien) und → Rußland, in neuester Zeit das Patriarchat von → Rumänien und die Orth. K.n in → Griechenland, → Polen, → Albanien, → Tschechoslowakei und → Finnland. In bezug auf Glaubenslehre, Gottesdienst, Grundverfassung und kirchliches Leben stellen sie jedoch gemeinsam die einheitliche K. dar.

Die grundsätzliche Verfassungsnorm der Orth. K.n ist die (kath.-)synodale. Oberstes K.norgan ist die *Synode.* Das *Bistum* wird vom *Diözesanbischof* geleitet; ihn unterstützt die Geistlichkeit – in Form von »Presbyterien« oder »Konsistorien« – und bei den K.nversammlungen auch das K.nvolk (bes. in den ersten Jh.en und in der Neuzeit). Der Name *Metropolit* ist heute fast allgemein ein Ehrentitel für Diözesanbischöfe. Leitendes Organ in den *Patriarchaten* sind die patriarchalbischöflichen Synoden. Für die Gesamt-K. war vom 4.-8.Jh. die *»Ökumenische Synode«* die höchste kirchliche Instanz. Aus verschiedenen historischen Gründen, bes. durch die enge Verbindung zwischen Staat und K., verstärkte sich in der K.nverwaltung allmählich das hierarchische Prinzip: in den Bistümern zugunsten des Diözesanbischofs, in den Metropolien oder Patriarchaten zugunsten ihrer Vorsteher und ihrer Synoden, aber auch zugunsten des Staates (→ Cäsaropapismus). Seit der Mitte des 19.Jh.s wurden als oberstes, wenn auch nicht absolutes Organ *landeskirchliche Versammlungen* oder *Landessynoden (Ssobór)* eingeführt: zuerst und einmalig 1860 durch das Ökumenische Patriarchat in Konstantinopel, ferner durch die ehemalige rumänische autokephale K. in Transsylvanien (→ Siebenbürgen) und die ehemalige serbische K. von Karlowitz (Ungarn), durch die russische K. seit ihrem großen Landes-Ssobór (Moskau 1917-18) sowie in der bulgarischen und rumänischen K. bis heute. Den Landessynoden gehören alle Bischöfe sowie Vertreter der übrigen Geistlichkeit und der Laien aller Bistümer an. Sie haben für dogmatische, liturgische und kanonische Fragen eine mehr beratende Funktion unter der Bischofssynode, dagegen endgültige Entscheidungsbefugnis für die übrigen Angelegenheiten.

An der Verwaltung der kirchlichen Wirtschaft und der Finanzen sind in fast allen Orth. K.n bei den Synoden auch *Laien* beteiligt, ebenso - neben den Priestern - bei den Wahlen fast aller Organe der kirchlichen Gewalt (vgl. aber 2). Mit Erlaubnis der betreffenden geistlichen Stelle können auch Laien (dh hier: nicht zum Priester geweihte Theologen) in privaten und öffentlichen Gottesdiensten predigen.

In neuester Zeit ist das Problem eines *zentralen Verwaltungsorgans* für die ganze Orth. K. wiederum dringlich geworden. Lange Zeit hatte das Ökumenische Patriarchat (→ Konstantinopel) den Ehrenprimat unter den K.n. Die mannigfachen Nöte und Aufgaben der jüngsten Vergangenheit und die stark verminderte Zahl der Gläubigen des Konstantinopeler Patriarchats erfordern im Interesse der Einheit und Gemeinschaft der Orth. K.n die Lösung dieses wichtigen Problems. Doch auch durch eine - vielfach geforderte - orth. Zentralkörperschaft aus Vertretern aller Orth. K.n, wenigstens als Informations- und Beratungszentrum, würde das im Grunde nicht erreicht. - Zugleich bemüht man sich um eine neue »Ökumenische«, in Wahrheit aber *»Panorth. Synode«* nach dem »1200jährigen interkonziliaren Schlaf der Orthodoxie« (→Alivisatos). Nach den auf Initiative des Ökumenischen Patriarchats veranstalteten sog. »Prosynoden« (1920 in Konstantinopel, 1930 im Watopedikloster auf dem Athos), an denen die russische K. nicht beteiligt war, konnte noch keine neue Prosynode tagen. Dafür fanden in Moskau die Orth. K.nkonferenzen vom Juli 1948 und Mai 1958 statt (1958 fehlten der politischen Verhältnisse wegen nur Cypern und Jerusalem).

Das *Verhältnis von K. und Staat,* durch → Justinian (6.Jh.; Novelle 6 des Corpus Iuris) in dem Ideal der »Symphonia von Kaiser und Patriarch« als zweier Instrumente Gottes dargestellt, wurde nach byzantinischem Beispiel von altersher auch in anderen orth. Ländern durch die Entwicklung zum → Cäsaropapismus kompliziert (so zZ der Türkenherrschaft und bes. im 18. und 19.Jh. in → Rußland, durch die K.nreform → Peters d.Gr.; zT auch in Griechenland und Rumänien). Heute haben die meisten Staaten mit Orth. K.n (außer Griechenland, Rumänien, Tschechoslowakei) die - praktisch nicht vollständige - Trennung von Staat und K. eingeführt. In der Sowjetunion wurde 1918 das Dekret über die Trennung erlassen, 1943 das »Amt für die Angelegenheiten der Orth. K. beim Ministerrat der SU«, 1944 für die Angelegenheiten der übrigen K.n und Religionsgemeinschaften errichtet. Die osteuropäischen Staaten des Sowjetbereichs erließen seit 1948 entsprechende Dekrete oder Gesetze. Zum einzelnen vgl. die betr. Länderartikel.

2. Die vier alten Orth. Patriarchate (s. 1) und die Orth. K.n in Cypern und Griechenland haben eine vorwiegend hierarchische Verfassung und Verwaltung: Die Bistümer werden vom Diözesanbischof geleitet; ihn unterstützen Presbyterien (geistliche Diözesanräte) und Pfarrgeistliche. Für die ganze K. sind vollständige und ständige Hl. Synoden zuständig. Nur in den Patriarchaten von Konstantinopel, Alexandrien und Antiochien bestehen bei den Hl. Synoden gemischte K.nräte für die Verwaltung der allgemeinen kirchlichen Finanz- und Wirtschafts-Angelegenheiten. Bei der Wahl der Organe der K.ngewalt sind Geistliche und Laien hier fast gar nicht beteiligt.

Eine zweite Gruppe der Orth. K.n - die russische, rumänische, bulgarische, georgische, albanische und tschechoslowakische K., zT auch die übrigen - haben folgende Organe der K.ngewalt: a) Die *vollständige bischöfliche Synode* als oberste geistliche K.ngewalt tagt einmal im Jahr - in anderen K.n seltener -, behandelt hauptsächlich Lehr-, liturgische und kanonische Fragen und ist auch Gerichtsinstanz über Vergehen von Bischöfen. b) Die *ständige Hl. Synode* besteht aus einigen Diözesanbischöfen, wird von der vollzähligen Synode gewählt oder turnusmäßig berufen und dient der Erledigung laufender Angelegenheiten der K., in einigen K.n auch als Appellationsinstanz für Urteile der Bistumsgerichte. Die rumänische Orth. K. hat auch eine Metropolitansynode, die aus den Metropoliten der Metropolien besteht. Die Patriarchen oder Primaten der autokephalen K.n sind als Vorsteher ihrer K.n Vorsitzende ihrer Synoden oder der übrigen zentralen Organe (der Landessynoden, der Obersten K.nräte usw). Sie werden von größeren gemischten Wahlversammlungen gewählt. Die Diözesanbischöfe werden in der russischen, serbischen, albanischen und zT in der bulgarischen K. durch die Hl. Synoden, sonst ebenfalls von gemischten Diözesanverwaltungen gewählt.

Oberste K.nräte bestehen in der russischen K. gemäß der Verfassung von 1918, ferner in der bulgarischen und serbischen K. - hier »Patriarchalverwaltungsrat« genannt - sowie in der albanischen K., mit gemischtem Bestand von Geistlichen und Laien, gewählt von den Bistümern als deren Vertreter; ihr Vorsitzender ist ein von der Hl. Synode gewählter Bischof. Ihnen obliegt bes. die Verwaltung der allgemeinen kirchlichen Wirtschaft und Finanzen, bisweilen (zB in der serbischen Orth. K.) auch die Verwaltung der kirchlichen Unterrichts- und Wohltätigkeitseinrichtungen. Ihre Beschlüsse müssen zB in der serbischen und bulgarischen K. von der Hl. Synode bestätigt werden.

Kirchliche *Zentralkonsistorien* arbeiten in der rumänischen und der serbischen K. mit gemischtem Bestande: Das serbische Zentralkonsistorium dient unter Vorsitz des Diözesanbischofs als Appellationsinstanz für Urteile der Diözesangerichte. In Rumänien bilden 5 von der Hl. Synode gewählte Geistliche eine Appellationsinstanz für Urteile der Metropolitankonsistorien.

In den *Bistümern* können neben dem Diözesanbischof als dem Leiter des kirchlichen Lebens und der Verwaltung administrative *Vikare* stehen, zuweilen auch Vikarbischöfe, bes. bei kranken oder alten Bischöfen; sie werden von der Hl. Synode gewählt oder bestätigt. In Rußland (nach der Verfassung von 1918) und in Rumänien bestehen Diözesansynoden oder Versammlungen mit gemischtem Bestande; ihre Aufgabe ist in Rumänien hauptsächlich die Wahl von Diözesanvertretern für höhere oder Diözesan-Institute. *Diözesankonsistorien* gibt es in allen Orth. K.n, meist aus Geistlichen bestehend, mit dem Diözesanbischof oder seinem Vertreter als Vorsitzenden; in Bulgarien sind sie gemischten Bestandes, doch sind die Laien bei Verhandlung rein geistlicher Angelegenheiten nicht an den Sitzungen beteiligt. Sie werden von der Hl. Synode gewählt oder bestätigt; ihre Aufgabe ist die allgemeine Verwaltung der Diözese; ferner dienen sie als erste Gerichtsinstanz für Vergehen von Geistlichen, K.ndienern und Laien, ebenso für Eheangelegenheiten. Werden ihre Beschlüsse oder Urteile vom Diözesanbischof nicht gebilligt, so entscheidet endgültig die Hl. Synode. Das Bistum ist in *Erzpriesterschaftskreise*

(Propsteien) eingeteilt, an deren Spitze als Aufsichtsorgan ein vom Diözesanbischof ernannter Erzpriester (Propst) steht. In der rumänischen Orth. K. bestehen gewählte Propsteiversammlungen gemischten Bestandes zur Durchführung des kirchlichen Lebens und Propsteiräte als ihr Vollzugsorgan, ferner Propsteigerichte für Disziplinarangelegenheiten und zur Beilegung von Mißhelligkeiten, schließlich beratende Priesterkonferenzen. Die Pfarrpriester und Pfarrdiakone werden vom Diözesanbischof ernannt (so in der russischen und serbischen K.) oder von der Pfarrgemeinde gewählt und von der oberen K.nbehörde bestätigt (so in Bulgarien, Albanien, Rumänien). Neben seinem liturgischen und pastoralen Dienst ist der Pfarrpriester Vorsitzender der Pfarrversammlungen und des von ihnen gewählten Pfarrates, der die Verwaltungs-, Wirtschafts- und Finanzfragen der Pfarrei bearbeitet.

Die *Klöster* stehen unter der unmittelbaren Jurisdiktion der Diözesanverwaltung oder - als Stauropegialklöster (→ Stauropegion) - unter derjenigen der Hl. Synode. Sie werden verwaltet von dem von der Klosterbruderschaft gewählten und von der obersten K.nbehörde bestätigten Klosterrat, dessen Vorsitzender der Klostervorsteher (Hegumenos) ist. Der Klosterrat ist auch erste Gerichtsinstanz für Vergehen von Klosterleuten.

J.ZHISHMAN, Die Synoden u. die Episkopalämter in der morgenländ. K., Wien 1867 - A.PAWLOW, Kursus des K.nrechts, 1902 (russ.) - H.MILASCH, Das K.nrecht der Morgenländ. K., Mostar 1905² - P.LAPIN, Das Konzil als oberstes Organ der K.ngewalt, Kasan 1909 (russ.) - K.LÜBECK, Die christl. K. des Ostens, 1911 - R.JANIN, Les Eglises orientales et les rites orientaux, Paris (1922) 1955⁴ - K. SCHWARZLOSE, Grundzüge des dt. ev. K.nrechts u. des orth.-morgenländ. K.nrechts, 1924 - ST.ZANKOW, Das orth. Christentum des Ostens, 1928 - DERS., Die orth. K. des Ostens in ökumen. Sicht, 1946 - S.BULGAKOW, L'Orthodoxie, Paris 1932 - H.ALIVISATOS, Das kanonische Recht der orth. K. (Ekklesia X), 1939 - B.SPULER, Die Gegenwartslage der Ost-K.n in ihrer völkischen u. staatl. Umwelt, 1948 - W.DE VRIES, Der christl. Osten in Gesch. u. Gegenwart (Das östl. Christentum, NF H.12), 1951 - E.BENZ, Geist u. Leben der Ost-K., 1957 - Die Russ. Orth. K., Aufbau, Ordnung, Tätigkeit, hg.v. Moskauer Patriarchat, 1958 (russ. u. engl.). - Dokumentarberichte in KJ 1949 u. 1956; laufende Berichterstattung in JK, IKZ (Bern), HerKorr u. Istina (Bologne-sur-Seine).

St.Zankow (Hildegard Schaeder)

IV. Kirchenverfassung Westeuropas im Mittelalter

1. Die Metropolitanverfassung - 2. Das Bistum - 3. Klöster und Orden - 4. Das Papsttum - 5. Die Gesamtentwicklung einschließlich der landeskirchlichen Bestrebungen

Die Scheidung der K. in die morgen- und abendländische Hälfte (→ Bilder: III, 2, → Byzanz: II, 2) erfolgte nach manchen Vorspielen im 8./9.Jh. und wurde, durch die Bannflüche von 1054 besiegelt, trotz aller → Einigungsbestrebungen (: I) nie wieder rückgängig gemacht. War das ein Verlust für die allgemeine K. - für die des Abendlandes und ihren Führer, den Bischof von Rom, war es ein Gewinn; er vermochte nun um so entschiedener über sie zu herrschen (→ Papsttum: I). Nicht vom Papsttum hat aber eine Schilderung der mittelalterlichen KV. auszugehen. Denn galt der römische Bischof auch schon im Altertum als Haupt der abendländischen K., so dauerte es doch noch Jh.e, bis seine Stellung so erstarkt war, daß er nicht mehr bloß die oberste kirchliche Autorität, sondern auch die oberste Spitze der kirchlichen Verwaltung und gleichsam den Quell alles kirchlichen Rechts darstellte (s. 4). Zunächst lag das Schwergewicht der kirchlichen Organisation mehr an der Peripherie; und der germanische Einfluß, der dann einströmte (s. 5), wirkte lange dahin, diese Dezentralisation zu erhalten.

1. a) Aus der römischen Zeit erbte die K. die *Metropolitanverfassung* (→ Kirchenverfassung: II, 3c). Um 800 hatte das fränkische Reich 22 Kirchenprovinzen: 13 im west-, 4 im ostfränkischen, 5 im italienischen Reichsteil (mit Rom an der Spitze); 3 gab es damals in England-Irland, während die spanischen (5) und die sardinischen von den Sarazenen lahmgelegt, die dalmatinischen (2) zwischen Ost- und Westrom streitig waren und Süditalien überhaupt noch keine besaß. In den folgenden Jh.en hat sich ihre Zahl nur dort erheblich vermehrt, wo die kirchliche Organisation Neuland gewann, wie in Ost- und Südostdeutschland, oder wo sie in früher besessenen Landen nach Verdrängung von Griechen und Sarazenen wieder auflebte und neue Zweige trieb, wie in Dalmatien und Sardinien (10./11.Jh.) und Spanien-Portugal (11./13.Jh.), oder erst neu eingeführt wurde, wie in Süditalien und Sizilien und seinen 22 Provinzen von Capua (968) bis Monreale (1183). Nach dem Bistumskatalog (Provinciale) der römischen Kurie aus dem 13./14.Jh. hatte das Abendland 74-78 Metropolen, und zwar Italien (einschließlich der Inseln und Istrien-Dalmatien) 35, Deutschland samt Burgund 12-14 (→ Mainz, → Hamburg-Bremen, → Köln, → Magdeburg, → Prag, → Riga, → Salzburg, → Trier, Aix, → Arles, → Besançon, Imbrun, Tarentaise, → Vienne), Frankreich 9-10, Spanien und Portugal 5-7, England-Schottland-Irland 7, Skandinavien 3, Polen und Ungarn 3. Einige Bistümer (u.a. die deutschen → Bamberg und → Kammin) standen als *»exemt«* (→ Exemtion) außerhalb der Metropolitanverfassung und unmittelbar unter dem römischen Bischof.

Die rechtliche Bedeutung der K.nprovinzen konzentrierte sich vornehmlich in den *Provinzialsynoden* (→ Konzile; vgl. → Kirchenverfassung: II, 5b). Diese, in Deutschland namentlich seit dem 8.Jh. (Reform des → Bonifatius) wieder regelmäßig veranstaltet, wurden von den Bischöfen der Provinz (episcopi comprovinciales, suffraganei), aber auch Äbten und anderen Geistlichen besucht. Zuständig waren sie für Fragen der Zucht und Gerichtsbarkeit sowie als Berufungsinstanzen. Den Vorsitz führte seit karolingischer Zeit, mit dem früher als Ehrenbezeichnung dienenden Titel *Erzbischof* (archiepiscopus), der erste Bischof, der → Metropolit. Ihm stand auch die → Visitation der Bistümer zu, ursprünglich auch die Bestätigung und Weihe der Bischöfe seines Sprengels. Aber dieses Recht wurde seit dem 9.Jh., nicht ohne Mitwirkung der Bischöfe, vom Papsttum untergraben und seit dem 11.Jh. zugunsten seines eigenen Einflusses systematisch beseitigt (s. 4). Zum Symbol der Herrschaft Roms wurde das seit dem 6.Jh. gelegentlich, seit dem 8.Jh. (vgl. → Bonifatius) in der Regel den neuen Erzbischöfen vom Papste verliehene → Pallium, von dessen persönlicher Einholung seit Gregor VII. der Empfang der Weihe und die Ausübung der Metropolitanbefugnisse abhing. Eine beherrschende Rolle, wie in der oströmischen und byzantinischen KV., hat der Erzbischof schon in der frühmittelalterlichen KV. des Abendlandes nicht gespielt; wurde doch sein Einfluß durch die Mitwirkung des Staates, namentlich des fränkischen Königtums (→ Franken), sehr beengt. Im späteren MA war er vollends nur mehr ein Schatten seines Urbildes, wenn auch die äußere Organisation der Metropolitanverfassung seit dem 13.Jh. einen Aufschwung nahm. Der Metropolit war zugleich Bischof der vornehmsten und meist größten Diözese seiner Provinz, so daß seine erzbischöfliche Gewalt geradezu als Exponent seiner bischöflichen Gewalt erschien, an die sie gebunden war; bezeichnen doch auch die Ausdrücke »Erzdiözese«, »Erzbistum« (archiepiscopatus) die bischöfliche Diözese des Erzbischofs, nicht die erzbischöfliche Provinz, was oft übersehen wird.

b) Noch schlechter als die Provinzen haben sich in der

abendländischen K. - anders als in der morgenländischen - die größten der in römischer Zeit ausgebildeten Verbände behauptet, die *Patriarchate* oder *Primate* (→ Kirchenverfassung: II, 4). Die landeskirchliche Aufgabe, die zB dem Primat von → Karthago in dem freilich bald von der mohammedanischen Flut überschwemmten → Nordafrika (: I) und dann namentlich dem Primat von → Arles in Gallien anfangs zu winken schien, hat keiner erfüllt. Dieser Entwicklung hat Rom schon früh die Spitze abgebrochen. Wie es im 6.Jh. den Bischof von Arles zu seinem Vikar herabdrückte, so hat es auch später häufig Primate anerkannt oder geschaffen, um in ihren Trägern Schrittmacher seines eigenen Einflusses zu gewinnen und die Metropoliten mit einem ihre Eifersucht erregenden Titel (Primas) in Schach zu halten. Die wichtigsten sind: in Italien außer den alten Patriarchaten von → Aquileja-Grado nur → Pisa; in Frankreich vor allem Bourges, mit dem früher und später, auf größerem oder kleinerem Gebiet, → Arles, → Lyon, Narbonne, Sens, → Vienne, → Reims wetteiferten; in Deutschland bes. → Mainz, daneben → Trier, → Metz, → Köln, → Salzburg, → Magdeburg und, mit Bezug auf das aber bereits im 12.Jh. mit einem eigenen Primat (→ Lund) ausgestattete Skandinavien, → Hamburg-Bremen; in England → Canterbury, von dem sich seit dem 12.Jh. → York, im 15. das schottische → St.Andrews abzweigten, während der Primat von Irland dem Metropoliten von Armagh (→ Irland: II, 1) zustand; in Spanien schon während der Westgotenzeit und wiederum nach der Vertreibung der Mauren, seit 1085, das »kaiserliche« → Toledo; die Primate von → Gran über Ungarn, von → Gnesen über Polen stammen erst aus dem 14. und 15.Jh. Der rechtliche Inhalt dieser Verbände war ziemlich gering. Einige haben eine gewisse Oberhoheit (mit der Befugnis, die Metropoliten des Sprengels zu weihen) und Gerichtsbarkeit ausgebildet oder gar zeitweise, wie Toledo und Canterbury, so etwas wie eine national- oder landeskirchliche Bedeutung besessen.

2. a) Das wichtigste Stück der kirchlichen Verfassung, die Zelle gleichsam, die in unaufhörlicher Vervielfältigung den irdischen Körper der K. aufbaute und immer weiter wachsen ließ, war schon seit der spätrömischen Zeit das *Bistum* (episcopium, episcopatus) oder die *Diözese* (dioecesis, parochia), dh der immer genauer begrenzte Sprengel, welcher der Aufsicht und Verwaltung eines Bischofs unterstand. Er war das Ergebnis der Ausdehnung des kirchlichen Lebens von der Stadt, dem ursprünglichen Sitz der Gemeinde und ihres Bischofs, auf das umliegende, erst allmählich dem Christentum gewonnene Land; so pflegte sich denn das kirchliche Leben, häufig unter Anlehnung an die weltlichen Verwaltungssprengel, um den Mittelpunkt einer Stadt zu kristallisieren, die mit ihrer Dom- oder Kathedral-K. auch später die Seele des Bistums blieb und regelmäßig die Residenz des Bischofs war. Auf der Schwelle des MA war fast das ganze Abendland, soweit es dem → Christentum (: III) erschlossen war, mit einem Netze solcher Diözesen überzogen; und überall, wo die Mission der christlichen Pioniere und die Kolonisation des Staates - meist eng verbündet - vordrangen, schob auch diese Organisation sich weiter vor. Eine Sonderstellung nahm anfangs namentlich England ein, wo statt des Bistums das Kloster (s. 3) die Missionierung des Landes durchgeführt hatte und von jenem erst allmählich abgelöst wurde (vgl. → Irland: I). Vermittelt durch die irische Mission ist dem Kloster auch auf dem Festlande, vor allem in Deutschland, vorübergehend diese Rolle zugefallen, und selbst später (so in der kirchlichen Eingliederung der → Sachsen um 800) wirkte sie anfangs wohl noch nach, wenngleich hier die klösterlichen Missionssprengel alsbald durch bischöfliche Diözesen ersetzt wurden. Von den etwa 650 Sprengeln, die der römische Bistumskatalog (s. 1a) um 1200 aufzählt, entfällt kaum ein Zehntel auf Deutschland, die Hälfte auf Italien, weil hier einst jede Stadtgemeinde einen besonderen Bischof erhalten hatte. Während des frühen MA beruhte der Zuwachs an Bistümern so gut wie ganz auf der äußeren Ausdehnung der christlichen Welt, und noch in der ersten Hälfte des 13.Jh.s verdankten ihr 12 neue Bistümer im östlichen Mitteleuropa und 8 in Spanien ihre Entstehung. Erst Ende des 13. und im 14.Jh. sind etwa 30 - mit nicht weniger als 17 hat das französische Papsttum damals Frankreich bedacht -, im 15.Jh. etwa 10 neue auf Kosten und mit Verkleinerung älterer Diözesen begründet worden. Doch haben Aufhebungen und Zusammenlegungen zu kleiner Diözesen (im 12./13.Jh. namentlich irischer, im 15. vieler italienischer) das Mehr ungefähr wieder ausgeglichen. Das Recht, neue Bistümer zu errichten, alte zu verlegen, zusammenzulegen oder zu teilen, lag ursprünglich bei den Provinzialsynoden. Wie es aber nie ohne Zustimmung des Staates ausgeübt werden konnte, so hat dieser es zeitweise, bes. unter → Karl d.Gr. und → Otto d.Gr., tatsächlich fast ganz an sich gezogen, bis es allmählich, bis zum 11.Jh., immer ausschließlicher dem Papsttum anheimfiel.

Der Leiter der Diözese, der → *Bischof* (: I), wurde nach alter Vorschrift von Klerus und Volk (Gemeinde) gewählt, um dann vom Erzbischof und den Mitbischöfen der Provinz nach gehöriger Prüfung der Wahl geweiht zu werden (→ Bischofsweihe). Tatsächlich war schon in frühfränkischer Zeit der Einfluß des Königtums maßgebend; so wurden die Bistümer seit dem 9./10.Jh. immer mehr zu Eigenkirchen des Staates, der sich auf sie und ihr Vermögen politisch, finanziell und militärisch stützte, in Frankreich, wo sie in den Bannkreis des alles ergreifenden Lehenswesens gerieten, zT sogar der großen Vasallen des Staates. Der Streit um die → Investitur hat in Deutschland-Italien und in ganz Europa diese Entwicklung gebrochen. Sein Ausgang entzog das Bischofswahlrecht dem Einfluß der Laien, sowohl des Königs als auch der das »Volk« vertretenden Großen des bischöflichen Territoriums und Hofes. Es sollte nun nach der Formulierung des 4. Laterankonzils (1215) entweder in direkter (per scrutinium) oder in indirekter, durch Vertrauensmänner erfolgender Wahl (per compromissum) oder endlich quasi per inspirationem, dh durch Zuruf, vom → Domkapitel ausgeübt werden. In steigendem Maße eroberte sich jedoch die römische Kurie (s. 4) das Besetzungsrecht; erst die Reformbewegung des 15.Jh.s hat es ihr wieder zu entwinden gesucht. Das ausschließliche Absetzungsrecht hatte schon → Gregor VII. in Anspruch genommen. Die ebensosehr durch immer häufigere Besuche päpstlicher Legaten (s. 4) als durch die Pflicht der Romfahrt (visitatio liminum s. Petri) und der persönlichen Eidesleistung (seit 1059) gesteigerte Abhängigkeit der Bischöfe vom Papsttum spiegelte sich charakteristisch wider in dem nun oft von ihnen geführten Titel Dei et apostolicae sedis gratia episcopus. - Der Bischof, von dessen weltlicher Machtstellung hier abgesehen wird, verkörperte innerhalb seiner Diözese alle kirchliche Gewalt, die er teils bei Gelegenheit der Bereisung seines Sprengels (circuitus) durch die von ihm abgehaltenen Sendgerichte (→ Send), teils auf den Diözesansynoden geltend machte. Diese Gewalt, die unter dem Einfluß deutsch-rechtlicher Vorstellungen (s. 5a) zu einem persönlichen Bann (bannus episcopalis) ausgebildet wurde, zerfiel in die drei potestates ordinis, magisterii, iurisdictionis (→ Ordination: III, → Kirchengewalt, → Jurisdiktion). Sie bestand darin, daß einzelne geistliche Handlungen, wie die Erteilung der höheren

Weihen oder die → Exkommunikation (, 1), von ihm persönlich vorgenommen werden mußten (iura pontificalia). Seine Regierungsgewalt äußerte sich in den Befugnissen der Ämterbesetzung und der Disziplinierung, bes. aber in denen der Besteuerung, der Gesetzgebung und der Gerichtshaltung. Sie hat er ursprünglich durchaus persönlich oder wenigstens durch von ihm selbst bestellte Vertreter ausgeübt. Aber seit dem 9.–11.Jh. gingen sie mehr und mehr an die Träger der von der bischöflichen abgezweigten archidiakonalen Verwaltung (s. 2b) über, um dem Bischof erst seit dem 13.Jh. durch seine Generalvikare (s. u.) zT wieder erobert zu werden. – Im Falle der Amtsunfähigkeit hat man den Bischöfen schon im frühen MA nicht selten *Stellvertreter* gesetzt. Erst seit dem 13.Jh. haben diese, nun *Koadjutoren* genannt, kirchenrechtliche Anerkennung gefunden. Doch standen den Bischöfen schon in der fränkischen Zeit in den sog. → *Chorbischöfen* Hilfskräfte zur Seite, die sie namentlich bei der Ausübung der Weihehandlungen vertraten. Seit dem 9.Jh. von der strengeren kirchlichen Richtung verdrängt, lebten sie zwar seit dem 11.Jh. zT wieder auf in der Tätigkeit jener episcopi → in partibus infidelium, die nur formal eine Diözese besaßen, als *Weihbischöfe*. Diese Tätigkeit war aber doch zu unregelmäßig, zu sehr auf Weihe- und ähnliche Handlungen beschränkt, als daß man sie bischöfliche Beamte im modernen Sinn nennen könnte. Solche hat sich der Bischof überhaupt erst im 13.Jh. geschaffen: in dem *Generalvikar* (vicarius generalis), seinem beamteten Stellvertreter, in dem *Offizial* (officialis principalis), seinem juristischen Geschäftsführer in geistlichen Angelegenheiten, und in den über die einzelnen Archidiakonate verteilten bischöflichen officiales foranei (vgl. → Gerichtsbarkeit: I, 2b).

b) Die → *Domkapitel,* Körperschaften, zu denen sich der bischöfliche Klerus zusammenschloß, entwickelten sich allmählich zu einer mit der monarchischen Gewalt des Bischofs konkurrierenden aristokratischen *Nebenregierung*. Der Prozeß knüpfte sich an ihr Recht, den Verfügungen des Bischofs in Gesetzgebung und Verwaltung beizustimmen. Entscheidend gefördert hat ihn dann ihr durch den Ausgang und die Folgen des Investiturstreites gekräftigter und monopolisierter Einfluß auf die Bischofswahlen, der etwa seit 1200 zu bindenden Wahlkapitulationen zwischen Domkapitel und Kandidaten führte. Wirtschaftlich äußerte sich die Selbständigkeit und das Selbstbewußtsein der Domkapitel vorzüglich in der vom 9.–12.Jh. durchgesetzten Scheidung der Einkünfte und Liegenschaften der Domherren (mensa canonicorum) von denen des Bischofs (mensa episcopi; →Kirchengut, → Mensa). Von den zahlreichen Ämtern der Domkapitel waren am wichtigsten zunächst das des *Dompropstes* (praepositus, etwa gleichbedeutend mit dem älteren archidiaconus; → Propst), später das des *Domdekans* (decanus, ungefähr dasselbe wie der ältere archipresbyter; → Dekan), jenes der Vermögens-, dieses mehr der geistlichen Verwaltung und Gerichtsbarkeit des Domkapitels und des Bischofs dienend. – Aus dem Domkapitel erstand dem Bischof noch eine Konkurrenz, welche, die bereits in den Pfarreien (s. 2c) ausgebildete Dezentralisation der Verwaltung benutzend, auch in der Diözese seine Macht untergrub und durch Teilgewalten ersetzte. Vom 9.–11.Jh., zuerst in Frankreich, zuletzt im deutschen Sachsen und in Polen, wurde die bisher von dem Dompropst oder Archidiakon in der Diözese an Bischofs Statt ausgeübte Verwaltungstätigkeit mehreren Archidiakonen (meist Domherren des gleichen Kapitels, aber auch Äbten oder Pröpsten aus dem Bistum) übertragen, von denen jeder in einem begrenzten, seit der Mitte des 11.Jh.s als *Archidiakonat* bezeichneten Bezirk von freilich sehr verschiedener Größe waltete. An diese Archidiakonen hat der Bischof im 13.Jh. den größten Teil seiner Gewalt, so namentlich die Visitation und Sendgerichtsbarkeit, ja selbst die Einsetzung der Pfarrer abgetreten. Ihre Einsetzung hat er meist dem Dom- und anderen Kapiteln seiner Diözese überlassen müssen, und er ist ihrer erst wieder Herr geworden, als er in Offizialen und Generalvikaren neue Helfer gewann (s. 2a). Nicht selten ist ihre geistliche und verwaltungsrechtliche Befugnis an den weltlichen Landesherrn übergegangen; denn im späteren MA wurde das Amt des Archidiakonen immer ausschließlicher als ein einträgliches Recht aufgefaßt und ausgenutzt. – Der Archidiakonat ist als Verwaltungseinheit meist eine Zusammenfassung von kleineren Unterbezirken, die engere Maschen des Netzes der Diözese darstellen. Sie heißen, wo sie aus großen Sendsprengeln von Urpfarreien herausgewachsen sind, archipresbyteratus, wo sie mehrere solche Sendsprengel in sich begreifen, decaniae oder decanatus, da, wo es keine eigentlichen Archidiakonate gab, wie in Sachsen, selber archidiaconatus. Auch christianitates genannt, wurden sie geleitet von einem Erzpriester oder einem Dekan, der den Vorsitz über ihre von den übrigen Pfarrern des Bezirks gebildeten Land- oder Ruralkapitel führte. ZT, so in Köln, übertrug man das Amt den Vorstehern von Klöstern oder Stiftern, denen damit der Ertrag der Sendgerichtsbarkeit zufiel.

c) Die Dezentralisation des Bistums wurde besonders gefördert durch die *Pfarreien* (parochiae, anfangs auch plebes oder tituli [maiores] genannt). Zuerst (4.–5.Jh.) entstanden sie in Ländern mit noch wenigen, aber großen Diözesen, wie Spanien und Gallien, am spätesten (7.Jh.) in Italien mit seinen zahllosen, aber oft winzigen Bistümern. Im 9.Jh. wird ihre Zahl in Deutschland schon 3500, in ganz Europa kaum weniger als 15 000 betragen haben. Im weiteren Verlauf des MA dürfte sie sich mindestens noch verzehnfacht haben; in der freilich besonders großen deutschen Diözese → Konstanz stieg sie bis auf ca 1800. Diese Anstalten, die sog. Haupt- oder Tauf-K.n (plebes oder ecclesiae baptismales, sedes), unterschieden sich von den ursprünglich allein üblichen, auch künftig natürlich als ihre Filial-K.n (→ Filial) fortbestehenden und neugegründeten → Kapellen und Oratorien usw, die man nun tituli minores nannte, dadurch, daß ihnen ein Stück der potestas ordinis des Bischofs, bes. das Taufrecht und die Erteilung der anderen Sakramente, übertragen wurde (→ Parochialrecht). Die *Pfarrer* (presbyteri parochiales, curati parochiae, parochi, plebani oder leutpriester, rectores ecclesiae) wurden so in ihrem Pfarr- oder Sedes-Bezirk, dessen übriger Klerus samt den kleineren K.n ihnen unterstand, zu (freilich abhängigen) Inhabern des bischöflichen Bannes. Die Loslösung der Pfarreien vom Bischof kam namentlich darin zum Ausdruck, daß sie an dem zu ihrer Ausstattung dienenden Gut (→ Kirchengut), das ursprünglich Eigentum des Bistums war, allmählich selbständiges Eigentum erwarben; so sind auch die → Zehnten, seit etwa der Mitte des 8.Jh.s mit Genehmigung des Staates eingebürgerte kirchliche Abgaben der Bevölkerung, an die Pfarr-K.n (daher der Ausdruck ecclesia decimalis) abgeführt worden und den Bischöfen nur teilweise zugute gekommen. – Verselbständigt wurde die Einzelpfarre freilich eine Beute des Gedankens der → Eigenkirche (s. 5a), der im → Patronat noch heute fortlebt. Es gab weltliche und geistliche Patronate, und die letzteren vermochten die Selbständigkeit der Pfarrer am gründlichsten zu beseitigen, nämlich mittels → Inkorporation. Wie diese es ermöglichte, Pfarreien durch einen Vikar zu verwalten, so entzogen sich die Pfarrer auch selbst häufig der → Residenzpflicht und damit der persönlichen Ausübung ihres Amtes und übertrugen die Amtsführung an zeitige oder ständige Stellvertreter (vicarii, viceplebani, incurati, induciati). Damit wurde die Pfründe Haupt-, das Amt Nebensache, eine Auffassung, die auch in der seit dem 13.Jh. namentlich in den Städten massenhaft, nicht zum wenigsten aus wirtschaftlichen und sozialen Gründen, erfolgenden Stiftung niederster, sog. Altarpfründen, zum Ausdruck kommt. - Predigtamt und Sakramentserteilung waren ursprünglich, soweit sie nicht dem Bischof bei seiner Anwesenheit ledig wurden, das fast ausschließliche Recht des Pfarrers in seiner Pfarre. Schließlich aber, namentlich seit dem 13.Jh., wurde deren Organisation auch in dieser Beziehung bedroht und erschüttert durch die überhandnehmende Pfarrtätigkeit der Klöster, bes. der → Bettelorden.

3. Die Organisation des → *Mönchtums* (: II) und der daran sich anlehnenden Genossenschaften wurde bereits in den letzten Jh.en des Altertums ausgebildet. Doch erst das MA ist die Zeit seiner Entfaltung. In Gallien zählt man schon im 6.Jh., in Deutschland schon im 9. nahezu 300 *Klöster*. Hier kamen in den nächsten 3½ Jh.en weit über 2500 neue hinzu; und nicht geringer war der Zuwachs im übrigen Europa. So begreift man, daß das Klosterwesen, ursprünglich die Verwirklichung eines religiösen Ideals und zugleich ein höchst bedeutsamer Träger weltlicher Kultur, am Ende des MA trotz immer neuer Reformversuche weithin entartet war und vielfach als Landplage empfunden wurde. Die Reformation hat sich dagegen ebenso gewandt wie gegen die Mißwirtschaft des päpstlichen Regiments. - Der Gedanke der → Eigenkirche machte sich auch hier geltend. Das Königtum setzte unter nur formeller Wahrung des von der Mönchsregel gebotenen Wahlrechts Äbte und Äbtissinnen ein und forderte von seinen Klöstern Leistungen. Ähnlich verhielten sich zahlreiche dynastische Klostergründungen. Erst durch den Typus des Reformklosters wurde die eigenkirchliche Idee seit etwa 1050 zurückgedrängt, um künftig nur noch in abgeschwächten Formen weiterzuleben. - In der auf die Einteilung in K.nprovinzen und Diözesen zugeschnittenen mittelalterlichen KV. war die Organisation des Mönchtums und der ihm verwandten kirchlichen Genossenschaften ein Fremdkörper. Eine Brücke bilden die oft mit Pfarr-K.n zusammenhängenden, oft aber aus Klöstern hervorgehenden oder in solche verwandelten → *Kollegiatkirchen*, Kanonikate oder Propsteien (→ Kanoniker usw, → Augustiner, → Prämonstratenser), während die domkirchlichen Domkapitel (s. 2b) eine besondere Stellung einnehmen. In England, wo die Diözesanverfassung jünger war als die Klöster (s. 2a), entfaltete das iro-schottische Mönchtum (→ Irland: I, 1) lange eine mit der bischöflichen Amtsbefugnis konkurrierende Tätigkeit; und die Regel des → Columban trug diese Auffassung aufs Festland hinüber. Es war daher ein Sieg des Episkopats, als die in Italien entstandene → Benediktinerregel allmählich und seit dem 8.Jh. endgültig über sie und alle anderen Ordnungen des strengen mönchischen Lebens die Oberhand gewann; denn sie führte die vom ökumenischen Konzil von Chalcedon (451) ausgesprochene Unterordnung des Klosters unter die bischöfliche Amtsgewalt völlig durch. Der Bischof hatte das Kloster zu weihen, zu visitieren, den Brüdern die höheren Weihen zu erteilen, geistliche Gerichtsbarkeit über sie zu üben. Freilich, die Verfügung über das Klostergut erlangte er so wenig, wie er sie über das Vermögen der niederen K.n seiner Diözese zu behaupten vermochte; und auch in dem Kampfe, der, zuerst im 9.Jh., um die seit Karl d.Gr. in den Pfarrbezirken der Diözesen erhobenen kirchlichen → Zehnten zwischen Bistum und Kloster entbrannte, ist dieses nicht selten Sieger geblieben. - Die Tendenz des mönchischen Regularklerus zur *Loslösung von der bischöflichen Gewalt* hat die römische Kurie unterstützt durch die → Exemtion, die den Zweck hatte, die Gewalt des Bischofs durch die päpstliche Oberhoheit zu verdrängen. Schon im 6./7.Jh. einzelnen italienischen und englischen Klöstern, 751 auch dem deutschen → Fulda erteilt, wurde sie später immer häufiger und erfuhr verschiedene Abstufungen, die im 12.Jh. genauer festgelegt wurden. Aus der formalen Verbindung von Exemtionsprivileg und urkundlicher Besitzbestätigung erwuchs gegen Ende des 9.Jh.s nach dem Vorbild des Königsschutzes und der königlichen → Immunität der auch Klöstern zuteil werdende päpstliche Schutz. Schutz und Exemtion wurden in ihrer reichen Differenzierung zu einem von der päpstlichen Kanzlei in alle Lande getragenen großartigen Ausdruck der Machtentfaltung und unmittelbaren Regierungsgewalt des Papsttums (vgl. 4). - Die Selbständigkeit der Klöster gegenüber den Bischöfen wurde durch die Entstehung der → *Kongregationen* noch bes. gefördert. Noch wenig Bedeutung haben die Gebetsverbrüderungen und Totenbünde namentlich des 9. und 10.Jh.s, mit denen die halb geistlichen, halb laikalen → Bruderschaften (: II) des späteren MA innerlich zT zusammenhängen. Einen gewissen Zusammenhang besaßen und bewahrten schon die lothringischen Reformklöster des 10.Jh.s (→ Gorze). Seit dem 11.Jh. aber kam es bei den jene durch die Strenge ihrer Gewohnheiten weit übertreffenden Cluniazensern (→ Cluny) mit ihrem Seitenzweig von → Hirsau, noch mehr dann bei den → Zisterziensern, → Prämonstratensern, den Bettelorden der → Franziskaner (samt → Klarissenorden), → Dominikaner, → Karmeliter und → Augustiner, endlich bei den → Ritterorden der Templer, Johanniter, vom hl. Grab, von → Compostela, von Calatrava und der Deutschherren zu Organisationen, die dem örtlich gebundenen Bistum eine über ganze Länder reichende, ja zT internationale Macht entgegenstellten. Ihnen allen war eine abgestufte Verwaltung mit einheitlicher Spitze eigentümlich; so charakterisierte die Cluniazenser der Erzabt (archiabbas) und das Generalkapitel, die Zisterzienser eine stammbaumartige Staffelung derart, daß ein Mutterkloster immer über seine Tochterklöster die Obergewalt, die höchste Autorität aber die Ahnin Citeaux besaß; die Bettelorden leiteten Ordensgenerale (Ordensmeister) und ihnen untergebene Provinziale. Von Anfang an standen diese Kongregationen im natürlichen Gegensatz gegen die Bischöfe und suchten Anschluß an das interessenverwandte Rom. Schon die cluniazensische Bewegung erstrebte allgemeine Exemtion von der bischöflichen Gewalt (s.o.); die Zisterzienser setzten sie wirklich durch. Die Bettelorden forderten von ihren Mitgliedern Gehorsam gegen den Papst und traten in eine durch den päpstlichen Ordensprotektor vermittelte unmittelbare Beziehung zur römischen Kurie. - Seit dem 12. und 13.Jh. dehnten die Klöster das ursprünglich nur im eigenen Kreise geübte Recht der Seelsorge und der Sakramentsverwaltung auf die Laien der sie umgebenden Pfarrsprengel aus. Viele machten sich den zum → Patronat umgebildeten eigenkirchlichen Gedanken zunutze, um nicht nur die Pfründen selbständiger Pfarren zu erwerben, sondern auch diese selbst zu inkorporieren (→ Inkorporation; vgl. auch 2c). Die Bettelorden - namentlich die Minoriten -, stets bereit, zur Umgehung des → Interdikts die Hand zu bieten, wurden gefürchtete Wettbewerber des Diözesanklerus.

4. Die kirchenrechtliche Stellung des *Papstes* (→ Papsttum: II, → Papat und Primat) wurzelt in seiner bischöflichen Würde, zu der erst allmählich die Metropolitangewalt über die römische K.nprovinz und die zugehörigen → Suburbikarischen Bistümer, der Patriarchat über die K. Italiens sowie der Primat über die gesamte abendländische K. traten. Wichtige Grundzüge der Or-

ganisation des Papsttums gehen auf diesen Ursprung zurück. Die → Papstwahl erfolgte ursprünglich ganz in den Formen der Bischofswahl (s. 2a), um dann in besonderer Weise ausgestaltet zu werden. Ebenso war das Kardinalskollegium (→ Kardinal) eine dem bischöflichen Kathedralklerus (→ Domkapitel) entsprechende Bildung. Ihm glich es auch darin, daß es sich seit dem 11.Jh. die Wahl seines Oberhauptes, Kaisertum, Laien und außer ihm stehende Geistliche ausschließend, allein vorbehielt, daß es an der Leitung der K. immer bedeutenderen Anteil erwarb und seit dem 13.Jh. die Hälfte der kurialen Einkünfte erhielt. – Nicht ohne Grund erinnert zu allen Zeiten der offizielle Titel des Papstes (episcopus servus servorum dei) an seine ursprüngliche Stellung. Der Bischof von Rom strebte danach, gleichsam Bischof zu werden über eine die ganze Welt umspannende Diözese, als universaler Bischof jederzeit in das Amt der örtlich beschränkten Bischöfe eingreifen zu dürfen. So war die bischöfliche Würde des Papstes die Voraussetzung seines Primates, in dessen verzehrenden Strahlen sie doch fast völlig verschwunden ist, jener erstaunlichen, für das kirchliche Verfassungsleben ebenso bedeutungs- und anfangs auch verdienstvollen wie am Ende verhängnisvollen Auffassung von der Allgewalt des römischen Bischofs über die ganze abendländische K.

Die Theorie des *Primats* ist vormittelalterlich (→Leo I., → Gelasius I.). Aber noch unter → Karl d.Gr. war der Papst nur der oberste Bischof im fränkischen Reiche. Das praktische Programm der päpstlichen Allmacht ist erstmals im 9.Jh. nach der Entstehung der → Pseudoisidorischen Dekretalen von → Nikolaus I. aufgestellt worden. Aber die Schwäche des Papsttums und die Übermacht des deutschen Königtums ließen es erst seit dem Zeitalter → Gregors VII. (1073–85) zum Ausbau der kurialen Theorie und zum Entscheidungskampf um seine Verwirklichung kommen (→ Kaisertum und Papsttum). – Ihre *innerkirchliche Machtstellung* haben die Päpste in verschiedenen Richtungen gesteigert. Systematisch haben sie die Rechte der Metropoliten (vgl. 1 a. b) an sich gezogen, ja deren Selbständigkeit beseitigt, indem sie ihre Würde allmählich von der persönlichen Einholung des → Palliums abhängig machten, die sie obendrein zu einer die Erzdiözesen zT ungeheuer belastenden Einnahmequelle der Kurie auszubauen wußten. Unter sich gebeugt haben sie dann auch die durch jene metropolitenfeindliche Politik zunächst in ihrer Stellung gehobenen Bischöfe (vgl. 2). Sie beanspruchten deren Absetzung, ja verfügten sogar überaus häufig eigenmächtig über die Bischofsstühle und durchlöcherten die Diözesanhoheit durch zahllose → Exemtionen (vgl. 3). Das Ziel der Entwicklung, die zT selbst die niedersten Pfründen ergriff, war eine bis ins einzelne gehende *Zentralisation* der kirchlichen Verwaltung: es gab schließlich keine die K. betreffende Sache, in der die römische Kurie nicht angerufen werden oder die sie nicht an sich ziehen konnte. Nicht die schwächsten Hebel dieser Politik waren die Klöster und Orden, bes. die Bettelorden (s. 3). – Besondere Organe ihres Willens schuf sich die Kurie in den → *Legaten,* die, seit der Mitte des 11.Jh.s zu rechter Bedeutung erwachsend, die einzelnen Länder in bestimmtem Auftrage oder zur allgemeinen Wahrnehmung der päpstlichen Interessen bereisten. Seit dem 13./14.Jh. unterscheidet man legati a latere und legati missi oder nuntii sedis apostolicae (→ Nuntien), jene mit größerer, diese mit geringerer Machtvollkommenheit ausgerüstet. Legati nati waren im späteren MA einige ständig mit päpstlichen Vikariatsrechten betraute Metropoliten, welche die Primatenwürde (s. 1a) besaßen. Übrigens ist, namentlich in England und Frankreich, die Legatengewalt oft auf den Widerstand des Staates gestoßen und teils mit, teils ohne päpstliche Einwilligung gelegentlich eingeschränkt oder gar ausgeschlossen worden. In Sizilien hat seit 1098 vorübergehend eine Legatengewalt des Staates selbst bestanden, ein päpstliches Zugeständnis, auf das man im 16.Jh. zurückkam, um aus ihr den unter dem Schlagwort »Monarchia Sicula« bekannten Anspruch eines landeskirchlichen Regiments zu schöpfen.

Das Dogma der päpstlichen Allgewalt beruht auf seiner *juristischen Begründung*. Darum wurde für die Papst-K. ihr Bund mit der Rechtswissenschaft, wie er sich in den großen Juristen auf dem päpstlichen Stuhle (→ Alexander III., → Innozenz III. und IV.) verkörpert, so bedeutungsvoll. Das von → Gratian begonnene → Corpus Iuris Canonici schuf dem Papsttum eine Rüstkammer, der seine Gegner in Staat und K. lange nichts Ebenbürtiges entgegenzustellen vermochten. Es vollendete seine Entwicklung zu einer rein rechtlichen Anstalt, in der sein ursprünglicher Beruf, den Glauben zu hüten, immer weiter zurücktrat. – Als Bestandteile des → Papats erscheinen im Sinne dieses »kanonischen« Rechtes a) das oberste, seit dem 13.Jh. völlig absolute *Gesetzgebungsrecht* (→ Gesetzgebung, 1), das die Päpste vor allem auf den im 11.Jh. von ihnen eingeführten großen Oster- und Fastensynoden sowie auf den 7 allgemeinen → Konzilen (Lateransynoden von 1123, 1139, 1179, 1215; Lyon 1245, 1274; Vienne 1311) ausübten; b) die oberste geistliche → *Gerichtsbarkeit* (: I) mit besonderer Bevorzugung der strittigen, auch von den weltlichen Gerichten beanspruchten Fälle; c) das oberste *Verwaltungsrecht,* unter dessen Begriff neben der Ordenshoheit (s. 3) vor allem die wesentlich als Besetzungsrecht auftretende oberste Ämtergewalt des Papstes fällt (→ Stellenbesetzungsrecht). Das wichtigste Mittel, den Papat rechtlich immer weiter auszubauen, wurde der uralte Grundsatz, daß der Papst vom normalen Recht Ausnahmen schaffen könne. Im 11.Jh. fing man an, die bisher vereinzelten Fälle, zB → Exemtionen und Schutzprivilegien (vgl. 3) sowie einzelne, gleichfalls sehr alte Beispiele päpstlicher Dispense von kirchlichen Hindernissen, in ein System zu bringen: es entstanden die → *Reservationen,* mittels derer der römische Bischof die verschiedensten Gebiete des kirchlichen Lebens für sich mit Beschlag belegte. So begann er sich das Recht der Lossprechung von der → Exkommunikation vorzubehalten. Ferner entstand der Grundsatz der allgemeinen päpstlichen → Dispensations-Gewalt, die überall eingriff, wo Irregularität den regelmäßigen Gang des kirchlichen Lebens hinderte, namentlich im Falle der »Postulation« (eines bestimmten Bischofskandidaten), die von den Domkapiteln an die Kurie gerichtet werden mußte, wenn einer Wahl zum Bischof kanonische Hindernisse entgegenstanden. Von besonderer Bedeutung wurden die generellen Reservationen von Kirchenämtern und -pfründen. Allmählich aus »Bitten« (preces) ein Recht entwickelnd, reservierte der Papst sich 1265 die Besetzung aller niederen Pfründen, deren Inhaber am Sitz der Kurie verstarben, und im 14.Jh. war es schließlich so weit, daß die Verfügung über alle erledigten Pfründen, niedere wie hohe, im Belieben des Papstes stehen sollte. Zu den → Provisionen traten → Exspektanzen auf noch besetzte Pfründen, und zwar in solcher Masse, daß oft die Anzahl der Anwärter die Zahl der an einer K. vorhandenen Stellen um ein Vielfaches übertraf. Den Gipfel erreichte dieses System des *»Fiskalismus«* endlich auf dem Gebiete der kirchlichen Steuern (→ Finanzwesen: I, 4; → Annaten, → Peterspfennig, Interkalarfrüchte). Die außerordentliche Steigerung des Abgabenwesens, am deutlichsten wahrzunehmen an der gewaltigen Ausdehnung, die der Verwaltungsapparat der → Kurie, namentlich Kanzlei und Kammer, in der Zeit vom 13.–15.Jh. erfuhr, hat es dahin gebracht, daß Papsttum und K. eine vorwiegend finanzielle Einrichtung wurden, da es kaum mehr »ein Gebiet kirchlichen Lebens gab, an das nicht Geldfragen geknüpft waren« (Stutz). Nichts hat die dann einsetzende antipäpstliche Reformbewegung so genährt wie die ganz Europa durchdringende Erbitterung gegen diese Ausartung des päpstlichen K.nregiments.

Hier sei auch noch des Kampfes gedacht, den der Gedanke des Papats mit den → Reformkonzilen geführt hat. Anstelle der großen ökumenischen *Reichskonzile* der spätrömischen Zeit (→ Kirchenverfassung: II, 5b, → Konzile) kannte, abweichend von der morgenländischen K., das Abendland lange fast nur national begrenzte, keine wirklich allgemeinen Konzile, obwohl die Provinzial- (vgl. 1a) im Gegensatz zur Diözesansynode, ja selbst die Diözesansynode (vgl. 2a) zum Unterschied von den noch kleineren Versammlungen als generalis synodus oder generale concilium bezeichnet wurden. Seit dem 11.Jh. wuchsen dann die von den Päpsten veranstalteten Synoden an Umfang und Bedeutung, so daß die wichtigsten den alten ökumenischen Konzilen zugezählt wurden (*Lateransynoden;* s.o.). Waren die Konzile des Altertums nichts als Versammlungen der Bischöfe gewesen, so mischten sich im MA unter diese auch Äbte und andere Geistliche; ja selbst Laien nahmen teil. Auf der Lateransynode → Innozenz' III. (1215) wurde das Konzil zu einer Vertretung nicht der Hierarchie, sondern der Christenheit einschließlich der weltlichen Fürsten und anderen Laien, als deren Herr der Papst sich ja fühlte. Diesen Gedanken, der auch die folgenden Konzile beherrschte, hat dann → Thomas von Aquino fortgebildet: hinter der an sich notwendigen Monarchie des Papstes steht seiner Meinung nach doch unsichtbar der Wille der Christenheit. Es folgte bald die zugespitzte Lehre des papstfeindlichen → Marsilius von Padua, der die allgemeine Synode als die Vertreterin der K. ansah, dh sie geradezu als parlamentarische Vertretung der Christenheit wertete. So war die Vorstellung von der *Oberhoheit des Konzils über den Papst* im Grunde längst fertig, als das Schisma (→ Papsttum: II) und die Mißwirtschaft der Päpste im 15.Jh. dazu nötigten, sie in die Tat umzusetzen. Die → Reformkonzile von Konstanz und Basel waren Vertretungen der ganzen abendländischen Christenheit, in denen höhere und niedere Geistlichkeit und weltliche Stände, nach Nationen gegliedert, Sitz und Stimme hatten. Sie haben den Grundsatz ihrer Superiorität eine Zeitlang wirklich durchgesetzt; sie sind dem fiskalischen System der Kurie in immer schärferen Beschlüssen zu Leibe gegangen und haben den Papat auf die Gedanken der klassischen Zeit des kanonischen Rechts zurückzuführen gesucht. Freilich gelang es dem Papste, sich doch wieder über das Konzil zu erheben und seine alte Stellung einzunehmen. Aber er mußte dem Staate (vgl. 5) einen hohen Preis dafür zahlen, und das zum Schein wiederhergestellte »ancien régime« der K. war und blieb um Achtung und Ansehen gebracht (→ Gravamina). Die so erfolg- und folgenreiche nachreformatorische dogmatische und juristische Neubegründung des papalen Systems auf dem → Tridentinum liegt außerhalb des Rahmens unserer Darstellung.

5. a) Die *allgemeine Entwicklung* des kirchlichen Rechtes wird von zwei Ideengegensätzen bestimmt: das Streben nach Zentralisierung, in dem der römische Staatsgedanke fortlebt (s. 4), ringt mit dem germanischen, zT national gefärbten Sondergeist, der Unabhängigkeitsgedanke des *römischen* Rechts mit dem *germanisch-rechtlichen* Herrschaftsgedanken. Der Riß, der seit dem 4.Jh. durch die Lehre der K. ging (→ Christologie: II), klaffte zunächst auch in ihrer Verfassung. Dem Arianismus hatten sich die ersten zum Christentum übertretenden Germanenstämme fast durchweg zugewandt (→ Goten, →Sueven, →Vandalen, → Burgunder, → Langobarden). Nicht daß die so entstandenen arianischen Stammes-K.n sich im einzelnen erheblich von der kath. K. unterschieden hätten; aber das Gefühl einer die Stammesgrenzen überschreitenden Zusammengehörigkeit, das im Katholizismus immer so mächtig wirkte, war in ihnen nur schwach entwickelt, so daß sie nie rechte Fühlung mit dem Gesamtkörper der K. gewinnen konnten. Eben diese ihre Vereinzelung ließ sie dann auch den überall neben ihnen bestehenden kath. Organisationen erliegen. Sie schwanden im 5.-7.Jh., und bei der Christianisierung der → Franken und → Angelsachsen bedeutete der Arianismus schon keine Gefahr mehr. Damit war die röm.-kath. K. im Abendlande wirklich zu einer »allgemeinen« geworden und zu äußerer Einheit gelangt. Aber nach innen fehlte ihr doch noch unendlich viel an der Erfüllung des ihr als der geistigen Erbin und Fortsetzerin des → Imperium Romanum gesetzten Programms, so lange der aus der germanischen Vorstellungswelt nun erst recht in sie eindringende *Gedanke der → Eigenkirche* in ihr übermächtig blieb und der römisch-rechtlichen Idee von der Unabhängigkeit und Selbstregierung der K. den Herrschaftsanspruch der einzelnen entgegenstellte, der Laien, und damit auch des Staates und seines Trägers, des obersten der Laien. Erst der Investiturstreit brach diese seine Macht (→ Kaisertum und Papsttum, 5). Zusammen mit der cluniazensischen Bewegung (→ Cluny) legte er zugleich Bresche in ein anderes Bollwerk des germanischen Herrschaftsgedankens, den *Vorrang des Adels,* kraft dessen im frühen MA zahlreiche Stifter und Klöster freiständisch, dh ausschließlich Freien vorbehalten waren, Bischofsstühle und andere höhere Kirchenämter fast nur mit Freien besetzt wurden. Freilich erhielten sich auch künftig, ja es entstanden nach wie vor zahlreiche adlige Konvente, und manche Bistümer blieben geradezu in erblichem Besitz fürstlicher Häuser. Aber in breitem Strome flutete nun doch das ministerialische, minderfreie, bürgerliche Element durch die K., und gegenüber dem germanischen Aristokratismus setzte sich wenigstens theoretisch der altchristliche Grundsatz der Gleichheit durch.

Die um 1170 vollendete Ausmerzung der Laien und des Staates aus dem kirchlichen Organismus machte endlich jener so lange gehemmten Bewegung freie Bahn, die auf eine zentralisierte kirchliche Monarchie abzielte. Nur ein Hindernis lag noch im Wege, das *Kaisertum.* Seit → Karl d.Gr. hatte es, ein äußerer Ausdruck der Macht und der europäischen Vorherrschaft seiner Träger, der fränkischen und deutschen Könige, im kirchlich gefärbten Gewande des alten Imperium Romanum den ideellen Anspruch einer obersten Hegemonie oder Autorität erneuert, ja allmählich die eigenkirchliche Herrschaft des mit ihm verbundenen deutschen Königtums über die K. (→ Deutschland: I, 1b. c; → Immunität, 2) unter diesen universalen Gesichtspunkt gebracht. Schon deshalb stießen die Päpste auch mit ihm zusammen, als sie jene Eigenkirchenherrschaft als unverträglich mit dem Gedanken der kirchlichen Freiheit abschüttelten (→ Papsttum: II). Aber ohnedies mußten sie nun danach trachten, die ideelle Universalherrschaft des Kaisertums zu zerstören oder wenigstens zu ihrem Werkzeug zu erniedrigen, weil sie gleichfalls die universale Idee des Imperium Romanum verkörperten. Unmittelbar nach dem Siege der Kurie über die Eigen-K. entbrannte darum, das staufische Jh. (1150-1250; → Friedrich Barbarossa, → Friedrich II.) erfüllend, ein neuer Kampf. In ihm ist das universale Kaisertum (nicht der nationale Staat, der sich vielmehr allenthalben, so auch

1338 im deutschen Kurverein von Rhens, durchsetzte) unterlegen, um hinfort nur noch als Schatten seiner selbst weiterzuleben.

Während dieses Streites, genährt von ihm und selbst ihn nährend, wuchs aus den Trümmern des älteren ein anderes, das *kanonische Recht* (→ Kirchenrecht: I A, 1) hervor. Dessen Auffassung vom Wesen der KV. ist keine reine Wiederholung des altkirchlichen römischen Systems. Vielmehr hat sie in seinen auf die Idee der Universalität und Selbständigkeit der K. gestützten Bau einerseits manche Steine eingefügt, die dem seit dem 12.Jh. auch vom Staate herangezogenen römischen Profanrecht entstammen, und anderseits vieles beibehalten, was in der abgelaufenen, von germanischen Auffassungen beeinflußten Periode zur Ausbildung gelangt war. Im ganzen Aufbau und in zahlreichen Einzelheiten seiner Zivil- und Strafgerichtsbarkeit verrät es diesen doppelten Einschlag. Am bemerkenswertesten ist dabei doch die Tatsache, daß es dem germanischen Herrschaftsgedanken, der früher die K. von außen umklammert hielt und hier zurückgedrängt worden war, seinerseits in die Verwaltung der K. selbst Einlaß gewährt hat (Stutz). Wie er sich schon vorlängst mit der kirchlichen Gewalt des Bischofs und des Archidiakons verbunden hatte, so gewann er nun auch Einfluß auf die Stellung des Papsttums. Die vom Eigenkirchenrecht befreite K. ist gleichsam »die Eigen-K. des Papsttums geworden, das ... für sie Gesetze gab, ihr oberster Richter war, in letzter Instanz die Ämter verlieh und sie besteuerte« (Werminghoff). An solcher Überspannung ist das System der mittelalterlichen Papst-K. am Ende zugrunde gegangen. Der Fiskalismus der römischen Kurie (s. 4), recht eigentlich Eigenkirchenrecht in wenig verhüllter Gestalt, schwächte und zersetzte die Wirkungskraft des römischen Gedankens der Zentralisation, des Papates. Er ließ den nie erloschenen Gegensatz der Papst-K. zu den weltlichen Gewalten wieder hell auflodern; und nun, von Philipp dem Schönen (→ Frankreich: I, 3) bis zu den → Reformkonzilen und Konkordaten des 15.Jh.s (s. 5b), setzten diese sich durch.

b) Wir stehen vor den *national- und landeskirchlichen Bestrebungen*, die vom *ausgehenden MA* über die Schwelle der Neuzeit führen. Gegen die kirchlichen *Gerichte*, die im frühen MA ihre Zuständigkeit immer weiter ausgedehnt hatten, setzte seit dem 12. und 13.Jh. zuerst in England, dann in Frankreich und Italien, schließlich auch in Deutschland das Königtum oder das Landesfürstentum in den meisten weltlichen Angelegenheiten allmählich den weltlichen Gerichtsstand der Geistlichen durch. Gleichzeitig nahm der Staat auch den Kampf auf gegen die Ausdehnung des Begriffs der geistlichen Fälle und wußte immer mehr von dieser auch als causae spiritualibus annexae bezeichneten »strittigen« Gerichtsbarkeit (causae mixtae) an sich zu ziehen. Ein anderer strittiger Punkt zwischen Staat und K. war der Grundsatz der *Steuerfreiheit der Geistlichkeit* (→ Immunität, 3), den die Kurie um 1150 prägte, um damit die Besteuerung der K. sich selbst vorzubehalten. Ihn hat der Staat trotz mancher Auflehnung lange anerkennen müssen; so zwar, daß er sich tatsächlich oft mit der Kurie in die Steuerkraft der Geistlichen teilte, indem ihm der Papst geistliche Kreuzzugssteuern (→ Zehnten) überwies, seit dem Beginn des 13.Jh.s in England, Norwegen, Spanien, namentlich aber in Neapel und unter den avignonesischen Päpsten in Frankreich, erst seit dem zweiten Viertel des 14.Jh.s, auf territorialem und auf Reichsgebiet, auch in Deutschland. Aber auf die Dauer hat sich der Staat doch nicht mit den Brosamen begnügt, die von der Kurie und der K. Tische fielen. Den Kampf gegen die geistliche Steuerfreiheit eröffnete der französische König Philipp der Schöne. In Deutschland haben schon früh einzelne Landesfürsten (zB die österreichischen Herzöge) ihren Landesklerus eigenmächtig besteuert. Von besonderem Interesse ist das Verhalten der Städte, die bereits seit dem 12. und 13.Jh., unbekümmert um → Exkommunikation und → Interdikt, die Pfarr- und Ordensgeistlichkeit zu den städtischen Abgaben, bes. zur Zahlung des sog. Ungelds heranzogen. Im 15.Jh. hat auch die Reichspolitik, zuerst veranlaßt durch die Ketzergefahr der Hussitenkriege (→ Huß; Hussitensteuer von 1427), diese Bahn eingeschlagen; dann wurde namentlich mit der Forderung des »gemeinen Pfennigs« durch den Reichstag zu Worms von 1495 die Steuerfreiheit des Klerus und die Steuerhoheit der Kurie weit zurückgedrängt. - Alle diese, immer mehr von Erfolg gekrönten Versuche staatlicher und halbstaatlicher Gewalten, die Grenze des weltlichen Bereichs gegenüber der K. vorzurücken, bilden nun aber einen Bestandteil jener umfassenden Bewegung, die zu den national- und landeskirchlichen Bildungen der letzten Jh.e des MA führte. Indem der → *Patronat* (s. 2c) sich gleich der alten Eigenkirchen-Herrschaft tatsächlich an den Besitz eines bestimmten Gutes knüpfte (patronatus ratione fundi), entstand in den größeren Territorien die Anschauung, daß unter den Begriff jener Gesamtheit von Hoheitsrechten, der zur *Landeshoheit* zusammenwuchs, auch ein Gesamtpatronat über alle K.n des Territoriums (patronatus ratione principatus) falle. Aus diesem Begriff und zugleich aus dem der Gesamtvogtei (→ Kirchenvogt) leitete man dann ein mit der Universal-K. konkurrierendes *Territorialkirchentum* ab, das die Besetzung der K.nämter und weitgehenden Einfluß auf die innere Verwaltung der K., deren bestellte Vertreter (zB Bischöfe und Archidiakone) zurückdrängend, für den Staat in Anspruch nahm. Ein Anzeichen dieser Bestrebungen, wenn auch ursprünglich vielleicht mehr eine Folge des geistlichen Charakters des neugekrönten Königs, sind die erst seit dem 13.Jh. in Deutschland, Frankreich und England deutlich nachweisbaren, ein staatliches Pfründbesetzungsrecht entwickelnden *»ersten Bitten«* (Preces primariae, primitiae; vgl. RGG² IV, 1405) sowie die jüngeren Panisbriefe (vgl. RGG² IV, 881). Am wichtigsten war natürlich der Einfluß auf die *Besetzung der Bischofsstühle*. In → Deutschland (: I, 1b) hat ihn das Königtum bis ins 12.Jh. besessen, dann aber durch das Wormser Konkordat und die anschließende Entwicklung eingebüßt. Es hätte ihn in der folgenden Zeit auch mit Hilfe der Kurie, an die es ihn abgegeben hatte, dem erstarkten Selbständigkeitsgefühl der geistlichen Reichsfürsten und Domkapitel (s. 2) nicht wieder abringen können. Dagegen gelang es den weltlichen Reichsfürsten seit dem 12.Jh., einzelne Bistümer »landsässig« zu machen, dh ihrer Landeshoheit und damit auch ihrem landeskirchlichen Regiment zu unterwerfen, so seit dem 12.Jh. → Prag und → Olmütz in Böhmen, seit dem 14.Jh. → Brandenburg und → Havelberg in der Mark Brandenburg, seit dem 15.Jh. → Brixen, → Chur, → Gurk, → Trient, → Triest, Pedena im Herzogtum Österreich. In anderen Ländern Europas vermochte die Monarchie die Bistümer ihrer zentralen Landes- oder National-K. einzugliedern, so vor allem in Frankreich, dessen Episkopate im früheren MA, abweichend von Deutschland, zum guten Teil mediat (dh nicht unmittelbar unter dem König stehend) und landsässig gewesen waren.

Die landeskirchliche Bewegung des späteren MA ist, längst nicht überall, namentlich in den national zerrissenen Ländern Deutschland und Italien nicht, nach festem Plane gestaltet worden. Aber sie ist doch ein Vorgang von allgemeiner, europäischer Bedeutung. Zu bewußten und zusammenfassenden, gesetzgeberischen Maßnahmen des Staates kam es zuerst in → *England* (: I, 2), wo seit den Beschlüssen von Clarendon (1164) und der »Magna Charta« (1215) in immer erneuten Anläufen (1307, 1343, 1351, 1365, 1390) die vom Parlament ausgehende und aufrechterhaltene englische Staats-K. entstand. In → *Frankreich* (: I, 3) hat nach Ansätzen des 13.Jh.s eine solche Politik, wesentlich in finanzieller Absicht, Philipp der Schöne gegen → Bonifatius VIII. durchgeführt. Nach weiteren 100 Jahren brachte der erneute Gegensatz gegen das schismatisch gewordene Papsttum den Gedanken des Staatskirchentums wiederum zutage und führte unter dem Einfluß und nach dem Vorbilde des soeben in England gegebenen Beispiels zur Verkündigung (1408) des Staatsgrundgesetzes der gallikanischen Freiheiten (→ Gallikanismus). Eben damals war die Zeit der großen → Reformkonzile (vgl. 4) im Anzug, und auf ihnen, zu Konstanz (1414-18) und mehr noch zu Basel (1431-49), wurden die landeskirchlichen Ideen der Staaten von der K. selbst im Gegensatz gegen die Kurie aufgenommen. Mögen die Konzile zuletzt an der Reaktion des von ihnen selbst wieder in den Sattel gehobenen Papsttums gescheitert sein - die Gedanken des Staatskirchentums haben sie durchgesetzt. In England waren diese bereits so festgewurzelt, daß man ihrer Bestätigung durch die K. nicht mehr zu bedürfen glaubte. Die Fürstentümer Italiens besaßen den Einfluß auf ihre K.n schon vorlängst als Lohn ihres guten Verhältnisses zur Kurie. Aber in → Frankreich (: I, 3) ergriff man unverzüglich die Gelegenheit, die gallikanischen Freiheiten von neuem zu stützen, indem man eine ganze Anzahl von Beschlüssen des Basler Konzils mit eigenen Zutaten zu der pragmatischen Sanktion von Bourges vereinigte (1438). Kompliziert war die Stellungnahme des uneinheitlichen → *Deutschland* (: I, 1c). Nicht das Konkordat → Martins V. mit der »deutschen Nation« des Konstanzer Konzils (1418), auch nicht die vom Reich und den wichtigsten Reichsfürsten 1439 vereinbarte sog. Mainzer Akzeptation, die wie die Sanktion von Bourges die Beschlüsse von Basel übernahm, brachte hier die Entscheidung, sondern das Wiener Konkordat König Friedrichs III. mit Papst → Nikolaus V. von 1448, welches die nationalkirchlichen Bestrebungen kaum berücksichtigte. Eine deutsche National-K. ist dadurch nicht begründet worden; sie war im damaligen Deutschland unmöglich. Dagegen kam es ungefähr gleichzeitig zwischen dem Papst und einigen Reichsfürsten zu Konkordaten, übrigens in der einseitigen Form päpstlicher Privilegien, von denen das österreichische (→ Österreich) und das brandenburgische (→ Brandenburg: II, 1) besonders erhebliche landeskirchliche Zugeständnisse enthielten. Nicht das Basler Konzil hat diese deutschen Konkordate zustande gebracht; sie sind vielmehr der Kaufpreis, den das Papsttum seinen Verbündeten im Kampfe gegen das Konzil zahlte. Dennoch war diese kuriale »Politik, der die Reformkonzilspartei unterlag«, die eigene Politik des Konzils; nur daß das Konzil das allgemein erstrebt hatte, was die Kurie jetzt in kluger Einsicht von Fall zu Fall einseitig den Landesfürsten gewährte. Das Konzil hat, sieht man aufs Ganze, die längst in Europa vorhandenen staatskirchlichen Tendenzen zusammengefaßt und - vielfach abgeschwächt - zum ersten Male in die K. selbst eingeführt. - Hier liegt ein Wendepunkt der Zeiten. »Geradeaus führten die Wege der geschichtlichen Entwicklung von Basel nach Wittenberg und Worms« (Haller). Die gewaltigste Wirkung, welche die deutsche Reformation, zT widerwillig, in der kirchlichen Verfassung hervorgebracht hat, die Organisation des Landeskirchentums (→ Kirchenverfassung: VI, 1), beruht auf Gedanken, die schon das ausgehende MA zum guten Teil verwirklicht hat.

Quellensammlungen: E. Eichmann, Quellensammlung zur kirchl. Rechtsgesch. u. zum K.nrecht I-III, 1912-16 - Mirbt. - Lit.: P. Hinschius, Das K.nrecht der Katholiken u. Protestanten in Deutschland I-VI/1, 1869-97 - J.B. Sägmüller, Lehrbuch des kath. K.nrechts I/1-3, (1900-04) 1925-30⁴ - A. Werminghoff, Verfassungsgesch. der dt. K. im MA, 1913² - U. Stutz in: Enzyklopädie der Rechtswissenschaft V, 1914, 278-345 - Feine (ausführl. Lit.). - Fach-Zs.: ZSavRG, Kan. Abt., 1911ff.

E. E. Stengel

V. Kath. Kirchenverfassung der Neuzeit

1. Die Entwicklung der kath. KV. in der Neuzeit als eine besondere Periode ihrer Geschichte anzusehen, ist mehr kirchen- als rechtsgeschichtlich begründet. Denn die vom → Tridentinum begonnene und vorgezeichnete K.nreform, die insofern als der Markstein gelten muß, der auch die KV. des 16.Jh.s von der des ausgehenden MA (→ Kirchenverfassung: IV) abgrenzt, war zwar vor allem kirchenrechtlich konzipiert und wirksam, brachte aber in den Decreta de reformatione keine rechtlich erheblichen Neuansätze. Die in und seit dem 16.Jh. auftretenden neuen kirchenrechtlichen Entwicklungen betreffen mehr die technische Ausgestaltung und Verfeinerung der KV., während in den grundlegenden Verfassungsfragen, als die nach innen das Verhältnis von Papst- und Bischofsamt, nach außen das Verhältnis von K. und Staat zu gelten haben, die Neuzeit nur die schon im MA akuten und in Vorformen bis in die alte K. zurückreichenden Probleme der KV. zu meist klärender, vereinzelt auch abbauender Lösung brachte, aber jeweils ohne neue Rechtsgedanken. Diese ganze Entwicklung gipfelt im → Vatikanum und seiner späten kirchenrechtlichen Ergänzung, dem → Codex Iuris Canonici, der ähnlich wie 8 Jh.e früher das Dekret → Gratians eine ganze Epoche abschließt und die Summe der Veränderungen zieht, die auch die KV. seitdem durchgemacht hat. Tridentinum und CIC sind demgemäß die beiden rechtsgeschichtlichen Grenzpfähle und zugleich die maßgeblichen Rechtsdenkmäler, zwischen denen die Entwicklung der kath. KV. in der Neuzeit verläuft. Sie läßt sich in die beiden Komplexe des technischen Einzelausbaus und der endgültigen theoretischen Lösung zweier Grundsatzfragen - Verhältnis von Papst- und Bischofsamt; Verhältnis von K. und Staat - gliedern. Die konfessionell zur kath. K. zu rechnende → Unierte Kirche des Orients nahm an dieser Entwicklung der KV. keinen Anteil und muß auch rechtsgeschichtlich gesondert dargestellt werden.

2. Die *technische Weiterbildung* der KV. in der Neuzeit ist zwar weitaus weniger auffällig als die zwischen Tridentinum und Vatikanum bzw. CIC erreichte Klärung ihrer Grundlagen, jedoch von größter praktischer Bedeutung. Hier fließt auch die hauptsächliche Rechtsquelle der neuzeitlichen KV., die Erlasse der Päpste und der Kurie, bei weitem am reichlichsten. *Im Bereich der päpstlichen Gewalt* hat dieser Ausbau folgende Institute der KV., zT erheblich, gefördert:

a) Die römische → *Kurie.* Hier hat die neuzeitliche Entwicklung mit den → Kongregationen der → Kardinäle ein völlig neues Instrument der Gesamtkirchenleitung ausgebildet, das mit der Congregatio Inquisitionis 1542 seinen Anfang nahm und noch im 16.Jh. (1588), durch → Sixtus V., in der bis heute geltenden und durch die Kurienreform Pius' X. (1908) erneuerten Grundform ausgebaut wurde, wenn auch der Arbeitsbereich der einzelnen Kongregationen sich mehrfach änderte und teils neue hinzutraten, teils alte aufgehoben wurden. - Die päpstlichen Gerichtshöfe als die zweite Gruppe der Kurialbehörden haben in der aus dem MA überkommenen äußeren Gliederung in → Paenitentiarie, Rota Romana und Signatura keine Änderung erfahren, wohl aber in ihrer Tätigkeit mehrfachen Auf- und Niedergang erlebt, bis die Kurienreform Pius' X. die heutige Geschäftsverteilung zwischen ihnen festlegte. - Unter den sog. Ämtern schließlich sind Apostolische Kanzlei, Datarie, Apostolische Kammer ebenfalls zu Beginn der Neuzeit schon vorhanden; für ihre Entwicklung ist der sachliche Bedeutungsschwund kennzeichnend, der mit der Neugestaltung der Kurie im 16. und im 20.Jh. einherging. Einzig die Staatssekretarie ist erst in der Neuzeit, unter → Leo X., in den Kreis dieser Ämter eingetreten und hat von Anfang an eine hervorragende Bedeutung gehabt, die während der ganzen seitherigen Entwicklung der KV. erhalten geblieben und bis heute ständig gesteigert worden ist.

b) Die *Apostolischen Nuntien* (vgl. 6b).

c) Die *Missionshierarchie*. Sie ist erst in der Neuzeit entstanden, weil sich erst mit dem Zeitalter der Entdekkungen einerseits und der Reformation anderseits die Notwendigkeit ergab, für die Neu- oder Wiedergewinnung großer Gebiete für die kath. Kirche entsprechende hierarchische Formen zu finden. Die Gesamtleitung dieser Missionsarbeit fiel der 1622 gegründeten sog. → Propaganda-Kongregation zu. Die organisatorische Hauptneuerung in ihrem Bereich war die Auflockerung der Bischofsverfassung durch das Amt der → Apostolischen Vikare und Präfekten. Diese traten zuerst im 17.Jh. (1658) in Ostasien und dann allmählich allgemein in den Terrae missionis neben die Bischöfe und leiteten die ihnen anvertrauten kirchlichen Gebiete nicht mit eigenständiger Jurisdiktion, sondern waren nur mit Teilhabe an der päpstlichen Jurisdiktion ausgestattet. Die so entstandene Missionsverfassung ist im wesentlichen bis heute (→ Mission: III F) unverändert geblieben.

d) Das Institut der *Äbte und Prälaten nullius* (→ Abt, → Prälat). Diese weitere Nebenbildung zum Bischofsamt geht zwar noch ins frühe MA zurück, denn sie entstand aus der Exemtion großer und einflußreicher Klöster vom Bistumsverband seit dem 9. und 10.Jh. In der heutigen relativen Fülle dieser bistumsähnlichen Territorien treten diese historisch bedeutsamen Abteien und Prälaturen jedoch sehr zurück gegenüber den Neugründungen seit dem ausgehenden 19.Jh. Diese Organisationsform wurde und wird vor allem in noch nicht ausreichend christianisierten kath. Ländern, zB in Südamerika verwandt.

3. Im *Bereich des Bischofsamtes* hat die neuzeitliche Entwicklung der KV. vor allem den energischen Ausbau einer auf dem Offizial-, nicht Benefizialprinzip (→ Benefizium) begründeten bischöflichen Kurie gebracht. Indem das Tridentinum den Archidiakonen ihre ordentliche Gewalt im wesentlichen entzog, machte es den Weg für diese Änderung frei, die den Aufstieg des Generalvikars zum eigentlichen und vollen Stellvertreter des Bischofs brachte, so wie es schließlich im CIC gemeinrechtlich festgelegt worden ist. Damit ging, ebenfalls seit dem Tridentinum, eine starke Zentralisierung der Diözesanverwaltung beim → Bischof (: II) einher, was zugleich eine wesentliche Stärkung seiner Gewalt gegenüber allen anderen kirchlichen Stellen seiner Diözese bedeutete.

4. Die heutige Mehrzahl und Verfassung der *Stände der → Vollkommenheit* ist ebenfalls erst eine Folge der neuzeitlichen Entwicklung der KV. Bis zum Ende des MA kannte sie nur die eigentlichen Orden. Jedoch noch im 16.Jh. traten mehrere neue Formen hinzu: die → Regularkleriker, die noch zu den Orden gehören, und die ersten → Kongregationen, die mit den Orden zusammen die Gruppe der eigentlichen Klostergenossenschaften bilden (→ Kloster: III); ferner die klosterähnlichen Genossenschaften (→ Kloster: III), deren erste das Oratorium (→ Oratorianer) des hl. Filippo → Neri war. Eine weitere, systematisch die Stände der Vollkommenheit abschließende Neubildung erfolgte in der Gegenwart (1947) mit der Schaffung der → Weltlichen Institute.

5. Das *Verhältnis von Papst- und Bischofsamt* ist die Form, die schon die alte K. dem bis in die Urkirche zurückreichenden Verfassungsproblem des Verhältnisses von gesamt- und teilkirchlicher Gewalt zu geben begann (→ Dekretale, 2; → Gelasius: I). Dieses Problem umschloß drei Einzelfragen, die mit fortschreitender Kräftigung der päpstlichen Gesamtgewalt für die Entwicklung der KV. maßgebend und alle drei erst in deren neuzeitlicher Periode endgültig gelöst wurden.

a) Das Verhältnis der päpstlichen Obergewalt zu der hierarchischen Mittelstufe des → *Metropoliten* ist auf und seit dem Tridentinum durch die von den → Pseudo-Isidorischen Dekretalen heraufgeführte Bedeutungslosigkeit des Metropoliten gekennzeichnet. Die Frage wurde noch einmal akut durch den Versuch der auf dem → Emser Kongreß vereinigten deutschen Erzbischöfe, diese Entwicklung rückgängig zu machen (1786). Nach seinem Scheitern ist es bei dem alten Recht geblieben. Der CIC hat ihm die abschließende kanonistische Fassung gegeben, indem er die schon seit jeher durch das → Pallium symbolisierte Bindung der Metropolitanan die päpstliche Gewalt als Teilhabe des Metropoliten an dieser präzisierte, damit jegliche selbständige Grundlegung der Metropolitangewalt in der Wurzel vernichtend. - Von den beiden anderen zur Mittelstufe gehörenden Ämtern hat das des → Patriarchen in der lateinischen Kirche nie selbständige Bedeutung erlangt, und das Amt des Primas gehört in der Neuzeit zum nationalkirchlichen Problemkreis der KV. (vgl. 6b).

b) Der *konziliare Aspekt* des Ausgleichs zwischen päpstlicher und bischöflicher Gewalt ist in der neuzeitlichen Entwicklung der KV. nur noch als die Frage nach dem Verhältnis von Papst und ökumenischem Konzil bedeutsam gewesen. Auch hier war die entscheidende Phase, die Überwindung des Konziliarismus durch die Bindung auch des auf einem ökumenischen Konzil vereinigten Gesamtepiskopats an den Papst, zu Ende des MA soweit erreicht (→ Reformkonzile), daß das Tridentinum schon fast zu Anfang seiner Reformdekrete und wiederum bei deren Abschluß ausdrücklich und in allem die (übergeordnete) Autorität des Hl. Stuhles anerkannte (Sess. VII, Decretum de reformatione, prooemium; Sess. XXV, Decretum de reformatione, cap. 21; Schlußbitte um päpstliche Bestätigung). Diese Bindung des ökumenischen Konzils an die Autorität des Papstes ist dann durch das Vatikanum (Denz. 1830) dogmatisch festgelegt und zum lehrmäßigen und damit auch verfassungsrechtlichen Abschluß gebracht worden. Eine formelle lehrmäßige Weiterbildung und zugleich die krönende Rundung der KV. in diesem Punkte brachte das Vatikanum schließlich, indem es (Denz. 1839) neben die längst feststehende → Infallibilität feierlicher Lehrentscheidungen eines ökumenischen Konzils - daß dieses dabei auf Zusammenwirken mit dem Papst angewiesen war, ergab sich als unabweisliche Folge aus der tatsächlichen und lehrmäßigen Überwindung des Konziliarismus - die persönliche Infallibilität des Papstes stellte und so dem Konziliarismus die letzte noch mögliche Rechtsposition entzog.

c) Der sozusagen *einzelbischöfliche Aspekt* des Verhältnisses von Papst- und Bischofsamt wirkte sich auch in der Neuzeit zunächst noch relativ kräftig aus im → Episkopalismus. Doch ist dieser im 19.Jh. völlig erloschen, so daß im Grunde das Vatikanum, indem es (Denz. 1828) die göttlich-rechtliche Grundlegung des Bischofsamtes nachdrücklich hervorhob, aber zugleich seine bloß teilkirchliche, der Gesamtkirchengewalt untergeordnete Bedeutung betonte, nicht nur die schon lange feststehende Lehre, sondern auch den tatsächlichen Stand der KV. in dieser Hinsicht wiedergab. Sie wird nicht vom Episkopalismus, sondern vom Papalismus (→ Papat) bestimmt.

6. Auch für das *Verhältnis von → Kirche und Staat* (, 6) ist die neuzeitliche Entwicklung der KV. noch von den mittelalterlichen Ansätzen bestimmt, die ebenfalls nach drei Richtungen hin wirksam waren.

a) Das Problem eines territorialen, eigenstaatlichen Substrats kirchlicher Gewalt ist nur im → *Kirchenstaat* als Problem der KV. zutage getreten. Im Einzelbischofstum ist keine Möglichkeit, weder dogmatisch noch kirchenverfassungsmäßig, beschlossen, auch eine weltliche Gebietshoheit zu beanspruchen. Die im alten Deutschen Reich bestehende Landeshoheit der geistlichen Reichsstände war nicht in der KV., sondern in der Reichsverfassung begründet, und ihre Beseitigung in der Säkularisation konnte von der kath K. demgemäß auch nur vermögens- und insoweit eventuell naturrechtlich, aber nicht aus Gründen der KV. beanstandet werden. Auf die K. von Rom aber kann man diese Feststellungen nicht ohne weiteres übertragen, weil die zwar einzige, aber immerhin wenigstens auf den ersten Blick tragfähige theologische Argumentation für die Rechtfertigung des K.nstaates an die gesamtkirchliche Stellung des Bischofs von Rom angeschlossen ist, dessen völkerrechtliche Sicherung gegen jede äußere Abhängigkeit das erste und letzte Argument für den K.nstaat war, so daß dessen Fortbestand in der Tat auch und begrifflich vor allem ein Problem der KV. war. Diese theoretische Sachlage ist in der Neuzeit von allen Grenzschwankungen des K.nstaates und auch von seinem zweimaligen Untergang im 19.Jh., dem tatsächlichen unter → Napoleon I. - tatsächlich, weil er nach dessen Sturz zwar durch den → Wiener Kongreß wiederhergestellt wurde, aber nicht mehr aus eigener Kraft existieren konnte - und dem formellen von 1870, unberührt geblieben. Sie wurde erst durch die Lateranverträge von 1929 (→ Italien, 5) beseitigt, deren theoretischer Beitrag zur Entwicklung der KV. insoweit ein abbauender war, als hier stillschweigend anerkannt wurde, daß die K.ngewalt auch in ihrer päpstlichen Spitze eines staatlichen Substrats nicht notwendig bedarf und daß der K.nstaat insofern zur KV. in einem kontingenten, nur geschichtlich herbeigeführten und darum auch geschichtlich aufhebbaren Verhältnis gestanden hat.

b) Das Problem der *National-K.* oder Landes-K. hat in der kath. KV. der Neuzeit in mehrfacher Hinsicht Wandlungen durchgemacht. Die unentbehrliche Grundlage nationalkirchlicher Bildungen, die Angleichung der kirchlichen an die Landesgrenzen, wurde für die laufende Anpassung an staatliche Grenzänderungen schon im christlichen Altertum abgelehnt (vgl. Innozenz I. 415 an den Bischof von Alexandrien über die Unabhängigkeit der kirchlichen Provinzialgliederung von Änderungen der staatlichen; Jaffé Nr. 310). Diese Ablehnung blieb auch späterhin wenigstens äußerlich als Regel bestehen, wie zB der Verbleib der aus dem Reichsverband ausgeschiedenen Bistümer → Straßburg und → Chur bei der Kirchenprovinz Mainz bis zu deren Untergang 1801 beweist. Erst im 19.Jh. ändert sich das. Der kirchlichen Neuordnung in den Nachfolgestaaten des alten Deutschen Reiches diente die Angleichung der kirchlichen an die Landesgrenzen als territorialer Ausgangspunkt, und durch die nach dem 1. Weltkrieg abgeschlossenen Konkordate ist das Prinzip, daß die Diözesengrenzen nicht über die Landesgrenzen hinausgreifen oder dahinter zugunsten ausländischer Diözesen zurückbleiben sollen, zu einem anerkannten Satz der Beziehungen von K. und Staat geworden (→ Grenzen, 2).

Indes ist diese Grundlegung nationalkirchlicher Verfassungsbildung wirkungslos ohne eine entsprechende hierarchische Spitze. Die zweite und wichtigste Verfassungsvorkehrung einer National-K. neben ihrer mit der politischen übereinstimmenden äußeren Abgrenzung ist daher ein nationalkirchliches Leitungsorgan. In dieser Hinsicht aber hielt die KV. während der ganzen Neuzeit zielbewußt an einer Negierung der National-K. fest. Im Früh-MA war als dieses Leitungsorgan die Nationalsynode vorhanden. Sie hat in der Neuzeit keine tragende Rolle mehr gespielt; die Generalversammlungen des französischen Klerus im 17. und 18.Jh. können wegen ihrer völlig unkonziliaren Zusammensetzung (Repräsentation der einzelnen K.nprovinzen durch gewählte Delegierte, je zwei Bischöfe und Priester) und wegen ihrer Unterordnung unter den König auch in innerkirchlichen Beschlüssen nur sehr eingeschränkt mit Nationalkonzilen verglichen werden. Die andere Möglichkeit, die Oberleitung durch einen einzelnen bevorrechtigten Bischof, ist schon durch Pseudo-Isidor und die von ihm dem ganzen Episkopat mit Ausnahme der potentiellen Oberbischöfe für immer eingepflanzte Anlehnung an den Papst als den Schutzherrn gegen einen nationalen Oberbischof praktisch vernichtet worden. Der → Gallikanismus hat den Gedanken einer kirchlich autonomen, vom Papst unabhängigen oder ihm gegenüber relativ selbständigen National-K. nicht mehr aufgenommen; das zeigt Art. 3 der im übrigen von Ludwig XIV. schon bald verleugneten Declaratio Cleri Gallicani von 1682 (Mirbt 535), der nur die inhaltliche Wahrung der traditionellen K.nordnung und die Abwehr weiterer Zentralisierung seitens des Hl. Stuhles, aber nicht eine formelle und daher auch für die etwaige Änderung der überkommenen Ordnung zuständige Autonomie der gallikanischen K. beansprucht. Vollends aussichtslos war der Plan einer deutschen National-K. unter einem Primas, wie ihn während der napoleonischen Zeit → Dalberg vertrat; er wurde auch bei seinem Wiederauftauchen in Verfolg der Ideen von 1848 von der Würzburger Konferenz des deutschen Episkopats (Okt. 1848) abgelehnt. Vielmehr entwickelte die neuzeitliche KV. insoweit immer mehr ein rein kirchlich, nämlich als entsprechend abgegrenzte K.nprovinz oder Gruppe von K.nprovinzen, konstruiertes Gegenstück zum Nationalstaat, ein Ziel, das der CIC in vollendeter Weise erreicht hat. Die heutige KV. kommt völlig ohne den Begriff einer National- oder Landes-K. aus und überträgt die praktisch unentbehrliche Koordinierung der kirchlichen Verhältnisse innerhalb des gleichen Staates für die Regel den im CIC (noch?) nicht erwähnten Bischofskonferenzen, die aber formell nicht als gesetzgebendes Oberorgan ausgebildet sind (→ Konzile). Die Gesetzgebungsbefugnis stände nur den zu einem Plenarkonzil vereinigten K.nprovinzen eines Staates zu; indes sind die Plenarkonzile dadurch, daß sie nur vom Papst einberufen werden können und von seinem Legaten geleitet werden, als Ausnahmeerscheinung charakterisiert, und im CIC fehlt jegliche Bezugnahme darauf, daß die Nationalkonzile in den Plenarkonzilen weiterleben oder weiterleben können. Formell nationales K.nrecht ist daher in der heutigen KV. nicht mehr als landeskirchliches, sondern nur noch als Konkordatsrecht möglich.

Die → *Konkordate* als Mittel der päpstlichen Setzung von Nationalkirchenrecht haben zwar schon im MA und in den ersten Jh.en der Neuzeit eine gewisse Rolle gespielt, ihre Bedeutung als Überwindung der eigenständigen, mehr in sich als in der päpstlichen Gesamtgewalt ruhenden nationalkirchlichen Form des Verhältnisses von

K. und Staat aber erst im 19.Jh., beginnend mit dem Französischen Konkordat von 1801, entfaltet. Äußere Höhepunkte ihrer Geschichte seitdem waren die zahlreichen, zT erst nach Jahrzehnten zustande gekommenen Vereinbarungen, mit denen der Hl. Stuhl die großen staatlichen Neuordnungen in Europa nach dem Ende der napoleonischen Ära und nach dem 1. Weltkrieg begleitete. Die Konkordate sind so zu einem Instrument geworden, mittels dessen die kirchenverfassungsmäßige Bindung der Ordnung des Verhältnisses von K. und Staat an die gesamtkirchliche Gewalt auf das deutlichste herausgearbeitet und stabilisiert worden ist. Die schon im MA spärlich werdenden nationalkirchlichen Regelungen durch die kirchlichen Stellen innerhalb des Staates selbst sind seit Beginn der Neuzeit fast ganz verschwunden, wenn man auch hier die übliche Ausnahme des Gallikanismus, in dieser Hinsicht mit seinen schon erwähnten Generalversammlungen des französischen Klerus, macht. Die vereinzelten Landeskonventionen im Bereich der deutschen K. des 19.Jh.s (Hessen 1854/56, Nassau 1861) haben nur vorübergehende Bedeutung gehabt. Eine Ausnahmestellung in formaler wie inhaltlicher Hinsicht nimmt die zwischen Landesepiskopat und Regierung abgeschlossene polnische Übereinkunft von 1950 ein (→ Polen).

Der kirchenrechtliche Hauptanteil an der tatsächlichen Ausscheidung der eigenständigen National-K. aus der neuzeitlichen KV. fällt aber wohl nicht den Konkordaten, sondern dem Institut der ständigen Apostolischen *Nuntien* (→ Nuntius) und *Delegaten* (→ Legat) zu. Seine Schaffung, im 16.Jh. beginnend, ist ein äußerst wichtiger Beitrag der Neuzeit zur KV. geworden; als sich die deutschen Erzbischöfe 1785 gegen die Errichtung einer bayerischen Nuntiatur in München erhoben (→ Nuntiaturstreit), war es schon fest eingewurzelt. Seitdem hat es sich so bewährt, daß es seit dem 2. Weltkrieg auf fast alle kirchlich wichtigen Gebiete (außerhalb des sog. Ostblocks) ausgedehnt worden ist.

Während diese innerkirchliche Zurückdrängung der National-K. sich schon zu Ende des 18.Jh.s soweit vollzogen hatte, daß jedenfalls theoretisch das Ziel einer dogmatisch korrekten Gestaltung der KV. nach nicht staatlichen, sondern kirchlichen Strukturprinzipien erreicht war, hat die Durchsetzung dieser Theorie gegenüber dem Staat noch die ganze Zeit bis zum 1 .Weltkrieg beansprucht. Die staatliche K.nhoheit mit ihren teils aus dem MA überkommenen, teils durch den Absolutismus noch gesteigerten staatshoheitlichen Ansprüchen gegenüber der Betätigung der K. und der Besetzung ihrer Bischöfsstühle erreichte im gleichen 18.Jh. in Österreich einen bes. kräftigen (→ Josephinismus), aber keineswegs auf diesen Staat beschränkten Höhepunkt, und nur allmählich, in Anlehnung an die Entwicklung des modernen demokratischen, weltanschaulich neutralen oder wenigstens toleranten Staates ist es der K. gelungen, die freie Besetzung der Bischofsstühle zu erlangen und die früheren Beschränkungen ihrer seelsorglichen Betätigung (Predigt, bischöfliche Erlasse und Hirtenbriefe, Vereinsarbeit) und ihres Klosterwesens zu überwinden. Ganz sind alle diese Ziele in den europäischen Staaten erst nach 1918 erreicht worden; sie sind inzwischen in den kath. oder eine große Anzahl von Katholiken aufweisenden Staaten des Ostblocks schon wieder verlorengegangen. An der im CIC niedergelegten definitiven Ausscheidung der National-K. aus der KV. durch Beseitigung aller nationalkirchlichen Leitungsorgane zugunsten eines ausschließlichen Nebeneinanders von päpstlicher Gesamt- und einzelbischöflicher Teilgewalt ändert dieses geschichtliche Auf und Ab freilich nichts: an diesem Punkt ist die Theorie der in sich, nicht in Staaten georteten K. nunmehr irreversibel geworden, auch wenn es möglich ist, nationalkirchliche Leitungsorgane dogmatisch einwandfrei zu konstruieren.

c) Schließlich hat die neuzeitliche Entwicklung der KV. das Verhältnis von K. und Staat noch an einem dritten Punkt sehr stark beeinflußt, und zwar diesmal wiederum im Sinne eines Abbaus mittelalterlicher Positionen, nämlich hinsichtlich des *Brachium saeculare*. In der Beanspruchung weltlicher Zwangsgewalt durch die K. und in der Leistung staatlicher Hilfe für die Durchsetzung ihrer innerkirchlichen Ordnung manifestiert sich das mittelalterliche Verhältnis von K. und Staat am deutlichsten und am eigentlichsten, weil die Frage nach der Beanspruchung und Gewährung (oder Versagung) des Brachium saeculare und nicht die so gerne in den Vordergrund gestellte Idee der in zwei Ordnungen, K. und Staat, verfaßten einen Christenheit den Kern des Problems, wie sich gemäß der KV. das Verhältnis von K. und Staat darstellt, und das gestaltende Prinzip seiner Entwicklung trifft. Die mittelalterliche Gewährung des Brachium saeculare hat grundsätzlich in den kath. Staaten bis zur französischen Revolution fortgedauert, sogar in der sich sozusagen überschlagenden Form, daß die ursprünglich (Papst Honorius III. gegenüber Kaiser → Friedrich II. 1220) von der K. dem Staat aufgedrängte staatliche Verfolgung der Ketzer (→ Inquisition) in der Neuzeit gelegentlich weit über die Wünsche der K. hinausging, wie das am deutlichsten der Protest → Innozenz' XI. gegen die Hugenottenpolitik Ludwigs XIV. zeigt. Mit der Proklamierung der → Menschenrechte jedoch schwand wenigstens prinzipiell die Möglichkeit für den Staat, seine Zwangsgewalt für die innerkirchliche Durchsetzung der kath. Glaubens- und Sittenlehre zur Verfügung zu stellen, und auf kirchlicher Seite entspricht dem die im CIC vollzogene Zurücknahme des kirchlichen Anspruchs auf einen, wenn der Ausdruck erlaubt ist, theoretischen Merkposten, nämlich (c. 2198) auf die durch ein »interdum« sogar als Ausnahme charakterisierte Möglichkeit, einen sowohl nach seinen Objekten wie nach seinen Mitteln völlig unbestimmt gelassenen Einsatz des Brachium saeculare zu verlangen. In diesem Punkt tritt die von U. → Stutz als ein Hauptkennzeichen des gegenwärtigen K.nrechts und der gegenwärtigen KV. festgestellte Spiritualisierung am meisten und in ihrem vollen Sinngehalt hervor. Die Frage freilich, ob dieser Abbau des kirchlichen Anspruchs auf das Brachium saeculare der allmähliche Verzicht auf eine dogmatisch nicht begründbare äußere Sicherung der KV. oder nur die opportunistische Beschränkung eines in sich als berechtigt festgehaltenen und unverzichtbaren kirchlichen Anspruchs ist, läßt sich aus der neuzeitlichen Entwicklung der KV. allein nicht beantworten und ist auch systematisch noch nicht endgültig geklärt. Im ganzen aber darf gerade an diesem Punkt als Gesamtergebnis der neuzeitlichen Entwicklung des → Kirchenrechts (: I A) eine entschiedene, bewußte und darum ohne Bruch in der dogmatischen Lehre von der K. nicht mehr rücknehmbare Hinwendung der KV. zu einer rein kirchlichen, dh in sich selbst, nicht in der Anlehnung an den Staat ruhenden, eben zu einer spiritualisierten Gestaltung ihrer Rechtsstruktur festgestellt werden.

FEINE 393ff (Lit.). - Vgl. ferner die Lehr- u. Hdb.er der KG u. die Lit. zu den Einzelartikeln. *H.Barion*

VI. Geschichte der ev. Kirchenverfassung

1. Grundzüge - 2. KV. bei Luther und Melanchthon - 3. KV. bei Zwingli und Calvin - 4. KV. bis zum Ende des Hl. Römischen Reiches: a) Reformationszeitalter - b) Zeitalter der Orthodoxie und der Aufklärung - 5. KV. im 19. und 20.Jh. - Vgl. ergänzend →Anglikanische Kirche: I, 5 sowie die Artikel über die einzelnen inner- und außerdeutschen Länder

1. In zweifacher Hinsicht ist die Geschichte der ev. KV. entgegen den Vorstellungen der Reformatoren verlaufen. Die → Reformation führte einerseits zur Sprengung der Einheit der K. im Abendland und andererseits zu einer Abhängigkeit von der weltlich-staatlichen Gewalt, die zeitweilig bis zum Einbau der K. in den Staatsorganismus als staatliche Anstalt fortschritt (→ Kirche und Staat, 2). Dadurch ist die *Geschichte der ev. KV. im Grunde ein Doppelthema:* es gehört ebenso zum innerkirchlichen Recht wie zum Staatskirchenrecht. Zumindest gilt dies für die Zeit bis 1918/19. Auch die Zeitabschnitte der KV. lehnen sich eng an den Verlauf der staatskirchenrechtlichen Beziehungen an. Diese sind daher bei der ev. KV. laufend mit zu berücksichtigen.

Die Ursachen dieser Entwicklung sind vielseitig. Geschichtlich vorbereitet war sie durch die *spätmittelalterlichen Reformideen,* die als Reaktion gegen den Universalismus des mittelalterlichen → Papsttums (: II, 2) den landes- und nationalkirchlichen Bestrebungen zum Durchbruch verholfen hatten (→ Kirchenverfassung: IV, 5b). Stärker als diese in die Vergangenheit zurückweisenden Kräfte wirkten aber die – davon freilich nicht zu trennenden – *Ereignisse der Reformationszeit selbst.* Die ablehnende Haltung → Karls V. gegenüber der Reformation, die Kette der mit dem Speyrer Reichsabschied von 1526 beginnenden Kompromißlösungen zur Überwindung der die verfassungsmäßigen Grundlagen des alten Reiches im tiefsten erschütternden und die Föderalisierung des deutschen Staatskirchenrechts einleitenden Religionsspaltung, die Warnzeichen des Schwärmer-, Bilderstürmer- und Täufertums, die die aus einer radikalen Spiritualisierung der KV. erwachsenden Gefahren aufs drohendste offenbarten, die Flammenzeichen des → Bauernkrieges mit der Auflösung jeglicher Ordnung sowie der innerhalb der K. selbst bestehende Mangel an geeigneten Kräften für eine stabile organisatorische Neuordnung des K.nwesens zwangen im Hinblick auf den Wegfall der überkommenen kirchlichen Hierarchie mit der zentralen Spitze des Papsttums zu einer engen Anlehnung an die weltlichen Obrigkeiten, die in → Deutschland (: I, 2a) als Reichsstände in den Territorien ohnehin machtpolitisch das Schicksal der Reformation in Händen hielten. Der → *Augsburger Religionsfrieden* gab ihnen dann auch noch den trotz seiner Vorläufigkeit recht dauerhaften reichsrechtlichen Titel für weitreichende Befugnisse gegenüber und innerhalb der K.

Diese *Entwicklung zum Landeskirchentum* bedeutete für die ev. KV. nicht nur die tatsächliche Lösung von der röm.-kath. K., sondern sie schuf auch die Grundlagen für eine bunte Vielfalt von Organisationsformen, die durch die Lehre von der KV. als einem Adiaphoron im Luthertum noch begünstigt wurde. So kam es zu erheblichen Unterschieden der KV. nicht nur zwischen den aus dem luth. und ref. Zweig der Reformation hervorgegangenen Partikular-K.n (von der → Anglikanischen Kirche [: I] ganz zu schweigen), sondern auch innerhalb des Luthertums und des Calvinismus selbst. Diese Sonderentwicklungen führten zu einem kirchlichen Partikularismus, dessen allmähliche Überwindung in sehr vorsichtiger und die »Autonomie« der einzelnen K.n behutsam wahrender Weise erst in neuerer und jüngster Vergangenheit in Angriff genommen werden konnte. Den schon im 16.Jh. wirksamen → Einigungsbestrebungen (: II, 1), die auch in den folgenden Jh.en nie ganz erloschen sind, blieb hingegen der Erfolg versagt.

2. Daß Luther und die anderen Reformatoren nur eine Reformation *innerhalb* der K. gewollt haben, darf heute als allgemein anerkannt gelten. – Kann eine ähnlich eindeutige Aussage auch hinsichtlich der Frage gemacht werden, ob und inwieweit → *Luther und* → *Melanchthon* die Gestaltung der KV. in die Hände der weltlichen Obrigkeit legen wollten? Kann die These → Sohms, daß die KV. nach der Auffassung Luthers »nicht durch die K...., sondern durch die Obrigkeit« (K.nrecht I, 582) geschaffen werden müsse und daß dieser zwar nicht »K.ngewalt« und »K.nregiment«, wohl aber »K.nhoheit« zukomme (aaO 579), durch → Holls Feststellung, daß Luther »die Eigenständigkeit der K. gegenüber dem Staat verteidigt« (Holl I, 375) und klare Vorstellungen von »der *ihm* vorschwebenden Form der Verfassung« (aaO 376) der K. besessen habe, als endgültig berichtigt angesehen werden?

Diese Fragen lassen sich ohne die *K.nlehre der Reformatoren,* bes. ihre Ansichten über das Verhältnis von geistlicher K. (ecclesia spiritualis) und ihrer irdischen Erscheinungsform, der K. in der Welt (ecclesia universalis; → Kirche: VI B), nicht beantworten. Die Grundordnung der ecclesia spiritualis, die auch für die ecclesia universalis verbindlich ist, beruht auf positivem göttlichem Recht (→ Kirchenrecht: I B). Sie besteht aus dem Predigtamt einschließlich der → Schlüsselgewalt (: II) sowie den Sakramenten des → Abendmahls (: VI) und der → Taufe (: VII) als verba visibilia. Sie ist jedem menschlichen und damit auch allem obrigkeitlichen Zugriff verschlossen. Damit ist diesem die erste Grenze gezogen, deren Überschreitung eine offenkundige Verletzung der göttlichen Ordnung der beiden Regimente (→ Zwei-Reiche-Lehre) wäre. Auf der Grundlage dieser vorgegebenen Ordnung haben die wahren Gläubigen als die Angehörigen der ecclesia spiritualis unter Bindung an das göttliche Naturgesetz der lex fidei nach Maßgabe der drei sich aus der lex Christi ergebenden Grundrechte der christlichen Bruderliebe, der christlichen → Freiheit (: II) und der christlichen → Gleichheit im K.nwesen nach menschlichem Recht die KV. zu schaffen. Hierzu gehören als wichtigste Bereiche die Gottesdienstordnungen (→ Gottesdienst: V B), das Pfarrerrecht (→ Pfarrer: II), die innerkirchliche Leitungsgewalt und die → Kirchenzucht sowie das → Kirchengut.

Das sind gleichzeitig die Gebiete, auf denen eine Beteiligung der Obrigkeit (→ Staat: III) an der Ausgestaltung der KV. in Betracht kommen kann. Ihr sind dabei außer der Schranke des göttlichen → Naturrechts noch weitere Grenzen gesetzt. Sie lassen sich am sinnfälligsten verdeutlichen, wenn man die beiden von Melanchthon zwischen 1534 und 1537 in das Staatskirchenrecht eingeführten Begriffe der *custodia utriusque tabulae* und des *praecipuum membrum ecclesiae (→ Cura religionis)* heranzieht, durch die die Stellung der Obrigkeit zu und in der K. von Melanchthon in sachlicher Übereinstimmung mit Luther bestimmt worden ist. In diesen Begriffen hat man gern die Grundlage des landesherrlichen → Kirchenregiments und die Fortsetzung der mittelalterlichen *advocatia ecclesiae* (→ Cura religionis) erblickt. Zu Unrecht. Die advocatia ecclesiae war auf das einheitliche, in sich geschlossene, in gleicher Weise geistliche und leibliche Gemeinwesen des → *Corpus Christianum* bezogen, das durch Luthers K.nbegriff (K. als eine von allen Gemeinwesen der Welt wesenhaft unterschiedene Gemeinschaft unter der Hauptschaft Christi) zunächst ideell, in der Folge aber auch tatsächlich zerbrochen wurde. Damit hatte die advocatia ecclesiae ihren Bezugspunkt verloren.

Die custodia utriusque tabulae, hier die Sorge für die prima tabula, also die cura religionis, ist Aufgabe der christlichen Obrigkeit. Diese ist insoweit der geistlichen Leitung der K. in Gestalt der Wort- und Sakramentsverwaltung, dh dem ministerium verbi, *unterworfen.* Nicht eine Herrschaft, sondern eine Unterordnung unter die Predigt des Wortes Gottes wird von der Obrigkeit erwartet. Es geht um Pflichten, die der fromme Regent als

Träger seines Amtes durch ein öffentliches Bekenntnis zur reinen Lehre und durch deren Durchsetzung gegen alle Irrlehren in der Öffentlichkeit zu erfüllen hat, und nicht um Rechte, die er in der K. besitzt oder sich übertragen läßt. Da diese Pflichten nur der reinen Lehre der Reformation gegenüber bestehen, kann die custodia primae tabulae auch nur für ev. Fürsten in Betracht kommen. Das ist der genaue Gegensatz zu dem so oft als Gedankengut der Reformation angesehenen Satz → Cuius regio, eius religio.

Die cura religionis steht weiterhin unter dem Vorbehalt einer schweren Verfassungsstörung innerhalb der K. Sie ist also Notepiskopat. Der Rechtstitel für diesen ist zunächst einmal ein weltlicher, nämlich das obrigkeitliche Amt oder das → Patronat des Landesherrn, des Adels oder des Rats. Da es aber in der K. keine Obrigkeit weltlicher Art gibt, muß noch ein anderer kirchenrechtlich legitimer Titel hinzukommen: die weltliche Obrigkeit ist in der K. praecipuum membrum. Beide Titel, die custodia primae tabulae und das praecipuum membrum ecclesiae, gehören sachlich eng zusammen, sind aber andererseits rechtlich scharf voneinander zu trennen. Sie verschmelzen nicht nach der Art der advocatia ecclesiae miteinander, sondern behalten ihre selbständige Bedeutung.

Bei dem Begriff praecipuum membrum ecclesiae ist unter ecclesia nicht die ecclesia universalis, sondern die ecclesia spiritualis zu verstehen. Auf die wahre Gläubigkeit des Trägers des obrigkeitlichen Amtes, auf seine Zugehörigkeit zur geistlichen K. kommt es an. Nur diese Zugehörigkeit allein legitimiert ihn wie alle anderen Gläubigen auch zur Mitwirkung an der KV. des K.nwesens. Normalerweise hat es mit dieser seiner Stellung innerhalb der christlichen Gemeinde als Gleicher unter Gleichen, als Bruder unter Brüdern, als Priester unter Priestern sein Bewenden. Nur bei Verfassungsstörungen weitet sich diese Stellung aus. Das bedeutet aber nicht die Übertragung des obrigkeitlichen Amtes oder gar obrigkeitlicher Zwangsmittel auf die K., sondern das ist nur der Ausdruck der Tatsache, daß Amt und Beruf von der Person nicht getrennt werden können. Deshalb wird die Obrigkeit in der K. nicht kraft ihrer weltlichen potestas tätig, sondern kraft der auctoritas, die ihr im Hinblick auf ihr Amt auch in der K. zuerkannt werden darf.

Die Fälle, in denen der Notepiskopat für die Reformatoren in Betracht kommt, ergeben sich aus der damaligen geschichtlichen Situation. Zu nennen ist zunächst die *Bekämpfung der öffentlichen Verbreitung falscher Lehre*. Gerade dieser Fall ist bes. aufschlußreich. Die Feststellung, ob eine Lehre der Schrift widerspricht und darum → Irrlehre und Ketzerei ist, ist eine Aufgabe der K., dh nach dem Grundsatz des allgemeinen → Priestertums der Gemeinde aller Gläubigen, unter ihnen auch des Trägers des obrigkeitlichen Amtes. Hinsichtlich dieser theologischen Auseinandersetzung hat sich im übrigen seine Tätigkeit auf die Sorge für die freie Austragung der Gegensätze zu beschränken. Ist aber die Entscheidung *innerhalb* der K. über reine und irrige Lehre gefallen, so kann der Obrigkeit eine doppelte Aufgabe zufallen. Einmal kann sie notfalls kraft ihres Ansehens, das sie als praecipuum membrum genießt, dazu helfen, daß fortan in der K. nur noch nach der reinen Lehre gepredigt wird. Zum anderen kann sie, wenn die Irrlehre *öffentlich* verbreitet wird, diese Störung der öffentlichen Ordnung des weltlichen Gemeinwesens kraft ihres weltlichen Amtes mit Zwang und Strafe beseitigen. – Ein weiterer Fall ist die *Ausübung kirchenleitender Befugnisse* zur Beseitigung von Mißständen innerhalb der K. Die äußere Leitungsgewalt kann zwar und soll sogar nach der Lehre Luthers mit dem Predigtamt in einer Person verknüpft sein. Beide sind aber, da die äußere Leitungsgewalt menschlicher, das Predigtamt göttlicher Herkunft ist, rechtlich scharf zu scheiden. Durch den Ausfall der bisherigen kirchlichen Oberen, bes. der Bischöfe, ist ein Bedürfnis für die obrigkeitliche Hilfe des praecipuum membrum offenkundig. Hierzu gehört im Hinblick auf die Bedeutung, die dem Pfarramt als der geordneten öffentlichen Ausübung des von Gott allen Gläubigen gegebenen Auftrags zur Wortverkündigung zukommt, insbesondere die Sorge für die ordnungsgemäße Heranbildung und den Unterhalt der Pfarrer und ihre Verwendung im kirchlichen Dienst. Dieser Aufgabe dient vor allem die Durchführung von → *Visitationen*, die helfen sollen, ein in Verfall geratenes K.nwesen wieder in Ordnung zu bringen. – Aus diesen Befugnissen konnten sich angesichts der mißlichen äußeren Lage, in der sich die reformatorische Lehre in jeder Beziehung befand, umfassende Zuständigkeiten des Landesherrn entwickeln. Das ändert aber nichts daran, daß diese nach der Vorstellung der Reformatoren nur vorübergehender Art sein und rein geistlich wahrgenommen werden sollten. »Zu den geistigen Ahnherren des landesherrlichen K.nregiments zählt Luther nicht« (J.Heckel).

3. In den Darstellungen über die KV. im Bereich der ref. K. tritt allgemein → *Zwingli* gegenüber → *Calvin* stark in den Hintergrund. So hat zB Rieker in seinen »Grundsätzen ref. KV.« von vornherein den Zwinglianismus aus seinem Buche ausgeschieden und das damit begründet, daß der Zwinglianismus »keinen eigenen, vom luth. wesentlich unterschiedenen Typus kirchlicher Organisation hervorgebracht« habe. Daran dürfte sich bei näherem Zusehen manches als korrekturbedürftig erweisen. Zwar ist es richtig, daß die ref. KV. ihren Lauf über die ganze Welt von Genf und nicht von Zürich aus angetreten hat. Das ändert aber nichts daran, daß darunter auch Gedanken und Vorstellungen Zwinglis waren, die von Zürich nach Genf ausgestrahlt haben. Vor allem geht auf Zwingli ein so zentraler Begriff wie der der ecclesia *visibilis* zurück (→ Kirche: III), den dann Melanchthon übernommen, zur → Konfession im Sinne der Bekenntnisgemeinschaft umgeprägt und zur Grundlage des deutschen Staatskirchenrechts bis zur Gegenwart gemacht hat, wodurch er zum »geistigen Ahnherrn des deutschen Staatskirchenrechts« (J.Heckel) geworden ist. – Daher wird man, wenn man von einem *calvinistischen Typus der KV.* spricht, niemals die Anregungen übersehen dürfen, die von Zwingli ausgegangen sind. Das gilt bes. auch für den Grundgedanken der ref. KV., daß die *K. die Gemeinschaft der Erwählten* sei. Diese ist unsichtbar und ist »die einzig wahre K., die Wesens-K.« (Bohatec). Das steht im Gegensatz zu der älteren Auffassung (Rieker und Sohm), das Schwergewicht des K.nbegriffs liege nach ref. Lehre auf der sichtbaren K., und zwar in ihrer nach göttlichem Recht verfaßten Gestalt der örtlichen Partikular-K., also der Gemeinde. Vielmehr ist die äußere sichtbare K. im Verhältnis zur wahren K. nur ein »Titel«, nur das »Gesicht« (Calvin), in dem sich die K. offenbart. Richtig ist hingegen, daß sich die ref. KV.s-Lehre jederzeit der engen Bezogenheit zwischen unsichtbarer, sichtbarer und verfaßter K. bewußt geblieben ist. Trotz des Vorrangs der Wesens-K. ist es um der Bruderliebe willen berechtigt, auch die sichtbare K., deren grundlegende Zeichen Wort und Sakrament sind, als K. im Sinne des Glaubensbekenntnisses anzusprechen, obwohl in ihr der Gemeinschaft der Erwählten auch Heuchler beigemischt sind. – Den Vorrang der Wesens-K. vor der sichtbaren K. einerseits, dessenungeachtet die starke Betonung der letzteren andererseits, die bei Calvin seit 1539 immer nachdrücklicher wird, muß man im Auge behalten, wenn man diejenige Erscheinung der ref. KV. rich-

tig würdigen will, die Sohm mit Recht als ihr Hauptkennzeichen hervorgehoben, zu Unrecht aber als »nicht bloß der kath., sondern ebenso der urchristlichen und der luth. K. unbekannt« (K.nrecht I, 638) negativ bewertet hat: *das Gemeindeprinzip*. Die Ortsgemeinde ist Trägerin der K.ngewalt, nicht die Gesamt-K., ohne daß die hierin liegenden independentistisch-kongregationalistischen Möglichkeiten, die später im Raum der ref. KV. teilweise Wirklichkeit geworden sind, die notwendige Folgerung dieser starken Betonung der Gemeinde sein müßten.

Im Recht der Verfassung der → Gemeinde (: II) hat man häufig einen der Hauptunterschiede zwischen der luth. und ref. K. gesucht. Während nach luth. Lehre die KV., so sagte man, zu den → Adiaphora gehört, die für das rechte Wesen der K. von untergeordneter Bedeutung sind und darum der Menschensatzung freistehen, ist für den Calvinismus, so formulierte man unter Hinweis auf die Ordonnances ecclésiastiques (1541) und Calvins Institutio von 1543 antithetisch, die Bibel ein Kodex, aus dem sich die Verfassung der Gemeinde entnehmen oder doch ableiten läßt. Die Schrift enthält dafür angeblich ausdrückliche Gebote oder wenigstens Gestattungen. Ist an dieser Antithese lutherischerseits durch die Wiederentdeckung des → ius divinum und die Forderung nach Übereinstimmung von KV. und Bekenntnis vieles ins Wanken geraten, so ist an ihr auch auf ref. Seite manches korrekturbedürftig. Auf ius divinum beruht strenggenommen auch im Calvinismus nur *das ministerium verbi*, das sich freilich in das Amt der ministres (pastores) und das der docteurs (doctores) spaltet, die in der Vénérable Compagnie gemeinsam das Lehramt verwalten.

Die anderen Ämter, nämlich die der anciens (seniores) und der diacres (diaconi), beruhen im Gegensatz zum Lehramt auf ius humanum, allerdings auf einem aus der alten K. überlieferten und in der Schrift bezeugten ius humanum. Sie sind »zwar nicht gottgestiftete, aber gottgewollte Ämter« (J.Heckel) und sind notwendige Bestandteile einer wirklichen ecclesia reformata. Die pastores bilden zusammen mit den seniores das Konsistorium als Organ der K.nleitung und K.nzucht. Auch nach Luther ist zwischen der Schlüsselgewalt des geistlichen Amtes und der äußeren Leitungsgewalt als den beiden Bestandteilen der → Kirchengewalt zu unterscheiden. Im Luthertum fällt aber die äußere Leitungsgewalt dem Träger des Predigtamtes zu; dadurch kommt es zu einer Verknüpfung der beiden Gewalten. Auch bei Calvin ist zwar das ministerium verbi im Konsistorium an der K.nleitung beteiligt, aber nur in der Form des kollegialen Zusammenschlusses mit dem Laienamt der seniores. Die zentrale Aufgabe des Konsistoriums ist die → Kirchenzucht (: I). Sie hat die Aufgabe, die im weltlichen Gemeinwesen von der Polizei wahrgenommen wird. Die K.nzucht wird so im Calvinismus zur Grundlage der K.nleitung, eine Funktionsverbindung, die man »zu den genialsten Einsichten Calvins« gerechnet hat (J.Heckel).

Die seniores des Konsistoriums werden aus dem Rat des weltlichen Gemeinwesens entnommen. Hierdurch und durch das Mitwirkungsrecht bei der Berufung der pastores und doctores kommt es zu der für den Genfer Calvinismus typischen Form der Beteiligung der Obrigkeit an der K.nleitung. Ebensowenig wie bei Luther und Melanchthon darf man darunter Rechte der Obrigkeit kraft ihres weltlichen Rechtstitels, sondern nur Befugnisse kraft ihrer Zugehörigkeit zur K. als praecipuum membrum verstehen. Geistliches und weltliches Gemeinwesen werden auch bei Calvin begrifflich streng geschieden.

4. a) Im luth. Bereich können die *Wittenberger Visitationsartikel von* 1528 als der entscheidende Schritt zur Bildung einer ev. KV. gelten. Während Luthers Vorrede zu jenen seiner Auffassung vom Verhältnis von K. und Obrigkeit entspricht, tritt in der kurfürstlichen Instruktion für die Visitatoren, die 1527 den Visitationsartikeln vorausging, die Grundkonzeption des landesherrlichen K.nregiments zutage (vgl. dazu Holl I, 366ff). Der Landesherr verfügte die Visitation in seiner Eigenschaft als weltliche Obrigkeit, die für das geistliche Wohl seiner Landeskinder in gleicher Weise zuständig ist wie für das leibliche, und er führte sie durch die Visitatoren als seine Beauftragten durch.

Diese beiden entgegengesetzten Tendenzen zeigen sich an dem Verfassungsorgan der entstehenden ev. K., das sich zuerst in der Stralsunder KO von 1525 findet und dann durch die sächsische Visitation allgemein in die luth. KV. eingeführt worden ist: den → *Superintendenten* (Superattendent, → Dekan in Süddeutschland, Senior in den Hansestädten, Metropolitan in Hessen, → Propst in Schleswig-Holstein, Erzpriester im Herzogtum Preußen, Inspektor in Brandenburg), die zusammen mit den fürstlichen Amtmännern die Aufsicht über die Gemeinden und Pfarrer ihrer mit den fürstlichen Ämtern räumlich übereinstimmenden Bezirke ausübten. Über der Eigenschaft der Superintendenten als geistliche Beamte des Landesherrn darf jedoch im Reformationszeitalter »der bischöfliche Charakter der Superintendentur-Verfassung« (W.Elert) nicht übersehen werden, der in den für die Superintendenten aufgestellten Eignungsbestimmungen (im geistlichen Amt bewährte Pfarrer) und einem Teil ihrer Funktionen (Inspektion der Wortverkündigung und Sakramentsverwaltung) zum Ausdruck kam. Die Tatsache, daß sich die Superintendenten über alle Wandlungen der staatskirchenrechtlichen Systeme hinweg bis in die Gegenwart erhalten haben, beweist ihre praktische Unentbehrlichkeit im Aufbau der luth. KV., ohne daß freilich daraus nach dem Vorbild des röm.-kath. Episkopats die dogmatische Notwendigkeit ihres Amtes gefolgert werden dürfte. Ebensowenig darf aus der Existenz der Superintendenten und der zwischen diese und die Konsistorien als Zwischenstufe eingeschobenen → Generalsuperintendenten (zuerst in Württemberg 1553 und 1559; ähnlich vorher 1533 die »Obersuperattendenz« in Wittenberg) auf das Entstehen einer geistlichen Hierarchie innerhalb der ev. KV. geschlossen werden. In dieser kann und darf es nur *ein* geistliches Amt geben: das → Pfarramt. Wenn ein Träger dieses Amtes weitere Befugnisse hat, so sind diese ausschließlich äußere Leitungsrechte, die zu seinem Amt in Beziehung stehen, aber dessen Wesen unberührt lassen.

Das erste → *Konsistorium* als das zweite wesentliche Element überörtlicher ev. KV. ist in Wittenberg entstanden (1539). Es war ähnlich wie die Visitationskommissionen, die die Visitation 1528-29 durchgeführt hatten, mit Theologen und Juristen besetzt und bediente sich zur Erfüllung seiner Aufgaben weitgehend der gutachtlichen Beratung der Reformatoren. Die Konsistorien, die in der Folgezeit nach dem Wittenberger Vorbild weit und breit in den ev. Territorien Mittel- und Norddeutschlands als landesherrliche Behörden (vgl. zB Brandenburger Visitations- und Konsistorialordnung 1573) entstanden, waren ursprünglich hauptsächlich (jedoch nicht ausschließlich, wie das von → Jonas 1538 verfaßte »Bedenken der Consistorien halben« zeigt) als geistliche Gerichte (Ehesachen, K.nzucht, Disziplinarsachen) gedacht, es wuchsen ihnen aber auch kirchliche Verwaltungsfunktionen zu. – Diese werden für den auf der Grundlage der KOen von 1553 und 1559 in → Württemberg entstandenen K.nrat zur Hauptaufgabe, wodurch der zweite Typ des ev. Konsistoriums entsteht. Zu den Funktionen des K.nrates gehören die Prüfung, Anstellung, Aufsicht (samt der Disziplinargewalt) über die Geistlichen und Lehrer, die Wahrnehmung der fürstlichen Patronats- und Vogteirechte und die Verwaltung des zentral zusammengefaßten K.nguts und -vermögens. Bemerkenswert differenziert ist in dieser K.nratsordnung die Behördenorganisation. Die vier Generalsuperintendenten als Zwischenstufe zwischen den Superintendenten und dem K.nrat bilden mit diesem und dem Stuttgarter Propst zusammen unter Leitung des weltlichen Landhofmeisters den Konvent, den späteren »Synodus«, als Abschluß der Visitationsorganisation. Das württembergische Vorbild wirkte sich auch auf Mittel- und Norddeutschland aus (→ Braunschweig-Wolfenbüttel 1569, → Lippe 1571, Henneberg, → Baden-Durlach seit 1575). Eine bedeutende Vermittlerrolle spielte hierbei und bes. bei der Kursächsischen KO von 1580 der Tübinger Universitätskanzler Jakob → Andreä, der 1576-80 in Kursachsen wirkte. - Die Kursächsische KO verband die Zuständigkeiten des alten Wittenberger Konsistoriums mit den Verwaltungsaufgaben des Württembergischen K.nrats. Damit ist der dritte Typus der Konsistorialverfassung entstanden, der sich zB in Hessen kennzeichnenderweise »K.nrat und Konsistorium« (Marburg 1610) nannte. Nunmehr ist im luth. Bereich die innere KV. in ihren Grundzügen auf Jh.e hinaus festgelegt, mag sich auch in den Einzelheiten manches geändert haben.

Eine abgeschlossene *Gemeindeverfassung* hat das Luthertum nicht zu entwickeln vermocht. Ansätze dazu, wie sie die Leisniger Kastenordnung von 1523 enthielt, sind durch die landeskirchliche Ordnung an der weiteren Entfaltung gehindert worden. Im ganzen ist der luth. KV. trotz aller weiterführenden Grundsätze Luthers (»Daß eine christliche Versammlung oder Gemeinde Recht und Macht habe, alle Lehre zu urteilen und Lehrer zu berufen, ein- und abzusetzen, Grund und Ursach aus der Schrift«, 1523) der Schritt von der Parochie zur Gemeinde nicht gelungen. Das gilt auch dort, wo an die Stelle des Fürsten der Rat der Städte trat. Auch die Bildung von → Synoden (Hessen 1537, albertinisches Sachsen 1544, Württemberg 1547 und 1559) darf zu keinen falschen Annahmen verleiten. Es handelte sich bei den Synoden der Lutheraner um reine Visitations- oder Pfarrsynoden, die als Gegenstück zur Visitation einen Teil des kirchlichen Aufsichtswesens bildeten und nicht als Gemeinderepräsentanz aufgefaßt werden dürfen. So ist die Laientätigkeit im wesentlichen auf die Verwaltung des K.nguts und die Armenpflege begrenzt. Die für die damit betrauten Personen gebrauchten Bezeichnungen wechseln (Aldermänner, Kirchväter, Kastenvorsteher, K.nvorsteher, Klingelherren). Im übrigen blieben die Gemeinden auf ein votum negativum hinsichtlich der Pfarrer (Vorstellungen wegen ungeeigneter Pfarrer beim K.nregiment) beschränkt. Wo sich weitergehende Rechte (Anteil an der K.nzucht) fanden, wie in → Hessen (KO von 1539), Schwäbisch-Hall, Reutlingen, Ulm (→ Bucer, → Capito, → Brenz, → Alber) oder am Niederrhein, gingen diese auf Einflüsse aus dem ref. Lager oder mit ihm in Verbindung gekommenen Kreisen zurück.

Durchgeformte *Gemeindeverfassungen* wurden hingegen *im ref. Bereich* ausgebildet. Das Verdienst daran gebührt weniger dem Zürich Zwinglis und dem Genf Calvins, wo nach einem vielleicht etwas harten Urteil Liermanns »die Gemeinde als solche mundtot blieb«, als vielmehr vor allem den ref. K.ngebieten, die ohne Anlehnung an die weltliche Obrigkeit ein eigenes K.nwesen aufbauen mußten. Das war in Deutschland in der ref. Frei-K. am Niederrhein und in Ostfriesland (Emdener Synode von 1571, die nach dem Urteil von Bredt den »Anlauf zu einer Welt-K.« bedeutete), im Ausland in → England und → Schottland bei den → Puritanern, → Presbyterianern und → Kongregationalisten (bedeutsam für die Entwicklung der KV. in späterer Zeit in Nordamerika), in → Frankreich bei den Hugenotten (bedeutsam als Ausgangspunkt für das Synodalsystem; Nationalsynode von St.Germain 1559), aber auch in den → Niederlanden sowie in → Polen, → Ungarn und → Siebenbürgen der Fall. Hier wurden die staatskirchlichen Elemente unter dem Druck der Verhältnisse mehr oder weniger ausgeschieden und durch das System der selbstregierten Frei-K. mit der Gemeinde als Grundlage (sei es als independentistisch-kongregationalistisch verstandene Einzelgemeinde, sei es als presbyterial-synodaler Zusammenschluß zu kirchengebietlichen Partikular-K.n) und mit verantwortlicher Laienmitarbeit als Lebenskraft der KV. ersetzt.

Ein *anderer Typ ref. KV.* entwickelte sich *in der Kurpfalz* (→ Pfalz), die ursprünglich luth. wurde, dann aber durch Kurfürst Friedrich III. (KO von 1563 mit → Heidelberger Katechismus) dem ref. Bekenntnis zufiel. Hier wurde das der ref. K. von Haus aus fremde landesherrliche K.nregiment beibehalten. Hingegen wurden auf der Gemeindeebene Presbyterien eingerichtet, wodurch die Gemeindeverfassung den calvinistischen Grundsätzen angepaßt wurde. - Auch in den *kleineren Territorien*, in denen das ref. Bekenntnis durch die Obrigkeit eingeführt wurde, kam es zu einer ref. KV. höchstens auf Gemeindeebene. Das gilt für → Bremen (1568), → Nassau-Dillenburg (1577) und Siegen, Wittgenstein, Isenburg, Hanau, Solms, Wied (1577-86), Tecklenburg und Steinfurt (1588), → Anhalt (1596) sowie →Lippe (1605).

b) Die *Wandlungen,* die sich seit ca 1580 *bis zum Ende des Hl. Römischen Reiches Deutscher Nation* in der KV. vollzogen haben, waren weniger unmittelbar innerkirchenrechtlicher als in erster Linie staatskirchenrechtlicher Art. Die sich hieraus ergebenden Ausstrahlungen auf die innere KV. bestanden wiederum weniger in tiefgreifenden Umwälzungen der Verfassungseinrichtungen als deren Interpretation und Handhabung. Hierbei pflegt man nach einem überkommenen Schema unter Heranziehung der luth. Dreiständelehre zwischen dem → *Episkopalismus* mit dem Lehrstand (status ecclesiasticus) als bestimmendem Faktor, dem → *Territorialismus* mit dem Regierstand (status politicus) als maßgeblicher Kraft und dem → *Kollegialismus* mit dem Hausstand (status oeconomicus) als Grundlage der K.ngewalt zu unterscheiden und den Episkopalismus als die der Orthodoxie entsprechende Form der KV., den Territorialismus als ihre der Aufklärung und dem Absolutismus gemäße Ordnung und den Kollegialismus als die angemessene kirchenrechtliche Parallele zum Konstitutionalismus zu verstehen. Wieviel an diesem bislang wegen seiner einleuchtenden Einfachheit allgemein benutzten und abgewandelten Schema allzu summarisch, darum vergröbert und verzerrt gesehen und dargestellt worden ist, hat in neuester Zeit M.Heckel für die erste Hälfte des 17.Jh.s überzeugend deutlich gemacht.

Das Verständnis des *Episkopalsystems* hat in der Vergangenheit vor allem darunter gelitten, daß es nur aus der Sicht des Territorialstaats gewürdigt worden ist. Tatsächlich war es aber »die Klammer zwischen den beiden verschiedenartigen Schichten im Staatskirchenrecht« (M. Heckel), die mit dem → Augsburger Religionsfrieden entstanden waren: der reichsrechtlichen, die unter dem Druck der geschichtlichen Lage notwendig unkonfessionell-neutral-paritätisch und untheologisch war und auf diese Weise unter dem Paßwort der »Religionspartei« die Fiktion der religiösen Einheit des Reichs als dessen metaphysischen Daseinsgrund aufrechtzuerhalten vermochte, und der landesrechtlichen, die im Unterschied zu den

Anschauungen der Reformatoren gleichfalls untheologisch, im Unterschied zum Reichsrecht aber religiös einheitlich geprägt war und damit die Voraussetzungen besaß, um die durch die Suspension der potestas ecclesiastica in § 20 des Augsburger Religionsfriedens entstandene Lücke im Wege der Übertragung dieser Rechte auf den Landesherrn zu schließen *(Devolutionslehre)*. Im Reichsrecht hat also das Episkopalsystem seine Rechtsgrundlage und aus ihm empfängt es seine in den Kämpfen der Gegenreformation unschätzbare Legitimation. Die Lehre der Reformatoren von der cura religionis und der custodia utriusque tabulae der Obrigkeit und deren Funktion als praecipuum membrum treten dabei zumindest bei den juristischen Anhängern des Episkopalsystems in den Hintergrund.

Im Inneren der Territorien wurden freilich die Gefahren, die sich aus der Übertragung des ius episcopale auf den Landesherrn ergaben, erkannt. Juristen und Theologen suchen sie in verschiedener Weise zu bannen. Die Juristen tun dies einmal durch die Lehre von der duplex persona des Landesherrn, die eine scharfe Scheidung des Regieramtes vom Bischofsamt des Landesherrn ermöglicht, zum anderen durch die *unwiderrufliche* Übertragung der *Ausübung* des ius episcopale auf die Konsistorien, die zwar nicht kirchliche Organe, sondern landesherrliche Behörden, als solche aber dank ihres unwiderrufbaren Auftrags wenigstens der Theorie nach weitgehend selbständig waren, und endlich durch die Betonung des provisorischen Charakters des ganzen Systems, die das landesherrliche ius episcopale als ein Treuhandverhältnis bis zur endgültigen reichsrechtlichen Regelung der Religionsfrage begreift.

Die orthodoxen Theologen (Johann → Gerhard) formen die Dreiständelehre der Reformatoren aus einer theologischen Soziallehre in ein innerkirchliches Verfassungsprinzip der ecclesia particularis (das erste im luth. Bereich!) um, modifizieren damit das staatsrechtliche System des Episkopalismus kirchenrechtlich im Sinne einer innerkirchlichen (!) Gewaltenteilung und -verbindung (die erste auf deutschem Boden!) der drei Stände, die als Teile der tota ecclesia begriffen werden, der die K.ngewalt grundsätzlich zukommt. Von besonderer Bedeutung wurde dabei die Unterscheidung innerhalb der K.ngewalt in die potestas interna, die die Predigt, Sakramentsverwaltung und Schlüsselgewalt des geistlichen Amtes umfaßt und dem Lehramt zusteht, und in die potestas externa, die die außerhalb dieses Kernbereichs der K.ngewalt stehenden peripheren Befugnisse zum Inhalt hat und dem Landesherrn als kirchlichem Stand in der K. (nicht als weltlicher Obrigkeit!) zusammen mit den beiden anderen Ständen vorbehalten ist. Diese Unterscheidung wurde von den Lutheranern im Anschluß an den ref. Heidelberger Theologen → Pareus entwickelt, der zwischen der potestas ecclesiastica im eigentlichen Sinne (= potestas interna) und der potestas regia circa ecclesiastica (= potestas externa) unterschieden hatte und durch den so die ref. Theologie zwinglischer Prägung einen zuerst von J. Heckel beobachteten Beitrag zur KV. des Luthertums geliefert hat.

Erst das *Territorialsystem*, dessen Ansätze wir heute nicht erst in der zweiten, sondern schon in der ersten Hälfte des 17. Jh.s (wenn man mit J. Heckel bis auf den ref. Naturwissenschaftler Thomas → Erastus zurückgeht, sogar in der zweiten Hälfte des 16. Jh.s), also noch vor dem eigentlichen Beginn der → Aufklärung und ihres rationalistischen → Naturrechts zu suchen haben, macht die K.ngewalt des Landesherrn unter Aufgabe der Zwei-Personen-Lehre auf der Grundlage der Souveränitätslehre zu einem Bestandteil der einheitlichen, allumfassenden Staatsgewalt des absoluten Staates, der nicht mehr als göttliche Schöpfung, sondern als Produkt eines rationalen Gesellschaftsvertrages verstanden wird. Die K. wird zur pars rei publicae. Im → Westfälischen Frieden (I.P.O. Art. V § 30. XII) wird das landesherrliche K.nregiment primär nicht mehr aus dem Reichsrecht, sondern aus dem ius Territorii et Superioritatis abgeleitet. Es steht dem Landesherrn iure proprio et territorii zu. Die bereits im Episkopalsystem entwickelte *Restitutionslehre*, nach der das ius episcopale auf den Landesherrn nicht eigentlich übertragen worden ist, sondern nur die Wiederherstellung eines ihm von Haus aus zustehenden Rechts bedeutet, entspricht dieser Auffassung vom Wesen des landesherrlichen K.nregiments als eines Teils der vom Landesherrn ausgeübten Staatsgewalt.

Das jüngste und letzte der drei Systeme, das *Kollegialsystem*, ruht in gleicher Weise wie das Territorialsystem auf der geistigen Grundlage der Aufklärung. Hier wie da wird die K. als ein im Vertragswege entstandener Verein (vgl. § 11 Teil II Titel 11 des Preußischen Allgemeinen Landrechts) aufgefaßt. Aber gerade mit dieser Vorstellung wird erst im Kollegialismus folgerichtig Ernst gemacht. Während die dem Verein zustehende Vereinsgewalt im Territorialsystem von der Staatsgewalt überschattet und aufgesogen wurde, wurde nunmehr zwischen beiden scharf unterschieden. Die Vereinsgewalt (K.ngewalt) gehört der K. als Verein und nicht dem Staat. Freilich gilt dies nur mit zwei bedeutsamen Einschränkungen. Einmal hat der Staat das Recht der Aufsicht über alle Vereine und damit auch über die K. Hierher gehört das Recht, Vereine zu genehmigen und zu verbieten sowie die Einhaltung des allgemeinen Vereinsrechts zu überwachen. Zum anderen gilt die Fiktion, daß die K. ihre innere Vereinsgewalt (iura collegialia) durch stillschweigenden Vertrag zwar nicht auf den Staat, wohl aber auf den Landesherrn übertragen habe, dem damit neben seinen staatsregimentlichen Rechten von diesen zu trennende kirchenregimentliche Rechte zustehen. Damit ist die Unterscheidung von → *Kirchenhoheit* und *K.ngewalt* begründet, die freilich erst nach dem Ende des Hl. Reiches in vollem Umfang wirksam wurde.

Zuvor ist jedoch noch einiger für das 19. und 20. Jh. bedeutsamer *Entwicklungen* zu gedenken, *die von der ref. KV. ausgegangen sind*. In → Brandenburg (: II, 3) war 1613 Kurfürst Johann Sigismund vom luth. zum ref. Bekenntnis übergetreten. In Preußen waren weiterhin die ref. K.n (mit Ausnahme von Mark und Ravensberg) 1713 durch die »Ordnung der ref. K.n« zu einem einheitlichen Ganzen unter einem K.ndirektorium zusammengefaßt worden. Bereits vorher (1701) war für die auf der Grundlage der Discipline des églises réformées de France (aber ohne Synodalverfassung) entstandenen französisch-ref. Gemeinden (→ Hugenotten, 2) ein Oberkonsistorium errichtet worden. Diese Vorgänge treten aber an Bedeutung zurück hinter dem Siegeszug, den die ref. KV. im angelsächsischen Raum, ausgehend von England und Schottland, antrat. In *Nordamerika* (→ Vereinigte Staaten: I) wurden die dort entstehenden jungen Frei-K.n durchweg synodal verfaßt. Das gilt nicht nur für die dogmatisch aus ref. Wurzel stammenden K.n, sondern auch für die luth. K.n, die weitgehend das die Ortsgemeinde als Grundlage der KV. ansprechende Synodalsystem auf dem Umweg über die moderne Demokratie (→ Staatsformen) annahmen, deren Entwicklung vom hierin zu weltgeschichtlicher Bedeutung aufsteigenden Calvinismus wesentlich beeinflußt worden ist. Von Nordamerika aber hat das Synodalsystem seinen Weg in die inter- und innerkonfessionellen ökumenischen Zusammenschlüsse der Gegenwart (→ Einigungsbestrebungen: V) angetreten, eine Parallelerscheinung zur demokratischen Verfassung der völkerrechtlichen Organisationen. Die Demokratie hat sich auch hierin als der säkulare Halbbruder des Calvinismus erwiesen.

5. Auch für *das 19. und 20.Jh.* muß zum Verständnis der KV. das Verhältnis von → Kirche und Staat in die Betrachtung einbezogen werden. Beim Ende des alten Reiches entfiel mit der reichsrechtlichen Schicht der KV. auch das Bedürfnis, an der Fiktion des Fortbestandes der kirchlichen Einheit noch festzuhalten, die sich in Wirklichkeit längst in voneinander getrennte Konfessions-K.n aufgelöst hatte. In folgerichtiger Durchführung der naturrechtlich-rationalistischen Vorstellung von der K. als einem religiösen Verein wurde aus der »Religionspartei« die *»öffentliche K.ngesellschaft«* (Bayer. Religionsedikt von 1809, § 28), die als »öffentliche Korporation« (ebd § 32) die öffentliche Rechtsfähigkeit besaß. Diesem Vorgang entsprach auf der Ortsebene die fortschreitende Herausbildung der K.ngemeinden als eigener juristischer Personen.

Damit ist gleichzeitig ein Verhältnis der Diastase zwischen Staat und K. bezeichnet, das den Vorstellungen der Aufklärung vom säkularen Wesen des Staats ebenso entsprach wie der Notwendigkeit, die Beziehungen zwischen dem Staat und den verschiedenen Bekenntnissen, die nunmehr durch die eingetretenen Gebietsverschiebungen unter seinem Dach wohnten, neu zu ordnen. Der religiös neutral-indifferente und paritätische Staat war dafür die einzige Möglichkeit.

Für die rechtliche Erfassung dieses neuen Verhältnisses von K. und Staat eigneten sich zwei Begriffe vorzüglich, die beide auf eine ehrwürdige, bis in den Humanismus des 16.Jh.s zurückreichende Geschichte mit Querverbindungen zur altluth. → Orthodoxie zurückblikken konnten, kirchenrechtlich eigentlich aber erst jetzt recht wirkkräftig wurden: die Unterscheidung von → ius circa sacra und → ius in sacra. – Die *iura circa sacra* bezeichneten hierbei die staatliche K.nhoheit, die in der allgemeinen Vereinsaufsicht ihre Grundlage besaß, freilich dem besonderen Wesen der K.n angepaßt werden mußte und unterschiedslos für alle K.n galt, also überkonfessionellen, rein staatsrechtlichen Charakter hatte. Als ein Teil der Staatsgewalt konnte die K.nhoheit von staatlichen Behörden ausgeübt werden. Die *iura in sacra* hingegen waren Gegenstand der kollegialen K.ngewalt. Diese stand den K.n selbst zu. Doch wurde sie im ev. Bereich weiterhin durch den Landesherrn als den Träger des landesherrlichen K.nregiments ausgeübt, der sich dazu eigener Behörden, der Konsistorien, bediente. Wie weit diese Befugnisse reichten, beweist am besten die Herausbildung der die luth. und ref. K.ngebiete bekenntnis-, verfassungs- oder verwaltungsmäßig zusammenfassenden *Unions-K.n* in Preußen und anderwärts (→ Union: I), die ursprünglich als eine Überwindung der Spaltungen der Reformationszeit gedacht waren, schließlich aber nur zur dritten Säule des deutschen ev. K.ntums geworden sind.

Insgesamt kann die Zeit von 1806-1918 als eine Übergangsperiode angesehen werden. Der Lockerung der Bindungen der K. an den Staat und an den Landesherrn entsprach eine wachsende kirchliche Verselbständigung. Diese zeigte sich zunächst im Ausbau einer durchgängigen, in eine zentrale oberste K.nbehörde ausmündenden *Behördenorganisation.* Die Konsistorien wurden aus landesherrlichen praktisch immer mehr zu wirklichen → *Kirchen*behörden, die sich fortschreitend im zähen Ringen der Nach- oder gar Unterordnung unter die Staatsministerien entzogen. Die Wiedereinrichtung der (1808 aufgehobenen) preußischen Konsistorien 1815, die Bildung eines prot. Oberkonsistoriums in → Bayern 1818 und die Schaffung des Berliner Ev. Oberkirchenrats 1850 für die altpreußischen K.ngebiete seien nur als Beispiele für eine Entwicklung genannt, die anderwärts ähnlich verlief und allgemein zur *neueren Konsistorialverfassung* führte. In diese Linie gehört auch die Einführung des Amts der *Generalsuperintendenten in Preußen* 1829. Der Generalsuperintendent ist trotz seiner Selbständigkeit der konsistorialen Aufsichtsbehörde »irgendwie eingegliedert. Er steht zwar mit seinem Amte eigenständig neben ihr, zugleich aber als erster der geistlichen Räte doch irgendwie unter dem Konsistorialpräsidenten« (W. Maurer).

Unabhängiger vom Staat als die Konsistorien sind die überall und auf allen Stufen der KV. über ihre frühere Beschränkung auf die ref. K.ngebiete hinaus entstehenden Vertretungskörper: die Presbyterien, K.nvorstände und Synoden. Die Tradition der ref. KV. und der Zeitgeist wirkten hier zusammen. Die *Rheinisch-Westfälische KO* (→ Kirchenordnungen: II) von 1835, in der das zähe Ringen der Reformierten Nordwestdeutschlands um die Erhaltung ihrer synodalen Ordnung, die Zentralisierungsbestrebungen des landesherrlichen K.nregiments und die politischen Strömungen jener Zeit zu einem Kompromiß führten, hat in diesem Zusammenhang zentrale und beispielhafte Bedeutung. Dieser KO für die westlichen Provinzen Preußens folgte für die acht älteren Provinzen die *Generalsynodalordnung* von 1876. Ähnlich wie in Preußen hat sich das Synodalwesen (→ Synode) in unterschiedlichem Umfang in den meisten anderen Landes-K.n durchgesetzt (1818 Rheinpfalz und Bayern, 1821 und 1861 Baden, 1854 Württemberg, 1864 Hannover, 1868 Sachsen, 1874 Großherzogtum Hessen, 1876 Schleswig-Holstein, 1875-78 Anhalt, 1877ff Nassau und Hessen-Kassel, 1899 Frankfurt a.M., nicht jedoch in Mecklenburg und den kleineren thüringischen K.n außer Meiningen und Weimar). Die auf diese Weise entstandene *Synodal-Konsistorialverfassung* versuchte mit unterschiedlichem Erfolg, die Prinzipien des Konstitutionalismus vom Staat auf die K. zu übertragen.

Nicht übersehen werden darf die Bedeutung des kirchlichen → Vereinswesens (: I). In ihm kommt das Erwachen innerkirchlicher Kräfte vor allem auf den Gebieten der → Inneren und Äußeren → Mission, aber auch der Bestrebungen um überlandeskirchliche Zusammenschlüsse (zB Wittenberger K.ntag 1848 und Allgemeine Ev.-Luth. Konferenz 1868 als Keimzelle der heutigen VELKD [→ Luthertum: III]) zum Ausdruck. – Auf diesem Gebiete waren im übrigen auch die K.nleitungen nicht ganz untätig. Sie gründeten 1852 die »Eisenacher Konferenz deutscher ev. K.nregierungen«, aus der 1903 der »Deutsche Ev. → Kirchenausschuß« hervorging.

Mit dem *Ende der Monarchie in Deutschland* (1918) schwand auch das landesherrliche K.nregiment dahin. Die Rechte des Summus Episcopus gingen nach einigen Versuchen der neuen staatlichen Machthaber, sie für sich zu beanspruchen, auf die K. selbst über. Die *Konsistorien* wurden nun auch formell Kirchenbehörden. Die staatliche K.nhoheit hingegen blieb nach herrschender Meinung erhalten. Das wurde mit dem Status der → Religionsgesellschaften als → Körperschaften des öffentlichen Rechts begründet.

Durch den Übergang der K.ngewalt auf die K. selbst ergab sich die Notwendigkeit einer innerkirchlichen Neuordnung. Deshalb gaben sich die einzelnen Landes-K.n in den Jahren nach 1918 *Verfassungen,* die zT in vielfach abgeänderter Form noch heute gelten (→ Kirchenverfassung: VII). Überblickt man die KV.en jener Zeit, so bietet sich ein Bild buntester Mannigfaltigkeit. Jedoch zeichnen sich einige Grundlinien ab. Der erste Eindruck ist der einer verständlichen Unsicherheit in der Lösung der neugestellten Probleme. Es ist begreiflich, daß man in dieser Lage im politischen Bereich des Staates, der ja ebenfalls eine tiefgreifende Wandlung erlebte, nach Vorbildern suchte. Auf diese Weise erhielten die KV.en weithin einen stark demokratisch-parlamentarischen Zug, der in der innerkirchlichen Gewaltenteilung sowie in der Ausstattung der *Synoden* mit umfassenden Rechten (bes. → Gesetzgebung [, 2]) zum Ausdruck kam. Die Synoden selbst waren zwar nicht Kopien der Parlamente (dazu waren die Unterschiede hinsichtlich der Zusammensetzung, des Wahlverfahrens, des aktiven und passiven Wahlrechts und der Geschäftsordnungen zu groß), ähnelten aber doch oft in erheblichem Umfang den entsprechenden weltlichen Einrichtungen.

Um so wichtiger war das Gegengewicht, das die *Konsistorien* bildeten. Zwar waren sie nach den Verfassungen im allgemeinen (anders Bayern) nur Verwaltungsbehörden, während die eigentliche K.nleitung bei Kollegien lag, die sich aus Vertretern der Synoden und der Konsistorien zusammensetzten. In den *K.nleitungen* hatten aber die Vertreter der Konsistorien eine so starke Stellung, daß die Verfassungswirklichkeit weithin anders aussah als die Verfassungsurkunde. Noch mehr gilt das für Bayern, wo der Landeskirchenrat gleichzeitig oberste Verwaltungsbehörde und K.nleitung war und ist und lediglich in letzterer Hinsicht in Form des Landessynodalausschusses ein Kontrollorgan *neben* sich hat. - Die kollegiale K.nleitung wurde weithin nicht als ein vollgültiger Ersatz für die persönliche K.nleitung des Summus Episcopus empfunden. So finden sich in vielen KV.en Ansätze zur Ausbildung einer persönlichen Spitze, wobei für den Träger dieser Funktion zunächst gern die Bezeichnung »K.npräsident« verwendet wurde. Sehr bald aber bürgerte sich vor allem in den luth. Landes-K.n die Bezeichnung *»Landesbischof«* (→ Bischof: III) immer mehr ein. - Neben den Organen der K.ngesetzgebung sowie der K.nleitung und -verwaltung sahen die neuen Verfassungen zT auch die Bildung eigener kirchlicher *Rechtsprechungsorgane* vor. - Auf dem Wege zum Zusammenschluß sämtlicher deutscher ev. Landes-K.n war die Gründung des Deutschen Ev. → Kirchenbundes am 25.5.1922 in Wittenberg das große, in die Zukunft weisende Ereignis.

Vgl. außer den Lehrbüchern u. Darstellungen des K.nrechts von → HINSCHIUS, → SOHM, → RICHTER-DOVE-KAHL, → SCHOEN, → FRIEDBERG, → STUTZ, → BREDT, → HOLSTEIN, LIERMANN, den einschlägigen Art. in RE, RGG[1,2], EKL u. der bei → Kirche: VI B genannten Lit.: AE.L.RICHTER, Die ev. KOen des 16.Jh.s, 2 Bde, 1846 - DERS., Gesch. der ev. KV. in Deutschland, 1851 - G.V.LECHLER, Gesch. der Presbyterial- u. Synodalverfassung seit der Reformation, 1854 - K.B.HUNDESHAGEN, Beiträge zur KV.sgesch. u. K.npolitik des Protestantismus, 1864 - E.FRIEDBERG, Die geltenden Verfassungsgesetze der ev. dt. Landes-K.n, 2 Bde u. 4 ErgBde, 1885-1904; dazu die Ergänzungen in DZKR, bes. ErgBd I, 1904 - K.RIEKER, Die rechtl. Stellung der ev. K. Deutschlands in ihrer geschichtl. Entwicklung bis zur Gegenwart, 1893 - DERS., Grundsätze ref. KV., 1899 - H.NOBBE, Das Superintendentenamt, seine Stellung u. Aufgabe nach den ev. KOen des 16.Jh.s (ZKG 14, 1894, 404-429. 556-572; 15, 1895, 44-93) - SEHLING - DERS., Gesch. der prot. KV., (1907) 1914² - E.FÖRSTER, Die Entstehung der Preuß. Landes-K. unter der Regierung König Friedrich Wilhelms III., 2 Bde, 1905/07 - O.HINTZE, Die Epochen des ev. K.nregiments in Preußen (HZ 97, 1906, 67-118; Neudr. in: Hist. u. Polit. Aufs. III, o.J., 109-159) - K.MÜLLER, Die Anfänge der Konsistorialverfassung im luth. Deutschland (HZ 102, 1909, 1-30) - DERS., Zur Gesch. u. zum Verständnis des Episkopalsystems (ZSavRG Kan. Abt. 8, 1918, 1-26) - P.SCHOEN, Die K.nregierung nach den neuen ev. KV.en, 1922 - DERS., Der dt. ev. Bischof nach den neuen ev. KV.en (Verwaltungsarchiv 30, 1925, 403 bis 431) - DERS., Das neue Verfassungsrecht der ev. Landes-K.n in Preußen, 1929 - J.HECKEL, Die ev. Dom- u. Kollegiatstifter Preußens (KRA 100/101), 1924 - DERS., Cura religionis, ius in sacra, ius circa sacra (KRA 117/118, 1938, 224-298) - F.GIESE-J.HOSEMANN, Die Verfassungen der Dt. Ev. Landes-K.n, 2 Bde, 1927 - E.MENGIN, Das Recht der franz.-ref. K. in Deutschland, 1929 - HOLL I, 326-380 - H.v.SODEN, Die Verfassungen der dt. ev. Landes-K.n von 1919-1933 (ThR NF 5, 1933, 335-373) - W.ELERT, Der bischöfl. Charakter der Superintendentur-Verfassung (Luthertum 46, 1935, 353-367) - J.V. BREDT, Die Verfassung der Ref. K. in Cleve, Jülich, Berg u. Mark, 1938 - NIESEL, BS - A.STENGER, Westfäl. KOen des 16.Jh.s, 1942 - W.GÖBELL, Die rhein.-westfäl. KO vom 5. März 1835, 2 Bde, 1948/54 (dazu J.HECKEL, ZSavRG Kan. Abt. 36, 1950, 469-488; 42, 1956, 532-535; ferner W.MAURER, ZevKR 2, 1952/53, 84-106) - E.BENZ, Bischofsamt u. apostol. Sukzession im dt. Protestantismus, 1953 - W.MAURER, Typen u. Formen aus der Gesch. der Synode (SThKAB 9, 1955, 78-99) - DERS., Das synodale ev. Bischofsamt seit 1918 (ebd 10), 1955 - M.HECKEL, Staat u. K. nach den Lehren der ev. Juristen Deutschlands in der ersten Hälfte des 17.Jh.s (ZSavRG Kan. Abt. 42, 1956, 117-247; 43, 1957, 202-308).

S.Grundmann

VII. Ev. Kirchenverfassung der neuesten Zeit in Deutschland

1. Gegenwärtiger Stand - 2. Einfluß des Verhältnisses zum Staat - 3. Grundvoraussetzungen rechtlicher Gestaltung - 4. Aufbau der älteren KV.en - 5. Eigenart der KV.en seit 1945 - 6. Aufbau der neuen KV.en

1. Die Verfassungen der 28 ev. Landes-K.n in Deutschland, die Mitglieder des → Kirchenbundes von 1922 waren, sind in den Jahren 1919-25 entstanden (die der lippischen Kirche erst 1931, die schaumburg-lippische ist ohne eine solche geblieben). Von den (bei Nichteinrechnung der EKU, die nur noch ein übergreifender Verband ist) 27 Landes-K.n, die jetzt Mitglieder der → Evangelischen Kirche in Deutschland (: I) sind, haben zwölf (→ Hannover, → Bayern, → Württemberg, → Mecklenburg, → Kurhessen-Waldeck, → Braunschweig, → Pfalz, → Anhalt, → Lippe, Ref. Nordwestdeutschland, Schaumburg-Lippe, → Bremen) die damalige Ordnung formell bewahrt, aber auch in einigen von ihnen (Hannover, Mecklenburg, Pfalz) ist eine baldige Neuordnung zu erwarten; die kurhessische K. hat sie im K.nleitungsgesetz von 1945 vollzogen. Neue, seit 1945 entstandene KV.en stehen, abgesehen von den Ordnungen der drei großen übergreifenden Verbände (EKD und VELKD 1948, EKU 1951), in 15 Landes-K.n in Geltung, einige wichtige weitere Neuordnungen sind in naher Zukunft zu erwarten. - Sieben von diesen Neuordnungen waren schon durch die Tatsache von Umgliederungen gefordert: durch die Verselbständigung der altpreußischen Provinzial-K.n (Berlin- → Brandenburg 1948, → Sachsen 1950, → Westfalen 1953, → Rheinland 1952, → Pommern 1950, → Schlesien 1951) sowie durch den Zusammenschluß der Landes-K.n von Hessen-Darmstadt, Nassau und Frankfurt (1949; → Hessen: II). Außerdem gelten neue Ordnungen in → Sachsen (1950), → Schleswig-Holstein (1958), → Thüringen (1951), → Baden (1957), → Hamburg (1959), → Oldenburg (1950), → Lübeck (1948), Eutin (1947). Sämtlich sind sie Versuche neuer Lösung des Ordnungsproblems in einer neuen kirchengeschichtlichen Lage.

2. Die Verfassungen der Jahre nach 1918 schließen die im 19.Jh. überall, wenn auch in noch so verschiedener Weise, fortschreitend entwickelte organisatorische Verselbständigung der Landes-K.n gegenüber dem Staat (→ Kirchenverfassung: VI, 5) durch die nunmehr notwendige autonome Ersetzung auch des landesherrlichen K.nregiments ab. Sie sind insofern vor allem Organisationsstatuten, so sehr sie zugleich um andere kirchliche Probleme bemüht sind. Sie liquidieren damit, mit ergänzender staatsgesetzlicher Mitwirkung, das bisherige besondere Verhältnis des Staates zur ev. K.; sie wenden sich insofern mehr an den Staat, nach außen, als an die eigenen Glieder; und diese Front nach außen verlängert sich noch durch die in ihnen zugleich enthaltene Abwehr gegen drohende revolutionäre Gewalten. - Die Ordnungen seit 1945 finden ein - jedenfalls in der BRD - unproblematisches Verhältnis zum Staat vor, das nunmehr überwiegend durch freundschaftliche Verständigung fortentwickelt wird. So sind sie nicht mehr staatskirchen-

rechtlich, sondern in einem neuen - nicht überall identischen - Sinne spezifisch kirchlich ausgerichtet. Auch im Bereich der DDR liegt die Verteidigung nicht mehr im Staatskirchenrechtlichen und Organisatorischen, sondern in der inneren Erneuerung.

3. Unvermeidlich sind die KV.en heute wie damals gegenüber der weltlichen Rechtsordnung die Form, in der sich die K.n als organisierte → Körperschaften des öffentlichen Rechts in die weltliche Ordnung einfügen. Nach 1918 stand dieser Gesichtspunkt so sehr im Vordergrunde, daß er den begrifflichen Aufbau der Verfassungen entscheidend bestimmte. Wie in einer weltlichen Körperschaft, vielfach geradezu wie in einem Staat wurde eine »K.ngewalt« von der K. im ganzen in Anspruch genommen und zur Ausübung auf ihre obersten Organe verteilt, unter Beteiligung eines K.nvolks in den Formen weltlicher Repräsentativverfassung. Der Bekenntnisstand, überhaupt die eigentliche Substanz der K., blieb ausgeklammert, die Verfassung war in der Auseinandersetzung mit dem Staat nicht viel mehr als ein Reflex der staatlichen Ordnung, in der Weise des formalistischen Positivismus der gleichzeitigen weltlichen Rechtswissenschaft gedacht und formuliert, kirchengeschichtlich eine überraschende Spätblüte des → Kollegialismus. - Zwischen dieser Schicht und den neueren Ordnungen liegt der → Kirchenkampf und der Satz der Barmer Erklärung (→ Barmen, 2) zur Rechtslage, daß in der K. eine Scheidung der äußeren Ordnung vom → Bekenntnis (: VII) nicht möglich ist. Damit ist ein kollegialistisches Denken von kirchlicher Verfassung als Ordnung eines immanenten kirchlichen Kräftespiels abgeschnitten. Der kirchliche Gesetzgeber ist nicht in demselben Sinne autonom, wie der weltliche in Staat oder weltlicher Korporation - sein Gegenstand ist für ihn nicht in derselben Weise verfügbar, wie für diesen -, und deshalb können die heutigen Ordnungen das heimliche kollegialistische Schema der früheren nicht mehr zugrunde legen. Sie müssen, mehr oder weniger, neue Wege suchen - daher die Schwierigkeit heutiger K.nordnungsarbeit und die große Verschiedenheit ihrer Ergebnisse.

4. Der *Aufbau der älteren Gruppe* ist im großen und ganzen überall derselbe, entsprechend dem u.a. in der altpreußischen KV. von 1922 Art. 4 enthaltenen, nicht föderativ mißzuverstehenden Satz, daß die → Kirche (: VI B) sich aus der → Gemeinde (: II) aufbaut, von der Gemeinde über die (meist vorhandene) Kreis- und die nur in Altpreußen vorhandene provinzialkirchliche Stufe zur → Landeskirche aufsteigend.

Voran geht in der Regel eine Feststellung des *Bekenntnisstandes,* teils in besonderen Vorsprüchen, teils in ersten Sätzen des Verfassungstextes selbst, in beiden Fällen aber wesentlich konstatierend, nicht verfügend gemeint (einige KV.en schließen den Bekenntnisstand auch ausdrücklich von der Zuständigkeit des kirchlichen Gesetzgebers aus), jedenfalls aber zusammen mit weiteren Bestimmungen über Gebiet, Mitgliedschaft, Namen, grundsätzliche Autonomie der K. diese dem Staat gegenüber identifizierend, nicht so sehr in sich konstituierend. Eine negative Form enthält statt dessen die bremische Verfassung von 1920 § 1: »Die Glaubens-, Gewissens- und Lehrfreiheit der Gemeinden bleibt unbeschränkt.« Die anhaltische von 1920 stellt einer allgemein reformatorischen Bekenntnisformel (§ 2) den Satz gegenüber: »Sie (die Landes-K.) gewährt allen ihren Gliedern volle Glaubens- und Gewissensfreiheit« (§ 3 Abs. 3). Eine Gruppe kleinerer Landes-K.n bekennt sich hier zur »Volks-K.« oder »freien Volks-K.«, in demokratischer Angleichung an die neue weltliche Ordnung zugleich die kirchliche Ordnung (etwa durch den Gegensatz gegen »Pastoren-« und »Behörden-K.«) legitimierend - die überwiegende Mehrzahl teilt diesen kirchenpolitischen Standpunkt nicht, auch wenn eine Reihe von KV.en, zB die badische und pfälzische, spürbar demokratischer ausgerichtet sind, als andere, und eine größere Anzahl sich unbefangen einzelner Begriffe der repräsentativen Demokratie bedient.

Die *Gemeindestufe* wird überall korporativ organisiert mit einem gewählten Gemeindevorstand (Gemeindekirchenrat, Presbyterium u.a.) mit dem Pfarrer als Vorsitzendem und meist auch einer gewählten Gemeindevertretung. Das Recht des Pfarrers wird, auch wenn es (in luth. KV.en) vielfach dem der korporativen Organe vorangestellt wird, meist als innerkirchliche Ordnung vorausgesetzt und in diesem Organisationsrecht nicht mit kodifiziert. Mit breitestem Wahlrecht, Gleichberechtigung der → Frau (: IV), Verhältniswahl dringt die demokratische (und liberale) Ordnung ein, gemäßigt durch Vorsichtsmaßregeln gegen Mißbrauch des Wahlrechts.

Entsprechend organisiert die große Mehrzahl der KV.en die *Kreisstufe* als Korporation, neben ihrem meist älteren Charakter als Aufsichtsbezirk des Sup.en (Dekans u.a.), mit einem synodalen Vertretungskörper und dessen mit allerlei dauernden Aufgaben betrautem Ausschuß, beide unter Vorsitz des Sup.en.

In der *landeskirchlichen Stufe* ersetzt die Neuordnung den Landesherrn durch eine meist aus Mitgliedern der Synode und der K.nverwaltung zusammengesetzte K.nleitung (K.nregierung, K.nsenat u.ä.). Neben ihr bestehen die Landessynoden (K.ntag, Generalsynode u.ä.), auf demokratischer Grundlage (aber zT durch mittelbare Wahlen gebildet) und mit verstärkter Zuständigkeit, und die konsistoriale Verwaltung fort (diese mit der K.nregierung vereinigt in Bayern, Thüringen [Landeskirchenrat und erweiterter Landeskirchenrat], den Hansestädten, beiden Mecklenburg, Anhalt und Oldenburg); außerdem in verschiedener Weise Synodalausschüsse und kirchliche Rechtsprechungsorgane. ZT sofort, zT allmählich tritt zu dieser überkommenen und fortgesetzten Dreiheit oberster Verfassungsorgane im bischöflichen Faktor ein viertes Glied hinzu, mit der dreifachen Aufgabe der geistlichen Leitung, die als Begriff in diesen Jahren in die KOen eindringt, der Repräsentation der K. und der maßgebenden Beteiligung auch am K.nregiment - hie und da nur auf die geistliche Leitung beschränkt (so der badische Prälat neben dem K.npräsidenten, 1919) oder gar anderseits nur auf die kirchenregimentliche Leitung (der braunschweigische Landesbischof als Vorsitzender von K.nregierung und Landeskirchenamt, 1922), im allgemeinen aber als Träger der geistlichen Leitungsaufgabe zugleich führend in den K.nleitungen und -verwaltungen, so daß in den Konsistorien überwiegend der Vorsitz von dem weltlichen Präsidenten auf sie übergeht (Konsistorien der östlichen altpreußischen Provinzen, und zumeist sonst), die K. repräsentierend (»In der Person des Landesoberpfarrers findet die Einheit der Landes-K. ihren sichtbaren Ausdruck«, Hessen-Cassel 1923 § 96), vor 1933 aber nur zT mit dem Bischofstitel (→ Bischof: III, 1).

5. Von den Neubildungen der Kirchenkampfzeit sind die der deutschchristlichen Seite (neue Bischofsämter, Finanzabteilungen u.a.) als nationalsozialistische Gleichschaltungsorgane mit dem »Dritten Reich« verschwunden, die der → Bekennenden Kirche seit deren Verzicht auf ihre kirchenleitenden Funktionen (1945/48) nur noch als anregende Vorbilder für einen Teil der Neuordnungen wirksam.

Die *Neuordnungen seit 1945* gehen sämtlich von der Barmer These der unauflöslichen Beziehung zwischen äußerer Ordnung und Bekenntnis aus, verstehen das

→ Kirchenrecht (: I B) deshalb nicht mehr, wie der rechtspositivistische Formalismus, als wesensfremde Hülse oder bloße Technik des eigentlichen K.nwesens, sondern als in dessen eigenstem Wesen begründet. Deshalb bezeichnen sie sich vielfach nicht mehr als KV.en, sondern als KOen; deshalb ist ein gewisser rechtstechnischer Perfektionismus nicht mehr so ihr Anliegen, wie vielfach in der vorhergehenden Stufe; deshalb ersetzen sie die ausklammernde Voraussetzung des Bekenntnisstandes durch seine die Gesamtordnung tragende Hineinnahme. Drastisch anschaulich wurde diese Bedeutung des Bekenntnisstandes im Fall der Bremischen K., in der ohne Klärung in dieser Frage nicht nur die Voraussetzungen gliedkirchlicher Einordnung in die EKD, sondern überhaupt die Voraussetzungen eigentlicher K.nleitung und damit des Charakters als Landes-K. in Frage gestellt waren, bis die Erklärung des Bremischen K.ntages vom 25.6.1952 »zur Klarstellung der Glaubensgrundlage der Bremischen Ev. K.« diese Lücke einigermaßen ausfüllte. - Diese Bewegung ist noch nicht am Ziel. Wesentliche Stücke des überkommenen K.nrechts sind noch nicht befriedigend in eine neue bekenntnisgegründete Gesamtkonzeption eingeschmolzen, vorweg die Landes-K. und die parochialrechtliche Grundlage der Gemeinde. Auch die neuen Wesensbestimmungen der Gemeinde und ihres Verhältnisses zum Amt sind vielfach noch keine endgültigen Lösungen. Eine glückliche Einzellösung des Problems ist die Erfassung der Rechts- und Bekenntnisbindungen des Pfarrers in der Einheit der Bindung durch das Ordinationsgelübde (Hessen-Nassau 1949 Art. 16, Disziplinargesetz der EKD 1955 § 2).

Vermöge dieser Lage verstehen oder verraten sich die neuen KV.en gutenteils als Versuche der Lösung einer neuen oder doch neu erfaßten Aufgabe. Eben deshalb unterscheiden sie sich auch stärker voneinander als die der vorangegangenen Schicht, vor allem da, wo sie - in den »zerstörten« K.n - völlige Neubauten sind. Aus diesen Voraussetzungen erklärt sich vor allem ihre, bei allen individuellen Eigentümlichkeiten einer jeden von ihnen, unverkennbare grundlegende Gruppierung je nach ihrem Verständnis ihrer Bekenntnisgebundenheit. Für das luth. Verständnis binden die Bekenntnisschriften den Verfassungsgesetzgeber an das → Ius divinum des geistlichen Amts und seiner Zuordnung zur Gemeinde, lassen ihm aber im übrigen alle Freiheit sachgemäßer kirchlicher Ordnung. Die am Bekenntnisbegriff der Bekennenden K. ausgerichteten Neuordnungen sind ohne Hervorhebung von Bereichen besonderer Bindung stärker um einheitliche Gesamtkonzeptionen aus dem biblischen und bekenntnismäßigen Verständnis der K., bes. in der Linie der Barmer Erklärungen bemüht; so einerseits das Prinzip unmittelbarer Bekenntnismäßigkeit: »Das Recht der K. muß sich in seinen Grundsätzen an der Hl. Schrift nach dem Verständnis der in dem Vorspruch zu dieser Grundordnung aufgeführten Bekenntnisschriften ausrichten« (Baden 1958 § 111 Abs. 2), anderseits die grundsätzlichen Gestaltungsprinzipien der bruderrätlichen Vorbilder (nicht als Grundsatz proklamiert, aber im einzelnen durchgeführt Hessen-Nassau 1949), des Synodalismus der rheinischen und westfälischen Ordnung, des Bischofsprinzips des kurhessischen Leitungsgesetzes von 1945.

6. Die neuen Ordnungen sind in der Regel wie die älteren aufsteigend nach den drei Stufen des landeskirchlichen Aufbaus *gegliedert,* so sehr sie das Verhältnis von Gemeinde, Mittelstufe und Landes-K. nicht mehr nach weltlichen Analogien zu verstehen und zu gestalten suchen.

Sie klammern einleitend die *Bekenntnisgrundlage* nicht mehr aus, sondern suchen gerade von hier aus die Ordnung neu zu begründen, als Ordnung von K.n »auf dem Wege«, mit besonderen Folgerungen bes. im Recht von Amt und Gemeinde und in neuer Zuordnung der Gemeinden zueinander und zur Landes-K. So vor allem die Unions-K.n, unter nachdrücklicher Bezugnahme auf die Barmer Erklärung. Diese einleitenden Teile lockern das bisher nur juristische Verständnis der Ordnungen vertiefend auf, wenden es in der besonderen Lage der DDR aber zugleich im Sinne dort bes. nahegelegter praktischer Aktivierung überhaupt wie für Notfälle: »Die Verpflichtung für alle Gemeindeglieder, nach dem Maß ihrer Gaben, Kräfte und Möglichkeiten, die Gnadengabe des Evangeliums zu bezeugen, muß sich in Notzeiten auch darin bewähren, daß nichtordinierte Gemeindeglieder den Dienst der öffentlichen Verkündigung des Evangeliums und der Sakramentsverwaltung auch ohne besonderen Auftrag übernehmen« (Berlin-Brandenburg 1949, »Grundsätze über Amt und Gemeinde« 4).

Bes. stark wird das Recht der → *Gemeinde* (: II) erneuert. Es streift die Reste kollegialistischen Denkens ab, definiert die Gemeinde zumeist nach den Bekenntnisschriften und versteht sie als Gemeinschaft des Glaubens und der Liebe. Es versucht die Mitgliedschaft aus korporativem Mitgliedsrecht zu einer Ordnung der Gliedschaft in der Gemeinde Christi zu entwickeln; hier offen bleibende sachliche Probleme werden gutenteils nur im Zusammenwirken der K.n zu lösen sein (zu erwähnen etwa die elastische Ausweichmöglichkeit Zuziehender: Baden 1958 § 5 Abs. 1b). In der Zuordnung von Amt und Gemeinde sind die konfessionellen Unterschiede spürbar. Aber gemeinsam ist das Bestreben, anstelle des korporativen Organisationsrechts der Vergangenheit eine Dienstordnung zu setzen, die dem Pfarrer die Ältesten und die übrigen Ämter und Dienste der Gemeinde in planmäßiger Arbeitsteilung zuordnet, dem kollegialen K.nvorstand eine auf die Einzelarbeit in der Gemeinde aufbauende Verantwortung für das geistliche Leben und die äußere Ordnung der Gemeinde im ganzen aufträgt, seiner Wahl den Charakter demokratischen Korporationsrechts nimmt zugunsten sachgemäßer Erneuerung der Dienste (hie und da durch Berufung oder Kooptation) und die weiteren repräsentativen Körper (Gemeindevertretung und -versammlung) zugunsten von Arbeitsausschüssen und selten zusammentretenden und nur beratenden, nicht beschließenden Zusammenkünften der Gemeinde abschafft.

Das Recht der Mittelstufe, des *K.nkreises,* ist nicht grundsätzlich verändert worden. Als seine Grundlage wird statt des (formell hier wie zwischen Landes-K. und Gemeinde festgehaltenen) Schemas von Selbstverwaltung und Aufsicht und daneben der Auftragsangelegenheiten nach Weisung der kirchlichen Zentrale die Pflicht christlicher Gemeinden gegeneinander in Erinnerung gebracht, die sich hier gegenseitig unterstützen und gemeinsame kirchliche Aufgaben miteinander erfüllen sollen (zB Hessen-Nassau Art. 19). Geblieben ist die meist aus den Gemeindekörperschaften beschickte Synode und ihr mehr oder weniger vielseitig verwendeter Ausschuß, sowie der → Superintendent (→ Dekan), auf luth. Boden der Ansatzpunkt der Kreisorganisation, in einigen K.n (Westfalen, Rheinland, beide hessischen, Baden, Oldenburg, beide ref.) nach bruderrätlicher oder synodaler Regel auf Zeit gewählt (oder ernannt), sonst mindestens nach Anhörung von Vertretern des Kreises auf Lebenszeit ernannt, mit seinen überkommenen Aufgaben. Von größeren K.n hat nur die thüringische den Kreis nicht synodal und korporativ entwickelt; im ganzen ist diese Stufe seit Jahrzehnten in fortschreitender Entwicklung begriffen, hie und da (zB Sachsen, Thüringen, vorgeschlagen in Hannover) auch zur Mittelstufe behördlicher K.nleitung. Neue Möglichkeiten der Aufgabenstellung und der Zuordnung zu den übrigen landeskirchlichen Stufen bahnen sich erst an, zB zu neuen Lösungen bisheriger einseitiger Alternativen im Finanzausgleichs- und Pfarrbesetzungsrecht (Westfalen, bes. Rheinland).

Die *Landes-K.* weist in der Regel die überkommenen vier Träger ihrer Leitung auf: K.nleitung und Verwaltungsbehörde, → Synode und → Bischof (: III). Die Beziehungen sind vielfältiger als das Recht der Bildung und der Aufgaben; in einer kleineren Zahl von K.n (Bayern, Thüringen, Kurhessen, Oldenburg, Eutin) sind Leitungs- und Verwaltungsgremien eine Einheit; die geistliche Leitung hat, wenn auch öfter unter anderer Bezeichnung, ihren verfassungsrechtlichen Platz überall erobert, in der großen Mehrzahl der K.n durch den bischöflichen Amtstitel gedeckt (außer Westfalen, Rheinland, Hessen-Nassau, Pfalz, Anhalt, Eutin und den ref. Kirchen). Die eigentlichen Gegensätze beruhen in der verschiedenen Ordnung ihres Zusammenspiels.

Die Mehrzahl der neueren Ordnungen stellt den Bischof voran: wegen des Vorrangs der geistlichen Leitungsaufgaben und wegen seiner Schlüsselstellung in der gesamten K.nleitung.

Die Aufgabe der geistlichen Leitung wird in allen KOen gestellt, auch in denen ohne Bischof, und auch, wenn dafür eine andere Bezeichnung gewählt wird: »Hirten- und Wächterdienst für die Gemeinden und Pfarrer der K.«, »visitatorisches Amt«, »die Leitung ist brüderlicher Dienst in Gestalt von geistlicher Betreuung und Beratung«, »Dienst der Seelsorge an den kirchlichen Amtsträgern und den Gemeinden«. Sie ist die erste und eigentliche bischöfliche Aufgabe, in den K.n ohne Bischöfe von entsprechenden Amtsträgern wahrgenommen: in Rheinland und Westfalen vom Präses »in Gemeinschaft mit den Mitgliedern der K.nleitung, des Landeskirchenamts und den Sup.en«, in Hessen-Nassau vom Leitenden Geistlichen Amt, in großen Landes-K.n außerdem von besonderen Trägern in der Mittelstufe (Landes-Sup.en, Pröpsten u.a.).

Die bischöfliche Schlüsselstellung in der gesamten K.nleitung hat eine Wurzel in der tatsächlich überhöhenden Stellung der → Generalsuperintendenten in den Konsistorien der monarchischen Periode, eine weitere in der Rückwirkung der ihnen unvermeidlich zugefallenen Vertretung der K.n nach außen, zusammen mit allerlei Zuwachs aus dem Nachlaß des Summus Episcopus, eine dritte in der tatsächlichen Rolle der Bischöfe im Kirchenkampf. Formen der Leitung sind in aller Regel der Vorsitz in der K.nleitung, vielfach auch in der kirchlichen Verwaltungsbehörde; damit verbunden ist in einer engeren Gruppe (den vier östlichen altpreußischen Unions-K.n, Thüringen, Hamburg, Kurhessen) die Mitgliedschaft auch in der Synode, zT zusammen mit der K.nleitung. Bes. stark entwickelt ist diese Leitungsgewalt in Bayern und Kurhessen. In Rheinland und Westfalen ist das synodale Amt von Präses und K.nleitung das Erste, an das sich die Vollmacht zu allgemeiner K.n- und geistlicher Leitung anschließt. In Hessen-Nassau ist die kollektive geistliche Leitung praktisch in der Vorhand gegenüber der K.nleitung und vollends dem Landeskirchenamt.

Ein Teil der Ordnungen gibt dem Bischof die Rolle der koordinierenden Instanz gegenüber den übrigen Verfassungsfaktoren, als »Klammer des Gefüges«. »Der Bischof trägt Sorge für die einheitliche und brüderliche Zusammenarbeit aller Organe der K.« (Berlin-Brandenburg 112, ähnlich Pommern, Schlesien). In Bayern und Kurhessen ist diese Aufgabe in der besonderen Führungsrolle dieser Bischöfe gegeben, in Rheinland und Westfalen damit, daß der Präses der Synode zugleich die legitimste Führungsvollmacht außerhalb der Synode hat.

Im Fall der (seltenen) grundsätzlichen Scheidung geistlicher und regiminaler Leitung hat der K.npräsident bes. auch diese Sphären zu koordinieren (Hessen-Nassau). Ein anderer Typus verzahnt die Leitungsorgane als Einheit ineinander (»Die Leitung der Landes-K. geschieht geistlich und rechtlich in unaufgebbarer Einheit«, Baden § 90) und organisiert allenfalls diese Einheit im »runden Tisch« der K.nleitung (Hannover). Der Einheit zwischen K.nleitung und Synode dienen die verschiedenen Beziehungen vor allem des Bischofs, aber auch der K.nleitung, zur Synode (Berichterstattung an sie, vielfach Verantwortung und anderseits Veto ihr gegenüber, gelegentlich Abberufungsrecht u.dgl.; in Thüringen bischöflicher Vorsitz, Art. 75).

In der Regel wählt die Synode den Bischof, nach einzelnen Ordnungen ein besonderer Wahlkörper, auf Lebenszeit, im Gegensatz zur bruderrätlichen Befristung aller geistlichen Leitungsorgane einschließlich der Präsides bzw. des K.npräsidenten in Rheinland und Westfalen bzw. Hessen-Nassau. Seine persönliche Rechtsstellung hat den ursprünglichen Beamtencharakter abgestreift, hat aber vermöge der Natur der Sache auch Besonderheiten gegenüber dem Pfarrerrecht.

Gelegentlich wird im Sinne der Reformationszeit die Autorität eines theologischen Gutachtens maßgebend eingeschaltet (das Geistliche Ministerium, Hamburg Art. 32).

Die K.nleitung (K.nsenat, Landeskirchenrat usw), ursprünglich zur Ersetzung des Summus Episcopus aus synodalen und konsistorialen Elementen gebildet und fortschreitend unter die Führung des bischöflichen Faktors getreten, ist heute in aller Regel so zusammengesetzt, daß unter Vorsitz des Bischofs usw (in Rheinland, Westfalen, Ref. Nordwestdeutschland des Synodalpräses) Amtsträger der geistlichen Leitung und jedenfalls der kirchlichen Verwaltung kraft Amts und Synodale oder auch andere K.nglieder kraft synodaler Wahl auf Zeit das oberste Leitungsorgan bilden. Der Bischof erscheint ihm in einigen K.n vorgeordnet (»an der Spitze der Landes-K.«, Bayern Art. 46, Mecklenburg 1921 § 43; »oberste Leitung der Landes-K.«, Württemberg 31; »hat die Landes-K. zu leiten und zu vertreten«, kurhessisches Leitungsgesetz 1945 §§ 1. 2 - das Landeskirchenamt und der Rat der Landes-K. unterstützen und beraten ihn). In einigen K.n geschieht diese Leitung »im Auftrage« der Synode (vor allem Rheinland, Westfalen, Pfalz, Oldenburg, Eutin). Öfter erscheint sie in einer gewissen Koordination mit Bischof und Synode (mit Einschluß der Verwaltungsbehörde und »geistlich und rechtlich in unaufgebbarer Einheit«, Baden § 90; »in gemeinschaftlicher Verantwortung«, Hamburg Art. 24). Gelegentlich wird sie ausdrücklich als Zusammenschluß von Bischofsamt, Landessynode und Landeskirchenamt »zu einem leitenden Organ« verstanden (Mecklenburg 1958 Art. 86), sachlich ebenso der K.nsenat in Hannover. Ihre Aufgabe wird in der Regel nicht gegenständlich gegen die der geistlichen Leitung abgesetzt - allenfalls in Lübeck als »Gesamtführung der K. sowie die Beratung und Unterstützung des Bischofs im Amt der geistlichen Leitung« (Art. 84).

Abgesehen von den genannten Fällen der Identität mit der K.nleitung besteht neben dieser die alte Konsistorialbehörde fort, meist als »Landeskirchenamt«, meist unter - wenigstens grundsätzlich - bischöflichem Vorsitz. Das rechtliche Eigengewicht dieser kirchlichen Verwaltungsbehörde ist oft geringer als das tatsächliche; ihre Selbständigkeit und Eigenverantwortung ist bes. unzweideutig anerkannt in Hannover, Schleswig-Holstein, Mecklenburg, Baden, am grundsätzlichsten verneint in Hessen-Nassau.

Den Rechtscharakter der → Synoden verstehen die neueren KV.en immer weniger als demokratische Repräsentation und immer mehr als eine besondere Art des Dienstes der Gemeinden aneinander und bes. qualifizierter K.nglieder. Es ist eine - vielleicht einseitige - Folgerung aus dieser Entwicklung, wenn die badische Ordnung die Landessynode definiert als »die Versammlung von gewählten und berufenen Gliedern der Landes-K., die aus ihren Erfahrungen im kirchlichen Leben und aus ihrer besonderen Sachkenntnis heraus beschließend und beratend im Dienste an der K.nleitung zusammenwirken« (§ 91). In dieser Linie lag von jeher die Bildung eines Teils der Synoden durch kirchenregimentliche Berufung, um Träger besonderer Autorität oder Sachkunde zu gewinnen; in ihr liegt die Entwicklung zu weiteren, auf Auswahl nach Eignung ausgerichteten Berufungsweisen neben der Wahl, zB in Hannover; von daher begründet sich zT das heute für die Wahlen zur Synode durchaus vorherrschende Siebsystem, die Wahl durch kirchliche Körperschaften, etwa der K.nkreise. Die Zugehörigkeit von Bischof und K.nleitung zur Synode in den oben aufgezählten Fällen beruht dagegen, abgesehen von Thüringen und Hamburg, auf synodal-bruderrätlicher Gesamtkonzeption der Verfassung, während die in den luth. K.n vorherrschende Gegenüberstellung von Bischof und Synode eine solche Mitgliedschaft ausschließt.

ZT auf demselben Gegensatz der Gesamtkonzeption beruht es, wenn die rheinische und die westfälische Ordnung der Synode die Leitung der K. zuschreiben, die von der eigentlichen K.nleitung in synodalem Auftrage ausgeübt wird, wenn das kurhessische Leitungsgesetz der Synode »in allen kirchlichen Fragen die letzte Entscheidung« zuweist (§ 18), die pfälzische Ordnung sie ermächtigt, »über alle Angelegenheiten der Landes-K. zu beraten und zu beschließen« (§ 75), wenn Hessen-Nassau die ältere Formel von der Synode als »oberstem Organ« oder »Inhaberin der K.ngewalt« zu ihrer Charakterisierung als »das maßgebliche Organ der geistlichen Leitung und der kirchlichen Ordnung der Gesamt-K.« (Art. 30) weiterbildet. Der luth. Typus neigt eher zur Koordinierung der Synode mit Bischof und K.nleitung mit entsprechender Zuständigkeitsverteilung. Das praktische Verhältnis ist vermöge des Gesetzgebungsrechts der Landessynode einer-, ihres seltenen Zusammentritts anderseits im ganzen weniger verschieden, als der Gegensatz der Grundkonzeptionen erwarten ließe.

Neue, den Verfassungsaufbau beeinflussende Probleme (zB der Finanzausgleich) sind noch nicht Gegenstand der Grundordnungen geworden. Die in ihnen vielfach ausgesprochene grundsätzliche Einbeziehung der diakonischen und missionarischen Werke hat aus schwerwiegenden innerkirchlichen und staatskirchenpolitischen Gründen noch keine endgültige Gestalt gewonnen. Die Einbeziehung der »Lebensordnungen« in die Grundordnung ist rheinisch-westfälische Sonderart.

Die größere Homogenität der KV.en der Zeit nach 1918 war insofern Schein, als dem kein echtes System zugrunde lag: G. → Holstein hat damit die Notwendigkeit seines Werks begründet. Sachlich gehen die neuen KV.en stärker auseinander. Hinter ihnen steht aber, bei allen Gegensätzen, ein stärkeres gemeinsames Bemühen um das K.nrechtsproblem und eine gesteigerte Bewertung des → Kirchenrechts (: I B), nicht ohne unwillkürliches und bewußtes ökumenisches Gefälle.

Außer der Lit. zu → Kirchenverfassung: VI: G.A.Vischer, Aufbau, Organisation u. Recht d. Ev.-Luth. K. in Bayern I. II, 1953/56 - F.Merzyn, Das Verfassungsrecht der EKD u. ihrer Glied-K.n, 3 Bde, 1957 (Textsammlung) - EKL II, 825ff. - Zahlreiche Berichte über einzelne KV.en in KJ (seit 1949) u. ZevKR (seit 1951).

R.Smend

Kirchenverträge

1. Begriff - 2. Entwicklung - 3. Inhalt. - K. = Kirchenvertrag. - Vgl. → Kirche und Staat

1. K.e sind das ev. Gegenstück der neuzeitlichen → Konkordate. Da sie weder dem → Völkerrecht noch eindeutig dem innerstaatlichen Recht angehören, werden sie als Verträge sui generis behandelt. Ihre Partner sind der Staat auf der einen und eine ev. Landeskirche oder deren mehrere auf der anderen Seite; ihren Gegenstand bildet eine mehr oder weniger umfassende Regelung der gegenseitigen Beziehungen der Vertragschließenden, dh der staatskirchenrechtlichen Ordnung. Abmachungen zwischen Staat und Kirche, die nur Einzelpunkte dieser Beziehungen, etwa die Ablösung bestimmter → Staatsleistungen betreffen, pflegt man nicht zu den K.en zu rechnen. Entsprechend der föderativen Struktur der Weimarer Republik und der BRD haben nur Länder K.e geschlossen; ein ev. Gegenstück zum Reichskonkordat gibt es nicht. Der Vertrag der BRD mit der EKD zur Regelung der ev. → Militärseelsorge vom 22.2.1957 bezieht sich lediglich auf eine Sonderfrage aus dem Bereich der Bundeszuständigkeiten.

2. Die *Geschichte* der K.e beginnt im staatskirchenrechtlichen System der Weimarer Republik. Dieses System hatte die staatskirchenhoheitlichen Ansprüche des Staates so stark herabgemindert und auch die ev. Landeskirchen dem Staat gegenüber so weit verselbständigt (→ Kirche und Staat), daß sie ihm als Partner einer vertraglichen Regelung der staatskirchenrechtlichen Beziehungen gegenübertreten konnten. Es hatte schließlich im Grundsatz der Parität der beiden großen Konfessionskirchen die Forderung begründet, daß die Neuordnung der staatskirchenrechtlichen Beziehungen auch nach der ev. Seite im Vertragswege gesucht werden müsse, wenn man nach der kath. Seite hierfür den Abschluß von Konkordaten wähle. Die K.e der Weimarer Republik laufen denn auch zeitlich und inhaltlich den Konkordatsabschlüssen parallel: Dem bayerischen Konkordat vom 29.3.1924 folgten die Verträge Bayerns mit der Ev.-Luth. Kirche in Bayern r.d.Rh. und mit der Pfälzischen Landeskirche vom 15.11.1924; Preußen schloß nach Verabschiedung des Konkordats vom 14.6.1929 einen K. mit seinen 8 Landeskirchen am 11.5.1931, und in Baden folgte der K. vom 14.11.1932 rasch dem Konkordat von 12.10. 1932. In allen diesen Fällen ist die auch inhaltliche Anlehnung der K.e an die korrespondierenden Konkordate unverkennbar. - Der Zusammenbruch von 1945 und die Neuordnung der staatsrechtlichen Verhältnisse danach haben nach übereinstimmender Ansicht den Bestand der genannten vier K.e im Gebiet der BRD nicht berührt. Partner des Vertrages mit der Pfälzischen Landeskirche ist allerdings jetzt das Land Rheinland-Pfalz, derjenige des Badischen K.es das Land Baden-Württemberg, und in den Preußischen K. sind die Nachfolgeländer Preußens (Baden-Württemberg [für Hohenzollern-Sigmaringen], Hessen, Niedersachsen, Nordrhein-Westfalen, Rheinland-Pfalz und Schleswig-Holstein) eingetreten. Schleswig-Holstein hat indessen den Preußischen K. durch einen Vertrag mit seinen Landeskirchen vom 23.4.1957 erneuert; Niedersachsen hat ihn für sein ehemals preußisches Gebiet durch den Loccumer Vertrag vom 19.3.1955 abgelöst und gleichzeitig in diesen Vertrag die Landeskirchen von Braunschweig, Oldenburg und Schaumburg-Lippe einbezogen. Nordrhein-Westfalen hat in einem Vertrag mit den Ev. Kirchen im Rheinland und von Westfalen vom 9.9.1957 die Dotationsbestimmungen des Preußischen K.s abgeändert, und es hat weiter am 6.3.1958 mit der Lippischen Landeskirche einen Vertrag geschlossen, der im wesentlichen die Bestimmungen

des Preußischen K.s übernommen hat, so daß in ganz Nordrhein-Westfalen jetzt der Sache nach der Preußische K. bestimmend ist.

Im einzelnen zeigt das System der K.e im Gebiet der BRD das folgende Bild:

Land	*Vertrag*	*Kirche*
Baden-Württemberg (für das ehemalige Baden)	14.11.1932	Ev.-prot. Landeskirche Badens
Bayern	15.11.1924	Ev.-Luth. Kirche in Bayern r. d. Rh.
Berlin	11.5.1931 (Preußen)	Ev. Kirche in Berlin-Brandenburg
Hessen (für die ehemals preußischen Gebietsteile)	11.5.1931 (Preußen)	Ev. Landeskirche von Kurhessen(-Waldeck)
		Ev. Kirche in Hessen und Nassau (in Ansehung der ehemaligen Landeskirchen von Nassau und Frankfurt)
Niedersachsen	19.3.1955 (Loccum)	5 Landeskirchen
Nordrhein-Westfalen	11.5.1931/ 9.9.1957 (Preußen)	Ev. Kirche im Rheinland Ev. Kirche von Westfalen
	6.3.1958	Lippische Landeskirche
Rheinland-Pfalz (für die Pfalz)	15.11.1924 (Bayern)	Pfälzische Landeskirche
(für die ehemals preußischen Gebiete)	11.5.1931 (Preußen)	Ev. Kirche im Rheinland Ev. Kirche in Hessen und Nassau (in Ansehung von Nassau)
Schleswig-Holstein	23.4.1957	Ev. Luth. Landeskirchen in Schleswig-Holstein, in Lübeck, Eutin

Im Gebiet der BRD sind danach die Beziehungen zwischen Staat und ev. Kirche nur im ehemaligen Lande Hessen-Darmstadt, im Saarland, in Bremen und Hamburg sowie für die Ev. Landeskirche in Württemberg *nicht* kirchenvertraglich geordnet.

3. Dem *Inhalte* nach lassen sich die K.e in drei Gruppen gliedern: Der Preußische K. von 1931 (ebenso der Lippische von 1958) und der Badische Vertrag von 1932 stimmen schon durch die Knappheit und Begrenztheit der Regelung weithin miteinander überein. Viel weiter greifen die bayerischen Verträge von 1924 aus. Neue Wege schließlich suchen die Verträge Niedersachsens (1955) und von Schleswig-Holstein (1957).

a) Der *Preußische K.* bestätigt die verfassungsrechtlichen Garantien der Religionsfreiheit sowie des kirchlichen Eigentums und Vermögens. Er fixiert von neuem die staatliche Dotation für kirchenregimentliche Zwecke und sichert den Fortbestand der Widmung staatlicher Gebäude und Grundstücke für kirchenregimentliche und sonstige kirchliche Zwecke. Er lockert zugunsten der Kirche die staatliche Mitwirkung bei der Besetzung der Pfarrstellen fiskalischen Patronats. Der Vertrag garantiert den Bestand der ev.-theologischen → Fakultäten und regelt die Mitwirkung der Kirche bei der Besetzung der theologischen Lehrstühle und der Ernennung der Universitätsprediger. Von den staatlichen Aufsichtsrechten läßt er im wesentlichen nur noch ein Einspruchsrecht gegen kirchliche Regelungen über die Vermögensverwaltung und die vermögensrechtliche Vertretung der Kirchen sowie das Recht bestehen, gegen die beabsichtigte Ernennung leitender kirchlicher Amtsträger Bedenken politischer Art geltend zu machen (politische Klausel). Die Kirche sichert zu, als Pfarrer grundsätzlich nur deutsche Staatsangehörige zu bestellen, die das Reifezeugnis erworben und ein mindestens dreijähriges theologisches Studium an einer deutschen staatlichen Hochschule abgelegt haben (Triennium). Entsprechende Anforderungen gelten für die Inhaber höherer kirchlicher Ämter. Im Hinblick hierauf ist der Staatsbehörde teils vor, teils nach der Ämterbesetzung hierüber Anzeige zu erstatten. – Der *Badische K.* zeigt im wesentlichen das gleiche Bild wie der Preußische K. Während dieser aber jedes Eingehen auf Schulfragen vermeidet, bestätigt der badische K. den Charakter des Religionsunterrichts als ordentliches Lehrfach an den badischen Schulen.

b) Die Regelungen des preußischen und des badischen Vertrages finden sich – mit einigen Abwandlungen – auch in den *bayerischen K.en* von 1924 vor. Doch sind hier zusätzlich noch Garantien hinsichtlich des kirchlichen Besteuerungsrechts und der → Anstaltsseelsorge ausgesprochen. Vor allem gehen die bayerischen Verträge ausführlich auf Schulfragen ein. Gegen die Bestellung von Religionslehrern an den höheren Lehranstalten hat die Kirche ein Erinnerungsrecht. Der Religionsunterricht bleibt an allen Schulen ordentliches Lehrfach. Religionslehrer an den Volksschulen bedürfen der Bevollmächtigung durch die Kirche. Bei der Neuordnung der → Lehrerbildung ist für die Ausbildung von Religionslehrern durch entsprechende Einrichtungen Sorge zu tragen; an der Prüfung in Religionslehre wirkt die kirchliche Oberbehörde mit. Nach dem Wunsch der Erziehungsberechtigten müssen ev. Volksschulen eingerichtet werden. Die Beaufsichtigung und Leitung des Religionsunterrichts an allen Schulen werden der Kirche gewährleistet usw.

c) Die K.e *Niedersachsens* (1955) und *Schleswig-Holsteins* (1957) verstehen sich als Fortentwicklungen des Preußischen K.s von 1931 und haben dessen Regelung in sich aufgenommen. Sie beziehen aber, um zu einer möglichst kodifikatorischen Regelung der staatskirchenrechtlichen Beziehungen zu gelangen, auch diejenigen Materien mit ein, die der preußische Vertrag beiseitegelassen hatte: kirchliche Mitwirkung bei der Anstellung von Religionsdozenten an Pädagogischen Hochschulen, bei der Abnahme der Religionslehrerprüfung für Volksschulen und bei der Gestaltung des Religionsunterrichts an den Schulen; Anstaltsseelsorge; Besteuerungsrecht und kirchliches Sammlungswesen; Rechtshilfe in Disziplinarverfahren gegen Geistliche und Kirchenbeamte. Außerdem beseitigen die Verträge die staatlichen Vorschriften über die Patronate und suchen die historischen Gemeinschaftsverhältnisse an kirchlichen Gebäuden und → Grundstücken und die daraus resultierenden gegenseitigen Leistungspflichten abschließend zu entflechten. In allem ist es die Absicht beider Verträge, die Reste einer staatlichen Kirchenaufsicht aufzulösen und die Beziehungen zwischen Staat und Kirche deutlicher als bisher als solche paritätischer Teilhabe beider an der öffentlichen Ordnung neu zu bestimmen. Staat und Landeskirchen begegnen sich in ihnen betontermaßen in beiderseitiger Respektierung ihres öffentlichen Verantwortungsbereichs und auf der Grundlage der Gleichordnung, von der aus sie alle res mixtae der Behandlung in freundschaftlichem Einvernehmen vorbehalten. Insofern dürfen diese beiden Verträge in besonderem Maße als der formulierte Ausdruck der staatskirchenrechtlichen Gegenwartslage gelten.

Texte: H. LIERMANN, Kirchen u. Staat I. II, 1954/55. – Lit.: DERS., Das ev. Konkordat (AÖR NF 13, 1927, 381-431) – J. KÜBEL, Der Vertrag der ev. Landeskirchen mit dem Freistaat Preußen, 1931 – O. FRIEDRICH, Der ev. K. mit dem Freistaat Baden, 1933 – A. ROEDEL-R. PAULUS, Reichskirchenrecht u. neues bayer. Kirchenrecht, 1934 – KONRAD MÜLLER, Der Loccumer ev. K. als Spiegel der staatskirchenrechtl. Lage in der BRD (Die öffentl. Verwaltung 1955, 421-427) – E. RUPPEL, Der Vertrag zwischen Staat u. Kirche in Niedersachsen (Informationsblatt für die Gemeinden in den niederdt. luth. Landeskirchen 1955, 108-112) – W. THIEME, Der Vertrag von Kloster Loccum (Dt. Verwaltungsblatt 1955, 273-276) – R. SMEND, Der Niedersächs. K. u. das heutige dt. Staatskirchenrecht (JZ 1956, 50-53) - U SCHEUNER, Die staatskirchenrechtl. Tragweite des niedersächs. K.es von Kloster Loccum (ZevKR 6, 1957/58, 1-37) - A.v.HANSTEIN, Der Detmolder K. vom 6.3.1958 (ebd. 299-315). *W.Weber*

Kirchenvisitation → Visitation.

Kirchenvogt. Die mit → Immunität ausgestatteten, dh von der öffentlichen Gerichtsbarkeit exemten, weltlichen oder geistlichen Herrschaften erforderten eigene Beamte, die sowohl die Verwaltung und Rechtspflege innerhalb des Immunitätsbezirkes als auch seine Vertretung nach außen wahrzunehmen hatten. Ein solcher Beamter wird im MA iudex, agens, praepositus, hauptsächlich aber Vogt (advocatus) genannt. Unter den vielen Spielarten der Vogtei unterscheidet die Rechtsgeschichte in der Hauptsache zwischen der *Gerichtsvogtei* und der *Schirmvogtei*. Als Gerichtsvogtei bezeichnet man die richterlichen Aufgaben des Vogtes innerhalb der Immunität, als Schirmvogtei die des Schutzes und Schirms und der gerichtlichen Vertretung der Vogtei und ihrer Hintersassen vor den öffentlichen Gerichten. Die Kirchenvogtei nimmt ihren Ausgangspunkt von der Schirmvogtei, wobei bereits in den spätrömischen Rechtsverhältnissen ein Vorbild gegeben war. Sie verbindet sich aber im 9.Jh. mit der Gerichtsvogtei. Der K. des MA verwaltet also einmal den Vogteibezirk, indem er etwa die Steuern und Abgaben von den Vogteileuten eintreibt und die Gerichtsbarkeit über diese ausübt, wie er auch die Immunität vor den öffentlichen Gerichten vertritt und überhaupt die Interessen der betreffenden Kirche oder des Klosters wahrzunehmen hat. Da der Vogt also erhebliche Rechte und Machtmittel in seiner Hand vereinigt, ist die Frage, *wer* den Vogt einzusetzen habe, im MA von großer Bedeutung. Bei den → Eigenkirchen gilt der jeweilige Besitzer als der geborene Vogt. Bei den Bistümern und Abteien des Reiches liegen die Vogteirechte in der Hand des Königs. Dieser überträgt aber regelmäßig das Recht der Vogtwahl an den Bischof, so daß es der Bischof ist, der den Vogt mit Amt und Amtsgut belehnt. Nur den Bann für die Hohe Gerichtsbarkeit empfängt der Vogt aus der Hand des Königs, sofern die Hochgerichtsbarkeit noch nicht in die Hand des Bischofs selbst gelangt ist. - Den mit der Vogtei belehnten Adelsgeschlechtern lag aber meist die Ausbildung eigener Herrschaft mehr am Herzen als der Schutz der Kirche. Die Kirche suchte daher - unter dem Einfluß der cluniazensischen Reformbewegung (→ Cluny) und des Gedankengutes des Investiturstreites (→ Kaisertum und Papsttum) - den Vogt wieder in Abhängigkeit von der Kirche zu bringen. Der »Herrenvogt« sollte zu einem »Beamtenvogt« herabgedrückt werden. Der Erfolg dieser Bemühungen war sehr verschieden: geistliche wie weltliche Fürsten wußten allen klösterlichen Bestrebungen zum Trotz doch Vogteien festzuhalten und unterwarfen dann auf dem Wege über die Vogtei die Klöster ihrer Landesherrschaft.

H.GLITSCH, Unters.en zur mittelalterl. Vogtgerichtsbarkeit, 1912 - H.HIRSCH, Die Klosterimmunität seit dem Investiturstreit, 1913 - A.WAAS, Vogtei u. Bede in der dt. Kaiserzeit I. II, 1919/23 (Lit.) - G.RATHGEN, Unters.en über die eigenkirchenrechtl. Elemente der Kloster- u. Stiftsvogtei (ZSavRG Kan. Abt. 17, 1928, 1-152) - H. CONRAD, Dt. Rechtsgesch. I, 1954, 195f. 205. 390f. 421f - FEINE 222 (Lit.). *A.Erler*

Kirchenvorstand → Gemeinde: II, 4 b.

Kirchenwahlen

1. Aufgabe und Entwicklung - 2. K. nach 1919 - 3. Neuorientierung nach 1945 - 4. Kritik

1. K. im weitesten Sinn dienen der Bestellung zu kirchlichen Ämtern und Diensten (zB Pfarrwahl, Bischofswahl). Im engeren Sinne haben K. die Bildung kirchlicher Körperschaften und Organe auf den Ebenen der → Gemeinde (: II, 4b; Kirchenvorstand, Kirchengemeinderat u.ä.), des Kirchenbezirks oder Kirchenkreises (Bezirks- oder Kreissynode und -kirchenrat) sowie der Landeskirche (Landessynode, -kirchentag und synodale-konsistoriale Kirchenleitung) zum Gegenstand. Die Ordnung der K. hängt eng mit Wesen und Struktur der → Kirchenverfassung (: VI. VII) und der durch sie bestimmten Organe und Ämter zusammen. Sie ist in den ev. Landeskirchen allgemein erst im Laufe des 19.Jh.s im Zusammenhang mit dem Ausbau der presbyterialen-synodalen Verfassungselemente entwickelt worden. Grundlegende Veränderungen der Kirchenverfassung haben seitdem eine entsprechende Neuregelung der K. zur Voraussetzung oder zur Folge gehabt.

2. Wie die nach 1919 geschaffenen Kirchenverfassungen waren die ihnen zugehörigen K. maßgeblich von der Angleichung an demokratisch-parlamentarische Verfassungsprinzipien bestimmt. Die Wahlordnungen wurden durch das Verhältnis- und Listenwahlsystem bestimmt und setzten damit kirchliche Parteien und Gruppen voraus, die nach dem Verhältnis ihrer Stärke in den zu bildenden kirchlichen Körperschaften Sitze erhielten. K. wurden als Ausübung der dem Kirchenvolk zustehenden Kirchengewalt, die zu bildenden Organe als Vertretungen des Kirchenvolks und die Gewählten als Beauftragte der das Kirchenvolk repräsentierenden Gruppen oder Parteien verstanden. Gegenüber dieser säkularen Struktur der K. kam die als Voraussetzung des aktiven und passiven Wahlrechts geforderte und durch die Erfüllung bestimmter Tatbestände (Taufe, Konfirmation, ev. Trauung und Kindererziehung, Teilnahme am gottesdienstlichen Leben der Gemeinde und ehrbarer Lebenswandel) ausgewiesene kirchliche Qualifikation des Wählers nicht entscheidend zum Tragen.

3. Die im → Kirchenkampf gewonnene Eigenständigkeit der Kirchenordnung bestimmt die rechtstheologische *Neuorientierung der K.* Auch für die Ordnung der K. werden das Selbstverständnis der Kirche als Leib Christi, das alle Kirchenordnungen legitimierende, begrenzende und normierende Grundgesetz der bruderschaftlichen Christokratie und die Bezogenheit aller Kirchenordnungen auf die gottesdienstliche Mitte der Gemeinde bestimmend. Auf dieser Basis ist nach 1945 ein in den Grundzügen einheitliches neues kirchliches Wahlrecht entstanden, das folgende charakteristische Merkmale aufweist: a) Sinn und Zweck der K. werden maßgeblich nicht mehr durch die Repräsentation und Vertretung des Kirchenvolks als Summe der Kirchenmitgliedschaft, sondern durch die Berufung in das presbyteriale-synodale Gemeinde- und Kirchenleitungsamt der Ältesten und Synodalen bestimmt. - b) Nicht nur in dem durch K. zu bestellenden Amt, sondern auch in der Ausübung der Wahl selbst ist die Ordnung der K. in der Gemeinde Jesu Christi zentriert. In der Wahlbeteiligung wird nicht nur kirchliches Mitgliedschaftsrecht vollzogen, sondern in Ausübung des Priestertums aller Gläubigen in und an der Gemeinde aus der Verantwortung des Glaubens gedient. Daraus folgen u.a. die Ersetzung der Verhältnis- und Listenwahl durch die Mehrheits- und Persönlichkeitswahl und eine gegenüber den älteren Wahlordnungen gesteigerte, weil stärker an der gottesdienstlichen Gemeinde orientierte Qualifizierung der - im übrigen an die Vollendung des 21. oder 25. bzw. 25. oder 30. Lebensjahres geknüpften - aktiven und passiven Wahlfähigkeit der Gemeindeglieder. - c) Daß das kirchliche Wahlrecht aller Kirchensteuerzahler in der Grundkonzeption durch den Wahldienst der an das Bekenntnis gebundenen und in der Ordnung der Kirche stehenden Gemeinde-

glieder ersetzt ist, bringen die Wahlordnungen weiterhin in der Einrichtung der Wählerliste zum Ausdruck. An die Stelle der Anlegung von Amts wegen ist die Eintragung des wahlfähigen Gemeindegliedes auf Grund persönlicher, mündlicher oder schriftlicher Anmeldung getreten, die zugleich den für das Wahlverfahren zuständigen Gemeindeorganen die Überprüfung der kirchlichen Qualifikation des Wählers erleichtert. Vielfach muß der Wähler bei der Anmeldung über den Dienstcharakter der K. eine verpflichtende Erklärung abgeben: »Ich weiß, daß die Wahl ein Dienst an der Gemeinde im Gehorsam gegen den alleinigen Herrn der Kirche, Jesus Christus, ist. Ich werde die Wahl im Bewußtsein dieser Verpflichtung ausüben« (so § 10 der Kirchlichen Wahlordnung der Ev. Landeskirche in Baden in der Fassung vom 23.4. 1958). Damit ist die »Wahlgemeinde« der gottesdienstlichen »Kerngemeinde« angenähert. - d) Das Gemeindeprinzip wirkt sich weiterhin dahin aus, daß die Urwahl auf die Bestellung des Ältestenkreises (Kirchenvorstands oder -gemeinderats) der Ortsgemeinde beschränkt und bei der Bestellung der synodalen Körperschaften durch eine mittelbare Wahl ersetzt ist. In dieser wird die Berufung der Synodalen durch bereits bestellte kirchliche Körperschaften »gefiltert«, indem die Bezirkssynodalen aus der Mitte der Ältestenkreise, die Landessynodalen aus der Mitte der Bezirks- oder Kreissynoden oder ebenfalls aus der Mitte der Gemeindekörperschaften gewählt werden. Damit unterstreicht dieses Wahlsystem die Bedeutung des Ältestenamtes, das sich gleichsam in den Ämtern der Synodalen fortsetzt. - e) In einigen luth. Kirchen werden die K. zum Kirchenvorstand dadurch modifiziert, daß ein Drittel der Kirchenvorsteher vom Kreiskirchenvorstand berufen oder aber - wie in der Bayerischen Landeskirche - ein vom Kirchenvorstand eingesetzter Ausschuß unter Berücksichtigung der Wahlvorschläge selbständig einen Wahlvorschlag aufstellt. Während der Wahlperiode tritt - soweit keine gewählten Ersatzältesten zur Verfügung stehen - in der Regel an die Stelle einer Nachwahl die Kooptation. - f) Die Urwahl zum Ältestenkreis findet als kirchliche Handlung im Zusammenhang mit einem Gemeindegottesdienst statt. Die für die einzelnen Stationen des Wahlverfahrens vorgeschriebenen Bekanntmachungen erfolgen neben anderen Formen der Veröffentlichung durch Abkündigungen im Gottesdienst. Das Wahlverfahren findet seinen Abschluß in der Einführung der Gewählten im Gottesdienst. Das von ihnen hierbei vor der Gemeinde abgelegte Ältestengelübde ist rechtsbegründend für das Ältestenamt. - g) Das Zusammenwirken von Amt und Gemeinde in den gemeinde- und kirchenleitenden Körperschaften und Organen modifiziert die K. insofern, als zu den gewählten Mitgliedern jeweils Inhaber des geistlichen Amtes als geborene Mitglieder und für die Landessynode außerdem - in der Regel vom leitenden geistlichen Amt der Landeskirche - berufene Laienmitglieder hinzutreten.

4. Aus einem lebendigen Gemeindebewußtsein der → Bekennenden Kirche entstanden und gestaltet, setzen die Wahlordnungen für ihren Vollzug lebendige Gemeinden voraus. In der gegenwärtigen, durch eine zunehmende innere Emigration weiter ev. Bevölkerungsteile aus dem gottesdienstlichen Zentrum der Gemeinde gekennzeichneten volkskirchlichen Situation ist die Ordnung der K. mannigfacher *Kritik* ausgesetzt. Man wirft ihnen vor, sie seien allzu defensiv auf Sicherung der Kerngemeinde ausgerichtet und trügen der - auch in ihrer Ordnung zu erfüllenden - volksmissionarischen Aufgabe der Kirche nicht genügend Rechnung. Tatsächlich ist die durchschnittliche Wahlbeteiligung in den Gemeinden, gemessen an der Zahl der kirchensteuerpflichtigen Gemeindeglieder, gering. Man wird dem durch einen Abbau der zT zu starken formalen Absicherung der K. Rechnung zu tragen haben. Die an der gottesdienstlichen Gemeinde und dem Verkündigungsauftrag der Kirche ausgerichtete Grundlegung der K. ist unaufgebbar, soll nicht das Kirchenvolk im demokratisch-parlamentarischen Sinne zum Subjekt der verfaßten Kirche werden und damit letztlich das sich der Verkündigung verschließende Kirchenglied über die rechtliche Gestaltung der gottesdienstlichen Gemeinde entscheiden.

F. Giese-J. Hosemann, Das Wahlrecht der dt. ev. Landeskirchen, 1929 (Rechtslage nach 1918) - Erik Wolf, Zur rechtl. Neugestaltung der Kirche (JK 4, 1936, 1072-1081 = Zeugnisse der Bekennenden Kirche, ev. Reihe 2, 1946, 71-81) - O. Kühn, Die Neugestaltung des gemeindlichen Wahlrechts in der Ev.-Luth. Kirche in Oldenburg nach 1945 (ZevKR 4, 1955, 196-200) - R. Weeber, Das kirchl. Wahlrecht (Ev. Welt 12, 1958, 433f) - EKL II, 834ff. *G. Wendt*

Kirchenzucht

I. Geschichtlich - II. In der ev. Kirche - III. In den jungen Kirchen

I. Geschichtlich

1. In der alten Kirche - 2. In der Kirche des MA - 3. In den Kirchen der Reformation: a) In der luth., b) in der ref. Kirche - 4. In der kath. und ev. Kirche der Neuzeit und der Gegenwart

1. Der christliche Glaube bedingte einen Gott wohlgefälligen Wandel des Christen (1Thess 2, 12; 4, 1). Daher vollzog sich bereits das älteste Gemeindeleben in bestimmten Ordnungen, deren Verletzung das Heil des einzelnen wie der → Gemeinde (: II, 2) in ihrer Gesamtheit gefährdete. In besonders schweren Fällen wurde der Sünder aus der Gemeinde ausgeschlossen. Bei dieser Maßnahme war der → Bann im Judentum Vorbild. Für seine Anwendung indessen war die Vollmacht entscheidend, welche die Gemeinde auf Jesus selbst zurückführte (Mt 18, 15-18; vgl. Mt 16, 18f; Joh 20, 23). Demgemäß fordert Paulus, daß die Gemeinde mit groben Sündern keine → Abendmahlsgemeinschaft hat und sie aus der Gemeinde ausschließt; denn diese können das Reich Gottes nicht ererben (1Kor 6, 9-10; Gal 5, 19ff). Wenn sie umkehren (→ Absolution, → Bußwesen: II, 1), werden sie wieder in die Gemeinde aufgenommen. Das Anathema des Paulus ist nicht als ein Akt der K. zu denken (Gal 1, 8f; 1Kor 16, 22), vielmehr wird der Sünder dem richtenden → Zorn Gottes (: III) ausgeliefert. Die Formel εἴ τις..., ἀνάθεμα ἔστω (Gal 1, 9) ist Vorbild für die Anathematismen der Synoden geworden, und das → Maranatha (1Kor 16, 22) veranlaßte die Kanonisten, ein besonderes Anathema Maranatha anzunehmen. Man hat schließlich zwischen »Sünde zum Tode« und »nicht zum Tode« unterschieden (1Joh 5, 15ff; → Sünde: IV). Wer die Todsünde des Abfalls vom Glauben (Hebr 6, 4ff; 10, 26; 12, 17) begeht, gefährdet die brüderliche Gemeinschaft und veranlaßt die Gemeinde, den Todsünder zu meiden (Did 15, 3) oder ihn von der Eucharistie auszuschließen, bis er Buße getan hat (Did 14; Ps. Cyprian, Adv. aleatores 4). Es ergibt sich die lange Zeit verhandelte Frage der zweiten Buße (→ Hermas). Die K. erstreckt sich schließlich auch auf die Häretiker. Man meidet sie zunächst, um sie später aus der Gemeinde auszuschließen (2Tim 2, 24ff; Tit 1, 13ff; 3, 10; IgnEph 7, 1; IgnSm 4, 1 u.a.). Sie haben kein christliches ius (Tertullian, De praescr. 32). - Seit dem 2.Jh. vollzieht sich eine bedeutsame Entwicklung der K. Der hierarchische Aufbau der Kirche (→ Kirchenverfassung: II) führt zu der Anschauung, daß Ausschluß aus der Gemeinde auch Aufhebung der Gemeinschaft mit Gott sei. Den Ausschluß verhängt der Bischof zunächst noch im Zusammenwirken mit Klerus und Gemeinde. Bes. unter Einfluß des → Montanismus setzt sich die Ansicht durch, bei

Rückfall eine nochmalige Aufnahme zu versagen (Tertullian, De pud. 12). Die göttliche Vergebung konnte auch für einen Exkommunizierten angenommen werden (Augustin, Ep. 153, 3). Besonders schwierig wurde die K. gegenüber der großen Zahl der lapsi während der → Christenverfolgungen. Die Frage, ob sie wieder aufgenommen werden sollen und wer dies tut - der Bischof oder die Märtyrer -, führte zu heftigen Auseinandersetzungen. Die Bußfertigen (→ Bußwesen: II) wurden wieder aufgenommen, nachdem Bischof, Kleriker und Gemeinde die Bußleistungen für genügend befunden hatten. Für K. an Bischöfen gab es zunächst kein höheres Organ. Bischof → Calixt I. von Rom meinte, ein Bischof könne auch bei Todsünde nicht abgesetzt werden (Hippolyt, Ref. IX, 12).

Die Kirche hielt auch nach ihrer staatlichen Anerkennung an diesen Grundlagen der K. fest. Ihre privilegierte Stellung, die Ausbildung der Lehre, der Verfassung und des Kultus, die Gefahr der Säkularisierung und die damit gegebene Gefahr der Verletzung kirchlicher Ordnungen bedingte eine Weiterentwicklung der K. Die → Exkommunikation wurde in ihrer Dauer verschieden gehandhabt. Dem Betroffenen wurden alle kirchlichen Rechte entzogen: Teilnahme am Gottesdienst, Abendmahl und Gebet, sein Name wurde in den Diptychen gestrichen, seine Oblationen wurden verweigert, den Gläubigen der Verkehr mit ihm untersagt. Die Exkommunikation wurde den benachbarten Bischöfen mitgeteilt. Der Ausschluß vom Abendmahl wurde noch im 5.Jh. selten geübt. Terminologisch bietet die Unterscheidung dieser Maßnahme von der der Exkommunikation Schwierigkeiten. Dagegen waren Maßnahmen der K. wie Entzug kirchlicher Rechte oder das Verbot, die Kirche zu betreten, befristet. - Neben der K. für Laien und Kleriker bildete sich das → Disziplinarrecht für Kleriker analog dem staatlichen Recht aus. An dieser Entwicklung wird die Tendenz zum kirchlichen → Strafrecht (: III) auch gegenüber Laien deutlich. Tertullian und Cyprian zeigen bereits, welche Rolle das römische Recht bei ihnen spielt. So wurde die Verletzung göttlicher und kirchlicher Gebote schließlich als juristisches Vergehen angesehen. Die Kirchenväter unterscheiden zT zwischen peccatum, delictum und crimen. Nicht der sündhafte Wille, sondern dessen Realisierung ist strafbar. - Eine kirchenrechtliche Regelung der Mittel der K. bieten die Kanones der Synoden, die päpstlichen → Dekretalen und das Material, das sich in den Bußbriefen findet. Ferner bediente sich die Kirche der kaiserlichen Ketzergesetzgebung (→ Häresie: I, 1).

2. Die Exkommunikation wird im *MA* in immer stärkerem Maße geübt. Die augustinische Lehre von der → Taufe (: III), nach der dem Getauften ein character indelebilis zukommt, machte es unmöglich, daß ein Exkommunizierter völlig von der Kirche getrennt wurde. - Ein rechtlicher Unterschied zwischen Exkommunikation und Anathema hat sich auch jetzt nicht entwickelt. Im Anathema wurde der Sünder zT in feierlicher Form verflucht, dh vom ewigen Heil ausgeschlossen. Das Verbot, mit dem Exkommunizierten zu verkehren, wurde nur in seltenen Fällen mit der gleichen Strafe bedroht. Dagegen wurde die Zahl der kirchlichen Strafen vermehrt: zB einmaliger Ausschluß vom Gottesdienst, vom Osterabendmahl, vom Gottesdienst an bestimmten Orten; öffentliche bischöfliche Rüge, Prügelstrafe für Sklaven und Angehörige niederer Stände, Klosterhaft, Verbannung, Ausreißen der Haare, ferner finanzielle Strafen, Verlust weltlicher Ämter, Verknechtung. Die Maßnahmen der K. werden ebenfalls erweitert (Verweigerung des kirchlichen → Begräbnisses und der Zulassung zu kirchlichen Ämtern). - Seit dem 9./10.Jh. wird das → Interdikt geübt, dessen Handhabung schließlich durch die Päpste zu einer festeren Praxis entwickelt wurde.

3. a) Der *luth.* Kirchenbegriff erkennt keine kirchliche Strafgewalt an. Luther lehnte daher den großen Bann, den er noch in seinem »Sermon von dem Bann« (1520) beibehalten hatte, als weltliche Strafe ab. Der kleine Bann besteht im Ausschluß vom → Abendmahl (: VI), den der Pfarrer unter Mitwirkung der Gemeinde verhängt. Die K. wurde damit zu ihrem Ausgangspunkt als seelsorgerliche Maßnahme zurückgeführt (ASm III, 9 u.a.). Eine K.ordnung hat Luther gegenüber dem Widerstand bes. des Adels nicht durchsetzen können. Die → Kirchenordnungen des 16.Jh.s kehrten zT wieder zur vorreformatorischen Strafgewalt zurück, welche durch die → Konsistorien geübt wurde (→ Exkommunikation, 2). Der Pfarrer hatte nur das Publikationsrecht. Auch der große Bann erscheint wieder. Daneben gab es Maßnahmen zum Schutz der kirchlichen Ordnung: Buße gefallener Mädchen, Versagen der sog. kirchlichen Ehren (Kranz und Schleier deflorierter Bräute, Trauung der Geschiedenen, Begräbnis der Selbstmörder und unbußfertig Verstorbener). - Den sittlichen Niedergang des 30jährigen Krieges glaubte man durch K. beheben zu können (→ Spener, → Pietismus). Staatlicherseits wurde die K. unter Einwirkung der Aufklärung zT aufgehoben oder geriet in Vergessenheit.

b) Die *ref.* Kirche hat von Anfang an die K. stärker gewertet als die luth. Kirche. Sie ist in den Ordonnanzen → Calvins festgelegt. Das Consistoire in Genf übte die K. im Sinn einer Sittenzucht verbunden mit weltlichen Strafen. Der Geist der Ordonnanzen lebt im → Puritanismus und → Kongregationalismus weiter.

4. a) Das kirchliche Strafsystem der *kath. Kirche* hat im CIC cc. 2195-2414 seinen Niederschlag gefunden. Es ist im 19.Jh. durch Praxis und kirchliche Gesetzgebung etwas modifiziert worden. Der CIC kennt Besserungsstrafen (Zensuren), darunter auch Exkommunikation, Interdikt und Suspension, Vergeltungsstrafen und Sicherungsstrafen.

b) Die *ev. Kirche* hat im 19.Jh. immer wieder Ansätze zur K. gemacht (→ Schleiermachers Entwurf einer Kirchenverfassung). Bes. durch die Revolution von 1848 veranlaßt, wurde auf dem 8. ev. → Kirchentag (1856) und der Eisenacher Konferenz (1857) erneut über K. verhandelt. Staatlicherseits wurden Gesetze zum Schutz der kirchlichen Ordnung erlassen (Versagen der Trauung und des Begräbnisses, Maßnahmen bei → Kirchenaustritt). Auch im 20.Jh. übte man gegenüber der K. Zurückhaltung. In der Ordnung des Kirchlichen Lebens der APU (1930) sollte nach dem Wunsch des Kirchensenates das Wort K. nicht erscheinen. Sie redet in Art. X »Vom Schutz der kirchlichen Ordnung«. Die Ordnung des Kirchlichen Lebens der EKU (1956) handelt in Abschn. VI, Art. 47-49 »Von der Seelsorge, von der Beichte und von der Kirchlichen Zucht«. Die Pommersche Kirche hat Art. 49 (Kirchliche Zucht) durch ein Gesetz zur Erhaltung kirchlicher Ordnung außer Kraft gesetzt. Die VELKD sieht in ihrer Ordnung des Kirchlichen Lebens einen Abschnitt über K. vor. In anderen Ordnungen (zB Rheinland, Anhalt) fehlen Bestimmungen über K., dh Versagen des Abendmahles. Sie kennen lediglich Maßnahmen zum Schutz der kirchlichen Ordnung (→ Kirchenzucht: II, 1).

A. Schmeling, Die K. nach Schrift u. Kirchenlehre, 1856 - K.I. Nitzsch, Referat über K. auf der Eisenacher Konferenz, 1857 - P. Hinschius, Das Kirchenrecht der Katholiken u. Protestanten in Deutschland IV-VI/1, 1888-97 - RE II, 381ff; III, 584ff; X, 463ff - Fr. Niebergall, Etwas über K. (MkPr 1901, 62-68) - Friedberg - K. Bachmann, Gesch. der K. in Hessen, 1910 - W. Wendland, Zur

Gesch. der öffentl. Kirchenbuße in Brandenburg im 18.Jh. (JBrKG 15, 1917, 45-65) - RGG² III, 1038ff (Lit.) - A.Beck, Röm. Recht bei Tertullian u. Cyprian, 1930 - G.Ebeling, K., 1947 - Feine. - Weitere Lit. s. → Bußwesen: II. *W.Delius*

II. In der ev. Kirche

1. Bestandsaufnahme - 2. Theologische und geschichtliche Voraussetzungen - 3. Zur gegenwärtigen Neubegründung der K.

1. Nach luth. und ref. Tradition ist K. *Abendmahlszucht.* Diese Verengung würde heute die K. weithin gegenstandslos machen, wenn nicht die gegenwärtige Praxis eine Verlagerung der K. von der Abendmahlszucht auf die »Versagung« von → Taufe, → Konfirmation, → Trauung und → Begräbnis erkennen ließe. Die KOen geben hier genaue Bestimmungen; bes. die Wahlordnungen wurden nach 1945 stärker als früher mit dem Zuchtdenken verbunden. Freilich weisen angesichts dieser Entwicklung kritische Stimmen darauf hin, daß man erst dann von echter K. reden könne, wenn die verschärften gesetzlichen Bestimmungen nicht automatisch, sondern in Wahrnehmung persönlicher Verantwortung gegenüber dem irrenden Bruder angewandt werden. - Die alte Rhein.-Westf. KO von 1835 enthielt einen gesonderten Abschnitt »von der Kirchendisziplin«; er fehlt in der neuen Ordnung von 1952; doch weist auch diese dem Presbyterium die Aufgabe zu, »die kirchliche Zucht zu üben«. Die Lebensordnungen der VELKD und der EKU bemühen sich um inhaltliche Füllung des Begriffs K. Beiden gemeinsam ist die Betonung ihres seelsorgerlichen Charakters sowie die Feststellung, daß alle K. der Erhaltung und Festigung der Gemeinde und der Gewinnung des in Glauben und Leben irrenden Bruders diene. »Der Ausschluß vom Altarsakrament stellt das äußerste Mittel der K. dar« (VELKD). »Wer der Gemeinde offensichtlich Ärgernis gibt und keinem seelsorgerlichen Zuspruch zugänglich ist, wird auf Beschluß des Gemeindekirchenrats noch einmal durch den Pfarrer vermahnt. Bleibt diese Vermahnung durch den Pfarrer und zwei Älteste fruchtlos, so sollen Pfarrer und Gemeindekirchenrat ernstlich prüfen, ob der Gehorsam gegen Gottes Wort es erfordert, daß dem Betroffenen das heilige Abendmahl versagt wird« (EKU). - Strenge Lehr- und Gemeindezucht wird heute noch in den Gereformeerden Kerken der Niederlande geübt, letztere durch regelmäßige Hausvisitationen der Ältesten. Bemerkenswert sind die Bemühungen innerhalb der Staats- und Volkskirche (Hervormde Kerk) zur Wiedergewinnung der K. Die neue KO von 1950 bestimmt in c. 20 über die K.: Die Aufsicht über Bekenntnis und Wandel der Gemeindeglieder und Amtsträger geschieht im brüderlichen Gespräch und in seelsorgerlicher Ermahnung »zur Ehre Gottes, zur Erhaltung der Gemeinde und zur Bewahrung derer, die abirren«; bei erfolgloser Ermahnung schreitet man zum Ausschluß vom Abendmahl, dann zum Ausschluß aus der Gemeinschaft der Kirche, bei Amtsträgern zur Suspension, zur zeitweiligen Entfernung aus dem Dienst und zur dauernden Amtsenthebung (K. und Disziplinargerichtsbarkeit fallen also hier zusammen). Vor jeder Abendmahlsfeier »kann« die censura morum stattfinden; in der Grafschaft Bentheim wird diese innerhalb des Kirchenrats geübt, wobei vereinzelt auch die paulinische Warnung und Mahnung 1Kor 6, 11ff in die K. einbezogen wird.

2. Nach reformatorischer Lehre ist die Kirchengewalt die *eine* Gewalt des in seiner Gemeinde gegenwärtigen Herrn. Das Nebeneinander von potestas ordinis und potestas iurisdictionis ist damit aufgehoben, an die Stelle des kirchlichen Rechts- und Strafsystems tritt die geistliche K. Die durch Wort und Sakrament konstituierte → Gemeinde (: I) weiß sich für Leben und Lehre ihrer Glieder verantwortlich. Zwar wird die → Schlüsselgewalt (: II) im Predigtamt ausgeübt; zur öffentlichen Verkündigung tritt aber als unentbehrliches Hilfsmittel die brüderliche Zucht in der Grundform des Gesprächs zu zweien oder dreien im Raum der Gemeinde. Mt 16 wird durch Mt 18 erklärt. - *Luthers* Ausführungen in der Formula missae (1523) werden maßgeblich für viele luth. KOen; er sieht im Abendmahl der Gemeinde einen Bekenntnisakt, bei dem Pfarrer *und* Gemeinde Lehre und Leben der Kommunikanten prüfen. Bleibenden Nachdruck legt Luther auf den Unterschied von K. und obrigkeitlicher Strafgewalt. Der päpstliche »große« Bann ist ihm »ein lauter weltliche Strafe«, Recht und Pflicht der Kirche bleibt aber die → Exkommunikation (, 2) »offenbarer und halsstarriger Sünder« (ASm III, 9). - *Zwingli* hat die Sittenzucht der christlichen Obrigkeit überlassen; nach *Calvin* vollzieht sich jedoch die K. grundsätzlich im Raum der Gemeinde: Ist die Lehre die Seele der Kirche, so ist die Zucht den Sehnen zu vergleichen, die den Leib zusammenhalten. Calvins Darlegungen (bes. Inst. IV, 12) haben das Bewußtsein von der Notwendigkeit der K. für Erbauung und Erhaltung der Gemeinde auch über den ref. Bereich hinaus lebendig erhalten. - Nach Frage 85 des → Heidelberger Katechismus besteht das Amt der Schlüssel in der »Predigt des hl. Evangeliums« *und* in der »christlichen Bußzucht« nach Mt 18, 15ff. - Staatskirchentum (→ Konsistorium), das Fehlen einer lebendigen Gemeinde, Aufklärung, aber zT auch der Pietismus wirken sich für die K. ungünstig aus. Im 19.Jh. kommt die Frage der K. mit der (partiellen) Befreiung der kirchlichen Ordnung aus staatlicher Bevormundung erneut zur Erörterung. Im → Kirchenkampf üben die Synoden der → Bekennenden Kirche Lehrzucht (→ Barmen, → Lehrzuchtverfahren), die Verkündigung des kirchlichen → Notrechts (, 1) ist mit einem bewußten Akt der K. verbunden.

3. Der Ausdruck K. fehlt zwar in der hl. Schrift, doch ist die gemeinte Sache mit dem Sein der → Kirche gegeben: Das himmlische Haupt baut den irdischen Leib, das Gebaute muß *erhalten* werden. Nicht die (Rechts-) Institution Kirche übt Zucht am einzelnen, ebensowenig das fromme Individuum Zucht an der Kirche; vielmehr übt die in Christus erschienene »rettende Gnade Gottes« Zucht an der wartenden und eilenden ecclesia viatorum (Tit 2, 11-14). Vom Herrn selbst in Zucht genommen, ist der Gemeinde und ihren Gliedern aufgegeben, nach dem rechten Gehorsam zu fragen und dafür zu sorgen, daß das Bekenntnis nicht nur ausgesprochen, sondern auch in Verkündigung und Leben vollzogen wird. K. (im engeren Sinn) entspringt dabei der Erkenntnis, daß die Verkündigung auf Grenzen stößt, jenseits derer es keine Hoffnung auf Heil gibt. Sie nimmt den Kampf mit der Sünde in den eigenen Reihen auf, um die vom Abfall Bedrohten zu warnen, zu überführen und zurechtzuweisen. K. kann zu einem Akt prophetischer Seelsorge werden, zum Wächterdienst »über das Haus Israel« (Ez 3, 17ff). - »Der Ursprung aller Zuchtübung ist die Verkündigung des Wortes nach beiden Schlüsseln« (Bonhoeffer). Das *Predigtamt* hat die Sünden öffentlich zu »strafen«, bestimmte Gesinnungen zu verwerfen und vor dem Mißbrauch der christlichen Freiheit zu warnen. Die Taufverkündigung bezeugt, daß sich das Taufbekenntnis im Sichhalten an die Verkündigung der Gemeinde aktualisiert. Die Abendmahlspredigt ruft zur Annahme der Christusgemeinschaft, zum Bekenntnis, zum Dienst in der konkreten Gemeinde und damit zur seelsorgerlichen Verantwortung füreinander. Zur öffentlichen Verkündigung treten *»Einzelvermahnungen«* (Calvin) in der nachgehenden Seelsorge, im Tauf- und Traugespräch und bei den Hausbesuchen der Ältesten und Helfer. Der

→ Kirchenaustritt darf nicht nur einfach registriert werden, sondern fordert einen Akt der K. Durch einen *Ausschluß* (der auch die Verweigerung der Annahme kirchlicher Beiträge nach sich ziehen sollte) bezeugt die Gemeinde unzweideutig, daß der keiner Mahnung mehr zugängliche Sünder sich selbst von der Gemeinde geschieden hat. Dabei ist die Versagung der kirchlichen Gemeinschaft letzter Ruf der Gemeinde zur Umkehr. – Für die Weiterarbeit an der Frage der K. gilt: K. ist heute ein weithin noch unerforschtes Gebiet. Über die reformatorischen Ansätze und Einsichten hinaus ist das NT zu befragen. K. kann nie nur nach gesetzlichen Vorschriften, sondern muß in geistlicher Vollmacht geübt werden (Gebet). Als sekundäre Gestalt des *einen* Wortes steht K. im Kampf mit Libertinismus *und* Nomismus. K. kann in der Kirche nur dann Raum gewinnen, wenn mit ihr im Kreis der Amtsträger und Verantwortlichen begonnen wird.

RE X, 483ff – RGG² III, 1038f – D. Bonhoeffer, Nachfolge, 1937 – W. Maurer, Gemeindezucht..., 1940 – H. Diem, Restauration oder Neuanfang, 1946 – E. Thurneysen, Die Lehre von der Seelsorge, 1946 – G. Ebeling, K., 1947 – O. Weber, Die KO der Niederl. Ref. Kirche von 1950 (ZevKR 2, 1953, 225–269) – R. Bohren, Das Problem der K. im NT, 1952 (Lit.) – W. Göbell, Die Rhein.-Westf. KO von 1835, Bd II, 1954 – EKL II, 836ff – R. Götze, Wie Luther K. übte (ThA 9), 1958. *W. Rott*

III. In den jungen Kirchen

In seiner ev. Missionslehre hat bereits G. → Warneck auf die große Bedeutung der K. in den »jungen« Kirchen hingewiesen. In der K. erkennt die Gemeinde, daß das neue Leben als Gabe, die in der Gemeinschaft mit dem Herrn geschenkt wird, jedes Gemeindeglied vor neue Entscheidungen stellt. Es ist darum nicht verwunderlich, daß K. fast überall in den »jungen« Kirchen ernst geübt wird. – Selbstverständlich geschieht das nicht überall in gleichem Maß und mit gleicher Strenge. Folgende Faktoren spielen eine Rolle: In erster Linie haben überall die Missionare, meist kraft ihrer persönlichen Frömmigkeit und in der leidenschaftlichen Absicht, die von ihnen gegründete Kirche in kurzer Zeit zur Heiligung des Lebens zu führen, bes. im Anfang die K. mit großer Strenge angewandt. Es fehlte ihnen jedoch manchmal das Wissen um die zähen Lebenskräfte des Heidentums; der Erfolg war, daß die Mißbräuche nicht verschwanden, sondern lediglich vor dem Missionar verheimlicht wurden. – Ein zweiter Faktor war der Boden, auf dem die »junge« Kirche wuchs. Überall da, wo zuvor eine Stammesreligion geherrscht und eine strenge, alles umfassende Sitte das Leben geordnet hatte, bestand in der »jungen« Kirche die ständige Gefahr, daß an die Stelle der alten Sitte lediglich eine neue trat, die Gemeinde also weiter im alten Geiste gesetzlichen Gehorsams lebte. Unter solchen Umständen wird das neue Leben letztlich zwangsmäßig gestaltet und fortwährend durch strenge Gesetze geschützt. Es fehlt die tiefere Einsicht, daß das neue Leben des Geistes ein zartes Pflänzchen ist, das erst allmählich wachsen kann und mit großer Vorsicht gepflegt werden muß. In den »jungen« Kirchen, wo die Gefahr eines unevangelischen Rigorismus besteht, wird oft mit Vorliebe das AT zitiert und angewandt, um die legalistische Praxis zu rechtfertigen. Dies ist bes. in Afrika der Fall, kommt aber auch in anderen Gebieten vor. Chr. → Keyßer hat auf Grund dieser Erfahrung den Gedanken ausgesprochen, daß »die jungen Christengemeinden irgendwie durch eine at. Entwicklungsstufe hindurch müssen« und daß die meisten Christen der ersten und zweiten Generation »Menschen des AT bleiben«. Es ist kaum verwunderlich, daß in den »jungen« Kirchen bisweilen mehr als die Hälfte der Gemeinde durch die K. betroffen wurde. Eine so strenge Ausübung der K. ist natürlich die Folge dürftiger Seelsorge. Die allgemeine Erfahrung in den Missionsgebieten hat bewiesen, daß die K. nur bestätigen und handhaben kann, was die Gemeinde als Ganzes als den Willen des Herrn nicht nur kennengelernt, sondern auch in ihrem Gewissen sich angeeignet hat. Sobald sie diese Grenze überschreitet, kommt es entweder zu systematischer Verheimlichung der Sünde oder zu einem nicht unbedenklichen Legalismus. Bleibt die K. umgekehrt zu weit, so führt sie leicht zu Gleichgültigkeit und Unverbindlichkeit des Glaubens gegenüber dem Heidentum. – In den Ländern des ostasiatischen Kulturkreises ist öfters die Höflichkeit ein zähes Hindernis für das gesunde Wachstum der K. Es wird als unanständig empfunden, den Bruder offen auf seine Sünde aufmerksam zu machen.

Die Sünden, welche in der K. in Betracht kommen, sind meistens die Restbestände alter heidnischer Vorstellungen und Bräuche. Hier sind namentlich abergläubische Berücksichtigung von Glücks- oder Unglückstagen zu erwähnen, ferner Furcht vor bösen Geistern und magischen Kräften und der typisch heidnische Versuch, mit den Ahnen in Kontakt zu bleiben und von ihnen Heil zu empfangen. Auch müssen hier die Sünden genannt werden, die in der alten, nichtchristlichen Eheauffassung verwurzelt sind, bes. Polygamie und Ehebruch. Die ökonomische Komponente der Polygamie rechtfertigt in einer primitiven Gemeinschaft eine zweite, gesunde Frau, wenn die erste chronisch krank ist und deshalb ihre Pflichten nicht erfüllen kann. Außerdem gilt eine kinderlose Ehe als eine nicht wirklich gültige Ehe. Auch in solchen Fällen wird Polygamie als normal betrachtet. Das Gewissen ist oft nicht von Anfang an so geschärft, daß es Polygamie als Sünde empfindet, zumal sie im AT offensichtlich nicht ausdrücklich verboten war. Vielfach ist eine Zeit ruhiger Belehrung notwendig, bevor die Gemeinde gelernt hat, die Polygamie auch wirklich abzulehnen. In vielen »jungen« Kirchen wird sie bei denjenigen Gemeindegliedern geduldet, die bereits vor ihrer Bekehrung mit mehreren Frauen verheiratet waren. Von ihnen wird die Trennung nicht gefordert, weil die verstoßenen Frauen, wenn sie nicht mehr in den Kreis ihrer Familien aufgenommen werden, oft ein sehr schweres Schicksal erleiden. Allerdings wird ein in Polygamie lebender Mann auf Grund von 1Tim 3, 2. 12 zumeist von der Wahl zu einem Amt in der Gemeinde ausgeschlossen. Auch die Frage des Brautpreises wird in den meisten »jungen« Kirchen mit großer Vorsicht behandelt (→ Frau: VI, 4).

K. wird in folgender Weise ausgeübt: Im ersten Stadium ist es meist der Missionar, der sie anwendet oder wenigstens leitet. Ist die »junge« Kirche selbständig geworden, so treten die kirchlichen Behörden an seine Stelle. In vielen »jungen« Kirchen behält die – oft in der Woche vor dem Abendmahl einberufene – Gemeindeversammlung noch lange Zeit eine große Bedeutung für die richtige Ausübung der K. Bei Streitigkeiten in der Gemeinde ist diese Versammlung der Ort, wo eine Versöhnung ernsthaft angestrebt wird. Wenn ein Sünder seinen Fehler bekennt, wird in den meisten Fällen von einer weiteren Zuchtübung abgesehen. Nur selten wird ihm die Teilnahme am → Abendmahl (: VII) untersagt. Bei Amtsträgern liegt die Sache selbstverständlich schwieriger. Fällt einer von ihnen in alte, heidnische Gebräuche zurück oder begeht er andere offensichtliche Sünden, dann wird die K. mit größerem Nachdruck angewandt als bei Laien.

G. Warneck, Ev. Missionslehre III/3, 1903 – Chr. Keysser, Eine Papuagemeinde, (1929) 1950² – W. Freytag, Die junge Christenheit im Umbruch des Ostens, 1938 – G. E. Phillips, The OT in the World

Church, London 1942 - H.WYDER, Gesetz u. Gnade in der Zuchtübung der Gemeinde in China (EMM 91, 1947, 97-99) - W.BIEDER, Lebendige K. (ebd 100, 1956, 34-38). *J.H.Bavinck*

Kirchliche Arbeit von Alpirsbach. Die KAA ist nicht aus programmatischer Erwägung entstanden, sondern aus einem Versuch des damaligen Stadtpfarrers von Alpirsbach, W.Schildge, 1933 die einander befehdenden Christen vom ökumenisch-irenischen Ansatz aus in und mit dem Gottesdienst zu versöhnen. Bei der kritischen Aufnahme und Fortführung dieses Versuchs schärfte und weitete die theologische Arbeit K. → Barths den Blick und verband die Arbeit mit der Entscheidung von → Barmen zu einem Stück »theologischer Existenz heute« unter Mitarbeit einiger Glieder der Kirchlich-theologischen → Sozietät in Württemberg. Obwohl der Gottesdienst Zentrum der Arbeit blieb, hat die Tatsache, daß fast alle an der KAA seit 1935 Mitwirkenden den Weg der → Bekennenden Kirche mitgingen, praktisch davor bewahrt, im Vollzug des Gottesdienstes das alleinige Heilmittel gegen kirchliche Nöte zu sehen. Daß der damalige Kantor Schwabens, Pfr. R.Gölz, in einer denkwürdigen Zusammenarbeit mit F.Buchholz als einem »Sohn der preußischen Union« die KAA weiterführte, ermöglichte es, die seit 1894 getrübte und seit 1930 verwässerte gottesdienstliche Überlieferung der APU durch Rückgriff auf die Gregorianik zu klären und in sachgemäßer Sauberkeit fortzusetzen, wozu intensive Kenntnis der Kirche in → Schweden und ihrer Geschichte ermutigte. So wuchs trotz allem nicht eigentlich ein Kreis um eine Losung, eine Bewegung für Gregorianik, eine Bruderschaft eigner Struktur um das Gebet heran, sondern eine freie, personal sich wandelnde Werkgemeinde, die das tun konnte, was die offizielle Kirche mit so geduldiger Sorgfalt und so korrigibler Vorläufigkeit kaum wird durchführen können.

Darum ist die KAA genau das, was ihr Name sagt; sie ist *Arbeit* am → Gottesdienst (: VI) und von ihm ausgehend in der ganzen Breite kirchlichen und menschlichen Lebens. Sie erforscht, prüft und verarbeitet das gottesdienstliche Erbe. Dabei ist der Predigt und Abendmahl zusammenschließende Gottesdienst nicht liturgischer Zwang, doch schönster »Festakt« der Werkgemeinde und das sog. → Stundengebet nicht die einzige Möglichkeit, aber hilf- und lehrreiche »Einübung« in Dank, Gebet und Fürbitte. Das Hören des Wortes Gottes nötigt die KAA zu theologischer Arbeit in einer wissenschaftlich nüchternen Exegese, in einer richtigen Interpretation der Geschichte der Kirche und ihres Dogmas, in einer Bemühung um systematische Klarheit für eine christliche Existenz in der Gegenwart, in einer aus dem Gottesdienst erwachsenden Ordnung der Gemeinde bis zum Kirchenrecht.

In dieser Arbeit wirkt die *Tradition* nicht als eiserner Zwang, sondern als zu beachtende, darum auch korrigible Äußerung des Glaubens. Ihre Erforschung entmythisiert sie, macht sie zur klärenden Hilfe in heutiger Ratlosigkeit und ermuntert zu eigener Entscheidung. - Ähnlich haben die *gregorianischen Melodien* ihre Funktion als hochwertige Gesangskunst im Gottesdienst (→ Gregorianischer Gesang: II). Als Formen, die heute keine kultische, aber doch ästhetische Kraft haben und in dieser ihre publikative Bedeutung wieder gewinnen können, erziehen sie zum Formverstehen, ohne das kein Gottesdienst ist, sprengen immer wieder sich einstellende sakrale Einengungen und ermöglichen das Verstehen anderer und neuer Formen. Als Filter gegenüber der Tradition erziehen sie zu liturgischer Nüchternheit.

In dem allem ist die KAA *kirchliche* Arbeit, vorzugsweise als weites Experimentalfeld, intensives Exerzitium und sorgsames Seminarium, der ganzen Kirche aus der Freiheit eines Christenmenschen dienstbar angeboten, damit im Gottesdienst als Quellort des Lebens und Quellfassung des sich anbietenden, sich erklärenden und so die Menschen klärenden Wortes Gottes eben dieses als die »viva vox Evangelii« über die Welt die »Königsherrschaft Christi« proklamiere und ausübe, wir in der »Fides ex auditu« die radikale ethische Forderung Jesu recht verstehen und in unserer Mitmenschlichkeit recht zu praktizieren ermuntert und befreit werden. Wo bei solchem Tun in der Berneuchner Bewegung (→ Berneuchen) »Inkarnation« und »naturhafter Untergrund«, auch das Symbol stehen, steht in der KAA das »Wort« auf Grund des Schriftzeugnisses in Gestalt kirchlicher Verkündigung und theologischer Besinnung. Eben darum ist die KAA keine programmatische Bewegung, gar im Anschluß an andere Bewegungen; darum hat sie auch kein Reformprogramm, wohl aber jene gebundene Beweglichkeit, die der Freiheit des wirkenden Wortes Gottes entspringt und entspricht, in allem kritisch und selbstkritisch bereit, diesem Wort gehorsam zu bleiben.

So verstanden, wirkt die KAA in der Form der in der Praxis bewährten »Wochen«, deren sieben Tage vom Gottesdienst her geordnet sind und theologisches Studium, exegetische Arbeit in Homilien, Exerzitium der Gesänge, dazu Ruhe und fröhliche Mitmenschlichkeit umschließen, in vier Regionen: Schwaben, Rheinland, Westfalen, Ostfalen mit Thüringen. Die KAA wird dabei geleitet von ihrem Präses F.Buchholz (Darmstadt), dem ein Kuratorium zur Seite steht (1959: Prof. E.Bizer, Dekan E.Weismann, Oberstudiendirektor F.Grünewald, Präses J.Beckmann, Prof. E.Wolf, Musikdirektor K. Rahner).

Publikationen der KAA: Die Complet, (1950) 1958[3] - Gesänge zur Messe, 1951 - Die Laudes, 1953 - Die Vesper, 1956. - Über die KAA: R.GÖLZ, Die Kirchl. Arbeit in Alpirsbach (MuK 12, 1940, 62-66. 87-92). - Ferner: F.BUCHHOLZ, Liturgie u. greg. Gesang, (1939) 1941[2] - DERS., Vom Wesen der Gregorianik, 1948 - DERS., Gregorianik heute (EvTh 1950/51, 241-253) - DERS., Musik u. Musiker in der Gemeinde, 1952 - DERS., Von Bindung u. Freiheit des Musikers in der Gemeinde, 1955 - DERS., Gedanken zur Aufgabe der Liturgie (Kritik des Agendenentwurfs der EKU) (MPTh 44, 1955, 495-506) - DERS., Zum Verkündigungscharakter des Singens (MuK 26, 1956, 260-272) - G.HARBSMEIER, Gottesdienst u. Gesch.: »Alpirsbach« (ThR NF 25, 1959, 251-280). *F.Buchholz*

Kirchliche Unterweisung

I. Geschichtlich - II. Ev. Kirchliche Unterweisung. - U. = Unterweisung. - Zur kath. K.U. s. → Religionspädagogik: II, zu den rechtlichen Problemen der K.U. s. → Religionsunterricht. - Ergänzend vgl. ferner → Katechetik, → Katechismus, → Katechumenat, → Pädagogik: III, → Religionslehrer, → Religionspädagogik: I, → Schule und Kirche sowie die bei → Kirchliche Unterweisung: II angegebenen Artikel

I. Geschichtlich

1. Begriff - 2. Geschichte der K.U.: a) In der alten Kirche - b) Im MA - c) Seit der Reformation

1. Der Begriff der K.U. wird gleichbedeutend gebraucht mit biblischer Unterricht, kirchlicher Unterricht, ev. U., → Christenlehre. So verstanden bezeichnet er lediglich, was man im Rahmen der schulischen Unterrichtsfächer auch heute noch Religionsunterricht nennt. Die Geschichte der K.U. wäre danach die Geschichte des Religionsunterrichts (→ Religionspädagogik).

2. a) Obwohl das Evangelium weder ein Bildungsgut darstellt noch eine Erziehungslehre enthält, hat es auf → Bildung und → Erziehung von Anbeginn stark gewirkt. Alle, die sich zu ihm bekannten, mußten bereits in der ersten Generation prüfen, ob und wieweit sie in der Überlieferung, aus der sie kamen, bleiben konnten.

At. und hellenistische Überlieferung mußten sich in gleicher Weise dem Anspruch des Evangeliums stellen. Christliche Eltern und die Gemeinde mußten aber auch auf die Weitergabe des Evangeliums an die nachwachsende Generation und die Ausprägung einer christlichen Lebensordnung bedacht sein. Evangelium und Bildung traten daher notwendig in ein positives Verhältnis zueinander, das man nicht kurzerhand als Pädagogisierung des Evangeliums abtun kann. Es handelt sich vielmehr um die Verwirklichung des Anspruchs des Evangeliums auf die Welt. Ansätze dazu zeigt bereits das NT (vgl. Jentsch), ja das NT als ganzes muß als das grundlegende Dokument der K.U. verstanden werden. Daß das AT in die K.U. der Urchristenheit einbezogen wurde, versteht sich von selbst. Die Frage, in welchem Maße hellenistische Bildungswerte mit dem Evangelium weitergegeben werden könnten, beherrschte die Überlegungen der Kirchenväter. → Clemens Alexandrinus (um 200) vertritt im »Paidagogos« die Auffassung, daß die Christen, seit das Wort selbst vom Himmel gekommen ist, die Schulen der Menschen nicht mehr zu besuchen brauchen. Wenn der unser Lehrer ist, der alles mit hl. Kraft, mit Heil, Wohltun und Lehre erfüllt hat, dann seien wir in allem unterrichtet, alles sei nunmehr Athen, alles sei Griechenland geworden. Daher könnten aber auch Werte griechischer Bildung der K.U. dienstbar gemacht werden. → Tertullian fordert, daß die Kinder, bevor sie zur Taufe kommen, Christus kennenlernen; sie müssen gelehrt werden, wohin sie gehen, wenn sie die Taufe begehren (De bapt. 18). → Basilius d.Gr. empfiehlt für die K.U. der Jugend den Gebrauch ausgewählter heidnischer Schriftsteller als Vorübung zum Lesen der Hl. Schrift (Rede an die Jünglinge). Im Gegensatz dazu wünscht → Chrysostomus, daß die Kinder früh mit der Hl. Schrift vertraut gemacht werden, da sie in ihr die Gegenkräfte gegen gefährliche Neigungen ihres Alters finden, die durch die Beschäftigung mit heidnischem Schrifttum noch verstärkt würden (Gegen die Feinde des Mönchtums). → Hieronymus beschränkt die K.U. der Jugend (Mädchen) ganz auf die biblischen Schriften und die der Väter (Cyprian, Athanasius). Die biblische U. ist bei ihm ganz in eine Erziehung zum Gebet und zur Askese eingebettet. Bei → Augustin finden sich sorgfältige, seelsorgerliche Erwägungen über die Grundsätze der K.U., die zwar auf Erwachsene gerichtet sind, aber doch Schlüsse auf die K.U. der Jugend zulassen (De cat. rud.). In die Methoden der K.U. in der alten Kirche gibt die Ordnung des → Katechumenats Einblick.

b) Im MA wird die K.U. zur Volkserziehung. Der Initiative → Karls d.Gr. sind die Pfarr-, Dom- und Klosterschulen zu danken. In den Pfarrschulen lernen Knaben zum mindesten das Glaubensbekenntnis und das Vaterunser; nach Möglichkeit werden sie im Singen und im Ministrantendienst ausgebildet. Nach Weisung der Synode von Aachen (789) sollen in den Kloster- und Domschulen die Psalmen im lateinischen Text gelernt werden. An den Psalmen wird das Lesen geübt. Daneben werden außer Schreiben und Rechnen der → gregorianische Gesang und die Berechnung der kirchlichen Festzeiten gelehrt. Im hohen MA besteht der katechetische Stoff aus Glaubensbekenntnis, Vaterunser, den Zehn Geboten, den 7 Gaben des Hl. Geistes, den 7 Todsünden, Kardinaltugenden und Sakramenten. Die Regelung des Beichtwesens durch die 4. Lateransynode (1215; → Bußwesen: II, 2a) führt die K.U. zu einer starken Betonung des Gesetzes, aber damit auch über die bloße Einübung kirchlicher Lebensformen hinaus in eine seelsorgerliche Verantwortung für den einzelnen, bes. die Jugend. »Bei der Jugend muß die Erneuerung der Kirche beginnen« (Joh. → Gerson, Daß man die Kleinen zu Christus führen soll). Daneben spielen die → Mystik (: VI) als U. zu Gebet und Andacht, die Heiligenlegende und die Bildkunst (Buchmalerei, → Glasmalerei, Plastik, Holzschnitt, Tafelmalerei [→ Bibelillustration, → Graphik]) eine entscheidende Rolle in der K.U. des MA, deren Werte heute in neuer Sicht wiederentdeckt werden. Es bahnt sich also schon vor der Reformation die Überwindung einer K.U. an, die im wesentlichen auf die Einübung in die Lebensformen der Kirche gerichtet ist.

c) Die *Reformation* tut den entscheidenden Schritt, indem sie die K.U. wieder ganz auf die biblische Botschaft als solche ausrichtet. Auch → Luther ist der Überzeugung, daß die Erneuerung der Kirche in der K.U. der Jugend anzusetzen habe. Für seinen → Katechismus (: II) ist bezeichnend, daß er nichts bieten will als die Hauptstücke der biblischen Botschaft. Der Katechismusunterricht ist daher nicht im Gegensatz zu biblischer U. zu sehen. Daneben sieht Luther die volkserzieherische Aufgabe der K.U.: Sie soll einen Beitrag zur Erziehung nicht nur frommer Prediger und Seelsorger, sondern auch frommer Lehrer, Kanzler, Schreiber, Richter usw leisten (Sermon, daß man Kinder zur Schule halten soll, 1530). Da das Schulwesen, vor allem die Klosterschule, in Verfall geraten ist, sieht sich Luther nach einem neuen Träger der K.U. und Erziehung überhaupt um und findet ihn in den Räten der Städte (An die Ratsherren aller Städte deutschen Landes, daß sie christliche Schulen aufrichten und halten sollen, 1524; → Bildungswesen, 5). Einen Einblick in die K.U. der neuen Schulen bieten die Schul- und Kirchenordnungen des 16.Jh.s. So heißt es in den »Gesetzen der Goldberger Schule« Valentin → Trotzendorfs (1546): »Die Schüler müssen vor allen Dingen fromm werden. Sie müssen die Hauptstücke der christlichen Lehre genau lernen. Morgens und abends, bei Tisch, bei Anfang und Schluß des Unterrichts wird gebetet und gesungen. Sonntags, Mittwochs und Freitags sollen die Schüler den Gottesdienst besuchen, im Chor singen, die Predigt hören und behalten (!). Sie sollen ihr Leben öfters prüfen, dem Pfarrer beichten und das Abendmahl empfangen. Ihr Glaube soll sich durch Früchte beweisen...« Von U. in der biblischen Geschichte ist nicht die Rede. Die Predigten scheinen diese Aufgabe erfüllt zu haben. Joh. → Sturm in Straßburg († 1589) legt 10 Punkte »zur Erreichung einer beredten und weisen Frömmigkeit« vor, von denen aber nur 3 auf die K.U. Bezug haben: Psalmengesang und Gebet dreimal am Tage; während des Mittag- und Abendessens Vorlesung aus der Bibel (1.2Kön, Gen, Evangelien, Briefe, Propheten – in dieser Reihenfolge!); täglich vor dem Schlafengehen eine kurze Predigt vorzulesen (»Hiezu eignen sich die Predigten Augustins« [!]). Die Württembergische KO von 1559 sieht als Bücher vor: die Tafel (gemeint ist die Haustafel, vgl. BSLK 523ff), den Katechismus, das Psalmbüchlein, Spr, Sir und das NT. Wöchentlich wird in einer Stunde der auswendig zu lernende Katechismus erklärt. Wöchentlich findet außerdem eine Stunde Übung im Kirchengesang statt, und aus dem → Cisiojanus (Kirchenjahreskalender in Versen, s. Luthers Betbüchlein, 1529) sind Stücke zu lernen. – Die Beispiele zeigen, wie stark auch jetzt wieder die K.U. auf die Einübung in das kirchliche Leben abzielt. Der biblische Unterrichtsstoff wird fast ausschließlich vom → Kirchenjahr in Gestalt der sonntäglichen Episteln, Evangelien und at. Lektionen dargeboten. Eine fortlaufende Behandlung biblischer Bücher gibt es in den Wochenpredigten. Dagegen sieht zB der (richtig »die«) Schulmethodus von Sachsen-Gotha (1642) außer den üblichen Stoffen das Lesen der Evangelien und Episteln in der obersten Klasse vor, – eine Wirkung der reformdidaktischen Bemühungen Herzog → Ernsts d.Fr. (→ Ratichius). → Comenius gibt in Kap. 24 seiner »Großen Didaktik« (1657) 21 Regeln für die Einführung der Schüler in das Lesen der Hl. Schrift. Die K.U. als Bibelunterricht ist durch Johann Hübners »Zweimal 52 auserlesene biblische Historien« (1714) stark gefördert worden, ein bis ins 19.Jh. beliebtes Lehrbuch. - Unter dem Einfluß des → Pietismus rückt die *biblische Geschichte* in den Vordergrund der K.U. »Das Bibellesen und Sprüchelernen ist zeitig anzufangen, aber auch vorsichtig anzustellen« (A.H. → Francke, Kurzer und einfältiger Unterricht..., 1702). Das Schwergewicht liegt jetzt auf der Weckung persönlichen Glaubens. Die Einführung in kirchliche Lebensordnungen tritt zurück. → Zinzendorf aber zeigt - im Unterschied zu Francke - ein feinsinniges Verständnis für das kindliche Seelenleben und bemüht sich auch, eigene Formen für das gemeinsame geistliche Leben der Kinder zu entwickeln (Kinderbettag). Der Pietismus hat sich in besonderer Weise um die *Methode* der K.U. bemüht. Die sog. Zergliederungsmethode hat sich freilich sehr zum Schaden des biblischen Unterrichts ausgewirkt. In der Absicht, den Inhalt der biblischen Geschichten dem Gedächtnis der Kinder einzuprägen und zu einem festen Besitz zu machen, wurde jede Geschichte Satzteil um Satzteil abgefragt (zB: Wer sagt also? Er! Was tut Gott? Sagt! Wie sagt er? Also!). Gegen dieses lähmende Verfahren wandte sich die →Sokratik. Sie verfiel in den entgegengesetzten Fehler, indem sie meinte, religiöse Wahrheit aus dem Kinde herausfragen zu können. Der Urheber der sokratischen Methode in der K.U., Lorenz v. → Mosheim (1694-1755), setzte freilich noch die Kenntnis der biblischen Geschichte voraus und benutzte die Methode nur zu ihrer Auslegung im Unterrichtsgespräch; der → Rationalismus (: II) ließ jedoch diese entscheidende Voraussetzung fallen. Gegen beide Methoden, die → Pestalozzi mit »Maulbrauchen« bezeichnete, mußten → Herbarts Formalstufen wie eine Befreiung wirken. Hier schien nun endlich, wie aller Unterricht, so auch die K.U. zu einer angemessenen, dem Kinde und der Sache dienenden Arbeitsform gelangt zu sein. Doch auch diese Methode hat sich in ihrer einseitigen Anwendung und gewaltsamen Einengung jeder Unterrichtseinheit unter die 5 Stufen als verfehlt erwiesen, da auch sie zu einem verödenden Frage-Antwort-Mechanismus führt; denn ein freies Unterrichtsgespräch würde die Durchführung der 5 Stufen innerhalb *einer* Stunde gefährden. - Gegen die Einseitigkeit des *biblischen* Unterrichts erhob Theod. →Harnack die Forderung *kirchlicher Erziehung*, vornehmlich im Konfirmandenunterricht: »Leben lernt man nur im Leben, kirchliches Leben nur im Leben der Kirche... Beides gehört zusammen: U. in der kirchlichen Lehre und Erziehung zum kirchlichen Leben« (Katechetik, 1882). Seine Forderung scheint erst in jüngster Zeit erfüllt zu werden (s.u.). Die Einseitigkeit der *Methode* rief um 1900 die sog. → *Religionspädagogik* (: I) auf den Plan. Vertreter der → Liberalen Theologie machten den energischen Versuch, den Religionsunterricht aus seiner traditionellen kirchlichen Bindung zu lösen und ihn auf psychologischer Grundlage methodisch neu zu gestalten. Das Standardwerk dieser Bemühungen ist R. →Kabischs Buch »Wie lehren wir Religion?« ([1910] 1931[7]). Dabei ging nicht nur der kirchliche Charakter der U., sondern auch die biblische Substanz verloren. Der Einfluß dieser Bewegung im öffentlichen Schulwesen war groß. Ihr Verdienst lag darin, daß sie die Bahn für eine methodische Erneuerung freimachte. Eine bedeutende Rolle spielten die Versuche, die biblische Geschichte frei und kindgemäß zu erzählen. Das war etwas völlig Neues (Wiedemann, Scharrelmann, Otto und Else Zurhellen; zur Kritik vgl. → Religionspädagogik: I). Neben der Religionspädagogik wirkte die *pädagogische Reformbewegung* auf die K.U. (→ Pädagogik: I). Otto → Eberhard trat für die Anwendung des Gedankens der → Arbeitsschule (→ Kerschensteiner, Gaudig) in der K.U. ein. Die reformpädagogischen Schulversuche reichen von bewußter Ablehnung alles Christlichen zugunsten einer allgemeinen Religiosität (Lietz, Wyneken) bis zu bewußt kirchlicher Erneuerung der K.U. (Zinzendorf-Schule, Neuwied; Bodelschwingh-Schule, Bethel; Urspring-Schule, Schelklingen; vgl. Uhsadel). Die → Dialektische Theologie führte zu einem neuen Verständnis für den Auftrag des Religionsunterrichtes in der öffentlichen Schule (Bohne). Aber erst die Jahre des → Kirchenkampfes brachten die Rückbesinnung auf seinen kirchlichen Charakter (Hammelsbeck, Rang, Frör). Die Methodenfrage trat vor der theologischen Erneuerung stark zurück. Die Tatsache, daß die Religionspädagogik der Jh.wende und die Reformpädagogik unter dem Einfluß einer überholten Theologie standen, verleitete dazu, ihre methodischen Verdienste zu verkennen. Seit 1945 sucht eine umfangreiche Literatur (→ Kirchliche Unterweisung: II) wieder neue Wege der Unterrichtsgestaltung und des Verfahrens.

L. CORDIER, Ev. Pädagogik I: Christl. Erziehungsgedanken u. christl. Erzieher. Ein Quellenbuch, 1932; II: Die Jugenderziehung vor der Christusfrage, 1. Halb-Bd: Die Christusbotschaft der Schrift u. das Erziehungs- u. Bildungswerk der christl. Kirche, 1938 (bis 1500, Lit.; 2. Halb-Bd nicht erschienen) - W. UHSADEL, Die Kirche im Erziehungswerk. Die reformpäd. Schulversuche in ihrem Verhältnis zur Kirche, 1939 - DERS., Ev. Erziehungs- u. Unterrichtslehre, 1954 - W. JENTSCH, Urchristl. Erziehungsdenken. Die Paideia Kyriu im Rahmen der hellenist.-jüd. Umwelt, 1951 - G. NIEMEIER-W. UHSADEL, Kirche u. Schule, 1956 - F. HAHN, Die ev. U. in den Schulen des 16.Jh.s, 1957.

W. Uhsadel

II. Ev. Kirchliche Unterweisung

1. Auftrag und Wesen der K.U. - 2. K.U. und Erziehung - 3. Formen der K.U. - 4. Methoden. - Vgl. ergänzend → Arbeitsschule, 5, → Bergpredigt: III, → Berufsschule, 5, → Bibel: IV, → Bibelkritik: III, → Christenlehre, → Erziehung: II, → Gesangbuch: V, → Gleichnis: III, → Jugendgottesdienst, → Junge Gemeinde, → Katechismus: III, → Kindergottesdienst, → Kirchengeschichte: II, → Konfirmandenunterweisung, → Märchen: III, → Sagen und Legenden: IV, → Schöpfung: V, → Sonntagsschule, → Wunder: VII

1. Der katechetische Dienst der Kirche ist begründet durch den Auftrag der Bezeugung des Evangeliums, den der erhöhte Herr seiner Gemeinde gegeben hat (2Kor 5, 18; Apg 6, 4). Die K.U. ist demnach eine besonders geprägte Vollzugsform des ministerium docendi evangelii neben der Wortverkündigung in der gottesdienstlichen → Predigt, der → Seelsorge und der → Absolution. Sie ist charakterisiert durch die eigentümliche Aufgabe des Überlieferns, Entfaltens und Lehrens und dadurch von den übrigen Formen der Verkündigung eindeutig zu unterscheiden, aber in ihrem zentralen Auftrag nicht zu trennen. Als innergemeindlicher Unterricht ist sie eine unentbehrliche Funktion der Gemeinde und dadurch deutlich geschieden von der missionarischen Predigt nach außen. Auch in dem unterrichtenden Wort der Kirche darf der Glaube dessen gewiß sein, daß in diesem menschlichen Bemühen der erhöhte Christus gegenwärtig ist und seine Gemeinde ansprechen will. Auch hier ist das endzeitliche Schöpfungshandeln Gottes jedem Zugriff menschlichen Verfügens entzogen. Darum kann der katechetische Dienst nur ausgerichtet werden in der Erwartung des Glaubens und in der Bitte um das Wirken des hl. Geistes.

Lehre und Taufe gehören untrennbar zusammen (Mt 28, 18). Als innergemeindlicher Unterricht ist die K.U. zunächst als Taufunterricht zu verstehen. Dafür ist es von sekundärer Bedeutung, ob sie als vorbereitender Taufunterricht oder als »nachgeholte« bzw. weiterführende

U. der Getauften auftritt. Die K.U. dient aber ebenso auch der Zurüstung der Getauften zum Altarsakrament. Als vorbereitende oder auch als weiterführende *Sakraments-U.* ist sie damit immer auf das Wort und die Sakramente zugleich bezogen.

Ebenso konstitutiv ist die Gliedschaft in der unter Wort und Sakrament lebenden Gemeinde für den, der den Unterricht erteilt. Er kann die Gehilfenschaft zum rechten Hören an seinen Schülern nur so üben, daß das Wort nicht zum verfügbaren Gegenstand wird, sondern daß er mit seinen Schülern in der Gemeinschaft der Hörenden, Fragenden und Gefragten steht. Er kann in diesen Dienst nur durch die Bevollmächtigung der Kirche berufen werden (Vokation) und ihn nur unter dem Geleit verantwortlicher brüderlicher Beratung (→ Visitation, Besuchsdienst) ausüben. Er kann sich nicht in die Rolle eines neutralen Wissensvermittlers oder unbeteiligten Interpreten zurückziehen, sondern muß auch zum persönlichen Zeugnis und Bekenntnis bereit sein.

Wenn die K.U. als Verkündigung verstanden wird, so ist das eine grundsätzliche theologische Aussage, aus der keine kurzschlüssigen Folgerungen psychologischer (Überforderung) oder didaktischer Art (Verkündigung als didaktische Stufe) gezogen werden dürfen. Es ist fraglich, ob der kerygmatische Charakter des Evangeliums es zuläßt, die K.U. nur als vorbereitende Bekanntmachung zu verstehen (K.Barth) und damit die ursprüngliche Einheit von Bericht und Zeugnis, von Mitteilung und Anrede in der viva vox evangelii aufzulösen.

2. Der Dienst der K.U. kann nicht ausgerichtet werden, ohne daß gleichzeitig sein Zusammenhang mit dem erziehenden Handeln der Kirche gesehen wird. U. und → *Erziehung* (: II) sind deutlich voneinander zu unterscheiden. Der eigenständige Auftrag der K.U. macht es unmöglich, sie einem pädagogischen Ziel unterzuordnen oder von ihm abzuleiten. Der katechetische Auftrag kann nicht von seiner »natürlichen Einlagerung« in einen übergreifenden Erziehungszusammenhang her interpretiert werden, analog dem Verhältnis von Erziehung und Unterricht in der allgemeinen → Pädagogik (: II). Da aber zum Wesen der christlichen → Gemeinde (: I) auch das mitmenschliche Zusammenleben in konkreten soziologischen Strukturen gehört, bilden ihre Lebensformen und Ordnungen einen »pädagogischen Raum«, in dem die K.U. sich vollzieht und den sie zugleich auch verantwortlich mitgestaltet. Darin ist ihre pädagogische Wirksamkeit, gleichzeitig aber auch ihr pädagogischer Auftrag begründet. Die K.U. ist gerade in dieser Beziehung ein gliedhaftes Teilstück des Gesamtkatechumenats, dessen eigentliches Kennzeichen die lebendige Kooperation von U. und Erziehung darstellt. Dazu gehört vor allem auch die Bereitstellung von »Gewöhnungsfeldern«, die der Einübung in die Lebensformen der Gemeinde dienen (Gebet, Lied, Liturgie, Kirchenjahr, Diakonie usw).

Auch das *Ziel* der K.U. kann nur von der Ganzheit des → Katechumenats her richtig bezeichnet werden: Es ist die lebendige Gliedschaft in der Gemeinde, die vom Wort und Sakrament lebt. Dabei ist die pneumatisch-eschatologische und die didaktisch-pädagogische Dimension dieses Zieles um des verschiedenen Grades ihrer Unverfügbarkeit willen deutlich zu unterscheiden. Im konkreten Vollzug sind sie jedoch aufs engste miteinander verbunden und aufeinander bezogen.

3. Der Dienst der K.U. kann sowohl in *kircheneigenen Formen* (→ Konfirmandenunterweisung, → Christenlehre, → Kindergottesdienst, → Sonntagsschule, → Freizeiten) wie auch als Unterricht an öffentlichen Schulen ausgerichtet werden. Wo die kircheneigenen Formen im Laufe der Entwicklung verkümmert sind, bedürfen sie bes. sorgfältiger Pflege und sinnvoller Erneuerung. Wo die K.U. an *öffentlichen Schulen* als Lehrfach erteilt wird, ist ihr die Frage nach ihrer sinnvollen Einordnung in die Bildungsarbeit der Schule gestellt. Dabei wird ihre notwendige Eigenständigkeit ebenso beachtet werden müssen wie ihre Bereitschaft, an den Aufgaben der Schule verantwortlich mitzuarbeiten. Ihr kirchlicher Auftrag macht ihr eine Unterordnung unter ideologische Bindungen unmöglich. Sie leistet ihren Beitrag zur Bildungsarbeit der Schule sowohl durch deren eschatologische Infragestellung als auch durch den sachgemäßen Dienst an den weltlichen Ordnungen vom Evangelium her. In einer Schule, der jeder ideologische »Überbau« fraglich geworden ist, tritt sie ohne falsche Führungsansprüche in den Dialog mit ihren geistigen Kräften ein und nimmt den Verkündigungsauftrag als diakonischen Dienst am Menschen wahr (vgl. → Schule und Kirche: I).

4. Um der helfenden Liebe willen muß die K.U. den Weg des verantwortlichen Verständlichmachens gehen. Das bedeutet, daß sie den Hörer in seiner konkreten Lebenssituation aufsucht, im Gehorsam gegen ihre biologischen, psychologischen und soziologischen Gesetze. Sie wird vor allem die Ergebnisse der → Jugend- und Entwicklungspsychologie, der → Religionspsychologie und der → Tiefenpsychologie in kritischer Prüfung ihrem Auftrag dienstbar machen.

In der Frage nach den *Methoden* darf aus der Unverfügbarkeit des Glaubens keine grundsätzliche Abwertung jeder didaktischen Bemühung gefolgert werden. Umgekehrt darf man aber auch von dieser nicht mehr erwarten als sie leisten kann. Die K.U. kann weder auf verantwortliche didaktische Arbeit verzichten noch sich gesetzlich an eine »spezifisch christliche« Methode binden.

An die Stelle des didaktischen Formalismus ist heute auch in der K.U. eine größere Freiheit und Offenheit für die verschiedenen Möglichkeiten der Unterrichtsgestaltung getreten. Das bedeutet aber nicht, daß die K.U. Methoden, die zunächst einem ganz anderen Gegenstand gleichsam auf den Leib geschrieben sind, kurzschlüssig übernehmen könnte. Alle Methoden müssen von dem grundsätzlichen Primat des Auftrags und der Sache her geprüft werden. Das kann nur im freien Gespräch mit der allgemeinen Unterrichtslehre geschehen, in dem die K.U. jede Hilfe und sachkundige Beratung dankbar annehmen wird, zugleich aber auch mit der innerpädagogischen Kritik in Kontakt bleiben und diese unter Umständen radikalisieren muß.

Der entscheidende Gesprächspartner ist dabei heute die *Innere Schulreform* (früher: Reformpädagogik), deren anerkannte und gültige Ergebnisse inzwischen ihren Niederschlag in den Bildungsplänen der öffentlichen Schulen gefunden haben. Es geht dabei nicht um einzelne Praktiken, die doch den alten Schulstil unverändert lassen, sondern um die Neugestaltung eines erziehungswirksamen Schullebens im ganzen. Bisher ist die K.U. auf die Impulse der Inneren Schulreform nur zögernd eingegangen. Das Festhalten an den alten Formen würde sie aber auf die Dauer in einen gefährlichen Kontrast zur lebendigen Schule bringen. Sie begegnet in ihr einer Struktur des Unterrichts, die für sie gerade von ihren genuinen Prämissen aus eine wesentliche Hilfe bedeuten kann (Hören auf das Wort, Gesprächscharakter der Begegnung mit der Botschaft, meditatives Denken, Gemeindebezogenheit usw). Es geht dabei vor allem um die Atmosphäre von Vertrauen und Offenheit, Stille und Besinnung, Hingabe und Empfangsbereitschaft, um das Freimachen des Schülers durch Ermunterung und Erwartung, um das verweilende und besinnliche Eindringen in die Texte, um das exemplarische Lehren im Gegensatz zur hastigen Bewältigung möglichst großer Stoffmassen u.a.m.

Der *Unterrichtsgrundsatz* der Spontaneität kann in der K.U. am allerwenigsten im Sinne eines betriebsamen »Arbeitsschulgedankens« verstanden werden. Er umfaßt Arbeit und Hingabe als die zwei Grundsituationen spontanen Erfassens. Die Selbsttätigkeit des Schülers soll ebenso in der Arbeit (Bibelarbeit, Quellenstudium) wie in der aufgeschlossenen, hingegebenen Begegnung zur Geltung kommen. Dazu gehört auch die Einbeziehung des Musischen in die K.U. (Zeichnen, Malen, Formen; Bildbetrachtung; Improvisation). Die Grenzen der Eigentätigkeit müssen ebenso deutlich gesehen werden wie ihre fruchtbaren Möglichkeiten. Der Grundsatz der (stofflichen und didaktischen) Lebensnähe ist eine elementare Notwendigkeit eines seelsorgerlichen und gemeindebezogenen Unterrichts. Der Grundsatz der Ertragsicherung (Memorieren; Lernen - lehren; Schülerheft) bedarf angesichts der verbreiteten Konzentrationsschwäche und Reizüberflutung besonderer Beachtung.

Von den traditionellen *Unterrichtsformen* behält die darbietende Lehrweise ihre hohe Bedeutung (Erzählen; Grundsituation des Hören-lernens). Im Lehrgespräch tritt die Lehrerfrage hinter den Impuls (Denkanstoß) zurück. An Unterrichtsformen, die die Innere Schulreform bes. entwickelt hat, treten hinzu das Unterrichtsgespräch, der Gruppenunterricht und die Alleinarbeit des Schülers. Das freie Gespräch unter dem Wort wird dem kerygmatischen Charakter des biblischen Wortes am besten gerecht. Die Hauptaufgabe des Lehrers besteht dabei in der Weckung fruchtbarer, gesprächsweckender Fragesituationen.

Vgl. die Lit. zu den eingangs aufgeführten Artikeln. - R.KABISCH-H.TÖGEL, Wie lehren wir Religion?, (1916) 1931^{7} - TH.HECKEL, Zur Methodik d. ev. Religionsunterrichtes (= R.U.), (1928) 1930^{2} - G. BOHNE, Das Wort Gottes u. d. Unterricht, (1929) 1932^{2} - DERS., Die Botschaft von Jesus Christus in der Oberstufe der Volksschule, 1955 - E.KIRCHNER, Beiträge zur Methodik d. ev. R.U.es, 1930 - J.SCHIEDER, Katechismusunterricht, (1934) 1958^{6} - M.DOERNE, Neubau der Konfirmation, 1936 - G.SCHMIDT, Handwerkliches zum kirchl. Unterricht, 1937 - DERS.-G.SCHLICHTING, Das AT im kirchl. Unterricht, (1937) 1953^{2} - DERS., Katechetische Anleitung, 1946 - L.CORDIER, Die Einheit in d. U. der jungen ev. Menschen, 1938 - O.HAMMELSBECK, Der kirchl. Unterricht, (1939) 1947^{2} - DERS., Glaube, Welt, Erziehung, 1954 - H.J.RINDERKNECHT-K.ZELLER, Kleine Methodik christlicher U., Zürich (1939) 1953^{3} - DERS., Stadien u. Stilarten der christl. U., ebd 1948 - H.Kittel, Vom R.U. zur Ev.U., (1947) 1956^{3} - DERS., Ev. U. u. Reformpädagogik, 1947 - G.MARQUARDT, Wie lehren wir das Wort Gottes?, 1948 - G.WÜRTENBERG, Ev. R.U. heute, 1948 - K.FRÖR (Hg.), Neue Wege im kirchl. Unterricht, 1949 - DERS. (Hg.), Theol. im Dienst des Unterrichts, 1950 - DERS. (Hg.), Das Zeichnen im kirchl. Unterricht, (1950) 1958^{3} - DERS., Erziehung u. Kerygma, 1952 - DERS., Kristendoms undervisningens metodik, Stockholm 1957 - G.GIESE, Ev. Erziehung, Christenlehre u. kirchl. Verkündigung, 1949 - A.NIEBERGALL, Der Dienst der kirchl. U., 1949 - O.SCHLISSKE, Christl. U. im Jahr der Kirche I, 1949 - E.STEINWAND, Der Heilsweg, 1949 - A.BURKERT, Methodik des kirchl. Unterrichts, (1951) 1956^{2} - CHR.CASELMANN, Die Gefahren des R.U.s, 1951 - L.GENGNAGEL, Methodischer Wegweiser, 1951 - E.ZELLWEGER, Das Problem des bibl. Unterrichts, Basel 1951 - W.UHSADEL, Ev. Erziehungs- u. Unterrichtslehre, 1954 - H.DIETZFELBINGER, Lehre, Dienst, Verkündigung, 1955 - E.JAHN, R.U. u. Jugendseelsorge in psychol. Sicht, 1955 - E.MÜLLER, Methodik d. Ev. U. in d. Berufsschule, 1955 - M.v. TILING, Wir u. unsere Kinder, 1955 - G.WINGREN, Die Predigt, 1955 - O.ENGELMEYER, Päd. Entwicklungs- u. Lebenshilfe, 1956 (Lit.) - R.LEUENBERGER, Die bibl. Botschaft in der Bildungskrise der heutigen Schule (in: TH.ELLWEIN [Hg.], Die bibl. Botschaft in der Bildungskrise der heutigen Schule, 1956, 5-19) - H.ANGERMEYER, Die ev. U. an höheren Schulen, 1957 (Lit.) - W.ZIMMERMANN-H. HAFA, Zur Erneuerung der christl. U., 1957 - A.DALE, Katekisme undervisningen, Oslo 1958 - F.HAHN, Die ev. U. (Quellen zur Unterrichtslehre, hg.v. G.GEISSLER, 7), 1958 (Lit.) - DERS., Ev. U. zwischen Theol. u. Politik (ThEx NF 63), 1958 - K.HAUSCHILDT, Konfirmation ganz anders, 1958 - S.WOLF, Ev. U. u. innere Schulreform, 1958 (Lit.) - H.STOCK, Studien zur Auslegung der synopt. Evangelien im Unterricht, 1959.

Vorbereitungswerke u. Stoffbearbeitungen: V.HERNTRICH-H. HEIDEPRIEM, Die bibl. Geschichten in der kirchl. U., (1941) 1946^{2} - E.STEINWAND-L.CORBACH, Lasset uns aufsehen auf Jesum, Plan A-C, (1947-51) 1954-57^{3} - L.GENGNAGEL (Hg.), Unterrichtshilfe f. d. kirchl. Unterricht (Mein kirchl. Lehrauftrag im 1. usw Schuljahr) I-V, 1948-58 - R.ECKSTEIN, Der Unterricht der Katechumenen, 1948 - DERS., Das Leben aus dem Glauben, (1950) 1958^{5} - H.SCHMIDT, Und lehret sie!, 1949-54 - S.GAUGER-H.LUTZE (Hg.), Arbeitshilfe f. d. ev. U. I-III, o.J. - K.FRÖR (Hg.), Der kirchl. Unterricht an der Volksschule I/II-VIII, (1951-54) 1954-59^{3} - DERS.-A.BACH-G.GRIMME (Hg.), Die ev. U. an der Volksschule I/II-VIII, (1955-59) 1957-59^{2} - F.HAHN, Ev. U. I (NT), (1951) 1956^{2}; II (AT), 1954 - K.PRELLE-F.SCHIPPER, Bibl. Geschichten I (NT), 1952; II (AT), 1954 - Der kirchl. Unterricht an höheren Lehranstalten I: H.ANGERMEYER, Episteln des NT, 1955; II: G.SCHNEIDER, Markus, 1957; III: M.TIMM, Johannes, 1959.- Zs.en: Ev. U., 1946ff; Die Christenlehre, 1948ff; Der ev. Erzieher, 1949ff; Schule u. Leben, 1949ff. - Weitere Aufsätze in: Die Sammlung; EvTh; MPTh; PBl; ZP. *K.Frör*

Kirchlichkeit

1. K. setzt → Kirche als Institution voraus. Indem man sie fördert, ist man kirchlich. Rückzug auf bloße Innerlichkeit wäre Abfall zur Un-K. Am → Spiritualismus hat K. kein Genügen. Sie setzt das → Amt in allen Ausprägungen voraus und wünscht - ohne eigene Exponiertheit - seine Stärkung. Man will Einordnung in das Geprägte und Bewährte. K. tritt auf breites tragendes Fundament und in große mittragende Gemeinschaft. Abfall vieler wird zu größerer Versuchung als das Versagen des Amtes. Rückgrat ist die → Sitte, die Kultfrömmigkeit, bes. die Festtagsfrömmigkeit und neuerdings der → Kirchentag. Weil *Leitbild* das gefügte Kirchentum ist, dessen Segnung man genießt, bleibt man anlehnungsbedürftig und gegen Erschütterungen sehr empfindlich. K. kann sich in der Tat, im Schweigen und im Wort äußern. In der Tat: durch Teilnahme am kirchlichen Gemeinschaftsleben, Inanspruchnahme der Segenshandlungen, Opferfreudigkeit; im Schweigen: durch die stille Abweisung von Unglimpf und Angriff; im Wort: durch Stellungnahme zu christlichen Lebensfragen in Gesellschaft und Politik, wenn nach ihnen gefragt wird.

2. Das *Strukturgefüge* der K. ist konturenärmer als das der → Frömmigkeit, aber wohlprofiliert und reich an Einzelzügen. Grenzmarken sind die geschichtliche Formgebundenheit und die in ihr mögliche eigene Lebendigkeit, die fördernd auf das geschichtliche Leben zurückwirkt. Das Leitbild erscheint in folgenden Strukturen: a) In der Bewahrung des *geschichtlichen Erbes*. Bis heute ist wichtig, wie dort und hier die Reformation und die Gegenreformation im Gemeindebewußtsein behauptet werden, wie Konfessionswechsel (→ Kirchenmitgliedschaft) auf Grund fürstlicher Übertritte sich auswirkte, wie Erweckungen und kirchenfeindliche Bewegungen kamen und gingen, wie man den → Kirchenkampf durchstand, zerstörte Kirchen neu erbaute u.a. - b) Das Erbe wird wirksam in *geistlicher Selbstbehauptung*. Seit dem MA sind laufend Abwanderungen in den kirchlichen Untergrund erfolgt, Verfolgungen dauern bis in die Gegenwart an, die Austrittsbewegung stellt ganze Volksteile vor die kirchliche Entscheidung. Je schärfer der Kampf, um so ungenügender die bloße Beharrung, um so notwendiger das → Bekenntnis. Es bestimmt tief die Struktur der K., sobald es zur Bildung von Eliten kommt, bei denen nicht nur an die Gemeindekerne zu denken ist, sondern ebenso an die Festtagsgemeinde, alle auf Opferbereitschaft hin Ansprechbaren, an die Eltern der Konfirmanden, der Christenlehre- und Kindergottesdienstkinder. Die Selbstbehauptung dient nicht der Abkapselung, sondern der Integration der K. - c) Die

Voraussetzung zu a) und b) ist die durchgehaltene *dogmatische Glaubwürdigkeit* des Christentums. Die Frucht der Theologie und der Verkündigung, des individuellen und gemeinsamen Schriftstudiums, der Glaubenserfahrung u.a. ist die Kräftigung des Glaubens, die den Kirchlichen das gute dogmatische Gewissen erhält. – d) Eine *Achtungsstellung der Kirche in ihrer geschichtlichen Gestalt* muß hinzukommen. Wie steht die Kirche in Staat und Gesellschaft da? Die Kirchentage in der Gegenwart, allein als Demonstrationen der kämpfenden Kirche gesehen, festigen die K., weil sie Achtung abnötigen. Wenn die Kirche leidet, vom Bekenntnis nicht weicht, Märtyrer hat, gewinnt sie in der Regel an Substanz. Welche gegensätzlichen Wirkungen gehen von neu entstehenden Siedlungen mit und ohne Kirchen aus (vgl. → Industrie: III)! – e) Da K. von den Tugenden der Treue, Einordnung und Hingabe lebt, bedarf sie der führenden Männer, Mächte und Bewegungen, denen man folgt. Aber wie Männer Geschichte machen, weil Völker mitmachen, so lebt K. aus der Zirkulation der Kräfte: Gläubige verwandeln Wort und Weisung in Haltung und Tat.

3. Zur *Erfassung* der K. sind folgende Möglichkeiten vorhanden: a) Die kirchliche → *Statistik* orientiert über bloße Tatsachen. Bes. aufschlußreich sind Kommunikantenregister über lange Zeiträume. Zahlenangaben aber bedürfen der Deutung. Trauung aller Paare und Konfirmation der gesamten Jugend können durch träge Gewohnheit, abfallende Ziffern durch Terror vor den Kirchentüren erzwungen sein und darum allein noch kein wahres Zustandsbild vermitteln. – b) In *Gemeindeberichten* gibt der Pfarrer nicht nur das statistische Material, sondern interpretiert und diskutiert die hemmenden und fördernden Faktoren. Die hier geleistete Arbeit langer Jahrzehnte ist nicht genug ausgewertet. Aus dem Material bleibt kritisch zu erschließen, aus welchen zeit- und glaubensgeschichtlichen Gründen Aufstieg, Gleichstand und Abfall mit zu verstehen sind. Die Arbeiten der Kirchlichen Jahrbücher fänden hier im Dienst großräumiger und zeitumspannender Erfassung der K. ihre Ergänzung. – c) Die *Meinungsbefragung* ist als methodisches Verfahren von Amerika nach Deutschland vorgedrungen. Sie ergänzt die Statistik an ihrer schwachen Stelle, indem sie Zahlenerhebungen durch Stellungnahmen begründet werden läßt. Kritische Einwände gegen die Meinungsbefragung richten sich gegen die elastische Auswahl der Befragten und gegen mögliche Beeinflussung der Antwortenden durch die Fragestellung, durch Konvention, Rücksichtnahmen und persönliche Scheu. – d) *Geschichtsforschung* ist wegen der geschichtlichen Verwurzelung der K. nötig. Vom Ziel einer Geschichte der K. sind wir entfernt. Über den fördernden und hemmenden Geist der Epochen, über Katastrophen, Abfalls- und Erneuerungsbewegungen unterrichten klassische Darstellungen der → Kirchengeschichte (: I). Breiten- und Tiefenverwurzelung sollten die territoriale Kirchengeschichte und die religiöse → Volkskunde (: III) nachweisen; letztere blieb seit P. → Drews und den unmittelbar durch ihn beeinflußten Mitlebenden in beklagenswertem Rückstand. Von den älteren Werken ist → Tholucks Materialsammlung und -verarbeitung unerreicht. Die Reformationsgeschichte hat durch Hereinnahme der Volkskunde gewonnen (vgl. Peuckert). Die Hauptmasse des Materials ist in kaum übersehbarer Breite zerstreut und wartet auf Sammlung und Sichtung, wofür die Skizze in RGG[1] III, 1482ff wertvoll bleibt. Da für frühere Jh.e statistisches Material teils fehlt, teils erst aus den Quellen beschafft werden muß, ist für sie auf letzte Präzision nicht zu rechnen. Bes. hervorgehoben sei der Versuch kartographischer Erfassung, wie er für Niedersachsen (Rolffs) und Teile des kath. Frankreich (Le Bras) unternommen wurde.

4. Da eine ökumenische Umschau über das gegenwärtige *Zustandsbild* im gegebenen Rahmen nicht möglich ist, müssen im folgenden das deutsche und nordamerikanische Beispiel genügen.

a) α) Zunächst *ohne spezielle Rücksicht auf konfessionelle Gliederung* ergibt sich für *Deutschland:* Statistik allgemein wie Meinungsbefragung in der BRD zeigen regionale, konfessionelle und berufsständische Unterschiede und im Vergleich zur Gesamtbevölkerung eine geringe Intensität der K. (Das folgende Zahlenmaterial aus Noelle-Neumann und den Kirchlichen Jahrbüchern der ev. und kath. Kirche in Deutschland.) Eine Umfrage bei jungen Männern 1952 nach dem Inhalt ihrer Sonntagsfeier ergab, daß für 2% der Gottesdienst an erster Stelle steht. Die nicht speziell an Jugend gerichtete Frage i.J. 1950 »Könnten Sie mir sagen, was Ihre Interessengebiete sind?«, brachte bei 1% die Antwort: Kirche, christliches Leben. Andererseits fordert man kirchliche Einflußnahme auf Schulerziehung, Abwehr des Atomtodes, Inhalt der Illustrierten u.a. Hier wird damit zu rechnen sein, daß das eigene Engagement weithin fehlt. – Zur regionalen Verschiedenheit ist das Ergebnis einer Umfrage von 1952 kennzeichnend (s. *Übersicht 1*, Sp. 1617). Bei der Differenzierung nach Stadt und Land ist beachtlich, daß der prozentmäßige Anteil der Großstädte hier höher ist als bei West-Berlin. Berlin ist demnach eine der unkirchlichsten Städte. In der ev. Melanchthongemeinde in Berlin-Neukölln (30000 Glieder) beteiligten sich von den Getauften 1920: 0,75, 1925: 0,56, 1926: 0,65% am Gottesdienst (Mitteilung Piechowski). Die K. der Frauen übertrifft die der Männer. Auf die Frage nach dem Kirchenbesuch antworteten 1952: »regelmäßig« 23% Männer, 33% Frauen; »unregelmäßig« 23 bzw. 26; »selten« 30 bzw. 29; »nie« 24 bzw. 12%. Nach der Volkszählung vom 31.8.1950 gab es in der DDR 1399691 Religionslose (826185 Männer, 573506 Frauen). Nach der gleichen Quelle überstiegen damals die Zahlen der ev. Frauen um mehr als 2 Mill., der kath. Frauen um rd 280000 die der Männer. Die Differenzierung nach Berufsgruppen durch die Meinungsbefragung ist für 1954 aus *Übersicht 2* ersichtlich. Daß das Bauerntum sittegebunden-konservativ trotz der Krisis des → Dorfes am treusten zur Kirche hält, überrascht nicht. Insgesamt überwiegt das bürgerliche, speziell kleinbürgerliche Element, das im ev. Westfalen (vgl. v.Bismarck) nur 25% der Getauften umfaßt, aber 65% der Kirchgänger und 85% der Kirchenvorstände stellt, während von den Arbeitern nur 5%, von den Intellektuellen 2% im Gottesdienst erscheinen; beide Gruppen sind in den Kirchenvorständen nicht vertreten. Material aus der DDR würde ein anderes Bild ergeben, da dort bes. Angestellte (Beamte) und Arbeiter zum Kirchenaustritt aufgefordert werden. Erwähnt sei aus der Differenzierung nach dem wirtschaftlichen Wohlstand, daß der Arme immer noch treuer zur Kirche hält als der Saturierte. Die kath. K. übertrifft weit die ev. Auf die Frage nach dem Gottesdienstbesuch wurde so geantwortet: »regelmäßig« 13% Protestanten, 52% Katholiken, »unregelmäßig« 28 bzw. 23, »selten« 40 bzw. 17, »nie« 19 bzw. 8%. Der Hauptgrund der größeren Treue liegt in der strengen kath. Forderung nach regelmäßiger Teilnahme am Gottesdienst. – Stellt man dem Berichteten die Prozentziffern der nominellen Kirchenzugehörigkeit gegenüber, so wird die Diskrepanz zwischen Getauften und Praktizierenden groß. Die Volkszählungen von 1950 ermittelten für ganz Deutschland einen Anteil von 60% ev. und 35% kath. Christen.

β) Die *ev. K.* dürfte durch drei Momente charakterisiert sein: Neigung zu traditionellem Beharren, liberale Erweichung der kirchlichen Pflichten, wachsenden Zwang zu persönlicher Entscheidung. Ausdruck des Ersten ist

Übersicht 1

Frage Februar 1952: Besuchen Sie den Gottesdienst?

	Regelmäßig vH	Unregelmäßig vH	Selten vH	Nie vH
Regionale Gliederung:				
Nord-Deutschland	14	21	40	25
West-Deutschland	30	28	26	16
Süd-Deutschland	40	24	24	12
West-Berlin	8	12	49	31
Stadt und Land:				
Dörfer	40	28	25	7
Kleinstädte	30	26	28	16
Mittelstädte	27	24	29	20
Großstädte	17	20	36	27

Übersicht 2

Frage März 1954: Waren Sie am letzten Sonntag in der Kirche?

	Ja vH	Nein vH
Arbeiter	32	68
Landwirtschaftliche Berufe	53	47
Angestellte	29	71
Beamte	42	58
Selbständige in Handel und Gewerbe	37	63
Freie Berufe	29	71

(Übersicht 1 und 2 aus E.Noelle-E.P.Neumann, Jahrbuch der öffentlichen Meinung, 1956, 11f)

Übersicht 3

Abendmahlsziffern in ihrer Entwicklung von 1910–50

Landeskirche	Abendmahlsgäste in vH der Seelenzahl 1910	1920	1930	1940	1950
Berlin-Brandenburg	21	18	16		16
Pommern	42	37	30	14	15
Schlesien	39	36	33	21	30
Sachsen, Provinz	32	24	20	10	16
Westfalen	29	29	25	16	20
Rheinland	21	20	18	11	18
Hessen und Nassau	39	38	35	24	30
Kurhessen-Waldeck	68	65	57	35	35
Baden	47	44	39		38
Pfalz	44	42	34	21	31
Anhalt	27	19	15	9	14
Bremen	9	7	6	4	9
Sachsen, Land	37	28	22	15	23
Hannover	53	47	40	22	23
Bayern	59	61	59	45	48
Schleswig-Holstein	20	13	12	6	10
Thüringen	30	24	19	10	18
Mecklenburg	29	20	18		13
Hamburg	7	7	6	4	9
Braunschweig	26	18	16	8	16
Lübeck	15	14	9	5	11
Schaumburg-Lippe	75	65	58	42	32
Württemberg	42	42	37	25	36
Oldenburg	15	14	9	4	16
Eutin	15	13	10	5	10
Lippe	50	42	30	16	19
Nordwestdeutschland, ref.	10	10	10	10	14

Übersicht 4

Graphische Darstellung der Kirchlichkeitsziffern der DEK von 1930–40

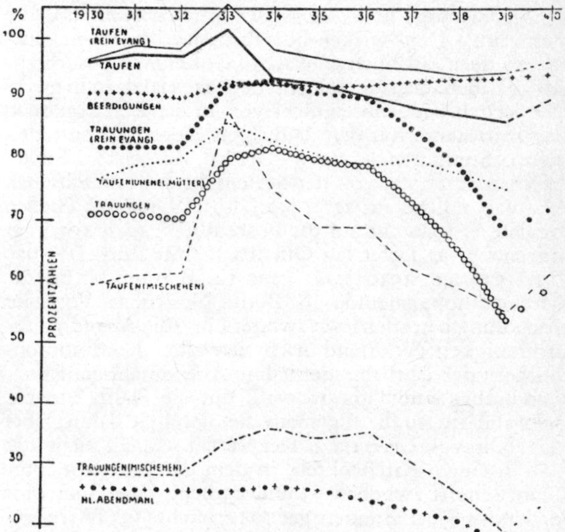

(aus KJ 1950, 456)

Übersicht 5

Schaubild der großstädtischen kath. Kirchlichkeit

Männer Frauen

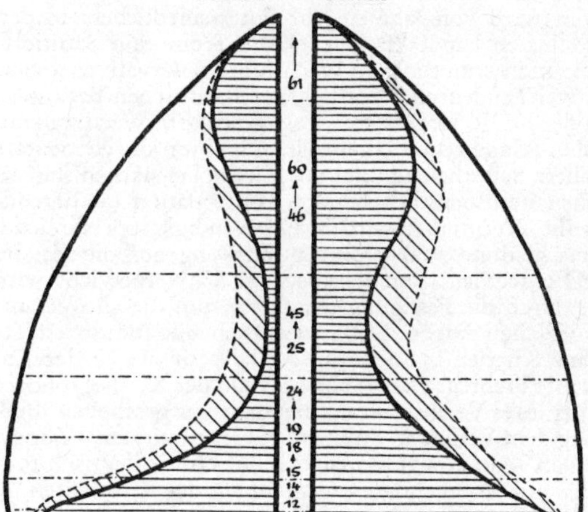

regelmäßige Kirchenbesucher | unregelmäßige Kirchenbesucher | ständig Abwesende

(aus B.Häring, Macht und Ohnmacht der Religion, 1956, 398)

Unter K etwa Vermißtes bitte unter C und Z suchen

schon der hohe Prozentsatz der Volkszählungschristen und die oft stabile kirchliche Sitte, abgesehen vom Besuch des Gottesdienstes. Inseln starker Beharrung sind Gebiete alter bäuerlicher Erweckungsbewegungen (zB Hermannsburg) und bäuerlicher Sittefestigkeit (zB die Schwalm). Dem wirken liberalistische Tendenzen entgegen, die meist einen schwachen Gottesdienstbesuch zur Folge haben. Genaues statistisches Material dazu liegt aus den letzten Jahrzehnten nicht vor. In der Zeit von 1920 bis 1930 stand von den damaligen Hessen-Darmstädtischen Superintendenturen Gießen an erster Stelle: Höchstsatz 27,7% von der Seelenzahl der Erwachsenen i.J. 1923, fallend auf 21,21% i.J. 1930. Die *Stadt* Gießen brachte es 1920 nur auf die Prozenthöhe 12,3, 1930 gar nur auf 7,59. Tiefer lag Offenbach (mit Bürgel): 1920 6,1, 1926 4,8, 1930 5,04; ganz tief darunter (s.o.) die Melanchthongemeinde in Berlin-Neukölln. Von der Auflösung betroffen ist in zweiter Linie die Abendmahlsfrömmigkeit. Während nach den alten Kommunionbüchern der jährliche viermalige Abendmahlsgang feststand, aber schon um 1800 zT um die Hälfte absank, schwand im 19.Jh. allgemein die Stabilität dahin; über das 20.Jh. vgl. *Übersicht 3*. Der Verfall schließt nicht aus, daß in einem Kirchenkreis, in dem der prozentmäßige Durchschnitt zwischen 35 und 45 liegt, eine Gemeinde den Index 85, eine andere gar 104 erreicht (1938 Kirchenkreis Cammin in Pommern). Zu persönlicher Entscheidung führt der Kampf des Unglaubens. Zwei große Zerreißproben hat die ev. K. insgesamt zu bestehen gehabt, die Kirchenaustrittsbewegungen bis 1945 (→ Kirchenaustritt: III) und den → Kirchenkampf, der eine starke Erschütterung auch unter den in der Kirche Verbleibenden brachte; Ausdruck dafür ist u.a. das Absinken der Trauziffer: 1939/40 kaum die Hälfte der standesamtlich geschlossenen Ehen! Mehrdeutig ist die hohe Zahl nachgeholter Taufen und Trauungen nach 1945 (1950 in Berlin-Brandenburg 1212 Nachtrauungen, in der Provinz Sachsen 2442, in Hannover 2067). Die über ein Jahrzehnt anhaltende Bewegung ist Gradmesser für die schwankende Festigkeit der K. Die dritte Zerreißprobe hat die DDR allein zu bestehen. Die Struktur der K. in Ost und West wird von Jahr zu Jahr unterschiedlicher: In den westlichen Landeskirchen relative Ruhe und Saturiertheit und vermutlich ein Wachstum konservativer restaurativer Tendenzen bei schwachen statistischen Verlusten; in der DDR kirchliche Sorge, geschärfte Wachsamkeit, zähes Ringen um den einzelnen und um die elementare äußere Selbstbehauptung der Kirche bei starken statistischen Verlusten, bes. bei der Konfirmation (→ Jugendweihe). Vermutlich wird die Notwendigkeit persönlicher Entscheidung von positiver Wirkung auf die K. der DDR werden. Von spezifischem Schwergewicht wird sie durch die Festigung der Eliten, um die alle Verantwortlichen ringen. Daß neu entstehende Industriestädte ohne Kirchen bleiben müssen, läßt für die K. der Zukunft fürchten. Daß es ohne Schuld der Kirche, sondern trotz ihres Verantwortungsbewußtseins geschehen muß, mag dem Verlust an Substanz entgegenwirken. - Zur ev. K.von 1930-40 vgl. *Übersicht 4*. Die Umsiedler nach 1945 sind nur in lebendigen Gemeinden der K. erhalten, in toten Gemeinden dagegen ganz verloren gegangen (T. Rendtorff).

γ) Die Grundlagen der *kath. K.* sind die 5 Gebote der K., von denen der sonntägliche Meßbesuch (»schwer verpflichtend«) und die österliche Kommunion statistisch kontrolliert werden. Wegen der kanonisch festgelegten Dispense ist ein Teil der Fehlenden de jure entschuldigt, so daß der K.sgrad über dem statistischen Zahlenstand liegt. Bei den Prozentzahlen gilt normalerweise als Vergleichszahl das Gesamt der Katholiken, nicht der zum Meßbesuch Fähigen. Zuletzt brachte das Jahr 1935 die Höchstziffern: 56,4% Meßbesuch, 61,4% österliche Pflichtkommunion, ca 16malige Kommunion pro Kopf der Berechtigten. Bis 1946 sanken die Ziffern, stiegen bis 1952 wieder an und sinken seit 1953 gering ab. Das günstige Zahlenergebnis des kath. Kirchlichen Jahrbuchs XXIV (1952-56) wird durch zerstörerische Tendenzen der Großstadtentwicklung bedroht. Nach dem Katholikentag in Köln 1956 berichtete die Herder-Korrespondenz: »Nach Einzeluntersuchungen beteiligen sich in sog. guten Pfarreien der Städte oft nur 10-20% der Männer zwischen 20 und 60 Jahren und nur 5% der männlichen Lohnempfänger aktiv am kirchlichen Leben.« In *Übersicht 5* geben die Zahlen der Achse die Lebensalter an. Die ablesbaren Verhältnisse gelten »in vielen unserer Stadtpfarreien« (Häring). Sorgen bereitet die Entwicklung in der DDR. In der mit Seelsorgekräften nicht ausreichend versorgten Diaspora wird die Mischehe zur Schwächung der K., die allgemein hinter der der BRD zurückbleibt; 1952 war der Index des Kirchenbesuchs 29, der Osterkommunion 37,2. Am tiefsten stand das Bistum Meißen mit 24,8 und 29,2. Die höchsten Vergleichszahlen der BRD sind für 1952: Regensburg 60,3% Meßbesucher, Passau 78% Osterkommunikanten. Seit 1952 sinkt die Taufziffer in der DDR ab, während die Kirchenaustritte steigen: 1955 traten 9973 aus, dh jeder 220. Katholik. Massendemonstrationen wie → Katholikentage, → Eucharistischer Kongreß, → Fronleichnams-Prozession, Wallfahrt nach → Lourdes u.a. führen hier fast ein Schattendasein. - Überraschend ist überall die zahlenmäßige Kleinheit der Eliten (Fichter). In einer soziologisch genau untersuchten Gemeinde einer westdeutschen Großstadt mit schwacher ev. Minderheit hat der Arbeiterverein 78 Mitglieder, der aus den Jugendgruppen herausgewachsene Studienkreis im Durchschnitt 26 männliche Besucher, die Jugendgruppen einen Bestand von 68 Jungen und 78 Mädchen. »Es gibt Stimmen, daß die Kirche ihren Auftrag ohne die Existenz der Pfarrgruppen verwirklichen könne«(Fichter). Das Rückgrat der kath. K. ist eben nicht die Gruppe, sondern der Kultus. Die Zahlen der → Exerzitien-Bewegung - für die Festigung der Eliten sehr wichtig - zeigen große Unterschiede: 1950-52 in der Diözese Passau 9,51; 10,32; 18,54 (aufs Tausend der Gläubigen); bei Mainz sind die entsprechenden Zahlen 1,04; 1,18; 1,32.

b) Die K. in den *USA* (→ Vereinigte Staaten: IV) macht von sich reden, weil sie äußerlich steigt, während sie überall sinkt. 1955 gewannen die Kirchen 2,6 Mill. Glieder, d.i. ein Zuwachs von 2,8% bei einem Bevölkerungszuwachs von nur 1,8%. In den letzten Jahren wuchs die Zahl der Kirchenmitglieder doppelt so rasch wie die der Bewohner. Die Gründe sind ungenügend erforscht. Paradoxerweise könnte die Religion dabei eine sehr periphere Rolle spielen und ohne Einfluß auf politisches und wirtschaftliches Handeln sein. Indem sich eine hochsäkularisierte Gesellschaft äußerlich ein religiöses Bewußtsein beilegt, gerät K. in den Verdacht der Pseudomorphose. Herberg (s. Lit.) zieht zur Lösung des Rätsels die Volksentwicklung heran. Während sich die erste Generation nach Nationalitäten schied - man fühlte sich zB als Deutscher, darum war man luth. -, während die zweite - »religiös die schwächste« - am Rande der neu sich bildenden Gemeinschaft lebte, fühlt sich die dritte durch und durch amerikanisch, fragt aber nach dem Erbe, um ein Besonderes in der individuellen Situation zu gewinnen. Der Glaube an die amerikanische Demokratie ist übergeordnet, das religiöse Bewußtsein überall säkularisiert und zu einer Funktion der Gesellschaft geworden. Die Frage vor einem kath. Mädchenkolleg: Seid ihr Amerikaner, die auch Katholiken sind, oder

Katholiken, die auch Amerikaner sind?, wurde fast einstimmig im ersteren Sinn beantwortet. Analysen der städtischen kath. K. in einem Südterritorium haben die gleichen Schäden wie in der alten Welt offenbart (Fichter): 40% der sich kath. Bezeichnenden stehen tatsächlich außerhalb der Kirche. Von den Übrigbleibenden sind 20% Randkatholiken, die ein wenig kirchlicher sind als die praktisch Abtrünnigen. Die Durchschnittskatholiken - 70% der Mitzählenden - erfüllen mehr schlecht als recht ihre kirchlichen Pflichten. Nur 10% gehören zum Kern. Überall tut eine Handvoll Laien die ganze Arbeit. Die Flucht aus der K. ist am stärksten in der Altersgruppe zwischen 20 und 30 Jahren; die Gruppenzugehörigkeit sinkt hier von 15 auf 1,5%. Die Jungverheirateten gehen ihrer Kirche fast verloren, oft aus Mangel an Zeit. Das Schaubild der *Übersicht 5* dürfte auch den Zustand der amerikanischen Stadtgemeinden wiedergeben. Die trotzdem zahlenmäßig wachsende K. Amerikas dürfte am Gegenpol der europäischen stehen, am meisten der in Gebieten mit Verfolgungen.

5. Im theologischen Verständnis der Christlichkeit fällt der Akzent mehr und mehr auf das Ereignis, nicht die Institution des Glaubens. Die Kirche als Stiftung widersteht jedoch der Auflösung ins Existentielle, dessen Schwächen heute gern übersehen werden. Von 92 in Erweckungsversammlungen Bekehrten fielen vor Ablauf von 6 Wochen 62 ab, von dem Rest später abermals 15 (Gruehn). »Die neueren Forschungen rechtfertigen die Praxis der großen Kirchen, bes. im Gegensatz zu exaltierten Gemeinschaften« (Ders.). Die von der Überwindung des Existentialismus erhoffte »neue Geborgenheit« (Bollnow) kann überraschend zur Neuentdeckung geprägter K. führen, wie die »skeptische Generation« überraschend die → Familie entdeckt hat (Schelsky). Der Atem der Kirche geht nicht allein über existentielle Nullpunkte, sondern über die Kontinuität der Zeit. Geistlose Restauration läuft sich tot. Das kleinbürgerliche Element wird vor unsern Augen zerrieben und kann nicht tragende Mitte der K. bleiben. Neben dem Vorstoß in die Strukturen der Massengesellschaften ist der Weg zu kleinen, übersehbaren parochialen und überparochialen Gemeinschaften gefordert. Wie der Städter weder im unbegrenzten Großraum noch im übersehbaren Kleinraum allein lebt, sondern die Klause des Schrebergartens und die kleinen und großen Interessen-, Wirkungs- und Lebensgemeinschaften sucht, so wird der Kirche reiches gegliedertes parochiales und überparochiales Leben zum Segen werden. Den Vorwurf der Banalität ihrer Lebensformen hat sie nicht zu fürchten, solange sie im Elementaren verbleibt. Da mit dem christlichen Minderheitsschicksal zu rechnen ist, sollten die notwendigen Siebungsvorgänge eingeleitet werden, um ein gesundes Verhältnis von Getauften und Praktizierenden anzubahnen.

Statistisches u. Informatorisches fortlaufend in KJ der ev. u. kath. Kirche, LR, StZ, HerKorr, Informations Catholiques Internationales, Statist. Jb. der BRD u. DDR. - Ökumenisches statist. Material in WChH 1949, 245-314. - Ältere Lit.: RGG[1] III, 1482ff - M.Schian, Hdb. für das kirchl. Amt, 1926, 328. - Ferner: H.Swoboda, Großstadt-Seelsorge, 1909 (erstmals mit Ziffern belegte Analysen) - E. Rolffs, Ev. Kirchenkunde Niedersachsens, (1917) 1938[2] - Joh. Schneider, Kirchenübertritte u. Austritte, 1920 - P.Trotschke, Ev. Kirchenstatistik Deutschlands, 1929-32 - J.Wehrmann, Die Gemeinde das Herz der Völker, 1931 - L.Heitmann, Luth. Bekenntnis u. Gemeindegestaltung, 1935 - E.Eberhard, Kirchenvolk u. K., 1938 - Jos. Müller, Dt. Bauerntum zwischen Gestern u. Morgen, 1940 - F.Boulard, Problèmes missionnaires de la France rurale I. II, Paris 1945 - W.-E.Peuckert, Die große Wende, 1948 - G.Krolzig, Dorfgemeinde in der Glaubenskrise, 1951 - Wach, Relsoz. - E.G. Hoffmann, Die Dorfgemeinschaft im Umbruch der sozialen u. wirtschaftl. Veränderungen, 1952 - W.W.Schütz, Das neue England, 1953 - W.Herberg, Protestant - Catholic - Jew. An Essay in American Religious Sociology, 1953 - Ders., Religion u. Kultur in USA (StZ 163, 1958, 271-283) - W.Bernsdorf-F.Bülow, WB der Soziologie, 1955, 253ff - F.Rudolph, Strukturwandel eines Dorfes, 1955 - O.F.Bollnow, Neue Geborgenheit, 1955 - A.Desqueyrat, La Crise religieuse des temps nouveaux, Paris 1955 - EKL I, 1398ff - W.Gruehn, Die Frömmigkeit der Gegenwart, 1956 - B.Häring, Macht u. Ohnmacht der Religion, 1956 - E.Noelle-E.P.Neumann, Jb. der öffentl. Meinung 1947-1955, 1956 - G. le Bras, Etudes de Sociologie religieuse I. II, Paris 1956 - K.v.Bismarck, Kirche u. Gemeinde in soziolog. Sicht (ZEE 1, 1957, 17-30) - H.Schelsky, Ist die Dauerreflektion institutionalisierbar? (ebd 153-174; dazu ebd die Stellungnahmen von F.Delekat, H.-H.Schrey, H.-R.Müller-Schwefe) - Ders., Die skeptische Generation, (1957) 1958[2] - V. Schurr, Seelsorge in einer neuen Welt, (1957) 1957[2] - T.Rendtorff, Die soziale Struktur der Gemeinde, 1958 - D.Goldschmidt-F.Greiner-H.Schelsky, Soziologie der Kirchengemeinde, 1959 (Übersicht über den Publikationsstand in Europa u. USA). - Weitere Lit. s. → Gemeinde: III.

G.Holtz

Kirchlich-sozial (k.-s.). Der Ausdruck ist in der Wichernzeit der → Inneren Mission ohne begriffliche Unterscheidung von dem geläufigeren → »Christlich-sozial« (oder → Evangelisch-sozial) gebraucht worden. Seine Kennzeichnung als eines besonderen Zweiges der christlich-sozialen Bewegung ist erst durch Ad. → Stoecker eingetreten, als dieser den Ev.-Sozialen Kongreß 1896 verließ und ein Jahr später mit L.Weber und dem Greifswalder Theologie-Prof. M.v. → Nathusius die *»Freie k.-s.e Konferenz«* begründete. Der konservative und die positiv-orthodoxe Richtung betonende Zug kam schon in dem Aufruf zum Ausdruck, in dem es hieß: »Wir sehen nach den gemachten Erfahrungen für die k.-s.e Arbeit eine Gefahr in der Verbindung mit der modernen Theologie ... wie in dem agitatorischen Treiben einer Richtung, die verwerfliche Schlagworte unter die Massen wirft, den Klassenkampf schürt, Unzufriedenheit weckt und die menschlichen Leidenschaften für angebliche Zwecke des Reiches Gottes in Bewegung setzt«. Diese Sätze richteten sich vornehmlich gegen die Häupter des Ev.-Sozialen Kongresses, dh gegen Ad. → Harnack, Fr. → Naumann und dessen Freunde. Trotzdem waren die Verbindungen zum Ev.-Sozialen Kongreß nie abgeschnitten, aber die Freie k.-s.e Konferenz sah es als ihre vornehmliche Aufgabe an, im Sinne → Wicherns auf dem Boden der Kirche (und der → Gemeinschaftsbewegung, was weniger erfolgreich war) für Weckung eines in praktischer Betätigung sich beweisenden Interesses für die sozialen Aufgaben des Christen zu wirken. Das schloß theoretische Erörterungen nicht aus, wies aber von vornherein auf ein Zusammengehen mit der Inneren Mission. Dementsprechend hieß es in dem ersten Programm (1897), daß »die Unabhängigkeit der Kirche von der Welt als von Jesus Christus geboten, und die Heilung der sozialen Mißstände als ein Stück der vom Herrn verordneten Nächstenliebe zur Rückgewinnung des ev. Volkes für den lebendigen Gottessohn unerläßlich sei«. Generalsekretär wurde R. → Mumm, der spätere Schwiegersohn Stoeckers. Unter seiner und L.Webers Tätigkeit hat die k.-s.e Konferenz im Rahmen ihrer Grenzen und Ziele eine rege Tätigkeit entfaltet. In einer Anzahl von Kommissionen wurden die verschiedensten Fragenkreise (Volksmission, Frauenfrage, Ev. Arbeitervereine usw) praktisch behandelt und auf den regelmäßigen Tagungen thematisch verhandelt. - Nach dem Tode Stoeckers (1909) übernahm R. → Seeberg den Vorsitz, 1918 nannte sich die Konferenz *»K.-s.er Bund«*. Dadurch, daß Seeberg 1923 auch das Präsidium des Central-Ausschusses der Inneren Mission übernahm, gestaltete sich das Verhältnis zur Inneren Mission noch enger. In den Satzungen von 1927 hieß es, daß der K.-s.e Bund »im Sinne der sozialen Kundgebungen der deutschen ev. Kirchen (gemeint ist vor allem der Kirchentag in Bethel 1924) für die Behebung der Not leidenden Volksgruppen, für die geistige Förderung einer gesunden *christlichen und nationalen Arbeiterbewegung* und für die Vertiefung ev. und sozialer Erkenntnisse und Urteile« eintritt. Es ging also auch nach dem 1. Weltkrieg und unter den neuen, durch die demokratische Republik geschaffenen gesellschaftlichen und politischen Verhältnissen um die Vertretung eines eigenen, auf dem Boden der Kirche und der Inneren Mission gewachsenen christlichen Gesellschaftsbildes und um die Rückgewinnung der von diesem Ideal entfremdeten Volkskreise. In diesem Sinne war der K.-s.e Bund der Inneren Mission eine wirksame Hilfe in der Zurüstung geeigneter Mitarbeiter wie durch praktische Anregungen. Zu nennen ist hier bes. die 1921 von Bethel nach Spandau in das Johannesstift verlegte Ev.-soziale Schule, deren geistiger Leiter lange Jahre Fr. → Brunstäd gewesen ist. Mit den Männern des K.-s.en Bundes bestand hier eine enge Arbeitsgemeinschaft. Dadurch, daß Mumm Abgeordneter war, konnte er auch für die Ziele des Bundes in der Gesetzgebung mitwirken (zB Gesetz zur Bewahrung der Jugend vor Schund- und Schmutzschriften, 18.12.1926). Eine gewisse Spannung zum Central-Ausschuß trat 1931/32 ein, als das große, zur Konzernbildung führende Siedlungsprojekt (Devaheim) der Inneren Mission zu einem die Öffentlichkeit erregenden Finanzskandal führte und Mumm in einer polemischen Schrift den Central-Ausschuß angriff. – Das Vorgehen des Nationalsozialismus gegen die sog. freien Werke der Kirche hat dann 1934 auch dem Wirken des K.-s.en Bundes ein Ende gesetzt. Nach 1945 ist vieles von seinen Plänen und Motiven neu aufgegriffen und in einer den gewandelten Verhältnissen und Erkenntnissen angemessenen Weise in den verschiedensten Sozialwerken der Kirche fortgeführt worden.

Verhandlungsberichte u. Hefte des K.-s.en Bundes, 1897-1932; K.-s.e Blätter, 1898-1934. - Vgl. auch die Lit. zu den im Text genannten Artikeln. *K.Kupisch*

Kirchner, *Timotheus* (1533-87), * in Döllstädt/Thür., 1568 Pfarrer und Sup., 1572 Prof. in → Jena, General-Sup. in Wolfenbüttel, 1573 in Gandersheim, dann in → Helmstedt, 1576 dort Vizerektor und Prof. der Universität. 1579 abgesetzt, 1580 Prof. in → Heidelberg, 1583 als Lutheraner vertrieben, war er seit 1584 Sup. in Weimar. K. nahm am Altenburger Kolloquium und 1569 an der Visitation teil, verfaßte zahlreiche theologische Streitschriften und erweiterte den exponierten luth. Katechismus mit den Fragstücken des → Rosinus und Gernhardt um Gebete und Psalmen. Er war Mitarbeiter an der »Apologie des Concordienbuches« (1583) und der »Historie der Augsburgischen Confession« (1584). Für die Jenaer → Lutherausgabe bearbeitete er den »Index oder Register« ([1564] 1588²).

AUG.BECK, Joh.Friedrich d. Mittlere II, 1858 (s. Reg.) - ADB XVI, 22f - RUD.HERRMANN, Thür. KG II, 1947 (s. Reg.).
R.Jauernig

Kirchweihe. Nach jüdischem Vorbild (Chanukka 1Makk 4, 36ff; 2Makk 1, 7ff; Joh 10, 22) wird es bald (Euseb, h.e. X, 3, 3) Brauch, christliche Kirchen zu weihen und die K. jährlich zu feiern. Begründet wird die K. mit dem (heidnischen!) Grundsatz, daß nur an geweihter Stätte geopfert werden kann. Der unter gallisch-fränkischem Einfluß reich ausgestaltete römische Weiheritus besteht u.a. aus Umschreiten und Besprengen der Kirche, Salbung des Altars und der Wände, Anbringen eines Aschenkreuzes mit lat. und griech. Buchstaben, Beisetzung von Reliquien im Altar und symbolischem Kerzen-Weihrauch-Opfer auf dem Altar. Die K. ist dem Bischof vorbehalten. – Die Reformatoren verwerfen die K. (ASm III, 15); Wort und Gebet ersetzen Weihwasser und Weihrauch (WA 49, 588ff). Die 1856 in Dresden und 1862 in Eisenach aufgestellten Grundsätze sind noch für die Agende der VELKD maßgebend (T. IV, Abschn. III, 19ff): die K., durch 1Tim 4, 5 legitimiert, soll nicht als consecratio (Verleihung übernatürlicher Kräfte), sondern nur als dedicatio (Aussonderung zum kirchlichen Gebrauch) verstanden und geübt werden. – K.-Feste, für Jerusalem im 4.Jh. bezeugt, haben vom 6.Jh. an vielerorts den Charakter von ausgelassenen Volksfesten (Kirchmessen, Kirmsen) bekommen, deren Auswüchse die Kirche, oft erfolglos, bekämpft hat.

RE X, 499ff - D.STIEFENHOFER, Die Gesch. der K. vom 1.-7.Jh., 1909 - L.EISENHOFER-J.LECHNER, Grundr. d. Liturgik des röm. Ritus, 1950⁵, 311ff. *E.Hertzsch*

Kirèjewskij, *Iwàn Wasìljewitsch,* * 22.3.1806 in Moskau, †10.6.1856 in Petersburg, der »Philosoph« der → Slawophilen, mit → Chomjakow ihr bedeutendster Theoretiker, adliger Gutsbesitzer wie die meisten Slawophilen, wuchs in einem von Nachwirkungen des Freimaurertums, von → Empfindsamkeit und → Romantik bestimmten Elternhaus auf. Philosophen wie → Locke und Helvetius bildeten K.s erste ernsthafte Lektüre. 1824 kam er in Moskau mit dem an → Schelling interessierten Dichterkreis der »Philosophen« (Ljubomùdry) zusammen. 1830 hörte er in Berlin bei Hegel, Ritter, Schleiermacher, in München bei Oken und Schelling. 1832 gab K. die bald verbotene Zeitschrift »Der Europäer« heraus und redigierte 1845 kurze Zeit den »Moskauer«. Unter der Einwirkung seiner Frau und seines jüngeren Bruders Peter näherte er sich seit 1834 der Lehre der orth. Kirche. Enge Beziehungen gewann er zu den Starzen des Klosters »Optina Pustyń«, an deren Kirchenvätereditionen er mitarbeitete. – In den nach der »Bekehrung« (seit 1839) geschriebenen Artikeln sind seine slawophilen Gedankengänge am vollständigsten enthalten; die K. bewegenden Probleme werden aber schon in den Jugendschriften und in den Briefen aus Deutschland genannt: Das Sehnen nach Überwindung des Zwiespalts zwischen Wissen und Glauben in einer neuen Philosophie wie die für sein Denken grundlegende Gegenüberstellung von Europa und Rußland. – Den Gegensatz zwischen beiden führt K. – mit G.Guizot, Histoire générale de la civilisation en Europe, 1828 – auf das die gesamte Kultur, Staat und Kirche in Westeuropa bestimmende römische Erbe zurück, das auch die (angeblich) ausschließlich rationalistische, die Ganzheit zersplitternde Richtung des europäischen Denkens verschuldete, von Schelling zwar erkannt wurde, aber in seiner positiven Philosophie doch nicht überwunden werden konnte. – Das Rußland von den Vätern der Ostkirche überkommene Denken sucht dagegen »eine innere Ganzheit der Vernunft zu erreichen, jenen Mittelpunkt der Verstandeskräfte gewissermaßen, wo alle Einzeltätigkeiten des Geistes in eine lebendige und höchste Einheit zusammenfließen«. Dieses Denken prägte das alte Rußland, ging aber den Gebildeten mit dem Einbruch westlichen Denkens in Rußland verloren und führte zur Entfremdung vom Volk, das Spuren der alten Bildung noch bewahrt. Eine Aussöhnung zwischen der alten und der neuen (europäischen) Bildung könnte in Rußland ein neues geistiges Leben hervorrufen und auf Europa zurückwirken. Das könnte durch eine neue »positive« Philosophie geschehen, die K. »gläubige« Philosophie nennt, weil ihre Grundlage, ihren »Keim«, die Philosophie der Ostkirchenväter bilden würde. »Ihre dem gegenwärtigen Stand der Wissenschaft und den Forderungen und Fragen der Vernunft heute entsprechende Entwicklung würde ... jene neue Wissenschaft des Denkens bilden, die den krankhaften Widerspruch zwischen Verstand und Glauben ... zunichte machen würde.«

– K. hat mit seinen – häufig anfechtbaren – Gedanken eine außerordentliche Fernwirkung auf verschiedenste Geister gehabt, u.a. auf → Dostojewskij.

Werke: 2 Bde, Moskau 1861,1911. Dt.: Drei Essays, hg.v. H.v. Hoerschelmann, 1921; Rußland u. Europa, Nachwort von N.v. Bubnoff, 1948. – Über K.: I.Smolitsch, I.K., Leben u. Weltanschauung (Jb.er für Kultur u. Gesch. der Slaven 9, 1933, 390–427. 463–492; Lit.) – N.V.Riasanovsky, Rußland u. der Westen. Die Lehre der Slavophilen, 1954 (Lit.). *A.Rammelmeyer*

Kitsch, *in der religiösen Kunst*

1. Allgemein – 2. In der kirchlichen Kunst

1. Der Ausdruck K. soll kurz vor 1900 in Münchener Ateliers entstanden sein (vom englischen sketch, dh flüchtiger Entwurf?). Gemeint ist geschmackloser, billiger Ersatz (Surrogat) wirklicher Qualität, Pseudo- und Halbkunst, die behauptet etwas zu sein, was sie nur als Schein an sich trägt, und bei glatter, das Altmeisterliche vortäuschender Technik auf minderwertige Gefühle nicht so sehr des Volkes als des »Publikums« spekuliert: auf Sentimentalität, verlogenes Pathos, versteckte Sinnlichkeit. K. ist nicht wesensgleich mit beschränktem Können: laienhafte Arbeit von ehrlicher Gesinnung braucht nicht kitschig zu sein. – Es gibt familiären, erotischen, mondänen, nationalistischen (»patriotischen«), rassischen (»Blut und Boden«), nicht zuletzt religiösen K. – Die Grenzen zu echter → Kunst bleiben fließend. Auch echte Kunstwerke können »verkitscht« werden, zB durch Aufstellung und Beleuchtungseffekte. – Die Entstehungszeit des Schlagwortes besagt, daß die damals bewußt »modernen« Künstler zunächst das akademische Epigonentum des zu Ende gehenden bürgerlichen Jh.s im Auge hatten, etwa die Düsseldorfer Genre- und Historienmalerei, das Salonporträt, die »interessante« Ungesundheit (Gabriel Max), den eleganten Frauenakt u.ä. – Die Frage ist, ob es auch früher schon so etwas wie K. gegeben hat. Schon der → Hellenismus und die römisch-kaiserzeitliche → Kunst (: II H) gerieten manchmal in eine billig aufreizende Mache. In der → Renaissance war es bes. Venedig, wo eine mißverstandene Giorgione-Nachahmung gelegentlich den K. streifte. → Manierismus und → Barock (: I) vermieden das Schwüle und Süßliche auch nicht immer ganz; man begegnet ihm (s. auch 2) bei Guido Reni, Sassoferrato, Carlo Dolci, selbst bei van Dyck. Die → Empfindsamkeit des 18.Jh.s ging bei Greuze in bürgerliche Rührseligkeit über. Die englische Gesellschaftsmalerei von Reynolds bis Lawrence lebte in der späteren Salonkunst auf niederer Ebene weiter. Der Untergang der aristokratischen Bestellerschicht, damit der Rückgang des hochentwikkelten → Handwerks, das Aufkommen der maschinellen → Industrie, endlich der → Historismus führten vollends in der angewandten Kunst (→ Kunsthandwerk: II) zu einem Niedergang, der am Ende des 19.Jh.s den Tiefpunkt erreichte. Der soziologische Faktor spielt eine entscheidende Rolle.

2. Auch die *kirchliche Kunst* war der Gefahr des K.es ausgesetzt. Die Reformation förderte unkünstlerische Trockenheit, die Gegenreformation wich zweifelhaften Reizen nicht immer aus. Motive wie zB die »Büßende Magdalena« waren gefährlich. Im allgemeinen wurde der Abstieg der christlichen Kunst erst augenfällig, als führende Bildungsschichten dem Kirchenglauben entglitten waren und als gleichzeitig eine allgemeine Erschöpfung der Gestaltungskraft die Stilimitation (Neugotik) beförderten. Die Schule der → Nazarener mit ihren Entsprechungen der Ingres-Nachfolge in Frankreich – verdünnter Aufguß des raffaelischen und vorraffaelischen Idealismus – beherrschte die gesamte kirchliche → Malerei (: V) des 19.Jh.s (Düsseldorf, Schadowschule). Neben rein akademischen und entsprechend langweiligen Leistungen verfiel die Kunst nur allzuoft jener berüchtigten scheinheiligen Manier, die bei Malern wie Pusecker, Sallmann (USA), A.Hofmann u.a. kulminierte. – Da das kath. Bekenntnis einen größeren Bedarf an Andachtskunst hat als das prot., ist sein Anteil an der K.-Produktion quantitativ größer. Die Ausstattung der Kirchen und Kapellen (Wallfahrtsorte!), auch der Privathäuser erforderte eine Masse von Altären, → Marienbildern, → Kreuzweg-Stationen, Kruzifixen (→ Kreuz: III), Jesusbildern, → Devotionalien usw, deren Herstellung industriell und uniform in einem weichlichen, dem Zeitgeist ausweichenden Geschmack erledigt wurde. Erneuerungsversuche sind – ohne viel Glück – von kath. Seite in Kloster Beuron unternommen worden. – Der anfangs so revolutionäre Jugendstil verfiel selbst der Industrialisierung. In Fragen des Bauens und des Kunstgewerbes wurde die Reformarbeit des Deutschen Werkbundes wichtig. Gustav Pazaurek hat in Stuttgart eine lehrreiche »Mustersammlung« der Geschmacksentartung angelegt. In den USA sucht neuerdings Alfred Barr im Rahmen des National Council of Churches (Department Worship and the Arts) den Geschmack der Gemeinden zu verbessern.

E.Pazaurek, Geschmacksverirrungen im Kunstgewerbe, 1909 – F.Karpfen, Der K., 1925 – R.Egenter, K. u. Christenleben, (1950) 1958^{2} – P.Regamey, Kirche u. Kunst im 20.Jh., 1954 – H.Broch, Einige Bemerkungen zum Problem des K.es (in: GesW, Dichten u. Erkennen, Essays Bd I, o.J., 295ff). *G.F.Hartlaub*

Kittel, 1. *Gerhard,* Neutestamentler, Sohn von 2, * 23.9.1888 in Breslau, † 11.7.1948 in Tübingen, lehrte in Kiel (1913–17), Leipzig (1917–21), Greifswald (1921 bis 1926) und seit 1926 in Tübingen, dazwischen (1939 bis 1943) in Wien. Historisch und religionswissenschaftlich geschult, suchte K. die Eigenart des christlichen Glaubens seiner Umwelt gegenüber herauszuarbeiten. Wenn die Offenbarung Gottes Geschichte wurde, mußte sie mit den Mitteln historischen Erkennens erforschbar sein. Wichtig war ihm die orientalische und at.-jüdische Wurzel des Christentums sowie der Zusammenhang zwischen antikem Judentum und Urgemeinde. Die von → Schlatter betonte Bedeutung der Judaica wurde von K. methodisch ausgebaut und weitergegeben. – Als ausgezeichneter Organisator sammelte er Mitarbeiter für das ThW (1933ff), für die Herausgabe rabbinischer Texte und der BWANT. Grundsätzlich konservativ, auch lutherisch bestimmt, bejahte K. im Nationalsozialismus die völkische Erneuerung, die er in bedenklicher Weise mit einem »christlichen« Antisemitismus (in der Art A. → Stoeckers) verband.

Vf. u.a.: Die Oden Salomos überarbeitet oder einheitlich?, 1911; Die Probleme des paläst. Spätjudentums u. das Urchristentum, 1926; Urchristentum, Spätjudentum u. Hellenismus, 1926; Die Religionsgesch. u. das Urchristentum, 1931. – Bibliogr.: ThLZ 74, 1949, 171ff. – Über K.: O.Michel, Das wissenschaftl. Vermächtnis G.K.s (DtPfrBl 58, 1958, 415–417). *O.Michel*

2. *Rudolf* (28.3.1853 bis 20.10.1929), * in Eningen (Württ.), 1888 o. Prof. für AT in Breslau, 1898–1924 in Leipzig; dort †. K.s reiche Lebensarbeit galt bes. der Textausgabe des AT, mit der sein Name verbunden ist (Biblia Hebraica, [2 Bde 1906; 1909^{2} u.ö.] 1929 [-37]^{3}; → Text: I), und der Erforschung der Geschichte Israels, wobei er erstmals umfassend die Ergebnisse der → Archäologie (: I) heranzog.

Vf. u.a.: Sittl. Fragen, 1885; Gesch. der Hebräer I. II, 1888/92, ab 2. Aufl. (1909/12): Gesch. des Volkes Israel I, 1923$^{5.6}$; II, 1925$^{6.7}$; III/1. 2, 1927/29; Über die Notwendigkeit u. Möglichkeit einer neuen Ausg. der hebr. Bibel, 1901; Die oriental. Ausgrabungen u. die ältere bibl. Gesch., (1902) 1908^{5}; Stud. zur hebr. Archäol. u. Religionsgesch. (BWAT 1), 1908; Die at. Wissenschaft in ihren wichtigsten Ergebnissen, (1910) 1929^5; Die Religion des Volkes Israel, (1921) 1929^2; Die Zukunft der at. Wissenschaft, 1921; Die hellenist. Mysterienreligion u. das AT (BWANT II, 7), 1924; Gestalten u. Gedanken in Israel, (1925) 1932^2. Außerdem Komm. zu Ri, Sam (HSAT), (1894^2) 1922^4; Chr (SBOT), 1895; Jes (6. Aufl. des Komm. v. A. DILLMANN), 1898; PsSal (KAUTZSCH, AP), 1900; Kön, Chr (HK), 1900/02; Pss (KAT), (1914) 1929$^{5.6}$. - Autobiogr.: Die Religionswissenschaft der Gegenwart in Selbstdarst. I, 1925, 113-144 (143f: Bibliogr.). - Über K.: J.HEMPEL in: ZDMG 84, 1930, 78-93 - H.-J. KRAUS, Gesch. der hist.-krit. Erforsch. des AT, 1956, 335ff. 358ff.

E.Kutsch

Kitzingen, unter → Bonifatius vor Mitte des 8.Jh.s gegründetes grundherrliches Benediktinerinnenkloster in der Diözese Würzburg. Erste geistliche Leiterin war die aus Angelsachsen stammende Thekla. Bald in königliche Hand gekommen, wurde es 1007 Eigenkloster der Bischöfe von Bamberg und 1544 durch die Markgrafen von Ansbach als Schutzherrn aufgehoben.

F.A.REUSS-A.PFRENZINGER, Gesch. des Frauenklosters K., 1925 - H.PETZOLT, Abtei K. (Jb. für fränk. Landesforschung 15, 1955, 69 bis 84; 16, 1956, 7-28; 17, 1957, 87-126).

Matth.Simon

Klagelieder Jeremiä

1. Name des Buches und Stellung im Kanon - 2. Form und Metrum - 3. Die Gattungen und ihr »Sitz im Leben« - 4. Geschichtlicher Ort und Verfasserfrage - 5. Die Botschaft der K.

1. Das Buch der K.J. trägt in den hebräischen Handschriften und Drucken den Titel 'êkā. Dieser klagende Ausruf, mit dem die Lieder in 1, 1; 2, 1; 4, 1 beginnen, ist zur charakteristischen Bezeichnung des fünf Kapitel umfassenden Buches geworden. Der ältere Titel der K. soll jedoch nach baba bathra 15a qînôt gelautet haben. LXX, Syrer und Vulg. bringen die Tradition, daß der Prophet → Jeremia der Verfasser der K. gewesen sei; daher die Bezeichnung »K.J.«. In der patristischen Literatur finden sich dann die Bezeichnungen θρῆνος, θρῆνοι, threni, lamentationes oder lamenta. - Die K.J. gehören in der Masora zu den → Megillot. Hier ist eine »chronologische« Einordnung der K. angestrebt: Ruth, Hhld, Pred, Klgl, Est. Die Reihenfolge ist allerdings in den einzelnen Handschriften verschieden (in der LXX, dem Syrer und den lateinischen Übersetzungen folgen die Lieder konsequent dem → Jeremiabuch, s.o.).

2. Auffallend ist zunächst die äußere *Form* der K. In c. 1-4 sind die einzelnen Strophen bzw. Verse (mit leichten Schwankungen) als Gedächtnisstütze akrostichisch (→ Akrostichon). Das c. 5 hat lediglich den Umfang des Alphabets (22 Verse). - Schwierige und noch immer keineswegs befriedigend gelöste Probleme bietet das *Metrum* der K. Nachdem K. → Budde das Qina-Metrum entdeckt hatte (ZAW 2, 1882, 1ff; ebd 3, 1883, 299f), wurde lange Zeit mit der erkannten Gesetzmäßigkeit des Versmaßes 3+2 operiert. Doch erhob E.Sievers Einspruch gegen die um das Metrums willen durchgeführten Textänderungen (Metrische Studien I/2, 1901). Neue Gesichtspunkte brachten später G.Hölscher und neuerdings S.Mowinckel in die Diskussion (→ Formen: I, 2).

3. Die Frage nach der *Gattung* der K. wurde durch H. Gunkel (RGG² III, 1049ff) und H.Jahnow (Das hebr. Leichenlied im Rahmen der Völkerdichtung, 1923) erstmalig aufgegriffen. In der Form des »politischen Leichenliedes« wird in den K.n die Katastrophe der Zerstörung Jerusalems besungen. Neue Gesichtspunkte zur Analyse der Gattung brachte H.-J.Kraus (s. Lit.), indem auf das Klagelied auf das zerstörte Heiligtum von Ur hingewiesen wurde: man sollte besser von einer »Klage um das zerstörte Heiligtum« sprechen. Allerdings fließen Elemente des Leichenliedes, des individuellen und kollektiven Klageliedes in diese »Klage um das zerstörte Heiligtum« ein. Elemente des Leichenliedes sind festzustellen in 1, 1-11. 17; 2, 1-10. 13-17; 4, 1-16. Die Gattung des individuellen Klageliedes (→ Formen: I, 3) wirkt sich aus in 1, 9. 11. 12-16. 18-22; 2, 11. 20-22; 3, 1-19; des kollektiven Klageliedes in 3, 42-47; 4, 17-20; 5, 1-22. - Den *»Sitz im Leben«* der K. wird man in einer gottesdienstlichen Klagefeier zu suchen haben. Nach der Zerstörung Jerusalems tritt die Gemeinde zusammen, um in Trauer und Buße den Untergang der heiligen Stätte zu beklagen (Sach 7, 1f; 8, 18f). Solche Feiern haben wohl vor den Trümmern des Tempels stattgefunden.

4. Alle K. beziehen sich auf die furchtbare Katastrophe, die → Jerusalem (: II) unter dem Ansturm der Chaldäer erlitt. Die c. 2-5 sind fraglos auf die Ereignisse i.J. 587 vChr hin ausgerichtet. Bei c. 1 könnte man an die erste Deportation von 598 vChr denken, doch sprechen einige Argumente dafür, auch hier die Ereignisse des Jahres 587 vChr vorauszusetzen. In diesem Falle wären alle Lieder bald nach 587 entstanden. - Den Erwägungen zum »Sitz im Leben« der K. entsprechend wird Jerusalem als der Entstehungsort der fünf K. zu bestimmen sein (vgl. 2, 9. 10; 5, 4. 8. 18). - Die Tradition, daß Jeremia der *Dichter* sei, könnte aus einer Kombination von 2Chr 35, 25 und Jer 8, 21 erwachsen sein, doch entspricht diese Überlieferung schwerlich den Tatsachen. Wie könnte Jeremia überrascht gewesen sein von der Katastrophe, die Jerusalem ereilte? Wie hätte er darüber klagen können, daß keine prophetischen Offenbarungen mehr empfangen werden? Die Gedankenwelt der K. liegt der Prophetie des Jeremia fern! Den Verfasser (bzw. die Verfasser) wird man in erster Linie in den Kreisen der Kultpropheten oder der Priesterschaft Jerusalems zu suchen haben.

5. In den K.n tritt entweder Zion selbst (als Frau und Mutter) klagend in den Vordergrund, oder die Gottesstadt wird zum Objekt der Trauer und jammervollen Schilderung. Unter Tränen wird die Klage laut (1, 2. 16; 2, 11. 18; 5, 18). Einsam (1, 1ff) und schmachvoll entblößt (1, 8f; 5, 1) liegt Jerusalem am Boden. Die Feinde triumphieren (1, 7; 2, 7; 5, 2f). Zerbrochen sind alle Festungen (2, 2f. 8f). Verödet ist der Festort (1, 4; 2, 7; 5, 2f). Hungrig (1, 11; 2, 12; 4, 5) und ohne Trost (1, 17. 21) sitzen die Einwohner in den Trümmern. Die Ältesten liegen jammernd im Staub (2, 10). Der König ist gefangen (4, 20). Unter dem Hohn der Feinde (2, 15f) erlebte Jerusalem, daß Jahwe wie ein Feind andrang (2, 4f). - In der bitteren Klage erwacht dann die Erkenntnis der Schuld. Die prophetischen Enthüllungen der Vergehen des Gottesvolkes heben die K. heraus aus dem Bereich lyrischer Gesänge. Größer als Sodoms Schuld ist Jerusalems Vergehen (4, 6). Verhängnisvoll war die Heilsprophetie, die das kommende Unheil nicht sah (2, 14; 4, 13). Die Gerichtsprophetie aber wurde erfüllt (2, 17). Im Stile der Gerichtsdoxologie wird Jahwe, dem Richter, recht gegeben (1, 18). In diesem »Deum iustificare« (Luther) liegt der eine Skopus der K. - Die andere wesentliche Aussage ergeht in c. 3. In einer eigenartig betonten Selbstdarstellung tritt hier ein Individuum aus der klagenden Gemeinde heraus (vgl. 3, 1), schildert seine Leiden in der »Sphäre des Todes« und bezeugt zugleich ein Vertrauen, das alle Anfechtungen und Nöte überwindet. Wer ist dieser einsame Beter? Man dachte gerade in diesem Lied immer wieder an Jeremia. Aber es handelt sich wohl um eine paradigmatische Demonstration, die in 3, 1-33. 52-66 zum Ausdruck gelangt. Die Gemeinde wird von dem hervortretenden Beter angeleitet, aus der Klage den Weg zu neuem Vertrauen zu finden. Sie soll dem Sänger folgen und das Bekenntnis 3, 22ff nachsprechen. Zugleich leitet das individuelle Klagelied in c. 3 zur rechten Buße und Umkehr an. Es führt aus

den konventionellen und stereotypen Klageformen heraus zu einer aufrichtigen Heimkehr zu Jahwe. Darin liegt überhaupt die Bedeutung der K., daß sie in dem großen, von den Propheten angekündigten Gottesgericht, das im Zeichen eines letzten Gerichtes steht, zu einer totalen, alle Lebensbereiche erfassenden Buße und Besinnung des Gottesvolkes anleiten. Diese Umkehr dringt in eine Schicht Israels vor, die bisher von einem nationalen Privilegbewußtsein und von einem religiösen Heilsoptimismus bestimmt war. In den K.n wird die Heils- und Trostbotschaft nur sehr zaghaft laut. In 2, 13 setzt der Sänger einmal zu einem trostvollen Zuspruch an, fällt dann aber sogleich wieder in eine enthüllende Anklage gegen die Heilspropheten zurück (2, 14). Die Botschaft dieser Propheten scheint dem Sänger als warnendes Beispiel vor Augen zu stehen. Ein Zuspruch findet sich dann in 4, 22. Doch alle Bitten und Klagen gipfeln in 5, 21. 22.

Vgl. die Einl.en in das AT u. die Kommentare von W.Rudolph (KAT XVI/3, 1939), H.Wiesmann (1954), H.-J.Kraus (BK XX, 1956), A.Weiser (ATD XVI/2, 1958). - S.Mowinckel, Zum Problem der hebr. Metrik (Bertholet-Festschr., 1950, 379-394) - N.K. Gottwald, Studies in the Book of Lamentations, 1954. - Weitere Lit.: Kraus 13ff.

H.-J.Kraus

Zur *Auslegungsgeschichte* (s. auch → Schriftauslegung: IV, → Jeremiabuch):

Qu.: Pseudo-Hieronymus (MPL 25). - 9.Jh.: Paschasius Radbertus (MPL 120). - 12.Jh.: Guibert v.Nogent (MPL 156) - Hugo v. St. Viktor (MPL 175). - 13.Jh.: Albertus Magnus (Opera ed. A.Borgnet, Paris 1890ff, Bd XVIII, 243-353) - Pseudo-Bonaventura (Joh. Peckham [?], Opera omnia Bonaventurae VII, Quaracchi 1895, 607 bis 651). - 15.Jh.: Joh. de Lathbury OFM, o.O. 1482 - Hieronymus Savonarola (Predigten von 1491 ed. P.Villari, La Storia di Girol. Sav. e de'suoi tempi I, 1859, Doc. V, S. 16ff; Explanatio von 1497 in: Alcuni sermoni devoti, Venedig 1556). - 16.Jh.: Antonius Agellius, Rom 1598.

W.Werbeck

Klages, *Ludwig,* Philosoph und Psychologe, * 10.12. 1872 in Hannover, † 29.7.1956 in Kilchberg bei Zürich. Neben der umfassenden Grundlegung der Ausdruckswissenschaft und der systematischen Durchgestaltung der → Charakterologie, die seine psychologischen Hauptverdienste sind, hat K. eine philosophische → Anthropologie (: II) von biozentrischer Prägung entwickelt. Entgegen der cartesianischen Gleichsetzung der Seele mit dem Bewußtsein, wie sie vor 1900 die → Psychologie (: I) beherrschte, nimmt K. unter dem Einfluß → Nietzsches eine leib-seelische Einheit an (→ Leib und Seele: II). Diese Voraussetzung stützt sich vor allem darauf, daß in der ursprünglichen Wahrnehmung die erscheinende Welt insgesamt als beseelt erlebt wird und daß weiterhin die Fremdseele sich früher als die Eigenseele erschließt. Die Erkenntnis unbelebter Dinge ist erst das Werk des Geistes, der als akosmische Macht an der Schwelle der Weltgeschichte in den Menschen einbrach und die Tendenz hat, die leib-seelische Polarität zu spalten. Das entscheidende Kennzeichen des → Geistes (: VII) ist das raumzeitlose Ichbewußtsein, das sich letztlich als gleichbedeutend mit dem Willensakt enthüllt. In seiner reinen Tätigkeit steht das → Bewußtsein dem wahrnehmbaren → Dasein entfremdet gegenüber, und ohne die Koppelung an das Leben wäre der Geist zur Ohnmacht verurteilt. Jeder Lebensvorgang dagegen ist doppelpolig: Sinneseindruck und Bewegungsantrieb bestimmen ihn wechselseitig. Am »Erlebnis«, das mit dem lebendigen Geschehen gleichgesetzt wird und wie dieses unbewußt verläuft, unterscheidet K. sodann noch zwei rangverschiedene Seiten: die leibhaft bedingte »Empfindung«, die Widerstände gewahrt, und die seelisch bedingte »Schauung«, die Bilder erlebt. Während im Tierreich das Schauen vom Empfinden, und dementsprechend die Seele vom Leibe, abhängig bleibt, ist im Menschen der empfindende Leib von der schauenden Seele abhängig geworden. Den Gegenpol der Schauung bildet die Gestaltung, wie im vitalen Vorgang die Bewegung der Gegenpol der Empfindung ist. Zu diesen anthropologischen Stammbegriffen gesellt sich im Bereich des Geistes die entsprechende Unterscheidung zwischen Auffassung und Wille, die gleicherweise als Akte bezeichnet werden. - Was in diesem Menschenbild fehlt, ist das Gefühl als eigenständige Instanz; es wird von K. den gefühlsgekoppelten Triebfedern zugeordnet. Im Kontrast zur schroffen Gegensätzlichkeit, wie sie zwischen der leib-seelischen Lebenszelle und dem Widersachertum des Bewußtseins besteht, weist das charakterologische System der Triebfedern bei K. eine Dreiteilung auf, wobei die »personelle« Region sich vermittelnd zwischen die geistige und die sinnliche Sphäre einlagert. In ihr kann sich daher noch eine »Durchgeistigung des persönlichen Lebens« und eine »Verlebendigung des persönlichen Geistes« vollziehen. - Vgl. → Lebensphilosophie.

Vf. bes.: Prinzipien der Charakterologie, 1910, 6. Aufl.: Die Grundlagen der Charakterkunde, (1928) 1951[11]; Ausdrucksbewegung u. Gestaltungskraft, 1913, 5. Aufl.: Grundlegung der Wissenschaft vom Ausdruck, (1936) 1950[7]; Handschrift u. Charakter, (1917) 1956[24]; Vom Wesen des Bewußtseins, (1921) 1955[4]; Der Geist als Widersacher der Seele, 3 Bde, (1929-32) 1954[3]. - Über K.: H.Prinzhorn, Leib-Seele-Einheit, 1927 - Festschr. zum 75. Geb. des Philosophen L.K., hg.v. H.Hönel, 1947 - E.Bartels, K. Seine Lebenslehre u. der Vitalismus, 1953.

A.Vetter

Klarissenorden (OSCl), der Zweite Orden des hl. → Franz von Assisi (beschaulich), genannt nach der hl. Klara († 1253), der Franz selbst 1212 in Portiuncula in Assisi den Schleier gab. Etwas später zog sich die hl. Klara in das bei St.Damian (Assisi) errichtete Kloster zurück. Der hl. Franz gab den Nonnen eine Formula vitae, die aber bald durch die von Kardinal Ugolino (→ Gregor IX.) im Anschluß an die → Benediktinerregel ausgearbeitete und von Honorius III. bestätigte Regel (→ Franziskaner) mit strengen Klausurvorschriften abgelöst wurde. 1215/16 und 1228 gewährten Innozenz III. und Gregor IX. das Privilegium paupertatis. Eine 3. und 4. (von der hl. Klara selbst inspirierte) Regel gab Innozenz IV. 1247 und 1253. Die 5., von der sel. Isabella verfaßte Regel bestätigen Alexander IV. (1259) und Urban IV. (1263; daher *Urbanistinnen*). Die 4. Regel verbietet den Besitz, die 5. gestattet ihn. Der K. breitete sich schnell aus (Ulm-Söflingen 1227/58, Regensburg 1232, Prag 1233, Brixen 1235). Reformen nahmen die hl. Colet(t)a vor, deren Konstitutionen Pius II. 1458 approbierte (daher *Colettinnen*), sowie Julius II., der 1511 die Conceptionistinnenregel bestätigte. Auf diesen und der 4. und 5. Regel baut heute der Orden auf, der über 600 Klöster mit ca 12 000 Nonnen umfaßt. Alle Klöster stehen unter den Bischöfen, ausgenommen 46, die den Franziskanern, und 2 weiteren, die dem Kardinalprotektor unterstellt sind. Die 1940 approbierten Konstitutionen gelten für jene Klöster, die die 4. und 5. Regel befolgen; die der Colettinnen wurden 1932 approbiert. Die meisten Klöster sind bereits in Föderationen zusammengefaßt. An Heiligen und Seligen sind Agnes von Böhmen, Elisabeth von Portugal und Katharina von Bologna zu nennen.

Heimbucher I, 815ff - LThK VI, 7ff - E.Grau, Leben u. Schriften der hl. Klara von Assisi, 1952 - Die hl. Klara von Assisi. Zu ihrem Todestage (FS 35, 1953, H. 2 u. 3) - Santa Chiara d'Assisi, Studie e Cronaca del VII Centenaria 1253-1953, 1954 - Acta Ordinis Fratrum Minorum 73, 1954, 84ff - Annuarium OFM II, 1956/57, 265ff.

Ph.Hofmeister

Klasse

1. Begriff - 2. Die Lehre von Marx - 3. Weiterführende oder widerlegende Versuche - 4. Zwei-, Drei- und Mehrklassentheorien - 5. K.nkonflikt

1. K. ist dem Ursprung nach ein Einteilungsbegriff. Zu einem spezifischen Schichtungs- bzw. Strukturbegriff der → Gesellschaft wird K., als »soziale K.«, erst in der zweiten Hälfte des 18.Jh.s in dem Kampf des → Bürgertums (: I) gegen die ständisch-feudale Gesellschaftsordnung. K. meint seitdem die für Existenzform und Schicksal des einzelnen und der Gesellschaft maßgebliche soziale Struktur- oder Schichtungseinheit. Zunächst noch synonym mit → Stand gebraucht, ist K. mehr und mehr zum Gegenbegriff des Standes geworden. In K. drückte sich ein neues gesellschaftliches Selbstverständnis aus, das sich nicht mehr an vorgegebenen sozialen Rängen, sondern an den ökonomischen Kräften und Gegensätzen zu orientieren suchte, die den Charakter der bürgerlich-liberalen Gesellschaft (→ Kapitalismus, → Liberalismus) zu bestimmen schienen. Zu einem der Schlüsselbegriffe der Auseinandersetzungen um Struktur und Schicksal dieser Gesellschaft ist K. jedoch erst mit den Lehren von → Marx und → Engels geworden.

2. Nach Marx ergibt sich die K.nlage und damit K.nzugehörigkeit eines Menschen aus seiner »ökonomischen Lage«, dh aus der Stellung im Produktionsverhältnis (Anteil am Produktionsmitteleigentum). Alle Menschen gleicher K.nlage bilden eine K., die jedoch erst zu einer »K. für sich selbst«, dh zu einer politisch wirksamen K. wird, wenn sich ihre Angehörigen des Gegensatzes zu anderen K.n bewußt werden (K.nbewußtsein), sich als K. politisch organisieren und ihrem K.ninteresse entsprechend handeln. In der kapitalistischen Gesellschaft vereinfachen sich die K.nverhältnisse, weil sich diese Gesellschaft zunehmend in zwei feindliche K.n aufspaltet: in Bourgeoisie (→ Kapital) und → Proletariat (Lohnarbeit). Die → Revolution (: I) des Proletariats beseitigt schließlich alle K.n; sie führt über die Diktatur (K.nherrschaft) des Proletariats zur k.nlosen Gesellschaft.

3. Die politische Wirkung dieser Lehre (→ Sozialismus, → Marxismus, → Kommunismus) führte dazu, daß fast alle Beiträge der Folgezeit darauf abzielen, Marx zu verteidigen, zu reformieren oder zu widerlegen. Die Versuche, ihn weiterzuführen oder zu widerlegen, setzen von drei Seiten her an: a) Man hält die Auffassung, daß K.n auf Besitz oder Nichtbesitz von Produktionsmitteln zurückgehen, für zu eng oder für falsch und leitet die K.n statt dessen - ausschließlich oder in Verbindung mit weiteren K.nmerkmalen - aus anderen Faktoren ab, wie zB: Besitzart und -größe überhaupt (Schäffle u.a.), Grundbesitz (Oppenheimer), Besitz und Marktchance (M.Weber), Art und Größe des Einkommens (Simkhowitsch u.a.), Interesse an einem Wirtschaftssystem (Sombart), berufliche Funktion (Croner), faktische Verfügungsgewalt über die Produktionsmittel (Burnham), Anteil an der gesellschaftlichen Herrschaft (Mosca u.a.). Schließlich versteht man unter K. Menschen gleicher oder ähnlicher Abstammung, Schulbildung, körperlicher, psychischer, geistiger Befindlichkeit, gleichen oder ähnlichen Sozialverhaltens, Lebensstils, Prestigeanteils usw. Damit nähert sich der K.nbegriff jedoch wieder der ursprünglichen Bedeutung eines »neutralen« Einteilungsbegriffs. - b) Die entwickelte Industriegesellschaft weist eine grundlegend andere Struktur auf als die Gesellschaft des 18. und 19.Jh.s. Sie kann nicht mehr sinnvoll als K.ngesellschaft, als ein ökonomisch, bes. durch die Eigentumsverhältnisse determiniertes Gebilde verstanden werden. Die hohe soziale Mobilität hebt die Überreste von Standes- und K.nschranken immer weiter auf. Der Charakter dieser Gesellschaft wird daher schon heute nicht mehr durch polare K.n, sondern durch eine ständig breiter, allerdings auch diffuser werdende, auf jeden Fall nicht mehr vorrangig ökonomisch strukturierte »Mittelschicht« geprägt. - c) Selbstverständnis und gesellschaftlich-politisches Verhalten der Menschen orientieren sich immer weniger an der »K.nlage«. Der Zusammenhang zwischen sozialökonomischer Position, Verhalten und Selbstverständnis zerreißt zwar niemals vollständig; er verliert aber zunehmend an Bedeutung gegenüber anderen Einflüssen.

4. Das Zwei-K.n-Modell scheint einer Grundeinstellung des Menschen entgegenzukommen. Es taucht immer wieder in neuer Form auf: Arm-Reich, Eigentümer-Eigentumslose, Herrschende-Beherrschte usw. Allerdings scheint es seinerseits wiederum das Bedürfnis nach einer »ausgleichenden« Mitte freizusetzen. Neben den Zwei-K.n-Theorien haben nämlich nur noch die, häufig mit einer theoretisch unzureichenden »Mitte« (zB → Mittelstand) ausgestatteten Drei-K.n-Modelle eine »praktische« Bedeutung erlangt. Die Mehrklassentheorien sind dagegen auf den Bereich wissenschaftlich-literarischer Erörterungen beschränkt geblieben.

5. Schon sehr früh wird K. mit dem Gedanken des *K.nkonflikts* verbunden. K.n repräsentieren Interessengegensätze. Es muß daher zu einem Kampf der K.n kommen; denn eine K. kann ihre Interessen nur unter Verletzung der Interessen der anderen K.n verwirklichen. Eine K. steigt schließlich zur herrschenden, die übrigen ausbeutenden K. auf, indem sie sich aller Machtmittel der Gesellschaft, bes. aber des Staates bemächtigt, der zum Instrument der K.nherrschaft (K.nstaat) wird. Sie zwingt so der beherrschten K. den revolutionären Kampf auf. Die These von der Notwendigkeit des K.nkampfes taucht bereits im 18.Jh. auf (Filangieri u.a.); sie erhält jedoch durch Marx einen besonderen Akzent. Jedes K.ninteresse erhebt den Anspruch, das Allgemeininteresse zu verkörpern (→ Ideologie). Er kommt aber nur der revolutionären K. zu, weil ihr Sieg den geschichtlich notwendigen Fortschritt der Gesellschaft bringt. Diese K. hebt mit ihrem Sieg den Widerspruch auf, den sie mit ihrer eigenen Existenz gesetzt hatte. Da sie aber damit selbst zur herrschenden K. und ihr K.ninteresse zum Teilinteresse wird, zeugt sie einen neuen Widerspruch, dh eine neue revolutionäre Gegen-K. Erst beim Proletariat fallen K.ninteresse und Allgemeininteresse endgültig zusammen, weil mit dem Sieg des Proletariats die K.nspaltung der Gesellschaft, dh die Herrschaft von Menschen über Menschen endet.

K.nkampf und → Fortschritt sind schon vor Marx miteinander verbunden worden (Ferguson u.a.). Marat forderte bereits, daß der Kampf der K.n bis zur »Revolution des Volkes« weitergehen müsse. Aber erst der chiliastische Gehalt der Geschichtsphilosophie von Marx hat dem K.nkampf seine bis heute nachwirkende pseudoreligiöse Weihe verliehen. Es bleibt jedoch offen, ob dieser Kampf gewaltsame Formen annehmen muß (→ Lenin, → Kommunismus) oder ob er auch ohne Gewaltanwendung geführt werden kann (Revisionisten, → Sozialdemokratie). Eine K.ntheorie wiederum, die, wie zB die meisten »Schichtungstheorien«, den Konfliktsgedanken überhaupt ablehnt oder als unwesentlich beiseite schiebt, höhlt den K.nbegriff so weit aus, daß es gleichgültig wird, ob man von K. oder von etwas anderem spricht. Es ist andererseits genauso wenig sinnvoll, auch dort noch von K.ngesellschaft sprechen zu wollen, wo sich die dominanten Gegensätze der Gesellschaft nicht oder, wie in der entwickelten Industriegesellschaft, nicht mehr mit den Grenzen der ökonomischen Schichtung decken. K. würde damit zu einem Ausdruck gesellschaftlicher Spannungen schlechthin ausgeweitet werden.

P. Fahlbeck, Die K.n u. die Gesellschaft, 1922 - G. Albrecht, Die sozialen K.n, 1926 - W. Sulzbach, Die K. u. der K.nkampf (Arch. f. Sozialwiss. 63, 1930, 274-308) - HWS 617ff (F. Tönnies) - T. Geiger, Die K.ngesellschaft im Schmelztiegel, 1949 - T. Parsons, Social Classes and Class Conflict in the Light of Recent Sociological Theory, 1955 – R.Dahrendorf, Soziale K.n u. K.nkonflikt in der industriellen Gesellschaft, 1957 (Lit.). *H.Kluth*

Klassik, *deutsche*

1. Wortgebrauch – 2. Begriff – 3. Literargeschichtliche Darstellungen – 4. Geschichtliche Situation der K. – 5. Verhältnis zur christlichen Religion – 6. Die klassische Symbolform – 7. Hauptphasen und -themen der K.

Die so geläufig gewordene Vorstellung von einer dt. K., die durch → Goethe und → Schiller in der Zeit ihres gemeinsamen Wirkens zur Vollendung geführt wurde, bleibt meist so schematisch, daß sie die literarischen Vorgänge des 18.Jh.s eher verdeckt als erhellt. Es ist deshalb zunächst nach dem möglichen Sinn und der Verwendung des Begriffs zu fragen und dann das geschichtliche Phänomen in seinen Voraussetzungen und seiner Entfaltung zu kennzeichnen.

1. In den verschiedensten Nationalliteraturen ist es üblich, von einer Epoche der K. oder des Klassizismus zu sprechen. Dem oft recht unbestimmten *Wortgebrauch* entspricht die Meinung, daß überall eine besondere »nationale K.« entstand. Der vulgäre Sprachgebrauch ist darüber hinaus geneigt, alle angesehenen Schriftsteller der Vergangenheit als Klassiker den zeitgenössisch-modernen gegenüberzustellen. In einem bestimmteren Sinn wird man von einer klassischen Literatur erst sprechen, wenn der Begriff auf einen Traditionszusammenhang mit der Antike verweist und also eine bestimmte Art von Beispielhaftigkeit meint. Die Frage des Klassischen berührt sich deshalb mit der des Nachlebens der Antike und ihres Kunstideals (W.Schadewaldt). – Damit entstehen neue Fragen. Wie rechtfertigt sich die Beispielhaftigkeit der antiken Kunst? Lassen sich aus ihr bestimmte Regeln des Schaffens und Maßstäbe der Beurteilung ableiten? Kann die für die Griechen wesentliche Beziehung zwischen Kunst und Natur, die ihnen vertraute Totalität des Menschlichen, in wechselnden Zeiten und Räumen wieder zur Geltung kommen? Da auch für Goethe und Schiller die Orientierung an der Antike nur zeitweilig eine entscheidende Bedeutung gewann, scheint nur ein Teil ihres Werkes als klassisch oder klassizistisch gelten zu können.

2. Das Wort bestätigt den Zusammenhang mit der antiken Bildungsüberlieferung. Der *Begriff* »Klassiker« führt auf den Wortgebrauch der röm. Grammatiker zurück, die in ihren Schriftstellerverzeichnissen Musterautoren zusammenstellten, denen man sich im Sprachgebrauch anschließen sollte, als den »erstklassigen Schriftstellern«. So spricht Gellius vom Scriptor classicus (2.Jh. nChr). Man bediente sich dabei eines Begriffs aus der Steuergesetzgebung: die Bürger der ersten Vermögensklasse hießen kurzweg »classici«; dieser Ausdruck konnte metaphorisch für die Musterschriftsteller benutzt werden und mußte um so vieldeutiger werden, je variabler die Kriterien des literarischen Urteils blieben. – Goethe und Schiller haben niemals von sich und ihrem Werk die Vorstellung gehabt, daß sie die Vollkommenheit des Klassischen erreichen könnten (Fr.Schultz II, 117). In dem Aufsatz »Literarischer Sansculottismus« 1795 in den Horen warnt Goethe vor einem leichtfertigen Gebrauch des Wortes: »Wer mit den Worten, deren er sich im Sprechen oder Schreiben bedient, bestimmte Begriffe zu verbinden für eine unerläßliche Pflicht hält, wird die Ausdrücke: ›klassischer Autor, klassisches Werk‹ höchst selten gebrauchen.« Aber zugleich hat er dem Begriff eine besondere Würde zurückgegeben, indem er ihn bei der Schilderung seiner italienischen Reise benutzte, um auf die in der Antike gewonnene Beziehung zwischen Kunst und Natur hinzuweisen, und von der »Gegenwart des klassischen Bodens« sprach.

Erst durch A.W.Schlegels »Vorlesungen über dramatische Kunst und Literatur« (1807) ist es üblich geworden, den Begriff zur Kennzeichnung einer geschichtlichen Epoche zu benutzen und mit ihm die Kunst der Antike gegen die des christlichen Weltalters abzugrenzen. Für Schlegel gelten als »klassische Autoren« nur diejenigen der Griechen und Römer; die »korrecten neueren Klassiker« stimmen in Wirklichkeit nur durch Äußerlichkeiten der Form mit den Alten überein und gewinnen erst durch ihre »abweichende Eigentümlichkeit« eigene Bedeutung. Um den »Geist der modernen Kunst, im Gegensatz mit der antiken oder klassischen« zu bezeichnen, gebraucht er den Namen romantisch. Seit der Einführung des Christentums sei die Aufgabe der Kunst anders bestimmt worden: »Die Poesie der Alten war die des Besitzes, die unsrige ist die der Sehnsucht.« Auch noch die Hegelsche Ästhetik spricht vom Phänomen des Klassischen nur im Hinblick auf die Antike; erst Fr.Th.Vischers Ästhetik nennt Goethe und Schiller die »Klassiker des modernen Ideals«. Bei → Nietzsche begegnet in der ersten Unzeitgemäßen Betrachtung über D.Fr.Strauß 1873 eine Zurückweisung der nun üblich gewordenen Bezeichnung der deutschen Schriftsteller als Klassiker. Es seien die Bildungsphilister herrschend geworden, die die wahre Kultur zu besitzen meinten und die Klassiker, die »Suchende« waren, für »Findende« halten: »Ihnen das so nachdenkliche Wort ›Klassiker‹ anzuhängen und sich von Zeit zu Zeit einmal an ihren Werken zu erbauen ..., das sind nur klingende Abzahlungen ..., um nicht nachfolgen und weiter suchen zu müssen.« So bleibt von ihm aus offen, in welchem Sinn von einer dt.K. und nicht von einer dt. Literaturbewegung des 18.Jh.s gesprochen werden kann, die zeitweilig klassizistischen Erwartungen Raum gab und um eine selbständige Aneignung der griech. Kunst und Bildung bemüht blieb.

3. Die *literargeschichtlichen Darstellungen* haben sich seit H.Hettner (s. Lit.) durchweg – wenn auch auf wechselnde Weise – bemüht, die dt.K. als eine wesentliche Phase eines umfassenderen Zusammenhangs zu erläutern. Seine Darstellung des »klassischen Zeitalters der dt. Literatur« vertritt die These, daß in Goethes Schaffen sich erfüllte und vollendete, was »der innerste Kern und die treibende Kraft der Aufklärungskämpfe des 18.Jh.s gewesen war«. Die dt. Literatur habe seit der Mitte des 18.Jh.s das beschränkte Lebensideal der Aufklärung zum Ideal vollendeter und in sich harmonischer Humanität vertieft. – In anderer Weise hat H.A.Korff die dt.K. in einen ideengeschichtlichen Zusammenhang hineingestellt, nun freilich in der Begrenzung auf die dt. Entwicklung seit dem → Sturm und Drang und mit dem Bemühen, die systematische Folgerichtigkeit der Ideenbewegung herauszuarbeiten. Er geht von der These aus, daß die der klassisch-romantischen Dichtung zugrunde liegende Weltanschauung eine neue Form der Religion sei, die die Abgrenzung gegen die Ideensysteme des Christentums und der Aufklärung nötig macht. Die K. erscheint als eine Phase in der Ausbildung des dt. → Idealismus (: II). – Zu einer noch stärkeren Isolierung der dt. Situation ist Franz Schultz geneigt, wenn er die höhere Gemeinsamkeit von K. und → Romantik betont und auf eine »aufteilende Dialektik« verzichten möchte, um den »Durchbruch der organisch-vitalistischen Weltanschauung« als entscheidend zu betonen, die sich gegen die »mechanistische Denkweise in Westeuropa« absetzen ließe und die dt.K. vom europäischen Klassizismus trennen soll.

Je mehr die Bedeutung der K. aus ihren weltanschaulichen Positionen abgeleitet wird, um so näher liegt die Frage nach ihren *Gegnern*. A.Bettex ist den »antiklassischen Strömungen in der dt. Literatur vor dem Beginn der Romantik« nachgegangen. Die Angriffe sind vor allem von zwei Fronten gekommen, sowohl von seiten der positiven Religion wie der → Aufklärung. Man wird zurückfragen müssen, wieweit die zeitgenössische Polemik die entscheidende Leistung überhaupt berührte, aber auch, ob man der dt.K. gerecht wird, wenn man ihr eine eigene Religion und Weltanschauung zuweist.

4. Die sog. Anti-K. des 18.Jh.s erhellt indirekt nur die *geschichtliche Situation* der K., der es gelang, jenseits der überkommenen Alternativen und Doktrinen Mensch und Welt in neuer Weise einander zuzuordnen und dadurch der Dichtung eine selbständige Bedeutung zu geben. Die Kunst gewann eine entscheidende Funktion für das Selbstverständnis des Menschen, weil sie nicht nur die Wahrheit des Vorstellungslebens erprobte, sondern Dichten und Denken, Gefühls- und Bewußtseinskräfte miteinander in Austausch brachte und sich die Natur zum Maßstab nahm. Nur deshalb konnte das Vorbild der Antike in neuer Weise fruchtbar werden; es mußte nicht mehr wie im → Barock (: II) vom christlichen Offenbarungsglauben her bewältigt werden, sondern rechtfertigte die Rückwendung auf die dem Menschen zugehörige Erfahrungswirklichkeit.

5. Die Zurückhaltung gegenüber der orthodoxen Theologie sagt noch nichts über das *Verhältnis zur christlichen Religion* als solcher aus, da diese in ihrem humanen Sinn neu begriffen werden und sich vor der Naturwahrheit rechtfertigen sollte. Die Katechismusszene im Faust bezeugt, wie die Frage nach der Religion sich nicht mehr von den überlieferten Antworten aus eingrenzen läßt. Dichtung und Philosophie wissen damals der religiösen Beunruhigung des durch die Aufklärung hindurchgegangenen Menschen eher gerecht zu werden als Theologie und Bekenntnis. Die Repräsentanten der literarischen Bewegung waren durchweg in einer kirchlich-prot. Umwelt herangewachsen und mit den biblischen Büchern bes. vertraut. Wenn sie weitgehend auf konfessionelle Bindungen verzichteten und neue Wege suchten, so sind sie darum nicht zu Atheisten geworden. Sie bewahrten die Achtung vor dem Überkommenen, aber sie verwandelten es zugleich, indem sie es in eine neue Bewußtseinslage aufnahmen. Sie wurden nicht zu Religionsstiftern, sondern zu Dichtern und Humanisten. Die Skepsis gegen das Dogma regte sich im Zeichen einer religiösen Erwartung, die auf die Frage nach dem Menschen und seinen Erkenntnismöglichkeiten zurückführte. So weckt das Verhalten des Don Carlos in Domingo als dem Vertreter der alten Ordnung »Sorgen für den Thron, für Gott und seine Kirche«; denn dieser Prinz »entbrennt von einer seltsamen Chimäre - er verehrt den Menschen«. Die Frage nach der Religion führt auf die Frage nach den Möglichkeiten und Gefährdungen des Menschen zurück und damit auf die Thematik, die der Dichtung ihre entscheidende Bedeutung gibt. Die Gegner mochten glauben, es mit einer neuen Weltanschauung zu tun zu haben, die sich mit theologischen oder philosophischen Argumenten widerlegen ließ. Sie hatten es aber mit einer geschichtlichen Wirklichkeit zu tun, die in dem Maße unwiderlegbar blieb, wie sie das Verhältnis von Mensch und Natur betraf und das sprachliche Verhalten änderte (Groethuysen).

6. Damit wird verständlich, warum die dt.K. ihre Bedeutung durch die Begründung und Entfaltung einer autonomen Dichtungswelt erhalten konnte. Das so »nachdenkliche Wort« vom Klassiker besitzt erst dadurch einen präzisen Sinn, daß es auf eine Dichtung verweist, die durch die *klassische Symbolform* ihren geistigen und künstlerischen Rang besitzt. Die Ideenproblematik als solche läßt noch nicht erkennen, in welcher Richtung sich die dichterische Praxis bewegte und wie es gelang, im Gegensatz zur dynamisch bewegten und rhetorisch gesteigerten Formensprache des Barock die »Simplizität und Solidität« einer erfahrungsgebundenen Sinnbildsprache zu entwickeln. Zunächst schien es, als sollte das aufklärerische Denken den überkommenen Schmuck- und Redeformen des Barockhumanismus nur eine neue Grazie, Heiterkeit und Bewußtheit geben, als könnten die Rokokospiele das überkommene Elegantia-Ideal wiederbeleben und das Formprinzip des Witzes, des »Esprit«, rechtfertigen. Seit der Mitte des 18.Jh.s, vor allem seit → Klopstocks Hervortreten, setzt sich dann immer entschiedener ein ausdruckshaftes, subjektiviertes Sprechen durch. Die Aussprache des Herzens zeugt von dem großen Gefühlsaufbruch, der sich aus religiösen Tiefen nährt und doch zugleich die kirchlich gebundene Frömmigkeit von allen dogmatischen Fesseln löst; die → Sturm und Drang-Generation um 1770 bringt eine weltlich gerichtete Gefühlssprache zur Geltung, die die gewohnten Gattungsformen verwandelt. Aber diese Polarität des witzigen gegenüber dem ausdruckshaften Sprechen führt nur bedingt an die eigentlich entscheidenden Formkräfte des 18.Jh.s heran. Wesentlicher werden jene Bemühungen, die in der Dichtung eine neue Sachnähe und gedankliche Bestimmtheit durchzusetzen suchen, zunächst mehr im lehrhaft-moralischen Ton, aber dann mit echter geistiger Freiheit; die Dichtung kommt dadurch als eine Sinnbildsprache zur Geltung, die im Irdisch-Konkreten das geistig Bedeutsame zu fassen weiß und ein tieferes Wechselverhältnis von Subjektivität und Objektivität herstellt.

Diese erlebnisnahe Symbolkunst öffnet sich allen Mächten der Natur wie der Geschichte, um den Erfahrungsraum des Menschen sichtbar zu machen und zugleich der humanistischen Tradition und damit der Beispielhaftigkeit der Antike gerecht zu werden. Wenn sie auch in den Werken Goethes und Schillers erst zur vollen Klarheit über sich selbst und zur Entfaltung ihrer Möglichkeiten gekommen ist, so hat sie doch eine lange Vorgeschichte, die ihrem vielschichtigen Verhältnis zur Bewußtseinssituation der Moderne entspricht. Die Verwandlung des Erlebten in ein Bild, wie Goethe sein Verfahren in »Dichtung und Wahrheit« nennt, gibt der Bilderwelt der Einbildungskraft eine entscheidende Bedeutung für das Lebensverständnis; die Kunst wird zur bestimmenden Bildungsmacht, weil sie sich weder bestimmten didaktischen oder moralischen Zwecken zur Verfügung stellt noch sich mit Schmuckformen begnügt oder auf die subjektive Ausdruckskraft einschränkt, sondern den Zusammenhang von Mensch und Welt beispielhaft vergegenwärtigt. Durch diese klassische Symbolform findet die literarische Bewegung des 18.Jh.s, die im Zeichen der Aufklärung in Gang kam, die ihr mögliche Erfüllung.

In dem Briefwechsel zwischen Goethe und Schiller wird das *Stilgesetz* dieser Kunst zu voller Bewußtheit gebracht. Schiller stellt Betrachtungen darüber an, wie sich Wirklichkeit und Kunst zueinander verhalten, und meint, daß eine zu große Wirklichkeitsnähe dazu führt, die tiefere Wahrheit und damit das eigentliche Poetische zu versäumen. Die Kunst verlange nach einer Sinnbildlichkeit, die er mit dem Begriff des Symbols erläutert. So erwartet er, daß Goethe dem Faust eine »symbolische Bedeutsamkeit« gibt und dadurch vom »Gegenstand« zu »Ideen« hinüberleitet, durch das Faktische der Fabel das »innere Wesen« deutlich macht und einen »ästhetischen Aufschluß« gibt (23.6.1797 und 8.7.1796). Goethe seinerseits benutzt den Begriff des Symbolischen, um die Gegenstände zu bezeichnen, die das Verhältnis des Menschen zu seiner Welt erläutern; solche »symbolischen Gegenstände« sind ihm »eminente Fälle«, die als Repräsentanten von vielen anderen dastehen und »an eine gewisse Einheit und Allheit Anspruch machen« (16.8.1797). Mit dieser symbolischen Bedeutung des Gegenstandes ist nicht eine seiner Eigenschaften gemeint, sondern seine Beziehung zum Menschen, der ihn in eine »Sprache für die Menschheit« verwandelt, wie Schiller erläutert. Die klassische Symbolform sucht zwar die Einheit von sinnlicher Erscheinung und geistiger Bedeutung, von Wirklichkeit und Idee, von Darstellung und Gehalt; aber sie bleibt sich dessen bewußt, daß diese Einheit nur durch die Rückbeziehung auf den Menschen und seine Erfahrungssituation gültig wird. Als Symbolkunst sieht sich die Dichtung genötigt, Mensch und Welt so zur Darstellung zu bringen, daß sie die Ganzheit und Einheit der menschlichen Welt im besonderen Fall sichtbar macht. So gehört zu dieser Symbolsprache ihr subjektiv-individueller Charakter hinzu; ihre Allgemeingültigkeit gründet im Persönlich-Lebendigen.

Daraus ergeben sich die für die klassische Symbolform wesentlichen *Grundsätze:* a) Der konkrete Einzelfall wird durch die Dichtung zum Medium des Allgemeinen erhoben. – b) Dieses Allgemeine weist auf die Einheit der lebendigen Natur zurück. – c) Als ein Geistiges läßt sich das Allgemeine nicht auf Lehre und Begriff einschränken, sondern es bleibt auf Anschauung durch Darstellung angewiesen. – d) Die dichterische Darstellung besitzt durch ihre symbolische Bedeutsamkeit ihre eigene Wahrheit, als Wahrheit der Einbildungskraft und des Vorstellungslebens. – e) Diese poetische Wahrheit gründet in der Subjektivität des individuellen Erfahrungszusammenhangs. – f) Der Erfahrungszusammenhang bewährt sich an der naturwissenschaftlichen Erkenntnis und geschichtlichen Überlieferung und bleibt auf den Wechselbezug von Dichten und Denken bezogen. – g) Die klassische Symbolform bleibt damit auf die im 18.Jh. entstandene Bewußtseinssituation bezogen und gewinnt ihre Beispielhaftigkeit erst in ihrer geschichtlichen Bestimmtheit.

7. Indem wir derart die Frage nach der dt.K. als Frage nach der Entstehung der klassischen Symbolform der Dichtung verstehen, wird es möglich, *einige Hauptphasen und -themen* herauszuheben und das Wirken Goethes und Schillers in einen allgemeineren Zusammenhang zu stellen, auch Goethes Alterswerk als folgerechte Fortführung des von ihm eingeschlagenen Weges zu begreifen.

a) Der Begriff der *Natur* ist vieldeutig genug, um auch überkommene Vorstellungen in sich aufzunehmen. Aber entscheidend bleibt doch, daß seit dem 18.Jh. die Vorstellungen von Gott und seiner Schöpfung auf die Natur und ihre Gesetzlichkeit zurückbezogen werden müssen, um sich in ihrer Geltung zu rechtfertigen. Wie → Leibniz sagt, kann die Welt nur dann als begriffen gelten, wenn sie als ein naturgesetzlicher Zusammenhang eine eigene Notwendigkeit besitzt, in die auch Gott nicht einzugreifen vermag. Seine Freiheit kann nur im vollkommenen Handeln zufolge der allerhöchsten Vernunft bestehen, die nichts ohne Ursache tut. Indem derart Gott mit der Oberherrschaft der Vernunft gleichgesetzt wird, sieht sich das Selbstverständnis des Menschen auch im Dichten auf die vernunftgemäße Erforschung der Natur bezogen. Wenn Wilhelm Heinse im »Ardinghello« 1787 das Weltall mit einem Namen »Natur« nennen möchte und zu seiner Kennzeichnung die alte Formel des ἓν καὶ πᾶν benutzt, so weist dieser Naturbegriff auf die Antike zurück und hebt ein Grundmotiv abendländischen Denkens heraus. Und wenn F.H. → Jacobis Briefe »Über die Lehre des Spinoza« (1785) damals die Gemüter so bewegten, so geschah es nur, weil sie die Konsequenzen des vom Naturbegriff ausgehenden Denkens entwickelten und sie mit dem überkommenen theologischen Schöpfungsbegriff konfrontierten. Der Spinozastreit entstand im Anschluß an → Lessings Bemerkung, daß er sich »alles natürlich ausgebeten haben wolle« und deshalb den Sprung in den Offenbarungsglauben nicht vollziehen könne. So führen die an den Naturbegriff und bes. an → Spinoza anknüpfenden Erörterungen auf die Grundlagen hin, von denen aus das Dichten eine neue Entschiedenheit gewinnt.

b) Aber diese Natur, der die Dichter nacheifern, ist nicht eine abzuschildernde Gegenstandswelt, sondern jenes Lebensganze, zu dem der Mensch hinzugehört, das er fühlend, erkennend, handelnd sich erschließt und dem er deshalb mit der Schöpferkraft des *Genies* begegnet. Die Charakterverantwortung und ethische Entschiedenheit des einzelnen erhält ebenso wie seine persönliche Bildung eine besondere Bedeutung. Die literarischen Bemühungen sehen sich auf die subjektive Selbsterfahrung verwiesen. Die überlieferten Formen und Regeln behalten nur so weit Berechtigung, als sie sich in subjektive Ausdrucksgebärden verwandeln lassen. Es genügt schon für Klopstock und Lessing nicht mehr, die Dichtungsgattungen kunstgerecht zu benutzen. Die Bestimmungen der Poetik als Normen des Schaffens werden suspekt. Der Streit um die drei Einheiten im Drama verliert seinen tieferen Sinn, da Raum und Zeit als Vorstellungsweisen des Menschen selber subjektiviert und konkretisiert werden. Die durch die Antike oder die humanistische Tradition vermittelten Versmaße müssen eine persönliche Sprachbewegung zu erkennen geben, da die Lyrik sich nur noch durch ihre Erlebnisunmittelbarkeit rechtfertigt. Der Roman gewinnt seit → Wieland eine ständig wachsende Bedeutung, je mehr er in einer erfahrungsgebundenen Prosa die Entwicklung und Bildung des Menschen sinnbildlich vergegenwärtigt. So werden die literarischen Gattungen als Grundformen der menschlichen Selbsterfahrung verstanden in dem Sinn, in dem Goethe Epos, Lyrik und Drama als die »echten Naturformen der Poesie« bezeichnet. Je mehr der Ausdruckscharakter der Dichtung sich vordrängt, um so mehr droht er in Widerstreit mit dem Werkcharakter der Kunst zu geraten. Die Ausarbeitung einer dichterischen Gleichnis- und Bilderwelt, einer gültigen Sprachgestalt führt auf die Innerlichkeit der persönlichen Existenz zurück und antwortet auf ihre Beunruhigungen und Beglückungen.

c) Zugleich erhält die *literarische Kritik* und ästhetische Theorie besondere Bedeutung. An die Stelle der normsetzenden Poetik tritt seit Lessing die Werkkritik, die nach der menschlichen Wahrheit des Dargestellten fragt und auf die subjektive Empfindung des Aufnehmenden zurückgeht, um die Wirkung des Dargestellten zu erproben. Sie sieht sich auf ein Kunstverständnis angewiesen, das sich im Umgang mit den beispielhaften Werken der Überlieferung läutert und dadurch zugleich die Voraussetzungen für ein undogmatisches Verständnis der antiken Poetik gewinnt. Der → Ästhetik, die nun erst als eigene Disziplin hervortritt, erwächst darüber hinaus die Aufgabe, Recht und Bedeutung des künstlerischen Verfahrens zu begründen und gegen die Erwartungen der sachlichen Erkenntnis wie des moralischen Urteils abzugrenzen. Die Wandlungen des Vorstellungslebens und der ihnen entsprechenden Darstellungsformen nötigen zu einer historischen Besinnung auf den Wechsel der Dichtungsweisen, wie sie in Schillers Unterscheidung von naiver und sentimentalischer Dichtung angebahnt wird.

d) Das einzelne Werk besitzt seine Bedeutung nicht durch die Stoffe, Gedanken, Charaktere und Vorgänge als solche, sondern durch die *Form,* dh durch den Verweisungszusammenhang, der alle Darstellungselemente miteinander in Beziehung setzt; die Darstellungsweise wird wichtiger als die Darstellungsinhalte, weil sie auf die dem Menschen zugehörigen Vorstellungsweisen hinführt, die sein Weltverhalten bestimmen. Imagination und Bewußtheit vereinen sich; die Formen der Reflexion, des erörternden Gesprächs, des Weisheitsspruchs werden selber zum Element dichterischer Darstellung. Die überlieferte Bilderwelt, wie sie in Mythen und Sagen so gut wie in historischen Gestalten zur Verfügung steht, wird unabhängig von ihren jeweiligen Glaubensvoraussetzungen aus- und umgedichtet, da es nur auf ihre sinnbildliche Kraft und dh auf ihren ästhetischen Gehalt ankommt. Es entsteht eine neue Bildersprache, die nicht als objektive Sagenwelt, sondern als individuelle Daseinsgestalt zur Wirkung kommt. Die großen Dichtungen der dt.K. - Lessings »Nathan«, Wielands »Agathon«, Goethes »Iphigenie«, »Tasso«, »Faust« und »Wilhelm Meister«, Schillers »Don Carlos«, »Wallenstein« und »Wilhelm Tell«, → Hölderlins »Hyperion«, → Kleists »Prinz von Homburg«, → Jean Pauls »Titan« -, so verschieden sie unter sich sein mögen, geben jeweils der Selbsterfahrung des menschlichen Geistes eine beispielhafte Bedeutung.

e) Dabei versteht sich das Dichten nicht als bloße Naturgabe, sondern tritt in eine *Korrelation zur wissenschaftlichen Erkenntnis,* nicht um deren Ergebnisse nachträglich zu illustrieren, sondern um ihre Verfahrensweise in das Vorstellungsleben einzubeziehen. Die Archäologie, die Sprachtheorie und die Erkenntniskritik werden zu wesentlichen Voraussetzungen des dichterischen Schaffens. → Winckelmann erläutert an der griech. Plastik das Gesetz der Schönheit als Übereinstimmung aller Teile zu einem lebendigen Ganzen, in dem sich der Makrokosmos spiegelt. In seiner Geschichte der Kunst des Altertums begreift er die Abfolge der Kunstwerke als eine in sich folgerichtige Stilentwicklung. J.G. → Hamann erkennt an der Sprache der Bibel den metaphorischen Charakter der menschlichen Rede, sofern sie vom Geheimnis des Göttlichen nur in unzulänglichen Bildern und Geschichten sprechen kann und alle sprachliche Mitteilung einen verweisenden Charakter behält. → Herder richtet sich auf die Wechselbeziehung zwischen Sprache und Denken und erläutert die Vielfalt des kulturellen Lebens aus dessen Zusammenhang mit der jeweiligen Muttersprache. → Kant fragt in der »Kritik der Urteilskraft« nach den Bedingungen der Möglichkeit des Geschmacksurteils und findet es in der Subjektivität des Gefühls gegründet, das die Übereinstimmung des Dargestellten mit seinen eigenen Empfindungen als möglich erfährt und darum auf allgemeine Zustimmung zu seinem Urteil rechnet. Schillers ästhetische Schriften führen diese Gedanken weiter, wenn sie nach der Leistung der Kunst fragen und sie als eine Rückführung des Menschen auf sich selbst erläutern; in einer sich ständig weiter differenzierenden und spezialisierenden Kultur verweist sie auf die Totalität des menschlichen Lebens. So kann dann → Hegel in seiner Ästhetik die Kunst neben Religion und Philosophie als eine der Erscheinungsformen des objektiven Geistes erläutern.

f) Es ist ein echter Wesenszug der dt.K., daß sie das *Bündnis von Kunst und Wissenschaft* fordert und fruchtbar macht. Goethe bringt sein Dichten in eine immer engere Beziehung zu seiner Naturforschung. Die Lehre von den Urphänomenen und ihrer Metamorphose führt ihn in seinem Alterswerk vom Individuellen zum Generischen weiter und erläutert sein Bemühen um die symbolische Vergegenwärtigung der das menschliche Dasein bestimmenden Kräfte. Entsprechend bahnt sich Schiller durch sein Geschichtsstudium den Weg zu intimerer Weltkenntnis. Die Subjektivität soll hier wie dort ihren Boden in der Naturwahrheit finden und sieht sich deshalb auf die Wissenschaft verwiesen, die sich ihrerseits durch die Dichtung gemahnt weiß, auf eine »menschenverständige Vorstellungsweise« nicht zu verzichten. Die geschichtliche Leistung und besondere Bedeutung der dt. K. wird in dem Maße verständlich, wie wir sie als eine moderne K. begreifen; sie macht die durch die europäische Aufklärungsbewegung entstandene Bewußtseinssituation für das Selbstverständnis des Menschen fruchtbar und bringt dadurch das Eigenrecht der Dichtung zu neuer Geltung.

H.Hettner, Gesch. d. dt. Lit. im 18.Jh., 3. Buch, 1870 - O.Harnack, Die klass. Ästhetik d. Deutschen, 1892 - Ders., Der dt. Klassizismus im Zeitalter Goethes, 1906 - E.Cassirer, Freiheit u. Form, 1917 - Ders., Idee u. Gestalt, 1921 - Ders., Die Philosophie der Aufklärung, 1932 - Fr.Strich, Dt.K. u. Romantik, 1923 - Fr.Ernst, Der Klassizismus in Italien, Frankreich u. Deutschland, 1924 - E.v.Sydow, Die Kultur der dt. K., 1926 - B.Groethuysen, Die Entstehung der bürgerl. Welt- u. Lebensanschauung in Frankreich (DVfLG, Buchreihe Bd IV), 1927 - H.A.Korff, Geist der Goethezeit II: K., (1930) 1954² - Das Problem des Klassischen u. die Antike, 8 Vorträge, hg.v. W.Jaeger, 1931 (darin u.a.: W.Schadewaldt, Begriff u. Wesen der antiken K., 15-32) - W.Weisbach, Die klass. Ideologie (DVfLG 11, 1933, 559-591) - A.Bettex, Der Kampf um das klass. Weimar, 1935 - Fr.Schultz, K. u. Romantik der Deutschen I. II, (1935/40) 1952² - Ders., Das Kunst- u. Kulturideal der dt. K. (in: Von dt. Art in Sprache u. Dichtung IV, 1941, 127-155) - W.Rehm, Griechentum u. Goethezeit, 1936 - E.Franz, Dt.K. u. Reformation (DVfLG, Buchreihe Bd 22), 1937 - Curt Müller, Die geschichtl. Voraussetzungen des Symbolbegriffs in Goethes Kunstanschauung (Palaestra Nr. 211), 1937 - H.Rose, K. als künstl. Denkform des Abendlandes, 1937 - P.Hazard, Die Krise des europ. Geistes, 1939 - E. Busch, Das Erlebnis des Schönen im Antikebild der dt. K. (DVfLG 18, 1940, 26-60) - Concinnitas, Beiträge zum Problem des Klassischen, Festschr. f. H.Wölfflin, 1944 - R.Buchwald, Das Vermächtnis der dt. Klassiker, 1946 - K.Scheffler, Späte K., 1946 - K.Toggenburger. Die Werkstatt der dt. K., 1948 - K.Reinhardt, Die klass. Philologie u. das Klassische, Von Werken u. Formen, 1948 - W.v.d. Steinen, Das Zeitalter Goethes, 1949 - W.Rasch, Die Zeit der K. u. frühen Romantik 1775-1805 (in: Annalen der dt. Lit., 1951, 465-550) - A.Heussler, K. u. Klassizismus in der dt. Lit., 1952 - W. Muschg, Dt.K. tragisch gesehen, 1952 - R.Benz, Die Zeit der dt.K., 1953 - H.Cysarz, Kl. Reallexikon der dt. Lit.-Gesch. I, 1958 - Br. Markwardt, Gesch. der dt. Poetik III: K. u. Romantik, 1958.

P.Böckmann

Klassische Altertumswissenschaft. Schon früh haben die Griechen über ihre mündlichen und literarischen Überlieferungen nachgedacht und darüber geschrieben. Im Mittelpunkt stand immer → Homer. Bereits am Ende des 6.Jh.s hat Theagenes aus Rhegion über ihn gehandelt und die allegorische Interpretation eingeführt, die im späteren Altertum auf alle Religionsurkunden und Mythen angewandt wurde (→ Allegorie: I). Den Griechen galt die → Heroen-Mythologie immer als ihre älteste Geschichte, sie mußte aber von unglaubhaften Bestandteilen gereinigt werden. Diese Arbeit unternahmen die sog. Logographen, deren bedeutendster Hekataios aus Milet war (ca 500 vChr). Ihre Methode gewann weite Verbreitung und gipfelte im → Euhemerismus, der die Götter als Menschen betrachtete, die wegen ihrer Taten zu Göttern erhoben wurden. Eine wirklich wissenschaftliche Arbeit begann erst mit → Aristoteles (384 bis 322), der über Poetik und die dramatischen Aufführungen schrieb und die Verfassungen der Stadtstaaten sammelte. Sie wurde von seiner Schule, den Peripatetikern (→ Griechisch-römische Philosophie, 2b β), fortgesetzt. In der hellenistischen Zeit (→ Hellenismus) stand die Bibliothek in Alexandria voran, wo man die griechische Literatur möglichst vollständig sammelte. Die Bücher wurden katalogisiert, die Texte kritisch behandelt und in maßgebenden Editionen herausgegeben. Hervorragend, bes. mit seiner Homerausgabe, war Aristophanes († ca 180) und neben ihm Aristarchos († ca 143). Polemon (um 177) sammelte Inschriften und schrieb Städtegründungsgeschichten. Es gab eine reiche Literatur über Kulte usw, die jedoch nur in Fragmenten erhalten ist (A.Tresp, Die Fragmente der griech. Kultschriftsteller [RVV XV, 1], 1914). Das verlorene Hauptwerk auf dem Gebiet der Religion war des Apollodoros (um 150) Werk über die Götter. (Die sog. Bibliotheke, die unter seinem Namen umläuft, ist ein mythologisches Kompendium.) Die Deutungen der Götter faßte Cornutus (Mitte des 1.Jh.s nChr) in seiner Übersicht über die Theologie der Hellenen zusammen. In Rom bearbeitete Varro (116-127) die religiösen und profanen Überlieferungen und auch die Literatur. Die Grammatik wurde von vielen behandelt, am erfolgreichsten von Donatus (um 350 nChr). - Im Spätaltertum erlosch der wissenschaftliche Geist immer mehr, und vom MA ist kaum etwas zu sagen. In der Renaissance wurden die Hss. ans Licht gezogen, andere holte man aus Konstantinopel. Die Drucklegung begann in der zweiten Hälfte des 15.Jh.s und wurde lebhaft betrieben. Im 16.-18.Jh. wurde die Textkritik verfeinert, die literarische Kritik begründet, die Sprache und die Metrik studiert. Notizen über alle Seiten des antiken Lebens und Wirkens wurden gesammelt und bearbeitet. Französische, holländische und englische Gelehrte traten der Reihe nach hervor. In Deutschland belebte C.G.Heyne (1729-1812) die klassischen Studien neu. F.A.Wolf (1759-1824) machte Epoche durch das Aufwerfen der homerischen Frage. Zu Beginn des 19.Jh.s lag der große Philologe Gottfried Herrman (1772-1848) im Streit mit A.Boeckh (1785 bis 1864), dem Verfasser des Werkes »Staatshaushaltung der Athener« (2 Bde, 1817), der die historisch-antiquarische Seite der Kl.A. betonte. Von den vielen bedeutenden Philologen Deutschlands war Theodor → Mommsen (1817-1903) auf allen Gebieten des Lateinischen und Römischen der bedeutendste, auf griechischem Gebiet U.v. → Wilamowitz (1848-1931). Auch der Däne J. Madvig (1804-86) sei als bedeutender Textkritiker erwähnt.

Innerhalb der Kl.A. haben sich besondere Gebiete zu umfassenden *Spezialwissenschaften* ausgebildet. In der Renaissance suchte man eifrig nach antiken Skulpturen und legte Sammlungen an. Die antike Kunstgeschichte wurde von J.J. → Winckelmann (1717-68) begründet. Die → Ausgrabungen in Pompeji im 18.Jh. bereicherten die Museen mit Wandgemälden und anderen Funden. Auch die Gräber der → Etrusker lieferten am Anfang des 19.Jh.s Museumsstücke, bes. Vasen. Gleichzeitig wurden die Parthenonskulpturen, die Aegineten u.a.m. in europäische Museen gebracht. Eine wissenschaftliche Grabungstechnik mit methodischen Beobachtungen entwickelte sich erst spät; bedeutungsvoll waren die deutschen Grabungen in Olympia (seit 1875). Die wichtigsten Grabungsstätten in Griechenland sind neben Olympia Delphi, Delos, Athen und Epidauros, in Italien bes. Rom und Pompeji. Die mykenische Epoche wurde in den 70er Jahren durch H.Schliemanns (1822-90) Grabungen in Mykene, Tiryns und Troja entdeckt, die minoische durch A.J.Evans (1851-1941), der Knossos auf Kreta ausgrub. Dadurch sind unsere Kenntnisse von Griechenland um weit mehr als ein Jt. erweitert worden. - Eine Mittelstellung zwischen Archäologie und Philologie nimmt die Epigraphik ein. Schon Cyriacus von Ancona, der in der ersten Hälfte des 15.Jh.s weite Reisen unternahm, sammelte Inschriften und schätzte ihren Wert voll ein. Ihre Bedeutung kam erst recht zur Geltung, als man die großen Sammlungen herausgab: das Corpus Inscriptionum Graecarum, begonnen von Boeckh (nunmehr zT ersetzt durch Inscriptiones Graecae), und das Corpus Inscriptionum Latinarum, begründet von Mommsen. Seitdem ist das Material durch neue Funde ins Riesenhafte gewachsen und wird intensiv bearbeitet. - Die Papyri haben uns nicht nur eingehende Kenntnis über die inneren Verhältnisse Ägyptens geschenkt, sondern auch viele Tausend Fragmente von bekannten und in ihren Texten unbekannten Schriftstellern; bemerkenswert sind bes. fast vollständige Texte wie Aristoteles' Schrift über die Staatsverfassung der Athener oder vier Komödien von Menandros. - Die Numismatik ist geschichtlich wichtig. Von der großen Zahl der Schriften zur alten Geschichte (gute Übersicht bei H.Bengtson, Einl. in die alte Geschichte, [1948] 1953²) seien nur einige bes. hervorragende Werke erwähnt: E.Gibbon, The History of the Decline and Fall of the Roman Empire, 12 Bde, 1776-88; G.Grote, History of Greece, 12 Bde, 1856; Th.Mommsen, Röm. Geschichte, 3 Bde, 1854-56, Bd V 1885; Ed.Meyer, Geschichte des Altertums, 5 Bde, 1884-1902; M.Rostovtzeff, The Social and Economic History of the Roman Empire, 1926, dt. 1931.

Im Problemkreis der RGG ist die Erforschung der *Religion* der klassischen Völker (→ Griechische Religion, → Römische Religion) von besonderem Interesse. Seit der Renaissance war die Mythologie in ihrer römischen Form Allgemeingut der Gebildeten. Schon Boccaccio hat im 14.Jh. ein vielbenutztes Buch geschrieben (»Genealogia deorum gentilium«), das immer wieder Vorwürfe für die bildende Kunst lieferte. Von einer religionshistorischen Forschung kann man aber kaum vor der Wende des 18./19.Jh.s sprechen. F.Creuzer (Symbolik und Mythologie der Alten Völker, 1810/11) wollte zeigen, daß sich unter den Mythen und Kulten orientalische Weisheit verbarg. Diese Gespinste wurden weggefegt durch das grundgelehrte Werk von C.A.Lobeck, Aglaophamus sive de theologiae mysticae Graecorum causis (1829). Großen Einfluß gewann K.O.Müller, der in seinen »Prolegomena zu einer wissenschaftlichen Mythologie« (1825) und in anderen Schriften den Grundsatz der Lokalisierung der Mythen aufstellte. Von ihm war H.D.Müller beeinflußt (Mythologie der griech. Stämme, 2 Bde, 1857/61), der den Gegensatz zwischen den olympischen und den → chthonischen Gottheiten hervorhob, die zugleich Spender der → Fruchtbarkeit waren. Ein neuer Anstoß kam mit der vergleichenden Mythologie, die nach dem Vorbild der vergleichenden Sprachforschung (→ Indogermanen) einen indo-europäischen Urgrund der Mythen suchte und sie auf Naturphänomene deutete (→ Naturmythologie). Sie herrschte in Deutschland bis ans Ende des 19.Jh.s, ihr beredtester Vertreter war der Oxforder Prof. Max → Müller. In England wurde eine ganz neue Richtung durch den Vergleich mit den Religionen der → Naturvölker hervorgerufen; das bedeutendste Werk sind J.E.Harrisons »Prolegomena to the Study of Greek Religion« (1903). Diese Richtung fand in Deutschland wenig Anklang, obgleich E.Rohde ihr in seinem Meisterwerk »Psyche, Seelenkult und Unsterblichkeitsglaube der Griechen« (1893) nicht abgeneigt war. In Deutschland herrschte die geschichtliche, an K.O.Müller anknüpfende Betrachtungsweise vor. Demgegenüber versuchte H.Usener (Götternamen, 1896) das Problem der Entstehung der Götter auf sprachlichem Weg zu klären. Geläufig sind die von ihm aufgebrachten Termini »Augenblicksgötter« (die Macht, die sich in einer einzelnen Erscheinung äußert) und → »Sondergötter« (die Macht, die sich in einer besonderen Gruppe von Erscheinungen äußert); große Götter seien erst entstanden, als die Bedeutung des Namens undurchsichtig wurde. - Eine ganz neue Epoche der Religion Griechenlands eröffnete sich mit der Entdeckung der → Kretisch-mykenischen Religion, die nur durch archäologische Denkmäler als ein Bilderbuch ohne Text überliefert ist und daher verschieden gedeutet werden kann. Deutlich ist, daß das weibliche Element bei weitem überwog und daß ein Baumkult mit zT ekstatischen Riten bestand (M.P.Nilsson, The Minoan-Mycenaean Religion and its Survival in Greek Religion, [1927] 1950²). Verbreitet ist die von A.J.Evans (The Palace of Minos at Knossos, 4 Bde, 1921-35) aufgebrachte Annahme einer Großen Göttin, Herrin der Natur und der Toten (→ Muttergottheiten), die neben sich einen männlichen Gott hatte. - Viel später wurde die Erforschung des → Synkretismus des Spätaltertums eingeleitet, zu dem typologisch auch das Christentum gehört. A.Dieterich beschäftigte sich mit den Zauberpapyri (→ Zauberbücher) und schrieb zwei einflußreiche Bücher: »Eine Mithrasliturgie« (1903), in dem er für alle → Mysterien-Religionen gemeinsame Grundlehren aufzeigen will, und »Mutter Erde« (1905). Der orientalische Einfluß wurde einseitig von R. → Reitzenstein (bes.: Die hellenistischen Mysterienreligionen, [1910] 1927³) und von F. → Cumont hervorgehoben (Textes et monuments relatifs aux mystères de Mithra, 2 Bde, 1894/1900; Les mystères de Mithra, 1899; Les religions orientales dans le paganisme romain, 1906; jeweils Neuaufl. und dt. Übers.en). Gegen diese Einseitigkeit wird in den letzten Jahren wieder der Einfluß des Griechentums betont (→ Antike und Orient).

C.Bursian, Gesch. der klass. Philologie in Deutschland, 1883 - A.Gudeman, Grundriß der Gesch. der klass. Philologie, 1907 - M.P. Nilsson, Gesch. der griech. Religion I, (1941) 1955², 3ff; II, 1950, 5ff. - Vgl. laufende Jahrgänge der L'Année philologique (Paris).

M.P.Nilsson

Klassizismus

1. Begriff - 2. K. als allgemeines Stilprinzip - 3. Der K. im engeren Sinne

1. Der kunstgeschichtliche *Begriff* K. ist in seiner Bedeutung von dem der → Klassik abhängig. Der Gebrauch dieses Wortes ist nicht einheitlich. Man sollte es - mit K.Bauch - lediglich als historischen Epochenbegriff verwenden: zur Kennzeichnung der Kunst des hellenischen 6./5.Jh.s vChr. Nennt man dagegen etwa die französische Baukunst des 17.Jh.s »klassisch«, so kann dies nur im Sinne einer vergleichenden Übertragung jenes Namens gemeint sein. Den einheitlichen Gebrauch des Terminus Klassik vorausgesetzt, hat K. zwei verschiedene Bedeutungen.

2. Wir nennen jeden Stil k., der die Klassik zum Dogma erhebt. Es gibt in der abendländischen Geschichte mehrere Klassizismen und zahlreiche k.e Züge. Der erste große k.e Stil ist die Kunst des *augusteischen* Zeitalters. Diese »Antike«, dh die römische Umprägung der Klassik, hat die folgenden Jh.e ungleich stärker beeinflußt als die hellenische → Kunst (: II H) selbst, die erst im 18.Jh. erkannt wurde. Bes. alle politischen Strömungen, in denen der imperialistische Weltreichsgedanke und die Berufung auf das alte Rom vorherrschen, sehen den augusteischen K. als vorbildlich an. Der K. als Kunst entspricht dem Rationalismus als geistiger Haltung. Spiritualistische und transzendentale Weltanschauungen haben dagegen immer anti-k.e Tendenzen. - Schon unter Hadrian verzeichnet man eine k.e Welle. Nicht nur in der karolingischen Kunst, sondern während des gesamten MA gab es stärkere oder schwächere k.e Rückgriffe. Erst in der → *Renaissance* aber wurde der K. wieder zum führenden Stilprinzip erhoben. Er verband sich nunmehr mit der »Nachahmung der Natur«, indem diese ebenfalls als etwas objektiv Vorhandenes und Vorbildliches betrachtet wurde. Gegenüber der weltflüchtigen Haltung des → Manierismus bedeutete der → *Barock* (: I) eine erneute Wendung zum K. Die Großmachtansprüche aller Staaten dieser Epoche wurden in k.er Formensprache ausgedrückt: k. war die Architektur nicht nur unter den Päpsten und unter Ludwig XIV. von Frankreich (und seinen ausländischen Nacheiferern), sondern in England, Holland, Schweden. K.e Elemente finden sich auch in → Malerei und Bildhauerkunst des Barock. Die Mittel des K. wurden immer differenzierter, denn: »Jeder K. rechnet den vorausgehenden mit zur Klassik« (Bauch). Daher galt etwa → Raffael allen späteren k.en Strömungen als klassisch.

3. Von der Bedeutung des K. als allgemeinem Stilprinzip ist der k.e Stil »um 1800« zu unterscheiden. Dieser war die historische Gegenbewegung gegen Rokoko und Vorromantik. Der »Unmoral« und der »Frivolität« stellte er die - römische - Bürgertugend entgegen, dem Gefühlsüberschwang und dem Gotizismus den Rationalismus der → Aufklärung. In England und in den romanischen Ländern wird er als »Neo-K.« bezeichnet. Er entwickelte sich vom »spätbarocken« und »archäologischen« zum »revolutionären« und »romantischen« K. Die Anfänge dieses Stils - auf den Italiener Palladio (1508-80) zurückgehend - liegen in England. Von dort verbreitete er sich über ganz Europa. Der große deutsche Theoretiker → Winckelmann schrieb 1755 »Gedanken über die Nachahmung der griechischen Werke...«. Mit seinem Freund Mengs vollzog sich der Umschwung in der Malerei. Die Formenstrenge des K. ließ ihn zum Stil der *Französischen Revolution* und Napoleons werden (Boullée und Ledoux als Baumeister, David und Ingres als Maler, der Italiener Canova als Bildhauer). Die bedeutendsten deutschen Meister waren: Gilly, Weinbrenner, Klenze als Architekten, Carstens als Maler, Schadow als Bildhauer. In den Bauten von → Schinkel erhob sich der den politischen Reformern verwandte »preußische« K. zu einer sonst kaum erreichten Höhe und inneren Nähe zum griechischen Urbild. - Die Figuralkunst der → Romantik (: I) übernahm zT die k.e Formensprache (→ Cornelius). Der K. wurde im 19.Jh. zum offiziellen Stil der Akademien; im Gefolge eines kleinlichen → Naturalismus verflachte er bald. Erst → Puvis de Chavannes, Feuerbach, Marées, Hildebrand und Maillol schufen in ihm wieder vollkommene Werke. - Die Begriffe K. und k. enthalten zunächst kein Werturteil. Das Bildungsideal und der Dogmatismus der Kunstanschauung haben jedoch in der Praxis oft zur Schwächung der naiven Gestaltungskraft geführt. Im Gefolge der Aufklärung und als Reaktion auf die Kunst des ancien régime entstanden, eignete dem K. im Gegensatz zu der Parallelbewegung der Romantik meist eine antichristliche, zumindest antikirchliche Haltung. Wo dennoch religiöse Werke geschaffen wurden, gehören sie zu den schwächsten Leistungen der Künstler: Danneckers »Christus« in Stuttgart, → Thorwaldsens Skulpturenschmuck der Frauenkirche zu Kopenhagen, Mariendarstellungen des Ingres. Thorwaldsen selbst hat die Problematik des K. erkannt und die Schwierigkeit gesehen, Griechentum und Christentum in der Gestaltkunst zu vereinen (Zeitler 148f). - Vgl. → Kirchenbau: IV, → Malerei und Plastik: III-V.

E.Kaufmann, K. als Tendenz u. als Epoche (Krit. Berichte III-IV, 1930-32, 201-214) - K.Bauch, Klassik-Klassizität-K. (Das Werk des Künstlers I, 1939/40, 429-440) - Ders., Abendländ. Kunst, 1952, 66ff - P.Meyer, Europ. Kunstgesch. II, 1948, 260ff - A.Hauser, Sozialgesch. der Kunst u. Lit. II, 1953, 136ff - R.Zeitler, K. u. Utopia (Figura 5), 1954 (Lit.).

K.Lankheit

Klausenburg, *Universität.* Die in K. 1872 begründete königlich ungarische Franz-Josephs-Universität hatte ihren ersten Vorläufer in einer vom Fürsten Stephan Báthory (seit 1575 zugleich König von Polen) i.J. 1580 gestifteten Jesuitenhochschule. Der siebenbürgische Landtag legte sie nach wenigen Jahren still. Die Ausbildung der höheren Geistlichkeit blieb bis 1918 unter ungarischer, dann rumänischer Staatshoheit kircheneigenen Hochschulen der verschiedenen Konfessionen vorbehalten. Nach 1918 trat an die Stelle der nach Szegedin ausweichenden Franz-Josephs-Universität die rumänische Universität »Ferdinand I.« (1919-40). Im 2. Weltkrieg kehrte die ungarische Franz-Josephs-Universität nach K. zurück (1940-44). Nach der Wiederherstellung der rumänischen Staatshoheit wurde die K.er Universität geteilt in eine rumänische Viktor-Babesch-Universität und die (ebenfalls staatliche) magyarisch-sprachige Jánosch-Bolyai-Universität (je 7 Fakultäten). Der theologische Unterricht blieb auch weiterhin Instituten mit Hochschulrang vorbehalten, darunter einem ev.-theologischen Hochschulinstitut mit deutscher Vortragssprache (seit 1954 in Hermannstadt). 1948 und 1957 wurde der Unterricht nach sowjetischem Muster spezialisiert und auf verschiedene Städte verteilt. K. blieb mit zwei Universitäten und zahlreichen rumänischen und magyarischen Fakultäten, Instituten und Akademien eines der wichtigsten Hochschulzentren der Rumänischen Volksrepublik.

S.MÁRKI-M.PISTÓRY, Gesch. u. Statistik der königl. ungar. Franz-Josephs-Univ. in K., K. 1896 (ung.) - O.GHIBU, Die Univ. Oberdakiens, Bukarest 1929 (rum.) - J.CRĂCIUN, Die wissenschaftl. Tätigkeit an der König-Ferdinand-Univ. 1920-30, K. 1936 (rum.) - GY.BISTRAY-A.T.SZABÓ-L.TAMÁS, Die magyar. Univ. Siebenbürgens, Budapest 1941 (ung.) - Die Organisation des höheren Schulwesens in Rumänien. Fragen des Hochschulwesens in Rumänien (Wissenschaftl. Dienst Südosteuropa 2, 1953, 40-46; 8, 1959, 34-39). *K.K.Klein*

Klausur, im kath. Kirchenrecht der innerhalb eines → Klosters (: III) den Religiosen vorbehaltene Bereich sowie die für die Wahrung dieses Bereichs geltenden Vorschriften. Von diesen besagen die herkömmlich als *bischöfliche,* besser als gemeine K. bezeichneten vor allem das generelle Verbot des Zutritts zur K. durch Personen des anderen Geschlechts. Die nur für Ordensleute geltende *päpstliche* K. verlangt außerdem bei Frauenklöstern rein beschaulicher Orden die päpstliche Erlaubnis für jegliche Zulassung von Ordensfremden und, außer bei schwerster Gefahr, für jegliches Verlassen des Klosters seitens der Ordensfrauen. Der Zutritt zur K. ist den zuständigen kirchlichen Oberen, Kardinälen und zur Sakramentenspendung erlaubt, ferner amtierenden Staatsoberhäuptern mit Gattin und Gefolge, Ärzten und Handwerkern (große päpstliche K.). Soweit ein Frauenorden auch im Apostolat tätig ist, sind für den dafür verwandten Teil des Klosters die Vorschriften gemildert (kleine päpstliche K.). Die K.-Vorschriften für die unierte Orientalische Kirche sind ähnlich.

cc. 597-607. 2342 CIC - Art. IV Constitutio Apostolica »Sponsa Christi« (AAS 43, 1951, 16f) - Nr. IV-XVI Instructio der Religiosenkongregation (ebd 37-41) - Instructio der Religiosenkongr. (ebd 48, 1956, 512-526) - cc. 140-153 De Religiosis... pro Ecclesiis Orientalibus (ebd 44, 1952, 102-105) - Lehrbücher des → Kirchenrechts - DDC III, 892ff - → Kloster: III. *H.Barion*

Klaveneß, *Thorwald* (1844-1915), norweg. Pfarrer, seit 1892 in Oslo. K. wurde als orthodoxer, zum Pietismus neigender Theologe zunächst ein Führer der konservativen Theologen. Die Kulturkämpfe der 80er Jahre und die Bekanntschaft mit der neuen Theologie Fr.Petersens führten zu einem theologischen Frontwechsel, der aber den Glaubensgrund nicht berührte. K. wandte sich kompromißlos gegen die Kulturausschweifungen und nahm auch die Frage der sozialen Gerechtigkeit auf. Am Apostolikum festhaltend, verteidigte er eine Neuinterpretation der Dogmen und der Bibel als »der ewigen Wahrheit«, die »in die Tracht der irdischen Gedanken und Worte gekleidet« ist. K. war jetzt Anführer auf der liberalen Seite, ohne seine Selbständigkeit preiszugeben. Mit Chr.Brun zusammen gründete er die programmatische Zeitschrift »Kirke og Kultur« (1894) und »Norsk Kirkeblad« (1904). Als Prediger, Redaktor und Verfasser bahnbrechender Religionslehrbücher wirkte K. nachhaltig für eine modern-positive Kirchlichkeit.

Vf. u.a.: Forklaring over Luthers lille katekisme, (1892) 1948; Evangeliet forkyndt for nutiden, (1900) 1905⁴; Nye praekener, 1915. - Über K.: E.BERGGRAV, Norske Kirkeprofiler, 1946. *E.Erikstein*

Klee, 1. *Heinrich* (20.4.1800 bis 28.7.1840), kath. Theologe, * in Münstermaifeld (Rhld.). Nach Studien in der Schule → Liebermanns wurde K. 1824 in Mainz Prof. für Exegese und KG, 1825 auch für Philosophie, 1829 Dogmatiker und Exeget in Bonn, 1839 Nachfolger → Möhlers in München. K. steht am Anfang der kath.-theologischen Restauration, in loser Anlehnung an Möhler und in schärfster Ablehnung des Hermesianismus (G. → Hermes).

Vf. außer Kommentaren zum JohEv, Röm, Hebr: System der kath. Dogmatik, 1831; Enzyklopädie der kath. Theol., 1832; Kath. Dogmatik, (3 Bde, 1834/35) 1861⁴ hg.v. J.B.HEINRICH (mit biogr. Vorwort); Lehrb. d. DG, 2 Bde, 1837/38; Grundr. d. kath. Moral, hg.v. H.HIMIOBEN, (1843) 1847². - Über K.: KL VII, 743ff - ADB XVI, 69f - HN V, 892ff. *K.G.Steck*

2. *Paul,* Maler und Graphiker, * 18.12.1879 in Münchenbuchsee bei Bern, † 29. 6.1940 in Muralto bei Locarno. K. studierte an der Münchener Akademie und wirkte 1906-20 in München, 1921-30 am Bauhaus in Weimar und Dessau, 1931-33 an der Düsseldorfer Akademie; nach der Entlassung 1933 lebte er in Bern. Er unternahm viele Reisen nach dem Süden (1914 mit Aug. Macke nach Kairuan, 1928 nach Ägypten). - Nach K. schildert Kunst nicht mehr, was zu sehen ist, sondern macht sichtbar: »Kunst verhält sich zur Schöpfung gleichnisartig. Sie ist jeweils ein Beispiel, ähnlich wie das Irdische ein kosmisches Beispiel ist.« Ausgangspunkt des Werkes sind die bildnerischen Elemente, aber »aus abstrakten Formelementen wird... zum Schluß ein formaler Kosmos geschaffen, der mit der großen Schöpfung solche Ähnlichkeit aufweist, daß ein Hauch genügt, den Ausdruck des Religiösen, die Religion zur Tat werden zu lassen«. - K.s Arbeiten seit 1938 enthalten u.a. sein Requiem, viele Engel, »Tod und Feuer«, Bilder der Verwesung und Auferstehung. Das Gesamtwerk umfaßt ca 9000 Arbeiten, davon 4500 Zeichnungen. - Vgl. → Malerei und Plastik: VI (dort auch Abb. »Christus«, 1926).

Vf. u.a.: Schöpferische Konfession, 1920; Pädagog. Skizzenbuch, 1925; Über die moderne Kunst, 1945; Das bildnerische Denken, 1956; Tagebücher 1898-1918, 1957. - Über K.: W.HAUSENSTEIN, Kairuan, 1921 - W.GROHMANN, P.K., Paris 1929 - DERS., P.K., 1954 (vollst. Bibliogr.) - J.THRALL-SOBY, The Prints of P.K., New York 1945 - W.HAFTMANN, P.K., 1950. *W.Grohmann*

Kleidung

I. Religionsgeschichtlich - II. Im Gottesdienst

I. Religionsgeschichtlich

Ob der Ursprung der K. aus Schutzbedürfnis, Schmuckbedürfnis oder dem Wunsch nach Hebung der Persönlichkeit zu erklären ist, kann kaum entschieden werden. Der Lendenschurz, bei vielen Primitiven die ursprüngliche K.sform, dürfte wohl zum Schutz der in den Geschlechtsteilen bes. potenzierten Macht erfunden worden sein. - K. ist das zweite Ich des Trägers. Die → Macht (: I) des Menschen geht auf seine Kleider über; so setzt die altpersische Religion eine Befleckung der K. mit der Befleckung der Person gleich, und das Kleideropfer, als → Ersatzgabe, entwickelt sich schon früh. Wie eng die Verbindung von K. und Person ist, läßt sich aus der koranischen Aussage (Sure 2, 268) ersehen, daß »Mann und Weib einander ein Kleid« seien. Ein Tausch der K. bedeutet den Tausch der Persönlichkeit, also engste Verbrüderung (vgl. 1Sam 18). Auch der orientalische Brauch des Ehrenkleides, das der Fürst verleiht, ist als Übergabe von Macht zu verstehen, und ebenso gehört der Glaube hierher, die an einen Fruchtbaum (→ Bäume) gehängte K. verschaffe der → Frau → Fruchtbarkeit (Südslawen). Da die Macht derart in die K. eintritt und sie - positiv oder negativ - infiziert, dürfte das Zerreißen der K. beim Tode eines Angehörigen zunächst dem Gedanken entspringen, sich von der Berührung mit dem → Mana des Toten zu reinigen.

Aus alldem erklärt sich die Sitte, beim Übergang in ein anderes Alter oder eine neue Gemeinschaft neue K. anzulegen: neues Kleid bedeutet neuer Mensch. Wie man mit dem Ablegen eines bestimmten Kleides seine Sünden oder → Krankheiten ablegt (vgl. das Aufhängen von Kleiderfetzen an → heiligen Stätten, um Genesung zu erlangen, wobei der obengenannte Machtfaktor wichtig ist), so legt man auch einen bestimmten sozialen Stand ab. Ein bekanntes Beispiel ist die Einkleidung des herangewachsenen Knaben in die toga virilis in Rom, ferner die verschiedenen Hochzeitsgewandungen, unter denen Schleier und Gürtel von besonderer symbolischer Bedeutung sind. Zusammen mit der K. werden meist auch → Haar-Tracht und → Schmuck geändert. Der Eintritt in eine neue soziale Gruppe erfordert ebenfalls Änderung der K.; Arbeiter-K. und Uniform geben ein besonderes Standesbewußtsein. Zumal beim Übergang von der profanen in die hl. Sphäre ist dies zu beachten: In der alten Kirche legte der Täufling neue weiße K. an; Mönch und Nonne haben in allen Religionen ihre speziellen → Ordenstrachten; der muslimische Mekkapilger trägt nur zwei ungenähte Tücher; für das tägliche Gebet ist ihm gute reine K. vorgeschrieben (Sure 7, 27), während der Jude seinen Gebetsmantel anlegt (→ Gebet: III). Vor allem dem Priester ist eine sich deutlich vom Profanen abhebende K. vorgeschrieben, die oft bes. kostbar, dazu in symbolischen Farben gehalten und geschmückt ist (vgl. Ex 28). Oft haben auch Einzelstücke der K. speziell religiöse Bedeutung, zB die Brahmanenschnur, welche die »zweite Geburt« und religiöse Mündigkeit bezeichnet, oder der Gürtel der Zoroastrier, der dann in der islamischen Dichtung zum Sinnbild des Unglaubens wurde. - Da die K. als Substitut der Person gilt, kann sich der Mensch durch bestimmte K. verwandeln (Schwanenhaut, Wolfsfell usw). Doch wechselt man auch die K., um die → Geister zu täuschen; Knaben werden gern in Mädchenkleider gesteckt, um sie etwa vor dem bösen → Blick zu schützen. Auch das Tragen schlechter alter K. kann diesem Zweck dienen; doch kann der Wunsch nach Erniedrigung der Persönlichkeit der Sinn absichtlich ärmlicher K. sein: der Asket geht nackt oder »in Sack und Asche«, der Mönch in rauher Kutte, der muslimische Sufi (→ Sufismus) im Wollrock oder Flickengewand.

Ein Echo dieser Handlungen findet sich in der religiösen Sprache: die K. der Seligen in der nächsten Welt, die »Gewänder aus geistigem Licht« sind buddhistischer, christlicher und islamischer → Mystik gemeinsam. Der → Leib wird manchmal als Kleid der Seele aufgefaßt; die Mystik spricht beim Aufstieg der Seele vom »Ablegen der menschlichen Eigenschaften« - wie man Kleider ablegt. Paulus hat die geistige Erneuerung unter dem Bild »Ziehet an den neuen Menschen« (Eph 4, 24, vgl. 1Kor 15) gesehen und die enge Verbindung des Erlösten mit Christus durch das kühne Wort vom »Christus anziehen« (Röm 13, 4) angedeutet. - Wie die antiken Religionen ihren Götterbildern spezielle kostbare K. darbrachten, ist der Ausdruck »Der Gottheit lebendiges Kleid« oder der Gedanke, daß der Kosmos oder das Licht (Ps 104) Gottes Gewand sei, auch in den Hochreligionen zu finden. Der kosmische Aspekt lebt weiter im »Sternenmantel Marias«. Für die Mystik ist Gottes dem Menschen zugewandte Seite, seine Huld, sein »Kleid«. »Güte ist das Kleid, da Gott unter verborgen«, sagt → Eckehart, und Dschelaladdin Rumi singt: »Ergreife den Saum seiner Gnade«.

ERE V, 40ff - RGG² III, 1066ff - HWDA IV, 1458ff - van der Leeuw (s. Reg.) - Die Mode in der menschl. Gesellschaft, hg.v. R.König-P.W.Schuppisser, Zürich 1958. *A.Schimmel*

II. Im Gottesdienst

Die Frage der *gemeindlichen* K. im Gottesdienst (für die Geistlichen vgl. → Amtstracht) spielte in der alten Kirche insofern eine Rolle, als man sich *allenthalben* von Luxus und Extravaganz der heidnischen K. abzuheben suchte. Selbstverständlich waren die Frauen auch im Gottesdienst (1Kor 11) verschleiert. Die Tunika der Männer war wesentlich länger als sonst üblich. Das Weiß der christlichen Festkleider bestimmte das Bild der Gottesdienste. Zum weißen Taufkleid, nach dem Heraussteigen aus der Taufe angelegt, kamen in späterer Zeit noch weiße Kopfbedeckungen, bisweilen auch Schuhe. In der luth. Kindertaufe lebte diese K. (Luthers »Westerhembd«) als Symbol bis ins 18.Jh. fort. Für das Abendmahl forderten manche ev. Ordnungen eine einfache ehrbare K., weiß oder schwarz. Schwarz ist wohl - bis in die Gegenwart - bevorzugt worden (Schlesien, vgl. Bd I, 101). - Viel Streit gab es in der ev. Kirche um das Tragen von Waffen und anderer Zier bei Abendmahl und Taufe: die »Höhergestellten« suchten dem einhelligen kirchlichen Verbot zu trotzen. - Eine auch den Alltag umfassende Kirchen-K. bildete sich im 18.Jh. in der Brüdergemeine (→ Brüderunität: II), bes. für die Frauen (»mährische Kirchenhauben«, Chorfarben, weiße Umlegetücher), und Trauer-K. war selbst beim Begräbnis bis ins 19.Jh. verpönt. Kühn waren die K.sprogramme aufklärerischer Liturgen, bes. für die Konfirmation. Eine Einheitlichkeit hinsichtlich der K. der Konfirmandinnen hat sich bis heute nicht durchgesetzt. Die kath. Erstkommunikantinnen gehen am »weißen Sonntag« in Weiß, während an der altchristlichen »dies dominica in albis« die weißen Taufkleider *abgelegt* wurden. Den strengen kath. Vorschriften hinsichtlich unziemlicher K. in der Kirche steht auf ev. Seite nichts gegenüber. Mindestens verdiente Jak 2, 2-6 ernste Beachtung. - Zur Kleidung der »Büßer« vgl. → Bußwesen: II, 1d.

Außer den Darstellungen der ev. u. kath. → Liturgik (: II): J.Wilpert, Die Gewandung der Christen in den ersten Jh.en, 1898 - H. Achelis, Das Christentum in den ersten drei Jh.en I. II, 1912.

W.Jannasch

Kleinasien

1. Außerchristliche Religionen in der römischen Kaiserzeit - 2. Die christliche Mission in K. - 3. Christliche Frömmigkeit und Theologie - 4. Islam und islamisches Sektenwesen in K. - Karte 18 »Kleinasien im 4.Jh. nChr« s. Sp. 1649f. - Zu K. im 2.Jt. vChr vgl. → Hethiter

1. K., die Brücke zwischen Asien und Europa, wurde seit alters von fremden Völkern überströmt oder beherrscht. Schon um die Wende des 1.Jt.s vChr gründeten die Griechen Kolonien bes. an der Westküste, die zu blühenden Städten aufwuchsen. Mehr als zwei Jh.e wurde das Land von den Persern beherrscht. Nach der Eroberung des Perserreichs (→ Iran: I) durch → Alexander d.Gr. und nach dessen Tode wetteiferten die hellenistischen Herrscher (→ Hellenismus) um den Einfluß. Die griechische Zivilisation drang unaufhaltsam vor, während der römischen Herrschaft in noch verstärktem Maße. Die Landessprachen behaupteten sich aber im Inneren. So begegneten sich hier seit alters mehrere Religionen. Die Griechen führten ihre Götter mit, nahmen

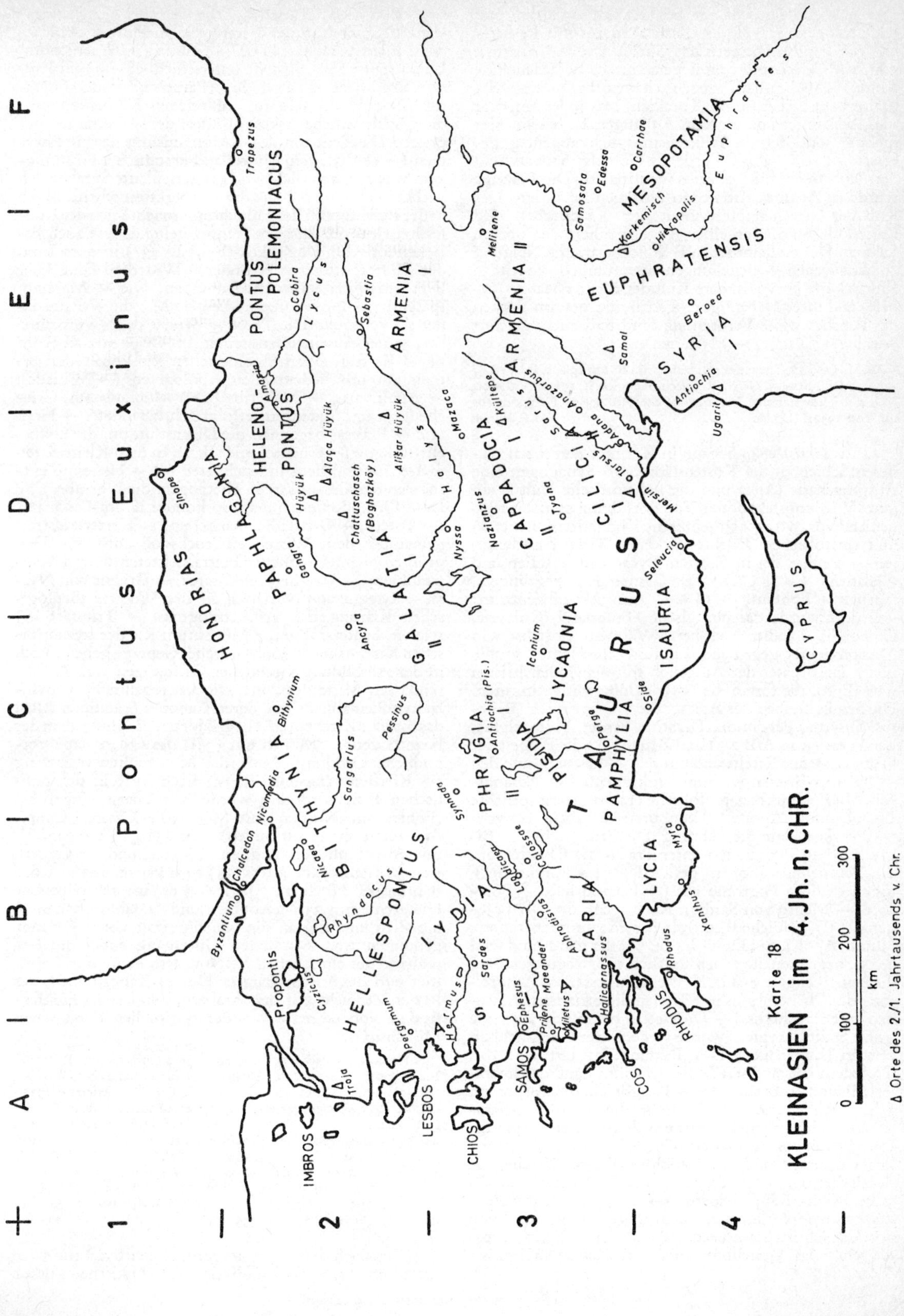
Karte 18
KLEINASIEN im 4.Jh. n. CHR.
0 100 200 300
km
Δ Orte des 2./1. Jahrtausends v. Chr.
Pontus Euxinus
ATLANTIBUS
HONORIAS
PAPHLAGONIA
HELENO-PONTUS
PONTUS POLEMONIACUS
ARMENIA I
ARMENIA II
MESOPOTAMIA
EUPHRATENSIS
SYRIA I
CILICIA I
CILICIA II
CAPPADOCIA I
CAPPADOCIA II
GALATIA I
GALATIA II
BITHYNIA
HELLESPONTUS
ASIA
LYDIA
PHRYGIA I
PHRYGIA II
PISIDIA
LYCAONIA
ISAURIA
PAMPHYLIA
CARIA
LYCIA
TAURUS
CYPRUS
IMBROS
LESBOS
CHIOS
SAMOS
COS
RHODUS
Trapezus
Cabira
Lycus
Sebastia
Melitene
Samosata
Edessa
Carrhae
Karkemisch
Hierapolis
Euphrates
Beroea
Samal
Antiochia
Ugarit
Sinope
Amasia
Alaça Hüyük
Hüyük
Chattuschasch (Boghazköy)
Ališar Hüyük
Gangra
Ancyra
Halys
Mazaca
Kültepe
Anazarbus
Sarus
Adana
Tarsus
Mersin
Tyana
Nazianzus
Nyssa
Iconium
Seleucia
Side
Perge
Antiochia (Pis.)
Pessinus
Bithynium
Sangarius
Nicomedia
Chalcedon
Byzantium
Nicaea
Rhyndacus
Cyzicus
Propontis
Pergamum
Troja
Hermus
Sardes
Synnada
Laodicea
Colossae
Aphrodisias
Maeander
Ephesus
Priene
Miletus
Halicarnassus
Rhodus
Xanthus
Myra
1
2
3
4

aber auch einheimische auf, bes. die Große Göttin, und bildeten sie um (zB die ephesische Artemis und die Artemis von Perge). Die persische Göttin Anahita (Anaitis), von den Griechen Artemis genannt, hatte bedeutende Kulte. → Mithras ist dagegen schwach bezeugt. → Sabazios kam vielleicht von Thrakien. Das Judentum war stark verbreitet und gewann Anhänger. Es scheint hier mehr als sonst dem → Synkretismus nicht abgeneigt gewesen zu sein. Jahwe wurde als Gott des Sabbats und der Sabbatfeier mit Sabazios identifiziert. Die Flutsage wurde zu Apamea Kibotos in Phrygien lokalisiert. Der Kult der Griechengötter sowie der → Herrscher- und Kaiserkult wurde zu einer Angelegenheit der oberen Klassen. Der einheimischen Religion war eine Neigung zu ekstatischen → Begehungen eigentümlich; sie tritt in aller Schärfe hervor in dem Kult der Magna Mater (Kybele) und ihrer Nebenfigur → Attis, der bes. im Westen des Reiches weite Verbreitung fand und eifrig gefeiert wurde (→ Ekstase, → Mysterien).

W.M.Ramsay, The cities and bishoprics of Phrygia, 2 Bde, 1895/1897 - M.P.Nilsson, Gesch. d. griech. Religion II, 1950. - Vgl. Asia Minor in: International Bibliogr. of the History of Religions for the Year 1952ff (Leiden). *M.P.Nilsson*

2. Das *Christentum* begann in K. unter den sozial niederen Schichten der Küstenstädte, wo Synagogen eine Ausgangsbasis (Apg) und die hellenistische Kultur ein gutes Wirkungsfeld boten. Von dort drang es in das Binnenland vor, wo aber altheimische Vegetationskulte (s. 1) und »anatolische« Dialekte stärkeren Widerstand leisteten. → Paulus, der in Cilicien, Lycaonien, Pisidien und »Galatien« (→ 18 C/D 3/4) Gemeinden begründete, machte → Ephesus (→ 18 A 3) zum Aktionszentrum: von dort wurde das phrygische Hinterland (Colossae, Hierapolis, Laodicea) erobert. Während er selbst sein Missionsgebiet gegen jüd. Einflüsse abschirmen mußte (Gal), fand später der Ausgleich mit den Judenchristen statt (Eph), die fortan die Entwicklung mitbestimmten. Die Sendschreiben der Apk an die 7 Gemeinden (Ephesus, Smyrna, Pergamon, Thyatira, Sardes, Philadelphia, Laodicea; → 18 A/B 2/3) sind Zeugen für die Einheit der kleinasiatischen Kirche und mit den → Pastoral- und den → Ignatius-Briefen wichtige Dokumente der Anfangszeit. Mit Ephesus, das apostolische Tradition beanspruchte (→ Johannes, Apostel), konkurrierte auch Smyrna (→ Polykarp) um die Führung. Die Erfolge, bes. in Bithynien und Pontus, wo unter Trajan das Christentum die Tempelinstitutionen gefährdete (→ Pliniusbrief), lösten örtliche Pogrome aus (→ Petrusbriefe, → Polykarp, → Melito von Sardes). Auch wenn die → Apologetik (: II) staatliche Reskripte für sich uminterpretierte (Justin, Apol. I, 68; Euseb, h.e. 4, 9) oder gar erfand (ebd 4, 13), begegnen die ersten staatlichen Erwägungen über die neue Religion erst in K. Wegen der starken Ausbreitung des Christentums in K. fielen die offiziellen Aktionen unter Decius und → Diokletian bes. blutig aus: eine ganze Stadt Phrygiens wurde wegen ihrer Christlichkeit zerstört (Euseb, h.e. 8, 11, 1; Laktanz, Div. inst. 5, 11, 10). Trotzdem entstand seit Mitte des 3.Jh.s dank der liberalen Missionsmethoden des → Gregor Thaumaturgos am Schwarzen Meer eine Volkskirche, die durch Christianisierung heidnischen Brauchtums den Massen entgegenkam. Schon vor dem Kirchenfrieden besaß K. ein christliches Gepräge und eine wohlorganisierte Kirche, die durch die sog. → Chorbischöfe auch das flache Land erfaßte. Nur Kappadokiens (→ 18 D 3) Hochplateau machte eine Ausnahme, doch trugen Missionare von dort das Christentum nach → Armenien (: II), und später schuf das Mönchtum auch hier Zentren religiöser Sammlung.

3. Die charakteristischen Züge der christlichen *Frömmigkeit* K.s sind in der komplexen Religionsgeschichte des Landes verankert. Die → Gnosis (→ Häretiker im Urchristentum, 4) ist sehr unterschiedlich, ob nun Paulus (Kol) oder die Past sie bekämpfen. In der Literatur (Acta Pauli) wie auf zahlreichen Inschriften wird die geschlechtliche Askese als Ideal der → Enkratiten gepriesen. Das Zentrum des → Montanismus liegt in Phrygien (→ 18 C 3), dem Mutterland ekstatischer Frömmigkeit. Wie eng christliche und mysterienhafte Sprache sich verbinden konnten, lehrt die → Aberkiosinschrift. Noch in der Beichtpraxis des Mönchtums machte sich der Konfessionsritus phrygischer Tempel geltend, wie auch das Bekenntnis zur Theotokos (Ephesus 431) in dem Land der Muttergottheiten besonderen Widerhall fand. Hier liebte man radikale Anschauungen, wie → Marcion, später die → Novatianer und bis ins MA die → Paulizianer sie vertraten. Die *Theologie* wuchs daher vornehmlich an der Auseinandersetzung. Im Gegensatz zu Rom besaß K. früh einen theologischen Episkopat, der gemeinsam mit bedeutenden Apologeten (→ Miltiades, → Apollinaris, → Makarius [, 3]) Montanismus, Griechentum und Judentum erfolgreich befehdete. → Noet und → Praxeas begannen die Diskussion um die Logoschristologie (→ Christologie: II, 2). In dem Kleinasiaten → Irenäus und dem Judenchristen (?) → Hegesipp entstanden der Gesamtkirche Theologen, die Normbegriffe kath. Orthodoxie schufen. So konnte K. im Passastreit (→ Ostern, → Quartadezimaner) und → Ketzertaufstreit gegenüber dem Westen eindrucksvoll auftreten. Den größten gesamtkirchlichen Beitrag leisteten die drei »Kappadokier« (→ Basilius von Cäsarea, → Gregor von Nyssa, → Gregor von Nazianz), die den Weg zur theologischen Klärung des Trinitätsdogmas (→ Trinität: III) wiesen. Später sollte das Mönchtum K.s der byzantinischen Kirche ihr monophysitisches Gepräge geben. Auch in der Ausbildung kirchlicher Ordnungen war K. führend. Seit Mitte des 2.Jh.s wurden regelmäßig Provinzialsynoden abgehalten, deren Canones (Laodicea, 4.Jh.) das östliche Kirchenrecht begründeten. Basilius gab in der Regula dem → Mönchtum (: II) des Ostens eine vorbildliche Ordnung. Auch die Metropolitanverfassung (→ Kirchenverfassung: II, 3 c) nach Vorbild der politischen Reichsordnung wurde hier zuerst eingeführt (Pontus im Norden mit Metropole Cäsarea Capp.; Asia mit Ephesus im Süden). Seit 451 gehörte ganz K. mit Ausschluß von Isaurien, Cilicien und → Cypern (seit 381 Antiochia unterstellt) zum Patriarchat → Konstantinopel. Noch im 7.Jh. besaß es eine zentralistische Hierarchie mit 33 Metropolen und ca 440 Suffraganen, die allerdings eng an die Reichsgewalt von → Byzanz gebunden war. Mit deren Untergang endet die Geschichte des christlichen K., von dem heute nur Trümmer und Inschriften zeugen. Nur in Kappadokien, der letzten Zuflucht vor den Arabern, künden die Höhlenfresken von Göreme von der spirituellen Kraft seines Mönchtums.

A.Harnack, Mission u. Ausbreitung des Christentums II, (1902) 1924[4], 730ff - V.Schultze, Altchristl. Städte u. Landschaften II: K., 1922-26 - RGG[2] III, 1069ff - L.Robert, Villes d'Asie Mineure, 1935 - C.J.Cadoux, Ancient Smyrna. A History of the City from the earliest Times to 324 a.D., 1938 - G.Kittel, Das kleinasiat. Judentum in der hellenistisch-röm. Zeit (ThLZ 69, 1944, 9-20) - RAC I, 740ff (Asia) - K.Aland, Der Montanismus u. die kleinasiat. Theol. (ZNW 46, 1955, 109-116) - Sh.E.Johnson, Early Christianity in Asia Minor (JBL 77, 1958, 1-17) - L.Budde, Göreme, Höhlenkirchen in Kappadokien, 1958. - Karten: F.v.d.Meer-Chr.Mohrmann, Atlas of the Early Christian World, 1958. *C.Andresen*

4. Erst nach dem Zusammenbruch der byzantinischen Ostgrenze 1071 gewann mit den seldschukischen Türken

der → *Islam* (: I) Einlaß in K. Die → Türken hatten den sunnitischen Islam seit etwa 960 in Mittelasien freiwillig angenommen (→ Türkei: I A), und die seitdem bei ihnen herrschende Atmosphäre von Glaubenskämpfern und → Männerbünden hielt sich auch in K., das ja noch lange Grenzland gegen → Byzanz (: II) blieb. In diese wurden auch die bes. im 13./14.Jh. zum Islam bekehrten, hellenisierten Eingeborenen einbezogen. Die Idee des *Glaubenskrieges* blieb in den vielen Kriegen wach und wurde auch zum Leitgedanken der Janitscharen (seit 1360 organisiert; 1826 ausgerottet und verboten). - Die *Männerbünde* verwirklichten sich bes. im 13./14.Jh. in der humanitären Geheimorganisation der *»Futuwwa«;* daneben brachen gelegentlich kommunistische Strömungen durch (zB 1416 Bedr ed-Dīn). Auch die *Derwisch-Orden,* die eben damals als letzte Ausläufer der islamischen Mystik (→ Sufismus) entstanden, gehören in den Bereich dieser Männerbünde. Sie gewannen in der Unter- und Mittelschicht (Handwerker; Zünfte) starken Einfluß und waren so zusammen mit den Theologiestudenten *(Softas)* der Medressen an manchem Krawall in Notzeiten beteiligt. - In Bünden, Zünften und Orden war viel *schiitisches Glaubensgut* lebendig; vor allem die Verehrung Alis (656/61 Kalif) spielte eine große Rolle, etwa im Orden der Bektaschīs (ideologisch eng mit den Janitscharen verbunden), der Kalender, der Haiderīs u.a. Nur der vom berühmten Mystiker-Dichter Dschelāl ed-Dīn Rūmī (1207-73) gegründete Orden der Mewlewīs (Mittelpunkt Konya) war betont sunnitisch. - Auch unter den kleinasiatischen *Schiiten* fand die in Persien 1502 zur Herrschaft gekommene Dynastie der Safawiden viele Anhänger. Da der Osmanische Staat dadurch bedroht erschien, ging Sultan Selīm I. (1512-20) streng gegen sie vor und brach endgültig die Grenzkämpferideologie der früh-osmanischen Zeit. Seither gilt der sunnitische Islam als Staatsreligion des Osmanischen Reiches. Trotzdem haben sich schiitische Neigungen bes. in Mittel- und Ostanatolien sowie bei einer Reihe nomadischer Stämme bis in die Gegenwart erhalten (nach offiziellen Berichten bis zu 4 Mill. unter 24 Mill. Muslimen der Türkei). Es gebricht ihnen allerdings an einer eigenen Organisation und eigenen Moscheen, damit auch an offen zutage tretendem Einfluß im Lande.

F. Babinger, Schejch Bedr ed-Dīn (Der Islam 11, 1921, 1-106) - Ders., Der Islam in K. (ZDMG 76, 1922, 126-152; Lit.) - H. Gibb-H. Bowen, Islamic Society and the West I, 1/2, 1950/57 - H.J. Kissling, Aus der Gesch. des Chalvetijje-Ordens (ZDMG 103, 1953, 233 bis 289) - EI² I, 469 ff (Anadolu) - F. Taeschner, Futuwwa (Schweiz. Archiv f. Volkskunde 52, 1956, 122-158). - Vgl. auch die Lit. zu → Islam: I, → Sufismus, → Türkei, → Türken. *B. Spuler*

Kleinert, *Paul,* ev. Theologe, * 23.9.1837 in Vielgut, Kr. Oels, † 29.7.1920 in Berlin. K. war zunächst Pfarrer und PDoz. in Berlin, wurde 1868 ao., 1877 o. Prof. für AT und Prakt. Theol.; 1873-91 war er Konsistorialrat im Brandenburgischen Konsistorium, 1894-1904 Oberkonsistorialrat und Mitglied des Ev. Oberkirchenrates, in dessen Auftrag er den Entwurf der 1892 von der Generalsynode angenommenen Agende bearbeitete (→ Gottesdienst: VI, 1). Theologisch nahm er eine vermittelnde Haltung ein.

Vf. u.a.: Die Propheten Ob, Jon, Mi, Nah, Hab, Zeph ausgelegt, (1868) 1893²; EinlAT, (1869) 1878⁴; Zur christl. Kultus- u. Kulturgesch., (1889) 1908²; Der preuß. Agendenentwurf, 1894; Homiletik, 1907. - Über K.: KJ 1921, 509. *H. Hohlwein*

Kleinkindererziehung ist erst seit Ende des 18.Jh.s zum Problem geworden. Bis dahin überließ man das kleine Kind der → Familie (: IV) und vertraute ihrer intuitiven Erziehungskraft. Daß Elternerziehung in den ersten 6 Jahren pädagogisch bedeutsam ist, hatte zwar schon → Comenius im 17.Jh. hervorgehoben. In seinem Bildungsplan ist die Leistung des Elternhauses als »Mutterschule« die Grundlage für die Arbeit der Schule. Aber erst → Pestalozzi besann sich auf die Eigenart der mütterlichen Erziehung und suchte ihre methodische Steigerung. Die menschliche Mutter verhalte sich unbewußt anders als die tierische und mache niemals wie diese die Besorgung des Kindes allein vom Bedürfnis abhängig, sondern sie »stille« in liebevoller Vorsorge das Kind und halte den menschlichen Selbsterhaltungstrieb in Schlummer, so daß sich das Gemüt, die Kraft des Herzens entwickeln könne. Das äußere sich im Lächeln des Kindes, dem Zeichen liebender Einigung. Voraussetzung dieser naturhaften Ordnung sei die Entsprechung von kindlicher Hilflosigkeit und mütterlicher Liebe; wenn aber die Eigenkraft des Kindes erwacht sei, dürfe die menschliche Lebensführung nicht mehr der »Blindheit« der Natur überlassen bleiben, dann müsse die »Kunst« bewußter → Erziehung einsetzen. Das Streben nach Erkenntnis der Welt müsse verbunden bleiben mit der Liebesbindung zwischen Mutter und Kind. Deshalb sei die Mutter zum »ersten Unterricht« berufen, der »lange die Sache des Herzens«, die »Sache der Mutter« bleiben müsse, ehe er »Sache der Vernunft«, »Sache des Mannes« werde. Es sei nötig, eine »lückenlose Stufenfolge aller Entwicklungsmittel« des Geistes und der Gefühle zu finden. Pestalozzi plante ein »Buch der Mütter«, eine Anleitung, das Kind so in die Sprache einzuführen, daß die Elementarformen der → Bildung (Lesen, Schreiben, Rechnen) eine gefühlsmäßige Erlebnisbasis bekommen. Sein Blick war innerhalb der K. bereits auf die Forderungen der Schule gerichtet. → Fröbel nahm Pestalozzis Ansatz auf, die Mütter zum Bewußtsein ihrer eigenen Bildungsaufgabe zu führen und Bildungsmittel für das frühe Kindesalter zu schaffen. Er erkannte den eigenen, noch nicht schulischen Charakter der K. und schuf im → Kindergarten die pädagogische Institution für die Altersstufe der 3-6jährigen.

Pestalozzis und Fröbels Reformpläne einer umfassenden Menschenbildung, die die ursprüngliche Einheit von Geist und Gemüt wie von Können und Wissen erhalten wollten, waren schon Antworten auf die gefahrvolle Wandlung der Gesellschaft im 19.Jh. Heute sehen wir deutlich: Die Lebensformen der Erwachsenen haben eine Umwelt entstehen lassen, in der Kinder nicht mehr Kinder sein können, wenn nicht altersstufengemäße Bildungsinstitutionen für sie geschaffen werden. Ohne die bewußte Pflege einer »kindlichen Welt« werden die kleinen Kinder zur frühreifen Anpassung an unsere Gegenwart gezwungen. Die Welt bäuerlicher und handwerklicher Lebensformen hatte dem Kinde bildende Erlebnisse angeboten, die heute hinter der Technik verschwinden. Das zukünftige Leben mit seiner Arbeitswelt war anschaulich ausgebreitet; zuschauend und bald mithelfend konnte das Kind hineinwachsen. Das Funktionieren der Werkzeuge war ohne Worterklärung verständlich. Im Nachahmen wuchsen dem Kinde logische Einsichten zu, die in Bild und Gebärde eingebunden blieben. Auf solchem Reichtum anschaulicher Erlebnisse konnte eine Schulbildung mit Klärung der Begriffe aufbauen, die ohne großen Schaden intellektueller sein durfte, als sie es heute sein darf.

Gegenwärtig hat das kleine Kind wenig Gelegenheit, die Eltern in einer ihm verständlichen Weise arbeiten zu sehen. Sogar in Haus und Küche werden viele Arbeitsgänge durch Maschinen erledigt, deren Funktion man nicht mehr schauend verstehen kann. Das Kind lernt frühzeitig, Hebel und Schalter zu bedienen, anstatt seine eigenen Kräfte stufenweise tätig zu entfalten. Es nimmt die technischen Abkürzungen der Handarbeit hin, ohne zu fragen; oder aber es fragt zu viel und zu früh und entwickelt ein überbetont intellektuelles Interesse. In einer so leer gewordenen Welt braucht das kleine Kind mehr verstehende Zuwendung des Erwachsenen als früher. Hier wird der → Kindergarten zur Hilfe. Bei Abschirmung der vorantreibenden Einflüsse entsteht ein Reich der kleinen Kinder, eine Atmosphäre, die die Auseinandersetzung mit der Welt in schöpferisch gestaltendem → Spiel (: II) begünstigt. Jeder menschliche Ausdruck will Mitteilung sein, muß verstanden werden, und die bildgestaltenden, musikalischen und sprachlichen Äußerungen kleiner Kinder sind den Erwachsenen nicht mehr ohne weiteres verständlich. Die Arbeit des Kindergartens an den Kindern muß notwendig ergänzt werden durch Arbeit mit und an den Eltern. Eine große Bedeutung hat die Auswahl des fördernden Spielzeugs. Kleinen Kindern sollte man keine mechanisch betriebenen Spielwerke geben, deren Funktionieren nicht eingesehen werden kann. - Die Wichtigkeit der frühen → Kindheit, bes. des ersten Lebensjahres, ist durch anthropologische, heilpädagogische und tiefenpsychologische Forschung der letzten 30 Jahre mit steigender Sicherheit erwiesen worden (→ Kinderpsychologie: I). Portmann hat die Zartheit und Verletzlichkeit, zugleich die starke Beeindruckbarkeit des Säuglings aus der Tatsache erklärt, daß der Mensch im Vergleich zu den hochentwickelten Säugetieren embryonal nicht voll ausreift, sondern »zu früh« geboren wird. Dieser Umstand ist eine Chance, wenn er recht genützt, eine große Gefahr, wenn er übersehen wird. Die Senkung der Säuglingssterblichkeit durch Hygiene und medizinische Kunst wird als Fortschritt fraglich, wenn nicht die notwendige Sorgfalt aufgewendet wird, um das Kind menschlich zu erziehen. In den ersten drei Lebensjahren ist die Pflege der Mutter ganz unersetzlich. Erst das dreijährige Kind wird gemeinschaftsfähig und bedarf der Ausweitung des häuslichen Milieus. Jetzt wird der halbtägige Besuch eines Kindergartens pädagogisch sinnvoll. - Aus der gegenwärtigen Situation ergeben sich als Folgerungen: Die allgemeine Sorgfalt für das Kleinkind in der Familie und in den sozialpädagogischen Einrichtungen müßte gesteigert, vor allem das Kindergartenwesen ausgebaut und die Versorgung kleiner Kinder alleinstehender arbeitender Frauen neu geregelt werden.

Außer der Lit. zu → Kindergarten u. → Kinderpsychologie: I: A. Portmann, Biologische Fragmente zu einer Lehre vom Menschen, (1944) 1951² - R.A. Spitz, Die Entstehung der ersten Objektbeziehungen, dt. 1957 (Lit.).
E. Hoffmann

Kleinkirchenbewegung. Die K. ist in Kopenhagen aus einem Kreise um den Statistiker Harald Westergaard und den Kierkegaard-Schüler Henry Ussing nach 1880 entstanden. Der Zweck war, die Riesengemeinden der Großstadt in kleinere Gemeinden mit höchstens 10 000 Einwohnern (1907 offizielle dänische Norm) zu teilen. Die Kirchen sollten klein sein (»nicht wenige und große Kirchen, sondern viele und kleine«) und in freiwilligem Einsatz gebaut werden. Die Pioniere der K. waren von der → Inneren Mission und von → Kierkegaards Kritik der Masse beeinflußt. Die Inspiration kam auch aus Berlin (→ Stoeckers Kapellenverein) und aus London (Taits Kirchenfonds). Der Durchbruch der K. geschah 1890, und es kam zur Gründung von »Det københavnske Kirkefond« (1896). In Kopenhagen wurden seitdem einige 50 Kleinkirchen gebaut, alles Pfarrkirchen. In Norwegen wurde Kleinkirchenarbeit gleichzeitig von Gustav Jensen ins Werk gesetzt und 1908 die »Oslo Smaakirkeforening« gegründet. In Schweden hat sowohl die Stockholmer Gesellschaft für Förderung kirchlicher Seelsorge (1893) wie die Kleinkirchenstiftung in Gothenburg (1946) an die dänische Bewegung angeknüpft; hier sind freilich die Kleinkirchen noch Filialkirchen. Nach 1945 ist die K. im Norden weit verbreitet. Denselben Zweck wie die K. hat der 1957 gegründete »Ev.-Luth. Kirchenbauverein von Schleswig-Holstein«.

Det københavnske Kirkefonds Aarbog (jährlich, seit 1929) - »Kirkens Venners« Korrespondance. Ved P. Helweg-Larsen, Kopenhagen 1955 - B. Gustafsson, Småkyrkorörelsen, Stockholm 1955 - Ders., Småkyrkorörelsen i samhällshistorisk belysning (DDT 18, 1955, 216-240).
B. Gustafsson

Kleist, *Heinrich von* (18.10.1777 bis 21.11.1811), Dramatiker und Erzähler, entstammt einem preußischen Adelsgeschlecht, das dem Staat zahlreiche Offiziere schenkte. Auch H.v.K. wird auf den Offiziersberuf vorbereitet. Mit seinem Regiment nimmt er 1793 am Rheinfeldzug teil und äußert sehr unpreußische Gedanken: »Gebe uns der Himmel nur Frieden, um die Zeit, die wir hier so unmoralisch töten, mit menschenfreundlichen Taten bezahlen zu können.« Auch das frühe Gedicht »Der höhere Frieden« verrät, daß ihn der Soldatenberuf wenig befriedigt. Er erhält seinen Abschied und studiert seit 1799 in seiner Vaterstadt Frankfurt/O. Mathematik, Physik und Philosophie sind die bevorzugten Fächer. Vornehmlich unter dem Einfluß des Naturforschers Christian Ernst Wünsch gerät er in den Bannkreis der späten → Aufklärung und ihrer spekulativisch-teleologischen Denkformen. Eine Schrift → Wielands bestärkt ihn in dieser Richtung. Auf die Möglichkeit einer letzten Einsicht in den Zweck des menschlichen Daseins wird bedingungslos vertraut. Die Idee eines Lebensplanes entsteht, ein sorgfältig durchdachtes Bildungsprogramm wird entwickelt und im Gedankenaustausch mit der Braut erprobt. Dabei nimmt der pädagogische Eifer übersteigerte Formen an. In diese Epoche, in den Sommer 1800, fällt die Reise nach Würzburg, wo K. offenbar von einem wirklichen oder vermeintlichen Leiden Heilung sucht. Wiederholt beschäftigen ihn in dieser Zeit Gedanken → Rousseaus. Die mittelbare oder unmittelbare Berührung mit dessen Ideenwelt weist auf die Kraft und Herrlichkeit des Gefühls hin. Die entscheidende Wende kündigt sich an. Sie ist in hohem Maße dem allzeit selbstlosen Freund Ludwig v. Brockes zu danken, der ihn auf dieser Reise begleitet. Nach der Rückkehr machen sich noch einmal die alten Denkformen bemerkbar, bis er im Frühjahr 1801 über der »sog. Kantischen Philosophie« in eine tiefe Lebenskrise gerät. Unversehens stürzt das Gebäude seiner Spekulationen zusammen. Lebensplan, Wissenschaftsideal und rationale Bildungsidee erweisen sich als nichtig. Die Vorstellung von der Unmöglichkeit jeglicher Erkenntnis gewinnt Macht über ihn, obwohl dies der Philosophie → Kants zweifellos nicht zu entnehmen war. Neuere Forschungen (Muth) machen wahrscheinlich, daß die »Kritik der Urteilskraft« der auslösende Faktor dieser Krise war. Gleichwohl kann es sich nur um eine flüchtige Begegnung mit Kants Philosophie handeln. Ein eingehendes Studium der »Kritik der reinen Vernunft« ist nirgends nachzuweisen. Dessenungeachtet geht aus dieser Krise der *Dichter* K. hervor. Sein Weg zur Dichtung läge deutlicher vor uns, wenn wir über L.v. Brockes besser Bescheid wüßten. K. traf Anfang 1801 in Berlin erneut mit ihm zusammen. Alles deutet darauf hin, daß Brockes noch einmal eingriff und das Vertrauen in die einseitig rationale Denkweise abermals erschütterte. K. seinerseits fand die ruhende Mitte nicht wieder. Rasch entworfene und wieder verworfene Pläne jagen ihn durch Europa. Zunächst führt der Weg über Dresden, Göttingen und Straßburg nach Paris. Vorübergehend siedelt er sich in der Nähe von Thun an und trägt sich mit Plänen eines ländlichen Lebens im Stile Rousseaus. Das erste Drama, »Die Familie Ghonorez«, entsteht. Auch das Lustspiel »Der zerbrochene Krug« gehört der Entstehung nach in diese Zeit. Gelegentlich eines zweiten Aufenthalts in Paris wird das Manuskript des »Robert Guiscard« vernichtet. Eine neue Lebenskrise ereilt ihn. In Mainz bricht er krank zusammen. Danach tritt er (1804) in den preußischen Staatsdienst ein und ist vorübergehend an der Domänenkammer in Königsberg tätig. Bedeutende Dichtungen wie »Amphitryon«, »Die Marquise von O.« und »Das Erdbeben in Chili« entstehen hier. Auch die Anfänge der »Penthesilea« und des »Michael Kohlhaas« gehören dieser Zeit an. In den Wirren der napoleonischen Kriege gerät er in französische Gefangenschaft. Nach der Rückkehr gibt er mit Adam Müller in Dresden die Zeitschrift »Phöbus« heraus. Es ist die lichteste Zeit in K.s Leben. Doch ist die Zeitschrift von kurzer Dauer. - Der militärische Zusammenbruch führt K. zur politischen Publizistik. Unter seiner Redaktion erscheinen 1810 die »Berliner Abendblätter«. Aus der vaterländischen Wendung gehen zwei Dramen hervor. Das eine - »Die Hermannsschlacht« - reicht über die politische Tendenzliteratur kaum hinaus. Das andere - »Prinz Friedrich von Homburg« - ist eines der vollkommensten Dramen deutscher Sprache. Aber weder die beruflichen noch die politischen Hoffnungen gehen in Erfüllung. Die Anerkennung als Dichter bleibt ihm zu Lebzeiten weithin versagt. Auch das reifste Drama findet die Resonanz nicht, die der Dichter erwartet hatte. Eine tiefe Lebensmüdigkeit ergreift ihn, bis er der übermächtig gewordenen Todessehnsucht nachgibt. Freiwillig geht er im Nov. 1811 in den Tod. Die Schüsse am Wannsee beenden ein Leben, von dem es im Abschiedsbrief heißt, daß es das allerqualvollste war, das je ein Mensch geführt hat.

Von seiner Dichtung nahm das 19.Jh. wenig Notiz. Um so nachhaltiger ist seine Wirkung in der neueren Zeit, im Grunde seit dem → Naturalismus (: II). Eine kaum noch überschaubare Literatur ist entstanden. Aber von einem allseits verbindlichen Kleistbild kann keine Rede sein. Rätselhaft wie dieses Dichterleben ist das Werk, das in dem Jahrzehnt zwischen 1801 und 1811 entstand. Rätselhaft sind die Figuren dieser Dichtung, wie Penthesilea oder Michael Kohlhaas, und rätselhaft ist ihnen Gott. Die dichterischen Gestalten sind darin getreue Spiegelbilder des Dichters selbst. Der Brief an den Freiherrn von Altenstein spricht es aus: »Es kann kein böser Geist sein, der an der Spitze der Welt steht: es ist ein bloß unbegriffener.« Zur Rätselhaftigkeit gesellt sich sodann die Erfahrung der Widersprüchlichkeit. Nach der Kantkrise beruht in der Bewältigung solcher Erfahrungen das bedrängende Problem, das sich allenfalls noch in der Gestalt erledigt. Das in sich widerspruchsvolle Leben wird im Brief an die Braut vom Juli 1801 beschrieben: »ein Ding wie ein Widerspruch, flach und tief, öde und reich, würdig und verächtlich, vieldeutig und unergründlich...« Die Vereinigung des an sich Unvereinbaren im Zugleich der Gegensätze gibt seiner Dichtung das eigentümlich Befremdliche. Befremdlich sind nicht selten die Eingänge, wie im »Erdbeben in Chili«, im »Prinzen von Homburg« oder im »Michael Kohlhaas«, wenn es dort heißt, daß es »einer der rechtschaffensten zugleich und entsetzlichsten Menschen seiner Zeit« war. Die Befremdlichkeit wird dadurch erhöht, daß die Paradoxien auch von der Sprache Besitz ergreifen. Das Wort erweist sich als unzuverlässig. Es führt die Verständigung nicht herbei, die der Sprechende erwartet. Solche Äußerungen lassen den Abstand zur Sprachauffassung der Aufklärung deutlich hervortreten. Im Drama vor allem führt die Unzulänglichkeit der Sprache zu folgenschweren Mißverständnissen und Verkennungen. In einer so gedeuteten und dargestellten Welt fehlt den Menschen jeder feste Halt. Wie Spielbälle werden sie vom Zufall hin und her geworfen, zumal dann, wenn sie den Konventionen der Gesellschaft vertrauen. Diese Konventionen erweisen sich als brüchig, oft als unmenschlich. Eine bisweilen radikale Gesellschaftskritik ist damit verbunden. Sie verwandelt die Gesellschaftsnovelle romanischer Herkunft in ihr Gegenteil. Sie wird zur Novelle gegen die Gesellschaft, gegen ihre erstarrten Ordnungen. In den Dichtungen der letzten Zeit verliert sich die grundsätzliche Gesellschaftsfeindlichkeit. Die Kräfte des Gefühls werden nun auch im staatlich-gesellschaftlichen Bereich wirksam. Stets aber bleibt das Gefühl die alles beherrschende Instanz.

An der Erhellung dieses Gefühls hat sich die neuere Forschung mit Recht orientiert. Seine sich im Existieren bezeugende Unmittelbarkeit, jenseits bloßer Psychologie, wurde beschrieben (Fricke). Ausgesprochen oder unausgesprochen wurde das Käthchen von Heilbronn die zentrale Gestalt der Dichtung. Die sieghafte und im Grunde untragische Herrlichkeit des Gefühls, die Wahrheit der Seele bezeugt sich hier am reinsten. Aber die »Majestät des Unbewußten« (Kommerell) erscheint im Blick auf die Tragödie der Penthesilea eigentümlich gebrochen. Penthesilea wird vor Raserei und Rache nicht bewahrt, und nur auf gewaltsame Weise ist ihre gräßliche Tat mit der Herrlichkeit des Gefühls in Einklang zu bringen. Nach einem Wort des Dichters verhalten sich beide Figuren wie das Plus und Minus der Algebra zueinander. Während aber Käthchen in der Wahrheit des Gefühls lebt, ist das Gefühl der Amazonenkönigin verwirrt. In der Symbolik des »Marionettentheaters« handelt es sich um Störungen des Bewußtseins, unvermeidlich seit dem Sündenfall. Und während Käthchen im Glanz des Unbewußten erstrahlt, ist das Unbewußte in Penthesilea von anderer Art: sie kennt nicht den Grund ihres verwirrten Gefühls. Das Unbewußte erweist sich als ambivalent, wie das Gefühl selbst. Es erscheint daher fraglich, alle Regungen des Unbewußten ins fraglos Positive zu deuten. Offenkundig gibt es eine Unbewußtheit im Umkreis der Schuld. Sie klingt in der geflissentlich übersehenen Frage der Alkmene unüberhörbar an: »Kann man auch Unwillkürliches verschulden?« Dabei geht es um eine vor allem Handeln liegende »Schuld«; das Handeln macht sie nur offenkundig. Am Ende steht das Erkennen. In der »Penthesilea« geschieht es zu spät und führt zur Tragödie. Im »Homburg« verhindert das rechtzeitige Erkennen der Schuld den tragischen Ausgang. Hier wie dort und in allen Dichtungen geht es um ein eigentümlich gelagertes Spannungsverhältnis von Gefühl und Bewußtsein. Die Klärung dieses Spannungsverhältnisses (und der damit verbundenen Einsichten in die dichterische Gestaltungsweise) charakterisiert den derzeitigen Stand der Forschung.

Krit. Ausg. v. E.SCHMIDT, G.MINDE-POUET u. R.STEIG, (5 Bde, 1904) 8 Bde, 1938² (erschien ohne den 8. Bd, die Lesarten). Neue Materialien bei: H.v.K. Sämtl. Werke u. Briefe, hg.v. H.SEMBDNER, 2 Bde, o.J. - H.v.K.s Lebensspuren, hg.v. DEMS., 1957. - Über K.: W. HERZOG, H.v.K., 1911 - PH.WITKOP, H.v.K., 1922 - W.MUSCHG, K., 1923 - F.GUNDOLF, H.v.K.. 1924 - F.BRAIG, H.v.K., 1925 - G.FRICKE, Gefühl u. Schicksal bei H.v.K., 1929 - W.v.EINSIEDEL, Die dramat. Charaktergestaltung, 1931 - C.LUGOWSKI, Wirklichkeit u. Dichtung, 1936 - M.KOMMERELL, Die Sprache u. das Unaussprechliche (in: Geist u. Buchstabe d. Dichtung, 1943³, 243-317) - L.MUTH, K. u. Kant, 1954 - B.v.WIESE, Die dt. Tragödie von Lessing bis Hebbel, 1955³, 304-355 - P.BÖCKMANN, H.v.K. (in: Die Großen Deutschen II, 1956², 362-377) - J.MAASS, K. die Fackel Preußens, 1957 - H.KOCH, H.v.K., 1958 (Lit.) - Das dt. Drama, hg.v. B.v.WIESE, I, 1958, 339 bis 404.

W.Müller-Seidel

Kleist-Retzow, *Hans v.* (1814-92), preußischer Beamter und Politiker, pommerscher Gutsbesitzer, wurde schon in seiner Kindheit von der → Erweckung (: I, 5b) berührt. Nach dem Jurastudium beeinflußte ihn E.L.v. → Gerlach, durch den er in streng christlich-konservative

Anschauungen hineinwuchs. 1844 Landrat in Belgard, wurde er 1848 Mitbegründer der Kreuzzeitung, Präsident des Junkerparlaments und gehörte zu den Notabeln des Wittenberger Kirchentages. Seit 1851 Oberpräsident der Rheinprovinz, geriet er oft mit dem Koblenzer Hof des Prinzen Wilhelm und dessen Gemahlin Augusta in Konflikt, so daß dieser ihn bei Antritt seiner Regentschaft in den Ruhestand versetzte. Als Onkel der Gemahlin Bismarcks war er auch diesem nahegetreten; regelmäßig erhielt → Bismarck von ihm das Herrnhuter Losungsbüchlein. Nach 1866 trat zwischen beiden eine Entfremdung ein, die im → Kulturkampf zum offenen Bruch führte. Erst auf dem Hintergrund der von K. bejahten Politik gegen den Sozialismus trat eine Versöhnung ein. K. war Mitglied der Generalsynode, des Reichstages und des Herrenhauses. 1886 brachte er mit → Hammerstein und → Stoecker eine Vorlage über Neuordnung des Verhältnisses von Staat und Kirche ein, die zur Bildung eines ev. Zentrums geführt hätte. Sie wurde jedoch von Bismarck inhibiert. – K. war Patronatsherr und hat bis zu seinem Tode unentwegt auf Synoden und Pfarrerkonferenzen seine (orthodoxe) Kirchlichkeit vertreten. Als aufrechter Charakter verdient er Achtung. Er repräsentierte den Typus des patriarchalischen ostelbischen Junkers, über den jedoch die Zeit schon in seinen letzten Lebensjahren hinweggeschritten war.

H.v.Petersdorff, K.-R., 1907 – A.O.Meyer, Pommersche Lebensbilder II, 1936. *K.Kupisch*

Klemme, *Pankratius* (ca 1475–1547), * in Hirschberg (Schlesien). K. trat in den Dominikaner-Orden ein und war 1498 Kantor in Danzig. Danach hat er wohl in Süddeutschland gelebt und dort die ersten reformatorischen Bestrebungen kennengelernt. 1526 wirkte K. als Prediger wieder in → Danzig (: I), seit 1529 an der Oberpfarrkirche St.Marien. Seine Rechtgläubigkeit, seine Beredsamkeit und sein verbindliches Wesen machten ihn nach der Meinung des Rates bes. geeignet, die neue Lehre zu verkünden. 1539 suchte er Luther in Wittenberg auf. Als er 1544 vor das geistliche Gericht des kath. Bischofs gezogen werden sollte, erzwang eine große Volksmenge seine Freilassung. So wurde K. zum Reformator Danzigs, obwohl hier das luth. Bekenntnis erst 1557 politisch und kirchenrechtlich anerkannt worden ist.

Th.Hirsch, Die Oberpfarrkirche von St.Marien in Danzig, 1843 – E.Schnaase, Gesch. der Ev. Kirche Danzigs, 1863 – H.Freytag, Die Beziehungen Danzigs zu Wittenberg in der Zeit der Reformation (Zs. des Westpreuß. Geschichtsvereins 38, 1898, 1–137) – P.Simson, Gesch. der Stadt Danzig II, 1918. *E.Keyser*

Klenovský, *Johann* (ca 1431–98), * in Proßnitz in Mähren, vermögend, »gelehrt«, aber ohne akademischen Grad und geistliche Weihe, wahrscheinlich vor 1467 der → Brüderunität (: I) beigetreten, war die führende Kraft jener Gruppe, die einen Ausgleich zwischen dem Frömmigkeitsideal der ersten Brüder und den Forderungen der Wirklichkeit erstrebte. In den kritischen Jahren nach dem Tode Bruder → Gregors (1474) hat er durch seinen Einfluß auf Bischof Matthias, auf die Entscheidung der Synode von Brandeis (1490) und auf die Beschlüsse des 1494 umgebildeten Engen Rates die Voraussetzungen für eine Neugestaltung der Unität nach den Grundsätzen der Großen Partei geschaffen.

J.Th.Müller, Gesch. der Böhm. Brüder I, 1922 – E.Peschke, Der Gegensatz zwischen der Kleinen u. der Großen Partei der Brüderunität (WZ Rostock 6, 1956/57, 141–154). *E.Peschke*

Kleopas, *Dionysios* (1816–61), griech.-orth. Theologe, * in Konstantinopel, studierte in Jerusalem, Saloniki, Athen, Leipzig und Berlin. K. war Mitbegründer der »Schule des Kreuzes« in Jerusalem, 1855 auch deren Direktor, 1856/57 Prof. für Dogmatik und Ethik in Athen, danach Exarch des Hl. Grabes in Cypern.

K. war Mit-Hg. der wiss.-theol. Zs. »Ev. Herold« (griech.), worin er u.a. eine Beschreibung Palästinas veröffentlichte. Vf. ferner u.a.: Einl. u. Komm. zu den Pss, 1885. – Bibliogr.: D.Balanos, Gesch. der theol. Fakultät (Athen), 1937, 41. *G.Möckel*

Klepper, *Jochen* (22.3.1903 bis 11.12.1942), Schriftsteller, * in Beuthen an der Oder. Die Pfarrhaustradition blieb für sein ganzes Leben bestimmend, obwohl er selber darauf verzichtete, ins geistliche Amt zu gehen. Nach dem Theologiestudium in Breslau und Erlangen (bei E. Lohmeyer und R.Hermann) wandte sich K. auf dem Umweg über die kirchliche Presse- und Rundfunkarbeit der Laufbahn des freien Schriftstellers zu. Nachdem er 1931, noch in Breslau, die Ehe mit Frau Hanni, geb. Gerstel, verw. Stein eingegangen war, siedelte er nach Berlin über, arbeitete zunächst im Funkhaus an der Masurenallee, wurde aber 1933 wegen seiner Ehe mit einer Jüdin entlassen. Noch 9 Jahre kämpfte er dann um diese Ehe wie um seine Existenz als Autor den schweren, immer aussichtsloseren Kampf, den er in den nachgelassenen Tagebuchaufzeichnungen (»Unter dem Schatten deiner Flügel«, 1956) mit minutiöser Genauigkeit beschrieben hat. Das Buch erregte, 14 Jahre nach des Dichters Tod, ungewöhnliches Aufsehen. Dieser postume Erfolg ist demjenigen vergleichbar, den sich K.s erzählerisches Hauptwerk, der Roman König Friedrich Wilhelms I. (»Der Vater«, 1937) in wenigen Jahren errang. Aus den Tagebüchern erfährt man, unter welch widrigen Umständen die Niederschrift dieses der prot.-preußischen Tradition – ihrer Größe und ihrer Fragwürdigkeit – im tiefsten verpflichteten Buches erfolgte. Überhaupt gewähren die Tagebücher, denen 1958 noch ein Band mit den Aufzeichnungen aus dem Kriege folgte, reichen Aufschluß über K.s künstlerische wie religiöse Entwicklung. Er hat wie kaum ein anderer – außer etwa R.A. → Schröder oder R. → Schneider – die Probleme der »christlichen Dichtung« durchdacht und mit ihnen im eigenen Schaffen gerungen. Die kleine Studie »Der christliche Roman« (1940) zog die Summe seiner Erkenntnisse und Erfahrungen auf diesem Gebiete. Aber auch seine immer rege, höchst persönlich geartete Teilnahme an den kirchlichen Fragen und Nöten der Zeit gibt seinem Tagebuchwerk den Charakter eines kirchengeschichtlichen Dokumentes. Es war wie ein Dank an die Kirche, die er trotz ihrer offenkundigen Schwächen liebte, als er 1938 unter dem Titel »Kyrie« eine kleine Sammlung seiner → Kirchenlieder (: I, 3e) erscheinen ließ, die neben Schröders »Lobgesang« ihren eigenen Rang behauptete (1958^9). K.s erzählerisches Debut war der ungemein schlesisch getönte Roman »Der Kahn der fröhlichen Leute« (1933), sein – Fragment gebliebener – Schwanengesang das erste große Kapitel eines Katharina von → Bora-Romans (»Das ewige Haus«, postum 1951). Über der Arbeit an diesem Buche ist K. gestorben. Mit seiner Frau und der Tochter Renate flüchtete er vor dem unerträglich gewordenen Druck und Haß des Regimes in den Tod. – Kein Zweifel, daß sein erzählerisch-autobiographisches Doppelwerk bleibende Bedeutung hat. Eins verweist auf das andere, der Roman auf das Tagebuch und umgekehrt. Obwohl nach 1945 die Stimmung gegenüber dem historischen Roman sehr abgekühlt ist, wird dem Roman »Der Vater« dank der sprachlichen Zucht, der geistigen Klarheit und des religiösen Tiefsinns immer die Teilnahme derer gewiß sein, die sich dem »ostelbischen« Raum zugehörig wissen und der von diesem umschlossenen Geschichte Bedeutung für das Ganze beimessen. Ebenso verbinden sich im »Kyrie« der innige Ton, die biblische Fülle und die schlichte Gestalt zu reiner Wirkung auf Leser aller Schichten. Auch von dem Tode des Dichters ergeht ein bleibender Anruf.

Bibliogr. in: Unter dem Schatten deiner Flügel, 1956, 1155ff. - Über K.: K.IHLENFELD, Freundschaft mit J.K., 1958. *K.Ihlenfeld*

Klerus und Laien

1. In den orth. Kirchen - 2. Die kirchlichen Stände der kath. Kirche - 3. In der ev. Kirche. - Vgl. → Laienapostolat, → Laienbewegungen, → Laiendienst

1. Die Rechtslage von K. und L. ist in den *orth. Kirchen* in den verschiedenen Perioden ihrer Geschichte sowie in den einzelnen Gebietskirchen unterschiedlich geregelt. Die gegenwärtige Situation läßt sich folgendermaßen charakterisieren: Zwar hält auch heute die → Orthodoxe Kirche (: I) an der geistlichen Sonderstellung des Priesters als des allein zum Vollzug der göttlichen Liturgie Bevollmächtigten fest, aber das L.element ist stärker an der Verwaltung der Kirche beteiligt als früher (→ Kirchenverfassung: III). Neben den Bischöfen und anderen Geistlichen können auch L. an den Kirchenkonzilen teilnehmen, neben den Synoden werden aus K. und L. bestehende Oberkirchenräte eingeführt. Die L. werden als Vertreter der Kirchengemeinden zu den Wahlen der Kirchendiener hinzugezogen, in den Diözesen werden aus K. und L. bestehende Diözesanräte gebildet.

Sowohl in der Praxis wie in der Theorie bestehen jedoch in den einzelnen orth. Kirchen *Unterschiede*. In Rußland, Bulgarien und Rumänien gibt es allgemeine Kirchenkonzile, in den Kirchen von Griechenland, Jugoslawien und Konstantinopel nicht. Die Primaten und Bischöfe werden in einigen orth. Kirchen von Kirchenversammlungen gewählt, die aus K. und L. bestehen, in anderen nur von den bischöflichen Synoden. Die kirchliche Mitarbeit an missionarischen und karitativen Aufgaben ist im allgemeinen schwach entwickelt. - In der *theologischen Beurteilung* dieser Fragen stehen sich zwei extreme Standpunkte gegenüber: der ultrahierarchische und der »demokratische«. Für die Vertreter des ultrahierarchischen Standpunktes liegt die Kirchengewalt ausschließlich in den Händen der Bischöfe; die L. sind die Herde, die nur zuzuhören und zu folgen hat. Diese Richtung führt das »Laisieren« der Kirche auf weltliche Einflüsse und politische Rücksichtnahme zurück und sieht in ihm bedenkliche nationalistische oder prot. Neigungen am Werk. Die Gegner dieses streng hierarchischen Standpunktes weisen darauf hin, daß die orth. Kirche, im Unterschied zu Rom, kein absolutes oder monarchisches System in der Verwaltung kennt. Der rechte Weg ergibt sich aus einer Neuorientierung am urchristlichen Grundsatz des korrelativen Zusammenwirkens der die Kirche konstituierenden Elemente der Hierarchie und der L. Dabei ist die Autorität der Vorsteher der Gemeinde gegenüber den mit Gottesgaben begnadeten Gliedern des Leibes Christi in väterlicher Liebe und nicht mit autokratischer Gewalt auszuüben. Die L. werden ihrerseits auch die von Gott erwählten und mit besonderen Diensten Betrauten ehren (vgl. 1Kor 12, 12-31; Röm 12, 5ff).

J.ZHISHMAN, Die Synoden u. d. Episkopalämter in der morgenländ. Kirche, Wien 1867 - N.MILASCH, Das Kirchenrecht der morgenländ. Kirche, Zara (1890) 1902² (serb.); dt. Mostar (1897) 1905² - N.ZAOSERSKI, Über die kirchl. Gewalt, 1894 (russ.) - P.GIDULJANOW, Die Metropoliten der ersten drei Jh.e des Christentums, Moskau 1905 (russ.) - Akten der russ. Prosynodalversammlung (zum russ. orth. Konzil von 1917/18), 5 Bde, Petersburg 1906-09 (russ.) - P.LAPIN, Das Konzil als oberstes Organ der Kirchengewalt, Kasan 1909 (russ.) - W.MYSCHZIN, Die Verfassung der christl. Kirche in den ersten zwei Jh.en, 1909 (russ.) - ST.ZANKOW, Das orth. Christentum des Ostens, 1928 - A.W.KARTASCHOFF, Auf d. Wege zum ökumen. Konzil, Paris 1932 (russ.) - H.ALIVISATOS, Das kanonische Recht der orth. Kirche (Ekklesia X), 1939 - S.BULGAKOW, L'Orthodoxie, Paris 1939 - L. STAN, Die L. in der Kirche, Sibiu 1939 (rum.) - V.SESAN, Orth. Kirchenrecht, Czernowitz 1942 (rum.) - H.KOTSONIS, Die Stellung der L. in der Kirche gemäß dem kanonischen Recht der östl. orth. Kirche, Athen 1956 (griech.) - L.N.PARIJSKIJ, Die Rolle der L. im Leben der russ. orth. Kirche (dt. in: Kirche in der Zeit 12, 1957, 12 bis 15). *St.Zankow (H.-H.Schrey)*

2. a) Die *kath. Lehre von den kirchlichen Ständen* ergibt sich aus c. 107 CIC: »Kraft göttlicher Einsetzung sind in der Kirche Kleriker und L. voneinander unterschieden...; beide aber können Klosterleute sein.« Die Klosterleute (→ Kloster: III) stehen demnach als »Stand« (c. 487) nicht neben K. und L., sondern neben den Weltleuten. Beide Ständegruppen überlagern sich, lassen sich aber nicht verschmelzen: der einzelne Klostermann ist entweder Kleriker oder Laie, und gegenüber den Klosterleuten sind alle Kleriker und L., die nicht zu ihnen gehören, gleicherweise Weltleute.

b) Innerhalb der rechtlichen Gliederung der Kirche in K. und L. ist die besondere, herausgehobene *Stellung der Kleriker* durch drei Verfassungsgrundsätze festgelegt: α) Gemäß c. 948 werden die Kleriker durch die → Ordination (: III) von den L. unterschieden und zur Leitung der Gläubigen und zur Verrichtung des Gottesdienstes fähig gemacht. Dem allgemeinen Priestertum der Nichtordinierten kommt also in der kath. Kirche keine geistliche Vollmacht gegenüber anderen und keine rechtliche Bedeutung zu; vielmehr ist beides dem vom allgemeinen Priestertum generisch verschiedenen speziellen Priestertum der Ordinierten vorbehalten. - β) Infolgedessen können nur Kleriker Weihegewalt oder kirchliche Jurisdiktionsgewalt erhalten (c. 118; → Jurisdiktion), jene durch die Ordination selbst, deren erstmaliger Empfang also den L. sowohl zum Kleriker macht wie auch ihm die mit der betreffenden Weihestufe verbundene Weihegewalt überträgt, diese durch die zur Ordination hinzutretende → Missio canonica oder - jedoch nur der Papst persönlich - durch unmittelbaren göttlichen Rechtsakt (c. 109). Diese Beschränkung der Jurisdiktionsbefähigung auf Kleriker gilt auch für das Amt des Papstes; daher darf nur ein Kleriker oder jemand, der bereit und fähig ist, sich sofort weihen zu lassen, zum Papst gewählt werden. - γ) Der durch die Ordination konstituierte und ständig ergänzte Klerikalstand ist auch für diese Ergänzung vom L.stand unabhängig; sie erfolgt nicht durch Zustimmung oder Berufung seitens des Volkes oder der weltlichen Gewalt, sondern durch die Auswahl seitens der Hierarchie selbst (c. 109).

c) Die *rechtliche Stellung der L.* in der Kirche ist auf folgendes beschränkt: α) Die L. haben, wenn man die seelsorgliche Tätigkeit, um derentwillen die Kleriker ihre Weihe- und Jurisdiktionsgewalt überhaupt erhalten, einmal in die juristischen Kategorien von Verpflichtung und Berechtigung pressen will, ein Recht darauf, daß sie von den Klerikern entsprechend betreut werden (c. 682). Als - wenn auch abgeschwächte - aktive Rechtsstellung der L. kann das nicht gelten; insoweit sind sie nicht Gebende oder Mitgebende, sondern nur Empfangende. - β) Ebensowenig schließt ihre, seit der Enzyklika »Mediator Dei« (1947) stärker betonte aktive Beteiligung am liturgischen Kult eine formelle und mit der klerikalen gleichgeartete Rechtsgewalt in sich. Die kultische Betätigung des Volkes und die des liturgisch amtierenden Klerikers sind ebensoweit voneinander geschieden wie allgemeines und besonderes Priestertum. - γ) Eine eigentliche, wenn auch in ihrer Ausübung immer an die hierarchische Aufsicht und Oberleitung gebundene aktive Rechtsstellung haben die L. innerhalb der Kirche nach geltendem Recht nur in den Dritten Orden (→ Tertiarier) und → Bruderschaften (: III, 1). Die christliche Betätigung der L. nach außen hingegen, in der → Katholischen Aktion, in den kirchlichen Vereinen (→ Vereinswesen: II) und – ohne gruppenmäßige Bindung – in der persönlichen Verwirklichung des Glaubens und in der Vertretung und womöglich Durchsetzung seiner Grundsätze im öffentlichen Leben, ist bisher nicht in vergleichbare gemeinrechtliche Formen gebracht worden.

d) Von den für diese Gesamtregelung konstitutiven Kanones berufen sich die cc. 107. 948 ausdrücklich auf göttliches Recht; c. 109 tut das gleiche mittelbar; c. 118 ist als unabweisbare Folgerung aus c. 948 göttlichem Recht gleichzusetzen. Die kanonistische Ständelehre in ihren oben entwickelten Grundzügen betrifft daher den unveränderlichen und allgemein, auch für die Orientalische Kirche geltenden und demgemäß in den schon promulgierten Teilen des CIC Orientalis übernommenen Teil der → Kirchenverfassung (: V). Auch geschichtlich geht die Scheidung von K. und L. als von Führern und Geführten bis in die ersten Zeiten der verfaßten Kirche zurück (→ Christentum: II, 3a). Eine Konstituierung der L. als selbständiger Rechtsträger im innerkirchlichen Raum neben dem K. wäre nur im Bruch mit Geschichte und System der kath. Kirchenverfassung möglich.

Kath. Lehrbücher des → Kirchenrechts, der Fundamentaltheol. (→ Theologie: IV) u. der → Dogmatik – M. SCHMAUS, Kath. Dogmatik III/1: Die Lehre von der Kirche, (1940) 1958^{3-5} (Sachreg. s.v. Laien; Lit.: 874ff) – H. BARION, Sacra Hierarchia (Tymbos f. W. Ahlmann, 1951, 18–45) – DDC VI, 328ff. *H. Barion*

3. In der Lehre vom *allgemeinen* → *Priestertum* hat *die Reformation* eine de iure divino in einer besonderen Weihegewalt begründete qualitative Unterscheidung von K. und L. und einen dem L.stand vor- und übergeordneten, in sich hierarchisch abgestuften geistlichen Stand des K. als unbiblisch verworfen: »Demnach so werden wir allesamt durch die Taufe zu Priestern geweiht, wie es S.Peter 1Petr 2, 9 sagt: Ihr seid ein königliches Priestertum und ein priesterliches Königtum« (Luther, An den christlichen Adel, WA 6, 407, 22). – Der Gegensatz von K. und L. wird in der ev. Kirche rechtstheologisch zum dialektischen Gegenüber von → *Amt* (: III) *und* → *Gemeinde* (: I. II) umgewandelt. Das durch Christi Befehl und Verheißung der Kirche eingestiftete Predigtamt (CA V) ist kraft des Priestertums aller Gläubigen der Gemeinde anvertraut und hat auch in seiner öffentlichen Ausübung vornehmlich in Gestalt des → Pfarramts sein Wesen als ministerium verbi in dem, was auch jedem gläubigen Christen in seinem priesterlichen Beruf zukommt. Weil das Evangelium auch »durch gegenseitigen Austausch und Tröstung der Brüder« zugesprochen wird (Luther, ASm C IV), ist bes. auch die lösende → Schlüsselgewalt der → Absolution (Mt 16, 19) nicht einem besonderen geistlichen Stand von Priestern, sondern allen Gliedern der Gemeinde anvertraut. Dieser Zusammenhang des allgemeinen Priestertums der Gläubigen mit dem Glauben schaffenden und Gnade vermittelnden Predigtamt ist in der *luth. Ekklesiologie* vor allem in der Lehre von der → Rechtfertigung verankert. In den luth. KOen der Reformationszeit und der folgenden Jh.e sind aus zeitgeschichtlichen Gründen aus dem Priestertum aller Gläubigen nur in geringem Umfang die Konsequenzen eines verfassungsrechtlichen Ausbaues des L.elements gezogen worden. Letztere beschränken sich im wesentlichen auf die Übertragung der bischöflichen Jurisdiktionsgewalt auf den Landesherrn als hervorragenden L. der Kirche (praecipuum membrum ecclesiae; → Cura religionis). Für die *ref. Ekklesiologie* folgen die gleiche Würde und Verantwortlichkeit aller zum Aufbau der Gemeinde erforderlichen Dienstleistungen aus der grundlegenden Vorstellung von der → Gemeinde (: II, 3c) als des in Gnadengaben und Diensten gegliederten Leibes Christi und dem in der Kirche geltenden Lebensgesetz der bruderschaftlichen Christokratie. In den eigenständig entwickelten KOen der ref. Kirchen unter dem Kreuz hat diese Lehre in der zentralen Verankerung des Gemeindeprinzips und den presbyterialen-synodalen Verfassungselementen ihren Niederschlag gefunden.

Weil das geistliche Amt allen Gläubigen anvertraut ist, bleibt seine Ausübung nicht der Willkür jedes einzelnen Gläubigen überlassen, ist vielmehr die *öffentliche* Ausübung desselben an den in der → *Ordination* (: III) im Gehorsam gegen den Befehl Christi vollzogenen Auftrag der Gemeinde gebunden (vocatio rite facta, CA XIV). Mangels klerikaler Weihe schafft die Ordination keinen Character indelebilis und sind die mit der Ordination erworbenen Rechte (Berechtigung zur öffentlichen Ausübung des Predigtamtes, Amtsbezeichnung, Amtstracht u.a.; in den ev. KOen noch vielfach mißverständlich »Rechte des geistlichen Standes« genannt) ius humanum; sie können nach der KO abgelegt oder aberkannt werden. Da die Ordination und die Berufung ins Pfarramt im Regelfall die volltheologische Ausbildung des Ordinanden voraussetzt, findet in dem Verhältnis von Amt und Gemeinde bzw. von Pfarramt und anderen Ämtern und Diensten in der Gemeinde der Laie im Pfarrer und Theologen sein Gegenüber. Neben dem Pfarrer haben L. als L.prediger in positiv-rechtlich unterschiedlich geordneter Weise an der öffentlichen Ausübung des Predigtamtes teil. In Zeiten der Not sind L. kraft des Priestertums aller Gläubigen auch zur Wahrnehmung pfarramtlicher Funktionen legitimiert. Vor allem aber haben L. über das geistliche Kirchenregiment non vi sed verbo (CA XXVIII) in den presbyterialen und synodalen kirchlichen Körperschaften und Organen entscheidenden Anteil an der gemeinde- und kirchenöffentlichen Ausübung des Predigtamtes: »Die Ältesten sind berufen, in Gemeinschaft mit dem Pfarrer die Gemeinde zu leiten und mit ihm die Verantwortung dafür zu tragen, daß der Gemeinde Gottes Wort rein und lauter gepredigt wird und die Sakramente in ihr recht verwaltet werden« (so zB § 22 Abs. 3 der Grundordnung der Ev. Landeskirche in Baden von 1958). In den Leitungsgemeinden der Synoden wird das Gegenüber von Pfarramt und L.dienst vollends in der gemeinsamen synodalen Gliedschaft von Pfarrern und L. aufgehoben, wobei die gesetzlich festgelegte Zahl der L.mitglieder in der Regel die der Pfarrer übersteigt.

Vgl. die Lehrbücher des ev. → Kirchenrechts sowie die Lit. zu → Gemeinde: II, 1. 2. – Ferner: S. GRUNDMANN, Der Luth. Weltbund, 1957, 69ff. *G. Wendt*

Klesl, *Melchior* (1552–1630), * in Wien als Sohn eines ev. Bäckers. Durch die Jesuiten für den Katholizismus gewonnen, wurde K. als Priester (1580 Offizial des Bischofs von Passau, 1590 Direktor der Rel. Reform-Kommission, 1598 Bischof von Wien, 1616 Kardinal) die treibende Kraft der Gegenreformation in den Städten Niederösterreichs. Nachgiebigkeit gegen die Protestanten hat er auch im Dienste des Erzherzogs Matthias verurteilt, zu dessen erstem Ratgeber er sich nach der Niederlage Rudolfs II. aufschwang. Einen Türkenkrieg zu führen blieb seinem Ehrgeiz versagt, aber die Revision des Friedens von Zsitvatorok 1615/16 war K.s Erfolg. Nach Ausbruch des böhmischen Aufstandes 1618 durch die Erzherzöge gefangengenommen, erlangte K. 1623 die Freiheit wieder und starb in der Heimat.

J. v. HAMMER-PURGSTALL, K.s ... Leben, 4 Bde, 1847–51 – A. KERSCHBAUMER, Kard. K., (1865) 1905^{2} – ADB XVI, 167f – R. NECK, Österreichs Türkenpolitik unter M.K. (Phil. Diss. Wien), 1948 (Masch.). *G. Mecenseffy*

Unter K etwa Vermißtes bitte unter C und Z suchen

Klettenberg, *Susanna Katharina v.* (1723-74), * in Frankfurt/M. als Tochter eines Arztes. Durch → Fresenius wurde sie vom Halleschen Pietismus beeindruckt, wandte sich aber seit 1751 unter dem Einfluß F.K.v. → Mosers der Brüdergemeine zu, ohne Mitglied zu werden (»Herrnhuter Schwester auf eigene Hand«). F.Chr. → Steinhofer und → Zinzendorfs Kreuzestheologie wirkten auf ihren Durchbruch zum lebendigen Glauben hin. Seitdem ist ihre Dichtung entschiedener christozentrisch bestimmt. Werke der Erbauungsliteratur formen Frömmigkeit und Lebenshaltung. → Lavater rühmt von ihr »unvergleichliche Einsichten in die Chimie«, dh die pansophisch-neuplatonische Magie. Ihre alchimistischen Versuche (Geheimnis des »Salzes«; → Oetinger) sind im Geiste der christlichen Pansophie (→ Mystik: VII) als Weg zur wahren Gotteserkenntnis verstanden. → Goethe studierte 1768/69 mit ihr magisch-theosophische Werke, u.a. G.v.Welling. - Im Umgang mit dem Zürcher Kreis um Lavater errang S.K. eine Reife christlicher Freiheit (»Ich bin ein christlicher Freigeist«, an Moser, 21.1.1774), die Goethe zeitlebens beeindruckte. - Ob und inwieweit dem Buch 6 von Goethes »Wilhelm Meister« (»Bekenntnisse einer schönen Seele«) - das paradigmatisch die Lebensverwirklichung der sich ihres Selbst ohne fremde Formeln bewußt werdenden inneren Natur darstellt - eine Autobiographie der K. zugrunde liegt, ist in Anbetracht der ideellen Gesamtkonzeption des Romans eine sekundäre Frage.

Bibliogr. u. Lit.: GG³ IV/2, 1910, 546f; IV/5, 1957, 327ff. 378f - RGG² III, 1086f - J.KÖRNER, Bibliogr. Hdb. d. dt. Schrifttums, 1949³, 258f - Goethe-Bibliogr. v. H.PYRITZ, I, 1955, 201f u.ö. - Über K.: H.FUNCK, Die schöne Seele, (1911) 1912² - B.WACHSMUTH, Goethe u. die Magie (Goethe 8, 1943, 98-115. 215-231; vgl. 6, 1941, 263ff) - E.GRUMACH, ebd 14/15, 1952/53, 63-107, bes. 82ff - R.D.GRAY, Goethe the alchemist, Cambridge 1952 (s. Reg. u. Lit.) - G.MECENSEFFY, S.K.v.K. (ZKG 65, 1953/54, 65-104) - H.-M.ROTERMUND, Zur Kosmogonie des jungen Goethe (DVfLG 28, 1954, 472-486) - G.F. HARTLAUB, Goethe als Alchemist (Euphorion 48, 1954, 19-40). - Weiteres s. → Goethe, → Empfindsamkeit. *E.H.Pältz*

Kletus, *Papst,* = Kurzform für → Anaklet I. Die Identität ist unbestritten; die irrtümliche Nennung beider Namen in einigen Bischofslisten ist vermutlich aus Randglossierung entstanden. Auch der römische Festkalender weist 2 Gedenktage auf (K.: 26.4.; A. I.: 13.7.).

RE I, 485f; IV, 180 - DHGE II, 1407f - C.SCHMIDT, Studien zu den Ps.-Clementinen nebst einem Anhange: Die älteste röm. Bischofsliste u. d. Ps.-Clem. (TU 46, 1), 1929 - VSB IV, 655f; VII, 284 - Catholicisme I, 501 - LThK I², 524. *F.Paschke*

Kleuker, *Johann Friedrich* (24.10.1749 bis 1.6.1827), ev. Theologe, * in Osterode (Harz). K. wurde nach dem Studium Hauslehrer in Bückeburg (Verbindung zu → Herder), 1775 Prorektor am Gymnasium in Lemgo, 1778 Rektor in Osnabrück. Auf Veranlassung des Emkendorfer Kreises (→ Erweckung: I, 5c) 1798 als Prof. (AT, NT, Symbolik) nach → Kiel berufen, um den rationalistischen Strömungen in → Schleswig-Holstein entgegenzuwirken, vertrat er einen biblischen Supranaturalismus mit theosophischen Tendenzen, erfüllte aber nicht die auf ihn von orthodoxer Seite gesetzten Erwartungen. In seinen Schriften zur vergleichenden Religionsgeschichte spürt man die Nachwirkung Herders. Bedeutsam sind K.s apologetische Werke; die französische Theosophie (→ Saint-Martin) hat ihn indessen tief beeinflußt.

Vf. außer einer Übertragung des Zend Avesta aus der franz. Fassung des ANQUETIL DU PERRON (3 Bde, Riga 1776/77; I², 1786) sowie einer Plato-Übers. (6 Bde, 1778-96) u.a.: Über die Religion u. Philos. der Inder, 1778; Über die Natur u. den Ursprung der Emanationslehre bei den Kabbalisten, Riga 1786; Beweise für die Wahrheit u. den göttl. Ursprung des Christentums, 3 Bde, 1787-94; Ausführl. Unters. der Gründe für die Echtheit u. Glaubwürdigkeit der schriftl. Urkunden des Christentums, 5 Bde, 1793-99; Das brahmanische Religionssystem nach Paullinus a S.Bartholomaeo, 1797; Grundriß einer Enzyklopädie der Theol., 2 Bde, 1800/01. - Über K.: RE X, 564ff - O.BRANDT, Geistesleben u. Politik in Schleswig-Holstein..., 1925, 216ff - W.SCHÜTZ, J.Fr.K., seine Stellung in der Religionsgesch. des ausgehenden 18.Jh.s, 1927 (Bibliogr., auch handschriftl. Nachlaß in der UB Kiel) - FR.VOLBEHR-R.WEYL (→ Kiel) 4 (Lit.). *W.Göbell*

Kleutgen, *Joseph,* kath. Theologe, * 9.4.1811 in Dortmund, † 13.1.1883 in St.Anton bei Kaltern (Tirol). Nach Studien in München und Münster 1834 Jesuit, seit 1843 in Ordensfunktionen fast immer in Rom, zeitweise Konsultor der Indexkongregation. Auf K. geht die Endfassung der Constitutio de fide catholica (→ Vatikanum) und der Entwurf der Enzyklika → Aeterni patris (1879) zurück. In Abkehr von Fr. → Baader und A. → Günther und in Abwehr von G. → Hermes kehrt K. zur Theologie und Philosophie der Vorzeit, dh der → Scholastik des MA im nachtridentinischen Verständnis zurück. So wird er zum maßgebenden Inaugurator der → Neuscholastik.

Vf. u.a.: Theol. der Vorzeit, (3 Bde, 1853-60) 5 Bde, 1867/74²; Philos. d. Vorzeit, 2 Bde, (1860/63) 1878² (auch franz. u. ital.); Kleinere Werke, 5 Bde, 1869-74; Instit. theol. I, 1881. - Über K.: A. LANGHORST in: StML 25, 1883, 105-124. 393-403. 489-510 - J.HERTKENS-L.LERCHER, P.J.K., sein Leben u. seine liter. Wirksamkeit, 1910 - J.J.HANSEN, Lebensbilder hervorragender Katholiken VII, 1912, 96 bis 106 - F.LAKNER, K. u. d. kirchl. Wissenschaft Deutschlands im 19.Jh. (ZKTh 57, 1933, 161-214) - W.BARTZ, Das Problem des Glaubens in Auseinandersetzung mit J.K. (TThS 2), 1950 - L.GILEN, K. u. d. Theorie des Erkenntnisbildes, 1956 - DERS., K. u. d. hermesian. Zweifel (Schol. 33, 1958, 1-31). *K.G.Steck*

Kliefoth, *Theodor* (1810-95), * in Körchow, † in Schwerin. Durch → Neander und → Schleiermacher wurde K. als Student für die Erweckungstheologie gewonnen, deren Geist die Praxis des ersten Pfarramtes und die Frühschriften beherrschte. Nebenher ging der Einfluß → Hegels (»Einleitung in die DG«, 1839). Der Weg ins Neuluthertum beginnt mit dem Aufstieg in die Hierarchie (1844). Seit 1848 führend in der neuen Kirchenleitung in Schwerin, wird K. im Bund mit → Krabbe, → Delitzsch und F.A.Philippi (→ Rostock) zum Reorganisator der Landeskirche (→ Mecklenburg: II). Die Überzeugung, daß die Lehre vom Heil in der Orthodoxie abgeschlossen, die von der Kirche aber als Lehre von der objektiven Heilsanstalt erst zu entfalten sei, bestimmt auch seine kirchliche Position: Abkehr von der Erweckungstheologie und Hegel, Rückkehr zur Orthodoxie, kein Unionismus, Belebung des liturgischen Erbes, Hebung des Amtsbewußtseins, keine synodalen Zugeständnisse, Trennung der Kirchenleitung vom Staatsapparat und unmittelbare Unterstellung unter den Fürsten. Dies konservative Kirchentum fand naturgemäß 1918 sein Ende. - Im deutschen Protestantismus gewann K. größten Einfluß auf die Eisenacher Konferenz (→ Kirchenausschuß) und die Allgemeine Ev.-luth. Konferenz (→ Luthertum: III). Die Freundschaft mit → Hofmann und → Wichern zerbrach. Als Liturgiker überragt K. alle Zeitgenossen. Der Fall → Baumgarten (, 1) zeigt Schatten auf seinem Bilde.

Vf. u.a.: Die ursprüngl. Gottesdienstordnung, 1847; Liturg. Abh.en, 1854ff. Bibliogr. bei GÜNTHER KEHNSCHERPER, Das Wesen der Kirche nach K. (Diss. Leipzig), 1954 (Lit.). - Über K.: RE X, 566ff - E. HAACK, Th.K., 1910 - W.NIGG, Kirchl. Reaktion, 1939 (betr. Baumgarten) - K.SCHMALTZ, KG Mecklenburgs III, 1952 (kritisch; bahnbrechend) - EKL II, 850. *G.Holtz*

Klingelbeutel, ein leichter Tuch- oder Samtbeutel, der an einem Stabe befestigt und mit einem Glöckchen versehen ist. Der K. dient zur Einsammlung von Geldopfern, die im allgemeinen in den prot. Kirchen - neben der → Kollekte am Ausgang - für örtliche diakonische

Zwecke bestimmt sind, während sie in der kath. Kirche *das* sonntägliche Opfer der Gemeinde darstellen. Im K. lebt die altkirchliche Oblation (→ Messe) insofern fort, als in der alten Kirche im → Offertorium als einem besonderen Akt des Gottesdienstes Gaben (oblata, stips) der Gemeindeglieder unter Dank und Segnung auf einen Tisch niedergelegt wurden. In den Kirchen der Reformation wurde mittels des K.s von Kasten- oder Klingelherren regelmäßig im Gottesdienst nach der Predigt Geld eingesammelt, das in den »gemeinen Kasten« floß. In der Gegenwart wird der K. häufig von den Presbytern betreut.

CHR.WILDVOGEL, De oblationibus quae fiunt in ecclesia per sacculum sonantem vom K. (Diss. Jena), 1751 - G.UHLHORN, Die christl. Liebestätigkeit III, 1890 (Lit.) - R.B.WITTE (Hg.), Das kath. Gotteshaus, (1939) 1951², 375ff - J.A.JUNGMANN, Missarum Sollemnia I. II, (1948) 1958⁴.
H.Hohlwein

Klopfer, *Balthasar Christoph* (1659-1703), * als Sohn eines Predigers in Jüdenberg Kr. Bitterfeld. K. war Harfenist und Schreiber beim Grafen von Hanau, darauf 12 Jahre Sekretär in Greifenstein (Oberfranken). Nach einem unsteten Wanderleben blieb er in Gießen (1697 bis 1699), danach in Laubach (Oberhessen). Durch schwere Lebenserfahrungen und Enttäuschungen wird K. über der Lektüre von → Taulers Schriften zum Mystiker. Nach einer Christuserscheinung verwirft er auch diese Lektüre und will unter Verleugnung der Welt nur Christus nachfolgen. Trotz der Weigerung, sein 2. Kind zu taufen, wird er vom Grafen Solms in Laubach geduldet, bereitet hier aber den Boden für eine Kirchenrevolution (1699-1700). K.s Briefe (im Laubacher Archiv) sind oft verworren. Mit seinem radikalen mystischen Individualismus hat er Theologen (H. → Horche, Phil. Jak.Dilthey, J.H. → Reitz) und Laien in Hessen stark beeinflußt.

M.GOEBEL, Gesch. d. christl. Lebens in der rhein.-westf. ev.Kirche II, 1852 - H.RENKEWITZ, Hochmann von Hochenau (1670-1721), 1935.
H.Renkewitz

Klopp, *Onno* (1825-1903), historischer Publizist, stammte aus Ostfriesland und wurde, obwohl die Mutter kath. war, prot. erzogen. Nach dem Studium der Theologie und Philologie zunächst im Schuldienst tätig, wandte sich K. bald, ohne ein akademisches Lehramt zu bekleiden, historischen Arbeiten zu und erhielt von Hannover den Auftrag, eine Leibniz-Ausgabe vorzubereiten. In seinen literarischen Arbeiten vertrat er einen großdeutschen, antipreußischen und antiluth. Standpunkt. Dem 1866 von Preußen abgesetzten Georg V. folgte er ins Exil nach Wien und wurde in seiner Publizistik immer polemischer. Trotz der mit einer Katholikin geschlossenen Ehe hatte er die geforderte kath. Kindererziehung abgelehnt und sich auch ev. trauen lassen; 1869 erfolgte jedoch in Rom auf Wunsch der Frau die sanatio matrimonii in radice. 1873 trat K. zur kath. Kirche über. Er hatte enge Beziehungen zu Joh. → Janssen, auf dessen Deutsche Geschichte er stark eingewirkt hat, und zu L. → Windthorst. In → Ranke sah er »den gefährlichsten aller... preußischen Lügner« und wünschte eine historische Literatur, »durchtränkt vom Geiste kath. Weltanschauung«. Seiner einseitigen Parteinahme für Österreich und das Papsttum wird man ebensowenig folgen können wie seiner Methode der Quellenbenutzung.

Vf. u.a.: Gesch. Ostfrieslands, 3 Bde, 1854-58; König Friedrich II. von Preußen u. d. dt. Nation, (1860) 1867²; Kleindt. Geschichtsbaumeister, 1863; Der ev. Oberkirchenrat u. d. Konzil, 1869; Der Fall d. Hauses Stuart u. d. Sukzession d. Hauses Hannover, 14 Bde, 1875-88; König Georg V., 1878; Der 30jähr. Krieg, 3 Bde, 1891-96; Deutschland u. d. Habsburger, 1908. - Über K.: W.v. KLOPP, O.K.,(1907) Neuausg. v. F.SCHNABEL, 1950 - Briefe an Janssen in: Hochland 16, 1919, 229-253. 385-405. 484-511. 578-607 - G.BEYERHAUS, Ein Mitarbeiter an Janssens Gesch. d. dt. Volkes (HZ 132, 1925, 465-471).
K.Kupisch

Klopriss, *Johann* († 1535), * in Bottrop, wurde als Kaplan in Wesel von Ad. → Clarenbach für den ev. Glauben gewonnen. Als Pfarrer von Büderich wurde er in Köln zum Widerruf gezwungen. Bei der zweiten Verhaftung verhalf ihm Th.Fabricius zur Flucht (1528), während der ihn begleitende Clarenbach seinen Glauben mit dem Tode besiegelte. K. wirkte fortan in Wassenberg. Als er Jülich verlassen mußte, ging er nach Münster zu seinem Freunde H. → Roll. Dort schloß er sich an B. → Rottmann und später an die → Täufer an. Im Okt. 1534 befand sich K. unter den 27 Aposteln, die die Botschaft des »Neuen Zion« in die Welt trugen. Er gewann die Stadt Warendorf fürs Täufertum. Als aber die Stadt vom Bischof besetzt wurde, wurden seine Anhänger hingerichtet, er selbst nach Köln ausgeliefert und am 1.2.1535 in Brühl als Ketzer verbrannt.

C.A.CORNELIUS, Gesch. d. Münster. Aufruhrs II, 1860, 344 - ADB XVI, 209ff - K.REMBERT, Die Wiedertäufer im Herzogtum Jülich, 1899, 310ff - A.F.MELLINK, De wederdopers in de Noordelijke Nederlanden, Groningen 1953, 20f.
R.Stupperich

Klopstock, *Friedrich Gottlieb,* * 2.7.1724 in Quedlinburg, † 14.3.1803 in Hamburg. K. verlebte seine frühe Jugend auf dem Gut Friedeburg in der Grafschaft Mansfeld und in Quedlinburg. 1739 kam er auf die Fürstenschule Schulpforta. Dort faßte er bereits den Plan zu seinem »Messias«, angeregt durch Homer, Vergil und Milton. 1745-48 studierte K. in Jena und Leipzig Theologie und Philosophie (→ Leibniz' Theodizee), arbeitete am »Messias«, schloß sich dem Kreis der »Bremer Beiträger« an und befreundete sich mit Ch.F. → Gellert, G.W.Rabener, J.A. → Cramer, Nik.Giseke, J.A.Ebert u.a., die er in Freundschaftsoden enthusiastisch feierte. Der schwärmerischen, aber unerwiderten Liebe zu seiner Kusine Maria Sophia Schmidt entsprangen seine Fanni-Oden und Liebeselegien, die eine neue Epoche der deutschen Lyrik eröffneten. Die 1748 in den »Bremer Beiträgen« veröffentlichten drei ersten Gesänge des Messias machten ihn schnell berühmt und riefen eine heftige Polemik von seiten Gottscheds und seiner Anhänger hervor, während → Lessing sich sogleich auf K.s Seite stellte. 1750 reiste K. auf Einladung J.J.Bodmers nach Zürich, wo er als Dichter des Messias gefeiert wurde und seine große Ode »Der Zürchersee« schrieb. Durch den Freiherrn Joh.H.E.v.Bernstorff erhielt er 1750 von König Friedrich V. von Dänemark einen Ruf nach Kopenhagen, ein festes Jahresgehalt von 400 Talern, um ungestört seinen Messias vollenden zu können, und 1763 den Titel Legationsrat. Auf der Reise nach Kopenhagen lernte K. im Frühjahr 1751 die geist- und gefühlvolle, tief religiöse Hamburgerin Margareta (Meta) Moller kennen, die er am 10.6.1754 heiratete. Ihr sind seine formvollendetsten und schönsten Oden (Das Rosenband, Cidli-Oden) gewidmet; ihr erst kürzlich aufgefundener Briefwechsel mit K. und seinen Freunden ist ein bedeutendes Dokument dieser Epoche hochgesteigerter → Empfindsamkeit (, 4a). Am 28.11.1758 starb sie bei der Geburt eines toten Sohnes; in der Cidli-Gestalt hat K. ihr im Messias ein Denkmal gesetzt. - Nach dem Tode Friedrichs V. und dem Sturz Bernstorffs siedelte K. 1770 für immer nach Hamburg über, wo er 1771 seine Oden veröffentlichte und 1773 den Messias vollendete. 1774 folgte er einer Einladung des Markgrafen Karl Friedrich von Baden nach Karlsruhe, besuchte auf der Reise die jungen Dichter des Göttinger Hainbundes (Voß, Hölty, Boie, Miller u.a.), die ihn schwärmerisch verehrten und nachahmten, in Frankfurt den jungen Goethe, der ihn ehrfurchtsvoll bis Darmstadt begleitete. Im März 1775 traf er in Straßburg und Rastatt mit Gluck zusammen und kehrte im Mai 1775 nach Hamburg zurück, wo er wieder der Mittelpunkt eines Kreises von Dichtern, Schriftstellern, Theologen und Musikern war. 1791 heiratete er Metas Nichte Johanna Elisabeth von Winthem geb. Dimpfel. Später widmete er sich grammatischen und metrischen Studien, schrieb weiterhin vaterländische Dramen und politische Oden, bes. über die Ereignisse der Französischen Revolution, die er zunächst begeistert begrüßte, so daß ihn die Nationalversammlung am 26.8.1792 zum französischen Ehrenbürger ernannte, nahm dann aber gegen die Schreckensherrschaft in Frankreich scharf Stellung. Den geistigen und literarischen Tendenzen seiner Zeit, bes. der Weimarer → Klassik und der Jenaer → Romantik, stand er ablehnend gegenüber und verlor daher zuletzt immer mehr an Einfluß und Bedeutung.

K.s Erscheinen als Dichter in der Mitte des 18.Jh.s bedeutete den Beginn einer neuen Epoche der deutschen Dichtung und zugleich einen Einschnitt in der Geschichte der deutschen Frömmigkeit. Er war seit dem MA der erste, der seine ganze Existenz auf die Würde des Dichters gründete, ausschließlich seinem Werk lebte und damit ein neues Leitbild schuf. Das Bewußtsein seiner dichterischen Sendung war zutiefst religiös begründet: K. faßte die Dichtung als unmittelbar göttliche Offenbarung auf, sah im Dichter den Seher, der in seiner Poesie die Tiefen und Geheimnisse der Gottheit enthüllt. Seine schon in der Declamatio von 1745 in Pforta ausgesprochene Überzeugung von der Untrennbarkeit von christlicher Religion und → Dichtung (, I) hat er zeitlebens festgehalten (vgl. den grundlegenden Aufsatz »Von der hl. Poesie«, 1775). Daher konnte er auch in der Ode »An Freund und Feind« (1781) seinen Plan eines Messias-Epos, durch das er zum größten prot. Dichter der Neuzeit werden wollte, als mystische Traumvision und unmittelbar göttlichen Auftrag Christi an sich darstellen. Die eigentliche Aufgabe der Dichtung war für ihn daher die Darstellung des »Erhabenen« und Göttlichen, erst in zweiter Linie der Ausdruck individueller Seelenerschütterungen, ihre Wirkung vor allem Entzückung und Erhebung der Einzelseele zum Göttlichen.

Sein Epos *Messias* sah er selbst als eigentliches Lebenswerk an, legte das Schwergewicht aber nicht auf den epischen Bericht, sondern auf religiöse Seelenaufschwünge und Gefühlserschütterungen und schuf so ein den Oratorien von J.S. → Bach und G.F. → Händel vergleichbares lyrisch-episches Gedicht von Christi Leiden, Tod, Höllenfahrt und triumphaler Auferstehung. Als Feier und Preis der Rechtfertigung und Erlösung der sündigen Menschheit wie der Einzelseele durch Christi Opfertod stellt der Messias in der Zeit der → Aufklärung (: II) den »Schwanengesang der altprot. Rechtgläubigkeit« (M.Freivogel) dar, vermochte aber auch das kath. Deutschland und Österreich zu beeindrucken und als erste große Dichtung den konfessionellen Zwiespalt zu überbrücken. Durch die Großartigkeit der Konzeption, der Sprache und Bildlichkeit und die Erneuerung des antiken Hexameters im Deutschen hat der Messias im 18.Jh. auf den jungen → Goethe, → Novalis und → Hölderlin, im 19.Jh. auf L. → Uhland, J. → Kerner, D.Fr. → Strauß, F. → Hebbel, später bes. auf R.M. → Rilke gewirkt. Mit seiner Ästhetisierung der Gestalt Christi, der Sentimentalisierung und Mythologisierung der christlichen Heilsgeschichte bereitete K. jedoch auch die mythische Christusauffassung bei den Romantikern (Hymnen an die Nacht von Novalis) und Hölderlin vor und damit die Auflösung der konkret-historischen Christusgestalt.

Bevor K. seine an Horaz geschulten *Oden* und die den römischen Elegikern nachgebildeten *Elegien* veröffentlichte, mit denen er zum Erneuerer der deutschen → Lyrik wurde, trat er 1758 mit seinen Geistlichen Liedern hervor, die den prot. Gemeindegesang reformieren und im Sinne der religiösen Empfindsamkeit neubeleben sollten (→ Kirchenlied: I, 3d). In der Vorrede trat er nicht nur für »den Ernst, den Anstand, die Majestät, ... die ganze Feierlichkeit der öffentlichen Anbetung, die eine noch viel reichere Quelle der heiligsten Entzückung und des frömmsten Lebens werden könnte«, mit Nachdruck ein, sondern forderte auch die Wiederbelebung des liturgischen Wechselgesangs zwischen Chören und Gemeinde, die Einbeziehung der Instrumentalmusik in den Gottesdienst und schilderte in seiner Ode »Die Chöre« (1767) einen idealen musikalischen Gottesdienst; er übersetzte als erster Händels Messias-Text, da dies Oratorium seinen Vorstellungen am nächsten kam. Obwohl K.s Geistliche Lieder sich nicht im prot. → Gesangbuch (: I, 2c) hielten, noch weniger seine Veränderten Lieder (Umarbeitungen alter Choräle seit Luther im Zeitgeschmack), hat er doch zusammen mit Gellert einen wesentlichen Einfluß auf die Verbesserung der prot. und kath. Choraldichtung gehabt und zahlreiche Nachahmer gefunden. Dabei waren die biblischen Psalmen nicht nur Vorbild für seine geistliche Lieddichtung, sondern, neben Pindar, auch für seine religiösen Hymnen in freien Rhythmen (Dem Allgegenwärtigen, 1758; Frühlingsfeier, 1759; u.a.), mit denen er eine neue lyrische Gattung schuf, die von Goethe, Novalis und Hölderlin zur höchsten Ausdrucksform der neuen mythischen Weltfrömmigkeit erhoben wurde; auch die Hymnen in freien Rhythmen von → Heine, → Nietzsche, Rilke und Franz → Werfel stehen noch unter K.s Einfluß.

Mit seinen *Bibeldramen* (Der Tod Adams, 1757 [Wiederaufführung auf dem Hamburger ev. Kirchentag 1953]; Salomo, 1764; David, 1772) schuf K. äußerlich handlungsarme »Trauerspiele«, die als lyrisch-religiöse Seelendramen rein innerseelische Konflikte wie die erste Todeserfahrung oder das Schwanken zwischen heidnischem Polytheismus und jüdischem Gottglauben an die Stelle äußerer Dramatik setzen und nicht nur im 18.Jh. im sentimentalen Bibeldrama nachgeahmt wurden, sondern auch Vorläufer des modernen lyrischen Dramas geworden sind. Auch K.s Hermannsdramen-Trilogie stellt den Versuch zur Erneuerung der kultisch-religiösen Tragödie und der Chordramen dar. Auf die Problematik des bruchlosen Nebeneinanders von christlicher, antiker und germanisch-keltischer Mythologie in K.s Dichtung, die eigentümlich naive religiöse Selbstsicherheit und das Bewußtsein der Auserwähltheit des Dichters, die Zeitbedingtheit seiner Synthese von prot. Glauben und der Philosophie von Leibniz kann hier nur hingewiesen werden. Bestehen bleibt K.s Bedeutung als größter dichterischer Sprachschöpfer seit Luther.

Werke: Der Messias, Heldengedicht, 4 Bde, 1748-73; Der Tod Adams (Trauerspiel), 1757; Geistl. Lieder I. II, 1758/69, 1786; Salomo (Trauerspiel), 1764; Hermanns Schlacht (Bardiet), 1769; Oden, 1771; David (Trauerspiel), 1772; Die dt. Gelehrtenrepublik, 1774; Über Sprache u. Dichtkunst, 1779/80; Hermann u. die Fürsten (Bardiet), 1784; Hermanns Tod (Bardiet), 1787; Grammatische Gespräche, 1794. - Ausg.n: Werke, 12 Bde, 1789-1817, Bd 13-18 hg.v. A.L.Back-A.R.C.Spindler, 1830; 9 Bde, 1839; Sämtl. Werke, 11 Bde, 1844/45; Auswahlen von F.Muncker (4 Bde, 1887), K.A. Schleiden (1954), A.Sachse (1956). - Ferner: K. Er u. über ihn, hg.v. C.F.Cramer, 3 Bde, 1780-82; K. u. seine Freunde (Briefwechsel), hg.v. Klamer Schmidt, 2 Bde, 1810, Neuausg. v. J.M.Lappenberg, 1867; Meta K., Briefwechsel, 3 Bde, hg.v. H.Tiemann, 1956 (Nachwort v. E.Trunz). - Über K.: D.Fr.Strauss, K.s Jugendgesch. (Kleine Schriften NF, 1866, 1-216) - F.Muncker, K. Gesch. seines Lebens u. seiner Schriften, (1888) 1900² - W.Nelle, K. u. das Kirchenlied (MGkK 8, 1903, 87-92) - V.HERTEL, K.s Verdienste um den Wechselgesang (ebd 169f) - P.M.SCHNEIDERWIRT OFM, Das kath. dt. Kirchenlied unter dem Einfluß Gellerts u. K.s, 1908 - F.STRICH, Die Mythologie in der dt. Lit. von K. bis Wagner, 1910 - H.WÖHLERT, Das Weltbild in K.s Messias, 1915 - JOSEF MÜLLER, Die Religiosität in K.s Messias (Diss. Münster), 1937 - K.KINDT, K., (1941) 1949² - F.W. WODTKE, Rilke u. K. (Diss. Kiel), 1948 - A.E.HOHLER, Das Heilige in der Dichtung. K., der junge Goethe, 1954 - M.FREIVOGEL, K. der hl. Dichter, 1954 - K.A.SCHLEIDEN, K.s Dichtungstheorie als Beitrag zur Gesch. der dt. Poetik, 1954 - R.BAUDUSCH-WALKER, K. als Sprachwissenschaftler u. Orthographiereformer, 1958. *F.W.Wodtke*

Kloster

I. Religionsgeschichtlich - II. Im Christentum - III. Klosterrecht. - K. = Kloster, Klöster. - Vgl. → Mönchtum

I. Religionsgeschichtlich

K. (lat. claustrum) ist die von der Außenwelt abgeschlossene Behausung einer Mönchsgemeinschaft (→ Mönchtum: I). Auch abgesehen vom Christentum (→ Kloster: II) gibt es K. in zahlreichen Religionen. In erster Linie sind die vihâras des → Buddhismus (: I, 6) zu nennen, deren Grundform eine zentrale rechteckige Halle ist, die von Zellen umgeben ist. Später haben sich diese zu ausgedehnten Gebäudekomplexen erweitert. Vom Buddhismus hat der → Taoismus die Institution des K.s übernommen. Auch die Mönchsreligion des → Jinismus hat K., die der besitzlosen Mönchsgemeinde von den besitzenden Laien erbaut wurden. Die Ausgrabungen von → Qumran förderten die Reste eines K.-baus zutage, in dem die vermutlich mit den → Essenern identische Qumran-Sekte lebte. Das Zusammenwohnen der islamischen Sufis (→ Sufismus) an bestimmten Orten und in festen Gebäuden war schon früh üblich (Chant I, 750). - Die Voraussetzung für das Leben im K. ist die radikale Trennung der Sphären des weltlich-profanen und des heiligen Lebens. Vornehmlich im mystischen Vorstellungsbereich erscheint der Gegensatz von → Heilig und Profan (: I), von religiöser und alltäglicher Welt so scharf, daß der homo religiosus das Bedürfnis hat, der »Welt« auch äußerlich zu entfliehen und im K. eine ganz vom Dienst gegenüber dem Heiligen geordnete vita religiosa zu führen. Von den den Weltbezug anders sehenden Glaubenshaltungen aus sind die Lebensform des K.s und ihre theoretischen Grundlagen stets angefochten worden, zB von Shinran Shônin, dem Gründer der buddhistischen Sekte des Reinen Landes (Jôdo-Shin-shû; → Amida: I), und von → Luther, der in seiner Schrift »De votis monasticis« (1521) die K.gelübde für nichtig erklärt. Shinran wie Luther waren der Meinung, daß, wo vom Glauben her das ganze Leben geheiligt werde, es keiner äußerlich abgegrenzter Sakralbezirke des K.s bedürfe. Hinzu kommt, daß das K.wesen nicht selten mit wachsendem K.besitz verweltlichte und oft auch moralisch entartete. In → Japan zB hatten gegen Ende des 11.Jh.s alle großen K. eine militärische Streitmacht.

G.MENSCHING, Soziologie d. Religion, 1947, 197ff - WACH, Relsoz. 205ff. *G.Mensching*

II. Im Christentum

Die christlichen Anachoreten der Frühzeit lebten in einzelnen Hütten (λαύραι) oder Höhlen. Dann faßte man die Anachoreten zusammen (→ Pachomius, † 348), wodurch im 4.Jh. die ersten christlichen K. entstanden (griech. μάνδρα, μοναστήριον, κοινόβιον; lat. monasterium, coenobium, claustrum, davon abgeleitet: K.; → Mönchtum: II). Die K.-Anordnung ist noch nicht so fest gefügt wie später: Innerhalb der K.mauer standen die Zellen mit ihren Kapellen frei um die Kirche, es gab auch noch den Speise- und Büchersaal und andere Gemeinschaftsräume (Rotes und Weißes K. in Ägypten [s. Taf. 20 Abb. 4], Qalat Siman in Syrien [s. Taf. 20 Abb. 2], Tebessa in Algerien [s. Taf. 19 Abb. 2]; im 7. und 8.Jh. noch in Abingdon und Novalese bezeugt). Heute versteht man unter → Laura oft die Anordnung von Zellen rings um einen Hof, in dem die Kirche steht (vgl. → Athos). - Seit der Zeit → Benedikts von Nursia setzt sich die K.anlage um einen Hof mit Kreuzgang durch, die wohl auch schon vorher bekannt war (Haus der Vestalinnen in Rom, syrische K.). Aus dem frühen MA sind keine K. erhalten. Nur einzelne Beschreibungen erlauben, solche des 7.Jh.s zu rekonstruieren (Jumièges). Der St. Galler Plan, ein um 820 entstandener Riß (vgl. Sp. 1673 f), ist durch seine ausführlichen Beischriften eine einzigartige Quelle für die Kenntnis der K.anlage der karolingischen Zeit; er zeigt auch die Anlage aller Werkstatt- und Wirtschaftsbauten rings um Kirche und K. Erst von da ab sind im Abendland K.anlagen bekannt. Die Raumabfolge der zahlreichen überkommenen K. des 11. und 12.Jh.s wurde bis in den Beginn der Neuzeit mit kleinen Abweichungen beibehalten. Die → Zisterzienser folgten dem K.bau der → Benediktiner. Eine wichtige Veränderung (seit dem 14.Jh.) ist die Überbauung des Kreuzgangs mit einem Obergeschoß (Mainz, Dom für Bibliothek), wodurch der barocke Charakter der K.flügel als geschlossene Baukörper vorbereitet wurde. Seit dem 16.Jh. nähert sich das K. im Äußeren dem Palastbau (Jesuiten-K.). Im Inneren wird die mittelalterliche Reihenfolge der Räume nicht mehr genau eingehalten, wenn man nicht alte Fundamente beibehält. Gewiß liegen Räume wie Sakristei und Kapitelsaal meist noch neben dem Chor der Kirche, aber die anderen Räume können oft sowohl im Grundriß als auch in bezug auf die Wahl des Stockwerks verschoben oder aufgegeben werden.

Die *Lage* der K. in ihrer Umgebung wurde durch die Ordensregel und den Zweck bestimmt. Die alten auf Selbstheiligung gerichteten Orden bauten innerhalb ihrer Landgüter, die sie für die Lebenshaltung der Insassen benötigten. Natürlich gab es auch K. in Städten, bes. an kirchlichen Mittelpunkten. Die → Bettelorden und die neueren Orden suchten wegen Seelsorge, Krankenpflege und Almosensammeln die Städte auf. Franziskaner-, Dominikaner-, Augustiner- und Karmeliter-K. stehen meist nahe an der Stadtmauer, weil im 13./14.Jh. nur hier noch Gelände zu haben war. - Die K. wurden meist an der nördlichen oder südlichen Langseite der Kirche erbaut; in südlichen Ländern bevorzugte man der Sonne wegen die Nordseite. Bei Geländeschwierigkeiten, zB auf Bergrücken, wurde das K. auch westlich oder östlich der Kirche errichtet (Fulda, Groß-Komburg, Heidelberg-Michaelsberg, Kastl).

Unter K.anlage werden hier nur die Wohnräume der Mönche verstanden. Sie liegen um den Kreuzgang und bilden die Klausur, sind also nicht öffentlich zugänglich, für Personen des anderen Geschlechts überhaupt gesperrt. Der Charakter der Räume ist nicht rein profan. Sie dienen teilweise dem liturgischen Tageslauf, zB der Kapitelsaal. Daher wurden auch oft Altäre in ihnen aufgestellt, selbst im Dormitorium. Außer der K.kirche gibt es noch eine Reihe freistehender Kapellen, zB St.Michael auf dem Mönchsfriedhof an der anderen Seite der Kirche (bei den Zisterziensern, zB Ebrach), die Pfarrkirche für die umwohnenden Laien bei dem Tor in der K.mauer. - Die *Reihenfolge* der Räume um den meist vierseitigen Kreuzgang ist immer die gleiche (guterhaltene Beispiele: Maulbronn, Bebenhausen). Der *Kreuzgangflügel* längs der Kirche, oft etwas breiter und mit Bänken versehen, diente der Lesung der Vitae patrum oder Collationes des Joh. → Cassian und der Fußwaschung samstags oder am Gründonnerstag. - Am Ostflügel des Kreuzgangs, an das Querhaus der Kirche anschließend, befand sich die - bei

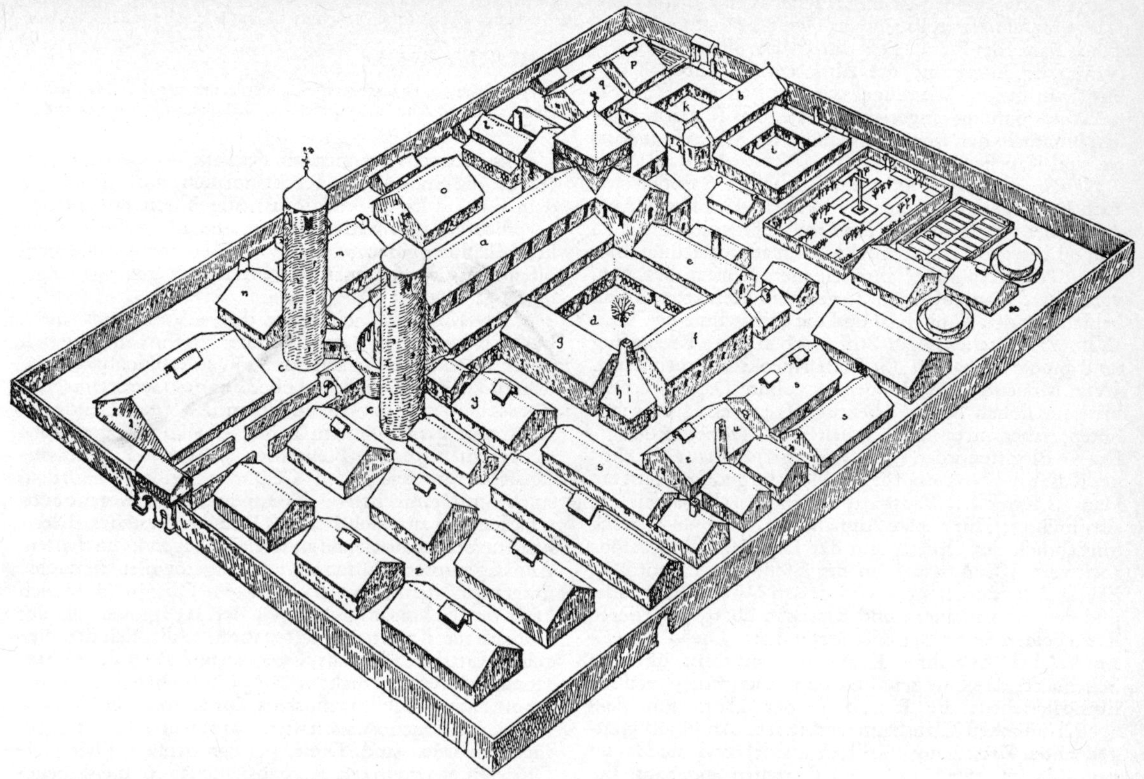

Der Klosterplan von St.Gallen um 820, überliefert als Grundriß, als Vogelschau von Prof. Karl Gruber in Darmstadt rekonstruiert *(Die Gestalt der deutschen Stadt, 1952, Abb. 15)*.

a Klosterkirche mit dem Hauptchor im Osten (nach dem oberen Rand zu; der Vierungsturm ist in dieser Form nicht zu beweisen). – b Kapelle der Novizen und der kranken Mönche. – c Freistehende Türme mit den hochgelegenen Altären der Erzengel Michael und Gabriel seitlich der Westapsis der Klosterkirche. – d Kreuzgang mit umgebenden Klausurbauten auf der Südseite der Kirche. – e Dormitorium. – f Refektorium. – g Keller, Vorratshaus, Klosterpforte und Sprechraum. – h Küche. – i Noviziatskloster mit Kreuzgang. – k Hospital mit Kreuzgang (i und k zur Kapelle b gehörig). – l Haus des Abtes. – m Gästehaus. – n Bäckerei und Brauerei für die Gäste. – o Klosterschule. – p Arzthaus. – q Aderlaßhaus. – r Garten für Arzneikräuter. – s Werkstätten der Goldschmiede, Schuster, Schneider, Schwertfeger und Sattler. – t, u Brauerei und Bäckerei für die Mönche. – v Friedhof. – w Obstgarten. – x Gänse- und Hühnerställe mit Wärterhaus. – y Pilgerherberge mit Brauerei und Bäckerei. – z Stallungen für Stiere, Pferde, Schafe, Ziegen, Kühe, Stuten und Schweine

den Zisterziensern oft recht kleine - Sakristei, hierbei die Bücherkammer oder Wandschrank (armarium). Es folgt der Kapitelsaal mit 1-6 Stützen mit umlaufender Sitzbank und Abtsthron mitten an der Ostseite und mit Fenstern seitlich des Eingangsportals, die den im Kreuzgang stehenden Novizen die Teilnahme am offiziellen Teil des Kapitels erlaubten. Hier stand häufig ein Altar, hier wurden Äbte und K.stifter beigesetzt. (Der St.Galler Plan sieht offenbar Kapitelsitzungen im nördlichen Kreuzgangflügel vor, die im Winter in die domus calefactoria im Ostflügel verlegt wurden.) Der Kapitelsaal liegt immer nahe beim Chor. Hat eine Kirche den Hochaltar und Chor im Westen, so liegt der Kapitelsaal im Westflügel und die Reihenfolge der Räume beginnt im Westen (Dome zu Mainz, Augsburg, Bamberg, Regensburg). An den Kapitelsaal schloß sich oft östlich das Mönchshospital mit der Krankenkapelle an, die meist ein Marienpatrozinium hatte. Dann folgt am Kreuzgang eine Dormitoriumstreppe, ferner der Ostdurchgang ins Freie, wo auch die tägliche Arbeit zugewiesen wurde. Es folgt das Auditorium, bei den Zisterziensern manchmal aus zwei Räumen bestehend, oder die Fraterie, der oft heizbare Unterrichtsraum für die Novizen, Aufenthalts- und Arbeitsraum. Im Obergeschoß des Ostflügels befindet sich das Dormitorium, der gemeinsame Schlafsaal; nur der Abt und Cellerarius hatten Einzelzellen. Später wurden in den Dormitorien meist Einzelzellen eingebaut (Alpirsbach, Bebenhausen). Die Bettelorden scheinen die Zellen schon früh bevorzugt zu haben. Vom Dormitorium ist oft in gleicher Höhe die Abortanlage zugänglich, die bei den Zisterziensern häufig über einem Bach errichtet wurde. Bei ihnen gibt es auch eine Schlafsaaltreppe im Querhaus der Kirche, um das Chorgestühl zu den Nokturnen zu erreichen (Marienstatt, Maulbronn, Bronnbach). - Der meist eingeschossige *Süd*oder *Nordflügel* enthält das Refektorium mit Küche und Wärmestube. An der Innenseite des Kreuzgangs ist das Brunnenhaus zur Händewaschung und zum wöchentlichen Haar- und Bartscheren (Tonsura) gegenüber der Refektoriumstür angeordnet. - Der *Westflügel* enthält das Cellarium für Wein und Feldfrüchte, bei den Zisterziensern oft noch das Refektorium und Dormitorium der Laienbrüder, wenn diese nicht einen freistehenden Bau westlich der Klausur bewohnen (Eberbach, Arnsburg).

Dieser Konversenbau ist mit Küche, Refektorium und Dormitorium ein vollständiges zweites K. ohne Kreuzgang. Näher der Kirche liegt die Klausurpforte, das auditorium hospitum und die Almosenzelle (Groß-Komburg). In diesem Westflügel wird in gotischer Zeit oft die Abtswohnung eingerichtet. - Um das K. herum stehen innerhalb der weiten K.mauern die Wirtschaftsbauten und Kapellen.

Neben → *Kollegiatstiften* und Kathedralen finden sich auch K.anlagen, die denen der Mönchs-K. bis zur Auflösung der vita communis etwa im 12.Jh. völlig gleichen und oft bes. groß und architektonisch ausgezeichnet sind. Sobald die Kanoniker ihre eigenen Kurien bezogen, verzichtete man auf Dormitorien und Refektorien und behielt nur den Kapitelsaal und die Stiftsschule bei. Vom 14.Jh. ab entstehen sogar Stiftskirchen ohne Kreuzgang und andere Anbauten (St.Katharinen in Oppenheim). - Von Mönchen und Nonnen bewohnte *Doppel-K.* sind bis zum hohen MA oft bezeugt (1422 endgültig verboten), aber nicht mehr erhalten (→ Doppelorden). - Der → Birgittenorden (, 1; 1346 gegr.) besitzt ein richtiges K. für die Nonnen, für die Mönche genügt meist ein Haus (Mutter-K.: Vadstena; in Bayern: Gnadenberg, Altomünster). Eine späte Ausnahme als Doppel-K. auch hinsichtlich des Ordens und der Lage ist Königsfelden (Schweiz, Kt. Aargau), an der Stelle der Ermordung König Albrechts I. 1311 von dessen Witwe gegründet und den Franziskanern und Klarissen übergeben, deren K. zu beiden Seiten der Kirche standen. - Die → *Kartäuser* weichen mit ihrer K.anlage vom sonst üblichen Schema ab, da sie wegen ihres im K. zusammengefaßten Einsiedlerlebens die Einzelzelle der Laura mit dem abendländischen Claustrum verbinden. An einen weitgedehnten Kreuzgang (Galilaea maior) sind die Häuser der Mönche jeweils in einem Gärtchen angebaut. Ein kleiner Kreuzgang verbindet die Gemeinschaftsräume der Kartause wie den Kapitelsaal, darüber die Bibliothek und das Refektorium mit der Kirche und der Galilaea maior durch einen Gang, der als → Lettner durch den Kirchenraum wie ein Tunnel hindurchgeführt ist. Die Gemeinschaftsräume wurden nur an Sonn- und Feiertagen benutzt, deswegen auch ihre wechselnde Lage. Das Priorat liegt meist bei der Pforte und dem Laienbrüderhaus (Buxheim bei Memmingen, Certosa di Pavia; zZ noch die neue Kartause Hain bei Düsseldorf). - Die *Orden der Neuzeit* wie → Kapuziner, → Jesuiten u.a. bringen auch einen neuen K.typ mit. Sie verzichten auf den Kapitelsaal. Der Kreuzgang wird meist zu einem Verbindungsgang, der Obergeschoß-Gänge tragen kann; er wird schon seit der Spätgotik überbaut. Die Kapuziner befolgen in Italien festgelegte Normalgrundrisse, die selbst Größenmaße vorschreiben. Vom 16.Jh. ab erhält das K. immer mehr das Aussehen eines mehrstöckigen, allseitig geschlossenen Baukörpers wie ein Barockschloß; es zeigt nicht mehr die Isolierung der einzelnen Flügel, die im MA weit aus dem Quadrum herausstoßen konnten. - Vgl. → Kirchenbau: III.

Allgemein: J.v.Schlosser, Die abendländ. K.anlage des früheren MA, 1889 - G.Hager, Zur Gesch. der abendländ. K.anlage (Zs. für christl. Kunst 14, 1901, 97-106. 139-146. 167-186. 193-204 = Heimatkunst, K.studien, Denkmalpflege, 1909, 341 ff) - DACL I/1, 25 ff (Abbaye); III/2, 1991 ff (Cloître); XI/2, 1774 ff (Monachisme). 2182 ff (Monastère double) - J.Fendel, Ursprung u. Entwicklung der christl. K.anlage (Phil. Diss. Bonn), 1927. - Doppel-K.: St.Hilpisch, Die Doppel-K., 1928. - Birgittiner: B.Berthelson, Birgittinerordens Byggnadskik I, Stockholm 1947 - RDK II, 750 ff. - Kartausen: O. Völckers, Die K.anlagen der Kartäuser in Deutschland (Zs. für Bauwesen 71, 1921, 313-322) - S.D.Mühlberg, Die K.anlage des Kartäuserordens, bes. der Provinz Franconia (Phil. Diss. Köln), 1949 (Masch.) - F.Arens, Bau u. Ausstattung der Mainzer Kartause (Beitr. zur Gesch. der Stadt Mainz XVII), 1959. - Bibliotheken: E.Lehmann, Die Bibliotheksräume der dt. K. im MA, 1957. - Auditorium u. Dormitorium: RDK I, 1227 ff; II, 1274 ff; IV, 275 ff. *F.Arens*

III. Klosterrecht

1. Quellen - 2. Grundbegriffe - 3. Verfassung der K.genossenschaften - 4. Das einzelne K.mitglied - 5. K.ähnliche Genossenschaften - 6. Orientalische Kirche

1. Das K.recht ist innerhalb des kath. → Kirchenrechts (: I A) die Summe der Rechtsnormen, nach denen die dem K.stand (Status religiosus) Angehörenden zu leben verpflichtet sind. Seine *Quellen* sind die gemeinrechtliche Rahmengesetzgebung sowie das meist nicht veröffentlichte Sonderrecht der einzelnen K.genossenschaften.

2. Der K.stand ist ein Stand der → Vollkommenheit. In der Lateinischen Kirche gehören zu ihm alle, die sich durch öffentliche → Gelübde (: IV) verpflichtet haben, dauernd die → Evangelischen Räte des Gehorsams, der Keuschheit und der Armut innerhalb einer Genossenschaft mit gemeinsamem Leben (Religio, K.genossenschaft) zu befolgen (Religiosen, K.leute). K.genossenschaften mit feierlichen Gelübden heißen → Orden, solche mit einfachen → Kongregationen, K.genossenschaften, die zur Mehrheit aus Priestern bestehen, Klerikalgenossenschaften, alle anderen Laiengenossenschaften. Alle K.genossenschaften sind der allgemeinen Hierarchie unterstellt: dem Papst als höchstem Oberen (dies auch kraft des Gehorsamsgelübdes), der Religiosen- als der zuständigen Kardinalskongregation, schließlich den einzelnen Ortsbischöfen als K.genossenschaften des Diözesanrechts, wenn sie nicht vom Apostolischen Stuhl durch Approbation oder wenigstens durch formelles Lobesdekret zu K.genossenschaften päpstlichen Rechtes gemacht worden sind. Diese, bei den großen, über viele Diözesen verbreiteten K.genossenschaften meist gegebene Rechtsstellung schließt eine beschränkte, vor allem auf die innere Leitung und die Vermögensverwaltung bezogene → Exemtion von der ortsbischöflichen Gewalt in sich. Die Mitglieder der männlichen Orden und der Frauenorden, die von Ordenspriestern geleitet werden, besitzen volle Exemtion von der ortsbischöflichen Gewalt. Diese volle Exemtion ist zT auch anderen K.genossenschaften päpstlichen Rechtes verliehen. Die für viele, bes. für weibliche K.genossenschaften bestellten Kardinal-Protektoren haben im allgemeinen keine Jurisdiktionsrechte über diese, sondern sollen sie nur beraten und fördern.

3. Die *Verfassung der K.genossenschaften* weist die beiden Hauptformen der Abtsverfassung (→ Abt und Äbtissin) mit selbständigen K.n (nur bei Orden) und der zentralisierten Verfassung unter einem über allen K.n der gleichen Genossenschaft stehenden Generaloberen auf. Unter dem Generaloberen stehen dann meist noch Provinzialobere für die Zusammenfassung geographisch zusammengehöriger Einzel-K. (K.provinz). Jedes Einzel-K. hat seinen Lokaloberen. Sowohl die höheren Oberen (Abt; General, Provinzial; → Jurisdiktion) wie die Lokaloberen führen ihr Amt unter steter, wenn auch verschieden weit reichender Mitwirkung eines Rates; als Vertretung der Professen stehen neben den Oberen die gleichfalls mit verschieden großen Rechten ausgestatteten (General-, Provinzial-, Lokal-)Kapitel. Über die Zusammenschlüsse selbständiger K. vgl. → Orden. - Sowohl die Oberen wie die Kapitel haben über ihre Untergebenen eine ausgedehnte Befehlsgewalt. Sie verpflichtet alle, die das Gehorsamsgelübde abgelegt haben, nicht nur zur Erfüllung der ihnen im Rahmen des kanonischen Rechts und der kanonischen Billigkeit zugewiesenen Aufgaben - dieser kanonische Gehorsam verpflichtet auch den Weltklerus gegenüber seinen Vorgesetzten -, sondern

auch zur Unterordnung des eigenen Willens unter den der Oberen im persönlichen Bereich, gemäß den jeweiligen K.konstitutionen. Ferner haben die Superioren und Kapitel exemter Klerikalgenossenschaften auch kirchliche Jurisdiktionsgewalt für das innere und äußere → Forum; jedoch zählen nur die höheren Oberen dieser Genossenschaften zu den Ordinarien (→ Jurisdiktion).

4. Das *einzelne K.mitglied* muß vor der Zulassung zu den Gelübden (Profeß; von da an Professe genannt) die Vorbereitungsstufen des Postulats (meist 6 Monate) und des Noviziats (mindestens 1 Jahr) durchlaufen; der Zulassung zur ewigen Profeß bei Genossenschaften mit ewigen Gelübden geht immer eine auf mindestens 3 Jahre erstreckte zeitliche Profeß voraus. Die Zulassung zur Profeß hängt stets vom pflichtmäßigen Ermessen der Oberen ab. Der Professe kann aus seiner Genossenschaft rechtmäßig ausscheiden beim Ablauf der zeitlichen Gelübde, durch päpstlich genehmigten Übertritt zu einer anderen Genossenschaft sowie durch → Exklaustration und → Säkularisation; eigenmächtiges Verlassen der Genossenschaft gilt als Apostasie (→ Apostat). Die Entlassung eines Professen ist bei schweren kirchlichen Delikten stets möglich, bei Professen mit zeitlichen Gelübden außerdem auch aus schwerwiegenden sonstigen Gründen ohne persönliches Verschulden; in beiden Fällen muß ein förmliches Verfahren mit Rechtsmitteln vorangehen. Entlassung eines Professen wegen Krankheit ist nicht zulässig. – An *Pflichten* obliegt allen K.leuten das Streben nach Vollkommenheit im Rahmen ihrer Gelübde und der besonderen Satzungen der Genossenschaft, ferner bei den tätigen Genossenschaften, die sich im Unterschied zu den beschaulichen nicht nur dem Gebet und Gottesdienst, sondern auch der Arbeit für andere widmen, die entsprechende Betätigung. Besondere Pflichten der K.-leute sind die → Klausur und das stete Tragen der vorgeschriebenen K.tracht.

5. Gemeinsam lebende Genossenschaften, die sich zur Befolgung der Evangelischen Räte nicht durch öffentliche Gelübde, sondern nur durch private Gelübde oder durch Versprechen verpflichten, sind formell keine K.-genossenschaften, sondern bilden einen eigenen Stand der Vollkommenheit. Das vorstehend skizzierte K.recht gilt jedoch auch für diese k.ähnlichen Genossenschaften. Vgl. zB → Lazaristen, → Oratorianer, → Pallottiner, → Weiße Väter, bei den Frauengenossenschaften vor allem die Hauptgruppe der → Vinzentinerinnen. Im übrigen vgl. die Zusammenstellung im RegBd s.v. Kloster: III.

6. Das K.recht der unierten *Orientalischen Kirche* stimmt mit dem lateinischen in allen wesentlichen Zügen überein, bezieht seine Definition des Status religiosus jedoch formell nicht auf ein gemeinsames, also eigentliches K.leben, sondern nur auf die Zugehörigkeit zu einer K.-genossenschaft, weil die Orientalische Kirche neben der meist gepflegten zönobitischen Form der Vita religiosa auch die anachoretische oder eremitische Form derselben kennt. Jedoch gilt der Eremit nur als Religiosus, wenn er zu einer Genossenschaft gehört und sich deren Oberen unterordnet. – Vgl. → Antonianer, 1, → Basilianer, → Mechitaristen.

Gemeinrechtl. Rahmengesetzgebung: Lat. Kirche: cc. 487-681 CIC - Oriental. Kirche: cc. 1-231. 312-316 De religiosis... pro Ecclesiis Orientalibus (AAS 44, 1952, 67-126. 146-148). - Lehrbücher des kath. →Kirchenrechts - T.SCHAEFER, De religiosis, (1927) Rom 1947⁴ - H.HANSTEIN, Ordensrecht, (1953) 1958² - C.PUJOL, De religiosis orientalibus, Rom 1957. *H.Barion*

Klotz, *Stephan* (1606–68), * in Lippstadt (Westf.). K. lehrte seit 1627 Theologie in → Rostock, wurde 1636 von Christian IV. von Dänemark als erster General-Sup. des königlichen Anteils in den Herzogtümern Schleswig und Holstein berufen und war seit 1639 zugleich Propst sowie Hauptpastor an St.Nikolai zu Flensburg. Dem Amtsantritt als Hofprediger und Kirchenrat in Kopenhagen kam der Tod zuvor. – K. übte ein strenges Kirchenregiment. Bedeutsam ist die von ihm durchgesetzte königliche Konstitution zur Hebung des Kirchenwesens vom 24.10.1646 und die neue Institution der Pröpstesynode. Ein Streit mit → Breckling führte zu dessen Ausweichen nach Amsterdam.

A.DAHL, Sønderjyllands Bispehistorie, 1931, 42ff - E.FEDDERSEN, KG Schleswig-Holsteins II, 1938, 179ff. 341ff - DBL XII, 1937, 549ff (Lit.) - H.F.PETERSEN, St.K. indenfor Flensborgs Porte (Fortid og Nutid 16, 1947, 155-169). *W.Göbell*

Klüpfel, *Andreas* (Klostername: Engelbert; 18.1.1733 bis 8.7.1811), kath. Theologe, * in Wipfeld bei Würzburg, † in Freiburg, seit 1750 Augustinereremit, 1756 Priester, dann Lehrer an Ordensschulen, 1767–1805 auf Grund der österreichischen Universitätsreform (→ Josephinismus) Prof. der Dogmatik in Freiburg. K. war ein antischolastischer und antikurialistischer milder Aufklärer, Vorkämpfer einer historischen Methode und Gegner des → Semlerschen Rationalismus. Seine Institutiones Theologiae Dogmaticae ([1789] 1821⁴) wurden amtliches Lehrbuch an den österreichischen Universitäten.

Vf. u.a.: Nova Bibliotheca ecclesiastica Friburgensis, 7 Bde, 1775 bis 1790; Vetus Bibliotheca ecclesiastica I, 1780; Giftschuetzii Institutiones theologiae pastoralis latine redditae, 1789; De vita et scriptis Conradi Celtis, 2 Bde, 1827. - Über K.: ADB XVI, 258f - HN V, 652ff - W.RAUCH, E.K., 1912 - LThK VI, 58. *Ernst Wolf*

Knabenchöre sind nicht nur aus Knaben sich zusammensetzende, sondern auch gemischte, Männerstimmen mit umfassende Chöre. Die Verwendung von Knaben, bes. als lectores infantuli, im liturgischen Gesang reicht bis in die frühchristliche Kirche. In den für die Ausführung des kunstvollen → Gregorianischen Gesangs (: I) aufkommenden scholae cantorum wurden den Priesterchören Knaben zugeteilt, die im Chordienst oktavierend mitsangen. In der luth. Reformation traten an die Stelle der singenden Kleriker die Chöre der Lateinschulen, die den einstimmigen liturgischen sowie den mehrstimmigen Figuralgesang (→ Figuralmusik) übernahmen. In den ref. Gebieten führten die K., vorerst nur einstimmig singend, lediglich den Gemeindegesang an. Bis tief ins 18.Jh. hinein wirkten in den ev. Gottesdiensten fast ausschließlich reine oder gemischte K. Erst nach deren Niedergang während der Aufklärung traten im Zuge des aufstrebenden bürgerlichen Chorwesens (→ Chor) gemischte Frauen- und Männerchöre mehr und mehr an ihre Stelle. In der Restaurationsepoche zeigen sich erste Anzeichen eines neuen Verständnisses für den Knabenchor, wofür zB die Gründung des Berliner Domchors (1843) symptomatisch ist. Auch die wenigen aus älterer Zeit verbliebenen K., vor allem der Leipziger Thomanerchor (gegr. 1212?) und der Dresdener Kreuzchor (gegr. 1226?), gelangten jetzt zu neuer Blüte. Unter dem Einfluß des Cäcilianismus (→ Cäcilienfeste) entstanden auf kath. Seite 1863 der Kölner und 1866 der Mainzer Domchor, während der Aachener Domchor (gegr. um 800) und die Regensburger Domspatzen (gegr. um 1200) alle Zeiten überdauert hatten. Die Gegenwart führte zu vielen Gründungen von K.n. Bedeutungsvoll ist vor allem die Entstehung neuer ev. Singalumnate, so in Laubach (Hessen), Windsbach (Bayern) und Dierdorf (Rheinland). Vom Knabenchor Unser Lieben Frauen zu Bremen wurde 1955 ein erstes ökumenisches Knabenchortreffen durchgeführt.

J.QUASTEN, Musik u. Gesang in den Kulten der heidnischen Antike u. christl. Frühzeit, 1930 - MGG II, 1230ff (Lit.) - W.ARBEITER, K., -Kantoreien u. -Kurrenden (MuK 24, 1954, 15-22) - H.WOLFF,

Oekumenisches Knabenchortreffen in Bremen (MuK 25, 1955, 168). *W.Blankenburg*

Knak, 1. *Gustav* (1806-70), * in Berlin, 1834 Pfarrer in Wusterwitz, 1850 Nachfolger → Goßners als Pfarrer der luth. Bethlehemsgemeinde in Berlin, führend in der pommerschen → Erweckungsbewegung. In Berlin war er an der Leitung vieler kirchlicher Vereine, vor allem für Heiden- und → Judenmission, beteiligt. K. pflegte die Missionsfeste als »geistliche Volksfeste«, mit denen zu einem guten Teil seine geistliche Dichtung (→ Gesangbuch: I, 3a) im Zusammenhang steht. Im Widerspruch zu schwärmerischer Separation vertrat er in der Erweckungsbewegung das luth. Bekenntnis und gegenüber → Sydow, einem der Mitbegründer des → Protestantenvereins, gegen das kopernikanische das biblisch-antike Weltbild.

TH.WANGEMANN, G.K., 1879; neubearb. von S.KNAK, 1928 - J.RAHN, Pommersches Missionsleben in zwei Jh.en, 1924 - RGG^2 III, 1099 (Lit.). *W.Holsten*

2. *Siegfried* (1875-1955), Missionswissenschaftler, * in Zedlitz, 1901 Pfarrer in Ribbekardt (Pommern), 1910 Inspektor, 1921-49 Direktor der → Berliner Missionsgesellschaft. K. war in der Zeit zwischen den beiden Weltkriegen einer der führenden deutschen Missionsmänner, jahrelang stellvertretender Vorsitzender des Deutschen Ev. Missionsrates. Im pommerschen Luthertum der Erweckung wurzelnd (Enkel von 1), theologisch bei M. → Kähler beheimatet, hat er in zahlreichen Aufsätzen und in seiner Lehrtätigkeit - u.a. an der Kirchlichen Hochschule Berlin und an der Universität Halle - Missionswissenschaft und -praxis im Anschluß an G. → Warneck vertreten. Es ging ihm um eine klare Erkenntnis des Verhältnisses von Evangelium, Volkstum und Zivilisation, bes. in Afrika, und um die Entstehung rechter Volkskirchen in den Arbeitsgebieten der deutschen Mission.

Vf. u.a.: Die Eigenart der Berliner Missionsgesellschaft, 1924; Zwischen Nil und Tafelbai, 1931; Erfahrungen u. Grundgedanken der dt. ev. Mission, 1938; Ökumen. Dienst in der Missionswiss. (ThViat 2, 1950, 156-174). - Über K.: S.K. in memoriam (ThLZ 80, 1955, 569-572; Bibliogr.). *G.Brennecke*

Knapp, 1. *Albert* (1798-1864), ev. Theologe, zuletzt Pfarrer in Stuttgart, der »geistliche Klopstock des 19.Jh.s« (Nelle). K. trat vor allem als Dichter und Schriftsteller (über 1200 Lieder und Gedichte) sowie als Hymnologe hervor (→ Gesangbuch: I, 3a). Hier brachte er im Kampf gegen die Aufklärung älteres Liedgut (u.a. G. → Arnold, → Zinzendorf) wieder zu Ehren und sammelte es in seinem »Ev. Liederschatz«. Allerdings überarbeitete K. viele Lieder nach seinem Geschmack und ergänzte sie. K.s lebendige Glaubensgewißheit (von L. → Hofacker und der → Erweckung [: I, 5c] beeinflußt) wird nicht selten durch sein Pathos beeinträchtigt. Von seinen Liedern sind in das EKG aufgenommen: 216, 9; 221; 305; 372, 3.

Hg.: Christl. Gedichte, 2 Bde, 1829; Christoterpe, 1833-53; Ev. Liederschatz (mit 3590 Liedern), (1837) 1891^4; Geistl. Gedichte des Grafen Zinzendorf, 1843; Ges. prosaische Schriften, 2 Tle, 1870/75 (Biographien). - Über K.: KOCH VII, 213f - ADB XVI, 263 - Lebensbild von A.K., hg.v. Jos.K., 1897 - RE X, 584ff - MARTIN K., A.K. als Dichter u. Schriftsteller, 1912 - Hdb. z. EKG II/1, 1957, 280 - Hdb. z. EKG, Sonder-Bd, 1958, 342. *K.Dienst*

2. *Georg Christian* (1753-1825), ev. Theologe, milder Supranaturalist, * in Glaucha, † in Halle, Sohn des Direktors der Franckeschen Anstalten, *Johann Georg K.* (1705-71). Nach Studium in Halle und Göttingen wurde K. 1775 PDoz., 1777 Prof. für NT und Dogmatik in Halle. Inmitten des herrschenden → Rationalismus (: II) war er letzter akademischer Vertreter des Halleschen Pietismus mit starker Zuneigung zur Brüdergemeine und zur Heidenmission.

Vf. u.a.: Scripta varii argumenti, (1805) 1824^2; Vorlesungen über die christl. Glaubenslehre, hg.v. K.THILO, (1827) 1836^2; Biblische Glaubenslehre, hg.v. GUERICKE, 1840. - Über K.: THILO in der Vorrede zur Glaubenslehre - ADB XVI, 266f - RE X, 588ff. *Ernst Wolf*

Knecht Jahwes

1. Die Texte und das Problem - 2. Die individuelle Deutung - 3. Der doppelte Aspekt - 4. K.J. und Messias. - Vgl. → Jesajabuch, 2

1. Kein at. Problem ist häufiger erörtert worden als die Gestalt des Gottesknechts (ʿæbæd jähwǣ) bei Dtjes (→ Jesajabuch, 2). Die vorgeschlagenen Lösungen gehen weit auseinander, und es gibt aus verständlichen Gründen auch kaum Aussicht auf einen Consensus. Man nimmt allgemein an, daß sich der K.J. an vier Stellen findet: Jes 42, 1-14; 49, 1-6; 50, 4-9; 52, 13 - 53, 12 (gewöhnlich die »Lieder vom Gottesknecht« genannt). Einige Forscher möchten noch 42, 5-7 (9); 49, 7-9; 50, 10f hinzunehmen. Lindblom hält diese zusätzlichen Verse für Interpretationen der ersten drei Lieder und betrachtet 52, 13 - 53, 1 als Anhang zu 53, 2-12 (dem eigentlichen Lied). Begrich stellt folgende (zeitliche) Ordnung auf: 42, 1-4; 49, 8-13; 49, 1-6. 7; 42, 5-9; 50, 4-9; 52, 13 - 53, 12. Die meisten Forscher sehen in den Liedern vom K.J. eine zusammengehörige Gruppe, die als solche erklärt werden muß, doch haben Kissane und Sidney Smith versucht, jedes Lied in seinem Kontext zu erklären und der Gestalt des K.es J. jeweils eine verschiedene Deutung zu geben. - Folgt man der üblichen Annahme, so ergibt sich, daß 42, 1-4 die Sendung des K.es J. beschreibt, der das göttliche Strafurteil und die Begnadigung Israels durch Jahwe vor der Welt bezeugt. 49, 1-6, ein Danklied, weist dem K.J. (zur Identifizierung mit Israel s. 2) eine Aufgabe an Israel zu und betont die Universalität seines Auftrags; 50, 4-9 beschreibt in Form eines individuellen Klageliedes die Leiden, die er auf sich nimmt, während 52, 13 - 53, 12 deutlich macht, daß die Sendung des offenbar Kranken, von Gott Gezeichneten, sich gerade durch sein unschuldiges → Leiden (: II) erfüllt (Gottessprüche umrahmen das Danklied der Gemeinde). Dem Leiden und Sterben folgt die → Auferstehung (: III, 5), wie denn Jahwe ihm auch den Sieg zuspricht.

Im profanen Sprachgebrauch (immer mit personalem Bezug) meint ʿæbæd (»Knecht«) den Unfreien (auch als Selbstbezeichnung), der zugleich in Jemandes Schutz steht, oder den Ministerialen des Königs; im religiösen Sprachgebrauch ist es demütige Kennzeichnung des Frommen (auch pluralisch) gegenüber Gott, kann aber auch besonders herausgestellte Personen kennzeichnen, so die Patriarchen, Moses, Hiob (in der Prosaerzählung), den König des erwählten Geschlechtes, der von Jahwe sein Amt hat (David, Hiskia, Serubbabel) - wie das ausnahmsweise dann auch von → Nebukadnezar (Jer 25, 9) als Jahwes Gerichtsvollstrecker gesagt werden kann -, und nicht selten den Propheten als den von Gott Beauftragten. Zuerst von Dtjes verwendet, kann K.J. auch das Kollektivum »Israel« bezeichnen, sofern diesem die gnadenvolle Zuwendung Jahwes begegnet (s.u.). Was den K.J. in den Liedern angeht, so bezeugt die LXX mit ihren Zusätzen in 42, 1 die kollektive Deutung, die individuelle zuerst Jes 61, 1ff (Zimmerli), ferner die LXX in Jes 53. Das Targum und andere Zeugen des antiken Judentums interpretieren innerhalb der Lieder nur 49, 1ff (MT) kollektiv, nicht dagegen Jes 53. Die bes. in 1Clem und bei → Justin greifbare christliche Tradition, die dann vorherrschend wird, verstand Jes 53 als eine direkte Weissagung auf Weg und Werk Christi. Das Judentum des MA (→ Raschi, → Ibn Esra) und der neueren Zeit bezog in kollektiver Deutung alle Aussagen der Lieder einschließlich Jes 53 auf den Leidensweg Israels. Im 19.Jh. schlossen sich viele nicht-jüdische Ausleger dieser kollektiven Interpretation an; manche dachten dabei an das »ideale Israel«, dh an die glaubende geistliche Elite des Exilsvolkes (→ Jesajabuch, 2). Man kann nicht leugnen, daß bei Dtjes - außerhalb der Lieder - Israel als K.J. beschrieben wird (Jes 43, 10; 44, 1; 45, 4), und viele Ausdrücke, die in den Liedern vom K.J. gebraucht werden, haben ihre Parallelen in Aussagen über Israel außerhalb der Lieder. So Jes 42, 1 »mein Erwählter« in 43, 10 und 44, 1; 42, 1 »an dem ich festhalte« in 41, 10; 42, 1 »ich habe meinen Geist auf ihn gelegt« in 44, 3; 49, 1 »vom Mutterschoß an berufen« in 48, 12 und 44, 2. 24 sowie 43, 1; 49, 2 »im Schatten seiner Hände barg er mich« in 51, 16. Darüber hinaus wird innerhalb des Liedes 49, 1-6 der K.J. nach dem jetzigen Text in V. 3 (s.u.) ausdrücklich mit Israel identifiziert. Dennoch ist es schwierig, bei allen Liedern die Deutung auf Israel durchzuhalten. Der K.J. hat eine Aufgabe an Israel und vor den Völkern (42, 6f; 49, 5), und die Aussagen des Dankliedes in Jes 53 haben in ihren Konkreta einen stark individualistischen Charakter.

2. So erneuerte → Duhm *die individuelle Deutung* der Lieder, und von dem erzählenden Stil des Ich-Berichts aus suchte er nach einer historischen Gestalt, auf die das Gesagte bezogen werden könnte. Er sah im K.J. einen unbekannten Zeitgenossen Dtjes, einen durch die Krankheit des → Aussatzes geschlagenen Tora-Lehrer. Duhms These regte dazu an, auch andere historische Gestalten für den K.J. vorzuschlagen (manche dieser Vorschläge waren schon vor Duhm gemacht worden). Für den K.J. wurden genannt: Moses, dessen Wiederkehr man erwartete, die Propheten Jeremia und Ezechiel, der aussätzige König Ussia und der deportierte Jojachin (vgl. Jer 28, 1ff), oder auch nachexilische Gestalten (→ Judentum: I) wie der Davidide Serubbabel, Meschullam, der Sohn des Serubbabel, ja bei einer kaum denkbaren Spätdatierung der Lieder sogar der Makkabäerheld Eleazar. Sellin hat zu verschiedenen Zeiten nicht weniger als drei Identifikationen vorgebracht: Serubbabel, Jojachin, Moses. Doch hat er sie mit der Zeit alle zurückgenommen, und dies zeigt zur Genüge, wie wenig überzeugend die Beweise für jede von ihnen waren. Daß so viele individuelle historische Deutungen vorgeschlagen werden können (Rudolph spricht von einem unbekannten Messias der Exilszeit), hängt damit zusammen, daß alle Detailangaben der Lieder zugleich in ein geheimnisvolles Dunkel getaucht sind. Der K.J. könnte eine symbolische Gestalt sein, die als Einzelwesen so geschildert wird, daß sie an mehr als eine historische Persönlichkeit erinnert, daneben aber etwas anderes als ein Individuum - sei es aus der Vergangenheit, der Gegenwart oder der Zukunft - repräsentiert.

Mowinckel vertrat 1921 die Ansicht, der K.J. sei mit dem Propheten Dtjes identisch (vgl. die Frage in Apg 8, 34). Dafür spricht, daß das 2. und 3. Lied in der ersten Person geschrieben sind. Oft begegnet bei den Propheten im Botenspruch die erste Person; dann steht das »Ich« für Gott. Das kommt hier nicht in Frage. Andererseits benutzen die Propheten die erste Person, wenn sie von sich selbst reden, doch niemals, wenn sie einen Dritten meinen. Daraus ergibt sich ein starkes Argument für die - später von Mowinckel aufgegebene - These (K.J. = Dtjes), der sich Gunkel (RGG²) und Begrich angeschlossen haben. Schwierig ist dabei die Erklärung des 4. Liedes, das den Tod des K.es J. erzählt. Ist es nicht eine Vorwegnahme im Glauben (Begrich), so müßte man das 4. Lied einem Jünger Dtjes zuschreiben (so u.a. Sellin und Elliger). Für alle Individual-Hypothesen besteht eine Schwierigkeit in der Gleichsetzung des K.es J. mit Israel in Jes 49, 3. Seit J.D. → Michaelis wurde das Wort »Israel« hier als sekundär ausgeschieden. Eine einzige (im ganzen schlechte, variantenreiche) hebräische Handschrift enthält es nicht und kann daher ebensowenig als Beweis dienen wie das statt »Israel« in zwei LXX-Handschriften begegnende »Jakob«. Die Argumentation nennt zumeist auch andere Gründe: Der in 49, 3 Angeredete hat eine Aufgabe an Israel! Wo zu »mein K.« als Apposition »Israel« hinzugesetzt wird, steht sonst immer zugleich noch »Jakob« (wie auch in den LXX-Zusätzen in 42, 1)! - Anregungen Gunkels aufnehmend, brachte Greßmann den K.J. mit den Kultliedern vom sterbenden und auferstehenden Gott in Verbindung, doch modifizierte er später seine Ansicht (Der Messias, 1929). In neuerer Zeit wiesen Nyberg und Engnell ihrerseits auf Ähnlichkeiten zwischen der Auffassung vom K.J. und der → Tammuz-Liturgie hin wie auch auf Rituale von → Ugarit (, 3); aber sie können beide nicht als Vertreter einer ausschließlich kultmythologischen These angesehen werden. Engnell sieht in den Liedern - wie schon vor ihm Johnson (in: The Labyrinth, ed. Hooke, 1935, 100) - Hinweise auf das Königtum des K.es J., und es wäre möglich, daß die Rolle, die der König im Jerusalemer Kult spielte (→ Königtum in Israel), einiges zu der Gestaltung des Knechtes beitrug. Dabei muß beachtet werden, daß die *Herkunft* der Begriffe, mit denen der K.J. gezeichnet wird, nicht dasselbe ist wie die *Bedeutung*, die diese Gestalt in den Liedern selbst hat.

3. Neben der individuellen Deutung des K.es J. begegnet auch in der neueren Forschung die (modifizierte) kollektive Deutung. Vorherrschend ist das so gemeint, daß der Knecht *mehrdeutig*, gewissermaßen als eine fließende Gestalt, verstanden werden soll. Franz → Delitzsch (Jesaja, 1889⁴, 439) nahm an, der K.J. sei Israel, das sich zu »Israel in Israel« und schließlich zum Messias verengt. Richtiger war es, daß Wheeler Robinson und Eißfeldt auf ein Phänomen at. Denkens aufmerksam machten, das Robinson die »Kollektivpersönlichkeit« nannte. »Die ganze Gruppe, einschließlich ihrer vergangenen, gegenwärtigen oder zukünftigen Glieder, kann durch irgendeines ihrer Glieder handeln, das als ihr Repräsentant verstanden wird« (Robinson). So kann der K.J. sowohl individuell als auch kollektiv gemeint sein. Die Auffassung des Propheten schillert zwischen dem Kollektiv Israel und sich selber als dessen Stellvertreter. (Auch Mowinckels autobiographische Deutung des K.es J. würde so in einigen Zügen gerechtfertigt.) - Eine Abart dieser Ansicht vertreten North und Rowley. Für sie schillert die Auffassung vom K.J. zwischen dem Kollektiv Israel und einem *künftigen* Individuum, welches das Volk darstellen und dessen Aufgabe zum Ziele führen soll und dabei zugleich nicht nur seine eigene Sendung, sondern die des Volkes zum Ausdruck bringt. Diese Deutung ist nicht mit einer christologischen identisch, die bei dem K.J. einfach an Christus denkt. Daß - typologisch gesehen - die Schilderung des K.es J. ihre Erfüllung in Christus gefunden hat, wird von vielen christlichen Exegeten betont, unabhängig davon, ob es sich in den Liedern um ein Individuum der Vergangenheit, Gegenwart oder Zukunft handeln möchte. Die Interpretation bei North und Rowley hat auch Raum für die Sendung des K.es J. (als Individuum) an Israel, das er in seiner Kollektivrolle verkörpert.

4. Die »königlichen« Züge des K.es J. führen zu der Frage, wie sich der Knecht zum *Messias* verhält. Daß es sich primär um zwei verschiedene Vorstellungen handelt, dürfte deutlich sein. Der → Messias (: II) wird als der seine Widersacher niederzwingende Weltherrscher gesehen; für den K.J. dagegen sind Mißerfolge, Leiden und Opfer kennzeichnend. J. Jeremias (s. Lit.) hat behauptet,

daß es im antiken (vorchristlichen) Judentum die Erwartung eines »leidenden Messias« gegeben hat. Das Judentum habe den Gedanken von den zwei Messiasgestalten, einem leidenden Messias ben Ephraim und einem siegreichen Messias ben David entwickelt; doch dürfte das etwas ganz anderes sein als die Verschmelzung des K.es J. in den Liedern mit dem Messias ben David (→ Messias: III). – Ein anderes könnte hier weiterführen: Die Messiasvorstellung und der Gedanke vom K.J. bezogen sich beide – wenn auch in verschiedener Weise – auf die Vorstellung von einer Vollendung der Geschichte. Wenn der Messias-Weltherrscher sein sollte, so mußte er in dem Zeitalter, wo Gottes Wille vollkommen erfüllt wird, in Gerechtigkeit regieren. Und wenn der K.J. leiden sollte, diente dies mit dazu, daß er Gerechtigkeit über die Erde hin verbreitete und das Heil Gottes durch die Welt trug. Ist die Auffassung richtig, daß einige Aspekte in der Knechtsvorstellung auf die Rolle des Königs im Jerusalemer Kult zurückgehen, so könnte man für diese eine gemeinsame Wurzel mit der Messiasidee annehmen. – Zum »Gottesknecht« im NT vgl. → Christologie: I, 3b.

Außer den Kommentaren zu → Jesajabuch, 2 sowie G.Fohrer, Neue Lit. zur at. Prophetie (ThR NF 19, 1951. 298-304; 20, 1952, 228-240): S.Mowinckel, Der K.J., Oslo 1921 – Ders.. Han som kommer, Kopenhagen 1951; engl.: He that cometh, Oxford 1956 – W.Rudolph, Der exilische Messias (ZAW 43, 1925, 90-114) – RGG² III, 1100ff (Lit.) – H.Gressmann, Der Messias (FRLANT NF 26), 1929, bes. 287ff – O.Eissfeldt, Der Gottesknecht bei Dtjes im Lichte der israel. Anschauung von Gemeinschaft u. Individuum, 1933 – K. Elliger, Dtjes in seinem Verhältnis zu Tritojesaja (BWANT IV, 11), 1933 – H.Wheeler Robinson, The Hebrew Conception of Corporate Personality (BZAW 66, 1936, 49-62) – J.S.van der Ploeg, Les chants du serviteur de Jahwe, Paris 1936 – E.Sellin, Die Lösung des deuterojesajanischen Gottesknechtsrätsels (ZAW 55, 1937, 177-217) – J. Begrich, Studien zu Dtjes (BWANT IV, 25), 1938 – H.S.Nyberg, Smärtonas man (SEÅ 7, 1942, 5-82) – I.Engnell, The Ebed Jahweh Songs and the Suffering Messiah in Deutero-Isaiah (BJRL 31, 1948, 54-93) – C.R.North, The Suffering Servant in Deutero-Isaiah, London (1948) 1956² (Lit.) – J.Lindblom, The Servant Songs in Deutero-Isaiah, Lund 1951 – H.H.Rowley, The Servant of the Lord and other essays, London 1951 (Lit.) – ThW V, 653ff (W.Zimmerli u. J.Jeremias) – V. de Leeuw, De Ebed Jahweh-profetieën, Assen 1956 – O.Kaiser, Der königliche Knecht (FRLANT 70), 1959.

H.H.Rowley

Kneipp, *Sebastian* (1821-97), † als kath. Pfarrer in Wörishofen, Begründer der K.schen Naturheilkunde, einer vervollkommneten »Wasserkur« und umfassenden Gesundheitslehre auf naturheilkundlicher Basis.

Vf. u.a.: Meine Wasserkur, (1886) NB v.Chr.Fey, 1954; So sollt ihr leben, (1889) NB v. Dems., 1955; Mein Testament, (1894) NB v. Dems., 1955; Vorträge in Wörishofen, 4 Bde, 1894-98; Ges. Schriften, 4 Bde, 1898f. – Über K.: A.Baumgarten, S.K., (1898) 1903² – A.Schalle, Die K.-Kur, (1931) 1957¹³ – A.Brauchle, Naturheilkunde in Lebensbildern, 1937, 172ff – W.Waibel, K. – wie ich ihn erlebte, 1955.

E.H.Pältz

Kniebeugung, als längere Gebetshaltung oder vorübergehender Gestus (→ Gesten, 2), entstammt antikem Brauchtum. Als liturgische Gebärde ist sie im Christentum ursprünglich Zeichen der Anbetung sowie Buß- und Bittgebärde. An Sonntagen wurde jedoch stehend gebetet (Tertullian). Seit dem 4.Jh. gilt sie auch hl. Gegenständen und Personen. In der *ev. Kirche* ist die K. in einigen luth. Gemeinden üblich, bes. seit alters beim Empfang des Abendmahls. Allerdings versuchen → Berneuchen und die VELKD, sie als »leibhaftes Geschehen« weiter zu verbreiten. Beunruhigend ist dabei die liturgische Gesetzlichkeit mit ihrer Tendenz, den Formfragen und dem kultischen Element Eigenbedeutung zuzuschreiben.

L.Eisenhofer, Liturgik d. röm. Ritus, hg.v. J.Lechner, (1924) 1953⁶ (Lit.) – LThK VI, 62 – J.A.Jungmann, Missarum sollemnia I. II, (1948) 1958⁴ (Lit.) – Rietschel-Graff (Reg.) – M.Mezger, Die Amtshandlungen d. Kirche I, 1957.

K.Dienst

Kniebeugungsstreit, *bayrischer*. Am 14.8.1838 erging eine Ordre des bayrischen Kriegsministeriums, daß bei kath. Militärgottesdiensten während der Wandlung, bei Fronleichnamsprozessionen und auf Wache bei Vorübertragen des Sanctissimum alle Soldaten, gleich welcher Konfession, auf Kommando das Knie zu beugen hätten. Diese Maßnahme empörte die ev. Bevölkerung. Die ev. Kirchenbehörde blieb zunächst untätig; doch führten der Rücktritt eines hohen ev. Staatsbeamten, K. Graf Giech, und ein starkes Anwachsen der Opposition zu einem Antrag im bayrischen Landtag (1843). Eine Schrift → Döllingers, in der die Willkür des Innenministers → Abel verteidigt und die Kniebeuge für den Protestanten als bloße Körperbewegung angesehen wurde, rief zahlreiche Gegenschriften und Proteste hervor. A.v. → Harleß, der gewichtigste Opponent, wurde strafversetzt und ging nach Leipzig. Erst im Nov. 1844 wurde die Ordre gemildert und am 12.12.1845 aufgehoben. Nur eine rein militärische Salutation blieb bestehen. Eine innere Stärkung des bayrischen Protestantismus (→ Bayern, 3b) war das wichtigste Ergebnis des Streites. – Ein *sächsischer* K. (Verwendung ev. Militärs in der kath. Hofkirche) wurde schnell beigelegt (1900).

K.v.Giech, Die Kniebeugung d. Protestanten vor d. Sanctissimum, 1841 – J.J.I.v.Döllinger, Die Frage v. d. Kniebeuge d. Protestanten, 1843 – Gegenschriften: A.Harless, Offene Antwort, 1843 – F.Thiersch, Über Prot. u. Kniebeugung, 1844 – H.Trenkle, Die Kniebeugungsfrage, 1844 – E.Dorn, Zur Gesch. d. Kniebeugungsfrage (BBKG 5, 1899, 1-37. 53-75) – RE X, 590ff – Th.Heckel, A.v. Harleß, 1933, 337ff.

G.Maron

Knipstro, *Johannes* (1497-1556), Mitbegründer der ev. Kirche in → Pommern. Einst Franziskaner, wurde K. Anhänger Luthers und deshalb von Frankfurt/O. nach Pyritz (Pommern) strafversetzt. Aus dem Kloster floh er nach Stettin und wurde 1525 Pfarrer in Stralsund, 1531/32 Reformator Greifswalds. 1534 war er als Vertreter Stralsunds führendes Mitglied auf dem für die Reformation bedeutsamen Landtag von Treptow, 1535 auf dem Theologenkonvent in Hamburg, dann Hofprediger und Sup. des Wolgaster Herzogtums. 1539 beim Neuaufbau der Universität beteiligt, wurde K. 1539 Prof. in → Greifswald. Seit 1552 lebte er endgültig in Wolgast. Im Streit um das → Interim nahm K. eine unklare Haltung ein, in dem langjährigen Ordinationsstreit mit → Freder blieb er Sieger. Als treuer Visitator und Mitbegründer der pommerschen Konsistorien hat er sich an seinem Lebensabend große Verdienste erworben.

ADB XVI, 298f – F.Bahlov, J.K., 1898 – RE X, 594ff; XXIII, 776.

H.Laag

Knöpken, *Andreas* (ca 1468-1539), * bei Küstrin. K. war nach dem Studium in Frankfurt/O. Gehilfe → Bugenhagens in Treptow und zog 1517 als Kaplan nach Riga, wo sein Bruder als Domherr fungierte. Nach zwei Jahren wieder in Treptow, wendet sich der bisherige Erasmianer unter Bugenhagens Einfluß Luther zu. Enger war die Beziehung zu Melanchthon, wie K.s viermal aufgelegter Kommentar zum Röm und der Empfehlungsbrief Melanchthons für ihn 1521 nach Riga beweist. Hier führte K. durch seine Predigten die Reformation ein und wurde nach einer Disputation 1522 zum ev. Pastor an St.Petri bestellt (→ Baltische Länder, 2). Zahlreiche niederdeutsche Kirchenlieder, die auch im Lübekker Gesangbuch stehen, gehen auf ihn zurück.

L.Arbusow jun., Die Einführung der Reformation in Liv-, Est- u. Kurland, 1921, passim – O.Pohrt, Reformationsgesch. Livlands, 1928, 79. 114 – R.Wittram (Hg.), Balt. KG, 1956, 37. 58. – Kirchenlieder: L.Mackensen, Balt. Texte der Frühzeit, Riga 1936, 32ff.

P.Johansen

Knolle, *Theodor* (18.6.1885 bis 5.12.1955), ev. Theologe, * in Hildesheim, † in Hamburg, wurde nach Pfarrdienst in Wittenberg 1924 Hauptpastor an St.Petri in Hamburg. Seit 1949 Präsident der Landessynode, lehrte er seit 1949 auch an der Kirchlichen Hochschule, seit 1954 als Honorar-Prof. an der Universität. 1954 wurde er Landesbischof der Ev.-Luth. Kirche im Hamburgischen Staate. K.war Mitbegründer, langjähriger Generalsekretär, seit 1954 zweiter Präsident der → Luther-Gesellschaft und stellvertretender Präsident der Luth. Liturgischen Konferenz in Deutschland.

Hg.: Luther, Mitt.en (später: Vierteljahrsschrift) der Luther-Ges. (mit zahlr. Beiträgen von K.). - Über K.: LML 1955, H. 2, 119-131 (H.STAPEL) - Ev. Welt 1955, 7. 59f. 735. *H.Hohlwein*

Knoodt, *Franz Peter,* altkath. Philosoph und Theologe, * 6.11.1811 in Boppard, † 27.1.1889 in Bonn. K. war seit 1845 Prof. der Philosophie in Bonn, seit 1878 auch Generalvikar von J.H. → Reinkens, um die Harmonie von Glauben, Wissen und Handeln bemüht. In der Philosophie seines Lehrers A. → Günther sah K. den Beweis für die Vereinbarkeit einer freien Forschung mit der absoluten Glaubensautorität und darin auch eine Möglichkeit zur Wiedervereinigung der getrennten Christenheit. Dadurch geriet er in Gegensatz zu Kardinal → Geissel. Obwohl sich K. nach der Indizierung seiner Schriften unterwarf, schloß er sich nach 1870 den → Altkatholiken an.

Vf. u.a.: Günther u. Clemens, 3 Bde, 1853f; Die Thomas-Enzyklika Leos XIII., 1880; A.Günther, 2 Bde, 1881; Anti-Savarese von A.Günther, hg. mit einem Anhang v. F.P.K., 1883. - Über K.: ADB 51, 262ff - MENN, F.P.K. als Schriftsteller (IKZ 1907, 641-657; 1908, 75-93. 256-278). *H.Hohlwein*

Knorr von Rosenroth, *Christian* (1636-89), ev. Mystiker, * als Pfarrerssohn zu Alt-Raudten (Oberschlesien). Vielseitig gebildet, kam er wegen seiner Liebhabereien für → Alchemie und andere Geheimwissenschaften 1668 an den Hof des kath. gewordenen Christian August von Pfalz-Sulzbach. Sein gelehrtes Hauptwerk (Kabbala denudata I. II, 1677/86) führt in die jüdische → Mystik (: III; Buch Sohar) ein und sucht Brücken von der → Kabbala zum NT zu schlagen. Von K.s geistlichen Liedern (zT hg. in der Sammlung »Neues Helicon«, 1684) erhielt sich sein Morgenlied »Morgenglanz der Ewigkeit«.

KOCH IV, 28ff - ADB XVI, 327 - C.E.PAULIG, Chr.K.v.R. (in: Correspondenzblatt des Vereins für die Gesch. der ev. Kirche Schlesiens, 1918-26). *W.Lueken*

Knoten. Binden und Lösen, Fesseln und Befreien sind menschliche Urerlebnisse bzw. -erfahrungen, die im Kampfe mit Feinden und beim Fang von Wild mittels Schlingen ausgebildet wurden. Von daher gewann der K. Symbolkraft für alle »bindenden« Sozialverhältnisse, bes. für den Liebesbund und andere Rechtsverträge. Die magische Intentionalität im → Symbolismus der Bindungs- oder Fesselungsakte erscheint im griech. κατάδεσμος (Zauber-K.) und im hebr. ḥabär, das symbolische Lösen zB in den Praktiken altfinnischer → Zauberer, die durch Aufknüpfen von K. Fahrtwind für Seeschiffe hervorrufen wollten. Die → Symbol-Kraft des K.s kann als so stark gelten, daß sie auch absichtlich vermieden werden muß, so am Gewande des römischen flamen Dialis, um den Verdacht des Fesselnwollens fernzuhalten. Zunehmende Abkehr vom Anschaulichen und Übung im abstrakten Denken lassen schließlich nur noch das Wortbild ohne dingliches Symbol übrig (vgl. »sich binden«, »verbindlich machen« u.dgl.). Doch lehrt auch hier der Primitivismus als Tendenz einer Rückkehr zum Einfachen auch eine Rückkehr zum K. als Ur-Symbol (vgl. → Laotse, Tao-te-king 80: »Lasse das Volk wieder Schnüre knoten und sie gebrauchen«). - Dabei erscheint der K. zugleich als eine der genetischen Urformen der Schrift. Die K.schrift (quippu) im alten → Peru war bereits nach den verschiedensten Seiten (Zahlenschrift, astrologische Bedeutung usw) weitergebildet.

G.WISSOWA, Religion u. Kultus der Römer, (1902) 1912² - L.L. LELAND, The Ancient Quipu or Peruvian Knot Record, New York 1923 - A.PETRAU, Schrift u. Schriften im Leben der Völker, 1939 - M.ELIADE, Le »dieu lieur« et le symbolisme des noeuds (RHR 134, 1947/48, 5-36) - DERS., Images et symboles, Paris 1952, 388ff - RAC II, 380ff - J.G.FRAZER, The Golden Bough II, London 1955³, 293ff. *W.E.Mühlmann*

Knox, *John* (1505-72), theologischer und kirchlicher Führer der calvinistischen Reformation in → Schottland (: I), die in der Bildung der presbyterianischen Kirche (Kirk) gipfelte (→ Presbyterianer: I). * in Giffordgate (Haddington), studierte K. Theologie und Jura an der Universität Glasgow. 1540 wurde er, offenbar im Besitz der niederen geistlichen Weihen, Notar in Haddington, 1544 Hauslehrer bei den Grafen Douglas, Cockburn und Richton in East Lothian, Gönnern der ev. Reformation, insbesondere Beschützern des verfolgten George → Wishart, mit dem K. bis zu dessen Märtyrertod (1546) beständig verkehrte. Er nahm an der revolutionären Erhebung der Stadt gegen ihren Erzbischof, Kardinal James Beaton, und die kath. Partei teil und geriet bei der Entsetzung der Stadt 1547 in französische Gefangenschaft (bis 1549). Dann predigte er in Berwick am Tweed und Newcastle, lehnte das Bistum Rochester ab und arbeitete am zweiten Book of → Common Prayer (1552) mit, in das er die »schwarze Rubrik« einfügte (Warnung vor dem Mißverständnis des knienden Abendmahlsempfangs als einer Anbetung der Elemente). Die Thronbesteigung der kath. → Maria Stuart trieb ihn 1554 nach Genf, wo er völlig zum Schüler → Calvins wurde und im Sinne seines Meisters in die Streitigkeiten der englischen Flüchtlingsgemeinde in → Frankfurt/M. über die Beibehaltung oder Abschaffung der anglikanischen Riten eingriff. 1555 ging er, durch die Regentschaft der Maria von Guise ermutigt, nach Schottland, kehrte aber angesichts der Aussichtslosigkeit der Reformation 1556 nach Genf als Pfarrer der dortigen englischen Flüchtlingsgemeinde zurück, arbeitete an einer englischen Bibelübersetzung (Geneva Bible) mit und ermahnte den schottischen Adel wiederholt, die Sache der Reformation voranzutreiben. 1559 zurückgekehrt, führte er im Bunde mit dem stark von politischen Motiven beherrschten Adel, an dessen Spitze der Halbbruder der Maria Stuart, James Stewart, stand, die calvinistische Reformation unter stürmischen Begleiterscheinungen (Zertrümmerung von Heiligenbildern und Zerstörung von Klöstern) unter der Parole »Abschaffung des Götzendienstes« durch. Er selbst wurde Pfarrer an St.Giles in Edinburgh. - K. war ein unermüdlicher Prediger, Seelsorger (bes. auch im Briefwechsel), Organisator, Kämpfer in beständiger Verbindung mit Herrscherinnen und Adel, Polemiker, nicht eigentlich theologischer Denker. Immerhin geht die Confessio Scotica (1560) auf ihn zurück. Ein echter Spiegel seines Wesens ist die stark autobiographische »History of the Reformation in Scotland«.

Works ed. D.LAING, 6 Bde, (1846-64) 1895², darin: The History of the Reformation in Scotland; diese neu hg.v. R.S.WALKER, 1940, v. W.C.DICKINSON, 2 Bde, 1950. - Über K.: T.MCCRIE, The Life of J.K., 2 Bde, 1831⁵ - F.BRANDES, J.K., 1862 - A.BELLESHEIM, Gesch. d. kath. Kirche in Schottland I, 1883, bes. 363ff - P.H.BROWN, J.K., 2 Bde, 1895 - RE X, 602ff - A.MEZGER, J.K. et ses rapports avec Calvin, 1905 - A.LANG, J.K. and the Reformation, 1905 - E.MUIR, J.K. Portrait of a Calvinist, 1929 - E.S.C.PERCY, J.K., 1937 - DNB (Neudr. 1937/38) XI, 308ff - G.R.PREEDY, The Life of J.K., 1940 - G.M.V.C. LONG, Life of J.K., 1950 - H.WATT, J.K. in controversy, 1950 - M.LEE, James Stewart, Earl of Moray, 1953. *M.Schmidt*

Knudsen, *Jakob* (1858–1917), dänischer Theologe und Schriftsteller. Sein Vater, ein Pfarrer und Anhänger → Grundtvigs, verlangte von den Kindern in allen äußeren Dingen unbedingten Gehorsam, ließ ihnen aber auf religiösem und geistigem Gebiet Freiheit und Selbstentscheidung. Für K. verschmolz die Autorität seines Vaters mit der Gottes; noch als Erwachsener betonte er, der Erzieher müsse eine Art vorläufiger Gott für das Kind sein, obgleich er selbst, zweifellos infolge zu strenger Erziehung, zeitlebens unter Zwangsvorstellungen ethischer Art litt. 1881–90 war er Lehrer an der Volkshochschule Askov, 1890–97 Pfarrer in einer grundtvigschen Wahlgemeinde. Wegen Scheidung und Wiederverheiratung mußte er das Pfarramt aufgeben und lebte seitdem als Schriftsteller und Redner. Seine Lebenssicht formte sich teils durch die Beschäftigung mit Luther, Grundtvig und → Kierkegaard, teils durch den → Naturalismus. Diesem entlehnte er die Form seiner Dichtung; fast alle seine Romane enthalten eine deutliche Tendenz. K.s bedeutendstes Werk ist ein zweibändiger Luther-Roman (»Angst«, 1912, dt. 1914; »Mut«, 1914), in dem er Luthers Gottesglauben und Glaubensanfechtungen darstellt. Viele Gedanken K.s, u.a. die scharfe Trennung zwischen Idealismus und Evangelium (»Gärung, Klärung«, 1902), finden in der Gegenwart starken Widerhall.

Vf. ferner u.a.: Kristelige Foredrag, 1893; Den gamle Praest, 1899 (dt. Der alte Pfarrer, 1910); Sind, 1903 (dt. Anders Hjarmsted, 1907); Fremskridt, 1907 (dt. Fortschritt, 1909); Livsfilosofi, 1908; Romaner og Fortaellinger, 5 Bde, 1917. – Über K.: C.Roos, J.K., (1918) 1954 – RGG² III, 1109 (Lit.) – S.Norrild, J.K., 1935 – R.Andersen, J.K., 1958. *G.Tolderlund-Hansen*

Koalitionsrecht → Arbeitsrecht, → Gewerkschaften.

Koch, 1. *Hugo,* kath. Theologe, * 6.4.1869 in Andelfingen (Württ.), † 26.7.1940 in München, 1892 Priester, 1893 Repetent in Tübingen, 1904 o. Prof. der KG und des Kirchenrechts in → Braunsberg. K. geriet durch seine Arbeiten über Cyprian in scharfen Konflikt mit der römischen Kirche, wurde vom preußischen Staat 1912 entpflichtet und widmete sich danach in München patristischen Studien.

Vf. u.a.: Pseudo-Dionysius Areopagita, 1900; Vincenz von Lerinum u. Gennadius (TU 31, 2), 1906; Cyprian u. d. röm. Primat (TU 35, 1), 1910; Konstantin d.Gr. u. d. Christentum, 1913; Katholizismus u. Jesuitismus, 1913; Die altchristl. Bilderfrage (FRLANT NF 10), 1917; Kallist u. Tertullian, 1920; Cyprianische Unters.en (AKG 4), 1926; Adhuc virgo (BHTh 2), 1929; Cathedra Petri (BZNW 11), 1930; Qu. zur Gesch. der Askese u. des Mönchtums in der alten Kirche (SQS NF 6), 1933; Gelasius im kirchenpolit. Dienst seiner Vorgänger, der Päpste Simplicius u. Felix III. (SAM 1935, 6); Virgo Eva-Virgo Maria (AKG 25), 1937 (dazu J.Lebon in RHE 34, 1938, 336–345). – Auswahl bei J.Schnitzer, Der kath. Modernismus, 1912, 60ff. – Über K.: W.Zils (Hg.), Geistiges u. künstlerisches München in Selbstbiogr., 1913, 209f – F.Heiler, Der Katholizismus, 1923, 648 – ThBl 20, 1941, 107. *K.G.Steck*

2. *Karl* (6.10.1876 bis 28.10.1951), eine der führenden Gestalten der → Bekennenden Kirche, * in Witten, † in Bielefeld. K. war seit 1903 Pfarrer in Westfalen (Holtrup, Ennigloh, zuletzt Bad Oeynhausen), seit 1927 Sup. des Kirchenkreises Vlotho und (bis 1948) Präses der Westfälischen Provinzialsynode. Als Politiker der Deutschnationalen Volkspartei (1919–33) war er auch parlamentarisch tätig. Seit der 1. westfälischen Bekenntnissynode (16.3.1934) Präses dieser Synode und Vorsitzender des westfälischen Bruderrats, dann in den gleichen Ämtern in der Ev. Kirche der APU und in der DEK (→ Kirchenkampf). Als uniertes Mitglied gehörte er der 1. Vorläufigen Leitung der DEK an, gab aber seit der Einrichtung der Kirchenausschüsse seine Ämter in der Bekennenden Kirche mehr und mehr auf. Vom → Pfarrernotbund und der »Dahlemer Richtung« (→ Dahlem, 2) der Bekennenden Kirche hat er sich jedoch nie getrennt. Seine Redlichkeit und Bescheidenheit erhielten ihm das große Vertrauen, das er in der DEK und in der Ökumene genoß. Nach 1945 hat er wesentliche kirchliche Aufbauarbeit in Westfalen und in der EKD geleistet.

W.Niemöller, K.K., Präses der Bekenntnissynoden, 1956. *W.Niemöller*

3. *Rudolf* (1876–1934), * in Nürnberg, † in Offenbach, wird als ein vom Wort Ergriffener zum Schreiber und entwickelt eine Schreibschrift, fähig, jedem Erlebnis gültigen Ausdruck zu verleihen. Zum Buchstaben kommt der ganze Umkreis der Zeichen. Der Lehrer der Kunstgewerbeschule wird in der Werkstatt des Schriftgießers und Setzers zum Stempelschneider, der Künstler persönlichster Prägung zum meisterlichen Handwerker. Er schenkt dem deutschen Buchdruck eine Reihe höchst charaktervoller Schriften von ursprünglicher Kraft. Es entstehen Holzschnitte, Metallarbeiten, → Paramente, Schriftteppiche. K. hebt die handwerkliche Kunst im Dienste des Heiligtums auf eine neue Stufe. Er schafft vorbildliche → Altargeräte. Seine Werkstatt wird zur Brunnenstube der Erneuerung kirchlicher Kunst, der tief fromme Meister zum Berater und Lehrer einer ganzen Generation. Seine Schriften sind kernige Zeugnisse voller Lebensweisheit.

G.Haupt, R.K. der Schreiber, 1936 (Gesamtdarstellung) – W. Michel, R.K., ein dt. Meister, 1938 – B.H.Newdigate, The Art of the Book, 1938 – S.Guggenheim, R.K. His Work and the Offenbach Workshop, o.J. – P.Beyer, R.K. Ein schöpferisches Leben, 1953 (Bibliogr., Lit.). *K.B.Ritter*

Koechlin, *Alphons,* ev. Theologe, * 6.1.1885 in Basel, 1910 Pfarrer von Stein a/Rhein (Schweiz), 1921–54 Frühprediger zu St.Martin in Basel, 1942 Ehrendozent für Ökumene und Mission an der Universität Basel. Der ref. Landeskirche Basel-Stadt stellte sich K. als Sekretär, dann als Präsident des Kirchenrates zur Verfügung. 1935 in den Vorstand des Schweizerischen Ev. Kirchenbundes (→ Schweiz: I B) eingetreten, führte er 1941–54 dessen Vorsitz. K. förderte den ökumenischen Gedanken, nahm als Abgeordneter der Schweiz an den internationalen Kirchenkonferenzen von Stockholm, Lausanne, Oxford, Amsterdam, Evanston teil, wurde in das vorläufige Komitee des Ökumenischen Rates und in das Exekutivkomitee des Weltrates der Kirchen berufen (→ Ökumenische Bewegung). 1936–59 stand K. auch der → Basler Mission vor.

Vf. u.a.: Die Kirchenkonferenz von Stockholm, 1926. – Über K.: World Biography I, 1948⁴ – R.Rouse-S.C.Neill, Gesch. der Ökumen. Bewegung II, 1958. *R.Pfister*

Koedukation ist die gemeinsame Erziehung beider Geschlechter, am besten durchgeführt in Heimen. Ihre Unterscheidung von der Koinstruktion, dem bloßen gemeinsamen Unterricht, ist nicht trennscharf durchführbar, weil auch das Unterrichtsgeschehen einen wechselseitigen erzieherischen Einfluß der Geschlechter aufeinander enthält, der problematisch wird, wenn das am schwächsten vertretene Geschlecht weniger als etwa ein Drittel ausmacht. In solchen Fällen kann es sich nur um Notbehelfe handeln, die das Prinzip der K. eher gefährden als verkörpern (höhere und mittlere Schulen an kleinen Orten, Landschulen).

In seiner 10. Rede an die deutsche Nation hat → Fichte besondere Anstalten für Knaben und Mädchen abgelehnt, »weil sie mehrere Hauptstücke der Erziehung zum vollkommenen Menschen aufheben«. In der Reformpädagogik um 1900 (→ Schulreform) machte Paul Geheeb in seiner »Odenwaldschule« die K. zur Grundlage seiner Arbeit, fand Nachfolger und belebte die pädagogische Diskussion. Auch Peter Petersens Schule nach dem

»Jena-Plan« und die Freien Waldorfschulen (→ Anthroposophie, 4) haben geglückte Modelle für die K. geschaffen. Die USA und viele für Reformideen aufgeschlossene europäische Länder kennen die K. seit Generationen. Dagegen stößt sie in den vorwiegend kath. romanischen Ländern meist auf Ablehnung, die sich auf die Erziehungsenzyklika Pius XI. stützt. Wahrscheinlich bestehen zudem in den südlichen Ländern größere Differenzen zwischen den Geschlechtern in der körperlichen und geistigen Reifung der Jugend. Die Nationalsozialisten legten 1938 fest, daß K. gegen den Geist ihrer Weltanschauung verstoße. Dagegen proklamierten die Träger der russischen Revolution die K. zunächst als einen ihrer pädagogischen Programmpunkte, ermutigten dann aber seit 1943 wieder Versuche zur getrennten Erziehung. Neuerdings scheint wieder die K. bevorzugt zu werden. In der DDR wird die K. seit 1946 stark gefördert. In der BRD ist die Entscheidung freigestellt.

Vorteile der K. sind: wirtschaftliche Ersparnisse, gleiche Schulwege für Kinder derselben Familie; Steigerung der Leistungen (die Jungen lernen gewissenhafter, die Mädchen werden sachlicher). Die Schüler werden zu Miterziehern: Strafen werden in Gegenwart des anderen Geschlechts wirksamer; Kritik an der Grobheit der Jungen, an der Geziertheit der Mädchen wird, vom andern Geschlecht kommend, leichter angenommen. Menschliche Probleme werden aus der Schau beider Geschlechter vielseitig beleuchtet. Die zukünftigen Männer und Frauen lernen das andere Geschlecht, mit dem sie persönlich und beruflich zu tun haben werden, von Jugend auf kennen und können ihm unbefangener begegnen. K. ermöglicht auch eine stärkere und ungezwungenere Betonung des Musischen; das Chorsingen geht ungebrochen weiter. Die Pflege guter Formen, ein anderer Stil der Feiern u.dgl. ergibt sich zwangsläufig. Unterricht und gemeinsames Schulleben werden heiterer und angeregter. – Als *Nachteile* und Gefahren werden von den Gegnern der K. genannt: Liebeleien mit retardierendem Einfluß auf die Leistungen (die aber auch an getrennten Schulen auftreten können). Gerade von Frauen wird oft angeführt, daß die Mädchen in der K. leicht »geopfert« würden. Eine ernste Benachteiligung entsteht jedesmal dann, wenn das eine Geschlecht in Heim oder Klasse zahlenmäßig so klein ist, daß es nur noch Mitläufer sein kann. – Eine allgemeine und für überall gültige Abwägung der Argumente für und wider die K. ist nicht möglich, weil das Gelingen der K. nicht nur von der unausgesprochenen Voreinstellung der Betroffenen und ihrer Elternhäuser, sondern entscheidend auch von Takt, innerer Bejahung und menschlicher Reife der Erziehenden und Lehrenden abhängt. K. sollte daher nicht gesetzlich erzwungen, aber dort, wo die Erziehenden sie ernsthaft bejahen, gefördert werden.

Auf der Kindergarten- und Grundschulstufe (→ Kindergarten, → Grundschule) sind die Schwierigkeiten und Widerstände am geringsten. Auch auf der Hochschulstufe und in der Berufslehre vollzieht sich das gemeinsame Studium und Lernen der Geschlechter seit Jahrzehnten ohne ernstlichen Widerstand. Die Schwierigkeiten liegen auf den mittleren Schulstufen, bes. im Pubertätsalter (→ Jugend). Äußere Schwierigkeiten (getrennter Biologie-, Lebenskunde- und Sportunterricht) lassen sich unschwer durch Gruppenbildung überwinden. An Werkunterricht, Haus- und Nadelarbeit sollten Jungen und Mädchen gemeinsam teilnehmen. Neigung und Begabung werden wünschenswerte Differenzierungen ergeben. Richtig durchgeführt wirkt K. nicht nivellierend, sondern ausgleichend und anspornend. Am Gegenbild und in der Auseinandersetzung kommt es bei feinfühliger Führung durch den Erzieher nicht zu Verwischung, sondern zu um so klarerer Entwicklung des eigenen Stils beider Geschlechter. Wird dagegen ein Geschlecht gegen das andere ausgespielt, fehlen beim Erzieher Überlegenheit, Humor und Takt und unter den Jugendlichen ein Minimum an sittlichem Ausgangsniveau, so kann K. der Entwicklung der Jugend zu einem gesitteten menschlichen Leben mehr schaden als helfen. Im geglückten Fall ist die K. ein Spiegelbild der gesunden Familie. Männer und Frauen kommen für die Arbeit an K.s-Schulen ebenso wie für deren Leitung in gleicher Weise in Betracht.

Außer den Standardwerken der → Pädagogik vgl. die Aufsätze in: Die Schule 4, 1948, 41-48 - Die Sammlung 5, 1950, 682-688; 11, 1956, 401-406 - Mädchenbildung 1, 1951, Nr. 2, 13-20; Nr. 9, 3-25 - Unsere Schule 8, 1953, 219-224. *K.Petersen*

Kögel, *Johannes Theodor Rudolf,* * 18.1.1829 in Birnbaum (Posen), † 2.6.1896 in Berlin. Durch → Tholuck, A. → Neander, C.I. → Nitzsch und → Stahl beeinflußt, wurde er 1854 Pfarrverweser in Nakel, 1857 Pfarrer an der neugegründeten deutschen ev. Gemeinde in Den Haag, 1863 Hof- und Domprediger in Berlin, 1873 Oberhofprediger, General-Sup. der Kurmark und Ephorus des Domkandidatenstiftes. Dadurch und durch die von ihm bes. gepflegten Kirchenvisitationen gewann K. starken Einfluß auf die im Amte stehenden Pfarrer und auf die heranwachsende Generation. Als Prediger wirkte er durch die gepflegte Form seiner biblisch gegründeten, seelsorgerlich gerichteten Verkündigung. Innerhalb der Preußischen Landeskirche besaß er auf Grund seines persönlichen seelsorgerlichen Verhältnisses zum Kaiser und seiner Stellung innerhalb der höfischen Opposition (Kaiserin Augusta, Roon, E.v.Manteuffel) weitreichenden Einfluß. Dieser wuchs, als er vom Kaiser zur Wahrung der Orthodoxie in der Preußischen Kirche 1879 zum Mitglied des Ev. Oberkirchenrates berufen wurde. Mit der von ihm 1876 gegründeten → »Positiven Union« (Hofpredigerpartei) gewann K. auch beherrschenden Einfluß auf die Provinzial- und Landessynoden. Als leidenschaftlicher Vertreter der → Union (: I) stand er in scharfem Gegensatz zu den konfessionell-luth. Gruppen wie zum kirchlichen → Liberalismus, wegen seiner Abneigung gegen das synodale Prinzip auch zu E. → Herrmann und A. → Falk.

Vf. zahlreiche Predigtsammlungen (s. RGG² III, 1114). Seit 1880 Hg. (mit W. → BAUR u. E. → FROMMEL) der »Neuen Christoterpe«. - Über K.: G.KÖGEL (Sohn), R.K., 3 Bde, 1899-1904 - RE X, 610ff - ADB 51, 229ff - HERMELINK III (s. Reg.). *H.Hohlwein*

Köhler, 1. *Ludwig* (1880-1956), * in Neuwied, Studium in Zürich (stärkste Anregungen durch P.W. → Schmiedel), 1904-15 Pfarrer bei Zürich, seit 1908 ao., 1923-47 o. Prof. für AT in Zürich. Als Gelehrter war K. Einzelgänger kritisch-liberaler Prägung, hervorragend als Wortforscher, Lexikograph und Grammatiker und als Verfechter einer neuen Anthropologie des AT. K. schrieb auch bedeutende nt. Arbeiten (zur Apk und zur Formgeschichte der → Evangelien). Als Prediger und Seelsorger entfaltete er eine weitreichende Tätigkeit.

Wichtigste at. Veröffentlichungen: Dtjes (Jes 40-55) stilkritisch untersucht, 1923; Der Dekalog (ThR NF 1, 1929, 161-184); Die hebr. Rechtsgemeinde, 1931; Theol AT, (1936) 1953³; Kleine Lichter. 50 Bibelstellen erklärt, 1945; Vom hebr. Lexikon (OTS 8, 1950, 137-155); Lexicon in Veteris Testamenti Libros, 1953; Der hebräische Mensch, 1953. - Autobiographisch: Ein Schweizer wird Schweizer, 1946. - Über K.: W.BAUMGARTNER, Zum Hinschied von L.K. (Basler Nachrichten vom 28.11.1956). *F.Maass*

2. *Walther* (27.12.1870 bis 18.2.1946), ev. Theologe, * in Elberfeld, † in Heidelberg, 1900 PDoz., 1904 Prof. in Gießen, 1909 in Zürich, 1929 in Heidelberg. Sowohl

durch Editionen wie durch kritische Untersuchungen und lebendige Darstellungen war K. ein bedeutender Reformationshistoriker, Luther- und Zwingliforscher, auch um die Geschichte der → Täufer verdient, theologisch Schüler von E. → Troeltsch und A.v. → Harnack.

Vf. u.a.: Luthers Schrift an den christl. Adel dt. Nation im Spiegel der Kultur- u. Zeitgesch., 1895; Luther u. die KG I, 1900; Reformation u. Ketzerprozeß, 1901; Luther u. die Lüge, 1912; Luther u. die dt. Reformation, (1916) 1917²; Ulrich Zwingli u. die Reformation in der Schweiz, 1919; Die Geisteswelt Ulrich Zwinglis, 1920; Zwingli u. Luther. Ihr Streit über das Abendmahl I, 1924; II (hg.v. E.KOHLMEYER u. H.BORNKAMM), 1953; Das Buch der Reformation H.Zwinglis, 1926; Das Marburger Religionsgespräch 1529, 1929; Historie u. Metahistorie in der KG, 1930; Zürcher Ehegericht u. Genfer Konsistorium I, 1932; Luther u. das Luthertum in ihrer weltgeschichtl. Auswirkung, 1933; DG I. II, 1938/51; Ernst Troeltsch, 1941. - Mit-Hg. der krit. Zwingli-Ausgabe im CR, Mitarbeiter der WA. - Über K.: Festg. W.K. 1940 (Bibliogr.) - L.v.MURALT, W.K. (Zwingliana 8, 1946, 241-245). *Ernst Wolf*

Kölbing, *Paul* (1843-1925), Theologe der → Brüderunität (: II), seit 1868 Dozent am theologischen Seminar in Gnadenfeld (Oberschlesien), kam unter dem Einfluß A. → Ritschls in Gegensatz zur herrschenden Theologie und zum Direktor des Seminars, H. → Plitt, und mußte wie sein Freund Gustav Class sein Amt aufgeben. Als B. → Becker Direktor wurde, kehrte K. 1886 als Dozent für NT und Dogmatik zurück und wurde 1894-1907 Direktor. In der Spannung zwischen Seminar und Brüdergemeine wurde auf den Synoden um die Berechtigung der historisch-kritischen Schriftforschung gerungen und durch K.s Eintreten, bes. im Lehrstreit 1895-97, die Fortsetzung der Arbeit ohne lehrgesetzliche Bindungen auf Grund des gemeinsamen »Herzensglaubens« ermöglicht. Nach 1907 war K. Prediger in Straßburg.

Vf. u.a.: Die Hl. Schrift als oberste Norm der christl. Glaubenserkenntnis, 1896; Zur Charakteristik der Theol. Zinzendorfs (ZThK 10, 1900, 245-283); Die theol. Wissenschaft in der Brüdergemeine, 1904; Die bleibende Bedeutung der urchristl. Eschatologie, 1907. *H.Renkewitz*

Koelman, *Jacobus* (1632-95), * in Utrecht, niederländischer ref. Theologe aus der Schule des → Voetius, Gesandtschaftsprediger in Kopenhagen (1657) und Brüssel. Als Pfarrer in Sluis (1662) eiferte K. für die Freiheit der Kirche vom Staat, kämpfte gegen die Vielzahl kirchlicher Feiertage und den Gebrauch der verordneten liturgischen Formulare, weshalb er 1675 abgesetzt wurde. Seitdem führte er das Leben eines Wanderpredigers und sammelte die Gläubigen in Konventikeln. K. hat aber ebenso wie → Lodenstein, der ihn verteidigte, sein ganzes Leben hindurch den kirchlichen Separatismus abgelehnt und deshalb → Labadie bekämpft. Andererseits war er ein entschlossener Gegner von → Descartes und Balthasar → Bekker. K. kann als einer der wichtigsten Vertreter der sog. »nadere reformatie« in den → Niederlanden (: I) betrachtet werden.

BWGN V, 91ff (Bibliogr., Lit.). *J.N.Bakhuizen van den Brink*

Köln

I. Archäologische Denkmäler - II. Erzbistum - III. Universität

I. Archäologische Denkmäler

Der Hinweis des → Irenäus (Adv. haer. I, 10, 2) auf das Bestehen christlicher Gemeinden in → Germanien gegen Ende des 2.Jh.s wird u.a. auf K. bezogen. Ob die Körperbestattungen aus der 2. Hälfte des 2.Jh.s auf dem heidnischen Begräbnisplatz bei St.Severin wegen ihrer Ostwestorientierung Christengräber sind (Fremersdorf), ist umstritten. → Ammianus Marcellinus (XV, 5) bezeugt für K. zum Jahre 355 ein conventiculum ritus Christiani. Festeren Boden ergeben die Beobachtungen bei den Memorialkirchen der Märtyrer auf den Gräberfeldern St.Ursula, St.Gereon und St.Severin. Aus St.Ursula stammt die Clematius-Inschrift, nach der Clematius (zwischen 350 und 450) über den Gräbern der 11 000 Märtyrerjungfrauen eine Basilika wiederherstellen ließ. Die Grabungen ergaben zwei basilikale Bauten mit Apsis, die wohl dem späten 4.Jh. angehören. Das über einem Isisheiligtum errichtete Dekagon von St.Gereon erwies sich als eine christliche Kirche aus der 2. Hälfte des 4.Jh.s. St.Severin zeigt von der konstantinischen Zeit bis ins 9.Jh. fünf Bauperioden als christliches Gotteshaus. Aus spätrömischer Zeit stammen viele Erzeugnisse der Kleinkunst, vor allem Gläser mit christlichen Darstellungen, während die Zahl der frühchristlichen Grabschriften, davon die meisten aus fränkischer Zeit, mit insgesamt 17 auffallend gering ist.

J.KLINKENBERG in: Bonner Jb.er 108, 1902, 155-170; Nachträge in CIL XIII - E.HEGEL, Die Kunstdenkmäler im Landesteil Nordrhein, Bh. 2, 1950, 41-53 - F.FREMERSDORF in: Kölner Jb. für Vor- u. Frühgesch. 2, 1956, 7-25 - P.LA BAUME, Colonia Agrippinensis, 1958, 39ff. *E.Gose*

II. Erzbistum

1. Die Anfänge - 2. Im MA - 3. Seit der Reformation - 4. In der Neuzeit

1. Die Anfänge des Christentums am Rhein lassen sich nach dem bisher Bekanntgewordenen nicht genau datieren (vgl. → Germanien, → Köln: I). In K. selbst muß schon vor Konstantin eine organisierte Gemeinde bestanden haben, deren Bischof Maternus war (313/14 historisch bezeugt). Wahrscheinlich war er nicht der erste K.er Bischof. Bezeugt ist auch Euphrates von K. (342/43 zu Serdika); jedoch sind die Echtheit der Akten einer K.er Synode 346 und seine Absetzung umstritten. Severin (um 400), Carentinus (um 565) und Eberigisil (Evergislus; um 590) sind literarisch bezeugt. Kunibert (623 bis 663?) war Ratgeber König Dagoberts I. und Sigiberts III. Späte Bischofslisten kennen Solatius (unterschreibt 614 in Paris unter den Metropoliten), Sunnoveus, Remedius (612?), Botadus († 674), Stephanus (674-680), Aldwinus (um 690), Giso (um 700), Anno I. (um 711-715), Faramund (um 717). Nach dem Tode Reginfrids (vor Okt. 745) beabsichtigte → Bonifatius K. zum Metropolitansitz und zur Basis der Friesen- und Sachsenmission zu machen; er scheiterte am Widerstand der → Franken und wählte → Mainz. In K. folgten Agilolf († um 751), Hildiger († 753), Berethelm (um 762) und Ricolf (um 777). Alle (späteren) Bischofs-Viten (Kuniberts, Severins, Agilolfs, Eberigisils und die Maternuslegende) sind historisch wertlos. Erst Hildebald (782 bis 818), Ratgeber und Freund → Karls d.Gr., tritt ins Licht der Geschichte; er gründete die Domschule, seit 795 ist er Erzbischof mit den Suffraganen → Lüttich, → Utrecht, → Münster, → Osnabrück, Bremen. Nach Hadebald (819-841) stritten Liutbert und Hilduin um K. Gunthar (850-863, † 873) wurde in den Ehehandel König Lothars II. verstrickt und von Papst Nikolaus I. 863 abgesetzt. Mit Lothars Hilfe konnte er sich bis 869 behaupten (866 Güterumschreibung der K.er Stifte). Sein Nachfolger Willibert (870-889) weihte den von Hildebald begonnenen Dom (870). Herimann I. (889-925), der 906/08 Bremen an → Hamburg (: I) abtreten mußte, und Wikfried (925-953) schließen die Karolingerzeit.

2. Mit → Bruno I. (953-965), dem Bruder Ottos d.Gr., beginnt eine neue Epoche. Als Hauptstütze der kaiserlichen Politik leitete er die Eingliederung des Episkopates in die Reichsverfassung ein. Damit wuchs das Interesse der Kaiser am K.er Erzstuhl, den sie nun immer häufiger mit Leuten ihrer Hofkanzlei besetzten. Durch Bauten und Förderung des Geisteslebens hat Bruno Großes gewirkt. Nach Folkmar (965-969), Gero (969-976), Warin

(976–984) und Everger (985–999) führte vor allem Heribert (999–1021), Kanzler Ottos III., diese Linie fort. Pilgrim (1021–36) erwarb 1028 das Krönungsrecht für K.; er war als »Bibliothekar« Leiter der päpstlichen Kanzlei (1023) und kaiserlicher Erzkanzler für Italien (1031), eifrig um die Kirchenreform bemüht, verwandt mit dem Kaiserhause wie sein Nachfolger Hermann II. (1036 bis 1056), Erzkanzler des Apostolischen Stuhles. Anno II. (1056–75) griff mächtig in die reichs- und kirchenpolitischen Kämpfe ein, betrieb die schon von Heribert eingeleitete erzbischöfliche Territorialpolitik, ordnete die Bistumsgrenzen und nahm die Dekanatseinteilung vor (später 22 Dekanate und 4 Großarchidiakonate), gründete Stifte und Klöster. Seine Nachfolger Hildulf (1076 bis 1078), Sigewin (1078–89) und Hermann III. (1089 bis 1099) standen im Investiturstreit auf seiten Kaiser → Heinrichs IV., anfangs auch Friedrich I. (1100–31), bis er 1114 mit Kaiser Heinrich V. brach. Seit dem Übergang des Wahlrechts an die Domkapitel (Wormser Konkordat) erscheinen rheinische Grafen auf dem Erzstuhl; aus dem Bergischen Hause stammten Bruno II. (1131 bis 1137), Friedrich II. (1156–58), Bruno III. (1191–93), Adolf I. (1193–1205) und Engelbert I. (1216–25). Dazwischen regierten Hugo von Sponheim (1137), Arnold I. von Randerath (1137–51), Arnold II. von Wied (1151 bis 1156), der Reichskanzler (1138) und Erzkanzler für Italien war; seither wurde dieser Titel erblich für die K.er Erzbischöfe. → Reinald von Dassel (1159–67), der 1164 die Dreikönigsreliquien nach K. brachte, und Philipp von Heinsberg (1167–91), der 1180 Westfalen und Engern für K. erwarb, betrieben als Kanzler → Friedrich Barbarossas eine antipäpstliche Politik. Auf den in die Thronwirren verwickelten und vom Papste abgesetzten Adolf I. folgten Bruno IV. von Sayn (1205–08) und Dietrich I. von Hengebach (1208–15); als letzterer 1212 ebenfalls vom Papst abgesetzt und Adolf I. wieder eingesetzt wurde, brach ein Bürgerkrieg aus, bis 1215 alle beide erneut abgesetzt wurden und Engelbert d. Hl. von Berg (1216–25) mit starker Hand die Ordnung wiederherstellte. Er war einer der fähigsten K.er Erzbischöfe, der letzte, der machtvoll in die Reichspolitik eingriff (1221 Reichsverweser). Seine Ermordung (7.11.1225), schon bald als Martyrium für die Kirchenfreiheit hingestellt, ging auf politische Motive zurück. – Die folgenden Erzbischöfe Heinrich I. von Molenark (1225–38), Konrad von Hochstaden (1238–61), der sich noch einmal an der Aufstellung der Gegenkönige Heinrich Raspe (1246), Wilhelm von Holland (1247) und Richard von Cornwallis (1257) beteiligte, und Engelbert II. von Falkenburg (1261–74) gingen in territorialen Fehden mit der Stadt K. und den rheinischen Grafen auf. Die Aufnahme Konrads in das neugebildete Kurkollegium (1257) begründete die K.er Kurfürstenwürde. Unter Siegfried von Westerburg (1275–97) brachen die erzbischöflichen Machtbestrebungen in der Schlacht von Worringen (1288) endgültig zusammen, das Kurerzstift blieb ein Torso (ein Gebietsstreifen links des Rheines, das Vest Recklinghausen und das Herzogtum Westfalen). Wikbold von Holte (1297–1304), Heinrich II. von Virneburg (1304–32), Walram von Jülich (1332–49) und Wilhelm von Gennep (1349–62) hielten zahlreiche Synoden ab und widmeten sich der innerkirchlichen Reform. Adolf II. von der Mark (1363/64) resignierte, als ihm die klevische Erbschaft winkte. Engelbert III. von der Mark (1364–68) nahm den Trierer Erzbischof Konrad II. von Falkenstein zum Administrator (1366–71), der dann seinerseits das Erzbistum seinem Neffen Friedrich III. von Saarwerden (1370–1414) abtrat. Um die Rechte des Domkapitels sicherzustellen, mußte Dietrich II. von Mörs (1414–63) die erste K.er Wahlkapitulation unterzeichnen (1414). Territoriale Kämpfe (Soester Fehde 1444–49) führten zu Gebietsverlusten (Soest, Xanten) und Verschuldung des Erzstiftes. Um die Selbstherrlichkeit der Kurfürsten einzuschränken, schlossen die kurkölnischen Landstände 1463 die »Erblandesvereinigung«, die fortan das Grundgesetz der kurkölnischen Verfassung blieb. Als Ruprecht von der Pfalz (1463–80) diese ständische Verfassung brach, wurde er abgesetzt (1473) und mußte schließlich resignieren (1478). Hermann IV. von Hessen (1473/80–1508) und Philipp II. von Daun-Oberstein (1508–15) bemühten sich durch zahlreiche Synoden um Ordnung und Wiederaufbau des Erzbistums.

3. Die Reformation machte zwei Vorstöße, von denen nur der erste ernsthaft religiös war. → Hermann V. von Wied (1515–47) entwickelte sich vom kath. Reformstandpunkt über eine vermittelnde Haltung zum Anhänger der Reformation. Sein Reformationsversuch (1543/46) scheiterte am Widerstande des Domkapitels (→ Gropper), der Universität und der Stadt K., die Papst und Kaiser zu Hilfe riefen. Adolf III. von Schaumburg (1547–56) bemühte sich ernsthaft um kirchliche Reform (Provinzialkonzil 1549). Auf Anton von Schaumburg (1556–58), den unsittlichen Johann Gebhard von Mansfeld (1558–62) und Friedrich IV. von Wied (1562–67) folgte der reformeifrige, aber durch seine Abdankungs- und Heiratspläne gehemmte Salentin von Isenburg (1567–77); keiner der 4 letzten Erzbischöfe besaß die Weihen. → Gebhard Truchseß von Waldburg (1577–83) versuchte zum zweiten Mal, die Reformation einzuführen und das Erzstift zu säkularisieren. Er heiratete, obwohl er Priester (nicht Bischof) war, wurde abgesetzt und mit Hilfe der bayerischen Macht vertrieben (»Kölnischer« oder »Truchsessischer Krieg«). Durch politische Erfahrungen belehrt, stimmte die Kurie einer engen Anlehnung K.s an die bayerische Hausmacht und einer Kumulation der nordwestdeutschen Bistümer (K., → Lüttich, → Münster, → Paderborn, → Hildesheim) in der Hand eines bayerischen Prinzen zu. Für fast zwei Jh.e wurde K. bayerische »Sekundogenitur«: Ernst von Bayern (1583–1612), Ferdinand von Bayern (1612–50), Max Heinrich von Bayern (1650–88), Joseph Klemens von Bayern (1688–1723) und Klemens August von Bayern (1723–61). Den Bischöfen Ferdinand und Max Heinrich ist die Durchführung der tridentinischen Reform im Erzbistum zu danken (Diözesansynode 1662). – Politisch verhängnisvoll wurde die durch die exponierte Lage ihres Bistums Lüttich bedingte und durch die Brüder Franz Egon und Wilhelm Egon von Fürstenberg gesteuerte Hinneigung Max Heinrichs und Jos.Klemens' zu Frankreich. Im Geiste der Aufklärung regierten die beiden letzten K.er Kurfürsten Max Friedrich von Königseck-Rothenfels (1761–84) und Max Franz von Österreich (1784–1801). In der 1777 gegründeten Bonner Akademie, die 1786 zur Universität erhoben wurde (→ Bonn), gaben sie ihr ein geistiges Zentrum. → Febronianismus (Koblenzer Kongreß 1769, → Emser Kongreß 1786) und → Josephinismus machten sich an ihrem Hofe breit. Französische Revolutionstruppen (1794) und Reichsdeputationshauptschluß (25.2. 1803) machten der kurfürstlichen Herrschaft ein Ende. Der linksrheinische Teil der Erzdiözese war schon vorher zu der am 29.11.1801 gegründeten französischen Diözese → Aachen geschlagen worden (einschließlich Stadt K.). Der rechtsrheinische Teil wurde von einem Kapitularvikar in Deutz verwaltet. Der K.er Stuhl blieb 1801–24 vakant.

4. Die Neuordnung der kirchlichen Verhältnisse im preußisch gewordenen → Rheinland durch die Bulle »De salute animarum« (1821) brachte die Wiederherstellung des Erzbistums K., erheblich verkleinert, mit den

Suffraganbistümern → Trier, Münster, Paderborn. Ihr Organisator und erster Bischof wurde Ferdinand August Graf → Spiegel (1824-35). Klemens August Frhr. → Droste zu Vischering (1835-45) bekämpfte den Hermesianismus (→ Hermes, 1) in der Bonner kath.-theol. Fakultät und geriet in schweren Streit mit der prot. preußischen Regierung wegen der Mischehenfrage (→ Kölner Kirchenstreit, Gefangennahme des Bischofs 1837). Der klugen Haltung seines Koadjutors (1841-45) und Nachfolgers Joh. von → Geissel (1845-64) gelang es, die Ruhe wiederherzustellen und dem kath.-kirchlichen Leben einen großen Aufschwung zu verleihen. Das wirtschaftlich und industriell aufblühende Land an Rhein und Ruhr verlangte nach neuen Seelsorgemethoden. Das K.er Erzbistum wurde führend im kath. Deutschland; die großen Organisationen nahmen hier ihren Sitz (1842 Franz Xaverius-Missionsverein in Aachen, 1845 Borromäusverein in Bonn, 1846 Gesellenverein in K., 1890 Volksverein in M.-Gladbach). Paulus Melchers (1866 bis 1885), im → Kulturkampf gefangengesetzt, zur Flucht gezwungen und schließlich von der preußischen Regierung abgesetzt (1876), regierte 1875-85 sein Bistum von seinem holländischen Exil aus; er resignierte 1885 und starb 1895 als Kardinal in Rom. Ph. → Krementz (1885 bis 1899), Hubert Simar (1899-1902), Anton Fischer (1902-12), Felix von Hartmann (1912-19) erlebten das ständige Anwachsen des Erzbistums, das schließlich 3,5 Mill. Katholiken zählte, bis unter Karl Joseph Schulte (1920-41) auf Grund des Preußischen Konkordates (1929) das neugegründete Bistum Aachen mit ca 1 Mill. Katholiken abgetrennt wurde. Von den 84 K.er Dekanaten gingen 29 an Aachen über. Auch der K.er Metropolitanverband wurde durch das Konkordat neu geordnet; Paderborn schied aus ihm aus, Trier und Münster blieben, Aachen, → Limburg und → Osnabrück kamen neu hinzu. Am 1.5.1942 wurde Joseph Frings zum Erzbischof ernannt, am 21.6.1942 konsekriert und inthronisiert, am 18.2.1946 zum Kardinal erhoben (wie alle Vorgänger seit Geissel, außer Simar). Im Vordergrund stand nach den Zerstörungen des Krieges der innere und äußere Aufbau der Erzdiözese (1945-56 wurden 367 Kirchen neu gebaut oder wesentlich wiederhergestellt). Die Eingliederung des Flüchtlingsstromes und die dadurch verstärkte konfessionelle Mischung stellte die Seelsorge vor neue Aufgaben. Die Notwendigkeit einer größeren Konzentration des kirchlichen Lebens im Ruhrgebiet führte zur Gründung des Bistums → Essen (1.1.1958). Das Erzbistum K. trat ca 20% seines Bestandes an Essen ab (74 Pfarreien und 27 sonstige Seelsorgestellen mit 553 068 Katholiken).

Die K.er Erzdiözese zählt gegenwärtig (ohne Essen, Stand vom 31.12.1957) 2 331 390 Katholiken in 577 Pfarreien und 165 sonstigen Seelsorgestellen; die Zahl der Weltgeistlichen beträgt 1677, die der Ordenspriester 587. Für die Theologiestudenten besteht eine kath.-theol. Fakultät in Bonn mit zwei Konvikten (Collegium Albertinum und Leoninum) und ein Priesterseminar, das seit 1958 wieder in der Stadt K. ist.

Gesch. der Pfarreien der Erzdiözese K., begründet v. K.Th.Dumont (11 Bde, 1883-1926), NF v. F.W.Lohmann, 2. Folge hg.v. R.Haass - Die Regesten der Erzbischöfe von K. im MA, Bd 2-4, 1901/15; Bd 1, Lfg. 1-4 v. F.W.Oediger, 1954-58 - W.Levison-W. Platzhoff-J.Hashagen in: Gesch. des Rheinlandes I. II, 1922 - A. Schulte, Tausend Jahre dt. Gesch. u. dt. Kultur am Rhein, 1925 - J.Torsy, Studien zur Frühgesch. der K.er Kirche (K.er Domblatt 8/9, 1954, 9-32) - Hdb. des Erzbistums K., 25. Ausg. 1958 (geschichtl. Teil v. R.Haass). - Gesamtdarstellung. hg.v. W.Neuss, in Vorbereitung.

A.Franzen

III. Universität

Die *alte Universität* wurde von Urban VI. durch Bulle vom 21.5.1388 errichtet und am 6.1.1389 eröffnet. Die Initiative zur Neugründung ging vom Stadtrat aus, der seinerseits einem inneren, bes. von den Bettelorden geäußerten Bedürfnis und einer äußeren Notwendigkeit entsprach. Sie konnte an die bereits bestehenden Generalstudien der Dominikaner (gegr. 1248), Franziskaner (gegr. 1260) und Zisterzienser (gegr. 1285) anknüpfen. K.s geistige Bedeutung und große theologische Tradition (→ Albertus Magnus, → Thomas von Aquino, → Duns Scotus, Meister → Eckehart u.a. lehrten hier) verlangte nach einem Zentrum. Der Mangel wurde bes. spürbar, als während des großen Schismas (→ Papsttum: II) viele deutsche Professoren und Studenten Paris, das zum Avignoner Papst hielt, verließen und in Deutschland nach einer anderen Studienmöglichkeit suchten. Da die Universitäten → Prag (gegr. 1348) und → Wien (gegr. 1365) weitab lagen und → Heidelberg, 1386 aus demselben Anlaß gegründet, soeben von der Pest heimgesucht wurde, erfolgte die K.er Gründung im günstigsten Zeitpunkt. So konnte sie gleich mit 21 Professoren und 700 Studenten beginnen. Urban erteilte ihr alle Vorrechte der Pariser Universität: das Promotionsrecht mit der Auszeichnung, daß die von ihr Promovierten überall Vorlesungen halten dürften (woran bes. die Bettelorden interessiert waren), die Vorrechte des geistlichen Standes, das → Privilegium fori für alle Universitätsangehörigen u.a.m.

Träger der Universität war allein die Stadt. Ein vom Rat bestelltes Kuratorium von 4 Provisoren regelte die äußeren, der Rektor die inneren Angelegenheiten. Der Dompropst war Kanzler; er bestellte einen Prof. zum Vizekanzler. Konservatoren sorgten für den Rechtsschutz der Studenten nach außen. Zur Entlastung der Stadt ließ Bonifatius IX. 1394 je ein Kanonikat in den 11 K.er Stiftern und einige Pfründen an Pfarrkirchen Universitätsprofessoren als Besoldung übertragen; Eugen IV. fügte 1437 je eine zweite, Paul IV. 1559 je eine dritte Stiftspräbende hinzu. Nur 9 Professoren wurden 1407/09 aus städtischen Mitteln bezahlt. Mißbrauch des Besetzungsrechtes und schlechte Bezahlung der Professoren führten dennoch oft zu Einschränkungen im Lehrbetrieb und trugen im 16.Jh. zum Niedergang der Universität bei. Der Rektor wurde anfangs stets aus den Artisten (auf ein Vierteljahr) gewählt, später reihum aus den 4 Fakultäten (auf ein Jahr). Die artistische Fakultät war die weitaus größte. Sie bestand aus einzelnen Bursen, die ihren eigenen Lehrkörper besaßen und ihr bestimmtes Gepräge trugen. Die wichtigsten waren: die bursa Montana (gegr. 1419/20), die bursa Laurentiana (gegr. 1422), die bursa Corneliana (gegr. 1419, eingegangen 1524) und die bursa Cucana (gegr. 1450, von den Jesuiten 1556 übernommen und als Gymnasium Tricoronatum zu hoher Blüte geführt; heute Dreikönigsgymnasium). Der theol. Fakultät waren bei der Gründung die alten Ordensschulen inkorporiert worden. Die vier Bettelorden (Dominikaner, Franziskaner, Karmeliter, Augustiner-Eremiten) stellten je einen oder (höchstens) zwei Professoren. Während die juristische Fakultät noch einige Bedeutung erlangte, war die medizinische stets schwach.

Im großen Schisma und auf den → Reformkonzilen beschritt die Universität zeitweilig konziliaristische Wege (vgl. das Gutachten ihres Vertreters Kerkering in Konstanz), hielt aber später treu zur römischen Obödienz. Ihrer großen scholastischen Tradition gemäß stand sie geistig auf dem Boden des aristotelischen Realismus (via antiqua), der in der Montanerburse nach Albert, in der Laurentianerburse nach Thomas gelehrt wurde. Zwar wurde der → Nominalismus (via moderna) in den Statuten der Artistenfakultät 1398 offiziell ebenfalls zugelassen; aber schon 1415 war die via antiqua alleinherrschend, und 1425 wehrte sich die Universität gegen den Befehl des Erzbischofs, die via moderna in ihr Lehrsystem aufzunehmen. Das unentwegte Festhalten an der via antiqua führte sie im letzten Drittel des 15.Jh.s zur höchsten Blüte (ca 1500 Studenten, bes. aus den Niederlanden und den nordischen Gebieten). Rückständigkeit darf man ihr deshalb nicht vorwerfen, da am Ausgang des 15.Jh.s eher der Nominalismus als überholt galt. Auch hat sie sich keineswegs dem Humanismus verschlossen. Aus der großen Zahl der in K. immatrikulierten Humanisten »darf man schließen, daß K. bes. vor dem Reuchlinschen Streit als Pflanzschule des neuen Geistes eine gewisse Anziehungskraft ausgeübt haben muß« (Hashagen). Freilich lehrten die Humanisten selbst weniger an der Universität als vielmehr frei in der Stadt. Die unglückliche Haltung K.er Theologen im → Reuchlinschen Streit hat dem Ansehen der Universität sehr geschadet. Obwohl die → Epistolae obscurorum virorum ein »gehässiges Zerrbild« vom geistigen Leben K.s entworfen haben, hat sich die Universität *nach* dem Reuchlinschen Streit doch in eine Abwehrhaltung gegenüber dem Humanismus drängen lassen. Der starke Rückgang der Immatrikulationen nach 1520 geht aber nicht allein darauf zurück, sondern viel mehr auf die Pest und bes. die kirchlich-politischen Umwälzungen im Gefolge der Reformation, die das kath. K. vom prot. Norden und den Niederlanden abschnitten. Durch die Verbrennung der Bücher Luthers (12.11.1520) sprach sich die Universität schon früh gegen die Reformation aus. → Hermanns von Wied Reformationsversuch scheiterte nicht zuletzt am hartnäckigen Widerstand der Universität. Auf dem → Trienter Konzil war die theol. Fakultät durch Joh. → Gropper und 2 Karmeliter vertreten; 1577 verpflichtete sie alle ihre Angehörigen auf das tridentinische Glaubensbekenntnis.

Der auffallende Niedergang der Universität im 16.Jh. führte zu wiederholten Reformversuchen (1522, 1525, 1528 u.ö.). Mit der Übernahme der Kukanerburse durch die Jesuiten (1556) stieg die Frequenz wieder (das Tricoronatum zählte 1570 wieder 500 und 1580 sogar 1015 Studenten). Die Jesuiten bemühten sich im 17.Jh. mit Erfolg um die Reform (seit 1631 hatten sie eigene Professuren). Neue Kollegien entstanden: 1610 Collegium Hollandicum (holländisches Priesterseminar), 1614 Collegium Norbertinum (Steinfelder Prämonstratenser), 1615 K.er Priesterseminar, 1616 Collegium Benedictinum (Bursfelder Kongregation) u.a. Das Festhalten an der scholastischen Tradition brachte die Universität im 18.Jh. in Gegensatz zur Aufklärung und zu den Bestrebungen der Erzbischöfe im Sinne des → Febronianismus (Gründung der Universität → Bonn 1786). Sie zog sich abermals den Vorwurf der Rückständigkeit und des Obskurantismus zu. Ihr letzter Rektor war der als Sammler von Handschriften und Kunstwerken bekannte Franz Ferdinand Wallraff († 1824). Am 28.4.1798 verfügten die Franzosen die Aufhebung aller rheinischen Hochschulen. Konfessionell-weltanschauliche Gründe bewirkten, daß die neue rheinische Universität 1818 von der preußischen Regierung nicht in K., sondern in Bonn errichtet wurde.

Die *neue Universität,* am 12.6.1919 in K. wiederbegründet, knüpfte an die 1901 errichtete und schnell aufblühende Handelshochschule sowie an bestehende andere Institute an und entsprach der Bedeutung der Stadt als Handelszentrum Westdeutschlands. Die wirtschafts- und sozialwissenschaftlichen Fächer standen daher stets an der Spitze. Die Studentenzahl betrug im Sommer 1958 insgesamt 13420. Theol. Fakultäten fehlen.

H. Keussen, Die Matrikel der Univ. K. I, (1892) 1928²; II. III, 1919/31 - Ders., Die alte Univ. K., 1934 - Festschr. Univ. K., 1938 (mit ausführl. Bibliogr. zur Gesch. von H. Corsten) - J. Hashagen, Hauptrichtungen des rhein. Humanismus (Annalen des hist. Vereins für den Niederrhein 106, 1922, 11-44). *A. Franzen*

Kölner Kirchenstreit (1837), Konflikt zwischen der preußischen Regierung und dem auf ihr Betreiben, gegen den Willen des Domkapitels 1835 gewählten Erzbischof von Köln, Clemens August Frhr.v. → Droste-Vischering. Im Hintergrund und Ursprung liegen die Schwierigkeiten der Einfügung Rheinland-Westfalens in das konservativ-agrarisch-prot. und absolutistische → Preußen, mehr noch die ultramontanen Einflüsse von Frankreich und Belgien und das allgemeine Erstarken des kath. Selbstgefühls. Das ungewöhnliche Echo des Konflikts erklärt sich aus der künstlichen Ruhe des Vormärz, viele einzelne Fehlgriffe aus der Ahnungslosigkeit der preußischen Regierung und ihres Gesandten bei der Kurie, v. → Bunsen. »Der Grad von Macht, den die römische Kirche über ihre Glieder ausübt, und der erneute stets wachsende Entschluß, diese Macht bis zur äußersten Grenze auszudehnen, war völlig unbekannt. Der Eindruck war allgemein, daß die französische Revolution und ihre Folgen den Papst und seine Macht vernichtet hätten und daß beide nur noch eine geduldete Existenz führten; daß sie keine Forderung machen wollten und könnten, sondern bereit seien, in alles einzuwilligen, was von der Politik verfügt werde« (M.v.Bunsen).

Die sachlichen Streitpunkte betrafen die Mischehenpolitik und die Aufsicht über die Universitätstheologie, praktisch den Kampf um den im Rheinland tief verwurzelten Hermesianismus. Um das Recht zu vereinheitlichen, hatte Preußen die seit 1803 geltende Regelung der → Mischehen 1825 auch in Rheinland-Westfalen eingeführt, derzufolge das Eingehen von Mischehen von kath. Seite nicht erschwert werden durfte. Da diese Regelung nicht eingehalten wurde, versuchte Preußen in Verhandlungen mit der Kurie eine Bestätigung zu erreichen. In dem Breve → Pius VIII. vom 25.3.1830 an die Bischöfe von Köln, Trier, Paderborn und Münster (Mirbt 579) kam die Kurie zwar etwas entgegen, umging aber die wichtige Frage des Versprechens der kath. Kindererziehung und erfüllte auch sonst die preußischen Wünsche nicht. So versuchte man, durch eine Konvention mit dem Kölner Erzbischof Graf → Spiegel († 1835) zu einem Modus zu kommen (vgl. Mirbt 584). Von dem Versprechen der kath. Kindererziehung sollte Abstand genommen, die kirchlichen Feierlichkeiten sollten zugestanden werden. Die Konvention wurde auch von den Suffraganen unterschrieben, blieb aber geheim. Das Breve von 1830 und die Konvention von 1834 sollten einander auslegen; was in dem Breve nicht ausdrücklich verboten war, sollte zugelassen werden. - Der neue Erzbischof versprach vor seiner Wahl, er werde sich wohl hüten, »jene gemäß dem Breve vom Papste Pius VIII. darüber getroffene und in den benannten vier Sprengeln zur Vollziehung gekommene Vereinbarung nicht aufrechtzuhalten oder gar, wenn solches tunlich wäre, anzugreifen oder umzustoßen«; er werde »dieselbe nach dem Geiste der Liebe, der Friedfertigkeit anwenden« (Mirbt 585). Wie der Erzbischof hinterher angab, hatte er die Konvention gar nicht zur Kenntnis genommen. Schrörs urteilt (241): »Um sich nicht den Weg nach Köln zu verbauen, verschwieg er geflissentlich seine Unkenntnis des Abkommens und band sein Versprechen verdeckt an eine Bedingung. So überlistete er die Regierung.« Da die Kurie von der Konvention von 1834 erfuhr und da ein Lavieren für den Erzbischof auf die Dauer nicht möglich war, kam es auf römische Weisung zum Kampf. Droste-Vischering erklärte der preußischen Regierung, die Konvention nur nach dem Breve von 1830 auslegen und praktizieren zu können. Das bedeutete den endgültigen Bruch mit der von Preußen gewünschten Mischehenpolitik.

Auch das äußerste Entgegenkommen Preußens in dem Kampf gegen den Hermesianismus (→ Hermes, 1) konnte den Hauptkonflikt nicht mehr verhüten. Droste-Vischering benutzte sein Aufsichtsrecht rücksichtslos und setzte die zukünftigen Geistlichen seines Sprengels unter schärfsten Druck, um sie am Besuch der suspekten Vorlesungen an der kath.-theol. Fakultät in Bonn zu hindern. Von der Regierung darin unterstützt, die die hermesianischen Professoren fallen ließ, suchte der Erzbischof seine Position noch zu verbessern, indem er den Theologen die Unterschrift unter 18 Thesen abforderte, die sie ihm völlig auslieferte und jeden Appell an die Staatsgewalt ausschloß. Der Streit war unausgetragen, als die Katastrophe hereinbrach. - Als der Erzbischof alle Ausgleichsverhandlungen scheitern ließ und dem Domkapitel und der Öffentlichkeit bevorstehende Gewaltmaßnahmen des Staates gegen ihn ankündigte, was große Unruhe hervorrief, fand die Regierung keinen anderen Ausweg, als Droste-Vischering am 20.11.1837 verhaften und nach Minden abführen zu lassen. Ein gerichtliches Verfahren fand nie statt. - Der Papst stellte sich alsbald hinter den Erzbischof, und auch die öffentliche Meinung nahm sich der Sache an. Unter den damals über 300 Schriften ragen bes. J. → Görres' »Athanasius« (1837) und »Die Triarier H.Leo, Dr. P.Marheinecke, Dr. K. Bruno« (1838) hervor, während die preußisch-prot. Verteidigungsschriften wenig Eindruck machten. Der Streit konnte erst nach dem Regierungsantritt Friedrich Wilhelms IV. beigelegt werden und endete mit einer völligen Niederlage Preußens. Droste-Vischering bekam in dem bisherigen Speyrer Bischof Joh.v. → Geissel einen Koadjutor und nach seinem Tod (1845) den Nachfolger. Die Zurückziehung aller bisher für die gemischten Ehen erhobenen Forderungen und die Errichtung einer kath. Abteilung beim preußischen Kultusministerium vollendeten den Sieg der römischen Kirche. Die Vorgeschichte des → Kulturkampfes hatte ihren ersten Abschnitt erreicht.

RE V, 23ff; XXIII, 354f (ältere Lit.) - H.Schrörs, Die Kölner Wirren (1837). Studien zu ihrer Gesch., 1927 - R.Amelunxen, Das Kölner Ereignis, 1952 - F.Schnabel, Dt. Gesch. im 19.Jh. IV, 1955², 106ff - K.Bihlmeyer-H.Tüchle, KG III, 1956¹⁸, 330 (neuere Lit.). *K.G.Steck*

Köngener Bund → Jugendbewegung: II, 2.

König, 1. *Johann Friedrich* (1619-64), * in Dresden, zunächst PDoz. in Wittenberg, wurde 1649 Hofprediger der Königin Christine in Stockholm, 1651 Theologie-Prof. in → Greifswald und im selben Jahre mecklenburgischer Sup., 1659 zugleich Prof. in → Rostock. K.s Hauptwerk »Theologia positiva acroamatica synoptice tractata« (1664) ist eines der meistgebrauchten dogmatischen Lehrbücher der luth. → Orthodoxie (1775¹⁴) und weist ihn als einen ihrer wirksamsten Vertreter aus. Er stand → Hülsemann nahe. K.s besondere Bedeutung besteht darin, daß er dem (schon seit ca 1625 nachweisbaren) Lehrstück von der → Unio mystica seinen festen Platz im luth. Lehrsystem verschafft hat. Er hat dabei die Unio mystica nicht von → Rechtfertigung und → Wiedergeburt trennen wollen, sondern versucht, Rechtfertigung und Unio mystica (und alle Stadien der → Heilsordnung) so eng wie möglich miteinander zu verbinden (Berufung, Bekehrung, Erneuerung usw alles »actus praecipui« der »gratia spiritus sancti applicatrix«).

ADB XVI, 515f - E.Weber, Der Einfluß der prot. Schulphilos. auf die orth.-luth. Dogmatik, 1908, 35ff u.ö. - Ritschl IV, 116 u.ö. - Elert I, passim. *F.Lau*

2. *Samuel* (1670-1750), schweiz. Theologe, * in Gerzensee/Kt. Bern, † in Bern. Seit 1693 Oberspitalprediger in Bern, verhalf K. durch seinen Übertritt dem zunächst von ihm bekämpften Pietismus in Bern zum Siege. Doch erweckte die Forderung persönlicher Religion sehr bald das Mißtrauen der von der orthodoxen Geistlichkeit aufgewiegelten Obrigkeit. Auch K., der auf einer Studienreise nach England von den Gedanken der Jane → Leade und der »Philadelphischen Sozietät« J.W. → Petersens erfaßt worden war, wurde wegen seines mystischen Chiliasmus, aber auch wegen der Forderung, ein Prediger müsse bekehrt und dies müsse an seinem Leben abzulesen sein, angeklagt, aus dem geistlichen Stand ausgeschlossen und aus der Stadt verbannt. Er wanderte ruhelos durch Deutschland, geriet in Herborn in enthusiastische, kirchenfeindliche Kreise, in Berleburg unter separatistische Strömungen, dann erneut unter den Einfluß Petersens, so daß ein Versuch der Rückkehr nach Bern 1711 scheiterte. Schließlich wurde er französischer Hofprediger des Grafen von Isenburg in Büdingen. 1730 konnte er endlich, ohne predigen und lehren zu dürfen, nach Bern heimkehren. Dort war er Prof. für orientalische Sprachen und Mathematik.

RE X, 620ff - W.Hadorn, Gesch. des Pietismus in den schweiz. ref. Kirchen, 1902 - P.Wernle, Der schweiz. Protestantismus im 18.Jh. I, 1923. *H.Hohlwein*

Koeniger, *Albert Michael,* kath. Theologe, * 23.2.1874 in Lauingen, † 29.8.1950 in Augsburg, lehrte in München (1907), Bamberg (1911), Braunsberg (1918) und seit 1919 in Bonn. K. begann als Kirchenhistoriker, kam aber über die Quellenanalysen seiner Burchard-Arbeit zur kirchlichen Rechtsgeschichte und dann zum → Kirchenrecht (: II A) überhaupt, das er sowohl geschichtlich wie dogmatisch, in Einzeluntersuchungen wie in Gesamtdarstellungen bedeutsam förderte.

Vf. u.a.: Burchard I. von Worms u. die dt. Kirche seiner Zeit (1000-1025) (Veröffentl. aus d. Kirchenhist. Seminar München II/6), 1905; Die Beichte nach Cäsarius von Heisterbach (ebd II/10), 1906; Die Sendgerichte in Deutschland I (ebd III/2), 1907; Qu. zur Gesch. der Sendgerichte in Deutschland, 1910; Grundriß einer Gesch. des kath. Kirchenrechts, 1919 (span. 1931); Grundzüge des kath. Kirchenrechts u. des Staatskirchenrechts, (mit F.Giese, 1924) 1949³; Kath. Kirchenrecht, 1926 (span. 1932); Die neuen dt. Konkordate u. Kirchenverträge mit d. preuß. Zirkumskriptionsbulle (Kanonist. Studien u. Texte 7), 1932; Die Eheprozeßordnung für die Diözesangerichte (ebd 11), 1937; Die Erneuerung des Sendgerichts in der Diözese Fulda 1835 (ebd 15), 1938; Die Bilder am romanischen Kirchenportal in Großen Linden, 1947; Die Rätsel des romanischen Pfarrhoftores in Remagen, 1947. *H.Barion*

Königgrätz (Hradec Kralové), *Bistum* in Böhmen, anstelle des in den Hussitenkämpfen untergegangenen Bistums Leitomischl durch Ferdinand III. als Suffraganat von → Prag 1664 ins Leben gerufen und 1784 durch → Joseph II. um einige zur Erzdiözese Prag gehörende Kreise vergrößert. Bischöfe waren u.a. Joh.Leopold v. Hay (1780-94), der »österreichische Fénélon«, und der ebenfalls josephinisch gesinnte Maria Thadd. v.Trautmannsdorff (1795-1815), nachmaliger Erzbischof von → Olmütz und Kardinal. - Statistik (1949): 1263 Kirchen, 477 Parochien, 612 Welt- und 50 Ordenspriester, 1 Priesterseminar, 10 männliche Ordensniederlassungen mit 66, 71 weibliche Ordensniederlassungen mit 729 Mitgliedern. 913 606 Katholiken unter 1 294 702 Einwohnern (nach AnnPont 1959, 264).

F.Beneš, Das soziale Wirken d. kath. Kirche in der Diözese K., Wien 1897 - KL VII, 920ff - CathEnc VIII, 688; Suppl. 382f - LThK VI, 130f - EC VI, 1489. *† K.Völker (G.Maron)*

Königsberg, *Universität,* von Herzog → Albrecht von Preußen am 24.10.1541 zunächst als Partikularschule und im Juli 1544 als Universität mit 4 Fakultäten und 11 Professuren gegründet. Die ersten Statuten wurden 1546 nach dem Vorbilde → Wittenbergs erlassen. Der Name »Albertina«, zuerst 1744 vorkommend, wurde erst im 19.Jh. üblich. War die Ausbildung von Pfarrern und Beamten für das Herzogtum die nächste Aufgabe der Hochschule, so war sie doch ebenso für die ev. Jugend der Länder Ostmitteleuropas, insbesondere Polens und Litauens, gedacht. Die geistliche Versorgung der polnisch, litauisch und zT noch preußisch sprechenden Bevölkerung Preußens war dem Herzog ein besonderes religiöses Anliegen. Seit 1718 bzw. 1728 dienten das Litauische und das Polnische Seminar zur Ausbildung der Pfarrer, die diese Sprachen beherrschten. Die Universität begann 1544 mit 314 Studenten, darunter vielen Pommern und - aus nichtdeutschen Völkern - Polen, Litauern und Ungarn. Doch nach einigen Jahrzehnten wurde die Albertina zur reinen Landesuniversität und blieb es betreffs der Studenten, außer zZ des Dreißigjährigen Krieges, bis in das 20.Jh. Georg Sabinus (Schuler, 1508-60), der dem Lehrkörper von 1544-54 angehörte, war erster Rektor, Stanislaus Rapagelan († 1545), ein litauischer Adliger, der erste Theologie-Prof.

Hatte die neue Gründung von Anfang an unter persönlichen Streitigkeiten der Professoren gelitten, so wirkte sich der Osiandersche Streit verheerend aus. Zunächst hatte ein strenges Luthertum gegolten, vertreten vor allem durch F. → Staphylus († 1564). A. → Osiander, dessen Predigt in Nürnberg 1523 die Wendung des damaligen Deutschordens-Hochmeisters Albrecht zur Lehre Luthers herbeigeführt hatte, wurde 1549 nach K. berufen und löste durch seine Abweichungen von Luthers Rechtfertigungslehre sogleich einen Streit aus, der über seinen Tod (17.10.1552) hinaus andauerte. Da Albrecht ihm die Treue hielt, wurde nicht nur die Universität in eine Mehrheit von Anhängern und eine Minderheit von Gegnern Osianders zerrissen, sondern auch der Herzog wie das ganze Land davon erschüttert. Nach 1566 herrschte in K. wieder eine strenge Orthodoxie. Die schlechte wirtschaftliche Lage der Universität machte es fast unmöglich, wertvolle Lehrkräfte von auswärts zu berufen, so daß sich der Lehrkörper nun bis zum 19.Jh. fast ganz aus dem Lande ergänzte. - Die Verwaltung des Herzogtums durch die Kurfürsten von → Brandenburg (: II) anstelle des geisteskranken Herzogs Albrecht Friedrich hatte der Universität neben allgemeiner Förderung auch einen Ausbau der philosophischen Fakultät eingebracht. Nachdem aber Kurfürst Johann Sigismund 1618 Herzog von Preußen geworden war, tauchten durch das calvinistische Bekenntnis des Fürsten wie seiner Nachfolger beträchtliche Schwierigkeiten auf. Von allgemeinerer Bedeutung war um die Mitte des 17.Jh.s der → Synkretistische Streit, in dem der Theologe und Orientalist C. → Myslenta (1588-1653), ein Preuße polnischer Sprachzugehörigkeit, und A. → Calov (1612-86, 1640-43 Prof. in K.), unterstützt von den Ständen, die Orthodoxie, Chr. → Dreier (1610-88, seit 1644 in K.), J.Behm († 1648) und sein Sohn Michael († 1650) sowie J.Latermann (1620-62), ein Schüler von → Calixt, den Synkretismus vertraten. - Der dann vorherrschende Aristotelismus wurde durch den → Pietismus verdrängt, dessen erster Vertreter H. → Lysius (1670-1731, seit 1702 Prof. in K.), dessen bedeutendste Repräsentanten G.F. → Rogall (1701-33, seit 1725 in K.) und F.A. → Schultz (1692-1763, seit 1731 in K.), beide Schüler → Franckes, waren, während die Orthodoxie von J.J. → Quandt (1686-1772) vertreten wurde. Hinter den Pietisten standen König Friedrich Wilhelm I. und das Vorbild der Universität → Halle. - Mit dem Beginn des 18.Jh.s fanden die Naturwissenschaften, die von den Theologen im 16.Jh. vor allem im Bereiche der Astronomie, seit dem 17. in der Erforschung der heimatlichen Natur mitvertreten worden waren, den Anschluß an die allgemeine Entwicklung. Auch die Kameralistik fand Eingang, und das erwachte historische Interesse schlug sich in den kirchengeschichtlichen Werken D.H.Arnolds (1706-73), eines Schülers von Schultz, nieder (Historie der Königsbergischen Universität, 1746-69; Kurzgefaßte KG des Königreichs Preußen, 1769). - Wie F.A.Schultz in Halle Schüler Franckes und Chr. → Wolffs gewesen war, so ließ er auch in K. dem → Rationalismus einen gewissen Raum, so daß dieser seit den späten 30er Jahren einen wachsenden Einfluß ausübte.

Hatte die Universität in rd 200 Jahren ihres Bestehens trotz aller Armut und inneren Kämpfen dem Lande eine Bildungsschicht gegeben, aber immer weniger über die Grenzen Preußens hinausgewirkt, so trug Immanuel → Kant (seit 1755 Dozent, seit 1770 Prof.) ihren Ruhm in die Welt hinaus. Doch die Albertina im ganzen wandelte sich nur langsam. Reformen des Jahres 1790 galten vor allem der philosophischen Fakultät. Chr.J.Kraus (1753-1807, seit 1780 Prof. in K.), ein Schüler Kants, begründete das Studium der Staatswissenschaften. Der Plan, eine kath.-theol. Fakultät zu schaffen, wurde durch den Ausbau der Akademie → Braunsberg hinfällig. Reformpläne des Jahres 1805 suchten dem Verfall der Universität, dem Mangel an Instituten und Kliniken abzuhelfen. Der Zusammenbruch → Preußens 1806 verhinderte ihre Verwirklichung. - Mit den Reformen des preußischen Staates und seiner Bildungsanstalten setzte auch die Erneuerung der Albertina ein, gefördert von dem Altphilologen J.W.v. → Süvern (1775-1829, 1807/1808 Prof. in K.) und H.L. → Nicolovius, dem Reorganisator der Universitäts-Bibliothek, im preußischen Kultusministerium sowie von dem Kurator (seit 1806) H.J.v.Auerswald (1757-1833), die alle dem Kreise der preußischen Reformer angehörten. - Von jetzt an wurde für die Universität, die im 19.Jh. kaum einmal über 900 Studenten hatte, bezeichnend, daß jüngere Gelehrte in ihr ihren Ruf begründeten, um dann an größere Universitäten zu gehen, oder daß (nach einem Wort G.v.Selles) Männer der »zweiten Generation« an ihr für die Dauer wirkten. Bedeutende Mediziner blieben oft, da ihnen der ganze Nordosten Europas als Wirkungsraum offenstand. Die Naturforscher K.E.v.Baer (1822-29) und H.Helmholtz (1849-55), der Germanist K.Lachmann (1818-25) sind in K. gewesen. J.F. → Herbart lehrte 1808-33 und K.Rosenkranz seit 1833 bis zu seinem Tode 1879 auf dem Lehrstuhl Kants. - In der Theologie trat im 19.Jh. der Rationalismus gegenüber der neuen Orthodoxie und der → Vermittlungstheologie in den Hintergrund; dann schuf sich die moderne theologische Wissenschaft in allen Disziplinen Raum. Unter den Theologen ragte der Neutestamentler B. → Weiß (1827-1918, 1857-63 in K.) hervor. Als Kirchenhistoriker gehörte D. → Erdmann (1821 bis 1905) der Universität von 1856-64 an. - Nach den erregenden theologischen Kämpfen des 16.-18.Jh.s bewahrte sich die Albertina, sieht man von Kant und seiner Auswirkung ab, bei gleichmäßigem Anschluß an den Fortgang der Wissenschaft einen konservativen Grundzug. Das galt auch für die Studenten, die weder in den Orden und Landsmannschaften des 18.Jh.s noch in der burschenschaftlichen Bewegung eine extreme Haltung zeigten.

Die Abtrennung → Ostpreußens vom Reich 1919 schuf auch für die Universität eine neue Lage. Sie wurde durch die Berufungspolitik der preußischen Hochschulverwaltung gemeistert, die bedeutende Gelehrte nach K. führte, um der Albertina eine überprovinzielle, zugleich in die → baltischen Länder ausstrahlende Anziehungskraft zu geben. Die nationalsozialistische Hochschulpolitik nach 1933 zerstörte diese Ansätze. Im Juli 1944 feierte die Albertina ihr 400jähriges Bestehen. Im Jan. 1945 wurde sie wegen des Herannahens der Sowjettruppen nach Greifswald verlegt. Mit dem Verlust Ostpreußens war auch sie für die deutsche Wissenschaft verloren.

RGG[3] III, 1128ff - E.Wermke, Bibliogr. der Gesch. v. Ost- u. Westpreußen, 1933, fortges. in: Altpreuß. Forschungen 8ff, 1931ff - Ders., Bibliogr. der Gesch. v. Ost- u. Westpreußen für die Jahre 1939-51, 1953 - Ders., dass. für die Jahre 1952-56, 1958 - G.v.Selle, Gesch. der Albertus-Univ. zu K. in Preußen, (1944) 1956[2] (Lit.).

E.Maschke

Königsberger Religionsprozeß (*»Muckerprozeß«* ist unscharf, da der Name »Mucker« in Königsberg sowohl auf die Pietisten als auch auf die Anhänger des Kreises um J.W. → Ebel angewandt wurde). Heiligung der Seele und innere Reinigung war das ethische Ziel der (als System nur wenigen anvertrauten) dualistischen Theosophie J.H.Schönherrs, die Ebel und Heinr.Diestel als Seelenführer (Beichtpraxis; »Lichtnaturen« als Mystagogen der »Finsternisnaturen«) eines Kreises von Erweckten (→Erweckung: I, 5b) pflegten, bis 1826 in Gemeinschaft mit Pietisten wie H.Olshausen. Ein Ministerialreskript gegen separatistische Richtungen führte 1825 die Trennung der luth.-pietistisch Gesinnten von Ebels theosophischem Kreis herbei. Die in dem 1835 begonnenen Prozeß von einem ausgetretenen Mitglied, dessen Glaubwürdigkeit nicht in Zweifel gezogen wurde, gegen Ebel erhobenen, in der Tagespresse vergröberten Anschuldigungen sexueller Verirrungen erwiesen sich als nicht stichhaltig, doch wurden Ebel und Diestel 1839 vom Amt suspendiert. Ebel sollte wegen Sektenstiftung gefangengehalten werden. Unter Friedrich Wilhelm IV. wurde 1841 vom Oberappellationssenat nur die Amtsentsetzung wegen Irrlehre bestätigt. Auf längere Zeit blieb auch der Pietismus in Königsberg diskreditiert.

Außer der Lit. zu → Ebel: E.v.Hahnenfeld, Die relig. Bewegung zu Königsberg, 1858 - E.Graf v.Kanitz, Aufklärung nach Aktenquellen..., 1862 - Ders., Ein Mahnwort..., 1868 - Ders., Historischer Auszug..., 1869 - NDB III, 665f (Diestel).

E.H.Pältz

Königsbücher

1. Name, Stellung im Kanon und Zweiteilung - 2. Inhalt und Darstellungsweise - 3. Verfasser und Entstehungszeit - 4. Quellen - 5. Zweck und Leitgedanken

1. Die beiden K., die im jüdischen Kanon des AT am Ende der »vorderen Propheten« ihren Platz haben, stellen die Geschichte → Israels (: I) und → Judas vom Tode → Davids bis zum babylonischen → Exil dar. Sie bilden die unmittelbare Fortsetzung der → Samuelbücher, mit denen sie, wie das Hereinragen der »Thronfolge-Erzählung« aus 2Sam in die K. (1Kön 1. 2) zeigt, einen ursprünglichen literarischen Zusammenhang bilden. In der LXX und Vulg. sind die K. mit den Samuelbüchern denn auch zu einem größeren Ganzen zusammengefaßt, den vier Büchern der »Königsherrschaften« (βασιλειῶν; Vulg. nach dem hebr. m[e]lakîm richtiger: regum). Wie die Samuelbücher bildeten die K. im jüdischen Kanon ursprünglich ein einziges Buch. Die an recht ungeschickter Stelle vorgenommene Zweiteilung ist erst gegen Ende des MA aus der Vulg. in den hebr. Kanon eingedrungen (erstes bekanntes Beispiel: eine Hs. aus dem Jahre 1448).

2. Ihrem *Inhalt* nach lassen sich die K. in drei Hauptteile gliedern: Salomo (1Kön 1 bzw. 3 - 11); Israel und Juda bis 722 vChr (1Kön 12 - 2Kön 17); Juda bis 587 bzw. 561 vChr (2Kön 18-25). Nach der ausführlichen Behandlung der Geschichte → Salomos wird die ganze weitere Geschichte recht summarisch dargestellt, doch so, daß jeder König einen eigenen Abschnitt erhält. Dadurch wird die Darstellung im 2. Hauptteil etwas unübersichtlich: Die beiden Königsreihen werden in der Weise ineinander verflochten, daß die Abschnitte über die Könige beider Reiche nach der Folge ihrer Regierungsantritte aneinandergereiht sind. - Als Gerüst der Darstellung dienen stereotype *Rahmensätze*, die, ähnlich wie im → Richterbuch, die einzelnen Abschnitte einleiten und abschließen. Die Einleitungsformel, die bei Salomo, Jerobeam I. und Jehu fehlt, weil über deren Regierungsantritt ausführlicher berichtet wird, enthält a) die Datierung des Regierungsantritts durch einen Synchronismus mit dem Nachbarreich (dieses Element fehlt natürlich im 3. Hauptteil, also bei den judäischen Königen von Manasse an), b) eine Notiz über Regierungsdauer und Residenz, c) ein Urteil über die Frömmigkeit des Königs und seine Stellung zum Kult. Dazu kommt bei den judäischen Königen die Angabe des Antrittsalters und die Nennung der Königinmutter. Die Abschlußformel, die bei den judäischen Königen Ahasja, Joahas, Jojachin und Zedekia und den israelitischen Königen Joram und Hosea aus mehr oder minder durchschaubaren Gründen fehlt, enthält a) einen Hinweis auf Quellen, in denen mehr über den betr. König zu finden ist (nicht selten mit Andeutungen über die Art des dort Mitgeteilten), b) eine Notiz über den Tod und den Ort der Beisetzung und c) die Nennung des Nachfolgers. Diese Rahmensätze beherrschen den Aufbau der K. so sehr, daß man sie wohl vom Verfasser der K. bzw. ihrem Hauptredaktor herzuleiten hat, freilich mit der Einschränkung, daß Teile ihres Inhalts (vor allem die Zahlenangaben [vgl. dazu → Israel: II]) und möglicherweise auch einige Formulierungen aus den verarbeiteten Quellen stammen. Anderes aber, so die Quellenhinweise und die Beurteilung der Könige, ist sicher vom Verfasser der K. frei formuliert. - Innerhalb des Rahmens stehen neben ausführlicheren erzählenden Stücken, unter denen eine Reihe recht umfangreicher Prophetenerzählungen und -erzählungskränze (→ Elia, → Elisa) hervorzuheben ist, allerlei knappe Notizen recht konkreten Inhalts über Kriege, Handelsbeziehungen, Bautätigkeit der Könige u.dgl. Daß alle diese Stoffe vom Verfasser der K. nicht frei formuliert, sondern von ihm seinen Quellen entnommen sind, liegt auf der Hand. Die Hauptaufgabe der literarischen Analyse der K. ist demnach die richtige Bestimmung des Verhältnisses von Quellen und Redaktion zueinander.

3. Die *Entstehungszeit* der K. und der geschichtliche Standort ihres Verfassers lassen sich mit Hilfe der Beurteilung der einzelnen Könige in den Rahmensätzen recht sicher bestimmen. Allen Königen des Nordreichs wird dort der Vorwurf gemacht, daß sie in der »Sünde Jerobeams« beharrten, dh die von → Jerobeam I. als Konkurrenten → Jerusalems (: II) installierten Staatsheiligtümer → Bethel und Dan beibehielten. Bei den Königen von Juda ist das Urteil etwas differenzierter: → Hiskia und → Josia erhalten wegen der von ihnen durchgeführten Kultreformen ein uneingeschränkt lobendes Urteil, während die übrigen Könige teils wegen ihres Jahwe mißfallenden Handelns getadelt, teils wegen ihres Jahwe wohlgefälligen Handelns gelobt werden, doch stets mit der Einschränkung, die »Höhen« (dh die alten Lokalheiligtümer) seien von ihnen nicht beseitigt worden. Der Maßstab, an dem die Könige beider Reiche gemessen werden, ist also der der Einheit und Reinheit des Kultus. Da das der Hauptforderung des → Deuteronomiums entspricht, ist der Verfasser dieser Beurteilungen (und damit der Rahmensätze und der K. überhaupt) als *deuteronomistisch* anzusprechen und nach der Reform Josias (622/21 vChr) anzusetzen. Da die Merkmale deuteronomistischen Stils und deuteronomistischer Gedankenwelt aber bis ans Ende der K. reichen, hat man bis nach 587 vChr bzw. wegen 2Kön 25, 27-30 bis nach 561 vChr herabzugehen. Dem entspricht es, daß sich in den K.n eine ganze Reihe deuteronomistisch formu-

lierter Hinweise auf das Exil findet (zB 1Kön 8, 46ff; 9, 6ff; 2Kön 21, 10ff). Andererseits enthalten die K. aber auch Sätze, die vor 587 formuliert sein müssen (zB 1Kön 9, 21), und 2Kön 22, 20 scheint sogar vor dem Tode Josias (609 vChr) formuliert zu sein. Diesem zwiespältigen Eindruck hat man dadurch gerecht zu werden gesucht, daß man *zwei* deuteronomistische Redaktionen unterschied, deren erste man zwischen 622 und 609 vChr und deren zweite man nach 561 vChr ansetzte (Jepsen nimmt sogar drei Redaktionen an). Aber es liegt näher, jene vor dem Exil formulierten Sätze nicht dem Verfasser bzw. einem Redaktor der K., sondern den diesem vorliegenden und von ihm wörtlich zitierten Quellen zuzuschreiben, so daß man mit der Annahme *eines* Deuteronomisten auskommt, der kurz nach 561 vChr (jedenfalls, da die Exilswende noch außerhalb seines Gesichtskreises liegt, vor 538 vChr) anzusetzen wäre. Dieser »Deuteronomist« ist nach Noths Erkenntnissen nicht als Redaktor eines ihm schon vorliegenden Werkes, sondern als der selbständig arbeitende Verfasser des sog. → Deuteronomistischen Geschichtswerkes anzusprechen. Die K. bilden den letzten Hauptteil dieses mit dem Dtn beginnenden Werkes.

4. Daß der Deuteronomist sich auch in den K.n nicht nur als Redaktor betätigt hat, der eine ihm vorliegende Darstellung lediglich in seinem Sinne überarbeitet hätte, sondern als ein planmäßig arbeitender Autor, der anhand ihm vorliegenden Materials eine Gesamtdarstellung selbständig schuf, läßt sich an seiner Behandlung der *Quellen* erkennen. Nach Ausweis der Quellenhinweise hat er aus ihnen nur das gebracht, was ihm für seine Zwecke (s. 5) wichtig erschien, und für alles andere auf die Quellen selbst verwiesen. Drei Quellen werden von ihm ausdrücklich zitiert: Das Buch der Geschichte Salomos (1Kön 11, 41) und die »Tagebücher« (sepær dibrê hajjamîm) der Könige von Juda bzw. Israel. Da die »Tagebücher« jeweils bis nahe an den Untergang der beiden Reiche zitiert werden (2Kön 15, 31 bzw. 24, 5), darf man annehmen, daß sie die ganze Geschichte Israels bzw. Judas dargestellt haben. Bei diesen »Tagebüchern« handelt es sich gewiß nicht um die laufend geführten amtlichen Annalen der Könige, sondern um nichtamtliche Darstellungen auf Grund der offiziellen Aufzeichnungen (und anderer Quellen); das ergibt sich aus den Formulierungen der Quellenhinweise, in denen vorausgesetzt wird, daß die »Tagebücher« jedermann zugänglich sind. Über ihren Inhalt läßt sich den Quellenhinweisen einiges entnehmen. Danach war in ihnen die Rede von Kriegen (1Kön 22, 46 u.ö.), Verschwörungen (1Kön 16, 20 u.ö.) und der Bautätigkeit der Könige (1Kön 22, 39 u.ö.), so daß man voraussetzen darf, daß die inhaltlich ganz entsprechenden geschichtlichen Notizen, die der Deuteronomist bringt, den »Tagebüchern« entnommen sind. Anderes hingegen, so vor allem die Prophetenerzählungen und -erzählungskränze, stammt sicher nicht aus den »Tagebüchern«, sondern aus anderen, uns unbekannten Quellen. Der zuletzt von Hölscher und Eißfeldt unternommene Versuch, ein Fortlaufen der Pentateuchquellen bis in die K. hinein wahrscheinlich zu machen, hat nicht zu überzeugenden Ergebnissen geführt (→ Deuteronomistisches Geschichtswerk).

5. Die K. sind unter dem Eindruck der Katastrophen von 722 und 587 vChr entstanden. Den Sinn dieser Ereignisse theologisch zu deuten, ist die *Absicht* des Verfassers. Hatte er in den vorangehenden Teilen seines Werkes (→ Deuteronomistisches Geschichtswerk) die Geschichte Israels bestimmt gesehen vom ständig wachsenden Ungehorsam des Volkes gegen »das Gesetz« (dh für ihn: das Dtn), so erscheint (wohl auf Grund der Rolle → Josias bei der Einführung des Dtn) in den K.n das → Königtum als die für die Einhaltung des Gesetzes verantwortliche Größe. Da sich für den Deuteronomisten im Gefolge des Dtn der Gehorsam in der Frage der Kultuseinheit und -reinheit konkretisierte, war der Untergang des Nordreichs für ihn mit der »Sünde Jerobeams« von vornherein besiegelt (1Kön 14, 16 u.ö.). Juda aber stand unter der Verheißung Jahwes, der Dynastie → Davids ewigen Bestand zu geben (2Sam 7, 11b. 16). Der Deuteronomist rückt diese Verheißung indessen unter die Bedingung des Gehorsams gegenüber dem »Gesetz« (1Kön 9, 1-9), so daß sie das durch den Ungehorsam auch der judäischen Könige verdiente Gericht zwar hinauszögern (1Kön 11, 13; 15, 4; 2Kön 8, 19), es aber auf die Dauer nicht verhindern kann. So sieht der Deuteronomist die → Geschichte (: I) bewegt vom verheißenden und drohenden Jahwewort. Dieses Korrespondenzverhältnis zwischen Geschichte und Gotteswort weist er im einzelnen durch zahlreiche ausdrücklich vermerkte Übereinstimmungen zwischen Prophetenworten und ihrer Erfüllung nach (vgl. zB 1Kön 15, 29 mit 14, 6ff; 2Kön 24, 2 mit 21, 10ff).

Kommentare: I.Benzinger, 1899 (KHC); R.Kittel, 1900 (HK); H.Gressmann, (1910) 1921^{2} (SAT); O.Eissfeldt, 1922 (HSAT); J.A.Montgomery-H.S.Gehman, 1951 (ICC). - I.Benzinger, Jahvist u. Elohist in den K.n (BWANT II, 2), 1921 - G.Hölscher, Das Buch der Könige, seine Quellen u. seine Redaktion (Eucharisterion, H.Gunkel dargebracht, 1923, I, 158-213) - Ders., Geschichtsschreibung in Israel, Lund 1952 - Noth, ÜSt - G.v.Rad, Deuteronomium-Studien (FRLANT NF 40), (1947) 1948^{2}, 52ff - W.Rudolph, Zum Text der K. (ZAW 63, 1951, 201-215) - A.Jepsen, Die Quellen des Königsbuches, (1953) 1956^{2}. - Vgl. ferner die Einl.en in das AT von C.Steuernagel, 1912; O.Eissfeldt, (1934) 1956^{2}; A.Weiser, (1939) 1957^{4}. - Weitere Lit. s. → Israel: II, → Elia, → Elisa. *R.Bach*

Zur *Auslegungsgeschichte* (s. auch → Schriftauslegung: IV):

Qu.: 3.Jh.: Origenes (MPG 17). - 4.Jh.: Ephräm (Opera syriaca I, Rom 1737, 439-567). - 5.Jh.: Cyrill v. Alex. (MPG 69) - Theodoret v. Cyrus (MPG 80) - Ps.-Hieronymus (MPL 23; zu 1Kön 1, 6 - 7, 14). - 6.Jh.: Prokop v. Gaza (MPG 87, 1). - 7.Jh.: Isidor v. Sevilla (MPL 83). - 8.Jh.: Beda Venerabilis bzw. Ps.-Beda (MPL 91 bzw. 93). - 9.Jh.: Claudius v. Turin (MPL 50 [Ps.-Eucherius v. Lyon] u. 104) - Hrabanus Maurus (MPL 109) - Angelom v. Luxeuil (MPL 115). - 12.Jh.: Rupert v. Deutz (MPL 167) - Hugo v. St. Viktor (MPL 175). - 15.Jh.: Alphonsus Tostatus (Opera, Venedig 1728, Bd 14. 15). - 16.Jh.: Thomas de Vio (Cajetan), Rom 1533 - Victorin Strigel, Leipzig 1569 - Petrus Martyr Vermigli, Zürich 1571 - Hieronymus Weller, Leipzig 1702 (Opera omnia). - 17.Jh.: Nik.Serarius SJ, Lyon 1613 - Cl.Rangolius OFM, Paris 1621 - Caspar Sanctius SJ, Lyon 1623 - H.L.Castanaeus, 1626 - Fr.Ulyssiponensis, Köln 1628 - Ludw. de Vera, Lima 1653 - Matth. a Corona, Lyon 1662-66 - L.Matina OSB, 1675 - Frans Burman, Amsterdam 1683. - 18.Jh.: J.-J.Duguet, Paris 1738. *W.Werbeck*

Königtum Gottes im AT (K. = König). Der Glaube an das K.tum Gottes fehlt in weiten Teilen des AT: in der → Weisheitsdichtung, mit geringen Ausnahmen in den Geschichtserzählungen wie in der Prophetie außer in Jes 6, 5, in den Fremdvölkerreden des → Jeremiabuches und bei Dtjes. Häufiger begegnet er nur in der Kultlyrik einschließlich Ex 15, 18, vor allem in den sog. Thronbesteigungspsalmen (→ Psalmen: I). Dies Fehlen ist um so verwunderlicher, als der Glaube an das K.tum eines Gottes (für Marduk vgl. → Babylonien: II, 7) in der gesamten Umwelt des AT nach Ausweis zahlreicher Götter- und Menschennamen und (für Palästina-Syrien) durch die → Ugarit-Texte allgemein verbreitet war (→ Königtum, sakrales). Die Gründe für die geschilderte Zurückhaltung müssen vielmehr im Jahweglauben selbst liegen. - Die *Ablehnung des kanaanäischen Stadt-K.tums* (Ri 9, 8ff; vgl. auch Gen 37, 8) wirkte selbst dort einer Übertragung des K.stitels auf Jahwe entgegen, wo seine Herrschaft zu der eines menschlichen Regenten in Kontrast trat (Ri 8, 23 mašăl, nicht malăk). Erst das → deuteronomistische Geschichtswerk stellt dem menschlichen den göttlichen K. entgegen (1Sam 8, 7; 12, 12). Der Bundesschluß wird nur Dtn 33, 5 als Antritt seiner K.s-herrschaft (über Ješurun) gefeiert. Noch in der späten Liturgie Jes 33, 22 steht im Nachhall älterer Formulierungen der K.stitel erst hinter dem des šofeṭ (vgl. Ps 7, 12 u.ö.) und des m^e^ḥoqeq (vgl. Dtn 33, 21). Zwischen der Selbstprädikation Mal 1, 14 und Dan 4, 34 verschwindet er, vielleicht als Teil der von → Nehemia eingeleiteten Loyalitätspolitik gegenüber dem Perserkönig. Wenn für 1Chr 17, 14 u.ö.; 2Chr 9, 8; 13, 8 das K.tum Jahwes mit der Herrschaft des David und Salomo identisch ist, so lebt darin die Erinnerung, daß man in Juda den Davididen als Repräsentanten des himmlischen K.s ansah (→ Königtum in Israel, 3). – Die *antimythologische Grundhaltung* der Redaktoren des AT reagiert in der von ihnen getroffenen Auswahl aus den alten Traditionen gegen den polytheistisch-mythologischen Glauben an den göttlichen K. und formte ihn um. Gedanken wie die Schiedsmannrolle des K.s El zwischen den anderen Göttern in Ugarit sind zwar auch in Israel rezipiert worden und trotz aller monotheistischen Tendenzen lebendig geblieben: in den Vorladungen der heidnischen Götter zum Rechtsstreit vor den »K. in Jakob« (Jes 41, 21; vgl. 44, 6), in seinem Vergleich mit den ihn anbetenden anderen Göttern (Ps 97, 7. 9; vgl. 96, 5), den Heiligen des Höchsten, den Göttersöhnen (Ex 15, 11; Dtn 33, 2; Hab 3, 5; Sach 14, 5; Ps 82, 2; 89, 6; 95, 3). An ihrer Stelle stehen Jes 6, 2f dienende Wesen (ohne den K.stitel 1Kön 22, 19; Hi 1, 6). Aber auch auf diesem Gebiet wird der → Mythos (: III) historisiert. Wie in Dtn 33, 5 erscheint Jahwe als der Gott *Israels,* dem die t^e^rû'ā, die Akklamation als K. gilt (Num 23, 21 E, lies mălkô?), sowohl bei Dtjes (außer in Jes 41, 21; 44, 6 auch in 43, 15; 52, 7, in Sach 9, 9 auf den → Messias bezogen, vgl. Zeph 3, 15) als auch in Pss, zB dem »Donnerpsalm« 29, 10ff oder dem Volksklagelied 44, 5. Als Glied des Volkes, über das Jahwe K. ist, redet ihn der einzelne mit »mein K. (und mein Gott)« an (zB Ps 5, 3). In analoger geschichtlicher Einwurzelung wirkt sich das K.tum Jahwes aus in der Vernichtung der Völker, ihrer K.e (vgl. den Kontrast Jer 46, 17: 18 MT) und ihrer Götter (Jer 51, 57: 52), in der Unterwerfung der Heiden unter Israel (Ps 47, 3f) oder ihrer Vertreibung aus Palästina, dem Lande Jahwes (Ps 10, 16). In gleicher Weise vertritt die Schaffung Israels die Weltschöpfung (Ps 149, 2, vgl. pa'ăl Ex 15, 17) und der Durchzug durchs Meer den Drachensieg (Jes 51, 9f).

Am lebendigsten ist der Glaube an das Gott-K.tum Jahwes und zugleich seine Historisierung am Jerusalemer Tempel geworden. Für die Schau des K.s Jahwe → Zebaoth in Jes 6 mag unerörtert bleiben, ob (wie wohl bei der Thronwagenvision → Ezechiels) ein assyrisches Götterbild die unbewußte Anregung geboten haben könnte (Schrade). Der Name Jahwe Zebaoth haftet an der → Lade als dem aus → Silo übernommenen Jerusalemer Palladium. Ihren (erstmaligen oder jährlichen) Einzug (im Neujahrsritual?) verherrlicht Ps 24, 7ff, der auch durch den Lichtglanz, den kabôd, und die »Fülle« (m^e^lo'āh, als Schöpfungsterminus auch Ps 89, 12) mit Jes 6 verbunden ist. In Jerusalem ist der Wohnsitz des (Alu-)'Aeljôn (Gen 14, 18; → Melchisedek). Hier wurden dem »K.« die Kindesopfer dargebracht (2Kön 23, 10) und wurde die → Aschera, als Himmelskönigin die Gemahlin des Hochgottes (zB 2Kön 23, 4. 7; Jer 44, 17ff), verehrt (→ Jerusalem: II, → Himmlisches Jerusalem). 'Aeljôn, für den israelitischen Dichter seit David kein anderer als sein Jahwe, hat den Zion in gleicher Weise wie die Dynastie aus dem Stamme Juda erwählt und lieb gewonnen (Ps 132, 11. 13; vgl. 78, 68. 70; 87, 2; 89, 20f). Hier hat er seine Wohnung »geheiligt« (Ps 46, 5 LXX), die er wider die in den Feinden Israels historisierten Chaosmächte verteidigt. Hierher kehrt der K. Jahwe an der Spitze der Exulanten wieder heim (Jes 40, 10; 52, 7ff, vgl. Sach 2, 14ff) analog dem »Lichtglanz« von Ez 43, 1ff. Hier wird daher auch der zum Himmel gefahrene Gott-K. (Ps 47, 6) mit der Akklamation jāhwǣ malāk verherrlicht (Ps 93; 96–99). Ihr Sinn ist grammatisch (»ward K.« oder »ist K.«?) und kultisch (Thronbesteigungsfest am Neujahrstag [Mowinckel] – bei der Passafeier [Groß], am Bundeserneuerungsfest [Weiser]?) ebenso umstritten (→ Feste: II, 8) wie die Beziehung auf die Gegenwart oder die letzte Zeit (Gunkel) und die Datierung (vorexilisch? abhängig von Dtjes [Kraus]?). Für das Thronbesteigungsfest, dessen Ansetzung im wesentlichen an diesen Pss hängt, darf man nicht fragen, ob denn Jahwe erst am Fest hätte K. werden müssen, sowenig wie einen Christen bzw. einen Katholiken, wo Jesus am 39. Tage nach Ostern oder Maria am 14.8. als an den Vortagen ihrer Thronbesteigungsfeste sind. Sie »werden«, was sie »sind«. Was Marduk »ist«, der Drachensieger und Weltenordner, wird er an jedem 5. Nisan unter dem Jubelruf »Marduk šarru«. Was Jahwe »ist«, der Schöpfer und Herr Israels, der Götter-K. und Richter der Welt, wird er, indem er am Festtag als solcher ausgerufen wird. Die Wortstellung erklärt sich aus der polemischen Zuspitzung: *dieser* Gott (Marduk wie Jahwe) ist K. geworden! Er bleibt es bis zum letzten großen Ereignis am Ende dieser Weltzeit, das die Vollendung der Gottesherrschaft bringt. Ein Gegensatz gegen die verworfene Dynastie des David, an deren Stelle Jahwe nun selbst das K.tum an sich nähme (Kraus), ist nicht spürbar. Als das assyrische Reich vor den Mardukverehrern zusammenbrach, setzte man im Jerusalemer Neujahrsritual – anknüpfend an die alte Verherrlichung Jahwes als des 'Aeljôn – im Zusammenklang mit den Fremdvölkersprüchen bei Jer Marduks Sieg das glaubensstarke Bekenntnis zu Jahwes Welt-K.tum entgegen. Daß dies Fest nur wenige Jahre gefeiert werden konnte, erklärt, warum wir von ihm nur aus dieser Psalmengruppe Kunde haben. In ihnen konzentriert sich der Glaube an das K.tum Jahwes im AT als des Schöpfers des Kosmos und Israels, als des Herrn über die Kräfte und Mächte dieser und der anderen Welt, als des Mächtigen und Richtenden (→ Gericht Gottes: II, 2), das von ihm erwählte Volk aber »erlösenden« Gottes, der in sich die Züge des orientalischen Ideal-K.s, geläutert durch den Glauben an seine »Heiligkeit«, vereinigt (→ Gott: II).

Vgl. ThW I, 563ff (G.v.Rad) u. den Lit.-Bericht von J.J.Stamm, ThR NF 23, 1955, 1-68. – Die Werke von Engnell, Fraine, Johnson, Widengren (zum »göttl.« Charakter des israelit. K.s) s. → Königtum in Israel, → Königtum, sakrales). – Mowinckel II – Ders., Offersang og Sangoffer, Oslo 1951 – Ders., Zum israelit. Neujahr u. zur Deutung der Thronbesteigungspsalmen, ebd 1952 – O.Eissfeldt, Jahwe als K. (ZAW 46, 1928, 81-105) – Ders., El im ugarit. Pantheon (BAL 98, 4), 1951 – M.Buber, K.tum Gottes, (1932) 1956³ – H.S. Nyberg, Studien zum Religionskampf im AT (ARW 35, 1938, 329 bis 387) – Ders., Dtn 33, 2-3 (ZDMG 92, 1938, 320-344) – P.Humbert, La Terou'ah, analyse d'un rite biblique, 1946 – N.Snaith, The Jewish New Year festival, 1947 – H.Schrade, Der verborgene Gott, 1949 – M.Noth (→ Königtum, sakrales) – Ders., Die Heiligen des Höchsten (NTT 56, 1955, 146-161 = Ges. Studien zum AT [ThA 6], 1957, 274-290) – H.-J.Kraus, Die K.sherrschaft Gottes im AT (BHTh 13), 1951 – Ders., Psalmen (BK XV), 1957ff (197ff Lit. zu den Kulttraditionen Jerusalems, bes. zu den Jahwe malăk-Liedern) – A.Alt, Gedanken über das K.tum Jahwes (Alt I, 345-357) – J.Hempel, Glaube, Mythos u. Gesch. im AT, 1953 (= ZAW 65, 1953, 109-167) – Ders., AT u. Religionsgesch. (ThLZ 81, 1956, 259-280) – F.M. Cross jr. u. D.N.Freedman, The Song of Mirjam (JNES 14, 1955, 237; dazu J.D.W.Watts, VT 7, 1957, 371-380) – M.H.Pope, El in the Ugaritic Texts (VT Suppl. 2), 1955 – H.Schmid, Jahwe u. die Kulttraditionen von Jerusalem (ZAW 67, 1955, 168-197) – H.Gross, Läßt sich in den Psalmen ein »Thronbesteigungsfest Gottes« nachweisen? (TThZ 65, 1956, 24-40) – S.H.Hooke (Hg.), Myth, Ritual and Kingship, 1958 (darin: R.de Langhe, Myth, Ritual and Kingship in the Ras Shamra Tablets, 122-148; G.WIDENGREN, Early Hebrew Myths, 149-203; A.R.JOHNSON, Hebrew Conceptions of Kingship, 204-235) - A.WEISER, ATD XIV⁴, 1959, 42ff (zur Frage des Thronbesteigungsfestes) - V.MAAG, Malkut Adonaj (in: VT Suppl. 7, 1960). *J.Hempel*

Königtum in Israel

1. Vorgänger und Vorbilder - 2. Das K. im Reiche Israel - 3. Das K. im Reiche Juda - 4. Gemeinsame Züge - 5. Nachwirkungen

1. Wenn die deuteronomistische Überlieferungsreihe (1Sam 7, 3-17; 8, 1-22a; 10, 18-25a; 12; 15), die das K. in Israel sehr ungünstig beurteilt, seinen letzten Entstehungsgrund in dem Wunsche des Volkes sieht, die staatliche Organisation der Nachbarvölker nachzuahmen (1Sam 8, 5; vgl. Dtn 17, 14), so ist damit freilich die Zwangsläufigkeit des Übergangs der Israeliten von den demokratischen und aristokratischen Ordnungen ihres öffentlichen Lebens in der Frühzeit (Heergemeinden der → Stämme Israels, Älteste der Ortschaften) zur monarchischen Reichsbildung um die Wende vom 2. zum 1.Jt. vChr (→ Israel: I. II) nur sehr oberflächlich berührt, aber doch eine Frage aufgeworfen, die den Historiker beschäftigen muß: die Frage nach dem Einfluß etwaiger *Vorgänger* und *Vorbilder* auf das Zustandekommen und den Ausbau der neuen Institution. - Drei sehr verschiedene Arten von K. gab es damals in Israels Umgebung: 1. das auf der Herrschaft eines in der Regel fremdstämmigen kriegerischen Adels über die recht- und wehrlose Masse beruhende, daher dynastisch gebundene, nicht nationale K. der kanaanäischen *Städte*, das mindestens seit der Zeit der → Hyksos bestand, unter den Pharaonen des Neuen Reiches erhalten blieb, später jedoch an vielen Orten durch das Regiment der aristokratischen Oberschicht abgelöst wurde, als deren Geschäftsträger der Dynast hatte amtieren müssen (K. in Jos und Ri 5, Adelsherrschaft zB Jos 9, 3ff; 10, 2; Ri 8, 5ff; 9, 1ff; 2Sam 5, 6ff; vgl. → Kanaan: II); 2. das viel jüngere K. der mit Israel verwandten *Völker* des *Ostjordanlandes*, begründet auf die Heerbannfolge der Völkerschaft, also durchaus national, hingegen keineswegs immer dynastisch gebunden (vgl. die Königsliste der → Edomiter: Gen 36, 31ff); 3. das K. der uralten *Großreiche* am Nil, am Euphrat und Tigris, von denen bes. das ägyptische (→ Ägypten: I) mit seinen hochentwickelten Vorstellungen und Einrichtungen auch dann noch in Palästina als Vorbild wirkte, als die Oberhoheit der Pharaonen über die kleinen Dynasten des Landes bereits aufgehört hatte.

2. Die frühe Geschichte Israels in Palästina zeigt den mißlungenen Versuch einer Reichsbildung im Anschluß an das (erneuerte) K. einer kanaanäischen Stadt (Abimelech in Sichem: Ri 9); daß er scheiterte, kann bei dem absoluten äußeren und inneren Mißverhältnis der beteiligten Gruppen nicht überraschen. Dementsprechend fehlt denn auch bei der Gründung des Reiches → *Israel* (: I) unter → Saul jede Anknüpfung an den kanaanäischen Typus des K.s; vielmehr betont die beste Überlieferung über diesen Vorgang sicher zutreffend als konstitutive Faktoren die durch → Samuels Wort und Salbung vermittelte Designation (nagîd) und charismatische Begabung (→ Geist: II) des von Jahwe erwählten Individuums (1Sam 9, 1 - 10, 16) und ferner die das Versprechen dauernder Heerbannfolge einschließende Huldigung der Stämme Israels nach seiner ersten Bewährung in der militärischen Führerschaft (1Sam 11, 1-11. 15; 13-14; erst hier der profane Titel mælæk). Das K. im Reiche Israel ist somit von Hause aus ein auf die Initiative des Volksgottes zurückgeführtes und die freie Zustimmung des Volkes voraussetzendes Heer-K., zunächst ohne innenpolitische Befugnisse, ohne die Nötigung zu höfischem Ausbau und vor allem ohne dynastische Bindung, die ja der Unvererblichkeit des von Jahwe rein individuell verliehenen Charismas widerstreiten würde. Ein solches K. hat in Israel selbst bei den charismatischen Führergestalten der vorstaatlichen Zeit, den sog. großen → Richtern, seine Vorbilder; von den Institutionen der Nachbarreiche lassen sich nur die uns leider nicht näher bekannten der ostjordanischen Volksstaaten vergleichen. Etwas von diesem ursprünglichen Charakter hat das K. im Reiche Israel dauernd behalten, wenn auch die Preisgabe der nationalen Geschlossenheit durch die von → David herbeigeführte Einverleibung weiter kanaanäischer Gebiete (2Sam 24, 7; 1Kön 4, 9ff), die Zurückdrängung des Heerbannes der Stämme durch die von ihm und → Salomo vollzogene Übernahme unisraelitischen Berufskriegertums (Söldner, Wagenkämpfer; 2Sam 11, 11; 1Kön 5, 6. 8) und die immer stärker werdende Verflechtung in das palästinisch-syrische Staatensystem wesentliche Abbiegungen von dem Ideal zur Folge hatten. Das Fortwirken der ursprünglichen Konzeption gibt sich darin zu erkennen, daß die Bindung der Königswürde an ein Geschlecht erst spät und auch dann immer nur für verhältnismäßig kurze Zeit eintritt (Dynastien → Omris und → Jehus), daß vielmehr die radikale Beseitigung abgewirtschafteter Herrscherhäuser auf dem Wege der Revolution und Usurpation (meist kurz nach dem Tod des ersten aus dem betreffenden Geschlecht) zu den normalen Vorgängen in der Geschichte des israelitischen K.s gehört, und daß die Initiative zu solchen Umstürzen in der Regel Propheten, also letztlich Jahwe, zugeschrieben wird (1Sam 15; 2Sam 5, 2; 1Kön 11, 26ff; 12, 1ff; 14, 6ff; 15, 27ff; 16, 1ff; 19, 16; 21, 17ff; 2Kön 9f; 15, 10ff). So bleibt das K. hier sehr labil: es wandert von Stamm zu Stamm, bindet sich auch erst allmählich an eine Residenz (→ Samaria, abseits von den älteren Reichsheiligtümern durch Omri und → Ahab als Zentrum des Kanaanäertums neben der israelitischen Residenz → Jesreel errichtet; vgl. 1 Kön 16, 24; 21; 2Kön 8, 29; 9, 16ff) und bringt es vor allem zu keiner sicheren Überlegenheit den politischen Parteien gegenüber, die ihre Rivalitäten in der Form von Kämpfen um den Thron austragen, wie bes. die Revolutionsgeschichte der letzten 20 Jahre des Reiches mit erschreckender Deutlichkeit zeigt (vgl. Hos 7, 3ff; 8, 4. 10; 10, 3; 13, 10ff, wo überall das alte Ideal vorausgesetzt ist). Einer Krise des Reiches wie der assyrischen war dieses K. nicht gewachsen.

3. Ganz anders entwickelte sich das K. im Reiche → *Juda*. Daß sein Begründer David sich allmählich zum Herrn sämtlicher Staatsgebilde Palästinas zu machen wußte, nötigte zunächst ihn selbst zum Ausbau seiner Monarchie nach der Art eines Großreiches mit fester Residenz, die zugleich sakrales Zentrum sein mußte (→ Jerusalem: 2Sam 5ff), mit Beamten- und Söldnertum und mit fester Bindung der Herrschaft an sein Geschlecht (sein »Haus« von Jahwe erbaut: 2Sam 7, 11; »ewiger Bund«: 23, 5). Diesem K. aber hat man in Juda die Treue gehalten, auch nachdem von Davids Großreich nur noch Juda und der Stadtstaat Jerusalem übriggeblieben waren. Darum gibt es hier keine gottgewollte Revolution, keinen Dynastie- und keinen Residenzwechsel; sondern wenn einmal ein Hofputsch in Jerusalem (nur solche kommen vor) den Throninhaber beseitigt, so greift automatisch, ohne die besondere Initiative Jahwes abzuwarten, das »Volk des Landes« (Juda im Gegensatz zu Jerusalem) ein und erzwingt die Thronbesteigung des nach der familiären Erbfolge nächstberechtigten Davididen (2Kön 11; 12, 21f; 14, 19ff; 21, 23f; vgl. 23, 30). Also ein höchst gefestigtes K., das denn auch vier Jh.e lang alle Wechselfälle der äußeren und inneren Politik überstanden hat und schließlich nur dem Zugriff

des neubabylonischen Großreiches (→ Babylonien: I, 4) erlegen ist. Infolge der strengen dynastischen Bindung kommt bei dem K. von Juda die spezielle Designation und charismatische Begabung des einzelnen Königs durch Jahwe im israelitischen Sinne kaum in Betracht. An ihre Stelle tritt als Legitimation des jeweiligen Königs die Vorstellung, daß ihn Jahwe als Sohn adoptiere (2Sam 7, 14; Jes 9, 5; Ps 2, 7; 110, 1) und ihm so einen Anteil an seinem eigenen Herrschaftsrecht einräume. An eine physische Zeugung des Königs durch die Gottheit (so der ägyptische Königsmythos) ist bei dieser juristischen Fiktion nicht gedacht; auf göttliche Ehren hat der regierende Davidide keinen Anspruch, wenn auch der höfische Stil in Nachahmung fremder Vorbilder immer dazu neigt, die Grenzen zwischen König und Gott zu verwischen (König vielleicht als Gott bezeichnet: Ps 45, 7; mit Gott oder Engel verglichen: 2Sam 14, 17. 20; Sach 12, 8). Die Adoption erfolgt im Rahmen des jerusalemisch-judäischen Krönungsrituals, das leider nirgends im AT zusammenhängend beschrieben ist, dessen Elemente aber da und dort erwähnt werden. Erst wenn Jahwe den Thronfolger als seinen Sohn adoptiert, seinen vollen königlichen Namen bestimmt (2Sam 7, 9; 1Kön 1, 47; Jes 9, 5), ihm eine erste Bitte gewährt (1Kön 3, 5ff; Ps 2, 8; 20, 5; 21, 3. 5) und Szepter (Jes 9, 5; Ps 110, 2) und Krone (2Kön 11, 12; Ps 21, 4) überwiesen hatte, konnte dieser legitim die Herrschaft antreten. Ohne Zweifel ist nicht weniges in diesem Ritual aus den Traditionen und Institutionen der K.er anderer Reiche, bes. → Ägyptens (: II), übernommen, aber alles in feste Beziehung zu dem spezifischen Kerngedanken einer ganz von dem Entschluß Jahwes abhängigen Einweisung des jeweiligen Thronerben in die Ausübung der seit der Zeit Davids an dessen Geschlecht gebundenen Herrschaft gebracht (daher die Bezeichnung des K.s als → Amt [: I] und des Königs als Beamter: Jes 9, 5f).

4. *Gemeinsam* ist dem K. in Juda mit dem in Israel das Vorwiegen der militärischen und überhaupt der außenpolitischen Befugnisse vor den inneren. Denn die Bevölkerung der beiden Reiche verzichtet nicht so leicht auf die angestammten Rechte ihrer Stämme, Städte, Heiligtümer usw, und das K. muß diesen vorgefundenen Bestand respektieren, wenn es nicht despotisch erscheinen und sich selbst gefährden will. So fehlt ihm vor allem die selbständige Legislative; neues Recht zu schaffen oder altes wieder in Kraft zu setzen, gelingt ihm in der Regel nur durch Vereinbarung mit dem Volk (»Bund«: 2Kön 23, 1ff; vgl. 11, 17). Aber auch in der Jurisdiktion kann es die älteren Instanzen (Älteste und Priester) weder verdrängen noch sich unterordnen (nicht einmal bei Majestätsverbrechen: 1Kön 21); der Rechtsschutz, den es zugunsten der Unterdrückten ausübt (→ Josia: Jer 22, 15f) oder doch ausüben soll (Jes 9, 6; 11, 3ff; 32, 1ff), genügt nicht zur grundsätzlichen Behebung der sozialen Schäden. Seine Landesverwaltung beschränkt sich auf die Organisation des Heerwesens (2Sam 24; Festungsbauten: 1Kön 9, 15ff; 15, 17ff; 2Chr 11, 5ff u.ö.), der Frondienste (1Kön 5, 27ff; 11, 28; 15, 22), der Abgaben von Getreide und Vieh (1Kön 4, 7; 5, 2f; Geldsteuern nur in Ausnahmefällen: 2Kön 15, 20; 23, 35), auf den Ausbau seiner Residenz und auf die Pflege seiner Krongüter, von denen es einen Teil als Lehen austut (1Sam 8, 14; 22, 7; 2Sam 9; 16, 1ff; 19, 25ff; vgl. Jer 41, 17). Zur Hebung der allgemeinen Kultur trägt das K. in der Hauptsache nur dadurch bei, daß es in den Residenzen Menschen (Beamte, Söldner) und Waren (Monopolhandel) aus den benachbarten Kulturländern zusammenbringt. Uneingeschränkte Führerschaft in der inneren Geschichte Israels kommt ihm nach alledem nicht zu; aber auch die Fehlentwicklungen des Volkslebens dürfen ihm daher nur zT zur Last gelegt werden. Auf dem Gebiet der Religion endlich hat das K., da es eigene priesterliche Funktionen kaum ausbildete (doch vgl. 2Sam 8, 18; Ps 110, 4) und da die älteren Heiligtümer von ihm nicht abhingen (erst später kommen Übergriffe vor: 2Kön 23, 5. 8), wesentlich nur durch die Einrichtung offizieller Kultstätten gewirkt, deren Personal im königlichen Dienst stand und deren Kultus je nach der außenpolitischen Lage zwischen ausschließlicher Verehrung Jahwes als des eigentlichen Reichsgottes und Mitverehrung fremder Staatsgötter schwankte (vgl. → Salomo, → Ahab, → Jehu, → Ahas, → Hiskia, → Manasse, → Josia); daß jede einheitliche Linie in dieser Kultuspolitik fehlte, war ein schwerer Schaden.

5. Während von Versuchen zur Erneuerung des K.s im Gebiet des Reiches Israel nach dessen Zerstörung durch die Assyrer nichts bekannt ist, sind die *Nachwirkungen* des so viel tiefer eingewurzelten K.s von Juda in und nach der Zeit des babylonischen → Exils unverkennbar. Seine Wiederherstellung schien möglich, da das Königshaus nicht unterging (vgl. 2Kön 25, 27ff), und war der Verwirklichung nahe, als der Davidide Serubbabel (→ Judentum: I) um 520 als persischer Kommissar nach Jerusalem kam (Hag 2, 20ff). Aber Serubbabel versagte sich den Hoffnungen, und damit erledigte sich zugleich auch → Sacharjas Vision von einer bevorstehenden Dyarchie, in der neben dem König gleichberechtigt der Oberpriester stehen sollte (Sach 4; 6, 13). Zwei Menschenalter später setzte die politische Neuordnung → Nehemias endgültig eine städtische Aristokratie von Jerusalem an die Stelle des versunkenen K.s, dessen Erwartung von nun an nur noch in eschatologischem Zusammenhang (→ Messias: II. III) weiterlebte.

K. Budde, Die Schätzung des Königs im AT, 1903 - O. Procksch, König u. Prophet in Israel, 1924 - M. Noth, Das Krongut der israelit. Könige (ZDPV 50, 1927, 211-244) - A. Alt, Die Staatenbildung der Israeliten in Palästina, 1930 (= Alt II, 1-65) - Ders., Das Großreich Davids (ThLZ 75, 1950, 213-220 = Alt II, 66-75) - Ders., Das K. in den Reichen Israel u. Juda (VT 1, 1951, 2-22 = Alt II, 116-134) - Ders., Der Stadtstaat Samaria (BAL 105, 5), 1954 (= Alt III, 258 bis 302) - Ders., Der Anteil des K.s an der sozialen Entwicklung in den Reichen Israel u. Juda (1955; Alt III, 348-372) - W. A. Irvin, Samuel and the Rise of the Monarchy (AJSL 58, 1941, 113-134) - G. v. Rad, Das judäische Krönungsritual (ThLZ 72, 1947, 211-216) - I. Engnell, Isaiah's Call, 1949 - H. F. Rogers, The Role of the King in Preëxilic Hebrew Thought (Diss. Southern California Univ.), 1951 - K. Galling, Das Königsgesetz im Dtn (ThLZ 76, 1951, 133-138) - J. Gray, Canaanite Kingship in Theory and Practice (VT 2, 1952, 193-220) - H. Ringgren, König u. Messias (ZAW 64, 1952, 120 bis 147) - S. Herrmann, Die Königsnovelle in Ägypten u. Israel (WZ Leipzig 3, 1953/54, 51-62) - S. Morenz, Ägypt. u. davididische Königstitulatur (ZÄS 79, 1954, 73f) - J. de Fraine, L'Aspect religieux de la Royauté Israélite, 1954 - A. R. Johnson, Sacral Kingship in Ancient Israel, 1955 - G. Widengren, Sakrales K. im AT u. im Judentum, 1955.

† *A. Alt (H. Donner)*

Königtum, sakrales

1. Die Problemstellung - 2. Methodische Erwägungen - 3. Ägypten - 4. Altmesopotamien - 5. Hethiter - 6. Syrien-Palästina - 7. Andere Völker. - K. = König

1. Überall da, wo die → Religion für alle Lebensbereiche bestimmend ist, kann auch das K.tum als die wichtigste irdische Ordnungsmacht keine nur säkulare Größe sein. Es gilt als von den Göttern eingesetzt und muß ihnen daher auch im Kult dienen. Besonderer Segen ist ihm verheißen; sein Versagen aber zieht den Fluch auf das ganze Land. Wo man aus der größeren Nähe des K.s zur Gottheit Wesensverwandtschaft oder gar -gleichheit folgerte, wurde er zum Gott-K. Die sog. Myth and Ritual-Schule der Religionswissenschaft (→ Kultgeschichtliche Methode: I) sieht in Divine Kingship ein »pattern« (Schema) von weitester Verbreitung, das auch

dann substituiert werden darf, wenn es in den Quellen durch jüngere Auffassungen überdeckt ist. Die Göttlichkeit des K.s leitet sie vor allem daraus ab, daß er der Vertreter des sterbenden und auferstehenden Gottes im Kult sei (→ Auferstehung: I); S.Hooke spricht von einem »Ritual, dessen Zentrum die Figur des göttlichen K.s war«. G.Widengren, I.Engnell u.a. halten dieses Ritual für einen der zentralen Kulte innerhalb der altorientalischen Religionen. Andere (zB R.Labat, H.Frankfort) teilen zwar teilweise diese Auffassungen, betonen aber mit Recht, daß die vorderasiatischen Vorstellungen vom K.tum von den altägyptischen grundverschieden seien. Eine viel grundsätzlichere Kritik übt zB M.Noth vor allem wegen der Folgerungen, die man aus diesen Auffassungen für das Verständnis der at. K.spsalmen gezogen hat. Bes. Engnell hat durch viele Fehlinterpretationen und die Vermengung von Anschauungen sehr verschiedener Art und Herkunft die Forschung in eine Sackgasse geführt. Ein Neubeginn ist notwendig, dem eine sorgfältige Klärung der Begriffe und der Grundsätze sachgemäßer Quelleninterpretation vorausgehen muß.

2. Man muß vor allem unterscheiden: a) das Gott-K.tum als Institution (Ägypten; → Japan); b) die kultische K.svergöttlichung (Sumerer); c) die Selbstvergottung des K.s (Akkader, → Caesar, → Herrscherkult, → Seleukiden); d) die Vergöttlichung des K.s nach dem Tode (Hethiter); e) den Glauben an göttliche oder halbgöttliche K.e in mythischer Vorzeit (sehr weit verbreitet) und die Einsetzung des K.tums durch Götter (s.u.). f) Der K. kann als Priester in den verschiedensten Kulten die Hauptperson sein, ohne die der → Kultus nicht durchführbar ist (s. 5), oder neben anderen Priestern agieren, wobei seine Teilnahme oft nur erwünscht ist, oder vorwiegend passiver Teilnehmer vor allem an Sühne- und Thronbesteigungskulten sein (→ Theokratie). g) Ein Sonderfall ist das Patronat des K.s als des Letztverantwortlichen für alle Kulte des Landes bzw. Reiches auch über fremde Kulte seiner Untertanen. – Die Aussagen zu a-g müssen genau geprüft werden: Wer spricht und bei welcher Gelegenheit (Höflingsschmeichelei?)? Von wem wird gesprochen (fremder Großkönig? mythischer Heros?)? Liegen formelhafte Aussagen vor, die vielleicht nicht mehr den ursprünglichen Sinn haben oder gar säkular geworden sind (zB K. als → Heilbringer)? Wird dasselbe oder Ähnliches auch von anderen ausgesagt (zB Gotteskind in Babylonien)? – Die Deutung unklarer, verschlüsselter oder verstümmelter Aussagen auf Grund ähnlich klingender aus dem Bereich anderer Religionen darf nur nach sorgfältiger Prüfung auch der Unterschiede erfolgen, wobei hypothetische Deutungen auch als solche zu kennzeichnen sind. Für das sakrale K.tum im alten Orient (außer Israel und Iran) müssen hier die nachstehenden, vorläufigen Hinweise genügen.

3. In → *Ägypten* (: II, 1. 2) steht der K. als Gott → Horus oder Sonnengott Re bzw. dessen Sohn zuerst über anderen Göttern, sinkt seit der 5. Dynastie im Rang, bleibt aber Gott von Geburt an (wie in der Frühzeit auch die Königin), wird nach dem Tode in Totentempeln verehrt, ist auf der Erde zugleich Priester der Götter und Schenker der → Fruchtbarkeit. Die Göttlichkeit des K.s ist unabhängig von politischer Macht.

4. Bei den → *Sumerern* war der K. nur »großer Mensch« (lú-gal) und Beauftragter der Götter. Die Kulte in den Städten unterstanden den Stadtfürsten (ensi). Wahrscheinlich ein besonderer Kult des K.s war der Nachvollzug der Hochzeit von → Tammuz und Inanna, durch den er seit der 3. Dynastie von → Ur Gott wurde (von → Hammurabi beseitigt) wie in der Vorzeit die K.e des Mythos (zB → Gilgamesch). → Tempel wurden ihm gebaut, Hymnen an ihn gerichtet. – Von ganz anderer Art war wohl die Selbstvergottung der semitischen K.e von *Akkade* (→ Babylonien: I, 2); sie identifizierten sich aus übersteigertem Machtgefühl mit dem Stadtgott. Göttliche Stiftung des K.tums nahmen später auch Babylonier und Assyrer an; ihre K.e wurden aber nie vergöttlicht, auch wenn die Sargoniden → Assyriens einzelne göttliche Prädikate in säkularer Begriffsabwertung für sich gebrauchten. Die sakralen Pflichten nahmen die K.e, unter denen keine Stadtfürsten mehr standen, meist sehr ernst einschließlich öffentlicher Bußriten. Das Neujahrsfest (→ Neujahr) war aber wohl kein Thronbesteigungsfest. Eine etwaige Funktion als Heilbringer verdankten sie göttlicher Begnadung.

5. Die K.e der → *Hethiter* (: II) waren trotz des späteren, aus Ägypten entlehnten Titels »Meine Sonne« keine Götter, wurden aber nach dem Tode vergöttlicht und empfingen Ahnenopfer (→ Totenverehrung: I); der K. »starb« nicht, sondern »wurde Gott«. Der K. war oberster Priester und für das Ergehen seines Landes religiös verantwortlich; seine Schuld hatte schwere Folgen. Seine Kultpflichten gingen über die anderer K.e im Orient weit hinaus; viele Feste konnten nur bei seiner Teilnahme gefeiert werden. – Die K.e der Urartäer → Armeniens (etwa 850-600) betonten ihre göttliche Beauftragung bes. stark.

6. Für ein von manchen angenommenes Gott-K.tum in *Syrien* und *Palästina* fehlen eindeutige Zeugnisse. Die ugaritischen Mythen (→ Ugarit) von Gott-K.en der Vorzeit wie Aqhat und Keret können so wenig für ein Gott-K.tum in geschichtlicher Zeit angeführt werden wie die Handwerksgötter für die Vergöttlichung von Kunsthandwerkern. Die → Amarna-Briefe geben nur dem K. Ägyptens göttliche Prädikate.

7. Noch mannigfacher sind die Ausprägungen des sakralen K.tums außerhalb des alten Orients, etwa in Ostasien (→ China: II, 2b, → Indonesien, → Japan), Altamerika (→ Mexiko, → Peru), bei den Germanen (→ Germanische Religion, 3) und in den sog. Primitivreligionen (→ Afrika: I, 2, → Afrikanistik, 3c; vgl. → Glück). Jede vorzeitige Typisierung kann die Herausarbeitung des jeweils Charakteristischen nur erschweren. Einen Sonderfall stellt das Gottesgnadentum im Christentum und Islam dar. Im → Islam (: I) haben schiitische Sekten vereinzelt → Kalifen vergöttlicht, so den ägyptischen Fatimiden al-Ḥākim (995-1020; → Mahdi). Ein Zusammenhang mit dem heidnischen sakralen K.-tum besteht hier wohl nicht.

Außer der Lit. zu den genannten Artikeln vgl. bes. FRAZER - A.M. HOCART, Kingship, London 1927 - S.HOOKE (Hg.), Myth and Ritual, Oxford 1933 - DERS. (Hg.), Myth, Ritual and Kingship, ebd 1958 - R.LABAT, Le caractère religieux de la royauté assyro-babylonienne (Diss. Paris), 1939 - I.ENGNELL, Studies in Divine Kingship in the Ancient Near East (Diss. Uppsala), 1943 (Lit.) - H.FRANKFORT, Kingship and the Gods (I: Egypt, II: Mesopotamia), 1948 - C.J. GADD, Ideas of Divine Rule in the Ancient East, 1948 - M.NOTH, Gott, K., Volk im AT. Eine methodologische Auseinandersetzung (ZThK 47, 1950, 157-191 = Ges. Studien zum AT [ThA 6], 1957, 188-229) - J.DE FRAINE, L'aspect religieux de la royauté israélite. L'institution monarchique dans l'AT et dans les textes mésopotamiens (Diss. Louvain), Rom 1954 - A.LOPASIC, Das sakrale K.tum in Ostafrika (Diss. Wien), 1955 - The Sacral Kingship (Studies in the History of Religions = Suppl. IV to Numen, Leiden 1959; Lit.). - Weiteres s. → Herrscherkult.

W.v.Soden

Körperbehindertenfürsorge im modernen Sinne gab es in der Antike nicht. Aber die besondere Not der Krüppel und Blinden kannte man wohl, wie die griechische Dichtung zeigt. Das AT droht nicht nur mit der göttlichen Strafe für den, der den Blinden irreführt (Dtn 27, 18), es malt auch die Heilszeit als eine solche, in der Gott das Elend der Lahmen und Blinden enden wird.

Jesus preist die Erfüllung solcher Verheißungen (Lk 4, 18). In aller Öffentlichkeit nahm er sich der Lahmen und Krüppel an (Mt 15, 30f; 21, 14; Joh 5, 3). Ihm taten es die Apostel nach (Apg 3, 2; 8, 7; 14, 8). Seitdem hat sich die christliche → Liebestätigkeit (: II) dem Behinderten immer helfend zugewandt (→ Diakonie). Aber erst seit dem 19.Jh. kann man von einer zielstrebigen K. sprechen. Der Behinderte soll aus seinem Schatten- oder Bettlerdasein zur vollen Teilnahme am Leben geführt werden. Als Pioniere gelten auf kath. Seite Joh.Nep. Edler v.Kurz (ca 1850) in München, auf ev. Seite die Brüder Werner in Ludwigsburg. Pastor Hans Knudsen-Kopenhagen gründete 1872 eine »Gesellschaft für Krüppelfürsorge«, die sehr anregend wirkte. So entstanden als Krüppelanstalten innerhalb der DEK 1886 das Oberlinhaus-Nowawes durch Pastor Hoppe, 1897 das Annastift-Hannover, 1898 »Alten Eichen«-Hamburg u.a.m. Bes. Pastor Theodor → Schäfer-Hamburg brachte durch Gründung des Jahrbuches »Krüppelfürsorge« und des »Verbandes der deutschen Krüppelheime der Inneren Mission« (1900) in großem Maße eine ev. K. in Bewegung. Mit ihrer Hilfe soll der Behinderte durch sachgemäße Lebenshilfe berufliche Möglichkeiten, Selbstvertrauen und Vertrauen zum Schöpfer im Sinne Jesu gewinnen. Durch Schäfers Zusammenarbeit mit den Professoren der Orthopädie Schlossmann und Biesalski entstand das »Preußische Krüppelfürsorgegesetz« (1920), das 1957 in der BRD durch das »Körperbehindertengesetz« abgelöst wurde. Die Bezeichnung »Krüppel« wurde abgeschafft. Als Körperbehinderte gelten heute gemäß § 1 des Gesetzes von 1957 »Personen, die durch eine Fehlform oder Fehlfunktion des Stütz- und Bewegungssystems oder durch Spaltbildungen des Gesichtes oder des Rumpfes... beeinträchtigt sind«. Seit 1920 gibt es eine öffentliche bzw. staatliche K. Während diese vornehmlich den Minderbemittelten oder Pflichtversicherten zugute kommt, will die karitative K. *allen* Behinderten helfen.

K. umfaßt 4 Aufgabengebiete: 1. *Ärztlich-therapeutische Maßnahmen* sollen die Folgen von Geburtsfehlern, Infektionserkrankungen (bes. Kinderlähmung und Knochentuberkulose), spastischen oder Krampflähmungen, Muskelschwund, Haltungsschäden, rheumatischen Erkrankungen beseitigen oder mildern. Vorbeugende und nachgehende Fürsorge und Versorgung mit orthopädischen Hilfsmitteln sind hier bes. wichtig. – 2. *Intensive Schulung und → Heilpädagogik* sollen die behinderte Jugend fördern, um geistige Kräfte als Ausgleich der körperlichen Beeinträchtigung zu entwickeln. – 3. Eine vielseitige *Berufsausbildung* soll den Zugang zum Handwerk und Geschäftswesen, zur Industrie und Wirtschaft ermöglichen. Dazu werden laufend neue Ausbildungsstätten im Sinne der → Rehabilitation geschaffen. So ausgebildete Behinderte haben sich am Arbeitsplatz gut bewährt. Zugang zu gehobenen und akademischen Berufen ist möglich. – 4. Durch *Siechenpflege* wird den zur Berufsausübung unfähigen Schwerstbehinderten gute pflegerische Hilfe in eigens für sie eingerichteten Heimen angeboten. Bes. dazu weiß sich die ev. K. gerufen.

In dieser K. arbeiten Mediziner, Seelsorger, Pädagogen, Berufsausbilder, Erzieher, Pflegekräfte und Fürsorgebehörden zusammen. Die dabei gewonnenen wissenschaftlich-medizinischen und heilpädagogischen Erkenntnisse und die praktischen Erfahrungen sind vielen Behinderten so zugute gekommen, daß sie jetzt ihren Platz in der Öffentlichkeit behaupten. Die K. in Deutschland wurde trotz der schwierigen Verhältnisse nach 1918 durch Männer wie Pastor Hans Viëtor-Volmarstein, Prof. Georg Hohmann-München, die Prälaten Schlüter und Dr. Strake u.a.m. gefördert. Die ev. K. geschieht zZ (1959) in 22 Anstalten mit ca 4150 Betten. Die einzelne Einrichtung wird durch Kollekten der Kirchengemeinden und Spenden von Freunden der Arbeit unterstützt. Die Anstalten sind im »Verband der deutschen ev. Anstalten für Körperbehinderte e. V.« vereinigt; sie kommen jährlich zu Arbeitstagungen zusammen (der Fachverband ist Mitglied der »Diakonischen Konferenz« und des »Centralausschusses der Inneren Mission der EKD«). Enge Zusammenarbeit besteht mit der deutschen kath. K., deren Träger die »Josefs-Gesellschaft« in Köln-Deutz ist, mit der »Deutschen Vereinigung zur Förderung der K.« Heidelberg-Schlierbach und mit anderen ähnlichen Einrichtungen. Mit der K. aller europäischen Länder und anderer Erdteile findet ein reger Erfahrungsaustausch statt, der bes. von der »International Society for the Welfare of Cripples« (New York, USA) gepflegt wird.

24 Konferenzberichte des »Verbandes der Dt. Ev. Anstalten für Körperbehinderte e. V.«, 1902-58 - Zs. für Krüppelfürsorge, 1908-36 - LThK VI, 281f - G.Hohmann, Orthopädie, 1947 - Jb. der Fürsorge für Körperbehinderte, seit 1951 - W.Dicke, Anna v.Borries, Helferin der Körperbehinderten, 1954 - Ders., Neue Wege der K. in der BRD (in: »Öffentl. Fürsorge« 2, 1955, 32-47) - Ders., Moderne K. in den USA (Gesundheitsfürsorge-Gesundheitspolitik, 1957, 132-134) - P.J.Briefs, K. im Geiste der Caritas, 1955 (kath.) - Hdb. für Orthopädie, 1957.

W.Dicke

Körperschaft des öffentlichen Rechts (K.)

1. Staatskirchenrecht (BRD): a) Arten und Entstehung - b) Rechtsstellung - c) Staatsaufsicht - 2. Außerhalb der BRD - 3. Innerkirchliches Recht

Als K. werden im Recht im allgemeinen zu selbständigen Rechtssubjekten (juristischen Personen) erhobene Personenmehrheiten bezeichnet, die einerseits gegenüber ihren Verbandsmitgliedern (zumeist in der Form der Selbstverwaltung) öffentliche Gewalt ausüben, andererseits unter staatlicher Aufsicht stehen. Im → Kirchenrecht hat sich der Begriff der K. seit Wegfall der Staatskirchenhoheit (1919), vollends seit dem 2. Weltkrieg in mancher Beziehung unabhängig vom allgemeinen Begriff der K. fortgebildet.

1. a) Kraft Bundes-(Reichs-)verfassungsrechts (Art. 137 Abs. 5 WRV in Verbindung mit Art. 140 GG) sind diejenigen → Religionsgesellschaften K.en, die es 1919 waren, kraft Landesrechts (bes. kraft Gewohnheitsrechts oder staatlichen Kirchensteuerrechts) ferner deren Unterverbände (Gemeinden, Kirchenkreise); auf Antrag haben außerdem einen Anspruch auf Verleihung der Eigenschaft als K. diejenigen Religionsgesellschaften (in einigen Ländern kraft der Landesverfassungen auch diejenigen Weltanschauungsgemeinschaften und Stiftungen), die durch ihre Verfassung und die Zahl ihrer Mitglieder die Gewähr der Dauer bieten. Ob hinsichtlich der Verfassung diese Voraussetzungen vorliegen, hängt in erster Linie vom Gesamtzustand der in Frage stehenden Religionsgesellschaften ab. Notwendig ist stets die Entwicklung der Religionsgesellschaft zu einer »religiösen Verwaltungsgemeinschaft« (Verwaltungsapparat, rechtskundiges Personal, Ordnung des äußeren kirchlichen Lebens durch Rechtsnormen), ferner ein längerer Bestand auf der Ebene des Privatrechts (Überleben der Gründergeneration bzw. der Gründerpersönlichkeit) sowie ernstzunehmende Besonderheiten der Lehre gegenüber den großen Kirchen. Ob sich aus der Mitgliederzahl die Gewähr der Dauer ergibt, hängt nicht so sehr von einer absoluten Zahl als vielmehr von der soziologischen Zusammensetzung (Altersgruppen!) ab; es genügt u.U. bereits eine örtliche Gemeinde. Die Verleihung der Eigenschaft einer K. erfolgt – landesrechtlich verschieden – durch Gesetz oder durch Beschluß der Landesregierung. Sie wirkt auch dann nur für das Gebiet

des Landes, wenn die in Frage stehende Religionsgesellschaft oder ihr Unterverband (zB Diözese) über ein Land hinausgreift. – Schließlich sind unmittelbar kraft Verfassung K.en die Zusammenschlüsse der öffentlich-rechtlichen Religionsgesellschaften; dazu gehören vor allem die EKD und die VELKD. Soweit sie sich über den Bereich eines Landes hinaus erstrecken, sind sie bundesunmittelbare K.en.

b) Die Religionsgesellschaften, welche K.en sind, sind berechtigt, auf Grund der bürgerlichen Steuerlisten nach Maßgabe der landesrechtlichen Bestimmungen → Kirchensteuern (: I) zu erheben. Außer den sich hieraus ergebenden Rechten, die für alle K.en gleichmäßig gelten, haben die K.en eine unterschiedliche Stellung. Insbesondere unterscheidet sich die Stellung der großen Religionsgesellschaften, der Kirchen, von der der anderen K.en. Die Kirchen haben eine Reihe von historischen Rechten (zB automatischer Erwerb der → Kirchenmitgliedschaft bei Zuzug ins Kirchengebiet; Erlaß von Rechtsnormen öffentlich-rechtlichen Charakters; Recht auf die Bezeichnungen »Kirche« und »Pfarrer«). Daneben haben sie kraft ihrer Aufgaben und ihres Wesens eine Stellung im Bereich des »Öffentlichen«, die sie berechtigt, in den öffentlichen Angelegenheiten ihre Stimme zu erheben und mitzuwirken (→ Öffentlichkeitsauftrag der Ev. Kirche). Nicht notwendig ist dagegen die Ausübung öffentlicher Gewalt gegenüber den Mitgliedern, obgleich das regelmäßig der Fall ist. Im übrigen sind nur diejenigen Rechte erhalten geblieben, die nach der Verfassungsordnung heute noch innerlich gerechtfertigt sind.

c) Eine *Staatsaufsicht* im eigentlichen Sinne gegenüber den Religionsgesellschaften, die K.en sind, besteht nicht mehr. Der Staat wacht nicht positiv über die Erfüllung des Verbandszweckes und die Einhaltung der Rechtsordnung innerhalb der K.en, sondern nur negativ über die Einhaltung der »Schranken des für alle geltenden Gesetzes« (→ Kirche und Staat).

2. In der *DDR* (Verfassung Art. 43) stimmt die Rechtslage formal mit der in der BRD geltenden überein. – *Österreich* kennt den Begriff der K. nicht. Tatsächlich kommt jedoch die Rechtslage der auf Grund des (heute noch geltenden) Gesetzes vom 20.5.1874 »gesetzlich anerkannten Religionsgesellschaften« der der K.en gleich. – In der *Schweiz* ist die Anerkennung der Kirchen als K.en den Kantonen überlassen. In den meisten Kantonen sind sowohl die ev.-ref. als auch die kath. Kirche K.en; in anderen Kantonen bezieht sich die Anerkennung nur auf örtliche Kirchengemeinden oder fehlt ganz. Inhalt der Anerkennung ist auch in der Schweiz die Stellung »als Potenz des öffentlichen Rechts«; im übrigen sind die Rechte sowohl nach Kantonen als auch nach einzelnen Kirchen sehr unterschiedlich. In den meisten Kantonen haben die Kirchen einer oder beider Konfessionen die Stellung einer Landeskirche, die eine allerdings beschränkte Staatskirchenhoheit einschließt.

3. Die seit dem 1. Weltkrieg erlassenen ev. → Kirchenverfassungen (: VI. VII) bezeichnen die Kirchen und ihre Unterverbände, bes. Kirchenkreise und Gemeinden, ebenfalls zumeist als K.en. In dieser Benennung liegt die Geltendmachung eines »Öffentlichkeitsanspruches« und regelmäßig auch der Wille, gegenüber den Kirchenmitgliedern öffentliche Gewalt in Anspruch zu nehmen.

E. Ruppel, Die Behandlung der Religionsgesellschaften als K. in der neueren Gesetzgebung (AevKR 5, 1941, 1-29) – Konr. Müller, Die Gewährung der Rechte einer K. an Religionsgesellschaften gemäß Art. 137 Abs. 5 S. 2 WRV (ZevKR 2, 1952/53, 139-168. 381) – R. Smend, Zur Gewährung der Rechte einer K. an Religionsgesellschaften gemäß Art. 137 WRV (ebd 374-381) – E. Bopp, Zur Gewährung der Rechte einer K. an Religionsgesellschaften gemäß Art. 137 WRV (ebd 3, 1953/54, 184-188) – U. J. Cavelti, Die öffentlich-rechtl. Religionsgemeinschaften im schweiz. Staatskirchenrecht, Freiburg/Schw. 1954 – E. Melichar, Die Anerkennung eines Religionsbekenntnisses als Religionsgesellschaft (Jurist. Blätter 76, Wien 1954, 241-244).

W. Thieme

Köstlin, 1. *Heinrich Adolf* (1846-1907), Prof. für Prakt. Theol. in Friedberg (1883) und Gießen (1895), verband Einflüsse von J. T. → Beck, → Palmer und R. → Rothe mit der Theologie seiner Zeit und war bedeutsam für eine gemeindebezogene Liturgik und Pastoraltheologie. Das → Kirchenchorwesen schloß er im Ev. Kirchengesangverein für Deutschland 1883 verbandsmäßig zusammen. Für die Neuordnung des → Gottesdienstes (: VI) wurde das von ihm herausgegebene »Kirchenbuch für die ev. Kirche des Großherzogtums Hessen« wichtig (2 Bde, 1904). Jeder Uniformierung abhold, vertrat K. die reformatorische Einsicht vom Vorrang der ev. Verkündigung vor Form- und Ordnungsfragen; einfache und reiche liturgische Formen sind gleichberechtigt.

Vf. u.a.: Gesch. der Musik, (1875) 1898[3]; Die Tonkunst, 1878; Gesch. des christl. Gottesdienstes, 1887; Die Lehre von der Seelsorge, (1895) 1907[2]. – Hg. u.a. der MPTh. – Über K.: Selbstbiogr. in: Denkschrift des Predigerseminars Friedberg, 1885 – K. Sell in: Festschr. zum 20. dt. Kirchengesangvereinstag, 1907, 26ff – RE XXIII, 780ff – 50 Jahre Ev. Kirchengesangverein für Deutschland, 1933 – Rietschel-Graff (s. Reg.) – Leiturgia III, 79 – MGG VII, 1392.

K. Dienst

2. *Julius* (1826-1902), ev. Theologe, * in Stuttgart, lehrte in Göttingen (1850), in Breslau (1860) und seit 1870 in Halle. Seine Arbeiten galten vornehmlich der Theologie und Persönlichkeit Luthers, dem er, angeregt von → Rankes Reformationsgeschichte, eine mehrmals aufgelegte und vielgelesene Biographie gewidmet hat. K. war Mitglied der Kommission für die WA, Mitbegründer des Vereins für Reformationsgeschichte, seit 1873 Mit-Hg. der ThStKr. In Breslau und Halle hat er hohe Kirchenämter bekleidet; kirchenpolitisch gehörte er der sog. Mittelpartei an.

Vf. u.a.: Luthers Lehre von der Kirche, (1853) 1868[2]; Das Wesen der Kirche nach Lehre u. Gesch. des NT, (1854) 1872[2]; Luthers Theol. in ihrer geschichtl. Entwicklung, (1863) 1883[2]; Martin Luther, sein Leben u. seine Schriften, 2 Bde, (1875) 1903[5] (bearb. v. G. → Kawerau); Luthers Leben, (1882) 1891[9] (Auszug aus dem größeren Werk); Autobiogr. in: Dt. Denker u. ihre Geistesschöpfungen, H. 9-12, 1890. – Über K.: E. Kautzsch, Zum Gedächtnis K.s (ThStKr 76, 1903, 1-34) – RE XXIII, 784ff.

K. Kupisch

Koetsveld, *Cornelis Eliza van* (1807-93), * in Rotterdam, seit 1831 ev. Pfarrer, seit 1849 im Haag, wo er 1878 auch Hofprediger wurde. K. war bes. durch seine Predigten und Volksschriften einflußreich, aber auch als Beförderer verschiedener Anstalten und Liebeswerke im Sinne der Inneren Mission. In Deutschland wurde er als Gleichnisausleger – von → Nippold und → Jülicher empfohlen –, durch seine Kinderpredigten, seinen »Krankentrost« und als Erzähler bekannt.

GA 10 Bde, 1897f. – Einzelne Schriften s. RGG[2] III, 1139; u.a.: De Gelijkenissen van den Zaligmaker, 2 Bde, 1854-63. – Über K.: J. J. Prins, Biographien der Gesellschaft für Niederl. Lit., Leiden 1894, u. in der dt. Ausg. seiner »Gleichnisse des Evangeliums als Hausbuch«, 1896, XVI-XXI.

(† M. C. Broekman) W. Jannasch

Kohlbrügge, *Hermann Friedrich* (1803-75), einflußreicher ref. Theologe. Als luth. Hilfsprediger geriet K. in Amsterdam in Konflikt mit seiner Kirche, was ihm den Zugang zum Amt verschloß. Er studierte weiter in Utrecht; aber auch die Ned. Herv. Kerk schob ihn ab. Eine Reise ins Rheinland führte K. ins Wuppertal. Die berühmte Gastpredigt über Röm 7, 14 machte ihn für viele in Elberfeld zum begehrten Mann. Er wurde Pastor der »Niederländisch-ref.« Gemeinde und entfaltete eine rastlose Predigttätigkeit. K.s Grundthema war: Wir Menschen, auch die gläubigen und bekehrten Christen, sind nicht nur partiell, sondern ganz und gar Fleisch. Als solche sind wir ganz auf Christus angewiesen, dessen radikale Fleischwerdung ihn zum Heiland machte; in ihm finden wir alles, was uns not tut: Rechtfertigung, Heiligung, das volle Heil. Also keine Kultivation des christlichen, geheiligten Ich, auch keinerlei Heiligungsromantik: der Mörderglaube kennt nichts und niemand als Christus. I. → Da Costa vermutete hier Antinomismus, Vernachlässigung des Lebens der Dankbarkeit und Verkürzung der Pneumatologie, K. meinte aber die Pneumatologie von jeder Art Pelagianismus gesäubert zu haben und Gott die Ehre zu geben, indem er dem »frommen Fleische« nichts übrigließ. K. wollte also bestimmt keinen »Rechtfertigungsmonismus«. Für das konkrete Leben in der Heiligung (Politik, Kultur) hat er aber wenig zu bieten.

Vf. bes. Predigten (im Utrechter K.-Archiv!) u. Schrifterklärungen, ferner Schriften über Mt 1, Das Amt der Presbyter u.dgl. »Der Herr der Erde«, K.-Schriften hg.v. G.HELBIG, 1937. Vgl. H.F.K., Geschriften, Reg. der bijbelverklaringen, Utrecht 1942². - Über K.: J.v.LONKHUIZEN, H.F.K. en zijn prediking, 1905 - BWGN V, 125ff - J.C.S.LOCHER, K. en de Afscheiding, Amsterdam 1934 - H.KLUGKIST HESSE, H.F.K., 1935 - W.KRECK, K.s Lehre von der Heiligung, 1935 - TH.STIASNY, Die Theol. K.s, 1935 - BARTH, PrTh 579ff - J.LOOS, De Theol. van K., Amsterdam 1948 - E. MOLTMANN-WENDEL, Theol. u. Kirche bei H.F.K., 1957 (Lit.). *S. van der Linde*

Kokoschka, *Oskar,* Maler, Graphiker, auch Dichter, * 1.3.1886 in Pöchlarn (Donau). K. lebte zunächst meist in Wien. 1918 ging er nach Dresden als Akademie-Prof., machte sich aber 1924 wieder unabhängig; 1929-33 unternahm er Europa- und Afrikareisen (Gebirgs- und Städtebilder). Bis 1938 war er in Prag, bis 1952 in England. 1955 gründete er in Salzburg eine »Schule des Sehens«. - K., im weitesten Sinne wegen des enthemmten Aufruhrs seiner → Malerei (: VI) dem → Expressionismus (: I. II, 2) zuzurechnen, aber doch eine Sondererscheinung, begann als Maler des Menschen: neurotisch überzüchtete, oft auch makabre Geschöpfe der Großstadt inmitten der Weltkrisen. Später hat er sich gegenüber seinen Anfängen mehr auf die barocken Traditionen besonnen. - Von den zersetzend analytischen Tendenzen seines technisch experimentierenden Frühschaffens hat sich K. zu einer pantheistisch bejahenden Schau durchgerungen, zugleich zu einer Religion übernationaler Menschenverbrüderung auf der Grundlage individueller Freiheit. Seine politischen Allegorien bleiben freilich umstritten. - Lange Zeit hat K. auch aquarelliert und sich als Graphiker bewährt (Einzelblätter und Folgen; → Graphik). Das christlich gefärbte Motiv klingt auch hier an. Die Steindruckfolge »O Ewigkeit, du Donnerwort« (1915) ist ein Dokument »präreligiösen« Suchens. Zu der abstrakten (nicht figürlichen, nicht inhaltsbetonten) Formtendenz hat K. seinen Widerspruch betont.

Vf. u.a.: Dramen u. Bilder, 1913; Vier Dramen: Orpheus u. Eurydike; Der brennende Dornbusch; Mörder, Hoffnung der Frauen; Hiob, 1919; Ann Eliza Reed, 1952. - Über K.: E.HOFFMANN, O.K., London 1947 - H.M.WINGLER, O.K., ein Lebensbild in zeitgen. Dokumenten, 1956 - DERS., O.K., das Werk des Malers, 1956 - DERS., K.-Fibel, 1957. *G.F.Hartlaub*

Kolberg (→ 7 K 1), als Suffraganbistum von → Gnesen i.J. 1000 durch den Polenherzog Boleslaw Chrobry gegründet, der durch die Errichtung einer Nationalkirche seinen Plan fördern wollte, unter Lösung von der Lehnsverbindung mit dem Deutschen Reich einen selbständigen Staat bis an die Ostsee zu schaffen. Erster und einziger Bischof von K. war Reinbern († 1015 in Kiew). Missionarische Bedeutung haben Bischof und Bistum nicht erlangt. K. wurde Hauptstadt des 1248 errichteten geistlichen Territoriums. Es wurde 1255 zur deutschen Stadt mit lübischem Recht erhoben.

Codex Pomeraniae diplomaticus, 1862, 24 - HAUCK IV, 564ff. *H.Heyden*

Kolde, *Theodor (v.;* 1850-1913), Kirchenhistoriker, Pfarrerssohn aus Schlesien, lehrte seit 1876 in Marburg, seit 1881 in → Erlangen. K.s Hauptarbeitsgebiet war das Reformationszeitalter. Methodisch den von → Ranke begründeten Forschungsprinzipien verpflichtet, vertrat er in seinen Auffassungen über KG, seinem Lehrer H. → Reuter folgend, einen gewissen Positivismus (»Mit dem dogmatischen Begriff von der Kirche kann der Historiker nichts anfangen«; »das kultische Handeln ist das Rückgrat der DG«). → Ritschl und → Harnack gleich abgeneigt, bekannte er sich als Theologe »von Herzen« zu den Grundgedanken R. → Rothes und stand jedem konfessionalistischen Parteistandpunkt fern. Politisch neigte er einem »entschiedenen Liberalismus« zu, lehnte → Stoecker ab und bekämpfte die 1886 von → Hammerstein und → Kleist-Retzow im Parlament eingebrachten Anträge, weil durch sie die Freiheit der Wissenschaft bedroht würde.

Vf. u.a.: Luthers Stellung zu Konzil u. Kirche, 1876; Die dt. Augustinerkongregation u. Joh.v.Staupitz, 1879; Friedrich d. Weise (RE VI, 279-283); M.Luther, 2 Bde, 1884/93; Die Heilsarmee, 1899; Über Grenzen des hist. Erkennens, (1890) 1891²; Die Univ. Erlangen, 1910. - Über K.: H.JORDAN, Th.K., 1914. *K.Kupisch*

Kollegialismus bezeichnet diejenige Entwicklungsstufe der ev. Anschauungen über → Kirche und Staat, die von den Vorstellungen des rationalen → Naturrechts (: II) geprägt wurde. Ohne den Zusammenhang zu den älteren Systemen des ev. → Episkopalismus und des → Territorialismus zu verlieren, in denen sich die Grundlagen einer mit dem Begriff des → ius circa sacra umschriebenen staatlichen Leitung der äußeren kirchlichen Angelegenheiten gebildet hatten, führt der K. ein neues Element in der Aufnahme und Auswertung der naturrechtlichen Verbandslehre ein. Sein Kirchenbegriff läßt die ältere Deutung der Kirche als göttlicher Stiftung zurücktreten und betont in erster Linie – ebenso wie beim Staate - das Moment freier Gesellschaftsbildung gleichgerichteter Individuen. Der Ursprung dieser Lehre hängt nur entfernt mit der Föderaltheologie (→ Bund: IV) zusammen, die nach der Mitte des 17.Jh.s ihren Schwerpunkt im englischen, bes. aber im kongregationalistischen Denken Nordamerikas fand. In erster Linie ist vielmehr neben Beziehungen zum calvinistischen K. der Niederlande (→ Voetius) maßgebend die Soziallehre des rationalen Naturrechts (→ Hobbes), die alle Sozialgebilde, Kirche wie Staat, als collegia aus menschlicher Übereinkunft ableitet, dabei aber in ihrer säkularen Tendenz dem Staat als dem umfassenden weltlichen Verbande die Aufsicht über alle Vereinigungen zuweist. Durch → Pufendorf und → Thomasius wird der naturrechtliche Kirchenbegriff in Deutschland entwickelt und von Chr.M. → Pfaff (Akademische Reden über Kirchenrecht, 1742) zu einem kirchenpolitischen System mit deutlicher Tendenz größerer Freiheit der kirchlichen Gesellschaft ausgestaltet. Das »Kirchen-Staatsrecht« des ausgehenden 18.Jh.s tritt auch in seinen gesetzlichen Formen (Preuß. Allg. Landrecht 1794) ganz auf den Boden dieser Lehre, wobei aber das Maß staatlicher Rechte sich gegenüber den der Kirche verbleibenden »kollegialen« Rechten verstärkt. In der Grundrichtung aber bedeutet der K. eine nachdrückliche Unterstreichung selbständiger → Kirchenverfassung (: VI). Der Kirchenbegriff des K. wird im frühen 19.Jh. durch Erneuerung einer theologischen Sicht der Kirche als göttlicher Institution (→ Schleiermacher, → Tholuck) überwunden.

Für das Staatskirchenrecht bleibt aber die Position einer dem Staate eingefügten Kirchengesellschaft in der Folge von größtem Einfluß.

J.W.GOUGH, The Social Contract, Oxford (1936) 1957² - J.BOHATEC, Das Territorial- u. Kollegialsystem in der holländ. Publizistik des 17.Jh.s (ZSavRG Kan. Abt. 35, 1948, 1-149) - G.OESTREICH, Die Idee des relig. Bundes u. die Lehre vom Staatsvertrag (in: Festg. f. Herzfeld, 1958, 11-32) - G.MACGREGOR, The Nature of the Church according to the Reformed Tradition, London 1959. *U.Scheuner*

Kollegianten, *Rijnsburger* → Rijnsburger Kollegianten.

Kollegiatkirchen heißen kath. Kirchen, an denen zur größeren Feierlichkeit des Gottesdienstes ein Kanoniker- oder Kollegiatkapitel (→ Kollegiatstifte) besteht, soweit sie nicht Kathedral-(Dom-)Kirchen sind (vgl. CIC c. 391). Sie sind häufig zugleich Pfarrkirchen (Näheres c. 415). *H.E.Feine*

Kollegiatstifte bestehen an kath. Kirchen, an denen nicht ein Bischof mit seinem → Domkapitel oder ein Pfarrer oder sonstiger Priester (»Kirchrektor«) den Gottesdienst verantwortlich versieht, sondern eine Körperschaft von Weltgeistlichen, die gemäß CIC cc. 391ff als »Kollegiat-« oder »Stifts-Kapitel« körperschaftlich organisiert sind. Sie gehen in ihren Anfängen auf eine Mehrheit von Geistlichen zurück, die sich an Missionsmittelpunkten ansässig machten oder in der Bischofsstadt an anderen Kirchen als der Kathedrale Seelsorge und Gottesdienst versahen. Zunächst ähnlich wie Klöster organisiert und daher wie diese »monasteria« genannt (vgl. die vielen »Münster«-Orte), haben sie sich wie die Domkapitel der Aachener Regel von 816 (→ Chrodegang) unterwerfen müssen und seitdem eine diesen ziemlich parallele Entwicklung durchgemacht, nur daß ihnen jeder Anteil an der Diözesanverwaltung und an der Leitung der geistlichen Territorien sowie die Beteiligung an der Bischofswahl versagt blieb. Ihre Bezeichnung als *Kollegiatkapitel* hatten sie einerseits wie die Domkapitel von der Verpflichtung, täglich gemeinsam ein Kapitel aus der Regel zu lesen, anderseits aus ihrem Charakter als selbständige Kollegien neben dem Domkapitel. Etwa seit dem 13.Jh. hießen sie *Stifte,* und zwar Niederstifte im Gegensatz zu den als Hochstiften bezeichneten Domkapiteln, ihre Mitglieder Stifts- oder Chorherren und (gemeinsam mit dem Domherren) → Kanoniker oder Kapitulare. Der Verfall der Vita communis trat auch bei ihnen in der 2. Hälfte des 10.Jh.s ein. Mit deren teilweiser Wiederherstellung im späten 11.Jh. blieben zwar die Mitglieder zumeist canonici saeculares, daneben traten aber auch solche, die die sog. → Augustinerregel annahmen und danach canonici regulares (regulierte → Augustiner-Chorherren) genannt wurden. An ihrer Spitze stand zunächst ein Stiftspropst, später meist ein Stiftsdekan, die vom Kapitel frei gewählt werden sollten. Zudem bildeten sich ungefähr dieselben Ämter aus wie bei den Domkapiteln, oft auch eine ähnliche ständische Absperrung. Gewöhnlich waren sie sog. capitula clausa mit einer bestimmten Mitgliederzahl (12, 24) und ähnlichen Pfründabstufungen wie bei den Domkapiteln. Wie diese gewannen sie im 12.Jh. mit dem kanonischen Recht Korporationsrechte. Die meisten K. waren reichsmittelbar, später landständisch, und den Bischöfen der Diözese untergeordnet. Einige gelangten jedoch gleich den Reichsbischöfen zu reichsfürstlicher Würde und kirchlicher → Exemtion (so die Fürstpropsteien Weißenburg, Ellwangen und Berchtesgaden), einige als → Eigenkirchen des Reiches zur Reichsunmittelbarkeit (zB das vornehme Marienmünster zu Aachen und das Bartholomäusstift zu Frankfurt, beide wegen der Beziehungen zur Königskrönung und Königswahl). - Wie schon die Reformation, so haben Aufklärung, Säkularisation und französische Fremdherrschaft die meisten K. vernichtet. Doch blieben einige bestehen, zT auch als prot. Stifte. Letztere sind im Lauf des 20.Jh.s erloschen. Das Recht der kath. K. wurde im CIC cc. 391-422 zusammen mit dem der Domkapitel einheitlich neu geregelt unter Aufrechterhaltung von viel partikulärem Recht.

P.HINSCHIUS, Kirchenrecht II, 1878, 49ff. 59ff - J.B.SÄGMÜLLER, Kirchenrecht I, (1904) 1914³, 447ff - A.WERMINGHOFF, Verfassungsgesch., (1907) 1913², 150ff - HAUCK II-V (Verzeichnisse jeweils am Ende) - J.HECKEL, Die ev. Dom- u. K.r Preußens, 1924 - H.NOTTARP, Ehrenkanoniker u. Honorarkapitel (ZSavRG Kan. Abt. 14, 1925, 174-335) - FEINE 339ff (Lit.). *† A.M.Koeniger (H.E.Feine)*

Kollektenwesen. Schon bei der urchristlichen Gemeinde wird von Sammlungen berichtet (zB Apg 4, 34. 35; 1Kor 16, 1; 2Kor 9, 11f). Sie dienten neben den Gaben für die Eucharistie der → Armenpflege (: IV), dem Unterhalt der Gemeindevorsteher und der Hilfe für andere Gemeinden. Sammlung von Gaben blieb in der Kirche zu allen Zeiten in Übung, auch als sich andere Formen für den Unterhalt des Kirchenwesens entwickelten (→ Finanzwesen). Zur Antwort des Glaubens auf die Verkündigung des Evangeliums gehört auch die Bereitschaft, für den Dienst der Kirche die nötigen Voraussetzungen zu schaffen. Von daher kann die Kirche von ihren Mitgliedern freiwillige Gaben erwarten, auch wo dies nicht in unmittelbarem Zusammenhang mit der Teilnahme an einem Gottesdienst oder einer anderen kirchlichen Veranstaltung geschieht (zB Hauskollekten). Hier kann es sich nicht um eine öffentliche Sammlung handeln, die über den Kreis der Kirchenglieder hinausginge und staatlicher Genehmigung unterliegt (→ Sammlungsrecht).

Kollekten (K.) nennt man die Sammlung freiwilliger Gaben bei Gottesdiensten für bestimmte, der Gemeinde bekanntgemachte Zwecke. In der Regel sind dies heute Geldgaben, die während oder am Schluß des Gottesdienstes gesammelt werden. Zur Einsammlung während des Gottesdienstes dienen der → *Klingelbeutel* oder Schalen. Am Schluß des Gottesdienstes wird meist mit Hilfe von Opferbüchsen (Opferstöcken) gesammelt, die bei den Ausgängen der Kirche angebracht sind.

In den *ev. Landeskirchen* ist das K.wesen im einzelnen verschieden geordnet. Landes- und Kreissynoden oder Kirchenleitungen haben das Recht, *K.pläne* aufzustellen, in deren Rahmen die Kirchengemeindeorgane für die Durchführung der K. sorgen, oder es steht bei den Gemeindeorganen, K. zu beschließen, soweit nicht Organe der Kirchenbezirke oder Kirchenleitungen einzelne K. für Bezirks- bzw. gesamtkirchliche Aufgaben ausschreiben. In der EKU haben die Gliedkirchen jährlich vier K. für allgemeine Notstände zu sammeln. Auch die EKD kann K. der Gliedkirchen anordnen; es sollen jährlich nicht mehr als drei sein; weitere können empfohlen werden. Die *Zweckbestimmungen* der K. sind mannigfaltig: Hilfe für Werke und Einrichtungen der Kirche (Hilfswerk, Innere und Äußere Mission), für gemeindliche, gesamtkirchliche oder ökumenische Notstände, Sammlung von Mitteln für besondere Aufgaben, zB für Bauten, Studienförderung, Kindergärten, Diakonissenstationen, Glockenbeschaffung u.a.m. Für die Verwaltung der K. gibt es genaue Einzelvorschriften.

Von den K. ist das Beitragswesen der → Freikirchen zu unterscheiden, selbst wenn die Beiträge im Gottesdienst entrichtet werden. Die Beitragsleistung ist Pflicht der Mitglieder, auch wo von freiwilligen Beiträgen gesprochen wird. Die Freiwilligkeit bezieht sich vornehmlich darauf, die Höhe der Beiträge selbst zu bestimmen. Es bestehen Ordnungen, die den Fortbestand der Mitgliedschaft in Frage stellen, wenn ohne Not längere Zeit keine Beiträge geleistet werden.

In der *kath. Kirche* brauchen Privatpersonen, die freiwillige Gaben sammeln wollen, stets eine Erlaubnis des Hl. Stuhles oder des für sie persönlich oder örtlich zuständigen Ordinarius (Bischof der Diözese). Dagegen sind die üblichen Sammlungen, vor allem Kirchenopfer, ohne weiteres erlaubt.

Lehrbücher des ev. u. kath. → Kirchenrechts. *R.Weeber*

Kollwitz, *Käthe,* geb. Schmidt, Zeichnerin, Graphikerin und Plastikerin, * 8.7.1867 in Königsberg/Pr., † 22.4.1945 in Moritzburg bei Dresden. K.K. studierte in Berlin bei Stauffer-Bern, in München bei Herterich. Verheiratet mit einem Arzt, lebte sie 1891–1943 in Berlin, seit 1919 Prof. und Mitglied der »Preußischen Akademie der Künste«. 1904 war sie in Paris, 1907 in Florenz (Villa-Romana-Preis). – K.K. war seit ihrem Studium fast ausschließlich an der Darstellung der Armut und des Elends der unteren Volksschichten interessiert, bes. am Schicksal der Mütter und Kinder. Sie beherrschte meisterlich die graphischen Techniken (→ Graphik) und besaß hohes künstlerisches Niveau. Von ihren Werken (u.a. ca 50 Selbstbildnisse) seien erwähnt: 1895–98 »Ein Weberaufstand« (Radierungen und Lithos), 1902–08 »Bauernkrieg« (Radierungen), 1923 »Der Krieg« (Holzschnitte), 1924–32 Denkmal »Die Eltern« für einen Soldatenfriedhof bei Dixmuiden (Belgien), 1934–35 »Vom Tode« (Lithos). – Vgl. → Malerei und Plastik: VI (dort auch Abb. »Pietà«, 1937).

Vf. u.a.: Tagebuchblätter u. Briefe, hg.v. H.KOLLWITZ, 1948; Ich will wirken in dieser Zeit, 1952 (Einf. von F.AHLERS-HESTERMANN). – Über K.K.: L.KAEMMERER, K.K., Griffelkunst u. Weltanschauung, 1923 – A.WAGNER, Die Radierungen, Holzschnitte u. Lithographien seit 1912, 1927 – Das neue K.-Werk, 1933 – C.ZIGROSSER, K.K., New York 1946 – G.STRAUSS, K.K., 1951 – A.KLIPSTEIN, K.K., Verz. des graph. Werkes (Oeuvrekatalog mit Angabe sämtl. Zustände), Bern 1955. *W.Grohmann*

Kolonialismus ist nach 1945 an die Stelle des älteren Wortes »Imperialismus« getreten, mit dem man früher außer dem Verhältnis der Kolonialherrschaft auch einen außenpolitischen Ausdehnungsdrang gegen technisch gut ausgestattete Länder beschrieb. Außerdem war das Wort »Imperialismus« deshalb nicht mehr geeignet, weil es durch die Historiker auf das »Zeitalter des Imperialismus« begrenzt worden war, während »K.« eine Gegenwartserscheinung darstellen soll. Von »K.« kann auch dann gesprochen werden, wenn die beherrschende Macht keineswegs ein »Imperium« ist, sondern ein kleiner und schwacher Staat oder sogar nur eine gesellschaftliche Gruppe innerhalb des Staates. »K.« soll oft nicht einmal eine Politik, sondern nur eine menschliche Haltung beschreiben, die sich auf das Überlegenheitsgefühl der Einwohner eines technisch gut ausgestatteten Landes stützt.

Alle Gegner des K. wollen mit diesem Begriff zuerst die politische Kolonialherrschaft treffen, also die Machtausübung durch Großbritannien, Frankreich, Belgien, Portugal, die Niederlande und die USA in anderen Erdteilen. Zweitens lehnen sie die auf eine frühere Kolonialherrschaft gegründete Privilegierung einer Einwandererminderheit ab, wobei diese Minderheit für sich selbst durchaus demokratisch organisiert sein mag und der früheren Kolonialmacht gegenüber volle Unabhängigkeit besitzen kann (Südafrika, Rhodesien, Kenia, Algerien). Drittens wehren sie sich gegen innerpolitische Interventionen stärkerer Mächte (wie der USA in Mittelamerika oder im Vorderen Orient).

Eine wesentliche Rolle spielt der Begriff in der gegenwärtigen kommunistischen Theorie und Praxis. Nachdem kurz nach der Russischen Revolution die Bedeutung der nichteuropäischen, nichtindustrialisierten Völker für den Fortgang der Weltgeschichte erkannt wurde, hat sich bei den Politikern der Sowjetunion und ihren Theoretikern seit 1920 immer mehr die Auffassung durchgesetzt, daß ein Bündnis zwischen den Kommunisten und den Gegnern des K. mindestens zeitweise geboten sei. Dieser Umstand hat zu dem Fehlschluß geführt, daß jeder literarische oder politische Angriff auf den K. in manchen Ländern, zB in einigen Gebieten Afrikas, als Ausdruck kommunistischer Gesinnung und als Zeichen der Teilnahme an kommunistischen Aktionen gewertet wird. Oft kam es jedoch schon vor dem erwarteten Erfolg des Anti-K. zu Konflikten zwischen den vorübergehend Verbündeten, fast regelmäßig trat der Konflikt nach einem entscheidenden Erfolg ein. Nur in Nordkorea war es 1945, im festländischen China 1949 und in Nordvietnam 1954 möglich, in einem Zuge den ein Land treffenden »K.« abzuschütteln und den Kommunisten zur Macht zu verhelfen.

Die Bezeichnung »K.« wird in abwertendem Sinne auch von Kreisen gebraucht, die eindeutig nicht Kommunisten sind. Entweder handelt es sich dabei um »Nationalisten« nichteuropäischer Art, die nach der Beendigung der Europäerherrschaft aus historisch und sozial vielfältigen Menschengruppen und Landschaften eine politisch und wirtschaftlich starke, geistig eigenständige und sozial ausgeglichene Nation schaffen wollen. Oder es handelt sich einfach um Gegner von Unterdrückung, Ausbeutung und Überheblichkeit. Die Nationalisten in den vom K. noch betroffenen Ländern und die Gegner des K. in der übrigen Welt, auch in den noch eine politische Kolonialherrschaft ausübenden Staaten, arbeiten eng miteinander zusammen. Ihr Bündnis ist im allgemeinen keinen Spannungen ausgesetzt, doch bedauern die nicht nationalistischen Gegner des K. nationalistische Gewalttaten, selbst wenn sie Verständnis für sie zeigen. Außerdem werden sie unruhig, wenn Nationalisten nach ihrem Sieg innenpolitische Gegner hart behandeln und die Freiheitsrechte einschränken. – Das Bündnis beruht auf naturrechtlichen Vorstellungen oder Empfindungen. Jeder Menschengruppe wird das Recht auf eigenständige Entfaltung in ihrer Heimat zugesprochen, zugleich das Recht auf Teilhaberschaft an den technischen und wirtschaftlichen Fortschritten der gesamten Menschheit. Auch Nichtmarxisten sind mit Arnold Toynbee der Ansicht, daß die Industriestaaten Europas und Nordamerikas die Gefahr eines inneren Aufstandes dadurch bannen konnten, daß sie die Verelendung auf ein »äußeres Proletariat« abwälzten, daß sie also entweder für die körperliche Arbeit (zB bei Plantagenkulis oder bei Bergarbeitern) oder für die von den Bauern der unterprivilegierten Länder angebotenen Waren (Pflanzenfette, Drogen, Gewürze, Häute, Kakao, Kaffee, Tee, Baumwolle) einen zu geringen, »ungerechten« Preis bezahlen. Diese naturrechtliche Argumentation stützt sich bei den Nationalisten auf die eigene Existenznotwendigkeit, bei ihren Freunden in anderen Ländern oft auf humanitäre Gefühle und Vorstellungen, in denen häufig säkularisierte Sozialvorstellungen der christlichen Überlieferung zu erkennen sind.

Einige ausgesprochene Gegner des K. stützen sich ausdrücklich auf ihre Christenpflicht zur Nächstenliebe, ohne daß gerade diese politisch aktiven Christen immer die Eignung besitzen, ihre Haltung theologisch angemessen zu begründen. Sie finden sich vornehmlich bei anglokath. Anglikanern (Community of the Resurrection, St. Faith's Farm), bei → Presbyterianern (wie den Missionaren der Church of Scotland in Njassaland), bei einigen kath. Orden (vornehmlich → Dominikanern, auch den → Weißen Vätern) und bei den in England und Schottland entstandenen Freikirchen einschließlich ihrer Tochterkirchen in den USA von den → Baptisten bis zu den → Quäkern. Diese Christen arbeiten mit den Nationalisten und den nichtchristlich-humanitären Gegnern des K. eng zusammen. Die Christen außerhalb Europas bekennen sich durchweg als Gegner des K., ob es sich um Altkirchen wie in Ägypten und Südindien handelt oder um Kirchen, die durch Missionare aus Europa und Nordamerika gegründet worden sind.

Der K. hat neben der politischen eine *wirtschaftliche* Seite, die durch die Verbündeten der Kolonialmächte bisweilen unterschätzt wird. Indonesien und Ägypten zB haben nach dem Ende der politischen Fremdherrschaft den fremden Einfluß in ihrer Wirtschaft planmäßig ausgeschaltet. Wichtige Wirtschaftszweige werden überall »nationalisiert«. Zweitens ringen die politisch frei gewordenen Nationen um gerechte Preise für ihre Erzeugnisse, um Zugang zu Märkten, um Beschäftigungsmöglichkeiten für ihre Menschen. Drittens fordern sie ihren Anteil am aufgespeicherten Kapital und am technischen Wissen der Menschheit, denn sie haben ihrer Ansicht nach früher ungelohnt dazu beigetragen. Diese Entwicklungshilfe soll jedoch unter Wahrung der wirtschaftspolitischen Selbstbestimmung gegeben werden.

Schließlich wehrt man sich gegen »kolonialistische« Haltungen auch im sozialen Leben, gegen jede herabsetzende Minderbewertung nichteuropäischer Traditionen und gegen noch bestehende Rassenvorurteile.

Es wird oft eingewandt, daß die Gegner die positiven Leistungen des K. vergessen. Selbst wer diese anerkennt, wehrt sich aber gegen die Theorie, daß Rechte aus ihnen abgeleitet werden können oder daß eine lange Übergangsperiode zur Freiheit unter fremder (selbst wohlwollender) Bevormundung nötig sei.

J. Schumpeter, Zur Soziologie der Imperialismen, 1919 - K.M. Pannikar, Asia and Western Dominance, London 1953 - R.F. Behrendt, Die wirtschaftl. u. soziale Revolution in den unterentwickelten Ländern, 1954 - Ders., Problem u. Verantwortung des Abendlandes in einer revolutionären Welt, 1956 - R. König, Einl. zu einer Soziologie der sog. rückständigen Gebiete (KfS 7, 1955, 9-23).

K.H. Pfeffer

Kolonialpolitik und Mission (= M.). Zwischen der K. und der als Teilhabe an der Sendung Christi zu verstehenden M. besteht zwangsläufig ein bestimmtes Spannungsverhältnis. K. ist neben der Machtsetzung auch Projizierung europäischer Lebensart nach Übersee. Die britische Vorliebe für örtliche Selbstverwaltung findet ihren Ausdruck in einer K. der Dezentralisation: indirekte Herrschaft durch anerkannte einheimische Behörden, größtmöglicher Anteil an Initiative und Macht bei der örtlichen Kolonialregierung. Der Pragmatismus der Briten und ihre Neigung zum Kompromiß hat eine jeweils verschiedene K. hervorgebracht, die unter dem Druck der Ereignisse und dem wechselnden Einfluß der Regierungsparteien in Großbritannien improvisiert und gelenkt wurde. Die französische K. dagegen bewegt sich um die Konzeptionen, die das Leben in Frankreich seit 1789 beherrschen: Zentralisierung und Assimilation. Einheimische Herrscher müssen wie einst der Feudalstaat abgeschafft werden; allen Einheimischen wird beigebracht, französisch zu sein.

Hat diese allgemeine Feststellung für die M.spolitik Bedeutung? 1925 wollte die belgische Regierung im Kongo nur den »nationalen« M.en Erziehungsbeihilfen gewähren, dh solchen, die ihren Sitz in Belgien hatten und deren Leitung zu zwei Dritteln aus Belgiern bestand. Bei Abänderung dieser belgischen K. wurde die Unterscheidung zwischen »nationalen« und »ausländischen« M.en zwar weitgehend gemildert, jedoch nicht gänzlich aufgehoben. – Vom Standpunkt der M. aus gesehen wird ein Bestehen auf dem Monopol »nationaler« M.en zu einer schwerwiegenden geistlichen Gefahr, auch würde eine solche Einschränkung die prot. Bewegung in Kolonien vorwiegend röm.-kath. Länder katastrophal bedrohen. In Ländern ohne Kolonialbesitz wäre die Möglichkeit der Kirchen, als Kirche genuin missionarisch zu leben, praktisch ausgeschlossen. Zwar können einzelne ihre missionarische Berufung im Dienste einer verwandten Kirche oder Gesellschaft, die von einem anderen Land ausgeht, erfüllen (diese Möglichkeit verdiente es, gründlicher untersucht zu werden); die Erfahrung zeigt jedoch, daß der missionarische Einsatz stark nachläßt, wenn es Kirchen nicht möglich ist, unmittelbare Verantwortung zu übernehmen. – Darüber hinaus aber ist folgendes zu überlegen: Ist es nicht ungünstig, daß die britische Methodist Missionary Society an der französischen Elfenbeinküste und in Dahomey arbeitet, während die Pariser Ev. Missionsgesellschaft im britischen Basutoland tätig ist? Durch einen einfachen Austausch könnten viele Schwierigkeiten mit der K. beseitigt werden. Die Entscheidung dürfte jedoch nicht in Paris und London, sondern müßte im Kolonialgebiet selbst getroffen werden, damit die einheimischen Kirchen nicht als Pfänder einer taktisch noch so vorteilhaften Handlungsweise behandelt werden.

Im allgemeinen widerlegt die Tatsache, daß in den Kolonien Christen verschiedener Nationalität M.sarbeit tun, die Ansicht, Christianisierung sei lediglich eine Form der Kolonisierung und dazu bestimmt, unterworfene Völker mit ihrem Geschick auszusöhnen, also »ihre leeren Bäuche mit leeren Worten zu füttern«. Es ist daher gut, daß die M.en in den Kolonien nicht einfach der nationalen Fahne gefolgt sind, sind sie doch M.en im Sendungsauftrag Jesu Christi. Andererseits sind die entstandenen Schwierigkeiten unleugbar. Die Kolonialmächte bestehen verständlicherweise darauf, daß »ausländische« Missionare in ausreichender Weise orientiert werden müssen, und zwar nicht nur hinsichtlich der offiziellen Sprache des Landes, sondern auch hinsichtlich der Regierungspolitik. Es wird von ihnen Loyalität verlangt. Dies bedeutet außerdem eine zusätzliche, ca einjährige Ausbildung. Ausbildungszentren bestehen in Brüssel, Lissabon und Paris; sie werden von den einzelnen M.sgesellschaften im Verhältnis ihrer jeweiligen Inanspruchnahme finanziert. In Großbritannien besteht ein Bedürfnis nach einer ähnlichen Ausbildungsstätte.

In den Fällen, in denen die M.en der K. gegenüber loyal sind, sind die Möglichkeiten für nutzbringende Zusammenarbeit groß. Die Missionare leben in sehr viel engerem Kontakt mit der Bevölkerung als die meisten Regierungsbeamten, und eine kluge Verwaltung wird sich regelmäßig von ihnen beraten lassen. Die besondere Vertretung der »einheimischen Interessen« in den gesetzgebenden Körperschaften wird allgemein einem erfahrenen und bes. bedeutenden Missionar anvertraut. In den meisten Kolonien sind die M.en stark in den Beratungsausschüssen der Regierung vertreten und üben so einen erheblichen Einfluß auf das Erziehungs- und – in geringerem Maße – auf das Gesundheitswesen aus. ZZ eröffnen sich hier neue Möglichkeiten auf den Gebieten der Sozialpflege und der Gemeinschaftsbildung. Schon um diese Beratungs- und Hilfsfunktion wirksam erfüllen zu können, haben sich die nicht-röm.-kath. M.en und Kirchen in Christenräten zusammengeschlossen. Sie sind zugleich das Ferment der christlichen Einheit (→ Einigungsbestrebungen: VII, → Internationaler Missions-Rat). – Wohl dürfen und sollen die M.en alles in ihrer Macht Stehende tun, um die gesetzmäßigen Ziele der Regierung zu unterstützen, sie dürfen aber nie zulassen, daß sie in der Erfüllung ihrer primär missionarischen Aufgabe (→ Mission: III A) gehindert werden. Sie müssen in allem, was auf der Botschaft von Christus beruht oder beruhen kann, enge Mitarbeiter der Regierung sein, aber sie müssen dort, wo Zweifel herrscht, konstruktive Kritiker und gegebenenfalls sogar offene Gegner sein. Dies kann »ausländische« Missionare in eine sehr schwierige Lage bringen; sind sie doch gewissermaßen Gäste in einem anderen Land und verpflichtet, ihre Gastgeber nicht zu kritisieren. Ein Christenrat mit zahlreichen »ausländischen« Elementen kann u.U. ernsthaft gehemmt sein und tatsächlich unfähig werden, sich Gehör zu verschaffen in einem Augenblick, in dem der unzweideutige Zeuge der Kirche am dringendsten benötigt wird. Es gibt keinen wirklichen Ausweg aus diesem Dilemma, bis aus dem Rat ein Rat einheimischer Kirchen wird, der im Lande wurzelt und auch die Folgen einer Entscheidung trägt.

Lord HAILEY, An African Survey, (revised 1936) Oxford 1957 - LATOURETTE I-VII - C.P.GROVES, The Planting of Christianity in Africa I-IV, London 1948-58 - R.DELAVIGNETTE, Freedom and Authority in French West Africa, ebd 1950 - R.OLIVER, The Missionary Factor in East Africa, ebd 1952 - J.V.TAYLOR, Christianity and Politics in Africa, ebd 1956 - W.F.WERTHEIM, Indonesian Society in Transition, Den Haag 1956. *L.B.Greaves*

Kolosserbrief

1. Thematik - 2. Einheitlichkeit - 3. Echtheit - 4. Die Irrlehrer - 5. Entstehungsprobleme

1. Der K. warnt vor einer Irrlehre, welche die Engelmächte als Hüter der Weltordnung und so als auch für Christen noch zu respektierende Schicksalsträger wertet. Die Verkündigung bezeugt gegen solche Dämonisierung der Welt die Alleinherrschaft Christi über der Kirche als erneuerter Schöpfung und seinen eschatologischen Sieg über die kosmischen Mächte. Der Brief, der sich an eine noch ungefestigte Gemeinde wendet, argumentiert dabei vom Taufgeschehen her. So münden Zuschrift (1, 1-2), Danksagung (3-8), Fürbitte (9-11) in einem (Tauf-) → Bekenntnis (12-20) mit einem leicht überarbeiteten Hymnus auf Christus als Weltschöpfer und Welterlöser (15-20) und mahnt die Paränese in 21-23, an der hier aufgezeigten neuen Realität festzuhalten. Die Erinnerung an Aufgabe, Herrlichkeit und Not des → Apostels (1, 24 bis 2, 5) will offensichtlich die Gemeinde an das apostolische Zeugnis binden, so daß Bekenntnis und Apostolat als deren Fundament erscheinen. Nun erst folgt die Polemik (2, 6-23), wobei ein überarbeitetes hymnisches Fragment in 10-15 die → Taufe (: II) als Vergegenwärtigung des Kreuzesgeschehens und »Christusbeschneidung« die Wirklichkeit der totalen Entmächtigung aller kosmischen Mächte begründen läßt und 16-23 die Praxis der Irrlehrer ironisch ad absurdum führt. 3, 1 - 4, 6 bringen die Paränese. Der allgemeine Teil in 3, 1-17 scheint einer Vermahnung der Neophyten nachgebildet zu sein. Eine leicht christianisierte Haustafel schließt in 3, 18 - 4, 1 an. Der christliche Alltag ist als Stand des zum Ebenbilde seines Schöpfers erneuerten Menschen zugleich die Bekundung der eschatologisch wiedergewonnenen und entdämonisierten Schöpfung. Der Briefschluß (4, 7-18) empfiehlt paulinische Delegaten (7-9) und bringt nach zahlreichen Grüßen (10-17) ein Nachwort des Apostels (18).

2. Die These, der K. sei vom Verfasser des → Epheserbriefes bearbeitet und erweitert worden (Holtzmann, Masson), möchte beide Briefe voneinander abheben und den K. wenigstens im Kern als echt ansehen. Doch wird sie, auch im Detail nicht überzeugend, der geschlossenen Komposition nicht gerecht. Dagegen zeigen Form- und Traditionskritik, daß weithin mit überkommenem Gut (gegnerische Schlagworte, paränetische und liturgische Überlieferung) gearbeitet wird.

3. Die *Echtheit* ist heute fast allgemein anerkannt. Man stützt sich dabei bes. auf die persönlichen Angaben des Schlusses und die enge Beziehung zum → Philemonbrief. Dagegen sprechen schon zum → Epheserbrief (, 5) erhobene Einwände. Nach Ausführlichkeit und Grundsätzlichkeit weist die Berufung auf Bekenntnis und Apostolat im Eingang das Gepräge nachapostolischer Zeit auf, aus der sich auch am einfachsten der mit der Engelverehrung verbundene Rückfall der Gemeinde in Mysterienfrömmigkeit und die Vorstellung erklärt, der Apostel trage die Leiden Christi stellvertretend für die Kirche (1, 24). Den Paulinen gegenüber lassen sich abweichende Terminologie im einzelnen und stärkerer Traditionsgebundenheit entsprechendes Nachlassen der theologischen Argumentation im ganzen kaum leugnen.

4. Die Anschauungen der → *Häretiker* (, 3) sind nur fragmentarisch zu erschließen. Werden die Mächte verehrt, weil sie als gefährlich gelten oder weil sie die himmlische »Fülle« repräsentieren? Jedenfalls scheint die Vergebungsbotschaft allein nicht gegen die Schicksalsdrohung zu sichern. Man sucht dem durch → Askese (: IV), Beachtung heiliger Zeiten und Reinheitsvorschriften abzuhelfen. Daß Beschneidung gefordert wurde, ist nicht beweisbar. Der Kult dient der Weitergabe esoterischer Tradition, welche das Christentum als Mysterienreligion und insofern nach dem Sprachgebrauch der Zeit als »Philosophie« (2, 8) verstehen läßt. Zweifellos handelt es sich um eine jüdisch-synkretistische Bewegung, deren Führer, obgleich Christen, nicht der Gemeinde entstammen.

5. Wie das Lykostal wohl von → Ephesus aus durch Paulusschüler missioniert wurde, scheint nach 1, 7; 4, 12f Epaphras die Paulus persönlich unbekannte und nach 1, 21. 27; 2, 13 im wesentlichen heidenchristliche Gemeinde zu Kolossä (→ 18 B 3) gegründet zu haben. Die Datierung des Briefes steht unter der Alternative: Wenn echt, um des Inhalts und Stiles willen so spät wie möglich, wenn unecht, so früh wie denkbar. Als Abfassungsort kommt so Rom oder Ephesus in Betracht. Die vielen persönlichen Beziehungen sprechen mehr für das letzte. Über das Verhältnis zum → Epheserbrief und über weitere Lit. s. dort.

Kommentare: E.LOHMEYER (MeyerK IX), (1930) hg.v. W. SCHMAUCH, 1953[9] - E.F.SCOTT (Moffatt NTC), (1930) 1948[7] - CH. MASSON (Comm. du NT 10), 1950 - C.F.D.MOULE (Cambridge Greek Testament, NS), 1957. - Lit.: ST.HANSON, The Unity of the Church in the NT (ASNU 14), 1946 - G.BORNKAMM, Die Häresie des K.es (ThLZ 73, 1948, 11-20) - E.KÄSEMANN, Eine urchristl. Taufliturgie (Festschr. R.Bultmann, hg.v. E.WOLF, 1949, 133-148) - CH.MAURER, Die Begründung der Herrschaft Christi über die Mächte nach Kol 1, 15-20 (WuD 1955, 79-93) - J.KREMER (s.u., Lit.) - J.M.ROBINSON, A formal analysis of Col 1, 15-20 (JBL 76, 1957, 270-287). *E.Käsemann*

Zur *Auslegungsgeschichte* (s. auch → Paulusbriefe, → Schriftauslegung: IV):

Qu.: 4.Jh.: Chrysostomus (MPG 62; ed. C.PIAZZINO, Turin 1940). - 5.Jh.: Severian v. Gabala (ed. K.STAAB, Pauluskomm. aus der griech. Kirche [NTA 15], 1933, 314-328). - 6.Jh.: Ökumenius (MPG 119; echte Glossen ed. K.STAAB, aaO 453-455) - Johannes Diaconus (Ps.-Hieronymus, MPL 30; vgl. CPL Nr. 952). - 9.Jh.: Photius (ed. K.STAAB, aaO 631-633). - 16.Jh.: Zwingli (ed. SCHULER-SCHULTHESS VI/2, 1838, 220-228) - Melanchthon (CR 15) - Calvin (CR 52) - Erasmus Sarcerius, 1542 - Adam Sasbout OFM, Antwerpen 1561 - Wolfgang Musculus, Basel 1565 - Hieronymus Zanchi, Genf 1613 (Opera theol. t. VI). - 17.Jh.: Joh.Crell, Amsterdam 1656 - Franciscus Gomarus, ebd 1664 (Opera theol.) - Jakob Alting, ebd 1686 (Opera theol. t. IV).

Lit.: A.CERNY, Firstborn of Every Creature (Kol 1, 15), Baltimore 1938 - R.R.BRINKMAN, The Prototokos Title (Kol 1, 15) and the Beginnings of its Exegesis (bei Justin u. den Antiarianern) (Diss. Gregoriana Rom), 1954 - J.KREMER, Was an den Leiden Christi noch mangelt. Eine interpretationsgeschichtl. u. exeget. Unters. zu Kol 1, 24b (BBB 12), 1956. *W.Werbeck*

Kolping, *Adolf* (1813-65), zählt zu den großen Organisatoren des Sozial-Katholizismus im 19.Jh. (→ Katholisch-sozial). Seine Bedeutung liegt weniger in seinen »Rheinischen Volksblättern« als in der pädagogischen Gesamtpersönlichkeit sozialkonservativer Prägung in ihrer priesterlichen Sorge um den von der Industrialisierung zT schwer bedrohten Handwerkerstand und bes. den verzweifelnden und daher sittlich entartenden Handwerkernachwuchs. K. wünschte den »tüchtigen« Handwerker, Meister, Familienvater. In seinen Betrachtungen über Liberalismus, »Fortschritt«, Demokratie bleibt er in den Bahnen konservativen Denkens seiner Zeit. In seiner Ständelehre hält er sich von mittelalterlichen Vorstellungen frei; er lehnt es ab, »das Tote zu galvanisieren«. Auch der Ausdruck »vierter Stand« wird von ihm verworfen: das → »Proletariat« sei »wesentlich Standeslosigkeit«; man müsse es beseitigen, aber nicht »als Stand zu behandeln suchen«. K.s eigenstes Arbeitsgebiet wird freilich die Sammlung der christlichen (bes. der kath.) Handwerksgesellen und ihre religiöse, menschliche und fachliche Erziehung und Selbsterziehung. Im Mittelpunkt der Arbeit K.s steht das Gesellenhaus oder -heim als die Pflegestätte neuen bewußten Aufbaus des »zertretenen und aus den Fugen gerissenen Handwerkerstandes«. Das Werk - heute »K.-Familie«, oft auch kurz »der K.« genannt - begann mit 7 Gesellen am 6.5.1849 in der Kölner Kolumbaschule. 1939 gab es 1800 deutsche, 104 österreichische, 70 holländische und weitere 250 Gesellenvereine in aller Welt. Nach dem 2. Weltkrieg ist der neue Aufbau mit vollem Erfolg durchgeführt worden.

Vf. u.a.: Der Gesellenverein, 1849; Rhein. Volksblätter für Haus, Familie u. Handwerk, 1854-65; Mitt.en für die Vorsteher der kath. Gesellenvereine, 1863ff. - Biogr. über K.: S.G.SCHÄFFER, (1880) 1913[4]; TH.BRAUER, (1923) 1935; F.J.WOTHE, (1939) 1952[3]; W.HÜNERMANN, 1949. - Ferner: J.NATTERMANN, A.K. als Sozialpädagoge, 1925.

L.Heyde

Kolportage

1. Begriff und Aufgabe - 2. K. im Dienste der Bibelverbreitung - 3. K. als Arbeitsmittel der Schriftenmission - 4. Gegenwärtige Aufgabe

1. K. bedeutet das Feilbieten von Schriften und Kunstwerken im Hausierhandel. Als Arbeitsform der christlichen Volks-, insbesondere der Schriftenmission (→ Schriftenverbreitung) hatte und hat sie noch immer erhebliche Bedeutung, obwohl heute neben dem Schrifttum auch andere »Massenmedien« wie → Film, → Rundfunk, → Fernsehen usw aufgetreten sind. Als Gegenstände der missionarischen K. kommen vor allem die Bibel und Bibelteile, ferner christliches Kleinschrifttum verschiedener Art in Betracht. In allen Fällen handelt es sich um eine spezielle Form der Wortverkündigung, die als gedrucktes Wort die Predigt unterstützen und ergänzen soll.

2. K. im Dienste der Bibelverbreitung ist vor allem von den → Bibelgesellschaften geübt werden. Ohne diese Arbeitsform wäre die ungeheure Verbreitung der Bibel nicht denkbar gewesen, die im 18.Jh. einsetzte und bis heute in aller Welt immer mehr gesteigert worden ist. Die Bibel-K. spielt gegenwärtig bes. in den angelsächsischen Ländern noch immer eine sehr erhebliche Rolle. Dabei tritt die Arbeit der aktiven Gemeindeglieder immer stärker in den Vordergrund. - Für die Verbreitung der Bibel in kath. Ländern wie Spanien, Südamerika und Italien ist die K. auch heute unentbehrlich. - Ein bes. wichtiges Arbeitsmittel ist sie für die Heidenmission. Seit 1827 in Konstantinopel nachweisbar, ist sie inzwischen über die gesamte der Mission zugängliche Welt ausgedehnt worden. Besondere Bedeutung hat sie in den islamischen Ländern sowie in Japan (jährlich 1 Mill. Bibeln und Bibelteile) und Südkorea erlangt. In China ist sie seit 1952 verboten. - Die deutsche Bibel-K. wird bes. von der Bibelmission und vom Missionsbund »Licht im Osten« gepflegt.

3. Die K. war lange Zeit das bevorzugte Arbeitsmittel der Traktatgesellschaften. Bereits die Deutsche → Christentumsgesellschaft (1780) hatte die Aufgabe in Angriff genommen. Aber erst der Einfluß der englischen Traktatgesellschaft (1799) und deren sehr erhebliche Geldmittel haben zu der Ausdehnung dieser Arbeit in Deutschland geführt, die für das 19.Jh. kennzeichnend ist. Seit 1811 entstanden allein in Deutschland insgesamt 28 Traktatgesellschaften, die eine kaum übersehbare Fülle christlichen Schrifttums schufen und durch K. verbreiteten. J.H. → Wichern hat diese Bestrebungen lebhaft unterstützt und unter die Anliegen der → Inneren Mission aufgenommen. Jedoch ist nicht zu bestreiten, daß mit dem starken angelsächsischen Einfluß auch Anlaß zu berechtigter Kritik an Stil und Art dieser Arbeit entstand. Das wird sich auch auf den Stil der K. selbst ausgewirkt haben, die deshalb nicht immer in vollem Einklang mit der Landeskirche und ihrer Gemeinde wirkte. Dennoch ist die stille Wirkung dieser Arbeit nicht zu übersehen.

4. Die K. muß von Persönlichkeiten getragen werden, die bewußten Missionswillen besitzen, um wirksam werden zu können. Ohne eine missionswillige Gemeinde, die die rechte Schrift an den rechten Menschen heranzubringen weiß, ist sie nicht denkbar. Die nach wie vor wichtige Aufgabe der K. wird darum aktiven Gemeindegliedern übertragen werden müssen.

RE XX, 53ff (ältere Lit.) - W.ENGELMANN, Unser Werk. ABC der Inneren Mission, (1939) 1949[2] (s.v. Schriftenmission) - H.H.ULRICH, Die Kirche u. ihre missionarische Aufgabe, 1955 - EKL II, 867f (Lit. zur Bibel-K.).

K.Janssen

Kolumbien (nach Kolumbus genannt, 1 283 475 qkm), grenzt an den Atlantik, den Pazifik, Panama, Venezuela, Brasilien, Peru, Ecuador. Die Mehrzahl der 9 Mill. Einwohner stammt von Spaniern ab. Reinrassige Indianer sind u.a. die Motilones, Juko, Iroka, Guajiros und Aruacos; rd 200 000 halten an ihren uralten religiösen Vorstellungen fest. Bochica ist der Kulturheros, der, auf dem Regenbogen sitzend, die Menschen von der durch den Gott Chibchachum entfesselten Sintflut rettete. Mit den bösen Dämonen (Anmiáes) steht man stets im Kampf.

Die *Christianisierung* begann bald nach der Landung des Alonso de Ojeda (1499). Als 1536-38 Quesada das ganze Land (»Neugranada«) eroberte, hatte der Katholizismus schon festen Fuß gefaßt. Die → Dominikaner missionierten seit 1531 (der Hl. Luis Bertram, Apostel K.s), 1561 gründeten sie eine eigene Ordensprovinz. → Franziskaner und → Jesuiten folgten. Pedro Claver SJ mühte sich (seit 1616) erfolgreich um die Bekehrung der Negersklaven.

In K. bestehen neben einer nationalen Universität (Bogotá) und 4 weiteren Universitäten (Medellin, Cartagena, Popayán, Pasto) 3 kath. Universitäten sowie 15000 Volks- und Mittelschulen. Trotzdem gelten ca 37% der Bevölkerung als Analphabeten. - Die Befreiungskriege (1812-19) lösten K. vom spanischen Mutterland; doch erst nach einer bewegten politischen Geschichte, bei der K. seinen Namen mehrere Male änderte, bildete sich (1886) die heutige *República de Colombia* (letzte Verfassung von 1936). K. befindet sich immer noch in politischer Gärung und Unruhe.

K. ist als das katholischste und das am wenigsten tolerante Land in Südamerika bekannt. Auf Grund des Konkordats von 1887/88 (1942 unwesentlich abgeändert) ist alle Erziehung »in Übereinstimmung mit den Dogmen und den sittlichen Grundsätzen der kath. Religion zu gestalten und zu leiten«. Mehr als 50 kath. Ordenshauptniederlassungen sind auf 4 Kirchenprovinzen mit 11 Suffraganen, 5 Apostolischen Vikariaten und 7 Apostolischen Präfekturen verteilt. Der Erzbischof von Bogotá ist zugleich Kardinal. Dem herrschenden Priestermangel wird gegenwärtig durch Entsendung ausgebildeter Geistlicher, Ordensbrüder und -schwestern aus Spanien, Deutschland, Frankreich u.a. abgeholfen. Die Orden unterhalten zahlreiche Lehranstalten, Pensionate und Wohltätigkeitsanstalten. Die von der Verfassung anerkannte Duldung nicht röm.-kath. Kulte wurde in den letzten Jahren bes. hart auf die Probe gestellt.

Erst 1856 begann die Gemeindearbeit seitens der *ev. Kirchen* (erste ev.Gemeinde in Bogotá, presbyterianisch). Die nach 1930 von mehreren Missionsgesellschaften durchgeführte Arbeit sowie die Gründung von Gemeinden und Lehranstalten hat eine Wendung der religiösen Lage in K. gebracht: Mission unter den Indianern 1934, Luth. Kirche 1936, Pfingstgemeinde 1938, Baptisten 1941, Methodisten-Wesleyaner-Mission 1941, Mennoniten 1943, Interamerikanische Mission für Pfarrerausbildung 1943, Instituto Biblico Luterano (Bogotá) 1948 usw. 17 Kirchen und Missionswerke haben sich 1950 zu einem Ev. Kirchenbund zusammengeschlossen *(Confederación Evangélica de Colombia)*, dessen 5. Generalversammlung 1954 in Barranquilla stattfand. Im Kirchenbund sind 90% aller ev. Christen K.s, dh über 50000 vertreten (nicht gerechnet die Einwohner von den Inseln San Andrés, Providencia und St.Catalina [Karibisches Meer], die zu 96% = 6500 ev. sind). Infolge der Konstituierung einer kath.-konservativen Regierung kam es 1949 zu schweren Ausschreitungen gegen die Evangelischen, die sich bis zum Sturz des diktatorischen Regimes (1958) fortsetzten. Die Zukunft der ev. Kirche in K. bleibt ungewiß. - Die englischsprechenden ev. Ausländer werden von der Union Church und der Episcopal Church kirchlich betreut. Um die deutschen Evangelischen bemüht sich P.Hermann Müller (Hauptgemeinde in Calí), der auch in Guayakil und Panama seelsorgerlich zu arbeiten versucht.

J.T.MEDINA, Historia del Tribunal del Santo Officio de la Inquisición de Cartagena de la Indias, Santiago de Chile 1899 - L.MUÑOZ, Notas históricas sobre la Compañía de Jesús restablecida en Colombia y Centro América 1842-1914, Oña 1920 - J.L.MECHAM, Church and State in Latin America, Chapel Hill 1934 - J.M.FERNÁNDEZ-R.GRANADOS, Obra civilizadora de la Iglesia en Colombia, Bogotá 1936 - A.MESANZA, Apuntes y documentos sobre la orden dominicana en Colombia (1680-1930), Caracas 1936 - R.LEHMANN-NITSCHE, Studien zur südamerik. Mythologie, 1939 - D.RESTREPO, La Compañía de Jesús en Colombia, Bogotá 1940 - EC III, 1999ff - G.AREILA ROBLEDO, Las Misiones franciscanas en Colombia, Bogotá 1950 - J.RIVERO, Historia de las misiones de los Llanos de Casanare y los rios Orinoco y Meta, ebd 1956. - Zum Protestantenproblem: M.RODRIGUEZ HONTIYUELO, Los Misioneros protestantes, Baranquilla 1933⁴ - M.S.BATES, Glaubensfreiheit, New York 1947, 121ff. 332ff - Die Lage der Protestanten in kath. Ländern, 1953, 150ff - La Cuestion de las religiones acatólicas en Colombia, Bogotá 1956 - F.ORDONEZ, Historia del Cristianismo Evangélico, Medellin 1957 - K. u. die Protestanten (HerKorr 11, 1957, 231-236). *M.Gutiérrez Marin*

Kolumbusritter *(Knights of Columbus)*, 1882 in New Haven (Conn.) gegründete röm.-kath. Laienorganisation. Ihr Ziel ist finanzielle Unterstützung sowie geistige und soziale Förderung der Mitglieder, religiöse Erziehungsaufgaben und soziale Wohlfahrtsarbeit. Die K. sind verbreitet in den USA, Kanada, Neufundland, Mexiko, Kuba, Puerto Rico, Südamerika und den Philippinen und hatten 1955 über 900 000 Mitglieder. Sie haben ein eigenes Versicherungswesen aufgebaut, unterstützen kath. Erziehungs- und Wohlfahrtseinrichtungen, veranstalten Vorträge, Preisausschreiben, Rundfunk- und Fernsehprogramme und verbreiten kath. Schrifttum. Während und nach dem 1. Weltkrieg setzten sie sich für die Versorgung der Kriegsopfer ein. Dachorganisation ist der Nationalrat, der sich aus Vertretern der regionalen Räte und delegierten Mitgliedern zusammensetzt. Die K. stellen einen wichtigen geistigen und politischen Machtfaktor des Katholizismus in Amerika dar und gelten als die größte kath. Laienorganisation der Welt.

CathEnc VIII, 670f - EBrit XIII, 441. *R.C.Wolf*

Komander oder *Comander* (= Dorfmann), *Johann* (1484/85-1557), Reformator Graubündens, * in Maienfeld, kam 1524 an die St.Martinskirche nach Chur. Auf dem Religionsgespräch zu Ilanz (1526) disputierte K. erfolgreich gegen den Churer Abt Theodor Schlegel, aber erst 1527 wurde das erste ev. Abendmahl gehalten und zu Pfingsten auf einem Bundestag zu Davos eine Art Parität vereinbart. Die → Täufer (G.Blaurock) hinderten den raschen Fortgang der Reformation, doch fand der unermüdliche K. Gehilfen an Johann Blasius und Philipp Gallicius. Die eigentliche Begründung einer ev. Bündner Kirche erfolgte 1537 durch Bestellung einer Geistlichkeitssynode. Eine gewisse kirchliche Einheitlichkeit kam durch Gründung einer höheren ev. Schule, durch K.s Katechismus (romanisch von J.S.Bifrun) sowie durch die Churer Kirchenordnung und die Confessio Rhaetica (1552) zustande (→ Schweiz: I).

Briefwechsel K.s in: Qu. zur Schweiz. Gesch. 23, 1904, 9ff. - Über K.: O.HEROLD, J.K. (Theol. Zs. aus der Schweiz 8, 1891, 129 bis 142) - RE X, 653ff; XXIII, 794 - E.CAMENISCH, Bündner Reformationsgesch., 1920 - O.VASELLA, Der bündnerische Reformator J.C. (ZSKG 26, 1932, 109-132) - J.R.TRUOG, Aus der Gesch. der rät. Synode, 1937 - W.JENNY, Der Hirte. Gestalt u. Verkündigung J.C.s, Chur 1945. *O.E.Straßer*

Kometen (griech. »die Behaarten«), Schweifsterne, meteorartige Körper, die von Zeit zu Zeit am → Himmel erscheinen. Sie gelten wie alle außerordentlichen Himmelserscheinungen als Vorzeichen wichtiger, meist unglücklicher Ereignisse (→ Krieg, Hungersnot, → Krankheit, → Tod, → Weltende). Am frühesten sind bei den Babyloniern K.erscheinungen mantisch (→ Mantik) gedeutet worden. Es gibt dann zahlreiche Zeugnisse aus der griech. und röm. Antike: K. als von Zeus gesandte Wunderzeichen oder als Todesvorboten von Herrschern. Komplizierter als die K.mantik ist die astrologische Kometologie, wobei (nach Ptolemaios) die Himmelsrichtung der K. gedeutet wird. Während für die Germanen selbst kein K.glauben bezeugt ist, fußt das MA (über → Isidor von Sevilla und → Beda) auf dem antiken K.glauben. Die K. galten als Stern von Bethlehem, als Engel und Bote Gottes oder auch als feuriger → Drache und Satan (→ Teufel), und im Volksglauben der Neuzeit wirken diese Vorstellungen nach (Einblattdrucke, Prognostiken, K.flugschriften). Abwehrmaßnahmen sind Mittagsläuten, → Weihwasser, Bußtage (→ Bußwesen: I), Enthaltsamkeit (→ Keuschheit: I), → Fasten, Schutzbriefe und sog. K.medaillen. Seit dem 13.Jh. versuchte man über das Wesen der K. Näheres zu erfahren (→ Albertus Magnus, Konr. von Megenberg, → Paracelsus, Hieronymus Cardanus), aber noch → Kepler hat sich über Unglücksfälle und ihre Entstehung in Verbindung mit einer K.erscheinung geäußert. Mit der Entdeckung von Dörfel und → Newton (Bahnen und Periodizität der K.) nahmen K.- und Weltuntergangsfurcht sogar noch zu, und bes. im Volksglauben blieb die K.angst erhalten. Exakte Beobachtungen und mythische Vorstellung gehen bis heute nebeneinander her.

R.WOLF, Über K. u. K.aberglauben, 1857 - H.LUDENDORFF, Die K.flugschriften des 16. u. 17.Jh.s, 1908/09 - HWDA V, 89ff - PW XI/1, 1145ff - R.A.LYTTLETON, The comets, Cambridge 1953. - Weiteres s. → Astrologie, → Sterne. *L.Röhrich*

Unter K etwa Vermißtes bitte unter C und Z suchen

Kommunion → Abendmahl: IV. V; *Kommunion in Todesgefahr* → Krankenkommunion.

Kommunismus

I. Religionsgeschichtlich - II. Kirchengeschichtlich - III. Kommunismus und Bolschewismus - IV. Kommunismus in Asien und Afrika

I. Religionsgeschichtlich

1. Begriff - 2. Der K. der »primitiven« Religionen - 3. K.e Phänomene in einzelnen Religionen - 4. Das Mönchtum - 5. Utopien - 6. Essener

1. K. ist eine wirtschaftliche Ordnung auf der Basis gemeinschaftlichen → Eigentums unter Ausschluß des Privateigentums. In reiner Form, dh mit völligem Ausschluß alles Privateigentums dürfte es ihn nur in Utopien und in Mythen von der Urzeit oder von einem goldenen Zeitalter (→ Weltperioden), in der Wirklichkeit nur in Mönchsorden geben. Überall sonst ist neben gemeinschaftlichem Eigentum Privateigentum zu beobachten. Zum K. als religionsgeschichtlicher Erscheinung oder als einer religiös begründeten Wirtschaftsordnung zählen wir nicht den marxistisch-leninistischen → Kommunismus (: III), obwohl auch er letztlich religiösen Charakter hat und Vorstellungen des vormarxistischen K. übernommen hat.

2. Im Bereich der sog. *primitiven Religionen* ist die Wirtschaft religiös bestimmt und die Gemeinschaft eine sakrale Größe. Es ist darum nicht die Frage wesentlich, ob die primitiven wirtschaftlichen Verhältnisse K. erzwungen hätten und infolgedessen ein Ur-K. anzunehmen sei (die Frage einer → Urreligion, die »geschichtsmaterialistisch beleuchtet« vom Ur-K. abhängt, führt ebenso über den Rahmen der menschlichen Geschichte hinaus wie die eines → Urmonotheismus). Denn die Dinge der Wirtschaft (Boden, Tiere, Pflanzen, Rohstoffe) gehören nicht nur der wirtschaftlichen Sphäre an, sondern haben religiösen Bezug; sie sind Machtträger. Wie die → Geburt erst »definitiv«, »Ereignis« wird durch die entsprechende → »Begehung«, so bedarf das → Leben, um heiliges oder heilvolles Leben zu sein, der Zufuhr der → Macht (: I), die im Eigentum steckt. An sich ist die Frage nicht wesentlich, ob es sich um Privat- oder Gemeineigentum handelt. Man kann jedoch von K. sprechen, weil das Leben, das der im Eigentum gegebenen Machtzufuhr bedarf, nicht das Einzelleben ist, sondern das der Gemeinschaft. Diese ist in allen ihren Funktionen von Urzeiten her göttlich geordnet; der einzelne wählt sich in ihr nicht seinen Ort und seine Funktion, sondern *hat* immer beides. Sein Heil hängt daran, daß er als Glied des Kollektivs handelt. Er kann sich aber weder zum Kollektiv noch zum K. entschließen noch jenes oder diesen organisieren. Wie sehr dieser K. jenseits der eigentlich wirtschaftlichen Sphäre liegt, zeigt sich darin, daß zu dem Kollektiv die Toten als unentbehrliche Glieder gehören (→ Totenverehrung: I). An der Urzeit orientiert ist auch das konfuzianische Ideal der »Großen Gemeinsamkeit«, von der es im Liki heißt: »Zur Zeit, als der große Weg herrschte, war die Welt gemeinsamer Besitz... Die Güter wollte man nicht ungenützt verlorengehen lassen; aber man suchte sie nicht unter allen Umständen für sich selbst aufzustapeln. Die eigene Kraft wollte man nicht unbetätigt lassen, aber man arbeitete nicht um des eigenen Vorteils willen.« - Vgl. → Gemeinschaft: I, → Handel: I.

3. Bewußt angestrebt und mit Hilfe des Königs Kawâd (489-531) verwirklicht wurde K. in Persien durch → *Mazdak*, der die Lehre von der Gleichheit aller Menschen propagierte und daraus die Folgerung zog, daß alle gleichen Besitz haben müßten, daß darum der Reichtum der Reichen, der auf Übervorteilung beruhe, einschließlich ihrer Frauen an die Armen verteilt werden müsse. In den letzten Jahren seines Lebens gestattete Kawâd seinem Lieblingssohn und Nachfolger Chosrau die blutige Vernichtung der Mazdakiten (seit 528). Wiederum auf persischem Boden entstand die aus dem schiitischen → Islam (: I) hervorgegangene Sekte der → *Bahai,* die zwar nicht einem eigentlichen K. huldigt, aber zum Kampf um die religiöse »rassische, nationale und soziale Einheit der Menschheit« aufruft und eine Weltregierung mit Welthauptstadt, Weltkultur, Weltfrieden usw anstrebt. In → China versuchte die mit einigen christlichen Elementen durchsetzte, von Hung Hsiuch'üan 1851 begründete *Taiping-* (= Großer Friede) *Bewegung* eine Art K. durchzuführen. Sie verlangte von ihren Mitgliedern, ihren Besitz zu verkaufen und den Erlös der gemeinsamen Kasse zu übergeben. Sie plante und begann das Land, das sie unter ihre Kontrolle gebracht hatte, gerecht aufzuteilen, ohne einen Unterschied zwischen Männern und Frauen zu machen. Von jeder Person wurde außer der Landbestellung eine weitere, spezielle Tätigkeit gefordert. Überschüsse flossen nach Befriedigung der grundlegenden persönlichen Bedürfnisse in die gemeinsame Kasse. Dieser K. nahm mit der Niederschlagung der Bewegung ein Ende (1864). - In Indien wird eine Art K. verwirklicht im *Ashram,* einer Einsiedelei, in der eine Anzahl Hindu, um einen Guru (Lehrer) geschart, ein klosterartiges, aber nicht in jedem Fall lebenslängliches Gemeinschaftsleben führen. Christliche Mission hat sich hier und da um christliche Ashrams bemüht, in denen Christen auf der Basis biblischer Besinnung eine christliche Lebensgemeinschaft durchführen und sozialen, medizinischen und evangelistischen Dienst in der Umgegend tun. Geschichtlich bedeutsam geworden sind → Gandhis Ashramgründungen, Gehöfte bzw. Dörfer mit wirtschaftlicher Autarkie, so die Siedlung »Phönix« und die »Tolstoi-Farm« in Südafrika und der Ashram Sabarmati bei Ahmedabad, dessen Regeln, Erfahrungen und Geist sein gesamtes politisches Wirken bestimmten, nicht zuletzt dadurch, daß er hier in mönchischer Zucht nicht Mönche und Nonnen heranbilden wollte, sondern Diener und Führer Indiens. - Der K. der *Kibbutzim* in Palästina bzw. im Staate → Israel (: III) gehört der Religionsgeschichte in demselben Sinne an wie das Volk oder auch der Staat Israel, der nach Idee und Wollen säkular ist und der doch nicht ganz von Ruf und Gebot Gottes getrennt zu sehen ist. Seinem Wollen nach ist der K. in den ersten Kibbutzim, die von russischen und polnischen, zT mit sozialistischen Idealen erfüllten Einwanderern am Anfang des 20. Jh.s begründet wurden, nichts weniger als religiös, aber es sind später auch orthodoxe Kibbutzim hinzugekommen. Charakteristisch ist für die Kibbutzim, so verschieden sie auch gestaltet sind, gemeinsame Landarbeit, zu der man sich in voller Freiwilligkeit in Siedlungen zusammenschließt, in denen man in einer Art klösterlicher Gemeinschaft lebt; der einzelne hat keinen persönlichen Besitz und erhält seinen gesamten Unterhalt einschließlich des der in Kinderheimen aufgezogenen Kinder von der Gemeinschaft. Neben solchen Kibbutzim, in denen Eigenleben so gut wie ausgeschlossen ist, gibt es andere, die dazu größere Freiheit lassen.

4. Unter Trennung vom Ganzen der Volksgemeinschaft führt das → *Mönchtum* (: I. II) in und außerhalb der Christenheit K. durch. Mönchtum ist auf sehr verschiedenem religiösem Boden entstanden: in der indischen Religion (→ Indien: II) wie im Islam (und hier wieder im besonderen Maße im indischen Islam) wie im chinesischen → Taoismus; (Hînayâna-) → Buddhismus und → Jinismus sind primär Mönchsreligionen, obschon sich Laien um sie scharen. Gemeinsam ist allem Mönchtum außer bestimmten Methoden der → Askese und der Ver-

senkung bis zur → Ekstase das Ideal und Gelübde der → Armut und der → Keuschheit und in den Mönchsgemeinschaften die Pflicht zum → Gehorsam.

5. Ein K., wie er von Phaleas von Chalcedon, in → Platons »Staat« oder der Atlantis seines Timäus, von Zeno, von Theopomp von Chios, von Hekatäus aus Teos, von Euhemeros von Messana beschrieben wird, dürfte kaum als religionsgeschichtliche Erscheinung zu werten sein, obwohl sich der marxistische K. auf diese oder jene dieser *Utopien* beruft. Der Sonnenstaat des Jambulos ist außer durch seine Phantastik nur dadurch von jenen Utopien verschieden, daß seine Bürger die → Sonne als höchste Gottheit verehren. Der K. ist in ihm vollkommen durchgeführt einschließlich des Grundsatzes, daß auch die Frauen allen gemeinsam sind, nicht aus Libertinismus, sondern weil die Einzelehe Sonderinteressen hervorrufen könnte, die dem K. abträglich sind. Nicht nur die Produktions-, sondern auch die Konsummittel sind Gemeingut.

6. Nicht nur romanhaften, sondern realisierten K. treffen wir in dem »mönchsartigen Orden« der → *Essener* an, der u.a. durch Gütergemeinschaft ausgezeichnet ist. Freilich geben weder → Philo und → Josephus noch die Texte von → Qumran ein ganz klares Bild. Beim Eintritt in den Orden wird der Besitz in eine gemeinsame Kasse abgeliefert, aus der alle versorgt werden. Andererseits ist offenbar Privateigentum nicht völlig abgeschafft. Vom Novizen gilt, daß nach dem ersten Jahr des Noviziats sein Besitz und sein Arbeitsverdienst »dem Manne, der die Aufsicht über den Arbeitsverdienst der ›Vielen‹ führt, übergeben« wird; dieser soll es »auf Rechnung anschreiben, aber er darf es nicht für die ›Vielen‹ verbrauchen« (Kol. V, § 39 Bardtke); nach dem zweiten Jahr gibt der Novize sein Besitztum hin. Andererseits gilt (Kol. VII, § 50f): »Wenn er fahrlässig am Eigentum der Gemeinde handelt und es in Verlust geraten läßt, so soll er es in der vollen Summe ersetzen. Wenn er nicht wohlhabend sein sollte, es zu ersetzen, soll er sechzig Tage büßen.« – Zu den k.en Zügen im NT s. → Kommunismus: II, 1.

K. Kautsky, Von Plato bis zu den Wiedertäufern, 1895 – R.v. Pöhlmann, Gesch. der sozialen Frage u. des Sozialismus in der alten Welt, (1901) 1925³ – H. Eildermann, Ur-K. u. Urreligion, geschichtsmaterialistisch beleuchtet, 1921 – E. Erkes, Ur-K. u. Urreligion (Werkland 4, 1924, 247–252) – M.T. Titus, Indian Islam, London 1930 – G. Rosenkranz, Der Heilige in den chines. Klassikern, 1935 – Ders., Die Bahai, 1949 – W.E. Mühlmann, Mahatma Gandhi, 1950 – Wach, Relsoz. – H. Bardtke, Die Hss.funde am Toten Meer, 1952 – E.P. Boardman, Christian Influence upon the Ideology of the Taiping Rebellion, Madison 1952 – J. Hasenfuss, Weltreligionen als sozial-kulturelle Gestaltungsmächte, 1955 (Lit.) – van der Leeuw – O. Klima, Mazdak. Gesch. einer sozialen Bewegung im sassanid. Persien, Prag 1957 – E. Surtz, The Praise of Pleasure. Philosophy, Education and Communism in More's Utopia, Cambridge/Mass. 1957 – S.F. Moore, Power and Property in Inca Peru, New York 1958.

W. Holsten

II. Kirchengeschichtlich

1. In der gottesdienstlichen Gemeinschaft des Urchristentums hatte wohl die → Armenpflege (: IV), jedoch keine Gesetzlichkeit oder gar wirtschaftliche Programmatik Platz, so radikal auch die Einstellung zu → Armut (: I, 2) und Reichtum umgewertet wurde. Von hier aus ist die Nachricht von der freiwilligen Gütergemeinschaft der Jerusalemer *Urgemeinde* als ein Zeichen für das Wirken des Hl. Geistes zu verstehen (Apg 2, 42ff; 4, 32ff; 5, 1ff). Dieses Beispiel wurde in der *alten Kirche* immer wieder zitiert, wenn die Verweltlichung der Kirche getadelt und die Gefahr des Reichtums, ja des Besitzes überhaupt betont werden sollte (→ Armut: II, 2. 3; → Eigentum: II, 1). Doch ist es verhältnismäßig sehr selten zu einer eigentlich k.en Wendung der Armutsforderung gekommen. Dies gilt auch für die Sondergruppen, deren rigoristisch gesetzlichem, apokalyptisch enthusiastischem oder gnostischem Anspruch der radikale Verzicht auf Eigentum an sich näher lag (→ Armut: II, 4). Eine k.e Gesellschaftsordnung nach → Plato (→ Kommunismus: I, 5) lehnte → Lactantius ausdrücklich ab. Mit Berufung auf die Apg hat → Chrysostomus die Aufhebung des Privateigentums in der Gemeinde von Konstantinopel ernsthaft erwogen. Im ganzen hat die Kombination des christlichen Armutsideals mit hellenistischer Abwertung der Materie (→ Askese: IV, 4. 5) und stoischen Naturrechtslehren (→ Stoa) mehr zu allgemeiner Kritik von Reichtum und sozialer Ungleichheit und zur Bildung asketischer Eliten als zum grundsätzlichen Verzicht auf Privateigentum geführt. Wo man aber sich dazu entschloß – wie bei den Circumcellionen (→ Donatismus), den → Apostolikern (, 1) und bes. im → Mönchtum (: II; → Armut: II, 3. 5) –, stellte sich leicht irgendeine Form von Gemeinbesitz als begleitende Folge ein. Die mönchischen Lebensformen konnten einerseits als das Ideal des wahren Christenstandes gelten, leisteten aber andererseits einer »Kompromißethik« Vorschub (→ Evangelische Räte). Das rigoristische Element blieb lebendig genug, um immer wieder die Berechtigung *jedes*, auch des gemeinsamen, Eigentums im Mönchtum in Frage zu stellen (→ Armut: II, 5. 6). Im Armutsstreit der → Franziskaner half der → Chiliasmus des → Joachim von Fiore dazu, die immer latent vorhandene Kritik an der »reichen Kirche« zu aktualisieren (→ Spiritualen). Hier wie bei den → Katharern, den → Waldensern (→ Albigenser) und anderen außerkath. Gruppen, aber auch in den monastisch bestimmten Laienkreisen des späteren MA (→ Beginen, → Brüder vom gemeinsamen Leben, → Alexianer, → Tertiarier, → Humiliaten u.a.) war ein expansives Verständnis der »apostolischen Armut« und nicht die Wirtschaftsethik das Primäre. So war das Eigentum in verschiedenen Graden verpönt, auch dort, wo keine eigentlichen Ordensregeln zur Armut zwangen (radikal zB bei den → Apostolikern [, 2. 3] und den »perfecti« der Katharer).

2. Andererseits blieben diese religiösen Entwicklungen nicht ohne Wechselwirkungen mit den mehr sozialrevolutionär gerichteten *Bewegungen der niederen Stände* (→ Bauernkrieg). Proteste gegen → Feudalismus und Römisches Recht konnten sich nicht nur auf altgermanische Rechtsanschauungen und (radikal verstandenes) → Naturrecht (: I), sondern auch auf die genannten Traditionen des christlichen Rigorismus, bes. in seinen chiliastischen und biblizistischen Formen, stützen, wenn sie zu gemeinwirtschaftlichen (mitunter k. radikalisierten) Forderungen auf Grund der gottgewollten Gleichheit aller Menschen vorstießen (→ Bauernkrieg; → Eigentum: II, 2). Für → Wiclif war K. zwar eine Forderung schriftgemäßen Lebens und göttlichen Rechtes, doch nur unter der Herrschaft der Gnade zu verwirklichen. Dieser Gedanke führte einerseits bei den Taboriten (→ Huß, 2) zu sozialrevolutionärer Agitation, anderseits über → Peter Chelčický zur → Brüderunität (: I), zur Betonung gewaltloser Brüderlichkeit. Doch drang K. im eigentlichen Sinne weder hier noch dort durch.

3. Dieselbe Verschiedenheit zeigte sich bei den → *Täufern*. Der revolutionäre Chiliasmus → Müntzers u.a. drang auf K. im Leben der Gemeinde und suchte ihn 1534/35 in der Theokratie von Münster zu verwirklichen. Auf der andern Seite ist die gewaltlose Richtung des Täufertums in den Gemeinden der Huterischen Brüder (→ Huter) zu einem sehr dauerhaften K. gelangt. K. ist ferner in den utopischen Entwürfen kath. Humanisten (→ Morus, → Campanella u.a. – von Plato beeinflußt, gegen die von → Thomas von Aquino zur Verteidigung des privaten → Eigentums [: II, 2] verwendete Natur-

rechtslehre des → Aristoteles), bei den Familisten (auf den Priesterstand beschränkt; → Niclaes) und später den Labadisten (→ Labadie) der Niederlande (bis 1692) erwogen oder verwirklicht worden. Unter den radikalen Gruppen des Independentismus der *englischen Revolutionszeit* haben extreme → Levellers für ein k. organisiertes Commonwealth gewirkt (Digger Movement mit Gerard Winstanley). Auch im spiritualistischen Libertinismus der Ranters zeigten sich k.e Tendenzen (nach der Seite des → Anarchismus). Vom Ende des 18.Jh.s an kam es in *Amerika* (→ Christlich-sozialistische Gemeinden) zu zahlreichen mehr oder weniger dauerhaften k.en Siedlungsexperimenten teils von ausgewanderten Sondergruppen spiritualistischer Tendenz (→ Shakers, Harmonisten, → Amana-Society), teils unter der Leitung amerikanischer Sektengründer (Perfektionisten in Oneida [N.Y.], Church Triumphant in Estero [Florida] u.a.) sowie unter dem Einfluß der Theorien von R. → Owen und Ch.Fourier. Eine ganz andere Grundlage (Anknüpfung an die primitive Stammesorganisation) hatte der K. in den von Jesuitenmissionaren geleiteten Indianerreservationen in → *Paraguay* (1610-1768). Im Protestantismus der *Gegenwart* kam es vereinzelt zu einer neuen Würdigung des monastischen Armutsgedankens (→ Bruderschaften: III, 2b) und zur Neubelebung des täuferischen (Hutterischen) K. (→ Bruderhof).

Vgl. die Lit. der verwandten Artikel, bes. → Armut: II, → Eigentum: II, → Sozialismus: I sowie RGG² III, 1159ff. - Ferner: M.FASSBINDER, Der Jesuitenstaat in Paraguay, 1926 - L.MÜLLER, Der K. der mährischen Wiedertäufer (Phil. Diss. Leipzig), 1927 - G.WALTER, Histoire du Communisme I, Paris 1931 (Lit.) - LThK VI, 109ff - W.G.FOSTER, Canadian Communists (American Journal of Sociology 41, Chicago 1936, 327-340) - DThC III, 574ff. 596 - E.T.CLARK, The Small Sects in America, New York-Nashville (1937) 1949², 133ff - A.O.LOVEJOY, Essays in the History of Ideas, Baltimore 1948, 296-307 - Catholicisme II, 1393ff - EC IV, 143ff - A.E.BESTOR, Backwoods Utopias, Philadelphia 1950 (Lit.) - M.HOLLOWAY, Heavens on Earth; Utopian Colonies in America, London 1951 - R.V.HINE, California's Utopian Colonies, San Marino (California) 1953 - W.HORDERN, Christianity, Communism and History, New York-Nashville 1954 - The Mennonite Encyclopedia I, 1955, 247f. 655. 658ff - N.R.C.COHN, The Pursuit of the Millennium, Fairlawn/N.J. 1957 - LThK² I, 881ff - EKL III, 1007ff - TH.BÜTTNER-E.WERNER, Circumcellionen u. Adamiten, 1959 (Lit.). *M.A.Schmidt*

III. Kommunismus und Bolschewismus

1. Begriffsbestimmung - 2. Zur Geschichte des modernen K. vor Lenin - 3. K. und B. - 4. Die k.e Gesellschaftsordnung. - Vgl. → Leninismus, → Marxismus, → Stalinismus

1. Das von communis (gemeinsam) abgeleitete Wort bezeichnet das Eintreten für eine auf Gütergemeinschaft fundierte Gesellschaftsordnung. Art und Umfang dieser erstrebten Gütergemeinschaft sowie die Methoden zu ihrer Herbeiführung weisen im Laufe der Geschichte starke Unterschiede auf (→ Kommunismus: I. II). Heute versteht man unter K. ausschließlich den von den leninistisch-bolschewistischen Parteien vertretenen Standpunkt. Begrifflich muß zwischen dem K. als der Bezeichnung einer politischen Bewegung und dem K. als dem erstrebten Endzustand der gesellschaftlichen Entwicklung unterschieden werden (s. 3. 4).

2. Der moderne K. geht auf die von *François Noel Babeuf* (1760-97) während der Französischen Revolution gegründete »société des égaux« zurück. Der aus Italien stammende *Filippo Buonarotti* (1760-1837), dessen »Verein des Pantheon« sich mit Babeufs Gruppe vereinigte, hat in seinem Werk »Conspiration pour l'égalité« die Geschichte dieser mißlungenen Bewegung geschrieben und damit die Lehren des K. an die Generation der Revolutionäre zwischen 1830 und 1848 weitergegeben. Sein bedeutendster Schüler war *Auguste Blanqui* (1805 bis 1881), der für eine gewaltsame Machtergreifung einer verschwörerisch organisierten Minderheit eintrat und deshalb von Marx und Engels kritisiert wurde. Nach der Verurteilung Babeufs und seiner Anhänger (1797) verschwand der K. bis Anfang der 30er Jahre von der Bildfläche, um dann in der radikalen Geheimorganisation der »société des saisons«, die 1836 aus Tarnungsgründen in die »société des familles« umgewandelt wurde, wiederaufzuleben. Neben Buonarotti und vor allem Blanqui hatten auch die Lehren des allerdings gegen gewaltsame Umstürze eingestellten *Etienne Cabet* (1788-1856) auf diese Organisationen Einfluß. Cabets »Crédo communiste« sowie sein utopischer Roman »Voyage en Icarie« (1842) wurden auch ins Deutsche übersetzt und wirkten auf die deutschen Emigranten in Paris ein. Die Hauptbedeutung dieser Epoche war jedoch die enge Verbindung der k.en Ideen mit dem → Proletariat und dessen allmähliche Herauslösung aus der Einheitsfront der demokratischen Bewegung. Unter den deutschen Emigranten in Paris gründeten die Privatdozenten *Schuster* und *Venedey* 1834 den »Bund der Geächteten«, in dem Ideen St. → Simons und Ch.Fouriers diskutiert und propagiert wurden. Von diesem Bund spaltete sich 1836 der linke Flügel unter Führung Schusters ab und nannte sich »Bund der Gerechten« (später »Bund der Kommunisten«). Nach dem baldigen Ausscheiden Schusters übernahm der deutsche Handwerker *Wilh.Weitling* (1808-71) die Führung des Bundes. Neben ihm war *Moses Heß* (1812-75) der einflußreichste Theoretiker der Bewegung in Paris. Die dem Bund angehörigen deutschen Emigranten »Schapper, Bauer und Genossen«, die 1839 wegen Beteiligung an einem Aufstandsversuch verhaftet worden waren, emigrierten nach ihrer Entlassung nach London und gründeten dort im Febr. 1840 den deutschen Arbeiterbildungsverein, der zu einem Mittelpunkt k.er Agitation wurde. → Marx und → Engels kamen mit dieser Gruppe in Kontakt. Im Herbst 1847 erhielten sie von ihr den Auftrag, ein »k.es Manifest« zu verfassen, das Marx - unter Benützung der Engelsschen »Grundsätze des K.« - ausarbeitete. Der Marx-Engelssche K. unterschied sich vor allem dadurch von dem der Vorläufer, daß er die detaillierte Ausmalung des Endzustandes der Gesellschaft ablehnte und den K. als Ausdruck einer »unter unseren Augen vor sich gehenden geschichtlichen Bewegung« verstand. »Die theoretischen Sätze des K. beruhen keineswegs auf Ideen..., die von diesem oder jenem Weltverbesserer erfunden ... sind. Sie sind nur allgemeine Ausdrücke tatsächlicher Verhältnisse eines existierenden Klassenkampfes...« Dennoch kann man den Marx-Engelsschen K. nicht ohne die Lehren der Vorläufer, der sog. »utopischen Sozialisten und Kommunisten«, verstehen.

Das k.e Manifest kam zwar zur Revolution von 1848 nicht mehr zurecht, aber die meisten Mitglieder des Bundes der Kommunisten beteiligten sich an den Kämpfen in Deutschland, und Marx selbst übernahm erneut in Köln die Herausgabe einer - jetzt entschieden k.en - Zeitung. Nach der endgültigen Niederlage der Revolution kam es zu einer Spaltung des Bundes: die Vorstandsmitglieder Willich und Schapper trennten sich von Marx, der den Sitz des Bundes darauf nach Köln verlegte. Im Gegensatz zu den übrigen Vorstandsmitgliedern beurteilten Marx und Engels die Lage für einen baldigen Revolutionsversuch als aussichtslos und forderten eine Verstärkung der propagandistischen und organisatorischen Tätigkeit des Bundes, um das Proletariat für künftige Auseinandersetzungen reif zu machen. Im Herbst 1852 wurde gegen 12 Mitglieder des Bundes in Köln ein Prozeß durchgeführt, mit dem »diese erste Periode der deutschen k.en Arbeiterbewegung« schließt (Engels). Die Ideen des k.en Manifestes aber wirkten auf die → Arbeiterbewegung der nächsten 70 Jahre ein, auch wenn diese unter dem Namen der → Sozialdemokratie (: I) ihren Aufschwung nahm.

3. Es ist kein Zufall, daß die Bezeichnung K. erst 1918 wieder auftaucht, um eine Arbeiterpartei, die sich in einen weitreichenden Gegensatz zu den übrigen sozialdemokratischen Parteien gestellt hatte, auch äußerlich von diesen zu unterscheiden. Der leninistische Teil der Sozialdemokratischen Arbeiterpartei Rußlands (SDAPR), der sich auf dem 2. Parteitag in Brüssel-London 1903 zunächst als bolschewistischer Flügel (bolschinstwo »die Mehrheit«) und später als selbständige Partei etablierte, stand von vornherein im Gegensatz zu zahlreichen Anschauungen sozialdemokratischer Politiker in der übrigen Welt und auch innerhalb der SDAPR. Die Hauptpunkte, in denen → Lenin von den demokratischen Sozialisten abwich, waren die folgenden: a) Seine Gruppe trat für die Vorbereitung des *gewaltsamen* Umsturzes bei gleichzeitiger legaler Tätigkeit ein und hielt eine Revolution nur mit dem Stimmzettel für unzulänglich; b) sie forderte für die Zeit nach dem Sieg der Revolution die »Diktatur des Proletariats«, unter der sie - im (vom heutigen K. geleugneten) Gegensatz zu Marx - die Herrschaft der Parteiführung im Namen des Proletariats verstand; c) sie wollte die Partei als eine verschwörerisch organisierte Minderheit (»Avantgarde«, klassenbewußter Vortrupp des Proletariats) und nicht als eine demokratische Massenpartei aufbauen und innerhalb dieses »Offizierskorps der Bürgerkriegsarmee« militärische Befehls- und Gehorsamsverhältnisse schaffen (»Zentralismus«); der Theorie nach sollte dieser Zentralismus, soweit es nicht die Verhältnisse in der Illegalität verhinderten, durch die Wahl der Parteihierarchie von unten demokratisch gerechtfertigt werden (»demokratischer Zentralismus«); d) sie forderte - nach 1905 - ein taktisches Bündnis mit anderen Klassen (bzw. deren Parteien) zum Zwecke der Schaffung möglichst günstiger Voraussetzungen für die künftige sozialistische Revolution. In Rußland sollte sich die proletarische Revolution auf ein Bündnis mit den Bauern stützen, um nicht abwarten zu müssen, bis das Proletariat genügend stark für einen Alleinsieg sei.

Auch linke, sonst mit Lenin sympathisierende Sozialdemokraten hatten Bedenken gegen diese Organisationsprinzipien. Dennoch trat der Gegensatz zwischen der Leninschen Gruppe und den mittel- und westeuropäischen Sozialdemokraten erst nach der Oktoberrevolution 1917 deutlich hervor. Der bis dahin theoretisch gewesene Streit um die Methoden der → Revolution (: I) wurde jetzt praktisch bedeutsam; in dem Maße, wie sich die außerrussischen Sozialdemokratien von der russischen Revolution abwandten und sie - wie Lenin es nannte - im Stich ließen, vergrößerte sich zunehmend die Kluft, die beide voneinander trennte. Schon das Versagen der von Lenin als »Sozialchauvinisten« bezeichneten Mehrheit der sozialdemokratischen Abgeordneten 1914 gegenüber den nationalistischen Losungen in Deutschland, Österreich-Ungarn und Frankreich hatte diese Entwicklung eingeleitet. Lenin scheint bis 1914 die westlichen, namentlich deutschen, Sozialdemokraten tatsächlich in ihrer revolutionären und radikalen Haltung überschätzt zu haben; so mußte ihm die »patriotische Wendung« von 1914 als »Verrat« erscheinen. Aus all diesen Gründen wurde die SDAPR im März 1918 in KPR (B), K.e Partei Rußlands (Bolschewiki) umbenannt (seit 15.12.1925: KPdSU [B]; seit Okt. 1952 nur noch KPdSU, da die ursprüngliche Abgrenzung gegen die Menschewiki hinfällig geworden sei). Wenig später wurden in zahlreichen anderen Ländern nationale k.e Parteien gegründet. Auf Initiative Lenins schlossen sie sich 1919 zur Komintern (k.e Internationale) zusammen, einer Vereinigung, die erst 1943 (als Geste des Entgegenkommens gegenüber den westlichen Alliierten der Sowjetunion) offiziell aufgelöst wurde. Unter B. versteht man seither die revolutionäre und totalitäre Politik sowie die Weltanschauung, die von den k.en Parteien vertreten wird.

Die »Weltanschauung der marxistisch-leninistischen Partei« oder der Kommunisten ist der sog. *dialektische* → *Materialismus*. Er ist eine monistische Evolutionslehre, die von der These ausgeht, daß alle Wirklichkeit nichts anderes als Materie in ihren verschiedenen Bewegungsformen darstellt. Von der toten über die lebendige bis zur bewußtseinsfähigen Materie (dem menschlichen Gehirn) wird ein einheitlicher, dialektischer Entwicklungsgang angenommen, der allerdings qualitative Unterschiede der verschiedenen Stufen des Seienden nicht ausschließt (insofern erhebt sich der dialektische über den vulgären Materialismus). Deutliches Motiv für diese dogmatische Fixierung einer für den Naturwissenschaftler geläufigen Hypothese ist die Religionsfeindschaft des B., die sich von der Feuerbach-Marxschen Religionskritik in wesentlichen Punkten unterscheidet. Während nämlich Marx die Entstehung der → Religion auf das reale Elend der Menschen zurückführte (die Religion ist das Opium des Volkes, das Narkotikum, dessen es in seinem Elend bedarf) und daraus folgerte, daß man sie erfolgreich nur *indirekt*, durch Beseitigung der ihre Entstehung verursachenden Not überwinden könne, wenden sich Lenin und die Bolschewisten direkt mit den intellektuellen Mitteln der → Aufklärung des 18. Jh.s und mit den Machtmitteln des Partei- und Staatsapparates (vor allem in den ersten Jahren nach 1917, in versteckter Form aber auch später und bis heute) gegen die Religion und ihre kirchlichen Organisationen und Vertreter. Hieran sowie an der wachsenden Bedeutung, die man Symbolen und Bildern für die k.e Propaganda unter der Bevölkerung beimißt, wird deutlich, daß sich der B. und sein dialektischer Materialismus als Konkurrent der älteren Religionen empfindet. Ganz entsprechend nimmt die Partei gewisse Züge einer ecclesia militans an. Weltanschauliche Fragen werden - soweit sie nicht durch die Schriften der »Klassiker« Marx, Engels und Lenin (→ Stalin wurde 1956 aus der Liste der Klassiker wieder gestrichen) eindeutig entschieden sind - ausschließlich durch die Parteiführung, entweder durch den sowjetrussischen Generalsekretär oder durch das »Konzil«, das Zentralkomitee der KPdSU, entschieden. Untergeordnete Personen, Parteiführer, Gelehrte, Journalisten, Künstler oder Wissenschaftler, die gegen die offizielle weltanschauliche »Generallinie« verstoßen, werden als Häretiker (»Abweichler«) verurteilt und häufig zu Schuldbekenntnissen (Beichte) gezwungen.

Über diesen pseudoreligiösen Zügen der Weltanschauung und den pseudokirchlichen Zügen der Parteiorganisation darf man aber die Differenzen nicht vergessen. Vor allem erhebt der dialektische Materialismus den Anspruch, »wissenschaftlich« zu sein, so daß eine »Glaubensfreiheit« hier weder gefordert werden kann noch darf. Aus diesem Wissenschaftsanspruch, den schon Engels deutlich vertrat, folgt für die bolschewistische Parteiführung die selbstverständliche Berechtigung zur Zurückweisung jeder »von außen« kommenden Kritik. Empfindlicher ist die Partei gegenüber solchen Kritiken, die von Personen ausgehen, die selbst auch Marxisten-Leninisten und Kommunisten sind. Solange die Führung in Moskau die einzige war, die über einen mächtigen Staatsapparat verfügte, waren solche Kritiken aber leicht durch den Hinweis auf die erzielten Erfolge der KPdSU zurückzuweisen; denn nach dem Prinzip der »Einheit von Theorie und Praxis« können nur solche Thesen als wahr angesehen werden, die sich in der Praxis bewährt haben.

Der Anspruch der heutigen Kommunisten, legitime Erben der Lehren von Marx und Engels zu sein, wird von den demokratischen Sozialisten der westlichen Welt bestritten. Es kann aber nicht geleugnet werden, daß sich schon bei Marx selbst eine Reihe von Ansatzpunkten fanden, deren Entwicklung schließlich zu Lenin und dem B. geführt hat. Andererseits steht freilich fest, daß die 1917 in Rußland und 1949 in China siegreichen Revolutionen nur sehr wenig mit der von Marx prophezeiten proletarischen und sozialistischen Revolution zu tun hatten. In beiden Fällen führte ein rückständiges halbfeudales Agrarland unter Führung einer energischen Minderheit eine Revolution durch, die mittels zentral gelenkter »sozialistischer Planwirtschaft« jene Industrialisierung konsequent nachholen sollte, die in den entwikkelteren Staaten der Welt unter liberal-kapitalistischen Vorzeichen im 19.Jh. stattgefunden hatte. Hieraus ergab sich auch die vom Marxschen Standpunkt aus grotesk anmutende Losung der »Einholung« der kapitalistischen Länder durch die sozialistischen. Denn nach der Lehre von Marx sollte die sozialistische Wirtschaftsordnung (→ Sozialismus: I) ja nur deshalb die kapitalistische (→ Kapitalismus) ablösen, weil diese den Produktivkräften kein weiteres Wachstum mehr erlaube, und damit erst auf einer Stufe einsetzen, die innerhalb der kapitalistischen Gesellschaft nicht überboten werden kann.

4. Schon in Marx' Kritik am Programm des Gothaer Vereinigungsparteitages der SPD wird zwischen einer niedrigen und einer höheren Phase der *sozialistischen Gesellschaft* unterschieden. In der ersten Phase, deren Staatsordnung die »Diktatur des Proletariats« sein soll (wobei Marx zweifellos an eine effektive demokratische Form dieser Diktatur »der überwältigenden Mehrheit über die verschwindende Minderheit« gedacht hat, während Lenin eine Diktatur im engeren, technischen Sinne anstrebte), soll das Prinzip »jeder nach seinen Fähigkeiten - jedem nach seiner Leistung« gelten, in der höheren, k.en Phase dagegen das Prinzip: »jeder nach seinen Fähigkeiten - jedem nach seinen Bedürfnissen«. Der Übergang zu dieser höheren Phase soll - im Gegensatz zu allen früheren sozialen Metamorphosen - nicht gewaltsam und sprunghaft, sondern gewaltlos und allmählich erfolgen (Stalin 1951). Voraussetzung für ihn ist die Steigerung der Produktion bis zu einem Umfang, der die allseitige Befriedigung aller Bedürfnisse der Mitglieder der Gesellschaft möglich macht. Konkretere Vorstellungen hierüber wie über die Form, die die klassenlose → Gesellschaft dieser Epoche, in der es keine politische Herrschaft mehr geben soll, annehmen wird, sind erst seit dem XX. Parteitag der KPdSU (1956) entwickelt worden. Eröffnet wurde die Diskussion freilich schon durch Stalins Schrift »Ökonomische Probleme des Sozialismus in der UdSSR« (1952), der aber die Parteiführer unter Chruschtschow in zahlreichen Punkten widersprachen. Die ins Auge gefaßten Maßnahmen betreffen folgende Hauptpunkte: a) Durch »Hebung des genossenschaftlichen Eigentums« auf dem Lande auf das »Niveau des allgemeinen Volkseigentums« soll der wesentliche Unterschied, der zwischen der Klasse der Industriearbeiter und der mit ihr »freundschaftlich verbundenen« Klasse der Kolchosbauern noch besteht, überwunden werden. - b) Durch die Verbesserung des allgemeinen und obligatorischen polytechnischen Unterrichts soll das Bildungsniveau der Bevölkerung gehoben, die freie Berufswahl, ja der spätere Berufswechsel ermöglicht und der »wesentliche Unterschied« von Hand- und Kopfarbeit überwunden werden. Dem gleichen Ziele dient die vermehrte Heranführung der geistig Arbeitenden an die Produktion (Verbindung von wissenschaftlichem Unterricht in Höheren Schulen und Hochschulen mit der »gesellschaftlichen Arbeit«). - c) Gesellschaftliche Organisationen - zB die Gewerkschaften - sollen einen Teil der staatlichen Funktionen übernehmen und so das »allmähliche Absterben des Staates« andeuten, von dem Engels sprach. Faktisch handelt es sich bei den schon eingeleiteten und noch geplanten Maßnahmen vor allem darum, daß zahlreiche Funktionen der staatlichen Verwaltung durch die Parteiorganisation übernommen werden, die das »dynamischere Moment« ist und »tiefere Wurzeln im Volke hat« (Chruschtschow) als der Staat. In einer noch sehr fern liegenden Zukunft soll freilich auch die Partei einmal absterben. Verzögernd wirkt einstweilen - nach bolschewistischer Lehre - die Existenz einer Mehrheit von nicht-k.en Staaten auf die Entwicklung der Länder des »sozialistischen Lagers« ein, deren Staatsapparat zum Zwecke der Verteidigung noch als unentbehrlich gilt.

Qu.: L.Stein, Socialismus u. Communismus des heutigen Frankreichs, 1842 - F.Engels, Grundsätze des K., (1847) 1928 - K.Marx-F.Engels, Das k.e Manifest, 1848 - K.Marx, Enthüllungen über den Kommunisten-Prozeß zu Köln, (1853) 1885³ (mit Einl. von Engels, zur Gesch. des »Bundes der Kommunisten«) - Gesch. der KPdSU (B), dt. Übers., (1946) 1951⁸; russ. Neufassung 1959. - Über den K.: A.Rosenberg, Gesch. des B., 1932 - G.v.Rauch, Gesch. des bolschewist. Rußland, 1955 - H.Chambre, Le Marxisme en Union soviétique, Paris 1955 - Hdb. des Welt-K., hg.v. J.M.Bocheński u. G.Niemeyer, 1958 (reiche Lit.).

I.Fetscher

IV. Kommunismus in Asien und Afrika

1. Allgemein - 2. In den einzelnen Ländern - 3. Einzelfragen

1. Während der europäische → Kommunismus (: III) aus der sozialen Frage erwuchs, gewinnt er in Asien (weniger in Afrika) Einfluß durch die nationale Frage. Er bietet sich dar als moderne Antwort des nationalen und Rassenstolzes auf die Lebensformen des absterbenden → Kolonialismus. Der Sieg Japans über die russische Flotte bei Tsushima (1904) hat die Entwicklung ausgelöst, die Oktoberrevolution in Rußland (1917) hat sie weitergetrieben, der Sechste Kongreß der Komintern in Moskau (1928) - nach dem Antikolonial-Kongreß in Brüssel (1927) - hat die Thesen herausgearbeitet, die auf der Marxschen Kritik aufbauend die Leninsche Konzeption von der nationalen Befreiung der kolonial unterdrückten Völker zu einem konkreten Programm umformten. Seit dem Sieg des K. in → China (1949) ist ein neues Motiv hinzugekommen: die nationale Befreiung unter k.er Führung hat ein repräsentatives und nachahmenswertes Beispiel erhalten. Der K. in Asien und Afrika ist damit zum ersten Mal in ein »afro-asiatisches« Stadium getreten, es ist der K. »der Bandung-Ära« (R. Fischer).

2. Der *japanische* K. bildete sich bald nach 1917 als Diskussionsgegenstand der Intellektuellen. In der Arbeiterschaft gewann er Einfluß, bis die Militärdiktatur der 30er Jahre zu scharfen Gegenschlägen ausholte. Nach dem 2. Weltkrieg blieb die k.e Partei Japans eine in sich uneinige Fraktion, die aber Einfluß auf die Gewerkschaften (zB Sohyo, 3 Mill. Mitglieder), die Lehrerschaft und die Studenten gewann. Antiamerikanische Emotionen bestimmen die Atmosphäre, dazu ein radikaler Pazifismus. - In *China* besteht die stärkste k.e Partei der Welt. Der Sieg des K. ist eine Folge der historischen Entwicklung und der geistigen Einstellung: eine alte Neigung zur überschaubaren Weltordnung und zentralen Weltgliederung verband sich mit dem Nationalstolz eines alten Kulturvolkes, das die Vorherrschaft der weißen Mächte nicht mehr tolerieren konnte. Inwieweit die k.e Partei Chinas an der internationalen Bewegung der k.en

Kräfte beteiligt ist, läßt sich schwer übersehen. Durch religiöse Mittel sucht sie Einfluß auf den Buddhismus in *Südostasien* und den Islam zu gewinnen. Am stärksten tritt das in → Indonesien (: I) in Erscheinung. Das chinesische Element hier und in den übrigen Ländern Südostasiens (Süd-Vietnam, Philippinen, Thailand, Malaya) steht zwiespältig vor dem wachsenden Einfluß eines k.en China. In *Korea* und *Vietnam* ist der k.e Sieg durch die weltpolitische Konstellation nach dem 2. Weltkrieg zustande gekommen: in Korea als Folge des russischen Eingreifens gegen Japan im April 1945, in Vietnam als Gegenzug zur Kolonialpolitik Frankreichs durch einen Kompromiß der Weltmächte (Genf 1954). Die übrigen k.en Bewegungen in Südostasien, Nachfolger der antijapanischen Partisanengruppen des 2. Weltkrieges, sind bis 1959 peripher geblieben. – *Indien* ist der bedeutendste Drehpunkt von Asien nach Afrika: die k.e Partei in Südafrika verfügt über einflußreiche Kader in der indischen Minorität, die in Verbindung mit der k.en Partei Indiens stehen, gestützt auf ein wachsendes Interesse des selbständigen Indien (»der Welt größte Demokratie«) an Süd- und Ostafrika. Die k.e Partei Indiens schwankt zwischen radikalem und gemäßigtem Kurs, arbeitet mit der Kongreß-Partei zusammen und sucht ihren Einfluß in einigen Provinzen (Kerala, West-Bengalen) zu vergrößern, indem sie die bittere Lage der Landbevölkerung ausnützt. Zu der nationalen Frage kommt hier die soziale: wie in Indien ist in den übrigen »Entwicklungsländern« Asiens die Armut der Bauern das bedrohlichste Merkmal. – Eine enge Verbindung mit dem *arabischen* Nationalismus ist in den Ländern des islamischen Orients (und Nordafrikas) notwendig geworden. Anfängliche Erfolge des K. in Ägypten und Syrien (1956/57) schwächten sich ab. Der Kampf in Algerien hält eine k.e Bedrohung Nordafrikas wach. Dennoch scheint der → Nationalismus (: II) im Bereich des Islam stärker als der K., der sich darauf beschränken muß, interne Gegensätze auszuwerten (national: Kurden in Irak, Iran-Armenier in der Türkei; sozial: das überlebte feudale System). Eine direkte Anteilnahme der Moskauer Zentrale scheint sich mit Blickrichtung auf Afrika »südlich der Sahara« zu konzentrieren. – In *Zentral*- und *Westafrika* scheinen die französischen Verbindungen zur k.en Partei Frankreichs (Paris) mehr und mehr durch solche in die europäischen Volksdemokratien (zB Prag) ersetzt zu werden. Afrikanische Studenten und Gewerkschaftssekretäre erhalten Stipendien an den Ostblock-Universitäten. Ein gewisser Einfluß auf die überall neu entstehende Arbeiterschaft und auf Studentengruppen wird verspürt. Wo die Verhältnisse es zulassen, wird die politische Aktion versucht. Die neuen Staaten (Ghana, Guinea) bieten neue Möglichkeiten und Hemmnisse, da die nationale Frage gelöst erscheint. Sowjetische Angaben sprechen nach 1945 von acht »Kongressen« usw und sechs Jugendbünden in den Gebieten beiderseits der Sahara. Für die »Demokratische Vereinigung Afrikas« in den französischen Gebieten gab man 1949 über 1 Mill. Mitglieder an. Diese und andere Gruppen sind zumeist »nationale« Vereinigungen, die durch Teilnehmer an den »Weltjugendfestspielen« und die k. gelenkte »Welt-Gewerkschafts-Föderation« einer mehr k.en Haltung zusteuern. In *Südafrika* ist der K. in drei nach Rassen getrennten Gruppen aktiv (Schwarze, Inder, Weiße); Ziel ist eine einheitliche Bewegung, die der Politik der Apardheid erfolgreich opponieren kann. Auch in *Madagaskar* scheint sich k.er Einfluß auszubreiten. Der 1947 von Frankreich dort niedergeschlagene Aufstand war aber nur zT k. beeinflußt.

3. Eine Schwierigkeit erfolgreicher k.er Aktionen in Afrika besteht darin, daß der persönliche Einfluß einzelner über den Dienst an der Sache gestellt wird. Das spezifisch K.e ist oft schwer zu bestimmen. Im ganzen ist in Afrika die Quelle für k.e Betätigung weniger das nationale als das rassische Moment (»Afrikanismus«). Das Soziale verbindet sich mit dem Problem der Hautfarbe. Eine träge und unverständige Politik der bisher herrschenden Mächte (Frankreich, England, Südafrikanische Union u.a.) fördert den K., jede positive Reform, jedes Zugeständnis neuer Lebensformen hemmt ihn. Aber unter den neuen Intellektuellen kann eine Neigung entstehen, k. zu denken. Die einfache Struktur des k.en Weltbildes beantwortet viele Fragen, die Industrialisierung und Verstädterung aufwerfen. Die k.e Geschichtsdeutung kann Fuß fassen, da die Ausbeutung von Natur und Mensch durch die weißen »Kapitalisten« ein anscheinend glaubwürdiges Bild ist. Eine tiefere und letztlich gerechtere Antwort auf die modernen Fragen durch das Christentum (in Konkurrenz zum Islam) bedarf einer noch klareren Verwirklichung.

M. Ebon, World Communism today, 1948, 343ff – J. J. Potechin, Gesch. Afrikas (in: Große Sowjet-Enzyklopädie, 1950², dt. 1953, 1ff) – C. G. Haines (Hg.), Africa to-day, 1955, 262ff – R. Fischer, Von Lenin zu Mao, K. in der Bandung-Ära, 1956 – R. Payne, Roter Sturm über Asien, o. J. – Lord Hailey, An African Survey, rev. 1956, Oxford 1957, 251ff. 1439ff. *T. Grimm*

Kommunitäten → Bruderschaften: III, 2.

Komnena, *Anna* (1083 bis ca 1149), * in Konstantinopel als ältestes Kind des Kaisers Alexios I. Komnenos. Nach umfassender Ausbildung wurde die begabte Prinzessin 1097 mit dem als Geschichtsschreiber bekannten Nikephoros Bryennios vermählt. Beim Tode des Vaters (1118) versuchte sie gegen den Willen ihres Gemahls durch Verschwörung den Thron zu gewinnen. Der Versuch mißlang, und Anna mußte sich in ein Kloster zurückziehen. Hier schrieb sie ihre »Alexiás«, ein die Zeit von 1069–1118 umfassendes Geschichtswerk. Sie schildert darin das Leben ihres schwärmerisch verehrten Vaters und die Geschichte des 1. Kreuzzuges. Außerdem bietet sie viele kulturgeschichtliche Einzelheiten. Die Chronologie ist zT mangelhaft, die Darstellung archaisierend. Sprachvorbilder sind Thukydides, Johannes Epiphaneus und Theophylaktos Simokattes.

Anne Comnène, Alexiade. Texte établi et trad. par B. Leib, 3 Bde, Paris 1937–45. – K. Krumbacher, HAW IX/1, 1897, 274ff (Lit.) – K. Dieterich, Byzant. Charakterköpfe, 1909, 125ff – Ch. Diehl, Figures byzantines II, Paris 1927⁸, 26ff – G. Buckler, A. C., Oxford 1929 (dazu F. Dölger, ByZ 29, 1929/30, 297–304) – Gy. Moravcsik, Byzantinoturcica I (Berliner Byzantinist. Arbeiten 10), 1958, 219ff (Lit., u.a. Ausg. u. Übers.). *O. Volk*

Kompetenz → Privilegien.

Komplementarität, ein 1927 von Niels Bohr in die Deutung der Atomphysik (→ Atom, 4) eingeführter Begriff. Atomare Gebilde erscheinen je nach der Art der Beobachtung als Teilchen oder Wellen und besitzen je nach dem angestellten Experiment einen bestimmten Ort oder einen bestimmten Impuls. Bohr bezeichnet diese einander ausschließenden, zur Vollständigkeit der Beschreibung aber beide notwendigen Begriffe als komplementär (Teilchen komplementär zu Welle, Ort komplementär zu Impuls). Streng genommen muß man nach späteren Äußerungen Bohrs die Phänomene selbst, die einander ausschließen, als komplementär bezeichnen. – Dieser für die heutige Physik fundamentale Begriff hat bei Bohr einen *philosophischen Hintergrund*. Bohr selbst spricht von der K. zwischen der Analyse eines Begriffs und seiner unmittelbaren Anwendung, von der K. zwischen einer physikalischen Analyse der Organismen und dem ungehinderten Geschehen des Lebensvorgangs, von einer K. zwischen einer kausalen psychologischen Analyse und der Anwendung sittlicher Kategorien, die Freiheit voraussetzen, von einer K. zwischen Gerechtigkeit und Liebe. Beziehungen zur Psychologie haben Pauli und Jordan, zur Theologie Schrey und Howe, zur Logik C.F.v.Weizsäcker studiert.

N.BOHR, Atomtheorie u. Naturbeschreibung, 1931 - DERS., Atomphysik u. menschliche Erkenntnis, 1958 - P.JORDAN, Verdrängung u. K., (1947) 1951² - W.PAULI, Die philos. Bedeutung der Idee der K. (Experientia 6, 1950, 72-75) - C.F.v.WEIZSÄCKER, K. u. Logik (Naturwissenschaften 42, 1955, 521-529. 545-555) - H.-H.SCHREY, Weltbild u. Glaube im 20.Jh., 1955 - G.HOWE, Zu den Äußerungen von N.Bohr über religiöse Fragen (KuD 4, 1958, 20-46).

C.F.v.Weizsäcker

Komplet → Stundengebet.

Kompromiß bedeutet in der → Ethik (, 3 d) das als unvermeidlich empfundene Eingehen eines Vergleiches zwischen dem als unbedingt verstandenen Gebot und der konkreten → Situation, in der zu handeln ist. Obschon der Terminus K. verhältnismäßig spät ist und erst im 19.Jh. geläufig wurde, ist das Problem so alt wie die Ethik. Schon die Antike kennt sittliche Spannungen, die sich in der Sophistik als das Handeln aus der Natur (φύσει) oder aus der Tradition (θέσει) bemerkbar machen. Aber nicht bloß als Spannung zwischen Gebot und Situation, sondern auch als Konflikt zwischen Gebot und Gebot kennt die Antike ein Handeln aus dem K. (Aischylos, Sophokles). Zum K. gehört immer das Bewußtsein des unvermeidlich Schuldigwerdens in einer → Entscheidung, die infolge dieses Aufeinanderprallens beider Instanzen bloß eine provisorische sein kann. Im K. weiß der Mensch in dieser Schuld um die Grenze seines Tuns, er muß die letzte Entscheidung Gott anheimstellen. In bestimmten Typen der Ethik kommt der K. nicht in Sicht, wie etwa im naturrechtlichen Denken. Zwar hat → Troeltsch mit der Unterscheidung von absolutem und relativem → Naturrecht ein Handeln aus dem K. visiert. Aber man darf nicht übersehen, daß auch das gebrochene, schuldig werdende Handeln so ausgeglichen in die rationelle Architektonik des Seins von der lex naturae aufgenommen wird, daß hier von der eigentlichen Not des K.es keine Rede sein kann. Erst wo die subjektive Entscheidung in der Gesinnung geltend gemacht wird (→ Gesinnungsethik; → Abaelard), meldet sich der K., was dann auch bes. in der reformatorischen Ethik der Fall ist (→ Zwei-Reiche-Lehre). - Die Bibel kennt den K. eher als Konflikt zwischen Gebot und Gebot. Das Gebot Gottes ist absolut; vom Gerechten wird angenommen, daß er in der Situation einen ganzen Gehorsam aufbringt, sonst wird er zum Ungerechten. Zwar bilden die Ordnungen (mišpaṭim) als konditionale Gebote Angleichungen an die Wirklichkeit, sie tragen aber nie die Belastung eines notwendigen Schuldigwerdens auf sich. Anders steht es mit Ereignissen, wo Gebot auf Gebot prallt: so bei Abraham (Gen 22), Hiob, Jesus in Gethsemane. Gott begegnet als Widersacher, der Gerechte wird schuldig am unverstandenen Gebot. Die → Bergpredigt (: II, 4) hat die Problematik des K.es stark stimuliert, wobei man zwischen einem extremen Perfektionismus gesetzlicher Befolgung (→ Tolstoi) und einer Verharmlosung als zeit- und ortsbedingte → Interimsethik schwankt (→ Naumann, → Schweitzer). Das Wesen des K.es löst sich in diesen Extremen auf, Not des Schuldigwerdens und Provisorium fallen aus, wie überhaupt bei allen Typen idealistischer oder skeptischer, existentialistischer Ethik. Nur dort wird der wahre Charakter des K.es als ein Stehen sub iudice Dei möglich sein, wo einerseits die absolute Forderung des göttlichen Liebesgebotes gehört und andererseits die geschichtliche, sozialbedingte Lage erfaßt wird, innerhalb deren Grenzen das Gebot zu erfüllen ist. In Christus wird der Gläubige in der Welt zu handeln ermächtigt, aber es ist unvermeidlich ein Handeln in der Verheißung auf Erfüllung. Diese liegt nicht im hic et nunc. Hier offenbart sich der echte K.: das Handeln wird als Provisorium Schuld, die → Liebe (ἀγάπη) kann bloß als φιλία in den Ordnungen zur Geltung kommen, ein »rechtes« Handeln, das auf Gerechtigkeit harrt.

J.MOSLEY, On compromise, 1873 - E.TROELTSCH, Ges. Schriften, 4 Bde, 1912-25 - K.E.KIRK, Conscience and its problems, 1933 - W. SIKKEN, Het compromis als zedelijk vraagstuk, 1937 - H.VAN OYEN, Ev. Ethik I, 1951 - H.STEUBING, Der K. als ethisches Problem, 1955 - THIELICKE, ThE II/1 (s. Reg.). *H. van Oyen*

Konferenz deutscher ev. Arbeitsorganisationen, auf Anregung und unter Führung des Central-Ausschusses der Inneren Mission 1916 in Berlin gebildet. Sie wollte die größeren Vereinigungen, die sich um deutsches ev. Leben bemühten, zu gemeinsamer Arbeit in Fühlung bringen, stieß aber bei der kirchlichen Rechten auf Widerstand. Während des Krieges beschäftigte sie sich u.a. mit der Frage der Sittlichkeit, des Alkoholismus und der kirchlichen Apologetik. Seit 1922 zum Zweckverband umgestaltet, arbeitete die K. an der Einigung des deutschen Protestantismus tätig mit. Seit 1933 besteht sie nicht mehr.

KJ 1916, 157-167 (u.a. Verz. der beteiligten Verbände) - M.GERHARDT, Ein Jh. Innere Mission II, 1948, 213ff. 237ff. *H.Hohlwein*

Konfession (confessio) bedeutet: a) das Bekennen des Glaubens, das in der Verfolgung bis zum Martyrium führen kann (Mt 10, 32); b) die Urkunde, das → Bekenntnis, das die besondere Lehre der K. formuliert. In dieser Bedeutung wurde K. (zum ersten Mal?) 1530 auf dem Augsburger Reichstag verwendet (Confessio Augustana, → Augsburger Bekenntnis). Die Katholiken reden dagegen von Professio fidei (→ Professio fidei Tridentina), neuerdings in Deutschland auch von K. (nach CIC cc. 901, 906 u.a. ist confessio das Beichtbekenntnis, nach cc. 1750-53 das gerichtliche Geständnis). K. kann gelegentlich sogar außerchristliche Bekenntnisse meinen, zB jüdische K. - K. bezeichnet c) die Gesamtheit derer, die sich zur gleichen Ausprägung des christlichen Glaubens und der gottesdienstlichen Formen bekennen. Die zugrunde liegenden Unterschiede wurzeln zT in verschiedenen Gegebenheiten der Kirchengeschichte (→ Konfessionskunde). Die K.en umschließen seit der Kirchenspaltung des 16.Jh.s oft ein bestimmtes geographisches Gebiet, zB die Reformierten in Teilen Deutschlands, Frankreichs und der Schweiz, Lutheraner und Katholiken in vielen Ländern. Der Gebrauch des Begriffs K. ist wesentlich jünger. Im → Westfälischen Frieden (1648) werden die luth., ref. und kath. K. noch als verschiedene »Religionen« aufgeführt. Noch im 18.Jh. spricht man von Religions- oder Kirchenparteien (G.J. → Planck, Reiff; vgl. auch G. → Arnold), während J.A. → Möhler den Begriff K. verwendet. - Letztlich hängen alle drei Bedeutungen von K. zusammen: die öffentliche Bezeugung des Glaubens kann zu schriftlicher Fixierung führen; der Umkreis, in dem diese Fixierung in Geltung steht, ist K. als bestimmtes Gebiet oder kirchliche Organisation. - Zugehörigkeit zur K. erwirbt und besitzt man durch die Mitgliedschaft in einer Kirche der entsprechenden K. (→ Aufnahme in die Kirche, → Kirchenmitgliedschaft). Die Einstellung der meisten modernen Staaten zu den K.en ist bestimmt durch die → Religionsfreiheit, die dem einzelnen die Wahl der Kirchenzugehörigkeit und den K.en Körperschaftsrechte gewährt. In einigen Ländern besteht noch ein Staatskirchentum (→ Kirche und Staat). Die Glieder und auch die Kirchen der verschiedenen K.en haben sich zT auf nationaler und internationaler Ebene zu Bünden zusammengeschlossen, zB → Lutherischer Weltbund, → Reformierter Weltbund (→ Einigungsbestrebungen: III). Die Gläubigen und die Gemeinden der kath. Kirche sind schon durch ihre Unterstellung unter die Autorität des Papstes zu einer Kirche zusammengeschlossen (→ Katholizismus: I).

LThK IV, 114 - Barth, KD II/2, 693 ff. - Ferner die Darstellungen der → Konfessionskunde u. die dort angegebene Lit. *O. Eggenberger*

Konfessionalismus

1. Bedeutungsgeschichtlich - 2. Systematisch

1. Das Wort K. entstand in den theologischen Auseinandersetzungen um die Mitte des 19.Jh.s. Der Schock, den D.F. → Strauß' Leben Jesu ausgelöst hatte, veranlaßte die offenbarungsgläubigen ev. Theologen, stärker als zuvor die Autorität der → Bekenntnisschriften, bes. der CA, zu betonen. Diese Tendenz zu einer Repristinationstheologie wurde begünstigt durch die Streitigkeiten um die → Union (: I) und die harte Behandlung der Altlutheraner (→ Luthertum: III) in Preußen und durch die zunehmende kath. Aktivität. Die Gegner stempelten die auf den Bekenntnisschriften fußende Theologie als K. ab. K.R. → Hagenbach (»Enzyklopädie und Methodologie der theologischen Wissenschaften«, 1833) brachte seit der 4. Aufl. (1854) den Satz: »Eine fernere neuere Gestaltung des Supranaturalismus ist der wieder mit Macht sich erhebende kirchliche Positivismus und K., der, nicht zufrieden mit dem Biblischen, das Bekenntnis zu der Lehre der symbolischen Bücher als das notwendige Kriterium echter Gläubigkeit heraushebt und die zu Recht bestehende Union der Protestanten zu vernichten bemüht ist.« - Als sich um 1900 die theologischen Fronten neu formiert hatten, bekam das Wort K. einen anderen Inhalt. Inzwischen war es üblich geworden, die christlichen Sonderkirchen als Konfessionen zu bezeichnen (→ Konfession). Man dachte nun bei K. nicht mehr ausschließlich an Theologie und Bekenntnisschriften, sondern an alles, wodurch sich die Konfessionskirchen - mögen sie Bekenntnisschriften haben oder nicht - in Lehre, Praxis und Organisation unterscheiden. K. meint dann das übertriebene Wertlegen auf Wahrung der kirchlichen Eigenart (so RGG[1] III, 1601; LThK VI, 114; in RE und RGG[2] fehlt das Stichwort K.). - Einen weiteren Bedeutungswandel brachte der deutsche → Kirchenkampf und die → Ökumenische Bewegung. Durch die Erfahrung der gemeinsamen Front gegen die ungeistliche Gewaltherrschaft der Deutschen Christen und bes. infolge der gemeinsam abgegebenen Theologischen Erklärung in → Barmen (, 2) wurde erneut die Frage drängend, ob die Unterscheidungslehren zwischen Lutheranern, Reformierten und Unierten noch kirchentrennende Bedeutung hätten. Ferner nötigte die Begegnung zahlreicher Kirchen in der Ökumenischen Bewegung dazu, die Frage nach dem Recht oder Unrecht der konfessionellen Aufspaltung der Christenheit grundsätzlich zu stellen. Vor allem die → »Jungen Kirchen« empfinden den K. der alten Christenheit mehr oder weniger als Problem und machen Versuche, ihn zu überwinden, allerdings nicht ohne selbst wieder irgendwie die Gestalt einer Konfessionskirche anzunehmen. K. bezeichnet heute die Tatsache der Aufspaltung der Christenheit und ihre Bejahung. Seine Verteidiger, die sich im Gegensatz zu früher den Namen K. zu eigen machen, wenden sich gegen den »Unionismus« als eine ihrer Meinung nach wahrheitswidrige und schwärmerische Vermischung der konfessionellen Unterschiede.

2. Für das Problem des K. bieten sich folgende Lösungen an: Die *röm.-kath. Kirche* bestreitet, eine Konfession neben anderen zu sein (→ Katholizismus: I). Sie proklamiert sich selber als die Kirche, welche die ganze Christenheit seit jeher als die eine, heilige, kath. und apostolische bekennt. Die Überwindung des K. ist dann sehr einfach: bußfertige Rückkehr aller Konfessionen nach Rom, dh Unterwerfung unter den Jurisdiktionsprimat des Papstes und Anerkennung der römischen Dogmen als unfehlbarer Offenbarungswahrheiten. Über alles weitere (Liturgie in der Landessprache, Priesterehe, Laienkelch) ließe sich reden. Ob der Papst allerdings in jedem Fall so großes Entgegenkommen zeigen würde wie bei den unierten orth. Kirchen (→ Unierte Kirchen des Orients), ist fraglich und kann jedenfalls nicht von vornherein als sicher angenommen werden. - Diese scheinbar konsequente Haltung besticht, hält aber einer Nachprüfung nicht stand. Die Gemeinde Jesu Christi ist zwar in Glauben und Liebe eins, aber es ist ihr nicht verheißen, diese Einheit in Gestalt einer irdischen Herrschaft (→ Hierarchie) darzustellen. Daher sehen sich viele röm.-kath. Theologen genötigt, trotz des Dogmas, ihre Kirche sei die seligmachende, von Spuren der Kirche und der Möglichkeit, selig zu werden, auch außerhalb Roms im Bereich der Konfessionskirchen zu sprechen. Allerdings wird das dogmatische Prinzip sehr wirksam durch das Fernbleiben Roms von der Ökumenischen Bewegung geltend gemacht. Denselben Ausschließlichkeitsanspruch, zT mit noch größerer Schärfe, erheben auch viele → Sekten (: IV).

Der entgegengesetzte Weg wird dort beschritten, wo jedes offizielle Glaubensbekenntnis abgelehnt wird (→ Quäker). Wenn keine Konfession (= Bekenntnisformel) in Kraft steht, gibt es auch keine Konfession als Sonderkirche. Diese Aussicht hat im Blick auf die Niederungen der konfessionellen Streitigkeiten etwas Befreiendes, eröffnet aber keinen gangbaren Ausweg. Gewiß glauben wir an den in Christus offenbaren Gott, nicht an Dogmen, aber der → Glaube (: V) erwächst aus dem Wort, aus der Predigt von Christus, und spricht sich aus im → Bekenntnis (: VI). Da nun Wortverkündigung und Bekenntnis der Gemeinde aufgetragen sind, kann sie zu offenbaren Irrtümern, durch welche die Gottesoffenbarung in Christus verdunkelt wird, nicht schweigen. So kommt es notwendig zu formulierten Bekenntnisaussagen, um die sich die Gemeinde schart. Allerdings kann es beim Bekenntnis des Mundes nicht sein Bewenden haben; wo es echt ist, wird es begleitet vom Bekenntnis der Tat.

Es bleibt nur übrig, zunächst die Vielzahl der Konfessionen anzuerkennen und mit ihr zu rechnen. Aber wie ist sie zu beurteilen? Als geschichtlich notwendige Verzweigung des Christentums (→ Schleiermacher) oder als Abfall und Sünde (K.Barth: ein »zwischenhinein gekommenes Unmögliches«)? Beide Antworten befriedigen nicht ganz. Zweifellos unterliegt das Christentum als geschichtliche Größe den Gesetzen der Geschichte, und die konfessionelle Mannigfaltigkeit hat Parallelen in der Mannigfaltigkeit der Geschichte überhaupt. Mit Recht ist auf die »außertheologischen Faktoren« in der Geschichte der Konfessionen aufmerksam gemacht worden. Aber ärgerlich bleibt der konfessionelle Hader, die gegenseitige Verketzerung und Verfolgung. Es geht eben noch um Tieferes als nur die Ausbildung bestimmter nebeneinander bestehender und sich gegenseitig bereichernder Eigenarten. Andererseits ist mit der Bezeichnung des K. als Sünde wenig geholfen. Es müßte schon genauer gesagt werden, worin die Sünde zu sehen ist. In der lehrmäßigen Formulierung eines Bekenntnisses? Doch wohl nicht! Oder in dem Einstehen für das Bekenntnis auch gegenüber (irrenden) Brüdern? Aber damit sind wir schon mitten im konfessionellen Gespräch;

denn jede Konfession bezichtigt die andere des Irrtums. Irrtum kann seelenverderblich, kann Verblendung, kann Sünde sein; und die Überzeugung, im Kampf gegen solche Irrtümer zu stehen, gibt der konfessionellen Auseinandersetzung ihre Schärfe - gerade deshalb, weil die von außen uns beanspruchenden Irrtümer sich zugleich in unserer eigenen Brust regen. So sind wir allerdings in unserm K., wie in all unserm Wesen und Tun, Sünder, aber die bloße Tatsache, daß wir (jede Sonderkirche nach ihrer Glaubenserkenntnis) Konfessionskirche sind, kann schwerlich Sünde genannt werden. Sünde wäre es, die Gewissen, mögen sie auch irren, zu vergewaltigen. Die Grundvoraussetzung für die Lösung des K.-Problems ist die gegenseitige Achtung der konfessionellen Überzeugung bei aller sachlichen Polemik und der Verzicht auf Gewaltmittel.

K. Barth, Die Kirche u. die Kirchen (ThEx 27), 1935 - H. Sasse, Konfessionelle Unbußfertigkeit? Ein Wort zum Verständnis des luth. K. (ELKZ 68, 1935, 245-249. 266-274) - Ch. Stoll, Recht u. Grenzen des K. (WuT 11, 1935, 255-262) - O. Tomkins, Um die Einheit der Kirche, 1951 - G. Ebeling, Zur Gesch. des konfessionellen Problems in Deutschland (ÖR 1, 1952, 98-110) - H. Brunotte, Das Zusammenleben der Konfessionen in der EKD (Luthertum 9), 1953 - H. Meyer, Bekenntnisbindung u. Bekenntnisbildung in jungen Kirchen (BMevR 3), 1953 - EKL II, 880 ff. *E. Schott*

Konfessionelle Theologie → Luthertum: II, → Reformierte Kirche.

Konfessionskunde ist als theologische Disziplin historisch-systematischen Charakters noch heute Gegenstand grundsätzlicher und methodologischer Erwägung. Man sieht in ihr eine »Schöpfung der ersten Jahrzehnte des 19. Jh.s« (Neve), läßt sie aber auch mit dem »Panarion« des → Epiphanius beginnen. Ihre wissenschaftsgeschichtlichen Anfänge liegen jedoch in der Reformationszeit, worauf auch die Bezeichnung »Symbolik« (= S.) als »älterer Name« (Mulert) der K. hinweist. Als normativ-deskriptive Wissenschaft ist sie eine wesentlich reformatorische und zunächst luth. Angelegenheit. Ihre Wurzeln liegen in der altprot. Polemik und in der Einleitung zu den luth. → Bekenntnisschriften (Isagogik). Von da aus führt der Weg über eine erste ausdrückliche Zusammenfassung beider durch G.J. → Planck über F. → Kattenbuschs »vergleichende K.« und F. → Loofs' »Symbolik oder christliche K.« (1902) zur durchschnittlichen Auffassung der Disziplin in der Gegenwart. - Von »theologia symbolica« redet - seit → Dionysius Areopagita, der darunter die Mysterien behandelte - erstmals wohl B.v.Sanden (Theologia symbolica lutherana, 1688); er geht dabei von der in der → Konkordienformel entwickelten luth. Symboltheorie aus, die auch hinter der spezifisch luth. Rede von »ökumenischen Symbolen« (→ Konkordienbuch) steht (vgl. schon Luther, Die drei Symbola, 1538). »Symbol« wird im Sinne des formulierten Lehrbegriffs einer Konfessionskirche verwendet, den man entsprechend auch der röm. und der orth. Kirche zuschrieb und demgemäß auch für sie »symbolische Bücher« nach dem Modell des Konkordienbuchs zusammenstellte. An dieser Vorstellung setzt die K. als S. an mit dem Doppelcharakter von *Isagogik* (L.Rechtenbach, Encyclopaedia symbolica, 1612; J.B. → Carpzov [II.], Isagoge in libros ecclesiae lutheranae symbolicos, 1665; A. → Rechenberg, Appendix tripartita [zum Konkordienbuch], 1777; B. v. Sanden [s.o.]; J.G. → Walch, Introductio in libros symbolicos ecclesiae lutheranae, 1773; auf ref. Seite: Salnar, Harmonia confessionum fidei, 1581) und *Polemik* (M. → Chemnitz, Examen Concilii Tridentini, 1565-73; R. → Bellarmin, Disputationes controversiarum, 1658; J.B. → Bossuet, Exposition de la doctrine de l'église catholique sur les matières de controverse, 1680). Damit findet auch die Kontroverstheologie ihren Ort.

Die Irenik und die → Einigungsbestrebungen (: II, 2) des 17. Jh.s vor allem im Helmstedter Synkretismus eines G. → Calixt, die die Konfessionsunterschiede abschwächen und mehr quantitativ erfassen, der → Pietismus mit seinen in G. → Arnolds »Unparteiischer Kirchen- und Ketzerhistorie« (1699) aufgestellten neuen Maßstäben der Beurteilung und die bloß gelehrten Interessen der Spät-→ Orthodoxie führen zu stärkerer Betonung des Gemeinsamen, zur Reduktion des Lehrbegriffs auf »Fundamentallehren« mit Relativierung der aus diesen abgeleiteten differenten Lehrsätze. Das → Bekenntnis (: VII, 5) wird zum Vereinsstatut einer Religionspartei, deren Vielzahl in das Licht historisch bedingter Mannigfaltigkeit des Christentums rückt: als individuelle Ausprägung der einen, adäquat nicht erfaßbaren und auch nicht exklusiv zu beanspruchenden Wahrheit. Die »vergleichende S.« wird damit zu einer überwiegend deskriptiven Wissenschaft, im theologischen Rationalismus von der Polemik prinzipiell gelöst. S.J. → Baumgartens »Geschichte der Religionspartheyen« (1766) gibt die neue Richtung an, vor allem aber G.J. → Plancks programmatischer »Abriß einer historischen und vergleichenden Darstellung der dogmatischen Systeme unserer verschiedenen christlichen Hauptparteien nach ihren Grundbegriffen, ihren daraus abgeleiteten Unterscheidungslehren und ihren praktischen Folgen« ([1796] 1822^{3}). Über der Arbeit des Symbolikers liege der »Friede der Historie«. Auch die Frage der Unionsmöglichkeit wird neu lebendig. Ph.K. → Marheineke (Christliche S. oder historisch-kritische und dogmatisch-komparative Darstellung des kath., luth., ref. und socinianischen Lehrbegriffs, 1810/13; Institutiones Symbolicae, 1812) hat das neue Programm bereits im Bann Hegels kräftig ausgestaltet, verrät aber die Bindung an das orthodoxe Erbe: das geforderte Eingehen auf die Lebensäußerungen der Kirchen bleibt stark hinter der Bevorzugung der Lehre zurück. Ebenso wirkt sich dieses Erbe der älteren S. aus in der »komparativen S.« J.G.B.Winers (Comparative Darstellung des Lehrbegriffs usw, [1824] 1882^{4}), bei stärkerer Ausdehnung auf weitere christliche Gemeinschaften. Auf diese Linie gehören u.a. auch G.F.Oehlers »Lehrbuch der S.« (1876), der »Grundriß der S.« von G. Plitt ([1895] 1921^{4}), H.Schmidts »Handbuch der S.« ([1890] 1895^{3}) und J.Kunzes »S. Konfessions- und Sektenkunde« (1922).

Die Einführung der → Union (: I) und die konfessionell bestimmte → Erweckungsbewegung haben in die K. wieder ein neues polemisches Interesse am Recht des eigenen Bekenntnisstandes eingebracht, das bes. deutlich in W.Walthers die orthodoxe S. modernisierendem »Lehrbuch der S.« (1924) hervortritt. Für die Verbindung mit → Hegels Idee der Religion ist kennzeichnend M. → Schneckenburgers geistreiche, konstruktive »Vergleichende Darstellung des luth. und ref. Lehrbegriffs« (1855), von der die innerprot. Polemik zT noch heute lebt. In den gleichen geistigen Zusammenhang gehört J.A. → Möhlers berühmte »S.« ([1832] 1934^{12}), die als kath. Versuch bei aller Selbständigkeit doch den Hintergrund der luth. S. verrät. Auf sie erwidert F.Chr. → Baur (Der Gegensatz der Katholiken und Protestanten, 1836). K.A. v. → Hases »Handbuch der prot. Polemik gegen die röm.-kath. Kirche« ([1864] 1900^{7}) baute diese Antwort systematisch aus, zugleich als glänzende Kritik der bloß komparativen Methode. Er weist damit ebenso wie schon → Schleiermacher, der die S. in eine umfassendere »Statistik« einzugliedern versuchte, in die Richtung einer eigentlichen Entfaltung des Planckschen Programms, die dann F.Kattenbusch mit seinem unvollendeten »Lehrbuch der vergleichenden K.« (I, 1892) vollzog, indem er auf die Herausarbeitung des unterschiedlichen Konfessionscharakters im Gesamtbereich der christlichen Denominationen zielte. Fr.Loofs (S. oder christliche K. I, 1902), zT auch E.F.K.Müller (S., 1896), vor allem H.Mulert (K., [1927] 1956[3] hg.v. E.Schott) stehen auf dieser Linie, während W.Niesels S. (Das Evangelium und die Kirchen, 1953) mit der Darstellung die normative Frage verbindet, ob und wieweit die christlichen Konfessionen die Herrschaft Christi über sich anerkennen, dh wirklich Kirche seien. - Damit wird das Problem der Kirche im theologischen Sinn als Urteilskriterium bekenntnismäßiger Art wieder geltend gemacht, während auf einer anderen Linie der bisherigen Entwicklung H.Stephan die K. auf das Erfassen des Wesens des Christentums beziehen, sie also zu einer vergleichenden → Religionskunde des Christentums mit bestimmter systematischer Absicht umbauen wollte. Das würde zu einer Gesamtmorphologie des Christentums führen, wofür W. → Elert mit seiner »Morphologie des Luthertums« (2 Bde, 1931/32, Neudr. 1952f) ein anschauliches Beispiel vorlegte.

Die in fast allen K.en vernachlässigten → »Sekten« drängen zu gesonderter Behandlung in Sektenkunden (H.Graß, Die russ. Sekten, 2 Bde, 1907/14; E.Kalb, Kirchen und Sekten der Gegenwart, [1905] 1907[2]; P. Scheurlen, Die Sekten der Gegenwart, [1921] 1923[3]; K. Hutten, Seher, Grübler, Enthusiasten, [1950] 1958[5]; H. Kunz, Viele Glieder - Ein Leib, 1953 [»Kleinere Kirchen, Freikirchen« u.ä.]). Aus einer Sektenkunde ist die überaus stoffreiche K. von K.Algermissen ([1930] 1957[7]) erwachsen, mit der ähnlich wie bei Möhler die S., so jetzt die K. in die kath. Theologie eingebaut werden soll. Noch weiter spannen den Rahmen die Versuche zu einer ökumenischen K. und → Kirchenkunde (H.Lamparter, Und ihr Netz zerriß, 1957; J.Hermelink, Kirchen in der Welt. K., 1959). - Das Konfessionskundliche Institut des → Evangelischen Bundes in Bensheim (1947), das seit 1950 einen wertvollen Materialdienst publiziert, und das katholischerseits 1957 in Paderborn gegründete J.A. Möhler-Institut, das konfessionskundliche Schriften und theologische Materialien für Kontroverstheologie und K. erscheinen läßt, sind im Bereich der K. stärker durch konkrete kontroverstheologische Aufgaben, aber auch durch Fragen der ökumenischen Einigung bzw. der → Una-Sancta-Bewegung bestimmt. Dahinter steht die auch in der grundsätzlichen Erwägung des Problems der K. heute wieder bewegende Frage nach der kirchlichen Verbindlichkeit der K., die Frage nach der Kirche angesichts der Vielheit von Kirchen, die Frage nach Recht und Grenze des Anspruchs der eigenen Kirchengemeinschaft, angesichts anderer Kirche zu sein. Damit wird auf neuer Ebene zur »älteren« S. zurückgelenkt. Zugleich aber muß das Erbe der »jüngeren« K. gewahrt werden, das Leben der kirchlichen Gemeinschaften nicht gänzlich in die Lehre aufzurechnen. Beide Aufgaben nehmen heute die Richtung auf eine kirchlich-ökumenische Theologie. Die geglaubte und im Bekenntnis bekannte Einheit der Kirche, jene Grundvoraussetzung der Anfänge der S. in der Reformationszeit, bestimmt das Grundproblem der K. als sich recht verstehender theologischer Wissenschaft. Die K. hat gewiß nicht für sich das theologisch-ökumenische Gespräch zu führen, sie wird sich auch nicht in eine »Ökumenik« verwandeln lassen dürfen, weder als »Strategie« der → Ökumenischen Bewegung (J.Mackay) noch als ökumenische Konfessionsmorphologie (E.Benz). Aber sie wird sich durch ihre Richtung auf die ökumenische Problematik von konfessioneller Enge und von morphologischer Erweichung und theologischer Unverbindlichkeit befreien können.

F.Kattenbusch (s.o.) 39ff - RE XIX, 196ff - H.Stephan, Zur gegenwärtigen Lage der vergleichenden K. (ZThK NF 5, 1924, 16-36) - J.L.Neve, Was ist aus unserer alten S. geworden? (ZSTh 7, 1930, 173-191) - H.Bornkamm, Grundriß zum Studium der KG, 1949, 89ff - E.Benz, Die Bedeutung der K. für das Theologiestudium usw (Kirche u. Kosmos 1950, 28-44) - Ernst Wolf, Ökumenische S. Zur Aufgabe der K. heute, 1950 (= E. Wolf, Peregrinatio, 1954, 338-358) - E.Hammerschmidt, Grundriß der K., 1955 (kath.) - E.Stakemeier, K. heute (Konfessionskundl. Schriften des J.A.Möhler-Instituts 1), 1957 - G.Maron, »S.« u. »K.« im Katholizismus (MdKI 8, 1957, 41-48) - EKL II, 887ff (Lit.). - Weiteres s. → Kirchenkunde.

Ernst Wolf

Konfessionsschule → Schule und Kirche: I.

Konfessionsstatistik

1. Begriff - 2. Schwierigkeiten in der Beschaffung und Auswertung des Materials - 3. Weitere Aufgaben. - Konfessionsdiagramm für die 5 Kontinente s. Sp. 1753f. - Vgl. ergänzend → Christentum: IV B, 1, → Deutschland: V, → Religionsstatistik, → Statistik, kirchliche

1. Der Begriff K. ist nicht eindeutig. Mulert bezeichnet sie als »Statistik der verschiedenen Konfessionen innerhalb des Christentums« (RGG[2] III, 1182). Heute ist der Begriff weiter und enger geworden. Weiter, weil man durch die K. im eigentlichen Sinne die Anteile aller »Konfessionen« an der Religionszugehörigkeit der Bevölkerung zu ermitteln sucht, sich also nicht auf das Christentum beschränkt. Enger, weil Zählungsmerkmal nur noch die »rechtliche Zugehörigkeit zu einer Kirche, Religions- oder Weltanschauungsgemeinschaft« ist, also nicht der persönliche Bekenntnisstand, sondern ein sozialer Tatbestand. Streng genommen müßte es statt K. besser heißen: Statistik der Religionszugehörigkeit. In diesem Sinne wird der Ausdruck hier verwendet.

2. Die K. steht vor einer nahezu unüberwindlichen Schwierigkeit, wenn sie zuverlässige Angaben über die Zugehörigkeit der Bevölkerung eines Gebietsteils, eines Landes, eines Erdteils oder der Welt gewinnen will. Sie ist selbst in den wenigen Ländern, in denen bei einer amtlichen Volkszählung nach der Religionszugehörigkeit gefragt wird (zB in → Deutschland [: V]), auf die Angaben der Befragten angewiesen. Die Angaben sind nicht immer richtig, denn die Frage im Zählbogen wird gelegentlich mißverstanden oder sie wird bewußt falsch beantwortet, weil die Geheimhaltung der Angaben bezweifelt wird. Da die Antworten nicht nachprüfbar sind, muß diese Unsicherheit hingenommen werden. Fast unmöglich ist es, die für einen bestimmten Tag (der Volkszählung) gewonnenen Ergebnisse fortzuschreiben. Die Statistiken der natürlichen Bevölkerungsbewegung (Geburten, Eheschließungen, Sterbefälle), der Wanderungen, der Ehescheidungen und der Kirchenaustritte, -übertritte und -eintritte (→ Kirchenaustritt: III) liefern zwar Angaben, gestatten jedoch fast nur Schätzungen, aber keine genauen Fortschreibungen. Besondere Schwierigkeiten macht die statistisch richtige Einordnung der Kinder aus Mischehen, weil die künftige Religionszugehörigkeit im Zeitpunkt der Registrierung der Geburt noch nicht feststeht oder nicht erfragt wird; die Zahl der → Mischehen nimmt bei der Mobilität der Bevölkerung nicht nur in Deutschland zu.

Soweit die amtliche Statistik in der Volkszählung oder in den Statistiken der natürlichen Bevölkerungsbewegung, der Wanderungen oder der Ehescheidungen nach der Konfession nicht fragt oder die Antworten nicht auswertet und soweit sie von Übertritten und Austritten keine Kenntnis erhält, müssen andere Quellen erschlossen werden. (In der BRD zB wird die Wanderungsstatistik nur in Bayern und in Nordrhein-Westfalen nach der Religionszugehörigkeit aufgearbeitet; die Ehescheidungsstatistik fragt in Bayern nicht nach der

VERTEILUNG DER CHRISTLICHEN KONFESSIONEN AUF DEN KONTINENTEN

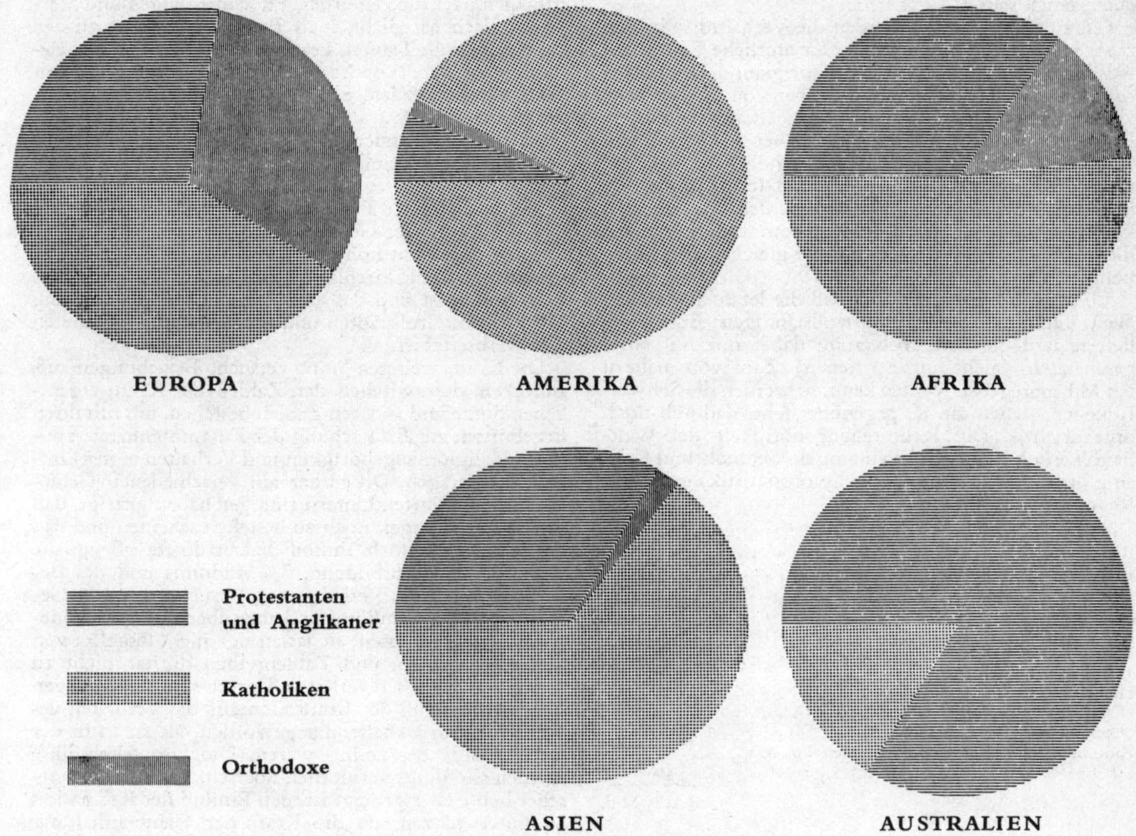

Angaben aus: WORLD CHRISTIAN HANDBOOK 1957

Konfession; die Kirchenübertritte und -eintritte sind nicht Gegenstand staatlicher Statistik. In der DDR werden nur Angaben über die Religionszugehörigkeit für die Volkszählungen veröffentlicht.) Das sind bes. die Angaben der Kirchen, Religions- und Weltanschauungsgemeinschaften selbst, in Ländern mit Staatsreligion (zB Dänemark) die Zahlen der Bevölkerungsstatistik und im übrigen Schätzungen. Damit werden bei aller Genauigkeit in der Verarbeitung des zur Verfügung stehenden Materials die Ergebnisse unsicher. Schon in einem Land mit Staatsreligion muß zB der Anteil der aus der Staatskirche Ausgetretenen in seiner Gliederung auf Kirchen, Religions- oder Weltanschauungsgemeinschaften und Gemeinschaftslose geschätzt werden. Die Angaben der Kirchen in den weiten Gebieten, in denen diese Zahlen die allein verfügbaren Unterlagen darstellen, sind nur scheinbar vergleichbar. Sie werden gewiß mit Sorgfalt - meist jährlich - ermittelt, aber nach verschiedenen Zählmethoden. Die scheinbar eindeutige Zahl der Getauften hat einen anderen Inhalt für die kath. Kirche (auch der Exkommunizierte bleibt Glied der Kirche) und zB die Kirchen mit Erwachsenentaufe. Einige dieser Kirchen zählen nur die Getauften, vielfach aber werden die noch nicht getauften Kinder und Jugendlichen mitgezählt. Einige Kirchen rechnen nur die kommunizierenden Glieder zur Gemeinde, andere wieder diejenigen, die zu den gemeinsamen Lasten beitragen, andere alle »eingeschriebenen« Mitglieder (also diejenigen, die rechtlich zu ihnen gehören). Es ist gerade in den wirtschaftlich hoch entwickelten Ländern leicht möglich, daß nicht unbeträchtliche Doppelzählungen bei mehrfachem Wohnsitz oder mehrfacher Mitgliedschaft vorkommen.

Bei den christlich orientierten Sondergemeinschaften (→ Sekten) sind die Angaben erfahrungsgemäß vielfach unsicher; das zeigen zB einzelne Vergleiche von Volkszählungsergebnissen mit Selbstangaben von Gemeinschaften. Die Gefahr, daß Besucher als Mitglieder gezählt werden, ist bei einigen stark missionierenden Gemeinschaften nicht von der Hand zu weisen. Das gilt auch für einige Weltanschauungsgemeinschaften. Da bei einzelnen dieser Gruppen der Kirchenaustritt keine Voraussetzung für den Erwerb der Mitgliedschaft ist, treten hier Doppelzählungen leicht auf. Lebt eine Gemeinschaft im »Untergrund«, weil sie im Staat verboten ist, so müssen die offiziellen Angaben, die ihre Angehörigen machen, falsch sein.

Ganz unübersichtlich werden die Verhältnisse in den riesigen Gebieten, in denen weder amtliche Statistiken Auskunft über die Religionszugehörigkeit der Bevölkerung geben noch zuverlässige Angaben von anderer Seite zu erhalten sind. Es ist zB fast unmöglich, genaue Unterlagen über die Zahl der Mohammedaner zu bekommen, zumal Selbstangaben vermutlich überhöht sind, weil der nicht bestreitbare Erfolg der Mission (etwa in Afrika) überschätzt wird. Ferner ist daran zu denken, daß eine klare Scheidung zwischen Konfuzianern und Buddhisten nicht möglich ist, weil vielfach die gleichen Menschen beides zugleich sind.

Vergegenwärtigt man sich, daß die letzte allgemeine Weltzählung 1950/51 keine vollständigen Ergebnisse lieferte und die Erdbevölkerung daher nur mit einer geschätzten (nicht unbestrittenen) Zahl von nahezu 2,5 Md. angegeben werden kann, so werden die Schwierigkeiten, denen die K. gegenübersteht, dadurch noch unterstrichen. Die Religionszugehörigkeit der Weltbevölkerung kann (in Anlehnung an Schlunk und Quiring; vgl. die *Karte* bei → Religionsstatistik) etwa wie folgt geschätzt werden:

Katholiken	430	Mill.
Protestanten und Anglikaner	220	„
Orthodoxe und orientalische Christen	120	„
Sonstige Christen	10	„
Juden	11	„
Mohammedaner	320	„
Buddhisten	150	„
Hindu	320	„
ehem. Konfuzianer (chin. Volksreligion)	300	„
Schintoisten	25	„
Animisten und Anhänger von Stammesreligionen	120	„
Sonstige	400	„
	rd 2425	Mill.

Es ist nahezu unmöglich, die Gruppe »Protestanten und Anglikaner« exakt zu unterteilen und etwa die Zahl der Lutheraner genau anzugeben (sie wird auf 70–80 Mill. geschätzt). Zuverlässige Angaben über die orth. Christen fehlen; es könnte sein, daß ihre Zahl in den Ostblockstaaten höher ist - exakte Unterlagen gibt es nicht, da Einzelbeobachtungen nicht verallgemeinert werden dürfen. Die beiden letzten Gruppen der Aufstellung enthalten manchen Unsicherheitsfaktor. - Vgl. → Christentum: IV B, 1.

Vergleiche mit älteren Angaben sind fast unmöglich, da alle Zahlen geschätzt sind und Lücken enthalten. Vermutlich hat Mulert in RGG² die Zahl der Katholiken zu niedrig angegeben. Die Zahl der Christen ist im 20.Jh. gestiegen, und zwar im ersten Viertel stärker für die Protestanten und Anglikaner, im zweiten Viertel stärker für die Katholiken. Dennoch ist ihr prozentualer Anteil an der Weltbevölkerung gesunken (zZ in Europa 79%, in Nord- und Südamerika 54%, in Afrika 16%, in Asien 3%, in Australien 80%; vgl. auch das Konfessionsdiagramm für die 5 Kontinente auf Sp. 1753f). Das natürliche Bevölkerungswachstum der nichtchristlichen Welt und daneben die Erfolge der Mission anderer Religionen sind im Zahlenergebnis stärker gewesen als der Bevölkerungsüberschuß der Christen und die Ausbreitung des Evangeliums durch die christlichen Missionen. Noch nicht jeder dritte Erdbewohner ist Glied einer christlichen Kirche.

3. Mit dieser Feststellung ist die K. im eigentlichen Sinne nahezu an ihrer Grenze angelangt. Sie kann, was zählbar ist, in Zahlen ausdrücken und sie kann die Zahlen deuten. Sie kann die Methoden verfeinern und Beziehungen zu anderen Zahlen herstellen. So hat sie in Deutschland die Angaben über die Geburten, Eheschließungen und Sterbefälle nach Möglichkeit in Beziehung gesetzt zu den Zahlen über die Taufen, Trauungen und kirchlichen Bestattungen. Dabei konnte durch Verhältniszahlen erkennbar gemacht werden, daß Taufe und kirchliche Bestattung noch von fast allen Gliedern der Kirche begehrt werden, ja daß Kinder aus Mischehen in einem die rechnerische Wahrscheinlichkeit übersteigendem Maße ev. getauft werden. Das gilt auch für die Kinder aus ev.-gemeinschaftslosen Ehen (das erklärt zT die Tatsache, daß der Anteil der Gemeinschaftslosen an der Gesamtbevölkerung nicht höher ist). Die Verhältniszahlen zeigen auch, daß die kirchliche Trauung nicht mehr selbstverständlich ist und daß der Verzicht auf die Trauung nicht nur in Großstädten und nicht nur in Krisenzeiten weit verbreitet ist.

Die K. im weiteren Sinne versucht Beziehungen aufzudecken, die zwischen den Zahlen der K. im eigentlichen Sinne und anderen Zahlen bestehen, um mit ihren Ergebnissen zur Erforschung der Zusammenhänge zwischen Religionszugehörigkeit und Verhalten in der Umwelt beizutragen. Die bisher auf verschiedenen Gebieten durchgeführten Untersuchungen haben gezeigt, daß solche Beziehungen noch zu bestehen scheinen und daß die Konfession noch Einfluß haben dürfte zB auf die Wahl der Schulausbildung, des Studiums und des Berufs sowie auf das Verhalten im Beruf und in der Gesellschaft. Diese Einflüsse sind aber überlagert von anderen Umwelteinflüssen; sie lassen sich nicht losgelöst von diesen betrachten, und Zahlenreihen dürfen nicht zu voreiligen Schlüssen verleiten. Darum sind die Aussagen über den Einfluß der Konfession auf das Verhalten des Menschen zurückhaltender geworden, als sie es in der ersten Hälfte des 20.Jh.s waren. Die Umwelteinflüsse werden allerdings vermutlich überschätzt, weil der Forscher heute eher geneigt ist, den Einfluß der Konfession zu unterschätzen, da die Kraft der Glaubenshaltung schwächer geworden zu sein scheint und die → Kirchenmitgliedschaft kein Merkmal einer echten Entscheidung zu sein braucht. Das ist richtig, und es ist notwendig, alle in Zahlen ausdrückbaren Ergebnisse von Untersuchungen auf Hintergründe, Beweggründe und Umwelteinflüsse kritisch zu prüfen. Zahlenreihen und Verhältniszahlen verleiten, wenn die rechten Beziehungen außer acht gelassen werden, leicht zu voreiligen Folgerungen. So kann zB die Kriminal- oder die Moralstatistik nicht mehr mit der gleichen Unbefangenheit wie vor einigen Jahrzehnten nach der Konfession ausgewertet werden, weil sich gezeigt hat, daß sehr starke Einflüsse (zB des Wohnorts - Großstadt/Land - oder des Berufs) daneben und zT vorherrschend wirksam werden. - Es ist erfreulich, daß seit einigen Jahren Theologen und Soziologen das konfessionsstatistische Material prüfen und mit eigenen Methoden Untersuchungen anstellen. Die bisher vorliegenden Ergebnisse der neueren → Religionssoziologie haben der K. neue Aufgaben gestellt. Bei aller Zurückhaltung bleibt festzuhalten, daß von der K. seit längerer Zeit sichtbar gemachte Einflüsse der Religionszugehörigkeit auf das Verhalten des Menschen vorhanden sind. Ihre Stärke und ihre Richtung können nur in weiterer gemeinsamer Arbeit festgestellt werden.

The Statesman's Yearbook 1ff, London 1864ff - KJ 1ff, 1884ff - KH 1ff, 1908ff - Yearbook of American Churches, New York 1916ff - M. Weber, Ges. Aufsätze zur Religionssoziologie, 1920/21 - RGG² III, 1181ff (H. Mulert) - The Lutheran Churches of the World,

Genf 1929ff - WChH, London 1949ff - R.v.UNGERN-STERNBERG-H.SCHUBNELL, Grundriß der Bevölkerungswissenschaft, 1950 - Karte der Religionen u. ev. Missionen der Erde, hg.v. M.SCHLUNK u. H.QUIRING, 1955². - Weitere Lit. s. → Deutschland: V, → Statistik, kirchliche. *P.Zieger*

Konfessionswechsel → Kirchenaustritt: II, → Kirchenmitgliedschaft.

Konfirmandenunterweisung

1. Grundsätzliches - 2. Allgemeine Voraussetzungen - 3. Lehrinhalt - 4. Weitere Aufgaben - 5. Prüfungen. - Vgl. → Konfirmation

1. Zur → Konfirmation (: I) im ev. Verständnis gehört die unter Auftrag und Verheißung von Mt 28, 18ff stehende K. Sie ist ein Stück des einheitlichen kirchlichen Unterrichts (→ Katechumenat), setzt die → kirchliche Unterweisung in Haus, Schule und Gemeinde (→ Christenlehre) voraus und fordert (in alten oder neuen Formen) gemeindliche und schulische Unterweisung in der Nachkonfirmandenzeit (→ Junge Gemeinde). - Die K. hat zwar kein von anderer ev. Unterweisung verschiedenes inneres »Ziel«, trägt aber doch einen besonderen Akzent. Werden zB in der ev. Unterweisung der Schule im wesentlichen *Einzelstücke* der Heilslehre dargeboten, so wird in der K. versucht, das *Ganze* in der »Summa der Hl. Schrift« (→ Katechismus: II) zu lehren. Als Unterweisung, die auf die Konfirmation vorbereitet, soll sie den jungen Menschen nicht nur zum rechten *Predigthören* erziehen - die kirchliche Ordnung verpflichtet für diesen Katechumenatsabschnitt den *Prediger* zum katechetischen Dienst! -, sondern ihn auch willig und fähig machen, am *Abendmahl* und damit an Bekenntnis und Dienst der Gemeinde teilzunehmen. Dies geschieht in der K. durch deutende Entfaltung der *Taufwirklichkeit,* dh durch lebendige Bezeugung der Freude am Evangelium. So geht es in der K. nicht zuerst um Erweiterung und Zusammenfassung eines bestimmten Maßes an biblischem Wissen oder gar um die Errichtung eines »Gesamtgebäudes« christlicher Lehre, sondern vor allem um Einübung im »Halten« des der Gemeinde von Christus Anbefohlenen. Das Ziel der K. wäre auch bei bescheidenem Wissen (Hilfsschüler!) erreicht, wenn die Konfirmanden zum gemeindlichen Hören, Bekennen, Singen und Beten geführt werden.

2. Für eine fruchtbare K. ist eine gute menschliche Atmosphäre erforderlich. Dazu gehört vor allem, daß Konfirmator, Konfirmanden und Eltern sich von Anfang an persönlich kennenlernen (persönliche Anmeldung, Hausbesuch, Einführungsrüstzeit usw); ferner ein geeigneter *Unterrichtsraum:* die Konfirmanden sind Gäste ihrer Gemeinde, die K. keine zusätzliche Schulstunde. Auch das Sitzen um einen Tisch bringt die Gemeinschaft unter dem Wort zum Ausdruck: alle hören und arbeiten *miteinander;* so wird auch das Mitschreiben ermöglicht (Merkheft, Konfirmandenbuch). - Eine seelsorgerlich bestimmte K. ist nur bei einer kleinen *Zahl* möglich (20 bis 25). Bei der Festlegung der *Unterrichtszeit* sollte man darauf achten, daß eine Überforderung und die damit verbundene Verdrossenheit tunlichst vermieden wird (möglichst Vormittagsstunden nach Absprache mit Schule und Eltern). - Die Arbeit an den Konfirmanden verlangt vom Konfirmator ernste und gewissenhafte Vorbereitung, Zucht und Vertrautheit mit pädagogischen und psychologischen Grunderkenntnissen. Der Pfarrer muß wissen, daß in der Konfirmandenzeit die Überlieferung des Wahrheitsgutes nicht mehr nur auf Autorität hin, sondern im gemeinsamen Bemühen um das Wort der Schrift möglich ist.

3. Der Inhalt der K. ist das Evangelium von Jesus Christus, wie es in der Gemeinde geglaubt und gelebt wird (Röm 1, 16f). Das im Gottesdienst *verkündigte* Evangelium wird im »Vorraum« der K. als »heilsame *Lehre*« dargeboten, die in die Nachfolge ruft und zum Leben aus dem Glauben anleitet. - Der *Lehrstoff* der K. ist im Laufe der Zeit immer weiter ausgeweitet worden. Im 19.Jh. konnte sich die K. mancherorts noch auf das Lehrstück von Taufe und Abendmahl (bei entsprechend kurzer Zeitdauer der K.) beschränken. Um 1900 wird hinsichtlich einer 2jährigen K. festgestellt: »Der Stoff ist der Katechismus, durch Bibellesen unterstützt, während der Pfarrer Biblische Geschichte und Kirchenlieder dem Lehrer überläßt« (E.Sachsse). Auch die nach 1945 von den Landeskirchen herausgegebenen Lehrpläne stellen den jeweiligen Katechismus mit seinem Aufbau und seiner Gliederung in den Mittelpunkt der K.; dazu kommen - teils gesondert, teils in die Katechismusunterweisung einbezogen - Bibel-, Gesangbuch-, Kirchen- und Lebenskunde; weiter wird eine Einführung in die Unterscheidungslehren im Blick auf andere Konfessionen, Religionen, Sekten und Weltanschauungen empfohlen. »Bibel, Katechismus, Gesangbuch« bleiben die drei Bücher der K., mit deren Handhabung die Katechumenen in den ersten Stunden vertraut gemacht werden. Dann folgt - heute auf das erste halbe Jahr beschränkt - ein Gang durch die Hl. Schrift nach heilsgeschichtlichen Gesichtspunkten (Gründung, Zerstörung, Wiederaufbau und Vollendung des Reiches Gottes; die Bibel als Buch von Gottes Gerechtigkeit; Hebr 1, 1. 2 usw); sinnvoll sind diese »Prolegomena« zur eigentlichen Katechismusunterweisung jedoch nur bei ausreichender Stundenzahl (20-25) und bei einer gründlichen Interpretation ausgewählter Perikopen. Eine eigentliche Bibelkunde, die den Beitrag eines jeden Buches zum Gesamtzeugnis der Schrift herausarbeitet und einprägt, könnte angesichts der Altersstufe unserer Katechumenen nur zur Oberflächlichkeit verleiten; sie ist der K. einiger außerdeutschen Kirchen mit höherem Konfirmandenalter eigentümlich (zB Holland, Schweiz, Frankreich). - Die traditionelle Forderung, den Katechismus in den Mittelpunkt der K. zu stellen, wird allgemein als ein hartes Gesetz empfunden. Doch sollte man bei allen Schwierigkeiten nicht vergessen, daß der Katechismus zunächst den Konfirmator unter eine heilsame Zucht stellt, indem er ihn dazu anhält, seine Schrifterkenntnis an der Erkenntnis der Väter zu klären, und ihn davor bewahrt, sich in das Vielerlei von an sich wünschenswerten Stoffen zu verlieren. Es muß in der K. bei den »Hauptstücken« der christlichen Lehre bleiben, wobei für das *Wie* ihrer unterrichtlichen Behandlung heute weniger denn je ein Rezept gegeben werden kann. Die klassische Form des Katechismus-Unterrichts (deduktive Methode; → Katechismus: III) darf für die heutige K. nicht zum Gesetz gemacht werden. Man wird vielmehr den Ausgangspunkt bei der Exegese nehmen müssen, wenn man den Jugendlichen innerlich beteiligen will; aber auch das Einsetzen beim Katechismussatz kann je nach Lehrstück und Reife der Konfirmanden sinnvoll und geboten sein. - Neben Bibelarbeit und Katechismuserklärung hat die K. in einer pädagogisch verantwortlichen Weise des *Memorierens* (vgl. Luthers »Einbilden«) einen weiteren Schwerpunkt. Die Lernwilligkeit zu Beginn des ersten Jahres sollte man nutzen, um den Bestand an Sprüchen, Psalmstücken und Liedversen zu erweitern, wobei auf eine sorgfältige Auswahl (unter Beachtung von Wortgestalt, Faßlichkeit und Lebensnähe) Bedacht zu nehmen ist; das so Eingeprägte wird in der Andacht, in der auch das Katechismusbeten geübt wird, laufend wiederholt.

4. Neben der bleibenden Aufgabe der Aneignung der christlichen Glaubensinhalte kann eine zeitgemäße K. nicht länger an der »anderen Aufgabe« der Einübung in das tätige Gemeindeleben vorübergehen. Es gilt, zur

praktischen Anschauung zu bringen, daß man nur in der lebendigen Gliedschaft der Gemeinde glauben kann. In übersichtlichen Gemeinden und bei einer kleinen Zahl gelingt es, die Konfirmanden zur Übernahme bestimmter liturgischer und diakonischer Dienste zunächst innerhalb ihrer Gruppe, dann im Gemeindegottesdienst und im kirchlichen Leben willig zu machen. Diese Aufgabe wird um so dringender, je mehr die letzten Reste tragender kirchlicher Sitte im Lebensraum der Jugendlichen dahinschwinden. Ein geordneter Dienst im Gottesdienst (zB Singen des Wochenliedes, Aufsagen eines Katechismusstückes) würde zudem die unerfreulichen Kontrollkarten überflüssig machen; auf jeden Fall sollte sich der Pfarrer seinen Konfirmanden im Gottesdienst bes. zuwenden und seine Predigt mit ihnen vor- oder nachbesprechen. Dies wäre um so wichtiger, solange in der Gemeinde kein lebendiger → Jugendgottesdienst besteht.

5. Nach der katechetischen Ordnung aller Reformationskirchen war die Katechismusunterweisung von fortlaufenden *Prüfungen* begleitet, die zT als Vorstellungen vor der Gemeinde gestaltet waren. Davon ist heute nur die eine Konfirmandenprüfung unmittelbar vor der Konfirmation übriggeblieben (in verschiedenen Landeskirchen »Vorstellung« genannt). Sie besteht aus einem Lehrgespräch, das dartun soll, daß die Konfirmanden über die Hauptstücke des christlichen Glaubens Bescheid wissen. Wo nicht nur Eltern und Paten, sondern die Gesamtgemeinde an dieser Vorstellung teilnehmen, kann diese bei einer rechten Gestaltung eine wichtige Funktion im Gemeindeaufbau (→ Gemeinde: IV) erfüllen, nachdem (u.a. durch den Wegfall der Katechismuspredigten) die Gesamtgemeinde sonst kaum mehr dem Katechismus gegenübergestellt wird. Echte Prüfungen der Konfirmanden sind diese Vorstellungen nicht; solche werden heute in verschiedenen Landeskirchen ein Vierteljahr vor der Konfirmation in Anwesenheit der Eltern vor dem Presbyterium gehalten, das daraufhin die Zulassung zur Konfirmation beschließt. Auch am Ende des ersten (»Katechumenen«-) Jahres findet eine (nichtöffentliche) Prüfung statt, zu deren Vorbereitung man sich eines gedruckten Lernkanons für Eltern und Kinder bedienen sollte. – Ein solches Zurückgehen auf die alte Praxis fordert von der Gemeindeleitung viel Weisheit und Geduld; sie fordert von der Gemeinde, daß sie selbst an der Erneuerung des Gesamtkatechumenats arbeitet. Vor allem müssen die Eltern rechtzeitig in das konfirmatorische Handeln einbezogen werden; alle echte K. soll die Eltern mit ansprechen, sie mit ihren Kindern unter den »Katechismus« stellen (u.a. auch durch gemeinsame Unterrichtsabende) und sie mitnehmen auf dem Weg, den Christus mit seiner Gemeinde geht (→ Konfirmation).

RE X, 121ff (E.SACHSSE) – O.HARDELAND, 52 Konfirmandenstunden, 1910 – RGG² III, 1189ff (Lit.) – J.SCHIEDER, Katechismusunterricht, (1933) 1951⁶ – M.ALBERTZ-B.H.FORCK, Ev. Christenlehre (Altersstufenlehrplan), 1938 – O.HAMMELSBECK, Der kirchl. Unterricht, 1939 – H.GRAFFMANN, Unterricht im Heid. Katechismus, 1951 – K.WITT, Konfirmandenunterricht, 1959. – Ferner die Lehrbücher der → Praktischen Theologie und der → Katechetik.

W. Rott

Konfirmation

I. Geschichtlich und praktisch – II. Rechtlich. – Vgl. auch → Konfirmandenunterweisung

I. Geschichtlich und praktisch

1. Stellung der Reformation zum Sakrament der Firmung – 2. Luther und Calvin – 3. Bucer und die althessische K. – 4. Weitere K.sordnungen im 16.Jh. – 5. Entwicklung in Pietismus und Aufklärung – 6. Kritik und Reformvorschläge im 19./20.Jh. – 7. K.spraxis in der Gegenwart – 8. Zur gegenwärtigen Debatte – 9. K.sscheine

1. Im kath. sacramentum confirmationis (→ Firmung) wird nach der Definition des Florentinum (1439) dem »*nur* Getauften« der Hl. Geist zur Kräftigung (ad robur) gegeben, um zum Bekenntnis und ritterlichen Kampf auszurüsten (Thomas). Die Reformatoren bestreiten einhellig der Firmung den Sakramentscharakter und polemisieren scharf gegen die dem »zweiten Sakrament« zugrunde liegende Auffassung von der Ergänzungsbedürftigkeit (perfectio) der → Taufe (: III. IV). Da uns mit der Taufe nicht nur die → Sündenvergebung (: III), sondern auch das neue Leben zugeeignet wird, besteht das ganze Christenleben in einem »Hineinkriechen in die Taufe« (Luther); der *Glaube* ist die »vollkommene« Taufe (Unterricht der Visitatoren, 1528). – Auch die von → Erasmus propagierte Reform-K. (vgl. Nachwort zur Matthäus-Paraphrase) will die Taufe »vollenden« (Katechisation, Prüfung, betont feierliche Erneuerung des Taufgelübdes mit dem Ziel der Formung des miles christianus). Ähnliches gilt aber auch für die K. der »Böhmischen Brüder« (»Aufnahme zum guten Hirten«); Handauflegung und Fürbitte um Kraft zum Beharren machen die Kindertaufe erst heilswirksam. – So liegt in der reformatorischen These ein radikaler Bruch und Neuanfang vor. Der Getaufte ist an die um → Predigt und → Abendmahl versammelte Gemeinde gewiesen, in der sein Glaube geweckt und gestärkt wird. Trotzdem hat sich im ev. Kirchentum eine Handlung entwickelt, die den lat. Namen des abgelehnten Firmsakramentes (confirmatio) trägt und deren wesentliche Elemente schon im 16.Jh. ihren Ursprung haben. Die Ansätze zu ihr liegen im reformatorischen → »Katechismus« (: II; Unterricht und fortlaufende Prüfung der Katechismusunterweisung) und in der mit ihm verbundenen, aber doch auch von ihm zu unterscheidenden geordneten »Zulassung« (admissio) zum Abendmahl.

2. *Luther* selbst kann in seiner Frühzeit zwar die Ablehnung der sakramentalen Firmung mit dem Urteil verbinden: »Wir mißbilligen nicht, daß jeder Pastor bei den Kindern den Glauben zu erfahren sucht (scrutari a pueris fidem) und daß er, wenn dieser gut und rein ist, ihnen die Hände auflege und sie konfirmiere« (Laetarepredigt 1523). Doch hat er keine gereinigte Firmung in Verbindung mit dem Katechismusverhör ins Werk gesetzt, wie es 1540 die Brandenburger KO tat. Sein Anliegen ist der »Katechismus«; dieser zielt nicht auf den gebildeten, mündigen Christen im humanistischen Verständnis, sondern soll auch den »gelehrten Leuten« helfen, ihre geistliche Armut zu erkennen und sich bleibend auf Wort und Sakrament angewiesen zu wissen. Darum setzt der »Katechismus« nicht nur jung und alt instand, die Predigt mit Nutzen zu hören, sondern öffnet auch den Zugang zum Gemeindeabendmahl, das nach Luther (Formula missae, 1523) als öffentlicher Bekenntnisakt eine entsprechende Zurüstung und Hinführung verlangt. »Der Bischof darf die Petenten nicht zulassen, bevor sie von ihrem Glauben Rechenschaft abgelegt haben.« Diese interrogatio oder exploratio hat aber nicht nur katechetischen, sondern auch seelsorgerlichen Charakter; Luther hält es für möglich, daß jemand nur einmal in seinem Leben – ja sogar niemals – auf seine Abendmahlswürdigkeit geprüft zu werden braucht; im Unterschied zum »Katechismus« will er bei der Abendmahlszulassung gesetzlichen Zwang vermieden wissen. Voraussetzung für solche Freiheit ist allerdings die Gemeinde, die sich für Leben und Sitte ihrer Glieder verantwortlich weiß. – Auch die von → *Calvin* bereits 1536 anstelle der Firmung vorgeschlagene Lehrbefragung (christiana catechesis), wie sie dann in Genf vierteljährlich vor den Abendmahlssonntagen teste et spectante ecclesia geübt wurde, dient der Eingliederung der Zehnjährigen (!) in die Abendmahlsgemeinde; sie werden der Gemeinde »vorgestellt« und legen mit ihren Antworten ihr Bekenntnis ab. Das kurze

Prüfungsformular nimmt keinerlei Bezug auf die Taufe, ist vielmehr ganz auf das Abendmahl ausgerichtet, es schließt mit der Bitte um Mehrung der Gnade, welche die Kinder mit ihrem Amen aufnehmen. – Unter dem Einfluß von Joh. → Laski ist man im ref. Bereich später über die Genfer Form des Glaubensbekenntnisses hinausgegangen; der Weseler Konvent legt fest, daß die Kinder, »die aus der Schar der Katechumenen kommen«, nach der öffentlichen Prüfung zusammen mit den erwachsenen Petenten am Tage vor dem Abendmahl ausdrücklich den Hauptartikeln des Glaubens zustimmen und sich der → Kirchenzucht unterwerfen. Von hier führt eine Linie bis hin zu dem »öffentlichen Bekenntnis des Glaubens« in den Niederlanden, das wegen seiner kirchenrechtlichen Folgen (Begründung der aktiven Kirchengliedschaft) frühestens mit 18 Jahren abgelegt werden kann.

3. Eine den Namen K. tragende kirchliche Handlung im reformatorischen Bereich ist das Werk *M. → Bucers,* der mit Recht als Vater der ev. (und der anglikanischen) K. gilt; seit 1534 hat er sie in Straßburg gefordert und in Hessen ins Werk gesetzt (Ziegenhainer Zuchtordnung und Kasseler KO 1538/39). Nach dem Eingang der Kasseler Ordnung ist die »Firmung oder das Händeauflegen« eine »sakramentliche Zeremonie«, »damit man die Kinder, nachdem sie im christlichen Glauben so weit gelehret, auf ihr selbst Bekenntnis und Ergeben an Christum hin zu der christlichen Gemeinde bestätigt«. Dementsprechend werden die Kinder, die zum Abendmahl gehen, im Katechismus unterrichtet und an einem der Hauptfeste der Gemeinde »dargestellt«. Auf die Lehrbefragung mit der Willensbekundung der Kinder, im Bekenntnis und der Gemeinschaft der Kirche zu beharren, folgt die Fürbitte der Gemeinde und das Händeauflegen mit der – exhibitiven – Formel: »Nimm hin den Hl. Geist, Schutz und Schirm vor allem Argen, Stärk und Hilf zu allem Guten, von der gnädigen Hand Gottes des Vaters, Sohns und Hl. Geistes.« Es folgt das Abendmahl der Konfirmanden mit ihren Eltern und Paten. – Die hessische K. will trotz der vielumstrittenen Segensformel nicht sakramental verstanden werden; die Taufe wird nicht ergänzt. Wohl hat Bucer der erasmischen Forderung auf Wiederholung des Taufbekenntnisses Raum gegeben – wie sein Anliegen in steigendem Maße die Wiederaufrichtung eines über das Einprägen der Katechismusstücke hinausgehenden gegliederten → Katechumenats im Sinne der alten Kirche geworden ist (vgl. Tom. Anglic. 356f). Endlich hat Bucer mit seiner K. seelsorgerliche Hilfe zum eigenpersönlichen Glauben und zur Eingliederung in die kirchenzuchtlich verfaßte Gemeinde geben wollen (»Sich in den Gehorsam der christlichen Kirche begeben«). – Mag dieser K.sentwurf durch die Notwendigkeit veranlaßt gewesen sein, den → Täufern in positiv-kritischer Auseinandersetzung zu begegnen, so ist er gleichwohl ein Spiegelbild der theologischen Haltung seines Urhebers. Die Bucersche K. ist eine K. der Synthese und des Gleichgewichts: Sie knüpft an die Taufe an und ist doch auf das Abendmahl ausgerichtet; sie verbindet den objektiven Aspekt (Bestätigung der Taufgnade durch fürbittend-segnende Hineinnahme in die Gemeinde seelsorgerlicher Kirchenzucht) mit dem subjektiven (Erneuerung des Taufbekenntnisses); sie muß wohl primär von der Gliedschaft der Kinder in der Gemeinde her verstanden werden, kann aber gerade darum auch die catechesis wie die admissio bzw. die communio zu Ehren bringen. Die Bucersche Synthese bildet die Grundlage für die kommende Entwicklung der ev. K. Dabei ist das Gleichgewicht freilich immer nur gestört, nirgends gebessert worden.

4. Das hessische Vorbild beeinflußt *weitere K.sordnungen,* u.a. die von Waldeck (1556) und von Niedersachsen (1585); in diesen wird jedoch die umstrittene exhibitive Formel bei der Handauflegung vermieden. Andere Ordnungen gehen wieder stärker auf die katechetische Linie zurück: In Pommern (1563) wird die K. gehalten »um des Katechismus und Gebetes willen«. Braunschweig-Wolfenbüttel (1569) fordert mit der Frage des Sup.en an die Kinder (»Ob sie sich vorgenommen, in solcher Erkenntnis, Glauben und Bekenntnis zu verharren«) die Wiederholung des Taufgelübdes (→ Abrenuntiatio); die → Handauflegung (: III) wird als eine »freie Mittelzeremonie« freigestellt. M. → Chemnitz – der »Vater der luth. K.« und bes. dieser K.sordnung – hat dazu das gute Gewissen gegeben. – Die K.sfeier hätte vermutlich weitere Verbreitung gefunden, wenn nicht die Streitigkeiten um das → Interim das Mißtrauen gegen eine der röm. Firmung nachgebildete Handlung verstärkt hätten (vgl. die Polemik des M. → Flacius). So nennt die Kursächsische KO von 1580 das jährliche große Fasten-Katechismusexamen – in polemischer Abgrenzung – »die *rechte* christliche K. oder Firmung«. Vor allem im mittel- und süddeutschen Raum bleibt es bei den Katechismusprüfungen, die auch nach dem ersten Abendmahlsgang für alle weitergeführt werden, und dem Abendmahlsverhör bzw. der katechetisch bestimmten Privatbeichte.

5. Nach dem 30jährigen Krieg sind es die Vorläufer und Väter des → *Pietismus,* die sich für die Beibehaltung und die Ausbreitung der K. einsetzen (→ Großgebauer, → Spener u.a.). Das Versagen des alten Katechismusunterrichts weckt den Wunsch, die Kirche möge die unterrichtliche und erzieherische Aufgabe sachgerechter und wirkungsvoller betreiben. Der Unterricht soll sich nicht mehr nur auf die Mitteilung »buchstäblicher Erkenntnis« beschränken. »Der Kopf soll ins Herz kommen!« (Spener). So fordern die Pietisten einen erwecklichen, auf Buße und Bekehrung zielenden Unterricht. Für dieses Ziel glaubt Spener auch die K.sfeier einsetzen zu können, die er in seiner Frankfurter Zeit in der Gestalt der althessischen K. in einer Landgemeinde vorfindet. In seinem Ja zur K. (im Gegensatz zum Katechismusexamen) beruft er sich auf Chemnitz. Auch ihm ist sie kein → Sakrament, sondern eine »erbauliche und nützliche Zeremonie«, die in christlicher Freiheit gebraucht werden soll. In ihr soll der Konfirmand an seine Taufe (»das kräftigste Mittel der Wiedergeburt!«) erinnert werden, »sollenniter und öffentlich zusagen, seinem *Taufbund* nachzukommen«. Der Schwerpunkt der pietistischen K. liegt im → *Gelübde* (: V), für das die »Kandidaten des Sakraments« zubereitet werden. – Oft auf dem Umweg über private K.en tritt nun die öffentliche K. in deutschen und außerdeutschen Ländern ihren Siegeszug an (Württemberg 1722, Kursachsen 1723 und später, Norwegen/Dänemark 1736, zuletzt Lübeck 1817 und Hamburg 1832). Die fortlaufenden Katechismusprüfungen hören auf, mit der K. findet die → kirchliche Unterweisung (: I) ihren Abschluß; auf der anderen Seite übt die K. jetzt einen indirekten Schulzwang aus. In manchen Gebieten wird sie zur »Mutter der Volksschule« (Konfirmandenunterweisung durch den Lehrer!). – Ein Grund für den Prestigegewinn der K. war auch der Wunsch, gegenüber der röm.-kath. Propaganda die Evangelischen durch ein feierliches Gelübde an das überlieferte Bekenntnis zu binden (Fürsten-K.en!). – Im 18.Jh. wurden Verbreitung und Ansehen der K. in der bürgerlichen Gesellschaft noch weiter gesteigert. Die → *Aufklärung* sah in ihr einen bürgerlichen Mündigkeitsritus (Schulentlassung). Rationalistische Theologen entwerten die Taufe zu einem symbolischen Initiationsakt, die K. ist die »förmliche Schließung des Taufbundes« (Seiler); das *Gelübde* (Religionseid, Bibelschwur) ist das tragende Element dieser christlichen Tugendweihe. Entsprechend

ist das Ziel des Unterrichts der selbständige Verstandesgebrauch und die Fähigkeit, in allen Lebenslagen die richtige Entscheidung zu fällen; neben die christliche Glaubenslehre tritt die Lebenskunde. Die Aufklärung gibt der K.sfeier den Charakter, den sie heute noch – trotz aller andersartigen Belehrung und agendarischen Gestaltung – weithin im Volksbewußtsein hat (»christliche Jugendweihe«).

6. Im 19.Jh. findet man in fast allen prot. Kirchen die K. als fest eingebürgerten Brauch, der nicht mehr verändert wird. Theologen wie → Schleiermacher unterstreichen ihr theologisches Recht und ihre wesentliche Notwendigkeit, da die Kindertaufe nur in Verbindung mit dem Bekenntnis der Einsetzung Christi entspreche. Sind aber die volkskirchlichen Einsegnungen solche Bekenntnisakte? → Wichern ruft (1869) zur Wahrhaftigkeit und kommt zu der in der Folgezeit immer wieder (auch von → Stoecker) erhobenen Forderung, die überlieferte K.shandlung zu teilen: → Einsegnung als Abschluß der bisherigen pfarramtlichen Unterweisung; Glaubensbekenntnis, Gelübde, Abendmahlszulassung zu einem nicht fixierbaren späteren Zeitpunkt (Hoffnung auf Bildung von tragenden Abendmahlsgemeinden). – Auf eine ähnliche Zweiteilung laufen auch die Reformvorschläge der Erlanger Theologen (v. → Hofmann, → Höfling, v. → Zezschwitz, Th. → Harnack) hinaus. Bei v.Hofmann schließt der Kinderkatechumenat mit einer Entlassungsfeier ohne Abendmahlszulassung, die K. (Handauflegung) dient der Bildung von »Gemeinden von wahrhaft Konfirmierten inmitten der großen Gemeindekomplexe der Getauften, aus welcher dann Diakonat und Presbyterat neu wieder hervorgehen können« (»Laienordination«). Der durch diese K. gebildeten Gemeinde wird das Abendmahlsrecht vorbehalten. Bei aller Verschiedenheit im einzelnen erstreben die Erlanger durch Neubau der K. die Sammlung und Darstellung eines engeren Gemeindekreises und die Erneuerung des Gesamtkatechumenats. M.Doerne steht auf ihren Schultern, wenn er in kritischer Sichtung aller Reformpläne nach 1914 seinerseits vorschlägt (1936), auf den Elementarkatechumenat (schließend mit Abschlußfeier ohne Prüfung) einen gegliederten Jugendkatechumenat folgen zu lassen, der mit der K. abschließt; diese ist als vollzogene Abendmahlsgemeinschaft »Bestätigung der Kirchgliedschaft« mit allen Rechten und Pflichten.

7. Die zahllosen Reformvorschläge von 1845–1935 haben sich bisher kaum ausgewirkt, und auch bei der Neuordnung der Kirche nach 1945 hat man im wesentlichen fast alles beim Alten gelassen: Die getauften Kinder werden nach durchweg zweijähriger → Konfirmandenunterweisung mit dem vollendeten 14. Lebensjahr konfirmiert und damit zum Abendmahl zugelassen (auf catechesis gegründete admissio). Daß die catechesis erfolgt ist, wird in der Prüfung bzw. Vorstellung dargetan. Die K.sfeier erfolgt im Gemeindegottesdienst (weithin noch am Palmsonntag, mancherorts jetzt an einem Sonntag der österlichen Freudenzeit oder zu Pfingsten). Nach der Predigt erfolgt das Taufgedächtnis, dann bekennen die Konfirmanden (zT mit der Gemeinde) den christlichen Glauben (Apostolikum, oft unter Hinzufügung der Erklärungen Luthers zu den drei Artikeln bzw. der 1. Frage des → Heidelberger Katechismus). An die Stelle eines ausdrücklichen Ja (oft »Ja, mit Gottes Hilfe«) auf die Fragen, die sich auf ein Leben aus dem Glauben (Nachfolge unter Gottes Wort und Sakrament) und auf die Gliedschaft in der Gemeinde beziehen, kann eine Ermahnung treten. Dann erfolgt der Fürbitteakt (Lied und Gebet) mit anschließender »Einsegnung« (in Deutschland die volkstümlichste Bezeichnung für die K.). Den Konfirmanden wird ein Denkspruch mitgegeben (s. 9), dann werden sie (meist unter Handauflegung) mit einem biblischen Votum »dem Segen Gottes anbefohlen«. Die Handlung schließt mit der früher sog. »Bestätigung« als Glieder der ev. Kirche und der Zusprache des Abendmahls- und Patenrechtes (in den neuen Agenden schlichter gestaltet als Aufforderung bzw. Einladung, an den Segnungen und Diensten der Kirche teilzunehmen). – Das Abendmahl wird nur noch selten in unmittelbarer Verbindung mit dem K.sgottesdienst gefeiert, sondern entweder als besonderes K.s-Abendmahl oder (nach einer besonderen Zurüstung) als allgemeines Abendmahl der Gemeinde. – In den deutschen Landeskirchen wird demnach heute eine K.sordnung praktiziert, die im wesentlichen den Feststellungen entspricht, die Bucer (Tom. Angl. S. 173ff) und Chemnitz (Exam. Conc. Trident. II, 3) getroffen haben. Den besonderen Verhältnissen in den Gemeinden wird zT durch Parallelformulare Rechnung getragen; auch dadurch hat die früher im Brennpunkt der Diskussion stehende Gelübdefrage an praktischer Bedeutung verloren, obwohl sie im Blick auf die K. als theologisch noch nicht eindeutig geklärt gilt. Wo die Handauflegung geübt wird, versteht man sie durchweg als persönliche Zuwendung der Gemeindefürbitte um den göttlichen Segen.

8. Aber eine »tragbare« K.shandlung, die der Wahrhaftigkeit entspricht und den Jugendlichen nicht überfordert, ist darum noch keine rechte Ordnung der K. Die vielberufene K.snot ist darin begründet, daß die Kirche auch mit einer theologisch gereinigten K. nicht das Ziel des alten reformatorischen Konfirmierens erreicht: die Eingliederung der getauften Kinder in die Jesus Christus bekennende Gemeinde. Die eigentliche K.snot ist die Not einer gemeindelosen Christenheit und eines entsprechend schwachen und unzulänglichen Gemeindekatechumenats. Nur eine durch die Confirmatio ihres Herrn lebendige, um Wort und Sakrament versammelte Gemeinde kann ihrerseits konfirmieren, dh seelsorgerliche Zucht üben und unterweisen. Sie ist dabei jederzeit gefragt, ob die Ordnungen, die sie sich für ihren Dienst gegeben hat, noch tauglich sind, vor allem nachdem sich die volkskirchlich-soziologische Struktur grundlegend gewandelt hat. Eben diese Frage wird neuerdings lebhaft erörtert und – zT unter dem Eindruck des Zusammenbruchs der überlieferten K. in der DDR (→ Jugendweihe) – radikal verneint. Für das zZ (1958/59) geführte K.s-Gespräch wären folgende Gesichtspunkte zu beachten: a) Die K. ist Hilfe zum Gebrauch der → Gnadenmittel. Man sollte mit der »Entflechtung« der K. so beginnen, daß man die »Verleihung kirchlicher Rechte« nicht mehr mit der K. verknüpft. Abgesehen von der Problematik dieses Begriffs kann in der Kirche nur dem ein Recht verliehen werden, der es ausüben kann und will. Gerade auch das Abendmahlsrecht kann nicht pauschal verliehen werden. – b) Hält man trotzdem auch in Zukunft daran fest, daß K. entscheidend admissio ist, so kann die K. nur dann vollzogen werden, wenn der Konfirmand gewillt ist, am Abendmahl teilzunehmen. Die Zulassung zum Abendmahl kann aber an kein bestimmtes Alter gebunden werden, darum scheidet eine *allgemeine* Herauf- oder Herabsetzung des Kommunionalters aus. Gegen den Abendmahlsgang von etwa 10 bis 11jährigen bestehen keine theologischen Bedenken, wenn er durch einen das Kind tragenden Personenkreis mit verantwortet wird. – c) Auch nach dem ersten Abendmahlsgang muß die kirchliche Unterweisung weitergehen, denn K. ist kein Abschluß, sondern Übergang zu anderen Formen des → Katechumenats (→ Christenlehre). Die Koordination der Konfirmandenarbeit mit anderen Formen der Jugendarbeit und späteren katechetischen Bemühungen ist für einen Neu-

bau der K. entscheidend. An die Stelle der *einen* Prüfung, die den falschen Abschluß-Charakter verstärkt, müssen fortlaufende Prüfungen in Form von öffentlichen Unterredungen mit den Katechumenen treten. – d) Eine Hilfe für eine Neuordnung wäre der Entschluß, den vieldeutigen Terminus K. überhaupt aufzugeben. Man könnte allenfalls einen Teilabschluß des Kinder- bzw. Jugendkatechumenats (öffentliche Unterredung bzw. Prüfung) »K.« nennen. Dabei könnten die so »Konfirmierten« zum Abendmahl eingeladen werden; die Anmeldung zu einer Abendmahlsrüste könnte zu verschiedenen Terminen im Laufe des Jahres erfolgen. Die admissio mit einer besonderen Feier zu verbinden, ist um der Bedeutung des Abendmahls willen nicht sinnvoll.

Außer den Lehrbüchern der → Praktischen Theologie: W.CASPARI, Die ev. K., 1890 – RE X, 676ff – RGG² III, 1191ff – M. DOERNE, Neubau der K., 1936 – W.MAURER, Gemeindezucht, Gemeindeamt, K., 1940 – W.ROTT (Hg.), K., ein Studienbuch zur Frage ihrer rechten Gestaltung, 1941 – RIETSCHEL-GRAFF 621ff – L.VISCHER, Die Gesch. der K., 1958 – K.FRÖR (Hg.), Confirmatio, Forschungen zur Gesch. u. Praxis der K., 1959 (Lit.). *W.Rott*

9. *K.sscheine* gibt es in den ev. Kirchen deutscher Zunge als Erinnerungsgabe der Gemeinde an ihre Konfirmanden seit etwa 100 Jahren, während in den anderen ev. Kirchen in der Regel die Bibel als Geschenk gegeben wird. Ursprünglich handelte es sich um bloße Bescheinigungen (entsprechend den Tauf- und Trauscheinen), auf denen dem Konfirmierten der Vollzug der K. und die Zulassung zum Abendmahl bestätigt wurde. Bescheidener symbolischer Schmuck, Zierleisten, Ranken, kleine biblische Bilder machten den Anfang einer Fortentwicklung, doch bildeten der handgeschriebene oder zT gedruckte Text, gegebenenfalls mit dem sog. K.sspruch, und das → Kirchensiegel stets das Hauptstück. Seit der Jh.wende wurden die Scheine ansehnlicher. Das Bild, nun meist als Wandschmuck gedacht, wird zur Hauptsache, sei es das der Gemeindekirche in oft künstlerisch fragwürdiger Ausführung, seien es auf die K. bezogene religiöse Darstellungen oder die Wiedergabe des Werkes eines alten oder »modernen« Meisters, von → Grünewald, → Dürer, → Leonardo, → Rembrandt über Rethel und L. → Richter bis hin zu v. → Gebhardt, → Steinhausen, H. → Thoma, Burnand, Rud.Schäfer, L. → Corinth, H.Altheer, M.Hunziker u.a. – Da diese Scheine auch als gerahmter Wandschmuck oft wertgehalten werden, ist die ästhetische und ev. Verantwortung bei ihrer Auswahl um so größer. *M.Weiß*

II. Rechtlich

1. Geschichtliche Entwicklung – 2. Heutige Lage

1. a) Die *ev. K.* (zur kath. → Firmung vgl. dort), geschichtlich gesehen vor allem aus der *Admission* zum Abendmahl entstanden (→ Konfirmation: I, 1–4), zieht lebenslängliche Zulassung zum → Abendmahl (: VI) nach sich, soweit nicht Maßnahmen der → Kirchenzucht (: II) eingetreten sind. Während das röm.-kath. Kirchenrecht seit dem 4. Laterankonzil von 1215 stärker die Kommunions*pflicht* betont (CIC c. 859, 1), steht im ev. das *Recht* auf Admission im Vordergrund. Dahinter steht die mittelalterliche Auffassung, daß voll rechtsfähig nur ist, wer kommunionsfähig ist. So wird die als Admission verstandene K. zum Akt der Aufnahme in die bürgerliche Gemeinde. – b) Die Festlegung des *K.salters* – gewöhnlich auf das 14. Jahr – war daher eine staatliche und kirchliche Notwendigkeit; maßgeblich wurden dabei die Bestimmungen des Römischen Rechtes über die »perfecta aetas«. Nachdem sich aus dem K.sunterricht die Volksschule entwickelt hatte und der K.stermin zugleich das Ende der → Schulpflicht markierte, wurde die Festsetzung des K.salters zugleich ein Stück des Schulverwaltungsrechtes. Nur in wenigen Gebieten (Ostfriesland, Grafschaft Bentheim, Baltikum) trat diese Verbindung von K. und Schulschluß nicht ein. – c) In der Kirche schließt die Erlangung der vollen Rechtsfähigkeit das Recht zur *Patenschaft* in sich ein (→ Paten). In gewissem Widerspruch dazu wird in den Kirchen, in denen sich für die Zeit zwischen K. und Verheiratung die → Christenlehre erhalten hat, die Verpflichtung dazu in der K. übernommen. – d) Fraglich ist, ob und wieweit unter die Pflichten, die in der K. auferlegt werden, auch die Übernahme der → *Kirchenzucht* (: II) einbegriffen ist. Nach Luther darf sie nicht mit äußerem Zwang über den Christen verhängt werden, sondern kann nur dem zum Heile dienen, der sie freiwillig übernimmt. Als freiwillige Unterwerfung unter die Kirchenzucht ist sicherlich die weitverbreitete Formel aus der Kasseler KO von 1539 zu verstehen: »sich in die Gemeinschaft und den Gehorsam der Kirchen Christi begeben«, nicht im Sinne eines Gehorsamsgelübdes, sondern als Anerkennung dessen, was dem Christen in und mit der Kirche an Gaben seelsorgerlicher Liebe geschenkt ist (so A.Niebergall). Von einer »kirchenregimentlichen K.« (Th. → Kliefoth) sollte man in diesem Zusammenhange ebensowenig reden wie von einer Aufnahmehandlung in die Freiwilligkeitskirche. – e) Die Frage, was die K. für die → *Kirchenmitgliedschaft* bedeutet, konnte erst entstehen, nachdem seit der Aufklärung die Verbindung von → Kirche und Staat gelockert worden war und in beiden Bereichen sich das naturrechtliche Denken durchgesetzt hatte. K. wurde damit verstanden als Eintritt in die aktive Mitgliedschaft der Kirche im Unterschiede von der passiven, die mit der → Taufe (: VII) gegeben war. Oder man verstand die K. als »öffentliche Bestätigung der Gliedschaft« (Doerne) von seiten der verfaßten Kirche. Aber auch wenn aktive Mitgliedschaft öffentlich im Gottesdienst bestätigt werden soll, kann das nicht im Zusammenhang mit der Admission zum Abendmahl bzw. in dem Lebensalter geschehen, in dem diese in der Regel vollzogen wird. – f) Die *Gefahren* dieser Verbindung von Verfassungsrecht und K. sind zuerst von der → Erlanger Schule erkannt worden (→ Konfirmation: I, 6); freilich hat sie, hierin mit → Wichern und → Stoekker übereinstimmend, von der Neuordnung der K. eine rechtliche Neugestaltung der Kirche erwartet. Die Verleihung der kirchlichen Rechte wird hier überall von der volkskirchlichen K. getrennt und einem besonderen Akte zugewiesen.

2. Die *gegenwärtige Lage* ist gekennzeichnet durch die Auflösung aller rechtlichen Ordnungen, die sich im Zusammenhang mit der K. gebildet hatten. a) Die *Reformbewegung* der Jahre nach 1920 (Cordier, Hilbert, Le Seur, H.Rendtorff, K.B.Ritter, H.Schafft, E.Stange) hat Admission und K. zeitlich und meist auch grundsätzlich voneinander getrennt, die Verleihung der kirchlichen Rechte aber auf spätere Zeit verschoben und von einem freiwilligen Bekenntnis und Gelübde abhängig gemacht. Die kunstvolle Ordnung eines Katechumenates, die M. Doerne 1936 entworfen und 1949 modifiziert hat, hätte einen rechtlichen Neubau der Landeskirchen zur Folge haben müssen. – b) Seit 1945 hat der Versuch des → Hilfswerks, den Gemeindediakonat zu erneuern, vor allem aber die besondere Stellung der ev. Kirche in der DDR die Lage verändert und verschärft. Auf der einen Seite steht der Versuch, die K. zu einer *Laienordination* zu machen und so die Aktivität der Gemeinde zu mobilisieren. Andererseits wächst die Erkenntnis, daß man die K. ideell und praktisch überfordert, wenn man von ihr aus die rechtliche Gestalt der Kirche neu prägen will. Jugendpsychologische, rechtliche und theologische Erwägun-

gen greifen zusammen in der Forderung, alle Rechtsverleihungen und -verpflichtungen von der K. zu trennen. Will die Kirche eine ausdrückliche Anerkennung rechtlicher Bindungen von ihren Mitgliedern fordern, so kann das nicht in der K. geschehen. – c) Auch die *Admission* kann dann nicht mehr als Rechtsverleihung verstanden werden. Der Plan, durch ihre Verlegung in eine Spätphase des → Katechumenates zu einer abgesonderten Abendmahlsgemeinde zu gelangen, wird weithin fallen gelassen. Man erkennt, daß nicht nur die Wortverkündigung, sondern auch die Sakramentsspendung zu den notwendigen Äußerungen geistlichen Lebens gehört und daß beides allen Gliedern der Kirche zugute kommen muß. Die Möglichkeit der Frühkommunion taucht auf. Wie immer man auch zu ihr stehen mag: daß die Admission ein Akt pädagogisch-seelsorgerlicher Liebe ist, wird hier ganz offenkundig. Diese Erkenntnis versetzt allem Berechtigungswesen den Todesstoß, das mit der K. noch zusammenhängt.

Außer der Lit. zu → Konfirmation: I (bes. FRÖR) u. den Darstellungen des ev. → Kirchenrechts (: I B): W. CASPARI, K. u. Kommunionsrechte (NKZ 13, 1902, 491–521) – M. SCHIAN, Die rechtl. Bedeutung der K. (Preuß. Pfarrarchiv 6, 1914, 97–107). – Ferner die Aufsätze von LIERMANN, MAURER u. SMEND in ZevKR 4 u. 6 (→ Kirchenmitgliedschaft). *W. Maurer*

Konfuzius (551–479 vChr), * im Distrikt Tschüfu in Schantung. Er war zuerst Aufseher der Kornspeicher und öffentlichen Felder im Dienste des Adelsgeschlechtes der Tschi. K. sammelte schon mit 22 Jahren Schüler um sich, wanderte aber die meiste Zeit seines Lebens von einem Fürstenhof zum anderen, ohne auch nur einen zu Reformen bewegen zu können. Als 50jähriger erhielt er für kurze Zeit einen höheren Beamtenposten. Mit 67 Jahren gab er die sechs alten Klassiker heraus, die Wesen und Geist der Aufzeichnungen der amtlichen Historiographen, Musikmeister und Beamten des Kultusamtes wiedergaben. K. sah nämlich in der Rückkehr zur Ideologie der älteren Tschou-Zeit (1222–600 vChr) die Rettung des Staates. Er war Politiker und Ethiker. Wie die meisten anderen chinesischen Philosophen war auch K. an Religion nur insofern interessiert, als sie einen Wesensbestandteil der Staats- und Gesellschaftsordnung bildet.

Im Mittelpunkt seiner religiösen Welt steht bei K. der Himmelsbegriff (→ China: II, 2b). Dem → Himmel (: I) stand K. mit seiner Person in tiefer Ehrfurcht gegenüber, die er auch anderen predigte. Er betrachtet den Himmel als ein denkendes persönliches Wesen, das an die Menschen absolute sittliche Forderungen stellt, die sowohl die Pflichten und Tugenden der Herrscher wie die der Untertanen umfassen. Der Himmel ist ihm eine höhere → Macht (: I), die die Welt erhält und nach ihren Plänen regiert. Die Weisheit besteht im Erkennen des Willens des Himmels und in der Befolgung desselben bei Erfolg und Mißerfolg. Bei K. zeigt sich bereits der → Dualismus (: I) von Himmel und → Erde, mit der sich spätere Spekulationen noch eingehender befaßten. Der Himmel bringt im Verein mit der Erde alle Dinge der Welt hervor (→ Schöpfung: I). Der Weise muß auch im Einklang mit der Erde handeln. Der Herrscher ist der Dritte im Bunde mit dem Himmel und der Erde. Er ist der Bewahrer des Auftrages des Himmels und hat seine Sendung gewissenhaft auszuführen. Das Volk muß die Tugenden üben, ohne die ein Gemeinwesen nicht möglich ist. – Blüte und Verfall des Reiches hängen vom sittlichen Verhalten des Herrschers und seiner Minister ab. Der Untertan kann durch Befolgung des himmlischen Willens sein Leben glücklich gestalten. Zugleich erlebte K. bitter die vielen Ausnahmen von der Regel, daß der Himmel die Guten mit Glück belohnt, die Bösen mit Unglück bestraft. Das → Schicksal (: I) will sich in seine Himmelslehre nicht einfügen. Er sagt aber, Unglück helfe dem Menschen sich zu bessern und seinen Willen zu stählen. Zeitlebens beschäftigte ihn der Widerspruch zwischen der Weltregierung durch den Himmel und der Tatsache von Unglück und Schlechtigkeit in der Welt (→ Theodizee: I). – Über die anderen überirdischen Wesen der überlieferten chinesischen Religion sagt K. nicht viel. Da er in der Befolgung der alten Riten den Willen des Himmels sieht, vertritt er die Pflichtmäßigkeit der → Opfer-Darbringung an die Götter und → Geister und an die Ahnen. Sein Ausspruch: »Man ehrt Geister und Dämonen, aber man hält sich von ihnen fern« und seine Forderung, man müsse Göttern und Geistern opfern, »als ob sie zugegen wären«, zeigen K. als einen über das gewöhnliche Volk erhabenen Denker. In seinem persönlichen Verhältnis zum Himmel ist er ein Heiliger. – K. fordert auch die Ahnenverehrung (→ Totenverehrung: I) als wichtigen Bestandteil der Riten, die den Menschen vom Himmel gegeben sind. Durch sie haben die alten Herrscher den Willen des Himmels betreffs der Menschen verwirklicht und deren wandelbare Neigungen auf gute Bahnen festgelegt. Weitere Untersuchungen über das Fortleben der Seele nach dem → Tode finden sich bei K. nicht. Nach ihm ist die → Seele aus einem luftartigen und einem materiellen Teil zusammengesetzt, die sich beim Tode trennen.

Den lebenslänglichen Bemühungen des K. war zunächst der Erfolg versagt. Jahrhundertelang war seine Richtung nur eine von vielen anderen, die mit der seinen oft im scharfen Gegensatz standen. Die Hauptrivalen waren die Tao-Lehre von → Laotse (→ Taoismus), ferner → Motis Lehre, daß das Universum von einem die Menschen liebenden Wesen regiert wird, weshalb auch die Menschen einander lieben sollen (→ Liebe: I). Im Lauf der Han-Zeit (207 vChr bis 220 nChr) wurden die Opfer an K. eingeführt, ihm Tempel errichtet, seine Schriften zum Gegenstand der Beamtenprüfungen gemacht und seine Lehre zur Staatsdoktrin erhoben.

O. FRANKE, Der geschichtl. K. (ZDMG 79, 1925, 163–191) – DERS., Gesch. des chines. Reiches IV. V, 1948–52 – E. SCHMITT, K., 1926 – A. FORKE, Gesch. der alten chines. Philosophie I, 1927 – J. K. SHRYOCK, The Origin and Development of the State-Cult of C., New York 1932 – A. RYGALOFF, C. (MR 18), Paris 1946 – H. G. CREEL, C., the Man and the Myth, London 1951 – L. SHIRLEY-PRICE, C. and Christ, ebd 1951 – CH'I-YÜN CHANG, A Life of C., Taipei 1954 – TEHYI HSIEH, K., Zürich 1954 – E. ROUSSELS, K. u. das archaische Weltbild der chines. Frühzeit (Saeculum 5, 1954, 1–33) – J. GRIPEKOVEN, C. et son temps, Neuchâtel 1955 – LIU WU-CHI, C., New York 1955 – DERS., A short History of Confucian Philosophy, Harmondsworth 1955. *M. Eder*

Kongregationalismus

1. Grundsätzlich – 2. Großbritannien – 3. Nordamerika

1. Der K. ist (neben den → Presbyterianern und → Baptisten) die bedeutendste Ausprägung des ev. Christentums im ausgesprochenen Gegensatz zur → anglikanischen Kirche (: I) auf dem Boden der englischsprechenden Welt, insbesondere Nordamerikas. Sein Grundprinzip liegt in der theokratisch-christokratisch gemeinten kirchlichen Vollmacht und Selbständigkeit der Einzelgemeinde, ihrer Unabhängigkeit von weltlicher Obrigkeit, Bischofsamt und Synode. Dahinter steht der Wille, die urchristliche Gemeindegestalt wiederzugewinnen (charakteristisch: visible saints als οἱ ἅγιοι des NT). Infolgedessen ist das ökumenische Bewußtsein lebendig ausgeprägt: christliche Gemeinschaft besteht überall da, wo sich Jünger Jesu im Gehorsam gegen sein Wort unter Leitung seines Geistes zusammenfinden. Im polemischen Zusammenhang, bes. in den englischen Religionskämpfen des 16. und 17. Jh.s, bildete sich aus solcher Haltung teilweise die Benennung *»Independents«*.

2. Die Anfänge des K. liegen in den englischen Flüchtlingsgemeinden auf dem europäischen Festlande, namentlich in → Frankfurt (: I), wo das Prinzip der Volkskirche zuerst durch dasjenige des »Bundes« zwischen Gott oder Jesus Christus und dem einzelnen ersetzt wurde (1554/55). Möglicherweise diente schon vorher der Aufbau ausländischer Flüchtlingsgemeinden in England als Vorbild (J. → Laskis Gemeinde in London und V. → Poullains in Glastonbury seit ca 1550). Die Ausgestaltung der anglikanischen Kirche unter → Elisabeth I. mit der Fortführung des mittelalterlichen bischöflichen Systems (→ England: I, 3) weckte einen wachsenden antiklerikalen Widerstand, der sich sowohl in Programmschriften als auch in beginnender Organisation von Einzelgemeinden entlud. Flugschriften wie »A Confession of Faith, made by common consent of divers Reformed Churches beyond the seas; with an Exhortation to the Reformation of the Church« (1561) und »The True Marks of Christ's Church« (ca 1570) von Richard Fytz verfochten die Gleichordnung aller Pfarrer, die Freiheit der Evangeliumsverkündigung von bischöflicher Erlaubnis oder Verweigerung, die Ausübung der Sakramente nach der Einsetzung Jesu, die urchristliche Kirchenzucht anstatt des kanonischen Rechts als Kennzeichen der echten Kirche. Als 27 Personen i.J. 1571 an Elisabeth I. die Bitte richteten, ihnen auf Grund von 2Kor 6, 17 die Trennung von der anglikanischen Kirche zu gestatten, wurde der K. rechtlich und politisch greifbar. - In der Folgezeit begegnen kleine unabhängige Kreise, bes. in und um London. Rob. → Browne gab dem frühen K. eine vollständig ausgebildete Theorie mit den Grundpfeilern des hl. Volkes unter dem Regenten Jesus Christus, des geistlichen Priestertums, Königtums, Prophetentums für jeden Gläubigen und des brüderlichen Austauschs geistlicher Erfahrungen zwischen ihnen. Die 1586-93 von John → Greenwood und Henry → Barrow in London gesammelte freie Gemeinde erfuhr durch die Härte des Erzbischofs John → Whitgift in der Hinrichtung ihrer Leiter (1593) eine schwere Erschütterung, lebte jedoch unterirdisch bis 1624 weiter. Sie wanderte, ebenso wie eine andere in Scrooby und Gainsborough (Lincolnshire), nach den Niederlanden aus, wo Middelburg (R. Browne), Amsterdam (John → Robinson, Richard Clyfton) und Leiden (J. Robinson, Henry Ainsworth) die Hauptorte wurden. 1620 machte sich eine beachtliche Minderheit aus der Scrooby-Leidener Gemeinde Robinsons in der »Mayflower« auf den Weg über England nach Nordamerika und begründete dort als → »Pilgerväter« in der Massachusetts Bay den nordamerikanischen K. - Die Große Revolution (→ England: I, 4) brachte den verborgenen und verfolgten K. in den Vordergrund; vielfach stellte er nach der Aufhebung der anglikanischen Kirchenordnung die Gemeindepfarrer. Führende Gestalten waren William → Bridge, Thomas Goodwin, John Cotton, John → Owen, Sidrach Simpson, Philip Nye. Eine milde Formulierung des gemeinsamen Glaubensgutes und Kirchenrechts gab die Savoy Declaration (1658). Trotzdem verhielten sich führende Männer des Puritanismus ihr gegenüber ablehnend (R. → Baxter) oder zurückhaltend (Edward Reyner). - Die Restauration des Anglikanismus unter Karl II. nötigte die Kongregationalisten mit den Baptisten und Presbyterianern in die Stellung der Nonkonformisten (»Abweichenden«, nicht völlig identisch mit → Dissenters). Dadurch rückten Presbyterianer und Kongregationalisten enger zusammen; beide verzichteten weithin auf die Prädizierung ihrer Kirchenordnung mit dem Anspruch des göttlichen Kirchenrechts. Trotzdem wurde die 1689 in London versuchte Union durch die dogmatische Verschiedenheit zerstört (Presbyterianer damals stark antitrinitarisch und arianisch bestimmt, Kongregationalisten orthodox bis calvinistisch). - Der heraufkommende Methodismus (→ Methodisten: I) zog den K. von allen Freikirchen aufs stärkste in Mitleidenschaft, bes. der calvinistische Zweig unter G. → Whitefield. Die grundlegende Einheit der methodistischen Bewegung, die Methodist society, ließ mit ihrer Nähe zur urchristlichen Gemeinde die Verwandtschaft mit dem k.en Kirchenbegriff empfinden. Im Laufe des 18. und 19. Jh.s nahm der K. wie der Methodismus den stärksten Anteil an der sozialen Reformbewegung und an der Mission, bes. an der überkonfessionellen → Londoner Mission (LMS, gegr. 1795). Er spielte eine beachtliche Rolle in der Bildung der → Broad Church Party innerhalb der Kirche von England. K.es Denken begegnet bei den Anglikanern Th. Erskine, F.W. → Robertson und F.D. → Maurice. Der führende k.e Theologe Englands am Ende des 19. Jh.s, Rob. William Dale (1829-95), vertrat eindrucksvoll die Konzeption von Christus als dem Haupt des Menschengeschlechts. - *Organisatorisch* wurde in Fortführung von provinziellen Unionen (County Unions) im frühen 19. Jh. 1832 die Congregational Union of England and Wales errichtet. Theologische Ausbildungsstätten, die bes. das NT und die puritanisch-k.e Tradition pflegten, wurden Cheshunt College in Cambridge (gegr. von der methodistischen Gräfin Huntingdon), Mansfield College in Oxford (urspr. Spring Hill College in Birmingham), New College und Hackney College in London, Western College in Bristol, Yorkshire and United College in Bradford, Lancashire Independent College in Manchester, Congregational Institute in Nottingham. Nach k.em Grundsatz ist der Beitritt zur Congregational Union freiwillig, eine Reihe von Gemeinden gehört ihr nicht an. - In → Kanada (: I) ist der K. in der United Church of Canada aufgegangen.

3. *Nordamerika,* das klassische Land des K. (→ Vereinigte Staaten: I), erhielt seine k.e Grundstruktur, die in einer außergewöhnlichen Vollmacht der Einzelgemeinde durch fast alle ev. »Konfessionen« (denominations) einschließlich der Lutheraner hindurchgeht, durch die große puritanische Einwanderung in Neuengland (als Folge der Laudschen Kirchenpolitik 1625-43). Die »radikalen« → Puritaner brachen völlig mit dem anglikanischen System; sie setzten sich in den Siedlungen der Massachusetts Bay gegen die gemäßigten durch. Kennzeichen des amerikanischen K. wurde der Gebrauch der »Bundesschlußerklärung« (covenant) anstelle eines Glaubensbekenntnisses. Sie hatte die schlichte Verpflichtung zum Gehorsam gegen Gottes Wort - vorwiegend ethisch verstanden - zum Inhalt. Für die dogmatischen Anschauungen galten unreflektiert die calvinistischen Grundsätze. In den Jahren 1620-1740 stand die → Indianer-Mission (John → Eliot seit 1646) und die Gründung von Bildungsanstalten (Harvard College 1636/39 in Cambridge, Mass.) sowie die Kirchenordnung im Vordergrunde. In der folgenden Epoche 1740-1850 rückte die Theologie in den Mittelpunkt, weil der ethische Charakter den Rechtfertigungsglauben gefährdete, der durch die große Erweckungsbewegung von J. → Edwards und G. → Whitefield als Bekehrungserfahrung und Vergebungsgewißheit lebendig wurde. Daraus erwuchs als Kompromiß die Neu-England-Theologie mit ihrer Betonung der religiösen Erfahrung als Antwort auf Gottes Gnadenwirken. Seit 1800 machten sich unitarische (antitrinitarische) Einflüsse geltend. Die neuere Entwicklung seit 1850 kennzeichnet ein volks- und heidenmissionarischer Aktivismus und ein energischer Wille zur Vereinigung mit anderen Gruppen im Dienste breiter christlicher Wirkung; dogmatisch herrscht Weitherzigkeit.

Die Zahl der Mitglieder des K. beträgt in Großbritannien ca 400 000, in den USA ca 1,2 Mill. Seit 1891 besteht als weltweiter Zusammenschluß das International Congregational Council. – Der K. nimmt den stärksten Anteil an der → Ökumenischen Bewegung im Sinne einer weit gefaßten urchristlichen Programmatik. Besondere Anwälte seines Gemeindeprinzips wurden unter den deutschsprachigen ev. Theologen Fr. → Loofs und K. → Barth.

Zu 1 u. 2: J.Waddington, Congregational History, 5 Bde, 1869 bis 1880 – H.M.Dexter, Congregationalism (= C.) of the last 3 Centuries as seen in its Lit., 1880 (Ergänzungen in Congregational Historical Society's Transactions, 1901 ff) – RE X, 680 ff – A.Mackenaal, The Evolution of C., 1901 – Ch.Burrage, The Church-Covenant Idea, 1904 – R.W.Dale, History of English C., 1907 – D.L.Ritchie, The Genius of C., 1926 – W.B.Selbie, C. (in der Reihe »The Faiths«, hg.v. L.P.Jacks), 1928 – Anonym, C. through the Centuries, 1937 – M.M.Knappen, Tudor Puritanism, 1939, bes. 72 ff (für die Anfänge) – G.F.Nuttall, Visible Saints. The Congregational Way 1640–1660, 1957 (für die klassische Zeit). – Zu 3: W.Walker, The Creeds and Platforms of C., 1893 – G.N.Boardman, A History of New England Theology, 1899 – F.H.Foster, A Genetic History of the New England Theology, 1907 – G.G.Atkins-Fr.L.Fagley, History of American C., 1942 – The Basis of Union of the Congregational Christian Churches and the Evangelical and Reformed Churches, 1947. – Congregational Year Book, seit 1846. *M.Schmidt*

Kongregationen, Terminus technicus des kath. Kirchenrechts in mehreren Sachbereichen:

1. *Kardinäle:* a) Die offiziellen Versammlungen der Kardinäle während einer päpstlichen Sedisvakanz, nämlich die Congregatio generalis aller Kardinäle und die Congregatio particularis der jeweils dienstältesten Kardinäle aus den drei Kardinalsordnungen. – b) Die Kardinals-K. der römischen → Kurie.

2. *Klosterrecht* (→ Kloster: III): a) Die Klostergenossenschaften mit einfachen Gelübden (vgl. zB → Assumptionisten, → Borromäerinnen, → Dernbacher Schwestern, → Doktrinarier, → Marianisten, → Maristen-Schulbrüder, → Passionisten, → Redemptoristen, → Salesianer, → Salvatorianer, → Steyler Missionare; vgl. im übrigen RegBd s.v. Kongregationen). Zur Geschichte vgl. → Kirchenverfassung: V. – b) Die Congregatio monastica (→ Orden).

3. *Vereinsrecht* (→ Vereinswesen: II): eine von mehreren Bezeichnungen kirchlicher Vereine, soweit diese nicht zu den → Bruderschaften (: III, 1) oder Dritten Orden (→ Tertiarier) gehören. Der Ausdruck wird hauptsächlich auf die → Marianischen Kongregationen angewandt.

Lehrbücher des kath. → Kirchenrechts – DDC IV, 177 ff.

H.Barion

Konkordate

1. Übersicht – 2. Rechtscharakter der K.e – 3. Die K.slage in Deutschland – 4. Der Inhalt moderner K.e. – K. = Konkordat. – Vgl. → Kirche und Staat, 6, → Kirchenverfassung: V, 6, → Kirchenverträge

1. K.e sind Verträge zwischen Staat und kath. Kirche, in denen die staatskirchenrechtlichen Beziehungen zwischen den beiden Vertragspartnern geregelt werden. Jedenfalls haben die K.e diesen Charakter seit Beginn des 19.Jh.s angenommen, während bei den älteren K.en die Gegenüberstellung von »Staat« und Kirche nicht in gleichem Maße deutlich werden konnte. Die K.e des MA, zB das Wormser K. (1122), der Konstanzer Vergleich (1418), die Fürsten-K.e (1447) und das Wiener K. (1448), stellen Abmachungen zwischen der im Papst kulminierenden kirchlichen Gewalt und den weltlichen Gewalten (Kaiser, Ständen) innerhalb eines umfassenden Reichsgefüges dar. Auch die älteren K.e mit Frankreich und einigen italienischen Einzelstaaten haben mit den Problemen der modernen staatskirchenrechtlichen Ordnung keinen Zusammenhang. Die neuzeitliche K.ära beginnt mit dem napoleonischen K. von 1801, in dem zum ersten Male ein säkularisiertes Staatswesen und die kath. Kirche sich in voller Selbständigkeit und zur grundlegenden Ordnung ihres gegenseitigen Verhältnisses begegneten. Diese Entwicklung setzte sich in Deutschland nach dem Zusammenbruch des alten Reiches mit dem bayerischen K. von 1817 sowie den → Zirkumskriptionsbullen für Preußen (De salute animarum 1821), für die Oberrheinische Kirchenprovinz (Provida solersque 1821, Ad dominici gregis custodiam 1827) und für Hannover (Impensa Romanorum 1824) fort. Weitere K.e folgten mit Spanien (1851), Österreich (1855) und Portugal (1886).

Mit der veränderten Stellung der Kirche im modernen Verfassungsstaat erwiesen sich diese und weiter geschlossene konkordatäre Abmachungen in zunehmendem Maße als überholt. Aber erst nach den politischen Veränderungen im Gefolge des 1. Weltkrieges kam eine neue, die bisher letzte große K.sbewegung in Gang, eingeleitet durch die Konsistorialansprache → Benedikts XV. vom 21.11.1921 (AAS 13, 1921, 521 f). Die K.e, die seither, überwiegend unter → Pius XI., geschlossen wurden, verkörpern insofern einen im wesentlichen einheitlichen Typus, als sich in ihnen Staat und Kirche in klarer Besonderung auf dem Boden der Gleichordnung begegnen und mit ihnen der Versuch einer möglichst umfassenden Regelung der staatskirchenrechtlichen Beziehungen unternommen wird. Es handelt sich um die K.e mit Lettland (1922), → Bayern (1924), → Polen (1925), Litauen (1927), der → Tschechoslowakei (»Modus vivendi« von 1928), → Italien (1929), → Rumänien (1927/32), → Preußen (1929), → Baden (1932), dem Deutschen Reich (1933), → Österreich (1934) und Ekuador (»Modus vivendi« von 1937). Später sind weitere K.e mit Portugal (1940, 1950) und Spanien (1953) geschlossen worden. Zwischen dem Vatikan und dem Lande Nordrhein-Westfalen ist am 19.12.1956 ein Vertrag über die Errichtung des Bistums → Essen zustande gekommen.

Von allen bisher erwähnten echten K.en stehen heute nur noch in Geltung die K.e mit dem Deutschen Reich sowie mit Bayern, Preußen und Baden, mit Italien, Portugal und Spanien. Der Weiterbestand des polnischen K.s ist mindestens zweifelhaft, der des österreichischen K.s ist innenpolitisch umstritten. Das französische K. von 1801 ist mit der Trennungsgesetzgebung von 1905 außer Kraft getreten und wird nur in Elsaß-Lothringen, das 1905 nicht zu Frankreich gehörte, als fortgeltend behandelt. Von den Konventionen des 19.Jh.s wird sonst nur noch einigen partikulären Abmachungen mit der Schweiz und einzelnen ihrer Kantone sowie den K.en mit Haiti (1860) und Kolumbien (1887/92) aktuelle Bedeutung beigemessen.

2. Die gemeinhin als »K.e« bezeichneten Vereinbarungen legen sich nicht immer selbst diesen Namen bei; daneben werden heute ohne sachlichen Unterschied auch die Bezeichnungen Konvention, Akkord, Pactum conventum u.ä. verwendet. Die K.e sind Verträge sui generis, zu deren Charakterisierung man sich meist der Formel »quasi-völkerrechtlich« bedient und die man weithin nach Analogie der Regeln des → Völkerrechts behandelt. Die Anerkennung des Papstes als Völkerrechtssubjekt hat dieser Anlehnung an das Vertragssystem des Völkerrechts seit langem den Boden geebnet. Der Abschluß der K.e vollzieht sich ganz in den Formen eines völkerrechtlichen Vertrages, bei dem auf der einen Seite der Hl. Stuhl, auf der anderen Seite die staatlichen Autoritäten nach Maßgabe der Staatsverfassung als Vertragschließende in Erscheinung treten. K.e werden meist unbefristet abgeschlossen. Ihre Beendigung pflegt man ebenfalls nach Analogie der allgemeinen Regeln des Völkerrechts

zu beurteilen. Insbesondere hat hierbei die clausula rebus sic stantibus Bedeutung, deren Anwendung im extremen Fall ipso jure zum Kraftloswerden des K.s führen, sonst u.U. einen Kündigungsgrund liefern kann.

Dem *Inhalt* nach heben sich die K.e jedoch stärker von den völkerrechtlichen Verträgen ab. Diese regeln in erster Linie zwischenstaatliche Vertragsbeziehungen, während die K.e auf die Herstellung einer Ordnung abzielen, die für Kirche und Staat auf demselben Territorium und für dieselben Personen wirksam werden soll. Daraus ergibt sich einmal eine stärkere Abhängigkeit im Bestand des K.s von der Kontinuität der verfassungsrechtlichen Grundordnung des staatlichen Partners. Vor allem aber gliedert sich der K.sinhalt deutlicher auf in einen kleineren Teil spezifischer Vertragsbindungen zwischen den Partnern und einen größeren normativen Teil, der dazu bestimmt ist, in das Kirchenrecht des einen und das staatliche Recht des anderen Partners transformiert zu werden. Diese Transformation wird vom Staat meist durch Gesetz, regelmäßig durch das sog. Ratifikationsgesetz, von der Kirche durch entsprechende amtliche Kundmachung des ratifizierten Vertrages vollzogen. Die in das Kirchenrecht transformierten normativen Teile des K.s gehen als partikuläres → Kirchenrecht (: I A, 3) dem gemeinen kirchlichen Recht vor (cc. 3. 22 CIC), die in das staatliche Recht transformierten Teile haben als lex posterior den Vorrang vor entgegenstehendem älterem Recht. Beide Partner sind durch das K. gebunden, kein die transformierten Normen des K.s verdrängendes Recht einseitig neu zu schaffen.

Die früheren Versuche, innerhalb der konkordatären Beziehungen entweder durch Berufung auf die Privilegientheorie der Kirche oder durch Inanspruchnahme der Legaltheorie dem Staat einen Vorrang zu sichern, können als überlebt gelten. Im K. werden → Kirche und Staat (, 6) nach heutiger Auffassung nicht nur formal als gleichberechtigte Partner zusammengeführt; sie verstehen vielmehr auch in der Sache ihre Aufgabe dahin, nach den Vorstellungen eines staatskirchenrechtlichen Koordinationssystems die Regelung der sie gemeinsam berührenden Angelegenheiten durch die legitimierende Kraft einer echten Übereinkunft herbeizuführen.

3. In der DDR geht die Tendenz dahin, den Fortbestand des Reichs-K.s und des Preußischen K.s zu leugnen. Im Gebiet der BRD war nach 1945 weniger die Weitergeltung der K.e Bayerns, Badens und Preußens als die des mit dem nationalsozialistischen Regime abgeschlossenen Reichs-K.s zweifelhaft. Indessen hat das Bundesverfassungsgericht in den Gründen seines Urteils vom 26.3.1957 (BVerfGE 6, 309ff. 330ff) festgestellt, daß das Reichs-K. gültig zustande gekommen und - jedenfalls in seinen wesentlichen Teilen - auch heute noch für die BRD verbindlich und in ihr gültig ist. Diese Feststellung umschließt auch die erwähnten drei Länder-K.e, die mit dem Reichs-K. eine Einheit bilden.

Die Rechtslage ist gleichwohl in mehrfacher Hinsicht unübersichtlich. Das Reichs-K. (Art. 2) mißt sich gegenüber den K.en Badens, Bayerns und Preußens nur subsidiäre Geltung bei. Im Bereich dieser Länder-K.e entfaltet es nur insoweit Wirkung, als es über deren Regelung hinausgeht oder sie ergänzt. In den übrigen Gebieten der BRD gilt das Reichs-K. in allen Teilen und unmittelbar. Im einzelnen ist also in den früher preußischen Gebietsteilen primär das preußische K. maßgebend, in Bayern und der Pfalz das bayerische und im ehemaligen Lande Baden das badische K. Das Reichs-K. gilt hier nur subsidiär. In Bremen, Hamburg, im Gebiet der ehemaligen Länder Oldenburg, Braunschweig, Schaumburg-Lippe, Lippe, Hessen-Darmstadt, Württemberg und dem einstmals preußischen Teil des Saarlandes ist dagegen allein und voll das Reichs-K. anzuwenden. Für Nordrhein-Westfalen (außer Lippe) ist das dort geltende Preußische K. 1956 ergänzt worden (s. 1). Nicht nur in der BRD selbst, sondern auch innerhalb mehrerer Länder gelten also verschiedene konkordatsrechtliche Vorschriften nebeneinander. Gleichwohl ist die vereinheitlichende Wirkung des Reichs-K.s nicht zu verkennen. Da es eine für die Kirche optimale Regelung enthält und die Kirche deshalb kaum eine Änderung anstreben wird, wird diese Einheitlichkeit voraussichtlich auch erhalten bleiben, obwohl die K.sabschlußkompetenz für alle nach dem Grundgesetz zur Landesgesetzgebung gehörigen Materien durch Art. 123 Abs. 2 GG wieder dem Bunde entzogen und den Ländern zugewiesen ist.

4. *Der Inhalt moderner K.e* wird am besten am Beispiel des geltenden deutschen K.srechts (s. 3) veranschaulicht. Hier ist zunächst zu nennen die Vereinbarung über die Unterhaltung einer Apostolischen Nuntiatur am Sitz der Regierung und einer Botschaft beim Vatikan. Wie dies gehört zu den völkerrechtsähnlichen Abmachungen die Freundschaftsklausel, durch die sich die Partner verpflichten, Meinungsverschiedenheiten wegen der Auslegung oder Anwendung einer K.sbestimmung im gemeinsamen Einvernehmen einer freundschaftlichen Lösung zuzuführen.

Sodann enthält das deutsche K.srecht eine vertragliche Bekräftigung und Verdichtung der rechtsstaatlichen Verfassungsgarantien der Freiheit des Bekenntnisses, der Religionsübung, des kirchenamtlichen Verkehrs zwischen den Kirchenbehörden und mit den Gläubigen sowie des Eigentums und sonstiger vermögensrechtlicher Berechtigungen der Kirche und ihrer Untergliederungen. Dem schließt sich an - ebenfalls im Sinne der Bestätigung ohnehin geltender Verfassungsgrundsätze - die grundsätzliche Anerkennung des eigenen Assoziations- und Organisationsrechts für die Kirche, ihre Gliederungen, die Orden und religiösen Genossenschaften, des freien Ämtererrichtungs- und -besetzungsrechts der Kirche und des Rechts ungehinderter Niederlassung und Betätigung für die Orden und religiösen Genossenschaften, kurz des kirchlichen Selbstbestimmungsrechts. Darüber hinaus wird der Kirche eine exemte → Militärseelsorge zugestanden und die Zulassung zur → Anstaltsseelsorge gewährt.

Ein anderer Komplex von Bestimmungen umschreibt des näheren den öffentlich-rechtlichen Status der Kirche, den ihr im Prinzip gleichfalls schon das Verfassungsrecht einräumt. Dazu gehören die Bestätigung der überlieferten öffentlichen Korporationsrechte, die Garantierung des kirchlichen Steuerrechts, der staatliche Schutz der geistlichen Tätigkeit und der geistlichen Kleidung, die privilegia immunitatis und competentiae (→ Privilegien) und die Respektierung des Zeugnisverweigerungsrechts der Geistlichen.

Auf der anderen Seite hat sich die Kirche in einem Teil ihrer Freiheiten zugunsten staatlicher Interessen gebunden. Die Diözesanzirkumskription und -organisation, dh die Gliederung der Kirche in Kirchenprovinzen und Bistümer sowie die Ausgestaltung der Diözesanbehörden ist vertraglich festgelegt. Bei der Bildung und Veränderung der Kirchengemeinden werden die staatlichen Behörden beteiligt. Vor allem ist die Besetzung der bischöflichen Stühle abweichend von den zentralistischen Tendenzen des gemeinen Kirchenrechts vertraglich so geregelt, daß noch Reste der in Deutschland traditionellen Wahl der Bischöfe durch die Kapitel und eine Listenpräsentation des deutschen Episkopats und der Domkapitel für die Kandidaten zum Bischofsamt erhalten geblieben sind. Auch ist den Bischöfen und Kapiteln noch eine stärkere Mitwirkung bei der Bestellung der

Dignitäre und der Mitglieder der Domkapitel eingeräumt, als sie das gemeine Kirchenrecht vorsieht. Ferner müssen in Deutschland amtierende Geistliche grundsätzlich deutsche Staatsangehörige sein und eine akademische Ausbildung im Sinne des deutschen Hochschulwesens genossen haben. Nach der → »politischen Klausel« ist die Kirche verpflichtet, die Ernennung eines Erzbischofs, Bischofs oder Koadjutors cum jure successionis erst zu vollziehen, nachdem durch Rückfrage bei der Regierung festgestellt ist, daß gegen den Ausersehenen politische Bedenken nicht obwalten. Bei anderen Personalentscheidungen, bei denen konkordatäre Bindungen beachtet werden müssen, besteht die Pflicht zur Prä- oder Postnotifikation an den Staat. In der Organisation der Ordensniederlassungen hat die Kirche eine Überprüfung dahin zugesagt, daß die Unterstellung deutscher Niederlassungen unter ausländische Provinzialobere tunlichst entfällt. Geistliche Ordensobere mit Sitz in Deutschland anderseits müssen die deutsche Staatsangehörigkeit haben.

Das Gegenstück zu den Bindungen der Kirche in der Diözesanzirkumskription und -organisation bilden die in den Länder-K.en ausgesetzten staatlichen Dotationsleistungen an die Diözesen, die ihren Rechtsgrund überwiegend auf die Säkularisation zurückführen (→ Staatsleistungen). Die Bischöfe leisten dem Lande einen Treueid, und in allen Kirchen wird an den Sonntagen und den gebotenen Feiertagen im Anschluß an den Hauptgottesdienst ein Gebet für das Wohlergehen des Deutschen Reiches und Volkes eingelegt.

In kritischere Bereiche gerät man bei den »res mixtae« im engeren Sinne. Hier trifft man zunächst auf eine institutionelle Garantie der staatlichen Theologiefakultäten, mit der sich die Absicht verbindet, ihnen auch den Vorrang vor kircheneigenen wissenschaftlichen Theologenausbildungsstätten zu sichern. Diese sind konkordatsrechtlich nur in begrenztem Umfang zugelassen. Die Mitwirkung der Bischöfe bei der Berufung der Theologieprofessoren an staatlichen → Fakultäten ist abgewogen geregelt. Im ganzen und in den Einzelheiten umstritten sind die Schulbestimmungen des Reichs-K.s. Die Vorschriften über den → Religionsunterricht an den Schulen freilich decken sich im wesentlichen mit den Grundsätzen des Grundgesetzes und der Landesverfassungen. Auch wird wohl nirgendwo mehr beanstandet, daß Religionslehrer der vom Bischof zu erteilenden → Missio canonica bedürfen; ebenso wäre schon vom Verfassungsrecht her die vom Reichs-K. abgelehnte Diskriminierung der Orden und religiösen Genossenschaften bei der Führung von Privatschulen und ihrer Mitglieder bei der Zulassung zum Lehramt an Schulen unstatthaft. Indessen haben die Bestimmungen des Reichs-K.s (Art. 23. 24) über die kath. Bekenntnisschule und die darauf bezogene Lehrerausbildung noch nicht die Grundlage einer vollkommen befriedeten Ordnung des Schul- und des Lehrerbildungswesens geliefert. Als Quelle wesentlicher Meinungsverschiedenheiten hat sich ferner der Versuch des Reichs-K.s (Art. 26) erwiesen, das staatsgesetzliche Verbot der kirchlichen → Trauung vor der standesamtlichen Eheschließung für gewisse Ausnahmefälle zu modifizieren.

Eine subtile Abgrenzung zwischen kirchlicher und staatlicher Sphäre unternimmt die → Nihil obstat-Klausel des Reichs-K.s (Art. 7), eine weit handfestere findet sich in Art. 31. 32. In diesen Vorschriften gelangte ein spezifisches Anliegen des nationalsozialistischen Regimes zur Anerkennung. Art. 32 sollte dem Engagement von Geistlichen und Ordensleuten in politischen Parteien ein Ende setzen; das ist auch heute noch als Grundsatz anerkannt. Art. 31 wollte auf die »Entpolitisierung« des von der kath. Kirche patronisierten Verbands- und Vereinswesens hinwirken. Darüber ist die Zeit hinweggeschritten.

Texte: A. Mercati, Raccolta di Concordati su materie ecclesiastiche tra la Santa Sede e le Autorità civili, Rom (1919) 1954² - A. Perugini, Concordata vigentia, ebd 1934 - J.M.Restrepo, Concordata regnante S.D.Pio PP XI inita, ebd 1934 - H.Liermann, Kirchen u. Staat I. II, 1954/55. - Lit.: E.Schneider, Die rechtl. Natur der Vereinbarungen zwischen Staat u. Kirche, 1908 - A.Ottaviani, Institutiones juris publici ecclesiastici, Rom (1925) 1948³ - M. Bierbaum, Das K. in Kultur, Politik u. Recht, 1928 - E.Lange-Ronneberg, Die K.e, 1929 - E.R.Huber, Verträge zwischen Staat u. Kirche im Dt. Reich, 1930 - A.M.Koeniger, Die neuen dt. K.e u. Kirchenverträge, 1932 - H.Wagnon, Concordats et droit international, Gembloux 1935 - B.Pallieri, Il diritto internazionale ecclesiastico, Padua 1940 - E.Zweifel, Die rechtl. Natur der Vereinbarungen zwischen den Staaten u. dem apost. Stuhl (K.e), Aarau 1948 - G.Casoria, Concordati e ordinamento giuridico internazionale, Rom 1953 - H.-J.Becker, Zur Rechtsproblematik des Reichs-K.s, (1956) 1956² - H.Groppe, Das Reichs-K. vom 20. Juli 1933, 1956 - E.Deuerlein, Das Reichs-K., 1956 - R.Smend, Reichs-K. u. Schulgesetzgebung (JZ 1956, 265-267. 352. 395f) - F.Giese-F.A.v.d. Heydte (Hg.), Der K.sprozeß I-IV, 1957-59 (mit Gutachten von A.Erler, Th.Maunz, K.Mörsdorf, U.Scheuner, W.Wengler).

W.Weber

Konkordienbuch. »Concordia. Christliche, wiederholete, einmütige Bekenntnüs nachbenannter Churfürsten, Fürsten und Stände Augsburgischer Confession und derselben Theologen Lehre und Glauben« heißt diejenige Sammlung der luth. → Bekenntnisschriften (, 2), die von den nach der Mitte des 16. Jh.s entstandenen Corpora doctrinae im Anschluß an das Konkordienwerk (→ Konkordienformel, FC) sich verhältnismäßig am breitesten durchgesetzt hat. Die auf einen Entwurf J. → Andreäs zurückgehende, mit derjenigen zur FC identische Vorrede war ebenso wie der Titel selbst Gegenstand langwieriger, den bereits 1578 begonnenen Druck verschleppender Verhandlungen, zuletzt mit dem pfälzischen Kurfürsten Ludwig. Das K. wurde schließlich am 25.6.1580 veröffentlicht, dem 50. Jahrestag des → Augsburger Bekenntnisses (CA), als dessen »rechter christlicher Verstand« sich das K. betrachtet. Die Vorrede verwendet den Symbolbegriff der luth. Früh-Orthodoxie, wobei die sorgsame Sicherung des Wortlauts durch drei in den kurfürstlichen Kanzleien (Pfalz, Sachsen, Brandenburg) zu hinterlegende »Authentica« dessen beginnende formale Verfestigung im Sinn suffizienter und unveränderlicher Lehrurkunden von verpflichtendem Charakter bekundet. Das K. enthält als »die drei Haupt-Symbola« bzw. »symbola oecumenica« (entsprechend der Auffassung Luthers) → Apostolikum, → Nicaeno-Konstantinopolitanum und das → Athanasianische Symbol, die CA samt Melanchthons → Apologie, die → Schmalkaldischen Artikel, Melanchthons Tractatus de potestate et primatu papae (als Ergänzung von CA), Luthers Kleinen und Großen → Katechismus (: II) und die FC samt ihrer noch während des Drucks umstrittenen Appendix (Catalogus Testimoniorum). In einzelnen Ausgaben wird auch das Trau- und Taufbüchlein (umstritten wegen des → Exorzismus [: III]) beigegeben oder seine Stelle im Anschluß an den Kleinen Katechismus markiert. Die Anzahl der verschiedenen Ausgaben von 1580 läßt sich nicht genau ermitteln. Die lat. Übersetzung, wesentlich von → Selnecker, wurde erst in der 3. Fassung (1583/84) angenommen. Eine französische, eine windische (Primus → Trubar) und vielleicht eine griechische (M.Crusius) Übersetzung sind nicht erhalten, eine tschechische wurde begonnen, eine spanische unternahm M.Th.Breu in Ebendingen. Da u.a. Wolfenbüttel, Anhalt, Hessen, Holstein und Pommern das K. nicht anerkannten, ist diese Konkordie nicht für das ganze → Luthertum (: I) rechtsverbindlich geworden. Die sächsische Ausgabe von 1700 erweiterte andererseits den Bestand um die sächsischen Visitationsartikel von 1592.

Lit. s. → Konkordienformel. - W. Kahl, Der Rechtsinhalt des K.s (in: Festg. O. Gierke, 1910, 305-353) - BSLK, Einl. *Ernst Wolf*

Konkordienformel (Formula Concordiae, FC) ist das den Absichten und Erwartungen nicht ganz entsprechende Ergebnis zahlreicher Bemühungen nach 1555 um Einheitlichkeit und Sicherung der »reinen Lehre« in den luth. Territorialkirchen auf dem Hintergrund der innerluth. Streitigkeiten seit dem → Interim (→ adiaphoristischer Streit, Art. X). Diese wurden in der Auseinandersetzung um die → guten Werke (majoristischer Streit [G. → Major], IV), um Erbsünde und → Willensfreiheit (synergistischer Streit, I. II), um Gesetz und Evangelium (→ antinomistischer Streit, V. VI), um Abendmahl und Christologie (VII. VIII) wesentlich von den zwei Hauptlagern der »Philippisten« und der »Gnesiolutheraner« (M. → Flacius) geführt. Gemeinsames, durch → Melanchthon bestimmtes Erfassen des Erbes Luthers in der Frage der → Rechtfertigung (: II) setzt sich mit A. → Osiander auseinander (III). Dazu treten das Sonderproblem der → Höllenfahrt Christi (: I, 2; J. → Äpinus), von außen erregte Auseinandersetzungen (Prädestinationsfrage, XI) und eine summarische Abwehr der »Schwärmer« (XII). Mit allen XII Artikeln, die sich nicht ganz an den Aufbau der CA anschließen, soll eine authentische und verbindliche Auslegung des unveränderten → Augsburger Bekenntnisses (CA) geboten werden, um einer Aufsplitterung des → Luthertums (: I) zu wehren und den konfessionsrechtlichen Stand des → Augsburger Religionsfriedens (1555) gegen Verdächtigungen zu sichern. Konziliare Religionsvergleichung und konfessionelle Bündnispolitik bilden den allgemeinen Hintergrund. Daher ist das landesfürstliche Interesse am Konkordienwerk lebhaft. Die Schwerpunkte liegen in Württemberg, Niedersachsen, zuletzt in Kursachsen.

Zunächst übernimmt unmittelbar nach dem Religionsfrieden und im Zusammenhang mit dem Wormser Religionsgespräch (1557) Herzog Christoph von Württemberg die Führung. Aber weder der Frankfurter (1558) noch der Naumburger (1561) Fürstentag erreichen eine innerprot. Verständigung. Zudem wächst der calvinistische Einfluß in der → Pfalz. Die jetzt auftauchenden Corpora Doctrinae (→ Bekenntnisschriften, 2b) suchen wenigstens territoriale Lehreinheit zu sichern. 1569 beginnen die ersten Einigungsversuche des eigentlichen »Geschäftsführers« der K., J. → Andreä, für Württemberg und Julius von Braunschweig-Wolfenbüttel, begünstigt durch Brandenburg, abgelehnt von Kursachsen. Sie führen zur Zerbster Konkordie (1570) als einem ersten, bald am sächsischen Philippismus (Wittenberger Catechesis, Grundfest, Consensus Dresdensis, 1571) gescheiterten Erfolg. Auch → Hessen (: I) wendet sich gegen den württembergischen Ubiquitismus, und Kurfürst August von Sachsen kann 1573 die ernestinischen Flacianer des Landes verweisen, was zwar eine Partei praktisch ausschaltet, aber den philippistischen Widerstand gegen Andreä stärkt. Die Lehrvereinigungsbemühungen des Herzogs Julius - er hat sie sich rd 50000 Taler kosten lassen! - retten gleichwohl jenen ersten Ansatz und führen die Haupttheologen der K. zusammen (Andreä, M. → Chemnitz, N. → Selnecker). Die erste Grundlage der K. sind Andreäs sechs Predigten »Von den Spaltungen« (1573, gegen die neue Wittenberger Theologie). Die niedersächsischen Theologen verlangen eine Umarbeitung der Predigten, die damit zum Ausgangspunkt der weiteren Arbeit werden. Sie erfolgte in der »Schwäbischen Konkordie« (1574), die Chemnitz und D. → Chyträus auf Grund zahlreicher, vor allem norddeutscher Gutachten zur »Schwäbisch-sächsischen Konkordie« (SSC) umarbeiteten, die nun wiederum in Württemberg auf Widerstand stieß. - Die entscheidende Wendung brachte der Sturz des »kryptocalvinistischen« Philippismus (→ Kryptocalvinisten) in Sachsen (1574) und die Verbindung des sächsischen Kurfürsten August mit dem brandenburgischen Johann Georg i.J. 1575 zu umfassender Lehreinigung der Augsburger Bekenntnisverwandten. Etwas früher schlossen sich zum gleichen Zweck im Süden Graf Georg Ernst von Henneberg, Herzog Ludwig von Württemberg und Markgraf Karl von Baden zusammen und veranlaßten die »Maulbronner Formel« (FM; L. → Osiander, B. Bidembach, 1576). Kurfürst August verlangte von Andreä ein Gutachten zu SSC und FM. Damit gewann der Plan einer nicht aus den verschiedenen Corpora Doctrinae zu erstellenden, sondern theologisch neu zu erarbeitenden Konkordienschrift wieder Auftrieb. Auch Hessen schloß sich an, und später suchte man den pfälzischen Kurfürsten Ludwig zu gewinnen. Das Ergebnis eines Theologenkonvents war das »Torgische Buch« (TB, Juni 1576), das alsbald zur Begutachtung versandt und im Mai 1577 auf Grund zahlreicher Voten von einem Konvent (Andreä, Selnecker, → Musculus, Cornerus, Chyträus, Chemnitz) im Kloster Bergen zum »Bergischen Buch«, zur FC umgearbeitet wurde. Neben diese ausführliche *Solida Declaratio* trat ein kurzer, schon beim TB von Andreä entworfener Auszug, die *Epitome*. Der als luth. Generalsynode gegen brandenburgischen Widerstand für den 6.10.1577 geplante Magdeburger Konvent der Stände und Theologen kam nicht zustande. An seine Stelle trat zur Annahme der FC eine umfangreiche Werbeaktion, zugleich mit der kursächsischen Forderung der Unterzeichnung durch alle »Kirchen- und Schuldiener«. Andreäs dem Druck des Konkordienbuchs beigefügte Liste nennt bis Juni 1580 bereits 8188 Namen. Den Widerstand, auf den die K. bei einem Teil der Stände stieß (Hessen, Anhalt, Kurpfalz, Pommern, auch Bremen, Nürnberg, Holstein u.a.), zumal man auch, von England her gewarnt, ein gesamtprot. Bündnis durch den luth. Zusammenschluß gefährdet sah, sollte durch Änderungen der FC (Differenzpunkt: »Unveränderte« CA, »Synergisten« in II, Ubiquitätslehre, christologische Terminologie) überwunden werden. Trotz dem Drängen des Kurfürsten Ludwig und des Herzogs Julius konnte man sich dazu jedoch nicht verstehen. Daher sollte eine *Vorrede* Abhilfe schaffen. Nach langen und schwierigen Verhandlungen zwischen den drei Kurfürsten und Wolfenbüttel und häufigen Änderungen wurde sie samt der *Appendix* zur K. (Catalogus Testimoniorum zur Christologie) und dem Titel des → Konkordienbuchs am 13.6.1580 angenommen, auch von Kurpfalz, und mit dem Konkordienbuch publiziert. Es gelang nicht, alle Widerstrebenden zu gewinnen. - Ihrem theologischen Gehalt nach betont die K. stark die Autorität Luthers, nimmt ihn aber weithin durch den Filter des Melanchthonismus auf (Prädestinationslehre, doktrinärer Bekenntnisbegriff, Ablehnung der Verdammung von Personen). Alsbald heftig umstritten (R. → Hospinian, Concordia Discors, 1607; L. → Hütter, Concordia Concors, 1614), wurde die häufig kommentierte K. zur Grundlage der luth. → Orthodoxie. Sie ermöglichte eine gewisse dogmatische Konsolidierung im Luthertum auf dem Hintergrund einer stärker unter Luthers Autorität gestellten melanchthonischen Schultradition (→ Christologie: II, 7d), konserviert aber zugleich doch in erheblichem Umfang die Elemente eines lebendigen, schriftgebundenen, theologischen Ringens um die Erfassung der Wahrheit.

Krit. Ausg. in BSLK, dort nahezu vollst. Lit. - F.H.R. Frank, Die Theol. der K., 4 Bde, 1858-65 - G. Hoffmann, Luther u. Melanchthon

(ZSTh 15, 1938, 81-135) - H.-W. GENSICHEN, Damnamus, 1955.
Ernst Wolf

Konkurrenz bezeichnet eine soziale Beziehung, in der sich die Handlungsweisen der beteiligten Personen, Gruppen oder Institutionen zwar an der gleichen Zielsetzung orientieren, zugleich aber auch unter Einhaltung bestimmter Verhaltensregeln auf die Maximierung des eigenen Anteils am Ergebnis gerichtet sind. Die Dynamik dieser antagonistisch verwirklichten Zielstrebigkeit begründet eine fundamentale Instabilität der K. Es besteht die Tendenz, daß sie entweder in eine offene Konfliktsituation umschlägt, in der unter Umgehung der Spielregeln die völlige Ausschaltung der Gegner angestrebt wird, oder sich in Kompromiß- bzw. Kooperationsformen umwandelt, in denen der Widerstreit der Kräfte systematisch beseitigt wird. Die Bedeutung der in allen höher entwickelten Gesellschaftsformen anzutreffenden K. besteht bes. in ihrer Funktion als Ausleseprinzip für die Besetzung sozialer Positionen (zB Wahlkampf) und als Mittel zur Bestimmung des Leistungsniveaus (zB in der freien Unternehmerwirtschaft). Gegenüber anderen traditionell oder autoritativ gehandhabten Prinzipien liegt der Vorteil der K. in dem auf größerer Verhaltensunsicherheit der Beteiligten und gesteigertem Selbstinteresse beruhenden Leistungsansporn.

Besondere *Bedeutung* erlangte die K. dadurch, daß sie im frühen → Liberalismus im Anschluß an die Lehre von Adam → Smith zum leitenden Prinzip der → Wirtschaftspolitik erhoben wurde. In der liberalen Theorie erscheint die K. als Bedingung für ein Marktgleichgewicht, bei dem die Umsätze maximiert und die Preise den Kosten angeglichen werden. Ausbeutung des Marktpartners ist dann nicht möglich. Bei Verwirklichung des K.prinzips reguliert sich also die → Wirtschaft selbst in Richtung auf den optimalen Ausgleich der Nutzen- bzw. Ertragserwartungen der Marktpartner. Eingriffe des Staates oder der Verbände erscheinen somit als Störungsfaktoren. Auch auf die Außenwirtschaft wurde diese Laissez-faire-Doktrin übertragen (→ Freihandel). Sie hat vor allem durch Förderung der Gewerbe- und Vertragsfreiheit zwar die rasche Industrialisierung sehr begünstigt (→ Industrie: I), zugleich aber auch schwerwiegende soziale Probleme geschaffen.

Die *Kritik* dieses Leitbildes der K.wirtschaft setzt bei den Vorbedingungen der geforderten freien, dh jedem Interessenten zugänglichen, und vollständigen, dh jederzeit funktionsfähigen K. an: → Gleichheit der Startchancen, völlige Markttransparenz, Gleichzeitigkeit der Marktreaktionen, Tendenz zur gleichen Kostenstruktur sind fast nie automatisch gegeben, so daß immer eine Rahmenordnung die Hindernisse des Wettbewerbs (→ Monopol) beseitigen muß. Typische Beispiele hierfür sind zB der Arbeitsmarkt (→ Gewerkschaften, → Lohn), wo sich die untereinander konkurrierenden Arbeitnehmer in einer strukturell schwachen Position gegenüber dem Arbeitgeber befinden, weitverzweigte Teilmärkte, auf denen die Marktreaktionen unübersichtlich bleiben, und gewisse landwirtschaftliche Märkte, auf denen der naturbedingte Produktionszyklus (zB Schweineaufzucht) eine rasche Marktanpassung unmöglich macht. In der Gegenwart ist die Zahl der K.märkte im Sinne des theoretischen Modells verschwindend gering und häufig gerade auf technisch rückständigen Wirtschaftssektoren zu finden. Große Investitionen und Neuerungen werden im allgemeinen nur dort eingeführt, wo ein gewisser Schutz gegen den unmittelbaren gewinnvernichtenden Effekt der K. besteht. Das muß nicht bedeuten, daß auf diesen Märkten der Wettbewerb völlig fehlt; er äußert sich jedoch nur unvollkommen. An die Stelle der Preis-K. tritt häufig die Qualitäts- und »service«-K. Praktisch kann jedes Merkmal eines angebotenen Gutes K.faktor werden.

In jedem Fall bedarf das K.prinzip in der Wirtschaft einer ständigen verantwortlichen *Kontrolle*, sei es, um schädliche Auswirkungen übermäßiger »ruinöser« K. zu verhindern, sei es, um wirtschaftsfördernde K.formen gegen die immanente Gefahr des Machtmißbrauchs seitens der stärksten Marktpartner zu schützen. Hierin liegt eine vor allem vom Neoliberalismus (Eucken-Schule) hervorgehobene zentrale Ordnungsaufgabe staatlicher Wirtschaftspolitik, die unterstützt wird durch die organisierte Selbsthilfe der Marktpartner zur Schaffung von Gegengewichten gegen unumschränkte Marktmacht (Galbraith). Die Wirtschaftssysteme des Westens sind gekennzeichnet durch die Bejahung der freien K. innerhalb dieser vom Staat und den Verbänden getragenen Rahmenordnung. In den planwirtschaftlichen Systemen tritt das K.prinzip vor allem in organisierten Formen auf (sozialistischer Wettbewerb), die dem jeweiligen Planungsziel entsprechen.

HWSt V, 825ff (L.v.WIESE) - W.I.LENIN, Wie soll man den Wettbewerb organisieren? (in: Ausgew. Werke II, 1947, 289-298) - L. MIKSCH, Wettbewerb als Aufgabe, 1947 - K.GALBRAITH, American Capitalism. The Concept of Countervailing Power, 1952 - Encyclopedia of the Social Sciences III, 1954[11], 141ff (Competition) - W. EUCKEN, Grundsätze der Wirtschaftspolitik, 1959. *F.Fürstenberg*

Konon, *Papst* 21.10.686 bis 21.9.687, Sohn eines vermutlich kleinasiatischen Offiziers. K. wurde als Kandidat des Klerus und der Miliz gewählt.

RE X, 747 - DThC III, 1153 - DHGE XIII, 461 - LThK VI, 141 - CASPAR II, 620ff. *H.Fuhrmann*

Konrad, 1. *von Gelnhausen* (ca 1320-90), Kanonist und Theologe. Der Bürgersohn aus Gelnhausen studierte Kirchenrecht in Bologna, Theologie in Paris, wo er dann lehrte. Beim Ausbruch des Papst-Schismas riet er 1379/80 dem französischen wie dem deutschen König und dem Pfälzer Kurfürsten, keinen der beiden Päpste anzuerkennen, sondern ein Generalkonzil zu berufen, das im Notstand der Kirche als Vertretung aller Gläubigen über das strittige → Papsttum (: II) und die Kirchenreform zu entscheiden habe. Doch die Universität Paris mußte sich für den Avignoneser Papst erklären; K. verließ daraufhin Paris. Schon vorher Dompropst von Worms, wurde er 1386 Mitbegründer und erster Kanzler der Universität → Heidelberg. Ihr hinterließ er seine Bücher und eine Stiftung für ein Kollegienhaus. Seine konziliare Theorie, die seinen Kollegen → Heinrich von Langenstein beeinflußte, wurde erst später wirksam (→ Reformkonzile).

Epistola brevis (1379) ed. H.KAISER, HV 3, 1900, 379-394 - Epistola concordiae (1380) ed. E.MARTÈNE-U.DURAND, Thes. nov. anecd. II, 1717, 1200-1226; ed. F.P.BLIEMETZRIEDER, Literar. Polemik zu Beginn des großen abendländ. Schismas, 1910, 111-140 - L. SCHMITZ, Ein Brief K.s v.G. (RQ 9, 1895, 185-189) - Theol. Schriften ungedr. - A.KNEER, Die Entstehung d. konziliaren Theorie (RQ Suppl. 1), 1893 - K.WENCK, K.v.G. (HZ 76, 1896, 6-61) - D.E.CULLEY, K.v.G. (Diss. Leipzig), 1913 - HAUCK V, 738ff - G.RITTER, Die Heidelberger Univ. I, 1936, 59f. 263ff u.ö. *H.Grundmann*

2. *von Heresbach* (1496-1576). Nach Besuch humanistischer Schulen u.a. in Münster und der Artistenfakultät in Köln studierte K. in Frankreich und Köln Jurisprudenz (1522 Dr. jur. in Ferrara) und trieb in Basel und Italien humanistische Studien. → Erasmus brachte ihn 1521 als Prof. der griech. Sprache nach Freiburg und empfahl ihn 1523 als Erzieher des Jungherzogs Wilhelm V. nach Düsseldorf, wo K. zu großem Einfluß gelangte. Mit Gesinnungsfreunden bestimmte K. - seit 1527 mit Melanchthon im Briefwechsel - die humanistische Kirchenpolitik Jülich-Kleve-Bergs, die Mißbräuche abstellte,

aber wegen Wilhelms Niederlage 1543 und seiner Regierungsunfähigkeit seit 1567 der Reformation nicht beitrat. Gegen Ende seines Lebens kommunizierte K. im ev. Wesel und vertrat ev. Gedanken.

Vf. u.a.: De educandis erudiendisque principum liberis, 1570. - Über K.: A.WOLTERS, K.v.H., 1867 - W.MEIER, Die historia anabaptistica des C.H. (Zs. f. vaterl. Gesch. u. Altertumskunde 62, 1904/I, 139-154) - B.LEBERMANN, Die pädagog. Anschauungen K.H.s (Phil. Diss. Würzburg), 1906 - O.REDLICH, Freundesbriefe C.s v.H. an J.v. Vlatten (Zs. d. Bergischen Geschichtsvereins 41, 1908, 160-184) - H.PETRI, Staatsrecht u. Staatslehre bei K.v.H. (Jur. Diss. Bonn), 1938 - A.GAIL, Joh.v.Vlatten u. d. Einfluß d. Erasmus auf d. Kirchenpolitik d. verein. Herzogtümer (Düsseldorfer Jb. 45, 1951, 1-109).

J.F.G.Goeters

3. *von Marburg* († 1233). Der als Beichtvater der heiligen → Elisabeth von Thüringen und deutscher Ketzermeister bekannte Prämonstratenser des Stiftes Arnstein (östl. von Koblenz) muß von seinem Amt als Praedicator verbi divini her verstanden werden, das er als Werkzeug des päpstlichen Zentralismus ausgeübt hat (1216 in der Bremer, um 1220 in der Magdeburger Kirchenprovinz nachweisbar). Als Propagandist, als Wahrer des → Gottesfriedens zum Schutze der Kreuzfahrer und als Sammler der Kreuzzugsgelder hat K. an der Vorbereitung des Kreuzzugs von 1227 maßgeblichen Anteil. Dabei kommt er Anfang 1226 an den Hof Landgraf Ludwigs IV. von Thüringen, wird Beichtvater, nach Ludwigs Tode Defensor der Landgräfin Elisabeth und Gründer des Marburger Franziskus-(Elisabeth-)Hospitals. Als Visitator des Welt- und Regularklerus hat er seit 1227 das Amt eines päpstlichen Inquisitors für ganz Deutschland inne. K. fällt den Widerständen zum Opfer, die diese erste umfassende Ketzerverfolgung in Deutschland vor allem unter dem Adel der Mainzer Diözese hervorrief.

P.BRAUN, Der Beichtvater der hl. Elisabeth u. dt. Inquisitor K.v.M. (Diss. Jena), 1909 - H.ZIMMERMANN, Die päpstl. Legation zu Beginn des 13.Jh.s im Dienste der Kreuzpredigt, Inquisition u. Kollektorie (RQ Suppl. XX), 1913 - L.FÖRG, Die Ketzerverfolgung unter Gregor IX., 1932 - K.H.MAY, Zur Gesch. K.s v.M. (Hess. Jb. f. Landesgesch. 1, 1951, 87-109). - Weitere Lit. s. → Elisabeth, 7.

W.Maurer

Konsekration, in der röm. Staatsreligion feierliche Übertragung aus dem profanen in den sakralen Bereich, bes. auch Bezeichnung für die Apotheose des Kaisers, wurde wegen seines Ursprungs von den Christen zurückhaltend gebraucht, bis Hieronymus durch die at. Vulg. den Wortstamm einbürgerte (zB Ex 29, 1. 7; Lev 27, 28; Num 6, 21; Jos 6, 24; Ez 16, 21). Während das Wort auf griechischem Boden keine genaue Entsprechung hatte, wird K. im Westen schließlich »zum geläufigen Kultwort« (L.Koep). Es bezeichnet im *röm.* Ritus den Akt der Wandlung der Abendmahlselemente durch die vom Priester leise gesprochenen Einsetzungsworte, ferner die vom Bischof zu vollziehenden Weihen von Personen (→ Bischofsweihe, Einkleidung der Nonnen), Räumen (→ Kirchweihe) und Gebrauchsgegenständen (Glocken, Kelche, Patenen einschließlich der Altarweihe). Für die *luth.* Kirchen ist K. nur beim Abendmahl bedeutsam geblieben: nachdem Luther ursprünglich die »Benedeiung« der Elemente durch die Einsetzungsworte radikal abgelehnt hatte, verstand er diese seit 1523 als Worte der K. (benedictio in der Formula missae, → Dermung in der Deutschen Messe) und leitete damit eine folgenschwere Entwicklung ein, die u.a. zur Forderung der »Nach-K.« und zur Wiedereinführung der von ihm abgelehnten signatio crucis führte. Geklärt ist die Frage der K. im ev. Abendmahl auch heute nicht: G.Rietschel (Liturgik I, 1900, 545 ff) suchte zu Luthers Frühauffassung zurückzulenken, während neuerdings durch die Wiederaufnahme der Epiklese (P.Brunner u.a.) eine Lösung versucht wird.

Die ev. u. kath. Lehrbücher der → Liturgik - BRAUN, LH 177 f - RAC III, 269 ff (L.KOEP) - Leiturgia I, 340-348. 360 f (P.BRUNNER).

W.Jannasch

Konservatismus

1. Begriff - 2. Geistesgeschichte - 3. Die konservativen Parteien

1. *Konservativ* nennen wir eine politische Grundhaltung, die von der Werterfahrung der bestehenden Ordnungen des gesellschaftlichen Daseins und des Staates ausgeht, folglich Neuerungen gegenüber zögert, vor allem, insofern sie von »konstruierten« Prinzipien aus gefordert werden, und statt dessen die Fortbildung der Ordnungen selbst und des Gemeinschaftslebens überhaupt von einer »organischen« Kontinuität erwartet. Zu einem reflektierten Bewußtsein hat sich diese Grundhaltung in der Auseinandersetzung mit den politischen Gedanken der Französischen Revolution ausgebildet. Ihrem Versuch, den »richtigen« → Staat (: I) mit rationaler Logik zu konstruieren, stellte sie die im geschichtlichen Vorgang selbst zur Wirksamkeit kommende »historische Vernunft« gegenüber. Ihre Aufmerksamkeit auf Daseinszusammenhänge, deren Gehalt sich der Regelung durch Gesetzgebung und Institutionen letzten Endes entzieht - wie die des Volksgeistes und der Volkssitte, des → Standes, der → Familie -, weist hin auf die in der konservativen Haltung wirksame Utopie einer organischen Gemeinschaft, deren Werden das Denken und die Praxis der spezifisch rationalen modernen → Gesellschaft widerstrebt. Der K. hat sich als geistige Bewegung und durch die Bildung politischer → Parteien geltend gemacht. Im Verlauf seiner Geschichte sind zahlreiche Verzweigungen seines Grundgedankens entstanden, die teils in der Verarbeitung faktischer Wandlungen der politischen und sozialen Struktur, teils in den Besonderheiten des jeweiligen Standortes begründet waren. Eine geistige Haltung, die sich in solch hohem Maße an das gelebte Dasein statt an abstrakt formulierbare Prinzipien anschließt, ist notwendig stärker empfindlich für die Schicksale konkreter Gesellschaftsstrukturen. Die Auflösung Preußens und der gelebten preußischen Überlieferung zB zwingt den K. zur Rückbesinnung auf »überpreußische« konservative Gehalte. Der englische K. hat eine stärkere Nationalfärbung als der → Liberalismus. Trotzdem erschöpft sich der K. wegen der für ihn bestimmenden Einsicht in die → Geschichtlichkeit des Daseins nicht in der Verteidigung konkreter Daseinsstrukturen; er ist auch nicht mit → Restauration oder Reaktion gleichzusetzen. Ein bleibendes Moment seiner Gedankenbildung besteht in dem Bestreben, das Ganze des in Gesellschaft und Staat sich verwirklichenden Daseins als organischen Lebenszusammenhang in Analogie zur organischen Natur zu denken, anstatt es ökonomisch oder machtpolitisch »einseitig« zu interpretieren. - Die konservativen Parteien haben solche Grundgedanken mit den sozialen, wirtschaftlichen und politischen Interessen einzelner, bes. auch herrschender gesellschaftlicher Gruppen verbunden. Die Gesellschaftsgeschichte der modernen Industrieländer hat neben den politischen Revolutionen die Auffassung des der Bewahrung Würdigen verändert und unter Preisgabe konkreter, zB ständischer Postulate christlich-naturrechtliche Grundgedanken stärker hervortreten lassen, die schon bei der Entstehung des K. wirksam waren. Ein großer Teil der modernen Kulturkritik bezeugt die Wirkung der konservativen Haltung.

2. Der K. kündigt sich in Deutschland durch die Schriften von Justus Möser an (Patriotische Phantasien, 4 Bde, 1774-86; Osnabrückische Geschichte I. II, 1768; III, 1824), erfährt eine vorbereitende Förderung durch die Geschichtsdeutung → Herders und gewinnt eine zugleich theoretische und politische Form im Denken von

→ Novalis und Adam → Müller. Die Wendung zur Politik ist von Edmund Burkes »Reflections on the Revolution in France« (1790) maßgebend bestimmt worden. Während aber Burke das geschichtliche Recht im Fall der amerikanischen Revolution gegen die Willkür des Monarchen, im Fall der französischen gegen die Vernunftwillkür der gerade lebenden Generation verteidigte, suchte Adam Müller (Die Elemente der Staatskunst, 1809) eine organische Theorie von Staat, Wirtschaft und Gesellschaft zu begründen. In enger Verbundenheit mit dem entstehenden historischen Bewußtsein lehnte der romantische K. konsequent die »Konstruktion« von Verfassungen ab (F.C.v.Savigny, Vom Beruf unserer Zeit für Gesetzgebung und Rechtswissenschaft, 1814) und nahm Partei gegen die liberalen und nationalen Bestrebungen des Vormärz zugunsten einer Bauerntum, Adel, Monarchie und Kirche in ihrer Verbindung schützenden Politik. Die Staatslehre Fr.J. → Stahls (Rechts- und Staatslehre auf der Grundlage christlicher Weltanschauung, 1854/56) vereinigte die Lehre von der göttlichen Quelle der Staats-Autorität, die im Monarchen verkörpert ist, mit den Gedanken der verfassungsgemäßen Kontrolle und der Freiheitsrechte in ihrer Apologie der konstitutionellen Monarchie. Franz v. → Baader hat den Gedanken der organischen Ganzheit aus dem Geiste seiner spiritualistischen Anthropologie verstanden und auf die sozialen Spannungen der modernen Gesellschaft angewandt (Über das dermalige Mißverhältnis der Vermögenslosen oder Proletairs, 1835). Hier kündigt sich das anhaltende Bestreben konservativer Denker an, den Gedanken der Ganzheit im Gegensatz zu der Gefahrenseite des Liberalismus, der ihnen die soziale Verantwortung aufzulösen scheint, in einer produktiven Auseinandersetzung mit den Strukturwandlungen der Gesellschaft und dem Problem des → Sozialismus anzuwenden. Heinr. → Leo hat das Prinzip des lebendigen Bewahrens als Kern der konservativen Haltung gegenüber den »Gespenstern der Abstraktion« herausgehoben (Studien und Skizzen zu einer Naturlehre des Staaates, 1833). Im späteren Verlauf seiner Geistesgeschichte hat sich der K. von der Bindung an bestimmte Strukturformen weiter gelöst und wurde auf überhistorisch maßgebende Auffassungen des Staates als eines dem Menschen und um seinetwillen der menschlichen Gemeinschaft dienenden Organs im Sinne eines christlich bedingten → Naturrechts hingeführt.

3. *Die konservativen Parteien* haben sich entsprechend der konservativen Grundeinsicht in den fließenden Charakter des Geschehens gegenüber Wandlungen auch dann schließlich elastisch verhalten, wenn sie ihnen abgezwungen wurden. Im englischen K. hat sich diese Form des Handelns gemäß Disraelis Ausspruch »Tory men, Whig measures« zu einem politischen Stil der Reform anstatt der Revolution verdichtet. In Deutschland ist zuerst der altpreußische K. gegen die liberale Bewegung aufgetreten, von dem sich dann eine reichsfreundliche und liberalere Gruppe (Freikonservative) löste. Die Deutschkonservative Partei (1876), zeitweise in Opposition gegen → Bismarck, suchte ihre Position vor allem seit der Kanzlerschaft Caprivis durch die Vertretung großlandwirtschaftlicher Interessen gegen die → Freihandels-Politik zu festigen, lehnte die parlamentarische Ministerverantwortlichkeit ab, hielt ein abgestuftes Wahlrecht in Preußen aufrecht und war außenpolitisch im 1. Weltkrieg für kompromißlose Kriegspolitik. Berufsständische und antisemitische Gedanken haben zeitweise bei ihr Eingang gefunden. In der Deutschnationalen Volkspartei fand der K. eine parlamentarische Vertretung in der Periode der Weimarer Republik. Während sie zunächst (Helfferich) die Grundlagen des neuen Staates bejahte, hat ihre konsequente Opposition unter der Führung von Hugenberg zur Machtergreifung des → Nationalsozialismus wesentlich beigetragen und damit auch zum Untergang der eigenen Partei. Das Dilemma der konservativen Kulturkritik gegenüber der modernen Wirklichkeit von Gesellschaft und Staat ist in der aus sehr verschiedenen geistigen Quellen gespeisten Oppositionsliteratur der Weimarer Zeit ersichtlich, die man als »konservative Revolution« bezeichnet hat. In der BRD werden konservative Grundsätze vor allem von der Deutschen Partei vertreten. Die konservative Grundhaltung einschließlich ihrer sozial produktiven Seite hat auch bei den christlich-demokratischen Parteien Italiens, Frankreichs und der BRD Wirkungen ausgeübt. In den USA macht sich heute in beiden Parteien eine konservative Richtung geltend, die sich vor allem auf die Überlieferung der »Federalists« aus der Epoche der Unabhängigkeitsbewegung stützt.

Im ganzen der Wandlungen gesehen, welche die moderne Daseinsstruktur auf dem Wege zur technologischen Industriegesellschaft durchmacht, bildet der K. den Gegenpol der → Fortschritts-Gläubigkeit, wirkt politisch hemmend auf den revolutionären Willen und bleibt wegen seiner Einsicht in die Geschichtlichkeit und seinem Festhalten an dem Gedanken der Daseins-Ganzheit ein unentbehrliches Moment in den politischen Ideenkreisen der Gegenwart.

H.CECIL, Conservatism, London 1912 - C.SCHMITT, Politische Romantik, (1919) 1925² - K.MANNHEIM, Das konservative Denken (Archiv f. Sozialwiss. u. Sozialpolitik 57, 1927, 68-142. 470-495) - S.NEUMANN, Die Stufen des preuß. K., 1930 - F.J.C.HEARNSHAW, Conservatism in England, London 1933 - V.HAILSHAM, The Case for Conservatism, 1947 - A.MOHLER, Die konservative Revolution in Deutschland 1918-1932, 1950 - R.J.WHITE, The conservative Tradition, London 1950 - H.MÜHLENFELD, Politik ohne Wunschbilder. Die konservative Aufgabe unserer Zeit, 1952 - R.KIRK, The Conservative Mind from Burke to Santayana, Chicago 1953 - H.J.v. MERKATZ, Die konservative Funktion, 1957 - J.ROMEIN, Über den K. als hist. Kategorie (in: Festschr. f. H.Plessner, 1957, 215-244) - R.INGRIM, Amerika findet sich wieder, 1957 - H.BARTH, Der konservative Gedanke, in ausgew. Texten dargestellt (mit Einl.), 1958 - H.J.SCHOEPS, Konservative Erneuerung, 1958. *A.Bergsträßer*

Konsistorium ist in der *kath. Kirche* die Versammlung der → Kardinäle unter dem Vorsitz des Papstes (nur mit beratender Funktion). Man unterscheidet geheime K. (Teilnehmer nur Kardinäle, Bekanntgabe von Kardinals- und Bischofsernennungen [K.-Benefizien]), halböffentliche, mit Anwesenheit auch von Bischöfen (so im → Heiligsprechungs-Prozeß), und öffentliche, zu denen auch das Diplomatische Corps und Geistliche und Laien des Vatikans Zutritt haben. In manchen Diözesen heißt auch das Offizialat (→ Gerichtsbarkeit: I, 2b) herkömmlich K. - In der *ev. Kirche* war K. die Bezeichnung für die nach der Reformation gebildeten Kirchenbehörden zur Wahrnehmung der bis dahin von den Bischöfen geübten → Gerichtsbarkeit (: II, 1) und Aufsicht über das Kirchenwesen, das erste 1539 für den sächsischen Kurkreis (→ Kirchenverfassung: VI, 4a). Im 19.Jh. bildeten die K. den Ansatzpunkt der sog. Konsistorialverfassung (→ Kirchenverfassung: VI, 5), die in der 2. Hälfte des Jh.s zu der gemischten Konsistorial-Presbyterialform fortgebildet wurde. Im Zuge der Überwindung des Landeskirchentums wurden die K. umgebildet und in Landeskirchenamt usw umbenannt, so daß es zZ nur noch in den östlichen Provinzen der EKU K. mit entsprechender Amtsbezeichnung (Konsistorialräte usw), diese gelegentlich auch in der Ev.-ref. Kirche in Nordwestdeutschland gibt.

OTTO MEJER, Zum Kirchenrecht des Reformations-Jh.s, 1891 - E.SEHLING, Gesch. der prot. Kirchenverfassung, (1907) 1914² - EICHMANN-MÖRSDORF I - EKL II, 917. 918ff. *E.Ruppel*

Unter K etwa Vermißtes bitte unter C und Z suchen

Konstantin der Große (I.), *römischer Kaiser* 306-337, * ca 285 als Sohn des Constantius Chlorus und der → Helena, hat seine Jünglingszeit wohl am Hofe Diokletians zugebracht. Von dort zu seinem Vater nach Gallien fliehend, wird er nach dessen Tod 306 von den Truppen zum Augustus ausgerufen. Damit und mit der gleichzeitigen Inanspruchnahme der Herrschaft in Italien und Afrika durch Maxentius beginnt die Auflösung der durch → Diokletian kunstvoll aufgerichteten Tetrarchie, bis schließlich die Herrschaft über das → Imperium Romanum wieder in der Hand des Stärksten, K., vereinigt ist. Nach dem Tod des Galerius († 311) überschreitet K. die Alpen, am 28.10.312 schlägt er am Pons Milvius vor den Toren Roms Maxentius vernichtend (davor soll die Kreuzesvision K.s stattgefunden haben). Nach der so errungenen Herrschaft über den ganzen Westen kommt es 314 zur ersten Machtprobe mit Licinius, der inzwischen (313 Sieg über Maximinus Daia) die Herrschaft über den Osten erlangt hat. Der 323 ausbrechende Krieg endet am 18.9. in der Schlacht von Chrysopolis mit der endgültigen Niederlage des Licinius. Die von K. straff gegliederte Universalmonarchie ist ganz auf seine Person zugeschnitten. Die Beisetzung K.s in einem der Apostelkirche des von ihm 330 gegründeten → Konstantinopel (→ Byzanz: I. II) verbundenen Mausoleum inmitten der Erinnerungsmäler der 12 Apostel ist von K. selbst so gewollt; die Taufe hat er erst unmittelbar vor dem Tode empfangen.

Das innere *Verhältnis K.s zum Christentum* wurde in letzter Zeit bes. lebhaft diskutiert. Die Waage scheint sich langsam zugunsten der Annahme positiver Gläubigkeit zu senken. Deren Voraussetzungen reichen bis in die Kindheit, und ihre Durchsetzung erfolgte vor 312, wie die Reden der Panegyriker und die Selbstzeugnisse K.s im donatistischen Streit (→ Donatismus) zeigen. In dem vom Heidentum auch damals noch bestimmten Reich ist K. zu vorsichtigem Handeln genötigt, daher erklärt sich manche Doppeldeutigkeit. Das sog. *Mailänder Edikt* von 313 stellt in Wirklichkeit nur die bestimmtere Feststellung des 311 von Galerius erlassenen Toleranzediktes dar. Dennoch bedeutet K.s Regierung mit ihrer bewußten Förderung der christlichen Kirche eine Wende. Sie hat im Osten den 21.5. zu seinem Gedenktag gemacht, im Westen in der Legende von der → Konstantinischen Schenkung ihn zur Stützung ihrer Ansprüche benutzt. Jedoch ist es nicht richtig, im heute üblichen Sinne von einem »konstantinischen Zeitalter« zu sprechen. Erst zwei Generationen später wird das → Christentum (: III, 1) zur Staatskirche.

N.H.BAYNES, C. the Great and the Christian Church (Proceed. Brit. Ac. 15, 1929, 314-441) - E.SCHWARTZ, Kaiser K. u. die christl. Kirche, 1936 - H.LIETZMANN, Der Glaube K.s d.Gr. (SBA 1937, 29 = Kl. Schriften I, 1958, 186-201) - H.v.SCHOENEBECK, Beiträge zur Religionspolitik des Maxentius u. C. (Bh. zu Klio 43), 1939 - K. HÖNN, K.d.Gr., 1945 (Lit.) - H.BERKHOF, Kirche u. Kaiser, 1947 - J. VOGT, C.d.Gr. u. sein Jh., 1949 (Lit.) - DERS., Die Bekehrung C.s (Relazioni X. Congresso int. Scienze storiche, 1955, 6, 733-779; Lit.) - RAC III, 306ff (DERS., Lit.) - H.DÖRRIES, Das Selbstzeugnis Kaiser K.s (AAG III, 34), 1954 - DERS., K.d.Gr., 1958 - H.KRAFT, Kaiser K.s religiöse Entwicklung (BHTh 20), 1955 - K.ALAND, Die religiöse Haltung Kaiser K.s (Studia Patristica I, 1957, 549-600; Lit.) - DERS., Kaiser u. Kirche von K. bis Byzanz (Berliner Byz. Arbeiten 5, 1957, 188-212) - L.VOELKL, Der Kaiser K., 1957. *K.Aland*

Konstantin I., *Papst* 25.3.708 bis 9.4.715, Syrer. Als letzter Papst reiste er 709-711 auf Befehl Kaiser Justinians II. (705-711) nach Konstantinopel, um über die Anerkennung der bislang von Rom abgelehnten Kanones der trullanischen Synode von 692 (Quinisextum) zu verhandeln. Das Ergebnis ist nicht bekannt. K. lehnte den Monotheletismus (→ Christologie: II, 5c) des folgenden Kaisers Philippikus ab; dessen baldiger Sturz enthob ihn einer Kraftprobe. Kaiser Anastasius II. (713 bis 715) vertrat wieder die alte Orthodoxie.

II., *Papst* 5.7.767 bis Ende Juli 768. Obwohl Laie, wurde er als Kreatur seines ehrgeizigen Bruders, des Herzogs Toto von Nepi (bei Sutri), sofort nach dem Tode → Pauls I. mit Waffengewalt erhoben. Aber 768 erschien die vertriebene Gegenpartei mit langobardischen Truppen in Rom. Toto fiel, K. wurde verhaftet, nach der Wahl → Stephans III. in ein Kloster gesteckt, dort geblendet und auf der von fränkischen Bischöfen besuchten Lateransynode 769 verdammt. Sein Ende ist ungewiß. K. gilt nicht als rechtmäßiger Papst.

Zu I. II: RE X, 773f - DThC III, 1224ff - LThK VI, 165f - DHGE XIII, 589ff. - Zu I: CASPAR II, 638ff - O.BERTOLINI, Roma di fronte a Bisanzio e ai Longobardi (Storia di Roma IX), Bologna 1941, 413ff. - Zu II: L.M.HARTMANN, Gesch. Italiens im MA II/2, 1903, 231ff. *H.Fuhrmann*

Konstantin *(Cyrill)* **und Methodius,** Slawenmissionare, ein griech. Brüderpaar aus Thessalonich. Beide haben wohl schon in der Jugend die Sprache der umwohnenden Slawen erlernt. K., der »Philosoph«, * um 826, wurde Priester, dozierte in Konstantinopel, ging wohl mit einer Gesandtschaft zu den Arabern, und, nach einem Klosteraufenthalt, in politisch-religiöser Mission 860 zu den Chazaren. Auf der Rückkehr soll er Reliquien von → Clemens I. gefunden haben. M., * kurz vor 820, zuerst Beamter, Leiter eines Slawengaues, trat in ein Kloster am bithynischen Olymp ein. Auf Bitten des mährischen Fürsten Rastislav, der sich von Ostfranken und dessen Missionaren unabhängig machen wollte, sandte der byzantinische Kaiser Michael III. 863 die Brüder nach Mähren. Dort fuhren sie fort, biblische und kirchliche Texte und Gesänge in den slawisch-mazedonischen Dialekt zu übersetzen. Dabei verwendeten sie das wahrscheinlich von K. erfundene glagolitische Alphabet, das im 10.Jh. von der um 900 entstandenen Kyrillica verdrängt wurde. An der slawischen Liturgiesprache nahmen die vor ihnen in Pannonien und Mähren tätigen bayerischen Missionare Anstoß. Nach 3 Jahren reisten die Brüder südwärts, von Venedig aus gingen sie 868 nach Rom, wo K. Mönch, aber nicht Bischof wurde und starb (14.2.869). - M., in Rom zum Priester geweiht, wurde von → Hadrian II. auf Bitten des Fürsten Kocel, der sein westpannonisches Slawenreich von Ostfranken lösen wollte, zum Erzbischof von Pannonien und Mähren und Apostolischen Legaten für die Heiden erhoben (870), unter Wiederaufrichtung der in der Völkerwanderung vernichteten Metropolie von Sirmium. Die bayerischen Bischöfe, gestützt auf ihre Missionserfolge und das karolingische Reichskirchenrecht, ließen M. verhaften. Ein Bischofsgericht unter Vorsitz König Ludwigs des Deutschen verbannte ihn als Eindringling ins Schwabenland, wohl nach Ellwangen. Auf Verlangen Papst → Johannes VIII. befreit, wurde M., der in Rom mit Erfolg seine Rechtgläubigkeit verteidigte, das Haupt einer von Bayern unabhängigen Hierarchie. Er reiste noch 882/83 nach Konstantinopel, † 6.4.885 wahrscheinlich in Velehrad. Nach seinem Tode wurden seine Schüler aus Mähren ausgewiesen; die slawische Liturgiesprache, von Papst → Stephan V. (VI.) 885 wieder verboten, hat in Bulgarien, Serbien, Kroatien und sporadisch in Böhmen Aufnahme gefunden. Das Brüderpaar hat große Verdienste um die slawische Literatur- und Kirchensprache und -musik. In dem Streit um M., der bes. hinsichtlich der kirchlichen Rechtsgeschichte noch nicht genügend aufgehellt ist, stand der karolingische Missionsanspruch gegen den oströmischen und römisch-päpstlichen, wobei die beiden ersten auf die Kaiseridee → Konstantins d.Gr. zurückgehen. Es war ein Ringen des römischen und byzantinischen Patriarchates und deutscher wie byzantinischer Fürsten um die neuen Völker im südosteuropäischen Raum.

Hauptquellen sind die kirchenslaw. »Vita Constantini« u. »Vita Methodii«, noch aus dem 10.Jh., ferner die Sammlung von Papstbriefen des Brit. Museums (Brief Hadrians II. an die 3 Fürsten in dieser Form wohl unecht) u. die Schrift »Conversio Bagoariorum et Carantanorum«, vollst. ediert in MG SS XI, 1ff u. von M.Kos, Laibach 1936; teilw. hg.v. H.Löwe in: Kölner H.e, Hist. Reihe 2, 1948. - Lit.: F.Pastrnek, Gesch. der Slawenapostel, Prag 1902 (tschech.) - G.A.Iljinskij, Versuch einer syst. Cyr.-M.-Bibliogr., Sofia 1934 (russ.) - M.Popruženko-St.Romanski, Cyr.-M.-Bibliogr. für 1934 bis 1940, ebd 1942 (bulgar.) - F.Grivec, Leben K.u.M., Laibach 1951 (slowen.) - Ders., mehrere Aufsätze, bes. in Zgod. Časopis 6/7, 1952/53, 159-170; 8, 1954, 134-143; MThZ 6, 1955, 167-176 - Die Schriften von F.Dvornik, zuletzt: The Slavs usw, Boston 1956. - Über Choraltradition: F.Zagiba in: Kirchenmus. Jb. 37, 1953, 33 bis 43. - Über die Gefangenschaft des M.: A.W.Ziegler in: Jb.er für Gesch. Osteuropas NF 1, 1953, 369-382. *A.W.Ziegler*

Konstantinische Schenkung, eine für die Entwicklung des → Papsttums (: II) und der europäischen Geschichte des MA folgenreiche Fälschung. Sie will ein Schreiben → Konstantins d.Gr. an → Silvester I. darstellen. Der erste Teil bietet außer dem Glaubensbekenntnis Konstantins vor allem die Motive der Silvesterlegende: Konstantins Aussatzerkrankung, die wunderbare Heilung, Bekehrung und Taufe durch Silvester. Aus Dankbarkeit macht Konstantin (im zweiten Teil) Silvester und seinen Nachfolgern höchst bedeutsame Zugeständnisse: Überordnung der päpstlichen über die kaiserliche Gewalt (→ Kaisertum und Papsttum); Anerkennung des Primats (→ Papat); Verleihung kaiserlicher Insignien; Schenkung des Lateranpalastes; Übergabe der westlichen Reichshälfte der Botmäßigkeit des Papstes und Verlegung der kaiserlichen Residenz nach Byzanz; hohe Staatsehren für den römischen Klerus. - Diese K. Sch., erstmals im 8.Jh. erwähnt, spielt vom 11.Jh. ab eine verhängnisvolle Rolle in der Argumentation der päpstlichen Partei zur Durchsetzung ihrer weltlichen Machtansprüche. Zwar werden schon vom 12.Jh. ab Stimmen laut, die die Echtheit anzweifeln (am gründlichsten und klarsten in dem Kreis um → Arnold von Brescia); doch finden sie kaum Beachtung. Erst im 15.Jh. wird die K. Sch. durch → Nikolaus von Kues, Laurentius → Valla und Reginald → Pecock eindeutig als Fälschung erwiesen. Als Entstehungsort ist Rom anzunehmen. Über die Entstehungszeit ist noch keine Übereinstimmung erzielt. Als Termine wurden vorgeschlagen: unter → Stephan II. (752-757), unter → Paul I. (757-767), unter → Hadrian I. (772-795), unter → Leo III. (795-816) oder noch später. Daneben stehen Teilungshypothesen. Die Zeitansetzungen, die über das 8.Jh. hinausgehen, sind abwegig; doch kann die K.Sch. schwerlich als einheitliches Werk verstanden werden.

Text: K.Zeumer, Festgabe für R.v.Gneist, 1888, 47-59 - J.Haller, Qu. zur Gesch. der Entstehung des Kirchenstaates, 1907, 241-250 - Mirbt 107-112 - W.Gericke, ZSavRG Kan. Abt. 74, 1957, 80-88. - RE XI, 1ff (ältere Lit.) - W.Gericke, aaO 1-88 (Lit.) - E.Griffe, Bull. litt. eccl. 58, 1957, 238-241 - H.Fuhrmann, K.Sch. u. Silvesterlegende in neuer Sicht (DA 15, 1959, 523-540). *F.Winkelmann*

Konstantinopel (→ 14 F 3). Die thrakisch-illyrische Siedlung Byzantium, die Vorläuferin K.s, erhielt früh durch dorischen Zuzug griechisches Gepräge und erlangte beachtliche wirtschaftliche und strategische Bedeutung, die es auch unter römischer Herrschaft beibehielt - trotz eines tragischen Zwischenspiels unter Kaiser Septimius Severus: er ließ die Festung schleifen und die Stadt zum Dorf degradieren. → Konstantin d.Gr. hatte die Lage der Stadt während des Feldzugs gegen Licinius schätzen gelernt und gab ihr den Vorzug vor Sirmium, Serdica (→ 14 E 3) und Troia (→ 18 A 2), als er sich eine zweite Residenz für den Osten suchte. 328 begann er mit dem Mauerbau, der das Areal auf das Vierfache erhöhte; am 11.5.330 erfolgte die Einweihung (Enkainia) mit der Umbenennung in K. Die Stadt wurde als Roma secunda dem Rom am Tiber angeglichen - erst im Laufe der Zeit bürgerte sich die Bezeichnung Roma nova ein. Eine stärkere christliche Note war von Anfang an unverkennbar (vgl. → Byzanz: I). In der Palastkirche Hagia Sophia (→ Byzantinische Kunst, 2b; s. Taf. 20 Abb. 1), die unter Konstans II. eingeweiht und von → Justinian I. mit größter Pracht neugebaut wurde, erhielten Stadt und Reich ein religiös-mystisches Zentrum. Mit der Bedeutung der Stadt als politischer Zentrale stieg nach altem Kirchenrecht auch die kirchliche Bedeutung: aus dem einfachen Suffragan des thrakischen Herakleia wurde der Hofbischof und theologische Berater des Kaisers und schließlich ein Oberbischof, zunächst ohne größeren Sprengel (Synode von → Konstantinopel 381) und nur mit Ehrenvorrang unmittelbar nach Rom, bald aber auch mit weitreichenden Territorien (Thrakien, Ostillyricum und Kleinasien) ausgestattet (Synode von → Chalcedon 451). Die Primatsstellung des Patriarchen (→ Kirchenverfassung: II, 4 b) mußte schwer gegen Alexandria und auch Asia erkämpft werden, war aber bereits während des acacianischen Schismas (→ Acacius, 3) unbestritten. Durch den Übergang der Patriarchate → Alexandria, → Antiochia und Jerusalem unter islamische Herrschaft seit dem 7.Jh. erfuhr die Stellung des Patriarchen von K. einen weiteren Bedeutungszuwachs. Schließlich schrieb er sich den vollen Lehr- und Jurisdiktionsprimat über die orth. Kirche zu. Die Idee der Apostolizität - Gründung durch → Andreas - wurde von K. spät in Anspruch genommen und wahrscheinlich erst von → Photios polemisch verwertet; ihre Bedeutung ist mit jener der Rom-Idee (→ Imperium Romanum, 5) nicht zu vergleichen. - Das kirchliche Leben der Stadt wurde seit dem Ende des 4.Jh.s vom → Mönchtum geprägt. Die ältesten und wichtigsten Klöster dieser Zeit sind das des Syrers Isaak (benannt nach dem Gardeoffizier Dalmatos, der die Mittel stiftete), das der → Akoimeten und das nach dem Konsul Studios benannte und Johannes dem Täufer geweihte → Studiten-Kloster. Daneben hatten schon im 6.Jh. eine Reihe von Nationen ihre Eigenklöster in der Hauptstadt. Die wichtigsten Gründungen des hohen MA sind das Pantokrator-Kloster mit seinen vorbildlichen Hospitälern, das Philanthropos-Kloster und das Pammakaristos-Kloster. In den Kirchen und Klöstern sammelten sich so reiche Reliquien, daß K. einer der wichtigsten Wallfahrtsorte des MA wurde. Der → Kreuzzug von 1204 verstreute zahllose dieser Reliquien im ganzen Westen.

Die kirchengeschichtlichen Ausstrahlungen von K. entsprechen seiner politischen Bedeutung und seinem kirchlichen Rang. Das byzantinische Kirchenrecht, die byzantinische Liturgie und der byzantinische Kalender wurden im Laufe der Jh.e für die ganze Orthodoxie maßgebend und herrschend. Auch der Westen und Rom übernahmen manches aus dem Kalender und der Liturgie von K. Andererseits war K. im MA auch das Einfallstor westlicher Einflüsse: Seit den Tagen der Kreuzfahrer gab es lateinische Klöster und Kirchen jeder Denomination; die lateinisch-griechischen Kontroversen dogmatischer Natur wurden in K. - oft vor dem Kaiserthron - ausgetragen, und die ersten Werke der lateinischen → Scholastik sind dort ins Griechische übersetzt. - Die Koppelung des kirchlichen Ranges der Stadt mit ihrer politischen Bedeutung führte nach der türkischen Eroberung 1453 (→ Byzanz: II, 3) zunächst dazu, daß der Patriarch als eine Art Ethnarch in der ganzen türkisch beherrschten Orthodoxie zu neuem Einfluß gelangte. Je mehr aber das türkische Imperium zerbröckelte, desto kleiner wurde seine Einflußsphäre. Aus der Kirche der Apostel, die ihm zunächst vom Eroberer zugewiesen worden war, mußte er schließlich über das Pammakaristos-Kloster um 1600 in die bescheidene Georgskirche umziehen. Sein Schicksal erfüllte sich, oft gewaltsam, im Spannungsfeld zwischen griechischem Nationalismus und türkischer Staatsräson. Heute ist K. für die Orthodoxie mehr von ideeller als realer Bedeutung (→ Orthodoxe Kirche: I).

CTE DE RIANT, Exuviae sacrae Constantinopolitanae, Paris 1877 bis 1878 - H.GELZER, Die polit. u. kirchl. Stellung von Byzanz, 1879 - K.HOLL, Die kirchl. Bedeutung K.s im MA (ZThK 11, 1901, 83-96 = HOLL II, 409-417) - V.SCHULTZE, Altchristl. Städte u. Landschaften I: K., 1913 - A.M.SCHNEIDER, Die Hagia Sophia in der polit.-relig. Gedankenwelt der Byzantiner (Das Werk des Künstlers 2, 1941, 4-15) - R.MAYER, Byzantion-Konstantinopolis-Istanbul, Wien 1943 - E. MAMBOURY, Istanbul touristique, Istanbul 1951 - R.JANIN, Les églises et les monastères de C., Paris 1953 - F.W.DEICHMANN, Studien zur Architektur K.s im 5. u. 6.Jh. nChr, 1956. - Weiteres s. → Byzanz: I. II.
H.-G.Beck

Konstantinopel, *Konzile*

1. Das sog. *2. ökumenische Konzil* (381), von → Theodosius d.Gr. zur Beendigung des Arianismus und zur Bereinigung der kirchlichen Verhältnisse von → Konstantinopel nach den Übergriffen Alexandrias einberufen, erließ eine verlorengegangene Lehrschrift über das trinitarische Dogma (→ Christologie: II, 3 d; → Trinität: III). Ob dieser Tomos vielleicht in den arabischen Kanones des Michael von Damiette erhalten ist, bedarf noch der Untersuchung. Das nach der Synode benannte Symbol ist älter; es wird von Epiphanius schon 374 empfohlen und dürfte bald nach 362 entstanden sein (→ Nicäno-Konstantinopolitanum). Die Kanones-Sammlungen überliefern 7 Kanones. Doch sind wohl nur die ersten vier echt. Der can. 3 garantiert dem Bischof von K. einen Ehrenvorrang in der Gesamtkirche unmittelbar nach dem von Rom (→ Kirchenverfassung: II, 4 b). Im übrigen ist nur noch ein Brief des Kaisers an die Synodalen erhalten.

2. Das *5. ökumenische Konzil* von 553 (Constantinopolitanum II) wurde von Kaiser → Justinian gegen den Origenismus und die Drei Kapitel (→ Dreikapitelstreit) einberufen. Da die → Origenistischen Streitigkeiten seit der Intervention des hl. → Sabas von Palästina in K. zur Entscheidung drängten, andererseits aber der Hofbischof Theodoros Askidas, selbst Origenist, den Kaiser durch Hinweis auf den »Nestorianismus« des → Theodor von Mopsuestia, → Theodoret von Kyros und → Ibas von Edessa abzulenken suchte, bekam die Synode ein doppeltes Thema. Die Drei Kapitel wurden auf Drängen des Kaisers schon 548 von Papst → Vigilius gegen dessen eigentlichen Willen im »Judicatum« verdammt, die Verdammung 553 von der Synode wiederholt und zugleich das Dekret des Kaisers gegen die Origenisten bestätigt. Die orth. Überlieferung rechnet zum 5. ökumenischen Konzil auch die Synode von K. von 536, die sich gegen die Häupter des Monophysitismus wandte.

3. Nachdem die Provinzen, in denen durch den Monotheletismus (→ Christologie: II, 5c) die Monophysiten gewonnen werden sollten, dem byzantinischen Reich durch den Islam abgenommen worden waren, andererseits großes Interesse an der Erhaltung des dem Monotheletismus immer abgeneigten Italien bestand, erklärte sich 678 Kaiser Konstantin IV. bereit, mit Rom Frieden zu machen, zunächst durch eine Konferenz und schließlich durch das *6. ökumenische Konzil* von 680/81. In 18 Sitzungen wurde mit philologischer Akribie verhandelt und schließlich die Lehre von den zwei Willen und zwei Energien in Christus verkündet. Die Gegner, auch Papst → Honorius, wurden mit dem Bann belegt, ohne daß die päpstlichen Legaten Einspruch erhoben. Papst → Leo II. trat dem Anathema mit einiger Reserve bei.

Zu 1: Die Kanones mit Teilnehmerverzeichnis bei MANSI III, 529ff; die Kanones allein auch bei F.LAUCHERT, Die Kanones der wichtigsten altkirchl. Konzilien, 1896, 84ff, u. bei E.J.JONKERS, Acta et Symbola Conciliorum..., Leiden 1954, 107ff. - Lit.: HEFELE II, 1ff - E.SCHWARTZ, Das Nicaenum u. Constantinopolitanum auf der Synode von Chalkedon (ZNW 25, 1926, 38-48) - DERS., Über die Bischofslisten der Synoden von Chalkedon, Nicaea u. K., 1937 - K. MÜLLER, Kanon 2 u. 6 von K. 381 u. 382 (in: Festg. f. A.Jülicher, 1927, 190-202) - V.GRUMEL, Regestes des Patr. de C., Chalcedon 1932 - DHGE XIII, 754ff - DDC IV, 424ff - N.Q.KING, The 150 Holy Fathers of the Council of C. 381 (Studia Patristica I [TU 63], 1957, 635-641). - Zu 2: Dokumente: MANSI IX, 171ff - Dekret Justinians gegen die Origenisten: MPG 86/1, 945ff - Justinian gegen die Drei Kapitel: ed. E.SCHWARTZ, Drei dogmat. Schriften Justinians, 1939, 45ff. - Lit.: HEFELE III, 1ff - F.DIEKAMP, Die origenist. Streitigkeiten im 6.Jh. u. das 5. allg. Konzil, 1899 - A.DEVREESSE, Le 5me concile et l'oecuménicité byzantine (Miscellanea Giov. Mercati III [StT 123], 1946, 1-15) - A.GRILLMEIER-H.BACHT, Das Konzil von Chalkedon, 3 Bde, 1951-54 (s. Reg.). - Zu 3: MANSI XI, 190ff. - Lit.: HEFELE III, 472ff - J.CHAPMAN, The Condemnation of Pope Honorius, London 1907.
H.-G.Beck

Konstantinus Africanus, Übersetzer medizinischer Schriften, * 1010/15 in Karthago, † 1087 in Monte Cassino. Nach jahrzehntelangen Studien im Orient kam K. um 1060 nach Salerno, dessen Erzbischof Alfanus I. sein Gönner wurde, trat vom Islam zum Christentum über und wurde Mönch (Laienbruder) in Monte Cassino. Hier übersetzte er unermüdlich hervorragende Werke griech. und arab. Ärzte (u.a. Galens Kommentare zu den Aphorismen und Prognostica des Hippokrates) sowie die medizinischen Schriften des Isaak ben Salomon Israeli. Durch seine Übersetzungen (gedr. in Opera Ysaac, Lyon 1515, und Opera Constantini, Basel 1536 und 1539) erwarb sich K. große Verdienste um die abendländische Medizin des MA.

Ü II, 230f - R.CREUTZ, Der Arzt C.A. von Monte Cassino (Studien u. Mitt. zur Gesch. des Benediktinerordens u. seiner Zweige 47, 1929, 1-44) - DERS., C.A. (Biograph. Lexikon der hervorragenden Ärzte aller Zeiten u. Völker², ErgBd 1935, 190ff) - LThK VI, 160f.
B.Decker

Konstanz, 1. *Bistum* (→ 6 E 8). Die Anfänge des Bistums K. sind dunkel. Vielfach nimmt man an, das römische Bistum Windisch sei wegen des Eindringens der noch heidnischen → Alemannen nach Lausanne zurückverlegt und für den nordöstlichen Teil im 6.Jh. ein Bistum in K. errichtet worden. Wahrscheinlicher ist, daß vom Bistum → Chur im Einvernehmen mit dem alemannischen Herzog ein Chorbistum errichtet wurde. Der fränkische König Dagobert I. († 639) richtete das selbständige Bistum ein und übertrug ihm die Tradition von Windisch. Die endgültige Umgrenzung erfolgte um 740. Das Bistum umfaßt den Raum von der Iller bis zur Donau und einem Bogen bis zum Kinzigtal und zum Rhein, weiter den Rhein entlang bis zur Aareeinmündung, dieser nach bis zu den Kämmen der Alpen und zum Säntis, von dort über Montlingen zur Iller. K. war das alemannische, seiner Ausdehnung nach das größte deutsche Bistum, aber es war finanziell ungenügend ausgestattet. Eine → Inkorporation von → Reichenau und → St. Gallen gelang nur vorübergehend; erst 1540 wurde das herabgewirtschaftete Kloster Reichenau endgültig inkorporiert. Wegen seiner Schwäche spielte K. in der deutschen Reichspolitik eine bescheidene Rolle; nur einzelne Bischöfe wie Salomo III. (890 bis 919) oder Gebhard III. (1084-1110) während des Investiturstreites traten hervor. Im 13.Jh. verlegte der Bischof seine Residenz nach Gottlieben, im 16.Jh. nach Meersburg. 1803 wurde der Bischofsstaat säkularisiert, 1814 der schweizerische Teil der Diözese abgezweigt. 1821 wurde das Bistum wegen der nationalkirchlichen Bestrebungen des Generalvikars I.H.v. → Wessenberg ganz aufgehoben; die deutschen Gebiete fielen an das Erzbistum → Freiburg und das Bistum → Rottenburg.

M.Besson, Recherches sur les origines des évêchés de Genève, Lausanne, Sion, Fribourg 1906 - Fr.Beyerle, Zur Gründungsgesch. der Abtei Reichenau u. des Bistums K. (ZSavRG, Kan. Abt. 15, 1926, 512-530) - H.Büttner, Christentum u. fränk. Staat in Alemannien u. Rätien während des 8.Jh.s (ZSKG 43, 1949, 1-27. 132-150) - Th.Mayer, K. u. St.Gallen in der Frühzeit (Schweiz. Zs. f. Gesch. 2, 1952, 473-524) - E.Reiners, Die Gründung des Bistums K. in neuer Sicht (Schriften des Vereins f. Gesch. d. Bodensees 71, 1952, 17-36) - M.Krebs, Die Protokolle des K.er Domkapitels I-VI (Zs. f. d. Gesch. des Oberrheins 100, 1952, 128-257; 101, 1953, 74-157; 102, 1954, 274-319; Bh.e 103. 104. 106, 1955-58) - O.Feger, Zur Gesch. des alemannischen Herzogtums (Zs. f. württ. Landesgesch. 16, 1957, 41-94). *Th.Mayer*

2. Wohl auf ein unter Constantius Chlorus, um 300, errichtetes römisches Kastell zurückgehend, kommt die *Stadt* K. seit dem 10.Jh. neben dem Bischofshof hoch, gewinnt 1192 die Reichsfreiheit und tritt im Spät-MA durch ausgedehnten Fernhandel und lebhafte Gewerbetätigkeit in den Kreis der reichsten Städte Süddeutschlands. 1414-18 ist sie Tagungsort des großen Konzils (→ Reformkonzile). Die Reformation, die in K. einen ihrer ersten Stützpunkte in Süddeutschland findet, kann sich zunächst wohl bes. aus politischen Gründen, auf Grund der Gegnerschaft des Rates zum Bischof, durchsetzen; seit ca 1525 aber wird die Stadt dank der Tätigkeit der Brüderpaare → Blarer und → Zwick eines der geschlossensten, in Zucht und Gesinnung durchgebildetsten ev. Gemeinwesen und neben → Straßburg das Zentrum der oberdeutschen Reformation, deren Sonderstellung gegenüber Wittenberg und Zürich, bei naher Anlehnung an die Schweizer, von K. aus wesentlich mitbestimmt wird (→ Confessio Tetrapolitana). Die unbeirrbare, im Widerstand gegen alle Kompromisse zuletzt fast schwärmerische Stadt wird 1548 vom Kaiser erobert und der Reichsfreiheit beraubt, die Reformation blutig unterdrückt. Seitdem österreichische Landstadt und an den Rand des Reiches gedrückt, seit 1805 badisch.

K.er Geschichts- u. Rechtsquellen I-IX, 1949-58 - O.Feger, Kleine Gesch. der Stadt K., (1947) 1957² - B.Moeller, Joh.Zwick u. die Reformation in K. (erscheint in QFRG), 1960 (Lit.). *B.Moeller*

Konstitutionen hießen im römischen Staatsrecht die kaiserlichen Erlasse allgemeinen Inhalts, im Gegensatz zu den Reskripten, den Entscheidungen im Einzelfall. Die Bezeichnung wurde sodann für die Erlasse der Päpste, zeitweise auch der Bischöfe verwendet. K. und → Reskripte werden in materieller Hinsicht auch heute noch bisweilen unterschieden. So werden Glaubensentscheidungen als Constitutiones oder Bullae dogmaticae bezeichnet (1870, 1950). In der kurialen Rechtssprache, vor allem nach den AAS, ist eine Constitutio Apostolica »ein in gewöhnlicher Bullenform [→ Bulle] ergehender Erlaß des Papstes von besonderer Wichtigkeit (neue Papstgesetze und wichtigere Verwaltungsakte wie zB die Errichtung und Aufgliederung von Diözesen und Kirchenprovinzen)« (Mörsdorf). Doch gebraucht der CIC den Ausdruck auch für bischöfliche Synodalbeschlüsse (c. 362), für Ordenssatzungen (cc. 322 § 2. 324. 531. 618. 2389) und Stiftssatzungen (c. 393 § 2).

R.Köstler, WB zum CIC, 1928, 91f - Eichmann-Mörsdorf I, 45f. *H.E.Feine*

Kontakion (κοντάκιον oder κονδάκιον), seit dem 6.Jh. nachweisbare Gattung byzantinischer Hymnen. Ein K. besteht aus 18-24 metrisch gleichen Strophen (οἶκοι), denen eine metrisch verschiedene Strophe, das sog. κουκούλλιον, vorangestellt ist. Die einzelnen, durch Akrostichis verbundenen Strophen haben einen gemeinsamen Refrain. Häufig gehen die Kontakia, die ihrem Inhalt nach als metrisch gegliederte, für den Gesangsvortrag bestimmte Predigten bezeichnet werden können, auf bekannte Prosapredigten zurück. Viele Kontakia haben keine eigene melodische Gestaltung, sondern schließen sich an bereits existierende Modellmelodien an. Der bedeutendste Verfasser von Kontakia ist → Romanos, das berühmteste K. der → Akathistos Hymnos. Im 8.Jh. wird das K. weitgehend durch den → Kanon verdrängt.

P.Maas, Das K. (ByZ 19, 1910, 285-306) - E.Wellesz, A History of Byzantine Music and Hymnography, 1949 (Lit.). *R.Schlötterer*

Kontemplation (θεωρία oder ἐπόπτεια, dt. Beschauung), eine Stufe des mystischen Heilsweges, welcher die Läuterung (κάθαρσις, via purgativa) vorausgeht und die Einigung (ἕνωσις, unio) folgt. Den Übergang von der asketischen Läuterung zur mystischen K. bilden die Konzentration, dh die willensmäßige Hinwendung zur transzendenten Wirklichkeit als dem »höchsten Gut«, und die → Meditation, das verstandes- und phantasiemäßige Sinnen über das göttliche Geheimnis. Die treffendste Schilderung von der K. gibt → Plotin: »Der Geist verharrt unbewegt, ins Schauen versunken; er blickt auf nichts anderes als auf das absolut Schöne, ihm wendet er sich ganz zu, gibt sich ihm ganz hin, stillstehend und gleichsam mit Kraft erfüllt« (Enn. V, 5. 8). Wie die Konzentration und Meditation vollzieht sich die K. in der theistischen → Mystik (: II), aber auch auf der theistischen Vorstufe der pantheistisch-monistischen Alleinheitsmystik durch die Gebetshinwendung zu Gott, gipfelnd in dem Ruf »Du bist das All« (Maitrâyana-Upanishad 5, 1), »Tu es summum bonum« (Augustin), kontrastierend in der Betrachtung des eigenen Unwertes (»Was bist du, und was bin ich?«; Franz von Assisi), sich fortsetzend in Worten des Lobpreises und der Ergebung, schließlich übergehend in das Identitätserlebnis der Einigung (»Ich bin du, und du bist ich«; → Poimandres, Nimbâditya, Ğelâl ed-dîn Rūmī, → Angela da Foligno). Doch stellen alle Mystiker über das kontemplative → Gebet (: I) in Worten das wortlose oder »innere« Gebet (προσευχὴ πνευματική, νοερά oder καρδιακή, oratio mentalis). Den Gang der K. und des kontemplativen Gebetes haben zuerst die späteren Neuplatoniker (Pseudo-Jamblich und → Proklos) und die Mystiker des MA (→ Hugo und Richard von St.Viktor, → David von Augsburg, → Johannes vom Kreuz, → Theresia von Jesu) in Form einer Stufenleiter beschrieben. Spätere Theoretiker der Mystik unterscheiden eine aktive, »erworbene« (acquisita) und eine passive, »eingegossene« (infusa) Beschauung. Der Stufengang besteht in dem allmählichen Nachlassen der Tätigkeit des Intellekts, der Phantasie und des Willens bis zum völligen Aufhören der seelischen Aktivität in der → Ekstase.

Der stufenförmigen mystischen K. entspricht im → Hinduismus (: I) und im → Buddhismus (: I) die Versenkung (samâdhi, »Fest-zusammengefügt-Sein«, »Gesammeltheit«). Das Yogasûtra des Patanjali unterscheidet eine bewußte und unbewußte Versenkung (samprajnâta und asamprajnâta s.). Der → Jinismus und noch mehr der Buddhismus haben eine kunstvolle Versenkungstechnik ausgebildet. Die buddhistische Psychologie gliedert vier Stufen des dhyâna (Pâli: jhâna), vom Erwägen und Überlegen über die intensive Lust zur matten Lust und zum vollkommenen Gleichmut; ferner vier Stufen der »Brahmazustände«: Erweckung der Liebe, des Mitleids, der Mitfreude und des Gleichmuts; und endlich fünf abstrakte Versenkungsstufen: Raumunendlichkeit, Bewußtseinsunendlichkeit, Stätte, wo weder Sein noch Nichtsein, Stätte, wo weder Bewußtsein noch Unbewußtsein, und Zerstörung von Bewußtsein und Empfindung. Obgleich die Versenkung im Hînayâna-Buddhismus keinen Ausdruck im Gebet findet, erfüllt sie dieselbe Funktion wie die gebetsartige christliche K., wobei die größte Ähnlichkeit zwischen den vier dhyâna-Stufen und den vier Gebetsstufen Theresias besteht. Trotz des Fehlens eines unmittelbaren Anbetungsobjektes hat die buddhistische Versenkung dieselbe letzte Abzwekkung, insofern → Nirvâna das »höchste Glück« und »höchste Gut« ist. Im Mahâyâna-Buddhismus bezweckt die Meditation die große »Einheitsschau«, näherhin die Erkenntnis der Einheit der eigenen Wesenheit mit der das Universum durchdringenden absoluten Buddhawesenheit. Dies ist auch das Ziel des japanischen Zen (chin. »ch'an« von Pâli »jhâna«), obgleich dieses der Regel folgt »überhaupt nicht denken«, »das Undenkbare denken«.

Die stete Pflege der K. macht das ganze Leben zu einer vita contemplativa. Die christlichen Mystiker stellen ihr jedoch als gleichfalls wesentlich die vita activa gegenüber und veranschaulichen deren enge Zusammengehörigkeit durch die beiden biblischen Schwesternpaare Lea-Rahel und Martha-Maria. Diese Doppelheit des mystischen Lebens hat auch in der außerchristlichen Mystik eine Entsprechung; so erscheint die vita activa im bodhisattva-Ideal des Mahâyâna-Buddhismus, im Arbeitsideal der Zen-Mönche, die im Dienst am Nächsten einen Dienst am universalen Buddha sehen, und in der Forderung → Râmakrishnas, um der Liebe zu den anderen willen auf ein rein beschauliches Leben zu verzichten.

A.Poulain, Des grâces d'oraison, Paris (1901) 1931[11]; dt.: Die Fülle der Gnaden, 1910 - Jos.Zahn, Einführung in die christl. Mystik, (1908) 1922[3-6] - E.Underhill, Mysticism, London (1911) 1927[11], new ed. 1958; dt. 1928 - P.E.Lamballe, La contemplation, Paris (1912) 1916[3]; dt. 1915 - F.Heiler, Das Gebet, (1918) 1923[5] - Ders., Die buddhist. Versenkung, (1918) 1922[2] - Ders., Die K. in der christl. Mystik (ErJb 1933, 245-326) - C.Butler, Western Mysticism, London 1922 - Ch.Joret, La contemplation mystique, Lille 1923 - R. Garrigou-Lagrange, La c.m., Paris 1923 - DSp II, 1643ff (Lit.) - J.Constant Lansbury, La méditation bouddhique, Paris 1947[2] - P. Philippe, La c. mystique I, Rom 1948 - S.Nyanaponika Thera, The Heart of Buddhist Meditation, Colombo (1954) 1956[2] - F.Held, Studie zur Psychologie der M. am Modell der indischen Lehren (Jb. f. Psychologie u. Psychotherapie 2, 1955, 406-424) - Th.Merton, Vom Sinn der K., 1955 - E.Conze, Buddhist meditation, London 1956 - M. in Religion u. Psychotherapie. Ein Tagungsbericht, hg.v. W.Bitter, 1958 - J.W.Hauer, Der Yoga, 1958 - K.Albrecht, Das myst. Erkennen, 1958 - LThK[2] II, 288f - H.Dumoulin, Zen, Bern 1959. - Zs.en: La vie ascétique et mystique Ligugé (später Juvisy) 1909ff - Revue d'ascétique et de mystique, Toulouse 1920ff - ZAM, 1926ff - Yoga, Zs. für Yoga-Synthese u. Vedânta, 1954ff. *F.Heiler*

Kontingenz ist einer der wenigen Begriffe spezifisch christlicher Herkunft in der Geschichte der → Metaphysik, obwohl er aus der Latinisierung der aristotelischen Logik hervorgegangen ist (→ Boethius - wohl im Anschluß an Marius → Viktorin - übersetzt in den beiden Kommentaren zur Hermeneutik ἐνδέχεσθαι mit »contingere«). K. bringt die ontische Verfassung einer aus dem Nichts geschaffenen und zum Vergehen bestimmten, nur durch den göttlichen Willen im Sein gehaltenen Welt zum Ausdruck, die an der Idee des unbedingten und notwendigen Seienden gemessen wird. Die aristotelische Metaphysik hatte den fundamentalen Gegensatz von Möglichkeit und Wirklichkeit, nicht aber den von Möglichkeit und Notwendigkeit, der nur im Zusammenhang der logischen Modalitäten entwickelt wurde (Anal. Pr. I, 13). Der → Gott (: VII, 2) des → Aristotelismus ist charakterisiert als reine Wirklichkeit (actus purus); Notwendigkeit kommt ihm nur in regressiver Betrachtung, als Prinzip der Weltprozesse, zu. Die Ontologisierung des »possibile contingens« ist erst im 13.Jh. abgeschlossen: die Welt ist kontingent als eine Wirklichkeit, die, weil sie indifferent zu ihrem Dasein ist, Grund und Recht zu ihrem Sein nicht in sich selbst trägt. Das Sein der Welt nimmt Gnadencharakter an. Der antike Kosmos war weder in seinem Ursprung noch in seinem Bestand einem absoluten Willensakt zugeordnet. Er war die volle Ausschöpfung des eidetisch Seinsmöglichen. Seitdem aber → Augustin auf die Frage, warum Gott die Welt geschaffen habe, mit dem »Quia voluit« geantwortet hatte (De Gen. c. Man. I, 2, 4), beruhte die Welt auf einem unbefragbaren Hoheitsakt. Als Auslegung des K.-begriffs entsteht die umstrittene scholastische Lehre von der »distinctio realis« zwischen essentia und existentia, durch die ein der ganzen Schöpfung homogenes Strukturstigma angegeben werden soll; reicht doch noch bei → Dante (Parad. 17, 37) »la contingenza« nur bis zur Mondsphäre, was ganz aristotelisch gedacht, aber christlich inkonsequent ist. Durch den → Voluntarismus der franziskanischen Scholastik wird dann, genau genommen, auch Gott in die Grundlosigkeit der K. hineingezogen: ... quare voluntas voluit hoc, nulla est causa, nisi quia voluntas est voluntas (Duns Scotus, I. Sent. d. 8 q. 5). Das Notwendige enthält keine Rechtfertigung der K. mehr; K. wird jetzt Zufälligkeit (wie noch im engl. und franz. Sprachgebrauch). Mit Beginn der Neuzeit sucht man nach einem Ausweg aus der Überwältigung durch das Welt- und Selbstbewußtsein der K. Hatte noch → Ockham (II. Sent. d. 4/5 K.) die K. der Welt daraus abgeleitet, daß die *endliche* Schöpfung einer *unendlichen* Potenz nur faktisch in ihrem Da- und Sosein sein könne, so wird mit der Unendlichsetzung des Alls (G. → Bruno) die K. entwurzelt: der Kosmos wird notwendiges Korrelat Gottes. Anders, aber auf dasselbe Ziel gerichtet, verfährt die rationalistische Deduktion der Natur seit → Descartes, die jedem Seienden gleichsam einen aus ihm selbst begründeten Anspruch auf sein Sein gibt; Höhepunkt ist → Leibniz' Frage, warum überhaupt etwas und nicht vielmehr nichts sei (→ Optimismus: II). Die metaphysische Rolle der Kunst seit der Renaissance beruht auf der Neuentdeckung von Notwendigkeit *als* Schönheit, zunächst der Natur selbst abgewonnen, schließlich aber gerade im betonten Kontrast gegen die K. der Naturgegenstände. Gegenüber dieser Tendenz der Weltdeutung hebt sich K. mehr und mehr als ein Index *innerer* Erfahrung heraus. Luther (De servo arb., WA 18, 617) formuliert wohl zuerst »ego ille contingens et mutabilis, qui non sum Deus necessarius«. Dieselbe kosmische Unendlichkeit, die im Effekt der Reform des → Kopernikus die K. der Natur aufhebt, steigert die K. der menschlichen Selbsterfahrung bis zur puren Faktizität und »Geworfenheit«.

E.Troeltsch, Die Bedeutung des Begriffs der K. (Ges. Schr. II, [1913] 1922[2], 769-777) - A.Faust, Der Möglichkeitsgedanke, 1931/1932 - M.Freundlieb, Studie zur Entwicklung des K.begriffs (Diss. Bonn), 1933 - A.Becker-Freyseng Die Vorgesch. des philos. Terminus contingens, 1938 - H.Barth, Philosophie der Erscheinung I, Basel 1947, 326ff - W.Cramer, Das Absolute u. das Kontingente, 1958.
H.Blumenberg

Kontrafaktur, *K.lied,* geistliche Nachdichtung eines weltlichen Liedes, meist mit Beibehaltung der Weise. K. war bes. im 16.Jh. (auch bei kunstvoller → A-cappella-Polyphonie) beliebt. Im frühen ev. → Kirchenlied begegnen manche reinen K.en, zB »Herzlich tut mich erfreuen« von J.Walter, »O Welt, ich muß dich lassen« (1555 Nürnberg) und wahrscheinlich auch Luthers »Sie ist mir lieb, die werte Magd«. - Vgl. → Parodie.

K.HENNIG, Die geistl. K. im Jh. der Reformation, 1909 - H.BESSELER in: Bericht über die wiss. Bachtagung Leipzig 1950, 108-130.
S.Hermelink

Kontrapunkt → Polyphonie.

Konventualen (von lat. conventus, »Versammlung«) sind die Mitglieder eines formell konstituierten Konvents (Kloster) mit mindestens 12 Mitgliedern; bes. die der → Bettelorden, speziell die Anhänger der milderen Richtung bei den → Franziskanern und eine gemäßigte Gruppe der → Karmeliter, die die von Eugen IV. 1432 genehmigten Milderungen der Regel annahm. Die Franziskaner-K. bestehen bis zur Gegenwart.

HEIMBUCHER II, 206. 656. 699. 713. 719. 723. *A.Erler*

Konvertiten

1. Begriff - 2. Kath. K.: a) Bis 1800 - b) Seit 1800 - c) Seit 1918 - 3. Ev. K. (seit 1800) - 4. K. zur orth. Kirche. - Vgl. → Konvertitenunterricht, ferner für das Rechtliche und Formelle bei der Konversion → Aufnahme in die Kirche, → Kirchenaustritt: II, → Kirchenmitgliedschaft

1. K. sind Menschen des Übergangs von einer → Konfession zur anderen. Aus einer anderen Religion, auch dem Judentum, zum christlichen Glauben Übertretende sind nicht als K. zu bezeichnen. Ebensowenig sind diejenigen K., die nach langer Gleichgültigkeit oder Feindschaft gegen den christlichen Glauben zu ihm zurückkehren und daher allgemein Revertiten genannt werden sollten (zB P. → Claudel, L. → Bloy, Ch. → Péguy, auch R. → Schneider). Von K. sprechen heißt in einer bestimmten Weise des allein in Konfessionen existierenden Christentums und der Problematik dieser Tatsache innewerden; es gibt keine Möglichkeit der Flucht in ein überkonfessionelles Christentum. - Abwegig jedoch ist es, den Begriff Konversion einseitig auf den Übergang zum Katholizismus zu beschränken, wie es der CIC tut (der folgerichtig aus dem kath. Kirchendenken heraus den Übergang zum Protestantismus Abfall, perversio, nennt). - Die Tatsache der Konversion ergibt sich mit der Konfessionalität des Christlichen, dh mit der Verschiedenartigkeit seiner Denk- und Lebensgestalt, die jeweils konsequent die christliche Wahrheit ausprägen will. Darum beginnt die Geschichte der K. nicht etwa mit der Reformation und Gegenreformation, sondern sie geht bis in die Anfänge der Christenheit zurück. Man kann zB die Gemeinden des → Marcion als eine Konfession verstehen und seine Anhänger, die aus dem werdenden Katholizismus stammten, als K. Ebenso muß man → Tertullian zu den K. rechnen, der von der »Großkirche« zum → Montanismus übergegangen ist. Zu den K. gehört auch → Augustin, der von der synkretistischen Konfession des → Manichäismus zum Glauben der Kirche gelangte. → Pascals Bekehrung zu einem jansenistischen Katholizismus zeigt die Möglichkeit einer Konfessionsbildung selbst noch im nachtridentinischen Katholizismus auf.

2. a) Den *Übergang von der kath. Konfession zur ev. und umgekehrt* gibt es seit der Reformation und Gegenreformation. Man kann die → Reformation als eine Konversionsbewegung verstehen, die zur Bildung einer → Konfession führte. In den Tagen der → Gegenreformation gab es viele Konversionen ev. Fürsten zum Katholizismus - u.a. Heinrich IV. von → Frankreich (: I, 4), → Christine von Schweden, Karl II. von → England (: I, 5), bei diesen allerdings ohne nachteilige Folgen für die von den Herrschern regierten Evangelischen. Aber andere wie Wolfgang Wilhelm von Pfalz-Neuburg machten ihr Land in Übereinstimmung mit dem Reichsrecht (→ Augsburger Religionsfriede 1555) wieder kath. Die Konversion Augusts des Starken, Kurfürsten von Sachsen, die um des Erwerbs der polnischen Königskrone willen geschah, änderte den Konfessionsstand der Stammlande der Reformation nicht; auch die Konversion des Herzogs Karl Alexander von Württemberg (1712) hatte keine Folgen für den Bekenntnisstand seiner Untertanen. Andere bedeutende K. des 16. und 17.Jh.s waren die späteren Kardinäle → Duperron (Frankreich), Khlesl (Österreich) und → Pázmány (Ungarn), der Dichter Scheffler (→ Angelus Silesius) und → Grimmelshausen. Der Geist der → Aufklärung war der Konversion zum Katholizismus nicht günstig. Aufsehen erregte die Konversion → Winckelmanns; sie ergab sich jedoch nur aus dem Wunsch, in den päpstlichen Sammlungen Roms der Antike näher zu sein.

b) Erst → Romantik und → Restauration brachten eine vom Anfang des 19.Jh.s bis in seine 30er Jahre dauernde Konversionsbewegung zum Katholizismus. Die Liquidation der Aufklärung und die Folgen der Französischen Revolution waren die Triebfedern. Das MA als die schöne heile Zeit trat dem Menschen neu vor Augen, der sein Leben als dem Nichts benachbart erfuhr. Die Reformation wurde abgewertet (→ Novalis, Die Christenheit oder Europa); die Innigkeit der → Marienverehrung (: I) wurde entdeckt. Freilich wurde hier ein idealer Katholizismus konstruiert, der den Blick auf den wirklichen → Katholizismus (: I) verstellte. Das war deswegen verhältnismäßig leicht, weil der nachtridentinische Katholizismus an der Wende vom 18. zum 19.Jh. in einem Schwächezustand befangen war, der sein wahres Wesen fast unsichtbar machte. Deswegen war etwa die ökumenisch gesinnte »heilige Familie« der innerlich zum Evangelium bekehrten Fürstin → Gallitzin in Münster eine bedeutsame Vorform der → Una-Sancta-Bewegung. Diese sich in großer Nähe zur → Erweckungsbewegung darstellende Gestalt des Katholizismus (→ Sailer!), die den Grafen F.L.v. → Stolberg zur Konversion veranlaßte, bleibt jedoch für den offiziellen (röm.) Katholizismus nur eine Randerscheinung. Das gilt auch in der Gegenwart für Konversionen, die auf Grund der Begegnung mit faszinierenden, den offiziellen Instanzen aber gefährlich und gefährdet erscheinenden Gestalten des zeitgenössischen Katholizismus gewagt werden. K. unter den romantischen Dichtern sind Fr. → Schlegel und Z. → Werner, auch Brentanos Freundin Luise → Hensel, aus der Malergruppe der → »Nazarener« Ph. Veit und J.F. → Overbeck. Diese Konversionsbewegung zum Katholizismus ergriff auch Männer des Staates wie den im preußischen Kultusministerium tätigen L.v. Beckedorff, die Juristen Jarcke und Philipps sowie die führenden Staatstheoretiker der Romantik und Restauration A.H. → Müller und K.L.v. Haller, aber auch Theologen wie Bickell, Ewers, Hurter, → Lämmer und Wilke, dazu Historiker wie → Gfrörer und → Klopp. Natürlich kann man die Motive dieser Konversionen nicht auf einen Nenner bringen, wenn man auch versucht ist, einen besonderen Typus der romantischen Konversion herauszuarbeiten, die genuine Katholiken wie → Eichendorff sarkastisch betrachtet und Geschichtsschreiber wie H.v. → Treitschke und R. → Huch scharf kritisiert haben. Hier ist Konversion ein Bildungsvorgang mit dem Willen, das Ich auszuleben und auf eine abenteuerliche Fahrt der Entdeckung bisher ungeahnter und noch nicht genossener seelischer Bereiche zu gehen. Die romantische Konversionsbewegung ist getragen von dem Willen zur Überwindung der rationalistischen Flachheit, und dazu kommt die Furcht vor der Revolution, die als Konsequenz der Reformation gewertet wird. - Bemerkenswerte Konversionen des 19.Jh.s vollzogen sich in England (→ Manning und → Newman, der mit seiner »Apologia pro vita sua« wohl die bedeutendste K.schrift überhaupt gechrieben hat). Bei Newman und seinem ebenfalls konvertierten Schüler G. → Tyrrell, der als führender Modernist exkommuniziert wurde, zeigt sich übrigens die auch sonst zu beobachtende Tatsache, daß die K. zum Katholizismus wertvolle Gaben ihrer religiösen Vergangenheit in ihn miteinbringen und zugleich in den Verdacht der Häresie geraten (vgl. auch I.T. → Hecker).

c) Auch die beiden Weltkriege haben zu Konversionsbewegungen zum Katholizismus geführt, so daß man sagen kann, daß in der Neuzeit geschichtliche Krisensituationen eine auslösende Wirkung für den Übergang zum Katholizismus haben. Der → Protestantismus ist aus Prinzip in tieferer Weise an den Geist der Zeit gebunden. Darum steht er in Umbruchszeiten in der Gefahr, mit einer überwundenen Geisteslage zusammen abzusinken, während der Katholizismus einer vom Geist der Zeit zwar berannten Festung gleicht, aber seine Unabhängigkeit - mindestens theoretisch - zu bewahren sucht. So hat der → Katholizismus (: II) seit dem → Syllabus Pius' IX. (1864) seinen Willen zum Ausbau seiner Eigenständigkeit klar heraustreten lassen. Er gewinnt dadurch den Anschein, seiner Lebens- und Denkgestalt eigne eine unwandelbare Dignität, während der Protestantismus als eine bloß neuzeitliche Ausprägung des Christentums erscheint, die mit dem »Ende der Neuzeit« (R. → Guardini) vergeht. Dazu entspricht der Katholizismus besser dem modernen kollektiven Menschentypus, der seine Innerlichkeit nicht mehr frei verantworten will und die Sorge für sein Inneres darum gern anderen Instanzen überläßt. Auch erfahren viele der Profanität anheimgefallene Menschen das Frömmigkeitsleben der kath. Kirche als religiöses Erlebnis numinoser Art. Aber hier handelt es sich eigentlich nicht mehr um Konversion, sondern mehr um die religiöse Stimmung »nachchristlicher« Menschen. Auch kann man dort nicht von Konversion sprechen, wo Menschen den Katholizismus nur als politisches Ordnungsprinzip bejahen, ohne den kath. Glauben selbst zu praktizieren. Wie schon zu Z.Werners Zeiten gibt es auch heute die Konversion aus seelischer Überspanntheit und geistigem Extremismus (Hugo Ball, G. → Greene, E. → Waugh). Schließlich wird man noch der Tatsache gedenken müssen, daß es, religionspsychologisch gesprochen, von Natur kath. und prot. Menschen gibt, die erst dann zur Ruhe kommen, wenn sie den Übergang in die ihrer Art entsprechende Konfession gefunden haben; in diesem Fall spielt die Frage nach der Wahrheit des eigenen Wesens und nach ihrer Erfüllung die entscheidende Rolle, nicht aber die Frage nach der christlichen Wahrheit. - Wie zZ von → Leibniz gibt es aber auch heute - und wohl mehr als jemals zuvor - Konversionen aus Sehnsucht nach der christlichen Einheit, die man in der kath. Kirche als schon gegeben ansieht. Hier sucht man durch die Konversion zur kath. Kirche die Konfessionalisierung der Kirche rückgängig zu machen. Die Eine Kirche wird dabei mit der kath. identifiziert, und alle anderen Konfessionen werden degradiert. Konversion ist dann der Weg aus dem Abfall zur Bekehrung. Von K. der Gegenwart seien noch die Dichter W. → Bergengruen, G.von → Le Fort, E. → Schaper, R. → Schaumann sowie die Theologen Erik Peterson, H.Schlier und, weil dieser Fall wegen der Priesterweihe mit Dispens vom Zölibat besonderes Aufsehen erregte, R.Goethe genannt.

Die kath. K. sind im allgemeinen sehr schreibfreudig, ihre Berichte sind von unterschiedlicher Qualität und meist bald nach der Konversion geschrieben. Selten ergibt sich in ihnen eine wirklich tiefgehende Auseinandersetzung mit der reformatorischen Position. In den Großstädten hat die kath. Kirche heute gelegentlich Seelsorger eigens für Konversionswillige. Die kath. K. werden betreut und gesammelt vom → Winfriedbund (Zeitschriften: »Suchen und Finden«, »Ut omnes unum«).

3. Seit dem Ende des 18.Jh.s gibt es auch eine bedeutende *Konversionsbewegung zur ev. Kirche*. Hier sind für das 19.Jh. die Theologen → Feßler, → Goßner, → Henhöfer, Graf → Sedlnitzky zu nennen. Wollte man ihr Konversionsmotiv auf eine Formel bringen, so ist es die von der die Konfessionsgrenzen überflutenden → Erweckungsbewegung veranlaßte Heimkehr zur Bibel. Aber auch bedeutende Gelehrte sind im 19. und 20.Jh. zum Protestantismus konvertiert, zB die Philosophen K.L.Reinhold, G.Uphues, A.Riehl, der Kunsthistoriker A.Springer und der Historiker F.Vigener. Eine eigentümliche Konversionsbewegung ergab sich um 1900 durch die mit der → Los-von-Rom-Bewegung entstehende ev. Bewegung in den deutschen Siedlungsgebieten Österreich-Ungarns. Auch gibt es bis in die Gegenwart nicht abreißende Übertritte kath. Theologen, vor allem in Nordamerika, Frankreich (→ Bourrier; Entstehung der selbständigen Communauté de l'Esperance chrétienne), Italien, Spanien (zB Padrosa) und Deutschland (»Bensheimer Kreis«, sammelt etwa 50 ehemalige kath. Priester, die heute ev. Pfarrer sind). Die K.-geschichte fehlt im ev. Bereich fast völlig. Wo sich ev. K. äußern, tun sie es meistens nicht biographisch, sondern streng sachlich (L. → Fendt, W.Th.Cleve, Joseph Klein). Konversion ist im prot. Raum eine nichtöffentliche Angelegenheit.

Eine besondere Bedeutung hat in der Konversionsbewegung für beide Konfessionen die → Mischehe; die kath. Kirche verpflichtet den kath. Partner, die Konversion des nichtkath. klüglich zu betreiben (CIC c. 1062).

Eine präzise *Statistik* über die Konversionen ist unmöglich. Jedenfalls wird die Tatsache der Konfessionen nicht durch Konversionen aus der Welt geschafft; sie verändern nicht einmal das Stärkeverhältnis der Konfessionen.

4. Seit der engeren Berührung von Gliedern der *Ostkirche* mit westlichen Protestanten und Katholiken, vor allem durch die Emigration nach 1918 und 1945, gibt es nicht nur eine stärkere wissenschaftliche Bemühung um die Nachbarkirchen, sondern auch Konversionen herüber und hinüber (in Deutschland etwa 300 Übertritte zur orth. Kirche). Die Ostkirche lehnt ebenso wie die ökumenische Bewegung den »Proselytismus« ab, dh die Bemühung, Christen anderer Konfession auf die eigene Seite herüberzuziehen.

L.FENDT, Erfüllung, (1923) 1930² - W.HEINSIUS, Krisen kath. Frömmigkeit u. Konversionen zum Protestantismus, 1925 - RGG³ III, 1238ff - H.E.HOLTHUSEN, Konversion u. Freiheit (Merkur 5, 1951, 232-252) - P.VOGELSANGER, Weg nach Rom, 1954 - K.HARDT (Hg.), Bekenntnis zur kath. Kirche (Giebner, Goethe, Klünder, Schlier), 1955 - K.RAHNER, Über Konversionen (Schriften zur Theol. III, 1956, 441-454) - F.LELOTTE (Hg.), Heimkehr zur Kirche. K. des 20.Jh.s I-III, 1956/57 - EKL II, 929ff - W.TH.CLEVE, Ev. u. kath., 1958 - G.HOLTZ, Konversionen in kath. Beleuchtung (MdKI 9, 1958, 61-70) - DERS., Schwedische K. (ThLZ 84, 1959, 263-272) - H.ESSINGER, Wege nach Rom. Krit. Betrachtung von Konversionsberichten aus dem 20.Jh., 1958.

W.Sucker

Konvertitenunterricht. Unter K. wird im folgenden in Abgrenzung gegenüber dem Taufunterricht die Unterweisung von Getauften verstanden, die aus einer Kirche oder Sekte in die ev. Kirche übertreten (→ Konvertiten). Da es sich in der Praxis meist um Übertritte aus der röm. Kirche handelt, werden diese vorwiegend berücksichtigt.

Der K. kann seine *Aufgabe* nur erfüllen, wenn er mit größter Sorgfalt durchgeführt wird (hinreichende Zeitdauer, überlegte Auswahl und Behandlung der Stoffe, Gesprächsform). Mindestens ebenso wichtig ist es, die Unterweisung in eine ganzheitliche Konvertitenseelsorge einzufügen. Es ist unverantwortlich, den Konvertiten summarisch mit den »Unterscheidungslehren« bekanntzumachen und ihn dann im wesentlichen sich selbst zu überlassen. Für Kontroverstheologie haben diejenigen, die aus äußeren Gründen oder aus Gegnerschaft gegen engere kirchliche Bindungen übertreten wollen, kein Verständnis. Denen aber, bei denen die Konversion die letzten Wurzeln ihrer geistlichen und menschlichen Existenz berührt, bleibt eine rein intellektuelle Belehrung das Entscheidende schuldig. Wer vorwiegend durch rationale Kritik den Weg zur ev. Kirche gefunden hat, wird in ihr nur selten festen Fuß fassen. Daß dies bei Konversionen zur ev. Kirche im ganzen häufiger der Fall ist als bei solchen zur kath. Kirche, ist wohl mit Recht auf den mangelhaften ganzheitlich-seelsorgerlichen Charakter der ev. Konvertitenarbeit zurückgeführt worden.

Wenn Konvertiten aus der röm. Kirche die Bindung des Gewissens an die kirchliche Autorität und die Furcht vor der Übertretung ihrer Gebote schon im Elternhaus und im Katechismusunterricht eingeprägt worden ist, wirken sie unbewußt auch später noch nach, wenn die Beziehung zur Kirche schon gelöst ist. Der prägende Grundzug dieser Frömmigkeit aber ist die Gesetzlichkeit. Dazu gehört die Furcht vor Kirchenstrafen, bes. vor der → Exkommunikation und ihren Folgen, die Angst vor der Absolutions- und der Abendmahlsverweigerung. Der »Abfall vom Glauben« ist eine schwere Belastung auch für die Stellung in der Familie, im Sozialgefüge und nicht selten auch in wirtschaftlicher Hinsicht. Dem allen kann nur in einer ganzheitlichen Konvertitenseelsorge recht begegnet werden.

Es muß ihr letztes *Ziel* sein, daß die Konversion zu einer wahrhaftigen Hinwendung des ganzen Menschen zum Evangelium von der Rechtfertigung des Sünders durch Christus wird. Christus als »des Gesetzes Ende« (Röm 10, 4) muß im Mittelpunkt stehen. Die unmittelbare Glaubensbeziehung zu Christus tritt damit an die Stelle der Gesetzlichkeit. Die Bindung des Gewissens allein an das Wort bedeutet nicht Abfall, sondern rechte Zuwendung zum Glauben. Der Gesetzlichkeit tritt die Nachfolge gegenüber, die innerste Bindung und Freiheit zugleich bedeutet. Dem dient die Unterweisung in zentralen biblischen Büchern wie Gal und Röm. Die Bindung an Christus macht frei gegenüber der Furcht vor menschlichem Bann, den schon die erste Jüngergemeinde auf sich nehmen mußte (Joh 16, 2). – In Ergänzung dazu bedarf es der lebendigen Eingliederung des Konvertiten in die Gemeinde und ihre Lebensformen. Dazu gehören die notwendigen Hilfen zum Hineinwachsen in den Gottesdienst, aber auch eine sorgfältige Anleitung zur ev. Privatbeichte. Der unmittelbaren Seelsorge dienen als begleitende Hilfen: Anleitung zum persönlichen Bibelstudium (evtl vorher Einführung in das Gesangbuch!), Bekanntmachung mit den Katechismen und Bekenntnisschriften, mit Schriften der Reformatoren, mit ev. Gebetsliteratur und nach Umständen mit weiterführendem Schrifttum von heute (Damaskuskreis, 1959).

Die Aufgaben des seelsorgerlichen K.s berühren sich heute eng mit denen der → *Mischehen-Seelsorge,* deren Erfahrungen hier immer mit zu berücksichtigen sind. Beim Taufunterricht Erwachsener ist im wesentlichen analog zu denen des K.s zu verfahren.

J. Schieder, Warum ev?, (1926) 1959[6] – W. Graf, Ja u. Nein, ein Konfessionsgespräch, 1950 – Th. Kronholz, Konversion u. Konvertiten (ELKZ 11, 1957, 376-380) – Ders., Christus in der Mischehe (PBl 98, 1958. 340-350) – Ders., Nahe bei Damaskus, 1957 – H. Taake, Und habt ein gut Gewissen, 1957 – Ders., Herr, was willst du, daß ich tun soll?, 1958 – O. Weber, Warum ev.?, (1957) 1958[3] – W. Th. Cleve, Ev. u. kath., (1958) 1959[3] – Ders., Weggeleit in d. ev. Kirche, (1958) 1959[2] – K. G. Steck, Was trennt uns von d. röm. Kirche?, (1958) 1959[2].

K. Frör

Konzile

1. Anfänge – 2. Provinzialsynoden – 3. Ökumenische K.e – 4. Synoden in den orth. Kirchen – 5. Synoden im Früh-MA – 6. Im Hoch-MA – 7. Bis zum Vatikanum – 8. Im Protestantismus – 9. Die K.e im kath. Kirchenrecht der Gegenwart. – K. = Konzil

Zwar setzte die Gewohnheit, auf von einander benachbarten Gemeinden beschickten Versammlungen (σύνοδοι, concilia) gemeinsame Fragen zu beraten und Beschlüsse zu fassen, die den Gemeinden brieflich mitgeteilt wurden, erst spät ein; trotzdem ist die Abhaltung von K.en in allen christlichen Gruppen durch die Jh.e in Übung geblieben, freilich mit mannigfach verschiedener Funktion.

1. Der → Montanismus und die → Passastreitigkeiten bewirkten zuerst in → Kleinasien (den Provinziallandtagen nachgeahmt?) im 2. Jh. den Zusammentritt von K.en. Um 250 waren jährliche K.e in Kappadozien und wohl auch anderen östlichen Gegenden Sitte. In → Nordafrika (: I) wurden sie von Fall zu Fall einberufen (→ Ketzertaufstreit), wie es auch im Osten sein konnte (vgl. die wegen → Beryll, → Novatian, → Paul von Samosata zusammengekommenen K.e). Die Bischöfe von → Rom und → Alexandria hatten ihre Synoden früh als Instrumente ihrer Führung fest in der Hand. Teilnehmer an K.en waren jetzt die → Bischöfe (: I); → Presbyter und → Diakonen erschienen gleichfalls, bes. in der früheren Zeit, waren jedoch einflußlos, falls nicht etwa ein Presbyter als Vertreter seines Bischofs fungierte. Die K.e verhinderten, daß der niemandem untergeordnete Einzelbischof in Lehre und Regierung allzusehr eigene Wege ging. Mithin waren sie wesentlich Gerichtshof, der über Bischöfe zu urteilen hatte. Man verkennt ihren Charakter, wenn man sie als Parlamente ansieht: Die Teilnehmer waren nicht Abgeordnete ihrer Gemeinden, die abgestimmt und sich Mehrheitsbeschlüssen gefügt hätten; sie waren Träger des den Bischöfen eigentümlichen Charismas, ihre Entscheidungen dessen Ausfluß, mithin Werk des Hl. Geistes. Wohl tat man in der Beratung seine Meinung kund, aber man stimmte nicht ab: das K. als ganzes urteilte einhellig, war gegebenenfalls Kläger und Richter in einem. Dem Unterlegenen blieb nur übrig, sich zu unterwerfen oder die von der Synode verkörperte Kirche zu verlassen; anderswo mochte er als Christ anerkannt sein (→ Häretiker im Urchristentum).

2. Die Kanones von → Nicäa zeigen, daß sich die Metropolitanverfassung (→ Kirchenverfassung: II, 3c. 4a) schon vor der konstantinischen Wende herausgebildet hatte (Kan. 6). Nun wurden die *Provinzialsynoden* fest organisiert (vgl. → Kirchenverfassung: II, 5b): Kan. 5 verlangte jährlich zwei Synoden. Nicäa selbst stellte etwas Neues dar: eine vom Kaiser berufene – so schon → Arles 314 (→ Donatismus) –, für das Reich geltende Synode, die eine mit Gesetzeskraft versehene Glaubensformel aufstellte (→ Bekenntnis: VII, 1-3, → Bekenntnisbildung, 1, → Nicänisches Symbol). K.e ähnlichen Charakters (Antiochia 341, Serdika 342, → Konstantinopel 381 [→ Nicäno-Konstantinopolitanum], → Ephesus 431 und 449, → Chalcedon 451) waren Schauplätze kirchenpolitischer Machtkämpfe zwischen den Inhabern der großen Throne, auf denen die dogmatischen Beschlüsse als politische und theologische Kompromisse ausgehandelt wurden. Lebhafte Publizistik der Parteien begleitete die Kämpfe; der Sieg fiel dem zu, der sich der kaiserlichen Gunst zu versichern wußte. Die Art, wie die verschiedenen Herrscher sich an den Verhandlungen beteiligten, spiegelt sich in der Anordnung der K.sakten wider. In den Kanones gewann man ein den jeweiligen Bedürfnissen sich anschmiegendes Kirchen-

recht. Das K. von Chalcedon konnte eine dogmatische Formel aufstellen, die die Einheit der Reichskirche zu sichern schien, was mit dem Ausscheiden großer Gebiete im Osten und in Ägypten erkauft werden mußte (→ Christologie: II, 5a, → Nestorianer). Das wiederholte sich nach dem Konstantinopler K. von 553 (→Dreikapitelstreit, → Einigungsbestrebungen: I, 3).

3. Die innerhalb der Reichskirche erreichte theologische und kirchenpolitische Befriedung führte endlich zur *Kanonisierung von 7 K.en.* Außer der allgemein anerkannten, bald in verklärten Glanz getauchten Synode von Nicäa erhielten nach mancherlei Schwankungen die Würde eines »ökumenischen« K.s: Konstantinopel 381 (obwohl nur eine östliche Partikularsynode), Ephesus 431, Chalcedon 451, → Konstantinopel 553 und 680 (beide K.e ergänzte das »Quinisextum« von 692; die K.e von 680 und 692 heißen auch »trullanische« nach dem Trullos, dem Saale des Kaiserpalastes, in dem sie tagten), → Nicäa 787; in den orth. Kirchen wird ihnen gelegentlich unverbindlich das Konstantinopler K. von 879 (→ Photius) hinzugefügt. Im Westen blieb längere Zeit das 5. K. nicht unangefochten, gegen das 7. stritt man, doch dann überschritt die röm.-kath. Kirche die Siebenzahl beträchtlich. Gegenwärtig (1959) erkennt sie außer den genannten als ökumenische K.e an: 8. Konstantinopel 869, 9.-12. die Lateransynoden 1123, 1139, 1179, 1215, 13. und 14. Lyon 1245 und 1274, 15. Vienne 1311/12, 16. Konstanz 1414-18, 17. Florenz 1438-45, 18. Lateran V 1512-17, 19. Trient 1545-63, 20. Vatikanum 1869/70. Die unter theologischen Gesichtspunkten getroffene Auswahl übergeht reguläre kaiserliche Synoden wie Antiochia 341, das Doppel-K. von Serdika 342, Ephesus 449 (»Räuber-K.«); doch lebten ihre Kanones zT im Kirchenrecht weiter, vor allem in den orth. Kirchen die der »zehn topischen Synoden« (Ancyra 314, Neocäsarea 314, Gangra 341 usw). Überhaupt schwand rasch die Kenntnis der Vorgänge, und die um 380 in Antiochia entstandene Kanonessammlung löste sich bald auf. Der Dreikapitelstreit ließ eine gelehrte Sammlertätigkeit aufleben; die damals entstandenen lateinischen Übersetzungen (→ Dionysius Exiguus) vermittelten dem MA seine Kenntnis der altkirchlichen K.e.

4. Mit der Kanonisierung der 7 K.e schloß die byzantinische Staatskirche die konziliare Epoche ab (das Konstantinopler K. von 843 war ein Nachspiel, → Bilder: III, 2); hinfort stand das Dogma fest. Wurden Synoden einberufen, so vorwiegend wegen disziplinärer Fragen; zur sog. σύνοδος ἐνδημοῦσα vgl. → Kirchenverfassung: II, 5b. In → Rußland (: I) konnte Patriarch → Nikon 1667 auf dem Moskauer K. seine liturgische Reform durchsetzen; nach Beseitigung des Patriarchats durch → Peter d.Gr. trat an seine Stelle bis 1917 der »Allerheiligste dirigierende Synod«, eine bloße Verwaltungsbehörde des Zaren. K.e, die mehrere orth. Kirchen vereinigten, traten 1672 in Jerusalem (Kyrill → Lukaris, → Dositheus), 1923 in Konstantinopel, 1945 und 1948 in Moskau zusammen (→ Einigungsbestrebungen: III, 3).

5. Anders verlief die *Entwicklung im Abendland:* die politischen Zustände ermöglichten es den römischen Bischöfen, ihre traditionelle kirchenpolitische Stellung zu festigen und zu erweitern. An den Vorgängen in Ephesus 431, Chalcedon 451 und Konstantinopel 680 (→ Agatho) hatte Rom starken Anteil. In den sonstigen westlichen Gebieten herrschte rege K.stätigkeit: In Orange wurde 529 → Augustins Lehre (abgeschwächt) anerkannt (→Gallien); →Nordafrikas Synodalleben blühte bis zum Vandalensturm (mehrere K.e zu → Karthago), ebenso das Spaniens bis zur Araberzeit (K. von Elvira zu Anfang des 4.Jh.s). 589 beschloß die 3. Synode von Toledo den Übertritt des Westgotenreiches (→ Goten, 2) zum kath. Glauben. Die in den entstehenden germanischen Landeskirchen unter neuen Verfassungsverhältnissen veranstalteten Landes-K.e verfielen mit der Merowingerherrschaft; unter den Karolingern lebten sie auf (743 Concilium Germanicum). Vor allem als Diözesansynoden und Reichs-K.e (die Provinzial-K.e verschwanden) arbeiteten sie an den vielfältigen Aufgaben, die Mission und kirchliche Versorgung einer kaum christianisierten Bevölkerung auferlegten. Teilnehmer dieser K.e waren außer den Bischöfen und Äbten weltliche Standespersonen. Der Landesherr hatte die Beschlüsse zu bestätigen und für ihre Durchführung zu sorgen. Nahm ein Herrscher wie → Karl d.Gr. sich der Kirche tatkräftig an, so konnte viel geleistet werden; die K.e waren allerdings von Reichstagen praktisch nicht zu unterscheiden. Karl griff auch theologische Fragen auf: Auf K.en ließ er den → Adoptianismus (, 4) verurteilen; das Frankfurter K. von 794 verwarf die Beschlüsse der Konstantinopler Synode von 787 (→ Bilder: III, 3); das Aachener K. von 809 erkannte die Einfügung des filioque ins Meßsymbol an (→ Nicäno-Konstantinopolitanum). Die Einrichtung der Diözesansynode blieb eine Institution der kath. Kirche bis heute (s. 9).

6. Die im 11.Jh. einsetzenden schweren Kämpfe zwischen → Kaisertum und Papsttum gaben den K.en erhöhte Bedeutung. 1046 setzte Heinrich III. in Sutri drei Päpste ab und einen neuen ein; andererseits wurde seit → Leo IX. die jährliche Fastensynode in Rom der Ort der religiösen und politischen Proklamationen des Reformpapsttums (→ Gregor VII.): 1059 Erlaß des Papstwahldekrets → Nikolaus' II., 1075 Verbot der Laieninvestitur (→ Investitur), 1076 Exkommunikation und Absetzung des deutschen Königs. 1095 ging vom K. von Clermont die Kreuzzugsbewegung aus (→ Kreuzzüge). Diesen K.en ist eigentümlich, daß sie - unter Ausschluß des Laienelements - vom Papst berufen und autorisiert sind, dessen führende Stellung sich dadurch ungemein kräftigte. Die großen Lateransynoden waren Höhepunkte päpstlichen Wirkens auf politischem (Siege über den Kaiser 1123, 1179), kirchenrechtlichem (1139 Beendigung des Anaklet-Schismas, → Innozenz II.; → Corpus Iuris Canonici; → Papstwahl-Beschluß 1179) und dogmatischem (1215, → Innocentianum) Gebiet. Lyon sah 1245 den Kampf gegen → Friedrich II.; 1274 wurde dort eine flüchtige Union mit der byzantinischen Kirche geschlossen (→ Einigungsbestrebungen: I, 3). Vienne 1311/12 war mit dem Templerorden (→ Ritterorden) und kirchenrechtlichen Fragen befaßt. Seit → Innozenz III. galt als concilium universale oder generale die vom Papst berufene, von der Gesamtkirche beschickte Synode, auf der die beiden ordines (Klerus und Laien) gemeinsam das Wohl der Kirche berieten. Die Bischöfe oder ihre Vertreter repräsentieren jetzt die Gesamtkirche. Das Kaiser-K. der alten Reichskirche erscheint wieder, freilich in charakteristisch verschiedener Gestalt.

7. Eine gewandelte politische und theologische Lage brachte im 14./15.Jh. eine weitgreifende konziliare Reformbewegung hervor, die eine Änderung der als mangelhaft empfundenen kirchlichen Verfassungszustände anstrebte (→Reformkonzile). Ihr war kein kirchenrechtlicher Erfolg beschieden. Das → Papsttum erhob sich wieder und berief K.e unter ausdrücklicher Ablehnung der konziliaren Ideen (Bulle Exsecrabilis → Pius' II., Lateran-K. von 1512-17). In der Praxis schon geübte, nicht unbestrittene Theorien (→ Tridentinum, → Gallikanismus, → Episkopalismus, → Febronianismus) fanden ihre autoritative Festsetzung und Begründung in der Unfehlbarkeitserklärung des → Vatikanums von 1870: päpstliche Kathedralentscheidungen sind ohne Zustimmung eines K.s gültig. Die Bischöfe sind also nur mehr

Assistenten des Papstes, das K. ist eine lediglich vorbereitende und akklamierende Versammlung geworden.

8. Im → *Protestantismus* (: I) war im Anschluß an → Luther mit der Auflösung des traditionellen Kirchenbegriffes nicht allein für das röm.-kath., sondern überhaupt für das gemeinkirchliche K.sverständnis grundsätzlich kein Raum mehr. Daß auch K.e irren können, war nicht entscheidend (man hatte ja an ein K. appelliert); auch wenn sie nicht irrten - die Beschlüsse von Nicäa und Chalcedon blieben trotz der als fremd empfundenen Terminologie unangetastet -, besaßen sie nur eine abgeleitete Autorität als Ausleger der Schrift (→ Tradition: VI). Als Organe kirchlicher Verwaltung fanden konzilsähnliche Versammlungen in mehreren Reformationskirchen, vor allem des ref. Typus, Eingang (→ Dordrechter Synode, → Synode). Die Weltkonferenz für Glaube und Kirchenverfassung in Stockholm 1925 und die Amsterdamer Weltkonferenz 1948 sind prot. K.e gewesen. Ihre Vorläufer waren die internationalen christlichen Organisationen mit ihren großen Zusammenkünften (→ Einigungsbestrebungen: IV. V, → Ökumenische Bewegung, 1-3). Die Vollversammlungen des Ökumenischen Rates besitzen jedoch keine dogmatischen oder juristischen Vollmachten, und das Glaubensbekenntnis des Ökumenischen Rates ist ein einem Vereinsstatut vergleichbares, von den Mitgliedkirchen anzuerkennendes Minimalprogramm. Die Versammlungen der Ökumene sind also nicht K.e im altkirchlichen und kath. Sinne, da sie als ganze nicht vom Amtscharisma getragen werden. Die Bekenntnissynoden des deutschen → Kirchenkampfes darf man als charakteristisch ev. K.e bezeichnen (→ Barmen, → Dahlem). Die Ev. → Kirchentage sind erweiterte Gemeindeversammlungen, nicht K.e.

MANSI u. ältere Editionen zT antiquiert durch: ACO - C.H.TURNER, Ecclesiae occidentalis monumenta iuris antiquissima, Oxford 1899-1939 (2 Tomi in 7 Lfg.en) - V.BENEŠEVIČ, Ioannis Scholastici Synagoge L Titulorum I (AAM NF 14, 1937) - MG Leges - Acta et decreta sacrorum conciliorum recentiorum: Collectio Lacensis, 7Bde, 1870-90. - Lit.: HEFELE - DERS.-H.LECLERCQ, Histoire des conciles, 11 Bde, 1907-52 (Bd 11 v. CH.DE CLERCQ; Übers. u. Erg.) - H.REUTER, Augustinische Studien, 1887, 333ff (Augustins Anschauung) - F.X.FUNK, Kirchengesch. Abh.en u. Unters. I. III, 1897/1907, passim (Berufung u. Bestätigung d. altkirchl. K.e) - E.SCHWARTZ, NGG 1904-11 passim, z. größten Teil = Ges. Schriften III, 1959 - DERS., Reichskonzilien v. Theodosius bis Justinian (ZSavRG Kan. Abt. 11, 1921, 208-253) - DERS., Die Kanonessammlungen der alten Reichskirche (ebd 25, 1936, 1-114; beides erscheint in Ges. Schr. IV) - RE XIX, 262ff; XXIV, 556f - A.HAUCK, Die Rezeption u. Umbildung der allg. Synode im MA (HV 10, 1907, 465-482) - G.TANGL, Die Teilnehmer an den allg. Konzilien des MA, 1922 - H.BARION, Das fränkisch-dt. Synodalrecht des Früh-MA (Kanonist. Studien u. Texte 5/6), 1931 - DERS., Die Nationalsynode im fränk.-dt. Synodalrecht des Früh-MA (Verzeichnis d. Vorlesungen d. staatl. Akad. Braunsberg, Sommersem. 1934) - C.DE CLERCQ, La législation religieuse franque de Clovis à Charlemagne, Louvain 1936 - K.G.STECK, Der »Locus de synodis« in der luth. Dogmatik (Theol. Aufsätze K.Barth z. 50. Geb., 1936, 338-352) - ST.GAGNÉR, Zur Entstehung der europäischen u. schwed. Diözesansynode (KÅ 48, 1948, 1-31) - FEINE (Lit.) - E.KINDER, Der Gebrauch des Begriffes »ökumenisch« im älteren Luthertum (KuD 1, 1955, 180-207) - J.KOOPMANS, Das altkirchl. Dogma in der Reformation (BEvTh 22), 1955 - R.STUPPERICH, Kirche u. Synode bei Melanchthon (Gedenkschrift W.Elert, 1955, 199-210) - F.HÜBNER, Das K. als Leitbild für ökumenische Konferenzen (ebd 387-399) - ALTANER 223ff. - Ferner die Darstellungen der allg. u. territorialen KG u. des → Kirchenrechts.

H.D.Altendorf

9. a) Das *Allgemeine K.* (Concilium Oecumenicum) ist neben dem Papst das zweite und zwar ein unständiges und formal kollegiales gesamtkirchliches Leitungsorgan. Seine Mitglieder sind: die Kardinäle; die regierenden, wenn auch gegebenenfalls noch nicht geweihten Patriarchen, Primaten, Erzbischöfe und Bischöfe; die Äbte und Prälaten nullius und die (ihnen entsprechenden) orientalischen Exarchen; der Abtprimas des Benediktinerordens, die leitenden Äbte der monastischen Zusammenschlüsse und die Generaloberen der exemten klerikalen Klostergenossenschaften, beide sowohl des lat. wie des orientalischen Ritus. Titularbischöfe und Generalobere anderer Klostergenossenschaften können eingeladen werden und haben Stimmrecht, wenn die Einladung nichts anderes festlegt. Die theologischen und kanonistischen Sachverständigen haben nur beratende Stimme. Die etwaige Einladung häretischer oder schismatischer Kirchenoberer könnte nur an gültig Geweihte ergehen und würde die Voraussetzung einschließen, daß ihre Mitwirkung auch die Lossagung von der betreffenden häretischen oder schismatischen Position bedeutet. Das allgemeine K. repräsentiert nach geltendem Kirchenrecht nur die bischöflich oder bischofsähnlich verfaßte Kirche, die Missionskirche, soweit sie von Apostolischen Vikaren oder Präfekten geleitet wird, hingegen nur, wenn diese Ordinarien Titularbischöfe sind und als solche eingeladen werden. Ferner geschieht die Repräsentation hauptsächlich unter jurisdiktionellem Aspekt; die Bischofsweihe ist den Konziliaren nicht notwendig und erlaubt für sich allein noch nicht die Teilnahme. Die Leitung (Berufung, Vorsitz, Tagesordnung, Verlegung, Vertagung, Schließung) liegt ausschließlich beim Papst oder bei den von ihm ernannten Stellvertretern. Er muß auch die Beschlüsse zu ihrer Gültigkeit bestätigen, kann also nicht überstimmt werden. Im Rahmen dieses Zusammenwirkens mit dem Papst ist das Allgemeine K. jedoch eigenständiger, nicht erst vom Papst bevollmächtigter Träger der höchsten kirchlichen, dh gesamtkirchlicher Gewalt. Durch jegliche Loslösung von der päpstlichen Beteiligung verliert es kraft göttlichen Rechtes seine Gewalt; die beim Tod des Papstes während eines allgemeinen K.s eintretende Unterbrechung ist nur die kirchlich-rechtliche Folgerung daraus. Wegen dieser unauflöslichen Bindung an den Papst ist auch die Appellation vom regierenden Papst an ein allgemeines K. in sich sinnwidrig und rechtlich wirkungslos; kirchenrechtlich macht sie den Appellanten der Häresie verdächtig und hat ipso facto die → Exkommunikation zur Folge, juristische Personen verfallen dem → Interdikt.

b) *Partikular-K.e,* also mit bloß teilkirchlicher Gewalt, sind in der Lat. Kirche die *Plenar-K.e* aus den Bischöfen und bischofsgleichen Ortsordinarien mehrerer, meist politisch-geographisch zusammengehörender Kirchenprovinzen, und die *Provinzial-K.e* aus den gleichen Ortsordinarien einer Kirchenprovinz. Die Provinzial-K.e sind regelmäßiges Leitungsorgan, das alle 20 Jahre zusammentreten soll, und werden vom Metropoliten geleitet. Die Plenar-K.e werden von nur Fall zu Fall einberufen und von einem eigens ernannten Päpstlichen Legaten geleitet. Beide K.e leiten ihre Gewalt nicht aus eigenem, sondern nur aus päpstlichem Recht ab; ihre Beschlüsse müssen daher vom Hl. Stuhl (K.skongregation) bestätigt werden.

Praktisch sind an die Stelle der Provinzial-K.e die vom CIC in mindestens 5jährigem Turnus vorgeschriebenen *Bischofskonferenzen* der Provinz, an die Stelle der Plenar-K.e die Bischofskonferenzen mehrerer Provinzen getreten. In Deutschland gibt es als gesamtdeutsche Bischofskonferenz die Fuldaer, daneben im Rahmen der auch kirchlich stets sorgfältig gepflegten bayerischen Eigenstaatlichkeit für die bayerischen Bischöfe die Freisinger, schließlich west- und mitteldeutsche Bischofskonferenzen; alle treten mindestens einmal im Jahr zusammen. Für die Genehmigung der Konferenzbeschlüsse ist ebenfalls die K.skongregation zuständig.

Neben diesen *beschließenden K.en* steht als einziges *beratendes* und demgemäß formell auch nicht zu den Partikular-K.en gehörendes die *Diözesansynode.* Auf ihr berät der Weltklerus einer Diözese (Generalvikar, Domkapitel, Dechanten, gewählte Vertreter der einzelnen Dekanate) den → Bischof (: II), der einziger Gesetzgeber ist. Auch der in der Diözese ansässige Klosterklerus ist vertreten. Die Diözesansynode soll wenigstens alle 10 Jahre zusammentreten.

c) Die Bestimmungen über die Partikular-K.e und die Diözesansynode gelten im wesentlichen auch für die der → Propaganda-Kongregation unterstellten *Missionsgebiete,* jedoch ohne feste Fristen. Dieser obliegt auch die Bestätigung der Beschlüsse.

d) Im Recht der unierten Orientalischen Kirche sind folgende den lat. Partikular-K.en entsprechende Synoden vorgesehen: eines Patriarchats; der außerhalb eines Patriarchats einem Erzbischof unterstellten Kirchenprovinzen; selbständiger einzelner Kirchenprovinzen; mehrerer Riten; mehrerer selbständiger Kirchenprovinzen (die beiden letzten Gruppen bedürfen päpstlicher Erlaubnis). Hinzu treten die Wahlsynoden für Patriarchen, Erzbischöfe und Bischöfe und die sog. Ständige Synode, bestehend aus dem Patriarchen (Erzbischof) und vier Bischöfen, als kollegiales Beratungs-, zT auch Beschlußorgan der Patriarchal-(Erzbischöflichen) Kurie. Auch für die Orientalische Kirche sind Bischofskonferenzen und Diözesansynoden vorgeschrieben.

cc. 222-229. 250 § 4. 252 § 2. 281-292. 304 § 2. 356-362. 2332 CIC - cc. 167-174. 221-239. 247. 251-254. 287-295. 325 §§ 2 u. 3. 326 § 1 n. 1 u. 8. 327. 340-351. 422-428 De Ritibus orientalibus et de Personis (AAS 49, 1957, 481ff) - Lehrbücher des kath. → Kirchenrechts - DDC III, 1268ff.

H.Barion

Unter K etwa Vermißtes bitte unter C und Z suchen

UTB
FÜR WISSEN
SCHAFT

Eine Arbeitsgemeinschaft der Verlage

Wilhelm Fink Verlag München
Gustav Fischer Verlag Stuttgart
Francke Verlag Tübingen
Harper & Row New York
Paul Haupt Verlag Bern und Stuttgart
Dr. Alfred Hüthig Verlag Heidelberg
Leske Verlag + Budrich GmbH Opladen
J. C. B. Mohr (Paul Siebeck) Tübingen
R. v. Decker & C. F. Müller Verlagsgesellschaft m. b. H. Heidelberg
Quelle & Meyer Heidelberg · Wiesbaden
Ernst Reinhardt Verlag München und Basel
K. G. Saur München · New York · London · Paris
F. K. Schattauer Verlag Stuttgart · New York
Ferdinand Schöningh Verlag Paderborn · München · Wien · Zürich
Eugen Ulmer Verlag Stuttgart
Vandenhoeck & Ruprecht in Göttingen und Zürich

Die Religion in Geschichte und Gegenwart

Handwörterbuch für Theologie und Religionswissenschaft

Dritte, völlig neu bearbeitete Auflage

in Gemeinschaft mit Hans Frhr. v. Campenhausen,
Erich Dinkler, Gerhard Gloege und Knut E. Løgstrup
herausgegeben von Kurt Galling

Ungekürzte Studienausgabe

Vierter Band: Kop–O

Mit 36 Tafeln und 2 Karten

J. C. B. Mohr (Paul Siebeck) Tübingen

Redaktion des vierten Bandes: Dr. Wilfrid Werbeck

CIP-Kurztitelaufnahme der Deutschen Bibliothek

Die Religion in Geschichte und Gegenwart:
Handwörterbuch für Theologie u. Religionswiss. / in Gemeinschaft mit Hans Frhr. v. Campenhausen . . . hrsg. von Kurt Galling. – 3., völlig neu bearb. Aufl., ungekürzte Studienausg. – Tübingen: Mohr
(UTB für Wissenschaft: Große Reihe)
ISBN 3-16-145098-1

NE: Galling, Kurt [Hrsg.]

Bd. 4. Kop–O. – 1986.

Ungekürzte Studienausgabe 1986

Satz: H. Laupp jr, Tübingen. Druck und Bindung: C. H. Beck'sche Buchdruckerei, Nördlingen.

Printed in Germany.

INHALTSVERZEICHNIS

VERZEICHNIS DER FÄCHER UND FACHBERATER

Religionswissenschaft	Prof. Dr. Dr. *C.-M. Edsman,* Uppsala-Schweden
Altes Testament	Prof. D. Dr. *K. Galling,* Göttingen
Neues Testament	Prof. D. *Erich Dinkler,* Bonn
Biblische Archäologie	Prof. D. Dr. *K. Galling,* Göttingen
Kirchengeschichte:	Prof. D. Dr. *H. Frhr. v. Campenhausen,* Heidelberg
Alte Kirche	Prof. D. *K. Aland,* Münster
Mittelalter	Prof. Dr. *L. Petry,* Mainz
Reformationszeit	Prof. D. *W. Maurer,* Erlangen
Neuzeit	Prof. D. *E. Wolf,* Göttingen
Konfessionskunde, Kirchenkunde, Ökumene und religiöse Lage der Gegenwart	Prof. D. *H.-H. Schrey,* Berlin
Dogmatik	Prof. D. *G. Gloege,* Jena
Religionsphilosophie	Prof. Dr. *K. E. Løgstrup,* Aarhus-Dänemark
Philosophie	Prof. Dr. *J. Klein,* Göttingen
Ethik	Prof. Dr. *K. E. Løgstrup,* Aarhus-Dänemark
Sozialwissenschaft	Dr. *F. Fürstenberg,* Stuttgart
Praktische Theologie	Prof. D. *W. Jannasch,* Mainz
Missionswissenschaft	Dr. *J. Margull,* Hamburg/Genf
Kirchenrecht	Prof. Dr. *K. Hesse,* Freiburg
Kirchenmusik	Prof. Dr. *Thr. Georgiades,* München
Pädagogik	Prof. Dr. *H. Scheuerl,* Erlangen
Christliche Archäologie	Prof. D. *Erich Dinkler,* Bonn
Christliche Kunst	Dr. *Erika Dinkler-v. Schubert,* Bonn
Literaturgeschichte	Prof. Dr. *P. Requadt,* Mainz

VERZEICHNIS DER MITARBEITER AM IV. BAND

Professor Dr. *S. Aalen*, Oslo-Norwegen
Dr. *L. Abramowski*, Bonn
Professor Dr. *A. Adam*, Bethel
Professor D. *K. Aland*, Münster
Professor Dr. *J.-J. v. Allmen*, Neuchâtel-Schweiz
Dr. *H. D. Altendorf*, Tübingen
Professor D. Dr. *P. Althaus*, Erlangen
Pastor *E. Amdahl*, Stavanger-Norwegen
Reverend *H. B. Amstutz* DD, Singapur-Malaya
Professor D. *C. Andresen*, Marburg
Dr. *K. O. Frhr. v. Aretin*, Göttingen
† Pfarrer *G. Arndt*
Dr. *A. Arvastson*, Eslöv-Schweden
Dr. *H. U. Asemissen*, Göttingen
Dozent Dr. *R. Bach*, Duisdorf/Bonn
† Dozent Dr. *L. Baeck*
Professor Dr. *G. Baez-Camargo*, Mexiko
Professor Dr. *J. N. Bakhuizen van den Brink*, Leiden-Niederlande
Privatdozent Dr. *K. Baltzer*, Heidelberg
Pfarrer Dr. *F. Bammel*, Bonn
Dozent Dr. *E. Bannerth*, Eisenstadt-Österreich
Professor D. *H. Bardtke*, Leipzig
Professor *H. Barion*, Bonn
Professor D. Dr. *E. Barnikol*, Halle
Dr. *P. F. Barton*, Münster
† Professor D. *K. Bauer*
Professor D. Dr. *W. Bauer*, Göttingen
Professor Dr. *J. Bauermann*, Münster
Dr. *G. Baumert*, Frankfurt/M.
Professor D. *F. Baumgärtel*, Erlangen
Professor D. Dr. *W. Baumgartner*, Basel-Schweiz
Professor Dr. *R. P. Beaver*, Chicago-USA
Professor Dr. *G. Bebermeyer*, Tübingen
Professor Dr. *A. Beck*, Hamburg
Professor Dr. *H.-G. Beck*, München
Professor Dr. *C. Becker*, Marburg
Präses Professor D. Dr. *J. Beckmann*, Düsseldorf
Generalsekretär *G. Beetz*, Bensheim
Pfarrvikar *A. Behr*, Arnstein
Dozent Dr. *H. Beintker*, Greifswald
Professor Dr. *A. Bergsträßer*, Freiburg
Dr. *H. Berthold*, Halle
† Professor D. *A. Bertholet*
Professor Dr. *H. Beumann*, Bonn
Dozent Dr. *E. Beyreuther*, München
Pastor Dr. *F. Birkeli*, Stavanger-Norwegen
Professor Dr. *K. Bittel*, Berlin
Professor Dr. *G. Biundo*, Mainz
Professor D. *E. Bizer*, Bonn
Professor Dr. *M. Black*, St. Andrews-Schottland
Direktor Dr. *W. Blankenburg*, Schlüchtern
Dozent Dr. *H. Blankertz*, Hamburg
Dr. *J. Blauw*, Amsterdam-Niederlande
Professor Dr. *H. Blumenberg*, Gießen
Professor Dr. *F. Bock*, Darrigsdorf
Professor Dr. Dr. *A. Böhlig*, Halle
Privatdozentin Dr. *L. Boehm*, München
Pastor *R. Börner*, Hannover
Pastor Dr. *H. Bolewski*, Loccum
Professor Dr. *O. F. Bollnow*, Tübingen
G. Bormann, Tübingen
Professor D. Dr. *H. Bornkamm*, Heidelberg
Dozent Dr. *A. Borst*, Münster
Lic. *H. Brandenburg*, Korntal
Professor Dr. *S. G. F. Brandon*, Manchester-England
H. Braun, Heidelberg
Missionsdirektor *G. Brennecke*, Berlin
Professor D. Dr. *A. Brück*, Mainz
Professor Dr. *H. Brunner*, Tübingen
Dr. *H. Buchheim*, München
Dozent Dr. *V. Buchheit*, Scheidt
Professor Dr. *P. G. Buchloh*, Kiel
Professor Dr. *R. Buchner*, Würzburg
Professor Dr. *A. Buck*, Marburg
Professor D. Dr. *M. Bucsay*, Budapest-Ungarn
Pastor Dr. *H. Bürkle*, Hamburg
Professor Dr. *H. Büttner*, Bad Nauheim
Professor D. *R. Bultmann*, Marburg

Professor Dr. *P. Burgelin*, Paris-Frankreich
Professor Dr. *J. Cadier*, Montpellier-Frankreich
Professor D. Dr. *H. Frhr. v. Campenhausen*, Heidelberg
Reverendissime Abbé *B. Capelle* OSB, Löwen-Belgien
Reverend *D. Carter*, Hull-England
Professor *H. Chadwick* DD, Oxford-England
Privatdozent Dr. *P. Classen*, Mainz
Dr. *H. Claussen*, Münster
† Professor D. Dr. *O. Clemen*
Dr. *S. Cohen*, Cincinnati-USA
Privatdozent Dr. Dr. *C. Colpe*, Göttingen
Professor Dr. *J. Courvoisier*, Genf-Schweiz
Superintendent *A. Cramer*, Emden
Bibliotheksrat Dr. *E. Crous*, Krefeld
Professor Dr. *S. Czeglédy*, Debrecen-Ungarn
Dr. *H. Daheim*, Köln
Professor Dr. *N. A. Dahl*, Oslo-Norwegen
Professor Dr. *R. Dahrendorf*, Hamburg
Professor Dr. *E. Dammann*, Berlin
Professor Dr. *W. F. Dankbaar*, Groningen-Niederlande
Professor Dr. *B. Decker*, Mainz
Dr. Dr. *K. Degen*, Darmstadt
Professor D. Dr. *F. W. Deichmann*, Rom-Italien
Professor D. Dr. *W. Delius*, Berlin
Dr. *H. Desroche*, Paris-Frankreich
Pfarrer Dr. *K. Dienst*, Gießen
Professor Dr. *A. Dietrich*, Göttingen
Pfarrer Dr. Dr. *E. L. Dietrich*, Wiesbaden
Professor Dr. *A. Dihle*, Köln
Professor D. *Erich Dinkler*, Bonn
Dr. *Erika Dinkler-v. Schubert*, Bonn
Dr. *K. Dittmer*, Hamburg
Professor D. Dr. *M. Doerne*, Göttingen
Professor Dr. *H. Dörrie*, Saarbrücken
Professor D. *H. Dörries*, Göttingen
Pfarrer Dr. *R. Dollinger*, Pfarrkirchen
Staatsanwalt a. D. Dr. *H. Dombois*, Heidelberg
Privatdozent Dr. Dr. *H. Donner*, Göttingen
H. van Dühren, Berlin
† Professor Dr. *U. Ebbecke*
Professor D. *G. Ebeling*, Zürich-Schweiz
Dr. *R. Ebert*, Hamburg
Professor Dr. *M. Eder*, Tokio-Japan
Professor Dr. Dr. *C.-M. Edsman*, Uppsala-Schweden
Pfarrer Dr. *O. Eggenberger*, Richterswil-Schweiz
Professor Dr. *W. Ehmann*, Herford
Professor Dr. *E. Ehnmark*, Lund-Schweden
Professor Dr. Dr. *A. Ehrhardt*, Heywood-England
Professor Dr. *W. Eichrodt*, Basel-Schweiz
Professor Dr. *W. Eilers*, Würzburg
Professor D. Dr. Dr. *O. Eißfeldt*, Halle
† Professor Dr. *I. Elbogen*
Professor Dr. *M. Eliade*, Chicago-USA
Professor D. *K. Elliger*, Tübingen
Professor D. *W. Elliger*, Berlin
Professor D. *W. Eltester*, Tübingen
Professor Dr. *W. Th. Elwert*, Mainz
Dr. *M. Elze*, Tübingen
Professor Dr. *K. Engisch*, München
Dr. *H. M. Frhr. v. Erffa*, München
Professor Dr. *A. Erler*, Frankfurt/M.
Professor Dr. *L. van der Essen*, Löwen-Belgien
Dozent Dr. *H. Fagerberg*, Uppsala-Schweden
Pfarrer Dr. *E. Fahlbusch*, Mesum
Dr. *U. Falkenroth*, Bückeburg
Pastor Dr. *H. Fast*, Emden
Ephorus D. *H. Fausel*, Maulbronn
Professor Dr. *H. E. Feine*, Tübingen
Dr. *R. Feldhusen*, Hamburg
Dr. *Chr. v. Ferber*, Göttingen
Dozent Dr. *I. Fetscher*, Tübingen
Rektor Dr. *F. Flaskamp*, Wiedenbrück
Vizepräsident i. R. D. *P. Fleisch*, Loccum
Professor Dr. *W. Flemming*, Mainz
Professor D. *W. Foerster*, Münster
Professor D. Dr. *G. Fohrer*, Wien-Österreich
S. Fornaçon, Berlin
Professor Dr. *G. Franz*, Stuttgart
Professor D. *E. Fuchs*, Berlin
Dr. *F. Fürstenberg*, Stuttgart
Dr. *H. Fuhrmann*, Kiel
Privatdozent Dr. *M. Fuhrmann*, Freiburg
Professor Dr. *G. Funke*, Bruchsal
Professor D. Dr. *K. Galling*, Göttingen
Studienrat Pfarrer Dr. *P. Geiger*, Heidelberg
Professor Dr. *J. R. Geiselmann*, Tübingen
Professor Dr. *G. Geißler*, Hamburg
Professor D. *H.-W. Gensichen*, Heidelberg

Dr. *D. Georgi*, Heidelberg
Professor Dr. *Thr. Georgiades*, München
Professor Dr. *H.W. Gerhard*, Durham-USA
Oberkirchenrat *W. Gerhold*, Hannover
Dozent Dr. *H. Gese*, Tübingen
Dr. *H.-G. Geyer*, Birlinghoven
Professor Dr. *H. v. Glasenapp*, Tübingen
† Professor D. *P. Glaue*
G. Glockmann, Berlin
Professor D. *G. Gloege*, Jena
Professor Dr. *W. Göbell*, Kiel
Pfarrer Dr. *R. Gögler*, Wendelsheim
Dr. *J. F. G. Goeters*, Bonn
Professor Dr. *K. Goldammer*, Marburg
Professor D. *H. Gollwitzer*, Berlin
Dr. *N. Goodall*, London-England
Professor Dr. *F. C. Grant*, New York-USA
Professor D. *H. Graß*, Marburg
Director *R. B. Green*, Princeton-USA
Professor D. *H. Greeven*, Kiel
† Professor Dr. *M. Greiner*
Professor Dr. *K. Grobel*, Nashville-USA
Professor Dr. *W. Grohmann*, Berlin
Pfarrer Dr. *E. Groß*, Kreuznach
Professor Dr. *H. Grundmann*, München
Professor Dr. *S. Grundmann*, München
Dr. *H. R. Guggisberg*, Biel-Schweiz
Professor Dr. *W. K. C. Guthrie*, Cambridge-England
Missionssekretär *E. Haas*, Marburg
Dr. *H.-U. Haedeke*, Köln
Professor Dr. *J. Haekel*, Wien-Österreich
Professor Dr. *W. Hager*, Münster
Pfarrer *K. Halaski*, Gruiten
Professor Dr. *L.-E. Halkin*, Lüttich-Belgien
Bibliotheksrat Dr. *Chr. Hallier*, Frankfurt/M.
Professor Dr. *A. Hamman* OFM, Besançon-Frankreich
Oberbaurat *H. Hampe*, Heidelberg
Dipl.-Phil. *G. Chr. Hansen*, Berlin
Professor D. *G. Harbsmeier*, Lüneburg
Hauptpastor Dr. *H. H. Harms*, Hamburg
Professor Dr. *G. F. Hartlaub*, Heidelberg
Professor Dr. *F. Hartmann*, Marburg
Professor Dr. *E. Hassinger*, Freiburg
Professor Dr. *R. Hauge*, Oslo-Norwegen
Dr. *P. Hauptmann*, Münster
Professor D. *F. Hauß*, Heidelberg
Dekan D. *Th. Heckel*, München
Reverend *W. N. Heggoy*, Constantine-Algerien
Professor D. Dr. *F. Heiler*, Marburg
Professor Dr. *N. J. Hein*, Hamden-USA
Professor Dr. *H. Helbig*, Berlin
Dr. *H. Helmcke*, Wiesbaden
Dr. *J. Hemmerle*, München
Professor D. Dr. *J. Hempel*, Göttingen
Professor Dr. *D. Henrich*, Berlin
Dozent Dr. *R. Hentschke*, Münster
Pastor Dr. *J. Hermelink*, Hamburg
Universitätsmusikdirektor Dr. *S. Hermelink*, Heidelberg
Professor D. *H. W. Hertzberg*, Kiel
Professor D. *E. Hertzsch*, Jena
Dozent Dr. *J. Heubach*, Krusendorf
Professor D. Dr. *K. Heussi*, Jena
Dr. *P. Heyde*, Bad Godesberg
Superintendent D. *H. Heyden*, Richtenberg
Dozent Dr. *F. Heyer*, Schleswig
Dozent Dr. *W. Hirschberg*, Wien-Österreich
Professor Dr. *O. Höfler*, Wien-Österreich
Professor D. *G. Hoffmann*, Kiel
Professor Dr. *Ph. Hofmeister* OSB, Neresheim
Professor Dr. *P. R. Hofstätter*, Wilhelmshaven
Oberkonsistorialrat a. D. Lic. Dr. *H. Hohlwein*, Solingen
Landessuperintendent D. Dr. *W. Hollweg*, Emden
Professor D. *W. Holsten*, Mainz
Vikar Dr. *W. Holtmann*, Neukirchen
Professor D. *G. Holtz*, Rostock
Professor Dr. *P. Honigsheim*, East Lansing-USA
Pastor *F. W. Hopf*, Bleckmar
Professor Dr. *S. R. Hopper*, Madison-USA
Professor D. Dr. *F. Horst*, Mainz
Privatdozent Dr. *K. Hübner*, Kiel
Professor Dr. *Å. Hultkrantz*, Stockholm-Schweden
Pfarrer Dr. Dr. *G. Huntemann*, Bremen
Dozent Dr. *C.-H. Hunzinger*, Göttingen
Professor D. *R. Hupfeld*, Heidelberg
Kirchenrat D. Dr. *K. Hutten*, Stuttgart
Professor Dr. *E. Jacob*, Straßburg-Frankreich
Pfarrer Dr. *S. Jacob*, Bensheim
Professor D. Dr. *W. Jaeger*, Cambridge-USA

Missionsdirektor *Chr. Jahreiß*, Nürnberg
Professor Dr. *E. Jammers*, Heidelberg
Professor Dr. *H. Jankuhn*, Göttingen
Professor D. *W. Jannasch*, Mainz
J. M. A. Janssen, Leiden-Niederlande
Professor Lic. *K. Janssen*, Münster
Dr. *H. Jappe*, Bonn
Abbé Professor Dr. *E. Jarry*, Paris-Frankreich
Kirchenrat a. D. D. Dr. *R. Jauernig*, Neu-Isenburg
Dr. *B. Idowu*, Ibadan-Westafrika
Professor Dr. *E. Jenni*, Basel-Schweiz
Professor Dr. *W. Jesse*, Braunschweig
Professor Dr. *P. Johansen*, Hamburg
Professor Dr. *K. Jordan*, Kiel
F. Jürss, Berlin
Dipl. Theol. *K. Junack*, Münster
Professor D. *H. Jursch*, Jena
Professor D. *E. Kähler*, Greifswald
Professor D. *E. Käsemann*, Tübingen
Dr. *H.-D. Kahl*, Gießen
Dr. *G. Kaiser*, Mainz
Professor Dr. *A. S. Kapelrud*, Oslo-Norwegen
Privatdozent Dr. *J. Karayannopulos*, Athen-Griechenland
Geheimrat D. Dr. *B. Karnatz*, Berlin
Professor Lic. Dr. *H. Karpp*, Bad Godesberg
Dr. *O. Karrer*, Luzern-Schweiz
Reverend Dr. *F. Kenworthy*, Manchester-England
Pastor Dr. *W. Kersten-Thiele*, Düsseldorf
Professor Dr. *F. H. Kettler*, Münster
Professor D. *E. Kinder*, Münster
Professor Dr. *S. Kjöllerström*, Lund-Schweden
Kirchenrat a. D. Dr. *M. Kiunke*, Bremerhaven
Dr. *R. Klauser*, Heidelberg
Pfarrer Dr. *G. Klein*, Bonn
Professor Dr. *J. Klein*, Göttingen
Missionsdirektor *H. F. de Kleine*, Wuppertal-Barmen
Dr. *P. G. Klussmann*, Münster
Professor Dr. *M. D. Knowles*, Cambridge-England
Professor Dr. *Günther Koch*, Bonn
Professor Dr. *Hal Koch*, Kopenhagen-Dänemark
† Professor Dr. Dr. *Hans Koch*
† Professor Dr. *Hugo Koch*
Professor D. *A. Köberle*, Tübingen
Professor Mag. *O. Koefoed-Petersen*, Kopenhagen-Dänemark
† Professor Dr. *A. M. Koeniger*
Studienrat *K. Kößler*, Erlangen
Professor Dr. *R. Konetzke*, Köln
Professor D. *H. Kraft*, Kiel
Professor Dr. *C. Krahn*, North Newton-USA
Professor D. *H.-J. Kraus*, Hamburg
Professor Dr. *G. Kretschmar*, Hamburg
Oberkirchenrat Dr. *H. Krüger*, Frankfurt/M.
Dr. *S. Krüger*, Göttingen
Dozent Dr. Dr. *H. W. Krumwiede*, Göttingen
Professor Dr. *G. Kubler*, New Haven-USA
Missionsinspektor *M. Küchler*, Leipzig
Direktor Dr. *R. Kücklich*, Reutlingen
Professor Dr. *Herbert Kühn*, Mainz
Professor Dr. *W. Küppers*, Bonn
Dr. *J. S. Kunstreich*, Kiel
Professor Dr. *K. Kupisch*, Berlin
Professor D. *A. Kuschke*, Mainz
Privatdozent Dr. *E. Kutsch*, Mainz
Privatdozent Dr. *G. Lanczkowski*, Wabern
Professor Dr. *K. Lankheit*, Karlsruhe
Professor D. *F. Lau*, Leipzig
Direktor *Sh. E. Lee*, Cleveland-USA
Professor D. *A. Lehmann*, Halle
Professor Dr. *P. Lehmann*, München
Professor D. Dr. *J. Leipoldt*, Ahrenshoop
Dr. *J. Leuschner*, Göttingen
Professor D. Dr. *F. M. Th. de Liagre Böhl*, Milsbeek-Niederlande
Dozent Dr. *H. Liebing*, Tübingen
Professor D. Dr. *H. Liermann*, Erlangen
Professor Dr. *S. van der Linde*, Utrecht-Niederlande
Dompropst Professor Dr. *V. Lindström*, Karlstad-Schweden
Professor Dr. *L. Loeffler*, Hannover
Dr. *P. Löffler*, Wiesbaden
Professor Dr. *K. E. Løgstrup*, Aarhus-Dänemark
Dr. *W. Frhr. v. Löhneysen*, Berlin
Professor Dr. *H. Löwe*, Erlangen
Privatdozent Dr. *B. Lohse*, Hamburg
Professor Dr. *E. Lohse*, Kiel
Dr. *A. Lommel*, München
Professor Lic. *R. Lorenz*, Berlin

Professor Dr. *H.Losch*, Bonn
† Professor Dr. *Ph.Losch*
Dozent Dr. *U.Luck*, Münster
Professor Dr. *H.Ludat*, Gießen
Pfarrvikarin Dr. *R.Ludwig*, Eßlingen
Dozent Dr. *H.Lübbe*, Münster
Staatsarchivdirektor Dr. *H.Lübbing*, Oldenburg
Pfarrer D. *W.Lueken*, Frankfurt/M.
Professor Dr. *V.Maag*, Zürich-Schweiz
Professor Dr. *F.Maass*, Berlin
Dr. *W.Mangold*, Frankfurt/M.
Professor Dr. *O.Mann*, Heidelberg
Professor Dr. *R.Manselli*, Rom-Italien
Dr. *J.Margull*, Hamburg/Genf
Dr. *G.Maron*, Bensheim
Professor Dr. *W.Marxsen*, Bethel
Professor Dr. *E.Maschke*, Heidelberg
Professor Dr. *F.Matz*, Marburg
Professor D. *W.Maurer*, Erlangen
Stadtpfarrer *R.Mayer*, Freudenstadt
Reverend Dr. *St.Mechie*, Giffnock-Schottland
Professor D. *R.Mehl*, Straßburg-Frankreich
Dr. *P.Meller*, Florenz-Italien
Professor Dr. Dr. *G.Mensching*, Bonn
Pater Dr. *B.Menzel* OSB, Rohr
Dozent Pfarrer Dr. *F.Merkel*, Mandel
† Professor D. *G.Merz*
Oberstudiendirektor Dr. *F.Messerschmid*, Tutzing
Professor Dr. *B.M.Metzger*, Princeton-USA
Bischof Professor Dr. *H.Meyer*, Lübeck
Professor Dr. *O.Meyer*, Bamberg
Professor D. *R.Meyer*, Jena
Professor Dr. *H.Meylan*, Lausanne-Schweiz
Professor D. Dr. *M.Mezger*, Mainz
E.Michel, Weidenau
Professor D. *O.Michel*, Tübingen
Professor Dr. *K.H.Miskotte*, Voorst-Niederlande
Pfarrer *G.Möckel*, Athen-Griechenland
Privatdozent Dr. *B.Moeller*, Heidelberg
Professor Dr. *E.Molland*, Oslo-Norwegen
Professor Dr. *A.Moortgat*, Berlin
Professor Dr. *J.Moreau*, Saarbrücken
Professor D. Dr. *S.Morenz*, Leipzig
Kanonikus *E.Morhain*, Montigny-Lès-Metz-Frankreich
Dr. *H.Motel*, Bad Boll
Professor Dr. *S.Mowinckel*, Oslo-Norwegen
Professor Dr. *W.E.Mühlmann*, Wiesbaden
Professor Dr. *E.Mülhaupt*, Wuppertal-Barmen
Oberstudienrat Dr. *A.Müller*, Rosenheim
Dr. *E.W.Müller*, Mainz
Pfarrer extr. Dr. *Gerh. Müller*, Marburg
Professor Dr. Dr. *L.Müller*, Kiel
Dr. *W.Müller*, Hamburg
Professor Dr. *J.Müller-Bardorff*, Hamburg
Professor Dr. *G.Müller-Schwefe*, Tübingen
Professor D. *H.-R.Müller-Schwefe*, Hamburg
Professor Dr. *W.Müller-Seidel*, München
† Professor D. Dr. *H.Mulert*
Pfarrer Dr. *R.Mumm*, Minden
Militärdekan *A.v.Mutius*, Bonn
Professor D. *W.Nagel*, Greifswald
Kirchenrat *Hans Neumeyer*, Neuendettelsau
Dr. *Heinz Neumeyer*, Lübeck
Pastor *A.Neuser*, Leopoldshöhe/Bielefeld
† Landessuperintendent Professor D. *W.Neuser*
† Professor Dr. *E.Newman*
Professor D. *A.Niebergall*, Marburg
Professor D. *W.Niesel*, Schöller
Dr. *A.Niethammer*, Münster
Dr. *K.Nitzschke*, Bensheim
Dean *O.F.Nolde* DD, Philadelphia-USA
Dozent Dr. *C.E.Normann*, Lund-Schweden
Pfarrer *G.Noske*, Berlin
Professor D. *M.Noth*, Bonn
Professor Dr. *R.Nürnberger*, Göttingen
Dr. *W.Oberle*, Basel-Schweiz
Professor Dr. *R.Obermüller*, Buenos-Aires-Argentinien
Professor Dr. *R.Oertel*, München
Professor Dr. *Th.Ohm* OSB, Münster
Professor Dr. *K.Onasch*, Halle
Reverend *R.K.Orchard*, London-England
Pater *P.O'Reilly*, Paris-Frankreich
Dr. *E.Oßwald*, Weimar
Professor Dr. *H.Osthoff*, Frankfurt/M.
Dr. *W.Osthoff*, München
Msgr. Dr. *H.Ostlender*, Bonn
Professor Dr. *K.Otto-Dorn*, Ankara-Türkei
Professor Dr. *H. van Oyen*, Basel-Schweiz
Dr. *E.H.Pältz*, Jena
Professor Dr. *M.Pallottino*, Rom-Italien
Dipl. Phil. *F.Paschke*, Berlin

Privatdozent Dr. *G. Patzig*, Göttingen
Dr. Dr. *H. Paulus*, Erlangen
Pfarrer *C.H. Peisker*, Herborn
Professor D. *E. Peschke*, Halle
Ministerialrätin a. D. *K. Petersen*, Hannover
Professor Dr. *R. Pfister*, Zürich-Schweiz
Professor Lic. Dr. *W. Philipp*, Marburg
Dr. *P. Philippi*, Heidelberg
Professor Dr. *A. C. Piepkorn*, Clayton-USA
Professor Dr. *O. A. Piper*, Princeton-USA
Pfarrer Dr. *E. Platzhoff-Lejeune*, Jongny sur Vevey-Schweiz
Professor Dr. *V. Pöschl*, Heidelberg
Dozent Dr. *P. Quante*, Kiel
Dr. *G. H. Rabe*, Heidelberg
Landeskirchenrat Dr. *W. Rahe*, Bielefeld
Missionsdirektor *K. Rahn*, Neukirchen
Missionsdirektor *E. Ramsauer*, Bremen
Professor Dr. *I. T. Ramsey*, Oxford-England
S. C. Graf van Randwijck, Oegstgeest-Niederlande
Professor D. *E.L. Rapp*, Mainz
Professor D. Dr. *C.H. Ratschow*, Münster
Pfarrer *G. Raudnitzky*, Kirberg
Pater *A. Rayez* SJ, Les Fontaines-Frankreich
Sir *H. Read*, Stonegrove-England
Professor Dr. *A. Reble*, Bielefeld
Professor Dr. *B. Reicke*, Basel-Schweiz
Professor Dr. *K. Reidemeister*, Göttingen
Dr. *H.-D. Reimer*, Erlangen
Pfarrer Dr. *K. Reinerth*, Sibiu-Rumänien
† Professor D. *H. Rendtorff*
Professor Dr. *R. Rendtorff*, Berlin
Professor D. *K.H. Rengstorf*, Münster
Studienleiter Dr. *H. Renkewitz*, Arnoldshain
Regierungsoberarchivrat Dr. *O. Renkhoff*, Wiesbaden
Professor Dr. *P. Requadt*, Mainz
† Dr. *I. Rhode*
Professor Dr. *R. Říčan*, Prag-Tschechoslowakei
Professor Dr. *A. Rich*, Zürich-Schweiz
Professor Dr. Dr. *L. Richter*, Berlin
Professor Dr. *H. Riesenfeld*, Uppsala-Schweden
Dr. *W. Ringwald*, Stuttgart
Kirchenrat D. Dr. *K. B. Ritter*, Marburg
Reverend *E.H. Robertson*, Genf-Schweiz
Professor Dr. *L. Röhrich*, Mainz
Professor Dr. *H. Röhrs*, Heidelberg
Dr. *W. Röllig*, Wien-Österreich
Pfarrer *H. Roemmich*, Stuttgart
Dr. Dr. *D. Rössler*, Göttingen
Professor Dr. Dr. *H. Rößler*, Darmstadt
Pfarrer *M. Rohkrämer*, Wallach
Pfarrer *H. Rommel*, Bad Liebenzell
Professor D. Dr. *G. Rosenkranz*, Tübingen
Pasteur *J. Roth*, Sainte-Marie-aux-Mines-Frankreich
Dr. *O. Rühle*, Stuttgart
Privatdozent Dr. *E. G. Rüsch*, St. Margrethen-Schweiz
Oberlandeskirchenrat Dr. *E. Ruppel*, Hannover
Pfarrer *O. Sakrausky*, Bleiberg-Österreich
Professor D. *H. Sasse*, Prospect-Australien
Dr. *Hildegard Schaeder*, Frankfurt/M.
Professor Dr. *E. Schäfer*, Göttingen
Pastor *H. Schauer*, Hamburg
Pfarrer Dr. *M. Schellbach*, Magdeburg
Dr. *H. Schepers*, Münster
Professor Dr. *H. Scheuerl*, Erlangen
Professor Dr. *U. Scheuner*, Bad Godesberg
Professor Dr. *Th. Schieffer*, Bad Godesberg
G. Schiller, Hamburg
Professor Dr. *H. Schimank*, Hamburg
Professor Dr. Dr. *A. Schimmel*, Marburg
Professor Dr. *K. Schlechta*, Darmstadt
Dozent Dr. *E. Schlesier*, Göttingen
Konsistorialrat Dr. *F. Schlingensiepen*, Berlin
Dr. *R. Schlötterer*, München
Hauptpastor Dr. *H. Schlyter*, Malmö-Schweden
Professor D. *W. Schmauch*, Greifswald
Professor Dr. *J. Schmid*, München
Dr. *T. Schmid*, Uppsala-Schweden
A. Schmidt, Bad Salzuflen
Dr. *H. Schmidt*, München
Professor D. *K.D. Schmidt*, Hamburg
Professor Dr. *M. Schmidt*, Mainz
Professor Dr. *M. A. Schmidt*, San Anselmo-USA
Pfarrer Dr. *F. Schmidt-Clausing*, Berlin
Dozent Dr. *C. A. Schmitz*, Düsseldorf
Dr. *F. G. Schmücker*, Tübingen
Professor D. *W. Schneemelcher*, Bonn
Professor Dr. *C. Schneider*, Speyer
Professor Dr. *M. Schneider*, Köln

Professor Dr. *H.J. Schoeps*, Erlangen
Repetent Dr. *K. Scholder*, Tübingen
Dr. *M. Schon*, Mainz
Privatdozent Dr. *J. Schoos*, Bonn
Professor D. *E. Schott*, Halle
W. Schottroff, Oberstedten
Professor D. *G. Schrenk*, Arosa-Schweiz
Professor D. *H.-H. Schrey*, Berlin
Professor Dr. *W. J. Schröder*, Frankfurt/M.
Missionsinspektor *E. Schrupp*, Wiedenest
K. Schubert, Berlin
Professor Dr. *W. Schubring*, Hamburg
Professor Dr. *W. Schulz*, Tübingen
Dr. *K.-D. Schunck*, Greifswald
Pfarrer Dr. *K. Schuster*, Darmstadt
Reverend D. *P. Scott*, Manchester-England
Professor Dr. *M. Seidlmayer*, Würzburg
Professor D. Dr. *R. Siebeck*, Heidelberg
† *W. Siebeck*
Landgerichtsrat Dr. *H. Simon*, Düsseldorf
Kirchenrat D. *Matthias Simon*, Nürnberg
Dr. *V.L. Simonsen*, Charlottenlund-Dänemark
Professor Dr. *J. Sløk*, Risskov-Dänemark
Professor Dr. *R. Smend*, Göttingen
Dr. *E.L. Smith*, New York-USA
Dr. *I. Smolitsch*, Berlin
† Professor Dr. *H. Frhr. v. Soden*
Professor Dr. *W. Frhr. v. Soden*, Wien-Österreich
† Erzbischof D. *N. Söderblom*
Professor Dr. *N.H. Søe*, Gentofte-Dänemark
Professor Dr. *J. Sólyom*, Budapest-Ungarn
Direktor Dr. *C. E. Sommer*, Frankfurt/M.
Professor Dr. *B. Spuler*, Hamburg
Privatdozent Dr. *J. v. Stackelberg*, Freiburg
Professor D. Dr. *G. Stählin*, Mainz
Dr. *H. Stahl*, Hamburg
Professor Dr. *J.J. Stamm*, Bern-Schweiz
Professor D. *K.G. Steck*, Frankfurt/M.
Professor Dr. *F. Stegmüller*, Freiburg
Pastor *R. Steiner*, Wuppertal-Barmen
† Professor D. *E. Steinwand*
Pfarrer Dr. Dr. *H. Steitz*, Mainz
Dr. *E. Stiglmayr*, Wien-Österreich
Professor Dr. *H. Stock*, Göttingen
† Pfarrer *H. Stocks*
Dr. *H.J. Stoebe*, Bethel
Professor Dr. *O. E. Straßer*, Bern-Schweiz
Privatdozent Dr. *G. Strecker*, Bonn
Professor D. Dr. *R. Stupperich*, Münster
Oberkirchenrat Professor D. *W. Sucker*, Darmstadt
Professor Dr. *G. Süßmann*, Hamburg
Professor Dr. *H.W. Surkau*, Weilburg
Professor Dr. *G. Tellenbach*, Freiburg
Pastor *L. G. Terray*, Oslo-Norwegen
Studienleiter Dr. *E. Thier*, Friedewald
Professor Dr. *L. Thomas*, Lissabon-Portugal
Professor D. Dr. *O. Thulin*, Wittenberg
Pastor Dr. *H. Thyen*, Oldenburg
Professor Dr. *H. Tintelnot*, Kiel
Professor Dr. *I. Török*, Debrecen-Ungarn
Rektor *G. Tolderlund-Hansen*, Roskilde-Dänemark
Dr. *K. Treu*, Berlin
Professor D. Dr. *W. Trillhaas*, Göttingen
Professor Dr. *W.C. van Unnik*, Bilthoven-Niederlande
Professor D. *H. Urner*, Halle
Bibliotheksdirektor Dr. *K. Vancsa*, Linz-Österreich
Dr. *M.J. Vermaseren*, Amsterdam-Niederlande
Pastor Dr. Dr. *E. Verwiebe*, Bielefeld
Professor Dr. *G.F. Vicedom*, Neuendettelsau
Professor D. *P. Vielhauer*, Bonn
Professor Dr. *V. Vinay*, Rom-Italien
Generalsekretär Dr. *W. A. Visser 't Hooft*, Genf-Schweiz
Professor Dr. Dr. *R. Voeltzel*, Straßburg-Frankreich
Pater Dr. *P. Volk* OSB, Maria Laach
Professor Dr. *W. Vollborn*, Kiel
Dr. *H. Volz*, Göttingen
Professor Dr. *J. de Vries*, Utrecht-Niederlande
Studienassessor Dr. *P. Wackwitz*, Jever
Professor Dr. *E. Waldschmidt*, Göttingen
Professor Dr. *F. R. Walton*, Tallahassee-USA
Dr. *H.H. Walz*, Fulda
Professor Dr. *P. Wapnewski*, Heidelberg
Dr. *V. Waschnitius*, Gentofte-Dänemark
Professor Dr. *W. Weber*, Göttingen
Professor D. *J. Weerda*, Erlangen
Professor Dr. *H.K. Weinert*, Tübingen
Dr. *M. Weise*, Jena
Dr. *H.-F. Weiß*, Jena

Dr. *G. Weiß-Stählin*, Erlangen
Professor Dr. *C. F. Frhr. v. Weizsäcker*, Hamburg
Professor D. *H.-D. Wendland*, Münster
Oberkirchenrat Professor Dr. *G. Wendt*, Karlsruhe
Professor Dr. *E. Weniger*, Göttingen
Professor Dr. *F. W. Wentzlaff-Eggebert*, Mainz
Dr. *W. Werbeck*, Tübingen
Privatdozent Dr. *W. Wertenbruch*, Köln
Professor Lic. Dr. *K. Wessel*, München
Professor Dr. *C. Westermann*, Heidelberg
Dozent Dr. *W. Wieland*, Heidelberg
Professor Dr. *L. v. Wiese*, Köln
Dr. *L. Wiesinger*, Berlin
Dr. *F. Winkelmann*, Berlin
Pfarrer Dr. *J. W. Winterhager*, Berlin
† Professor Dr. *M. Winternitz*
Professor Dr. *R. Wittram*, Göttingen
Professor D. Dr. *Erik Wolf*, Oberrotweil
Professor D. *Ernst Wolf*, Göttingen
Professor Dr. *W. Wolf*, Münster
Professor D. *G. Wünsch*, Marburg
Dr. *G. M. Wysner*, New York-USA
Professor Dr. *St. Zankow*, Sofia-Bulgarien
Professor Dr. *W. Zeller*, Marburg
Professor Dr. *W. Zimmerli*, Göttingen
Dr. Dr. *H. Zimmermann*, Wien-Österreich
Professor Dr. *F. Zoepfl*, Dillingen
† Professor D. *L. Zscharnack*

Als Übersetzer:

Professor D. *Erich Dinkler*, Bonn
Dr. *Erika Dinkler-v. Schubert*, Bonn
Professor Dr. Dr. *A. Ehrhardt*, Heywood-England
E.-M. Fabian, Tübingen
K. Fröhlich, Madison-USA
Dr. *E. Kümmerer*, Tübingen
R. Løgstrup, Skødstrup-Dänemark
Professor D. *H.-H. Schrey*, Berlin
Dr. *H. Schulte*, Heidelberg
Professor Dr. *O. Zdansky*, Uppsala-Schweden

Als Zeichner:

Privatdozent Dr. *A. Gerlich*, Mainz

VERZEICHNIS DER ABKÜRZUNGEN

I. BIBLISCHE BÜCHER UND AUSSERKANONISCHE SCHRIFTEN

A. Altes Testament

Gen	Genesis	Mi	Micha
Ex	Exodus	Nah	Nahum
Lev	Leviticus	Hab	Habakuk
Num	Numeri	Zeph	Zephanja
Dtn	Deuteronomium	Hag	Haggai
Jos	Josua	Sach	Sacharja
Ri	Richter	Mal	Maleachi
1Sam	1. Samuelbuch	Ps(s)	Psalm(en)
2Sam	2. Samuelbuch	Spr	Sprüche
1Kön	1. Königsbuch	Hi	Hiob
2Kön	2. Königsbuch	Hhld	Hoheslied
Jes	Jesaja	Ruth	
Dtjes	Deuterojesaja	Klgl	Klagelieder
Jer	Jeremia	Pred	Prediger
Ez	Ezechiel	Est	Esther
Hos	Hosea	Dan	Daniel
Jo	Joel	Esr	Esra
Am	Amos	Neh	Nehemia
Ob	Obadja	1Chr	1. Buch der Chronik
Jon	Jona	2Chr	2. Buch der Chronik

B. Außerkanonische Schriften neben dem Alten Testament

ApkBar(gr)	griech. Baruch-Apokalypse
ApkBar(syr)	syrische Baruch-Apokalypse
Arist	Aristeasbrief
AssMos	Assumptio Mosis
Bar	Baruch
Dam	Damaskusschrift (Zadokitisches Fragment)
EpJer	Epistula Jeremiae
3Esr	3. Esra
4Esr	4. Esra
äthHen	äthiop. Henochbuch
grHen	griech. Henochbuch
hebrHen	hebr. Henochbuch
slHen	slaw. Henochbuch
Jdt	Judith
Jub	Jubiläenbuch
LebAd	Leben Adams und Evas
1Makk	1. Makkabäerbuch
2Makk	2. Makkabäerbuch
3Makk	3. Makkabäerbuch
4Makk	4. Makkabäerbuch
MartJes	Martyrium des Jesaja
OrMan	Oratio Manassis
PsSal	Psalmen Salomos
Sib	Sibyllinen
Sir	Jesus Sirach
TestAbr	Testament Abrahams
Test XII	Testamente der 12 Patriarchen
TestRub	(Sim, Lev, Jud, Iss, Seb, Dan, Naph, Gad, Ass, Jos, Benj)
Tob	Tobit
Weish	Weisheit Salomos
ZusDan	Zusätze zu Daniel
ZusEst	Zusätze zu Esther

Die Funde aus dem Raum westlich des Toten Meeres werden nach dem Vorschlag von R. de Vaux in RB 60, 1953, 88 zitiert:

1QH	hôdajôt = Dankpsalmen aus der ersten Höhle von Qumran (Sukenik, DSS Tafel 35–58)
1QIs^{a}	erste Jesaja-Handschrift aus der ersten Höhle von Qumran (Burrows, QMss I. Tafel 1–54)
1QIs^{b}	zweite Jesaja-Handschrift aus der ersten Höhle von Qumran (Sukenik, DSS Tafel 1–15)
1QM	milḥæmæt b^{e}nê 'ôr bib^{e}nê ḥošæk = »Kampf der Söhne des Lichts gegen die Söhne der Finsternis« (= »Kriegsrolle«, »War«, »Guerre« o.ä.); Handschrift aus der ersten Höhle von Qumran (Sukenik, DSS Tafel 16–34. 47)
1QpHab	pæšær ḥ^{a}baqûq = Habakuk-Kommentar; Handschrift aus der ersten Höhle von Qumran (Burrows, QMss I. Tafel 55–61)
1QS	særæk hăjjāhăd = »Sektenregel«, »Manual of Discipline« o. ä.; Handschrift aus der ersten Höhle von Qumran (Burrows, QMss II. fasc. 2)

C. Neues Testament

Mt	Matthäus
Mk	Markus
Lk	Lukas
Joh	Johannes
MtEv MkEv LkEv JohEv	im Text ohne Stellenangaben
Apg	Apostelgeschichte
Röm	Römerbrief
1Kor	1. Korintherbrief
2Kor	2. Korintherbrief
Gal	Galaterbrief
Eph	Epheserbrief
Phil	Philipperbrief
Kol	Kolosserbrief
1Thess	1. Thessalonicherbrief
2Thess	2. Thessalonicherbrief
1Tim	1. Timotheusbrief
2Tim	2. Timotheusbrief
Tit	Titusbrief
Past	Pastoralbriefe
Phlm	Philemonbrief
Hebr	Hebräerbrief
Jak	Jakobusbrief
1Petr	1. Petrusbrief
2Petr	2. Petrusbrief
1Joh	1. Johannesbrief
2Joh	2. Johannesbrief
3Joh	3. Johannesbrief
Jud	Judasbrief
Apk	Johannes-Apokalypse

D. Außerkanonische Schriften neben dem Neuen Testament und Apostolische Väter

ActAndr	Andreasakten
ActJoh	Johannesakten
ActPaul	Paulusakten
ActPetr	Petrusakten
ActThom	Thomasakten
ÄgEv	Ägypterevangelium
ApkAbr	Abraham-Apokalypse
ApkEl	Elias-Apokalypse
ApkMos	Moses-Apokalypse
ApkPetr	Petrus-Apokalypse
AscJes	Ascensio Jesaiae
Barn	Barnabasbrief
1Clem	1. Clemensbrief
2Clem	2. Clemensbrief
Did	Didache (Lehre der 12 Apostel)
EbEv	Ebionitenevangelium
HebrEv	Hebräerevangelium
Herm mand	Hermas, mandata
Herm sim	Hermas, similitudines
Herm vis	Hermas, visiones
IgnEph	Brief des Ignatius an die Epheser
IgnMagn	Brief des Ignatius an die Magnesier
IgnTrall	Brief des Ignatius an die Trallianer
IgnRöm	Brief des Ignatius an die Römer
IgnPhld	Brief des Ignatius an die Philadelphier
IgnSm	Brief des Ignatius an die Smyrnäer
IgnPol	Brief des Ignatius an Polykarp
Laod	Laodicenerbrief
MartPol	Martyrium des Polykarp
OdSal	Oden Salomos
PetrEv	Petrusevangelium
Polyk	Brief des Polykarp
Protev	Protevangelium des Jakobus

II. SAMMELWERKE, ZEITSCHRIFTEN, MONOGRAPHIENREIHEN u. a.

AA	Archäologischer Anzeiger. Beiblatt zum Jahrbuch des Archäologischen Instituts
AAA	Annual of Archaeology and Anthropology
AAB	Abhandlungen der Deutschen (bis 1944: Preußischen) Akademie der Wissenschaften zu Berlin
AAG	Abhandlungen der Akademie der Wissenschaften in Göttingen (bis Folge III, 26, 1940: AGG)
AAH	Abhandlungen der Heidelberger Akademie der Wissenschaften. Heidelberg
AAL	Abhandlungen der Sächsischen Akademie der Wissenschaften in Leipzig (bis 30, 1920: AGL)
AAM	Abhandlungen der Bayerischen Akademie der Wissenschaften. München
AAMz	Abhandlungen (der geistes- und sozialwissenschaftlichen Klasse) der Akademie der Wissenschaften und der Literatur. Mainz
AAS	Acta Apostolicae Sedis
AASOR	The Annual of the American Schools of Oriental Research
AC	Apologia Confessionis
AcMus	Acta Musicologica
ACO	Acta Conciliorum Oecumenicorum, ed. E.Schwartz
AcOr(B)	Acta Orientalia (Budapest)
AcOr(H)	Acta Orientalia (Hawniae)
AcOr(L)	Acta Orientalia (Leiden)
ACW	Ancient Christian Writers, Westminster (Maryland) 1946 ff
ADB	Allgemeine Deutsche Biographie
ÄF	Ägyptologische Forschungen
AELKZ	Allgemeine evangelisch-lutherische Kirchenzeitung
AevKR	Archiv für evangelisches Kirchenrecht
AfMf	Archiv für Musikforschung
AfMw	Archiv für Musikwissenschaft
AfO	Archiv für Orientforschung
AFP	Archivum Fratrum Praedicatorum
AFrH	Archivum Franciscanum Historicum
AGG	Abhandlungen der Gesellschaft der Wissenschaften zu Göttingen (ab Folge III, 27, 1942: AAG)
AGL	Abhandlungen der Sächsischen Gesellschaft der Wissenschaften. Leipzig (ab 31, 1921: AAL)
AGPh	Archiv für (1889-1894 und 1931. 1932: Geschichte der) Philosophie, Berlin 1889-1932 (vgl. APh)
AHDL	Archives d'Histoire Doctrinale et Littéraire du Moyen-Âge
AJA	American Journal of Archaeology
AJC	American Jewish Committee. Annual Report

AIPh Annuaire de l'Institut de Philologie et d'Histoire Orientales et Slaves
AJS American Journal of Sociology
AJSL American Journal of Semitic Languages and Literatures
AkathKR Archiv für katholisches Kirchenrecht
AKG Arbeiten zur Kirchengeschichte
AKultG Archiv für Kulturgeschichte
AKM Abhandlungen für die Kunde des Morgenlandes
Algermissen K. Algermissen, Konfessionskunde, 6. Aufl. 1950; Algermissen[7]: 7. Aufl. 1957
ALKGMA Archiv für Literatur- und Kirchengeschichte des Mittelalters
Alt I-III A. Alt, Kleine Schriften zur Geschichte des Volkes Israel, Bd 1-3 1953/59
Altaner B. Altaner, Patrologie. Leben, Schriften und Lehre der Kirchenväter. 5. Aufl. 1958
ALW Archiv für Liturgiewissenschaft
AmA American Anthropologist
AMG Annales du Musée Guimet
AMN Allgemeine Missionsnachrichten
AMZ Allgemeine Missionszeitschrift
AnBibl Analecta Biblica
AnBoll Analecta Bollandiana
AnCO Analecta Christiana Orientalia
ANEP The Ancient Near East in Pictures relating to the Old Testament, ed. J. B. Pritchard, 1954
ANET Ancient Near Eastern Texts relating to the Old Testament, ed. J. B. Pritchard, 1950 (ANET[2]: 2. ed. corrected and enlarged 1955)
Angelos Angelos. Archiv für neutestamentliche Zeitgeschichte und Kulturkunde
AnGreg Analecta Gregoriana
AnLov Analecta Lovaniensia Biblica et Orientalia
AnnPont Annuario Pontificio
AnOr Analecta Orientalia
AnPraem Analecta Praemonstratensia
Anthropos Anthropos. Internationale Zeitschrift für Völker- und Sprachenkunde
ANVAO Avhandlinger utgitt av Det Norske Videnskaps-Akademi i Oslo
AnzAW Anzeiger der (ab 48, 1947: Österreichischen) Akademie der Wissenschaften. Wien
AO Der Alte Orient
AOB Altorientalische Bilder, hg. v. H. Greßmann, 2. Aufl. 1927
AÖR Archiv des öffentlichen Rechts
AOS American Oriental Series
AOT Altorientalische Texte, hg. v. H. Greßmann, 2. Aufl. 1926
APh Archiv für Philosophie, Stuttgart 1947ff (vgl. AGPh)
ARG Archiv für Reformationsgeschichte
ArOr Archiv Orientální
ARPs Archiv für Religionspsychologie
ARSP Archiv für Rechts- und Sozialphilosophie
ArtB The Art Bulletin
ARW Archiv für Religionswissenschaft
AS Acta Sanctorum
ASAE Annales du Service des Antiquités de l'Egypte
ASm Schmalkaldische Artikel
ASNU Acta Seminarii Neotestamentici Upsaliensis (1, 1936 - 8, 1937 unter dem Titel: Arbeiten und Mitteilungen aus dem Neutestamentlichen Seminar zu Uppsala)
ASR American Sociological Review
ASS Acta Sanctae Sedis
ATA Alttestamentliche Abhandlungen
ATAO A. Jeremias, Das Alte Testament im Lichte des Alten Orients, 4. Aufl. 1930
ATD Das Alte Testament Deutsch, hg. v. V. Herntrich und A. Weiser
ATG Archivo Teológico Granadino
AThANT Abhandlungen zur Theologie des Alten und Neuen Testaments
AThR Anglican Theological Review
AuC Antike und Christentum
AUF Archiv für Urkundenforschung
AVK Archiv für Völkerkunde
AVR Archiv für Völkerrecht
AVSL Archiv des Vereins für Siebenbürgische Landeskunde
BA The Biblical Archaeologist
Backer-Sommervogel A. de Backer - C. Sommervogel, Bibliothèque de la Compagnie de Jésu, nouv. éd. 1890ff
BAE Bureau of American Ethnology
BAKultG Beihefte zum Archiv für Kulturgeschichte
BAL Berichte über die Verhandlungen der Sächsischen Akademie der Wissenschaften zu Leipzig (bis 71, 1, 1919: BGL)
BAO Beihefte zum Alten Orient
Bardenhewer O. Bardenhewer, Geschichte der altkirchlichen Literatur, 2. Aufl. 1913-1932
Barrois I. II A. G. Barrois, Manuel d'Archéologie Biblique, t. I. II 1939. 1953
Barth, KD K. Barth, Die Kirchliche Dogmatik, 1932ff
Barth, PrTh K. Barth, Die protestantische Theologie im 19. Jh. Ihre Vorgeschichte und Geschichte, 2. Aufl. 1952
BASOR The Bulletin of the American Schools of Oriental Research
Bauer, WB W. Bauer, Griechisch-Deutsches Wörterbuch zu den Schriften des Neuen Testaments und der übrigen urchristlichen Literatur, 4. Aufl. 1952; Bauer, WB[5]: 5. Aufl. 1957f
BBB Bonner Biblische Beiträge
BBKG Beiträge zur bayerischen Kirchengeschichte
BBLAK Beiträge zur biblischen Landes- und Altertumskunde (= ZDPV 68, 1949/51)
BC Biblischer Commentar über das AT, hg. v. C. F. Keil u. F. Delitzsch
Beck H.-G. Beck, Kirche und theologische Literatur im byzantinischen Reich (HAW XII/2, 1), 1959
BEFEO Bulletin de l'Ecole Française de l'Extrême Orient
BEStPh Bibliographische Einführungen in das Studium der Philosophie, hg. v. I. M. Bochenski, 1948ff
BEvTh Beiträge zur Evangelischen Theologie
BFChTh Beiträge zur Förderung christlicher Theologie
BGB Bürgerliches Gesetzbuch
BGDSL Beiträge zur Geschichte der deutschen Sprache und Literatur
BGE Beiträge zur Geschichte der bibl. Exegese
BGH Beiträge zur Geschichte der biblischen Hermeneutik
BGL Berichte über die Verhandlungen der Sächsischen Gesellschaft der Wissenschaften zu Leipzig (ab 71, 2, 1919: BAL)
BGPhMA Beiträge zur Geschichte der Philosophie

	(ab 27, 1928/30: und Theologie) des Mittelalters
BGU	Ägyptische Urkunden in griechischer Sprache aus den Museen zu Berlin
BhEvTh	Beihefte zur Evangelischen Theologie
BHG	Bibliotheca Hagiographica Graeca
BHK	Biblia Hebraica, ed. R. Kittel, 7. Aufl. 1951
BHL	Bibliotheca Hagiographica Latina
BHO	Bibliotheca Hagiographica Orientalis
BHTh	Beiträge zur historischen Theologie
Bibl	Biblica
BiblThom	Bibliothèque Thomiste
BiblMiss	R. Streit - J. Dillinger, Bibliotheca Missionum
BIES	The Bulletin of the Israel Exploration Society
BIFAO	Bulletin de l'Institut Français d'Archéologie Orientale
Bill. I-V	(H. L. Strack-) P. Billerbeck, Kommentar zum Neuen Testament aus Talmud und Midrasch, Bd 1-4 1922-1928, Bd 5 1955
BiOr	Bibliotheca Orientalis
BJPES	Bulletin of the Jewish Palestine Exploration Society
BJRL	The Bulletin of the John Rylands Library
BK	Biblischer Kommentar. Altes Testament, hg. v. M. Noth, 1955ff
BKV$^{1.2}$	Bibliothek der Kirchenväter (»Kemptener Ausgabe«); BKV^{1}: 1869-1888, BKV^{2}: 1911ff
BL	Bibel-Lexikon, hg. v. H. Haag, 1951 bis 1956
Bl-Debr	F. Blaß-A. Debrunner, Grammatik des neutestamentlichen Griechisch, 9. Aufl. 1954
BMevR	Beiträge zur Missionswissenschaft und ev. Religionskunde
BoA	Luthers Werke in Auswahl, hg. v. O. Clemen (»Bonner Ausgabe«), Bd 1-8 1912 bis 1933 (Bd 1-4. 7. 8 Neudr. 1950); BoA^{2} = 2. Aufl.: Bd 5. 6 1955
BOT	De Boeken van het Oude Testament, hg. v. A. van den Born
Bousset, Rel.	W. Bousset, Die Religion des Judentums, 3. Aufl. hg. v. H. Greßmann, 1926
BPatr	Bibliographia Patristica, hg. v. W. Schneemelcher, 1959ff (für die Jahre 1956ff)
BPhil	Bibliographia Philosophica 1934-1945, ed. G. A. de Brie, Bd 1. 2 1950. 1954
Braun, Altar	J. Braun, Der christliche Altar in seiner geschichtlichen Entwicklung, 2 Bde 1924
Braun, LH	J. Braun, Liturgisches Handlexikon, 2. Aufl. 1924
Braun, TA	J. Braun, Tracht und Attribute der Heiligen in der deutschen Kunst, 1943
BRL	K. Galling, Biblisches Reallexikon (HAT I, 1, 1937)
BRThAM	Bulletin des Recherches de Théologie Ancienne et Médiévale
BS	Bibliotheca Sacra
BSHPF	Bulletin de la Société de l'Histoire du Protestantisme Français
BSKG	Beiträge zur sächsischen Kirchengeschichte
BSLK	Die Bekenntnisschriften der lutherischen Kirche, hg. v. Deutschen Evangelischen Kirchenausschuß, 3. Aufl. 1956
BSO(A)S	Bulletin of the School of Oriental (Vol. 10ff: and African) Studies
BSRK	Die Bekenntnisschriften der reformierten Kirche, hg. v. E. F. K. Müller, 1903
BSt	Biblische Studien
BThH	Biblisch-Theologisches Handwörterbuch zur Lutherbibel und zu neueren Übersetzungen, hg. v. E. Osterloh u. H. Engelland, 1954
BThKG	Beiträge zur thüringischen Kirchengeschichte
Bultmann I-III	R. Bultmann, Glauben und Verstehen. Gesammelte Aufsätze, Bd 1, 2. unv. Aufl. 1954, Bd 2. 3 1952. 1959
Bultmann, NT	R. Bultmann, Theologie des Neuen Testaments, 3. Aufl. 1958
Burrows, DSS	M. Burrows, The Dead Sea Scrolls (with translations by the author), 1955
Burrows, QMss	M. Burrows, The Dead Sea Scrolls of St. Mark's Monastery: Vol. I. The Isaiah Manuscript and the Habakuk Commentary, 1950; Vol. II. Fascicle 2. Plates and transcription of the Manual of Discipline, 1951
BWA(N)T	Beiträge zur Wissenschaft vom Alten (und Neuen) Testament
BWGN	Biographisch Woordenboek van Protestantsche Godgeleerden in Nederland, 1919ff
ByZ	Byzantinische Zeitschrift
BZ	Biblische Zeitschrift
BZAW	Beihefte zur Zeitschrift für die alttestamentliche Wissenschaft
BZNW	Beihefte zur Zeitschrift für die neutestamentliche Wissenschaft
BZRGG	Beihefte der Zeitschrift für Religions- und Geistesgeschichte
CA	Confessio Augustana
CahArch	Cahiers Archéologiques. Fin de l'Antiquité et Moyen Âge
Caspar I. II	E. Caspar, Geschichte des Papsttums von den Anfängen bis zur Höhe der Weltherrschaft, Bd 1. 2 1930. 1933
CathEnc	The Catholic Encyclopedia, 1907-1922
Catholicisme	Catholicisme hier, aujourd'hui, demain. Encyclopédie dirigée par G. Jacquanet, 1948ff
CBL	Calwer Bibellexikon, 4. Aufl. 1924
CBQ	The Catholic Biblical Quarterly
CCath	Corpus Catholicorum
CCHMA	Corpus Codicum Hebraicorum Medii Aevi
CChr	Corpus Christianorum
CConf	Corpus Confessionum. Die Bekenntnisse der Christenheit
CcW	Chronik der christlichen Welt
Chant	P. D. Chantepie de la Saussaye, Lehrbuch der Religionsgeschichte, 4. Aufl. hg. v. A. Bertholet u. E. Lehmann, 1925
Charles, AP	The Apocrypha and Pseudepigrapha of the Old Testament in English, ed. R. H. Charles, 1913
Chevalier	U. Chevalier, Répertoire des sources historiques du Moyen Âge (BB: Bio-Bibliographie, 2. Aufl. 1905-1907; TB: Topo-Bibliographie, 1894-1903)
ChH	Church History
ChQR	The Church Quarterly Review
Chr. d'Ég.	Chronique d'Égypte
ChrRel	Christus und die Religionen der Erde, 3 Bde, hg. v. F. König, 1951; ChrRel^{2}: 2. Aufl. 1956
ChuW	Christentum und Wissenschaft
ChW	Christliche Welt
CIC	Codex Iuris Canonici (c. [cc.] = canon[es])
CIG	Corpus Inscriptionum Graecarum

CIJ	J. B. Frey, Corpus Inscriptionum Judaicarum, Bd 1. 2 1936. 1948
CIL	Corpus Inscriptionum Latinarum
CIS	Corpus Inscriptionum Semiticarum
CKL	Calwer Kirchenlexikon, 1937. 1941
CN	Coniectanea Neotestamentica
COT	Commentaar op het Oude Testament, hg. v. G. Ch. Aalders
CorpIC	Corpus Iuris Canonici
CPL	Clavis Patrum Latinorum, ed. E. Dekkers, Steenbrugge 1951 (= SE 3)
CR	Corpus Reformatorum
CRAI	Comptes Rendus de l'Académie des Inscriptions et Belles-Lettres, Paris
CSCO	Corpus scriptorum Christianorum orientalium
CSEL	Corpus scriptorum ecclesiasticorum Latinorum
CSS	Cursus Scripturae Sacrae
DA	Deutsches Archiv für Geschichte des Mittelalters (1937-1943; seit 1950: für Erforschung des Mittelalters)
DAB	Dictionary of American Biography
DACL	F. Cabrol-H. Leclercq, Dictionnaire d'Archéologie Chrétienne et de Liturgie, 1907ff
DAFC	Dictionnaire Apologétique de la Foi Catholique, 1914-1931
Dahlmann-Waitz	F.C.Dahlmann-G.Waitz, Quellenkunde der Deutschen Geschichte, 9. Aufl. hg.v. H.Haering, 1931/32
Dalman, AuS	G. Dalman, Arbeit und Sitte in Palästina, 1928-1942
DB	A Dictionary of the Bible, ed. J. Hastings with assistance of J. A. Selbie, 1898-1904 (= 8.-13. Aufl. 1942-1951)
DBF	Dictionnaire de Biographie Française, 1933ff
DBL	Dansk Biografisk Leksikon, Bd 1-27 1933-1944
DBS	Dictionnaire de la Bible, Supplément, Bd 1ff, 1928ff
DCB	Dictionary of Christian Biography, Literature, Sects and Doctrines, 1877-1887
DDC	Dictionnaire de Droit Canonique, 1935ff
DdS	Dictionnaire de Sociologie, 1933ff
DDT	Denkmäler deutscher Tonkunst
DE	Deutsch-Evangelisch
DEBl	Deutsch-evangelische Blätter
DEG	Deutsches Evangelisches Gesangbuch
Deißmann, LvO	A. Deißmann, Licht vom Osten, 4. Aufl. 1923
Denz.	H. Denzinger, Enchiridion symbolorum et definitionum, 29. Aufl. 1954
DHC	P. Bayle, Dictionnaire Historique et Critique, 6. Aufl. Bd 1-4 1741
DHGE	Dictionnaire d'Histoire et de Géographie Ecclésiastiques, 1912ff
DJD	Discoveries in the Judaean Desert, Oxford 1955ff
DJZ	Deutsche Juristenzeitung
DLZ	Deutsche Literaturzeitung
DMM	Dictionary of Modern Music and Musicians, 1924
DNB	The Dictionary of National Biography, 1885ff
DOP	Dumbarton Oaks Papers
Doyé	F. v. Sales Doyé, Heilige und Selige der römisch-katholischen Kirche, deren Erkennungszeichen, Patronate und lebensgeschichtliche Bemerkungen, 2 Bde 1930
DSp	Dictionnaire de Spiritualité, Ascétique et Mystique, 1937ff
DTB	Denkmäler der Tonkunst in Bayern (= 2. Folge der Denkmäler deutscher Tonkunst)
DTh	Deutsche Theologie. Monatsschrift für die deutsche evangelische Kirche
DThC	Dictionnaire de Théologie Catholique, 1903ff
DTÖ	Denkmäler der Tonkunst in Österreich
DtPfrBl	Deutsches Pfarrerblatt
DTT	Dansk Teologisk Tidsskrift
Duchesne, LP	Liber Pontificalis, ed. L. Duchesne, Bd 1.2 Paris 1886/92; anastatischer Neudr. ebd 1955; Bd 3 ed. C. Vogel, ebd 1957
DVfLG	Deutsche Vierteljahrsschrift für Literaturwissenschaft und Geistesgeschichte
DZKR	Deutsche Zeitschrift für Kirchenrecht
DZPh	Deutsche Zeitschrift für Philosophie
EAW	Einleitung in die Altertumswissenschaft, 3. Aufl. 1927ff
EB	Encyclopaedia Biblica, ed. T. K. Cheyne and J. Black, 1899-1903
EBrit	Encyclopaedia Britannica*)
EC	Enciclopedia Cattolica, Bd 1-12 1949-1954
EF	Enciclopedia Filosofica, Bd 1-4 1957
EHP	Encyklopädisches Handbuch der Pädagogik, hg. v. W. Rein, 1895-1910
EI^1	Enzyklopädie des Islam, Leiden. Leipzig 1913-1938
EI^2	Encyclopédie de l'Islam, nouv. éd., Leiden. Paris 1954ff
Eichmann-Mörsdorf	E. Eichmann-K. Mörsdorf, Lehrbuch des Kirchenrechts auf Grund des CIC, Bd 1-3 9. Aufl. 1958-1960
Eisler	R. Eisler, Wörterbuch der philosophischen Begriffe, 4. Aufl. 1927-1930
EItal	Enciclopedia Italiana, Bd 1-36 u. 3 Erg-Bde, 1929-1949
EitnerQ	R. Eitner, Biographisch-bibliographisches Quellenlexikon der Musiker und Musikgelehrten der christlichen Zeitrechnung bis zur Mitte des 19. Jh.s, 1900-1904
EJud	Encyclopaedia Judaica. Das Judentum in Geschichte und Gegenwart, Bd 1-10 1928-1934 (nicht vollständig)
EKG	Evangelisches Kirchengesangbuch
EKL	Evangelisches Kirchenlexikon. Kirchlich-theologisches Handwörterbuch, hg. v. H. Brunotte und O. Weber, 1955ff
Elert, ML	W. Elert, Morphologie des Luthertums, verb. Nachdr. 1952f
Eliade	M. Eliade, Die Religionen und das Heilige. Elemente der Religionsgeschichte, 1954 (Übers. von: Traité d'Histoire des Religions, 1949)
ELKZ	Evangelisch-lutherische Kirchenzeitung
EMM	Evangelisches Missionsmagazin
EMZ	Evangelische Missionszeitschrift
EphLiturg	Ephemerides Liturgicae
EphLov	Ephemerides Lovanienses
EPhM	Etudes de Philosophie Médiévale
Epit.	Epitome
ER	Ecumenical Review
Eranos	Eranos. Acta philologica suecana
ERE	Encyclopedia of Religion and Ethics, ed. J. Hastings, 1908-1926 (Nachdr. 1951)
ErJb	Eranos-Jahrbuch

Erman-Horn Bibliographie der deutschen Universitäten, bearb. v. W. Erman u. E. Horn, Bd 1.2 1904, Register u. Nachträge 1905
Escobar Ordini e Congregazioni religiose, hg. v. M. Escobar, Bd 1. 2 1951. 1953
ESL Evangelisches Soziallexikon, hg. v. F. Karrenberg, 1954
ESS Encyclopedia of the Social Sciences, Bd 1-15 1930-1935
ET The Expository Times
EThL Ephemerides Theologicae Lovanienses
EThR Etudes Théologiques et Religieuses
EuG J. S. Ersch u. J. G. Gruber, Allgemeine Enzyklopädie der Wissenschaften und Künste, 1818-1889
EUI Enciclopedia Universal Ilustrada Europeo-Americana, 1908-1933
EvFr Evangelische Freiheit
EvTh Evangelische Theologie
Exp The Expositor
FA Finanzarchiv
FBPG Forschungen zur brandenburg-preußischen Geschichte
FC Formula Concordiae
FChLDG Forschungen zur christlichen Literatur- und Dogmengeschichte
Feine H. E. Feine, Kirchliche Rechtsgeschichte, Bd 1, 3. Aufl. 1955
FF Forschungen und Fortschritte
FFC Folklore Fellows Communications
FGH Fragmente der griechischen Historiker, hg. v. F. Jacoby, 1923 ff
FGLP Forschungen zur Geschichte und Lehre des Protestantismus
FGNK Forschungen zur Geschichte des neutestamentlichen Kanons
FHG Fragmenta historicorum Graecorum, 1841-1870
FHR Fontes historiae religionum, ed. C. Clemen
FKDG Forschungen zur Kirchen- und Dogmengeschichte
FKGG Forschungen zur Kirchen- und Geistesgeschichte
Frazer J. G. Frazer, The Golden Bough, Vols 1 to 12, 3. ed. 1911-1927
Friedberg E. Friedberg, Lehrbuch des katholischen und evangelischen Kirchenrechts, 6. Aufl. 1909
FRLANT Forschungen zur Religion und Literatur des Alten und Neuen Testaments
Fromm H. Fromm, Bibliographie deutscher Übersetzungen aus dem Französischen 1700 bis 1948, Bd 1-6, 1950-1953
FS Franziskanische Studien
FSThR Forschungen zur systematischen Theologie und Religionsphilosophie
F-T A. Fischer - W. Tümpel, Das deutsche evangelische Kirchenlied des 17. Jh.s, Bd 1-6 1902-1916
GAL C. Brockelmann, Geschichte der arabischen Literatur, 2. Aufl. 1943 f
GALS Supplement zu GAL (1. Aufl.), 1937-1942
GB W. Gesenius - F. Buhl, Hebräisches und Aramäisches Handwörterbuch, 17. Aufl. 1921 (unv. Nachdr. 1949)
GCAL G. Graf, Geschichte der christlichen arabischen Literatur, Bd 1-5 1944-1953 (= StT 118. 133. 146f. 172)
GCS Die griechischen christlichen Schriftsteller der ersten Jahrhunderte
GdG Grundriß der Geschichtswissenschaft*)
GdS Grundriß der Sozialökonomik
Gebhardt-Grundmann B. Gebhardt, Handbuch der deutschen Geschichte, 8. Aufl. hg. v. H. Grundmann, 1954 ff
GG Grundgesetz für die Bundesrepublik Deutschland vom 23. 5. 1949
GG Grundriß zur Geschichte der deutschen Dichtung. Aus den Quellen von K. Goedeke*)
GGA Göttingische Gelehrte Anzeigen
GM Godsdiensten der Mensheid
Gn Gnomon. Kritische Zeitschrift für die gesamte klassische Altertumswissenschaft
Goodenough E.R. Goodenough, Jewish Symbols in the Greco-Roman Period (Bollingen Series 37), Bd 1-8, 1953-1958
GPr Gymnasialprogramm
Grabmann M. Grabmann, Geschichte der scholastischen Methode, Bd 1. 2 1909. 1911 (unv. Nachdr. 1956)
Grillmeier-Bacht A. Grillmeier - H. Bacht, Das Konzil von Chalkedon, Bd 1-3 1951-1954
GrKat Großer Katechismus
GThT Gereformeerd Theologisch Tijdschrift
Haller J. Haller, Das Papsttum. In 5 Bden verb. u. erg. Aufl. 1950-1953
HAOG A. Jeremias, Handbuch der altorientalischen Geisteskultur, 2. Aufl. 1929
Harnack, DG A. v. Harnack, Lehrbuch der Dogmengeschichte, 4. Aufl. 1909 f (= 5. Aufl. 1931 f)
HAT Handbuch zum Alten Testament, hg. v. O. Eißfeldt
Hauck A. Hauck, Kirchengeschichte Deutschlands, Bd 1-4 3./4. Aufl., Bd 5, 1. 2 1./2. Aufl. 1904-1920 (= Bd 1 7. Aufl., Bd 2-4 6. Aufl., Bd 5, 1.2 5. Aufl. 1952)
HAW Handbuch der Altertumswissenschaft, begr. v. I. v. Müller, neu hg. v. W. Otto, 1929 ff
HB E. Hübner, Bibliographie der klassischen Altertumswissenschaft, 2. Aufl. 1889
HBK Herders Bibelkommentar, hg. v. E. Kalt u. W. Lauck
HBLS Historisch-biographisches Lexicon der Schweiz, Bd 1-7 und Suppl., 1921-1934
HC Hand-Commentar zum Neuen Testament
HDEKM Handbuch der deutschen evangelischen Kirchenmusik, 1935 ff
HDG Handbuch der Dogmengeschichte, hg. v. M. Schmaus, J. Geiselmann und H. Rahner, 1951 ff
HdR Handwörterbuch der Rechtswissenschaft, hg. v. F. Stier-Somlo u. A. Elster, 1925 bis 1931
Hefele C. J. Hefele, Conciliengeschichte, Bd 1-7, fortgesetzt v. J. Hergenröther, Bd 8. 9 1855-1874. 1887. 1890; Hefele²: 2. Aufl. Bd 1-4 1873-1879; Bd 5. 6 besorgt v. A. Knöpfler, 1886. 1890
Heimbucher M. Heimbucher, Die Orden und Kongregationen der katholischen Kirche, 3. Aufl. 1933 f
Helyot P. Helyot, Dictionnaire des Ordres Religieux, publ. par J. P. Migne, 1847-1859
Hennecke² Neutestamentliche Apokryphen in deutscher Übersetzung, hg. v. E. Hennecke, 2. Aufl. 1924; Hennecke³: 3. Aufl., hg. v. W. Schneemelcher, 1959 ff

Hennecke, Hdb.	Handbuch zu den neutestamentlichen Apokryphen, hg. v. E. Hennecke, 1904
HerKorr	Herder-Korrespondenz
Hermelink I-III	H. Hermelink, Das Christentum in der Menschheitsgeschichte von der französischen Revolution bis zur Gegenwart, Bd 1-3 1951-1955
Hermes	Hermes. Zeitschrift für klassische Philologie
HGR	Histoire Générale des Religions, Bd 1-5 1948-1952
HJ	Historisches Jahrbuch der Görres-Gesellschaft
HibJ	The Hibbert Journal. A quarterly review of religion, theology and philosophy
HIM	Handbuch der Inneren Mission, 1925 ff
Hirsch I-V	E. Hirsch, Geschichte der neuern evangelischen Theologie im Zusammenhang mit den allgemeinen Bewegungen des europäischen Denkens, Bd 1-5 1949 bis 1954
HIsl	Handwörterbuch des Islam, hg. v. A. J. Wensinck u. J. H. Kramers, 1941
HK	Handkommentar zum Alten Testament, hg. v. W. Nowack
HKG	Handbuch der Kirchengeschichte, hg. v. G. Krüger, 2. Aufl. 1923-1931
HKultG	Handbuch der Kulturgeschichte
HLW	Handbuch der Literaturwissenschaft, hg. v. O. Walzel, 1923 ff
HM	Hallische Monographien
HN	H. Hurter, Nomenclator literarius theologiae catholicae, ed. 3. 1903-1913
HNT	Handbuch zum Neuen Testament, begr. v. H. Lietzmann, hg. v. G. Bornkamm
HO	Handbuch der Orientalistik, hg. v. B. Spuler, 1948 ff
Holl I-III	K. Holl, Gesammelte Aufsätze zur Kirchengeschichte, Bd 1 6. Aufl. 1932 (= 7. Aufl. 1948), Bd 2. 3 1928
Holweck	F. G. Holweck, A Biographical Dictionary of the Saints, 1924
HPäd	Handbuch der Pädagogik, hg. v. H. Nohl u. L. Pallat, 1928-1933
HPBl	Historisch-politische Blätter für das katholische Deutschland
HPh	Handbuch der Philosophie, hg. v. A. Baeumler u. M. Schröter, 1927 ff
HRW(L)	Handbuch der Religionswissenschaft, hg. v. J. Leipoldt, 1922
HRW(M)	Handbuch der Religionswissenschaft, hg. v. G. Mensching, 1948 ff
HS	Horae Soederblomianae
HSAT	Die Heilige Schrift des Alten Testaments, ... übers. v. E. Kautzsch, 4. Aufl. hg. v. A. Bertholet, 1922 f
HSchAT	Die Heilige Schrift des Alten Testaments, hg. v. F. Feldmann u. H. Herkenne
HThK	Herders Theologischer Kommentar, hg. v. A. Wikenhauser
HThR	The Harvard Theological Review
HUCA	Hebrew Union College Annual
Hutten	K. Hutten, Seher-Grübler-Enthusiasten. Sekten und religiöse Sondergemeinschaften der Gegenwart, 5. Aufl. 1958
HV	Historische Vierteljahrsschrift
HWBW	Handwörterbuch der Betriebswirtschaft*)
HWDA	Handwörterbuch des deutschen Aberglaubens, hg. v. H. Bächtold-Stäubli, 1927-1942

HWS	Handwörterbuch der Soziologie, hg. v. A. Vierkandt, 1931
HWSt	Handwörterbuch der Staatswissenschaften, hg. v. L. Elster, 4. Aufl. 1923-1929 (vgl. HWSW)
HWSW	Handwörterbuch der Sozialwissenschaften, hg. v. E. v. Beckerath u. a., 1952 ff (Neuaufl. des HWSt)
HZ	Historische Zeitschrift
JA	Journal Asiatique
JAA	Jaarboek der koninklijke nederlands(ch)e Akademie van Wetenschappen. Amsterdam
JAC	Jahrbuch für Antike und Christentum
Jaffé	Ph. Jaffé, Regesta pontificum Romanorum ab condita ecclesia ad annum 1198, Bd 1.2 2. Aufl. 1885-1888
JAOS	The Journal of the American Oriental Society
JB	Theologischer Jahresbericht
JBL	Journal of Biblical Literature and Exegesis
JbNSt	Jahrbücher für Nationalökonomie und Statistik
JbP	Jahrbuch der Musikbibliothek Peters
JBR	The Journal of Bible and Religion
JBrKG	Jahrbuch für brandenburgische Kirchengeschichte
ICC	The International Critical Commentary of the Holy Scriptures of the Old and New Testament
JCS	Journal of Cuneiform Studies
JdI	Jahrbuch des Deutschen Archäologischen Instituts
JDTh	Jahrbücher für deutsche Theologie
JEA	The Journal of Egyptian Archaeology
Jedin	H. Jedin, Geschichte des Konzils von Trient I, 1951^{2}; II, 1957
JEGPh	Journal of English and Germanic Philology
JEH	The Journal of Ecclesiastical History
IEJ	Israel Exploration Journal
JEOL	Jaarbericht ... Ex Oriente Lux
JerB	Bible de Jérusalem
JewEnc	The Jewish Encyclopedia, 1901-1906
JGNKG	Jahrbuch der Gesellschaft für niedersächsische Kirchengeschichte (bis 45, 1940: ZGNKG)
JGPrÖ	Jahrbuch der Gesellschaft für die Geschichte des Protestantismus in Österreich
JHS	The Journal of Hellenic Studies
JJS	The Journal of Jewish Studies
JK	Junge Kirche
IKZ	Internationale Kirchliche Zeitschrift
ILCV	Inscriptiones Latinae Christianae Veteres, ed. Diehl, Bd 1-3 1925-1931
JLH	Jahrbuch für Liturgik und Hymnologie
ILN	Illustrated London News
JLW	Jahrbuch für Liturgiewissenschaft
JNES	Journal of Near Eastern Studies
Inst.	J. Calvin, Christianae Religionis Institutio
IntB	The Interpreter's Bible, ed. N. B. Harmon
Jöcher	Allgemeines Gelehrten-Lexicon, hg. v. Chr. G. Jöcher, Bd 1-4 1750 f; Forts. u. Ergänzung v. J. Chr. v. Adelung, fortges. v. W. Rotermund Bd 1-6 1784 bis 1819; Bd 7, hg. v. O. Günther, 1897
JPOS	Journal of the Palestine Oriental Society
JpTh	Jahrbücher für protestantische Theologie
JQR	The Jewish Quarterly Review

JR	Journal of Religion
JRAS	Journal of the Royal Asiatic Society of Great Britain
IRM	The International Review of Missions
JRomS	Journal of Roman Studies
JSOR	Journal of the Society of Oriental Research
JSS	Journal of Semitic Studies
JThS	The Journal of Theological Studies
Judaica	Judaica. Beiträge zum Verständnis des jüdischen Schicksals in Vergangenheit und Gegenwart
JüdLex	Jüdisches Lexikon, 1927-1930
IZBG	Internationale Zeitschriftenschau für Bibelwissenschaft und Grenzgebiete
KÅ	Kyrkohistorisk Årsskrift
KantSt	Kant-Studien. Philosophische Zeitschrift
KAT	Kommentar zum Alten Testament, hg. v. E. Sellin
KAT^3	E. Schrader, Die Keilinschriften und das Alte Testament, 3. Aufl. 1903
Kautzsch, AP	Die Apokryphen und Pseudepigraphen des Alten Testaments, (in deutscher Übersetzung) hg. v. E. Kautzsch, 1900 (= 1921)
KB	Keilinschriftliche Bibliothek
KBL	L. Koehler-W. Baumgartner, Lexicon in Veteris Testamenti libros, 1953
KeH	Kurzgefaßtes exegetisches Handbuch zum Alten Testament
KfS	Kölner Zeitschrift für Soziologie und Sozialpsychologie
KH	Kirchliches Handbuch für das katholische Deutschland
KHC	Kurzer Hand-Commentar zum Alten Testament, hg. v. K. Marti
KJ	Kirchliches Jahrbuch für die evangelische Kirche in Deutschland
Kittel, GVI	R. Kittel, Geschichte des Volkes Israel, Bd 1 5./6. Aufl. 1923, Bd 2 6. Aufl. 1925, Bd 3, 1.2 2. Aufl. 1927. 1929
KL	Wetzer u. Welte's Kirchenlexikon, 2. Aufl. 1882-1899
KLNM	Kulturhistoriskt Lexikon för Nordisk Medeltid, 1956ff
KlT	Kleine Texte für theologische und philologische Vorlesungen und Übungen, begr. v. H. Lietzmann, hg. v. K. Aland
KmJb	Kirchenmusikalisches Jahrbuch
KNT	Kommentar zum Neuen Testament, hg. v. Th. Zahn
KO	Kirchenordnung
Koch	E. E. Koch, Geschichte des Kirchenliedes, 3. Aufl. 1866-1887
KRA	Kirchenrechtliche Abhandlungen
Kraus	H.-J. Kraus, Geschichte der historisch-kritischen Erforschung des AT von der Reformation bis zur Gegenwart, 1956
KuD	Kerygma und Dogma
Kümmerle	Encyclopädie der evangelischen Kirchenmusik, bearb. u. hg. v. S. Kümmerle, Bd 1-4 1888-1895
Künstle I.II	K. Künstle, Ikonographie der christlichen Kunst, Bd 1. 2 1926. 1928
KVR	Kleine Vandenhoeck-Reihe
Landgraf	A. M. Landgraf, Dogmengeschichte der Frühscholastik, 1952ff
Latourette I-VII	K. S. Latourette, A History of the Expansion of Christianity, Bd 1-7 1937 bis 1945
Latourette, Gesch.	K. S. Latourette, Geschichte der Ausbreitung des Christentums, 1956 (gekürzte dt. Ausg. von Latourette I-VII)
LChW	The Lutheran Churches of the World, ed. A. R. Wentz, 1952
LD	Das Erbe deutscher Musik, hg. im Auftrag des Staatlichen Instituts für Musikforschung, 1935ff. Reihe II: Landschaftsdenkmale (vgl. RD)
van der Leeuw	G. van der Leeuw, Phänomenologie der Religion, 2. Aufl. 1956
Leiturgia	Leiturgia. Handbuch des evangelischen Gottesdienstes, 1954ff
LJ	Liturgisches Jahrbuch
Liermann	H. Liermann, Deutsches evangelisches Kirchenrecht, 1933
Lietzmann I-IV	H. Lietzmann, Geschichte der alten Kirche, Bd 1 2. Aufl. 1937 (= 3. Aufl. 1953), Bd 2-4 1936-1944 (= 2. Aufl. 1953)
LML	Luther. Mitteilungen der Luthergesellschaft
Loofs$^{4.5}$	F. Loofs, Leitfaden zum Studium der Dogmengeschichte, 4. Aufl. 1906; 5. Aufl. hg. v. K. Aland, 1950ff
LPäd(B)	Lexikon der Pädagogik, Bern 1950-1952
LPäd(F)	Lexikon der Pädagogik, Freiburg 1952ff
LQF	Liturgiegeschichtliche Quellen und Forschungen
LR	Lutherische Rundschau
LThK	Lexikon für Theologie und Kirche, hg. v. M. Buchberger, Bd 1-10 1930-1938; LThK^2: 2. Aufl. 1957ff
LUÅ	Lunds Universitets Årsskrift
Lübker	F. Lübker, Reallexikon des klassischen Altertums, 8. Aufl. 1914
LuJ	Luther-Jahrbuch
LuM	Liturgie und Mönchtum
Luthertum	Luthertum (= NF der Neuen kirchlichen Zeitschrift; 45-53, 1934-1942)
Luthertum	Luthertum. Eine Schriftenreihe, 1951ff
LZ	Literarisches Zentralblatt
MAA	Medede(e)lingen der koninklijke nederlands(ch)e Akademie van Wetenschappen. Amsterdam
MAB	Mémoires de l'Académie Royale de Langue et de Littérature Française de Belgique. Bruxelles
MAMA	Monumenta Asiae Minoris Antiqua
Manitius	M. Manitius, Geschichte der lateinischen Literatur des Mittelalters, 1911-1931
Mansi	J. D. Mansi, Sacrorum conciliorum nova et amplissima collectio, Bd 1-31 1759 bis 1798, Neudr. u. Forts. 1900ff
MAOG	Mitteilungen der Altorientalischen Gesellschaft
MAR	The Mythology of All Races, ed. L. H. Gray, Bd 1-12 1916-1931
MDAI	Mitteilungen des Deutschen Archäologischen Instituts
MdKI	Materialdienst des Konfessionskundlichen Instituts
MDOG	Mitteilungen der Deutschen Orientgesellschaft
MeyerG	E. Meyer, Geschichte des Altertums*)
MeyerK	Kritisch-exegetischer Kommentar über das Neue Testament, begr. v. H. A. W. Meyer
Mf	Die Musikforschung
MfM	Monatshefte für Musikgeschichte
MG	Monumenta Germaniae historica

MG AA	MG Auctores antiquissimi
MG DD	MG Diplomata
MG Epp	MG Epistulae
MG SS	MG Scriptores
MG PL	MG Poetae Latinae
MGG	Die Musik in Geschichte und Gegenwart, 1949ff
MGkK	Monatsschrift für Gottesdienst und kirchliche Kunst
MGWJ	Monatsschrift für Geschichte und Wissenschaft des Judentums
MIÖG	Mitteilungen des Instituts für österreichische Geschichtsforschung
MIOr	Mitteilungen des Instituts für Orientforschung
Mirbt	C. Mirbt, Quellen zur Geschichte des Papsttums und des römischen Katholizismus, 4. Aufl. 1924 (= 5. Aufl. 1934)
MkPr	Monatsschrift für kirchliche Praxis
MNDPV	Mitteilungen und Nachrichten des Deutschen Palästinavereins
MO	Le Monde Oriental
Moffatt, NTC	The Moffatt New Testament Commentary
Moser	H. J. Moser, Musiklexikon, 1951³
Mowinckel I-IV	S. Mowinckel, Psalmenstudien I-IV, 1921 bis 1924
MPG	J. P. Migne, Patrologiae cursus completus, series Graeca
MPL	J. P. Migne, Patrologiae cursus completus, series Latina
MPTh	Monatsschrift für Pastoraltheologie
MR	Mythes et Religions
MS	Mediaeval Studies
MSR	Mélanges de Science Religieuse
MThS	Münchener Theologische Studien
MThZ	Münchener Theologische Zeitschrift
MuK	Musik und Kirche
Mulert-Schott	H. Mulert - E. Schott, Konfessionskunde. Die christlichen Kirchen und Sekten heute, 3. Aufl. 1956
Muséon	Le Muséon. Revue d'Études Orientales
MV(Ä)G	Mitteilungen der Vorderasiatisch(-Ägyptisch)en Gesellschaft
NA	Neues Archiv der Gesellschaft für ältere deutsche Geschichtskunde
NAG	Nachrichten von der (ab 1945: der) Akademie der Wissenschaften in Göttingen (bis 1940: NGG)
NAKG	Nederlandsch Archief voor Kerkgeschiedenis
NAMZ	Neue Allgemeine Missionszeitschrift
NBD	Nuntiaturberichte aus Deutschland, ed. W. Friedensburg
NBL	Norsk Biografisk Leksikon, bisher 13 Bde, 1921/23ff
NC	La Nouvelle Clio
NDB	Neue Deutsche Biographie, 1953ff
NedThT	Nederlands Theologisch Tijdschrift
Nelle	W. Nelle, Geschichte des deutschen evangelischen Kirchenliedes, 3. Aufl. 1928
NGG	Nachrichten von der Gesellschaft der Wissenschaften zu Göttingen (ab 1941: NAG)
Niesel, BS	Bekenntnisschriften und Kirchenordnungen der nach Gottes Wort reformierten Kirche, hg. v. W. Niesel, 1938 (= 3. Aufl. o. J.)
Niesel, Symb	W. Niesel, Das Evangelium und die Kirchen. Ein Lehrbuch der Symbolik, 1953
Nilsson	M.P.Nilsson, Geschichte der griechischen Religion (HAW V/2), Bd I, 1955²; Bd II, 1950
NKZ	Neue kirchliche Zeitschrift
NNBW	Nieuw Nederlandsch Biographisch Woordenboek, uitg. door P. C. Molhuysen e. a., 10 Bde 1911-1933
Noth, GI	M. Noth, Geschichte Israels, 3. Aufl. 1956 (= 2. Aufl. 1954)
Noth, Pers	M. Noth, Die israelitischen Personennamen im Rahmen der gemein-semitischen Namengebung (BWANT III, 10), 1928
Noth, ÜPent	M. Noth, Überlieferungsgeschichte des Pentateuch, 1948
Noth, ÜSt	M. Noth, Überlieferungsgeschichtliche Studien I. Die sammelnden und bearbeitenden Geschichtswerke im Alten Testament (SGK 18, 2), 1943
Noth, WAT	M. Noth, Die Welt des Alten Testamentes, 2. Aufl. 1953; Noth, WAT³: 3. Aufl. 1957
NovTest	Novum Testamentum. An international quarterly for New Testament and related studies
NRTh	Nouvelle Revue Théologique
NSNU	Nuntius Sodalicii Neotestamentici Upsaliensis
NSR	Neue Schweizer Rundschau
NTA	Neutestamentliche Abhandlungen
NTD	Das Neue Testament Deutsch (Neues Göttinger Bibelwerk), hg. v. P. Althaus u. J. Behm
NThS	Nieuwe Theologische Studiën
NThT	Nieuw Theologisch Tijdschrift
NTS	New Testament Studies
NTT	Norsk Teologisk Tidsskrift
NTU	Nordisk Teologisk Uppslagsbok, 1948 bis 1956
Numen	Numen. International Review for the History of Religions
NZM	Neue Zeitschrift für Missionswissenschaft
NZSTh	Neue Zeitschrift für systematische Theologie
ODCC	Oxford Dictionary of the Christian Church, ed. F. L. Cross, 1957
ÖP	Ökumenische Profile
ÖR	Ökumenische Rundschau
OLZ	Orientalistische Literaturzeitung
Or	Orientalia. Commentarii periodici Pontificii Instituti Biblici
OrChr	Oriens Christianus
OrChrP	Orientalia Christiana periodica
OTS	Oudtestamentische Studiën
PädLex	Pädagogisches Lexikon, hg. v. H. Schwartz, 1928-1931
PäM	Publikationen älterer Musik
Paideuma	Paideuma. Mitteilungen zur Kulturkunde
PalMus	Paléographie Musicale
v. Pastor	L. v. Pastor, Geschichte der Päpste*)
PBl	Pastoralblätter
PEFQSt	Palestine Exploration Fund Quarterly Statement
PEQ	Palestine Exploration Quarterly
PGfM	Publikation älterer praktischer und theoretischer Musikwerke, hg. v. der Gesellschaft für Musikforschung, Bd 1-29 1873-1905
PhG	Philosophie und Geschichte. Eine Sammlung von Vorträgen und Schriften aus dem Gebiet der Philosophie und Geschichte

PhJ Philosophisches Jahrbuch
Philologus Philologus. Zeitschrift für das klassische Altertum
PhLA Philosophischer Literaturanzeiger
PhR Philosophische Rundschau
PJ Palästinajahrbuch
Plöchl W. Plöchl, Geschichte des Kirchenrechts, Bd 1-3, 1953-1959
PO Patrologia Orientalis
Potthast B A. Potthast, Bibliotheca historica medii aevi, 2. Aufl. 1896
Potthast R A. Potthast, Regesta Pontificum Romanorum inde ab a. 1198 ad a. 1304, Bd 1. 2 1873/75; seit 1911 in Paris
PrBl Protestantenblatt
PrJ Preußische Jahrbücher
PrM Protestantische Monatshefte
Proph. Prophezei. Schweizerisches Bibelwerk für die Gemeinde
Prümm K. Prümm, Religionsgeschichtliches Handbuch für den Raum der altchristlichen Welt, 1943 (Neudr. 1954)
PS Patrologia Syriaca
PsR Psychologische Rundschau
PW A. Pauly-G. Wissowa, Real-Encyclopädie der klassischen Altertumswissenschaft, NB 1894ff
QDAJ The Quarterly of the Department of Antiquities in Jordanie
QDAP The Quarterly of the Department of Antiquities in Palestine
QFIAB Quellen und Forschungen aus italienischen Archiven und Bibliotheken
QFRG Quellen und Forschungen zur Reformationsgeschichte
QKK Quellen zur Konfessionskunde
QRG Quellen zur Religionsgeschichte
Quasten J. Quasten, Patrology, Vol. 1. 2 1950. 1953
RA Revue d'Assyriologie et d'Archéologie Orientale
RAC Reallexikon für Antike und Christentum, hg. v. Th. Klauser, 1941ff
RÄRG H. Bonnet, Reallexikon der ägyptischen Religionsgeschichte, 1953
RB Revue Biblique
RD Das Erbe deutscher Musik, hg. im Auftrag des Staatlichen Instituts für Musikforschung, 1935ff. Reihe I: Reichsdenkmale (vgl. LD)
RBén Revue Bénédictine
RDK Reallexikon zur deutschen Kunstgeschichte, begonnen v. O. Schmitt, hg. v. E. Gall u. L. H. Heydenreich, 1937ff
RDL Reallexikon der deutschen Literaturgeschichte, hg. v. P. Merker u. W. Stammler, 1925-1931 (RDL²: 2. Aufl. neu bearb. u. hg. v. W. Kohlschmidt u. W. Mohr, 1955ff)
RE Realencyklopädie für protestantische Theologie und Kirche, 3. Aufl. 1896 bis 1913
REByz Revue des Études Byzantines
RechSR Recherches de Science Religieuse
REI Revue des Études Islamiques
REJ Revue des Études Juives
RepBibl F. Stegmüller, Repertorium Biblicum Medii Aevi, Bd 1-5 1950-1955
RepGerm Repertorium Germanicum, 1916-1943
RES Revue des Études Sémitiques
RevArch Revue Archéologique
RevHist Revue Historique
RevSR Revue des Sciences Religieuses
RG Religion und Geisteskultur
RGA Reallexikon der germanischen Altertumskunde, hg. v. J. Hoops, 1911-1919
RGG¹·² Die Religion in Geschichte und Gegenwart, 1. Aufl. 1909-1913, 2. Aufl. 1927 bis 1932
RGL Religionsgeschichtliches Lesebuch, hg. v. A. Bertholet, 2. Aufl. 1926ff
RGST Reformationsgeschichtliche Studien und Texte
RHE Revue d'Histoire Ecclésiastique
RheinMus Rheinisches Museum für Philologie
RHPhR Revue d'Histoire et de Philosophie Religieuses
RHR Revue de l'Histoire des Religions
RIA O. Schrader, Reallexikon der indogermanischen Altertumskunde, 2. Aufl. hg. v. A. Nehring, 1917-1923
Richter-Dove-Kahl E. L. Richter - R. W. Dove - W. Kahl, Lehrbuch des katholischen und evangelischen Kirchenrechts, 8. Aufl. 1886
Rießler P. Rießler, Altjüdisches Schrifttum außerhalb der Bibel, 1928
Rietschel-Graff G. Rietschel, Lehrbuch der Liturgik, 2. Aufl. hg. v. O. Graff, 1951f
RIPh Revue Internationale de Philosophie
RITh Revue Internationale de Théologie
RitRom Rituale Romanum
Ritschl I-IV O. Ritschl, Dogmengeschichte des Protestantismus, Bd 1-4 1908-1924
RivAC Rivista di Archeologia Cristiana
RKZ Reformierte Kirchenzeitung
RLA Reallexikon der Assyriologie, hg. v. E. Ebeling u. B. Meißner, 1932ff
RLV Reallexikon der Vorgeschichte, hg. v. M. Ebert, 1924-1932
RM Römische Mitteilungen des Deutschen Archäologischen Instituts
RMAL Revue du Moyen-Âge Latin
RoB Religion och Bibel, Nathan Söderblomsällskapets årsbok
ROC Revue de l'Orient Chrétien
Roscher Ausführliches Lexikon der griechischen und römischen Mythologie, hg. v. H. W. Roscher, 1884-1937
Rouse-Neill R. Rouse-S. C. Neill, Geschichte der Ökumenischen Bewegung 1517-1948, Bd 1. 2 1957/58
RQ Römische Quartalschrift für christliche Altertumskunde und für Kirchengeschichte
RQuH Revue des Questions Historiques
RR Review of Religion
RSF Rivista di Storia della Filosofia
RSPhTh Revue des Sciences Philosophiques et Théologiques
RThAM Recherches de Théologie Ancienne et Médiévale
RThom Revue Thomiste
RThPh Revue de Théologie et de Philosophie
RV Religionsgeschichtliche Volksbücher
RVV Religionsgeschichtliche Versuche und Vorarbeiten
SAB Sitzungsberichte der Deutschen (bis 1944: Preußischen) Akademie der Wissenschaften zu Berlin
Saeculum Saeculum. Jahrbuch für Universalgeschichte

SAH	Sitzungsberichte der Heidelberger Akademie der Wissenschaften. Heidelberg
SAM	Sitzungsberichte der Bayerischen Akademie der Wissenschaften. München
SAT	Die Schriften des Alten Testaments in Auswahl übers. u. erkl. v. H. Gunkel u. a., 2. Aufl. 1920–1925
SAW	Sitzungsberichte der (ab 225, 1, 1947: Österreichischen) Akademie der Wissenschaften in Wien
SBB	Soncino Books of the Bible, ed. A. Cohen
SBE	The Sacred Books of the East, ed. F. M. Müller, 1879–1910
SBOT	The Sacred Books of the Old Testament, ed. P. Haupt
SBU	Svenskt Bibliskt Uppslagsverk, hg. v. I. Engnell u. A. Fridrichsen, 1948–1952
SC	Sources Chrétiennes. Collection dirigée par H. Lubac et J. Daniélou, 1943ff
Schl.	Bibliographie zur deutschen Geschichte im Zeitalter der Glaubensspaltung 1517–1585, hg. v. K. Schottenloher, 1933–1940 (= 2., unv. Aufl. 1956ff)
SchmJb	Schmollers Jahrbuch für Gesetzgebung, Verwaltung und Volkswirtschaft
Schol.	Scholastik. Vierteljahresschrift für Theologie und Philosophie
Schürer	E. Schürer, Geschichte des jüdischen Volkes im Zeitalter Jesu Christi, Bd 1 3./4. Aufl. 1901, Bd 2.3 4. Aufl. 1907. 1909
SD	Solida Declaratio
SDF	Funk & Wagnalls Standard Dictionary of Folklore, Mythology and Legend, 2 Bde 1949f
SDGSTh	Studien zur Dogmengeschichte und systematischen Theologie
SE	Sacris Erudiri. Jaarboek voor Godsdienstwetenschapen
SEÅ	Svensk Exegetisk Årsbok
Seeberg, DG	R. Seeberg, Lehrbuch der Dogmengeschichte, Bd 1.2 3. Aufl. 1922f, Bd 3. 4,1 4. Aufl. 1930. 1933, Bd 4,2 2. Aufl. 1920 (Bd 1–4 Neudr. 1953)
Sehling	E. Sehling, Die evangelischen Kirchenordnungen der Reformationszeit, Bd 1 bis 5 1902–1913, Bd 6,1ff 1955ff
Semitica	Semitica. Cahiers publiées par l'Institut d'Études Sémitiques de l'Université de Paris
Seppelt	F. X. Seppelt, Geschichte der Päpste von den Anfängen bis zur Mitte des 20. Jh.s*)
SFThL	Schriften der Finnischen Theologischen Literaturgesellschaft
SG	Sammlung Göschen
SGK	Schriften der Königsberger Gelehrten Gesellschaft. Königsberg
SgV	Sammlung gemeinverständlicher Vorträge und Schriften aus dem Gebiet der Theologie und Religionsgeschichte
SHVL	Skrifter utgivna av Kungl. Humanistiska Vetenskapssamfundet i Lund
SIMG	Sammelbände der Internationalen Musikgesellschaft
SJTh	The Scottish Journal of Theology
SKZ	Schweizerische Kirchenzeitung
SMSR	Studi e Materiali di Storia delle Religioni
SNT	Die Schriften des Neuen Testaments übers. u. erkl. v. J. Weiß u. a., 3. Aufl. 1917
SNVAO	Skrifter utgitt av Det Norske Videnskaps-Akademi i Oslo
SO	Symbolae Osloenses
SQS	Sammlung ausgewählter kirchen- und dogmengeschichtlicher Quellenschriften
ST	Sammlung Töpelmann (Die Theologie im Abriß)
Stählin	O. Stählin, Die altchristliche griechische Literatur (= Geschichte der griechischen Literatur, hg. v. W. v. Christ, Bd II, 2 6. Aufl. 1924)
StC	Studia Catholica
StD	Studies and Documents
StGB	Strafgesetzbuch
SThKAB	Schriften des Theologischen Konvents Augsburgischen Bekenntnisses
SThZ	Schweizerische Theologische Zeitschrift
StL	Staatslexikon, hg. v. H. Sacher, 5. Aufl. 1926–1932; StL⁶: 6. Aufl. 1957ff
StML	Stimmen aus Maria-Laach
StMw	Studien zur Musikwissenschaft. Beihefte der Denkmäler der Tonkunst in Österreich
StOr	Studia Orientalia
StPO	Strafprozeßordnung
Strack, Einl.	H. L. Strack, Einleitung in Talmud und Midraš, 5. Aufl. 1921
Strieder	F. W. Strieder, Grundlage zu einer hessischen Gelehrten- und Schriftstellergeschichte, Bd 1–21 1781–1861
StrThS	Straßburger Theologische Studien
StT	Studi e Testi
StTh	Studia Theologica
Stutz	U. Stutz, Kirchenrecht (Enzyklopädie der Rechtswissenschaft Bd 5), 1914
StZ	Stimmen der Zeit
Sukenik, DSS	E. L. Sukenik, The Dead Sea Scrolls of the Hebrew University, Jerusalem 1955 (engl. Ausg. von ʿÔṣăr hămmᵉgîllôt hăggᵉnûzôt šæbbîdê ha'ûnîbersîṭā haʿibrît [Der Schatz der verborgenen Handschriften im Besitz der hebräischen Universität], 1954)
SVRG	Schriften des Vereins für Reformationsgeschichte
SVSL	Skrifter utgivna av Vetenskaps-Societeten i Lund
SvTK	Svensk Teologisk Kvartalskrift
SyBU	Symbolae Biblicae Upsalienses
Syria	Syria. Revue d'art orientale et d'archéologie
TCERK	Twentieth Century Encyclopedia of Religious Knowledge, 2 Bde 1955
TeU	Tekst en Uitleg
TGI	K. Galling, Textbuch zur Geschichte Israels, 1950
ThA	Theologische Arbeiten
ThAthen	ΘΕΟΛΟΓΙΑ (Theologia), Athen
ThB	Theologische Bücherei
ThBl	Theologische Blätter
Theophaneia	Theophaneia. Beiträge zur Religions- und Kirchengeschichte des Altertums
ThEx	Theologische Existenz heute
ThF	Theologische Forschung. Wissenschaftliche Beiträge zur kirchlich-evangelischen Lehre
ThFenn	Theologia Fennica
ThGl	Theologie und Glaube
ThHK	Theologischer Handkommentar zum Neuen Testament
Thielicke, ThE	H. Thielicke, Theologische Ethik, Bd 1 2. Aufl. 1958, Bd 2, 1. 2 1955/58
ThLBl	Theologisches Literaturblatt

ThLZ	Theologische Literaturzeitung
Thompson	S.Thompson, Motif-Index of Folk-Literature, Bd 1-6, 1955-1958
ThPQ	Theologisch-praktische Quartalschrift
ThQ	Theologische Quartalschrift
ThR	Theologische Rundschau
ThRv	Theologische Revue
ThSt	Theological Studies
ThSt(B)	Theologische Studien, hg. v. K. Barth
ThStKr	Theologische Studien und Kritiken
ThT	Theologisch Tijdschrift
ThToday	Theology Today
ThViat	Theologia Viatorum. Jahrbuch der Kirchlichen Hochschule Berlin
ThW	Theologisches Wörterbuch zum Neuen Testament, begr. v. G. Kittel, hg. v. G. Friedrich, 1933ff
ThZ	Theologische Zeitschrift
TPh	Tijdschrift voor Philosophie
Trausch-Schuller	J.Trausch-F. Schuller, Schriftsteller-Lexikon der Siebenbürger Deutschen, Bd 1-4 1868-1902
TSt	Texts and Studies
TT	Teologisk Tidsskrift
TThS	Trierer Theologische Studien
TThZ	Trierer Theologische Zeitschrift
TU	Texte und Untersuchungen zur Geschichte der altchristlichen Literatur
UdG	W.Schmidt, Der Ursprung der Gottesidee, Bd 1-12 1912-1955; Bd 1 2. Aufl. 1926
Ü	F. Überweg, Grundriß der Geschichte der Philosophie, 12. Aufl. 1923-1951
UJE	The Universal Jewish Encyclopedia, ed. L. Landman, 1948
UNT	Untersuchungen zum Neuen Testament
UUÅ	Uppsala Universitets Årsskrift
VAA	Verhandelingen der koninklijke (ab NR 40, 1938: nederlands[ch]e) Akademie van Wetenschappen. Amsterdam
VAB	Vorderasiatische Bibliothek
VD	Verbum Domini
VEGL	Veröffentlichungen der Evangelischen Gesellschaft für Liturgieforschung
VerfLex	Die deutsche Literatur des Mittelalters. Verfasserlexikon. Begr. v. W. Stammler, hg. v. K. Langosch
VF	Verkündigung und Forschung
VfM	Vierteljahresschrift für Musikwissenschaft
VigChr	Vigiliae Christianae
VSB	Vies des Saints et des Bienheureux selon d'ordre du Calendrier avec l'historique des Fêtes, Bd 1-11 1935-1954 (Bd 12 folgt)
VSWG	Vierteljahrsschrift für Sozial- und Wirtschaftsgeschichte
VT	Vetus Testamentum
WA	M. Luther, Werke. Kritische Gesamtausgabe (»Weimarer Ausgabe«), 1883ff
WAB	M. Luther, Werke. Kritische Gesamtausgabe. Briefwechsel, 1930ff
Wach, Relsoz.	J. Wach, Religionssoziologie (nach der 4. [engl.] Aufl. übers.), 1951
Wach, Types	J. Wach, Types of religious experience, Christian and non-Christian, 1951
Wackernagel	Ph.Wackernagel, Das deutsche Kirchenlied von der ältesten Zeit bis zu Anfang des 17.Jh.s, Bd 1-5, 1864-1877
WADB	M. Luther, Werke. Kritische Gesamtausgabe. Die Deutsche Bibel, 1906ff
WATR	M. Luther, Werke. Kritische Gesamtausgabe. Tischreden, 1912ff

Wattenbach	W. Wattenbach, Deutschlands Geschichtsquellen im Mittelalter bis zur Mitte des 13.Jh.s, Bd I 7. Aufl. 1904, Bd II 6. Aufl. 1894
Wattenbach-Holtzmann	W. Wattenbach, Deutschlands Geschichtsquellen im Mittelalter. Deutsche Kaiserzeit, hg. v. R. Holtzmann, Bd I, 1-4 2. Aufl. 1938-1943 (3., unv. Aufl. 1948)
Wattenbach-Levison	W. Wattenbach, Deutschlands Geschichtsquellen im Mittelalter. Vorzeit und Karolinger, bearb. v. W. Levison. H. 1 Die Vorzeit von den Anfängen bis zur Herrschaft der Karolinger, 1952; H. 2 Die Karolinger vom Anfang des 8. Jh.s bis zum Tode Karls d. Gr., bearb. v. W. Levison u. H. Löwe, 1953; H. 3 Die Karolinger nach dem Tode Karls d. Gr., bearb. v. H. Löwe, 1957; Beiheft: R. Buchner, Die Rechtsquellen, 1953
Watterich	J. M. Watterich, Pontificum Romanorum qui fuerunt inde ab exeunte saec. IX usque ad finem saec. XIII vitae, Bd 1. 2 1862
WBKL	Wiener Beiträge zur Kulturgeschichte und Linguistik
WC	Westminster Commentaries
WChH	World Christian Handbook, ed. E.J. Bingle and K. G. Grubb, 1952
WES	The Wisdom of the East Series
WI	Welt des Islams
Will	G. A. Will, Nürnbergisches Gelehrten-Lexikon, fortges. v. Chr. C. Nopitsch, Bd 1-4 1802-1808
v.Winterfeld	K. v. Winterfeld. Der evangelische Kirchengesang und sein Verhältnis zur Kunst des Tonsatzes, 1843-1847
WKL	Weltkirchenlexikon. Handbuch der Ökumene, hg.v. F.H.Littell u. H.H.Walz, 1960
WM	U.v.Wilamowitz-Moellendorf, Der Glaube der Hellenen, 1931f (2., unv. Aufl. 1955)
WO	Die Welt des Orients
Wolf, QK	G. Wolf, Quellenkunde der deutschen Reformationsgeschichte, Bd 1-3 1915-1923
WRV	Weimarer Reichsverfassung
WuD	Wort und Dienst. Jahrbuch der Theologischen Schule Bethel
WUNT	Wissenschaftliche Untersuchungen zum Neuen Testament
WuT	Wort und Tat
WVDOG	Wissenschaftliche Veröffentlichungen der Deutschen Orientgesellschaft
WZ	Wissenschaftliche Zeitschrift (folgt jeweils der Name der Stadt einer mitteldeutschen Universität)
WZKM	Wiener Zeitschrift für die Kunde des Morgenlandes
YJS	Yale Judaica Series
ZA	Zeitschrift für Assyriologie und verwandte Gebiete
ZÄS	Zeitschrift für Ägyptische Sprache und Altertumskunde
ZAGV	Zeitschrift des Aachener Geschichtsvereins
Zahn	J. Zahn, Die Melodien der deutschen evangelischen Kirchenlieder, Bd 1-6 1889-1893
ZAM	Zeitschrift für Aszese und Mystik
ZAW	Zeitschrift für die alttestamentliche Wissenschaft

ZBG Zeitschrift für Brüdergeschichte
ZBKG Zeitschrift für bayerische Kirchengeschichte
ZDMG Zeitschrift der deutschen Morgenländischen Gesellschaft
ZDPV Zeitschrift des Deutschen Palästinavereins
ZdZ Zeichen der Zeit
ZE Zeitschrift für Ethnologie
ZEE Zeitschrift für evangelische Ethik
ZevKM Zeitschrift für evangelische Kirchenmusik
ZevKR Zeitschrift für evangelisches Kirchenrecht
ZfM Zeitschrift für Musik
ZfMw Zeitschrift für Musikwissenschaft
ZgesStW Zeitschrift für die gesamte Staatswissenschaft
ZGNKG Zeitschrift der Gesellschaft für niedersächsische Kirchengeschichte (seit 46, 1941: JGNKG)
ZHTh Zeitschrift für historische Theologie
ZIMG Zeitschrift der Internationalen Musikgesellschaft
ZKG Zeitschrift für Kirchengeschichte
ZKGPrSa Zeitschrift des Vereins für Kirchengeschichte der Provinz Sachsen (ab 25, 1929: und des Freistaates Anhalt)
ZKTh Zeitschrift für katholische Theologie
ZLThK Zeitschrift für lutherische Theologie und Kirche
ZM Zeitschrift für Missionswissenschaft (ab 34, 1950:) und Religionswissenschaft (28 bis 32, 1938–1941 und 1947/48 unter dem Titel: Missionswissenschaft und Religionswissenschaft)
ZMP Zeitschrift des Moskauer Patriarchats
ZMR Zeitschrift für Missionskunde und Religionswissenschaft
ZNW Zeitschrift für die neutestamentliche Wissenschaft und die Kunde der älteren Kirche
ZP Zeitschrift für Pädagogik
ZPhF Zeitschrift für philosophische Forschung
ZprTh Zeitschrift für praktische Theologie
ZRGG Zeitschrift für Religions- und Geistesgeschichte
ZS Zeitschrift für Semitistik
ZSavRG Zeitschrift der Savigny-Stiftung für Rechtsgeschichte
ZSKG Zeitschrift für Schweizer Kirchengeschichte
ZSlPh Zeitschrift für slavische Philologie
ZSTh Zeitschrift für systematische Theologie
ZThK Zeitschrift für Theologie und Kirche
ZvSp Zeitschrift für vergleichende Sprachforschung
ZVK Zeitschrift für Volkskunde
ZVThG Zeitschrift des Vereins für thüringische Geschichte und Altertumskunde
ZW Zeitwende
ZWL Zeitschrift für kirchliche Wissenschaft und kirchliches Leben
ZWTh Zeitschrift für wissenschaftliche Theologie
ZZ Zwischen den Zeiten

Bemerkungen:

1. Die einzelnen Bände der mit *) bezeichneten Werke sind jeweils nach der neuesten Auflage zitiert, wobei diese, sofern es nicht die erste ist, durch eine kleine, hochgestellte Zahl hinter der Bandnummer angegeben ist.

2. Von den Veröffentlichungen der Akademien usw ist, wenn nichts anderes angegeben ist, jeweils die philosophisch-historische oder eine entsprechende Klasse zitiert.

III. ALLGEMEINE ABKÜRZUNGEN

aaO am angegebenen Ort
Abb. Abbildung
Abdr. Abdruck
abgedr. abgedruckt
Abh. Abhandlung(en)
Abk. Abkürzung
Abs. Absatz
Abt. Abteilung
ägypt. ägyptisch
äthiop. äthiopisch
allg. allgemein
Ang. Angabe
Anm. Anmerkung
Art. Artikel
arab. arabisch
aram. aramäisch
armen. armenisch
AT Altes Testament (Ancient Testament)
at. alttestamentlich
Aufl. Auflage
Ausg. Ausgabe
Ausw. Auswahl
Bd, Bde Band, Bände
bearb. bearbeitet
begr. begründet
Beitr. Beitrag (Beiträge)
bes. besonders
betr. betreffend
Bh. Beiheft
Bibliogr. Bibliographie
BRD Bundesrepublik Deutschland
Bull. Bulletin
bzw. beziehungsweise
c. Kapitel
ca circa
cf. confer
d.Ä. der Ältere
DDR Deutsche Demokratische Republik
DEK Deutsche Evangelische Kirche
ders. derselbe
DG Dogmengeschichte
DGB Deutscher Gewerkschaftsbund
dgl. dergleichen
d.Gr. der Große
dh das heißt
d.i. das ist
d.J. der Jüngere
Dict. Dictionary, Dictionnaire
dies. dieselbe(n)
Diss. Dissertation
Doz. Dozent
dt. deutsch
ebd ebenda
ed. edito, edidit, ediert von, edited by
ehem. ehemalig usw
Einl. Einleitung

EinlAT	Einleitung in das AT
EinlNT	Einleitung in das NT
EKD	Evangelische Kirche in Deutschland
EKU	Evangelische Kirche der Union
erg.	ergänzt
ErgBd	Ergänzungsband
ErgH.	Ergänzungsheft
erkl.	erklärt
etc	etcetera
ev.	evangelisch
evtl	eventuell
Expl.	Exemplar
f	folgende(s) Seite, Jahr
ff	folgende Seiten, Jahre
Festg.	Festgabe
Festschr.	Festschrift
Forts.	Fortsetzung
GA	Gesamtausgabe
*	geboren
gedr.	gedruckt
gef.	gefallen
gegr.	gegründet
GesW	gesammelte Werke
Gesch.	Geschichte
†	gestorben
griech.	griechisch
H.	Heft
Hbd	Halbband
Hdb.	Handbuch
hebr.	hebräisch
hl.	heilig
hg.v.	herausgegeben von
Hg.	Herausgeber
Hs., Hss.	Handschrift(en)
HWB	Handwörterbuch
i.J.	im Jahr
Jb.	Jahrbuch
Jh.	Jahrhundert
Jt.	Jahrtausend
jüd.	jüdisch
kath.	katholisch
KG	Kirchengeschichte
kopt.	koptisch
lat.	lateinisch
Lfg.	Lieferung
Lit.	Literatur
luth.	lutherisch
LXX	Septuaginta
MA	Mittelalter (Middle Ages, Moyen Âge)
Masch.	Maschinenschrift
m.a.W.	mit anderen Worten
Mikr.	Mikrokopie
Mitt.	Mitteilung(en)
Ms., Mss.	Manuskript(e)
Mon. Ser.	Monograph Series
MT	Masoretischer Text
Nachdr.	Nachdruck
NB (in Literaturangaben)	Neue Bearbeitung
nChr	nach Christus
Neudr.	Neudruck
NF	Neue Folge
nouv. éd.	nouvelle édition
NR	Neue Reihe
NS	New Series (Nuova Serie)
NT	Neues Testament (New Testament, Nouveau Testament)

nt.	neutestamentlich
o.J.	ohne Jahr(esangabe)
o.O.	ohne Ort(sangabe)
orth.	orthodox
OT	Old Testament (Oude Testament)
par	und Parallelstellen
PDoz.	Privatdozent
Prof.	Professor
prot.	protestantisch
publ.	publié
Qu.	Quellen
rd	rund
rabb.	rabbinisch
ref.	reformiert
RAG	Reichsarbeitsgericht
Reg.	Register
RegBd	Registerband
röm.	römisch
s.	siehe
S.	Seite
sc.	scilicet
sel.	selig
slaw.	slawisch
s.o.	siehe oben
s.u.	siehe unten
sog.	sogenannt
Sp.	Spalte
Sup.	Superintendent
ss	sequentes
Suppl.	Supplement
s.v.	sub voce
syr.	syrisch
sZ	seiner Zeit
t.	tome
Theol.	Theologe, Theologie
TheolAT	Theologie des AT
TheolNT	Theologie des NT
transl.	translated
u.a.	und andere, unter anderem
u.ä.	und ähnliche(s)
u.a.m.	und andere(s) mehr
u.dgl.	und dergleichen
übers.	übersetzt
Übers.	Übersetzung
Unters.(en)	Untersuchung(en)
unv.	unverändert
u.ö.	und öfters
usw	und so weiter
u.U.	unter Umständen
v.	von
V.	Vers
vChr	vor Christus
VELKD	Vereinigte Evangelisch-Lutherische Kirche Deutschlands
verb.	verbessert
Verz.	Verzeichnis
vgl.	vergleiche
Vol.	Volume
Vulg.	Vulgata
WB	Wörterbuch
Z.	Zeile
zB	zum Beispiel
Zs., Zeitschr.	Zeitschrift
zSt	zur Stelle
zT	zum Teil
zZ	zur Zeit

VERZEICHNIS DER BILDTAFELN ZUM VIERTEN BAND

Tafel 35 zum Artikel Kunst: II A. Religiöse Kunst in Afrika und Australien
(nach Sp. 160)

Abb. 1. Gelbguß-Reliefplatte mit thronendem Gottkönig im Perlenornat mit zwei Würdenträgern, im Hintergrund zwei Portugiesenköpfe. Aus dem Königspalast von Benin, Nigeria *(Hamburg. Museum für Völkerkunde)*

Abb. 2. Kifwebe-Maske, vom gleichnamigen Geheimbund bes. bei Tod und Ernennung eines Häuptlings benutzt. Ba-Luba, Belgisch-Kongo *(Hamburg. Museum für Völkerkunde)*

Abb. 3. Schutzgeist-Figur, als Wächter auf den Rand eines Korbes mit Ahnenschädeln gesteckt. Pangwe, Gabon und Kamerun *(Hamburg. Museum für Völkerkunde)*

Abb. 4. Kultholz (Tjurunga) mit kreisförmiger Ornamentik aus Zentralaustralien, a) Vorder-, b) Rückseite - *Museum Sydney (Staatl. Museum für Völkerkunde München)*

Abb. 5. Kultholz (Tjurunga) mit rechteckiger Ornamentik aus Westaustralien, a) Vorder-, b) Rückseite - *Museum Sydney (Staatl. Museum für Völkerkunde München)*

Tafel 36 zum Artikel Kunst: II A. Religiöse Kunst in Altamerika
(nach Sp. 160)

Abb. 1. Basaltkopf von La Venta (Tabasco, Mexiko), ca 3.Jh. nChr *(National Geographic Society)*

Abb. 2. Maya-Kopf (Stuck) von Palenque (Chiapas, Mexiko), ca 550 nChr *(Instituto Nacional de Antropología, Mexiko)*

Abb. 3. Steinerner Azteken-Kopf des Vegetationsgottes, Xipe Totec (Tal von Mexiko), ca 1500 nChr *(Britisches Museum, London)*

Abb. 4. Hauptfigur des Sonnentores in Tiahuanaco, Bolivien, ca 500 nChr *(nach A.Stuebel-M.Uhle, Die Ruinenstätte von Tiahuanaco, 1892, Taf. 8)*

Tafel 37 und 38 zum Artikel Kunst: II B. Religiöse Kunst in China
(nach Sp. 160)

Tafel 37 Abb. 1. Ritualgefäß vom Typ FANG I (Bronze). Frühe Tschou-Dynastie, 1027-900 vChr *(Freer Gallery of Art, Washington D.C.)*

Abb. 2. Kraniche und Schlangen aus Ch'ang-sha (lakkiertes Holz). Zeit der »Kämpfenden Reiche«, 480-222 vChr *(The Cleveland Museum of Art, J.H.Wade Collection)*

Abb. 3. Ziegelpagode des Tempels Sung-yüeh-sse in einem Tal des Sung-shan (Prov. Honan), 523 nChr *(nach O.Fischer, Die Kunst Indiens, Chinas und Japans. Propyläen-Kunstgeschichte IV, 1928, Taf. XIX)*

Abb. 4. Weltwächter und ein Bodhisattva-Diener von Vairocana (Stein), Kolossal-Gruppe aus Lung-men. T'ang-Dynastie, 618-907 nChr *(Foto-Archiv, The Cleveland Museum of Art)*

Tafel 38 Abb. 1. Paradies des Amitabha (farbig auf Ton und Stuck) aus Höhle 139 A, Tun-huang. T'ang-Dynastie, 618-907 nChr *(Foto-Archiv, The Cleveland Museum of Art)*

Abb. 2. Shakyamuni, vom Berge herabsteigend (Tusche und Farbe auf Seide). Von Liang K'ai, 1. Hälfte 13.Jh. *(National Museum, Tokyo)*

Tafel 38 und 39 zum Artikel Kunst: II C. Religiöse Kunst in Japan
(nach Sp. 160)

Tafel 38 Abb. 3. Shakyamuni-Trias (Bronze), von Tori, 623 nChr - *Goldene Halle von Hôryû-ji bei Nara, Japan (Foto-Archiv, The Cleveland Museum of Art)*

Abb. 4. Goldene Halle von Hôryû-ji bei Nara, 7.Jh. nChr *(nach D.Seckel, Buddhistische Kunst Ostasiens, 1957, Abb. 2)*

Tafel 39 Abb. 1. Nyoirin Kwannon (Holz). Frühe Heian-Epoche, 794-888 *(Kanshin-ji, Wakayama)*

Abb. 2. Raigô (farbig auf Seide). Frühe Kamakura-Epoche, 1186-1333 *(Zenrin-ji, Kyoto)*

Abb. 3. Detail der Höllenszene aus dem Jigoku Zôshi (Handrolle, Farbe und Tusche auf Papier). Frühe Kamakura-Epoche, 1186-1333 *(Seattle Art Museum, USA)*

Abb. 4. Landschaft im Haboku-Stil (Tusche auf Papier), von Sesshû (1420-1506) *(National Museum, Tokyo)*

Tafel 40 und 41 zum Artikel Kunst: II D. Religiöse Kunst in Indien
(nach Sp. 160)

Tafel 40 Abb. 1. Predigender Buddha, Sârnâth, 5.Jh. nChr *(nach H.Rau, Die Kunst Indiens bis zum Islam, 1958, Abb. 43)*

Abb. 2. Karla, buddhistischer Höhlentempel mit Stûpa, 1.Jh. nChr

Abb. 3. Jina Parshvanâtha mit Schutzgeist (Yaksha). Kalugumalai, 9.Jh. nChr *(nach St.Kramrisch, Indische Kunst, London 1955, Abb. 95)*

Abb. 4. Vishnu als vâmana. Bâdâmî, 6.Jh. nChr *(nach G.Jouveau-Dubreuil, Archéologie du Sud de l'Inde II, Paris 1914)*

Abb. 5. Bronzefigur des Gottes Brahman. Kambodsha, 8.-14.Jh. nChr *(nach Ars Asiatica V, Paris 1923)*

Abb. 6. Krishna-Govinda (als Hirt). Südindische Holzskulptur, 17.Jh. nChr *(nach Jouveau-Dubreuil, aaO)*

Tafel 41 Abb. 1. Vishnu, stehend, vierarmig. Nordindien, Pâla-Schule, ca 11.Jh. nChr *(Foto: Berliner Museum für Völkerkunde)*

Tafel 62-64 zum Artikel Malerei und Plastik: V. Im 19.Jh.
(nach Sp. 672)

Tafel 64-67 zum Artikel Malerei und Plastik: VI. Im 20.Jh.
(nach Sp. 672)

Tafel 68 zum Artikel Malerei und Plastik: VII. Christliche Kunst in den jungen Kirchen
(vor Sp. 673)

VERZEICHNIS DER KARTEN ZUM VIERTEN BAND

ES WURDEN AUSGEGEBEN:

64./66. Lieferung am 26. Januar 1960
67./68. Lieferung am 25. Februar 1960
69./70. Lieferung am 12. April 1960
71./73. Lieferung am 24. Mai 1960
74./75. Lieferung am 21. Juni 1960
76./78. Lieferung am 21. Juli 1960
79./80. Lieferung am 15. September 1960
81./82. Lieferung am 19. Oktober 1960
83./85. Lieferung am 23. November 1960

IV. Band am 7. Dezember 1960

BENUTZUNGSHINWEISE

Alphabetische Ordnung der Stichwörter:

Die Stichwörter sind in alphabetischer Reihenfolge geordnet. Dabei ist

j = i; ä = ae; ö = oe; ü = ue; ß = ss.

Mittelalterliche Personennamen, die außer dem Vornamen nur eine Herkunftsbezeichnung oder einen Beinamen enthalten, stehen unter dem jeweiligen Vornamen: zB »Petrus von Ailli« unter »Petrus«. Eine Ausnahme bilden die Personennamen mit Familiennamen: zB »Bartholomäus Arnoldi von Usingen« unter »Arnoldi«. Bei Ausnahmen und in Zweifelsfällen, insbesondere dort, wo von der alphabetischen Einordnung der vorigen Auflage der RGG abgewichen wurde, erleichtert ein Verweisstichwort das Auffinden des Artikels: »Capistrano, Johann von → Johannes von Capistrano«.

Der Artikel von Familiennamen germanischer Sprachen wird nicht berücksichtigt, bei Namen aus romanischen Sprachen dagegen zum Familiennamen gezogen: »Antoine de la Faye« unter »La Faye, Antoine de«.

Die Abkürzung »St.« wird wie das ausgeschriebene Wort eingeordnet:

St. Andrews unter Saint Andrews
St. Gallen unter Sankt Gallen.

Durch Bindestrich verbundene Wörter zählen als *ein* Wort:

Evangelisch-Johannische Kirche nach Evangelischer Bund.

Lateinische Präpositionen und das nachfolgende Substantiv werden als *ein* Wort gewertet:

a priori nach Apringius
de tempore nach Deszendenztheorie
in partibus infidelium nach Innungen.

Verweise:

Verweise auf einen anderen Artikel (Verweiszeichen: →) weisen darauf hin, daß dort der betr. Stoff behandelt ist oder daß sich dort ergänzendes Material findet.

Sofern Verwechslungen ausgeschlossen sind, wird bei Verweisen das Stichwort, auf das hingewiesen werden soll, gekürzt; zB: → Apriorismus (statt: → Apriorismus und Empirismus).

Wichtigen geographischen Namen wird ein Hinweis auf eine Karte beigefügt, auf der sich der Name findet: »... Memphis (→ 1 C 2)« verweist auf das Planquadrat C 2 der Karte 1: Ägypten (s. u.: Karten).

Abkürzungen:

Innerhalb eines Artikels wird das jeweilige Stichwort abgekürzt, häufig auch das dazugehörige Adjektiv. Notfalls ist die jeweilige Abkürzung am Anfang des Artikels erklärt. – Im übrigen sind die verwendeten Abkürzungen in dem »Abkürzungsverzeichnis« aufgelöst (s. S. XV ff).

Abkürzungen aus dem kirchlichen Sprachgebrauch, von Namen katholischer Orden und von Würdetiteln sind (in Auswahl) in dem Artikel »Abbreviaturen« zusammengestellt.

Transkriptionen:

1. Biblische Namen werden in der im Deutschen üblichen Form gebraucht.
2. Wichtige griechische Termini sind nicht transkribiert, sondern in griechischen Buchstaben gedruckt und, wenn notwendig, mit Übersetzung versehen.
3. Hebräische Wörter sind – sofern sie ausnahmsweise der Übersetzung beigefügt werden – nach folgendem System transkribiert:
   Konsonanten: ', b, g, d, h (mit Mǎppîq: ḫ), w, z, ḥ, ṭ, j, k, l, m, n, s, ', p, ṣ, q, r, ś, š, t (Dageš lene wird nicht berücksichtigt).
   Vokale: —ָ = a (als Qamæṣ ḥaṭûf: å), —ַ = ǎ, —ֶ = æ, —ֵ = e, —ִ = i, —ֹ = o, —ֻ = u; יו—ָ = âw;
   mit mater lectionis: י—ֶ = æ̂, י—ֵ = ê, י—ִ = î, וֹ= ô, וּ= û, ה—ָ = ā, ה—ֶ = ǣ, ה—ֵ = ē, ה—ֹ = ō;
   als Ḥatef-Laute: —ֳ = å (hochgestellt), —ֲ = ª, —ֱ = ᵆ; —ְ (Šᵉwa mobile) = ᵉ; —ַ (Pǎtǎḥ furtivum) = ª.
4. Für die gelegentlichen Transkriptionen aus dem Arabischen, Persischen usw gilt das in der Zeitschrift der Deutschen Morgenländischen Gesellschaft verwendete System.

5. Für Transkriptionen aus dem Russischen und aus anderen slawischen Sprachen ist das »Schema zur Transkription fremder Schriftarten« in den »Instruktionen für die alphabetischen Kataloge der preußischen Bibliotheken«, 2. Ausgabe in der Fassung vom 10. August 1908, Berlin 1909 (unveränderter Nachdruck unter dem Titel: »Regeln für die alphabetische Katalogisierung in wissenschaftlichen Bibliotheken«, Leipzig 1952) S. 142f maßgebend. Haben sich Namen in einer nicht der wissenschaftlichen Transkription entsprechenden Form im Deutschen eingebürgert, so werden sie auch in dieser Schreibweise in die RGG aufgenommen. Jedoch wird der ersten Nennung solch eines Namens innerhalb eines Artikels die korrekte Transkription in Klammern beigefügt.
6. Transkriptionen aus dem Sanskrit richten sich nach dem in der Zeitschrift der Deutschen Morgenländischen Gesellschaft üblichen Schema, jedoch mit folgenden Einschränkungen:
   statt ṣ und ś wird sh geschrieben;
   die diakritischen Zeichen ṅ, ñ, ṇ, ḥ, dḥ, ṭ fallen weg; dagegen sind die Längezeichen über â, î, û beibehalten.
7. Zitate von Martin Luther u.a. werden dem heutigen Sprachgebrauch angepaßt.

Literaturangaben:

Quellen sowie in biographischen Artikeln die Werke der behandelten Personen stehen am Anfang der Literaturangabe. Im übrigen ist die Literatur *zeitlich* geordnet, dabei notfalls parallel zu dem Artikel oder - in Ausnahmefällen - sachlich gegliedert.

Alle Artikel über biblische Bücher und Büchergruppen (Pentateuch; Evangelien, synoptische usw) enthalten darüber hinaus *Literatur zur Auslegungsgeschichte,* und zwar 1. Quellen, gegliedert nach Jahrhunderten, und 2. auslegungsgeschichtliche Untersuchungen. Auslegungsgeschichtliche Literatur, die sich auf das *ganze* AT und NT bzw. auf die ganze Bibel bezieht, wird in dem Artikel »Schriftauslegung« aufgeführt.

Verfasser:

Die Artikel sind mit den Namen der Verfasser gezeichnet. Ist ein Artikel der zweiten Auflage der RGG überarbeitet worden, so steht der Name des Bearbeiters an zweiter Stelle. Der Name dessen, der an dem neuen Artikel den geringeren Anteil trägt, ist in Klammern gesetzt. Dasselbe gilt bei neuverfaßten Artikeln, für die zwei Verfasser verantwortlich zeichnen.

Karten:

Die vorgesehenen 26 Karten werden den in der folgenden Übersicht in *Kursivdruck* aufgeführten Artikeln beigefügt.

1. Ägypten (Altertum) - *Ägypten*
2. Afrika (Gegenwart; Mission) – *Afrika südlich der Sahara*
3. Babylonien-Assyrien (Altertum); Nebenkarte: Babylon – *Assyrien*
4. Australien einschl. Indonesien (Gegenwart; Mission) – *Australien*
5. Dänemark, Norwegen, Schweden (im 6.–17. Jh.) – *Dänemark*
6. Deutschland (bis 1250) – *Deutschland*
7. Deutschland zur Zeit der Reformation (bis 1550) – *Deutschland*
8. Deutschland im 19. Jh. – *Deutschland*
9. Deutschland (Evangelische Landeskirchen und katholische Bistümer in der Gegenwart) – *Deutschland*
10. England (im 6.–17. Jh.) – *England*
11. Westeuropa (bis 900) – *Frankreich*
12. Ausbreitung der Hugenotten – *Hugenotten*
13. China, Japan, Korea (Gegenwart; Mission) – *Japan*
14. Mittelmeergebiet (Ausbreitung des Christentums bis 325 nChr) – *Imperium Romanum*
15. Vorder- und Hinterindien (Gegenwart; Mission und junge Kirchen) – *Indien*
16. Der Islam (im 7./8. Jh.) – *Islam*
17. Italien einschl. Sizilien (im 6.–16. Jh.); Nebenkarte: Rom – *Italien*
18. Kleinasien (im 4. Jh. nChr) – *Kleinasien*
19. Die Kreuzzüge – *Kreuzzüge*
20. Mittelamerika einschl. Mexiko – *Mittelamerika*
21. Palästina-Syrien (römisch-byzantinische Zeit) – *Palästina*
22. Weltkarte (Religionen) – *Religionsstatistik*
23. Rußland und Balkan (im 19. Jh.) – *Rußland*
24. Südamerika - *Südamerika*
25. Nordamerika (im 18. Jh.) – *Vereinigte Staaten*
26. Vereinigte Staaten von Nordamerika (Gegenwart; Konfessionen) – *Vereinigte Staaten*

Auf diese Karten wird ebenso wie auf Artikel verwiesen (s. o.: Verweise).

Bildtafeln:

Über die Einordnung der Bildtafeln in den einzelnen Bänden unterrichtet die Übersicht am Anfang jedes Bandes.

K

Fortsetzung

Kopenhagen, *Universität.* König Christian I. von Dänemark erwirkte 1474 auf einer Romreise bei → Sixtus IV. eine Bulle (19.6.1475) zur *Errichtung* einer Universität; deren Einweihung fand aber erst am 1.7.1479 statt, nachdem von Köln die notwendigen Lehrer berufen worden waren. Die ersten Satzungen waren von → Köln übernommen. Wirtschaftlich schlecht fundiert, kam die Universität in der kath. Zeit zu keiner Bedeutung. Der bekannteste Lehrer war Paul → Helgesen.

Die *Reformationswirren* (→ Dänemark: I, 2) brachten die Universität fast zur Auflösung. Erst nach dem Siege der neuen Lehre konnte Christian III. 1537 an eine Erneuerung der Hochschule gehen. Am 10.6.1539 erschienen die neuen von → Bugenhagen (Prof. 1537-42) nach dem Muster → Wittenbergs ausgearbeiteten Satzungen. Der Lehrkörper bestand aus 3 Theologen (u.a. der Bischof von Seeland), 1 Juristen, 2 Medizinern und 8 philosophischen Lesemeistern. Die Theologie war durchaus die führende Wissenschaft. In Niels → Hemmingsen (1543-79) erhielt sie einen Lehrer von europäischem Rufe; in K. wirkten auch einige deutsche Professoren. Unter Christian IV. wurden neue Lehrstühle, darunter ür Metaphysik und systematische Theologie, errichtet. K. hatte in dieser Periode eine Reihe von bedeutenden Lehrern. In der Theologie war nach der Überwindung des Kryptocalvinismus die luth. Orthodoxie herrschend und wurde von H.P. → Resen (1591-1615), J.R. → Brochmand (1615-39) und Hans Vandal (1655-68) vertreten; auch der von der Anatomie zur Theologie übergegangene Caspar Bartholin (1624-29) ist zu erwähnen. Auch die Naturwissenschaften erlebten damals eine Blütezeit. Am Anfang des 18.Jh.s erfolgte ein Rückgang. Der Übergang der Professoren von einem Fach zum anderen führte zu oberflächlicher Polyhistorie; Nepotismus und veraltete Studienordnung ließen den wissenschaftlichen Betrieb erstarren. 1728 fielen die meisten Gebäude einer großen Feuersbrunst zum Opfer. Damals studierten viele Deutsche in K. – Der pietistische König Christian VI. führte bald nach seinem Regierungsantritt die notwendig gewordene Universitätsreform durch (neue Satzungen 1732), die die Professoren an ein bestimmtes Fach band. Die Zahl der Lehrstühle wurde auf 4 theologische, 2 juristische, 2 medizinische und 7 philologisch-philosophische erhöht. Das alte Übergewicht der Theologie blieb bestehen. Mit dem von → Zinzendorf empfohlenen Bengel-Schüler Jeremias Fr. Reuß (1732-49) drang der *Pietismus* in die Fakultät ein. In Erik → Pontoppidan (1738-47, Prokanzler 1755-64) gewann er einen hervorragenden Vertreter. Die bedeutendste Persönlichkeit war jedoch Ludwig Holberg, der seit 1717 als Prof. der Metaphysik und Rhetorik, 1730 bis 1754 als Historiker wirkte. Neben diesem Anhänger der englischen *Aufklärung,* der sich auch Eilschov (1746 bis 1750) anschloß, trat Henrik Stampe (1741-43) für die →Wolff'sche Philosophie ein. Von Wolff ging auch der Theologe P.Rosenstand-Goiske (1749-69) aus. Unter Friedrich V. beginnt von Leipzig und Göttingen aus der deutsche Rationalismus in K. festen Fuß zu fassen. Die Guldbergsche Reaktion führte zur Ernennung des orthodoxen N.E.Balle zum Prof. (1772-83); doch vermochte dieser nicht den Sieg des Rationalismus in der Fakultät zu verhindern, dessen bedeutendste Vertreter die Deutschen D.G. → Moldenhawer und Fr. → Münter waren.

Henrich → Steffens' Vorlesungen (1802-03, 1804-05) führten vorläufig nicht zu einem Sieg der romantischen Weltanschauung in K. Statt Steffens wurde der Eklektiker Niels Treschow zum Prof. der Philosophie ernannt. In der theologischen Fakultät machte sich der Kantsche Einfluß bei P.E.Müller (1801-30) geltend, während Jens Möller (1808-33) den Supernaturalismus vertrat. Erst mit H.N.Clausen (1822-74) macht sich → Schleiermachers Theologie bemerkbar. Eine führende Stellung errang im zweiten Drittel des Jh.s H.L. → Martensen (1840-54), durch den → Hegel an der Universität herrschend wurde. Von Hegel ging der Philosoph Rasmus Nielsen (1841-83) weiter zu → Kierkegaard und → Grundtvig. Der → Grundtvigianismus erhielt in dem Kirchenhistoriker Fr.Hammerich (1859-77) den ersten Vertreter in der theologischen Fakultät; derselben Richtung gehörte auch sein Nachfolger Fr. → Nielsen (1877 bis 1900) an. – Der Vorherrschaft der Theologie machte in den 70er Jahren der Sieg des Naturalismus durch Georg Brandes (1871-77) ein Ende; die angestrebte Professur erhielt Brandes zwar nicht, aber seine Ideen wurden in K. wirksam. An die Stelle der Theologie traten die weltlichen Geisteswissenschaften mit hervorragenden Vertretern, u.a. dem Philosophen H.Höffding (1883 bis 1915), dem Historiker Kr.Erslev (1883-1916), dem Sprachforscher Wilh.Thomsen (1887-1913), nach 1900 dann die Naturwissenschaften. Seit 1914 lehrte der Religionsgeschichtler V.P. → Grønbech in K. Die führende Persönlichkeit in der theologischen Fakultät während der naturalistischen Periode war der Dogmatiker Peder Madsen (1875-1909), der ein gemäßigtes Luthertum vertrat. Der hervorragende Hebraist Frants Buhl (1882-90) ging nach seiner Rückkehr von Leipzig (1898) zur philosophischen Fakultät über (bis 1922). Zu nennen sind ferner die bedeutenden Kirchengeschichtler J.Oskar → Andersen (1913-36) und Jens Nørregaard (seit 1923). – Die Fakultät hat gegenwärtig je 2 Lehrstühle für AT und NT, je 3 für KG und syst. Theol. sowie ein Lektorat für Missionsgeschichte. – Die Universität zählt im Winter 1958/59 ca 5700 Studenten, davon ca 290 Theologen.

H.F.RØRDAM, Kjøbenhavns Universitets Historie fra 1537 til 1621 I-IV, K. 1868-77 – W.NORVIN, Københavns Univ. i Middelalderen, ebd 1929 – DERS., Københavns Univ. i Reformationens og Ortodoksiens Tidsalder I. II, ebd 1937/40 – J.P.TRAP, Danmark I/3, 1959[5].

V.Waschnitius (Hal Koch)

Unter K etwa Vermißtes bitte unter C und Z suchen

Kopernikus, *Nikolaus* (1473-1543), Astronom, Domherr in Frauenburg (Ostpr.). Die wissenschaftliche Leistung von K. ist die Neubegründung des heliozentrischen Systems. Schon griechischen Astronomen (Aristarch) war die Möglichkeit bekannt, die Sonne als ruhend und die Erde als einen ihrer Planeten anzusehen. Diese Lehre wurde in der klassischen Ausgestaltung der griechischen Astronomie (Hipparch, Ptolemäus) verworfen. Das geozentrische System erklärte alle bekannten Beobachtungen ebensogut und schien mit der Physik besser im Einklang, da es unverständlich schien, daß man auf einem rasch bewegten Körper von dieser Bewegung nichts direkt wahrnehmen sollte. K. kannte spärliche literarische Andeutungen über heliozentrische Anschauungen bei den Griechen, entwarf aber sein System selbständig. Seine Darstellung der Planetenbahnen blieb wie die ptolemäische rein kinematisch. Seine Argumente für das System sind im wesentlichen speziell astronomisch und betreffen Vereinfachungen der Darstellungsweise, die uns, vom heutigen Standpunkt aus, geringfügig erscheinen müssen. Die in den Sternbewegungen sich offenbarende kosmische Ordnung fügt sich seinem Weltbild, das man vielleicht als einen kath. frommen Renaissance-Neuplatonismus bezeichnen kann, harmonisch ein. Mit der Veröffentlichung seines Werkes (De revolutionibus orbium caelestium) zögerte K. bis kurz vor seinem Tode. Die von A. → Osiander hinzugefügte Vorrede stellt das System als eine bloß methodische Beschreibung der himmlischen Bewegung ohne inhaltlichen Wahrheitsanspruch dar. Man darf behaupten, daß dies nicht im Sinne von K. war. Jedoch war es nicht möglich, kinematisch das eine oder andere der Systeme zu beweisen; beide sind mögliche Darstellungen. Den nur hypothetischen (in heutiger Sprechweise wohl »fiktiven«) Charakter des Systems vertrat → Bellarmin gegen → Galilei, jedoch setzte sich das nicht streng bewiesene heliozentrische System als Stimulans der wissenschaftlichen Entwicklung durch und veranlaßte die Entdekkungen von → Kepler und → Newton, die es auf eine festere (dynamische) Grundlage stellten. - In der Auseinandersetzung zwischen den Anhängern des Systems und kirchlichen Instanzen beider Konfessionen ging es vordergründig vor allem um die Frage, wie sich das System mit Jos 10, 12f (»Sonne, stehe still ...«) vertrüge. Die neuzeitliche Wissenschaft hat die Auseinandersetzung als einen Kampf um die Freiheit der Forschung verstanden. Man darf aber wohl auf beiden Seiten des Konflikts auch ein Gefühl dafür unterstellen, daß mit der Änderung der Kulissen, vor denen das Drama der Heilsgeschichte sich abspielt, das Verständnis dieses Dramas selbst Modifikationen erfahren mußte.

GA hg.v. der K.-Kommission, 1944ff. - P.NATORP, Die kosmologische Reform des K. in ihrer Bedeutung für die Philosophie (PrJ 49, 1882, 355-375) - L.PROWE, N.K., 2 Bde, 1883/84 - P.DUHEM, Le système du monde I-VI, (1913-17) 1954 - E.ZINNER, Das Leben u. Wirken des N.K., 1937 - DERS., Entstehung u. Ausbreitung der coppernic. Lehre, 1943 - M.CASPAR, K. u. Kepler, 1943 - H.BORNKAMM, K. im Urteil der Reformatoren (ARG 40, 1943, 171-183) - H.SCHMAUCH, N.K., 1953 - H.BLUMENBERG, Kosmos u. System. Aus der Genesis der kopernik. Welt (Studium Generale 10, 1957, 61-80) - EKL II, 942f (Lit.). *C.F.v.Weizsäcker*

Kopfjagd, das Erbeuten von Köpfen fremder oder feindlicher Personen im Rahmen eines Ritualkomplexes, von dem bestimmte Aspekte in verschiedenem Ausmaße u.a. Verbindungen mit (Ahnen-)Schädelkult, Fruchtbarkeitsriten, zeremonieller Kriegsführung (Körperteile als Trophäen), Kraftglauben, dem → Tod- und → Wiedergeburts-Gedanken aufweisen. Eine bedeutende Rolle spielt jedoch auch das Töten an sich. Bei Unterdrückung der K. werden die Opfer nämlich erdrosselt, vergiftet usw. Die K. hat bzw. hatte weite Verbreitung: Hinterindien, → Indonesien, Neuguinea, → Melanesien, Nord- und Südamerika, Europa (bei den Galliern bis ins 1.Jh. vChr, den Germanen noch in nachchristlicher Zeit, den Skythen, in Montenegro bis ins 19.Jh.). - Der ideologische Hintergrund der K. ist ein Seelen- und Geisterglaube, wobei der Kopf als Sitz einer → Seele oder besonderer Kräfte gilt und somit magische Wirksamkeit entfalten kann. In gewisser Hinsicht dürften lunarmythologische Gedanken mit hereinspielen (Kopf als Abbild des Fruchtbarkeit spendenden → Mondes). - Der K. liegen im wesentlichen folgende *Motive* zugrunde: a) Förderung der → Fruchtbarkeit (Feldfrüchte, Mensch, Tier). Häufig werden zu Beginn der Feldbestellung ausgedehnte K.en unternommen, ebenso kann erst durch die Erbeutung eines Kopfes die Heiratsfähigkeit erlangt werden. Die Seelen der geköpften Menschen sollen den Ahnengeistern (→ Totenverehrung: I) dienen, damit diese die Fruchtbarkeit fördern, oder sie wirken unmittelbar, wozu aber vorher ein → Versöhnungs-Ritus notwendig ist. - b) Übermittlung von (magischer) Kraft. Die Papua Süd-Neuguineas geben an, daß sie mit dem erbeuteten Kopf zugleich auch den Namen des Erschlagenen als Lebensstoff (→ Mana) für ihre Kinder und deren Gedeihen brauchen (→ Namenglaube: I). - c) Rituelle → Reinigung nach einem → Begräbnis oder als Voraussetzung für die Beerdigung. So kann in Südost-Celebes ein Fürst erst dann begraben werden, wenn jeder männliche Nachkomme sich einen Kopf beschafft hat. - d) → Bauopfer, wobei der Kopf unter dem Mittelpfahl des Hauses vergraben wird. Offenbar liegt die Vorstellung zugrunde, daß der Geist des Toten beim Kopf bleibt und so fremde und schädliche → Geister fernhalten kann. Vgl. den Brauch der Dayak, die sich, ehe sie zur K. ausziehen, mittels komplizierter Zeremonien der Seelen der Feinde zu bemächtigen suchen. Ist die K. erfolgreich, so werden die Köpfe in dieselben Körbe gelegt, in denen die Seelen gefangen gehalten werden. In den beiden letzten Motiven berührt sich die K. eng mit dem → Menschenopfer. - e) Häufig kennzeichnen äußere Abzeichen (an der → Kleidung, Schmuck oder → Tätowierung) den erfolgreichen Kopfjäger: K. wird also auch aus reinen Prestigegründen betrieben. - f) Ein weiteres Motiv ist Gewinnsucht. Man kann Köpfe kaufen (wobei der Wert je nach Seltenheit steigt; Köpfe von Europäern werden am höchsten bezahlt), und oft wird ein schwunghafter Handel damit getrieben. - g) Auch die Vorstellung, daß nur durch den Tod neues Leben entstehen kann, dürfte eine Rolle spielen. Eine Verbindung zwischen dem mythischen Motiv der Zerstückelung von Urzeitwesen (Dema-»Gottheiten«) und der K. (so Jensen) ist eher abzulehnen, da ja bei der K. der Schädel die Hauptsache ist und nicht die Zerstückelung (vgl. → Feste: I, → Schöpfung: I). - h) Dienstbarmachung des Feindes im Jenseits (bes. in Amerika). Hier zeigt die K. enge Beziehungen zum Skalpieren. - Für das *Zeremoniell* der K. sind das Töten des Opfers, das Heimbringen des Schädels und dessen Aufbewahrung bes. wichtig. Das *Töten des Opfers* soll von rückwärts erfolgen, wofür als Grund der schädliche brechende → Blick des Erschlagenen angegeben wird, oder um zu verhindern, daß durch das »Aug in Auge sehen« eine persönliche Beziehung zum Opfer entsteht. Tötung in diesem Falle wäre Mord. Die K. kann in Gruppen oder von Einzelgängern unternommen werden. Frauen und Kinder werden nicht geschont, oft sogar bevorzugt, da dies als ein Zeichen des weiten Eindringens in Feindesgebiet gilt. - Beim *Heimbringen des Kopfes* ist die Beteiligung der Frauen wichtig (Tragen des Kopfes). Der erfolgreiche Kopfjäger ist häufig längere Zeit → »tabu«, muß in einer gesonderten Hütte wohnen, darf sich selbst nicht ernähren, vor allem darf er auch keine Frauen berühren (Südsee, Indonesien, Hinterindien). Der tötende Mensch gilt als unrein (→ Rein und unrein: I), weshalb die Tabuierung als Mittel zur → Entsündigung (: I) angesehen werden kann. Der Geist des Erschlagenen muß versöhnt werden, deshalb wird den heimgebrachten Köpfen Speise und Trank vorgesetzt. Bei den See-Dayak werden die Köpfe lange mit Liebkosungen und Auszeichnungen überhäuft, um dem Geist des Getöteten Liebe zu dem Stamme einzuflößen, dessen Angehöriger er nun ist. Häufig hängt die Wirksamkeit des Kopfes von der Präparation ab, zB bei den südamerikanischen Jivaro (Tsantsa, Schrumpfköpfchen) und Munduruku. Die See-Dayak entfernen zunächst das Gehirn und hängen dann den Schädel zum Trocknen über ein Feuer. – Das *Aufbewahren der Köpfe* ist sehr verschieden (in den Wohnungen, an Hausgiebeln, in eigens dafür errichteten Hütten, in geflochtenen Körben, auf Rotanschlingen, sog. Schädelaltären u.a.). – Die K. scheint jedenfalls in Agrarkulturen zu wurzeln, ihre weite Verbreitung läßt auf ein hohes kulturgeschichtliches Alter schließen. Gewisse Voraussetzungen dürften jedoch schon im rituellen Deponieren von Tierschädeln in → Jäger-Kulturen vorhanden sein (→ Bärenfest).

R. Heine-Geldern, K. u. Menschenopfer in Assam u. Birma u. ihre Ausstrahlungen nach Vorderindien (Mitt.en der Anthropolog. Ges. Wien 37, 1907, 1-65) – Ders., Mutterrecht u. K. im westl. Hinterindien (ebd 51, 1921, 105-140) – R. Martin, Über Skelettkult u. verwandte Vorstellungen (Mitt.en der Geograph.-Ethnograph. Ges. in Zürich, 1920, 5-63) – J.H. Hutton, Head-Hunters of the North East Frontier (Journal of the Royal Society of Arts 85, 1936, 134-144) – A.E. Jensen, Das religiöse Weltbild einer frühen Kultur, 1948 – E.R. Downs, Head-Hunting in Indonesia (Bijdragen tot de Taal-, Land- en Volkenkunde, Deel 111, 1955, 40-70) – J.M. van der Kroef, Head-Hunting Customs of Southern New Guinea (United Asia 7, 1955, 159-183). *E. Stiglmayr*

Kopp, *Georg,* kath. Theologe, * 25.7.1837 in Duderstadt, † 4.3.1914 in Troppau, 1906 geadelt, zuerst Telegraphenbeamter, 1862 Priester, 1872 Domherr und Generalvikar in Hildesheim, 1881 Bischof in Fulda, 1886 Mitglied des preußischen Herrenhauses, 1887 Fürstbischof in → Breslau (: I), 1893 Kardinal. K. wirkte entscheidend bei der allmählichen Liquidation des → Kulturkampfes im Sinne des von der Kurie und von → Bismarck angestrebten Ausgleichs mit nach dem Prinzip, daß eine freie Kirche die beste Stütze des Staates sei. Auch unter Wilhelm II. in diesem Sinne tätig, trat er im kath. Gewerkschaftsstreit für die Trierer gegen die Berliner Richtung ein, dh gegen christliche → Gewerkschaften (: III) für Fachabteilungen innerhalb der kath. Arbeitervereine. Auch sonst stand er dem sozialen Katholizismus kühl und kritisch gegenüber.

K.s Breslauer Hirtenbriefe hg.v. M. Beyer u. F. Nafe, 1912. – Über K.: Biogr.v. R. Dittrich (1912), A. Arndt (1914), J. Troxler (1933) – Fr. Nippold, ZWTh 52, 1910, 238-257 – Fr.X. Seppelt, Dt. Biogr. Jb. 1, 1914, 48-59 – Ders., Zs. f. Gesch. Schlesiens 1916, 195 bis 326 – Ders., Schles. Lebensbilder II, 1926, 323ff – Ders., Gesch. d. Bistums Breslau, 1929, 121ff. *K.G. Steck*

Kopten

I. Koptische Kirche, geschichtlich – II. Koptische Literatur – III. Koptische Kunst. – Vgl. → Koptologie

I. Koptische Kirche, *geschichtlich*

So sehr die Geschichte des Christentums in → Ägypten (: IV) in ihrem Gesamtablauf als eine Einheit angesehen werden muß, so hat doch erst die Ablehnung der Konzilsentscheidung von → *Chalcedon* (451) und der Übergang zum *Monophysitismus* (→ Christologie: II, 5) der Kirche des Niltals das Sondergepräge verliehen, das sie bis heute bewahrt hat. Dadurch ging sie der dogmatischen Führung der Gesamtkirche verlustig, die sie vorher ein gutes Jh. innegehabt hatte, und war in ganz anderem Maße als bisher auf sich selbst gestellt. Die K. (arabische Entstellung aus »Ägypter«) gewannen schon kraft ihrer Überzahl den maßgebenden Einfluß auf die kirchliche Entwicklung. Auch in der Liturgie setzte sich, von wenigen Sätzen abgesehen, das Koptische durch; im 5. Jh. erwuchs der Kirche in → Schenute der einzige einheimische Schriftsteller von origineller Kraft.

Der Absetzung und Verbannung (451) des Patriarchen → Dioskur I. folgte durch fast zwei Jh.e der Versuch der Byzantiner, in Alexandrien orth. Patriarchen durchzusetzen und das Volk entweder durch *Zwang* oder durch *Einigungsformeln* wie das Henotikon 484, die Beschlüsse der → Dreikapitelsynode 553 oder den Monotheletismus (→ Christologie: II, 5c) zur *Einheit des »Reichsglaubens«* hinzuführen. All diese Versuche erreichten nur das Gegenteil und haben den Volksbegriff K. praktisch mit dem Bekenntnis zum Monophysitismus eins werden lassen. Die Kirche lernte, sich ohne und gegen den Staat zu organisieren, und wurde dadurch in kommenden Prüfungen widerstandsfähiger, als es die vom Staat geförderte, aber auch gegängelte Orthodoxie im Vorderen Orient in den kommenden Jh.en war.

Unmittelbar nach der persischen Besetzung Ägyptens (ca 618/26) unternahm der vom Kaiser eingesetzte Patriarch Kyros den Versuch, den Monotheletismus durchzusetzen, und löste damit eine neue Welle der Ablehnung bei den K. aus. So fanden sie keinen Anlaß, 639/42 den eindringenden *muslimischen Arabern* nennenswerten Widerstand entgegenzusetzen, und auch Kyros lieferte den Eindringlingen Alexandrien rasch aus. Es war kennzeichnend für die Änderung der Atmosphäre, daß jetzt erst Patriarch Benjamin I. (626-665) aus Oberägypten in seine Residenz Alexandrien zurückkehren konnte. Ihm fielen nun viele kirchliche Gebäude und Liegenschaften der Orthodoxen zu, die das Land fast völlig geräumt hatten; er war der Oberhirt der praktisch einzigen christlichen Konfession am Nil. Doch erwies sich trotz der grundsätzlichen Duldung der kopt. Kirche durch den → Islam gegen die vorgeschriebene Steuerzahlung schon bald, daß auch die neue Herrschaft Unannehmlichkeiten mit sich brachte. In sechs *Aufständen* versuchten die K., damals noch die Mehrheit im Lande, zwischen 725/26 und 773, sich des muslimischen Jochs zu entledigen. Doch konnte die neue Kalifen-Dynastie der Abbasiden (750-1258; → Kalif) 829/30 den letzten kopt. Aufstand (im Delta) niederwerfen. – In eben dieser Zeit wurden auch die letzten Absonderungen innerhalb des Monophysitismus beseitigt; die *dogmatische Einheit* des ägypt. Christentums ist seither nur noch ganz am Rande erschüttert worden.

Die Einsicht, daß die muslimische Herrschaft unabänderlich sei, der dauernde finanzielle Druck, die soziale Minderung durch Kleidervorschriften, Einschränkungen im öffentlichen Auftreten, im Zeugen- und Erbrecht u.a.m. bewirkten, daß sich immer wieder K. *dem Islam anschlossen.* Es scheint, daß dieser bis um 900 die Mehrheit der Bewohner gewonnen hatte. – Eine gewisse *Erleichterung* brachte den K. zwischen 969 und 1171 die Herrschaft der schiitischen (ismailitischen) Fatimiden. Sie sahen in den K. eines der Gegengewichte gegen ihre geschlossen sunnitischen Untertanen. Freilich kam es unter dem wahnsinnigen Kalifen al-Hākim (→ Drusen) kurz nach 1000 zu blutigen Verfolgungen, Zwangsbekehrungen und Kirchenzerstörungen; aber die islamische Regierung war später loyal genug, den Rücktritt von solchen Zwangskonversionen zu erlauben, der ja sonst mit dem Tode bestraft wurde.

Die → *Kreuzzüge* beeinflußten die Lage der K. nur wenig. Die mit der Verdrängung der Kreuzfahrer Hand in Hand gehende Ausdehnung des ägypt. Machtbereiches in Syrien erleichterte übrigens den gelegentlichen Verkehr mit den konfessionsgleichen → Jakobiten (West-Syrern), auch mit der Kirche → Armeniens (: II).

Unter der Herrschaft der *Mamluken* (1250-1517) kam es im 13.Jh. zu den schwersten disziplinären Auseinandersetzungen der kopt. Geschichte, bei denen die Einheit des Patriarchats (anders als bei den Jakobiten, Armeniern oder im Abendland) indessen gewahrt werden konnte. 1301 und 1321 folgten erneute Zwangsmaßnahmen und Kirchenzerstörungen. Ihnen ging eine allmähliche Auszehrung an innerem Gehalt und theologischer Bildung parallel, die die Gläubigen um 1500 auf ein Zehntel bis ein Zwölftel der Bevölkerung absinken ließ und die Zahl der Klöster auf (jetzt) 8 für Männer und 5 für Nonnen (diese nur in Kairo) reduzierte. Die Zahl der Bistümer sank bis auf 12. Um 1300 ging auch Nubien dem Christentum verloren. Die kopt. Sprache wich endgültig der arabischen, in der schon Jh.e zuvor kirchengeschichtliche Werke verfaßt worden waren (→ Kopten: II). Das Arabische wurde aber auch zu einem Bindegliede zur jakobitischen Kirche, in der das Syrische gleichfalls aufgegeben worden war. - In beiden Kirchen kristallisierte sich in dieser Periode die Zahl von 7 *Sakramenten* heraus: Taufe, Firmung, Abendmahl, Beichte, Krankenölung, Ehe und Priesterweihe (so die amtliche Reihenfolge).

Aus der Zeit zwischen der *türkischen* Eroberung 1517 und Napoleons Einfall 1798 sind Einzelheiten kaum bekannt. Die Zahl der Gläubigen blieb bei etwa 8 v.H. der Bevölkerung. Ein Reformversuch Patriarch Kyrills IV. (1854-61) brach mit dessen (Gift?-)Tode zusammen; auch die Bildung einer Laienvertretung (des *»Maglis Millī«*) unter Kyrill V. (1874-1927) führte keinen wirklichen Wandel herbei. Die Auseinandersetzungen waren verschiedentlich mit politischen Wandlungen verquickt. Sie hielten auch unter den folgenden Patriarchen an und haben nach dem Tode Joasaphs II. (1946-56) die Neuwahl bis April 1959 verzögert; 116. Patriarch ist seitdem der frühere Einsiedler Kyrill VI. (ʿAṭā; * 1902). - Diese Lage hat freilich die Entwicklung einer recht umfänglichen *theologischen Literatur* auf dogmatischem und kirchengeschichtlichem Gebiete keineswegs gehemmt. Dazu trat 1954 die Gründung des *»Kopt. Instituts«* unter Mitarbeit namhafter kopt. Gelehrter, deren Leistung aufs Ganze gesehen über die des muslimischen Durchschnitts hinausragt. Ebenso ist die *Schulbildung* der K., bes. auch der Mädchen, wesentlich besser als der muslimische Durchschnitt. Freilich bedroht die Übernahme der - stets zahlreichen - kirchlichen *Stiftungen* in staatliche Verwaltung die Selbständigkeit der Kirche, und Klagen über eine Benachteiligung der K. sind wiederholt laut geworden.

Die *Zahl* der K. (1897: 610 000) wird sich zZ auf etwa 1,3 Mill. (mit 25 Bistümern) belaufen. Daneben stehen etwa 80 000 *unierte* K. (→ Unierte Kirchen) und wohl etwas weniger Angehörige verschiedener *prot.* Bekenntnisse; die Fluktuation zwischen allen drei Bekenntnissen ist ziemlich stark.

Die Kirche → *Äthiopiens* (: III) hat ihr direktes Abhängigkeitsverhältnis zur kopt. seit 1946/48 gelöst und ist im Juni 1959 Patriarchat geworden, ohne aber die geistigen Bande zu ihrer Mutterkirche zu zerschneiden. Der kopt. Patriarch besitzt weiterhin das Recht, den äthiop. Patriarchen zu weihen. Das Interesse, das der äthiop. Kaiser seinen Glaubensgenossen in Ägypten bezeugt, hat wie im MA, so auch in der neuen und neuesten Zeit sich häufig als Stütze der kopt. Kirche - der ältesten christlichen Kirche in Afrika - erwiesen.

Allgemein: E.I.Butcher, The story of the Church of Egypt I. II, London 1897 - DThC I, 786ff; VI, 999ff; X, 2251ff - RE XII, 801ff - EI[1] II, 1064ff - W.H.Worrell, A short account of the Copts, London 1945 - B.Spuler, Die kopt. Kirche (in: HO VIII, 1959). - Einzelne Perioden (nach 451): E.R.Hardy, Christian Egypt (bis ins 7.Jh.), Toronto 1952 - J.Maspéro, Hist. des patriarches d'Alexandrie (518-616), Paris 1923 - C.D.G.Müller, Benjamin I. (Muséon 69, 1956, 313-340) - G.Graf, Ein Reformversuch der kopt. Kirche im 12.Jh., 1923 - R.Strothmann, Die kopt. Kirche in der Neuzeit, 1932 - B.Spuler, Die Gegenwartslage der Ostkirchen, 1948. - Dogmatisches: C.Kopp, Glaube u. Sakramente der kopt. Kirche (OrChr 25), 1932 - C.D.G.Müller, Die alte kopt. Predigt, 1954 - Ders., Die Engellehre der kopt. Kirche, 1959 - J.Assfalg, Die Ordnung des Priestertums, 1955 - E.Hammerschmidt, Die kopt. Gregoriosanaphora, 1957. - Laufende Berichterstattung: B.Spuler in IKZ, seit 1939 - Irénikon (Chèvetogne, Belgien; 1958: Bd 31) - Het Christelijke Oosten en Hereniging (Nimwegen; 1958/59: Bd 11). - Vgl. die Lit. zu → Kopten: II. III, → Ägypten: III, → Unierte Kirchen.

B.Spuler

II. Koptische Literatur

1. Die kopt. Literatur (= L.) ist in der sog. kopt. Sprache abgefaßt, die die letzte Phase des Ägyptischen bildet und zunächst Umgangssprache war. Die besondere Eigenart des Koptischen liegt in einem starken hellenistischen Einfluß, der sich an der Schreibung in einem durch demotische Zeichen ergänzten griechischen Alphabet und an der hohen Zahl griechischer Lehnwörter erkennen läßt. Die ersten literarischen Versuche, die noch vor der Entstehung der eigentlichen kopt. L. liegen, bilden das sog. Altkoptische.

2. Der Weg zu der Gestaltung einer kopt. *Schriftsprache* wurde von religiösen Kräften gebahnt, die mit ihrer Hilfe eine breite missionarische Tätigkeit entfalten wollten. Infolgedessen ist das Koptische die Kirchensprache des christlichen → Ägyptens (: IV) geworden. Die sprachwissenschaftlichen Probleme erschweren die Lösung der literarhistorischen Fragen. Neben zwei literarisch weitverbreiteten kopt. Dialekten, dem Sahidischen und dem Bohairischen, stehen das Achmimische, Subachmimische und Fayumische. Die bohairische L. ist meist aus dem Sahidischen übersetzt, außer der Bibel, so daß man in ihr einen Rest ältester bohairischer L. sehen oder für diesen wichtigen Text neue gelehrte Arbeit annehmen muß. Die Beantwortung dieser Frage ist für die Datierung sehr wesentlich. Entweder kommt das 4.Jh. oder der Beginn der arabischen Zeit in Frage. Für das letztere spricht die Bemühung um wörtliche Übersetzung, während die Eleganz der sahidischen → Bibelübersetzung (: III, 2e) den Schwung der Mission zeigt. Dagegen spricht die Abhängigkeit eines vielleicht aus dem 5.Jh. stammenden fayumischen Textes vom Bohairischen. Beim Achmimischen zeigen sich Züge der Abhängigkeit vom Sahidischen. Gerade die längsten erhaltenen Abschnitte des AT sind Interlinearversionen aus diesem Dialekt, während das beim NT nicht der Fall zu sein scheint. Der geringe Bestand der achmimischen L. kann nicht auf ihren Verlust zurückgeführt werden; sie hat sich vielmehr niemals weit entwickelt. Ähnlich dürfte es beim Subachmimischen und Fayumischen stehen.

3. Die *gnostischen* Bewegungen, die parallel zum Christentum wirkten und sehr oft den Anspruch erhoben, das wahre Christentum zu sein (→ Gnosis: III), haben zahlreiche Zeugnisse auch in der kopt. L. hinterlassen. Sowohl Großkirche wie Gnostiker konnten sich nicht mit der Verbreitung griechischen Schrifttums begnügen, da sie sonst die große Masse des Volkes nicht hätten erfassen können. Von der L. der Gnostiker besitzen wir nach der Auffindung einer manichäischen Bibliothek in Medinet Madi im Fayum und einer gnostischen in Nag Hammadi in Oberägypten reiche Überreste, von denen bisher nur ein Teil veröffentlicht ist. Im

Vordergrund steht apokalyptische L. Gnostische Lehre ist ja Enthüllung kosmischer Geheimnisse. Die Geheimnisträger sind vorchristliche Offenbarer, Jesus Christus und die von ihm aufgeklärten Jünger sowie Hermes Trismegistos (→ Hermetica). So gibt es zB eine Apokalypse des Adam an Seth, des Sem, des Mesos, des Dositheos, des Paulus, des Petrus, mehrere des Jakobus u.a., Sermone des Zostrianos und des Zoroaster. In einigen tritt der Inhalt bereits im Titel hervor: die Darstellung über die Seele, die Erklärung der Gnosis, die Hypostasis der Archonten, der höchste Allogenes. Christliche Redaktion zeigt sich zB bei der Sophia Jesu, die eine Weiterbildung des Briefes des Eugnostos darstellt. Die christliche Ausgestaltung ist auch für das jetzt in vier, zT interpolierten Exemplaren vorliegende Johannesapokryphon charakteristisch. Dazu kommen sich christlich gebende Evangelien: das des →Thomas, des Philippus sowie der über das Schicksal der Seele nach dem Tode berichtende Logos des Heilands, die Lehren des Silvanos u.a. Ob die von den Herausgebern als »Evangelium der Wahrheit« bezeichnete Schrift wirklich das Werk → Valentins ist, wird stark angezweifelt. Aus der Nachschrift eines Kopisten geht hervor, daß er sehr viele hermetische Schriften kannte, von denen er aber nur die brachte, welche seiner Meinung nach den Lesern noch unbekannt waren: eine Rede des Hermes an Thot, das Denken der großen Kraft, zwei titellose Hermetica sowie ein 3. Werk, dessen wesentlicher Inhalt im lateinischen Asclepius zu finden ist.

4. Die *manichäische* Bibliothek (→ Manichäismus) weist nur teilweise Werke von Mani selbst auf: das Psalmbuch und seine Briefe. Die Kephalaia des Meisters sind Lehrvorträge, die zT auf ihn selbst oder auf mündliche Überlieferung zurückgehen mögen. Eine Predigtsammlung gründet sich auf das von Mani verfaßte Lebendige Evangelium. Ausführlich über die Geschichte Manis und der Manichäer berichtet eine Leidensgeschichte des Mani und seiner Gemeinde sowie ein umfangreiches historisches Werk. Auch manichäische Apokalyptik im Anschluß an die synoptische Apokalypse findet sich. Weitere Schriften sind noch nicht identifiziert.

5. Unter der christlich-kirchlichen L. ist von besonderer Bedeutung die Übersetzung der *Bibel*. Sie ist wahrscheinlich nach und nach entstanden und in den einzelnen Dialekten mehr oder weniger erhalten geblieben.

6. Auch das *apokryphe* Schrifttum zu AT und NT wurde gepflegt. Aus der L. des antiken Judentums ist die Existenz einer → Elias- und einer Zephanjaapokalypse, des IV. Esra (→ Esrabücher: III) sowie der Testamente des Abraham, Isaak und Jakob hervorzuheben außer den Apokryphen der LXX. Für das NT konzentriert sich das Interesse zunächst auf Jesus und die hl. Familie (Geschichte von → Joseph dem Zimmermann, Protevangelium Jacobi, Leben und Tod der Jungfrau Maria, → Nikodemusevangelium, Acta Pilati, →Abgar-Brief). Es richtet sich ebenso auf die Apostel. Von den älteren Texten sind vor allem die Paulus- und Petrusakten zu beachten. Aber auch die K. selber haben solche legendäre L. geschaffen, zB die Taten des Andreas und Bartholomäus. Unter das apokryphe Schrifttum kann man auch die → Epistola Apostolorum rechnen. Die Apokalypsen geben bunte Bilder der jenseitigen und zukünftigen Welt, zB die Paulusapokalypse, die Mysterien des jungfräulichen Apostels Johannes, die Jakobusapokalypse.

7. Leben und Leiden der *Märtyrer* und Mönche werden mit großer Liebe geschildert. In anekdotenhaften Kurzberichten sprechen die → Apophthegmata patrum. Die Viten und Werke der großen Mönchsväter → Pachomius und → Schenute sowie ihrer Schüler (Theodor, Horsiese, Besa) sind von besonderem Interesse. Einzigartige Bedeutung kommt den Werken Schenutes zu, der für die ägyptische Kirche zu einer klassischen Gestalt geworden ist. Seine Schriften bieten einen bes. originellen Stil. Briefe und Predigten zeigen die Probleme des damaligen ägyptischen Christentums und ihre Behandlung durch eine starke Persönlichkeit.

8. Auch *Schriften der Väter* erfreuten sich großer Beliebtheit. So gibt es die Did (→ Apostellehre), den 1. → Clemensbrief, den 1. pseudoklementinischen Brief ad virgines (→ Pseudo-Clementinen), → Ignatius von Antiochia und den Hirt des → Hermas. Alte kirchliche Tradition wurde durch die Kirchenordnung → Hippolyts, die →Apostolische Kirchenordnung, die →Didaskalia, die →Apostolischen Kanones sowie das →Testamentum domini nostri Jesu Christi weiterverbreitet. Die als Fortsetzung apostolischer Tradition zu betrachtenden Kanones von Konzilien müssen in ihrer kopt. Tradition streng auf ihre Echtheit geprüft werden. Die Dokumente von → Nicäa enthalten im wesentlichen unechtes Material, ähnlich die zum Konzil von → Ephesus. Echte Kirchengeschichte scheint bei den K. wenig Interesse gefunden zu haben.

9. Zentrale Bedeutung besitzt die homiletische und liturgische L. Es kursieren *Homilien* von sehr vielen Vätern, wobei allerdings die Echtheit oft genug fraglich ist. Genannt seien nur Namen wie Athanasius, Chrysostomus, Basilius, Gregor von Nazianz, Theophilus, Cyrill von Alexandria, Cyrill von Jerusalem, Theodosius von Alexandria, Theodosius von Jerusalem, Timotheus von Alexandria, Theodorus von Antiochia, Eustathius von Thrake, Demetrius von Antiochia, Severus von Antiochia, Acacius von Cäsarea, Proclus, Johannes Jejunator von Konstantinopel, Epiphanius von Salamis, Proclus von Kyzikos. Die Themen der einzelnen Homilien richten sich nach dem Zweck. In erster Linie werden Festtage der Kirche behandelt, die Tage der Geburt, des Leidens, der Auferstehung Jesu, Marien- und Engelfeste, die Tage der Märtyrer, Heiligen und Mönche. - Bei den *liturgischen* Texten stehen die Basilius-, Gregorius- und Cyrillusliturgie (→ Liturgie: III) im Vordergrund; aber auch andere Formen sind erhalten. Daneben sind Heiligen- und Festkalender vorhanden, Lektionare, Horologien und Gebetbücher. Auch die Hymnologie wurde gepflegt, als das Koptische nur noch eine liturgische Sprache war (Marienhymnen). Demgegenüber müssen die Reste der kopt. Kirchenpoesie des 10. Jh.s beachtlich erscheinen, in denen einzelne Bibelstellen des AT und NT sowie Märchen von Salomon, von Theodosius und Dionysius, von Archelites und seiner Mutter sowie einzelne Heiligen u.a. behandelt werden.

10. Die *profane kopt. L.* ist nicht sehr umfangreich. Der Alexanderroman (Pseudokallisthenes) hat sich auch hier durchgesetzt. Ägyptisches Nationalbewußtsein tritt bei der Schilderung der Eroberung Ägyptens durch die Perser im Kambysesroman hervor. Auch der → Physiologus begegnet in christianisierter Form. - Das Vorhandensein von Rezeptsammlungen kann das Fehlen einer wirklich wissenschaftlichen *medizinischen L.* nicht verdecken. Ebenso ist ein vorhandenes Handbuch für Feldvermessung ein rein praktisches Hilfsbuch ohne theoretische Begründung.

Qu.: G. Zoega, Catalogus codicum copticorum manu scriptorum qui in Museo Borgiano Velitris adservantur, Rom 1810 - CSCO, Scriptores coptici, Louvain 1906ff - Coptica, Hauniae 1922ff - Bibliothecae P. Morgan codices coptici photographice expressi ed. H. Hyvernat, Rom 1922. - Allgemein: J. Leipoldt, Gesch. der kopt. L. (Die Lit.en des Ostens VII), (1907) 1909[3] - A. Baumstark, Die kopt. L. (Die christl. Lit.en des Orients I), 1911, 106ff - RGG[2] III, 1250f - J. Simon, Bibliogr. copte, in: Orientalia 18ff, 1949ff - W. Kammerer-E. M. Husselman-L. A. Shier, A Coptic Bibliography, Ann Arbor 1950 - S. Morenz, Die kopt. L. (HO I), Leiden 1952, 207ff. - Im übrigen vgl. die Lit. zu → Gnosis: III, → Manichäismus, → Bibelübersetzungen: III, 2, → Apokryphen: I. II. - Zu 1: W.Till, Kopt. Grammatik, 1955, 29ff. - Zu 2: L.Th.Lefort, Littérature Bohairique (Muséon 44, 1931, 115-135) - P.E.Kahle, Bala'izah, Oxford 1954. - Zu 6: W.Grossouw, De apocriefen van het Oude en NT in de Kopt. letterkunde (StC 10, 1934, 434-446; 11, 1934, 19-33). - Zu 7: J.Leipoldt, Schenute von Atripe u. die Entstehung des nationalägypt. Christentums (TU 25, 1), 1903. - Zu 8: W.Till-J.Leipoldt, Der kopt. Text der Kirchenordnung Hippolyts (TU 58), 1954. - Zu 9: H.Junker, Kopt. Poesie des 10.Jh.s I. II, 1908/11 - Coptic Offices translated by R.M.Woolley, London 1930 - C.D.G.Müller, Die alte kopt. Predigt, 1954. - Zu 10: O.v.Lemm, Der Alexanderroman bei den Kopten, St.Petersburg 1903 - H.L.Jansen, The Coptic story of Cambyses' invasion of Egypt, Oslo 1950 - W.Till, Die Arzneikunde der K., 1951. *A.Böhlig*

III. Koptische Kunst

1. Grundlagen - 2. Ausbreitung und Datierung - 3. Die verschiedenen Zweige - 4. Bedeutung

Kopt. Kunst ist grundsätzlich alle Kunst der christlichen Ägypter; gewöhnlich versteht man jedoch kopt. Kunst als Bezeichnung der ältesten Epoche der christlich-ägypt. Kunst, dh in byzantinischer und frühislamischer Zeit (ca 350-900 nChr).

1. *Grundlage* der kopt. Kunst ist die hellenistische Kunst in ihrer provinziell ägypt. Gestaltung der späteren röm. Kaiserzeit. Wesentliche Motive werden der Welt der griech. Mythen entnommen, die selbst im kirchlichen Raum vorherrschen, hier christlich umgedeutet: Orpheus (und Eurydike) = David (und Melodia), Geburt der Aphrodite = Auferstehung, Leda mit dem Schwan = Verkündigung (?); andere Motive bleiben undurchsichtig. Auffällig ist, wie wenig kopt. Kunst als eine christliche Kunst hervortritt; christliche Motive sind selten, selbst im kirchlichen Raum, und begegnen - in geringer Zahl - kaum vor dem 5.Jh. Erwähnt seien aus der Skulptur: Opferung Isaaks, Madonna mit dem Kinde, Auferweckung des Lazarus, Einzug in Jerusalem; aus der Ornamentik: Kreuz als imago cliptea von Engeln erhoben (= Christus ?), Weinrebe (= die Kirche). Mit der pharaonischen Kunst hat die kopt. Kunst keinen Zusammenhang. Die Verbindungen mit der alten Kunst beschränken sich auf die Übernahme weniger Symbole, so vor allem des Lebenszeichens (crux ansata) und bereits zuvor griechisch interpretierter Mythen oder Göttergestalten: → Horus den Seth überwindend = St. Georg, Thot an der Seelenwaage = St. Michael, → Isis mit dem Horuskinde = Madonna mit dem Kinde (?). Die kopt. Kunst ist der ägypt. Ausdruck der tiefgehenden Umwälzung in der antiken Kunstauffassung, welche die Auflösung des griech. Kunstkanons zur Folge hatte. Diese Umwälzung ist Ausfluß einer geistigen Bewegung, die aus dem Orient, um die Wende des 2./3.Jh.s von Syrien ausgehend, in den griech.(-röm.) Kulturraum einbrach und eine neue (von Neuplatonismus und Christentum angeregte) weltabgewandte Lebensanschauung vertrat. In der Kunst wollte sie das Überirdische im Bild faßbar machen und erstrebte dieses Ziel durch Vereinfachung der bildlichen Formen (bis hin zu Vergröberung und Zersetzung). - Die kopt. Kunst ist bildliches Bekenntnis und will christlichen Vorstellungen einen eigenen Ausdruck im Bild verleihen. Daraus erklärt sich die Fülle der Sinnbilder; durch sie werden geistige (abstrakte) Begriffe im Bild umschrieben. Die kopt. Symbolik leitet in die Ornamentik über; auch die Ornamente an den Wänden der Bauwerke haben den Charakter von Kryptogrammen. Der Mensch wird in der kopt. Kunst nicht in idealer Leiblichkeit, sondern als der Ewigkeit zugewendetes Geisteswesen dargestellt. Das lebenswahre Porträt verschwindet, es wird Typus und endet als Sinnbild; die Bilder werden deshalb ohne Rücksicht auf harmonische oder gegliederte Formen und mit Unterdrückung der Einzelheiten ausgearbeitet.

2. *Hauptgebiet* der kopt. Kunst ist Mittel- und Oberägypten; hier entstanden, bes. in den großen Klöstern (Ahnas am Rande der Fajûm-Oase, Bawit bei dem heutigen Derûd, Sohag mit den berühmten »Weißen« und »Roten« Klöstern), Kunstschulen, welche je einen besonderen Stil (Technik und Kompositionsweise) ausformten; dadurch wird die lokale Zuweisung erhaltener Werke einigermaßen ermöglicht. In Unterägypten, das kulturell ganz von Alexandria beherrscht war, blieb der griech. Einfluß immer vorherrschend; Kunstwerke im kopt. Stil kamen dort kaum vor. - Die *Chronologie* der kopt. Kunst ist unsicher. Nur wenige Denkmäler sind datiert oder lassen sich einwandfrei datieren. Eine zeitliche Einordnung auf Grund stilistischer Kriterien hat nur beschränkten Wert; die landschaftliche Zersplitterung der kopt. Kunst macht die Aufstellung allgemeiner oder umfassender Stilnormen fast unmöglich, und am gleichen Ort kommen erhebliche Unterschiede in Stil und Qualität vor. Datierungen beruhen daher zu einem großen Teil auf motivierten Schätzungen.

3. In der *Baukunst* haben die K. in Anlehnung an den altägypt. Tempelbau eine neue Form des christlichen Kultraums geschaffen. Der Aufteilung der pharaonischen Tempel in Vorhalle, Hypostyl und Sanktuar folgend, gliedern die kopt. Kirchen sich in Narthex, Schiff und Sanktuar, gern in drei Nischen mit Kuppeldecken (Apsiden) abgeschlossen. Ein auffallendes Glied in der Baukunst ist die Säule. Es finden sich viele prächtige Kapitelle, die schönsten aus dem Bereich der → altchristlichen Kunst; sie sind wahrscheinlich Vorbild für das frühromanische Kapitell. Das *Architekturornament* ist in der kopt. Kunst zu hoher Blüte gelangt; bezeichnend sind hier Friese mit Blumen- oder Weinranken, die phantasievoll variiert werden. Eigenartig ist auch ein vom röm. Barock übernommener Giebel mit durchbrochenem Geison; er dient als Rahmen für plastische Ausschmückungen. Aus der hellenistischen Kunst stammt die gerippte Muschel, die in Nischen, als Hintergrund für Figuren oder als einzige Ausstattung auftaucht (Sinnbild des ewigen Lebens). Die Vorliebe für architektonische Umrahmung bildlicher Darstellungen bezeugen bes. *Grab- und Denksteine*. Die Personen werden fast immer en face, in Reiszeichnung oder Basrelief, dargestellt und in einem »Portal« untergebracht. Das reiche Material an Denksteinen aus allen Jh.en erlaubt es, die Umformung der Menschendarstellung zu verfolgen. - Dem Reichtum an Reliefs steht eine auffällige Armut an *Rundskulptur* gegenüber. Statuen fehlen völlig, Kleinfiguren (in Stein oder Bronze) sind selten; sie wirken meistens als Figuren, die einem Relief entnommen sind. - Die *Wandmalerei* (Freskomalerei), seit je in Ägypten gepflegt, blüht auch noch in der kopt. Kunst. Von ihr sind nur kärgliche Reste erhalten (Klöster von Bawit und Saqqara, 6./7.Jh.; Nekropole von el-Bagawat, 5./6.Jh.; Fragmente in alten Kirchen). Die Motive sind vorwiegend Bilder aus dem AT und NT, eingerahmt von vegetabilen oder geometrischen Bändern. Wie die Plastik zeigt auch die Malerei eine sonderbare Mischung von Heidnischem (in der Ornamentik) und Christlichem. Die Komposition der Bilder ist lose und zufällig, die Figuren neigen zu geometrisierender Starrheit. Durch die Farben und die Freude der Künstler, die toten Wandflächen zu beleben, zeugen die Bilder von der heiteren Lebensauffassung der Ägypter. *Tafelbilder* sind durch Mumienporträts und Darstellungen an Sargböden vertreten, bei denen sich das langsame Absterben des hellenischen Stils und das Einsetzen der ägypt. Volkskunst anschaulich verfolgen läßt. Miniaturmalerei begegnet in Buchillustrationen. - Die kopt. *Kleinkunst,* die zum Kunsthandwerk überleitet, zeigt

eine bunte Menge von Erzeugnissen in den verschiedensten Werkstoffen. Nennenswert sind bes. Schnitzereien und Textilien. Angeregt von den Elfenbeinarbeiten aus den Werkstätten in Alexandria und Einfuhrstücken (Antiochia und Byzanz) schufen die K. vorzügliche Schnitzereien in Elfenbein und Knochen (meistens Einlegestücke für Möbel u.ä.), in denen sich lange ein Nachhall des hellenistischen Stils erhält. Daneben gibt es ausgezeichnete Schnitzereien in Holz: Konsolen (oft mit Heiligenbildern), Wandbekleidungen und Türfüllungen mit farbigen Einlegebildern. - Die *Textilien* sind die bedeutendste Leistung der kopt. Kunst. Sie wirken fast wie Zeichnungen in farbigen Fäden, bei denen der Sinn der K. für eine dekorative Ausschmückung der Flächen zu voller Entfaltung kommt. Die ägypt. Textilien aus röm. Zeit zerfallen in 2 Hauptgruppen: hellenistische und kopt. Die Wandlung vom hellenistischen zum kopt. Stil beginnt im 4.Jh. und setzt sich im 5.Jh. durch. Der kopt. Stil - weitgehende Stilisierung der Ornamentik und lose Komposition der Bilder - ist unter starkem Einfluß des Ostens entstanden: Anregungen von Persien (über Syrien), das außerdem fernöstliche Formelemente vermittelt hat. Der Werkstoff der kopt. Textilien ist vorwiegend Leinwand (mit Ornamenten in Wirkerei, seltener in Stickerei), ganz wollene Stücke sind weniger häufig und meistens spät; Baumwolle ist selten und begegnet nur in Verbindung mit anderen Stoffen; Seide nur ganz vereinzelt. - Christliche Themen kommen erst spät und selten vor. Das häufigste Ornament sind Reihen von Medaillons mit Tier- und Pflanzenmotiven, vornehmlich Weinreben (bes. 5./6.Jh.); mythologische Motive sind häufig in der Ornamentik der hellenistischen Textilien und werden im kopt. Stil, in christlicher Überarbeitung, weitergeführt.

4. Die kopt. Kunst ist ein Sammelbecken, in dem Elemente von allen Teilen des östlichen Mittelmeerraumes zusammenfließen und von dem sie in verarbeiteter und umgeänderter Gestalt wieder herausgehen. Die *kunstgeschichtliche Bedeutung* der kopt. Kunst liegt in ihrer Auswirkung. Sie hat entscheidenden Einfluß auf die frühe Kunst Westeuropas (über Marseille-Rhonetal) ausgeübt, der bis nach Irland (von dort auch nach dem Norden) reicht. Bedeutende Anregungen gehen in den byzantinischen Bereich und weiter nach Armenien und Georgien; die Kunst des christlichen → Äthiopien ist von ihr völlig abhängig, und die frühislamische → Kunst (: II I) hat kopt. Stilelemente aufgenommen und weitergeführt.

J.Strzygowski, Hellenist. u. kopt. Kunst in Alexandria (in: Bull. soc. arch. d'Alexandrie 5, 1902) - Ders., Kopt. Kunst (Cat. gén.... du Musée du Caire XII), 1904 - U.Monneret de Villard, La sculptura ad Ahnas, 1923 - M.Dinand, Ornamentik der ägypt. Wollwirkereien, 1924 - R.Miedema, Kopt. Kunst (holl.), 1929 - G.Duthuit, La sculpture copte, 1931 - W.Holmquist, Kunstprobleme der Merowingerzeit, 1936 - E.Drioton, L'art syrien et l'art copte (Bull. de la soc. d'arch. copte 3, 1937, 29-40) - Ders., Les sculptures coptes du nilomètre de Roda, 1942 - R.Pfister, Tissus coptes du Louvre, 1942 - J.D.Cooney, Late Egyptian and Coptic Art. An Introduction to the Collections in the Brooklyn Museum, 1943 - Coptic Egypt (Ausstellung im Brooklyn Museum), 1943 - H.Zaloscer, Une collection de pierres sculptées au Musée copte du Vieux Caire, 1948 - Coptic Textiles from Egyptian Burying Ground in the Collection of Kanagyfuchi Spinning Co. Tokijo, 1949 - A.Badawy, L'art copte, les influences égyptiennes, 1949 - Ders., L'art copte, les influences héllénistiques et romaines, Kairo 1953 - M. Cramer, Das christl.-kopt. Ägypten einst u. heute, 1959. - Fortlaufend orientiert: Bulletin de la société d'archéologie copte, Kairo, seit 1935.

O.Koefoed-Petersen

Koptologie (k. = koptisch) ist ein selbständiger Zweig der orientalischen Philologie und Altertumskunde, benachbart der → Ägyptologie. Ihre genaue Umgrenzung ist schwierig; die Vielseitigkeit läßt sich der Coptic Bibliography von W.Kammerer (Ann Arbor 1950) und der jährlichen Bibliographie Copte von J.Simon (Rom, seit 1948) entnehmen (Or NS 18ff, Rom 1949ff). - Das Studium der k.en Sprache eröffnete A.Kircher (1602-80, Rom): Lingua aegyptiaca restituta (Rom 1643) mit Grammatik und Glossar. Der Preuße D.Wilke (Wilkius, 1685-1745; in England: Wilkins) veröffentlichte das NT in k.er Sprache (Oxford 1716). Ein Wörterbuch stellte der → Hugenotte M. La Croze-Veyssiére (1661-1739, Berlin) zusammen, als Kompendium (von Chr.Scholz, 1697-1777, Berlin) 1775 in Oxford gedruckt, mit Registern von C.G. Woide (1725-90, London). G.Zoëga (1755-1809, Rom) edierte k.e Codices des Museum Borgianum in Rom (1810; Neudr. Leipzig 1903). Nicht weniger wichtig war, daß Fr. → Münter (1761-1830, Kopenhagen) erstmals auch sahidische Texte herausgab. Die Entzifferung der Hieroglyphen durch J.-Fr.Champollion (→ Ägyptologie) brachte auch einen Aufschwung der k.en Philologie mit sich. Genannt seien der Lexikograph A.A.M. Peyron (1785-1870, Turin) und die Forscher L.J.Chr. Stern (1846-1911, Berlin) und P. de → Lagarde (1827 bis 1891, Göttingen). Da viele Ägyptologen zugleich Koptisch trieben, wuchs die Zahl der Veröffentlichungen, Grammatiken und Wörterbücher (u.a. W.Spiegelberg, 1870-1930, Straßburg). 1894 erschien eine sahidische Grammatik von G.Steindorff (1861-1951, Leipzig), 1904 eine bohairische von A.Mallon (1875-1934, Jerusalem); um die Dialektgrammatik bemühten sich M.Chaîne (Lévignac sur Save) und K.A.Till (Wien). Grammatische Studien werden H.J.Polotsky (Jerusalem) verdankt. K.e Hss. aus Hamuli im Fajjum - jetzt in New York - gab H.E.X.Hyvernat (1858-1941, Washington) in 56 Bänden heraus (Rom 1922). Zum Fund manichäischer Hss. im Fajjum (1930), um deren Rettung und Veröffentlichung sich Carl Schmidt (1868 bis 1938, Berlin) und H.Ibscher (1875-1943, Berlin) verdient gemacht haben, vgl. → Kopten: II, 4, → Manichäismus. Die Publikation der 1945 in Nag Hamadi (Chenoboskion) entdeckten gnostischen Bibliothek ist einem internationalen Komitee anvertraut. Eine großartige Leistung ist das »Coptic Dictionary« (Oxford 1929-39) von W.E.Crums (1865-1944, Bath). Um Textveröffentlichungen] machten sich u.a. verdient: E.A.W.Budge (1857-1934, London), De Lacy O'Leary (1872-1957, Bournemouth), L.-Th.Lefort (1879-1959, Löwen), W.H.Worrell (1879-1952, Ann Arbor/Mich.), O.H.E.Burmester (England), H.Fr.H.Thompson (1859 bis 1944, Bath), O.E.v.Lemm (1856-1919, Leningrad) und J.Leipoldt (* 1880, Leipzig). - Um 1900 entstand ein reges Bemühen um die k.e *Kunst* (→ Kopten: III), u. a. durch A.J.Gayet (1856-1916, Frankreich), J.Strzygowski (1862-1941, Wien), Johann Georg Prinz zu Sachsen (1869-1938), U.Monneret de Villard (1881 bis 1954, Rom), R.Miedema (1887-1954, Amersfoort). Ausgrabungen fanden u.a. statt bei Assuan (Simeonskloster, Monneret de Villard), in Antinoe (Gayet, später E.Breccia), in Bagawat (A.M.Lythgoe, 1868-1934, New York), in Bawit (J.Maspero, 1885-1915, Paris) und westlich Alexandriens (→ Menasheiligtum, C.M. Kaufmann). Seit 1908 besteht ein k.es Museum in Altkairo (zZ Direktor P.Labib); 1934 wurde die Société d'archéologie copte von Ch.Bachatly (1900-57) gegründet, der ähnliche Institute nach 1945 folgten. - Vgl. → Kopten: I-III.

Eine Gesch. der K. fehlt. Älteres in E.Quatremère, Recherches critiques et historiques sur la langue et la litt. de l'Égypte, Paris 1808, 45ff. Ferner: M.G.Schwartze, K.e Grammatik, 1850, 16ff - J.Janssen, Over het K. woordenboek van Veyssiére La Croze (Orientalia

Neerlandica, Leiden 1948, 71-74) - M.CRAMER, Das K.e u. die Entzifferung der Hieroglyphen. Ein Beitr. zur Gesch. der K. in Europa (OrChr 37, 1953, 116-131) - DIES., Das christl.-k.e Ägypten einst u. heute, 1959, 90 ff. *J.M.A.Janssen*

Korach. Von älteren Trägern des Namens K. (»Kahlkopf«) im AT (Edomiter: Gen 36; 1Chr 1, 35; Kalibbiter: 1Chr 2, 43; ein das Priestertum angreifender israelitischer Laie: ältere Schicht in Num 16; vgl. ferner Kareach 2Kön 25, 23; Jer 40, 8ff; dagegen Name eines benjaminitischen Ortes 1Chr 12, 7) ist wohl zu unterscheiden (gegen Meyer) das Levitengeschlecht K. (mit wechselnden Angaben über den Stammbaum Ex 6, 21; 1Chr 6, 7; Num 26, 58). Während es nach der → Priesterschrift wie alle Leviten (→ Levi) die Kultusgeräte zu hüten hatte (Num 3, 31), nach anderer Darstellung die Torhüter stellt (1Chr 9, 19 u.ö., die Esr 2, 42 u.ö. noch keine Leviten sind), ein Angehöriger auch zur Vorbereitung des Speiseopfers hinzugezogen ist (1Chr 9, 31), erscheint es vor allem als Sängergilde (1Chr 6, 22; 2Chr 20, 19), vgl. Ps 42-49; 84f; 87f. Doch ist trotz dieser Vielfalt weder der Name b^e^nê qorāḥ als Gesamtbezeichnung mehrerer Gruppen des Tempelpersonals zu deuten (Köberle) noch zwischen b^e^nê qorāḥ und qārḥîm zu unterscheiden (K. Möhlenbrink, ZAW 52, 1934, 230), vielmehr ein geschichtlicher Werdegang anzunehmen. Entweder war die Gruppe K. zunächst ganz mit niederen Tempeldiensten beschäftigt, bis einem Teil als gleichnamiger Sängergilde der Aufstieg zu den Leviten gelang; oder die Sängergilde K. nahm den aufstrebenden Teil der Torhüter in sich auf. Sie hebt sich von den anderen, wenigstens zT alte Traditionen wahrenden Sängergilden dadurch ab, daß sie in nachexilischer Zeit entstanden ist und in ihren Psalmen eine ausgeprägte Zionstheologie vertritt. Gegen ihr weiteres Streben nach priesterlichen Rechten wendet sich die letzte, vom Gericht über den Leviten K. handelnde Bearbeitung von Num 16.

J.KÖBERLE, Die Tempelsänger im AT, 1899, 182ff - RE XI, 36ff - E.MEYER, Die Israeliten u. ihre Nachbarstämme, 1906, 352 - H.GUNKEL-J.BEGRICH, Einl. in die Psalmen, 1933, 440ff - H.S.NYBERG, Ḳoraḥ's uppror (SEÅ 12, 1947, 230-252) - W.RUDOLPH, Chronikbücher (HAT I, 21), 1955. *G.Fohrer*

Koran, der (arab. »Rezitationsbuch«), ist die Sammlung der prophetischen Äußerungen des Begründers des → Islams (: I), → Muhammed, etwa aus den Jahren 610/32, in dessen mekkanischer Mundart des Arabischen niedergelegt. Nach islamischem Verständnis enthält der K. *Gottes Wort* und ist deshalb unveränderlich und vorbehaltlos maßgeblich. Gewisse Widersprüche (etwa hinsichtlich der → Prädestination) hat die spätere Theologie harmonisierend hinweggedeutet. Daneben gelten insgesamt 225 Verse als durch spätere *»aufgehoben«* (mansūch; vgl. II, 106 Kairo / 100 Flügel; XVI, 101 K/103 F). Schließlich wird für einzelne Stellen von der frühislamischen Überlieferung (zB dem K.-Kommentator at-Tabarī, 839-923) zugegeben, daß Muhammed gelegentlich einen *falschen Text* gegeben und diesen später *berichtigt* habe (zB LIII, 18-22 K/F). Übrigens ist der Einfluß christlicher und jüdischer *Vorbilder* und Gedankengänge unverkennbar, wobei Muhammed gelegentlich Mißverständnisse unterlaufen sind (er hält die Schwester des Moses und die Mutter des Herrn für dieselbe Person). Sie gelten schon Muhammed und später überhaupt den Muslimen als Berichtigungen von Fälschungen des NT und AT durch Juden und Christen.

Der K. enthält endzeitliche Warnungen und Schilderungen des Jüngsten → Gerichts (: I, 4) von hoher poetischer Schönheit, Lobpreisungen Gottes von majestätischer Kraft (zB den »Thronvers« II, 255 K/256 F; die Fātiha, s.u.), weiter Propheten-Erzählungen (darunter ein lehrhaft durchsetztes Surrogat der Josephs-Geschichte des AT: Sure 12), Ermahnungen und Belehrungen. Nach der Hidschra (622) nehmen rechtliche Weisungen, lehrhafte Stücke und auch Abschnitte zur Selbstverteidigung (etwa hinsichtlich von Muhammeds 13 Ehen: Sure 33) zu, deren sprachliche Form auf den Außenstehenden ermüdend wirkt und des poetischen Gepräges (das Muhammed freilich meist mangelhaft handhabte) entbehrt. Dem Muslim jedoch stehen alle Stücke sprachlich gleich. Da der K. für den kultischen Gebrauch nicht übersetzt werden darf und sprachlich normativ war, hat er zur Verbreitung des Arabischen überhaupt ganz wesentlich beigetragen.

Die einzelnen Offenbarungen Muhammeds (die erste fast sicher XCVI, 1-5 K/F) wurden zu seinen Lebzeiten einzeln *gesammelt* und später unter Leitung seines Sekretärs Zaid ibn Thābit zusammengefaßt. Aufkommende Textabweichungen veranlaßten den 3. Kalifen Othmān (644-56), alles Erhaltene zu sammeln und in *einem* Buche, dem K., herauszugeben. Dabei ergaben sich 114 Kapitel, *Suren* genannt, mit insgesamt etwa 6206 Versen (āiāt; eigentlich »Wunder«, nämlich Gottes gegenüber Muhammed zu dessen Rechtfertigung). Man ordnete sie nach dem Grundsatz der fallenden Länge: die oft langatmigen Stücke der Medinenser Zeit stehen so vielfach am Anfang. Den Beschluß bilden 2 apotropäische Beschwörungsformeln. Nur die kurze Fātiha (»Eröffnende«) steht am Anfang; sie nimmt die Stelle des christlichen Vaterunsers ein. - Die überlieferte *Form* des K. enthält zweifellos die echte (vielleicht lückenhafte) Sammlung von Muhammeds prophetischen Äußerungen. Auch die Schiiten benützen den normalen K. - Der K. ist unzählig oft *erläutert* worden. Dabei hat man viel Material aus der Umgebung des Propheten sowie genauere Angaben zu Anspielungen auf AT und NT mit verarbeitet. So sind die *Kommentare* (Tafsīr) auch theologisch bedeutsame Erkenntnisquellen. Schiitische Kommentare sind zT völlig phantastische »Enthüllungen« über den »inneren Sinn« (bātin) des K. - Neben dem K. steht im Islam die Sammlung von Berichten über *Aussprüche* und *Taten* des Propheten (die *»Sunna«*) als zusätzliche normative Erkenntnisquelle. Sie ist von Sunniten und Schiiten nach unterschiedlichen Quellen verschiedentlich (als *Hadīth*) gesammelt worden.

Der K. ist dem Islam das »nicht Fleisch gewordene« *Wort Gottes*. Fragen seines Verhältnisses zu Gott, seiner Ewigkeit oder seines Geschaffenseins, ferner das Verhältnis des gesprochenen (»geschaffenen«) K.-Wortes zum »Urtext«, der »wohl aufbewahrten Tafel«, sind im 8./10.Jh. heftig umkämpft worden. In Analogie zu Fragen der Christologie drängten sie zu einer adäquaten Beantwortung, die schließlich (10./12.Jh.) im wesentlichen im Sinne einer anthropomorphen, am Wortsinne festhaltenden Orthodoxie gegeben wurde.

Zahlreiche arab. Ausg.n; weithin maßgebend die ägypt. von 1919 (oben abgekürzt: K = Kairo). Dadurch ist die Ausg. von G.L.FLÜGEL (1834 u.ö.; oben: F) überholt. Mehrere Konkordanzen, u.a. von FLÜGEL (1842 u.ö.). - Übers.en schon im MA; heute maßgebend R.BELL, 2 Bde, 1937/39; R.BLACHÈRE, 2 Bde, 1949/50. - Dt. u.a. von M.HENNING (Neudr. 1926; mit Verszählung nach F; Reclam, in manchem überholt), ferner von der Ahmedijja-Bewegung, 1954 (mit tendenziösen Entstellungen). - Lit.: TH.NÖLDEKE-F.SCHWALLY-G.BERGSTRÄSSER-O.PRETZL, Gesch. des K., 4 Bde, 1909-40² - I.GOLDZIHER, Die Richtungen der islam. K.-Auslegung, (1920) 1952² - J.HOROVITZ, K.ische Unters.en, 1926 - D.S.SIDERSKY, Les origines des légendes ... dans le Coran, 1933 - A.SPITALER, Die Verszählung des K., 1935 - A.JEFFERY, Materials for the History of the Text of the Qur'ān, 1937 - T.SABBAGH, La métaphore dans le Coran, 1943 - R.BLACHÈRE, Introduction au Coran, 1947 - R.PARET, Grenzen der K.-Forschung, 1950 - R.BELL, Introduction, 1953. *B.Spuler*

Korea (220 800 qkm, ca 30 Mill. Einwohner; → 13 D 1/2), 1910-45 als Generalgouvernement *Tschosen* in japanischer Hand, sollte nach 5jähriger Verwaltung durch die Alliierten die Unabhängigkeit erhalten; jedoch entwickelten sich entsprechend der russischen und amerikanischen Besatzungszonen nördlich und südlich des 38. Breitengrades getrennte Regime. Die Invasion Süd-K.s i.J. 1950 und der folgende Krieg hatten die Fortdauer der Teilung zur Folge. Die lange Fremdherrschaft und die Kriege haben die alte Kultur und die einheimischen Religionen des Animismus, Konfuzianismus und Buddhismus vernichtet. - Das *Christentum* kam erstmals im 16.Jh. durch die Jesuitenmission in → Japan (: IV, 1) nach K.; Eingang ins Land verschaffte ihm erst 1784 Paul Ni, der in Peking getaufte Sohn eines koreanischen Diplomaten. Der erste Priester, ein Chinese, wirkte seit 1793 in K. und starb 1801 als Märtyrer. Die ersten europäischen Missionare (1836 P.Phil.Maubant, 1837 Bischof L.J.M.Imbert) von der Société des Missions Etrangères in Paris wurden 1839 hingerichtet. Im 19.Jh. kam es mehrfach zu schweren Verfolgungen mit Tausenden von Märtyrern. Der letzte antichristliche Erlaß erging 1881, wurde jedoch nie durchgeführt. Nach der Öffnung K.s wuchs die röm.-kath. Gemeinde ständig. 1949 gab es 181 776 Katholiken im ganzen Lande, 1957 bereits 289 000 allein in Süd-K. - K.A. → Gützlaff erforschte 1832 die Küste, und 1865 ließ der Schotte R.J.Thomas sein Leben in K. Die *prot.* Mission begann jedoch erst 1884, als der Methodist R.S.Maclay von Japan nach Seoul (→ 13 D 2) kam und eine königliche Genehmigung für den Aufenthalt von Missionaren erwirkte. Im selben Jahre kamen H.N.Allen und H.G.Underwood von den amerikanischen → Presbyterianern (: II), 1885 folgten die Methodisten unter H.J.Appenzeller. Südliche (USA), kanadische und australische Presbyterianer kamen hinzu und vereinten sich 1914 mit den nördlichen Presbyterianern zu einer Kirche. Die südlichen Methodisten gründeten 1930 mit den übrigen Methodisten eine Kirche. Die Anglikaner kamen schon 1884, die englische SPG jedoch erst 1890. Die Zusammenarbeit der Gesellschaften entwickelte sich stufenweise vom Allgemeinen Ev. Rat (1905) bis zum Koreanischen Christenrat (1927). - Die Kirchen wurden durch Verkündigung der Laien, Bibelstudium und Selbsterhaltung nach der Methode von J.L.Nevius bald bekannt. Die presbyterianische Kirche trug ihre Mission bis nach Shantung vor. Ärztliche und erzieherische Institutionen arbeiteten sehr gut. Unter der japanischen Herrschaft trug die prot. Kirche zur Aufrechterhaltung der Landessprache, der Gebräuche und der Hoffnungen des Landes bei und wurde so mit dem koreanischen Nationalismus identifiziert, obwohl sich die Missionare bemühten, neutral zu bleiben. Nach 1937 folgte eine Zeit starker Unterdrückung; die Schulen schlossen, um die Shinto-Riten zu vermeiden. Dennoch wuchs die Zahl der Anhänger von 132 162 i.J. 1936 auf ca 400 000 bald nach Kriegsende. Seit der Befreiung wurde das Christentum eine Massenbewegung; 1958 wurden für K. 2,5 Mill. Christen genannt.

CH.DALLET, Histoire de l'Eglise de Corée, 1874 - L.H.UNDERWOOD, Underwood of K., 1918 - The Catholic Church in K., hg.v. der Société des Missions Etrangères, 1924 - J.SCHMIDLIN, Kath. Missionsgesch., 1924 - A.LAUNAY, Martyrs Français et Coréens 1838 bis 1846, 1925 - L.-J.G.PAIK, History of Protestant Missions in K., 1929 - CH.A.CLARK, The Korean Church and the Nevius Method, 1930 - A.W.WASSON, Church Growth in K., 1934 - LATOURETTE VI. VII, 1944/45 - WChH 1949, 52. 57 - Le Missioni Cattoliche, 1950 - P.BEYERHAUS, Die Selbständigkeit der jungen Kirchen..., (1956) 1959², 216ff.

R.P.Beaver

Korintherbriefe

1. Einleitungsfragen - 2. Der 1Kor - 3. Der 2Kor. - K. = Korinth

1. Die beiden kanonischen K.erbriefe verweisen selbst auf zwei weitere Schreiben des Paulus nach K. (1Kor 5, 9; 2Kor 2, 3f. 9), so daß sich die Frage stellt, ob diese etwa in die jetzigen Briefe eingearbeitet sind. Nun sind im Blick auf 2Kor seit → Hausrath c. 10-13 als Zwischenbrief diskutiert worden. Aber die Beschränkung hierauf löst nicht alle literarkritischen und sachlichen Fragen, die in den K.erbriefen stärker als in den sonstigen → Paulusbriefen vorliegen. Geht man davon aus, daß der Apostel wenigstens vier Briefe nach K. geschrieben hat, so bietet sich (in Anlehnung an Bultmann) folgende Lösung an: 1Kor ist eine Verarbeitung von A, enthaltend: 6, 12-20; 9, 24-27; 10, 1-22; 11, 2-34; 12-14, und B, enthaltend: 1, 1 - 6, 11; 7, 1 - 9, 23; 10, 23 - 11, 1; 15. 16. Entsprechend ist 2Kor eine Zusammenstellung von C, dem 2, 14 - 7, 4; 9; 10-13 zugehören (evtl gehört 10, 1 bis 13, 10 an den Anfang, sodann 2, 14 - 7, 4; 9; 13, 11 bis 13), und D, 1, 1 - 2, 13; 7, 5-16; 8 enthaltend. Diese literarkritische Analyse wird unterstützt durch die begründete These → Harnacks (Die Briefsammlung des Ap. Paulus, 1926, 8ff), daß in der Gemeinde zu K. die Zusammenstellung eines Corpus Paulinum zuerst in Angriff genommen worden ist. Dem Redaktor wären Glättungen bei der Zusammenstellung von Briefabschnitten und auch die Einfügung eines wahrscheinlich unpaulinischen Stückes in 2Kor 6, 14 - 7, 1 zuzuschreiben. Die Behauptung einer literarischen Einheit und Integrität der K.erbriefe durch H.Lietzmann u.a. ist ebenso unhaltbar wie die Aufteilung der zwei Briefe in sechs ursprüngliche Schreiben (W.Schmithals).

Aber auch die literarkritische Lösung beseitigt nicht die wesentliche, gerade für das Verständnis der K.erbriefe gegebene Schwierigkeit, daß uns nämlich der Einblick in die historischen Einzelheiten in K. verborgen ist. Die Bedeutung der Stadt K. (→ 14 E 4) als Hauptstadt Achajas und Hafen ließ auch die Gemeinde weltoffen und vielfältig werden. Die häufige Verbindung mit → Paulus, der von Ephesus (1Kor 14, 32, dazu Apg 19, 22) und Makedonien (2Kor 2, 13; 7, 5) aus in offenbar relativ kurzem Zeitabschnitt auf die Gemeinde einwirkt, spielt sich in einer akuten Krise des Verhältnisses der K.er zu dem Apostel ab, der als Gründer der Gemeinde (Apg 18) sich nicht der bleibenden Verantwortung entziehen kann. Die Erhellung der eigentlichen Anlässe der Briefe hängt mit ab von der Klärung, ob nach 1Kor 1, 12 wirklich drei oder vier Gruppen in der Gemeinde bestanden, die sich als Paulus-, Apollos-, Kephas- und Christus-Parteien differenzieren lassen, oder ob der Vers nur eine im Streit mit aufgeworfene Argumentation ad absurdum führen und also gar nichts über eine Vielzahl von Parteien aussagen will. Auch wenn die Gegebenheit von Parteien zu bejahen ist, bleibt die Frage, ob in den Briefen die Frontstellung durchlaufend die gleiche ist oder gewechselt hat. Da sich verschiedene Fronten bzw. Parteien in den Briefen nur durch Pressungen konstruieren lassen, ist wahrscheinlich nur mit *einer* Frontstellung, und zwar gegen christliche Pneumatiker, zu rechnen; diese sind Gnostiker (Lütgert, Reitzenstein; → Gnosis: II, 1), wahrscheinlich judenchristliche Gnostiker (Bultmann, Schmithals). Die These, daß es sich bei den mit »Empfehlungsbriefen« auftretenden Gegnern (2Kor 3, 1) um Abgesandte des Petrus handle (Lietzmann) oder um von der Urgemeinde ausgesandte Judaisten (als Hintergrund von 2Kor 10-13: Käsemann), scheitert an der Exegese beider Briefe. Die Verschiedenheit im Ton der Polemik und die Beobachtung, daß nur wenige Themen des 1Kor im Brief C des 2Kor wiederkehren - freilich mit Ausnahme des zentralen Themas der Auferstehung -, ist damit zu erklären, daß Paulus in der Zwischenzeit genauere Einsicht in die Lage gewann und ein neues Eingehen auf die besprochenen Fragen sich erübrigte. Auffallend ist gewiß, daß eine spezifisch mythologische und spekulative Soteriologie gnostischer Systeme fehlt; aber ihr Fehlen ist damit zu erklären, daß Paulus keinen Grund sieht, sich ihr gegenüber polemisch abzusetzen. Anscheinend hat Paulus durch seine Briefe und durch die Beauftragung des → Titus Erfolg gehabt und die Mehrzahl der Gemeindeglieder auf seine Seite gebracht. Die Möglichkeit einer noch lange Zeit weiter wirkenden gnostischen Gruppe in K. ist vielleicht aus 1Clem zu entnehmen (W.Bauer, Rechtgläubigkeit und Ketzerei, 1934, 103ff).

Für die *chronologische Einordnung* gibt es verschiedene Hinweise: Nach 1Kor 16, 1 scheint es, daß dieser Satz erst nach Abfassung des Gal geschrieben wurde. Da das 16, 8 erwähnte Pfingstfest wahrscheinlich das des Jahres 55 ist, müßte der Brief B kurz vorher verfaßt worden sein und sollte auch A auf Anfang desselben Jahres gesetzt werden. Die Situationsangaben in 2Kor 2, 6ff. 13; 7, 5 lassen sich mit Apg 20, 1f verbinden, womit für die Abfassung von D der Herbst 56 angenommen werden darf.

2. Im Unterschied zu anderen Paulusbriefen, bes. zum → Römerbrief, hat *der 1Kor* keine einheitlich durchgeführte und systematisch aufgebaute Thematik, was jedoch seine sachliche, theologische Einheit nicht berührt. Abgesehen von der Polemik gegen die Gnostiker werden durch Paulus Fragen der Gemeinde beantwortet (vgl. das vielfach neue Themen einleitende »in betreff aber...«: 7, 1. 25; 8, 1; 12, 1; 16, 1. 12). Das Ganze gewährt Einblick in das Ringen der Urchristenheit mit Fragen der christlichen Ethik und auch der Gottesdienstordnung. Das Präskript (1, 1-3) stellt neben Paulus als Absender Sosthenes - ob er der Synagogenvorsteher von Apg 18, 17 ist, bleibt unsicher, ist jedoch nicht ausgeschlossen - und hat außer der Angabe des Adressaten (»Gemeinde Gottes in K.«) den Zusatz »samt allen... an jedem Ort«, was als katholisierender Zusatz des Redaktors anzusehen und mit entsprechenden Bemerkungen in 4, 17; 7, 17; 11, 16; 14, 33 zusammenzusehen ist (J. Weiß). Nach dem Proömium (1, 4-9) folgt der erste große Abschnitt (1, 10 - 4, 21), der auf die σχίσματα zu sprechen kommt, von denen Paulus »durch die Leute von Chloe« gehört hat. Sie sind nicht als »Parteien« zu verstehen, sondern verweisen auf die durch eine gegnerische und gnostische Mission verursachten Wirren in der Gemeinde. Gegen die von Menschen ausgehende Irrlehre stellt Paulus die Verkündigung von Gottes Kraft und Gottes Weisheit (1, 24. 31; 3, 21), die sich im Wort vom Kreuz offenbart (1, 18ff). In der Polemik verwendet Paulus die Begriffe σοφία, γνῶσις, μωρία u.a. dialektisch, nimmt den Mythos auf (2, 6-9) und vergeschichtlicht ihn doch wieder, spricht von erlesenen geistbegabten Christen als τέλειοι (2, 6) und ist gleichwohl der Meinung, daß jeder Christ den Geist und deshalb keiner einen Vorrang habe. Die exegetischen und sachlichen Schwierigkeiten liegen also in der Aufnahme einer gnostischen Rede- und Denkweise, die sodann von Paulus in der Linie seiner Verkündigung interpretiert wird. Mit c. 5-7 beginnt die Behandlung ethischer Fragen, vorab ein Unzuchtfall, sodann Dirnenverkehr, endlich die Frage der → Ehe (: III A) grundsätzlich. Der gnostische Grundsatz des πάντα μοι ἔξεστιν (6, 12; vgl. 10, 23) wird positiv aufgenommen, aber durch die Zugehörigkeit der Christen zum »Leib Christi« begrenzt. Wird schließlich alles Verhalten der Getauften zur Welt mit der durch ὡς μή treffend bezeichneten, eschatologisch motivierten Diastase charakterisiert (7, 29ff), so bleibt doch bei der Beurteilung der Ehe ein asketischer Unterton unverkennbar. In die sachlich zusammengehörigen Ausführungen ist 6, 1-11 eingefügt und, durch das Stichwort κρίνειν veranlaßt, eine für die gesamte Ethik des Paulus charakteristische Weisung über das Rechtsuchen der Christen gegeben. Die Doppelmöglichkeit besteht: entweder brüderlicher Schiedsspruch oder, gewiß besser, Unrecht leiden in liebender Vergebung, wobei die Forderungen im neuen Selbstverständnis des auf Christus Getauftseins verankert werden (6, 11). Überhaupt ist des Paulus Argumentieren vom Taufgeschehen her in 1.2Kor sehr ausgeprägt und als Basis seiner ethischen Anweisungen zu erkennen (→ Taufe: II). Die heutige Zuordnung der Abschnitte in c. 8-10 führt zu sachlichen Spannungen. Es wird über die Teilnahme an Götzenopfermahlzeiten gehandelt und dabei alles unter die Sache der Freiheit (ἐξουσία) gestellt. Die aus der Gnosis als einem Haben gefolgerte Freiheit ist mißverstanden, wenn sie als fester Besitz gilt. Der Christ besitzt sie so wenig wie die Gnosis, sofern diese als existentielle Erkenntnis (8, 7 gegen 8, 1, wo sie Besitz einer dogmatischen Wahrheit meint) verstanden wird. Gnosis und Freiheit im Bereich des Glaubens an Christus müssen in einem Gehorsam des Lebens vor Gott, das in der Liebe sich aktualisiert, Gestalt gewinnen. Dies ist mit 10, 31 ausgesagt und bietet insofern ein Beispiel für den Sinn des ὡς μή. Allerdings liegt die hier gegebene Lösung der konkreten Frage der K.erbriefe, ob der Christ an heidnischen Mahlen teilnehmen dürfe, auf einer höheren Ebene als die in 10, 1-22 gebrachte. Hier gibt Paulus zunächst eine typologische Auslegung (→ Typologie: II) vom Meeresdurchzug der Väter unter Mose, um daran einerseits für die auf Christus Getauften zu zeigen, daß die Vorväter der ἐπιθυμία als dem Gegenteil von ἀγάπη verfallen waren, und andererseits, daß ein Sakrament keine Sekurität vermittelt. Die Mahnung: »Wer zu stehen glaubt, sehe zu, daß er nicht falle« (10, 12) ist gegen das gnostische Sakraments-Mißverständnis gerichtet. Die Entscheidungsfrage wird hier jedoch nicht mit der Beschränkung der Freiheit durch die ἀγάπη beantwortet, sondern durch den sakramentalistischen Gesichtspunkt: »Ihr könnt nicht am Tisch des Herrn teilhaben und am Tisch der Dämonen« (10, 21b). Auch wenn zu beachten ist, daß Paulus nicht von einem Essen der Dämonen spricht, sondern von einem Anteilerhalten (v.Soden), so bleibt die Verschiebung der Pointe in der Argumentation doch beachtlich. - Nach einer Verteidigung der naturgegebenen Ordnung im Zusammenhang der Frage, ob die Frau verschleiert zu gehen habe (11, 1-11), kommt Paulus auf das Herrenmahl, seine Einsetzungstradition und seinen Sinn zu sprechen, wobei die paulinische Interpretation als eschatologischer Verkündigung (11, 26) einen sachlichen Akzent trägt (→ Abendmahl: I, 2). Die c. 12-14 handeln über die Geistesgaben und weisen die gnostischen Pneumatiker, die den Besitz des Geistes in Ekstase und Zungenreden auszuweisen und zu überschätzen pflegten, zurück: der → Geist (: IV, 2) bleibt Gottes Gabe; er ist geschichtlich wirksam in der Eingliederung in den Leib Christi und der durch die Gegenwart des Auferstandenen gegebenen Einheit der Kirche. C. 13 weist dabei nicht auf ein christliches Ideal hin, sondern auf etwas, was als ἀγάπη letztlich jenseits der Geistesgaben liegt und worin sich deren Wirklichkeit im Leben des Christen erweisen soll. Die Verkündigung der ἀγάπη (→ Liebe: III) ist sachlich die Verkündigung der Totenauferstehung (c. 15). Gegen gnostische Bestreiter der leiblichen → Auferstehung (: V) setzt Paulus zu einem Beweis für ihre Wirklichkeit an - wie 2Kor 5, 1ff zeigt, in einem Mißverständnis ihrer Position als Leugnung jeder Auferstehungshoffnung (15, 32) - und bringt die alte Tradition der chronologisch zu verstehenden Reihe der Osterzeugen. Theologisch schwierig ist in die-

sem zentralen c. 15, daß Paulus seine eschatologische Verkündigung der neuen Wirklichkeit der an dem Wunder der → Auferstehung Christi (: I) teilhabenden Christen (15, 12-19) auf dem Beweis der historischen Faktizität (15, 1-11) sich erheben läßt. Und wenn 15, 20-22 in Anlehnung an den gnostischen Erlösungsmythos das Einmalige des Heilswerkes Christi betont, so wird in 15, 23 bis 28 die Zukünftigkeit des Auferstehungslebens aufgezeigt, wiederum gegen die Anschauung eines ungefährdeten Besitzes der ζωή. - Zeigt somit der Brief zunächst eine gnostische Gegnerschaft in K., so läßt sich bisher noch nichts Eindeutiges für deren judenchristlichen Charakter erheben. Die Besonderheit des Briefes ist es, daß ungeachtet der literarischen Komposition alle Ausführungen von einer sachlichen Mitte aus gehalten sind: Das eschatologische Handeln Gottes in der Auferstehung Christi hat in der Geistgabe zur Gegenwart des Erhöhten geführt und eine von der Zukünftigkeit der Enderlösung bestimmte christliche Existenz in der Geschichte ermöglicht.

3. Nach 1Kor war Paulus erst einmal, und zwar bei der Gründung der Gemeinde, in K., nach 2Kor 12, 14; 13, 1 war er bereits zweimal dort, denn er plant einen dritten Besuch. Also muß dazwischen ein Besuch in K. liegen, auf den auch 2, 1 Bezug zu nehmen scheint. Bei diesem Besuch ist Paulus offenbar von einem Gemeindeglied beleidigt worden (2, 5-11; 7, 11ff). Dieser Aufenthalt kann nicht der in 1Kor 16, 5-9 geplante sein, da er dort als längerer Besuch im Anschluß an eine Reise von Ephesus über Makedonien nach K. vorgesehen war, dieser Plan aber erst nach Abfassen des aus Makedonien geschriebenen 2Kor (2, 12f; 7, 5f) durchgeführt wird; also handelt es sich um einen in 1Kor noch nicht beabsichtigten Zwischenbesuch. Ferner liegt zwischen 1.2Kor der sog. »Tränenbrief« (2, 3f. 9), der sich auf jene Kränkung bei dem Zwischenbesuch bezog (7, 12). Dieser Zwischenbrief (C) war wohl durch → Titus nach K. geschickt worden, denn dessen Rückkehr, die zuerst sehnsüchtig erwartet wird (2, 13f; 7, 5), ist dann der Anlaß für 2Kor - genauer D, vgl. 7, 6ff. Titus hat den Erfolg des Zwischenbriefes mitgeteilt: die Gemeinde hat sich unterworfen (2, 5f; 7, 11).

Der 2Kor ist ohne Zweifel der persönlichste unter den erhaltenen Paulusbriefen. Jedoch dürfen die eingestreuten biographischen Angaben nicht dazu verleiten, ihn als autobiographisches Dokument zu interpretieren; er will zunächst und vor allem ein apostolisches Schreiben sein und kommt auf die Person des Paulus nur als Träger des apostolischen Amtes zu sprechen. Wenn der Brief mehr ist als eine Predigt, nämlich eindringliches Werben um Liebe und Vertrauen der Gemeinde, wenn sich Apologetik und Polemik einmischen, so nur deshalb, weil Paulus mit seinem Leben Christus gleichsam verfallen ist (2, 14) und weil sich in seinem ganzen Wirken und Leiden Christus offenbart (4, 10f). Die Thematik des 2Kor ist also im apostolischen Amt gegeben, oder, da sich dieses Amt in der Verkündigung vollzieht, im Wort der Verkündigung. Diesem Hauptthema ordnet sich alles einzelne unter. - Mitgenannt als Verfasser des 2Kor ist der Mitarbeiter des Paulus seit der zweiten Missionsreise (Apg 16, 1), → Timotheus. Als Adressatin ist »die Gemeinde Gottes, die in K. ist«, genannt, also die eschatologische Kirche, soweit sie sich in der Gemeinde zu K. darstellt; mit angesprochen sind alle Heiligen in Achaja, eine Ausweitung, in der Lietzmann »die Wurzeln der späteren Metropolitanverfassung« erkennt. Nach dem Lobpreis Gottes wird in der Danksagung (1, 3-11) bereits auf die Trübsale und Leiden des Paulus verwiesen, die er als Leiden Christi versteht. In 1, 12 - 2, 13 nimmt er den gegnerischen Vorwurf des Sich-Rühmens auf und spricht über das apostolische Vertrauen und die Lauterkeit. In der Änderung seiner Reisepläne zeigt sich keine Unzuverlässigkeit, sondern dabei war das apostolische Verhältnis zur Gemeinde leitend. Der Streitfall ist jetzt erledigt, und Paulus sehnt sich, die Gemeinde zu sehen. Mit 2, 14 setzt dann unvermittelt der bis 7, 4 reichende Abschnitt ein, der über das apostolische Amt handelt und theologisch der gewichtigste des Briefes ist. Sofort stellt sich der Apostel in seiner Funktion als Verkündiger vor und spricht aus, was in 5, 18ff noch weiter begründet wird, daß im Geschehen der Verkündigung sich das → Gericht (: III) vollzieht (2, 16), also ein eschatologisches Geschehen sich ereignet. Die Predigt ist also nicht referierender Bericht, sondern ein zur Versöhnungstat Gottes mithinzugehörendes Ereignis, das sich in dem Aufruf »Laßt euch mit Gott versöhnen« (5, 20) aktualisiert. Die Verkündigung des Heilsereignisses ist darum nichts Zusätzliches, sondern gehört mit zum Christusgeschehen, da Gott selbst den »Dienst«, das »Wort der Versöhnung« eingesetzt hat (5, 18ff). In der Verkündigung begegnet Christus, ja Gott selbst (5, 20), so daß das Heil als ein gegenwärtiges verkündigt werden darf und muß (6, 2). Als Verkündiger ist der → Apostel Diener des neuen → Bundes (: III), und zwar des lebendigmachenden Geistes und nicht des tötenden Buchstabens (3, 6; → Geist und Buchstabe, 1). Gott hat ihn hierzu geeignet gemacht. Die Kritik der Gegner in K. an der Schwachheit seiner menschlichen Erscheinung wird nicht abgewiesen, sondern Anlaß zu positiven Aussagen über die Paradoxie der christlichen Existenz: Gerade in dieser Paradoxie ist er als Apostel ein Beispiel der christlichen Existenz schlechthin. Dabei ist exegetisch zu beachten, daß Paulus in c. 3-5 in seinen Aussagen über den Apostel immer erneut in solche über die Gemeinde übergleitet. Bleibt in dem Abschnitt 2, 14 - 4, 6 das Amt hinsichtlich der Person des Apostels im Vordergrund, so geht es 4, 7 bis 6, 10 wesentlich um den Inhalt der paulinischen Predigt, ohne dabei den Zusammenhang zwischen Sache und Person aus dem Blick zu verlieren. Die Grundthese ist: Das Leben als ζωή ist nur in der Dialektik von Verborgenheit und Offenbartheit da; der ζωή entspricht der θάνατος, und das eine ist nur mit dem anderen zu haben (4, 7-12). Christlich existieren heißt deshalb, an das Leben dort zu glauben, wo äußerlich nur Sterben zu sehen ist, heißt in das Verzehrtwerden des äußeren Menschen einzuwilligen, damit der innere Mensch von Tag zu Tag erneuert werde (4, 13-18). Wird doch das Leben der Gegenwart ständig bestimmt durch die Zukunft und ist es deshalb ein Wandel in Glauben, Sehnsucht und Verantwortung (5, 1-10). Aber dies ist nur so, weil in der Verkündigung, die im Heilsgeschehen begründet ist, der Anbruch der neuen Schöpfung da ist (5, 11-19) und alles dies eschatologisches Geschehen ist (5, 20 - 6, 2), aus dem auch der Apostel seine Kraft empfängt (6, 3-10). Daran schließt sich die Bitte um Vertrauen (6, 11 - 7, 4), ein Abschnitt, dem eine von Haus aus jüdische Paränese (6, 14 - 7, 1) eingefügt ist (möglich bleibt allerdings, daß Paulus selbst das durch »Christus« [6, 15] verchristlichte Stück zitiert hat - dann würde es besser vor 1Kor 5, 9-11 des Briefes B passen, da diese Mahnung gut an 2Kor 7, 1 anschließt). - Mit 7, 5 wird inhaltlich und formal an 2, 13 angeschlossen und von der Ankunft des Titus berichtet, von dem erhaltenen Trost und der Rechtfertigung des Vertrauens in die Gemeinde. C. 8 berichtet weiter über Titus und die in Makedonien gesammelte und den K.ern empfohlene Kollekte. C. 9 ist kaum eine Doublette, sondern ein thematisch gleichgerichteter Abschnitt, der zeitlich älter als c. 8 ist und deshalb am besten Brief C zugeordnet wird. - Als geschlossenes Stück mit dem Thema »Das apostolische Amt« erweisen sich c. 10-13, die in besonderer Weise polemischen Ton tragen und auch die Gegner als judenchristliche Gnostiker erkennen lassen. Trotz des vielfach die Ironie aufnehmenden Tones ist die sachliche Verbindung mit 2, 14 - 7, 4 in vielen Themen gegeben, zB in der Frage der »Bewährung« des Apostels und dem besonders gewendeten Thema der »Schwachheit«. Die in K. eingedrungenen gnostischen Missionare werden als Falschapostel und Überapostel (11, 5. 13) bezeichnet, sie verkündigen einen »anderen Jesus« (11, 4), sie machen ein Apostelrecht geltend und lassen sich von der Gemeinde den Lebensunterhalt geben (11, 12). Ihnen gegenüber nimmt Paulus notgedrungen das Thema des Sich-Rühmens (καυχᾶσθαι) auf und erweist seine Ebenbürtigkeit und selbst Überlegenheit, ja er rühmt sich sogar in mystischen Formulierungen (→ Mystik: IV) einer Ekstase (12, 1-4), um dann aber in einer für ihn so charakteristischen Wendung zum »Sich-Rühmen in den Schwachheiten« das Eigentliche auszusagen (11, 22 - 12, 18). Auch hier ist die theologische Einheit mit 5, 18 ff zu beachten, denn es wird ja ausgesagt, daß die Autorität des Apostels nur darin liegt, daß er Träger des Wortes, ja des Kerygmas, ist und sich der Gemeinde gegenüber nicht durch Aufweisbares legitimieren kann. In ihm begegnet vielmehr die Paradoxie des Gekreuzigten und Auferstandenen, des in der Schwachheit Starken in Person.

Ältere Lit. s. RGG² II, 1264. - Ferner Kommentare: F.W.GROSHEIDE, (1932/39) 1957/59² (Komm. op het NT 7. 8) - E.B.ALLO, (1934/37) 1956² (Etudes bibliques 44. 45) - A.SCHLATTER, Paulus, der Bote Jesu, (1934) 1938⁴ - PH.BACHMANN-E.STAUFFER, 1936⁴ (KNT VII; 1Kor) - J.HÉRING, 1949/58 (Comm. du NT VII. VIII) - H.LIETZMANN-W.G.KÜMMEL, 1949⁴ (HNT 9) - W.BARCLAY, 1957² - L.MORRIS, 1958 (1Kor) - R.V.G.TASKER, 1958 (2Kor). - Einzelnes: R.BULTMANN, K.Barth, »Die Auferstehung der Toten« (ThBl 5, 1926, 1-14 = BULTMANN I, 38-64) - DERS., Exeget. Probleme des 2Kor (SyBU 9), 1947 - T.W.MANSON, St.Paul in Ephesus, 3: The Corinthian Correspondence (BJRL 26, 1941/42, 101-120. 327-341) - DERS., 2Kor 2, 14-17: Suggestions towards an Exegesis (in: Studia Paulina, Festschr. f. J. de Zwaan, 1953, 155-162) - E.KÄSEMANN, Die Legitimität des Apostels (ZNW 41, 1942, 33-71) - DERS., Eine paulinische Variation des »amor fati« (ZThK 56, 1959, 138-154) - H.BRAUN, Exeget. Randglossen zum 1Kor (ThViat 1948/49, 26-50) - J.DUPONT, Gnosis. La connaissance religieuse dans les épîtres de S.Paul, 1949 - DERS., Σὺν Χριστῷ, 1952, 137ff - R.M.GRANT, The Wisdom of the Corinthians (in: Festschr. f. F.C.Grant, 1951, 51-55) - E.PETERSON, 1Kor 1, 18f u. die Thematik des jüd. Bußtages (Bibl 32, 1951, 97-103) - H.v.SODEN, Sakrament u. Ethik bei Paulus (in: Urchristentum u. Gesch. I, 1951, 239-275) - G.BORNKAMM, Zum Verständnis des Gottesdienstes bei Paulus (in: Das Ende des Gesetzes [BEvTh 16], 1952, 113-132) - DERS., Der köstlichere Weg (1Kor 13) (ebd 93-112) - DERS., Herrenmahl u. Kirche bei Paulus (ZThK 53, 1956, 312-349 = Ges. Aufs. II, 1959, 138-176) - E.DINKLER, Zum Problem der Ethik bei Paulus. Rechtsnahme u. Rechtsverzicht (1Kor 6, 1-11) (ebd 49, 1952, 167-200) - W.G.KÜMMEL, Verlobung u. Heirat bei Paulus (in: Nt. Studien f. R.Bultmann [BZNW 21], [1954] 1957², 275-295) - J.MUNCK, Paulus u. die Heilsgesch., 1954, 127ff - G.MARTELET, Sacraments, Figures et Exhortations en 1Cor 10, 1-11 (RechSR 44, 1956, 323-359. 515-559) - H.SCHLIER, Über das Hauptanliegen des 1Kor (in: Die Zeit der Kirche, 1956, 147-159) - W.SCHMITHALS, Die Gnosis in K. (FRLANT NF 48), 1956 - H.v.CAMPENHAUSEN, Die Begründung kirchl. Entscheidungen beim Apostel Paulus (SAH 1957, 2) - M.BARTH, A Chapter on the Church - The Body of Christ. Interpretation of 1Cor (Interpretation 12, 1958, 131-156) - S.SCHULZ, Die Decke des Moses (ZNW 49, 1958, 1-30) - U.WILCKENS, Weisheit u. Torheit (BHTh 26), 1959. *Erich Dinkler*

Zur *Auslegungsgeschichte* (s. auch → Paulusbriefe, → Schriftauslegung: IV):

Qu.: 3.Jh.: Origenes (Fragmente ed. C.JENKINS in: JThS 9, 1908, 231-247. 353-372. 500-514; 10, 1909, 29-51). - 4.Jh.: Didymus v. Alex. (Fragmente in MPG 39; ed. K.STAAB, Pauluskomm. aus der griech. Kirche [NTA 15], 1933, 6-44) - Chrysostomus (MPG 61). - 5.Jh.: Cyrill v. Alex. (MPG 74) - Severian v. Gabala (ed. STAAB, aaO 225-298) - Gennadius I. v. Konstantinopel (Fragmente in MPG 85; ed. STAAB, aaO 418f). - 6.Jh.: Joh.Diaconus (Ps.-Hieronymus, MPL 30; vgl. CPL Nr. 952). - 9.Jh.: Photius (Fragmente ed. STAAB, aaO 544-604). - 10.Jh.: Arethas v. Cäsarea (Fragmente ed. STAAB, aaO 659-661). - 11.Jh.: Niketas v. Herakleia (1Kor, ed. J.LAMI, Deliciae eruditorum IV, Florenz 1738, 1-68). - 12.Jh.: Commentarius Porretanus zu 1Kor, ed. A.M.LANDGRAF (StT 117), 1945. - 15.Jh.: Joh. Huß (1Kor 1-7; ed. in: Historia et monumenta Joh.Hussii ... II, Nürnberg 1558, 83-104). - 16.Jh.: Zwingli (ed. SCHULER-SCHULTHESS VI/2, 1838, 134-208) - Erasmus Sarcerius, 1542/44 - Calvin (CR 49. 50) - Petrus Martyr Vermigli, Zürich 1551 (1Kor) - Melanchthon (CR 15; 1Kor, 2Kor 1-3) - Wolfgang Musculus, Basel 1559 - Cyriacus Spangenberg, Frankfurt/M. 1561 bzw. Straßburg 1563 - Joh.Mathesius, Leipzig 1590. - 17.Jh.: Georg Weinreich, ebd 1609/10 - Adam Contzen, Köln 1631 - Joh. Crell, Amsterdam 1656 - Joh.Lightfoot, Horae Hebraicae et Talmudicae, Leipzig 1679 - Phil.Jak.Spener, Frankfurt 1691 - Seb.Schmid, Hamburg 1696 (1Kor) - Joh.Heinr.Heidegger, Zürich 1700. - 18.Jh.: Sal. van Til, Amsterdam 1726 (1Kor) - J.L.v. Mosheim, Altona 1741 bzw. 1762.

Lit.: U.HOLZMEISTER SJ, 2Kor 3, 17: Dominus autem spiritus est. Eine exeget. Unters. mit einer Übersicht über die Gesch. der Erklärung ..., Innsbruck 1908 - A.C.JEMOLO, Il privilegio paolino (1Kor 7, 12-15) dal principio del sec. XI agli albori del XV, Sassari 1922 - A.LANDGRAF, 1Kor 3, 10-17 bei den lat. Vätern u. in der Frühscholastik (Bibl 5, 1924, 140-172) - PH.OPPENHEIM, 1Kor 15, 51. Eine krit. Unters. zu Text u. Auffassung bei den Vätern (ThQ 112, 1931, 92-135) - K.PRÜMM, Der Abschnitt über die Doxa des Apostels 2Kor 3, 1 - 4, 6 in der Deutung des hl. Joh.Chrysostomus. Eine Unters. zur Auslegungsgesch. des paulin. Pneuma (Bibl 30, 1949, 161-196. 377-400) - DERS., Die kath. Auslegung von 2Kor 3, 17a in den letzten vier Jahrzehnten nach ihren Hauptrichtungen (ebd 31, 1950, 316-345. 459-482; 32, 1951, 1-24) - R.BALDUCELLI, Il concetto teologico di carità attraverso le maggiori interpretazioni patristiche e medievale di 1Kor 13, Washington 1950 - ST.LYONNET, S.Cyrille d'Alex. et 2Kor 3, 17 (Bibl 32, 1951, 25-31) - B.M.FOSCHINI, Those who are baptized for the Dead (1Kor 15, 29), Worcester/Mass. 1951 - B.SCHNEIDER, Dominus autem Spiritus est (2Kor 3, 17a), Rom 1951 - E.BECK, Das Bild vom Spiegel (vgl. 1Kor 13, 12) bei Ephräm (OrChrP 19, 1953, 5-24) - R.FRANCO HERNÁNDEZ, El final del reino de Cristo en la teología antenicena (Diss. Pont. Univ. Gregoriana), 1953 (1Kor 15, 24 bei den Vätern) - J.MCHUGH, The Exaltation of Christ in the Arian Controversy (Diss. Gregoriana), Rom 1954 (u.a. Auslegungsgesch. von 1Kor 15, 22ff) - R.I.TAPIA, El texto 1Kor 15, 21f. Estudio crítico-histórico sobre la interpretación de dicho texto, Mexico 1955 - J.GNILKA, Ist 1Kor 3, 10-15 ein Schriftzeugnis für das Fegfeuer? Eine exeget.-hist. Unters., 1955 - L.VISCHER, Die Auslegungsgesch. von 1Kor 6, 1-11. Rechtsverzicht u. Schlichtung (BGE 1), 1955. - Vgl. auch die Lit. zu → Geist und Buchstabe.

W.Werbeck

Korntal, eine ev. Brüdergemeinde am Nordwestrand von Stuttgart (1200 Glieder). Sie unterhält Kinder-, Schüler-, Schülerinnen- und Altersheime, Kindergärten, eine Gemeindehandlung sowie 2 Gemeindegasthäuser. Von K. gegründet, bestehen jetzt im Rahmen eines Schulverbandes mit der seit 1919 politisch selbständigen Stadt K. ein Gymnasium, ein Mädchenprogymnasium, eine Haushaltungs- und Frauenarbeitsschule. - Um die Pietisten → Württembergs, die wegen des aufgeklärten Absolutismus zu Beginn des 19.Jh.s nach Südrußland auswandern wollten, im Lande zu halten, gewährte König Wilhelm I. auf Betreiben von G.W. → Hoffmann das Privileg zur Gründung religiös selbständiger Gemeinden (22.8.1819). Auf dem Rittergut K. wurden zunächst 68 Bauernfamilien angesiedelt. Daran war die schon vorher bestehende, der Urgemeinde nachgebildete *»Güterkaufsgesellschaft«* entscheidend beteiligt. Die Brüdergemeinde K. wollte eine apostolische Gemeinde darstellen. Als Bekenntnis nahm sie die CA an, vertrat aber trotzdem u.a. die Hoffnung auf das »Tausendjährige Reich« und verstand sich als Warte- und »Durchgangsstation« der »Pilgrime Gottes auf Erden«. - K. ist der → Basler Mission besonders verbunden, hat aber in der Gegenwart auch die Missionsarbeit an den Randsiedlern der Gemeinde aufgenommen. Obwohl K. rechtlich eine Freikirche ist, wollte die Gemeinde nie die »Separation«, sondern ist ihren Weg als »christliche Mustergemeinde« in eindrucksvoller Verbindung von Eigenständigkeit und treuer Zugehörigkeit zur Landeskirche gegangen. Seit

1955 besteht in K. auch eine Gemeinde der Landeskirche, mit der K. seit 1957 in einer »Arbeitsgemeinschaft« verbunden ist. - Vgl. → Gemeinschaften, altpietistische.

F.GRÜNZWEIG, Die Ev. Brüdergemeinde K., 1958 (Lit.). *H.Hohlwein*

Kortholt, *Christian* (1633-94), * in Burg/Fehrmarn, studierte in Rostock, Jena und Wittenberg Theologie, wurde 1662 Prof. der griech. Sprache in Rostock, 1666 der Theologie in → Kiel und Prokanzler der 1665 gegründeten Universität, an der er seit 1680 die KG vertrat (mehrere Monographien zur alten KG, postume KG 1697). Als prot. Polemiker bekämpfte er den Konvertiten T.Laufenberger, → Baronius und → Bellarmin. Als erster ev. Theologe stritt er gegen → Spinoza, daneben gegen → Herbert von Cherbury und → Hobbes (De tribus impostoribus magnis, 1680). Eine Pastoraltheologie ist sein »Pastor fidelis sive de officio ministrorum ecclesiae opusculum« (postum 1696), die ihn neben anderen Schriften, zB den »Wohlgemeinten Vorschlägen« (1676, ein Jahr nach seines Freundes Spener »Desideria«) unter den »Vorpietisten« zeigt. Von K.s Kirchenliedern wird dank der modernen Bachpflege (Schemellis Gesangbuch) »So gehst du denn, mein Jesu, hin« noch heute als ev. Sololied gebraucht.

ZEDLER, Universallexikon XV, 1737, 1659ff (Bibliogr.) - J.G. WALCH, Hist. u. theol. Einl. in die Rel.-Streitigkeiten der ev. luth. Kirchen IV, 1739, 1115f - RE XI, 47f - KOCH IV, 285f - H.LEUBE, Die Reformideen in der dt. luth. Kirche zZ der Orthodoxie, 1924 - RGG² III, 1265 - CKL I, 1162. *W.Jannasch*

Korum, *Michael Felix,* Bischof, * 2.11.1840 in Wikkerschweier bei Kolmar, † 4.12.1921 in Trier. Nach Studien in Innsbruck und geistlicher Laufbahn im Elsaß wurde K. 1881 durch Übereinkunft zwischen Leo XIII. und Bismarck gegen den Willen Wilhelms I. Bischof von → Trier. K. wurde bekannt durch die Ausstellung des hl. → Rockes 1891, gleichzeitig durch die Gründung der Genossenschaft der → Josephsschwestern (, 2 i). Im Trierer Schulstreit (1903) weigerte er sich, an Simultanschulen kath. Religionsunterricht erteilen zu lassen, mußte dann aber auf Weisung der Kurie nachgeben. Mit seiner Ablehnung christlicher Gewerkschaften konnte er sich nicht durchsetzen. Nach 1918 trat K. mit Erfolg dafür ein, daß das Saargebiet im Trierer Bistumsverband verblieb.

Vf.: Wunder u. göttl. Gnadenerweise bei der Ausstellung des Hl. Rockes, (1891) 1894²; Unerbauliches aus der Diözese Trier, 1903. Ein Teil seiner Hirtenbriefe hg. unter dem Titel: Das christl. Familienleben, 1916. - Über K.: H.TESCHEMACHER, 1922 - J.TREITZ, M.F.K., 1925 - StL III, 580ff - Dt. Biogr. Jb. 3, 1927, 170-172 - J.HECKEL, Die Beilegung des Kulturkampfes in Preußen (ZSavRG Kan. Abt. 19, 1930, 272-279). *K.G.Steck*

Korvey (Corvey), Benediktinerkloster (→ 11 F 3), im Gebiet der von Ludwig d.Fr. geschenkten villa Höxter 822 gegründet von Adalhard und → Wala aus → Corbie, Missionszentrum für Sachsen und den Norden (→ Ansgar), Kulturmittelpunkt bes. in karolingischer und ottonischer Zeit (→ Widukind), reiche Grundherrschaft; der Abt war Reichsfürst. 1792 Fürstbistum, 1803 säkularisiert, bis 1825 Bischofssitz. - Die Klosterkirche mit gut erhaltenem Westwerk (→ Kirchenbau: III, 1) und ausgegrabener Außenkrypta im Osten (9.Jh.) inmitten einer Befestigung war Kultzentrum des hl. → Vitus.

Ältere Lit. bei GEBHARDT-GRUNDMANN II, 462 - W.RAVE, C., 1958 (Lit.); dazu F.J.ESTERHUES, Westfäl. Zs. 108, 1958, 387-394. *P.Classen*

Kosegarten, *Gotthard Ludwig* (Ludwig Theobul, 1758-1818), * in Grevesmühlen, † in Greifswald, zu seiner Zeit vielgelesener Schriftsteller, dessen Anfänge durch die Bardendichtung → Klopstocks (»Die Ralunken«, 1788, nach einer Rügener Sage) und die Idyllik Joh.H.Vossens (»Jucunde«, 1803; »Die Inselfahrt«, 1804) bestimmt werden. K. war 1785-92 Rektor der Stadtschule in Wolgast, 1792-1808 Pfarrer in Altenkirchen, ab 1808 Prof. der Geschichte in → Greifswald. Unter dem zwiespältigen Einfluß → Schleiermachers und → Schillers entstand sein romantischer Romanzyklus über die Liebe (»Ida von Plessen«, »Bianca del Giglio«, »Adele Cameron«, 1801-03). Im Sinne → Herders veröffentlicht er 1804 »Legenden«, 84 Dichtungen nach der → Legenda aurea, → Cäsarius von Heisterbach u.a. (Vorlage zu G. → Kellers »Sieben Legenden«).

Ges. Dichtungen, 12 Bde, hg.v. seinem Sohn J.G.L.KOSEGARTEN, 1823-26; Reden u. kleine prosaische Schriften, 3 Bde, hg.v. G.CHR. F.MOHNIKE, 1831/32. - Über K.: H.FRANCK, G.L.K., 1887. *† M.Greiner*

Kosmas, 1. *von Jerusalem,* auch Hagiopolites oder Melodos genannt, war nach der Legende der Milchbruder des → Johannes Damaszenus (8.Jh.). K. war zunächst wie Johannes Mönch der Sabas-Laura bei Jerusalem und wurde dann Bischof von Maiuma. Seine näheren Lebensdaten sind unbekannt. Er ist einer der gerühmtesten Kirchendichter der Orthodoxie, doch lassen sich seine authentischen Dichtungen nur schwer ermitteln (nach W.Christ sind 14 Kanones der 24 Dichtungen in MPG echt). K. verfaßte auch Erklärungen zu schwierigen Stellen seines Lieblingsdichters → Gregor von Nazianz.

Ausg.n: MPG 98, 459ff - W.CHRIST-M.PARANIKAS, Anthologia graeca carminum christianorum, 1871, 161ff - Kommentare zu Greg. Naz.: A.MAI, Spicilegium Romanum II/2, Rom 1839, 1ff u. MPG 38, 340ff. Weitere Einzelausgaben bei H.-G.BECK, Kirche u. theol. Lit. im Byzant. Reich, 1959, 515f (Lit.). *H.-G.Beck*

2. *Indikopleustes,* unternahm um 530 von Alexandria aus Reisen nach Arabien und an die ostafrikanische Küste (auch Ceylon?); verfaßte als Mönch (in einem Sinai-Kloster?) um 550 in 10 + 2 Büchern eine »Christliche Topographie«. K. bekämpfte die Lehre von der Kugelgestalt der Erde (Ptolemäus) zugunsten des biblischen Weltbildes. Kirchengeschichtlich bedeutsam sind die Notizen des K. über das Datum des → Weihnachtsfestes und über Taufriten sowie seine Väterzitate (Festbriefe des → Athanasius).

Text: MPG 88, 51ff - Krit. Ausg. von E.O.WINSTEDT, Cambridge 1909. - Lit.: PW XI, 1487ff - DACL VIII, 820ff. *H.Dörrie*

Kosmas und Damian, Märtyrer unter → Diokletian im Orient, vielleicht Brüder und Ärzte. Als gesichert kann gelten, daß ihr Kult von Kyrrhos/Nordsyrien ausging, wo sich über ihrem Grab eine Basilika erhob, und sich bald überallhin verbreitete. Kirchen ihres Namens sind bezeugt für → Edessa, Jerusalem, ferner → Ägypten, Kappadokien und Pamphylien, mehrere für → Konstantinopel, schließlich Rom, wo Papst → Symmachus, auf den vermutlich auch die Erwähnung von K. und D. im Meßkanon zurückgeht, ihnen eine Kapelle errichtete. Die erhaltene Basilika am Forum Romanum (→ 17 B 7) - mit K. und D. auf dem Apsismosaik - hatte Papst → Felix IV. geweiht. Dargestellt waren sie auch auf einem ravennatischen Mosaik (jetzt in Berlin, Staatl. Museen). Sichere Nachrichten fehlen; doch liegen Legenden in unterschiedlicher Gestalt vor. Neben älteren syrischen Akten entwickelten sich außer einer lateinischen Fassung bes. griechische Berichte und Martyrien in 3-facher Form (römisch, arabisch, asiatisch), denen drei Feste im griechischen Kalender (1.7., 17.10., 1.11.) entsprechen. Die in zahlreichen griechischen Wundergeschichten geschilderte Heiltätigkeit der beiden Ärzte, von denen man sich nach ihrem Tode mittels → Inkubation Hilfe erhoffte, weist auf verwandte Züge im antiken → Asklepios- und → Dioskuren-Kult hin.

AS Sept. VII, 1760, 428ff (27.9.); Nov. II/2, 1931, 528ff - L. DEUBNER, De incubatione capita IV, 1900 - DERS., K. u. D., 1907 - W.WEYH, Die syr. K.- u. D.-Legende, Progr. Schweinfurt 1909/10 u. 1911/12 - H.DELEHAYE, Les origines du culte des martyrs, Brüssel (1912) 1933², 190f - DERS., Les recueils antiques de Miracles des saints (I § 1: AnBoll 43, 1925, 8-18) - PW XXIII, 1924, 199ff (Κύρρος) - E.RUPPRECHT, C. et D. sanctorum medicorum vitam et miracula e cod. Londin. ed., 1935 - P.PEETERS, Orient et Byzance. Le tréfonds oriental de l'hagiographie byzantine, Brüssel 1950, 65ff - Catholicisme II, 1334f - VSB IX, 1950, 551ff - A.WITTMANN, K. u. D. im Jesuitendrama des dt. Sprachraumes (Sudhoffs Archiv f. Gesch. d. Med. u. d. Naturwiss. 41, 1957, 223-243) - G.SCHREIBER, Medizin u. Charisma. Die hl. Ärzte K. u. D. (MThZ 9, 1958, 257 bis 266). *F.Paschke*

Kosmogonie → Schöpfung: I.

Kosmologie → Weltbild.

Kossuth, *Lajos* (Ludwig), führender ung. Politiker, ev. Abstammung, * 19.9.1802, † 20.3.1894. Als Führer der Landtagsopposition kämpfte er für liberale Reformen, bis → Ungarn im März 1848 konstitutionelles Ministerium, Aufhebung der Leibeigenschaft, Gleichberechtigung der rezipierten Konfessionen u.a. zugebilligt wurden. Im ersten Kabinett war K. Finanzminister, wurde dann zur Verteidigung der Reform Organisator des Freiheitskampfes und am 14.4.1849 Staatsoberhaupt. Nach der Niederwerfung der Revolution emigrierte er und lebte seit 1861 in Italien. Seine Unbeugsamkeit machte ihn zum Symbol des unabhängigen Ungarn. In den 40er Jahren nahm er an den (erfolglosen) prot. Unionsbestrebungen teil.

GesW, 3 Bde, 1850; Schriften, 13 Bde, Budapest 1880-1911 (ung.); Sämtl. Werke, ebd 1948ff (ung.). - L.LUKACS-GY.MÉREI-GY. SPIRA, L.K., ebd 1952 (ung.) - K.-Gedenkbuch, 2 Bde, ebd 1952 (ung.). *J.Sólyom*

Kottwitz, *Hans Ernst Frhr. v.* (1757-1843), führende Gestalt der Berliner → Erweckung (: I, 5b) im 19.Jh. K. stammte aus einer schlesischen Gutsfamilie, empfing in Breslau bei den Jesuiten seine Schulbildung und trat dann als Page in die Dienste Friedrichs d.Gr. Hier ist er mit den Herrnhutern in Berührung gekommen; vor allem war A.G. → Spangenberg von großem Einfluß auf ihn. Glied der Brüdergemeine ist K. nicht geworden. Durch seine Ehe mit der Gräfin Ch.Helene v.Zedlitz erfuhr sein väterliches Erbe einen erheblichen Vermögenszuwachs. 1807 gründete er in Berlin in einer leeren Kaserne eine »Freiwillige Armenbeschäftigungsanstalt«, nachdem er schon vorher in Schlesien versucht hatte, durch eigene Fabriken den Armen nach dem Prinzip der Selbsthilfe Brot, Obdach und Arbeit zu verschaffen. Das humanitäre Moment mag auf seine zeitweilige Zugehörigkeit zu den → Freimaurern, die er später bekämpfte, zurückgehen; stärker und entscheidender war jedoch der christliche und seelsorgerliche Zug. Obwohl seine Unternehmungen allmählich sein und seiner Frau Vermögen verschlangen - wahrscheinlich mit ein Anlaß zur Scheidung seiner Ehe - und die Stadt Berlin die dortige Fabrikanstalt übernehmen mußte, hat K. durch seine Tätigkeit u.a. auf den Grafen v.d. → Recke wie auch auf → Wichern anregend gewirkt; man hat ihn daher oft einen Vorläufer der → Inneren Mission genannt. Seit seinem ständigen Aufenthalt in Berlin ist er hier zum Mittelpunkt der Erweckten geworden. Ein Kavalier in seinem Auftreten, hat dieser ganz untheologische und auch unakademische Mann, dem ein Anflug des Schwärmerischen nicht fehlte, zahllosen Menschen die Richtung zu einem bekennenden Christentum gewiesen. So hat er A. → Tholuck für die Theologie gewonnen und trotz Schleiermachers Widerspruch in das akademische Lehramt gebracht. Die Berufung → Goßners nach Berlin war gleichfalls sein Werk. Zu den von ihm Angeregten gehörten auch R. → Rothe und R. → Stier. Der Philosoph → Fichte übertrug ihm sogar die Vormundschaft für seinen Sohn. Seine guten Beziehungen zu den höheren Kreisen, die bis in die Nähe des Kronprinzen (späteren Friedrich Wilhelm IV.) reichten, benutzte er zur Förderung seiner Schützlinge. Der enge Bund von Erwekkung und Reaktion geht auf ihn zurück, was seine Mitwirkung bei der Absetzung → De Wettes erklärt, wie er überhaupt in der Aufnahme und Verwertung von Nachrichten über »ungläubige« Theologen oft mehr als leichtgläubig war. Anderseits hat er den durch die Union und den → Agendenstreit verfolgten Altlutheranern (→ Luthertum: III) seine Hilfe nicht versagt. Trotz der Grenzen seines Wesens bleibt es sein Verdienst, daß die Erwekkung nicht im Sektenwesen unterging, sondern in der Kirche fruchtbar wurde.

Vf. u.a.: Über Armenwesen, 1810; Aus meinem Glaubensbekenntnis, o.J. - Über K.: J.L.JACOBI, Erinnerungen an K., 1882 - RE XI, 48ff - A.SCHULTZE, E.v.K., 1903 - E.F.KLEIN, Baron v.K., o.J. - W.WENDLAND, Studien zur Erweckungsbewegung in Berlin (JBrKG 19, 1924, 5-77; Lit.) - W.PHILIPPS, Ein Wohltäter im alten Berlin, 1957. *K.Kupisch*

Kovács (spr.: Kòwahtsch), 1. *Albert* (1838-1904), ungarischer ref. Theologe und Politiker, * in Mezöbánd, † in Budapest, 1865-1904 Prof. für Prakt. Theol. und Kirchenrecht in Budapest. K. gründete 1871 den Ungarländischen Protestantenverein »zur Erneuerung des religiösen und sittlichen Lebens im Geiste Jesu und im Einklang mit der gesamten Bildung«. Inmitten heftiger Angriffe des konfessionellen Lagers (Em. → Révész sen.) befruchtete der Verein das kirchliche Leben durch Reformvorschläge, Konferenzen, Zeitschriften und eine Reihe von theologischen Standardwerken. 1890 wurde er aufgelöst. Als Abgeordneter (1881-96) und Vizepräsident der Nationalpartei (1894-96) trat K. für Unterrichtsreform und soziale Hebung der Lehrerschaft ein.

Vf. u.a. (ung.): Kirchenrecht, 1878; Homiletik, 1904. Hg. u.a.: Jb.er d. Ungarländ. Prot.-Vereins I-III; Kirchl. Reform, 1871-74; Kirchl. Revue, 1875-76. - Über K.: L.PAP-M.BUCSAY (Hg.), Gesch. d. ref. theol. Akademie in Budapest 1855-1955, 1955, 45ff. 63ff (ung.) - M.BUCSAY, Gesch. d. Protestantismus in Ungarn, 1959, 181ff.

2. *Ödön* (1844-95), Bruder von 1, seit 1869 Prof. der Theologie in Nagyenyed. Als theologischer Denker, Kritiker, Herausgeber und Übersetzer war K. einer der bedeutendsten Vertreter der liberalen Theologie, auch Neugestalter des Unterrichtssystems an den ref. theologischen Akademien → Ungarns.

Vf. u.a.: Het protestantisme in Hongarije gedurende de laatste twintig jaren, Leiden 1869; Plan einer vollst. theol. Akademie, 1875 (ung.); Hdb. d. Religionsphil. I. II, 1876/77 (ung.); Die neuesten dogmat. Systeme, 1879 (ung.). - Über K.: Ö.K. Festschr., 1894 (ung.) - DOM.MAKKAI, Gedächtnisrede über Ö.K., 1896. *M.Bucsay*

Krabbe, *Otto Karsten,* syst. und prakt. Theologe, * 27.12.1805 in Hamburg, † 14.11.1873 in Rostock, wurde 1833 Prof. am Johanneum in Hamburg, 1840 Prof. in → Rostock. Dem Rationalismus gegenüber vertrat K. die Gültigkeit der biblischen Wahrheit und bemühte sich mit → Kliefoth um die Erneuerung der mecklenburgischen Landeskirche im Sinne des luth. Bekenntnisses durch Mitarbeit in Missionsvereinen, bekenntnisbestimmten Pfarrkonferenzen und dem »Mecklenburgischen Kirchenblatt« (1844ff). Das Gutachten, das er 1857 als maßgebliches Mitglied des Konsistoriums über die Lehrabweichung M. → Baumgartens mit großem innerem Widerstreben erstattete, führte zu dessen Dienstentlassung.

Vf. u.a.: Die Lehre von der Sünde u. dem Tode in ihrer Beziehung zueinander u. zur Auferstehung Christi, 1836; Vorlesungen über das Leben Jesu, 1839; Aug.Neander, 1852; Die Univ. Rostock im 15. u. 16.Jh., 1854; Aus dem kirchl. u. wissenschaftl. Leben Rostocks. Zur Gesch. Wallensteins u. des 30jähr. Krieges, 1866; Heinrich Müller (1631-75), 1866; David Chyträus, 1870. - Über K.: RE XI, 53ff - W.HEESS, Geschichtl. Bibliogr. von Mecklenburg III, o.J. (1940), 128 - K.SCHMALTZ, KG Mecklenburgs III, 1952 (s. Reg.).
H.Hohlwein

Kräuterweihe (festum herbarum), die an Mariä Himmelfahrt (15.8.; → Marienfeste) in vielen deutschen Kirchen vollzogene Segnung wohlriechender Blumen und Kräuter, die in Bündeln (Wischen) gebunden sind (daher auch *Wisch-* oder *Würzweihe*). Seit dem 9.Jh. nachweisbar, steht das Formular jetzt im Anhang zum römischen Rituale. In seiner alten Oration bittet die Kirche um die Vermehrung der den Kräutern innewohnenden Heilkräfte vermittels des Segens, in den neueren Gebeten um übernatürliche Hilfe für Mensch und Vieh gegen Krankheiten und Seuche und - in Verbindung mit Mariä Himmelfahrt - auch um den Weg zum ewigen Leben. In der K., einem verchristlichten Erntedankfest, lebt vorchristlicher → Fruchtbarkeits-Zauber weiter; sie ist ausgeschmückt durch die Legende, nach der die Apostel, als sie das Grab Marias noch einmal öffneten, darin nicht den Leichnam, sondern duftende Blumen fanden.

A.FRANZ, Die kirchl. Benediktionen im MA I, 1909, 398ff - L. EISENHOFER, Hdb. der kath. Liturgik I, (1932) 1941², 595f (Lit.) - HWDA V, 440ff (Lit.) - A.PFLEGER in: Archiv für elsäss. KG 11, 1936, 205-258.
H.Hohlwein

Krafft, 1. *Adam* (1493-1558), der Reformator → Hessens (: I, 2), * in Fulda (Crato, Crafftonus Fuldensis), 1512 Student in Erfurt. Als Anhänger Luthers war K. bei der Leipziger Disputation (1519) zugegen; hier lernte er Melanchthon kennen. 1523/24 wirkte er als Prediger in Fulda, 1524 in Hersfeld, 1525 machte ihn Landgraf → Philipp von Hessen zum Hofprediger. 1526 nahm er an der Synode zu Homberg teil, 1527 als hervorragendes Mitglied an der hessischen Visitationskommission. 1530 übertrug der Landgraf dem Visitator K. durch einen »Gewaltbrief« die oberhirtliche Aufsicht über die hessische Kirche. K. wurde Sup. in → Marburg, seit 1527 auch Prof. Er wohnte dem Religionsgespräch in Marburg (1529) bei, wirkte entscheidend mit bei der Einrichtung des Gotteskastens (1531), der Gestaltung der Gottesdienstordnung (1537) und der Abfassung des Marburger Gesangbuchs (1549). K. beeinflußte auch die Reformation in → Frankfurt a.M. (: I), in Nassau-Usingen, in Nassau-Weilburg und in Waldeck; er wirkte mit bei der Bekehrung der Täufer und bei der Verhandlung mit Theobald → Thamer.

STRIEDER II, 378ff - F.W.HASSENCAMP, Hess. KG I, 1864, 76ff - H. HEPPE, KG beider Hessen I, 1876, 135ff - RE XI, 57 - F.HERRMANN, Hess. Reformationsbüchlein, 1904 - F.W.SCHÄFER, A.K., (1911) 1927² - K.EGER-J.FRIEDRICH, Kirchenrecht der ev. Kirche im Gr. Hessen I, 1914, 17ff - W.DIEHL, Ev. Bewegung u. Reformation im Gebiet der heutigen hess.-darmst. Lande, 1926 - RGG² III, 1270 (Lit.) - E.BRAUNE, Die Stellung der hess. Geistl. zu den kirchenpolit. Fragen der Reformationszeit, 1932 - W.MAURER, Die hess. Kastenordnungen (Jb. d. hess. kirchengeschichtl. Vereinigung 4, 1953, 1 bis 37) - Urkundl. Qu. zur hess. Reformationsgesch. II, 1954.
H.Steitz

2. *Christian*, * 12.12.1784 in Duisburg, † 15.5.1845 in Erlangen, ref. Theologe. Nach Studium in Duisburg Hauslehrer in Frankfurt/M., 1808 Pfarrer in Weeze bei Cleve, 1817 Prediger der deutsch-ref. Gemeinde in → Erlangen, seit 1818 ao. Prof. ebd. Aus der Welt → Collenbuschs und → Hasenkamps entwachsend und dem → Rationalismus zuneigend, entwickelte sich K. zum bibelgläubigen Supranaturalisten und erlebte unter dem Einfluß A.Kannes und wohl auch eines erweckten Katholiken 1821 eine Bekehrung. Seit 1823 gewann er zunehmenden, nicht so sehr wissenschaftlichen als geistlich-religiösen Einfluß auf Theologen (→ Löhe, → Harleß, → Hofmann u.a.) und Nichttheologen (G.F.Puchta, Fr.J. → Stahl u.a.) im Sinne der → Erweckung (: I, 5 b) und ihrer Schrift- und → Erfahrungstheologie. K. las über Pastoraltheologie, Dogmatik und nt. Exegese, auch über Mission und war für Äußere und Innere Mission tätig. Der Konfessionalisierung der Erweckungsbewegung blieb er fern, wirkte aber bei der kirchlichen Verselbständigung der ref. Gemeinden in Bayern mit.

Vf. u.a.: De servo et libero arbitrio, 1818; Pred. über Jes 53 u. 1Kor 1, 30, 1832; Predigten über freie Texte, 1835; Chronologie u. Harmonie der 4 Evangelien, hg.v. C.H.A.BURGER, 1848. - Über K.: G.THOMASIUS, Das Wiedererwachen usw, 1867, 117ff - RE XI, 59f - G.PICKEL, Chr.K., 1925 - M.SIMON, Ev. KG Bayerns II, 1942, 601ff - DERS., Die konfessionelle Entwicklung Bayerns im 19.Jh. (ZBKG 28, 1959, 206-219) - F.W.KANTZENBACH, Die Erweckungsbewegung, 1957, 71ff.
K.G.Steck

Krakau

I. Erzbistum - II. Universität

I. Erzbistum

Nach Eroberung des K.er Landes durch den Polenherzog Boleslaw Chrobry beschloß 999 eine römische Synode die Gründung eines Bistums K.; es wurde i.J. 1000 bei der Zusammenkunft Kaiser Ottos III. mit Boleslaw in Gnesen als eines der drei Suffragane des Erzbistums → Gnesen ins Leben gerufen. Nachdem 1320 die Residenz der polnischen Könige nach K. verlegt worden war, erhielt das Bistum besondere Bedeutung. Die K.er Bischöfe wirkten vielfach als politische Berater der Könige; großen Einfluß besaß Bischof Zbigniew Oleśnicki (1423-55, seit 1451 erster polnischer Kardinal) als Ratgeber Jagiellos, der 1410 den Deutschen → Ritterorden bei Tannenberg besiegt hatte. Die Diözese K. entwickelte sich infolge der wachsenden Bedeutung K.s zur reichsten Polens und zu einem der größten Kirchensprengel Europas. Im Zuge der Teilung → Polens verlor sie umfangreiche Gebiete: Die russische Regierung gründete auf dem an sie gefallenen Territorium die Bistümer Lublin und Kielce, die österreichische errichtete das neue Bistum → Tarnów. Das Bistum K. wurde von der Gnesener Metropolie gelöst und Rom direkt unterstellt. Durch das polnische Konkordat vom 10.2.1925 wurde K. zum Erzbistum erhoben; es bildet seitdem eine der fünf polnischen Kirchenprovinzen mit seinen Suffraganbistümern Tarnów, Kielce, Częstochowa (→ Czenstochau) und Schlesien (mit dem Sitz in Kattowitz neu gegründet). Lublin blieb der Warschauer Kirchenprovinz unterstellt; ostdeutsche Bistümer wurden dem K.er Erzbistum nicht zugeschlagen.

L.LETOWSKI, Katalog biskupów, 4 Bde, 1852/53 - Die kath. Kirche auf dem Erdenrund, 1907, 373ff - EC IV, 798f - AnnPont 1958, 1606.
† Hans Koch

II. Universität

Der polnische König Kasimir d.Gr. (1333-70) gründete 1364 in Kazimierz, einem Vorort von K., ein studium generale nach dem Vorbild der Hohen Schulen in → Bologna (: II) und Padua. Eine theologische Fakultät wurde nicht errichtet; Papst Urban V. verweigerte seine Zustimmung mit Rücksicht auf die Universität → Prag. In K. wurde vor allem die Jurisprudenz gepflegt (8 Professoren). Dessenungeachtet bestand der Lehrkörper (mit Ausnahme der medizinischen Fakultät) überwiegend aus Geistlichen. Die Verfassung gewährte der Schule Steuerfreiheit, eigene Gerichtsbarkeit und andere Privilegien. Nach dem Tode ihres Gründers geriet sie mangels finanzieller Unterstützung in Verfall. Großfürst

Jagiello von Litauen - nach seiner Heirat mit Königin Hedwig von Polen 1386 als Wladyslaw II. Herrscher der Großmacht Polen-Litauen - erweckte die Schule zu neuem Leben. Papst Bonifatius IX. gestand 1397 die Errichtung einer theologischen Fakultät zu; sie war von besonderer Bedeutung im Blick auf die Christianisierung Litauens. Am 22.7.1400 wurde, nunmehr in K., die »Jagiellonische« Universität neu eröffnet. Vorbild waren jetzt nicht mehr die italienischen, sondern die theologisch-scholastischen Hohen Schulen wie etwa die Sorbonne. Im ersten Studienjahr zählte die Universität 205 Hörer. Sie unterstand der Aufsicht des Bischofs von → Krakau (: I). Nach der neuen Verfassung wurde der Rektor nur durch die Professoren gewählt; die Dekane - mit Ausnahme des Dekans der medizinischen Fakultät - mußten einen geistlichen Rang besitzen. Zur finanziellen Sicherstellung erteilte Jagiello (Wladyslaw) eine Reihe von Privilegien; Königin Hedwig übereignete testamentarisch einen Teil ihres Vermögens.

Im 15.Jh. gewann die Universität erhebliche geistige Ausstrahlungskraft; vor allem wurde der Unterricht in den mathematisch-astronomischen Fächern gerühmt. Die Fakultät der Freien Künste galt als eine sehr freiheitliche Lehrstätte. Enge Verbindungen bestanden mit Prag, bis sich in der Mitte des Jh.s eine antihussitische Strömung durchsetzte. Während der Jahre 1467-99 waren 3911 Inländer, 4227 Ausländer (davon allein 2487 Schlesier) immatrikuliert, u.a. Studenten aus Ungarn, England, Schweden, der Schweiz, bes. aber aus Schlesien und Preußen, da die Hohen Schulen im Osten des Reiches noch kaum entwickelt waren. Johannes Schelling aus Glogau (Johannes von Glogau) wurde 1465 Baccalaureus, 1468 Magister und Prof. der Universität; er galt als einer der bedeutendsten Gelehrten seiner Zeit. In K. studierten oder lehrten u.a. Nikolaus → Kopernikus, Georg von Liegnitz, Johann Sommerfeld, Konrad → Celtis-Pickel und Erasmus Beck. Soziologisch überwog in K. das bürgerliche Element; die Söhne des polnischen Adels zogen weiterhin die italienischen Bildungsstätten vor. Auch das Buchdruckerwesen entwickelte sich in K. rasch; Johann Haller aus Rothenburg wurde zum bekanntesten Drucker und Verleger geistlicher wie profaner Literatur. Während der → Reformkonzile in Basel und Konstanz standen die Vertreter der Universität K. entschieden auf der Seite des Konziliarismus. Selbst als der polnische König Kazimierz Jagiello zu Papst Nikolaus V. übergegangen war, hielt die Universität am Konzilspapst Felix V. fest. Im Reformationszeitalter bestand die Absicht, → Erasmus und → Melanchthon nach K. zu berufen. - Seit Mitte des 16.Jh.s wurde die Reform der Universität gefordert; eine eigens hierfür gebildete Kommission kam jedoch zu keinem Ergebnis. Während der Gegenreformation durften nur kath. Studenten immatrikuliert werden. Indessen widersetzte sich die Universität den radikalen gegenreformatorischen Bestrebungen des Jesuitenordens heftig. Er gründete in → Wilna eine eigene theologische Akademie.

Im Zuge der allgemeinen Reformen nach der ersten Teilung → Polens (1772) wurde auch die Universität K. den Erfordernissen der Zeit angepaßt. So führte Hugo Kallątaj als Mitglied der »Edukationskommission« (1777 bis 1783) das Polnische anstelle des Lateinischen als Unterrichtssprache ein. 1795 fiel K. an Österreich, 1809 wurde es dem Großherzogtum Warschau angegliedert. 1815 gründete man den Freistaat K., der 1846 von Österreich besetzt wurde. Die Unterrichtssprache wechselte mehrfach, bis die Wiener Regierung im Zuge ihrer liberalen Volkstumspolitik seit 1860 das Polnische wieder schrittweise zuließ. K. entwickelte sich in der Folgezeit zum Mittelpunkt des nationalen polnischen Geisteslebens. Die 1872 in K. gegründete Akademie der Wissenschaften trug hierzu wesentlich bei. Nach dem 1. Weltkrieg wurde der Universität K. eine landwirtschaftliche Fakultät angeschlossen; ihre Bibliothek galt als eine der reichsten und bedeutsamsten Polens (Handschriftensammlung). In K. lehrten u.a. der Philosoph R. Ingarden, der Slawist T. Lehr-Splawinski und der Historiker J. Dąbrowski. Während des 2. Weltkrieges verlor die Universität einen großen Teil ihres Lehrkörpers; der Wiederaufbau begann unmittelbar nach Kriegsschluß. Gegenwärtig studieren in K. über 9000 Studenten an vier Fakultäten mit über 100 Instituten und Seminaren. Die theologische Fakultät wurde 1954 aufgelöst; die Ausbildung des Priesternachwuchses obliegt allein der Kirche. Seit Mai 1950 ist mit dem Ausbau einer eigenen Studentenstadt begonnen worden.

J. Herz, Gesch. der K.er Univ., 1847 - Acta rectoralia Almae Universitatis Studii Cracoviensis I (1469-1537), ed. W. Wislocki, K. 1893-97; II (1536-80), ed. St. Estreicher, K. 1909 - J. Fijalek, Studien zur Gesch. der Univ. K. u. ihrer theol. Fakultät im 15.Jh., K. 1898 (poln.) - K. Morawski, Gesch. der Jagiellonischen Univ. I. II, K. 1900 (poln.) - Skizze aus der Gesch. der Jagiellonischen Univ. (Biblioteka Krakowska 79/80), K. 1932/33 (poln.) - H. Barycz, Gesch. der Jagiellonischen Univ. in der Epoche des Humanismus, K. 1935 (poln.).

† *Hans Koch*

Krakevitz, *Albrecht Joachim von* (1674-1732), in Rostock 1699 Prof. der orientalischen Sprachen, 1713 der Theologie. Er begann 1704 deutsche Vorlesungen über Luthers Katechismus, machte Vorschläge zur Union von Lutheranern und Reformierten, schrieb 1717 den mecklenburgischen Landeskatechismus, der jahrhundertelang Geltung hatte, wurde 1721 erster theologischer Prof. und General-Sup. in → Greifswald, gab 1723 ein Gesangbuch, auch mit Liedern der »frommen Mystik«, heraus. Seine gemäßigt orthodoxe Haltung bei den Pietistenstreitigkeiten in Greifswald trug ihm den Vorwurf der »Pietisterei« ein. Ein Memorandum von 1731 über den Zustand der vorpommerschen Kirche veranlaßte umfassende Kirchenvisitationen.

ADB XVII, 23 ff - H. Lother, Pietist. Streitigkeiten in Greifswald, 1925 - H. Heyden, KG Pommerns II, 1957, 127. 140. 144. 160. 165.

H. Heyden

Kramp, *Willy,* * 18.6.1909 in Mülhausen/Els., Schriftsteller, früherer Leiter des Ev. Studienwerks in Villigst. K.s Roman »Die Fischer von Lissau« (1939) spielt am Haff und zeichnet eine Landschaft und ihre Menschen mit besonderer Eindringlichkeit. Der Dichter versteht es, vom Evangelium her für die in Schuld und Sünde verstrickten Menschen Wege zu zeigen, die ihnen Vergebung und echte Gemeinschaft untereinander ermöglichen. 1943 erschien der Entwicklungsroman »Die Jünglinge«. Nach der Rückkehr aus russischer Gefangenschaft (1950) schrieb K. die aus der trostlosen Umgebung eines Kriegsgefangenenlagers stammende Erzählung »Die Prophezeiung«: Unter dem Banne einer falschen Prophezeiung gerät ein Unteroffizier in eine trügerische Sicherheit, die ihm dann Stück um Stück zerschlagen wird. Aber auch hier läßt K. den Menschen nicht in seiner Ausweglosigkeit stecken, sondern zeigt, wie schlichter Glaube da noch weiter weiß, wo alles andere zerbrochen ist. Allen Erzählungen K.s spürt man an, daß er in der Welt ev. Glaubens beheimatet ist und darum weiß, daß dieser Glaube keine »Lehre« ist, die man für alle Fälle besitzt, sondern daß er sich in den Grenzsituationen neu zu bewähren hat.

Vf. ferner u.a.: Die ewige Feindschaft, 1932; Die Herbststunde, 1937; Wir sind Beschenkte, 1939; Was ein Mensch wert ist, 1952; Die Purpurwolke, 1953; Wenn ich es recht bedenke, 1954; Die Spiele der Erde, 1956; Die treuen Helfer. Trost u. Gewalt der Lieder, 1957.

R. Ludwig

Krankenkommunion als Amtshandlung der Kirche in der Absicht, auch ihren kranken Gliedern Anteil an der Sakramentsgemeinschaft zu geben, findet sich schon im 2.Jh. Nach → Justin (Apol. I, 67, 4) wird den Kranken die Eucharistie von Diakonen (vereinzelt auch von Laien) ins Haus gebracht. Das Konzil von Nicäa (325) spricht in can. 13 von der »notwendigsten Wegzehrung« für Todkranke. – Die *kath.* Kirche spendet die K. auch als viaticum (Wegzehrung) in der Verbindung mit den Sterbesakramenten (»Versehgang«; ihre Reihenfolge nach der Collectio Rituum: Bußsakrament, hl. →Ölung, K., evtl Sterbeablaß). Der Gemeinschaftscharakter der K. tritt hier zurück. Die ältesten Riten der K. (röm. Liturgie: 9.Jh.) übertragen den Kommunionabschnitt der Messe ins Krankenzimmer (Vaterunser mit → Embolismus, Friedenskuß, Austeilung). Im 11.Jh. tritt ein Sündenbekenntnis hier in den Vordergrund. Der gegenwärtige Ritus der K. unterscheidet sich von der gewöhnlichen Kommunion durch (vorausgehende) Segnung des Gemaches, Vaterunser als Kommunionvorbereitung, Schlußgebet und (beim viaticum) in der Spendeformel. – Die *orth.* Kirche konsekriert das für die K. bestimmte Sakrament am Gründonnerstag für das ganze Jahr. – In der *ev.* Kirche standen Luther und Melanchthon der K. kritisch gegenüber (fehlende Gemeinde!), während → Brenz (Württemb. KO von 1536) ihr zustimmte mit dem Hinweis, der Kranke gehöre, wenn er glaube, zur communio sanctorum. Die Straßburger KO von 1534 und die Pfälz. KO von 1563 fordern die Familienglieder auf, an der K. teilzunehmen (ebenso Schleiermacher). – Die K. ist kein ev. »Sterbesakrament«. Als »Lebenssakrament« (Joh 6, 48) will sie den Kranken seiner Gliedschaft am Leibe Christi vergewissern, als memoria passionis Christi ihn stärken und trösten. Eine Teilnahme der Familienangehörigen an der K. ist anzustreben. Abzulehnen sind die Spendung der K. an Bewußtlose und die Verbindung der K. mit abergläubischen Anschauungen (Entscheidung der Krankheit zu Leben oder Tod nach Genuß der K., Garantie des Heils). Für den Zusammenhang von »Verkündigen und Heilen« vgl. bes. Allwohn. – Die Formulare der ev. Agenden enthalten für die K. durchweg Beichte, Absolution, Vaterunser, Einsetzungsworte, Spendeformel und Segen. Lotz kennt eine K. im Anschluß an den Gottesdienst, an dem der Kranke ja nicht teilnimmt, so daß die Einsetzungsworte für ihn fehlen, sowie die Spendung der K. als »Wegzehrung«. Beides ist dogmatisch sehr bedenklich.

E. Chr. Achelis, Lehrb. der Prakt. Theol. III, (1890) 1911³, 114ff – L. Eisenhofer, Grundriß der Liturgik, (1924) NB v. J. Lechner, 1953⁶ (Lit.) – HWDA I, 52f – D. Jorio, La communion des malades, 1933 – LThK VI, 230ff – P. Browe, Die Sterbekommunion (ZKTh 60, 1936, 1–51. 211–249) – J. A. Jungmann, Missarum sollemnia I. II, (1948) 1958⁴ (s. Reg.) – W. Lotz, Agende für die Seelsorge an Kranken, 1949 – Rietschel-Graff (s. Reg.) – EC XII, 1353ff – M. Mezger, Die Amtshandlungen der Kirche I, 1957 – A. Allwohn, Das heilende Wort, 1958. – Liturg. Formulare für die K.: Collectio rituum pro omnibus Germaniae dioecesibus, 1950 – Ev. Agenden der einzelnen Landeskirchen sowie Privatagenden. – Vgl. die Lit. zu → Seelsorge.

K. Dienst

Krankenpflege

1. K. im außerchristlichen Bereich – 2. K. in der Kirchengeschichte – 3. K. in Haus und Gemeinde – 4. Das Krankenhaus: a) Gegenwärtiges Selbstverständnis – b) Das ev. Krankenhaus – c) Krankenpflegerische Berufe – d) Krankenhausseelsorge

1. Obwohl die ethische Verpflichtung zur K. heute wohl in allen bekannten Kulturen anerkannt ist, fehlt es doch mit ganz geringen Ausnahmen an institutionellen Einrichtungen derselben. Nur einzelne Formen des → Hinduismus und des → Islams haben Krankenhäuser entwickelt, wobei wohl das christliche Vorbild mitgewirkt hat. Die Antike hat außer an den Wallfahrtsorten der Heilgottheiten, bes. des → Asklepios, institutionelle Formen der K. nur für Soldaten und Sklaven gekannt.

2. Die planmäßige Sorge für Kranke ist als Gabe Christi an die Welt zu bezeichnen (vgl. die Weisungen Mt 25, 36; Mk 16, 18). Schon früh wurde die K. dem Bischof übertragen, der dabei von den → Diakonen und Witwen unterstützt wurde (Hippolyt, can. 24f). In den Pestzeiten des 3.Jh.s hat sich diese Sorge für die K. bereits weit über den Kreis der Gemeinde hinaus bewährt. Im 4.Jh. werden erstmals »Nosokomien« erwähnt, die → Basilius d.Gr. bes. gefördert hat. – Obwohl die altkirchliche Gemeindediakonie den Stürmen der Völkerwanderungszeit erlag, wurde die Aufgabe der K. auch *im MA* fortgeführt. Sie fiel nun vor allem den Klöstern zu, die anscheinend auch die neue Rechtsform des Spitals entwickelt haben. Bes. seit der cluniazensischen Reform (→ Cluny) beteiligten sich die Klöster auch an dieser Aufgabe. Aus dieser Bewegung gingen auch die ritterlichen Spitalorden hervor, die angesichts der wachsenden Pilger- und Kreuzzugsbewegung des 11. und 12.Jh.s entstanden und Kranken- und Waffendienst eng verbanden (→ Ritterorden, → Lazaristen u.a.). Eine Auswirkung der sozialen Bewegungen des 13.Jh.s waren die bürgerlichen Spitalorden, die wesentlich vom Geiste der → Bettelorden geprägt wurden. Zunehmend trat aber auch das selbständige Spital hervor, das als autonome Stiftung bestand, meist wohl unter der Leitung oder Aufsicht des zuständigen Bischofs. Gegen Ende des MA ergab sich die Notwendigkeit, in den seit dem 13.Jh. immer stärker hervortretenden Städten die bestehenden Einrichtungen sinnvoll zusammenzufassen. Dies geschah meist unter der Führung des Rates der Stadt. Die Leitung des Spitals durch Laien ist am Ausgang des MA wohl im allgemeinen das Übliche. Zweifellos verbindet sich damit auch eine gewisse Säkularisierung. Stiftungsurkunden jener Zeit betonen gelegentlich: »Das Hospital ist keine Kirche.« So wichtig diese Spitäler und Orden sind, so deutlich ist doch festzustellen, daß sie durchweg einer Spezialisierung auf Aufgaben der K. fernstehen. Sie dienten immer auch der Armen- und Altenversorgung und übersahen nie die gottesdienstliche und seelsorgerliche Betreuung ihrer Insassen. – Im Bereich der luth. *Reformation* wird die persönliche und anstaltliche K. in den KOen (bes. → Bugenhagens) wiederholt erwähnt, und ev. Fortführung mittelalterlicher Pflegeeinrichtungen hat es, vor allem in den Städten, selbstverständlich gegeben. Auch praktische Neuansätze (vgl. die Braunschweiger und die Lübecker KO und ihre Durchführung) blieben nicht auf dem Papier. Etwas stärker entwickelte sich die ev. K. als Gemeindeaufgabe in den ref. Gemeinden, die das Diakonenamt, zT auch das Diakonissenamt besaßen und ihnen auch diese Aufgabe übertrugen. – Die praktische Führung auf dem Wege zu einer modernen K. lag zunächst seit der Gegenreformation bei den *kath. Orden* der → Barmherzigen Brüder (1572) und der Barmherzigen Schwestern (→ Vincentius a Paulo, 1668). Beide Orden haben in den romanischen Ländern viele Krankenhäuser eingerichtet und mit einem medizinisch gut ausgebildeten Personal versehen. Hier erstmals begriff man die K. als eigenständige Lebensaufgabe, zu deren rechter Erfüllung das klösterliche Leben eine Hilfe geben sollte. Der weibliche Orden wurde schon von seinem Gründer als erster Ansatz dazu verstanden, der → Frau (: III B) wieder ein öffentliches Amt innerhalb der Kirche zu übertragen. Nach dem Vorbilde dieser Orden entstanden in der Folgezeit zahlreiche Orden, die aber nach Deutschland erst gegen Ende des 18.Jh.s hinüberzuwirken begannen. Damit setzte auch hier eine neue

Blüte der kath. K. ein. - Während der → Pietismus und die → Aufklärung auf diesem Gebiete wenig fruchtbar gewesen sind, hat die → Erweckungsbewegung des 19.Jh.s die Aufgabe der K. begriffen. Nach verschiedenen Ansätzen (Amalie → Sieveking, A.v.d. → Recke-Volmerstein u.a.) schuf Th. → Fliedner das erste ev. Krankenhaus (→ Kaiserswerth 1836) und gleichzeitig in der weiblichen → Diakonie (, 5) einen Pflegerinnenstand. Seine Gründung hat fast sofort weltweite Wirkungen im gesamten prot. Bereich gehabt und eine neue Epoche der K. eingeleitet. Inzwischen ist neben das kirchliche Krankenhaus - wohl aus ähnlichen Motiven, wie sie auch am Ausgange des MA zur Schaffung des laisierten Spitals führten - wieder der neue Typ des kommunalen Krankenhauses getreten. Jedoch hat noch immer das kirchliche Krankenhaus einen sehr wesentlichen Anteil an der öffentlichen Gesundheitsfürsorge.

3. Nach wie vor hat jedoch die *häusliche* und die *gemeindliche K.* einen sehr wichtigen Bereich der K. wahrzunehmen. In vielen Fällen ist sie unentbehrlich und sogar jeder institutionellen Form der K. überlegen. Die Gemeindepflegestation, die in der Regel mit Diakonissen besetzt ist, ist als Unterstützung der häuslichen Pflege und bei deren Ausfall unentbehrlich.

4. a) Für das öffentliche Gesundheitswesen hat jedoch *das Krankenhaus* eine immer noch steigende Bedeutung erlangt. Es ist natürlich Stätte der Hilfe für Menschen geblieben, die wegen einer Erkrankung auf Pflege angewiesen sind. Aber es versteht diese Lage der Patienten nicht mehr als bloße Ausnahmeerscheinung, die nur die Kräfte der Barmherzigkeit aufruft. Das heutige Krankenhaus ist nicht mehr ein »Abstellgleis« für Menschen, die vorübergehend auf die Hilfe anderer angewiesen sind, sondern wurde eine Einrichtung, die das Leben mancher Menschen von der Geburt an über verschiedene Gesundheitskrisen bis zum Sterben begleitet und - recht arbeitend - dem Menschen eine wirkliche Lebenshilfe gewähren kann. Diese Einordnung des Krankenhauses in das soziale Leben der Gegenwart führt freilich dazu, daß es sich in mancher Hinsicht dem technischen Zeitalter anpaßt. Als »Gesundheitsfabrik« droht es dem - wohl unvermeidlichen - diagnostischen und therapeutischen Apparat zu erliegen, ohne dem Menschen im Kranken noch ausreichend gerecht zu werden. Aus der gleichen Richtung kommt auch der in der Gegenwart zu beobachtende Zug zur Spezialisierung der K. im Krankenhaus. - Es ist jedoch unverkennbar, daß der moderne Krankenhausarzt sich der darin liegenden Gefahren häufig bewußt ist und die darin liegenden Probleme zu bewältigen sucht. Er ist dabei auf Mitarbeiter angewiesen, die eine ähnliche Gesamtschau vertreten (→ Krankheit: III, → Leiden: V).

b) Das *ev. Krankenhaus* bietet für die Lösung dieser strukturellen Probleme grundsätzlich bes. günstige Voraussetzungen. Die innere Verbundenheit aller Glieder des Hauses in ihrer Kirche wird nicht nur in der Diaspora, sondern auch ganz allgemein geeignet sein, eine therapeutisch wie menschlich günstige Atmosphäre zu schaffen. Die Erhaltung und Mehrung dieser Einrichtungen ist daher dringend zu wünschen. Hier wären die Probleme einer methodisch durchformten Zusammenarbeit von Arzt, Pflegerschaft und Seelsorger am besten zu erforschen (→ Arzt und Seelsorger), wäre aber auch Raum für viel individuelle und institutionelle Tätigkeit der Gemeinde, um die immer drohende Isolierung des Krankenhauses von der Außenwelt zu überwinden. Die Möglichkeiten einer echten Einbeziehung des Krankenhauses in das Leben der heutigen Gesellschaft sind sicherlich oft noch unzureichend ausgenutzt. Daß eine solche Gestaltung der Krankenhausatmosphäre notwendig ist, ist gerade angesichts der Tatsache klar, daß die Versicherungen und sonstigen Körperschaften, die die Kosten einer Krankenhauseinweisung zu übernehmen haben, ganz dem entpersönlichten Bereich der Massenorganisation zuzuweisen sind.

c) Eine ausschlaggebende Rolle bei diesem Bemühen kommt den *Krankenpflegern und -pflegerinnen* zu. Die K. wird nach wie vor von den großen Mutterhäusern und Orden konfessioneller Prägung getragen, zu denen inzwischen auch eine Reihe freier oder mehr humanitär orientierter Schwestern und Schwesternschaften getreten sind. Ihre Ausbildungs- und Dienstverhältnisse sind seit 1921 gesetzlich geregelt. Seit 1957 besteht ein K.-gesetz, das freilich eine Reihe von Wünschen offen läßt; es berücksichtigt nur ungenügend die notwendige Differenzierung zwischen K. und Geistes-K. und ist auch in der Regelung der Arbeitszeit und der Arbeitsbedingungen unzulänglich. Zur K. berechtigt sind lediglich staatlich geprüfte Kräfte, die eine spezielle Ausbildung erhalten haben.

d) Das neue Selbstverständnis des Krankenhauses als Stätte umfassender Lebenshilfe läßt auch die Bedeutung der *Seelsorge* wieder klarer hervortreten. Diese wird heute nicht mehr als entbehrliches Rankenwerk angesehen. Vielmehr findet sich zunehmend Verständnis für die konstitutive Bedeutung einer sachgemäßen Seelsorge für den Heilungsprozeß. Allerdings sind die entsprechenden Methoden der Zusammenarbeit in Deutschland noch nicht hinreichend entwickelt worden, während in Amerika eine planmäßige und verständnisvolle Zusammenarbeit zum Besten des kranken Menschen bereits durch die Entwicklung einer Team-Arbeit gestützt wird. Die Entwicklung analoger Methoden auch in Deutschland erscheint dringend geboten.

Zu 2: G.UHLHORN, Die christl. Liebestätigkeit I-III, (1882-90) 1895² - Das diakonische Amt der Kirche, hg.v. H.KRIMM, 1953. - Zu 3: R.FUEHRER, Zuhause am Krankenbett (Wegweisung u. Handreichung zur Krankenseelsorge im ev. Haus), (1946) 1950². - Zu 4 a: H.RITTER, Der Krankenhausbau der Gegenwart, (1932) 1954³ - R.LEHMANN, Krankenhäuser, 1952. - Zu 4 d: H.FICHTNER, Medizinische Grundlagen der ev. Krankenseelsorge, 1928 - DERS., Kernfragen der Krankenfürsorge, 1950 - B.MARTIN, Die Heilung der Kranken als Dienst der Kirche, o.J. (1954). *K.Janssen*

Krankheit

I. Religionsgeschichtlich - II. Ethisch - III. Medizinisch. - Vgl. → Krankenpflege, → Leiden

I. Religionsgeschichtlich

K. wird vom homo religiosus meist in irgendeine Relation zu transzendenten Wesen oder Kräften gebracht, oft auch dann, wenn die natürliche Ursache der Erkrankung erkannt wird. Die K. wird entweder auf eine natürliche (zB Kriegsverletzungen oder Unglücksfälle) oder außernatürliche Kausalität zurückgeführt. Auf der Erfahrungstatsache, daß materielle Gegenstände K.en verursachen, beruhen gewisse Aspekte der → Magie; bestimmte, in feindliche Personen hineingezauberte Dinge sollen den Effekt der Verletzung erzielen. Es werden dazu Holz, Steine, Quarzkristalle u.dgl. verwendet. Diese Praktik ist weltweit verbreitet. In dieselbe Kategorie gehören folgende operativ-magische Handlungen australischer → Medizinmänner: sie entfernen operativ das nach ihrem Glauben lebensnotwendige Nierenfett, schließen auf magische Weise die Wunde (ohne Narbe) und überlassen nun den Gegner seinem Schicksal. Dieser stirbt unweigerlich nach einer gewissen Zeit. Hineinprojizieren von Gegenständen wie auch Entfernen (Auffressen) von Körperorganen kann auch direkt von → Geistern (: I) vorgenommen werden. Auch der Geist selbst kann als eine Art »Fremdkörper« K. verursachen.

Bei verschiedenen Völkern gibt es beinahe für jede K. einen eigenen Geist, der dann auch dementsprechend benannt wird (zB pu puitoto = spitting blood, Samoa). Der eigentliche Grund der Einwohnung eines solchen Geistes liegt entweder in dessen Boshaftigkeit, im Nachlassen der Verehrung, Übertreten eines → Tabu u.a.m. K. als Strafe wird auch vom Höchsten Wesen (→ Hochgottglaube) verhängt, durch die Ahnen- wie Totengeister, ebenso von beleidigten Schutzgeistern. In Kulturen, in denen die Geisterwelt stärker profiliert erscheint, spricht man bei K.sgeistern auch von K.sdämonen. Bes. gefürchtet werden die Seelen der im Kindbett verstorbenen Frauen oder die totgeborenen → Kinder. Eine weitere K.sursache ist der Verlust der → Seele: eine der Seelen verirrt sich auf ihren Wanderungen im → Traum (daher Traum- oder Freiseele) und findet nicht mehr zurück. Eine solche Seele kann aber auch von einem Dämon geraubt und so ihre Rückkehr verhindert werden. In → Jäger-Kulturen führt eine Nichtrespektierung des Wildes oft zu K.en. Auch der brechende → Blick des Wildes bringt K. und → Tod. Ebenso kann vom → Blut oder sonstigen Teilen des Tieres eine → Macht ausgehen, die den Menschen schädigt (Rachemacht des Wildes). K.en und Tod werden auch auf gewisse Symbolhandlungen zurückgeführt, wie zB Vergraben oder Vernichten (Verbrennen) von Gegenständen, die mit dem Betreffenden in Berührung oder Beziehung standen.

Die Methode der *Krankenheilung* richtet sich nach der Ursache der Erkrankung. Da bei → Naturvölkern häufig kein Unterschied zwischen transzendent und immanent gemacht wird, erscheint es verständlich, daß die Methoden der Krankenbehandlung für uns oft in keinerlei Beziehung zur K. selber zu stehen scheinen. Naturvölkische Medizinen weisen jedoch oft erstaunliche Heilfähigkeit auf, so daß sie auch in der modernen Wissenschaft Verwendung finden. Die von Schadenzauber oder Geistern hineinprojizierten Gegenstände werden herausgesaugt oder -gerieben. Häufig herrscht hier die Meinung vor, daß bei erfolgreicher Behandlung die K. nun zum Schadenzauberer selbst zurückkehrt, der unweigerlich daran zugrunde geht. Der einwohnende Geist wird entweder vertrieben (→ Exorzismus: I), herausgelockt (indem ihm eine bessere Wohnstätte angeboten wird; vgl. Mk 5, 11ff) oder er wird besänftigt und so zum Schutzgeist des Betreffenden. Der Patient wird u.a. massiert, bespuckt (→ Speichel), beräuchert. Wie bei allen K.en, die aus strafbaren Handlungen entstanden sind, ist es bes. wichtig, die Ursache zu erforschen und diese zu beseitigen. Dies ist hauptsächlich Aufgabe des Schamanen (→ Schamanismus). Ebenso spielen →Versöhnungs-Riten (bes. in Jägerkulturen) und →Opfer eine große Rolle. Dabei werden auch wohlwollende Geister zu Hilfe gerufen, selbst das Höchste Wesen oder dessen Gehilfe. Bei verschiedenen Stämmen ist eine Art »Beichte« von großer Bedeutung, wie überhaupt die Wiederherstellung der gegebenen → Ordnung vor allem anderen wichtig erscheint. Von Bedeutung sind ferner Abwehrmaßnahmen, die die schädlichen, K. hervorrufenden Einflüsse böser Geister abhalten sollen, zB Drudenfuß, Hufeisen, magische Riten und Zeichen u.ä. Bei vielen Naturvölkern wird großer Wert auf die richtige Versorgung der Nachgeburt gelegt (→ Geburt). Das Kind wie auch die Kindesmutter werden in der gefährlichen Zeit mit anderen Namen gerufen, um die Geister zu täuschen. Hierher gehören auch die zahlreichen Tabus und Meidungsvorschriften (→ Schwangerschaft). Bei vielen Völkern besteht der Brauch, die Zugangswege zum Dorf zu verrammeln, um so die schädlichen Geister fernzuhalten. Diese Vorstellungen sind im europäischen Bereich zum großen Teil im Hexenglauben lebendig geblieben (→ Hexen).

F.E.Clements, Primitive Concepts of Disease, Berkeley 1932 - St.Chauvet, La médecine chez les peuples primitifs, Paris 1936 - R.Pardal, Medicina Aborigen Americana, Buenos Aires 1937 - G. Buschan, Über Medizinzauber u. Heilkunst im Leben der Völker, 1941 - E.Drobec, Heilkunde bei den Eingeborenen Australiens (WBKL 9), 1952, 280ff - J.Carothers, The African Mind in Health and Disease, Genf 1953 - O.Zerries, K.sdämonen u. Hilfsgeister des Medizinmannes in Südamerika (Proc. 30th Int. Congr. Amer. 1955, 162-178).

E.Stiglmayr

II. Ethisch

Obwohl das NT bisweilen die jüdische bzw. at. Auffassung fortführt, wonach K. und → Leiden (: II. III) *zumeist* als göttliche Strafe gelten (anders zB Hiob und die Vorstellung von der sühnenden Kraft des Leidens im Rabbinat), ist doch die ganze Sicht eine andere geworden. Unheil und K. sind nicht Strafe für besondere Sündhaftigkeit; die entscheidende Frage ist kein »Weswegen«, sondern ein »Wozu« (Lk 13, 1-5; Joh 9, 1-3). Das Leiden Christi ist der große Gegenbeweis gegen jeden Versuch, von einem schweren Schicksal auf besondere Sündhaftigkeit zu schließen. Somit ist Leiden nicht mehr wie etwa im → Hiobbuch und bei Jeremia eine Anfechtung, möglicherweise ein Beweis der Gottverlassenheit, sondern eher der selbstverständliche Weg in der → Nachfolge, der für den Christen vom Gegensatz »jetzige Leiden - künftige Herrlichkeit« bestimmt ist (Röm 8, 17-39; 1Petr 1, 6ff). - In der Regel betrachten die synoptischen → Evangelien K.en als das Werk der Dämonen oder des Satans. Wenn Christus Kranke heilt, bedeutet das den Sieg des Gottesreiches über die Gewalt der Verderbensmächte (zB Lk 11, 14-23). Der Hebr weiß dagegen davon zu reden, daß Leiden väterliche Züchtigungen Gottes für seine echten Kinder sind (12, 4-11). In beinahe paradoxer Weise weist Paulus für sein besonderes Leiden sowohl auf Gottes gnädige Absicht als auch auf das Wirken des →Teufels (: II) hin (2Kor 12, 7-8). Eine eindeutige Antwort auf die Frage, ob K. von Gott gesandt oder von bösen → Geistern (: II) gewirkt ist, gibt somit das NT nicht. Das Entscheidende bleibt das »Wozu« der K.

Wenn es um die eigene K. geht, hat die christliche Tradition einseitig auf die »passiven Tugenden«, vor allem → Geduld und → Demut (: III. IV) hingewiesen. Dies ist weithin richtig. Die Gefahr ist aber, daß damit eine fromme Resignation, ein christlich verbrämter Fatalismus befürwortet wird. Echte Demut wird in eine Selbstwegwerfung verfälscht, oft mit einer latenten Selbstbehauptung und sehr offensichtlichem Selbstmitleid verknüpft. Der Kampf Christi gegen die körperlichen Leiden ruft dagegen zu aktivem Einsatz für die Genesung auf. Doch ist solcher Kampf für den Christen immer mit der Bereitschaft zum Bejahen eines göttlichen Nein verbunden; vgl. → Pascals »Gebet um einen heilsamen Gebrauch der K.«. - Hinsichtlich der K. anderer redet die christliche → Ethik immer von → Mitleid (: II), Barmherzigkeit und tätiger Liebe. Auch das ist richtig. Mitleid ist aber eine heikle Sache. Nicht zufällig war das Wort → Nietzsche, eigentlich aber auch → Kierkegaard verhaßt oder zumindest sehr verdächtig. Auch wo es gut gemeint ist, kann Mitleid beleidigen, verletzen, unzart sein. Der Mitleidende sieht von seinem gesicherten Ort auf den Armen herab und kränkt ihn mit seinen tröstenden Worten; am schlimmsten ist es, wenn das Mitleid »professionell« wird oder wirkt. Der Leidende hat oft ein überentwickeltes Gefühl für Echtheit der Aussagen und für die eigene Würde. Auch hinsichtlich der barmherzigen Tat sollen nüchterne Sachlichkeit, persönliche Hingabe und vor allem Achtung vor der Persönlichkeit des Kranken zusammengehen.

Eine besondere Frage ist die nach der Heilung durch Gebet oder durch die Gnadengabe der Heilung. Da sie in den Evangelien und auch im übrigen NT stark hervortritt, ist es natürlich, daß sie sich immer aufs neue in der Kirche meldet. Die griechische und die römische Kirche haben sich nicht damit begnügt, die echte nt. Linie fortzusetzen, sondern haben vielen oft grob abergläubischen Vorstellungen Raum gegeben. Die offizielle ev. Kirchlichkeit dagegen hat sich so reserviert verhalten, daß ein freimütiger Glaube an Heilung durch Gebet in der Regel als Schwärmerei verdächtigt worden ist (→ Heilung, 2). Biblische Verkündigung muß daran festhalten, daß Gott zuzeiten die Gnadengaben der Heilung schenkt. Das bedeutet natürlich nicht die Möglichkeit zur Überwindung *aller* K.en (vgl. 2Tim 4, 20), und es ist offenbare Schwärmerei, wenn man meint, Heilung durch Gebet schließe die Tätigkeit des Arztes und die Anwendung von Medizin aus oder es sei frommer oder »feiner«, auf rein geistlichem Wege gesund zu werden (vgl. Sir 38, 1-15). - Christlicher Auffassung ganz fremd ist die Lehre der → Christian Science, die die K. als Illusion betrachtet, aber auch die Auffassung der → Stoa, wonach die Leiden den eigentlichen Kern des Menschen nicht berühren und sein ureigenes Wesen über alle Verhängnisse erhaben ist. Gegen solche Auffassungen hebt sich die biblische Lehre in ihrer Wirklichkeitsnähe aufs stärkste ab.

Vgl. die Hdb.er der → Ethik, bes. BARTH, KD III/4, 404ff. - Ferner: P.TOURNIER, Medizin u. Lebensprobleme, 1941² - H.GREEVEN, K. u. Heilung im NT, 1948 - R.SIEBECK, Medizin in Bewegung, (1949) 1953² - E.REISNER, K. u. Gesundung, 1956 - P.ALTHAUS, Gesundheit, K. u. Lebenssinn (Universitas 14, 1959, 897-907).

N.H.Søe

III. Medizinisch

Eine einheitliche und bleibende, für jede ärztliche Fragestellung gültige Definition von K. gibt es nicht. Solche Definition ist vielmehr begründet in der Anthropologie und im Verständnis ärztlichen Handelns überhaupt. Im gegenwärtigen medizinischen Denken sind 3 Bereiche hervorzuheben, innerhalb derer bestimmte Deutungen von K. erwachsen sind.

1. Beherrschend für die medizinische Praxis der Gegenwart sind Ansatz und Methode der *naturwissenschaftlichen Medizin*, wie sie im 19.Jh. begründet wurde. Hier ist K. zu definieren als regelwidriger Körper- oder Geisteszustand, der durch die objektiven Kriterien morphologischer (anatomischer) oder funktionaler (physiologischer) Veränderungen gegenüber einer statistischen Norm nachweisbar ist. K. ist hier zufälliges Akzidens des rein biologisch verstandenen menschlichen Lebens; sie ist deshalb mit Methoden chemischer, physikalischer und chirurgischer Technik zu erkennen und zu behandeln.

2. Für die psychischen K.en (Neurosen) ist durch die → *Psychoanalyse* seit → Freud die Bedeutung des unbewußten Seelenlebens erkannt. K. ist eine aus Anlage, seelischer Entwicklung und auslösendem Anlaß entstandene Störung von (jedem Menschen eigenen) psychischen Funktionen. Damit ist der Horizont biologischen Denkens nicht prinzipiell verlassen; er ist vielmehr auf den psychologischen Bereich ausgedehnt. Das Symptom entsteht aus krankhaft veränderten Vorgängen, die sich *im* oder *am* Menschen abspielen, nicht aber seine ganze Existenz betreffen.

3. Die *anthropologische Medizin* wurzelt, mit der leitenden Frage nach dem Bezug der K. zum Ganzen menschlicher Existenz, einerseits in der Erfahrung der Bedeutsamkeit seelischer Faktoren auch für organische K.en. Sie nimmt andererseits eine Frage auf, die in der biologischen Medizin vom Ansatz her außer Betracht bleiben muß, warum nämlich *diese* K. *diesen* Menschen *jetzt* betrifft. So erwies V.v.Weizsäcker die unauflösliche Verflochtenheit der K. mit der äußeren Situation des Kranken, beschrieb V.v.Gebsattel die personale Struktur des Krankseins und erkannte R.Siebeck die Begründung der K. in der Lebensgeschichte des Patienten. Allen diesen Ansätzen ist die Erkenntnis gemeinsam, daß K. nicht nur einen (zB den biologischen), sondern alle Bereiche menschlichen Lebens betrifft und nur darin gedeutet werden kann. - Vgl. → Anthropologie: I (Lit.!), → Leiden: V.

P.CHRISTIAN, Das Personverständnis im modernen mediz. Denken, 1952 - EKL II, 957ff - H.GÖDAN, Christus u. Hippokrates, 1958 - D.RÖSSLER, K. u. Gesch. in der anthropologischen Medizin (in: Medicus Viator, Festg. für R.Siebeck, 1959, 165-179). *D.Rössler*

Krapf, *Johann Ludwig* (1810-81), ausgebildet in Basel und Tübingen, wirkte bis 1855 als Missionar für die Church Missionary Society in Äthiopien und Ostafrika. Seine Ziele waren eine Kette von Missionsstationen von Ost- nach Westafrika, eine »Apostelstraße« mit 12 Stationen von Alexandria nach Äthiopien, eine Kolonie befreiter Sklaven in Mombasa (→ 2 H 4) und einheimische Pfarrer. K.s unmittelbare Erfolge waren gering, er war aber ein fruchtbarer Anreger weit über die Mission hinaus. Seine Reisen und historischen Forschungen brachten der Wissenschaft reiches Material. K. war bahnbrechend in der Erforschung ostafrikanischer Sprachen.

Vf. u.a.: Outline of the Elements of the Kisuaheli Language, 1850; Vocabulary of six East African Languages, 1850; Reisen in Ost-Afrika, 1858; Dictionary of the Swahili Language, 1882. - Über K.: W.CLAUS, Dr. L.K., 1882 - H.VORTISCH, Bahnbrecher in Afrika, 1954. *E.Dammann*

Krasonický, *Laurentius* († 1532), 1479 Baccalaureus der Prager Universität, um 1482 utraquistischer Priester, wurde bald nach seiner Weihe, von den Schriften → Peter Chelčickýs beeindruckt, Priester der → Brüderunität (: I). Seit 1494 im Engen Rat, seit 1495 Vorsteher in Leitomischl, hat er als Anhänger der Großen Partei im Zusammenwirken mit Bruder → Lukas die Neugestaltung der Unität nach den rational-biblizistischen Ideen → Wiclifs und der Taboriten (→ Huß) gefördert, in historischen und theologischen Traktaten die Kleine Partei bekämpft.

Časopis Českého Musea 1906, 151ff - Jos.MÜLLER, Gesch. der Böhm. Brüder I, 1922 - A.MOLNÁR, Das Erziehungswesen der Böhmischen Brüder vor Comenius, 1957, 60ff (tschech.). - Vgl. → Klenovský. *E.Peschke*

Kraus, *Franz Xaver,* kath. Theologe, * 18.9.1840 in Trier, † 28.12.1901 in San Remo, nach Studien in Trier, Bonn, Freiburg/Br. und Tübingen 1864 Priester, lehrte seit 1872 KG und christliche Kunstgeschichte in Straßburg und seit 1878 in Freiburg/Br. Seine Verdienste liegen zunächst auf dem Gebiet der christlichen → Archäologie (: II) und Kunstgeschichte, für deren Erforschung und Technik er bahnbrechend wirkte. Als Kirchenhistoriker wurde er durch sein Lehrbuch der KG (1872) bekannt, dessen 2. Aufl. 1882 auf Verlangen der Kurie eingestampft wurde und erst 1887 in von fremder Hand korrigierter Fassung wieder erschien (1896⁴). Sein scharfer Anti-Ultramontanismus, verbunden mit einer positiven Stellung zu den politischen Gewalten, fand viele Gegner und machte die Aussichten auf einen Bischofsstuhl zunichte, für den er als Regierungskandidat mehrfach vorgeschlagen war (Trier, Freiburg, Straßburg, Köln). - Zum schärfsten Ausdruck brachte K. seine Position in den Spektatorbriefen (Beilage zur Münchener Allg. Zeitung 1895/99), deren Autorschaft ihm alsbald zugeschrieben wurde und in denen er die Maßnahmen der Kurie gegen die Wissenschaft wie ihre politischen Aspirationen kritisierte. Früh bemerkte er den Leitgedanken der Politik → Leos XIII.: Wiederherstellung des Kirchenstaates und der weltlichen Macht der Kurie unter weitgehenden Konzessionen auch auf religiösem Gebiet. K.' Kritik an der Kirche war getragen vom Ideal eines rein religiösen Katholizismus, in schärfster Abgrenzung von jedem politischen Katholizismus. Die Ideen → Rosminis und der Geist → Dantes bestimmten sein Bild von Kirche und Religion und zT auch seine Forschungen. Den ihm vorschwebenden Plan einer Geschichte der kath. Reformbewegungen, in deren Entwicklung er selbst einen wesentlichen Platz einnahm, konnte er nicht mehr ausführen; die Grundideen sind in seinem Essai über → Cavour angedeutet. In seinem Testament heißt es u.a.: »Lebend und sterbend erkenne ich für die christliche Gesellschaft kein Heil als in der Rückkehr zu dem religiösen Katholizismus, in dem Bruche mit den irdischen, politischen und pharisäischen Aspirationen des Ultramontanismus« (Schnitzer 42). Durch die Veröffentlichung seiner Tagebücher 1957 ist er aufs neue eine umstrittene Gestalt des neueren Katholizismus geworden.

Ausführl. Bibliogr. DACL VIII, 854ff u. bei K.Braig. - Vf. u.a.: Roma sotteranea, (1873) 1879²; Kunstaltertümer in Elsaß-Lothringen I-IV, 1877-92; Realenzykl. der christl. Altertümer I. II, 1882/86; Die Kunstdenkmäler des Großherzogtums Baden I-III, 1887-92; Gesch. der christl. Kunst I. II/1. 2, 1. Hälfte, 1896-1900 (2. Hälfte fortges. v. J.Sauer, 1908); Essais I. II, 1896/1901; Dante, 1897; Cavour, 1901. - Auswahl bei J.Schnitzer, Der kath. Modernismus, 1912, 38ff; Tagebücher hg.v. H.Schiel, 1957 (dazu K.A.Fink, ThQ 138, 1958, 471-480). - Über K. u.a. Biogr. von K.Braig (1902), E.Hauviller (1904), H.Schrörs (Bad. Biogr. V, 1906, 424ff), M.Laros (1941) - H.Schiel, Im Spannungsfeld von Kirche u. Politik, 1951.

K.G.Steck

Kreis. Der kreisförmig umschlossene Raum bildet ein besonderes Wirkungsfeld magischer Art. Sein charakteristisches Merkmal ist die Abgeschlossenheit, die Scheidung von einem Drinnen und Draußen. - Der *einschließende* (bannende, bindende) K.: Beschworene → Geister werden in einen K. gebannt. Zur Feuerbannung gehört der → Umgang um das → Feuer. Auch die Inbesitznahme wird durch K.ziehung ausgedrückt. Zum Schutz gegen Diebstahl zieht man um den zu schützenden Gegenstand einen K., den der Dieb zwar betreten, aber nicht mehr verlassen kann. Nur der, der den K. gezogen hat, vermag ihn auch wieder zu öffnen und den Bann zu lösen. - Im Abwehrzauber schützt der K. nach *außen;* durch ihn werden dämonische Mächte von dem Umkreisten abgehalten. Der Schutz-K. bildet bei der → Beschwörung das wichtigste Abwehrmittel des Beschwörers, zB beim → Schlangen-Bann; ebenso wird beim Schatzgraben ein Schutz-K. gezogen, um sich vor dem → Teufel zu schützen. Die kreisförmige Umpflügung des Dorfes schützt vor der Pest. Verstärkt wird der K. dadurch, daß er mit einem bestimmten Gerät (Schwert, Totenknochen, Haselrute, Feuerbrand) oder in festgelegter kreisförmiger Bewegung gezogen wird. - Der Ort sakraler Handlungen, Kult- und Gerichtsstätten wird in einen K. eingeschlossen (→ Eid, → Gottesurteil). Vom »hegenden Faden« berichten viele alte Sagen und Lieder. Innerhalb des K.es gelten bestimmte → Tabu-Gebote. Durch das Umkreisen eines Heiligtums sollen dessen Kräfte auf den Umwandelnden übergehen. Als Symbol zusammenschließender Kraft kennen wir die K.form im Ring, ferner in zahlreichen Wortprägungen als Ausdruck gemeinsamen »geschlossenen« Erlebens (zB Lebens-, Familien-, Freundes-K. usw). - Vgl. → Labyrinth, → Umgang.

Grimm, Dt.WB V, 2144ff - E.F.Knuchel, Die Umwandlung in Kult, Magie u. Rechtsbrauch, 1919 - A.Stern, Der Ring in der Sage, im Märchen, in der Novelle, im Drama, im Recht (Hess. Blätter für Volkskunde 30/31, 1931/32, 106-125) - HWDA V, 462ff - G.Schierghofer, Tradition u. Sage beim Umrittsbrauch (Bayer. Jb. für Volkskunde 1953, 108-114) - L.Kretzenbacher, Die Ketten um die Leonhardskirchen im Ostalpenraum (Festschr. G.Gugitz, Wien 1954, 165-202) - Eliade §§ 141ff (Lit.) - R.Beitl, WB der dt. Volkskunde, 1955², 309. 439f. 775f. 905f.

L.Röhrich

Krementz, *Philipp,* Kardinal, * 1.12.1819 in Koblenz, † 6.5.1899 in Köln. Nach geistlicher Laufbahn im Rheinland wurde K. 1867 Bischof in → Ermland. Auf dem → Vatikanum gehörte er zur Opposition, geriet aber 1872 wegen Maßregelung eines altkath. Religionslehrers in Konflikt mit der preußischen Behörde, die ihm bis 1883 die Temporalien entzog. 1885 wurde er Nachfolger des Erzbischofs → Melchers in Köln. Mehr für den kirchlichen Erziehungsbereich als für die Universitätstheologie interessiert, trat K. auch durch praktisch-exegetische Schriften hervor (typologische Bibelauslegung).

Vf. u.a.: Das Evangelium im Buch der Gen, 1867; Grundlinien zur Geschichtstypik der hl. Schrift, 1875; Offenbarung des hl. Joh., 1883. - Über K.: J.N.Knopp, Dr. Ph.K., 1885 - P.Höveler, Ph.K., 1899 - H.Schrörs, Kirche u. Wissenschaft, 1907, 41ff. 154ff.

K.G.Steck

Kreta, die größte griechische Insel (8260 qkm) am Südrand der Ägäis mit (1951) 461 189 Einwohnern. - Angeblich schon durch → Paulus und dessen Schüler → Titus christianisiert, hatte die Insel Ende des 8.Jh.s 13 Bischofssitze. Bis 731 dem Exarchen von Saloniki und somit dem Papst unterstellt, kam sie auf Anordnung Kaiser Leos III. unter die Jurisdiktion des Konstantinopolitaner Patriarchen. Arabische Auswanderer aus Spanien besetzten um 825 die Insel. Mit der Rückeroberung (961) durch Nikephoros Phokas setzte rege Missionsarbeit (Nikon der Metanoeite) und eine systematische Kolonisierung K.s ein. Nach dem IV. Kreuzzug (1204) fiel K. dem Markgrafen Bonifaz von Montferrat zu, der es aber an die Venezianer verkaufte. Diese ersetzten den höheren orth. Klerus durch kath. Bischöfe. Trotzdem ließen die Venezianer den proselytisierenden Bemühungen der römischen Kirche keine freie Hand. 1669 konnten die Türken nach 20jährigem Kampf die Insel besetzen. Die blutigen Verfolgungen und der rege Proselytismus zwangen viele Christen zum Übertritt. Zahlreich aber waren unter ihnen die Kryptochristianoi (= Christen im geheimen). Am griechischen Freiheitskampf (1821-28; → Griechenland) nahm K. gleich am Anfang teil. Nach 4jährigem Kampf befahl der Sultan dem Regenten Ägyptens, Muhamed-Ali, die Unterwerfung K.s; der aber behielt die Insel für sich und mußte sie erst 1840 wieder abtreten. - Häufige Aufstände gegen das türkische Joch brachten der Insel i.J. 1898 endlich die Autonomie. Durch den Frieden von Bukarest (1913) erfolgte der Anschluß K.s an Griechenland. Die Muslim-Bevölkerung, die schon seit 1898 K. zu verlassen begann, wanderte nach dem Vertrag von Lausanne (1923), der den Austausch der Minderheiten zwischen Griechenland und der Türkei vorsah, fast völlig aus.

Die *Kirche von K.* war bis 1900 dem Patriarchen von Konstantinopel unterstellt. Die politische Autonomie zog jetzt die Frage der kirchlichen Emanzipation K.s nach sich. Nach langen Verhandlungen wurde der Kirche von K. ein halbautonomer Status zuerkannt (1900). Der Metropolit von K. (Sitz Herakleion) wird vom Patriarchen bestimmt, die Kirche von K. jedoch von der »hl. Provinzialsynode von K.« verwaltet, die aus dem Metropoliten und aus den übrigen sieben Bischöfen der Insel besteht. Den Synodalsitzungen wohnt ein »Regierungsprokurator« ohne Abstimmungsrecht bei. Tendenzen auf völlige Trennung vom Patriarchen wies die Kirche von K. 1951 zurück.

Timotheos Veneris, K. (Kirche von K.), in: Große griech. Enzyklopädie XV, 1931, 192ff (Lit.; griech.) - E.Kirsten, Die Insel K. in vier Jt.en (Die Antike 14, 1938, 295-346). *J.Karayannopulos*

Krethi und Plethi (hebr. hăkkᵉretî wᵉhăppᵉletî), eine in der Geschichte von der Thronnachfolge Davids (→ Samuelbücher) mehrfach genannte Truppe → Davids (2Sam 15, 18; 20, 7; 1Kön 1, 38. 44), die bei den Aufständen Absaloms, Sebas und Adonias treu ergeben auf Davids Seite stand. Als ihr Führer wird in der Liste der Beamten Davids Benaja genannt (2Sam 8, 18; 20, 23; 1Chr 18, 17), der in 2Sam 23, 23 als Führer der Leibwache Davids erscheint. Demnach scheinen die K. und P. die *Leibwache Davids* gewesen zu sein. - Während P. nur in Verbindung mit K. belegt ist, erscheint K. gelegentlich auch allein (1Sam 30, 14; Ez 25, 16; Zeph 2, 5), und zwar als Bezeichnung für die → Philister. Da diese aus Kreta kommen (→ Kaphthor), erklärt man K. gern als »Kreter«. Ein sprachlicher Zusammenhang zwischen P. und pᵉlištî (Philister) ist aber fraglich. Jedenfalls dürften die K. und P. sich in der Hauptsache aus Ausländern (→ Fremde: II, 2) zusammengesetzt haben (vielleicht hat David sie nach der Unterwerfung der Philister von diesen übernommen), wie denn auch sonst ausländische Leibwachen beliebt sind (vgl. im AT noch die karische Leibwache der Athalja: 2Kön 11, 4. 19). - Im Deutschen ist der aus der Lutherbibel übernommene Begriff zu einem Ausdruck für eine bunt zusammengewürfelte Volksmenge geworden.

Vgl. die Kommentare zu den → Samuel- u. → Königsbüchern. *R.Bach*

Kretisch-mykenische Religion

1. Die minoische Kultur - 2. Die mykenische Periode

Es liegt vor allem an der Art der Zeugnisse, daß die Religion des minoischen Kreta und die des mykenischen Griechenlands miteinander behandelt werden müssen, obwohl sie - von gewissen Verbindungen abgesehen - zwei verschiedene Größen sind.

1. Die um 3000 vChr beginnende *minoische Kultur* erreichte in der ersten Hälfte des 2.Jt.s ihren Höhepunkt. Da schriftliche Urkunden fehlen (die »Linear A« Tafeln sind noch nicht entziffert), ist man - abgesehen von survivals in der klassischen Periode Griechenlands - für die religiösen Anschauungen und Bräuche auf archäologische Zeugnisse angewiesen. - Die ältesten *Heiligtümer* auf Kreta waren unter Felsvorsprüngen und in Höhlen, von denen einige bis in die klassische Zeit und noch danach in Gebrauch blieben. Auch auf Berggipfeln fand man Kultstätten. Viele Kultdarstellungen zeigen heilige → Bäume inmitten einer hohen, offenen Umrundung, innerhalb deren oder um die herum die Riten vollzogen wurden. Die Hausheiligtümer sind selbst in großen Palästen überraschend klein, kaum mehr als Abstellplätze für Götterbilder und Kultgegenstände. Die wichtigsten Zeremonien und → Opfer fanden wohl auf den großen Höfen und auf den Freiplätzen (der Palastbezirke) statt. Es gibt nur wenige Zeugnisse für freistehende → Tempel: ein kleines öffentliches Heiligtum in Gournia und das einzigartige »Tempelgrab« in Knossos. - Das minoische → *Pantheon* war vorwiegend weiblich. Die Götterbilder und Kultszenen zeigen mehrere offenbar unterschiedliche Typen: eine Vegetationsgöttin, die mit dem Baumkult zusammengehört; eine Herrin der Tiere und daneben auch eine entsprechende männliche Gottheit, den → Herrn der Tiere; eine Schlangengöttin (→ Schlange), deren Kult anscheinend nur auf Häuser und Paläste beschränkt war; eine offenbar männliche bewaffnete Gottheit. Entgegen der Annahme von Evans, es habe nur eine minoische Gottheit gegeben, die Große Mutter (→ Muttergottheiten), die wie Kybele einen jugendlichen männlichen Gefährten hat (Hogarth: »dualistischer Monotheismus«), dürfte Nilsson Recht haben, wenn er auf Grund der Zeugnisse für Kreta einen Polytheismus statuiert. Hinter den griechischen Mythen von Ariadne, Helena und Persephone scheint ursprünglich das Bild einer minoischen Vegetationsgöttin zu stehen, die (jährlich) gefangen wird und stirbt (→ Auferstehung: I). Sowohl der jugendliche Zeus im Kuretenhymnus, der in Kreta gefunden wurde, wie auch das Zeuskind in der Geburtsgeschichte Hesiods sind wahrscheinlich von einem minoischen »göttlichen Kind« abgeleitet; ebenso vielleicht Erichthonius in Athen. - Aus den Bildwerken geht hervor, daß die Gottheit in Vogelform erscheinen konnte; dabei ist der Vogel nicht einfach ein Symbol, sondern eine → Erscheinungsform der Gottheit. Die → Doppelaxt dagegen ist ein Symbol, dessen genaue Bedeutung umstritten ist. Ob der in Knossos oft dargestellte Stier (vgl. die Minotaurussage; → Stierdienst) als → Inkarnation einer Gottheit galt und ob in Kreta ein Pfeilerkult bestand, läßt sich ebenfalls nicht eindeutig beantworten. - Die meisten bildlich erhaltenen religiösen Szenen beziehen sich auf den Vegetationskult; sie zeigen → Tänze und das Berühren heiliger Bäume, oft in wilder Erregung. Anderswo begegnen → Prozessionen, Trankspenden und Opfer; → Gaben legte man, wohl um sie zu heiligen, zwischen die »Hörner der Weihe«. Bes. eindrücklich sind die Kultszenen auf dem Sarkophag von Hagia Triada, wo der Verstorbene offenbar die Ehren eines Heros oder Gottes erhält. Das hängt wahrscheinlich mit der Elysiums-Vorstellung zusammen, die in der griechischen Religion deutlich ein Überrest minoischen Glaubens ist.

2. Die *mykenische Periode* (ca 1600-1100 vChr) war für die → griechische Religion die formgebende Epoche. Damals entstanden auch die großen Zyklen der Heldensage. Die griechische Religion verschmolz in schöpferischer Entwicklung die ererbten indogermanischen Vorstellungen (→ Indogermanen) mit solchen, die sie vom minoischen Kreta und von anderen Völkern entlehnte. Zeus ist ein indogermanischer Gott, den die einwandernden Hellenen mitbrachten; dasselbe gilt wohl von Hestia und vielleicht von Demeter und Poseidon. Artemis, Athena und wahrscheinlich Hera kommen aus dem minoischen Kreta. Aphrodite ist orientalischer, → Dionysos thrako-phrygischer Herkunft; Apollon ist vielleicht aus dem Norden, vielleicht aber auch aus dem Orient eingeführt. Bezeichnend ist, daß diese Götter verschiedener Herkunft, sobald sie (bei → Homer) voll entwickelt sind, alle gleich griechisch aussehen. Diese Umformung geht auf das schöpferische Genie des mykenischen Griechenlands zurück (→ Antike und Orient). - Bedauerlicherweise ist die Kunst dieser Zeit wenig aufschlußreich, da die mykenischen Griechen vorwiegend die herkömmlichen Formen der minoischen Kunst fortführten. Die Kultdarstellungen auf den Goldringen zB sehen gleich »minoisch« aus, ob sie nun in Kreta oder auf dem Festland gefunden wurden. Der Vorrang des Zeus ist nur durch die Vorstellung von seinem himmlischen Hofstaat gesichert, die in dieser Zeit ausgeformt sein muß, da sie die mykenische Monarchie und ein Ausmaß an politischer Einheit widerspiegelt, wie sie Griechenland niemals wieder gehabt hat. - Der entscheidende Einfluß der mykenischen Zeit ist am deutlichsten im Athenakult und bei den eleusinischen Göttinnen zu sehen: Die mykenischen Könige übernahmen den Hauskult der minoischen Schlangengottheit, machten sie zu ihrer besonderen Schutzgöttin und verehrten sie ihrer kriegerischen Art entsprechend in kriegerischer Gestalt. Als die mykenischen Paläste schließlich verlassen wurden, blieb die

Stätte der Gottheit geweiht, und das Megaron des Königs wurde das Urbild des Tempels. In Eleusis ergab sich aus der Durchdringung von indogermanischen und minoischen Ackerbauriten eine einzigartige Verschmelzung: Einerseits ist Kore die Hypostase der hellenischen Demeter (die Korntochter der Kornmutter), andererseits die minoische Vegetationsgottheit (s.o.), die jedes Jahr gefangen wird und stirbt (→Mysterien). Für die →Heroen-Kulte an Gräbern der mykenischen Zeit hat man eine Kontinuität mit der klassischen Zeit behauptet, doch ist dies weniger gewiß. - Vgl. → Kunst: II H, 1.

A.J.Evans, The Mycenaean Tree and Pillar Cult and its Mediterranean Relations (JHS 21, 1901, 99-204) - Ders., The Palace of Minos at Knossos I-IV, London 1921-36 - ERE I, 141ff (Aegean Religion; D.G.Hogarth) - M.P.Nilsson, The Minoan-Mycenaean Religion and its Survival in Greek Religion, Lund (1927) 1950² - Ders., The Mycenaean Origin of Greek Mythology, Berkeley 1932 - Ders., Homer and Mycenae, London 1933 - Ders., Gesch. der griech. Religion I, (1941) 1955², 256ff (Lit.) - A.W.Persson, The Religion of Greece in Prehistoric Times, Berkeley 1942 - C.Picard, Les Religions préhelléniques (Crète et Mycènes) (Mana II), Paris 1948 - F.Schachermeyr, Die ältesten Kulturen Griechenlands, 1955.

F.R.Walton

Kreuz

I. Religionsgeschichtlich - II. In der christlichen Kunst - III. Der Kruzifixus. - Vgl. auch → Kreuzesfest, → Kreuzeszeichen, → Kreuzweg, → Symbole

I. Religionsgeschichtlich

K.e oder kreuzähnliche Darstellungen kommen überall auf der Welt als Ornamente, → Schmuck-Gegenstände, Orientierungspläne der Besiedlung (→ Orientation), magische Zeichen und Gestaltungsformen der rituellen → Begehungen vor. Die Übergangsformen zu verwandten Figuren wie → Lebensbaum, Speichenrad, Stern, Viereck und Zirkel sind manchmal fließend (vgl. auch → Kreuzweg). Demgemäß sind auch die Deutungen des K.es sehr verschieden, obgleich das jetzt neubelebte Interesse für → Symbolismus, durch die Psychologie C.G. → Jungs befördert, einen einheitlichen Grundgedanken hinter dem K.- → Symbol zu finden meint: »Das K. mit seinen 4 Armen und seiner vollkommenen Symmetrie hat als solches vor allem eine metaphysische Bedeutung. Wenn das Viereck der Mikrokosmos (→ Makrokosmos) heißt, so sind diese Seiten zuvor bestimmt vom K.e. Und wenn Zirkel und Viereck in gleicher Weise Symbol des Kosmos (→ Weltbild) sind, so ist diese Identität Folge des gemeinsamen Mittelpunktes (→ Nabel), der zuerst durch das K. *gefunden* ist« (Bertling 110). In dieses Schema gehören nach Ansicht Bertlings auch die Sozialstrukturen, Verwandtschaftslinien und Dorfeinrichtungen bei → Naturvölkern. Jedenfalls ist es eine unbestreitbare Tatsache, daß vorchristliche K.e Anknüpfungspunkte der christlichen K.symbolik gebildet haben, wie christliche K.e in umgewandelter Form auch ins Heidnische übergegangen sind. Im christlichen Ägypten wurde das altägyptische kreuzähnliche Lebenszeichen christlich gedeutet (→Kopten: III). Auf den schwedischen Runensteinen des 11.Jh.s erkennt man den Übergang vom Hammer Thors zum christlichen K. Bei den mittelamerikanischen → Indianern (→ Mexiko: I) hat umgekehrt eine Verehrung des personifizierten K.es, das auch als → Orakel-Geber funktioniert, den alten Götterdienst ersetzt. Die (fälschlich) sog. »nestorianischen K.e« in der Mongolei haben dazu geführt, christliche und vorchristliche, dem Malteser-K. ähnliche, reliefgemusterte Bronzegegenstände zu verwechseln. - Vgl. → Hakenkreuz.

ERE IV, 324ff - A.Jeremias, Hdb. der altoriental. Geisteskultur, (1913) 1929² - RLV IV/2, 435; VII, 101f; XI, 10ff - RGG² III, 1289f (Lit.) - HWDA V, 478ff - M.W.Brown, The Romance of Nestorian Crosses (The Chinese Recorder 64, 1933, 76-82) - H.Lilliebjörn, Über religiöse Signierung in d. Antike, Uppsala 1933 - F.V. Scholes-R.L.Roys, The Maya Chontal Indians of Acalan-Tixchel (Carnegie Instit. Publ. 560), Washington 1948, 341ff - C.T.Bertling, Vierzahl, K. u. Maṇḍala in Asien (Bijdragen tot deTaal-, Land- en Volkenkunde 110, 1954, 93-115) - M.Cramer, Das altägypt. Lebenszeichen im christl. (kopt.) Ägypten, 1955 - F.E.Johnson, Religious Symbolism, New York 1955, 81ff. - Weiteres s. → Kreuz: II.

C.-M.Edsman

II. In der christlichen Kunst

Die Anfänge des christlichen K.symbols sind nur den literarischen Quellen zu entnehmen. Hier lassen sich zwei zunächst selbständige Linien der Entwicklung aufzeigen: das K. a) als eschatologisches Siegel, b) als Symbol des Erlösungsereignisses, gleichzeitig Symbol der erwarteten → Parusie. Die Linie a) ist die ältere und nimmt die at. und jüdische → Versiegelungs-Idee auf, die am klarsten in Ez 9, 4ff formuliert ist (vgl. ferner Gen 4, 15; Jes 44, 5; 1Kön 20, 41; Ex 12, 22f [13, 9 ?]; PsSal 15, 6-9; Dam B. 9, 10-12 u.a.m.). Da sich diese Vorstellung zwischen eschatologischem Siegel, Schutz- und Eigentumszeichen bewegt, war eine Übernahme durch die eschatologische Gemeinde Christi und hier sehr früh in der → Taufe (: II) naheliegend. Die Taufterminologie (σφραγίς, σφραγίζειν) und Verwendung von Ez 9, 4ff in der Patristik erhärten diese Auslegung. - Die Linie b) ist aus dem Gebetskult erwachsen und verbindet als echtes Symbol die Erinnerung an das historische K.-ereignis (vgl. 1Kor 1, 22-24; Eph 2, 16; Kol 2, 14; Hebr 10, 14) mit dem eschatologischen K. als Gerichtssymbol des jüngsten Tages (Mt 24, 30). Orientierung des Gebets nach Osten hin, von wo man Christi Parusie erwartete, wird vermutlich schon in der Mitte des 2.Jh.s anzunehmen sein, möglicherweise in Polemik gegen das Judentum und seinen Brauch, das → Gebet (: III) zum Tempel in Jerusalem hin zu orientieren (Peterson). Diese Linie führte zur Lichtkreuzsymbolik und zur Verwendung des K.es in den Apsiden der frühchristlichen → Basiliken. Die Unterschiede zwischen beiden Linien verwischen spätestens seit der Einführung des Festes der K.erhöhung (14.9.335; → Kreuzesfest) und der vermutlich daraus entstandenen Legende von der K.auffindung, die eine historische Interpretation des K.es aufkommen läßt, wobei ältere Sinngehalte einbezogen werden. - Die ältesten *K.darstellungen* setzen vereinzelt im 3.Jh. ein. Versuche, bereits in Herkulaneum, also vor 79 nChr, ein Wand-K. in einem christlichen Kultraum oder gar für 40/50 auf einem → Ossuar christliche K.e zu erkennen, müssen als gescheitert gelten. Sieht man ab von schwer datierbaren K.en auf verstreuten Inschriften, die außerdem meist nur in Kopien vorliegen (Sulzberger), so ist das K. in dem häretischen Aurelierhypogaeum zu Rom einer der ältesten Belege (Ende 3.Jh.). Zur Verbreitung des K.es führte das konstantinische Labarum (→ Monogramm Christi), das auf Inschriften (neue Ausgrabungen unter S.Peter, Rom) und auf Passionssarkophagen (→ Malerei: I) fester Bestandteil wird. Im übrigen ist das K. seit theodosianischer Zeit Christus in Majestas-Szenen auf Sarkophagen beigegeben, Petrus zuerst als Hinweis auf sein Martyrium, dann ihm und weiteren Aposteln als Zeichen des Triumphes und der Nachfolge, geschultert oder vorgestellt. Als Herrschersymbol Christi ist der K.stab wichtig. In Apsismosaiken erscheint das K. als eschatologisches Zeichen, unter dem der Menschensohn erwartet wird, zuerst in S.Pudenziana, Rom (bald nach 400). Palästinensische → Ampullen geben eine Vorstufe der Kruzifixus-Darstellung und bringen das K. (darüber im Brustbild Christus) oft zusammen mit dem → Grab Christi in historisierender Symbolik. Zu einer »Personifizierung« des K.es im Kruzifixus

(→ Kreuz: III) kommt es ab 400, Anfänge vor diesem Zeitpunkt sind wahrscheinlich, bes. im Osten. Die K.-grundrisse der Basiliken werden ursprünglich kaum symbolischen Sinn gehabt haben, später sicher konstruktionsbedingten. In den → Symbolen (: III) → Anker, Schiffsmast, Mosesstab, eherne Schlange u.a. ist das K. symbolisch vielfach implicite enthalten. Die Linie a) lebt weiter auf Grabinschriften und in Amuletten, zT auch im K.schlagen (→ Kreuzeszeichen). Die weitere Entwicklung im MA ist zunächst durch die liturgische Verwendung als Vortrage-K. und durch Altar-K.e (im Osten bereits vor 1000, im Westen seit 1200) bestimmt. Wichtig ist ferner die Verwendung bei K.-Reliquiaren in der byzantinischen und romanischen Kunst.

J.GRETSER, De sancta cruce, Ingolstadt 1608 - O.ZÖCKLER, Das K. Christi, 1875 - DACL III, 3045 ff - M.SULZBERGER, Le symbole de la croix et les monogrammes de Jésus chez les premiers chrétiens (Byzantion 2, 1925, 339-448) - RGG² III, 1290 f - G.DE JERPHANION, La représentation de la croix et du Crucifix aux origines de l'art chrétien (in: La voix des monuments I, Paris 1930, 138-164) - LThK VI, 242 ff (Lit.) - E.SCHAEFER, Die Heiligen mit dem K. in der altchristl. Kunst (RQ 44, 1936, 67-104) - E.KANTOROWICZ, The King's Advent (ArtB 26, 1944, 207-231) - A.GRABAR, Martyrium II, Paris 1946, 234 ff - DERS., Un médaillon ... de Mersine (DOP 6, 1951, 25 bis 49) - J.VOGT, Berichte über die K.erscheinungen aus dem 4.Jh. nChr (in: Mélanges H.Grégoire I, 1949, 593-606) - E.DINKLER, Zur Gesch. des K.symbols (ZThK 48, 1951, 148-172) - DERS., Jesu Wort vom K.tragen (BZNW 21, 1954, 110-129) - C.O.NORDSTRÖM, Ravennastudien, Stockholm 1953 - C.CECCHELLI, Il trionfo della Croce. La croce e i santi segni prima e dopo Costantino, Rom 1954 - W.MICHAELIS, Zeichen, Siegel, K. (ThZ 12, 1956, 505-525) - F.J. DÖLGER, Beiträge zur Gesch. des K.zeichens I (JAC 1, 1958, 5-19) - E.PETERSON, Das K. u. das Gebet nach Osten (in: Frühkirche, Judentum u. Gnosis, 1959, 15-35). - Vgl. die Lit. zu → Kreuz: III.

Erich Dinkler

III. Der Kruzifixus

1. Der Kr. der Frühzeit - 2. MA - 3. Seit der Renaissance. - K. = Kreuz, Kr. = Kruzifixus. - Bildtafel 18 s. Bd III, vor Sp. 673. - Vgl. ergänzend → Christusbild, → Malerei und Plastik (jeweils mit Bildtafeln!)

1. Aus den *ersten drei Jh.en nChr* sind keine Darstellungen des Kr. erhalten. Lediglich Zeichen symbolisierten das K.esgeschehen. Auch die Passionsdarstellungen auf Sarkophagen des 4.Jh.s vermeiden die Wiedergabe. Die ältesten erhaltenen Kreuzigungsdarstellungen stammen aus dem *5.Jh.:* Elfenbeintafel (Kästchen mit Passionsszenen, London, Britisches Museum; s. Taf. 18 Abb. 3) und Relief der Holztür von St.Sabina in Rom. Die Detaillierung der Szene des Elfenbeins setzt ein Vorbild voraus, und daher »ist es höchstwahrscheinlich, daß die Kreuzigung Christi zum Urbestand des ältesten historischen Passionszyklus gehört hat«, dessen Entstehung im 4.Jh. zu vermuten ist. In beiden Darstellungen ist der Ausdruck des Leidens vermieden. Christus erscheint als sieghafter Gott bzw. als Orant. - Vom *6.Jh.* an findet sich der Typus des bekleideten Kr. Bekanntestes Beispiel ist die Kreuzigungsdarstellung in dem syrischen Rabulas-Codex (aus dem Kloster Zagba, 586; s. Taf. 5 Abb. 1). Christus trägt ein ärmelloses hemdartiges Prachtgewand, das Colobium. Hände und Füße sind angenagelt, der seitlich geneigte bärtige Kopf zeigt den Ausdruck des Schmerzes. Longinus öffnet die Seite Christi mit der Lanze: der Gekreuzigte ist also tot (nach Joh 19, 34f). Dennoch sind seine Augen geöffnet, möglicherweise als Zeichen dafür, daß seine Gottheit nicht vom Tode berührt wurde. - Den gleichen Typus des gewandeten Kr. zeigen einige → Ampullen von Monza (s. Taf. 16 Abb. 1) sowie eine Reihe von kunstgewerblichen Arbeiten des 6. und 7.Jh.s. - Der Kr. der Frühzeit ist stets Bestandteil der historisch aufgefaßten Kreuzigungsszene. Als → Symbol (: III) oder → Andachtsbild ohne Nebenfiguren findet er sich erst vom 10.Jh. an.

2. In der Kunst des westlichen Abendlandes erscheint der Kr. zuerst im *8.Jh.* in Buchmalerei und Metallplastik der Iren. Als Vorbild dient der gewandete Typus, jetzt durch Flechtwerk und Bandornamentik stilisiert. Stets ist Christus lebend, mit geöffneten Augen dargestellt. Hände und Füße sind zuweilen, jedoch nicht immer, angenagelt. - Die *karolingische Kunst* des ausgehenden 8. und frühen 9.Jh.s entnahm ihre Vorbilder dem Kulturkreise Roms. Daher ist auch der Kr., der sich in Buchmalereien, Goldschmiedearbeiten und vor allem in der → Elfenbeinplastik findet, im wesentlichen dem Christus des Passionstäfelchens im Britischen Museum verwandt. Gegenüber der spätantiken Teilnahmslosigkeit im Ausdruck verleihen die karolingischen Künstler ihrem Kr. jugendliche, sieghafte Züge; er ist bartlos, die Augen sind weit geöffnet. Der Lendenschurz ist nach festem Schema seitlich oder in der Mitte geknotet. Im 9. und 10.Jh. erhält der Kr. ältere Züge; meist ist er bärtig, das Haupt ist stärker geneigt. Attribute sind der Lorbeerkranz und die segnende → Hand Gottes. - Im 10.Jh. beeinflußt der *byzantinische Kr.typus* - freilich nur in spärlichen Denkmälern erhalten - die abendländische Kunst. Charakteristisch für die → byzantinische Kunst ist es, daß Christus stets auf einem Fußbrett (dem sog. suppedaneum) steht, bei sorgfältiger Unterscheidung von Stand- und Spielbein und leichter Herausbiegung der Hüfte. Der Kopf ist zur Seite geneigt, bärtig, von orientalischem Gepräge, die Gesichtszüge hager, leidend; die Daumen sind meist abgespreizt, der Schurz ist annähernd symmetrisch angeordnet, in der Mitte geknotet. - Neben dem leidenden Christus am K. finden sich seit dem 9./10.Jh. auch in *Westeuropa* Darstellungen des toten Gekreuzigten, mit ausgereckten Armen am K. hängend und auf die Brust gesunkenem Kopf. - Vom Ende des 10.Jh.s stammen die frühesten erhaltenen K.bilder der monumentalen Plastik (Gero-K., Köln; Kr. der Damenstiftskirche in Gerresheim/Rhld.). Daß es schon seit karolingischer Zeit große, vollplastische Kruzifixe gegeben hat, darf man aus Schriftquellen schließen. Im *11.Jh.* gewinnt der byzantinische Kr.typus, der durch zahlreiche Elfenbeine im Abendlande Verbreitung fand, bes. auf die Buchmalerei Einfluß, jedoch auch auf Bronzeplastik, Goldschmiedekunst und Monumentalskulptur. Gegenüber dem byzantinischen Kr., der in stiller Schönheit leidend dargestellt wird, sind die abendländischen K.bilder von stärkerer Ausdruckskraft und Empfindung. Vereinzelt findet sich in Buchmalerei und Elfenbeinplastik des 10./11.Jh.s auch der Typus des langgewandeten Kr. In der Großplastik tritt er erst in hochromanischer Zeit in Erscheinung. Seit der Mitte des 11.Jh.s beginnt gegenüber der ottonischen Weichheit der Formen eine Verhärtung des Stils, die gleichzeitig auch den Ausdruck des Kr. mitbestimmt. Das Leiden Christi am K. wird über das Menschliche hinaus erhoben. Der Gekreuzigte ist im *12.Jh.* durch hieratische Strenge charakterisiert. Zeichen der Göttlichkeit Christi ist die Königskrone. Am Ende des 12.Jh.s erfährt die Ikonographie des Kr. eine bedeutsame Abwandlung. »Christus, der bis dahin stets mit vier Nägeln ans K. geheftet wurde, erscheint nunmehr mit übereinandergelegten Beinen, und seine Füße werden mit nur einem Nagel durchbohrt.« Im *13.Jh.* setzt sich der Dreinagel-Kr. allenthalben durch. Seine Ausbreitung fällt mit der Überwindung des strengen hochromanischen Stils zusammen. Hinzu kommt in der 1. Hälfte des 13.Jh.s ein erneuter starker Einfluß der byzantinischen Kunst. Merkmale des Kr. sind ausgewogene Ponderation, faltenreiche Draperie des Lendenschurzes, Hervorhebung der Leidensmerkmale. Der Gekreuzigte wird als tot dargestellt, der Kopf ist herabgesunken, die Augen sind geschlossen, er trägt die Dornenkrone. Im

ausgehenden *13./14.Jh.* verschwinden in der deutschen Kunst die byzantinischen Elemente der Kr.darstellung, das Realistische überwiegt. Die Mystik stellt das Leiden des Herrn in den Mittelpunkt ihrer Betrachtung; ebenso hebt die Kunst die Leidensmerkmale in krassem Realismus hervor. Der Körper Christi hängt, ohne stützendes suppedaneum, zwischen steil ausgereckten Armen niedergesunken am K., von Blut bedeckt, das Gesicht ist verzerrt, ausgezehrt (s. Taf. 18 Abb. 4). Das Lendentuch, nicht mehr faltig drapiert, besteht nur noch aus einem schmalen, mehrfach verschlungenen bandartigen Schurz (s. Taf. 14 Abb. 2). In der Kunst um 1500 werden die Schurzenden oft in flatternder Bewegung dargestellt.

3. Die → *Renaissance* weicht in manchen Einzelheiten von dem bis dahin üblichen Kanon ab. Einerseits bildet sie den Kr. in strenger Symmetrie, wobei zuweilen auf den Viernageltypus zurückgegriffen wird, andererseits stellt man den Kr. nicht in Frontalansicht, sondern - erstmalig in der Kunst - halb von der Seite her gesehen dar. Anatomisch genaue Körperbildung, starker Leidensausdruck, Dornenkrone und Wundmale sind kennzeichnend für den Kr. des 16.Jh.s, ferner das oft nur sehr schmale Lendentuch. Es gibt in dieser Zeit keine festgelegten Typen mehr wie vorher, sondern die Künstler bilden den Kr. nach ihrem individuellen Empfinden. - Der Kr. des *17. und 18.Jh.s* ist gekennzeichnet durch Steigerung des Ausdrucks. Naturalismus in den Einzelheiten der Darstellung, Verklärung, Titanisches und Überirdisches, Verzückung, stilles Dulden, grausamer Schmerz und edle Größe finden sich nebeneinander. Charakteristisch ist das tiefe Durchhängen des Körpers an den steil nach oben gereckten Armen sowie das schmale Lendentuch und die Dornenkrone. Es gibt auch hier keinen allgemein gültigen Typus. - Im *19.Jh.* greift man bei der Darstellung des Kr. auf Vorbilder früherer Zeit zurück. Bestimmend bleibt der ausdrucksstarke Typus des Gekreuzigten der Renaissance und bes. des → Barock, doch geht der ursprüngliche Sinngehalt meist verloren; Ausdrucksstärke wird nun oft Gefühlsseligkeit, schwächliche Sentimentalität. Die Historienmalerei nach 1850 bringt oft veristische Züge, ohne jedoch dem Wesen des religiösen Themas gerecht zu werden. Im → Symbolismus gewinnt das Leidensthema wieder Bedeutung. - Die Auffassung des Kr. in der Kunst des *20.Jh.s* ist vielfältig, oft angelehnt an frühere Vorbilder. Das Streben nach Abstraktion bringt Werke hervor, die in ihrer blockhaften Strenge und ihrem überirdischen Ausdruck an den romanischen Stil erinnern. Daneben gibt es aber auch Darstellungen, die Christus leidend, gebrochen, verklärt wiedergeben. Vgl. Abb. bei → Malerei: VI (Matisse, Rouault).

J.STOCKBAUER, Kunstgesch. des K.es, 1870 - J.REIL, Die frühchristl. Darstellungen der Kreuzigung Christi, 1904 - DERS., Christus am K. in der Bildkunst der Karolingerzeit, 1930 - G.SCHÖNERMARK, Der Kr., 1908 - KÜNSTLE I, 446ff (Lit.) - R.HAMANN, Studien zur ottonischen Plastik (Städel-Jb. 6, 1930, 5-19) - LThK VI, 250f - G.DE FRANCOVICH, L'origine e la diffusione del crocifisso gotico doloroso (Kunstgeschichtl. Jb. der Bibliotheca Hertziana II, 1938, 145 bis 261) - J.PFEIFFER, Studien zum roman. Kr. der dt. Plastik (Diss. Gießen), 1938 - L.H.GRONDIJS, L'iconographie byzantine du Crucifié mort sur la croix, o.J. - H.KELLER, Zur Entstehung der sakralen Vollskulptur in der otton. Zeit (in: Festschr. f. H.Jantzen, 1951, 71-92) - R.HAMANN-MACLEAN, Ein otton. Kr. (Zs. f. Kunstwiss. 6, 1952, 115-136) - K.-A.WIRTH, Die Entstehung des Drei-Nagel-Kr. (Diss. Frankfurt), 1953 - H.-U.HAEDEKE, Rheinische Holzkruzifixe (Diss. Köln), 1954 - A.GRILLMEIER, Der Logos am K., 1956 (dazu E.STOMMEL in: JAC 1, 1958, 127-129; C.ANDRESEN in: ZKG 70, 1959, 160-162) - P.THOBY, Hist. du Crucifix des origines au concile de Trente, 1959.
H.-U.Haedeke

Kreuz, *Orden und Kongregationen vom Hl. K.*

1. a) *K.herren, K.brüder (Cruciferi, Crocigeri)* heißen die Mitglieder mehrerer zZ der → Kreuzzüge entstandener Kongregationen regulierter Chorherren: α) *Chorherrenkongregation vom Hl.K.*, 1131 in Coimbra nach der → Augustinerregel gegründet und 1135 von Innozenz III. eximiert. Die in Portugal und Spanien verbreitete Kongregation wurde 1527 durch Übernahme der → Kartäuser-Regel reformiert und 1833 aufgehoben. Mitglied der Kongregation war anfänglich der hl. → Antonius von Padua. - β) *Italienische K.herren (Crocigeri)*, 1169 von Alexander III. mit eigenen Konstitutionen ausgestattet, 1656 aufgelöst. Ihre ca 200 italienischen Klöster (Hauptkloster in Bologna) waren meist zugleich Spitäler. - γ) *Niederländische K.herren (Kruisheren, OSCr)*, in Huy (Prov. Lüttich) gegründet und möglicherweise bereits 1216 von Innozenz III. bestätigt; die weitgehend den → Dominikanern entlehnten Konstitutionen wurden 1248 von Innozenz IV. gebilligt. Die Aufgaben des noch heute bestehenden Ordens sind Chorgebet, Kreuzzugspredigt, Armen- und Krankenpflege sowie Seelsorge, später auch Unterricht und Heidenmission. Heute besitzen die von einem Generaloberen in St.Agatha (Niederlande) geleiteten »Canonici regulares ordinis S.Crucis« 4 Konvente in den USA, 5 bzw. 7 in Belgien und in den Niederlanden, dazu Missionsgebiete in Belgisch-Kongo, auf Java sowie in den USA (Minnesota) und Brasilien. In die Rheinprovinz kehrten die K.herren 1953 wieder zurück (Kloster Ehrenstein und Stadtpfarrei St. Suitbertus in Wuppertal-Elberfeld). - δ) *Böhmische K.-herren* mit dem roten Stern (*Fratres stellati ordinis*, Augustini bzw. Crucigeri cum rubea stella), hervorgegangen aus einer Spitalverbrüderung in Prag, 1237 von Gregor IX. als selbständiger Orden bestätigt. Obschon kein eigentlicher Ritterorden, steht ein Großmeister an der Spitze und werden die Stifte als Kommenden bezeichnet; Mutterstift ist St.Franz in Prag. - ε) *Polnische K.herren* mit dem roten Herzen *(Ordo paenitentiae sanctorum martyrum)*, etwa Mitte des 13.Jh.s mit dem Hauptkloster in Krakau entstanden (Niederlassungen in Polen, Litauen und Böhmen), in der 1. Hälfte des 19.Jh.s eingegangen. - Als »K.herren« begegnen ferner die → Deutschordenspriester (→ Ritterorden) und die → Augustiner-Chorherren vom hl. Grab. - b) *Brüder vom K.Jesu*, 1820 mit dem Mutterhaus in Ménéstruell (Dep. Ain) für Krankenpflege, Leitung von Asylen und Jugendunterricht als priesterliche Kongregation (bis 1873) errichtet, 1903 aus Frankreich vertrieben und nach Kanada übergesiedelt. - c) *Priester* (oder *Brüder*) bzw. *Kongregation vom hl. K.*, 1837 aus der Vereinigung der 1834 in Le Mans (Dep. Sarthe) gestifteten »Brüder vom Hl.K.« (»Salvatoristes« oder »Prêtres de la Sainte-Croix«) und der 1820 im selben Bistum gegründeten »Brüder vom hl. Joseph« (»Frères Joséphites«) hervorgegangen und 1857 bzw. 1859 als »Congregatio Sanctae Crucis« (CSC) päpstlich bestätigt. Ihre Anstalten in Frankreich mit dem Haupthaus in Neuilly b. Paris und Algerien (Elementarschulen, Waiseninstitute, Handwerker- und Industrieschulen) wurden 1903 aufgelöst und das Zentrum in die USA verlegt, wo sie 1841 als *Brothers of the Holy Cross* Eingang gefunden und 1844 ein Kolleg, die heutige Notre Dame University in Indiana, eröffnet hatten. Daneben leiten sie außer der Columbia University in Portland zahlreiche andere Lehranstalten in den USA (Haupthaus in Notre Dame). Weitere Arbeitsgebiete sind Frankreich, Italien, Pakistan, Haiti, Brasilien und Chile. In Indien verwaltet die Kongregation die Bistümer Dacca und Chittagong. Insgesamt bestehen zZ 3 Provinzen (Frankreich, USA, Kanada) mit 144 Häusern und ca 2200 Religiosen.

2. *Weibliche Genossenschaften:* a) *Filles (Dames), Religieuses* oder *Sœurs de la Croix*, 1625 in Roye (Picardie) als säkulare Genossenschaft errichtet und für die Heranbildung von Lehrerinnen tätig (Mutterhaus in Paris). Sie

teilte sich bald in eine gleichnamige religiöse Kongregation (1651) und in eine Genossenschaft ohne Gelübde mit der Zentrale in Brie-Comte-Robert (b. Paris) und einer großen Niederlassung in Quebec (Kanada). Nach der französischen Revolution entstanden bei der Restitution verschiedene voneinander unabhängige Genossenschaften dieses Namens; erwähnt seien bes. die *Töchter vom hl.K.* von St.-Brieuc (zZ 9 Häuser und ca 220 Professen) sowie die *Töchter vom hl.K.* von Le Puy (Dep. Oberloire; ca 30 Filialen). – b) *Liebhaberinnen des K.es* (*Amantes de la Croix,* auch *Filles de Marie*), 1669 zur Arbeit unter den Eingeborenen in Indochina entstanden, seit 1878 auch in Japan tätig; heute ca 2500 Schwestern. – c) *K.töchter vom hl. Andreas,* 1804 in der Diözese Poitiers (Dep. Vienne) gegründet, 1867 von Pius IX. bestätigt, heute 6 Provinzen mit über 1750 Schwestern, Mutterhaus in La Puye. – d) *Schwestern vom K. Jesu,* 1832 mit dem Mutterhaus in Groissiat (Dep. Ain) errichtet. – e) *Schwestern U.L.F. vom K.*, 1832 in Murinais (Bistum Grenoble) als Genossenschaft für Unterricht und Krankenpflege gestiftet, 1920 endgültig päpstlich bestätigt (zZ ca 25 Niederlassungen). – f) *Töchter vom hl.K. (Filles de la Croix)* in Lüttich, 1833 für Erziehung und Unterricht errichtet, seit 1851 auch in Nordrhein-Westfalen tätig, ferner in Indien, Pakistan und Belgisch-Kongo. Seit 1947 ist ihnen eine Laienvereinigung vom hl.K. angeschlossen. Das deutsche Provinzial-Mutterhaus befindet sich heute in Düsseldorf; ihm sind 16 Niederlassungen mit ca 600 Schwestern und Novizen unterstellt. Insgesamt haben die »Töchter vom hl. K.« 93 Niederlassungen mit ca 1800 Angehörigen. – In der Vorderindischen bzw. Kongomission gründeten die K.töchter g) die *einheimischen Oblatinnen vom hl.K.* – h) *Töchter des K.es von Chavanod oder Annecy* (Dep. Haute-Savoie), 1838 gegründet, 1932 endgültig bestätigt (zZ 77 Häuser mit ca 500 Schwestern). – i) *Schwestern vom hl.K.* oder *Marianitinnen,* weiblicher Zweig der Kongregation vom hl.K. (s. 1c), 1841 in Le Mans gegründet, 1885 bestätigt. Ihr Zweig in Nordamerika wurde 1869 als unabhängige Kongregation anerkannt *(Sisters of the Holy Cross).* – k) 1883 trennten sich von ihnen die *Schwestern vom hl.K. und von den sieben Schmerzen* (Mariens) mit dem Mutterhaus in Saint Laurent (Montreal) ab. – l) Die 1844 errichteten *Schwestern vom hl.K. vom Dritten Orden des hl. Franziskus* zu Ingenbohl (Kt. Schwyz, Generalmutterhaus ebd) sind seit 1856 in einen Menzinger (Schulschwestern) und einen Ingenbohler Zweig (Krankenschwestern) mit eigenen Mutterhäusern geteilt (12 Provinzen mit 1500 Häusern und ca 11 000 Schwestern). In Deutschland unterstehen dem Mutterhaus Ingenbohl (stellvertretendes Provinzialhaus Spindelhof b. Regensburg) 28 Niederlassungen mit ca 180 Schwestern, dem Provinzialhaus Hegne (b. Konstanz) 208 Niederlassungen mit ca 1300 Schwestern, dem Mutterhaus Menzingen mit dem Provinzialhaus Altötting 15 Niederlassungen mit ca 180 Schwestern sowie 239 Angehörigen im Ausland. – m) *Graue Schwestern vom hl.K.*, 1845 in Montreal (Kanada) errichtet; Mutterhaus in Ottawa, Niederlassungen auch in den USA. – n) *Barmherzige Schwestern vom hl.K.*, 1848 mit dem Generalmutterhaus in Straßburg-Neudorf errichtet, 1932 anerkannt; dem deutschen Provinzialmutterhaus in Bingen (Rochusberg, seit 1920) unterstehen 26 Niederlassungen mit ca 250 Schwestern. – o) *Schwestern vom hl.K. und Leiden U.H. Jesu Christi (Sisters of the Holy Family)*, 1851 mit dem Mutterhaus in Bolton (England) errichtet. Besondere Arbeitsgebiete sind Industriegegenden und der Beistand für jugendliche Arbeiter (zZ 50 Häuser). – p) *Schwestern vom K.*, 1875 in Sevilla für Krankenpflege und Schulunterricht gegründet, mit heute 35 Niederlassungen und 450 Schwestern. – q) *Töchter vom hl. K. (Figlie della Croce),* als Diözesankongregation 1893 im Bistum Cefalù (Sizilien) gestiftet; Generalmutterhaus seit 1924 in Palermo. – r) *K.schwestern vom heiligsten Herzen Jesu* in Mexiko, 1897 errichtet, zZ 18 Häuser mit ca 180 Schwestern. – s) *Suore di s. Croce della penitenza,* vgl. → Guter Hirt, 8. – t) *Kleriker* bzw. *Schwestern des hl.K.es und Leidens Jesu Christi* → Passionisten.

Zu 1: Hélyot II, 177ff. 222ff. 227ff – R.Haass, Die K.herren in den Rheinlanden (Rhein. Archiv 23), 1932 – Ders. in: Annalen d. hist. Vereins f. d. Niederrhein 144/45, 1946/47, 44–62 – S.Reicke, Das dt. Spital u. sein Recht im MA I, 1932, 182ff – Heimbucher I, 416. 420ff; II, 419f – LThK IV, 255ff – L.Calendini, Les débuts de la Congrégation des Frères de Saint-Joseph, Le Mans 1937 – A.Ramaekers, De Privileges der Kruisheerenorde vanaf haar ontstaan tot aan het Concilie van Trente, Leuven 1943 – Escobar I, 13. 345ff; II, 1263ff – EC IV, 302 – The Encyclopedia Americana XX, 1954, 756 – Das Wirken der Orden u. Klöster in Deutschland I, 1957, 239f. – Zu 2: Hélyot VIII, 127ff – Heimbucher II, 490f. 507. 523f. 528f. 42f. 532. 534. 345. 648 – LThK VI, 255f; LThK² I, 513 – Escobar II, 994. 1278. 1118 – EC V, 1264ff; XI, 1538ff – The Encyclopedia Americana XX, 1954, 760f.

W.Göbell

Kreuzer, *Erwin,* * 24.2.1878 in Berlin, † 20.8.1935 in Bonn, studierte altkath. Theologie in Bonn, war Pfarrer in Kempten und Freiburg/Br., seit 1908 Schriftleiter des »Altkath. Volksblattes«, 1935 vierter altkath. Bischof in Bonn. Der Vorkämpfer für Reformen zur Abwehr ultramontaner Einflüsse in einer kath. Nationalkirche widerstand jedoch als Bischof der Verbindung dieser Ziele mit deutschchristlichen Ideen und bewahrte so die kath. Tradition seiner Kirche.

Vf. u.a.: Wesen u. Wirkung d. röm. Systems, 1902; Der Altkatholizismus, (1906) 1924⁶.

W.Küppers

Kreuzesfest (K. = Kreuz), in der kath. Kirche bes. die liturgische Feier der → Herrenfeste *K.auffindung* (*inventio s. Crucis,* 3.5.) und *K.erhöhung* (*exaltatio s. Crucis,* 14.9.). Das ältere Fest der K.erhöhung ist ursprünglich ein Kirchweihfest, begangen zur Erinnerung an die 335 erfolgte Weihe der von → Konstantin d.Gr. an der Stätte der Kreuzigung und Auferstehung erbauten Doppelbasilika. Der Name »exaltatio crucis« rührt her von dem Gebrauch des griech. Ritus, das K. bei der Festfeier in alle vier Himmelsrichtungen aufzuheben. Erster Zeuge für diese Feier ist die Peregrinatio der → Ätheria (385). Mit der Erinnerung an die Weihe der Doppelbasilika (Hl. → Grab, 1) verband sich die Verehrung des K.es oder von K.partikeln. Die Legende von der K.auffindung durch die Kaiserinmutter → Helena wird zuerst von → Ambrosius († 397) berichtet. Im 7.Jh. ist das Fest K.-auffindung bereits im röm. Festkalender verzeichnet. Dem christlichen Gallien war es unbekannt; dort feierte man statt dessen am 3.5. ein eigenes K.fest, das auch im Gelasianum (→ Sakramentare) Aufnahme fand. Die Wiedergewinnung der 614 von den Persern geraubten K.reliquie durch Kaiser Heraklius (629) brachte der K.-verehrung starken Aufschwung. In nachkarolingischer Zeit übernahm der röm. Festkalender aus dem Gelasianum das K.fest des 3.5. und weist seitdem beide Feste auf. Die exaltatio s. Crucis ist seit dieser Zeit dem Gedächtnis der Wiedergewinnung des K.es im Jahre 629 geweiht. – Die *»adoratio crucis«* ist ein besonderer Teil in der röm.-kath. Liturgie des → Karfreitags, die aus der feierlichen Enthüllung und Verehrung des K.esholzes besteht.

L.de Combes, De l'invention à l'exaltation de la s. Croix, Paris 1903 – J.Straubinger, Die K.auffindungslegende, 1912 – L.Eisenhofer, Hdb. der kath. Liturgik I, 1932, 591 – LThK VI, 252ff.

R.Klauser

Kreuzeszeichen *(signum crucis),* eine schon im 1.Jh. gebräuchliche → Geste, mit der man das Zeichen des Kreuzes über sich selbst, andere Menschen oder Dinge schlug, mit ursprünglich exorzistischem Charakter (→ Exorzismus); sie wird als Segnung und symbolisch als Bekenntnis zu Christus verstanden. Man unterscheidet in der Praxis meist zwischen dem kleinen K., das mit dem Daumen auf Stirn, Mund und Brust gezeichnet wird, und dem großen (lat.) K., das mit der ganzen Hand über Stirn, Brust zur linken und rechten Schulter geschlagen wird. – Luther hat das K. in der Messe zwar beseitigt, es im → Katechismus aber beim Morgen- und Abendsegen und im Taufritus sowie bei der → Ordination beibehalten. In luth. Kirchen ist es beim Segen und bei Weihehandlungen (→ Konsekration, → Weihen: II) vielfach wieder üblich geworden.

E. Beresford-Crooke, The Sign of the Cross in the Western Liturgies, 1907 – Braun, LH 183f – L. Eisenhofer, Hdb. der kath. Liturgik I, 1932, 273ff – LThK VI, 265ff – J. A. Jungmann, Missarum Sollemnia, (1948) 1958[4]. *R. Klauser*

Kreuzweg

1. Religionsgeschichtlich – 2. Im Katholizismus

1. *Religionsgeschichtlich* ist der K. eine Wegkreuzung, die häufig als Aufenthaltsort oder Sammelplatz böser → Geister (: I) oder von Totengespenstern angesehen wird, daher als gefährlich und unheilvoll gilt. So treiben für die Hindu dort die Bhuts ihr Unwesen, für die Muslim die Jinn, nach europäischem Volksglauben die → Hexen (: I), für die alten Mexikaner die Geister der im Kindbett verstorbenen Frauen. Verschiedene Gegenstände sollen diese Gefahren bannen, u. a. bildnerische Darstellungen wohlwollender Geister. Aus verschiedenen Gründen werden K.e öfters auch als → Begräbnis-Plätze verwendet. In Nordamerika, Ostasien und Afrika werden hier mit Vorliebe → Kinder begraben, damit deren Seelen in vorbeikommende Frauen eingehen und so wiedergeboren werden können. In Indien setzt man Fürsten an K.en bei (in Stupas), was vielleicht kosmologisch gedeutet werden kann (K. als Schnittpunkt der vier Himmelsrichtungen, Mittelpunkt der Welt; → Nabel, → Orientation). Aber auch Selbstmörder (→ Selbstmord: I) oder sonstige Übeltäter werden an K.en beerdigt, um offenbar nicht noch mehr gefährliche Orte zu schaffen. Wiederholt dienen K.e als Grenzmarkierungen (→ Grenze). Da aber Geister fremder Stämme immer als bösartig angesehen werden, ergibt sich daraus die Gefährlichkeit dieser Orte. K.e gelten aber auch als Aufenthaltsorte wohlwollender oder neutraler Geister, die dort etwa zur Abwehr von → Krankheiten, Seuchen u.dgl. verehrt werden. In Japan werden an Straßen und K.en phallische Symbole als göttliche Beschützer der Reisenden aufgestellt (→ Phallische Kulte). Ihre Feste feiert man an K.en außerhalb der Ortschaft. Unfälle auf Reisen werden auf Vernachlässigung dieser Götter zurückgeführt. Wegen ihrer Verbindung mit phallistischen Göttersymbolen und dem → Wiedergeburts-Gedanken sind mit den K.en → Fruchtbarkeits-Vorstellungen verknüpft. Ähnlich sind vielleicht die Umfahrten mit Götterbildern in der → Germanischen Religion (, 6) zu deuten. Bei den Griechen stand bes. Hermes, ein Gott der Straßen und Grenzen, mit K.en in Verbindung. Ein Pfeiler (phallisches Symbol), umgeben von einem Steinhaufen, wurde ihm zu Ehren aufgerichtet. – Aus all dem erklärt sich, daß an K.en glückbringende → Omina leichter erhältlich sind.

ERE IV, 330ff (Cross-Roads) – HWDA V, 516ff – O. Adelhofer, Der Ciuateteo-Miqui Iitikomplex (Wiener Völkerkundl. Mitt.en IV/2, 1956, 157–167). *E. Stiglmayr*

2. Der *K. im Katholizismus* ist das fromm betrachtende Nachschreiten des Leidensweges Christi vom Haus des Pilatus bis zum Hl. → Grab. Alle biblisch und durch die (speziell franziskanische) Tradition überlieferten Gedenkstätten dieses Weges erscheinen erst einzeln in der Verehrung in Jerusalem, früh durch eingemauerte Steine bezeichnet. Ein zusammenhängender Passionsweg mit *Andacht* ist im Abendland vor dem 15.Jh. nicht nachweisbar. Die *Stationen* (statio = Rast der Pilger) sind erst im 18.Jh. in der heutigen Reihenfolge und Zahl (14) festgelegt. Zur Geschichte der K.andacht vgl. LThK VI, 261ff. Die → Franziskaner, seit dem 14.Jh. ohne den militärischen Schutz der Kreuzritter Hüter des Hl. Grabes (→ Kustodie), haben noch heute das *Privileg der Errichtung* von K.en in der ganzen kath. Kirche, auch im Freien, oft an Berghängen hinauf zum → Kalvarienberg. Über die Bedingungen der Errichtung (Vollmacht der Franziskaner und des Bischofs der Diözese; Form: 14 Holzkreuze, Weihe, Ablässe) vgl. Anler. – Der K. ist die einzige Andacht, die mehrmals am Tag mit gültigen *Ablässen* verrichtet werden kann, unter der Bedingung, die »Meditatio Passionis« (je nach Vermögen der Beter kürzer oder länger) mit der körperlichen Bewegung von einer Station zur anderen zu verbinden. Bei öffentlicher K.andacht genügt das Vorbeten und Schreiten des Priesters mit 2 Ministranten. – *Bildliche Darstellung* der 14 Stationen in → Malerei und Plastik ist nicht nötig, aber von altersher üblich, im Abendland zuerst vielleicht als Bildstöcke an den Wegen zu Kalvarienbergen (vgl. Kramer) und Friedhöfen (zB A. Kraffts 7 Stationen vom Anfang des 16. Jh.s in Nürnberg, die mit einer Heiliggrabkapelle auf dem Johannisfriedhof enden). Alle 14 Stationen hat J. P. Wagner Ende des 18. Jh.s auf dem Wege zum Würzburger »Käppele« dargestellt. Über bildliche Darstellungen des K.es bis in die Neuzeit vgl. LThK VI, 263ff. – Heute ist die *Beziehung des Andachtswesens zur Liturgie des → Gottesdienstes* (: V B, 1f) durch die Instructio vom 3.9.1958 geregelt (AAS 50, 1958, 631ff): Andachten, die nicht in den von Rom approbierten liturgischen Büchern stehen, sind »fromme Übungen«, gehören aber, wenn sie im öffentlichen Gottesdienst geschehen, der »liturgischen Ordnung« im weiteren Sinne an. Pius XII. wies ihnen in der Enzyklika Mediator Dei besondere Bedeutung zu, wohl um die → Volksfrömmigkeit gegenüber der liturgischen Reformbewegung nicht zu benachteiligen. Dennoch scheint die K.andacht nicht mehr so beliebt, vermutlich, weil sie den Auferstehungsgedanken nicht mit einschließt.

RGG[3] III, 1296f – LThK VI, 261ff (Lit.) – L. Anler, Comes Pastoralis, 1956[11], 267ff; Erg.Bl. 1958 – E. Kramer, K. u. Kalvarienberg, 1958. *L. Wiesinger*

Kreuzzüge

1.–4. Verlauf der K.e – 5. Sinn und Ziel der K.e – 6. K.sdichtung: a) Frühe Kreuzdeutungen in der Dichtung des 11.Jh.s – b) K.sthematik in den geschichtlichen und spielmännischen Epen des 11./12. Jh.s – c) K.slyrik – d) Kreuzlieder und Sprüche der nachhöfischen Generation – e) Berichte über Kreuzfahrten – f) K.slieder der Provençalen – g) Mittellateinische Kreuzlieder. – K. = Kreuzzug. – Vgl. Karte 19 »Kreuzzüge« auf Sp. 57f

K.e sind mittelalterliche Glaubenskriege vornehmlich gegen den → Islam zur Befreiung → Jerusalems (: II) und des Hl. Landes, aber auch gegen Heiden (zB in Preußen-Livland) oder gegen Ketzer (zB → Albigenser), ja gegen politische »Kirchenfeinde« (zB die letzten Staufer).

1. Der dem Islam eigene Gedanke des »hl. Krieges« war dem Christentum ursprünglich fremd. Heidenbekämpfung galt zwar als Kaiser- und Königspflicht; aber erst seit dem 11.Jh. richteten sich auch die kriegerischen Kräfte des Adels und Rittertums auf religiöse Ziele. Als Kampf gegen die Ungläubigen wurde die spanische Reconquista und die normannische Eroberung Siziliens motiviert. Von → Cluny und anderen Reformern wurde der Adel zum Kampf für den → Gottesfrieden, von → Gregor VII. für die »Freiheit der Kirche« angespornt.

Dieser plante 1074 bereits eine Heerfahrt zum Grabe Christi, kurz ehe der Investiturstreit (→ Kaisertum und Papsttum, 5) ausbrach. Als → Urban II. den Kaiser → Heinrich IV. in der Lombardei mattgesetzt, auch den französischen König Philipp I. als Ehebrecher gebannt hatte und zugleich von bedrängten Palästinapilgern und vom byzantinischen Kaiser Alexios I. um Hilfe gegen die vordringenden Seldschuken ersucht wurde, rief er 1095 auf Synoden in Piacenza und Clermont-Ferrand zur Befreiung des hl. → Grabes auf. Gleichzeitig gebot er einen allgemeinen Gottesfrieden in der Christenheit, als habe nun der Papst zuhöchst über Krieg und Frieden zu entscheiden. Er fand begeisterten Widerhall, vor allem in Frankreich, auch unter den → Normannen Süditaliens; die Könige Europas blieben unbeteiligt. Volksmassen unter unmilitärischen Führern wie dem Eremiten Peter von Amiens brachen voreilig auf und kamen unterwegs um, ohne das Ziel zu erreichen. Ihr frommer Übereifer entlud sich schon in den rheinischen Städten in Juden-Pogromen. Die Ritterheere der Fürsten folgten, von einem päpstlichen Legaten begleitet, doch ohne gemeinsame Führung, ohne klare politische Ziele für das zu befreiende Hl.Land. Sie gerieten schon mit Alexios I., der die Lehnshoheit über alle vom Islam befreiten Gebiete beanspruchte, und bald auch untereinander in Konflikte. Sie gründeten unterwegs eigene Herrschaften in Edessa (→ 19 F 3), dem Bollwerk zwischen dem mesopotamischen und dem syrisch-ägyptischen Flügel des Islam, in Antiochien (→ 19 F 3), das nach schweren Kämpfen nur durch die List und Tatkraft des Normannen Bohemund von Tarent (Robert Guiscards Sohn) gewonnen und behauptet, aber auch von ihm beansprucht wurde, und im syrischen Tripolis (→ 19 F 4), mit dem der ehrgeizig-fromme Graf Raimund von Toulouse sich begnügen mußte. Als nach unsäglichen Mühen und Opfern am 14.7.1099 Jerusalem erstürmt wurde, ließ Gottfried von Bouillon, als Herzog von Niederlothringen der einzige Reichsfürst unter den ersten Kreuzfahrern, sich dort demütig nicht zum König, sondern zum »Beschützer des hl.Grabes« wählen. Doch im nächsten Jahr starb er, und sein Bruder Balduin, vorher Fürst von Edessa, wurde König von Jerusalem. - So waren vier Kreuzfahrerstaaten entstanden, Kolonien des Abendlandes, vor allem der Franzosen (nach denen man im Orient alle Europäer »Franken« nannte), auch der am stärksten machtpolitisch interessierten Normannen Süditaliens und der Handelsstädte Genua, Pisa, Venedig, deren Schiffe für den Nachschub unentbehrlich waren. Ihr Orienthandel, ein reger Kulturaustausch, eine abenteuernde Macht- und Genußgier überwogen bald den frommen Kampfeifer, den die im hl. Land begründeten → Ritterorden der Johanniter und Templer neu zu beleben suchten.

2. Die Zersplitterung des Islam hatte die Erfolge des 1. K.s erleichtert; seine Einigung von Bagdad oder von Kairo aus mußte sie gefährden, so oft auch neue Kreuzfahrerscharen, bald auch aus Süddeutschland, nachfolgten. Sie gingen zumeist erfolglos zugrunde. Die Rückeroberung Edessas von Mossul aus (1141/46) gab den Anstoß zum *2. Kreuzzug,* für den vor allem → Bernhard von Clairvaux leidenschaftlich warb und sowohl den französischen König Ludwig VII. wie den lange widerstrebenden Staufer Konrad III. gewann. Dessen norddeutsche Gegner zogen auf einen *»Wenden-K.«* gegen die heidnischen Slawen an der unteren Oder, ohne sie unterwerfen oder bekehren zu können. Erst recht schlug der von den Königen geführte 2. K. von 1147/48 fehl. Ihre Heere wurden schon in Kleinasien großenteils vernichtet; sie selbst verfeindeten sich, der gemeinsame K. drohte in einen Krieg der europäischen Mächte auszumünden.

3. Trotz dieser Katastrophe wurde die abendländische Christenheit an der K.sidee nicht irre. Sie belebte sich neu, als Jerusalem nach einer vernichtenden Niederlage der Christen in Galiläa 1187 von Sultan Saladin erobert wurde. Gegen ihn rüstete → Friedrich I. Barbarossa, nach langem Konflikt mit dem Papsttum um Verständigung bemüht, zum *3. Kreuzzug,* den nun erstmals der Kaiser an der Spitze der Christenheit als Reichskrieg führte. Doch im Juni 1190 ertrank er unterwegs an der Südküste Kleinasiens (→ 19 F 3). Die Könige Frankreichs (Philipp II. August) und Englands (Richard Löwenherz) übernahmen die Führung. Sie eroberten 1191 die Hafenstadt Akkon (→ 19 F 4) zurück, vertrugen sich aber nicht und richteten weiter nichts aus. Kaiser Heinrich VI. nahm das Unternehmen seines Vaters Barbarossa 1197 planvoll wieder auf; aber sein früher Tod unterbrach den Vormarsch gegen Jerusalem. Damals wurde in Akkon der Deutsche Ritterorden gegründet, der seine Aufgabe bald anderwärts an der Heidengrenze suchte, erst in Ungarn, dann in Preußen.

4. Papst → Innozenz III. wollte den K. wieder zur Sache des → Papsttums (: II) statt der Kaiser und Könige machen. Der von ihm betriebene *4. Kreuzzug* wurde jedoch von den Venezianern nach Byzanz abgelenkt. Nach dessen Eroberung im April 1204 wurde dort ein »Lateinisches Kaisertum« über anderen fürstlichen und venezianischen Herrschaften errichtet; 1261 erlag es dem Rückstoß des nach Nicäa ausgewichenen byzantinischen Kaisertums. Im Abendland führte die K.serregung zu spontan-planlosen Aufbrüchen wie dem *»Kinder-K.«* von 1212, auf dem Tausende aus Nordfrankreich und vom Niederrhein umkamen. Sie wurde auch gegen die Ketzer in Südfrankreich (→ Albigenser) gelenkt, später gegen die → Stedinger an der Unterweser mißbraucht. Auf dem 4. Laterankonzil 1215 wollte Innozenz III. den K. unter kirchlicher Leitung organisieren und durch einen K.szehnt finanzieren. Erst unter seinem Nachfolger → Honorius III. brach der *5. Kreuzzug* auf, diesmal nach Ägypten. Nach der mühsamen Eroberung des Hafens Damiette wurde das Kreuzheer jedoch im Nildelta vernichtet (1221). Kaiser → Friedrich II. wurde dafür verantwortlich gemacht, weil er die von ihm schon bei seiner Aachener Krönung 1215 gelobte Kreuzfahrt immer wieder verzögerte, um zuvor seine Macht im Königreich Sizilien zu stärken. Als ihn deshalb → Gregor IX. 1227 bannte, brach er im nächsten Jahr trotzdem auf und konnte sich im März 1229 selbst zum König von Jerusalem krönen. Ohne Kampf, durch Verträge mit dem ägyptischen Sultan, hatte er die Pilgerstätten des Hl. Landes für die Christen zurückgewonnen, während der Felsendom in Jerusalem den Mohammedanern überlassen blieb. Auch dieser zunächst heftig geschmähte Erfolg toleranter Verständigung wurde 1244 wieder hinfällig. Seit 1239 erneut gebannt, fand Friedrich II. keinen Ausweg aus dem Kampf mit dem Papsttum, das nun gegen ihn und seine Nachkommen zum K. aufrief. Als »Kreuzfahrer« kam Karl von Anjou 1263/66 den Päpsten gegen die letzten Staufer zu Hilfe und wurde ihr Nachfolger im Königreich Sizilien. - Nur der fromme König → Ludwig IX. von Frankreich zog währenddessen noch als echter Kreuzfahrer 1246 nach Ägypten. Auch dieser *6. Kreuzzug* scheiterte nach kurzem Anfangserfolg; Ludwig IX. geriet in jahrelange Gefangenschaft. Er unternahm gleichwohl 1270 einen letzten erfolglosen *K. nach Tunis,* auf dem er starb. 1291 ging auch das letzte Kreuzfahrerbollwerk Akkon verloren. Seitdem spielten K.spläne noch oft eine Rolle in der europäischen Politik, zumal seit die Türken im 14.Jh. nach Europa vordrangen. Gegen sie führte der spätere Kaiser → Sigismund als König von Ungarn ein starkes Kreuzheer aus der ganzen

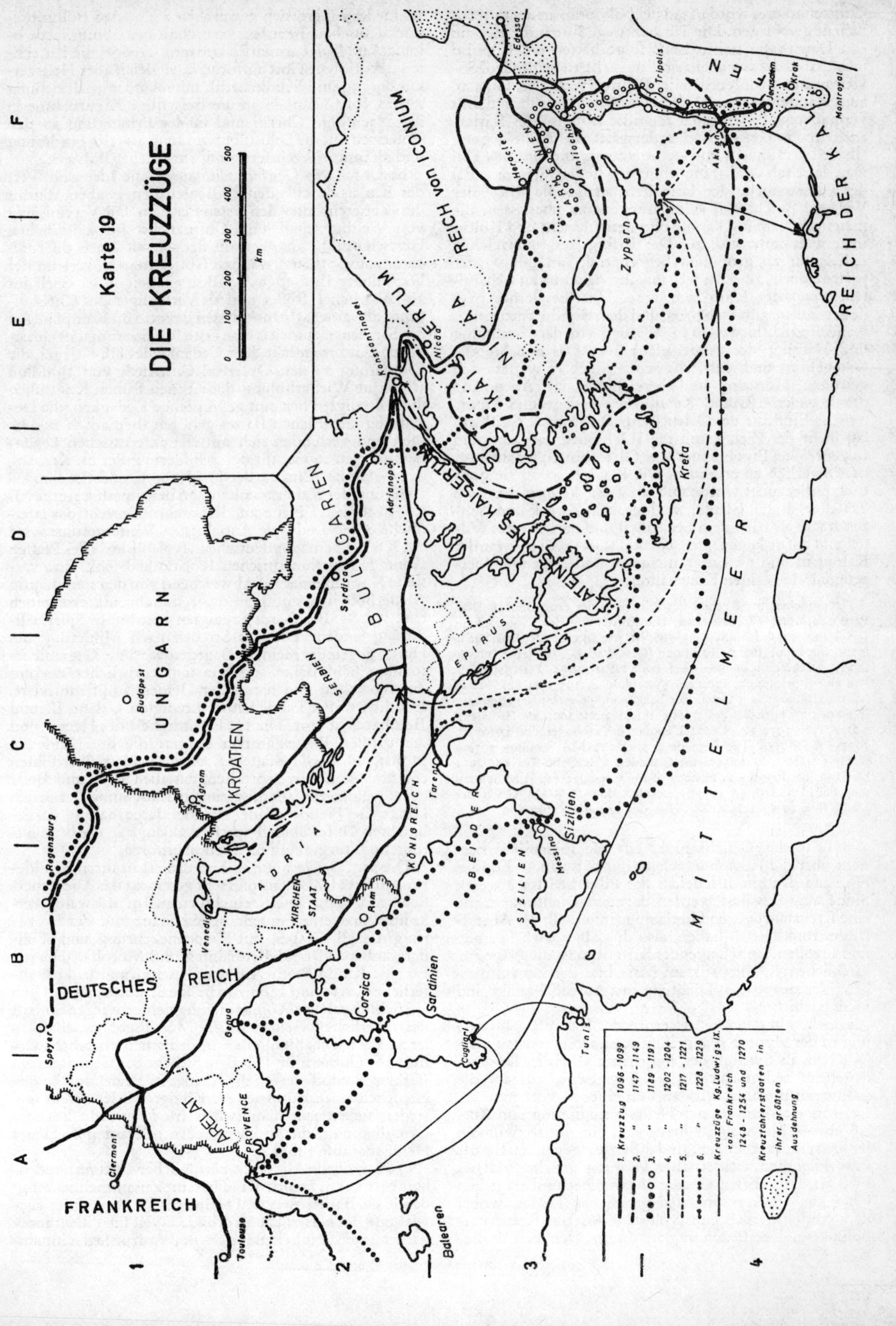
Karte 19
DIE KREUZZÜGE
0 100 200 300 400 500 km
A B C D E F
1 2 3 4
FRANKREICH
DEUTSCHES REICH
UNGARN
KROATIEN
SERBIEN
BULGARIEN
KAISERTUM NICÄA
REICH von ICONIUM
LATEIN. KAISERTUM
EPIRUS
KÖNIGREICH BEIDER SIZILIEN
KIRCHEN STAAT
ARELAT
PROVENCE
ADRIA
MITTELMEER
REICH DER KALIFEN
ARMENIEN
Toulouse
Clermont
Speyer
Regensburg
Agram
Budapest
Venedig
Genua
Rom
Corsica
Sardinien
Balearen
Cagliari
Tunis
Sizilien
Messina
Tarent
Serdica
Adrianopel
Konstantinopel
Nicäa
Heraclea
Antiochia
Edessa
Tripolis
Akkon
Jerusalem
Krak
Montroyal
Zypern
Kreta
1. Kreuzzug 1096 - 1099
2. " 1147 - 1149
3. " 1189 - 1191
4. " 1202 - 1204
5. " 1217 - 1221
6. " 1228 - 1229
Kreuzzüge Kg. Ludwigs IX. von Frankreich 1248 - 1254 und 1270
Kreuzfahrerstaaten in ihrer größten Ausdehnung

Christenheit; es wurde 1396 bei Nikopolis an der unteren Donau geschlagen. Die Türkenkriege lösten die K.e ab.

5. Dauerhafte politische Erfolge hatten die K.e also nicht. Aber danach allein sind sie nicht zu beurteilen. Soviele politische Interessen der Päpste, Herrscher, Fürsten, auch Handelsinteressen der Städte sich von früh an damit verquickten, haben doch religiöse Impulse des Ritteradels in Frankreich und anderwärts die K.sbewegung allererst ermöglicht und stets getragen. Ihr *Sinn und Ziel* war, das Grab Christi und andere → heilige Stätten (: III) der Christenheit, der Jerusalem als ideelle Mitte der Welt galt, nicht den »Ungläubigen« zu überlassen, die man freilich wenig kannte und deren Macht und Kultur man weit unterschätzte. Der Erfolg des opferreichen 1. K.s war zu groß und begeisternd, um ihn wieder preiszugeben, zu schwach, um ihn dauernd zu behaupten, wenn der Islam sich einte. Überdies lernte man dessen Kulturgüter schätzen, und der religiöse Fanatismus wandelte sich bisweilen in Achtung vor der Gesinnung und Haltung der Andersgläubigen. Das mochte die Kampfkraft und -lust schwächen, doch es weitete den geistigen Horizont und bereicherte das Abendland durch vielerlei Güter, Kenntnisse, geistige und künstlerische Einflüsse des Orients (zur Dichtung s. 6). Darin lag nicht das Ziel, kaum die Rechtfertigung, aber ein folgenreiches Ergebnis der K.e. Ob es ihre Opfer aufwog, ist schwerlich zu ermessen. Die K.sidee, so oft sie politisch mißbraucht wurde und entartete, kennzeichnet ein Zeitalter, dessen Glaube weniger nach Zweck und Nutzen fragte als nach dem Seelenheil und nach Gottes Willen und dafür kein Opfer scheute. »Gott will es« war der Kampfruf und die durch nichts zu widerlegende Überzeugung der echten Kreuzfahrer.

Hauptquellen im Recueil des historiens des croisades, 16 Bde, Paris 1841-1906 - C.ERDMANN, Die Entstehung des K.sgedankens (FKGG 6), 1935; Neudr. 1955 - M.VILLAY, La croisade. Essai sur la formation d'une théorie juridique (Diss. Paris), 1942 - P.ALPHANDÉRY, La Chrétienté et l'idée de croisade I, Paris 1954 - L.BOEHM, Die K.e als historiograph. Problem (Saeculum 8, 1957, 43-81) - H.E. MAYER, Bibliogr. zur Gesch. der K.e, 1960. - Gesamtdarstellungen: R.GROUSSET, Hist. des croisades et du royaume franc de Jérusalem, 3 Bde, Paris 1934-36 - DERS., L'épopée des croisades, ebd 1939; dt. 1951 - A.S.ATIYA, The Crusade in the later MA, London 1938 - S.RUNCIMAN, A History of the Crusades, 3 Bde, ebd-Toronto 1951 bis 1953; dt. 1957ff - A History of the Crusades, ed. K.M.SETTON u.a., Philadelphia/USA 1955ff, geplant 5 Bde - A.WAAS, Gesch. der K.e, 2 Bde, 1956 - P.ROUSSET, Hist. des Croisades, Paris 1957.

H.Grundmann

6. Leitender Gesichtspunkt für die folgende Übersicht über die *K.sdichtung* bleibt der bewaffnete Zug ins Hl. Land. Demnach scheidet das Pilgerlied im engeren Sinne aus. Erwähnt werden dagegen Dichtungen, die eine Kreuzfahrt gegen Ungläubige innerhalb des Abendlandes zum Thema haben, also die Züge nach Spanien und Preußen. Entscheidendes Kriterium ist die Nähe zur kirchlichen K.sthematik im MA, bes. der Zusammenhang der ritterlichen Dichtung mit Aufruf, Predigt und Heilsgeschichte.

a) Schon in der adoratio crucis der Karfreitagsliturgie und in der Hymne »Pange lingua gloriosi« erscheint das → Kreuz als Symbol des »imperium Christi«. Die hier gegebene heilsgeschichtliche Hinweisung soll auf die »conversio morum« wirken. Von einer so vorbereiteten Belehrung aus, in der sich Heilsverkündigung und Aufruf zur → Nachfolge Christi (: II) in der freiwilligen Kreuznahme vereinigen, sind die Grundgedanken für das erste Pilgerlied dichterischer Prägung gegeben. Dieses Lied wird als »Ezzos Gesang« bezeichnet und trägt den Charakter eines gesungenen geistlichen Liedes, wobei dem Mittelstück als kunstvoll strukturierter Kreuzsymbolik besondere Bedeutung zukommt. Dem Gehalt dieses Liedes nähern sich gedanklich die beiden frühmittelhochdeutschen Kreuzesinterpretationen »Summa theologiae« und »des armen Hartmanns Credo«, die zur echten devotio vor Gott auffordern, zugleich aber Heilsverkündigung und Standeskritik miteinander in Beziehung setzen. Im Gedanken an die freiwillige Kreuznahme in der Nachfolge Christi und in der Erinnerung an den Tod erscheint die Selbstüberwindung als erste Forderung und als innere Rechtfertigung christlicher Existenz.

b) Unter den *Geschichtsdichtungen,* die Idee und Wert der K.e als durchlaufendes Begleitthema haben, nimmt die »Kaiserchronik« den ersten Platz ein. Die Vereinigung von Weltherrschaft und Gottesdienst im kaiserlichen Herrscherbild, vor allem in der Gestalt Karls d.Gr. als eines von Gott auserwählten Gottesstreiters, verleiht der Darstellung ihre enge K.s-Bezogenheit. Karl erscheint als kaiserlicher Büßer und als Verteidiger des Christentums, als »gotes wîgant«, dessen devotio im Kampf gegen die Sarazenen zugleich eine erste Idealisierung des christlichen Ritters enthält. Der Gedanke des Hl. Krieges, die Erinnerung an den Opfertod Gottfrieds von Bouillon (s. 2), die Wiederholung der aus den frühen K.s-Bullen und -Predigten bekannt gewordenen Gedanken, die Demut der christlichen Ritter gehören thematisch zusammen und verbinden sich mit charakteristischen Legendenmotiven sowie mit der Schilderung des hl. Kreuzes, des → Grabes Christi, der Heidentaufe und der Sinnesänderung der Kaisergestalten von der superbia zur devotio. In nächster Nähe zur Kaiserchronik steht das lateinische Spiel »Ludus de Antichristo«. Weitergeführt wird das Karls-Thema im deutschen »Rolandslied« des Pfaffen Konrad. (Im französischen Rolandslied fehlt eine vertiefte K.sproblematik.) Abweichend von den sonst häufig wiederholten K.smotiven der Kaiserchronik erscheinen eine von → Bernhards Predigten bestimmte Spiritualisierungstendenz und das Streben nach Milderung des Hasses gegen die Heiden. Dagegen wird die Gegenüberstellung heidnischer superbia und christlicher devotio durchgehalten und damit der Heidenkampf motiviert. Deutlich treten Parallelen zu Predigten Urbans II. und Bernhards hervor. Die Heilswürdigkeit des Heeres und der großen Einzelkämpfer steigert die durchlaufende propagandistisch gestaltete K.sidee zu einem überhöhten christlichen Lohnversprechen, das aber Reue und Buße des einzelnen zur Voraussetzung hat. Im Sinne Bernhards klingt die Freude an dem in der Kreuznahme dargebrachten Opfer überall durch. Anklänge an die benediktinische Liturgie sind nicht zu überhören.

Die sog. *Spielmannsepik* koordiniert in ihren Schilderungen des Heidenkampfes sehr geschickt das Abenteuerliche mit dem Heilsgeschichtlichen. Im »Oswald« verknüpft sich eine Frauenraubgeschichte mit der Eroberung des Hl. Grabes, mit Heidenbekehrung und Wunderglauben. »Orendel«, »Salman und Morolf«, »Herzog Ernst«, »König Rother« fügen dieser Grundstruktur ritterliche Werte und mönchische Ideale hinzu, so daß sich am Schluß solcher Romane häufig der freiwillige Eintritt des ritterlichen Helden in die Mönchsgemeinschaft als letzte Verwirklichung einer im Irdischen erstrebten Demut vor Gott ergibt. Die Bruchstücke des Gedichts vom »Grafen Rudolf« setzen die K.sidee in Beziehung zu den historischen Verhältnissen im Königreich Jerusalem und zeigen neben spielmännischen Motiven eine höfische Grundhaltung, die zu einer neuen toleranten Sicht der Heidenkämpfe führt.

c) *K.slyrik* als Ausdruck persönlicher Gottverbundenheit entsteht in Deutschland bes. im Zusammenhang mit den K.en Barbarossas und Heinrichs VI. (s. 3) unter Einwirkung des kaiserlichen Vorbildes. Weit über die französischen und lateinischen Klage- und Aufrufslieder hinausreichend steigert sich im Anschluß an die Kreuzpredigten bei Friedrich von Hausen die ursprünglich rein weltliche Minneproblematik durch die von Bernhard mitbestimmte neue devotio zu einem Gradualismus gottgebundener Opferbereitschaft innerhalb des Ritterstandes. In Albrechts von Johannsdorf K.sgedichten gewinnt die Kreuznahme im Abschiedslied eine starke Erlebnisnähe und eine so hohe Bewertung des triuwe-Begriffs, daß von hier aus der Schritt zur Absage an die weltliche Minne - wie bei → Hartmann von Aue - nur als selbstverständliche Entwicklung unter dem Einfluß der K.sidee erscheint. Selbst der Lohngedanke verliert seine Bedeutung soweit, daß hier von einer Vollendung des christlichen Rittertums in der Kreuznahme gesprochen werden kann. Mit der engen Beziehung auf Barbarossas Tod und der damit verbundenen Poetisierung des Todesgedankens gelingt Heinrich von Rugge im »Kreuzleich« eine religiöse Gedankendichtung, die in die poetische Wirklichkeitsebene weit über der geschichtlichen Wirklichkeit des MA einmündet. Die Kreuzlieder und Sprüche → Walthers von der Vogelweide gewinnen aus der Verbindung von Vergangenheits- und Zukunftsidealen höfischen Rittertums ihre enge Beziehung zum K.serlebnis seiner Generation. Die (heute umstrittene) Fiktion der K.steilnahme schafft im »Palästinalied« eine neue Form des Aufrufsliedes; in seiner »Elegie« beklagt er neben dem Verfall höfischer Zucht die verlorene Reinheit der K.sidee im höfischen Ritterstand. Von einer Toleranz gegenüber den Heiden ist bei ihm nichts zu spüren. Diese wird gleichzeitig in → Wolframs von Eschenbach »Willehalm« zukunftsweisend entwickelt. Das Bild Willehalms, des ritterlich-christlichen Gottesstreiters, dessen Vollkommenheit ihn zum Heiligen erhöht, gehört allein Wolfram und findet auch bei den Fortsetzern dieses K.sstoffes, bei Ulrich von Eschenbach und Ulrich von Türheim, keine dichterische Weiterführung. Die großen Toleranzreden in Wolframs Werk deuten klar genug an, daß eine neue Weltanschauung der »humanitas« die K.sidee aufzunehmen und aufzulösen bereit ist.

d) Die *Kreuzlieder und Sprüche in der nachhöfischen Generation* (1228 und später) zeigen zwar Einwirkungen Walthers von der Vogelweide und motivgleiche Themagestaltung, aber die K.sidee erscheint verblaßt, und die Erinnerung an die Realität der Leiden einer solchen »vart« überdeckt ihren reinen Glanz. Die Lieder Rubins und Hiltbolts von Swangau enthalten wohl noch den Mahnruf an die Ritter und verkünden die unerschütterliche »devotio« Gott gegenüber, aber die freiwillige Opferbereitschaft ist der Pflicht zur K.steilnahme gewichen. Beim Burggrafen von Luenz fügt sich nur eine einzige Zusatzstrophe, die das K.smotiv behandelt, einem Taglied an und schafft so die Stimmung einer von diesem Liedtypus grundverschiedenen Abschiedssituation. Eine säkularisierte K.sterminologie charakterisiert das Lied Ottes von Bottenlouben. Neidharts Kreuzlieder kennen nur noch das Heimkehrthema. Sie enden in einem Scheltlied auf den K. und führen zur völligen Desillusionierung des K.sgedankens. An negativen Argumenten werden sie nur noch von dem Kreuzlied des Tannhäuser übertroffen, in dem realistische Beschreibungen einer Seefahrt ins Hl. Land die religiöse Thematik nahezu auflösen. In Freidanks »Akkon-Sprüchen« klingt gelegentlich noch aus der Schilderung der Enttäuschungen und aus dem müden Hinweis auf die christlichen Lohnverheißungen die Dankbarkeit auf für die K.sverwirklichung Friedrichs II. Beim Stricker tritt dann eine Neubewertung in rein kirchlichem Geist zutage. Kreuzfahrt erscheint in seinen Gebetsliedern wieder als »betevart«, die Armen und Reichen die Gnade Gottes als Lohn verbürgt. Das Kreuzholz wird gedeutet als letzter Schild gegen jegliche Versuchung zur Sünde. Die K.sidee hat sich in der deutschen Dichtung in Heilssymbolik und Heilsverkündigung aufgelöst.

e) Nicht im Sinne künstlerischer Gestaltung, sondern als historische Geschehensschilderung wären die zahlreichen *Berichte über Kreuzfahrten* zu erwähnen, etwa die an K.smotiven reichen Chronik-Darstellungen in Nikolaus von Jeroschins »Maccabäerbuch« oder die »Kreuzfahrt Ludwigs des Frommen«. Auch die »Historia belli sacri« des Wilhelm von Tyrus wäre zu nennen, die allerdings nicht die Höhe künstlerischer K.sprosa erreicht wie Geofroi de Villehardouins Darstellung des 4. K.s. In derartigen Berichten tritt jedoch die K.sidee hinter dem geschichtlichen Bericht zurück.

f) In den *K.sliedern der Provençalen* läßt sich die thematische Beziehung auf Heidenkämpfe im Orient und in Spanien nicht immer klar unterscheiden (bes. bei Liedern zum zweiten K. des Marcabrun 1146). Die Begründungen für den Aufruf im Lied stammen aber aus der gleichen Quelle: aus K.sbulle und K.spredigt. Auch das Minne-Thema findet sich in vielen altfranzösischen übereinstimmend mit deutschen Liedern, nur erfährt es verschiedene Ausgestaltung je nach der persönlichen Beteiligung und historischen Bezogenheit. Dem Liedtypus nach finden sich auch bei den Provençalen Aufrufs-, Abschieds- und Geschichtslieder. Ebenso läßt sich seit den Zügen nach 1197 die zunehmende Verflachung der Idee in der K.sthematik sehr deutlich feststellen, die später im 13.Jh. zu deren Auflösung in realistische Darstellung der Leiden einer Kreuzfahrt führt. - Für die Namen der provençalischen Dichter und deren Teilnahme an Kreuzfahrten vgl. Lit. (s.u.).

g) Die *mittellateinischen Kreuzlieder* ergänzen die beiden oben charakterisierten Gruppen. Entsprechend dem objektiven Aussagecharakter des Lateinischen fehlt meist die innere Anteilnahme. Nur einige Aufrufslieder machen hier eine Ausnahme (vgl. die K.slieder der »Carmina burana« in der Gruppe »Seria«). Formal wertvoller oder für die Problematik aufschlußreicher sind wenige Einzellieder, von denen zB das kaum bekannte Hexameter-Aufruflied »Carmen Sangallense« und das Klagelied von St.Peter in Salzburg zu nennen sind, weil sich im ersten Lied ein stark rhetorisches Fragespiel zwischen dem Kreuz und dem säumigen christlichen Ritter erhalten hat und im zweiten eine bewegte Klage über die an den Christen im Morgenland verübten Untaten der Heiden angestimmt wird.

Für die literaturgeschichtl. Qu. u. Forschungen vgl. RDL [2] I, 885ff (K.slit., mit reicher Lit.). - Allgemein: F.J.E.Raby, Hist. of secular Latin Poetry in the MA, Oxford (1934) 1957 [2] - F.W.Wentzlaff-Eggebert, K.sdichtung des MA, 1960 (in Vorb.). - Zu 7f vgl. zum Nachweis der Texte: A.Pillet-H.Carstens, Bibliogr. der Troubadours, 1933. - Ferner: H.Schindler, Die K.e in der altprovenç. u. mhd. Lyrik, 1889 (vielfach überholt, aber mit einem Verzeichnis der Abdrucke der altprovenç. u. mhd. K.slieder, S.48 f) - K.Lewent, Das altprovenç. K.slied (Diss. Berlin), 1905 - I.Frank, Trouvères et Minnesinger, Saarbrücken 1952. - Zu 7g: Text u. Kommentar: Carmina burana, hg.v. A.Hilka u. O.Schumann, 2 Bde, 1941 - G.M. → Dreves, Analecta hymnica, Bd XXI, passim. - Text von »Quid dormis, vihica« (Ms. in St.Gallen) bei E.Farral, Les arts poétiques du XIIe et du XIIIe siècle, Paris 1923, bes. 16. 29. 207ff. - Text von »Plange Syon et Judaea« (Ms. in St.Peter in Salzburg) bei Dreves, aaO. - Vgl. auch die Lit. zu → Mittelalterliche Literatur: I. *F.W.Wentzlaff-Eggebert*

Krieg

I. Religionsgeschichtlich - II. Im AT - III. Im NT - IV. Krieg und Christentum - V. Religiöse und sittliche Auswirkung der Weltkriege

I. Religionsgeschichtlich

1. Schriftlose Kulturen - 2. Altindianische Hochkulturen - 3. Altasiatische Welt - 4. Griechisch-etruskisch-römische Antike - 5. Germanen, Kelten, Slawen und Finnen - 6. Islam - 7. Schlußfolgerung

1. In *schriftlosen Kulturen* wird der, stets auch religiös legitimierte Kampf (vgl. → Kopfjagd), unter Zuhilfenahme magischer Praxis (zB Fernzauber; → Magie) geführt. Bes. bei Viehzüchternomaden führt dauernder Streit um Futterplätze zu kriegerischen Auseinandersetzungen.

2. In *altindianischen Hochkulturen* (→ Indianer: I) legitimieren Religionen den K., bei den Azteken (→ Mexiko: I) auch noch wegen der großen Anzahl als → Menschenopfer benötigter K.sgefangener. Religiös sanktionierte Bündnisse zielen nicht auf Ausschaltung des K.es, sondern sind Zusammenhalt gegen gemeinsame Feinde.

3. In → *China* (: II) legt der Konfuzianismus Gewicht auf Erhaltung der Ordnung, sieht K.e als deren Störung an, macht aber, zur Religion eines zentralisierten Machtstaats geworden, Konzessionen. Die mystisch-kontemplative Minoritätsreligion des → Taoismus bleibt stets dem K. abgeneigt. - In *Japan* ist der mit Feudalismus und später mit zentralisiertem Kaisertum verknüpfte → Shintoismus für K.führung seiner Bekenner durchaus offen. - In *Indien* bejaht →Vedische Religion in ihrem Verknüpftsein mit Kleinfeudalen den K. Die nachvedische Epoche, bes. repräsentiert durch die → Upanishaden, ist stärker mystisch-kontemplativ. Die Reformer → Mahavira und → Buddha setzen sich energisch für Gewaltlosigkeit ein (vgl. auch → Gandhi). Der spätere → Buddhismus unterscheidet zwischen Vollkommenen und Laienmitgliedern und macht aktive Teilnahme der letzteren an Staatsmacht und K. möglich. Die nachbuddhistische Reaktivierung der alten Religion (→ Hinduismus: I) bejaht auch den traditionellen feudalen und staatlichen K. Die Gruppe der → Sikhs, mit islamischen Einflüssen und Tendenzen zur Kastenüberwindung, ist ursprünglich nicht spezifisch kriegerisch, wird es aber im Kampf mit den Mohammedanern und schließlich direkt zu einer Hilfstruppe des englischen Kolonialismus. - In *Zentralasien* enthalten die vorbuddhistischen Religionen wie auch der vom ursprünglichen Buddhismus stark abweichende theokratische → Lamaismus in Tibet nichts den K. Ablehnendes. - → Sumerer, Babylonier und Assyrer (→ Babylonien: II), → Hethiter, Perser (→ Iran) sowie Ägypter (→ Ägypten) sind aufs Ganze gesehen kriegsgewohnte Erobererstaaten. Die mehr oder weniger eng mit dem Staat verknüpften Religionen legitimieren den K.

4. In *Griechenland* rechtfertigen → Homer, Aischylos (vgl. jedoch die Hiketiden!), Sophokles und die Philosophen bis einschließlich → Aristoteles den K. religiös. Später lehren die Kyniker, Kyrenaiker, Stoiker und Epikureer Individualrecht sowie Fernhaltung von Staat und K., mit Ausnahme einiger Richtungen der → Stoa. - Die → *Etrusker* sind religiöse Fatalisten, andererseits kriegerische Seefahrer; über eine etwaige Relation zwischen beiden Phänomenen läßt sich beim gegenwärtigen Forschungsstand nichts sagen. - *Rom* hat als ursprünglich naturalistische Bauernreligion den K. zunächst bejaht; erst die Aufnahme stoischer und ähnlicher Gedanken hat kriegsverneinend gewirkt.

5. Die → germanischen, keltischen (→ Kelten), → slawischen und → finnisch-ugrischen Religionen verherrlichen in ihrer Epik den feudalen K.shelden.

6. Antriebe zum K. waren im → *Islam* (: I) der Viehzüchternomadismus mehrerer früherer und späterer Anhängergruppen, der Glaube an → Prädestination mit seiner Aktivitätssteigerung sowie die Gewißheit der Seligkeit für die im hl. K. Sterbenden. Andererseits führte die Begegnung mit anderen Völkern und die Unmöglichkeit, sie alle zu besiegen oder zu bekehren, zu einer religiös-juristischen Fixierung des Rechts von Diplomatie, K.serklärung, Gefangenenaustausch, Schiedsgericht, Neutralität u.a.m., dh zur Ausgestaltung eines religiösen Völkerrechts.

7. Diese Übersicht bestätigt zunächst einen Aspekt von → Wachs Theorien: Religionen, die von der Schlechtigkeit der Welt als solcher und ihrer Nicht-Reformierbarkeit überzeugt sind, sind nicht religionskriegerisch eingestellt (Ur-Buddhismus); umgekehrt bedeutet der Glaube an Verbesserbarkeit einer nicht an sich schlechten Welt, wenn sie unter die Herrschaft der rechten Religion komme, einen Antrieb zum religiösen Eroberungs-K. (Zoroastrismus, Islam). - Ferner ergibt sich: → Mystik, möglicherweise gar mit pantheistischem Einschlag, bedeutet eine Hemmung, umgekehrt Verknüpfung mit feudalem (Japan, vedisches Indien, homerisches Griechenland) oder bürokratischem Staat (Assyrien; Ausnahme: China) religiöse Anerkennung aller K.sarten.

R. Redslob, Hist. des grands principes du droit des gens depuis l'antiquité jusqu'à la veille de la grande guerre, Paris 1923 - B. de Light, La paix créatrice I, ebd 1934 - H. Becker-H. E. Barnes, Social Thought from Lore to Science I, Washington (1938) 1952², Kap. I-V (Lit.) - Wach, Relsoz. - P. Honigsheim, Religionssoziologie (in: Die Lehre von der Gesellschaft, hg.v. G. Eisermann, 1958, 119-181). - Zu den Einzelkulturen (in der obigen Reihenfolge): Ders., Viehzüchternomadismus, Bodenrente, Reichtumsbildung, Staatsgenesis (Kölner Vierteljahrshefte f. Soziologie 11, 1932, 75-88). - E. Thompson, Mexico before Cortez, New York 1933, 18ff - M. Granet, La pensée chinoise, Paris 1934 - J. C. Archer, The Sikhs, Princeton 1946, 169ff - M. Pohlenz, Die Stoa I. II, 1948/49. - G. v. Grunebaum, Medieval Islam, Chicago 1946, Kap. V. VI - P. K. Hitti, History of the Arabs, London 1949 - Ibn Chaldun, Ausgew. Abschnitte aus der Muqaddima, 1951, 50ff. 151ff - M. Khadduri, War and Peace in the Law of Islam, Baltimore 1955 (Lit.). - Spezial-Lit.: Les religions contre la guerre, Paris 1929 - K. A. Eckhardt, Das Bild des K.es im dt. Denken, 1941 (german. Überlieferung) - PW Suppl. VI, 1351ff - H. Gross, Die Idee des ewigen u. allg. Weltfriedens im Alten Orient u. AT (TThS 7), 1956 - St. Weinstock, Victor and Invictus (HThR 50, 1957, 211-247) - F. Kiechle, Zur Humanität in der K.führung der griech. Staaten (Historia 7, 1958, 129-158). - Vgl. auch die Lit. zu den einzelnen Religionen.

P. Honigsheim

II. Im AT

1. Die Institution des hl. K.es - 2. Königtum und K. - 3. Die Wiedererweckung des hl. K.es in der Prophetie - 4. K. und Eschatologie

1. Die Traditionen des AT aus dem altisraelitischen Heiligtum → Silo sprechen von Jahwe Zebaoth als dem K.sgott, der »über den Keruben thront«. Die → Lade gilt als Palladium des K.es. Wird sie in das Heerlager überführt, dann ist Jahwe als »K.smann« (Ex 15, 3) gegenwärtig (1Sam 4, 3ff). Jahwe selbst führt Israels K.e - diese Gewißheit tritt aus den alten Überlieferungen überall hervor (Ex 14, 4ff; Dtn 1, 30; Jos 10, 14ff u.ö.). Israels K.e sind Jahwes K.e (vgl. das »Buch der K.e Jahwes« Num 21, 14). Aus verstreuten Einzelnotizen läßt sich eine Institution des hl. (→ Heilig: II, 4) K.es erschließen, deren theoretische Grundzüge G. v. Rad zusammengestellt hat. Das Geschehen hebt im Falle einer Feindbedrohung an mit dem Posaunenruf, der den freien Heerbann der → Stämme Israels sammelt (Ri 6, 34f). »Volk Jahwes« wird das Heer der K.er genannt (Ri 5, 11. 13; 20, 2). Für das hl. Geschehen müssen die Männer sich weihen (Dtn 23, 9ff; Jos 3, 5; 1Sam 21, 6; → Heiligung: I). → Opfer werden dargebracht (1Sam 7, 9; 13, 9f). Durch den mittlerischen Dienst der Seher und Propheten wird Jahwe »befragt« (Ri 20, 23. 27; 1Sam 7, 9). Das heilvolle Orakel lautet dann: »Jahwe hat ... in deine Hand gegeben« (Jos 2, 24; 6, 2 u.ö.). Das Volk ist nun gewiß, daß Jahwe als »K.smann« voranzieht (Ri 4, 14; Dtn 20, 4). Es gilt, ohne Furcht, im völligen Vertrauen auf Gottes Beistand, in den Kampf zu schreiten (Ex 14, 13; Dtn 20, 3; Jos 10, 8). Die Feinde zittern und verzagen (Ex 15, 14ff; Dtn 2, 25; Jos 5, 1; 1Sam 4, 7f). K.sgeschrei erhebt sich (Ri 7, 20; Jos 6, 5). Der Gottesschrek-

ken überfällt die Feinde (Ex 23, 27; Jos 10, 10; Ri 4, 15). Höhepunkt und Abschluß bildet der Gottesbann (→ Bann), der an den Feinden vollstreckt wird (Jos 6, 18f; 1Sam 15).

2. Mit dem Aufkommen des → *Königtums* in Israel tritt die archaische Institution des hl. K.es in den Hintergrund. → Saul und → David sind auch von Söldnertruppen umgeben. Militärische und strategische Gesichtspunkte dominieren mehr und mehr. Der Heerführer wird zur herrschenden Gestalt (2Sam 8, 16). Musterungen und Zählungen lassen berechenbare Faktoren an die Stelle des wunderbaren Gotteshandelns treten (2Sam 24). Zwar wirken einzelne Momente der alten Ordnung noch nach: der König »befragt« Jahwe und wartet auf das Orakel. Aber der über der Lade thronende K.sgott Jahwe steht nicht mehr im Zentrum. David führt die K.e Jahwes (1Sam 18, 17). Die Lade ist zu einem Kultgegenstand geworden (2Sam 6), der freilich mit den archaischen K.straditionen verbunden bleibt (Ps 24, 7ff). Jahwe wirkt durch den König (2Sam 8, 14). In der Ära → Salomos und seiner Nachfolger in Nord und Süd nimmt die Säkularisierung der hl. Ordnung ständig zu. Garnisonen (→ Megiddo) und Streitwagenabteilungen stabilisieren die militärischen Funktionen (1Kön 10, 26). Festungen werden errichtet (2Chr 11, 5ff; 26, 9ff). Strategische Weisheit gilt als rühmenswerte Gabe (Spr 20, 18; 24, 6). Israel wird hineingezogen in das altorientalische Militärwesen und die politischen Machenschaften der Koalitionen und Bündnisse (Jes 18, 1ff; 30, 1ff; 31, 1f).

3. Hüter und Repräsentanten der archaischen Ordnung des hl. K.es sind in der Königszeit die → *Propheten* (: II). Der Gottesspruch, den die Heerführer einholen, wird zwar durch eine nationale Heilsideologie in den Kreisen der Hofpropheten der Wirklichkeit Jahwes entzogen, doch treten auch einzelne Männer auf, in deren Botschaft die machtvolle Gegenwart Jahwes akut wird (1Kön 22). → Elia trägt den Ehrennamen »Wagen Israels und seine Gespanne« (2Kön 2, 12). Er repräsentiert das ganze Machtpotential Jahwes. Eine besondere Ausprägung gewinnen die alten Ordnungen in der Botschaft → Jesajas. Dem König → Ahas wird in gefahrvoller Stunde die Schutzmacht des hl. K.es angeboten (Jes 7). Der Ruf des Propheten zum Glauben und zum furchtlosen Stillesein (Jes 7, 4. 9; 30, 15) rekurriert auf das ausschließliche Gotteshandeln, wie es einst den hl. K. durchwaltete (Jes 31, 4). – Spiritualisierung in den Psalmen (Ps 44; 60 u.ö.) und Sprüche wie Sach 4, 6 sind ein Nachklang der alten Ordnung und ihrer Voraussetzungen.

4. Die Vorstellungen von einem letzten kriegerischen Handeln Jahwes durchdringen die *eschatologische Botschaft* der Propheten (→ Eschatologie: II, 3). Es kommt ein Tag, an dem die kriegerische Macht Jahwes über die Heiden hereinbricht. Dann wird aller stolzen Weltmacht ein Ende gesetzt (Ez 30). Die Könige und Völker der Erde rotten sich zusammen; doch Jahwe mustert sein K.sheer und macht dem »Hochmut der Stolzen und dem Übermut der Tyrannen« ein Ende (Jes 13). Der »Schlachttag« Jahwes bricht über die Völker herein (Jes 34; Zeph 1, 7ff), tötet die Heiden und bringt Israel das letzte Heil.

F. Schwally, Semitische Kriegsaltertümer, 1901 – W. Caspary, Was stand im Buche der K.e Jahwes? (ZWTh 54, 1912, 110-158) – A. Bertholet, AT u. K.sfrömmigkeit, 1917 – R. Press, Das Ordal im alten Israel (ZAW 51, 1933, 121-140. 227-255) – H. Frederiksson, Jahve als K.er, 1945 – G.v. Rad, Der hl. K. im alten Israel, (1951) 1958³ – H. Kruse, Ethos Victoriae in Vetere Testamento, 1951.

H.-J. Kraus

III. Im NT

Antikes Judentum und Urchristentum sind darin verbunden, daß man vom hl. K. Gottes gegen die Mächte des Bösen weiß und diesen Kampf als endgültiges Gericht, dh als ein Rechtschaffen und Friedebringen hier auf Erden versteht. Ergreift in dieser Auseinandersetzung der Satan die Macht, so ist dies Zwischenspiel Verführung und Zerstörung, die dem Endziel eingeordnet werden. – Nach dem NT sind K. und Sieg Gottes ausschließlich und endgültig an die Sendung Jesu gebunden (Mk 3, 24-27 par; Lk 10, 18; Joh 16, 33f). Ähnlich sind für Paulus Kreuz und Erhöhung Jesu die eschatologischen Ereignisse, die Versöhnung, Entmächtigung der Gewalten und Herrschaft Gottes zur Folge haben (Röm 8, 37ff; Kol 2, 15; vgl. Eph 1, 20-23). Im Glauben an die Sendung Jesu tritt der Christ in den ihm vorgeschriebenen Kampf und führt ihn zeit seines Lebens durch (1Thess 5, 8; Röm 13, 12; vgl. Eph 6, 10-17). Wie radikal dieser hl. K. das Leben des Christen in Beschlag nimmt, zeigt sich in der paulinischen Anthropologie (Gal 5, 13-26). Die Ereignisse der Endzeit, wie sie in der → Johannesapokalypse geschildert werden (12, 7ff; 16, 14. 16; 19, 11ff; 20, 7ff), spiegeln historische Begebenheiten wider und laufen doch auf ein Ziel zu, das alle Vergangenheit überbietet. Dieser mythisch gedachte, aber konkret in die Geschichte der Menschen eingreifende K. Gottes hat seine eigenen Gesetze und Möglichkeiten. Trotz aller Analogien zur Erfahrung wird menschliche Berechnung und Überlegung zuschanden, wie vor allem am Weg Jesu zum Kreuz sichtbar wird. – In der Sendung Jesu liegt eine klare Absage an den Zelotismus und eine Warnung vor dem kommenden Unheil, das auf Jerusalem zukommt (Mk 13, 1-2; Lk 13, 34; 23, 28-31). Die Möglichkeit eines hl. K.es im Sinne der apokalyptischen Tradition ist bei Jesus nicht gegeben. Man hat sich auch später nicht in die Aufstände hineinziehen lassen, sondern ihre Führer und Folgen abgelehnt (Mk 13, 14-23). K.e und K.sgerüchte erscheinen als eschatologische Plagen und messianische Wehen, die die Ordnung der Welt auflösen (Mk 13, 7ff; Apk 6, 1ff). Die Zerstörung Jerusalems gilt als Strafgericht Gottes, die Not des jüdischen Volkes als Erfüllung der Weissagung (Lk 21, 24; Mt 22, 7).

A. Fridrichsen, Krig och Fred i Nya Testamentet (UUÅ 1940, 3) – R. Meyer, Der Prophet aus Galiläa, 1940 – S.G.F. Brandon, The Fall of Jerusalem and the Christian Church, 1951 – W. Bienert, K., K.sdienst u. K.sdienstverweigerung, 1952 – O. Betz, Jesu hl. K. (NovTest 2, 1957, 116-137) – J. Leipoldt, Das Bild vom K. in der griech. Welt (Festg. f. E. Fascher, 1958, 16-30) – ThW VI, 501ff.

O. Michel

IV. Krieg und Christentum

1. Geschichtlich: a) Alte Kirche bis Konstantin – b) MA – c) Reformation und Täufertum – 2. Grundsätzlich: a) Die Sendung der Kirche in die Welt – b) Die Entscheidung des christlichen Pazifismus – c) Die Entscheidung für die Teilnahme an der Verwaltung der Macht – d) Die Frage des »gerechten K.es« – e) Das K.sproblem im Atomzeitalter. – Vgl. → Atomwaffen, → Friedensbewegung, → Kriegsdienstverweigerung, → Wehrpflicht und Kriegsdienst

1. a) Die eschatologische Naherwartung (→ Eschatologie: IV), die Einflußlosigkeit der Christen auf das politische und soziale Leben, das Fehlen von Wehrpflicht und damit die Möglichkeit praktischer Distanzierung ersparten der Kirche in den ersten Jh.en eine eingehende Reflexion über K. und K.sdienst. Die Erwähnungen des Problems sind spärlich, die Reaktionen uneinheitlich, die Begründungen mannigfaltig. Die Vorstellung vom frühen Christentum als einer klassischen Zeit der Kirche, in der diese jede Beteiligung an Töten, K. und Militär geschlossen abgelehnt habe und die durch die konstantinische Wendung abgeschlossen worden sei, ist eine Legende. Diese Wendung war vielmehr dadurch ermöglicht, daß schon bisher kein Consensus bestanden hatte und die theologische Besinnung ungenügend gewesen war. Die Fremdlingschaft des Christen und seine soldatische Unterstellung unter den Befehl Christi (militia

Christi, → Sakrament als Fahneneid) wurden noch in ganzer ursprünglicher Schärfe empfunden. Von daher, nicht so sehr vom Problem der Gewalt und des Tötens her entstand die Zurückhaltung gegen das Militär, die es zunächst als undenkbar erscheinen ließ, daß ein Christ freiwillig Soldat würde (Can. Hippolyt 14, 74), und als problematisch, wenn er es nach der Taufe blieb. Von Anfang an hat es, wie die nt. Soldatengestalten zeigen, Christen im Heere gegeben. Seit dem 3.Jh. nahmen sie so stark zu, daß schließlich das Christentum mit der ausgesprochenen Soldatenreligion des → Mithras-Kultes in Konkurrenz trat und die letzte → Christenverfolgung unter → Diokletian als Säuberung im Heer begann. - Der Mordcharakter des K.es wurde ausgesprochen (→ Tatian, Or. ad Graecos 19; → Justin, Dial. 110, 3; → Cyprian, Ad Donat. 6), ebenso die Unangemessenheit des Tötens für den Christen (bes. Can. Hipp. 13, 14: Exkommunikation für jedes Blutvergießen; so auch noch → Basilius d.Gr., Brief Nr. 188). Aber kriegerische Aktionen richteten sich vor allem gegen die äußeren, barbarischen Feinde des Reiches, und ein Weltbestand ohne K. ebenso wie ein Recht ohne Todesstrafe lag außerhalb aller Vorstellung. So ist verständlich, daß die den K.sdienst der Christen am schroffsten verneinenden Schriftsteller dies nicht mit einer grundsätzlichen Verwerfung des K.es, sondern mit einer Art Arbeitsteilung begründen: → Tertullian lehnt rigoristisch den Soldatendienst ab, erkennt aber die Schutz- und Ordnungsaufgabe des Reiches an, weshalb die Gemeinde für das kaiserliche Heer betet. → Origenes betont in seiner Argumentation gegen → Celsus noch mehr die Sonderaufgabe der Christen als »Priester und Diener Gottes« (C.Cels. VIII, 73ff) in der Gesellschaft; da für ihn nur der Asket der wahre Christ ist, bahnt sich hier die spätere ständische Lösung der Spannung zwischen Christsein und K.sdienst an: Kleriker und Mönche bleiben von diesem bes. welthaften Tun getrennt. Nur als utopische Vision tritt die Möglichkeit ins Blickfeld, durch Ausbreitung des christlichen Glaubens könnten K. und Militär überhaupt hinfallen (ebd 69f).

b) Seit → Konstantin fühlt sich die Kirche für die staatliche Macht, deren göttlichen Auftrag zur Erhaltung der pax terrena sie gemäß Röm 13 immer anerkannt hatte, im gesteigerten Maße verantwortlich wie auch an ihr interessiert. In bedenklicher Eile bewegt man sich aufeinander zu: Konstantin läßt die ausgestoßenen Christen mit Rangerhöhung ins Heer zurückkehren, die Kirche belegt auf dem Konzil zu → Arles (314) jeden Deserteur (also auch den aus Gewissensgründen) mit dem Bann, → Athanasius (Ep. ad Amunem) und → Ambrosius (De off. I, 129) loben den Kampf für das Vaterland, und 416 bestimmt ein Erlaß Theodosius II., daß nur noch Christen in die Armee aufgenommen werden dürfen. Im byzantinischen Bereich erhielt sich stärker das Bewußtsein der Unverträglichkeit von Christsein und K.ertum, im abendländischen Bereich aber setzten sich röm. Staatsdenken und germanische Kampfesfreude so in der Kirche durch, daß auch die beiden Restbestände der Antithese in Gefahr gerieten: Die Nichtbeteiligung der Kleriker am K. mußte durch kirchliche Verfügungen immer neu sichergestellt werden, und die Erkenntnis, daß für das Evangelium nur geistliche Waffen eingesetzt werden dürfen (Mt 26, 52f; Joh 19, 11), die das Christentum wesentlich vom Judentum und Islam unterscheidet, wurde durchkreuzt von der Aufforderung an den → Staat (: III), mit seinen Waffen die Kirche zu schützen und Heidentum und Ketzerei zu bekämpfen (zuerst → Firmicus Maternus).

Bei → Augustin findet sich das Bewußtsein der Spannung ebenso wie das Bestreben, den K.sdienst christlich zu legitimieren und die staatlichen Waffen für die Kirche nutzbar zu machen. Er hielt darum auch normierende Bestimmungen für dringlich. Dazu griff er die vom röm. Staatsdenken (Cicero, De offic. 1, 11, 34ff; De re publ. 3, 23, 35) dargebotene, von Origenes (C.Cels. IV, 82; VIII, 73) schon flüchtig berührte Unterscheidung von gerechtem und ungerechtem K.e auf (De civ. 19, 7). Ihrer Ausarbeitung galt die Arbeit der K.sethik des MA. Innerhalb der Zwei-Schwerter-Theorie konnte es sich nicht mehr darum handeln, christliche K.sbeteiligung grundsätzlich in Frage zu stellen, sondern nur darum, diese pädagogisch, seelsorgerlich und rechtlich zu regulieren. Dem dienten die mittelalterlichen Friedensbewegungen (→ Gottesfrieden, Landfrieden; → Friede, 3) ebenso wie die Bildung eines ritterlichen Ethos und die theologisch-rechtlichen Festlegungen: Der K. muß eine Handlung der legitimen Regierung sein, sein Grund Verletzung oder Bedrohung der Rechtsordnung, sein Ziel deren Wiederherstellung, also der Friede des Rechtes (legitima potestas, causa iusta, pax). Daß zur causa iusta auch Heiden- und Ketzerbekämpfung (→ Kreuzzüge) gehören können, zeigt, daß auch ein Angriffs-, erst recht natürlich ein Präventiv-K. gerechter K. sein kann. Daß aber der Kampf Frieden zum Ziel haben muß, war von Augustin eingeschärft worden (De civ. 15, 4; 19, 12ff): Der K. muß ein durch die Rechtspflicht gebotenes, nicht von Rache, Haß und Ehrgeiz gewünschtes Werk sein und darf nicht die Vernichtung des Gegners, sondern nur dessen Einbeziehung in die Rechtsordnung beabsichtigen (recta intentio). Die Spätscholastiker des 16.Jh.s (→ Franz von Vitoria, → Suarez, → Molina) ergänzten das unter dem Bedürfnis der Praxis durch die Forderung des debitus modus und der Übel-Abwägung wie durch den Gesichtspunkt des Genügens der subjektiven Probabilität. Innerhalb dieses Rahmens konnte K.sdienst zur Untertanenpflicht gemacht, den Gefallenen Sündenablaß, ja Märtyrerkronen verheißen und K.spflicht im kirchlichen Interesse eingeschärft, zugleich aber auch an der Eindämmung der K.slust gearbeitet werden. In dieser Bahn hält sich die offizielle kath. → Moraltheologie bis heute.

c) Die Reformatoren haben im wesentlichen die Tradition übernommen, ihre kasuistischen Subtilitäten auf die Verteidigungsfrage reduziert und eine neue Begründung in der → Zwei-Reiche-Lehre geschaffen. → Luther konnte mit der Unterscheidung von Amt und Person den Ruf Jesu zu gewaltloser Liebe für das individuelle Leben verpflichtend machen, zugleich aber für die Teilnahme am öffentlichen Leben mit dessen unvermeidlichem Gewaltgebrauch ein getröstetes Gewissen geben, da der Christ mit beiderlei Handeln an der doppelten Weltregierung Gottes des Erlösers und des Erhalters mitarbeitet. Nach 1527 urteilt er auch hinsichtlich der Inanspruchnahme legitimer Gewalt für das eigene Interesse positiver als früher. Daß der Gewaltgebrauch im obrigkeitlichen Amte zum göttlichen Auftrage gehöre und darum, wie der Titel seiner Schrift von 1526 sagt, »K.sleute auch in seligem Stande sein können«, hat er durchgehend vertreten, bes. scharf gegen die pazifistischen → Täufer-Gruppen, darum die Fürsten zu energischem Vorgehen im → Bauernkrieg ebenso aufgefordert wie zum Kampf gegen die Türken. Dabei fehlt ebensowenig die Mahnung, das Gelingen Gott anheimzustellen, wie die Warnung vor Gewaltanwendung im Dienste des Evangeliums, also die Verwerfung des Kreuzzugsgedankens. Die neue waffentechnische Entwicklung schien Luther vom Teufel zu stammen. Vor Teilnahme an offensichtlich unrechtem K.e warnte er, für Zweifelsfälle empfahl er, dem Gehorsam gegen die Obrigkeit den Vorzug zu geben; für Waffengebrauch gegen die Obrigkeit sah er keine Rechtfertigungsmöglichkeit. Die CA kommt als einzige luth. Bekenntnisschrift darauf zu sprechen (XVI: liceat...iure bellare; entspr. AC XVI, übers. von J. Jonas: »K. um gemeines Friedens willen«). → Calvin (Inst. IV, 20, 10ff) stimmt damit überein (ausführlich diskutiert bei → Amesius in seiner Ethik »De conscientia«). Dies haben täuferische Gruppen in Nachfolge mittelalterlicher Sekten (bes. → Waldenser) als unzulässigen Kompromiß empfunden und einen christlichen Pazifismus entwickelt, der im Zeugnis der Überwindung des Bösen durch Liebe den eigentlichen Beitrag der Christen zum öffentlichen Leben erblickt und das obrigkeitliche Schwertamt nur den Nicht-Gläubigen zuweist: so H. → Denk, P. → Marbeck, → Menno Simons, J. → Huter und die von ihnen beeinflußten Gemeinschaften der → Mennoniten und Hutteriten (positiver B. → Hubmaier und M. → Hoffmann), ebenso S. → Franck (»K.sbüchlein des Friedens«, 1539), Mystiker wie V. → Weigel und Chr. → Hoburg, schließlich die → Quäker und später entstandene Gruppen, die heute als »historische Friedenskirchen« zusammengefaßt werden (→ Friedensbewegung, 1). Die von ihnen wie von den beiden Welt-K.en ausgehende Beunruhigung ließen die → Ökumenische Bewegung 1948 in Amsterdam feststellen: »Der K. ist wider Gottes Willen« und in Evanston 1954 christlichen Pazifismus und christliche Teilnahme an militärischer Rüstung als zwei Wege mit der gleichen Aufgabe, dem Frieden zu dienen, nebeneinander sehen.

2. a) Christliches Denken wird an die K.sfrage nur von der Reich-Gottes-Botschaft her recht herangehen. Werden dabei die nt. Weisungen (→ Bergpredigt) als Buchstabengesetz mißverstanden, dann wird ihre Durchführbarkeit nicht nur von der unablässigen geschichtlichen Veränderung der Wirklichkeit her in Frage gestellt, sondern ebenso die lebenserhaltende Funktion von Recht und Gewalt und Vorsorge, der der Wortlaut der Weisungen Jesu nicht Rechnung zu tragen scheint. Die Aufspaltung des Willens Gottes in ein naturrechtliches Interessengebot und ein dieses überhöhendes Liebesgebot (kath.) oder in ein Gebot des Erhalters und ein Gebot des Erlösers (luth.) und der Widerstreit zwischen diesen beiden, der vom Jünger Jesu den unmöglichen Dienst unter zwei verschiedenen Herrn verlangt, ist dann unvermeidlich. Es kommt deshalb darauf an, die nt. Weisungen als verheißende Anzeigen der neuen Möglichkeiten und der mit ihnen gegebenen Freiheit vom Zwange der alten Regeln und Forderungen der alten Welt zu verstehen. Der Jünger, der das Neue in das Alte hineintragen soll, untersteht nicht zwei verschiedenen Geboten, wohl aber der Spannung zwischen dem Neuen, das er zu bezeugen hat, und den Lebensbedingungen der noch bestehenden alten Welt, in der er sein Zeugnis leben soll. Das Zeugnis hat also nicht chiliastischen, sondern bekenntnishaft-demonstrativen Sinn.

b) Im Unterschied zu den Großkirchen beschränken die »historischen Friedenskirchen« im Interesse der Reinheit des Zeugnisses vom Neuen das gesellschaftliche Mitleben der Christen auf diejenigen Bereiche und Berufe, die von der Gewaltanwendung möglichst distanziert sind. Die besondere Aufgabe der Christen macht die Teilnahme an der Verwaltung der Gewaltmittel im Dienste des Rechtes gegen das Böse unmöglich; diese wird, ohne verworfen zu werden, denen überlassen, die nicht durch den Glauben unter den neuen Auftrag geraten sind. Die frühchristliche Arbeitsteilung, in der unvorstellbar war, daß der Kaiser Christ sein könnte (Tertullian, Apol. 21. 30ff), wird zu einer prinzipiellen erhoben. Diese Entscheidung erinnert nachdrücklich an den besonderen Auftrag der Christen und warnt vor der Angleichung an das Gewaltwesen der Welt. Ihr ernster Mangel ist der Verzicht darauf, in alle Lebensgebiete hineinzugehen und sie dadurch der Herrschaft Christi zu unterstellen. Außerdem läßt sie vergessen, daß die Gewalt als allenthalben präsente ultima ratio des Rechts das Zusammenleben der Menschen erhält, und daß damit jedes Glied der Gesellschaft an ihr indirekt, in Genuß und Ausübung, beteiligt ist.

c) *Die andere Entscheidung* für die Teilnahme an den Staatsämtern einschließlich Politik und Recht setzt voraus, daß Gewalt und Liebe nicht unvereinbar sind: Liebe gehört zum Subjekt, Gewalt zur Methode des Tuns, weshalb Gewaltlosigkeit noch keineswegs mit Liebe identisch ist. Sie macht ernst mit der Notwendigkeit, das Recht auch mit physischer Gewalt durchzusetzen, und bekennt sich zu der daraus resultierenden Verantwortung. Damit sind aber äußerst weitgehende Konsequenzen impliziert: Zwangsgewalt zerstört Unmittelbarkeit, bricht anderen Willen, stellt Eigensucht in Rechnung statt sie zu überwinden; mit ihr nimmt also Liebe eine paradoxe Gestalt an, bedient sich einer Methode, die bestenfalls ihr opus alienum sein kann. Das Zeugnis des Christen droht hier, indem es die Bedingungen des alten Äon verantwortlich übernimmt, mehr von dessen Unüberwundenheit als von seinem Überwundensein zu zeugen. Außerdem scheint es auf diesem Wege keine mögliche Grenze der Beteiligung zu geben: Ohne Beachtung der → Eigengesetzlichkeit, dh der Sachlogik und des Eigengewichtes der politischen Faktoren kann hier nicht verantwortlich mitgespielt und Gutes zuwege gebracht werden; das Recht muß an physischer Gewalt wie an Klugheit stärker sein als das Unrecht. – Die Konsequenzen dieser Entscheidung zeigt eben der Testfall des K.es. Er charakterisiert am deutlichsten die Welt, in die hinein die Sendung erfolgt. Theologische Ethik muß deshalb jeder Beschönigung der grauenvollen Wirklichkeit des K.es, in der alle Gebote Gottes verraten werden, absagen und kann weder seine Unentbehrlichkeit noch seine Unvermeidbarkeit behaupten.

d) Da wir die Welt nur als eine immer wieder mit K. beschäftigte kennen und ebenso die Wurzel des K.es im K.e des Menschen gegen Gott, darum kann Beteiligung an der staatlichen Verwaltung der Gewalt nicht anders geschehen als in der Bereitschaft, notfalls den → Staat (: IV) auch gegen Angriff von außen zu behaupten, also in der Bereitschaft zum K.e. Die Argumentation mit der Berufung auf die Notwendigkeit der Polizei zeigt an, daß der K. christlich eine Berechtigung nur vom Dienst am Recht her bekommen kann. Insofern ist der Begriff des *»gerechten K.es«* ein integrierender Bestandteil der christlichen K.sethik. Ihr unverzichtbarer Kern besagt subjektiv, daß jeder seine Teilnahme am Waffengang in jedem Falle vor seinem göttlichen Herrn verantworten muß. Objektiv besagt jener Begriff, daß K. und K.sdienst christlich nur als Handlung im Dienste der Erhaltung oder Wiederherstellung der lebensnotwendigen Rechtsordnung vertreten werden kann (was übrigens das Vorhandensein zweier gegensätzlicher Rechtsinteressen nicht ausschließt).

Faktisch blieben aber die mit dem Begriff des gerechten K.es entwickelten Anforderungen historisch unwirksam, sofern man sich nicht auf die nichtgeführten K.e berufen will; sehr wenige der seit Konstantin geführten K.e haben ihnen auch nur entfernt entsprochen; sie waren mehr ein Stimulans heuchlerischer Propaganda als ernster Selbstprüfung. Der K. erwies sich immer wieder als von Natur total und kaum zu bändigen. Schon daran zeigt sich: Mit der Bejahung der Polizei ist die des K.es nicht ohne weiteres schon gegeben, sondern kann von da aus gerade in Frage gestellt werden. Die hier vorliegende Zäsur ist oft übersehen worden. Wie sehr auch der Polizeidienst pervertieren kann, so sehr steht bei ihm erst am Ende, was beim K.e am Anfang steht: Töten nicht als ultima, sondern als prima ratio, nur geringe Möglichkeit der Unterscheidung von Schuldigen und Unschuldigen bzw. von Kombattanten und Nonkombattanten, Ermanglung eines allseitig anerkannten Rechtes und Gerichts, darum eigenmächtiger Griff nach der nur dem Recht zustehenden Waffe, letztlich also nicht Appell an das Recht, sondern an die nun allein entscheidende Gewalt. Verzichtet man aber auf die Analogie mit der Polizeiaktion, so nimmt man den K. als historische Notwendigkeit, als sinnvolles Kampfgesetz der Geschichte, das nicht geflohen, sondern bestanden werden muß (so P. → Althaus, E. → Hirsch, aber schon Adam → Müller und → Hegel). Damit ist aber die → Ethik durch Geschichtsphilosophie ersetzt, für den einzelnen kann sich daraus nur bedenkenloses Mitmachen der K.e seines Staates ergeben, da die Rechtskriterien prinzipiell nicht mehr in Frage kommen. Gerade die christliche Frage, wieweit es zum innerweltlichen Dienst und Zeugnis der Friedensboten Christi gehören könnte, bleibt unbeantwortet oder ist eigentlich schon negativ beantwortet.

Hat man sich dafür entschieden, daß die Teilnahme an der Machtverwaltung christlicher Gehorsam sein kann, so muß man sich klarmachen, daß die Konsequenzen daraus nicht automatisch abrollen dürfen, wohl aber, daß in der Grundentscheidung für das opus alienum der staatlichen Gewaltandrohung und -anwendung (5. Barmer These; → Barmen, 2) auch die Wendung nach außen mitenthalten ist und bei aller Erkenntnis der bedenklichen Unterschiede zwischen Polizei und K. nicht mehr grundsätzlich verweigert werden kann. Die Kriterien der causa iusta, des debitus modus, der recta intentio und der Güterabwägung werden dabei für die Selbstprüfung größtes Gewicht erhalten; der Gedanke des Rechtes wird zur Unterstützung aller Humanisierungsbestrebungen, zur Förderung internationaler Übereinkünfte und Souveränitätseinschränkungen zugunsten überstaatlicher Instanzen (Schiedsgericht, kollektive Friedenssicherung) entgegen der internationalen Anarchie (→ Völkerrecht) antreiben. Luthers Unterscheidung von Amt und Person meint in dieser Hinsicht die nötige Freiheit von Angst um das eigene Leben im Vollzuge der Verantwortung, die Notwendigkeit innerster Absage an die Gewalt im eigenen Interesse wie an den Glauben an Gewalt überhaupt: Gewalt, erst recht kriegerische Gewalt kann dem Zeugen Christi nie im Dienste der eigenen Person stehen, sondern höchstens im Dienste des ihm anvertrauten Lebens. Hierbei ist der Gewaltanwendung der Platz der *ultima* ratio angewiesen, wodurch zB der Präventiv-K. noch bes. fragwürdig wird.

e) Das Bisherige hatte nur das traditionelle K.sproblem im Auge. Die Veränderungen des K.es im 20.Jh., bes. die neuen (und künftigen) atomaren, bakteriologischen und chemischen Kriegsmittel (»ABC-Waffen«, → Atomwaffen), die von ihnen erzwungene K.sführung und die durch sie gegebene Verewigung der K.sfolgen (Mutationen) sind so groß, daß mit »ihnen antiquiert ist, was 6000 Jahre lang ›Krieg‹ geheißen hat« (C.F.v.Weizsäcker). Eine genaue und schonungslose Analyse ergibt, daß – und dies ist die entscheidendste Folge für die Ethik – der Atom-K. nicht mehr unter den K., der mögliches Mittel der Rechtswahrung war, subsumiert werden kann. Er hat keine Chancen mehr, bellum iustum zu sein, sondern nur mehr entfesselte Vernichtungsaktion, die die gegnerische, aber schließlich auch die eigene Bevölkerung als Liquidationsmaterial behandelt, mit dem kollektiven Mord auch den kollektiven Selbstmord einkalkuliert und auch unbeteiligte Völker in die Verwüstung einbezieht. Der Atom-K. ist nicht mehr wie der frühere K. die mögliche Handlung eines identischen Rechtssubjekts als Mittel für einen erstrebten Effekt, sondern wird vom ersten Tag an selber das Subjekt sein, das die bisherigen Subjekte zu Objekten macht und gänzlich verändert. Die gegenwärtige Situation verhüllt diesen Tatbestand, weil in ihr die Rüstung noch in traditioneller Weise zur Abschreckung gebraucht wird, wobei freilich die Neuheit schon in der lähmenden Wirkung des gegenseitigen sog. »Atompatt« präsent ist. Die in der Ost-West-Spannung umstrittenen Rechtsgüter (westliche Demokratie und östlicher Sozialismus) können durch die neuen K.smittel nur so lange noch einigermaßen geschützt werden, als diese nicht im Ernstfall angewendet werden. Dieser Schutz ist aber selbst außerordentlich fragwürdig, weil sich durch die nur schwer mehr zu verhindernde »Atomanarchie« (dh Ausrüstung zahlreicher Staaten mit den neuen Vernichtungsmitteln) der Zustand ins gänzlich Unberechenbare verschiebt und weil die Drohung selbst rechtzerstörerische Rückwirkungen auf Gefüge und Geist der mit diesen Vernichtungsmethoden sich schützenden Staaten hat. Man wird nicht sagen können, daß damit der ganze bisherige Weg als falsch enthüllt ist, wohl aber ist die latent immer vorhandene, bisher nur mühsam gebändigte Totalität und damit innere Rechtlosigkeit des K.es manifest geworden. Die heutige Perfektion der Waffe hat das Recht der ihm gemäßen, für seine Durchsetzung tauglichen Waffe beraubt; es hat nur noch eine Waffe, deren Anwendung es selbst nicht überlebt und mit der zu drohen es selbst zersetzt.

Die *Kirche* hat in dieser Situation folgende *Aufgabe:* 1. Klare Sicht der Lage gewinnen und verbreiten; jede Verharmlosung, wie sie schon in der unveränderten Verwendung der äquivoken Begriffe »Waffe«, »K.«, »Gewaltmittel«, »Abschreckung« geschieht, muß bekämpft werden. – 2. Klare Kennzeichnung der neuen Vernichtungsmittel und -methoden als nicht unter die sittlich legitimen Mittel staatlicher Gewaltandrohung und -anwendung fallend. – 3. Verbreitung der Vernunfterkenntnis, daß im Zeitalter der neuen »Waffen« der K. kein Mittel zum Überleben mehr ist und der Friede nicht nur erstrebenswert, sondern schlechthin nötig ist; denn die Präsenz der Formel macht auch im Falle einer Abschaffung und Ächtung der ABC-Waffen den Rückgriff auf den sog. konventionellen K. unmöglich. – 4. Forderung an die Staatsmänner, die Suche nach dem Ausweg aus dem gegenwärtigen Zustand der Ohnmacht des Rechts als die primäre Aufgabe vor allen anderen anzugreifen. – 5. Durchkreuzen und Nicht-Respektieren der Verabsolutierung der ideologischen Gegensätze, die K. und Frieden im 20.Jh. zu Phasen eines Bürger-K.s zwischen politischen Religionen verwandeln (»kalter K.«). – 6. Absage an die überkommene Hochschätzung der Gewalt und Beschönigung des K.es, Unterstützung jeder Bereitschaft zum Verzicht auf die Vernichtungsmittel. – 7. Neue Besinnung auf Strenge und Verheißung des christlichen Sendungsauftrags, Erkenntnis seiner Unvereinbarkeit mit dem entfesselten K., damit neues Verständnis für die Verheißung, die der gewaltlosen Macht der Liebe und des Opfers gegeben ist, auch für die Erhaltung und Neugewinnung des Rechtes. In der neuen Lage konvergieren die bisher divergierenden Wege der beiden christlichen Grundentscheidungen, und die Erfahrungen der Gruppen des christlichen Pazifismus werden auch für die Großkirchen fruchtbar.

Vgl. die Lit. zu → Atomwaffen u. → Friedensbewegung. Ferner zu 1a: A.Harnack, Militia Christi, 1905 – H.Windisch, Der messianische K. u. das Urchristentum, 1909 – C.H.Cadoux, The Early Christian Attitude to War, (1919) 1925² – R.H.Bainton, The Early Church and War (HThR 39, 1946, 189–212) – H.v.Campenhausen,

Der K.sdienst des Christen in der Kirche des Altertums (Offener Horizont, Festschr. f. K.Jaspers, 1953, 255-264) - H.KARPP, Die Stellung der Alten Kirche zu K.sdienst u. K. (EvTh 17, 1957, 496-515) - B. SCHÖPF, Das Tötungsrecht bei den frühchristl. Schriftstellern, 1958. - Zu 1b: A.VANDERPOL, La doctrine scolastique du droit de guerre, 1919 - J.BOURGEOT, Augustins Philosophie des Friedens u. des K.es, 1926 - H.FUCHS, Augustin u. der antike Friedensgedanke, 1926 - H.GMÜT, Thomas v. Aquino u. der K., 1933 - C.ERDMANN, Die Entstehung des Kreuzzugsgedankens, 1935 - H.KIPP, Moderne Probleme des K.srechtes in der Spätscholastik, 1935. - Zu 1c: M.HIRST, The Quakers in Peace and War, 1923 - I.HORSCH, The Principle of Non-Resistance as held by the Mennonite Church, 1927 - HOLL III, 147ff. 302ff - ELERT, ML II, 366ff - H.LAMPARTER, Luthers Stellung zum Türken-K. (FGLP 9, 4), 1940 - DERS., K. u. Frieden im Urteil Luthers (Christl. Stimmen zur Wehrdienstfrage, hg.v. W.JENTSCH, 1952, 85-103) - H.STEGEMANN, Der K., sein Wesen u. seine Wandlung, 1940 - F.C. SELL, Der K. u. das amerik. Denken (ThR NF 16, 1949, 118-200) - H.WEHBERG, K. u. Eroberung im Wandel des Völkerrechts, 1953. - Zu 2 vgl. außer den Lehrbüchern der → Ethik von P.ALTHAUS, E. BRUNNER, K.HEIM, N.H.SØE, H.THIELICKE sowie BARTH, KD III/4 u. IV/3: O.DIBELIUS, Friede auf Erden?, (1929) 1930³ - I.G.HEERING, Der Sündenfall des Christentums, 1930 - P.ALTHAUS, Staatsgedanke u. Reich Gottes, 1931 - R.SCHLUNK, Ein Pfarrer im K.e, 1932 - H. FRICK, Die Kirchen u. der K., 1933 - H.LILJE, Der K. als geistige Leistung, 1941 - Der K. ist gegen Gottes Willen. Erklärungen der Hist. Friedenskirchen u. des Internat. Versöhnungsbundes, 1952 - W.KÜNNETH, Politik zwischen Dämon u. Gott, 1954 - G.GLOEGE, Das Friedensreich Christi (LR 4, 1954, 210-224) - G.H.C.MACGREGOR, Friede auf Erden?, 1955 - J.LASSERRE, Der K. u. das Evangelium, 1956 (Lit.) - G.ANDERS, Die Antiquiertheit des Menschen, 1957 - G.STRATENWERTH, Kann der moderne K. seine bisherige polit. Funktion noch ausüben? (ZEE 1, 1957, 193-208) - H.GOLLWITZER, Die Christen u. die Atomwaffen (ThEx NF 61), 1957 - G.HARBSMEIER, K. u. Frieden im Lichte der Königsherrschaft Christi (EvTh 18, 1958, 491-521) - K.G.STECK, Iustum bellum heute? (ebd 521-530) - Atomzeitalter, K. u. Frieden, hg.v. G.HOWE, 1959. *H.Gollwitzer*

V. Religiöse und sittliche Auswirkung der Weltkriege

1. Der 1. Welt-K. im Verständnis der Alliierten und der Mittelmächte - 2. Die Haltung der Kirchen im 1. Welt-K. - 3. Die religiösen und sittlichen Folgen des 1. Welt-K.s - 4. Der 2. Welt-K. - Vgl. → Barmen, → Bekennende Kirche, → Stuttgarter Schuldbekenntnis, → Widerstandsrecht

1. Als 1914 nach einer Friedensperiode von über 40 Jahren der K. in Europa ausbrach, wurde er in *Deutschland* zunächst als ein großes »Reinigungsfeuer« angesehen, das geeignet war, alles Weichliche und Unmännliche zu vernichten. Das deutsche Bürgertum konnte diesen K. als eine Gelegenheit begrüßen, endlich vom alten Obrigkeitsstaat zum bürgerlichen Nationalstaat zu kommen. Man erhoffte sich von seinem Ausgang das Ende des Dreiklassenwahlrechts und der Herrschaft der alten Feudalschichten. Die in der → Jugendbewegung lebendige Protesthaltung gewann im kriegerischen Idealismus der Gesinnung der Tat Gestalt. Der »Kampf als inneres Erlebnis« (E. → Jünger) konnte als Stahlbad des Charakters, als dionysisches Über-sich-hinauswachsen, als Wiedererweckung des ritterlichen Ethos in schicksalhaft-unausweichlicher Grenzsituation erfahren werden. Die deutsche Intelligenz erkannte in diesem K. die Pflicht zur Selbstbesinnung gegenüber der Überfremdung durch westlich-zivilisatorische Ideen (Th. → Mann), zur weltgeschichtlichen Auseinandersetzung zwischen »deutscher Bewegung« und westlicher Aufklärung, deutscher Freiheitsidee und rationalistisch-utilitaristischer Denkart der Angelsachsen (E. → Troeltsch). So enthielt der deutsch-englische Konflikt zugleich einen religiösen Gegensatz, indem das deutsche Luthertum für sich die Ehrlichkeit und den Idealismus in Anspruch nahm und den vom Calvinismus beherrschten Westmächten Heuchelei (cant) und händlerische Gesinnung vorwarf (so auch W. → Sombart und M. → Scheler). - Auf der *Gegenseite* stellte sich das Bild freilich ganz anders dar; für Frankreich war der K. die Auseinandersetzung der Zivilisationsidee mit dem eine seltsame Mischung von Mystik und Brutalität darstellenden deutschen Kulturgedanken, für die Angelsachsen ein fast eschatologischer Kampf gegen den preußischen Militarismus als moderne Verkörperung des Antichrist. Entsprechend verzerrte die alliierte Propaganda das Bild des deutschen Soldaten zum kulturfeindlichen »Hunnen«. Überhaupt begleitet in diesem K. die moralische Herabsetzung des Gegners die Kampfhandlungen in einem Maße, wie es bisher unbekannt war. - Für den herrschenden Idealismus war dieser K. allerdings eine starke Belastungsprobe. Während auf deutscher Seite einerseits die sittliche Beschränkung des Machtkampfes betont wurde (Troeltsch, Meinecke), sahen andere endlich den Weg frei zur deutschen Größe in der Welt (Marcks, E.Meyer). Als K.sziel erhoffte man die Auflösung des britischen Imperiums (A. → Weber) und die Bildung einer mitteleuropäischen Konföderation unter Führung Deutschlands (→ Naumann) mit der Möglichkeit deutscher Siedlung im Ostraum (E.Meyer). Sowohl in der Volksstimmung wie in der Selbstbesinnung der deutschen Intelligenz wurde eine Idealisierung der Macht, eine Heroisierung des K.es und eine Verabsolutierung des völkischen Gedankens herrschend. Freilich konnte sich auch der französische Nationalismus zu einer Mystifizierung der Nation aufschwingen, die im Vaterland den »Gott auf Erden« (H.Ghéon) sah. Mit Recht wandte sich daher der schwedische Erzbischof N. → Söderblom schon 1914 gegen den falschen Kult der »zwei Götter«, des Christengottes und des jeweiligen Nationalgottes der kriegführenden Nationen.

2. Im Sept. 1914 schickte Söderblom einen Aufruf »für Frieden und christliche Gemeinschaft« an fast alle ev. und orth. Kirchen der Welt. Dieser Aufruf forderte auf zu einem Bekenntnis zur allgemeinen Kirche, die auch im K. eins sein soll. Die Antworten, die auf diesen Aufruf eingingen, sind bezeichnend für die Einstellung der Kirchen im 1. Welt-K.: Jede Seite sieht in der anderen den allein Schuldigen an diesem K.e; die deutschen Theologen sehen in ihm einen Akt der Notwehr gegen die Einkreisung der Mittelmächte, während für die englische Kirche die Treuepflicht gegenüber Belgien nach der Verletzung der belgischen Neutralität genügender K.sgrund war. So schien ein »schier unheilbarer Riß« (Deißmann) durch die ökumenische Gemeinschaft der Kirche zu gehen. Die jeweilige nationale Solidarität erwies sich als stärker als die Einheit des Leibes Christi, oder diese wurde rein geistlich verstanden ohne jeden echten Bezug zu den realen Vorgängen der Gegenwart. Zur Rechtfertigung dieses K.es wurden in der deutschen Theologie weithin naturalistische Motive wirksam, indem er als ein notwendiges und rechtmäßiges Messen der Kräfte zwischen den Staaten verstanden (R.Seeberg, O.Baumgarten) und der absolute Unterschied zwischen individueller Privatmoral und politischem Ethos betont wurde (Troeltsch). Der französische Katholizismus sah in dem K. einen prot. Religions-K. gegen den Katholizismus, und es kam zu einer lebhaften literarischen Fehde zwischen den deutschen und den französischen Katholiken. Die Friedensappelle der Päpste Pius X. und Benedikt XV. blieben ohne Wirkung. Immerhin kam es auch schon während des K.es auf dem Boden der großen internationalen Bünde (CVJM, CSV) zu einer karitativen zwischenkirchlichen Zusammenarbeit (1914 Hilfsausschuß für Gefangenenseelsorge; 1915 Deutsche K.sgefangenenhilfe). In den Kreisen des 1914 gegründeten Weltbundes für Freundschaftsarbeit der Kirchen (→ Ökumenische Bewegung, 2) wurde schon während des K.es der Plan einer internationalen Kirchenkonferenz und eines → Völkerbundes erwogen. In den USA trat das Federal Council (→ Einigungsbestrebungen: IV, 3) zunächst für

strikte amerikanische Neutralität und Völkerversöhnung ein. Als nach der deutschen Erklärung des uneingeschränkten U-Bootkrieges (1.2.1917) die USA in den K. eintraten, wurde dieser Schritt auch von den kirchlichen Kreisen gebilligt als einziger Weg, die »Prinzipien der Gerechtigkeit und die Unverletzlichkeit des Vertrauens zwischen den Nationen zu schützen«.

3. Der Ausgang des 1. Welt-K.es war nicht nur die Beendigung der militärischen Aktionen, sondern das Ende einer jahrhundertealten europäischen Ordnung. Das K.sende bedeutet für Europa das Aufhören des Gleichgewichts der Mächte und für Deutschland den Zusammenbruch der bisherigen Führungsschichten der Monarchie und des Adels. Der Versailler Vertrag - nach einem Wort Clemenceaus ein Mittel zur Weiterführung des K.es! - enthielt keine konstruktive Idee zur Stabilisierung einer europäischen Ordnung. Er war vom Revanche-Gedanken getragen und rief diesen seinerseits wieder hervor. Die in ihm enthaltene Behauptung von der Alleinschuld Deutschlands am K.e wurde in Deutschland nie anerkannt. Bald bildete sich, vor allem in den Kreisen der Frontsoldaten, die sog. Dolchstoßlegende, dh die Behauptung eines Verrats der angeblich militäririsch intakten Front durch die Heimat. - Die infolge der im K.e hochgetriebenen Industrialisierung aller kriegführenden Länder 1929 einsetzende Wirtschaftskrise rief in den USA eine stärkere Erschütterung des optimistischen Weltbildes hervor als der K. Diese Krise und die mit ihr zusammenhängende → Arbeitslosigkeit begünstigte zusammen mit dem Ressentiment der alten Frontkämpfer gegenüber der neuen von den Siegermächten »aufoktroyierten« demokratischen Ordnung in Deutschland das Aufkommen des → Nationalsozialismus. Dieser verstand sich als Vollstrecker des Erbes der Front, der »Märtyrer eines neuen Lebensmythus, eines neuen Glaubens schlechtweg« (Rosenberg). Dadurch wurde aber die durch den 1. Welt-K. hervorgerufene geistige Erschütterung weniger überwunden als verdrängt. Diese fand künstlerisch im → Expressionismus und theologisch in der »Theologie der Krisis« (→ Dialektische Theologie) ihren Ausdruck. Die für den Kulturprotestantismus bezeichnende Synthese von Kirche und Welt, Reich Gottes und → Kultur war ebenso wie der Optimismus des → Social gospel fragwürdig geworden. - Nach dem 1. Welt-K. traten in der amerikanischen Außenpolitik die früher vorherrschenden Elemente des Wilsonschen Idealismus (»the war to end war; to make the world safe for democracy«) zugunsten der Begriffe der Sicherheit und des Gleichgewichts der Mächte zurück. Es gehört zur »Ironie der amerikanischen Geschichte« (Reinh. Niebuhr), daß im 2. Welt-K. das ideologische Moment doch wieder stärker hervortrat (vgl. Eisenhower, Crusade in Europe).

4. Angesichts des totalen NS-Staates schien es für das Gewissen seiner christlichen Bürger keinerlei richtungweisende historische Modelle des Verhaltens zu geben. Für die Zusammenarbeit mit dem Staate sprach nach Beginn des K.es bes. der Abscheu vor dem Verrat des Vaterlandes und die Bindung an den Beamten- und Fahneneid. Oft wurde auch von Gegnern des Regimes die Form der offiziellen Kollaboration gewählt, um »im Spiel« zu bleiben und dadurch das Schlimmste zu verhüten. Andere Gruppen, in denen sich Christen, Sozialisten und Liberale zusammenfanden, sahen keine andere Möglichkeit, als Widerstand zu leisten gegen ein Regime, das die Vernichtung → »lebensunwerten Lebens«, die »Endlösung« der Judenfrage und den hemmungslosen Imperialismus zum Programm gemacht hatte. Eidestreue wurde in dem Augenblick problematisch, da an die Stelle von vertrauenswürdigen Trägern staatlicher Verantwortung Funktionäre eines schrankenlosen Machtapparates traten. In dieser Situation wurde die Doppelzüngigkeit privaten und öffentlichen Verhaltens üblich. - Wie der Widerstand gegen das totalitäre Regime in Deutschland in der Kirche seinen Anfang nahm (→ Barmen, 2, → Bekennende Kirche), so war nach 1945 die Christenheit in Deutschland viel eher bereit als nach 1918, ihre Schuld an und in diesem K.e zuzugeben (→ Stuttgarter Schuldbekenntnis). Dieses Eingeständnis eröffnete den Zugang zur Gemeinschaft innerhalb der → Ökumenischen Bewegung. Daß diese Gemeinschaft nicht nur in Worten bestand, bewiesen die großzügigen Hilfsaktionen der außerdeutschen Kirchen zur Linderung der Not in Deutschland (→ Hilfswerk). - Leider blieb die innere Läuterung, die von diesem Bekenntnis ausgehen sollte, Sache nur weniger und wurde durch die Erinnerung an den Bombenkrieg, das → Flüchtlingsproblem (16 Mill. Heimatvertriebene!) und die oft schematisch durchgeführte Entnazifizierung so überdeckt, daß bald die Frage nach der »Schuld der Anderen« laut wurde. Die These von der deutschen Kollektivschuld wurde dadurch problematisch, daß die Siegermächte in den Nürnberger Prozessen Kläger und Richter zugleich waren und so der Anschein einer politischen Justiz entstehen konnte, sodann dadurch, daß die Struktur der totalen Herrschaft die Verantwortung für den Lauf der Dinge bei einigen wenigen konzentrierte. Ehe Deutschland in der Lage war, mit seiner unbewältigten Vergangenheit fertig zu werden und durch die »Gnade des Nullpunkts« zu einer echten Erneuerung zu kommen, wurde es als aktiver Partner in den zwischen Rußland und den USA aufbrechenden Ost-West-Gegensatz hineingezogen. Das hatte die »provisorische« Zerreißung in BRD und DDR zur Folge und stellte die sich über die Zonengrenze hinaus als ungetrennt wissende Kirche vor besondere Aufgaben (→ Deutschland: III).

Zu 1 u. 2: KJ - ChrW - Die Eiche, hg.v. F. Siegmund-Schultze, 1914ff (passim) - Ev. Wochenbrief, hg.v. A. Deissmann, 1915ff. - Zur dt.-franz. Kontroverse der Katholiken: L'Allemagne et les Alliés devant la conscience chrétienne, Paris 1915 - La guerre allemande et le Catholicisme, hg.v. A. Baudrillart, ebd 1915 - Der dt. K. u. der Katholizismus (Sammel-Bd), 1915 - Dt. Kultur, Katholizismus u. Welt-K., hg.v. G. Pfeilschifter, 1915. - Ferner: Dt. Theologen über den K., hg.v. W. Laible, 1915 - F. Köhler, Die dt.-prot. K.spredigt der Gegenwart (Studien z. Prakt. Theol. 7, 2), 1915 - O. Baumgarten, Politik u. Moral, 1916 - F. Meinecke, Probleme des Welt-K.s, 1917 - M. Schian, Die dt. ev. Kirche im Welt-K.e, 2 Bde, 1921/25 - E. Troeltsch, Spektator-Briefe, hg.v. H. Baron, 1924 - Ders., Dt. Geist u. Westeuropa, hg.v. H. Baron, 1925 - Geistige u. sittl. Wirkungen des K.es in Deutschland (Wirtschafts- u. Sozialgesch. des Welt-K.es, Dt. Serie), 1927 - R.H. Abrams, Preachers present arms, New York 1933 - N. Karlström, Kristna samförståndssträvanden under världskriget 1914-1918, Stockholm 1947 (Lit.). - Zu 3 u. 4: K. Barth, Die EKD nach dem Zusammenbruch des Dritten Reiches, 1945 - Ders., Zur Genesung des dt. Wesens, 1945 - H. Diem, Restauration oder Neuanfang in der Ev. Kirche?, 1946 - Ders., Kirche u. Entnazifizierung, 1946 - E. Schlink, Die Gnade in Gottes Gericht, 1946 - D. Bonhoeffer, Widerstand u. Ergebung, (1951) 1955[6] - H. Gollwitzer, Und führen wohin du nicht willst, 1951 - K.sbriefe gefallener Studenten 1939-1945, hg.v. W. u. H.W. Bähr, 1952 - R. Niebuhr, Christian Realism and Political Problems, New York 1953; dt. 1956 - Ders., The World Crisis and American Responsibility, hg.v. E.W. Lefever, ebd 1958 - Bilanz des 2. Welt-K.es (Sammel-Bd), 1953 - H.-H. Schrey, Die Generation der Entscheidung, 1955 - Die Vollmacht des Gewissens, 1956 - M. Boveri, Der Verrat im 20. Jh., 3 Bde, 1956-57 (Lit.). - Zum Problem der Kollektivschuld: H. Asmussen, Zur Schuldfrage, 1946 - K. Jaspers, Die Schuldfrage, 1946 - R. Egenter, Gemeinschuld oder Strafhaftung? (Theol. der Zeit I, 1947, 114-136; dazu M. Pfliegler in: Wort u. Wahrheit 4, 1949, 137 bis 143) - G. Schuster, Kollektivschuld (StZ 139, 1946/47, 101-117) - O. Schilling, Über Kollektivschuld (ThQ 127, 1947, 209-215) - W. Schöllgen, Schuld u. Verantwortung, 1947 - H. Thielicke-H. Diem, Die Schuld der Anderen, 1948 - N. Seelhammer, Zur Frage der Kollektivschuld (TThZ 58, 1949, 38-50) - Thielicke, ThE II/1.2

(passim). - Bibliogr.: F.AHRENS, Widerstandslit., 1948 - F.HERRE-H.AUERBACH, Bibliogr. zur Zeitgesch. u. zum 2. Welt-K. in den Jahren 1945-1950, 1955. - Vgl. die Lit. zu → Krieg: IV.

H.-H.Schrey

Krieger, 1. *Adam* (1634-66), 1655 Nikolaiorganist in Leipzig, 1658 Hoforganist in Dresden, hervorragender Meister des deutschen Sololiedes mit Instrumentalritornell. Mehrere seiner Melodien leben im ev. Kirchengesang fort (EKG 364, 259). - Vgl. → Kirchenlied: II, 4. 5.

Werke: Wenige Kantaten; Arien von 1, 2 u. 3 Vokalstimmen..., 1657 (50 Lieder); Neue Arien..., (1667) 1676² (60 Lieder, hg.v. A. HEUSS in DDT 19). - H.OSTHOFF, A.K., 1929 - MGG VII, 1785ff.

2. *Johann* (1651-1735), Bruder und Schüler von 3, seit 1681 Organist und Musikdirektor an der Johanniskirche in Zittau, Komponist bedeutender Klavier- und Orgelwerke (hg.v. M.Seiffert in DTB 18; ebd Verzeichnis seiner kirchlichen und weltlichen Vokalwerke).

MGG VII, 1799ff.

3. *Johann Philipp* (1649-1725), * in Nürnberg, † in Weißenfels, wo er nach Tätigkeit in Kopenhagen, Bayreuth, Venedig, Rom, Halle seit 1680 als Hofkapellmeister wirkte. K., einer der führenden deutschen Komponisten seiner Generation, schrieb etwa 20 Opern und über 2000 Kantaten, von denen etwa 60 erhalten sind.

Weitere Werke: Triosonaten (op. 1, 1688; op. 2, 1693), Orchestersuiten (Lustige Feldmusik, 1704), einzelne Klavier- u. Orgelwerke (hg. in DTB 18). Auswahl der Kirchenmusik u. Werkverz. v. M.SEIFFERT, DDT 53/54. - R.WAGNER, Beitr. z. Lebensgesch. J.Ph. K.s (ZfMw 8, 1925/26, 146-160) - MGG VII, 1791ff. *S.Hermelink*

Kriegsdienstverweigerung als bewußte Gewissensentscheidung gegen zwangsweise Heranziehung zum Militär wird erst aktuell, seit nach der franz. Revolution Standes- und Freiwilligenheere und vereinzelte Aushebungen durch die allgemeine → Wehrpflicht abgelöst werden. Diese gilt nach anfänglichem Widerstand schließlich als selbstverständliche Staatsbürgerpflicht, die nur einzelne, so Glieder der historischen Friedenskirchen (→ Quäker, → Mennoniten, Brüderkirchen) und einiger Sekten (→ Zeugen Jehovas, → Adventisten, → Nazarener, Tolstoianer, Duchoborzen) verweigern. Als Folge der beiden Weltkriege (→ Krieg: V) und mit der Erschütterung der überkommenen Ethik vom gerechten → Krieg (: IV, 2) durch totalen Krieg und Massenvernichtungsmittel (→ Atomwaffen) wächst zugleich mit der → Friedensbewegung die kleine Schar an Wehrdienstverweigerern (conscientious objectors) aus religiösen, ethisch-humanitären oder auch politischen und gefühlsmäßigen Gründen. Ein Teil bekennt sich zu absoluter Gewaltlosigkeit, meist wird nur die kriegerische Gewaltanwendung, vor allem der moderne Vernichtungskrieg oder nur ein Krieg in bestimmten Situationen (Angriffs-, Bruderkrieg) verworfen. Die christlichen Kriegsdienstverweigerer (= K.er) fanden sich vorwiegend im Internationalen → Versöhnungsbund zusammen, andere in der Internationale der Kriegsdienstgegner oder in älteren regionalen Friedensgesellschaften und sonstigen Gruppen, die in der BRD in einer von → Siegmund-Schultze gegründeten Zentralstelle vertreten sind. Auch die Großkirchen anerkennen heute K. als eine legitime Möglichkeit christlichen Handelns. Die Weltkirchenkonferenz in Evanston (→ Ökumenische Bewegung, 3) begrüßte die Vorschläge ihres Zentralausschusses von 1951 zum Schutz derer, die »sich zu diesem persönlichen Zeugnis für den Frieden berufen wissen«. Die EKD hat auf den Synoden in Weißensee (1950) und Elbingerode (1952) den K.ern Fürbitte und Eintreten vor den politischen Instanzen zugesagt und im Ratschlag des Rates (1955) Empfehlungen zur gesetzlichen Regelung veröffentlicht. Zurückhaltender blieb die kath. Kirche; Pius XII. hielt es in seiner Weihnachtsbotschaft 1956 für möglich, daß sich ein kath. Bürger gegenüber der Wehrpflicht nicht auf sein Gewissen berufen könne.

Obwohl sich nach der franz. Revolution neben der Wehrpflicht auch das Grundrecht der Gewissensfreiheit durchsetzte, stimmten die Gesetzgeber beides nur zögernd und nach harten Verfolgungen der K.er aufeinander ab. Nach dem Grundsatzurteil des Bundesverwaltungsgerichts vom 3.10.1958 widerspräche es rechtsstaatlichen Grundsätzen, vom K.er eine Bereitschaft zum Martyrium zu verlangen. Noch heute sind in den kommunistischen Staaten und infolge Verschleppung der Gesetzentwürfe in der Schweiz und den meisten romanisch-kath. Staaten die K.er rechtlich schutzlos. Nachdem schon die historischen Friedenskirchen aus religiöser Toleranz vereinzelt (USA, Preußen) begrenzte Erleichterungen erlangt hatten, schufen im 1. Weltkrieg die USA und dann bes. Holland, die angelsächsischen und die nordischen Staaten, vorübergehend auch die Sowjetunion neben der Wehrpflicht ein Recht zur K., das teils eng auf grundsätzliche Gewaltlosigkeit oder religiöse Gewissensbedenken abgestellt ist, teils sogar Berücksichtigung unüberwindlicher politischer Bedenken erlaubt. Nach dem vorbildlichen Art. 4 Abs. 3 GG, dessen Einschränkung durch § 25 des Wehrpflichtgesetzes (21.7. 1956) schon bei dessen Verabschiedung als verfassungswidrig gerügt wurde und dem ev. Verständnis einer Gewissensentscheidung nicht gerecht wird, darf »niemand gegen sein Gewissen zum Kriegsdienst mit der Waffe gezwungen werden«. - Bis auf geringe Ausnahmen völliger Freistellung haben anerkannte Verweigerer in allen Staaten Ersatzdienst in Form waffenlosen Militärdienstes oder Zivildienstes zu leisten, dessen sinnvolle Gestaltung als Friedensdienst eine wertvolle Alternative zum Militär werden könnte.

J.UDE, Du sollst nicht töten, 1948 - D.HAYES, Challenge of Conscience. The Story of the conscientious objectors 1939-1949, London 1949 - M.STRATMANN OP, Krieg u. Christentum heute, 1951 - P. LORSON SJ, Wehrpflicht u. christl. Gewissen, dt. 1952 - M.SIBLEY-PH.E.JACOBS, Conscription of Conscience. The American State and the conscientious objector, Ithaca/N.J. 1952 - Christl. Stimmen zur Wehrdienstfrage, hg.v. W.JENTSCH, 1952 - W.BIENERT, Krieg, Kriegsdienst u. K. nach der Botschaft des NT, 1952 - H.HECKER, Die K. im dt. u. ausländ. Recht, 1954 (Lit.) - N.KOCH, Kriegsdienst u. Friedensdienst, 1954 - W.SCHÖLLGEN, Ohne mich!... Ohne mich? Recht u. Grenzen des Pazifismus, 1954 - U.SCHEUNER, Das Recht auf K. (Der dt. Soldat in der Armee von morgen), 1954 - W.DIGNATH, Kirche, Krieg, Kriegsdienst, 1955 (Lit.) - G.MACGREGOR, Friede auf Erden?, dt. 1955 - J.LASSERRE, Der Krieg u. das Evangelium, dt. 1956 (Lit.) - Ev. Stimmen zur Frage des Wehrdienstes (Kirche im Volk 19), 1956 - Kirche u. K., Ratschlag des Rates der EKD mit Begründung u. dokument. Anhang, 1956 - G.LEDER, K. aus Gewissensgründen, 1957 (Lit.) - K.MAYR, Der andere Weg, Dokumente u. Materialien zur europ.-christl. Friedensarbeit, 1957 (Lit.) - Stenogr. Protokoll über die 159. Sitzung des 2. dt. Bundestages vom 6./7.Juli 1956 mit Reden von ARNDT u. NELLEN. - Ferner die Darstellungen der → Ethik v. BARTH, BRUNNER, KÜNNETH, SØE u. THIELICKE.

H.Simon

Kriegsgefangenenprobleme. Unter die K. sind hier nicht aufgenommen die wechselreiche historische Darstellung noch die völkerrechtlichen Bestimmungen, auch nicht etwa eine Statistik der enormen Kriegsgefangenenzahlen des 2. Weltkrieges. Hier werden nur die wesentlichen menschlichen, christlichen und seelsorgerlichen Fragen gekennzeichnet. Auch bei Einhaltung der internationalen Schutzmaßnahmen bedeutet die Kriegsgefangenschaft Entzug der Freiheit, Trennung von der Familie, von Heimat, Beruf usw. Durch die weitgehende Enthumanisierung der totalen Kriegsführung ist weithin die Kriegsgefangenschaft unter das Gesetz der Vergeltung und in das Kampffeld der Weltanschauungen bzw. Ideologien geraten. Die totale Katastrophe der NS-Kriegspolitik hatte schwere Folgen für die K. (Militärprozesse usw). Die zeitliche Ausdehnung der Kriegsgefangenschaft, die Kontraste der Existenzweise und Arbeitsanforderungen konnten und können die menschliche und seelische Situation aufs äußerste verschärfen. Die nackte Selbstbehauptung, Hunger, Verzweiflung usw können zur Auflösung der sittlichen Grundlagen führen. Es offenbart sich, was im Menschen ist und wodurch er gehalten wird. Ideologien erweisen sich als brüchig. Die Anfechtung der Gefangenen sind Probe und Entscheidung zur Heimkehr zu Gott oder Abstumpfung. Der Kriegsgefangene wird stark beeinflußt von den Bindungen an die Heimat und in der Heimat (Familie, Ehe, Kirche). Entscheidend für die Bewältigung des menschlichen und seelischen Schicksals sind der Geist der Gemeinschaft im Lager und die Frage der Begegnung mit wirklichen Christen und der christlichen Botschaft. Die Reduktion der Freiheit in der christlichen Verkündigung schneidet die wesentliche Hilfe für den Menschen ab und mehrt die Lagerpsychose. Der zweite entscheidende Faktor für die Behauptung des Humanum ist die Verbindung mit der Heimat in der unmittelbaren Beziehung zu der Familie usw oder in der karitativen Leib- und Seelsorge vom Liebesgabenpaket bis zum christlichen Zuspruch und zur kulturellen Hilfe (Rotes Kreuz, Caritas, Arbeiterwohlfahrt, Ev. Hilfswerk für Internierte und Kriegsgefangene). Trotz der großen Schwierigkeiten hat sich die Brücke der humanitären und der christlichen Liebe als ein starker Halt erwiesen. – Die K. sind mit der Heimkehr nicht erschöpft. Die riesige Zahl der unbekannt Vermißten, Verschollenen und Toten bleibt nicht nur für die Angehörigen eine offene Wunde. Die Heimkehr selbst bringt oft schwere persönliche Probleme mit sich (Ehe- und Erziehungsfragen, Fremdheitsgefühl). Bei langer Gefangenschaft versagen vielfach die physischen und psychischen Kräfte, trotz aller Hilfen einen neuen Einstieg in Beruf, Studium usw zu gewinnen. Hier ist die Zusammenarbeit der staatlichen, der kameradschaftlichen Hilfe (Heimkehrerverband) und des kirchlichen individuellen Beistandes unerläßlich.

Die Kriegsgefangenen-Lit. ist so umfangreich u. je nach dem Gewahrsamsland so unterschiedlich, daß Interessenten auf die Befragung von Bibliotheken verwiesen werden müssen. *Th.Heckel*

Kriegsrolle → Milḥamā.

Krishna (der »Schwarze«) ist, als Verkünder der → Bhagavadgîtâ, eine der volkstümlichsten Gottheiten des → Hinduismus (: I, 2f), die etwa seit Aufkommen des → Buddhismus erkennbar wird. Bereits in der Châdogya Upanishad (III, 17, 6) als Sohn Devakîs und Schüler des Ghora Ângirasa erwähnt, gewinnt K. im → Mahâbhârata deutliche, im ganzen auch für die Zukunft gültige Umrisse. Als Freund und Berater der Pândavas in einem oft mit skrupellosen Mitteln ausgefochtenen Kampf empfiehlt er, sich als → Avatâra → Vishnus offenbarend, zweckentbundene sachliche Pflichterfüllung. Zugleich tritt der jugendliche K., der Hirt, in Erscheinung, der mit dem »Bhagavat« genannten und dem alten Schöpfergott Nârâyana verschmilzt. K.s Kult geht zusammen mit dem seiner Hauptgattin Rukminî ins 6.Jh. vChr zurück, wie sich aus dem an der Südostgrenze Nepals aufgefundenen Heiligtum Rummindêi (= Rukminî Devî) entnehmen läßt. Wahrscheinlich entwickelte sich die monotheistische K.-Religion in Kshatriya-Kreisen, die die Starrheit vedisch-brahmanischer Überlieferung zu überwinden bemüht waren. Inschriften in Besnagar und Nânâghat aus dem 2.Jh. vChr bestätigen ihre Kontinuität sowohl für die Gegend von Mathurâ wie auch für Dvârakâ (Kâthiâwâd). Hinzu treten die Mitteilungen des Megasthenes über einen »Herakles«, der nur K. entsprechen kann. Die im Mahâbhârata vorgezeichnete Lebensgeschichte K.s findet später ihre oft sektarisch ausgenutzte Erweiterung, wobei das Hirtenleben in Vrindâvana bei Mathurâ im Kreise der Hirtenfrauen Mittelpunkt wird. Erst spät, etwa seit dem 7.Jh., tritt aus dem Kreis der Hirtenfrauen Râdhâ heraus, die, wenigstens für Nord- und Ostindien, Rukminî in den Hintergrund drängt. Im konfliktreichen Liebesspiel K.s mit Râdhâ sieht der Gläubige das Abbild des Liebesverhältnisses zwischen Seele und Gott (s. Jayadevas »Gîtagovinda«, 12.Jh.). Abgesehen vom Südwesten, wo K. mit Rukminî verehrt wird, hat er zahlreiche Anhänger im Norden und Osten zusammen mit Râdhâ (→ Hinduismus: I, 3b). Der himmlischen Stätte K.-Râdhâs, dem Goloka, »Welt der Kühe« (→ Kuh), als Abbild des Vrindâvana streben die Gläubigen in Gottesliebe (→ Bhakti) und völliger Hingabe (Prapatti) zu.

R.Garbe, Indien u. das Christentum, 1914 – H.Raychaudhuri, Materials for the Study of the early History of the Vaishnava sect, Calcutta 1920 – S.N.Tadpatrikar, K. Problem (Bhandarkar Oriental Institute Annals 10), 1931, 269ff – W.Ruben, K. Konkordanz u. Kommentar der Motive seines Heldenlebens, Ankara 1941 – W.Eidlitz, Die indische Gottesliebe, 1955. *H.Losch*

Kritizismus, ein von → Kant geschaffener Terminus, mit dem zugleich eine besondere Form der sich an Kant anschließenden Philosophie bezeichnet wird. a) Für *Kant* ist Kritik die Wissenschaft, die entscheidet, ob → Metaphysik möglich ist. Sie bestimmt aus einem allgemeinen Grund »Quellen, Umfang und Grenzen« dieser Vernunfterkenntnis unabhängig von aller Erfahrung, indem sie deren subjektiven Ursprung in »unserer Erkenntnisart« untersucht. Sie dient der Auflösung der → Antinomie und (im negativen Sinn von Kritik) der Abweisung unberechtigter Ansprüche der Vernunft im theoretischen und im praktischen Bereich. – Etwa seit 1790 nennt Kant K. im Unterschied von Kritik die »Maxime« (den subjektiven Grundsatz des Philosophierens), Mißtrauen in alle Sätze der Metaphysik zu setzen, bevor ihr Grund »in den wesentlichen Bedingungen unserer Erkenntnisvermögen eingesehen worden«. Der K. ist nach Dogmatismus und → Skeptizismus das letzte der 3 Stadien, welche die Philosophie durchlaufen muß, um das natürliche metaphysische Bedürfnis der Vernunft zu befriedigen. – b) → *Neukantianismus als K.:* Seit etwa 1860 ist K. eine Form philosophischer Systematik, die nicht mehr nur kritische Propädeutik der (schon von Kant destruierten) Metaphysik sein will, sondern sich als Prinzipienwissenschaft alles methodischen Wissens versteht. Seinen verschiedenen Richtungen sind 4 Momente gemeinsam: Er erkennt (im Gegensatz zum Empirismus; → Apriorismus) Prinzipien → a priori an. Er hält (gegen → Hegel) daran fest, daß diese in der Erkenntnis auf eine unableitbare Gegebenheit bezogen sind. Er verfährt bei ihrer Begründung konstruktiv (im Unterschied zur → Phänomenologie). Alle Schulen des K. sind (im Unterschied zu → Schelling und Weisse) von einer Theorie der Subjektivität ausgegangen (→ Cohen, Riehl, Windelband); doch sind in ihnen auch Systeme auf anderer Grundlage hervorgetreten (zB → Natorp).

A.Riehl, Der philos. K., 3 Bde, (1876-87) 1924-26²·³ – B.Erdmann, Die Idee von Kants Kritik d. reinen Vernunft (AAB 1917, 2) – A.Liebert, Wie ist krit. Philosophie überhaupt möglich?, (1919) 1923². *D.Henrich*

Kromayer, 1. *Hieronymus* (1610-70), * in Zeitz, war erst Dozent der Geschichte und Beredsamkeit, dann ao.

(1647) und o. (1657) Prof. der Theologie in → Leipzig und gehört zu den bekannteren, wenn auch nicht zu den hervorragendsten Vertretern der luth. → Orthodoxie (Hauptwerk: Theologia positiva polemica, 1607). Er stand bes. J.B. → Carpzov I. und Joh. → Hülsemann nahe, ging aber nur mit starker Zurückhaltung auf die Lehre von der → Unio mystica ein, die sich seit → König und → Calov im Luthertum durchsetzte. Den gegen G. → Calixt und die »Synkretisten« gerichteten, auf Grund von Vorarbeiten Hülsemanns von Daniel Heinrici verfaßten »Consensus repetitus fidei vere Lutheranae« (1655) hat er ins Deutsche übersetzt. Gelesen hat er auch über Sekten wie → Quäker, Weigelianer (→ Weigel) und → Rosenkreutzer.

W.GASS, Gesch. der prot. Dogmatik I, 1854, 330ff - O.KIRN, Die Leipziger Theol. Fakultät, 1909 - RITSCHL IV, 211 u.ö. *F.Lau*

2. *Johannes* (1576-1643), luth. Theologe, * in Döbeln. K. war 15 Jahre Pfarrer in Eisleben und wurde 1613 Hofprediger, 1627 General-Sup. in Weimar. Als nüchterner Vertreter der Orthodoxie mit Verständnis für praktische Reformen bewährte er sich als Bearbeiter der »Verbesserten (Weimarischen) Kirchenordnung« (hg. erst 1664), des »Kirchenbuchs für die Pfarrherren im Fürstentum Weimar« (1624) und als Verfasser schulreformerischer Schriften im Sinne des → Ratichius. Mit → Ernst dem Frommen geriet er in Konflikt, weil dessen Reformen ihm zu wenig die »reine Lehre« und den rechten »Glauben« betonten.

Bibliogr. bei JÖCHER II, 2171. - Über K.: RGG² III, 1324 (Lit.) - E.BROMME, Das Fürstentum Sachsen-Weimar zZ des 30jähr. Krieges (Diss. Jena), 1929 - P.KRUMBHOLZ, Gesch. des Weimarischen Schulwesens (Monumenta Germaniae Paedagogica Bd 61), 1934 - H. WOLFRUM, Die Kirchen- u. Schulvisitation 1650-52 (BThKG 4, 1939, 3-154) - R.HERRMANN, Thür. KG II, 1947 (s. Reg.). *R.Jauernig*

Kromer, *Martin* (1512-89), * in Biecz, studierte in Krakau und Bologna, wurde 1544 Sekretär des polnischen Königs, Priester und Domherr, 1557-64 polnischer Gesandter in Wien, 1569 Koadjutor des Kardinals → Hosius, 1579 dessen Nachfolger als Bischof von → Ermland. K. war ein führender Vertreter der Gegenreformation in → Polen. Außer Predigten, Katechesen, polemischen »Gesprächen eines Höflings mit einem Mönch« verfaßte er u.a. eine mehrfach aufgelegte Geschichte Polens (»De origine et rebus gestis Polonorum libri XXX«, 1555).

A.EICHHORN, Der ermländische Bischof M.K., 1868 - ST.BODNIAK, M.K. als Verteidiger der Kirche (Reformacya w Polsce 3, 1925, 203ff; poln.) - K.VÖLKER, KG Polens, 1930, 203f. 226f. 230 - LThK VI, 278f - K.KREJČÍ, Gesch. der poln. Lit., 1958, 49. 78f. 539ff. *E.Peschke*

Kronberg, *Hartmuth von* (1488-1549), aus altem Wetterauer Rittergeschlecht, schloß sich schon früh Luther an und war einer der führenden Männer der ev. Bewegung in Oppenheim. Nach dem Wormser Reichstag setzte er sich beim Kaiser für Luther ein. Durch sein literarisches Eintreten für die Reformation 1521-23 zog er sich viele Gegner zu. Mit Franz von → Sickingen verwandt, an dessen Fehden und Niederlage beteiligt, verlor H. im Okt. 1522 Burg und Stadt Kronberg an → Philipp von Hessen. 19 Jahre lebte H. in der Verbannung, meist in Basel. Durch → Bucers Vermittlung gelang 1541 eine Einigung mit Philipp. Da der Kaiser deren ungünstige Bestimmungen verbessern half, blieb H. im Schmalkaldischen Krieg neutral. - H. war nicht humanistisch gebildet, hatte auch keinen Zugang zu den dogmatischen Fragen. In seinen Sendschreiben an Papst und Kaiser, an den Reichstag und ganz Deutschland zeigt er sich als frommer, Luther treu ergebener Christ.

W.BOGER, H.v.K. (SVRG 57), 1897 - E.KÜCK (Hg.), Die Schriften H.s v.K. (Neudr. dt. Lit.werke des 16. u. 17.Jh.s 154-156), 1899 - W.DIEHL, Ev. Bewegung u. Reformation im Gebiet der heutigen hessen-darmstädt. Lande, 1926, 21ff - E.JUNGKENN, Luther, ev. Bewegung u. Gustav Adolf in Oppenheim a.Rh. (111. Jahresbericht des Gustav-Adolf-Werkes der Ev. Kirche in Hessen u. Nassau, 1954, 67-86). *H.Steitz*

Kronstadt (Orașul Stalin), Regionalhauptstadt im südlichen → Siebenbürgen, begründet Anfang des 13.Jh.s am Fuße der Brassoviaburg durch deutsche Siedler im Gefolge des Deutschen → Ritterordens, Hauptort des Burzenlandes, durch → Honterus Ausgangspunkt der Reformation unter den Siebenbürger Sachsen, bedeutsam auch durch religiöse und kulturelle Einflüsse auf → Rumänien.

Qu. zur Gesch. der Stadt K., 8 Bde, 1886-1926 - E.JEKELIUS, K., 1928 - H.SCHLANDT, K., 1952. *H.Zimmermann*

Kropf, *Albert* (1822-1910), wirkte von 1845 bis zu seinem Tode als Missionar der → Berliner Missionsgesellschaft (1867 Sup. der damaligen Kaffraria-Synode) in der → Südafrikanischen Union. K.s Lebenswerk war die Übersetzung der Bibel ins Xhosa (1870-87) auf der Basis der Übersetzung von J.W.Appleyard, aus der das erste Xhosa-Wörterbuch erwuchs. In seiner kleinen Synode vertrat er einen »schroffen luth. Konfessionalismus« (Richter) und erschwerte so das innere Wachsen der Gemeinden. Spaltung und Abwanderung in die → Sekten (: V) waren die Folge.

Vf. u.a.: Das Volk der Xossa-Kaffern, 1889; A Kafir-English Dictionary, Lovedale 1899. - Über K.: J.RICHTER, Gesch. der Berliner Missionsgesellschaft, 1924. *J.Margull*

Krüdener, *Barbara Juliane Freifrau v.*, geb. v. Vietinghoff (11.11.1764 bis 25.12.1824), * in Riga, † in Karasu-Bazar (Krim). Nach unstetem Leben in verschiedenen westeuropäischen Ländern (beschrieben in ihrem Roman »Valérie«, dt. 1804) erfuhr J.v.K. in nicht mehr jungen Jahren in ihrer baltischen Heimat eine Bekehrung. Herrnhutische Einflüsse, persönliche Beziehungen zu → Jung-Stilling, die Schriften quietistischer Mystiker und ein starker Hang zu apokalyptischen und visionären Strömungen formten ihre dem → Pietismus nahestehende Religiosität, in der eine hohe prophetische Selbsteinschätzung eine wesentliche Rolle spielt. Durch Reisen, persönliche Beziehungen und Briefe übte sie weitgehenden Einfluß auf die → Erweckung (: I, 4) in der Schweiz und in Süddeutschland aus und war eine eifrige, ziemlich exzentrische Philanthropin. An der Ausgestaltung des von Zar Alexander I. entworfenen Planes der Hl. → Allianz von 1815 war sie beteiligt.

C.EYNARD, Vie de Mme de K., 2 Bde, Paris 1849 - M.ZIETHE, J.v.K., New York 1867 - E.MUHLENBECK, Etude sur les origines de la Sainte Alliance, Paris 1887 - RE XI, 146ff - A.HERMANT, Mme de K., 1934 - E.J.KNAPTON, The Lady of the Holy Alliance, New York 1939 (Lit.) - M.GEIGER, Politik u. Religion nach dem Programm der Hl. Allianz (ThZ 15, 1959, 107-125). *D.Carter*

Krüger, *Gustav* (29.6.1862 bis 13.3.1940), Kirchenhistoriker, * in Bremen, lehrte seit 1886 in → Gießen, seit 1927 im Ruhestand. K. war Jahrzehnte hindurch »die sprühende, belebende Mitte« seiner Fakultät und gehörte zum Freundeskreis der → »Christlichen Welt«.

Vf. u.a.: Monophysitische Streitigkeiten, 1884; Lucifer v. Calaris, 1886; Justins Apologien, (1891) 1914⁴; Gesch. der altchristl. Lit., (1895) 1897² (Nachträge 1898); Petrus Canisius in Gesch. u. Legende, 1897; Die sog. KG des Zacharias Rhetor, 1899; Landgraf Philipp als Politiker, 1904; Das Dogma von der Dreieinigkeit u. Gottmenschheit, 1905; Das Papsttum, 1907 (engl. 1909); Albrecht Thaer u. die Erziehung des Menschengeschlechts, 1913; Die christl. Lit. des 5. u. 6.Jh.s, 1920; The Immortality of Man, Cambridge 1927; Der Stand der kirchengeschichtl. Forschung, 1928/29. - Hg.: SQS, 1890ff; K.v. → HASE, KG II. III, (1890/92) 1895/97²; JB 1895-1914; Hdb. der KG I-IV, (1909-12) 1923-31² (Bd I von K. bearb.). - Über K.: G.K. zur Feier seiner 25jähr. Wirksamkeit als o. Prof. in Gießen, 1916 - Imago Dei, G.K. zum 70. Geb., 1932 - Festschr. zur 350-Jahrfeier der Ludwigsuniv. 1607-1957, 525. *E.Beyreuther*

Krummacher, 1. *Emil Wilhelm* (1798-1886), Sohn von 2, ref. Pfarrer, 1825 in Langenberg (bei Elberfeld), 1841 in Duisburg. K. verfaßte mehrere Erbauungsschriften, die jedoch ohne größeres Echo blieben. - Sein ältester Sohn *Hermann K.* (1828-90) hatte als Konsistorialrat in Stettin bedeutenden Anteil am Aufbau der Inneren Mission in Pommern (s. ADB 51, 408f). - K.s 2. Sohn *Karl K.* (1831-99), zuletzt Sup. in Elberfeld, war führend in den ev. Jünglingsvereinen tätig (s. RGG² III, 1329).

Über E.W.K.: Lebenserinnerungen eines geistl. Veteranen, hg.v. H.KRUMMACHER, 1889 - RGG² III, 1329.

2. *Friedrich Adolf,* * 13.7.1767 in Tecklenburg, † 4.4. 1845 in Bremen, ref. Theologe, 1790 Konrektor in Hamm, 1793 Rektor in Moers, 1800 Prof. der theologischen Fakultät Duisburg, seit 1802 mit Lehrauftrag für Eloquenz, 1807 (nach zunehmendem Verfall der Universität) Pfarrer in Kettwig (Ruhr), 1812 General-Sup. von Anhalt-Bernburg, 1824 Pfarrer an St.Ansgari in Bremen. - Der → Erweckungsbewegung verbunden und ein Gegner des → Rationalismus, ließ sich K. theologisch von der kritischen Ästhetik → Herders bestimmen (vgl. »Über den Geist und die Form der Ev. Geschichte usw«, 1805, bes. die Vorrede). Vor allem übernahm er die Wertschätzung der israelitischen neben der griechischen Antike. Eigentliche Bedeutung gewann er - bes. durch seine »Parabeln« ([1805] 1848⁸) - als religiöser Volksschriftsteller.

A.W.MÖLLER, F.A.K. u. seine Freunde, 1849 - ADB 17, 240ff - RE XI, 150ff (Bibliogr.) - W.v.KÜGELGEN, Jugenderinnerungen eines alten Mannes, 1913 - RGG² III, 1328.

3. *Friedrich Wilhelm* (1796-1868), Sohn von 2, ref. Pfarrer in Barmen-Gemarke und Elberfeld, 1847 an die Dreifaltigkeitskirche in Berlin und 1853 als Hofprediger nach Potsdam berufen. K. war ein bedeutender Prediger seiner Zeit, der gegen einen entleerten Formalismus die Predigt auf »die heilige Schrift, das eigene Herz und das Volk, das uns umgibt«, gründete und durch eine bilderreiche, eindringlich-dramatische Sprache in Wort und Schrift fesselte. Seine durch die Erweckung geprägte biblizistische Theologie, die Goethe in einer Rezension (1830, GesW W.A. I 42/1, 16ff) als »narkotisch« verspottete, weil sie das Gefühl »konzentriert und beschwichtigt«, war oft von scharfer antirationalistischer Polemik; eine Gastpredigt K.s in Bremen löste 1840 dort einen damals viel beachteten Streit unter der Pfarrerschaft aus. In Berlin war K. an den ev. Kirchentagen und an der ev. Allianz beteiligt. - Sein Sohn *Cornelius K.* (1824-84), Pfarrer in Halberstadt und Barby, wurde bekannt als Verfasser des Liedes »Stern, auf den ich schaue«.

Vf. u.a.: Blicke in das Reich der Gnade, (1828) 1869³; Elias der Thisbiter, (1828) 1874⁶; Die Sabbathglocke, 12 Bde, 1851-58. - Über K.: Selbstbiogr., 1869 - A.NEBE, Zur Gesch. der Predigt, 1879 - ADB 17, 243ff - RE XI, 152f (Bibliogr.) - O.VEECK, Gesch. der ref. Kirche Bremens, 1909 - RGG² III, 1329 - Leiturgia II, 324f.

4. *Gottfried Daniel,* * 1.4.1774 in Tecklenburg, † 30.1. 1837 in Elberfeld, Bruder von 2, ref. Pfarrer, 1798 in Baerl, 1801 in Wülfrath, 1816 in Elberfeld. Schon in der Studienzeit unter dem Einfluß → Hasenkamps dem Pietismus älterer Prägung zugeneigt, schloß sich K. bald nach seinem Amtsantritt in Baerl erweckten Gemeindekreisen an und wurde zur zentralen Gestalt der → Erweckungsbewegung am Niederrhein. Theologisch wesentlich an → Lampe orientiert, lehnte er sowohl den Rationalismus wie einen überspitzten Bekehrungs- und Heiligungsmethodismus ab zugunsten einer Predigt von der freien Gnade Gottes, die er in strenger Prädestination zum Ausdruck kommen sah: ein Vorgänger des (radikaleren) → Kohlbrügge. Seine oft bizarr allegorischen Predigten waren deshalb in erster Linie an die gläubige Gemeinde gerichtet; ihnen fehlt missionarisches Pathos. Gegen libertinistische Irrungen seiner Anhänger grenzte K. sich nach einem Konflikt mit dem Konsistorium (1819) durch eine Predigt über Röm 6, 1 ab. - Die Union und die preußische Agende hat er entschieden abgelehnt.

Vf. u.a.: Die Wanderungen Israels durch die Wüste nach Kanaan (Predigten), 1827-38; Gute Botschaft (Predigten), hg.v. E.W. KRUMMACHER (mit Biogr.), 1838. - Über K.: A.RITSCHL, Gesch. des Pietismus, 1880 - ADB 17, 246f - RE XI, 153ff - RGG² III, 1328 - F.W.KRUMMACHER, G.D.K. u. die niederrhein. Erweckungsbewegung (AKG 24), 1935 (Lit., Bibliogr.) - J.SCHMITT, Die Gnade bricht durch, (1953) 1958³ - F.W.KANTZENBACH, Die Erweckungsbewegung, 1957. *D.Rössler*

Kruyt, *Albertus Christiaan* (10.10.1869 bis 19.1.1949), war in missionarischer und ethnographischer Hinsicht der Pionier von Zentral-Sulawesi (Celebes) in → Indonesien (: IV), wo er von 1892-1932 arbeitete. K. schrieb bes. »De Bare é sprekende Toradja's van Midden-Celebes« (2 Bde, 1912/13; Bd III von N.Adriani) und »De West-Toradja's van Midden-Celebes« (4 Bde, 1937/38). Lange Jahre arbeitete er mit Dr. N. → Adriani zusammen; mit ihm wandte K. eine eigene, unabhängige Missionsmethode an, weil er nicht Individuen, sondern die Menschen in ihren Lebensverbänden zu christianisieren versuchte. Seine Verdienste wurden von Regierung und Universität anerkannt.

Vf. u.a.: Vam Heiden tot Christen, Oegstgeest o.J. (1925); Zending en volkskracht, s'Gravenhage 1936. - Über K.: K.J.BROUWER, Dr. A.C.K., Den Haag 1951. *J.Blauw*

Kruzifixus → Kreuz: III.

Kryptocalvinisten (heimliche Calvinisten) nennt man die Anhänger → Melanchthons, die, Realpräsenz und leibliche Nießung leugnend (→ Abendmahl: II, 3c; → Curäus), sich seit ca 1566 in Kursachsen durchsetzten, 1574 aber durch Kurfürst August beseitigt wurden (→ Peucer). Eine zweite kryptocalvinistische Periode erlebte → Sachsen unter Christian I. (1586-91); sie endete mit der Hinrichtung des Kanzlers Nik. → Crell. Analoge Bestrebungen, das Luthertum zu calvinisieren, hatten andernorts Erfolg (→ Pfalz, → Anhalt, → Hessen).

J.G.WALCH, Einl. in die Religions-Streitigkeiten d. Ev.-Luth. Kirchen I, 1730, 44ff - R.CALINICH, Kampf u. Untergang d. Melanchthonianismus in Kursachsen, 1866 - RITSCHL IV, 33ff. - Vgl. die Darstellungen der Gesch. der → Reformation. *F.Lau*

Kubin, *Alfred,* Zeichner und Graphiker, * 10.4.1877 in Leitmeritz, † 20.8.1959 auf Schloß Zwickledt (Oberösterreich). K. kam 1898 nach München (Schwabing), wo sich um seine »hoffmanneske« Person ein Legendenkreis bildete. Bis 1914 stellte er im Rahmen der »Neuen Künstlervereinigung« (später »Der blaue Reiter«) aus. Doch machte er, anders als Kandinsky, Paul → Klee und Franz Marc, die Auseinandersetzung mit dem Kubismus (→ Malerei: VI) nicht mit, sondern blieb Illustrator (seiner selbst und fremder Autoren), dichterischer Zeichner. - 1906 erwarb K. das Gut Zwickledt in Oberösterreich. K. hat mehr als 70 Bücher illustriert und zahllose, oft zyklisch verbundene Zeichnungen geschaffen (erste Mappe 1901). Seine Domäne bildet die »Nachtseite der Natur«, »Die *andere* Seite« (Titel des autobiographischen Romans, 1908). Eine archaische (atavistische) Schicksals-

und Daseinsangst beherrschte ihn lange Zeit; in der Sphäre des Metareligiösen steht ihm wohl die buddhistische Theosophie am nächsten (Sansara-Zyklus, 1910); doch ist er in der gesamten gnostisch-magistischen Weltliteratur zu Hause. - Tiefer als Max Klinger, von dessen überwältigendem Eindruck er selbst berichtet, hat ihn Odilon Redon beeinflußt. Von den surrealistisch anmutenden Konstruktionen des Grauens, mit denen K. begann, hat er sich mehr und mehr zu einer freien Naturauffassung (Donauschule, Wolf Huber!) hin entwickelt, in der freilich der dämonische Hintergrund immer noch durchschimmert.

W. Schneditz, A.K. u. seine magische Welt, 1949 - P. Raabe, A.K. Leben - Werk - Wirkung, 1957. *G.F.Hartlaub*

Kuenen, *Abraham* (1828-91), holländ. Theologe, * in Haarlem, † in Leiden. Dort 1852 ao., 1855 o. Prof. für NT, Enzyklopädie und Methodologie, 1860 auch für Ethik, seit 1877, nachdem er von Anfang an auch Vorlesungen über at. Einleitung sowie Geschichte und Religion Israels gehalten hatte, für AT (und Ethik); neben J.H. → Scholten und dem Utrechter Philosophen C.W. Opzoomer die Hauptstütze der → »Modernen Richtung« in Holland. K.s Hauptwerke (Historisch-kritisch Onderzoek naar het ontstaan en de verzameling van de boeken des Ouden Verbonds I-III, [1851-65] 2. vollst. umgearb. Aufl. 1885-93 [III/1 hg.v. J.C.Matthes; dt. 1887-94]; De Godsdienst van Israel I. II, 1869f) fassen seine literarkritischen Arbeiten, bes. die an K.H. → Graf anschließende Förderung der »neueren Urkundenhypothese« über die Entstehung des → Pentateuch (K.: die → Priesterschrift ist nachexilisch), sowie deren Auswertung für ein neues geschichtliches Verständnis der israelitisch-jüdischen Religion zusammen.

Vf. weiter u.a.: De profeten en de profezie onder Israël, 1875; Volksgodsdienst en wereldsgodsdienst, 1882 (dt.: Volks- u. Weltreligion, 1883); postum: Het onderwijs in de zedekunde, 1893; Gesamm. Abh.en zur bibl. Wissenschaft, übers.v. K. Budde, 1894 (501ff: Bibliogr.). - Über K.: RE XI, 162ff - NNBW II, 734f - H.-J. Kraus, Gesch. der histor.-krit. Erforsch. des AT, 1956, 229ff. - Außerdem die Einl.en in das AT. *E.Kutsch*

Küry, *Adolf,* * 21.7.1870 in Basel, † 26.11.1956 in Bern, studierte altkath. Theologie in Bern und Bonn, 1896 Pfarrer in Luzern, 1906 in Basel, seit 1915 Herausgeber der »Internationalen Kirchlichen Zeitschrift« (IKZ), des Organs der wissenschaftlichen und ökumenischen Bestrebungen der → Altkatholiken. Als Prof. der KG an der christkath. Fakultät und Bischof von → Bern (1924) beharrte K. bewußt auf den kath. Grundlagen seiner Kirche, förderte die allgemeine Konsolidierung des kirchlichen Lebens und pflegte über die schon von seinem Vorgänger E. → Herzog fest geknüpften anglikanischen Beziehungen hinaus die Verbindung zur Ostkirche.

Vf. Hirtenbriefe u. zahlreiche Beitr. in der IKZ. - Über K.: Bischof K. zum Gedächtnis, hg.v. Christkath. Preßkomitee, 1957. *W.Küppers*

Küster und Kirchendiener (K., Ki.). Die Amtsbezeichnung K. leitet sich von dem lat. Wort »custos« oder »custor« (Wächter) ab. Die alte Kirche kannte kein Amt dieses Namens. Der Dienst, den heute ein K. ausübt, wurde in der Urgemeinde von den → Diakonen wahrgenommen. Seit dem 3.Jh. schuf man wegen der Überbelastung der Diakone verschiedene Gehilfenämter mit den Funktionen, die heute ein K. hat. Im MA war der custos ein mit K.geschäften betrauter Untergebener eines höheren Geistlichen; in der Karolingerzeit hatte er die Aufsicht über den Kirchenschatz. In der Reformationszeit war der Dienst des K.s oft mit dem Amt des → Kantors und Schulhalters verbunden, später auch mit dem des → Organisten. Ihm oblag die Aufsicht über das Gotteshaus, die → Kirchengeräte und die äußere Ordnung des Gottesdienstes. Das K.amt war also sehr mannigfaltig und ist bis heute höchst verschiedenartig geordnet. Auch die Amtsbezeichnungen sind verschieden. Neben K. ist der Titel Ki. (auch Pfarrdiener) weit verbreitet. Daneben gibt es die Bezeichnung »Mesner« (leitet sich nicht von »Messe«, sondern von dem kirchenlat. Wort mansionarius »Hausverwalter« ab: der Mesner ist Verwalter des Gotteshauses). Weitere Amtsbezeichnungen sind Glöckner, Opfermann, Sakrist oder Sigrist, Kirchner, Äditus, Kirchwart, Kirchvater oder Kirchenvater, Kirchenvogt sowie Kirchendiakon, wo der K. zugleich Diakon ist. Hauptamtliche K., vor allem in größeren Städten, haben oft Vorbildung und Dienst eines Diakonen. In den meisten Gemeinden ist der K. und Ki. nur nebenamtlich tätig.

F. Dreising, Das Amt d. K.s in d. ev. Kirche, 1854 - H. Brand, Der niedere Kirchendienst, (1897) 1911³ - B. Raven, Der K.dienst, 1898 - K. Nicol, Das K.amt in d. ev. Kirche, (1939) 1954² (Lit.) - W. Lotz, K.dienst, 1947. *S.Jacob*

Kuh. In der Religion vieler Nomaden und Viehzüchter wird der K. ein besonderer Platz zuerkannt. So begegnet in → Ägypten die Himmelsgöttin Hathor als K., die, mit ihren Beinen auf der Erde stehend, ihren Leib als → Himmel (: I, 2) darüber wölbt. Ferner ist eine K. das Symbol der Ištar (→ Babylonien: II, 6c). Nirgends jedoch ist die K. so in den Mittelpunkt der religiösen Vorstellungen gerückt worden wie im → Hinduismus (: I, 2g). Dabei handelt es sich um eine allmähliche Entwicklung, deren Ansätze in indo-iranische Zeit zurückgehen. Im Rigveda (→ Veden) begegnen mystische Gleichungen zwischen K. und Universum (I, 153, 3; VIII, 90, 15; X, 11, 1), die Samhitâs geben der → Erde die Gestalt einer K. Von einem Verbot der K.tötung kann noch keine Rede sein. Erst im Shatapatha Brâhmana, das die K. aus dem Atem Prajâpatis entstehen läßt (VII, 5, 2, 6), wird die Unverletzlichkeit der K. propagiert, da »die K. Nahrung ist« (VII, 5, 2, 19). Immerhin wird noch dem Gast zu Ehren das Schlachten einer K. erlaubt. Erst mit den Dharmashâstras bahnt sich das Verbot der K.tötung im modernen Sinne an. Manu (XI, 59. 115) rechnet K.tötung zu den kleineren Vergehen, bald aber wird sie als Kapitalverbrechen gewertet und schwere Sühne verlangt. Zugleich beginnt der Genuß oder die Verwendung des Pancagavya, der 5 von der K. herrührenden Dinge (Milch, Sauermilch, Schmelzbutter, Urin, Kot), das bevorzugte magisch-rituelle → Reinigungs-Mittel zu werden, das es bis heute geblieben ist. Im → Mahâbhârata (XIII, 77) spiegelt sich die Vergöttlichung der K., wenn für die göttliche Urmutter der K.e, Surabhi, von Brahman ein besonderer »K.himmel« (Goloka, vgl. → Krishna) über dem höchsten Himmel geschaffen wird. Für den Sterbenden wurde und ist das Packen eines K.schwanzes sicheres Mittel, den Höllenfluß Vaitaranî zu überqueren. Eine besondere Verehrungsform zeigt das Govrata (K.gelübde), das in sich unterordnenden Dienstleistungen einer K. gegenüber seinen Ausdruck findet. Für den Hinduismus gilt die K. bis heute als unverletzliches Symbol alles Mütterlichen und der kreatürlichen Sanftmut. Das meint → Gandhi, wenn er die K. mit der subhumanen Welt identifiziert. Für ihn ist Beschützung der K. Beschützung der gesamten dumpfen Kreatur Gottes. - Vgl. → Stierdienst, → Tierkult.

ERE IV, 224ff - M.A. Muusses, Koecultus bij de Hindoes (Diss. Utrecht), 1920 - HWDA V, 768ff - W. Koppers, Pferdeopfer u. Pferdekult der Indogermanen (WBKL 4, 1936, 279-411; die »Ur.-K.«). *H.Losch*

Unter K etwa Vermißtes bitte unter C und Z suchen

Kuhlmann, *Quirinus* (1651-89), * in Breslau, wurde nach religiös erregter Jugend und heftigem Ungenügen am Universitätsbetrieb (Jena 1670) in Leiden 1673 durch Lektüre → Böhmes zu visionären Erlebnissen und apokalyptischem Sendungsbewußtsein erweckt. Durch J. → Rothe 1674 für chiliastische Hoffnungen gewonnen, wollte er das Jesus-(»Jesuelitische«)Reich heraufführen und reiste, in wilder Ehe mit einer von ihm zur Himmelskönigin (Apk 13) erklärten Frau verbunden, bis in die Türkei, um zu missionieren. In atemloser Unrast zog er dann von einer Enthusiastengruppe Europas zur anderen, forderte in einer maßlosen Flugschrift vom Großen Kurfürsten die Vereinigung der Lutheraner und Reformierten und ging 1689 nach Moskau, um die Zaren für das nahe Endreich zu gewinnen. Vom deutschen Pfarrer angezeigt, wurde er am 4.10.1689 wohl als politischer Unruhestifter verbrannt. Ein Anhängerkreis erhielt sich noch längere Zeit. Zahlreiche Schriften, u.a. »Der neubegeisterte Böhme« (1674) und bes. der weithin autobiographische »Kühlpsalter« (1684-86), zeigen neben bizarr-pathologischer Selbsteinschätzung ein leidenschaftliches religiöses Empfinden und neben Exzessen barocker Schwülstigkeit oft eine ungewöhnliche Ausdruckskraft.

G.Liefmann, Dissertatio historica de Fanaticis Silesiorum et speciatim Q.K., 1698 - G.Arnold, Kirchen- u. Ketzerhistorie (III, 1701; II, 1741), Teil III, c. 19; Anhang n. 24, S. 1156-1160 - J.Chr.Harenberg, Dissertatio de Q.K. fanaticorum speculo et exemplari (Museum Bremense 1732, 651ff) - N.S.Tichonravov, Q.K. (in: Russkij Vestnik 1867, H. 11 u. 12; dt. 1888) - ADB XVII, 331f - W.E.Peuckert in: Schles. Lebensbilder III, 1928, 139-144 - J.Hoffmeister, Q.K. (Euphorion 31, 1930, 591-615) - E.Benz, ZKG 54, 1935, 492-517 - H.Schöffler, Dt. Osten im dt. Geist, 1940 - O.Unbegaun, Un ouvrage retrouvé de Q.K. (La nouvelle Clio 3, 1951, 250-261) - R.L. Beare, Q.K. and the Fruchtbringende Gesellschaft (Journ. of Engl. and German Philol. 52, 1953, 346-371) - Ders., Q.K.: The religious apprenticeship (Publ. of the Mod. Language Assoc. of America 68, 1953, 4, 1, 828-862) - D.Cizewskij, Aus zwei Welten, 1956, 181. 198ff. 231ff (Lit.) - M.Lackner, Geistfrömmigkeit u. Enderwartung, 1959. *H.Bornkamm*

Kuhlo, *Johannes,* ev. Pfarrer, * 8.10.1856 in Gohfeld (Westf.), † 16.5.1941 in Bethel. Als Mitarbeiter F.v. → Bodelschwinghs (Leitung des Diakonenhauses »Nazareth« in Bethel) gewann K. seine bleibende Bedeutung durch den Ausbau des christlichen Bläserwesens, dessen Leitung er von seinem Vater Eduard, dem Gründer der sog. → »Posaunenchöre«, übernahm und das er zum unveräußerlichen Bestandteil des gemeindlichen Lebens machte.

Vf. bes. (zT sehr große Aufl.): Posaunenbuch (4 Bde), Duettbuch, Choralbuch zum Einheitsgesangbuch, Posaunenfragen. - Über K.: W.Ehmann, Tibilustrium, 1950 - Ders., J.K., (1951) 1959[3] - Ders., Das Bläserspiel (in: Leiturgia V, 1959). *W.Ehmann*

Kuhn, *Johannes Evangelist (von),* kath. Theologe, * 19.2.1806 zu Wäschenbeuren (Württ.), † 8.5.1887 in Tübingen. Nach Studien in Tübingen und einer Bildungsreise nach München, wo er 1831 öffentlich mit → Schelling disputierte, wurde K. 1832 o. Prof. für nt. Exegese in → Gießen (, 6), 1837 in Tübingen, wo er 1839 an Dreys Stelle die Dogmatik übernahm. K. ist neben F.A. → Staudenmaier der bedeutendste spekulative Denker der kath. Tübinger Schule. Im Anschluß an den deutschen → Idealismus (: II), bes. an F.H. → Jacobi, bemüht er sich, die Unabhängigkeit der Philosophie von der Theologie festzuhalten und die rechte Harmonie von Glauben und Wissen zu begründen. Eine rationale Demonstration der christlichen Wahrheit will er nicht gelten lassen. Gegenüber der aufkommenden → Neuscholastik kämpft er (gegen F.J.Clemens) für die Unabhängigkeit der Philosophie; im Bereich der Gnadenlehre - die Gnade ist ethische Vollendung der Persönlichkeit - ist K.v.Schäzler sein schärfster Gegner. Den Siegeszug der Neuscholastik hat K. nicht aufzuhalten vermocht.

Vf. u.a.: Jacobi u. die Philosophie seiner Zeit, 1834; Glauben u. Wissen, 1839; Kath. Dogmatik I-III, 1846-68 (unvollendet); Philosophie u. Theol., 1860; Natur u. Übernatur, 1864; viele Aufs. in ThQ u. in den Jb.ern f. christl. Philos. u. Theol. 1834-36. - Über K.: R.Vatter, Das Verhältnis der Trinität u. Vernunft nach J.E.v.K. (Diss. Münster), 1940 - E.Hocedez, Histoire de la théol. II, 1952, 301ff. 331ff. 338 (Lit.) - J.R.Geiselmann, Die Überlieferung in der neueren Theol. III: Die ... Überlieferung ... im Geiste der Traditionslehre von J.E.K., 1959. *K.G.Steck*

Kukatianer, ein ausgesprochen eng pietistischer (Verbot von Posaunenchören und Chorgesang) und zugleich betont luth. (Hochhaltung des Kleinen Katechismus, Bekämpfung des Chiliasmus der Reichsbrüder) Zweig des litauischen Gemeinschaftswesens, begründet 1885 als »Ostpreußischer Gebetsverein« durch *Christoph Kukat* (1844-1914), mit von ihm eingesetzten, unvorgebildeten Reisepredigern und festen Versammlungsformen (kniendes Gebet). Vor Kukats Tode entstanden mehrfach weniger strenge Absplitterungen. Sein Nachfolger Mäder verfolgte die von Kukat vorgezeichnete Linie. Die K. waren unter Deutschen und Litauern verbreitet. Ihr Blatt (Friedensbote = Pakajaus Paslas) war zweisprachig.

Statuten des Ostpreuß. Gebetsvereins, 1897. - W.Gaigalat, Die ev. Gemeinschaftsbewegung unter den preuß. Litauern, 1904 - A.Rapp, Gnadenspuren. 50 Jahre Gemeinschaftsarbeit in Ost- u. Westpreußen, 1927. *P.Fleisch*

Ku Klux Klan

1. Nach dem Bürgerkrieg - 2. Nach 1914 - 3. Nach 1945

K. ist der Name, den terroristische Bewegungen dreimal in der amerikanischen Geschichte angenommen haben.

1. Der ursprüngliche Ku-Klux (von griech. κύκλος, »Kreis«) entstand um 1865 in Pulaski/Tennessee als örtlicher Klub für junge Männer. Als sich zufällig ergab, daß sein pseudomysterienhaftes Ritual und die ausländischen Sitten seiner Mitglieder auch Mittel waren, um die abergläubischen ehemaligen Negersklaven des Südens unter Kontrolle zu halten, wuchs der Klub schnell zu einer weitverbreiteten politischen Geheimorganisation an (Höchststand ca 550 000 Mitglieder), die den Grundsatz der Vorherrschaft der Weißen durchsetzen wollte. Er saugte viele ähnliche örtliche Gruppen auf und wurde seinerseits von anderen nachgeahmt (zB von den Knights of the White Camelia, die den K. an Größe sogar noch übertrafen). Als wieder gesetzliche Zustände herrschten, lösten sich die meisten Gemeinschaften auf. Die Zentralorganisation des K., der der Südstaatengeneral N.B.Forrest (1821-77) als »Großer Zauberer« vorstand, wurde 1869 aufgelöst. Die anarchische Wildheit einiger Ortsgruppen des K., die als Terrorbanden weiterbestanden, wurde durch die »Force Acts« von 1871-72 gezügelt. Aber die Tradition des K. - Herrschaft der Weißen, »Staatsbürgerschaft zweiter Klasse« für die Neger, politische Einparteienherrschaft - blieb im Süden bestehen.

2. I.J. 1915 rief der frühere Priester W.J.Simmons Namen, Ritual, Symbole, Begriffe und rassische Haltung des ursprünglichen K. wieder ins Leben. In Georgia als geheime Brüderschaft zugelassen, versuchte der K. im ganzen Land Unterstützung zu gewinnen. Durch geschickte Ausnutzung der Vorurteile der Menschen, die noch an der Hysterie des 1. Weltkriegs litten, wuchs die Organisation der maskierten, weißverkleideten Kreuzverbrenner bis 1924 zu einer Höchstzahl von 9 Mill. Mitgliedern. Bei den Wahlen von 1922, 1924 und sogar 1926 (damals nur noch 2 Mill.) gelang dem K. in mehre-

ren Staaten nicht nur die Kontrolle örtlicher Verwaltungen, sondern er konnte seine Kandidaten auch auf bundesstaatlicher und nationaler Ebene durchbringen. Aber die Verurteilung mehrerer Führer wegen schwerer Verbrechen sowie die gewaltsamen, ungesetzlichen Maßnahmen des K. ernüchterten schnell die anständigen Mitglieder (1930 kaum noch 40 000). Versuche, den K. gegen die Gewerkschaften und »Internationalisten« wieder ins Leben zu rufen, hatten keinen Erfolg. Als 1944 das US-Schatzamt die Bezahlung von 685 000 Dollar hinterzogener Steuergelder forderte, stellte der K. seine Tätigkeit formell ein. – Soziologen verbinden meistens den zweiten K. mit dem amerikanischen → Fundamentalismus; doch handelt es sich in Wirklichkeit um »parallele, aber unabhängige Strömungen in der amerikanischen Geschichte« (Furniss). Während viele Geistliche, bes. in kongregationalistisch organisierten Denominationen, den K. unterstützten oder ihm angehörten, sprach sich die offizielle kirchliche Presse gegen seine Grundsätze aus – außer der Presse der südlichen Baptisten, die nur die Methoden verurteilte. Keine Versammlung irgendeiner Denomination auf nationaler Basis hat den K. je unterstützt, und kein national angesehener Führer einer Denomination gab seinen Namen für ihn her. Die luth. Kirche verwarf den K. sowohl als eidlich gebundene Geheimbrüderschaft wie auch wegen seiner Ziele und Methoden.

3. Seit 1945, bes. in den Jahren 1949, 1951-52 und 1956, begannen wieder Berichte über Gewalttaten und Kreuzverbrennungen von weißgekleideten, kapuzentragenden Banden in der Presse zu erscheinen. Abgesehen von einem deutlichen Zurücktreten der antiröm. Propaganda ging alles nach dem Vorbild der Wiederbelebung nach 1914. Diesmal errang der K. nur eng begrenzte Erfolge. Das Bundeskriminalamt griff ein, sobald maskierte Banden die Grenzen ihres Staates überschritten hatten. In einigen Staaten wurde die Genehmigung verweigert oder zurückgezogen. Die Rivalität zwischen einzelnen Gruppen, von denen jede beanspruchte, der »ursprüngliche« K. zu sein, brachte alle um ihre Wirkung. Politische Führer, Herausgeber von Zeitschriften und Geistliche trugen zur allgemeinen Ablehnung bei. Die bestehenden Verordnungen gegen den K. wurden zumeist streng ausgelegt oder neue beschlossen. So ist zwar die K.-Bewegung nicht ganz tot, aber ihr Einfluß wird auf immer wenigere isolierte südliche Landkreise und Kleinstädte beschränkt.

Zu 1: J.C.Lester-D.L.Wilson, K., Its Origin, Growth and Disbandment, New York 1905 – S.L.Davis, Authentic History, K., 1865-77, ebd 1924 – St.F.Horn, Invisible Empire: The Story of the K. 1866-71, Boston 1939. – Zu 2: J.M.Mecklin, The K.: A Study of the American Mind, New York 1920 – St.Frost, The Challenge of the Klan, Indianapolis 1924 – Th.Graebner (Hg.), A Handbook of Organizations, St. Louis 1948, 189ff – N.W.Furniss, The Fundamentalist Controversy 1918-31, New Haven 1954 – R.M.Miller, A Note on the Relationship between the Protestant Churches and the Revived K. (Journal of Southern History 12, 1956, 355-368; wichtig). – Zu 3: Für diese Zeit ist man auf Berichte in Zeitungen, Nachrichtenmagazinen u. angesehenen Zs.en angewiesen. Für die ersten Phasen vgl. C.McWilliams, The Klan: Post War Model (The Nation 163, 14.12.1946, 691-694; brauchbar, aber tendenziös). – Über die Beziehungen zu den Kirchen bis 1953 vgl. R.Lord Roy, Apostles of Discord: A Study of Organized Bigotry and Disruption on the Fringes of Protestantism, Boston 1953. Kap. 6 u. passim.

A.C.Piepkorn

Kulm, *Bistum,* 1243 als eines der 4 Bistümer des Deutschordensstaates Preußen begründet (→ Ostpreußen). Die Diözese K. umfaßte das sog. »Kulmerland« zwischen Ossa, Weichsel und Drewenz. Das Bistum wurde 1245 (endgültig 1255) dem Erzbistum → Riga, nach der Angliederung Westpreußens an die Krone → Polen dem Erzbistum → Gnesen unterstellt (1466). Erster Bischof von K. war *Heidenreich* (1245-63). Das Domkapitel wurde 1264 in den Deutschen Orden (→ Ritterorden) inkorporiert, 1466 von diesem wieder gelöst und des Wahlrechts beraubt. Die polnischen Könige ernannten seit Stanislaus → Hosius (Bischof von K. 1549-51) unter Verletzung der preußischen Landesprivilegien fast nur noch Polen, die die Protestanten meist fanatisch unterdrückten. Erst Friedrich d.Gr. stellte 1772 die Religionsfreiheit wieder her. 1824 wurde der Sitz des Bischofs nach Pelplin verlegt, 1821 der Sprengel auf fast ganz Westpreußen ausgedehnt, nach 1919 auf den an Polen fallenden Teil Westpreußens beschränkt (Zuordnung des östlichen Westpreußen zum Bistum → Ermland; Begründung des Bistums → Danzig 1925). Die damals getroffene Diözesaneinteilung ist heute noch gültig. 1939-45 war der Bischof von Danzig Administrator des Bistums K.-Pelplin.

C.P.Woelky, Der Katalog d. Bischöfe von Culm (Zs. f. d. Gesch. Ermlands 6, 1878, 363-441) – Urkundenbuch des Bistums Culm, bearb. v. Dems., 2 Tle, 1885-87 – P.Panske, Personalien der Mitglieder des Culmer Domkapitels seit der Verlegung des Bischofssitzes nach Pelplin (Zs. f. d. Gesch. Ermlands 25, 1933-35, 187-224. 291-335. 579 bis 622) – H.Schmauch, Das Bistum Culm u. das Nominationsrecht der poln. Könige (Zs. d. Westpr. Geschichtsvereins 71, 1934, 115 bis 149) – G. Rhode, Bistumsgrenzen ostwärts von Oder u. Neiße (Zs. f. Geopolitik 22, 1951, 300-308) – B.Schumacher, Gesch. Ost- u. Westpreußens, 1958.

H.Neumeyer

Kultgeschichtliche Methode

I. Religionsgeschichtlich – II. Kultgeschichtliche Methode und AT – III. Kultgeschichtliche Methode und NT. – Vgl. → Kultgeschichtliche Schule, → Kultus

I. Religionsgeschichtlich

1. Anliegen – 2. Schulrichtungen – 3. Kritik

1. Die moderne k.M. richtet sich zumeist gegen die Anwendung evolutionistischer Schemata auf die → Religionsgeschichte; sie ist als Protest gegen eine einseitig rationalistische und individualistische Erfassung der → Religion anzusehen. Ihr eignet daher ein antiindividualistischer, soziologischer Zug. Demgemäß sind nicht die Äußerungen der Religion in Lehre und Ethik primärer Gegenstand ihrer Forschung, sondern die religiösen Handlungen in der gemeinschaftlichen Begehung festgesetzter Riten. Zugrunde liegt dabei die Ansicht, daß sich die Religion im wesentlichen in der Feier kultischer Dramen (→ Drama) äußere, die zu den → Heiligen Zeiten der → Feste (: I) in regelmäßiger Wiederholung von der Gemeinschaft begangen werden; dem Religionshistoriker sei daher das Frömmigkeitsleben vor allem in diesen Ausdrucksformen erkennbar. Der konservative Zug der streng geordneten Formen des → Kultus wird hervorgehoben. Zugleich wird phänomenologisch eine formelle Übereinstimmung verschiedener Religionen hinsichtlich ihres kultischen Schemas festgestellt. Diese Ergebnisse werden vornehmlich am Studium der altorientalischen Religionen gewonnen. Das AT steht dabei vielfach im Mittelpunkt des Interesses; die Anwendung der k.M. auf das NT findet sich seltener (→ Kultgeschichtliche Methode: II. III). Da in den altorientalischen Kulturen das sakrale → Königtum eine hervorragende Rolle spielt, ist vor allem die Stellung des Königs im Kult Gegenstand der Forschung, bes. die Rolle des Königs beim Jahresfest (→ Neujahr), die hl. Hochzeit, die Krönungszeremonien und die rituelle Tötung.

2. Die beiden *Hauptrichtungen* der k.M., die englische *»Myth and Ritual School«* und die *»Uppsala-Schule«*, können nicht als Schulen im strengen Sinne verstanden werden; es handelt sich um Richtungen gleichgesinnter

Forscher, die sich zT in Arbeitsgemeinschaften zusammenschlossen und Anregungen und Einflüsse einer älteren Generation weiterführten (→ Kultgeschichtliche Schule). Auf at. Gebiet war die anthropologische und folkloristische Methode → Gunkels wirksam. Bedeutsam war die Rolle → Reitzensteins in Uppsala. Aber der eigentliche Anreger der skandinavischen Schule war Wilhelm → Grønbech, der mit seiner Rekonstruktion des Ritualdramas Einfluß auf → Mowinckel und Joh. → Pedersen ausübte. In der britischen Myth and Ritual School, die von S.H.Hooke zusammengefaßt wurde, ist der Einfluß der ethnologischen Forschung → Frazers spürbar; das Schema, in das die Tatsachen eingeordnet werden, stammt bereits von → Mannhardt. Die britische Schule übernahm die These des → Panbabylonismus von einer vorderasiatischen Einheitskultur und konstruierte auf ihrer Grundlage ein einheitliches rituelles Muster (»pattern«) der kultdramatischen Jahresriten.

3. Einer umfassenden *Kritik* ist diese Position neuerdings von S.G.F.Brandon unterzogen worden (The Myth and Ritual Position critically considered, in: Myth, Ritual and Kingship, 261-291). Er verweist auf den geschichtstheologischen Unterschied zwischen dem zyklischen Weltbild des alten Orients und der teleologischen Geschichtsschau des AT. Innerhalb dieser entgegengesetzten Konzeptionen unterscheidet sich die Bedeutung kultischer Handlungen nach ihren Intentionen auf die Aufrechterhaltung eines vegetativen Kreislaufs oder auf die religiöse Weihe historischer Geschehnisse.

W.Mannhardt, Wald- u. Feldkulte, (1874-76) 1904-05[2] - H.Gunkel, Gen, (1901) 1922[5] - Ders., Die Pss, 1926 - W.Grønbech, Vor Folkeæt i Oldtiden I-IV, Kopenhagen (1909-12) 1955[2]; engl. 1931; dt. (1937/39) 1954[5] - Ders., Essay on Ritual Drama, London 1931 - R.Reitzenstein, Die hellenist. Mysterienreligionen, (1910) 1927[3] - Frazer - J.Pedersen, Israel I-IV, Kopenhagen 1920-34; engl. 1926-40 - Ders., Illustreret Religionshistorie, Kopenhagen 1948 - Mowinckel II - Ders., Religion og kultus, Oslo 1950; dt. 1953 - PW XI/2, 1922, 2106ff - R.Will, Le culte I-III, Paris-Strasbourg 1925-35 - S.H.Hooke (Hg.), Myth and Ritual, Oxford 1933 - Ders. (Hg.), The Labyrinth, London 1935 - Ders. (Hg.), Myth, Ritual and Kingship, Oxford 1958 - G.Widengren, Hochgottglaube im alten Iran (UUÅ 1938) - Ders., The King and the Tree of Life in Ancient Near Eastern Religion (UUÅ 1951) - Ders., Die religionswissenschaftl. Forschung in Skandinavien in den letzten zwanzig Jahren (ZRGG 5, 1953, 193-222. 320-334) - A.R.Johnson, Divine Kingship and the OT (ET 62, 2, 1950-51, 36-42) - M.Mauss, Sociologie et anthropologie, Paris 1950 - NTU II, 482ff - C.-M.Edsman, Zum sakralen Königtum in der Forschung der letzten hundert Jahre (The Sacral Kingship, Leiden 1959, 3-17). *G.Lanczkowski*

II. Kultgeschichtliche Methode und AT

Es handelt sich weniger um einen neuen methodischen Zugang zu den Texten des AT als um die Anwendung von an Aussagen anderer Religionen (→ Kultgeschichtliche Methode: I) gewonnenen Deutungsergebnissen auf das AT. S. → Mowinckels These vom → Gottesdienst (: II) in Israel als schöpferischem Drama, konzentriert im Thronbesteigungsfest Jahwes (→ Feste: II, 8; → Königtum Gottes im AT), wird im Bereich der → Kultgeschichtlichen Schule Ausgangspunkt einer im Vordergrund stehenden Interpretation der Pss. Das sakrale → Königtum als Grundlage auch des israelitischen Kultus suchten Engnell, Widengren und A.R.Johnson (dieser 1958 mit erheblichen Einschränkungen) zu erweisen. Zum Königskult gehört auch die Darstellung von Sterben und Auferstehen des Gottes und die hl. Hochzeit (weiblicher Paredros neben Jahwe). Durch Gleichsetzung von → Urmensch und König wird die Urgeschichte mit der Königsideologie in Verbindung gebracht bis hin zum → Menschensohn (bei Daniel). Der → Messias (: II) wird als Heilsbringer im Sinn des zyklischen Kultschemas verstanden (Bentzen). - Zwar begegnen im AT nur Spuren und Andeutungen vom Gottkönigtum und vom Kultschema (pattern), aber das erkläre sich damit, daß das AT nur einen von der späteren Orthodoxie revidierten *Teil* der israelitischen Literatur darstelle. - Gab es eine Kultprophetie (Hölscher, Mowinckel, Johnson), so muß man sich die Beteiligung der Kultpropheten (→ Propheten: II) im Rahmen des vom Schema bestimmten Zentralkultes denken (so bes. Haldar). Während Hooke den Gegensatz des cultic pattern zur Botschaft der Propheten betont, ordnen die skandinavischen Forscher diesem möglichst viel prophetische Texte ein.

Die *Kritik* an Methode und Ergebnissen setzt fast durchweg mit der Frage ein, ob die in der Anwendung des Schemas auf das AT notwendige Isolierung einzelner Begriffe und Motive aus ihrem Kontext methodisch gerechtfertigt sei. Ferner, ob die von den israelitischen Stämmen ins Kulturland mitgebrachten Traditionen für den Gottesdienst in Israel bedeutungslos gewesen sein können. Der Überbetonung des Gottkönigtums wird neben der schmalen Basis der Zeugnisse die relativ späte Entstehung des (irdischen) → Königtums in Israel und dessen differenzierte Struktur entgegengehalten. Die entscheidende Frage bleibt, ob das zyklische Denken die bestimmende Bedeutung hatte, die ihm hier gegeben wird.

H.Birkeland, Die Feinde des Individuums . . ., Oslo 1933 - J.Pedersen, Passahfest u. Passahlegende (ZAW 52, 1934, 161-175) - A.R.Johnson, The Cultic Prophet in Ancient Israel, (London 1943) Cardiff 1944[2] - Ders., Sacral Kingship in Ancient Israel, Cardiff 1955 - Ders., Hebrew Conceptions of Kingship (in: Myth, Ritual and Kingship, ed. S.H.Hooke, Oxford 1958, 204-235) - A.Haldar, Associations of Cult Prophets among the Ancient Semites, 1946 - Ders., Studies in the Book of Nahum, 1946 - A.S.Kapelrud, Joel-Studies, 1948 - A.Bentzen, Skandinav. Lit. zum AT (ThR NF 17, 1948/49, 273-328) - S.Mowinckel, Religion u. Kultus, 1953 - G.Widengren, Sakrales Königtum im AT u. im Judentum, 1955. - Zur Kritik: H.Frankfort, Kingship and the Gods, 1948 - Ders., The Problem of Similarity in Ancient Near Eastern Religions, 1951 - M.Noth, Gott, König, Volk im AT (ZThK 47, 1950, 157-191 = Ges. Studien zum AT [ThB 6], 1957, 188-229) - R.P.de Fraine, L'aspect religieux de la royauté israélite (Bibl 37, 1956, 59-73) - R. Rendtorff, Der Kultus im alten Israel (JLH 2, 1956, 1-21) - K.-H. Bernhardt, Das Problem der altoriental. Königsideologie (Hab.-Schr. Greifswald), 1956 (Masch.) - S.G.F.Brandon (→ Kultgeschichtliche Methode: I, 3) - I.Engnell, Methodological Aspects of OT Study (in: VT Suppl. 7, 1960). - Vgl. die Lit. zu → Kultgeschichtliche Schule. *C.Westermann*

III. Kultgeschichtliche Methode und NT

Mit dem Aufkommen der → Religionsgeschichtlichen Schule und ihrem Einfluß auf die nt. → Bibelwissenschaft (: II, 5. 6) erwuchs das Interesse für die soziologischen Formen und Funktionen des Urchristentums, wobei bes. die Bedeutung des → Gottesdienstes (: IV) für Leben und Glauben der ersten Christen betont wurde. Das religiöse Erlebnis der zu → Taufe (: II) oder → Abendmahl (: I) versammelten Kultgemeinde erschien als ein schöpferisches Medium, aus dem sich verschiedene Ausprägungen der → Christologie (: I), zB die Bezeichnung des Auferstandenen als κύριος, sowie wesentliche Züge des paulinischen und johanneischen Denkens erklären ließen (Bousset). Darüber hinaus wurde der Begriff des Kultischen bisweilen sehr weit gefaßt und religiöse Hingabe an sich als sakramental betrachtet. Andererseits wurden die volkstümlichen Züge der Kultfrömmigkeit hervorgehoben und die Einwirkung faßbarer Persönlichkeiten, etwa des Paulus oder der Evangelisten, auf die Entwicklung des frühen Christentums und seiner Schriften entsprechend verringert (Wetter). Während man anfangs einer solchen urchristlichen Kultfrömmigkeit von der hellenistischen Seite, zB den → Mysterien, her beizukommen suchte, stellte es sich heraus, daß auch auf dem Gebiet des Kultischen AT und Judentum den unmittelbaren Hintergrund bilden (James). – Bei der formgeschichtlichen Erforschung der → Evangelien wurde ebenfalls die k.M. herangezogen, um sowohl Form wie Ursprung gewisser Bestandteile der Evangelientradition zu erklären. Die Frage nach dem »Sitz im Leben« der mündlichen Überlieferung der Worte Jesu und des Erzählungsstoffes wies auf die gottesdienstlichen Versammlungen der ersten Christen hin. Konsequente Anwendung der k.M. führte dazu, vor allem die Berichte über Taufe, Verklärung und letztes Mahl Jesu sowie die Leidens- und Auferstehungsgeschichten als Kultlegenden zu betrachten, aus dem Bedürfnis hervorgewachsen, das Erlebnis des Christusglaubens in mythischer Form auszudrücken und somit ein Komplement zum kultischen Handeln zu schaffen (Dibelius, Bultmann, Bertram; Mt 11, 25ff als Liturgie: Arvedson). – In weniger radikalen und deshalb verschiedentlich differenzierten Formen macht sich die k.M. gegenwärtig in der nt. Arbeit weithin bemerkbar. Charakteristisch ist der Ansatz, johanneische Perikopen als Reflexe der Rolle aufzufassen, die der Gottesdienst, bes. die Sakramente, im Traditionsmilieu spielte (Cullmann). Auch die Versuche, etwa den → Epheser- und 1. → Petrusbrief als Taufliturgien oder -predigten zu deuten, sind hier zu nennen. Die mit der k.M. gemachten Erfahrungen scheinen zu der Einsicht zu führen, daß die Produktivität anonymer Kultfrömmigkeit sich auf liturgische Elemente (Hymnen, Gebetsformeln) beschränkte und daß man bei der Auslegung nt. Texte zwischen direkten und indirekten Ausdrücken kultischen Lebens und Denkens zu unterscheiden hat, wobei zu letzteren die verschiedenen Formen überkommener Bildersprache und Symbolik zu rechnen sind.

W.Bousset, Kyrios Christos, (1913) 1921[2] – M.Dibelius, Die Formgesch. des Evangeliums, (1919) 1959[3] – G.P.Wetter, Altchristl. Liturgien (FRLANT NF 13), 1921 – Ders., Le culte du christianisme primitif et le NT (RThPh NS 12, 1924, 257–280) – R.Bultmann, Die Gesch. der synopt. Tradition, (1921) 1957[3] – G.Bertram, Die Leidensgesch. Jesu u. der Christuskult (FRLANT NF 15), 1922 – Ders., Die Bedeutung der k. M. für die nt. Forschung (ThBl 2, 1923, 25–36) – E.O.James, Christian Myth and Ritual, 1933 – T. Arvedson, Das Mysterium Christi (Diss. Uppsala), 1937 – O.Cullmann, Urchristentum u. Gottesdienst (AThANT 3), (1944) 1956[3] – N.A.Dahl, Adresse u. Proömium des Eph (ThZ 7, 1951, 241–264) – F.L.Cross, I Peter, 1954 – G.Schille, Das Leiden des Herrn. Die ev. Passionstradition u. ihr »Sitz im Leben« (ZThK 52, 1955, 161 bis 205).

H.Riesenfeld

Kultgeschichtliche Schule

1. Englischer Zweig – 2. Skandinavischer Zweig. – Vgl. → Kultgeschichtliche Methode

Obwohl man nur im weiteren Sinne des Wortes von einer k.Sch. sprechen kann (→ Kultgeschichtliche Methode: I), stimmen doch die Forscher dieser Arbeitsmethode in der Grundhaltung überein: Wesentlich ist die Struktur der at. Religion, die im Zusammenhang der vergleichenden → Religionswissenschaft gesehen werden muß, unwesentlich ist die Sondierung der literarischen Überlieferung (→ Literarkritische Schule) und die damit zusammenhängende »Datierung« bestimmter Belege.

1. Der *englische* Zweig ist mit den beiden Sammelwerken »Myth and Ritual« (1933) und »The Labyrinth« (1935) hervorgetreten (ed. S.H.Hooke, London). Neben → Frazer gaben die religionsgeschichtlichen Studien von Harrison, Perry, Murray, Hocart und Canney (s.Lit.) der englischen Schule wesentliche Anregungen. Wichtig sind die betonte Abwendung vom Evolutionismus, die enge Verbindung von Anthropologie und Religionsgeschichte sowie die These eines gemeinorientalischen Schemas von Mythos und Ritual. Der → Mythos als das den Kultvorgang begleitende Wort dominiert am Neujahrs- oder Herbstfest (→ Feste: II, 8). Der Sinn ist die Erneuerung des Lebens, die als Sterben und Auferstehen der Vegetationsgottheit (→ Auferstehung: I) zur Darstellung kommt, die eine wirkliche Erneuerung des Lebens bewirkt. Zusammengehalten wird das Kultschema vom Gedanken des göttlichen Königtums (→ Königtum Gottes im AT; → Königtum, sakrales). – Gewisse Modifikationen zeigt der Sammelband »Myth, Ritual and Kingship« (1958, ed. S.H.Hooke), an dem beide Zweige der k.Sch. beteiligt sind.

2. Der *skandinavische* Zweig *(»Uppsala-Schule«)* geht auf S. → Mowinckel zurück, läuft zunächst ohne Berührung neben dem englischen her, wird aber später stark von ihm bestimmt. Bedingt gehören J. → Pedersen und A. → Bentzen zu ihm; die Hauptvertreter sind G.Widengren und I.Engnell, daneben A.Haldar und A.S. Kapelrud. Die skandinavischen Forscher haben das von V. → Grønbech für die → germanische Religion aufgewiesene Kultverständnis übernommen und auf das AT angewandt und bes. die »Königsideologie« in den Texten von → Ugarit als Bindeglied zwischen Mesopotamien und Israel nachzuweisen gesucht. Auch hier wird der Evolutionismus scharf abgelehnt (Tor Andrae); das Kultschema habe sich im Laufe eines Jt.s so gut wie gar nicht abgewandelt. Der Mythos ist älter als Sage und Legende.

Zu 1 vgl. außer den im Text genannten 3 Sammelbänden u. den Werken von → Frazer: J.Harrison, Prolegomena to the Study of Greek Religion, Cambridge 1907 – Ders., Ancient Art and Ritual, London 1913 – W.J.Perry, The Children of the Sun, ebd 1923 – G.Murray, Five Stages of Greek Religion, Oxford 1925 – A.M.Hocart, Kingship, 1927 – M.A.Canney, Ancient Conceptions of Kingship, 1933 – N.H.Snaith, The Jewish New Year Festival, 1947. – Zu 2 außer den Werken von → Grønbech u. → Mowinckel: J.Pedersen, Israel I–IV, Kopenhagen 1920–34 (dän.), 1926–40 (engl.) – F.Hvidberg, Graad og Latter i det Gamle Testamentet, ebd 1938 – I.Engnell, Studies in Divine Kingship in the Ancient Near East, Uppsala 1943 – Ders., Gamla Testamentet, en traditionshistorisk inledning I, Stockholm 1945 – Ders., The Ebed Yahweh Songs and the suffering Messiah in Dtjes (SEÅ 10, 1945, 31–65 [schwed.] = BJRL 31, 1948, 3–42 [engl.]) – Ders., The Call of Isaiah (UUÅ 1949, 4) – A.Bentzen, Messias, Moses redivivus, Menschensohn (AThANT 17), 1948 – G.Widengren, Sakrales Königtum im AT u. im Judentum, 1955. – Zur Kritik vgl. die Lit. zu → Kultgeschichtliche Methode: II.

C.Westermann

Kultur

I. Begrifflich – II. Kultur und Religion – III. Kultur und Christentum, geschichtlich – IV. Kultur und Christentum, grundsätzlich. – Vgl. ergänzend → Kulturbringer, → Kulturkreislehre, → Kulturphilosophie und Kulturwissenschaft

I. Begrifflich

K. erscheint unter einem Doppelaspekt: Sie ist einerseits (statisch) Summe menschlicher Werke *(erga)*, andererseits das menschliche Wirken selbst *(en-ergeia)*, dh ein gestaltendes Handeln nach typischen Modellen (Wert- und Zielvorstellungen). Solcher Modelle gibt es nach den Ergebnissen moderner (anthropologischer, ethnologischer, soziologischer, archäologischer) K.forschung außerordentlich zahlreiche; empirisch haben wir es mit einem *Pluralismus* von (lebenden und ausgestorbenen) *K.en* zu tun. Jede Einzel-K. realisiert eine begrenzte Anzahl von menschlichen Möglichkeiten (»Chancen« im Sinne von Max → Weber), unterdrückt hingegen andere, die ihrerseits dann in anderen K.en zur Entfaltung kommen können. Erst der Vergleich vieler (theoretisch: aller) K.en läßt die Totalität menschenmöglicher Gestaltungen erkennen, während eine einzelne K. nur ein spezifisch befangenes Bild gibt. – Der Begriff K. umfaßt daher inhaltlich außerordentlich variable, ja konträre Erscheinungen und wird nur zusammengehalten durch das allen K.en Gemeinsame, also durch eigentlich *transkulturelle Konstanten,* dh »Allgemein-Menschliches«, das sich überall und immer findet: 1. das Bedürfnis nach Nahrung, Obdach, Schutz vor Natureinwirkungen, mithin irgendwelche Formen ökologischer Lebensgestaltung mit »Technik« und »Wirtschaft«, sei es auch primitivster Art (→ Gabe, → Geld, → Handel); 2. das Bedürfnis nach geschlechtlicher Ergänzung und irgendeiner Institutionalisierung des männlichen und weiblichen Rollenverhaltens, mit einfachsten sozialen Gestaltungen (irgendeine Form der → Familie usw); 3. das Bedürfnis nach Gegenseitigkeit, Ausgleich sozialer Asymmetrien, »Vergeltung« in irgendeiner Form (→ Recht: II); 4. Drang nach »künstlerischem« Ausdruck in → Tanz, → Sagen, Dichten, Bilden; 5. Fähigkeit zu numinosem Erleben (→ Numinos) überweltlicher Mächte (→ Religion); 6. → Ordnungs-Vorstellungen darüber, wie das Leben eigentlich sein soll (oder sollte), also verbindliche Normen für Richtig und Falsch, Gut und Böse, Schicklich und Unschicklich, Schön und Häßlich, verbunden mit naiver Absolutsetzung dieser Normen als »schlechthin menschlich«. Die Summe solcher Konstanten nennen wir *Institutionen.* Das ist aber nur eine formale Bestimmung, denn die materiale Besetzung der Institutionen variiert von einfachen Nuancen bis zu absoluter Gegensätzlichkeit: was in der einen K. ein höchster Wert ist, kann in einer anderen als völlig »unmöglich« perhorresziert werden. Dies gilt auch für religiöse Manifestationen.

Kulturanthropologisch ist wichtig, daß beim Menschen neben (oder vor) die sog. »natürliche Umwelt« eine zweite, *symbolische Welt* tritt, bezeichnet durch ein Handeln nach Bildern. Genauer gesagt: das wahrgenommene reale Geschehen ist bereits filtriert durch die geschichtlich vorgegebene (»symbolische«) Bildwelt und die damit verknüpften Erwartungen. Diese zweite Welt manifestiert sich in → Märchen, Sagen, Dichtungen, Kunstwerken, Weistümern, Numina, rechtlichen und religiösen Normierungen. Diese wirken als *»überprägnante Modelle«* auf das menschliche Handeln ein, und auf Grund solcher Modelle entwickelt der Mensch je *»kulturspezifische Einstellungen«,* die so fest werden können, daß sie subjektiv wie Pseudo-Instinkte wirken. Daher erscheint dem in einer spezifischen K. verwurzelten Menschen sein Handeln als »natürlich«, während andere spezifische Formen des Handelns ihm um so »unnatürlicher« erscheinen, je mehr sie vom K.-Eigenen abweichen (→ Symbole, → Symbolismus, → Weltbild).

E. Cassirer, An Essay on Man, New Haven 1944 – L.A. White, The Science of Culture, New York 1949 – L.A. Kroeber, The Nature of Culture, Chicago 1952 – W.E. Mühlmann, Umrisse u. Probleme einer K.anthropologie (Homo 7, 1956, 153–171) – W. de Boer, Das Problem des Menschen u. die K., 1958. *W.E. Mühlmann*

II. Kultur und Religion

1. Religionswissenschaftlich und -soziologisch: a) Vitalreligion – b) K.religion – c) Paganisierung – d) Religiöse K.kritik – 2. Religionsphilosophisch: K.immanenz und K.transzendenz. – Vgl. → Religion

1. Das Verhältnis von K. und R. ist zwischen den äußersten Extremen kulturschöpferischer Diesseitsbejahung und ausgesprochen dialektischer K.feindschaft im Pathos der Distanz zur Welt in den verschiedenen Phasen der R.s- und K.geschichte mannigfach differenziert. Auch der jeweilige Frömmigkeitstypus, mystisch-weltflüchtig oder prophetisch-weltoffen, spielt hierbei eine ganz spezifische Rolle.

a) In der Vitalgemeinschaft des Volkes wird die R. den großen kulturschöpferischen Mutterboden abgeben, aus dem sich → Malerei, Baukunst (→ Kunst: II), Bildhauerei, Dichtkunst, → Tanz, → Philosophie, → Wissenschaft, Gemeinschaftsformen und andere maßgebliche K.äußerungen des Menschen entfalten und verselbständigen, und von daher ist während der ganzen Geschichte der → Religion(: III) ein bleibendes Verknüpftsein von R. und K. zu beobachten. Wie die Eiszeithöhlen vor allem in Frankreich und Spanien zeigen (→ Felsenzeichnungen), gilt dies schon für die frühesten Formen menschlicher Gruppierungen. Die erstaunliche Bildkunst beweist den engen Zusammenhang bestimmter Gottesvorstellungen mit Jagd- und Fruchtbarkeitszauber, Priestermagie und kultischen Festen, Totenbestattung, Opfergaben und der daraus sich entwickelnden K. Offenbar besteht auch hier schon eine Entsprechung zwischen Stilwandel des künstlerischen Ausdrucks und besonderer religiöser Erlebnisform immanenter und transzendenter Weisen des → Numinosen, wie ihn die Wandlungen vom Aurignacien zum Solutréen und zum Magdalénien zeigen mit ihrer Entfaltung von der frühlinearen zur malerischen und schließlich zur abstrakt-linearen Kunstform. Die Stellung zum Ewigen und zur Unsterblichkeitsfrage zeigt sich im Wandel der → Grab-Beigaben und Bestattungsarten (→ Begräbnis: I), in Bildstilen und Zauberriten, wie die Gottesvorstellung in Opfergaben, weiblichen Statuetten und anderen plastischen Kultgegenständen Ausdruck findet. Entsprechendes läßt sich in der Entwicklung vom Mesolithikum bis zum 1. Jt. vChr im Fernen und Nahen Osten, dem Mittelmeerkreis und Alt-Amerika beobachten. Der Zeitraum umfaßt das *magische* Stadium der → Jäger und Sammler über das *mythische* Stadium des → Ackerbaus (: I) und der Viehzucht bis zum *logischen* Stadium der Stadt-K.en (→ Stadtkult), der Schrift und des → Handels. Wir befinden uns im Zeitalter des vorindividuellen Kollektivismus.

b) Bald aber – und dies offenbart sich schon in den Spätepochen dieses Zeitabschnitts – brechen Krisen herein, die Unheilssituation des einzelnen kündigt sich an, der einzelne verlangt religiös und kulturell nach seinen eigenen Entwicklungs- und Ausdrucksformen. Zunächst versucht immer wieder die feste Tradition der Krisen Herr zu werden mit gesetzlichen und zeremoniellen Mitteln und den ihnen entsprechenden K.formen. Im letzten Jt. vChr zeigt sich die Achsenzeit der großen Denker von → China über → Indien bis zu den → Propheten Israels und den griech. Vorsokratikern (→ Griechisch-römische Philosophie, 2a). Hochqualifizierte Einzelne führen die Krisen bis zum Nachsinnen über die Grundlagen des Seins und seiner Ordnungen. Der ostasiatische Typus der Allverbundenheit und der abendländische Mensch als Einzelpersönlichkeit in seinem Gegenüber zur Welt bilden sich als die religiösen Erlebnistypen mit den ihnen zugeordneten spezifischen K.en heraus.

c) Aber gleichzeitig wird schon der Rückschlag des religiös und intellektuell überforderten einzelnen sichtbar, der sich auf der Höhe der großen Religionsstifter und Philosophen nicht halten, sondern nur ein dialektisches Umschlagen in neue Formen eines nachindividualistischen Kollektivismus der Paganisierung der großen K.- oder Stifterreligionen mit ihrem Verweltlichen in K.-immanenz vollziehen kann. Diese Form macht ein Auftreten des prophetischen kulturkritischen Transzendentalismus des Herausrufens des einzelnen aus *dieser* Welt mit Depravation und Relativitäten vor die Forderung des → Unbedingten notwendig. In diesem wechselseitigen Ringen beobachten wir eine dauernde Wellenbewegung zwischen eschatologisch-transzendenter religiöser Verheißung bis zur völligen Verneinung und Abkehr von dieser heillosen Welt und ihrer gleichfalls dem Unheil verfallenen K. und kulturbejahender immanenter Umdeutung der R. in eine rational-humanitäre Diesseitshaltung. Dieses Absinken des religiös Unbedingten in weltliche Diesseitigkeit zeitigt dann wieder den dialektischen Gegenschlag einer Hinwendung zum Unbedingten und zur K.transzendenz und -kritik. Mit dem wachsenden Bewußtsein der Unheilssituation des einzelnen wächst auch das Bewußtsein der Desakralisierung dieser Welt und ihrer K. als Ausdruck eines tiefen K.pessimismus. Was zuerst Ausdruck der Anwesenheit des Göttlichen im Alltag war, wird nun Ausdruck der Verlorenheit und Unheilssituation des einzelnen, der sich einer sinnlosen Welt und Geschichte preisgegeben weiß.

d) Demgegenüber erhebt sich die Heilsverkündigung der großen R.sstifter wie → Buddha mit seiner Weltabkehr, die eschatologische Endzeiterwartung im Judentum und Urchristentum (→ Eschatologie: III. IV). Die Vitalgemeinschaft wird säkularisiert und religiös entwertet; an ihre Stelle tritt die religiöse Geistgemeinschaft, die zur K. kritisch oder gar verneinend steht. Gewissens- und Persönlichkeits-R. tritt an die Stelle einer bloßen Volksfrömmigkeit oder Institutions-R. Zugleich zeigt die sich verselbständigende K. Züge einer weitgehenden Profanisierung auch religiöser Institutionen und Werte. Doch gibt es bei den ländlichen und städtischen Massen des religiösen Durchschnitts auch immer eine primitive Vorhof-R., die sich der seelisch-geistigen Individualisierung der prophetischen R. widersetzt und alte Kult- und K.formen bewahrt, bis sie, wie etwa in den → Mysterien-R.en, mit neuen Gehalten vertieft in einer anderen K.epoche wieder auftauchen. K.bejahung ist nicht mehr in alten Formen möglich, sondern es ergeben sich folgende Doppelhaltungen der R. zur bestehenden K.: a) die extrem negative der mystischen Weltabkehr: »Weine, schweige, fliehe!« lautet eine asketische Mönchsformel - die Haltung einer grundsätzlichen K.feindschaft; b) die K.kritik der prophetischen Frömmigkeit, die zwar zur Welt im Pathos der Distanz steht, aber aktivistisch und reformerisch zu ihr und zur K. eingestellt ist. Doch ist ja auch in der prophetischen R. ein Stück → Mystik und umgekehrt, so daß zwischen den beiden Polen eine Fülle differenzierter Stellungnahmen zur K. möglich ist, von scharfer Kritik und neuschaffender Haltung den K.gebieten gegenüber, deren Sinn dem neuen Gottesbild und Frömmigkeitsideal entsprechend modifiziert wird, bis zur säkularisierenden und rationalisierenden Fortschrittsgläubigkeit (→ Fortschritt), die eschatologische Jenseitsideale in praktischem Diesseitsstreben aktivistisch hier und jetzt verwirklicht sehen will. Diese verschiedenen, differenzierten Haltungen zur K. kommen im → Buddhismus, → Christentum und → Islam zum Ausdruck je nach der religionssoziologischen Entwicklungsphase, die sie verkörpern, was man namentlich an den verschiedenen Stellungnahmen der einzelnen christlichen Epochen zur weltverneinenden Endzeiterwartung beobachten kann. Die Spannung zwischen Weltscheu und Weltlichkeit, zwischen eschatologischer Verheißung und diesseitiger Erfüllung findet in der Stellung zur K. ihren bleibenden dialektischen Ausdruck (→ Kultur: III). Die Mystik reiner Verinnerlichung wird sich wesentlich kulturindifferent oder -feindlich erweisen, die prophetische Haltung kulturkritisch zwar in der Distanz des prophetischen »Herausgerufenen«, aber die K. im Sinne der neuen prophetischen Forderung formend und gestaltend. In der Überschneidung beider Wertwelten, der civitas Dei und der civitas terrena, wird sich der Gläubige immer für die K. im Sinne der Leitidee des kommenden Gottesreiches verantwortlich wissen, ein Leitbild, das im Laufe der Jh.e immer neue Paganisierungen erleidet und neue prophetische Gestalten erweckt (zB die Reformatoren oder → Kierkegaard), die sich stets in einem gesteigerten Sinne quer zur verweltlichten K.immanenz eines kompromißlerischen Kirchenglaubens gestellt haben, neue K.maßstäbe kritisch schaffend. Das vollkommen ausbalancierte Verhältnis zwischen den Reichen der K. und des Glaubens, wie es sich etwa bei → Thomas von Aquino darstellt, wird immer wieder zu Kompromissen mit der Welt führen, denen sich Absplitterungen zT in → Sekten entgegenstellen, die aber der Idee nach vom Leitbild des Herausrufens aus der Welt kulturerneuernd und kulturkritisch wirken (ecclesia invisibilis als kulturkritisches Prinzip) und so die Anforderung an den einzelnen jeweils im Zeitalter der religiösen Vermassung geltend machen (zB Kierkegaard) und damit die Dynamik des K.gedankens durch den Transzendentalismus der eschatologischen Idee in Gang erhalten.

2. Ein weiterer heute sehr wesentlicher Gesichtspunkt *religionsphilosophischer* Beurteilung wird durch Überprüfung des Verhältnisses der gläubigen Einzelpersönlichkeit zur K.gesellschaft gewonnen. Jede Einseitigkeit wirkt hier tödlich; sowohl das Extrem der Unterordnung des religiösen einzelnen als bloßen Mittels unter die kollektivistische K.gesellschaft im totalitären Sinne führt zur Zerstörung von K. und R. wie umgekehrt die Einseitigkeit einer bloßen Weltflucht und K.verneinung des religiösen Menschen. Die gegenwärtige religions- und kultursoziologische Krisensituation erfordert hier gebieterisch eine Neubesinnung auf die besondere, wesensmäßig dialektische Spannung des Verhältnisses von K. und R. Weder liegt der ganze Seinszweck einer religiösen Einzelseele außerhalb der K., denn sie widerspricht der Auffassung vom Wesen Gottes, der seine Geschöpfe und seine Schöpfung liebt und das Diesseits nicht nur als ein erlösungsfähiges ödes Gebiet gemeint hat als bloßes Mittel zum Zweck höherer Welten und sie zur Bewährung planmäßig mit Schuld und Leid heimsucht, noch auch ist die Welt allein um einer diesseitigen kollektiven Zielsetzung als immanentes Reich der K. letzte Bestimmung des Menschen, der innerhalb einer diesseitigen Gesellschaft nur Mittel zum Zweck ist. Es zeigt sich, daß echte, lebendige R. stets krisenüberwindende K.-erneuerung bewirkt gerade durch ihr dialektisches Pathos der Distanz zur Welt. Wir bedürfen immer wieder der religiösen Anstrengung dialektischer Neubesinnung auf eine dritte Schau: Die Welt, ihre Geschichte und ihre K. als eine Provinz des Reiches Gottes. Das wesensmäßige und ewige Dilemma der Spannung zwischen K. und R. muß im religiösen Menschen wach erhalten werden gegen ein Ausruhen in der Unfruchtbarkeit des alternativen Denkens. Das Verhältnis der Einzelseele zu Gott ist ihre zentrale Aufgabe und hat stets den Vorrang. Die Rettung der eigenen Seele durch Gottsuche und -nachfolge darf und kann aber gar nicht im Widerspruch zur Nächstenliebe und damit der Verantwortlichkeit im kulturimmanenten Bereiche stehen. Der Sinn der K. ruht nie in ihr selber; dort kann es letztlich keinen Fortschritt geben über die durch die Erbsünde und menschliche Unzulänglichkeit gezogenen Grenzen hinaus. So dienen die höheren R.en auch heute noch gerade durch ihre kultur- und geschichtstranszendenten Wurzeln der Erneuerung und Erhaltung der K. Aber ebenso ist die reine Weltflucht und K.verneinung des extremen Buddhismus, Stoizismus und Epikureismus eine Selbstgefährdung der R., aus der sie nur herausgerissen werden kann durch das Korrektiv ihrer Verantwortung für die K. So kann K. sowohl zu ihrer Entstehung wie zu ihrer Erneuerung und höherführenden Sinngebung auch und gerade im Zustand ihrer späteren Verselbständigung des

kulturtranszendenten und kulturkritischen Wirkens der R. nicht entraten. Das dialektische Spannungsverhältnis zwischen K. und R. erweist sich als wesensnotwendig. Die aus religiösen Wurzeln entstandenen K.gebiete und -leistungen entwickeln eine starke Eigenkraft, die ihrerseits die Tendenz hat, im Laufe der Geschichte das religiöse Leben ihren immanenten irdischen Zielsetzungen zu unterstellen, bis sie sinnentleert in Krisensituationen, um nicht unterzugehen, wieder der Sinngebung und Antriebe aus dem kulturtranszendenten Bereiche der R. als einer neuen geistigen Mitte bedürfen.

A.Schweitzer, Verfall u. Wiederaufbau der K., 1923 - F.Graebner, Das Weltbild der Primitiven, 1924 - Th.-W.Danzel, Der magische Mensch, 1928 - RGG² III, 1339ff - H.v.Soden, Christentum u. K., 1933 - O.Almgren, Nordische Felszeichnungen als religiöse Urkunden, 1934 - G.Mensching, Soziologie der R., 1947 - E.Rothacker, Probleme der K.anthropologie, 1948 - B.Malinowski, Eine wissenschaftl. Theorie der K., 1949 - H.Kühn, Auf den Spuren des Eiszeitmenschen, (1950) 1956³ - Ders., Die Entfaltung der Menschheit, 1958 - G.Carlberg, K. och R., Stockholm 1951 (Lit.) - E.Neumann, K.entwicklung u. R., Zürich 1953 - R.M.McIver, Symbols and Values: an Initial Study, New York 1954 - A.C.Garnett, R. and the Moral Life, ebd 1955 - R.Linton, The Tree of Culture, ebd 1955 (Lit.) - J.N.Hartt, The Philosopher, the Prophet and the Church. Some Reflections on their Roles as Critics of Culture (JR 35, 1955, 147-159) - M.Eliade, Das Heilige u. das Profane, 1957 - A.Malraux, Psychologie der Kunst, 1958 - A.J.Toynbee, K. am Scheidewege, 1958. - Vgl. die Lit. zu → Religionsgeographie, → Religionssoziologie.

L. Richter

III. Kultur und Christentum, geschichtlich

1. Chr. und spätantike K. (bis zur karolingischen Renaissance) - 2. Chr. und byzantinische K. - 3. Christliche K. des MA - 4. Die Reformation - 5. Die Säkularisierung der K. in der Neuzeit

1. Da die Römer die griechische K. übernahmen, bildete der Orbis Romanus, in den das → Christentum (: III, 1) eintrat, weitgehend eine kulturelle Einheit. Nationale Eigenarten traten zurück; wo sie sich abschlossen, wurden sie als »barbarisch« abgewertet und steigerten das Gefühl der Überlegenheit. Die Urbanität spätantiker K. prägte der von den Sophisten ererbte, aufklärerische Geist der Bildungspragmatik. Auch ihre Religionsphilosophie wurde von dem sokratischen Intellektualismus beherrscht, den → Ciceros berühmte Definition: cultura animi philosophia est (Tusc. II, 5, 13) ins Abendland übertrug. So klaffte zwischen spätantiker K. und Chr. eine tiefe Kluft, zumal das *Urchristentum* und seine → Eschatologie (: IV) die K. dem vergehenden Äon zuwies. Daß die häretische Gnosis unter dem Deckmantel der »Philosophie« (Kol 2, 8ff) auftrat, verstärkte die ablehnende Haltung. ZT führte das zu einer K.kritik, die an jüdische Sekten erinnert (Jak 4, 13ff, vgl. Dam 8, 11-21; 1QS 9, 3-11). Erst mit den → Kirchenordnungen (: I) und den *Apostolischen Vätern* (→ Altchristliche Literaturgeschichte, 2) bahnte sich ein neutrales Verhältnis zur K. an. Dabei griff man auf die Traditionen des hellenistischen Judentums zurück und entwarf mittels seiner Katechese sowie der stoischen Popularphilosophie ein Bild christlicher Gottesfurcht und bürgerlicher Rechtschaffenheit. Hingegen verfiel die → Gnosis (: III) einem Pessimismus, der die K. als Scheinwelt beurteilte, obwohl sie von deren Bildungsgütern lebte. Um so mehr trugen die → *Apologeten* seit Mitte des 2.Jh.s bewußt den Philosophenmantel und erhoben auch für die Christen die Forderung einer von der antiken K. getragenen Paideia (W.Jaeger). Kulturkritische Stimmen (→ Tatian) waren von der Verfallstheorie beeinflußt. Danach war die Moral nur bei den »Barbaren« rein erhalten, während sich hellenischer Geist angeblich in Zivilisation und Technik erschöpfte (Poseidonios). In diesem Sinne verkündete → Clemens von Alexandria die »barbarische Philosophie« des Chr.s als Seelen-K., während der → Diognetbrief das Chr. als die erhaltende »Weltseele« ziviler K. pries, → Origenes aber die spätantike K. und ihre Realwissenschaften als christliche Propädeutik anerkannte. Diese Aussöhnung mit der K. vollzog sich in → Alexandria, wo bereits das Judentum (→ Philo) den gleichen Weg gegangen war. Solche Tradition fehlte im Westen. Auf → Tertullian wirkte trotz seiner rhetorischen Bildung zudem die kulturfeindliche Haltung des → Montanismus ein. Mit dem Übergang zur lat. Kirchensprache (Mitte 3.Jh.) wurde dem stärker von der Rhetorik bestimmten Bildungsideal breitere Einflußmöglichkeit gegeben. Als → Lactantius am Ende des Jh.s die Staatslehre Ciceros seinem Programm einer pia et religiosa cultura dei unici (Div. inst. V, 7, 1ff; 8, 6) einfügte und als neue Sozialordnung verkündete, hatte sich das Chr. unter dem Druck der einströmenden Massen schon längst der bestehenden Sozialordnung gebeugt. Typisch hierfür sind die Bestimmungen für ehrenrührige, vom Chr. ausschließende Berufe in den Kirchenordnungen und Synodalkanones. Als dann die konstantinische *Reichskirche* die kritische Haltung zu Soldatentum und Beamtenlaufbahn aufgab, vollzog sich dank der staatlichen Förderung der Verschmelzungsprozeß von Chr. und spätantiker K. im breiten Umfang: → Kirchenbau (: II) und Sepulkralkunst in ihrer künstlerischen Ausgestaltung (→ Altchristliche Kunst) sowie das an sie gebundene liturgische Zeremoniell (→ Arkandisziplin, → Heiligenverehrung, → Reliquien-Kult) lassen das deutlich erkennen. Während der christliche Staat die röm. Rechtstradition kodifizierte (Codex Theodosianus, 429-439) schuf die reichskath. Kirche ein an ihr orientiertes Kirchenrecht. Wohl protestierte das → Mönchtum (: II) gegen die Weltförmigkeit; doch auch seine Literatur stand unter Einfluß romanhafter Novellistik und klassischer Bildung (→ Isidor von Pelusium). → Hieronymus, der Cicero und den »heidnischen Wissenschaften« abschwor (ep. 22, 30), vertrat selbst einen christlichen Hellenismus, und → Basilius schrieb einen Leitfaden, »wie man mit Nutzen die heidnischen Bücher zu studieren habe«. Diese Bildungspragmatik schlug sich in der → Altchristlichen Dichtung und → Altchristlichen Literaturgeschichte nieder. → Augustin beweist schon durch seinen - nicht vollendeten - Plan einer Enzyklopädie christlich-antiker Bildung, wie stark die spätantike K. integriertes Element des Chr.s geworden war. Er löste aber durch die im »Gottesstaat« entwickelte K.ethik den bisherigen Pragmatismus ab. Indem er die K. als Selbstwert ablehnte, als Gebrauchswert aber bejahte, weil sie die Selbstsucht beschränke und so der Friedensordnung des Weltstaates für Heiden wie Christen diene, erneuerte er die urchristliche Interimsethik und das Spannungsverhältnis zwischen Chr. und K. Durch seine eudämonistische Begründung der K. jedoch leitete er das kulturelle Fortschrittsideal des MA ein. In den Stürmen der Völkerwanderung zerbrach nicht nur der Modellbegriff der »Seelen-K.« - man bezeichnete jetzt K. mit soziologischen Begriffen wie civilitas, humanitas (Cicero) oder Romanitas bzw. Hellenismos -, sondern mit der politischen auch die kulturelle Einheit des Mittelmeerraumes. Der → Hellenismus erlebte in Italien durch → Boethius und → Cassiodor eine letzte Renaissance. Um so enger verband sich das Chr. mit der Romanitas. Ein enzyklopädischer Traditionalismus (→ Isidor von Sevilla) nahm sich neben dem christlichen auch des profanen Erbes an und trug so zum Neuaufbau der Bildung bei. Bei den germanischen Völkern stieß die übernationale Rechts- und Bildungstradition der röm.-kath. Kirche auf die nationalen Überlieferungen einer bäuerlichen Welt. Der → Heliand erfüllte das Christusbild mit Vorstellungen des Gefolgschaftsrechtes, und in

die germanische Idee der Geblütsheiligkeit drang der Begriff des spätantiken Gottesgnadentums ein. Die theokratische Ausweitung ließ das Eigenkirchenwesen des Adels zum Königsrecht und nationalen Kirchenrecht (→ Kirchenverfassung: IV, 5) werden, das später zur röm. Rechtstradition des kanonischen Rechtes in Spannung trat. Zugleich sank die Hegemonie der lat. K. dahin. Für die → Franken schuf → Gregor von Tours das erste nationalchristliche Geschichtswerk (Übergang von der lat. zur romanischen Sprache erkennbar). In → Spanien, wo die mozarabische Sprache entstand (→ Mozaraber), entwickelte sich ein von arabischer K. beeinflußtes Chr. In → England (: I, 2) setzte sich Alfred d.Gr. für nationale Sprache und K. ein, und auch in der karolingischen Renaissance → Karls d.Gr. knüpften die Hofschulen neben der antiken Tradition an das englische Vorbild an. - Vgl. zum Ganzen → Antike und Christentum.

2. Demgegenüber gestaltete sich in dem zunächst von der Völkerwanderung verschonten → *Byzanz* (: II) dank der Einheit von Staat und Kirche das Verhältnis zwischen K. und Chr. enger: klassische Antike, Mönchtum und Kaisertum waren die drei Säulen seiner K. Nur in den Randgebieten entstanden Sonder-K.en wie das koptische Chr. (→ Kopten: I). Ungeachtet der politischen Loslösung blieb die Kirche → Armeniens (: II) und → Syriens (: III) mit der byzantinischen Reichskirche darin verbunden, daß sie neben der Theologie auch die profanen Wissenschaften der Antike (Mathematik, Medizin, Geographie, Chronographie, Grammatik, Philosophie) pflegten. Das in der Kontinuität begründete Gefühl kultureller Überlegenheit steigerte sich in der Begegnung mit dem Islam und seit den → Kreuzzügen auch mit der lat. K. zum Gegensatz von »Rhomäern« und »Barbaren«: das röm. Erbe (Konstantin d.Gr.) galt als staatsrechtliche Legitimation, das griech. Vermächtnis aber als geistiger Befähigungsnachweis für das Imperium Christianum, an dessen Spitze der Stellvertreter des »Allkaisers Christus« stand. Die byzantinische Kirche hatte schon längst vor der Schließung der Universität Athen durch → Justinian (529) das hellenistische Erbe aufgenommen, sei es rein neuplatonischer Gestalt (→ Dionysius Areopagita) oder in der aristotelisch erweiterten Form (Schule von Gaza; → Johannes Damascenus). Sie zeigte sich als echte Sachwalterin der K., daß sie sich auch den islamischen Einflüssen nicht verschloß: sie bildete eine fruchtbare Synthese von Hellenismus, Chr. und Orient. Durch das monophysitische Mönchtum, das das griech. Bildungsgut der vita contemplativa dienstbar machte (→ Mystik: V), vertiefte sich die platonische Komponente byzantinischer Geistigkeit. Ein Universalgelehrter wie → Photius, der den Reichtum klassischer Tradition für das 9.Jh. bezeugt, war ebenfalls um den unmittelbaren Zugang zu Plato bemüht. Laien, Minister und sogar Kaiser erschlossen sich einer Plato-Renaissance (→ Platonismus), die sich zu einer bei Homer einsetzenden Wiederbelebung griech. Literatur (Johannes Tzetzes, 12.Jh.; Theodorus Metochites, 14.Jh.) erweiterte. Von jeher wirkte Byzanz auch auf den Westen ein, wo diese Unmittelbarkeit antiker Überlieferung verlorengegangen war - so auf den Königshof Theoderichs in Ravenna, die karolingische und ottonische Renaissance (→ Otto d.Gr.), so von Sizilien aus auf den Hof → Friedrichs II. oder von Paris aus durch Dionysius Areopagita auf die → Scholastik und abendländische → Mystik (: VI). Der byzantinische Humanismus des 13./14.Jh.s strahlte nach Italien aus und befruchtete die Plato-Akademie von Florenz (→ Ficino) und überhaupt die italienischen Humanisten. Nach dem Fall von Konstantinopel (1453) schufen Flüchtlinge in Venedig, wohin die Beziehungen stets eng waren, ein Zentrum byzantinischer K.

3. Im Abendland gewann das → *Mittelalter* die kulturelle Einheit erst, als die röm.-kath. Kirche alleiniger K.träger geworden war. Als älteste K.zentren hatten die Klöster (→ Reichenau, → St.Gallen, → Fulda, → Corbie) und Domschulen des Klerus dafür den Grund gelegt. Auch die Reformbewegung (→ Cluny, → Petrus Damiani) war kulturbejahend und beeinflußte darin das aufsteigende → Papsttum. Dieses überließ den Bildungsauftrag den großen Mönchsorden, bes. den Bettelorden (→ Dominikaner, → Franziskaner) an den → Universitäten. Diese spiegeln die Universalität der mittelalterlichen K. unter christlicher Ägide wider. Die Geschichtstheorie (seit 9.Jh.), wonach die K. der Griechen zunächst von den Römern aufgenommen und an die Franken weitergegeben sei (translatio studii), diente der geistigen Selbstbehauptung gegenüber Byzanz, das kirchliche → Naturrecht (: II) der Begründung des kirchlichen Primats in Staat, Wissenschaft und Kunst. Als »gebildet« galt, wer die → Artes liberales spätantik-christlicher Tradition beherrschte (→ Hugo von St.Viktor, Didascalion; → Johannes von Salisbury, Metalogicon). Die Begegnung mit Griechen und Arabern in den → Kreuzzügen führte durch neue kulturelle Impulse das HochMA herauf. Neben die Kirche und Mönche traten die aufblühenden Städte und Laien als Träger der K. In → Malerei und Plastik (: II) der Kathedralen der → Gotik (→ Kirchenbau: III, 3) erstrahlte sichtbar, was bisher die Summen klerikaler Gelehrsamkeit erfüllte. Das erwachende Nationalbewußtsein (→ Frankreich: I, 3) sprengte noch nicht die spannungsvolle Universalität der abendländischen K.: das Sacerdotium sollte auf Italien, das Regnum auf die Deutschen, das Studium aber auf die Franzosen gekommen sein. Noch → Dante ersehnte die röm.-christliche Universalmonarchie, in der Papst und Kaiser im freien Nebeneinander den Weltfrieden garantieren sollten. Erst die → Renaissance, für die »der Staat zum Kunstwerk wurde« (Jak. → Burckhardt) und deren K. Ausdruck eines autonomen Menschenbildes war, vollzog mit der grundsätzlichen Hinwendung zur Diesseitigkeit den Bruch zwischen K. und Chr. Dagegen blieb im → Humanismus noch lange die christliche Bildungsreligion das Ziel (→ Petrarca); man suchte dabei den Ausgleich zwischen Antike und Chr. auf ethischem Gebiet. Doch forderte auch dieser christliche Humanismus, der von → Erasmus in Deutschland, → Faber (, 2) in Frankreich, → Colet in England und → Vives in Spanien vertreten wurde, die studia humanitatis (Cicero) im Gegensatz zur reductio artium ad sacram scripturam.

4. So fiel die → *Reformation* in eine Zeit, da die Einheit abendländischer K. bereits zerbrochen war und zugleich eine soziale Umschichtung erfolgte: das städtische Bürgertum trat als politischer und kultureller Faktor in Erscheinung. Der Protestantismus fand an diese - von den Landesfürsten geförderte - Stände-K. den Anschluß und förderte sie zudem durch die grundsätzliche Freigabe der K. Allerdings fiel die theologische Begründung hierfür unterschiedlich aus. → Luther entwickelte die Lehre von den → Zwei Reichen und wies die K. dem Reich der Schöpfungsordnungen zu; er machte die K.ethik zur Berufserfüllung und christlichen Bewährung in der Welt (→ Beruf: III, 3). Aus der Theologie des Wortes ergab sich im übrigen ein stärkeres Interesse am → Bildungswesen, das er jedoch dem Adel, den Ratsherren oder der Obrigkeit »zur Besserung des christlichen Standes« anvertraute. Als später → Melanchthon das höhere Schulwesen reformierte, vermittelte er dem Luthertum die humanistisch-antike Tradition, die jedoch sehr bald im Formalen erstarrte. Die theologische Distanz des → Luthertums gegenüber der K. zeigte sich bes. deutlich in der Kunst. Die Absage an den Heiligenkult minderte

die künstlerischen Aufträge, neue Ansätze im → Kirchenbau (: IV, 1f) fehlten so gut wie ganz. Gefördert wurde, was dem Evangelium diente: Der luth. Choral gab der Kirchenmusik (→ Musik: V) neue Impulse; Luthers → Bibelübersetzung (: IV, 2) verbreitete die neuhochdeutsche Schriftsprache, die sich in nichtprot. Ländern erst im 17.Jh. als Literatursprache durchsetzte. - Der schweizerische Protestantismus gewann durch → Zwingli engere Bindung an den erasmischen Humanismus. Der soziale und politische Reformwille war hier stärker und führte zu einem radikaleren Bruch mit der K. des MA als in luth. Landen. Das gilt auch für → Calvin, der sich bereits der → Gegenreformation gegenüber sah und seine politisch-kulturellen Reformen mit der Unterordnung des Staatsgedankens unter die Souveränität Gottes theologisch begründete. Das → Prädestinations-Dogma gab dem calvinistischen Berufsethos eine besondere, die individuelle K. fördernde Prägung. In den von Calvin beeinflußten Ländern (Frankreich, England, Holland) entwickelte sich der → Kapitalismus stärker als in den agrarischen Gebieten des Luthertums und führte trotz puritanischer Einstellung zur Kunst dennoch die K. des Wohlstandes herauf.

5. Die *Neuzeit,* durch den Siegeszug der rationalistischen → Philosophie und der → Naturwissenschaften (: I) geistig auf neue Grundlagen gestellt, führte die Säkularisierung der K. zu Ende. Mit ihr entstand ein neuer K.-Begriff (→ Pufendorf): K. war Herrschaft der Vernunft über die Natur; sie kann nur gedeihen, wenn die Natur (cultus vitae) und die Gemeinschaftsformen (socialitas) gebessert werden. Dieser Natur-K.-Begriff wurde von der Aufklärung übernommen und seit → Herder allgemeinverbindlich. Wie Pufendorf und → Thomasius für den → Staat, so begründete → Grotius für die K. die immanente Eigengesetzlichkeit naturrechtlich und stellte die Forderung kultureller → Toleranz auf. Solange im konfessionellen Zeitalter die Landesfürsten über die Kirche und die reine Lehre wachten, dienten die territorialen → Universitäten, deren Typ → Melanchthon bzw. die → Jesuiten prägten, der Festigung der Landeskonfession. Je mehr sie sich aber weltlichen Aufgaben zuwandten, verweltlichte auch die von ihnen gepflegte Residenz-K. und schränkte die kulturellen Auswirkungen der Konfessionen immer mehr ein, vor allem in prot. Landen. An den »Ritterakademien« des höfischen Zeitalters vollends (→ Bildungswesen, 5) pflegte man ein weltmännisches Lebensideal, das unter den vordringenden Einfluß Frankreichs geriet. Die → Aufklärung, die die »Natur« zum kulturkritischen Prinzip erhob und mit der Theorie von der → Gleichheit aller Menschen (→ Rousseau) die Standes-K. beseitigte, ließ breitere Schichten an einer enzyklopädischen Bildung teilhaben. Der Satz, daß Religion Privatsache sei, schloß das Chr. davon nicht aus, beschränkte es aber kulturell auf den Privatzirkel. Selbst wo der aufgeklärte Absolutismus den Ausgleich mit der kulturellen Vergangenheit suchte (→ Josephinismus), wirkte es nur als verflachte Bürgermoral. Der Vernunftstaat der französischen Revolution forderte sogar die atheistisch-intolerante K. Dem Chr. öffneten sich neue kulturelle Möglichkeiten, als gegen den Primat der Vernunft Verständnis für das Unbewußte und Elementare (→ Lavater, → Hamann) sowie die Eigenständigkeit von Volk und der nationalen K.en (→ Herder) geweckt wurde. Mit Herder begann die Besinnung der prot. Theologie auf das Verhältnis zwischen K. und Chr. Von ihm angeregt entwarf → Schleiermacher eine dem Protestantismus fehlende und gegenüber dem in der → Romantik erstarkenden Katholizismus vermißte K.ethik. Dabei wurde die Ethik zur → Kulturphilosophie, die Entwicklung des Chr.s aber mit dem kulturellen Fortschritt identisch. In gleicher Richtung, wenn auch stärker von → Hegel beeinflußt, bewegte sich → Rothe. Handelte es sich hier um theologische Entwürfe, so sollte mit dem modernen, unter dem Einfluß weltanschaulicher Parteien stehenden K.staat auf der einen, der kulturellen Aktivität des durch den → Neuthomismus und den → Kulturkampf erstarkten Katholizismus auf der anderen Seite ein sog. K.protestantismus entstehen, dem durch seine Verbindung mit dem → Idealismus (: II) bes. an der humanistischen Tradition gelegen war, der sich aber auch → christlich-sozial betätigte. Der religiöse → Sozialismus (: II) hingegen wandte sich stärker der vom → Materialismus (: III) und seiner Klassenkampftheorie bestimmten Arbeiterwelt zu, während in Amerika eine mehr pragmatisch begründete Bewegung des → Social Gospel entstand. Gegen diese Bemühungen um eine Synthese zwischen dem Chr. und den K.systemen idealistisch-liberaler oder materialistisch-sozialistischer Art wandte sich die → dialektische Theologie, welche die Diastase von K. und Chr. oder ihre dialektische Spannung betonte. Dabei konnte sie die mit der Reformationszeit einsetzende Säkularisierung der K. als »Funktion des Glaubens« (Gogarten) bejahen (→ Säkularismus: I). Sie löste aber auch eine noch in der Gegenwart geführte Debatte über die Regimentenlehre der Reformatoren aus, die eine ev. Staatsethik zu begründen sucht. Aber weder prot. Theologie noch kath. K.politik haben den säkularen Charakter des modernen, weithin technisch gelenkten K.lebens gewandelt.

Außer RGG[2] III, 1348f u. der Lit. zu den im Text genannten Artikeln vgl. allgemein: J.NIEDERMANN, K. Werden u. Wandlungen des Begriffes u. seiner Ersatzbegriffe von Cicero bis Herder, 1941 - H.v.SODEN, Chr. u. K. in der geschichtl. Entwicklung ihrer Beziehungen (in: Urchristentum u. Gesch. I, 1951, 56-89). - Zu 1: CH.N. COCHRANE, Christianity and Classical Culture, (1940) 1944[2] - F.LOT, La fin du monde antique et le début du moyen âge, 1951[2] - W.LAISTNER, Christianity and Pagan Culture in the later Roman Empire 1951 - W.JAEGER, Paideia Christi (ZNW 50, 1959, 1-14). - Zu 2: N. BAYNES, The Hellenistic Civilization and East Rome, 1946 - H.-G. BECK, Theodoros Metochites, 1952 - K.LECHNER, Hellenen u. Barbaren im Weltbild der Byzantiner. Die alten Bezeichnungen als Ausdruck eines neuen K.bewußtseins (Diss. München), 1954; im Auszug: Byzanz u. die Barbaren (Saeculum 6, 1955, 292-306) - K.SETTON, The Byzantine Background of the Italian Renaissance (Proceedings of the American Philosophical Society 100, 1956, 1-76) - G. DOWNEY, Coptic Culture in the Byzantine World (Greek and Byzantine Studies 1, 1958, 119-135) - W.OHNSORGE, Abendland u. Byzanz. Ges. Aufs. zur Gesch. der byz.-abendländ. Beziehungen u. des Kaisertums, 1958. - Zu 3: J.HUIZINGA, Herbst des MA, (1924) 1956[6] - DERS., Gesch. u. K. Ges. Aufs., hg.v. K.FÖRSTER, 1954 - E.R. CURTIUS, Europäische Lit. u. lat. MA, (1948) 1954[2] - H.AUBIN, Vom Altertum zum MA. Absterben, Fortleben u. Erneuerung, 1949 - H. GRUNDMANN, Sacerdotium, Regnum, Studium (AKultG 34, 1951, 5-21) - K.VOSSLER, Medievale Culture I. II, 1952 - A.BUCK, Das Geschichtsdenken der Renaissance, 1957 - W.LAISTNER, The Intellectual Heritage of the Early Middle Ages, 1957 - H.DANNENBAUER, Die Grundlagen der mittelalterl. Welt, 1958 - E.L.FORTIN, Translatio studii (in: Folia. Studies in the Christian Perpetuation of the Classics IX/2, 1958, 43-51). - Zu 4: ELERT, ML II - H.RÜCKERT, Die Stellung der Reformation zur mittelalterl. Univ., 1933 - G.SCHNÜRER, Kath. Kirche u. K. in der Barockzeit, 1937 - A.A.VAN SCHLEVEN, Het Calvinisme gerunde zijn Bloeitijd. Zijn uitbreding en culturhistorische Betkenis, bisher 2 Bde, 1942/51 - R.HOYKAAS, Science and Reformation (Cahiers d'histoire mondial 3, 1951, 109-139) - V.H.H.GREEN, Renaissance and Reformation, 1952 - G.HILLERDAL, Gehorsam gegen Gott u. Menschen. Luthers Lehre von der Obrigkeit u. die moderne ev. Staatsethik, 1955 - S.ROTHER, Die relig. u. geistigen Grundlagen der Politik H.Zwinglis (Erlanger Abh.en zur mittleren u. neueren Gesch. 7), 1956 - H.BORNKAMM, Luthers Lehre von den zwei Reichen im Zusammenhang seiner Theol., 1958 - F.E.CRANZ, An Essay on the Development of Luther's thought on Justice, Law and Society, 1959 - G.TÖRNVALL, Die sozialtheol. Hauptaufgabe der Regimenterlehre (EvTh 17, 1959, 407-416). - Zu 5: R.HEINZE, Die K.auffassung Schleiermachers nach der »Ethik« u. der »Christl. Sitte«, 1935 - G.SCHNÜRER, Kath. Kirche u. K. im 18.Jh., 1941 - P.A.CAR-

TER, The Decline and Revival of the Social Gospel, 1956 - P.H.JÖRGENSEN, Die Ethik Schleiermachers, 1959. *C.Andresen*

IV. Kultur und Christentum, grundsätzlich

1. Das Problem - 2. Lösungen - 3. Die bleibende Aufgabe. - Vgl. auch → Christentum: IV A. V, → Sittlichkeit, → Staat

1. a) Es gibt nicht *die* K. noch *das* Chr. Es gibt nur diese und jene K., dieses und jenes Chr. mit dem je ihnen eigenen Wesen. So ist zB auch A. → Harnacks »Wesen des Chr.s« und A. → Schweitzers K.philosophie repräsentativ für *ein* Chr. und für *eine* K.auffassung. Das Problem ist ein geschichtliches, nicht eines von zeitlosen Prinzipien oder Ideen in ihrem Verhältnis zueinander. Wohl ist empirisch keine K. und kein Chr. ohne sie leitende Prinzipien und Ideen. Diese aber sind schon die Folge und nicht die Ursache dessen, daß das menschliche Leben als solches als Forderung und Aufgabe, als Zumutung auf uns zukommt. Das Herz des Chr.s ist nicht eine Idee, sondern die Person Christi, ihr Wille, Wort und Werk. Auf der anderen Seite ist K. Leistung und Werk von Menschengenerationen.

b) Jede Begegnung zwischen K. und Chr. weist Grundzüge und Motive auf, die konstant zu sein scheinen. Die Begegnung Jesu mit den jüdischen und römischen Vertretern bringt das Problem ihrer K. zur Sprache und zur Entscheidung. Aber darüber ist weder die K. noch das Chr. je zur Ruhe gekommen (→ Kultur: III).

c) Ist K. bewußte Gestalt und Gestaltung mitmenschlichen Daseins in dieser Welt und aus ihrer Erkenntnis heraus, so ist demgegenüber Chr. die konkrete Bezeugung der Herrschaft Christi, die nicht von »dieser« Welt ist und doch auch eben der K. dieser Welt ganz und gar gilt. Damit entsteht ein nicht zu übersehender Gegensatz zu einer jeden K., die immer von dieser Welt ist. Das Problem zwischen K. und Chr. liegt daher in der ständig aufgegebenen Unterscheidung und Reinerhaltung von Chr. und K., in dem immer neu zu bestimmenden Verhältnis beider zueinander sowie in der Frage danach, was beide jeweils einander verdanken und schuldig sind.

2. In Anlehnung an H.R. → Niebuhr (s. Lit.) seien folgende grundsätzlich-typische *Lösungen* aufgeführt:

a) *Unterscheidung und Scheidung von K. und Chr.* Die → Gemeinde (: I) der Wiedergeborenen ist die aus der Welt herausgerufene Schar. Sie ist unterwegs (Peregrinatio) zum Schauen dessen, was sie glaubt: zu einem neuen Himmel und einer neuen Erde (→ Eschatologie: VI). Diese Welt und ihre K. vergehen. Es kommt darauf an, sich unbefleckt von der K.-Welt zu halten. Christus ist der Gesetzgeber für diese Gemeinde der Erwählten. Ihr Lebensgesetz ist die → Bergpredigt. Sie gebietet die Feindesliebe, die Wehr- und Gewaltlosigkeit. Das bedeutet hier radikale Verneinung der jeweils herrschenden K. Denn diese beruht auf dem Gesetz der Selbstbehauptung. Sie ist ihrem Ursprung und Wesen nach ein Dahingegebensein an selbstgemachte Götter und Mächte. Die Herkunft aller K. aus dem → Kultus und der → Religion ist hier stark beachtet (→ Kultur: I). Sie macht Geschöpfliches zum Schöpfer. In ihr lebt der Mensch von seiner eigenen kulturellen Leistung. Sie ist nicht Frucht und Folge seines Lebens, sondern dessen Wurzel und Quelle. - Christliche Freiheit ist die Freiheit von der K. dieser Welt für die Auferbauung des Reiches Christi. Das Leben des Christen ist der Auszug aus der K. und der ihr verfallenen Kirche durch das Tor des Leidens und des Todes hindurch in die Ewigkeit vor dem Angesichte Gottes. Entweltlichung im Sinne von Weltflucht in Askese, Abstinenz von weltlichen Dingen, wie vor allem vom Kriegsdienst (→ Krieg: IV), und streng geregeltes Eigenleben kennzeichnen die K.abgewandtheit und Fremdlingschaft dieser Heiligen. Undurchführbarkeit der Prinzipien und schwerste Leiden rechtfertigen keinen Kompromiß mit der K., auch nicht die ungewollte Tatsache tiefreichenden Einflusses auf sie. Die Herrschaft Christi ist das Ende aller K., wie sie das Ende des Gesetzes ist. K. ist die Lebensordnung derer, die unter dem Fluch des Gesetzes sind. Sie kann auch geradezu als die Zerstörung der Schöpfung gelten. Ihren Untergang schaut die → Apokalyptik, wie sie auch das Kommen des himmlischen Reiches schauend vorwegnimmt.

b) Das *K.-Chr.* geht einen nahezu entgegengesetzten Weg. Es relativiert den Unterschied zwischen K. und Chr. bis hin zu einer völligen Verschmelzung. → Christentum (: V) ist hier *die* K.macht. Durch das Chr. wird die K. erst ihrer eigentlichen göttlichen Bestimmung entgegengeführt. Um der K. willen ist das Chr. da, als deren Grund und Ziel. Seinem eigenen Wesen nach ist das Chr. selbst die wahre K. des Herzens und der Mitmenschlichkeit. Es ist die höchste K.religion.

c) Die *Überhöhung der K. durch Christus* und sein übernatürliches Reich ist bes. rein in der mittelalterlich-kath. Konzeption intendiert. Hier handelt es sich nicht um Verschmelzung, sondern um eine hierarchische Struktur. Ihre Spitze ist der Christus prolongatus der Kirche. Ist die K. der vorfindliche Leib, unter dessen Gestalt die Völker ihr Leben haben, so ist die Kirche die Seele, der Geist und der Wille dieses Leibes. In dieser Struktur bleibt die relative Eigenständigkeit der K. gewahrt, wie auch die der Kirche. Beide dienen einander, aber in einer nicht umkehrbaren Ordnung. Natur und K. haben ihr eigenes Recht, die Kirche aber als die sakramentale Heilsgestalt der Übernatur krönt und begrenzt dieses Recht. Der statisch-institutionelle Charakter dieser Struktur ist unverkennbar. Aber ihre konkrete Wahrung und Geltendmachung in der Geschichte ist voller Dynamik und Kollisionen. Sie ist keineswegs nur auf die römische Kirche und ihre → Konkordate beschränkt.

d) Die *dialektische Verhältnisbestimmung von K. und Chr.* meint das paulinische ὡς μή (1Kor 7, 29ff) als Haltung des Christen zu den Dingen der Welt schlechthin. Entweltlichung ist hier - wie auch im johanneischen Schrifttum - nicht die Erlösung von der dem Verderben preisgegebenen K. für das himmlische Jerusalem. Es ist die Freiheit von der K. zu ihrem kritischen Gebrauch. Nur sofern eine K. Heilsbedeutung für den Menschen beansprucht, ist ihr Heilsanspruch radikal abgelehnt. Denn das wäre der Versuch der Selbstrechtfertigung aus dem eigenen K.werk. Sofern jedoch der Glaube zu allen → guten Werken aufgeboten ist, muß er sich auch im rechten kritischen Gebrauch der K. und in der Mitwirkung bei ihren Werken äußern. Dies geschieht jedoch nicht um der der K. immanenten Zwecke und Ideale willen, sondern aus der Liebe heraus, die dem Glaubenden widerfahren ist und die er um seines Herrn willen zum Heile und zum Wohle des Nächsten üben soll. Die K. ist der Schauplatz dieser Liebe, wie sie auch der Schauplatz der Sünde ist. Ihr Motiv und ihre Intention ist sie nicht. Das Reich der Liebe Christi ist nicht das Reich der K. Die Liebe gilt aber dem Reiche der K. Denn auch dieser Bereich ist Gottes. Christus ist auch der Herr der K. Zwar weiß der Mensch in seinem kulturellen Handeln sehr wohl um den Anspruch Gottes. Er widerspricht aber diesem Wissen, indem er sich selbst und seine K. autonom setzt. Insofern K. praktikables Gesetz für das Zusammenleben der Menschen in der Welt ist, kann hier K. auch als Zuchtmeister auf Christus hin verstanden werden. Durch sie wird dann zwar nicht das Heil erwirkt. Wohl aber verwahrt sie - vorsätzlich oder nicht - den Menschen für die Gnade. Sie ist tötendes Gesetz, dies aber auf die Auferstehung in Christus hin. Insofern ist sie in der Hand Gottes ein Mittel seiner Liebe unter der Larve seines Zornes und Gerichtes. Ein gewisser, relativer »Dualismus« (Rich.Niebuhr) der → Zwei Reiche Gottes (Luther) ermöglicht jene Dialektik gegenüber der K., die trotz aller Korruptheit und Sündenherrschaft sub specie aeternitatis doch der Geduld Gottes dienen muß. In der K. geschieht doch der Wille Gottes. Und dieser ist darauf aus, daß allen Menschen geholfen werde.

e) Die *Bekehrung der K. zu Christus* wird aus der Hoffnung heraus betrieben, daß die Herrschaft Christi alle Dinge neu macht. Der Impuls zu einer unbändigen christlichen Aktivität innerhalb der K. (zB → Social Gospel) kommt aus dem Sendungsbewußtsein, als Mitarbeiter Gottes die Kraft der Auferstehung bezeugen zu sollen. Die → Sünde ist hier eine abgrundtiefe Verkehrung der Schöpfung, nicht aber deren wirksame Liquidation. Auch in der Sünde bleibt der Mensch Gottes Geschöpf und Ebenbild. Das zeigt sich auch in der K. Auch in der äußersten Korrumpiertheit ist K. Leistung und Werk des zwar gefallenen, darum aber doch nicht Gott-los gewordenen Menschen. Das Paradies ist als eine K.landschaft vorgestellt. Der dem Menschen mit seiner Schöpfung erteilte göttliche Auftrag heißt: K. als Urbarmachung der Erde und aller Kreatur nach Gottes Willen. Darin, daß der Mensch nur in K. zu leben vermag – ein Naturzustand ohne K. ist späte, morbide kulturkritische Utopie –, gehorcht er seinem Schöpfer. Mag er darin, *wie* er K. hat, Gott noch so sehr widersprechen: K. an sich ist nicht vom Teufel. Teuflische K. rechtfertigt nicht deren Verwerfung überhaupt. Aufgabe der Christen ist die unaufhörliche Mitarbeit an der K. Der Christ hat aber die absolute Verpflichtung, in einer jeden K.gestalt einen solchen Wandel herbeizuführen, der vor der Herrschaft Christi verantwortet werden kann. Um eine Verschmelzung von Chr. und K. handelt es sich hier nicht. Denn die verwandelnde Kraft des Glaubens ist gerade nicht »von dieser Welt«. Sie kommt nicht aus der K. noch aus der Natur, sondern allein aus Gottes Gnade.

3. Alle oben (s. 2) angeführten Typen sind in großartiger Reinheit, aber auch in Verbindung mit anderen Motiven und in mannigfaltigen Akzentuierungen bis heute mächtig, auch innerhalb der K. Die Behauptung der absoluten Endgültigkeit *einer* Lösung wäre die radikale Verkennung der Geschichtlichkeit des Problems. Es darf nämlich nicht verkannt werden, daß das in der Begegnung von Chr. und K. Gebotene wesentlich auch davon abhängt, wie eine K. sich selbst versteht und wie *sie* einem bestimmten Chr. begegnet. In dem einen Fall kann nur die Scheidung das Gebot der Stunde sein, im anderen aber gerade die Kooperation. Wieder eine andere Situation kann das ὡς μή mit besonderer Akzentuierung geboten sein lassen. Wie es Typen des Chr.s in seinem Verhältnis zur K. gibt, so auch Typen der K. in ihrem Verhältnis zum Chr. Eines ist eine K., die sich selbst aller Religion gegenüber als autark, autonom, neutral oder feindlich versteht. Ein anderes ist eine bewußt religiös fundierte K., die das Chr. verneint oder es plötzlich als die bessere Religion substituiert. Eines ist eine K., die allen Glauben privatisiert oder ihn als Ideologie für ihre Intentionen benutzt. Ein anderes ist eine K., die die christlichen Wurzeln ihrer Kraft zu reaktivieren sucht oder sie bewußt abschneidet. In jedem Falle ist das Chr. nach seinem eigenen Wesen und Auftrag gefragt und so zur Selbstprüfung aufgefordert. Es verdankt der K. immer diese Aufforderung, aber auch die Erinnerung daran, daß nie ohne das Dabeisein der K. sich konkret die Forderung Gottes meldet, in Liebe für die Welt dazusein. Es verdankt der K. aber auch, daß nur sie ihm die Mittel an die Hand gibt, deren sich seine Liebe bedienen muß. Die Wahl der Mittel ist eine Sache des verantwortlichen Vernunftgebrauchs. Das aber gilt auch für jedes kulturelle Werk. Daß diese Verantwortung auf *beiden* Seiten eine solche vor Gott für das Zusammenleben der Menschen in der Welt ist, ist der Grund für eine letzte Solidarität des christlichen und des kulturellen Handelns. Christliches Handeln bestätigt den relativ autonomen Vernunftgebrauch in den Dingen der K. Es wirkt sich immer wieder auf diese Weise als Krisis der K. aus. Es läßt sie aber gerade so auch gelten in ihrer Endlichkeit und Vergänglichkeit als Menschenwerk, das seine Zeit hat, aber auch sein eigenes Gutes.

Lit. s. → Kultur: III. Ferner: F.K.Schumann, Der Gottesgedanke u. der Zerfall der Moderne, 1929 – P.Tillich, The Protestant Era, Chicago 1948; dt. 1950 – R.Hermann, Fragen um den Begriff der natürl. Theol. (BFChTh 44, 2), 1950 – H.Rich.Niebuhr, Christ and Culture, New York 1951. *G.Harbsmeier*

Kulturbringer (Kulturheros), Bezeichnung für ein mythisches, anthropomorph oder theriomorph gedachtes Wesen mit überirdischen Kräften und Fähigkeiten, dem die Einführung von Kulturgütern und wichtigen Einrichtungen, die Bekämpfung von Ungeheuern u.a.m. zugeschrieben wird. Seine Wirksamkeit setzt in der Regel am Ende der mythischen Urzeit, also lange nach der Weltentstehung ein. Es gilt als → Urheber der gegenwärtigen Daseinsform der Menschen und ihres Lebensraumes. Manche Völker nehmen ein Kollektiv von K.n an (vgl. zB die mythischen Vorfahren der Stämme → Australiens oder Heroengestalten nordwestamerikanischer → Indianer). Wesentlich für die richtige Beurteilung des K.s ist seine Stellung zum Höchsten Wesen (→ Hochgottglaube). So kann er als dessen Geschöpf betrachtet werden, als dessen Gesandter (Heilbringer), ebenso als anfänglicher Mitschöpfer und Gehilfe des Hochgottes oder als Idealbild des ersten Menschen (Stammvater). Mitunter wird er vergöttlicht und verschmilzt mit dem Höchsten Wesen. Vielfach tritt der K. erst nach einer → Sintflut auf, wobei er die Erde von neuem entstehen läßt. In anderen Fällen vollendet er die → Schöpfung (Demiurg) oder gestaltet sie um (Transformer). Manche Völker geben dem K.-Mythos einen eschatologischen Ausklang (→ Eschatologie: I): Am → Weltende werde der K. (mit dem Höchsten Wesen) wiederkommen, die Toten erwecken und die Erde erneuern. Der K. wird aber bisweilen auch zu einem Widersacher des Hochgottes oder weist neben seinen Funktionen als Heilbringer auch komische oder schelmenhafte Züge auf (Trickster). Bes. ausgeprägt erscheint diese Gegensätzlichkeit in der Vorstellung von den mythischen → Zwillingen, die sich vor allem bei agrarischen Völkern findet. Der eine Bruder ist als richtiger K. anzusehen, der andere hingegen tritt als Gegenspieler oder Tölpel auf. Als Mutter des Brüderpaares wird oft eine Jungfrau angesehen, die auf geheimnisvolle Weise geschwängert wurde (→ Jungfrauengeburt). Das gilt auch manchmal vom K. Die → Ambivalenz des K.s und der Zwillingsbrüder ausschließlich astralmythologisch erklären zu wollen, ist abwegig. Als Komponenten des K.-Mythos können auch kosmische Antithesen, das Motiv Gott und sein Widersacher und eine »Lebensphilosophie« (das Problem der widerspruchsvollen Welt) angenommen werden.

P.Ehrenreich, Götter u. Heilbringer (ZE 38, 1906, 536-610) – W.Schmidt, Heilbringer bei den Naturvölkern (Intern. Woche f. Religionsethnologie IV, Paris 1926, 247-261) – A.van Deursen, Der Heilbringer, Groningen 1931 – H.Baumann, Schöpfung u. Urzeit des Menschen im Mythus der afrik. Völker, 1936, 334ff – H.Tegnaeus, Le Héros Civilisateur (Studia Ethnogr. Uppsaliensia 2), Stockholm 1950 – A.E.Jensen, Mythus u. Kult bei Naturvölkern (Studien z. Kulturkunde 10), 1951 – P.Radin-K.Kerényi-C.G.Jung, Der göttliche Schelm, Zürich 1954 – W.Müller, Die Religionen der Waldland-Indianer Nordamerikas, 1956, 70ff. *J.Haekel*

Unter K etwa Vermißtes bitte unter C und Z suchen

Kulturkampf

1. Vorgeschichte und Ausbruch - 2. Stufen des Kampfes - 3. Widerspiel der Kräfte und Umschwung - 4. Ergebnis

1. Der schon vorher geläufige *Ausdruck* K. wurde durch die am 17.1.1873 im preußischen Landtag gehaltene Rede R. Virchows zum politischen Schlagwort für die Auseinandersetzung des Deutschen Reiches mit der kath. Kirche. Die *Sache,* dh der Zusammenstoß der modernen liberalen Gesellschaft mit den restaurativen Tendenzen des → Katholizismus, ist älter und begegnet auch außerhalb Deutschlands. Durch den die freie Forschung bedrohenden → Syllabus (1864) und das → Vatikanum (1870) fühlte sich der moderne Kulturstaat in seiner Grundlage angegriffen und herausgefordert. Der Konflikt mit dem preußischen Staat in der Mischehenfrage hatte zur Bildung ultramontaner Parteien geführt (→ Ultramontanismus). Die vom → Liberalismus 1848 errungene Vereins- und Versammlungsfreiheit kam nicht zuletzt der kath. Kirche zugute. Anderseits entwickelte diese gerade jetzt unter → Pius IX., bes. unter dem Eindruck der den Kirchenstaat bedrohenden italienischen Einheitsbewegung (→ Italien, 5), einen starken Zug zur Erhöhung und Befestigung der kirchlichen Lehrautorität unter scharfer Abweisung aller nationalen, liberalen Strömungen in Gesellschaft und Kultur. Höhepunkt dieser Entwicklung bildete das Vatikanum von 1870. Vorangegangen waren eine Reihe staatsrechtlicher Erfolge (durch den Abschluß von Konkordaten mit Österreich und Spanien und die Wiedererrichtung der Hierarchie in England und Holland). Die außenpolitischen Vorgänge der 60er Jahre hatten allerdings zu einer Reihe von Gegenstößen geführt. Abgesehen von Italien, wo der Kirchenstaat 1870 verlorenging, hatte in → Österreich nach der Niederlage von Königgrätz eine liberale Opposition die bisherige Konkordatspolitik abgelehnt, was zu einem K. führte, der erst 1874 sein Ende fand. Ähnliche antirömische Bewegungen, wenn auch auf kantonaler Grundlage, entstanden in der → Schweiz mit der Tendenz zu einem schroffen Staatskirchenrecht. - In Deutschland ging der erste, zu einer gesetzgeberischen Maßnahme führende Anstoß zu einem K. von dem kath. → Bayern aus, das streng staatskirchliche Prinzipien vertrat: auf dessen Antrag nahm der Reichstag ein Gesetz über den Mißbrauch der Kanzel an (10.12. 1871). Vorstellungen des bayerischen Ministerpräsidenten → Hohenlohe zwecks Maßnahmen gegen das Vatikanum wies → Bismarck zurück, weil es sich hier um eine innere Angelegenheit der kath. Kirche handele und man abwarten müsse, welche Folgen sich für den deutschen Episkopat daraus ergäben. Erste Schwierigkeiten zeigten sich, als der Fürstbischof von Breslau den Staat um ein Eingreifen gegen einen Theologie-Prof. wegen antikurialer Publizistik ersuchte. Solange mit solchen Beschwerden noch nicht der Vorwurf des Vergehens gegen ein Dogma verbunden war, blieben Kirche und Staat bemüht, einen offenen Konflikt zu vermeiden. Zudem hoffte Bismarck, daß über dem Vatikanum eine größere Krisis innerhalb der Kirche ausbrechen würde, was sich jedoch bald als Irrtum herausstellte. Als der Erzbischof von Köln mit kirchlichen Maßnahmen gegen Professoren der kath.-theol. Fakultät → Bonn vorging und vom Staat erwartete, daß er sich ihm anschließen würde, reagierte Bismarck mit Aufhebung der kath. Abteilung im preußischen Kultusministerium. Damit war im Grunde der Kampf eröffnet, der bald eine Verschärfung dadurch erfuhr, daß der Bischof von Ermland dem in → Braunsberg als Religionslehrer tätigen, das Vatikanum ablehnenden Kaplan Wollmann die missio canonica entzog und ihn schließlich zusammen mit einem anderen Lehrer exkommunizierte.

2. a) War für Bismarck jede Einschränkung der Staatsräson an sich schon ein unerträglicher Gedanke, so ist sein Entschluß zum Kampf noch mehr durch die Neubildung der früheren preußischen kath. Fraktion zur Zentrumspartei bestimmt worden. Das → Zentrum machte sich zum Sprecher aller durch die Entscheidungen von 1866 und 1870/71 überrannten Volksgruppen und mobilisierte nicht nur Katholiken, sondern auch Welfen und Polen unter Ausnutzung der Verfassung gegen das Reich. In dieser Opposition gegen sein Werk erblickte Bismarck den Aufstand aller Reichsfeinde, und in der Verkoppelung mit dem römischen Katholizismus das Wiedererstehen des »uralten Machtstreites zwischen Königtum und Priestertum«, der ihn an die Zeiten des Investiturstreites erinnerte, auf den er mit den berühmten Worten »Nach Canossa gehen wir nicht!« anspielte. Vor den Abgeordneten erinnerte er sogar an die antike Sage, in der Agamemnon mit seinen Sehern in Aulis stritt, die Tochter opfern mußte und die griechische Flotte am Auslaufen gehindert wurde. So steigerte sein leidenschaftliches Temperament den Charakter des K.s, indem er ihn auf der dunklen Folie eines säkularen Prinzipienkampfes in unermeßliche Perspektiven rückte. Bismarck wußte genau, daß er mit seinem Kampf gegen den politischen Katholizismus auch die »Stimmgabel« in Rom anrühre; das Zentrum sei nur »Vorposten«, das »eigentliche Heer steht hinter den Alpen«. - Entsprechend ihrer Zuständigkeit und der damit ermöglichten Wirkung wurde der K. vom Reich und von den Einzelstaaten aus geführt. Zu gesetzgeberischen Maßnahmen kam es auch in den außerpreußischen Ländern (namentlich in Baden und Hessen), aber in → Preußen, der Vormacht des deutschen Protestantismus, waren sie bes. einschneidend. Hier trat eine Verschärfung dadurch ein, daß der vorsichtige und zurückhaltende Kultusminister v. → Mühler im Jan. 1872 durch Ad. → Falk ersetzt wurde. Als Erbschaft übernahm Falk das von Mühler bereits vorbereitete Gesetz über die staatliche → Schulaufsicht, das am 11.3.1872 in Kraft trat. Anlaß dazu hatten jene Fälle (wie etwa in Braunsberg, s. 1) gegeben, wo Lehrer, die den vatikanischen Beschlüssen nicht zustimmen konnten, deswegen kirchlich gemaßregelt, zT sogar exkommuniziert worden waren und von der geistlichen Aufsichtsbehörde an der Ausübung ihres Staatsamtes gehindert wurden. Das Gesetz sah formal keinen Ersatz der geistlichen Schulaufsicht durch eine weltliche vor - »im staatlichen Auftrage« hatte auch bisher die geistliche Schulaufsicht ihre Funktionen ausgeübt -, aber jetzt wurde der Auftrag nur bei staatspolitischer Zuverlässigkeit erteilt. Gegen dieses Gesetz erhoben auch Bismarcks ehemalige Gesinnungsfreunde, die prot. Konservativen, Einspruch; denn aus ihrer traditionellen Auffassung vom Wesen des christlichen Staates vermochten sie die Priorität der ganz weltlich verstandenen Staatsräson nicht anzuerkennen. Bismarck wiederum hat diese »Fahnenflucht« der Konservativen mit besonderem Grimm verfolgt. - Die im Sommer 1872 als Reichsgesetz verfügte Ausweisung der → Jesuiten (und der diesen verwandten Orden und Kongregationen) ging wie der erwähnte (s. 1) → »Kanzelparagraph« auf einen Antrag Hohenlohes zurück, der in seinem Entwurf noch radikaler war als der verabschiedete Wortlaut des Gesetzes.

b) Den Höhepunkt erreichte der K. durch die sog. preußischen »Maigesetze« von 1873, die, ergänzt durch die auf ihnen fußenden Strafbestimmungen von 1874-75, wesentlich das Werk Falks waren. Ob er damit seinen Auftrag erfüllt hat, die Rechte des Staates der Kirche gegenüber »mit möglichst wenig Geräusch« wiederherzustellen, muß im Blick auf die Wirkung bezweifelt werden. Anderseits ist der spätere Vorwurf Bismarcks,

Falk habe »die juristischen Einzelheiten psychologisch nicht richtig gegriffen«, ebenso ungerechtfertigt wie die Selbstverteidigung, daß er (Bismarck), körperlich ermattet, Ende 1872 das Ministerpräsidium vorübergehend an den Kriegsminister v.Roon abgetreten, zumeist auf seinem pommerschen Gut geweilt und die Gesetze ungelesen unterschrieben habe. Tatsächlich hat er sie, trotz seiner geschwächten Gesundheit, nicht nur durchgearbeitet, sondern auch ohne Beanstandung kontrasigniert. Sie griffen tief in das Eigenleben der Kirche ein. Als Auftakt wurden die kirchenpolitischen Artikel der Grundrechte der preußischen Verfassung (die das Zentrum 1870 in die Reichsverfassung übernommen wissen wollte) außer Kraft gesetzt oder mit abschwächenden Zusätzen versehen und bald ganz aufgehoben. Damit waren die Voraussetzungen für die nachfolgenden Gesetze geschaffen. Ihre wesentlichen Bestimmungen waren: Die Ausbildung der Geistlichen sollte nur auf staatlichen Schulen und Universitäten erfolgen, ihre Anstellung nach dem theologischen Examen von dem Bestehen eines sog. »Kulturexamens« abhängig gemacht werden. Die von der Kirche Disziplinierten sollten das Berufungsrecht an einen staatlichen Gerichtshof haben; diesem stand zugleich das Recht zu, Geistliche abzusetzen, deren Amtstätigkeit den öffentlichen Frieden störe. Überhaupt sollte die geistliche Disziplinargewalt nur von deutschen kirchlichen Behörden ausgeübt werden, Straf- und Zuchtmittel allein dem religiösen Gebiet angehören. Für die Anstellung jedes Geistlichen bestand Anzeigepflicht beim zuständigen Oberpräsidenten. Schließlich sah ein weiteres Gesetz Erleichterungen über den → Kirchenaustritt vor, der künftig vor einem Amtsgericht erklärt werden konnte. Die weiteren Gesetze der Jahre 1874-75 bezogen sich wesentlich auf die Auswirkungen der Maigesetze und enthielten Strafbestimmungen bis zur Sperrung der Staatszuschüsse und der staatlichen Vermögensverwaltung. Das für das ganze Reich gültige Ausweisungsgesetz vom 4.5.1874 war eine Antwort auf die Erklärung der preußischen Bischöfe, die sich weigerten, den Gesetzen nachzukommen, und »das Prinzip des heidnischen Staates, daß die Staatsgesetze die letzte Quelle alles Rechtes seien«, verwarfen. Grundsätzlich galten die Gesetze für beide Kirchen. Das Gesetz über die obligatorische Einführung der Zivilehe (9.3.1874), dem 1875 als Reichsgesetz die Bestimmung über die Einrichtung von staatlichen Standesregistern zur Beurkundung des gesamten Personenstandes folgte, traf ungleich schwerer die ev. Kirche, weil es gleichsam mit einem Schlage, bes. in den Großstädten, den Fortschritt in der Entkirchlichung der Massen enthüllte.

3. a) Bismarck hat den Kampf mit der vollen parlamentarischen Unterstützung des *Liberalismus* geführt, der auch publizistisch zum eigentlichen Träger des Kampfes in der deutschen Öffentlichkeit wurde, wobei der freisinnige Flügel in der Polemik auch seinen atheistischen und materialistischen Fortschrittsglauben und einen naiven Wissenschaftsoptimismus allem kirchlichen Wesen gegenüber aufbot. Die Nationalliberalen waren in der Sprache zurückhaltender und sachlicher. H.v. → Treitschke, der in seinen Preußischen Jahrbüchern den K. zustimmend kommentierte, hob sich von dem Ton der »Preßkosaken« ausdrücklich ab, meinte aber in seiner Verteidigung der Maigesetze, daß »die altprot. Scheu vor der unergründlichen Schlauheit der Ultramontanen heute, da wir die Richtung näher kennengelernt, endlich überwunden sein sollte« (vgl. Deutsche Kämpfe II, 1897[2], 92). Wie immer jedoch im einzelnen die Argumentation lautete, der doktrinäre Zug war so wenig zu übersehen wie der Widerspruch in der Bejahung der Zwangsgesetze zum sonst vertretenen Prinzip der Freiheit. Ohne Zweifel unterschied sich Bismarck weltanschaulich von den Motiven der Liberalen. Aber die Glut seiner zornigen Leidenschaft riß die antikonservativen, von einem nationalen Staatsenthusiasmus erfüllten Kräfte des liberalen Besitz- und Bildungsbürgertums mit. Daß er sich wesentlich auf sie stützte, war jedoch rein politischer Opportunismus, weil sich ihm die *Konservativen* versagten. Diese schon seit 1866 in sich gelockerte Partei ist über dem K. fast völlig zersprengt worden. Gerade die Kritik, die er von seinen altkonservativen Standesgenossen erfuhr (zB → Kleist-Retzow, M.v.Blanckenburg, L.v. → Gerlach, der als Hospitant sogar zum Zentrum hinüberschwenkte), hat Bismarck in seinem Kampf letztlich nur gestärkt. Seine Motive waren mannigfach, aber in der Tiefe zusammengehalten durch das von ihm mit Eifersucht bewachte Prinzip der Staatsräson. Die kath. Kirche wollte er nie treffen, aber er wollte sie auch nicht als Teilhaberin der Macht anerkennen, am wenigsten in der Form einer politisch-parlamentarischen Vertretung. So berührten manche Gesetze, die auch bestehengeblieben sind (Schulaufsicht, Zivilstand), seine grundsätzlichen kirchenpolitischen Ziele, in denen er mit den Auffassungen von Fr. → Fabri übereinstimmte. Am liebsten hätte Bismarck auch den ev. → Summepiskopat aufgehoben, wenn er hier nicht auf den unnachgiebigen Widerstand des Kaisers gestoßen wäre, der den K. ohnehin nur seufzend duldete und dauernd unter höfischen und orthodoxen Einflüssen stand, aus denen ihn Bismarck immer wieder herauslöste. Der K., der Bismarck vereinsamte, hat seinem persönlichen prot. Christentum fortan einen politischen Akzent gegeben.

b) Am unerschüttertsten blieb in den Jahren des K.s das → Zentrum, auf dessen Zertrümmerung es Bismarck wesentlich abgesehen hat. Von Haus aus historisch-legitimistisch und konservativ, in seinem Führungsstab aus den Besiegten von 1866 gebildet, besaß es in Männern wie → Windthorst, → Reichensperger und → Mallinckrodt Politiker, die sich dem unitarischen Zug des von Preußen gelenkten Staates entgegenstemmten. In der Frage der Anerkennung des Vatikanums bestand innerhalb der Partei anfänglich durchaus keine Einmütigkeit. Aber Bismarcks Hoffnung, daß durch Abspaltung der → Altkatholiken eine kath. nationalkirchliche Bewegung entstehen werde, wurde in dem Augenblick zunichte, als er mit der Eröffnung des K.s zum Schlag gegen die »Reichsfeinde« ausholte. Jetzt mußte er erleben, daß hinter der parlamentarischen Opposition auch seelische Kräfte standen, die mit den Mitteln des Polizeistaates nicht zu bewältigen waren. Die Wahlen von 1873 und 1874 brachten einen ungeahnten Anstieg des Zentrums, das im Reichstag beinahe die Stimmenzahl der Nationalliberalen erreichte. Auch die Kampfgesetze erwiesen sich mitsamt ihren harten Strafbestimmungen als eine stumpfe Waffe. Von dem angeordneten »Kulturexamen« machten nur ev. Kandidaten Gebrauch. Die Absetzung, Inhaftierung und Verbannung von Priestern (auch die Erzbischöfe → Ledochowski von Posen und → Melchers von Köln wanderten ins Gefängnis oder ins Exil) blieb auf die kath. Bevölkerung ohne Wirkung; sie stellte sich hinter die Gemaßregelten und mied die Gottesdienste der »Staatspfaffen«. Von 12 Bistümern in Preußen waren 1877 nur noch vier nach kanonischem Recht besetzt. Das mißlungene Attentat des kath. Böttchergesellen Kullmann auf Bismarck in Kissingen zeigte, wie stark die Erregung angestiegen war. Auch die Kurie blieb unbeweglich. Bismarcks Depesche vom 14.5.1872 an die europäischen Regierungen, sich über die nächste Papstwahl zu verständigen, blieb ohne vernehmbares Echo, was die oft erörterten außenpolitischen Motive Bismarcks für den K. hinreichend charakterisiert. Um 1875 war zweifellos zu erkennen, daß der Versuch Bismarcks gescheitert war, gegen Rom eine Einheitsfront herzustellen. Dennoch hat es noch eine Zeitlang gedauert, bis der Kanzler aus dieser schweren Niederlage die Konsequenzen zog.

c) Die eigentlich von allen Seiten erwünschte Neuorientierung im Sinne einer Aufweichung der erstarrten Fronten führten verschiedene Umstände herbei. Am meisten drängte der Kaiser; ihm war Falks liberaler Kurs, der auch in einer entsprechenden Führung des Ev. Oberkirchenrats spürbar war, von Anfang an zuwider. Eine Vertrauenskrise wurde 1877 noch einmal beseitigt, indem Falk einer Umbesetzung des Oberkirchenrats im Sinne der orthodoxen Richtung zustimmte. Auch auf kath. Seite trat eine Ermattung ein, als von den schärfsten Opponenten Mallinckrodt und Bischof → Ketteler durch den Tod ausschieden. Entscheidend aber wirkte der Wechsel im Pontifikat. Der im Februar 1878 Papst gewordene → Leo XIII. bewies dadurch, daß er Wilhelm I. seine Inthronisation anzeigte und anläßlich der Attentate auf den Kaiser diesem sein Beileid aussprach, daß er gewillt sei, die von seinem Vorgänger abgebrochenen Beziehungen zu Preußen wieder aufzunehmen. Auch Bismarck selbst war zum Einlenken bereit, wenn das Zentrum für die geplante Änderung seiner Wirtschaftspolitik stimmte, die das Ende der liberalen Ära einleiten sollte. Die Zertrümmerung der Nationalliberalen, die sich der konservativen Wendung des Kanzlers nicht beugen wollten, brachte nach den Wahlen von 1878 ganz neue Mehrheitsverhältnisse, bei denen Konservative und Zentrum den Ausschlag gaben. Wenn das Zentrum der ersten Versuchung, dem Sozialistengesetz zuzustimmen, geschickt ausgewichen war, so stimmte es der Zoll- und Finanzpolitik der Regierung zu. Dennoch bestanden noch viele Schwierigkeiten, die Partei auch zum Einlenken in der Kirchenpolitik zu bewegen. »Extra Centrum nulla salus« sagte Windthorst auf einem im Mai 1879 von Bismarck gegebenen Bierabend. Die ersten diplomatischen Fühlungnahmen mit dem Vertreter der Kurie und folgende, von beiden Seiten mit größter Zurückhaltung geführte Verhandlungen zeigten, daß man den Vatikan nicht gegen das Zentrum ausspielen könne. Aber auch Bismarck gab unzweideutig zu erkennen, daß die Forderung der Wiederinkraftsetzung der sZ aufgehobenen kirchenpolitischen Verfassungsartikel für die Regierung unannehmbar sei. So gerieten die Verhandlungen ins Stocken und kamen auch durch den unabweisbar gewordenen Rücktritt Falks (Ende Juni 1879) nicht in Fluß. Da tat der Papst den ungewöhnlichen Schritt, indem er an Bismarck am 18.12.1879 einen persönlichen Appell richtete, »die Eintracht zwischen Priester- und Kaisertum« wiederherzustellen. Dieser verstand die Bedeutung des Anrufs. Indem er den sich als Gefangenen im Vatikan betrachtenden Papst durch die souveränen Monarchen gebührende Anrede »Sire« ehrte, schuf er auch formal die Vorbedingungen zu einer fruchtbaren Annäherung und brachte in seiner Antwort zum Ausdruck, daß der Weg zur praktischen Regelung einzelner Fragen, ohne grundsätzliche Lösungen anzustreben, frei wäre, wenn sich die Kurie zB mit der vom Staat geforderten Anzeigepflicht bei der Besetzung geistlicher Stellen einverstanden erkläre. Der Papst war damit zunächst einverstanden, das Zentrum allerdings entsetzt. Abermals kam es zu einem Stillstand. Jetzt ergriff Bismarck die Initiative, indem er von 1880 bis 1887 in fünf »Kirchenpolitischen Novellen« die Kampfgesetze »revidierte«. Die diplomatischen Beziehungen zum Hl. Stuhl wurden durch die Entsendung Kurd v.Schlözers wieder aufgenommen. Den bisweilen wegen der Renitenz des Zentrums noch zögernden Papst wußte Bismarck u.a. dadurch zu gewinnen, daß er ihn bei der Besetzung der Karolinen als Schiedsrichter zwischen dem Reich und Spanien anrief. In Erinnerung daran, daß das Papsttum einst im Zeitalter der Entdekkungen die koloniale Welt zwischen Spanien und Portugal aufgeteilt hatte, fällte Leo XIII. ein salomonisches Urteil: formal blieb Spanien Besitzer der Inseln, aber das Reich erhielt die wirtschaftlichen Nutzungsrechte. Bismarck erhielt als erster Protestant (neben dem leitenden spanischen Minister) vom Papst als Auszeichnung den Christusorden mit Brillanten, der Kardinalstaatssekretär → Jacobini von Wilhelm I. den Schwarzen Adlerorden. Ein entscheidender Vermittler in der Beilegung des K.s wurde der Fuldaer Bischof Georg → Kopp. Einer anläßlich des 90. Geburtstages des Kaisers nach Berlin kommenden päpstlichen Gesandtschaft war es zu danken, daß das Zentrum seinen Widerstand aufgab.

4. Von der K.-Gesetzgebung blieben bestehen: die staatliche Schulaufsicht, die → Zivilstandsgesetze und das Verbot der Niederlassung der Jesuiten. Von den übrigen Orden sollten nur die der Seelsorge, der Barmherzigkeitsübung und ähnlichen, rein religiös-erbaulichen Zielen dienenden zugelassen werden. Anstelle des Kulturexamens trat die obligatorische Verpflichtung der Abiturientenprüfung. Bestehen blieb die jetzt ihres Kampfcharakters entkleidete Anzeigepflicht geistlicher Stellenbesetzung und die Außerkraftsetzung der kirchenpolitischen Grundrechteartikel in der preußischen Verfassung. – Der Abbau des K.s ist allgemein als eine diplomatische Meisterleistung Bismarcks angesehen worden, und auch der kath. Geschichtsschreiber des Zentrums (Bachem) hat von der größten sittlichen Tat in Bismarcks Leben gesprochen. Man wird bei aller Bewunderung des politischen Geschicks bei der Revision des zu spät erkannten Irrtums jedoch nicht übersehen dürfen, welche Zerstörungen der K. angerichtet hat. Neben der Verfolgung der → Sozialdemokratie (: I) war er der verhängnisvollste Fehlschlag Bismarcks. Er hat im Nationalbewußtsein des kath. Deutschen Wunden geschlagen, die lange Zeit zur Heilung brauchten, und er hat die bestehenden Ressentiments gegen den autoritären, »prot.«-preußischen Polizeistaat vertieft. Anders hat die ev. Kirche den K. zu spüren bekommen. R. → Kögel sagte auf der Generalsynode von 1879: »Rom hat man befehden wollen und Wittenberg geschlagen.« Die im Zuge der modernen Gesellschaftsentwicklung gewiß nicht aufzuhaltende Einführung des Zivilstandes kam im Blick auf die rückständige Verfassung der ev. Kirche zu überraschend und mußte als politische Kampfmaßnahme die ev. Begründung völlig verdecken. Nachhaltiger waren die indirekten Wirkungen. Im Katholizismus erstarkte der Eifer für Organisation und Institution. Das Anliegen der Reformation, auf das man sich wie auf Luther im K. berufen hatte, erschien jetzt engstens gekoppelt mit der liberalen Weltanschauung, wodurch das Bild Luthers als des nationalen Helden verzeichnet wurde. Der Triumph der Staatsräson, die sich auch in der Taktik des Rückzugsgefechts behauptete und gleichsam verkörpert war in der Person Bismarcks (in der nachfolgenden Generation galt er vielfach als Prototyp eines christlichen Staatsmanns), hat mit dazu beigetragen, daß das Problem der politischen Verantwortung des christlichen Staatsbürgers aus der kirchlichen Diskussion ausgeschlossen blieb.

J.Heckel, Die Beilegung des K.s in Preußen (ZSavRG Kan. Abt. 19, 1930, 215-353) - R.Ruhenstroth-Bauer, Bismarck u. Falk im K. (Heidelberger Abh. z. mittl. u. neuen Gesch. 70), 1944 - H.Bornkamm, Die Staatsidee im K., 1950 (auch HZ 170, 1950, 41-72. 273 bis 306) - K.Kupisch, Der Staatsmann u. die Kirche (ThViat 4, 1952, 274-303) - G.Franz, K., 1954 (reiche Lit.; dazu J.Heckel in: ZSav-

RG Kan. Abt. 41, 1955, 512-520) - A.CONSTABEL (Hg.), Vorgesch. des K.s. Quellenveröffentlichungen aus dem dt. Zentralarchiv, 1956 - G.A.REIN, Die Revolution in der Politik Bismarcks, 1957, 231ff - R.MORSEY, Bismarck u. der K. Ein Forschungs- u. Lit.-Bericht 1945 bis 1957 (AKultG 39, 1957, 232-270). - Vgl. die Lit. zu den im Text genannten Artikeln. *K.Kupisch*

Kulturkreislehre, eine Richtung in der deutschen und österreichischen → Ethnologie, die aus Beobachtungen über die geographische Lagerung von Formen primitiver Kulturen Schlüsse in bezug auf die zeitliche Abfolge, die historischen Zusammenhänge und die Wanderungen dieser Formen zu ziehen versuchte. Die K. vertrat dabei die These einer geschlossenen Verbreitung relativ gleichbleibender größerer Kulturkomplexe über weite und weiteste Räume; man dachte zB an Zusammenhänge zwischen → Melanesien und Westafrika. Der geistige Vater der K. war Leo Frobenius, der zuerst 1897 bis 1898 für → Afrika bestimmte »Kulturkreise« aufstellte. Er betonte stark den organismus-analogen, ganzheitlichen Charakter der → Kultur, der für ihn an eine bestimmte Seelenlage (»Paideuma«) gebunden war. Frobenius' eigene Schule (»Frankfurter Schule«) bezeichnet sich heute als »kulturmorphologische Schule«, macht aber von dem Gedanken des Kulturkreises keinen Gebrauch mehr. Dieser wurde 1904 aufgenommen von F. Gräbner und B.Ankermann, die für → Ozeanien bzw. Afrika bestimmte »Kulturkreise« aufstellten. Die aus diesen, sZ sensationellen Thesen herausgewachsene Schule bezeichnete sich als »kulturhistorische Schule«, ihr Schwerpunkt verlagerte sich alsbald nach Wien (»Wiener Schule«), wo P.Wilh. → Schmidt und P. Wilh.Koppers ihre Wortführer wurden (→ Anthropos). Über die Aufstellung und Abgrenzung der Kulturkreise konnte unter den Anhängern der K. niemals Einigkeit erzielt werden; für Afrika entwickelten H.Baumann und der Amerikaner W.D.Hambly eigene, zT stark abweichende Schemata. Undurchdacht blieb auch die Frage, ob die Kulturkreise als reale Typen oder als methodische Vehikel (Idealtypen) aufzufassen seien. Eine neue Note brachte der Prähistoriker Menghin hinein durch den Versuch, eine Brücke zum urgeschichtlichen Fundstoff zu schlagen. Den stärksten Einfluß übte der Aspekt der »Wiener Schule« aus. Sie nahm die Phänomene des → Totemismus, des → Mutterrechts und des Nomadismus der Großviehhirten (→ Nomaden) als kennzeichnende Leitkomplexe dreier »primärer« Kulturkreise, die sich in drei parallelen Linien aus der »Urkultur« der → Jäger und Sammler entwickelt haben sollten; aus der Vermischung dieser drei Primärkulturen sollen die höheren Kulturen entstanden sein. Die interne Fachkritik hat gegen dieses Schema stets lebhaft opponiert, doch wurde es vor allem von Nicht-Ethnologen (zB Alfred Weber und A.Rüstow) wegen seiner scheinbar plausiblen Übersichtlichkeit gern übernommen. P.W.Schmidt selbst hat bis zuletzt (1954) daran festgehalten, während seine eigene Schule es inzwischen ausdrücklich aufgegeben hat (Haekel 1956).

Die Gründe für die Abkehr von der K. sind folgende: a) Die wachsende Kenntnis der ethnographischen Tatsachen hat gezeigt, daß die Kulturkreis-Konstruktionen sachlich unhaltbar waren. Vor allem die Hauptthesen von P.W.Schmidt: die Lehre von der Einheit der afrikanischen und asiatischen Kleinwüchsigen (Pygmäen und Pygmoiden), seine Anschauungen über die »primären Hirtenkulturen« sowie über den Urmonotheismus der angeblich »ältesten« Völker der Menschheit sind direkt als falsch erwiesen worden. - b) Methodologische Besinnungen haben zu der Einsicht geführt, daß Geschichte nicht »konstruiert« werden kann, sondern durch positive Geschehnisse erwiesen werden muß. Dabei muß vor allem der prähistorische Fundstoff eingehender berücksichtigt werden als bisher. - c) Die Anwendung von Begriffen wie »Urvolk« und »Urkultur« ebenso wie die Annahme eines angeblich bes. »reinen« Monotheismus (→ Urmonotheismus) bei den »ältesten« Völkern der Menschheit enthält einen versteckten und unaufgeklärten Mythologismus, der ebenfalls zu einer echt geschichtlichen Betrachtungsweise im Widerspruch steht. - d) Gleichfalls unhistorisch ist der Gedanke, daß altertümliche Kulturen von den ältesten Zeiten der Menschheit bis heute als geschlossene Komplexe tradiert und verbreitet worden sein sollen, ohne grundlegende Veränderungen durchzumachen. - e) Zu kurz gekommen ist in der K. auch der Gedanke, daß die Kulturen der → Naturvölker ihrerseits mitbestimmt und geformt worden sind durch die geschichtsmächtigeren Hochkulturen und -zivilisationen. Dieser Gesichtspunkt ist in letzter Zeit stärker in den Vordergrund getreten.

L.FROBENIUS, Der Ursprung der afrik. Kulturen, 1898 - F.GRÄBNER, Die Methode der Ethnologie, 1911 - P.W.SCHMIDT-P.W.KOPPERS, Völker und Kulturen, 1924 - O.MENGHIN, Weltgesch. der Steinzeit, (1930) 1941² - H.BAUMANN, Die afrik. Kulturkreise (Africa 7, 1934, 129-139) - W.D.HAMBLY, Culture Areas of Nigeria (Field Mus. of Nat. Hist., Anthropological Series 21/3), 1935 - W.E. MÜHLMANN, Methodik der Völkerkunde, 1938 - DERS., Ethnologie u. Gesch. (Studium Generale 7, 1954, 165-177) - P.W.SCHMIDT, Leben u. Wirken ältester Menschheit (in: Hdb. d. Weltgesch., hg.v. A.RANDA, Bd I, 1954, 59-90) - J.HAEKEL, Zum heutigen Forschungsstand der hist. Ethnologie (in: DERS. (Hg.), Die Wiener Schule der Völkerkunde, Festschr., Horn 1956, 17-90). *W.E.Mühlmann*

Kulturphilosophie und Kulturwissenschaft

1. Der Begriff der K.Ph. als Vermittlung zwischen Wesen und Existenz - 2. Der K.begriff in der Antike - 3. Grundlegung des modernen K.begriffs in der Zeiterfahrung des Christentums - 4. K.Ph. und der Erkenntnisbegriff der modernen Naturwissenschaft - 5. K. als originale Schöpfung der menschlichen (kollektiven) Subjektivität in der Zeit - 6. Historisches K.bewußtsein in der K.W. und die irrationale Macht des Lebens. - K. = Kultur, K.Ph. = Kulturphilosophie, K.W. = Kulturwissenschaft

1. Bestimmend für den Begriff der K.Ph. ist sowohl ihr Verhältnis zu den Grundfragen der → Philosophie (:I) wie zur einzelwissenschaftlichen Erforschung des Phänomens der → Kultur in den K.W.en. Sie entsteht als Begriff zwar erst im modernen Bewußtsein, das zugrunde liegende Problem ist jedoch so alt wie die Philosophie selbst, da diese kraft ihrer Frage nach dem → Sein die Transzendenz des Allgemeinen zur Individualität des Gewordenen entdeckt. Indem das Allgemeine das Werden der Natur wie die Taten der Menschen bedingt, führt seine Entdeckung schon in der Philosophie der Vorsokratiker (→ Griechisch-römische Philosophie, 2a) zur Unterscheidung dessen, was durch sich selbst ist (Physis), von demjenigen, was durch Vermittlung des Geistes im Menschen ist (Nomos). Das Allgemeine der Natur umschließt ihr Entstehen und Vergehen jedoch so, daß es notwendig vom Menschen auf seine Allgemeinheit befragt und ihr gemäß genutzt und zur Anwendung auf die menschlichen Bedürfnisse gebracht wird, in Freiheit, unabhängig von einer festgelegten Entsprechung der Triebstruktur zu bestimmten Umwelten (wie beim Tier). Aber wenn auch die Frage der Philosophie zur Unterscheidung von Natur und K. des Menschen führt, so ist doch gleichzeitig K., menschliche Nutzung und Deutung des Allgemeinen der Natur, nicht selbst ohne die Frage der Philosophie möglich, zumindest nicht ohne eine Art von Bezogenheit auf die Frage nach dem Sinn des Allgemeinen für ein menschliches Leben, wie sie sich auch in → Religion und → Mythos findet. Selbst die primitiven K.en der Vorgeschichte sind in ihren Äußerungen durchdrungen von der Sinnfrage, unter deren

Aspekt erst sich die Rationalität des Menschen menschlich beweist, indem sie sich in kulturschaffender Tätigkeit auslegt und deutet. - K. ist somit die menschliche Praxis der *Vermittlung* zwischen → Wesen und Existenz, wobei das Wesen sowohl die einzelnen erfahrbaren Gesetzlichkeiten der Natur wie auch den Inbegriff dieser Gesetze meint, der nicht empirisch faßbar ist; Existenz jedoch ist in der physischen Herausforderung der Landschaft, des Klimas an unsere Bedürfnisse gelegen, aber ebenso in der geistigen Unbestimmtheit des allgemeinen Verhältnisses zur Zukunft, das die Tradition nicht endgültig festlegen kann und das erfüllt wird mit einer Nutzung, Anwendung, Deutung, Erweiterung, Vertiefung der Wesenskenntnis in der K.

Die Vermittlung des Nomos der K. liegt jedoch in der → Zeit, obgleich das metaphysische Bewußtsein einer K., so wie es das Allgemeine zu erkennen glaubt, sich selbst zunächst zeitlos versteht. Denn sowohl der Mythos wie die philosophische, das Zeitbewußtsein prägende Weltanschauung wie auch die Religion zielen in ihrer Tendenz auf die Wahrheit der letzten Gründe in ihrer zeitlosen Gestalt, ohne anfänglich darauf zu reflektieren, in welcher Form diese *in* der Zeit und *dennoch* absolut zeitlos endgültig erscheinen kann. Das Verhältnis der allgemeinen Wahrheit zur Zeit und dh zu ihrer Vermittlung in der K. als Problem zu nehmen, ist das zweite Resultat der Frage nach dem Allgemeinen, das erst eigentlich über das metaphysische Selbstverständnis einer gegebenen K. in ihrer Mythologie, Religion und philosophischen Weltanschauung hinausführt. Die Entstehung des Begriffes der K.Ph. im spezifisch modernen Sinn zeigt sich in dem wachsenden Bewußtsein von der Zeitbezogenheit der allgemeinen Erkenntnisweise und Sinnfrage des Menschen; über jeden → Relativismus hinaus ist jedoch zumindest die Möglichkeit der Sinnfrage gleichzeitig mit der Möglichkeit allgemeiner Erkenntnis selbst zeitlos und damit auch die Möglichkeit, sie sinnvoll auf die Zeit zu beziehen.

2. Auch die Philosophie der *Antike* sieht das Phänomen der K. bereits in diesem zweiten Aspekt ihrer zeitlichen Bezogenheit auf das Allgemeine. Jedoch ist sie im wesentlichen bemüht, den Zeitcharakter des Entstehens, der Erfüllung und des Untergangs der K. in Richtung auf das Gesetz zu deuten, das ihn beherrscht: Die Zeit, somit auch die Verfassung der menschlichen Gesellschaft, ihre mögliche Vervollkommnung, ist ein bewegtes Bild der Ewigkeit in ihren eidetisch erschaubaren Formen, die sich für den Menschen als reflektiv erfaßte Ordnung der → Tugenden (ἀρεταί) und als geforderte Ordnung der Stände darstellt. An ihrer Spitze soll der Philosoph selbst stehen, der diesen Aufbau durchschaut und gegenüber der Macht der Zeit mit ihrer Drohung von Chaos und Verfall behauptet (→ Platos Republik). → Aristoteles wendet sich entgegen der Behauptung des Ideals zwar an die wirkliche Verfassung der Gesellschaft, wie sie in der Zeit liegt, aber das sie beherrschende Gesetz ist dennoch nur auf die Zeitlosigkeit der Wiederkehr, der Zyklik der Verfassungsformen, bezogen. Der Verfall der Monarchie führt zur Aristokratie; verfällt diese, so folgt Demokratie, die im Rückfall auf das Chaos wiederum den tüchtigen Einzelherrscher fordert. Alle empirische Mannigfaltigkeit der geschichtlichen Gesellschaftsformen soll in den Schwankungen dieses Zyklus beruhen.

3. Die entscheidende Wandlung des Zeitgefühls bringt das *Christentum*, indem in ihm zunächst unabhängig von dem Anspruch des naturhaft Allgemeinen eine absolut allgemeine Bestimmung des Menschen für sein Ende in Tod und Auferstehung bezeichnet ist. Das christliche Eschaton (→ Eschatologie: V. VI) gibt damit erst den Raum für ein Verständnis der prägenden Kraft, welche die Zeit selbst in der K. entfaltet. Zwar zeigt sich dieses Verständnis zunächst kritisch und ablehnend, indem die bindende Macht der Welt (der Zeit) überwunden sein soll durch den Glauben an die Verheißung; jedoch fordert der → Glaube (: IV. V) ebenso eine neue Form der weltlich-zeitlichen Existenz der Menschen in der K. An die Stelle des griechischen Ideals der Selbstvervollkommnung tritt die Forderung der → Liebe (: III. IV) und der Gemeinschaft in Liebe, in der die Macht der Zeit nicht nur für Tod und Auferstehung, sondern auch für die Zeit überwindbar sein sollte. Christi Vermittlung weist damit erst eigentlich auf ein Selbstverständnis des Menschen in der K. als einer Form seines → Daseins, in der er seine eigene Stellung zur Welt nicht nur kraft des Allgemeinen (des Gesetzes), sondern in und mit der Zeit (als Erlöster) vermittelt finden kann. - Der christlichen Philosophie des MA fehlt zwar der Begriff der K.Ph.; die Aufgabe aber, das christliche Endzeitverständnis im Glauben mit der wissenschaftlichen Bildung, welche die kulturellen Lebensformen der Zeit trägt, zu versöhnen oder auch in ein unterscheidendes, verständliches und sprechendes Verhältnis zu setzen, trägt in sich bereits jene Implikationen, welche in der Moderne zur bewußten Ausprägung des K.begriffes führen. Der → Universalienstreit betrifft die Frage nach der Existenz des Allgemeinen (universalia = realia) gerade in Hinsicht auch auf ihre Bedeutung für die menschliche Tätigkeit.

4. Mit der nominalistischen Bestreitung der »Realien« außerhalb des Menschen (→ Nominalismus) wird auch die Bedingung der K. in der Transzendenz eines sie bindenden Gesetzes in Frage gestellt; sie selbst ist weltlich zu begründen als Resultat von Trieben, Leidenschaften, Strebungen in der Zeit; der Staat ist als Meister der Triebe auch Meister der K. (→ Machiavelli, → Hobbes). Die K.Ph. der Neuzeit hat zumindest in ihrer Problematik den nominalistischen Realitätsbegriff, dh den Begriff der puren Zeitlichkeit unserer Erfahrung der »Realien« zur Grundlage, der nicht ohne die Zeiterfahrung des Christentums zustande kam. Die Zeiterfahrung selbst kraft des Zweifels an allem Gewordenen (→ Descartes) zum Ausgang für eine neue Exaktheit der Naturerkenntnis zu machen, ist das Prinzip der modernen mathematischen → Naturwissenschaft, welche die Natur aller sinnlichen Qualitäten und damit jedes konkreten Anspruchs auf eine bestimmte kulturelle Lebensäußerung zu entkleiden scheint. Alle moderne K.Ph. steht unter dem zwiefachen Aspekt, unter dem sich K. als Geschichte einerseits und als Nutzungsanspruch der mathematisierten Natur andererseits trennen und unter dem die mathematisierte Natur als die exakte und anwendbare Allgemeinheit der Gesetze fortschreitet zu einer einschneidenden Umwandlung aller gewachsenen Erd- und Menschengeschichte in einem universalen Prozeß des Austausches und der Verschmelzung der K.en, wie ihn die industrielle Revolution anbahnte und zum Sieg über den gesamten Erdball führte. - Der → Utilitarismus des 19.Jh.s bejaht mit seinem Begriff des Nutzens diesen Prozeß; er sagt, was K. zukünftig vor allem sein soll: Hinführung aller Produktionsformen zu der Erkenntnisweise der exakten Naturwissenschaft, Exploitation dieser Formen durch die Verwandlung der gewachsenen Natur in eine Energie- und Rohstoffquelle. Die Verwandlung selbst wird als → Fortschritt im Lebensgenuß formal verstanden und der philosophischen Reflexion entrückt; das Resultat aber, die wachsende Welt der modernen → Industrie, zeigt in ihrem Wachsen ein eigenes Verhältnis zur Zeit, das als Stillosigkeit des Zivilisationsmechanismus, als Problematik der Vermassung (Ortega y Gasset; → Masse) und als soziale Frage bewußt wird.

5. Der erste große K.kritiker in diesem Sinne ist

→ Rousseau. Er wendet sich gegen die → Aufklärung und den Fortschritt der K. durch die Wissenschaften mit der Grundeinsicht, daß alle rationale Erkenntnis der Macht der Zeit unterworfen ist. Rousseaus Kritik zielt dabei zwar vornehmlich auf die K. des Absolutismus, aber im Prinzip gilt sie aller K. in ihrer Zeitgebundenheit und betrifft diejenige der vorindustriellen Zeitalter ebenso wie die des Merkantilismus und der aufkommenden Industrie. In jedem Falle führt die Produktionskraft des Allgemeinen, wenn sie sich in menschlichen gesellschaftlichen Institutionen (vornehmlich des → Eigentums) manifestiert, zur Macht von Menschen über andere Menschen, und zwar auf Grund der unreflektierten, universalen Bedingung der Zeit, die alle allgemeinen Produktionskräfte übersteigt. In der zukünftigen Gesellschaft soll dagegen eine neue Form der politischen Willensäußerung den Verfall an die Macht der Zeit revolutionär aufheben. Der Wille der Gesamtheit wird zum universalen Träger der Zukunft, für Rousseau allerdings noch allein kraft des Quantums, kraft der Mehrheit, welche das Allgemeine (das Gesetz) durch einen puren Akt des Willens für die Zukunft der K. festsetzen soll. Das Kollektiv ist damit als absolutes Subjekt der Vermittlung zwischen der Allgemeinheit der Erkenntnis und der Existenz des Menschen in der → Geschichtlichkeit seiner K. behauptet. Es ist selbst die Wahrheit als Vermittlung und tritt an die Stelle der allgemeinen Wahrheiten von Mythos, Religion und Metaphysik, die selbst nur wahr seien durch ihre Anerkennung im Volkswillen. Rousseaus K.-kritik läßt unreflektiert, daß der Volkswille trotz seiner Kollektivität doch formal bleibt und nur sich selbst als Vermittler zwischen Vergangenheit und Zukunft kennt. – → Herder sucht die Formalität der kollektiven Subjektivität des Volkswillens zu überwinden, indem er einen Volksgeist im Sinne einer von realen Kräften erfüllten Seele an seine Stelle setzt. Diese Kräfte sind aber empirisch nur lebendig als individuelles Wirken der Tradition eines Volkes in der historischen K.: Die allgemeine Idee der Menschheit kann dabei angesichts der behaupteten absoluten Individualität der Völker nur formalen Charakter haben im Sinne einer Harmonie der nationalen K.en zueinander. → Hegel will die Vermittlung, welche die K. darstellt, aus einem Prinzip herleiten. Der Volksgeist gründet in Religion und Metaphysik eines Volkes, die selbst als Stufen der absoluten Idee in den nationalen K.en sich darstellt. Prinzip der Explikation der Idee in den K.en der Völker ist aber ihr Selbstwiderspruch in der Dialektik, weshalb Hegel die Vergangenheit (der Zeit) aus der Macht des dialektisch von der Zeit befreiten Bewußtseins auslegt. Dieses Bewußtsein sieht sich aber einer leeren Zukunft gegenüber, weil es nicht die empirische K. in der Praxis ihrer Traditionen, sondern sich selbst (quasi-göttlich) als höchste Form der Vermittlung begreift. – Der absoluten Theorie der K. bei Hegel stellte → Marx die absolute Praxis einer revolutionären Aufhebung aller Geschichte entgegen, welche durch den → Kapitalismus vorbereitet ist, indem dieser alle gewachsene Form der Produktion bereits zugunsten der rationellen Produktionsform der modernen Technik auflöst. Mit der Übernahme der Produktionsmittel entspricht für Marx das → Proletariat jedoch dem Willen der Allgemeinheit so, daß es (gleichsam göttlich) anstelle der Macht der Zeit (wie bei Rousseau) als Instanz der Vermittlung für die zukünftige K. einspringt, ohne ein weiteres objektives Kriterium zu kennen (Aufhebung der Geschichte im → Kommunismus).

6. Objektive Kriterien für die Bejahung einer zukünftigen K. suchte im späten 19.Jh. die → Wertphilosophie anzugeben (Windelband, → Rickert). Werte sind jedoch nichts anderes als das Allgemeine der Erkenntnis und des metaphysischen Grundprinzips, betrachtet unter dem Aspekt der subjektiven Entscheidung, ein Aspekt, der nicht die Überwindung des Zeitaspektes garantiert, den alles Allgemeine in der Manifestation der K. besitzt. Kennzeichnend ist, daß → Nietzsche seine Entwertung aller Werte gerade unter dem Aspekt der puren Subjektivität des Wertens als Akt vorantrug; er gelangte damit zu einer K.kritik in einem radikaleren Sinne als alle K.kritik vor ihm: Die Macht der Zeit als Schicksal alles menschlichen Strebens nach der Macht des Allgemeinen (nach Gerechtigkeit in der Rechtsordnung einer K.) entlarvt dieses Streben selbst als sinnlos (→ Nihilismus). – Die K.Ph. des 20.Jh.s steht in wachsendem Maße unter dem Eindruck der Erkenntnisse der empirischen K.W.en, welche die kulturellen Manifestationen weiter, bis dahin unbekannter Zeiträume in ihren Strukturen erschlossen. Dies legte erneute Versuche einer auf dem gewonnenen Material fußenden universalhistorischen Betrachtung nahe. Die → Kulturkreislehren eines Frobenius, → Spengler und Toynbee (K.morphologien) knüpfen – unter Negation einer Gerichtetheit der Zeit – wieder an den antiken Gedanken der zyklischen Manifestation der K. an. Das Allgemeine, was ein K.organismus dabei zur Erscheinung und Äußerung bringt, ist jedoch nicht nur ein ihn beherrschendes Symbol oder eine Idee (bei Spengler etwa »Raum« für das Abendland, »Körper« für die Antike), es ist die Macht des Lebens selbst, die wesentlich eine Macht der Entfaltung von Keimen (kulturellen Anlagen der Völker) in der Zeit ist. – Die Problematik der K.W.en ruht bes. in der Bemühung um Begründung und Fruchtbarkeit ihrer Methoden, in der Bestimmung ihres Verhältnisses zu den Naturwissenschaften und in ihrer Abgrenzung gegen die Philosophie. → Dilthey hat die geisteswissenschaftliche Methode (→ Geisteswissenschaften) für die Hermeneutik der K.strukturen fruchtbar zu machen gesucht, indem er drei mögliche philosophische Grundhaltungen (→ Naturalismus, Panvitalismus [→ Vitalismus], → Idealismus) dadurch relativiert, daß er sie auf die an sich geheimnisvolle Struktureinheit der K.objekte als drei methodisch mögliche Hinsichten bezog. Diese sind zu ergänzen durch die historische Phantasie, welche nachschaffend die allgemeinste Macht der Zeit (des Lebens) als individualisierendes Prinzip ergreift (vgl. → Lebensphilosophie).

W. Windelband, Präludien, (1884) 1924 – H. Rickert, K.W. u. Naturwissenschaft, (1899) 1926[7] – K. Lamprecht, Die kulturhist. Methode, 1900 – RGG[1] III, 1815ff; RGG[2] III, 1359ff (Lit.) – K. Bornhausen, Die geschichtsphilos. Grundlagen des Glaubens, 1914 – L. Frobenius, Paideuma. Umrisse einer K.- u. Seelenlehre, (1921) 1925[2] – W. Dilthey, Ges. Schriften I–IX, 1921–34 – M. Weber, Ges. Aufsätze zur Wissenschaftslehre, (1922) 1951[2] – H. Freyer, Theorie des objektiven Geistes. Eine Einl. in die K.Ph., (1923) 1934[3] – A. Hettner, Der Gang der K. über die Erde, (1923) 1929[2] – E. Friedell, K.gesch. der Neuzeit, 1927–31 – J. Huizinga, Wege der K.gesch., dt. 1930 – A. Dempf, K.Ph., 1932 – A.J. Toynbee, A Study of History, 6 Bde, 1934–39 – A. Weber, K.gesch. als K.soziologie, (1935) 1950[2] – P.A. Sorokin, Social and Cultural Dynamics, 1937–41 – A. Rüstow, Ortsbestimmung der Gegenwart I. II, 1950/54 – W. Hellpach, K.-psychologie, 1953. – Weiteres bei → Anthropologie: II, → Geisteswissenschaften, → Geschichte: III.

H. Schmidt

Kultus, *religionsgeschichtlich*

1. K. kann *definiert* werden als die sichtbaren, gesellschaftlich festgesetzten und geordneten, wirkungskräftigen Formen, durch die das religiöse Erleben der

Gemeinschaft zwischen Gottheit und »Gemeinde« verwirklicht wird und ihre Wirkungen ausübt. K. ist somit kein Sondergebiet der → Religion, sondern ein Hauptaspekt derselben, in Relation zu dem alle ihre Phänomene betrachtet werden können.

2. Sowohl lat. colere, cultus als auch hebr. ʿabād, ʿabodā drücken das praktische Verhältnis zu *den hl. Mächten* aus, von denen der Mensch sich existentiell abhängig weiß. Beide Wörter schließen die Bedeutung »dienen« und »warten, pflegen« ein und können zB den Ackerboden u.dgl. als Objekt haben. Eine begriffliche Unterscheidung ist nur sehr allmählich zum Bewußtsein gekommen, wie die »primitive« Denkweise begrifflich nicht zwischen stofflich-dinglicher und persönlicher Auffassung der → Macht (: I) unterscheidet. Die Macht ist aber immer an konkrete Gegenstände und Lebewesen geknüpft; sie wirkt und ist demnach »lebendig«, wird also unwillkürlich nach Analogie der wollenden, empfindenden und handelnden Persönlichkeit aufgefaßt (vgl. → Gott: I). So gehen die Vorstellungen »Warten« (des Ackerbodens, des Fruchtbaums, des Viehs usw) und »Dienen« (dem mächtigen Bewohner des Baumes, der »Seele des Reises« [malayisch], dem »Herrn des Bodens« usw) ineinander über, indem letztere immer mehr vorherrschend wird. Vgl. → Fetischismus, → Hypostasen. – In allen Fällen sind aber »Warten« und »Dienst« notwendig, damit der Mensch das rechte glück- und segenbringende, »heilsame« Verhältnis zu den Mächten erlangen kann (→ Ackerbau: I, → Fruchtbarkeit). Den Göttern muß man »dienen«, um sie gnädig zu stimmen und ihre Hilfe zu erwerben oder um ihren → Zorn oder ihre Launenhaftigkeit zu »sühnen« bzw. abzuwehren. So hat die Unterscheidung zwischen einem manaistisch-dynamistischen und einem dämonistisch-theistischen K.-Typ nur relativen Wert. Vgl. → Bilder, → Herrscherkult, → Tierkult, → Totemismus, → Totenverehrung.

3. Wie zwischen Religion und → Magie, so muß auch zwischen K. und *magischen Praktiken* unterschieden werden, obwohl die kultischen Handlungen äußerlich gesehen diesen oft sehr ähnlich sind und K. mitunter zu Magie herabsinken kann. Beiden gemeinsam ist ursprünglich die »vorwissenschaftliche« magische Wirklichkeitsanschauung (vgl. → Lévy-Bruhl, → Weltbild: I), die eben – als → Präanimimus, Dynamismus, Manaismus (→ Mana), → Animismus o.ä. – nicht zwischen Persönlichem und Unpersönlichem unterscheidet, der aber alles Wirkende eben auch lebendig ist und irgendwie aufeinander wirkt und zum Wirken gebracht werden kann. Sobald *Religion* da ist, ist auch K. vorhanden. Dieser ist eben aus der Begegnung mit dem Heiligen (→ Heilig: I) zuerst als unwillkürliche, dann aber als bewußt wiederholte Reaktion auf die Begegnung entsprungen. Der K. wird immer als *heilig* betrachtet. – Das drückt sich mythologisch und theologisch in der allgemeinen Vorstellung von der *göttlichen Stiftung* des K. aus, sei es, daß irgendein → Urheber, ein Urahn (vgl. Enoš Gen 4, 26), ein → Kulturbringer oder (ein) Gott den (ersten) Menschen die K.handlungen und ihren richtigen Gebrauch offenbart hat (wie → Jahwe dem → Mose), sei es, daß die Götter die Menschen zu ihrem Dienst geschaffen haben (→ Babylonien). Eben deshalb sind die K.handlungen wirkungskräftig; sie sind Offenbarungen der geheimen, in der Weltordnung verborgenen Kräfte, oder einfacher: mit hl. göttlichen Kräften gefüllt.

4. K. ist *Gemeinschaft*, zunächst zwischen *Gottheit und »Gemeinde«*. Hier versagt das Subjekt-Objekt-Schema. Der Mensch »sucht Gott«, der Gott aber »läßt sich finden«, »offenbart sich« (s. 3). Im K. wird diese Gemeinschaft immer erneuert und gestärkt. – Es handelt sich aber von Anfang an nicht um den isolierten – übrigens nicht existierenden –, sondern um den sozial gebundenen Menschen. K. ist Sache der *menschlichen Gesellschaft*, der »Gemeinde«. Diese steht auch hinter solchen K.handlungen, bei denen es sich um einen einzelnen handelt, wie Aufnahme in den Verband (s.u.), Reinigungen und Heilungen (s. 10); vgl. → Taufe, → Firmung, → Trauung, → Begräbnis. – Nicht jeder kann zum K. *zugelassen* werden. Der → Fremde, aber auch der Frevler, der sich außerhalb des »Bundes« gestellt hat (vgl. 6), der (noch) Unreine, manchmal auch der irgendwie nicht »Normale« (etwa »der Blinde und der Lahme«, vgl. 2Sam 5, 8), oft auch die → Kinder und die → Frauen haben keinen Zutritt (→ Geheimbünde, → Mysterien). Der (noch) Außenstehende kann oder muß durch besondere *Aufnahme- und → Initiationsriten* eingeweiht werden. Die peinlichen Riten bei der Aufnahme der Jünglinge (vgl. → Pubertät) bei Australiern (→ Australien: I), → Indianern, Spartanern u.a. sind sowohl Kraftproben als auch Krafteinflößungen. Besondere *K.marken* bestätigen manchmal die Zugehörigkeit (→ Beschneidung, → Tätowierung). – Ein Hauptzweck des K. ist auch die Erneuerung und Stärkung der menschlichen Gemeinschaft (vgl. 10). – Aus der natürlichen Sippen- und Volksgemeinschaft kann durch Aufnahme eine nicht national gebundene Gemeinschaft, eine → »Kirche« entstehen. – Als sozial legitimierte hl. Gemeinschaftshandlungen unterscheidet sich der K. wesentlich vom → *Zauber*, dem illegitimen Gebrauch der »mächtigen« Mittel zu selbstischen Zwecken und zum Schaden des Nächsten. Dieser wird daher nicht nur im AT, sondern auch in Babylonien und anderswo als »Sünde« verboten. Umgekehrt gilt oft fremder oder obsolet gewordener K. als Zauber.

5. Mit den hl. Mächten kann man nicht wie mit jedem Beliebigen umgehen. Der K. muß »richtig« sein, was durch die göttliche Stiftung (s. 3) und Altehrwürdigkeit der Ordnungen verbürgt ist. So entstehen die *festen K.ordnungen*, der → Ritus, die Rituale und → Liturgien. Dem Wesen des K. nach (s. 4) kann zwischen *sakramentalen* Elementen, durch die die Gottheit handelt und redet, und *sakrifiziellen*, durch die die Gemeinde sich an die Gottheit wendet, unterschieden werden. Eine mechanische Trennung ist aber nicht möglich.

6. Zu den Ordnungen gehören schon die *Vorbereitungen*, wie vorhergehende → Reinigungen (→ Rein und Unrein) und → Waschungen, reine → Kleidung oder auch → Nacktheit oder wenigstens Schuhausziehen. Ferner Enthaltung von (gewissen) Speisen (→ Fasten) und Sexualverkehr (→ Keuschheit), aber auch von anderen Kulten und machterfüllten Handlungen und Situationen, die eine gefährliche Mischung von verschiedenen Kraftsphären (perturbatio sacrorum) bedeuten und das erstrebte Ziel des K. (s. 10) gefährden könnten. Auch ethische Leistungen können als Vorbedingung gefordert sein (vgl. 4). Schon die vielen mit dem K. verknüpften → Tabus mögen ethischer Art sein. Moralische Forderungen können als *Zutrittsbedingungen* unter den besonderen leges sacrae eines Heiligtums aufgestellt werden.

7. Die Mächte müssen dort »aufgesucht« (vgl. → Wallfahrt: I) werden, wo sie »wohnen«, sich offenbaren, dh wo der Mensch durch persönliches numinoses Erlebnis (→ Numinos) ihrer Existenz und Wirkung innegeworden ist. Solche *Orte* sind gewisse etwa bes. auffällige Naturgegenstände, ein → Berg, ein → Stein, ein starker Baum (→ Bäume), hl. → Haine, eine → Quelle, eine Höhle, das → Grab des mächtigen oder vergöttlichten Ahnherrn oder des verstorbenen Gottes (→ Auferste-

hung: I) usw. Um den → Herd, die Stätte des »reinen«, mächtigen und lebenbefördernden → Feuers, sammelt sich der häusliche K. Der Gedanke, daß die → heilige Stätte deshalb heilig ist, weil Gott sie erwählt, »sich ersehen« und etwa dem Ahnherrn offenbart hat, tritt bes. in den at. Patriarchenerzählungen hervor, von denen viele eben K.stätte-Legenden sind. Die Stätte kann auch von sachkundigen Personen aufgesucht und angelegt worden sein (wie auch eine künstliche Bearbeitung der »Naturstätte« nicht selten ist); so bei der Anlage eines → Tempels. Dabei spielt oft die Rücksicht auf gewisse kosmische Kräfte und Anweisungen eine Rolle (→ Nabel, → Orientation). Die Stätte gehört der Gottheit als ein von der profanen Umgebung reserviertes, »abgeschnittenes« Gebiet, wie es schon aus der Etymologie von τέμενος (τέμνειν »schneiden«) und templum hervorgeht. Auch jedes dort befindliche Lebewesen ist als »Gast« des Gottes gefeit. Der Bezirk wird Zufluchtsstätte (→ Asylrecht). Konzentriert ist die Heiligkeit im → Altar, aber auch im Gottesbild (→ Bilder) und anderen Symbolen, zB im (leeren) Thron.

8. Der Kreislauf der Natur lehrt den Menschen, daß es *gewisse Zeiten* gibt, an denen die hl. Mächte bes. wirksam sind, während sie sich zu anderen Zeiten verborgen haben, (wie) »tot« sind. Der K. muß auch die → heiligen Zeiten beobachten (vgl. → Jahreszeiten, hl. → Nacht, → Tagewählerei). Es gibt Höhepunkte in der Zeit, die an sich »mächtig« sind, kritische »Übergangszeiten«, in denen es um Leben und Glück geht und die daher gewisse K.akte notwendig machen (→ Rites de passage). So entsteht der Zyklus der → Feste und Feiern (: I), der sich ursprünglich an den Gang des Naturjahres anschließt. K. ist ursprünglich Festkult; der tägliche K. mit seiner Aufwartung der Götter im Tempel ist überall, auch in Israel, eine jüngere Entwicklung.

9. Da Teilnahme am K. einen gewissen Zustand von Reinheit und Heiligkeit fordert, ist seine Wirksamkeit am besten gewährleistet, wenn er von *Personen* verrichtet wird, die in solchem Zustand sind oder wissen, wie sie ihn erlangen sollen, die die kultischen Traditionen kennen. »Wissen« und »Können« liegen für die »Primitiven« ineinander (vgl. → Veden; hebr. hiškîl). Das kann der Sippenälteste sein, der an sich machtbegabte Häuptling oder König (→ Königtum, sakrales), aber auch professionelle hl. Personen, der ekstatische Schamane (→ Ekstase, → Schamanismus), die → Medizinmänner usw. So kommt ein besonderer Stand von *Priestern* auf (→ Priestertum), die den Willen der Götter kennen, diesen auch in neuen Fällen ermitteln können, etwa durch → Orakel oder → Gottesurteil. Zwischen Priestern und → *Propheten* ist keine scharfe Grenze, wie auch nicht zwischen Amtsausrüstung und → Inspiration oder zwischen göttlicher Erwählung und Ausrüstung und erblichem Amt. - Niedrigere Klassen von hl. Personen s. → Levi und Leviten, → Prostitution: I. Zeitweilig Geweihte s. → Nasiräer.

10. *Ziel* des K. ist die Erlangung und Erhaltung von → Leben im weitesten Sinne des Wortes, von Nahrungsfürsorge, Fruchtbarkeit des Wildes, des Viehs, des Bodens und der Menschen, Gesundheit, Wohlstand, Sieg; ferner von moralischen und geistigen Gütern: Friede, Zusammenhalt unter den Stammesgenossen (hebr. šalôm), die rechte → Ordnung (hebr. ṣ^edaqā), »Ruhe des Herzens«, bis hinauf zu Gemeinschaft mit Gott und ewigem Leben - kurz, alles was die Gemeinschaft bedarf. Der Hebräer faßt alles in das Wort *»Heil«* (ješāʿ) zusammen. Der K. flößt die dazu nötigen Kräfte (hebr. »Segen«, b^erakā) ein, sieht sie aber auch als Gabe der Götter; der Unterschied ist nicht prinzipiell. Zum Heil gehört auch, daß jede böse, feindliche und schädliche Macht und Beeinflussung - kosmische wie irdische - überwunden oder abgewehrt (vgl. → Exorzismus), Unreinheit gereinigt, → Sünde und Schuld gesühnt (→ Entsündigung, → Sühne), → Krankheit geheilt wird. - Das im K. gesuchte Heil kann als *Erneuerung* und Sicherstellung *der ganzen »Welt«* (vgl. → Erde) der betreffenden Gemeinschaft verstanden werden. K. ist aber Wiederholung; der K. schafft und erhält die Welt, sagen zB die Inder ausdrücklich. Was geschieht, ist immer geschehen. Sehr allgemein stellt sich aber der Gedanke ein: es geschah einmal im Uranfang, als die Mächte den K. stifteten. K. wird Wiederholung der Ur-Heilstat. - Dadurch wird auch die *Zukunft* geschaffen und gesichert. In der Gegenwart des Kultfestes werden sowohl Ur- und Vorzeit als auch Zukunft ineins erlebt (→ Eschatologie: I).

11. Das geschieht, in Übereinstimmung mit der »magischen« Denkweise, durch *Darstellung*. Indem die zu erneuernde Wirklichkeit, etwa das Aufblühen der Natur (→ Ackerbau: I, → Fruchtbarkeit) im → Regen oder Frühling (→ Sonnenwende), die Mehrung des Wildes (→ Jäger und Jagdriten) und des Viehs, die Erregung der Geschlechtskraft (vgl. → Prostitution: I), der erhoffte Sieg über den Feind (vgl. den Kriegstanz), Tod und → Auferstehung (: I) des Vegetationsgottes (→ Kanaan: III), der Sieg der Götter über die bösen Mächte usw dargestellt wird, geschieht sie auch. Die Darstellung ist ein wirkungskräftiges »Begehen«.

12. Die Darstellung geschieht durch *Handlungen* und *Worte*. Beide gehören zusammen: → Handauflegung und Segenswort, Fluchwort und »Fluchwasser« (Num 5, 11ff; → Segen und Fluch), Anzünden des Sonnenfeuers mit den Worten: »Solches tue ich, Sonne, damit du warm scheinen sollst« (Neukaledonien). Zusammen bewirken sie das, was sie darstellen und ausdrücken, und erst als ein Ganzes sind sie verständlich. Das Erheben der → Lade mit den sog. Signalworten Num 10, 35f bedeutet und bewirkt, daß Jahwe selbst aufbricht an der Spitze der Prozession. Vgl. die Handlung und das Wort der Seraphen Jes 6, 6f oder das »Hoc est corpus« der Abendmahlsworte. Nach dem doppelten Ziel des K. (s. 10) können die *Handlungen* in schaffende - oder theurgische - und apotropäisch-kathartische eingeteilt werden, die aber nicht immer säuberlich unterschieden werden können. Für die einzelnen Handlungen vgl. außer den genannten → Entsündigung, → Glocken, → Knoten, → Kuß, → Proskynese, → Riten, → Waschungen. - Sehr verbreitet ist die hl. → *Mahlzeit*, in der die doppelseitige Gemeinschaft (s. 4) verwirklicht wird. Die allgemeinste K.handlung ist das → *Opfer*, ein Sammelwort, das einen sehr verschiedenartigen Inhalt deckt und oft sowohl sakrifizielle wie sakramentale Elemente einschließt.

13. Das kultische → *Wort* begleitet, deutet und mitverwirklicht die Handlung. Es ist sozusagen der »Text« des Dramas und schließt insofern auch Mythos und Legende (→ Sagen und Legenden: I) ein. Man muß sich immer die Handlung dazu vorstellen; vgl. zB die scheinbare »Lückenhaftigkeit« des babylonischen Mythos von »Ištars → Höllenfahrt« oder Psalmen wie 24 und 132. Das Wort kann das der Gottheit sein, evtl durch den Mund des Priesters oder der Kultpropheten; vgl. → Orakel, → Gottesurteil, aber auch Schriftverlesung und Predigt. - Das Wort kann auch dem Miterleben der Gemeinde Ausdruck geben, wie etwa die Klagelieder auf den verstorbenen → Tammuz oder die Jubelrufe und Hymnen, die den erscheinenden oder auferstehenden Gott begrüßen. Als → Gebet legt es die Nöte und Bedürfnisse der Gemeinde und des einzelnen der Gottheit vor oder dankt für erlebtes Heil und Wohl-

tat. – Es scheint ein allgemeines, in der Erfahrung von der Macht des rhythmischen Wortes wurzelndes Gesetz zu sein, daß die K.worte, auch der Mythos, *metrische Form* erhalten, wie wir es nicht nur in der religiösen Dichtung der altorientalischen Völker, sondern auch etwa in den »Zaubergesängen« der sibirischen Schamanen und den K.mythen der Australier sehen können. Der → Psalm ist die natürliche und rechte Form des K.gebetes.

14. Die schöpferische Darstellung durch Handlungen und Worte verleiht dem K. den Charakter eines *hl.* → *Dramas*. Hier treten sowohl die Gottheit als auch die Gemeinde auf; hier geschieht das Heil. Das hl. → Spiel kann mehr oder weniger realistisch sein, wie etwa der Sieg des → Horus-Osiris über Seth in Ägypten; häufig wird das Geschehende durch → Symbole ausgedrückt. → Prozessionen und → Tänze spielen eine große Rolle. Durch »Schauen« und Teilnehmen, zB an der Klage und dem Jubel über den Gott, werden alle Glieder der Gemeinde in die hl. Wirklichkeit hineingezogen und mit den Kräften des Geschehenden erfüllt. Sie erleben das Heil, ihre Welt ist neu geworden und sie selbst mit ihr. In der hl. Mahlzeit (s. 12) wird die Gemeinschaft mit der Gottheit und mit den Brüdern erneuert. In den miterlebenden Gefühlsregungen, die sich oft bis zur → Ekstase steigern, wird man des hl. Kraftbesitzes gewiß.

15. Die mehr oder weniger epische Ausformung des im K.drama geschehenden Heils ist der → *Mythos*. Er liegt gleichsam embryonisch schon in dem, was dargestellt, getan, geredet, gesungen wird, in den Andeutungen des die Gottheit begrüßenden Hymnus usw, kann aber auch zu einer vollständigen epischen Erzählung ausgebildet werden, die uns oft »fragmentarisch« scheint, weil sie ohne die begleitenden Handlungen nicht mehr recht verständlich ist (vgl. 13). Der echte Mythos ist eben ein kultisches »Wort« und hat daher ursprünglich auch metrisch-poetische Form. Weil K. Welterneuerung ist, ist der Mythos oft ein Weltschöpfungsmythos (→ Ägypten, → Babylonien, Israel [→ Gottesdienst: II, 3 a]); in Babylonien war das Schöpfungsepos der »Lesetext« des 4. Tages des → Neujahrsfestes. Ätiologische, kosmologische und theogonische Spekulationen schließen sich oft an. – Die schriftliche Fixierung kann den Anfang einer *hl.* → *Schrift* bilden. Die im Mythos enthaltene »Frohbotschaft« – vgl. im Ugaritischen die bśrt »Baal lebt!« – wendet sich an den → Glauben; die begriffliche Entfaltung führt zum → Dogma.

16. Der Sinn der einzelnen K.handlung innerhalb eines konkreten K. kann nicht lediglich durch genetische und allgemein-phänomenologische Erwägungen erschlossen, sondern muß aus der geistigen Struktur der konkreten Religion verstanden werden. Zwei phänomenologisch gleiche K.handlungen können in zwei verschiedenen Religionen einen recht verschiedenen Sinn haben. Der konkrete historische K. und damit der Sinn seiner einzelnen Züge sind von dem Gottesbilde (→ Gott: I) der betreffenden Religion wesentlich bestimmt. So ist es kaum möglich, eine allgemeine *»Geschichte des K.«* zu schreiben. Man kann gewisse mehr oder weniger allgemeine Tendenzen der »Entwicklung« beobachten, etwa die mehr hervortretende persönliche Fassung der Gottheiten, den Übergang von »selbstwirkenden« Formularen zu Gebeten, die Spiritualisierung oder Abstoßung von Elementen, die zu stark an den magischen Hintergrund erinnern, oder eine mehr vergeistigte Auffassung des → Gottesdienstes. Aber auch die entgegengesetzte Tendenz ist oft merkbar: die Hymnen, Gebete und Riten erstarren zu »machtvollen« Mitteln, durch die der »Machtbegabte« die Götter nach seinem Willen beherrscht, wie etwa der Brahmane in → Indien. Man muß sich mit einer Geschichte des einzelnen historischen K. begnügen.

RGG¹ II, 502ff; RGG² III, 1365ff – V.Grønbech, Primitiv Religion, Stockholm 1915 – Chant I, 87ff – R.Will, Le culte, 3 Bde, Strasbourg-Paris 1925-35 – PW XI, 2106ff (K.); Suppl.-Bd IV, 277ff (Epiphanie) – Th.Preuss, Der religiöse Gehalt der Mythen, 1933 – S.H.Hooke (Hg.), Myth and Ritual, Oxford 1933 – K.Kerényi, Vom Wesen des Festes (Paideuma 1, 1938, 59-74) – Ad.E.Jensen, Spiel u. Ergriffenheit (ebd 2, 1941/42, 124-139) – G.van der Leeuw, Urzeit u. Endzeit (ErJb 17, 1949, 11-51) – M.Eliade, Le mythe de l'éternel retour, Paris 1949; dt. 1953 – A.L.Kroeber-E.W.Gifford, World Renewal. A Cult System of Native Northwest California, Berkeley-Los Angeles 1949 – W.-E.Peuckert, Geheimkulte, 1951 – A.Bertholet, Grundformen der Erscheinungswelt der Gottesverehrung (SgV 205/06), 1953 – S.Mowinckel, Religion u. K., 1953 (vgl. Mowinckel II, 19ff) – van der Leeuw. – Vgl. ferner die betr. Abschnitte der unter → Religionsgeschichte angegebenen Sammel- u. Spezialwerke, die Art. über die einzelnen Religionen u. die Lit. zu → Phänomenologie der Religion. *S.Mowinckel*

Kultusfreiheit → Religionsfreiheit.

Kumulation nennt man im kirchlichen Ämterwesen die Häufung von Ämtern und Pfründen in der Hand einer und derselben Person. Sie ist seit der vollen Ausbildung des kirchlichen Benefizialwesens (→ Beneficium) sehr verbreitet gewesen, bes. für Pfarr- und Kapitelspfründen, durch das → Tridentinum allerdings grundsätzlich verboten (Sess. VII de ref. c. 2 und 4), aber trotzdem hernach gerade bei höheren Pfründen, oft mit päpstlicher Genehmigung, häufig bestätigt worden. Bes. im 18.Jh., als die Begründung mit der Bedrohung des Bestandes der kath. Kirche in Deutschland weggefallen war, wurde die K. ein beliebtes Mittel zur Versorgung des deutschen Hochadels mit Bistümern und Domherrenpfründen, zugleich im Dienst fürstlicher Hauspolitik. Die → Säkularisation von 1803 hat die K. praktisch beseitigt. – Nach dem Recht des CIC ist K. unmöglich bei Ämtern und Benefizien, die gleichzeitig nicht von *einer* Person den Pflichten nach versehen werden können oder deren eines bereits zum standesgemäßen Unterhalt hinreicht (»inkompatible Ämter«, cc. 156 § 2, 1439 § 2; Strafe: Verlust beider Ämter, c. 2396; Dispens durch den Papst ist möglich). Heute findet eine K. höherer Ämter gesetzlich, abgesehen vom Papst, der zugleich Patriarch, Primas, Metropolit und Bischof ist, nur noch für den → Kardinal-Dekan statt, der zu seinem suburbikarischen Bistum stets auch das Bistum Ostia hinzuerhält (c. 236 § 4). – Im *Prozeßwesen* bedeutet K. die Klaghäufung, dh die Verbindung mehrerer Ansprüche im selben Klagverfahren (c. 1669), zulässig für Besitz- und Forderungsklagen, nicht aber für Spolienklagen (c. 1895), grundsätzlich nicht bei der Appellation (c. 1891). – Im *Strafverfahren* ist K. die Häufung mehrerer Delikte, für die auch ebensoviele Strafen zu verhängen sind (c. 2224, grundsätzlich: tot poenae, quot delicta).

Feine 349f. 480f (Lit.). *† A.M.Koeniger (H.E.Feine)*

Kunst

I. Kunst und Religion, religionsgeschichtlich-phänomenologisch – II. Religiöse Kunst, geschichtlich – III. Kunst und christlicher Glaube. – Vgl. auch → Abstrakte Kunst, → Kunsterziehung, → Kunsthandwerk, → Liturgie: VI. Liturgie und Kunst, → Volkskunst, religiöse

I. Kunst und Religion, religionsgeschichtlich-phänomenologisch

1. Verschmelzung von K. und R. in frühen Kulturen – 2. Ihre gegenseitige Bezogenheit – 3. Divergenzen zwischen K. und R. hinsichtlich Tradition und Vermittlung – 4. Scheidung zwischen K. und R. in späteren Kulturen – 5. Probleme der Scheidung. – Vgl. auch → Kultur: II

Die Zuordnung von K. und R. versteht sich heute von Westeuropa aus nicht mehr ohne weiteres. Wir leben in einem Zeitalter und in einer Welt, in der weite Bereiche von → Dichtung, → Malerei, Plastik und Tanz von R. frei sind oder jedenfalls frei sein wollen. Oft qualifiziert nur der Gegenstand oder die bewußte Thematik eines K.werkes dasselbe noch als religiös, wie die R. ihrerseits keine eigene künstlerische Gestalt sucht, sondern in der K. nur ihre praktische Anwendbarkeit sieht. Will man also von der Frage K. und R. in ihrer wechselseitigen Bedingung reden, so muß man eine Welt aufsuchen, in der beide miteinander in lebendiger Beziehung da waren.

1. In allen frühen Kulturen findet sich nicht nur eine wechselseitige Beziehung von K. und R., sondern auch ein Welt- und Selbst-Verständnis des Menschen, das eine Unterscheidung künstlerischen und religiösen Welt-Umganges nicht erlaubt. Das gilt für die paläo- und mesolithischen Kulturen ebensosehr, wie es sich in den Alt-Kulturen Griechenlands, Mexikos und Chinas zeigt oder wie es die Kulturen der sog. Primitiven erkennen lassen (→ Weltbild: I). Jedes Weltbewältigen geschieht in diesen Kulturen im gestaltenden Innewerden religiöser Bedingtheit, die die Arbeit zB unter das Lied und den → Tanz stellt, die sowohl künstlerisch in ihrer Gestalt wie religiös in ihrem Inhalt gemeint sind. Lied und Tanz sind also nicht rational gewählte Erleichterungen der Arbeit, sondern religiös inspirierte Gestaltung des Arbeitsvorganges. Der geschnitzte Ahnenpfahl durchragt das Dach wie der → Weltenbaum den Kosmos. Die künstlerische Gestalt prägt in religiöser Bedeutsamkeit die »Gegenstände« zum Umgang mit ihnen, der ein frommer ist. Frömmigkeit führt den Meißel und das Schnitzmesser. Frömmigkeit ermöglicht und bedingt die Rötel-Zeichnung des jagdbaren Tieres, die den Lebensunterhalt sichert. Die andeutenden Hinweise kennzeichnen den Lebensbereich, aus dem sich die Zusammengehörigkeit von K. und R. erschließt. – Was K. in ihrer Teilhabe am religiös apperzipierten Umgang von Welt und Selbst prägt, läßt sich fünffach kennzeichnen: a) Der realistische Zug früher → Kunst (: II) zeigt das Bedürfnis, die sich wandelnde Welt des Wirklichen durch und als ihre Gestalt ins Feste zu stellen, zu dem man zurückkehren kann. Die Drastik des Dämonen-Tanzes zeigt diese Realistik ebenso wie die frühe Plastik. Wirklichkeit wird nicht in ihren »schönen« Aspekten zum Genuß abgebildet, sondern das Begegnende wird als dieses Begegnende festgestellt. – b) Dadurch geschieht die Festigung dieser Wirklichkeit selbst. Erst das Bild des jagdbaren Tieres macht die Tötung des Tieres möglich, da diese Gestalt die zu mordende Kreatur so am Leben hålt, daß die Art erhalten bleibt. Das Bild der Gottheit hält ihre segnende Wirksamkeit wach. Der gestaltete Ritus erhält die Welt. Die Sonne kann nicht aufgehen, der Reis kann nicht weiterwachsen und die Frauen müssen unfruchtbar werden, wo die gestaltende Kraft von Maske, Tanz und Melodie nicht mehr geschieht. Künstlerische Gestalt ist also anderes als hinweisendes → Symbol. In der Gestaltung geschieht etwas mit der gestalteten Welt. – c) Dabei ist die Gestaltung zugleich die Erhebung der Welt-»Wesen«, die dem normalen Blick nicht ohne weiteres sichtbar sind; erst ihre Gestaltung als Melodie oder Statue kann sie der »Einsicht« zuführen. Religiöse Meditation und künstlerische Gestaltung miteinander erst machen die »Wesen« der Welt zugänglich und umgänglich. Das Einsichtigwerden der Welt-»Wesen« besteht also weder in Spekulation noch in Symbolisierung, sondern in einer Gestaltung der Wirklichkeit. Dabei ist der Tanz im Getanztwerden oder die Plastik im Gestaltgewinnen, also der künstlerische Akt selbst, »inspirativer« Akt. Im Ketjak-Tanz auf Bali wird der drohende Dämon festgestellt und darin auch abgewehrt. Die gestaltete Wirklichkeit von Welt-»Wesen« und Gottheit gerinnt erst spät zur Konvention, und auch da noch bleibt der reproduzierende Akt der Gestaltung neues Erheben. Insofern gehört zur K. die Originalität als Mut neuen Ergreifens der Welt-»Wesen«. – d) Die Gestalt faßt die Welt-»Wesen« zur wirkenden Gegenwart zusammen und macht als Repräsentation frommen Umgang möglich. Sie schildert also nicht Vergangenes und hängt nicht am gegenständlich Gewordenen. Sie schafft Raum für das → Heilige und folgt seinem Zeitmaß. Damit gründet sie die Möglichkeit von Wiederholung. Wirklichkeit von Welt kann durch die Gestaltung hindurch »begangen« werden (→ Begehung, 1). – e) Aus dem Lebens-Kampf wird das Lebens-Fest. Die Widerständigkeit der Welt wird festlich bewältigt (→ Feste: I). Die K. macht das Fest als Ordnung möglich, indem sie als Bild und Bau Raum dafür schafft, als Lied und Tanz aber seine Zeit ermöglicht. Nach Raum wie nach Zeit ist das Fest die Konvergenz von K. und R. → Maske und Götterbild, Tanzstab und Schwert, Federschmuck und → Tätowierung schwingen im Rhythmus der Welt-»Wesen«. Sie runden, was zerfiel. Sie heilen, was krank wurde. Sie machen lebendig, was sterben wollte. Das Fest ist nicht jenseits vom Lebensernst, sondern sein zur Gestalt erhobener Ausdruck. Das Fest zeichnet die Wesensgesetzlichkeit von Saat und Ernte, Leben und Sterben, Krieg und Frieden so nach und gestaltet sie so vor, daß Welt und Mensch füreinander dazusein vermögen. Die religiös gehaltene, künstlerisch gestaltete Welt gibt der Gesetzlichkeit von Natur und Geschichte Ausdruck.

2. Hat man diese 5 Analogien von K. und R. am Orte ihres Zusammenhanges und ihrer wechselseitigen Angewiesenheit aufeinander erkannt, so führen sie zugleich weiter auf das Konvergenz-Moment religiösen und künstlerischen Welt- und Selbst-Verständnisses. Wie die Ursprungs-Mythen erweisen, wird der Mensch in den R.en als ein Wesen verstanden, das in sich selbst nicht einheitlich ist, sondern nur als ein aus sich selbst heraus tief in Frage gestelltes Wesen erfahrbar ist. Ob dies In-Frage-Gestelltsein menschlichen Wesens auf widersetzliche Schöpfungs-Bestandteile im Menschen oder auf Folgen einer am Anfang stehenden Untat zurückgeführt wird, bleibt sich gleich. Aber die zentrale Versehrtheit des Menschen (→ Sünde) tritt nun als tiefe Störung auch und gerade in seinem Welt-Verhältnis auf. Die Welt des Begegnenden ist dem Menschen Welt von zunächst undurchschaubarer Widerständigkeit. Es bedarf ganz bestimmter Vorgänge von Erschließung und Sicherung, um die verstellte Welt zu eröffnen. Diese Eröffnung ist Aufgabe dessen, was → Religion genannt zu werden pflegt. Dabei verfährt die sog. → Magie so, daß sie einen Kosmos wahrer Lebenseinheit am Gegenwärtigen erhebt. Die Hoch-R. aber hat in ihrer geschichtlich bewußten Entfremdung vom Begegnenden die Aufgabe, ihre Welteröffnung auch am Phänomen des Vergangen-Gegenständlichen wie des Zukünftig-Transzendenten zu vollziehen. In beiden Spielarten von R. geht es um den Schritt von der verstellten Welt zur neuen Welt wahren Wesens oder Lebens.

Offenbar ist der Vorgang künstlerischen Welt-Verhaltens dem religiösen insofern kongruent, als die Wirklichkeit des Vorhandenen von vornherein nicht das Intentum der K. abgibt. Die K. gestaltet das begegnende Wirkliche nicht, um es abzubilden. Sie gestaltet das Wirkliche auf seine Wirk-Gewalt hin, die es auszuüben vermag und mit der es »ergreift«. Zur flüchtigen Erscheinungswelt und ihren Phänomenen steht die K. in negativer Gespanntheit. Angewiesen auf das Begegnende als Phänomen greift sie hindurch zur gültigen Gestalt. Das Wirkgewaltige kann dabei bis zum Abstrakten verkürzt werden, aber auch am Erscheinenden überdimensioniert sichtbar oder als die vollendet ungestörte Proportion anschaulich gemacht werden. Worauf es ankommt, das ist die daran sichtbar werdende, negativ bestimmte Spannung künstlerisch bestimmten Welt-Erfassens zum Gegebenen. Diese Spannung treibt die Gestaltung hervor. Die Gestaltung nämlich eröffnet den Wirkungszusammenhang, der am Gegebenen ergreift und somit sein wirkendes Wesen erkennen läßt.

K. und R. lassen sich also offenbar von einem beiden eigenen konvergierenden Progreß der Welterfahrung des Menschen her verstehen. Solange der Wirkungszusammenhang der Welt religiös apperzipiert wird, ist die Einheit von K. und R. eine Selbstverständlichkeit und beiderseitige Notwendigkeit. Die R. bedarf der K. um der Repräsentation des Göttlichen im Fest willen. Die K. bedarf der R. um der Angemessenheit der erschauten Welt-»Wesen« willen. Wo die R. der Gestalt entbehren sollte, da müßte sie im auflösenden Spiritualismus enden. Wo die K. die Angemessenheit entbehren sollte, da müßte sie im subjektiven Experiment enden.

3. Die R. hat stets den spezifischen Träger ihrer Erkenntnis als Priester, Schamanen, Heiligen oder Medizinmann gekannt, während die K. lange Zeit im künstlerlosen Vermögen und Verantworten jedes Menschen blieb. Gewiß ist R. eine Sache, die jedem Menschen als Menschen eignet. Das ist für die R. so gültig wie für die K. Aber die R. bedarf offenbar des ausgezeichneten erwählten Einzelnen als Handelnden. Die K. bedarf offenbar des Einzelnen nicht nur nicht, sondern sie scheint als gestaltender Vorgang in ihre Krisis zu treten, wo der Künstler als Virtuose das Feld beherrscht. – Die merkwürdige Andersartigkeit, wie der Einzelne oder ein Stand als Träger der K. oder der R. auftritt, ist an der Volks-K. und Volks-R. zu erläutern. → *Volkskunst* kann die künstlerische Gestaltung aus der Anonymität »Jedes« meinen, wo jede Familie zB ihre Maske, ihren Tanz und ihren Gott hervortreibt und das Leben jedes Menschen auch immer wieder zu künstlerischer Gestaltung heranreift, ohne daß der Künstler als einzelner oder als Stand da wäre. Der *Volks-R.* eignet das Fragen nach dem hl. Manne als einzelnem wie als Stand. Sie betrifft zwar »jeden«, aber sie wird nicht jedem ausübbar.

Dieser Unterschied, der am Träger von R. und K. sichtbar wird, macht auf zwei *Divergenzen* aufmerksam, die zwischen K. und R. bestehen. Die erste Divergenz besteht darin, daß R. darauf angewiesen ist, den einen hervorgetretenen Gott immer als denselben aufzufinden. Seine Verehrung ist einmal geregelt und darf nicht vergessen werden. Der Umgang mit dem Heiligen verlangt → Tradition (: I. II). Tradition verlangt den Tradenten. So macht R. den Einzelnen oder den Träger-Stand notwendig, der das Heilige in der Tradition weiß, pflegt und wiederholt. Ganz anders die K. Sie bleibt im gestaltenden Vorgang auf das Begegnende und seine Feststellung angewiesen. Das Begegnende ist stets das Neue. Wenn es die Eigenart denkerischer Weltbewegung ist, vom Neuen und Eigenartigen des Begegnenden auf das Regelmäßige zu abstrahieren, so ist es die Eigenart künstlerischer Begegnung, das Eigenartige wahrzunehmen. Darin hat sie der R. immer wieder Lebensimpulse zugeführt. Der Künstler taucht als Stand erst in der Reproduktion von gestalteter Welt als K.handwerker (→ Kunsthandwerk) wie als Virtuose auf. Auch er gestaltet noch, aber am vorgegebenen Stoff. – Die zweite Divergenz besteht darin, daß das Heilige in den R.en immer auch vermittelt ist. Auch deshalb schafft sich R. den Einzelnen oder den Stand von vermittelnden Personen. Das Heilige geht nicht auf im Begegnenden, sondern ist immer mehr als das Begegnende. Das Mehr aber muß vermittelt sein. In diesem Sinne braucht K. aber nicht vermittelt zu werden, da ja zu ihr die unmittelbare Einsichtigkeit von Gestalt gehört. – Das Moment der Tradition und das der Vermittlung, die die Divergenzen zwischen K. und R. ausmachen, haben K. und R. immer wieder mit Mißtrauen gegeneinander erfüllt.

4. Trotz aller tiefgreifenden Konvergenz haben sich K. und R. geschichtlich voneinander entfernt. Die Ursache sind nicht einfach ihre Divergenzen, sondern die Aufspaltung der Lebensbereiche, die für die Aufklärungszeiten so oft charakteristisch ist. Gewiß dient die K. in dieser Trennung der Bereiche noch der R., doch tut sie es nur mit dem religiösen Thema. Das religiöse Thema ist eines unter anderen. Es ist nicht mehr die Sache selbst. Das Schöne und das Heilige werden unterscheidbar. Wie die K. sich von der R. und anderen Bereichen scheidet, so tut es die R. Beide verändern in dieser Spezifikation ihres Selbstverständnisses ihr Wesen. Beide waren miteinander Dienst an der Gottheit. Nun taucht die Gefährdung auf, daß die K. der R. dient, statt Gott zu vergegenwärtigen.

Die Scheidung von K. und R. bringt das Selbstverständnis der K. in eine Krisis. Auch als profane K. tut sie immer noch den Schritt von der Weltwiderständigkeit zur Gestaltung der wahren Welt-»Wesen« in ihrer Offenheit. Sie erhebt am Begegnenden das Ergreifende. Aber die R. vermag sich diesen Vorgang nicht mehr einzubeziehen, denn sie ist vom allfällig Begegnenden »fortgeschritten« zur Bewahrung des »Alt-Heiligen« des einmal Offenbarten und des Wahren, das gestaltlos-ewig nicht mehr aus der Welt und an der Welt wahrgenommen werden kann. Die K. schaut die Wirkgewalt des Lebendigen nach wie vor. Aber die R. bindet es nicht mehr zur kritischen Bewahrheitung. Sie hat das Lebendige als das Begegnende an die Naturwissenschaft, Philosophie und andere Bereiche verloren. Diesen Wissenschaften aber ist eine so enge Verbindung mit der K. nicht möglich, wie sie einst zur R. bestand. Sie bedürfen des Gegenstandes selbst. Statt seiner Repräsentation brauchen sie sein Maß und seine Photographie. So vereinsamt die K. als eigenartige Lebensäußerung neben anderen. Sie kann zwar noch kirchliche oder religiöse K. sein. Aber ihr Akt bleibt auch am kirchlichen Thema profan.

Die Trennung von K. und R. bedroht aber auch die R. in ihrem Selbstverständnis. Diese Bedrohung liegt im möglichen Welt-Verlust der R. Wo die Bewahrheitung von Welt als Natur und Geschichte von Wissenschaften am Gegenständlichen besorgt werden soll, da wird die Welt so flach, wie das gesetzliche Gefüge, nach dem man sie behandelt. Die R. ist auf dem Rückzuge aus der Welt.

5. Die Frage nach K. und R. ist in einer Welt, die vom Zerfall der Lebensbereiche herkommt, eine Frage an die R. Es ist eine Eigenart von R., Heiliges und Profanes zu scheiden, womit die K. in den Zusammenhang des Profanen rückt. Die R. verzichtet darauf, sich das Heilige aus dem Profanen heraus deuten zu lassen, womit sie des wahren Dienstes der K. entraten muß. Die Frage ist aber, inwieweit die R. in der Lage ist, die Welt-»Wesen« und ihr Ergreifendes theologisch zu definieren und fromm zu empfangen. Die echte Zusammengehörigkeit von K. und R. scheint nämlich nur soweit möglich zu sein, soweit die R. das reale Leben in seinen ergreifenden Aspekten zu umspannen vermag. Nur dort, wo sich R. im frommen Empfang der Welt-»Wesen« hält, kann sie die gestaltende Divination der K. aufnehmen und die Konvergenz neu geschehen lassen.

K.König, Rhythmus, R., Persönlichkeit, 1908 - W.Steinhausen, Christentum, R. u. K., 1910 - P.Weber, K.u.R., 1911 - G.F.Hartlaub, K. u. R., 1919 - W.Lüttge, R. u. K., 1929 - J.Konrad, R. u. K., 1929 - RGG² III, 1375ff - Th.Spoerri, Die Götter des Abendlandes, 1930 - A.Wiesenhütter, Wort Gottes u. die bildende K., 1931 - J.Maritain, R. u. Kultur, dt. 1936 - L.Fremgen, K. u. Schöpfung, 1942 - C.Dawson, R. and Culture, 1948 - H.Schrade, Der verborgene Gott, 1949 - K.Bauch, Die K.-Gesch. u. die heutige Philos. (in: M.Heideggers Einfluß auf die Wissenschaften, 1949, 88-93) - W.Weischedel, Die Tiefe im Antlitz der Welt. Entwurf einer Metaphysik der K., 1952 - O.Riedel, Vom Worte Gottes u. den Künsten, o.J. - H.Read, Icon and Idea, Cambridge/Mass. 1955 - G.van der Leeuw, Vom Heiligen in der K., 1957 (Lit.). - Vgl. auch die Lit. zu → Kunst: III.

C.H.Ratschow

II. Religiöse Kunst, geschichtlich

A. Religiöse Kunst in Afrika, Altamerika und Australien - B. Religiöse Kunst in China - C. Religiöse Kunst in Japan - D. Religiöse Kunst in Indien - E. Religiöse Kunst in Ägypten - F. Religiöse Kunst in Babylonien und Assyrien - G. Religiöse Kunst der Hethiter - H. Religiöse Kunst der Griechen und Römer - I. Religiöse Kunst des Islam. - Zur christlichen Kunst vgl. bes. →Altchristliche Kunst, → Bibelillustration, → Byzantinische Kunst, → Christusbild, → Glasmalerei, → Graphik, → Ikone, → Kirchenbau, → Kreuz: II. III, → Kunsthandwerk: II, → Malerei und Plastik, → Mosaik

II A. Religiöse Kunst in Afrika, Altamerika und Australien

1. In Afrika - 2. In Altamerika - 3. In Australien. - Bildtafeln 35 und 36 nach Sp. 160

1. Die *afrik. K.* wurde als Neger-K. berühmt. Sie ist jedoch keineswegs bei allen Negern verbreitet, sondern auf einige Zentren beschränkt. Die Umwelt ist für die K. insofern wichtig, als sie ihr bestimmte Rohstoffe liefert oder vorenthält und die Grundlage für bestimmte Wirtschaftsweisen bietet, die kunstfreundlich oder -feindlich sein können. Die Wirtschaftsform spielt nur eine bedingte Rolle; die schweifenden Wildbeuter sind freilich so von der Nahrungssuche beansprucht, daß sie keine K. schaffen können. Ferner läßt sich die K.feindlichkeit der nomadistischen Viehzüchter aus dem Zwang zur Beschränkung transportabler Habe und Verachtung der Handarbeit erklären. Dagegen gibt es bei der überwiegenden Masse der negriden seßhaften Pflanzer und Bauern, selbst bei ein und derselben Kultur- und Sprachgruppe, sowohl Orte mit als ohne K. Auch die Religion ist nicht ausschlaggebend: Wohl wird evtl vorhandene Plastik auch in den Dienst von Religion und Magie gestellt, aber beide kommen auch ohne K.werke aus. Die überwiegende Mehrzahl der Afrikaner betreibt den Kult des Höchsten Wesens, des Himmels und der Erde, der Ahnen sowie Zauberei (→ Afrika: II) ohne Verwendung von Bildwerken. - Die Entstehung der afrik. K. ist also nicht nur kulturell, sondern auch durch historische Ereignisse bedingt. Hierzu zählen vornehmlich Einflüsse nichtnegrider, archaischer und geschichtlicher Hochkulturen: Aus dem vor- und frühchristlichen Mittelmeerraum, Ägypten und bes. dem Vorderen Orient. Vor allem war es die Zerschlagung des 1000jährigen nubischen Reiches durch Aksum um 350 nChr, die nubische Gottkönige mit ihren Hofkünstlern auf der »sudanischen Wanderbahn« bis Oberguinea, nilaufwärts bis Ostafrika sakrale Königreiche gründen (bzw. durch Negerhäuptlinge nachahmen) ließ. Dann verursachte die rasche Eroberung ganz Nordafrikas durch die mohammedanischen Araber neue Völkerbewegungen größten Ausmaßes. Es wurden neue Großstaaten und Fürstentümer feudalen Charakters errichtet, die alten Königreiche verdrängt und zT im MA mit primitiven Negerstämmen von Norden und Osten in den Urwald gedrückt. Mit beiden Bewegungen wurden auch Stilelemente, Motive und Techniken der mediterranen, ägyptischen, byzantinischen, orientalischen und indischen K. bis weit nach West- und Inner-Afrika verschleppt, wozu auch der Handel beitrug.

Alle Zentren hochentwickelter afrik. K. lassen sich als Sitze oder Ausstrahlungsgebiete altafrik. Königreiche erweisen: Die westsudanische K. geht auf die ältesten (von Berbern gegründeten) Reiche Ghana und Mali zurück, von Mandevölkern bis an den Atlantik und die Schwarze Volta gebracht. Von Nubien aus wurden die genannten Stilelemente bis an den Tschadsee verbreitet. Hier und im Ostsudan durch den Islam vernichtet, sind sie archäologisch wieder greifbar geworden. Weiter strahlten sie nach Kamerun, Nigerien, zur Sklaven- und Elfenbeinküste aus. Berühmt wurde die K. von Benin (→ 2 C 2; s. Taf. 35 Abb. 1), die jedoch nur ein Ableger der jetzt deutlicher erkennbaren Yoruba-K. des 11. bis 13. Jh.s nChr ist. Diese rechnet zu den Höchstleistungen der afrik. K., vor allem im Gelbguß. Auch die von Norden in den Kongo eingewanderten Kuba und Pangwe führten Varianten dieser K. mit. Von Osten brachten Luba-Lunda und kleinere ostafrik. Reiche im MA ihre Hof-K. aus der gleichen Quelle mit. In beiden Gebieten stand sie ursprünglich der antiken K.auffassung nahe und war sogar des lebensvollen Porträts fähig. - Ein allgemeines Merkmal echter Neger-K. ist ihre Abkehr vom Zufälligen und Betonung des Wesentlichen und inhaltlich Bedeutungsvollen. So betont sie meist den Kopf (als Träger der »Kraft«), abstrahiert vom Naturvorbild und reduziert es zu kubischen bzw. geometrischen, oft geradezu »kubistischen« Grundformen. Dies um so mehr, je weiter zeitlich, aber auch örtlich die naturalistische Hof-K. entfernt ist. Sehr genau ist dies bei der »Vernegerung« der altnigerisch-yorubischen K. in Benin oder ihrer »Verbäuerlichung« in Kamerun, ebenso bei den die Luba nachahmenden Kongostämmen nachzuweisen sowie in der am stärksten abstrakt gewordenen westsudanischen K. Der gleiche Vorgang der Vereinfachung und Schematisierung läßt sich beim rein handwerklichen Fabrizieren von Bildwerken durch Unbegabte feststellen. Diese sind auch in der Formgebung stärker an den Rohstoff, zB den walzenförmigen Holzblock, gebunden. Wieweit die verstreut anzutreffenden ganz rohen Pfahlplastiken in Afrika wirklich »primitive«, dh ursprüngliche (Vor-)K. darstellen, oder wieweit sie auf technisches und künstlerisches Unvermögen weniger kultivierter Nachahmer zurückgehen, müssen Einzeluntersuchungen erst noch klären. - Abgesehen von der Verherrlichung des Königs und der Befriedigung der Luxusbedürfnisse des Adels durch die Hofkünste dient die afrik. K. meist der Lebensfürsorge: durch Plastiken und Masken (s. Taf. 35 Abb. 2) der Ahnen und Götter (Nigerien), Schutz- und Zauberfiguren (s. Taf. 35 Abb. 3) von Fruchtbarkeits- und anderen Dämonen und Geistern. Ahnen und Gottheiten werden naturnah, übernatürliche Mächte expressiv-phantastisch dargestellt.

E.v.Sydow, Hdb. d. afrik. Plastik, 1930 - Ders., Afrik. Plastik, 1954 - K.Dittmer, K. der Naturvölker (Atlantisbuch der K.), 1952 - L.Segy, African Sculpture speaks, New York 1955 - J.Glück, Die K. der Naturvölker Afrikas (Kleine K.gesch. der Welt I), 1956 - E. Leuzinger, Afrika. K. der Negervölker, 1959.

K.Dittmer

2. Der Gedanke einer »religiösen K.« ist in den Quellen für die indianische Kultur *Amerikas* nirgends explizit zu greifen. In den alten Gemeinwesen Amerikas vor Kolumbus herrschte eine relative Einheit der Erfahrungsfunktionen; religiöse, ethische, ästhetische und soziale Funktionen bieten sich in einem einzigen symbolischen System von Metaphern dar.

Technisch bedienten sich alle vorkolumbischen Gemeinwesen der Steinwerkzeuge, wobei Metall zur Dekoration verwendet wurde. Entwicklungsmäßig sind daher die Völker Altamerikas mit den neolithischen Phasen der Zivilisation der Alten Welt vergleichbar, dauern aber bis 1492 nChr an, wobei die Verfeinerung und Vielgestaltigkeit der Steinindustrie die höchste Stufe in der Welt überhaupt erreicht (s. Taf. 36 Abb. 1). – Städtische Gemeinwesen mit uralter geschichtlicher Überlieferung sind bekannt in Mexiko und Guatemala, in den Zentral-Anden von Ekuador bis Chile, in den südwestlichen Vereinigten Staaten und entlang der Flußsysteme Nordamerikas von der Mississippi-Regulierung an ostwärts. Ihre kulturelle Entwicklung zeigt im allgemeinen 3 Hauptstadien: eine gestaltende Frühstufe bis etwa zur Mitte des ersten Jt.s vChr; eine klassische Stufe von ca 500 vChr bis ca 500 nChr (s. Taf. 36 Abb. 2); eine soldatische Periode bis zur spanischen Eroberung (s. Taf. 36 Abb. 3). Die gestaltende Stufe wurzelt im frühen dörflichen Leben, das auf Ackerbau und animistischer Religion fußt. Die klassische Stufe ist geprägt durch monumentale Kultzentren unter theokratischer Gesellschaftsordnung. Die soldatische Periode zeigt das Aufkommen von erblicher aristokratischer Führung mit Menschenopfern und Kriegszügen zur Erweiterung von Territorium und Handel. Am Rande dieser städtischen Gemeinwesen gibt es kleinere Stammes- und Nomadengruppen im westlichen Nordamerika, im nördlichen und westlichen Mexiko und im östlichen Südamerika.

Die formale, symbolische und expressive Qualität der K. der mexikanischen und Maya-Völker Mittelamerikas (→ Mexiko: I) ist dichter und komplexer als in den Zentral-Anden. Die Anden-K. ihrerseits zeigt größere Verfeinerung als irgendeine indianische K. Nordamerikas oder des östlichen Südamerika. Die künstlerische Tradition in Mittelamerika ist ausgesprochen anthropomorph. Mittelpunkt ist die menschliche Idealfigur, im Gegensatz zur K. der Zentral-Anden, wo die magische Verbindung von Zeichen und ihre Vereinfachung zu geometrischen Systemen die Regel bildet, wie zB in Chavin, Nasca, Tiahuanaco (s. Taf. 36 Abb. 4) und in der figürlichen Inka-Überlieferung. Die mittelamerik. figürliche Tradition ist also humanistisch, während die symbolische Tradition der Anden-K. mehr an Tierfiguren und deren magische oder dämonische Kräfte gebunden ist. In den nordamerik. Künsten steht die geometrische Dekoration von Gebrauchsgegenständen und Werkzeugen im Mittelpunkt.

Nahezu alle architektonischen Planungen der klassischen Ära sind nach Zweck und Funktion »religiös«. Sie bestehen aus regelmäßigen Anlagen von Plätzen und Gebäuden, die um Höfe oder Straßenanlagen gruppiert sind. Ihre axiale Anlage ist nach Richtlinien orientiert, die Sonnwendtagen oder Tagundnachtgleichen des Sonnenjahres entnommen sind. Die mexikanische oder Maya-Stadt war nach Plan und Gebrauch mehr für Prozessionen und liturgische Zwecke gedacht als für das eigentliche Wohnen. Ihre Formen wurden wohl als irdisches Abbild des Kosmos betrachtet, zB Teotihuacan im Tal von Mexiko (gebaut vor 700 nChr). Vergleichbare Anlagen in den Zentral-Anden sind Moche und Tiahuanaco.

Die klassische Maya-Skulptur begegnet in der Hauptsache als Flachrelief. Typisch sind die prismen- oder scheibenförmigen Stelen, Schmuck der Maya-Höfe zB in Tikal oder Piedras Negras in Guatemala. Die komplizierte Maya-Kalenderrechnung und die genauen astronomischen Beobachtungen bilden den Hauptinhalt der Priester-Inschriften auf den Skulpturen. Aus Südamerika sind keine Schriftzeichen bekannt; vereinfachte Ableitungen und möglicherweise archaische Vorläufer der Maya-Schrift gibt es dagegen im mexikanischen Hochland. – Der Inhalt der Maya-Inschriften wurde nach der klassischen Periode sehr viel ärmer, als die mexikanischen Eindringlinge den Charakter der Maya-Religion entscheidend veränderten, wie zB im aggressiven Symbolismus der Plastiken und Gemälde in Chichen Itza in Yucatan. Vergleichbar an Bedeutung sind in der Anden-Archäologie die Vasenmalereien des Mochica Stils von der Nordküste Perus (vor 1000 nChr). Wie die figürlichen Szenen der Maya-Vasenmalerei übernehmen sie Symbole und Szenen der klassischen Ära in einer Formensprache ähnlich der altägyptischen oder mesopotamischen figürlichen K. Die meisten illustrierten Bücher der vorspanischen Zeit stammen aus Mexiko und Yucatan. Die Malereien zeigen Götterfiguren und Rituale und sind in den ersten Jh.en nach 1000 nChr entstanden. Beispiele bieten der Codex Borgia (auf Wildhäuten; mit Darstellungen von Mixtec-Ritualen und Kosmographie) und der Codex Dresdensis (auf Papier aus Maya Feigenbaumrinde). – Die Reiche der Azteken und Inka haben nur kurze Zeit, im 14./15.Jh. nChr, bestanden. Anden-K. unter der Herrschaft der Inka war auf stereotype Formen von Gebrauchsgegenständen beschränkt und ist ästhetisch geringwertig. Erstaunliche Ausdruckskraft erzielten die aztekischen Bildhauer in Mexiko, fußend auf einer sakralen Auffassung des Menschenopfers zur Sicherung des Fortbestandes des Universums (s. Taf. 36 Abb. 3).

A. Baessler, Altperuanische K. I-IV, 1902-03 - E. Seler, Ges. Abh., 1902-23 - F.W. Hodge, Handbook of American Indians North of Mexico, Washington 1910 - F. Boas, Primitive Art, Oslo (1928) 1951² - RGG² III, 1385ff (Lit.) - F.H. Douglas-R. D'Harnoncourt, Indian Art of the United States, New York 1941 - G.C. Vaillant, The Aztecs of Mexico, ebd (1941) 1953⁴ - P. Kelemen, Medieval American Art, ebd (1943) 1956² - J. Steward (Hg.), Handbook of South American Indians, Washington 1946-50 - S.G. Morley, The Ancient Maya, Stanford (1946) 1952 - W. Bennett-J. Bird, Andean Culture History, New York 1949 - G. Kutscher, Chimu: eine altindianische Hochkultur, 1950 - J.E.S. Thompson, Maya Hieroglyphic Writing, Washington 1950 - T. Proskouriakoff, A Study of Classic Maya Sculpture, ebd 1950 - H.D. Disselhoff, Gesch. der altamerik. Kultur, 1953 - W. Krickeberg, Altmexikanische Kulturen, 1956 - G. Willey-P. Phillips, Method and Theory in American Archaeology, Chicago 1958 - S.K. Lothrop (Hg.), Altamerik. K., dt. 1959 - G. Kubler, Art and Architecture of Ancient America, Baltimore 1960. - Hauptsächliche Sammlungen: Peabody Museum, Harvard Univ., Cambridge; American Museum of Natural History. New York; Museo Nacional, Mexico; Museo Nacional, Lima; Museen für Völkerkunde in Berlin, München, Wien; Musée de l'Homme, Paris.

G. Kubler

3. In *Australien* haben sich mittelsteinzeitliche Kulturen bis in die Neuzeit erhalten; auch die K. ist mesolithisch und ursprünglich religiös, dh in diesem Kulturstadium ausschließlich Darstellung mythischen Geschehens, das die Eingeborenen in eine weit zurückliegende Urzeit verlegen. – Die *Felsbilder-K.* zeigt im Nordwesten, im Norden und Südosten anthropomorphe und zoomorphe, im Zentrum und Westen fast ausschließlich geometrisch-lineare Motive. Der Norden ist deutlich das Aufnahmegebiet der von Asien kommenden künstlerischen Anregungen, die hier verarbeitet und weitergegeben werden. Der elegante Stil, in dem kleinfigurige, bewegte menschliche Gestalten im Norden (Kimberleygebiet und Arnhem) dargestellt werden, degeneriert im Laufe der Zeit und lebt bis heute in den großfigurigen, einfachen Vorfahren- und Geisterbildern, zusammen mit einem ebenso simplen Tierstil, fort. Im Südosten gehen die großen Vorfahren-Darstellungen (zB Bunjil in Victoria) und Bilder von Jagden und Tänzen im westlichen Newsouthwales auf ähnliche Anregungen zurück, deren außeraustral. Herkunft zwar

feststeht, die aber noch nicht genau lokalisiert werden konnte. Die Kultbilder des Nordens entstehen aus den mythischen Vorstellungen heraus: Wesen, von denen das Leben auf der Welt ausgeht und die man sich als Schlangen vorstellt (→ Australien: I), werden durch den Einfluß der anthropomorphen K. zu menschlich gedachten Vorfahren. Spuren dieser Vorstellung finden sich auch im Südosten. Die Felsbilder im Nordwesten werden nicht eigentlich kultisch verehrt, sie werden aber alljährlich von dem Ältesten der Menschengruppe, die sich von einem solchen Vorfahrenbild herleitet, bemalt. Dadurch sollen dem lebenspendenden Bild neue Kräfte verliehen werden. Dem Vorgang liegen komplizierte Vorstellungen vom Wesen des Menschen zugrunde. - Die Vorstellungen, die sich mit den älteren Felsbildern des sog. eleganten Stiles in den Kimberleys, der Bewegungsdarstellungen im Arnhemland verbanden, sind unklar. Ebenso die Vorstellungen, die mit den Felsbildern des Südostens zusammenhängen. Im Südwesten und im Zentrum bestehen die Felsbilder häufig aus eingeritzten, ornamentalen Linien. Wahrscheinlich stellen diese Linien Wanderwege von urzeitlichen Kulturheroen dar, die ja auch zum großen Teil das Thema der Mythen dieser Stämme bilden. - Die *ornamentale K.* der Australier setzt sich aus wenigen Motiven zusammen: aneinandergereihte Rauten, eingeschwungene Bögen, Zick-Zack-Linien und Fischgrätenmuster sowie freie Linienassoziationen. Diese ornamentale K. findet sich als Übersetzung mythischer Gedanken auf Kulthölzern, den sog. Tjurungas (s. Taf. 35 Abb. 4. 5). Wahrscheinlich sind diese Motive Konventionalisierung ehemaliger Linien-K. und stellen diese Linien auf den Kulthölzern ebenfalls die Wanderwege von Urzeitwesen dar. In dieser K., dem unverfälschten Ausdruck des rein jägerischen Denkens der Australier, wird ein Lebewesen nicht naturalistisch dargestellt, sondern durch seine Fährte und die Wiedergabe seines Weges. In der nicht von der menschendarstellenden K. des Nordwestens beeinflußten K. des Südwestens und Südens finden sich auch niemals Darstellungen von Tieren, sondern immer nur deren Fußspuren. - In der religiösen *Schauspiel-K.* wird der Mensch als in das Wirken der Natur eingreifend vorgestellt. Nach einer alten jägerischen, weit verbreiteten Vorstellung kann er durch pantomimische Darstellungen das Leben seiner Umwelt fördern. Die Stämme teilen sich in verschiedene totemistische Gruppen, die an bestimmten Plätzen zu bestimmten Zeiten solche kultischen Schauspiele veranstalten. Die Erscheinungen der Fauna und Flora, etwa Känguruhs oder Sträucher, deren Früchte eßbar sind, werden dabei von bemalten oder maskierten Tänzern dargestellt. Es werden bestimmte Szenen aus den Mythen des betreffenden Wesens gespielt, und man glaubt so deren Fortbestand unterstützt, wenn nicht sogar gesichert zu haben. Sandzeichnungen der betreffenden Tiere und Pflanzen oder ihre Andeutung durch Steinritzungen und Malereien gehören zu diesen Zeremonien (von denen die Frauen ausgeschlossen sind). Auch kann der betreffende Felsbilderplatz der Ort sein, an dem die Schauspiele aufgeführt und die jungen Männer eingeweiht werden. - Der Grundzug der austral. K. ist heute Erstarrung, rein mechanische Wiederholung der traditionellen Motive, deren Sinngehalt nurmehr memoriert und nicht mehr erfaßt wird. Vor dieser Erstarrung wird man eine Epoche lebendiger K.ausübung in Australien annehmen dürfen.

D.J.Davidson, Aboriginal Australian and Tasmanian Rock Carvings and Paintings (Memoirs of the American Philosophical Society 5), Philadelphia 1936 - Ders., A Preliminary Consideration of Aboriginal Australian Decorative Art (ebd 9), ebd 1937 - F.D. McCarthy, Australian Aboriginal Decorative Art, Sydney 1952 - Ders., Australian Aboriginal Rock Art, ebd 1958 - L.Adam, Primitive Art (Pelican Books), London 1954 - A.Lommel, Die K. des fünften Erdteils, 1959.

A.Lommel

II B. Religiöse Kunst in China (Bildtafeln 37 und 38 nach Sp. 160)

Eine Art religiöser K. beginnt in → China im 2.Jt. vChr mit der bemalten neolithischen Keramik in den Nord- und Nordwestprovinzen Honan und Kansu. Auf dieser geschmackvoll dekorierten Bandkeramik sind die üblichen geometrischen Spiral- oder Rhomben-Motive gelegentlich zu Darstellungen von Fruchtbarkeitssymbolen abgeändert, die zB der Kauri-Muschel ähneln; die Anwendung von Rot als Farbe des Blutes ist beschränkt auf Gefäße, die sich in Gräberfeldern fanden; solche Symbole der Fruchtbarkeit und des Lebens sollen den Toten helfen.

Während diese K. vielleicht einen westlichen Einbruch aus dem Schwarz-Erde-Gebiet in Südrußland zeigt, ist die ebenfalls übliche Anwendung von Jade für rituelle Darstellungen auf steinzeitlichen Gebrauchsgeräten charakteristisch chinesisch und bildet eine Verbindung zu der folgenden chin. Bronzezeit, die ebenfalls Jade, und zwar für Tier-Amulette, anwendete. Die *Schang- und Tschou-Dynastien* (ca 1500 bis ca 1027 und ca 1027-256 vChr) haben Sakralbronzen geschaffen, die handwerklich unerreicht dastehen, nicht nur in ihrer Zeit, sondern überhaupt (s. Taf. 37 Abb. 1). Diese Gefäße, wohl für kultische Opfer an anthropomorphe Gottheiten für das Wohlbefinden der Ahnen gebraucht, zeigen eine bis heute kaum gedeutete reiche symbolhafte Ornamentik (einschließlich Katzenmasken, Vögeln, Drachen, Schlangen, Elefanten, Hirschen usw), eindrucksvoll durch Kraft und dämonische Grausigkeit, gepaart mit einer eleganten, höchst verfeinerten Technik. Mit der Entwicklung der Tschou-Dynastie kommt es in der mittleren Tschou-Zeit (900-771 vChr) zu Wandlungen im Stil und in Stil und Funktion in der Zeit der »kämpfenden Reiche« (480-222 vChr), wo für profane wie für religiöse Geräte und Beschläge eine neubelebte elegante Technik angewendet wurde (s. Taf. 37 Abb. 2). Der Tierstil der Schang- und frühen Tschou-Zeit wurde weithin durch dekorative Haken- und Spiralmuster überdeckt. - Gleichzeitig gibt es in Süd-China, vorwiegend in der Gegend von Ch'ang-sha (→ 13 C 4), lackierte Holzfiguren von Menschen, Tieren und mythischen Wesen (s. Taf. 37 Abb. 2). Viele dieser Plastiken scheinen Attribute des → Schamanismus, der dämonengleichen Zauberkraft des Schamanen zu sein. Die Ornamentik dieser Gegenstände anderseits scheint nah verwandt mit dem späten Tschou-Stil von Nordchina. Zu dieser Zeit finden sich auch, bes. im Norden, bei bestimmten Bronzen Einflüsse des »Jagd«- oder »Tier«-Stiles der Steppe mit Szenen einer neuen, bildhafteren, aber noch magischen Art.

Konfuzianisch-ethische und taoistisch-magische Themen treten am Ende der *späten* Tschou-Zeit auf und werden in der Han-Dynastie (206 vChr bis 220 nChr) fortgeführt. In Schablonen gepreßte Ziegel der Grabwände mit Vogelmenschen, Berggeistern, Sonnenvögeln und Drachen sind übliche Motive im Süden, während sich Themen des Konfuzianismus, die im Norden überwiegen, in Lackmalereien oder eingeritzt in Steinplatten von Grabkapellen finden, bes. bemerkenswert am Grabe des Wu Liang in Shantung. Literarische Quellen erweisen, daß man diese und andere halbreligiöse Motive bei gemalten Wanddekorationen von Palästen und Kultbauten anwandte. Das tägliche Leben der Han-Dynastie ist in beachtlichem Maß in den bleiglasierten und unglasierten Grab-Statuetten geschildert, Gruppen und Modelle, die als Ersatz für die Lebewesen dienten, die man unter der früheren Schang-Aristokratie geopfert und begraben hatte.

Von der Einführung des Buddhismus in der *Han-Zeit* haben sich keine Denkmäler erhalten. Erst in der »Sechs Dynastien-Zeit«, zumal unter den tatarischen Herrschern im Norden (bes. im 5./6.Jh. nChr), wurden zahlreiche figürliche Motive und Stile aus Nordwestindien und Zentralasien aufgenommen. China verdankt dem Buddhismus die erste komplizierte Anwendung in größerem Ausmaß von religiösen Figuren in Plastik und Malerei. Neben den ersten chin. Pagoden (s. Taf. 37 Abb. 3) sind vor allem die aus Indien stammenden »Höhlen-Tempel« bedeutend, bes. die Skulpturen in Yün-kang und Lung-men (s. Taf. 37 Abb. 4) aus der Zeit der Nördlichen Wei-Dynastie (386-535 nChr) und die Arbeiten aus der Zeit der Nördlichen Ch'i (550-588) in T'ien-lung-shan und Hsiang-t'ang-shan. Der frühe kraftvoll-archaische Misch-Stil (indisch-zentralasiatisch-chin.) wird rasch in lineares und rhythmisches Relief oder in ornamentierte und vereinfachte Rundskulptur umgebildet. »Ex votos« aus Goldbronze gaben Anlaß zu erneuertem Interesse an Feinbronzeguß. Malerei ist fast nur aus den frühen Höhlen der großen Mönchsgemeinde von Tun-huang bekannt, am Endpunkt der großen zentralasiatischen Handels- und Pilgerstraßen an Chinas Grenze. Diese Fresken vereinen indische, zentralasiatische und chin. Elemente, wobei die lineare Rhythmik und Bewegung chin. Malerei allmählich die Oberhand gewinnen.

Die *Sui-Dynastie* (581-618 nChr) einte China wieder politisch und bis zu einem gewissen Grad künstlerisch. Letztlich hat aber erst das große Weltreich der T'ang (618-906 nChr) den eigentlichen fernöstlichen »internationalen« buddhistischen Stil hervorgebracht, der die verbleibenden Fremdelemente unter chin. Dominante verband. Das Ergebnis war eine weniger nervöse, mehr beherrschte und ausgeglichene Auffassung, gemischt mit weltlicher Sinnenhaftigkeit und verfeinertem Realismus. Große Tempel-Wandgemälde von »göttlichen« Meistern (zB Yen Li-pen und Wu Tao-tzu) waren üblich, ehe 845-847 nChr die heftige Verfolgung des Buddhismus einsetzte. Oft stellten sie wahrhafte Mikrokosmen dar, wie zB Amitâbhas paradiesisches »Reines Land im Westen« (s. Taf. 38 Abb. 1) mit seiner Komposition linear gegebener Figuren-, Landschafts- und Architektur-Darstellung in strenger räumlicher Gebundenheit. Auch große Marmor- und Bronze-Skulpturen waren einst üblich und beeinflußten in starkem Maße Korea und bes. Japan, wo sich die einzigen nennenswerten erhaltenen Reste des Stils in allen K.bereichen finden (→ Kunst: II C).

Die wachsende Herrschaft von Konfuzianismus und weltlicher Gesellschaftsordnung wirkte erschwerend für die schöpferische Leistung auf dem Gebiet religiöser K. Diese wurde erst wieder durch den Tsch'an-Buddhismus (Tsch'an = jap. Zen) der Sung-Zeit erreicht (960 bis 1279 nChr; zB die Maler Liang K'ai und Muhsi). Das Rollbild Liang-K'ais (s. Taf. 38 Abb. 2) zeigt die abschließende Stufe hoher Vervollkommnung rein religiöser K. in China, verfeinert, intuitiv, persönlich, und benutzt Pinsel und Tusche des chin. Gelehrten mit einer Freiheit, die im Bereich der religiösen K. allein bei den vergleichbaren (späteren) Zen-Malern Japans ein Echo fand.

P. Pelliot, Les Grottes de Touen-Houang, Paris 1920-24 - A. Waley, Introduction of the Study of Chinese Painting, London 1924 - O. Sirén, Chinese Sculpture, 4 Bde, ebd 1925 - Ders., Kinas Konst under Tre Artusenden, 2 Bde, Stockholm 1942 - Ders., Chinese Painting, Leading Masters and Principles, 6 Bde, New York 1956 - D. Tokiwa-T. Sekino, Shina Bukkyo Shiseki (Buddhist Monuments in China), 6 Bde, Tokyo 1926-38 - O. Fischer, Die K. Indiens, Chinas u. Japans, 1928 - O. Kümmel, Die K. Chinas, Japans u. Koreas (Hdb. der K.-wiss.), 1929 - RGG² III, 1387f (Lit.) - H. Creel, The Birth of China, New York 1937 - J. Hackin u.a., Studies in Chinese Art and some Indian Influence, London 1937 - J. Lodge-A. Wenley-J. Pope, A Descriptive Catalog of Chinese Bronzes, Smithsonian Institution, 1946 - L. Bachhofer, A Short Hist. of Chinese Art, New York 1946 - W. Speiser, Die K. Ostasiens, 1946 - W. Cohn, Chinese Painting, London 1948 - S. Mizuno, Chinese Stone Sculpture, Tokyo 1950 - Ders.-T. Nagahiro, Yun Kang. The Buddhist Cave-Temples of the Fifth Century A.D. in North China, 15 Bde, Kyoto 1952ff - M. David, Arts et styles de la Chine, Paris 1951 - R. Grousset, La Chine et son art, ebd 1951 - L. Sickman-A. Soper, The Art and Architecture of China, Baltimore 1956 - D. Seckel, Buddhist. K. Ostasiens, 1957 - E. Consten, Das Alte China, 1958. *Sh.E.Lee*

II C. Religiöse Kunst in Japan (Bildtafeln 38 und 39 nach Sp. 160)

Zeugnisse für religiöse K. im eigentlichen Sinne sind im vorbuddhistischen → Japan (: II) gering. Die Keramik der *Jômon-Kultur* (ca 8.-2.Jh. vChr) zeigt einige wenige anthropomorphe Darstellungen wahrscheinlich magischer Bedeutung, während die folgende frühe bronzezeitliche Kultur auf eigentümlichen Bronzeglocken (Dôtaku) geometrische Darstellungen in Flachrelief aus dem häuslichen Leben und der Jagd zeigt, die sich offensichtlich aus Südost-Asien herleiten. Deutliche Einflüsse vom chinesischen Festland her treten schon im 3.Jh. nChr auf, bes. an Bronzespiegeln; anderseits scheint einheimischer Schamanen- und Herrscherkult - wohl im Zusammenhang mit dem später sog. Shintô (→ Shintoismus: I) - die großen Grabhügel der »Kaiser« der späteren Bronzezeit inspiriert zu haben mit ihren aus Jade gearbeiteten, klauenförmigen Magatama (magischen Schmucksteinen) und bes. mit ihren tönernen Haniwa (Grabfiguren), die Krieger, Tänzer, Tiere, Häuser, Boote u.dgl. darstellen. Jaspisgeräte von feinster Ausführung müssen, was ihre Zweckbestimmung angeht, wohl in Zusammenhang gebracht werden mit den chinesischen aus Jade gearbeiteten Ritual-Darstellungen von Gebrauchsgeräten. Bei all diesen Erzeugnissen findet sich reiche Variation, von urwüchsig reicher Beobachtungsgabe in stilisiertem Ton zu streng abstrakten Formen in wertvollen Materialien.

Die Einführung des → Buddhismus (: I) i.J. 552 leitet die *Asuka-Zeit* ein. Vor allem unter dem Patronat von Shôtoku Taishi wurden mit großem Nachdruck nicht nur der Buddhismus selbst, sondern auch chinesische → Kunst (: II B) und Kultur ins Land gebracht und nachgeschaffen. Während aus China nur wenig aus dieser Zeit erhalten ist - abgesehen von Plastiken in den Höhlentempeln -, sind jap. und koreanische Arbeiten chinesischen Stils in verschiedenen Medien (Bronze, Holz, Lack, Stickerei) erhalten, bes. im Hôryû-ji, einer Tempelanlage in Holz mit Wandelgang, Goldener Halle und Pagode aus dem frühen 7.Jh. (s. Taf. 38 Abb. 3. 4). Diese Arbeiten zeigen alle die verschiedenen Stilmerkmale aus Chinas Zeit der Sechs Dynastien (5./6.Jh. nChr), viele von ihnen von chinesischen und koreanischen Einwanderern oder ihren unmittelbaren Nachkommen ausgeführt.

Die Künstler der folgenden *Hakuhô-Zeit* (646-710 nChr) arbeiteten unter chinesischer Führung in verschiedenen Medien und mit größerer Sicherheit und Verfeinerung weiter. Die bedeutendsten Denkmäler, 1949 durch Feuer beschädigt, waren die Wandgemälde der Goldenen Halle des Hôryû-ji, gemalt wohl von einer aus Chinesen, Japanern und Zentralasiaten bestehenden Künstlergruppe. Diese großen Gemälde (auf Gips über Ton) zeigten die Paradiese der Buddhas von den 4 Richtungen in abgewogener, linearer Auffassung, einst das beste Zeugnis des frühen T'ang-Stils der buddhistischen Malerei. Zu noch vollkommenerer Einschmelzung festländischen Einflusses kam es in der *Tempyô-Zeit* (710 bis 794 nChr), wo der entwickelte T'ang-Stil für buddhistische Bildwerke in Bronze, Holz, Ton, Trockenlack und Papiermasse angewandt wurde, einschließlich solch mächtiger Unternehmen wie der bedauerlich restaurierte Vairocana im Tôdai-ji (über 62 Fuß hoch und jetzt in einer wiedererstellten Großen Halle geschützt). Ein Akt buddhistischer Frömmigkeit, die Gedächtnisspende des gesamten Hausgerätes des Kaisers Shomu (765), hat in dem Shôsô-in des Tôdai-ji zahlreiche buddhistische Kultgeräte erhalten: Banner und Masken, dazu viele Arbeiten weltlich-dekorativer K.

Einheimische Einflüsse setzten sich wieder in der ersten Hälfte der *Heian-Zeit* durch (794-888 nChr). Tempel esoterischer buddhistischer Sekten (zB der Tendai und Shingon) wurden an entlegenen Plätzen des Berg- und Waldlandes errichtet und lassen die typische jap. Meisterschaft in der Holzarbeit hervortreten. Die eindrucksvollen hölzernen Kolossalplastiken der frühen Heian-Zeit (s. Taf. 39 Abb. 1) machen den dekorativeren und eleganteren Arbeiten der Bildhauer der *Fujiwara-Zeit* Platz, während die esoterischen geometrischen, strengen »Zauberkreise« der Mandalas (Meditations-Schaubilder) zT verdrängt werden durch lyrische und zugleich dekorative Malereien wie das Nirvâna-Bild von 1056 und das »Amida-Raigô« auf dem Kôyasan, dh das Bild des Buddha Amitâbha, der die Gläubigen nach ihrem Tode in das Reine Land des Westens geleitet (s. Taf. 39 Abb. 2). Das Dekorative spielt eine bedeutende Rolle. Gemälde, bes. bei Wiedergabe von Stoffmustern, werden mit Schnittgold (Kirikane) geschmückt; Gebrauchslacke mit Gold- und Silberpulver sind mit Darstellungen nicht eindeutig buddhistischen Inhalts dekoriert. – Das *Ende der Heian-Zeit* (888-1185 nChr) sah die Entwicklung populärer Sekten wie die Jôdo-Sekte (»Reines Land«) und im Gefolge Modifikationen religiöser K. wie das Raigô. Zur gleichen Zeit entwickelte man 2 Arten erzählender Rollbilder, dekorativ und realistisch, mit Darstellungen von Tempelgründungslegenden oder Leiden und Belohnung des Glaubens. Die realistischen und erzählenden Elemente triumphierten in der *Kamakura-Zeit* (1186-1333 nChr). Die Plastik wird herausfordernd naturalistisch und heftiger; Kristalleinlagen für die Augen und scharfer Unterschnitt gewundener Draperien werden üblich. Buddhistische Bildrollen erzählenden Inhalts entstehen in großer Zahl (s. Taf. 39 Abb. 3), viele von ihnen zeigen zunehmendes Interesse an einheimischer Landschaft und an Szenen des täglichen Lebens.

Mit einer Ausnahme fanden die verschiedenen buddhistischen Sekten während der *Ashikaga-Zeit* (1333 bis 1568 nChr) und danach ihr Genüge im Wiederholen alter Entwürfe. Nur der Zen-Buddhismus wuchs an Bedeutung, wesentlich beeinflußt von chinesischen Klöstern der Süd-Sung-Zeit (1128-1278 nChr). Jap. Malerpriester entwickelten Stile einfarbiger Tuschmalerei, vor allem chinesische Landschaftsmotive, im Zusammenhang mit den Makrokosmos-Mikrokosmos-Intuitionen der meditativen und lehrhaften Übungen der Sekte. Sesshû (1420-1506) ist der berühmteste dieser Mönchsmaler; seine Landschaften in Tuschmalerei (haboku, »verspritzte Tusche«) bilden die Technik chinesischer Vorbilder ins Extrem weiter (s. Taf. 39 Abb. 4). Mit dem Zen-Buddhismus ist auch die Teezeremonie mit ihren erlesen-schlichten Geräten und stillen Gärten verbunden. Das Ende der Ashikaga-Zeit und die folgenden *Momoyama-* und *Edo-Perioden* (1568-1615 und 1615 bis 1867) waren durch das Dominieren profaner Einflüsse geprägt. Doch ist der Einfluß des Zen in einigen Werken der besten Maler zu greifen, selbst bei solchen mit vorwiegend dekorativem Einschlag.

M. Anesaki, Buddhist Art in its Relation to Buddhist Ideals with special Reference to Buddhism in Japan, London 1916 – RGG² III, 1389f (Lit.) – K. Toda, Japanese Scroll Painting, Chicago 1935 – L. Warner, The Craft of the Japanese Sculptor, New York 1936 – Ders., The Enduring Art of Japan, Cambridge/Mass. 1952 – J. Harada, A Glimpse of Japanese Ideals, Tokyo 1937 – H. Minamoto-H. Henderson, An Illustrated History of Japanese Art, Kyoto 1939 – A. Soper, Buddhist Architecture in Japan, Princeton 1942 – Ders.-R. T. Paine, The Art and Architecture of Japan, Baltimore 1955 – T. Naitô, The Wall Paintings of Hôryû-ji, 2 Bde, ebd 1943 – Tokyo National Museum: Pageant of Japanese Art, 6 Bde, Tokyo 1953-55. – Ferner: O. Fischer, O. Kümmel, D. Seckel (→ Kunst: II B).

Sh. E. Lee

II D. Religiöse Kunst in Indien

1. Geschichtlicher Überblick – 2. Ikonographie – 3. Kultbau. – Bildtafeln 40 und 41 nach Sp. 160

1. Die religiöse K. in Indien erstreckt sich vielschichtig über 5 Jt.e. Früheste Erzeugnisse (3.-2. Jt. vChr) sind: Darstellungen einer Muttergöttin, eines gehörnten, mehrgesichtigen Gottes in Asketenpositur und von hl. Bäumen und Tieren in Ton oder auf Steatitsiegeln aus dem Bereich der Induskulturen, die vom Indusgebiet (Mohenjo-daro) und Pandshab (Harappa) bis nach Gudsharat und in das obere Gangestal ausgreifen. Die religiösen Vorstellungen dieser Kulturen werden überlagert durch die von den Ariern ins Land getragene, erste literarisch bezeugte Religion → Indiens (: II), die der vier → *Veden*, die keine Götterbilder kannte. Die durch Lieder und Sprüche zu den Opferplätzen gerufenen Götter waren nur dem inneren Auge der Priester und Seher erschaubar. Vom Pandshab aus verbreitete sich die → vedische Religion über die Gangesebene. Dabei wurden vorarische Kulte, die offensichtlich mit Bilder- und Symbolverehrung verbunden waren, zurückgedrängt, traten mit der Zeit aber wieder an die Oberfläche, und es bildete sich in einem großen Verschmelzungsprozeß arischer und vorarischer Religiosität der → *Hinduismus* (: I) heraus. Die ersten religiösen Bildwerke aus geschichtlicher Zeit sind Yakshas und Yakshis, männliche und weibliche Lokalgottheiten, die an frühbuddhistischen Bauten (Bharhut, Santshi, Bodh-Gayâ usw, 2.-1. Jh. vChr) als Schutzgötter und schon etwas früher als Einzelfiguren vorkommen. Der → *Buddhismus* (: I) übernahm diese volkstümlichen Gestalten, zu denen auch Baumgöttinnen und Schlangengottheiten (Nâgas) gehören, ebenso wie die Hauptfiguren des vedisch-brahmanischen Pantheons (Indra-Shakra, Brahman), die als Verehrer und Gönner des Buddha auftreten. Eigentümlich ist, daß der → Buddha zunächst nicht persönlich dargestellt, sondern durch Schirm, Rad, Fußspur usw nur angedeutet wird. Die Erleuchtung des Buddha wird durch einen Baum, das → Nirvâna durch ein Reliquiendenkmal (s.u.) symbolisch vertreten. – Zu Beginn des 1. Jh.s nChr ergriff eine Neigung zur gläubigen Hingabe an übermenschliche Erlöser (→ Bhakti: I) weite Kreise und führte auch im Buddhismus zur Herstellung von Kultbildern. Zwei Buddhatypen, die in der Zeit der Saken, Parther und Kushan (1. Jh. vChr bis 3. Jh. nChr) entstanden – ein rein indischer in Mathurâ und ein hellenisierter in der Landschaft Gandhâra –, verschmolzen in der Gupta-Zeit (4.-5. Jh.) zum Idealtyp des meist im Meditationssitz dargestellten Buddha (s. Taf. 40 Abb. 1), der dem gesamten buddhistischen Kulturkreis Vorbild wurde. Diesem Typus liegen alte Traditionen zugrunde, nach denen bestimmte Schönheitsmerkmale (Locken, Schädelauswuchs) des »großen Mannes« (mahâpurusha) ihren

Träger zum Weltherrscher oder vollkommen erleuchteten Buddha prädestinieren. - Wie beim Buddhabild schufen Künstler auch sonst nicht frei, sondern gebunden an Konventionen und Vorschriften, die in der Tradition der Sekten (Purânas, Tantras) oder in Lehrbüchern des K.handwerks (shilpashâstra) niedergelegt sind. Aus der Tanz-K. wurde ein reicher Bestand von Gesten (mudrâ), Sitzposen (âsana) und Körperhaltungen (sthâna) übernommen. Bestimmte Handstellungen drücken Meditation, Predigen, Erklären, Spenden, Drohen, Schutzgewähren usw aus; es gibt Körperhaltungen der Askese, der Lässigkeit, der Attacke usw. Charakteristisch für ind. Götterbilder ist die häufig vorkommende Vielarmig- und Vielköpfigkeit. Da die zusätzlichen Extremitäten hinter den normalen in den Hintergrund treten und nur wie eine Vision verborgener Urgewalten anmuten, wirkt das bei hervorragenden K.werken nicht abstoßend und widernatürlich. Die Vielgliedrigkeit gestattet vielmehr, gleichzeitig verschiedene Aspekte der Gottheit, ihre übermenschliche Macht oder Allwissenheit anzudeuten und ihr eine reiche Zahl von Attributen (»Waffen«, âyudha), die festen, symbolhaften Wert besitzen, in die Hände zu geben. In Haltung, Gesten und Attributen waltet also eine detaillierte Symbolik. Stets ist ein solches Kultbild (pratimâ) nach entwickelteren Anschauungen bloßes Hilfsmittel (yantra »Werkzeug«), um die Gottheit in sich aufzunehmen, Anhalt für die Andacht. An die Stelle einer Figur kann daher in einer höheren Stufe der Verehrung sogar ein rein lineares Schema treten, in das der Gläubige in der Versenkung die Gestalt des Gottes und seines Gefolges hineinschaut.

2. Die vedischen Götter leben im → Hinduismus (: I, 2f) fort, sind jedoch abgesunken und zu Hütern von Himmelsgegenden geworden, so Indra (Osten; hl. Tier = Reittier, vâhana: Elefant), Agni (Feuergott, Südosten; Reittier: Ziegenbock), Yama (Todesgott, Süden; Reittier: Wasserbüffel), Varuna (Wassergott, Westen; Reittier: Makara [Seeungeheuer]) usw. Zu Hauptgöttern steigen *Shiva* (= vedisch Rudra), der Zerstörer, und *Vishnu*, der Erhalter, auf. Zusammen mit ihnen bildet *Brahman*, der Schöpfergott (viergesichtig; s. Taf. 40 Abb. 3), eine Dreigestalt des Göttlichen (trimûrti). - → *Shiva* wird als die maßlose, unfaßbare Energie und zeugende Kraft symbolhaft im Linga (Phallus) verehrt (s. Taf. 41 Abb. 4). Personifiziert meist vielarmig, mit Stier Nandin als Begleiter (Reittier); er rührt die sanduhrförmige Trommel, welche alles Leben erweckt; gleichzeitig ist er auch die zerstörende, Tod und Verderben verbreitende Macht: Bhairava, der Schreckliche, ausgerüstet mit Dreizack (trishûla), Wurfaxt und anderen furchtbaren Waffen, gegürtet mit Schädelkranz. Als Natesha (Tänzergott) drückt er in verschiedenen ekstatischen Tänzen Weltzerstörung und Harmonie des Weltgeschehens aus (s. Taf. 41 Abb. 3). Beinamen wie Mahâdeva (großer Gott) oder Jagadîshvara (Herr des Weltalls) veranschaulichen seine Macht und Größe. Er ist auch der große Yogin, der durch geistige Konzentration die Kraft zur Weltenschöpfung gewinnt; als solcher wird er als Asket dargestellt, hellhäutig, mit Brahmanenschnur versehen und in Tigerfell gekleidet; in seiner schneckenförmig aufgebundenen Haarflechte glänzt die Mondsichel. So thront er im Himâlaya als Herr der Berge (girîsha) und Tierwelt (pashupati). - Mit Shiva eng verbunden ist die personifizierte weibliche Energie (shakti), seine Gattin. Ihr Symbol (yoni = vulva) ist zusammen mit dem Linga Kultgegenstand. Unter den Namen Umâ, Devî, *Pârvatî* ist sie die personifizierte Fruchtbarkeit und gütige Allmutter. Mit Shiva zu einer Gestalt verschmolzen, wird sie in Ardhanârî zu einem Sinnbild der doppelgeschlechtlichen Polarität der Welt (s. Taf. 41 Abb. 2). Die Göttin erscheint auch in grausigen Aspekten, vielarmig und blutdürstig als → Kâlî, die Schwarze, Durgâ, die Schwerzugängliche, Tschandî, die Wilde, auf ihrem Reittier, dem Tiger, wie sie einen Büffeldämon mit furchtbaren Waffen zermalmt. - Nebengestalten sind zwei Söhne Shivas und Umâs: Kârtikeya, der Kriegsgott, auf Pfau, auch Skanda, Subrahmanya oder Kumâra genannt, und der elefantenköpfige, dickbäuchige *Ganesha*, Ganapati oder Vinâyaka, der Gott der Wohlfahrt, der Schreibkunst und der Wissenschaft, der eine Schale mit Süßigkeiten in der Hand hat; sein Reittier ist die Ratte. - → *Vishnu* wird vorgestellt als von blauer Hautfarbe, vierarmig, mit den Attributen Weltrad (cakra), Muschelhorn (shankha), Keule (gadâ) und Lotus (s. Taf. 41 Abb. 1). Der mythische, schlangentötende Vogel Garuda ist sein Reittier; seine Gattinnen sind *Shrî/Lakshmî* (Symbol: Lotus), die Göttin des Glücks und der Schönheit, und *Bhûmi*, die Erde. (Sarasvatî, die Göttin der Rede, am Saiteninstrument [vînâ] kenntlich, ist die Gattin Brahmans.) In Vishnu sind viele volkstümliche Gottheiten und Helden aufgegangen, in deren Gestalt er den Kosmos aus der Gewalt von Dämonen befreit. Man zählt gewöhnlich 10 Verkörperungen des Gottes (→ Avatâra). In tierhafter Gestalt ist er Fisch (matsya) und Schildkröte (kûrma); als Eber (varâha) hebt er die Erde aus Wasser und Sumpf empor. Als ein Zwitterwesen (Mannlöwe, narasinha) zerreißt er einen Dämon; als listiger Zwerg (vâmana), der sich verwandelnd mit 3 riesenhaften Schritten (trivikrama) Erde, Luftraum und Himmel durchmißt (s. Taf. 40 Abb. 4), gewinnt er sich diese Gebiete. In menschlicher Heldengestalt ist er Parashurâma (Râma mit der Axt, brahman. Heros), Râma, Krishna und Buddha. In Zukunft wird er unter dem Namen Kalkin (auf einem Pferde oder pferdegestaltig) die Erlösung der Menschheit herbeiführen. Hauptgestalten unter den Angeführten sind *Râma*, Held des Epos → Râmâyana, kenntlich an Bogen und Köcher, und → *Krishna*, ein Hirtenheld und -gott, der aus einem naschhaften Kinde zum starken und übermütigen Knaben und zum hinreißenden Musikanten, Tänzer und Liebhaber (Gîtagovinda) wird (s. Taf. 40 Abb. 6).

Der Hînayâna-*Buddhismus*, die »kleine Karriere«, beschränkt sich auf Kultbilder des historischen Buddha und Darstellungen seiner in früheren Weltperioden erschienenen 6 Vorläufer und des zukünftigen Buddha Maitreya. Im Mahâyâna (→ Buddhismus: I, 7), der »großen Karriere«, sind die irdischen Buddhas nur Emanationen des »Körpers des Gesetzes« (dharmakâya) oder Urbuddha. Daneben werden Buddhas meditativer Sphären (Dhyâni-Buddhas) wie Amitâbha und männliche und weibliche Erlösergestalten (Dhyâni-Bodhisattva, Târâ), darunter Avalokiteshvara und Mandshushrî, verehrt (→ Amida: I). Der buddhistische → Tantrismus (vajrayâna, mantrayâna), in dem sich buddhistische und hinduistische Symbolwelt durchdringen, übernimmt Gottheiten des Hinduismus als dämonisch gestaltete Schutzgeister und entwickelt in Anlehnung an entsprechende Richtungen des Shivaismus den Kult weiblicher Gottheiten, die als Shaktis nicht selten in geschlechtlicher Vereinigung mit ihren männlichen Partnern wiedergegeben werden. - Der → *Jinismus* verehrt 24 Jinas (Sieger, Propheten) oder Tîrthankaras (Bahnbrecher), deren letzter, → Mahâvîra Vardhamâna, ein Zeitgenosse und Rivale des Buddha war. Die Kultbilder ähneln buddhistischen, zeigen aber stärker typisierte, ganz starre Gestalten, die nackt, in Meditation sitzend oder stehend, wiedergegeben sind (s. Taf. 40 Abb. 3).

3. *Kultbau* ist in den Induskulturen (3. Jt. vChr) bisher

nicht sicher nachzuweisen; vielleicht hatten Badeanlagen kultische Bedeutung. Aus vedischer Zeit gibt es keine Belege. Erst im 3.-2.Jh. vChr mit dem Übergang vom Holzbau zur Steinbauweise werden Kultbauten greifbar, zunächst buddhistische und jinistische. - a) Das *Reliquiendenkmal* (stûpa, dhâtugarbha, Dagaba, Pagode) hat eine massive Kuppel über Reliquien (Aschenresten u.dgl. in Steingefäßen), von Schirm (Ehrenzeichen, oft mehrdachig) bekrönt, in alter Zeit von Steinzäunen mit Toren umgeben. In Verbindung mit Stûpas errichtete König Ashoka (3.Jh. vChr) hohe Steinsäulen (stambha) mit Tierkapitellen zur Erinnerung an denkwürdige religiöse Ereignisse. - b) Die *Kulthallen* (caitya; s. Taf. 40 Abb. 2) sind basilikaähnlich: rechteckiges, tonnengewölbtes Langhaus, halbrund (apsidal) auslaufend. In der Apsis befindet sich das Kultobjekt (Stûpa, später Buddhabild); die Seitenschiffe sind niedrig und tonnengewölbt, das Mittelschiff wird durch Pfeiler gestützt. Freibauten existieren in Santshi, Taxila usw, Nachbildungen durch Felsaushöhlung in Bhâjâ, Karla, Ajantâ usw. - c) *Klosteranlagen* (vihâra) bestehen aus aneinandergereihten, meist um einen rechteckigen Hof gruppierten Zellen, vor denen eine Veranda läuft; die Obergeschosse sind aus Holz. Die dem Eingang gegenüberliegende Zelle ist gewöhnlich zum Kultraum umgestaltet; Höhlenklöster sind beliebt (Ajantâ usw). - d) Die *Hindutempel* haben ursprünglich bloß eine rechteckige oder runde Cella (garbhagriha) als Wohnraum des Gottes. Seit dem 4.-5.Jh. kommt es zur Ausbildung eines vielstöckig gedachten, nahezu massiven Turmes über der Cella, der im Norden vertikal gegliedert (shikhara, s.Taf. 41 Abb. 5), im Süden horizontal geschichtet ist (vimâna): Abbild der Welt des beherbergten Gottes in übereinanderliegenden irdischen und himmlischen Welten. Die Tempel haben entsprechenden Skulpturenschmuck. Beigefügt sind ihnen Zwischentrakte (antarâla) und Versammlungshallen (mandapa), dazu Nebenschreine usw; Mauern bilden den Abschluß. Am Ende der Entwicklung stehen ausgedehnte Anlagen (Puri, Madurai) mit Heiligtümern, Hallen, Badeteichen usw, von mehrfachen hohen Mauern umschlossen. In einigen Gebieten (Südindien) gibt es riesige Tortürme (Gopura, s. Taf. 41 Abb. 6).

B.Bhattacharya, The Indian Buddhist Iconography, (1924) Calcutta 1958² - A.K.Coomaraswamy, Gesch. der ind. u. indonesischen K., dt. 1927 - W.Kirfel, Die Religion der Jainas (Bilderatlas zur Religionsgesch. Lfg. 12), 1928 - Ders., Die dreiköpfige Gottheit, 1948 - P.Brown, Indian Architecture, Bombay o.J. - St.Kramrisch, Ind. K., London 1955 - H.Zimmer-J.Campbell, The Art of Indian Asia I. II, 1955 - J.N.Banerjea, The Development of Hindu Iconography, Calcutta 1956 - H.Rau, Die K. Indiens bis zum Islam, 1958 - H.Goetz, Indien, 5 Jt.e ind. K., 1959 - K.Fischer, Schöpfungen ind. K., 1959 - L.Frédéric, Art of India, 1959. *E. Waldschmidt*

II E. Religiöse Kunst in Ägypten (Bildtafeln 42 und 43 nach Sp. 160)

Nahezu alle ägypt. K. ist religiös. Das scheint uns nicht nur so zu sein, weil fast alle erhaltenen K.werke aus Gräbern und Tempeln und nur sehr wenige aus Siedlungen stammen, sondern es ist tatsächlich der Fall, weil die ägypt. K.werke ihre Entstehung nicht ästhetischen, sondern rein religiösen Antrieben verdanken. Das magische Denken, in dessen Bereich die Ägypter lebten, als sie zur Bildung ihrer Formenwelt schritten, und das auch dann noch einen beträchtlichen Teil seiner Wirksamkeit behielt, als sich im Beginn der geschichtlichen Zeit die Wende zum mythischen Denken vollzogen hatte, hatte ein eigenes Verhältnis zum Tode (→ Ägypten: II). Er bedeutete dem Ägypter nicht die Lebensgrenze, die allen menschlichen Beziehungen ein für allemal ein Ende setzt, sondern nur eine sich an ihm vollziehende Wandlung, eine Krise, die zum wahren Tod nur dann führte, wenn nicht gewisse Vorkehrungen getroffen wurden und besondere Riten einsetzten, die den Verstorbenen in die Gemeinschaft der lebenden Toten einführten und ihm die Fortexistenz im Grabe ermöglichten. In diesen Vorstellungen liegt die Haupttriebfeder für die ägypt. Bemühungen um die Sicherung des Fortlebens. Sie sind nirgends auf der Welt mit solcher Folgerichtigkeit zu Ende gedacht worden wie in Ägypten. Ihnen wird die Ausbildung der Bau-K. wie der Bild-K. verdankt, der letzteren sowohl in der Gestalt der Statue wie des Flachbildes (Relief und Malerei).

In der jungsteinzeitlichen Bauernsiedlung von Merimde im Nordwesten des Deltas wurden die Toten in den Wohnstätten selbst bestattet, so daß sie am Dasein der Lebenden weiterhin Anteil nehmen konnten. Als man später die Siedlungen der Lebenden und Toten schied, blieb der Wohnhausgedanke beherrschend und beeinflußte die Form des Hausgrabes. Demgegenüber begnügte sich die unbehauste oberägypt. Nomadenbevölkerung mit einem einfachen Hügelgrab, das dort errichtet wurde, wo die Toten gerade starben. Als man dann das Bedürfnis empfand, die Gräber der Herrscher und Vornehmen, deren Stellung ja auch im Tode unangetastet blieb, herauszuheben, schritt man zu einer Monumentalisierung der beiden Bauformen des Wohnhaus- und Hügelgrabes, und als die Einigung der unter- und oberägypt. Landeshälften gelang, kam es zu einer Vermischung der beiden Grabtypen, wie sie in den monumentalen Gräbern der geschichtlichen Zeit vorliegt.

Der herrschende Grabtyp der Pyramidenzeit (→ Ägypten: I, 4) ist die sog. Mastaba (s. Taf. 42 Abb. 1). Sie besteht aus einem flachen, rechteckigen Oberbau aus Quadern mit leicht geneigten Wänden. Von oben führt ein senkrechter Schacht durch das Massiv in den Felsen zur Sargkammer. Eine Kultkammer liegt entweder vor der östlichen Langseite oder ist aus dem Massiv ausgespart. Die Unterbringung der kultischen Elemente ist sehr verschiedenartig gelöst. Die Kultstelle wird zumeist durch eine Scheintür bezeichnet, die der Verbindung des Toten mit der Oberwelt dient, vor ihr liegt die Opfertafel für das Totenopfer. Ein Raum für eine oder mehrere Statuen liegt für gewöhnlich hinter einer Wand der Kultkammer und ist mit ihr nur durch schmale Schlitze verbunden. Bedingt durch die örtliche Lage treten, bes. in Oberägypten, an die Stelle der Mastabas Felsengräber, die bald eigene Formen entwickeln. Großartige Anlagen haben die Gaufürsten der I. Zwischenzeit und des Mittleren Reiches (→ Ägypten: I, 5) bes. in Beni Hasan (→ 1 B 4; s. Taf. 42 Abb. 2), Mêr, Asjût und Aswân geschaffen. Im Theben (→ 1 C 6) des Neuen Reiches bildete sich eine im einzelnen vielfach abgewandelte Normalform heraus, bestehend aus einem vorderen Quersaal, einer in die Tiefe des Felsens führenden langen Halle und einer an deren Ende liegenden viereckigen Kapelle mit einer Nische in der Rückwand für die Statue des Verstorbenen. Vom letzten Gemach oder vom Vorhof aus führt ein Schacht oder eine schräge Rampe zur unterirdischen Sargkammer.

König Djoser (→ Ägypten: I, 4) ließ seine Mastaba zunächst mehrfach erweitern und dann in einen 60 m hohen sechsstufigen Bau von rechteckigem Grundriß umwandeln (sog. Stufenpyramide von Sakkara, s. Taf. 42 Abb. 3). Die Pyramide von Medûm, zunächst 7stufig geplant, dann 8stufig errichtet und schließlich durch Umkleidung der reinen Pyramidenform entgegengeführt, ist nicht vollendet worden. Von den 3 berühmten Pyramiden von Gise (→ 1 B 3) erreichte die des Cheops fast 147 m Höhe. Mit der sinkenden Macht des Königtums wurden die Pyramiden kleiner. Das Mittlere Reich hat die Pyramide als königliche Grabform wiederaufgenommen, das Neue darauf verzichtet und sie damit den Privatleuten überlassen, die sie gelegentlich in bescheidener Ausführung in Ziegel verwendeten. Die Anlage der inneren Gänge und Räume, deren wichtigster die Sargkammer war, hat laufend gewechselt, ebenso die Gestaltung des an der Ostseite gelegenen Totentempels. Er gliederte sich in Taltempel, Aufweg und eigentlichen Kulttempel. Er diente dem Ritual der Bestattung und dessen dramatischem Geschehen gewissermaßen als Bühne, außerdem natürlich dem späteren Totenkult.

Darstellungen frühgeschichtlicher Zeit zeigen als Behausungen göttlicher »Mächte« Rundhütten mit Kuppeldach inmitten eines abgegrenzten Platzes, dessen Eingang von zwei Stangen mit Stofflappen eingefaßt wird. Aus der Pyramidenzeit kennen wir außer den Totentempeln der Pyramiden Sonnenheiligtümer (s. Taf. 42 Abb. 4). Ihr Kultmittelpunkt war ein riesiger aufgemauerter Obelisk, auf dessen Spitze sich die aufgehende Sonne niederlassen sollte. Davor lag ein Opferaltar unter freiem Himmel. Der vorherrschende Bautyp des Neuen Reiches ist der Prozessionstempel (zB von Luksor, s. Taf. 43 Abb. 1). Sphinxalleen führen auf Tortürme (Pylone) zu, die von Flaggenmasten überragt werden. Über offene, von Säulen umstandene Höfe, in denen sich das Volk versammelt, gelangt man in einen dicht mit Säulen besetzten Saal. Dahinter liegt eine Kammer, die das Götterbild beherbergt, neben ihr Kapellen für die Mitgötter des Tempels und Magazinräume. Unter den sonstigen Tempelformen ist der sog. Peripteraltempel hervorzuheben, eine von Pfeilern oder Säulen umstandene Cella. Er diente vornehmlich zum Absetzen des in einer Barke getragenen Götterbildes an Prozessionsstationen. Auch der Typ des neben den Tempeln der Spätzeit errichteten sog. Geburtshauses, des Frauenhauses, in dem die göttliche Mutter ihren Sohn gebar und aufzog, hat diese Gestalt.

Aus dem magischen Denken leitete sich die Überzeugung her, daß das Bild Wirklichkeitscharakter haben und lebendiger Stellvertreter des Dargestellten sein könne. Demnach konnte eine im Tempel oder Grab aufgestellte Statue, bes. wenn an ihr der Ritus der »Mundöffnung« vollzogen war, vollwertiger Ersatz für den zerfallenen Leichnam des Verstorbenen sein und seiner schweifenden Seele eine Wohnung bieten. Sie bedurfte, um dieser Aufgabe gerecht werden zu können, freilich des Totenopfers der Nachlebenden, die sie mit Speise und Trank versorgten oder zumindest das Totengebet vor ihr verrichteten. Aus dieser Grundvorstellung wird die ägypt. Statue verständlich. Sie brauchte nur dazusein und brauchte nicht gesehen zu werden. Sie konnte daher unsichtbar im Grabe vermauert werden. Ihre Formgebung wurde deshalb auch nicht durch die Rücksicht auf einen Betrachter bestimmt. Sie ist, ob stehend, sitzend, hockend oder kniend, einem Würfel eingeschrieben, einem mathematischen Gebilde, an dem die Zeit keinen Anteil hat. Auf diese Weise wird das organische Gewächs des menschlichen Körpers in ein anorganisches Gebäude verwandelt und damit seines zeithaft-vergänglichen Charakters entkleidet. Als Werkstoff ist das härteste Gestein das beste, auch wenn es dem Streben nach Annäherung an die Natur den heftigsten Widerstand entgegensetzt. Mit diesem Charakter der ägypt. Statue hängt es zusammen, daß sie niemals den Menschen schlechthin, sondern stets einen bestimmten Einzelmenschen wiedergibt, von diesem jedoch nicht das zufällige, durch Alter und Lebensumstände bestimmte Erscheinungsbild, sondern seinen sich in allen Wandlungen des äußeren und inneren Lebens gleichbleibenden Wesenskern (s. Taf. 43 Abb. 2). Seit dem Mittleren Reich zieht die Statue auch in die Höfe der Tempel ein, wo der Dargestellte mit ihrer Hilfe am Gottesopfer teilnehmen oder zumindest auf ein Totengebet der Tempelbesucher rechnen kann.

Der gleiche Wirklichkeitscharakter kommt dem Flachbild zu. Wenn man daran geht, die Wände der Kultkammer der Gräber mit Bildern zu überziehen, so leitet sich auch ihr Zweck aus dem Glauben an die Lebenskraft des Bildes her. Die Bilder des Totenopfers und der Opfergaben, der Prozession der personifizierten Stiftungsgüter und des Vorführens und Schlachtens der Opfertiere sollen durch ihr »Dasein« dem Toten verschaffen, wessen er zum Weiterleben im Grabe bedarf. Dieser Sinn liegt auch dann noch vor, wenn man die aneinanderreihende Aufzählung dramatisiert und nicht mehr einfach die Brote und Bierkrüge, das Geflügel und Wild, die Schiffe und Korngefäße abbildet, sondern das Backen und Brauen, den Vogelfang und die Jagd, den Schiffbau und die Feldarbeiten darstellt. Es ist die ganze ägypt. Welt, die in diesen Bildern eingefangen wird (s. Taf. 43 Abb. 3). Sie gestatten dem Toten, sich jenes Dasein noch einmal betrachtend zu vergegenwärtigen, an dem er auf Erden einst Anteil gehabt hat. Diesem Sinn entspricht es, daß ihr Inhalt allgemeingültig ist und die Welt als ein zeitlos-objektives Dasein wiedergibt. Einmalige Ereignisse, auch solche, die für das Leben des Grabherrn von besonderer Bedeutung gewesen sind, fehlen zunächst ganz. Der Allgemeingültigkeit des Inhalts der Bilder entspricht ihre »Daseinsform« (im Gegensatz zu einer »Wirkungsform«). Sie geht von der begrifflichen Vorstellung aus und sucht das Wesen der Dinge zu ergründen. Man stellt demnach die Dinge als solche dar ohne Rücksicht auf das Erlebnis, das sie im Betrachter hervorrufen. Man hebt diejenigen Eigenschaften heraus, die dem Gegenstand von Haus aus und unabhängig davon, ob sie gesehen werden oder nicht, zukommen, und unterdrückt jene Eigenschaften, die ein Betrachter in einem bestimmten Augenblick von einem bestimmten Blickpunkt aus an ihnen wahrnimmt. Der tastbare Umriß spielt eine entscheidende Rolle, weil er dazu angetan ist, das Wesenhafte des Gegenstandes zu klären. Hinsichtlich der Farbgebung wählt man unabhängig von dem zufällig wahrgenommenen Farbeindruck solche Farben, die dem Wesen des Gegenstandes entsprechen. Man stellt dar, was man über die Dinge denkt, nicht, was man sieht.

Erst im Verlauf der geschichtlichen Entwicklung tauchen Bildinhalte auf, in denen der Grabherr sich nicht darauf beschränkt, schauend Anteil zu nehmen, sondern sich mithandelnd beteiligt. Er beginnt damit, die bisher als reines, zeitloses Objekt geschaute Welt auf sich zu beziehen. Die Bilder werden historisiert und zugleich subjektiviert. Sie werden zur Darstellung der Lebensleistung des Verstorbenen, in deren Anschauen er die Freude am einst Erlebten immer neu zu empfinden vermag. Dementsprechend beginnt die Form dem Erscheinungsbild Zugeständnisse zu machen und sich dem Naturvorbild zu nähern (s. Taf. 43 Abb. 4). – Vgl. zum Ganzen auch Taf. 1 und 2 (Bd I, nach Sp. 112).

L. Curtius, Die antike K. I: Ägypten u. Vorderasien (Hdb. der Kunstwiss.), 1913 – H. Schäfer-W. Andrae, Die K. des Alten Orients (Propyläen-Kunstgesch. II), 1942³ – R. Hamann, Ägypt. K., 1944 – C. Aldred, The Development of Ancient Egyptian Art from 3200 to 1315 B.C., London 1952 – W. Wolf, Die K. Ägyptens. Gestalt u. Gesch., 1957 (mit reicher Lit.) – W. St. Smith, The Art and Architecture of Ancient Egypt, 1958. *W. Wolf*

II F. Religiöse Kunst in Babylonien und Assyrien

1. Allgemeines – 2. Bau-K. – 3. Grabbau – 4. Das Rundbild – 5. Das Flachbild (Relief, Malerei und Glyptik). – Bildtafeln 44 und 45 nach Sp. 160

1. Wie die gesamte »klassische« Kultur des Alten Vorderasien fußt auch das Handwerk des Bauens und Bildens in Babylonien und Assyrien auf einer Jt.e alten Tradition. Es tritt bereits im frühen und mittleren Chalkolithikum des 4.Jt.s vChr in den Dienst religiöser Ideen. Aber erst während der Frühgeschichte, um 3000 vChr, wird es bei dem Volke der → Sumerer zu einem Ausdruck für dessen ruckartig zur Hochkultur gehobene Weltanschauung und Lebensform eines theokratischen Staatssozialismus, wird es zur eigentlichen Bau- und Bild*kunst*. Während die Dorfkulturen des vorderasiatischen Neolithikums geistig von dem alles überragenden Doppelprinzip Tod und Leben, in Gestalt einer Muttergottheit und tierischer Dämonen, beherrscht wurden, tritt um 3000 vChr in dem sumerischen Zentrum Uruk (→ 3 E 5) die Königsidee in der Form des Dumuzi (→ Tammuz), eines königlichen Hirten und Vegetationsgenius, der Allmutter Inanna an die Seite. Allmählich jedoch dämmen die übrigen sumerischen Stadtstaaten die Vorherrschaft Uruks und damit dessen religiös-politische Bedeutung ein zugunsten ihrer eigenen Stadtgötter, ihrer seit der Frühgeschichte anthropomorph geschauten Naturmächte, zugunsten Enkis, Anus, Ellils u.a.m. (→ Babylonien: II, 5. 7). Die numinose Kraft der drei Prinzipien Tod/Leben, König und Stadtgott bleibt jedoch für immer so überstark, daß eine profane K. im heutigen Sinn nicht aufkommen kann. Auch die im späteren Assyrien so zahlreichen Kriegs- und Jagddarstellungen sind sicher nur ein Ausdruck für die religiöse Besonderheit des assyrischen Königtums.

2. Grabungen in Eridu (→ 3 E 5), der Stätte des Gottes Enki (Ea), haben in den letzten Jahren Entstehung und Ausbildung des Tempels aus einer Urzelle bis zum vollentwickelten frühsumerischen Kultbau vor Augen geführt (Sumer IV, 119ff). Zu allererst steht ein Opfertisch aus Stampflehm in einer quadratischen Umhegung aus Stampflehmmauern von 3 m Seitenlänge. Schon die nächste Schicht schafft eine Nische für das Allerheiligste. Die Eingangstür wird von Pfeilern betont. Als wesentlicher Teil des Heiligtums liegen von Anfang an runde Opferstätten um den Kultbau herum. Unsicher ist, wie auch noch bei frühgeschichtlichen sumerischen Tempeln, ob es sich um einen bedeckten Raum oder um einen Hof handelt. Aus dem von einer Mauer umhegten Altar entwickelt sich schrittweise ein von einem Kranz von Räumen umgebener rechteckiger Hauptraum bzw. -hof, mit Podest in einer Nische an einer Kurzseite und Opferstätte in der Mitte. Der Haupteingang liegt später in einer Langseite und erhält eine Zugangstreppe, weil der ganze Bau nach den zahlreichen Erneuerungen auf den alten Schuttschichten allmählich auf einem erhöhten Unterbau zu liegen kommt und so zum *Hochtempel* wird. Zumindest einer der Räume enthält stets eine Treppe, die auf das Dach oder in einen Oberbau führt. Die ganze Anlage ist schon immer mit einer Ecke nach Norden gerichtet. Diese Art Tempel besteht bis ans Ende der sumerischen Frühgeschichte, wie der sog. Weiße Tempel in Uruk zeigt, die letzte Phase des dortigen frühgeschichtlichen Anu-Tempels (s.Taf. 44 Abb.1). Viele Elemente des späteren Tempelbaus sind hier vorgebildet: Nische für Allerheiligstes (mit Podest), Opfertisch und Opferstätten, »Nischen«-Verzierung der Außenwände, Hebung des Tempels auf Unterbau. Während der Frühgeschichte, nach 3000 vChr, findet in der Bau-K. weniger eine innere Umgestaltung statt als vielmehr eine Monumentalisierung der alten Elemente. Bezeichnend hierfür sind die gewaltigen Bauten im Eanna-Gebiet der Stadt Uruk um 3000 vChr (Kalksteintempel, Tempel D). Aus der späten Periode der sumerischen Stadtstaaten kennen wir nur verhältnismäßig kleine rechteckige Gotteshäuser mit dem Allerheiligsten an einer Schmalwand und dem Eingang am entgegengesetzten Ende einer Längswand (Knickachs-Tempel). Man hat dabei von einem Herdhaus-Tempel gesprochen, und es mag sein, daß dieser Tempeltyp mehr ein Einzelhaus mit vorgelegtem Hof und Nebengebäuden ist, das von der in Menschengestalt gedachten Gottheit bewohnt wird (Ischtartempel in Assur, Sintempel in Chafadschi [s. Taf. 44 Abb. 2], Abu-Tempel in Eschnunna). Später, nach der Akkad-Zeit (→ Babylonien: I, 2), für deren Tempelbau bis heute leider so gut wie alle Belege fehlen, ist der Tempel nicht mehr in erster Linie Wohnhaus des Gottes, sondern Gottespalast mit repräsentativem Thron- und Audienzsaal, in dem der Gottheit die Verehrer und Bittsteller von eigenen Schutzgottheiten zugeführt werden. Diesem damals auch die Bild-K. beherrschenden rituellen Gedanken der »Einführung« scheint die Form des Tempels angepaßt zu sein: eine Breitcella mit achsialer Thronnische, der eine Vorcella und ein oder zwei Vorhöfe mit auf die Nische ausgerichteten Türen vorgelagert werden (zB Gigparku in Ur, Tempel für Schusin in Eschnunna; s. Taf. 44 Abb. 3). Dieser Typus bleibt in Babylonien bis in die Seleukidenzeit erhalten. Daneben setzt sich aber, wohl unter dem Einfluß fremder Volkstümer, auch die Langcella (Westsemiten) und die Langcella mit vorgelagerter Breitcella (Assyrer) durch. – Seit der Ur III-Zeit werden die Gesamtheiligtümer mit mehreren Hofsystemen immer häufiger zu regelmäßig geplanten Baukomplexen, worin man wohl eine Nachwirkung akkadischen Geistes vermuten darf. Damals entstehen auch die ersten gewollten Stufentürme (Zikkurat; s. Taf. 44 Abb. 4), deren Vorstufen sich aus der Erneuerung und Ummantelung verfallener Terrassen von selber ergeben hatten. Auf der Zikkurat steht der Kultbau, in dem der Stadtgott den Ritus der hl. Hochzeit beim Neujahrsfest (→ Babylonien: II, 11) vollzieht. In der Spätzeit, zZ Nebukadnezars, verfügt Marduk in Babylon neben seinem Tempel Esangila zu ebener Erde über seine Zikkurat Etemenanki (→ Babylon, 3) und überdies über ein drittes Heiligtum außerhalb der Stadt, das sog. Bît Akîtu, das Haus, in dem Marduk die Mächte der Unterwelt besiegt. Am besten erhalten ist ein solches Bît Akîtu in Assur, wo Sanherib nach der Vernichtung Babylons den Mardukkult auf den Gott Assur übertragen wollte.

3. Seit den Grabungen in Ur und Assur sind einige monumentale *Gräber* sumerischer und assyrischer Könige bekannt, doch stellen auch sie keine eigentlichen architektonischen K.werke dar. Der Grabbau ist in Babylonien und Assyrien bezeichnenderweise nie, wie in Ägypten (→ Kunst: II E), zu einer Hauptgattung der Bau-K. geworden.

4. Sieht man von chalkolithischen Terrakotten-Idolen ab, so darf man das künstlerisch bedeutsame *Rundbild* als ein Kind der ersten sumerischen Hochkultur um 3000 vChr bezeichnen. Nicht nur eindrucksvolle Tierbilder gelingen damals dem Bildhauer (Silberstier, liegende Schafe aus Uruk), sondern auch Menschenbilder von großartiger Wirkung. Zwar wissen wir aus der Flachbild-K., daß seit etwa 2800 vChr die Götter in reiner Menschenform dargestellt werden, doch blieb uns bisher aus so früher Zeit keine Götterstatue erhalten. Den größten Reichtum an Rundbildern weist das Jt. von der Mesilim- bis zur Hammurabi-Zeit auf (ca 2500–1500 vChr). Es sind durchweg der Gottheit geweihte, im Tempel aufgestellte Beterfiguren von Männern und Frauen, Königen und Priestern, Beamten und Dienern. Die altsumerischen Figuren sind höchstens in halber

Lebensgröße aus weicherem Gestein gearbeitet (s. Taf. 45 Abb. 1); erst die Akkad-Zeit verwendet den harten Diorit, den auch Gudea von Lagasch bevorzugt. Jetzt werden auch die Maße bis zur Lebensgröße gesteigert (vgl. Taf. 3 Abb. 2). Vielfach tragen die Statuen kurze (Name des Weihenden) oder längere Inschriften. Danach sind sie kein Abbild, sondern ein magisches Substitut des Beters mit eigenem Namen, dem besondere Opfer dargebracht werden. - Neben den Steinbildern hat es seit der Frühgeschichte gleichwertige Bronzebilder gegeben (vgl. Taf. 3 Abb. 3) sowie vor allem aus verschiedenen Materialien gestückelte Rundbilder. Der Stil des Rundbildes hat von der Djemdet Nasr- bis zur Hammurabi-Zeit eine vielfache Entwicklung durchgemacht, die dem Wandel der Lebensanschauungen der verschiedenen Volkstümer in Babylonien und Assyrien entspricht, zT aber auch durch die Materialien und durch die diesen gemäßen Techniken bedingt ist.

5. a) Die beiden ältesten Arten von *Flachbild-K.* in Babylonien und Assyrien sind die im 4. Jt. bereits hochentwickelte Malerei auf gebrannten Tongefäßen und die an Stempelsiegeln geübte Steinschneiderei. Während erstere mehr zur abstrakten Ornamentik neigt, schuf die Glyptik die erste Erzählung in Bildern und deren gesetzmäßige Gliederung in der Fläche. Als Träger der eigentlichen Bild-K. fungiert seit der Frühgeschichte das für die mesopotamische Welt bezeichnende Rollsiegel (→ Siegel). In der Djemdet Nasr-Zeit entwickelt sich plötzlich das Relief an der Wandung der Kultgefäße aus Stein (s. Taf. 47 Abb. 4) und an den Wänden der Tempel sowie auf freistehenden Stelen. In der darauffolgenden Mesilim-Zeit tritt bes. häufig eine quadratische Weihplatte mit zentraler Durchbohrung und mehreren Friesen in den Vordergrund (vgl. Taf. 3 Abb. 1). Seit der Ur I- und Akkad-Zeit wird dagegen die Stele zur Hauptträgerin der Reliefs, was sie in Babylonien bis zum Ausgang der chaldäischen Geschichte bleibt (vgl. Taf. 3 Abb. 4 und Taf. 4). Ihre höchste inhaltliche und formale Ausbildung aber erreichen Relief und Malerei erst an den Wänden und Sockelplatten jungassyrischer Königspaläste.

b) Der *Motivenbestand* der Flachbild-K. zerfällt entsprechend der Entwicklung der Religion seit dem 4. Jt. in zwei Teile. Viele Bilder, zB der Lebensbaum mit oder ohne Herdentier, der Schutz der Herdentiere vor wilden Tieren oder der Held als Bekämpfer des Bösen, entwickeln sich erstmals im frühgeschichtlichen Uruk zZ der Blüte des Innin/Tammuz-Kultes und ziehen sich von etwa 3000 vChr bis in die letzte Periode babylonischer und assyrischer Geschichte und weit darüber hinaus. Sie werden in manchen Zeiten zurückgedrängt, in anderen bes. betont, folgen den jeweiligen Stilgesetzen und wurden sicher von den verschiedenen Volkstümern verschieden gedeutet. Sie ziehen sich nicht nur wie ein roter Faden durch die vorderasiatische K., sie halten sie auch zusammen. Auch das assyrische Wandrelief mit seinen großen Gemälden aus dem Leben des Königs als eines numinosen Wesens sowohl wie als eines Kriegshelden und Jägers ist hier einzureihen. - Die Darstellung der anthropomorphisierten Stadtgötter andererseits, ihrer Verehrung und Anbetung durch den Menschen mit Opfer und Libation (in der Akkad-Zeit auch die Wiedergabe ihrer Kämpfe untereinander und gegen die Mächte der chaotischen Unterwelt), später die Einführung eines Beters zu den wie Könige herrschenden großen Göttern durch persönliche Schutzgottheiten, auch die Taten eines Herrschers im Namen eines Stadtgottes oder seine Taten als vergöttlichter König, alles dies schließt sich zu dem zweiten jüngeren Kreis von bildlich formulierten Gedanken zusammen, die in den verschiedenen historischen Abschnitten durchaus ihre spezifischen Varianten aufweisen.

c) Die Flachbild-K. in Babylonien und Assyrien schafft nur in wenigen Perioden und in seltenen Einzelfällen Einzelgestalten, die im ästhetischen Ausgleich ihrer Teile eine harmonische Vollendung erreichen, wie sie vielfach bei altägyptischen K.werken zu finden ist. Dagegen begründet und übt sie in einer langen und vielfältigen Entwicklung nahezu alle gegensätzlichen, innerhalb einer K. ohne Perspektive möglichen Grundprinzipien: Nachbildung und Umbildung der Natur, Gewinnung einer geordneten abstrakten Bildfläche im Gegensatz zur ursprünglichen Flächenverzierung gegebener Objekte, Ordnung der Bilder untereinander nach lockeren oder strengen Regeln und vor allem Einordnung der Bilder in den abstrakten Raumzwang der Bildfläche. Im Wechsel dieser K.prinzipien kommen die von verschiedenen Volkstümern in Babylonien und Assyrien eingenommenen Haltungen gegenüber den großen Weltfragen zum Ausdruck.

H. Schäfer-W. Andrae, Die K. des Alten Orients, 1925[3] - G. Contenau, Manuel d'archéologie orientale I-IV, 1927-47 - A. Moortgat, Frühe Bild-K. in Sumer (MVÄG 40, 3), 1935 - Ders., Vorderasiat. Rollsiegel. Ein Beitr. zur Gesch. der Steinschneide-K., 1940 - Ders., Die Entstehung der sumerischen Hochkultur (AO 43), 1945 - Ders., Mesopotamia, Centri e tradizioni. In: Enciclopedia universale dell'arte (in Vorbereitung) - E. Heinrich, Kleinfunde aus den archaischen Tempelschichten in Uruk, 1936 - V. Christian, Altertumskunde des Zweistromlandes I: Text u. Tafeln, 1940 - H. Frankfort, Cylinder Seals, 1940 - Ders., Art and Architecture of the Ancient Orient, 1954 - H. Lenzen, Die Entwicklung der Zikurrat, 1941 - E. Porada, Corpus of Ancient Near Eastern Seals in North American collections, 1948 - W. Speiser, Vorderasiat. K., 1952 - H. Schmökel, Ur, Assur u. Babylon, 1955. - L'Encyclopédie photographique de l'art I. II, 1935 - Corpus der sumerisch-akkad. Rundbilder (Moortgat-Strommenger), Photosammlung im Institut für Vorderasiat. Altertumskunde der Freien Univ. Berlin. *A. Moortgat*

II G. Religiöse Kunst der Hethiter (Bildtafel 46 nach Sp. 160)

Unter religiöser K. der Hethiter darf man, wie bei der gesamten heth. K., nicht an Äußerungen eines bestimmten Volkstums denken, denn die Bevölkerung des heth. Gebietes war so uneinheitlich, daß man nicht übersehen kann, welches die tragenden und schöpferischen Kräfte gewesen sind, zumal die Künstler in allen Fällen anonym bleiben. Die heth. K. basiert teils auf der Mesopotamiens und Syriens, teils auf der vorheth. Kleinasiens. Aber von diesen Grundlagen ausgehend entwickelte sie rasch einen eigenen Stil. Werke dieser K. sind stark an die Oberschicht gebunden und thematisch weitaus überwiegend religiös bestimmt.

Aus der Zeit des *altheth. Reiches* (ca 1600-1450 vChr, → Hethiter: I) sind bisher nur wenige Denkmäler bekannt. Bruchstücke von Flachreliefs aus Boğazköy (→ 18 D 2) zeigen einen Götterkampf (Mythos vom Mondgott, der vom Himmel fiel?) in ungewöhnlich bewegter Komposition. Mehrfarbige Reliefvasen, die vielleicht den Schluß auf verlorene Wandmalerei zulassen, geben in einem Beispiel (Vase von Bitik) eine Kultprozession und in einem Kultbau einen eine Göttin entschleiernden Gott (»hl. Hochzeit«). - Reicher fließen die Quellen für die Zeit des *heth. Großreiches* (ca 1400 bis 1200), wenn auch das Erhaltene weit hinter dem zurücksteht, was es den Texten zufolge gegeben haben muß, unter denen die sog. Bildbeschreibungen (Inventare für den heth. Reichskultus verschiedener Gottheiten) am ergiebigsten sind. Originalwerke kennt man aus Stein, Metall, Bein, dazu die Glyptik. Unter den Steinmonumenten stehen die Felsreliefs voran. Das bedeutendste ist Yazilikaya, nahe Boğazköy, ein großer Felstempel mit einem unbedeckten Adyton, an dessen Wänden in Flachrelief links ein Zug männlicher, rechts ein Zug weiblicher Götter dargestellt ist, die einander entgegenschreiten. Im Hauptbild (s. Taf. 46 Abb. 1) stehen sich der oberste Gott und die höchste Göttin frontal gegenüber. Der (oder die) Künstler hat es damit verstanden, eine bloße Reihung der Götter zu vermeiden, vielmehr der großen Prozession einen inneren Bezug verliehen. Die Datierung schwankt zwischen 14. und - weniger wahrscheinlich - 13.Jh. Beischriften in heth. Hieroglyphen (→ Hethitologie) zeigen, daß die Götter hier unter ihrem hurritischen Namen erscheinen, was den starken Einfluß aus diesem Kulturgebiet bezeugt. Das Felsrelief von Fraktin (s. Taf. 46 Abb. 2) zeigt Ḫattušili III. und Puduḫepa (13.Jh.) vor Göttern libierend, das von Imamkulu den im Wagen über Berggöttern fahrenden Wettergott. Neben diesen im südlichen Kappadokien sei noch das riesige, aus dem Fels gearbeitete frontale Sitzbild einer Göttin am Nordabhang des Sipylos (Manisa) als westliches heth. Monument dieser Klasse genannt. Die Orthostaten einer Torfassade in Hüyük bei Alaca geben kultische Aufzüge unter Führung des Königspaares in dessen Eigenschaft als oberste Priester: links zum Stier des Wettergottes, rechts zu einer weiblichen Gottheit. - In der Bau-K. folgen die Tempel in Planung und Raumanordnung einem bestimmten Schema, das den heth. Kultbau als eigenständig erweist. Die Kultstatuen der Tempel (Boğazköy, Hüyük) sind verloren, doch vermittelt die 8,2 m hohe Stele von Fassilar (Pisidien), die unvollendet geblieben ist, eine Vorstellung solcher Werke. Zudem besitzt man kleine, als Anhänger zu tragende Statuetten aus Edelmetall, Lapis und Elfenbein (s. Taf. 46 Abb. 3), die offenbar den großen Kultstatuen nachgebildet waren und dem Träger den Schutz der betreffenden Gottheit verliehen. - Neben den Gottheiten des eigentlichen Pantheons begegnen im Bilde aber auch die den Menschen bedrohenden bzw. beschirmenden niederen Mächte: Dämonen, Mischwesen, Torsphingen und Torlöwen. Auf der Erde stehende und den Himmel tragende Stiermenschen in Yazilikaya und auf dem Monument von Eflatunpinar, das thematisch mit einer Elfenbeinplakette von Megiddo verwandt ist, verkörpern offenbar das Weltbild. In den gleichen Zusammenhang gehört eine Bronzeplakette von Hüyük, die Abhängigkeit von hurritischen Vorstellungen nahelegt. - In der *Spätzeit* (→ Hethiter: I) halten sich die Reliefs von Malatya noch eng an die K. des heth. Großreiches, auch hier herrschen Adorations- und Opferszenen vor. Daneben gibt es Mythisches (Illujanka-Mythos?) und Darstellungen des Totenmahles, die im Gebiet und zZ der sog. Kleinfürstentümer überhaupt häufig sind. In der K. des späteth. Zentrums Karkemisch (→ 3 B 2; s. Taf. 46 Abb. 4) treten, gemessen an der älteren Zeit, die religiösen Themen dagegen merklich zurück. Das gilt, wenn auch unterschiedlichen Grades, ebenso für andere Mittelpunkte des 9. und 8.Jh.s (Sendschirli [→ 3 A 2], Marasch, Sakschegözü, Karatepe [→ 3 A 1]), wo sich zudem hurritischer, aramäischer, assyrischer, zT auch phönikischer Einfluß geltend macht.

Die wichtigsten Monumente bei: H.TH.BOSSERT, Altanatolien, 1942. - Allgemein: A.MOORTGAT, Die bildende K. des alten Orients u. die Bergvölker, 1933 - DERS., Bildwerk u. Volkstum Vorderasiens zur Hethiterzeit, 1934 - A.GOETZE, Kleinasien (HAW III, 1, 3, 3, 1), (1933) 1957² - E.AKURGAL, Spätheth. Bild-K., 1949 - O.R.GURNEY, The Hittites, (1952) 1954² - H.FRANKFORT, The Art and Architecture of the Ancient Orient, 1954 - M.VIEYRA, Hittite Art, 1955. - Speziell: H.DEMIRCIOĞLU, Der Gott auf dem Stier, 1939 - K.BITTEL-R.NAUMANN-H.OTTO, Yazilikaya (WVDOG 61), 1941 - C.G.BRANDENSTEIN, Heth. Götter nach Bildbeschreibungen (MVÄG 46, 2), 1943 - H.G.GÜTERBOCK, Heth. Götterdarstellungen u. Götternamen, Belleten 1943.
K.Bittel

II H. Griechische und römische religiöse Kunst

1. Kretisch-mykenische K. - 2. »Geometrische« K. - 3. Archaische K. - 4. Klassische K. - 5. Hellenistische K. - 6. Etruskische K. - 7. Kaiserzeitliche K. - Bildtafeln 47 und 48 nach Sp. 160

Weil im Altertum der Mensch und die Formen seines Lebens noch nicht den späteren Aufspaltungen ausgesetzt sind, allenfalls Ansätze dazu auftauchen, darf ein Überblick über die griech. und röm. religiöse K. nicht auf die Aussonderung einer Gruppe von Werken gegenüber einer »profanen« K. abzielen. Es kann sich nur um die Beziehungen zwischen Religion und K. handeln. Sie drücken sich aus in der Gestaltung des Kultus und der religiösen Vorstellungswelt durch die K. und in der Auswirkung der Gegebenheiten von Kultus und Glauben auf die Entwicklung der künstlerischen Form.

1. Auch für die griech. Religions- und K.geschichte liefert die *kretisch-mykenische Welt* des 3. und 2.Jt.s vChr mittelbare Vorformungen. In den Sockelgeschossen der um 2000 angelegten kretischen Paläste gibt es kleine dunkle Räume, in denen Weihgeschenke verwahrt wurden, Kapellen, in denen die Götter einkehren können. »Kultfassaden« waren Stätten, an denen sich, bewirkt durch Zeremonien ekstatischer Art, die Erscheinung der Gottheit vollzog (s. Taf. 47 Abb. 1). Der mystische Epiphanieglaube schloß Kultbilder aus. Seine figurenreichste Darstellung bietet der bemalte Sarkophag aus H.Triada. Kunstlose Idole als Gegenstände der Verehrung gibt es erst in der Spätzeit nach der Zerstörung der Paläste. Der Gestus der erhobenen Hände stammt von den Darstellungen erscheinender Götter. Zusammen mit anderen Objekten des Kultus (→ Kretisch-mykenische Religion) standen sie auf bankartigen Erhöhungen an den Wänden winziger Hauskapellen. - Kleine Hauskapellen gibt es auch in den Burgen des mykenischen Festlandes, deren erhaltene Reste im 14.Jh. einsetzen, um mit dem Zusammenbruch der mykenischen Kultur (etwa Mitte des 12.Jh.s) aufzuhören. Die Träger dieser Kultur sind - im Gegensatz zu den nicht indogermanischen Minoern - Griechen. Eine Übernahme aus dem Minoischen ist die Göttin mit dem mächtigen 8förmigen Schild, die später zu Athena wurde. Das Steinrelief über dem Löwentor zu Mykenai (Ende 14.Jh.) ist eine monumentalisierte Kultfassade. Minoisch ist die Glaubensvorstellung und das Motiv, festländisch die Monumentalisierung. Deutlicher wird die festländische Eigenart im Totenkult. Im 16. Jh. dient das aus der mittelhelladischen Phase (1900-1600) übernommene Schachtgrab der Beisetzung der Fürsten. Die zu kreisförmigen Gruppen zusammengefaßten Grüfte enthielten reiche Beigaben, namentlich Bronzewaffen und Geschmeide. Seit dem 15.Jh. ist die fürstliche Grabform das Kuppelgrab. Das sog. Schatzhaus des Atreus in Mykenai (um 1320) ist das bedeutendste. Dies ist eine Monumentalisierung des mittelländischen Höhlengrabes. Die unterirdischen Räume, die nach der Beisetzung geschlossen wurden, waren für die Aufbahrung und für die Beigaben bestimmt, nicht für den Totenkult. Gleichwohl erweisen die aufwendigen Bestattungsformen den Glauben an ein Weiterleben der Toten. Dies sind die ersten Zeugnisse des griech. Heroenglaubens.

2. Mit der Zerstörung der Burgen geht die mykenische Kultur zugrunde. Den Anlaß gibt die große, damals aus Mitteleuropa vorstoßende Völkerwanderung. Ihre Ergebnisse in der Ägäis sind die Umschichtung der Stämme, die Besitzergreifung der Westküste Kleinasiens durch die Griechen, der Übergang von der Bronzezeit zur Eisenzeit und die *»geometrische« K.* (ca 900-700; der Name stammt von der keramischen Verzierung). Die

Form dieser K. ist vormonumental und kunstgewerblich. Tempel sind seit dem 8.Jh. bekannt. Im Material herrschen Holz und Luftziegel. Auch die gelegentlich kurvenförmigen Grundrisse und die Dachbildungen lassen den noch unmonumentalen Charakter erkennen. Reichlich lebensgroße Kultbilder hat es schon gegeben. Sie sind noch bestimmt von den Resten des anikonischen Males, das sich mit einzelnen Zügen der Menschengestalt zu erfüllen beginnt. An die Stelle der fürstlichen Hauskapellen sind so Heiligtümer getreten, in denen sich der Kult der die Polis bildenden Gemeinde vollzieht. Daneben gibt es als zweiten Typus von Heiligtümern den eingehegten Bezirk mit einem Altar (Olympia) oder einer Kapelle (Sparta, Artemis Orthia), in dem sich die Weihgeschenke sammeln. Die Gräber enthalten jetzt Brandbestattungen. Die Beigaben bilden vor allem »geometrische« Vasen. Aufbahrung und Leichenzug, überhaupt die Begehung der Totenfeier, werden neben Kämpfen seit dem Aufkommen figürlicher Motive im Spätgeometrischen beliebte Themen des Gefäßschmuckes. Die Totenklage und die grauenerregende Gewalt des Todes stehen im Mittelpunkt. Die Vorstellungen Homers vom Schattenreich der Toten unterliegen anderen und besonderen Voraussetzungen. Aber ihre zeitliche Nähe ist spürbar.

3. Auch in der *archaischen Phase* (ca 700 bis zu den Perserkriegen) wird die K. durch das mythische Denken bestimmt. Im Anschluß an Ägypten (→ Kunst: II E) und Vorderasien (→ Kunst: II F) schafft sie sich monumentale Ausdrucksformen, die sich von den Mustern durch das aus der geometrischen K. übernommene tektonische Element unterscheiden. Der dorische Ringhallentempel und die monumentale Statue entstehen um 650. Im Tempelbau bleiben die Systematik der dorischen Ordnung und das System des flachen Firstdachs mit Ziegeldecke von nun an verbindlich. Der erste Steintempel für uns ist das Artemision auf Korfu (ca 580). Ein Brandopferaltar steht gewöhnlich vor der Front des Tempels. Diese Tempel sind monumentale Repräsentanten der Polis. Sie stehen innerhalb der Mauern, zumal am Markt (Korinth) und auf der Burg (Athen), oder an alten Kultstätten vor den Toren (Selinunt) und draußen im Lande (Ägina). In Großgriechenland und Sizilien wird die Monumentalität im Sinne des Steinbaues am großartigsten entwickelt. Für den ionischen Osten sind die Riesentempel bezeichnend (Heraion auf Samos, Artemision bei Ephesos, Didymaion bei Milet). Bei reichlich 100 m Seitenlänge und fast 20 m Höhe enthielten sie einen wahren Säulenwald. Die ionische Ordnung, die sie vertreten, macht sich erst seit etwa 570 bemerkbar. Von der dorischen unterscheidet sie sich durch ihre reiche Dekoration und durch den Ausdruck einer Baugesinnung, die an die Stelle der dorischen Spannungen die Gestaltung des Raums von innen heraus setzt. Das Gewicht der Dekoration zeigt sich darin, daß den gedeckten Innenraum ein Hof mit einer Kapelle darin für das Kultbild vertreten kann. Die ionischen Formen haben auch in Hellas und im griech. Westen gewirkt und im Spätarchaischen die dorischen so beeinflußt, daß sich zierlichere und bewegtere Gebilde ergaben. – Reiche Ausgestaltung erfahren namentlich die panhellenischen Kultstätten Olympia und Delphi und der kultische Mittelpunkt der Inselwelt, Delos. Um den Altar oder Tempel gruppieren sich in freier Weise Schatzhäuser, Säulenhallen, kleinere Kultbauten, Altäre und monumentale Weihgeschenke, zumal Dreifüße und Statuen auf schlichten Sockeln. Nicht die malerische Erscheinung wird angestrebt, sondern durch Isolierung und Kontrast im gegenseitigen Verhältnis und im Verhältnis zur Landschaft die körperlich plastische Wirkung des einzelnen als einer autarken und auf eine überzeitliche Gesetzlichkeit bezogenen Einheit. Darin drückt sich der vom Beschauer unabhängige Wirklichkeitscharakter des archaischen K.werks aus. – Das monumentale Bild in Relief und Malerei entsteht zusammen mit dem Monumentalbau; bes. in den Giebelfeldern und im Gebälk (als Metope oder Fries) findet es seinen Platz. Die Gestalten haben normalerweise die aus Ägypten und Vorderasien übernommene zusammengesetzte Form: Kopf und Beine im Profil, Auge und Schultern in Vorderansicht. Durch ihren flächigen Bezug auf die orthogonalen Gesetze, die in dem Bau wirksam sind, erfüllen sie sich in demselben Grade wie dieser mit überzeitlicher Wirklichkeit. Den Stoff der Bilder liefert vor allem die Heldensage, in deren Handlung die Götter mannigfach verflochten sind. Der Gorgogiebel auf Korfu (s. Taf. 47 Abb. 5), die bemalten Porosgiebel der Athener Akropolis und die Giebelgruppen des Aphaiatempels auf Ägina sind Beispiele aus den drei Phasen der archaischen Entwicklung. In überwältigender Menge schließen sich Schöpfungen des K.handwerks mit Bilderschmuck an. Interesse an nichtmythischen Themen macht sich erst gegen Ende der Entwicklung schüchtern geltend. – Die Schöpfung der monumentalen Statue ist die dritte große Leistung der archaischen Griechen um 650. Um die Ausbildung ihrer Typen bemüht sich die weitere Entwicklung. Es gibt Kult-, Votiv- und Grabstatuen. Einige zu Beginn geprägte Typen bleiben die wichtigsten: Der unbekleidete stehende Jüngling (Kouros; s. Taf. 47 Abb. 2), die bekleidete stehende Frau (Kore; s. Taf. 47 Abb. 3), die bekleidete Sitzfigur, der liegende Löwe und die hockende Sphinx. Die menschlichen Typen kommen nebeneinander in jeder der drei statuarischen Funktionen vor. Nur durch den Ort der Aufstellung, die Inschrift und die Attribute drücken sie ihre spezifische Bedeutung aus. Wesentlich ist dieselbe überzeitliche Wirklichkeit. Daß die Überlieferung uns über die Weih- und Grabstatuen besser orientiert als über die Kultbilder, bedeutet daher kaum einen Verlust. – Den Grabstatuen tritt auf den Ägäischen Inseln und in Athen die Grabstele mit dem Reliefbild des heroisierten Toten zur Seite. Vorauf geht ihr das schlichte, menhirähnliche Steinmal.

4. Nach dem siegreichen Ausgang der Perserkriege (ca 480) ist die Befreiung aus den archaischen und mythischen Bindungen endgültig vollzogen. Es folgt in der *Klassik* (5./4.Jh.) eine Phase, die sich um den Ausgleich zwischen Wirklichkeit und Erscheinung im K.werk bemüht. Das Werk vergeistigt sich zum Träger ethischen Ausdrucks, ohne seinen innerweltlichen Charakter preiszugeben. Dies ist die Grundlage der klassischen Schönheit, Harmonie und Norm. Menschenbild und Gottesbild stellen nicht mehr zwei Seiten einer zwar überhöhten, aber in sich ungetrennten Welt dar, sondern treten in ein Spannungsverhältnis durch die mit Bedeutung geladene Differenzierung von Handlung, Gebärde und Antlitz. Im Tempelbau ist das vornehmste Mittel zur inneren Belebung die Proportionierung, die nun in organischer Weise von innen heraus und mit dem Blick auf das Ganze entwickelt wird. Der Innenraum weitet und befreit sich, ohne zu dominieren (Parthenon, 445-431; s. Taf. 48 Abb. 1), schließlich ziehen sich die inneren Stützen als Halbsäulen in die Wand zurück (Tempel der Athena Alea, Tegea, um 340). Das reziproke Verhältnis zwischen dem Tempel und seinem Bilderschmuck stellt man in der bewegten Form der Bilder und in ihrer thematischen Ethisierung fest. Wenn auch die Hallen und Versammlungsräume für profane Zwecke größer und häufiger werden, so bleiben doch wegen der Gründung des Polisbegriffs im Religiösen

Monumental- und Sakralarchitektur im wesentlichen identisch. Charakteristisch für den Plan des Perikles zur Ausgestaltung der Akropolis ist nicht so sehr seine sakrale Grundlage wie die merkwürdige und wie ein Vorgriff auf die kommende Entwicklung wirkende Konzeption der auf die landschaftlichen Gegebenheiten bezogenen Einheit einer Gruppe von Bauten. Das setzt sich in Gegensatz zu dem mit der archaischen und klassischen Form wesentlich verbundenen Begriff der Autarkie, findet aber zunächst noch keine Nachfolge. Im späteren Abschnitt der Phase erscheinen zwei neue Typen sakraler Bauten, das Theater und das Mausoleum. Das Theater dient dem als Kultfeier verstandenen Bühnenspiel. Das Mausoleum bildet sich im griech. Osten und läßt die Bereitschaft zur Aufnahme östlicher Vorstellungen erkennen. Seine Voraussetzungen sind dynastisch und liegen in Vorderasien. – Kontrapost und Verkürzungen sind in der Bildnerei die Kennzeichen der Klassik, jener für die Statue, diese für Relief und Malerei. In ihnen äußert sich das Umschlagen der von außen auferlegten archaischen Gesetzlichkeit in die neue organische. Diese aus dem Menschlichen abgeleiteten Vorstellungen bringen das Götterbild in größere menschliche Nähe und stellen seine Existenz unter dieselbe innere Bedingtheit wie die des Menschen. Die Götter des Phidias (Athena Parthenos, olympischer Zeus, Kassel-Apoll [s. Taf. 47 Abb. 4]) leiten ihre Wirkung mindestens zum großen Teil her aus der Unwiederholbarkeit der Verbindung dieser inneren Gesetzlichkeit mit den nun als Motiv der Rhythmisierung dienenden äußeren, zumal orthogonalen Bindungen, die in der Archaik das auferlegte Gesetz darstellten. Daher das Überzeitliche und Allgemeinverbindliche dieser menschlich-göttlichen Natur. 100 Jahre später sind die Götter des Praxiteles (Hermes in Olympia, knidische Aphrodite) noch menschlicher und scheinbar schon auf die Zeit bezogen. Aber ihrer plastischen Struktur nach sind sie noch immer autark und allgemeingültig, ohne Raumbezug. Die Wirklichkeit im Sinne der Klassik haben sie noch nicht hinter sich gelassen. – Die Statuen von Siegern, mit denen die Heiligtümer gefüllt waren, stehen in einem doppelten kultischen Bezug. Die Wettkämpfe fanden zu Ehren eines Gottes statt, und das Denkmal will als Ausdruck des Dankes und als Weihung an den Gott verstanden sein. Die motivische Übereinstimmung mit den Götterbildern ist aufgehoben, aber die strukturelle bleibt. Das bedeutet eine an die Heroisierung grenzende Überhöhung. Weihgeschenke wollten anfangs auch die jetzt aufkommenden Ehrenstatuen sein, die meist auf der Agora standen. Sie gehen mit den Anfängen des Porträts zusammen. Dies sind zunächst noch isolierte Anzeichen für die Aufspaltung der ursprünglich allein sakral verstandenen künstlerischen Produktion. Überhaupt ist das Komplement der Befreiung aus den archaischen und mythischen Bindungen das Emporsteigen der Reflexion und rationalistischer Aspekte, wie es gleichzeitig mit der Höhe der Klassik in der sophistischen Bewegung sich auswirkt. Darin äußert sich ein Ferment, das in der Generation nach Alexander d.Gr. zum endgültigen Umschlagen der klassischen Form in eine neue geführt hat. Proben einer volkstümlichen religiösen K. sind die Weihreliefs. Der Stifter naht sich auf ihnen anbetend oder opfernd den Göttern, die ihm mit ihrem Erscheinen antworten. Wie dieses Erscheinen jetzt verstanden wurde, schildern vor allem die rotfigurigen Vasen. Dionysos und Aphrodite stehen auf ihnen seit dem späten 5.Jh. im Vordergrund. Überhaupt treten jetzt die großen Götter Zeus, Athena und Apollo, die vorher das Feld beherrschten, in den Bildern zurück. Das gleichzeitig neu erwachende Interesse an den mystischen Kulten des → Dionysos und der eleusinischen Göttinnen ist die Gegenseite des um sich greifenden Rationalismus (→ Griechische Religion, 3). – In der sepulkralen Kunst Athens kommt nach einer über die erste Hälfte des 5.Jh.s sich erstreckenden Pause die reliefverzierte Grabstele wieder in Gebrauch und erlebt bis zum Gesetz des Demetrios von Phaleron gegen den Gräberluxus (317) eine reiche Entwicklung. Die Vorstellungen der Heroisierung schlagen erst im Laufe des 4.Jh.s wieder durch. Vorher stellen die mehrfigurigen dieser Reliefs ebenso wie die schon in der frühen Klassik aufkommenden weißgrundigen bemalten Lekythen das schlichte Verbundensein des Toten mit seinen Angehörigen in einer der Zeit noch mehr als dem Raum entrückten Sphäre dar.

5. Im Zeitalter des → *Hellenismus* (seit Beginn des 3.Jh.s) werden die Kulte der Polis und der im Epos → Homers maßgeblich gefaßte Glaube an die olympischen Götter überlagert und modifiziert durch orientalische Kulte und Vorstellungen der Volksreligion von teilweise vorgriech. Herkunft, die in den → Mysterien-Kulten greifbar sind. Das bedingt auch Veränderungen in den Formen der Heiligtümer und der Götterbilder. Dieselben Kräfte, die Wandel und Erweiterung des griech. Wesens veranlassen, führen gleichzeitig neue Bildformen, überhaupt einen neuen, nicht mehr klassischen Formbegriff herauf. Heiligtümer werden jetzt auf bildhafte Wirkung hin so gebaut, daß Tempel, Hallen, Altar und Propylon in diesem Sinne eine Einheit bilden (Athenabezirk in Pergamon, Asklepieion in Kos). Die malerische Wirkung und der Blick vom Heiligtum aus in die umgebende Landschaft können dabei planmäßig mitberücksichtigt werden (Dionysos- und Demeterbezirk in Pergamon, → Kabiren-Heiligtum in Samothrake). Die Monumentalaltäre (für Zeus in Pergamon und Magnesia, für Athena in Priene) unterscheiden sich von den älteren durch den prächtigen, bildhaft wirkenden Aufwand, der die eigentliche Funktion verhüllt und dem Kultus einen pathetischen Ausdruck gibt. Das Bild überhaupt hat seinen Wirklichkeitscharakter eingebüßt; es distanziert sich vom Beschauer als Schöpfung der Phantasie. Im Götterbild ist es abgesehen auf die visionären und transitorischen Züge der Epiphanie. Reliefs und Gemälde lassen die mythologischen Vorgänge in einem flachbühnenartigen Raum sich abspielen. Der → Herrscherkult gab Anlaß zu bedeutendem Aufwand. Von dem Bilderschmuck der ihm dienenden Heiligtümer und der Paläste kann man sich mit Hilfe von Werken der Kaiserzeit mittelbare Vorstellungen machen. Das rundplastische Herrscherbild hat hauptsächlich in diesem Kult seine Funktion gehabt. Die Göttlichkeit pflegt sich in den Attributen, im Kostüm und im Pathos der Pose auszudrücken. Durch die Porträtzüge und Bewegungsmotive sind auch diese Werke unmittelbar auf Raum und Zeit bezogen. Auch in den Weihgeschenken in Form von Statuen, Reliefs und Gemälden werden die mythischen Züge von den »realistischen« zurückgedrängt. Die Beziehungen zu den Göttern werden mittelbar, bildungsmäßig bedingt und bewußt. Entsprechend der Bedeutung des → Dionysos für den Herrscherkult und der Verbreitung seiner Mysterien nimmt die dionysische Motivik bedeutenden Raum ein. Weil die religiöse Verhaftung der Polis nur noch Fassade ist, läßt sich jetzt eine Gruppe profaner Bauwerke und Bilder aussondern. In dieser Beziehung ist das Philosophenporträt Exponent des Zeitalters, obwohl auch da in der Beziehung zum Musenkult ein Rest kultischer Verhaftung nicht zu übersehen ist.

6. Die monumentale *K. der* → *Etrusker* beginnt im 6.Jh. Eine ihrer Voraussetzungen ist die vielleicht schon

etwas früher einsetzende Übernahme griech. Götter. Übernommen werden nur die Motive, der Stil geht seine eigenen Wege. Mit der Herkunft der herrschenden Schicht aus Vorderasien hat er nichts zu tun, er wurzelt im Altitalischen. Auch der etruskische Tempel hat Säulen, Gebälk und Flachgiebel. Aber er steht auf einem Podium, hat eine Front mit einer Freitreppe und ordnet den oft in drei Cellae gegliederten Kultraum hinter der von weitgestellten Säulen gebildeten Vorhalle an. Er ist mehr Raumgebilde als plastischer Körper. Buntbemalte Figuren aus Terrakotta in mythischem Handlungszusammenhang füllen die Giebelfelder. Sie können auch auf dem First aufgereiht erscheinen. Der größte »tuscanische« Tempel war der die Trias Jupiter, Juno, Minerva bergende auf dem Kapitol in Rom. Er wurde gegen Ende der etruskischen Herrschaft über die Stadt (frühes 5.Jh.) von etruskischen Meistern gebaut und ausgeschmückt. - Das monumentale Hügelgrab mit einer Kammer für die Beisetzungen ist älter. Die normale Form des vornehmen Grabes wird dann das unterirdische Kammergrab, das nach dem Muster der Wohnhäuser angelegt wird (s. Taf. 48 Abb. 2). Die Fortsetzung der Lebensfreuden in der anderen Welt ist in der älteren Gruppe von Freskomalereien hauptsächliches Thema. In der Zeit des Abstiegs der politischen Macht beherrschen die Schrecken der Unterwelt die sepulkrale K., auch auf den Reliefsarkophagen. Auf ihnen ist oft der Tote in ganzer Gestalt liegend dargestellt. Ähnlich wie dann in Rom ist das Ahnenbild ein wesentliches Instrument des Totenkultes.

7. Die beiden Wurzeln der *kaiserzeitlichen K.* sind die altitalisch-etruskische und die hellenistische in ihrer italischen Brechung. Beide Komponenten stehen in einem wechselnden Spannungsverhältnis. Das eigentlich neue, über die Klassik und ihr Nachleben hinausgehende Anliegen betrifft die Gestaltung des Raums und die Komposition. Für die religiöse Thematik bedeutet das Steigerung der Distanzierung und Vergeistigung, die schließlich im Ausdruck des Transzendenten endet. - Der italische Hellenismus der Zeit Sullas steigert die Motive der hellenistischen Heiligtümer nicht nur in den Dimensionen, in der Konsequenz der landschaftlichen Beziehungen und in den axialen Bindungen, sondern auch durch die baukünstlerische, nicht mehr nur technische Verwendung des Bogens und des Gewölbes und durch deren Verbindung mit der Mörteltechnik (zB Fortuna-Heiligtum in Palestrina; s. Taf. 48 Abb. 3). Die klassizistisch orientierte frühe Kaiserzeit geht in der Gestaltung der Tempelplätze wieder mehr den inneren Bezügen und der körperlich plastischen Durchformung nach. Der Podiumtempel erhält seine monumentale, steinerne Prägung. Eine kleine, durchgegliederte, geschlossene Einheit stellt die Ara Pacis Augustae dar. Retrospektiv ist sie auch als Monumentalisierung des umhegten hl. Bezirks (templum). Die italisch-hellenistischen Heiligtümer gelten altitalischen Gottheiten, die hellenistisch verstanden werden. Später wird der Kult politisch und dynastisch orientiert. Die Reihe der Tempel für die divinisierten Kaiser eröffnet der des Divus Iulius am Forum Romanum. Auf den Kaiserfora wird der Tempel öfter einer der Schutzgottheiten des Herrscherhauses geweiht. Hadrian baut das Pantheon (s. Taf. 48 Abb. 4) für Sol und die übrigen Planetengötter. Die kosmische Symbolik hat natürlich auch ihren politischen Bezug. Hier zeigt sich, wie die spekulative Vergeistigung der religiösen Vorstellungen in der Gestaltung des Innenraums ihr Komplement findet. Auch die großartigen Heiligtümer der romanisierten einheimischen Götter in den Provinzen sind in erster Linie politische Manifestationen. Umgekehrt ist die Triumphal-K., die sich in den Triumphbögen, den reliefgeschmückten Säulen und dem Bilderschmuck öffentlicher Bauten äußert, ohne eine religiöse Note nicht zu verstehen. Welche von den erhaltenen Kaiserstatuen als Kultbilder dienten, wissen wir nicht. Aber der Kaiserkult hat sie alle veranlaßt. Die Vergeistigung und Distanzierung des Bildbegriffs äußert sich auch darin, daß in volkstümlichen Bereichen Kultreliefs auftauchen. Die Wendung nach innen vollzieht auch der Grabbau. Noch das Mausoleum Hadrians (Engelsburg) wirkt wie das des Augustus als körperliche Masse ohne organische Verbindung mit der Grabkammer. Die spätantiken Mausoleen sind reich ausgestattete Innenräume. Der Bilderschmuck der Gräber verwendet mythologische Gestalten und Vorstellungen in symbolischem Sinn. Es geht um den Ausdruck für den Glauben an ein Fortleben der Seele. Auch für den bürgerlichen Mittelstand bilden sich so Formen einer Privatapotheose. Gern betonen sie im Sinne philosophischer Lehren kosmische Bezüge oder eine allgemein philosophische Haltung oder dionysisch-mystischen Glauben. An die Stelle der Verbrennung tritt in den wohlhabenden Familien unter Hadrian die Sarkophagbestattung, die im 3.Jh. die ältere Form ganz verdrängt. Die Sarkophagreliefs geben über die Vorstellungen vom Tode reichen Aufschluß. Auch in ihrer Form erhellen sie die religiöse Entwicklung des späten Heidentums. Trotz des Festhaltens an den klassischen Motiven wird die körperliche Form des Reliefs immer wesenloser. Sie ist schließlich selber nur noch Symbol dessen, was sie ursprünglich war, und dadurch Träger des Ausdrucks der Transzendenz.

M.P.Nilsson, The Minoan-Mycenaean Religion, (1927) 1950² - G.Rodenwaldt, Die Kunst der Antike, Hellas u. Rom, 1927 - Ders., ΘΕΟΙ ΡΕΙΑ ΖΩΟΝΤΕϹ, 1943 - G.Q.Giglioli, L'Arte Etrusca, 1935 - L.Curtius, Die klass. K. der Griechen, 1938 - W.Technau, Die K. der Römer, 1940 - E.Buschor, Vom Sinn der griech. Standbilder, 1942 - F.Cumont, Recherches sur le Symbolisme Funéraire des Romains, 1942 - B.Snell, Der Glaube an die homerischen Götter (in: Das neue Bild der Antike I, 1942) - B.Schweitzer, Das Menschenbild der griech. Plastik, (1944) 1948³ - F.Matz, Der griech. Tempel (in: Marburger Jb. für Kunstwiss. 15, 1949/50) - Ders., Gesch. der griech. K. I, 1950 - Ders., Göttererscheinung u. Kultbild im minoischen Kreta, 1958 - E.Langlotz, Antike Klassik in heutiger Sicht, 1956 - N.Himmelmann-Wildschütz, Zur Eigenart des klass. Götterbildes, 1959.

F.Matz

II I. Religiöse Kunst des Islam

1. Stiftungscharakter der isl. K. - 2. Religiöse Bau-K. - 3. Einrichtungen der Moschee - 4. Bilddarstellungen - 5. Ornament - 6. Künstler - 7. Entwicklung. - Bildtafeln 49 und 50 nach Sp. 160. - Vgl. ergänzend → Moschee

1. Isl. K. ist weitgehend religiöse K., insofern als fast alle K.leistungen auf dem Wege der frommen *Stiftung* (Wakf) entstanden sind. Man unterscheidet dabei rein religiöse Stiftungen, die sich also auf die Sakralarchitektur, auf das Moscheegerät und die hl. Bücher beschränken, und Stiftungen gemeinnütziger Art, die nahezu den gesamten Profanbezirk umfassen. Bezeichnend im Islam sind die großen Stiftungskomplexe, die um die Moschee als Brennpunkt nicht nur Grabbau, Medrese und Kloster, sondern auch Bibliothek und Elementarschulen, Bad und Brunnen, Hospital und Armenküche (Imaret), Rasthaus (Han) und Bazar zusammenschließen. Stifter sind in erster Linie der Herrscher und die Großen des Hofs, dann aber auch die einzelnen Bürger. Die Stiftungen geschehen im Namen Gottes (bismillah) und sind fast immer durch Inschriften gekennzeichnet.

2. a) Mittelpunkt der religiösen *Bau-K.* ist die → *Moschee* (vgl. dort Bildtafel). Neben ihr spielt als kultisches Lehrgebäude die *Medrese* (s. Taf. 50 Abb. 3) eine bedeutende Rolle, in der vor allem die Wissenschaften vom

→ Koran und Ḥadith (→ Islam: I, 4) sowie Sprachwissenschaften getrieben werden. Die klassische Form der Medrese, vier in Kreuzform um einen offenen Hof angeordnete Iwane (hofseitig geöffnete Hallen), zwischen denen die Wohnzellen der Studenten liegen, entsteht in Persien unter den Seldschuken im 11.Jh. Das 4-Iwan-Schema, das vom khorasanischen Hausbau herkommt, verbreitet sich zT in abgewandelter Form nach Turkestan, Kleinasien und Ägypten (älteste Anlagen in Nischapur und Bagdad). Verschiedentlich werden Medrese und Kuppelgrab miteinander kombiniert. Bes. beliebt sind derartige Baukomplexe bei den Mamluken Ägyptens (zB Muristan [Hospital] des Kala'un in Kairo, 1284/85). - Auch das *Kloster* ist von Bedeutung, bei dem sich zwei Haupttypen unterscheiden. Einmal handelt es sich um das *Ribaṭ*, eine Wehranlage, deren Einrichtung auf die Pflicht zum hl. → Krieg (Djihād) zurückgeht und die bes. als Grenzfestung eine Rolle spielt; ihre Blütezeit liegt im 9.Jh. Berühmt waren vor allem die Ribaṭim an der Ostküste Afrikas, von denen das Ribaṭ von Susa das älteste erhaltene ist. Im Bautyp erinnert es an das byzantinische castrum, zeigt jedoch in der Zweigeschossigkeit, den umlaufenden Wohnzellen und der Moschee im 1. Stock eine Neuplanung. Der zweite Kloster-Typ ist die *Tekke*, das Ordenskloster, ein ebenfalls um einen offenen Hof angelegter Gebäudekomplex, der mit seinem zentralen Heiligtum, das das Grab des Ordensstifters enthält, dem Wohntrakt, Herberge, Küchen und Friedhof dem christlichen → Kloster (: II) ähnelt. Wohl die bedeutendste Anlage dieser Art hat sich im Mevlana-Kloster von Konya (Kleinasien) erhalten, dessen Mausoleum das Grab des berühmten isl. Mystikers, Ǧelāladdīn Rūmī (→ Islam: I, 8), enthält.

b) Auffällige Eigenformen bilden sich im *Grabbau* heraus. Hier dominiert die runde oder polygonale Türbe, die innen überkuppelt, außen mit einem Kegeldach überdeckt ist und die vor allem in Kleinasien eine Krypta aufweist. Die Urform der Türbe ist das Grabzelt, wie sich denn auch in ihrer Zweigeschossigkeit die Tradition des alten schamanistischen Begräbnisrituals bewahrt hat. Die früheste Türbe dieses Typs von großartig kristallinischer Form findet sich bei Gorgan (Persien) im Mausoleum des Qabus vom Jahr 1006 (s. Taf. 49 Abb. 1). Mit der Mongolenzeit setzt sich die Außenkuppel durch, und es entstehen monumentale Kuppelanlagen wie etwa der Gur-i-Mir in Samarkand (s. Taf. 49 Abb. 2) oder der Tadsch Mahal in Agra. Häufig sind die Türben in den Moschee-Komplex oder sonstige Stiftungen einbezogen, soweit sie nicht überhaupt als Grabmoscheen errichtet wurden. Gelegentlich sind sie in ganzen Totenstädten vereinigt, so in den »Mamlukengräbern« in Kairo und in dem »Schah Sindeh« bei Samarkand, dem Friedhof der Timuriden. Neben dem Grabmonument verdient auch die *Grabstein-K.* Erwähnung. Überraschenderweise finden sich hier bei den vorosmanischen türkischen Dynastien Kleinasiens (Seldschuken, Akkoyunlu) Grabsteine mit figürlicher Thematik (Reiterkampf und Tierszenen) sowie plastische Grabtiere, in denen wie in den Türben die nomadisch-schamanistische Grabsymbolik nachlebt. Im allgemeinen dominiert jedoch der Schriftdekor, zu dem im osmanischen Bereich auf den Frauengräbern das für diese Zeit typische Blütenwerk, bei den Männergräbern der Turban oder Fez als plastische Bekrönung treten.

3. Von den *Einrichtungen der → Moschee*, die im übrigen - abgesehen vom Mimbar - sämtlich unter den Omajjaden eingeführt wurden, zieht das *Mihrab* (Gebetsnische; s. Taf. 50 Abb. 4), das gewöhnlich einen Teil der Gesamtarchitektur bildet, die Hauptaufmerksamkeit auf sich. Gelegentlich findet sich aber auch das transportable, aus Holz verfertigte, mit kunstvollen ornamentalen Schnitzereien verzierte Mihrab, das als Weihgabe für Moscheen und Grabbauten dient. Eines der berühmtesten Stücke dieser Art ist das Mihrab der Sitte Nefisa aus dem 11./12.Jh. (jetzt im arabischen Museum, Kairo). Ebenfalls meist aus Holz, zuweilen jedoch aus Stein oder Marmor ist das *Mimbar* (Kanzel). Es hat seinen festen Standplatz rechts vom Mihrab an der Qiblawand und besteht aus einer durch eine Tür nach vorn abgeschlossenen Treppe, Seitengewände und einem mit einem Baldachin überdachten Podest. Von ihm herab wird die Freitagspredigt (Khuṭba) gehalten (ältestes und berühmtestes Beispiel ist das aus Bagdad stammende, aus Platanenholz verfertigte Mimbar der Sidi Oqba-Moschee in Kairuan, 821 dort aufgestellt; s. Taf. 49 Abb. 3). Ebenfalls aus Holzschnitzerei bestehend, oft mit Intarsien eingelegt, ist auch das meist zusammenklappbare *Kursi* (Koranlesepult), auf dem die reich ausgestatteten *Prunkkorane* aufgelegt werden (s. Taf. 49 Abb. 4). Besonders alte Korane hatten den Charakter von Reliquien. - Auch die Beleuchtung spielte in der Moschee eine besondere Rolle und war vor allem am Mihrab konzentriert. Aber auch von der Decke hingen hunderte kostbarer, emaillierter *Glasampeln* herab, die aus den Glasmanufakturen Syriens und Ägyptens unter den Mamluken entstanden und im 13. und 14.Jh. ihre Blüte erlebten (s. Taf. 50 Abb. 2). Die osmanische K. kennt daneben Fayence-Ampeln in blauweißer oder buntfarbiger Malerei, die in den berühmten Fayence-Werkstätten von Iznik (Nicäa) hergestellt wurden. Zu den Ampeln gesellten sich die seitlich des Mihrab aufgereihten Standleuchter. Sie sind Meisterwerke der im Islam seit dem 12.Jh. hoch entwickelten *Tauschier-K.* (Einlegearbeit in Silber und Gold), die bes. in Persien, Mesopotamien, Syrien und Ägypten geübt wurde (s. Taf. 50 Abb. 1). Schließlich darf auch der aus nomadischer Tradition erwachsene *Teppich* in weiterem Sinne zur religiösen K. gerechnet werden. Innerhalb der Moschee darf er niemals unbeschuht betreten werden. Darüber hinaus hat sich, vor allem in Kleinasien, eine besondere Gattung des Gebetsteppichs entwickelt, der als Muster das Mihrab zeigt und auf Reisen beim Gebet in der Richtung nach Mekka ausgerichtet wird.

4. Was die Frage der *Bilddarstellung* im Islam betrifft, so gibt es kein Bildverbot im Koran, und die darauf bezüglichen Stellen im Ḥadith werden nur von der Orthodoxie anerkannt. Auf fast allen Profan-Gebieten entstand daher eine höchst figurenfreudige K. Darüber hinaus ist die Figurendarstellung - entgegen der überholten These von der Bildlosigkeit religiöser isl. K. - zeitweilig auch in den Sakralbezirk eingedrungen, vornehmlich in der Grab-K. der kleinasiatischen Seldschuken (s. 2b). Hierher gehört aber auch eine Serie von Miniaturen, die seit mongolischer Zeit aufkommen und ausgesprochen religiöse Themen enthalten. Auf ihnen sind → Muhammed und andere hl. Personen bei wichtigen Begebenheiten dargestellt, wobei die Himmelfahrt Muhammeds auf seinem Fabeltier Buraq bes. beliebt ist.

5. Meist dominiert jedoch das mehr oder weniger abstrakte *Ornament*, das die Architektur ungeachtet ihrer tektonischen Gliederung im unendlichen Rapport überzieht. Vier Hauptmotive sind dabei beherrschend: a) die in verschiedenen Dukten ausgebildete höchst dekorative arabische Schrift (s. Taf. 50 Abb. 4), b) der in komplizierten Figuren zusammengefügte geometrische Dekor, c) die Arabeske, eine aus Halbpalmetten gebildete, sich vergabelnde Ranke (s. Taf. 49 Abb. 4), zu der in osmanischer Zeit die realistische Blütenranke tritt, d) das für den Islam bes. charakteristische Stalaktitwerk (Mukarnas; s. Taf. 50 Abb. 4).

6. Anders als im Abendland tritt der *Künstler* im Islam

1

2

3

1. Gelbguß-Reliefplatte mit thronendem Gottkönig im Perlenornat mit zwei Würdenträgern, im Hintergrund zwei Portugiesenköpfe. Aus dem Königspalast von Benin, Nigeria *(Hamburg. Museum für Völkerkunde)*
2. Kifwebe-Maske, vom gleichnamigen Geheimbund bes. bei Tod und Ernennung eines Häuptlings benutzt. Ba-Luba, Belgisch-Kongo *(Hamburg. Museum für Völkerkunde)*
3. Schutzgeist-Figur, als Wächter auf den Rand eines Korbes mit Ahnenschädeln gesteckt. Pangwe, Gabon und Kamerun *(Hamburg. Museum für Völkerkunde)*

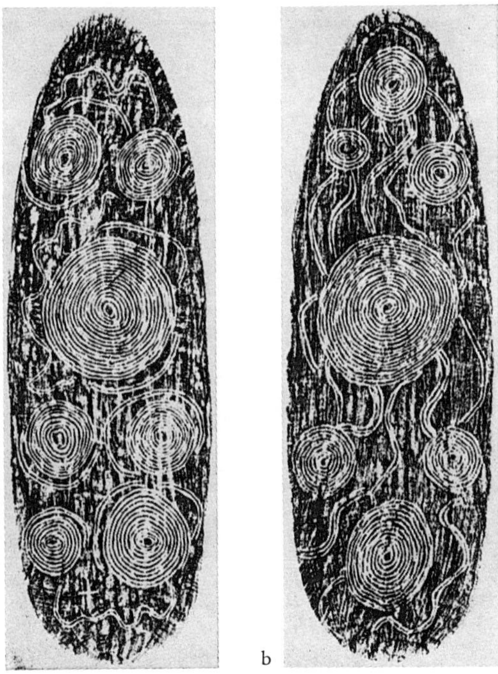

a b

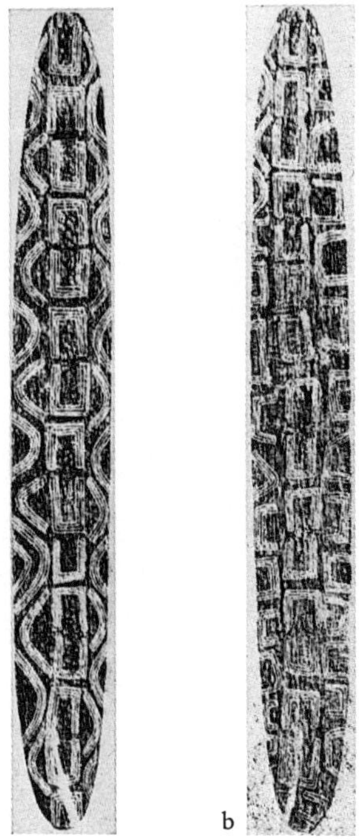

a b

4. Kultholz (Tjurunga) mit kreisförmiger Ornamentik aus Zentralaustralien, a) Vorder-, b) Rückseite – *Museum Sydney (Staatl. Museum für Völkerkunde München)*

5. Kultholz (Tjurunga) mit rechteckiger Ornamentik aus Westaustralien, a) Vorder-, b) Rückseite – *Museum Sydney (Staatl. Museum für Völkerkunde München)*

1. Basaltkopf von La Venta (Tabasco, Mexiko), ca 3. Jh. nChr *(National Geograpic Society)*

2. Maya-Kopf (Stuck) von Palenque (Chiapas, Mexiko), ca 550 nChr *(Instituto Nacional de Antropología, Mexiko)*

3. Steinerner Azteken-Kopf des Vegetationsgottes, Xipe Totec (Tal von Mexiko), ca 1500 nChr *(Britisches Museum, London)*

4. Hauptfigur des Sonnentores in Tiahuanaco, Bolivien, ca 500 nChr *(nach A. Stuebel–M. Uhle, Die Ruinenstätte von Tiahuanaco, 1892, Taf. 8)*

1. Ritualgefäß vom Typ FANG I (Bronze). Frühe Tschou-Dynastie, 1027–900 vChr *(Freer Gallery of Art, Washington D.C.)*

2. Kraniche und Schlangen aus Ch'ang-sha (lackiertes Holz). Zeit der »Kämpfenden Reiche«, 480–222 vChr *(The Cleveland Museum of Art, J.H.Wade Collection)*

3. Ziegelpagode des Tempels Sung-yüeh-sse in einem Tal des Sung-shan (Prov. Honan), 523 nChr *(nach O.Fischer, Die Kunst Indiens, Chinas und Japans. Propyläen-Kunstgeschichte IV, 1928, Taf. XIX)*

4. Weltwächter und ein Bodhisattva-Diener von Vairocana (Stein), Kolossal-Gruppe aus Lung-men. T'ang-Dynastie, 618 bis 907 nChr *(Foto-Archiv, The Cleveland Museum of Art)*

1. Paradies des Amitabha (farbig auf Ton und Stuck) aus Höhle 139A, Tun-huang. T'ang-Dynastie, 618–907 nChr
(Foto-Archiv, The Cleveland Museum of Art)

2. Shakyamuni, vom Berge herabsteigend (Tusche und Farbe auf Seide). Von Liang K'ai, 1. Hälfte 13. Jh.
(National Museum, Tokyo)

3. Shakyamuni-Trias (Bronze), von Tori, 623 nChr – *Goldene Halle von Hôryû-ji bei Nara, Japan*
(Foto-Archiv, The Cleveland Museum of Art)

4. Goldene Halle von Hôryû-ji bei Nara, 7. Jh. nChr
(nach D. Seckel, Buddhistische Kunst Ostasiens, 1957, Abb. 2)

1. Nyoirin Kwannon (Holz). Frühe Heian-Epoche, 794–888 *(Kanshin-ji, Wakayama)*

2. Raigô (farbig auf Seide). Frühe Kamakura-Epoche, 1186 bis 1333 *(Zenrin-ji, Kyoto)*

3. Detail der Höllenszene aus dem Jigoku Zôshi (Handrolle, Farbe und Tusche auf Papier). Frühe Kamakura-Epoche, 1186–1333 *(Seattle Art Museum, USA)*

4. Landschaft im Haboku-Stil (Tusche auf Papier), von Sesshû (1420–1506) *(National Museum, Tokyo)*

1. Predigender Buddha, Sârnâth, 5. Jh. nChr *(nach H. Rau, Die Kunst Indiens bis zum Islam, 1958, Abb. 43)*

2. Karla, buddhistischer Höhlentempel mit Stûpa, 1. Jh. nChr

3. Jina Parshvanâtha mit Schutzgeist (Yaksha). Kalugumalai, 9. Jh. nChr *(nach St. Kramrisch, Indische Kunst, London 1955, Abb. 95)*

4. Vishnu als vâmana. Bâdâm î 6. Jh. nChr *(nach G. Jouveau-Dubreuil, Archéologie du Sud de l'Inde II, Paris 1914)*

5. Bronzefigur des Gottes Brahman. Kambodsha, 8. bis 14. Jh. nChr *(nach Ars Asiatica V, Paris 1923)*

6. Krishna-Govinda (als Hirt). Südindische Holzskulptur, 17. Jh. nChr *(nach Jouveau-Dubreuil, aaO)*

1. Vishnu, stehend, vierarmig. Nordindien, Pâla-Schule, ca 11. Jh. nChr *(Foto: Berliner Museum für Völkerkunde)*

2. Ardhanârî, Shiva mit seiner Shakti vereint, halb männlich, halb weiblich *(nach J. Ph. Vogel, Serpent Lore and Worship)*

3. Shiva als Tänzer. Südindien, 10. Jh. nChr – *National Museum of India New Delhi (nach H. Rau, Die Kunst Indiens bis zum Islam, 1958, Abb. 101)*

4. Linga Mathurâ, 2. Jh. nChr *(nach A.K. Coomaraswamy, History of Indian and Indonesian Art, 1927)*

5. Hindu-Tempel in Bengalen, bei Barakar *(nach J. Ch. French, Art of the Pala Empire of Bengal, Oxford 1928)*

6. Torturm (gopura). Südindien, 16. Jh. nChr *(Foto: Berliner Museum für Völkerkunde)*

3. Stufenpyramide des Königs Djoser in Sakkara, 3. Dynastie

1. Mastabastraße der 4. Dynastie in Gise, Wiederherstellung

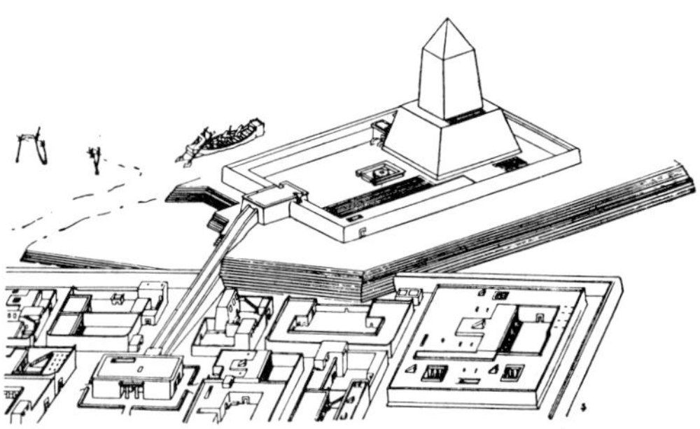

2. Felsgrab des Gaufürsten Ammenemês in Beni Hasan, 12. Dynastie

4. Sonnenheiligtum des Königs Niuserrê in Abu Gorab, 5. Dynastie, Wiederherstellung

1–4: Orientalisches Seminar der Universität Münster (Westf.)

1. Tempel von Luksor, 18. Dynastie

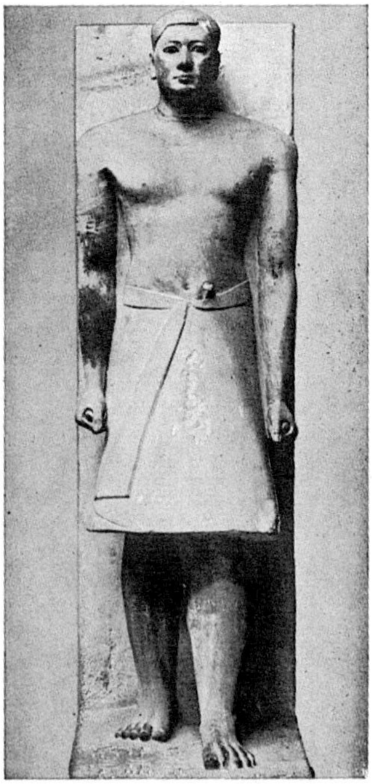

2. Statue des Ranofer aus Sakkara, 5. Dynastie, Kairo

3. Bootsbau, Vogelfang und Schifferstechen im Grabe des Ptahhotep in Sakkara, 5. Dynastie

4. Ernteszene, streitende Mädchen, Dornausziehen. Malerei im Grabe des Menna in Theben, 18. Dynastie

1–4: Orientalisches Seminar der Universität Münster (Westf.)

1. Weißer Tempel in Uruk (Rekonstruktion) *(nach E. Heinrich, in: AAB 1936, 13, Abb. 6)*

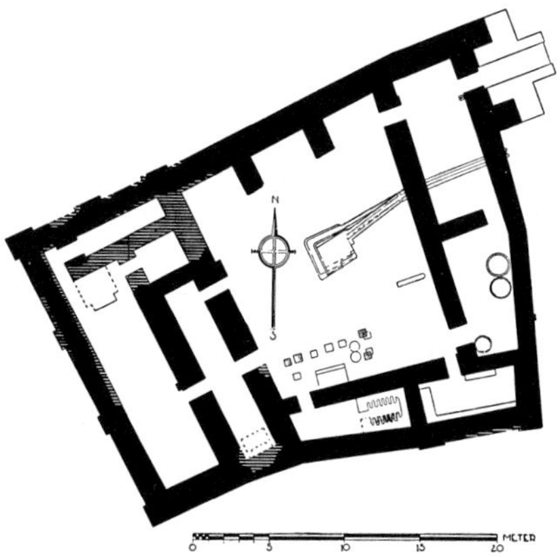

2. Sin-Tempel in Chafadschi zur Mesilim-Zeit *(nach P. Delougaz-S. Lloyd, Pre-Sargonid Temples in the Diyala Region [Oriental Institute Publications of the Univ. of Chicago/Ill. 58], 1942, Taf. 11)*

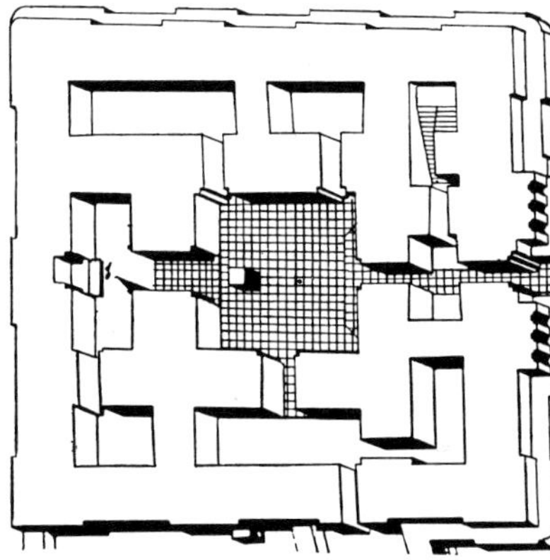

3. Tempel für den König Schusin von Ur *(nach S. Lloyd, in: The Gimilsin Temple and the Pala ce of the Rulers at Tell Asmar [Oriental Institute Publ. 43], 1940, Taf. I)*

4. Zikkurat in Ur *(nach L. Woolley, Ur Excavations V, London [Britisches Museum] 1939, Taf. 41)*

1. Statue eines Priesters von Tell Asmar *(nach H. Frankfort, Sculpture of the third Millennium B.C. from Tell Asmar and Khafājah [Oriental Institute Publ. 44], 1939, Taf. 22)*

2. Alabastergefäß aus den archaischen Tempelschichten von Uruk *(nach E. Heinrich, Kleinfunde aus den archaischen Tempelschichten in Uruk, 1936, Taf. 3)*

3. Ischtar-Tor in Babylon. Perspektivische Ergänzung der ganzen Toranlage *(nach R. Koldewey, Das Ischtar-Tor in Babylon [WVDOG 32], 1918, Taf. 20)*

1. Felstempel Yazilikaya bei Boğazköy. Hauptbild des großen Götterzuges, 14./13. Jh. vChr (*Aufnahme Boğazköy-Expedition*)

2. Felsrelief bei Fraktin, Ḫattušili III. vor dem Wettergott libierend, 13. Jh. vChr (*nach Gipsabguß VA-Berlin*)

3. Statuette eines hethitischen Berggottes, Elfenbein – *Museum Ankara*

4. Relief von Karkemisch. Mondgott und Sonnengott auf dem Löwen, 9./8. Jh. vChr – *Museum Ankara*

1. Goldener Siegelring mit Göttererscheinung und Kulttanz, Knossos/Kreta, ca 15. Jh. vChr – *Nach Chr. Zervos, L'Art de la Crète, Paris 1956, Abb. 632*

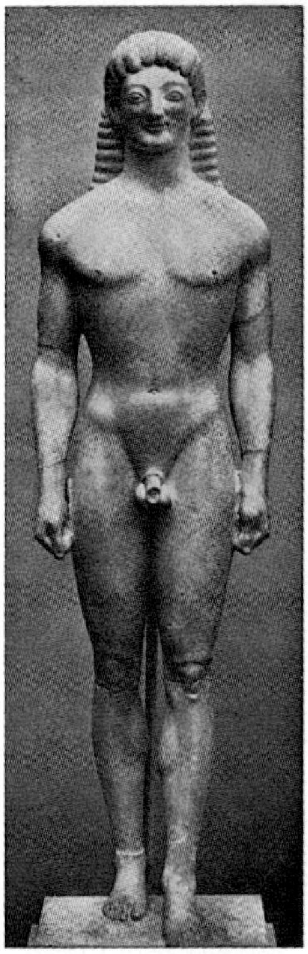

2

3

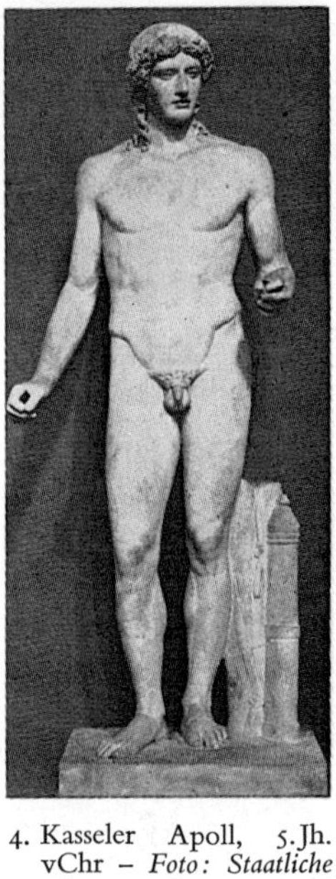

4. Kasseler Apoll, 5. Jh. vChr – *Foto: Staatliche Kunstsammlungen Kassel*

2. Kouros von Tenea, 6. Jh. vChr – *München, Glyptothek (Archäologisches Seminar der Univ. Marburg)*

3. Weibliche Figur, Weihgeschenk der Nikandre, Delos, Mitte 7. Jh. vChr – *Athen, Nationalmuseum (Bildarchiv Foto Marburg)*

5. Gorgogiebel des Artemistempels, Korfu, 6. Jh. vChr. Mittelgruppe mit den Köpfen der Löwenpanther – *Nach G. Rodenwaldt, Korkyra II, 1939, Taf. 3*

1. Parthenon, Athen, von Nordwesten, 5. Jh. vChr – *Bildarchiv Foto Marburg*

2. Tarquinia, Tomba dell'Orco, 3. Jh. vChr – *Foto Brogi*

3. Palestrina, Fortunaheiligtum, 1. Jh. vChr – *Nach H. Kähler, Rom und seine Welt, 1958, Taf. 44*

4. Pantheon, Rom, ca 120/25 nChr – *Nach Kähler, aaO Taf. 184*

1. Mausoleum Gumbed-i-Qabus (Nordpersien), 1006 *(Originalaufnahme)*

2. Mausoleum Gur-i-Mir (Samarkand), 1405 *(nach A. U. Pope, A Survey of Persian Art IV, New York 1938, Taf. 419)*

3. Kanzel (Mimbar) der Moschee Sidi Oqba (Kairuan), Ende 9. Jh. *(nach K. A. C. Creswell, Early Muslim Architecture II, Oxford 1940, Taf. 89a)*

4. Koranpult aus Konya, 13. Jh. *(Originalaufnahme)*

1. Bronzeleuchter, tauschiert, Persien, 13. Jh. *(nach Pope, aaO IV, 1939, Taf. 1316)*

2. Moscheelampe, emailliertes Glas, Syrien, 14. Jh. *(nach F. Sarre–F. R. Martin, Die Ausstellung von Meisterwerken muhammedanischer Kunst, 1912, Taf. 175r)*

3. Tor der Karatay-Moschee, Konya, 13. Jh. *(Originalaufnahme)*

4. Gebetsnische (Mihrab) der Arslan-Hane-Moschee, Ankara, 13. Jh. *(Originalaufnahme)*

– von dem zu Weltruhm gelangten Architekten Sinan, dem Miniaturenmaler Behzad u.a. abgesehen – nur wenig hervor. Jedoch ist die isl. K. keineswegs in dem Maße anonym, wie allgemein angenommen wird. Außer vielen Kalligraphen und den Miniaturenmalern sind aus Inschriften und Quellen eine ganze Reihe von Architekten und Holzschnitzern bekannt geworden, und ebenso sind die Werke der Klein-K. reich signiert. Jedoch unterliegt die gesamte isl. K. einer zwangvollen Eigengesetzlichkeit, die es dem einzelnen Künstler kaum erlaubt, sich individuell zu entfalten.

7. Die *Entwicklung* isl. religiöser K. ist weitgehend abhängig einerseits von dem eigenen Kulturvermögen der Eroberer, andererseits von der Stärke der Impulse, die von dem eroberten Land ausgehen. Der Frühislam unter den arabischen Omajjaden unterliegt stark christlichen (byzantinischen) Einflüssen vor allem im → Moschee-Bau. Hierzu treten in der Bild-K. noch antike und altpersische Elemente. Ganz anders verhält es sich im MA, das durch die türkischen Dynastien (Seldschuken, Ghaznaviden, Mamluken) bestimmt wird. Mit ihnen dringt die Steppenkultur im Islam ein, die im übrigen bereits in frühabbasidischer Zeit im Iraq (Lagerresidenz der türkischen Leibgarden in Samarra) und unter den Samaniden in Ostpersien durch das Erstarken der türkischen Militäraristokratie wie bei den türkischen Tuluniden Ägyptens wirksam ist. Vornehmlich unter den Seldschuken, mit denen die neuen Bautypen (Türbe, Medrese, 4-Iwan-Moschee; s. 2) entstehen und mit denen eine neue Bildthematik (Hofleben, Thronszene im »Türkensitz«, figurative Gestirnsbilder) aufkommt, wird das Gesicht der isl. K. neu geprägt. Anknüpfend an die kleinasiatischen Seldschuken suchen die Osmanen zugleich Anschluß an Byzanz (monumentaler Kuppelbau) und an Europa (Kunst am Hofe Mehneds II. und neuer realistischer Blütenstil). Das sefewidische Persien hingegen, das seinerseits in der Nachfolge der Seldschuken steht, nimmt stärker ostasiatische Elemente auf (Figuren-, Tier- und Rankenstil).

F. Sarre, Erzeugnisse isl. K., 1909 – Ders., Denkmäler pers. Bau-K., 1910 – Ders.-F.R. Martin, Meisterwerke muhammed. K. I–III, 1912 – H. Wilde, Brussa, 1909 – C. Gurlitt, Die Bau-K. Konstantinopels, 1912 – Die einschlägigen Art. in EI¹ u. EI² – E. Diez, Die Kunst der isl. Völker, Neudr. 1922 – E. Kühnel, Maurische K., 1924 – Ders., Isl. Klein-K., 1925 – Ders., Isl. Schrift-K., 1942 – Ders., K. u. Kultur der arab. Welt, 1943 – M.S. Briggs, Muhammadan Architecture in Egypt and Palestine, 1924 – H. Glück-E. Diez, Die K. des Islam (Propyläen-K.geschichte), 1925 – G. Marcais, Manuel d'art Musulman, Paris 1926 – Ders., L'Architecture Musulmane d'Occident, ebd 1954 – G. Migeon, Manuel d'art Musulman, ebd 1926/27 – Th.W. Arnold, Painting in Islam, 1928 – A. Gabriel, Les Monuments Turcs d'Anatolie, Paris 1931–34 – Ders., Voyages dans la Turquie Orientale, ebd 1940 – Ders., Une capitale turque: Brousse, ebd 1959 – H. Terrasser, L'Art Hispano-mauresque des origines au XIIIe siècle, ebd 1932 – K.A.C. Creswell, Early Muslim Architecture, Oxford 1932/40 – Ders., The Muslim Architecture of Egypt I: Ikshids and Fatimids, A.D. 939–1171, ebd 1952 – Ders., A short Account of Early Muslim Architecture (A Pelican Book), 1958 – Ars Islamica, 1934–51; Ars Orientalis, 1954ff – A.U. Pope, A Survey of Persian Art from prehistoric times to present, Oxford 1938/39 – Celal Esad Arseven, L'art turc depuis son origine jusqu'à nos jours, Istanbul 1939 – K. Otto-Dorn, Das isl. Iznik, 1941 – Dies., Figurendarstellung im Islam (AA 65/66, 1950, 323–358) – Dies., Türkische Grabsteine mit Figurenreliefs aus Kleinasien (Ars Orientalis III), 1959 – M.S. Dimand, A Handbook of Mohammedan Decorative Arts, New York (1944) 1958³ – U. Vogt-Göknil, Türkische Moscheen, 1953 – E. Egli, Sinan, 1954 – I.N. Wilber, The Architecture of Islamic Art, 1955 – L.A. Mayer, Islamic Architects and their Works, Genf 1956.

K. Otto-Dorn

III. Kunst und christlicher Glaube

1. »Jede Besinnung auf den theologischen Platz, den die K. einnimmt, muß ausgehen vom Bilde Gottes« (van der Leeuw), sofern von ihm aus die Grenzbestimmung der K. in Beantwortung der Frage nach dem Bilde Gottes als einer menschlichen Möglichkeit zu vollziehen und der Begriff des Bildes zu entfalten ist. Wo es in der Kirche zur Ablehnung der bildlichen Darstellung Gottes gekommen ist (→ Bilder: III), geschah es unter Berufung auf das at. Bilderverbot (Ex 20, 4; Dtn 4, 9ff; 27, 15; → Bilder: II). Die Argumentation der Bildablehnung hatte meist gesetzlichen Charakter, daneben auch wohl eine idealistische Tönung, die nicht zuletzt durch das Aufklärungselement in der deuterojesajanischen Bilderkritik biblisch fundiert schien (Jes 40, 18; 41, 7. 29; 44, 9ff; 46, 5). Soweit die Kritik an der Bildablehnung nicht nur die Bildhaftigkeit des menschlichen Geistes dagegen ins Feld führte, machte sie vor allem zweierlei zur Legitimation der bildlichen Darstellung Gottes geltend: das Dogma von der Gottesbildlichkeit des Menschen und das Ereignis der Inkarnation. Verstand man in Gen 1, 26f die Aufforderung mit, »das Verhältnis zwischen Gott und Mensch als ein ebenbildlich-abbildliches aufzufassen, sich also Gott im Rückschluß nun seinerseits menschengestaltig und damit grundsätzlich darstellbar vorzustellen« (W. Schöne), so wurde erst recht die Tatsache der Menschwerdung Gottes in Jesus Christus zur Begründung herangezogen: als wahrer Gott und wahrer Mensch biete Jesus Christus die Möglichkeit zu seiner und damit indirekt zu Gottes Darstellung im Bild. – Beide Argumente sind jedoch nicht wirklich schlüssig: Während man ernsthaft einen inneren Zusammenhang zwischen dem Bilderverbot und der Vorstellung von der Gottesbildlichkeit des Menschen erwägen kann (so G.v. Rad), konstruiert das erste ein Spannungsverhältnis zwischen ihnen, indem es von der Kreatürlichkeit des Menschen absieht. Ist aber der Mensch als Bild Gottes nicht weniger als die außermenschliche Kreatur, sondern in einem potenzierten Sinne Gottes Geschöpf (→ Anthropologie: IV), so verleiht ihm seine Gottesbildlichkeit nicht die Möglichkeit, Gottes Bild selbst zu gestalten, sondern schließt sie grundsätzlich aus, sofern Gottes Bild nicht des Menschen, sondern Gottes eigenste Möglichkeit ist. Das gilt erst recht im Hinblick auf die Menschwerdung Gottes in Jesus Christus, dem wahren Ebenbild Gottes (2Kor 4, 4; Kol 1, 15). Denn die Inkarnation hebt das zweite Gebot nicht auf, sondern ist dessen innere Begründung: Weil es Gott selbst ist, der sein Bild in der Welt aufgerichtet hat, liegt das Bild Gottes nicht im Bereich menschlichen Vermögens, muß der Mensch sich Gottes Bild nicht selbst schaffen wollen. Jesus Christus ist auch die Befreiung des Menschen vom Zwang der Verbildlichung Gottes, seiner Einbildung in die Welt des Menschen. Insofern ist die Inkarnation die positive Sinnerfüllung des Bilderverbotes, welches das Bild Gottes aus der Möglichkeit des Menschen ausgrenzt, ohne ihn um die Wirklichkeit des Bildes Gottes ärmer zu machen; denn Gott selbst hat in Wirklichkeit vollbracht, wozu der Mensch keine Möglichkeit hat.

2. Den Ansatz zu einem positiven Begriff des Bildes enthält das dem Bilderverbot selbst eigentümliche Bildverständnis. Eine ausdrückliche Erklärung des Verbots findet sich im AT nicht; vorausgesetzt aber ist der Zusammenhang von Bild und Kult, so daß mit der Darstellung Gottes im Bild zugleich seine Verehrung im Bild ausgeschlossen wird. Das zweite Gebot negiert das Bild als Offenbarungsträger Gottes, als den Ort seiner Nähe und Gegenwart, wo ihm Verehrung und Anbetung zuteil werden. G.v. Rad hat zu Recht auf das für das at. Bilderverbot maßgebliche Weltverständnis Israels (→ Weltbild: II) aufmerksam gemacht; genauer müßte man von Gottes Bezug zur Welt sprechen. Denn nur unter der Bedingung, daß die Welt aktuell oder

potentiell Gottes Erscheinung und Gott das wirkliche Wesen der Welt ist, vermag das Bild Offenbarungsträger Gottes, die Gestalt seines Anwesens bei uns zu sein. Das Bilderverbot aber ist die mittelbare Negation dieser Voraussetzung; das Verhältnis Gottes zur Welt ist als das von Schöpfer und Geschöpf grundsätzlich nicht das von Wesen und Erscheinung. Gott ist und bleibt der Welt als Totalität wie jedem einzelnen in ihr schlechterdings transzendent; weder kommt er in ihr als ganzer noch in einem einzelnen als einem Teil der Welt zur Erscheinung. Das Bild aber ist ein Element der Welt. Darauf legt - wenngleich in rationalistischer Form - die deuterojesajanische Kritik den Finger, wenn sie die Indifferenz des Stoffes gegen seinen Gebrauch (Jes 44, 14-17) und den menschlichen Ursprung der Gottesbilder (Jes 44, 12-13) betont. Nach Stoff und Form ist das Bild welthafter Natur und darum nicht die Gestalt des Anwesens Gottes, sondern des Anwesens der Welt. Eben damit aber ist der für eine theologische Ästhetik relevante Begriff des Bildes im Ansatz gegeben: Der Negation des Bildes Gottes als einer menschlichen Möglichkeit korrespondiert die Affirmation des Bildes der Welt als der menschlichen Möglichkeit. Daß zwischen ihr und der Gottesbildlichkeit des Menschen eine wesentliche Kommunikation besteht, hat als theologische Grenzaussage Relevanz, soweit es auf den funktionalen Weltbezug ankommt. Es verbietet indes das Faktum der Sünde, die Ausgangsthese über die Gottesbildlichkeit des Menschen zu entwickeln. Damit ist zugleich die Entscheidung gegen eine subjektive Ästhetik gefallen, welche die Grundbegriffe zur Umschreibung von K. aus dem Wesen des Menschen abzuleiten sucht und sie ausschließlich definiert durch das produktive und rezeptive Verhältnis des Menschen zum K.werk. Der Weg verläuft vielmehr in Richtung der Verifikation des Begriffs vom Bild der Welt am K.werk als einem objektiven Gebilde, das, obzwar ein menschliches Werk, in eigenartiger Selbständigkeit seine Konstitution durch einen bestimmten Menschen negiert. Für die Ästhetik kommt es primär auf die Ausbildung ihrer Kategorien als Entfaltung der Grundbeziehung an, die der Begriff des Bildes der Welt bezeichnet. Diese Relation bedeutet insofern nicht eine mechanische Reproduktion der Welt im Bild, als der umfassende Wirklichkeitszusammenhang der Welt nicht unmittelbar gegeben vorliegt, sondern nur im geschichtlichen Prozeß seiner in steter Wechselwirkung sich bestimmenden Elemente vorkommt. Seine Gestaltung kann deshalb nicht der Mediation durch das Einzelne entraten, welches in dem Maße von der Welt affiziert wird, in dem sie das Einzelne vermittelt in sich enthält; wie die geschichtliche Welt das Einzelne als Element in sich trägt, so hat das Einzelne der äußeren oder inneren Erfahrung die Welt als Moment an sich. Dieses nicht in unmittelbarer Präsenz am Einzelnen erscheinende Moment im Bild zur Anschauung zu bringen, ist das Werk der K., worauf Paul → Klees Satz abhebt: »K. gibt nicht das Sichtbare wieder, sondern macht sichtbar.« Dem differenzierten Zusammenhang von Einzelnem und Welt korrespondiert im Bild das kategoriale Gefüge von *Mimesis und Abstraktion*, sofern es den Bezug zum Einzelnen, das ihm Modell steht, festhält und zugleich von ihm als dem bloßen Anlaß zur Bildgestalt absieht. In diesem Prozeß vollzieht sich die Durchdringung von Darstellung und Stil, die in der von Malraux formulierten Richtung so zu verstehen ist, »daß Darstellung ein Stilmittel ist, nicht Stil ein Darstellungsmittel«. Denn die gegenständliche Darstellung ist soweit nur belangvoll, als sie der bildnerischen Definition der Weltlage durch den Stil dient, in dem das K.werk den geschichtlichen Ort feststellt, der am Einzelnen als Weltmoment sich ausprägt. Der Unterschied zwischen epochalem und individuellem Stil bedeutet dabei die Grenzbestimmung des ersteren durch den letzteren, denn durch die Mannigfaltigkeit individueller Stile wird die horizontale Erstreckung der vom Stil einer Epoche umschriebenen Weltlage ausformuliert. Beide, der Stil einer Epoche und der Stil eines Künstlers verschränken sich im einzelnen Werk so, daß der individuelle Stil sowohl die konkrete Gestalt des epochalen als auch einen spezifischen Charakter desselben bildet. Auf dieser Ebene treten als entscheidende Bestimmungen die Kategorien der Expression und der Konstruktion hervor, welche die ästhetische Abwandlung des dialektischen Gegensatzes von leidhafter Welterfahrung und tätiger Weltgestaltung darstellen.

3. Birgt die in der Synthesis der Kategorien von Mimesis und Abstraktion, von Darstellung und Stil, von Expression und Konstruktion verlaufende Gestaltung des Bildes nach ihrer technischen Seite die Fülle der Formprobleme, so nach ihrer ästhetischen Seite das zentrale Problem des *Gehaltes*, der im Bild Gestalt gewinnt. Wichtig ist dafür die Einsicht, daß es in der K. nicht um die konstatierende Feststellung der bestehenden Weltlage geht; das K.werk ist nicht die positivistische Geschichtsschreibung jeweiliger Gegenwart, sondern transzendiert die geschichtliche Position, die es feststellt, gerade indem es sie fixiert. Sein künstlerischer Wert hängt davon ab, daß ihm Feststellung und Überschreitung im selben Vollzug der Verwandlung des Weltmomentes ins Bild gelingen. So unabdingbar die definitorische Fixierung des Standes der geschichtlichen Vermittlung zum Bild gehört, so gewiß macht der utopische Überschuß sein eigentliches Leben aus. Stets verhält jene sich zu ihm nur als conditio sine qua non; isoliert wäre sie bloße Bildreportage oder Beispiel aus der Form- und Harmonielehre. Mißrät die freischwebende Transzendenz, die nicht an die harte Bedingung gebunden bleibt, die geschichtliche Position zu definieren, zu unverbindlicher Phantastik, so endet die Feststellung, die nicht der minder harten Aufgabe des Mehrwertes sich unterzieht, entweder in krudem Naturalismus oder planem Formalismus. Bei dem Transzendenzphänomen handelt es sich um jenen im K.werk produzierten Schein, den die klassische → Ästhetik von Platon bis Hegel unter der Idee des Schönen zu begreifen suchte; die von ihnen namhaft gemachte Erfahrung des Schönen in schmerzlicher Erinnerung und Sehnsucht indiziert den spezifischen Charakter der Transfiguration des dem Einzelnen anhaftenden Weltmomentes ins Bild. In ihm erscheint es entweder in negativer Gestalt als dem Einzelnen zugefügte Qual oder Deformation oder im positiven Gegenbild einer glückhaften Ordnung, darin es das Leiden des Einzelnen an der Welt nicht mehr gibt. Leuchtet dort der ideale Horizont einer heilen Natur auf, welche die Welt nicht mehr ist, so hier der eines Friedensreiches, das die Welt noch nicht ist. Jene wie dieses sind der schöne Schein des K.werks, der seine Wahrheit ausmacht und seine Ohnmacht zugleich, seinen Mangel an Wirklichkeit. Dazu nun ist die kritische Arbeit der Ästhetik gefordert, daß sie den ästhetischen Schein von der falschen Verklärung unterscheidet, die dort sich einstellt, wo das K.werk als Ausdruck der ursprünglichen Natur selber oder als Anfang des ersehnten Reiches der Versöhnung sich präsentiert. In beiden Fällen weicht die K. aus ihrem Medium, dem Schein, darin allein ihre Wahrheit als Schönheit manifest wird. In dieser Dimension treffen K. und christlicher Glaube unausweichlich aufeinander. Wenn die K. im idealen Horizont der Welt zum Vorschein bringt, was sie nicht mehr und noch nicht ist, so erkennt der Glaube im

K.werk die genaue Markierung des Falles in der gefallenen Welt, die Repräsentation des Augenblicks, da die Welt nicht mehr der Raum der unschuldigen Kreatur und noch nicht die von der Sünde erlöste neue Schöpfung ist. Gerade indem die K. den Schein hervorbringt, darin sie die Welt unter die Idee der Schönheit rückt, hält sie der realen Welt ihre Lage jenseits gehorsamer Unschuld und diesseits gnädiger Erlösung vor; in diesem Schein erkennt der Glaube *das tiefe Recht* der K., die durch ihn die geschöpfliche Natur wie das Reich der Erlösung in ihrer utopischen Transzendenz enthüllt und als dem Versuch der Identifikation der Welt mit ihnen entzogen aufdeckt: sie sind für die Welt nur der Schein, in den die K. vor der Welt sie rettet. Der Zustimmung aber ist der Gegensatz des Glaubens zwangsläufig verbunden, sofern die ästhetische Differenz als Spannung zwischen der nicht mehr gegebenen Natur und der noch nicht geschehenen Erlösung keineswegs der eschatologischen Differenz des Glaubens kongruent ist, in die Jesus Christus die Welt versetzt hat. Wie durch ihn offenbar geworden ist, daß Gott auch die gefallene Welt, die dem Menschen nicht mehr als heile Kreatur offensteht, als seine gute Schöpfung nicht preisgegeben, sondern trotz der Sünde erhalten hat, so ist in Jesus Christus das Reich der Erlösung, das die Welt an sich selber noch nicht ist, doch schon in der Welt angebrochen. Um der Wahrheit und Wirklichkeit Jesu Christi willen sind dem Glauben Übereinstimmung und Widerspruch im Verhältnis zum Bild der Welt, das die K. entwirft, gleichermaßen notwendig; erkennt er im Schein die Wahrheit der K. und die Notwendigkeit des Scheines selber, so muß er zugleich in der Konfrontation der K. mit der Wahrheit des geoffenbarten Wortes Gottes ihren Schein als bloßen und gar falschen Schein kritisieren. Denn was die K. von der Welt aus in der utopischen Ferne metahistorischer Erinnerung und Hoffnung liegend ins Bild bannt, weiß der Glaube von Gott in gnädiger Nähe und Gegenwart bewahrt und vollzogen. Diese änigmatische Dialektik des ästhetischen Scheins im Licht der Selbstoffenbarung Gottes in der Welt zu explizieren, aus ihrem stummen Dasein im Bild zur Sprache zu bringen, macht die eigentliche Aufgabe des christlichen Glaubens gegenüber der K. aus, die nur als kritischer Kommentar zum konkreten K.werk geleistet werden kann.

E. Auerbach, Mimesis, 1946 - A. Malraux, Psychologie de l'art, 1947/50 - H. Vogel, Der Christ u. das Schöne, 1947 - K. Bauch (→ Kunst: I) - H. v. Soden, Vom Wesen christl. K. (in: Urchristentum u. Gesch. I, 1951, 90-105) - H. van Oyen, Zur Frage der christl. K. (ThZ 7, 1951, 423-445) - G. van der Leeuw, Vom Heiligen in der K., dt. 1957 - G. v. Rad, TheolAT I, 1957, 211ff - W. Schöne-J. Kollwitz-H. v. Campenhausen, Das Gottesbild im Abendland, 1957 - G. Gollwitzer, Die K. als Zeichen, 1958. - Vgl. die Lit. zu → Liturgie: VI, → Malerei und Plastik: VI. *H.-G. Geyer*

Kunsterziehung

1. Begriff - 2. Geschichte der K.sbewegung

1. K. heißt sowohl → Erziehung *zur* → Kunst (in unreflektierter Tradition oder angeleitet durch Kunstlehren) als auch Erziehung *durch* Kunst (etwa die musische Erziehung der Wächter und Regenten in → Platons »Staat«). Da Erziehung und Kunst füreinander nicht bloße »Mittel« sein können, lassen sich beide Sinngehalte von K. nicht trennen. Schon in → Schillers Briefen »Über die ästhetische Erziehung des Menschen« (1793 bis 1794) findet sich der Umschlag einer Erziehung durch Kunst (das Ästhetische als »mittlerer Zustand«, der zwischen Sinnlichkeit und Vernunft vermittelt) in eine solche zur Kunst (das Ästhetische als eigenwertiger »dritter Zustand«). Auf allen Bildungsstufen (vom Kinderlied und Märchen bis zur Kunst des Erwachsenen) geht es einerseits um Erleben und Verstehen von Gestaltetem wie um eigenen produktiven Ausdruck als Selbstwerte; anderseits können künstlerische Erlebnisse und Gestaltungen aber auch zum Medium der Befreiung von seelischen Störungen werden und damit zu »Mitteln« der → Heilpädagogik, der → Psychotherapie und der persönlichen wie geselligen → Bildung. Wo dieses dialektische Verhältnis zwischen subjektiver Befreiung und objektiver Bindung nicht gesehen wird, kommt es zu polemischen Einseitigkeiten in der K.

2. Die *Geschichte der K.sbewegung* ist trotz der häufigen Rede vom »ganzen« Menschen vielfach die Geschichte solcher Absolutsetzungen von Teilmotiven. Dennoch lassen sich über alle streitenden Richtungen hinweg auch historisch drei verschiedene Phasen mit unaufgebbaren Grundanliegen feststellen.

In einer *ersten Phase*, die nach der Mitte des 19.Jh.s beginnt und in den drei K.stagen (Dresden, Weimar, Hamburg 1901-05) ihren Höhepunkt erreicht, geht es um eine von der Kulturkritik angeregte künstlerisch-volksbildnerische Aufgabe: Hebung des Geschmacks beim Konsumenten und in der handwerklichen wie industriellen Produktion (Werkgerechtheit, gute Industrieform, Wohnkultur). Anlaß war ein Mißerfolg des englischen Kunstgewerbes auf der 1. Weltausstellung in London 1851; Ausgangspunkt der Erneuerungsbewegung das von Prinzgemahl Albert mit Unterstützung von J. → Ruskin, W. Morris und Th. → Carlyle 1852 gegründete South Kensington Museum, mit dem eine Kunstschule verbunden war. Diese Bestrebungen wurden auf dem Kontinent weitergeführt von R. Eitelberger in Österreich, A. Lichtwark in Hamburg, später auch vom Deutschen Werkbund (gegr. 1907 von H. van de Velde) und vom Bauhaus in Weimar und Dessau (gegr. 1919 von W. Gropius). Materialgerechtigkeit, Schärfung des Urteils durch eine in Museum und Kunstausstellung geübte Schule des Sehens sind Kernanliegen, Kunstbetrachtung und edles Dilettieren sind propädeutische Beiträge der Schule zu dieser K.

In einer *zweiten Phase* kommt ein neues Motiv hinzu: Die Entdeckung der spontanen Produktivität des Kindes. Seit dem Ende des 19.Jh.s wird die Kinderzeichnung als Dokument einer »naturgesetzlichen« seelischen Entwicklung verstanden und erforscht (zuerst von Corrado Ricci, L'arte dei bambini, Mailand 1887, dann von C. Götze, Das Kind als Künstler, 1898 und von G. Kerschensteiner, Die Entwicklung der zeichnerischen Begabung, 1905). Je weniger der Erzieher auf sie einwirke, desto reiner, meint man, ließe sich die Eigengesetzlichkeit ihrer Wachstumsstufen entfalten und erfassen. Beurteilungsmaßstab ist dabei zunächst noch die Richtigkeit des Naturvorbildes; das »Natürliche« gilt als Entwicklungsziel. Die kulturkritische Haltung vieler Kunsterzieher richtet sich gegen jeden Traditionalismus und stellt sich damit auch in Parallele zum Kunstwollen des Jugendstils und zu den Grundmotiven der → Jugendbewegung (: I, 2a). Neben bildender Kunst und Musik sind bes. die Spracherziehung (A. Jensen-W. Lamszus, Unser Schulaufsatz, ein verkappter Schundliterat, 1910) und die pädagogischen Bemühungen um die → Jugendliteratur (H. Wolgast) von dieser Bewegung erfaßt.

In einer *dritten Phase* nach dem 1. Weltkrieg, als sich der → Expressionismus öffentliche Beachtung erkämpft und die Kunst der »Primitiven« und der Kinder zu seinen Wahlverwandten erklärt, tritt an die Stelle der Hochschätzung des »Natürlichen« zunächst ein Enthusiasmus für die traumhaft-genialische Sicherheit kindlicher Imagination (G. Hartlaub). Doch beginnen sich nun die Geister zu scheiden: Die K. spaltet sich auf in eine expressive Richtung, die sich bes. in England und den USA vielfach mit therapeutischen Absichten verbündet; in eine mehr konstruktive, mit Formelementen arbeitende Schule, der es auf fundamentale Techniken und Werkgrammatiken ankommt; und in Richtungen, die sich mehr an der Volkskunst und am Formbestand früher Kulturstufen orientieren, mit denen sie den kindlichen Entwicklungsgang entweder nach sachlichen Bewältigungsstufen (G.Britsch) oder »biogenetisch« (L.Weismantel) zu parallelisieren versuchen. Diese Schulen der K. brauchten sich nicht auszuschließen, da sie schwerpunktmäßig verschiedene Altersstufen vor Augen haben. Der Jenaer Pädagoge P.Petersen († 1952) und die Freien Waldorfschulen (→ Anthroposophie, 4) haben für solche Synthesen Modelle geschaffen. Doch ist in den Kontroversen zwischen den K.srichtungen auch die unterschiedliche Grundeinstellung zur modernen Kunst nicht zu verkennen.

Eine Klammer um die auseinanderstrebenden Richtungen ist vielfach das gemeinsame »musische« Grundwollen, das meist stark von der Mentalität der → Jugendbewegung (: II) beeinflußt ist. Argumentation und Sprachregelung dieser »musischen Bewegung« sind oft nicht frei von überschwenglichen Zügen: Der »schöpferische«, »harmonische« oder gar »heile« Mensch wird gelegentlich ideologisch überzeichnet und so dargestellt, als sei er durch K. erreichbar, die damit zum Erlösungsersatz würde. Kritik an solchen Übersteigerungen ist von M. → Buber, neuerdings auch von F.Messerschmid und Th.Warner geübt worden. Recht verstanden sind das »Musische« und die K. wichtige Bestandteile jeder Erziehung und haben für personale Bildung, gesitteten Gemeingeist und damit auch für die Erziehungsarbeit der Kirche tragende Funktion.

K. Ergebnisse u. Anregungen der K.stage, 3 Bde, 1902-06 - G. Hartlaub, Der Genius im Kinde, 1922 - G.Britsch, Theorie der bildenden Kunst, (1926) 1952³ - M.Buber, Rede über das Erzieherische, 1926 - L.Weismantel, Vom Willen dt. K., 1930 - H.Read, Education through Art, New York u. London 1945 - L.Praehauser, Erfassen u. Gestalten, 1950 - K.Schwerdtfeger, Bildende Kunst u. Schule, 1953 - H.Trümper (Hg.), Hdb. der Kunst- u. Werkerziehung, 1953 - F.Messerschmid, Musische Bildung, 1954 - Th.Warner, Musische Bildung zwischen Kult u. Kunst, 1954. - Zs.en: Kunst u. Jugend, seit 1921 (seit 1951 vereinigt mit: Die Gestalt) - College Art Journal, New York, seit 1940. *H.Scheuerl*

Kunstgewerbe → Kunsthandwerk.

Kunsthandwerk

I. In Israel - II. Christliches Kunsthandwerk

I. In Israel

Entsprechend dem anschließenden Artikel über das christliche → Kunsthandwerk (: II) konzentriert sich die Darstellung auf das »sakrale« K. in Israel (und im antiken Judentum). Bei fast allem höher entwickelten K. lassen Motive und Ausformung nicht selten das Herüber und Hinüber von Kulturbeziehungen erkennen; das meint hier den Bereich des Orients einschließlich Ägyptens und für die Spätzeit auch des Westens. Diesen speziell archäologischen Problemen kann hier im einzelnen nicht nachgegangen werden. - K. ist an Tradition und Weitergabe gebunden; auch in Israel kannte man solche Bindungen (vgl. Gen 4, 22; 1Chr 4, 21; Neh 3, 8). Die zu erlernende Technik (Ex 35, 30-35) ist »Weisheit« und Gottesgabe (Ex 36, 2). Die folgende Übersicht ist nach den verwendeten Materialien geordnet.

1. Die Kunst des *Webens* von Ziegenhaar, Wolle und Leinen verfeinerte sich in Israel, nachdem man von Phönikien das Einfärben mit blauem und rotem Purpur gelernt hatte. Die Priesterkleidung war vermutlich aus weißem Linnen (Byssus, BRL 122), die des Hohenpriesters bunt, mit Goldfäden und (apotropäischen) Troddel-Glöckchen (Ex 28). Zum Brustschmuck vgl. → Ephod. Den Beschreibungen kann man nur im weiteren Sinne Vergleichbares aus Phönikien, Palmyra und Dura beigesellen.

2. Der *Steinhauer* wird zum K.er, wenn er kunstvolle Reliefs auf Architekturstücken oder auf Stelen und in der Glyptik der → Siegel und Gemmen ausarbeitet oder Vollfiguren ausmeißelt. Architekturornamentik begegnet in vorexilischer Zeit nur selten (Megiddo, Hazor, Ramet Rahel), ist aber häufig bei Monumentalgräbern und Grabeingängen des 1.Jh.s nChr und den → Synagogen in vielfältiger Form nachweisbar. Neben Akanthusgewinden, Weinrebe und Granatapfel findet man als religiöse → Symbole (: II) die Muschel, den → Leuchter und das Penta- und Hexagramm. Viele Ossuare (→ Begräbnis: II, 2) haben Reliefs in Kerbschnitt, dh in einer schon in der Eisenzeit geübten Technik. Über den Grad der Ausmeißelung bei den (verworfenen) Masseben wissen wir nichts Konkretes (ein steinernes Kultbild erwähnt Ez 8, 3), ebensowenig, ob Memorial-Stelen (p^e^silim, jad) mit Reliefs geschmückt waren. Aus dem Block gehauene → Altäre (: II) können dem sakralen K. zugerechnet werden. Aus Stein sind auch die in einem langen Stil endenden »Handschalen« (syro-hethitischer Abkunft; zB ANEP 592), die nicht zum Räuchern, sondern zum Ausgießen flüssiger Spenden (m^e^naqijjôt) bestimmt waren. - In byzantinischer Zeit lernten jüdische Steinsetzer auch die Kunst des → Mosaiks; Beispiele liefern Fußböden von Synagogen. Unschwer lassen sich jeweils ausländische K.er (Gerasa) von einheimischen Kräften (Beth Alpha) unterscheiden. Wandmalereien, die man nach Ez 23, 14 im 6.Jh. vChr in Jerusalem gekannt hat, sind erst in der Synagoge von → Dura-Europos (: II) und in → Katakomben (: II) der Diaspora aus dem 3./4.Jh. nChr erhalten (ihre Themen sind dort behandelt).

3. Daß man in Israel die Kunst der *Holzbearbeitung* gekannt hat, steht außer Zweifel, auch wenn sich davon nichts erhalten hat. So hören wir von Flachreliefs in den Holzwänden des Heiligtums (1Kön 6, 29: Kerube, Palmen und Blumengewinde), die man sich durch analoge Elfenbeine (s. 5) verdeutlichen kann. Der Autor von Jes 44, 9-20 nennt Meßschnur, Zirkel, Stift und Schnitzmesser als Geräte dessen, der ein menschengestaltiges Götterbild herstellt. Den Kultpfahl der → Aschera (Ri 5, 26; Dtn 16, 21) hat man sich dagegen anikonisch vorzustellen.

4. *Metallguß* (Bronze), *Plattierung* (Gold) und *Treibarbeit* kennt man nach Jes 40, 19; 41, 6f in der gleichen Werkstatt (zur Technik des Bronzegusses s. BRL 379ff). Da israelitische oder ihnen vergleichbare Großbronzen nicht erhalten sind - sie wurden als Beutestücke zerschlagen (2Kön 25, 13) und eingeschmolzen (vgl. 2Kön 22, 4; Her. III, 96) -, sind wir für die von einem phönikischen Meister unter Zuziehung einheimischer Kräfte hergestellten Großbronzen beim Jerusalemer → Tempel (: II) auf die Angaben in 1Kön 7, 13-47 angewiesen. Zu Seiten des Eingangs standen zwei etwa 9 m hohe Säulen (»Jachin« und »Boaz«; → Tempel: II), die von zwei (Doppel-)Knäufen gekrönt waren (vgl. Yeivin, der den substituierten Vollguß erst in der Zeit Josias durch Hohlguß abgelöst sein läßt). Abwegig ist die Vorstellung riesiger Kandelaber (Albright). Ein erstaunlicher (Hohl-)Großguß muß das »eherne Meer« gewesen sein, das bei 2,5 m Höhe einen Durchmesser von 5 m hatte (kyprische Parallele aus Stein: Syria 8, 1927, Taf. 56): es symbolisierte das Urmeer (→ Leviathan). Das große Bassin ruhte auf zwölf Stieren auf. Fahrbar waren die für Waschungen bestimmten »Kesselwagen« (m^e^konôt), die man sich nach phönikischen

Modellen aus Cypern (AOT 505f; Watzinger) rekonstruieren kann. Die sonstigen - handlichen - Tempelgeräte wie Töpfe, Schalen, Becher, Schaufeln (ein altes Stück fand sich in Megiddo) und Sprengschalen sind weder in 1Kön 7 noch in Esr 1, 9ff (hier auch solche aus Gold und Silber) des Näheren beschrieben; in der Technik wird man an Treib- und Hammerarbeit zu denken haben. Aus → Megiddo stammen bronzene Lampenuntersätze mit figürlichem Schmuck. Da die Beschreibung des Tempelleuchters in Sach 4 (BRL 349) mit der des Zeltes in Ex 25 (Priesterschrift) nicht zusammenkommt, gibt der siebenarmige Bronze-→ Leuchter (auch mit seinem Untersatz auf dem Titusrelief!) besondere Probleme auf, die hier nicht erörtert werden sollen. Die Jungstierbilder Jerobeams in Dan und Bethel (1Kön 12, 28, → Goldenes Kalb; vgl. für Samaria Hos 8, 5; 13, 2) waren aus Bronze und mit Gold plattiert (vgl. ANEP 497). Von Goldplattauflagen auf Wand- und Türreliefs sowie auf den großen Keruben im Allerheiligsten spricht 1Kön 6, 23ff. Aus gehämmertem Gold war das Diadem (BRL 125ff) des Königs (2Sam 12, 30: Königskrone mit Edelstein); der in nachexilischer Zeit mutatis mutandis das Königsgewand übernehmende → Hohepriester trug auch ein goldenes Diadem (mit Inschrift: Heilig dem Herrn; Ex 28, 36f).

5. Die im 13.Jh. hochstehende *Elfenbein*-Glyptik und -Gravur, die nicht ohne ägyptischen Einfluß zu denken (zB ANEP 125f. 128. 332. 663) und für den Übergang durch Grabfunde aus Enkomi auf Cypern greifbar ist (Watzinger), erfährt eine neue Hochblüte im 9./8.Jh. in Syrien, Phönikien und Palästina (Katalog de Mertzenfeld). Neben den in Nimrud und Chorsabad aufgetauchten Beutestücken verschiedener Herkunft (zB ANEP 131f) stehen die Elfenbeine von → Samaria (BRL 146ff; ANEP 129f. 566. 649), zT mit Bemalung und Einlagen, und die einfacheren von Arslan Tasch (östlich → Karkemisch). Die Motive sind teils ägyptisch (Horusknabe, geflügelte Gottheiten, geflügelte Sphinx), teils syrisch-phönikisch (Palmvoluten, Frau im Fenster, Löwe und Stier im Kampf u.a.m.). Die relativ kleinen Stücke waren großenteils Zierde von Möbelstücken und Geräten (vgl. 1Kön 10, 18; 22, 39; Am 3, 15). Schminktafeln aus Elfenbein mit kunstvoller Arbeit fand man in Hazor und Beth Zur. - Wieweit man den religiösen Hintergrund der ägyptischen Motive bei den Elfenbeinen noch empfand, läßt sich schwer sagen; dann mag man die Figuren apotropäisch gedeutet haben.

6. Vom allgemeinen Formwandel der palästinischen *Keramik* und der künstlerischen Ausgestaltung der vom Töpfer (Jes 29, 16) hergestellten Zweckformen, die natürlich im Laufe eines Jt.s auch nach dem Grad der Technik stark differieren, kann hier nicht gesprochen werden (BRL 314ff). Hier sind nur die kultisch verwendeten oder im weiteren Sinne sakral zu interpretierenden Gruppen anzuführen. Aus den »Kanaanäerstädten« Megiddo und Bethsean (12.Jh.) stammen hohe zylindrische Tonständer - zT mit einer Räucherschale oben -, die figürlichen Schmuck tragen, u.a. Vögel, Schlangen und nackte (weibliche) Figuren. Wie des Näheren der mit ihnen geübte Hauskult gedeutet werden soll, ist schwer zu sagen (ANEP 582ff). Ein Schrein mit vier Sphingen aus Megiddo (10.Jh.) legt auch für das jüngere »Kohlenbecken« aus Thaanach (AOT 396f) mit Löwen, Sphingen, hl. Baum mit Ziegen und schlangenwürgendem Gott (?) eine sakrale Deutung des Ganzen nahe. Assyrischen Einfluß verraten die Räucherständer mit bemalten Blattornamenten aus Gezer und Megiddo. An nicht wenigen Grabungsstätten hat man aus Ton (vollplastisch oder aus zwei Formstücken gepreßt) eine nackte weibliche Figur gefunden - zT auch als Säugende (Isis und Horus?) dargestellt -, die ihren Prototyp in bronzezeitlichen Typen (Qadesch-Astarte) haben. Als Survivals werden sie von den israelitischen Frauen magisch (glückbringende Amulette) interpretiert worden sein (AOT 280-296; ANEP 469; vgl. Pritchard). - Die einen Stern nachbildende siebenschnauzige offene Lampe der Eisenzeit ist nach den Fundorten nicht sakral zu interpretieren. Als man in römisch-byzantinischer Zeit die Lampe aus zwei Formen preßte und auf der Oberseite eine Bildfläche erhielt, wurden hier nicht selten - je nach der Herkunft! - pagane, christliche und jüdische Symbole dargeboten. Hier ist der siebenarmige Leuchter auf den Lampen in Palästina (Goodenough III, 535ff) und in der Diaspora (ebd 923ff) geradezu das Leitmotiv der Interpretation (Kontakt und Kontrast bilden der Auferstandene und der umgekehrte Leuchter auf einer christlichen Lampe aus Karthago [ebd 957]).

7. In der byzantinischen Periode, in der man auf Glasflaschen und den sog. → Goldgläsern christliche Motive findet, tauchen in Palästina, bes. aber in der Diaspora analoge Gefäße mit jüdischen Motiven auf (Goodenough III, 383ff. 964ff). Die K.er der jüdischen Goldgläser wird man wohl ausschließlich in Italien zu suchen haben. Das Hauptmotiv bildet der Toraschrein der Synagoge. Wann man die Goldglas-Trinkschalen verwendet hat, ist nicht sicher zu sagen, am wahrscheinlichsten beim häuslichen Passa-Fest. Ihr sakrales Bild sichert ihnen die Reservatstellung im Gebrauch (frevelhaften Mißbrauch sakraler Gefäße nennt Dan 5, 2-4).

Außer den Hdb.ern der bibl. → Archäologie (: I): H.G.May, Material Remains of the Megiddo Cult, Chicago 1935 - O.Eissfeldt, Eine Einschmelzstelle am Tempel zu Jerusalem (Beitr. zur Rel.-Gesch. des Altertums 4, 1939, 42-46) - C.Watzinger, Phönikien u. Palästina-Kypros (HAW I, 1939, 797-848) - J.B.Pritchard, Palestinian Figurines in Relation to certain Goddesses known through Literature, (AOS 24), New York 1943 - C.Decamps de Mertzenfeld, Inventaire commenté des ivoires phéniciens I. II, Paris 1954 - M.Avi-Jonah-S.Yeivin, Qadmoniot Arsenu I, Tel Aviv 1955 (hebr.) - W.F.Albright, Die Religion Israels im Lichte der archäol. Ausgrabungen, 1956 - S.Yeivin, Jachin and Boaz (PEQ 91, 1959, 1-22) - K. Galling, Erwägungen zum Stelenheiligtum von Hazor (ZDPV 75, 1959, 1-13). *K.Galling*

II. Christliches Kunsthandwerk

1. Frühchristliches K. - 2. Karolingerzeit - 3. Ottonische Zeit - 4. Romanische Zeit - 5. Gotik - 6. Renaissance - 7. Barock und Rokoko - 8. Klassizismus, 19. und 20. Jh. - Vgl. ergänzend → Altargeräte, → Ampulle, → Chorgestühl, → Elfenbein-Plastik, → Glasmalerei, → Glocken: II, → Goldgläser, → Kanzel, → Kreuz: II. III, → Lesepult, → Leuchter: II, → Malerei und Plastik, → Mosaikkunst, → Paramente, → Reliquiare, → Taufbecken

1. Um 200 empfahl → Clemens Alexandrinus (Paed. 3, 59, 2) einige → Symbole (: III) für Siegelringe; → Tertullian (pud. 7, 1) kannte Kelche mit Bildern des → Guten Hirten; beide meinten Übernahme heidnischer Motive, nicht christliche Neuschöpfung (Klauser). Das eigene *frühchristliche K.* muß bald danach eingesetzt haben, wenn auch aus dem 3.Jh. nichts mit Sicherheit bekannt ist (die Gute-Hirten-Lampen des Annius Serapiodorus [Ostia, 3.Jh.] sind wohl heidnisch [Klauser]). Es diente vor allem liturgischem Bedarf, hinzu kamen Pilgerandenken und Hausgerät. Zum ältesten Erhaltenen gehören die in großer Zahl gefundenen Bronze- und Tonlampen, zT mit Ständern. Sie folgen antiken Formen; Bronzelampen haben zT Sonderformen (Schifflampe mit Petrus und Paulus, Florenz) oder Tiergestalt (Pfauenlampen, Dumbarton Oaks, Mainz; Taubenlampen, Berlin, Wien; Greifenlampe, Dumbarton Oaks usw); häufiger ist der Griff verziert, zT auch mit Szenen (Quellwunder Petri, Florenz), meist jedoch

mit Symbolen. Bei Tonlampen dagegen ist meist der Lampenkörper geschmückt, oft mit Szenen der Grabeskunst (Opfer Abrahams, Wien; Guter Hirt mit Noah u.a., Berlin). Von Griffen von Bronzelampen stammen evtl die Bronzestatuetten des Petrus und Paulus (4.Jh., Berlin) und des Guten Hirten (4.Jh., Florenz). Votivleuchter des 4.Jh.s aus der Umgebung von Pettau sind heute in Wien. Bronzene Polykandilia verschiedener Herkunft hingen einst als Träger vieler Kerzen in den Kirchen (jetzt in allen größeren Sammlungen vertreten).

Den Bestand an → Altargerät zeigt der Silberfund von Canoscio (5./6.Jh.): Patenen mit bescheidenem Dekor, schlichte Kelche, Löffel und Sieblöffel, offenbar der im 7.Jh. vergrabene Besitz einer größeren Kirche. Sonst kennen wir nur Einzelfunde, so an Silberpatenen die des Paternus (um 500, Leningrad), die aus Berezoff mit der Kreuzanbetung (6.Jh., Leningrad), die beiden aus dem 6.Jh. aus Stuma (Istanbul) und Riha (Dumbarton Oaks) mit der Apostelkommunion u.a., den Silberkelch aus Antiochia (vor 500, New York), die vatikanische Silberkanne mit Apostelmedaillons (5.Jh.), die Silberflaschen mit Wunderszenen oder Medaillons aus Traprain (4.Jh., Edinburgh), in London (5.Jh.) und im Vatikan (5.Jh.). Vielleicht gehört auch die Vase aus Emesa (6.Jh., Paris) hierher. Zum Schmuck der Kirchen dagegen gehörten wohl die großen Silberplatten mit Symbolen oder Szenen (zB aus den cyprischen Silberfunden, London, New York, Nikosia, u.a. die berühmten Davidsteller, 7.Jh., u.a.m.). Auf viele Sammlungen verteilt sind die liturgischen Löffel (seit dem 4.Jh.). An Flabella sind nur zwei aus Syrien bekannt (6.Jh., Istanbul, Dumbarton Oaks). Unklar ist, ob das gravierte Glasgeschirr (meist 4.Jh.) nicht eher dem christlichen Hausschmuck zuzurechnen ist (zB Schalen mit dem Sündenfall [Köln], dem Opfer Abrahams [Trier], Susanna [Berlin], Petrus und Johannes als Fischern [Karthago]; Glasbecher in Berlin, Dumbarton Oaks, Köln; das meiste aus Kölner Werkstätten). Votivgaben waren die großen Kölner Goldglasschalen in London und die auf 326 datierte blaue aus Braunsfeld in Köln. Kaum in den liturgischen Bereich dagegen gehören die Goldglasböden, meist 4.Jh. (bedeutende Bestände im Vatikan und London). Bronzene Inzensorien verschiedener Form sind vom 5.Jh. an erhalten, aber nur ein silbernes (aus Cypern 6.Jh., London). Altarkreuze kennen wir kaum (evtl war das Bronzekreuz aus Monastero [5.Jh., Wien] ein solches), aber seit dem 5.Jh. zahlreiche Votiv-, Reliquien- und Pectoral-Kreuze, zT mit Darstellung der Kreuzigung (Dumbarton Oaks, Kairo, London, Rom; → Kreuz: II). Als → Reliquiare dienten Holzkästen mit Metallbeschlägen (erhalten in Köln, Mainz, Trier, meist 4.Jh.), das hochbedeutende Silberkästchen von S.Nazaro, Mailand (Ende 4.Jh.), und die Silberpyxiden aus Pola (um 400, Wien), S. Eufemia, Grado (um 400), Ain Zerara (5.Jh., Vatikan), Castello di Brivio (5.Jh., Paris), Sancta Sanctorum (6.Jh.) und in S.Eufemia, Grado (6.Jh.) mit wichtiger Ikonographie, ebenso das Goldkästchen aus Pola (6.Jh., Wien). Liturgische Kämme kennen wir aus → Elfenbein und Holz (Danielkamm, Berlin). Viele Stempel mit christlichen Zeichen aus Bronze, Stein, Ton und Holz dienten teils der Formung des eucharistischen Brotes, teils aber auch der Siegelung von Amphoren und ähnlichen Zwecken. Christliches Hausgerät war zB ein Bronzeeimer mit Christogramm in Dumbarton Oaks (6./7.Jh., koptisch) und wohl auch die Bleischale mit Isaaks Opferung im Besitz der Universität Berlin. Als Schmuck dienten Medaillons, Amulette, Schnallen, Hals- und Armbänder, Ringe und Ohrringe aus Gold, Silber oder Bronze mit christlichen Motiven. Wichtig sind die Medaillons mit ikonographisch bedeutsamen Szenen seit dem 4.Jh. Wenn auch im ganzen Mittelmeerraum gefunden, dürften sie meist östlicher Herkunft sein und als Pilgerandenken gedient haben; zT sind sie mit den → Ampullen verwandt; hervorzuheben sind die beiden Stücke aus Adana in Istanbul (um 600) mit vielen Szenen in je drei Zonen. Oft sind sie großem Halsschmuck (Berlin, Dumbarton Oaks) oder auch Armbändern (Dumbarton Oaks) eingefügt. – Unter den zahlreichen *Textilien* sind christliche Motive sehr selten (zB Petrus-Paulus-Stoff, Pastor bonus-Stoff, Berlin; Opfer Abrahams und Maria zwischen Heiligen, Zürich), häufiger auf Seidenstoffen (Verkündigung und Geburt Christi, Vatikan; Szenen der Josephsgeschichte, Sens; Simson mit dem Löwen, Dumbarton Oaks). Liturgische Gewänder sind kaum erhalten, eines zB aus Saqqara; dagegen ist der sog. Mantel des hl. Alexander (6./7.Jh., Ottobeuren) wohl eine Reliquienhülle. – Vgl. → Kopten: III, 3.

Eine Gesch. des frühchristl. K.s auf Grund der neuen Funde u. Erkenntnisse zu Einzelstücken fehlt. Ältere Lit. s. RGG² III, 1421ff. Ferner sind die Museumskataloge als Materialpublikationen heranzuziehen; vgl. auch die Lit. zu den eingangs genannten Artikeln. Außerdem: TH.KLAUSER, Studien zur Entstehungsgesch. der christl. Kunst I (JAC 1, 1958, 20-51) – W.M.MILLIKEN, Early Byzantine Silver (The Bulletin of the Cleveland Museum of Art 45, 1958, 35-41; Lit.) – M.C.ROSS, A Byzantine Gold Medaillon at Dumbarton Oaks (DOP 11, 1957, 247-261; Lit.). *K.Wessel*

2. Die neue Staatsidee → *Karls d. Gr.* wies auch den Künsten neue Wege. Pflanzstätten des K.s sind neben Aachen vornehmlich die Klöster von Metz, → St. Gallen, → Fulda, am Mittelrhein wahrscheinlich Lorsch, dann → Corbie, Reims, Tours, zT Sitz maßgebender Skriptorien. Die Stelle der Großplastik nimmt die *Elfenbeinschnitzerei* ein (→ Elfenbein-Plastik, 2). Der Lebuinus-Kelch aus Deventer (Utrecht) ist ein vereinzeltes erhaltenes Zeugnis für ein karolingisches Elfenbein-Kultgerät (9.Jh., Rhein-Maas). – Die karolingische *Goldschmiedekunst* nördlich der Alpen entwickelt die von den Merowingern überlieferte Technik des Filigrans, der Zelleneinlagen in byzantinischer Kastenfassung, der Guß- und Treibarbeit sowie der Gravierung weiter, nimmt aber neu das auch in der Merowingerzeit nicht ganz ausgestorbene Email auf. Im Bursenreliquiar aus Enger (spätes 8.Jh.) sind Treibarbeit mit Zellenschmelzen, Zellenverglasung und Steinen in Muldenfassung vereinigt. Der als einfache Platte geformte Tragaltar aus Kloster Adelhausen (1. Hälfte 9.Jh., Freiburg) enthält um ein Porphyrstück Zellenschmelze auf Silber, die zur »Mailänder Gruppe« gehören, ferner Grubenschmelze auf Kupfer (später?). Für die Schmelzarbeiten südlich der Alpen ist die Verbindung von transluziden und opaken Emails charakteristisch. Das Hauptwerk der karolingischen Goldschmiedekunst, der Goldaltar in Mailand S. Ambrogio (um 840), zeigt in großartiger Weise beide Schmelze als gliedernde Leisten und Füllungen von Binnenformen, kontrastierend mit den breitflächigen Treibarbeiten aus Gold- bzw. silbervergoldetem Blech. Wohl kontinentale Arbeit unter insularem Einfluß liegt im älteren Deckel des Lindauer Evangeliars (New York) vor: Durchbruchsarbeit mit Zellen- und Grubenschmelzen und gefaßten Steinen. Entstehung vielleicht eher spätes als frühes 8.Jh., während der zweite Deckel der gleichen Hs. einer Reimser Werkstatt um 880 entstammen dürfte und mit byzantinisierenden Treibarbeiten, gefaßten Steinen und Perlen plastischer gehalten ist. Ein Werk angelsächsischen Stileinflusses auf dem Festlande ist der Tassilo-Kelch in Kremsmünster (Ende 8.Jh., Salzburg?). Der Metallkörper ist überzo-

gen mit eingekerbten Flechtbandmustern. Aus spätkarolingischer Zeit datiert das Ziboriumsaltärchen (München), das König Arnulf von Kärnten (887-899) St.Emmeram in Regensburg schenkte: von Goldblech umkleideter Aufbau, geschmückt mit ornamentalen Zellenschmelzen und Steinen (westfränkisch). Ähnliche Verbindung getriebener Reliefs mit Steinfassungen, Filigran und Granulation zeigt der ebenfalls von Arnulf an St.Emmeram überwiesene Einbanddeckel des Codex aureus (München; beide ca 870). Der antike Steinschnitt lebt in karolingischer Zeit in einer Werkstatt fort, die vielleicht in Metz bestand: ein um 860 geschnittener und gravierter ovaler Bergkristall (Kreuzigung), erhalten in einem spätgotischen Ostensorium, und ein viereckiger Kristall mit der Taufe Christi (in Vortragskreuz des 16.Jh.s, beide Freiburg). Inschriftlich gesichert als Geschenk König Lothars (wohl II., 855-869) ist die stattliche Bergkristallscheibe mit der Geschichte der keuschen Susanne (London).

3. Mit dem Übergang der Herrschergewalt an die *Ottonen* bildeten sich in Deutschland zT neue kulturelle Schwerpunkte in Klöstern, Stiften, Domschulen aus: Trier, Echternach, Hildesheim, Köln, Regensburg, Reichenau. Einflußreich wurde das byzantinische Element (→ Byzantinische Kunst). Höchste Leistungen zeitigte die *Goldschmiedekunst*. Durch Stiftung Heinrichs II. (1002-14) entstand der monumentale Ambo für die Aachener Pfalzkapelle (→ Kanzel, 1). Das Werk verarbeitet ravennatisch-frühbyzantinische Anregungen und verbindet in seinem Bildprogramm die altchristliche Crux gemmata (große Schmucksteinschalen) mit getriebenen Evangelistendarstellungen (nur noch eine alt). Heinrich II. war auch der Stifter des goldenen Altarvorsatzes im Basler Münster (1019, jetzt Paris), gekennzeichnet durch strenge Tektonik und hoheitsvollen Ausdruck der großflächig getriebenen Figuren (s. Taf. 7 Abb. 3). Im etwa gleichzeitigen Aachener Antependium (Außenrahmen neu) wird der erstmalig am Mailänder Goldaltar durchgeführte Gedanke von rahmendem Gerüst (Zellenschmelzstreifen) und goldgetriebenen Figurenfeldern (Christus-Szenen, u.a. Geißelung und Dornenkrönung) neu aufgegriffen.

Unter Erzbischof Egbert (975-993) wurde Trier Pflegestätte des byzantinischen Zellenschmelzes. Der Andreas-Tragaltar (Egbertschrein) vereinigt die bunte Fülle fast aller handwerklichen Techniken. Die lt. Inschrift 988 von Egbert gestiftete Hülle des Petrusstabes, eine große gepunzte Goldblechröhre, mündet in einen reichen, klar gegliederten Oberteil aus: Felder von figürlichem Zellenemail und Gruppen von Steinen und Filigran. Ein zweites großes Zentrum der Metallkunst entstand im Stammland der Sachsenkaiser. Hildesheim (→ Bernward) führte die Trierer Tradition der Goldschmiedekunst auf das Gebiet der *Metall-Kleinplastik* hinüber. Bedeutendstes Werk sind die Flügel für die Bronzetür der Michaelskirche (1015, jetzt Dom) in der knappen Erzählung ihrer gebärdenfreudigen, zur Rundplastik tendierenden Gestalten (vgl. Abb. bei → Malerei und Plastik: II). Ferner die 2 aus Silber und Gold gegossenen Bernwardleuchter (vor 1022, St. Magdalenen) und die Krümme (Silberguß) des Stabes für Abt Erkanbald (wohl 996, Dom) mit figürlichen Darstellungen.

Charakteristisch für die ottonische Goldschmiedekunst ist eine Gruppe von Altar- bzw. Vortragkreuzen mit verbreiterten Enden: das Lotharkreuz (kölnisch um 1000, Aachen) mit Siegelstempel Lothars II. von Lothringen (855-869) und einer Augustus-Kamee. Verwandt ist das Otto-(Mathilden-)Kreuz in Essen: Schmucksteine und Filigrane rahmen hier das getriebene Kruzifix, unten Zellenschmelzplatte mit Stiftern. Ähnlich das Mathildenkreuz, während das jüngere Essener Emailkreuz flächenhaft nur Edelsteinborten und Senkschmelze aufweist. Schließlich das Reichskreuz (Wien) als letztes Glied der ottonischen Gemmenkreuze, zugleich Bestandteil der ältesten, auf die Ottonen zurückgehenden deutschen Kaiserinsignien. Beim Einband für das Perikopenbuch Heinrichs II. (München) umziehen eine karolingische Elfenbeintafel 12 byzantinische Zellenschmelze, die das - zerschnittene - Stemma (Frauenkrone) einer Kaiserin (Theophanu?) bildeten. - In Mittelfrankreich entstand im → Reliquiar der Ste. Foy von Conques (10.Jh., um 1000 wiederhergestellt) eine unterlebensgroße menschliche Sitzfigur aus getriebenem und vergoldetem Silber.

Eine *Elfenbeinschule* saß in Trier: Einband des Echternacher Evangeliars (ca 983/991, früher Gotha, jetzt Nürnberg), Tafel des ungläubigen Thomas u.a.m. In Italien übernahm Mailand die führende Rolle im Elfenbein (Zyklus kleiner durchbrochener Platten, für Otto I. als Schmuck des Magdeburger Doms - Altar- oder Amboverkleidung? - in Anspruch genommen) und später auch im Email (Deckel des Aribert-Evangeliars, Domschatz, vor 1048). Bedeutendstes Stück der *Textilkunst* ist der Sternenmantel Heinrichs II. (Bamberg) mit seiner geistlichen und weltlichen Symbolik, in Frankreich der gestickte Wandbehang der Königin Mathilde (Bayeux, Museum, nach 1065).

4. Die Überleitung vom 11. zum 12.Jh. in der *Metallkunst* gibt der i.J. 1100 von dem Benediktiner Rogerus im Kloster Helmarshausen a. d. Diemel geschaffene Tragaltar des Paderborner Doms. Noch geht die Wirkung von der Metallfläche aus (Silberplatten), aber diese wird durch Gravierung und Niello neu gewertet. Der zweite, Roger zuzuweisende Tragaltar aus Abdinghofen verwendet die Ausschneidetechnik (Opus interrasile) aus vergoldeten Kupferplatten in freier Szenenreihung. Niedersachsen pflegte das Niello: s. Bernward-Patene vom Meister des Oswaldreliquiars (2. Hälfte 12.Jh.), Wilthener Kelch (1160/70), Kuppa des 1958 entdeckten Kelches in Iber/Kr. Einbeck, erster Kelch von Tremessen (um 1170). Mittelpunkt ist Hildesheim oder Braunschweig.

Als herrschende Kunstgattung entwickelt sich im 12.Jh. der *Grubenschmelz* (wohl aus dem byzantinischen Zellenschmelz hervorgegangen). Köln, Lothringen und Limoges sind die großen Zentren. Zu den frühesten Kölner Schmelzwerken gehört der Wolbero-Tragaltar aus Köln St. Andreas (1. Hälfte 12.Jh., Darmstadt). Der - ornamentale - Emailschmuck ist noch zurückhaltend. Beziehungen bestehen zum Hauptwerk der älteren Kölner Schmelzschule, dem Tragaltar des inschriftlich genannten Eilbertus aus dem Welfenschatz (Mitte 12.Jh.), wo nun schon die Goldfiguren auf Emailgrund vorherrschen. Nach 1150 ist als neue Kölner Emailschule die sog. Fridericusgruppe festzustellen, von Falke-Frauberger nach St. Pantaleon gesetzt. Im Darmstädter Kuppelreliquiar wird ein strenger architektonischer und - in den graphisch-flächenhaften Prophetenfiguren - monumentaler Geist spürbar (um 1170). Umgekehrt: Emailfiguren auf Goldgrund zeigt der Maurinusschrein (um 1185). Die groß ausgeführten Cherubim und Seraphim in den Ecken bedeuten Gipfelleistungen romanischer Schmelzkunst. Alle romanischen Goldschmiedetechniken faßt das als byzantinische Kreuzkuppelkirche gearbeitete Reliquiar aus dem Welfenschatz zusammen (1180/90). Von den einst vorhandenen 16 großen Kölner Reliquienschreinen blieb nur der Heribertschrein in Deutz nahezu unversehrt (um 1170). Neu ist die Architektonisierung des Aufbaus. Getriebene Sitzfiguren vor den Wänden kontrastieren mit Schmelzlisenen, Emailmedaillons und gravierten Platten. Ein Künstler von der Maas und ein Kölner Meister waren die Ausführenden.

Die zweite große *Goldschmiede- und Emailschule*, im engen Konnex mit dem benachbarten Niederrhein stehend, saß im lothringischen Maasgebiet. Der eine Schwerpunkt war Lüttich: Gelbgußtaufbecken des Reiner von Huy (Anfang 12.Jh.) in einem neuen beruhigten plastischen Stil. Die ersten Maas-Emails begegnen auf dem Kopfreliquiar des Papstes Alexander (1145, Brüssel). Noch die ältere Sargform mit Satteldach zeigt der Servatiusschrein in Maastricht (um 1165) mit Treibarbeiten und Grubenschmelzstreifen. Eine zweite Gruppe ist mit Gottfried von Claire aus Huy zu identifizieren: die beiden (später verstümmelten) Silbersarkophage der Hl. Domitian und Mangold (1173). Der von Usener um 1180 angesetzte Leuchterfuß in St.Omer verquickt figürliches Email mit Bronzegüssen in frei entfalteter Bewegung. – Ein Laienkünstler ist Nikolaus von Verdun, die genialste Goldschmiedepersönlichkeit der Romanik. Inschriftlich für ihn bezeugt ist die Bekleidung des ehemaligen Ambos in Kloster Neuburg (1181 vollendet, 1329 zu einem Flügelaltar erweitert) mit der christlichen Heilsgeschichte als Programm. Blaugoldschmelze mit Inschriftenleisten und ornamentalen Emailstreifen sind harmonisch aufeinander abgestimmt. Der seiner Zier zT beraubte Annoschrein in Siegburg (um 1183) steht in der Reihe der architektonisch gestalteten Reliquiengehäuse. Im Dreikönigenschrein (ca 1181-1230) bietet Nikolaus von Verdun das Ensemble von getriebenen Figuren, Emailleisten und Filigranplatten mit gefaßten Steinen auf zu einem alles Bisherige übertreffenden Großschrein in Form einer dreischiffigen Basilika.

In Süditalien bildete sich in Palermo eine Schule der Goldschmiedekunst, Perlenstickerei und Seidenweberei (Evangelieneinband von Capua, um 1180; Kreuzreliquiar in Cosenza, 1160/70). Im nördlichen Italien ragte Mailand weiter als Ort der *Schmelzkunst* hervor (Evangelien-Buchdeckel in Vercelli, 3. Viertel 12.Jh.). Seit 1100 wandte sich auch Frankreich dem Grubenschmelz zu. Nach tastenden Anfängen (Kupferbehälter von Conques) entstand in Limoges zur Jh.mitte die große Grabplatte Plantagenet (Le Mans). Seit der 2. Hälfte des 12.Jh.s wurden Kelche, → Leuchter (: II), Weihrauchschiffe, Hirtenstäbe, Buchdeckel, Kreuze und hausförmige Reliquienbehälter aus vergoldetem oder unvergoldetem Kupfer, meist in handwerklicher Massenherstellung, produziert und exportiert. – Daneben ist der *Erzguß* bedeutend: → Glocken (: II), → Taufbekken, Altarleuchter, Radleuchter in Aachen, in Groß-Komburg; weiter in Italien die reliefierten Bronzetüren (Verona, Süditalien; → Malerei und Plastik: II). Sodann Weihrauchgefäße des Reiner von Huy (Lille), als Architekturwerk mit Thron Salomos aufgefaßt; des Gozbertus (Anfang 12.Jh., Trier); schließlich Aquamanilien (Gießgefäße), häufig in Drachen-, Vogel- oder Löwengestalt. Gießstätten waren das erzreiche Lothringen, Rheinland, Westfalen, Niedersachsen, Skandinavien. – Im *Möbelwerk* sind die beiden massiven, zT gedrechselten Kirchenbänke von Alpirsbach/Schwarzwald zu nennen (Anfang 13.Jh., eine 1944 in Stuttgart verbrannt). Ein Eichenschrank zur Aufbewahrung kirchlichen Geräts in Halberstadt, schon auf Rahmen und Füllung gearbeitet, enthält zugleich früheste deutsche Tafelmalereien (Verkündigung und Heilige, 2. Viertel 13.Jh.). In der alten Kulturlandschaft des nördlichen Harzvorlandes entstanden auch die frühesten deutschen *Bildteppiche:* die beiden gewirkten Rücklaken mit der Geschichte Abrahams und Christus zwischen Engeln und Aposteln (Dom Halberstadt), spätes 12.Jh., in konventioneller, starrer Stilisierung. Mit dem Fußbodenteppich in Quedlinburg (5 Fragmente, Anfang 13.Jh.) ist der einzige mittelalterliche Knüpfteppich auf uns gekommen (Darstellung von Imperium und Sacerdotium), jetzt lebensvoll modelliert und hell abgestuft. Im 12. und frühen 13.Jh. blühte in Süddeutschland die Gold- und Silberfadenstickerei (→ Paramente). Dagegen fand die Weißstickerei ihre Stätte bes. im Norden. Aus Fulda stammt die älteste deutsche Leinenstickerei: Altardecke mit Marienszenen (wohl Anfang 13.Jh., ehem. Berlin), stilistisch nach dem Niederrhein weisend.

5. Die neue Geisteshaltung der → *Gotik* ließ auch das kunsthandwerkliche Schaffen einen gewaltigen Aufschwung erleben. Durch die → Kreuzzüge gelangten Kenntnis und Werke der orientalischen Kunst nach Europa (Hedwigsgläser, Stoffe). In der → *Elfenbeinplastik* bedeuten die ungezählten, oft typisierten kleinen Klappaltärchen eine Ausweitung des Kultischen in die private Sphäre der Hausandacht; hinzu kommen vollplastische Madonnenfiguren und Passionsszenen. Ein Zentrum gotischer Elfenbeinschnitzerei liegt in der Isle de France; von hier gehen Ausstrahlungen nach dem Elsaß (Straßburg ?), Nordfrankreich, Flandern und Köln. Ein anderes Zentrum ist Oberitalien (Mailand). Höhepunkte gotischer Elfenbeinschnitzerei sind das späte 13. und das 14.Jh.

In der *Goldschmiedekunst* bezeichnet das Wirken des Mönches Hugo von Oignies (bei Namur) den Durchbruch zur gotischen Formensprache (Reliquiare in Oignies mit naturalistischem Laubwerk, seit 1228). Beim *Email* wird der opake Grubenschmelz der Romanik allmählich verdrängt vom durchscheinenden Silberschmelz. Das früheste deutsche Werk, das Hostienkästchen aus Lichtenthal/Baden (ca 1320, New York), ist noch allseitig emailliert. Später werden die Schmelzauflagen reduziert. Pflegestätten des Tiefschnittschmelzes sind der Oberrhein: Sigmaringer Kelch (um 1320, Baltimore), Vortragekreuz aus Liebenau (um 1330, Freiburg); der Mittel- und Niederrhein: Kelch im Mainzer Domschatz und Aachener Simeonsreliquiar (um 1330/40); dann Frankreich, bes. Paris: Krümme des Bischofsstabes im Kölner Domschatz (um 1320/30); Italien, hauptsächlich Siena: Kelch Nikolaus IV. in Assisi (1290), Reliquiar des hl. Blutes in Orvieto (1338); Spanien: Altar von Gerona (nach 1320). – Unter dem Einfluß einer Goldschmiedewerkstatt in Aachen vollzieht sich der Übergang vom sargförmigen Reliquienschrein der Spätromanik (Karlsschrein um 1215, Marienschrein 1220/37) zum frühgotischen Elisabethenschrein in Marburg (1235/49) im Sinne stärkerer Tektonisierung und Vertikalisierung. Spätere Gehäuse wie der Gertrudenschrein von Nivelles (ca 1272/98), von dem die Werkverträge erhalten sind, werden einfacher und verzichten schließlich auf Steine und Email. Reliquiensplitter werden gern zur Verehrung in turmartigen Behältnissen vorgezeigt und liegen dann in Zylindern aus Glas oder geschliffenem Bergkristall. Fuß und Schaft dieser Ostensorien sind dem Aufbau des gotischen Kelches entnommen, dessen Kuppa steiler wird, während Fuß und Schaft die Rundform aufgeben und sich polygonal brechen (→ Altargeräte). Die einzelne Hostie wird seit der Gotik auf den Altar und bei Prozessionen (1264 Einführung des → Fronleichnamsfestes) in die Monstranz gelegt. Aus der (Metall-)Pyxis, die auf einen Kelchunterbau gestellt wird, entwickelt sich der als schlanke gotische Pyramide geformte Behälter mit abnehmbarem Oberteil. Schließlich wird der Mittelteil durch eine Glas- oder Bergkristallröhre ersetzt, worin die Hostie in einer Lunula sichtbar ruht. Ein Beispiel für die Turmform ist die Münch-Monstranz in

Basel (um 1490); dort auch eine Giebel-Monstranz (um 1360) mit Scheibengehäuse als Vorform der Sonnenmonstranz. Zu Ende der Gotik werden die Monstranzen immer reicher und größer (Riesenmonstranz des Ulmer Goldschmiedes Paul Schongauer in Tiefenbronn). - In Italien entstand als Werk mehrerer Generationen von 1287-1456 der große silberne Altar des Hl. Jakob im Dom zu Pistoja in getriebener und gegossener Arbeit von toskanischen Künstlern. Eine glanzvolle Leistung florentinischer Goldschmiedekunst, das Retabel aus dem Baptisterium zu Florenz (Domopera), 1366 begonnen, mit architektonischer Durchgliederung der Felder, wurde erst im Quattrocento vollendet. Zur Goldschmiedekunst in Frankreich vgl. → Malerei und Plastik: III. - Der *Gelbguß* gelangte in Aachen, Dinant und Maastricht mit Leuchtern und Weihwasserkesseln sowie Grabplatten zu großer Blüte. Charakteristisch für die Spätgotik sind die serienweise produzierten Messingtaufschalen mit figürlichen Darstellungen (Verkündigung, Christophorus), über einer plastischen Form geschlagen und die glatten Flächen punziert. Beckenschläger-Werkstätten werden in Nürnberg und Danzig vermutet. - Gerät aus *Ton,* vorwiegend in dörflichen Pfarreien benutzt, ist wenig erhalten: neben kleinen Reliquiengefäßen in Altären (zT auch aus *Glas*) die Bruchstücke eines 1956 in der Kirche zu Faurndau gefundenen Tieraquamaniles (13.Jh., Museum Göppingen).

Im kirchlichen *Mobiliar* bilden sich vornehmlich Paramenten- und Archivschränke mit zT prächtigen schmiedeeisernen Beschlägen heraus, die in Dom- und Stadtpfarrkirchen oft mächtige Ausmaße besitzen (Friedberger Schrank und Archivschrank aus Ober-Ingelheim, beide Darmstadt). Das bewegliche → Lesepult erhält einen dachförmigen Aufsatz auf einem Ständer bzw. Kasten oder wird als menschliche Gestalt (Engel, Diakon) gebildet, die das Pult ergreift (Ebersdorf b. Chemnitz, Holzfiguren des Hans Witten von Köln 1513). Bedeutende *Bildstickereien* entstanden in der Gotik: das in Seide und Metallfäden gestickte Antependium aus Salzburg (Kunstgewerbemuseum Wien) mit der Lebensgeschichte Christi in Vierpaßmedaillons von dem bürgerlichen Künstler Seidlin von Pettau (ca 1315/38). Ferner das figürliche Antependium in Seiden- und Goldstickerei aus Pirna (Ende 14.Jh., früher Dresden, jetzt Meißen), wohl in einem böhmischen Nonnenkloster gefertigt. Schätze an gotischen Leinen- und Wollstickereien, die sich neben der Seiden- und Goldfadenstickerei behaupten, bergen die niedersächsischen Frauenklöster Lüne und Wienhausen (Osterteppich von 1504 in Lüne). Daneben bestanden in der Spätgotik Werkstätten berufsmäßiger Seidensticker, archivalisch für eine Reihe von Städten bezeugt (Bamberg, Mainz). Der spätgotische Realismus schafft sich in der Reliefstickerei über plastischem Kern ein adäquates Ausdrucksmittel, bes. an den Rückenkreuzen der Kaseln: Kreuzigungsdarstellungen oder ganze Szenenbilder, angeregt durch Reliefs (Kmity-Ornat 1504, von Stanislaus Stoß, Krakau). Führend in der Textilkunst wurde jedoch die *Wirkerei,* deren Schwerpunkt in Süddeutschland lag. Franken war im 15.Jh. ein wichtiger Mittelpunkt: Katharinenteppiche in Nürnberg, Bamberger Passionsteppich. Seit der Mitte des 14.Jh.s lassen sich auch in Frankreich Bildwirkerschulen feststellen (bedeutendster Bildteppich der Gotik: die riesige Apokalypse von Angers, Paris 1378/81, vgl. Abb. bei → Malerei: III). Im 15.Jh. führt Burgund mit seinen Werkstätten Arras und Tournay: 2 Rücklaken in der Kathedrale von Tournay (1402), der große Passionsteppich in der Kathedrale von Saragossa um 1410, die 8 Petrusteppiche in der Kathedrale von Beauvais und im Clunymuseum (Mitte 15.Jh.). Seit etwa 1500 wird Brüssel maßgebend für die niederländische Bildwirkerei.

6. Die Reformation schränkt in den prot. Ländern das → Altargerät ein auf Abendmahlskelch mit Patene, Oblatendose, Taufschüssel, Altarkreuz und Leuchterpaar; es zeichnet sich durch schlichte Zweckmäßigkeit in Form und Material aus. Neu kommt die Taufkanne hinzu. Spätgotische Formen klingen im Gerät beider Konfessionen noch lange nach, bes. im Kelch (Siebenbürgen), der jedoch gern zur Rundform des Fußes und Schaftes zurückkehrt (Kelch des Kardinals Albrecht von Brandenburg in Aschaffenburg). Eine Neubelebung der Emailkunst erfolgte durch das in Oberitalien (Kreuz in Dongo 1513) und in Limoges bereits im 15.Jh. angewendete Maleremail, das im 16.Jh. mit vollständig bemalten Platten in Limoges seinen Höhepunkt erreichte: Triptychen (New York, Paris, Rom, London), Kreuzigung mit Stiftern (1503 Cluny), Kelche (Spital von Limoges). In Italien bekundete sich der Geist der Renaissance in der Goldschmiedekunst entschiedener durch konsequente Aufnahme klassischer Bauformen. Neben der noch weiterlebenden Gotik (Altarkreuz für S.Giovanni in Florenz von Antonio del Pollaiuolo, 1457-59) gewinnen im florentinischen Quattrocento Architekturmotive die Oberhand, so die Laterne (Hieronymus-Reliquiar, 1487; Antonius-Reliquiar, 1514; beide Domopera, von dem Pollaiuolo-Schüler Antonio di Salvi) und die Aedikula (Kußtafel aus Silber mit Reliefschmelzen im Bargello, um 1500, von Salvi ?). Für die Goldschmiedekunst Spaniens wurden die - schon in der Gotik beachtlichen - Kustodien wichtig. Hervorragende Werke für große spanische Kathedralen schuf die Goldschmiedefamilie d'Arphe. - Das *Zinn,* schon in der Gotik gebraucht, gewann an Bedeutung: Taufschalen, Leuchter, Hostiendosen und -teller, Opferteller, sogar Ziborien, oft reliefiert (Nürnberg, Sachsen, Frankreich).

Die *Schreinerkunst* verfeinert, bes. im Süden, ihre Dekorationsmöglichkeiten durch Aufnahme der Intarsia: Sakristeischränke, dann als ausdrucksvolles Beispiel das → Chorgestühl im Dom zu Siena. - In der *Textilkunst* schwang sich die Brüsseler Manufaktur im 16.Jh. durch die Mitwirkung bedeutender Tafelmaler wie Hugo van der Goes, Quentin Massays, Barent van Orley zu Weltgeltung empor. Leo X. ließ die Monumentalkompositionen → Raffaels zur Apostelgeschichte in Bildteppiche umsetzen. Nach 1540 kamen u.a. der große Pauluszyklus (Wien) und die 7 Todsünden (Madrid) zur Ausführung. Auch in Deutschland überschattete die Formenwelt der niederländischen Bildwirkerei das eigene Schaffen. Wahrscheinlich am Niederrhein entstand der Teppich mit der Bekehrung Pauli (Berlin), vermutlich nach einer Vorzeichnung von Hans Baldung Grien. Der nach Mitteldeutschland ausgewanderte Flame Seger Bombeck schuf in niederländischer Bildauffassung u.a. den Teppich mit der Allegorie auf die Reformation (Mitte 16.Jh., Weimar).

7. Die Konfessionskriege brachten beträchtliche Zerstörungen des kirchlichen Kulturgutes, machten anderseits jedoch kulturschöpferische Kräfte frei. Im Bereich der kath. Kirche gab die Gegenreformation den Anstoß zur Intensivierung kultischer Formen und Inhalte. Dem barocken Verlangen nach Glanz entsprach bes. die *Goldschmiedekunst.* Kostbare Kelche stehen voran, der Fuß in reicher Treibarbeit, die Kuppa in einen Korb von silbergetriebenem Ranken- oder Muschelwerk gebettet, farbig oft noch gesteigert durch gefaßte Steine und Medaillons von Maleremail. Den Gestaltwandel vom gotischen Turm- zum barocken Strahlengebilde erlebt die Monstranz (Sonnenmonstranz); vgl. die von Egidius Quirin Asam entworfene Strahlenmonstranz (um 1740)

in der Joh.Nepomukkirche zu München. Das Silber tritt seinen Siegeszug an. In bewegten Formen werden Meßkännchen und Lavabogarnituren gestaltet: Treibarbeit und Gravur oft vereint auf einem Stück. Bizarre Phantasie lebt sich auch in den Krümmen der Hirtenstäbe aus. Dem Charakter der prot. Kirche entsprechend wurde ihr Tauf- und Abendmahlsgerät als Formentyp einfacher geprägt. Das barocke Stilelement tritt in der reicheren Gravierung und Treibarbeit, oft aber nur im geschwungenen Umriß hervor (Augsburg, Regensburg, Nürnberg). Viele Gemeinden griffen zum Zinn als billigerem Werkstoff, der eigene Gestaltungsmöglichkeiten bot. - Das *Elfenbein* erlebte seine künstlerische und bis zu einem gewissen Grade auch kultische Wiedererweckung. Kruzifixe und biblische Gruppen in Freiplastik oder Relief wurden beliebt (die verschiedenen Kruzifixe von Permoser, dann größere, aber auch in anderen Materialien geformte Kreuzabnahmen im Stile → Michelangelos, so im Vatikan). Auch phantasievolle Hirtenstäbe (um 1750, München, Bayer. Nationalmuseum) entstanden aus Elfenbein. Der neue Werkstoff des 18.Jh.s, das *Porzellan*, wurde ebenfalls der religiösen Aufgabe dienstbar gemacht. Kruzifixe, Madonnenfiguren, biblische Gruppen und Heiligenstatuetten fanden gern Aufstellung in Schloßkapellen (Meißner Porzellankruzifix in Schloß Mückenberg Kr. Elsterwerda). Vgl. die Kalvarienberge (Höchst) und Kreuzabnahmen (Buenretiro), ferner das sog. Bridgewater-Altargerät vom späten J.J.Kaendler, Meißen, für Papst Clemens XIV. (1772). - Das *Möbelwerk* erhielt geschweifte Umrisse und reiche Einlegearbeit; edle Hölzer als Furnier steigerten seine Wirkung. Der barocke Schreiner schuf → Beichtstühle von ausdrucksvoller Bewegtheit und für die Sakristeien monumentale Paramentenschränke zur Aufnahme der Meßgewänder, die sich dem neuen Prunkbedürfnis anpaßten. Bei den → Kanzeln (bes. in Flandern) und beim → Lesepult wurde gern wieder wie im MA der menschlichen Figur die Tragefunktion zugewiesen. - Überragende Leistungen hat auch die *Schmiedekunst* zu verzeichnen. In den Absperrgittern der großen Kirchen ist die äußerste Stufe der Entmaterialisierung des spröden Werkstoffs erreicht: Liegnitz, ehem. Jesuitenkolleg (1700-06), Augsburg, Hl. Kreuz (1744), mit perspektivischen Scheinwirkungen Zwiefalten (J.Brüssel, 1751/56) und Konstanzer Münster (2. Viertel 18.Jh.), in Rocailleornament Amorbach (um 1747 vom Würzburger Hofschmied Gattinger). - Die barocke *Stickkunst* bemächtigte sich in erster Linie des Ornats (→ Paramente). In der *Textilkunst* versorgte Flandern mit seinen großen Bildteppichen weiterhin angesehene Bestellerkreise, doch mußte es gegenüber der 1662 gegründeten Gobelinmanufaktur in Paris bald zurücktreten. Seit 1618 lieferte → Rubens Teppichkartons in einem neuen malerischen Stil für die Brüsseler Manufaktur. Glanzstücke der Brüsseler Teppichwerkstatt van den Hecke sind die 8 Gobelins »Triumph der Eucharistie« nach Entwürfen Rubens im Kölner Dom.

8. Die antike Strenge des → *Klassizismus* hat in das kirchliche K. formschöpferisch kaum nennenswert eingegriffen. Der Einfluß zeigt sich vornehmlich in der Verhärtung und Straffung der von Barock und Rokoko übernommenen Formtypen und in der Durchsetzung mit dem Ornamentschatz des Empire (s. Kelchentwurf von Franz Xaver Habermann, Augsburg 1792; Kelch für Pius VI. im Vatikan, Geschenk des spanischen Königs Karl III.). - Der sinngerechte Werkstoff des Klassizismus ist das *Gußeisen*. Ausgangspunkt für den Eisenkunstguß wurde die Lauchhammerhütte im alten Kursachsen (dort 1784 erstmalig eine hohlgeformte Eisenstatue gegossen). Lauchhammer übernahm auch kirchliche Aufträge: Taufständer (Kirche zu Wolkenburg/Sa.), Kruzifixe, Leuchter, Grabkreuze, Grabplatten, Grabvasen und Großplastiken. Später haben Gleiwitz und Berlin gußeisernes Gerät (Altarleuchter und -kreuze) geliefert, andere Hütten wie Wasseralfingen und Dülmen hauptsächlich Grabkreuze und -gitter. - Der Historizismus des *19.Jh.s* hat zunächst den Stilrückgriff ins MA gebracht: gotisierende oder romanisierende Kelche (Ziboriumskelch im Mainzer Domschatz), Monstranzen, Altarkreuze und Reliquienbehälter, seit 1850 auch im Gewande des Neubarock und Neurokoko. Die Wiederbelebung des Material- und damit des Formgefühls, bereits von Ruskin und Morris zu Ende des Jh.s gefordert, begann mit dem Jugendstil (Ernst Riegels Altar- und Abendmahlsgerät in der Pauluskirche zu Darmstadt). - Eine eigentlich religiöse Kunst wurde erst im → *Expressionismus* (: I) geboren (→ Nolde, → Schmidt-Rottluff, → Barlach). Hedwig Heckemann übersetzte in ihrem Passionsteppich (Lübeck) die mittelalterliche Bildidee in die Sprache des von Krieg und Not erschütterten modernen Menschen. Um die Erneuerung christlichen K.s bemüht sich R. → Koch. Neues Erstarken erfährt sakrales K. nach 1945: Gerhard Marcks Altarkreuz in Münster, E. → Matarés Bronzetüren am Kölner Dom, Altargerät von Joh. Mich.Wilm, Waldemar Otto (Berlin-Friedenau 1958), Elisa Treskow und Hein Wimmer (Köln), Wilhelm Wagenfeld (Überlingen 1957). Zwei Vertreter moderner Elfenbeinschnitzerei in Erbach (Odenwald) sind Jan Holschuh (Schutzmantelmadonna, Bergpredigt, Maria mit Kind), der die Bildform bis zum Zeichenhaften reduziert, während Fritz Wegel (Bischofsstab für Berlin, 1958) die Elfenbeinfläche graphisch-abstrahierend behandelt. Auch die Emailtechnik hat zum Kultgerät zurückgefunden (Lili Schultz, Köln; R.Weiland, Mainz), bes. der allen malerischen Möglichkeiten zugängliche Überschmelz. In Jean Lurçats Wandteppichen der Apokalypse für Assy (1947) sind biblische Visionen neuerweckt (s. Taf. 13 Abb. 4).

Allgemein zu 2-8: E.Molinier, Hist. générale des arts appliqués à l'industrie du Ve à la fin du XVIIIe siècle I-VI, Paris 1896-1911 - R.A.Peltzer, Gesch. d. Messingindustrie ... in Aachen u. d. Ländern zwischen Maas u. Rhein... (Zs. d. Aachener Gesch.-Vereins 1909, 3-231) - M.Rosenberg, Gesch. d. Goldschmiedekunst auf techn. Grundlage, 1910-25 - O.v.Falke-H.Schmitz, Dt. Möbel vom MA bis z. Anf. d. 19.Jh.s, 1922-24 - H.Göbel, Wandteppiche, 1923-34 - B.Kurth, Die dt. Bildteppiche d. MA, 1926 - J.Weingartner, Das kirchl. Kunstgewerbe d. Neuzeit, 1926 - F.Stuttmann, Dt. Schmiedeeisenkunst, 1927-30 - P.Weber, Der Domschatz zu Trier, 1928 - W.Burger, Abendländ. Schmelzarbeiten, 1930 - J.Braun, Das christl. Altargerät, 1932 - Ders., Die Reliquiare d. christl. Kultes u. ihre Entwicklung, 1940 - H.Th.Bossert (Hg.), Gesch. d. Kunstgewerbes V. VI, 1932/35 - F.Haeberlein, Schatzkammer d. Reichen Kapelle in d. Münchner Residenz, 1939; ferner: Amtl. Führer, 1958 - E.Meyer, Forschungsberichte. Goldschmiedekunst d. 9. bis 13.Jh.s (Zs. f. Kunstgesch. 10, 1941/42, 192-205) - R.Jaques, Dt. Textilkunst, 1942 - I.Schroth, Mittelalterl. Goldschmiedekunst am Oberrhein, 1948 - Ars Sacra, Kunst d. frühen MA, 1950 - W.Messerer, Der Bamberger Domschatz, 1952 - E.Kühnel, Kunstwerke d. Orients in dt. Kirchenschätzen (in: Sitzungsber. d. Kunstgesch. Ges. zu Berlin, Febr. 1952 bis Mai 1953) - P.E.Schramm (→ Herrschaftszeichen) - H.Köhn, Der Essener Münsterschatz, 1955 - H.Kohlhaussen, Gesch. d. dt. Kunstgewerbes, 1955 - E.Steingräber, Studien z. Florentiner Goldschmiedekunst I (Mitt. d. Kunsthist. Inst. in Florenz, 1955, 87-110) - Der Basler Münsterschatz, Katalog 1956 - Werdendes Abendland an Rhein u. Ruhr, Katalog 1956 - F.Rossi, Ital. Goldschmiedekunst, 1957 - RDK II, 1182 ff (Bronze); IV, 1307 ff (Elfenbein); V, 1 ff (Email) - F.S.Orlando, Il Tesoro di S.Pietro, 1958.

Zu 2: G.Haseloff, Der Tassilokelch, 1951 - V.H.Elbern, Der karoling. Goldaltar von Mailand, 1952 - Ders., Der Adelhausener Tragaltar, 1954 - Enciclopedia universale dell'arte, 1959 (s.v. Carolingia; Ders.). - Zu 3: Y.Hackenbroch, Ital. Email d. frühen MA,

1938 - G.de Francovich, Arte Carolingia ed Ottoniana in Lombardia (Röm. Jb. f. Kunstgesch. 6, 1942/44, 113-255) - H.Jantzen, Otton. Kunst, 1947 - E.Medding-Alp, Rhein. Goldschmiedekunst in otton. Zeit, 1952 - H.Schnitzler, Die Aachener Goldene Tafel (Kunstchronik 9, 1956, 273 f; Vortragsresumé) - Ders., Die Goldkreuze im Essener Münsterschatz (in: Sitzungsber. d. Kunstgesch. Ges. zu Berlin, Okt. 1956 bis Mai 1957) - E.Doberer, Studien z. d. Ambo Heinrichs II. im Dom zu Aachen (Forschungen z. Kunstgesch. u. christl. Archäologie 3, 1957, 308-359) - H.Fillitz, Das Evangelistenrelief vom Ambo Kaiser Heinrichs II. im Aachener Münster (ebd 360-367) - R.Wesenberg, Curvatura Erkanbaldi Abbatis (ebd 372-381). - Zu 4: O.v.Falke-H.Frauberger, Dt. Schmelzarbeiten d. MA, 1904 - J.Braun, Der Heribertusschrein zu Deutz... (Münchner Jb. d. bild. Kunst NF 6, 1929, 109-123) - O.v.Falke u.a., Der Welfenschatz, 1930 - A.Schellenberg, Die dt. Bildstickerei d. MA (in: Der Oberschlesier, Mai/Juni 1930) - H.Deckert, Opus Interrasile als vorroman. Technik (Marburger Jb. f. Kunstwiss. 6, 1931, 137 bis 152) - K.-H.Usener, Reiner v. Huy (ebd 7, 1933, 77-134) - Ders., Zur Datierung d. Kreuzfußes v. St. Omer (Hamann-Festschr., 1939, 163-168) - G.Swarzenski, Aus d. Kunstkreis Heinrichs d. Löwen (Staedel-Jb. 1932, 241-397) - O.v.Falke-E.Meyer, Bronzegeräte des MA I: Roman. Leuchter u. Gefäße. Gießgefäße d. Gotik, 1935 - A.Stange, Der Halberstädter Schrank (Jb. d. Denkmalpflege in d. Prov. Sachsen u. Anhalt, 1935/36, 35-42) - H.Schnitzler, Der Dreikönigenschrein, 1939 - S.Gauthier, Emaux limousins champlevés des XIIe, XIIIe et XIVe siècles, 1950 - J.Borchgrave d'Altena, Art Mosan, 1951 - H.Hahnloser, Nicolas de Verdun (Acad. des Inscr. et belles Lettres, Comptes rendus des scéances de l'année 1952, 448-456) - H.Peters, Der Siegburger Servatiusschatz, 1952 - H.Swarzenski, Monuments of Romanesque Art, 1953 - H.Leisinger, Roman. Bronzen, 1956 - A.Lipinsky, Sizilian. Goldschmiedekunst (Das Münster 10, 1957, 4/5, 73-99; 5/6, 158-186). - Zu 5: O.Wankkel-E.Flechsig, Die Sammlung d. Königl. Sächs. Altertumsvereins, 1900 - R.Hamann-H.Kohlhaussen, Der Schrein d. hl. Elisabeth zu Marburg, 1922 – J.Braun, Ein Dokument z. Entstehungsgesch. d. großen Schreine d. 12. u. 13.Jh.s (Clemen-Festschr., 1926, 309-317) - L.Moser, Der Goldschmied Paul Schongauer u. seine Werke (Zs. f. schweiz. Archäologie u. Kunstgesch. 11, 1950, 65-106) - K.Guth-Dreyfus, Transluzides Email, 1954 - E.G.Grimme, Aachener Goldschmiedekunst im MA, 1957. - Zu 6: Aus d. Frühzeit d. ev. Kirche, Katalog zum Dt. Ev. Kirchentag 1959. - Zu 7: Goldschmiedekunst d. 18.Jh.s in Augsburg u. München, Katalog 1952 - V.H.Elbern, Die Rubensteppiche d. Kölner Doms (Kölner Domblatt 1955, 41-88). - Zu 8: H.Schmitz, Berliner Eisenkunstguß, 1917 - E.Hintze, Gleiwitzer Eisenkunstguß, 1928 - 200 Jahre Lauchhammer 1725-1925 - Kunst der Kirche, Katalog Berlin-Charlottenburg 1951 - Tapisseries de Jean Lurçat, 1939-57, 1957 (Einl. v. Vercors). *K.Degen*

Kurhessen-Waldeck

1. Seit dem → Interim bahnt sich im Niederfürstentum → Hessen (: I, 3) eine kirchliche Verschiedenheit an. Damals verselbständigt sich unter der Führung des Marburger Sup.en A. → Krafft das *oberhessische Luthertum* und bewährt - bei konservativer Haltung in gottesdienstlichen Fragen - seine Abwehrkraft. Mit dem unglücklichen Abschluß der Generalsynoden (1568-82) und unter dem Einfluß des Aeg. → Hunnius verstärkt sich der Gegensatz zwischen Marburg und Kassel. Als 1604 der calvinistisch gesonnene Landgraf Moritz mit dem Tode seines Marburger Onkels Ludwig IV. den größten Teil des Oberfürstentums erbte, suchte er hier nach dem Beispiel der Wittelsbacher in der Oberpfalz durch die sog. Verbesserungspunkte die praktische Übereinstimmung seines Landes mit dem Calvinismus herbeizuführen. Das Ergebnis war die dauernde Spaltung der Territorialkirche. Marburg erwehrte sich samt der Umgegend des ref. Gottesdienstes durch passive Resistenz, bis die Truppen Tillys das Land besetzten und der Darmstädter Landgraf Ludwig V. 1624 das Luthertum wiederherstellte. Der → Westfälische Frieden vereinigte das Marburger Erbe endgültig mit Niederhessen. Oberhessen erhielt die Freiheit des luth. Bekenntnisses und die Selbständigkeit kirchlicher Ordnung - unter Leitung des Sup.en und des Definitoriums zu Marburg - reichsrechtlich zugesichert. Die Agende von 1574 (→ Hessen: I, 2) galt hier bis 1896; bis 1821 (s. 6) blieb die Superintendentur Marburg ein Fremdkörper in der Landeskirche.

2. Eine Generalsynode von 1607 bestimmte mit dem Hessischen Landeskatechismus - auf Luthers Kleinen Katechismus und die katechetischen »Fragstücke« aus der Agende von 1574 wurde der dogmatische Gehalt der Verbesserungspunkte aufgepfropft - und einer Glaubensdeklaration kryptocalvinistischen Gepräges den konfessionellen Sondercharakter *Niederhessens*. Auf der → Dordrechter Synode war das Land vertreten; ihre Beschlüsse gewannen hier freilich keine Rechtskraft. Der Wiederaufbau nach dem Dreißigjährigen Kriege legte 1653 den ref. Charakter der Universität → Marburg (→ Crocius) fest, berücksichtigte aber in der KO von 1657 die luth. Interessen, die 1647 durch die Erwerbung der Hälfte der Grafschaft Schaumburg verstärkt und in der Werragegend dauernd lebendig geblieben waren. Nach dem Vorbild des Leipziger Kolloquiums von 1631, an dem Hessen-Kassel führend beteiligt war, und unter den Anregungen von → Durie versuchte Landgraf Wilhelm VI. (1650-63) auf dem Kasseler Religionsgespräch von 1661 eine Annäherung der Konfessionen.

3. Unter der Regierung des Landgrafen Karl (1672 bis 1730) zog der *Pietismus* ein. Einflüsse von seiten des holländischen *Präzisismus* (Th. → Untereyck wirkte 1668/70 als Hofprediger in Kassel) durchkreuzen sich mit den mystischen Tendenzen eines an Jakob → Böhme und dem französischen → Quietismus (Mme de → Guyon) orientierten Separatismus (H. → Horche, die → Buttlarsche Rotte). Ein verkirchlichter Pietismus verbreitet sich mit der Predigt der Föderaltheologie (→ Coccejus), bes. durch K. → Mel. Reformen des Unterrichtes an höheren und niederen Schulen und eine Verlebendigung des Gemeindelebens bleiben als Frucht. Im oberhessischen Raum bestanden aus konfessionellen Gründen enge Beziehungen zum Hallischen Pietismus.

4. Die *Aufklärung* geht mit ihren Wurzeln tief in die Orthodoxie ref. (D. → Wyttenbach, J.R.A. → Piderit) und luth. Gepräges zurück. Sie hat durch die Marburger Lehrtätigkeit Chr. → Wolffs (1723-40) große Förderung erfahren, verläuft aber im allgemeinen in konservativen Bahnen. Erst die Philosophie → Kants bricht dem Rationalismus Bahn (→ Marburg, 6). Der junge K. → Daub tritt vom Marburger Kantianismus aus seinen Weg durch die idealistischen Systeme an. Eine Zwischenstellung zwischen der Aufklärung und einer von → Herder bestimmten Vorromantik nimmt der Marburger Sup. K.W.Justi ein. Um den jungen Savigny und die ihm verschwägerte Familie Brentano schart sich in Marburg ein Romantikerkreis, der zwischen dem von Jena und Heidelberg in der Mitte steht. Und in → Jung-Stilling sammeln sich die Kräfte, die eine Erweckung des Christentums herbeiführen wollen.

5. Die → *Erweckungsbewegung* des 19.Jh.s wird vorbereitet durch die Nachwirkungen aus dem Separatismus des 18. und vor allem durch die seelsorgerliche Arbeit, die die Diasporapfleger der Brüdergemeine um die Jh.wende geleistet haben. Schon durch sie erhält die Bewegung - im Gegensatz gegen Französische Revolution und radikalen Rationalismus - einen konservativen Charakter. Er verstärkt sich in der Restaurationszeit durch die Verbindung der Erweckung mit Vertretern der Historischen Schule (dem Alttestamentler H.Hupfeld, dem Kirchenrechtslehrer W.Bickell) und der konservativen Partei (L.Hassenpflug, A. und W. → Vilmar). Der Ev. Missionsverein in K. (gegr. 1833) bietet die organisatorische Grundlage für die kommenden kirchenpolitischen und politischen Kämpfe. Im Symbolstreit von

1839 wird der Versuch abgewehrt, durch Änderung des Ordinationsgelübdes die Bekenntnisgrundlage der Landeskirche zu zerstören.

6. Die Weiterentwicklung der Landeskirche wird durch *organisatorische Veränderungen* erzwungen. 1803 nimmt Landgraf Wilhelm IX. (I.) die Kurfürstenwürde an (*Kur*hessen). 1736 fällt die Grafschaft Hanau an Hessen-Kassel; der Wiener Friede von 1815 bringt den Neuerwerb des Fürstentums Fulda. Das Organisationsedikt vom 29.6.1821 schafft eine moderne Verwaltungsorganisation und fügt ihr auf paritätischer Grundlage die Provinzialkonsistorien in Kassel, Marburg und Hanau ein. In den Provinzen Hanau und Fulda wird 1818 die → Union (: I) eingeführt; in den übrigen Landesteilen scheitert sie an dem konservativen Sinn der Bevölkerung. Die Verfassung vom 5.1.1831 offenbart die ungeklärte Stellung der Landeskirche im konstitutionellen Staate. Versuche, ihr durch eine Obere Kirchenkommission eine synodale Verfassung zu geben, vereitelt 1834 die Ständeversammlung. Als 1848 die hessische Revolutionsgesetzgebung völlige Religionsfreiheit proklamiert und das → Frankfurter Parlament sie bestätigt, fordern Vilmar und seine Anhänger auf der Jesberger Konferenz vom 14.2.1849 die völlige Trennung von Staat und Kirche und deren Selbstregierung durch das geistliche Amt. Als das 2. Kabinett Hassenpflug 1852 die Grundrechte außer Kraft setzt, führt der Versuch Vilmars, seine Amtslehre aus den luth. Bekenntnisschriften zu begründen, zu seinem Streit mit H. → Heppe über den konfessionellen Charakter der hessischen Kirche.

7. Bei der *Annektion K.s durch Preußen* i.J. 1866 wurde der Anschluß an die Preußische Union nicht erreicht. Erst nach viermaliger Ablehnung durch den Landtag konnte der Kultusminister die Errichtung eines Gesamtkonsistoriums durchsetzen. Seit dem 28.7.1873 faßte es in Kassel die drei bisher bestehenden Konsistorien zusammen. 43 Anhänger Vilmars weigerten sich, mit ihm die Verbindung aufzunehmen, und wurden mit größeren oder geringeren Teilen ihrer Gemeinden »renitent«; die Mehrheit der Sup.en, Metropolitane und Pfarrer fügte sich nur widerstrebend. Für die Entstehung der Renitenz bildeten diese Vorgänge nur den äußeren Anlaß; entscheidend war das Mißtrauen gegen die preußische Union und die kirchenpolitischen Ansprüche des modernen Staates, die sich gerade im → Kulturkampf offenbarten. Seit 1910 war die »Renitente Kirche ungeänderter AC« im »Delegiertenkonvent der ev.-luth. Freikirchen« vertreten und seit 1919 Glied der daraus entstandenen »Vereinigung ev.-luth. Freikirchen«; während nach 1945 ein Teil in die Landeskirche zurückkehrte, gehört die übrige Renitenz als »Niederhessische Diözese« zur »Selbständigen ev.-luth. Kirche«.

8. Nur langsam wurden die Wirren und Verluste, die durch Kulturkampf und Renitenz eingetreten waren, überwunden. Das Hauptverdienst daran kommt zwei Vilmarschülern zu, den späteren General-Sup.en W. Lohr (ref., † 1906) und W. Kolbe (luth., † 1886). Ihnen gelang es, in der 1885 veröffentlichten *Presbyterial- und Synodalordnung* drei Bekenntnisgemeinschaften (ref., luth., uniert) unter je einem General-Sup.en und im Konsistorium die → Itio in partes durchzusetzen; 1896 erhielt jede derselben eine eigene Agende. Die Verfassung der Ev. Landeskirche von Hessen-Cassel vom 1.6.1924 ist zT durch die Gesetzgebung seit 1945 überholt, vor allem durch das Kirchengesetz betr. die Leitung und Verwaltung der Ev. Landeskirche von K.-W. vom 27.9.1945 bzw. 4.12.1947.

9. Unter dem 14.7.1934 wurde die Ev. Landeskirche von *Waldeck* und Pyrmont - nach Abtrennung des Gebietsteils Pyrmont an die Ev.-luth. Landeskirche Hannovers - an Hessen-Kassel angeschlossen und der jetzige Name eingeführt. Die Grafschaft W. (seit 1711 endgültig Fürstentum) hatte die Reformation unter hessischem Einfluß durchgeführt. Johann Hefenträger (Trygophorus, Pfarrer in W. und Wildungen, † 1542) und Graf Wolrad II. († 1578), hessischer Vertreter auf dem Regensburger Reichstag 1546, sind die beiden tragenden Gestalten; Adam → Krafft hat von Marburg aus eingegriffen. Die KO von 1556 galt für alle Landesteile. Sie sicherte das luth. Bekenntnis, als dessen Vorkämpfer Ph. → Nicolai die fortschreitende Calvinisierung Niederhessens bekämpfte. Um zweier ref. Gemeinden willen wurde am 23.1.1821 die Union im Lande durchgeführt, von der rationalistischen Pfarrerschaft begrüßt, von den Lutheranern seit 1850 bekämpft (R. → Rocholl). Die Synodalordnung vom 18.2.1873 hat den Bekenntnisstand der Landeskirche klarer zu bestimmen versucht, die Verfassung vom 10.8.1921 den Zusammenhang mit der CA ausdrücklich festgehalten.

10. Den → *Kirchenkampf* haben W. und K. schon vor ihrer Vereinigung gemeinsam erlebt. Die Mehrheit der DC nach den Wahlen vom 23.7.1933 bröckelte im Kasseler Landeskirchentag schnell ab; er wurde beschlußunfähig. Die von ihm ordnungsmäßig gebildete Einstweilige Kirchenleitung widersetzte sich der Eingliederung in die Reichskirche, wurde aber am 7.7.1934 durch einen Bevollmächtigten der Reichskirchenleitung mit Polizeigewalt aus ihrem Dienstgebäude vertrieben, von der Mehrheit der Gemeinden und Pfarrer, auch von der durch Prof. v. → Soden geleiteten Bekennenden Kirche gestützt und durch Gerichtsurteil in ihrer Legitimität bestätigt. Ein Landeskirchenausschuß, am 29.11.1935 gebildet und von der Bekennenden Kirche kritisch mitgetragen, konnte sich länger als in allen anderen Kirchen, bis Kriegsende behaupten. Er bewahrte einigermaßen die Stabilität des kirchlichen Lebens, obschon die Rechtsverhältnisse sich aufs höchste verwirrten. Mit dem Leitungsgesetz vom 27.9.1945 (s. 8) schuf eine »Notsynode« den Übergang in einen neuen Rechtszustand.

11. K.-W. hatte 1957 (mit dem in der DDR gelegenen Kirchenkreis Schmalkalden) 1 115 000 Seelen (1950: 1 100 000; 1939: 938 580) mit 592 Pfarr- und 17 Hilfspfarrstellen.

Vgl. die Lit. zu → Hessen: I. Ferner zu 1 u. 2: H.Heppe, Die Einführung der Verbesserungspunkte in Hessen von 1604-10 u. die Entstehung der hess. KO von 1657, 1849 - A.F.C.Vilmar, Gesch. des Confessionsstandes der ev. Kirche in Hessen, bes. in Hessen-Cassel, (1860) 1868² - G.L.Büff, Kurhess. Kirchenrecht, 1861 - G.Franz, Urkundl. Qu. zur hess. Reformationsgesch. I-IV, 1951-57 - W.Maurer, Bekenntnisstand u. Bekenntnisentwicklung in Hessen, 1955 - H.Jahr, Die Traditionsbestimmtheit der Ursprünge des ev. Kirchenwesens in Hessen (Arch. f. hess. Geschichts- u. Altertumskunde 25, 1959, 183-198) - Sehling VIII, 1960. - Zu 3-6: R.Francke, Die christl. Liebestätigkeit in K., 1904 - K.Henss, Die Hanauer Union, 1918 - F.Klingender, Der Pietismus in Hessen-Cassel (Diss. Göttingen), 1919 (Masch.) - W.Maurer, Aufklärung, Idealismus u. Restauration ... in bes. Beziehung auf K. 1780-1850, 1930. - Zu 7: K.Wicke, Die hess. Renitenz, ihre Gesch. u. ihr Sinn, 1930. - Zu 9: V.Schultze, Waldeckische Reformationsgesch., 1903 - Ders., Waldeckische Landeskunde, (1909) 1929² - W.Irmer, Gesch. des Pietismus in der Grafschaft W. (Diss. Greifswald), 1912 - H.Nebelsieck, Die kirchl. Union in den ehem. Fürstentümern W. u. Pyrmont (ZKG 62, 1943/44, 232-271) - U.Bockshammer, Territorialgesch. der Grafschaft W., 1958.

W. Maurer

Kurialen, die zur römischen → Kurie gehörenden Amtsträger.

H. Barion

Kurialismus, genauer *päpstlicher K.*, *Papalismus*, ein Hauptprinzip der kath. → Kirchenverfassung (: V, 5 c; → Papat und Primat).

H. Barion

Kurie, *Römische*

1. Allgemeines - 2. Geschichte bis 1588 - 3. Geschichte bis zum CIC von 1917 - 4. Die Kurialbehörden heute - 5. Der päpstliche Hofstaat

1. Röm. K. (Curia Romana) ist seit dem 12.Jh. die stehende Bezeichnung für den päpstlichen Hof und seine Behörden. Man versteht hierunter die Gesamtheit der Behörden und Amtspersonen, deren sich der Papst zur Regierung der Weltkirche bedient. Diesem engeren Begriff steht ein weiterer gegenüber, nach dem auch die Personen der »päpstlichen Familie«, der »päpstlichen Kapelle« (s. 5) und der Behörden der Vatikanstadt dazu zählen. In Anlehnung hieran hat man ebenso die Gesamtheit der bischöflichen Behörden als *bischöfliche* K. benannt. Doch wird »K.« auch örtlich gefaßt im Sinn der Baulichkeiten, worin die betr. Personen oder Behörden ihren Sitz haben; insbesondere spricht man von Domherren-K.n (bes. gut erhalten zB in Bamberg). - Mitglieder der Röm. K. im engeren und eigentlichen Sinn sind die → *Kardinäle*, die mit dem Papst im → Konsistorium oder als Mitglieder namentlich der Kongregationen (s. 4) für die Gesamtkirche tätig sind, sodann die wirklichen und die Ehren-*Prälaten* (→ Prälat), die als Sekretäre der Kongregationen, als Protonotare, Assessoren, Auditoren und Konsultoren der einzelnen Behörden ernannt sind (Mitglieder der 4 röm. Prälatenkollegien), ferner die *niederen Beamten* wie die ständigen Prokuratoren, Advokaten, Notare, Schreiber, Expeditoren, endlich als Vermittler zwischen den Bittstellern und der K. die zT ständig betrauten *Agenten*.

2. In der Frühzeit bis zum 4.Jh. hatte der röm. Bischof als Verwaltungsorgan sein Presbyterium, sodann die Bischöfe der benachbarten Bistümer zur Seite, für das Armen- und Finanzwesen die 7 Regionaldiakone. Schon begannen *Kanzlei* und *Archiv* eine Rolle zu spielen. Als dann der Umfang der Geschäfte mehr und mehr zunahm, traten seit dem 6.Jh. die 7 *Pfalzrichter* in den Vordergrund als Leiter des Kanzleiwesens und Verwalter der Großländereien (patrimonia S.Petri), bis sie im 11./12.Jh. durch die Kardinäle verdrängt wurden und ganz verschwanden. Eine bedeutsame Rolle spielten zeitweise seit → Leo IX. (1049-54) auch die röm. Fastensynoden, an denen Bischöfe aus dem ganzen Abendland teilnahmen. Das *Kardinalskollegium* (→ Kardinal), in der Zeit der Kirchenreform, endgültig bald nach 1100 zusammengewachsen, gelangte zu immer größerer Bedeutung als »Senat des römischen Pontifex« (so auch heute CIC c. 230). - Der seit → Innozenz I. († 417) sich ständig wiederholende Begriff der causae maiores (heute c. 220) gab dem kurialen Geschäftsbereich immer neue Nahrung. Neue Behörden bildeten sich, meist mit einem Kardinal an der Spitze, so im 12.Jh. die mit dem Steigen der päpstlichen Finanzen immer wichtiger werdende *Apostolische Kammer*, im 13.Jh. unter Einwirkung des → Bußwesens (: II) die → *Paenitentiarie*, sodann für die → Gerichtsbarkeit (: I) als oberster Gerichtshof die Sacra Romana *Rota* (endgültig konstituiert durch die Bulle »Ratio iuris« von 1331), neben letzterer im 14.Jh. die *Signatura* Apostolica für die dem Papst vorbehaltenen Gerichtssachen, während die *Datarie* für päpstliche Gnadensachen errichtet wurde. Soweit etwa war die Entwicklung der Röm. K. fortgeschritten, als die Reformation und das → Tridentinische Konzil den Anstoß zur Schaffung neuer Behörden, bes. der *Kardinalskongregationen* gaben (kollegiale Behörden, bestehend aus Kardinälen [mit Unterbeamten]); die Zahl der Kardinäle wuchs und wurde 1586 von → Sixtus V. auf 70 festgelegt (seit 1959 sind es 80). Als erste schuf → Paul III. 1542 die Congregatio Inquisitionis (heute C.Sancti Officii, c. 247) zur Ketzerbekämpfung und für Glaubensfragen (→ Inquisition, → Zensur); ihr folgten 1564 die C.Concilii für die Durchführung der Trienter Beschlüsse, 1571 die C.Indicis (→ Index) u.a. Ihren vorläufigen Abschluß erhielt die Entwicklung unter Sixtus V. durch die Bulle »Immensa aeterni« von 1588, die für mehr als drei Jh.e die Verfassung der Röm. K. festlegte. Durch sie wurden bes. die (damals 15) Kardinalskongregationen wichtige Glieder der kurialen Behördenorganisation.

3. Die weitere Entwicklung führte zu immer größerem Übergewicht der Kongregationen, deren Zahl noch durch manche neue vermehrt wurde (so 1622 durch die C. de propaganda fide [s. 4], 1669 durch die C. indulgentiarum für das → Ablaß-Wesen). Aus verschiedenen, zT spätmittelalterlichen Wurzeln (päpstliches Geheimkabinett, Geheimsekretär, Kardinalnepot) erwuchs, endgültig im 18.Jh., das *Staatssekretariat* als Auswärtiges Amt der K. unter Leitung des Kardinalstaatssekretärs. Die Kompetenz der Kongregationen beschränkte sich nicht auf die Verwaltung. Sie entfalteten auch eine gesetzgeberische Tätigkeit, entschieden streitige Sachen und drängten durch ihre gerichtliche Tätigkeit die Rota immer mehr zurück, die schließlich zum obersten Gericht des Kirchenstaats wurde. Aber auch untereinander gerieten sie in Kompetenzstreitigkeiten, da es an klarer Abgrenzung der Zuständigkeiten fehlte. Päpste wie → Innozenz XII., → Benedikt XIV. und → Gregor XVI. suchten vergeblich die Mißstände zu beseitigen. Eine gründliche Änderung schuf erst die *kuriale Verfassungsreform* → Pius X. auf Grund der Konstitution »Sapienti consilio« vom 29.6.1908, ergänzt durch ein Gesetz über die Rota und Signatura sowie durch eine Geschäftsordnung, den »Ordo servandus in sacris Congregationibus, Tribunalibus, Officiis Romanae Curiae« vom selben Datum. Das Wichtigste dieser Neuordnung war: Die Zahl der Kongregationen wurde von 20 auf 11 herabgesetzt; der Geschäftskreis der einzelnen Behörden wurde möglichst scharf und eindeutig abgegrenzt, die Trennung der Justiz von der Verwaltung grundsätzlich durchgeführt und nur die eigentlichen Verwaltungssachen den einschlägigen Kongregationen überlassen. Alles rein Justizielle wurde den beiden wiederhergestellten Gerichtsbehörden, der Rota und der Signatura, überwiesen. Es wurde ein modernes Beamtenrecht geschaffen, die Beamten erhielten statt Sporteln jetzt wirkliches Gehalt. Das Taxwesen wurde revidiert, auch manche überflüssige Einrichtung beseitigt, anderes neu aufgefrischt. Anstelle der offiziösen, seit 1904 offiziellen Acta Sanctae Sedis erhielt die K. mit dem 1.1.1909 als modernes offizielles Publikationsorgan die *Acta Apostolicae Sedis*. Seit 1912 ist für das päpstliche Jahrbuch »Gerarchia Cattolica« der frühere Titel *»Annuario Pontificio«* wieder eingeführt, das jährlich über den Gesamtbestand der Röm. K. sowie der kath. Welthierarchie eingehend Auskunft gibt. - Einige, aber nicht grundsätzliche Änderungen hat dann das neue kirchliche Gesetzbuch, der → Codex Iuris Canonici von 1917 gebracht. Bes. üben seitdem die Kongregationen nicht nur verwaltende Tätigkeit aus, sondern haben aus sachlichem Zusammenhang zT auch wieder eine gewisse richterliche Tätigkeit (»in ordine disciplinari«, dh als Verwaltungsgerichte) erhalten und sind an der päpstlichen Gesetzgebung mehr oder weniger beteiligt.

4. Nach *geltendem Recht* zerfallen die Behörden der Röm. K. in → Kongregationen (sacrae congregationes), Gerichtshöfe (tribunalia) und Ämter (officia; c. 242), denen jedoch nicht der Charakter juristischer Personen eignet. Über die Zuständigkeit, bes. ob »ordo iudicialis« oder »disciplinaris«, trifft im Zweifelsfall die Behörde selbst eine Vorentscheidung, im Streitfall ent-

scheidet eine Kardinalskommission (c. 245). Keine der Behörden, abgesehen von den gerichtlichen (auch diese nicht in causae maiores, c. 220), kann ohne Vorwissen des Papstes tätig werden oder Entscheidungen treffen. Nur in laufenden Angelegenheiten, für die Generalvollmacht besteht, entscheiden sie selbständig (c. 244). Alles andere wird in den Behörden nur vorberaten, von ihrem Leiter »in audientiam Sanctissimi« gebracht und vom Papst entschieden.

Es gibt *11 Kongregationen* (cc. 247-257): 1. Die *C. Sancti Officii*, dem Rang nach die höchste Kurialbehörde, ist berufen zur Reinhaltung der Glaubens- und Sittenlehre und zum Entscheid aller damit zusammenhängenden Fragen, bes. auch in Ehesachen mit Nichtkatholiken und zur Überwachung des Schrifttums (→ Index). Den Vorsitz führt der Papst selbst. - 2. Die *C. Consistorialis* bereitet unter Vorsitz des Papstes die im Konsistorium zu erledigenden Geschäfte vor, bes. die Errichtung usw von Kirchenprovinzen, Diözesen und Kapiteln, die Aufsicht über Bistümer und Bischöfe, die Berufung neuer Oberhirten, soweit nicht Verhandlungen mit Staaten notwendig sind, nicht aber für Missionsgebiete und die Ostkirche. - 3. Die *C. de disciplina sacramentorum* hat die oberste Leitung der disziplinären Seite des Sakramentenwesens einschließlich der → Ehe (: VI, 2). Wenn sachlich erwünscht, kann sie an die Rota verweisen. - 4. Die *C. Concilii* (sc. Tridentini) hat heute die oberste Leitung der Disziplin des Weltklerus und des christlichen Volkes. - 5. Die *C. Religiosorum* ist zuständig für das gesamte Ordenswesen der Lateinischen Kirche. - 6. Der *C. de propaganda fide* (kurz »Propaganda« genannt; → Propaganda-Kongregation) untersteht das gesamte Missionswesen (→ Mission: III F), die Missionsgesellschaften wie die Missionsgebiete (terrae missionis); sie vereinigt hier grundsätzlich auch die Befugnisse der anderen Kongregationen. - 7. Die *C. sacrorum rituum* leitet die Liturgie der lat. Kirche und führt zugleich als Verwaltungsgericht die Selig- und → Heiligsprechungs-Prozesse durch. - 8. Die *C. Caeremonialis* regelt das (außerkirchliche) Zeremonienwesen am päpstlichen Hof. - 9. Die *C. de negotiis extraordinariis* (außenpolitische Kongregation) ist für alle Sachen zuständig, die - nach Konkordat oder Tradition - Verhandlungen mit weltlichen Regierungen nötig machen, bes. Gliederung der Kirche und Besetzung der Bischofsstühle in Konkordatsländern, Vorbereitung von → Konkordaten. Sie ist zusammen mit der C. Consistorialis die oberste Behörde der Führerauslese der Kirche und, unter Vorsitz des Kardinalstaatssekretärs, für diese Aufgaben bes. zusammengesetzt (Notificatio von 1926). Angeschlossen ist seit 1934 die Pontificia Commissio pro Russia. - 10. Die *C. de Seminariis et Universitatibus* beaufsichtigt und leitet das kirchliche Unterrichtswesen mit ausschließlicher Zuständigkeit für das gesamte kirchliche Hochschulwesen (vgl. die Constitutio Pius XI. »Deus scientiarum dominus« vom 24.5.1931 und die ausführenden Bestimmungen der Kongregation). - 11. Die *C. pro Ecclesia Orientali* (erst 1917 neu geschaffen, unter Vorsitz des Papstes selbst, von Pius XI. 1938 neu geordnet) ist für alle Angelegenheiten der Ostkirchen zuständig (vorbehaltlich der Befugnisse des S. Officium) sowie für die im nahen Orient lebenden Lateiner (→ Unierte Kirchen). In ihrem Bereich entscheidet sie auch gerichtlich. - Die Kongregationen sind aus Kardinälen bestehende Kollegien mit Welt- und Ordensgeistlichen als Konsultoren und dem erforderlichen Unterpersonal. Den Vorsitz führt ein vom Papst ernannter Kardinal als Präfekt, dazu ein Prälat als Sekretär. Soweit der Papst Präfekt ist, wird ein Kardinal zum Sekretär ernannt, neben ihm ein Prälat zum Assessor. Laufende Sachen werden vom »Kongreß« (Präfekt, Sekretär, Sachbearbeiter) entschieden, wichtigere vom Plenum nach Stimmenmehrheit.

Es gibt 3 kuriale *Gerichtshöfe:* 1. Die *S. Paenitentiaria* (c. 258; → Paenitentiarie). - 2. Die *Sacra Romana Rota* (cc. 259, 1598-1601) ist der ordentliche röm. Gerichtshof für »causae ordinem iudiciarium requirentes« und wird regelmäßig als Appellationsgericht in 2. oder 3. Instanz tätig. Sie ist ein Kollegialgericht unter Vorsitz ihres Dekans als primus inter pares, aus Auditoren im Prälatenrang bestehend. Sie wird nach dem Turnus in Dreier- oder auch in Vollsenaten tätig. - 3. Die *Signatura Apostolica* (cc. 259, 1602-06) hat die Aufgabe eines obersten Überwachungs- (Kassations-) Gerichtes und besteht nur aus Kardinälen mit einem Kardinalpräfekten an der Spitze.

Die 4 *Ämter (officia)* unter Leitung je eines Kardinals sind reine Verwaltungsbehörden: 1. Die *Apost. Kanzlei* (c. 260) dient zur Ausfertigung und Versendung der → Bullen (Apost. → Konstitutionen) und wird auf Anordnung der Congregatio Consistorialis oder des Papstes tätig. Ihr Vorstand ist der Kardinalkanzler der Röm. Kirche. - 2. Die *Apost. Datarie* (c. 261) verleiht die niederen Kirchenämter, soweit sie dem Papst zur Besetzung vorbehalten sind (c. 1435 § 1). Sie untersteht dem Kardinaldatar der Röm. Kirche. - 3. Die *Apost. Kammer* unter dem Kardinalkämmerer der Röm. Kirche (c. 262) soll die zeitlichen Güter und Rechte des Hl. Stuhls verwalten, hat aber nur noch Bedeutung für die Zeit der → Sedisvakanz, wo der Kardinalkämmerer in den Mittelpunkt des äußeren Geschehens tritt. Für den Grundbesitz und das Finanzvermögen des Hl. Stuhles (Entschädigung aus den Lateranverträgen von 1929, → Peterspfennig u.a.) bestehen Sonderverwaltungen. - 4. Das *Staatssekretariat* unter dem Kardinalstaatssekretär (c. 263), der das besondere Vertrauen des Papstes genießt und dessen Amt mit dem Tod des Papstes erlischt, leitet den diplomatischen Verkehr mit den weltlichen Regierungen. Es zerfällt in 3 Abteilungen: für »außerordentliche«, dh kirchenpolitische Angelegenheiten (sie dient vor allem auch der Vorbereitung für die Aufgaben der 9. Kongregation, deren Sekretär ihr Leiter ist), für die »ordentlichen« (nichtdiplomatischen) Angelegenheiten, bes. für die Verleihung päpstlicher Titel und Orden (Leiter ist der »Substitut«), für die Ausfertigung der → Breven unter dem »Kanzler der Breven«. - Zu den Ämtern gehören ferner die Sekretariate der Breven an Fürsten und der lat. Briefe. - Es gibt an der K. noch einige *ständige Kommissionen*, bes. die Kardinalkongregation der »Fabrica S. Petri«, die das Gotteshausvermögen der Peterskirche verwaltet, die Kommission für die authentische Auslegung des CIC (seit 1917), die Kommission für christliche Archäologie (seit 1852), die Bibelkommission (seit 1902), die Vulgata-Kommission (seit 1939) u.a.

5. Zur *päpstlichen Familie* (Familia Pontificia; familiares Romani Pontificis, mit besonderen Privilegien ausgezeichnet, vgl. c. 328) gehören die Personen geistlichen, aber auch weltlichen Standes, die den Papst unmittelbar umgeben. Dazu zählen zunächst die Kardinäle, sodann die diensttuenden röm. Prälaten (s. 1) in bestimmter Rangordnung bis herab zu den päpstlichen Kaplänen, unter den Laien vor allem die Geheimkämmerer mit Mantel und Schwert, die Offiziere der Nobel- und der Schweizergarde. Außer den wirklichen Prälaten gibt es aber auch zahlreiche bloße Ehrenprälaten, denen in gewissem Umfang die Titulatur der diensttuenden Prälaten verliehen wird: Protonotare, Hausprälaten, Ehrenkammerherren, Ehrenkapläne usw. - Zur *päpstlichen Kapelle* (Capella Pontificia) gehören alle kirchlichen und weltlichen Würdenträger, die den

Papst bei feierlichen, bes. bei gottesdienstlichen Gelegenheiten umgeben.

J.H.BANGEN, Die Röm. K., ihre gegenwärtige Zusammensetzung u. ihr Geschäftsgang, 1854 - P.HINSCHIUS, Kirchenrecht I, 1869, 373ff - RE XI, 178ff - N.HILLING, Die Röm. K., 1906 - DERS., Die Reformen Papst Pius X. auf dem Gebiet der kirchenrechtl. Gesetzgebung, 3 Bde, 1909-15 - F.M.CAPPELLO, De Curia Romana iuxta reformationem a Pio X. sapientissime inductam, Rom 1911/12 - E.RUCK, Die Organisation der Röm. K., 1913 - A.V.MÜLLER, Papst u. K., ihr Leben u. Arbeiten, 1921 - VICTOR MARTIN, Les cardinaux et la Curie. Tribunaux et offices. La vacance du Siège Apostolique, Paris 1930 - DERS., Les Congrégations romaines, ebd 1930 - J.B.SÄGMÜLLER, Lehrbuch des kath. Kirchenrechts I⁴, Tl 4, 1934, 531ff - N.DEL RE, La Curia Romana, Rom (1937) 1952² - K.JORDAN, Die Entstehung der Röm. K. (ZSavRG Kan. Abt. 28, 1939, 96-152) - EICHMANN-MÖRSDORF I, 357ff - J.NEUVECELLE, Hauptstadt Vatikan, dt. 1955 (populär) - FEINE 284ff. 463ff. 588. 645ff (Lit.).

† *A.M.Koeniger (H.E.Feine)*

Kurrende (von currere »laufen«) hießen die aus bedürftigen Knaben vornehmlich der Lateinschulen gebildeten Chöre, die an Wochentagen morgens oder abends unter Führung eines Präfekten auf den Straßen sangen und dafür Spenden entgegennahmen. Die Anfänge der K.n reichen ins MA zurück. Während sie damals u.a. auch bei Prozessionen und Krankenkommunionen beteiligt waren, übernahmen sie infolge der grundsätzlichen Fürsprache Luthers, der in Eisenach selbst Kurrendaner war, neben dem Straßensingen oft den einstimmigen Chordienst in Metten und Vespern sowie bei Beerdigungen. Nicht selten wurden die K.n durch Stiftungen wohlhabender Bürger im 16. und 17.Jh. wesentlich gefördert. Das Zeitalter der Aufklärung brachte infolge der Lockerung des Bandes zwischen Kirche und Schule ihren Niedergang. Erst vom 19.Jh. ab und vor allem in der Gegenwart hat das K.wesen, jedoch meist ohne Entgegennahme von Spenden, mit volksmissionarischer Absicht neuen Auftrieb bekommen.

S.KÜMMERLE, Encyklopädie der ev. Kirchenmusik I, 1888, 297 (Lit.) - J.RAUTENSTRAUCH, Luther u. die Pflege der kirchl. Musik in Sachsen (14.-19.Jh.), 1907 - H.J.MOSER, Die Wiederbelebung der Kantoreien u. K.n (MGkK 31, 1926, 373-379) - W.ARBEITER, Knabenchöre, Kantoreien u. K.n (MuK 24, 1954, 15-22).

W.Blankenburg

Kurtz, *Johann Heinrich* (1809-90), ev. Theologe, * in Montjoie (Aachen), 1835 Religionslehrer in Mitau, 1849 Prof. der KG, 1859 des AT in → Dorpat. K. war ein (bes. literarisch) einflußreicher Vertreter des Neuluthertums. Ohne zur → Erlanger Schule zu gehören, näherte er sich der heilsgeschichtlichen Betrachtung v. → Hofmanns. Seine at. Arbeiten vertreten wie die von Franz → Delitzsch einen biblischen Realismus; Zweifel an der Historizität des im AT Berichteten kannte K. nicht. Weiteste Verbreitung fand sein Lehrbuch der KG (»der große K.«), das einen großen Stoff übersichtlich disponierte und in knapper Darstellung über den Stand der Forschung unterrichtete.

Vf. u.a.: Die Astronomie u. die Bibel, (1842) 1865⁵; Christl. Religionslehre, (1844) 1912¹⁵; Biblische Gesch., 1847 (seitdem über 50 Aufl.); Gesch. des Alten Bundes I, (1848) 1864³, II, (1855) 1858²; Lehrbuch der KG für Studierende, 1849 (1906¹⁴ hg.v. G.N. → BONWETSCH u. P.TSCHACKERT); Lehrbuch (seit 1856³: Abriß) der KG für den Unterricht in höheren Lehranstalten, (1852) 1906¹⁶; Hdb. der allg. KG I/1-3, II/1, 1853-56. - Bibliogr. in: PH.SCHAFF-S.M.JACKSON, Encyclopedia of living divines and Christian workers, 1887, 121. - Über K.: RE XI, 187ff; XXIII, 809 - ADB 51, 450ff - Briefe an J.H.K., hg.v. BONWETSCH, 1910.

† *K.Bauer (R.Wittram)*

Kuß ist gelegentlich als eine Sublimierung des Hunger- und Fütterungstriebes gedeutet worden. Man kann ihn aber auch als Suche nach möglichst engem Kontakt auffassen: Wie schon die Berührung des hl. Gegenstandes einen Kontakt mit dessen → Macht (: I) dargestellt, so noch verstärkt der K. Daher erklärt sich das Küssen hl. Objekte (Stein der Kaʿaba in Mekka, → Ikone, → Kreuz, → Altar). Bibel und → Koran, der Finger, der den Toraschrein berührt hat, Bischofsring, Fuß, Hand oder der Saum verehrter oder heilig gehaltener Personen werden geküßt; der türkische Händler küßt das erste eingenommene Geld des Tages. Innigste Berührung durch den K. von Mund zu Mund (oder auch den Nasen-K.) überträgt die Hauchseele (→ Seele) und schafft so eine Seeleneinigung. Das Bild vom Seelentausch durch den K., aus der antiken Dichtung geläufig, ist in der abendländischen, noch mehr in der islamischen Poesie unendlich variiert worden, wobei stets die lebenspendende Kraft des K.es betont wird. Totenerweckung durch K. (vgl. 2Kön 4, 34) ist ein häufiges Märchenmotiv. Der K. als Symbol für die engste geistig-seelische Verbindung ist aus den mystischen Kommentaren zum Hhld (→ Bernhard von Clairvaux) und der nichtchristlichen wie christlichen mystischen Dichtung (→ Mechthild von Magdeburg, → Angelus Silesius, → Zinzendorf usw) bekannt. Sie ist am schönsten ausgedrückt durch den Gedanken, daß der Hl. Geist der K. zwischen Gottvater und Gottsohn sei, sowie in der talmudischen Legende, nach welcher Gott die Seele des Moses im K. zu sich nahm. - Im → Gottesdienst (: IV) war der wechselseitige Friedens-K., die pax, allgemeine frühchristliche Sitte, um die Bruderschaft der Gläubigen darzustellen (Röm 16, 16; 1Kor 16, 20 u.ö.); in der afrikanischen und römischen Liturgie pflegte man sich unmittelbar vor der Kommunion zu küssen; der Brauch lebt im Oster-K. der orth. Kirche fort. - Noch heute werden im Volk K.hände zu entfernten Kultobjekten geworfen; die frühere Bedeutung der K.hand erhellt aus dem Wort ad-orare »die Hand zum Munde führen« (und damit die Gottheit anbetend grüßen).

ERE VII, 739ff - F.HEILER, Das Gebet, (1918) 1923⁵ - HWDA V, 841ff - K.-M.HOFMANN, Philema hagion, 1938. *A.Schimmel*

Kustodie *des hl. Landes* heißen die → Franziskaner-Niederlassungen in Jerusalem. Der Orden ist seit 1219 (bzw. 1336) mit dem Dienst an den hl. Stätten betraut. Er gründete zahlreiche Niederlassungen (zB in Nazareth und Bethlehem) zu religiösen, wohltätigen und unterrichtlichen Zwecken. In der Behauptung gegen die Mohammedaner brachte der Orden große Opfer. Etwa 2000 Angehörige starben als Märtyrer, über 6000 bei der Pflege der Pestkranken. - Ein Teil der Niederlassungen ist eingegangen. In Jerusalem aber unterhält der Orden noch eine Reihe gemeinnütziger Anstalten, deren bedeutendste das mächtige Kloster San Salvator ist. Den Dienst in der Grabkirche versehen 6-7 Patres in dreimonatigem Wechsel. - Die K. gibt die Monatsschrift »La Terra Santa« heraus.

P.FERNANDEZ, Conspectus omnium missionum ordinis fratrum minorum, 1905 - H.HOLZAPFEL OFM, Hdb. der Gesch. des Franziskanerordens, 1909 - L.LEMMENS, Die Franziskaner im Hl. Lande I: Die Franziskaner auf dem Sion 1335-1552 (FS Bh. 4), (1916) 1925² - HEIMBUCHER II, 773ff. *A.Erler*

Kutter, *Hermann* (1869-1931), Pfarrer an der Neumünstergemeinde in Zürich, gilt neben → Ragaz als der bedeutendste Verfechter des religiös-sozialen Gedankens. Unter dem Eindruck der Zusammenschau von christlicher Reichgotteserwartung und sozialistischem Zukunftsglauben des jüngeren → Blumhardt sowie der Philosophie des deutschen → Idealismus (: II) kommt K. zu einer dynamischen Gottesvorstellung. Gott, der in Christus Mensch und Welt »in unendlicher Realität durchdringt«, ist die »einzige Lebensrealität«. Mit seiner »theozentrischen Theologie« hat K. der

→ »dialektischen Theologie« entscheidende Vorarbeit geleistet. Soziales Elend hat nach K. seinen Grund in dem Abfall des Menschen von Gott. Gegenüber einem verkirchlichten Christentum und einer »falschen Verinnerlichung« des Pietismus sieht K. im Gegensatz zu den → Christlich-Sozialen in der gegen den »Mamonismus«, für eine neue Gerechtigkeit kämpfenden → Sozialdemokratie den lebendigen Gott wirksam. Von Gott getrieben, »müssen sie«, ohne davon zu wissen, das »Unmögliche« tun. K. hat jedoch nie die ihm nachgesagte Identifizierung von Evangelium und Sozialismus vollzogen.

Vf. bes.: Cl. Alexandrinus u. das NT, 1897; W.v.St.Thierry, 1898; Das Unmittelbare, 1902; Sie müssen!, 1903; Gerechtigkeit, 1905; Wir Pfarrer, 1907; Die Revolution des Christentums, 1908; Reden an die dt. Nation, 1916; Das Bilderbuch Gottes, 1917; Im Anfang war die Tat, 1923; Not u. Gewißheit, 1926; Platon u. wir, 1927; Über das Problem des Unbedingten, 1928; Mein Volk, 1929; Aus der Werkstatt, 1932. - Über K.: E.Thurneysen, H.K. (ZZ 1, 1923, H. 4, 1-13) - E.Steinbach, Konkrete Christologie, 1934 - W.Nigg, H.K.s Vermächtnis, Bern 1941 (Bibliogr.). *G.Bormann*

Kuyper, *Abraham* (1837-1920), ref. Theologe, Staatsmann und Wissenschaftler, Pfarrerssohn, studierte Theologie in Leiden (Einfluß → Scholtens). Ein akademisches Preisausschreiben führte ihn zu → Laski, dessen Kirchenbegriff er mit dem Calvins verglich (Doktorarbeit) und dessen Werke er herausgab. Die Beschäftigung mit dem Calvinismus und dem Kirchenbegriff war folgenreich auch für K.s kirchliche, politische und wissenschaftliche Bestrebungen. - Seit 1863 Pfarrer in der Ned. Herv. Kerk, erneuerte er seit 1867 den alten Kampf um Bekenntnis und Kirchenordnung, der lange geruht hatte. Er griff den Liberalismus und Modernismus, aber auch die Vermittlungstheologie an und behauptete ihnen gegenüber das ausschließliche Recht des unverkürzten ref. Bekenntnisses. Der Zusammenstoß mit den Kirchenbehörden führte 1886 zur »Doleantie«, nach der »Afscheiding« von 1834 (→ Niederlande: I) der zweite große Auszug vieler Reformierter aus der Ned. Herv. Kerk. Die von K. kräftig betriebene Verschmelzung der beiden Gruppen kam weitgehend zustande (De Gereformeerde Kerken in Nederland, 1892). - Mit gleichem Nachdruck verfocht er die Königsherrschaft Christi auch in der *Politik*. Seit 1874 war K. Abgeordneter der 2. Kammer, wurde 1881 Nachfolger → Groen van Prinsterers als Führer der antirevolutionären Partei, 1901-05 Ministerpräsident. Als Schüler Groens trat er für die christliche Schule ein; die soziale Frage kam ihm früh zum Bewußtsein. Eine damit verbundene imposante Pressearbeit (»De Standaard« als Tage-, »De Heraut« als Wochenblatt) wollte Kirche und Staat dienen. - Schließlich sollte nach K. die universelle Christusherrschaft auch in der *Wissenschaft* zur Geltung gebracht werden, ein Gesichtspunkt, den die niederländische Theologie (→ Niederlande: II) bis dahin sehr vernachlässigt hatte. Mit Kummer sah K., wie der Einfluß des Christentums in Europa bes. unter den Gebildeten abnahm. Die Errichtung der »Freien Universität« in → Amsterdam (1880) sollte dieser Entwicklung entgegenwirken und durch die Pflege einer christlichen Wissenschaft dem Christentum neue Kräfte zuführen. Etwas davon erinnert an → Schleiermacher, aber in der Auswirkung wollte K. am ref. Bekenntnis anknüpfen, dh dem modernen Bewußtsein klarmachen, wieviel ungehobene Schätze der Calvinismus für Kirche, Staatsleben und Wissenschaft in sich berge. Dieses Programm schließt die Fortentwicklung des historischen Calvinismus zum Neucalvinismus ein, der ein Neubau im alten Stil sein wollte. - K. lehrte an der Freien Universität Dogmatik und war dabei bemüht, bisher vernachlässigtes ref. Erbgut (Bundesbegriff; → Bund: IV) wieder zu Ehren zu bringen. Mit seiner Auffassung der freien Kirche im freien Staate weicht er vom klassischen Calvinismus ab, auch in seiner Lehre von der Pluriformität der Kirche. Die Schroffheit des Bekenntnisses zur Prädestination, die eine völlige »Antithese« zwischen Christentum und »Paganismus« bedeutet, wird etwas gemildert durch den Nachdruck, den die allgemeine Gnade bekommt, bes. auf dem Gebiet der Wissenschaft und Kunst.

Vf. bes.: Encyclopaedie der Heilige Godgeleerdheid, 3 Bde, (1894) 1908[2]; Het Calvinisme, 1899 (dt. 1904); De Gemeene Gratie, 3 Bde, 1902-05; Parlementaire redevoeringen, 4 Bde, 1908-10. - Über K.: BWGN V, 348ff - J.C.Rullmann, K.-Bibliogr., 3 Bde, 1923-40 (223 Titel) - P.Kasteel, A.K., 1938 - S.J.Ridderbos, De theologische cultuurbeschouwing van A.K., 1947 - E.E.Rosenboom, Die Idee einer christl. Univ. im theol. Denken von A.K. (Theol. Diss. Göttingen), 1950 (Masch.; Forschungsbericht u. Lit.). *S.van der Linde*

Kvačala, *Johann* (1862-1934), ev. slowakischer Theologe, 1888 Prof. am ev. Lyzeum in Bratislava (Preßburg), 1893-1918 Prof. der KG in → Dorpat, seit 1921 an der ev.-theol. Hochschule in Bratislava. K. verfaßte bahnbrechende Arbeiten über J.A. → Comenius und seine Zeit.

Vf. u.a.: Comenius, sein Leben u. seine Schriften, 1892; Die pädag. Reform des Comenius in Deutschland bis zum Ausgang des 17.Jh.s, 1903/04; J.A.Comenius, 1914; Die Gesch. der Reformation in der Slowakei 1517-1711, Lipt. Sv. Mikuláš 1935. - Vollst. Bibliogr. in: Festschr. für Dr. D.J.K., Bratislava 1933. *R.Říčan*

Kyriale, ein liturgisches Buch der röm.-kath. Kirche, das - ein Auszug aus dem → Graduale - die verschiedenen gregorianischen Melodien des Ordinarium Missae, dh der im Hochamt ständig wiederkehrenden Gesangsstücke der → Messe (: II. IV) enthält: → Kyrie, → Gloria, → Credo, → Sanctus, → Agnus Dei, Ite missa est, Benedicamus domino.

Amtl. Ausg.: K. Vaticanum, Rom u. Regensburg 1905; auch Volksausgaben mit modernen Noten. - D.Johner, Erklärung des K., 1933 - MGG VII, 1930f - EKL II, 1714ff. *H.Hohlwein*

Kyrie eleison, ein Gebetsruf bereits der vorchristlichen Zeit, begegnet im liturgischen Gesang zuerst im Bericht der Pilgerin → Ätheria über die Jerusalemer Liturgie, dann im 5.Jh. in Rom, im 6.Jh. in Südgallien. In die römische → Messe (: II) drang es ein als Schluß einer Eingangslitanei, aus der es sich löste, als diese aufgegeben wurde. Mit dem ursprünglich an Christus gerichteten Ruf verband man das Christe eleison, wodurch eine trinitarische Deutung des ganzen Gesanges begünstigt wurde. Die Zahl der Rufe war nicht fixiert. Sie wurden vom Priesterchor angestimmt und vom Volke wiederholt. Etwa seit dem 9.Jh. setzte sich die Zahl von 3 mal 3 Anrufen durch. Die einfachen Melodien wurden durch solistische → Tropen ergänzt, deren Textanfänge den Melodien den Namen gaben, auch als diese Tropen nur noch textlos vorgetragen wurden. Die Zahl der einstimmigen Weisen beläuft sich auf mehrere hundert. Das K. wurde dann der 1. Gesang des mehrstimmig vertonten Ordinariums der Messe. In der ev. Liturgie bildet es einen Teil des → Altargesangs.

P.Wagner, Einführung in die gregorian. Melodien III, 1921 - J.A. Jungmann, Missarum Sollemnia I, (1948) 1958[4]. *E.Jammers*

Unter K etwa Vermißtes bitte unter C und Z suchen

L

Labadie, *Jean de,* Hauptvertreter der mystischen → Spiritualisten franz. Sprache, bes. der → Separatisten, * 13.2.1610 in Bourg b. Bordeaux, † 13.2.1674 in Altona. L. wurde Jesuit, 1639 aber auf eigenen Wunsch wegen Kränklichkeit entlassen. Schon früh der Mystik → Augustins und → Bernhards (, 1) hingegeben, von → Port-Royal berührt, ergriff er als seine Lebensaufgabe, die Kirche nach dem Modell des Urchristentums wiederherzustellen. Als Weltpriester in Bordeaux, Paris und Amiens scharte er Konventikel von Laien zu Bibelbetrachtung, Gebet und Meditation um sich. Schrittweise wurde er, bes. durch die Bibel und Augustin (im Verständnis des → Jansenismus) dem Calvinismus nähergeführt. Während → Richelieu ihn geschützt hatte, ließ ihn → Mazarin 1646 nach Südfrankreich versetzen (Karmeliter-Eremitage in Graville, wo er → Calvins Institutio las). 1650 trat L. in Montauban zur ref. Kirche über und wurde dort Pfarrer und Prof. der Theologie. Auf der Reise nach London, wohin er als Pfarrer der franz.-ref. Gemeinde berufen war, wurde er 1659 in Genf festgehalten und zum außerordentlichen Prediger berufen. Dort gewann er P. → Yvon, Pierre Dulignon, François Menuret, Th. → Untereyck und Fr. → Spanheim zu Schülern; auch → Spener besuchte ihn dort. 1666 berief ihn die niederländische Gemeinde Middelburg, das Zentrum des → Pietismus, als Reformator des Gemeindelebens. Als er aber eine »urchristliche« Separation begründete, wies ihn der Stadtrat aus. L. sammelte in Amsterdam eine Hausgemeinde, die zum Muster ähnlicher Gruppen am Niederrhein wurde. 1670 zog er durch Vermittlung seiner Schülerin A.M. v. → Schurman in das Stift Herford, das sich unter der Äbtissin → Elisabeth (, 5) zum Asyl für verfolgte Spiritualisten entwickelt hatte, von da in die Mennonitenfreistatt Altona. Seine Hauptschrift »La réformation de l'église par le pastorat« (1667) hat vielleicht auf Speners Pia Desideria eingewirkt; dieser übersetzte (anonym) L.s Traktat »La pratique des deux oraisons, mentale et vocale« (1656; Kurtzer Unterricht von andächtiger Betrachtung, 1667). – »Labadisten« diente eine Zeitlang als polemischer Sammelname für Pietisten.

Bibliogr. bei J.G.WALCH, Bibliotheca theol. selecta II, 1758, 49ff. – Über L.: H. VAN BERKUM, De L. en de Labadisten, 2 Bde, 1851 – M.GOEBEL, Gesch. des christl. Lebens in der rhein.-westf. Kirche II, 1852, 181ff – H.HEPPE, Gesch. der quietist. Mystik in der kath. Kirche, 1875 – DERS., Gesch. des Pietismus u. der Mystik in der ref. Kirche, 1879 – A.RITSCHL, Gesch. des Pietismus I, 1880, 194ff – M.BAJORATH, J. de L.s Separationsgemeinde u. Zinzendorfs Brüder-Unität (ThStKr 66, 1893, 125-166) – RE XI, 191ff – P.BALSENQ, L. et le Labadisme, 1908 – W.GOETERS, Die Vorbereitung des Pietismus in der ref. Kirche der Niederlande bis zur labadist. Krisis 1670, 1911 – K.D.SCHMIDT, L. u. Spener (ZKG 46, 1928, 566-583; dagegen K.ALAND, Spener-Studien [AKG 28 = JBrKG 36/37, 1941/42, 41-50]) – DThC VIII, 2383ff – M.QUECKBÖRNER, Ph.J.Speners Reformtätigkeit in Frankfurt/M. unter bes. Berücksichtigung seines Verhältnisses zu J. de L. (Theol. Diss. Mainz), 1960. *M.Schmidt*

Labarum → Monogramm Christi.

La Bigne, *Marguerin de* (1546/47-89), * in Bernières-le-Patry (Normandie), † in Paris, Patrologe, Domherr in Bayeux. Bekannt als Prediger. Zur Widerlegung der Magdeburger Zenturien (→ Flacius) gab L. die Sacra bibliotheca sanctorum Patrum heraus (8 Bde 1579, mit Appendix 1589; vermehrt von Schott u.a.: Magna bibliotheca veterum patrum, 15 Bde, Köln 1618, Paris 1644; später Maxima bibliotheca . . ., bis 27 Bde).

RE III, 210f – LThK II, 345 – J.DE GHELLINCK, Patristique et moyen âge II, Brüssel-Paris 1947, 15f. *H.Liebing*

Labyrinth ist 1. die Spielform des wahrscheinlich sekundär nach Troja benannten Reiterspieles vornehmer Knaben, das als → Totenverehrung (Vergil, Aen. V, 545-603), Siegesfeier und Gründungszeremonie in Rom veranstaltet worden ist; 2. ein von den antiken Autoren beschriebenes, nicht mehr erhaltenes Gebäude mit ausweglosen Irrgängen (Theseussage: Kreta; Ägypten; Italien); 3. eine spiral- oder schneckenförmige Figur, deren Windungen in allmählich kleineren, nicht ganz vollständigen → Kreisen hin- und zurücklaufen, bis die Mitte erreicht wird (→ Nabel). Die zuletzt genannte Figur gehört schon zur Megalithkultur, tritt u.a. als Steinsetzung und → Felsenbild seit der Bronzezeit auf, kommt als Fußbodenschmuck in Kirchen des MA vor (zB in Auxerre) und soll noch als gesunkenes Kulturgut im Hüpfspiel der Kinder weiterleben. Das Verbreitungsgebiet geht von Indien über die Mittelmeerländer nach Nordeuropa, wo sich L.e aus Feldsteinen an den Küsten Schwedens und Finnlands bes. häufig finden (etwa 70). Unter den zahlreichen Benennungen dieser L.e kommen Stadtnamen wie Trojaborg, Trelleborg, Jeriko, Nineve und Lissabon vor, aber auch Zusammensetzungen mit -tanz sind gebräuchlich. Um die Deutung der L.figur haben sich sowohl Klassiker, Völker- und Volkskundler als auch Religionsgeschichtler bemüht. Wahrscheinlich handelt es sich um eine ursprüngliche Kulthandlung, die als getanztes → Drama in L.form vorgeführt wurde, ein → Rite de passage, der Weg vom → Tode zum → Leben, die Neuaufrichtung des ganzen Kosmos und damit auch die → Fruchtbarkeit der → Erde. Demgemäß soll die Tänzerkette (→ Tanz) das ursprünglichste L. sein, während Figur und Gebäude später ergänzend oder stellvertretend einsetzen. Bisweilen wird das L. als → Sonnen- → Symbol mit dem → Hakenkreuz zusammengebracht; de Vries unterscheidet zwischen der reinen Spirale als Umgangs-L. und der auf ein Linienkreuz aufgebauten Pseudospirale, dem sog. → Kreuz-L.

PW XII, 312ff; XIII, 2059ff; Suppl. VIII, 888ff (Lit.) – The L., hg. v. S.H.HOOKE, London 1935 – ELIADE § 145 – S.C.BROOKE, The L. Pattern in India (Folk-Lore 63/64, 1952/53, 463-472) – J.DE VRIES, Unters. über das Hüpfspiel, Kinderspiel-Kulttanz (FFC 173), 1957. *C.-M.Edsman*

La Chaise, *François d'Aix de* (1624-1709), französischer Jesuit, * in Forez (Loire), wirkte als Lehrer und Rektor am Collège de la s. Trinité in Lyon. Als Beichtvater Ludwigs XIV. (1675) gelangte er zu großem politischem Einfluß. Im Regalienstreit vertrat er eindeutig den Standpunkt des Königs, mißbilligte aber anderseits die vier gallikanischen Artikel (→ Gallikanismus). Obwohl er sich durch wissenschaftliche Leistungen nicht besonders verdient gemacht hatte, wurde L. 1701 in die Académie des Inscriptions aufgenommen. Durch bedingungslose Unterstützung der Politik Ludwigs XIV. und durch weitgehende Nachsicht gegenüber dessen persönlichem Lebenswandel zog sich L. den scharfen Tadel vieler Zeitgenossen zu. Das Urteil über seine Persönlichkeit ist auch in der kath. Literatur bis heute schwankend geblieben.

RGG² III, 1447 - L.A.VEIT, Die Kirche im Zeitalter des Individualismus (KG, hg.v. J.P.KIRSCH, IV/1), 1931, 71ff - LThK VI, 328 (Lit.). *H.R.Guggisberg*

Lachen und Weinen können je für sich als übernatürliche Eingebung betrachtet werden. Wie → Niesen und andere unwillkürliche Handlungen gelten sie auch als Warnzeichen (→ Mantik, → Orakel), deren Auswirkung vermieden oder abgewehrt werden muß. Schließlich können sie den Göttern oder → Geistern angenehm oder mißliebig sein. Bei Hesiod ist das L. Ausdruck der herzhaften, gesunden Lebensfreude der Unsterblichen (Theogonie 40). In manchen → Schöpfungs-Mythen hat das L. des Gottes dieselbe Funktion wie das Schöpferwort (zB Ägypten, Iran). Am L. haftet überhaupt etwas → Numinoses: die göttliche Landschaft lächelt, und die Geburtslegenden mancher Religionsstifter erzählen vom Lächeln der Natur (→ Naturdienst) beim übernatürlichen Ereignis. Gegen übermäßiges L. der Menschen haben Philosophen bis hin zu → Hobbes (Leviathan I, 6) und → Schopenhauer (Die Welt als Wille und Vorstellung I, 76) Einspruch erhoben. - Dasselbe gilt für das W. bei den → Trauerbräuchen (: I). Übermäßige Totenklage war nicht erlaubt, zB bei Priamus in Troja (Il. VII, 427). In → Märchen erscheinen oft die Geister selber, verbieten das Trauern und zeigen ihre Leichentücher, die von menschlichen Tränen naß sind (zB bei → Thomas von Chantimpré). - Obgleich L. und W. meist als Gegensätze empfunden werden, sind sie - an sich unerwartet, aber psychologisch verständlich - in einer Reihe von Zusammenhängen verschwistert: → Drama, → Kultus, → Rites de passage (zB → Geburt und Totenklage). Auf die Darstellung dreier Tragödien folgte in Athen das lustige Satyrspiel. Die trauernde Demeter wird in Eleusis von der Königsmagd Jambe durch Späße zum L. gebracht (hom. Demeterhymnus 202ff); ähnliches geschieht in der orphischen Sage durch Baubo und in → Ägypten durch Hathor. Die Griechen haben auch den Begriff des »Ernstlächerlichen« (σπουδογέλοιον) geschaffen, die Sache als solche ist aber in allen Kulturen und Zeiten bekannt (vgl. etwa risus paschalis in der Kirche).

ERE IV, 416f; VII, 803ff - M.GASTER, Studies and Texts I, London 1925, 379 - E.FEHRLE, Das L. im Glauben der Völker (ZVK 40, 1931, 1-5) - HWDA V, 868ff; IX, 317ff - K.KERÉNYI, Die antike Religion, 1940, 163ff - K.MEULI, Vom Tränenkrüglein, von Predigerbrüdern u. vom Trösten (Romanica Helvetica 20, 1943, 763-807) - H.CORBIN, Les motifs zoroastriens ..., Teheran 1947 - L.RADERMACHER, W. u. L., Wien 1947 - E.R.CURTIUS, Europ. Lit. u. lat. MA, (1948) 1954² - K.KELLER, L. u. W. (Germ.-Roman. Monatsschr. NF 7, 1957, 309-327). *F.C.Grant (C.-M.Edsman)*

Lachmann, *Johann* (1491-1538), Sohn eines Heilbronner Glockengießers, Reformator seiner Heimatstadt, wurde nach dem Studium in Heidelberg 1514 Pfarrverweser in Heilbronn, 1520/21 Prädikant an der Kilianskirche. Die Reformmaßnahmen des Rats (seit 1524) gingen auf L.s ev. Predigt zurück. Im → Bauernkrieg stärkte er den schwankenden Rat, mäßigte die Bauern und half den Unterlegenen. Im Okt. 1525 unterschrieb er das Schwäbische Syngramma (→ Brenz). 1528 war der Sieg der Reformation in Heilbronn entschieden: die Mehrheit der Bürgerschaft zwang den zögernden Rat auf L.s Seite (1531 Verbot der Messe, 1532 Gottesdienstordnung). L. war humanistisch gebildet; in seinem Verhalten, bes. gegen die → Täufer, verband er Festigkeit mit Milde.

RE XI, 197ff; XXIV, 3 - Flugschriften aus den ersten Jahren der Reformation II/4, 1908, 415-455 - Urkundenbuch der Stadt Heilbronn III. IV, 1916/22 - M.v.RAUCH, J.L., der Reformator Heilbronns, 1923 - O.MATTHES, Die Gesch. der Heilbronner Reformation, 1928. *H.Fausel*

Lacordaire, *Jean Baptiste Henri,* kath. Theologe und Apologet, * 12.5.1802 zu Recey-sur-Ource (Burgund), † 21.11.1861 in der Abtei Sorèze. Nach juristischem Studium in entkirchlichter Jugendstimmung wendet sich L. unter dem Einfluß von → Chateaubriand und → Lamennais seit 1824 wieder dem kath. Christentum zu, wird Priester und arbeitet 1830 am »Avenir« mit Lamennais zusammen, von dem er sich nach dessen Verurteilung durch → Gregor XVI. (1832) trennt. L. wirkt dann durch seine Kanzelreden, vor allem an Notre-Dame in Paris, und durch die Erneuerung des Dominikanerordens in Frankreich (1850 Provinzial). L. hatte die Redaktion der Ère nouvelle übernommen und sich in die Konstituierende Versammlung wählen lassen, sah sich aber auch 1848 in seinen politischen Ideen enttäuscht. Er beschränkte seine Tätigkeit auf seinen Orden und pflegte seit 1854 bes. die Bestrebungen der Tertiarierkongregation auf dem Gebiet der Erziehung und des Unterrichts. 1861 wurde er in die Académie française aufgenommen. - Wenn sich L. als »bußfertigen Katholiken und unbußfertigen Liberalen« bezeichnet, so charakterisiert er damit das Dilemma der kirchentreuen Katholiken Frankreichs, die aus christlichen und politischen Gründen an der Synthese von Christentum und Liberalismus festhielten.

GesW, 9 Bde, 1911/12 - G.LEDOS, Morceaux choisis et bibliogr. de L., 1923. Ältere Ausg.n s. RGG² III, 1448. - Über L.: B.CHOCARNE, Paris (1880) 1905⁹ - RE XI, 201ff - G.LEDOS, Paris 1902; dt. 1905 - L.PAUTHE, 1912 - DThC VIII, 2394ff (Bibliogr.) - V.GELLON, 1939 - ST.M.GILLET, 1952 - E.HOCEDEZ, Hist. de la théol. II, 1952 (s. Reg.) - EC VII, 793ff. *K.G.Steck*

Lactantius, *L. Caecilius Firmianus,* Afrikaner, Schüler des → Arnobius. Von → Diokletian als Lehrer der lat. Beredsamkeit berufen, lebte er in Nikomedien, dann in Gallien, wo → Konstantin ihn nach 317 zum Erzieher des Caesar Crispus machte. Sehr viele Werke verschiedenen Inhalts sowie der ausgedehnte Briefwechsel sind verloren. Erhalten sind De opificio Dei (der Mensch als Gotteswerk), die Institutiones Divinae und deren Epitome, De ira Dei (Gott nicht bloß Güte, sondern gerechter Rächer), De mortibus persecutorum und das Gedicht De ave Phoenice (Charakter und Autorschaft umstritten). Die Institutiones, Apologie und Lehrbuch des Christentums, sind wahrscheinlich in 2. Aufl. von Kaiseranreden und dualistischen Stellen gesäubert worden (1. Aufl. 321 und 324). Das jetzt als echt anerkannte De mortibus schildert das grausame Ende aller Christenverfolger und ist trotz aller Propaganda eine wertvolle Quelle. Der »christliche Cicero« ist ein Meister des Stils. Dagegen scheint seine Kenntnis der christlichen Lehre und der griech. Kirchenväter mangelhaft. Er vertritt den → Chiliasmus und den Kreatianismus (→ Anthropologie: III, 1c). - Vgl. → Altchristliche Literaturgeschichte, 4b.

Ausg.: S.BRANDT-G.LAUBMANN, CSEL 19 u. 27, 1890/97; De ira Dei, lat. u. dt. hg.v. H.KRAFT, 1957. - Lit. bei J.MOREAU, Lactance. De la mort des persécuteurs, 2 Bde (SC 39), 1954 - J.R.LAURIN, Orientations maîtresses des apologistes chrétiens, Rom 1954 - ALTANER § 37. - Ferner: R.PICHON, Lactance, Paris 1901. *J.Moreau*

Lacunza y Dias, *Manuel de* (1731-1801), * in Santiago de Chile, † in Imola, 1747 Jesuit, lebte nach Vertreibung des Ordens aus Chile in Italien. Seine unter dem Pseudonym Juan Josafat Ben-Ezra 1812 erschienene Schrift »La venida del Mesias en gloria y Magesdad« (Übers.en: London 1816, Paris 1826) wirkte auf die → Adventisten und wurde 1827 von → Irving mit eigenem Vorwort neu herausgegeben. Den Inhalt bildet ein ausgeführtes eschatologisches System mit eigenartigen, an die Apk angeknüpften Betrachtungen über das Erscheinen des Antichrist, das Millennium und das Weltende (»Lacunzismus«). Das Buch kam 1824 auf den → Index.

EC VII, 796f (Lit.). *G.Maron*

Lade Jahwes

1. Die L. war ein *Kasten* aus Akazienholz, dessen Maße die → Priesterschrift in Ex 25, 10 glaubhaft mit 2½ Ellen Länge und je 1½ Ellen Breite und Höhe (ca 1,25 × 0,75 × 0,75 m) angibt. Sie konnte an zwei in je zwei Ringen an den Längsseiten angebrachten Stangen getragen werden (1Kön 8, 7f; Ex 25, 13-15). Einen Goldbelag auf der Innen- und Außenseite der L. und auf den Tragstangen (Ex 25, 11. 13 P) kennen die alten Quellen (vgl. noch Dtn 10, 3) nicht.

Im Zusammenhang mit der L. nennt P (Ex 25, 17-22 u.ö.) eine goldene Deckplatte *(Kapporet)* von 2½ × 1½ Ellen Fläche mit zwei Keruben (→ Geister: II, 3) an ihren beiden Schmalseiten (Ex 25, 18f). Die Kapporet ist nicht als Bestandteil der L. angesehen (vgl. Ex 25, 21; 26, 34; 30, 6; Num 7, 89). Außerhalb P nie erwähnt, ist ihre Existenz für die salomonische Zeit (und damit überhaupt) ausgeschlossen. Denn zum »Beschirmen« der L. wären neben den im → Allerheiligsten stehenden Keruben (1Kön 6, 23-28; 8, 6f) die Keruben der Kapporet (Ex 25, 20) überflüssig. Vielmehr wird P mit der Kapporet die Keruben des salomonischen Tempels der (fiktiven) Wüstensituation angepaßt haben (vgl. auch die Keruben am Vorhang Ex 26, 31 mit 1Kön 6, 31f).

2. Dreimal tritt die L. deutlich in das Licht der *Geschichte:* a) als sie - nach der »L.erzählung«, der Kultlegende des Jerusalemer L.heiligtums (1Sam 4-6; 2Sam 6; Rost) - wohl als amphiktyonisches Jahweheiligtum der → Stämme Israels (→ Israel: I, 5) im Tempel von → Silo stand, bis sie an die Philister verlorenging (1Sam 4-6); b) als → David sie nach → Jerusalem (: II, 2) holte, um durch sie seine neue Hauptstadt auch zur kultischen Metropole seines Reiches zu erheben (2Sam 6); schließlich c) als → Salomo sie aus der »Davidsstadt« in den neuerrichteten → Tempel überführte (1Kön 8, 1ff). Ihr weiteres Schicksal ist nicht überliefert; spätestens 587 vChr wurde sie, mit dem salomonischen Tempel, zerstört. - Daß es in Israel neben der L. im Jerusalemer Tempel weitere derartige Kultgegenstände gegeben hat, ist aus 1Sam 14, 18 MT (Greßmann) sicher nicht zu erschließen, aber auch kaum durch eine formgeschichtliche Analyse von Ex 25 (K.Koch in FRLANT 71, 1959) wahrscheinlich zu machen.

3. Über *Ursprung und Frühgeschichte* der L. gehen die Auffassungen auseinander. War die L. bereits in der Zeit vor der Landnahme Kultgerät, und zwar Wanderheiligtum, wenigstens *einer* israelitischen Stämmegruppe (u.a. Schmidt, Seeber), und kann man aus Jos 3; 4 (Gilgal) und Ri (2, 1-5;) 20, 27f (Bethel) eine Kette der Standorte vor ihrer Aufstellung in Silo rekonstruieren (Eißfeldt, Lade)? Die Tradition, die L. sei von Mose am Sinai hergestellt worden (Dtn 10, 1ff; Ex 37, 1ff), ist den älteren Quellen des → Pentateuch, J und E, offenbar noch fremd; und Num 10, 35f; 14, 44 können die These vom Wanderheiligtum ebensowenig hinreichend stützen wie der religionsgeschichtlich und archäologisch kaum befriedigende Vergleich mit beduinischen Kriegs- und Orakelheiligtümern (Morgenstern). Eher wird die L. ein Kulturlandheiligtum gewesen sein. Die älteste überlieferte Bezeichnung der L., »Gottes-L.«, läßt anscheinend einen Zusammenhang dieses Kultgerätes mit der Jahwe-Religion noch nicht erkennen, so daß die L. auch kaum ursprünglich ein benjaminitisches Jahweheiligtum (Nielsen) gewesen ist. Die L. dürfte kanaanäischer Herkunft sein (Dibelius, Greßmann, Galling, v.Rad u.a.). Die Notiz in 2Sam 6, 2, daß über der Gottes-L. »der Name des Jahwe Zebaoth, der auf den Keruben thront, genannt ist«, spiegelt vielleicht - sofern sie nicht lediglich das bereits bestehende Eigentumsverhältnis im Blick hat - die wohl in Silo erfolgte Übereignung der kanaanäischen L. an Jahwe wider (Galling, ThLZ 81, 1956, 68f; anders Eißfeldt, Zebaoth; Nielsen).

4. Die L. wurde - wenigstens bis zu ihrer Aufstellung im Jerusalemer Tempel - als Kriegsheiligtum verwendet (2Sam 11, 11; 1Sam 4, 4ff; vgl. Num 10, 35f; 14, 44; → Krieg: II). Daß sie später eine Rolle als Prozessionsheiligtum gespielt hat, könnte man aus Ps 24, 7-10 (nicht aber aus 2Sam 6; 1Kön 8, 1ff; → Feste: II, 8) erschließen. Wesentlich für die ältere Zeit ist die Anschauung, daß mit der L. Jahwe selbst in nicht näher beschriebener, fast magischer Weise, Heil oder auch Unheil wirkend, Freude oder Schrecken verbreitend, gegenwärtig ist (1Sam 4-6; 2Sam 6; Ps 132, 8; vgl. auch Num 14, 44); das führt dazu, daß man gelegentlich zum Einholen von Jahwes Entscheidungen bei Kriegsunternehmen ihre Anwesenheit als erforderlich ansehen konnte (Ri 20, 27f; vgl. 1Sam 14, 18 MT). Diese Bedeutung ist der L. (seit ihrer Einstellung in den Jerusalemer Tempel? [Eißfeldt, Lade; Seeber]) verlorengegangen, so daß schließlich der Deuteronomiker (ca Mitte 6.Jh.) und dann P in ihr (wenn auch als wichtigstem Gerät im hl. → Zelt: Ex 25 P) lediglich einen Behälter für die Gesetzestafeln sahen (Dtn 10, 1ff; 1Kön 8, 9; Ex 25, 16. 21; daher deuteronomistisch »L. des Bundes [Gottes oder Jahwes]« [vgl. Dtn 9, 9. 11] bzw. bei P »L. des Zeugnisses« [vgl. Ex 25, 16. 21]).

Die Benennung Jahwes als »Kerubenthroner« (2Kön 19, 15 = Jes 37, 16; Ps 80, 2; 99, 1; bes. 1Sam 4, 4; 2Sam 6, 2 cf. 1Chr 13, 6), die »Signalworte« Num 10, 35f sowie etwa Jer 3, 16f, wo, wie es scheint, der L. Jerusalem als »Thron Jahwes« gegenübergestellt ist, legten die Vermutung nahe, daß die L. in Israel als leerer Gottesthron angesehen wurde (Dibelius, Galling, v.Rad, Eißfeldt, Nielsen u.a.; dagegen zB Budde, Seeber, Haran). Bei dieser Hypothese bleibt indes ungeklärt, warum der Gegenstand dann als Thron die Bezeichnung »Kasten« ('ᵃrôn; vgl. Gen 50, 26; 2Kön 12, 10f = 2Chr 24, 8. 10f) trug. Und wie hat man sich den Thron gedacht, wenn die L., wie 1Kön 8, 8 zeigt, mit der Schmalseite zum Ausgang hin stand? Wenn 2Sam 6, 2 die »Gottes-L.« erst sekundär mit dem Namen Jahwes, des »Kerubenthroners«, benannt ist, dann ist sie selbst *nicht* der Kerubenthron. Die Thronvorstellung besteht neben der L. und unabhängig von ihr (vgl. dazu Jes 6, 1; Ez 1, 26); sie entstammt ebenfalls wohl dem Kulturland. Aber auch als Thronschemel (Torczyner, Haran; vgl. 1Chr 28, 2) hat die L. nicht gegolten (1Kön 8, 8). - Ob die L. in alter Zeit etwa einen hl. Gegenstand enthalten hat (zB Greßmann: zwei Götterbilder; Nielsen: seit David das »Krönungsprotokoll« der judäischen Könige, vgl. Ps 2, 7ff), bleibt ungewiß.

Zu Versuchen, die L. mit einzelnen Festen in Verbindung zu bringen, vgl. → Feste: II, 8.

M.DIBELIUS, Die L. Jahves (FRLANT 7), 1906 - K.BUDDE, War die L. ein leerer Thron? (ThStKr 79, 1906, 489-507) - DERS., Ephod u. L. (ZAW 39, 1921, 1-42) - H.GRESSMANN, Die L. Jahves u. das Allerheiligste des salom.Tempels (BWAT NF 1), 1920 - H.TORCZYNER, Die Bundes-L. u. die Anfänge der Religion Israels, (1922) 1930² - DERS. (N.H.TUR-SINAI), Die Sprache u. das Buch III, 1955, Abschn. 1 (hebr.) - H.SCHMIDT, Kerubenthron u. L. (Eucharisterion f. H.Gunkel, 1923, I, 120-144) - L.ROST, Die Überlieferung von der Thronnachfolge Davids (BWANT III, 6), 1926, 4ff - RGG² III, 1449f (K.GALLING) - G.v.RAD, Zelt u. L. (NKZ 42, 1931, 478-498 = Ges. Stud. z. AT, 1958, 109-129) - EJud X, 546ff - BRL 343ff - ThW III, 319f (J.HERRMANN) - O.EISSFELDT, L. u. Stierbild (ZAW 58, 1940/41, 190-215) - DERS., Jahwe Zebaoth (Miscellanea Acad. Berol. II/2, 1950, 128-150) - J.MORGENSTERN, The Ark, the Ephod, and the Tent of Meeting (HUCA 17, 1942/43, 153-266; 18, 1943/44, 1-52) - A.BENTZEN, The Cultic Use of the Ark in Samuel (JBL 67, 1948, 37-53) - W.SEEBER, Der Weg der Tradition von der L. Jahwes im AT (Theol. Diss. Kiel), 1956 (Lit.; Masch., vgl. ThLZ 83, 1958, 722f) - M.HARAN, The Ark and the Cherubim (IEJ 9, 1959, 30-38. 89-94) - E.NIELSEN, The History of the Ark (in: VT Suppl. 7, 1960). - Außerdem die »Geschichten Israels«, at. Theologien u. Archäologien sowie die Kommentare. *E.Kutsch*

Lämmer, *Hugo,* * 25.1.1835 in Allenstein, † 6.1.1918 in Breslau, ursprünglich ev. Theologe, Schüler → Hengstenbergs, 1857 PDoz. in Berlin, trat nach einer Italienreise 1858 zur röm.-kath. Kirche über, wurde 1859 Priester, seit 1864 Prof. für Dogmatik, KG und Kirchenrecht in → Breslau (, 3).

Vf. u.a.: Nikolaus I. u. d. byzant. Staatskirche seiner Zeit, 1857; Die vortridentinische kath.Theol., 1858; Misericordias Domini, 1861 (über seine Konversion); Zur KG des 16. u. 17.Jh.s, 1863; Zur Kodifikation des kanonischen Rechts (Denkschr.), 1899. - Über L.: F. HAASE, Leben u. Schriften der kath. Dozenten an der Univ. Breslau, 1913, 58-62 - Divus Thomas 5, 1918, 387-397 - AkathKR 98, 1918, 613-618 - J.SCHWETER, 1926 - K.MÜLLER, Aus der akad. Arbeit, 1930, 29f. *K.G.Steck*

Lästadius, *Lars Levi* (1800-61), aus schwedisch-lappländischem Pfarrergeschlecht, wuchs in äußerster Armut unter den Lappen auf und wurde Pfarrer, später Propst von 7 Lappenbezirken, international bekannt als Erforscher der nördlichsten Flora. L. begann mit derb-realistischer Gesetzes- und Gerichtspredigt unter seinem trunksüchtigen und unzüchtigen Volk. Durch das Zeugnis des Lappenmädchens Maria, einer Leserin (→ Leser), wurde L. 1844 in eine Erweckung des lappischen und nordfinnischen Volkes hineingezogen und ihr Führer (→ Finnland: I, 3). Ekstatische Erscheinungen entsprachen der seelischen Intensität und der lebhaften Phantasie dieses Naturvolkes. Wenn es 1852 in Nordnorwegen bei den trotz N.Stockfleth (1787-1866) kirchlich vernachlässigten Kautokeino zu Gewalttätigkeiten gegen Unbekehrte kam, war das für die Gesamtbewegung keineswegs charakteristisch. Öffentliche Beichte und Absolution durch die Gemeinde kamen unter Joh.Raattamaa auf, dem Mitarbeiter und Nachfolger des L. Die Lästadianer spalteten sich später in 3 Richtungen, ohne daß die Bewegung ihre Kraft einbüßte. Neben die alten (Vanhoilliset Laestadiolaiset), antinomistisch eingestellten Lästadianer traten die neuen (Uudesti Heränneet Laestadiolaiset), die Gesetz und Evangelium für die Bekehrten festhielten, sowie die »Erstgeborenen« (Esikoiset, seit 1875); diese kleine exklusive Gruppe meinte, mit L. habe das »neue Christentum« begonnen. Auswanderer trugen die Bewegung nach Nordamerika. Bei dieser jüngsten und wohl verbreitetsten religiösen Volksbewegung im lappischen und nordfinnischen Volk ist ihr luth. Grundcharakter unverkennbar, angelsächsische Elemente fehlen. Heute führen neben zahlreichen Pfarrern zT unbesoldete Prädikanten die Bewegung, deren Versammlungen in eigenen Bethäusern stattfinden.

L. vf. u.a.: Kyrkopostille, 1901; En Ropandes röst i Oedemarken 1852-54, 1909. - Über L.: C.EDQUIST, Röpande röster i Oedemarken, 1916 - M.EDQUIST, L., 1922 (schwed.) - H.WESTESON, Oedemarks profetens lärjungar, 1922 - W.HAVAS, Laestadiolaisuuden historia, 1927 (finn.) - G.SENTZKE, Die Kirche Finnlands, 1935. *E.Beyreuther*

La Faye, *Antoine* († 1615), ref. Theologe aus Chateaudun, wurde 1568 Bürger von Genf. An der Akademie lehrte er zunächst Philosophie und wurde 1581 Prof. der Theologie. Zusammen mit → Beza nahm er an der Disputation von Montbéliard teil. Unter seinen theologischen und historischen Schriften ist bes. die Biographie Bezas (1606) erwähnenswert.

CH.BORGEAUD, Hist. de l'Université de Genève I, 1900, 232ff. 260ff - HBLS IV, 578 - P.-F.GEISENDORF, L'Univ. de Genève 1559 bis 1959, Genf 1959, 64ff. *H.R.Guggisberg*

Lagarde, *Paul Anton de* (1827-91), Sohn des Gymnasiallehrers Bötticher in Berlin, 1854 von seiner Großtante Ernestine de L. adoptiert, studiert 1844-47 Theologie in Berlin und Halle. 1851 habilitiert er sich in der philosophischen Fakultät in Halle, weilt 1852-53 als wissenschaftlicher Mitarbeiter Chr.K.T.v.Bunsens in London und ist 1854-66 Lehrer an verschiedenen Schulen Berlins. 1869 wird er als Nachfolger H. → Ewalds nach → Göttingen berufen. Seine bereits 1847 beginnenden Veröffentlichungen sind vor allem Ausgaben von syr., daneben kopt., arab., griech. und lat. Hss. aus der alten Kirche, sprachwissenschaftliche Abhandlungen und von 1866 an mannigfaltige Vorarbeiten für eine kritische LXX-Ausgabe (→ Bibelübersetzungen: I, 3). - L. hat sich stets als Theologe gefühlt und ist doch ein erbitterter Kritiker der Theologen gewesen. Er will die Pfarrerausbildung von den theologischen Fakultäten an kirchliche Seminare verlegt wissen, während jenen die nichtkonfessionelle, eigentliche Theologie als »die Pfadfinderin der deutschen Religion« und das »Wissen um die Religion überhaupt« vorbehalten ist. Auch die Kirchen selbst sollen vom Staat getrennt werden. Ziel ist die sog. »nationale Kirche«, die eigentlich ev. Kirche, die Trägerin der »nationalen Religion«, eines die Konfessionen überwindenden, die Nation einenden gemeinsamen Ideals ist. L.s Leidenschaft für die Kirche der Zukunft ist mit herber Kritik an den bestehenden Kirchen verbunden, in der freilich eine gewisse (romantische) Vorliebe für die kath. Kirche als eine Kirche des Sakramentes laut wird, in dem jederzeit das Ewige transparent sei. Denn »nichts ist für den Menschen von Segen als das, was sich jeden Augenblick wiederholen kann«. Im Gegensatz zu dem »grundstürzenden (jüd.) Irrtum vom Werte des einmaligen Faktums« ist für L. das Evangelium »eine durch religiöse Genialität gefundene Darlegung der Gesetze des geistigen Lebens«, »durch weitere Beobachtungen des geistigen Lebens« fortwährend zu ergänzen. Das Evangelium von seiner Entstellung im gegenwärtigen Christentum zu befreien, ist Ziel der wissenschaftlichen Arbeit L.s. Dies Evangelium ist unlösbar mit der Person Jesu verbunden, für die L. warme Verehrung bezeugt. Das → Christentum (: V) ist vor allem deshalb vom Evangelium verschieden, weil Paulus als ein »völlig Unberufener« maßgeblichen Einfluß bekommen hat, der das AT, die jüd. Opfertheorie, jüd. Geschichtsanschauung und die Lehre von der Rechtfertigung in die Kirche gebracht habe. Infolgedessen werden Luther und die Reformation stark negativ beurteilt. Mit dem Ziel einer nationalen Kirche als Trägerin der nationalen Religion hängt L.s Feindschaft gegen das Judentum zusammen, weil es nicht bloß eine Religionsgemeinschaft, sondern eine Nation in der Nation sei, und weil »in einer Nation nur eine Seele vorhanden sein darf«. Wie aber »Deutschsein nicht eine Sache des Geblüts, sondern des Gemüts ist«, so kann auch im Juden der Geist die Rasse überwinden. »Jeder uns lästige Jude ist ein schwerer Vorwurf gegen die Echtheit und Wahrhaftigkeit unseres Deutschtums.« Darum hält L. Freundschaft mit den Juden für möglich und »liebt« mit ihnen, »was in ihrer Religion und Literatur echt ist«. Mit dem landläufigen → Antisemitismus will L. nichts zu schaffen haben.

A.RAHLFS, P. de L.s wissenschaftl. Lebenswerk im Rahmen einer Gesch. seines Lebens (Mitt. des LXX-Unternehmens der Ges. d.Wiss. in Göttingen), 1928 (Bibliogr., Lit.) - K.FISCHER, Das Paulus- u. Lutherbild L.s (ZZ 11, 1933, 78-93) - L.SCHMID, P. de L.s Kritik an Kirche, Theol. u. Christentum (Tübinger Studien zur syst. Theol. 4), 1935 - W.ROTT, Nationale Religion u. Entstaatlichung der Kirche bei P. de L. (EvTh 5, 1938, 58-67) - EKL II, 1017f (Lit.).

W.Holsten

Lagerkvist, *Pär,* schwedischer Dichter, * 23.5.1891 in Växjö (Schweden). Schon als Knabe reagierte L. gegen die pietistische Frömmigkeit seines Elternhauses. Als Student experimentierte er mit einer literarischen Darstellungsform, die den → Naturalismus (: II) in der Kunst sprengen und dem Grundton einer modernen Lebenserfahrung Ausdruck verleihen sollte (»Angst«, 1916). Aus den Jahren um 1920 stammen einige seiner besten lyrischen Gedichte, schlicht und erhaben in Form und Gedanken. L. hat sich selbst einen »Glaubenden ohne Glaube«, einen »religiösen Atheisten« genannt, und häufig trägt sein Werk die Spuren eines qualvollen, ungestillten religiösen Verlangens. Doch liegt der Haupteinsatz seiner Produktion seit 1920 auf humanistischer Linie und stellt eine Huldigung an den menschlichen Geist dar, der den kläglichen Verhältnissen des Lebens die Stirn bietet. In der Prosasatire »Der Henker« (1933, dramatisiert 1934, dt. 1946) stellt er mythisch die Gestalt des brutalen Machtmenschen dar, der die Welt mit Blut besudelt; doch zeigt er dieser zuletzt eine Hoffnung in der Liebe einer Frau. Unter dem Eindruck der modernen Diktaturen entstand auch das Drama »Der Mann ohne Seele« (1936), ferner der Roman »Der Zwerg« (1944, dt. 1946), eine tiefgreifende Analyse der seelischen Verkrüppelung, die den Menschen an voller Entfaltung seiner Menschlichkeit hindert. Im Roman »Barabbas« (1946, dt. 1950), für den L. 1951 den Nobelpreis erhielt, begegnet wieder der Zweifler, der den Gläubigen zugeneigt ist, zuletzt aber doch ins Dunkel verstoßen wird. L. glaubt, daß der Mensch durch eigene Kraft, trotz aller Widerstände, das Ideal der Liebe und Gerechtigkeit verwirklichen kann.

Vf. ferner u.a.: Das ewige Lächeln, 1920; Böse Sagen, 1924; Gast bei der Wirklichkeit, 1925 (dt. 1952); Kämpfender Geist, 1930; Die Sibylle, 1956 (dt. 1957). - Über L.: G.FREDÉN, P.L., Stockholm 1934 - E.HORNSTRÖM, P.L., ebd 1946. *G.Tolderlund-Hansen*

Lagerlöf, *Selma* (1858-1940), schwedische Dichterin, * und † auf Gut Mårbacka bei Värmland. In ihrem Erstlingsroman »Gösta Berlings saga« (1891) werden ursprüngliche Lebensfreudigkeit und der Wert einer ethischen Lebenshaltung geschildert. Der dithyrambische Stil des Buches, sein lyrisches Pathos, die absichtlich locker gehaltene Komposition sind aus dem Protest gegen den → Naturalismus (: II) zu verstehen. 1894 folgte eine Sammlung von Erzählungen (»Unsichtbare Bande«) und 1897 der Roman »Die Wunder des Antichrist«, der in versöhnlichem Geist den Sozialismus und das Christentum einander gegenüberstellt. Eine Reise in den Orient schlug sich in S.L.s Hauptwerk »Jerusalem« nieder (2 Bde, 1901/02): Von einer schwärmerischen Erweckungsbewegung ergriffen, verlassen schwedische Bauern ihre Heimat, um in Palästina eine wirtschaftliche, soziale und religiöse Gemeinschaft zu gründen. Ergreifend geschildert ist bes. der Konflikt zwischen der Gebundenheit der Bauern an die Heimat und ihrem religiösen Radikalismus, dessen ekstatische, jenseitsgerichtete Haltung die Verfasserin ablehnt. Andere wesentliche Werke sind: »Christuslegenden« (1904), »Nils Holgerssons wunderbare Reise« (1906/07), »Der Fuhrmann des Todes« (1912), »Jans Heimweh« (1914), »Trolle und Menschen« (1918) und das Erinnerungsbuch »Mårbacka« (1922). - Als Dichterin fühlt sich S.L. von dem Glauben inspiriert, daß im Dasein mystische und magische Kräfte walten (»Das Christentum ist mir am teuersten von allen Religionen, wenn ich auch nicht gerade rechtgläubig bin; aber es ist so wunderbar«; Brief von 1923); niemand kann seinen eigenen Taten entrinnen, und jede Übertretung des Gebotes Gottes muß gesühnt werden. In ihren letzten Jahren hat sich S.L. dem Christentum stark genähert. 1909 erhielt sie den Nobelpreis.

GesW, 12 Bde, 1928. - Über S.L.: W.A.BERENDSOHN, S.L., 1927 - E.WÄGNER, S.L., 2 Bde, Stockholm 1942/43 - E.v.ECKARDT, S.L., 1946 - CHR.JENSSEN, S.L., 1947 - L.ULVENSTAM, Den åldrade S.L., Stockholm 1955 - J.RAVN, Menneskekenderen S.L., Kopenhagen 1958 - F.F.DE VRIEZE, Fact and Fiction in the autobiographical Works of S.L., Stockholm 1958. *G.Tolderlund-Hansen*

Lahusen, *Friedrich,* * 22.3.1851 in Bremen, † 17.10. 1927 ebd. Nach Dienst als Hilfsprediger in Rom und am Berliner Dom war L. Pfarrer in Mettmann, Hamm und Bremen, seit 1899 an der Dreifaltigkeitskirche in Berlin (Nachfolger von → Dryander). 1910 in den Ev. Oberkirchenrat berufen, wurde er 1912 General-Sup. von Berlin, 1918 Wirklicher Geheimer Oberkonsistorialrat und Geistlicher Vizepräsident des Oberkirchenrates. L. war Mitglied des Herrenhauses und Propst vom Hl. Grabe. Er war stets auf Aussöhnung der kirchlichen Parteigegensätze bedacht.

Predigtsammlungen: Alles u. in allen Christus, 1899; Er wohnte unter uns, 1902; Das apostolische Glaubensbekenntnis, 1909; Die Tafeln vom Sinai im Lichte Jesu, 1913; Das Vater Unser, 1915 - Selbstbiogr. in: Die neue Christoterpe, 1926. - Über L.: H.LAHUSEN, Vater u. Seelsorger, 1929. *H.Hohlwein*

Laibach (slow. Ljubljana), *Bistum* (1533-1918 Fürstbistum) in Slowenien (→ Jugoslawien), 1461 von Kaiser Friedrich III. gestiftet, 1462 von Papst Pius II. bestätigt. Die Kirchenreform Kaiser → Josephs II. hat die Grenzen auf den Raum des Landes Krain beschränkt (1786). Nach der neuen Staatsabgrenzung (1918) wurden einige Teile den italienischen Bistümern → Triest, → Görz und Fiume zugeteilt (nach 1945 zT rückgängig gemacht). Bis 1830 war L. exemt, von 1788-1806 Erzbistum, 1830 bis 1933 unter der Erzdiözese Görz, seit 1933 wieder exemt. - Unter Bischof Christoph Rauber (1493-1536) und seinen Nachfolgern begann die luth. Reformation (Primus → Trubar, Paul → Wiener, Georg Dalmatin). Bischof Thomas Chrön (1597-1630) rekatholisierte das Land. Die Diözese hat zZ (1959) 6 Archidiakonate mit 19 Dekanaten und 278 Pfarreien, 506 000 Gläubige unter 586 000 Einwohnern, 329 Welt- und 107 Ordenspriester, ferner ein Priesterseminar und eine theologische Fakultät in L. (1919-52 Teil der staatlichen Universität, seit 1952 selbständig). - In L. befindet sich auch eine ev. (A.B.), serbisch-orth., altkath. und baptistische Gemeinde bzw. Kirche.

J.GRUDEN, Das soziale Wirken der kath. Kirche in der Diözese L., 1906 - J.R.KUŠEJ, Joseph II. u. die äußere Kirchenverfassung Innerösterreichs, 1908 - LThK VI, 335ff - L.er Chronik, 1935 u. 1944 (slow.) - KR.DRAGANOVIĆ, Allg. Überblick über die kath. Kirche in Jugoslawien, 1939 (slow.) - M.MIKLAVČIČ, Vorjosephinische Pfarrgemeinden in Krain (in: Glasnik Muzejskega društva 25/26, 1945; slow., mit Karte) - AnnPont 1959. *O.Sakrausky*

Laie → Klerus und Laien.

Laienabt. Entsprechend der Auffassung des MA von Kirchen und Klöstern als nutzbaren und übertragbaren Vermögensobjekten (→ Eigenkirche) wurden auch Klöster vom König bisweilen als beneficia (→ Lehenswesen) an Laien aus dem Hochadel vergeben. Solche weltlichen Eigentümer eines Klosters werden L.e (abbacomites) genannt.

K. Voigt, Die karoling. Klosterpolitik, L.e u. Klosterinhaber, 1917 - Feine § 23, bes. 226 Ziff. 4 (Lit.). *A. Erler*

Laienapostolat ist ein in den letzten Jahrzehnten, zunächst in der röm.-kath. Kirche, zunehmend gebrauchter Ausdruck zur Bezeichnung der Berechtigung und Verpflichtung der Laien zur aktiven Teilnahme an der Sendung der Kirche, wie sie sich im kirchlichen Leben einerseits und im christlichen Einsatz im Leben der Welt andererseits darstellt. Unter diesem Stichwort hat sich eine Wendung im geistlichen Selbstverständnis der röm. Kirche angebahnt, die noch keineswegs abgeschlossen ist. Nur vier Jahre nach der Fertigstellung des »Gesetzbuches der kirchlichen Hierarchie«, des CIC, hat → Pius XI. in seinem ersten Hirtenschreiben »Ubi arcano« vom 23.12.1922 die Laien zur »Teilnahme am Apostolat der Hierarchie« aufgerufen durch die feierliche Proklamation der → Katholischen Aktion. Aus diesen Anstößen wird sich, wie viele Katholiken hoffen, zum ersten Mal eine allgemeine Kodifizierung des kirchlichen Laienrechtes (→ Klerus und Laien, 2 c) entwickeln. In seinen zahllosen Äußerungen zur Sache konnte sich → Pius XII. sogar den Satz zu eigen machen: Die Laien »gehören nicht nur zur Kirche, sie sind die Kirche« (Ansprache an das Hl. Kollegium vom 20.2.1946). Unter seinem Pontifikat haben in Rom die beiden ersten »Weltkongresse für das L.« stattgefunden (7.-14.10.1951 und 5.-13.10. 1957). - Über Einzelfragen der *theologischen Grundlegung* ist eine lebhafte Kontroverse im Gang, bei der sich insbesondere französische Jesuiten weit vorgewagt haben. Man spricht heute weniger von der Teilnahme der Laien am hierarchischen als von ihrer Teilhabe am kirchlichen Apostolat. Das L. gründet sich auf Taufe und Firmung und hat bestimmte Verantwortungen im geistlichen wie im weltlichen Bereich zum Inhalt. Auf der geistlichen Ebene sind alle zusammen zur Mitwirkung am Leben der Kirche, zu »Evangelisten« ihrer Mitmenschen und zur Förderung der geistlichen Werte im Leben der Welt berufen. Auf der weltlichen Ebene soll jeder in seinem Stand und in den Besonderheiten seiner Lage die Herrschaft Christi über alle Dinge dadurch bezeugen, daß er dahin wirkt, bessere Lebensbedingungen zu schaffen. Letzteres läßt eine »Theologie der irdischen Wirklichkeiten« vordringlich erscheinen, die mit der relativen Eigenständigkeit der »Welt« ernst macht.

In den Jahren nach 1945 ist der Ausdruck L. da und dort, bes. in Holland, auch von nichtröm. Kreisen übernommen worden unter radikaler Zurückführung auf den nt. Sinn der Sendung des Gottesvolkes. Über die inhaltlich parallelen Bestrebungen in den nichtröm. Kirchen vgl. → Laienbewegung.

HerKorr, seit 1946/47 - G. Thils, Théologie des réalités terrestres I. II, Paris-Brügge 1947/49; dt. o.J. (1954) - Y.M.J. Congar, Jalons pour une théologie du laïcat, 1953; dt. 1957 - G. Philips, Le rôle du laïcat dans l'église, 1954; dt. o.J. (1955) - K. Rahner, Über das L. (Ges. Schr. zur Theol. II, 1955, 339-378) - Der Laie in der Kirche, Sonder-H. CIVITAS 11, 1956, 244-249 (ausführl. Lit.).

H.H. Walz

Laienbewegung, *christliche*

1. Begriff und Geschichte - 2. Gegenwärtige Antriebe - 3. Neue Formen. - L. = Laien, Lb. = Laienbewegung. - Vgl. auch → Klerus und Laien, → Laienapostolat, → Laiendienst

1. Das Wort Laie (λαικός, laicus) in der Unterscheidung vom Kleriker begegnet in der christlichen Literatur zum ersten Mal bei → Clemens von Rom i.J. 95. Es ist unwahrscheinlich, daß dabei der sprachliche Anklang an den nt. λαὸς θεοῦ (Volk Gottes) mitgehört wurde. Denn wenige Jahrzehnte später findet sich auch λαός selbst im Sinne von L.schaft zur Bezeichnung des den Offizianten gegenüberstehenden Teils der Gemeinde gebraucht.

Die L., weithin Träger der Ausbreitung des → Christentums (: III) in der *alten Welt,* übten innerhalb der Kirche nach Zeiten und Orten wechselnde Funktionen aus, vor allem im liturgischen, administrativen und disziplinarischen Leben. Bes. wichtig ist ihre Mitwirkung bei der Ämterbesetzung. In vorkonstantinischer Zeit scheinen sich die L., jedenfalls in → Nordafrika (: I), eine geordnete Vertretung in den seniores laici oder presbyteri geschaffen zu haben. Gleichzeitig nimmt jedoch das Priestertum, gefördert durch die Auszeichnung vieler seiner Träger, an Gewicht ständig zu. Die Öffnung der Kirchentore für jedermann durch → Konstantin und seine Nachfolger ließen die L.schaft der Kirche in der allgemeinen Masse versinken und entsprechend einflußlos werden. Als Reaktion einer Lb. darauf kann die Entstehung des Zönobiten- und → Mönchtums verstanden werden. Während sich im *MA* die Kluft zwischen Klerikern und L. so weit vertieft, daß von 2 verschiedenen genera, ja 2 verschiedenen Völkern in der Christenheit gesprochen werden konnte, nehmen einzelne Gruppen von L. eine Mittelstellung ein, so neben den Mönchen die Kaiser und Könige, dann die Ritter, die als equites Christi eine Lb. eigener Art sind. Daneben bilden sich besondere Formen einer L.frömmigkeit, die in Bewegungen innerhalb (→ Bettelorden, → Tertiarier, → Brüder vom gemeinsamen Leben usw) oder außerhalb (→ Katharer, → Waldenser usw) der Kirche Ausdruck finden. Am Übergang zur *Neuzeit* steht, nicht unbeeinflußt von der spätmittelalterlichen L.frömmigkeit und L.kultur (→ Renaissance), bes. von den auf die Schrift sich berufenden Lb.en eines → Wiclif und → Huß, die Reformation, die die altkirchliche Lehre vom allgemeinen → Priestertum neu ins Bewußtsein rückt und damit die Hierarchie grundsätzlich abschafft. Sie verteidigt aber um der Ordnung willen die Besonderheit des Amtes der (öffentlichen) Predigt und Sakramentsverwaltung und führt, ohne es zu wollen, weithin zur Herrschaft der Theologen in der Kirche. Dagegen wenden sich die aus den radikaleren Lb.en herkommenden Gruppen der → Täufer, → Antitrinitarier und Enthusiasten, die in Deutschland zunächst unterdrückt werden, in der Schweiz, Holland und England aber schließlich eigene L.kirchen bilden. Von da aus ist das amerikanische Christentum weitgehend bestimmt (→ Vereinigte Staaten: IV). → Baptisten, → Mennoniten, → Quäker, → Disciples of Christ verstanden sich lange als Lb.en im Gegensatz zu den klerikalisierten Kirchen der alten Welt. Im → Pietismus und der von ihm beeinflußten Bibel- und Missionsbewegung begegnet im 18. und 19. Jh. ein neuer Typ von Lb. Ihm geht es um die Sammlung der wahren Christen oder Erweckten aus allen Kirchen und ihren Einsatz in der »Reichsgottesarbeit«. Endlich kennt das 19. und beginnende 20. Jh. die Lb. des liberalen Christentums, das die → Kultur (: IV) sittlich veredeln will und sich in wichtigen Vertretern den mit der Industrialisierung gestellten sozialen Aufgaben zuwendet.

2. Unbestreitbar hat sich die »L.frage« in den letzten Jahrzehnten neu gestellt. Man muß hier eine von der röm.-kath. Kirche (→ Laienapostolat) bis zu den Pfingstkirchen oder -sekten und von der alten Christenheit in

Europa über Amerika bis in die → Jungen Kirchen Asiens und Afrikas hineinreichende Bewegung der Gesamtchristenheit sehen, auch wenn in den meisten Fällen keinerlei organisatorische Verbindungen, ja oft kaum wahrnehmbare Einflüsse hin und her bestehen, Ziele und Wege im einzelnen sehr verschieden sind und, was als Sache der ganzen Christenheit erfahren wird, doch fast überall nur von kleinen aktiven Minderheiten getragen wird. Die Impulse für diesen »Aufbruch der L.kräfte« (John Mott) liegen tiefer als das reformerische Wollen einiger bes. begabter L.- oder Theologenpersönlichkeiten, die es in den letzten Jahrzehnten gegeben hat. Nach ihrer raschen Ausbreitung im 19.Jh. bei gleichzeitigem rapidem Zusammenbruch kirchlichen Herkommens in den Industrieländern sieht sich die Kirche vor Aufgaben gestellt, die sie mit der bisherigen Ausrüstung allein nicht mehr bewältigen kann. Es fehlt sowohl quantitativ wie qualitativ im Hinblick auf die neuen Erfordernisse am genügenden Pfarrernachwuchs. Das überkommene Parochialsystem entspricht vielfach nicht mehr den Verhältnissen einer stark mobilen Arbeitswelt. Da und dort drängen die L. selbst zu stärkerer Anteilnahme an der Gestaltung des kirchlichen Lebens. Wichtiger als diese zur Begründung einer Lb. nicht ausreichenden Erfahrungen ist die Wiedergewinnung der biblischen Sicht einer im Glauben mündigen Gemeinde und einer Kirche, die nicht nur Mission treibt, sondern in allen ihren Äußerungen wie in allen ihren Gliedern missionarische Kirche ist. Diese Erkenntnis trifft in der alten Christenheit zusammen mit der plötzlichen Wahrnahme der Missionssituation, in der sich die Kirche nicht nur in fremden Ländern, sondern auch in ihrer angestammten Umwelt befindet. Um die Menschen da zu treffen, wo sie sind, muß das Evangelium von denen ausgerichtet werden, die die soziale und kulturelle Lage in einer kompliziert gewordenen Welt mit den Adressaten teilen. Ja, da die kirchliche Botschaft in der hergebrachten Form ihren Ausdruck erhalten hat in einer Sozialwelt, die nicht mehr die heutige ist, muß sie von solchen, die in der modernen Welt leben, gewissermaßen erst neu gesucht, im Umgang miteinander erfragt, erfahren und formuliert werden. Das führt von den kirchlichen zu den theologischen Impulsen der Lb. Nur wenige Protestanten haben so klar wie der Dominikaner → Congar erkannt, daß theologisch hier nicht weniger auf dem Spiel steht als die Frage nach dem Grund, dem Wesen und der Gestalt der → Kirche überhaupt. In dieser neuen Ekklesiologie, um die mit mehr oder weniger Zielstrebigkeit heute an vielen Stellen gerungen wird, muß eine »Theologie der Welt«, also eine theologische Durchleuchtung der Frage nach dem Sein und dem Seienden, nach der Kultur und der Säkularisation enthalten sein, wenn dem in der »Welt« lebenden und mit der »Welt« beschäftigten L. der ihm zukommende Platz und Auftrag in der Kirche richtig angewiesen werden soll. Sowohl die kirchlichen wie die theologischen Antriebe erfahren eine Verstärkung durch ihre Verbindung mit der → Ökumenischen Bewegung, wo sie dank der Pioniertätigkeit von Männern wie J.H. → Oldham auch im organisatorischen Aufbau des Ökumenischen Rates einen festen Platz haben. 1951 fand unter den Auspizien des Rates eine »Europäische L.konferenz« in Bad Boll statt, der 1952 die »Nordamerikanische L.konferenz« in Buffalo folgte.

3. Wirft man einen Blick auf die mannigfachen *Formen* der modernen Lb., so sind historisch zuerst die noch im 19.Jh. entstandenen vereinsartigen Zusammenschlüsse auf nichtkonfessioneller Basis zu nennen, bes. Y.M.C.A., Y.W.C.A. und W.S.C.F. mit ihren zahllosen nationalen, regionalen und lokalen Gliederungen (→ Einigungsbestrebungen: IV, 1). Ihnen steht die kirchliche Männer-, Frauen-, Jugend- und Studentenarbeit gegenüber. Bruder- und Schwesternschaften, manchmal ordensähnlichen Charakters, sind auch auf dem Boden der reformatorischen Kirchen neu erwacht (→ Bruderschaften: III, 2). → Haushalterschafts-Bewegung und → »Laiendienst« wollen die Glieder der Gemeinde zu bewußter Kirchlichkeit in der Wahrnahme von Ämtern und Diensten erziehen. Die → Kirchentags-Bewegung ruft zur Sammlung lebendiger L.kräfte und ihrem Einsatz in der Neugestaltung der Gemeinden und im öffentlichen Leben. Als neuartiger Arbeitstyp entstanden in und nach dem 2. Weltkrieg die Ev. → Akademien (: II) und ähnliche Stätten oder Gruppen der Begegnung; zT in enger Arbeitsgemeinschaft mit ihnen stehen Studienzentren zur Behandlung wissenschaftlicher Aufgaben. Ausbildungskurse zur »L.schulung« werden von verschiedenen Trägern durchgeführt. Vielfach entstehen »Hauskreise« oder sonst freie Gruppen von L. Wenn diese Gruppen eine besondere Verpflichtung für einen bestimmten Lebenskreis auf sich nehmen, so spricht man von Zellen oder »Betriebskernen«. Liegt hier der Schwerpunkt auf dem Arbeitsplatz, so legt umgekehrt die moderne Hauskirchenbewegung den Ton auf die Familie als den Ort des Gottesdienstes und Kristallisationspunkt neuer Gemeindebildung. Das Verhältnis dieser Formen zu den überkommenen Formen der Kirche variiert von engster Ineinanderfügung bis zu offener Spannung. Soweit die Lb. neue Gemeinschaften neben die bisherigen Kirchengemeinden setzt, spricht man von »Paragemeinde« (→ Gemeinde: III).

Die Lit. ist unübersehbar. Umfassende Bibliogr. existiert nicht. Wichtig sind die Veröffentlichungen des Ök. Rates, bes.: Die Unordnung der Welt u. Gottes Heilsplan V, 1948, 203-212 - Studienhefte für die 2. Vollversammlung des Ök. Rates: »Der Christ in seinem Beruf«, 1954 - Evanston Dokumente, Sektion VI: Die L.frage, 1954 - World Council of Churches, Minutes and Reports of the 9th Meeting of the Central Committee: The Department of the Laity, 1956, 26-28. - Periodica: Laymen's Work Nr. 1-7, 1951-54 (Lit. in 1, 14-20; 3, 26-35) u. Laity (vervielfältigt), bisher Nr. 1-6, 1956-58. - Ferner: J.R.Mott, Liberating the Lay Forces of Christianity, New York 1932 - J.H.Oldham, The Function of the Church in Society (The Church and its Function in Society, ed. W.A.Visser't Hooft u. J.H. Oldham, 1937, 101-254) - A Holy Calling (The Student World 43, 1950, 99-165) - H.Rinderknecht, Die L.frage - ein Nein u. ein Ja, 1950 - H.H.Walz, Kommen die L. zum Zug? (Die neue Furche 5, 1951, 614-619) - Ders., Die Rolle des L. im Zeugnis der Kirche (ZW 24, 1952, 130-138) - Ders., Lay, Theology of the Laity, Laymen's Work (ER 6, 1953/54, 469-475) - Ders., The Nature of the Church und Adult Christianity (Sonder-H. Laymen's Work, 1955, 3-26) - K.Bliss, The Laity - the Christian in his Vocation (ER 7, 1955, 56-62) - E.zur Nieden, Die Gemeinde nach dem Gottesdienst, 1955 - The Laity (The Student World 49, 1956) - Signs of Renewal, hg.v. Ökum. Rat, 1956 - M.Langhans, Kirche auf neuen Wegen, 1957 - ER 10, 1957/58, 225-293. - Röm.-kath. Lit. s. → Laienapostolat.

H.H.Walz

Laienbrüder (fratres conversi »bekehrte Brüder«; fratres illitterati »ungelehrte Brüder«; laici »Laien«; barbati »Barttragende«; exteriores, dh eigentlich die Außenstehenden) begegnen zuerst in der Zeit der Bilderstreitigkeiten im orientalischen → Mönchtum, im Abendland bei den → Vallombrosanern, den Mönchen von → Hirsau und bes. bei den → Zisterziensern. Die L. hatten alle zur Erhaltung des Klosters nötigen Arbeiten auf dem Acker, in den Handwerksstuben usw zu verrichten, hatten keine geistlichen Weihen, kein klösterliches aktives und passives Wahlrecht, keinen Chordienst, lebten aber streng asketisch; sie durften nie unter die Mönche aufrücken. Ihr besonderes Tätigkeitsgebiet wurden die Spitäler (→ Krankenpflege, → Hospitaliter). Die hier tätigen L. hatten eine eigene Verfassung: an der Spitze der »Meister« (magister), unter ihm die »Brüder«. Die

Spitalorden (zu denen die → Ritterorden gehörten) waren Orden von L.n. - Den L.n der Männerklöster entsprachen die *Laienschwestern* der Nonnenklöster.

HEIMBUCHER I, 204ff - FEINE 320. - Vgl. Lit. zu → Mönchtum.
K.Heussi (A.Erler)

Laiendienst, *kirchlicher* (Ld.; L. = Laien). Die urchristliche → Gemeinde (: I, 3) als das priesterliche Volk Gottes kennt noch nicht die Unterscheidung von Geistlichen und L. Erst der Übergang vom Leben aus den Charismen zu einer Ordnung von Ämtern (→ Amt: II) hat zu ihr geführt. - Die Darbringung der Opfergaben dürfte im frühchristlichen → Gottesdienst (: IV) der eigentliche Ld. gewesen sein. Auch er geht an den Subdiakon, später an den → Diakon über. L.kommunion in den Häusern, früher nichts Ungewöhnliches, wird im 4.Jh. zur Ausnahme: eine letzte Erinnerung an die einstige Zusammengehörigkeit von → Agape und → Abendmahl (: IV, 1). Die für die äußerste Not noch vorgesehene Möglichkeit der L.kommunion ist in das allgemeine Bewußtsein längst nicht so weit vorgedrungen wie die Möglichkeit der Nottaufe durch L. (→Taufe: V). Die L.predigt auf den Kanzeln - schon → Origenes hatte lange als Laie gepredigt! - ist seit 1215 Privileg der → Bettelorden (→ Predigt: I). Die klerusfeindlichen Bewegungen des MA wie die der → Waldenser wirken durch L.predigt. Die Wittenberger Reformation selbst hat anfangs viele L. aus dem Handwerkerstand ordiniert, aber auch gelehrte L. predigen lassen. Johann → Agricola nennt sich noch 1537 in der Vorrede seiner Predigten einen »ungesalbten L.«, weil er aus dem Schulamt kam. In der ref. Kirche hat der Ld. in den Ämtern der → Presbyter und → Diakonen einen Ausdruck in der Gemeindeordnung selbst gefunden, ohne daß die eigentlich liturgischen Funktionen dieser altkirchlichen Ämter stark in den Vordergrund getreten wären. Die Mitwirkung des L. in der »Prophezei«, der Bibelstunde → Zwinglis, ist ebensowenig wie die Teilnahme an den collegia pietatis im 18.Jh. als L.predigt zu verstehen. Ein hervorragender Prediger aus dem L.stand war der freilich später ordinierte, übrigens theologisch durchgebildete → Zinzendorf. Sein und der Herrnhuter Erstsiedler besonderes Verdienst ist es aber, den Ld. auf allen Gebieten des Gemeindelebens, weitgehend auch für die Frauen, durchgeführt zu haben, zB bei der Seelsorge in den sog. »Chören«, in der Wortverkündigung oder als liturgische Helfer. Daß ein Nicht-Theologe zum ersten Bischof der erneuerten → Brüderunität (: II) geweiht wurde, ist charakteristisch (zur Herrnhuter Mission s.u.). Die → Methodisten (: I) kannten neben der Predigt der Theologen immer auch die L.predigt. Durch die → Erweckung (: I) im 19.Jh. und die → Gemeinschaftsbewegung hat sich die L.predigt in der ev. Kirche bis in die Gegenwart erhalten. Dabei können die Schattenseiten nicht übersehen werden: wilde Allegorese, bloße Erbaulichkeit, zuchtloser Gefühlsüberschwang, starre Gesetzlichkeit. Eine geordnete Ausbildung gibt die Barmer Evangelistenschule → Johanneum und verhindert so bei ihren Schülern das Abgleiten ins Sektiererische.

Im Vergleich zu der unheilvollen Machtstellung, die Fürsten und Juristen nach der Reformation in den deutschen Landeskirchen errungen haben, muß der liturgische Ld. unbedeutend erscheinen - mit Ausnahme der Lehrer und der Kirchenmusiker. Der → Kantor und der → Organist haben zu allen Zeiten ihren ev. Ld. treu erfüllt, nicht ohne öfter bloßem Virtuosen- und Musikantentum zu erliegen. - In der Gegenwart wird liturgische L.erziehung da, wo die persönliche Verbindung mit der Gemeinde Christi fehlt, nicht viel ausrichten, wenn nicht das Vorbild des Pfarrers, der Ältesten oder anderer L.helfer mitwirkt. Es ist schwer einleuchtend zu machen, daß »äußere« Verrichtungen im inneren Zusammenhang mit dem eigentlichen gottesdienstlichen Geschehen stehen sollten, daß Prediger und Kirchendiener so miteinander und nebeneinander wirken könnten, wie Kantor oder Liturg. Eines solchen Miteinanders wird sich der Laie erst dann voll bewußt, wenn ihm ein Dienst übertragen wird, den zu anderer Zeit oder an anderem Ort der Pfarrer selbst tut, was aber außer bei L.predigt, L.kommunion und Nottaufe kaum der Fall ist. - Das MA ließ die L.beichte zu, wenn kein Priester erreichbar war. Die Reformation erklärte die L.beichte grundsätzlich für gleichberechtigt mit der → Beichte vor dem Pfarrer, verstand sie aber eher seelsorgerlich als juridisch. Die »L.trauung« durch den Vater oder den Vormund galt im MA als weltlicher Akt, ist also hier nicht weiter zu erwähnen. Die Heidenmission war einst in weitem Umfang Ld. Zinzendorfs Missionare kamen oft aus einem Handwerk und gingen bisweilen zu ihm zurück. →Wicherns Programm sah den Ld. bis hin zur Straßenpredigt vor. Das ev. Diakonenamt hat vieles davon erfüllt, anderes hat die Volksmission übernommen (→ Evangelisation, →Wichern-Vereinigung). Die Wortverkündigung an Kinder geschieht als Ld. unter Leitung des Pfarrers in der Regel von Helfern des → Kindergottesdienstes. Eine besondere Situation trat ein, als im → Kirchenkampf Gemeinden ihrer Pfarrer durch Verhaftung, später durch den Krieg beraubt wurden. Die Aufgabe des → Lektors, die früher im gelegentlichen Lesegottesdienst der Kantor oder Lehrer übernahm, wurde bes. verantwortungsvoll. Wo es nur irgend möglich war, wurde aus dem Lektorenamt der Ld. der »freien Wortverkündigung«. Hervorragendes Beispiel in dieser Entwicklung war der Dichter R.A. → Schröder. Älteste, stellvertretende Vorsitzende der Gemeindekirchenräte oder Mitglieder der örtlichen Bruderräte übernahmen die Gemeindeleitung. Gelegentlich bekam das alte Amt des Kirchmeisters neue Bedeutung. Die folgenreichste Erneuerung des Ld.es hat sich wohl in den Kriegsgefangenenlagern vollzogen. - In den Gebieten östlich der Oder-Neiße-Linie ging fast überall der gesamte pfarramtliche Dienst an Lektoren über. Die allseitige Mitwirkung des L. in der Gemeindearbeit wird jetzt überall angestrebt; Helfer im Predigtamt und nicht akademisch ausgebildete Prediger übernehmen eigene Gemeinden, Besuchsdienst stärkt andere schwache Gemeinden. - Vgl. → Haushalterschaft.

J.R.MOTT, Liberating the Lay Forces of Christianity, 1932; dt.: L.aufgebot der Christenheit, 1951 - R.v.THADDEN-TRIEGLAFF, Das Recht u. Amt des L. in der Kirche (Stimmen aus der dt. christl. Studentenbewegung H. 97), 1936 - K.NICOL, Das Küsteramt in der ev. Kirche, (1939) 1954² - Ältesten-Agende, hg.v. K.LILGE, 1940 - W. STÄHLIN, Das Amt des L. in Gottesdienst u. kirchl. Unterweisung (Im Dienst der Kirche H. 1), 1947 - W.LOTZ, Küsterdienst (Im Dienst der Kirche H. 2), 1947 - A.KNORR, Zur L.frage in der Kirche (ZdZ 2, 1948, 57-62) - DERS., Gesichtspunkte zur Predigtbesprechung nach Ältestenpredigten (ebd 6, 1952, 114-116) - DERS., Ewigkeit in der Zeit. Predigten eines Arztes, 1956 - W.STAEMMLER, Vom Dienst in der Kirche (ZdZ 3, 1949, 151-153) - W.FRICKE, Der nicht akademisch-theol. gebildete Geistliche (PBl 89, 1949, 336-343) - R.A.SCHRÖDER, Die Frage nach dem L. in der Kirche (ZW 24, 1952, 364-366) - FELIX MÜLLER, L.tum u. Parochie (Quatember 17, 1953/54, 97f) - E.MÜLLER-GANGLOFF, Geistl. L.tum (ebd 144-148) - H.RENDTORFF, ...als die guten Haushalter..., 1953 - E.SCHAPITZ, Zur Frage der hauptamtlichen L.mitarbeit (JK 14, 1953, 145-149) - L.KREYSSIG, L.besuchsdienst in der Kirchenprovinz Sachsen (in: Ich bin der Weg. Almanach auf das 140. Jahr der Ev. Haupt-Bibelgesellschaft zu Berlin, 1954, 74-83) - A.SCHÖNHERR, Kleine Predigtlehre, 1954 - E. SOMMERLATH, Die L.frage - Der Christ in seinem Beruf (in: Gedenkschrift f. W.Elert, 1955, 373-386) - E.ZUR NIEDEN, Die Gemeinde nach dem Gottesdienst, 1955 - W.HERRENBRÜCK, Gemeinde u. Amt (in: Antwort, K.Barth zum 70. Geb., 1956, 562-570) - H.STORCK,

Die Zeit drängt, 1957 - W.NAGEL, Das »allgemeine Priestertum« in seiner bibl. Begründung u. seiner Auswirkung in der kirchl. Praxis (in: Solange es »heute« heißt, Festg. f. R.Hermann zum 70. Geb., 1957, 200-209) - V.SCHURR, Seelsorge in einer neuen Welt, (1957) 1957² - O.PLANCK, Ort u. Auftrag des L. in der Kirche (Quatember 22, 1957/58, 17-25) - H.-D.WENDLAND, Gottesdienstl. Gemeinde u. weltl. Christenheit (Kirchl. Zeitfragen H. 45), 1958 - D.HOCH, Gott liebt die Welt, 1958 - C.G.SCHWEITZER, Ausrüstung der L. - eine nicht gelöste Aufgabe der Kirche (Sammlung u. Sendung, Festg. f. H. Rendtorff zum 70. Geb., 1958, 110-118) - CARL MAU JR., Stewardship - Haushalterschaft (ebd 290-299) - G.JACOB, Der Dienst des L. in der Kirchengemeinde heute (ZdZ 13, 1959, 203-211) - Lektorenagende, Ordnung des Hauptgottesdienstes für Lektoren, hg.v. Landeskirchenamt der Ev. luth. Landeskirche Hannovers, 1959 - Richtlinien für den Lektorendienst, hg.v. Ev. Oberkirchenrat in Stuttgart, 1959. *H.Urner*

Laienspiel, *kirchliches.* Das k.L. begann schon, als sich Kleriker im 9.Jh. darum bemühten, dem Volk vom Spiel her die christliche Lehre anschaulich zu machen. Von da an brachten Zeiten seelischer Not stets eine starke Bewegung zum k.L. hin. In der Neuzeit entdeckte die → Jugendbewegung das mittelalterliche → Mysterienspiel und trug es in die Kirche der Gegenwart. Sie traf dabei auf gleichgestimmte Bemühungen, die Bühne wieder zum sakralen Raum zu machen. Die *kath.* Kirche half nach 1918 vielen Vorstößen, zB dem Bühnenvolksbund, dessen Dichterkreis (Lippl, Weinrich, → Weismantel) den religiös gestimmten L.scharen wie dem Berufstheater kirchliche Spiele schrieb. Dabei versuchte man sich an die in alter Volkstradition wurzelnden → Passionsspiele (Oberammergau, Erl u.a.) anzulehnen, wie man umgekehrt diese Spiele aus Erstarrung und Dilettantismus lösen wollte. - Auf *ev.* Seite fehlte zwar zunächst eine Zusammenfassung der zum k.L. drängenden Kräfte; aber das k.L. als solches bestimmte schon in den Jahren vor 1933, erst recht im Kirchenkampf das Leben vieler Gemeinden und Jugendgruppen. Nach 1945 wuchs seine Bedeutung; heute ist es aus dem Leben vieler Gemeinden wie der Gesamtkirche (→ Kirchentag) nicht mehr wegzudenken. - Sein *Ziel* heißt nicht künstlerische Wiedergabe eines Dramas, sondern Gemeinschaftsspiel gläubiger oder doch zum Glauben strebender Menschen. Die Geschlossenheit des Kreises und die Hingabe jedes einzelnen an die Gesamtheit sind dabei Voraussetzung. Der Wortverkündigung hat das k.L. die Elemente der Anschaulichkeit voraus (»Das königliche Priestertum des hl. Volkes«: die Gemeinschaft trägt das Verkündigungsamt). Wie die erneuerte Kirchenmusik (→ Musik: VI) will sich das k.L. auf die Ehre Gottes, die Erbauung der Gemeinde, die Verkündigung der Frohbotschaft ausrichten (vgl. Eph 5, 19). - Spiele mit biblischem Text, Spiele zu den Kirchenjahresfesten und Gleichnisspiele bilden den Hauptbestandteil der Spielliteratur. - Wieweit Aufführungen im kirchlichen Raum stattfinden können und dürfen, unterliegt konfessionell verschiedenen Regelungen. - Seit 1945 trennen sich die Wege. → Guardini zeigt der kath. Kirche als ihr eigentliches Spiel die Liturgie. Man unterscheidet zwischen bildhafter Darstellung des Heilsgeschehens und der Wirklichkeit des Mysteriums im Vollzug der Liturgie und verweist das k.L. als Missionsauftrag an den Rand des kirchlichen Lebens. Auf der ev. Seite steht von Anfang an (R.Mirbts Theorie und Praxis des L.s) die Wortverkündigung in der Mitte, in engem Zusammenhang mit dem Gemeindechoral. Neue Spiele gehen im Suchen nach neuen Formen und Techniken bis zu Musical und Jazz. - In allen ev. Landeskirchen sind (meist mit dem Landesjugendpfarramt verbunden) Spielberatungsstellen eingerichtet; die »Arbeitsgemeinschaft Ev.L.« schließt alle Tätigkeit für das k.L. im Raum der EKD verantwortlich zusammen.

Kirchl. Spiele in den Verlagen: Kaiser, München; Don Bosco, München; Christophorus, Freiburg; Quelle, Stuttgart; Bärenreiter, Kassel; L.verlag Weinheim u.a.m. - Lit.: H.STOCK, L. als Verkündigung (ZW 18, 1947, 499-502) - H.RAHNER. Der spielende Mensch, 1952 - EKL I, 1466f (Lit.) - O.HARTMANN, Theater u. Liturgie (Junges Spiel 12, 1956, 7f) - K.SCHOLLMEIER, L. in der Verkündigung, 1957 - U.KABITZ, Bericht vom Spiel, 1959. - Zs.en: Spiel (Kassel); Festliche Stunde (München); Junges Spiel (München). *A.Müller*

Laizismus *(»laïcisme«)* ist eine sich von der Aufklärung herleitende Weltanschauung, die sich gegen Kirche und Christentum wendet (Antiklerikalismus, → Säkularismus); sie predigt die Autonomie der Moral. Ihr Ursprungsland ist nach → Belgien vor allem → Frankreich (: I, 7. 8), wo der L. durch die Verbindung mit der radikalen Partei 1879 zur Macht kam. Durch den Unterrichtsminister Jules Ferry wurde die öffentliche Schule 1886 laizisiert (»école laïque«), jeder kirchliche Einfluß aus der Schule verbannt. 1905 folgte die völlige Trennung von Kirche und Staat. Alle religiösen Elemente wurden aus dem öffentlichen Leben entfernt. Der L. wirkte als diesseitsbezogene, offenbarungsfeindliche Weltanschauung auch außerhalb Frankreichs, bes. im Kommunismus, fort. In Frankreich selbst herrschte seit 1905 der sich neu bildende Grundsatz der *»laïcité«.* Darunter versteht man die Zusicherung des Staates, den religiösen Bereich der Privatsphäre des einzelnen zu überlassen und sich jeder weltanschaulichen Stellungnahme zu enthalten. Der pseudoreligiöse, kirchenfeindliche L. tritt seit 1918 ständig zurück, der juristische Begriff der religionsfreundlichen, unparteiischen Laizität ist heute allgemein anerkannt (Franz. Verfassung 1946 und 1958). - Die röm.-kath. Kirche verdammte den *Laïcisme* schon im → Syllabus 1864 (Denz. 1700ff), Pius XI. nannte ihn eine »Pest, die die Menschheit infiziert hat« (Denz. 2197). Die *Laïcité* dagegen ist mit der röm.-kath. Religion vereinbar (Erklärung der franz. Kardinäle und Erzbischöfe 1945). - L. darf weder mit dem → Laienapostolat noch mit dem Gedanken des allgemeinen → Priestertums (franz. *laïcat*) verwechselt werden.

G.WEILL, Hist. de l'idée laïque en France au XIXe siècle, Paris (1925) 1929² - E.MAGNIN, Laïcisme et laïcité, 1930 - KL.V.GALEN, Die »Pest des L.« u. ihre Erscheinungsformen, 1932 - LThK VI, 343 (Lit.) - M.RECLUS, Jules Ferry, Paris 1947 - W.REINHARD, Ist das Abendland auf christl. Wege?, 1949 - L.HERTLING, Gesch. der kath. Kirche, 1949, 336f - J.RIVÉRO, La Notion Juridique de Laïcité (Dalloz Périodique 1949, H. 1, 137-140) - W.V.LOEWENICH, Der moderne Katholizismus, 1955, 128ff - EKL II, 1024 (Lit.) - R.RÉMOND, Evolution de la Notion de Laïcité (Cahiers d'Histoire, Clermont-Lyon-Grenoble 1958, 71-87). *F.Schmidt-Clausing*

Lake, *Kirsopp,* anglikanischer Theologe, * 7.4.1872 in Southampton, † 10.11.1946 in South Pasadena, Kalifornien. L. war 1895-1904 in englischen Pfarrämtern, 1904 bis 1913 Prof. in Leiden, 1914-38 in Harvard. Er erforschte griech. Hss. des NT in vielen Bibliotheken (u.a. im → Athos-Kloster) und organisierte archäologische Expeditionen nach Serabit (1930, 1935), Samaria (1932 bis 1934) und dem Van-See (1938-39).

Vf. außer Arbeiten zur Textgesch. des NT (→ Bibelhandschriften: II) u.a.: The Earlier Epistles of Paul, 1911; Religion Yesterday and To-morrow, 1925; (mit SILVA L.) An Introduction to the NT, 1937. Hg.: The Beginnings of Christianity, 5 Bde, 1920-33 (mit F.J.FOAKES JACKSON); Dated Greek Minuscule Manuscripts, 10 Bde, 1934-39 (mit SILVA L.). Für die Loeb Classical Library übersetzte L. die Apostol. Väter (2 Bde, 1912-13) u. Eusebs h.e. I-V (1926) ins Englische. - Festschr. für L.: Quantulacumque, London 1937. *B.M.Metzger*

Lakisch ist mit tell ed-duwēr, ca 25 km nnw. von → Hebron, zu identifizieren. → Ausgrabungen (: III, 3) fanden 1932-38 durch die britische Wellcome-Marston

Archaeological Research Expedition to the Near East unter der Leitung von J.L.Starkey statt. Der Tell ist seit der Frühbronzezeit II besiedelt. Nicht lange vor 1700 vChr findet sich als erste Verteidigungsanlage eine rechteckige »Hyksos«-Umwallung. Wahrscheinlich wurde L. (VIII) im Zusammenhang mit der → Hyksos-Vertreibung in der ersten Hälfte des 16.Jh.s zerstört. Auf der Auffüllung des mittelbronzezeitlichen Verteidigungsgrabens unterhalb des West-Abhanges des Stadthügels stand während der Spätbronzezeit ein Tempel, der in drei aufeinanderfolgenden Baustufen eine Entwicklung vom knickachsigen Herdhaustypus zur Langraumanlage erkennen läßt. Während der → Amarna-Zeit wird der Stadtstaat L. unter Mitwirkung von Ḫapiru (→ Hebräer) in antiägyptische Umtriebe verwickelt (AOT 370. 375. 377; TGI 24. 27; ANET 488ff) und die Stadt (VII) zerstört. Kurz nach 1200 vChr wird L. VI mit dem »Grabentempel« verbrannt und bleibt längere Zeit unbewohnt. Wohl schon zZ → Davids von Judäern besiedelt und mit einem Palastbau versehen (L. V), wird L. von → Rehabeam zur Festung ausgebaut und mit einem doppelten Mauerring eingeschlossen (2Chr 11, 9; L. IV). Dem König Amasja dient L. als Fluchtort (2Kön 14, 19). Die Zerstörung von L. III wird vielleicht auf die Eroberung durch Sanherib 701 vChr (2Kön 18, 14. 17; 19, 8; AOB Abb. 138, ANEP Abb. 371ff, AOT 352, ANET 288) zurückzuführen sein (anders Starkey, Kenyon u.a.). Unter → Josia wieder judäisch geworden (Jos 15, 39), wird L. (II) durch → Nebukadnezar 588 vChr erobert und zerstört. Im Brandschutt eines Raumes der Toranlage fanden sich 18 Ostraka (→ Epigraphik: I, 3 c), drei weitere an anderen Stellen, die zum größten Teil an den Festungskommandanten gerichtete Briefe aus der Zeit der Katastrophe des judäischen Staates sind (TGI 63ff, ANET 321f). In persischer Zeit wurde L. (I) vorübergehend wiederbesiedelt (Neh 11, 30); aus dieser Zeit stammt die »Residenz« eines von den Persern eingesetzten Hyparchen an der Stelle des judäischen Palastes und das sog. Sonnenheiligtum.

Identifikation: K.Elliger, Die Heimat des Propheten Micha (ZDPV 57, 1934, [18-152] 103-117). - Ausgrabungen: O.Tufnell u.a., Lachish II. III, 2 Bde; IV, 2 Bde, 1940-58 (Lit.). - L.-Ostraka: H.Torczyner u.a., Lachish I, 1938 - D.Diringer in: O.Tufnell u.a., Lachish III, Text 331-339 - Bibliogr. bis 1950: ebd 21-23. - Ferner: D.W.Thomas, The Age of Jeremiah in the Light of Recent Archaeological Discovery (PEQ 82, 1950, 1-5) - Ders., Again »The Prophet« in the Lachish Ostraca (BZAW 77, 1958, 244-249) - F.M.Cross, Lachish Letter IV (BASOR 144, 1956, 24-26) - M.H.Michaud, Les ostraca de Lakiš conservés à Londres (Syria 34, 1957, 39-60). - Sonstiges: K.Galling, Denkmäler zur Gesch. Syriens u. Palästinas unter der Herrschaft der Perser (PJ 34, 1938, 59-79, bes. 77f) - K.M. Kenyon in: J.W.Crowfoot u.a., The Objects from Samaria (Samaria-Sebaste 3), 1957, 204-209. - Vgl. die Lit. zu → Amarna, → Rehabeam.

H.Gese

Lamaismus. Mit L.Austine Waddell definiert man den L. oder »tibetischen → Buddhismus« (: I) oft als die ursprüngliche schamanistische Religion (→ Bon-Religion, → Schamanismus) in → Tibet, die unter einer mehr oder weniger dünnen mahâyâna-buddhistischen Schicht lebt. Der Name L. kommt von Lama (tib. bla ma, »der Höhere«, »der Obere«), dem Titel eines Mönches von hohem Rang, später Titel der Mönche überhaupt und sogar von Laien. Bis zur letzten Besetzung Tibets durch China spielte der Lama-Mönch eine kaum zu überschätzende Rolle im Staat, in der Kultur und als Seelenführer für den einzelnen. - Die *Entstehung* des L. verlegt man im allgemeinen in die Zeit des tibetischen Königs Thisongdetsen (tib. khri sroṅ lde bcan) und des sagenumsponnenen indischen Missionars Padmasambhava (tib. pad ma 'byuṅ gnas). Dieser gilt als Gründer der »Alten Sekte« oder des »Alten Ordens« (tib. rñiṅ ma), in deren Tempel sein Bild und die Bilder seiner beiden vornehmsten Frauen einen zentralen Platz einzunehmen pflegen. Padmasambhava und König Thisongdetsen gelten auch als Gründer des Klosters Samyä (tib. bsam yas, gegr. um 770). - In den folgenden Jh.en entstanden andere Orden, die heute mit dem gemeinsamen Namen Rotmützen bezeichnet werden. Im Westen sind wohl die Kagyüdpa (tib. bka' rgyud pa) am bekanntesten; ihnen gehörte der Dichter und Heilige Milaräpa (tib. mi la ras pa) an, dessen Leben und (zT) Werke in mehrere europäische Sprachen übersetzt wurden. Von bedeutenden indischen Missionaren ist bes. Atischa (tib. gewöhnlich Jo bo rje genannt) zu erwähnen, der 1042 nach Tibet kam. - Als Reformator und Begründer der Gelbmützen-Mönche oder Gelugpa (tib. dge lugs pa, »Tugendmänner«) wirkte im 15.Jh. Tsongkhapa (tib. bcoṅ kha pa). Seine Mönche hatten das → Zölibat und strengere Regeln zu beobachten und sich gewisser magischer Riten zu enthalten. In den Ordenstempeln kommt seinem Bild (Statue) und dem seiner beiden Lieblingsschüler stets ein Ehrenplatz zu. Der eine dieser Schüler († 1478) gilt als der erste Dalailama, in dem sich der Bodhisattva Avalokiteshwara (tib. spyan ras gzigs) wiederverkörpert (der zZ landflüchtige Dalailama ist der 14. dieser Reihe). Der andere Lieblingsschüler war der erste Pančhenlama und galt als Inkarnation des → Buddha Amitâbha (tib. 'od dpag med; → Amida: I). Die Dalailamas residierten in Lhasa (→ 15 E 2), die Panchenlamas in der Klosterstadt Tashilumpo (tib. bkra śis lhun po). Die Gelbmützen errangen den Vorrang vor allen anderen Mönchsgruppen und behielten ihn bis zur chinesischen Besetzung. - Außer den beiden großen Sammlungen Kangyur (»Buddhas Wort«) und Tengyur (Kommentare und andere Schriften), meist Übersetzungen, besteht eine reichhaltige Literatur verschiedenartiger Arbeiten, oft an Orden (Sekten) gebunden: Heiligenleben (→ Heiligenverehrung: I), philosophische Traktate, geschichtliche und kunstgeschichtliche Darstellungen u.a.m. Liturgische Schriften, → Beschwörungen u.dgl. nehmen einen großen Platz ein. Auch die Naturwissenschaften (zB Medizin und Astronomie) sind vertreten. Die großen → Klöster haben nicht nur in Tibet, sondern auch in anderen von tibetischen Stämmen bewohnten Gebieten (wie in Ladakh und in Sikkim) ihre eigenen Druckereien. Kleinere Arbeiten werden auch heute noch vielfach abgeschrieben und handschriftlich verbreitet. Das gilt vor allem für die »Messen« von Gottheiten und die Weissagungs- und Zauberliteratur. - Nicht nur nach Süden drang der L. über den Himalaya. Bereits im 13.Jh. erfolgte die Bekehrung des mongolischen Kaiserhofes zur lamaistischen Form des Buddhismus, und zwar durch das Saskya-Kloster (tib. sa skya). Als der vornehmste Bekehrer wird 'Phagspa Blo gros rGyal mchan verehrt. Urga beherbergte eine der vornehmsten Inkarnationen. Heute soll nur noch ein Mönchskloster in der Mongolei bestehen. Eine andere berühmte Inkarnation lebte als Abt in Peking. - Die höhere Ausbildung der Mönche erfolgt in den großen Klöstern, die Hochschulen mit verschiedenen Fakultäten besitzen. Eine berühmte medizinische Fakultät existiert auf dem »Eisenberg« bei Lhasa. - Bedeutende Nonnenklöster bestehen vor allem in Tibet, früher auch in der Mongolei. Auch kulturell haben Nonnen Bedeutendes geleistet, zB als Künstlerinnen. Forschungsreisende haben immer wieder die Ähnlichkeit lamaistischer Zeremonien mit solchen kath. und orth. Provenienz betont. Hier ist noch viel Arbeit zu leisten. Daß aber Parallelen bestehen und eine tiefgehende Verwandtschaft vorhanden ist, dürfte heute kaum zweifelhaft sein. Beiderorts finden sich nicht nur die Klostergemeinschaften und die Hierarchie, sondern auch eine Befriedigung gleichartiger Laienbedürfnisse und eine Lebenshaltung, die Wesentliches gemeinsam hat. – Vgl. → Tantrismus.

A. GRÜNWEDEL, Mythologie des Buddhismus, 1900 – B. LAUFER, Aus den Geschichten u. Liedern des Milaraspa, 1902 – G. SCHULEMANN, Die Gesch. der Dalailamas, 1911 – CH. BELL, The Religion of Tibet, Oxford 1931 – W. FILCHNER, Kumbum Dschamba Ling, (1933) 1954² – H.v. GLASENAPP, Buddhist. Mysterien, 1940 – H. HARRER, Sieben Jahre in Tibet, 1952 – H. HOFFMANN, Die Religionen Tibets, 1956.

T. Schmid

Lambert *von Avignon, Franz* (1486/87–1530), mit jungen Jahren Franziskaner-Observant, wegen seiner Predigterfolge 1517 zum »Praedicator apostolicus« ernannt. L. setzte sich für eine Reform des Lebens der Kleriker wie der Laien ein. Die letzte seiner Predigtreisen führte ihn 1522 in die Schweiz. In einer Disputation mit → Zwingli über die → Heiligenverehrung (: II) vertrat er noch die römische Lehre, entschloß sich aber kurz darauf, das Mönchsgewand abzulegen. Er reiste nach Eisenach und kam durch → Spalatins Fürsprache nach Wittenberg, wo er 1523/24 wirkte. Nach einem mißlungenen Versuch, die Reformation in Metz durchzusetzen, hielt L. in Straßburg (1524–26) Vorlesungen und verfaßte theologische Schriften. Er bemühte sich vergeblich um eine Reformation in Frankreich. Im Streit über die → Willensfreiheit und das → Abendmahl (: II, 3a) stellte er sich auf Luthers Seite. In der Debatte über → Geist und Buchstabe (, 3) bezog er eine eigene Stellung. 1526 ging er nach → Hessen (: I, 2). Auf der Homberger Synode war er der Sprecher der reformatorisch gesonnenen Theologen. Die anschließend erarbeitete, weitgehend von L. bestimmte »Reformatio ecclesiarum Hassiae« sah die Bildung reiner Gemeinden (→ Freikirche, 2) und synodale Verfassung vor, wurde aber auf Anraten Luthers nicht eingeführt. Sprachschwierigkeiten zwangen L., im akademischen Bereich zu bleiben: 1527 wurde er Prof. an der neugegründeten Universität → Marburg. P. → Hamilton war einer seiner Schüler. 1529 verfaßte er eine Schrift, die im Auftrag Landgraf → Philipps dem Kaiser überreicht wurde, um ihn von der Wahrheit der ev. Lehre zu überzeugen. Unter dem Eindruck des → Marburger Religionsgespräches wandte sich L. der Abendmahlslehre Zwinglis zu. Mit → Bucers Hilfe versuchte er, eine Pfarrei im französischen Sprachgebiet zu erhalten; doch starb er ganz plötzlich an der Pest. In seinen weitverbreiteten biblisch-exegetischen und dogmatischen Werken finden sich neben biblizistischen Gedanken Parallelen zur luth. wie zur ref. Theologie. L. nahm das reformatorische wie das humanistische Anliegen in eigenständiger Ausprägung auf. An seine Theologie hat man jedoch in der Reformationszeit nirgends direkt angeknüpft.

J.W. BAUM, F.L. von A., 1840 (Bibliogr.) – W. MAURER, F.L. von A. u. das Verfassungsideal der Reformatio ecclesiarum Hassiae von 1526 (ZKG 48, 1929, 208–260) – E. KURTEN OFM, F.L. von A. u. Nik. Herborn in ihrer Stellung zum Ordensgedanken ... (RGST 72), 1950 – W. BERNOULLI, Das Diakonenamt bei F.L., 1955 – A. MOSER, F.L.s Reise durch die Schweiz i.J. 1522 (Zwingliana 10, H. 7, 1957, 467–471) – G. MÜLLER, F.L. von A. u. die Reformation in Hessen (Veröffentlichungen d. Hist. Komm. f. Hessen u. Waldeck 24, 4), 1958 (Lit., Ergänzungen zur Bibliogr.). *Gerh. Müller*

Lambethkonferenzen

1. Bedeutung – 2. Ursprung – 3. Geschichte – 4. Verhältnis zu anderen Kirchen. – L. = Lambethkonferenz

1. Die Bischöfe der verschiedenen, rechtlich völlig selbständigen Nationalkirchen und Provinzen der Anglikanischen Gemeinschaft kommen seit 1865 regelmäßig – möglichst alle 10 Jahre – auf Einladung des Erzbischofs (= Eb.) von Canterbury in dessen Amtssitz, dem Lambeth-Palast, zur Erörterung gemeinsamer Probleme und Aufgaben zusammen. Diese L.en sind das älteste Organ gesamtanglikanischer Meinungsbildung und die augenfälligste Manifestation der Einheit der → Anglikanischen Kirche (: I). Deshalb haben ihre Verlautbarungen Autorität und sind richtungweisend geworden für Ausbildung und Weg dieser Denomination und darüber hinaus für den Weg der → Ökumenischen Bewegung, obgleich sie keine Generalsynode, auch keine in anderer Weise verfassungsmäßig verankerte Institution sind und ihre Beschlüsse nur Rechtskraft erhalten, soweit sie von den einzelnen Kirchen der Anglican Communion aufgenommen werden.

2. Durch Kolonisation, Auswanderung und Mission waren seit dem 18. Jh. in vielen Teilen der Welt Tochterkirchen der Church of England entstanden, die in ihren Ländern oft eine christliche Denomination unter anderen waren oder es wurden und keine (so die → Protestantische Episkopalkirche in den USA) oder nur eine zunächst umstrittene Beziehung zur englischen Krone und zum Parlament hatten (nach schweren Konflikten in Südafrika stehen die Diözesen in Kolonien mit Selbstverwaltung seit 1863 nicht mehr unter staatlicher Jurisdiktion). Von Übersee aus wandelte sich die englische Staatskirche so faktisch zur weltweiten Konfessionskirche. Die kirchliche Erneuerungsbewegung des 19. Jh.s hatte in ihr andererseits die Überzeugung verstärkt, ein Teil der gespaltenen Gesamtkirche zu sein, also gerade keine »Konfession«. Diese Spannung spiegelt sich in Ursprung und Geschichte der L.en. Sie haben regelmäßig zu theologischen, sozialen und auch politischen Fragen Stellung genommen. Vor allem lassen sich aber zwei Tendenzen verfolgen: Stärkung der anglikanischen Gemeinschaft und zugleich Aufhebung dieser Gemeinschaft zugunsten einer Wiedervereinigung der ganzen Kirche (→ Einigungsbestrebungen: IV. V).

3. Unter dem Eindruck der Konflikte in Südafrika beantragte 1865 die Provinzial-(Bischofs-) Synode von Kanada, der Eb. von Canterbury C.T. Longley möchte eine Nationalsynode der Bischöfe der Anglikanischen Kirche (mit Priestern oder Laien als Beratern) einberufen. Statt dessen lud Longley für 1867 die Bischöfe persönlich zu einer rechtlich unverbindlichen Konferenz ein. Auch dagegen erhoben sich Widerstände, zB vom Eb. von York; trotzdem kamen 67 von 144 Bischöfen. Pläne für eine straffe Organisation der anglikanischen Gesamtkirche hatten keine Chance. Die Einladung zur 2. L. 1878 unter Eb. Tait erhielten die Bischöfe in organisierten Provinzen aber bereits durch ihre Metropoliten; es kamen 100. Seitdem wurde der 10jährige Turnus zur Regel: 3. L. 1888 (Eb. Benson, 145 Teilnehmer [= T.]); 4. L. 1897 (Eb. F. Temple, 194 T.); 5. L. 1908 (Eb. Davidson, 242 T.); 6. L. 1920 (Ders., 252 T.); 7. L. 1930 (Eb. Lang, 308 T.); 8. L. 1948 (Eb. G.F. → Fisher, 326 T.); 9. L. 1958 (Ders., 310 T.). Seit der 4. L. ist ein Consultation Body als ständiger Ausschuß eingesetzt, dessen Aufgaben und Zusammensetzung mehrfach (zuletzt 1958) neu bestimmt wurden. Er besteht jetzt vor allem aus den Eb.en von Canterbury und York und den Primaten oder Leitenden Bischöfen der einzelnen National- oder Provinzialkirchen und hat einen ständigen Sekretär, der zugleich der Sekretär des Advisory Council of Missionary Strategy ist, eines weiteren, von der 8. L. eingesetzten Organs für die Zusammenarbeit der Anglikanischen Kirchen. 1948 wurde auch ein Zentral-Kolleg in Canterbury konstituiert. 1908 war in Verbindung mit der 5. L. ein Pananglikanischer Kongreß abgehalten worden, an dem auch Laien teilnahmen; der nächste Anglikanische Kongreß fand 1954 in Minneapolis statt, ein weiterer ist für 1963 vorgesehen.

4. Bereits die 2. L. behandelte auch das Verhältnis der Anglikanischen Gemeinschaft zu anderen bischöflich organisierten Kirchen, der → Brüder-Unität und den sich damals gerade erst sammelnden → Altkatholiken. Die 3. L. 1888 rief dann in einem Appell an die ganze Christenheit (Appeal to all Christian People) zur Wiedervereinigung der Kirchen auf und nannte als Grundlage dafür die Anerkennung, 1. daß die Hl. Schrift alles zum Heil Notwendige enthält, 2. des Nicänums als ausreichenden Glaubensbekenntnisses, 3. von Taufe und Abendmahl als von Christus selbst eingesetzten Sakramenten, 4. des »historischen Bischofsamtes«, unter Anpassung an die Bedürfnisse der verschiedenen Gebiete und Völker. Diese vier Punkte (»Lambeth-Quadrilateral«) stammten wie der Vorschlag zu den L.en aus Amerika; 1870 erstmalig von R.W.Huntington formuliert, waren sie 1888 von der General Convention der Protestant Episcopal Church in Chikago angenommen worden. Die 6. L. 1920 fügte als alternatives Taufbekenntnis das Apostolikum hinzu und umschrieb das Bischofsamt in apostolischer → Sukzession als »ein Amt, das von jedem Teil der Kirche anerkannt wird, als nicht nur auf der inneren Berufung des Geistes, sondern auch auf dem Auftrag Christi und der Autorität des ganzen Leibes (Christi) beruhend«. Seitdem ist dieser Appell zur Grundlage von Verhandlungen zwischen einzelnen anglikanischen Kirchen (bes. der Church of England) oder gesamtanglikanischen, im Auftrag einer L. gebildeten Kommissionen und anderen Kirchen geworden, worüber jeweils das Consultation Body und die nächste L. informiert wurde. Volle Kommunion (»Full Communion« nach der 1958 angenommenen Terminologie) wurde in der Konferenz von Bonn 1931 mit den Altkatholiken beschlossen und im Laufe der Zeit von den meisten anglikanischen Kirchen angenommen. Mit anderen bischöflichen Kirchen wurden in einzelnen Gebieten Abkommen über eine wechselseitige Anerkennung der Ämter und Sakramente und beschränkte → Abendmahlsgemeinschft erzielt, zB mit der luth. Kirche von Schweden, den anderen skandinavischen Kirchen, der Mar-Thoma-Kirche (→ Indien: IV, 4a). Verhandlungen mit den orth. und anderen östlichen Kirchen führten noch zu keinem klaren Resultat; mit der Brüder-Unität wurden sie 1937 abgebrochen. Inoffizielle Fühlungnahmen mit der röm. Kirche (Malines 1921-25) scheiterten. Auch den anderen Weg zur Kircheneinheit, über regionale Unionen, befürworteten die L.en grundsätzlich, wenn dadurch auch Provinzen aus der Anglican Communion ausscheiden sollten. Im ersten konkreten Fall einer Union bischöflicher und nichtbischöflicher Kirchen, der Kirche von → Südindien, kam 1948 die 8. L. aber (erstmalig) zu keiner einheitlichen Empfehlung über die Anerkennung der Ordinationen dieser Kirche. Die meistbetroffenen anglikanischen Kirchen haben diese Anerkennung später dennoch ausgesprochen, und die L. von 1958 hat die (etwas anders angelegten) Unionsprojekte in Nordindien, Pakistan und Ceylon erneut empfohlen, zugleich aber eine Möglichkeit vorgesehen, die Bischöfe der neuen, nicht mehr zur Anglican Communion gehörenden Kirchen an künftigen L.en teilnehmen zu lassen, die damit zugunsten einer weiteren Gemeinschaft bischöflicher Kirchen ihren ausschließlich anglikanischen Charakter verlieren würden.

Lit. außer den offiziellen Konferenzberichten: R.T.Davidson (Hg.), The Six L.es, London 1929 - The L.es, 1867-1948, ebd 1949 - G.K.A.Bell (Hg.), Documents on Christian Unity, 1.-3. Ser., 1924. 1930. 1948 - St.Neill, Anglicanism, London 1958. *G.Kretschmar*

Lambruschini, 1. *Luigi* (Aloisius), päpstlicher Diplomat, Barnabit (1776-1854), * in Sestri Levante, † in Rom. Mitarbeiter → Consalvis, den er zum → Wiener Kongreß begleitete, wirkte am Abschluß des Konkordats für Bayern (1819) und Neapel mit. 1819 Erzbischof von Genua, 1827 als Nuntius in Paris Anhänger der starren Politik Karls X., 1831 Kardinal, 1836 als Nachfolger Bernettis Staatssekretär → Gregors XVI. In Anlehnung an Österreich vertrat L. einen unbeugsamen reaktionär-konservativen Standpunkt, der ihn, aus Furcht vor erneuten Unruhen, im Konklave 1846 unterliegen ließ und seinen Gegner, den (zunächst) liberalen → Pius IX. auf den päpstlichen Stuhl brachte.

Vf. u.a: Opere spirituali, 3 Bde, (Rom 1836) Venedig 1838²; dt. 1839. - Über L.: G.Boffito, Scrittori barnabiti II, Florenz 1933, 312ff - J.Schmidlin, Papstgesch. d. neuesten Zeit I, 1933 (Reg.) - LThK VI, 354 - EC VII, 844f. - Vgl. die Lit. zu → Gregor XVI.

2. *Raphael* (1788-1873), Neffe von 1, liberaler, reformkath. Denker und bedeutender ital. Pädagoge, Vorläufer des ital. → Modernismus. * in Genua, † in San Cerbone/Figline b. Florenz. Von Jesuiten erzogen, nach der Priesterweihe Seminar-Prof. in Orvieto, der Diözese eines Onkels, verwaltete er diese während der napoleonischen Wirren 1810-12 und wurde dann wie sein Oheim verschleppt. Um nach der Rückkehr (1814) der römischen Reaktion zu entrinnen, gründete L. in Figline bei Florenz eine Erziehungsanstalt und leitete zeitweise ein interkonfessionelles Konvikt, neben seinen Studien auf die wirtschaftliche und religiös-sittliche Hebung der Landbevölkerung bedacht. Ohne mit Rom zu brechen oder sein Priestertum aufzugeben, sprach er sich freimütig nicht nur über die Schäden der Kirche, sondern auch über ihre Dogmen aus: Nur durch Einigung in der *Liebe* könne man zur Einigung in der Wahrheit und so zur Wiedervereinigung der Kirchen gelangen. Für die Trennung von Staat und Kirche, stellte sich L. gegen den Vatikan auf die Seite des durch Savoyen geeinigten Königreichs Italien, dessen Senat er seit 1860 angehörte.

L.s Werke hg.v. A.Gambaro: Primi Scritti Religiosi di R.L., Florenz 1918; Conferenze Religiose e Preghiere inedite, Venedig 1926; Dell' autorità e della libertà, Pensieri, Florenz 1932; Scritti Politici, ebd 1936; Scritti di varia Filosofia e di Religione, ebd 1939. - Über L.: A.Gambaro, Riforma religiosa nel carteggio inedito di R.L., 2 Bde, Turin 1923 - J.Schnitzer, R.L. (IKZ 18, 1928, 129-150) - LThK VI, 354f (Lit.) - EC VII, 645ff (Lit.). *G.Maron*

Lamech und Lamechlied. L. (hebr. læmæk, unbekannte Bedeutung), nach Gen 4, 17f (J) Nachkomme → Kains und Sohn des Methusael, nach der jüngeren Liste 5, 25f (P) Nachkomme Seths, Sohn des Methusalah und Vater des Noah; seine Lebensdauer wird mit 777 Jahren angegeben. Das Prinzip derartiger Reihen und Daten, nicht die Namen, ist babylonischer Herkunft. Das hinter den Listen stehende israelitische Erzählungsgut läßt sich für die meisten Namen nicht mehr erheben. L. selbst ist in der südjudäischen Überlieferung zu Haus und wie Kain heros eponymos eines Beduinenstamms. Dagegen sind die Namen seiner Frauen Ada und Zilla ohne Überlieferungsgehalt. Ebenso sind die Namen der drei Söhne künstlich und erst für die Dreiheit gebildet. Jabal ist Stammvater der Zeltbewohner, Jubal der Musikanten; die Erz- und Eisenschmiede werden auf Thubal zurückgeführt (wohl nur dieser Namensbestandteil ist ursprünglich und Kain = Schmied enthält schon eine Deutung; die Gleichsetzung mit dem anatolischen Tabal ist aufzugeben). Jeder ist also Urheber einer der hauptsächlichsten Betätigungen nomadischen Lebens (vgl. die Darstellung einer Schar Asiaten auf einem Relief in Beni-Hasan (ANEP 3). Der → Jahwist zeigt im Rahmen seines Werkes an L. auf, wie das harte Leben der in den Südgebieten wandernden Nomaden seinen Grund im Urteil Gottes über die

Sünde hat. Ebenso hat *das L.lied* durch den Jahwisten eine Umdeutung erfahren. Es ist ein Prahllied vorisraelitischen Ursprungs, das das Selbstbewußtsein des Beduinen ausdrückt. Da die Stellung im Kontext sekundär ist, ist die Bezeichnung »Schwertlied« unzutreffend. Im jetzigen Zusammenhang dient es dem Jahwisten zum Nachweis dafür, wie unter den Nachkommen des Brudermörders Kain die Gottesferne und die Sünde der Grausamkeit immer weiter wächst.

Außer den Kommentaren zur → Genesis: E.MEYER, Die Israeliten u. ihre Nachbarstämme, 1906 - G.KUHN, Die Lebenszeit Lemechs Gen 5, 31 (ZAW NF 13, 1936, 309f) - S.MOWINCKEL, The Two Sources of the Predeuteronomic Primeval History (ANVAO 1937, Nr. 2, 46f. 81f) - NOTH, ÜPent (passim) - D.N.FREEDMAN, Notes on Genesis (ZAW NF 32, 1952, 192-194; zu Gen 4, 22) - W.F.ALBRIGHT, Die Religion Israels im Lichte der archäolog. Ausgrabungen, 1956, 113f. 223. *H.J.Stoebe*

Lamennais, *Hugues Félicité Robert de* (1782-1854), * in St. Malo, erst 1816 Priester. Romantiker und Mystiker, von de → Bonald beeinflußt, schrieb er zusammen mit seinem Bruder Jean Marie »La tradition de l'Eglise sur l'institution des Evêques« (3Bde, 1814), ein Werk von ausgesprochen ultramontaner Tendenz (→ Ultramontanismus). Der »Essai sur l'indifférence en matière de religion« (4Bde, 1817-23), in dem die Kirche als Hüterin aller Tradition mit der unfehlbaren menschlichen »Allgemeinvernunft« ausgesöhnt erscheint, machte ihn berühmt. Unterrichtsfreiheit und Kampf gegen das staatliche Universitätswesen gehörten in sein Programm. »Des progrès de la révolution et de la guerre contre l'Eglise« (1829) zeigt die Hinwendung zum Liberalismus. 1830 gründete L. die Tageszeitung »L'Avenir«, die literarische Plattform aller jungen Liberalen. Der Zensurierung durch → Gregor XVI. (Mirari Vos, 15.8.1832) unterwarf er sich zunächst, zog sich aber mit seinen »Paroles d'un croyant« (1834) eine erneute Verurteilung zu (Singulari Nos, 25.6.1834). L. löste sich vom Katholizismus, endgültig 1836. Die späteren Werke (u.a. Esquisse d'une philosophie, 1840-46) zeigen einen starken Zug zum Deismus, wobei das »Volk« an die Stelle der Kirche tritt. Als Abgeordneter der extremen Linken (1848) war L. Gegner des Empire.

GA: 12 Bde, 1836-37 (unvollst.); Oeuvres posthumes, 3 Bde, 1856-59; Oeuvres inédites, 2 Bde, 1866. - Über L.: RE XI, 231ff - C.MARÉCHAL, La jeunesse de L., Paris 1913 - DERS., L., la dispute de l'essai sur l'indifférence, ebd 1925 - DERS. in: Revue philos. de la France et de l'étranger 139, 1949, 319-330 - F.DUINE, L., Paris 1922 - DERS., Essai de bibliogr. de F.R. de L., 1923 (Lit.) - DThC VIII, 2475ff (Lit.) - L.AHRENS, L. u. Deutschland. Studien z. Gesch. d. franz. Restauration, 1930 - J.POISSON, Le romantisme social de L., Paris 1932 - Y. LE HIR, L. écrivain, 1948 - L.FOUCHER, La philosophie catholique en France au XIXe siècle, Paris 1955. *P.Burgelin*

Lamettrie, *Julien Offray de* (1709-51), franz. materialistischer Philosoph, * in St. Malo, verfaßte medizinische Schriften. Seine »Histoire naturelle de l'âme« (1745) kostete ihn die Militärarztstelle; Friedrich d.Gr. nahm ihn schließlich auf. Die Abhängigkeit seelischer Vorgänge von körperlichen stand für L. fest. → Descartes' Vorstellung der Lebewesen als komplexer Maschinen wandte er konsequent auf den Menschen an: »In den Lebewesen ist alles von der Verschiedenheit ihrer Organisation abhängig.« Es genügt, daß die organisierte Materie mit einem Bewegungsprinzip ausgestattet ist. Denken ist das Ergebnis dieser Mechanik, und folglich macht der primitiven Trieben folgende Mensch sich nicht schuldiger als der Nil mit seinen Überschwemmungen. Moral wird hier zur Kunst des Lebensgenusses. L.s → Atheismus (: II, 4) ist mit Erwägungen der Hygiene verbunden: »Für unser Wohlbefinden ist es übrigens völlig gleichgültig, ob die Materie ewig oder geschaffen ist, ob es einen Gott gibt oder nicht.«

Vf. u.a.: L'homme machine, 1748 (dt. v. M.BRAHN, 1909); L'homme plante, 1748; Réflexions philosophiques sur l'origine des animaux, 1750; L'art de jouir, 1751. - GA: Oeuvres médicales, Berlin 1755; Oeuvres philosophiques, Berlin-Paris 1796. - Über L.: DThC VIII, 2537ff (Lit.) - R.BOISSIER, L., Paris 1931 - L.C.ROSENFIELD, From Beast-Machine to Man-Machine, N. Y. 1941 - P.HAZARD, La pensée européenne au XVIIIe siècle, Paris 1946 - A.VARTANIAN in: Journal of the Hist. of Ideas 11, 1950, 259-286. *P.Burgelin*

Lamm. Im AT kultisch (Opfer, Mahl), allegorisch-parabolisch (zB 2Sam 12, 1ff; Jes 11, 6) und symbolisch (Jes 40, 11; 53, 7; Ps 114, 4) erscheinend, wird das L. im NT zum Bild für Menschen (Lk 10, 3; 15, 3ff; Joh 21, 15) und als → Lamm Gottes Bild für Christus. - In der frühchristlichen *Kunst* begegnet es zunächst nicht näher bestimmbar im Rahmen der Paradieses- bzw. refrigerium-Symbolik, oft in Verbindung mit dem Hirten. Im 4.Jh. bringt der Junius-Bassus-Sarkophag bereits eine ausgeführte L.er-Allegorie. Noch die ravennatischen Sarkophage machen von dieser vielfältigen Allegorese reichlich Gebrauch (Christus, Apostel und Christen als L.er), wie überhaupt das L. gern für Menschen oder die (Schutz, Erquickung suchende oder selige) Seele eintritt, so auch in den Mosaiken der Apsiden. Das Christus-L. wird mit dem Paradiesesberge (s. Taf. 12 Abb. 1), dem Kreuz und der Fahne verbunden. Die mittelalterliche und spätere Kunst konzentriert sich in Anlehnung an die Apk auf das Christus-L., obwohl vorübergehend das zweite Trullanum (692) ein Verbot einzelner L.-Darstellungen durchzusetzen versuchte. Als Bezeichnung des Hauptteiles des eucharistischen Brotes in der griech. Kirche, Hostienstempel, Gebildbrot und Osterspeise, als Ausdruck der Liturgie und → Erbauungsliteratur tritt das Bild in unmittelbare Beziehung zum christlichen Ritus und Volksbrauch. - Vgl. → Christusbild, → Christussymbole, → Guter Hirt.

F.MEINECKE, Das Symbol des apokalypt. Christus-L.es (Diss. Straßburg), 1908 - DACL I, 877ff - The Intern. Standard Bible Encyclopaedia III, 1822ff - ThW I, 342ff - HWDA V, 810ff - LThK VI, 361ff - F.GERKE, Der Ursprung der L.erallegorien (ZNW 33, 1934, 160-196) - P.DE PUNIET, Pastor Ovium (EphLiturg 53, 1939, 273 bis 290) - L.CHARBONNEAU-LASSAY, La mystérieuse emblématique de Jésus-Christ, Paris 1940 - DB III, 18f - K.TH.KEMPF, Christus der Hirt, Rom 1942 - M.LAWRENCE, The Sarcophagi of Ravenna, 1945, 42ff - J.CALVET-M.CRUPPI, Le bestiaire de l'antiquité classique, Paris 1955 - DIES., Les animaux dans la littérature sacrée, ebd 1956 - J. DONES, Des animaux dans la mythologie, Lyon 1956. *K.Goldammer*

Lamm Gottes wird weder im AT noch im nachbiblischen Judentum als messianischer Titel verwendet (TestJos 19 ist christlich interpoliert); im NT dagegen wird Jesus als das Opfer- bzw. Passalamm L.G. genannt (Joh 1, 29. 36; 19, 36; 1Kor 5, 7; 1Petr 1, 18f). Der Sinn dieses in alten Bekenntnisformeln verwendeten Ausdrucks wird näher festgelegt durch den Zusatz »das die Schuld der Welt trägt« (Joh 1, 29): das Lamm hat die Schuld auf sich genommen, um sie fortzutragen (vgl. Jes 53, 4. 11. 12). - Der in der Apk häufig begegnende Titel Lamm (→ Christologie: I, 5 c) ist vermutlich aus astralmythologischen und apokalyptischen Vorstellungen übernommen worden, in denen der Widder als Bild kraftvoller Herrschaft galt (äthHen 89, 42ff). Darum trägt das Lamm 7 Hörner als Zeichen seiner Macht und Würde (Apk 5, 6). Gleichzeitig aber ist es das Opfertier, das mit der tödlichen Wunde gezeichnet ist (ebd). - Zum L.G. in der Liturgie und Kunst vgl. → Agnus Dei, → Lamm.

C.F.BURNEY, The Aramaic Origin of the Fourth Gospel, 1922, 107f - E.LOHMEYER, Die Offenbarung des Joh. (HNT 16), (1926)

1953², 54f - ThW I, 342ff (Lit.) - C.H.DODD, The Interpretation of the Fourth Gospel, 1953, 230ff - E.LOHSE, Märtyrer u. Gottesknecht (FRLANT 64), 1955, 141ff - C.K.BARRETT, The Lamb of God (NTS 1, 1955/56, 210-218) - P.A.HARLÉ, L'agneau de l'Apocalypse et le NT (EThR 31, 1956, 26-35) - BAUER, WB⁵ 92. *E.Lohse*

Lampe, *Friedrich Adolf* (1683-1729), ref. Theologe, * in Detmold. In Bremen unter dem Einfluß der Gedanken J.v. → Lodensteins und Th. → Untereycks, studierte L. 1702 in Franeker, wo er seine Bekehrung erlebte. 1703 Pfarrer in Weeze bei Kleve, 1706 in Duisburg, 1709 in Bremen, 1720 Prof. für Dogmatik und KG in Utrecht, 1727 wieder in Bremen. Seit seinem Studium »ernstiger Coccejaner«, vertrat er die mit dem Pietismus verbündete Föderaltheologie (→ Bund: IV) in Deutschland. In seiner Abwendung vom labadistischen Separatismus (→ Labadie), in seiner Predigtweise, der es um die rechte »Austeilung« des Wortes an die verschiedenen Gruppen der Zuhörer ging, als Katechet und Seelsorger wurde L. prägend für die Gestalt des ref. → Pietismus. Sein Einfluß wirkte, auch in der »Sprache Kanaans«, in Bremen und am Niederrhein lange fort; in Holland bildete sich die Schule der Lampeaner oder »Fijnen«. Auch als Liederdichter hat L. Bedeutung.

Vf. u.a.: Geheimnis des Gnaden-Bunds, 6 Bde, 1712; Der Hl. Brautschmuck der Hochzeits-Gäste des Lammes an seiner Bundes-Tafel, 1719; Milch der Wahrheit, 1720; Compendium Theologiae naturalis, 1723; Komm. zum JohEv, 3 Bde, 1724ff; Delineatio Theologiae activae, 1727. - Hg. (mit TH.DE HASE) der ersten ref. theol. Zeitschr.: Bibliotheca historico-philologico-theologica, 1718ff. - Über L.: O.THELEMANN, F.A.L., 1868 - KOCH VI, 35ff - RE XI, 233ff; XXIV, 663 - G.SCHRENK, Gottesreich u. Bund im älteren Protestantismus, 1923 - A.F.STOLZENBURG, Die Theol. des F.J.Buddeus u. des Ch.M.Pfaff, 1926, 321ff - G.SNIJDERS, F.A.L., Harderwijk 1954 (Bibliogr., Lit.; dazu F.FROMME in: Hospitium Ecclesiae, 1954, 123-127). *M.Rohkrämer*

Lampen, *frühchristliche* → Kunsthandwerk: II, 1.

Lampert *von Hersfeld* (ca 1025 bis nach 1081), Geschichtsschreiber. Vermutlich in der Bamberger Domschule gebildet, war L. seit 1058 Mönch in → Hersfeld, schließlich Abt des Klosters Hasungen bei Kassel, in dem er die Klosterreform durchführte. Er schrieb um 1070 eine Biographie des heiligen → Lullus, des Gründers von Hersfeld. Ein von L. in Hexametern abgefaßtes Gedicht über die neuere Geschichte Hersfelds ist verloren, seine Geschichte des Klosters nur in Auszügen erhalten. Sein Hauptwerk sind die vom Weltbeginn bis 1077 reichenden Annalen, bis 1040 ein dürftiger Auszug aus anderen Quellen, von da an ein ausführlicher Bericht über die Zeitereignisse. Wegen ihres blendenden Stiles früher überschätzt, sind sie bei L.s parteilicher Einstellung gegen → Heinrich IV. nur mit Vorsicht zu benutzen.

Ausg.n: Opera, hg.v. O.HOLDER-EGGER in: MG SS in usum schol. 38, 1894 - Annalen hg.v. W.D.FRITZ mit Übers. v. A.SCHMIDT in: Ausgew. Qu. zur dt. Gesch. des MA 13, 1957. - Über L.: WATTENBACH-HOLTZMANN I, 456ff - E.E.STENGEL, L.v.H., der erste Abt des Klosters Hasungen (in: Festschr. f. Th.Mayer II, 1955, 245-258) - VerfLex V, 1955, 583ff (Lit.). *K.Jordan*

Lancelot, *Claude* (1615-95), franz. pädagogischer Schriftsteller. Religiös war er Schüler → Duvergiers, Anhänger des → Jansenismus, Freund von → Maurinern und → Kartäusern. Sein »Reisebericht« ist eine Quelle für das Leben der jansenistischen Diözese Aleth mit ihrer umstrittenen Kirchenbuße. Wegen seines Jansenismus als Prinzenerzieher entlassen, wirkte L. zusammen mit Coustel an den Schulen von → Port-Royal. Er betonte die Bedeutung der Muttersprache und verfaßte Grammatiken und Methodenbücher.

Vf. u.a.: Mémoires touchant la vie de St.Cyran, Köln 1638 (darin bes.: Relation d'un voyage fait à Aleth; [anonym] Hist. abrégé de la vie de M.L.). - Bibliogr. der pädag. Schriften v. L. u. v. Coustel bei H.REUCHLIN, Gesch. v. Port-Royal II, 1844, Beil. 6. - Über L.: C.DE SAINTE-BEUVE, Port-Royal III, Paris (1840) 1866ff², Livre 4 - B.J. LANGE, Die Pädagogik des P.Coustel, 1903, 23ff. 58ff - G.COMPAYRÉ, Hist. critique des doctrines de l'éducation en France..., Paris 1904⁷, 242ff - P.BARTH, Gesch. d. Erziehung..., (1911) 1920⁴, 519f. - Vgl. die Lit. zu → Jansenismus. *P.Honigsheim*

Landerziehungsheim. Angeregt durch einen Aufenthalt in Cecil Reddies »New School« in Abbotsholme, über den er in dem merkwürdigen Buche »Emlohstobba, Roman oder Wirklichkeit« (1897) begeistert berichtete, gründete *Hermann Lietz* (1868-1919) in Ilsenburg/Harz 1898 das erste deutsche L.; 1901 folgte Haubinda, 1904 für die Oberstufe Bieberstein, 1914 das Landwaisenheim Veckenstaedt (später Grevesmühlen). Unter der Leitung von Alfred Andreesen kamen hinzu: 1923 (statt Ilsenburg) Gebesee, 1924 Ettersburg und Buchenau, 1928 Spiekeroog, 1941 für die Mädchen Hohenwehrda. 1945 gingen die Heime in der sowjetisch besetzten Zone verloren. Heute umfaßt die »Stiftung Deutsche L.e Hermann Lietz-Schule« die Heime Buchenau, Bieberstein, Spiekeroog und Hohenwehrda.

In prägnanter Kürze gibt der einstige Lieblingsschüler von H.Lietz, Erich Meißner, in HPäd IV, 325ff die Grundgedanken seines Lehrers wieder. Von Abbotsholme übernahm Lietz die Internatspraxis mit ihrer Aufteilung von wissenschaftlicher und praktischer Arbeit, mit den »Kapellen«, dem Dauerlauf u.a.m. Das englische Präfektensystem ersetzte Lietz durch die »Familien«. Aus Eigenem brachte Lietz, der bei dem Herbartianer Wilh. → Rein methodisch-didaktisch ausgebildet worden war, hinzu - und bestimmte damit den spezifisch deutschen Charakter seiner Heime - die hohe Bewertung des ländlichen Lebens und ländlicher Arbeit, die lebensreformerischen Anliegen, die in der Forderung nach absoluter Enthaltung von Alkohol und Nikotin gipfelten, den kulturkritischen Ansatz, soziale und philanthropische Ideen, vor allem unter dem Einfluß von M.v. → Egidy und Ludw. Keller (auch Adolf Damaschke gehörte zu den Patronen der ersten Gründung). Der ehemalige Theologe Lietz lebte ferner in der Gedankenwelt des prot. religiösen → Liberalismus, der er in den »Kapellen« Ausdruck gab, und des neuidealistischen Persönlichkeitsideals (in Jena war Rudolf Eucken sein Lehrer gewesen). → Herders Humanitätsideal war in ihm lebendig, in seinen späteren Jahren merkwürdig unverbunden neben einem ausgeprägten Nationalismus. Dazu trat die Opposition gegen die überkommenen Formen der Staatsschule mit ihrem Verbalismus und Intellektualismus, ihrer Geringschätzung körperlicher Arbeit und ihrem Mangel an erzieherischer Rücksicht auf die je besondere Individualität der Schüler. Ferner wirkten auf die Heime die Anregungen der pädagogischen Bewegung, der → Kunsterziehungs-, der → Arbeitsschul-Bewegung, der neuen Leibeserziehung; anderseits gewannen die L.e starken Einfluß auf die pädagogische Bewegung in den öffentlichen Schulen.

Die Unbedingtheit der Anforderungen des Gründers, denen Lietz sich selbst rückhaltlos unterzog, die Ausschließlichkeit seines Führungsanspruchs, vielleicht auch manche Einseitigkeiten, führten immer wieder zu Sezessionen seiner Mitarbeiter, die dann in Streitschriften, Programmen und Berichten theoretisch begründet wurden, so vor allem durch Gustav Wyneken. Aber auch die Neugründungen blieben von inneren Streitigkeiten nicht verschont, die zu weiteren Sezessionen führten. Sie entfalteten nach und nach alle Möglichkeiten, die in der Idee der L.e lagen, und erfuhren jeweils auch die Grenzen der einzelnen Ansätze, bewahrten aber alle die erzieherische Grundgesinnung, die jenseits aller Theorie, ja Ideologie die Atmosphäre und das Niveau der Heime bestimmte. - Nur die wichtigsten Varianten können genannt werden. 1906 gründeten Gustav Wyneken und Paul Geheeb die »Freie Schulgemeinde Wickersdorf«, ordensmäßig zum Dienst am »objektiven Geist« und später der Ideologie einer eigenen »Jugendkultur« verpflichtet. 1908 trennte sich eine Gruppe ursprünglich Herrnhutischer Erzieher von Lietz zur Gründung des »Landschulheims am Solling« in Holzminden, das schon im Namen eine Akzentverschiebung sichtbar machte. Paul Geheeb verließ 1909 Wickersdorf zur Gründung der »Odenwaldschule«, in der das Prinzip der → Koedukation bestimmend war sowie eine rousseauistische Theorie des natürlichen Unterrichts und der schöpferischen Kräfte im Kinde, die Lietz und Wyneken ganz fern gelegen hatte. Die Odenwaldschule zeichnet sich bis heute durch hoffnungsvolle Versuche einer Umgestaltung des Unterrichtslebens aus. 1925 verließ Martin Luserke, der bis dahin die entscheidende Erzieherpersönlichkeit in Wickersdorf gewesen war, die »Freie Schulgemeinde« und gründete - mit einer romantischen Ideologie - die »Schule am Meer« auf der Nordseeinsel Juist. Von Holzminden wanderten 1930 einige Lehrer aus, um in Urspring ein ev. Erziehungsheim zu gründen, den ursprünglichen Ansatz beim religiösen Liberalismus verlassend. Von Wickersdorfer Ideen aus hatte Wyneken vorübergehend starken Einfluß auf die → Jugendbewegung (: I) gewonnen (Freideutscher Jugendtag auf dem Hohen Meißner 1913). Nach dem 1. Weltkriege ergänzte sich die Erzieherschaft in den Heimen vorwiegend aus den Kreisen der Jugendbewegung und stellte bes. die Verbindung zur Jugendmusikbewegung her. In Max Bondys Schulgemeinde Gandersheim (ursprünglich Brückenau, später Marienau) suchte die Jugendbewegung einen eigenen Typus des L.s zu entwickeln. Unabhängig von Lietz, ungefähr zu gleicher Zeit entstanden das Süddeutsche L. in Schondorf am Ammersee und das Mädchen-L. von Frau v. Petersenn, ursprünglich in Wannsee, später in Gaienhofen. Einen selbständigen Ansatz hatte auch Kurt Hahns Schule Schloß Salem (1922) mit ihren Nebengründungen, die neben den Anregungen der alten Heime unmittelbar auf die Tradition der englischen Public Schools zurückgingen und das englische → Gentleman-Ideal für eine neue Elitebildung zum Vorbild nahmen. Sport und unmittelbare moralische Erziehung hatten hier den Vorrang, das Unterrichtliche wurde ein wenig vernachlässigt. Von Salem gliederte sich der Birklehof ab; hier ging es um die Einordnung humanistischer Studien und humanistischen Geistes in die Überlieferung der L.e.

Das Jahr 1933 traf die L.e hart. Kurt Hahn mußte sich von Salem trennen und sucht nun in Gordonstoun (Schottland) seine Ideale zu verwirklichen. Einige Heime wurden geschlossen, anderen gelang es, sich durch die nationalsozialistische Zeit mit mehr oder minder großen Konzessionen hindurchzuretten. Heute werden die L.e und freien Schulgemeinden geschwisterlich in einen großen Zusammenhang eintreten müssen und weniger Vorhut sein. Der Inselcharakter bedeutet nun nicht mehr ein Hinausgehen aus der übrigen Welt, auch nicht einen Vorgriff auf eine künftige bessere Welt; wohl aber können solche Inseln eine pädagogisch heile Lage schaffen, die die relative Reinheit, Dichte und Fülle der Bildungsvorgänge ermöglicht. Vor allem kann heute nicht mehr ein Einzelner das Ganze tragen, wie Lietz es noch vermochte. Die Lehrerschaft insgesamt trägt heute die Verantwortung. Ihre erzieherische Phantasie, ihr Wille, stets von neuem die rechten Formen zu finden und das rechte Maß zu bestimmen, wird entscheidend sein.

Deutsche Schulversuche, hg. v. F. Hilker, 1924 (Lit., Bibliogr. der Schriften von H. Lietz) - Das L., hg. v. A. Andreesen, 1926 - E. Weniger, Über die gegenwärtigen Aufgaben u. Möglichkeiten der L.e (Die Sammlung 5, 1950, 230-241). *E. Weniger*

Landesherrliches Kirchenregiment → Kirchenregiment.

Landeskirche. Die Erkenntnis, daß im Leibe der einen, unter dem Wort ihres Herrn versammelten → Gemeinde (: II) in Bekenntnis und Institution verschiedene, bes. auch örtlich begrenzte Kirchengebilde bestehen, gehört der nachreformatorischen Zeit an. Trotz aller Ansätze nationaler Besonderheit (→ Gallikanismus) hielt die mittelalterliche Anschauung an der im Sakrament und in der Liebe begründeten Einheit der ecclesia universalis fest, wiewohl schon das Unionsdekret des Konzils von Florenz vom 6.7.1439 von der Aufhebung der Trennwand zwischen zwei Kirchen spricht. Auch die reformatorische Zeit ging nachdrücklich von der Einheit der einen allgemeinen, der rechten Verkündigung dienenden Kirche aus. Erst das spätere Ergebnis der Spaltung und die Entwicklung gesonderter kirchlicher Einrichtungen in Anlehnung an die Territorien ließ im 17. Jh. die Unterscheidung zwischen der ecclesia universalis und den verschiedenen ecclesiae particulares als örtlich gegründeten Territorialkirchen aufkommen (→ Kirche: VI B). In dieser älteren Zeit sah der Staat es als seine Aufgabe an, für Einheit und Reinheit der kirchlichen Lehre zu sorgen. L. bezeichnet daher die in einem Territorium allein anerkannte, im Grundsatz alle Landesangehörigen kraft des Territorialprinzips (→ Territorialismus) umfassende öffentliche Kirchenorganisation, neben der nur geduldete Anhänger einer anderen religiösen Richtung existieren konnten. Mit dem Durchdringen der → Toleranz (: II) Ende des 18. Jh.s verändert sich der Begriff der L. Wo das Staatskirchentum (→ Kirche und Staat) aufgegeben wurde und der Staat mehreren Bekenntnissen eine gleichberechtigte öffentlich-rechtliche Stellung als anerkannte → Religionsgesellschaften gewährte, wurde nun der Ausdruck L. zur Bezeichnung der Kirche, die gegenüber einer nur privatrechtlich nach Vereinsrecht organisierten religiösen Vereinigung privilegiert und mit öffentlich-rechtlicher Stellung bedacht war. Dabei wurde in Kauf genommen, daß eine Zusammenfassung eines in einem Territorium befindlichen Teiles zur Kirche dem Selbstverständnis der kath. Kirche widerspricht und der Begriff L. für sie daher nur im übertragenen Sinn als Bezeichnung für eine besondere, im öffentlichen Recht wurzelnde landesrechtliche Rechtsstellung verstanden werden kann.

Auf ev. Seite wurde im 19. Jh. das L.ntum zum Ausdruck einer besonderen Nähe zum Staat. Das landesherrliche → Kirchenregiment führte bei den ev. L.n über die allgemeine öffentlich-rechtliche Stellung der Kirchen hinaus zu starkem staatlichem Einfluß auf Leitung und Institutionen. Die ev. L.n folgten nicht nur in ihrem Bestande (→ Grenzen) den politischen Veränderungen (erst 1866 und 1918 kam diese Entwicklung zum Stillstand), in den Unionsbestrebungen (→ Unionen: I) gewann der Staat auch Einfluß auf ihr Bekenntnis. Die Lehre erblickte in den dergestalt territorial und konfessionell gesonderten L.en den Ausdruck der nationalen Vielfalt und Eigentümlichkeit und der besonderen Verbindung zum Staate. Als Teil des L.ntums wurde von den ev. L.n eine besondere staatliche → Kirchenhoheit mit Aufsichtsrechten über die Kirche anerkannt, der auf der anderen Seite öffentlich-rechtliche Vorteile (Korporationsrecht, Besteuerungsrecht [→ Kirchensteuer: I], Stellung der Geistlichen als öffentliche → Beamte [: II], → Staatsleistungen) gegenüberstanden. Ein grundlegendes Merkmal der L. war ihre Ausschließlichkeit im territorialen Bereich. Zuziehende Glaubensverwandte wurden kraft des Territorialprinzips ihre Glieder. In verwandter Weise kennt auch das Kirchenrecht der Schweiz den Begriff der L. als Bezeichnung für eine öffentlich-rechtliche privilegierte Stellung einer Kirche, wie sie in der Mehrzahl der Kantone der ev.-ref. wie der kath. Konfession eingeräumt ist, im Einklang mit der bundesrechtlich verbürgten Kultusfreiheit (Art. 50 der eidg. Verfassung) und der Ablehnung einer Staatskirche. In Österreich dagegen legt das Staatsgrundgesetz vom 21.12.1867 den weiteren Begriff der »gesetzlich anerkannten Kirche« fest, der alle größeren Religionsgemeinschaften umfaßt. Der Begriff der L. ist dort nicht bekannt.

Mit dem Ende des landesherrlichen Kirchenregiments 1918 vollzog sich eine Entwicklung, die in der Folge nach 1945 die staatliche Aufsicht (→ Kirchenhoheit) zum Schwinden bringt. Trotzdem hielten nach 1918 die Kirchen in ihren autonom gesetzten Verfassungen noch an der Bezeichnung L. fest, während sie nach 1945 aufgegeben wird. In der Gegenwart richten sich gegen die L. und ihren territorialen und konfessionellen Sonderstand drei Fragen: Ihre Begründung aus Übereinstimmung mit Landesgrenzen, Volk und Staat erscheint im Blick auf die historische Gliederung dieser Welt erklärbar, aber geschichtlich ebenso ablösbar. In diesem Sinne läßt die Vereinigung der luth. Kirchen (→ Luthertum: III) Möglichkeiten bekenntnismäßig gebundener Neugliederung der luth. Kirchen auch in Änderung bestehender territorialer Gliederungen erscheinen. Die konfessionelle Sonderung innerhalb des deutschen ev. Glaubenslebens suchte die Barmer Theologische Erklärung (→ Barmen, 2) in Offenheit gegenüber weiterführender Entwicklung zur Prüfung zu stellen. Die Entwicklung hat hier durch die strenge Betonung des auf die reine Lehre gestellten luth. Kirchentums zu einer neuen Befestigung der konfessionellen Partikularkirche auf der Grundlage eines historischen Bekenntnisses geführt. Endlich läßt der ökumenische Gedanke, dem jedes Streben nach institutioneller Einheit oder Lehrverbindung fremd ist, doch das Problem der Vielfalt der Kirchen innerhalb der einen Gemeinde der Gläubigen deutlich hervortreten. Dennoch bleibt die L. für den Typus des heutigen deutschen Kirchentums entscheidend: Von ihr stammt der Charakter als → Volkskirche, die im Grundsatz alle Glaubensverwandten des Territoriums umfaßt und sich dadurch vom bloß denominationellen freien Kirchenwesen abhebt; ferner das Territorialprinzip, das den zuziehenden Glaubensverwandten in die L. einbezieht und dadurch jedenfalls im Verhältnis luth. und unierter L.n die Bildung konfessioneller, nicht mehr territorial abgegrenzter Kirchengebilde verhindert; endlich aber die öffentlich-rechtliche Stellung, die sich die Kirchen über die Umwälzungen von 1918 und 1945 bewahrt haben und die ihre Stellung im öffentlichen Leben und die volle Erfüllung ihres Öffentlichkeitsanspruchs gewährleistet.

Ernst Wolf, Die Einheit der Kirche im Zeitalter der Reformation (EvTh 5, 1938, 124-158 = Peregrinatio, 1954, 146-182) - W. Maurer, Ende des L.ntums?, 1947 - K. Binder, Wesen u. Eigenschaften der Kirche bei J. de Torquemada, 1955 - G. W. Locher, Das Problem der L. (EvTh 16, 1956, 33-48) - S. Grundmann, Der Luth. Weltbund, 1957 - W. A. Visser't Hooft, The Super-Church and the Ecumenical Movement (ER 10, 1958, 365-385) - E. Kinder, Der ev. Glaube u. die Kirche, 1958 - J. Gill, The Council of Florence, Cambridge 1959.

U. Scheuner

Landflucht → Dorf, → Stadt.

Landgraf, *Artur Michael* (1895–1958), kath. Theologe, * in Traunstein, † in Bamberg. Germaniker, angeregt bes. durch Fr. → Ehrle, wandte sich L. seit 1922 der Erforschung der Frühscholastik zu. Er entdeckte und edierte zahlreiche Werke (zB Kardinal Laboran, theologische Werke aus der Schule → Abaelards, Abhandlungen Stephan → Langtons, Commentarius Cantabrigiensis) und wurde bes. durch seine zusammenfassende »DG der Frühscholastik« (8 Bde, 1952–56) bekannt. Er lehrte seit 1924 in Bamberg, war 1929/30 und 1937/39 Prof. an der kath. Universität in Washington DC (USA) und seit 1943 Weihbischof von Bamberg. L. ist auch als Erzähler und Romanschriftsteller hervorgetreten.

Vf. ferner u.a.: Einf. in die Gesch. d. theol. Lit. d. Frühscholastik, 1948. - Über L.: Wer ist wer? XIII, 1958, 733 (Bibliogr.) - Nachrufe in: Klerusblatt 38, 1958, 350-352; ThRv 54, 1958, 176-180.

G. Maron

Lando, *Papst* Nov. 913 bis Mai 914, aus Sabina gebürtig. Von ihm ist nur bekannt, daß er seine Papstwürde in jener Zeit römischer Adelsherrschaft (→ Papsttum: II) der älteren Theodora verdankte.

RE XI, 242 - RGG² III, 1479 - LThK VI, 369.

H. Fuhrmann

Landsberger, *Johann Justus* (ca 1490–1539), eigentlich *Gerecht,* * in Landsberg a. Lech, † in Köln. L. trat als Student 1509 in die Kölner Kartause ein und wurde 1530 Prior in Vogelsang/Jülich. In Predigten und erbaulichen Schriften schlägt L. eine Brücke von mittelalterlicher Christus- und Marien-Mystik zur gegenreformatorischen Frömmigkeit und beeinflußt die ersten deutschen Jesuiten. Er ist ein Vorläufer der → Herz-Jesu-Verehrung.

Vf. u.a.: Enchiridion militiae christianae, 1532; Alloquia Jesu Christi ad quamvis animam fidelem, 1555 u.ö. - GAn: Köln 1554-55, 4 Bde; ebd 1630 u. 1693, Montreuil 1888-90, je 5 Bde. - Über L.: M. Martin, J. L., 1902 - LThK VI, 383 - J. Greven, Die Kölner Kartause u. d. Anfänge d. kath. Reform in Deutschland, 1935, 27ff.

J. F. G. Goeters

Landstad, *Magnus Brostrup* (1802–80), norwegischer luth. Liederdichter und Folklorist, * in Finnmarken, 1828–76 Geistlicher an verschiedenen Orten Norwegens. Als Pfarrer in Telemarken (seit 1834) fand sein Interesse für die norwegische Volkskunde Nahrung. Die Volkslieder, die er hier fand und aufzeichnete, gab er später heraus. L. trat aber auch mit eigener Dichtung, bes. Liederdichtung, hervor (→ Kirchenlied: I, 4). 1852 begann er mit der Ausarbeitung eines neuen Kirchengesangbuches, das 1869 autorisiert und dann in den meisten Gemeinden eingeführt wurde. Seine Lieder und Bearbeitungen waren von volkstümlicher luth. Art. Sein → Gesangbuch (: I, 4) wird in der revidierten Form von 1924 noch heute in → Norwegen benutzt.

Vf. u.a.: Norske Folkeviser, Christiania 1853; Martin Luthers Aandelige Sange, oversatte, ebd 1855; Kirke-Salmebog. Et Udkast, ebd 1861; Om Salmesagen, en Redegjörelse, ebd 1862; Sange og Dikte af forskjellige Slags, ebd 1879. Postum hg. u.a.: Mytiske Sagn fra Telemarken (Norsk folkminnelag 13), Oslo 1926; Fra Telemarken (ebd 15), ebd 1927. - Über L.: NBL VIII, 1938, 149ff (Lit.) - Salmeskatt og Kulturarv. Eit skrift om ... M.B.L., Oslo 1951.

A. Arvastson

Landwirtschaftsmission → Rural Missions.

Lanfrank (ca 1005–89), * in Pavia aus adeliger Familie, geschult in der dortigen Rechtsschule, durchzieht Frankreich als Wanderlehrer der freien Künste (bes. der Dialektik), unterhält eine blühende Schule zu Avranches und tritt 1042 in das Benediktinerkloster Le Bec ein. Als strenger Anhänger der Reform verzichtet er auf den selbständigen Betrieb der freien Künste und macht die Schule von Bec zur berühmtesten der Zeit (bedeutendster Schüler: → Anselm von Canterbury). Als Exeget des NT legt L. den Schwerpunkt auf den Literalsinn. Die vielfach ihm abgesprochenen Kommentare zu den Paulusbriefen sind durch alte Hss. und durch das in De corp. et Sang. Dom. 7 gezeichnete dialektische Verfahren als echt bezeugt. Im Streit mit → Berengar schränkt er gegenüber dessen übertriebenem Dialektizismus den Gebrauch der Dialektik ein, baut seine Lehre vom → Abendmahl (: II, 2a) auf den augustinischen Sakramentsbegriff von sacrum signum auf und vertritt sachlich die Transsubstantiation. 1066 wird er Abt des Klosters zu Caen, 1070 Erzbischof von → Canterbury; als solcher führt er die Reform der kirchlichen Verhältnisse in → England (: I, 2) durch.

E.LONGUEMARE, L'Eglise et la conquête de l'Angleterre, 1902 - H.BÖHMER, Die Fälschungen L.s, 1902 (dagegen E.HORA in: ThQ 37, 1930, 288-319) - GRABMANN I, 225ff - J.DE GHELLINCK, Le mouvement théologique du XIIe siècle, (Paris 1914) Brügge 1948² - J.A. ENDRES, Forschg. z. Gesch. der frühmittelalterl. Philosophie, 1915, 114ff - J.R.GEISELMANN, Eucharistielehre der Vorscholastik, 1926, 365ff - A.J.MACDONALD, L., Oxford 1926 - DThC VIII, 2558ff - MANITIUS III, 82ff - G.PARÉ-A.BRUNET-P.FREMBLAY, La renaissance du XIIe siècle, Paris-Ottawa 1933 - L.RAMIREZ, La controversia eucaristica del siglo XI, Bogotà 1940 - R.SOUTHERN, L. of Bec and Berengar of Tours (in: Studies in Mediaeval History presented to F.M. Powicke, Oxford 1948, 27-48) - P.ANCIAUX, La théologie du sacrement de la pénitence au XIIe siècle, Löwen-Gembloux 1949 - EC VII, 889f. *J.R.Geiselmann*

Lang, 1. *August,* ref. Theologe, * 26.2.1867 in Hupppichteroth (Rheinland), † 24.12.1945 in Halle/S., dort seit 1893 ref. Domprediger, seit 1921 auch Sup. des ref. Kirchenkreises und Honorar-Prof. Der ev. Allianz ebenso wie der ökumenischen Arbeit eng verbunden, hat L., seit 1920 Moderator des → Reformierten Bundes, diesen durch seine auch im Ausland geschätzte wissenschaftliche Arbeit wie durch die Einrichtung theologischer Wochen und der Theologischen Schule in Elberfeld gefördert.

Vf. u.a.: Calvins Trinitätslehre, 1899; J.Calvin, 1909; Zwingli u. Calvin, 1913; Bekenntnis u. Kirche in der ev. Kirche, 1917; Reformation u. Gegenwart (Ges. Aufsätze), 1917²; Puritanismus u. Pietismus. Studien zu ihrer Entwicklung von M.Butzer bis zum Methodismus, 1941. - Über L.: Zum 40jährigen Gemeindejubiläum von A.L. (RKZ 83, 1933, 369-373; versch. Beiträge, Lit.) - P.GABRIEL, In memoriam A.L. (ThLZ 72, 1947, 107). *H.Hohlwein*

2. *Johann* (ca 1487-1548), * in Erfurt, hier 1500/01 Student, 1506 Augustinermönch, 1508 Priester, Freund Luthers, den er beim Studium des Griechischen und Hebräischen anleitet und auf → Tauler hinweist. 1511 hält er in Wittenberg als 2. Leiter des Generalstudiums moralphilosophische, auch exegetische Vorlesungen (1512 Magister). 1516 wird er in Erfurt Studienleiter, Prior des Klosters und Universitäts-Prof. (1519 Dr. theol.). Mit Luther reist er 1515 zum Provinzialkapitel nach Gotha, 1518 nach Heidelberg. Hier wird er als Luthers Nachfolger Distriktsvikar des Ordens. L. bekennt sich offen zu Luthers Werk, nimmt an der Leipziger Disputation teil, verläßt 1522 das Kloster und disputiert 1523 in Weimar mit den Franziskanern über das Mönchswesen. Als Reformator Erfurts führt er 1525 eine einheitliche Gottesdienstordnung ein (Sehling II/1, 2, 375ff) und bleibt als geistlicher Führer der Visitationskommission in der Schwarzburgischen Oberherrschaft (1533) der kirchliche Berater des Landesherrn. 1521 gibt er seine Übersetzung des MtEv heraus.

ADB XVII, 635ff - M.BURGDORFF, J.L., der Reformator Erfurts (Diss. Rostock), 1911 - P.BERTRAM, J.L. (Erfurter Lutherbuch 1917, 125-176) - P.KALKOFF, Humanismus u. Reformation in Erfurt, 1926 - RGG² III, 1481. *R.Jauernig*

Lange, 1. *Joachim* (1670-1744), ev. Theologe, * in Gardelegen. L. stand schon früh unter starkem pietistischem Einfluß seines älteren Bruders Nikolaus, Pfarrer in Hamburg. Dieser verwies ihn 1689 an A.H. → Francke in Leipzig, mit dem der begabte und leidenschaftliche L. in steter Freundschaft verbunden blieb. 1690 folgte er Francke nach Erfurt, dann nach Halle. 1693 trat L. in Berlin in den engsten Kreis → Speners ein, 1696 wurde er Rektor in Köslin, 1698 Rektor des Friedrich Werderschen Gymnasiums in Berlin, 1699 zugleich Pfarrer an der Friedrichstädter Kirche. Seine griech. und lat. Grammatik (von 1707 an 26 Aufl.) begründeten seinen literarischen Ruhm. 1709 wurde L. Prof. der Theologie in → Halle (, 2) und hier Wortführer in den pietistischen Streitigkeiten mit der → Orthodoxie, bes. mit → Löscher, dann auch im Kampf gegen Chr. → Wolff, an dessen Vertreibung er maßgeblich beteiligt war. Seine polemische Art mißfiel manchmal selbst der pietistischen Fakultät. Später vereinsamte er immer mehr. L. hat den Halleschen Pietismus mit Erfolg aus der Verteidigung zum systematischen Angriff auf seine Gegner geführt.

Vf. u.a.: Antibarbarus orthodoxiae, 1709ff; Historia ecclesiastica veteris et novi testamenti, 1722; Causa Dei adversus atheismum, 1723; Oeconomia salutis, (1728) 1730²; Biblisches Licht u. Recht, 1732-38. - Über L.: Selbstbiogr., 1744 (unvollst.) - RE XI, 261ff - R.DANNENBAUM, J.L. als Wortführer des Halleschen Pietismus gegen die Orthodoxie (Diss. Göttingen), 1951 - H.-M.ROTERMUND, Orthodoxie u. Pietismus, V.E.Löschers »Timotheus verinus« in der Auseinandersetzung mit der Schule A.H.Franckes, 1959.

2. *Lorenz Friedrich* (1799-1852), ev. Theologe. In seiner Jugend zog der hochbegabte Musiker mit einem Bruder auf Kunstreisen bis nach Konstantinopel. 1831 wurde er Pfarrer an der Brüderkirche zu Kassel. Als hervorragender Kanzelredner gehörte er zu den Mitbegründern des Kurhessischen Missionsvereins, wurde aber u.a. wegen seiner Teufelsbannungen 1835 nach Eschwege versetzt, zuletzt geisteskrank.

Über L.: Schreiben von 115 Mitgliedern der Altstädter Gemeinde an Herrn Pfr. L., 1835 - L.TIESMEYER, Die Erweckungsbewegung im Kurfürstentum Hessen, 1905, 18ff - W.HOPF, August Vilmar I, 1918, 372ff. *E.Beyreuther*

Langen, *Rudolf von* (Langius, 1438-1519), Humanist, * in Everswinkel b. Münster/Westf., seit 1456 Student in Erfurt, 1462 Propst des Kollegiatstiftes am Alten Dom und Domherr zu Münster. 1466 empfing er in Rom neue humanistische Anregungen. Sein literarisches Schaffen trat hinter seiner praktischen Förderung des → Humanismus zurück. Er reformierte die Domschule im humanistischen Sinne. Seine wertvolle Bibliothek ist 1534 den Wiedertäufern zum Opfer gefallen.

A.PARMET, R.v.L., 1869 - Epistolae Rudolfi Langii sex, hg.v. W. CRECELIUS, Progr. Elberfeld 1876 - D.REICHLING, Die Reform der Domschule zu Münster i.J. 1500, 1900 - A.BÖMER, Das lit. Leben in Münster bis zur endgültigen Rezeption des Humanismus, 1906 - Herm.Hamelmanns geschichtl. Werke I, hg.v. H.DETMER u. KL. LÖFFLER, 1902-08 - KL.LÖFFLER, R.v.L. (Westf. Lebensbilder I, 1930, 344-357; Lit.). *W.Rahe*

Langensteinbach (Baden) ist durch sein Bibelheim Bethanien, von Pfr. *Theodor Böhmerle* (1870-1927; Hg. von »Reichsgottesbote«, 1905ff und »Die Gemeine«, 1925/26) 1909 begründet und seitdem in seinem Geist weitergeführt, als ein geistlicher Mittelpunkt der Badischen Gemeinschaften bekannt. Traditionen des württembergischen theosophischen → Biblizismus fortbildend, war Böhmerle Vertreter einer radikalen Wiederbringungslehre: Nach einem vorzeitlich gefaßten Plan, der sich in vielen »Gottzeitaltern (Äonen)« verwirklicht, schafft Gott mit dem Himmel (Gen 1, 1 a) auch die

Engel, auch Satan. Sich auf sich selbst stellend, macht Satan, auf die Erde geworfen, diese (Gen 1, 1 b) zu einer Finsternisstätte. Gottes Lichtmacht schafft im Kampf gegen die Finsternis eine neue Erde (Gen 1, 2ff) und als »Erstling der Söhne Gottes« Adam. Obwohl mit Lichtnatur gepanzert, trägt dieser vermöge seiner Erdennatur »das Sündenprinzip tinkturmäßig in sich«. Er fällt, sinkt ins Tierische ab (mit Geschlechterscheidung Gen 2, 16) und wird Stammvater der sündigen Menschheit. Gott schafft sich nunmehr in dem von ihm erwählten Volk Israel eine Stätte seiner Offenbarung, läßt seinen Sohn, um es zu einem echten Gottesvolk zu machen, Fleisch werden (Synoptiker). Es verwirft ihn. Durch die Kraft seines Blutes schafft der Auferstandene das eigentliche Herzstück seines Heilsplans: die »Auswahlgemeine« der »in Gott« lebenden und aus Jesu Geist wiedergeborenen Gotteskinder (JohEv), die unter dem Druck der satanischen Mächte einen stillen Leidensweg zu gehen hat. Im Augenblick höchster Steigerung dieser Macht beim Kommen des Antichrist entrückt sie der wiederkommende Herr als seinen Leib zu sich (Phil 3, 20), läßt sie im 1000jährigen Reich an seinem Regiment teilnehmen, eine »Gottestinktur« schaffen, die auch auf Israel einwirkt, so daß es zu der ihm (nach dem AT) allein aufgetragenen Mission an den Völkern fähig wird. Nach nochmaligem Widerstand Satans wird unter schweren Gerichten über die »nur« Bekehrten und Unbekehrten alles, auch Satan, Gott unterworfen (1Kor 15, 28) und auf einer neuen Erde Gottes vollendetes Reich begründet (Apk 21). Die Gemeine, ihrem Wesen nach unsichtbar, aber nach bruderschaftlicher Verwirklichung trachtend (keine Sekte), entzieht sich möglichst (Ehe und Beruf werden nicht abgelehnt) allem leiblich-weltlichen Wesen, zB politischer und sozialer Arbeit, steht kritisch auch der »Massenkirche« mit ihrer Sakramentsverwaltung (Kindertaufe!) und ihrer Inneren Mission gegenüber. Die Bibelkurse im Heim dienen vor allem der »Einweihung« der Gemeine in Gottes geheimnisvollen Heilsplan und dem inneren Wachstum ihrer Glieder an ihrem Haupt (Eph 4, 15). *R.Hupfeld*

Langgässer, *Elisabeth* (1899-1950), Dichterin, * in Alzey, † in Rheinzabern. Nach Schulbesuch in Darmstadt als Lehrerin tätig, seit 1929 Schriftstellerin in Berlin, erhält sie 1936 als »Halbjüdin« Berufsverbot und wird 1944 zwangsdienstverpflichtet. 1948 geht sie in die Pfalz, wird 1950 Mitglied der Mainzer Akademie, im gleichen Jahre postum mit dem Büchnerpreis ausgezeichnet. - Sie erzählt ihre Kindheit, mythisch erhöht, in der »Proserpina«. Wie in derberer Weise Zuckmayer preist sie die Fruchtfülle ihrer rheinhessischen Heimat, aber ihrem Sinn für das Dionysische öffnet sich Tieferes, die Dimension der »Vorzeit«, da ihre Heimat römisches Gelände ist und der uralte Boden noch immer die »Geschenke der Vorzeit« spendet, »wenn der Landmann mit dem Pfluge darüber geht«. Proserpina läßt sich mit den chthonischen Mächten der niederen Natur ein und gerät in Zwiespalt zwischen dem Mutterreich medusischer Natur und der Vatersphäre des Geistes. E.L. bewegt sich hier noch in der Gedankenwelt von →Novalis und →Bachofen, dessen »Gräbersymbolik« sie mit Leidenschaft gelesen hat. Thema ihres Hauptwerkes »Das unauslöschliche Siegel« ist die Unzerstörbarkeit der Wirkung des Taufsakramentes. Dieser christlich-kath. Roman, an dem sie seit 1936 arbeitete, zeigt Formstrukturen der modernen Epik. Statt die Lebensgeschichte ihres Helden Belfontaine kontinuierlich zu erzählen, bricht E.L. scheinbar willkürlich ab, greift auf spätere Phasen vor, fügt unmotiviert Szenen mit bisher unbekannten Personen, dazu Bekenntnisse von Heiligen, ein und umschließt das Werk mit einem Vor- und Nachspiel in Anlehnung an das Welttheater → Claudels (»Der seidene Schuh«). Sie schildert das Zerbrochene eines solchen Lebens, um es auf höherer Stufe durch religiöse Sinngebung wiederherzustellen. Die Zeitkritik des an einem Maitag 1914 einsetzenden Romans verschont Frankreich. Das dritte Buch ist eine Huldigung an das nach der Revolution wiedererstandene Land, an seine Heiligen Bernadette, Theresa von Lisieux und Benedict Joseph Labre. Während einer Gefechtspause der Marneschlacht läßt sich ein deutscher Offizier vom Turm der Kathedrale von Senlis die Geschichte dieser Landschaft erzählen, während ein Kamerad den Bericht durch Lesung aus dem spanischen Restaurationsphilosophen Juan Donoso Cortés kommentiert. In dessen Sinne hofft E.L. auf eine religiöse Umkehr Europas. Ähnlich wie in der »Proserpina« beschreibt sie die Befreiung ihres Helden aus der Sinnlichkeit medusischer Natur durch die in der Taufe gesicherte Gnade. Belfontaine tritt damit aus dem Kreislauf der Natur in die sinngerichtete, im Endgericht auslaufende christliche Zeit. Die Natur wird nach Röm 8, 21 erlöst. E.L. ist in Thematik und Formung des Romans stark den Dichtern des → Renouveau catholique verpflichtet, während sie als Lyrikerin Wilhelm Lehmann nachfolgt. - Wichtig ist ihre Besinnung auf »Grenzen und Möglichkeiten christlicher Dichtung«. In diesem Aufsatz fordert sie letzten Endes, daß der christkath. Lebensrhythmus, der noch im → Barock (: II) die ganze Kultur durchwaltete, auch die Dichtung nach Form und Gehalt bestimmen soll. Ihr Grundthema wäre demnach das Verhältnis des Menschen zu Sünde, Schuld und Erlösung.

Werke: Wendekreis des Lammes, 1924; Proserpina, 1932; Triptychon des Teufels, 1932; Grenze: Besetztes Gebiet, 1932; Die Tierkreisgedichte, 1935; Der Gang durch das Ried, 1936; Rettung am Rhein, 1938; Das unauslöschliche Siegel, 1946; Der Laubmann u. die Rose, 1947; Der Torso, 1948; Proserpina (Urfassung), 1949; Das Labyrinth, 1949; Märkische Argonautenfahrt, 1950; Geist in den Sinnen behaust, 1951. - Briefe: ... Soviel berauschende Vergänglichkeit, 1954. - Über E.L.: G.Storz, E.L. (in: Christl. Dichter der Gegenwart, hg.v. H. Friedmann u. O.Mann, 1955, 359-374) - E.Horst, Christl. Dichtung u. mod. Welterfahrung. Zum ep. Werk E.L.s (Phil. Diss. München), 1956. *P.Requadt*

Langland, *William* (1332 [?] bis ca 1400), englischer Dichter, dessen Epos *»Piers Plowman« (Peter der Pflüger)* nächst Geoffrey Chaucers Canterbury Tales zu den bedeutendsten Schöpfungen des MA gehört. L. stammt unsicheren Nachrichten zufolge aus den West Midlands (Gebiet von Malvern). Er verbrachte den größten Teil seines Lebens als verheirateter clericus minor in London. L.s allegorisch-satirisches Epos in alliterierenden Versen »Visio [Wilhelmi] de Petro Plowman«, in vielen Hss. überliefert, läßt in den drei Hauptfassungen (A = 2600 Verse, 1370/76; B = 7250 Verse, 1377/79; C = 7360 Verse, 1387/98) starke künstlerische und theologische Unterschiede erkennen. Der Dichter sieht im Traum die von geistlichen und weltlichen Ständen bevölkerte Erde, auf der sich alle statt dem im Osten leuchtenden Turm Wahrheit der Dame Meed (Bestechungslohn) zuwenden. Deren Ehe mit Ritter Falschheit wird durch den Einspruch von Theologie vereitelt. Die Obrigkeit des durch Wahrheit beratenen Königs wird durch seine Räte Vernunft und Gewissen gestärkt. In der zweiten Vision werden die Todsünden durch die Predigt von Gewissen und Reue zur Suche nach dem Weg zur hl. Wahrheit bewegt. Peter der Pflüger will alle, die ihm zuvor beim Ackern helfen, zum Ziele führen. Arbeitsprobleme und soziale Fragen werden hier lebendig vergegenwärtigt. Neue Gesichte Wilhelms in den Visionen von Dowel, Dobet und Dobest veranschaulichen und erörtern das gute, bessere und beste Tun. Über die guten Werke hinaus wird das Ideal der paupertas, humilitas und caritas aufgerichtet. Die Vollendung des der Erlösung in Christus Teilhaftigen vollzieht sich in der Kirche als Gemeinschaft zur Verwirklichung des Guten auf Erden. - »P. P.« ist in seiner die vier Stufen der patristischen Exegese (→ Hermeneutik, 2 c) enthaltenden Bedeutung und in den Zusammenhängen mit Philosophie und Theologie des MA noch immer umstritten. Dabei ergeben die Unterschiede der Fassungen jeweils verschiedene Schwerpunkte. Deutlich ist L.s thomistische Ausgangsposition (→ Thomas von Aquino) in der Auffassung von der natürlichen Neigung des Menschen zum Guten und vom König als Oberhaupt der nach dem natürlich-ewigen Sittengesetz lebenden Gesellschaft. In der Visio de Dowel macht sich eine Hinwendung zum augustinischen Denken (Verderbtheit von Vernunft und Willen, Gnadenbegriff; → Augustin: II) bemerkbar. Zeitgenössische Einflüsse, deren Exponent → Wiclifs Theologie und Kritik an der Kirche ist, treten ebenfalls hervor. Zugleich zeigen sich im Lebensideal der »pacient poverte« und dem Verständnis der Macht als Quelle der superbia Züge des franziskanischen Mönchtums (→ Franziskaner), sowie im Begreifen von Willensfreiheit und Liebe als Hauptzeichen der Gottesebenbildlichkeit Merkmale, die der historischen Situation nach eher auf → Duns Scotus als auf → Anselm von Canterbury oder → Bernhard von Clairvaux hinweisen. Mystische Elemente, die (nach J.E.Wells) auf W. → Hilton deuten, beschränken sich allenfalls auf B, sind aber eher Ausdruck künstlerischer als bewußter theologischer Konzeption. L.s Schilderung des Endzustandes ist kaum eschatologisch gemeint, sondern als diesseits gerichtete dichterische Gestaltung einer christlichen vita nuova. - In dieser Vielfalt liegt der repräsentative Charakter dieser sprachgewaltigen Dichtung für das englische späte MA.

The Vision of William Concerning Piers the Plowman, in three parallel Texts, ed. W.W.Skeat, 2 Bde, (1886) 1954³ (Lit.) - A Critical Text of the A-Version of »P. the P.« ed. Knott u. Fowler, Baltimore 1952 - L., P. the P., A new transl. by J.F.Goodridge (B-Text), (Penguin Classics L 87), 1959. - T.P.Dunning, P.P.: an Interpretation of the A-Text, Dublin 1937 - E.T.Donaldson, P.P., the C-Text and its Poet, New Haven 1949 - D.W.Robertson jr. u. B.F.Huppé, P.P. and the Scriptural Tradition, Princeton 1951 - E.M.W.Tillyard, The English Epic Tradition and its Background, London 1954, 151ff - W.Erzgräber, W.L.s »P.P.« im Lichte der mittelalterl. Philos. u. Theol. (Anglia 73, 1955, 127-148) - Ders., W.L.s »P.P.«, Eine Interpret. des C-Textes, 1957 (Lit.). *G.Müller-Schwefe*

Langobarden, elbgermanischer Stamm, nach eigener Überlieferung skandinavischer Herkunft, nach Wanderungen in Nord- und Ostdeutschland Ende des 5.Jh.s in Böhmen ansässig, im 6.Jh. in Südmähren, seit 546 in Pannonien, dort im Kampf mit den Gepiden und im Bund mit Byzanz. Die L. erobern seit 568, von den → Awaren verdrängt, Norditalien (ohne die Küsten), Tuskien, die Herzogtümer Spoleto und Benevent. In Pannonien nimmt ein Teil das arianische Christentum an, das in Italien unter Aufnahme gotischer Reste rasch herrschend wird. Mit dem Römertum wird der Katholizismus zunächst scharf unterdrückt, die Bistumsorganisation weitgehend zerstört; nationaler und religiöser Gegensatz decken sich. Der die Katholiken Norditaliens von Rom und Byzanz trennende → Dreikapitelstreit bereitet den politischen Boden für den kath. Wiederaufbau; diesen begünstigt die kath. Bayerin Theudelinde, Gattin der arianischen Könige Autari (584-90) und Agilulf (590-616), Vormund des kath. Adaloald (616-26), unterstützt von → Gregor d. Gr., der dabei das Schisma geschickt umgeht und neben die militärische Eindämmung die Bekehrung der L. stellt. → Bobbio wird kath. Stützpunkt. Aber erst nach arianischen Reaktionen unter Rothari (632-52) und Grimoald (662-71) kommt die langsame Katholisierung der L. zum Ziel und wird das Dreikapitelschisma beseitigt (um und nach 680). Die kulturelle Romanisierung der L. schreitet nun rasch vor, doch nimmt die entstehende kath.-langob. Landeskirche auch typisch germanische Züge an, so im → Eigenkirchen-Wesen. Die Eroberungspolitik Liutprands (712 bis 744) und seiner Nachfolger im römisch-byzantinischen Italien führt zum päpstlich-fränkischen Bündnis und 774 zur Beseitigung des selbständigen L.reiches durch → Karl d. Gr. Das Herzogtum Benevent und seine Nachfolgestaaten Capua und Salerno halten sich bis zur Eroberung durch die → Normannen im 11.Jh. - Weit über die Zeit ihres selbständigen Reiches hinaus haben die L. das Gesicht → Italiens im MA mitgeprägt; hervorzuheben ist ihre Rechtskultur, beachtenswert auch die langob.-christliche Kunst. Unter den Kirchenschriftstellern ragen Ambrosius Autpertus, → Paulus Diaconus und → Paulinus von Aquileja hervor.

L.M.Hartmann, Gesch. Italiens im MA II-IV, 1900-15 - L. Schmidt, Die Ostgermanen, (1934) 1941² - K.D.Schmidt, Die Bekehrung der Germanen zum Christentum I, 1939 - H.E.Feine, Studien zum langob.-ital. Eigenkirchenrecht (in: ZSavRG Kan. Abt. 61-63, 1941-43) - F.Beyerle, Gesetze der L., 1947 - G.P.Bognetti u.a., Santa Maria di Castelseprio, Mailand 1948 (darin die beste Darst. der langob. KG) - Ders. in: Storia di Milano II, Mailand 1954, 57-299 - E.Schwarz, Germ. Stammeskunde, 1956. - Ferner versch. Einzelaufsätze in: Atti del 3° Congresso internaz. di Studi sull'alto Medioevo 1956, Spoleto 1959, u. in 5ª Settimana di Studi del Centro Italiano di Studi sull'alto Medioevo 1957, ebd 1959. *P.Classen*

Langton, *Stephan* († 1228), * in Lincolnshire, studierte und lehrte 25 Jahre lang in Paris. Von seinem Pariser Freund Innozenz III. 1206 nach Rom berufen, wurde er Kardinal und 1207 zum Erzbischof von Canterbury geweiht, als die Parteien in einem Wahlstreit an Rom appellierten. König Johann erkannte ihn erst 1213 an. In → England (: I, 2) unterstützte L. den Adel gegen den König; er war an der Abfassung und Durchsetzung der Magna Charta beteiligt. Als er die Adeligen nicht als Rebellen verurteilen wollte, wurde er vom Papst abgesetzt und lebte zwei Jahre in Rom. 1218 zurückgekehrt, unterstützte er den jungen Heinrich III. und ging eifrig an die Neuordnung der Kirche. - L. war ein bedeutender Theologe und Exeget in der Tradition der → Viktoriner. Er schuf die → Kapiteleinteilung der Vulgata und verfaßte die Sequenz »Veni Sancte Spiritus«.

Ü II, 728 (Lit.) - F.M.Powicke, St.L., Oxford 1928 - G.Lacombe-B.Smalley, Studies on the Commentaries of... St.L. (AHDL 5, 1931, 1-220) - J.Kürzinger, Neuere Forschungen zur Exegese des Kardinals St.L. (Bibl 13, 1932, 385-398) - B.Smalley, The Study of the Bible in the MA, Oxford (1940) 1952², bes. 196ff - Landgraf, passim (s. Reg.). *M.D.Knowles*

Languet, *Hubert* (1518-81), franz. Publizist und Diplomat, * im Burgundischen als Sohn eines franz. Gouverneurs. L. studierte in Poitiers und Padua neben Jura Theologie, Geschichte und Naturwissenschaften. Dieser Vielseitigkeit entsprach sein unstetes Reiseleben. Durch das Studium von → Melanchthons Loci wurde L. endgültig für die ev. Sache gewonnen. 1549 kam er deshalb nach Wittenberg, wo er Melanchthon auch persönlich nahe trat. Professuren in Heidelberg und Wittenberg schlug L. aus und lebte statt dessen lange als diplomatischer Agent des sächsischen Kurfürsten vor allem am franz. Hofe. Seine Berichte wurden wegen ihrer Zuverlässigkeit und ihres sicheren Urteils viel bewundert. Zuletzt lebte L., selbst Calvinist, von der Verfolgung der »Philippisten« abgestoßen und von der Politik der politischen und religiösen Freiheit Wilhelms von Oranien angezogen, in dessen Umgebung. Hier hat er mit seinem Freund → Duplessis-Mornay den bedeutendsten Traktat der → Monarchomachen geschrieben: Vindiciae contra tyrannos sive de principis in populum, populique in principem legitima potestate (1579).

Arcana seculi XVI: H.L. Epistolae secretae ad principem suum Augustum Saxoniae ducem, ed. J.P.LUDOVICUS, 1669; H.L. Epistolae politicae et historiae ad Ph.Sydnaeum, 1633; H.L. Epistolae ad J. Camerarium, 1646; Decades tres epistolarum H.L., J.Camerarii etc, 1702. - Über L.: E. u. E.HAAG, La France protestante VI, 1888, 264ff - O.SCHOLZ, H.L. ... in Frankreich 1560-1572, 1875 - RE XI, 274ff - P.MESNARD, L'essor de la philosophie politique, (1936) 1952², 340ff.

R.Nürnberger

Lanze, *heilige.* Für mehrere Reliquien wird der Anspruch erhoben, die L. von Joh 19, 34 zu sein: 1. Eine von der Kaiserin → Helena gefundene L. Deren Spitze kam über Konstantinopel (614) nach Paris an Ludwig den Heiligen (1241), wurde in Paris bis 1796 verehrt und ist seitdem verschwunden. Der Lanzenschaft war in Jerusalem verblieben, kam ebenfalls nach Konstantinopel, wurde 1492 vom Sultan an Papst Innozenz VIII. geschenkt und befindet sich noch heute in Rom. - 2. Eine zweite hl. L. wurde 1098 in Antiochien von den Kreuzfahrern gefunden und begeisterte das Heer. Sie ist in ihrer Herkunft problematisch. - 3. Die hl. L. der deutschen Reichskleinodien (heute in Wien), die sog. Konstantins-L., wurde 935 (vielleicht schon 926) von Heinrich I. erworben und galt als Sinnbild der Herrschaft über Italien. Sie besteht aus drei Teilen: der wahren L., der L. des hl. Mauritius und einem Nagel vom Kreuz.

In der Ostkirche wird das zweischneidige, lanzettförmige Messer, mit dem bei der Eucharistie die Opferbrote zerteilt werden, hl. L. genannt.

LThK VI, 384f (Lit.). - Zu 3: GEBHARDT-GRUNDMANN 173f (Lit.).

K.Nitzschke

Laodicenerbrief. Ab Mitte 6.Jh. nChr taucht in einigen Itala- und vielen Vulgata-Hss. an verschiedenen Stellen unter den Paulusbriefen ein kleiner (20 Verse!) L. auf, der bis in die Reformationszeit vielfach für echt, aber nicht kanonisch gehalten wurde. Der Eingangsgruß verwendet Gal 1, 1 a; den Inhalt bilden in meist aus Phil genommenen Wendungen Dank für den Christenstand der Leser, Warnung vor Eindringlingen (Gal 2, 4), Hinweis auf die Fesseln des Paulus (Phil 1, 13. 19 bis 21) und Mahnungen an die Leser (Phil 2, 2. 12f; 4, 6. 8f); der Schlußgruß ist Kol 4, 16 nachgebildet. - Dieser Brief ist wegen seiner dürftigen Unselbständigkeit sicher unecht; er sollte nur, ohne Neues zu bieten, den Kol 4, 16 genannten Brief darstellen. Erwähnungen eines L.s in der östlichen Kirche lassen griechische Ursprache vermuten. Das → Muratorische Fragment nennt einen angeblich in marcionitischen Kreisen gefälschten L. Einige Wendungen in dem erhaltenen L., seine Anklänge an Gal und Verwandtschaft mit den marcionitischen Prologen zu den Paulusbriefen lassen vermuten, daß er der im Muratorischen Fragment gemeinte L. ist und daß sein Ursprung dort richtig angegeben ist.

Text: J.B.LIGHTFOOT, St.Paul's Epistles to the Colossians and to Philemon, 1876², 281-300 (mit griech. Rückübers. u. Hss.-Verzeichnis) - A.v.HARNACK, Apocrypha IV, 1931². - Übers.en: HENNECKE 150f - M.R.JAMES, The Apocryphal NT, 1953, 478f - W.MICHAELIS, Die apokryphen Schriften zum NT, 1956, 441. - Lit.: TH.ZAHN, Gesch. des nt. Kanons I/1, 1888, 227ff; II, 1892, 566ff (mit Text) - J. LEIPOLDT, Gesch. des nt. Kanons I. II, 1907 (Reg.) - BARDENHEWER I, 598ff (Lit.) - A.v.HARNACK, Marcion, (1921) 1924², 134*-149* (mit Text u. griech. Rückübers., = DERS., SAB 1923, 235-245) - LThK VI, 387 (Lit.) - ALTANER 65 (Lit.).

W.Foerster

Laotse (* wahrscheinlich 604 vChr), der Begründer der Tao-Lehre (→ Taoismus), scheint Staatsarchivar der Zentralregierung der Tschou in Loyang gewesen zu sein und führte gemäß seiner Lehre ein zurückgezogenes Leben. Die Lehre ist in seinem Buche Tao-teh-king enthalten (tao = Weg, Urgrund, teh = Tugend, king = Buch), das auch in Europa viel Beachtung gefunden hat (u.a. → Schelling). L.s Lehrsätze sind kurz folgende: Tao ist das Urprinzip, aus dem die Dinge der Welt hervorgehen und dann durch das teh, das wunderbare Wirken des Tao, erhalten und umgestaltet werden. Tao-teh-king ist sinngemäß »Buch vom Urgrund der Welt und seinem Wirken in der Welt«. Man hat Tao mit »Logos«, »Vernunft«, »Natur«, »Naturgesetz« zu übersetzen versucht. Dieser Urgrund ist geistig und existiert in drei Stadien: zunächst im → Urstand (dh vor → Schöpfung der Welt); aus dem Urgrund (vgl. → Chaos) gehen → Himmel und → Erde hervor, aus beiden die einzelnen Dinge. Alle Dinge existieren dadurch, daß sie vom Tao erfüllt sind. Mit teh ist das Wirken des Tao gemeint. Es vollzieht sich in absoluter Ruhe. Das Tao »tut das Nichtstun und tätigt die Untätigkeit«. Die menschlichen Tugenden bestehen im Mitgehen mit dem Tao durch Angleichung an das stille Wirken der Natur. Der Weise überwindet durch seine Schwäche die Stärke seiner Gegner. Er vergilt Unrecht mit Güte, kennt weder Tatendrang noch Leidenschaften, wirkt auf andere nur durch sein Beispiel. Das soll sich vor allem der Fürst angelegen sein lassen. L. ist in seiner Metaphysik viel tiefer als → Konfuzius. Seine Ethik ist aufs engste mit der Metaphysik verbunden, freilich auch weltfremd. Wie Konfuzius will er mit der eigenen Philosophie dem Verfall der staatlichen und gesellschaftlichen Ordnung steuern. Jede Unordnung darin führt er auf Tatendrang und Begierden zurück. Der Staat muß durch Nichtstun regiert werden. Das Volk soll sich mit dem Besitz der nötigen Güter des Lebens begnügen. Dann kommt ihm nicht der Wunsch, mit dem Nachbarvolk zu verkehren und schließlich in Kriege verwickelt zu werden, auch nicht, wenn es von jenseits der Grenzen das Gackern der Hühner und das Bellen der Hunde vernimmt. Zuvorkommenheit und Bescheidenheit sollen den Verkehr der Staaten untereinander bestimmen. Nur der Verteidigungskrieg ist gerechtfertigt. Sieger ist der Barmherzige. - Konfuzius war kein spekulativer Denker, sondern ein frommer Verehrer des Himmels und befolgte die Lehren der Alten. L. baute sein eigenes System auf und drang zum Ursprung des Seins vor; er ist der tiefste und originellste Denker → Chinas (: II, 2c).

F.E.KRAUSE, Ju-Tao-Fo. Die religiösen u. philos. Systeme Ostasiens, 1924 - A.FORKE, Gesch. der alten chines. Philosophie, 1934 - M.GRANET, La Pensée chinoise, Paris (1934) 1950² - A.WALEY, Three Ways of Thought in Ancient China, London 1939 - CHIN-SCHUN JANG, Der chines. Philosoph Laudse u. seine Lehre, übers. aus d. Russ. v. G.KAHLENBACH, 1955. - Weitere Lit. s. → Taoismus.

M.Eder

La Peyrère, *Isaac de* (1596-1676), Calvinist aus Bordeaux, wahrscheinlich marranischer Abstammung, gehört in den Kreis der franz. Späthumanisten. Durch seine 1655 anonym erschienenen Bücher »Prae-Adamitae« und »Systema Theologicum«, die mit der Behauptung, es müsse schon vor Adam Menschen auf der Erde gegeben haben, gewaltiges Aufsehen erregten, ist er - vielleicht von → Sozinianern angeregt - ein früher Vorläufer der modernen Bibelkritik. 1656 griff ihn die Inquisition von Spanisch-Flandern; nur sein Brotherr, der große Condé, konnte ihn um den Preis des Widerrufs und der Konversion zum Katholizismus vom Scheiterhaufen retten. Danach trat er bei den → Oratorianern ein und wurde Bibliothekar am Kloster von Notre Dâme des Vertus in Aubervilliers. Nachweislich hat L.P. großen Einfluß auf → Spinoza, R. → Simon u.a.

gehabt. In seinem Buch »Du Rappel des Juifs« (1643) fordert er den franz. König auf, die Juden ins hl. Land zurückzuführen. Das Musée Condé in Chantilly besitzt ungedruckte Hss. L.P.s.

L.STRAUSS, Die Religionskritik Spinozas, 1930 - R.PINTARD, Le Libertinage érudit, Paris 1943 - D.RICE MCKEE, L.P., a Precursor of 18th century critical Deists (Publ. of the Modern Languages Assoc. 62, 2), 1944 - H.J.SCHOEPS, Philosemitismus im Barock, 1952.
H.J.Schoeps

Laplace, *Pierre Simon* (1749-1827), Sohn armer Landleute, war zunächst Lehrer der Mathematik an der Militärschule in Beaumont, dann, von d' → Alembert empfohlen, in Paris. 1773 wurde er Mitglied der Akademie der Wissenschaften. Unter Napoleon hatte er hohe staatliche Ämter inne, er wurde in den Grafenstand erhoben und später von Ludwig XVIII. zum Pair und Marquis ernannt. Sein Hauptwerk ist der »Traité de la mécanique céleste« (5 Bde, 1799-1825), in welchem fast alle Fragen der Astronomie mit den Methoden der mathematischen Analysis behandelt und gefördert werden. L. leitete auf Grund des → Newtonschen Gesetzes der Schwerkraft die Stabilität des Planetensystems ab und machte sie für die Berechnung der Bahn des Mondes (im Zusammenhang mit der Erdgestalt und Ebbe und Flut) und der Bahnen der Jupitermonde fruchtbar. Ferner berechnete er die gegenseitigen Störungen der Hauptplaneten. Die Stabilität ist für ihn von naturphilosophischer Relevanz. Die »Exposition du système du monde« (1796) schildert die Ergebnisse der Himmelsmechanik ohne mathematischen Apparat und sucht die mathematische Gesetzlichkeit der Natur dem allgemeinen Verständnis zu erschließen. Hier findet sich auch seine Hypothese zur Kosmogonie. Seine »Théorie analytique des probabilités« (1812) ist die erste einheitliche Darstellung der Wahrscheinlichkeitstheorie.

Oeuvres complètes, 14 Bde, 1878-1914. - Über L.: J.B.J.FOURIER, Mémoires de l'Académie de l'Institut de France X, 1831 - H. ANDOYER, L'oeuvre scientifique de L., 1922. *K.Reidemeister*

Lappen → Finnisch-ugrische Religionen.

Lapsi → Christenverfolgungen, 2.

Lardner, *Nathaniel* (6.6.1684 bis 8.7.1768), nonkonformistischer Theologe, * in Hawkhurst/Kent, nach Studien in Utrecht und Leiden 1709 independentistischer Prediger, 1713-21 als Erzieher viel auf Reisen, 1719-51 Hilfsprediger in London, dann, ertaubt, Privatgelehrter. Gegen den → Deismus vertrat er, etwas anders als S. → Clarke, trotz als sozinianisch geltender Ablehnung der Logoslehre (A Letter on the Logos, 1760) auf rationalistisch-supranaturalistischem Hintergrund die Wahrheit der geoffenbarten Religion mit historisch-kritischen Argumenten. Sein 1723 durch Vorlesungen vorbereitetes Hauptwerk (The Credibility of the Gospel History, 14 Bde, 1727-57) verwertet viel patristisches Material und kommt in der Evangelienfrage der Traditionshypothese → Gieselers nahe.

The Works of N.L. (hg.v. B.COLE) with a life by A.KIPPIS, 11 Bde, London 1788. - Über L.: Memoirs of the Life and Writings of the late Rev. N.L., hg.v. J.JENNINGS, ebd 1768 (mit Predigten u. Bibliogr.) - RE XI, 288f - ODCC 787. *Ernst Wolf*

La Rochefoucauld, *François VI.*, Duc de L., Prince de Marcillac, * 15.12.1613 in Paris, † 17.3.1680 ebd, als Anhänger der Adelsfronde politischer Gegner, aber gerechter Beurteiler → Richelieus. L.s epochemachende »Réflexions ou sentences et maximes morales« (1665 u.ö.; dt. v. F.Schalk in: Franz. Moralisten, [1938] 1954^3) vollzogen die Umsetzung der augustinisch-jansenistischen Menschenbetrachtung in empirische Psychologie unter dem Leitbild des honnête homme. Sie riefen zur realistischen Selbsterforschung auf und begründeten sowohl die dichterische Innenschau als auch die spezifisch französische, espritgeladene Menschencharakteristik in Aphorismen. L. eröffnete damit die Schule der »Moralisten«, dh Anthropologen und Psychologen. Seine Mémoires (1662) über die Jahre 1624-52 bieten die bedeutendste Beleuchtung von Richelieus Innenpolitik. → Voltaire urteilte über ihn: »Man liest die Memoiren L.s und weiß seine Maximen auswendig.«

GA, hg.v. L.MARTIN-CHAUFFIER, 1935 (Bibliothèque de la Pléiade). - Über L.: MAGENDIE, La politesse mondaine et les théories de l'honnêteté en France de 1600 à 1666, o. J. - B.GROETHUYSEN, Die Entstehung der bürgerl. Welt- u. Lebensanschauung in Frankreich I. II, 1927 - G.HESS, Zur Entstehung der »Maximen« L.s, 1957.
M.Schmidt

Larsen, *Morten* (1851-1936), dänischer ev. Theologe, * auf Läsö, 1881-85 Pastor an der dänisch-norwegischen Gemeinde in Paris. Nach einer religiösen Krise wurde er immer mehr ein Schüler → Grundtvigs, war 1885-87 Lehrer an der »Højskole« in Aebeltoft in Jütland und 1887-1927 Pastor an der Wahl-, seit 1914 freien Gemeinde in Holstebro, Jütland. L. war ein hervorragender Vertreter des → Grundtvigianismus und bekannt als Verkündiger und Erbauungsschriftsteller.

Vf. u.a.: Lov og Evangelium, 1899; Brændende Spørgsmaal I-V, 1901-11; En Opvaagnen I. II, 1912/13; Kirkepolitiske Spørgsmaal i Nutiden, 1918; I Skumringen, 1927; De levende Vandstrømme, 1929; Kristus i os, 1930; Oplevelse, 1933; Romerbrevet Kap. 9-11, 1935. *A.Arvastson*

L'Art Sacré → Denis.

La Salette, Wallfahrtsort in der Diözese Grenoble, geht zurück auf eine → Marienerscheinung vor zwei Hirtenkindern am 19.9.1846, bei der die »schöne Dame« wegen der Verletzung des Sonntages, der Verachtung des Gottesdienstes und der Fastengebote ernste Strafen ankündigte. Der Bischof von Grenoble gestattete 1852 die Grundsteinlegung eines großen Domes auf dem Berge der Erscheinung und 1853 den »Kultus Unserer Lieben Frau von L.S.«. Pius IX. erhob 1879 die Kirche zur Basilica minor. L.S. ist stark umstritten; die Enthüllung des Betruges bei der Erscheinung durch Abbé Déléon (1852) wurde zwar in zwei Instanzen gerichtlich erhärtet, hatte aber kaum Einfluß auf die → Wallfahrt (: II). Allerdings trat sie später gegenüber → Lourdes in den Hintergrund. L.S. wird von einer Kongregation »Missionare Unserer Lieben Frau von L.S.« betreut.

K.GEIGER, L.S., eine Wunderstätte des 19.Jh.s (Dt.-ev. Blätter 17, 1892, 357-385; auch Sonderdr. o.J. [1892]; Lit.) - LThK IX, 118f (Lit.) - J.M.HÖCHT, L.S. u. Hiroshima, 1950. *K.Nitzschke*

La Salle, *Jean Baptiste de* (1651-1719), * in Reims als Sohn eines adligen Juristen, 1678 Priester, † in Rouen, 1900 heiliggesprochen. Seelsorger und Pädagoge von Berufung, erfüllt vom Erbarmen für das beladene Volk seiner Zeit, begann der noch nicht Dreißigjährige ein Werk für die schulische Bildung der Armen und die Lehrerbildung, das ihn zum Vater des französischen Volksschulwesens machte. Er übernimmt die Leitung der »Schwestern vom Kinde Jesus«, die sich die Unterrichtung armer Mädchen (Mädchenfreischulen) und die dafür nötige Lehrerinnenbildung zur Aufgabe gemacht hatten. Bald erschließt er sich auch der Notwendigkeit von Freischulen für Knaben und nimmt 1681 einige Armenschullehrer in sein Haus auf. Daraus geht 1684 das Institut der »christlichen Schulbrüder« hervor, die sich zur größten Laienbrüderkongregation mit weltweiter erziehlicher Wirksamkeit entfalten sollten (1950 rd

15000 Brüder in 1350 Schulen). L. verzichtete auf seine Pfründe und verteilte sein Vermögen, um in religiöspädagogisch motivierter Armut rückhaltlos für seine Stiftung zu wirken. Seine Novizen lernen kein Latein (seit 1923 sind auch humanistische Studien zugelassen), bildendes Medium soll die Muttersprache sein. Didaktik und Methodik werden aus dem Eigenbereich der schola pauperum entwickelt (zB Klassen- statt Einzelunterricht). Schrittmacher der allgemeinen Schulbildung, legte er höchstes Gewicht auf die Bildung und Hebung des Ansehens des Lehrers. Das realistische höhere, das berufliche und das Heilschulwesen verdanken ihm Erstgründungen. Religiöse und volkspädagogische Motive verbinden sich bei ihm zur Einheit, ohne antihumanistischen Affekt.

J.v.D.Driesch-J.Esterhues, Gesch. d. Erziehung u. Bildung II, 1952 - Jubiläumsschrift 1952 - G.Rigault, Hist. générale de l'Institut des frères des Ecoles chrétiennes, 1953. *F.Messerschmid*

Lasaulx, *Amalie v.* (1815-72), * in Koblenz, Schwester des Münchener Altertumsforschers Ernst v. L. (1805 bis 1861), seit 1840 (als Schwester Augustine) Borromäerin, seit 1849 Oberin des Johannes-Hospitals in Bonn, befreundet mit B.J.Hilgers und Cl.Th. → Perthes. Sie wurde wegen Widerstands gegen die Dogmen von der Unbefleckten Empfängnis und von der Infallibilität des Papstes 1871 abgesetzt und mußte ihr Hospital verlassen. Als sie in Vallendar starb, wurde noch die Leiche des Ordenskleides beraubt.

Erinnerungen an A.v.L., (1878) 1891⁴ (verf. von Chr.v.Hoiningen-Huene) - J.H.Reinkens, A.v.L., 1878. *† H.Mulert*

Las Casas, *Fray Bartolomé de* (1474-1566), Sohn eines Sevillaner Kaufmanns, erhielt die niederen Weihen und fuhr 1502 mit seinem Vater nach Westindien. 1512 ordiniert, nahm er als Kaplan an spanischen Entdeckungszügen teil. Seit 1514 widmete er sein Leben dem Schutz und der Bekehrung der mißhandelten Indianer. 1516 veranlaßte er den Kardinalregenten Cisneros zu einem Reformplan für Westindien, scheiterte 1521 mit seiner Missionssiedlung in Paria und wurde 1523 Dominikaner auf Santo Domingo. Dort entwickelte er im Geist der spanischen Spätscholastik seine Theorien über die Rechtsgrundlagen und Methoden der Kolonisation in Amerika. Auf der von Karl V. einberufenen Junta von Valladolid (1542) führten seine Anklagen gegen das spanische Kolonialsystem zum Erlaß der »Neuen Gesetze«. Als Bischof von Chiapas (1545) konnte L.C. seine Reformen gegen den Widerstand der Siedler nicht durchsetzen, verzichtete auf sein Amt und setzte seit 1547 in Spanien seine Polemik gegen die Mißstände in Amerika fort.

Obras escogidas de L.C., 5 Bde, Madrid 1957-58. - Über L.C.: J.Höffner, Christentum u. Menschenwürde, 1947 - L.Hanke, B.d. L.C., La Habana 1949 - Ders., B.d.L.C. Historian, Gainesville 1952 - Ders.-M.Giménez Fernández, B.d.L.C., Bibliogr. critica, Santiago de Chile 1954 - M.Bataillon in: Bulletin Hispanique 53, 1951, 235-300 - M.Giménez Fernández, B.d.L.C. I, Sevilla 1953 - B.Biermann, Lascasiana (AFP 27, 1957, 337-358) - R.Menéndez Pidal, El P.L.C. y Vitoria, Madrid 1958. *R.Konetzke*

Lasitius *(Lasicki), Johann* (1534-1600), polnischer ref. Adliger, 1557 in der Schweiz, dann meist als Begleiter polnischer Adelssöhne oder in politischem Auftrag auf Reisen, zuletzt Lehrer in Polen und Litauen. L. hat sich um eine Verständigung der ev. Konfessionen bemüht und bes. mit der → Brüderunität (: I) sympathisiert. Seine Brüdergeschichte (Buch VIII über die KO der Unität hg.v. → Comenius, 1649) benutzt außer der Historica narratio des → Camerarius und der Summa → Blahoslavs für die ältere Zeit auch Quellenmaterial.

RE XI, 291f - Th.Wotschke, J.L. (Zs. f. slav. Philologie 2, 1925, 77-104. 442-471) - K.Völker, KG Polens, 1930, 133ff - J.Müller, Gesch. d. Böhm. Brüder III, 1931. *E.Peschke*

Lasker-Schüler, *Else,* * 11.2.1876 in Elberfeld, † 22.1.1945 in Jerusalem, Dichterin des → Expressionismus (: II, 6) von elementarer Sprachgewalt. Aus jüdischbürgerlichem Milieu stammend, befreundet mit P.Hille, K.Kraus, Theodor Däubler, Fr.Marc, G. → Benn und G. → Trakl, verheiratet in zweiter Ehe mit Herwarth Walden, dem Herausgeber der expressionistischen Zeitschrift »Sturm«, führte sie ein Bohemeleben in Berlin und Zürich und emigrierte 1937 nach Palästina, heimatlos auch dort. At. ekstatische Religiosität (»Der schwarze Schwan Israels«, P.Hille) und innige unzerstörbare Liebe zu deutscher Sprache und Wesensart machen sie zu einer tragisch-genialen Gestalt der deutschen → Literatur (: I).

Vf. u.a.: Lyrik: Styx, 1902; Der siebente Tag, 1905; Meine Wunder, 1911; Hebr. Balladen, 1913; Ges. Gedichte, 1917; Die Kuppel, 1920; Mein blaues Klavier, Jerusalem 1943. - Drama: Die Wupper, 1908. - Prosa: Das Peter-Hille-Buch, 1906; Die Nächte Tino von Bagdads, 1907; Mein Herz (Briefroman), 1912; Gesichte (Essays), 1913; Der Prinz von Theben, 1914; Der Malik, 1913/14; Der Wunderrabbiner von Barcelona, 1921; Arthur Aronymus (Gesch. meines Vaters), 1932; Das Hebräerland, 1937. - GA 10 Bde, 1919/20 - Dichtungen u. Dokumente, Auswahl v. E.Ginsberg, 1951 - Briefe an K. Kraus. hg.v. A.Gehlhoff-Claes, 1959. - Über L.-Sch.: F.Kemp in: Hochland 41, 1948/49, 102-104 - W.Kraft, E.L.-Sch., 1951 (Einführung u. Auswahl) - K.J.Höltgen, Unters.en zur Lyrik E.L.-Sch.s (Phil. Diss. Bonn), 1955 (Masch.). *† M.Greiner*

Laski *(à Lasco), Johannes* (1499-1560), stammte aus polnischem Hochadel, erwarb seine humanistische Bildung in Bologna (1512-17) und Basel (1523-25) im engsten Freundeskreis um → Erasmus. 1538 gibt er seine geistlichen Ämter in → Polen auf und kommt über Mainz nach Löwen, wo er den Bruch mit Rom vollzieht. Er findet Aufnahme in Emden und ordnet seit 1543 als Sup. die ostfriesische Kirche nach Züricher und Kölner Muster (Konsensusformel in der Abendmahlsfrage, Katechismus, Coetus der Prediger). 1549 folgt er dem Ruf → Cranmers nach London und baut die dortigen Flüchtlingsgemeinden auf. Die hier praktizierte Ämterlehre, → Diakonie, Kirchenzucht und → Bibelarbeit werden für die ref. Gemeindeordnung beispielhaft. 1553 flieht er mit seiner Gemeinde vor der Maria Tudor und findet, in Dänemark und Norddeutschland abgewiesen, in Emden Asyl. Von → Frankfurt (: I) aus beteiligt er sich an → Einigungsbestrebungen (: II, 1 b) im 2. Abendmahlsstreit, in dem er gegen Calvin einen Universalismus und gegenüber der Substanzfrage das Feiern des Mahles (actio) betont. 1556 kehrt er nach Polen zurück und sucht eine erneuerte Kirche auf ökumenischer Basis zu gestalten.

Opera I. II, ed. A.Kuyper, Amsterdam 1866 - H.Dalton, Lasciana I. II, 1898/1905. - Ders., J. à L., 1881 - K.Hein, Die Sakramentslehre des J. à L., 1904 - Naunin, Die KOen des J. à L. (DZKR 19, 1909, 24-40. 196-236. 348-375) - Th.Wotschke, Zum Lebensbilde L.s (ARG 8, 1911, 234-245) - O.Bartels, J.L. I, Warschau 1955 (poln.) - U.Falkenroth, Gestalt u. Wesen der Kirche bei J.à L. (Diss. Göttingen), 1958 (Masch., Lit.). *U.Falkenroth*

Lassalle, *Ferdinand* (1825-64), Gründer der → Sozialdemokratie (: I) in Deutschland. Den meteorhaften Aufstieg des Verfassers der »Philosophie des Herakleitos« (2 Bde, 1858) begrüßte u.a. A.v. → Humboldt. Die erfolgreiche Durchführung des Scheidungsprozesses der Gräfin Sophie Hatzfeld machte L. wohlhabend und berüchtigt. Seit 1848 stand er in Verbindung mit → Marx, die beiderseits ohne Wärme blieb. Die ab 1863 betriebene Agitation für den »Allgemeinen Deutschen Arbeiterverein« (→ Arbeiterbewegung, 1) und die damit verbundene spätere geheime Verbindung mit → Bismarck entfachten den Zorn von Marx und Engels über den Tod des nach romanhaftem Duell Gefallenen hinaus. - Die großen philosophischen, juristischen und nationalökonomischen Werke des Späthegelianers L. sind fast vergessen. Heißer Atem und Kälte des politischen Urteils machen die Agitationsreden (über »Verfassungswesen«, »Arbeiterprogramm« usw) noch immer zu glänzenden politischen Dokumenten für die von L. erkannte Möglichkeit der Verbindung sozialer und nationaler Politik. L.s »Ehernes Lohngesetz« ist bei Marxisten und Antimarxisten längst ebenso übergangen wie sein Vorschlag der Produktionsgenossenschaften mit Staatshilfe (→ Genossenschaften). Sein Werben um Männer wie → Rodbertus und V.A. → Huber blieb ohne Erfolg. Seine Stellung zwischen Hegels »Idee« und Marx' »Historischem Materialismus« mußte substanzlos bleiben. Die Einmaligkeit eines historischen Wagnisses großen Stiles bleibt auch angesichts des Scheiterns von tragischer Größe.

GA, 12 Bde, hg.v. E.BERNSTEIN, 1919/20 - Nachgel. Briefe u. Schriften, 6 Bde, hg.v.G.MAYER, 1921-25 (gute Einl.en!). - G.MAYER, L. als Sozialökonom, 1894 - DERS., Bismarck u. L., 1928 - E.BERNSTEIN, F.L. u. seine Bedeutung für die Arbeiterklasse, (1904) 1919[2] - H.ONCKEN, L., eine polit. Biogr., (1904) 1923[4] - E.THIER, Rodbertus, L., Ad.Wagner, 1930 - K.KUPISCH, Bismarck u. L. (in: Vom Pietismus zum Kommunismus, 1953, 109-150) - TH.RAMM, L. als Rechts- u. Sozialphilosoph, 1953. *E.Thier*

Lasso, *Orlando di* (1532-94), * in Mons (Hennegau), † in München, der neben → Palestrina führende Komponist seiner Zeit. L. verlebte seine Jugend zT in Italien, wo er 1553 zum Kapellmeister an der Laterankirche in Rom aufstieg, ist 1555/56 in Antwerpen und seit 1556 Hofkapellmeister in München. - L.s Schaffen umspannt fast alle Gattungen geistlicher und weltlicher Vokalmusik der Epoche. Den wichtigsten Teil seiner geistlichen Musik bilden viele Hunderte von Motetten in den verschiedensten Besetzungen, u.a. bes. die Bußpsalmen aus der Zeit um 1560, die seit ihrer Wiederauffindung (1838) eine L.-Renaissance auslösten, und die späten bis 1594 reichenden Zyklen. Mit ihrem stark rhetorischen, oft ans Dramatische streifenden Charakter bezeichnen diese Werke einen letzten Höhepunkt der Chormotette alten Stils, während die Messen hinter Palestrinas Schöpfungen zurückbleiben. Stark vertreten sind Magnificat-Zyklen, spärlicher Passionen (4), Hymnen, Litaneien und geistliche Madrigale (mit italienischen Texten). L. hat im weitesten Sinne schulbildend gewirkt. Unmittelbare Schüler sind seine Söhne Rudolph und Ferdinand, L. → Lechner, J. → Eccard u.a. L.s Motetten nahmen auch im Repertoire der prot. → Kantoreien bis weit ins 17.Jh. einen hervorragenden Platz ein.

GA von F.X.HABERL u. A.SANDBERGER, 21 Bde, 1894-1926 - Sämtl. Werke, Neue Reihe, Bd I hg.v.W.BOETTICHER, 1956. - Über L.: DERS., O. di L. u. seine Zeit I, 1958. *H.Osthoff*

Lastenausgleich. In der Vorbemerkung des »Gesetzes über den L.« (LAG) vom 14.8.1952 wird festgestellt, daß die durch den Krieg und seine Folgen bes. betroffenen Bevölkerungsteile einen Anspruch auf einen die Grundsätze der sozialen Gerechtigkeit und die volkswirtschaftlichen Möglichkeiten berücksichtigenden Ausgleich von Lasten und auf die zur Eingliederung der Geschädigten notwendige Hilfe haben. Im Vereinigten Wirtschaftsgebiet war schon am 8.8.1949 ein »Gesetz zur Milderung dringender sozialer Notstände« (Soforthilfegesetz, SHG) erlassen worden, wonach die Mittel für die Soforthilfe-Leistungen durch bestimmte als Steuern geltende Abgaben gewonnen werden sollten. - Dem LAG der BRD ging am 21.4.1952 ein (später wiederholt geändertes) »Feststellungsgesetz« voraus, wobei allerdings die Schadensfeststellung noch keinen Anspruch auf Berücksichtigung im L. begründete. Die zweckgebundenen Mittel für den L. werden beschafft durch eine einmalige Vermögensabgabe, eine Sonderabgabe für Gewinne aus Schulden, für die Grundpfandrechte bestellt sind (Hypothekengewinnabgabe), und eine Sonderabgabe für Schuldnergewinne gewerblicher Betriebe (Kreditgewinnabgabe); dazu kommen Beiträge der öffentlichen Haushalte. Die Vermögensabgabe beträgt 50 vH des abgabepflichtigen Vermögens und soll in 30 Jahren getilgt werden.

Ausgleichsleistungen werden für Vertreibungsschäden, Kriegssachschäden, Ostschäden und Sparerschäden gewährt (s. das Altsparergesetz vom 14.7.1953); als Geschädigte gelten der unmittelbar Geschädigte und, wenn er vor dem 1.4.1952 verstorben ist, seine Erben (Ehegatten, Kinder, Enkel, Eltern, voll- und halbbürtige Geschwister). Es gibt Ausgleichsleistungen *mit* Rechtsanspruch: Hauptentschädigung, Kriegsschadenrente, Hausratentschädigung, Entschädigung im Währungsausgleich für Sparguthaben Vertriebener, und solche *ohne* Rechtsanspruch (nach Maßgabe der verfügbaren Mittel): Eingliederungsdarlehen, Wohnraumhilfe, Leistungen aus dem Härtefonds und auf Grund sonstiger Förderungsmaßnahmen. Alle Leistungen gibt es nur auf Antrag. Die Hauptentschädigung macht in den ersten 10 Jahren des LAG nur rd 500 Mill. DM aus, da sie zunächst nur für sehr hohe Altersgruppen in Betracht kommt; ihre endgültige Höhe steht noch nicht fest. Dagegen macht die Kriegsschadenrente bisher 8,2 Md. DM aus, weil hier die Geschädigten bedacht werden, die in vorgeschrittenem Lebensalter stehen oder wegen Krankheit oder Gebrechen dauernd erwerbsunfähig sind, deren Einkommens- oder Vermögensverhältnisse die Bestreitung des Lebensunterhalts nicht ermöglichen. Durch eine gewährte Kriegsschadenrente wird die zustehende Hauptentschädigung praktisch aufgezehrt. Am größten war bisher der Aufwand für den Wohnungsbau mit 8,8 Md., recht hoch auch der für Hausratentschädigung mit 7,2 Md. DM. Für Eingliederung in die gewerbliche Wirtschaft wurden 2 Md., in die Landwirtschaft 1,6 Md., für Sparerschäden 1,8 Md., für sonstige Maßnahmen (Ausbildungshilfe, Heimförderung usw) 900 Mill. DM ausgegeben. Im ganzen handelt es sich um rd 32 Md. DM im ersten Drittel der Geltungsdauer des LAG, das 1979 auslaufen soll.

R.HARMENING, L. - Kommentar; Loseblattausg. C.H.Beck'sche Verlagsbuchhandlung (München u. Berlin). Berichte des Bundesausgleichsamts. *P.Quante*

Latimer, *Hugh* (ca 1485-1555), * in Thurcaston (Leicestershire) als Bauernsohn, studierte im Clare College in Cambridge, wo er als Fellow durch eine Rede gegen Melanchthon hervortrat. Der Hauptvertreter reformatorischen Christentums, Th. → Bilney, stimmte ihn 1524 um. Seitdem war L., ein ausgesprochener Volksprediger, unablässig für die ev. Bewegung tätig, meist durch Predigten überall im Lande, wozu ihn seine Stellung als Fellow berechtigte. Sein Hauptanliegen war die Verbreitung der Bibel in der Volkssprache. Wiederholt der Häresie angeklagt, entging er als Befürworter der Ehescheidung Heinrichs VIII. der Bestrafung. 1535 wurde L. Bischof von Worcester, gab aber dieses Amt 1539 beim Umschwung von Heinrichs VIII. Kirchenpolitik zu kath. Haltung wieder auf. 1540-47 erfuhr er Haft, Ausweisung aus London und Predigtverbot. 1547 bis 1553 erlebte er seine große Zeit als biblischer und sozialer Volksprediger (»Apostle to the English«). Unter Maria der Katholischen (→ England: I, 3) wurde er Märtyrer.

Works, ed. G.E.CORRIE, 2 Bde, 1844/45. - Über L.: DNB (Neudr. 1937/38) XI, 612ff - H.S.DARBY, H.L., 1953 - A.G.CHESTER, H.L., Apostle to the English, 1954. - Vgl. M.SCHMIDT in: ARG 48, 1957, 278-280. *M.Schmidt*

Latitudinarismus → Broad Church Party.

Latomus, 1. *Bartholomäus* (Heinrici; ca 1490-1570), * in Arlon (Luxemburg), studierte in Freiburg (1517 Magister), begleitete → Erasmus auf seiner Reise durch das Elsaß und lehrte einige Jahre in Köln und Löwen, ehe er 1531 Lehrer der Beredsamkeit in Paris wurde. 1539 reiste er nach Italien, besprach in Straßburg mit seinem Schüler Joh. → Sturm die konfessionelle Lage, traf mit → Bucer und → Sleidan zusammen und nahm am Religionsgespräch in Hagenau teil. Seit 1542 lebte L. als Rat des Kurfürsten von Trier in Koblenz. Als Bucer anläßlich der Kölner Reformation nach Trier vorstoßen wollte, nahm L. die Kontroverse mit ihm auf. Später beteiligte er sich an den Religionsgesprächen in Regensburg 1546 und Worms 1557. In seinen letzten Jahren trug er Kontroversen mit → Dathenus und Jak. → Andreä aus.

B.L., zwei Streitschriften gegen Bucer, hg.v. L.KEIL (CCath 8), 1924. - Über L.: ADB XVIII, 14 - L.ROERSCH, B.L. (Bull. de l'Académie de Belgique III/14, 1887, 132-176) - RE XI, 300ff - E.WOLFF, Un humaniste luxembourgeois, 1902.

2. *Jacobus* (Jaques Masson; 1475-1544), * in Cambron im Hennegau, studierte in Paris und Löwen, wurde dort Leiter der Burse und seit 1535 Kanonikus und Prof. der Theologie. Einseitig scholastisch ausgerichtet, bekämpfte er → Erasmus und sein berühmtes Collegium trilingue, wandte sich aber dann bes. gegen → Luther. Sein Gutachten über die Verbrennung reformatorischer Schriften erhielt Luther auf der Wartburg und beantwortete es gleich, indem er seine Glaubens- und Rechtfertigungsanschauung verdeutlichte (WA 8, 43ff; dt.: Münchener Ausg., ErgBd 6). L. ergriff die Gelegenheit, sich noch einmal gegen Luther zu richten. Er schrieb auch gegen Melanchthon und Ökolampad. Seine Streitschriften sind oft unklar und anfechtbar; sie wurden aber von den Kontroverstheologen in Löwen geschätzt und gesammelt herausgegeben (1550).

KL VII, 1506f - RE XI, 302f - Biblioth. Reformat. Neerlandica III, 1905, 19ff - DThC VIII, 2626ff - H.DE JONGH, L'ancienne faculté de théologie de Louvain, 1911, 173 ff - J.LINDEBOOM, Het bijbelsch humanisme in Nederland, Leiden 1913, 212 ff - J.ETIENNE, Spiritualisme érasmien et théologiens louvanistes, Löwen 1956, 161-183. *R.Stupperich*

Laubach, *Frank Charles,* * 2.9.1884 in Benton/Penn., ging 1915 als Missionar der amerikanischen Kongregationalisten nach den → Philippinen. 1930 wurde er bei den muslimischen Moros in Mindanao Direktor der Maranaw-Volksschulen. Indem er ihre Sprache zur Schriftsprache konzentrierte, entwarf er gleichzeitig einen einfachen Unterrichtsplan. L. führte in Asien, Afrika und Latein-Amerika »Feldzüge« für den Unterricht im Lesen und Schreiben durch. Die sog. »L.-Methode« beruht auf der Verwendung von Bildtafeln (für insgesamt 165 Sprachen), auf denen die Buchstabenlaute durch vertraute Gegenstände versinnbildlicht werden. Jeder neue Lesekundige soll dann einem andern das Lesen beibringen.

Vf. bes.: Towards a Literate World, 1939; The Silent Billion Speak, 1943; Streamlined English Lessons, 1945; Teaching the World to Read, 1947. - Über L.: M.MEDARY, F.L., Friend to Millions, 1954. *R.P.Beaver*

Laud, *William,* * 7.10.1573 in Reading, † 10.1.1645 in London, trat 1589 ins St. John's College in Oxford ein. Dort wurde er durch den Freund von L. → Andrewes, John Buckeridge (ca 1562-1631, später Bischof von Rochester und Ely), im Sinne des Anglokatholizismus geprägt, der die echten Werte des röm. Katholizismus gegen die vordringenden → Puritaner unter gleichzeitiger scharfer Ablehnung aller päpstlichen Ansprüche retten wollte. Kernanliegen waren die sakramentale Gnadenmitteilung und der bischöfliche Aufbau der Kirche (→ Hochkirchliche Bewegung: I, 1). 1593 wurde L. Fellow, 1611 Präsident seines Colleges, 1616 außerdem Dekan in Gloucester. 1617 begleitete er Jakob I. nach Schottland, 1621 wurde er Bischof von St. David's (Wales), 1626 von Bath und Wells, 1628 Bischof von London, 1629 Kanzler der Universität Oxford (Universitätsreform), 1633 Erzbischof von → Canterbury als Nachfolger G. → Abbots. Im April 1622 beauftragte ihn Jakob I., die Mutter des einflußreichen Höflings George Villiers, Katherine V., vom Übertritt zum röm. Katholizismus durch ein Streitgespräch (Works II, 401ff) mit dem Jesuiten John Fisher (eigtl. Percy) abzubringen. Unter Karl I. wurde L. der führende Kirchenfürst (→ England: I, 4), der die anglokath. Grundsätze nicht allein auf kirchlichem Wege, sondern mit gewaltsamer Hilfe des Königs durchsetzen wollte und dadurch wie durch die rückhaltlose Unterstützung der königlichen Politik in fast allen Lagern heftigen Widerstand weckte. Sein Leitgedanke vom »Gottesdienst im hl. Schmuck« (beauty of holiness, nach Ps 29, 2; 96, 9; 110, 3) wurde durch sein rücksichtsloses Vorgehen verdunkelt, bes. gegen den presbyterianischen Gottesdienst in Edinburgh am 23.7.1637. Das Lange Parlament klagte ihn 1641 des Hochverrats an und verurteilte ihn am 4.1.1645 zum Tode.

GA 7 Bde, Oxford 1847-60. - Über L.: P.HEYLYN, Cyprianus Anglicus or the History of the Life and Death of W.L., (1668) 1719[3] - A.C.BENSON, W.L., 1887 - H.M.WALLIS, W.L., 1890 - C.H.SIMPKINSON, Life and Times of W.L., 1894 - T.LONGUEVILLE, Life of W.L. by a Romish Recusant, 1894 - W.H.HUTTON, Life of W.L., 1895 - M.CREIGHTON, L.s Position in the Hist. of the English Church, 1895 - Archbishop L. Commemoration, 1895 - W.L.MACKINTOSH, Life of W.L., 1907 - H.BELL, Archbishop L. and Priestly Government 1907 - A.S.DUNCAN-JONES, Archbishop L., 1927 - H.R.TREVOR-ROPER, Archbishop L., 1940 - E.C.BOURNE, The Anglicanism of W.L., 1947. - Ferner bes. F.HOOK, Lives of the Archbishops of Canterbury, 12 Bde, 1860-76 - RE XI, 306ff - DNB (Neudr. 1937/38) XI, 626ff. *M.Schmidt*

Laura (ἡ λαύρα [»Gasse«], Lawra), allgemein: frühe Bezeichnung mönchischer Siedlungen, bes.: eine vor 450 in Palästina entstandene Eremitengemeinschaft, die unter einem Abt in einzelnen Hütten nach eigenem Ermessen ein asketisches Leben führte, aber die Gottesdienste gemeinsam hielt. Die hll. Euthymius († 473) und → Sabas waren die Organisatoren der L. Sabas gründete die »Große L.« (ca 478) unweit Jerusalem. Später wurden sie als richtige Klöster organisiert, teils mit idiorhythmischer, teils mit koinobitischer Regel, zB Athos-L. (963), russische L. (→ Troice-Sergiew-Kloster).

PH.MEYER, D. Haupturkunden f. d. Gesch. d. Athos-Klöster, 1894 - DACL VIII/2, 1961ff (Lit.). *I.Smolitsch*

Laurentius, 1. *von Brindisi* (1559-1619), eigentlich Giulio Cesare Russo oder Rossi, * in Brindisi, † in Lissabon, 1783 selig-, 1881 heiliggesprochen, 1959 durch → Johannes XXIII. zum Kirchenlehrer erhoben. Seit 1575 → Kapuziner, tat sich L. als Exeget, als Prediger und durch seine Sprachbegabung hervor. 1602-05 war er General des Ordens. Seine antiprot. Mariologie ist gekennzeichnet durch einen konsequent durchgeführten Analogiegedanken, der Maria aufs engste an Christus heranrückt. Im Dienste der → Gegenreformation wirkte er für die Rekatholisierung Böhmens, Österreichs und

Deutschlands, war »die Seele der Liga« (K.Eder) und verfaßte 1607-10, veranlaßt durch eine Disputation mit Polykarp → Leyser I, ein polemisches Werk gegen das Luthertum (»Lutheranismi Hypotyposis«, gedr. erst 1930).

Opera omnia, 15 Bde, Padua 1928-56. - Über L.: LThK VI, 415 - EC VII, 1545ff (Lit.) - Lexicon Capuccinum, Rom 1951, 925ff - M. Mückshoff, Die heilsgesch. Stellvertretung d. Menschheit durch Maria nach d. Hl. L.v.Br. (C.Feckes, Die heilsgesch. Stellvertr. ..., 1954, 199-259) - G.Maron, L.v.Br., der neueste »Lehrer« d. kath. Kirche (MdKI 10, 1959, 41-46). *G.Maron*

2. *Gegenpapst,* wurde am 22.11.498 von einer byzanzfreundlichen röm. Senatsmehrheit gegen → Symmachus gewählt. Zur Lösung des Schismas aufgefordert, entschied Theoderich gegen L., der sich unterwarf, jedoch wieder auftrat, als seine Anhänger nach Kämpfen und Prozessen gegen Symmachus Rom beherrschten. L. trat 506 endgültig ab, nachdem der König nochmals eingegriffen hatte.

Caspar II, 87ff - Haller I, 235ff - Seppelt I, 235ff. *F.Jürß*

3. *der Heilige,* röm. Diakon unter Papst → Sixtus II., wie dieser und die anderen 6 Diakone ein Opfer der valerianischen Verfolgung (258). Nach der Legende wies L., vom Richter aufgefordert, die Kirchenschätze herzugeben, auf die eigens herbeigeführten Armen der Gemeinde. Darauf soll er auf glühendem Rost getötet worden sein, wodurch er neben → Florian zum Patron in Feuersgefahr wurde. L. gehört zu den gefeiertsten Blutzeugen. → Prudentius ehrt ihn in seinem 2. Gedicht Peristephanon. Über dem Grab an der Via Tiburtina wurde schon unter → Konstantin eine Kapelle errichtet, später die Basilika S. Lorenzo fuori le mura, eine der 7 röm. → Hauptkirchen.

AS Aug. II, 1867, 485ff (Fest: 10.8.); Nov. II/2, 1931, 431f (Mart. Hieron.) - Caspar I, 46 u.ö. - HWDA V, 924ff - H.Delehaye, Recherches sur le Légendier rom. (AnBoll 51, 1933, 34-98) - VSB VIII, 175ff - Seppelt I², 58f u.ö. - A.Paredi, Il centenario di L., mart. rom. (Vita e Pensiero 41, 1958, 579-589). *F.Paschke*

Laurentius Andreae *(Lars Andersson),* schwedischer Reformator und Kirchenpolitiker (ca 1470-1552), nach Studium in Skara und Uppsala Domherr in Strängnäs, studierte in Rostock und Leipzig, 1520 Archidiakon des Bistums Strängnäs, 1524 des Erzbistums, ohne selbst Bischof oder Erzbischof zu werden. Seine kanonistischen Kenntnisse und seine Beziehungen zu Gustav Vasa (→ Schweden: I), dessen Sekretär und Ratgeber er seit 1523 ist, machen ihn zu einem der bedeutendsten schwedischen Staatsmänner. Beeindruckt durch O. → Petris ev. Verkündigung gewinnt er den König für die Reformation (Reichstag zu Västerås). Unter seinem Einfluß erfolgt 1529 auf der Kirchenversammlung zu Örebro die Grundlegung der selbständigen schwedischen Nationalkirche unter Bewahrung des Episkopats. L. und Petri geraten jedoch in Konflikt mit dem König, als dieser bei Aneignung des Kirchen- und Klostergutes auch das Bischofsamt abschaffen und eine absolutistisch gelenkte Staatskirche durchsetzen will (1538-43). Mit Petri des Hochverrats angeklagt (1540), wird L. zum Tode verurteilt, jedoch begnadigt und zieht sich nach Strängnäs zurück. Literarisch tritt L. u.a. durch seine Schrift »Een kort undervisning om troona och godha gerningar« (1528) hervor sowie durch die unter seiner Leitung erfolgte Übersetzung des NT (1526; → Bibelübersetzungen: V, 2 k γ), der eine Gesamtausgabe der Bibel (sog. Bibel Gustav Vasas) folgt. In einem Brief an das Kloster in Vadstena (1524) empfiehlt L. das Studium der Schriften Luthers und entwickelt sein reformatorisches Kirchenprogramm.

N.Lindqvist, Översättaren av NT 1526. O.Petri eller L.A. (Arkiv för nordisk filologi 45, 1929, 305-336; 46, 1930, 1-31) - H.Holmquist, Reformationstidevarvet 1521-1611, 1933 - Ders., Handbok i Svensk Kyrkohistoria II, Stockholm 1940, 7ff - H.G.F.Sundberg, Kyrkorätt, Helsingfors 1948 - Svensk Uppslagsbok 17, Malmö 1950, 956f - H.Yrwing, Gustav Vasa, kröningsfrågan och Västeras riksdag (SVSL 49), 1956. *W.Göbell*

Lauretanische Litanei → Litanei.

Lausanne

1. Bistum - 2. Akademie und Universität

1. Das *Bistum* L., nur wenig später bezeugt als → Genf (: I) und → Sitten, stammt aus dem 5.Jh. Schon früh wurde der Bischofssitz von Avenches nach L. verlegt. Das Gebiet umfaßte Waadtland, Freiburg, Solothurn, halb Bern, Val St. Imier und Neuenburg (ca 300 Pfarreien). Aus der Schenkung Rudolfs III. von Burgund (1011) blieben dem Bischof nur die Regalien und eine winzige weltliche Domäne. Er nahm im Investiturstreit für den Kaiser Partei. Im 12.Jh. brachte der hl. Amadeus († 1159) gregorianischen Reformgeist aus Clairvaux nach L. Das 13.Jh. sah den Umbau des romanischen Münsters zur gotischen Kathedrale. Die Ambitionen des Herzogs von Savoyen, des Herrn der Waadt, bedrohten die bereits durch den wachsenden Einfluß der Bürgerschaft untergrabene bischöfliche Macht. Bistum und Herzogtum fielen jedoch nach dem Feldzug von 1536 zum Entsatz Genfs in die Hände der Berner. Die in der L.er Kathedrale abgehaltene Religionsdisputation vom Okt. 1536 besiegelte die Reformation. Der Bischof residiert seit 1613 in Freiburg i. Ue., dem Zentrum der Gegenreformation (P. → Canisius, Mitbegründer des Collège St. Michel SJ). Nach 1815 wurde Genf der Diözese L. eingegliedert, Solothurn und Bern der Diözese → Basel (1828). Seit 1924 führt der Bischof den Titel von L.-Genf-Freiburg.

2. Die L.er *Akademie,* 1537 vom Berner Rat gegründet, war für mehr als 20 Jahre die einzige prot.-theologische Schule französischer Zunge. Die Ordnung des Collège und der öffentlichen Kurse (Philosophie, Griechisch, Hebräisch, Theologie) ist in den Leges von 1547 festgelegt. Maturin Cordier als Leiter des Collège, Pierre → Viret, Th. v. → Beza u.a. begründeten ihren Ruhm. Um so schwerer traf sie der Auszug dieser Männer im ekklesiologischen Streit mit den Herren von Bern (1559). Sie erholte sich wieder dank Lehrern wie Aubery, → Chandieu u.a. Die Akademie hatte das alleinige Recht zur Ordination der Pfarrer. Der Philosoph J.-P. de Crousaz und der franz. Jurist J.Barbeyrac, ein bedeutender Theoretiker des → Naturrechts, begründeten ihren Widerstand gegen die Tyrannei der Formula Consensus von 1722. G. Polier war zusammen mit dem Genfer Ami Lullin die Hauptstütze des von A. → Court für die ref. Gemeinden Frankreichs gegründeten franz. Seminars (1728-1811). - Das Gesetz von 1837 nahm der Akademie ihren kirchlichen Charakter; die Auditoires wurden Fakultäten. Neben A. → Vinet (prakt. Theol.) und dem Basler J.J. → Herzog (KG) wirkte Ch. Secrétan (→ Frankreich: III, 2). Der Pariser Ch.A.de Sainte-Beuve las in L. sein berühmtes Kolleg über → Port-Royal (1837-38). Die Revolution von 1845 und die Bildung der Freikirche (→ Schweiz: I B) beraubte die Akademie der Mehrzahl ihrer Lehrer. Seither rückten Natur- und Ingenieurwissenschaften (Ingenieurschule seit 1853) auf den ersten Platz und ermöglichten die Umwandlung zur Universität (1890). - Über 50 Jahre wirkten an der theol. Fakultät zwei bedeutende Lehrer, die ohne Schaden der Frömmigkeit kritische Methoden anwandten: der Geistesgeschichtler Eugène Dandiran (1825-1912) und der Alttestamentler und Kirchenhisto-

riker der Waadt Henri Vuilleumier (1841-1925), neben ihnen Paul → Chapuis (1851-1904; NT, Hg. der Zs. »Evangile et Liberté«) sowie die Ritschl-Schüler L.Emery (1862-1915) und Aloys Fornerod (1862-1940). 1928 mußte E.Lombard (* 1875) den Lehrstuhl für NT an René Guisan (1874-1934) übergeben, der seit 10 Jahren an der Freien Fakultät lehrte und nun das Doppelamt fast zur gleichen Zeit antrat, als sein Freund A. → Reymond (1874-1958) den Lehrstuhl für Philosophie übernahm. An der Fakultät lehren zZ: Carl A.Keller (*1909, AT), Charles Masson (* 1895, NT), Henri Meylan (* 1900, KG und DG), Edmond Grin (* 1895, syst. Theol.), Henri Germond (* 1901, prakt. Theol. und Religionsgeschichte), Edouard Mauris (* 1908, Theologiegeschichte und Liturgik), Edouard Burnier (* 1906, Apologetik). Lehrbeauftragte sind Pierre Jaccard (*1901, Religionspsychologie und Soziologie) und H. Anselmier (* 1911, Katechetik). Die »Cahiers de la Faculté de Théologie« erscheinen seit 1923 (bisher 12 Hefte).

Die 1847 gegründete *theologische Fakultät der Freikirche* zog zahlreiche Studenten von auswärts an und besaß ebenfalls Lehrer von hohem Rang: Samuel Chappuis (1809-70), J.-F.Astié (1822-94), L.Gautier (1850 bis 1924), A.Bernus (1844-1904), J.Bovon (1852-1904), Ph.Bridel (1852-1936, Hg. und Kommentator Vinets). Gegenwärtig hat sie 5 Professoren: William Goy (* 1897, AT), Pierre Bonnard (* 1911, NT), Eric Péter (* 1913, KG), Philippe Daulte (* 1892, syst. Theol.), Louis Rumpf (* 1914, prakt. Theol.). Lehrauftrag: Pierre Pidoux (* 1905, Hymnologie).

Zu 1: M.SCHMITT, Mémoires hist. sur le diocèse de L., 2 Bde, Fribourg 1858 - M.BESSON, Nos origines chrétiennes, ebd 1921 - CH.GILLIARD, La conquête du Pays de Vaud par les Bernois, L. 1935 - Zahlreiche Artikel von L.WAEBER in ZSKG 1936ff - E.BACH u.a., La Cathédrale de L., Basel 1944. - Zu 2: H.VUILLEUMIER, Hist. de l'Eglise réformée du Pays de Vaud sous le régime bernois, 4Bde, L. 1927-33 - René Guisan Reliquiae (Cahiers de la Fac. de Théol. 7), 1935 - H.MEYLAN, La Haute Ecole de L., L. 1937 - PH.MEYLAN, Jean Barbeyrac (1674-1744), L. 1937 - R.BRAY, Sainte-Beuve et l'Académie de L., L. 1937 - L.JUNOD-H.MEYLAN, L'Académie de L. au XVIe siècle (Documents), L. 1947 - Centenaire de la Faculté de Théol. de l'Eglise évangélique libre du Canton de Vaud (1847-1947), L. 1947. *H.Meylan*

Lautere Brüder → Islamische Philosophie, 4.

Lavant, jugoslawisches *Bistum,* 1228 in St. Andrä im Lavanttal (Kärnten) als Eigenbistum von → Salzburg gegründet, das bis 1923 ein Vorrecht auf Ernennung und Konfirmation der Bischöfe behielt, die seit 1457 den Reichsfürstentitel ohne Sitz und Stimme am Reichstag führten. Anfangs nur 7 Pfarreien umfassend, wurde L. 1786/89 bei der neuen Diözesaneinteilung unter → Joseph II. wesentlich vergrößert. Diese Einteilung war für L. ungünstig. Nach erneuten Veränderungen wurde 1859 Marburg/Drau Bischofssitz, 1924 die Bistumsgrenzen den politischen angeglichen.

I.OROŽEN, Das Bistum u. die Diözese L., 8 Bde, 1875-93 - W. SEIDENSCHNUR, Die Salzburger Eigenbistümer ... (ZSavRG Kan. Abt. 9, 1919, 177-287). *K.O.Frhr.v.Aretin*

Lavater, *Johann Caspar* (1741-1801), ev. Prediger und Schriftsteller, stammte aus einer Züricher Patrizierfamilie. Nach dem Theologiestudium und einer Reise durch Deutschland, wo er u.a. mit → Spalding zusammentraf, wurde er Prediger an St. Peter in Zürich. - L. gehört mit seiner innigen, biblisch-spiritualistischen, empfindsamen Frömmigkeit zum Bilde der → Aufklärung. Der von ihm verehrte → Bonnet war ihm mit seiner Apologie des Glaubens Gewährsmann, daß das Christentum vor der Vernunft nicht zurückzuweichen brauche. Religion gehörte ihm zur Magie des Herzens. L.s Bedeutung besteht darin, daß er in der sog. Genieperiode des → Sturm und Drang eine Art Mittlerstellung zwischen Pietismus und Ästhetentum eingenommen hat. Was seiner gänzlich undogmatischen Theologie an Originalität mangelte, hat er durch den Zauber seiner Persönlichkeit ersetzt, der auf zahllose Zeitgenossen gewirkt hat. Die Kreise der → Christentumsgesellschaft sind durch ihn aufs stärkste beeinflußt worden. Bekannt ist seine Begegnung mit → Goethe, vor allem das seltsame Symposion in Elberfeld 1774, an dem u.a. die Brüder → Hasenkamp, G. und F. → Jacobi und → Jung-Stilling teilnahmen. Goethes späteren Spott hat L. mit fast kindlicher Demut ertragen. Auch → Herder hat sich von dem »lieben Gottesschwätzer« abgekehrt, der zu vielen Schwärmereien (Somnambulismus) neigte. L.s »Geistliche Lieder«, von denen manche in prot. → Gesangbücher (: I, 2 c) gelangten, waren Wirkungen der → Klopstock-Begeisterung. Seine wissenschaftlich wertlosen physiognomischen Studien sind mit ihrem orakelhaften Pathos und den mangelhaften Grundlagen ein literarisches Kennzeichen jener Epoche des genialen, hier von frommen Affekten bestimmten Selbstbewußtseins. - L. hat bis an sein Lebensende eine rührige Tätigkeit entfaltet. Er ist an den Folgen einer Verwundung durch eine französische Gewehrkugel gestorben, nachdem er zuletzt manche Mißhelligkeiten wegen seines öffentlichen Bekenntnisses als freier Schweizer von den Franzosen hat erfahren müssen.

Vf. u.a.: Aussichten in die Ewigkeit, 4 Tle, 1768-78; Das geheime Tagebuch eines Beobachters seiner selbst, 2 Bde, 1771-73; Pontius Pilatus, 1782-85. - Ausgew. Werke hg.v. E.STÄHELIN, 4 Bde, 1943. - Über L.: ADB XVIII, 783ff - RE XI, 314ff - Denkschrift z. 100. Todestag, Zürich 1902 - O.GUINANDEAU, L., Paris 1924 - A.VÖMEL, L.s Leben, 1927 - J.FORSSMANN, L. u. d. relig. Strömungen d. 18.Jh.s, Riga 1935 - M.LAVATER-SLOMAN, Genie des Herzens, (1939) 1955[5] - R.ZÜST, D. Grundzüge d. Physiognomik (Diss. Zürich), 1948 - L.RICHTER, L., d. Geistliche des Geniezeitalters (ZdZ 1951, 213-216) - HIRSCH IV, 185 ff - F.ENDERLIN, Der Magier von Zürich, Zürich 1953. *K.Kupisch*

Lavigerie, *Charles Martial Allemand,* franz. Kardinal (seit 1882), * 31.10.1825 in Huire b. Bayonne, † 25.11. 1892 in Algier. L. wurde 1854 Prof. der KG in Paris, 1861 Uditore der Rota in Rom, 1863 Bischof in Nancy. Seit 1856 war er directeur de l'oeuvre des écoles d'Orient und bereiste 1860 anläßlich des Drusenaufstandes Syrien. Seine Lebensaufgabe wurde ihm 1867 mit dem Erzbistum Algier gestellt. Im Gegensatz zum Generalgouverneur Mac Mahon setzte sich L. für größere politische Freiheiten der Eingeborenen, für die röm.-kath. Mission sowie für Hilfsmaßnahmen, Unterricht und den Bau christlicher Araberdörfer ein. Als Helfer rief er 1868 die → Weißen Väter, 1869 die Weißen Schwestern und die Frères et Soeurs agricoles ins Leben. 1868 wurde er apostolischer Delegat für die Sahara und begann deren Missionierung. Seit 1879 führte er einen siegreichen Feldzug gegen die Sklaverei (»Esclavage africain«, 1891). 1884 wurde er Erzbischof von → Karthago. Ursprünglich dem liberalen Katholizismus offen, wurde L. seit 1869 ultramontan. 1873 hielt er ein afrikanisches Konzil ab. Im Auftrag → Leos XIII. suchte er seit 1890 den franz. Klerus für eine Annäherung an den republikanischen Staat (ralliement, union sacrée) zu gewinnen.

Oeuvres choisies, 2 Bde, 1884 (Missionsaufsätze); Vingt-cinq années d'épiscopat, 2 Bde, hg.v. A.C.GRUSSENMAYER, 1888. - Über L. bes.: L.BAUNARD, Ch.L., 1922. - Kleinere Biographien: F.KLEIN, 1890; dt. v. K.MUTH, 1893 - G.GOYAU, Un grand missionnaire, 1925 - E.RENARD, Ch.L., 1926 - F.JAMMES, Ch.L., 1927 - J.MERCUI, Le Card. L. et son action apostolique I, 1928. - Ferner: L.BAUNARD, Léon XIII et le toast d'Alger, 1914 - A.PONS, La nouvelle Eglise d'Afrique ou le Catholicisme en Algérie... depuis 1830, o.J. - LATOURETTE VI, 13ff. *M.Schmidt*

Lavington, *George,* * 18.1.1684 in Mildenhall als anglikanischer Pfarrerssohn, † 13.9.1762 in Exeter als Bischof (seit 1747), 1717 Pfarrer in Heyford Warren, 1730 in Hook Norton (Oxfordshire). L.s Bedeutung beruht ausschließlich auf seiner unversöhnlichen Bekämpfung des Methodismus (→ Methodisten: I) unter dem Schlagwort »Schwärmerei«; → Wesley und → Whitefield galten ihm als Montanisten und Kryptokatholiken (Mystiker). Die Polemik auch gegen die Herrnhuter und ihre Beantwortung durch J.Wesley und dessen Freund Vincent Perronet bieten ein klares Bild des anglikanischen Empfindens im 18.Jh.

Vf.: The Enthusiasm of Methodists and Papists compared I-III, (1749/51) 1820³ (mit Einf. u. Anhang v. RICH. POLWHELE); The Moravians compared and detected, 1755. - Über L.: DNB (Neudr. 1937/38) XI, 653ff - R.A.KNOX, Enthusiasm. A Chapter in the History of Religion, 1950; dt.: Christl. Schwärmertum, 1957 (röm.-kath.). - Vgl. die Lit. zu → Wesley, → Methodisten: I. *M.Schmidt*

Law, *William* (1686-1761), seit 1711 Fellow im Emanuel College in Cambridge. Als → Nonjuror blieb L. ohne kirchliches Amt und lebte seiner erbaulichen Schriftstellerei, Schulgründungen und karitativen Unternehmungen im Sinne der S.P.C.K. (→ Anglikanische Kirche: II, 1), meist in seinem Heimatdorfe King's Cliffe b. Stamford (Northamptonshire). 1727-37 war er Hauslehrer von Edward Gibbon in Putney b. London, dem Vater des großen Geschichtsschreibers. L. setzte die puritanische Erbauungsliteratur der Gewissenserforschung und Selbstdisziplin fort, bes. mit den für J. → Wesley bestimmenden Schriften: Practical Treatise upon Christian Perfection, 1726; A Serious Call to a Devout and Holy Life, 1728. Andererseits nahm er zu allen bedeutenden Kontroversen der Zeit Stellung: Bangorstreit (Staatskirchentum vertreten durch Benjamin Hoadley, 1717); → Mandevilles Bienenfabel (1724); Theater (1726); → Deismus (→ Tindal, 1731); → Warburtons Divine Legation of Moses (1757); → Methodisten (1760). Seit 1737/40 wurde L. zum stärksten Anwalt der neuplatonischen Mystik, bes. → Taulers, der → Deutschen Theologie und Jak. → Böhmes. Dies führte zur Trennung John Wesleys von ihm.

Works, 9 Bde, 1762; 9 Bde, hg.v. G.B.MORGAN, 1892/93. - Über L.: R.TIGHE, Short Account of the Life and Works of W.L., 1813 - (CHR.WALTON), Notes and Memorials for an adequate biography of W.L., 1854 - J.H.OVERTON, W.L., Nonjuror and Mystic, 1881 - G.MORETON, Memorials of the Birthplace and Residence of the Rev. W.L., 1895 - W.STRUCK, Der Einfluß J.Böhmes auf die engl. Lit., 1936 - DNB (Neudr. 1937/38) XI, 677ff - J.BRAZIER GREEN, J.Wesley and W.L., 1945 - E.W.BAKER, The Herald of Evangelical Revival. A Critical Inquiry into the Relation of W.L. to J.Wesley, 1948 - M.SCHMIDT, J.Wesley I, 1953, 93ff. 218ff. *M.Schmidt*

Laymann, *Paul* (1574-1635), SJ, kath. Moralist und Kanonist, * in Arzl b. Innsbruck, † in Konstanz. L. trat 1594 in den Jesuitenorden ein, lehrte 1603-09 in Ingolstadt Philosophie, 1609-25 in München Moraltheologie, 1625-32 in Dillingen Kirchenrecht.

Vf. bes.: Theologia moralis, 1625; Pacis compositio... in comitiis Augustae a. 1555, 1629 (das vielbefehdete »Dilingische Buch«, verficht die bindende Geltung des Religionsfriedens v. 1555); Iusta defensio... in causa monasteriorum extinctorum, 1631 (verteidigt das Verfügungsrecht der kirchl. u. weltl. kath. Obrigkeit über aufgelöste Klöster); Ius canonicum, 3 Bde, 1666-98. Nicht von L. stammt der ihm zugeschriebene Tractatus novus de processu contra sagas, 1629. - Über L.: BACKER-SOMMERVOGEL IV, 1582ff - TH.SPECHT, Gesch. der ehem. Univ. Dillingen, 1902, 325f u.ö. - HN III, 884ff - B.DUHR, Gesch. der Jesuiten in den Ländern dt. Zunge II, 1913 (s. Reg.) - DThC IX, 86f (Lit.) - LThK VI, 429f (Lit.) - L.KOCH, Jesuiten-Lexikon, 1934, 1083ff (Lit.) - EC VII, 983 (Lit.). *F.Zoepfl*

Laynez, *Diego* (Jakob; 1512-65), 2. Ordensgeneral der → Jesuiten, * in Almazan/Kastilien, † in Rom. L. studierte Philosophie in Spanien, Theologie in Paris. Dort kam er in den Bannkreis des Ignatius von → Loyola und gehörte bald zu seinen engsten Gefährten. L. wurde Prof. in Rom, 1552 Provinzial der Ordensprovinz Toscana, 1556 nach dem Tode des Ignatius Generalvikar, 1558 General des Ordens, an dessen Konstitutionen er mitgearbeitet hatte. Er faßte bes. das höhere Schulwesen als Arbeitsgebiet der SJ ins Auge. 1546, 1551 und 1562 nahm er als Berater der Kardinallegaten am → Tridentinischen Konzil teil. Er sprach für die Definition der Unbefleckten Empfängnis Mariens, widerlegte die Lehre von der doppelten Gerechtigkeit und trat gegen den Laienkelch und für den Primat des Papstes ein. Auf den Religionsgesprächen von Poissy (mit → Beza, 1561/62) setzte er sich für staatliche Einheit gegen die Duldung Andersgläubiger ein.

Qu.: Monumenta Historica SJ (MHSJ), Lainii Monumenta (Briefe u. Acta), 8 Bde, Madrid 1912-17 - MHSJ Fontes Narrativi I, 1943, 54-145; II, 1951, 127-240 - Disputationes Tridentinae, hg.v. H.GRISAR 2 Bde, Innsbruck 1886. - Über L.: P.DE RIBADENEIRA SJ, Vida del p. M.D.L., Madrid 1594 - H.GRISAR SJ in: ZKTh 5, 1881, 672-720; 6, 1882, 39-112 - DERS., ebd 8, 1884, 453-507. 727-784 - A.ASTRAIN (s. → Jesuiten) II, Madrid 1905, 1ff - F.CERECEDA, D.L. en la Europa religiosa de su tiempo, 2 Bde, Madrid 1945f - P.TACCHI-VENTURI (s. → Jesuiten) II/1, Rom 1950², 219ff - C.GUTIERREZ SJ, Españoles en Trento, Valladolid 1951, 280ff - H.BECHER SJ, Die Jesuiten, 1951 (Reg.) - EC VII, 819ff (Lit.) - G.SCHURHAMMER SJ, Franz Xaver I, 1955 (Reg.). *G.Maron*

Lazaristen, *Vinzentiner (Congregatio missionis, CM),* 1625 in Paris vom hl. → Vincentius von Paul zu Missionszwecken gestiftete Weltpriestergenossenschaft. L. heißen sie nach ihrem ersten Mutterhaus St. Lazare in Paris (in anderen Ländern *Vincentian Friars, Pauliner, Missionari di S. Vincenzo de'Paoli, Padres Lazaristas ou Vincentinos*). Zunächst volksmissionarisch tätig, wird die Kongregation durch ihre äußere Mission wichtig, bes. in den barbaresken Staaten Nordafrikas. Früh entstehen Niederlassungen in Nordafrika, auf Madagaskar (1643) und in China (1697). Gleichzeitig breiten sich die L. in Europa aus (Irland 1646, Polen 1651, Spanien 1704); 1781 wird das erste deutsche Haus in Heidelberg (ehem. Jesuitenkolleg) errichtet. Nach den schweren Einbußen durch die französische Revolution erfolgt durch den Generalsuperior Etienne eine Neuorganisation der L. Nach Vertreibungen aus Portugal (1834), Spanien (1868 u.ö.), Rußland (1864) und Deutschland (1873-1917) haben die L. zZ 38 Provinzen mit ca 460 Häusern (ca 6000 Mitglieder). Dem deutschen Provinzialat in Köln unterstehen 4 Niederlassungen im Inland sowie 6 im Ausland; die verdienstvolle Arbeit in den palästinensischen Werken mußte 1950 aufgegeben werden. In Mittelamerika wirken die Vinzentiner in Costa Rica, wohin im Kulturkampf 1875 Bernh.Aug.Thiel auswich. Die Pfarrei Limon am Atlantik wurde 1920 Sitz eines Apostolischen Vikars; unter Bischof Odendahl CM arbeiten 9 Vinzentiner, 2 Weltpriester und 143 Katecheten in 5 Pfarreien und 56 Missionsstationen bei Indianerstämmen. - Die L. (Priester und Brüder) bilden eine Vereinigung von Weltpriestern, da ihre Gelübde zwar ewige, aber private sind. An ihrer Spitze steht der auf Lebenszeit gewählte Generalsuperior. Ihre päpstliche Bestätigung erhielten die L. 1632 durch Urban VIII., ihre Regeln 1658 durch Vincentius von Paul.

P.COSTE, Saint Vincent de Paul. Correspondance, entretiens, documents, 14 Bde, Paris 1919-25 - HEIMBUCHER II, 574ff - LThK VI, 430f - G.GOYAU, La Congrégation de la Mission des Lazaristes, Paris 1938 - J.HERRERA, Historia de la Congregación de la Misión, Madrid 1949 - EC IV, 287ff - ESCOBAR II, 955ff. *W.Göbell*

Lazarus, der häufige jüd. Name Eleazar (= Gotthilf), verkürzt (durch Gutturalschwund) Lazar (Bill. II,

223), gräzisiert 'Ελεάζαρος (LXX nur Esr und Makk, Josephus, neben 'Ελεαζάρ LXX meistens, Mt 1, 15) und Λάζαρος (Lk 16, 20ff; Joh 11, 1ff; 12, 1f. 9f, sonst selten). - L. in Lk 16, 19ff ist der einzige Personenname in einem Gleichnis Jesu; er soll wohl besagen: L. verließ sich gläubig auf Gottes Hilfe allein und nahm seine Leiden willig hin (V. 25); dem entspricht, daß der im griech. Text namenlose Reiche (aber s. zB Lefort) nach V. 30f gottlos und unbußfertig war. - Joh 11f ist L. der Bruder (anders V. 1?) der Martha und Maria von → Bethanien, ein Jesus bes. nahestehender Jünger (V.11), vielfach (zB Sanders) mit dem Lieblingsjünger (Joh 13, 23 u.ö.) identifiziert und so zum Kronzeugen des JohEv gemacht. Ein Zusammenhang zwischen den L. von Lk 16 und Joh 11 (zB Jülicher, Sanders) besteht wohl nicht (vgl. Origenes, In Joh. Fragm. 77); auffallend ist freilich das gemeinsame Motiv des Unglaubens trotz Auferweckung eines Toten (vgl. Joh 11, 43ff mit Lk 16, 30f). - Jüngere Berichte schildern die Entlassung des L. aus dem Hades (Acta Pilati 20, 3), wissen von seiner priesterlichen Herkunft und späteren Verbindung mit Petrus (Pseudo-Clemens Homilien 2,1; 20, 9), ferner daß er noch 30 Jahre lebte (Epiphanius 66, 37, 6f) und in der Provence oder auf Zypern wirkte (vgl. Renard, Zahn). - Von L., der angeblich an Aussatz starb (vgl. Lk 16, 20f), haben der Lazarusorden, indirekt die → Lazaristen, ferner das Lazarett, die Lazzaroni u.a. ihre Namen.

FGNK VI, 1900, 51f Anm. 1 - J.Kreyenbühl, Das Ev. der Wahrheit I, 1900, 157ff - Dict. de la Bible IV, 1912, 139ff - KNT III, 1913, 583f Anm. 8 - H.Gressmann, AAB 1918 Nr. 7 - J.Grill, Unters.en über die Entstehung des 4. Ev. II, 1923, 185ff (L. = der Mond!) - K. Bornhäuser in: NKZ 39, 1928, 833-843 - RGG^{2} III, 1506 - LThK VI, 432f - R.Eisler in: Eranos 1935, 371ff (vermutet u.a. L. Ev.) - L.Th.Lefort in: ZNW 37, 1938, 65-72 - F.V.Filson in: JBL 68, 1949, 83-88 - J.N.Sanders in: NTS 1, 1954/55, 33f - Bauer, WB^{5} 914 (Lit.) - PW Suppl. VIII, 930 (spätere Namensträger).

G.Stählin

Leade, *Jane* (1624-1704), englische Mystikerin. Mit 15 Jahren durch eine Bekehrung dem Elternhaus entfremdet, lange durch ein skrupulöses Schuldgefühl gequält, erlebte sie 18jährig Gewißheit des Heils. Nach glücklicher Ehe entschloß sie sich 1670, als »Witwe Gottes« ganz der Verbreitung ihrer religiösen Ideen zu leben, in denen sie sich durch zahllose, in ihrem Tagebuch und ihren Schriften genau datierte Visionen bestätigt fühlte. Mit der ihr durch → Pordage nahegebrachten Mystik → Böhmes, bes. der Spekulation über die Jungfrau Sophia, verband sie eine auf die → Wiederbringung aller gerichtete eschatologische Hoffnung. Um die Christenheit vor der nahen Wiederkunft Christi zu einigen, schuf sie seit 1694 mit Fr.Lee u.a. die lose organisierte »Philadelphische Sozietät« (→ Philadelphia, 1). Dieser Plan und ihre zahlreichen Schriften (zuerst: The Heavenly Cloud now breaking, 1681; dt. Amsterdam 1694) gewannen ihr in Deutschland, Holland, Schweden und Finnland viele Anhänger.

Autobiogr. in: Sechs mystische Tractätlein, Amsterdam 1696, 413-423. - H.Hochhuth, Gesch. u. Entwicklung der philad. Gemeinden I: J.L. (ZHTh 35, 1865, 171-290) - RE XI, 326ff - E.Seeberg, G.Arnold, 1923, 367ff - N.Thune, The Behmenists and the Philadelphians, 1948 (Bibliogr., Lit.) - S.Nielsen, Der Toleranzgedanke bei Zinzendorf I, 1952, 16ff.

H.Bornkamm

Leander *von Sevilla, der Heilige* (* vor 549, † 13.3.600 oder 601), älterer Bruder → Isidors von Sevilla, wurde dort um 578 oder 585 Bischof. Als der Königssohn Herminegild 580 zum Katholizismus übertrat und sich gegen seinen Vater Leowigild empörte, ging L. für ihn hilfesuchend nach Konstantinopel. Dort lernte er den späteren Papst → Gregor I. kennen, der mit ihm im Briefwechsel blieb und ihm die »Moralia in Iob« widmete. Zurückgekehrt wirkte L. auf den Übertritt der Westgoten zum Katholizismus hin (→ Goten, 2), der 589 auf dem von ihm geleiteten Konzil von Toledo erfolgte. L. hielt dabei die triumphierende Schlußrede.

Schriften (MPL 72): gegen den Arianismus (verloren; ein Rest vielleicht bei K.Künstle, Eine Bibliothek der Symbole ... [FChLDG I/4], 1900, Anhang; vgl. N.Noguer in: Razón y Fe 2, 1902, 225); eine Nonnenregel: die Schlußrede (s.o.). - Über L.: Isidor, De vir. ill. 41 - RE XI, 328ff - R.Menendez Pidal (Hg.), Hist. de España III, Madrid 1940, 395f. - Zur Nonnenregel: J.Madoz in: StT 121, 1946, 265-295 - A.C.Vega, El »De institutione virginum« de s.L. de S., Escorial 1948 (mit 10 uned. Kapiteln); besserer Text einiger Kap. bei J.Madoz in: AnBoll 67, 1949, 407-424.

R.Buchner

Lebbäus (der »Beherzte«?) erscheint Mk 3, 18 als schlecht, Mt 10, 3 als gut bezeugte Variante zum Apostelnamen → Thaddäus und ist im MtEv wahrscheinlich ursprünglich, sonst eine alte Sonderüberlieferung. Der Sinn des im Semitischen auch sonst bezeugten Namens ist nicht sicher.

G.Dalman, Grammatik des jüd.-paläst. Aramäisch, 1905^{2}, 178 Anm. 3 - Ders., Worte Jesu I, 1930^{2}, 40 - Th.Zahn, Das Evangelium des Mt, 1922^{4} (zu 10, 3) - Bill. I, 536 - E.Klostermann, Das MkEv, 1950^{4}, 35.

W.Foerster

Leben. Das L. ist für die meisten *primitiven Völker* ein großes Mysterium, das sich in drei Erlebnisformen manifestieren kann: als Existenz, als L.sstoff oder als L.skraft. Als *Existenz* betrachtet ist das L. eine Gabe der Götter und direkte Folge des Schöpfungsaktes (→ Schöpfung: I). Viele Mythen (→ Mythos: II) berichten, der Mensch sei ursprünglich zum L. bestimmt gewesen, habe aber die Unsterblichkeit verloren (→ Ewiges Leben). Die primitiven Religionen sind im allgemeinen durchaus von den L.sbedürfnissen geprägt; eine wichtige Rolle spielen diejenigen → Geister (: I), die das irdische L. und bes. die Nahrung fördern. Der → Tod (: I) wird demgemäß ein Gegner der Menschheit, den man zu überwinden sucht (durch → Schamanismus, → Magie u. dgl.). Ist der Mensch dennoch gestorben, so wird seine Wiederkehr zum L. eine Hoffnung des religiösen Glaubens (→ Wiedergeburt). Die gefährlichen Stationen des L.s werden durch religiöse und magische Handlungen beschützt (→ Ehe: I, → Geburt, → Initiation, → Männerbund, → Pubertät, → Rites de passage). Eigentümlich für das primitive Denken über L. und Tod ist es, daß ein neugeborenes Kind ohne Namen noch nicht als völlig lebendig betrachtet wird (→ Namenglaube: I); oder man glaubt, der Tod trete erst nach Beendigung der → Begräbnis-Riten ein. Die Grenzen zwischen L. und Tod sind hier also sehr fließend. - Die Idee vom *L.sstoff* ist eine quantitative Beschränkung des qualitativen Begriffes vom L. als Existenz. Sie kommt bes. oft in → Indonesien vor, begegnet aber auch in anderen Erdteilen. Nach dieser Auffassung ist das L. ein - bisweilen mit dem → Atem identifiziertes - Fluidum, das die Lebendigkeit der lebenden Wesen aufrechterhält (vgl. auch → Blut). - Die *L.skraft* ist ein dynamisches Zeugnis des L.s, der Motor der L.säußerungen, daher gewöhnlich identisch mit der L.sseele (→ Animismus, → Seele).

Diese Vorstellungen bestehen auch in *»höheren« Religionen*, obwohl die Ideen von L.sstoff und L.skraft allmählich verschwinden und die Idee von der Existenz verändert auftritt. Schon in den Agrarreligionen (→ Ackerbau: I) wird das L. neu gewürdigt: L. und Tod faßt man als Phasen ein und desselben zyklischen Verlaufs auf, die Scheidung zwischen ihnen wird nicht mehr scharf betont, die Toten kommen als Puppen oder Götterbilder oder in → Masken-Tänzen zurück, und die Lebenden mischen sich mit den Toten. Diese Entwicklung gipfelt in den Religionen der archaischen Hochkulturen mit ihren Vorstellungen von einem glücklichen L. nach dem Tode (bes. im → Herrscherkult). Hier werden die L.sbestrebungen den sozialen Bestrebungen untergeordnet, so daß sich zB Witwen oder Diener freiwillig töten lassen, um dem gestorbenen Fürsten ins Jenseits zu folgen und dort große Ehren zu genießen. Auch der Unsterblichkeitsglaube, der in den Agrarreligionen wurzelt (vgl. jedoch → Jäger), hat selbstverständlich dazu beigetragen, daß das irdische L. weniger geschätzt worden ist. In den indischen Erlösungsreligionen (→ Indien: II) ist es sogar zu einer Negierung des irdischen L.s gekommen, bes. im → Buddhismus (: I), dessen → Nirvâna sicher nicht Auslöschung, sondern eine »ganz andere« Existenz bedeutet. Auch im Zoroastrismus (→ Iran: VII), Christentum und → Islam (: I) wurden die Glücksträume des in der kummervollen irdischen Existenz haftenden Individuums auf ein vollkommenes L. nach dem Tode übertragen.

ERE VIII, 1ff - A.VAN GENNEP, Les rites de passage, Paris 1909 - L.DÜRR, Die Wertung des L.s im AT u. im antiken Orient, 1926 - HWDA V, 952ff - ThW II, 833ff - H. u. H.A.FRANKFORT u.a., The Intellectual Adventure of Ancient Man, Chicago 1946; dt. 1954. - Weitere Lit. s. → Leib und Seele: I, → Mensch: I. *Å.Hultkrantz*

Leben-Jesu-Theologie. Es handelt sich um seit dem Sturm um die Wolfenbüttler Fragmente (→ Lessing) wiederholt auftauchende, von F. → Nippold geradezu als »Leben-Jesu-Bewegung« bezeichnete Versuche, das Leben Jesu in die Mitte von Theologie und Glauben zu rücken. Die vier bes. deutlichen Ansätze dazu knüpfen an die Thesen von → Reimarus, D.F. → Strauß, E. → Renan und A.v. → Harnack an.

a) Am Anfang der L.J.Th. steht → Lessings kritische Frage, ob Offenbarung historisch zu begründen und zu widerlegen sei. In dem von ihm veröffentlichten Jesusfragment des *Reimarus* (»Von dem Zwecke Jesu und seiner Jünger«) hatte dieser zT auch, wie damals üblich, Jesus Züge eines großen Aufklärers gegeben. Daneben hatte er aber doch eine unüberwindliche historische Distanz zur messianischen Hoffnung Jesu und die Diskontinuität zwischen dieser Hoffnung und der der Urgemeinde gesehen (zur Überbrückung Betrugshypothese). Neologen und Apologeten, feindliche Brüder wie auch ihre Nachfolger, Rationalisten und Supranaturalisten, bemühten sich um ein mehr oder weniger aufgeklärtes, erklärbares Jesusbild, zT in Form von L.J.-Romanen. → Herder begann bereits zwischen den Synoptikern und dem JohEv zu differenzieren und auch von schöpferischer Kraft der Gemeinde zu reden. Die Romantik erweckte noch stärkeres Interesse an Geschichte, Religion und Persönlichkeit (vgl. Jesuslieder des → Novalis, → Nazarener-Schule). → Schleiermacher, der zugleich die Theologie christologisch orientierte, las als erster über Leben Jesu. → Fichte, → Schelling und → Hegel ordneten Jesus in die idealistische Philosophie ein.

b) Für den Hegelianer *Strauß*, einen Hörer Schleiermachers, war nur der kleinere Teil des Evangelienstoffes historisch, der größere Teil mythische Produktion der Urchristenheit. Die historisch-kritische Arbeit seines Werkes (»Das Leben Jesu«) wurde weniger von ihm selbst als von den Verfechtern der Markushypothese (bes. C.H.Weiße) und B. → Bauer weitergeführt, der noch stärker als Reimarus die Schwierigkeit sah, das Urchristentum aus der Verkündigung Jesu herzuleiten. Mit Bauer begann die radikale Kritik der L.J.Th. als ständiger Schatten zu folgen. Die Mehrheit der Antworten auf Strauß aber - erstmalig unter Beteiligung der röm. Kirche und des Auslandes - erschöpfte sich in alten, sich gegenseitig aufhebenden Argumenten. Eine gewisse Bereicherung erfuhr die L.J.Th. durch die christologischen Streitigkeiten (→ Christologie: II, 8). Auch → Blumhardts Jesusglaube stand in eigentümlichem Zusammenhang mit der L.J.Th. (vgl. auch seine vielfältige Fortführung bei seinem Sohn, → Zündel, → Kutter, → Ragaz, → Lhotzky, Joh. → Müller). Die Revolution von 1848 schuf den sozialen Jesus. Endlich sind noch gewisse Vorgänge in der röm. Kirche (→ Stigmatisationen, → Brentanos Aufzeichnungen, Aufschwung der → Herz-Jesu-Verehrung, Ausstellung des Trierer → Rockes) zu beachten.

c) *Renans* »La vie de Jésus« war die erste der wirklich liberalen Leben-Jesu-Darstellungen (von denen sich dann die positiven nur durch ihren Protest und ein Mehr an Übernatürlichem unterschieden). Entsprechend der gängigen Philosophie wurde das Selbstbewußtsein Jesu zur zentralen Größe. Man stellte es, mehr und mehr dem Aufriß des MkEv folgend, in seiner psychologischen Entwicklung dar. Jesus wurde zur Verwirklichung des Ideals reiner Humanität (vgl. auch die Berufstreue Jesu bei → Ritschl), zum religiösen, politischen, sozialen und kulturellen Reformator (vgl. zB die verschiedenen Auffassungen vom → Reiche Gottes [: III]). Man malte (zB → Uhde) und dichtete (zB → Tolstoi, auch E.Ludwig) ihn auch so. Gelegentlich zerbrachen aber dann diese idealen Bilder (vgl. etwa F. → Naumann). Die Problematik der L.J.Th. zeigte sich auch in den sog. »Fällen« (bes. Chr. → Schrempf, Weingart, → Kalthoff, etwas später → Jatho und G.Traub). Die Bemühungen der Forschung um ein schlackenreines Bild der Menschlichkeit Jesu stießen immer mehr auf die durchgehende Lückenhaftigkeit und Fremdartigkeit (Eschatologie) des Materials. → Kähler erhob seine Stimme gegen den »sog. historischen Jesus« und für den biblischen Christus.

d) Mit *Harnacks* »Wesen des Christentums« setzte der letzte und größte, erst durch die Krise des 1. Weltkrieges gebrochene Aufschwung der L.J.Th. ein. Die Erkenntnis der Lückenhaftigkeit des Materials schien gerade den Blick auf das Wesentliche erst zu ermöglichen: das innere Leben (so W. → Herrmann), die Religion Jesu, seine Lebenskraft (u.a. letzte Ausläufer des Persönlichkeitskultes des 19.Jh.s und bereits Einflüsse der → Lebensphilosophie). Selbst ein Mann wie A. → Schlatter zeigte sich davon beeinflußt. Die Stärke und die grundsätzliche Schwäche dieses Aufschwungs erwies sich bes. deutlich bei der → Religionsgeschichtlichen Schule (Einfluß → Lagardes). Ihre Wirkung auf bestimmte Schichten war verhältnismäßig groß, aber sie ermöglichte auch den Relativismus einer Gebildetenreligion (→ Troeltsch), zT den Absolutismus der »Völkischen« u.ä. (Bonus, Frenssen, J.Müller), und sie erleichterte die radikale Skepsis (Christusmythe). Sie erbrachte aber auch W. → Wredes »Messiasgeheimnis«, das noch stärker als die konsequente Eschatologie A. → Schweitzers Zeichen für den völligen Neuanfang sein sollte. - Vgl. → Jesusbild der Gegenwart.

Außer der Lit. zu → Jesusbild: F.NIPPOLD, Hdb. der neuesten KG, (1880ff) 1889ff³ (Lit.) - A.SCHWEITZER, Gesch. der Leben-Jesu-Forschung, (1906) 1951⁶ - G.PFANNENMÜLLER, Jesus im Urteil der Jh.e, (1908) 1939² - E.GÜNTHER, Die Entwicklung der Lehre von der Person Christi im 19.Jh., 1911 (Lit.) - HIRSCH (passim, s. Reg. s.v. Leben Jesu) - Aufsätze u. Berichte in den theol. Zs.en, für die neuere Zeit bes. in PrM, ChW u. ThR. *D.Georgi*

Lebensbaum

1. Religionsgeschichtlich - 2. Kunstgeschichtlich

1. Die Anschauung vom L. gehört zum Kreis des Mythos vom kosmischen Baum. Zahlreiche Religionen

sprechen von einem → Weltenbaum, der in unterirdischen Religionen wurzelt und dessen Spitze an den Himmel stößt. Er verbindet die drei kosmischen Zonen (→ Himmel, → Erde, → Hölle) und steht, wie man annimmt, im »Zentrum der Welt« (→ Nabel). Als eine imago mundi ist er → Symbol der ständigen Erneuerung, der kosmischen Regeneration, und damit der Sakralität, der universalen → Fruchtbarkeit und letztlich der absoluten Realität und der Unsterblichkeit (→ Feste: I). – Der L. nimmt religiöse Wertmomente des Weltenbaummythos auf und entwickelt sie weiter. Man glaubt, daß sich der erste Mensch (der mythische Vorfahr; → Urmensch) von den Früchten des L.s ernährt oder bei ihm Unsterblichkeit erhält (Indien, Iran). Nach der mesopotamischen Mythologie befindet sich der L. im himmlischen Eridū, wo auch das → Lebenswasser fließt. Im Ritual gilt der König als Wächter des L.s; er ist der Gärtner des durch den Tempelgarten symbolisierten »Paradieses«. Dieser mythisch-rituelle Komplex dürfte wohl den Hintergrund für jenes → Paradies (: II) abgeben, in das Jahwe das erste Menschenpaar setzte und in dem sich auch der L. befand (Gen 3, 22). In Ez 31 und Dan 4, 7-9 zeigt der L. kosmische Struktur; er trägt das Universum und ernährt alle Kreatur. Im »Zohar« (→ Kabbala) erscheint die kosmische Dimension noch weiter entfaltet: der L. ist hier Mittelpunkt der → Schöpfung; von ihm stammen die Seelen der Menschen; Israel hat seinen Ursprung im L. usw. Unter Benutzung einer altjüdischen Tradition, die Paradiesesbaum und Schöpfung Adams mit dem messianischen Heil in Verbindung brachte, haben christliche Schriftsteller im L. die Präfiguration des → Kreuzes gesehen. Gewissen Überlieferungen zufolge, die im Volke großen Widerhall fanden, hat das Kreuz Christi aus Holz vom L. bestanden. – Vgl. → Bäume und Pflanzen.

HWDA V, 960ff – H. Bergema, De boom des levens in schrift en historie, Amsterdam 1938 – G. Widengren, The King and the Tree of Life in Ancient Near Eastern Religion (UUÅ 1951, 4) – Eliade §§ 105ff (Lit.) – Goodenough VII, 1958, 87ff. *M. Eliade*

2. Der L. (arbor oder lignum vitae) gehört wesentlich zu zwei Themenkreisen, deren gemeinsamen Erlösungsgedanken er symbolisiert: → Paradies und → Kreuz (: III) Christi.

a) Als *Anknüpfungspunkt der Bildvorstellungen* ist wichtig die Bibel und deren Doppelgebrauch von ξύλον als L. (Gen 2, 7; 3, 22; Apk 2, 21; 22, 2) und als Kreuz (Gal 3, 13; Apg 13, 29). Schöpferisch wirkt ferner die → Liturgie (: VI, 2), bes. der → Kreuzesfeste. Ihr eschatologisch-doxologischer Vorstellungskreis prägt das Bild des L.s in seiner Vielseitigkeit. Vom »Kreuzbaum« herab, der »Lichtglanz« und heilbringende »Flut« entsendet, »herrscht Gott« (Karfreitagshymnen des Ven. → Fortunatus). L. und Christus verschmelzen als Erschließer des Paradieses: »Christe ..., tu qui es lignum vitae, paradisi reparator!« (Praef. Inv. Crucis, MPL 78, 383). Anregend wirkt auch die → Typologie, die in Exegese, Homiletik, Dichtung und Legende seit der alten Kirche unermüdlich die L.-Symbolik ausgesponnen hat, unter Einbezug Marias: Aus Adams Grab am Golgathafelsen wächst der L., der Holz für Christi Kreuz gibt; Mariä Verkündigung, Adams Geburt, Christi Tod wurden auf *einen* Tag (25. März) gesetzt (auch liturgisch; vgl. AS). Wichtig wird bes. die von der Bibel übernommene Kette von Heilsvorstellungen (s. 1): Baum, Berg, Wasser, Licht, König (JohEv, Apk 22, → Petrusakten, Oracula → Sibyllina u.a.).

b) Von hier aus haftet dem L. *in der Ikonographie* ein Grundmerkmal an: er ist Kern, oft wörtlich »Mitte« (»in medio paradisi« Gen 2, 9) eines kohärenten Bildprogrammes, zu dem Paradiesströme, -stromberg, Lebensbrunnen und -krone gehören, ebenso der Lebensvogel (→ Phönix), ferner Vögel und Blumen überhaupt. Mit diesem Bildrepertoir – oder dessen Teilen – begegnet der L. im eigentlichen Paradiesbild (zB auch »Abrahams Schoß«) und in zahlreichen Einzelthemen mit »paradiesischem« Skopus: als Kinderbaum; als Antitypus – manchmal Hostien, auch Trauben tragend – zum Baum der Erkenntnis oder dem dürren Todesbaum (arbor sicca) oder zur Ehernen Schlange; in zeichenhafter Verkürzung am Kirchenportal, → Taufbecken, Grabmal. Als Todüberwinder eignet dem L. apotropäische Kraft, die ihn zum eschatologischen Schutzzeichen macht (Grabschmuck). – Vor allem aber charakterisiert der L. Christus selbst, den zweiten Adam (s. Taf. 13 Abb. 1). Als zweite Eva teilt auch Maria zunehmend die L.-Symbolik (Maria im Baum, »Lilie« im Verkündigungsbild, Muttergotteszweig und -szepter). Im Jessebaum (Jes 11, 1) sind Christus und Maria in der L.-Symbolik verbunden. Die im Kreuz gegebene »reparatio vitae« und »destructio mortis« legt ihm seit alters reiche L.-Symbolik ein (→ Christusbild, 2 b, → Christussymbole): als Baumkreuz (auch Weinstock: Joh 15), als Ast-, Gabel- (s. Taf. 18 Abb. 4), Lilien- (s. Taf. 14 Abb. 2) oder Palmschuppenkreuz (so schon das auf den Öl- → Ampullen gezeigte Votivkreuz auf Golgatha, s. Taf. 16 Abb. 1). Wichtig ist immer wieder der paradiesische Bildverband, dem auch der Vogel überm Kreuz entstammt (Phönix, Adler, Pelikan). – Ein erst spät aus der L.-Vorstellung entwickelter Typ ist das »Lebende Kreuz« (Künstle I, 473) mit menschlichen Armen. Auch dem Christbaum wird L.-Symbolik zugeschrieben. – In der reichen Verwendung des L.-Motivs in der → Volkskunst verschmelzen heidnische und christliche Vorstellungen.

F. Piper, Der Baum des Lebens (Ev. Jb. für 1863, 17-94) – Bonaventura, Ausgew. kleinere Schriften, übers. v. J. Ecker, 1: Der Baum des Lebens, 1881 – F. Kampers, Mittelalterl. Sagen vom Paradiese u. vom Holze des Kreuzes Christi, 1897 – H. Bergner, Hdb. der kirchl. Kunstaltertümer in Deutschland, 1905 – DACL I/2, 2691ff – R. J. Peebles, The dry Tree, Symbol of Death (Vassar Medieval Studies), New Haven 1923 – W. L. Hildburgh, An Alabaster Table of the Annunciation with the Crucifix (Archaeologia 74, London 1925, 203 bis 232) – Ders., On Palmtree Crosses (ebd 81, 1931, 49-61) – W. Molsdorf, Christl. Symbolik, 1926[2] – Künstle I, 468ff – HWDA V, 487ff – A. Watson, The Early Iconography of the Tree of Jesse, London 1934 – RDK I, 1152ff (Astkreuz; Lit.); II, 63ff. 100ff (Baum, Baumkreuz; Lit.) – R. Bauerreiss, Arbor Vitae. Der L. u. seine Verwendung in Liturgie, Kunst u. Brauchtum des Abendlandes, 1938 – W. Stief, Heidnische Sinnbilder an christl. Kirchen ... Der »L.« u. sein Gestaltwandel im Jahreslauf, 1938 – H. Rahner, Griech. Mythen in christl. Deutung, 1945, 73-100 – RAC II, 25ff (Baum; Lit.) – F. Hartt, Lignum Vitae in medio paradisi (ArtB 32, 1950, 115-145. 181-218) – A. Hagemann, Zur Deutung der Lilie (Zs. f. Kunstgesch. 19, 1956, 198-200) – J. Haberl in: Jahreshefte d. Österr. Archäol. Inst. 43, 1956-58, Beiblatt 187-248 – LThK[2] II, 64ff (Lit.). – Zum L. als Weinstock: R. Bultmann, Das Evangelium des Joh., 1953[13], 407 (Lit.). – Vgl. die Lit. zu → Christusbild, → Kreuz: III, → Liturgie: VI, 2. *Erika Dinkler-v. Schubert*

Lebensphilosophie. Unter dem Namen L. faßt man eine Reihe von Denkern aus dem Ende des 19. und dem Beginn des 20. Jh.s zusammen, die bei aller Verschiedenheit gemeinsam gekennzeichnet sind durch ihren Kampf gegen die Verkümmerung des Lebens unter dem Druck der gesellschaftlichen Konventionen, der überlieferten Moralbegriffe und des nüchternen Verstandesdenkens. Sie alle streben aus der Erstarrung und Verkümmerung des Lebens, aus der ganzen Künstlichkeit ihrer Zeit zurück zu einer neuen Unmittelbarkeit und Ursprünglichkeit des Lebens.

Als die Begründer der neueren L. gelten → Dilthey und → Nietzsche, wobei der Unterschied dieser beiden so gegensätzlichen Naturen zugleich die innere Spannweite innerhalb der L. selber andeutet. → Bergson, Simmel, → Klages, Ortega y Gasset u.a. setzten diese Bewegung fort, wobei die Grenzen der L. im einzelnen schwer zu bestimmen sind. Ein gewisser lebensphilosophischer Grundton ist auch bei vielen andern Denkern des frühen 20.Jh.s (zB Eucken, Graf → Keyserling, → Spengler, → Scheler) unverkennbar, obgleich man sie nicht im engeren Sinn der L. zurechnen möchte. Über die Philosophie hinaus sind Gedanken der L. auch bei den Dichtern dieser Zeit (v. → Hofmannsthal, → Rilke, → Hesse u.a., vor allem in ihrer Jugendzeit) weit verbreitet. Ebenso sind die → Jugendbewegung (: I) und weite Teile der → Schulreform aus einem verwandten Geist erwachsen. - So ist die L. selber Glied eines umfassenden geistigen Zusammenhangs. Sie nimmt die Impulse der großen irrationalen Bewegung auf, die im späten 18.Jh. mit dem → Sturm und Drang begann und durch die romantischen Strömungen ins 19.Jh. hinüberwirkte. Der junge → Herder, → Jacobi, → Goethe, aber auch → Hamann, → Rousseau und späterhin wieder → Fichte hatten ähnliche Gedanken entwickelt. Sie alle können in einem weiteren Sinn mit in die L. einbezogen werden. Die Zusammenfassung dieser Denker unter dem gemeinsamen Namen der L. ist angebracht, weil sie alle von verschiedenen Einsätzen her durch die innere Logik der Sache selbst zu analogen Ergebnissen geführt werden und ihre Gedanken sich so zum einheitlichen Ganzen zusammenfügen.

Der *Begriff des Lebens,* wie ihn die L. verwendet, ist immer ein Kampfbegriff, der sich gegen einen bestimmten Gegner absetzt. Er ist doppelt zu verstehen, je nachdem man Leben als Subjekt oder als Objekt dieses Philosophierens auffaßt. Einerseits betont er die Lebendigkeit des Lebens gegenüber dem starren und festen → Sein. *Leben ist Bewegung,* ist Werden und als solches in beständigem Fluß. Die L. wendet sich dagegen, diesem Werden ein beharrendes Substrat unterzulegen. Das Werden ist ein Letztes, hinter das nicht zurückgegangen werden kann. Das führt allgemein zu einem neuen Verständnis der Zeitlichkeit (→ Zeit). Bes. Bergson hat die durée, die stetig fließende Erlebniszeit, von der abstrakten physikalischen Zeit abgehoben. Andre, wie Simmel und Klages, haben diesen Ansatz weiter entwickelt. So wurde in der L. (bis hin zu → Heidegger und seinen Auswirkungen) die Grundlage für das neuere Verständnis der menschlichen Zeitlichkeit gelegt. - Leben im Sinn der L. ist zugleich *Schaffen* (Nietzsche), »schöpferische Entwicklung« (Bergson), und dieser Gedanke wird stets mit einem gewissen Enthusiasmus hervorgehoben. Indem er dies Schaffen als gestaltendes Hervorbringen des Ausdrucks, als Objektivierung des Lebens verstand, hat Dilthey die Idee einer geschichtlichen L. entwickelt, bei der sich das scheinbar feste Wesen des Menschen in den Prozeß der → Geschichte (: III) auflöst, und Geschichte erscheint allgemein als »Wachstum des Lebens« (Ortega y Gasset), bei dem der Mensch (ähnlich wie bei → Marx) in seinen Objektivierungen zugleich sein eigenes Wesen vermehrt und gestaltet. - Damit verbindet sich die andre Seite: Leben im Sinne der L. bedeutet subjektiv die *Gesamtheit der seelischen Kräfte* im Menschen, bes. der irrationalen Kräfte des Gefühls und der Leidenschaft gegenüber der einseitigen Vorherrschaft des Verstandes. Die L. betont darum die → Intuition (Bergson), die Schauung (Klages), die Wechselwirkung von Erleben (→ Erlebnis) und → Verstehen, in der das Leben seiner selbst in seiner Fülle inne wird (Dilthey).

Die L. ist im Zuge ihres revolutionären Ansatzes überall durch den Gegensatz zu den objektiven Kulturbereichen gekennzeichnet und sucht diese von ihren Funktionen innerhalb des Lebens her zu verstehen. So faßt sie die Wissenschaft, die Kunst und die andern Kulturbereiche nicht als für sich selbst bestehende (ideale) Bereiche, sondern sucht sie auf das Leben zurückzuführen, indem sie nach ihrer Leistung für das Leben fragt. So sieht sie die Kunst, die Wissenschaft usw von ihrer lebensfördernden und lebenssteigernden Wirkung her (vor allem Nietzsche). So sucht sie bes. die Wahrheit von ihrer Lebensfunktion her, als Fruchtbarkeit (Goethe), als Steigerung des Machtgefühls (Nietzsche) zu begreifen, wobei sie in enge Verwandtschaft zum Wahrheitsbegriff des → Pragmatismus kommt. Der Absolutheitsanspruch der → Wahrheit muß dabei einem Perspektivismus, einer historischen Bedingtheit, allgemein einer Relativierung auf das jeweils konkrete und individuelle Leben weichen. - Man kann diesen, → Feuerbachs Zurückführung der Religion auf menschliche Bedürfnisse vergleichbaren Ansatz allgemein als anthropologische Reduktion bezeichnen: Der Mensch erscheint als die »produktive Stelle« des Hervorgangs seiner Kultur (Pleßner), und diese wird von ihrem Ursprung im Menschen her begriffen. Erst ein weiteres Fortdenken dieser Ansätze führt (vor allem bei Simmel) zu dem Ergebnis, daß gerade um ihrer Leistung für das Leben willen die betreffenden Kulturgebiete sich erst in ihrer Autonomie, dh in einer (relativen) Ablösung vom Leben ausbilden müssen, um dann in ihrer ganzen Kraft auf dieses zurückzuwirken. Daraus ergibt sich ein wechselseitiges Erhellungsverhältnis zwischen dem Menschen und seinen Objektivationen, bei dem diese als »Organon« für das Verständnis des Menschen fruchtbar werden. In dieser Weise ergibt sich von der L. her ein fruchtbarer Zugang zur philosophischen → Anthropologie (Pleßner).

Am unmittelbarsten spricht sich die L. auf *ethischem* Gebiet aus, wie ihr überhaupt die praktischen Aufgaben der Philosophie näher liegen als ihre theoretischen Seiten. Immer wieder lehnt sich das Verlangen nach einer freien Entfaltung des Lebens gegen die Schranken auf, die ihr von der überlieferten Moral entgegengesetzt werden. Diese erscheinen als Beeinträchtigung, ja Unterdrückung des lebendigen Lebens. Am Anfang steht daher regelmäßig der Kampf gegen die überlieferte Moral, oft ein bewußt zur Schau getragener »Immoralismus« (Nietzsche). Bald aber stellt sich heraus, daß hinter diesem Kampf gegen die Moral eine neue, strengere, typisch lebensphilosophische Moral mit eigenen Forderungen steht. Diese sind, bei den verschiedenen Vertretern typisch wiederkehrend, die Unmittelbarkeit und Ursprünglichkeit des Lebens, die Echtheit (als authenticité auch in den französischen Sprachgebrauch eingegangen), die innere Wahrhaftigkeit gegenüber allem äußeren Schein und aller konventionellen Verstellung (vgl. die Meißnerformel der → Jugendbewegung). Als gut gilt, was aus dem vollen, ungebrochenen Leben hervorgeht. Sich zum Ausdruck bringen erscheint als die oberste Forderung. Ein gewisser Zug zum → Expressionismus ist notwendig mit der L. verbunden. Gefühl und Leidenschaft erhalten auch in der sittlichen Bewertung das Übergewicht gegenüber dem angeblich kalten und rechnenden Verstand. Es ist allgemein eine Moral des Überschwangs im Dienst der Lebenssteigerung. - Daraus ergibt sich notwendig die Bejahung des vollen und ganzen Lebens. Auch die Leiden und Schmerzen, auch die Bedrohungen und Gefahren werden hingenommen, weil sie zur Ausweitung des Lebens beitragen. Das Streben nach Sicherheit aber wird in einer oft bedenklichen Weise als Ausdruck der Schwäche verachtet. Hier hat die L. oft (ungewollt) einem politischen Abenteurertum gefährliche Vorspanndienste geleistet. Die L. betont allgemein die »pathischen« Seiten des menschlichen Lebens und verführt leicht zu einem willenlosen Sich-treiben-lassen auf Kosten einer verantwortlichen Lebensgestaltung.

Leben wird allgemein zu einer immer neu über sich selber hinausdrängenden Bewegung, gern im Symbol des Flusses oder der Flamme gefaßt. Nie im gegebenen Zustand zu beharren, immer wieder über sich selber hinauszusteigen (Nietzsche), sich zu »überschreiten« (Rilke) wird zur Aufgabe und Wesensbestimmung des Lebens, wobei freilich zu beachten bleibt, daß dies lebensphilosophische Transzendieren nicht im Bezug zu einem ihm gegenüberstehenden Transzendenten besteht, sondern in der nur immanent zu bestimmenden Bewegung des ständig über sich selbst hinausdrängenden Lebens.

Von hier aus gewinnt für die L. der Begriff des Lebens erst seine volle Bedeutung. Es ist zunächst (im Unterschied zu dem mit der L. nicht zu verwechselnden → Biologismus) das menschliche, vom Menschen gelebte Leben, aber es wird zugleich weiter gefaßt als der Seinsgrund selbst, der selber schöpferisches Leben ist, und das bestimmt zugleich das Verhältnis des einzelnen zu diesem Seinsgrund: Er fühlt sich aufgefangen und getragen von einem großen umfassenden, wenn auch oft übergewaltigen und drohenden Leben, einem Alleben, wie es vor allem in den dichterischen Zeugnissen berauschend zum Ausdruck kommt (→ Hölderlin). So ist ein gewisser pantheistischer Grundton (ob ausgesprochen oder nicht, und manchmal gewiß unbewußt) im Grunde jeder L. enthalten, und hier wird die Auseinandersetzung von seiten des Christentums vor allem einsetzen müssen, so sehr sich andre Seiten (wie der Gegensatz gegen Mechanismus und Rationalismus) mit der christlichen Grundhaltung berühren.

Vor diesem Hintergrund bekommt auch die oft emphatisch betonte Unergründlichkeit des Lebens ihren bestimmteren Sinn. Sie bedeutet nicht nur (negativ), daß das Leben in seiner Konkretheit in den groben Maschen des Verstandes nie eingefangen werden kann und darum für uns letztlich unbegreiflich ist, sondern darüber hinaus in einem tieferen Sinn (positiv), daß das Leben überhaupt nie so etwas wie einen Grund hat, an dem man eine Ergründbarkeit orientieren könnte, sondern als letztlich schöpferisches Prinzip, sich selber ständig vermehrend, über jeden vorgegebenen Bestand hinausgeht. Leben ist Quelle, aber hat keinen Grund. Erst von hier aus ist die eigentliche Lebensmacht des Lebens hinreichend zu begreifen.

Vgl. außer den Werken der genannten Denker: M.SCHELER, Versuche einer Philosophie des Lebens (in: Vom Umsturz der Werte, [1915] 1919², II, 143-190) - H.RICKERT, Die Philosophie des Lebens, (1920) 1922² - TH.LITT, Erkenntnis u. Leben, 1923 - F.HEINEMANN, Neue Wege der Philosophie. Geist, Leben, Existenz, 1929 - H. PLESSNER, Macht u. menschl. Natur, 1931; jetzt in: Zwischen Philosophie u. Gesellschaft, 1953 - PH.LERSCH, L. der Gegenwart, 1932 - O.F. BOLLNOW, Die L., 1958.

O.F.Bollnow

Lebensstandard → Armut: III, → Luxus.

Lebensunwertes Leben soll hier nicht von wertphilosophischer Bestimmung des Begriffs eines l.L.s, sondern von der praktischen Frage aus behandelt werden, ob l.L. absichtlich verkürzt, durch willkürliche Tötung zum Aufhören gebracht werden dürfe und solle. Man glaubt, namens der Allgemeinheit einen allgemeinen biologischen, medizinischen, ästhetischen oder kulturellen Maßstab zugrunde legen zu können, gemessen an dem den »Minderwertigen« wegen mangelnder Daseinswürde auch die Daseinsberechtigung innerhalb der menschlichen und staatlichen Gemeinschaft abgesprochen werden könne. Andere Motive sind: unerträgliche Belastung der Allgemeinheit durch »unheilbar« Kranke wegen behaupteter - aber nie exakt bewiesener - »Unwirtschaftlichkeit der Irrenanstalten«, Diskrepanz zwischen der Lebenslast und -gefährdung des »normalen« Teils der Bevölkerung in seinem Existenzkampf in Krieg und Frieden verglichen mit dem Leben jener »Ballastexistenzen«, Verschwendung wertvollster Menschenkraft zur Pflege und Beobachtung jener Unglücklichen, mißverstandene eugenische Ideen, aber auch humanitäre Anwandlungen. Alle Motive zur Vernichtung l.L.s gehen aus von einer Definition des Lebens, welche seinen Sinn, Zweck oder Wert nicht als transzendent versteht und daher keinen inneren Schutz gegen den Begriff eines l.L.s im innerweltlichen Sinne besitzt. Dies schafft in der Medizin die geistige Voraussetzung zur Krankentötung in bestimmten Fällen (v.Weizsäcker).

Daß die Idee von der Notwendigkeit einer Vernichtung l.L.s in manchen Primitiv- und Hochkulturen verbreitet ist (vgl. Koty), daß sie bei Griechen und Römern geübt und gebilligt wurde (Sparta, Plato, Seneca), beruht auf eben diesem Fehlen einer transzendenten Bestimmtheit des Lebens. In den vom Christentum geprägten Kulturstaaten wurde die Vernichtung l.L.s im allgemeinen abgelehnt. Thomas → Morus wird oft fälschlich ihre Befürwortung nachgesagt. Er fordert aber (Utopia, 1922, 8) lediglich → Euthanasie (, 3 b) auf Initiative der Priester: »Gegen seinen Willen schaffen sie niemanden beiseite, vernachlässigen auch um der Weigerung willen in keiner Weise die Pflege des Kranken.«

Das Problem wird 1920 durch eine Schrift des Strafrechtlers Binding und des Psychiaters Hoche akut. Sie schlagen vor, der Staat solle Kommissionen bilden, die aus zwei Ärzten und einem Juristen bestehen und bei Einstimmigkeit die Tötung eines Patienten straffrei herbeiführen sollen. Das Antragsrecht soll aber den Angehörigen und Vormündern vorbehalten bleiben, und den Müttern wird ein Einspruchsrecht gesichert (Engisch). Der Schriftsteller Ernst Mann und der Liegnitzer Stadtrat Borchardt gehen (1922) über diese Forderung weit hinaus. Borchardt fordert, daß in allen Fällen, in denen für die Pflege der »Geistesschwachen« öffentliche Mittel aufgewendet werden, auch dem zuständigen Armenverband ein Antragsrecht gegeben wird. Widerspruch des gesetzlichen Vertreters hiergegen soll nicht wirksam werden. Nach Vorprüfung durch das Vormundschaftsgericht entscheidet ein gemischter »Freigabeausschuß« über die Beseitigung des Geistesschwachen. Stimmenmehrheit von 4:1 genügt (!). Auf Verlangen des Antragstellers (!) ist der zuständige Kreisarzt verpflichtet, einen Freigabebeschluß zu vollziehen. 1923 wird in der Schweiz (Kt. Bern) ein ähnlicher Antrag gestellt, auch in England und Amerika tauchen derartige radikale Forderungen auf (W.Görlitz).

Für die Vernichtung l.L.s sprechen sich einige Mediziner und Theologen (!) aus, zB Thrändorf, Lemme, Titius (Lit. bei Meltzer). Dagegen wenden sich vor allem Meltzer, Walter und Ebermayer. Gegenargumente sind bes.: auch Idioten haben Lebenswillen und objektiven Existenzwert (zB für Angehörige), indem sie primitive Arbeiten verrichten, religiöse und moralische Vorstellungen und Antriebe in ihrer Umgebung wecken, und als Beobachtungsgut für die medizinische Wissenschaft. Die kalt vorbedachte Tötung unschuldiger Geschöpfe widerstreite dem Rechtsbewußtsein wie dem ärztlichen Berufsethos, die finanziellen Ersparnisse seien nicht groß, schwer aber die moralischen Konsequenzen, Ehrfurcht vor der Heiligkeit des Lebens (Engisch). Meltzer berichtet über Ergebnisse einer Befragung der Eltern und Vormünder von 200 bildungsunfähigen schwachsinnigen Kindern: die Mehrzahl (73 %!)

sprach sich für die Abkürzung l.L.s aus. Im Hinblick auf die Durchführung der Vernichtungsmaßnahmen nach 1939 ist wichtig, daß von den Ja-Stimmen eine ganze Anzahl sich einverstanden erklärten, wenn man sie nur nicht zuvor befrage und als Todesursache eine beliebige Krankheit angebe. Die Nein-Stimmen sind fast ausnahmslos moralisch und religiös motiviert, und schon Meltzer betont, daß man die Stimmen wägen statt zählen müsse. - Die Erfahrungen nach 1939 haben gezeigt, daß auch bei den Angehörigen die tatsächliche Durchführung der Vernichtung l.L.s - man muß mit rd 70 000 Geisteskranken und einer durch Verlust der Akten unbestimmt großen Zahl von Kindern rechnen (W. Görlitz) - zu einer ganz anderen Reaktion geführt hat als das bloße Spiel mit dem Gedanken. Doch mag dabei auch Umfang, Tempo und Art der Durchführung mit eine Rolle gespielt haben. Obwohl für diese von Hitler wohl schon 1935 geplante Maßnahme erst der Krieg abgewartet wurde, war die Reaktion der Bevölkerung aller Kreise, bes. der christlichen Kirchen doch derart, daß die Aktion 1941 abgebrochen werden mußte (Einzelheiten bei Olpp und bes. bei Braune).

Vernichtung l.L.s ist scharf abzusetzen von jeder → Euthanasie. Christliche Ethik beider Konfessionen verwirft jede Vernichtung l.L.s. »Daß Gott der Schöpfer, Erhalter und Erlöser des Lebens ist, macht auch das armseligste Leben vor Gott lebenswert« (Bonhoeffer). Die vom medizinischen Standpunkt aus auftretenden ethischen Probleme hat bes. eingehend v. Weizsäcker behandelt; er lehnt jede Vernichtung l.L.s ab. Was im Nürnberger Ärzteprozeß als »sog. Euthanasie« verhandelt wurde, verdient diesen Namen nicht und kann auch ärztlich nicht gerechtfertigt werden.

BORCHARDT, Die Freigabe der Vernichtung l.L.s (Dt. Strafrechts-Zeitung 9, 1922, 206-210) - E.MANN, Die Erlösung der Menschheit vom Elend, 1922 - E.MELTZER, Das Problem der Abkürzung »l.L.s«, 1930 - L.EBERMAYER, Der Arzt im Recht, 1930 - J.KOTY, Die Behandlung der Alten u. Kranken bei den Naturvölkern, 1934 - FR.WALTER, Die Euthanasie u. die Heiligkeit des Lebens, 1935 (kath.) - P.BRAUNE, Die Aktion der Inneren Mission (Die Innere Mission 37, 1947, 13-44) - A.MITSCHERLICH-FR.MIELKE, Der Nürnberger Ärzteprozeß u. seine Quellen, 1947 - G.OLPP, Euthanasie? Eingriff in todgeweihtes oder »unwertes« Leben? (Neubau 2, 1947/48, 169-181) - W.GÖRLITZ, Der Tod von Menschengnaden (Sonntagsblatt, 1953, Nr. 39, S. 10f). - Weitere Lit. s. → Euthanasie.

L. Loeffler

Lebenswasser. Die Vorstellungen vom L. beruhen auf der mythologischen Zuspitzung der lebenspendenden Kraft des → Wassers und auf deren Anwendung im Ritus durch Besprengung und → Waschung. Das L. entspringt in der Tiefe der Unterwelt (→ Hölle: I) und tränkt die Wurzeln des → Lebensbaumes oder -pflanze, deren Frucht die Erneuerung der Lebenskraft vermittelt (→ Leben). Diese Erneuerung im Sinn der Unsterblichkeit ist den Überirdischen vorbehalten und wird von den Sterblichen ersehnt. Damit hängt die Vorstellung vom → Jungbrunnen zusammen, welcher dem, der darin badet oder davon trinkt, die Jugenderneuerung schenkt. Hieraus folgt die Notwendigkeit periodischer Wiederholung, um die Unsterblichkeit zu erreichen. Die Überzeugung aber, daß → ewiges Leben, auch im Sinne periodischer Erneuerung, dem Sterblichen versagt ist, findet sich bes. deutlich in der epischen Dichtung der Babylonier (und wohl schon der → Sumerer). Nur die Göttin Ischtar (Inanna; → Babylonien: II, 6 c) selber wird dort aus der Macht des Totenreiches, in welche sie sich begeben, durch Besprengung mit dem Wasser aus dem Lebensschlauch (ḫalziqqu) gerettet. Der Heros → Gilgamesch, obwohl zu zwei Teilen göttlich, erlangt zwar durch das Bad in der Waschgrube zeitweilige Erneuerung (XI, 239ff), doch das Verjüngungskraut, das er aus der Tiefe ans Licht bringt, raubt ihm die → Schlange. Und der weise Adapa muß auf Rat des Herrn des Wasserreiches das ihm vom Himmelsgott gebotene Lebensbrot und L. ablehnen. Auch nach altägyptischer Vorstellung gebührt der Genuß zunächst dem verstorbenen Gottkönig im Jenseits und erst sekundär den mit ihm (und Osiris) identifizierten Sterblichen. Überreich ist das Material vom L. als Zauberbrunnen in den Dichtungen und → Märchen der Völker, auch in der → germanischen Religion. Nach iranischer Überlieferung suchen sowohl der »ewig junge« Chidher wie auch → Alexander d. Gr. den Lebensquell am Ende der Welt. Auch in der Bibel findet sich eine Fülle von Anspielungen (zB Jes 12, 3; 33, 21; Ez 36, 25; 47, 1ff; Jo 4, 18; Sach 14, 8; Ps 36, 10; 46, 5; Joh 4, 14; 7, 38; Apk 17, 17; 21, 6; 22, 17).

AUG.WÜNSCHE, Die Sagen vom Lebensbaum u. L. (Ex Oriente Lux I/2. 3), 1905 - HWDA V, 972ff - A.PARROT, Le »Refrigerium« dans l'au-delà, Paris 1937 - PH.REYMOND, L'eau, sa significance dans l'AT (VT Suppl. VI), Leiden 1950 - P.A.UNDERWOOD, The Fountain of Life in Mss. of the Gospels (DOP 5, 1950, 41-138) - H.DRAWS-TYCHSEN, Das L.motiv einer althawaiischen Hulahymne (Acta tropica 9, 1952, 1-16) - ELIADE § 63 (Lit.) - F.M.TH.DELIAGRE BÖHL, Die Mythe vom weisen Adapa (WO 2, 1959, 416-431).

F.M.Th. de Liagre Böhl

Leberschau. Wie → Blut, Herz oder → Nieren gilt auch die Leber weithin als Sitz der (Körper-) → Seele und der Affekte, bes. des Zorns und der Trauer (vgl. u.a. Gen 49, 6 LXX; Klgl 2, 11 und KBL s.v. kabed II). Abgesehen von der Rolle der Tierleber beim → Opfer (Ex 29, 13; Lev 3, 4) hat die L. Bedeutung bei der Abwehr der Dämonen als Apotropaion (zB Tob 6, 8) und in der → Mantik (vgl. auch → Orakel). Die Leber der Opfertiere spielte in → Babylonien (: II, 18) und Assyrien eine große Rolle, um Zukünftiges oder Verborgenes im Willen der Gottheit zu erforschen. Zur Orientierung für den Wahrsagepriester (barū) gab es beschriftete Tonleber-Modelle. Sie sind nicht nur in → Mari, sondern auch in Hazor (14. Jh.) aufgetaucht (ein unbeschriftetes Modell des 12./11. Jh.s in Megiddo). In Israel selbst nicht geübt, war die L. dort als Brauch des Königs von Babel bekannt (Ez 21, 26); in Ägypten war sie nicht gebräuchlich, dagegen vereinzelt auch außerhalb des Alten Orients (vgl. Frazer VII, 97). Von Babylonien aus hat sich die L., wohl durch hethitische Vermittlung (Tonleber von Boghazköi), bes. in hellenistischer Zeit nach Griechenland verbreitet. Die Lehre von der L. und ihre Praxis wurde bei den → Etruskern als »Aruspicina« oder »Haruspicina« ausgebildet. Die Lehren wurden in den »Libri Aruspicini« weitervermittelt, die dem Tages, einem mythischen Dämon in Kindsgestalt, zugeschrieben wurden und einen Teil der Etrusca Disciplina bildeten. Die L. wurde von den Aruspices ausgeübt. Diese bildeten in Tarquinii ein berühmtes Priesterkollegium von 60 Mitgliedern. Die Bronzeleber von Piacenza verzeichnet die Namen zahlreicher Gottheiten, die denen entsprechen, die nach der etruskischen Disziplin die Himmelsstriche bewohnen (vgl. Martianus Capella, Nupt. Merc. et Phil. 1, 45f). Durch die Etrusker hat sich die L. bei den Römern verbreitet und bis in die Spätzeit weitergelebt (vgl. zB Philostrat, Vita Ap. VIII, 7, 15).

W.WUNDT, Völkerpsychologie IV, (1905/09) 1920³, 90ff - C.O. THULIN, Die etruskische Disciplin II: Die Haruspicin (Göteborgs Högskolas Årsskrift, 1906) - DERS., Die Götter des Martianus Capella u. der Bronzeleber von Piacenza (RVV III/1), 1906, 60f - PW VII, 2431ff; XIV, 329 - FRAZER, passim (s. Reg.) - RLV VII, 263f - G.FURLANI, Epatoscopia babilonese ed ... etrusca (SMSR 4, 1928, 243f) - RGG³ III, 1516f (Lit.) - H.DILLON, Assyro-Babylonian Liver-Divination, Rom 1932 - HWDA V, 976ff - H.L.STOLTENBERG in: ZRGG 2, 1949/50, 55-66. - Vgl. die Lit. zu → Etrusker.

(J.Hempel) M.Pallottino

Le Bouthillier de Rancé, *Armand-Jean* (1626-1700), * in Paris, † in La Trappe, Begründer der → Trappisten. Zum Malteserritter bestimmt, mußte L. nach dem Tode des Bruders zur Erhaltung der Familienpfründen Geistlicher werden. Er lebte den Freuden der Jagd und der Bildung, bis die Feindschaft des Hofes und → Mazarins und der Tod von Gönnern ihn zur Umkehr bewegten. Den Erlös seiner Güter schenkte er den Armen, behielt nur die Abtei La Trappe und wurde in Perseigne Novize der Zisterzienser. 1664 zum Abt von La Trappe geweiht, führte L. die strengste Observanz unter Schwierigkeiten ein. Das »Règlement de la Trappe« (1671) bestätigten → Innozenz XI. und (1705) → Clemens XI. Sein »Traité de la sainteté« (1683, dt. 1750), in dem er »die Kenntnis des Gekreuzigten die einzige Wissenschaft der Trappisten« nennt, führte zu einer Kontroverse mit → Mabillon, die zwischen → Maurinern und Trappisten fortdauerte.

Über L.: CHATEAUBRIAND, Paris 1844 (dt. 1844) - B.SCHMID, 1897 - H.BREMOND, L'Abbé Tempête, Paris 1929 - HEIMBUCHER I, 363ff - LThK VIII, 628f - DThC XIII/2, 1652ff (Bibliogr.).
H.Liebing

Le Bras, *Gabriel,* * 23.7.1891, Prof. an der École pratique des Hautes Études und am Institut d'Études politiques der Universität Paris, hat die Entwicklung der neueren empirischen → Religionssoziologie maßgeblich beeinflußt. Um die von ihm mitbegründete Zeitschrift »Archives de Sociologie des Religions« bildete sich ein internationaler Mitarbeiterstab. Gegenüber M. → Weber, J. → Wach u.a. geht L. den Weg von einer empirischen Morphologie der religiösen Praxis zu einer Typologie religiösen Verhaltens als Grundlage einer allgemeinen, nicht nur auf den Katholizismus in → Frankreich (: II. III) begrenzten Religionssoziologie. Forschungsobjekte sind das religiöse Leben der sozialen Gruppen in Geschichte und Gegenwart, die religiöse Praxis und ihre sozialen Wurzeln sowie die religiöse Vitalität als Ausdruck der Spannung zwischen Lehre und Verhalten. Mit Boulard entwarf L. eine soziographische »Carte religieuse de la France rurale«, die Auskunft über die Verteilung von vier Frömmigkeitstypen (Les détachés, conformistes saisionniers, observants, dévots) in der Landbevölkerung gibt.

Sammlung der Hauptschriften: Études de Sociologie religieuse I. II, Paris 1955/56 (vollst. Bibliogr.). - Über L.: F.ISAMBERT, Dévelopement et dépassement de l'étude de la pratique religieuse chez G.L. (Cahiers Internationaux de Sociologie 20, 1956, 149-169) - K.GÉMES, Religion u. Gesellschaft nach G.L., 1957. *G.Bormann*

Lebus, *Bistum,* vom polnischen Herzog Boleslaw III. 1124/25 als Suffragan von → Gnesen im Zentrum der Lubuszanen errichtet zur Festigung und Ausweitung der polnischen politischen und kirchlichen Organisation im Lutizenland. L. blieb infolge der raschen Ostwendung der deutschen Politik das kleinste polnische Bistum, beschränkt auf die Länder L., Sternberg und Küstrin. 1249 kamen Land und Bistum L. aus schlesischer Hoheit unter askanische und magdeburgische Herrschaft, bald darauf endgültig unter → Brandenburg (: II, 1). Kirchlich blieb das Bistum bis 1424 Gnesen unterstellt, wenn es auch hinsichtlich seiner Bevölkerung und Pfarrorganisation längst zu einem deutschen Bistum geworden war. Die finanzkräftigen Bischöfe waren im 14./15.Jh. oft politische Mittler zwischen Brandenburg und Polen. Als Sitz des Bistums erscheint 1276-1326 Göritz, dann wieder L., seit 1376 endgültig Fürstenwalde. Die Bischöfe, vielfach aus schlesischem Adel, werden Mitte des 15.Jh.s landsässig. Das Domkapitel, überwiegend Weltgeistliche, war nicht auf den Adel beschränkt. Unter den in brandenburgischen Diensten stehenden Bischöfen ragten Friedr. Sesselmann (1455-1483), Dietrich von Bülow (1490-1523) und Georg von Blumenthal (1523-52) hervor. 1555 vollzog sich die Reformation. Nach der Verwaltung durch Markgraf Joachim Friedrich wurde das Bistum von Kurfürst Joh. Georg 1571 eingezogen und das Domkapitel aufgelöst.

RGG³ III, 1517f (Lit.) - H.LUDAT, Die Anfänge des Bistums L. (Brandenburg. Jb.er 4, 1936, 49-51) - DERS., Bistum L., 1942 - J.MATUSZEWSKI, Über das Bistum L. (Czasopismo Prawno-hist. 2, 1949, 29-139; poln.) - G.LABUDA, Das Land L. in der Gesch. Polens (Ziemia Lubuska, 1950, 71-136; poln.) - B.STASIEWSKI, Kirchengeschichtl. Beiträge zur Entwicklung des dt.-poln. Grenzsaumes im Hoch-MA (Forschungen z. osteurop. Gesch. 2, 1955, 7-138) - H.GRIMM, Die liturg. Drucke der Diözese L. (Wichmann-Jb. 9/10, 1955/56, 45-51) - DERS., Dietrich v. Bülow, Bischof von L. (ebd 11/12, 1957/58, 5-98). *H.Ludat*

Lechler, 1. *Karl* (1820-1903), ev. Theologe, zuletzt Prälat und General-Sup. in Ulm. Als Vertreter der »Luth. Konferenz« in Württemberg verstand L. das Kirchenamt als vom Bischofsamt abgeleitet. Kirchenpolitisch wirkte er auf den Zusammenschluß der ev. Landeskirchen in einem → Kirchenbund hin. Große Verdienste erwarb sich L. um einen »charakteristisch prot. Kirchenbau«, der, von kirchlichen und liturgischen Erfordernissen bestimmt, das vorherrschende ästhetisierende und historisierende Streben nach Stilreinheit überwinden sollte.

Vf. u.a.: Die nt. Lehre vom hl. Amt, 1857; Theorie der Seelsorge an Geisteskranken (in: CHR.PALMER, Pastoraltheol., 1860, 416-481); Das Gotteshaus im Licht der dt. Reformation, 1883; Der dt.-ev. Kirchenbund, 1890; Die Lehre vom hl. Geist, 3 Bde, 1899-1904. - Über L.: Ev. Kirchenblatt für Württ., 1903, 227f - CKL II, 29.
K.Dienst

2. *Rudolf* (1824-1908), zusammen mit dem Schweden Theodor Hamberg Gründer der China-Mission der → Basler Missionsgesellschaft. Beide wurden 1847 als Mitarbeiter von → Gützlaff nach → Hongkong ausgesandt. L. wirkte unter den Hoklos im nördlichen Küstengebiet von Kwangtung. Da er sich Gützlaffs großen Plänen nicht anschließen konnte, obwohl man diese in Basel billigte, entstanden gewisse Schwierigkeiten. Nach dem Tode Hambergs (1854) war L. bis zu seiner Pensionierung (1899) Leiter der Basler China-Mission. Er hat chinesische Wörterbücher verfaßt, ein chinesisches Gesangbuch herausgegeben und einige Bücher über China geschrieben.

W.SCHLATTER, R.L., Basel 1911 - H.SCHLYTER, Th.Hamberg, Malmö 1952. *H.Schlyter*

Lechner, *Leonhard* (ca 1553-1606), hervorragender deutscher Komponist, * in Südtirol, Schüler von O. di → Lasso in München, wirkte in Nürnberg, am Hof der Hohenzollern in Hechingen und seit 1595 als Hofkapellmeister in Stuttgart. Seine Musik zeigt kernige Würze, gedrängt bildhafte Plastik und ein außergewöhnliches Maß durchgeistigter Ausdruckskraft.

Hauptwerke: Johannespassion, 1594; Das Hohelied Salomonis, 1606; Dt. Sprüche von Leben u. Tod, 1606. GA hg.v. K.AMELN, 1954ff. - M.SCHREIBER, L.L. (Diss. München), 1932 - MGG VIII, 428ff. *S.Hermelink*

Leclercq, *Henri* (1869-1945), OSB, Kirchenhistoriker, * in Tournai, lebte seit 1896 in England. L. veröffentlichte eine - in Einzelheiten nicht immer zuverlässige - erweiterte franz. Ausgabe von K.J. → Hefeles »Conciliengeschichte« (18 Bde, Paris 1907ff). Mit F. → Cabrol edierte er »Monumenta Ecclesiae Liturgica« (4 Bde, 1900-13) und das DACL (1903-50; die meisten Artikel von L.).

Vf. ferner u.a.: Les martyrs, 15 Bde, Paris 1902-24; Manuel d'archéol. chrét., 2 Bde, 1907; Hist. de la régence pendant la minorité de Louis XV, 3 Bde, Paris 1921; Dom Mabillon, 2 Bde, ebd 1953-57. - Über L.: Bibliogr. des bénédictins de la congr. de France, 1904, 84f - RHE 33, 1937, 919f - P.SCHMITZ, Hist. de l'ordre de St. Benoît V, 1948, 281; VI, 1949, 181. 314. *D.Carter*

Lecot, *Victor Lucien Sulpice* (1831-1908), franz. Kardinal; 1886 Bischof von Dijon, 1890 Erzbischof von Bordeaux, wo er Arbeiterküchen gründete, während des Baustreiks vermittelte, die sozial gesinnten Katholiken ermutigte und für die Arbeiterklasse eintrat. → Leo XIII. richtete an ihn sein Schreiben vom 3.8.1893, in dem er die Katholiken Frankreichs aufforderte, »die alten Streitigkeiten zu vergessen und die bestehende verfassungsmäßige Ordnung ihres Landes in loyaler Weise anzuerkennen«.

E.LECANUET, Les premières années du pontificat de Léon XIII, Paris 1931. *A.Hamman*

Ledesma, 1. *Martin de* († 1574), spanischer Dominikaner, in Salamanca Schüler des → Franz von Vitoria und Lehrer M. → Canos am Studienkolleg San Gregorio von Valladolid. L. wurde 1534 Prior in Toro (Prov. Zamora) und 1544 erster Theologie-Prof. der Universität Coimbra.

Vf. u.a.: Commentaria in quartum librum Sententiarum, Coimbra 1555/60. - Encicl. Europeo-Americana XXIX, 1344.

2. *Pedro de* († 1616), spanischer Dominikaner, * und † in Salamanca, Schüler des → Bartholomäus von Medina. L. lehrte zunächst in Segovia und Avila, dann in Salamanca und trat als Gegner der Gnadenlehre → Molinas hervor.

Vf. u.a.: De magno matrimonii sacramento super doctrinam s. Thomae, Salamanca 1592; Tractatus de divina perfectione, ebd 1596; De divinae gratiae auxiliis, ebd 1611; Kommentare zu Thomas v. Aquins Summa theologica, 2Bde, ebd (1598) 1615² (span.); lat. I, Douai 1630; II, Köln 1618. - Über L.: A.MICHELITSCH, Kommentatoren zur Summa theol. des hl. Thomas, 1924, 53ff - Script. OP II, 404f - Encicl. Europeo-Americana XXIX, 1344 - LThK VI, 446 - EC VII, 1015. *W.Göbell*

Ledochowski, 1. *Mieczyslaw Halka* Graf (1822-1902), Kardinal, * in Klimontow bei Sendomir, † in Rom. Nach Studium in Rom 1846 Priester, als päpstlicher Diplomat in Portugal und Südamerika, dann Nuntius in Brüssel, 1865 Erzbischof von → Gnesen-Posen. L. stimmte auf dem → Vatikanum für die Unfehlbarkeit des Papstes. 1870 suchte er ohne Erfolg einen preußischen Einspruch gegen die Eroberung Roms zu erwirken und um Asyl für den Papst in Preußen zu bitten (Kaiser Wilhelm verhinderte die von Bismarck beabsichtigte Zusage). L. trat anfänglich den radikalen Nationalpolen entgegen, geriet dann aber in immer schärferen Gegensatz zur preußischen Regierung. Wegen Zuwiderhandlung gegen die »Maigesetze« (→ Kulturkampf) wurde er 1874 zu Gefängnis verurteilt. 1875 ernannte Pius IX. den Märtyrer zum Kardinal. Nach Beendigung des Kulturkampfes mußte L. auf sein Bistum verzichten (sein Nachfolger wurde → Dinder). Als Sekretär der Breven (1886) und als Präfekt der Propaganda (1892) wirkte er bis zum Tode in Rom. Der auf Verständigung mit Österreich-Ungarn drängende einflußreiche Kardinal war Gegner einer frankreichfreundlichen, von → Leo XIII. erhofften und von Rampolla betriebenen Annäherung zwischen Rußland und dem Vatikan.

Monseigneur H.M., comte de L., Brüssel 1875 - B.FRHR.v.SELCHOW, Der Kampf um das Posener Erzbistum 1865, Graf L. u. Oberpräs. v.Horn, 1923 - J.SCHMIDLIN, Papstgesch. d. neuesten Zeit II, 1934 (Reg.) - LThK VI, 447f - E.WINTER, Rußland u. d. slaw. Völker in d. Diplomatie d. Vatikans, 1950 (Reg.) - EC VII, 1016f.

2. *Wlodimir* (1868-1942), SJ, Ordensgeneral, * in Loosdorf (Österreich), † in Rom. L. besuchte das Theresianum in Wien und studierte an der Gregoriana in Rom. 1889 trat er in die SJ ein, wurde Rektor in Krakau, Provinzial von Galizien, Assistent für die deutsche Ordensprovinz und am 11.2.1915 als Nachfolger von Frz. X.Wernz General des Ordens. Während des Weltkrieges, an dem auf beiden Seiten 1878 Jesuiten als Feldgeistliche, Soldaten und Krankenwärter teilnahmen, lebte er in der neutralen Schweiz. Dem Wachstum des → Jesuiten-Ordens während des Generalates von L. (1915: 16946 in 27 Ordensprovinzen; 1941: 26588 in 50 Provinzen) steht eine bedeutende Ausweitung seines Wirkungsfeldes zur Seite: der Orden betreut jetzt 8 Institute in Rom. L. lenkte den Blick bes. auf Rußland und die Ostkirche, unterstützte die Forschungen zur Ordensgeschichte und förderte → Exerzitien-Bewegung und → Marianische Kongregationen. Sein Nachfolger wurde der Belgier Joh.B.Janssens (1946).

E.ROSA, I Gesuiti, Rom 1930², 575ff - L.KOCH SJ, Jesuiten-Lexikon, 1934, 1085ff - G.CASSIANI-INGONI, Il p. W.L., Rom 1945 - H.BECHER SJ, Die Jesuiten, 1951, 375ff. 386f - EC VII, 1017f. *G.Maron*

Leeuw, *Gerardus van der,* Religionswissenschaftler, Theologe und Ägyptologe, * 18.3.1890 in 's Gravenhage, † 18.11.1950 in Utrecht. Nach dem Studium in Leiden, Berlin und Göttingen war L. 1916-18 Pfarrer in 's Herenberg und Gymnasiallehrer für Hebräisch in Doetinchem, 1918-50 Prof. für Religionsgeschichte, Theologie und ägyptische Philologie in → Groningen, 1945-46 Kultusminister der Niederlande. Weit über die Grenzen seines Landes bekannt, gehörte L. zu den bedeutendsten Fachvertretern auf dem Gebiet der → Religionsphänomenologie und einer → Religionswissenschaft des Verstehens.

Vf. bes.: Achnaton, Amsterdam 1927; Wegen en grenzen, ebd (1932) 1948² (dt.: Vom Heiligen in der Kunst, 1957); Phänomenologie der Religion, (1933) 1956² (engl. 1938; franz. 1948); De primitieve mensch en de religie, Groningen (1937) 1952²; Balans van het Christendom, Amsterdam (1940) 1947³ (dt.: Die Bilanz des Christentums, Zürich 1947). - Festschr.: Pro regno pro sanctuario, hg. v. W.J.KOOIMAN u. J.M.VANVEEN, Nijkerk 1950 (Bibliogr.). - Biogr.: F.SIERKSMA, Prof. Dr. G.v.d.L., Dienaar van God en Hoogleraar te Groningen, Amsterdam 1951. *G.Lanczkowski*

le Fort, *Gertrud Baronin von,* Schriftstellerin, aus Hugenottengeschlecht und vielseitig anregendem Elternhaus, * 11.10.1876 in Minden/Westf. (autobiographische Aussagen s. in »Aufzeichnungen und Erinnerungen«, 1951). In Heidelberg Schülerin von E. → Troeltsch, dessen Glaubenslehre sie herausgibt, konvertiert sie gleichwohl (1925) in Rom: eine Vollendung jenes Glaubensweges, der sich bereits in den Hymnen an die Kirche (1924) ankündet, in einem Offenen Brief im »Hochland« (Jan.1937) erläutert ist und in dem ersten Werk von dichterischem Rang (Das Schweißtuch der Veronika I: Der römische Brunnen, 1928) gestaltet wird. Diesem mit seinem dreifachen Aspekt umfassendsten Rom-Roman der Gegenwart folgt 1930 der andere mittelalterlicher Weltpolitik: Der Papst aus dem Ghetto, im Chronikstil, ihre gestalten- und geschehnisreichste Erzählung. An der Spitze ihrer Novellen, in denen die Dichterin seither ihre klassische Ausdrucksform gefunden hat, steht das kleine Meisterwerk Die Letzte am Schafott (1931): die hier erreichte Gestaltung des Mysteriums der Todesangst und des vielschichtigen Wesens des Opfers, aus dem Vorgefühl der Revolution von 1933 in Briefen aus der französischen Revolution gedichtet, hat weitgehende Wirkung ausgeübt von → Bernanos bis in die Lehrpläne der höheren Schulen. Auch die andere Geschichte aus klösterlicher Umwelt, Die Abberufung der Jungfrau von Barby (1940), tief der Tradition der Mystik verpflichtet, führt durch die Bilderstürme hindurch in unsere

Weltstunde der Gottverlassenheit, ein Thema, das besonders machtvoll noch einmal im 2. Bd des Schweißtuchs der Veronika (Der Kranz der Engel, 1946) erscheint, der eine lebhafte Diskussion über die theologische Gültigkeit der Lösung hervorrief (»Der Kranz der Engel im Widerstreit der Meinungen«, 1950). Hier verbindet sich dem Thema des Glaubens das ihr von Herkunft und Bildung her mitgewachsene des Reiches (s. schon die den genannten Hymnen analogen »an Deutschland«, 1932), das sonst vor allem den Roman Die Magdeburgische Hochzeit (1938) beherrscht, der die im 30jährigen Krieg zwischen beiden zerbrechende Welt schildert, aber auch Vorwurf kleiner Legenden ist: Das Reich des Kindes (1933), Die Vöglein von Theres (1950). Das Geschehen und die Überwindung der Jahre nach 1933 und das Schicksal Deutschlands überhaupt bestimmt auch die Novellen Die Opferflamme (1938), Das Gericht des Meeres (1943), Die Consolata (1947), Die Tochter Farinatas (1950) und spricht vor allem aus dem Schweizer Vortrag Unser Weg durch die Nacht (1949) und aus Gelöschte Kerzen (1953). Gebet statt Gewalt, Opfer statt Triumph, Liebe statt Haß, das bleibt in Die Frau des Pilatus (1955) und Der Turm der Beständigkeit (1957) das Thema auch im Alter, das in der Galilei-Novelle Am Tor des Himmels (1954) ebenso die Spaltung zwischen Theologie und Naturwissenschaft in aktueller Fragestellung aufnimmt, wie es in Plus Ultra (1950), überraschend jugendlich unmittelbar, das Thema irdische Liebe aufnimmt, um sie zu transzendieren. - Fast immer ist dabei die Frau Mittelpunkt und Wende, Wende von dem männlichen »Selbsterlösungswahn unserer säkularisierten Zeit« zur Hingebung als neuem Maßstab; die Frau ist neben den genannten geradezu das 3. Thema dieses Gesamtwerks. Außer in den ergreifenden Frauengestalten wird es theoretisch in dem Essay Die ewige Frau (1934) behandelt, der sich über das metaphysische Geheimnis der Frau ausspricht. - Seitdem sie, fast 50jährig, ihren Standort und ihr Wort gefunden, ist das Thema der heute in Oberstdorf lebenden Dichterin die Liebe Christi als einzige unbesiegbare Kraft: »Denn der Zerstörungswille dieser Welt zerschellt nur am Erbarmen und einzig an ihm« (Die Tochter Farinatas).

Erzählende Schriften, 3 Bde, 1956. Vf. ferner Gedichte (1953), Vorworte, Essays. Bibliogr. bis 1950 in: Die Krone der Frau, 1950. - Gesamtdarst. in Buchform über G.v.le F.: M.ESCHBACH, Die Bedeutung G.v.le F.s in unserer Zeit, 1948 - K.H.GROENSMIT, G.v.le F., Nymwegen 1950 - H.JAPPE, G.v.le F., Meran 1950. *H.Jappe*

Legalität (neuzeitliche Bildung nach lat. lex, legalis) ist die Übereinstimmung einer Handlung oder eines Zustandes mit einem Gesetz, unter dem sie stehen. In der → Ethik wurde der Begriff als Gegensatz zu *Moralität* (dieser Terminus auch bei Baumgarten, Initia philosophiae practicae, § 36) zuerst von → Kant gebraucht. Kant übersetzt ihn mit »Gesetzmäßigkeit« (Metaphysik der Sitten 219). Das Gesetz (immer im Singular) ist das »Sittengesetz«, ein Begriff, der auf die Ethik der → Stoa zurückgeht (→ Cicero: Lex est ratio summa insita in natura, quae iubet ea, quae facienda sunt) und der bei Kant die besondere Bedeutung eines formalen Gesetzes, eines Gesetzes zur Gesetzmäßigkeit des Willens erhält (→ kategorischer Imperativ). Das Sittengesetz fordert aber nicht nur, daß der → Wille das Gute will, sondern daß er selbst gut ist: Er soll das Gute wollen, weil es gut ist. Handlungen, die vom Gesetz geboten sind, können also noch nach dem subjektiven Grund unterschieden werden, durch den der Wille zu ihnen bestimmt wird. Kant nennt diese Gründe Triebfedern (Motive). Eine Handlung, die »aus Achtung fürs Gesetz« geschieht, in der also das Gesetz selbst unmittelbar den Willen bestimmt, geschieht »aus Pflicht« und »enthält Moralität«. Alle anderen Handlungen, die dem Gesetz gemäß sind, geschehen entweder »aus Neigung« oder aus »eigennütziger Absicht« und enthalten »bloß L.« (Grundlegung zur Metaphysik der Sitten 397; Kritik der prakt. Vernunft 127. 213). Die einen erfüllen den »Geist«, die anderen nur »den Buchstaben« des Gesetzes. Im sittlichen Leben kommt alles darauf an, eine »echte moralische Gesinnung in uns zu gründen« (Die Religion innerhalb . . . 38). Denn es gibt auch einen »zur Fertigkeit gewordenen festen Vorsatz in Befolgung seiner Pflicht«, der nur zur L. führt (ebd 53). Wir können aus Bequemlichkeit oder aus Berechnung tun, was gut ist, und uns dabei an den Buchstaben des Guten gewöhnen. Dieses Verhältnis zum Gesetz kommt aus einer »Verkehrtheit des Herzens« (ebd 36), die nur durch eine »Revolution in der Gesinnung im Menschen« (ebd 54) überwunden werden kann, zu der die Moralpädagogik aufzurufen hat. - Zu den durch das Sittengesetz gebotenen Handlungen gehört nun aber auch eine Klasse von »Pflichten«, die »Rechtspflichten«, die unter einem besonderen »Rechtsgesetz« stehen. Dieses fordert nicht, auch subjektives Prinzip der Handlungen zu sein, die es zur → Pflicht macht. Es lautet: »Handle äußerlich so, daß der freie Gebrauch deiner Willkür mit der Freiheit von jedermann nach einem allgemeinen Gesetze bestehen könne« (Met. d. Sitten 231), gebietet also nur L. Recht tut, wer dies Gesetz befolgt, ganz gleich, aus welchen Motiven. Die Erfüllung von Rechtspflichten kann durch äußere Gewalt erzwungen werden. Achtung für das Gesetz nötigt nur die Idee des Guten selbst ab. Wer gegen Rechtsgesetze verstößt, kann bestraft werden. Aber es widerspricht dem Prinzip des → Rechts (: I), Gesinnungen zu bestrafen. Erst das Sittengesetz gebietet, sich das Recht zum Zweck zu machen, es also um seiner selbst willen zu tun. Die Begründung des Rechtsgesetzes ist bei Kant dunkel geblieben.

Kants klassische Unterscheidung von Moralität und L. ist in der nachkantischen Ethik noch einmal zum Problem geworden. Für Kant war es selbstverständlich, daß sich die nur legale von der moralischen Handlung äußerlich nicht unterscheidet; jede legale Handlung könnte auch moralisch sein. - Fr. → Schiller zweifelt zunächst daran, daß die Sittlichkeit dort vollendet ist, wo jede einzelne Handlung »aus Pflicht« geschieht. Die Pflicht muß »zur Natur« werden und wird dann dem Willen nicht mehr »abgenötigt« (»Über Anmut und Würde«). Aber auch Kant fordert nicht, daß jede gute Handlung einer Neigung abgerungen werden muß. Legale Handlungen reichen dann aus, wenn der Wille die Kraft (den »Charakter«) besitzt, sie auch gegen Neigung tun zu *können*. → Hegel hat den Gegensatz von L. und Moralität zum Gegensatz von → Sittlichkeit (: VI) und Gesetzlichkeit schlechthin erweitert. L. ist Abhängigkeit von einem fremden Gesetz außer mir, Moralität von einem Gesetz in mir. Deshalb gibt es Handlungen, die der »Rechtlichkeit zum Trotz« sittliche Handlungen sind (Theol. Jugendschriften 292). An diesem Gedanken kann man konsequent nur festhalten, wenn man zu einer Theorie von Stufen des sittlichen Bewußtseins kommt, von denen jede den Begriff des Guten auf andere Weise versteht (zuerst in Hegels Rechtsphilosophie und → Fichtes Anweisung zum seligen Leben).

L. im Gegensatz zu *Legitimität* (erstmals bei → Talleyrand, 1815) ist ein Begriff aus der Rechtslehre, bes. dem Staatsrecht. Legal sind ein Akt und eine Ordnung, wenn sie nach dem geltenden Recht zustande kommen, legitim, wenn sie dem angestammten oder dem natürlichen Recht entsprechen. - Im Unterschied dazu ist das L.sprinzip der Grundsatz für die Arbeit der Staatsanwaltschaft, strafbare Handlungen ohne Ansehen der Person zu verfolgen.

E.RICHTER, Die Entwicklung des L.sprinzips, 1925 - C.SCHMITT, L. u. Legitimität, 1932 - H.J.PATON, The Categorical Imperative, London (1946) 1958³ - H.REINER, Pflicht u. Neigung, 1951 - J. WINCKELMANN, Legitimität u. L. in Max Webers Herrschaftssoziologie, 1952. *D.Henrich*

Legaten *(apostolische)*, die Gesandten des Papstes. Der Titel ist heute nur noch der Oberbegriff für dieses Amt. L. im engeren Sinne sind nur die zu besonderen Aufträgen ausgesandten Beauftragten, während der ständige Gesandte → Nuntius genannt wird. Ein Legat wird regelmäßig mit einem besonderen Auftrag betraut, seine Kompetenzen bestimmen sich nach dessen Inhalt; sie erlöschen mit der Erledigung des Auftrages. Als Legatus a latere (sc. papae) wird nur ein Kardinal bestellt. Er repräsentiert die päpstliche Gewalt unmittelbar. Alle L. aber genießen besondere Ehrenvorrechte und rangieren vor den Bischöfen, auch wenn sie selbst keine Bischöfe sind. Mit der ordentlichen Gewalt der Bischöfe konkurriert die Befugnis der L. jedoch nicht. Mit dieser Regelung beseitigte das Tridentinum die im MA häufigen Kompetenzstreitigkeiten zwischen Bischöfen und L. Mit einigen Bischofssitzen (in Deutschland: Köln) ist der Ehrentitel eines legatus natus verbunden. - Vgl. → Kirchenverfassung: IV, 4.

LThK VI, 449f (Lit.) - EICHMANN-MÖRSDORF I, 351ff - FEINE (s. Reg.; Lit.) - EKL II, 1048f. *A.Erler*

Legenda aurea, auch Legenda Sanctorum oder Historia Langobardica (nach einer der Vita des Papstes Pelagius angehängten kurzen lombardischen Chronik), heißt die Legendensammlung des Dominikaners *Jakob von Viraggio* (Jacobus de Voragine, ca 1230–98, Erzbischof von Genua). J. hat kritiklos alles zusammengetragen, was er an Heiligengeschichten in Hss. fand und aus mündlichen Klostertraditionen und lebendiger Volksüberlieferung hörte. Die Sammlung trägt novellistisch-märchenhaften Charakter und darf nicht als Geschichtsquelle gewertet werden. Die L.A. wurde das populärste Erbauungsbuch des Abendlandes, ein echtes Volksbuch, das nicht nur einen Einblick in das Seelenleben des mittelalterlichen Menschen gewährt, sondern auch bis heute seinen Leserkreis findet.

Die Zahl der Hss. ist unübersehbar; zahlreiche Übers.en ins Deutsche, Franz., Ital., Engl. usw; früheste Drucke um 1470 in Basel u. Ulm; bis 1500 etwa 90 gedruckte Ausg.n, u.a. 74 lat.; Verzeichnis der Wiegendrucke bei G.W.PANZER, Annales typographici V, 1797, 454ff u. POTTHAST I, 635. - Beste dt. Übers. von R.BENZ, 2 Bde, 1917/21; franz. von TH.DE WYZEWA, 3 Bde, (1902) 1929². - Vgl. RE VIII, 560ff - The Princeton Theol. Review 1, 1903, 267-281; 2, 1904, 442-464 - DThC VIII, 309ff. *O.Rühle*

Legende → Sagen und Legenden, → Volkserzählung.

Legio fulminatrix (oder fulminata, fulminea), dh *Donnerlegion,* soll nach der schon Ende des 2.Jh.s bezeugten Legende (Apollinarius bei Euseb, h.e. V, 5; Tertullian, Apol. 5, 6, ad Scap. 4) → Mark Aurel die (12.) Legion von Melitene (→ Armenien: I, 2) benannt haben, weil er im Krieg gegen die Quaden (173) durch das Gebet jener christlichen Legion und den dadurch veranlaßten Gewitterregen vom Verdursten und Besiegtwerden errettet und daraufhin die → Christenverfolgung eingestellt wurde. Der Name L.f. findet sich jedoch schon auf Inschriften vom Jahre 16 vChr. Wohl scheint sich unter Mark Aurel ein »Regenwunder« zugetragen zu haben (abgebildet an der Markussäule in Rom); es wurde aber auch dem Eingreifen Juppiters (Dio Cassius 71, 9) oder ägyptischen und »chaldäischen« Magiern zugeschrieben.

W.ZWIKKER, Studien zur Markussäule I, 1941, 206 (Lit.) - J. BEAUJEU, La religion romaine à l'apogée de l'empire I, 1955, 342ff (Lit.). *W.C.van Unnik*

Lehmann, *Gottfried Wilhelm* (1799–1882), * in Hamburg. Seit 1817 in Berlin (Kupferstecher und Lithograph), wurde L. Gründer und Vorsteher der dortigen → Baptisten-Gemeinde, durch Ausbreitung des Baptismus in Preußen neben → Oncken und Köbner Träger der Bewegung auf dem Kontinent. L. trat als Liederdichter, Mitarbeiter in Heidenmission (→ Goßner), Schriftenmission (S.Elsner), Mäßigkeitsbewegung (Kranichfeld), Armenfürsorge (v. → Kottwitz) sowie als Mitbegründer der ev. → Allianzbewegung hervor. Sein Sohn *Joseph* (1832–1907) wurde Lehrer am baptistischen Predigerseminar in Hamburg.

JOS.LEHMANN, Lebensbild von G.W.L., 1887 - H.LUCKEY, G.W.L. u. die Entstehung einer dt. Freikirche, 1939. *H.Stahl*

Lehmkuhl, *Augustin,* Jesuit, * 23.10.1834 in Hagen/Westf., † 23.6.1918 in Valkenburg (Holland), seit 1862 Priester, nach Lehrtätigkeit in Maria Laach und Ditton Hall (England) seit 1880 nur literarisch wirksam. L. gehört der älteren »romanischen«, an → Kasuistik (: III) und → Probabilismus festhaltenden Richtung der → Moraltheologie an; er beriet das → Zentrum bei der Beschlußfassung über das BGB.

Vf. außer Schriften zur sozialen Frage u. zur Aszetik u.a.: Theologia moralis, 2 Bde, (1883/34) 1914¹²; Das BGB des dt. Reiches, (1899) 1911⁷; Casus Conscientiae, 2 Bde, (1902/03) 1914⁴; Probabilismus vindicatus, 1906. - Über L.: StML 95, 1918, 417-419 - Mitt. aus d. dt. Prov. S. J. 8, 1918, 128-136 - DThC IX, 172 - E.HOCEDEZ, Hist. de la théol. III, 1947 (Reg.). *K.G.Steck*

Lehmus, *Theodor* (1777–1837), ev. Theologe, * in Soest, Enkel des Kirchenlieddichters *Joh. Adam L.* (1707 bis 1788). L. studierte seit 1796 in Halle und Jena, wo ihn → Fichte beeinflußte. 1800 wurde er Diakonus in Dinkelsbühl, 1807 Stadtkaplan in Ansbach, 1819 Pfarrer an St. Johannis, Dekan und Religionslehrer am Gymnasium. L. entwickelte sich aus der Tradition des romantischen Idealismus zur konfessionellen Theologie, angeregt bes. durch → Daub, → Marheineke, → Steffens, G.H.v. → Schubert, → Hegel, auch durch → Schellings Methode des akademischen Studiums (1803) und durch die »Weisheit Luthers«. Um 1835 zeichnete sich der theologische Umschwung deutlich ab. Die formalen Grundlagen seines Denkens blieben im Idealismus, die materialen Inhalte formte die luth. Tradition. Einer Repristinationstheologie stand er bei aller Hochachtung vor Luther und den Bekenntnisschriften fern. Vielmehr versuchte L. die Verbindung mit der Philosophie und dem Wissenschaftsgeist der Zeit zu halten und hat auf die → Erlanger Schule in verschiedener Weise eingewirkt. G.Thomasius war sein Schwiegersohn. So wurde er der zweiten Generation der fränkischen → Erweckung (: I, 5 b) einer der Wegbereiter zu einem milden luth. Konfessionalismus. Verdienstlich war seine Förderung des Homiletisch-liturgischen Korrespondenzblattes.

Vf. u.a.: Versuch einer Altarliturgie, 1806; Predigten, 1806; Über die Taufe, 1807; Was heißt nach dem Bedürfnis der Zeit predigen?, 1813; Der Protestantismus, 1817; Grundlinien zu Vorlesungen über die Religionslehre am Gymnasium, 1821; Kasualpredigten u. Kasualreden, 1823; Die Rechtfertigungslehre der ev. Kirche in ihren Hauptmomenten dargestellt u. gegen Möhlers Angriffe verteidigt, 1836. - Über L.: G.THOMASIUS, Das Wiedererwachen des ev. Lebens in der luth. Kirche Bayerns, 1867, 204ff - KARL MÜLLER, Die relig. Erweckung in Württ., 1925, 32ff - R.C.SCHULTZ, Gesetz u. Evangelium in der luth. Theol. des 19.Jh.s, 1958. *E.Beyreuther*

Lehninsche Weissagung ist ein Gedicht aus hundert lat., sog. leoninischen Mittelreim-Hexametern, das um

1300 von einem Bruder Hermann aus dem Kloster Lehnin verfaßt sein soll. Von der Gründung des Klosters ausgehend, wird dessen Entwicklung und Blütezeit unter den kath. Herrschern Brandenburgs geschildert, sodann seine Aufhebung in der Reformation und der Untergang des zur Reformation übergetretenen Herrscherhauses im 11. Gliede vorausgesagt. Danach werde wieder ein Aufstieg des Klosters erfolgen. Folgt man der Weissagung, so hätte der Wendepunkt mit dem Hohenzollern Friedrich Wilhelm III. eintreten müssen. - Das Gedicht liegt nur in Abschriften vor, die um 1700 aufkamen. Die Verfasserfrage ist nicht endgültig geklärt. Jedoch steht fest, daß es sich um eine Fälschung handelt; einen Bruder Hermann hat es in Lehnin nie gegeben. Die L.W. stammt aus dem Zeitalter des → Leibniz und spiegelt Stimmungen wider, wie sie im Zusammenhang mit dem bevorstehenden Erwerb der preußischen Königskrone in vielen lebten, die sich nach einer religiösen »Wiedervereinigung« im kath. Glauben sehnten.

TH.FONTANE, Wanderungen durch die Mark III, 1880, 71ff - M.RUGE, Die L.W., 1888 (mit Text) - F.KAMPERS, Die L.W., 1897 - H.KÜGLER, Hohenzollernsagen, 1922 (Lit.) - C.SAUTER, Die L.W. (Südd. Monatshefte, Aug. 1932, 754-763). *K.Kupisch*

Lehnswesen (Lw.; L. = Lehen), *L.sgewalt.* Das den Charakter des mittelalterlichen Staates maßgeblich bestimmende Lw. beruht in seiner Grundstruktur darin, daß der Herr einen Mann seines Gefolges (vassus, Vasall) mit einem Gut (beneficium) ausstattet, dessen Erträge den Vasallen in die Lage versetzen sollen, dem Herrn Dienste (bes. militärischer Art) zu leisten. Das L.sverhältnis ist also mehr ein Vertrags- denn ein Untertanenverhältnis. Die Pflichten und Rechte von Mann und Herr sind rechtlich fixiert und genau begrenzt. Grundlage der Verbindung ist das zwischen Herr und Mann bestehende zweiseitige Treueverhältnis. Das Spät-MA kennt im Gegensatz zum modernen Staat keine unmittelbare Unterordnung des Staatsbürgers unter die Staatsgewalt, sondern nur die stufenweise Folge von L.sverhältnissen, die sog. Heerschildordnung. Mit dem König beginnend, verläuft sie über die weltlichen und geistlichen Fürsten bis zu den sog. »einschildigen« Rittern hinab, die zwar ein L. nehmen, es selbst aber nicht weiter ausgeben können. - Zu Ausgang des MA waren deutsche Reichsfürsten vielfach mit Kirchengütern belehnt; anderseits waren mit den Bischofsstühlen fast stets Reichs-L. verbunden, auch standen geistliche Obere in ihrer Eigenschaft als weltliche Machthaber oft im L.sverband als L.sherren oder Vasallen, und zwar sowohl geistlichen als weltlichen L.strägern gegenüber. Die Besetzung der Bischofsstühle durch die Fürsten geschah in den Formen des L.srechts. Die Auswüchse des Lw.s machten sich bes. im → Spolienrecht bemerkbar, kraft dessen die L.sherren sich Eingriffe in das Vermögen der L.smannen erlaubten. - Das in den sog. Libri feudorum gesammelte L.srecht wurde auch von der Kirche als subsidiär geltendes Recht anerkannt. Eine Vergebung zu L. wurde als eine Veräußerung des Kirchenvermögens angesehen. Mitglieder einer geistlichen Gesellschaft, die die Profeß geleistet hatten, konnten weder Eigentum noch L. erwerben; der Gerichtsstand der Kleriker in L.ssachen war vor dem weltlichen Gericht. Das Kirchen-L. ist das durch Verleihung von Kirchenrechten begründete L., mag es sich in der Hand einer kirchlichen oder weltlichen Person befinden. Da die Errichtung eines L.s einer Veräußerung gleichkommt, müssen die materiellen und formellen Bedingungen für eine solche Veräußerung erfüllt sein. Bei den Kirchen-L. unterscheidet man Patronats-L. (Pfarr-, Altar-L.), Zehnten-L., Glocken-L. (dh die Verpflichtung, zB bei Gewitter zu läuten). Diese Kirchen-L. standen unter der → Gerichtsbarkeit der Kirche.

R.SCHRÖDER, Lehrbuch der dt. Rechtsgesch., (1889) hg.v. E. FRHR.V.KÜNSSBERG, 1932[7], 429ff - H.BRUNNER-C.FRHR.V.SCHWERIN, Dt. Rechtsgesch. II, (1892) 1928[2], 328ff - H.CONRAD, Dt. Rechtsgesch. I, 1954, 147ff. 353ff. 416 (Lit.). † *G.Arndt (A.Erler)*

Lehramt, *kirchliches*

1. Römisch-katholisch - 2. Evangelisch

1. L. ist die geschichtlich gewordene, im griech.-orth. Bereich weniger, im röm. → Katholizismus (: I) stärker dogmatisierte Institutionalisierung des ursprünglichen Zeugnisauftrags Jesu Christi. Unter Berufung auf die unmittelbare Stiftung einer monarchisch-hierarchischen Kirche durch ihn und auf die Bindung der Geistverheißung an die Träger des L.s (Bischöfe, Konzile, Papst) wird das L. der kirchlichen → Jurisdiktions-Gewalt unter- oder beigeordnet. Die Aufgabe des L.s besteht in der amtlichen Lehrverkündigung, der rechtskräftigen Lehrerklärung und der autoritativen, endgültigen, ihrem Sinn nach unveränderlichen Lehrentscheidung; weniger bedeutet die Unterscheidung von ordentlichem und außerordentlichem L. Es erstreckt sich ohne exakte Grenzziehung auf den Gesamtumfang der depositär verstandenen → Offenbarung (: VI), aber auch auf die natürlichen Wahrheiten, sofern sie mit dem Dogma zusammenhängen, die theologischen Schlüsse, die sich aus dem Ineinander von Vernunft und Offenbarung ergeben, sowie auf die sog. dogmatischen Fakten (Heilstatsachen, Legitimität von Konzilen und Päpsten, Heiligsprechungen). Es vollzieht sich als Qualifikation aufkommender Lehrmeinungen mit Hilfe einer nicht einheitlich manipulierten gleitenden Skala von Verbindlichkeits- und Verwerfungsurteilen, aber auch in solennen Lehrakten und administrativen Akten wie Bücherverboten (→ Index), Studienregelung, Personalentscheidungen u.a.m. Über seine Kompetenz entscheidet das L. grundsätzlich selbst. - Wesentliches und problematisches Vorzeichen des L.s ist seine Unfehlbarkeit, die die Forderung des Gehorsams als äußerer und innerer Zustimmung begründet (→ Infallibilität). Unter Zurückdrängung der Konzils- und Bischofsautorität wird sie seit dem → Vatikanum (1869/70) auf die amtlichen Kathedralentscheidungen des röm. Bischofs beschränkt und läßt die Diskussion über den Verbindlichkeitsgrad der lehramtlichen Vorlagen offen, so daß man von einer korrigiblen Infallibilität (Loofs) gesprochen hat. Wesentliche Bedingungen der Unfehlbarkeit sind der (mindestens moralische) Konsensus von Papst und Episkopat und der formell evidente Ausdruck des Anspruchs. Im Zirkel von Bibel, inhaltlicher Tradition und L. gibt dieses den Ausschlag. In der neuesten Entwicklung ist der sensus catholicus, der gläubige Sinn des kath. Volkes, von wachsender Bedeutung. Die Bestimmungen des CIC über das L. (cc. 1322-1408) sind merkwürdig fragmentarisch und disparat.

2. Ein L. im röm.-kath. Sinn gibt es *im ev. Bereich* nicht, da nach Luthers »primum principium« (WA 7, 97f) keine irdische Stelle über das Evangelium entscheidet, sondern dieses selbst nach der Lebendigkeit und Evidenz seiner geistverbundenen Wort- und Schriftgestalt. Die Bestimmungen der prot. Orthodoxie über die sufficientia, efficacitas usw der → Bibel (: III, 5 a) wollen im Panzer der Lehre von der → Inspiration (: II, 4) eben dies ausdrücken. Freilich zeigt die Geschichte der Bekenntnisentwicklung und der Theologie im allgemeinen, daß sich die Selbstdurchsetzung des Evangeliums irdischer Vermittlungen bedient. In den Betätigungen des geistlichen → Amts (: III) geschieht die Lehrverkündigung, in der Arbeit der wissenschaftlichen

→ Theologie (: III) die Lehrerklärung, in der → Bekenntnisbildung die jeweilige Lehrentscheidung. Das ganze Lehrgeschehen bleibt dabei im Fluß, teils im legitimen Vertrauen auf die Eigengewalt des Evangeliums, teils im stets problematischen Anschluß an die geschichtliche Entwicklung vom Alt- zum → Neuprotestantismus und an die politischen und sozialen Wandlungen. So ist im ev. Bereich das Problem von L. und Lehrautorität stets offen und umstritten. Die Versuche einer Lehrgesetzgebung seit der Mitte des 19.Jh.s bleiben bis heute unbefriedigend und wenig wirksam (→ Lehrverpflichtung, → Lehrzuchtverfahren).

Zu 1: M.Cano, De locis theologicis, 1562; dazu Alb.Lang, Die loci theol. des M.Cano (Münch. Stud. z. hist. Theol. 6), 1925 - M.-J. Scheeben, Hdb. d. kath. Dogmatik I, (1873) 1948² - J.V.Bainvel, De magisterio vivo et traditione, 1905 - LThK VI, 455ff - J.Brinktrine, Offenbarung u. Kirche II, 1949 - J.Klein, Kanonistische u. moraltheol. Normierung in d. kath. Theol., 1949 - Alb.Lang, Fundamentaltheologie II: Der Auftrag der Kirche, (1954) 1958² (reiche Lit.). - Zu 2: G.Holstein, Grundlagen d. ev. Kirchenrechts, 1928, 269ff - O.Piper, Gottes Wahrheit u. d. Wahrheit der Kirche, 1933 - Barth, KD I/2, § 20 - G.Karowski, Das Bekenntnis u. seine Wertung, 1939 - K.G.Steck, Ev. Lehrzucht? (Bek. Kirche, Festschr. f. M.Niemöller, 1952, 118-131) - EKL II, 1049ff (Lit.) - Rob.C.Johnson, Authority in Protestant Theology, Philadelphia o.J. (1959) - E.Wolf, Bekenntnis u. Lehre (EvTh 19, 1959, 330-342).

K.G.Steck

Lehre, die Form menschlicher Kommunikation in Fragen der religiösen → Erfahrung. Voraussetzung ist die gedankliche Formung von → Erlebnissen und die Fähigkeit zu angemessenem sprachlichem (später auch schriftlichem) Ausdruck und zur Begriffsbildung, ferner das Bestehen bzw. die Integration einer religiösen → Gemeinschaft und ein Autoritätsverhältnis. Zu unterscheiden sind die objektiv-materielle (Sachgehalt) und die subjektiv-formale (Mitteilung, Unterweisung) Seite der L. Beides ist entwicklungsgeschichtlich voneinander abhängig.

1. Im Bereiche primitiver Religion haben *elementare Formen von L. als religiös-sittliche Unterweisung* stark lebenskundlichen Charakter. Inhalt sind die religiösen Vorstellungen, Stammesbräuche und individuellen rituellen und moralischen Pflichten. Sie findet zwanglos im Gespräch, gelegentlich aber auch förmlich und offiziell statt. Familie, Sippe (→ Stamm) und Siedlungsgemeinschaft sind der Rahmen. Oft sind die »Alten« ihre Vermittler, aber auch → Zauberer, → Medizinmänner, Priester (→ Priestertum: I). Formuliert findet sich Lehrhaftes in Mythen (→ Mythos: II), → Märchen und Legenden, wenngleich diese Erzählformen an sich noch nicht L. sind, oder auch in Sprichwörtern, Liedern und Rätseln. Auch → Orakel, Wahrsagungen, → Zaubersprüche können L. enthalten. Diese Formen der L. bestehen bis in die Stadien der hohen Kulturreligionen. Etwas Absichtsloses, Spielerisches charakterisiert sie oft.

2. Früh wird die L. für *esoterische Religiosität und → Mystik* wichtig. Erste Ansätze finden sich in den geheimen Gesellschaften der → Naturvölker als Steigerung der Unterweisung in den Altersklassen und vor den Jugendweihen (→ Initiation, → Männerbund, → Pubertät). Auch Priestertümer werden durch Belehrung von Priesterkandidaten fortgepflanzt. Eine reiche Lehrtradition weist der → Schamanismus auf, in der dem Schamanenschüler ekstatische Praktiken und Doktrinen übermittelt werden. Mit der esoterischen Lehrbeziehung zwischen Meister und Jünger (→ Jüngerschaft) entsteht ein religionssoziologisch bedeutsames Verhältnis, das die höhere Mystik vertieft. Hier werden überhaupt erstmals L.n konsequent geformt, spekulativ durchdacht und im vertrauten Lehrgespräch dem Schüler mitgeteilt, der dann seinerseits zum Meister wird (der Name → Upanishaden enthält bereits diesen Gedanken, den die orthodoxen religionsphilosophischen Systeme Indiens, vor allem der → Yoga, weiterbilden; der → Buddhismus ist nur von der Praxis der esoterischen L. her in seiner geschichtlichen Entstehung und in seinen Gemeinschaftsformen zu begreifen). Neben der mystischen Esoterik Indiens, dem Buddhismus in seinen verschiedenen Formen (vor allem in Tibet und in den japanischen Sekten) und dem → Jinismus wäre bes. der → Taoismus zu nennen, ferner der → Neuplatonismus und die → Gnosis, deren Offenbarer oder Stifter jeweils als Urheber und Mittler von esoterisch-mystischen Lehrgebäuden gedacht sind. Im Buddhismus ist die L. (dharma) Mittelpunkt des dreifachen Glaubensbekenntnisses (triratna). Auch in den → Mysterien-Religionen der Antike wird L. aufgestellt. Zusammenhänge mit dem Gedanken der → Offenbarung sind gegeben: die Gottheit selbst oder der Kultheros erscheinen als Lehrende.

3. Sowohl die organisierte esoterische wie die prophetische Religiosität macht die L. zum *Bestandteil des geregelten → Kultus,* soweit sie einen solchen besitzt. Auch in den höheren Priester- und Kultreligionen ist das der Fall, obwohl das kultische Gewicht der L. hier noch nicht stark ist. Neben der einzelnen priesterlichen Weisung in Fragen des Kultgesetzes und der Belehrung im → Orakel entstehen Formen von Predigt und Katechese, feierlicher Verkündigung und systematischer Unterweisung.

4. Das regelmäßige Vorkommen der L. ergibt eine Klärung und Festlegung ihres Gehaltes und schließlich eine *Rationalisierung* in Glaubensformeln, → Bekenntnis, → Dogma und → Theologie bzw. in den Vorstufen dazu. Zu den hl. → Schriften treten Katechismen und theologische Kompendien, welche für Verbreiterung und Durchdringung der Elementarbestandteile der L. sorgen. Das deuterokanonische Schrifttum in Konfuzianismus, Buddhismus, Judentum und Christentum ist weithin lehrhaft. Religions- und Moralphilosophie (zB → Stoa, Kynikertum) und neuzeitliche Individualreligiosität und Gruppenbildung (zB → Christian Science) bieten L. aus individueller Quelle, oft in schöpferischer oder umschaffender Form. Die kultische Institutionalisierung der L. und ihr Hervortreten in der Theologie führt zu einem *lehrhaften Religionstyp,* in dem die L. zu mindestens *einem* Zentrum der Religion wird und die pädagogischen Aspekte des Religiösen betont sind. Die Universalreligionen, ihre Vorläufer, Ableger und Verwandten gehören hierher: vor allem der Urbuddhismus, das Christentum, bes. prot. Typs (Calvins Institutio [= L.] religionis christianae faßt das Christentum als L. auf!), das Judentum, die Gnosis, der → Islam, auch der Konfuzianismus. Damit erhebt sich aber auch die Frage, ob → Religion überhaupt lehrbar und als L. verstehbar ist. - Vgl. → Gelehrsamkeit.

J.Wiesen, Gesch. u. Methodik d. Schulwesens im talmud. Altertume (Phil. Diss. Erlangen), 1892 - H.Schurtz, Altersklassen u. Männerbünde, 1902 - H.Webster, Primitive secret societies, London (1908) 1932² - G.Nioradze, Der Schamanismus bei d. sibir. Völkern, 1925 - E.Schorsch, Die Lehrbarkeit der Religion (Phil. Diss. Tübingen), 1925 (Masch.) - RGG² III, 1528ff - HWDA V, 1023f - A.David-Neel, Meister u. Schüler, 1934 - Dies., Les enseignements secrets dans les sectes bouddhistes Tibétaines, Paris 1951 - ThW II, 138ff - Wach, Relsoz. - R.C.Zaehner (→ Magier). *K.Goldammer*

Lehrer. Der Begriff L. wird in verschiedenem Umfang gebraucht: L. der Menschheit, Weisheits-L., Kirchen-L. sind allgemeinste Bedeutungen. In der Regel bezeichnet man als L. die Angehörigen des L.-Berufs. Belehren und Unterweisen als Teilaufgaben der ursprünglich den Familien und Lebensgemeinschaften zugehörigen → Erziehung haben sich in der arbeitsteiligen

Gesellschaft als Lehre und Unterricht verselbständigt und den in sich vielschichtigen L.-Stand begründet, der ein öffentliches Amt, institutionalisiert in Schulen, verwaltet (heute als Volksschul-, Mittelschul-, Gymnasial-, Handels-, Gewerbe-L. usw; als Hochschul-L. mit Lehr- und Forschungsauftrag), zu dem aber auch Privat-L. zu rechnen sind. Im engsten Sinne ist L. die Amtsbezeichnung des Volksschul-L.s. - Prinzenerzieher und Haus-L. waren Einzelerzieher. Bis in die beginnende Neuzeit wandte sich der L. auch in Klassen jeweils nur an den Einzelschüler. Erst → Comenius schlug den gemeinsamen Klassenunterricht vor. Heute kann der L. entweder Klassen-L. (so überwiegend in der → Volksschule) oder Fach-L. oder beides zugleich sein (so in dem früheren Ordinariat des → Gymnasiums oder als Klassenleiter). Immer aber erzieht der L. auch, wenn er unterrichtet.

Was der echte und wahre, geborene und berufene L. sei, was den Menschen zum Erzieher überhaupt und zum L. insbesondere mache, ist eine alte Frage, die heute um des Selbstverständnisses, der Auslese und Ausbildung des L.s willen zu stellen ist. Wesen und Lebensform, Sein und Sollen sowie die Stellung des L.s in der Gesellschaft begründen eine Psychologie, Ethik und Soziologie dieses Berufstyps, auch die beruflichen Eigenheiten und Fehlformen aufzeigend. Versuche, ein zeitlos gültiges Urbild des L.s zu entwerfen, haben sich dabei als geschichtlich bedingt erwiesen, seien sie deduktiv gewonnen aus jeweiligen Begriffen von Erziehung, Lehre und Unterricht, aus dem Wesen des Bildungsaktes oder einer anthropologischen Konzeption, seien sie induktiv gewonnen durch Zusammenstellung von Eigenschaften wahrhafter oder als erfolgreich angesehener L.-Gestalten zu einer »mittelpunktlosen Merkmalsliste«, zu deren elementarsten Kriterien meist die Frage gehört: Kann der L. Disziplin halten und unterrichten? Wesenhaft ist der L. bestimmt auch durch die eigenartige pädagogische Liebe als geistige Einstellung, die sich fordernd an den zu Erziehenden wendet, wie er ist, um ihm emporzuhelfen zu dem, was er sein kann und soll, sowie durch ein Mehr-Sein des L.s als reiferer Mensch und als pädagogische Autorität. Der L. wirkt nicht nur durch das, was er will und tut, sondern mehr noch durch das, was er ist. Alles Lehren hat eine sachliche und eine persönliche Seite und erzeugt damit eine Spannung, die für den L. charakteristisch ist. - Vgl. → Lehrerbildung, → Lehrerinnen.

G. Kerschensteiner, Die Seele des Erziehers, (1921) 1952[5] - A. Fischer, Erziehung als Beruf, 1922 - Ders., Der L. als pädag. Berufstyp, 1926 - Fr. Schneider, Erzieher u. L., 1928 - Chr. Caselmann, Wesensformen des L.s, (1949) 1953[2] - E. Spranger, Der geborene Erzieher, 1958 - J. Kob, Das soziale Berufsbewußtsein des L.s an der Höheren Schule, 1958. *K. Kößler*

Lehrerbildung *in Deutschland*

1. Gymnasial-L. - 2. Volks- und Mittelschul-L. - 3. L. für Berufs- und für Sonderschulen. - L. = Lehrer, Lb. = Lehrerbildung. - Vgl. → Bildung, → Bildungswesen, → Hochschulen, pädagogische, → Lehrer, → Lehrerinnen

Die Ausbildung für das Lehramt an den öffentlichen Schulen ist nach den Schularten verschieden und geht wie diese selbst nicht auf eine einheitliche Konzeption, sondern auf verschiedenartige historische Wurzeln zurück. Die gemeinsame Problematik aller Lb. und die strukturellen Unterschiede sind in der Gegenwart in zunehmendem Umfang Gegenstand der wissenschaftlichen Diskussion geworden.

1. Die Auffassung, daß der Gelehrte ohne weiteres auch ein guter L. sei, war jahrhundertelang für die Berufsvorbereitung der *Gymnasial-L.* (L. an höheren Schulen, → Gymnasium: II) bestimmend und wird gelegentlich auch heute noch vertreten. So haben sich die wenigen Ansätze zu einer pädagogischen Ausbildung lange Zeit nicht recht entwickeln können: Das von A.H. → Francke in Halle 1707 gegründete Seminarium Selectum Praeceptorum bestand bis 1785; den Bemühungen des preußischen Ministers v. Zedlitz, am Ende des 18. Jh.s an den Universitäten Halle (F.A. → Wolf) und Königsberg (Wald) Seminare für die Kandidaten des höheren Lehramts zu schaffen, war kein bleibender Erfolg beschieden; das von Friedr. Gedicke 1787 am Friedrichs-Werderschen Gymnasium in Berlin eingerichtete und dann ans Graue Kloster verlegte Gymnasialseminar, das als Urbild der neuzeitlichen Seminare angesehen werden kann, wurde nur bis 1812 fortgeführt. Ein nicht unwesentlicher Grund für das Scheitern dieser Versuche war die Tatsache, daß die Lehrtätigkeit kein Lebensberuf, sondern nur eine Durchgangsstation auf dem Wege zum eigentlichen Amt des Theologen war. Erst das auf W.v. → Humboldt zurückgehende Edikt vom 12.7.1810 über das Examen pro facultate docendi schuf die Voraussetzungen für die Entstehung eines selbständigen Gymnasiallehrerstandes. Aber nur langsam entwickelten sich im Laufe des 19. Jh.s Einrichtungen für die pädagogische Ausbildung dieser L.kategorie. Sie waren den Schulen angegliedert und ganz auf die praktische Anleitung in Form der Meisterlehre eingestellt (in Preußen »Probejahr« seit 1826, Gymnasialseminare in größerer Zahl seit 1890). Die heutigen Studienseminare als selbständige Ausbildungsinstitutionen gehen auf die Rheinischen Bezirksseminare zurück, die 1925 von Heinr. Weinstock ins Leben gerufen worden sind.

Heute gliedert sich die Ausbildung der Gymnasial-L. in allen Ländern der BRD in 2 Hauptabschnitte: das mindestens achtsemestrige Hochschulstudium und die zweijährige Ausbildung im Studienseminar. Das Studium an der Universität, der Technischen Hochschule (für mathematisch-naturwissenschaftliche Fächer), der Hochschule für Musik, Bildende Künste oder Leibesübungen erstreckt sich auf 2-3 Schulfächer, dazu auf Philosophie und in den meisten Ländern auch Pädagogik, in einigen auch Psychologie, Soziologie oder Politik. Die philosophisch-pädagogische Prüfung, die noch als Vorprüfung nach dem 6. Semester möglich ist, soll mit der Fachprüfung (Referendarexamen) allgemein verbunden werden. Einige Länder fordern außerdem ein Schulpraktikum, das aber keine didaktischen Ziele hat, sondern ausschließlich der frühzeitigen Selbsterprobung dient. Die pädagogischen Studien, die das Fachstudium begleiten, sind als »eine organisch von diesem ausgehende Vororientierung auf die geistige Situation der späteren Berufswelt hin« (Derbolav) zu verstehen, also keineswegs als ein zusätzliches Fachstudium der Pädagogik. - Damit ist eine deutliche Abgrenzung gegenüber dem Studienseminar gegeben, das mit dem Auftrag der erziehungswissenschaftlichen Grundbildung überfordert wäre. Der Schwerpunkt seiner vielfältigen Aufgaben liegt im Bereich der fachlichen Didaktik. Die zweite Phase der Ausbildung schließt mit der sog. pädagogischen Prüfung (Assessorenexamen) ab, die außer einer schriftlichen Hausarbeit und einer mündlichen Prüfung auch Lehrproben umfaßt.

2. Der Beruf des *Volksschul-L.s* (vgl. → Volksschulwesen) begann im 18. Jh. sich zu einem eigenen Stand zu entwickeln. Soweit bis dahin überhaupt von einer Berufsausbildung die Rede sein konnte, bestand sie in der Aneignung der Elementarkenntnisse, die in den niederen Schulen zu vermitteln waren, und in der handwerklichen Erlernung primitiver Methoden des Unterrichtens und der Zucht, gewöhnlich in einer Art Lehrverhältnis bei einem Schulmeister. Besondere Anstalten

für die Ausbildung von Elementar-L.n (zu deren Vorläufern etwa A.H. → Franckes Seminarium Praeceptorum gehörte, das Theologiestudenten für den Unterricht in den niederen Schulen seiner Hallischen Stiftungen heranbildete) entstanden in größerer Zahl erst im Laufe des 18.Jh.s. Kittel führt 32 bedeutendere Gründungen in den verschiedenen deutschen Ländern aus dieser Epoche an, die, vom Geist des Christentums und der Aufklärung getragen, die Frühphase der Entwicklung des L.seminars als öffentliches Institut repräsentieren.

Seine endgültige Form, die dann ein volles Jh. lang die Volksschullehrerbildung bestimmte, hat das L.seminar allerdings erst zu Anfang des 19.Jh.s bekommen. Im Zug der preußischen Reformen, die in der Erziehung das entscheidende Mittel für die innere Erneuerung des Staates sahen, wurde die Volksschule ausgebaut und die Lb. kräftig gefördert (→ Süvern). Die Zahl der Seminare in Preußen wuchs von 11 i.J. 1806 auf 45 i.J. 1837. Dieser Aufschwung war in der Anfangszeit ganz vom Geist → Pestalozzis getragen. Die treibende Kraft bei der Reform der niederen Schulen und der Ausbildung ihrer L. war Bernh.Chr.Ludw.Natorp, der im Gegensatz zu → Schleiermacher dem L.seminar nicht nur die Aufgabe der praktischen Schulung, sondern - und das war das wesentlich Neue - auch des theoretischen pädagogischen Studiums gewahrt wissen wollte. Die Pestalozzianer W. → Harnisch und A. → Diesterweg, führende Seminardirektoren in der ersten Hälfte des 19.Jh.s, wirkten in der gleichen Richtung und gaben dem jungen, in der Formierung begriffenen Volksschullehrerstand entscheidende Impulse, die auf seine geistige Selbständigkeit zielten. So dürfte wohl die Interpretation richtig sein, daß das L.seminar dieser Epoche auf dem besten Wege war, »den Typus einer neuen, nämlich pädagogischen Hochschule zu entwickeln« (Kittel). - Diese Entwicklung wurde jedoch bald erstickt. Friedrich Wilhelm IV. schob 1849 in einer maßlosen Rede den Seminar-L.n die Schuld an der Revolution zu, und die → Stiehl'schen Regulative von 1854, die weit über Preußen hinauswirkten, legten der Lb. enge Fesseln an. Die Lehrpläne der Seminare wurden auf das Maß der einklassigen Landschule zurechtgeschnitten, der Unterricht in Pädagogik, Anthropologie und Psychologie durch eine bloße Schulkunde ersetzt. Wenn auch das heutige Urteil dem sachlichen Gehalt dieser Regulative und ihren Motiven historisch besser gerecht wird als die damals unmittelbar von ihnen betroffene L.schaft, so kann doch kein Zweifel darüber bestehen, daß sie den produktiven Ansatz des L.seminars zerstört und die L. mit einem Mißtrauen gegen Staat und Kirche erfüllt haben, das sich bis ins 20.Jh. hinein verhängnisvoll ausgewirkt hat. Zwar brachten die »Allgemeinen Bestimmungen« von 1872 und die Lehrpläne von 1901 wesentliche Verbesserungen, aber das Vertrauen der L. in ihre Ausbildungsstätte konnte nicht mehr zurückgewonnen werden.

In der letzten Periode ihrer Entwicklung waren die L.seminare im allgemeinen sechsjährig. Sie hatten die dreijährige Präparandenanstalt in sich aufgenommen, die immer mehr an die Stelle der privaten Vorbereitung auf den Seminarbesuch getreten war. Die Lehrpläne wurden denen der höheren Schule angeglichen, die berufsbildenden Fächer in die letzten Klassen verlegt. Je mehr das moderne L.seminar aber den Charakter einer höheren Schule annahm, um so mehr erkannte man, daß die Doppelaufgabe der Allgemeinbildung und der Berufsbildung nicht gleichzeitig erfüllbar war. Die Lösung lag in der Verselbständigung der Berufsausbildung auf dem Fundament der höheren Allgemeinbildung. Nur so konnte auch die bedenkliche Abseitsbildung der L. überwunden werden. - Schon 1848 hatte die Berliner L.versammlung die L.bildungsanstalt als Zweig der Universität gefordert, und der Deutsche L.verein hatte 1904 in Königsberg beschlossen: »Die Universität als Zentralstelle wissenschaftlicher Arbeit ist die geeignetste, durch keine andere Einrichtung vollwertig zu ersetzende Stätte für die Volksschullehrerbildung. Für die Zukunft erstreben wir daher die Hochschulbildung für alle L.« Dieses Zukunftsprogramm gewann mit dem Zusammenbruch des alten Obrigkeitsstaates nach dem 1. Weltkrieg Aussicht auf Verwirklichung.

Die WRV vom 11.8.1919 bestimmte in Art. 143 Abs. 2: »Die Lb. ist nach den Grundsätzen, die für die höhere Bildung allgemein gelten, für das Reich einheitlich zu regeln.« Das bedeutete für die Volksschullehrerbildung die Trennung der Allgemeinbildung von der Berufsbildung und damit das Ende des L.seminars. Die Allgemeinbildung sollte auf der höheren Schule erworben werden; die Berufsbildung sollte akademisch sein, wobei die Frage offenblieb, ob sie an den bestehenden oder an neu zu errichtenden besonderen Hochschulen zu erfolgen habe. Mit der Forderung einer einheitlichen Regelung der Lb. schlechthin war auf die Notwendigkeit einer organischen Verbindung der Ausbildung aller L.kategorien hingewiesen; die L. der Volks-, Berufs-, Mittel- und höheren Schulen wurden als einheitlicher Berufsstand gesehen. - Da das Reichsgesetz zu Art. 143, 2 WRV nicht zustande kam, regelten die einzelnen deutschen Länder die Lb. selbständig. Bayern und Württemberg verhielten sich abwartend und behielten das L.-seminar bei. Baden richtete L.bildungsanstalten ein, die dem L.seminar eng verwandt blieben. Thüringen, Sachsen, Hessen, Hamburg, Mecklenburg-Schwerin und Braunschweig verlegten die Ausbildung an die Universität oder die Technische Hochschule, und in Preußen gründete der Kultusminister C.H.Becker Päd. Akademien und schuf damit für die Ausbildung der Volksschul-L. einen neuen Typus von Hochschulen (→ Hochschulen, pädagogische). Die neue akademische Lb. der 20er Jahre, in der sich die Energie der pädagogischen Bewegung konzentrierte, war von einem Elan getragen, der vor allem dem Experiment der Päd. Akademie trotz der Kürze ihres Bestehens eine exemplarische Bedeutung gab. - Die nationalsozialistische Herrschaft brachte 1933 mit der Umwandlung der Akademien in »Hochschulen für Lb.«, die nun in allen deutschen Ländern eingerichtet wurden, die totale Politisierung und 1941 mit der Einrichtung von »L.bildungsanstalten«, einer schlechten Kopie des alten Seminars, das Ende der akademischen Ausbildung überhaupt.

Nach 1945 griffen die Länder der BRD auf die Tradition der 20er Jahre zurück. Die Weiterentwicklung der damaligen Formen akademischer Ausbildung ist noch nicht abgeschlossen. ZZ ist die Volksschullehrerbildung in den einzelnen Ländern folgendermaßen geregelt: Hamburg (Gesetze vom 27.9.1947 und vom 25.10.1949) Universitätsausbildung für alle L.kategorien; Berlin (Gesetze vom 16.10.1958 und vom 13.11.1958) Päd. Hochschule; Schleswig-Holstein, Niedersachsen, Bremen Päd. Hochschulen; Nordrhein-Westfalen, Rheinland-Pfalz Päd. Akademien; Hessen (Gesetz vom 13.11. 1958) Hochschulen für Erziehung an Universitäten; Baden-Württemberg (Gesetz vom 21.7.1958) Päd. Hochschulen; Bayern (Gesetz vom 2.6.1958) Päd. Hochschulen der Landesuniversitäten (→ Hochschulen, pädagogische). Die Entwicklung tendiert auf engere Verbindung der Päd. Hochschulen mit der Universität, sei es, daß sie als institutionell selbständige Einrichtungen in die Universität hineingenommen (Bayern, Hessen) oder nach dem englischen Vorbild der »area training organisation« gemäß den Tutzinger Empfehlungen und dem Gutachten des Deutschen Ausschusses in loser Form mit der Universität organisatorisch verbunden werden (Päd. Hochschulsenat in Nordrhein-Westfalen). Als Ergebnis der bisherigen Entwicklung zeichnen sich jedenfalls 2 Grundformen der akademischen Ausbildung ab, die beide auf ihre spezifischen Vorzüge verweisen können: Universität und Päd. Hochschule.

Die Ausbildung dauert jetzt in den meisten Ländern 6 Semester. Sie hat ihren Schwerpunkt in der theoretischen Pädagogik; dazu tritt in den Ländern nördlich des Mains noch ein Wahlfach, dessen Auffassung nicht einheitlich ist. Der musischen und geselligen Bildung wird vor allem in den Päd. Hochschulen breiter Raum gewährt. Das Studium schließt mit der Ersten L.prüfung ab; mit der Zweiten L.prüfung, die nach dreijährigem Schuldienst abgelegt werden kann, wird die Fähigkeit zur Anstellung auf Lebenszeit erworben. Charakter und Erfolg der akademischen Ausbildung bleiben äußerst gefährdet, solange der junge L. vom ersten Tag seiner Berufstätigkeit an voll belastet wird. Deshalb setzt sich immer mehr die Einsicht durch, daß die Zeit zwischen der 1. und 2. Prüfung stärker in die Ausbildung einbezogen und durch Verringerung der Pflichtstundenzahl zu einem Vorbereitungsdienst umgebaut werden muß.

Die Lehrbefähigung für die → *Mittelschule* wird, soweit sie nicht in der für die Volksschule einbegriffen ist (Hamburg), durch eine besondere Prüfung erworben, die im allgemeinen die 2. Volksschullehrerprüfung voraussetzt, aber auch nach sechssemestrigem Universitätsstudium zweier Fächer abgelegt werden kann. Eine einheitliche Regelung für eine selbständige Mittelschullehrerausbildung gibt es nicht.

Die Entwicklung der *Lb. in der DDR* weist vielfach sich überschneidende Phasen und Formen auf. Die 1946 gegründeten Päd. Fakultäten, die für alle L.kategorien gedacht waren, wurden 1955 wieder aufgelöst und die Ausbildungsarten für die verschiedenen Schulstufen scharf differenziert: für die Unterstufen-L. (Klasse 1-4) seit 1951 Institute für Lb., aufbauend auf der 8. Grundschulklasse, zuletzt 4jährig; für die Mittelstufen-L. (Klasse 5-8 bzw. 5-10) seit 1953 selbständige Päd. Institute, die auf dem Abitur aufbauen, mit zunächst vier-, seit 1955 sechssemestrigem Studium, seit 1956 auch Institute für Pädagogik an den Universitäten; für Oberstufen-L. (Klasse 9-12) acht- bis zehnsemestriges Studium an Universitäten; für Mittel- und Oberstufen-L. auch Päd. Hochschule Potsdam. Deutlich erkennbare Tendenz ist die Angleichung des Schulwesens und der Lb. an die Sowjetunion.

3. Der Unterricht an den gewerblichen Fortbildungsschulen lag lange Zeit in den Händen von Volksschul-L.n und von handwerklichen Fachlehrkräften, die in Baden und Württemberg seit der Mitte des 19.Jh.s in Lehrgängen für ihre Aufgaben geschult wurden. 1907 wurde in München ein Gewerbelehrerinstitut errichtet, 1912 folgte die Gewerbelehrerbildungsanstalt in Chemnitz und 1913 das Berufspäd. Institut in Berlin. Die L. für die landwirtschaftliche Berufsschule wurden in Staatsinstituten für den landwirtschaftlichen Unterricht herangebildet.

Die heutige Ausbildung der *L. für die gewerblichen → Berufs- und → Fachschulen* setzt im allgemeinen Abitur und eine praktische, mindestens mit der Gesellenprüfung abgeschlossene Lehrzeit voraus. Das Studium, das Erziehungswissenschaft einschließlich der schulpraktischen Ausbildung, Sozialwissenschaften und Fachkunde umfaßt, dauert in den meisten Ländern 6 Semester. Ausbildungsstätten sind: Universitäten Hamburg und Saarbrücken; Päd. Hochschule Berlin; Berufspäd. Institute München, Stuttgart, Frankfurt a. M., Köln; Päd. Hochschule für Gewerbe-L. Wilhelmshaven. Besondere Institute für die Ausbildung von *L.n an landwirtschaftlichen Berufs- und Fachschulen* sind das Staatsinstitut für den landwirtschaftlichen Unterricht in München, das Landwirtschaftspäd. Institut in Gießen und die Päd. Hochschule für landwirtschaftliche L. in Wilhelmshaven. Die *L. für die kaufmännischen Berufs- und Fachschulen* erwerben den Grad eines Diplom-Handels-L.s (Dipl.-Hdl.) an den Universitäten Hamburg, West-Berlin, Köln, Frankfurt a. M., München bzw. an den Hochschulen für Wirtschafts- und Sozialwissenschaften in Mannheim oder Nürnberg. - Die Ausbildung der *L. für die Sonderschulen* (→ Hilfsschulen, Schulen für Gehörlose, Schwerhörige, Sprachkranke, Blinde und Sehschwache) setzt die beiden Volksschullehrerexamina voraus und dauert 4 Semester. Sie erfolgt in heilpädagogischen Lehrgängen, die einer Päd. Hochschule angegliedert sein können, in Verbindung mit der Universität oder an der Universität selbst (zB Hamburg).

E. Weniger, Die Eigenständigkeit d. Erziehung in Theorie u. Praxis, 1952 - Tutzinger Empfehlungen f.d.Lb., Studiengemeinschaft d. Ev. Akademien, 1955 - Gutachten über d. Ausbildung der L. an Volksschulen (Empfehlungen u. Gutachten d. Dt. Ausschusses f. d. Erziehungs- u. Bildungswesen, 1955, 52-64) - J. Derbolav, Die päd. Ausbildung der L. an höh. Schulen durch d. Universität u. d. Studienseminar, 1956 - Ders., Die päd. Ausbildung d. Gymnasial-L. als Aufgabe u. Problem (ZP 4, 1958, 372-395) - Ders., Der Bildungsauftrag d. Gymnasien u. d. päd. Ausbildung der L. an höh. Schulen (ebd 5, 1959, 146-166) - Neuordnung d. Lb. (Schriften d. Päd. Hochschule Berlin), 1956 (Lit.) - P. Heimann, Die Neuordnung d. Lb., eine vergleichende Betrachtung (Internationale Zs. f. Erziehungswiss. 2, 1957, 444-457) - H. Kittel, Die Entwicklung d. Päd. Hochschulen 1926-1932, o.J. (1957) - E. Wendt, Die Entwicklung d. Lb. in d. Sowj. Besatzungszone seit 1945 (Bonner Berichte aus Mittel- u. Ostdeutschland), 1957 - R. Ulshöfer, Die päd. Ausbildung der L. an Gymnasien, o. J. (1958) - A. Reble, Lb. in Deutschland, 1958 (vollst. Lit.) - G. Geissler, Lb. an d. Universität Hamburg (Dt. Schule 50, 1958, 201-217) - Ders., Der Vorbereitungsdienst der Jung-L. (ZP 5, 1959, 290-301) - ZP, Beiträge zur Lb. seit 1958.

G. Geißler

Lehrerinnen. Von einem L.stand kann man erst im 19.Jh. sprechen, obwohl es schon in MA und Reformationszeit Sitte war, daß Mädchen bes. von Frauen erzogen wurden. Luther hat in seinem Sendschreiben an die Ratsherren und Bürgermeister die L. »als der Stadt Dienerinnen« versorgt sehen wollen. In kath. Gegenden unterrichteten auf Grund einer pädagogischen Handwerkslehre »fromme Jungfrauen« oder »Devotessen«, und verschiedene Orden stellten Lehrschwestern (→ Ursulinen, Chorfrauen des Hl. Augustinus [→ Augustiner, 2], → Englische Fräulein, → Franziskanerinnen). Eigene L.seminare gab es seit 1786 in Wien, 1841 in der Schweiz, 1859 in Dänemark. Th. → Fliedner gründete das erste deutsche L.seminar 1844 in Kaiserswerth. Die preußische Kulturpolitik erwies sich gegenüber anderen deutschen Ländern lange als retardierendes Moment: Zwar wurden wegen Bevölkerungszuwachs und Lehrermangel schon etwa ab 1860 staatliche und städtische Seminare zur Ausbildung von Volksschul-L. nötig, oft an höhere Töchterschulen angeschlossen. Die L. konnten durch ein Mehr an Fächern auch das Recht zum Unterricht an mittleren und höheren Schulen erwerben. Aber um den Einfluß der Frau auf die Oberstufe der Mädchenschule, um die Gründung staatlicher Anstalten zur Ausbildung wissenschaftlicher L. und um das Frauenstudium (in Preußen erst seit 1908 möglich!) bedurfte es zäher Kämpfe. Zum Anstoß einer weitreichenden Entwicklung wurde hierbei die »Berliner Petition« von 1887 mit Helene Langes Begleitschrift »Die höhere

Mädchenschule und ihre Bestimmung«, die ebenso heftige Entrüstung erregte wie Zustimmung erfuhr, auch von gerecht und liberal denkenden Männern unterstützt wurde. - Um 1900 waren von der Gesamtzahl der Lehrenden in Preußen an Volksschulen etwa 13%, an Mittelschulen 20%, an höheren Schulen 33% und an Privatschulen 75% weiblich. Das Gehalt der L. war meist kümmerlich. Ostpreußen blieb lange bei dem Mindestsatz (700 Mark), der Westen zahlte mehr und hatte sechsmal so viel L. Nach dem 1. Weltkrieg führte die Entwicklung dahin, daß an reinen Mädchenschulen etwa zwei Drittel Frauen tätig waren und L. in geringerem Umfang auch an Knabenschulen mit gutem Erfolg wirkten. Seit dem 2. Weltkrieg überwiegt die Zahl der Frauen innerhalb vieler Schulzweige in Deutschland wie in anderen Ländern so stark, daß nun das väterliche Moment in der Schule schon häufig zu kurz kommt. - Frauen können heute für alle Zweige und Stufen des Schuldienstes ausgebildet werden, sie können Volksschul-, Gymnasial- und Fach-L., Sonder- und Hilfsschul-L., Gewerbeober-L., L. an sozialpädagogischen Ausbildungsstätten usw werden. Schulleitung, -aufsicht und -verwaltung stehen ihnen offen. Als Hochschul-L. findet man sie in der BRD noch selten. - Besondere Probleme ergeben sich für die L. in der Landschule: Ein noch mangelhaft entwickeltes ländliches Berufsschulwesen läßt die Mädchen über die Schulzeit hinaus bei ihren L. Hilfe in Lebensfragen suchen und stellt an diese hohe gesamtpädagogische, vor allem auch musisch-geschmackliche Anforderungen. Einsamkeit, verständnislose Wohnungspolitik vieler Gemeinden gegenüber Ledigen drängen aber viele L. zur Landflucht. In Stadt und Land stellt der Beruf große gesundheitliche Anforderungen; Schäden der Stimme, der Atmungsorgane und Neurasthenie sind häufige Berufskrankheiten. - Vgl. → Lehrerbildung, → Mädchenschulwesen.

Hdb. der Frauenbewegung, hg.v. H.Lange u. G.Bäumer, 5 Bde, 1901-06 - E.Meyn v. Westenholz, Der Allg. Dt. L.-Verein in der Gesch. der dt. Mädchenbildung, 1935 - Access of Women to Education, Unesco Publication Nr. 141, 1952. - Zs.en: Mädchenbildung u. Frauenschaffen 4, 1952, 16-18; 9, 1952, 1-12 - Die Neue Landschule, 1952/53, 317-320. 416-419 - Kath. Frauenbildung 4, 1959, 267-277. - Arbeitsgemeinschaft Dt. Lehrerverbände, Gemeinsamer Geschäftsbericht der GEW u. des Bayrischen Lehrer- u. L.-Vereins, 1951/52 u. 1955/56.

K.Petersen

Lehrgewalt, im kath. → Kirchenrecht (: I A) der in allen Formen seiner Erfüllung als eigenständiges, dh insbesondere von jeder staatlichen Gewalt unabhängiges Recht und als Pflicht verstandene Auftrag Christi an die Kirche, die geoffenbarte Glaubenslehre zu bewahren und zu verkündigen. *Gegenstand* der L. ist die gesamte → Offenbarung (: VI) mitsamt den kath. Wahrheiten (→ Infallibilität); *Träger* der L. ist das kirchliche → Lehramt (, 1). Die *Formen,* in denen die L. ausgeübt wird, sind: die Verkündigung des Wortes Gottes durch → Religionsunterricht, → Predigt und → Mission; die Ermöglichung dieser Verkündigung durch Ausbildung des Klerus (→ Pfarrervorbildung: III); die Mitwirkung am gesamten Schulwesen durch Leitung und Überwachung des Religionsunterrichtes, durch Überwachung alles übrigen Unterrichtes daraufhin, daß er vom Standpunkt der kath. Glaubens- und Sittenlehre aus einwandfrei ist, schließlich und u.U. auch durch Errichtung eigener kath. Schulen, von der Volksschule bis zur Vollhochschule; die Druckschriften- → Zensur; die der Reinerhaltung des Glaubens dienende Ablegung des Glaubensbekenntnisses in der ausführlichen, dem CIC vorangestellten Fassung, zu der die Kleriker bei der Subdiakonatsweihe und bei der Übernahme kirchlicher Ämter und von Seelsorgsstellen verpflichtet sind; schließlich die Strafverfolgung der Glaubensdelikte, nämlich der Apostasie (→ Apostat), der → Häresie und des → Schismas. Die *Verpflichtung,* sich dieser L. zu unterwerfen, obliegt göttlich-rechtlich allen Menschen, kann aber kirchlich nur urgiert werden gegenüber Getauften und wird hinsichtlich dieser kirchlichen Verpflichtung im geltenden kanonischen Recht nur für die Katholiken normiert.

Die Frage, ob die L. neben der Weihegewalt (→ Ordination: III) und der → Jurisdiktionsgewalt als eine dritte hierarchische Gewalt anzusehen oder ob sie in diesen beiden Gewalten bzw. vorzugsweise in einer von ihnen beschlossen sei, wird neuerdings wieder lebhafter erörtert und vielfach zugunsten ihrer wenigstens partiellen Loslösung von der Jurisdiktionsgewalt beantwortet. Da jedoch nach dem CIC (Buch II, Tit. V) die kirchliche Gewalt sich in der Jurisdiktions- und Weihegewalt erschöpft, bleibt für eine dritte Gewalt neben ihnen kein Raum, und da nicht nur die lehrgesetzliche Verpflichtung auf die kirchliche Verkündigung, sondern auch diese Verkündigung selbst nicht definiert werden kann ohne Bezugnahme auf die jurisdiktionelle Zuständigkeit dessen, der die Verkündigung in concreto übt, muß die L. der Jurisdiktionsgewalt eingeordnet werden und kann nur zusammen mit dieser, nicht für sich, auf die Weihe zurückgeführt werden.

cc. 1322-1408. 2314-2319 CIC - Lehrbücher des → Kirchenrechts - DDC VI, 691ff - M.Schmaus, Kath. Dogmatik III/1, (1940) 1958^{3-5}, 714ff (Lit.) - H.Barion, Von der Tragweite des geltenden kanonischen Rechts (Festg. J.Lortz, 1958, I, 549-586) - W.Bartz, Die lehrende Kirche. Ein Beitrag zur Ekklesiologie M.J.Scheebens, 1959.

H.Barion

Lehrverpflichtung und Lehrfreiheit

1. Geschichtlich - 2. Grundsätzlich. - Lf. = Lehrfreiheit, Lv. = Lehrverpflichtung. - Vgl. → Lehrgewalt, → Lehrzuchtverfahren

1. Die Lv. setzt die rechtliche Gültigkeit des → Bekenntnisses (: VII) voraus; ihre *Geschichte* hängt daher mit dessen Entwicklung in seiner rechtlichen Funktion zusammen.

a) Im vortridentinischen *Katholizismus* ist im allgemeinen den Klerikern eine ausdrückliche eidliche Verpflichtung auf das Bekenntnis nicht abverlangt worden. Allerdings enthalten die Pontifikalien zur Bischofsweihe in Südgallien seit dem 5.Jh., der → Liber diurnus für den römischen Bischof Glaubensbekenntnisse und Ketzerverwerfungen; den → Metropoliten werden zur Erlangung des → Palliums von Rom entsprechende Verpflichtungen auferlegt. Wo man aber die niederen Kleriker, wie in vielen frühmittelalterlichen Synodalstatuten und karolingischen → Kapitularien, an ein Gelöbnis band, verpflichtete man sie allgemein zur Befolgung der Canones in Lehre und Leben. Daß die 11. toledanische Synode von 675 den kath. Glauben neu formulierte und Kleriker vor ihrer Weihe auf diese Formel verpflichtete, ist aus den besonderen Verhältnissen in Spanien (→ Christologie: II, 6 a, → Priscillianus) zu erklären. Der Kampf gegen → Häresie (: I) und Arabismus im ausgehenden MA ließ an den Universitäten Lv.en entstehen, die den Dozenten nicht nur auf die verschiedenen - auch philosophischen - Schulmeinungen festlegten, sondern vor allem den Doctor theologiae eidlich zum Kampf gegen die von der Kirche verdammten oder für anstößig erklärten Lehren verpflichteten.

Das → *Tridentinische Konzil* hat in Sess. XXIV (De prof. c. 1, 12) eine neue Regelung der Lv. eingeleitet; Pius IV. hat daraufhin in der Bulle »Iniunctum nobis« vom 13.11.1564 (Mirbt Nr. 480) die → Professio fidei Tridentinae festgelegt. Mit Zusätzen vom 20.1.1877 - die die Ergebnisse des → Vatikanums einbauten - bildet die

Professio heute die Präambel zum CIC; nach cc. 1406 bis 1408 müssen alle Kleriker vom Subdiakonen aufwärts bei jeder Beförderung oder beim Antritt eines neuen Amtes den Glaubenseid persönlich ablegen. Hinzu tritt heute der → Antimodernisteneid, der nach der Promulgation des CIC am 22.3.1918 bestätigt wurde.

b) Der *Protestantismus* knüpft in zwei Punkten an das MA an. α) Der Doktoreid, in der Wittenberger Fakultät durch die Statuten von 1508 gefordert und noch 1523-25 - in unbekannter Form - durchgeführt, ist durch die Statuten von 1533 (deren Abfassungszeit und Gültigkeit O.Ritschl allerdings bestreitet) als Zustimmungserklärung zum ev. Lehrkonsensus erneuert worden; die früheste erhaltene Formulierung stammt von 1546 (1549). β) Priestereide, von adligen und landesherrlichen Patronen nachweisbar seit Anfang des 15.Jh.s gefordert, sind in der Markgrafschaft Ansbach-Bayreuth 1528 zu einer Lv. im ev. Sinne ausgestaltet und 1529 allen Pfründeninhabern (nicht nur denen landesherrlichen Patronates) auferlegt worden; das bedeutet in der Markgrafschaft »den ersten Schritt zur vollen Einführung der Reformation« (Simon). In den übrigen Territorien schließt sich die Geschichte der Lv. an die des Ordinationsgelübdes an (→ Ordination: III), das spätestens seit 1537 in Wittenberg eingeführt wurde. In den meisten Territorialkirchen sind Reverse mit Lv. erst seit der 2. Hälfte des 16.Jh.s nachweisbar und dienen hier meist zur Abwehr des Calvinismus, zB in Memmingen seit 1577, Pfalz-Neuburg 1578, Nürnberg 1585, Lindau 1641, für die verschiedenen Landesteile von Hessen-Darmstadt seit 1623/1625/1629. Noch bis in den aufgeklärten Absolutismus hinein decken sich Lv. und herrschaftlicher Diensteid; darum werden alle öffentlichen Beamten, nicht nur die Pfarrer, an das Bekenntnis des Landes gebunden. Aber diese Verquickung von Lv. und Diensteid fällt der naturrechtlichen Forderung nach Lf. und innerstaatlicher Toleranz zum Opfer. Das Allgemeine Preußische Landrecht von 1794 sichert jedem Bürger, auch dem Pfarrer, die Lf. zu, bindet freilich den Diener einer »Religionspartei« in seinem öffentlichen Lehrvortrag an das dieselbe konstituierende Bekenntnis. Da die privilegierte Staatskirche bleibt, besteht der Bekenntniszwang weiter und steht das ganze 19.Jh. unter dem ungelösten Zwiespalt zwischen Lv. und Lf. Die kirchliche → Restauration führt - zT unter heftigen Kämpfen - seit der Mitte des Jh.s die Lv. auch dort wieder ein, wo sie zeitweilig abhanden gekommen war. Das in der Verfassung garantierte Grundrecht der Lf. ist also in der Staatskirche nicht verwirklicht worden. Das ist die Lage heute überall da, wo noch wie im nordischen Luthertum oder in der Kirche von England ein Staatskirchentum besteht, wenn nicht, wie in den kantonalen Kirchen der Schweiz, jegliche Lv. zugunsten einer praktisch unbeschränkten Lf. aufgehoben ist. Für den deutschen Protestantismus hat die Ablehnung staatskirchlicher Reste während des → Kirchenkampfes eine grundsätzliche Neubesinnung eingeleitet.

2. a) Eine *grundsätzliche* Besinnung über das Verhältnis von Lv. und Lf. hat davon auszugehen, daß der Begriff Lf., wie er noch in den → Lehrzuchtverfahren der 1. Hälfte des 20.Jh.s von der öffentlichen Meinung verstanden wurde, staatsrechtlicher Herkunft und Natur ist. Das Problem stellt sich aber anders im staatlichen Raume als im kirchlichen; nur im *staatlichen* Sektor gibt es Lf. im naturrechtlichen Sinne. Zwar herrscht auch da, wo die demokratischen Grundrechte gewahrt sind, keine unbegrenzte Lf.; ein Staatsrechtslehrer zB kann die Verfassung des Staates, an dessen Universität er lehrt, nicht verächtlich beiseite schieben, auch wenn er verfassungskritisches Lehrgut vorträgt. So kann auch der theologische Lehrer, der im staatlichen Dienst steht, Bekenntnis und Ordnung seiner Kirche nicht einfach negieren, auch wenn die kirchliche Lv. ihn in seinem staatlichen Amte nicht rechtlich bindet. Er muß die Spannung, die zwischen Lv. und Lf. besteht, in seiner Weise - als Christ und als Theologe - ernst nehmen. Die Inkonvenienz zwischen wissenschaftlicher Wahrheit und geltender Ordnung, die alles wissenschaftliche Erkenntnisstreben begleitet, muß von ihm wie von jedem wissenschaftlichen Lehrer in sittlicher Verantwortung ertragen werden. Methodische Sorgfalt, Pflicht der Selbstkritik und der Distanz gegenüber den eigenen Forschungsresultaten liegen in dieser Verantwortung beschlossen; sie wird gestützt durch die Selbstkontrolle in ständiger wissenschaftlicher Reflexion und Diskussion. Die »komplementäre Kooperation« (Wehrhahn) zwischen dieser wissenschaftlichen Selbstkontrolle und der von außen kommenden staatlichen Kontrolle, die im staatlichen Bereich eine Lf. in Selbstverantwortung erst möglich macht, existiert auch im Hinblick auf den theologischen Lehrer im staatlichen Dienst, nur daß hier im Zeichen der → Konkordate und → Kirchenverträge den Kirchen ein begrenztes Mitspracherecht zusteht (→ Fakultäten).

b) Anders stellt sich das Problem des Verhältnisses von Lv. und Lf. in *theologischer* Sicht. Es ist bestimmt durch die Alleingültigkeit und vollmächtige Wirksamkeit des → Wortes Gottes in der Kirche. Dieses Wort bindet und befreit. »Gottes Wort soll Artikel des Glaubens stellen und sonst niemand« (ASm II, 4; BSLK 421, 23). Damit ist nicht nur eine Forderung aufgestellt, sondern zunächst ein Tatbestand beschrieben, der mit Gottes Selbstoffenbarung im Wort gegeben ist: Dem äußerlichen Wort der Schrift allein eignet kirchliche Lehrgewalt. Wer ihm Glauben schenkt, ist daran gebunden; und wo ihm das Amt der Verkündigung aufgetragen ist, steht er - gewissensmäßig und nicht infolge rechtlichen Zwanges - in einer Lv. In der Kirche ist »Lehre« Verkündigung, nicht wissenschaftliche Doktrin; im weltlich-staatlichen Bereich muß sich kirchliche Lehre als Wissenschaft bewähren und bedarf dazu der rechtlich garantierten und geordneten Lf. Verkündigung aber ist gebunden an ihren Auftrag und damit an den Inhalt dessen, was es zu verkündigen gilt. Wenn die Kirche hier von ihrem öffentlichen Diener eine Lv. fordert, bindet sie ihn nicht in seinem → Gewissen, sondern bestätigt ihn in seinem an Gottes Wort gebundenen Gewissen und in der Einzigartigkeit seines gottgegebenen Auftrages; und wer die kirchliche Lv. übernimmt, bekennt sich damit zu diesem Auftrag. Solange sich die Lv. im Banne staatskirchenrechtlicher Ordnung vollzog, war ihr ein Zwangsmoment eigen, das theologisch als heterogen bezeichnet werden muß. In der Kirche geschieht sie in der Freiheit des an Gottes Wort gebundenen Gewissens.

Der hiermit umschriebene Tatbestand schließt *Forderungen* in sich ein. Sie gelten sowohl der Kirche als Institution wie dem einzelnen Diener derselben. Die *Kirche* muß die Lv. inhaltlich so fassen, daß sie den heilswirksamen, weil Glauben weckenden Charakter des Wortes Gottes rein wiedergibt. Die Kirche darf nichts Menschliches - nichts Theologisch-Schulmäßiges, nichts Kirchenpolitisch-Parteiisches - zur Lv. hinzufügen. Sie darf sie also vor allem nicht mit einer Dienstverpflichtung verquicken. In der Fassung des Ordinationsgelübdes greifen unsere theologischen und kirchenrechtlichen Erwägungen über in den Bereich der liturgischen Gestaltung; unter diesen Gesichtspunkten wird weithin eine Überprüfung der zur Lv. verwandten Formulare notwendig sein. - Jeder *Pfarrer* aber muß bedenken, daß die Lv. ihn zu recht verstandener Freiheit verpflichtet.

Er ist in seiner Verkündigung frei von Menschensatzungen und muß diese Freiheit unter Einsatz seiner ganzen Existenz behaupten. Das Wagnis, das sein Amt ihm auferlegt, besteht also nicht in erster Linie darin, daß er die eingegangene Ordinationsverpflichtung innehält, sondern daß er die ihm auferlegte Freiheit dabei wahrnimmt. Sie macht ihn zum Werkzeug des im rettenden Worte offenbaren und wirksamen Heilswillens Gottes, zu einem von Menschenmeinungen - traditionellen und modernen - unabhängigen Erforscher der hl. Schrift, zu einem demütigen Hörer des Wortes inmitten der gläubigen Gemeinde. Die Paradoxie, die im Verhältnis von Lv. und Lf. besteht, hat Luther klassisch formuliert (an Melanchthon, 1.8.1521 [WAB 2, Nr. 424, 2]): Sacerdotum *ordo* a Deo *institutus* est *liber*. Der Kirchenkampf, der entbrannt und entschieden ist durch die Berufung auf das Ordinationsgelübde, hat deutlich gemacht, daß jene Paradoxie nach keiner Seite hin einseitig aufgelöst werden darf. Theologie und Wissenschaft vom ev. → Kirchenrecht (: I B; II B) haben ebenso wie die kirchliche Praxis aus der damit gewonnenen Erfahrung die Folgerungen zu ziehen.

Außer der Lit. zu → Lehrzuchtverfahren: P.Hinschius, Das Kirchenrecht der Katholiken u. Protestanten in Deutschland III, 1883, 199ff; IV, 1888, 640ff - W.Diehl, Zur Entstehungsgesch. der Religions-Reverse (DZKR 10, 1900, 204-219) - H.Mulert, Die Lv. in der ev. Kirche Deutschlands, (1904) 1906[2] - G.Löber, Die im ev. Deutschland geltenden Ordinationsverpflichtungen, 1905 - G.Holstein, Theol. Fakultäten u. Lehrversprechen (Festschr. f. Pappenheim, 1931, 190-197) - LThK IV, 528f; VIII, 486f - DThC XIII/1, 679ff - H.Liermann, Rechtsgutachten über die rechtl. Bedeutung des § 1 des Kirchl. Gesetzes betr. die Verfassung der ev. Landeskirche in Württemberg vom 24.6.1920 (Beiblatt z. Amtsblatt 32, Nr. 24), 1947 - R.Smend, Glaubensfreiheit als innerkirchl. Grundrecht (ZevKR 3, 1953/54, 113-125) - W.Geppert, Ist kirchl. Lehrchaos prot. Schicksal?, 1953 - H.Wehrhahn, Lf. u. Verfassungstreue, 1955 - M.Simon, Vom Priestereid zum Ordinationsgelübde in Brandenburg-Ansbach-Bayreuth u. in Bayern (W.Andersen, Das Wort Gottes in Gesch. u. Gegenwart, 1957, 172-195) - A.Köttgen, Das Grundrecht der dt. Univ., 1959. *W.Maurer*

Lehrzuchtverfahren

I. Kirchengeschichtlich - II. Grundsätzlich. - Vgl. ergänzend → Lehrverpflichtung und Lehrfreiheit

I. Kirchengeschichtlich

1. Reformationszeit - 2. Seit 1648 - 3. Im 19. und 20.Jh.

1. L. sind kirchliche Maßnahmen zur Wahrung der reinen Lehre. Für die → Visitationen der *Reformationszeit* ist dies eine vordringliche Aufgabe. Dabei gilt der Grundsatz, daß die *Kirche* keine Gewalt über den Glauben ihrer Glieder ausüben wolle; irrige Lehre kann von ihr darum nicht als Vergehen bestraft, sondern nur als Irrtum verworfen werden. Ein irrgläubiger Prediger muß wegen erwiesener Unfähigkeit aus dem Amt entfernt werden. Im 16.Jh. wollte der konfessionelle Territorialstaat so Aufruhr, Sektiererei und Uneinigkeit im Lande verhindern. In der Visitationsordnung Herzog Johann Wilhelms von Sachsen (31.10.1569; Sehling I/1, 243f) werden die möglichen Glaubensirrtümer aufgezählt. Sie bestehen »... in der (falschen) Lehre der hochwürdigen Sakramente, des Interims, Adiaphoristerei, wiedertäuferischen, schwenckfeldischen, zwinglischen, antinomistischen, Osianders, synergistischen, majoristischen oder anderen dergleichen ... Sekten«. Anfänge eines L.s zeichnen sich in der Möglichkeit ab, einen wirklich Reuigen im Amte zu belassen, wenn er seine Irrtümer bekennt, öffentlich widerruft und christlicher Unterweisung zugänglich ist. Ein solcher soll jedoch von dem Superintendenten bes. sorgfältig beaufsichtigt werden. - In Anwendung dieser Grundsätze mußten u.a. in der Folge der → antinomistischen Streitigkeiten → Agricola und J. → Schenk aus Wittenberg weichen. → Peucer, des Calvinismus überführt, wurde vor den Torgauer Landtag gestellt und ins Gefängnis geworfen. N. → Crell, dessen Kryptocalvinismus als Staatsverbrechen (Verbindung mit einer auswärtigen Macht) galt, wurde in Prag zum Tode verurteilt und enthauptet. - Im Bereich der ref. Kirche wurde schon die Kritik an der Lehre oder ihren Vertretern mit den Mitteln der → Kirchenzucht bestraft (→ Calvin: I, 2 d).

2. Mit der Anerkennung der Reformierten im → Westfälischen Frieden, mit der Entfaltung der → Toleranz (: II) und der individuellen → Religionsfreiheit wurden die konfessionellen Gegensätze entschärft und nicht selten durch das neue Gemeinschaftsideal des → Pietismus überwunden. Im Kirchenrecht dieser Periode wird die → Irrlehre unter dem Kapitel von der Kirchenzucht behandelt. Mitglieder der Kirche, die vom Glauben abweichen und sich auf die Schrift berufen, sollen nicht bestraft, sondern durch Belehrung auf den Weg der Wahrheit zurückgerufen werden. Selbst Abfall vom Christentum ist kein Verbrechen und unterliegt keiner kirchlichen Strafe. Diese liegt in Gottes Hand. Für die gewandelte Auffassung über Lehrabweichungen von Pfarrern ist → Speners Berufung nach Dresden trotz der von der Orthodoxie gegen ihn erhobenen Anklage der Irrlehre ein bes. eindrucksvolles Beispiel.

3. Zu Beanstandungen der Lehre einzelner Theologen kam es in steigendem Maße seit der Mitte des 19.Jh.s: Als Folge der historisch-kritischen Theologie wurde die → Absolutheit des Christentums in Frage gestellt, und einzelne Pfarrer kamen zu Behauptungen, aus denen tiefgreifende, Gemeinde und Kirche erschütternde Auseinandersetzungen erwuchsen (→ Sintenis, → Uhlich, Wislicenus, J.Rupp [→ Lichtfreunde], M. → Baumgarten u.a.). Unter dem Einfluß der herrschenden restaurativen Theologie gingen die Kirchenbehörden gegen diese Geistlichen disziplinar vor. Ihre Lehrabweichung wurde als Ungehorsam gegenüber der kirchlichen Ordnung bezeichnet. Der Streit um das → Apostolikum (: II, 2) löste eine weitere lange Reihe von Disziplinarverfahren gegen liberale Geistliche wegen Irrlehre aus. Unter maßgeblichem Einfluß von → Dryander, → Kahl und J. → Kaftan wurde am 16.3.1910 in Preußen das »Kirchengesetz betr. das Verfahren bei Beanstandungen der Lehre von Geistlichen« *(Irrlehregesetz)* erlassen. Sein Vorzug bestand darin, daß es ein Feststellungsverfahren vor einem besonderen Spruchkollegium vorsah, dem Betroffenen das Recht seiner Überzeugung zugestand und ihm den Makel des Disziplinarverfahrens ersparte. Sein Mangel bestand darin, daß es die Sache selbst nicht entschied. Es wurde nur im Falle → Jatho und gegen den pommerschen Pfarrer Heyn (1910) angewandt; gegen G.Traub wurde wieder disziplinarisch vorgegangen. Andere Landeskirchen (Baden, Württemberg, Gotha, Hamburg) gingen L. durch Milderung der → Lehrverpflichtung oder Einführung von Parallelformularen aus dem Wege. - Nach 1918 haben die Landeskirchen von Bayern (1922), Hamburg, Hannover (1928), Mecklenburg (1922) und Sachsen (1926) L., vielfach in Verbindung mit anderen Gesetzen, geregelt. - Gegen die DC (→ Deutsch-christliche Bewegungen) wurden keine L. durchgeführt, sondern zumeist disziplinarische Verfahren wegen Verletzung der Amtspflichten. Die einzelnen Landeskirchen erließen 1945 Notverordnungen, ähnlich der Rat der EKD »Richtlinien für die Wiederherstellung eines bekenntnisgebundenen Pfarrerstandes« (18./19.10.1945). Zur Klärung des Falles Baumann, der »die biblische Wahrheit über das Petrusamt« in der ev. Kirche zur Anerkennung bringen und damit eine Union der ev. Kirche mit Rom ermöglichen wollte, gab sich die Ev.

Landeskirche in Württemberg 1951 eine Ordnung des L.s. - Die VELKD erließ 1956 ein »Kirchengesetz der VELKD über das Verfahren bei Lehrbeanstandungen«. - In einem Gespräch, das die hessen-nassauische Pfarrerbruderschaft 1957 in Arnoldshain führte, wurde die Auffassung vertreten, einige Bereiche der Theologie wie die wissenschaftliche Auslegung des NT (im Blick auf → Bultmanns Entmythologisierungsthese), die Annäherung an die kath. Kirche (Fall Baumann u.a.) und politisch-ethische Fragen sollten von L. ausgeschlossen werden, um ihre Klärung nicht durch kirchenamtliche Eingriffe vorschnell zu verhindern.

K.F.Eichhorn, Grundsätze des Kirchenrechts der kath. u. ev. Religionspartei II, 1833, 171ff - Richter-Dove-Kahl 715ff - Liermann 350ff - W.Nigg, Gesch. des relig. Liberalismus, 1937, 170ff. 245ff - Hermelink II, 330ff. 551ff (Aufzählung sämtlicher Fälle von L.) - KJ 1953, 79ff (zum Fall Baumann) - R.Baumann, Prozeß um den Papst, 1958 - EKL II, 1060f. - Weiteres s. → Lehrzuchtverfahren: II. *H.Hohlwein*

II. Grundsätzlich

1. Notwendigkeit - 2. Begrenzung - 3. Durchführung

Daß es im Protestantismus ein L. gegeben hat und gibt, entbindet nicht von der grundsätzlichen Besinnung über seine Notwendigkeit, Begrenzung und Durchführung.

1. Wo man die Spannung von → Lehrverpflichtung und Lehrfreiheit ernst nimmt und mit der Möglichkeit von → Irrlehre wirklich rechnet, wird man von der *Notwendigkeit* eines L.s überzeugt sein. Nach CA 28, §§ 20ff steht »Lehr urteilen und die Lehre, so dem Evangelio entgegen, verwerfen« dem bischöflichen Amt »nach göttlichen Rechten« zu, ist also ein wesentliches Stück kirchlicher Existenz und kirchlichen Handelns. Aber es ist ein rein geistliches Handeln, »sine vi humana, sed verbo«; es steht von der Gemeinde her unter dem Vorbehalt von Apg 5, 29 und, wenn es von Synoden durchgeführt wird, für die Reformatoren unter der Kontrolle der christlichen Obrigkeit (tract. de pot. Papae § 56). Die grundsätzliche Anerkennung eines L.s kann also nur unter einschränkenden Bedingungen erfolgen (s. 2. 3).

Soweit die grundsätzlichen Einwände, wie sie seit der Debatte um das preußische Irrlehregesetz von 1910 gegen das L. erhoben werden, von der Tatsache ausgehen, daß es im Protestantismus kein unfehlbares → Lehramt gibt, müssen sie bei der Zusammensetzung des Spruchkollegiums und der Art, Begründung und Durchführung des Spruches (s. 3) berücksichtigt werden. Daß in der ev. Kirche dem Worte Gottes allein die oberste Lehrgewalt zukommt, steht ebenso fest wie die Tatsache, daß dieses Wort nur durch das Zeugnis von Menschen laut wird. Dem Verkündigungsanspruch des Pfarrers, dessen Lehre beanstandet wird, begegnet die Verkündigung anderer kirchlicher Amtsträger. Sie stehen ihm nicht als Ankläger oder Richter gegenüber, sondern ihr an Schrift und Bekenntnis gebundenes Gewissen appelliert an sein Gewissen. Ihr Spruch ist keine Lehrentscheidung ex cathedra, keine authentische Interpretation der Hl. Schrift, erst recht kein erzwingbares Urteil oder gar eine Strafsentenz. Sie haben vielmehr nur festzustellen, ob einer »öffentlich durch Wort und Schrift in der Darbietung der christlichen Lehre oder in seinem gottesdienstlichen Handeln in entscheidenden Punkten in untragbaren Widerspruch zum Bekenntnis der ev.-luth. Kirche getreten ist und daran beharrlich festhält« (§ 18, 1 a der Lehrordnung der VELKD vom 16.6.1956). Aus diesem *deklaratorischen* Urteil ergibt sich die Feststellung, ob der Betreffende fähig ist, eine amtliche Tätigkeit im kirchlichen Dienste weiter auszuüben oder nicht, mit allen ihren juristischen Konsequenzen. Die Mitglieder des Spruchkollegiums sind gehalten, solchen Spruch zu fällen unter Aufwendung ihrer besten theologischen Erkenntnis und ihrer reinsten seelsorgerlichen Liebe; sie nehmen ihm auf ihr an Gottes Wort gebundenes, dem Dienst der Kirche verpflichtetes Gewissen. Sie respektieren die Gewissensentscheidung des Beanstandeten, sie urteilen nicht über seinen Glauben und sein Gewissen; sie können in der Öffentlichkeit - zumal der kirchlichen - gleichen Respekt für ihre Gewissensentscheidung erwarten.

Jenem Haupteinwand gegenüber wiegen die anderen, die gegen das L. erhoben worden sind, nicht allzu schwer. Jeder, der ein kirchliches Amt übernimmt, verzichtet, indem er die Lehrverpflichtung auf sich nimmt, auf eine unbegrenzte individuelle Freiheit der Lehre. Er kann sich auch nicht darauf berufen, daß seine Gemeinde seine Lehrweise nicht beanstande. Die Einzelgemeinde ist Glied der Gesamtgemeinde. Nach der Doppelbedeutung des nt. Wortes ἐκκλησία und nach seiner Lehrverpflichtung gehört der Pfarrer sowohl seiner eigenen wie der Gesamtgemeinde zu. Umgekehrt muß man anerkennen, daß sowohl die Einzelgemeinde wie die Repräsentanten des → Kirchenregiments im Falle einer Lehrbeanstandung des Gewissensschutzes bedürfen; die damit vorliegende Not macht das L. erforderlich. Im Vorgang beständiger Selbstreinigung, deren die Kirche bedarf und die durch das Wort Gottes geschieht, bildet das L. die ultima ratio.

2. Das L. kann freilich nur in personeller und sachlicher *Begrenzung* angewandt werden. Weil es die Lehrverpflichtung zur Voraussetzung hat, kann nur ein Ordinierter ihm unterzogen werden; bei Kandidaten und kirchlichen Angestellten müssen die Mittel seelsorgerlicher Weisung und Geduld genügen. Andererseits darf die Lehrfreiheit von Theologen - auch ordinierten -, die in staatlichen Lehrämtern wirken, nicht durch ein kirchliches L. beschränkt werden. Eine geistig und geistlich lebendige Kirche darf darauf vertrauen, daß Gefährdungen kirchlichen Lebens, wie sie angesichts der modernen Wissenschaft unvermeidlich sind, durch die fortschreitende wissenschaftliche Diskussion überwunden werden können; auch Pfarrer, die sich an dieser Diskussion mit wissenschaftlich zureichenden Mitteln beteiligen, sind vor Lehrbeanstandungen zu schützen. - Vor allem aber muß das L. *sachlich* vom Disziplinarverfahren (→ Disziplinarrecht) streng geschieden bleiben. Wo das L. durch ein Disziplinarverfahren ersetzt wird, geschieht nicht nur dem Unrecht, bei dem eine Lehrbeanstandung vorliegt; es wird auch dem Ernst christlichen Wahrheitsstrebens Gewalt angetan und die Wahrheit selbst damit unglaubwürdig gemacht.

3. Damit sind schon gewisse Grundsätze für die *Durchführung* des L.s gegeben. Es darf das Ringen um die Wahrheit dadurch nicht gehemmt oder gar unterbunden werden; das L. darf deshalb nicht isoliert dastehen. Es setzt vielmehr theologische Bemühungen der Kirche voraus, die von Beginn der Ausbildung an das ganze Pfarrerleben umspannen. Rechte Handhabung der → Ordination, Vokation und → Visitation, seelsorgerliche Beratung und notfalls Mahnung und Warnung müßten die Durchführung eines L.s überflüssig machen. Ist es aber in Gang gekommen, so kann es nicht sorgfältig genug durchgeführt werden; lange Fristen müssen von allen Beteiligten in Kauf genommen werden. Bei der *Erhebung des Tatbestandes* dürfen nicht nur Vorgesetzte und Mitarbeiter des Beanstandeten herangezogen, sondern müssen auch alle wesentlichen Repräsentanten und Gruppen der Gemeinde befragt werden. Ein *Vorverfahren* muß in freier theologischer Diskussion die

Grundsatzfragen herausarbeiten, auf die die Beanstandung sich bezieht; hier sollten spätere Mitglieder des Spruchkollegiums nicht anders als passiv - zu ihrer eigenen Orientierung - beteiligt sein. Das *Lehrgespräch,* mit dem das Spruchkollegium seine Verhandlungen einleitet, sollte den Grad der Klärung feststellen, die in der Voruntersuchung über die Problematik gewonnen wurde. Das *Spruchkollegium* sollte nicht eine Erweiterung der kirchlichen Verwaltungsbehörde darstellen; andererseits sollten Mitglieder dieser Behörde nicht ganz davon ausgeschlossen sein, damit die Vorgeschichte, die örtlich bedingten Umstände und die kirchlichen Zusammenhänge des Falles richtig zur Geltung kommen. Bei der *Bildung* des Spruchkollegiums wirken Synode und Kirchenleitung zusammen, wenn nicht wie in der VELKD ein »Senat für Lehrfragen« als ständiges synodales Organ besteht, dem dann die Bildung obliegt. Eine wechselnde Besetzung des Spruchkollegiums wird sich von Fall zu Fall empfehlen, damit die theologischen und örtlichen Besonderheiten genügend berücksichtigt werden. Damit bei der Durchführung die Grundsätze, die für eine unabhängige richterliche Behörde maßgebend sind, sicher gehandhabt werden, sollten Juristen im Spruchkollegium nicht fehlen; darüber hinaus sind Nichttheologen in gebührender Zahl beizuordnen, damit sichergestellt bleibt, daß Lehrentscheidungen in der ev. Kirche nicht ohne das ausdrückliche Ja der Gemeinde gefällt werden können. Der *Spruch* des Kollegiums kann deshalb nur mit einer qualifizierten Mehrheit erfolgen. Wurde die Weiterführung des Amtes für unmöglich erklärt, so ist bei der Behandlung der *beamtenrechtlichen Folgen* alles zu vermeiden, was an den Charakter einer Strafsentenz erinnern könnte. Die finanziellen Folgen der Amtsenthebung sind großzügig zu behandeln; die Amtsbezeichnung sollte - wie schon Harnack in den Fällen → Jatho und Traub gefordert hat - in der Regel nicht entzogen werden.

Wichtiger als diese formalen sind die *inhaltlichen* Normen des L.s. Daß ihm das Spruchkollegium eine positive Lehrformulierung über die zur Frage stehenden Punkte zugrunde legen müßte (so Asmussen), würde zwar dem Beanstandeten größere rechtliche Sicherheit verleihen, ist aber undurchführbar, weil damit das Spruchkollegium zur Lehrinstanz gemacht würde, die das Bekenntnis fortzubilden und bindende Lehrentscheidungen zu fällen hätte. Es handelt sich auch gar nicht um theologische Einzelfragen; grundsätzlich schon seit Melanchthon wurde erkannt, daß ein L. nur dann zu führen ist, wenn es um das fundamentum fidei geht. Nur dann kann es sich bei dem feststellenden Spruch auf beiden Seiten um eine Glaubens- und Gewissensentscheidung handeln. Immer ist das Ganze der Lehrverkündigung des Beanstandeten in Betracht zu ziehen, muß die eigentliche Intention seiner Aussage berücksichtigt werden. Eine falsche Konsequenzmacherei muß vermieden werden. Es darf also nicht - etwa im Sinne der altprot. Orthodoxie - ein vorgegebenes System heilsnotwendiger Sätze zum Ausgangspunkt der Untersuchung gemacht werden; eine gerechte Beurteilung kann nur auf dem vom Beanstandeten selbst gemeinten Zusammenhang beruhen.

Bestandsaufnahme der bis 1953 erlassenen Gesetze bei J. NEUMANN, Über Lehrzucht u. L. (Ev.Welt 7, 1953, 541-543); dazu Lehrordnung der VELKD vom 16.6.1956, Amtsblatt der VELKD 1956 Nr. 34; über die Motivierung: Luth. Generalsynode 1955, 64-89; 1956, 116 bis 131. 247-261. 413-428 (Darstellungen u. Dokumente zur Gesch. der luth. Kirchen, 1956 u. 1957). - R. SOHM, Kirchenrecht I, 1892, 518ff - W. KAHL, Bekenntnisgebundenheit u. Lehrfreiheit, 1897 - A. AGRICOLA, Bekenntnisgebundenheit u. Lehrfreiheit unter dem Gesichtspunkt des Rechts, 1898 - G. HOLSTEIN, Die Grundlagen des ev. Kirchenrechts, 1928, 279ff - G. HOFFMANN, Lehrzucht u. Glaubensduldung bei Luther u. im Luthertum (Luthertum 1939, 161-184. 193-201) - DERS., Die Frage des Lehramts u. der Lehrgewalt im Luthertum (ZSTh 17, 1940, 37-70) - W. MAURER, Pfarrerrecht u. Bekenntnis, 1957, 140ff.

W. Maurer

Leib und Seele

I. Religionsgeschichtlich - II. Philosophisch. - Vgl. → Anthropologie, → Fleisch und Geist, → Seele

I. Religionsgeschichtlich

Das Verhältnis zwischen L. und S. ist - trotz aller gegenteiligen Behauptungen von Religionstheoretikern - schon unter den primitiven Völkern ein aktuelles Problem. Bei den meisten von ihnen, aber auch bei Kulturvölkern wie den Ägyptern, Griechen usw begegnet ein gewisser, obwohl nicht philosophisch ausgefeilter → Dualismus zwischen L. und S. Jedoch ist zu beachten, daß die Vorstellungen von der S. hier nicht monistisch sind, wie modernes Denken es voraussetzt, sondern pluralistisch-dualistisch (→ Seele), und daß der L. vielfach als eine der vielen Potenzen des Individuums gewertet wird. Die Trennung des L.es von den anderen Potenzen (S.n) wird also zwar wahrgenommen, ist aber nicht so grundlegend, daß man von einem konsequenten Dualismus sprechen kann. Angesichts der zeitweiligen Abwesenheit der Frei-S. vom Körper und der Vergänglichkeit des Körpers nach dem → Tode (weil die S. oder - besser - der Mensch im Totenreich weiterlebt) ist der Mensch von der Differenzierung von L. und S. überzeugt. Die S. treibt den Körper und herrscht über ihn, bes. die Frei-S. (die Körper-S. ist enger an den Körper gebunden und geht bisweilen mit ihm nach dem Tode zugrunde). Der L. ist Anknüpfungspunkt und Basis für mehrere S.n. Aber dieser Dualismus kann sich in Identität verwandeln: Wird die frei schwebende S. des ohnmächtigen Schamanen (→ Schamanismus) geschädigt, so kehren dieselben Wunden, die irgendein Geist seiner S. zugefügt hat, auf seinem Körper wieder. Auch die in vielen alten Kulturen (zB → Ägypten) verbreitete Sitte der Mumifizierung zeigt deutlich, wie wichtig die Erhaltung des L.es für das Leben nach dem Tode einst war (vgl. → Jäger).

Ein konsequenter Dualismus zwischen L. und S. findet sich erst in Religionen und philosophischen Spekulationen höherer Zivilisationen, wo sich gewöhnlich ein monistischer, einheitlicher S.nbegriff auf dem Grunde des alten S.ndualismus herausgebildet hat. Der schon unter den Primitiven verbreitete Gedanke, daß die S. im Körper wie in einem Behälter eingeschlossen ist, wurde von den Orphikern (→ Orpheus) und → Pythagoreern entwickelt und in eine philosophische Anschauung überführt, nach welcher S. und L. genetisch und qualitativ verschieden sind: die S. ewig und vom Himmel herabgekommen, der L. vergänglich und irdischen Ursprungs. Der Mensch sei bestrebt, sich von dem körperlichen Kerker und der → Seelenwanderung zu befreien, was durch → Askese, dh Verneinung des L.es verwirklicht werden könne. Eine ähnliche religiöse Philosophie vertritt auch die indische Erlösungslehre → Samkhya, nachdem die Befreiung des Menschen von der Welt und von der Seelenwanderung die Gebundenheit der S. an den L. beseitigt hat. Viele gnostische Anschauungen im Okzident und im Orient haben auf diesen Voraussetzungen weitergebaut; das Christentum und der Islam können nur auf diesem Hintergrund verstanden werden. - Neben diesen Glaubensrichtungen gibt es in den späteren Hochkulturen auch religiöse Systeme, die den Dualismus völlig aufgehoben haben, bes. der → Buddhismus (: I), der die S. in Elemente auflöst und die Wirklichkeit des Körpers verneint.

ERE II, 755ff; IX, 725ff - E.ARBMAN, Unters.en zur primitiven S.nvorstellung mit bes. Rücksicht auf Indien (MO 20, 1926, 85-226; 21, 1927, 1-185) - R.B.ONIANS, The Origin of European Thought about the Body, the Mind, the Soul etc, Chicago 1951 - Å.HULTKRANTZ, Conceptions of the Soul among North American Indians (Statens etnogr. mus.. Mon. Ser. I), 1953, § 29 - Anthropologie religieuse, éd. C.J.BLEEKER (Suppl. to Numen II), Leiden 1955. - Vgl. die Lit. zu → Leben, → Mensch: I. *Å.Hultkrantz*

II. Philosophisch

1. Das Problem - 2. Phänomenologie des L.-S.-Problems - 3. Geschichtliches

1. Die Beziehung L.-S. ist ein Spezialfall des allgemeinen Problems des Verhältnisses von Materie zu den sie bewegenden, formenden, erregenden, steuernden Prinzipien, der Beziehung von Totem zu Lebendigem, Anorganischem zu Organischem, Natur zu Geist. Sofern es sich um das Verhältnis L. und S. beim Menschen handelt, ist es dasjenige Kernstück einiger Erfahrungswissenschaften vom Menschen wie Anthropologie, Physiologie, Psychologie, Soziologie, Medizin, das auf das Wesen der menschlichen Person zielt. Schon in seiner einfachsten und geschichtlich frühesten Form entzündet sich das Problem an Beobachtungen: Traum und Tod. Sie sind durch den Vorgang der Trennung von L. und S. verwandt. Jede Theorie und Metaphysik der L.-S.-Beziehung hat von Phänomenen auszugehen, die in den genannten Erfahrungswissenschaften beobachtet wurden. Die L.-S.-Einheit oder Ganzheit bezeichnet die Tatsache, daß im wissenschaftlichen Umgang mit Menschen L. und S. als phänomenale Einheit immer gleichzeitig gegeben sind. L. bezeichnet die eigentümliche Struktur des menschlichen Körpers, die in einer arttypischen Weise auf Partnerschaft mit einer ebenso artspezifischen seelischen Struktur angelegt ist (→ Anthropologie: I). S. ist ein Komplex von Qualitäten, die mehr oder weniger eng mit dem Körper und seinen physikalisch-chemischen Gesetzmäßigkeiten verknüpft sind. Je geringer diese Bindung ist, umso höher ist der Freiheitsgrad. Bewußtsein taugt nicht als Kriterium des Seelischen, zB zur Verneinung der Tier-S. Die Grenze zwischen Unbewußtem und Bewußtem im Menschen ist nicht festgelegt, wie der Einfluß von Konzentrationsvermögen und Stimmungen zeigt. Tiefer als Bewußtsein geht Erleben, bleibt aber allgemeiner als dieses. Erleben können ist aber Humanum ersten Ranges, das den Menschen von dem nur lebenkönnenden Tier abhebt. Das L.-S.-Problem erweitert sich zur Einheit von Körper-S.-Geist.

2. Das Studium des Menschen zeigt, daß es keine Äußerung seines Daseins gibt, in der Körperliches oder Seelisches rein vorliegt. Körperliche und seelische Eigenschaften werden, materiell an elterliche Chromosomen gebunden, dem Individuum mitgegeben. Phylogenetisch differenziert sich das Seelische im Zusammenhang mit bestimmten körperlichen Entwicklungen (→ Anthropologie: I). Die somatopsychischen Korrelationen wiederholen sich in der Ontogenese des Einzelwesens. Trotz Bastardierung ist das Verhältnis der Teile, also auch leiblicher und seelischer Eigenschaften, begrenzt variabel (Rodenwaldt). Es gibt Kräfte der Proportionierung und Harmonisierung der Eigenschaftsausprägung (v.Eickstedt). Diese Abstimmung körperlicher und seelischer Eigenschaften zu einer geschlossenen Persönlichkeit, die die Grenzen und Möglichkeiten des Menschen, Dispositionen zu bestimmten Leistungen, aber auch bestimmten, vor allem seelischen Krankheiten umfaßt, versucht man im Begriff der Konstitution zu fassen (E.Kretschmer). Eindrucksvoll wird die L.-S.-Einheit an den Verhaltensweisen demonstriert, an denen der Mensch sich in der mitmenschlichen Umwelt orientiert: Haltung, Verhalten, Gestik, Mimik, Ausdrucksbewegungen des Zorns, der Verachtung, der Freude, der Trauer. Sie tragen zT gattungs-, zT individualspezifische Merkmale. Das körperlich Wahrnehmbare läßt uns in das Gefüge der L.-S.-Einheit hineinblicken, da die Motorik im Dienst der »Symbolik der menschlichen Gestalt« (C.G.Carus, F.Popitz) steht. Physiognomik und Ausdruck (→ Lavater, L. → Klages) öffnen den Zugang zum Mitmenschen. Die leib-seelischen Phänomene der Emotionen und Affekte bilden den Ausgangspunkt der → Psychosomatik. Die Unauflösbarkeit des leib-seelischen Zusammenhangs im Affekt erlaubt nur die Feststellung, daß ein primärer L.-S.-Zustand in einen sekundären überging. Wie sehr Sprechen, Schreiben, Malen, Singen, Tanzen auch beim Gesunden Ausdrucksgeschehen sind, hat die Erfahrung an Kranken gelehrt. V.v.Weizsäcker hat die Leistungen und Leistungsstörungen bes. untersucht und auf die konstitutionelle Zusammengehörigkeit von L. und S. im »Gestaltkreis« von Wahrnehmung und Bewegung, Sprache und Denken hingewiesen. Einheit, Integration, Gestalt, Ganzheit meint immer Körper und S. Hypnose (→ Hypnotismus), → Suggestion, autogenes Training zeigen das Problem von der Seite des primär-seelischen, Bestreichen der Haut, Baden, Massieren u.dgl. von der Seite des primär-leiblichen Anstosses für eine psychophysische Zustandsänderung. Den höchsten Freiheitsgrad erreicht der Mensch in der Fähigkeit, L. zu haben, sich dem L.-S.-Geschehen gegenüber zu stellen, sich zu distanzieren, sich zuzuschauen und das Geschehen in gewissem Sinne zu manipulieren (Pharmaka, Training, Erziehung, Selbstdisziplinierung, Zwecksetzung), sich zu verbergen, zu verstellen. Verlust dieser Distanz ist Störung der leib-seelischen Integration in Form eines Fehlverhaltens (Neurose) oder einer Desintegration an der Grenze des Sich-Verhalten-Könnens im Lachen und Weinen (Plessner).

Phylogenese, Ontogenese und Pathologie zeigen die enge Verbindung von Gehirn und seelischem Vermögen. Die Beispiele zeigen aber, daß man Seelisches nicht einfach als Nebenerscheinung von Stoffwechselvorgängen, Mineralverschiebungen, elektrischen Ladungen usw auffassen kann; denn die seelischen Begleiterscheinungen körperlicher Vorgänge wirken auf diese zurück und umgekehrt. Am ehesten paßt der Vergleich mit einem Regelkreis. Es ist aber nicht mehr als ein Vergleich, denn das Problem der Energietransformation ist ungelöst. Man begnügt sich deswegen häufig damit, das Seelische als erlebte Innensicht körperlicher Vorgänge zu bezeichnen. Das Kugelschalenbild (Konkavität - Konvexität) dient als Symbol eines Komplementaritätsgedankens, der L. und S. als zwei vom Standort des Fragers und Forschers bestimmte Aspekte des menschlich lebendigen Ganzen auffaßt. Aus experimentellen Studien und Beobachtungen an Kranken, Hirnverletzten und Hirnoperierten weiß man, daß den verschiedenen seelischen Qualitäten größere Hirnareale zugeordnet sind. Frühere Hoffnungen, jedem Trieb, jedem Charakterzug, jeder Intelligenzleistung einen umschriebenen Ort im Hirn anweisen und diesen gar aus der äußeren Bildung des Schädels erschließen zu können (Phrenologie), mußten aufgegeben werden. Entscheidender als die Lokalisation ist die Koordination verschiedener Hirnregionen für die psychophysischen Leistungen. Gerade hochspezialisierte Intelligenzleistungen setzen die Integrität großer Hirnbereiche voraus. Die allgemeinsten Folgerungen hat G.-E.Müller bereits 1896 gezogen: jedem Bewußtseinszustand liegt ein materieller Vorgang, ein psychophysischer Prozeß zugrunde. W.Köhler hat die Gestalttheorie ebenfalls auf physiologische Hirnprozesse gegründet. Physiologisch-psychologisch gesehen ist das

L.-S.-Verhältnis auf das Verhältnis »von organisierten zentral nervösen Prozessen und seelischen Gehalten« gebracht (Rothschuh). Die Trennung von objektiver (Anatomie, Somatologie) und subjektiver (Psychologie) Anthropologie (O.Cassmann, F.A.Carus) ist eine Arbeitshypothese.

3. Die älteste Metaphysik des L.-S.-Problems hat die Form des → Animismus, des Glaubens an die Allbeseelung der Natur. Ein Gegensatz wird zwischen Bewegtem und Bewegendem dabei auch in der frühgriechischen Form des Hylozoismus nicht empfunden. Das Seelische ist qualitas accidens, wie die Kraft im Magneten (Thales). Nach Diogenes Laertius hielt Thales die Welt für beseelt (ἔμψυχος). Die konstitutionelle, harmonische Zusammengehörigkeit kommt auch im Nous-Begriff des Anaxagoras und im Atombegriff Demokrits zum Ausdruck (→ Griechisch-römische Philosophie, 2 a γ). Der Gedanke der unauflöslichen Einheit setzt sich in der → Entelechie-Lehre des → Aristoteles fort, in der die S. die Form und Sinnbestimmung, das Zweckprinzip, die Wirklichkeit des Körpers ist. Diese ist nicht ohne L. und L. ist nicht ohne S., das Prinzip des Lebendigen, denkbar. Beide gehören also zusammen, können nicht auseinandertreten, nicht getrennt beobachtet werden und folglich auch nicht in Gegensatz geraten. Was der S. geschieht, geschieht immer auch dem L. und umgekehrt. S. ist nur im Zusammenhang mit → Materie existent. Die Einheit des lebendigen L.es ist auch für → Thomas von Aquino auf den natürlichen Zusammenhang von L. und S., Stoff und → Form gegründet. Beide sind nicht verschiedene Substanzen, sondern fügen sich in der Aktualität menschlichen Daseins erst zur einen, vollkommenen → Substanz zusammen. L. ist Möglichkeit. Erst das Prinzip des Lebendigen gibt ihm Wirklichkeit. In der Neuzeit hat → Spinoza die Lehre von der Identität von Körper und S. vertreten. Beide sind nur Modi der einen göttlichen Substanz (una eademque res, sed duobus modis expressa). Der Gedanke setzt sich fort in den Identitätslehren der Romantik (C.G.Carus) und der Psychologie des 19.Jh.s (H. → Lotze, G.Th. → Fechner, W. → Wundt). Er hat eine lebendige Tradition in L. → Klages (»Die S. ist der Sinn des L.es, und der L. ist der Ausdruck der S.«) und H.Driesch (→ Vitalismus).

Die *dualistischen* Vorstellungen laufen nicht notwendig auf einen Gegensatz von L. und S. hinaus. Das dualistische Prinzip liegt allen Theorien von Wechselwirkung, Parallelismus, Transformation, Korrelation, Koinzidenz, Isomorphie, Analogie und auch den monistischen Auffassungen verschiedener Prägung zugrunde (→ Monismus: II). Je mehr Erfahrungen über leib-seelische Phänomene gewonnen wurden, um so mehr versuchte man das Problem der Harmonie, Zusammenarbeit, Ergänzung beider als wesensverschieden gedachter Substanzen denkerisch zu bewältigen. So entstanden eine Reihe von philosophischen Denkschemata, die dualistische und monistische Züge miteinander kombinieren. Jede Theorie hat sich mit der Sinnhaftigkeit und Zweckmäßigkeit psycho-physischer Prozesse auseinanderzusetzen. Ausgangspunkt aller dualistischen Philosophie über das L.-S.-Problem ist die Philosophie → Platons. Ihm ist die S. Vermittlerin zwischen den ewigen Ideen und dem Diesseits. Orphischem Glauben (→ Orpheus) entstammt die Vorstellung, daß sie leidend und sühnend in den L. gebannt ist und diesen führt. Sie befindet sich zu ihm gleichzeitig in Partnerschaft und Gegnerschaft. Durch Unsterblichkeit ist sie grundsätzlich von ihm verschieden (→ Pythagoreer). Platon nimmt also zwei Substanzen an. Die seelische Substanz ist komplexer Natur, ihre verschiedenen Anteile haben unterschiedliche Funktionen und einen Sitz im Körper: Geist (Logistikon: Kopf), Gemüt (Thymos: Brust-Zwerchfell) und Leidenschaft, Begierde (Epithymia: Unterleib). Aus der körperlich-hierarchischen Ordnung (oben-unten, Kopf-Unterleib) ergibt sich auch eine Wertordnung der seelischen Qualitäten (Verstand-Wille-Lust), die in der Ständeordnung der Gesellschaft eine Parallele hat. Hellenistisch ist die Dreiteilung in Körper, S. und → Geist (: VII). Die S. wird zur Vermittlerin zwischen Soma und Pneuma oder Nous (→ Plotin, → Tatian, → Irenäus, → Origenes). Der → Manichäismus unterscheidet Licht-S. und L.-S. Im platonischen Dualismus und seiner Zweisubstanzenlehre liegt der Kern der Ungleichartigkeit von L. und S., der Gegensätzlichkeit und Inferiorität des Fleisches (Paulus, Augustin; → Fleisch und Geist: II). Das mittelalterliche Denken kennt alle möglichen Variationen dieses Verständnisses von L. und S. → Descartes hat die scharfe Trennung und die kategoriale Verschiedenheit und Unvergleichbarkeit beider Substanzen (res cogitans und res extensa) ganz im Sinne Augustins durchgeführt. L. und S. stehen in Wechselwirkung miteinander, die durch die Zirbeldrüse vermittelt wird. Auch spätere Versuche von H. → Lotze und C.Busse haben die Hürde des Energieproblems, das der Annehmbarkeit der kausalen Wechselwirkung im Wege steht, nicht forträumen können. Einen Ausweg versuchen die Parallelismus-Theorien. Sie halten den spezifischen Eigenwert von Körper und S. fest: der → Okkasionalismus (→ Geulincx, → Malebranche) denkt sich Mitreaktionen (Bewegung-Empfindung, Wille-Bewegung). Nach → Leibniz stimmen körperliche und seelische Ordnungen infolge der geschaffenen prästabilierten Harmonie überein. Was als Wechselwirkung erscheint, ist paralleles Geschehen. Da alle Möglichkeiten des Seins im Prinzip der kleinsten S.neinheit der Monade beschlossen sind, ist die Metaphysik des Leibniz die Grundlage jedes idealistischen Monismus in bezug auf das L.-S.-Problem. Die Ansätze von Descartes und Leibniz haben jedoch verschiedene monistische Deutungen des Problems veranlaßt. Für sie sind L. und S. nicht verschiedene Substanzen. Lebensphänomene erscheinen uns nur als psycho-physische Komplexe. Für den idealistischen Ansatz ist nur das wirklich, was im Bewußtsein erscheint, also das Seelische (→ Berkeley, → Schopenhauer). Für den spiritualistischen → Monismus (: II; E.Becher) sind die leiblichen Vorgänge nur nach außen projizierte seelische. Der L.-S.-Parallelismus betrifft nicht das Wesen, sondern die Erscheinung. Für den materialistischen Monismus ist alles Seelische nur Epiphänomen von Körperlichem, Produkt des Gehirns wie die Sekrete der Drüsen (L.Büchner, C.Vogt). Hier wird das Seelische zum Schein. Einige neuere Theorien versuchen die Wechselwirkungs- und die Parallelitätshypothese zu überbauen: so die Doppelursachen-Doppelwirkungstheorie E.Bechers (psycho-physische Bedingtheit des Bewußtseinsvorganges und des ihn begleitenden nervös materiellen Geschehens), die Funktionstheorie E.Dürrs (einseitige Abhängigkeit des psychischen Geschehens), die Hypothese von Driesch, daß die Entelechie des L.es der S. parallel geordnet ist, die den Körper lenkende Entelechie aber mit diesem in Wechselwirkung steht, und die Transformationstheorie von Reininger, in der das L.-S.-Problem auf das Verhältnis von Vorstellung und Entelechie reduziert wird, die sich in ständig wechselndem Übergang befinden.

F.A.Carus, Psychologie, 1823 - C.G.Carus, Psyche, 1846 - Ders., Symbolik der menschl. Gestalt, 1853 - L.Busse, Geist u. Körper, S. u. L., 1903 - E.Becher, Gehirn u. S., 1911 - Ders., Einführung in die Philosophie, 1926 - H.Driesch, L. u. S., (1916) 1923[3] - E. Kretschmer, Körperbau u. Charakter, (1921) 1951[20] - Ders., Mediz. Psychologie, (1926) 1956[11] - H.Heimsoeth, Die sechs großen Themen der abendländ. Metaphysik, (1922) 1934^{3} - W.Köhler, Bemerkungen zum L.-S.-Problem (Dt. Med. Wochenschrift 50, 1924, 1269 f) - Ders., Psychologische Probleme, 1933 - G.R.Heyer, Das körperlich-seelische Zusammenwirken in den Lebensvorgängen, 1925 - H.Prinzhorn, L.-S.-Einheit, 1927 - R.Reininger, Das psychophysische Problem, 1930 - W.H.v.Wyss, Körperlich-seelische Zusammenhänge in Gesundheit u. Krankheit, 1931 - A.Wenzl, Das L.-S.-Problem, 1933 - L.Klages, Grundlegung der Wiss. vom Ausdruck, (1936) 1950^{7} - Ph.Lersch, Der Aufbau des Charakters, (1938) 1954^{6} - E.Rothacker, Die Schichten der Persönlichkeit, (1938) 1952^{5} - V.v.Weizsäcker, Der Gestaltkreis, (1940) 1950^{4} - O.Bumke, Gedanken über die S., 1941 - H.Rohracher, Einführung in die Psychologie, (1946) 1948^{2} - Ders., Die Arbeitsweise des Gehirns u. die psych. Vorgänge, 1953 - N.Hartmann, Neue Wege der Ontologie, 1947 - W.R.Hess, Das Zwischenhirn, (1949) 1954^{2} - Ders., Die funktionelle Organisation des vegetativen Nervensystems, 1954 - H.Plessner, Lachen u. Weinen, 1950 - G.Destunis, Einführung in die mediz. Psychologie, 1955 - F.J.J.Buytendijk, Allg. Theorie der menschl. Haltung u. Bewegung, 1956 - F.Popitz, Die Symbolik des menschl. L.es, 1956 - J.Ruesch-W.Kees, Nonverbal Communication, Berkeley 1956 - P.R.Hofstätter, Psychologie, 1957 - K.Stavenhagen, Person u. Persönlichkeit, 1957 - J. Bauer, Der kranke Mensch als biolog. Einheit, 1958 - U.Ebbecke, Physiologie des Bewußtseins in entwicklungsgeschichtl. Betrachtung, 1959 - K.E.Rothschuh, Theorie des Organismus, 1959. - Vgl. auch die Lit. zu → Anthropologie: I. II.

F.Hartmann

Leibniz, *Gottfried Wilhelm* (1646-1716), * in Leipzig, † in Hannover; luth. getauft, studierte von 1661-66 die obligaten philosophischen Disziplinen und dann Jurisprudenz in Leipzig und Jena, promovierte 1667 zum Dr. jur. in Altdorf, schlug dort eine ihm angebotene Professur aus. Seine akademischen Schriften behandeln Themen der Metaphysik, der juristischen Logik und die Ars combinatoria. Mit einer Schrift zur Reform des juristischen Unterrichts gewann L. die Gunst des Kurfürsten von Mainz, der ihn mit der Mitarbeit an einer Neukodifikation des römischen Rechts beauftragte. Er griff damals in einigen Schriften Zeitprobleme der Politik und Theologie auf. Hingewiesen sei auf die Confessio naturae contra atheistas (1669), auf die gegen die → Sozinianer gerichtete Defensio trinitatis per nova reperta logica (1669) sowie auf die Entwürfe zu einem Leitfaden zur Entscheidung kirchlicher und weltlicher Streitfragen (De iudice controversiarum) und zu einer großangelegten vernunftgemäßen Begründung der christlichen Glaubenswahrheiten (Demonstrationes catholicae), zu der auch die Demonstratio possibilitatis mysteriorum Eucharistiae und weitere erst aus dem Nachlaß veröffentlichte Schriften der Mainzer Zeit zählen. In Paris (wohin er 1672 gesandt wurde) krönte er seine unter den kritischen Augen der bedeutendsten Mathematiker der Zeit erlangte Bildung mit seiner von → Newton unabhängigen Erfindung des Infinitesimalkalküls. Damals hat er mit → Arnauld (, 3), → Nicole, → Huet, → Malebranche, Huygens und Tschirnhaus disputiert, die Nachlässe von → Descartes und → Pascal studiert und auf Reisen nach London seine Bindung zur Royal Society verstärkt. Nachdem er 1676 sehr ungern Paris verlassen hatte, um als Hofrat nach Hannover zu gehen, hat er eine ungewöhnlich weitreichende Korrespondenz geführt. Überdies weiteten Reisen, zB eine über Wien nach Italien (1687-90) zur Erforschung der Genealogie der Welfen, seinen Interessenkreis. In Rom traf er mit Jesuiten von der China-Mission zusammen, denen er ausführliche Fragebogen zur Kultur und Technik dieses Landes mitgab. An die Gelehrten Roms wandte er sich in Denkschriften über die Vereinbarkeit der kopernikanischen Theorie mit den Lehren der kath. Kirche und suchte den neuen Papst für seinen Plan eines Kreuzzuges gegen die Türken zu gewinnen. Eine ihm angebotene Bibliothekarstelle an der Vaticana lehnte er ab, da er sich wie schon in früheren Jahren entschieden weigerte zu konvertieren. Im Auftrage des Kurfürsten Ernst August hat er an den Verhandlungen zur Reunion der christlichen Kirchen (→ Einigungsbestrebungen: II, 2 c) teilgenommen und mit → Bossuet und Pellisson einen umfangreichen Briefwechsel geführt. Dazu hat er eine Darstellung des christlichen Glaubens vom angenommenen Standpunkt eines Katholiken verfaßt (das sog. Systema theologicum). Neben → Molanus wurde L. der Wortführer in den Reunionsverhandlungen mit → Spinola und später Buchhaim, überzeugt davon, daß von ihrem Ausgang der Friede → Europas (: I, 4) abhinge. Mehr Erfolg, wenn auch erst nach seinem Tode, waren in Preußen seinen Bestrebungen zur → Union (: I) der luth. und der ref. Kirche beschieden. Für seine großen Pläne zur Gründung wissenschaftlicher → Akademien (: I, 2 b), als völkerverbindende kulturelle Knotenpunkte des geistigen Europa, hat er an den Höfen in Berlin, Wien, Dresden und bei → Peter d.Gr. geworben. Aber nur die Berliner Societät der Wissenschaften, deren Präsident er wurde, ist noch zu seinen Lebzeiten errichtet worden. Königin Sophie Charlotte regte ihn an, seine Kritik an P. → Bayle in Gestalt der populären Essais de Théodicée (1710) zu veröffentlichen. Seine um 1704 verfaßte dialogische Auseinandersetzung mit → Lockes großen Einfluß gewinnendem Werk über den menschlichen Verstand, die Nouveaux Essais, hat L., da Locke 1704 starb, unveröffentlicht gelassen (gedr. 1765). Bei seinem letzten Aufenthalt in Wien (1712-14) schrieb er für Prinz Eugen die Principes de la nature et de la grace fondés en raison (gedr. 1718). Kurz darauf verfaßte er seine wohl reifste Schrift, die sog. Monadologie (gedr. dt. 1720, lat. 1721, franz. Original 1840), die gleichwohl nicht als sein Vermächtnis angesehen werden kann, weil sie seinen Phänomenalismus, an dem er bis zuletzt festgehalten hat, übergeht. Gerade durch diesen aber glaubte L. die bedrohte Einheit des wissenschaftlichen und religiösen Weltbildes bewahren zu können, da er ihn gleichermaßen geeignet hielt, der Kausalität im Reiche der Natur wie der Finalität im Reiche der Gnade Rechnung zu tragen. - L. hat durch seine intensive Schaffenskraft sein Leben wahrhaft verlängert. Sein Schaffen beschränkte sich nicht auf die Philosophie, die Theologie, die Jurisprudenz und die Mathematik. Er war außerordentlich produktiv als Historiker (Quellenpublikationen) und politischer Publizist (gegen Ludwig XIV.), als Naturforscher (Dynamik, Phoronomie, Geologie und Alchemie) und Techniker (Rechenmaschine, Harzbergbau), er regte das Studium der deutschen Sprache und der Sprachvergleichung an und bemühte sich um praktische Fragen der Medizin, der Ökonomie und der Förderung des allgemeinen Besten.

In Auseinandersetzung mit der mechanistischen Philosophie arbeitete L. seinen Begriff der *Monade* heraus. Eine Monade ist eine immaterielle und als solche unteilbare und unzerstörbare Einheit, als einfache Substanz ein être capable d'action; von jeder anderen Monade eindeutig unterscheidbar, kann sie jedoch mit keiner anderen in Wechselwirkung treten, weil ihre Tätigkeit einzig in ihrem inneren Streben nach neuen Perzeptionen aufgeht. Jede Monade drückt nach einem inneren Entwicklungsprinzip auf die ihre Individualität konstituierende Weise das ganze Universum aus, gleichsam als lebender immerwährender Spiegel, der seine Bilder spontan schafft. Alles Körperliche, und damit die gesamte uns begegnende objektive Welt der Physik ist nur als Phänomen *in* den es perzipierenden Monaden wirklich, nicht wie später bei → Kant als Erscheinung *von* Dingen an sich. Das Universum bildet eine von den bewußtlosen, »nackten« Monaden über die Seelenmonaden (Pflanzen und Tiere) bis zu den Geistmonaden (Menschen und Genien) gegliederte diskrete Mannigfaltigkeit. Monaden unterscheiden sich einzig durch die Deutlichkeitsgrade ihrer Perzeptionen. Während die »nackten« Monaden das Universum nur unbewußt perzipieren, haben die Seelenmonaden schon deutlichere, bewußte Perzeptionen und Gedächtnis. Die Geistmonaden haben an der Vernunft, dh am Besitz der ewigen und notwendigen Wahrheiten teil, aber erst Gott, die höchste der Geistmonaden, die Urmonade, aus der alle anderen per emanationem hervorgehen, hat ausschließlich deutliche Perzeptionen und kann aus einem beliebigen Zustand einer jeden Monade die Gesamtheit der vergangenen, gegenwärtigen und zukünftigen Zustände des Universums integrieren, die dem ihr eingeprägten Entfaltungsgesetz nach von ihr exakt repräsentiert wird. Nach L.' großer Hypothese der prästabilierten Harmonie hat Gott bei der Schöpfung diese Entfaltungsgesetze so aufeinander abgestimmt, daß jede Monade einen durch ihren Standpunkt variierten einmaligen Aspekt des Universums wiedergibt. Die Vollkommenheit des Kosmos und die Größe Gottes finden ihren Ausdruck in der größtmöglichen Mannigfaltigkeit individueller Perspektiven. Von den zur Existenz strebenden Möglichkeiten hat Gott diejenigen realisiert, die ein Maximum an Kompatibilität besitzen. Diese Welt ist die beste der möglichen Welten. Dieser vielberufene Gedanke lebt aus einem ergebenen Vertrauen in die Güte Gottes und besagt nicht, daß die Welt in allen ihren Stücken vollkommen ist. Uns fehlt die Einsicht in die Gott rechtfertigende Sinngebung des jeweiligen uns treffenden Übels, das ein innerhalb der optimalen Weltordnung notwendiges, aus der Endlichkeit der Kreaturen resultierendes, privatives Element darstellt. Erst die nachfolgende → Aufklärung hat diesen Gedanken in einen seichten optimistischen Anthropozentrismus verkehrt.

L.' von Jugend an verfolgtes Ziel war es, eine Lingua rationalis zu entwickeln, in der durch Definitionen alle Begriffe auf die sie konstituierenden Elementarbegriffe reduziert werden können. Aus dem Katalog dieser Elementarbegriffe (Alphabetum cogitationis) sei durch Anwendung der Ars combinatoria jede mögliche Beziehung zwischen beliebigen Dingen auszudrücken. Dazu bedürfe es aber einer Characteristica universalis, einer Kunst, allen Gedanken ihre sie repräsentierenden natürlichen oder arithmetischen Charaktere zuzuordnen, so daß die Struktur aller zusammengesetzten Gedanken aus ihren jeweiligen Charakteren unmittelbar ablesbar ist. L. wollte so eine Ars iudicandi zur Beurteilung der Deduzierbarkeit eines jeden Gedankens aus den Grundwahrheiten und eine Ars inveniendi zur kombinatorischen Gewinnung aller möglichen Wahrheiten schaffen. Das materiale Komplement zu einer so gewonnenen Scientia generalis sollte durch Erarbeitung einer allumfassenden Enzyklopädie bereitgestellt werden. Wenn auch die Characteristica universalis nie vollendet worden ist, so war sie doch zeitlebens Leitbild, aber auch Hemmschuh seiner philosophischen Arbeit. Die heutige Logistik weiß sich L. in vielen ihrer großen Errungenschaften verpflichtet, ist aber im Grundsätzlichen weit entfernt von dem, was L. als das innere Anliegen dieser Forschungen angesehen hat: ein Organon zu schaffen, das die Elemente der → Metaphysik und der natürlichen Theologie auf ein Fundament unwiderleglicher, mathematischer Gewißheit zu stellen ermöglicht. Das überhaupt kennzeichnet L.' Rationalismus, daß er um der Theologie willen Mathematiker geworden ist. – Vgl. → Aufklärung: I, 3 d, → Individuation.

GA ed. Dt. Akad. der Wissenschaften zu Berlin – L.-Forschungsstelle der Univ. Münster, 40 Bde geplant, seit 1923 9 Bde ersch. – Weitere Ausg.n s. E.RAVIER, Bibliogr. des oeuvres de L., Paris 1937; Ü III, 304ff; BPhil I, 369f – Textes inédits ed. G.GRUA, 2 Bde, Paris 1948 – Lettres de L. à Arnauld ed. G.LEWIS, ebd 1952 – Malebranche et L., Relations personnelles ed. A.ROBINET, ebd 1955. – Über L. u.a. (vgl. Ü III, 673ff; BPhil I, 370ff): D.MAHNKE, L.' Synthese von Universalmathematik u. Individualmetaphysik, 1925 – DThC IX/1, 1926, 173ff – L. LE CHEVALLIER, La morale de L., Paris 1933 – E.HOCHSTETTER, Zu L.' Gedächtnis, 1948 – DERS., L. (Die großen Deutschen II, 1956, 9-21) – H.W.B.JOSEPH, Lectures on the Philosophy of L., Oxford 1949 – F.BRUNNER, Études sur la signification historique de la philosophie de L., Paris 1950 (Lit.) – HIRSCH II, 7ff – J.GUITTON, Pascal et L., Paris 1951 – W.CONZE, L. als Historiker, 1951 – G.GRUA, Jurisprudence universelle et théodicée selon L., Paris 1953 – DERS., La justice humaine selon L., ebd 1956 – J.MOREAU, L'univers leibnizien, ebd 1956. *H.Schepers*

Leichenverbrennung. In der Eiszeit und im frühen Neolithikum noch unbekannt, ist die L. zuerst durch Aschenfunde in südrussischer (bemalter) Keramik (3500 bis 2500 vChr) nachweisbar, dann auch in der späten Bandkeramik Mitteleuropas (2000-1600). L. kommt auch in der jüngeren Schnurkeramik (1800-1600) und gelegentlich in der späten Walternienburg-Bernburger Kultur vor (1800-1600). In der Megalithkultur des Neolithikums ist L. nur selten beobachtet worden. Die Hauptfundplätze dieser Art liegen im nördlichen Frankreich. In der frühen Bronzezeit dominiert die Bestattung (→ Begräbnis: I), erst seit 1000 vChr erscheint wieder die L. In der Hallstattzeit überwiegt die Bestattung. In dem großen Gräberfeld von Hallstatt (Oberösterreich) herrscht in den älteren Stufen L., später nur noch die Bestattung. Von Latène III ab (100 vChr bis 50 nChr) tritt neben der Bestattung auch L. auf. – Bei den Griechen der homerischen Zeit wird der Tote verbrannt. Bei den → Etruskern und Römern kommen beide Formen vor. In → Ägypten und Mesopotamien herrscht die Körperbestattung, dagegen ist → Indien das alte Land der L. Das Christentum fördert im Anschluß an das Judentum, das nur die Bestattung kennt, die Sitte des → Begräbnisses (: III). 784 erläßt Karl d.Gr. zur Bekämpfung noch lebender heidnischer Bräuche ein Verbot der L. – Die geistige Grundlage der L. kann gemäß einigen Forschern der Gedanke der Loslösung der → Seele vom Körper sein (→ Leib und Seele: I), andererseits aber auch die Verhinderung der Wiederkehr. – Über die Stellung der christlichen Kirchen zur L. vgl. → Feuerbestattung.

E.ROHDE, Psyche, (1893) 1925[10] – K.DÖHRING, Seinen Leib brennen lassen (Unters.en z. Gesch. des Buddhismus 19), 1926 – O.MENGHIN, Weltgesch. der Steinzeit, 1931 – HWDA V, 1102ff – H.v.GLASENAPP, Entwicklungsstufen des ind. Denkens (SGK 1940, 5) – D.M.ROBINSON, Excavations at Olynthus XI: Necrolynthia, Baltimore 1942 – C.-M.EDSMAN, Ignis divinus (SVSL 34), 1949 – R.PITTIONI, Die urgeschichtl. Grundlagen der europ. Kultur, 1949 – RÄRG 420f. – Vgl. → Ausgrabungen: I, → Begräbnis: I. *Herbert Kühn*

Leiden

I. Religionsgeschichtlich – II. Im AT – III. Im NT – IV. Dogmatisch – V. Ärztlich – VI. Seelsorgerlich. – Ergänzend vgl. → Krankheit

I. Religionsgeschichtlich

»Gutes und Böses widerfahren dem Menschen nicht ungerechterweise, denn der Himmel sendet Elend oder Glück gemäß menschlichem Betragen« (Shu Ching 4, 6, 2, 5, übers. v. J.Legge, The Chinese Classics III/1, 1865, 216). Dieser Moralismus der *konfuzianischen Tradition* (→ Konfuzius) wird jedoch variiert durch die Erkenntnis, daß böse Regenten auch L. auf unschuldige Untertanen bringen und Weise gerade wegen ihrer Tugend leiden müssen. → Mêngtse verstand L. als pädagogisches Mittel: »Wenn der Himmel beabsichtigt, einem Mann ein großes Amt zu übertragen, übt er den Geist erst mit L. und die Sehnen und Knochen mit Mühe«

(Legge II, 323). Der Weise soll verdientem oder unverdientem L. mit Mut und Würde begegnen. - Die Religionen des nachvedischen → *Indien* (: II) betrachten L. als beherrschenden Zug des weltlichen Lebens. Selbst die → Bhagavadgîtâ nennt diese Welt flüchtig und unglücklich (9, 33), »ein Ort des L.s« (8, 15). → Buddha lehrte sogar, daß *alles* menschliche Erleben Schmerz ist wegen des unersättlichen Verlangens, das es bewegt (SBE XI, 148). »Wisse, daß alles Elend aufsteigt von bösen Taten«, sagt ein jinistisches sûtra (SBE XLV, 245). → Hinduismus (: I) und → Buddhismus (: I) sind sich einig: L., niemals schuldlos, entspringt starrer Kausalität von Übeltaten dieses oder eines früheren Lebens. Leidende sollen ihre gerechte Strafe geduldig tragen, sich entschließen, zukünftig die Sünden zu meiden, denen sie sich verhängnisvoll ergaben, und nach Befreiung von dem völlig elenden Zyklus der → Seelenwanderung streben. Dem Hindu advaitin bringt die Einsicht Befreiung, daß beide, Leidender und L., unwirklich sind. - *Zoroastrische Schriften* (zB Sikand-Gumānīk Vījār, SBE XXIV/3, 115ff) leiten L. von besonderer dämonischer Quelle her. → Ahriman und seine Dämonen plagen die Menschen, die ihrer Sache folgen, und schädigen alle, die mit → Ormazd im kosmischen Kampf fürs Gute stehen. Der Parsi trägt diese L. wie ein guter Soldat. - Der → *Koran* erklärt: »Keine Pein widerfährt, es sei denn mit göttlicher Erlaubnis« (64, 11, vgl. 9, 51; 57, 22). Allah schafft oft L. als → Strafe (: I) für menschliche → Sünden. Seine Absicht ist manchmal, Menschen dadurch zu sich zurückzuwenden (30, 32; 40). Durch Hunger, Armut und tödliche Gefahr prüft er die Aufrichtigkeit derer, die Glauben an ihn bekennen (2, 150; 29, 1f). Mag der orthodoxe Muslim Gottes Absicht im L. erkennen oder nicht, er ergibt sich vertrauensvoll dem allwissenden, großmütigen und gerechten Einen. - Die frühe *griechische* Spekulation lieferte die meisten geläufigen abendländischen Erklärungen des L.s: es hat seine unerforschliche Quelle bei den Göttern; es ist providentielle Zucht zur Erziehung des Leidenden; es kommt von einem bösen Prinzip, das gleichewig mit dem guten Gott ist; oder L. ist nicht böse, sondern gehört zur universalen Harmonie jenseits menschlichen Verstehens (Adams). - Vgl. → Theodizee: I.

J. Adams, The Vitality of Platonism, Cambridge 1911, Kap. V - G. Mensching, Die Bedeutung des L.s im Buddhismus u. Christentum, (1924) 1930² - H.H. Rowley, Submission in Suffering, Cardiff 1951 - ThW V, 903ff (Lit.) - H. Dörrie, Leid u. Erfahrung (AAMz 1956, 5). *N.J.Hein*

II. Im AT

1. Urheber - 2. Ursachen - 3. Verständnis - 4. Formen - 5. Trost - 6. Überwindung

1. Israel teilt mit den Kulturvölkern des Altertums, bes. des Vorderen Orients, die Überzeugung, daß die L. des einzelnen und der Gemeinschaft von der Gottheit gewirkt werden. So gilt Jahwe als *Urheber* alles L.s, sei es durch sein unmittelbares, oft unerforschliches Eingreifen (Gen 32, 23-33; Ex 4, 24-27; 2Sam 24, 1) oder durch die Einschaltung von Zwischeninstanzen (Ex 12, 23; Ri 9, 23; 2Sam 24, 16; Hi 1, 1 - 2, 10). Demgegenüber wird die Möglichkeit eines Zufalls nur in seltenen Fällen offengelassen (1Sam 26, 10). Jahwe ist Herr in allen Bereichen des kreatürlichen und geschichtlichen Daseins; seine universale Wirksamkeit kann das Verhängnis des L.s nicht aus sich entlassen (Am 3, 6).

2. Das von Jahwe gewirkte L. kann den Menschen und die Gemeinschaft scheinbar grundlos treffen und die Warum-Frage auf den Plan rufen (Ps 10, 1; 22, 2f; 42, 10; 88, 15 u.ö.). In solchen Fällen bestand die Möglichkeit, das Orakel zu befragen, um die Ursache des L.s und den Weg zu seiner Beseitigung zu erfahren (2Sam 21, 1). Zumeist aber lagen die *Ursachen* klar zutage: das L. erschien als Jahwes Strafwirken gegen die Schuld (Gen 6-8; Ex 7-12; 20, 5; Num 11; 14; 1Sam 15; 2Sam 11; 12; 1Kön 17, 18 u.ö.; → Sünde: II). In diesen Zusammenhang gehört der Gedanke von der Kausalität der schicksalwirkenden Tat, einer Kausalität, die, von Jahwe ein für allemal gestiftet und immer wieder in Kraft gesetzt, der bösen Tat das L. auf dem Fuße folgen läßt, ohne daß Jahwe in den Ablauf der Dinge einzugreifen braucht (1Kön 8, 32). Die Sentenzen der älteren Weisheit haben diesen Gedanken empirisch festgehalten (Spr 12, 21; 13, 21; 26, 27; 28, 17f u.ö.), die jüngere hat ihn zu theologischen Reflexionen verdichtet (Hi 15, 17-35; 18, 5-21; 27, 13-23). Dem Erweis dieser von Jahwe gewirkten Nemesis in der Geschichte dienen das → Deuteronomistische Geschichtswerk und das Geschichtswerk des Chronisten (→ Chronikbücher).

3. Israel hat mit seinen L.serfahrungen gelebt, ist ihnen wehrlos und verwundbar ausgesetzt gewesen. In älterer Zeit bestand wenig Neigung, das L. zum Gegenstand theoretischer Überlegungen zu machen. Man suchte mit Jahwe auf kultischem Wege ins Reine zu kommen (Mi 6, 6-7), gab sich in Erkenntnis der Schuld und im Vertrauen auf Barmherzigkeit in seine Hand (2Sam 24) oder überließ sich der Verzweiflung (2Sam 16, 5-14). Erst im Laufe der Zeit wuchs das Bestreben, dem L. einen *Sinn* abzugewinnen: man betrachtete es als Prüfung (Hi 1, 1 - 2, 10; 42, 10-16) oder - bes. in der → Weisheitsdichtung unter Verwendung älterer Gedanken (Spr 10, 17; 12, 1; 13, 1) - als eine heilsame göttliche Zucht, durch die man sich zur Besserung leiten lassen soll (Spr 3, 11-12; Hi 5, 17; 33, 19-22; PsSal 10, 1f; Sir 2, 4f; 4, 17f). Das → Hiobbuch hat sich mit dem Problem des L.s am schärfsten und kompromißlosesten auseinandergesetzt; es endet mit der hymnischen Selbstprädikation des allgewaltigen Gottes, dessen Größe den Menschen auch angesichts des L.s zum Schweigen verurteilt (38 - 42, 6).

4. Vornehmlich im Bereiche des Kultus, doch auch außerhalb desselben, zeigt sich die Neigung, das L. zu typisieren. So erscheinen in den Klagepsalmen (→ Psalmen: I) alle möglichen L. auf den Beter kumuliert, nicht in biographischem Sinne, sondern unter Verwendung von typischen, agendarischen Formeln, die die Anwartschaft des Frommen auf die Hilfe Jahwes dartun sollen (Ps 22; 25; 69; 88 u.ö.). Hierher gehören die *Formen*, in denen *das L. des Unschuldigen* (ein auch in der babylonisch-assyrischen Literatur begegnendes Motiv) betrachtet und dargestellt werden: a) das L. des Unschuldigen im Gegensatz zum Glück der Gottlosen (Jer 12, 1f; Ps 10; 37; 73; Hi; Pred), ein Erfahrungskreis, den Israel trotz des Hinweises auf die Unbeständigkeit des Glückes der Gottlosen (Ps 37), auf die zT über den Tod hinausgehende Lebensgemeinschaft mit Jahwe (Ps 49; 73) und auf Jahwes Unerforschlichkeit und Größe (Hi; Pred) nie ganz hat bewältigen können; b) das exemplarische L. des Auserwählten, das ein Stück der Verkündigung ist (Mose: Num 11, 4ff; Elia: 1Kön 19; Hosea: Hos 1-3; Jeremia: Jer 15, 10; 18, 18; 20, 14-18 u.ö.); c) das stellvertretende L. des → Knechtes Jahwes (Jes 52, 13 - 53, 12; vgl. 42, 1-4; 49, 1-6; 50, 4-9).

5. Vom *Trost* im L. ist hauptsächlich in der Psalmendichtung die Rede, wiederum unter häufiger Verwendung von festen Formeln. Neben der bereits genannten Vergänglichkeit des Glückes der Gottlosen (Ps 37; 92, 8 u.ö.) und dem im Bereiche der → Weisheit beheimateten Hinweis auf den pädagogischen Wert des L.s (Ps 66, 10; 118, 18; 119, 67. 71; Hi 33, 12-33; 5, 17-26) begegnet der Gedanke des Harrens auf Jahwe (Ps 42, 6. 12; 43, 5; 25, 3. 21 u.ö.), der den Unschuldigen zuletzt aus allem

L. reißen wird; der Ursprung dieses Gedankens mag im priesterlichen Heilsorakel zu suchen sein. Dazu kommt die Vorstellung von der Zuflucht, die der Bedrängte in seinem L. bei Jahwe finden kann (Ps 17, 8; 57, 2; 59, 17; 61, 5; 64, 11 u.ö.); hier sind Gedanken und Bräuche des klassischen → Asylrechtes (, 2) spiritualisiert worden. Auf dem Boden des Zufluchtgedankens kommt es zur Konzeption einer trostreichen und unzerstörbaren geistlichen Gemeinschaft mit Jahwe (Ps 16; 27; 36; 62 u.ö.).

6. Es liegt auf der Hand, daß die Formen der Selbstdemütigung des Leidenden (Sündenbekenntnis, Fasten, Klagen in Sack und Asche, Zerraufen des Haares, Liegen auf der Erde) und das Bemühen um Besänftigung Jahwes durch Opfer und Gaben im besten Falle der Beendigung einzelner konkreter L. dienen konnten, nicht aber der *Überwindung* des L.s überhaupt. Man mußte sich je länger je mehr mit dem L. als Grundgegebenheit abfinden, und spätere Geschlechter haben es nicht an Formulierungen für die totale Leidverfallenheit des menschlichen Daseins fehlen lassen (Ps 90, 10; Hi 14, 1f). Demgegenüber blieb die von der Prophetie (→ Propheten: II) genährte Hoffnung auf eine selige Zeit (Jes 11, 1-9; 2, 1-5 u.ö.), die sich später in → Eschatologie (: II. III) und → Apokalyptik (: II) zur Vorstellung vom Neuen Äon verdichtete, in dem »die Vergänglichkeit vergessen und die Schmerzen vorüber« sind (4Esr 8, 53). Damit ist der Ort erreicht, an dem geurteilt werden konnte: »Denn ich halte dafür, daß die L. der gegenwärtigen Zeit nicht wert sind der kommenden Herrlichkeit, die uns offenbart werden wird« (Röm 8, 18).

E. BALLA, Das Problem des L.s in der israelitisch-jüd. Religion (Eucharisterion für H. Gunkel I, 1923, 214-260) - H. SCHMIDT, Gott u. das Leid im AT, 1926 - G.v. RAD, Die Konfessionen Jeremias (EvTh 3, 1936, 265-276) - DERS., TheolAT I, 1957, 381 ff - J.J. STAMM, Das L. des Unschuldigen in Babylon u. Israel (AThANT 10), 1946 - H. KREMERS, L.sgemeinschaft mit Gott im AT (EvTh 13, 1953, 122-140) - J. SCHARBERT, Der Schmerz im AT (BBB 8), 1955 - A. KUSCHKE, Altbabyl. Texte zum Thema »Der leidende Gerechte« (ThLZ 81, 1956, 69-76) - EKL II, 1067f. *H. Donner*

III. Im NT

1. Apokalyptischer Zusammenhang - 2. L.ssprache - 3. Historische Berichte - 4. L. als menschliches Schicksal

1. In engem Zusammenhang mit Motiven jüdischer L.sanschauung entwickelt das Urchristentum seine Darstellung der Leiden der Zeugen Gottes. Voraussetzung ist auch hier, daß der Angefochtene im Kampf zwischen Gott und Widergott steht, selbst aber erwählt und begnadigt ist, daher Grund zur Freude hat (Lk 6, 22f; Jak 1, 2; 1Petr 4, 13f). Die Ankündigung des zukünftigen »Lohnes«, der bevorstehenden »Herrlichkeit« und »Vollendung« steht dabei ganz im Rahmen eschatologischer Gewißheit; ihr entspricht das Gericht über die Feinde und diejenigen, die sich dem L. entziehen (Lk 6, 24-26; Jak 5, 1-6; Apk 20, 1-6). Verwandt ist das Bild vom Kampfspiel, das die Not und Selbstüberwindung zum Ausdruck bringen soll (Phil 1, 29f; 2Tim 4, 7; Hebr 12, 1). *Apokalyptische Züge* sind auch sonst erkennbar: Vor dem Einbruch des Gottesreiches stehen die messianischen Wehen (Mk 13, 8; Mt 24, 8; vgl. auch Mk 13, 1ff). Das L. der Söhne Gottes ist für Paulus eingegliedert in den Bereich des gegenwärtigen Weltlaufs, und er schließt von der gegenwärtigen Last des L.s auf die Fülle der zukünftigen Herrlichkeit (Röm 8, 18-23). Auch er denkt ganz in apokalyptischen Kategorien: sein L. als Apostel füllt das eschatologische Maß der Messias-L. auf (Kol 1, 24). - Von der von Gott bestimmten Abkürzung des L.s spricht das apokalyptische Denken auch sonst; gemeint ist, daß jedes Ereignis nach dem Heilsplan Gottes verordnet ist. Im Zentrum der L.sanschauung des Urchristentums steht die Passionsgeschichte Jesu. Auch sie nimmt jüdische Motive auf, behält aber doch ihre historische Eigenart, da Jesu Anspruch auf den Widerspruch des Synhedriums und des Hohenpriesters stößt (Mk 14, 54-65). Daß das L. Jesu nach dem Heilsplan Gottes verordnet ist, wird stark betont (Mk 8, 31; 14, 21). Wichtiger ist die Tatsache, daß Jesus im → Abendmahl (: I) das bevorstehende Gerichtsverfahren in eine durch sein Sterben sich vollziehende Heilstat Gottes, die über ihn verhängte Anfechtung in eine Gabe für »Viele« verwandelt (Mk 14, 22 bis 25; 1Kor 11, 23-26). Damit wird das letzte Mahl Jesu zur wichtigsten L.saussage Jesu. Die Berichte zeigen deutlich die Eigenart Jesu auch gegenüber Märtyrertheologie und Geschichtsapokalyptik. Bezeichnend ist die erneute Ausrichtung auf die Zukunft, die Teilnahme an der Herrschaft Gottes (Mk 14, 25).

2. Zu den festen Bildern der *L.ssprache* Jesu gehören der Kelch, den man trinken muß (Mk 10, 38f; 14, 36), und die Taufe, mit der man getauft wird (Mk 10, 38f; Lk 12, 50). Schwieriger ist die Herleitung der Forderung an den Jünger, sich zu verleugnen, sein Kreuz auf sich zu nehmen und nachzufolgen (Mk 8, 34; Lk 9, 23; Joh 21, 22). Auffällig ist die Feierlichkeit der Sprache und des Stiles: ihr entspricht die Einordnung an einem entscheidenden Punkt des Evangeliums. Ganz altertümlich ist die Vorstellung von den Zeugen Gottes, die von den Menschen verworfen und getötet werden (Jub 1, 12; Apk 11, 3). Diese chassidische Überlieferung wendet sich von Anfang an polemisch gegen Israel selbst. Ihre Spuren finden sich im NT dort, wo man den Propheten als von Israel verworfenen Zeugen Gottes ansieht (Lk 11, 49-51; 13, 31-34; Apg 7, 51f; 1Thess 2, 15f; Apk 11, 1-14). Grundsätzlich darf man nicht verkennen, daß auch diese polemische Tradition von Anfang an erfahrene Geschichte deuten und zukünftige Ereignisse weissagen will. Für Paulus wird das Kreuz Jesu Christi zur Richtschnur seiner Verkündigung und seines Lebens, weil in ihm die Überwindung des Fleisches, der Abstand von der Welt sowie das Gesetz des L.s und der → Nachfolge (: I) beschlossen sind (Gal 6, 11-16). Die Konsequenz des Kreuzes sind also die »Messias-L.«, die der Apostel und die Gemeinden auf sich nehmen. Wie in der → Taufe (: II), so entsteht durch das L. eine besondere Verbundenheit mit Jesus Christus (Röm 8, 17; 2Kor 4, 17ff; Phil 3, 10). Auch Paulus hat eine eigene L.ssprache; er trägt die »L.smale Jesu« (Gal 6, 17) und das »Todes-L. Jesu« (2Kor 4, 10) als Ausweis apostolischer Berufung an seinem Leibe. - In den nachapostolischen Schriften spricht man gern von den im AT geweissagten Messias-L. und von der Schmach des Messias (1Petr 1, 11; Hebr 11, 26; Lk 24, 26f). Das Vorbild Jesu Christi wird unter Hinweis auf Jes 53 der leidenden Gemeinde vor Augen gehalten (1Petr 2, 21-25; Hebr 5, 7ff; 12, 1-4). Auch das Bild des Apostels nimmt entsprechende Züge auf (1Petr 5, 1; Joh 21, 18f). Daß man ohne schuldig zu werden leiden soll, wird zum Anliegen (1Petr 2, 16. 20). Für die Apk wird das Vorbild des »getreuen Zeugen« entscheidend: Ihm ist das Zeugnis des Wortes und des Bekenntnisses anvertraut, und er bewährt diese Treue bis zum Sterben (11, 3. 7; 2, 10). Jesus Christus erscheint selbst als Urbild des »getreuen Zeugen« (1, 5; 3, 14; vgl. 1Tim 6, 13). Bilder und Begriffe der urchristlichen L.ssprache stehen in festen biblischen Traditionen; sie versuchen, die Anfechtungen des Jüngers vom Heilsplan Gottes aus zu verstehen und einzuordnen. Entscheidend bleibt die Treue des Nachfolgers, die im L. die Form der → Geduld annimmt; die Möglichkeit des Verdienstes ist völlig abgeschnitten.

3. In den → Evangelien (, formgeschichtlich) ist die

Passionsgeschichte das eigentliche Ziel der Berichterstattung. Das L. Jesu (Gethsemane, Golgatha) offenbart sein Menschsein, seine Todesnot und Gottverlassenheit, aber auch seine messianische Vollmacht und Rechtfertigung (→ Auferstehung Christi: I). In diesen Zügen lag die entscheidende Weichenstellung gegenüber dem Judentum und der → Gnosis (: II). Aus älterer Überlieferung stammt die → Stephanus-Erzählung (Apg 6–7); sie erinnert in manchen Einzelzügen bewußt an den Prozeß Jesu: zwischen dem L. Jesu und dem seiner Zeugen besteht ein heilsgeschichtlicher Zusammenhang. Auf feindlicher Seite treten »falsche Zeugen« auf (Mk 14, 56ff; Apg 6, 13), wirft man den Gottesboten »Lästerungen« vor (Mk 14, 63; Apg 6, 11) und lehnt man ihre Bekenntnisse als todeswürdige Provokationen ab (Mk 14, 64; Apg 6, 57f). Die Leidensgeschichte erhält so den Charakter einer eschatologischen Anklage. Paulus zählt in 2Kor 11, 23–33 seine Mühen und L. auf, um zu beweisen, daß er den Anspruch, Diener des Messias zu sein, in besonderer Weise erheben kann. Darüber hinaus findet sich in 2Kor 12, 7–10 ein L.sbekenntnis des Apostels. Daß der Weg des Apostels unter den beiden Zeichen der → Erwählung (: II) und des L.s steht, zeigt auch die Apg (9, 15–16; 20, 23; 21, 10–14). Es entspricht urchristlichem Denken, wenn die Bedrängnisse der Gemeinde in apokalyptischen Bildern und Traditionen eingearbeitet werden (Evangelien, Apk). In diesem Fall ist der historische Ertrag der Auslegung wichtig.

4. Führt das L. als geschichtliches Problem in das Geheimnis des göttlichen Ratschlusses, so bleibt es als *Frage des menschlichen Schicksals* ein Anruf an den Menschen, das Wirken Gottes ernst zu nehmen und den → Glauben (: III) zu bewähren. Entscheidend ist für das Urchristentum das Ertragen und Überwinden des L.s, das sich aber sowohl von jüdischer Torafrömmigkeit wie von hellenistischer Philosophie unterscheidet. Entscheidend ist daher immer der göttliche Auftrag, nicht eine vorbildliche menschliche Haltung. Die gedankliche Erklärung des menschlichen L.s begegnet schon bei Jesus starker Zurückhaltung. Auch er kann den engen Zusammenhang zwischen Krankheit und Schuld hervorheben, um die Macht des Bösen zu überwinden (Mk 2, 5; Joh 5, 14). Er deckt satanische Bindungen auf, deren Gewalt er brechen muß (Mk 5, 8; Lk 13, 16). Aber dies Wissen Jesu steht im Dienst seines Kampfes mit der satanischen Macht, ist also nicht Theorie und Spekulation. Noch eindeutiger ist Lk 13, 1–5: Jesus warnt vor dem gesetzlichen Schlußverfahren, bestimmte Katastrophen auf eine Schuld der Opfer zurückzuführen. Es ist für ihn Ausdruck einer unbußfertigen Haltung, die selbst das göttliche → Gericht (: III) herbeiruft. Vgl. auch Joh 9, 3: Im L. des Blindgeborenen liegt ein Erweis göttlicher Erwählung. Auf Grund von Spr 3, 12 entwickeln Judentum und Urchristentum die Vorstellung der »Züchtigungen aus Liebe« (Hebr 12, 5f; Apk 3, 19). Sie wird deshalb unbedenklich aufgenommen, weil sie die menschliche Erprobung und Läuterung als notwendig anerkennt. Paulus denkt grundsätzlich von der → Liebe (: III) Gottes aus, die das Heil in Jesus Christus schenkt. In ihrer Voraussetzungs- und Grenzenlosigkeit bringt sie alles menschliche Fragen und L. zum Schweigen (Röm 5,5; 8, 38f). Die eigentliche Lösung des geschichtlichen und menschlichen L.sproblems bleibt der eschatologischen Vollendung vorbehalten. Alles Geschichtliche ist daher nur Vorzeichen und Voraussage.

A. Schlatter, Der Märtyrer in den Anfängen der Kirche (BFChTh 19, 3), 1915 – E. Lohmeyer, Die Idee des Martyriums im Judentum u. Urchristentum (ZSTh 4, 1927, 232–249) – G. Fitzer, Der Begriff μάρτυς im Judentum u. Urchristentum (Diss. Breslau), 1928 – O. Michel, Prophet u. Märtyrer (BFChTh 37, 2), 1932 – E. Stauffer, Märtyrertheol. u. Täuferbewegung (ZKG 52, 1933, 545–598) – Ders., TheolNT, 1941, § 46 – E. Peterson, Zeuge der Wahrheit, 1937 – H.W. Surkau, Martyrien in jüd. u. frühchristl. Zeit (FRLANT 54), 1938 – E. Günther, Μάρτυς, die Gesch. eines Wortes, 1941 – Ders., Zeuge u. Märtyrer (ZNW 47, 1956, 145–161) – ThW IV, 477ff (Lit.) – W. Nauck, Freude im L. Zum Problem einer urchristl. Verfolgungstradition (ZNW 46, 1955, 68–80) – E. Lohse, Märtyrer u. Gottesknecht (FRLANT 64), 1955.

O. Michel

IV. Dogmatisch

Es gibt mehrere Arten von L. Zu unterscheiden ist vor allem das natürliche, dh uns in unserem natürlichen Sein treffende, und das sittliche L., das des »inwendigen Menschen« unter dem Bösen der »Welt« in uns und um uns. Hier geht es nur um das erstere.

1. L. entsteht durch die Hemmung und Störung unserer Lebendigkeit. Es wird uns bereitet sowohl durch die Natur (Endlichkeit und Gebrechlichkeit des Daseins) wie durch die Geschichte (Konfliktsgesetz; die menschliche Bosheit). Viel L. stammt aus dem Bösen: wir Sünder bereiten es uns selbst und einander. Aber das L. in der Welt läßt sich nicht überhaupt von dem Fall herleiten. Es kommt auch aus der Struktur des endlichen Daseins und seiner Welt. Wir erkennen sie wohl als unserer → Sünde (: VI) zugeordnet, können sie aber nicht aus ihr erklären. Das hieße auch, die kommende Doxa des Reiches Gottes in den Urstand »vorzudatieren« (s. dagegen 1Kor 15, 45).

2. Wir erfahren das L. als Widerspruch zu dem heilen Leben, zu dem wir geschaffen sind, also als Not. Daher sträuben wir uns gegen das L. und kämpfen wider es bei uns selbst und den Mitmenschen. Wir können es nicht als Gottes letzten Willen mit uns verstehen. Angesichts des Heilungswillens und der Heilungen Jesu Christi und seiner Auferstehung hofft der → Glaube (: V) auf die endliche Erlösung vom L. im Reiche Gottes. Aber zugleich weiß der Glaube das L. als Mittel in Gottes Hand, für sein Handeln mit uns in → Gesetz (: VI) und Evangelium. Damit hört das L. nicht auf, ein Übel zu sein, aber es ist nicht, wie etwa im Buddhismus (→ Leiden: I), das unbedingte Übel, das durch Verneinung des Willens zum Leben aufzuheben wäre. Unbedingtes Übel ist allein die Trennung von Gott. Im Widerstreite mit ihm kann indessen auch das L., obgleich selber nur relatives Übel, Erfahrung des Nein Gottes werden, das wir im Schuldbewußtsein vernehmen. Wir verstehen dann auch das L., das nicht immanente Folge unserer Sünde ist, als Züchtigung, die zur → Buße ruft: Gott widersteht dem Leben, das sich von ihm abwendet, indem er es leiden läßt. Soweit das L. unter dem Gesichtspunkte des *Gesetzes* Gottes. Aber es will zugleich im Lichte des *Evangeliums* gesehen sein. Da empfängt es neuen Sinn als Mittel der Liebe Gottes. Das L. beruft zur *Bewährung* der Hingabe an Gott, des Vertrauens, des Gehorsams. Nicht im Glücke, sondern erst im L., angesichts der Not und des Todes kommt das alles zu einer echten und ganzen Wirklichkeit (2Kor 1, 9). Erst im L. scheidet sich das Gold des reinen Vertrauens auf Gott von den Schlacken des Selbst- und Weltvertrauens (1Petr 1, 7). So wird das L. zugleich Mittel der *Reinigung* des Glaubens: es kann den Menschen lösen von der selbstsüchtigen Weltgebundenheit und frei machen zum Ergreifen des → Ewigen Lebens (: IV). Daher heißt der Christ das L. willkommen (Röm 5, 3; Jak 1, 2), obgleich es Not ist und bleibt, die er scheut und aus der heraus er »seufzt« (Röm 8, 22f) nach dem Tage der Erlösung.

3. In alledem ist das L. zugleich → *Anfechtung*, → Versuchung. Im L. begegnet der Mensch nicht allein Gott, sondern auch der dämonischen Macht des Versuchers, der durch die Not zum Unglauben, zur Verzweiflung, zur Stumpfheit, zum → Nihilismus verführen will. Da-

her kann der Christ den Gottes-Sinn im L. nur so verwirklichen, daß er mit der dämonischen Macht im L. stetig kämpft und die versuchliche Möglichkeit satanischer Sinngebung jeweils überwindet. Der Sinn des L.s verwirklicht sich nicht ohne uns: Gott macht ein Sinn-*Angebot,* aber dieses will *ergriffen* sein im Ringen mit dem dämonischen Gegen-Sinn. - Daß der Christ in seinem L. den Sinn Gottes glaubt und ergreift, bedeutet nicht, daß er in allem L. der Menschheit einen Sinn wüßte. Es gibt furchtbares dunkles L. in der Welt, in dem wir keinen Sinn erkennen können - es sei denn den, uns zu erinnern, daß Gottes Walten über alle unsere Sinn-Begriffe geht und er gerade auch darin zu fürchten und anzubeten ist. So gibt es für uns in diesem Leben keine → Theodizee (: III) des L.s *im ganzen.* Dessen Sinn offenbart sich nicht im Lichte der Natur, nur zT im Lichte der Gnade, ganz erst im Lichte der Herrlichkeit.

P. Althaus, Die Christl. Wahrheit, (1947/48) 1958⁴, §§ 40. 64 - M. Keller-Hüschemenger, Die Kirche u. das L. (BEvTh 20), 1954 - P. Tillich, Syst. Theol. II, 1958, 80ff. *P. Althaus*

V. Ärztlich

So gewiß L. nur im persönlichen Umgang mit Leidenden, in echter Teilnahme, in Mit-leiden richtig verstanden werden kann, so entschieden erfordert doch der Auftrag des Arztes besondere Kenntnisse, Erfahrungen und wissenschaftliche Arbeit. Der heute geltenden *klassischen Medizin,* die seit 2-3 Jh.en auf dem Boden der strengen Naturwissenschaft entwickelt wurde, verdanken wir unentbehrliche Aufschlüsse über Entstehung und Behandlung der Krankheiten. Aber je tiefer die Forschung drang, desto deutlicher wurde, daß aus allem Erklärbaren nicht abgeleitet werden kann, was der Mensch ist, wie er wird und wächst, was er leistet und leidet. Das Leben ist *Geschichte.* Wenn wir diese sorgfältig beobachten, erkennen wir das Spiel eines eigentümlichen Ordnungsgefüges, das sich aus der Anlage in der Fülle der Erlebnisse, in dauernder Auseinandersetzung mit der Umwelt entfaltet und sich in naturhafter und personhafter Gestimmtheit, in Schwankungen und Spannungen, in leiblichen, seelischen und geistigen Bereichen, in Wohlbefinden und L. auswirkt. - Aus der modernen Neurosenlehre und → Psychotherapie (bes. durch S. → Freud) haben wir viel gelernt; so steht heute fest, daß im Unbewußten verborgene Triebspannungen und Verkrampfungen zu Fehlschaltungen in leiblichen und seelischen Bezirken und damit auch zu organischen Erkrankungen führen können *(→ Psychosomatik).* Dabei dürfen die untrennbare Einheit von Leib, Seele und Geist, die Zusammenhänge in der Geschichte des einzelnen und der Gemeinschaft nie aus dem Auge verloren werden (*»anthropologische Medizin«*; v. Weizsäcker, v. Gebsattel u.a.). Nur von hier aus können Gesundheit und L., Aufschwung und Verfall richtig gedeutet werden. Selbst wo bestimmte Ursachen von Krankheiten bekannt sind, etwa bei Infektionskrankheiten und Unfällen, muß die *Verwurzelung in der Lebensgeschichte* bedacht werden. Um so mehr gilt das bei so vielen L., die auf kaum bemerkbare Schädlichkeiten des alltäglichen Lebens, ungeeignete Ernährung, Unordnung in der Lebensführung, Maßlosigkeit in Arbeit oder Genuß, Verschleiß in der pausenlosen Gehetztheit zurückzuführen sind (vgl. bes. die bedrohliche Häufung von Schäden an Herz und Kreislauf).

Wenn wir erkennen, daß L. in der Geschichtlichkeit des Menschen aus seiner kreatürlichen Gebundenheit und seiner persönlichen Verbindlichkeit begründet ist, dann wird die wichtigste ärztliche Methode das Gespräch mit dem Kranken, die *Anamnese,* die aber nicht nur auf die Vorgeschichte einer → Krankheit (: III), sondern auf die Lebensgeschichte des Kranken in seinem Leisten und L., in seinen Freuden und Nöten in der ihm zugeordneten Gemeinschaft ausgerichtet sein muß. Zumal bei der Vermassung der Menschheit, bei der unvermeidlichen und immer noch wachsenden Technisierung und Mechanisierung des ärztlichen Betriebes muß das ausdrücklich betont werden.

L. ereignet sich in und aus der Lebensgeschichte in mannigfaltigen Erscheinungen und Beschwerlichkeiten als Bedrängnis, Last und Gefahr, als ein *Geschick,* aber immer auch als eine *Aufgabe.* L. *»er-leiden«* wir, aber wir sind auch *selbst beteiligt:* Nicht nur was wir vordem schon erlitten, auch wie wir uns gehalten und betätigt, was wir geleistet haben oder was wir hätten leisten sollen und verfehlt haben, all das wirkt sich darin aus, was und wie wir leiden. - L. ist Mangel an Wohlbefinden und Freudigkeit, Hemmung in Arbeit und Entwicklung, Erschwerung der Einordnung in die Gemeinschaft - eine leiblich-seelisch-geistige Verstimmtheit, in der oft auch unvermeidliche, manchmal nur geringfügige Schwierigkeiten unüberwindlich erscheinen. In einem Teufelskreis wird das Leben immer schwerer und aussichtsloser, und mit der »Verstimmung« verfallen leibhafte Funktionen, seelische Erlebnisse und geistiger Aufschwung mehr und mehr. - Wie weit das aus leiblichen oder seelischen Wurzeln, aus Anlage oder Erlebnissen kommt, ist oft nicht zu unterscheiden. Bei den schwersten Verstimmungen, der Melancholie, sind »endogene« und »reaktive« Depressionen zu unterscheiden. Freilich, wieweit kann das wirklich getrennt werden? Ist nicht immer beides im leiblichen wie im seelischen Bereiche im Spiele, auch wenn die Gewichte sehr verschieden verteilt sind? Es gibt alle Übergänge von den leichten bis zu den schwersten Verstimmungen, in denen der Mensch schließlich nicht mehr ansprechbar ist, jeder Zuspruch versagt und die Versunkenheit ganz undurchdringlich erscheint. Gelingt es aber nicht doch manchmal, in langer Hingabe eine kleine Lücke zu finden, durch die ein erst nur leises Hin und Her sich erschließt? Eingehende Kenntnisse sind unerläßlich, aber vielleicht können Innigkeit und Verbundenheit überraschend eine große Hilfe sein.

Eine große Not im L. ist → *Angst.* In ihr werden nur scheinbare oder auch wirkliche Gefahren immer bedrängender und bedrohlicher. Das Leben ist ja in der Tat in jedem Augenblicke dem Tode ausgesetzt. Niemand kann dem entgehen, aber in dieser Gewißheit ist uns geboten, Einsatzbereitschaft festzuhalten und uns in den Mächtigkeiten und Gewalten in und um uns nicht zu verlieren. - Der Arzt kennt solches L. aus leiblicher und seelischer Erkrankung; aber wie oft klingt es auch im gesunden Leben an. So dringend die Hilfe des Arztes ist und volle Hingabe erfordert, so soll er doch die ihm gezogenen Grenzen nicht versäumen und bereit sein, Hilfen aus einer anderen Sicht gelten zu lassen, soweit sie ihm nicht aus Sorge um Versäumnisse bedenklich sind. Wir kennen heute *seelisch-geistige Einflüsse* auf leibliche Krankheit. Ärztliche Psychotherapie verlangt aber Kritik und strenge Methoden. Vor phantastischen oder trügerischen Übergriffen ist dringend zu warnen. - In der modernen → Psychotherapie wurde auch die Frage nach dem *»Sinn«* von Krankheit gestellt. In krankhaften Symptomen wurden »Symbole« für ungelöste Triebspannungen gesehen und versucht, daraus den Sinn zu deuten. Aber hier muß zu größter Vorsicht geraten werden. Wie soll der Sinn von L. ohne die Frage nach dem Sinn von Leben und Sterben verstanden und wie diese entscheidende Frage empirisch aus einigen analytischen Brocken zu lösen sein? - Das gleiche gilt für den Versuch, aus psychologisch verstandenen »Schuldgefühlen« die Wirklichkeit der Schuld (→ Sünde: VII. VIII) zu verstehen. Heilung und Heil sind nicht das gleiche und nicht aneinander gebunden; der Auftrag des Arztes und des Seelsorgers sind nicht gleicher Art (→ Arzt und Seelsorger). So oft sich ihre Wege berühren, so oft beide hilfreich zusammenarbeiten können, so sind doch Mißverständnisse möglich und nur durch Einsicht auf beiden Seiten zu vermeiden. – Die Aufgabe beider wird bes. schwierig, wenn der *Tod* vor der Türe steht. Der Arzt soll sich nicht zu sehr in den Vordergrund drängen; er soll sich vor allem um ein echtes Verständnis des Kranken, um guten Kontakt mit ihm bemühen. Je besser ihm das gelingt, desto eher wird er einen Weg finden. Allgemeine Vorschriften gibt es nicht; weder gilt es, in jedem Falle den Kranken aufzuklären, noch ihm einen Trost zuzusprechen, der schließlich doch unverbindlich bleiben müßte.

Im L. sind oft *Schmerzen* sehr bedeutsam. Auch wenn sie leibgebunden sind, hängt es doch weitgehend von der persönlichen Bereitschaft ab, wie sie empfunden werden und was sie bedeuten. Was wir an Schmerzen und Bedrohungen schon erlebt haben, wirkt sich nicht nur in unseren Empfindungen und Ängsten, sondern auch in leiblichen Vorgängen aus. Schmerz ist nicht nur Ergebnis und Zeichen von Krankheit, sondern ein Ereignis, an dem auch unsere Persönlichkeit und unsere Geschichte teil hat.

Bleibende Schäden nach Krankheit oder nach Unfällen können zu einer mehr und mehr zunehmenden Einengung in Arbeit und Leistung, zu großen Nöten im sozialen und wirtschaftlichen Leben führen. Alles was durch ärztliche Behandlung erreicht werden kann, was der Wiederherstellung der Leistungsfähigkeit (→ Rehabilitation) dient, ist von größter Wichtigkeit; aber es müssen auch die Hilfen der *sozialen Versicherung* (→ Sicherheit) in richtigem Verständnis gebraucht werden. Das Leben Geschädigter und Gefährdeter bedarf des Schutzes, aber es darf auch der eigenen Verantwortung nicht zu sehr entzogen werden. Aus dieser Spannung entstehen Schwierigkeiten, über die jeder Arzt Bescheid weiß. Es muß gefordert werden, daß die Gesetzgebung die begründeten und entscheidenden Erfahrungen der Ärzte berücksichtigt.

V.v.WEIZSÄCKER, Studien zur Pathogenese, 1935 – DERS., Der kranke Mensch, 1951 – DERS., Pathosophie, 1956 – R.SIEBECK, Medizin in Bewegung, (1949) 1953² – DERS., Die Medizin auf der Suche nach dem Menschen (ThLZ 82, 1957, 741–752; Lit.) – P.CHRISTIAN, Das Personverständnis im modernen mediz. Denken, 1952 – V.E.v. GEBSATTEL, Prolegomena einer mediz. Anthropologie, 1954.

R.Siebeck

VI. Seelsorgerlich

1. Mit der menschlichen Geschichte, die in biblischer Sicht mit der Austreibung aus dem Paradies beginnt, hebt auch, im Kleinen wie im Großen, das L. an. Das gilt auch für die seelsorgerliche Beurteilung und Behandlung des L.s: L. ist ein Stück der Einzel- wie Gesamtgeschichte. Der Seelsorger steht mit seiner Gemeinde in einer Gemeinschaft des L.s, das ihn und viele schon getroffen hat und eines Tages aufs neue treffen wird und das er allenthalben um sich sieht. Je mehr er, erzogen und gereift unter dem Zeugnis vom leidenden Christus und dem ihm das Kreuz nachtragenden Menschen, in seiner eigenen Lebensgeschichte gelernt hat, wie eng Verschuldung und L. zusammenhängen können, wie aber auch L. völlige Rätselhaftigkeit sein kann, desto behutsamer, geduldiger und gütiger, aber u.U. auch bestimmter und ernster wird er den Leidenden ihre Last tragen helfen. – Seelsorge an Leidenden setzt seelsorgerliche Predigt voraus, in der das L. des Christen und das L. in der Welt und an der Welt seinen Platz hat. Das gilt nicht nur für den Seelsorger in Krankenhäusern und anderen Anstalten, sondern auch für den Gemeindepfarrer. Rechte Predigt vom L. setzt lebendigen Umgang mit der Bibel voraus, aber auch mit dem Kirchenlied der Väter, beides nicht nur, um zu lernen, wie man ev. von L., Kreuz und Trost zu reden hat, sondern auch, um falsche Töne zu vermeiden (zB aus Hiob, manchen Psalmen, nicht wenigen Kirchenliedern, selbst solchen von Paul → Gerhardt).

2. Seelsorge am Krankenbett ist ein wichtiges Stück der Seelsorge an den Leidenden. Sie bietet besondere Probleme schon durch die jeweilige Unterbringung des Kranken in seiner Wohnung oder im Krankenhaus, dort durch die freilich nicht unüberwindliche Schwierigkeit, mit ihm wirklich allein zu sein, hier durch die allgemeine Krankenhausatmosphäre und durch die Anwesenheit anderer Kranker. Problemreich ist, trotz vieler Diskussionen der Gegenwart, das Verhältnis zwischen → Arzt und Seelsorger. Eine Brücke ist geschlagen, wenn der Arzt seinerseits den Zusammenhang des L.s mit der Lebensgeschichte des Kranken ernst nimmt und damit dem Dienst des Seelsorgers vorarbeitet (→ Leiden: V). *Dessen* eigentliche Not ist die Frage des rechten oder falschen Tröstens, die nicht ohne wirkliches Hinhören auf den Kranken in seiner sozialen Lage, seiner Bereitschaft zum eigenen Hören, seiner Willigkeit zum Gebet und zum Annehmen eines Bibelwortes zu beantworten ist. Auch die Auswahl seelsorgerlichen Schrifttums erfordert Urteil und Unterscheidungsvermögen. Erst recht setzt das Angebot des Hl. Abendmahles Takt und Weisheit voraus. – Nicht selten sind angesichts unserer modernen Erkenntnisse die Fälle, in denen der Seelsorger ein Gemeindeglied willig zu machen hat, die Hilfe des Arztes, bes. auch des Psychiaters, zu suchen. Auch der psychotherapeutisch nicht unkundige Pfarrer wird sich hüten müssen, Dinge in der Hand zu behalten, die nicht seines Amtes sind; und wenn der moderne Seelsorger gewisse Grundgedanken der heutigen → Psychotherapie auch durchaus kennen muß, so ist dennoch die Forderung nach einer Fachausbildung der jungen Theologen auf diesem Gebiet nicht unbedenklich: je mehr Arzt wie Seelsorger um ihre Grenzen wissen, desto besser wird es für den Leidenden sein. – Charismatische Heilungsgaben, die es auch heute gibt und die unter Nichtmedizinern auch einmal ein Pfarrer besitzen kann (→ Blumhardt), können zu Schwierigkeiten zwischen Arzt und Seelsorger führen, denen man indessen nicht ausweichen darf.

3. Im Gegensatz zum Arzt ist der Seelsorger nicht nur an die Kranken gewiesen. »*Alle* Menschen müssen leiden« (P.Gerhardt). Die Bereitschaft, das zu bejahen, muß die Predigt wecken und stärken. Das Aufrichten und Trösten im besonderen Falle bleibt Aufgabe der Einzelseelsorge am Leidenden; sie ist deshalb oft so erfolglos, weil sie sich in bloßen Trostsprüchen erschöpft, statt zum freilich zeit- und kraftraubenden seelsorgerlichen Gespräch vorzudringen. Aber auch dann muß der rechte Seelsorger damit rechnen, daß er angesichts der oft in einem Einzelschicksal sich häufenden L. gerade unserer Gegenwart nichts Besseres zu tun weiß, als mit Hiob (40, 4) »seine Hand auf seinen Mund zu legen«, wofern nur sein Gemeindeglied auch *darin* eine Erfüllung von Gal 6, 2 erkennen kann.

4. Übrigens erinnert dieses Wort daran, daß, wie alle → Seelsorge, so auch die an den Leidenden nicht dem amtlichen Seelsorger vorbehalten ist. Der Pfarrer darf sich nicht damit begnügen, in der Predigt zum seelsorgerlichen Dienst aufzurufen, er muß sich auch bemühen, in der Praxis den Gemeindegliedern (auch organisato-

risch) Mittel und Möglichkeiten zu geben, um diesen Aufruf zu befolgen.

J.KONRAD, Schicksal u. Gott, 1947 - M.KELLER-HÜSCHEMENGER, Die Kirche u. das L., 1954 - E.THURNEYSEN, Arzt u. Seelsorger in der Begegnung mit dem leidenden Menschen (in: Medicus Viator, Festg. f. R.Siebeck, 1959, 259-272). *W.Jannasch*

Leiden, älteste niederländische *Universität,* 1575 von Wilhelm von Oranien gegründet. Sie sollte die junge ref. Kirche mit Pfarrern versehen; dies sollte auf wissenschaftlicher Grundlage geschehen; im Hintergrunde stand die Sache der Freiheit. Diese Dreiheit erinnert an die Genfer Akademie (1564, → Genf: II); der Einfluß von Obrigkeit und Kirche ist dort ein anderer, aber manche der ersten L.er Professoren waren Zöglinge Genfs (u.a. L. → Cappellus, L. → Daneau, A.Saravia, F. → Junius). Von Anfang an wurde auf die Orientalistik großes Gewicht gelegt (→Erpenius, Constantin l'Empereur); das Bündnis zwischen ihr und der Theologie wurde erst im 19.Jh. gelöst. - Weil der Zulauf von Theologen ungenügend blieb, wurde das »Staatenkollegium« (1591-1807) gestiftet, ein Hospiz für Bursale, das einem Regenten unterstand. - Unter den ersten Professoren waren einige entschiedene, wenn auch untereinander nicht ganz übereinstimmende Calvinisten (→ Trelcatius, Junius, → Gomarus). Eine freiere Richtung, schon von → Coolhaes vertreten, wurde von den Remonstranten fortgeführt (→ Arminius, → Episcopius). Nach der Absetzung des Episcopius wurde die Fakultät von den Calvinisten → Walaeus, → Thysius, → Rivetus und → Polyander gebildet, die ihre Übereinstimmung in ihrer »Synopsis purioris theologiae« (1625) demonstrierten. Ihre Theologie hatte ein systematisches Gepräge; außer → Hoornbeek und → Witsius haben in L. keine Vertreter praktisch-pietistischer Richtung gelehrt. Als namhafte Dogmatiker seien noch J. à Marck und B. de Moor genannt, als Kirchenhistoriker die beiden → Spanheim. Mit → Coccejus brach sich die Föderaltheologie (→ Bund: IV) Bahn; A. → Heidanus und Chr. → Wittich haben das Bündnis zwischen Coccejanismus und Cartesianismus nach Kräften gefördert. Im 18.Jh. galt L. den »Feinen« als Bollwerk der aufkommenden Toleranz (T.H.v.d.Honert, Alberti, Schultens). Im 19.Jh. lehrten in L. Vertreter fast aller wichtigen Strömungen: die moderne L.er Schule war vertreten von → Scholten und → Kuenen, später von van Maanen und Eerdmans. Anfang des 20.Jh.s sprachen sich → Roessingh und Heering für einen gemilderten »Rechtsmodernismus« aus. → Tiele und P.D. → Chantepie de la Saussaye waren Bahnbrecher der modernen → Religionswissenschaft. → Gunning warb ziemlich allein für die »ethische« Theologie (→ Niederlande: II). N.C. Kist, W.Moll, J.G.R.Acquoy und F.Pijper gründeten die L.er kirchenhistorische Schule. Im 20.Jh. wurden wiederholt Ausländer nach L. berufen, zB Rendel Harris, Kirsopp → Lake, H. → Windisch und Brede Kristensen.

Gegenwärtig (Frühjahr 1960) lehren an der L.er theologischen Fakultät: P.A.H. de Boer (AT, seit 1938), G.Sevenster (NT, seit 1953; von 1933-53 kirchlicher Prof.), J.N.Bakhuizen v.d.Brink (KG und DG, seit 1934), C.C. de Bruin (Christentum im MA, seit 1956), L.J.v.Holk (Religionsphilosophie, philosophische Ethik, Enzyklopädie, seit 1931), K.A.H.Hidding (lebende Religionen, Religionsphänomenologie, seit 1939), J.H. v.d.Berg (Pastoralpsychologie, seit 1955), P.Smits (kirchliche Soziologie, seit 1958). Die Ned. Herv. Kerk hat als kirchliche Professoren A.J.Rasker (seit 1954) und H.Berkhof (designiert 1959), die Remonstrantische Bruderschaft G.J.Hoenderdaal (seit 1958).

M.SIEGENBEEK, Geschiedenis der Leidsche Hoogeschool van hare oprichting in den jare 1575 tot 1825, 2 Bde, L. 1829/32 - C.SEPP, Het godgeleerd onderwijs in Nederland gedurende de 16e en 17e eeuw, L. 1873/74 - G.D.J.SCHOTEL, De Academie te L. in de 16e, 17e en 18e eeuw, Haarlem 1875 - L.D.PETIT, Bibliographische lijst der werken van de Leidsche hoogleeraren (Godgeleerdheid, 1575-1619), L. 1894 - P.C.MOLHUYSEN, Bronnen tot de geschiedenis der Leidsche Universiteit (1574-1811), 7 Bde, 's Gravenhage 1913-24 - P.J.BLOK-W.MARTIN, De senaatskamer der Leidsche universiteit. Geschiedenis en volledige catalogus der geschilderde portretten, L. 1914 - A.EEKHOF, De theol. faculteit te L. in de 17e eeuw, Utrecht 1921 - Pallas Leidensis, L. 1925 - Album studiosorum 1575-1875 u. 1875-1925 - C.A.SIEGENBEEK V.HEUKELOM-LAMME, Album Scholasticum Academiae Lugduno Batavae 1575-1940, L. 1941. - Jaarboek, 1877ff.
S.van der Linde

Leimbach, *Friedrich,* ev. Theologe, * 1873 in Bonames bei Frankfurt/M. Seit 1906 Pfarrer in Oettingen (Bayern), veröffentlichte er 1922 vom Standpunkt der historisch-kritischen Forschung aus »Kritische Bemerkungen zur Nürnberger theologischen Aussprache«. Der Landeskirchenrat der Bayerischen Landeskirche stellte daraufhin fest, daß L. in schärfstem Gegensatz zu Bekenntnis und Lehre stehe und für weiteren kirchlichen Dienst untragbar sei; er wurde zur Abgabe einer theologischen Erklärung aufgefordert. In den folgenden theologischen Auseinandersetzungen bekannte sich L. zur Person und zum Evangelium Jesu, lehnte es aber ab, Schrift und Dogma als »Substanz des Christentums« zu betrachten. Nach dem Scheitern aller Versuche, den Fall gütlich beizulegen, wurde - ohne mündliche Verhandlung und ohne Verteidiger! - ein → Lehrzuchtverfahren (: I) gegen L. durchgeführt. L. wurde in den Ruhestand versetzt mit der Auflage, sich jeglicher geistlicher Amtstätigkeit zu enthalten. Der Fall erregte als erster Irrlehrefall in Bayern besonderes Aufsehen, zumal er mangels eines Irrlehregesetzes auf Grund einer bereits außer Kraft gesetzten Disziplinarordnung durchgeführt wurde. Mehrere Pfarrer (u.a. Chr. → Geyer) bekundeten dem Landeskirchenrat gegenüber schriftlich ihre grundsätzliche Übereinstimmung mit L. Gegen sie wurde nichts unternommen. - L. ging noch 1922 in ein Pfarramt nach Sonneberg/Thür., aus dem er 1933 wegen eines Konfliktes mit der NSDAP ausschied. Er lebt seither wieder in Oettingen, wo er während des Krieges auf Bitten des bayerischen Landeskirchenrates in der kirchlichen Arbeit aushalf.

Artikel im Korrespondenzblatt für die ev.-luth. Geistlichen in Bayern, 1921, Nr. 17-21 - Der Fall L., Aktenauszüge u. Kundgebungen, veröffentlicht vom Prot. Laienbund Nürnberg, 1922 - J.KÜBEL, Ein ganz unmöglicher Fall (ChW 36, 1922, 334-339. 374-380. 809f) - W.NIGG, Gesch. des relig. Liberalismus, 1937, 273 ff.
H.Hohlwein

Leipzig, *Universität*

1. Allgemein - 2. Theol. Fakultät

1. Die Entstehung der Universität L. geht auf den freien Entschluß einer Korporation von Magistern und Scholaren zurück, die im Frühsommer 1409 → Prag verlassen hatten und nach L. gekommen waren (→ Huß). In L. wurde die Lehrtätigkeit unter dem letzten in Prag gewählten deutschen Rektor, Johannes Boltenhagen, weitergeführt, nachdem die Markgrafen von Meißen, die Brüder Friedrich IV. und Wilhelm II., den Zugewanderten Aufnahme gewährt hatten. Der Konzilspapst Alexander V. erteilte das Privileg zur Errichtung eines Generalstudiums. In L. kam noch einmal und letztmalig voll ausgebildet der Typus der spätmittelalterlichen Universität zu vollkommener und folgerichtiger Ausgestaltung. Die Verfassung gründete sich auf die Verbindung einer zweifachen Zugehörigkeit nach Fakultäten und Nationen. Letztere spielten in L. lange eine bedeutende Rolle.

Aus der Zeit unbestrittener Vorherrschaft der Scholastik ist über besondere Leistungen der Männer, die in L. wirkten, wenig bekannt geworden. Gelegentlich nahm die Universität an der großen Politik teil. So entsandte sie Vertreter an das Konzil zu Basel und beriet den Kurfürsten von Sachsen in der Frage der Papstwahl und der Kirchenreform. Am Vorabend der Reformation übertraf die Universität L. mit mehr als 800 Studenten alle deutschen Hochschulen. Gleichzeitig drängte die neue geistige Bewegung des → Humanismus an die Universität heran, in scharfer Auseinandersetzung mit der Scholastik. Das Wirken von Konrad → Celtis konnte nur kurz sein, aber er veranlaßte die Bildung eines Kreises von Freunden humanistischer Studien. Doch Humanisten von wissenschaftlichem Rang, Joh. Rack (Aesticampianus) und der Schotte Rich. Crocus, konnten sich trotz guter Lehrerfolge nur vorübergehend in L. halten. Petrus → Mosellanus, ein vorzüglicher Kenner der klassischen Sprachen, war um sittliche Erziehung bemüht und kirchlichen Reformen nicht abgeneigt; er starb aber zu früh (1524), um seine Pläne zur Erneuerung der Universität L. im humanistischen Geist verwirklichen zu können.

Eine entscheidende Wende trat ein, als unter Herzog Heinrich 1539 das prot. Glaubensbekenntnis in L. eingeführt wurde. An der Universität verband sich damit die Durchführung von Reformen, nachdem 1541 Herzog → Moritz die Regierung im Lande übernommen hatte. Am 26.5.1542 vollzog er die »neue Fundation« der Universität L. Die Absicht, die Aufgabe der Universität als Lehr- und Erziehungsanstalt im Staate der Reformation kräftiger herauszustellen, ist erreicht worden. Aus ihrem Kreis hat sich um diese Reformen am meisten Caspar Borner bemüht, neben dem der berühmte und vielseitig erfahrene J. → Camerarius wirkte. Mit dem Mathematiker J.v.Lauchen (Rhaeticus) gewann die Universität L. den ersten entschlossenen Verkünder des kopernikanischen Weltsystems. Den Abschluß erreichte die Universitätsreform nach dem Erstarken, schon Starrwerden eines Luthertums strenger Rechtgläubigkeit durch eine Ordnung Kurfürst Augusts (1580).

So war die Universität, bes. die theol. Fakultät (s. 2), im 17.Jh. in strengem Konfessionalismus befangen. Bis in die 2. Hälfte des 18.Jh.s blieb die orthodoxe Schultheologie vorherrschend, erst dann lösten sie Pietismus (J. → Olearius) und Aufklärung ab, als sich bereits jüngere Geistesbewegungen in Deutschland durchzusetzen begannen. Einen wesentlichen und nachwirkenden wissenschaftlichen Fortschritt brachte die philologische und historisch-kritische Exegese J.A. → Ernestis. Die Juristen erhielten Lehrstühle für Natur- und Lehnrecht, sächsisches und allgemeines Partikularrecht und hatten in K.F.Hommel einen Verfechter für eine humane Auffassung des Strafrechts. Bei den Medizinern setzte sich, vor allem seit J.Bohn († 1718), die experimentelle Methode immer mehr durch. Im 18.Jh. war L. die Stadt der Dichtergesellschaften, der wissenschaftlichen Vereinigungen und Zeitschriften, an denen die Hochschullehrer mitarbeiteten und ihre Namen weithin bekannt machten. Gottsched, → Gellert u.a. übten eine starke Anziehungskraft aus. Zu den bekanntesten Studenten dieses Jh.s gehörten → Klopstock, → Lessing, → Goethe und → Jean Paul.

Allmählich verlor die Tradition an Geltungskraft, man wandte sich der individuell-selbständigen Forschung zu. Die Einzelwissenschaften wurden bereichert und vertieft; der Charakter des fachwissenschaftlichen Studiums verstärkte sich. Aber erst nach der Umbildung → Sachsens zum konstitutionellen Staat konnte der große Aufschwung einsetzen. Die neue, 1830 erlassene Universitätsverfassung stellte, unter Aufhebung der Nationen, die Verwaltung auf Rektor, Senat, Professorenkollegium und Fakultäten. Gefördert von den Kultusministern v.Falkenstein (seit 1853) und v.Gerber (seit 1871) erfolgte in zunehmendem Maße die Berufung nichtsächsischer Gelehrter. Seit dem letzten Viertel des 19.Jh.s stieg der Besuch erheblich an, so daß L. zeitweilig die in Deutschland am stärksten besuchte Universität war. Aus der großen Zahl bedeutender Gelehrter seien genannt aus der juristischen Fakultät B.Windscheid, K.Binding, R.→ Sohm, E.→ Friedberg, L.Mitteis, A.Wach, R.Schmidt, A.Schultze, Siber und Koschaker; die Mediziner His, Rabl, Spalteholz, Thiersch, Trendelenburg, Payr, Credé, Sellheim, Curschmann, Strümpell, Sattler, Hertel, Pfaff, Römer, Kockel, Sudhoff, v.Brunn. Das Gepräge der philosophischen Fakultät bestimmten Männer wie W. → Wundt, M.Heinze, E. → Spranger, H.Driesch, F.Krueger, J.Volkelt, Th. → Litt, U.Wilcken, R.Heinze, Bethe, Körte, M.Haupt, F.Zarncke, E.Sievers, Köster, L.Schücking, Leskien, Vasmer, Lamprecht, Brandenburg, Goetz, Kötzschke, Springer, Schmarsow, Pinder, Bruhns, Ratzel, Partsch, H.Freyer, W.Roscher, Bücher, Stieda. Unter den Naturwissenschaftlern der jüngeren Zeit genossen besonderes Ansehen Debye, Heisenberg, Weickmann, Le Blanc und Helferich.

Diese Höhezeit der Universität ging mit Ausbruch des 1. Weltkrieges zu Ende. Trotz Beschränkung der akademischen Selbstverwaltung 1933 setzte sich das »Führerprinzip« nicht völlig durch. Schwere Erschütterungen brachten die vernichtenden Luftangriffe im 2. Weltkrieg. Von 92 Instituten und Kliniken wurden (am 4.12.1943) 58 zT völlig vernichtet, bis Kriegsausgang stieg die Zahl der Total- und Teilverluste auf 70. Der seitdem vollzogene Wiederaufbau ist beachtlich. Am 31.12.1950 verlor die Universität ihre korporative Verfassung und wurde, seit 1953 als Karl-Marx-Universität, dem Staatssekretariat für das Hochschulwesen in der DDR unterstellt.

Qu.: F.Zarncke, 1857, 1859 (Acta rectorum 1524-58, die jüngeren Rektoratsakten seit 1945 verloren), 1861 (Statutenbücher) - Urkundenbuch 1409-1555, hg.v. B.Stübel, 1879 - Matrikeln, hg.v. G.Erler, 1409-1559, 3 Bde, 1895-1902; 1559-1809, 3 Bde, 1909 - A.Janda-Bux, Entstehung der Bildnissammlung an der Univ. L. (WZ L. 4, 1954-55, 143-168). - Gesamtdarstellungen: H.G.Kreussler, 1810 - C.C.C.Gretschel, 1830 - E.Friedberg, 1898 (im Anh.: 45 Berichte an Hzg. Georg über die Zustände an der Univ.) - Festschr. z. Feier des 500jährigen Bestehens der Univ. L., hg.v. Rektor u. Senat, 1909, II: E.Friedberg, Die Juristenfakultät - W.Stieda, Die Univ. L. in ihrem 1000. Semester, 1909 (über die im 19.Jh. getroffenen Einrichtungen) - Die L.er Univ. 1409-1909, 1909 - W.Bruchmüller, Der L.er Student 1409-1909, 1909 - R.Kötzschke, Die kulturgeschichtl. Stellung der Univ. L. (Neues Arch. f. sächs. Gesch. 31, 1910, 29-85) - Ders., Höhezeiten in der Gesch. L.s als Universitätsstadt (L.er Jb. 1942, 101-128) - R.Kittel, Die Univ. L. u. ihre Stellung im Kulturleben, 1924. - Einzelnes: R.Kallmeier, Caspar Borner in seiner Bedeutung f. d. Reformation u. für die L.er Univ. (Diss. L.), 1898 - P.Weinhold, Die Stellung des Kurfürsten August zur Univ. L. (Diss. L.), 1901 - Beiträge zur Gesch. der Univ. L. im 15.Jh., 1909 (Boysen, Statutenbuch des Kl. Fürstenkollegs; Helssig, Die wissenschaftl. Vorbedingungen für Magisterium u. Baccalaureat) - F.Eulenburg, Die Entwicklung der Univ. L. in den letzten hundert Jahren, statist. Unters.en, 1909 - R.Haupt, Studien zur Gesch. der Univ. L. zZ des Frühhumanismus (Diss. L.), 1920 (Masch.) - R.W.Franke, Der Pennalismus auf der Univ. L. (in: Festschr. f. R.Kötzschke, 1937, 203-244) - Ders., Sudetendt. Studenten auf der Univ. L. 1409-1809 (Forsch. z. Gesch. Sachsens u. Böhmens, 1937, 141-179) - H.Helbig, Die Reformation der Univ. L. im 16.Jh. (SVRG 171), 1953 - H.Wendorf, J.Camerarius (in: Herbergen der Christenheit, 1957, 88-116). - Wissenschaftl. Arbeiten über die Zeit seit 1909 fehlen. Karl-Marx-Univ. L. Festschr. z. 550-Jahr-Feier, 1959 - Chronik der Karl-Marx-Univ. L. 1945-1959, 1959.

H.Helbig

2. Über die *theol. Fakultät* der vorreformatorischen Zeit ist wenig bekannt. Sie zeigte konziliaristische Nei-

gungen und wandte sich gegen Erscheinungen wie das → Blutwunder von Wilsnack. Gegen die Theologen Dungersheim, → Emser und → Wimpina mußte Herzog → Georg der Bärtige 1519 die Durchführung der L.er Disputation (→ Luther: I) nachdrücklich erzwingen. Als die Universität 1541 reformiert werden sollte, bestand die Fakultät nur noch aus dem starr altgläubigen Dungersheim. Für die neu zu bildende ev. Fakultät wurden Männer wie Jakob → Schenk, der Schotte → Alesius und vor allem J. → Pfeffinger gewonnen. Er und Nik. → Selnecker gaben ihr für lange Jahre das Gepräge. Bis 1574 und dann wieder 1586-91 herrschte der *Philippismus* in L., wo es freilich nicht zu solchen Strafmaßnahmen wie in → Wittenberg kam. Immerhin wurden Gundermann u.a. 1592 entlassen. Unter Vorantritt Polykarp → Leysers I. zog nunmehr eine strenge luth. Orthodoxie in L. ein. Ihre Vertreter waren bes. J. → Hülsemann, der als Führer des deutschen Luthertums galt, daneben J.A. → Scherzer, H. → Kromeyer und J.B. → Carpzov I. Dennoch trat die L.er Orthodoxie hinter der Wittenberger (Aeg. → Hunn, L. → Hutter, A. → Calov) und der Jenenser (J. → Gerhard) immer etwas zurück. An der Milderung des Luthertums (→ Jena, J. → Musäus, → Baier) und dessen Entwicklung zur Reformorthodoxie (→ Rostock) hat L. nicht teilgenommen. In dem L.er V. → Alberti und in Sam. → Pufendorf stießen ein luth.-biblizistisches und ein rationalaufklärerisches → Naturrecht hart aufeinander. Die hebraistisch-orientalistischen Studien haben in L. früh eingesetzt (J.B. → Carpzov II.). - Zwischen dem *Pietismus* und der Orthodoxie ist es in L. zu schweren Zusammenstößen gekommen. A.H. → Francke und seine Freunde gerieten durch das Collegium philobiblicum und durch Erbauungskreise in der Stadt in Gegensatz zu Fakultät und Stadtgeistlichkeit. Der → Terministische Streit, nach L. verpflanzt, führte 1700 zu einer heftigen Kontroverse zwischen Ittig und A. → Rechenberg. Führende und scharfgeprägte Vertreter des Pietismus hat aber die L.er Fakultät trotz des letzteren und J. → Olearius nicht aufzuweisen. - Der erste Vorstoß der theologischen *Aufklärung* erfolgte in L. durch Adam Bernd und führte nur zu den »melodianischen Irrungen«. Die Aufklärungstheologie fand durch J.G.Pfeiffer (1721), vor allem aber durch den großen Exegeten J.A. → Ernesti sowie durch → Crusius und → Morus (, 1) Eingang in die Fakultät. Aufklärer sind noch im 19.Jh. J.G. → Rosenmüller und → Tzschirner, neben denen dann Vermittlungstheologen wie J.G.B.Winer († 1858) und Chr. G.L.Großmann († 1857) stehen. Mit letzterem als dem ersten Präsidenten des → Gustav-Adolf-Vereins und seinen Nachfolgern in diesem Amt G.A.Fricke († 1908) und F. → Rendtorff greift die Fakultät in das gesamtkirchliche Leben ein. Weder die idealistische Philosophie noch die Theologie → Schleiermachers und seiner Schüler (vgl. aber K.Th.A.Liebner, † 1871) nehmen nennenswerten Einfluß auf die L.er Theologie. - Eine entscheidende Wende erfolgte mit der Berufung von A.v. → Harleß (1845-50 in L.), mit dem das *neue Luthertum* in Fakultät und Landeskirche einzog und dem das »L.er Dreigestirn« Kahnis († 1888), Luthardt († 1902) und → Delitzsch († 1890) folgte. Schon rein zahlenmäßig brachte deren Zeit eine Blüte für die Fakultät. Von 1902 bis 1922 lehrte dann noch der letzte Vertreter der → Erlanger Schule L.Ihmels in L. Glanzvoll entwickelten sich daneben die historisch-theologischen Wissenschaften, verkörpert durch die Kirchenhistoriker Th. → Brieger, A. → Hauck und H. → Boehmer, die Alttestamentler F.Buhl, R. → Kittel, H. → Guthe und A. → Alt, die Neutestamentler → Tischendorf und → Heinrici usw. Fachprofessuren im modernen Sinn gibt es erst seit dem 19.Jh. Im NT lehrten außer den Genannten J.Leipoldt (jetzt em.) und A.Oepke; im AT E.Balla und J. → Begrich; in der KG Chr.W.Niedner, G.V.Lechler, H. → Achelis, H.Rückert, H.Bornkamm, H.W.Beyer; in der syst. Theol. O.Kirn, P.Althaus d.Ä., H.Stephan; in der prakt. Theol. G. → Rietschel, F. → Rendtorff, O.Frenzel, M.Doerne; als Religionshistoriker N. → Soederblom, H.Haas und W.Baetke (der 1933 emigrierte J. → Wach gehörte zur philosophischen Fakultät). Die Fakultät besteht zZ (1959/60) aus H.Bardtke und M.-L. Henry (AT), Chr.Haufe (NT), F.Lau, E.Beyreuther und O.Thulin (KG), E.Sommerlath (em.), E.Fuchs (em.) und K.Wiesner (syst. Theol.), A.D.Müller (em.), Fr.Haufe und H.Wagner (prakt. Theol.). Die Studentenzahl hat im Laufe der Jh.e zwischen 150 und 700 geschwankt. An der Fakultät bestehen 9 Fach-Seminare bzw. -Institute; sie wurden mit ihren Bücherbeständen am 4.12.1943 fast völlig vernichtet, seitdem aber annähernd wieder auf den alten Stand gebracht. Ihre Vorgänger haben die Seminare in den schon im 17.Jh. vorhandenen Predigerkollegien und theologisch-wissenschaftlichen Gesellschaften, unter letzteren bes. weitwirkend Illgens Historisch-theologische Gesellschaft (1814) mit der ZHTh. Das erste und bis 1927 einzige sächsische Predigerseminar, das 1862 von B.Brückner begründete Prediger-Collegium zu St. Pauli, hat bis zum 2. Weltkrieg in organischer Verbindung mit der theol. Fakultät gestanden. Predigtkirche der Professoren ist die alte Dominikanerkirche zu L., die Universitätskirche St. Pauli. Kirchliche Ämter in L. (Pfarrämter von St. Thomas und St. Nikolai) sind bis zu G.V. Lechler († 1888) mit Professuren in Personalunion verbunden gewesen.

H.Hesse, Der Terministische Streit, 1877 - Festschr. usw (s.1), 1909, I: O.Kirn, Die theol. Fakultät in 5 Jh.en - H.Fichtner, Die Anfänge des Rationalismus im Kirchen- u. Schulwesen L.s (Diss. L.), 1920 - H.Leube, Die Gesch. der pietist. Bewegung in L. (Diss. L.), 1921 - H.Bornkamm, Die Einführung der Reformation in L., 1930 - J.Ihmels, Das Naturrecht bei V.Alberti (Diss. L.), 1956 (Masch.) - H.Zimmermann, A.Bernd u. der Melodianismus I (Diss. L.), 1958 (Masch.). *F.Lau*

Leipziger Disputation (1827). Die Antrittsvorlesung Aug. → Hahns in Leipzig mit nachfolgender Disputation behandelte das Thema der kirchlichen Legitimation des → Rationalismus (: II), die Hahn bestritt. Er ließ dabei offen, ob die Rationalisten aus der Kirche zu entlassen seien oder freiwillig ausscheiden sollten. In dem weithin vom Rationalismus beherrschten → Sachsen erhob sich sofort Widerspruch, bes. von W.T.Krug, dem Dekan der philosophischen Fakultät, der amtlich zu opponieren hatte, und (anonym) von dem jungen Karl → Hase (Die L.D., 1827), außerhalb Sachsens von Joh. Schulthess in Zürich und J.F. → Röhr in Weimar. Die L.D. gilt als erstes öffentliches Auftreten der → Erweckungsbewegung in Sachsen; ihr folgte als nächstes Fanal die Berufung (und Dresdner Vorstellungspredigt) G. → Rudelbachs als Sup. nach Glauchau 1829. - Zur L.D. von 1519 vgl. → Luther: I, 2.

K.Hennig, Die sächs. Erweckungsbewegung am Anfang des 19.Jh.s (Phil. Diss. Leipzig), 1929. *M.Schmidt*

Leipziger Mission (*»Ev.-luth.Mission zu Leipzig«*), in Dresden 1836 unter Mitwirkung altpreußischer Lutheraner als bewußt luth. Mission gegründet, ausgelöst durch ein Gesuch von drei luth. Absolventen der → Jänicke'schen Missionsschule. Unter dem Direktorat von Karl → Graul entwickelte sich die nach Leipzig verlegte L.M. um die Mitte des 19.Jh.s zur größten luth. Mission Deutschlands und des kontinentalen → Luthertums (: IV). Missionsgaben u.a. aus Bayern, Hannover, Schweden, dem Baltikum, Polen, Ungarn und Elsaß flossen lange ausschließlich nach Leipzig, durch Jahrzehnte wurden schwedische Missionare dort ausgebildet. Auch als später andere luth. Missionen entstanden, blieben die Leipziger Jahresfeste in der Pfingstwoche einflußreich für die Zusammenfassung des Luthertums. - Nach ersten Aussendungen nach → Australien (: III) konzentrierte K.Graul den Einsatz der L.M. auf Südindien, wo das Erbe der Dänisch-Halleschen Mission übernommen wurde (→ Indien: IV, 3. 4 c). Als Arbeitsfrucht der L.M. und später in wachsendem Maße der Schwedischen Kirchenmission erwuchs die Ev.-luth. Tamulenkirche (seit 1956 vom indischen Bischof R.B. Manikam geleitet, noch von der L.M. mitversorgt). - Unter Direktor K.v.Schwartz (1891-1911) wurde 1893 in → Tanganyika die Arbeit begonnen; Schwerpunkt war die Dschaggamission am Kilimanjaro (→ Afrika: IV B, 3 c), vorübergehend auch die von der Hersbrukker Mission begonnene Kambamission in Britisch-Ostafrika. Im Dschaggaland gelang B. → Gutmann ein tiefer volkskirchlicher Einbruch. Die L.M. legte den Grund zur Luth. Kirche von Nordtanganyika, der ältesten afrikanischen Gliedkirche des → Lutherischen Weltbundes; sie steht seit 1959 unter afrikanischer Leitung, wird aber noch von der L.M. und vielen anderen luth. Missionen getragen. - Unter Direktor Carl Ihmels (seit 1923) begann die L.M. 1955 eine Arbeit in → Neuguinea in Partnerschaft mit der → Neuendettelsauer sowie amerikanischen und australischen luth. Missionen. Nach 1945 schuf die L.M. zwei Zentralstellen in der BRD und bildet im Leipziger Missionsseminar kirchliche Nachwuchskräfte aus, u.a. einige Brasilienpastoren.

C.Paul, Die L.M. daheim u. draußen, 1914 - P.Fleisch, Hundert Jahre luth. Mission, 1936 - Luth. Missions-Jb. 1936. *M.Küchler*

Leisen → Kirchenlied: I, 2c; II, 2.

Leitmeritz (Litoměřice), *Bistum* in Nordböhmen (Tschechoslowakei), wurde 1655 in dieser vorher eifrig hussitischen Stadt zur Beförderung der Gegenreformation als Suffraganat von → Prag (: I) begründet, 1784 bedeutend erweitert. 1934 hatte L. 2 Propsteien (L., Mělník), 5 Archidiakonate (Aussig-Ústí n. L., Bilin-Bílina, Politz-Police, Reichenberg-Liberec, Schluckenau-Šluknov), 27 Vikariate, 40 Dekanate, 390 Pfarreien, 796 Priester. Die röm.-kath. theologische Cyrill-Methodius Fakultät in Prag hat seit 1953 ihren Sitz in L. In L. besteht je eine Gemeinde der Tschechoslowakischen Kirche, der Ev. Kirche der Böhmischen Brüder, der methodistischen und der orth. Kirche.

Ad.Seifert, Die L. Diöcese, 1899 - CathEnc IX, 141f - RGG² III, 1574 - Catalogus cleri dioec. Litomericensis, 1934. *R.Říčan*

Lektionar. Ein heutiges L. enthält, nach dem → Kirchenjahr geordnet, die vollständigen liturgischen Bibellesungen. Das neueste L. innerhalb der EKD ist das der VELKD, 1953 in buchkünstlerischer Ausstattung mit leicht revidiertem Luthertext und ohne at. Lesungen herausgegeben. Die Anfänge der Lesungen sind, wo nötig, in der liturgisch geforderten Weise vervollständigt. Rein praktische Gründe, wie bequeme Handhabung und Fragen der Beleuchtung rechtfertigen den Gebrauch eines L.s in der ev. Kirche nicht ausreichend. - Schon im 5.Jh. hatte die Kirche damit begonnen, die Texte der Lesungen in libelli missae aufzunehmen, wie es heute im Missale Romanum auch der Fall ist. Das erwies sich überall dort als notwendig, wo der Priester ohne → Lektor und → Chor die → Messe allein lesen mußte (seit dem 9.Jh.). Ehe es zu voll ausgeschriebenen Hss. kam, in denen die Abschnitte nach dem Kirchenjahr geordnet stehen (Epistolare und → Evangeliare), hatte man sich mit Randnoten in den Bibel-Hss. und Listen (Capitularia) begnügt. Ein L. kann beide Perikopenreihen in sich vereinen, aber auch nur die nichtev. Lesungen enthalten. Die mit L. gleichbedeutende Bezeichnung Comes wurde nur versehentlich auf bloße *Listen* angewandt. Das älteste, in Resten erhaltene L., aus der Gegend von Marseille (5./6.Jh.), 1936 von A.Dold aus einem Wolfenbütteler Palimpsest veröffentlicht, enthält je drei Lesungen, die at. meist aus den Propheten, auch Anfänge von Gesangstücken vor und nach dem Evangelium. Ein L., vermutlich aus Paris (7.Jh.), hat Mabillon in Luxeuil gefunden und im Auszug 1685 veröffentlicht; es enthält ebenfalls meist je drei Lesungen, sogar sechs außerbiblische (hagiographische). Solche finden sich schon in Jerusalem um 500, wie sich aus dem viel später geschriebenen altarmenischen L. erkennen läßt, das F.C.Conybeare 1905 aus einer Pariser Hs. mitgeteilt hat, und später in den ostkirchlichen → Synaxarien. - Vgl. → Perikopen, → Plenarien.

J.Mabillon, De Liturgia Gallicana, 1685, 106-173 - LThK VI, 478f - A.Dold, Das älteste Liturgiebuch der lat. Kirche, 1936 - P.Salmon, Le Lectionnaire de Luxeuil (Coniectanea Biblica Latina 7, 1944, 1-8) - Leiturgia III, 336 (Reg.) - JLH 3, 1957, 29 - EKL II, 1072 (Lit.). *H.Urner*

Lektionston. Wie die Lesung der Synagoge und die feierlichen Bekanntmachungen des antiken Heidentums mit der Singstimme vorgetragen wurden, so war auch für die junge Christenheit die gesungene Verkündigung der biblischen Texte Regel. Der Vortrag erfolgte auf dem gleichbleibenden Rezitationston (Tonus currens) fast ohne Beachtung der Wortakzente; doch waren die Schlüsse (puncti) verschieden je nach der Art der Satzabschnitte und dem Grade der Feierlichkeit (also zB schlichter bei der Epistel, gestalteter beim Evangelium). Sie waren auch örtlich verschieden. Für Deutschland war vom 9.-17.Jh. wichtig der Mainzer L. (Tonus Moguntinus), der die Wortakzente durch einen höheren Ton auszeichnete. Eine besondere Entwicklung nahm der L. bei der Verlesung der → Passion.

P.Wagner, Einführung in die gregor. Melodien III, 1921 - G.P. Köllner, Der Accentus Moguntinus (Diss. Mainz), 1950 - MGG VIII, 595f. *E.Jammers*

Lektor. Das Lektorat, von Justin ap. I, 67 erwähnt (ἀναγινώσκων, später ἀναγνώστης), versahen zuerst gebildete Gemeindeglieder, bis es klerikale Weihestufe wurde (Westen 3.Jh., Osten 4.Jh.). Im Westen zog man Kinder zu diesem Amt heran, die dann angesichts ihrer großen Zahl zu L.en-Schulen zusammengefaßt wurden (zB Rom, Lyon); im Osten behielt es seine ursprüngliche Bedeutung. Im Westen wurde es schließlich unterster Weihegrad; dem L. steht nach dem CIC (c. 1147 § 4) das Recht zu, »Brot und alle neuen Früchte zu segnen«. Reste des L.en-Amtes blieben auch in der ev. Kirche. Heute werden Gemeindeglieder zum L.en-Dienst herangezogen und für Lesegottesdienste und zur Predigt ausgebildet. Vgl. → Laiendienst.

RE XI, 337ff - DACL VIII, 2241ff - LThK VI, 479f (Lit.) - E. Freudenstein, Der Dienst im L.enamt (Die Innere Mission 37, 1947, 55-58) - E.Damzog, Gedanken zum Laien-Einsatz bei der Wortverkündigung (Der Evangelist 106, 1955, 43f) - EKL II, 1072f (Lit.). *H.Urner*

Le Maistre, drei Brüder, jansenistische Theologen, erzogen in der Familie → Arnauld und im Geiste von → Port Royal. Der bedeutendste von ihnen, *Isaac Louis* (1613-84; genannt Le M. *de Sacy*), war ein Schüler von → Duvergier, hatte maßgeblichen Einfluß auf Blaise → Pascal und lebte als Beichtvater der Nonnen in Port Royal. Als Anhänger des → Jansenismus war er zeitweilig gefangen. Er verfaßte zahlreiche Übersetzungen von Hymnen u.ä., bes. die sog. »Heures du Port Royal«, die oft gedruckt, von Jesuiten bekämpft und in Rom ebenso wie zwei jesuitische Gegenschriften verboten wurden. I.L. führte die von seinem älteren Bruder *Antoine* (1608-58; Rechtsanwalt in Paris, seit 1637 in Port Royal) begonnene → Bibelübersetzung (: V, 2 i α) mit Hilfe von Arnauld, → Nicole u.a. weiter (sog. Versio Montensis, nach dem pseudonymen Verlagsort Mons; NT 1667, AT 1672-95); sie wurde dann von P.Th. du Fossé zu Ende gebracht, wegen des beigefügten Kommentars aber 1668 und 1679 indiziert. - Der mittlere der drei Brüder, *Simon* de Sericourt (1611-58), lebte seit 1638 als rigoroser Asket in Port Royal.

Verz. der Übers.en des I.L. bei H.Reuchlin, Gesch. von Port Royal II, 1844, Beilage 50. - Vgl. DThC IX/1, 200ff, ferner die Lit. zu → Jansenismus u. → Port Royal. *P.Honigsheim*

Lemberg (ukrain. L'viv, poln. Lwów, russ. L'vov). Die Stadt L., von ukrainischen Fürsten um 1250 gegründet, entwickelte sich zum kulturellen und wirtschaftlichen Zentrum Galiziens; seit 1944 ist sie Gebietshauptstadt der Ukrainischen Sowjetrepublik (→ Ukraine). Die Bevölkerung war national und konfessionell uneinheitlich: Polen (röm.-kath.), Ukrainer (orth.-uniert) und Juden; bis 1940 lebten in L. auch zahlreiche deutsche Familien, die seit dem 13.Jh. zugewandert waren. Nach 1944 wurde die Mehrheit der polnischen Bevölkerung nach Schlesien ausgesiedelt, Ukrainer und Russen wanderten zu. Das Gebiet L. wurde rasch industrialisiert (Erdölquellen bei Drohobyč und Boryslav). - Eine »slawisch-griechische Schule« bestand in L. seit 1586; ihr folgte 1661 ein Jesuitenkolleg, das 1817 zur Universität erweitert wurde (theologische Fakultät erst seit 1929). Diese litt unter ständigen Konflikten zwischen Studenten polnischer und ukrainischer Nationalität. L. ist Sitz von drei Erzbistümern: Sowohl das röm.-kath. (1412/15 von Halyč nach L. verlegt) als auch das griech.-kath. (uniert seit 1677) und das armenische (uniert seit 1667) sind zZ unbesetzt. Das Moskauer orth. Patriarchat hat nach 1944 einen Erzbischof für L. und Tarnopol ernannt.

K.Twardowski, Die Univ. L., 1907 - St.Wasylewski, Gesch. L.s, L.-Posen 1921 (poln.) - Zenon Kuziela, Ukraine u. die kirchl. Union, 1930 - C. De Clerq, Les Eglises unies d'Orient, Paris 1934. - Studia lwowskie, L. 1932 - Unser L. Jubiläums-Sammelband, New York 1953 (ukr.). *† Hans Koch*

Lemire, *Jules Auguste* (1853-1928), franz. Politiker und sozialer Vorkämpfer, * in Vieux-Berquin, † in Hazebrouck (Dep. Nord), wo er seit 1914 Maire war; 1878 Priester und Lehrer am Petit Séminaire von Hazebrouck. L.s Interesse an der sozialen Frage wuchs aus der Bekanntschaft mit Kardinal → Manning. Als Anhänger der III. Republik kam er 1893 in die Kammer, wo sich die extreme Linke über die Soutane, die extreme Rechte über die Ansichten L.s entsetzte. 1896 gründete er die Société des Jardins ouvriers. Von den antirepublikanischen kath. Rechtskreisen verdächtigt, wurde er durch den Bischof von Lille suspendiert (1914), jedoch auf Initiative Benedikts XV. rehabilitiert (1915). - Als Anhänger des »sozialen Katholizismus« der Schule von Le Play trat L. für sozialen Fortschritt, Familie, Familienunterstützungen und Freizeit ein.

Vf. außer Artikeln in »Annales du Comité flamand de France« u. bes. »Le coin de terre et le foyer« u.a.: Le card. Manning et son action sociale, Paris 1893. - Über L.: C.Droulers, Chemin faisant avec l'abbé L., Paris 1929. *A.Hamman*

Lemnius, *Simon* (1511-50), * in St. Maria im Münstertal (Graubünden), neulat. Dichter. Er studierte in München, Ingolstadt und seit 1534 in Wittenberg (1535 Magister), wo er zu → Melanchthon in ein persönliches Verhältnis trat und 1538 lat. Epigramme veröffentlichte. An ihrem Inhalt und ihrer überschwenglichen Widmung an Erzbischof Albrecht von Mainz nahm → Luther heftigen Anstoß. Aus dem ihm deswegen auferlegten Hausarrest floh L., gegen den Luther daraufhin eine scharfe Erklärung erließ. Für seine Relegation, gegen die er in einer »Apologia« protestierte, rächte sich L. von Halle aus durch weitere Epigramme, in denen er Luther übel verleumdete, und durch sein lat. Drama »Monachopornomachia« (Mönchshurenkrieg) mit völlig haltlosen Angriffen gegen Luthers, → Jonas' und → Spalatins Ehe. Nach längeren Irrfahrten wurde L. Lehrer in Chur, wo er die erste lat. Odysseeübersetzung in gebundener Sprache verfaßte (1549).

ADB XVIII, 236ff - P.Merker, S.L., 1908 - WA 50, 348ff - RGG[3] III, 1576 - LThK VI, 484f - Schl. I, 440f. 557f; V, 152. *H.Volz*

Lenau, *Nikolaus*, eigentlich N.Niembsch, Edler von Strehlenau, * 13.8.1802 in Csatád (Ungarn), † 22.8.1850 in der Heilanstalt Oberdöbling b. Wien, Dichter des Weltschmerzes von melancholisch-leidenschaftlicher Grundhaltung, am stärksten in seiner musikalisch-stimmungshaften Naturlyrik (Gedichte 1832; häufig vertont!). Nach juristischen, philosophischen und medizinischen Studien in Preßburg, Wien und Heidelberg findet er 1831 bei den schwäbischen Romantikern Bewunderung und Aufnahme. Der Versuch des Europamüden, in Amerika Farmer zu werden (1832/33), scheitert; sein ruheloses Leben endet in geistiger Umnachtung. - L.s religiöse Entwicklung zeigt die gleiche Zerrissenheit: Der im kath. Glauben Erzogene ergibt sich in der lyrisch-dramatischen Dichtung »Faust« (1836) einem wilden religiösen Skeptizismus, wendet sich dann in der Versdichtung »Savonarola« (1837) einem inbrünstigen, prot. gefärbten persönlichen Gott zu und endet in den »Albigensern« (1842) und in dem »Don Juan«-Fragment in einem pantheistischen Sensualismus.

Sämtl. Werke, Hist.-krit. Ausg. v. E.Castle, 6 Bde, 1910-23. - Über L.: A.X.Schurz, L.s Leben, 2 Bde, 1855; Bd I neu hg.v. Castle, Wien 1913 - H.Bischoff, L.s Lyrik, 2 Bde, 1920/21 - K. Schuster, Glaube u. Zweifel bei L. (Diss. Wien), 1950 (Masch.) - J.Herz, L. u. Ungarn (Diss. Wien), 1950 (Masch.) - K.Deschner, L.s metaphysische Verzweiflung (Diss. Würzburg), 1951 (Masch.) - H.Vogelsang, N.L.s Lebenstragödie, 1952. *† M.Greiner*

Lenin, *Wladimir Iljitsch Uljanov* (nannte sich seit 1901 L.), * 10. (nach neuem Stil 22.) 4.1870 in Simbirsk (heute Uljanovsk), † 21.1.1924 in Gorki b. Moskau. L. studierte Rechtswissenschaften an der Universität Kasan, wurde aber wegen Teilnahme an einer Protestversammlung relegiert und beendete das Studium in Petersburg. Tief beeindruckt von seinem älteren Bruder Alexander (am 8.5.1887 als Verschwörer hingerichtet) schloß sich L. schon als Student der revolutionären Bewegung an und las u.a. auch marxistische Literatur. Als Rechtsanwalt in Samara und dann in Petersburg widmete er sich der Agitation unter dem Proletariat. 1895 stellte er durch einen Besuch in Genf die Verbindung mit der marxistischen Emigration her. Bei dem Versuch, eine illegale Zeitung herauszubringen, wurde er gefaßt und von 1895-99 nach Sibirien verbannt; 1898 heiratete er dort Nadeshda Krupskaja. Nach der Entlassung bei einem verbotenen Besuch in Petersburg wieder verhaftet, emigrierte L. und hielt sich in München, London und Genf auf, redigierte die Zeitung »Iskra« (der Funke) und war führend in der revolutionären Emigrantenbewegung tätig. 1903 kam es durch sein Vorgehen zur Bildung der bolschewistischen Fraktion, die sich später unter seiner Leitung verselbständigte (→ Kommunismus: III, 3). Nach der Revolution von 1905 kehrte er heim, um den bewaffneten Aufstand voranzutreiben, mußte aber 1907 erneut emigrieren und setzte von Genf, Paris, Krakau, Bern und Zürich aus seine publizistische und organisatorische Tätigkeit fort. Im April 1917 ließ ihn die deutsche Reichsregierung in einem »plombierten Wagen« nach Schweden. Im selben Monat traf er in Petersburg ein, wo er sofort die Führung der revolutionären Bewegung übernahm und sein eigenes Programm durchsetzte. Vor allem seinem unbeirrbaren Willen sowie seinem taktischen Geschick ist es zusammen mit Trotzkis militärisch-rhetorischer Begabung zu danken, daß die Oktoberrevolution (24./25.10.1917) für die Bolschewiki siegreich wurde. Nach Verlegung der Hauptstadt nach Moskau leitete L. vom Kreml aus die Geschicke des Landes. - Die bei → Marx theoretisch begründete Religionsfeindschaft bekommt bei L. einen zT leidenschaftlichen Charakter, der sich bes. in seinen Briefen an Maxim → Gorki zeigt. Bezeichnend ist die von W.Herzog berichtete Bewunderung L.s für Ignatius von → Loyola, den er im spanischen Original gelesen haben soll. - Vgl. → Leninismus.

GA: 20 Bde, 1923-26; 30 Bde, 1925-32 (dt. 23 Bde, 1928-32, nicht vollst.); 40 Bde, 1941-52. - Über L.: G.LUKACS, L., Studie über den Zusammenhang seiner Gedanken, 1924 - J.LUPPOL, L. u. die Philosophie, 1929 - Anonym, L., ein kurzer Abriß seines Lebens u. Wirkens, Moskau 1947 - Gr. Sowjet-Enzyklopädie XXIV, 493 ff (russ.) - D.SHUB, L., New York 1949; dt. 1952 - G.v.RAUCH, L., die Grundlegung des Sowjetsystems, 1957 - H.LEFÈBVRE, La pensée de L., Paris 1957.

I.Fetscher

Leninismus wird seit → Stalins »Über die Grundlagen des L.« (1924; vgl. auch »Zu den Fragen des L.«, 1926 [dt. Werke Bd VI. VIII]) das von → Lenin ausgebaute Lehrgebäude des → Marxismus genannt (auch Marxismus-L.). Diese Lehre umfaßt 4 wichtige Bestandteile.

1. Die *Imperialismustheorie* hat Lenin erst 1917 in seiner Schrift »Der Imperialismus als höchstes Stadium des Kapitalismus« dargestellt, sie ist jedoch die Grundlage für seine Anpassung des Marxismus an die Gegenwart. Auf den Schriften von Hobson (Der Imperialismus, London 1902) und Hilferding (Das Finanzkapital, 1910) beruhend, geht Lenin vor allem in den politischen Schlußfolgerungen über seine Vorgänger weit hinaus. Das imperialistische Stadium des → Kapitalismus sei gekennzeichnet durch Monopol- und Finanzkapitalismus statt des bisherigen Konkurrenz- und Industriekapitalismus. Es führe zu starkem Kapitalexport der entwickelten Industriestaaten und zu verschärfter → Konkurrenz derselben um die noch nicht erschlossenen Länder; die Konkurrenz müsse schließlich zu bewaffneten Konflikten führen, in denen benachteiligte Staatengruppen gegen begünstigte kämpfen. Diese Entwicklung ermögliche einerseits die Bestechung einer Arbeiteraristokratie in den führenden imperialistischen Staaten durch die herrschende → Klasse (zB in England), wodurch dort der revolutionäre Elan des Proletariats gebrochen würde, führe aber gleichzeitig der revolutionären Arbeiterbewegung in den Kolonialländern und unterentwickelten Gebieten neue natürliche Bundesgenossen zu. Der Klassenkampf reproduziere sich so im internationalen Maßstab und verbinde sich mit dem nationalen Kampf der erwachenden Völker des Ostens. Rußland sei in einer paradoxen Situation, da es zugleich selbst Kolonialmacht (seine asiatischen Gebiete lassen es dem Flächeninhalt nach als die zweitgrößte Kolonialmacht erscheinen) und von ausländischem Finanzkapital abhängiges unterentwickeltes Land sei. Die Widersprüche des imperialistischen Kapitalismus seien daher hier auf die Spitze getrieben, und die → Revolution habe - im Anschluß an einen Weltkrieg - erhöhte Aussichten. Die Kette des Weltkapitalismus reiße am schwächsten Kettenglied. Von hier aus aber - so hoffte Lenin noch bis 1923 - werde die Weltrevolution nach den entwickelten und dann wieder führenden Industrieländern übergreifen, deren Proletariat die genügende Stärke besitzt, um die Macht zu ergreifen und den Sozialismus aufzubauen.

2. Die *Lehre von der Diktatur des → Proletariats* hat Lenin u.a. in »Staat und Revolution« (1917) herausgearbeitet. Sie wendet sich sowohl gegen die anarchistische Staatsverneinung als auch gegen die hohe Wertschätzung der parlamentarischen Demokratie (→ Staatsformen), wie sie zB für Karl → Kautsky kennzeichnend war. Zwischen Kapitalismus und der vollendeten klassen- und herrschaftslosen Gesellschaft des → Kommunismus (: III) liege eine Zwischenperiode, deren Staat nur die Diktatur des Proletariats sein könne. Während aber → Marx, auf den sich Lenin hier beruft, unter Diktatur die Herrschaft der auf Grund der Eigentumsordnung letztlich begünstigten Klasse verstand, deutet Lenin den Diktaturbegriff im strengen staatsrechtlichen Sinne als eine »an keine gesetzlichen Beschränkungen gebundene Macht«. Diese Diktatur des Proletariats wurde in einem Lande mit sehr kleinem Proletariat (höchstens 5% der Bevölkerung) aufgebaut und faktisch sehr bald - nach Liquidierung der Räteherrschaft (→ Rätesystem) - durch eine Diktatur der Partei ersetzt. Offiziell ist der Staat der Diktatur des Proletariats allein zur Unterdrückung der ehemals herrschenden Bourgeoisie da, tatsächlich richtet sich aber der Machtapparat ebenso gegen Abweichungen von der Parteilinie und die nicht bolschewistischen Sozialisten in der Arbeiterbewegung. Diese Diktatur wird einerseits als notwendiges Mittel für die Beschleunigung der Entwicklung zur klassenlosen kommunistischen Gesellschaft, andererseits aber auch als selbst schon vollendete Form der Demokratie bezeichnet. Demokratie ist sie in den Augen der Leninisten, weil der Wille der Partei mit dem wohlverstandenen und richtig interpretierten Willen des Proletariats vollkommen übereinstimmen soll.

3. Die *Lehre von der Partei neuen Typs* hat Lenin vor allem in »Was tun?« (1902) und »Ein Schritt vorwärts - zwei Schritte zurück« (1904) entwickelt. Sie hat auch zur Spaltung der Partei zunächst in einen bolschewistischen und menschewistischen Flügel (Brüssel-London 1903) und später zur Absonderung der Partei Lenins geführt. Das politische Klassenbewußtsein kann nach Lenins Überzeugung nur von außen in das Proletariat hineingetragen werden. Hierzu bedarf es einer gutgeschulten Kaderpartei, die Erzieherin, aber zugleich auch Führerin des Proletariats zu sein hat, solange dieses noch nicht das intellektuelle und willensmäßige Niveau dieser Elite erreicht hat. Innerhalb der Partei gilt das Prinzip des »demokratischen Zentralismus«. Jede politische Entscheidung wird an der Spitze durch das - faktisch nach wie vor kooptativ ergänzte - Zentralkomitee (ZK) gefällt. Diese Partei neuen Typs sollte nach Lenin das »Offizierskorps der Bürgerkriegsarmee« darstellen und in jeder Beziehung dem zaristischen Militär und der zaristischen Polizei mindestens ebenbürtig sein. Als sich das Rätesystem als nicht praktikabel erwies, wurde dieses Prinzip auch auf den Staatsaufbau übertragen.

4. *Der Ausbau des Marxismus zur umfassenden Weltanschauung des dialektischen → Materialismus* (: III). Schon in der Schrift »Materialismus und Empiriokritizismus« (1908) erklärte Lenin, daß niemand Materialist »oben« - im Bereich der Gesellschaftswissenschaften - und zugleich Idealist »unten« - im Bereich der naturwissenschaftlichen Erkenntnis - sein könne. Er verlangte dem-

entsprechend eine einheitliche erkenntnistheoretische Lehre – den von ihm auf der Grundlage → Engels'scher und Dietzgen'scher Schriften entwickelten Realismus (Widerspiegelungstheorie) – sowie eine alle Daseinsbereiche umfassende materialistische Weltanschauung. Stalin hat diese Tendenz verstärkt und die Engels-Leninsche Weltanschauung zur allein-geltenden Lehre erhoben.

Westliche Gelehrte haben in Lenins Gedankenwelt auf zahlreiche Spuren spezifisch russischer Traditionen hingewiesen (zB die der revolutionären Schriftsteller Tschernyschewski und Belinski sowie die des Berufsrevolutionärs Tkatschow) und den L. als russische Variante des Marxismus angesehen. Die Sowjetführer selbst legen dagegen im allgemeinen größten Wert auf die Allgemeingültigkeit des L. als des Marxismus des 20.Jh.s.

Große Sowjet-Enzyklopädie XIX, 17ff (Hist. Materialismus); XIV, 277ff (Dialekt. Materialismus). 344ff (Diktatur des Proletariats; russ., jeweils Lit.); dt. = Reihe Marxismus-L. H. 2 (1953^{2}), H. 12 (1955), H. 4 (1954^{2}) – M.G.Lange, Marxismus, L., Stalinismus, 1955 – I.Fetscher, Von Marx zur Sowjetideologie, (1956) 1960^{5} – A.G.Meyer, Leninism, Cambridge/Mass. 1957. *I.Fetscher*

Lentulusbrief, wohl der späteste jener apokryphen Berichte, die den Mangel jeglicher Überlieferung über Jesu äußere Erscheinung ersetzen wollten (→ Christusporträt). Er gibt sich teils als Auszug aus römischen Annalen, teils als Brief des zum Vorgänger des → Pilatus gemachten Lentulus (den Namen lieferte vielleicht die Ciceronische Briefsammlung) an den römischen Senat. Jesu vermeintliches Aussehen wird unter Verwendung von Ps 45, 3 ausgiebig geschildert. Diese Art kann man bis ins 6.Jh. zurückverfolgen; im Hintergrund steht der von der christlichen Kunst ausgebildete Typus des → Christusbildes. Der L. selbst stammt wohl erst aus dem 13.Jh.

Texte bei J.A.Fabricius, Codex apocryphus NT, 1719, 301f. – E.v.Dobschütz, Christusbilder II, 1899, 293**ff (hier eingehende Besprechung der Überlieferung) – J.B.Aufhauser, Antike Jesuszeugnisse, 1925^{2}, 43. *(† H.v.Soden) W.Eltester*

Leo I., *Papst* 29.9.440 bis 10.11.461, aus Toscana, neben → Gregor I. der einzige Papst mit dem Ehrentitel »der Große«; Tag: 11.4. Mit L. erreicht die Entwicklung des römischen Primatgedankens (→ Papsttum: I, → Papat und Primat) im wesentlichen ihren Abschluß: Petrus steht über allen andern Aposteln; sie erhalten ihre Vollmacht von Christus *durch* ihn. Er wirkt in seinem Nachfolger, dem Inhaber der cathedra Petri als solchem, fort. Folglich ist der römische Bischof, der die »plenitudo potestatis« besitzt, das Oberhaupt der anderen Bischöfe – seiner Gehilfen und Stellvertreter – und damit der Gesamtkirche. – In der Praxis wußte L. die günstigen Zeitumstände und Gelegenheiten geschickt zu nutzen und so seine Ideen weitgehend zu verwirklichen. Die Kirche des Abendlandes hat er tatsächlich seiner Oberhoheit unterworfen: Im Kampf gegen den Bischof → Hilarius von Arles erwirkte er von Valentinian III. ein Edikt (445), das seinen Jurisdiktionsprimat über das Abendland bestätigte. Auch im Osten, zumal in den christologischen Streitigkeiten (→ Christologie: II, 4 d) errang L. bedeutende Erfolge. Die dogmatische Entscheidung des Konzils von → Chalcedon, die sich auf L.s Lehrschreiben an → Flavian von Konstantinopel gründete, brachte den Sieg der römischen Lehrform, die kirchenpolitische den Sturz des Bischofs von → Alexandria. Allerdings blieb L.s Protest gegen den 28. Kanon von Chalcedon, der den Bischof von → Konstantinopel dem von Rom rangmäßig gleichstellte (→ Kirchenverfassung: II), erfolglos. Die Nachwelt erblickte in L., der dem Hunnenkönig Attila (452) und dem Vandalenherrscher Geiserich (455) erfolgreich entgegentrat, den Retter der abendländischen Kultur. – Von L. sind zahlreiche Predigten und (zT unechte) Briefe erhalten. Über das sog. Sacramentarium Leonianum s. → Sakramentare.

RE XI, 367ff; XXIV, 8 – Caspar I, 423ff – K.Bihlmeyer-H. Tüchle, KG I, 1951^{12}, 328f (Lit.) – Grillmeier-Bacht I-III (s. Reg.) – Seppelt I^{2}, 175ff – Haller I, 153ff – A.P.Lang, L. d. Gr. u. die Dreifaltigkeitspräfation (SE 11, 1957, 116-162) – EKL II, 1073f – Altaner § 78, 11 (Lit.) – M.B.de Soos, Le Mystère liturgique d'après saint Léon le Grand (Liturgiewiss. Quellen u. Forschungen 34), 1958. *W.Müller*

II., *Papst* 17.8.682 (geweiht; 681 gewählt) bis 3.7.683, Sizilianer. Er bestätigte im Sinne seines Vorgängers → Agatho die Beschlüsse des Konzils von → Konstantinopel (680), die den Monotheletismus und seine Anhänger verurteilten (→ Christologie: II, 5 c); auch Papst → Honorius I. wurde von der Verdammungssentenz betroffen. L. konnte Ravenna wieder der römischen Weihegewalt unterstellen.

RE XI, 374 – DThC IX, 301ff – Caspar II, 610ff – O.Bertolini, Roma di fronte a Bisanzio e ai Longobardi, 1941, 383ff – EC VII, 1114.

III., *Papst* 27.12.795 (Weihe) bis 12.6.816, Römer. Sein Name ist mit der Kaiserkrönung → Karls d.Gr. verbunden, dem er bald nach seiner Erhebung, als die Anhänger seines Vorgängers → Hadrian I. ihn bedrängten, das Wahlprotokoll und die Schlüssel des Petersgrabes sandte; zugleich begann L. die Urkunden nach fränkischen Regierungsjahren zu datieren. Im April 799 vertrieb ihn eine Revolution seiner Gegner; er floh zu Karl d.Gr., der gerade in Paderborn Hof hielt. Karl ließ L. durch fränkische Große zurückführen und eine Untersuchung einleiten; das Urteil behielt er sich vor. Im Nov. 800 kam Karl selbst nach Rom, und am 23.12.800 beteuerte L. in seiner Gegenwart feierlich seine Unschuld; ein Reinigungseid ist nicht geschworen worden (vgl. L.Wallach, The Genuine and the Forged Oath of Pope L. III. [Traditio 11, 1955, 37-63]). L.s Gegner wurden bestraft. Zwei Tage später empfing Karl aus der Hand des Papstes die Kaiserkrone (→ Kaisertum und Papsttum, 2). L. blieb weiterhin von Karl abhängig, ließ es über dogmatische Fragen nicht zum Bruch kommen und mußte nach Karls Tod einen neuen Aufstand niederwerfen (814), wobei er selbst die Rechte des Kaisers als Gerichtsherr Roms usurpierte.

RE XI, 374ff – DThC IX, 304ff – LThK VI, 493 – E.Caspar, Das Papsttum unter L. III. u. die Begründung des abendländ. Kaisertums (ZKG 54, 1935, 214-264 = Ders., Das Papsttum unter fränk. Herrschaft, 1956, 115-179) – H.Adelson-R.Baker, The Oath of Purgation of Pope L. III. in 800 (Traditio 8, 1952, 35-80; Lit.) – J. Deér, Die Vorrechte des Kaisers in Rom (Schweiz. Beitr. z. allg. Gesch. 15, 1957, 5-63) – H.Beumann, Nomen Imperatoris (HZ 185, 1958, 515-549).

IV., *Papst* 10.4.847 (Weihe) bis 17.7.855, Römer (Benediktiner). Schon unter seinem Vorgänger → Sergius II. in Rom tätig, nahm er sich bes. des Ausbaus der Stadt an und ummauerte gegen die Bedrohung durch die Sarazenen zum Schutze von St. Peter das rechtstiberinische Viertel (civitas Leonina; vgl. Nebenkarte »Rom« in Bd III, Sp. 949f). 849 schlug er die Sarazenen entscheidend vor Ostia und richtete 854 das im Sarazenensturm vernichtete Civitavecchia als Hafen neu ein (Leopolis). Politisch zurückhaltend, aber geschickt, krönte er 850 Ludwig II., den Sohn Lothars I., zum Kaiser und ließ sich von ihm eine kanonische Papstwahl versprechen. Er kassierte die Beschlüsse der Synode von Soissons (853), die unter dem Einfluß → Hinkmars von Reims zustande gekommen waren.

V., *Papst* Juli bis Sept. 903, aus Ardea (Latium). Er wurde bald von seinem Nachfolger → Christophorus gefangengesetzt und ermordet.

VI., *Papst* Mai bis Dez. 928, Römer, Sohn des Primicerius Christophorus. Näheres ist nicht bekannt.

VII., *Papst* 3.1.936 bis 13.7.936, Römer (Benediktiner), als Gefolgsmann Alberichs II. erhoben (→ Papsttum: II, 1). Er trat über → Odo zu → Cluny in Beziehung und rief zur Kirchenreform auf.

VIII., *Papst* 6.12.963 (Weihe) bis 1.3.965, Römer, auf der Synode, die → Johannes XII. für abgesetzt erklärte, von dem Anhang Kaiser → Ottos I. erhoben. Nach dem Abzug des Kaisers konnte er sich aber in Rom nicht halten. Die Römer wählten nach dem Tode Joh. XII. in → Benedikt V. einen neuen Gegenpapst. Zwar führte ihn Otto nach Rom zurück und ließ sich Benedikt ausliefern, doch fand L. keine volle Anerkennung. Auf seinen Namen sind zZ des Gegenpapstes → Clemens (III.) in Ravenna prokaiserliche Privilegien gefälscht worden (MG Const. I, 663ff), die Otto I. und seinen Nachfolgern das Recht zugestehen, den Papst zu wählen sowie Erzbischöfe und Bischöfe zu investieren (vgl. K.Jordan, Der Kaisergedanke in Ravenna zZ des Investiturstreits [DA 2, 1938, 105-128]; Ders., AUF 15, 1938, 426-448; Ders., MIÖG 62, 1954, 155-164, bes. 159).

Zu IV-VIII: RE XI, 377ff - DThC IX, 312ff - LThK VI, 494f - Haller II, 51ff. 212ff - Seppelt II, 225ff. 369ff - EC VII, 1146ff.

H.Fuhrmann

IX., *Papst* 12.2.1059 bis 19.4.1054, Graf Bruno von Egisheim, Bischof von Toul, Vetter Heinrichs III., der ihn in Worms designierte. Im April 1049 hielt L. die erste Reformsynode im Lateran ab; weitere (Reims, Mainz, Rom, Vercelli) mit Beschlüssen gegen → Simonie und Priesterehe folgten. Auf Reisen brachten ihn persönliche Predigten und Weihen dem Volke nahe und zeigten, daß er allein die Kirche regierte. Doch blieb er im Einverständnis mit dem Kaiser. L. erneuerte den römischen Klerus und berief u.a. Hildebrand (→ Gregor VII.), → Humbert von Silva Candida, Hugo den Weißen, Friedrich von Lothringen (→ Stephan IX.). Die Abendmahlslehre → Gregors von Tours verwarf er (QFIAB 28, 1937/38, 61), bestrafte Hunfried von Ravenna, konnte aber das Schisma mit → Byzanz (: II, 2) nicht hindern, obwohl er dort Hilfe gegen die → Normannen suchte. Ein Kriegszug gegen sie scheiterte, seine Gefangenschaft bei Civitate beschleunigte wohl sein Ende. L. gilt als Heiliger.

MPL 143, 457ff - Jaffé I, 529ff - Watterich I, 93ff. 731ff - Duchesne, LP II, 275. 354ff. - Über L.: AS Apr. II, 648ff - W.Giesebrecht, Gesch. der dt. Kaiserzeit II, (1858) 1885[5], 452ff. 491ff - O.Delarc, Un pape Alsacien, Paris 1876 - W.Martens, Die Besetzung des päpstl. Stuhles unter ... Heinrich III. u. IV., 1886 - P.Brucker, L'Alsace et l'Eglise au temps du pape S.Léon IX., 2 Bde, Straßburg-Paris 1889 - J.Drehmann, L. IX. u. die Simonie, 1908 - Hauck III, 595ff - A.Fliche, La réforme Grégorienne I, Löwen u. Paris 1924, 129ff. 267ff - A.Michel, Humbert u. Kerullarios, 1924 - F.Lerner, Kard. Hugo Candidus, 1931 - LThK VI, 495ff - DThC IX, 320ff - EC VII, 1148ff (Lit.).

F.Bock

X., *Papst* 11.3.1513 bis 1.12.1521, Giovanni de'Medici, * 1475 in Florenz als 2. Sohn des Lorenzo Magnifico, erhielt als Kind zahlreiche Pfründen und wurde mit 13 Jahren Kardinal. Seit 1497 in Rom, begründete L. seinen Ruhm als Bauherr, Sammler und Mäzen. → Julius II. sandte ihn 1511 als Legaten und Führer der päpstlichen Truppen nach Bologna. Er wurde 1512 von den Franzosen geschlagen und gefangengenommen, entkam aber in Mailand. Als Papst führte L. das 5. Laterankonzil zu Ende, dessen Reformcharakter er im kurialistischen Sinne betonte. 1520 verurteilte er 41 Sätze → Luthers (Denz. 741-781), ohne die kirchliche Tragweite der Reformation im Reich zu durchschauen. Außenpolitisch suchte L. ein Gleichgewicht spanischen und französischen Einflusses in Italien zu wahren und die Vereinigung Neapels und Mailands in einer Hand zu verhindern. Die Niederlage der Schweizer bei Marignano 1515 machte ihn zum Ausgleich mit → Frankreich (: I, 3) bereit (Konkordat von 1516). Gegen Abtretung von Parma und Piacenza und Anerkennung der Ansprüche auf Neapel garantierte Franz I. den Medici Florenz. Bei der Abgrenzung der italienischen Interessen zwischen Franz I., Maximilian I. und Spanien wurde L. übergangen. Sein Kampf gegen die Wahl Karls von Burgund zum Kaiser war erfolglos; in einem Geheimvertrag mit Karl V. gewann L. der Kurie Parma und Piacenza zurück, später auch Perugia und die Marken. Seiner Familie verschaffte er vorübergehend das Herzogtum Urbino. Die Familien- und Italienpolitik führte zu einer Kardinalsverschwörung, die L. mit der Hinrichtung des Kardinals Petrucci niederschlug.

v.Pastor IV - DThC IX, 329ff - E.P.Rodocanachi, Hist. de Rome. Le Pontificat de L. X., Paris 1931 - G.Truc, L. X. et son siècle, ebd 1941 - EC VII, 1150f (Lit.) - Jedin I, 93ff (zum 5. Laterankonzil) - F.Winspeare, La congiura dei cardinali contro L. X., Florenz 1957.

XI., *Papst* 1.-27.4.1605, Alessandro Ottaviano de'Medici, * 1535 in Florenz, kam 1569 als Gesandter von Florenz an die Kurie, wurde 1573 Bischof von Pistoja, 1574 Erzbischof von Florenz, 1583 Kardinal. In seinen Diözesen führte L. die tridentinischen Reformen eifrig durch. Mit F. → Neri war er befreundet. Als Legat in Frankreich 1596-98 trat er für eine Versöhnung → Clemens VIII. mit Heinrich IV. ein. Das Edikt von Nantes konnte er nicht verhindern. Gegen spanische Opposition zum Papst gewählt, unterstützte L. den Kaiser gegen die Türken.

DThC IX, 332f - EC VII, 1155f - R.Ritter (Hg.), Lettres du Cardinal de Florence sur Henri IV et sur la France (1596-98), Paris 1955.

H.Liebing

XII., *Papst* 28.9.1823 bis 10.2.1829, Annibale della Genga, * 22.8.1760 auf Schloß la Genga bei Spoleto, durch → Pius VI. in die kurial-diplomatische Laufbahn gebracht; als Nuntius in der Schweiz und in Deutschland, 1816 Kardinal, nach längerem Konklave als Gegner → Consalvis und Vertreter der Zelanti gewählt. In der Regierung des Kirchenstaats wenig glücklich auf Reformen bedacht, war L. als kirchlich-theologischer Programmatiker ein Feind des (überkonfessionellen) Indifferentismus und der → Bibelgesellschaften (Ubi primum, 5.5.1824; Mirbt 577), bes. der Freimaurer und der italienischen »Sekten«, dh politisch liberalen Gruppen. Er förderte wirksam eine strengere Studiendisziplin (Gründung der Studienkongregation). In sein Pontifikat fällt die Bistumsregelung in Hannover (→ Hildesheim), in der oberrheinischen Kirchenprovinz (Auflösung des Bistums → Konstanz), → Basel und → Chur. Das Verhältnis zu Frankreich, wo er → Lamennais begünstigte, war nicht ohne Spannungen. Den südamerikanischen Freiheitsbemühungen mußte er entgegenkommen.

A.deMontor, Hist. du Pape L. XII, 2 Bde, 1843; dt. 1844 - N.Wiseman, Erinnerungen an die 4 letzten Päpste, (engl. 1858) dt. 1870[4] - Ch.Terlinden, Le conclave de L. XII d'après les documents inédits (RHE 14, 1913, 272-303) - J.Schmidlin, Papstgesch. d. neuesten Zeit I, 1933, 367ff - E.Vercesi, I papi del sec. XIX. Tre pontificati, 1936, 19ff.

XIII., *Papst* 20.2.1878 bis 20.7.1903, Joachim Graf Pecci, * 2.3.1810 in Carpineto aus verarmtem Landadel, herangebildet bei den Jesuiten in Viterbo, am Collegium Romanum und der Academia dei Nobili in Rom, Schützling L.s XII. Nach erfolgreicher Tätigkeit als Delegat in Benevent und Perugia wird L. 1843 Nuntius in Brüssel und lernt dort und auf Reisen (Frankreich, England, Deutschland) die neuen Aufgaben und Schwierigkeiten des Katholizismus im liberal-konstitutionellen Staat kennen, wird aber schon 1845 abberufen und 1847 Bischof in Perugia. 1857 Kardinal, wird er Rom ferngehalten und erst 1877 Camerlengo; als solcher hat er nach dem Tode → Pius IX. die Papstwahlen zu leiten, bei denen er gegen das Herkommen selbst gewählt wird. – L. gilt als wesentlich politischer Papst. Er liquidiert, von → Bismarck unterstützt, den → Kulturkampf in Preußen, erleichtert den geistigen Aufstieg des Katholizismus in England (1879 Ernennung → Newmans zum Kardinal) und müht sich vor allem in → Frankreich (: I, 8) um den Ausgleich zwischen den konservativen Katholiken und dem republikanischen → Laizismus, ohne die Trennung zwischen Staat und Kirche (1905) verhindern zu können. In → Italien (, 5) selbst hält er an der Linie Pius IX. fest, geriert sich als Gefangener des Vatikans und verbietet weiterhin den Katholiken die Teilnahme an den politischen Wahlen. Charakteristisch ist die Fülle der lehramtlichen Äußerungen zu den politisch-sozialen Fragen der Zeit: Enzykliken über die Gefahren des Sozialismus (28.12.1878), den Ursprung der bürgerlichen Gewalt (29.6.1881), die → Freimaurerei (20.4.1884), die christliche Staatsordnung (1.11.1885), die menschliche Freiheit (20.6.1888), die wichtigsten Pflichten christlicher Bürger (10.1.1890), die Arbeiterfrage (→Rerum novarum, 15.5.1891), die christliche Demokratie (Graves de communi, 18.1.1901). Die längst bestehenden kath.-sozialen Bestrebungen werden dadurch sanktioniert und wirksam gefördert (→ Katholisch-sozial, 3). – L. hat sich bewußt als humanistisch-kultureller Papst gezeigt, nicht nur durch seine lat. Verse, sondern durch die Ausweitung des päpstlichen Magisteriums auf alle Gebiete. Dabei steht die Förderung kath. Frömmigkeitsformen voran (10 Rundschreiben über den → Rosenkranz!). Bes. wirksam wurde die amtliche Empfehlung der Lehre des → Thomas von Aquino (→ Aeterni Patris, 4.8.1879; → Neuscholastik, → Neuthomismus), aber auch der biblischen Studien (Providentissimus Deus, 18.11.1893), und die Öffnung der vatikanischen Archive. Die Rundschreiben über die Einheit der Kirche (Satis cognitum, 29.6.1896) und zur Centenarfeier des Petrus → Canisius (Militantis Ecclesiae, 1.8.1897) zeigen die Weite und die Grenzen seines Kirchenverständnisses.

Sämtl. Kundgebungen in: ASS 11-35. 1878-1903; Epistolae encycl.. 6 Samml., lat. u. dt.. Freiburg 1878-1904; Acta Leonis XIII., 23 Bde. 1881-1905; Allocutiones, epist. et constitutiones, 8 Bde, 1887-1911; Carmina ed. J.BACH, 1903 (dt. 1904). – J.SCHMIDLIN, Papstgesch. der neuesten Zeit II, 1934, 331ff – K.D.SCHMIDT, Die kath. Staatslehre (QKK, A 4), 1955. – Alle weitere Lit. bei K.BIHLMEYER-H.TÜCHLE, KG III, 1956^{14}, 398; EC VII, 1158ff.

K.G.Steck

Leo, *Heinrich* (1799–1878), Historiker, stammte aus einem thüringischen ev. Pfarrhaus, gehörte als Student zum radikalen Flügel der Burschenschaft, von dem er sich jedoch nach 1819 abwandte. Zunächst unter → Hegels geistigem Einfluß stehend, durch dessen Vermittlung er den Lehrstuhl in → Halle erhielt, kehrte er sich in seinem erbitterten Kampf gegen die Linkshegelianer und ihren Atheismus auch von Hegel ab und wurde ein entschlossener Vertreter der konservativ-reaktionären Tendenzen in der Umgebung der Brüder → Gerlach, → Hengstenbergs und → Stahls. Zeitweilig Mitarbeiter des ultrakonservativen Berliner Politischen Wochenblattes, ist er auch sonst als ein reger politischer Publizist aufgetreten. Seine Geschichtsschreibung trug einen betont christlich-universalen Charakter und stand ganz im Gegensatz zu → Rankes objektivem Universalismus, den L. zornig bekämpfte, hinter dessen wissenschaftlicher Methodik er jedoch weit zurückblieb. Kirchlich stand L. im streng orthodoxen Lager, Feind jeder Konzession an synodale und ähnliche Strömungen. Während seine konservativen Gesinnungsgenossen jedoch auch zu Gegnern → Bismarcks wurden, hat er nach 1866 hier eingelenkt.

H.J.SCHOEPS, Ein Frondeur aus Geblüt (in: Das andere Preußen, [1952] 1957^{2}, 176-210; Lit.).

K.Kupisch

Leonardo da Vinci, Maler, einer der universalsten Geister der → Renaissance, * 15.4.1452 in Vinci (Toskana), † 2.5.1519 in Schloß Cloux (Amboise). L. wurde bei dem Florentiner Bildhauer und Maler Verrocchio ausgebildet; wichtigstes Frühwerk ist die Anbetung der Könige (unvollendet; Florenz, Uffizien). 1482–99 lebt er als Künstler und Techniker am Hof von Mailand (Sforza-Reiterdenkmal, Hauptauftrag L.s, im Modell 1499 vernichtet; Entwurf des Malereitraktats, Architekturentwürfe); dort sammelt L. Schüler um sich und beginnt mit wissenschaftlicher Forschung. Im »Abendmahl« (Mailand, S. Maria delle Grazie, um 1497; →Christusbild, 2 d) schafft L. das Vorbild der Klassik des Cinquecento. Nicht die Einsetzung der Eucharistie wird betont, wie vorher üblich, sondern die Wirkung der Worte Jesu: »Doch siehe, die Hand meines Verräters ist mit mir über Tische« (Lk 22, 21). – 1499/1500 wieder in Florenz, ist L. 1502–03 Kriegsingenieur des Cesare Borgia in der Romagna, 1503–06 im Dienste der Florentinischen Republik. Hauptwerke: Wandbild der Anghiarischlacht (zerstört), Mona Lisa (Paris, Louvre). Nach 1506 lebt er abwechselnd in Mailand und Florenz, 1513–16 in Rom, seit ca 1517 in Frankreich als Gast Franz I. – Mit zunehmendem Alter hat sich L. immer stärker den Wissenschaften (Optik, Mechanik, Mathematik, Anatomie, Zoologie, Botanik, Biologie, Geologie, Hydrologie, Kosmologie usw) sowie technischen Erfindungen und Projekten gewidmet (zB Flugapparat). – L. steht am Wendepunkt zweier Epochen: einerseits neuzeitlich im Durchbruch zum Experiment und in seiner Polemik gegen Pseudowissenschaft (→ Alchemie), andererseits Anknüpfung an das Wissen des MA (zB Impetuslehre der → Scholastik). Das Fragmentarische seiner Aufzeichnungen läßt die Einheitlichkeit des Gedankens schwer erkennen. Obgleich L. metaphysische Fragestellungen ablehnt, tritt seine Überzeugung vom harmonischen Prinzip der Weltordnung zutage. Sein Streben, das Bild der physischen Welt mit einer Art infinitesimaler Synthese vom einzelnen her aufzubauen und auch das Geheimnisvolle, Übernatürliche mit wissenschaftlicher Präzision wiederzugeben, bestimmt die neue Sprache seiner Kunst. – Vgl. → Malerei und Plastik: III.

L.da V., Das Buch von der Malerei, hg.v. H.LUDWIG, Wien 1888; engl. hg.v. A.PH.MCMAHON, 2 Bde, Princeton 1956. Weitere Qu.-Ausg.n s. HEYDENREICH (s.u.) I, 205f. – Bibliogr. bis 1930: E.VERGA, Bibliogr. Vinciana, Bologna 1931; 1930-54: Raccolta Vinciana Bd XIV-XVII; 1939-52: L.H.HEYDENREICH in: Zs. f. Kunstgesch. 15, 1952, 195-200. – Über L.: J.P.RICHTER, The Literary Works of L. d. V., London (1883) 1939^{2} – P.DUHEM, Études sur L.d.V., Paris 1906 bis 1913 – W.V.SEIDLITZ, L.d.V., (1909) 1935^{4} – H.BODMER, L.d.V. (Klassiker der Kunst 37), 1931 – K.CLARK, L.d.V., Cambridge (1935) 1952^{2} – TH.LÜCKE, L.d.V. Tagebücher u. Aufzeichnungen, (1940) 1952^{2} – L.H.HEYDENREICH, L., (1943) Basel 1954^{2} – A.MAIER, An der Grenze von Scholastik u. Naturwissenschaft. 1943 – E.MOELLER, Das Abendmahl des L.d. V., 1952 (vollst. Spezialbibliogr.).

P.Meller

Leonhard, der *Heilige*. Die erst im 11.Jh. verfaßte Vita läßt ihn im 6.Jh. aus König Chlodwig nahestehender Familie stammen, Bischof → Remigius (, 3) seinen Taufpaten und geistlichen Mentor sein. In einem Wald bei Limoges lebt L. als Einsiedler, sammelt Gefährten, gründet eine Kirche, bei der der Ort Noblac (später S. Léonard) entstand; bald gilt er als wundertätig. Er stirbt an einem 6.11. (Festtag). Die Entstehung der Vita bezeichnet den Beginn überlokalen L.-Kults. Wallfahrten nach Noblac bezeugen dessen Ausbreitung ebenso wie viele L.-Patrozinien in ganz Europa mit Schwerpunkt in Süddeutschland. L. wird dabei vom Gefangenen-Patron des Rittertums allgemein zum »Bandenlöser« (Heilung Geisteskranker), später durch sein Attribut (die Kette) Vieh-, bes. Pferde-Patron (»Bauernherrgott«). Brauchtum: L.s-Fahrten und -Ritte (Roß-Segnung), Opfer von Ketten, mit denen man L.s-Kirchen umgürtet, Stärke- und Unbescholtenheitsproben durch Heben von eisernen L.s-Figuren, Übergabe in seine geistliche Leibeigenschaft

Vita u. Legenden: AS Nov. III, 1910, 138ff (Lit.) - KÜNSTLE II, 402ff - R.HINDRINGER, Weiheroß u. Roßweihe, 1932 (Lit.). Neuere Spezial-Arbeiten (wichtig u.a. G.BOSSERT, J.DÜNNINGER) s. ALW 2, 1952, 268, Nr. 690; 3, 1954, 456, Nr. 559; 5, 1957, 189, Nr. 290.
O.Meyer

Leont'jev, *Konstantin Nikolaevič,* russ. Schriftsteller und Publizist, * 13.(25.)1.1831 in Kudinovo (Gouv. Kaluga), † 12.(24.)11.1891 in der Troice-Sergievskaja Lavra. L. war zuerst Arzt, dann Angestellter des diplomatischen Dienstes in der Türkei, aus dem er 1873 ausschied, weil er die russ. Balkanpolitik für falsch hielt. Nach Jahren drückender Not bei publizistischer Tätigkeit war er 1880-87 Zensor, zog dann in das Kloster → Optina Pustyn', wo er sich am 23.8.(4.9.)1891 heimlich zum Mönch scheren ließ. - Aufgewachsen in russisch-nationaler, orth. und aristokratischer Atmosphäre verband L. mit ästhetischer Liebe zur orth. und aristokratischen Kultur einen Abscheu vor dem demokratischen, liberalen Egalitarismus der westlichen Massenkultur. Von hier aus kam er zu einer Geschichtsphilosophie, die der → Danilevskijs sehr nahe stand: Wie dieser sieht er Rußland und Europa als gegensätzliche kulturhistorische Typen an und überträgt biologische Gesetze auf die geschichtlichen Organismen. Wie → Nietzsche glaubt er, daß hohe Kultur auf sozialer Ungleichheit beruhe; deswegen verteidigt er den zaristischen Absolutismus. - L.s mehr ästhetische und konventionelle Anerkennung der Orthodoxie wandelt sich bei einer religiösen Krise anläßlich einer Choleraerkrankung (1871) in eine persönliche Unterwerfung unter den fordernden und leitenden Willen Gottes. Von jetzt an strebt er zum Mönchtum. Seine geschichtsphilosophischen und politischen Anschauungen werden durch diese Wandlung radikalisiert. Das Christentum, in erster Linie Religion der persönlichen Rettung, ist gleichgültig gegenüber den Formen des politischen und sozialen Lebens. Aufs schärfste protestiert L. gegen die Gleichsetzung von Christentum und sozialem Fortschritt, von christlichem und säkularem Humanismus.

Werke (russ.), 9 Bde, Moskau-Petersburg 1912-14; Weiteres in »Literaturnoe Nasledstvo« Bd 22-24, Moskau 1935; Die ägypt. Taube, New York 1954 (russ., Neudr.). - Über L.: N.BERDJAEV, N.L., Paris 1926 (russ.) - V.ZENKOVSKIJ, A History of Russian Philosophy I, London 1953 - I.v.KOLOGRIWOF, Von Hellas zum Mönchtum. Leben u. Denken K.L.s, 1948 (Lit.).
L.Müller

Leontius *von Byzanz,* * ca Ende des 5.Jh.s, † kaum vor 543, hat weder mit dem skythischen Mönch L. noch mit L. von Jerusalem etwas zu tun. Wahrscheinlich ist er identisch mit jenem origenistisch gesinnten L., Mönch der Neuen Laura in Palästina, den → Sabas 530 mit nach Konstantinopel nahm und dort zurückließ. Sein Werk reduziert sich nach den neuesten Forschungen auf a) Drei Bücher gegen Nestorianer und Eutychianer, begleitet von je einem Florilegium, b) Epilysis, dh Nachtrag zu dem unter a) genannten Werk, und c) 30 Capita gegen → Severus von Antiochien. L. gehört seiner theologischen Stellung nach nicht zu den Neuchalcedoniern, sondern zu den strengen Altchalcedoniern (Dyophysiten; → Christologie: II, 4.5). Er steht → Theodor von Mopsuestia näher als → Cyrill von Alexandrien. Trotz einer brillanten Dialektik teilweise aristotelischer Provenienz ist seine → Christologie (: II, 5 b) nicht ohne Unklarkeiten. L. hat den Begriff ἐνυπόστατος in die Theologie seiner Zeit eingeführt.

MPG 86, 1, 1267ff; 86, 2, 1901ff; die Florilegien lat. bei H.CANISIUS-J.BASNAGE, Thesaurus I, 1725, 527ff. - Durch die neugewonnene Unterscheidung zwischen L.v.B. u. L.v.Jerusalem ist ein großer Teil der Lit. veraltet. Vgl. jetzt BECK 373f. Ferner: S.REES, The De sectis (JThS 49, 1939, 346-360) - CH.MOELLER in: GRILLMEIER-BACHT I, 1951, 662ff u.ö. - ALTANER 473ff (Lit.).
H.-G.Beck

Leontopolis, Name mehrerer hellenistischer Städte. In L., einer ägyptischen, nördlich von Memphis im Gebiet von → On (→ 1 B 2) gelegenen Stadt (Tell el-Jahūdīje), gründete um 160 vChr → Onias, ein Sohn des ehem. Hohenpriesters in Jerusalem, mit Erlaubnis des Königs Ptolemäus VI. einen jüdischen Tempel. Nach dem Vorbild des Tempels zu Jerusalem wurde der Opferkultus aufgenommen und konnte bis 73 nChr durchgeführt werden. Die Schriftgelehrten Palästinas erkannten jedoch den Tempel nicht als berechtigt an. Seine Bedeutung blieb gering, da auch die ägyptische Judenschaft weiterhin am Tempel in Jerusalem festhielt.

SCHÜRER III, 144ff - PW XII, 2054ff - E.L.EHRLICH, Gesch. Israels (SG 231/231a), 1958, 108. 147 (Lit.).
E.Lohse

Dr. Lepsius-Deutsche-Orient-Mission *(Armenisches Hilfswerk) E.V.* 1895 gründete Pfarrer Dr. Joh. Lepsius (1858-1926) eine »Deutsche-Orient-Mission« für evangelistische Arbeit unter Mohammedanern (→ Islam: III). Die blutigen Verfolgungen der Armenier in der Türkei (→ Armenien: II) veranlaßten ihn, ein armenisches Hilfswerk in Gang zu bringen mit diakonischen Arbeitsstätten in der Türkei, dem Sandschak von Alexandrette, in Syrien (Leiterin Karen Jeppe), Persien, Südrußland und Bulgarien (Waisenhäuser, ärztliche Arbeit, eine Teppichweberei in Urfa). Die Mohammedanermission blieb jedoch immer Ziel und wird heute in Verbindung mit der → Berliner Mission in → Tanganyika ausgeführt.

JOH.LEPSIUS (Hg.), Deutschland u. Armenien 1914-1918 (diplom. Aktenstücke), 1919 - DERS., Der Todesgang des armenischen Volkes, 1927[3] - DERS. (Hg.), Der (christl.) Orient, 1900-1939. - R.SCHÄFER (Bearb.), Gesch. der Dt. Orient-Mission, 1932.
G.Brennecke

Lercheimer, *Augustin* (1522-1603), * als *Hermann Wilcken* in Neuenrade. 1545-48 Student in Frankfurt/O. und Wittenberg, Freund Melanchthons, durch dessen Vermittlung Rektor an der Lateinschule zu Riga, seit 1551 Lehrer des Griechischen in Heidelberg, wo er sich *Hermann Witekind* nannte. 1579-83 wirkte L. an der von Johann Casimir gegründeten Hochschule in Neustadt.

Hauptwerk (unter dem Pseudonym A.L. von Steinfelden): Christlich bedenken u. erinnerung von Zauberey, Heidelberg 1585, Straßburg 1586, Speier 1597; diese Ausg. neu hg.v. C.BINZ, Straßburg 1888 (S. XV ff Bibliogr.). - Über L.: Univ.-Archiv Heidelberg: Ann. Fac. Art. tom. 5, S. 2 - ADB 43, 554ff - SCHL. I, Sp. 442.
F.Hauss

Lerinum, die zweitgrößte der Felseninseln vor Cannes, heute St. Honorat genannt nach → Honoratus von Arles, der hier kurz nach 400 das → Mönchtum (: II) nach ägyptischem Muster begründete (Zönobiten und Anachoreten) und so Geist und Leben der Kirche des

Festlandes stark beeinflußte (→ Vincentius, → Eucherius von Lyon, → Hilarius und → Cäsarius von Arles, → Maximus und → Faustus von Reji u.a.). Perioden des Verfalls wurden immer wieder durch Zeiten großer Blüte abgelöst, so Mitte des 7.Jh.s durch Einführung der → Benediktinerregel, im 10.Jh. durch die Verbindung mit → Cluny, im 16.Jh. durch den Anschluß an die Reformkongregation von St. Justina in Padua. 1788 Säkularisation, seit 1859 wieder Stätte des Mönchtums.

RE XI, 400ff - H.MORIS, L'abbaye de Lérins, Paris 1909 - A.C. COOPER-MARSDIN, The History of the Islands of the Lerins, Cambridge 1913 - LThK VI, 517f. *F.Winkelmann*

Le Roy, *Edouard* (1870-1954), Pariser Philosoph und Mathematiker. Zunächst Mathematiklehrer an Pariser Lyzeen, wurde L. 1914 Vertreter, 1921 Nachfolger H. → Bergsons am Collège de France, 1945 Mitglied der Académie française. - L.s Name ist mit dem Modernistenstreit verbunden. Seine Schrift »Qu'est-ce qu'un dogme?« (1905) gab zu heftiger Polemik Anlaß. L. bemühte sich um einen Ausgleich zwischen Philosophie, Wissenschaft und Glauben. Für ihn ist Philosophie »eine Synthese der Wissenschaft und Spiritualität«. Seine »Philosophie de l'invention« war der Versuch, diese mit Hilfe idealistischer und Bergson'scher Elemente zu verwirklichen. Die religiösen Gegebenheiten und das Bemühen um eine zeitgemäße Apologetik standen für L. obenan. Der Christ beweist das Dogma, indem er es lebt und damit »erfindet«. Gott läßt sich nicht »aufzeigen«; er wird »entdeckt«. L. unterwarf sich der Verurteilung durch die Kurie.

Vf. u.a. (jeweils Paris): Dogme et critique, 1907; Le problème de Dieu, 1929; La pensée intuitive I. II, 1929/30; Les évolutions humaines et l'évolution de l'intelligence 1931; Introduction à l'étude du problème religieux. 1944. - Über L.: Les études philosophiques NS 10, 1955, 206-210 (Lit.). *A.Hamman*

Lesepult (L.; P. = Pult; lat. pulpitum, analogium, lectorium, lectrinum) ist im kirchlichen Gebrauch ein tragbares oder feststehendes Gerät mit einer oder mehreren Schrägen zum Auflegen liturgischer Bücher. Es gibt an Ambo-, → Lettner- und → Kanzel-Brüstungen befestigte und freistehende L.e, außerdem kleine Aufsatz-P.e (bes. auf Altären). Die ältesten L.e sind an Ambonen erhalten; auch freistehende kirchliche L.e waren schon im Früh-MA bekannt. Zwei L.e an der Westseite der Vierung zeigt zB der St. Gallener Plan (um 820). - Die seitlich des → Altars oder am Choreingang aufgestellten, zur Lesung von Evangelium und Epistel dienenden L.e sind zu unterscheiden von den mitten im Chor stehenden sog. Chor-P.en, die von → Lektoren und Antiphonsängern benutzt wurden und häufig mit zwei oder vier P.schrägen versehen waren. In manchen ev. Kirchen finden sich frei vor dem Altar stehende oder mit den Altarschranken verbundene L.e für die Bibel. - Man unterscheidet Ständer-, Schrein- und Kasten-P.e aus Holz, Metall oder Stein. Bei *Ständer-P.en* wird die Schräge von einem auf Füßen oder auf einer Platte stehenden Schaft getragen. Diese schon aus der Antike übernommene Form zeigen häufig die Schreib- und Lese-P.e der mittelalterlichen Evangelistenbilder. Bisweilen wurde der Ständer durch Tragefiguren ersetzt: 4 Evangelisten halten das berühmte L. in Freudenstadt (um 1140). Diakone als P.träger (am Mittelrhein Atzmann genannt) kennt man seit dem 13.Jh. (zB Naumburg, Dom, um 1260). Adler-P.e fanden im 14./15.Jh. große Verbreitung (zB Dortmund, Reinoldikirche, 15.Jh.). - *Schrein-P.e,* in Form eines Schreines mit P.dach und meist mit einem verschließbaren Fach für liturgische Bücher an der Rückseite, sind seit dem 13.Jh. nachweisbar (zB ehem. Herford, Johanneskirche, um 1300; Würzburg, Dom, 1644). - *Kasten-P.e,* aus einem kastenförmigen, oft reich verzierten Unterteil und einem aufgesetzten, von eigenem Fuß getragenen Buch-P. bestehend, kamen seit der Renaissance in Gebrauch. Bes. prächtige Chor-P.e dieser Art sind in Italien geschaffen worden (zB Perugia, S. Pietro, 16.Jh.). - Altar-P.e, oft reich geschnitzt, wurden seit dem 13.Jh. neben Altarkissen als Untersatz der Meßbücher verwandt. Auch die ev. Kirche kennt Altar-P.e für die Bibel.

R.FORRER, Mittelalterl. L.e (Zs. f. Bücherfreunde 6, 1902/03, 453-462) - LThK VI, 518f (Lit.) - EC VII, 1071 - RDK I, 187ff (Adler-P.). 523ff (Altar-P.). 1220ff (Atzmann); III, 546ff (Chor-P.). *H.Claussen*

Leser *(Läsare)* sind in → Schweden (: I) Personen, die gewissen älteren Erweckungsbewegungen angehörten. Ihre Haltung war durch fleißiges Lesen der Bibel und anderer Erbauungsschriften, ängstliche Vorsicht im äußeren Auftreten hinsichtlich aller Vergnügungen und Adiaphora und durch Bildung von Konventikeln gekennzeichnet. Das Wort »läsare« kommt in dieser Bedeutung erstmals in Västergötland um 1750 vor und bezeichnet damals die Anhänger einer herrnhutisch beeinflußten Erweckungsbewegung. Bei den Gebildeten und in der Belletristik haben »läsare« und »läseri« bisweilen einen geringschätzigen Klang (Frömmler, Frömmelei). Die Leserei trat während der letzten Hälfte des 18.Jh.s und zu Beginn des 19.Jh.s in verschiedenen Teilen Schwedens auf und bereitete den Boden für die große religiöse Volkserweckung um die Mitte des 19.Jh.s. Bedeutungsvolle Zentren hatte die Leserei in Västergötland, Skåne, Blekinge und Norrland. Wichtig ist die sog. Norrlandleserei: *Alt-L.* ist hier eine gemeinsame Bezeichnung der Erweckungsbewegungen verschiedener Arten - pietistisch sowohl als herrnhutisch gefärbter -, die seit den 70er Jahren des 18.Jh.s an verschiedenen Orten in Norrland hervortraten. Die Bewegung der *Neu-L.* entstand um 1800 und hat sich schnell verbreitet. Beeinflußt von Luthers Schriften und vom Herrnhutertum betonten die Neu-L. nachdrücklich Luthers Lehre von der Rechtfertigung allein durch den Glauben und verwarfen die übliche pietistisch gefärbte Erbauungsliteratur, weil diese ihrer Meinung nach die Heiligung durch Werke lehrte.

C.EDQUIST, Läseriet i Skelleftebygden under 1800-talet, 1917 - C.J.E.HASSELBERG, Norrländskt fromhetslif på sjuttonhundratalet, 1919 - H.PLEIJEL, Från fädernas fromhetsliv, 1939 - J.HOLMGREN, Norrlandsläseriet, 1948 (Lit.). *C.E.Normann*

Le Seur, *Paul,* * 15.7.1877 in Berlin, 1909-25 Inspektor der Berliner → Stadtmission, leitete 1925-33 die Jugendhochschule auf dem Hainstein bei Eisenach und evangelisierte in vielen Städten Deutschlands und des Auslandes. Seit 1933 lebt er als freier Evangelist in Potsdam.

Vf. u.a.: »Herrscher, herrsche«. Rufe u. Skizzen, (1911) 1924[2]; Die Anklagen gegen die Christen, 1925; Funken. Worte an junge Menschen, (1930) 1952; Jesus, (1934) 1951[3]; Evangelisationsschriften, 12 H.e, 1934; Nach dem Sterben, 1950; Aus meines Lebens Bilderbuch, 1955. - Hg.: »Der Hochweg«, Monatsblatt für Leben u. Wirken, 1913ff. *H.Hohlwein*

Leslau (Włocławek), polnisches *Bistum,* begründet Ende des 11.Jh.s, unterstand dem Erzbistum → Gnesen und umfaßte die Landschaft Kujawien, seit 1123 auch → Pommerellen. Politische Rechte in Pommerellen (seit 1148) gingen später an die von → Polen unabhängigen Herzöge von Pommerellen verloren. Die geistliche Zuständigkeit L.s für Pommerellen blieb aber bestehen. Erst 1821 wurde sie für Westpreußen beseitigt, Pommerellen der Diözese → Kulm zugeschlagen. Schon vorher (1818) war der Sitz des Bistums L. nach Kalisch verlegt worden. – Die Bischöfe von L. und die Mitglieder ihrer Domkapitel waren im 13. und 14.Jh. vorwiegend deutschen Volkstums, später meist Parteigänger Polens. In der Gegenreformation traten sie für Unterdrückung der Protestanten und die Beseitigung der Eigenstaatlichkeit Westpreußens ein, vor allem die Bischöfe Karnkowski (1567–81) und Rozrazewski (1581–1600). Sie stießen dabei bes. auf den Widerstand der Stadt Danzig sowie auch des deutschen Zisterzienserklosters Oliva.

Pommerellisches Urkundenbuch, bearb. v. M.PERLBACH, 1881/82 – E.HANISCH, Die Gesch. Polens, 1923 – B.SCHUMACHER, Gesch. Ost- u. Westpreußens, (1937) 1957² – B.STASIEWSKI (→ Lebus) – A.RHODE, Gesch. der ev. Kirche im Posener Lande, 1956. *Heinz Neumeyer*

Lessing, *Gotthold Ephraim* (22.1.1729 bis 15.2.1781), wurde im elterlichen Pfarrhaus in Kamenz und auf der Fürstenschule St. Afra in Meißen im Geiste des orthodoxen Luthertums erzogen, kam ihm auch durch sein Studium in Wittenberg 1751/52 nahe. Auch berührte ihn der durch Herrnhut seiner Heimat nahe → Pietismus. Die Popularphilosophie der → Aufklärung (: I) lernte er eindringlich in Leipzig (1746–48), dann in Berlin (1748–60) kennen, hier durch F. → Nicolai und M. → Mendelssohn. Religiöse Besinnung und Kritik durchziehen L.s ganzes Leben; doch erst seit 1774 greift er in den religiösen Kampf ein; 1774, 1777, 1778 veröffentlicht er aus einer hinterlassenen Schrift von → Reimarus gegen die Wahrheit des Christentums Teile als Fragmente eines Ungenannten (sog. Wolfenbütteler Fragmente). Auf Einwürfe des Pastors → Goeze antwortet er in Streitschriften (Eine Parabel, Anti-Goeze), die er wegen Entzug der Druckerlaubnis einstellen muß. Letzte Ergebnisse seines religiösen Denkens gab er in dem geschichtstheologischen Versuch »Die Erziehung des Menschengeschlechts« (1780) und im »Nathan« (1779).

Die prot. Theologie um 1750 steht im Banne der → Aufklärung (: III). In → Leibniz und → Wolff hatte sich die Philosophie von der Vorherrschaft der Theologie freigemacht und erstrebte eine totale Erkenntnis durch die autonome Vernunft. Ohne mit dem geschichtlichen Christentum und seiner Offenbarung zu brechen, vertrat sie doch das Ideal eines natürlich Vernünftigen und vernünftig Natürlichen, das zum Kriterium werden sollte für Wirklichkeit und Wahrheit des geschichtlichen Christentums, und breitete diese Idee aus. Neologische Theologen überprüften den überlieferten Glaubensbestand mit dem Kriterium des Vernünftigen und Natürlichen. Sie schieden durch philosophisches Räsonnement anstößige Dogmen aus und versuchten durch historisch-philosophische Kritik das sachlich Unbegründete oder Zeitbedingte anstößiger Bibelinhalte darzutun.

L. wurde früh von dem Erkenntnisglauben der Aufklärungsphilosophie ergriffen, doch sehr rasch desillusioniert. In dem Lehrgedicht »Die Religion« (1749/51) sagt er von dem modernen stolzen Sinn, er träume, dem Irrtum in dem Schoß, von Lehrgebäuden und könne, stolz auf den Traum, kein wachsam Zweifeln leiden. Auch er, L. selbst, habe einmal, von Hochmut aufgeblasen, »für die Wahrheit selbst ein philosophisch Rasen« gehalten. Seitdem ist L. wachsam gegen die Philosophie als Metaphysik. Für ihn fing schon → Plato an zu träumen, → Aristoteles zu schließen. Durch → Descartes schien die Wahrheit »eine neue Gestalt zu bekommen, eine desto betrüglichere, je schimmernder sie war«. → Newton und Leibniz unterwarfen diese Erkenntnis der Meßkunst. »Eine Wissenschaft, wovon im Altertum kaum die ersten Buchstaben bekannt waren, leitete sie mit sicheren Schritten zu den verborgensten Geheimnissen der Natur. Sie schienen sie auf der Tat ertappt zu haben.« Der Mensch verfällt so nicht nur einer wahnhaften Erkenntnis, er versäumt sich auch als moralisch-religiöses Wesen. Diese Philosophie führt den Geist des Menschen in die entferntesten Himmel, »unterdessen da sein Gemüt durch seine Leidenschaften bis unter das Vieh heruntergesetzt wird«. So wird → Sokrates zum wahren Philosophen, der den moralischen Menschen erfaßt. »Törichte Sterbliche, spricht er, was über euch ist, ist nicht für euch! Kehret den Blick in euch selbst!« (Gedanken über die Herrnhuter, 1750). Der Erfassung und Klärung des moralischen Menschen dient auch die Dichtung. In seinen Trauerspielen »Miß Sara Sampson« (1755) und »Emilia Galotti« (1772) zeigt L., im Sinne des christlichen Barockdramas (→ Barock: II), den Menschen der natürlichen Leidenschaft in eine Situation gestellt, in der er sich zugunsten seines überweltlichen Seins überwinden muß. Sara Sampson stirbt als geläuterte Christin, ihr Verführer Mellefont büßt seine Schuld an ihrem Tod, indem er sich selbst richtet; Emilia Galotti zieht dem drohenden sittlichen Sturz den Tod durch die Hand des Vaters vor.

Mit der erfüllten Selbsterfahrung ist für L. auch die Gotteserfahrung gesetzt. »... wer Gott leugnen kann, muß sich auch leugnen können. Bin ich, so ist auch Gott. Er ist von mir zu trennen, ich aber nicht von ihm.« In der inneren Erfahrung, nicht im Beweise der Metaphysik muß Gott für den Menschen gesichert werden. Doch gewinnt so der Mensch noch kein gültiges Wissen von Gott. Hierfür ist er auf Gott selbst angewiesen, daß Gott zu ihm spricht, sich ihm offenbart. Dadurch trennt L. sich von der durchschnittlichen Aufklärung und auch von den Neologen ab. Sie wollen dem Christentum den höheren Offenbarungsgehalt von Gott her nehmen und gehen auf eine Vernunft- und Naturreligion hin, in der es keiner Offenbarung, sondern nur der vernünftigen und natürlichen Erkenntnis des Menschen bedarf. L. hingegen geht auf die Offenbarung von Gott her zurück, in der der Mensch allein das finden kann, was er als religiöser Mensch braucht, was ihn über seine Vernunft und Natur hinaus zu Gott führt (→ Aufklärung: I, 6). Die Neologen scheinen ihm unredlich und gefährlich, zu vernünftig, um gläubig, zu gläubig, um vernünftig zu sein. L. spricht hier von der »Mistjauche der neumodischen Theologie« (Brief vom 2.2.1774).

Doch ist die Bibel durch die Kritik der Aufklärung als Offenbarung zweifelhaft gemacht worden. Die Basis für diese Kritik schafft die luth. → Orthodoxie, indem sie die → Bibel (: III) als die Offenbarung Gottes selbst und nicht nur als Bekenntnis des Menschen von der Offenbarung auffaßt. Dies kann ihr von den Neologen mit triftigen Gründen bestritten werden. Doch zielt die aufklärerische Kritik dahin, der Bibel jeden Offenbarungsgehalt abzusprechen. – In diesem Bestreiten hatte, nach L., Reimarus bisher das Gründlichste geleistet. L. veröffentlicht aus ihm Teile, um, wie er sagt, ein ebenso gründlicher Verteidiger zu sein. Er glaubte hier eine neue Position finden zu müssen, die sowohl die Schwächen der Neologen als auch der Orthodoxen vermied. Mit den Neologen faßte er die Bibel als ein Zeugnis von Menschen auf, aber als ein Zeugnis über göttliche Dinge. Die Evangelisten waren nicht verblendet und nicht Betrüger; sie berichteten als ehrliche Chronisten, was ihnen über Leben, Lehre, Taten und Tod Christi bekannt war. Hierbei konnte der eine berichten, wovon der andere nichts sagte; der gleiche Vorgang konnte von verschiedenem Standpunkt aus berichtet werden. So bedarf es für L. nicht der Lehre der Orthodoxie, daß die Bibel in ihrer Ganzheit die einhellige Offenbarung Gottes sei. Auch die Orthodoxen wollen rational beweisen: freilich nicht die Menschlichkeit, sondern die Göttlichkeit der Bibel. Doch kann man nur die Echtheit der Bibel als historisches Zeugnis eingängig machen. Aber: »Zufällige Geschichtswahrheiten können der Beweis notwendiger Vernunftwahrheiten nie werden.«

Auch L. kommt es darauf an, durch historisch-philologische Kritik die Bibel als Buchstaben zu sichern, um das Wort Gottes nicht zu verfehlen; doch kann die religiöse Erfahrung nicht durch den richtigen Buchstaben gewonnen werden, sondern nur durch den durch die Bibel wirkenden Geist Gottes. Der Kritiker sichert den Buchstaben; der religiös Erfahrende erfährt Gott. Was gehen den Christen »Hypothesen und Erklärungen und Beweise an? Ihm ist es doch einmal da, das Christentum, in welchem er sich so selig fühlet« (L.s Gegensätze zu den Fragmenten II-VI, 1777). So weist L. darauf hin, daß das Christentum, als lebendige Religion, älter als die Bibel ist; er nimmt an (gleichzeitig mit → Semler), daß die Schriften des NT und der ganze → Kanon (: II) erst allmählich aus der mündlichen Predigt entstanden, daß in der ältesten Kirche die regula fidei, nicht die Schrift, Quelle und Norm des Glaubens gewesen sei. Als Quelle der →Evangelien (, synoptische, 1 b) nimmt er (16 Jahre vor J.G. → Eichhorn) ein Urevangelium an, das dem noch zZ des Hieronymus vorhandenen → Hebräerevangelium nahegestanden haben müsse (Neue Hypothese über die Evangelisten als bloße menschliche Geschichtsschreiber betrachtet, 1778). Die Bibel bleibt damit das wichtigste und unüberholbare Zeugnis für die christliche Religion, doch kann sie dies nicht durch Vergötzung des Buchstabens, sondern nur durch die erweckende Kraft des Wortes sein, durch das Gott als Geist wirkt.

In der »Erziehung des Menschengeschlechts« vergewissert sich L. des Wirkens Gottes für den Gang der Menschheit. Die Aufklärung sah diesen Gang als einen Fortschritt zur Mündigkeit, die sich auf die festen Säulen der Vernunft und Natur stützte; L. sieht ihn geleitet von dem sich offenbarenden Gott, der den Menschen mehr und mehr zu sich emporzieht. Genauer versucht er hier das Grundproblem der Zeit, wie sich → Offenbarung (: V) und → Vernunft zueinander verhalten, im Sinne der positiven Religion zu lösen, indem er nicht die Offenbarung durch die Vernunft kritisiert, sondern des Menschen Vernunft und Natur der Offenbarung unterstellt, damit sie durch diese sich zu Gott emporziehen, emporerziehen lassen. Zwar sagt L., die Offenbarung gebe nichts, worauf nicht der Mensch, sich selbst überlassen, auch selbst hätte kommen können; Offenbarung kürze diesen Weg nur ab. Doch war die menschliche Vernunft zu schwach, um den dem ersten Menschen gegebenen Begriff von einem einzigen Gott festzuhalten, sie verfiel der Vielgötterei, Abgötterei; und wer weiß, »wie viele Millionen Jahre« sie sich noch »in diesen Irrwegen würde herumgetrieben haben«, »wenn es Gott nicht gefallen hätte, ihr durch einen neuen Stoß eine bessere Richtung zu geben« (§ 7). Gott wählte die Juden, ein ungeschliffenes, verwildertes Volk, um mit ihm ganz von vorne anfangen zu können. Gott erzieht die Juden durch die Schriften des AT. Nachdem das jüdische Volk auf die hier mögliche Höhe gehoben wurde, gibt Gott durch Christus eine neue Offenbarung, jetzt für die ganze Menschheit. In dem hier anhebenden Erziehungsvorgang steht die Menschheit noch heute. Denn Vernunft und Moral des Menschen haben die Höhe des NT noch nicht erreicht. Die religiösen Geheimnisse sind noch nicht von der Vernunft durchdrungen, auch ist das Gebot der Liebe noch nicht verwirklicht worden. Doch sollte dies auch gelingen, so bräche nur die Zeit eines neuen, jetzt vielleicht ewigen Evangeliums an. Der Weg zu Gott ist unendlich. Und da dies der Weg jedes einzelnen sein muß, nicht nur eine Erhebung der moralisch-religiösen Ebene der Menschheit, ist L. geneigt, an Präexistenz und an Seelenwanderung zu glauben, so daß der einzelne in unausmeßbarer Bewegung ist.

Der »Nathan« ist im Zusammenhang mit diesen Erfahrungen und Spekulationen zu verstehen. Nathan ist der durch Gott in diesem Dasein zum Scheitern gebrachte Mensch, der seiner Familie beraubt worden ist. Indem er in diesem Schicksal Übereinstimmung mit Gott gefunden hat, ist er der Weise geworden. Er ist der Überschauende, er kann belehren. In der Parabel belehrt er, daß Gott-Vater dem Juden, dem Christen und dem Muselman in ihrer geschichtlichen Religion den echten Ring gegeben hat, also eine Offenbarung seiner selbst nach seinem Maß und seinem Willen. Dem Menschen ist aufgegeben, die Gabe des Ringes, vor Gott und den Menschen angenehm zu machen, praktisch zu bewähren. Auch hier ist der Mensch unter der Offenbarung von Gott her begründet; ihm ist eine unendliche praktisch religiöse Aufgabe gestellt. Nathan, der Tempelherr und Saladin finden sich nicht in dem Allgemeinen einer allgemeinen Menschenreligion. Insofern führt kein Weg von L. zu → Hegel; L. macht das - des Menschen Vernunft und Natur übersteigende - Sichoffenbaren von Gott her zur Grundlage seines religiösen Denkens, wehrt also die Einebnung des transzendenten Gottes in das Ganze einer Vernunft- und Naturwelt ab. → Toleranz (: II) ist bei ihm nur die Folgerung aus diesem Denkansatz, daß in jeder dieser drei theistischen Religionen Gottes Offenbarung gegenwärtig und zu respektieren sei. Unbeschränkte Toleranz kennt L. nicht. Die Deisten, sagt er, »wollen die Freiheit haben, die christliche Religion zu bestreiten, und doch geduldet sein. Sie wollen die Freiheit haben, den Gott der Christen zu verlachen, und doch geduldet sein. Das ist freilich ein wenig viel . . .« (Von Duldung der Deisten I, 1774).

L.s Werke, vollst. Ausg. in 25 Teilen, hg. mit Einl. u. Anm.en sowie einem Gesamtreg. versehen v. J.Petersen u. W.v.Ohlshausen, 1925-35 (darin: Theol. Schriften, Bd 20-23, hg.v. L.Zscharnack) - GesW, 10 Bde, hg.v. P.Rilla, 1954ff. - Über L.: C.Schwarz, G.E.L. als Theologe, 1854 - C.Hebler, L.studien, 1862 - W.Dilthey, Über G.E.L. (PrJ 19, 1867, 117-161. 271-294; erweitert in: Dilthey, Das Erlebnis u. die Dichtung, [1905] 1928[8], 17-174) - E.Zeller, L. als Theologe (HZ 23, 1870, 343-383 = Zeller, Vorträge u. Abh.en II, 1877, 283-327) - E.Schmidt, L., 2 Bde, (1884/86) 1923[4] - L.Zscharnack, L. u. Semler, 1905 - Chr.Schrempf, L. als Philosoph, 1906 - H.Kofink, L.s Anschauungen über die Unsterblichkeit u. Seelenwanderung, 1912 - F.Loofs, L.s Stellung zum Christentum (ThStKr 86, 1913, 31-64) - G.Fittbogen, Die Religion L.s, 1913 (Lit.) - W. Oehlke, L. u. seine Zeit, 2 Bde, 1919 - M.Haug, Entwicklung u. Offenbarung bei L., 1928 (mit Überblick über die Forschungslage) - K.Aner, Die Theol. der L.zeit, 1929 - F.J.Schneider, L. u. die monistische Weltanschauung, 1929 - H.Leisegang, L.s Weltanschauung, 1931 - H.Thielicke, Offenbarung, Vernunft u. Existenz. Studien zur Religionsphilos. L.s, (1936) 1959[4] (hier die entscheidend klärende Einsicht, daß L. Vernunft u. Natur der Offenbarung unterstellt) - G. Eichholz, Die Gesch. als theol. Problem bei L. (Diss. Bonn), 1937 - H.Gonzenbach, L.s Gottesbegriff (Diss. Zürich), 1940 - O.Mann, L., Sein u. Leistung, 1948 - Hirsch IV, 120ff - Barth, PrTh 208ff - J.Schneider, L.s Stellung zur Theol. vor der Herausgabe der Wolffenbüttler Fragmente, 1953 - R.Hermann, Zu L.s religionsphilos. u. theol. Problematik (ZSTh 22, 1953, 127-148) - H.Beintker, L. u. Luther (WZ Greifswald 4, 1954/55, 81-90) - W.Philipp, Das Werden der Aufklärung, 1957 - EKL II, 1078ff (Lit.). *O.Mann*

Lessius *(Leys), Leonhard* (1554-1623), Jesuit (1572), * in Brecht b. Antwerpen, † in Löwen, studierte dort 1567-71 Philosophie und lehrte 1574-81 in Douai (Belgien). 1581-84 studierte L. Theologie am Collegium Romanum in Rom (Schüler des → **Suarez** und → Bellarminis), lehrte dann ein Jahr in Lüttich und von 1585 bis 1600 am Jesuiten-Kolleg in Löwen. Durch seine Gnadenlehre, die weitgehend der von → Molina entspricht, geriet er in Gegensatz zu → Bajus und Suarez. 1587 zensurierte die Löwener Fakultät auf Betreiben des Bajus drei seiner Thesen über die Inspiration der Hl. Schrift sowie 31 über Gnade und Prädestination. Seine apologetischen, moraltheologischen und dogmatischen Schriften zeigen ihn als bedeutenden scholastischen Theologen.

BACKER-SOMMERVOGEL IV, 1726ff (Bibliogr.) - RE XI, 414ff - J.SALSMANS, Een Vlaamsch geleerde uit de XVIe eeuw. L.L., Löwen 1923 - CH.VANSULL, L.L., ebd 1930 (Lit.) - W.HAESMAN, The Doctrine of L.L. on mortal Sin, S. Francisco/Calif. 1947 - EC VII, 1203ff. *W.Göbell*

Lettische Religion → Baltische Religion.

Lettner (von lectorium) nennt man die steinerne, mit einer Bühne oder Kanzel versehene Querschranke, die das Laienschiff von dem für die Geistlichkeit bestimmten Chorraum abtrennt und deren Bühne anstelle des Ambo (→ Kanzel, 1) für die Lesung von Epistel und Evangelium, für Predigten, als Sängerbühne und bisweilen auch zur Aufstellung von Orgeln diente. L. finden sich vor allem in Kathedralen, Kloster- und Stiftskirchen, wo Kapitel oder Ordensgemeinschaften eines abgeschlossenen Raumes für den Gottesdienst bedurften; Pfarrkirchen besaßen nur ausnahmsweise L. - Den unterschiedlichen Raumbedürfnissen entsprechend war der L. am Westende des Chores oder westlich der Vierung mit seitlichen Schranken angebracht. In Klosterkirchen mit großem Konvent wurde er gelegentlich bis in das Langhaus vorgeschoben. Bei doppelchörigen Kirchen kommen auch zwei L. vor. - L. sind vor allem nördlich der Alpen, so in Deutschland, Frankreich, Holland, Belgien und England entstanden, nur vereinzelt in Italien. Nachweisbar gab es L., deren Aufkommen mit einer schärferen Trennung zwischen Klerus und Laien in Zusammenhang steht, schon seit dem späten 12.Jh. Das älteste erhaltene Beispiel befindet sich im Ostchor des Naumburger Domes (um 1240); bis zur Mitte des 16.Jh.s waren L. weithin üblich; vereinzelte Exemplare sind noch später entstanden (zB in St. Maximin, Trier, 1620/30). - Seit dem späten 17.Jh. wurden immer mehr L. abgerissen, da sie barockem Raumempfinden nicht mehr entsprachen. Auch im 19. und 20.Jh. kam es noch zu weiteren Abbrüchen. - Die wichtigsten *Typen* sind: Wandartige Querschranken, in deren Mitte eine Kanzel angebracht ist (zB Haina, Klosterkirche; Marburg, Elisabethkirche), ferner L. mit einer die ganze Chorbreite einnehmenden, meist rechteckigen Bühne, die entweder von einem massiven Unterbau getragen wird (zB Naumburg, West-L.; Meißen, Dom) oder nur an der Chorseite auf einer geschlossenen Wand und vorn auf einer offenen Bogenstellung ruht. Im letzten Falle bildet der L. zum Schiff hin eine geöffnete, von Kreuzgewölben überdeckte Halle (zB Vezzolano, Abteikirche; Oberwesel, Liebfrauenkirche), in der ein, zwei oder noch mehr Altäre Platz fanden. In den deutschen Hallen-L.n stand meist in der Mitte zwischen seitlichen Durchgängen der Kreuzaltar. Die franz. L. bevorzugen den Mitteldurchgang und seitliche Altäre. Seit dem 15.Jh. kamen auch sog. Arkaden-L. auf; ihre Bühne wird von offenen Bögen getragen, die einen freien Durchblick zum Chor gestatten (zB Löwen, St. Peter; Paris, Saint-Etienne du Mont). - Auf dem L. oberhalb des Kreuzaltares war in der Regel das Triumphkreuz angebracht. Bes. reichen plastischen Schmuck trugen oft die L.brüstungen (zB Naumburg, West-L.). - Anregungen für die Entstehung der verschiedenen L.typen scheinen sowohl von Chorschranken und Ambonen als auch von den offenen mehrschiffigen Vorhallen der zum Schiff geöffneten Krypten ausgegangen zu sein. - Vgl. → Kirchenbau: III.

W.GREISCHEL, Die sächs.-thüring. L. des 13.Jh.s (Diss. Freiburg), 1917 - LThK VI, 528 ff (Lit.) - E.KIRCHNER-DOBERER, Die dt. L. bis 1300 (Diss. Wien), 1946 (Masch., Lit.) - DIES., Der L. Seine Bedeutung u. Gesch. (Mitt. d. Gesellsch. f. vergl. Kunstforschung in Wien, 1956, 117-122). *H.Claussen*

Leube, *Hans* (1896-1947), Kirchenhistoriker, * in Leipzig, lehrte in Leipzig (1923), Breslau (1931) und Rostock (1946). H. → Boehmer war sein Lehrer und Vorbild. L.s Hauptinteresse galt dem Barockpietismus, der Reformorthodoxie und den in der KG vornehmlich Frankreichs und Englands wirksamen humanistischen Ideen. Daneben trat ein ausgeprägtes Interesse an bibliographischen Arbeiten.

Vf. u.a.: Die Reformideen der dt. luth. Kirche zZ der Orthodoxie, 1924; Kalvinismus u. Luthertum im Zeitalter der Orthodoxie I, 1928; Reformation u. Humanismus in England, 1928; HKG IV²: Die Neuzeit, 1931 (mit H.STEPHAN); Der Jesuitenorden u. die Anfänge nationaler Kultur in Frankreich, 1935; Deutschlandbild u. Lutherauffassung in Frankreich, 1941; Kirche u. Glauben in England, 1942. - Über L.: ThLZ 73, 1948, 108. *E.Beyreuther*

Leuchter

I. Im AT und Judentum - II. Im christlichen Kult

I. Im AT und Judentum

1. Die aus Ton gefertigte Lampe war bis zum 3.Jh. vChr eine offene Schale mit Einkniffung für den Docht. Um die Leuchtkraft zu erhöhen, stellte man sie auf einen Ständer (2Kön 4, 10; Mt 5, 15); diesen bzw. das Ganze nannte man L. (hebr. m^{e}nôrā). Die Gebrauchslampe (häufige Grabbeigabe) begegnet auch mit 7 Einkniffungen (ohne kultischen Bezug). Von den angeblich im → Tempel Salomos vorhandenen 10 goldenen L.n spricht ein Nachtrag in 1Kön 7, 49 (vgl. 2Chr 4, 7 und - ohne Zahl - Jer 52, 19 sowie 1Chr 28, 15: goldene und silberne!). Wir kennen bronzene Lampenständer aus den »Kanaanäerstädten« Megiddo und Bethsean (BRL). In der Ölbäumevision → Sacharjas (4, 1-6. 10-13), die dem Bau des 2. Tempels nahesteht, ist nur von *einem* L. die Rede. Die 7 siebenschnauzigen Lampen auf der Schale des Ständers (Rekonstruktion: BRL) symbolisieren nach 4, 10b die Augen Jahwes. Die Priesterschrift beschreibt als L. des Wüstenzeltes in Ex 25, 31-40 (einheitlich?) wiederum nur *einen* L., der mit seinen 6 Armen und dem Schaft an einen → Lebensbaum erinnert. War die Treibarbeit in Gold Umkleidung eines Bronzegusses? Es dürfte sich bei dem hier beschriebenen L. um eine Arbeit nicht vor dem 6./5.Jh. handeln, hergestellt vielleicht aus Goldspenden, wie sie in Esr 1f und 7, 15f genannt werden. Von dem einen hl. L. ist auch Sir 26, 17; 1Makk 1, 21 die Rede. Geht die 1Makk 4, 49 erwähnte Neuherstellung auf Alexander Jannäus zurück, der über Bilder sehr frei dachte (Galling, Terpole)? Näheres über die Bilder *dieses* auf dem Titusrelief dargestellten L.s → Menora. - Im Tempel brannten die Lampen des L.s nur des Nachts (Ex 27, 20; 2Chr 13, 11); zZ des Josephus (Ant. III, 8, 3) brannten 3 auch am Tage! Vereinzelt besaßen Synagogen byzantinischer Zeit auch neben den L.n eine »ewige Lampe« (Goodenough III, 639. 646) - ob unter christlichem Einfluß?

2. Nach der Zerstörung des Tempels wanderte der (siebenarmige) L. - mit einfachem, stets bildlosem Standfuß - in die → Synagoge, wo deren 2 zu Seiten des Toraschreins standen (Goodenough III, 476ff. 964ff). Die Beschreibung des L.s in Ex 25 wird frei variiert; vgl. auch → Dura-Europos (Taf. 9 Abb. 1). Die nicht erhaltenen Originale wird man sich aus Bronze zu denken

haben. In jüdischen → Katakomben (: II) findet sich neben der Trias (2 L. und der Toraschrein) auch nur *ein* L. (mit anderen Kultgeräten), ein Zeichen der Symbolkraft des L.s. Glasflaschen, Amulette und bes. zahlreich die Oberseite der Lampen (von Karthago bis nach Trier!) zeigen das Bild des siebenarmigen L.s. Nur auf den Münzen des Antigonos (40-37 vChr) hat man den L. abgebildet; offensichtlich opponierte man dagegen, weil die Münzen ja auch in die Hände von Nichtjuden kamen. Die Rabbinen (vgl. zB Aboda Zara 43 a) erlauben zum Profangebrauch in jüdischen Häusern nur L., die nicht siebenarmig sind. Daher hat der L. des Chanukka-Festes (→ Feste: II, 6 b) 8 oder 9 Lampen. Zur Deutung des L.s vgl. → Symbole: II.

BRL - A.ALTMANN, Das früheste Vorkommen der Juden in Deutschland. Juden im röm. Trier, 1932 - GOODENOUGH I-IV (Lit., Abb.) - K.GALLING, Die Terpole des Alexander Jannäus (BZAW 77, 1958, 49-62). *K.Galling*

II. Im christlichen Kult

Die in den ältesten Zeiten unumgängliche, dann zur hl. Überlieferung gehörige Sitte nächtlicher gottesdienstlicher Feiern (→ Vigilien) und die schon im NT entfaltete, bei der Entstehung des liturgischen Jahres überaus wirksame, vom Kultus des sol invictus mitbeeinflußte Lichtsymbolik läßt mit Sicherheit schon vor → Konstantin d.Gr. einen ausgedehnten kirchlich-kultischen Gebrauch von Kerzen- und Lampen-L.n annehmen. Für die Staatskirche wird auch die zeremonielle höfische Entfaltung des Lichtsymbols (L. beim Auftritt der Würdenträger) übernommen. Der ordo des → Akoluthen ist mit der Sorge um die festliche Beleuchtung des Gotteshauses betraut. Die L., hängende Kron-L. und auf dem Boden stehende Stand-L. sowie für die Prozessionen bestimmte Trag-L., dienen also zunächst zur Erhellung des kultischen Raumes, dann aber auch zur festlichen Steigerung des gottesdienstlichen Geschehens und als Ausdrucksmittel für bestimmte liturgische Handlungen (vgl. die Ostervigil mit ihrer Symbolik des Oster-L.s und der Lichtausteilung). Erst mit der Rückbildung des Einzugs, bei dem die L. durch Akoluthen vorangetragen und vor dem → Altar (: III A) niedergestellt wurden, und nachdem in der Karolingerzeit die Scheu gewichen war, anderes als die sakramentalen Gefäße auf den Altar zu stellen, gibt es seit ca 1100 auf dem Altar mit dem Kruzifix (→ Kreuz: III) auch L. Der Osten und die abendländische Kirche des MA haben den Einbau der Lichtsymbolik und damit der L. noch erweitert. Es werden L. zur Verlesung des Evangeliums herbeigetragen, zum → Sanctus und Kanon entzündet, der Tenebrä-L. mit 15 Kerzen dient dem Ritus der Trauermetten in der → Karwoche, die Toten-L. stehen neben dem Katafalk während des Totenamtes, der siebenarmige L. dient als pontifikales Würdezeichen (über das AT [→ Leuchter: I]) zurückweisend auf Ursprünge in der babylonischen Astronomie). Wichtig sind auch die großen, das himmlische Jerusalem symbolisierenden romanischen Rad-L. (Aachen, Comburg). Zu den L.n ist wohl auch der L.-Rechen mit zahlreichen Stacheln zur Aufnahme von Votivkerzen zu rechnen, dem im Osten das mit Sand gefüllte Gefäß vor der → Ikone entspricht. Der Protestantismus hat die Lichtsymbolik zwar nicht im Wort, aber in der sinnenhaften Gestalt abgetan, doch hat sich das Luthertum einen Rest bewahrt. Die »liturgische Bewegung« kämpft um ein größeres Verständnis für die hier gegebenen Möglichkeiten. Im modernen → Kirchenbau (: V) greift man nicht selten auf die älteste Ordnung zurück und entlastet den Altar, der wieder ganz zum Tisch der Sakramentsfeier geworden ist, durch Stand-L., die auf dem Boden stehen. Statt verspielter Formen sucht man nach sachgemäßer Durchformung (Stachel, breiter Wachsteller), wie sie vor allem die romanische Zeit gefunden hatte. Jede Zeit hat auch dem L. ihr eigenes Gepräge gegeben und einen eigenen Typus geschaffen. Hier wartet durch die erweiterten Anforderungen der liturgischen Bewegung - Oster-L., Stand-L. für das → Lesepult, Wand-L. für festliche Gelegenheiten, L. für die Gedenktafel der Opfer des Krieges - eine Fülle höchst reizvoller Aufgaben für den bildenden Künstler und Kunsthandwerker (→ Kunsthandwerk: II).

G.JAKOB, Die Kunst im Dienste der Kirche, (1857) 1908[5], 188ff - J.REIMERS, Hdb. der Denkmalspflege, (1899) 4. Aufl. o.J. - RE XI, 464f - DACL II/2, 1834ff (Candélabre); III/1, 210ff (Chandelier); III/2, 1613ff (Cierges) - BRAUN, Altar II, 173ff - DERS., Das christl. Altargerät, 1932 - L.EISENHOFER, Hdb. der kath. Liturgik I, 1932, 360ff - LThK VI, 521f - F.J.DOELGER, Lumen Christi - eine altchristl. Formel (AuC V, 1936, 1-43) - RDK I, 511ff (Altar-L.; Lit.) - J.A. JUNGMANN, Missarum Sollemnia I. II, (1948) 1958[4] - RIETSCHEL-GRAFF 113ff - TH.KLAUSER, The Western Liturgy and its History, London 1952. - Vgl. → Altargeräte, → Kunsthandwerk: II. *K.B.Ritter*

Leuchter, *Heinrich* (1558-1623), luth. Theologe, * in Melsungen, studierte in Marburg (Schüler von Aeg. → Hunnius), wurde 1586 Pfarrer in Kirtorf, 1588 Prediger und Sup. in Marburg. Moritz von Hessen-Kassel entließ ihn 1605, weil er sich weigerte, die Verbesserungspunkte (→ Gießen, 1) anzunehmen. Ludwig V. von Hessen-Darmstadt nahm ihn als Hofprediger auf und machte ihn 1608 zum Sup. (der »Kirchen-L.«). Wegen seiner theologischen Kenntnisse war L. 1621 einer der Abgeordneten, die den Streit zwischen den Gießener und Tübinger Theologen schlichten sollten (→ Kenosis, 2).

STRIEDER VIII, 1788, 2ff (Bibliogr.) - H.HEPPE, KG beider Hessen II, 1876, 10ff - Die Univ. Gießen 1607-1907, Festschr. I, 1907, 20ff - W.DIEHL, Reformationsbuch der ev. Pfarreien des Gr. Hessen, 1917, 17. 80 - DERS., Hassia sacra II, 1925, 32ff - W.MÜLLER, Chronik der Darmstädter kirchl. Ereignisse, 1929, 21ff. *H.Steitz*

Leusden, *Johann* (1624-99), * und † in Utrecht, dort 1650 ao., 1653 o. Prof. der hebr. und griech. Sprache; einer der bedeutendsten Orientalisten seiner Zeit. Seine zahlreichen Werke zur Bibelwissenschaft und zur hebr. Philologie überragte die »Biblia Hebraica«, die er 1660 (1667²) gemeinsam mit dem Amsterdamer Rabbiner und Buchdrucker Joseph ben Abraham *Athias* († 1700) herausgab und die nicht nur L.s unpunktierter Ausgabe von 1694 (zusammen mit J.A. → Eisenmenger), sondern bis ins 19.Jh. hinein auch den meisten anderen Ausgaben zugrunde lag.

Vf. u.a.: Philologus Hebraeus, (1652) 1696[5]; Philologus Hebraeo-mixtus, (1663) 1699[3]; Philologus Hebraeo-Graecus, (1670) 1695[2] (die 3 Philologi in 3 Bden 1739); Clavis Graeca Novi Testamenti, 1672; Clavis Hebraica Veteris Testamenti, (1673) 1683[2]; Compendium Biblicum totius Veteris Testamenti, 1674 u.ö. - Über L.: RE XI, 416f - Dict. de la Bible IV, 196f - NNBW IX, 601f - EJud X, 829f. - Über *Athias* vgl. JüdLex I, 555f - EJud III, 623f. *E.Kutsch*

Levellers (Gleichmacher) ist der polemische Name für eine radikale, zT kommunistische Richtung in der Großen englischen Revolution, die sich aus den Commissioners (Beauftragten), polemisch »Agitators« genannten Wortführern der wegen rückständigen Solds unzufriedenen Soldaten im Parlamentsheer seit 1647 entwickelte. Sie befürchteten, daß → Cromwell und die anderen leitenden Männer des Parlaments gegenüber der Krone und der Regierung zu nachgiebig wären, lehnten das Königtum prinzipiell ab und beschränkten auch die Entscheidungsfreiheit des Parlaments zugunsten eines unwandelbaren demokratischen Urgesetzes. Sie forderten Gleichheit aller vor dem Gesetz und Gewissensfreiheit für die Glaubensfragen und den Gottesdienst. Die Festsetzung der sittlichen Normen sollte dem Staate, der dem demokratischen Urgesetz unterworfen ist, überlassen bleiben. Das Programm wirkte anarchistisch und hatte die Bekämpfung der Bewegung und ihres Führers John Lilburne (1614-57) durch Cromwell zur Folge. Die kommunistische Zuspitzung brachte die Fortbildung der Gruppe zu den Diggers (Gräbern) unter Gerard Whinstanley. Dieser entwarf in seiner Utopie »The Law of Freedom or true Magistracy restored« (1651) einen Idealstaat, in dem durch Schulzwang die Herrschaft der Intellektuellen über das Volk beseitigt werden und die Priester rein weltliche Aufgaben wie Belehrung über Land, Volk, Geschichte, Natur, Rechtsordnung erhalten sollten, da das »Geistliche« Pfaffenbetrug sei. Wirtschaftlich vertraten die L. einen Siedlungskommunismus, der durch die vorausgesetzte völlige Freiwilligkeit des Anschlusses als Fortsetzung des Klosterlebens anmutet. - Vgl. → Kommunismus: II, 3.

S.R.Gardiner, Hist. of the Great Civil War III. IV, 1905 (mit Abdruck der Programmschriften) - G.P.Gooch, Hist. of English Democratic Ideas in the 17th Century, 1898 - H.L.Berens, The Digger Movement in the Days of the Commonwealth, 1906 - E.Bernstein, Sozialismus u. Demokratie in der Großen engl. Revolution, 1908 - M.Freund, Die Idee der Toleranz im England der Großen Revolution, 1927 - G.Lenz, Demokratie u. Diktatur in der engl. Revolution 1649-60, 1933. *M.Schmidt*

Levertoff, *Paul,* * 14.10.1878 in Weißrußland, † 31.7.1954 in England. Im → Chassidismus aufgewachsen und mit der → Kabbala tief vertraut, wird L. 1895 Christ, arbeitet 1911-19 als Lehrer am → Institutum Judaicum Delitzschianum und nimmt dann in London eine judenmissionarische Tätigkeit auf, 1922-54 als Direktor des East London Fund for the Jews, später des London Diocesan Council for Work amongst Jews. L. arbeitet für eine »Synagoge mit Christus«, für einen »jüdischen Zweig der allgemeinen Kirche«, in dem christlicher Glaube in jüdischen Formen Ausdruck finden soll. Im Rückgriff auf anglikanische wie ebensosehr auf jüdische liturgische Überlieferung schafft L. eine judenchristliche Liturgie, die vom Bischof von London genehmigt wird.

RGG[2] III, 1600f (Lit.) - EJud X, 832f (Bibliogr.) - O.L., Die ungebaute Stadt (Eine hl. Kirche, Sonder-H. über »Israel u. Kirche Christi«, 1934, 154-159) - P.Schorlemmer, Eine judenchristl. Liturgie (ebd 159-167). *W.Holsten*

Levi ben Gerson (1288-1345), aus Bagnols (Ralbag, Gersonides), der universellste und in seinen Voraussetzungen unabhängigste Philosoph des an Gelehrten und Denkern reichen südfranzösischen Judentums des MA, zugleich einer der führenden Mathematiker und Astronomen seiner Zeit (→ Jüdische Philosophie, 4 d). Er ist der konsequenteste unter den jüdischen Aristotelikern, bereit, selbst einen Widerspruch zur Bibel anzuerkennen. Mehr als durch sein philosophisches Werk »Die Gotteskämpfe«, das mit peinlichem Scharfsinn die Probleme der Materie, der Bewegung der Seele, der Prophetie, der Allwissenheit und der Prädestination behandelt, hat er, der auch ein hervorragender Talmudkenner war, im Judentum der folgenden Jh.e durch seinen Kommentar zu den meisten biblischen Büchern (→ Bibelwissenschaft: I, 1 a; → Schriftauslegung: II) Anerkennung erlangt. Eigentümlich sind diesem die religiös-moralischen »Nutzanwendungen«, die in der Erklärung des Pentateuch und der geschichtlichen Bücher jedem Abschnitt beigefügt sind.

B.Kellermann, Die Kämpfe Gottes von L. ben G., Übers. u. Erklärung, 2 Bde, 1914/16. - Über L.: M.Joel, L. ben G. als Religionsphilosoph, 1862 - I.Weil, Philosophie religieuse de L. ben G., 1868 - J.Winter-A.Wünsche, Die jüd. Lit. seit Abschluß des Kanons II, 1894, 331. 768ff - J.Carlebach, L. ben G. als Mathematiker, 1910 - EJud VII, 324ff. *† L.Baeck (S.Cohen)*

Levi und Leviten (L., L.n)

1. Ob es zeitweilig einen israelitischen *Volksstamm* L. gegeben hat, ist umstritten. Für diese Annahme spricht jedoch sein Vorkommen in den zwei älteren Formen des genealogischen → Stämme-Systems (mit bzw. ohne Dina) aus der Frühzeit der Landnahme (Gen 29, 34; 49, 5ff). Dem folgen später noch Gen 35, 23; 46, 11; Ex 1, 2; Dtn 27, 12; Ez 48, 31; 1Chr 2, 1, wobei man allerdings - wie Dtn 33, 8 lehrt - L. als Priesterstamm betrachtet. Dagegen fehlt L. in der dritten Form des Stämmesystems, das die Zwölfzahl ohne L. durch die Teilung Josephs gewinnt (schon im → Deboralied Ri 5, 14 bezeugt), so daß L. wohl im späteren Verlauf der Landnahme seine selbständige Existenz verloren hat. Obwohl dies mit den Ereignissen von Gen 34 schwerlich zusammenhängt und die Zerstreuung in Israel nach Gen 49, 7 wieder die Verwechslung mit dem Priesterstamm voraussetzt, läßt das Geschick anderer Stämme vermuten, daß der Untergang L.s auf Auseinandersetzungen mit Kanaanäern beruht. Dies ist wahrscheinlicher als die Annahme, daß der Stamm sich in seine alten Weidegebiete in Südpalästina zurückgezogen habe (Alt I, 142f), zumal die Traditionen von → Kadesch sich auf die priesterlichen L.n beziehen.

2. Vorwiegend bezeichnet der Name L. bestimmte Gruppen der Priester und des Tempelpersonals. Die Verbindung mit → Mose, der manchmal als Levit (Ex 2, 1) und Ahnherr der levit. Priester gilt (Ri 18, 30; → Eli und die Eliden), und die Verbindung mit dem Heiligtum von Kadesch lassen vermuten, daß es sich ursprünglich um (nichtisraelitische) *Priester* dieses Heiligtums handelt, die sich dem Jahwekult angeschlossen haben (vgl. Ex 32, 25ff; Dtn 33, 8ff). In Palästina stellen sie zumindest einen Teil der Priester (vgl. Ri 17f), so daß der Name schließlich die Priester der Landheiligtümer überhaupt bezeichnet. Es scheint, daß sie den Jahweglauben in reinerer Form zu bewahren suchen und an der Abfassung des Gesetzes des → Deuteronomiums maßgeblich beteiligt sind. Dessen Durchführung unter → Josia bringt für sie allerdings unangenehme Folgen mit sich. Während das Dtn durch die gemeinsame Bezeichnung »levit. Priester« eine Aufspaltung zu vermeiden sucht (vgl. Dtn 18, 6ff!), scheitert dies am Widerstand der dortigen zadokidischen Priester (→ Zadok), die ihnen lediglich Anteil an den Einkünften gewähren (2Kön 23, 9). Diese Differenzierung wird in Ez 44, 10ff zur Degradierung erweitert: Der eigentliche Priesterdienst bleibt den Zadokiden als den »levit. Priestern« vorbehalten, während die L.n nur untergeordnete Dienste verrichten dürfen. Infolgedessen kehren nach dem → Exil nur wenige L.n nach Jerusalem zurück (Esr 2, 40; Neh 8, 2ff). Sie leisten gegen ihre Einstufung als *Tempeldiener* zeitweilig Widerstand (vgl. Num 16; Esr 8, 15) und sind stets bestrebt, ihre Stellung wieder zu verbessern. Jedoch setzt die → Priesterschrift den Degradierungsprozeß fort und drückt den Dienstrang des Hauptteils der L.n vollends herab (vgl. Num 1, 48ff; 3f; 8, 24ff; 18, 2ff; 35, 2ff). Nur einige Geschlechter werden anscheinend in die Rechte der Zadokiden aufgenommen (zusammengefaßt als Aaroniden; → Aaron) und diese selbst mit dem Hohenpriestertum bedacht. In Esr ist die Einstufung der L.n als niederes Tempelpersonal schon vorausgesetzt, in Chr sind die Sänger (→ Korach) und Torhüter in sie aufgenommen. Jedoch zeigt der Chronist eine Vorliebe für sie und ihre Rechte, bes. wenn er ältere Nachrichten ändert, die den Ansprüchen der L.n nicht gerecht werden (vgl. 1Chr 6, 12f. 18; 15, 2; 2Chr 22, 10ff), und innerhalb der L.n wiederum die Sänger bevorzugt. Insgesamt spiegelt sich in der wechselnden

Rolle der L.n ein Teil der Geschichte des at. → Priestertums (: II) wider.

3. Die bisherigen *Erklärungen* des Namens L. können weder als endgültig noch wegen seiner verschiedenen Träger als allgemeingültig betrachtet werden (die Herleitung von bloßem lwh als »der Anhängliche« ist unbefriedigend). Während für den Stammesnamen die Entstehung aus le'ā als »der zu Lea Gehörige« erwogen wurde, gibt es für das Verständnis des Priesternamens mehrere Möglichkeiten: minäisch lawi'u (lawi'atu) für eine Gruppe des Tempelpersonals bzw. kanaanäisch lāwijū »der durch Schuld oder Gelübde verpflichtet ist«, beides aram. Lehnwörter; arab. lāwa(j) = hebr. hôrā »Orakel erteilen«; oder ein aus ägypt. Parallele (Rawi-'i-ra = Lawi'el) zu erschließendes lwj'l (in Kurzform) »Anhänger Els«.

4. In der alten *Kirche* werden die Diakone auch L.n genannt, in der röm.-kath. Liturgie der Diakon und Subdiakon, die bei einem feierlichen Hochamt assistieren (daher levitiertes Hochamt oder L.namt).

W.Baudissin, Gesch. des at. Priestertums, 1889 - RE XI, 417ff - A.Bertholet, Bibl. TheolAT II, 1911, 9ff - PW XII, 2125ff - H. Grimme, Der südarab. Levitismus u. sein Verhältnis zum Levitismus in Israel (Muséon 37, 1924, 169-199) - RGG² III, 1603ff - M.Noth, Das System der zwölf Stämme Israels (BWANT IV/1), 1930 - G.v.Rad, Das Geschichtsbild des chronist. Werkes (ebd IV/3), 1930 - W.Eichrodt, TheolAT I, (1933) 1957⁵, 264ff - K.Möhlenbrink, Die levit. Überlieferungen des AT (ZAW 52, 1934, 184-231) - R.Meyer, Levit. Emanzipationsbestrebungen in nachexil. Zeit (OLZ 41, 1938, 721-728) - Th.J.Meek, Moses and the Levites (AJSL 56, 1939, 113 bis 120) - ThW IV, 241ff - Alt II, 289-315 - F.S.North, Aaron's Rise in Prestige (ZAW 66, 1954, 191-199) - G.E.Wright, The Levites in Deuteronomy (VT 4, 1954, 325-330) - E.Nielsen, Shechem, Kopenhagen 1955, 264ff - W.F.Albright, Die Religion Israels im Lichte der archäolog. Ausgrabungen, 1956, 124f - S.Lehming, Zur Überlieferungsgesch. von Gen 34 (ZAW 70, 1958, 228-250). - Vgl. die Lit. zu → Korach, → Priestertum: II.

G.Fohrer

Leviathan. Die Etymologie (hebr. liwjatan) ist unsicher; vielleicht »Gewundenes«, Schlange, Drache. Hi 40, 20ff ist unter L. wohl das Nilkrokodil verstanden; möglicherweise ist jedoch auch diese Stelle in mythologischem Sinne gemeint. L. ist Name eines von Jahwe in der Urzeit überwundenen Gegners, den das AT auch als rāhāb (→ Schlange), tānîn (→ Drache), jam (Meer) oder tehôm (Urflut) bezeichnet. Gunkel versuchte, die Vorstellung aus → Babylonien (: III, 3) herzuleiten. Auf Grund der kanaanäischen Mythologie von → Ugarit erweist sich jedoch L. als ein Mythologem, das Israel aus seinen kanaanäischen Wurzeln empfangen hat. Die Übereinstimmung zwischen at. und ugaritischen L.-Aussagen erstreckt sich auf viele Züge in Vorstellung und Nomenklatur, stellenweise sogar auf den Wortlaut: Die Formel »L., die flüchtige Schlange, L., die gewundene Schlange« (Jes 27, 1; vgl. Hi 26, 13) begegnet beinahe gleich in Ugarit (Gordon Nr. 67/I/1; I/28). Statt »flüchtige Schlange« übersetzt man vielleicht richtiger »Vorweltschlange«. Die L.-Vorstellung ist durch frühkanaanäische Agglomeration disparater Mythenelemente vielschichtig geworden und erweist sich darum sowohl in Ugarit als auch im AT als uneinheitlich: Während viele Aussagen an Chaoswesen erinnern, die wie die babylonische Tiâmat oder die hethitische Urweltschlange Illujankaš (ANEP 670) einköpfig sind, spricht eine ugaritische Formel von dem »verruchten Wesen mit den sieben Häuptern« und bildet damit den Hintergrund für die Anspielung von Ps 74, 13f und zugleich eine Parallele zu dem siebenköpfigen Drachen von Tell Asmar im Tigristal (ANEP 691; ähnlich 671) bzw. zur Hydra. Weist L. überdies Züge des Typhon auf, so stellt auch dieser nur eines von vielen miteinander zur L.-Vorstellung verwobenen Primärmythologemen dar. Wichtig ist auch die folgende innere Spannung: Die einen Stellen reden von der Tötung L.s durch den Kosmosschöpfer (zB Ps 74, 13f; Hi 26, 12 und ugaritische Parallelen), die andern denken sich das Wesen als noch überlebend: So ist der ugaritische »Fürst Yam« ein Gott des ugaritischen Pantheons, und das AT behandelt das Monstrum als von Jahwe bezähmt, jedoch noch immer als Urmeer erhalten geblieben (Ps 104, 6f. 9. 25f; Hi 38, 11; vgl. auch die Meerdrachen auf dem Fuß der → Menora). Fortexistierend gedacht verbindet sich L. im AT leicht mit dem Widergöttlichen in der Welt, so Jes 51, 9f mit dem Schilfmeer als dem Hindernis des Auszugs, Jes 30, 7; Ps 87, 4 mit dem feindlichen Ägypten der historischen Zeit, Hi 3, 8 mit der akosmischen Macht, vielleicht dem Fürsten der Unterwelt, Jes 27, 1 mit aller Widerwärtigkeit, die von Jahwe in der Endzeit beseitigt wird. In Fortsetzung dieser Entwicklung wird L. in der → Apokalyptik (: II) zu einer Erscheinungsform des Teufels (4Esr 6, 49ff; ApkBar 29, 4; vgl. Apk 21, 1). In diese Rolle teilt sich L. bisweilen mit dem Hi 40, 15ff in seiner Nachbarschaft genannten *Behemoth*. Dieser und L. sind darum im MA häufig exorzierte Incubi.

H.Gunkel, Schöpfung u. Chaos ..., (1895) 1921² - O.Eissfeldt, Baal Zaphon ..., 1932 - Ders. in: Studia Orientalia J.Pedersen, 1953, 76-84 - P.Humbert, AfO 11, 1936, 235-237 - D.Eerdmans, Studies in Iob, 1939, 27ff - W.F.Albright, BASOR 84, 1941, 14-17 - C.H.Gordon, Ugaritic Lit., 1949 - Th.H.Gaster, Thespis, 1950 - A.Kapelrud, Baal in the Ras Shamra Texts, 1952, 101ff. 119 - G.R.Driver, Canaanite Myths and Legends, 1956, 11ff. 73ff. 103 - Ders. in: Studi Orientalistici in onore di Levi della Vida I, 1956 234-249 - J.Gray, The Legacy of Canaan, 1957, 18ff - N.H.Tur-Sinai, The Book of Job, 1957, 558ff - Ph.Reymond, L'eau, sa vie et sa signification dans l'AT, 1958, 181ff - O.Kaiser, Die mythische Bedeutung des Meeres in Ägypten, Ugarit u. Israel (BZAW 78), 1959.

V.Maag

Leviratsehe findet sich in verschiedener Form (in Assyrien zB als »Verlöbnislevirat«) unter verschiedenen Völkern. Im AT ist sie die Fortsetzung einer sohnlos gebliebenen → Ehe (: II) eines verstorbenen Mannes durch seinen nachfolgenden Bruder, den jabam (spätlat.: levir). Ihr Zweck ist nach Gen 38, 8f; Dtn 25, 6f. 9; Ruth 4, 5. 10 (wie beim Niyoga Indiens) die Erzeugung eines dem Toten zugerechneten Sohnes, damit in Sippe und Besitz der »Name« des Toten bestehen bleibe (vgl. auch Jes 66, 22; 56, 5; 2Sam 18, 18). Das setzt voraus, daß Kinderlosigkeit einer Ehe nicht durch Mehrehe, Substitution einer Leibmagd der Frau, Legitimierung von Kindern aus einem Konkubinat oder gar durch Adoption überwunden wurde. Gen 38 (Erzählung) und Dtn 25, 5-10 (Rechtsregelung) setzen ferner voraus, daß die Brüder, sei es unter der Rechtsgewalt des pater familias, sei es in fratriarchaler Haus- (ungeteilter Erben-) Gemeinschaft zusammenleben. Soll auch ein Gentilverband nichts aus seiner Sphäre entlassen, was ihm gehört, so fällt doch die Witwe dem Schwager nicht im Erbübergang zu, wie ein Sohn (»Stiefsohnlevirat«) Konkubinen des Vaters erben kann (Spuren: 2Sam 3, 7; 16, 22; 1Kön 2, 22). Darum ist der Vollzug der L. weniger ein Recht als eine dem Toten und seiner Witwe geschuldete Pflicht, auf deren Erfüllung letztere Anspruch hat. Immerhin kann L. zugleich auch Vollehe mit dem Mannesbruder werden. Ob beim Ausfall von Brüdern wie im Hethitischen (HG II, § 79) der Schwiegervater leviratsehepflichtig wurde, ist aus Gen 38 nicht sicher zu entnehmen. Einen über das »Vaterhaus« (→ Familie: II) hinausgehenden Kreis von Sippengenossen nimmt die der L. ähnliche »Löser-Ehe« im → Ruthbuch in Anspruch. Pflicht des »Lösers« ist, von zurückgehender Blutrache abgesehen, der An- und Rückkauf von gefährdetem Patrimonialgut (Jer 32, 6ff; Lev 25, 25ff; → Eigentum: I). In Ruth 4 zieht diese Löserpflicht (zufolge besonderer Auflage ?) die Pflicht zur L. nach sich. Doch ist hier Ablehnung möglich. Verzicht und Abtretung des Rechts auf Grunderwerb und L. werden durch die rechtssymbolische Handlung der Schuhübergabe vor Zeugen ausgesprochen. Dtn 25, 7ff ist der ursprünglich dem Rechtsübergang bei Großgütern geltende Akt (ḥalîṣā) zum entehrenden Rechtsentzug bei pflichtwidriger Verweigerung der L. geworden. Mit dem Zerfall der Großfamilie hatte nämlich auch die Institution der L. an Bedeutung verloren. So erklären Lev 18, 16 und, mehr noch, 20, 21, ehedem gegen sexuellen Verkehr mit der Brudersfrau gerichtet, nunmehr solche Ehen für unzulässig und sagen Übertretern ausdrücklich Kinderlosigkeit an. Doch verschwanden damit L.n nicht, nur wächst die Tendenz, sie einzuschränken. Vordringendes Tochtererbrecht gestattet die L. nur bei völliger Kinderlosigkeit (LXX zu Dtn 25, 5). Die → Samaritaner gestatteten sie nur als Verlöbnislevirat. Für Josephus (Ant. IV, 8, 23; vgl. XVII, 13; XVIII, 5, 4) wie für das NT (Mk 12, 18ff par) bleibt sie geltendes Recht. Über ihren Anwendungsbereich, ihre Rechtswirkungen wie über die Befreiung von ihr durch Vornahme der ḥalîṣā handeln Mischna und Talmud in dem der L. gewidmeten Traktat. Der Streit, ob L. oder ḥalîṣā vorzuziehen sei, befaßte Tannaiten und Amoräer und ist auch bei den Tosafisten wie Dezisoren nicht entschieden. Durchgesetzt hat sich dann aber die Bevorzugung der ḥalîṣā, zumal nach Verbot der Mehrehe.

K.H.Rengstorf, Die Mischna III/1 (Jebamot), 1929 - P.Koschaker, Fratriarchat, Hausgemeinschaft u. Mutterrecht in Kleinasien (ZA 41, 1933, 1-89) - Ders., Zum L. nach hethit. Recht (Rev. Hittite et Asianique 10, 1933, 77-89) - S.D.F.Goitein, Zur heutigen Praxis der L. bei oriental. Juden (JPOS 13, 1933, 159-166) - J.M. Mittelmann, Der altisrael. Levirat (Jur. Diss. Leipzig), 1934 (ält. Lit.) - EJud V, 210ff; X, 881ff - M.Burrows, Levirate Marriage in Isr. (JBL 59, 1940, 23-33) - Ders., ebd 445-454 - Ders., The Ancient Oriental Background of Hebrew Lev. Marr. (BASOR 77, 1940, 2-15) - H.H.Rowley, The Marriage of Ruth (HThR 40, 1947, 77-99 = The Servant of the Lord ..., 1952, 161-186). - Vgl. die Lit. zu → Ehe: II, → Ruthbuch. *F.Horst*

Leviticus (erg. liber) ist der wissenschaftlich gebräuchliche lat. Name für das dritte Buch Moses. Er leitet sich vom älteren griech. Namen Λευιτικόν (erg. βιβλίον) her und entspricht dem Inhalt des Buches, das überwiegend kultische (»levitische«) Ordnungen und Anweisungen enthält. Im MT heißt es nach seinem Anfangswort wạjjikra' »Und er (Jahwe) rief«. - Obwohl das Buch einen Teil des → Pentateuchs bildet, ist es nicht aus mehreren Pentateuchquellen zusammengesetzt, sondern gehört als Ganzes der → Priesterschrift als einziger Quelle an. Innerhalb dieser aber ist es keine in sich geschlossene und einheitliche Fortsetzung der vorangehenden Darstellung. Nur 8-9 erzählen nach den Ausführungen über den Bau der Stiftshütte (Ex 35-40) von der Priesterweihe und den ersten Opfern; daran schließen sich 10 über die Versündigung Nadabs und Abihus sowie Priesterbestimmungen und 16 über den großen Versöhnungstag (→ Feste: II, 5b) locker an. Dazu sind mehrere ursprünglich selbständige Gesetzessammlungen aufgenommen worden, die jeweils ihre eigene Entstehungs- und Überlieferungsgeschichte haben und im Grundbestand auf ältere Bestimmungen verschiedener Herkunft zurückgehen: 1-7 Opfergesetze, 11-15 Reinheitsvorschriften, 17-26 → Heiligkeitsgesetz; dazu tritt der späte Nachtrag 27 über → Gelübde (: II) und → Zehnten. - An geläufigen Gesetzesformen finden sich vor allem: das apodiktische und kasuistische Recht (beide bes. im Heiligkeitsgesetz), ferner die Dienstanweisungen für die Praxis des Priesters (1-5) und die Sammlungen priesterlichen Berufswissens (6-7; 11-15), die gemeinsam die Grundlage für die Ausbildung zum Priesterberuf bildeten und aus denen der Priester für die Laienbelehrung mittels der → Tora schöpfen konnte.

Kommentare: A.Bertholet (KHC), 1901 - B.Baentsch (HK), 1903 - P.Heinisch (HSchAT), 1935 - H.Cazelles (JerB), 1951 - H.Schneider (Echter-Bibel), 1952 - N.Micklem (IntB), 1953. - Ferner: J.Begrich, Die priesterliche Tora (BZAW 66, 1936, 63-88) - R.Rendtorff, Die Gesetze in der Priesterschrift (FRLANT NF 44), 1954 - K.Koch, Die Priesterschrift von Ex 25 bis Lev 16 (ebd 53), 1959. - Vgl. die Lit. zu → Heiligkeitsgesetz, → Priesterschrift. *G.Fohrer*

Zur Auslegungsgeschichte (s. auch → Schriftauslegung: IV, → Pentateuch):

Qu.: 6./7.Jh.: Pseudo-Hesychius (MPG 93). - 16.Jh.: Luther (WA 25; Predigten) - Radulph Flaviacensis, Köln 1536 - Rob.Canutus, Antwerpen 1572 - Petrus Serranus, ebd 1572 - Joh.Brocardus, Lyon 1580 - Joh.Wolff, Zürich 1585 - Wolfg.Frentz, Leipzig 1596. - 17.Jh.: Chr.Pelargus, ebd 1604 - Joh.Lorinus SJ, Lyon 1619 - Simon Patricius, London 1698.

Lit.: A.J.Michalski, Raschis Einfluß auf Nicolaus v. Lyra in der Auslegung der Bücher Lev, Num u. Dtn (ZAW 35, 1915, 218-245; 36, 1916, 29-63). *W.Werbeck*

Lévy-Bruhl, *Lucien* (1857-1939), * und † in Paris, seit 1899 Prof. der Philosophiegeschichte an der Sorbonne. Moralphilosophische Arbeiten brachten L.-B. zur Beschäftigung mit dem Denken der »Primitiven«. Wegen häufiger (nicht grundsätzlicher) Nichtbeachtung der Logik und angeblichem Mangel an kausalem Denken nennt er das Denken bei den → Naturvölkern »prälogisch«. Wichtig in seiner Lehre ist die »participation mystique«, die totale oder partielle Identität zwischen Personen und Dingen, die bewirkt, daß »primitive« Vorstellungen nicht nur den bezeichneten Gegenstand, sondern auch eine größere mystische Einheit bedeuten. Die Partizipation wird zB im → Totemismus wirksam. - Die Lehren von L.-B. wurden von der → Ethnologie (in Deutschland bes. von Thurnwald) bestritten. In den »Carnets« hat er sie selbst später zT widerrufen. L.-B.s Verwendung ethnologischen Materials war weitgehend dilettantisch, aber er hat mit seinen Ideen großen Einfluß ausgeübt. - Vgl. → Frankreich: III, 2.

Vf. u.a. (jeweils Paris): La Philosophie de Aug. Comte, 1900 (dt. 1902); La morale et la science des moeurs, 1903; Les fonctions mentales dans les sociétés inférieures, (1910) 1922[7] (dt.: Das Denken der Naturvölker, 1926[2]); La mentalité primitive, (1921) 1925[4] (dt.: Die geistige Welt der Primitiven, 1959[2]); L'âme primitive, 1927: Le surnaturel et la nature dans la mentalité primitive, 1931; La mythologie primitive, 1935; L'expérience mystique et les symboles chez les primitifs, 1938; Les carnets de L.L.-B., 1949. - Über L.-B.: R.Thurnwald, DLZ 49, 1928, 486-494 - M.Leenhardt, Cah. Intern. Sociol. 6, 1949, 28-42 - E.Podach, ZE 76, 1951, 42-49. *E.W.Müller*

Lex naturalis → Naturrecht: II.

Leyser, *Polykarp d.Ä.* (1552-1610), * in Winnenden/Württ., Neffe Jakob → Andreäs, Stiefsohn Lukas → Osianders und Schwiegersohn Lukas Cranachs d.J., als Pfarrer in Göllersdorf (Österreich) Kaiser Maximilian II. bekannt geworden und später von Rudolf II. geadelt, wirkte als Theologie-Prof. und General-Sup. in Wittenberg (1577-87, erneut 1593f), als Coadjutor und Sup. in Braunschweig (1587-93) und seit 1594 als Erster Hofprediger in Dresden. Mit Aeg. → Hunn(ius) u.a. war er an der Befestigung des zur → Konkordienformel haltenden Luthertums in Kursachsen beteiligt, in Braunschweig in Kämpfe (um die Ubiquitätslehre) mit Heydenreich und Daniel → Hoffmann verwickelt. Er selbst stritt nicht nur gegen den Papismus, sondern nahm auch eine schroff antiref. Haltung ein: »Ob, wie und warum man lieber mit den Papisten Gemeinschaft haben und gleichsam mehr Vertrauen zu ihnen tragen soll, denn mit und zu den Calvinisten« (1602; → Höe von Höenegg). Dagegen war sein gleichnamiger *Sohn* (d.J., 1586–1633) als Prof. und Sup. in Leipzig Gesprächspartner bei dem Leipziger Unionskolloquium von 1631. L.d.Ä. gab 1592 die Loci theologici von M. → Chemnitz neu heraus. Eine »Harmonia evangelica a Chemnitio inchoata« von 1593 hat später Joh. → Gerhard fortgesetzt. L. schrieb auch Predigten, Kommentare zu Gen, Dan und den Kleinen Propheten, eine Schrift De exorcismo (1591) und eine Methodus concionandi (1595). Ferner war er mit einer damals schon fälligen Revision der Lutherbibel beauftragt.

W.E.TENTZEL bzw. P.L., Rettung der Ehren u. Unschuld D.P. L.s, 1705 (Autobiogr. L.s, hg. durch einen Urenkel zur Verteidigung gegen G.→Arnold). – Über L.: M.FRISCHLIN, Memoria theologorum Wittenbergensium I, 1710, 281ff (Bibliogr.) – A.THOLUCK, Der Geist der luth. Theol. Wittenbergs, 1852 – RE XI, 427ff – RITSCHL IV, 250f. *F.Lau*

L'Hôpital, *Michel de* (1505–73), 1560–68 Kanzler von → Frankreich (: I, 4). L'H. studierte in Toulouse und Padua, war seit 1537 im Parlament von Paris, 1547 Delegierter auf dem Konzil von Trient. Seinen Ruhm als Staatsmann begründete er in den Beratungen über die Lösung der Religionsfrage (1560–62). Der Gang der Ereignisse führte L'H. zu der Einsicht, daß nur eine »politische« Regelung der konfessionellen Gegensätze durch die Krone weiterführen könne: der Bekenntnisstand sei nicht konstitutiv für den Staatsbürger; Frieden und Einheit des Königreiches haben vielmehr Toleranz zur Voraussetzung. Das Ergebnis der Verhandlungen war das Januaredikt 1562, »das 1. moderne Toleranzedikt«; es gewährte den → Hugenotten bedingte Kultfreiheit. L'H.s Politik scheiterte jedoch in den Bürgerkriegen. 1566 hat L'H. die franz. Zivilgerichtsbarkeit mit den Ordonnanzen von Moulins grundlegend reformiert. Seit 1568 lebte er vom Hofe zurückgezogen seinen humanistischen Studien. Seine Wirksamkeit repräsentiert die politische Bedeutung des franz. Humanismus.

Werke ed. DUFEY DE L'YONNE, 5 Bde, 1824/25. – Über L'H.: C.T.ATKINSON, M. de L'H., 1900 – A.E.SHAW, M. de L'H. and his Policy, 1905 – RGG² III, 1605f (Lit.) – J.HÉRITIER, M. de L'H., 1943 – R.NÜRNBERGER, Die Politisierung d. franz. Protestantismus, 1948 – A.BUISSON, M. de L'H., 1950 (Lit.) – A.C.KELLER, M. de L'H. and the Edict of Toleration of 1562 (Bibl. d'Humanisme et Renaissance 14), 1952 – J.LECLER, Hist. de la tolérance II, 1955. *R.Nürnberger*

Lhotzky, *Heinrich* (21.4.1859 bis 23.11.1930), Pfarrerssohn, empfing die Anregung seiner Jugend im Hause Blumhardts in Bad Boll, wo er neben Vater → Blumhardt Friedr. → Zündel als hervorragenden Schriftforscher erkannte. Dessen Bücher »Der Weg zum Vater« und »Religion oder Reich Gottes« gab er nicht einfach heraus, sondern »schrieb sie neu«, bis er 1920 sein Verhältnis zu den Zündelschen Werken klärte. L. studierte in Leipzig, bes. bei Franz → Delitzsch, und wurde 1888 Pfarrer der deutschen Kolonisten in Bessarabien und auf der Krim, hielt aber zugleich Fühlung mit den ihrem Volkstum treuen Judenchristen. Mit Joh. → Müller befreundet und durch die gemeinsame Arbeit an den »Grünen Blättern« verbunden, gab er sein Pfarramt auf und ging nach kurzen Studien in Berlin 1898 zu Müller nach Mainberg. Seit 1904 lebte er als selbständiger Schriftsteller in München-Pasing, von 1910–30 in Ludwigshafen a. Bodensee. Karl Robert Langewiesche nannte ihn den »geistigen Nährvater seines eigentlichen Wesens«. L.s Bücher, bes. das »Buch der Ehe« (1911) und »Die Seele deines Kindes« (1908), gehörten zu den meistgelesenen Werken seines Verlages. Der Ausgang des Weltkrieges brachte L. den Zusammenbruch aller Hoffnungen. Sein Versuch, das Leben Blumhardts bekanntzumachen (Der Wunderpfarrer, 1922), mißlang. Auch zu der »Neulandjugend«, der er sein Buch widmete, fand er nur vorübergehend Zugang. Sein literarischer Einfluß wurde immer geringer, nachdem er zunächst durch seine nachdrückliche Wiederholung der These »Reich Gottes, nicht Religion« Aufsehen erregt hatte.

Fünfter Weltkongreß f. freies Christentum, Berlin 5.–10.8.1910, Bd II, 1911, 627–639 – RGG¹ III, 2096ff; RGG² III, 1606 – JOH. MÜLLER, Vom Geheimnis des Lebens I, 1937. † *G.Merz*

Libanius (314 bis ca 393), der berühmteste griechische »Sophist« des 4.Jh.s, Haupt einer großen Rhetorenschule in seiner Vaterstadt → Antiochia seit etwa 354 und höchste Autorität für den strengen attischen Klassizismus seiner Zeit. Er studierte in Athen, lehrte zuerst in Konstantinopel und Nikomedia, siedelte dann aber nach Antiochia über und blieb dort bis zu seinem Tod. Unter Konstantins Nachfolgern litt die heidnische Bildung, und des L. Hoffnung auf ihre Wiederherstellung durch → Julian, den er freudig begrüßte, erfüllte sich nicht. Dennoch blieb die Stellung des L. im öffentlichen Leben hochangesehen, auch unter den Kaisern Valens und → Theodosius I. Sein »Hellenismus« war wie der Julians nicht nur ein Bildungsprogramm, sondern zugleich eine religiöse Reaktion gegen das Christentum. Er spricht zu uns aus seinen zahlreichen Reden und Briefen, die lebendig in ihre Umwelt eingreifen und L. in seinem Verhältnis zu den Kaisern, der Stadt Antiochia, den Rivalen, zu der eigenen Schule und zu zahlreichen Zeitgenossen zeigen. Die höchst Gebildeten unter den Christen wie → Basilius, die beiden → Gregore von Nazianz und Nyssa und → Chrysostomus nannten sich seine Schüler und waren stolz auf seine Anerkennung.

L.PETIT, Essai sur la vie et la correspondance du sophiste L., 1866 – G.R.SIEVERS, Leben des L., 1868 – O.SEECK, Die Briefe des L., 1906 – PW XII, 2485ff – R.PACK, Studies in L. ... (Diss. Univ. Michigan), 1934 – P.PETIT, L. et la vie ... à Antioche, Paris 1956 – A.J.FESTUGIÈRE, Antioche païenne et chrétienne, ebd 1959. *W.Jaeger*

Libanon → Kanaan: I.

Liber Censuum, eine Liste der Einkünfte der Kurie, die Cencius Camerarius (→ Honorius III.) 1192, als die Kurie erhöhte Mittel für ihre Stellung in Rom brauchte, aus alten »Papyrusblättern und Registern« und aus bereits vorhandenen ähnlichen Sammlungen (Albinus, Benedikt) zusammenstellen ließ. Die erste Sammlung (Vat. Lat. 8486) enthält die Zinsliste, die Liste der Rom unterstellten Kirchen, die Mirabilia, den Ordo Romanus, 2 Papstchroniken, 1 Kartular. Neue Teile wurden zugefügt. Die erweiterte Fassung beim Tode des Honorius ist der Cod. Riccardianus 228. Vor 1279 ist auch Arch. Vat. Arm. XV, 1 geschrieben. Beide wurden unter Gregor IX., Innozenz IV. und Nikolaus III. vermehrt (auch Instrumente über den Kauf der Vatikanischen Gärten). Unter Urban VI. entstand der Riccardianus 229 (nach Arm. XV, 1 angelegt). Das Exemplar Benedikts XIII. ist Paris Lat. 4188. – Der zusammen mit den → Papstregistern entstandene L.C. ist neben diesen die wichtigste Quelle für die Papstgeschichte seit Festigung der Herrschaft in Rom.

P.FABRE–L.DUCHESNE–G.MOLLAT, Le L.C. I–III, Paris 1910–52. – P.FABRE, Etude sur le L.C., ebd 1892 – DDC III, 233ff – V.PFAFF, Der L.C. von 1192 (VSWG 44, 1957, 78–96. 105–120. 220–242. 325 bis 351). *F.Bock*

Liber Diurnus ist der Name für die älteste erhaltene kuriale Formelsammlung. Die drei Hss. (Cod. Vaticanus, Ambrosianus, Claramontanus) sind bald nach 800 entstanden. Sie haben kuriales Material als Vorlage (Wahlanzeigen, Bischofseide, Pallienverleihungen), sind aber nicht in Rom geschrieben. Die Verbreitung der

Erstausgabe von → Holstenius wurde durch kuriale Maßnahmen verhindert. 1889 konnte Sickel den Vaticanus edieren, ohne den Ambrosianus zu kennen. Der Claramontanus wurde erst 1937 wieder entdeckt. So blieb die Forschungsgrundlage lange unsicher. Aber Sickels These, die Sammlung sei in verschiedenen Schichten erfolgt, hat sich durchgesetzt. Der Kern scheint auf die Kanzlei → Gregors I. zurückzugehen. Der weitere Ausbau erfolgte unter → Hadrian I. und → Leo III. Die 12 von → Deusdedit gebrachten Formeln weisen spätere Merkmale (nach 1000) auf. Das deutet auf Vorlagen, die Konzeptcharakter hatten und kaum in Codices standen, sondern in Mappen lagen, wie sie auch später die Diktatoren benutzten. Der Konzeptcharakter tritt zuweilen noch hervor in trümmerhafter Datumszeile oder in Namen. Es gibt keinerlei Beweis dafür, daß bereits die Vorlagen Codices waren oder gar als Unterrichtsbücher dienten. Somit kann man wohl den Archetypos einer Formel, aber niemals den der ganzen Sammlung finden (W.M.Peitz, Das vorephesinische Symbol der Papstkanzlei, Rom 1939).

TH.SICKEL, Der L.D., 1889 - DERS., Die Vita Hadriani (NA 18, 1893, 107-133) - DERS. in: Mélanges J.Havet, 1895, 15-30 (über die Ausg. Holstens) - Il codice Ambrosiano del L.D., hg.v. L.GRAMATICA u. G.GALBIATI (Analecta Ambrosiana 7), 1921 - H.FOERSTER, L.D., GA, 1958 (mit Forschungsbericht). *F.Bock*

Liber pontificalis ist die seit dem 18.Jh. übliche Bezeichnung der anonymen und zunächst ohne Titel überlieferten mittelalterlichen Papstchronik, eines sprachlich und literarisch sehr tiefstehenden Werkes. Es bietet für die römischen Bischöfe von Petrus an Angaben über Namen, Herkunft, Dauer und Datierung des Pontifikats, disziplinarische und liturgische Anordnungen, Kirchenbauten und Stiftungen, besondere historische Ereignisse, Zahl der Ordinationen, Ort und Tag des Begräbnisses und Dauer der anschließenden Sedisvakanz. Der L.p. ist aus mehreren Schichten entstanden, deren Trennung für die Beurteilung des historischen Wertes wichtig ist. Die erste Redaktion scheint nach → Duchesne unter → Hormisdas (514-523) begonnen zu sein und mit → Felix IV. (526-530) abzuschließen. In diesem ältesten Teil des L.p. sind die Berichte von → Anastasius II. (496-498) an zuverlässig. Die älteren Nachrichten sind für uns großenteils wertlos, da die ausgeschöpften Quellen entweder erhalten sind (vor allem der Catalogus Liberianus, eine als Teil des »Chronographen von 354« überlieferte Papstliste, und der von Mommsen so genannte »Index«, eine vielleicht noch ältere, rekonstruierbare Liste) oder zweifelhafte Glaubwürdigkeit besitzen. Nützlich sind die aus den Büros der päpstlichen Verwaltung stammenden umfangreichen Listen der Bauten und Geschenke (bes. unter → Silvester). Die übrigen Notizen können auf gute Quellen zurückgehen, sind aber mit Vorsicht zu verwenden. Im 6.-9.Jh. folgen mehrere Redaktionen von unterschiedlichem Wert. (Nach → Mommsen dagegen ist die erste Redaktion am Anfang, eine zweite im Lauf der 2. Hälfte des 7.Jh.s entstanden.) Manche Biographien sind noch zu Lebzeiten des Papstes begonnen, der offiziöse Charakter ist unverkennbar. Im 9.Jh. stammen die vortrefflichen Biographien → Nikolaus I. und → Hadrians II. vielleicht von einem so intimen Kenner der päpstlichen Politik wie → Anastasius Bibliothecarius. Die vollständigsten Hss. enden (zum Schluß lückenhaft) mit → Stephan V. († 891). Für das 10. und 11.Jh. existieren nur knappe Listen. Fortgesetzt wurde der L.p. im 12.Jh. durch einen Anonymus (Leo IX. bis Paschalis II.), den römischen Kleriker Pandulphus (Gelasius II. bis Honorius II., bald darauf Neubearbeitung durch Petrus Guillermus in St. Gilles) und den Kardinal Boso (Stephan V. bis Calixt III.); die letzte Redaktion reicht bis Martin V. († 1431). Konkurrenten und zT Vorlagen dieser Fortsetzungen waren die Chroniken des → Martin von Troppau und → Bernhard Guidonis.

DUCHESNE, LP - L.p. pars prior ed. TH.MOMMSEN (MG, Gestorum pontif. Rom. vol. I), 1898 (bis 715) - L.p. prout exstat in cod. Dertusensi ed. I.M.MARCH, Barcelona 1925 (Vita Paschalis II. u. das Werk des Pandulphus, s.o.). - RE XI, 439ff - DACL IX/1, 354ff (Lit.) - CASPAR II, 314ff. *G.Chr.Hansen*

Liber Vagatorum, eine vom Pforzheimer Spitalmeister Matthias Hütlin verfaßte, 1510/11 von Th.Anshelm in Pforzheim zuerst gedruckte (später oft wieder aufgelegte) deutsche Schrift, in der - unter Beigabe eines Glossars - die Praktiken der Bettler und Landstreicher in Ausdrücken der Gaunersprache (Rotwelsch) enthüllt wurden. Luther, der den sprachlichen Zusammenhang zwischen Rotwelsch und Hebräisch erkannte, gab das Büchlein 1528 mit einer Vorrede neu heraus, in der er für eine geordnete öffentliche Armenpflege eintrat (»Von der falschen Bettler Büberei«, G.Rhau, Wittenberg).

WA 26, 634ff (Lit.) - SCHL. I, 558. *H.Volz*

Liberale Theologie → Liberalismus: III.

Liberalismus

I. Soziologisch und wirtschaftssoziologisch - II. Liberalismus und Kirche - III. Theologischer und kirchlicher Liberalismus

I. Soziologisch und wirtschaftssoziologisch

1. Die Vieldeutigkeit des L. - 2. Geschichtliche Betrachtung - 3. Die drei Hauptarten des L.: a) Gesinnungs-L. - b) Politisch-rechtlicher L. - c) Wirtschafts-L. - 4. L. in der Gegenwart

1. L. ist ein System, dessen Mittelpunkt die Idee der → Freiheit ist. Aus dieser sehr allgemeinen, unbestimmten Charakterisierung, die nicht in Anspruch nehmen kann, eine Definition zu sein, erheben sich alsbald zahlreiche Fragen: Ein System? Auf welchem Gebiete? In der Praxis oder in der Theorie, im Geistesleben, bes. in Religion und Philosophie, oder in der → Politik oder in der Wirtschaft? Und was ist Freiheit? Muß nicht sogleich gefragt werden: Freiheit wovon, Freiheit wozu, Freiheit für wen? Ist diese Idee innerlich und persönlich oder ist sie sozial aufzufassen? Ist sie ein ethisches, ein ästhetisches oder ein Zweckmäßigkeitsprinzip für den Alltag? Betrifft sie innerhalb der Politik nur den → Staat oder auch das Verhältnis des Menschen zu anderen Menschen und zu jedem Sozialgebilde, etwa zur Familie, zur Kirche, zum Verein? Geht man bei ihr vom Verlangen nach Selbstbetätigung des Einzelmenschen oder vom Wohle der → Gesellschaft aus? - An diese Fragen heften sich noch manche andere. Verlangen nach Freiheit als Anspruch oder Sollforderung teilt mit den meisten allgemein-ethischen Fragen (etwa Liebe, Gerechtigkeit, Milde) diese Schwierigkeit der Umgrenzung, diese Allgemeinheit, bei der alles davon abhängt, welche konkretere und faßbarere Unterart man dabei meint. Die Gültigkeit jedes Urteils über Freiheit hängt davon ab, welche Sonderform man dabei im Auge hat. Damit ist schon ausgesprochen, daß L. historisch zu bewerten ist. In jedem Zeitalter und in jedem Lande ist er etwas anderes. Hier liegt ein unvermeidlicher Widerspruch vor: Alle wesentlichen ethischen Forderungen haben allgemeine, die Epoche weit überragende Geltung und sind im Metaphysischen oder im allgemein Menschlichen verankert. Ihr Gehalt liegt gerade darin, daß Freiheit über das Alltägliche, zeitlich Vergängliche hinausragt. Aber sie soll ihre Anwendung im Getriebe des

Alltags, in den Schwankungen der Politik, den beständigen Veränderungen der Wirtschaft, in den Parteiungen und Gegensätzen der Praxis finden. Das Freiheitsprinzip ist damit den Ausdeutungen und dem wechselnden Verhalten der Menschen ausgesetzt. Eine bestimmte Auslegung und Anwendung des Prinzips gilt nur für einen begrenzten Zeitraum. Verwechselt man den sittlichen Kerngehalt einer solchen Idee mit den realen Bedingungen einer Situation, verfällt man in einen Doktrinarismus, der zum Verhängnis wird und die Würde der Idee vernichtet. – Bes. wenn die Idee, wie es beim L. der Fall ist, in ein für das praktische Leben gültiges *System* gewandelt, also Politik oder Ökonomik wird, kann nur eine geschichtlich wechselnde Verwirklichung in Betracht kommen. Das bedeutet, daß man aus der Idee des L. Folgerungen ziehen muß, die sich von Epoche zu Epoche in ihren Einzelheiten verändern. Nur sollten darüber das sittliche Pathos und der kategorische Imperativ, die ihren Kern bilden, nicht vernichtet werden.

2. Überall und zu allen Zeiten, wo sich Menschen und Menschengruppen in drückender Abhängigkeit fühlen oder sich auch nur in ihrer Betätigung eingeschränkt wähnen, verlangen sie nach Freiheit. Bringen sie diese Bestrebungen in ein einigermaßen geordnetes System von Ansprüchen oder Anschuldigungen, so kann man von L. reden. So allgemein verstanden, ist also seine Geschichte sehr alt und keineswegs eine neuzeitliche Erscheinung. Seine ersten theoretischen Keime und Diskussionen finden sich, wenn nicht früher, bei den Griechen, soweit es sich um politische Freiheit handelt. Erschwert und nahezu unausführbar wird eine begriffliche Erfassung des L. nicht nur dadurch, daß er auf alle Gebiete des öffentlichen und privaten Lebens in wechselnden Verbindungen angewendet wird, sondern daß er zu manchen Zeiten eine enge Verknüpfung mit den Prinzipien der → Gleichheit (politisch als Demokratie) einging oder gerade umgekehrt als Ausgangspunkt sozialer Auslese, als »Ellenbogenfreiheit« für die Starken – im Wirtschaftsleben bes. für die Reichen oder Geschäftsgewandten – betrachtet wird. Diese Vermischung mit Demokratie oder mit Plutokratie führte zu erheblichen Widersprüchen im Ideen- und Handlungssystem des L., so daß sich seine Gesamtgeschichte im Laufe der Jh.e und bes. seit der großen französischen → Revolution als reich an Widersprüchen darstellt. Für Abhängige und Notleidende ist das Verlangen nach Freiheit *und* nach Gleichheit (so in den Anfängen der meisten Revolutionen) *ein* untrennbares, harmonisches Prinzip; später erkennt man aber, daß Freiheit, wenn mit ihr nicht bloß Beseitigung von Sklaverei, Leibeigenschaft und grober Ausbeutung gemeint ist, eher eine aristokratische Forderung darstellt, da durch Gleichsetzung der Begabteren und Begünstigteren mit den Unfähigeren und Leistungsschwächeren die freie Entfaltung der Überdurchschnittlichen gehemmt wird. Der Doppelsinn der Freiheitsidee, auf der einen Seite die Bedrängten zu emanzipieren, auf der anderen den Fähigeren Betätigungsmöglichkeit zu geben, macht sich immer wieder verwirrend geltend.

Eine andere Antithese ist mit dem Unterschiede von innerer, seelisch-geistiger Freiheit und materieller, ökonomischer Unabhängigkeit gegeben, oder mit der verwandten Differenz von religiöser, die Dogmen der Kirchen betreffender und allgemeiner politisch-sozialer Freiheit. Diese Gegensätze ließen sich noch vermehren; bald steht die eine, bald die andere Bestrebung im Vordergrunde; bisweilen wendet sich eine liberale Bestrebung auch gegen eine andere liberale oder geht zu diesem Zwecke Bündnisse mit unliberalen Forderungen ein. Noch heute wird oft in Theorie und Praxis kein klarer Unterschied zwischen L. und Demokratie gemacht. Dafür weist die Geschichte der Parteipolitik in Europa und Amerika zahlreiche Beispiele auf, was zum mindesten zu erheblichen Unklarheiten, auch zu groben Fehlschlägen führte. Radikale Demokraten haben oft nicht nur das Bestreben, Unterdrückte zu befreien, sondern auch Höherstehende herabzuziehen. Nicht nur der Wunsch zu helfen ist dann das alleinige Motiv; sondern auch der Neid auf die Bessergestellten ist ein starker Antrieb. Andererseits kann sich das Verlangen nach → Macht und Prestige als edles Streben nach Freiheit maskieren. Man verlangt Freiheit für sich und seinesgleichen, ist aber weit davon entfernt, sie im Geiste der Demokratie jedermann zuzugestehen. Freiheit kann – wie sie Schiller verstand – das edelste Ziel sein; es kann sich aber auch niedrige Selbstsucht, Habgier und Unmenschlichkeit phrasenhaft mit ihr umkleiden. Was man auf dem Gebiete der Wirtschaft als → Kapitalismus bezeichnet und dem vom Prinzip der Gleichheit beeinflußten → Sozialismus gegenüberstellt, gilt dem einen als Ausdruck der Freiheit, dem anderen als verhängnisvoller Widerspruch nicht nur zur Gleichheit, sondern auch zur Freiheit, weil der Kapitalismus der großen Überzahl des Volkes die materiellen Grundlagen des Glücks vorenthalte.

3. Um einen Überblick über die verschlungene Geschichte des L. zu erhalten, ist es notwendig zu trennen: a) Gesinnungs-L. und innerhalb seiner religiösen Freisinn und säkularisierte Denkungsweise, b) politisch-rechtlichen L., c) Wirtschafts-L. Dabei ist stets zu berücksichtigen, daß sich die drei Arten gegenseitig beeinflussen und fördern, aber auch hemmen.

a) Bes. der *Gesinnungs-L.* im Geiste des Glaubens an den hohen sittlichen Wert der Liebe zur Freiheit und als unerläßliche Voraussetzung für ein menschenwürdiges Dasein durchzieht die ganze Geschichte der Menschheit. Er führt einen unaufhörlichen Kampf gegen Unterdrückung, Ausbeutung und Gewalt. Er ist damit die ewige und wertvollste Grundlage für persönliches Glück und soziales Gedeihen. Bei allen *speziellen* Arten von L. findet man, oft überdeckt von unedleren Motiven, immer doch einen Funken von dieser Gesinnung, der die eigentliche und unzerstörbare Rechtfertigung des L. ist. Aber wo die Betätigung dieser Gesinnung bei den Bekennern des L. in Konflikt mit unedleren Motiven gerät, bekommt dieser ein um so peinlicheres Gepräge; Ideal und Wirklichkeit widersprechen sich zu sehr. – Eine Geschichte dieses Gesinnungs-L. ist schwer darzustellen. Man kann nur auf seinen theoretischen Niederschlag in der philosophischen, soziologischen und anderen Arten von Literatur verweisen. Jedoch darf nicht übersehen werden, daß der Gesinnungs-L. in steigendem Maße ein besonderes, von seinen Gegnern angefochtenes Gepräge vom Ausgange des MA bis ins 20.Jh. dadurch bekommt, daß er durch die kirchliche Reformation, den Puritanismus und unter dem Einfluß anderer Sekten, vor allem aber durch die → Aufklärung und den modernen Rationalismus und Pragmatismus besondere Wesenszüge erlangt. Er wendet sich gegen die *innere* Abhängigkeit von der Kirche oder der weltlichen Autorität. Frei sein bedeutet hier: innere Selbstbestimmung auf Grund vernünftiger, von Autoritäten unabhängiger Erkenntnis. Damit bekommt dieser weltanschauliche L. in den Augen der hingebungsvoll gläubigen, aller Kritik an den Kirchen oder der Obrigkeit abgeneigten Menschen eine Beimischung von Hybris und Hochmut und einen Mangel an Demut. Dieser Konflikt in der Denkungsweise begleitet seit 4 Jh.en die Christenheit und alle anderen Religionen. Aber auch *innerhalb* der Konfessionen, bes. beim Protestantismus, bestehen - zeitweise stärkere, heute wohl schwächere - Gegensätze zwischen den sog. »Positiven« und den Vertretern eines »religiösen L.« (→ Liberalismus: II. III).

b) Da die Problematik des L. in hohem Grade nicht bloß das persönliche Leben, sondern auch das Zusammenleben der Menschen und die Beziehungen der Völker zueinander betrifft, ist sie ein Hauptgegenstand der *Politik* und des *Rechts*. Wieder ist es eine schwierige Aufgabe, geschichtlich darzulegen, wo die Wurzeln dieser Betrachtungsweise liegen. So kann man das römische Recht daraufhin studieren, wieweit es den Ansprüchen der Person im Privatrecht Geltung gewährt gegenüber der Gewalt des Staats, oder das germanische Recht, das manche Eigentümlichkeiten aufweist, die zugunsten der persönlichen Freiheit sprechen. In der Geschichte der wissenschaftlichen Theorie wird (so auch von Gertrud Bäumer in RGG² III, 1617ff) Hugo → Grotius (1583 bis 1645) als der Rechtsphilosoph genannt, der in liberaler Denkweise als erster deutlich das Recht über den Staat gestellt hat. Das Recht hafte am Individuum. Seitdem kann man die Rechtsphilosophen bis zu einem gewissen Grade danach unterscheiden, ob sie mehr Macht und Kraft des Kollektivs oder die Selbständigkeit des Menschen hervorkehren. - Bes. die → Sozialgeschichte des 19. Jh.s ist erfüllt von dem *politischen* Gegensatz zwischen L. und → Patriarchalismus oder → Konservatismus auf der einen Seite, Sozialismus oder → Kommunismus auf der anderen. Zumal in der deutschen Partei-, Parlaments- und Verwaltungsgeschichte wechseln das Vordringen und die Zurückdrängung liberaler Grundsätze und Praxis beständig. Bald müssen sich die Liberalen nach rechts, bald nach links zur Wehr setzen. Dabei war die Verbindung des gemäßigten L. mit dem → Nationalismus eine deutsche Eigentümlichkeit, die zu folgenreichen Widersprüchen führte; denn zunächst hat der L., in der Idee der → Humanität wurzelnd, eine kosmopolitische Tendenz; aber aus der Geschichte Deutschlands erklärt sich die oft - bes. in der Bismarckzeit - hervorgekehrte Neigung vieler Liberaler, die Idee der geeinten, starken, auch den übrigen Völkern trotzenden Nation zu betätigen. Lehrreich sind dafür die Verhandlungen des → Frankfurter Parlaments (1848). Man wollte sich vom Zwangsgeiste der Kleinstaaterei befreien und erhoffte vom neuzubegründenden deutschen Reiche eine starke, unerschütterliche Festigung des freien deutschen Menschentums. Die Konservativen erschienen demgegenüber als Partikularisten und Monarchisten, die Sozialisten als freiheitsfeindliche Gleichmacher.

c) Das wohl umfangreichste Kapitel in der Geschichte des L. liefert die *ökonomische Entwicklung*. Auch hier wird man Ansätze, die Wirtschaftsorganisation aus der bevormundenden Leitung der Obrigkeit zu befreien, schon vor der zweiten Hälfte des 18. Jh.s feststellen können. Selbst in der Blütezeit des Merkantilismus fehlt es nicht an ihnen. Aber den eigentlichen Beginn des Wirtschafts-L. wird man doch erst in die Tage legen dürfen, als Quesnay das Laissez faire-Prinzip aufgriff und die übrigen Physiokraten ihm darin folgten - bes. als → Turgot 1776 die → Zünfte aufhob und im selben Jahre Adam Smith' »Wealth of Nations« erschien. Dabei ist für diese Zeit bes. bemerkenswert, daß der frühe ökonomische Freisinn im Gesinnungs-L. wurzelte; er war für Quesnay, Turgot, vor allem für Adam → Smith, → Malthus, zT James Mill (weniger für → Ricardo) nicht bloß ein Problem der Zweckmäßigkeit und der Bereicherung, sondern eine Sache des Vertrauens in eine vernünftige Weltordnung, an die von Gott gegebene prästabilierte Harmonie. Er wurzelte im → Deismus (: III). - Doch vollzog sich schon bald die Säkularisierung. In Verbindung mit dem → Utilitarismus entfernten sich schon James Mill, Ricardo, Say und andere Nationalökonomen von der mehr oder weniger religiösen Grundlage des L. Aber es ist nicht richtig, die späteren Liberalen in England, Frankreich und Deutschland als skrupellose »Manchesterleute« darzustellen. Man sieht sie zu sehr mit den Augen ihrer sozialistischen Gegner, denen die Liberalen des 19. Jh.s als Verteidiger und Förderer der krassesten geschäftlichen Selbstsucht erschienen. Aber ihr Fehler bestand in der allzu optimistischen Einschätzung des Prinzips der freien → Konkurrenz. Als eine der Ausbeutung und der Machtwillkür entgegenwirkende Kraft hat die Lehre von der freien Konkurrenz und die ihr folgende Praxis ihre große positive Bedeutung. Sie geht jedoch von der allzu einfachen Annahme aus, daß die beiden Marktparteien gleich stark in den Wettbewerb eintreten. Die Tendenz zum → Monopol, die in einem dialektischen Gegensatz gerade aus der ihr begrifflich widersprechenden Konkurrenz hervorgehen kann, die falsche Beurteilung der Chancen auf großen Märkten, die Neigung zur Täuschung und Hintergehung des Partners und manche andere Gebrechen der zwischenmenschlichen Beziehungen verdunkeln das allzu optimistische Bild, das einst die Klassiker entworfen haben. Es zeigt sich auch hier die Wahrheit eines Hauptsatzes der → Soziologie, daß man kein Prinzip der Organisation gradlinig und einseitig verfolgen darf, sondern daß nur eine ausgleichende, zeitlich wechselnde, sich gegenseitig schwächende, aber nicht aufhebende Verbindung mehrerer Regeln zur sozialen Wohlfahrt führt.

4. *In der Gegenwart* hat der L. nicht nur in der Wirtschaft (vor allem durch den Einfluß des Ordo-L. der sog. Freiburger Schule), sondern im gesamten öffentlichen und privaten Leben noch immer seine Bedeutung als Widerspruch gegen die Aufhebung des Freiheitsideals im Kommunismus und Imperialismus. Er ist das große, nicht zu verkleinernde und zu schwächende Sozialprinzip des »Westens«. Aber seine Anhänger haben aus der wechselreichen und oft enttäuschenden Geschichte der letzten 175 Jahre gelernt, Maß zu halten. Nicht der Fanatismus der Revolutionen, sondern die abwägende, realistische Lebenserfahrung verknüpft sich mit seinen Forderungen. Manches von dem, was noch vor einem halben Jh. umstrittenes und angefochtenes Problem war, ist heute eine in West- und Mitteleuropa praktizierte Selbstverständlichkeit. Der L. ist nicht mehr Sache einer kleinen, schwer ringenden Gruppe von Idealisten, sondern eine fast als selbstverständlich betrachtete Theorie und Praxis der Majorität. Aber damit machen sich auch die Mängel und Schwächen des L. bemerkbarer. Er ist zu sehr trivialisiert worden und hat zu viele Kompromisse mit der Mittelmäßigkeit geschlossen. Stets bestand ja bei ihm die Gefahr, daß er hier und da zu einem Deckmantel der Selbstsucht wurde. In Zeiten, in denen das Pathos eines edlen Strebens nachließ, machte sich eine bedenkliche Heuchelei und ein schlauer Erwerbssinn geltend. Der Sozialismus erschien dann menschenfreundlicher und altruistischer. Manche strebten eine Vereinigung der besten Ideen beider Denkweisen im Sozial-L. an (so viele Mitglieder des Vereins für Sozialpolitik und die Anhänger → Naumanns). Bewegungs- und Gesinnungsfreiheit mit Menschenliebe und Verständnis für das Gemeinwohl zu verknüpfen, ist bes. heute eine sittliche und soziale Aufgabe. Gerade weil in der Gegenwart viele Menschen aus ihrer Bedrängnis in den letzten Jahrzehnten die selbstsüchtige Folgerung ziehen, es käme allein darauf an, sich nur den eigenen materiellen Vorteil zu sichern und diese »Freiheit« der

Selbstsucht zu betätigen, ist es eine wichtige Aufgabe, den L. von diesen Schlacken zu befreien.

L.v.WIESE, L. u. Demokratismus (Zs. f. Politik 9, 1916, 407-425) - DERS., Der L. in Vergangenheit u. Zukunft, 1917 - DERS., L. (Weltwirtschaftl. Archiv 29, 1929, 1**-5**) - W.RÖPKE, Das Kulturideal des L., 1947 - DERS., Jenseits von Angebot u. Nachfrage, 1958 - Ordo, Jb. f. d. Ordnung von Wirtschaft u. Gesellschaft, seit 1948 - O.VEIT, Soziologie der Freiheit, 1957 - HWSW VI, 519ff (polit. L., F.A.v.HAYEK; Lit.). 596ff (wirtschaftl. L.; L.v.MISES). *L.v.Wiese*

II. Liberalismus und Kirche

1. Im Protestantismus: a) L. und K. in der Vormärzzeit - b) Die Jahre 1848/49 - c) Die Wandlung des L. zum Wirtschafts- und Manchester-L. - d) Kirchlicher L. und die K. von 1900 bis zur Gegenwart - 2. L. und kath. K. - K. = Kirche

1. a) Der L., der sich in Deutschland in den ersten Jahrzehnten des 19.Jh.s zu entfalten begann, vereinigte in sich politische Theorien der → Aufklärung mit idealistischen Gedanken, nach denen die Freiheit das Göttliche im Menschen ist und darum ein Recht auf Entfaltung in irdischen Bereichen hat. Intellektuelle, Kaufleute, Beamte, selbst Offiziere vertraten die Ideale des L. Im Unterschied zur Grundeinstellung des L. in Frankreich bejahte der L. in Deutschland K. und Christentum als politische und soziale Notwendigkeiten. Auf die deutschen Verhältnisse wirkten daher stärker englische Vorbilder ein (Ablehnung der Staats-K., grundsätzliche Bejahung des freien Christentums; → Dissenters). - Unter dem Druck der politischen Reaktion geriet der L. seit 1830 jedoch in wachsenden Gegensatz zur K. Die politische Reaktion fand bei der → Erweckungsbewegung die christliche Begründung für ihren Kampf gegen den L. Im Bunde mit dem → Konfessionalismus bekämpfte sie den L. als Auflehnung gegen die auf göttlicher Offenbarung beruhende patriarchalisch-feudale Ordnung.

Die Gegensätze verschärften sich durch die Ausbildung einer *liberalen Theologie*, die vor allem frei von kirchlichen Bindungen sein wollte und die Grundsätze unvoreingenommener Forschung auch auf die Theologie anwandte (→ Liberalismus: III). Die K. dagegen war mit der positiven Theologie verbunden. Die Kämpfe um Grundlagen und Beziehungen der theologischen Arbeit leiteten den folgenschweren Prozeß der Erschütterung der dogmatischen Grundlagen des Christentums, des Vertrauens in die innere Wahrhaftigkeit der K. und die Entfremdung zunächst der Intellektuellen, später auch der → Arbeiter (: II) von der K. ein. Versuche der K., Kritik an ihren Dogmen und Lebensformen sowie Lehrabweichungen einzelner Amtsträger zu bestrafen (→ Lehrzuchtverfahren), konnten diesen Prozeß nicht aufhalten. Sie führten vielmehr zur Entkirchlichung und Entstehung → freireligiöser Gemeinden.

b) *Die großen Jahre des L.* (1848/49) gaben ihm Gelegenheit, auch seine kirchlichen Forderungen zu fixieren. In den §§ 14-21 der vom → Frankfurter Parlament verkündeten »Grundrechte« (28.4.1849) werden strikte Durchführung der Glaubens- und Gewissensfreiheit, Trennung von Staat und K., Gleichstellung aller Religionsgesellschaften sowie Freiheit zur Bildung auch nichtchristlicher Religionsgesellschaften zum Grundsatz erhoben. - Die bedeutendste Frucht dieser Jahre für den deutschen Protestantismus war der Wittenberger K.ntag (21.9.1848). Er brachte zwar nicht den erstrebten organischen Zusammenschluß aller ev. Kirchengemeinschaften, führte aber doch zu einer Einigung des Protestantismus im Central-Ausschuß für die → Innere Mission (, 3). Zudem wurden auch Grundsätze der »Grundrechte« (u.a. die Selbständigkeit der K.n) in die Verfassungen der Länder übernommen (zB § 12 der Preuß. Verfassung von 1850). Tatsächlich aber verfiel das ev. K.ntum in Deutschland - mit Ausnahme der Landes-K.n von → Thüringen, Rheinbayern und → Baden, in denen Pietismus und Konfessionalismus offiziell nicht gefördert wurden - der Reaktion und der kirchlichen Orthodoxie. Hatte der liberale Kultusminister Graf Schwerin, der Schwiegersohn → Schleiermachers, noch den Entwurf zu einer Presbyterial- und Synodalordnung erarbeiten lassen, sollte die Umwandlung der kirchlichen Abteilung im preußischen Kultusministerium in den Ev. → Oberkirchenrat (29.6.1850) ein Schritt zur Verselbständigung der K. sein, so stellte der konservative Kultusminister v.Raumer fest, die rechtmäßige Verfassung der K. sei allein das K.nregiment des Königs. Unter dem Einfluß von J. → Stahl nahm der Ev. Oberkirchenrat den Kampf gegen den L. auf zur »Anerkennung der objektiven Mächte in Staat und K. gegen den Subjektivismus und die zügellose Willkür«. Die Ansätze zu kirchlicher Selbständigkeit wurden auch in anderen Landes-K.n aufgehalten. Nur in Rheinland-Westfalen entfaltete sich die seit 1835 bestehende presbyterial-synodale Verfassung (→ Kirchenverfassung: VI, 5).

c) Während im gleichen Zeitraum der L. außerhalb Deutschlands bedeutsame Erfolge erzielte (Beseitigung der weltlichen Herrschaft des Papstes in → Italien, Reichsvolksschulgesetz und Einführung der Zivilehe in → Österreich, Verbindung mit dem → Social Gospel in den USA), blieben ihm in Deutschland die Erfolge versagt. Im Gründungsprogramm der Nationalliberalen Partei (1867) werden K. und Christentum überhaupt nicht erwähnt. Das Programm der Deutschen Fortschrittspartei (1861) fordert lediglich die Bewahrung der in der Verfassung gewährleisteten Gleichberechtigung aller Religionsgenossenschaften. Der L. ist erfüllt vom Fortschrittsglauben, beherrscht von den neuen naturwissenschaftlichen Grundsätzen vom »Lebenskampf«, dem »Recht des Stärkeren«, und Schlagworten wie »Wissen ist Macht« sowie den Fragen der Wirtschaft und der Gesellschaft zugewandt. Für diesen L. ist Religion »Privatsache«, der nur ein ganz unbedeutender Raum im Leben zusteht. Die in der konservativen Reaktion festgefahrene K. findet zu diesem L. begreiflicherweise kein Verhältnis und versagt sich der Aufgabe, »eine politische Ethik im Sinne des Nationalstaates . . . aufzubauen« (Hermelink).

d) Die kirchlichen Forderungen des alten L. leben in den kirchlichen Vereinen (→ Vereinswesen: I), → Parteien (: V. VI) und Gruppen weiter. Aus dem »Allgemeinen Protestantentag« in Frankfurt/M. (1863) entstand der → Protestantenverein (1865), der um der nationalen Aufgabe des Volkes willen der Aussöhnung von Christentum und Kultur dienen und K.nverfassungen auf demokratischer Grundlage erkämpfen wollte. Ähnliche Ziele hatten der Schweizerische Verein für freies Christentum (1871), die Vereinigung der Freunde der → Christlichen Welt (1903), die Freunde der ev. Freiheit (1905), die Freunde der Freien Volks-K. (1913). Zahlenmäßig nicht bedeutend, sammelten alle diese Gruppen Menschen des mittleren Bürgertums, die sich dem Christentum und der K. verbunden und verpflichtet wußten. Von der K. jedoch mehr geduldet als anerkannt, hatten sie aber an deren großen Aufgaben (Einigung des deutschen Protestantismus, K.nverfassung, Agenden- und Gesangbuchreform u.dgl.) mehr fordernd und mahnend als gestaltend Anteil. - Nach 1918 wurde der kirchliche L. tödlich von der → Dialektischen Theologie getroffen. Viele seiner Forderungen fanden jedoch Eingang in die Verfassungen der Landes-K.n. Während seitdem der kirchliche L. als → Freies Christentum innerhalb der K. bedeutungslos geworden ist, sind die alten Forderungen des L. in Art. 18 der »Allgemeinen Menschenrechte« (10.12.1948) und in Art. 4 GG aufgenommen. »Der politische L. der Gegenwart verteidigt die Glaubens- und Gewissensfreiheit der K., fordert Duldsamkeit und Hochachtung gegenüber bekenntnishaften Überzeugungen anderer« (Programm der FDP, 1953). Die CDU erklärt in ihrem Hamburger Programm (1953): »Die K.n haben im öffentlichen Leben einen wichtigen Auftrag, dessen Erfüllung in voller Freiheit und Unabhängigkeit von der Staatsgewalt gesichert sein muß.«

2. Das Verhältnis der *kath. K.* zum L. muß auf dem Hintergrunde der päpstlichen Restaurationspolitik (→ Pius VII., → Consalvi) gesehen werden. Die Trennung von Staat und K. in → Frankreich (: I, 8) und → Belgien und das damit verbundene innere Erstarken dieser Länder ließ auch die kath. K. in Deutschland *Unabhängigkeit und Selbständigkeit* fordern. Sie nahm dabei, bes. in Rheinland und Westfalen, dem L. gegenüber zunächst eine positive Haltung ein, da sich die kirchlichen Forderungen mit liberalen Schlagworten begründen ließen. So ging die kath. K. im Wahlkampf 1848 Bündnisse mit liberalen Kreisen ein. Unter dem Einfluß des französischen klerikalen L. (→ Lamennais, → Lacordaire, → Montalembert) forderte sie zur Wahl kath. Männer auf, denn die K. könne Europa nur dann retten, wenn ihr keine Schranken und Hemmungen gesetzt seien. Die nach 1848 in den Verfassungen festgelegte Selbständigkeit der K.n nützte die kath. K. zur Festigung ihrer hierarchischen Organisation, zur Gründung und Entfaltung zahlreicher Vereine (→ Vereinswesen: II) und zum Aufbau einer kath. → Presse (: IV; v. → Radowitz, → Reichensperger). Mit Hilfe des L. erstarkt, widersetzte sich die kath. K. im → Kulturkampf dann eben diesem L. Mit dem Modernismus (→ Reformkatholizismus) wurde auch der L. verworfen. Jedoch erlitt die K. in Italien, Spanien, Mexiko und Frankreich durch den politischen L. schwere Schläge.

P.WENTZKE-J.HEYDERHOFF, Dt. L. im Zeitalter Bismarcks (1859 bis 1870), 1925 - StL III, 977ff (kath.) - E.MÜLLER, Der konfessionelle Gegensatz u. das dt. Einheitsproblem (Diss. Marburg), 1935 - H.J. LASKI, The Rise of European Liberalism, 1937 - W.NIGG, Gesch. des relig. L., 1937 - J.MARITAIN, Christianisme et démocratie, 1943; dt. 1949 - W.RÖPKE, Das Kulturideal des L., 1947 - F.FEDERICI, Der L. Die Entwicklung einer polit. Idee von Kant bis Th.Mann, 1947 - E. MIREAUX, Philosophie du Libéralisme, 1950 - J.J.SAUNDERS, The Age of Revolution: The Rise and Declination of Liberalism in Europe since 1815, 1951 - W.MOMMSEN, Dt. Parteiprogramme. Eine Auswahl vom Vormärz bis zur Gegenwart, 1951 - DERS., Dt. Parteiprogramme der Gegenwart, 1954 - HERMELINK II, 1ff. 588ff; III, 91ff. 144ff - J.RATHJE, Die Welt des freien Protestantismus, 1952.

H.Hohlwein

III. Theologischer und kirchlicher Liberalismus

1. Geschichtlicher Überblick - 2. Hauptkennzeichen - 3. Krise des L. - 4. Gegenwärtige Bedeutung - 5. Katholizismus und Ausland

1. Der L. bildet neben der restaurativen und der → Vermittlungstheologie die dritte Hauptrichtung in der Theologie des 19.Jh.s (→ Systematische Theologie: II A). Er erwächst aus der → Aufklärung (: III), deren Dogmen- und Bibelkritik er fortführt, setzt die Philosophie des → Idealismus (: II) voraus, vor allem → Kants Kritizismus und → Hegels Spekulation; er hat starke Wurzeln in der Religionsphilosophie und Theologie → Schleiermachers. Mit dem kulturellen, politischen und wirtschaftlichen → Liberalismus (: I) hat er viele Züge gemeinsam, doch kann er nicht einfach als ein Produkt des allgemeinen L. der Zeit verstanden werden. Man kann im theologischen L. des 19.Jh.s *drei Epochen* unterscheiden: Für die erste sind die radikale Kritik und die philosophische Spekulation im Anschluß an Hegel bezeichnend; die zweite steht unter dem Einfluß A.Ritschls, der philosophisch Kant verpflichtet ist; in der dritten übernimmt die Religionsgeschichtliche Schule die Führung in der liberalen Theologie. Die Epochen überschneiden sich teilweise, auch die Abgrenzung des L. nach rechts (zur Vermittlungstheologie) und nach links (zu den Freigeistern) ist nicht immer mit Sicherheit zu ziehen. - In der *1. Epoche* wird die liberale Theologie durch die Evangelien- und Dogmenkritik D.F. → Strauß' und durch das von F.C. → Baur erarbeitete neue Geschichtsbild des Urchristentums und der Dogmengeschichte sofort auf einen Höhepunkt geführt. Der Alttestamentler W. → Vatke gewinnt eine neue Sicht der israelitischen Frühgeschichte. Die von F.C.Baur begründete Tübinger Schule wirkte in A.Hilgenfeld (1823-1907), C.Holsten (1825-97) und O.Pfleiderer (s.u.) bis gegen Ende des Jh.s fort. Der führende Systematiker des älteren L., A.E.Biedermann (1819-85), verband die Straußsche Kritik mit der Hegelschen spekulativen Durchdringung des Dogmas. Er entwickelte eine Christologie des Christusprinzips. Als Führer der Schweizer Reformer hat Biedermann die liberalen Ideen in die kirchliche Praxis umgesetzt. Nicht uneingeschränkt können Alex. → Schweizer und R. → Rothe zu den liberalen Theologen gerechnet werden. Der erste ist wie sein Lehrer Schleiermacher eher Vermittlungstheologe. Bei Rothe, dem geistigen Vater des → Protestantenvereins, verbindet sich der kulturprot. L. mit theosophischer Spekulation. Dagegen ist neben O. → Pfleiderer (1839-1908) noch R.A. → Lipsius (1830-92) zum älteren L. zu rechnen. Während Lipsius später eine gewisse Annäherung an Ritschl vollzog, hat Pfleiderer Ritschl heftig bekämpft. - *A.* → *Ritschl* strebte seit seinem Bruch mit der Tübinger Schule eine Überwindung des Gegensatzes von orthodoxer und liberaler Theologie an. Religionsphilosophie, Spekulation, Metaphysik und Mystik werden aus der Theologie verbannt, Glauben und Wissen werden streng geschieden, der Glaube wird ethisiert. Jedoch ist Ritschls Theologie liberal in der Reduktion und Umdeutung der klassischen → Dogmatik (, 1 b), deren Seinsurteile durch Werturteile ersetzt werden, und in seiner Auffassung des → Reiches Gottes (: III) als eines sittlichen Kulturreiches, sowie in seiner → Christologie (: II, 8 e), die sich auf den geschichtlichen Jesus als ethische Persönlichkeit konzentriert. Ebenso haben viele → Ritschlianer als liberale Theologen gewirkt, vor allem W. → Herrmann durch seine scharfe Polemik gegen das Fürwahrhalten und das sacrificium intellectus in Theologie und Kirche und A.v. → Harnack durch seine → Dogmengeschichte, durch die er das Christentum vom Dogma befreien und zum schlichten Evangelium Jesu zurückführen wollte. Die historisch-kritische → Bibelwissenschaft (: I. II), welche neben der Kirchen- und Dogmengeschichte in den letzten Jahrzehnten des 19.Jh.s dominierte und die systematische Theologie in den Hintergrund drängte, wurde vor allem von liberalen Theologen getragen (H.J. → Holtzmann, → Wellhausen, → Duhm, → Weizsäcker, → Jülicher, → Schmiedel u.a.). - Anfang der 90er Jahre löste sich aus dem Kreis der Ritschlianer die → *Religionsgeschichtliche Schule* (A. → Eichhorn, → Gunkel, → Bousset, W. → Wrede, Joh. → Weiß, → Heitmüller, Wernle, → Troeltsch). Sie will im Unterschied zu Ritschl das Christentum ganz aus seiner religiösen Umwelt verstehen. An die Stelle der unfruchtbar werdenden Literarkritik tritt die Erforschung der anonymen Trieb- und Formkräfte der Religion in Mythos und Kultus. In genialer Weise faßt E.Troeltsch den Ertrag und die Probleme der liberalen Theologie zusammen; Glaube und Vernunft, → Christentum (: V, 1 d α) und → Kultur (: IV), die → Absolutheit des Christentums und die

→ Religionsgeschichte, Alt- und → Neuprotestantismus, dogmatische und historische Methode sind die Hauptthemen seines weitgespannten Werkes. Er erneuert die → Religionsphilosophie und ergänzt die dogmengeschichtliche Betrachtung durch die religionssoziologische. In Troeltschs Ringen mit dem → Historismus und → Relativismus kündet sich die Krise des L. an.

2. Der L. ist systematisch-theologisch nicht einheitlich. Es gehört zu dem von ihm vertretenen prot. Prinzip, die Glaubenswahrheit jeweils neu zu formulieren. Er liebt es, den Fortgang der Reformation zu proklamieren. In einer grundsätzlich kritischen Haltung gegenüber der dogmatischen und kirchlichen Tradition öffnet er sich rückhaltlos den Methoden und Erkenntnissen der modernen Wissenschaft. In der historisch-kritischen Erforschung des AT und NT, der Kirchen- und Dogmengeschichte liegen seine größten Leistungen. Er tritt für freie Überzeugung ein, reagiert polemisch gegen jeden Glaubens- und Gewissenszwang. Er erstrebt ein möglichst undogmatisches Christentum, falls er nicht den Weg der philosophischen Umdeutung der Dogmen vorzieht. Glaube und Vernunft werden in Konjunktion gesehen, der Glaube darf der Vernunft nicht widersprechen. Im älteren L. ist der Gottesgedanke meist philosophisch geprägt, im Ritschlianismus dominiert dann das Bild des liebenden Vatergottes (→ Gott: V, 19). Meist bekennt sich der L. zur revelatio generalis, zur Offenbarung auch in Natur, Geschichte und Selbstbewußtsein. Die spekulative Christologie des Christusprinzips wird später abgelöst durch den Jesuanismus. In der → Leben-Jesu-Bewegung ist der L. zeitweilig führend. Die alte objektive Erlösungslehre wird verworfen, die Erlösung wird subjektiviert, die forensische Auffassung wird durch eine ethische ersetzt. Das Sündenverständnis ist zT moralistisch erweicht, auf jeden Fall wird neben der Sündhaftigkeit die Würde des Menschen betont. Wie das Menschen-, so ist auch das Welt- und Geschichtsverständnis kulturbejahend und optimistisch fortschrittsgläubig. Der Glaube soll in der Weltgestaltung wirksam werden mit dem Ziel einer innerweltlichen Verwirklichung des Reiches Gottes. Die Kirche als Institution ist suspekt, Klerikalismus und → Konfessionalismus werden bekämpft, doch existiert der L. nicht nur in der Form des Privatchristentums, sondern schließt sich in Gruppen und Vereinen zusammen (→ Protestantenverein, Schweizerischer Verein für freies Christentum, Freunde der → Christlichen Welt). Der Öffentlichkeitswille und das Bedürfnis nach Popularisierung wissenschaftlicher Erkenntnisse ist zeitweilig stark (Religionsgeschichtliche Volksbücher). Mehr als die kirchliche Theologie ist man für die soziale Frage (→ Christlich-sozial, → Evangelisch-sozial), die → Ökumenische Bewegung und die → Friedensbewegung aufgeschlossen. Dem Katholizismus gegenüber ist man vom Bewußtsein der Überlegenheit erfüllt.

3. Schon während seiner Blütezeit wurde der L. scharf *kritisiert*. Dabei traf ihn die Kritik von rechts weniger hart als die Kritik von links. Der spätere D.F. Strauß, Gottfried → Keller, Jakob → Burckhardt, E.v. → Hartmann, Franz → Overbeck gehören zu diesen Kritikern. Radikale Geister wie Bruno → Bauer, freireligiöse Bewegungen wie die → Lichtfreunde und der → Monistenbund trugen dazu bei, den L. zu kompromittieren. Gegen Ende des 19.Jh.s bereitet der durch den konsequenten → Historismus bedingte → Relativismus die Krise vor. Die Erkenntnis von der eschatologischen Bestimmtheit des Urchristentums (Joh.Weiß, A. → Schweitzer) zerstört das liberale → Jesusbild und das Verständnis des Reiches Gottes als einer innerweltlichen oder inwendigen Größe. Die schon durch M. → Kähler und W.Wrede erschütterte Leben-Jesu-Forschung wird durch die Formgeschichte (→ Evangelien, formgeschichtlich) vollends fragwürdig. Der Gottvater- und Vorsehungsglaube zerbricht in den Erschütterungen und dem Ausgang des 1. Weltkrieges. R. → Otto und die durch K. → Holl heraufgeführte Lutherrenaissance lehren Gott als den geheimnisvollen, verborgenen sehen. Optimismus und Fortschrittsglaube erweisen sich als unhaltbar. Die vom L. gepflegte Persönlichkeitskultur vermag sich im Massenzeitalter schwer zu behaupten. Die Hoffnung, breite Kreise für den freien Protestantismus zu gewinnen, erfüllt sich nicht. Der immer unphilosophischer, positivistischer und historischer gewordene L. zeigt ein bedenkliches systematisch-theologisches Unvermögen. In diese Situation trifft dann die scharfe Kritik der → Dialektischen Theologie am → Neuprotestantismus hinein, die Verbindung von Christentum und Kultur wird gekündigt, die Vorherrschaft der modernen Wissenschaft, bes. der Historie in der Theologie wird abgelehnt. Bei K. → Barth entwickelt sich aus der Theologie der Krisis alsbald das im wesentlichen orthodoxe System der kirchlichen Dogmatik. Durch den → Kirchenkampf vollendet sich die Krise des L. Zwar haben auch Liberale der neuen Ideologie Widerstand geleistet, zB die Marburger Theologen. Auf der anderen Seite waren manche Lutheraner und noch mehr die Gemeinschaftschristen zu Konzessionen bereit. Aufs Ganze gesehen aber war den Liberalen der Weg zur → Bekennenden Kirche wegen der dort herrschenden Orthodoxie verschlossen.

4. Die *gegenwärtige Bedeutung* des L. in Kirche und Gemeinde ist gering, doch ist in bestimmten Bildungsschichten ein nicht organisierter freier Protestantismus auch heute lebendig. Vor allem fehlt es nicht an Theologen, welche das liberale Gedankengut in neuer Weise geltend machen. In der vom Kirchenkampf nicht betroffenen Schweiz sind es die Theologen der Schule der konsequenten → Eschatologie (M.Werner, F.Buri, U.Neuenschwander), bei denen sich neuerdings der Einfluß A.Schweitzers mit dem von Karl → Jaspers verbindet. E. → Hirsch tritt mit seiner großen Theologiegeschichte der Ächtung des Neuprotestantismus wirksam entgegen. Paul → Tillich liefert in seinem System der Korrelation, in dem Glaube und Wissen, Theologie und Philosophie eng aufeinander bezogen werden, einen gewichtigen Beitrag zur Überwindung der systematischen Schwäche des freien Protestantismus. Vor allem kehren in der Theologie R. → Bultmanns eine Fülle liberaler Probleme in veränderter Form wieder, bes. in seinem Programm der → Entmythologisierung. Durchgesetzt bis in die Kreise der positiven Theologie hat sich heute ein Hauptanliegen des L., nämlich die Anwendung der historisch-kritischen Methode in der → Bibelwissenschaft, der → Kirchen- und → Dogmengeschichte. Diese Methode konnte auch durch die andersartigen hermeneutischen Grundsätze der Dialektischen Theologie nicht wieder verdrängt werden. Der neue L. unterscheidet sich in vieler Hinsicht von dem des 19.Jh.s. Er hat den falschen Optimismus und Fortschrittsglauben preisgegeben, er weiß um die Abgründigkeit Gottes, der Welt, der Geschichte und des Menschen. Weithin steht er unter dem Einfluß der → Existenzphilosophie und versucht durch eine auf die Existenz bezogene Theologie (→ Existenztheologie) die Objektivierungen der Dogmatik, die Mythologie des biblischen Zeugnisses und die Theologie der → Heilsgeschichte zu überwinden.

5. Im *Katholizismus* hat der L. in Ernest → Renan (1823–92) und um die Jh.wende dann im → Modernismus mit A. → Loisy repräsentative Vertreter. Durch die Antimodernistenmaßnahmen Pius X. sind die liberalen

Regungen im Katholizismus unterdrückt worden. - Für das nicht deutschsprachige *Ausland* sind als Vertreter liberaler Ideen zu nennen: In der französischen → *Schweiz* (: I B) der aus der Erweckungsfrömmigkeit stammende A. → Vinet (1797-1847), der für religiösen Individualismus, Toleranz und eine staatsfreie Freikirche eintrat; in → *Frankreich* (: II, 2) die Begründer des → Symbolofideismus, Auguste Sabatier (1839-1901) und Eug. → Ménégoz (1838-1921); der hervorragendste Vertreter der historisch-kritischen Forschung ist Maurice → Goguel (1888-1950). In den → *Niederlanden* (: II) ist der L. durch Theologen der → Groninger und der Leidener Schule (→ Leiden) vertreten. Für → *England* (: II, 4; III) und → *Schottland* sind S.T. → Coleridge (1772-1834), F.D. → Maurice (1805-72), Ch. → Kingsley (1819-75), der Alttestamentler W.R.Smith (1846-94) und der Systematiker H.R.Mackintosh (1870-1936) zu nennen. In den → *Vereinigten Staaten* (: II. III) verbreiteten die Unitarier W.E. → Channing (1780-1842), Th. → Parker (1810-60), R.W. → Emerson (1803-82), dessen Philosophie durch R.W. → Trine (* 1866) popularisiert wurde, und H.Bushnell (1802-76) das Gedankengut des L. Auch die → Social-Gospel-Bewegung ist weithin von liberalen Ideen getragen. In den nordischen Ländern führte in → *Norwegen* (: II) der gemäßigte L. der Osloer theologischen Fakultät (→ Oslo) 1908 zur Abspaltung einer pietistisch-konservativen Gemeindefakultät. In → *Schweden* (: II) trat N. → Söderblom für freie religionswissenschaftliche Forschung und für die Einigung des Weltprotestantismus ein.

Außer den Theologiegeschichten von O.PFLEIDERER (1891), F.KATTENBUSCH ([1892] 1934[6]), H.STEPHAN (1938), K.BARTH ([1947] 1952[2]), E.HIRSCH (1949-54): A.SCHWEITZER, Gesch. der Leben-Jesu-Forschung, (1906) 1951[6] - E.TROELTSCH, Ges. Schriften II, (1913) 1922[2] - W.ELERT, Der Kampf um das Christentum, 1921 - R.BULTMANN, Die liberale Theol. u. die jüngste theol. Bewegung (ThBl 3, 1924, 73-86 = BULTMANN I, 1-25) - RGG[2] III, 1612f. 1626ff - W.NIGG, Gesch. des relig. L., 1937 - K.LEESE, Die Religion des prot. Menschen, (1938) 1948[2] - TH.SIEGFRIED, Das prot. Prinzip in Kirche u. Welt, 1939 - K.GUGGISBERG, Der freie Protestantismus, (1942) 1952[2] - P.TILLICH, Der Protestantismus. Prinzip u. Wirklichkeit, (1948) 1950 - J.RATHJE, Die Welt des freien Protestantismus, 1952 - U.NEUENSCHWANDER, Die neue liberale Theol., 1953 - W.BREMI, Der Weg des prot. Menschen. 1953 - HERMELINK II. III, 1953/55 - M.WERNER, Der prot. Weg des Glaubens, 1955 - CHR. SENFT, Wahrhaftigkeit u. Wahrheit (BHTh 22), 1956 - M.HUBER, Jesus Christus als Erlöser in der liberalen Theol., 1956 - H.-J.KRAUS, Gesch. der hist.-krit. Erforschung des AT, 1956 - EKL II, 1084ff (Liberale Theol.; Lit.); III, 1373ff (Theologiegesch.) - W.G.KÜMMEL, Das NT. Gesch. der Erforsch. seiner Probleme, 1958 - W.v.LOEWENICH, Glaube, Kirche, Theol., 1958. - Zu 5 vgl. auch die Lit. zu den einzelnen Länderartikeln. *H.Graß*

Liberius, *Papst* 17.5.352 bis 24.9.366, widersetzte sich 355 dem Verlangen des Kaisers Konstantius, → Athanasius zu verdammen, und wurde nach Beröa in Thrakien verbannt (→ Arianischer Streit, 3). Die Ernennung eines neuen Papstes (→ Felix II.) rief in Rom ein Schisma hervor. 357/58 unterwarf sich L. dem Konstantius, unterzeichnete ein zweideutiges Bekenntnis (wahrscheinlich das von Sirmium 351) und erhielt die Erlaubnis zur Rückkehr nach Rom. Dogmatisch gab er wenig nach, doch viel in der Jurisdiktion, ja er gab praktisch den Anspruch seines Vorgängers → Julius I. preis, daß Rom das Recht habe, die Entscheidungen der östlichen Konzile zu beurteilen. Die 4 bei → Hilarius erhaltenen Briefe, die seinen »Abfall« bezeugen, sind echt. In Rom gründete er die Basilica Liberiana (heute S. Maria Maggiore). Im Martyrologium Hieronymianum ist sein Fest der 23.9. Dem MA aber galt L. als Ketzer und Felix als Held der Rechtgläubigkeit; sein Name fehlt in heutigen Kalendern.

Ausg.: MPL 8, 1331ff; CSEL 65, 1916; eine Predigt bei Ambrosius, De Virginibus 3. - Über L.: RE XI, 450ff; XXIV, 16 - CASPAR I, 166ff - ALTANER 317f (Lit.). *H.Chadwick*

Libertas. Für lateinisch L. und liber wurden schon seit den althochdeutschen Glossen »Freiheit« und »frei« gesetzt. L. kommt also die ganze Weite des Begriffes → Freiheit (: II) zu. Antiker und altchristlicher Freiheitsgedanke wirken u.a. auch fort in der L., die man gegen fremde Unterdrückungsabsicht verteidigt, in politischer L., die sich gegen ungerechte, aber auch gegen rechtmäßige Obrigkeit auflehnt, über die Liturgie in der L. Romana oder Christiana als freie römische oder christliche Welt, bald mehr mit religiösem, bald mit kulturellem Wertakzent, in den Lehren von der → Willensfreiheit, in der L. animi, spiritus usw. Außerdem wird L. aber im Singular oder Plural in mittelalterlichen und frühneuzeitlichen Quellen häufig gleichbedeutend mit privilegium, honor, dignitas, status, ius verwendet und kann den Inbegriff der Rechte von Personen und Sachen mit positivem Akzent, aber auch einzelne Rechte bedeuten. Dabei kann »Freiheit« vor allem durch ein bestehendes Abhängigkeits- und Schutzverhältnis bestimmt sein. Die Korrelation von Freiheit und Schutz ist aber nicht unbegrenzt. Verstößt der zum Schutz der L. Verpflichtete gegen diese, so sind die Betroffenen nach göttlicher und natürlicher Ordnung berechtigt, Widerstand zu leisten.

Historisch von großer Wirksamkeit wurde L. in paulinischem und patristischem Sinn als Gottesdienst, Gottesknechtschaft und analog dazu als Freiheit in Abhängigkeit von einem hohen Herrn, von Kaiser oder König, von Kirche oder Papst, zB bei Klöstern, denen die L. Romana eignet, oder bei päpstlichen Lehnsstaaten. In der großen Kirchenreform des 11.Jh.s wird für die Kirche Gottes absolute Freiheit in Anspruch genommen und daraufhin jedes weltliche Recht in der Kirche abgelehnt. Damit hängt die Forderung der höchsten Stelle für Papst und römische Kirche zusammen (→ Kaisertum und Papsttum, 5). Solche Ansprüche wurden seltener mit den säkularen Argumenten abgewiesen, die aus römischem Recht und Naturrecht genommen wurden, sondern ganz überwiegend aus der sich immer weiter entfaltenden theokratischen Ideologie. Die Gottunmittelbarkeit der Kaiser und Könige gegenüber dem Papst, der Könige auch gegenüber dem Kaiser, ist das Fundament der unabhängigen Fürsten gleichmäßig zukommenden L., die in diesem Sinn in die Vorgeschichte der abendländischen Souveränitätsidee gehört.

A.WAAS, Die alte dt. Freiheit, 1939 (dazu HZ 164, 1941, 567ff) - G.TELLENBACH, Vom Zusammenleben der abendländ. Völker im MA (Festschr. f. G.Ritter, 1950, 1-60) - TH.MAYER, Das Problem der Freiheit in der dt. u. schweiz. Gesch. (Vorträge u. Forschungen II), 1955. - Vgl. die Lit. zu → Freiheit: II. *G.Tellenbach*

Libertiner, abfällige Bezeichnung der Spiritualen (= Sp.), die, vermutlich von den Loisten herrührend und letztlich auf die → Spiritualisten des MA zurückreichend, nach 1530 durch den Niederländer Quintin nach Frankreich hineinwirkten. Sie sind fast nur aus Calvins Institutio 1539 und dessen Streitschrift von 1545 bekannt. Calvin hatte schon 1534 in Paris ein Streitgespräch mit Quintin. Dessen Landsmann und Mitarbeiter, der Priester Pocquet, besuchte 1542 Genf, wo Calvin ihn zurechtwies. Als er merkwürdigerweise fast 2 Jahre Aufnahme bei → Bucer und mit Quintin Eingang bei der Königin von Navarra fand (ein Zeichen für das starke Echo der Sp. in Frankreich), entschloß sich Calvin, von Freunden gedrängt, zum Eingreifen. Obwohl sich die Sp. von ihrer Lehre her nicht zum äußerlichen Bruch mit Rom genötigt sahen, wurde Quintin 1546 hingerichtet. Hauptsächlich ihre geistliche Überwindung durch Calvin hat ihre Spuren bald verschwinden lassen. Mit der sog. Genfer Opposition gegen → Calvin (: I, 2 d) haben sie nichts zu tun. - Die Sp. vertraten eine *quietistische Mystik mit pantheistischer Grundlage.* Gottes Geist ist in allem und wirkt alles. Das Herausfallen des Menschen aus der Unmittelbarkeit, die *Reflexion* über Gut und Böse ist *die* Sünde. Christus ließ sich ohne eigenwillige Vorstellungen vom Geist treiben und gab alles andre ans Kreuz. So ist er Urbild des Weges zur Vollkommenheit. An allen, die sich so dem Geist anheimgeben, geschieht die Wiedergeburt, die Rückgewinnung unreflektierten Lebens. Eines Gesetzes, ja der Bibel bedarf der Spirituale nicht, da er ganz aus dem Geist lebt. Beweise für auf Grund dieser Anschauung getätigte Zügellosigkeit liegen nicht vor.

CALVIN, Contre la secte... des L. (CR 35, 149ff) - RE XI, 456f - W.NIESEL, Calvin u. die L. (ZKG 48, 1929, 58-74).

W.Niesel

Licht und Finsternis

1. Religionsgeschichtlich - 2. Im AT und im Judentum

1. a) In den *Volksreligionen* des Altertums ist das L. (vom Parsismus abgesehen, s. 1f) kein konstitutives Element des Göttlichen, sondern tritt aufs Ganze gesehen nur als Attribut derjenigen Götter auf, die hinter → Sonne, → Mond und → Sternen bzw. auch dem Blitze stehen (vgl. ferner die Begriffe Tages-L., Morgendämmerung, Himmels-L.). Die F. gehört mit der → Nacht und der Unterwelt (→ Hölle: I) zusammen. Bisweilen wird sie (oder auch die Nacht) als Charakteristikum des → Chaos-Zustandes hervorgehoben (Hesiod, Hermopolis, → Sanchuniaton, → Berossos, Orphiker [→ Orpheus]). - → Tod und F. gehören zusammen, ebenso L. und → Leben. Das L. (die Sonne) sehen heißt leben. Die Sonne schenkt L. und Leben und wird L. der Länder, der Welt, der Menschen genannt (Ägypten, Babylonien). Der Gegensatz von L. und F. ist also primär kein ethischer, obwohl das → Recht (: II) mit der Sonne verbunden ist und die Bösen als Freunde des Dunkels gelten. L. bedeutet vor allem → Glück und Wohlergehen, F. Unglück und Schrecken. In diesem Sinne nennen sich Götter des → Hellenismus das L. für alle Menschen (→ Serapis, → Isis, Glykon).

b) Dieser L.begriff liegt auch bei den → *Mysterien* zugrunde. Die verwendeten L.effekte und -riten sollen den Mysten durch die Nöte der Nachtseite des Daseins oder der Unterwelt hindurch zu einer Seligkeit in der Gemeinschaft der Götter erlösen.

c) Die griechische *Philosophie* intellektualisiert und ethisiert den L.begriff. Durch das L. werden die Dinge erkannt, sie erscheinen; die Idee des Guten erleuchtet (→ Erleuchtung) das Auge der Seele (→ Plato). Bei den → Pythagoreern (vgl. schon → Parmenides) werden L. und F. mit den leichten bzw. schweren kosmischen → Elementen in Verbindung gebracht. Die Seelen stammen aus dem ätherischen → Feuer der Gestirne (vgl. → Poseidonius, → Mithras-Mysterien). Zur Entstehung dieses hellenistischen *L.mystizismus* hat wohl syrischer und ägyptischer Sonnenkultus beigetragen. Die Sonne wird das L. der Welt genannt, weil sie jetzt als organisierende Weltvernunft und lebenspendende kosmische Kraft gilt (Poseidonius, → Hermetica, Zauberpapyri).

d) In den nachchristlichen Jh.en erhält der religiöse L.gedanke wachsende Bedeutung. Bei *Epiphanien* (→ Erscheinungsformen der Gottheit) kommen L.phänomene vor (Aelius Aristides). Die Götter der *Zauberpapyri* (→ Zauberbücher) sind oft mit L.attributen ausgestattet. Ein Zentralbegriff wird das L. aber erst in mystischen und gnostischen Richtungen. Die göttliche Welt wird hier als L. vorgestellt, ihr Gegensatz als F. In *mystischer Schau* (→ Mystik: II) wird die Vereinigung mit der L.welt vorweg erlebt, der Mensch wird zum L. verwandelt (»erleuchtet«; Corp. Hermet. XIII). Im → *Neuplatonismus* liegt die Tendenz vor, das geschaute L. über das Noetische hinaus zu erheben; das L. wird zu einem Glanz, der den Menschen blendet (vgl. schon → Philo).

e) Die → *Gnosis* (: I) zeichnet sich durch einen ausgesprochenen → Dualismus von L. und F. aus. Der ganze Kosmos mitsamt den Gestirnen ist der F. anheimgefallen. Nur der L.stoff des Selbst gehört der oberen L.welt an und wird dahin zurückgerettet. In gewissen Systemen (zB → Sethianer, → Basilides, → Poimandres, → Manichäismus, zT → Mandäer) stehen L. und F. als Urdata einander gegenüber, in anderen entsteht die F. erst durch einen → Emanations-Prozeß u.ä.

f) Eine Wurzel dieses Dualismus hat man im *Parsismus* (→ Iran: III) gesucht. Schon in den ältesten Teilen des → Avesta ist das dualistische Prinzip konstitutiv; doch tritt der Gegensatz von L. und F. noch zurück. Jüngere Texte und westliche Quellen zeigen aber, daß es sich hier um ein Strukturelement iranischer Religion handelt. Das Wesen der himmlischen Welt ist L. und Feuer, vgl. den Begriff Chwarĕnah (Machtglanz). Gegeneinander stehen - bisweilen als Zwillingsbrüder - der Gott des L.es und der Geist oder Gegengott der F., die um die Weltherrschaft kämpfen (→ Ormazd, → Ahriman). Von einem Gegensatz von Geist und Materie bzw. Sinnlichkeit, wie er in der Gnosis vorliegt, ist jedoch keine Rede. Das Ziel ist nicht eine Ausscheidung der L.elemente aus einer finsteren Welt, sondern die Verdrängung der dämonischen Kräfte der F. durch eine eschatologische Verklärung der Welt.

2. a) Für das *AT* ist eine »präsolare« Auffassung der Welt eigentümlich. Die Gestirne werden als Attribute von Tag und Nacht aufgefaßt und treten vor diesen zurück (Gen 1, 3ff; Ps 136, 7ff; Hi 38, 12ff). Nur ausnahmsweise ist die Sonne Symbol des Heilseingreifens Gottes, meistens die Morgendämmerung und der Morgen (Hos 6, 3. 5; Zeph 3. 5). Wie in den Religionen der Umwelt (s. 1) bedeutet L. vor allem Leben, Heil, Glück, F. Unglück. Ein theoretischer Ansatz liegt vor, wenn das L. mit dem → Gesetz (: II) oder der → Weisheit verbunden wird. Eine ethische Wendung erhält der L.begriff nur in beschränktem Maße. Charakteristisch ist die Kombination von L. und F. mit dem Bilde des Weges oder der Wanderung. Das L. wird zum Inbegriff aller Heilsgüter (Ps 36, 10; Jes 42, 6). Als deren Quelle wird Gott selbst L. genannt (Jes 10, 17), oder das L. wird als sein L. bezeichnet (Jes 2, 5). Auch die F. kommt von Gott (Jes 45, 7), aber nur das L. erhält das Prädikat »gut«; in eschatologischer Zeit gibt es nur L. und nur Tag (Jes 60, 19f; Sach 14, 7). - Der vielfach vermutete solare Einschlag im at. *Gottesbilde* (Ezechiel) betrifft höchstens einen verblaßten Hintergrund (vgl. »L. des Angesichtes« = Gunst, Heil). Als Attribut der Person Gottes ist das L. zunächst eine Folgeerscheinung des Feuers (Ex 13, 21) oder auch des Blitzes (Hab 3, 11). Ein Moment von L. verbindet sich mit dem Begriff der → Herrlichkeit Gottes, jedoch nicht immer. Durchgehend gilt wohl ferner, daß das L. im AT eine Bestimmung zur Epiphanie Gottes ist, nicht zu seinem himmlischen Wesen (so auch Ps 104, 2?). Auch die F. kann in dieser Rolle auftreten.

b) Im *Judentum* ist die Sonne die L.quelle des Tages. Das L. der äußeren Welt wird vielfach als Ausfluß des himmlischen L.es aufgefaßt. Das Urlicht wurde infolge der Sünde von der Welt zurückgezogen, ist aber in Israel (dem Tempel, dem Gesetz) wieder da, und zwar als L. der Welt. L. und F. sind auch Sinnbilder für moralische Qualitäten, für die gute bzw. böse Sphäre oder Menschengruppe (bes. bei Philo). Ein ausgebildeter Dualismus in diesem Sinne liegt in den → Qumran-Texten vor.

Zu 1: W.Bousset, Hauptprobleme der Gnosis, 1907, 87ff. 92ff - Ders., Kyrios Christos, (1913) 1926³, 172ff - R. → Reitzenstein, u.a.: Die hellenist. Mysterienreligionen, (1910) 1927³, 42ff. 264ff. 286ff - Ders., Das iran. Erlösungsmysterium, 1921 - W.Bauer, Das JohEv (HNT 6), (1912) 1933³, 19. 120ff - G.P.Wetter, »Ich bin das L. der Welt« (Beitr. z.Rel.wiss. 1,1913/14, 166-201) - Ders., ΦΩΣ, Uppsala 1915 - W.Scott, Hermetica II, Oxford 1925, 20f - ThW I, 241f; II, 255f. 842; IV, 17ff; V, 316. 321f - W.Nestle, Griech. Religiosität von Alex. d. Gr. bis auf Proklos, 1934, passim - H.Jonas, Gnosis u. spätantiker Geist I, (1934) 1954² - Fr.J. → Dölger, mehrere Schriften, u.a.: Lumen Christi (AuC 6/1, 1935, 1-43) - H.S.Nyberg, Die Religionen des alten Iran, 1938, 17ff. 109. 384 - E.Percy, Unters.en über den Ursprung der joh. Theol., Lund 1939, 23ff. 76ff. 312ff - R.Bultmann, Das Evang. des Joh. (MeyerK II), (1941) 1957¹⁵, 22ff - Ders., Zur Gesch. der L.symbolik im Altertum (Philologus 97, 1948, 1-36) - Alte Sonnenkulte u. die L.symbolik in der Gnosis u. im frühen Christentum (= ErJb 10, 1943; verschied. Verf.) - Fr. → Cumont, u.a.: Lux perpetua, Paris 1949 - E.Pax, ΕΠΙΦΑΝΕΙΑ. Ein rel.gesch. Beitr. z. bibl. Theol. (MThS I, 10), 1955 - J.Doresse, Les livres secrets des Gnostiques d'Egypte, Paris 1958, 38ff. 170ff. 233ff. 312ff - Bauer, WB⁵ 1501. 1724ff (Lit.). - Zu 2 außer den at. Theologien: Bill. I, 161f. 236ff; II, 427f - H.Odeberg, The Fourth Gospel, Uppsala-Stockholm 1929, 286ff - E.R.Goodenough, By Light, Light. The Mystic Gospel of Hellenistic Judaism, New Haven 1935 (Philo!) - A.M.Gierlich, Der L.gedanke in den Psalmen, 1940 - S.Aalen, Die Begriffe »L.« u. »F.« im AT, im Spätjudentum u. im Rabbinismus, Oslo 1951 - E.Pax (s.o.) - Fr.Nötscher, Zur Terminologie der Qumran-Texte, 1956, 76ff. - Vgl. die Lit. zu → Feuer, → Herrlichkeit Gottes.

S.Aalen

Lichtbildergottesdienste → Film, 3.

Lichtenberger, *Frédéric Auguste* (1832-99), elsässischer Theologe, * in Straßburg, wo er studierte und 1860 promovierte. 1858 Hilfsprediger an der Neuen Kirche, 1860 Religionslehrer am Gymnasium, 1864 Prof. für syst. und prakt. Theol. Obwohl von den orthodoxen Lutheranern an die Fakultät gebracht, geriet L. unter den Einfluß A. → Vinets und gehörte mit → Reuß, Bruch, Schmidt, → Baum, → Colani und → Sabatier zur liberalen »Straßburger Schule«. Nach dem Kriege 1870-71 optierte er für Frankreich und ging nach Paris, wo er zunächst im Pfarramt wirkte, dann als Mitgründer und Dekan der 1877 errichteten theologischen Fakultät (→ Paris: III). Er gab hier die Encyclopédie des Sciences religieuses (13 Bde, 1877-82) heraus und förderte die → Sonntagsschulen.

Vf. u.a.: Etude sur le principe du protestantisme d'après la théol. allemande contemporaine, 1857; Les éléments constitutifs de la science dogmatique, 1860; Sermons, 1867; L'Alsace en deuil, (1871) 1873¹⁰; Hist. des idées religieuses en Allemagne depuis le milieu du XVIIIe siècle jusqu'à nos jours, 3 Bde, 1873. - Über L.: Encycl. (s.o.) XIII, 120f - RE XI, 461ff - Ch.-Th.Gerold, La Faculté de Théol. et le Séminaire prot. de Strasbourg, 1923, 252ff - H.Strohl, Le protestantisme en Alsace, 1950, 432ff.

R.Voeltzel

Lichtfreunde

1. Name und Charakter - 2. Entstehung - 3. Frühentwicklung - 4. Gemeindebildung - 5. Wirkungen und zeitgenössische Beurteilung

1. L. ist der volkstümlich-spöttische Name für die *»prot. Freunde«* (pr. Fr.). Sie sind eine Nachblüte des → Rationalismus (: II) und gelangten zu kirchengeschichtlicher Bedeutung nicht durch das Gewicht ihrer Überzeugungen, sondern durch den späten Zeitpunkt ihrer Entstehung, der sie in Konflikt mit der heraufziehenden und sich staatskirchlich verfestigenden → Erweckungsbewegung brachte, vor allem durch deren Bündnis mit der antiliberalen Reaktion, namentlich im Königreich Preußen, bes. der Provinz Sachsen.

2. Als 1840 der Pfarrer W.F. → Sintenis in der »Magdeburger Zeitung« das Gebet zu Jesus Christus als Aberglauben bezeichnete und dafür durch die Kirchenregierung nur einen Verweis erhielt, wurde dies der Anlaß für eine weitgreifende Erregung in altgläubigen und erweckten Kreisen, zumal ihm der zuständige geistliche Kirchenführer, der Magdeburger Bischof → Dräseke, die Eignung für das Pfarramt bei solchen Ansichten abgesprochen hatte. Die Rationalisten fühlten sich zur Verteidigung ihrer Grundsätze und ihres kirchlichen Heimatrechts aufgerufen und gründeten unter dem Pfarrer Leberecht Uhlich (aus Pömmelte b. Magdeburg) 1841 in Gnadau den Verein der »pr.Fr.«, der halbjährlich zusammentrat und bes. durch die Teilnahme von Volksschullehrern sehr bald zu einer Volksbewegung anschwoll mit dem Ziel, die geistigen Errungenschaften der → Aufklärung auf dem Boden des volkskirchlichen Christentums zu verteidigen. Literarisches Organ wurden die »Blätter für christliche Erbauung« mit dem Beiblatt »Mitteilungen für pr.Fr.«.

3. Auf der 7. allgemeinen Versammlung der pr.Fr. in Köthen am 29.5.1844 protestierte der Pfarrer Gustav Adolf Wislicenus (1803-75) aus Halle in einem Vortrag »Ob Schrift, ob Geist?« gegen ein ev. Papsttum des Bibelbuchstabens und proklamierte den im menschlichen Bewußtsein gegebenen »Geist« als christliche Norm. Dies führte zu einem Disziplinarverfahren vor dem Magdeburger Konsistorium, das mit Amtsentlassung endete (23.4.1846). Sein Buch »Die Bibel im Lichte der Bildung unserer Zeit« (1853) trug Wislicenus eine 2jährige Gefängnisstrafe ein, der er durch Auswanderung nach Nordamerika entging. 1856 kehrte er zurück und siedelte sich in Zürich-Fluntern an. In den Schriften »Die Bibel für denkende Leser betrachtet« ([1863] 1866²) und »Entweder-Oder: Glaube oder Wissenschaft, Schrift oder Geist« (1868) wiederholte er seine Auffassungen. Die hier offen zutage tretende spiritualistische Richtung des Rationalismus zeigte sich auch beim Königsberger Militärpfarrer Dr. Julius Rupp. Dieser suchte nach seiner Amtsentlassung (wegen eines Angriffs auf das Athanasianum) 1845 und der Gründung einer freien (lichtfreundlichen) Gemeinde den → Gustav-Adolf-Verein zur »wahrhaft allgemeinen Kirche (wenn Kirche hier noch das rechte Wort ist) allein im Geist zu erbauen ... in vollkommener Verschmelzung des Christentums mit der allgemeinen Wissenschaft und Erkenntnis« (Zitat aus Schelling, Die Weltalter, Bruchstück, [1811/15] 1861). Der Gustav-Adolf-Verein schloß Rupp aus und nahm den Fall, der für ihn die stärkste Krise seiner Geschichte bedeutete, zum Anlaß für eine grundsätzliche Aussprache über den Kirchenbegriff (Darmstadt 1847).

4. Mit Rupp in Königsberg begann die neue Entwicklungsphase der pr.Fr., der Fortschritt zur *Bildung eigener Gemeinden*. Sie wurde wesentlich gefördert durch die Amtsentlassung oder die durch staatskirchenbehördliche Schikanen erzwungene Amtsniederlegung (mit nachfolgendem Austritt aus der Landeskirche) von führenden Vertretern (Uhlich 1847 in Magdeburg, Ed. → Baltzer in Delitzsch 1847, Adolf Timotheus Wislicenus in Breda b. Merseburg 1846). Die Forderung Aug. → Hahns (→ Leipziger Disputation) auf Ausscheiden der Rationalisten aus der Kirche war 20 Jahre später erfüllt. Freie Gemeinden lichtfreundlichen Charakters bildeten sich in Neumarkt (Schlesien), Halle, Nordhausen, Halberstadt, Magdeburg (das mit Uhlich an der Spitze immer mehr zum Zentrum wurde) und Marburg. Die Revolution 1848/49 brachte eine vorübergehende äußere Blüte der Bewegung, die plötzlich alle demokratischen Freiheiten genoß (neue Gemeindebildung in Nord- und Mitteldeutschland, bes. Provinz und Königreich Sachsen, Thüringen, Nassau, Hessen-Darmstadt).

Seitdem erfolgte vielerorts ein Zusammenwachsen und Zusammenschluß mit dem freireligiösen → Deutschkatholizismus. Das führte zu einer fortschreitenden Auflösung des christlichen Gehalts zugunsten eines platten Rationalismus und Moralismus, nicht selten mit atheistischen Tendenzen, und zog den Niedergang der pr.Fr. nach sich. Die Reaktion nach 1850 erschwerte ihnen vor allem in Preußen und im neupreußischen Kurhessen das Leben, bis ihnen die Regentschaft Wilhelms I. seit 1858 Bewegungsfreiheit gewährte. Seitdem vollzog sich unter äußerer Freiheit ein innerer Auszehrungsprozeß - das stille Sterben des Rationalismus.

5. An Wirkungen und Beurteilungen sind der Abschied Dräsekes vom Bischofsamt (1843), der (damit vorwiegend begründete) Weggang des Führers der sächsischen Erweckungsbewegung A.G. → Rudelbach aus Glauchau nach Dänemark (1845) und die Kennzeichnung der pr. Fr. als Gipfel des schwärmerischen Subjektivismus durch → Hundeshagen bemerkenswert.

C.B.Hundeshagen, Der dt. Protestantismus, 1847, 341ff - F.Kampe, Gesch. der relig. Bewegung der neuern Zeit I-IV, 1852-60 (Hauptwerk) - Chr.Tischhauser, Gesch. d. ev. Kirche Deutschlands in der ersten Hälfte des 19.Jh.s, 1900, 632ff - P.Drews, Die freien relig. Gemeinden der Gegenwart (ZThK 11, 1901, 484-527) - RE XI, 465ff (Lit.) - M.Friedrichs, J.Rupp in seiner Bedeutung als relig. Genie, 1909 - J.Rupp, GesW hg.v. P.Chr.Elsenhans, 12 Bde, 1910-12 - H.W.Beyer, Die Gesch. d. Gustav-Adolf-Vereins, 1932, 118ff - W.Nigg, Gesch. d. relig. Liberalismus, 1937. *M.Schmidt*

Liddon, *Henry Parry* (1829-90), anglikanischer Theologe, 1870-82 Prof. für Exegese in Oxford, 1870-90 Kanonikus an St.Paul's, London. In seinen Bampton Lectures »The Divinity of Our Lord Jesus Christ« ([1866] 1890[14]) führte er aus, daß die nicänische → Christologie (: II, 3) die einzige widerspruchslose Interpretation der biblischen Aussagen sei. Seine Reisen brachten L. in freundschaftliche Berührung mit den orth. Kirchen und mit J.J.I.v. → Döllinger. Er war ein ausgezeichneter Prediger und opponierte als anerkannter Führer der → Hochkirchlichen Bewegung (: I) gegen die Veröffentlichung von »Lux mundi« (→ Gore).

DNB XXXIII, 223 ff - J.O.Johnson, Life and Letters of H.P.L., London 1904 (Bibliogr.) - ODCC 808. *D.Carter*

Lidgett, *John Scott* (1854-1953), * in London, der größte Methodist seit → Wesley. Nach 15 Jahren im Pfarramt begründete L. 1891 »The Bermondsey Settlement« in einer der ärmsten Gegenden Londons, um Brücken zwischen Bevorzugten und Vernachlässigten zu bauen. Er war 30 Jahre Mitglied des Londoner Stadtrats und 10 Jahre dort Leiter der Progressive Party; 1905 bis 1910 und 1922-28 war er Alderman. 30 Jahre war er Mitglied des Senats der Londoner Universität, 1930-32 Vice-Chancellor. 1908 wurde er Präsident der Wesleyan Church, 1923-25 Moderator der Freikirchen, 1932 erster Präsident der unierten Methodist Church. Seine Beziehungen zur anglikanischen Kirche waren eng; L. war Berater dreier Erzbischöfe von Canterbury und arbeitete unermüdlich für die Vereinigung der Kirchen. Theologisch war er stark von F.D. → Maurice beeinflußt. - Vgl. → Methodisten: I.

Vf. u.a.: The Spiritual Principle of the Atonement, 1897; The Fatherhood of God, 1902; My Guided Life, 1935. - Über L.: J.S.L., ed. R.E.Davies, 1957. *P.Scott*

Liebe

I. Religionsgeschichtlich - II. Im AT - III. Im NT - IV. Ethisch. - Vgl. → Liebestätigkeit

I. Religionsgeschichtlich

In den Religionen der → *Naturvölker* (: I) ist keineswegs alles → Furcht. Auch Ehrfurcht und sogar L. sind vorhanden. Viele sehen und lieben im Höchsten Wesen (→ Hochgottglaube) den »Vater«, die »Mutter«, den »Freund«. In den Religionen der Hoch- und Mittelkulturvölker → *Amerikas* (: I) ist die L. zu diesem oder jenem Gott in Lehren und Gebeten ergreifend zum Ausdruck gekommen. Auch aus den Religionen *West-, Nord- und Mitteleuropas* lassen sich Belege bringen, zB der Fulltrui-Glaube in der → Germanischen Religion. Im alten → *Babylonien* (: II) galt etwa Šamaš als geliebter Freund der Götter und Menschen. L. ist »einer der bemerkenswertesten Züge der babylonischen Götter« (Deák). An der Verehrung *Ahura Mazdas* (→ Ormazd) war das Herz ergriffen und beteiligt. In *Griechenland* fehlt nicht die φιλία πρὸς (τὸν) θεόν, ähnlich im späteren *Rom*. In der → Vedischen und brahmanischen Religion und im → *Hinduismus* (: I) erscheinen Götter wie → Vishnu (mit seinen → Avatâras Râma und → Krishna) und selbst → Shiva als Wesen der L. Dem entspricht bei Menschen die → bhakti, die ungeteilte, selbstlose, enthusiastische Hingabe an den Gott, die von den Purânas, der → Bhagavadgîtâ, den Lehrern, Dichtern und Mystikern als Höhepunkt der Religion und als der Heilsweg (bhakti-mârga) gepriesen wird: Religion des Bhâgavatismus oder der bhaktâs. Auch in späteren Reformrichtungen (Brâhmo-Samâj) spielt bhakti eine große Rolle. Der Hînayâna-*Buddhismus* sieht in → Kontemplation bzw. Erleuchtung das entscheidende Heilmittel, kennt aber auch die ceto-vimutti, die Lösung der Knoten des Herzens, die maitrî (mettâ), das Wohlwollen gegenüber anderen Wesen, und sogar eine Art Buddha-bhakti, nicht bhakti zu den devatâs. Stark entwickelt ist die L. im Mahâyâna-Buddhismus (→ Buddhismus: I, 7), der in den Bodhisattvas Wesen der L. sieht, deswegen L. zu diesen (→ Amida, Kuanyin, Maitreya) erzeugt und eine altruistische Ethik predigt (→ Mitleid: I). - Eine große Rolle spielt die L. bei den → *Sikhs*. Der Âdi Granth ist Lobgesang auf die L. zu Gott. Alle Gurus preisen die letztere. Enttäuschend sind → Konfuzius und → Mêngtse. Der »Himmel« ist erhaben, groß und gütig. Im Verhalten ihm gegenüber dominieren Ehrfurcht und → Gehorsam. Gegenüber allen Menschen verlangt *Konfuzius* jên, Güte und Selbstlosigkeit ohne Neid und Haß. Was → Mo-ti sagt, klingt in diesem Raum ungewöhnlich: Der Himmel liebt alle Wesen, daher müssen alle einander lieben. Bei Dung-Chung-shu (2.Jh. vChr) heißt es: »Das Herz des Himmel ist jên«. → *Laotses* Hingabe und L. gilt dem Tao, das alle Wesen ins Dasein ruft, liebt und hegt. Aber »nicht L. nach Menschenart hat die Natur« (das All; 5). Wer das Leben hat, »will nichts Eigenes«. »Vergilt Groll mit Leben« (»Böses mit Gutem«; 63). - Im → *Shintoismus* wird die Furcht vor den Kami oft zur Ehrfurcht, die ein Element L. enthält. Moderne *Reformsekten* (Tenrikyô, Konkôkyô) betonen die L. - Im → *Islam* lehnen viele die L. zu Allah ab. Allah ist der Herr und der Mensch sein Sklave. Dieser muß den Herrn fürchten und sich ihm unterwerfen. Aber im Koran, der bereits von Allah als dem »liebenden« (wadūd) spricht (Sure 85, 14), finden sich Hinweise auf göttliche L. Gott »liebt« die Bußfertigen, Reinen, Gutes Tuenden usw (2, 222; 3, 128; 9, 4; 9, 109). Der Koran kennt besondere Gottesfreunde (10, 63), zB Abraham. - Später begegnet maḥabba, ausgeprägte L.sfrömmigkeit, bes. bei den Sūfī (→ Sufismus), welche die selbstlose L. zu Allah fordern und üben. Die L. ist hier Station auf dem Wege zu Gott oder sogar Ziel. Die selbstlose L. zu Allah, freie Gabe Allahs, ist »die Basis des Sufismus«. Daraus erwächst die L. zum Nächsten. - Die L. gehört zu den Urelementen der → Religion und Religiosität. Überall findet sich Verlangen nach dem Göttlichen, Ergriffensein von ihm und »L.« zu ihm, ähnlich in jeder Gemeinschaft L. zum andern. - Vgl. → Liebestätigkeit.

ERE VIII, 151ff - H.HAAS, Idee u. Ideal der Feindes-L. in der außerchristl. Welt, 1927 - H.PREISKER, Die urchristl. Botschaft von der Gottes-L. im Lichte der vergl. Religionsgesch., 1930 - D.LAUENSTEIN, Das Erwachen der Gottesmystik in Indien, 1943 - TH.OHM, Die L. zu Gott in den nichtchristl. Religionen, 1950 - F.H.ROSS, The Meaning of Love in Hinduism and Buddhism, Boston 1953 - W.EIDLITZ, Die indische Gottes-L., 1955. *Th.Ohm*

II. Im AT

Das AT kennt die L. als die geheimnisvolle Kraft, die Menschen in Gefühl, Willen und Gedanken aneinander kettet: den Vater an den Sohn (2Sam 19, 1), den Mann an die Frau (Gen 29, 20). Beachtlich ist auch der weite Spielraum, den das Verb 'ahăb, das zentrale Wort für »lieben«, im Bereich der Freundschaft gewinnt (1Sam 18, 1). 'oheb »Liebender« kann term. techn. für den »Freund« werden. Das Verb 'ahăb enthält an manchen Stellen den Akzent des wählenden Entschlusses und ist nicht auf die Sphäre des Gefühls zu begrenzen. Dabei weiß das AT sowohl von der lodernden Leidenschaft der L. (Hhld 8, 6) wie von der unheimlichen Möglichkeit des jähen Umschlagens leidenschaftlichster L. in Haß (2Sam 13, 15).

Es ist von der aktiven Struktur der L.s-Aussage im AT her zu verstehen, daß die *L. Gottes* zum Menschen hier früher ausgesagt wird als die L. des Menschen zu Gott. Nach der ganzen Anlage der at. Gotteserkenntnis, die von der geschichtlichen Begegnung Israels mit Jahwe herkommt (Ex 20, 2), wird hier zunächst von der L. Jahwes zum Volke Israel die Rede sein. Da die Grundbegegnung in einer Tat der Errettung Gebundener »aus dem Knechtshause« geschah, wird das at. Verständnis der Gottes-L. stark von den Zügen der Barmherzigkeit des Starken mit dem Geringen bestimmt, was in der Synonymik von 'ahăb (răḥem, ḥanăn) erkennbar wird. Die Bildreden von Israel als dem Sohn (Ex 4, 22; Hos 11, 1) und mehr noch der im Gefolge → Hoseas bei → Jeremia, → Ezechiel und Dtjes (→ Jesajabuch, 2) voll ausgeführte Bildvergleich mit der Braut und Ehefrau Jahwes bestimmen die Aussagen. Jahwes L. erwählt zum → Bunde (: II). Die L. Jahwes zu Israel kann nicht allein als freischwebendes Gefühl verstanden werden, sondern trägt von Anfang an einen klaren Rechtswillen in sich. Dieser fordert nicht nur die Ausschließlichkeit der L.s-Verbindung vom Volke, sondern umschließt die ganze Weite der Lebensbeziehungen des Geliebten. Jahwes L. ist »eifersüchtig« (Ex 20, 5).

Im Raum der L.s-Beziehung zu Israel kommt es zur (erwählenden) L. Gottes zu Einzelnen (Salomo 2Sam 12, 24). Wenn allerdings im Dtn (4, 37; 7, 8) von der L. Jahwes zu den Vätern geredet wird, so sind hier die Väter nicht in der Kategorie des Einzelnen innerhalb des Volkes zu verstehen; in ihnen ist virtuell schon das Volk als Ganzes da. Durch den Hinweis auf diese L. verankert das Dtn die → Erwählung (: I) Israels in einem unbegründbar freien L.s-Entschluß Jahwes jenseits der Volkwerdung Israels. Ihm hält Gott die Treue. So tritt in der Synonymik neben die L. die ḥæsæd, in der (nach Glueck; anders Stoebe) der besondere Akzent des bundesgemäßen Verhaltens zu hören ist. Die L. Gottes unterscheidet sich grundsätzlich von aller treulosen L.s-Laune des Menschen. Auch wo sie nach der Verkündigung der Propheten im → Zorne eifern muß, bricht sie doch durch alles Zürnen immer wieder in ihrer irrationalen Gnädigkeit durch (Hos 11, 8f; → Gnade: II). - Ganz am Rande nur dämmert im AT, bezeichnenderweise im heilsgeschichtsferneren Raume der → Weisheit, die Erkenntnis von einer L. Gottes auf, in der dieser vom Menschen nicht läßt, weil er sich in ihm nach dem »Werk seiner Hände sehnt« (Hi 14, 15).

L. erwartet die Antwort der L. So redet das AT auch von der *Gottes-L. des Menschen.* Es wird mit dem Akzent aktiv-wählender Tat, der in 'ahăb liegt, zusammenhängen, daß diese Aussage im AT auffallend spät auftaucht (Wiéner). Sie ist, da die zeitliche Herleitung von Ex 20, 6 und Ri 5, 31 umstritten ist, erstmals in Jer 2, 2 mit Sicherheit zu greifen. Obwohl die Forderung bei Hos, der (wie Jer und Ez) die Fehl-L. Israels zu den falschen Liebhabern rügt, auf der Hand läge, ist hier allein von der fehlenden ḥæsæd geredet (4, 1). Ihre vollste Entfaltung findet sie im Dtn, wo die Einleitungsrede 6, 4ff in der L. zu Gott »von ganzem Herzen und von ganzer Seele und mit all deinem Vermögen« offensichtlich die Summe alles Gehorsams gegen Gott sieht. So sind hier auch immer wieder L. und »Halten der Gebote« verbunden. Die Aussage von Dtn 30, 6, wonach die L. zu Gott aus der von diesem selber an Israel gewirkten Beschneidung des Herzens erwächst, erfährt keine weitere Entfaltung (vgl. aber Jer 31, 31-34).

Die Gnade der Befreiung, die Israel bei der Herausführung aus Ägypten erfahren hat, ist schon im → Bundesbuch als Motiv der Barmherzigkeit mit den Schwachen zitiert (Ex 22, 20). So wird auch die *L. zum Nächsten* in Lev 19, 18 ganz parallel der Forderung der L. zum Fremdling (19, 34) formuliert, die ihrerseits durch die Gnadentat Jahwes beim Auszug motiviert wird. Eine direkte Folgerung der L. zum Fremdling aus der L. Jahwes zum Fremdling ist in Dtn 10, 18f zu finden. Die L.s-Forderung findet sich im → Heiligkeitsgesetz da, wo versucht wird, die altüberlieferten negativen Verbotsreihen in positive Formulierungen umzusetzen. Größere Breite vermag sie aber im AT, obschon dieses ein volles Ethos der Barmherzigkeit entfaltet, noch nicht zu gewinnen. Eine Thematisierung etwa des gesamten Ethos unter dem L.s-Gebot analog der Thematisierung unter der Gottes-L. (Dtn 6, 4ff) fehlt dem AT noch ganz.

Vgl. die at. Theologien, bes. W.EICHRODT I, (1933) 1957[5]; III, 1939; E.JACOB, 1955; TH.C.VRIEZEN, 1957. - Ferner: J.HEMPEL, Gott u. Mensch im AT (BWANT III/2), (1926) 1936[2] - N.GLUECK, Das Wort ḥesed im at. Sprachgebrauche (BZAW 47), 1927 - J.ZIEGLER, Die L. Gottes bei den Propheten (ATA XI/3), 1930 - ThW I, 20ff - H.J.STOEBE, Die Bedeutung des Wortes ḥăsăd im AT (VT 2, 1952, 244-254) - C.WIÉNER, Recherches sur l'amour pour Dieu dans l'AT, 1957. *W.Zimmerli*

III. Im NT

1. Allgemeines - 2. Terminologie - 3. Das Doppelgebot der L. - 4. Die Botschaft von der L. Gottes - 5. Die L. in der Urkirche

1. Das NT setzt voraus, daß die Menschen immer schon etwas davon wissen, was L. heißt. Die Mutter hegt und pflegt ihre Kinder, die L. des Mannes zu seiner Frau ist schon durch die eheliche Verbundenheit gefordert (1Thess 2, 7; Eph 5, 28f). Auch Sünder lieben diejenigen, die sie lieben (Mt 5, 46f). Wer sich in die Lage eines unter Räuber Gefallenen hineinversetzt, sieht sofort ein, was es heißen würde, einem solchen Manne L. zu erweisen (Lk 10, 30ff). Die Äußerungen der L. können sich je nach den Umständen ändern; die L. kann zwar streng sein, hat aber immer das Wohl des anderen vor Augen. Deshalb kann sie bis zur Hingabe des eigenen Lebens für andere führen (Röm 5, 7; Joh 15, 13). L. ist auch Gefühl, ihre Echtheit bewährt sich aber nur in der Tat (Jak 2, 16; 1Joh 3, 17). - Obwohl die Menschen in ihrem Miteinandersein auf ein Füreinander in der L. angewiesen sind, ist nach dem NT ihr faktisches Zusammenleben nicht durch L., sondern durch Verleugnung und Verletzung der L. in Ungerechtigkeit, Selbstsucht und Hochmut geprägt (Röm 1 u.ö.). Nicht nur das Laster, sondern auch die Gesetzlichkeit führt zur Lieblosigkeit (Lk 11, 42; vgl. Mt 23; Röm 2).

2. In der Umwelt des NT ist das komplexe und mehrdeutige Phänomen der L. in verschiedener Weise ver-

standen worden. Das nt. Verständnis ist zunächst durch die at.-jüdische Tradition bestimmt, was sich schon an der *Terminologie* zeigt. Aus der LXX stammt das in vorchristlicher Gräzität nur spärlich und unsicher bezeugte Substantiv ἀγάπη und die Bevorzugung des Verbums ἀγαπᾶν. Dabei hat das Verbum eine allseitig schillernde Bedeutung behalten: L. erweisen, gern haben, schätzen, bevorzugen u.dgl. Andere griechische Worte für L. treten zurück. στοργή, die L. der natürlichen Verbundenheit und Zuneigung, erscheint nur am Rande (zB Röm 12, 10), ἔρως fehlt völlig, während → Philo im Anschluß an den → Platonismus den himmlischen Eros von dem an die Sinnenwelt gebundenen unterscheidet (→ Eros und Agape, 2). Die Terminologie der im Hellenismus hoch kultivierten → Freundschaft (: II, 2) fehlt im NT nicht ganz (vgl. Joh 15, 13ff), ist aber in eine andere Gesamtanschauung eingeordnet. Das Wort »Menschenfreundlichkeit« (φιλανθρωπία) kommt vor, aber nur in abgeblaßter Verwendung oder christlicher Neudeutung (Apg 28, 2; Tit 3, 4). Die L. wird nicht wie etwa im Humanitätsgedanken der → Stoa als ein in der Würde des Menschen begründetes Ideal verstanden. Entscheidend sind vielmehr das dem AT entnommene Doppelgebot der L. (s. 3), die Botschaft von der L. Gottes in Christus (s. 4) und die neue Gemeinschaft der L. in der Kirche (s. 5). – Eine an dem Wort L. orientierte, theologisch entfaltete Gesamtkonzeption kommt eigentlich nur in den paulinischen und johanneischen Schriften vor, obwohl die Sache auch sonst da ist. Soweit die Terminologie bei Paulus und Johannes übereinstimmt, darf man sie wohl auf *vorpaulinische* Gemeinden griechischer Sprache zurückführen. Von dorther stammt dann vielleicht auch die mehr oder weniger formelhafte Zusammenstellung der L. mit → Glaube (: III), → Hoffnung (: II), → Geduld, → Demut (: II, 2) u.ä.

3. Die Kombination und Hervorhebung der beiden Gebote Dtn 6, 4f und Lev 19, 18 dürfte schon dem Judentum bekannt gewesen sein (vgl. Mk 12, 32f; Lk 10, 27). In ihrer Art gut rabbinisch ist die Formulierung Mt 22, 40 (vgl. 7, 12), wonach sich das ganze Gesetz und die Propheten aus den beiden Hauptgeboten ableiten lassen. Ein Widerspruch zur gesetzlichen Frömmigkeit entsteht erst durch die radikale Konzentration und Intensität, mit der Jesus nach der L. fragt. L. zu Gott heißt Absage an → Heuchelei und Mammon-Dienst (Mt 6) und konkretisiert sich in Umkehr (→ Bekehrung: III) und → Nachfolge (: I). L. zum Nächsten schließt unbedingte Bereitschaft zum Geben und Vergeben und williges Erleiden von Unrecht in sich (Mt 5, 21ff. 38ff u.ö.). Der Begriff des Nächsten wird nicht theoretisch erörtert; Jesus weist auf den konkreten in Not befindlichen Menschen hin, als dessen Nächster (= Bruder) wir uns zu zeigen haben (Lk 10, 29ff). Bei aller Intensität der Forderung fehlt in den Worten Jesu, wie in seinem eigenen Verhalten, jede sektenhafte Enge. In (vielleicht bewußtem) Gegensatz zu der Regel von → Qumran, alle Kinder des Lichtes zu lieben, die Kinder der Finsternis aber zu hassen (1QS I, 9f), wird auch L. zum Feinde geboten. Nur die selbstlose L., die keine Gegen-L. verlangt, entspricht der Vollkommenheit der L. Gottes (Mt 5, 43ff; Lk 6, 27ff). – Das L.sgebot behält im ganzen NT seine zentrale Stellung als Zusammenfassung des Willens Gottes (zB 1Tim 1, 5; Jak 2, 8f). Die Forderung der Feindes-L. wirkt nach in Mahnungen, nicht Böses mit Bösem zu vergelten, sondern immer Gutes zu tun und Haß und Verfolgung gelassen hinzunehmen (zB Röm 12, 17ff; 1Petr 3, 9). Die Nächsten-L. wird aber vor allem auf das »einander lieben« bezogen (Joh 13, 34; Röm 13, 8f; 1Petr 4, 8; 1Joh 3, 11). Paulus sieht die Erfüllung des Gesetzes in der L. durch die → Freiheit (: I) vom Gesetz ermöglicht (Gal 5, 13f); der Glaubende soll dem anderen in L. dienen, ihn höher als sich selbst schätzen und seine Freiheit respektieren (Röm 12-14; 1Kor 8-10 usw). Was das heißt, wird in mannigfach variierten Weisungen entfaltet. Bei Johannes treten dagegen alle Einzelmahnungen hinter die alles zusammenfassende L. zurück (1Joh 2-4). Die L. zum Bruder ist die konkrete Betätigung der L. zu Gott im Gehorsam gegen das Gebot Jesu. Die Bruder-L. ist aber ihrerseits keine allgemeine Freundlichkeit, sondern das durch die L. zu Gott bestimmte Verhalten, das nur im Glauben an die L. Gottes möglich ist (1Joh 4, 20ff).

4. In den Worten Jesu wird darauf hingewiesen, daß der Schöpfer den Bösen wie den Guten seine Güte und L. erweist. Dagegen wird kaum auf die at. Aussagen von der L. Gottes zu Israel zurückgegriffen. → Jesus (, 10 b. c) formuliert auch nicht neue Lehrsätze über die L. Gottes, obwohl ihm → Gott (: IV) der himmlische Vater ist. Sein eigenes Verhältnis zu den Sündern, die er in seine Gemeinschaft aufnimmt, verteidigt er aber in → Gleichnissen (: II, 3), die besagen: so gütig ist Gott, so freut sich Gott, so liebt Gott (Lk 15). – Im NT ist die Aussage grundlegend, daß Jesus der geliebte → Sohn Gottes (: II) ist (Mk 1, 11; 9, 7 par; Kol 1, 13). Vor allem das → Johannesevangelium spricht von der L. des Vaters zum Sohne (zB 3, 35; 17, 23). Gerade in seinem Sterben ist Jesus von Gott geliebt (Joh 10, 17). Sein Tod ist die Tat der L. Gottes, der seinen eigenen, einzigen Sohn nicht geschont hat (Joh 3, 16; Röm 8, 31ff). Die L. Gottes ist also nicht eine allgemeine Idee, sondern die in dem Gekreuzigten den Menschen begegnende L. Daß Gott die L. ist, wird im Hinblick auf die Offenbarung der L. Gottes durch die Sendung seines Sohnes gesagt (1Joh 4, 8ff). Dementsprechend ist die L. Jesu bes. darin zu sehen, daß er sich selbst für uns hingegeben hat (Joh 15, 9ff; Gal 2, 20; Apk 1, 5 usw). Gelegentlich kann zwar auch mehr biographisch von der L. Jesu zu bestimmten Personen die Rede sein. Aber wenn sein ganzes Wirken als Dienst in L. zu Gott und den Menschen gesehen wird, ist der Gehorsam bis zum Tod das Entscheidende (Mk 10, 45; Joh 13, 1ff; 14, 31; Phil 2, 5ff). Als der Inkarnierte, Gekreuzigte und Auferstandene ist er für uns da, seine L. ist eins mit der L. Gottes in ihm (Röm 8, 37ff). Der Sohn liebt die Seinen mit der L., mit der er selbst vom Vater geliebt wird (Joh 17, 23ff). – Die L. Gottes in Christus ist L. zu den Sündern, zu Feinden, zur Welt (Röm 5, 6ff; Joh 3, 16). Indem sie von der → Sünde (: IV) und dem Zorne (: III) rettet, ist diese vergebende und schenkende L. zugleich erwählende L., durch die Gott in freiem Erbarmen seine Kinder beruft (Röm 9, 13ff). Die von Gott Geliebten sind gerufen, so zu lieben, wie Christus sie geliebt hat (Eph 5, 2. 25; Joh 13, 34). Wer in Dankbarkeit und Gehorsam Gott und Christus liebt, wird Gottes L. immer neu erfahren (Joh 14, 21ff; Röm 8, 28ff). Paulus verknüpft die Gegenwärtigkeit der L. Gottes mit der Gabe des hl. → Geistes (: IV, 2), der auch uns die L. schenkt (Röm 5, 5; 15, 30; Gal 5, 22). Wie → Glaube (: III, 4 a) für Paulus auf Christus bezogen ist, so ist ihm die eigentliche L. diejenige, die als Sein in der L. Gottes zugleich L. zu Gott und L. zu den anderen ist (1Kor 8, 1ff; Eph 3, 18; Kol 3, 14 usw). Sie ist die alle Charismen überragende, auch durch das Gericht hindurch bleibende Gabe des Geistes, deren Lob der Apostel in 1Kor 13 singt. Johannes sieht in der Einheit des Vaters und des Sohnes das Urbild aller L., durch die auch die Jünger mit dem Sohne und untereinander eins werden (Joh 17, 20ff). Nur in dem liebenden Sein für Gott und für die Brüder bleiben wir in der L. Gottes und die L. Gottes in uns (1Joh 3, 16f; 4, 16ff).

5. Die Glieder der Gemeinden dürfen sich als die Geliebten Gottes wissen (Röm 1, 7; 1Thess 1, 4; Jud 1); ihnen gilt die Verheißung, sofern sie ihrerseits Gott oder den Herrn lieben (1Kor 2, 9; 16, 22; Jak 1, 12; 2, 5). In den Briefen ist die Anrede »meine Geliebten« häufig, ebenso die Wendung »geliebte Brüder«. Selbst durch die L. Christi angetrieben, richtet der Apostel seinen Auftrag aus in L. zu den Gemeinden und in der Hoffnung, auch von ihnen geliebt zu werden (2Kor passim). In den Briefeingängen wird nicht nur für den Glauben, sondern auch für die L. der Gemeinden gedankt, und in den Mahnungen kann an die schon betätigte L. erinnert werden (1Thess 4, 9; Hebr 6, 10; Apk 2, 4). Die von Christus geliebte → Kirche (: II) muß in L. wachsen und aufgebaut werden (Eph 4, 15f; 5, 25f; vgl. Joh 15). Im Zentrum des gemeinsamen Lebens der Kirche steht der → Gottesdienst (: IV) mit dem »Kuß der L.« (1Petr 5, 14), dem L.smahl der → Agape (Jud 12) und der von da ausgehenden → Armenpflege (: IV). Es ist also im NT nicht nur von Botschaft und Gebot, sondern auch von einer Verwirklichung der L. in den Gemeinden die Rede, wobei das Vorkommen von vielen Sünden gegen die L. keineswegs übersehen wird. Lukas blickt schon auf die Gemeinschaft der L. in der ersten Zeit als auf eine ideale Vergangenheit zurück (Apg 2, 42ff; 4, 32ff). Daneben steht der Hinweis auf das kommende Gericht, bei dem der König nach den anspruchslosen Taten der L. richten wird (Mt 25, 31ff).

J. Moffat, Love in the NT, 1929 - ThW I, 34ff - H. Riesenfeld, Etude bibliographique sur la notion biblique d'ΑΓΑΠΗ (CN 5), 1941 - V. Warnach, Agape, 1951 (Lit.) - C. Spicq, Agapè (Studia Hellenistica 10), 1955 - Ders., La Philanthropie hellénistique (StTh 12, 1958, 169-191) - Ders., Agapè dans le NT. Analyse des textes, 3 Bde, Paris 1958-60 - H. Braun, Spätjüd.-häret. u. frühchristl. Radikalismus I. II (BHTh 24), 1957. *N. A. Dahl*

IV. Ethisch

Der volle Inhalt dessen, was L. heißt, ist uns in der → Offenbarung (: VI) Gottes gegeben, der sich uns als die L. zu erkennen gibt, die den Menschen mit Gott versöhnt. Von hier aus kann auch die L., um die es in der christlichen → Ethik geht, nur jenen Akt eines personalen In-Beziehung-Tretens meinen, der die Versöhnung von Mensch zu Mensch zum Ziele hat. L. gibt es nur zwischen Personen, in der gegenseitigen Beziehung, durch die eben diese Personen sich versöhnen und einander als → Person entdecken. Zwei Konzeptionen der L. sind damit von vornherein aus der christlichen Ethik ausgeschlossen: zunächst die der sich verströmenden mystischen L. mit dem Ziel des völligen Aufgehens im anderen; L. bedeutet gerade nicht die Aufhebung persönlicher Eigenart, sondern ihre ausdrückliche Anerkennung, die Aussöhnung meiner Eigenart mit der des anderen. Ferner die der possessiven, erotischen L., die den anderen in paradoxer Weise besitzen will und ihn damit des personalen Merkmals seiner Andersheit beraubt.

Wie sich Gottes erwählende und schöpferische L. zum Menschen im steten Eingreifen zu seinen Gunsten und letztlich in Kreuz und Auferstehung Christi äußert, so soll auch die L. des Christen ein *Handeln für* den geliebten Menschen sein. Nur durch den L.*sdienst* am Nächsten bleibt die L. vor der doppelten mystischen und erotischen Versuchung bewahrt. Das NT spricht deshalb von der Tat der Nächsten-L. als → *Diakonie*. Es erinnert jedoch zugleich daran (1Kor 13), daß auch die höchsten Formen der Diakonie, etwa der Opfertod für andere, ohne L. geübt werden und daher sinnlos und leer bleiben können. Nächsten-L. bewährt sich also im Dienst am Nächsten, und doch ist dieser Dienst nur ein mögliches *Zeichen* der L., kein *Beweis*. Die L. bleibt jenseits aller ihrer Ausdrucksformen.

Die Ethik begeht vielfach den Fehler, die L. mit einer ihrer bevorzugten Ausdrucksformen, etwa der → Sympathie, zu verwechseln. Da nun andererseits die psychologische Analyse die Spontaneität des Sympathiegefühls erweist, steht die Ethik vor einem offenkundigen Widerspruch: L. ist → Pflicht, ja *die* Pflicht schlechthin, und doch läßt sich L. nicht befehlen. → Kant fand aus dieser Situation keinen anderen Ausweg als den Rückzug in einen ethischen Formalismus, der alles Gefühl diskreditiert und das konkrete Bemühen um die Begegnung mit dem Nächsten aus dem Blickfeld der Moral verbannt. - Christliche Ethik lehnt es ab, die L. zur psychologischen Realität zu stempeln. L. ist ein übernatürliches Geschenk Gottes, eine Frucht des Geistes (Gal 5, 22; 2Tim 1, 7). In gleicher freier Bedingungslosigkeit wie der → Glaube (: V), und zusammen mit ihm, ist sie uns gegeben, selbst wenn das Nichtgebundensein an die gegenwärtige Zeitordnung (1Kor 13, 8) sie über den Glauben hinaushebt. Daher kann in der christlichen Ethik L. tatsächlich zum Gebot, zur Summe des Gesetzes werden (Mt 22, 37-40): Gott selbst gibt ja, was er fordert. Verschanzt sich der Mensch hinter der Spontaneität des Gefühls, um dem L.sgebot auszuweichen und darauf zu pochen, daß L. sich nicht befehlen lasse, so verwechselt er L. als Charisma mit Sympathie oder psychologischem Eros. Wie A. → Nygren mit Recht gezeigt hat (→ Eros und Agape, 2), besteht ein radikaler *Wesens*unterschied zwischen der wählerischen L. des Menschen und jener L., die ihm in der im Glauben empfangenen Offenbarung des Gottes der Bibel gegeben ist. Christliche L. versteht sich zugleich als Spontaneität, insofern sich in ihr der nach dem Bilde Christi durch den hl. → Geist (: VI) in uns geschaffene »neue« Mensch manifestiert, und als Verpflichtung, insofern sie Ausdruck des Glaubensgehorsams ist.

Die Freiheit christlicher L. erweist sich darin, daß sie weder durch die gefühlsmäßige Einstellung des L. übenden Subjekts noch durch die Qualität des Objekts dieser L. bestimmt ist. Der Christ kann und soll seinen Nächsten lieben, selbst wenn er für ihn keinerlei natürliche Sympathie empfindet. Indem Jesus die Feindes-L. gebietet (Mt 5, 44; Lk 6, 27), nimmt er die Tatsache durchaus ernst, daß wir uns in dieser Welt der Sünde tatsächlich an Feinden stoßen. Aber auch und gerade denen, die objektiv gesehen unsere Feinde sind und vor denen wir uns deshalb zu schützen suchen, soll unsere L. gelten. Ebensowenig läßt sich christliche L. durch den liebenswerten Charakter des zu liebenden Gegenübers bestimmen. Das Gleichnis vom barmherzigen Samariter macht deutlich, daß uns *jeder* Mensch, der unserer Hilfe bedarf, als »Nächster« gegeben ist und als solcher geliebt werden soll. Während sich die platonische L.sdialektik auf einer ansteigenden Linie bewegt und unsere L. progressiv auf immer liebenswertere Objekte zu konzentrieren trachtet (»Gastmahl«), richtet sich christliche L. zunächst auf die Niedrigen und Geringen unter den Brüdern, dh auf die, die menschlich gesprochen am wenigsten würdig oder wertvoll erscheinen (vgl. Mt 25, 31-46). Dies bedeutet keineswegs, daß christliche L. den Willen zu masochistischer Selbsterniedrigung darstellt (so → Nietzsche). Es gibt vielmehr ein besonderes an die L. gebundenes Erkennen (Eph 3, 19), das durch allen äußeren Schein hindurch auch im geringsten Bruder den sehen läßt, für den Gott in seiner L. seinen Sohn hingegeben hat und in dem dieser Sohn »wohnt«. Statt am äußerlich Sichtbaren zu hängen und sich von menschlichen Qualitäten und Möglichkeiten bestimmen zu lassen, begreift die L. den Menschen in seiner *eschatologischen* Bestimmung. Sie ist das Wissen »in Christus« um den Nächsten.

Aber gerade weil dieses Wissen der L. eine *eschatologische* Schau ist, will die L. jetzt schon für die Förderung des anderen tätig sein, will sie ihm nicht nur zur Entfaltung aller seiner *menschlichen* Möglichkeiten helfen, sondern die Wirklichkeit der rettenden L. Gottes zum Bewußtsein bringen. Jemanden lieben heißt, ihm als Zeuge der L. begegnen, mit der Gott ihn geliebt hat. Der Christ darf sich deshalb nicht durch das an sich berechtigte Argument von der Armseligkeit seiner L., vom Ungenügen der äußeren Merkmale für sein Lieben beeindrucken lassen. Es ist ja nichts von ihm gefordert, was er von sich selbst hätte. Im Blick auf das Beharren der → Sünde (: VI) im Gerechtfertigten ist L. für ihn unmöglich, solange er darauf besteht, anders zu lieben als im Bezeugen der L., mit der Gott ihn selbst und den anderen geliebt hat; insofern ist L. im Christenleben nicht unterschieden vom schlichten ev. *Zeugnis*.

Bleibt aber die L. bis in die aktiven Bekundungen der materiellen Hilfe hinein *Zeugnis*, so baut sie die → *Gemeinde* (: I). Jemanden lieben im christlichen Sinne des Wortes heißt mit ihm in die Gemeinschaft der → Kirche (:IV) eintreten. Nächsten-L. ist keineswegs Privatsache, sondern ein Akt, der das liebende wie das geliebte Subjekt in die kirchliche Gemeinschaft einreiht; denn jenes Band, das die Einheit der Kirche schafft, *ist* die L. (Kol 2, 2; Eph 4, 15f). Wir dürfen uns daher nicht entmutigen lassen durch die Grenzen, die sich jedesmal sehr rasch zeigen, wenn wir zu lieben oder auch nur miteinander umzugehen versuchen. Das durch die Ausgießung der L. Gottes in unsere Herzen durch den hl. Geist geschaffene Band (Röm 5, 5) gliedert uns dem Leibe Christi, der Kirche, ein. Auch wenn in diesem Leibe alle unsere menschlichen Unzulänglichkeiten fortbestehen, bleibt die Kirche doch nicht weniger jene Gemeinschaft, die in Ruhe und Zuversicht die Beseitigung aller Schranken und Unzulänglichkeiten erwartet.

Redet man von den Grenzen und der Unmöglichkeit, in letzter Hingabe zu lieben, so scheint sich freilich eine neue Verwechslung von → Eros und Agape anzukündigen. Aber die grundsätzliche *Wesens*verschiedenheit der beiden Formen bedeutet nicht, daß die L. in uns den Eros zerstört; die Agape bedient sich vielmehr stets der natürlichen Äußerungen des Eros, um sich mitzuteilen, genau wie der Glaube sich durch die psychologischen Möglichkeiten des Individuums Ausdruck verschafft. Selbst wenn die Agape den Eros ausweitet und ihn bes. von seiner Ichbezogenheit heilt, beseitigt sie doch nicht seine Grenzen. Aus Nygrens Aufstellungen zu folgern, daß der Eros zurückgedrängt werden müsse, wäre ebenso falsch wie zu meinen, daß der Glaube die gesamte seelische Substanz des natürlichen Menschen zerstört. Die L. bemächtigt sich des Eros, wie der hl. Geist unserm Geist Zeugnis gibt, daß wir Gottes Kinder sind.

M. Scheler, Wesen u. Formen der Sympathie, 1926 - Barth, KD IV/2, § 68 - R. Mehl, La rencontre d'autrui, 1955 - Thielicke, ThE II/1, 1955 - M. Nédoncelle, Vers une philosophie de l'amour et de la personne, 1957. - Vgl. die Lit. zu → Eros und Agape. *R. Mehl*

Liebe, *Ordensgenossenschaften,* Name zahlreicher kath. religiöser Genossenschaften, oft mit Beititel (zB → Herz Jesu, → Herz Mariä, → Kreuz) oder als → Barmherzige Brüder und Schwestern bezeichnet infolge ihrer Benennung *di carità, de la charité* oder *da (de la) caridad* in romanischen Ländern.

1. a) *Hospitaliter von der* (christlichen) *L.*, 1288 in Frankreich gestiftet. - b) *Barmherzige Brüder von der L.*, 1807 in Gent (Belgien) errichtet. - c) *Institut der L.* (*Institutum charitatis,* auch Rosminianer), 1828 von dem Grafen Antonio Rosmini Serbati (1797-1855) in Domodossola gestiftet. - d) *Brüder der christlichen L.*, 1854 errichtet, Mutterhaus in Vreden (Bezirk Münster). - e) *Kleine Brüder der* (christlichen) *L. (Fratelli della Carità* oder *Frati Bigi)*, → Graue Brüder, 1. - f) *Diener* oder *Serviten der L. (Servi della Carità)*, 1886 gegr., Generalat in Como. - g) *Söhne der L.*, 1918 in Paris entstanden.

2. a) Frauenkongregationen des Dritten Ordens der Franziskaner: *Schwestern* (= Schw.) *der L.*, in Reggio (Emilia), zuerst 1493 erwähnt; *Schw. der L. Unserer Frau vom Kalvarienberge* (Norbertinerinnen), 1619 in Genua gestiftet; *Hospitaliterinnen von der L. U.L.Frau*, 1624 in Paris gegr. - b) *Töchter der christlichen L. (Filles de la Charité)*, gegr. 1634, → Vinzentinerinnen. - c) *Schw. Unserer Lieben Frau von der L.*, 1644 gegr., → Guter Hirt, 1. - d) *Schw. der L. vom hl. Karl* (Borromäus), 1652 gegr., → Borromäerinnen. - e) *Schw. von der L.* und *der christlichen Unterweisung von Nevers* (Dep. Nièvre), 1680 gegr. - f) *Schw. der L. U.L.Frau* (von Evron, Dep. Mayenne), 1682 gegr. - g) *Schw. der göttlichen L. (Suore del Divino Amore)*, 1705 in Montefiascone gegr. - h) *Schw. der göttlichen L.*, 1799 in Neapel gegr. - i) *Schw. der L. von Gent*, 1803 gegr. - k) *Schw. der L. von der Vorsehung*, 1806 im Bistum Le Mans gegr. - l) *Töchter der L.* (von Canossa), 1808 von der Gräfin Madalena Canossa (1774 bis 1835) in Verona gegr. - m) *Schw. der L. der Mutter Seton (Mother Seton Sisters of Charity)*, 1809 in USA gegr.; *Töchter der L. von Nazareth*, 1812 in Nazareth (Kentucky, USA) errichtet, → Vinzentinerinnen-Kongregation. - n) *Schw. der L. in Irland*, 1815 gegr. - o) *Schw. von der mütterlichen L.* oder *göttlichen Mutterschaft* Mariens (Schw. der hl. Felicitas), 1823 in Metz gegr. - p) *Mindeste Schw. der L. von Mariä Schmerz*, 1825 in Verona gegr. - q) *Karmelitinnen von der L. (Ermañas Carmelitas de la Caridado)*, 1826 in Viche (Spanien) gegr. - r) *Frauen der christlichen L.* des sel. Joseph Benedikt Cottolengo (Vinzenzschwestern), 1830 in Italien gegr. - s) *Schw. der L. von der allersel. Jungfrau Maria*, 1831 in Dublin (Irland) gestiftet, seit 1833 in USA ansässig. - t) *Töchter der L. von Lovere* (bei Brescia, Italien), 1832 gegr. - u) *Mägde der L. (Ancelle della Carità)*, 1847 in Brescia gegr. - v) *Schw. der christlichen L.*, Töchter der allersel. Jungfrau Maria von der unbefleckten Empfängnis, 1849 in Paderborn von Pauline v. Mallinckrodt gestiftet, bes. für kath. Mädchenschulwesen und Frauenstudium tätig (zZ 141 Niederlassungen [103 im Ausland] mit über 2000 Schw.). - w) *Schw. des Dritten Ordens des hl. Franziskus von der christlichen L.*, 1857 als Frauenkongregation des Dritten Ordens der Franziskaner in Wien errichtet. - x) *Töchter der göttlichen L.*, 1868 in Wien gegr.

Heimbucher I. II (passim) - LThK VI, 562ff - EC XI, 1529ff - Escobar I, 337. 340; II, 1511ff. *W. Göbell*

Liebenzeller Mission (so seit 1906), 1899 als Deutscher Zweig der → China-Inland-Mission von Pfr. H. Coerper in Hamburg gegründet. Sie ist eine Glaubensmission nach dem Vorbild von Hudson → Taylor und Georg → Müller, dem Waisenvater von Bristol. In ihrer Heimatarbeit (Gemeinschaftsarbeit mit neupietistischer Prägung) stehen zZ 186 Mitarbeiter sowie 106 Schwestern in der Krankenpflege. Arbeitsgebiete in der äußeren Mission sind: Mikronesien: Ostkarolinen = Truk-, Mortlock-, Hall- und Poloatinseln (1907) mit 6 Missionaren, 5 ordinierten Pastoren, 25 Predigern und 4 einheimischen Erziehern unter 4730 getauften Christen; Westkarolinen = Palau (1929) mit 6 Missionaren, 85 einheimischen Mitarbeitern unter 1300 getauften Christen; Admiralitätsinseln (Bismarck-Archipel, Manus 1914) mit 7 Missionaren und einheimischen Mitarbeitern (in Kostschulen auf Missions-Stationen befinden sich ca 180 Schüler); Japan (1927) mit 14 Missionaren, die vornehmlich unter Bauern und Fischern arbeiten (in Tokyo besteht → ärztliche Mission); Formosa (1955) 1 Ehepaar, das unter den zerstreuten Chinesen und den Bergbewohnern arbeitet; Malang (Indonesien, 1958) 1 Missionarin im Schülerheim von Dr. Andrew Ghi; Nordamerika (1942), wo ein Missionsheim für Gäste sowie für heimkehrende und ausziehende Missionare (Schooley's Mountain/New Jersey) unterhalten wird. In China arbeitete die L.M. mit einer Blindenschule, in Krankenhäusern und in freier Predigttätigkeit.

E.KÜHN-W.GRÜNEWALD, Pfarrer H.Coerper, 1951 - W.HEINSEN, Werden u. Wachsen der L.M., 1951 - F.W.WALTER, Das Kreuz unter Palmen, 1953 - H.LIEBCHEN, Das Evangelium unter Chinesen, 1954 - R.KOCHER, Unter seiner Flügel Schutz, 1956 - A.FORSTMAIER, Zum Licht gefunden, 1958. *H.Rommel*

Lieberkühn, *Samuel* (1710-77), ev. Theologe, * in Berlin, studierte in Halle und Jena, wo er dem mit Zinzendorf verbundenen erweckten Studentenkreis angehörte. 1733 begleitete er die → Salzburger nach Preußen, kehrte aber im selben Jahr nach Jena zurück, besuchte 1735 Herrnhut und folgte 1736 dem verbannten → Zinzendorf in die Wetterau. Von 1739-42 wirkte L. als Herrnhuter Sendbote unter den Juden in Holland (Amsterdam) und England. Seit 1742 arbeitete er als Prediger in verschiedenen Brüdergemeinen. Seiner großen pädagogischen Begabung verdanken die Herrnhuter einen Leitfaden für den Religionsunterricht (»Die Lehre Jesu Christi und seiner Apostel«, 1774; mehrere Aufl. bis 1877), dessen Plan → Spangenberg als Vorlage für seine brüderische Dogmatik (Idea fidei fratrum) diente. L. bahnte damit den Weg für die Herrnhuter Orthodoxie im ausgehenden 18.Jh., die in vielem die genialen Ansätze in Zinzendorfs Theologie verließ.

G.DALMAN-A.SCHULZE, Zinzendorf u. L., 1903 - ZBG 10, 1916, 52. *E.Beyreuther*

Liebermann, *Bruno Franz Leopold,* kath. Theologe, * 12.10.1759 in Molsheim (Elsaß), † 11.11.1844 in Straßburg, nach jesuitisch-kirchlicher Ausbildung und politisch bewegter Lehr- und Seelsorgetätigkeit im Elsaß 1805-23 Seminarregens in → Mainz, einflußreiches Haupt der »ersten Mainzer Theologenschule«, aus der H. → Klee, Räß, Weis, → Geissel u.a. kommen; seit 1823 Generalvikar in Straßburg, wo er 1838 die Entscheidung gegen Bautain mitbewirkt. L. ist in seinem dogmatischen Hauptwerk theologischer Wegbereiter der → Neuscholastik.

Vf.: Institutiones theologiae dogmaticae, (5 Bde, 1819-27) 2 Bde, 1870[10]; Predigten, 3 Bde, 1851/53. - Über L.: J.GUERBER, B.F.L.L., 1880 - DERS., Hess. Biogr. II, 1927, 294-300 - HN V, 920ff - DThC IX, 710f - L.LENHART, Die erste Mainzer Theologenschule, 1956. *K.G.Steck*

Liebesgaben, *kirchliche,* sind in der Christenheit von jeher üblich gewesen. Sie dienten der Hilfe für arme Gemeindeglieder sowie für ganze Gemeinden, der Unterstützung der Apostel, des Klerus, der Gemeindebeamten usw, den Bedürfnissen des Gottesdienstes und anderer kirchlicher Einrichtungen. Feste kirchliche Abgaben (→ Zehnten, → Kirchensteuern; Gemeindebeiträge) gehören nicht zu den L. Auch in reformatorischen KOen findet man deutlich ein Nebeneinander von beidem. Lange hatten die L. für die Existenz der Pfarrer, Küster und Kirchendiener usw größere Bedeutung als die fest normierten kirchlichen Abgaben, bis sich in neuerer Zeit Gehaltsordnungen auf der einen und Steuerordnungen oder feste Gemeindebeiträge auf der anderen Seite durchsetzten. Angesichts dieser Entwicklung ist den Pfarrern heute mit Recht die Annahme von L. in Geld (zB bei Amtshandlungen) zumeist untersagt; Naturalgaben dürften auf dem Land noch eine gewisse Bedeutung haben. Für kirchliche oder karitative Zwecke darf der Pfarrer Geldgaben zu seiner freien Verfügung entgegennehmen. Von den L., die in Gestalt von → Kollekten für gemeindliche oder allgemeine kirchliche Aufgaben einschließlich der kirchlichen Werke im Zusammenhang mit dem Gottesdienst gegeben werden und die in früheren Zeiten bisweilen gewaltige Erträge brachten, sind die L. zu unterscheiden, die in der modernen Form von Straßensammlungen und Spendenaktionen erfolgen. Statistische Angaben für den Bereich der EKD sind aus technischen Gründen nicht möglich; die L., die zur freien Verfügung der Pfarrer stehen, sind, auch ihrer Höhe nach, vertraulicher Natur. *W.Jannasch*

Liebestätigkeit

I. Religionsgeschichtlich - II. Christliche Liebestätigkeit. - Vgl. → Armenpflege, → Goldene Regel, → Liebe, → Mitleid

I. Religionsgeschichtlich

In den Religionen der sog. → *Naturvölker* gibt es L. meist nur gegenüber Angehörigen der eigenen Gruppe. Die *Jainas* (→ Jinismus) predigen Nichtschädigung lebender Wesen (ahimsâ), sorgen für kranke Tiere und spenden Mönchen und Gästen. Der → *Buddhismus,* für den das Leben Leid ist und → Mitleid fordert, preist die maitrî (mettâ), das alles umfassende, durchdringende, »unendliche Wohlwollen« als von allen Fesseln befreiend (Itivuttaka 27) und die ceto-vimutti, »Befreiung des Herzens«. Aber maitrî ist »indifferent«, dient der eigenen → Erlösung, ist mehr Stimmung, bedarf »keiner äußeren Betätigung, sondern wirkt geistlich-übersinnlich gleich einer Zaubermacht durch bloße Ausstrahlung« (H. Beckh). Das Mitleid (karunâ) ohne Gefühl will dem Nächsten zum Heil verhelfen. Aber es fehlt nicht an L. Man erhält Tiere am Leben, die sonst getötet wurden, gibt Mönchen und Nonnen das Nötige und gibt überhaupt Almosen (dâna), - ein verdienstliches Tun. Zeugnis großer L. sind Ashokas Felsenedikte. In Ostasien wird Wasser oder Tee für durstige Wanderer an Straßen gestellt. Klöster nehmen Hilfsbedürftige als Novizen auf und pflegen sie. Gäste, Pilger, Arme und Kranke werden umsorgt. In unterentwickelten Ländern führten buddhistische Missionare Heilmittel ein. - Der → *Hinduismus* fordert trotz seinem geringen »Interesse an der Besserung der Verhältnisse in dieser Welt« (Regamey) ahimsâ und Almosengeben. Uneigennützige L. ist Ausdruck der Gottesliebe. Anspruch auf Almosen haben Brahmanen und Asketen. → *Konfuzius* und → *Mêngtse* empfehlen Güte oder »Menschlichkeit« (jên). Das menschliche Wohl ist Ziel des Staates. → Mo-ti fordert tätige → Liebe (: I). Aber erst der Buddhismus hat einzelne Chinesen mehr zur L. gedrängt. - In → *Babylonien* und → *Ägypten* waren die Hilfsbedürftigen oft verlassen, daher loben »Weisheitssprüche« den, der Brot zu essen, Wein zu trinken gibt und Almosen spendet. Die → *Avesta*-Religion ist für Barmherzigkeit und Wohltun. Der Himmel gilt dem, der Arme unterstützt. Bei Totenfeiern bekommen Arme Kleider u.a. Noch sind die *Parsen* groß im Wohltun (→ Iran: III. VII). - Bei den *Griechen* galten einzelne Hilfsbedürftige als Schützlinge der Götter. Nach der Odyssee sind »alle Fremden und Bettler von Gott« (→ Fremde: I). Hier wurde der Begriff »Philanthropie« geprägt. Für Hilfsbedürftige sorgte in gewissen Grenzen der Staat, aber im ganzen geschah zu wenig. - *Rom* speiste Arme aus politischen Gründen. Gemäß der lex frumentaria des Cajus konnte man aus staatlichen Speichern Getreide zum halben Preis haben. Annona besagte kostenlose Verteilung von Getreide. Kinder wurden auf Staatskosten aufgezogen, um mit ihnen die Zahl der notwendigen Söldner aufzufüllen. Für Soldaten gab es auch Lazarette; selbst die Sklaven waren nicht ohne Betreuung. - Im → *Islam* (: I, 3) ist die - heute oft nicht mehr erhobene - Armensteuer (zakāt) eine Hauptpflicht. Der Koran gibt Bettlern und Bedürftigen »bestimmte Ansprüche« auf Besitztümer (Sure 70, 24f; 86, 8f). Gesetz ist auch die zakāt des Fastenbrechens, die Spende am Ende des Ramadān. Dazu kamen von Anfang an freiwillige → Gaben (sadakā, genauer sadakāt al-tatawwu', Almosen aus freiem Antrieb) und Stiftungen zu guten Zwecken (wakīs) sowie die Hospitäler, die im Zeitalter der Kreuzzüge für Christen vorbildlich wurden. Bettler bitten noch heute, ihnen von Gottes Gütern um Gottes willen zu geben. - Die Berührung mit dem Christentum hat die L. in anderen Religionen gefördert und auf andere Länder übergreifen lassen. Für den Hinduismus seien die → Râmakrishna-Mission und soziale Reformbestrebungen wie die Depressed Classes Mission Society of India (1906), die Servants of India Society (1905), die Sevâ Sâdan und viele andere Vereinigungen für Wohlfahrtspflege erwähnt, für den Buddhismus die Shin-Sekte, die sich um Kranke, Gefangene und Soldaten bemüht. Auch neue Religionen sind wichtig, zB die Tenrikyô.

FR.HIRTH, Über gemeinnützige Anstalten in China, 1903 - H. HACKMANN, Die sozialen Kräfte im Christentum u. im Buddhismus (Verhandl. des 16. ev.-soz. Kongresses, 1905, 8-27) - ERE III, 376ff (Charity, Almsgiving); IX, 837ff (Philanthropy) - C.S.LOCH, Charity and Social Life, 1910 - YU-YUE-TSU, The Spirit of Chinese Philanthropy, 1912 - RGG² III, 1646f - HIsl 627f (Sadaka). 821ff (Zakāt) - FR.GEISSER, Mo Ti. Der Künder der allg. Menschenliebe, 1947.

Th.Ohm

II. Christliche Liebestätigkeit

1. Grundsätzlich - 2. Geschichtlich - 3. Gegenwärtig

1. *Grundsätzlich* unterscheidet sich christliche L. von jeder anderen durch ihre zentrale Beziehung auf die Liebestat Gottes in Jesus Christus (→ Liebe: III. IV). Daraus ergibt sich ihre Geltung für die Verlorenen, ihre Zeichenhaftigkeit für das → Reich Gottes und die einzigartige Bruderschaft zwischen Helfenden und Leidenden. In zeitbedingter Mannigfaltigkeit der Kräfte, Mittel und Formen (Charisma und Amt, → Diakonie und → Innere Mission, → Wohlfahrtspflege und Sozialarbeit) erstrebt sie immer ein hilfreiches Zusammenwirken von Liebe, Macht und Gerechtigkeit, die in Gott eins, in der Welt getrennt sind.

2. *Geschichtlich* zeigt sich diese Mannigfaltigkeit schon in der urchristlichen L. Sie war ohne Macht und Recht auf die Bruderschaft der Gemeinden beschränkt, schuf sich aber diakonische Ordnungen und Organe und wirkte ökumenisch (Juden- und Heidenchristen) und sozial in die Umwelt hinein (→ Armenpflege: IV). Im Kampf mit den Mächten und für die Rechtlosen dieser Welt konzentrierte sich die frühkath. L. auf das bischöfliche Amt. So gewann sie Macht für die schützende und ordnende Sozialpolitik der Reichskirche seit Konstantin. Sie verlor ihren Gemeindecharakter und gewann doch ihr Charisma wieder in großen Gestalten (→ Basilius, → Augustin, → Benedikt) und in der neuen Gestalt der Asyle und Spitäler. In der Verbindung mit Klöstern wurde die mittelalterliche L. zum Hort der Barmherzigkeit und zur Erzieherin der germanischen Völker. Unter der Buß- und Herrschgewalt Roms wuchs der innere Druck der Liebeskräfte gegen die Klostermauern (→ Franz von Assisi, → Bruderschaften [: II] und Genossenschaften), bis Luther sie sprengte. Nur aus der Glaubensquelle sollte der Liebesstrom sich erneuern. Die Glaubenskriege haben ihn verschüttet, das landesherrliche Territorialrecht hat ihn so lange gestaut, bis große Aufbruchsbewegungen (→ Pietismus, → Aufklärung, → Erweckung: I) die Tore sprengten und große Charismatiker (→ Oberlin, A.H. → Francke, → Zinzendorf, → Falk) der christlichen L. zu neuer, freier Gestaltung verhalfen (→ Rettungshäuser, → Brüderunität, → Krankenpflege, → Kinderfürsorge usw). Das bürgerliche Vereinsrecht ermöglichte endlich die Organisation der → Inneren Mission (→ Wichern, → Fliedner, → Löhe). Sie wollte Kirche in Bewegung zu den entkirchlichten Massen sein und in ihren Diakonen- und Diakonissenanstalten (→ Diakon) den Landeskirchen die Organe dafür vorbilden. - Während diese Bewegung trotz → Stoeckers und → Bodelschwinghs Kampf um ihre Freiheit vom Staat in dessen Wohlfahrtspolitik eingespannt wurde, hatte die christliche L. in England und Amerika schon andere Wege gefunden, um der sozialen Frage, der Entwurzelung des Menschen und der Vermassung der Gesellschaft zu begegnen (→ Social Gospel). Die Dynamik der großen Erweckungsbewegungen (→ Methodisten), gestützt auf die »Allgemeinen → Menschenrechte« und die religiöse → Toleranz, konnte sich in Kreuzzügen gegen Massennotstände (→ Sklaverei, → Prostitution, Trunksucht [→ Suchten]) frei entfalten und in großen Organisationen zur sozialen und missionarischen Macht gestalten. Unabhängig von Staats- und Kirchengrenzen gaben diese Weltorganisationen ihren Mitgliedern das Bewußtsein, an einer weltweiten Front und in einer weltumfassenden Gemeinschaft zu stehen. Zugleich aber taten die Kirchen (→ Hochkirchliche Bewegung seit 1833) dem in der Masse Vereinsamten die seit der Reformation verriegelte Tür zu religiösen Orden wieder auf. Sie gaben ihren Gliedern nicht nur eine geistlich geregelte Lebensgemeinschaft, sondern auch eine weder an Anstalten noch Ämter gebundene Liebesaufgabe an dem Massenmenschen in großstädtischen Slums und Randsiedlungen (→ Anglikanische Kirche: I, 7).

3. *Gegenwärtig* steht die ganze bisherige christliche L. in einer Weltkrise. Die verborgene Tendenz des Massenzeitalters ist in den Weltkriegen seit 1914 offenbar geworden. Wo sie sich durchsetzt, führt sie zur totalen Lenkung, zur totalen Gleichschaltung des Rechts mit der Macht und zur totalen Ausschaltung der L. Die »soziale Großmacht Kirche« war nun überall auf ihre Grenze gestoßen. Auch die universale Kirche Roms konnte keine eigene Sozialordnung gestalten (vgl. im übrigen → Caritas). Die Kirchen des Ostens aber vermochten ihre reiche und tiefe Bruderliebe nur noch liturgisch im Gebet für alle Menschen und privat in der Barmherzigkeit mit allen Unglücklichen auszudrücken. Aber zugleich ist 1945 auch die verborgene Macht der spontanen, persönlichen Liebeskräfte in allen Kirchen offenbar geworden. Sie brachen sich im Ökumenischen Hilfswerk Bahn durch alle Schranken hindurch zu den Brüdern in aller Welt (→ Hilfswerk). In dieser spontanen Hilfsaktion wurde eine neue brüderliche Existenzbewältigung der Kirchen geboren. Zwischen den Kriegen vorbereitet, gestaltete sich in Amsterdam (1948) und Evanston (1956) die ökumenische Diakonie der Kirchen als zwischenkirchliche Hilfe und als verantwortliche Partnerschaft zu einem Neuansatz der christlichen L. ohne Machtansprüche, aber auch ohne Rückzug auf eine verkirchlichte Institution (→ Ökumenische Bewegung, 5). Ihr tragender Grund kann nur die mündige und verantwortliche → Gemeinde sein als Urzelle brüderlicher Existenzbewältigung. Fliedners und Löhes Diakonissenhäuser und die anglikanischen Orden waren erste Modelle, die → »Haushalterschaft« amerikanischer Gemeinden und die »Kommunitäten«, Bruder- und Schwesternschaften auf ev. Grundlage (→ Bruderschaften: III, 2), sind Neubildungen. Im kleinsten Kreis muß die christliche L. ihre Kraft zur Gemeinschaftsbildung in

der internationalen Massenverflechtung erweisen, die keine Macht lösen und kein Recht ordnen kann. Es ist die Kraft des weltversöhnenden und welterlösenden Christus.

Lit. s. → Diakonie, → Innere Mission, → Ökumenische Bewegung, 5, →Wohlfahrtspflege. Grundlegend: G.UHLHORN, Die christl. L. I-III, (1882-90) 1959³. - Ferner: W.W.SWEET, Der Weg des Glaubens in den USA, hg.v. H.STAACK, (1949/50) 1952 - H.LILJE, Kirche u. Innere Mission (in: Werk u. Weg, Festschr. f. O.Ohl, 1952, 5 bis 20) - G.DEHN, Vom rechten Dienst christl. Liebe (ebd 21-32) - K.BLISS, Frauen in den Kirchen der Welt, 1954 - G.WASSE, Die Werke u. Einrichtungen der ev. Kirche, 1954 - P.TILLICH, Liebe, Macht, Gerechtigkeit, 1955 - H.-D. WENDLAND, Die Kirche in der modernen Gesellschaft, (1956) 1957² - H.STORCK, Die Zeit drängt, 1957 - EKL II, 1101ff - L.PRÄGER, Frei für Gott u. die Menschen, 1959. *H.Schauer*

Liechtenstein, *Fürstentum* (seit 1719), am rechten Ufer des Rheins zwischen Vorarlberg und Graubünden (Schweiz). 157 qkm, 1959 15 752 Einwohner, Hauptort Vaduz. Teil der spätrömischen Provinz Raetia prima, in fränkischer Zeit der Grafschaft Unterrätien inkorporiert, kam das Gebiet L.s i.J. 843 zu Ostfranken. Von 917-1806 gehörte es zum Deutschen Reich. Die Herrschaften Vaduz und Schellenberg gelangten in den Besitz des niederösterreichischen Fürstenhauses L. Nach der Auflösung der 1852-1919 bestehenden Zollunion mit Österreich schloß L. 1924 den Zollvertrag mit der Schweiz. Die geltende Staatsverfassung datiert vom 5.10.1921. - Die *Christianisierung* setzte im 4.Jh. ein. Das Land unterstand von jeher der kirchlichen Oberhoheit des Bischofs von → Chur. Durch päpstliches Breve vom 27.1.1816 erhielt L. ein eigenes Kapitel unter der Leitung des Landesvikars. Unter den im 16.Jh. herrschenden Grafen von Sulz fand die Reformation keinen Eingang. Die Kapuziner und Jesuiten in Feldkirch unterstützten die tridentinische Reform. 1881 bildete sich in Triesen eine kleine ev. Gemeinde mit eigenem Gottesdienstraum. Ca 5% der Bevölkerung L.s sind ev. Seit 1956 besteht ein ev. Pfarramt in Vaduz, dessen Patronat 1958 die ref. Landeskirche St. Gallen vertraglich übernahm.

P.KAISER, Gesch. d. Fürstentums L., 1847; NB v. J.B.BÜCHEL, 1923 - Jb. d. Hist. Vereins für d. Fürstentum L., 1901ff - Helvetia Christiana, Bistum Chur I, 1942, 209ff - E.POESCHEL, Die Kunstdenkmäler des Fürstentums L., 1950 - Das Fürstentum L., Festg. zur 150. Jahrfeier der Souveränität, 1956. *R.Pfister*

Lietzmann, *Hans,* ev. Theol., * 2.3.1875 in Düsseldorf, † 25.6.1942 in Berlin. L. studierte Philologie und Theologie in Jena und Bonn, wo er Schüler von H. Usener und Fr.Bücheler wurde. 1900 PDoz. für KG in Bonn, 1905 ao., 1908 o. Prof. in Jena, seit 1924 in Berlin (Nachfolger A.v. → Harnacks). Mitglied der Berliner Akademie (deren Kirchenväterkommission er leitete) sowie weiterer Akademien und Gelehrten Gesellschaften in Göttingen, München, Wien, Stockholm, Lund, Athen und Philadelphia. L. war, historisch-philologische Methode betonend, führend in der Arbeit am NT und zur alten KG. Er bereicherte sie durch zahlreiche, zT heute noch neu aufgelegte und in fremde Sprachen übersetzte Werke sowie durch eine weitgespannte organisatorische Tätigkeit. Seine Bedeutung liegt in der Einbeziehung bis dahin ein Sonderdasein führender Spezialdisziplinen (u.a. der → Archäologie und Liturgiegeschichte) in die Erforschung des Gesamtbildes der alten KG, der er eine meisterhafte, leider nicht vollendete Darstellung widmete (→ Kirchengeschichte: I, 2 g).

Vf. u.a. (Älteres s. RGG² III, 1653; vollst. Bibliogr. in ZNW 41, 1942, 12-33): Petrus u. Paulus in Rom, (1915) 1927²; Anleitung zur Himmelsbeobachtung mit kleinen Fernrohren, 1922; Messe u. Herrenmahl, (1926) 1955³; Die jüd. Katakombe der Villa Torlonia in Rom (mit H.W.BEYER), 1930; Gesch. der alten Kirche I-IV, (1932ff) 1953³; Zeitrechnung der röm. Kaiserzeit, des MA u. der Neuzeit, 1934; The Christian Church in the West (in: The Cambridge Ancient History XII, 1939, 515-543); Kleine Schriften I. II, hg.v. K.ALAND, 1958 (enthalten reiche Auswahl der Aufsätze zur spätantiken Religionsgesch. u. zum NT; Bd III mit Liturgie- u. Symbolstudien u.a. in Vorbereitung). - Hg.: KlT, seit 1902; HNT, seit 1906 (hierin von L.: Röm, 1933⁴ [mit berühmter textkrit. Einl.]; 1.2Kor, 1931³; Gal, 1932³); Tabulae in usum Scholarum, seit 1910; ZNW u. BZNW, seit 1920; Studien zur spätantiken Kunstgesch. (mit G.RODENWALDT), seit 1925; AKG (mit K.HOLL, später mit E.HIRSCH), seit 1926. - L. bearbeitete u.a. neu: BSLK, 1930². - Autobiographisches in: Rel.-Wiss. d. Gegenwart in Selbstdarst. II, 1926, 77-117; SAB 1927, LXXXIII-LXXXVI. - Über L. u.a.: H.BORNKAMM, ZNW 41, 1942, 1-12 - W.ELTESTER, ThLZ 68, 1943, 1-8 - G.RODENWALDT, JdI 1942, 507-512. *W.Eltester*

Ligarius, *Johannes* (1529-96), luth. Theologe, * in Nesse (Ostfriesland), † in Norden. Nach Studien in Wittenberg wurde er Pastor in Uphusen, Norden und Wolthusen und ging von da nach Antwerpen, wo er sich (mit → Flacius, → Spangenberg u.a.) um die Festigung des Luthertums mühte. Kurze Zeit war er Feldprediger im Heere Oraniens und Pastor im rheinischen Wertherbruch, 1569-77 wieder in Nesse, 1577-85 Hofprediger Edzards II. in Aurich, 1586-91 in Woerden (Niederlande). Als Herausgeber eines Gesangbuches und zweier Katechismen übte er eine nachhaltige Wirkung. Erneut vertrieben, wirkte er noch kurze Jahre in Emden (1592-95).

H.GARRELTS, J.L., 1915 (dazu J.FR.VIETOR in: RKZ 65, 1915, Nr. 31-35) - J.LOOSJES, Naamlijst van predicanten enz. der luth. kerk in Nederland, 1925, 164ff - H.KLUGKIST-HESSE, Menso Alting, 1928, 139f u.ö. - NNBW VIII, 1043f - PH.MEYER, Die Pastoren der Landeskirchen Hannovers u. Schaumburg-Lippes, 1941-53, I, 38. 258. 265; II, 172. 200. 443. *W.Hollweg*

Lightfoot, 1. *John* (1602-75), presbyterianischer Theologe und bedeutender Rabbinist, Pfarrer, seit 1643 an St. Bartholomy in London, 1650 Master (Leiter) des Colleges Catherine Hall in Cambridge, seit 1654 Vizekanzler der Universität und Domherr in Ely. Kirchlich konservativ, verteidigte L. auf der → Westminstersynode 1643/44 als Presbyterianer (!) die anglikanische Staatskirche, während er politisch mit dem presbyterianischen Parlament ging. Bei der Wiederherstellung der anglikanischen Kirche vertrat er auf der Savoykonferenz 1661 die presbyterianische Seite. - L.s rabbinische Erklärung des NT war bahnbrechend, zT noch bis heute.

Opera omnia ed. J.LEUSDEN, 1699; daraus bes. wertvoll: Horae Hebraicae et Talmudicae I-IV, 1654-78, wiederaufgenommen in J.CHR.SCHÖTTGENS Horae Hebraicae et Talmudicae in universum NT, 1733. Engl. Neuausg. der Werke ed. J.R.PITMAN, 1822; Neuausg. der Horae engl. v. R. GANDELL, 1859. - D.M.WELTON, J.L., the English Hebraist (Diss. Leipzig), 1878 - RE XI, 486f - DNB (Neudr. 1937/38) XI, 1108ff. *M.Schmidt*

2. *Joseph Barber* (1828-89), englischer Theologe, * in Liverpool, 1861 Prof. der Theologie in Cambridge, 1866 Prediger in Whitehall, 1871 Domherr der St. Pauls-Kirche, 1879 Bischof von Durham. 1870-80 war L. auch Mitglied des Ausschusses zur Revision der englischen Übersetzung des NT (→ Bibelübersetzungen: V, 2 b). Wissenschaftlich trat L. durch nt. Kommentare, die im Gegensatz zur Tübinger Schule F.Chr. → Baurs stehen, und durch erklärende Ausgaben der Apostolischen Väter hervor.

Vf. außer Komm. zum Gal (1865), Phil (1868), Kol (1875) u.a.: Apostolic Fathers, 5 Bde, 1869ff; Essays on Supernatural Religion, 1889; Leaders in the Northern Church, 1890; Sermons, 1890/91; Biblical Essays, 1893. - Mit-Hg. des Journal of Classical and Sacred Philology, 1854-59. - Über L. vgl. Historical Essays, 1895 - EBrit XIV, 84f - DNB XXXIII, 232ff - RE XI, 487ff - H.W.WATKINS, Bishop L., 1894 - ODCC 809.

3. *Robert Henry* (1883-1953), Neutestamentler, war zunächst als anglikanischer Theologe in verschiedenen kirchlichen und College-Stellungen und lehrte ab 1919 in Oxford, seit 1934 als Dean Ireland's Prof. für Exegese der Hl. Schrift. L. war langjähriger Herausgeber des JThS und ist bekannt als Erklärer und Exponent der formgeschichtlichen Methode für die Englisch sprechende theologische Welt.

Vf. u.a.: History and Interpretation in the Gospels, London 1935; Locality and Doctrine in the Gospels, ebd 1938; The Gospel Message of St. Mark, Oxford 1950; St. John's Gospel, ebd 1956. - Über L.: D.E.NINEHAM, Studies in the Gospels. Essays in Memory of R.H.L., Oxford 1955, VI-XVI. *M.Black*

Liguori, *Alfons Maria von,* kath. Ordensgründer und Bischof, Moral- und Pastoraltheologe, * 27.9.1696 in Marianella b. Neapel, † 1.8.1787 im Kloster Pagani b. Nocera. Bereits 1713 Dr. jur. und glänzender Anwalt, entschloß er sich nach einem verlorenen Prozeß 1723 für den geistlichen Stand, wurde 1726 Priester, 1732 Mitgründer der Kongregation vom Heiligsten Erlöser (→ Redemptoristen), 1762 auf Drängen des Papstes Bischof von Sant'Agata de'Goti (bis 1775). 1816 selig-, 1839 heiliggesprochen, 1871 zum Kirchenlehrer (doctor zelantissimus, »Der Seeleneifrige«), 1950 zum Patron der Moralisten und Beichtväter erklärt, ist L. eine der Schlüsselfiguren des neueren Katholizismus. - L. kämpfte in dem verweltlichten → Italien (, 4) seiner Zeit für Kirche und Papsttum und war um die religiöse Bildung des Volkes bemüht. Als kasuistischer *Moraltheologe* ist L., selbst von starker Skrupulosität geplagt, Begründer des sog. »Äquiprobabilismus«, der eine Vermittlung in den damaligen Moralstreitigkeiten (→ Moraltheologie) erstrebte, bes. zwischen den → Jesuiten und den Jansenisten (→ Jansenismus, 2) und Dominikanern, die den jesuitischen → Probabilismus bekämpften. L.s Hauptwerk (»Theologia Moralis«, 1748) ist ursprünglich eine Erklärung und Ergänzung zu H. → Busembaums »Medulla Theologiae Moralis« und bleibt weithin im Bereich jesuitischer Morallehre. Sein »Homo Apostolicus« hatte mit 118 Auflagen großen Einfluß auf die Beichtpraxis der Folgezeit. - L.s → *Marienverehrung* (: I) zeigt stark romanische Färbung. Er verfaßte wenig originelle, aber auf Theologie und Volksfrömmigkeit einflußreiche Werke zur → Mariologie (bes. »Le Glorie di Maria«, 1750), auch Marienlieder. Wichtig ist bei L. die ständige Verknüpfung der Seelsorge mit der Mariologie. Maria ist die mächtige Gnadenmittlerin; als Mutter des übernatürlichen Lebens ist sie, da sie uns in Schmerzen unter dem Kreuze gebar, »angemessenerweise« zur Ausspenderin aller Gnaden bestellt worden.

Opera dogmatica, ed. A.WALTER, 3 Bde, Rom 1903; Opera moralia, ed. L.GAUDÉ, 4 Bde, ebd 1905-12 (Theologia Moralis, Neudr. ebd 1953); Lettere, 3 Bde, ebd 1887 (dt. 1893 f); Le Glorie di Maria (Opere ascetiche VI. VII), ebd 1936/37 (dt. 1922²); Canzoniere Alfonsiano, ed. O.GREGORIO, Angri 1933. Bibliogr.: M.DE MEULEMEESTER, Bibliogr. générale des Ecrivains Rédemptoristes I, Löwen 1933, 46-348; II, 1939, 205-238. - Über L.: A.TANNOIA, Della Vita ed istituto di San A., (3 Bde, [Neapel 1798-1802] Turin 1857²) Opere Bd X, Turin 1887³ - C.DILGSKRON, Leben d. Hl. Bischofs u. Kirchenlehrers A., 2 Bde, 1887 - L.JANSEN, Der Hl. A. u. d. Ges. Jesu, dt. 1921 - A.PICHLER, Der Hl. A.v.L., 1922 - G.CACCIATORE, S.Alfonso de L. e il Giansenismo, Florenz 1944 - R.TELLERIA, S.A.M.de L., 2 Bde, Madrid 1950/51 - EC I, 864 ff (Lit.) - LThK² I, 330 ff (Lit.). - Als Moraltheologe: C.MARC-F.X.GESTERMANN, Institutiones morales Alphonsianae, 2 Bde, Lyon 1928¹⁸ - L.GAUDÉ, De morali systemate S.A.M.de L., Rom 1894 - K.KEUSCH, Die Aszetik d. Hl. A., Fribourg 1926²·³ - F.DELERUE, Le système moral de S.A., St.Etienne 1929 - B.ZIERMANN, Die Eigenbedeutung d. Hl. A.v.L. in d. Moraltheol. (ThPQ 93, 1940, 199-214). - Als Mariologe: C.DILLENSCHNEIDER, La mariologie de S.A., Fribourg 1931/34 - Pietas Alfonsiana erga Matrem Gloriosam Mariam, Löwen 1951 - C.OOMEN, Die Lehre d. Hl. A.v.L. über »Maria als Miterlöserin der Menschheit« (Die heilsgesch. Stellvertretung d. Menschheit durch Maria, hg.v. C.FECKES, 1954, 267-280) - Lexikon der Marienkunde I, 1957, 128 ff (Lit.). - Kritisch u.a.: J.v.DÖLLINGER-F.H.REUSCH, Gesch. d. Moralstreitigkeiten ... I, 1889, 356 ff - R.GRASSMANN, Auszüge aus d. Moraltheol. d. Hl. A., 1901 - A.EISENKOLB, L. oder Luther, 1901 - G.HOEPEL, S.A. u. christl. Moral (ChW 16, 1902, 679-684. 703-708) - A.BRUCKNER, Die 10 Gebote im Lichte d. Moraltheol. d. Hl. A.v.L., (1904) 1930² - F.HEILER, Der Katholizismus, 1923, 153 ff. 265 ff. - Eine grundlegende ev. Monogr. über L. fehlt. *G.Maron*

Lilje, *Hanns,* * 20.8.1899 in Hannover, 1947 Landesbischof der Ev.-luth. Landeskirche → Hannovers, Abt zu → Loccum (1950). Seit 1945 Mitglied des Rates der EKD, ab 1949 stellvertretender Vorsitzender. 1955 Leitender Bischof der VELKD. Als Generalsekretär der Deutschen Christlichen Studenten-Vereinigung (DCSV; 1927-35) war L. früh mit der ökumenischen Arbeit vertraut. 1928 wurde er Mitglied im Exekutiv-Komitee des Christlichen Studenten-Weltbundes (SCM), ab 1932 dessen Vizepräsident, 1935 Generalsekretär des Luth. Weltkonvents. Wegen seiner ökumenischen Verbindungen und seines Wirkens in der → Bekennenden Kirche wurde er am 19.8.1944 durch den NS-Staat in Haft gesetzt. Der ökumenischen Arbeit blieb L. auch nach dem Kriege verbunden; er wurde Mitglied des Zentralausschusses des Weltrates der Kirchen und Präsident des → Lutherischen Weltbundes (1952-57), an dessen Gründung er 1947 in → Lund (: III) beteiligt war. Durch seine rege evangelistische und publizistische Tätigkeit gilt L. als Repräsentant des Weltluthertums.

Vf. u.a.: Das technische Zeitalter, 1928; Luthers Geschichtsanschauung, 1932; Das letzte Buch der Bibel, (1940) 1958⁵; Luther, Anbruch u. Krise der Neuzeit, 1946; Kirche u. Welt, 1956. - Hg.: »Furche«, 1933-41; JK, 1933-36; »Sonntagsblatt«, seit 1948. - Bibliogr. in: Gott ist am Werk (Festschr. z. 60. Geb.), 1959, 337-345. *W.Gerhold*

Liliencron, *Rochus Frhr. v.* (1820-1912), * in Plön/Holstein, † in Koblenz, wurde nach theologischen, juristischen und germanistischen Studien, kurzer Privatdozentenzeit in Bonn und politischer Tätigkeit für die provisorische schleswig-holsteinische Regierung 1851 ao. Prof. in Kiel, 1852 in Jena. 1855 wurde er herzoglicher Intendant und Bibliothekar in Meiningen und bald mit der Veröffentlichung der historischen Volkslieder der Deutschen und der Herausgabe der ADB beauftragt. 1869-76 lebte er in München, bis 1908 als Propst des adeligen St. Johannis-Klosters und freier Schriftsteller in Schleswig. Aus seinem weitverzweigten Schrifttum sind vor allem seine Studien zum → De tempore des Kirchengesanges und seine Chorordnung theologisch wichtig; ihre Gedanken werden zT in der heutigen liturgischen Erneuerungsarbeit verwirklicht.

Vf. u.a.: Die Eine dt. Kirche, 1846; Liturgisch-musikal. Gesch. der ev. Gottesdienste von 1521-1700, 1893; Chorordnung für die Sonn- u. Festtage des ev. Kirchenjahres, (1900) Neudr. 1929. - Über L.: A.BETTELHEIM, R.v.L., 1917 - MGG VIII, 868 ff (Bibliogr., Lit.). *W.Jannasch*

Limborch, *Philippus van* (1633-1712), remonstrantischer Theologe (→ Arminianer), * in Amsterdam, 1657 Prediger in Gouda, 1667 in Amsterdam, 1668 Prof. am dortigen remonstrantischen Seminar. Seine Autorität und sein Einfluß waren nicht nur in seiner Kirche, sondern auch im Ausland groß. Er lehrte eine praktische und vernünftige Theologie im erasmischen Geiste und unterschied zwischen dogmata necessaria et non necessaria. Zu den letzteren rechnete er die Trinität, die christologische Naturenlehre und die Prädestination; der Tod Christi war ihm Offenbarung der Liebe, nicht der strafenden Gerechtigkeit Gottes. Deswegen geriet van L. in Verdacht des Sozinianismus. Mit mehreren englischen Latitudinariern wie Erzbischof John → Tillotson, John

→ Spencer, den »Platonisten« Henry → More und Ralph → Cudworth und bes. mit John → Locke stand er in regem Briefverkehr. Ebenso wie sie war er dem konsequenten Cartesianismus abgeneigt, bekämpfte → Spinoza als »Atheisten« und vertrat eine beschränkte Toleranz, die nur den dissidenten Protestanten, nicht aber den Ungläubigen, Juden und röm. Katholiken galt.

Vf. u.a.: Praestantium ac eruditorum virorum Epistolae, 1660; Korte Historie van het Synode van Dordrecht, 1671; Theologia christiana ad praxin pietatis ac promotionem pacis christianae unica directa, (1686) 1735[6] (Hauptwerk, holl. u. engl. Übers.); De veritate religionis christianae amica collatio cum erudito Judaeo, 1687; Historia inquisitionis, 1692. - Über L.: A. des Amorie van der Hoeven, Dissertatio de Ph. a L., 1843 - J.Locke, Lettres inédites, hg.v. H.Ollion u. T.J.deBoer, 1912 - L.Zscharnack, J.Locke's Reasonableness of Christianity, 1914 - G.J.Heering-G.J.Sirks, Het Seminarie der Remonstranten, 1914 - BWGN VI, 41ff (Lit.) - C.L. Thysse-Schouten, Nederlands Cartesianisme, 1954 - R.L.Colie, Light and Enlightenment, 1957. *W.F.Dankbaar*

Limburg, *Bistum,* bis 1929 zur oberrheinischen Kirchenprovinz gehörig, seitdem Suffragan von → Köln (: II). L. umfaßt Teile der alten Bistümer → Trier, → Mainz und → Fulda: das Gebiet des alten Herzogtums → Nassau, die Stadt Frankfurt, seit 1884 auch den Kreis Biedenkopf und das hessische Amt Homburg, seit 1929 Frankfurt/West und seit 1933 den Kreis Wetzlar. Das Stift L. gehörte ursprünglich zum alten Kurerzbistum Trier. Nach dem Verlust der linksrheinischen Teile und nach der völligen Auflösung in der Säkularisation wurde L. Sitz des aus Koblenz geflüchteten Trierischen Offizials und bekam als Verwaltungszentrum des verbliebenen Restes erhöhte Bedeutung. Nach einer langen Übergangszeit mit den verschiedensten Rechtstiteln wurde schließlich durch die Bullen »Provida solersque« (1821) und »Ad dominici gregis custodiam« (1827) die Errichtung eines eigenen Bistums L. vollendet. Die spätromanische Stiftskirche St. Georg wurde zur Kathedrale (als Stift aufgehoben 1803). Die Philosophisch-Theologische → Hochschule (: II) des Bistums ist der Theologischen Fakultät SJ St. Georgen in Frankfurt angeschlossen. - L. umfaßt zZ 473 Kirchen, 294 Parochien, 542 Welt- und 256 Ordensgeistliche, 26 männliche (215 weibliche) Ordensniederlassungen mit 594 (bzw. 2452) Mitgliedern, 2 Knabenkonvikte und 770 705 Katholiken bei ca 2 Mill. Einwohnern eines Gebiets von 6 182 qkm.

M.Höhler, Gesch. d. Bistums L., (1908) gekürzt 1915 - W.Nicolay, Aus d. Vorgesch. d. Bistums L., 1927 - LThK VI, 574ff - F.Ebert, Unser Bistum, 1940 - EC VII, 1358ff - AnnPont 1959, 306. *G.Maron*

Limbus (erg. inferni = Saum, Rand der Hölle, allgemein Vorhölle genannt, richtiger Vorhimmel) ist nach kath., bes. thomistischer Lehre (S. th. Suppl. q. 69 a. 4f) neben → Himmel, → Hölle (: IV) und → Fegfeuer ein zweifacher Aufenthaltsort abgeschiedener Seelen: a) *L. patrum* als Verwahrort der vor Christi Erlösungstat verstorbenen Gerechten des AT und rechtschaffener Heiden, identisch mit »Abrahams Schoß« (Lk 16, 22). Sie wurden durch Christi → Höllenfahrt (: I) für den Himmel befreit, so daß der L. patrum zu bestehen aufgehört hat. Auch dem Islam ist der L.gedanke nicht fremd (Horten 153. 372). - b) *L. infantium* oder *puerorum* als der Ort der ungetauft verstorbenen Kinder (S. th. Suppl. q. 69 a.6; Denz. 1526). Ohne persönliche Schuld, aber nicht von der Erbsünde befreit, erleiden sie nicht die Höllenstrafen, können aber auch nicht der Anschauung Gottes teilhaftig werden (vgl. Vergil, Äneis 6, 426ff). Eine biblische Begründung für diese auch in der kath. Theologie diskutierte Hypothese ist unmöglich (Schmaus 177ff). - Die *Kritik der Reformation* ergibt sich aus deren Stellung zur Höllenfahrt Christi und zur Heilsnotwendigkeit der → Taufe. Vgl. Luther, WA 43, 359; 44, 519. 812; WATR 5, 449. CA art. 2; FC Epit. XII, 6. Zwingli, CR 2, 414ff. 455f. Calvin, Inst. IV, 16, 26.

M.Horten, Die relig. Gedankenwelt des Volkes im heutigen Islam, 1918 - LThK VI, 577f - M.Schmaus, Kath. Dogmatik IV/1, (1952) 1957[5] - M.Albert, Enfants morts sans baptême, 1954 - A.Winklhofer, Das Los der ungetauft verstorbenen Kinder (MThZ 7, 1956, 45-60; Lit.) - B.Schuler, Das Schicksal der ungetauften Kinder nach ihrem Tode (ebd 120-128). *F.Schmidt-Clausing*

Linck, *Wenzeslaus,* * 8.1.1483 in Colditz, † 12.3.1547 in Nürnberg. Augustinereremit in Waldheim, seit 1503 in Wittenberg, 1511 dort Dr. biblicus, bei Luthers Promotion Dekan, 1516 Prior, Augustinerprediger in München, Begleiter von → Staupitz. 1517 in Nürnberg, Vermittler des theologischen Austausches zwischen Luther und Eck, 1518 mit Luther in Augsburg, 1520 Generalvikar der deutschen Augustiner, 1523 unter Resignation auf dieses Amt Prediger in Altenburg, wo er die Reformation durchführte. 1525 in Nürnberg Prediger am Spital, beteiligt bes. an den durch A. → Osiander hervorgerufenen theologischen Auseinandersetzungen. 1540/41 bei den Religionsgesprächen in Hagenau und Worms.

Schriften (u.a. Predigten; Annotationes zum AT, 1543-45) bei Jöcher-Adelung III, 1851ff. Werke (bis 1525) hg.v. W.Reindell, 1894. - Über L.: W.Reindell, W.L. von Colditz I, 1892 - RE XI, 505ff - B.Klaus, Veit Dietrich, 1958 (Reg.). *Matth.Simon*

Lindberg, *Jacob Christian* (1797-1857), * in Ripen. Schon als Student Anhänger → Grundtvigs, gründete er als Lehrer an der Kopenhagener Metropolitanschule mit → Rudelbach und Grundtvig die »Theologisk Maanedsskrift«, die gegen den Rationalismus für Grundtvigs Auffassung von Kirche und Glaube eintrat. Im Kampfe gegen den Kopenhagener Theologen H.N. Clausen († 1877) war L. unermüdlich, mußte deshalb 1828 sein Lehramt aufgeben und lebte als Privatgelehrter (AT, semitische Philologie). Durch seine Zeitschriften (Maanedsskrift for Kristendom og Historie, 1830-32; Dansk Kirketidende, 1833-40), Reisen und Korrespondenz gewann er viele pietistische Erweckte für den → Grundtvigianismus. In Kopenhagen sammelte er nach 1830 einen Kreis, der den Grundstock bildete für Grundtvigs Gemeinde in der Friedrichskirche. Seit 1844 Pfarrer in Tingsted auf Falster, vollendete L. 1853 seine Bibelübersetzung. 1853-55 war er Mitglied des Folketings.

DBL XIV, 1938, 366ff - Kaj Baagø, Magister J.Chr.L. (Kirkehist. Studier II/5), 1958. *Hal Koch*

Linderholm, *Johannes Emanuel* (1872-1937), schwedischer Theologe, 1911 Dozent, 1919 Prof. der KG und Mitglied des Domkapitels in Uppsala. Ein Kind der großen schwedischen Erweckung, gehörte L. zur Religionsgeschichtlichen Schule. Seine ausgeprägt theozentrische Programmschrift »Vom Dogma zum Evangelium« (1919) rief in Kirche und Freikirchen einen erbitterten Kampf hervor. Zur Förderung seines religiösen und theologischen Reformprogramms gründete L. 1929 Sveriges religiösa reformförbund. Dessen Organ ist die von L. 1930-36 hg. Zeitschrift Religion och Kultur. Als kritischer Kirchengeschichtsforscher hat L. einen unbestrittenen Rang und war 1920-36 Hg. der Kyrkohistorisk årsskrift.

Vf. u.a.: Sven Rosén och hans insats i frihetstidens radikala pietism, 1911; Om den kristna statskyrkans uppkomst, (1913) 1924[2]; Reformation och världsutveckling, 1918; De stora häxprocesserna i Sverige, 1918; Pingströrelsen, 1924; Pingströrelsen i Sverige, 1925. Ferner zahlreiche Reformschriften, u.a. zur Reformierung des Gottesdienstes. Bibliogr. in KÅ 31, 1931, 271-291; 36, 1936, 332-338. - Über L.: K.SANDEGÅRD, Kring E.L. och hans gärning, 1939.

C.E.Normann

Lindl, *Ignaz* (1774-1845), * in Baindlkirch bei Augsburg, kath., später ev. Theologe. L. war der erfolgreichste Prediger innerhalb der kath. Allgäuer → Erweckung (: I, 5 b), stand in Verbindung mit der → Christentumsgesellschaft und wurde ein glühender Vertreter des → Chiliasmus. Von seiner Gemeinde Grundremmingen bei Dillingen aus geriet er in engen Kontakt mit dem württ. Pietismus (→ Jung-Stilling). 1818 entzog er sich einer behördlichen Untersuchung und ging an die kath. Malteserkirche nach Petersburg. 1820 wurde er Propst von Odessa. Seines Amtes entsetzt, gründete er 1822 mit deutschen Anhängern die Gemeinde Sarata in Bessarabien (urchristliche Gütergemeinschaft). L. wurde 1823 aus Rußland ausgewiesen. Bereits heimlich verheiratet, trat er in Leipzig zum Protestantismus über und wurde Lehrer am Seminar der Rheinischen Missionsgesellschaft in Barmen. Später ging er mit seinen Anhängern zur → Nazarener-Gemeinde des Joh.Jak.Wirz über, deren Barmer Kreis bis 1950 bestand.

Qu. im Diözesanarchiv Augsburg. - Vf. u.a.: Über die Sünde wider den Hl. Geist, 1824; Leitfaden zur einfachen Erklärung der Apk, 1826. - Über L.: V.THALHOFER, Beiträge zur Gesch. des Aftermystizismus, 1857 - H.DALTON, Joh.Goßner, 1874 - W.HEINSIUS, A.Henhöfer u. seine Zeit, 1925 - H.RÖMMICH, I.L. (Die ev. Diaspora, Bh. 14), 1927 - G.LEIBBRANDT, Die Auswanderung aus Schwaben nach Rußland 1816-23, 1928 - H.TURTUR, Chiliastisch-schwärmerische Bewegungen in Bayern im frühen 19.Jh. (Diss. München), 1953 - G.WERNER in: Beiträge z. Gesch. u. Heimatkunde des Wuppertals III, 1956, 29ff.

E.Beyreuther

Lindsey, 1. *Theophilus* (1723-1808), englischer → Unitarier, * in Middlewich, 1756-63 Geistlicher in Dorsetshire. Um 1758 kam er zu der Überzeugung, daß Jesus Christus einfach ein Mensch gewesen sei und allein Gottvater religiöse Verehrung zukomme. 1763-73 war L. Pfarrer von Catterick in Yorkshire; 1764 richtete er die erste → Sonntagsschule in England ein. Als 1772 ein Gesuch an das Parlament fehlschlug, die Geistlichen der → Anglikanischen Kirche (: I) von der Unterschrift unter die 39 Artikel zu befreien, verzichtete er auf seine Einkünfte und gründete 1774 die erste Unitarische Kirche Englands in London, wo er bis 1793 als Geistlicher wirkte.

Vf. bes.: Apology, 1774; An Historical View of the State of the Unitarian Doctrine and Worship from the Reformation to our own Time, 1783; Conversations on the Divine Government, 1802. - Über L.: TH.BELSHAM, Memoirs of Th.L., 1812 - DNB XXXIII, 317f - A.GORDON, Addresses Biographical and Historical, 1922, 241-310.

F.Kenworthy

2. *Thomas Martin* (1843-1914), seit 1872 Prof. für KG, seit 1902 auch Leiter des College der Freien Kirche Schottlands in Glasgow. 15 Jahre lang leitete L. die Kommission für Äußere Mission in seiner Kirche. Sein Interesse für die sozialen Konsequenzen des Christentums machte ihn zum Freund der Labour-Partei und fortschrittlicher politischer Denker. In jüngeren Jahren schrieb er u.a. den Artikel »Christentum« für die 9. Aufl. der EBrit und war hervorragend an der Verteidigung seines Freundes W.R.Smith beteiligt, der infolge seiner Artikel über at. Themen in derselben Enzyklopädie wegen Irrlehre verklagt wurde. L.s Ruf als Historiker gründet sich bes. auf seine »History of the Reformation in Europe« (2 Bde, 1906/07), die er als »eine große religiöse Bewegung inmitten ihrer sozialen Umgebung« darstellte.

Vf. ferner u.a.: Luther and the German Reformation, 1900; The Church and the Ministry in the Early Centuries, 1903; die Kapitel über »Luther« in der Cambridge Modern History (1903), über »Englishmen and the Classical Renascence« in der Cambridge History of English Lit. (1909), über »The Triumph of Christianity« in der Cambridge Medieval History (1911). - Über L.: DNB 1912-21, 1927, 338f.

St.Mechie

Lingard, *John* (1771-1851), englischer kath. Historiker, * in Winchester, ausgebildet in Douai, ordiniert 1795, war 1811-51 Geistlicher in Hornby bei Lancaster und lehnte jeden Aufstieg ab. L.s bis 1688 reichende, durch Offenheit und Zurückhaltung ausgezeichnete »History of England« (8 Bde, 1819-30; 10 Bde, 1883[7]) trat zahlreichen prot. Thesen entgegen. Als typischer Vertreter der alten, englischen kath. Tradition war L. überzeugter Gallikaner und widersprach dem → Ultramontanismus von J.Milner und N. → Wiseman.

Vf. ferner u.a.: Antiquities of the Anglo-Saxon Church, (1806) 1845[3]; New version of the Four Gospels, 1836 (aus dem Griech. mit Anm.). - Über L.: DNB XXXIII, 320ff - J.HUGHES, J.L., 1907 - M.HAILE-E.BONNEY, Life and Letters of J.L., 1911 (Bibliogr.).

D.Carter

Links und rechts. Die Bedeutung der linken und rechten Seite ist in Religion, Volksglauben, Rechts- und Medizingeschichte verschieden. Bei den Römern bedeutete ursprünglich r. Unheil, l. → Glück. Auch ahd. winistar (= l.) ist bei Vogelflug und → Opfer die günstigere Seite. Dagegen ist nach griech., später von den Römern übernommenem Glauben l. die Unglücksseite. Auch im AT und NT gilt r. als die bessere Seite (vgl. Ps 45, 10; 110, 1; Mt 25, 41), die rechte Hand gilt als Segenshand (Gen 48, 17ff; → Handauflegung, → Segen). Groteskerweise führte dieser Glaube noch im 1. Weltkrieg dazu, gegen die Anstellung einarmiger Pfarrer Bedenken zu äußern (AELKZ 1916, 92). Häufig ist die Gleichsetzung von r. = gut, l. = böse, schlecht (so im Rechtsbrauch: rechte Hand als Schwurhand, → Eid: I; »Ehe zur linken Hand« = unstandesgemäße Ehe). Der Vorzug der linken Seite in der volkstümlichen → Magie beruht teils auf dem Gegensatz zum religiös Sanktionierten, teils auf der Lage des Herzens. Nach früher medizinischer Anschauung ist das männliche Geschlecht der rechten, das weibliche der linken Körperseite zugeordnet (Anaxagoras; Plinius, Hist. nat. VII, 4). Die → Krankheiten in der rechten Körperhälfte sind heftiger als l. (Hippokrates, Περὶ νουσῶν III, 116). Die verschiedenen historischen Glaubens- und Wissensschichten leben im neuzeitlichen Volksglauben, zT landschaftlich differenziert, fort: r. ist dabei meist günstig, l. ungünstig (Angang; mit dem linken Bein aufstehen; mit dem linken Fuß stolpern; Jucken der Hand, des Auges; Klingen des Ohres); es gibt aber auch die umgekehrte Bedeutung (Schafe zur Linken).

RGG[2] III, 1661f (Lit.) - W.LUDWIG, Das R.- u. L.-Problem im Tierreich u. beim Menschen, 1932 - A.GORNATOWSKI, R. u. L. im antiken Aberglauben (Diss. Breslau), 1936 - HWDA X, 219. 281 (Reg., Belege) - E.STEMPLINGER, Antiker Volksglaube, 1948, 69ff. 99 - P.HAJDU, Die Benennung der Begriffe r. u. l. als Ausdruck der Beziehung zwischen Sprache u. Denken (Acta Linguistica I, Budapest 1951, 171-248).

L.Röhrich

Linsenmann, *Franz Xaver* (1883: *von*), * 1835 in Rottweil, 1867 Prof. der Moral- und Pastoraltheologie in Tübingen, † 1889 als präkonisierter Bischof von Rottenburg. L. war in der Zeit des erstarkten Zentralismus und einer uniformierenden → Neuscholastik, welche die von Idealismus und Romantik angeregte deutsche kath. Theologie zurückdrängten, ein kraft- und geistvoller Vertreter Tübinger Tradition. Er betonte die Freiheit der Kinder Gottes und wandte sich gegen die Verrechtlichung der → Moraltheologie. Seine wegweisenden Gedanken über Gesetz und Freiheit, Gebot und Rat, → Pflichtenkollision und → Kasuistik sowie seine Lehre vom Gewissen werden erst heute in ihrer Bedeutung gewürdigt und ausgewertet.

Vf. u.a.: Michael Bajus u. d. Grundlagen des Jansenismus, 1867; Lehrbuch der Moraltheol., 1878; Ges. Schr., hg.v. A.MILLER, Bd I, 1912. - Über L.: ADB 52, 2ff (Bibliogr., Lit.) - J.DIEBOLT, La théologie morale catholique en Allemagne... 1750-1850, Straßburg 1926, 345. 354 - A.AUER, Gesetz u. Freiheit im Verhältnis von Gott u. Mensch bei F.X.L. (Festschr. Steinbüchel, 1948, 246-263) - B.HÄRING, Das Gesetz Christi, 1954, 77f. *J.Klein*

Linus, gilt als 1. Nachfolger des → Petrus und als Märtyrer. Sämtliche röm. Bischofslisten beginnen mit ihm; auch im Meßkanon steht er unmittelbar nach den Aposteln. Irenäus und Eusebius identifizieren ihn mit dem 2Tim 4, 21 genannten L.

AS Sept. VI, 1867, 539ff (Fest: 23.9.) - DThC IX, 772 - CASPAR I, 8ff. 75. 569f - VSB IX, 472. *F.Paschke*

Linz, österreichisches *Bistum,* umfaßt das industriereiche Oberösterreich. Wie → St. Pölten wurde L. 1783 von → Joseph II. errichtet, um das Kronland kirchlich vom bayerischen → Passau loszulösen. Die förmliche kanonische Errichtung erfolgte erst am 28.1.1785 (Bulle »Romanus Pontifex«). 1793 wurde eine theologische Diözesan-Lehranstalt in josephinischem Geiste errichtet, seit 1804 besteht die L.er »Theologisch-Praktische Quartalschrift«. Unter Bischof Frz. Jos. Rudigier (1853-84), dem scharfen Antiliberalen, wurde 1862 mit dem Bau einer neuen Kathedrale, dem neugotischen Dom U.L.F. Empfängnis begonnen. Bedeutsame Stifter der Diözese sind St. Florian und Kremsmünster. Statistik (1958): 684 Kirchen, 447 Pfarreien, 643 Welt- und 487 Ordensgeistliche, 183 Seminaristen, 44 männliche (185 weibliche) Ordensniederlassungen mit 806 (bzw. 2944) Mitgliedern. Das Bistum umfaßt 1 030 000 Katholiken von 1 121 102 Einwohnern auf 11 978 qkm.

M.HIPTMAIR, Gesch. d. Bistums L., 1885 - F.PESENDORFER, Das Domkapitel in L., 1929 - LThK VI, 589f - EC VII, 1391 - AnnPont 1959, 308. *G.Maron*

Lioba (Leobgyta; ca 710-782), * in Wessex, † in Schornsheim bei Mainz. L. lernte schon früh in der Schule der Äbtissin Eadburga die lateinische Grammatik und die freien Künste, kam 732 nach Wimborn, von wo sie ihr Verwandter → Bonifatius für die deutsche Mission anforderte. Um 737 kam sie mit 3 Klosterfrauen nach Tauberbischofsheim, wo ihr neu gegründetes Kloster bald der Mittelpunkt für die Ausbildung der weiblichen Missionskräfte wurde. Freundschaft verband die liebenswürdige und harmonische Frau mit Karlmann und → Karl d.Gr., der sie gerne an seinen Hof gezogen hätte.

Vita des Rudolf v. Fulda, AS Sept. VII, 760ff - Briefe von u. an L. in: MG Ep. sel. I, (1916) 1955², 52f. 139f. 216f. 223 - HAUCK I, 490ff - A.ULLRICH in: Tauberbischofsheim, 1955, 98-140 - EC VII, 1392 (Lit.). *A.Brück*

Lippe. Das Land L. verdankt Namen und Entstehung dem seit 1123 nachweisbaren Regentengeschlecht zur L., das anfangs als Edelherren, seit 1528 als Grafen, seit 1789 als Fürsten zur L. bis 1918 regierte. 1949 wurde L. dem Lande Nordrhein-Westfalen eingegliedert. Das ursprüngliche Gebiet lag um Lippstadt in Lipperode und dem Prämonstratenser-Nonnenkloster Cappel. Aus mancherlei Streubesitz innerhalb der Bistümer → Paderborn, → Münster, → Osnabrück und → Minden kristallisierte sich das Territorium zwischen dem Teutoburger Wald und dem Weserbogen bei Rinteln heraus und war am Vorabend der Reformation etwa im heutigen Umfang vorhanden. - Unter den mittelalterlichen Edelherren ragt Bernhard II. (1168-96) hervor, ein Waffengefährte Heinrichs des Löwen. Er zog als Mönch 1211 nach Livland, wurde Bischof von Selonien-Semgallen und 1224 im Kloster Dünamünde begraben. Die lipp. Pfarreien gehörten zu den Bistümern Paderborn und Minden und gaben mit ihren Kirchen, Kapellen, Klöstern und Wallfahrtsorten dem Lande ein im kath. Sinne frommes Gepräge, wenn auch jene Erscheinungen nicht fehlten, die je länger, um so mehr eine »Reform an Haupt und Gliedern« erforderten. Die luth. *Reformation* setzte um 1525 in Lemgo ein und führte dort 1533 zur Einführung der Braunschweiger KO → Bugenhagens, 1538 für das übrige Land unter Einfluß des Landgrafen → Philipp von Hessen zur Annahme der von Adrian Buxschoten und Joh.Tiemann verfaßten, von Luther und Melanchthon gebilligten 1. Lipp. KO, deren Übernahme Lemgo verweigerte. Eine allgemeine Visitation durch Antonius → Corvinus (1542) gelangte nicht zur rechten Auswirkung. Dem → Interim folgte ein Rückschlag, den Hemmungen politischer Art und mangelnde kirchliche Einigkeit noch verstärkten. Wohl bekannte man sich nach dem → Augsburger Religionsfrieden in Brake 1556 erneut zur luth. Reformation, aber der Bischof von Paderborn setzte 1558 die Jurisdiktionsrechte wieder durch und nahm dem lipp. Grafen die »freie Hand in Kirchensachen«. Die Streitigkeiten um die KO von 1538 und die Zeremonien (Herm. → Hamelmann) konnten auch durch die Einführung einer neuen luth., der L.-Spiegelberger KO von 1571, entworfen von Joh. von Exter und durchgesehen von Jak. → Andreä, nicht behoben werden. Ein Versuch, 1579 die → Konkordienformel in L. einzuführen, schlug fehl.

Der dem Philippismus nahestehende, ref. Graf Simon VI. (1579-1613) nahm um 1600 auf Grund landesherrlicher Episkopalgewalt die ins Stocken geratenen luth. Reformationsbestrebungen auf und vollzog für sein Land unter Beibehaltung der KO von 1571 und des kleinen Katechismus Luthers den Übergang zum ref. Bekenntnis. Der → Heidelberger Katechismus wurde erst 1618 eingeführt. Lemgo widersetzte sich und erreichte nach 10jähriger »Revolte« im Röhrentruper Rezeß 1617 weitgehende kommunale (auf Grund des zugestandenen ius gladii in Hexenprozessen wurde 1666 der Pastor A.Koch als Hexenmeister hingerichtet!) und kirchliche Selbständigkeit (2 Kirchen blieben luth.). Sie wurde erst 1854 durch den Staatsstreich des lipp. Kabinettsministers L.Hannibal Fischer beendet.

Im 30jährigen Krieg wurde L. schwer heimgesucht, doch wirkte sich der → Westfälische Friede (1648) günstig aus. 1684 wurde eine ref., von General-Sup. J.J. Zeller verfaßte »Christliche KO« in Kraft gesetzt, die bis 1931 in Geltung war und luth. Sonderrechte berücksichtigte. Ihre pietistische Art wehrte dem Eindringen des Separatismus, der nur zeitweise in Biesterfeld (→ Hochmann von Hochenau) und Hohenhausen Fuß faßte. Reiseprediger der Brüdergemeine besuchten L. von 1798-1845. Zu einer pietistischen Volksbewegung ist es in L. nicht gekommen. Seit 1770 gewann der Rationalismus Boden und wurde durch den General-Sup. Ferd.Weerth (1805-36) zum Siege geführt, der zur Unterrichtung der Kinder 1811 einen »Leitfaden« herausgab. Der Heidelberger Katechismus wurde verdrängt. Als 1844 auch die Reversalien für den Pfarrerstand abgeändert wurden, protestierten 5 Pfarrer und erreichten nach langem Streit 1856 die Wiedereinsetzung der kirchenordnungsmäßigen Rechte und des Heidelberger Katechismus.

Die von Ravensberg herübergekommene → Erweckungsbewegung beeinflußt bis heute das kirchliche Leben. Ihr Vorläufer war der Pfarrer F.K.Krüger in Wüsten, Hauptvertreter der Bauer Joh. Barthold Jobstharde in Wüsten, ein »Vater des christlichen Lebens« (1797-1858), der luth. Pastor F.Clemen und der ref. Hilfsprediger A.Schmidt, beide in Lemgo. Als 1847 hier der Rationalismus vollends triumphierte, bildete sich auf den 1848 vom → Frankfurter Parlament beschlossenen »Grundrechten« eine »Neue ev. Gemeinde« aus ref. und luth. Erweckungsanhängern. Ihr Pastor J.W.E.Steffann (bis 1854), zugleich Agent der → Evangelischen Gesellschaft für Deutschland, rief mancherlei außer- und innergemeindliche Auseinandersetzungen hervor. Die lipp. Regierung löste die Gemeinde auf, als alle Lemgoer Kirchen wieder bekenntnistreue Prediger erhalten hatten. - 1854 wurden die ref., luth. und kath. Gemeinden in L. rechtlich gleichgestellt, die luth. dem seit 1571 bestehenden Konsistorium untergeordnet. Eine Synodalverfassung wurde 1877 eingeführt; die damals 4 luth. Gemeinden traten ihr einzeln bei und bildeten die luth. Klasse. Nach dem Thronverzicht des Fürsten wurde am 18.11.1918 aus dem Konsistorium und dem Synodalvorstand ein »Landeskirchenrat« gebildet, der die Rechte des Landesherrn als Landesbischof übernahm. Die Verfassung vom 17.2.1931 regelt die Ordnung der landeskirchlichen Organe, eine Gemeindeordnung vom 18.3. 1957 das Leben der Gemeinden. Die Zeit des → Kirchenkampfes führte L. zur 1. vorläufigen Leitung der DEK, dann zu den »intakten Kirchen«. Die Bekennende Kirche wurde bes. durch die Übernahme von Kandidatenprüfungen gefördert und verfolgten Pfarrern der Dienst in L. ermöglicht. Seit 1942 beteiligte sich L. am »Einigungswerk« des Landesbischofs Th. → Wurm und konnte nach 1945 ein reges kirchliches Leben entfalten. Die Beziehungen zu Nordrhein-Westfalen sind durch Staatsvertrag vom 6.3.1958 geregelt.

L. zählt zu den ref. Gliedkirchen der EKD. Die Seelenzahl der Landeskirche beträgt (Ende 1958) 246 000 in 6 Kirchenkreisen (5 ref., 1 luth. Klasse) mit 63 Gemeinden (55 ref., 8 luth.) und 93 Pfarrstellen (78 ref., 14 luth., 1 landeskirchliche). Weiter befinden sich in L. 32 000 zum Erzbistum Paderborn gehörige Katholiken in 14 Pfarreien.

Gesetz- u. Verordnungsblatt der Lipp. Landeskirche I-V, 1901ff - W.Neuser, Die Lipp. Landeskirche (Abriß ihrer Geschichte), 1953 (32ff: Qu. u. Lit. in Ausw.) - W.Hansen, Lipp. Bibliogr., 1957 - E.Kittel, Gesch. d. Landes L. (Heimatchroniken der Städte u. Kreise des Bundesgebietes, Bd 18), 1957. - Eine ausführliche, bis zur Gegenwart reichende Gesamtdarstellung fehlt.

† W.Neuser (A.Neuser)

Lippomano, *Luigi* (1500-59), bedeutender kath. Hagiograph, * als Patriziersohn zu Venedig, seit 1538 Koadjutor seines Onkels, 1548 Bischof von Verona, 1558 von Bergamo. Nuntius in Portugal (1542), im Reich (1548) und in Polen (1556). 1551/52 war L. einer der Präsidenten des → Tridentinischen Konzils. † in Rom als päpstlicher Sekretär.

Vf. außer Catenen zu Gen, Ex u. Pss: Historiae de vitis sanctorum, 8 Bde, Venedig 1551-60. - Über L.: F.Lauchert, Die ital. literarischen Gegner Luthers, 1912, 569ff - Jedin I. II. (s. Reg.).

P.F.Barton

Lipsius, *Richard Adelbert,* ev. Theologe, * 14. 2. 1830 in Gera, † 19.8.1892 in → Jena, wohin er 1871 als Prof. für syst. Theol. über Leipzig (1859), Wien (1861) und Kiel (1865) kam. Als liberaler Dogmatiker erstrebte er, → Schleiermacher und A. → Schweizer verbunden, in ständiger Auseinandersetzung mit der altprot. Dogmatik einerseits und A. → Ritschl andrerseits den Nachweis des »guten Rechtes der christlich-religiösen Weltanschauung überhaupt«, dh eine spekulative Ausgestaltung des Dogmas. Unter dem Einfluß des → Neukantianismus das religiöse Erkennen auf subjektives Erleben beschränkend, bemühte er sich, dessen »Anschauungsbilder« von Symbolcharakter mit dem in der religiösen Vorstellung Gemeinten zusammenzubringen. Erreichte L. auch nicht die bewußt erstrebte universale Teleologie, so legte er doch im Laufe seiner theologischen Entwicklung immer stärkeres Gewicht darauf, das »christliche Prinzip« in der Person Jesu Christi verwirklicht zu sehen. - L. gehörte zu den Gründern des → Evangelischen Bundes und nahm an der Arbeit des Allgemeinen ev.-prot. Missionsvereins richtungweisend teil. - Vgl. → Christentum: V, 1 c.

Vf. u.a.: Lehrbuch der ev.-prot. Dogmatik, (1876) 1893³ hg.v. O.Baumgarten (vollst. Bibliogr.). - Über L.: ADB 52, 7ff - Fr. Traub, Grundlegung u. Methode der L.schen Dogmatik (ThStKr 68, 1895, 471-529) - A.Neumann, Grundlagen u. Grundsätze der Weltanschauung von R.A.L., 1896 - E.Pfennigsdorf, Vergleich der dogmat. Systeme von R.A.L. u. A.Ritschl, 1896 - U.Fleisch, Die erkenntnistheoret. u. metaphys. Grundlagen der dogmat. Systeme von A.E.Biedermann u. R.A.L., 1901 - RE XI, 520ff - H.Weinel, R.A.L. (SgV 147), 1930 - H.Stephan, Gesch. der dt. ev. Theol., 1938, 237 - Hermelink III, 236f - M.Werner, Der prot. Weg des Glaubens, 1955, 777ff.

H.Hohlwein

Lisco, 1. *Emil Gustav* (1819-97), ev. Theologe, Sohn des langjährigen Leiters der Preuß. Hauptbibelgesellschaft, Pfarrer *Friedrich Gustav L.* (1791-1866), der auch durch seine pietistisch geprägte Bibelausgabe (1834-53, wiederholt übersetzt) bekannt war. E.G.L. war Pfarrer an der Marien-, seit 1859 an der Neuen Kirche in Berlin. Wegen eines Vortrages über »Legendenhafte Bestandteile im Apostolikum« wurde er 1872 disziplinarisch mit einem Verweis bestraft und 1895 auf Grund einer Selbstanzeige wegen Nichtgebrauchs des → Apostolikums (: II, 2) aus dem Kirchendienst entlassen. Er war Mitbegründer der Prot. Kirchenzeitung und des → Protestantenvereins.

Hermelink III, 553. 561. - Über F.G.L.: W.Kosch, Dt. Lit.-Lex. II, 1953², 1548.

2. *Heinrich* (1862-1906), Sohn von 1, war Pfarrer am Waisenhaus in Berlin-Rummelsburg und teilte 1895 das Schicksal seines Vaters. - Sein Bruder *Hermann* (1850 bis 1923), Jurist, war seit 1922 Vorsitzender des Ev. Bundes.

Vf. u.a.: Paulus Antipaulinus, 1894; Akten zu meiner Amtsentsetzung, 1895. - Hermelink III, 561.

H.Hohlwein

Lismanini, *Franz* († 1566), aus Korfu gebürtig, Franziskanerprovinzial, seit 1546 Beichtvater und Hofprediger der Königin Bona Sforza von Polen, Leiter des Krakauer Humanistenkreises im Hause des Adligen Johann Trzecieski. L. wurde durch die Schriften Calvins und der Böhmischen Brüder für den Protestantismus gewonnen. Ein Auftrag des Königs bot ihm Gelegenheit zu einer Reise nach Genf (1553). Hier trat er offen zum Calvinismus über. Als die Synoden von Pińczów 1555 und 1556 ihn und Joh. → Laski aufforderten, in den Dienst der kleinpolnischen Kirche zu treten, sind beide dem Ruf gefolgt. Sie haben eine engere Anlehnung der kleinpolnischen Protestanten an die Genfer Reformation bewirkt und ihre vorgesehene Union mit der → Brüderunität (: I) verhindert (→ Polen). In Abwehr der christologischen Sonderlehre des → Stancarus hat L., von → Biandrata beeinflußt, die Dreiheit der göttlichen Personen betont. Des Arianismus verdächtigt, zog er sich nach Königsberg zurück.

K.Völker, KG Polens, 1930 - J.Müller, Gesch. d. Böhm. Brüder III, 1931.

E.Peschke

Lissabon (portug. Lisboa), *Erzbistum* und Patriarchat. Als erster Bischof von L. erscheint 357 Potamius auf der 2. Synode zu Sirmium. In der Maurenzeit gab es in L. einen mozarabischen (→ Mozaraber) Bischof.

Nach Wiedereroberung L.s 1147 wurde das Bistum L. neu begründet. 1393 wurde es Erzbistum, 1716 der Erzbischof zum Patriarchen erhoben und mit Privilegien ausgestattet. Zeitweise gehörten auch die Bistümer Bahia (Brasilien) und Kongo (Angola) zur Metropole L. Die heutigen Suffragane von L. sind Guarda, Leiria und Portalegre auf dem Festland, Angra do Heroísmo und Funchal auf den Atlantikinseln und Cabo Verde in Afrika.

R. da Cunha, História eclesiástica da igreia de L., L. 1642 - E. Freire de Oliveira, Elementos para a historia do municipio de L., 17 Bde, L. 1882-1911 - J. Castilho, Lisboa antiga, 5 Bde, L. 1902-04.
R. Konetzke

Liszt, *Franz,* deutscher Komponist, * 22.10.1811 in Raiding/Ödenburg (Ungarn), † 31.7.1886 in Bayreuth. L. war in Wien und Paris Schüler von Czerny, Salieri, Paër und Reicha und lebte als Pianist, Dirigent und Lehrer vor allem in Paris, Weimar (Hofkapellmeister) und Rom, wo er 1865 die niederen Weihen empfing. - L.s virtuos-improvisatorische Begabung manifestiert sich bes. in seiner Klaviermusik, die von Chopin ausgehend zu den Anfängen des Impressionismus führt. Mit seinen von → Berlioz angeregten sinfonischen Dichtungen wurde er zum Begründer der neudeutschen Schule und stand Wagner nahe. Seine von starker Stimmung erfüllten geistlichen Werke verbinden gregorianische Melodik mit glanzvoller romantischer Klangfarbe.

Geistl. Werke: Oratorien (Die Legende von der hl. Elisabeth, 1862; Christus, 1866/67), Geistl. Chorwerke mit u. ohne Orchester (Psalmen u.a.), Messen, Orgelwerke. - Unvollst. GA, 1907ff (Geistl. Werke in Serie V). - P. Raabe, F.L., 2 Bde, 1931. *W. Osthoff*

Litanei

1. Liturgisch - 2. Musikalisch

1. L., ein Wechselgebet zwischen einem Vorbeter und der formelhaft antwortenden Gemeinde, gibt es der Sache nach schon bei schriftlosen Völkern. Bereits bei Homer begegnet λιτή, λιτανεύω (»flehen«, bes. Od. XI, 34; Il. IX, 502), in christlicher Zeit zuerst bei Dionysius von Halicarnassus (Antiqu. IV, 67). Die Gebetsform, im AT vorgebildet (Ps 118; 136; Dan 3, 27-66), ist sowohl über die Mischna (Taan. II) in die jüdischen Gebetbücher wie über das → Kyrie eleison in die christliche Liturgie eingegangen. Die bei den Prozessionen gesungenen und litaneiartig erweiterten Kyrie gaben diesen die Bezeichnung L. (processio erst seit dem 12.Jh.). Die Bittumgänge am 25.4. (Markustag), einst zu Ehren des römischen Flurgottes Robigus (Ovid, Fasti IV, 901), und zwischen Rogate und Himmelfahrt hießen »litania maior« bzw. »litaniae minores«. Andererseits spricht die → Benediktinerregel (c. 9. 12f. 17) vom Kyrie als der L. ZZ Gregors d. Gr. (Ep. IX, 12) wurde das »Christe eleison« hinzugefügt. Im Sacramentarium Gelasianum (79) wird die L. mit dem → Agnus Dei geschlossen, im Sakramentar von Gelone (8./9.Jh.) beginnt die Einfügung der Heiligennamen. Die L.en unterscheiden dogmatisch genau die Antwort »Erbarme dich unser«, »Verschone (erlöse) uns, o Herr«, »Wir bitten dich, erhöre uns« bei der Indikation Gottes von dem »Bitte für uns« bei der Anrufung Marias und der Heiligen. Sixtus V. approbierte 1587 die Lauretanische L. (→ Loreto), deren Vorbild in einer St. Galler Muttergottes-L. des 12.Jh.s zu sehen ist. 1862 wurde die Namen-Jesu-L., 1899 die Herz-Jesu-L. (→ Herz Jesu) und 1909 die Josephs-L. approbiert. Nach c. 1259, 2 CIC ist die Approbation von L.en dem Papst vorbehalten. - Die griech. Kirche macht von der L. (Ektenie) reichen Gebrauch. Die anglikanische Liturgie hat die L., ohne Heiligenanrufung, als Abschluß des Morgengottesdienstes. Die ref. Kirche ließ die L. fallen. Luther behielt sie anfänglich bei, strich sie aber bei seiner liturgischen Säuberung. In der Gefahr der Türkenkriege 1529 gestaltete er aus der Allerheiligen-L. seine heiligenlose L. und nannte sie »latina litania correcta« (WA 2, 126. 172ff. 680ff; 7, 229; 10/II, 375. 406; 29, 517. 595; 30/II, 96ff. 118ff. 346ff; 32, 209ff). Sie blieb ein wichtiger Bestandteil der luth. Agenden. Aus dieser Überlieferung heraus hat → Zinzendorf die L. in erweiterter Form in das »Gesangbuch der Gemeine in Herrn-Huth« in einen der späteren Teile (Nr. 1648) aufgenommen, und seitdem ist sie regelmäßig - seit langem schon in verkürzter Gestalt - in der Brüdergemeine benutzt worden. In den landeskirchlichen Gesangbüchern begegnet sie zuerst in den zweiten Teilen des DEG und bildet heute einen integrierenden Bestandteil des EKG (138). Ihre praktische Benutzung macht keine Mühe, weil man sich in der Form der Ausführung ganz den gemeindlichen Gegebenheiten anpassen kann. Der glaubensmäßige und gemeindebildende Wert dieses Bitt- und Fürbittgebetes steht erfahrungsgemäß außer Zweifel.

RE XI, 524ff - P. Drews, Studien zur Gesch. d. Gottesdienstes IV: Luthers lat. u. dt. L. von 1529, 1910 - F. Heiler, Das Gebet, (1918) 1923⁵ - P. Graff, Gesch. d. Auflösung der gottesdienstl. Formen I, (1921) 1937² - L. Eisenhofer, Hdb. d. kath. Liturgik, (1932) 1941² - LThK VI, 598ff - Rietschel-Graff (s. Reg.) - Leiturgia III, 336 (Reg.) - L. Fendt, Einführung in die Liturgiewiss., 1958.
F. Schmidt-Clausing

2. Die L. besitzt von Anbeginn die sehr einfache Form des Rezitativs und hat daher wenig zur mehrstimmigen Vertonung gereizt. Eine große Blüte erlebte sie aber als Begleitgesang von Prozessionen in der gallikanischen Liturgie (→ Gallikanischer Gesang), von wo manche Formen vorübergehend in die römische Liturgie eindrangen. Sie konnte versische Gestalt einnehmen (mit rhythmischen oder metrischen Versen). Durch Wiederholungen und zahlenmäßige Gliederungen wurden strophische Komplexe gebildet. Bes. wichtig wurde die Herausstellung und gliedernde Ausgestaltung des L.-schlusses, dh der Kyrie-Rufe beim Beginn der Messe, aus dem sich das → Kyrie entwickelte.

P. Wagner, Einführung in die gregor. Melodien III, 1921 - MGG VIII, 989ff. *E. Jammers*

Litauische Religion → Baltische Religion.

Literarkritische Schule. Nach dem Vorbild von → »Religionsgeschichtliche Schule« nennt man eine bestimmte Gruppe der ihr vorausgegangenen oder gleichzeitigen Alt- und Neutestamentler wohl L.Sch. Haben die zu ihr Gerechneten auch nicht eine so eng zusammengehörige Gemeinschaft gebildet, wie es bei der Religionsgeschichtlichen Schule der Fall war, so sind ihnen jener gegenüber doch so viel Züge gemeinsam, daß ihre Zusammenfassung als L.Sch. schon berechtigt ist. Es handelt sich um Forscher, die in den Mittelpunkt ihrer Arbeit die literarkritische Analyse des AT und des NT stellen und auf Grund dieser Analyse AT und NT sowohl als literarische Größen wie auch als Religionsurkunden zu verstehen suchen (→ Bibelwissenschaft: I, 2a; II, 5). Das zeigt sich u.a. darin, daß die L.Sch. im Gegensatz zur Religionsgeschichtlichen Schule, die mit dem von kanonischer Wertung der Bibel absehenden historischen Verständnis der Bibel ernst macht und daher die Bezeichnungen »EinlAT« und »EinlNT« sowie »At.« und »Nt. Theologie« durch »Israelitisch-jüdische« und »Urchristliche« »Literatur-« und »Religionsgeschichte« ersetzt wissen will, im allgemeinen bei den alten Benennungen stehen bleibt (→ Biblische Theologie: I. II). Damit hängt zusammen, daß die Vertreter der L.Sch., von denen viele in der Umwelt der Bibel gut Bescheid wußten, doch die Bibel ziemlich isoliert betrachten und kaum in das Licht ihrer Umwelt hineinrücken, wie es sich für die Religionsgeschichtliche Schule nahelegte. Die L.Sch., die sich nicht zufällig weitgehend mit dem Kreis der Anhänger A. → Ritschls deckt, steht also in der Mitte zwischen → Biblizismus und Religionsgeschichtlicher Schule. Als Blütezeit der L.Sch. wird man etwa die Jahre 1870-1920 betrachten dürfen.

Die bedeutendste Erscheinung der L.Sch. ist ohne Zweifel J. → Wellhausen (1844-1918), um so mehr, als er nicht nur der Wissenschaft vom AT, sondern auch der vom NT ganz entscheidende Anstöße gegeben hat. So sagt man statt L.Sch. auch wohl geradezu »Wellhausen-Schule«, insofern freilich mit Unrecht, als Wellhausen, »der große Einsame«, derartigen »Schulen« abhold war und sich die Bildung einer um seine Person gelagerten Gruppe ganz gegen seinen Willen vollzog. Neben ihm wären, wenn man die L.Sch. über die deutschsprachigen Länder hinaus ausdehnen darf und es dabei in Kauf nehmen will, daß der Wissenschaftstradition der anderen Länder entsprechend die dann zur L.Sch. gerechneten Forscher den deutschen gegenüber eben doch ihre Besonderheiten aufweisen, *auf at. Gebiet* als zur ersten Generation gehörig zu nennen der Holländer A. → Kuenen (1828-91), der Schotte W.R.Smith (1846-94) und der Engländer S.R.Driver (1846-1914). Glieder der zweiten Generation sind u.a.: G.Beer (1865-1946), I.Benzinger (1865-1935), A. → Bertholet (1868-1951), K. → Budde (1850-1935), H. → Guthe (1849-1936), G. → Hölscher (1877-1955), H.Holzinger (1863-1944), E. → Kautzsch (1841-1901), K. → Marti (1855-1925), J.Meinhold (1861-1937), W.Nowack (1850-1928), A. → Rahlfs (1865-1935), R.Smend (1851-1913), B.Stade (1848 bis 1906) und C.Steuernagel (1869-1958), dazu die Nichtdeutschen J.A.→ Bewer (1877-1953), F.Buhl (1850 bis 1932), G.Buchanan Gray (1865-1923), Paul Haupt (1858 bis 1926), A. → Lods (1867-1948), G.Foot → Moore (1851-1931) und G.Wildeboer (1855-1911). Von einer dritten Generation der L.Sch. kann darum nur mit Vorbehalt die Rede sein, weil mit dem Anfang des 20.Jh.s einerseits so gut wie alle Alttestamentler von dieser Schule abhängig werden, anderseits diejenigen, die, wie etwa O. → Eißfeldt (* 1887), ihr besonderes Anliegen, die literarkritische Analyse, fortzuführen sich bemühen, zugleich von anderen Forschungsrichtungen, vorab von denen der Religionsgeschichtlichen Schule, aufs stärkste beeinflußt sind. - Für die at. L.Sch. charakteristische Gemeinschaftsunternehmungen sind die 1881 von B.Stade begründete ZAW sowie der 1892 von W.Nowack begonnene HK und der seit 1897 von K.Marti herausgegebene KHC.

In dem Sinne, wie es bei der Wissenschaft vom AT der Fall ist, läßt sich bei der vom *NT* von einer L.Sch. darum nicht reden, weil hier der Zusammenhang der in Frage kommenden Forscher noch viel weniger eng ist als dort. Immerhin heben sich H.J.→ Holtzmann (1832-1910) und K.H.v. → Weizsäcker (1822-99), als zweite Generation W. → Bauer (* 1877), A. → Jülicher (1857-1938), E.Preuschen (1867-1920), P.W.Schmidt (1845-1917), P.W.Schmiedel (1851-1935), E. → Schürer (1844-1910), H.v. → Soden (1852-1914) und H.H.Wendt (1853-1928), zur dritten Generation gehörend E.v.Dobschütz (1870 bis 1934), E.Klostermann (* 1870), H. → Lietzmann (1875-1942), H. → Weinel (1874-1936), H.Preisker (1888-1952), R.Schütz (* 1883), H. →Windisch (1881 bis 1935) sowie E.Fascher (* 1897) doch als eine besondere Gruppe heraus, die zudem in dem 1889 begründeten HC und in der 1900 ins Leben gerufenen ZNW wertvolle Gemeinschaftsunternehmungen hervorgebracht hat. - Vgl. → Bibelkritik: I. II.

F.Kattenbusch, Die dt. ev. Theol. seit Schleiermacher, (1892) 1934[6] - R.Seeberg, Die Kirche Deutschlands im 19.Jh., (1903) 1910[3] - A.Schweitzer, Gesch. der Leben Jesu-Forschung, (1906) 1951[6] - Ders., Gesch. der paulinischen Forschung, (1913) 1933[2] - R.Kittel, Die Zukunft der at. Wiss. (ZAW 39, 1921, 84-99) - H.Gressmann, Die Aufgaben der at. Forschung (ebd 42, 1924, 1-33) - H.Stephan, Gesch. der dt. ev. Theol. seit dem Dt. Idealismus, (1938) 1960[2] (NB von M.Schmidt) - Hirsch I-V - H.F.Hahn, The OT in Modern Research, (1954) 1956[2] - E.G.Kraeling, The OT since the Reformation, 1955 - H.J.Kraus, Gesch. der hist.-krit. Erforschung des AT von der Reformation bis zur Gegenwart, 1956 - R.Smend, De Wette u. das Verhältnis zwischen hist. Bibelkritik u. philos. System im 19.Jh. (ThZ 14, 1958, 107-119) - Ders., W.M.L.de Wettes Arbeit am AT u. am NT, 1958.

O.Eißfeldt

Literatur der Gegenwart

I. Deutsche Literatur der Gegenwart - II. Anglo-amerikanische Literatur der Gegenwart. - Vgl. ergänzend →Dichtung und Religion, → Expressionismus: II, → Impressionismus: II, → Lyrik, religiöse, des 19. und 20.Jh.s, → Mittelalterliche Literatur: II, → Naturalismus: II, Deutsche Literatur des → Realismus, → Romantik: II. - Vgl. ferner die Einzelartikel, zB für Frankreich: → Bernanos, → Bloy, → Camus, → Claudel, → Gide, → Hugo, → Huysmans, → Jammes, → Mauriac, → Péguy, → Renouveau catholique, → Rolland, → Verlaine, → Zola; für Rußland: → Dostojewskij, → Gogol, → Gorkij, → Tolstoi; für Skandinavien: → Björnson, → Hansen, → Jacobsen, → Ibsen, → Ingeman, → Jørgensen, → Knudsen, → Lagerkvist, → Lagerlöf, → Munk, H. → Pontoppidan, → Strindberg, → Tegnér, → Topelius, → Undset; für Italien: → Fogazzaro, → Manzoni

I. Deutsche Literatur der Gegenwart

1. Die geistige Situation - 2. Das Drama - 3. Die Erzählkunst

1. Die deutsche L. der Gegenwart steht im Banne der durch die Säkularisation im 19. und 20.Jh. geschaffenen Tatsachen (s. auch → Lyrik). Dem theologischen, in der Offenbarung von Gott her begründeten Weltbild setzt die → Philosophie (: II) ihr eigenes Weltbild entgegen, das durch Erkennen vom Menschen her gewonnen werden soll. Sie fordert hierzu die uneingeschränkte Freiheit des Geistes, der nur so zur angemessenen Wirklichkeitserkenntnis kommen soll. - Im europäischen Westen, in den Ursprungsländern des → Säkularismus (: I), reichen die weltanschaulichen Stellungen von der positiven geschichtlichen Religion bis zum betonten Materialismus. Es herrschen vorwiegend Zwischenstellungen, die teils mehr der Religion, teils mehr dem Materialismus nahestehen. Der Dichter nimmt an diesen Bewegungen als der gebildete Laie teil; er ist teils Vorkämpfer dieser Bewegungen bis zum → Marxismus, teils ihr Bekämpfer, teils der hierdurch beunruhigte und dem Schicksal des Negativen ausgelieferte Mensch. Dazu verwirrt ihn (und auch sein Publikum und die Kritik) die These → Hegels: Kunst, Dichtung, Philosophie seien Medien des sich im geschichtlichen Prozeß entfaltenden Seins, so daß der Dichter glaubt, Organ der Seinsoffenbarung zu sein und sein zu müssen, und die Öffentlichkeit dies von ihm fordert. Je weniger Philosophie und Wissenschaft die erlösende Wissenschaft geben können, desto mehr soll sie der Dichter geben. So gerät er nicht nur in weltanschauliche Spannungen zwischen Gottsein und Weltsein, Sein und Nichtsein, sondern auch in künstlerische Spannungen zwischen Philosophie und Kunst. Er erwartet von sich, und man erwartet von ihm zuerst eine weltanschauliche Bekundung; dies kann zu Lasten der Dichtung als Kunst gehen. Es droht die Gefahr, daß der Dichter als Mensch nur noch Negatives, also nur noch zu bekunden hat, daß er nichts zu bekunden hat, und daß er hierüber seine Aufgabe als gestaltender Dichter versäumt.

2. Das *Drama* ist die festeste, formal die verpflichtendste Dichtungsgattung; zugleich gehört ihr grundsätzlich das weltanschauliche Thema zu. Schon in der Antike

war es die Aufgabe der Tragödie, den Menschen zum Anschauen zu bringen, sofern er dem Leiden und Scheitern ausgesetzt ist, Aufgabe der Komödie, weniger schädliche und darum komisch darzustellende Bedingtheiten des Menschen, bes. Schwächen seines Charakters zu zeigen. Aufgabe dieser Darstellung ist sodann, den Zuschauer im Gemüt zu stimmen, zu ernster oder heiterer Stimmung. Solche Gemütswirkungen können auch Selbstzweck werden; so entsteht die Posse oder weithin im 19.Jh. das Rührstück. Auch wird im 19.Jh. viel Schauspiel gepflegt, das - teils mehr ernst, teils mehr heiter - begrenztere menschliche und gesellschaftliche Probleme und Konflikte darstellt.

Die Tragödie gerät seit der → Romantik (: II) in die eigentümliche Beleuchtung, als gehe sie aus einem problematischen Kulturzustand hervor und als sei es Aufgabe der Gegenwart, diesen Zustand zu überwinden. Man sagt etwa (Friedr. → Schlegel), in einem Kulturvorgang sei der Mensch (als Geist) in Gegensatz geraten zum Sein (als Natur); so entwirft man das Ideal und die Ideologie der romantischen Poesie, worin das Tragische überwunden, Mensch und Sein wieder harmonisch versöhnt sein sollen. Hegel begründet die Tragödie in einer Selbstentzweiung des Seins; auch bei ihm soll dieser Zustand überwunden werden; dies ist in seiner Philosophie abschließend geschehen. - Doch ist jetzt auch die säkularisierte Mystik möglich, die den aus dem Sein herausgelösten Menschen schlechthin in ein vorgestaltiges Sein zurückführen will; hierzu soll auch das erotische Erlebnis als Todeserlebnis führen. → Schopenhauer wendet diese Mystik ins Pessimistische: → Dasein ist gleich Leiden; man muß den Willen zum Dasein rückgängig machen und damit die Wurzel des Leidens beseitigen.

Das tragische Drama wird so seit dem 19.Jh. durch den säkularisierten Dichter im Lichte oder vielmehr in der Dunkelheit dieser Philosophie geschrieben. Der Mensch erfährt sich im problematischen Zustand der Trennung vom Sein, er muß Lösung und Erlösung in der Rückkehr in ein dunkles Ursein suchen. Dasein wird zum Leiden (R.Wagner, Der fliegende Holländer), man sucht den erotischen Liebestod (Ders., Tristan und Isolde). → Nietzsche glaubt, die griechische Tragödie sei aus dem Geiste erotisch rauschhafter Musik geboren. Auch Hegel führt in die Seinsverdunkelung; aus dem Entfaltungsgange des übergreifenden Geistes kann man vorher unbekannte Notwendigkeit folgern, mit der der Mensch vernichtet wird, und kann dies als das eigentlich Tragische begreifen. Paul Ernst (1866-1933) findet diese hohe tragische Notwendigkeit in der Antike; er spielt sie, die ihre Dramen in tragischen Antinomien begründe (Sophokles, Antigone), gegen → Shakespeare aus, der nur persönliche Leidenschaften und Fehlhandlungen aus Kurzsichtigkeit zeige (Lear). Bei Curt Langenbeck (1906-53) kann diese Philosophie des Tragischen für die Ideologie des → Nationalsozialismus fruchtbar gemacht werden; die antike Tragödie sei in der heroischen Bejahung des übergreifenden völkischen Schicksals begründet, für das der einzelne lebt und stirbt.

Ein Gipfel moderner Seinsverdunklung wird im → Naturalismus (: II) erreicht, für den das den Menschen schicksalhaft Umgreifende der leere Gesetzeszwang der Naturkausalität wird. Der Mensch wird als Produkt von Vererbung und Milieu begriffen, diese Natur aber wirkt nicht neutral, aufbauend und zerstörend, sondern stets nur negativ; sie ist nur Zeichen für den absolut dunkel gewordenen Schicksalszwang. Insofern wächst seit dem Naturalismus das Bedürfnis nach Helle, nach Erhellung. Freilich kann der säkularisierte Dichter dies Bedürfnis nur bedingt befriedigen. G. → Hauptmann zeigt schon in seinem ersten tragischen Drama »Vor Sonnenaufgang«, daß er nicht als dogmatischer, sondern nur als künstlerischer Naturalist schreibt. Bis zu den »Webern« stellt er fest, daß der Mensch dieses Lebens die leidende Kreatur ist; seitdem sucht er über dieses Leiden hinauszuweisen in eine höhere Erlösung. In den »Webern« spricht der alte Weber Hilse aus, daß der Mensch sein Glück nicht hier, sondern im ausgleichenden Jenseits zu erwarten habe. In »Hanneles Himmelfahrt« läßt der Dichter das sterbende Hannele in poetischen Wahrträumen den Himmel schauen, in den es erlöst werden wird. Doch paßt der Dichter sich mit solchen Vorstellungen seinem Stoff an; er selbst lebt nicht in christlicher Weltsicht und Helle. Wo der Dichter aus Eigenem und im Zusammenhang mit der säkularisierten Philosophie des 19.Jh.s spricht, wird er vager, dunkler, leerer. In »Gabriel Schillings Flucht« geht der Held am Ende ins Meer, das hier Symbol wird für ein auflösendes und reinigendes Element. Die Schranke dieser Symbolik wird dann peinlich, wenn nicht nur ein Realvorgang bedeutungsvoller gemacht werden soll, sondern die symbolische Bedeutung zum Thema wird, wie in der »Versunkenen Glocke« oder in »Und Pippa tanzt«. In der späten Atriden-Tetralogie (1941/48) Hauptmanns scheint es, als sei eine Epoche des höheren freien Geistes ausgelaufen, als drängten dunkle Erdmächte empor, denen Agamemnon durch Zwang sich unterworfen fühlt, die Iphigenie in dunkler Lust bejaht. Altersspessimismus angesichts des nationalsozialistischen Regimes mag an solcher Sicht mitgewirkt haben. - Hauptmann besitzt stets die dichterische Schau, das dichterische Zeichen. Neben ihm entartet der neue Wille zum Metaphysischen häufig in eine naturalistische Übersinnlichkeit. Der spätere Arno Holz (1863 bis 1929) schreibt ein okkultistisches Schauerstück (Ignorabimus); auch W.v.Scholz (* 1874) steht solcher Äußerlichkeit in seinem »Wettlauf mit dem Schatten« nahe, obschon er ernster den Rätseln schicksalhafter Fügungen nachhängt.

Bis zum 1. Weltkrieg und durch ihn verstärkt sich das metaphysische Motiv; es wird zum Darstellungsschema und gewinnt religiöse Färbung. Doch dominiert eine subjektive Religiosität, die gerade in Deutschland dadurch gekennzeichnet ist, daß man die wahrste Religion in einem autonomen religiösen Erleben finden will. Man spielt dies gegen die kirchliche Religion, die feste Offenbarung, gegen die fixierten Lehrgehalte aus. Für → Barlach ist das Leben »ein schlecht gelüfteter Engpaß, in dem alles schlecht organisiert ist«. Barlach zeigt Menschen, die sich in diesem Engpaß wohlfühlen oder ihm doch nicht entrinnen können, daneben andere, die aus diesem Engpaß herauswollen und durch höheren Anruf herausgeholt werden (Der arme Vetter, Der blaue Boll); doch bleibt auch für Barlach der erlösende Seinsraum dunkel. In »Der tote Tag« zeigt er symbolisierend den Menschen als »Sohn« zwischen der »Mutter« (Erdmacht) und dem »Vater« (Geist-, Gottmacht) stehend. Im »Findling« hofft er auf Erlösung durch ein neugeborenes Christkind; in der »Sündflut« bleibt unklar, ob er mehr den gottergebenen Noah oder den Rebellen Calan bejaht. Barlach läßt auch in seinen Dramen die Kraft des plastischen Gestalters nicht vermissen. - Schwieriger ist die Stellung der Expressionisten (→ Expressionismus: II), die auch letzte Seinsprobleme darstellen und lösen wollen, doch ohne Barlachs künstlerische Kraft und ohne seine gediegene Bildung. H.Johst (* 1890) gibt anfänglich nur ein lyrisches Bild: Stimmen der Sterbenden auf nächtlichem Schlachtfeld, Rufe und Fragen nach Gott und Sinn des Todes, und die vage Auskunft des »Morgens«: »Kröne dich selbst,

Mensch – Nenn es Wille!« Luther wird ihm (»Propheten«, 1927) ein religiöser Expressionist. Ihn plagen Skrupel, da er Zeuge eines religiösen Betrugs war, und mehr noch über die Rechtmäßigkeit seiner neuen Lehre. Er möchte, daß jede Mutter eine Heilige, daß die Madonna irdisch und von Fleisch und Blut sei. Er sucht das den Deutschen arteigene Christentum; am Ende stürmt Deutschland sich den Himmel. So kann Johst ohne Bruch in den Nationalsozialismus einschwenken. Fritz v. Unruh (* 1885) zeigt den Menschen im Bann von Leidenschaft und Blutmacht (»Ein Geschlecht«); hieraus soll der jüngste Sohn einen Weg finden zum Geist (»Platz«); dies stellt Unruh mit christlichen Symbolen dar. – Gediegeneres ist nur bei den religiös und in der Bildung fundierteren Dichtern zu suchen. → Hofmannsthal erneuert in seinem »Jedermann« das mittelalterliche Mahnspiel, im »Turm« das spanische Barockdrama. Als Katholik geht L. → Weismantel auf dieses Barockdrama zurück; M. → Mell erneuert das alte Mysterienspiel. Der Expressionist R.J. → Sorge schrieb nach der Konversion religiöse Dramen (»Metanoite«, Weihnachtsmysterium; »Der Sieg des Christos«, um Franziskus und Luther). R. → Schneider stellt in seinen Dramen 1946–52 den in der Geschichte wirkenden Menschen dar, den unauflöslichen Zwiespalt zwischen politischem und religiösem Anspruch, zeigt den Verzicht auf die Macht zugunsten der Reinheit der Seele (Der Kronprinz, Der große Verzicht, Zar Alexander).

Neben der konkreten religiösen Neubesinnung steht nach dem Zusammenbruch des Expressionismus der Verfall an den → Nihilismus. Dies zeigt mit dem meisten Talent der junge Bert Brecht (1898–1956). In seinen ersten Dramen (Baal, Trommeln in der Nacht) demonstriert er des Menschen Gemeinheit; dann gibt er das Drama zugunsten des Theaterstücks und noch aufreizenderer Demonstration preis und macht Verbrecher, Dirnen, Zuhälter, Ausbeuter des Elends zu den Helden seiner »Dreigroschenoper« (1928).

Verdunkelung und Entleerung des metaphysischen Bereichs ist nur die eine Seite des Säkularisationsvorgangs; konsequenter noch ist die Preisgabe alles Metaphysischen, das Sichbeschränken auf den Menschen und auf das nun absolut gesetzte Dasein. Frank Wedekind (1864–1918) möchte sich in seinen Dramen für den ganz diesseitigen, für den amoralischen Menschen einsetzen, der bes. durch schrankenlosen Geschlechtsgenuß glücklich wird; doch wird faktisch bei ihm der Sexualtrieb zu einem tragischen Verhängnis, und seine Lebensreformer werden zu Narren degradiert. Der moderne Daseinspositivismus gipfelt im Marxismus; ihm huldigt der spätere B.Brecht, der jetzt marxistische Lehrstücke schreibt.

Breiten Stoff findet das moderne Schauspiel an der kritischen Darstellung von Mensch und Gesellschaft. C.Sternheim (1878–1942) schreibt seine Komödien als Satire auf die bürgerliche Gesellschaft des wilhelminischen Zeitalters, ihren Verfall an das Geld, ihren Dünkel, ihre falschen Gefühle und Ideale (Komödien aus dem bürgerlichen Heldenleben). Auch G. → Kaiser, der fruchtbarste und bühnensicherste Dramatiker im Expressionismus, zeigt die Technisierung und Enthumanisierung der modernen technischen Welt auf (Die Koralle; Gas I. II), doch richtet er sich vorwiegend auf des Menschen tragisches Schicksal durch seinen Umraum. → Zuckmayer geht nach seinem ersten großen Erfolg durch das Lustspiel »Der fröhliche Weinberg« zu Dramen über, die den Menschen im Konflikt zwischen dem Persönlichen und der bürgerlichen und staatlichen Ordnung darstellen: in der »Katharina Knie« die Spannung zwischen dem Leben des fahrenden Volks und des seßhaften Bürgertums; im »Schinderhannes« das Problem des Helfers und Rächers auf eigene Faust; im »Hauptmann von Köpenick« die Not des Menschen, der in das Räderwerk der Ordnungsmaschinerie des Staates geraten ist. Später wendet er sich politischen Dramen zu: In »Des Teufels General« zeigt er einen Flieger des 2. Weltkriegs, der sich zur Befriedigung seiner Fliegerleidenschaft in den Dienst des Nationalsozialismus stellt, des Teufels General wird und dies mit dem Tode sühnt; in »Der Gesang im Feuerofen« das Schicksal von Widerstandskämpfern im besetzten Frankreich, die geopfert werden und sich opfern; in »Das kalte Licht« den Konflikt eines dem Kommunismus nahestehenden Atomforschers, der im westlichen Lager arbeitet. – Ferd.Bruckner (Theod. Tagger, 1891–1958) nennt seine Dramen zwischen 1920 und 1942 eine Komödie vom Untergang der Welt, zeigt die »Deutsche Jugend zweier Kriege«, die »Krankheit der Jugend« nach dem 1. Weltkrieg, den Verfall an gesteigerte und pervertierte Sexualität (Wedekind) und das Gelebtwerden vom Trieb (Freud). In seinem historischen Drama »Bolivar« (1943/44) läßt er seinen Helden zur Selbstzucht und Selbstüberwindung reifen.

3. In Deutschland dominierte durch Wirkung der → Klassik und Romantik lange der Bildungsroman (→ Stifter, Nachsommer; G. → Keller, Grüner Heinrich; G.Freytag, Soll und Haben). In Frankreich und England wurde der Roman als Lebens- und Gesellschaftsgemälde ausgebildet (Balzac, Dickens; → Literatur der Gegenwart: II); in Deutschland wetteiferte hiermit bes. Gutzkow (→ Deutschland, das Junge) mit Einsatz für politische und geistige Liberalität (Die Ritter vom Geist, Der Zauberer von Rom). → Fontane vollzog wirksam den Anschluß an den Westen mit seinen märkischen Gesellschaftsromanen; auch sucht er, nachdem die deutsche Prosa durch Klassik und Romantik poetisiert worden war, wieder das Prosakunstwerk, nach dem Vorbild der französischen Romanciers. – Daneben beginnen der Norden und der Osten wirksam zu werden: → Björnson als Muster eines bodenständigen Realismus; Selma → Lagerlöf als die Dichterin, die auch die poetischen Überlieferungsbestände wahrte; → Tolstoi mit seinen realistischen Gesellschafts- und Geschichtsromanen; → Dostojewskij mit seinen religiösen Problemromanen, deren Wirkung im Expressionismus aufgipfelt.

Hauptträger des modernen Zeit- und Milieuromans und subtiler Prosakunst wird Th. → Mann. Autobiographisches tritt zugunsten von Menschen- und Zeiterfassung zurück. Doch macht sich hier persönlicher und Geist der Zeit geltend, eine Dekadenzstimmung, die einem Biologismus entwächst, für den das gesellschaftliche Leben dem Gesetz des Reifens und Verblühens, des Aufstiegs und Abstiegs unterliegt; auch wird der Geist wie ein Abfall vom Leben erfaßt, als eine Höhe, aber auch als Schwäche. »Die Buddenbrooks« zeigen den Niedergang eines hanseatischen Patriziergeschlechts; in »Der Tod in Venedig« werden Reiz und Gefahr des Überzüchteten und Morbiden dargestellt, im »Zauberberg« die Krankheit des Körpers und des Geistes. Im »Dr. Faustus« geht das Morbide ins Satanische über: der Komponist Adrian Leverkühn läßt sich durch Syphilis körperlich umstimmen und geistig zur höchsten Produktivität anreizen bis zum Zusammenbruch. Das Epische löst Th.Mann seit dem »Zauberberg« mehr und mehr auf und gibt hier Zuständliches mit überwuchernden Bildungsgesprächen; im »Dr. Faustus« läßt er Leverkühns Schicksal durch den diesem befreundeten Humanisten Zeitblom schildern, schlingt so Bericht und Kommentar zusammen. Zugleich möchte Th.Mann wie zum Gegengewicht in »Joseph und seine Brüder« »Urvorkommnisse des Menschenlebens, Liebe und Haß, Segen und Fluch, Bruderzwist und Vaterleid, Hoffart und Buße« als einen positiven Urzustand des Menschen darstellen.

H. → Hesse zeigt den Menschen mehr im Medium seiner eigenen Zustände und Stimmungen; er sucht Lösungen in Anlehnung an östliche Lebensweisheit. Im »Glasperlenspiel« schreibt er die Utopie einer esoterischen Bildungsgesellschaft, die im modernen Zivilisations- und Kulturbetrieb den Menschen vergeblich zu wahren versucht. In ihrem Beginn steht dem neuromantischen Hesse Ricarda → Huch nahe; doch wendet sie sich bald dem historischen Roman zu, ja läßt die Historie dominieren (Der große Krieg in Deutschland, 1912 bis 1914). Rein historische Werke schließen sich an, zB Römisches Reich Deutscher Nation (1934), Das Zeitalter der Glaubensspaltung (1936), Untergang des Römischen Reiches Deutscher Nation (1949, aus dem Nachlaß). Auch Gertrud Bäumer (1873-1954) pflegt den fast historischen Bericht (Adelheid, 1936; Krone und Kreuz, 1938; Der Jüngling im Sternenmantel, 1949; Otto I. und Adelheid, 1951).

In den letzten Jahren treten Autoren hervor, die, zu ihren Lebzeiten weniger beachtet, als wesentliche Zeugen der Zeitlage erachtet werden: → Kafka mit seinen symbolisch gemeinten Romanen, die möglicherweise den dem wahren Sein entfremdeten Menschen zeigen, und wie er hierfür bestraft wird; R.Musil (1880-1942) mit seinem detaillierten Bild des zerfallenen Österreich als Zeichen auch zerfallender Menschheit (Der Mann ohne Eigenschaften, 1930-43); H.Broch (1886-1951), der in gewählter Prosakunst auch Rettendes zeigen will (Der Tod des Vergil, 1946).

Der deutsche Mystizismus macht sich auch in der Erzählkunst breit mit Anspruch auf religiösen Gehalt. Für H. → Stehr ist Religion identisch mit religiöser Erfahrung der Seele; er zeigt Gottessehnsucht im Kampf gegen den grausamen Gott (Der begrabene Gott), Erfahrung der Sinnhaftigkeit alles Geschehens durch inneren Sinn (Der Heiligenhof), Erfahrung der Göttlichkeit auch des Bösen (Peter Brindeisner). Für → Wiechert sind Wald und Bibel, Natur und Gott die Grunderfahrungen seines Lebens; er gewinnt sich aus früher Anfechtung zurück und bewährt sich standhaft im nationalsozialistischen Regime. Die persönliche, vielleicht manchmal zu betonte Haltung wiegt mehr als seine Erzählkunst, die nur in manchen Novellen feste Gestalt findet.

Daneben begegnen Autoren, die, auf festem religiösem Grund stehend, den Menschen in konkreten Situationen darstellen. So Jochen → Klepper, der im Christentum das Maß für seine Wirklichkeitssicht, bes. in seinen historischen Romanen fand (Der Soldatenkönig und die Stillen im Lande, Die Flucht der Catharina von Bora, Der Vater). Doch ist dieser Einsatz weniger auf prot. Seite zu finden als im Katholizismus, da hier der Anspruch auf Christlichkeit losgelöst von den Lehren der Kirche nicht bestehen kann. Stefan → Andres hat ein breites Erzählwerk geschaffen, worin er den Menschen unter den Anspruch von Gott her stellt und zeigt, wie dieser Anspruch vernommen wird und den Menschen zu einem Leben nach Gottes Gebot führt (Wir sind Utopia, Die Hochzeit der Feinde, Ritter der Gerechtigkeit). In seinem Doppelroman »Die Sintflut«, in einem umfassenden, Realistik durch symbolische Bedeutsamkeit überhöhenden Gemälde stellt er das Werden einer modernen Diktatur dar, in »Der graue Regenbogen« (1959) die Lage in Deutschland nach deren Zusammenbruch. Heinr.Böll (* 1917) orientiert sich als Künstler am modernen Prosastil des Westens (→ Joyce, Hemingway, Cummings), pflegt auch die Kurzgeschichte, überhöht aber realistisch geschaute Katastrophenbilder des Weltkriegs und der Nachkriegsjahre durch christliche Weltsicht, durch die er dem Geschehen, den Schicksalen Maß und Ziel gibt. Er läßt in der Hölle der Wirklichkeit die Gewißheit von der Wirklichkeit Gottes erstehen und führt so den Menschen über die Katastrophe hinaus (Wanderer, kommst du nach Spa. . . ., Kurzgeschichten, 1950; Wo warst du, Adam ?, 1951). – Franz → Werfel durchläuft einen Weg von expressionistischer Hymnik zum kath. Christentum (Das Lied der Bernadette). A. → Döblin, zuerst mystischer Kosmiker (Die drei Sprünge des Wang-Lun), dann Hegelianist und Marxist, Schilderer des Menschen in der Großstadt (Berlin-Alexanderplatz), konvertiert 1941 in den USA und läßt seinen pascalschen Katholizismus auch in seinen Spätwerken hervortreten. In der Konversion sucht eine religiöse Lösung auch Gertrud von → le Fort, die jetzt in die Mitte ihres Erzählwerks den Menschen in seinen religiösen bzw. religiös-sittlichen Bezügen stellt, ferner W. → Bergengruen, der solche Bezüge vorwiegend in historischen Romanen und Erzählungen darstellt. Als bekennender Konvertit schreibt auch Edzard → Schaper; er gibt seinen Romanen die Auseinandersetzung zwischen Gott und Teufel zum Hintergrund (Die sterbende Kirche, 1935; Die Freiheit der Gefangenen, 1950; Die Macht der Ohnmächtigen, 1952).

K.Holl, Gesch. des dt. Lustspiels, 1923 - R.F.Arnold, Das dt. Drama, 1925 - H.H.Borcherdt, Gesch. des Romans u. der Novelle in Deutschland I, 1926 - R.Petsch, Wesen u. Formen des Dramas, 1945 - W.Grenzmann, Dichtung u. Glaube, (1950) 1957³ - Joh. Schomerus-Wagner, Dt. kath. Dichter der Gegenwart, 1950 - H. Spiero, Gesch. des dt. Romans, 1950 - J.Klein, Gesch. der Novelle von Goethe bis zur Gegenwart, 1954 - H.Friedmann-O.Mann (Hg.), Dt. Lit. im 20.Jh., (1954) 1959³ - Ders. (Hg.), Christl. Dichter der Gegenwart, 1955 - B.v.Wiese, Die dt. Novelle von Goethe bis Kafka, 1956 - Ders. (Hg.), Das dt. Drama I. II, 1958 - F.Lockemann, Gestalt u. Wandlungen der dt. Novelle, 1957 - O.Mann, Poetik der Tragödie, 1958. *O.Mann*

II. Anglo-amerikanische Literatur der Gegenwart

1. Allgemeines - 2. Roman - 3. Drama - 4. Lyrik

1. Die moderne L. lebt in der erfahrenen Entfremdung des modernen Menschen von der Tradition, von seiner Welt, von sich selber. Der Konventionen seiner Kunst wie der Symbole seines Glaubens beraubt, findet sich der »Interpret der Wirklichkeit durch literarische Darstellung« (Auerbach) zutiefst isoliert. Seine Aufgabe erscheint als ein Jakobskampf mit der Wirklichkeit, ein Kampf, der sich vielfach im Dunkel des Unbewußten und am »Rande des Seins« (Spender) abspielt. – *Historisch* bedeutete das den Bruch mit viktorianischer und romantischer Tradition, aber auch mit einem konventionellen »Klassizismus«, in dem Idealität, Rangordnung und Harmonie über Stil und Form herrschen. Der Realismus der »modernen« L. besteht in der Annahme des Zerbrechens der alten Weltbilder, mag auch dadurch der Künstler ganz auf sich selbst und auf die Grenzen der menschlichen Situation geworfen worden sein. – *Stilistisch* triumphiert in Stil und Form das Experiment. Die Rhythmen erscheinen absichtlich gebrochen oder »zersprungen« (G.M.Hopkins); die Vergleichselemente werden gewaltsam nebeneinandergepreßt, um ein neues Bewußtsein wirklicher Bezüge wachzurütteln. Metapher, Ironie, Witz, Symbol, Paradox, geistreiche Pointen, gewollte Zweideutigkeit sind charakteristische Stilmittel. Ihre Nähe zur Form der biblischen Parataxe ist größer als die zur syntaktischen Harmonie der Griechen. – Das gleiche gilt für *Form* und *Inhalt*. Der Künstler bejaht sein

Dilemma und deutet es aus, aber nur, um dadurch zum Echteren vorzustoßen. Er nennt die Dinge bei Namen; aber indem er desillusioniert, stellt er wieder die Grundfragen heraus. Bei aller Heftigkeit und Ironie trägt sein Werk daher zutiefst Bekenntnischarakter. Es fragt wieder nach dem Wesen, dem Urbild des Menschen und seines Schicksals. Es sucht nach dem umfassenden Mythos, der alle Erfahrung sinnvoll eint. Unbewußt oder bewußt taucht hier die Dimension des Religiösen auf.

2. Im *Roman* erstrecken sich die modernen Entdekkungszüge auf alle Schichten menschlicher Problematik. Auf den soziologischen Roman folgt der psychologische: James → Joyce (1882-1941), Virginia Woolf (1882 bis 1941), D.H.Lawrence (1885-1930), William Faulkner (* 1897) u.a. Was Eliot die »mythologische« Methode genannt hat, wird an Joyce deutlich: Auf dem Hintergrund der Odyssee als des Ringens um Heimkehr werden die Erlebnisse des modernen Helden an einem Großstadttag erzählt, und zwar so, daß der Erzählungsgang zwischen Lokalereignis und Mythos wandert, der die Daten der Erzählung in den verschiedenen Ebenen eint und ihre Bedeutsamkeit in urbildhafter Tiefe aufsucht. Faulkners Mythos ist der christliche, von seinem Erstlingswerk »Soldier's Pay« (1926) bis »A Fable« (1950), einer Nacherzählung der Ereignisse der Passionswoche; in »The Sound and Fury« ist die Gestalt des Benjy ein Christusbild; »Requiem for a Nun« handelt unmittelbar von Sünde und Versöhnung. Andere Romane behandeln deutlich den Themenkreis der »Suche«: Entfremdung und Verbannung, Auflehnung und Wiederannahme, ja Abstieg (oft in die Tiefen des Selbst oder in die Grundantinomien des Daseins) und Aufstieg. John Steinbeck (* 1902) benutzt in »East of Eden« das Kain-Abel-Motiv, Ernest Hemingway (* 1898) in »The Old Man and the Sea« den Jona-Archetyp. Selbst ein Romancier wie Thomas Wolfe (1900-38), der kein eigenes Leitbild aufstellt, läßt ein tiefes Heimweh erkennen, die »Suche nach einem Vater«; die Symbole seiner Wanderschaft (Zeit, Fluß, Gewebe, Fels) sind vollendete Bekenntnisse seiner Reise in das Reich der großen Gegensätze.

3. Im zeitgenössischen *Drama* treten die existentiellen Antinomien stärker hervor als die Berufung auf den Mythos. Die literarischen Grundmetaphern gewinnen im Drama die Richtung auf Dialog und Dialektik und lassen auf dem Wege des Konflikts das Verlangen nach Lösung und Aussöhnung der Gegensätze erwachsen. Der Knoten ist in der Regel sehr geschickt geschürzt, jedoch die Lösungen bleiben unsicher. Wie in der Dichtung blüht die bewußte Ironie. So entfalten die neueren Stücke Samuel Becketts (* 1906; »Waiting for Godot«, »The End Game«) ihre eindrückliche Kraft auf dem Hintergrund der Abwesenheit Gottes und einer negativen Ziellosigkeits- und Todeseschatologie. In Arthur Millers (* 1915) »Death of a Salesman«, mit Recht als »Tragödie eines kleinen Mannes« bezeichnet, wird Ironie zum Pathos. In einer säkularisierten Welt kann es keinen Helden geben, und die Tragödie kommt nicht über das Pathos ihrer ethischen Verfehlungen hinaus. Auch Thomas Lanier (»Tennessee«) Williams (* 1914) läßt trotz seines großen Geschicks im Aufsetzen des dramatischen Konflikts die tragische Überhöhung vermissen (»The Glass Menagerie«, »A Streetcar Named Desire«, »The Rose Tattoo«, »Cat on a Hot Tin Roof«); es fehlt ein bis zu den Wurzeln seiner Probleme reichendes Versöhnungsprinzip, wie es freilich nur im Bereich von Transzendenz und Glauben zu finden ist. In eine volle Erörterung dieses Problems gehören die Stücke Eugene → O'Neills (»Strange Interlude«, »Desire Under the Elms«, »Mourning Becomes Electra«, »The Iceman Cometh«, »Long Day's Journey Into Night« u.a.) mit ihren psychologischen und säkularen Mythen, Thornton → Wilders »Our Town« und »The Skin of Our Teeth« mit ihrer Breite und Elastizität und ihrem Humor, Sean O'Caseys (* 1884) humorvolles Mitgefühl und seine doch immer wieder das Irdische streifenden Ausflüge in die Phantasie, William Saroyans (* 1908) Sprung über die Sünde in die Verherrlichung von Unschuld und Gnade. Überall ist hier die Dialektik des dramatischen Konflikts, oft ungewollt, auf dem Wege zur religiösen Lösung. Das Drama versucht, die Wirklichkeit, wo sie zweideutig wird, zu fassen und zu durchleuchten und eben hier jenen Sieg über die Antinomien herauszuarbeiten, den die Religion »Erlösung« nennt. Diese Motivation erscheint noch deutlicher in den Werken von T.S. → Eliot, Archibald MacLeish (* 1892) und Chr. → Fry. Eliots Stücke finden ihre mythologische Stütze im Helden als christlichem Heiligen (»Murder in the Cathedral«) oder im Rückgriff auf die griechische Tragödie: die Orestie (»The Family Reunion«), Euripides' Alkestis (»The Cocktail Party«). MacLeish beruft sich unmittelbar auf Hiob (»J.B.«). Chr.Frys Komödien verwenden den Rahmen der christlichen Welt um 1400 (»The Lady's Not For Burning«) und die auf Eva zurückgeführte Venussymbolik (»Venus Observed«); es sind ergötzliche Versuche, das menschliche Wesen und den Sinn des Lebens zu ergründen, voll Sehnsucht nach Liebe, Ganzheit, Gott. In »A Sleep of Prisoners« nehmen biblische Typen die zentrale Stelle ein.

4. Der Durchbruch zu eigentlicher Aussage und echter Prophetie scheint in der *Lyrik* erreicht. Hier gibt es kein Sich-Verbreiten über die Einzelmomente des menschlichen Suchens wie im Roman; dem Abstandnehmen des Ironikers oder Dramatikers sind Grenzen gesetzt, wenn Ironie und dramatische Konzeption sich gegen Künstler und Leser selbst kehren, um sie in die tiefere Dialektik der Entscheidung einzufangen. Der heutige Dichter wird *trotz* seiner selbst zum Zeugen, wenn er sich nicht freiwillig in seine Rolle fügt. – Hierin ist T.S.Eliots Werk von besonderer Bedeutung. Seine drei poetischen Hauptwerke umspannen eine Art »Göttlicher Komödie«: von »Waste Land« und »The Hollow Man«, einem Inferno geistlicher Dürre und Leere, über »Ash Wednesday«, das Purgatorio der Buße und des Aufstiegs zu neuem Selbstbewußtsein, bis zu den »Four Quartets«, einem vollendeten, vielschichtigen Paradiso, in dem die Synthese in Breite und Tiefe durch Inkarnation und Erlösung erreicht ist. Es ist bisher in vieler Hinsicht das umfassendste Werk der englischen L. des 20.Jh.s, das fast alle Dichtung seit den 20er Jahren beeinflußt hat. – Nach Eliot ist William Butler Yeats (1865 bis 1939) zu nennen, der sich mit unvergleichlicher lyrischer Begabung ein eigenes mystisches, aber in sich geschlossenes Symbolsystem geschaffen hat (»Metaphors for Poetry«); daneben Ezra Pound (* 1885), der große Sprachkünstler, Neuerer und Lehrer, in dessen Entwurf der »One Hundred Cantos« sich ebenfalls die Umrisse einer Divina Commedia abzeichnen, die Synthese freilich nach dem konfuzianischen Ideogramm des »totalen Lichtprozesses« – Sonne *und* Mond – angelegt ist: Ausgleich, Selbsterkenntnis, Ordnung von innen heraus. Die Veröffentlichung der Gedichte von G.M. → Hopkins (1918) macht diesen Jesuiten, dessen Dichtung der schmerzliche Ausdruck eines lebenslangen Kampfes zwischen priesterlichem Beruf und dichterischer Berufung ist, zum Zeitgenossen und Dichter von großer Bedeutung für das Christliche. Seine Dichtung zeichnet sich aus durch einen stark experimentellen Stil und echte Bekenntnishaftigkeit, überall durchglüht von dem Streben, Gott zu verherrlichen. Von seiner Überzeugung

her, daß »Christus in uns christet«, sind diese kostbaren Gedichte wie seelischer Balsam, der aus dem zerbrochenen Gefäß seiner mystischen Selbstzerstörung rinnt. Edith Sitwell (* 1887; »The Canticle of the Rose«, »Poems: 1917-1949«) schreitet fort vom Reich der Phantasie zur Apokalypse; die fließenden Symbole ihrer Frühzeit gewinnen Standort und Konturen durch die zunehmende Identifikation mit biblischen Symbolen. Dieses Wachsein für die eschatologische Dimension erscheint auch im reiferen Werk Stephen Spenders (* 1909; »The Edge of Being«, »Poems«). Dylan Thomas' (1914-53) sinnliche und doch sehnsuchtstiefe Dichtung (der »moderne Keats«) handelt von Tod und Auferstehung, von der Verwandtschaft der Seele mit dem Urquell des Seins, wobei Christus im Sonnensymbol angerufen wird (Ostergedicht »Holy Spring«). In eigentümliche Nähe zu Thomas gehört in dieser Hinsicht das judenchristliche Bewußtsein von Delmore Schwartz (* 1913; »In Dreams Begin Responsibilities«, »Genesis«, »Shenandoah«, »Vaudeville For a Princess«): aus dem Gefühl des Exils, der Verwerfung und Entfremdung bewegen sich seine Sondierungen existentiell auf das Postulat des Kreuzes zu (»Starlight Like Intuition Pierced the Twelve«) und bleiben dort in der Schwebe. Wichtig sind auch die Werke von E.E.Cummings (* 1894), Wallace Stevens (1879-1955), Marianne Moore (* 1887) in Amerika und von Edwin Muir (1887-1959) in England. - Größte Bedeutung kommt dem Werk des Anglo-Amerikaners W.H. → Auden zu, hinter dessen Dichtung ein differenziertes und scharf artikuliertes theologisches Bewußtsein steht. Unter dem Einfluß von → Blake, → Marx, → Freud und → Jung in der Frühzeit, später von → Pascal, → Kierkegaard, Reinhold → Niebuhr, → Tillich und → Kafka ist hier aus der Synthese von Tiefenpsychologie, Existenzanalyse und dialektischer Theologie ein einzigartiges Werk entstanden (»New Year Letter«, »The Sea and the Mirror«, »For the Time Being«, »A Christmas Oratorio«, »The Age of Anxiety«, »Nones«, »The Shield of Achilles« u.a.). Das Werk als ganzes bewegt sich innerhalb des Dramas von Schöpfung und Erlösung. Die Möglichkeit dichterischer Aussage beschränkt sich freilich primär auf den Äon zwischen Fall und Inkarnation; was darüber hinausgeht, bleibt für Feier, Oratorium, Doxologie und anbetenden Lobpreis.

Der verborgene Gehalt der modernen englischen L. ist im Grunde theologisch, mag sich die Grundmetapher auf die Wanderung zum Ursprung oder auf das Drama der Antinomien hin entwickeln. Beide Male führt der Weg von der Entfremdung zur Versöhnung in einer ihrer Formen. Es hat den Anschein, als sei der Ort, wo sich die Extreme treffen (Pascal), der Kreuzpunkt der Arme am Kreuz. Der Künstler will ihn weder als objektiviertes Idol noch als theologischen Gegenstand verstanden wissen; er geht ihm nach als einem *Weg*, der auch Wahrheit und Leben ist.

C.BROOKS, Modern Poetry and the Tradition, 1939 - DERS., The Well Wrought Urn, 1947 - D.DAICHES, The Novel and the Modern World, 1939 - DERS., Poetry and the Modern World, 1940 - A.WILDER, Spiritual Aspects of the New Poetry, 1940 - DERS., Modern Poetry and the Christian Tradition, 1952 - F.J.HOFFMANN, Freudianism and the Literary Mind, 1945 - H.SLOCHOWER, No Voice is Wholly Lost, 1945 - G.EVERY, Poetry and Personal Responsibility, 1949 - S.R.HOPPER (Hg.), Spiritual Problems in Contemporary Lit., (1952) 1957² - N.SCOTT, Rehearsals of Discomposure, 1952 - DERS. (Hg.), The Tragic Vision and the Christian Faith, 1957 - DERS., Modern Lit. and the Religious Frontier, 1958 - F.FERGUSSON, The Human Image in Dramatic Lit., 1957 - M.BODKIN, Archetypal Patterns in Poetry, 1958. *S.R.Hopper*

Literaturgeschichte, biblische → Formen und Gattungen: I. II.

Litt, *Theodor*, Philosoph und Pädagoge, * 27.12.1880 in Düsseldorf, 14 Jahre Lehrer in der höheren Schule, 1919 ao. Prof. in Bonn, 1920 o. Prof. in Leipzig (1937-45 aus politischen Gründen emeritiert), seit 1947 wieder in Bonn. L.s Forschung hat ihren Schwerpunkt im Bereich der → Kulturphilosophie und in der Klärung pädagogischer Grundsatzfragen, von denen aus er häufig auch zu Gegenwartsproblemen Stellung nimmt. Unter Rückgriff auf → Hegels dialektische Methode, aber Abwehr der Hegelschen Vernunft- und Geschichtsmetaphysik hat er vielfältig aufgewiesen, wie der einzelne in die großen gesellschaftlich-geschichtlichen Zusammenhänge hineinverflochten und doch einmaliges Wesen mit unaufgebbarer persönlicher → Verantwortung ist. Bei der → Erziehung (: I) hat er einerseits ihre Verflechtung mit den übrigen Lebensmächten, andererseits ihre relative Autonomie herausgearbeitet und gegenüber allem pädagogischen Überschwang und Subjektivismus klargestellt, daß Ehrfurcht vor dem heranwachsenden Leben und Anerkennung der objektiven Gehalte grundlegend für Erziehung und Unterricht sind. In Abwehr humanistisch-idealistischer Auffassung betont er, daß die geistige Welt und der Mensch selbst von antinomischer Struktur ist. Diese Erkenntnis sowie die Entwicklung des Sachdenkens in Naturwissenschaft, Technik und Arbeitswelt erlaubt heute keine Rückkehr zur klassisch-harmonischen Bildungsidee, sie fordert ehrliches Durchhalten der wesenhaften Spannungen, aber auch besondere Wachsamkeit gegenüber der inneren Gefährdung, zumal dem Auswuchern des naturwissenschaftlich-technischen Denkens, und sorgsame Pflege echten geschichtlichen Verständnisses und tieferer politischer Bildung und Verantwortung.

Vf. u.a.: Gesch. u. Leben, (1918) 1930³; Individuum u. Gemeinschaft, (1919) 1926³; Erkenntnis u. Leben, 1923; Ethik der Neuzeit, 1926; Möglichkeiten u. Grenzen der Pädagogik, (1926) 1931²; »Führen« oder »Wachsenlassen«?, (1927) 1958⁷; Wissenschaft, Bildung, Weltanschauung, 1928; Kant u. Herder als Deuter der geistigen Welt, (1930) 1949²; Einl. in die Philos., (1933) 1949²; Der dt. Geist u. das Christentum, 1938; Mensch u. Welt, 1948; Denken u. Sein, 1948; Staatsgewalt u. Sittlichkeit, 1948; Wege u. Irrwege geschichtl. Denkens, 1948; Der lebendige Pestalozzi, 1952; Naturwiss. u. Menschenbildung, (1952) 1959³; Hegel, 1953; Das Bildungsideal der dt. Klassik u. die moderne Arbeitswelt, 1955; Die Wiedererweckung des geschichtl. Bewußtseins, 1956; Technisches Denken u. Menschenbildung, 1957; Berufsbildung, Fachbildung, Menschenbildung, 1958; Wissenschaft u. Menschenbildung im Lichte des West-Ost-Gegensatzes, (1958) 1959². - Vollst. Bibliogr. bis 1955 in L.-Festschr.: Geist u. Erziehung, hg.v. J.DERBOLAV u. F.NICOLIN, 1955. - Über L.: A.REBLE, Th.L., 1950. *A.Reble*

Litterae apostolicae, Sammelbezeichnung für schriftliche Meinungs- oder Willensäußerungen der Päpste, aber nicht auf briefliche Formen beschränkt. Die Entwicklung des Papsttums führte zur Ausbildung mannigfaltiger, inhaltlich oder formal bestimmter Arten, von den pastoralen Mahn- und Trostbriefen sowie den Responsa und L. decretales der Frühzeit (→ Dekretalen, 2) zu den urkundlichen, in L. cum filo canapis und cum serico geschiedenen Mandaten und Reskripten in Rechts- oder Gnadensachen - den L. communes des späteren MA -, den Erlassen in Regierungs- und Verwaltungsangelegenheiten der Kurie (L. curiales) und den als L. secretae ergehenden Schreiben der politischen Sphäre. Als frühe Sonderform werden seit dem 6.Jh. die Privilegien (Diplome) faßbar, an deren Seite und zT auch an deren Stelle vom 13.Jh. ab die aus den L. cum serico entwickelten → Bullen im eigentlichen Sinne (L sollemnes) traten. Unter dem Einfluß jüngerer Briefformen kommt es um 1400, von den L. secretae aus, zur Entstehung der → Breven. In der Neuzeit treten für persönlicher gehaltene Schreiben das Chirografo und die Epistola, eine verkürzte Art des Breve (Brevetto), hinzu. Seit Mitte des 15.Jh.s erlangt eine Form nichtbrieflichen Charakters, das Motu proprio, zunehmende Bedeutung. - Während die kanonistische Literatur Bullen und Breven nicht zu den L.a. rechnen möchte, fassen die AAS darunter nur in einer Brevenform ausgefertigte Erlasse, bes. über Errichtung und Veränderung höherer Kirchenämter, zusammen.

H. Bresslau, Hdb. der Urkundenlehre I/1, (1889) 1912² - L. Schmitz-Kallenberg, Die Lehre von den Papsturkunden (GdG I/2), (1906) 1913² - G. Battelli, Acta pontificum, Città del Vaticano 1933 - K.A. Fink, Unters.en über die päpstl. Breven d. 15.Jh.s (RQ 43, 1935, 55-86) - F. Grat, Etude sur le ›motu proprio‹, Melun 1945 - Eichmann-Mörsdorf I, 45f (ungenau) - P. Classen, Kaiserreskript u. Königsurkunde (Archiv f. Diplomatik 1, 1955, 1-87; 2, 1956, 1-115).

J. Bauermann

Liturgie

I. Religionsgeschichtlich - II. Im NT - III. Christliche Liturgien, geschichtlich - IV. Christliche Liturgie, musikalisch - V. Liturgische Gesangbücher - VI. Liturgie und Kunst. - Vgl. → Gottesdienst, → Liturgik, → Liturgische Andachten, → Liturgische Bewegungen

I. Religionsgeschichtlich

1. Im griechischen Bereich - 2. Altorientalische Religionen. - Vgl. → Drama, → Kultus, → Ritus, hl. → Schriften

In seinem ältesten Gebrauch bezeichnet λειτουργία im *Griechischen* ein verantwortliches öffentliches Amt, eine Pflicht oder einen Dienst, der von wohlhabenden Bürgern auf eigene Kosten geleistet wird, gewöhnlich im Wechsel, aber auch auf Grund besonderer Ernennung durch die Herrscher oder den Rat, gelegentlich sogar durch eigene Wahl. In Athen gehörten dazu die Überwachung der athletischen Spiele und Wettkämpfe (γυμνασιαρχία; Ps.-Xenophon, Resp. Athen. I, 13), die Einrichtung der öffentlichen Chöre (χορηγία; Lysias, Or. XXI, 1-4; Thukydides VI, 16), die öffentliche Speisung eines der Stadtteile (ἑστίασις; Aristoteles, Polit. VI, 4. 6) und das Amt des Führers der hl. Gesandtschaft (ἀρχιθεωρία; Andokides, Or. I, 132; Aristoteles, Nik. Eth. IV, 2, 2). Eine außerordentliche L. im Krieg war zB die Pflicht, einen Dreiruderer auszustatten (τριηραρχία; Lysias, aaO §§ 5-10; Ps.-Xenophon, aaO). Ähnliche L.n wurden - wie die Redner und die Inschriften zeigen - auch in anderen Städten gefordert. - Von diesem technischen Gebrauch wurde der Ausdruck dann auf jeden öffentlichen Dienst übertragen, bes. bei Heer und Flotte, und später auf jede Art von Hilfe (wie im NT, vgl. 2Kor 9, 12); aber er wurde auch speziell für einen den Göttern erwiesenen Dienst gebraucht (Aristoteles, Polit. VII, 9, 7; Diodor I, 21, 7; Dionysius Halic. II, 22, 1; Dittenberger, Sylloge³ 1109, 111; Pap. Zenon 17,17). Seine stärkste Bedeutungsentwicklung findet sich in der christlichen Kirche (→ Liturgie: II. III). Als Lehnwort aus dem Griechischen findet sich L. auch in der rabbinischen Literatur. - Die Benutzung hl. → Schriften im → Kultus verschiedener Religionen hat zur Entstehung einer Reihe von → Gottesdienst-Ordnungen beigetragen, die auch als L.n bezeichnet werden. Gewöhnlich wird der Begriff »L.« auf die Messe oder hl. Kommunion beschränkt; aber im Judentum der Synagoge wie in vielen christlichen Kirchen wird er auch für einen Gottesdienst mit Schriftlesung, Gebet, Liedern und Segen verwandt. - So kann man nun durch Rückübertragung dieses spezialisierten Begriffs in die Literatur des Altertums von der »L.« zB des → Isis-Kultes sprechen, die weithin aus Hymnen und Gebeten, Weihrauchopfer und Weihwasserbesprengung (bes. Nilwasser, auch in Rom) bestand. Andere »L.n« wie die der Demeter und des → Mithras hat man gleichfalls angenommen; doch liegt nicht genug Material vor, um ihren Inhalt zu beschreiben oder den Gebrauch des Begriffes zu rechtfertigen. Die sog. »Mithras-L.« gehört weder zum Mithraskult noch ist sie eine L.

PW XIII/1, 798ff - ThW IV, 221ff (Lit.).

F.C. Gran

2. Die reich und mannigfaltig entwickelten Kulte der *altorientalischen Religionen* machten schon frühzeitig die Aufzeichnung von L.n notwendig, um folgenschweren Fehlern in Wort und Handlung vorzubeugen. Wenig vertreten sind L.n nur in der Literatur der → Sumerer, die Hymnen und Klagelieder meist ohne zugehörige Rituale überlieferten. Doch beschreibt Gudea von Lagaš (um 2100) in seinen Bauhymnen sehr ausführlich von ihm zelebrierte Tempelweih-L.n. - a) Die L.n der *Ägypter* (→ Ägypten: II) betreffen vor allem die → Totenverehrung und die Königskulte (→ Königtum, sakrales). Sie sind vorwiegend auf Wänden von Tempeln und Grabkammern sowie Särgen, erst später auch auf Papyri aufgezeichnet worden (oft auch illustriert). In ihnen treten die Anweisungen hinter den Sprüchen mythischen oder magischen Inhalts oft zurück, dafür nehmen sinndeutende Worte in oft recht dunkler Rede einen breiten Raum ein. Die Herauslösung der Mythen aus den L.n findet meist erst später statt. Die Worte des Toten im Jenseits spricht der Priester oft in Ich-Form. Der Wechsel der Schriftfarben (→ Farben, 1) und -richtung soll umfangreiche Texte übersichtlicher machen und außerdem ein Lesen in verschiedener Reihenfolge ermöglichen. - b) Die L.n in → *Babylonien* (: II) und *Assyrien* behandeln Buß-, Reinigungs- und magische Heilungsriten im Tempel und außerhalb, ferner die Tempelfest- und in Assyrien auch die Hofkulte. Die in Du- oder Er-Form gehaltenen Anweisungen bes. für → Opfer nehmen den breitesten Raum ein, von den → Gebeten und → Beschwörungen wird oft nur die Anfangszeile gegeben, wenn deren Text auf besonderen Tafeln zu finden ist. Begleitende Zeichnungen sind ganz selten. Je nach Art der L. wechseln sumerische und akkadische Gebete. Predigten sind nicht bezeugt. Für die Ritendeutung gibt es später besondere Kultkommentare. Bes. ausführlich sind die späten → Neujahrsfest-L.n für Babylon und Uruk, die eine sehr große Zahl von Priestern aller Art und Laien bei den Opferkulten einsetzen. - c) Bes. umfangreich sind die L.n für die Staatskulte der → *Hethiter* (: II), bei denen längere Gebete seltener vorkamen, kurze Anrufungen aber in großer Zahl und je nach Art und Ort des Kultes in den verschiedenen Kultsprachen des Hethiterreichs (auch Luwisch, Churritisch, Protohattisch usw). Viele Verrichtungen müssen König und Königin selbst vornehmen. - d) Von den L.n aus → Ugarit sind nur Bruchstücke erhalten.

Außer der Lit. zu → Ägypten: II, → Babylonien: II, → Hethiter: II, → Ugarit: G. Furlani, Riti babilonesi e assiri, 1938 - S. Schott, Das schöne Fest vom Wüstentale (AAMz 1952) u. sonst in AAMz 1950ff u. AAG 1955ff - ANET² 325ff (Proben in Übers.).

W. v. Soden

II. Im NT

Über urchristliche L. als geregelte, wenngleich im Detail variierende Praxis des Gottesdienstes wissen wir, abgesehen von Terminologie und Einzelheiten (→ Formeln: II, → Formen: II), wenig. Jesus hat l.e Anweisungen nicht erteilt, eine einheitliche Ordnung gab es für die Urchristenheit im ganzen und ihre verschiedenen Phasen überhaupt nicht, für die einzelnen Gemeinden und Bezirke nur annäherungsweise. Obgleich die l.e Sprache und bestimmte Akklamationen jüdischen Einfluß verraten, ist es unbeweisbar und höchst fragwürdig, daß das → Judenchristentum (: I) den Aufbau und die konstitutiven Elemente jüdischer L. im wesentlichen übernommen habe. Aus dem NT sind nicht einmal die Anfänge l.er Schriftlesung feststellbar, da Lk 4, 17 nur die Anschauung des Evangelisten dartut. Wieviele Gemeinden das AT ganz oder teilweise besaßen, ist völlig ungeklärt. Wenn die als l.e Formulare vorliegenden Texte des → Vaterunsers und der → Abendmahls-Stiftung differieren, zeigt das, daß selbst in der Judenchristenheit die Bildung und Weitergabe von Traditionen noch nicht l.e Einheit schuf. Phantastisch erscheinen die Versuche, aus der Passionsgeschichte eine ursprüngliche »Begehung«, aus 1Petr eine L. der Taufe, aus den johanneischen Abschiedsreden l.e Summarien, aus Apg 2, 42ff die Bestandteile des ältesten → Gottesdienstes (: IV) zu erheben. Begründet ist jedoch wohl dessen Verbindung mit der Eucharistie, obwohl damit der Verkündigung, dem → Bekenntnis (: III) und → Gebet (: IV) dienende Versammlungen eines Gemeindeteils nicht ausgeschlossen werden.

Die in 1Kor 14 angestrebte l.e Ordnung erwächst in Antithese zu einer Gemeinde, die sich in einem christlichen Mysterienkult um ekstatische Vorgänge sammelt. Paulus betont demgegenüber, ohne das ministerium verbi divini an Amtsträger zu binden, die vielfachen Äußerungen der Verkündigung und deren lehrhaften und sogar missionarischen Zweck, wobei er die Prophetie als Aktualisierung der Botschaft deutlich bevorzugt. Das stößt sich etwas mit der Anschauung der Apk und des Hebr, nach welcher die irdische L. Abbild und Projektion der himmlischen ist und, auf das Opfer Christi und die Anbetung der Gläubigen ausgerichtet, mehr kultische Züge trägt. Verschiedene l.e Tendenzen bezeugt also schon das NT. Jüdisch-apokalyptische Vorstellungen und heidenchristlich-enthusiastisches Mysteriendenken bahnen vereint den frühkath. Weg zum christlichen Kult, während sich gleichzeitig Kultkritik etwa in Joh 4, 21ff und Hebr, implizit auch in Röm 12, 1f; Mk 7, 15 und (?) Mt 18, 20 meldet. Alle Spannungen überwindet das Verständnis des urchristlichen Gottesdienstes als der eschatologischen und weltbestimmenden Selbstmitteilung des Christus praesens an seine Gemeinde. Der epiphane Gott dient dem Menschen und begabt ihn für seinen irdischen Weg im Gotteslob und in der Nächstenliebe, die seinen Dienst bewährend bewahren.

Festere l.e Formen erkennen wir zunächst im Zusammenhang mit sakramentalen Handlungen: Erfolgte schon vor Paulus die Eucharistie in einem Agapenmahl, so trennte nach 1Kor 11, 25 a ursprünglich das Mahl wohl Brot- und Kelchspende, während bei Paulus beides schon verbunden und von der → Agape abgehoben wird. Eucharistische Eingangs-L. (hl. → Kuß, Einladung, Warnung, → Maranatha) wird in 1Kor 16, 20ff und Apk 22, 14ff erkennbar. Die Predigt, hier durch Brieflesung ersetzt, ging ihr wohl voraus. Eschatologischer Jubel begleitete sie mit Hymnen und Gebeten. 1Kor 14, 16 kann besagen, daß die noch nicht Getauften besondere Plätze innehatten. Weitere l.e Bildungen, deren Anfänge wir nicht kennen, haben sich zu Ende des 1.Jh.s durchgesetzt: Die → Taufe (: II) wird mindestens im Bereich des LkEv unter → Handauflegung (: II) vollzogen. Aus der Judenchristenheit übernommen, bevollmächtigt die → Ordination (: II) den Amtsträger zur Leitung der Gemeinde wohl auch im Gottesdienst. Ein Stück formulierter Ordinationsparänese scheint in 1Tim 6, 11ff erhalten zu sein. Nach Apk 1, 3 und 1Tim 4, 13 gibt es das Amt des Vorlesers hl. Schriften. Verpflichtung und Gelübde in den Gemeindekatalog aufgenommener Witwen bezeugt 1Tim 5, 9ff. Beschreibt Jak 5, 14ff ein Verfahren zur Krankenheilung, so ist l.e Ausgestaltung exorzistischer Handlungen aus geprägten und in Wundergeschichten erhaltenen → Formeln zu erschließen. 1Tim 2, 1ff setzt ein Fürbittengebet voraus, in das die Obrigkeit eingeschlossen wird. Der schon 1Kor 16, 2 erwähnte Herrentag wird nach Apg 20, 7 und Apk 1, 10 feierlich begangen. Feste private Gebetszeiten sind nach Apg 3, 1; 10, 3. 9 zu vermuten.

Vgl. die Lit. zu → Gottesdienst: III-V, → Formeln: II, → Formen: II, → Gebet: IV. Weiter: P.Glaue, Die Vorlesung hl. Schriften im Gottesdienst I, 1907 - A.v.Stromberg, Studien zur Theorie u. Praxis der Taufe in der christl. Kirche der ersten zwei Jh.e (Neue Studien zur Gesch. der Theol. u. Kirche 18), 1913 - F.M.Rendtorff, Die Gesch. des christl. Gottesdienstes (Studien zur prakt. Theol. VII/1), 1914 - G.P.Wetter, Altchristl. L.n 1. 2 (FRLANT 13.17), 1921/22 - W.O.E.Oesterley, The Jewish Background of the Christian Liturgy, Oxford 1925 - K.Völker, Mysterium u. Agape, 1927 - A.B.Macdonald, Christian Worship in the primitive Church, Edinburgh 1935 - J.Leipoldt, Der Gottesdienst der ältesten Kirche - jüdisch? griechisch? christlich?, 1937 - E.Sjöberg, Kirche u. Kultus im NT (in: Ein Buch von der Kirche, 1950, 85-109) - H.Windisch-H.Preisker, Die kath. Briefe (HNT 15), 1951³ - G.Bornkamm, Zum Verständnis des Gottesdienstes (in: Das Ende des Gesetzes [BEvTh 16], 1952, 113 bis 133) - E.Käsemann, Das Formular einer nt. Ordinationsparänese (in: Nt. Studien für R.Bultmann [BZNW 21], [1954] 1957², 261 bis 268) - G.Schille, Das Leiden des Herrn (ZThK 52, 1955, 161 bis 205). *E.Käsemann*

III. Christliche Liturgien, geschichtlich

1. Unter altchristlichen L.n versteht man im engeren Sinne die Meßordnungen der östlichen Kirchen (→ Messe: I), im weiteren Sinne festgefügte Gottesdienstordnungen aller Art aus dem christlichen Altertum. Feste, noch nicht verbindliche Formulare sind uns zuerst innerhalb früher → Kirchenordnungen (: I) überliefert, der → Apostellehre aus dem 1. und bes. der »Apostolischen Tradition« → Hippolyts vom Ende des 2.Jh.s. Aus dem 4.Jh. stammt das Euchologium des → Serapion von Thmuis. Die Kodifizierung der einzelnen östlichen L.n gehört im allgemeinen erst ins 6.Jh. (→ Gottesdienst: V A, 1) und steht in Zusammenhang mit der konfessionellen Aufspaltung des christlichen Orients.

Umfassende Textsammlung: J.A.Assemani, Codex liturgicus Ecclesiae universalis, 13 Bde, Rom 1749-66 (Nachdr. Paris-Leipzig 1902). - Papyri: C. Del Grande, Liturgiae, preces, hymni christianorum e papyris collecti, Neapel (1928) 1934² - S.F.Pedretti in: Aegyptus 35, 1955, 292-298; 36, 1956, 247-253 (wird fortges.). - Lit.: A.Baumstark, Liturgie Comparée, (1933) ed. B.Botte, Chevetogne 1953³ (Lit.). - Vgl. ferner die Lit. zu → Abendmahl: IV, → Gottesdienst: V A, 1 u. die Lit.-Berichte in ALW, LJ u. JLH.

Textsammlungen aller östl. L.n: E.Renaudot, Liturgiarum orientalium collectio I. II, Paris 1716 (Nachdr. Frankfurt 1847) - H. Denzinger, Ritus Orientalium Coptorum, Syrorum et Armenorum in administrandis sacramentis I. II, 1864/65 - F.E.Brightman, Liturgies Eastern and Western I, Oxford 1896.

2. a) Das liturgisch fruchtbarste Gebiet der alten Kirche ist → Syrien (: III). Die ostsyr. *Apostel-L.* (oder *L. der Apostel Addai und Mari*), die noch heute bei → Nestorianern und unierten Chaldäern gebraucht wird, reicht in ihrem Kern bis in vornicänische Zeit zurück. Sie kannte ursprünglich offenbar keinen Einsetzungsbericht (so Ratcliffe, Dix, Engberding gegen Lietzmann, Botte). Später ist sie von den stärker griech. geprägten, nach → Nestorius und → Theodor von Mopsuestia benannten Nebenformularen überformt worden.

Zu den syr. L.n allgemein: H.W.Codrington, Studies of the Syrian L.s, London o.J. (Nachdr. aus Eastern Churches Quarterly 1936-37) - Viele Beiträge in L'Orient Syrien, 1956ff.

Ostsyr. L.n: Addai u. Mari: Text ed. Urmia, 1890; lat. Renaudot II, 587-597; engl. Brightman 252-305 - E.C.Ratcliff, The original form of the Anaphora of A. and M.: a suggestion (JThS 30, 1929, 23-32) - B.Botte, L'anaphore Chaldéenne des Apôtres (OrChrP 15, 1949, 259-276) - Ders., Problèmes de l'Anamnèse (JEH 5, 1954, 16-25) - Ders., L'épiclèse dans les l.s syr. orientales (SE 6, 1954, 48-72) - H.Engberding, Zum anaphorischen Fürbittgebet der ostsyr. L. der Apostel A. u. M. (OrChr 41, 1957, 102-124). - Nestorius: RENAUDOT II. 626-638. - Theodor: ebd 616-621. - Sonstiges: R.H.CONNOLLY, The liturgical homilies of Narsai (TSt VIII/1), 1909 - DERS., Sixth-Century Fragments of an East-Syr. Anaphora (OrChr NS 12/14, 1925, 99-128).

b) Aus → Antiochien oder seinem Hinterland, also Nord-Syrien, stammen vom Ende des 4.Jh.s die → Apostolischen Konstitutionen mit der – wegen ihrer Länge kaum für den praktischen Gebrauch bestimmten – sog. *Clementinischen L.*, in der das Eucharistiegebet Hippolyts verarbeitet ist; weiter die syr. Anaphora der 12 Apostel und damit der Grundstock der *Chrysostomus-L.* (s. 4); vielleicht das Eucharistiegebet der *Basilius-L.*, deren älteste Gestalt in der ägypt. Überlieferung erhalten ist (s. 3); ferner die von → Theodor von Mopsuestia († 428) in seinen Taufkatechesen kommentierte L.

c) Auf die Jerusalemer Ordnung geht die *Jakobus-L.* zurück; ihr frühester Zeuge, wohl vom Anfang des 5.Jh.s, sind die meist → Cyrill (, 2) zugeschriebenen Mystagogischen Katechesen. In syr. Sprache wurde sie zur Normal-L. der syr. → Jakobiten. Die Anaphora blieb dabei austauschbar. Wechselformulare sind bis zum MA neu geschrieben worden.

Jakobus: syr. (älteste erh. Fassung): A.RÜCKER, Die syr. J.anaphora nach der Rezension des Ja'qôb(h) von Edessa, m. d. griech. Paralleltext (LQF 4), 1923 - O.HEIMING in AS (s.u.) II/2, 1953, 105 bis 179. - Griech.: B.CH.MERCIER in PO 26, 2, 1946. - Lit.: G.KRETSCHMAR, Die frühe Gesch. der Jerusalemer L. (JLH 2, 1956, 22-46; Lit.). - Andere westsyr. Anaphoren: RENAUDOT II, 1-565 (lat. Übers.) - Anaphorae Syriacae, cura Pontificii Instituti Studiorum Orientalium ed. et lat. versae, Rom 1939ff (= AS) - H.FUCHS, Die Anaphora des monophysit. Patriarchen Jôḥannân I. (LQF 9), 1926 (mit Übersicht über die anderen Anaphoren). - In kopt. Überlieferung: E.LANNE, Le grand euchologe du Monastère Blanc (PO 28, 2), 1958.

3. Die Geschichte der alexandrinischen *Markus-L.* – in kopt. Gestalt nach → Cyrill (, 1) benannt – kann vor allem durch Papyrus-Fragmente recht genau verfolgt werden. Sie war einmal die ägyptische Normal-L., schon das Eucharistiegebet Serapions (s. 1) ist von ihr abhängig. Später wurde sie von der Basilius-L. an den Rand gedrängt, neben der vor allem unter den Monophysiten andere Formulare syr. Herkunft Verbreitung fanden wie die Gregors-L. Eine Eigenart aller ägyptischen L.n besteht darin, daß sie für manche Gebete Parallelformulare anbieten.

Markus: BRIGHTMAN 113-143. - Cyrill: lat. RENAUDOT I, 38-52; engl. BRIGHTMAN 144-188. - Fragmente, griech.: Straßburg, ed. ANDRIEU-COLLOMP in RevSR 8, 1928, 489-515 = Flor. Patr. 7, 44-48 - John Ryl. Libr. Pap. 465, ed. C.H.ROBERTS, Catalogue of the lat. and gr. papyri in the John Ryland's Library Manchester III, 1938, 132 (dazu H.ENGBERDING in OrChr 42, 1958, 68-76) - Brit. Mus. Pap. 2037 E.F., ed. S.G.MERCATI in Aegyptus 30, 1950, 1-7 - Berlin Mus. Pap. 13918 u. Heidelberg Pap. gr. 2, ed. H.LIETZMANN in Festg. A.Jülicher, 1927, 213-228. - Kopt.: Brit. Mus. Pap. copt. 150, ed. W.E.CRUM, Catalogue of the Coptic Mss. in the Brit. Mus., 1905, 35 - Copt. Lov. 26, ed. TH.LEFORT in Muséon 53, 1940, 22-24 - H.HYVERNAT in RQ 1, 1887, 330-345; 2, 1888, 20-27 - H.LIETZMANN in OrChr NS 9, 1920, 1-19. - Lit.: B.CAPELLE, L'anaphore de Sérapion (Muséon 59, 1946, 425-443) - H.ENGBERDING, Neues Licht über die Gesch. des Textes der ägypt. Markus-L. (OrChr 40, 1956, 40-68). - Andere Formulare: C.H.ROBERTS-B.CAPELLE, An early Euchologium. The Dêr Balyzeh papyrus enlarged and reed. (Bibl. du Muséon 23), Louvain 1949. - Alex. Basilius-L.: griech. RENAUDOT I, 57-89; kopt. in lat. Übers. ebd 1-25 - H.ENGBERDING, Das eucharistische Hochgebet der Basilius-L. (Theol. d. christl. Ostens 1), 1931 - DERS., Sinn u. Bedeutung der Verfasserangaben im Bereich der ostchristl. Meß-L.n (Jahres- u. Tagungsbericht d. Görresgesellschaft 1952, 1953) - A.RAES, L'authenticité de la l. byz. de s. B. (REByz 16, 1958, 158-161) - B.CAPELLE, L'origine de l'anaphore de s.B. (erscheint in Muséon). - Gregor: E.HAMMERSCHMIDT, Die kopt. Gregoriosanaphora (Berliner Byzantinist. Arb. 8), 1957 (dazu H.ENGBERDING in OrChr 42, 1958, 134-142). - Äthiopische L.n: BAUMSTARK-BOTTE (s. 1) 252ff (Lit.) - E.HAMMERSCHMIDT in: Ostkirchl. Studien 5, 1956, 285-290.

4. In der orth.-melchitischen Kirche setzte sich die Stadt-L. von Konstantinopel durch, die seit dem 10.Jh. *Joh.* → *Chrysostomus* zugeschrieben wurde. Zu bestimmten Zeiten des Kirchenjahres wird an ihrer Stelle die Basilius-L. in einer gegenüber der ägypt. Überlieferung wohl schon im 4.Jh. stark erweiterten Fassung oder die Präsanktifikaten-L. gefeiert (→ Gottesdienst: V A, 2). Die Kirchen mit altslawischem Ritus haben die Texte übersetzt übernommen.

Chrysostomus-L.: BRIGHTMAN 309-411; A.BAUMSTARK in KIT 35, 1909 - Χρυσοστομικά II, Rom 1908 - H.ENGBERDING, Die syr. Anaphora der 12 Apostel u. ihre Paralleltexte (OrChr 3. Ser. 12, 1938, 213-247) - A.RAES, L'authenticité de la l. de s. Jean Chr. (OrChrP 24, 1958, 5-16). - Vgl. sonst die Lit. zu → Gottesdienst: V A, 2 u. J.GOAR, Εὐχολόγιον sive Rituale Graecorum, (1647) Venedig 1730² (Nachdr. 1959). - Zu den armen. u. georg. L.n vgl. BAUMSTARK-BOTTE (s. 1) 256ff (Lit.).

5. a) Die L.n der alten *lat. Kirche* sind für uns fast ausschließlich erst seit dem 6.Jh. deutlich greifbar. Die ältesten, die afrikanischen, sind ganz verschollen. Im übrigen lassen sich die stadtröm. und die das übrige lat. Gebiet umfassenden, dem Osten wesentlich näherstehenden, »gallischen« (auch »gallikanisch« genannten) Ordnungen unterscheiden. Allen lat. L.n ist gemeinsam, daß die meisten Gebete des Meßgottesdienstes im Rhythmus des → Kirchenjahres wechseln.

L.MURATORI, Liturgia Romana Vetus I. II, Venedig 1748 - H.A.P. SCHMIDT, Hebdomada Sancta II, Rom 1957 (Lit. 302ff). - Vgl. ferner die Lit. zu → Gottesdienst: V B, 1 u. in EphLiturg, Rom 1877ff. - Afrika: W.C.BISHOP, The African rite (JThS 13, 1912, 250-277).

b) In *Rom* ist seit der Mitte des 4.Jh.s die Messe nicht mehr in griech., sondern nur noch in lat. Sprache gehalten worden. Kodifiziert wurde die röm. L. spätestens im 6.Jh. in den röm. → Sakramentaren, dem Gelasianum und Gregorianum; der Verlauf des Gottesdienstes ist vor allem den frühmittelalterlichen Ordines zu entnehmen (→ Messe: II).

c) Die *Mailänder L.*, später ambrosianisch genannt, steht unter den gallikanischen Ordnungen der röm. am nächsten und ist ihr später immer stärker angeglichen worden. Sie wird zuerst greifbar in den Taufkatechesen des → Ambrosius, de sacramentis (so Faller, Connolly, Botte; dagegen Gamber).

Missale Ambrosianum duplex ... ex manuscriptiis schedis A.M. Ceriani ed. A.RATTI-M.MAGISTRETTI, Mailand 1913 - M.MAGISTRETTI, Monumenta veteris Liturgiae Ambrosianae I-III, ebd 1897 bis 1905 - C.LAMBOT, North-Italian Services of the XIth Century (Public. of the Henry-Bradshaw-Society [= HBS] 67), 1931. - Zu De sacramentis: O.FALLER, Ambrosius als Verfasser von De sacramentis (ZKTh 64, 1940, 1-14. 81-101) - R.H.CONNOLLY, The De sacramentis a work of St. Ambrose, Oxford 1942 - B.BOTTE, Ambroise de Milan, Des Sacrements, des Mystères (SC 25), 1950 - K. GAMBER, Ist Niceta von Remesiana der Verfasser von De sacramentis? (Ostkirchl. Studien 7, 1958, 153-172).

d) Das übrige *gallische* L.-Gebiet umfaßt die mozarabische, dh spanisch-westgotische (→ Mozaraber), die gallikanischen (auch gallisch im engeren Sinn genannt) und keltischen L.n (→ Gottesdienst: V B, 1). Die älteste bekannte Darstellung des Verlaufes der Messe und einiger anderer Riten geben die Briefe des Pseudo-Germanus von Paris, wohl aus dem 7.Jh.; die Gebetstexte haben sich in späteren, meist schon stark röm. beeinflußten Sakramentaren erhalten.

J.MABILLON, De liturgia Gallicana libri tres, 1685 (= MPL 72) - Ps.-Germanus: MPL 72, 83ff; Neuausg. durch E.C.RATCLIFF in Vorbereitung. - Missale Gothicum: ed. H.M.BANNISTER (HBS [s. 5 b. c] 52. 54), 1917-19; Faks. ed. C.MOHLBERG, 1929. - Bobbio-Missale: ed. E.A.LOWE (HBS 53. 58), 1917-20; Kommentar von A.WILMART, LOWE, H.A.WILSON (HBS 61), 1924. - Missale Gallicanum Vetus: ed. L.C.MOHLBERG in Verb. mit L.EIZENHÖFER u. P.SIFFRIN (Rerum

Eccl. Documenta, ser. maior, Fontes 3), Rom 1958 (darin auch die Mone-Messen u. andere Fragm.). - Missale Francorum: ed. DIES. (ebd 2), Rom 1957 - E.GRIFFE, Aux origines de la l. gallicane (Bull. de littér. eccl. 72, 1951, 17-43). - Keltische L.n: Antiphonar von Bangor: ed. F.E.WARREN (HBS 4. 10), 1893-95. - Stowe-Missale: ed. G.F.WARNER (HBS 31.32), 1906-15 - F.E.WARREN, The L. and Ritual of the Celtic Church, Oxford 1881.

6. Seit dem 7.Jh. nachweisbar breitet sich *die röm. L.* auch in altgallischem Gebiet aus und wird programmatisch zur Norm der ganzen Kirche erhoben (in England 664, im Frankenreich durch die Karolinger, seit dem 11.Jh. durch das Reformpapsttum); in einer Mischform zwischen altröm. und altgallischer Tradition setzt sie sich schließlich fast im gesamten lat. Westen durch. Auch die Eigen-L.n der Orden des MA weichen nur geringfügig ab. Sogar in die östlichen Sprachen wird sie als Petrus-L. übersetzt (→ Messe: II). Durch den Zerfall der Kircheneinheit im Spät-MA und die Reformation wird dann auch im Westen der Ritus zum Konfessionsmerkmal, aber - anders als im Osten - theologisch begründet. Schon die → Brüderunität (: I) gab sich eine eigene L. in der Volkssprache. Unter den Gottesdienstordnungen der Reformationskirchen trägt bes. das → Common Prayer Book den Charakter einer eigenständigen L. Zu den luth. und ref. Kirchen und anderen Gemeinschaften s. → Gottesdienst: V B, 2. 3. Die zum Konfessionsritus gewordene röm. L. ist im Auftrag des → Tridentinischen Konzils kodifiziert worden (1570 Missale Romanum, 1596 Pontificale, 1614 Rituale); daneben leben in einzelnen Gebieten der röm.-kath. Kirche noch Restbestände der alten gallischen L. fort (Mailand, Toledo, Braga, Lyon), in den → Unierten Kirchen des Orients auch die orientalischen L.n. *G.Kretschmar*

IV. Christliche Liturgie, musikalisch

1. Die l.e M. des 1.Jt.s nChr - 2. Besonderheiten des l.en Gesangs - 3. Aufgaben - 4. Gelegenheiten - 5. Grundformen - 6. Bedeutung der Reformation für die musikalische L. - 7. Neubesinnung. - M. = Musik. - Vgl. auch → Kirchenlied: II, → Messe: IV, → Musik: V. VI

1. Die Frage nach der musikalischen L. muß für ein Zeitalter, in dem wohl sämtliche Kirchen mit einem Mangel an liturgischem Sinn in weiten Kreisen zu tun haben und in dem man versucht, den alten liturgischen Choral teils neu einzuführen, teils den beibehaltenen neu zu beleben und zu pflegen, von der l.en M. des 1.Jt.s nChr aus beantwortet werden. Bedeutung und Art der musikalischen L. ist abhängig teils von dem, was der L. als solcher zugebilligt wird, teils auch von dem, was man unter M. versteht. - Der musikalische Gottesdienst ist sozusagen schon von Anbeginn an grundsätzlich angezweifelt worden als eine Beeinträchtigung des unmittelbaren Gebetes; doch waren es meist Anachoreten, dh für sich allein lebende und betende Menschen, die die M. beim Gottesdienst bekämpften. Sobald Gemeinschaften einen gemeinsamen Gottesdienst wünschen, sobald das Gebet geordnet, dh mit gleichem Rhythmus und gleichem Klang von einer Mehrheit von Personen vorgetragen werden soll, läßt und ließ sich die Hilfe der M. nicht entbehren. In Frage gestellt werden dann nur einzelne Arten der M. Abgelehnt wurde also in der →altchristlichen Musik alles, was an das Heidentum erinnerte: so vor allem die Tanz- und Instrumental-M., trotz der Beispiele für sie im AT und NT und obwohl der religiös-liturgische Tanz der → Therapeuten (vgl. → Philo, De vita contemplativa) im Urchristentum als Beispiel hätte wirksam werden können. Trotz der offiziellen Ablehnung hat es aber, wohl als Erbe heidnischer Kulttänze, liturgische Tänze, dh Tänze im Kirchenraum und als Teil des Gottesdienstes gegeben, in einzelnen fränkischen Kirchen zu → Sequenzen und → Responsorien zB bis zum 15.Jh. Die Instrumental-M. wurde vor allem von der röm. Kirche abgelehnt. Es war aber schwierig, diese Ablehnung streng durchzuführen. Augustin (Enarr. in ps. 32) zählt zB ohne weiteres eine Reihe von Instrumenten auf, die zur Unterstützung beim Psalmengesang benutzt wurden, und selbst beim gregorianischen Choral ist es zweifelhaft, ob er ohne instrumentale Unterstützung vorgetragen wurde. Doch kommt noch um 800 ein nennenswerter Anteil der Instrumente an der musikalischen L. Roms nicht in Frage. Durch den → gallikanischen Gesang und die mehrstimmige M. sind dann aber doch die Instrumente in die L. eingedrungen, ohne daß die Instrumental-M. in der kath. kirchenmusikalischen → Gesetzgebung mehr als eine Duldung errungen hätte. Abgelehnt wurde zunächst auch der → Hymnus antiker Art, dh die Kunst-M.; dieses Verbot wurde aber nach längerem Schwanken unter Hinweis auf nichtantike Hymnen aufgehoben (Konzil von Toledo 633). Die l.e M. des Christentums mindestens des 1.Jt.s steht in einem besonderen Verhältnis zur Kunst: Während die Kunst-M. der Neuzeit wahrgenommen, genossen werden will, um den Zuhörer zu erbauen, während die antike M. ein Ethos des Zuhörers erstrebt, will die l.e M. der alten Kirche primär Mittel der Anbetung, der Verkündigung, aber keine Kunst sein. Sie ist dem Wort Gottes verpflichtet. Sie steht in dienendem Verhältnis zum l.en Text (Evangelium, Psalm, Bekenntnis, Gebet). Die Texte werden aber nach allgemeiner Sitte der Zeit nicht mit der Sprech-, sondern der Singstimme vorgetragen, damit sie besser vernommen werden und sich von der Sprache des Alltags abheben. Sie wurden rezitativisch, dh im wesentlichen auf *einem* Ton vorgetragen. Die Schlüsse der Sätze oder der Verse mußten dann durch das Absinken der Stimme und gewisse Verzierungen der M. geformt werden. Diese Grundform der l.en M., Rezitieren des Textes, Gestalten der Schlüsse, bleibt durch das 1.Jt. gewahrt. Allerdings, wenn die M. einmal die Aufgabe zu formen erhält, so beginnt mit dieser auch das Recht der M. auf Formung.

2. Die Kunst des l.en Gesanges behält trotzdem ihre *Besonderheiten:* Sie soll nicht auslegen, interpretieren, erklären; diese M. besitzt noch keine eigene Sprache. Sie soll nur bei der Aussprache der Texte dienen. Sie ist daher durchaus formelhaft. Diese Formeln stehen in bezug zum syntaktischen oder bei den Psalmen zum versikelmäßigen Aufbau der Sätze, aber nicht zum Satzinhalt. Der Rhythmus ist durch den Text gegeben, dessen Silben in der Regel gleich lang vorgetragen wurden. (Der heute übliche und durch die Editio Vaticana des Chorals vorgeschriebene Rhythmus mit gleicher Länge der Töne, der die M. selbständig und zur Herrin des Textes macht, muß aus Gründen der Paläographie und der geschichtlichen Zusammenhänge als unhistorisch abgelehnt werden.) Die an sich gleichlangen Silben des Textes aber werden entweder in freiem Rhythmus, dh ohne besondere Gestaltung der Zeitfolge, oder in zahlenmäßiger, dh bisweilen in alternierender Ordnung vorgetragen. Der rezitativische Vortrag bedarf auch keiner tonalen Ordnung. Wichtig ist der Ton, auf dem die Texte gesungen werden; die Schlüsse sind frei gestaltet. Doch führt die Ausgestaltung der Schlüsse zu einer Gruppierung der Formeln, also zu den sog. → Kirchentönen, anscheinend im Zusammenhang mit der Entstehung der → Antiphonen im 4./5.Jh. Diese l.e M. kennt also keine musikalischen Funktionen; sie ist von sich aus nicht zu verstehen, sondern bedarf des Vollzuges durch den l.en Sprecher und die den Text aufnehmenden l.en Hörer, um »Realität« zu gewinnen, dh sinnhaft zu werden. Darin liegt ihre »Objektivität«. Sie ist in dieser Hinsicht zu vergleichen mit den anderen Künsten der L., wie zB der

Malerei, die keinen Raum darstellt, sondern deren »Szenen« erst in der Vorstellung der gläubigen Beschauer raumhaft werden. Sie steht damit in ausgesprochenem Gegensatz zur M. der Neuzeit, die dank ihrer rhythmischen und tonalen Funktionen Gestalt, Selbständigkeit und Eigensprache besitzt (→ Musik: V).

3. Diese musikalische Dienstleistung ist je nach der gestellten Aufgabe und l.en Gelegenheit verschieden. Als wichtigste *Aufgaben* sind zu nennen: a) die Verkündigung des Textes, also der Hl. Schrift. Sie obliegt dem → Lektor. Die Rolle der M. beschränkt sich streng auf das starre Rezitativ; doch ist sie je nach Art des Textes (AT, Epistel, Evangelium) mehr oder weniger feierlich. Schmückende Zutaten sind gegenüber dem Gotteswort nicht am Platz, mit Ausnahme etwa der → Passion, deren langer Text zur Verteilung der Rollen und zur musikalischen Bereicherung verführt. b) Der Vortrag der Gebete obliegt dem Priester. Hier hat im Laufe der Zeit, bes. bei der Sakramentenspendung, der Wunsch nach möglichst eindringlichem Vortrag zu Anstiegen im Rezitativ geführt und bei der Praefatio (dem Beginn der sakramentalen Handlung, bes. der Eucharistie) und dem Pater Noster Formeln höchster Feierlichkeit geschaffen (→ Orationston). c) Der Gesang der »Lieder«, dh der Psalmen, kann durch die Schola erfolgen; doch oblag er ursprünglich - nach synagogalem Vorbild - dem → Kantor. Die Gemeinschaft schloß sich ihm durch Zuruf (Amen, Halleluja usw) an. Dieser Zuruf gewinnt auf mehreren Wegen große Bedeutung, etwa in den christologischen Kämpfen des 3./4.Jh.s, wo Bekenntnisformeln (→ Doxologie) von der Menge vorgetragen wurden und den Psalm unterbrachen; so auch als Zwischengesänge bei den Syrern, den Byzantinern (als → Troparia) und den Lateinern (als → Antiphonen). Aus diesen Zwischengesängen entwickelte sich der antiphonale oder responsoriale Gesang; dieser, indem der Psalm, richtiger nur ein oder zwei Verse des Psalmes, vom Kantor unter Entfaltung seiner solistischen Kunst vorgetragen und die rezitativische Grundgestalt von den Melismen der Interpunktionen (Halb-, Ganzschlüsse, Zwischenpausen) überflutet wurden.

4. Die wesentlichen *Gelegenheiten* der musikalischen L. sind das → Stundengebet und die → Messe. Beiden liegt aber ein gemeinsamer Keim zugrunde. Die Gesänge der einzelnen Stunden (außer den Gebeten) sind die → Psalmodie, die Lectio, das → Responsorium und der → Hymnus. Lectio und Responsorium stehen dabei sachlich und musikalisch einander gegenüber und bilden zusammen eine Einheit. Der musikalisch höchst einfachen, aber feierlichen Verkündigung des zu verlesenden Gotteswortes antwortet in möglichst angespannter, kunstreicher Form der Vortrag eines Psalmstückes. Die Funktion dieses Responsoriums ist also nicht ästhetischer Genuß oder Erbauung der Zuhörer, sondern die Antwort der Zuhörer, vertreten durch Kantor und Schola, auf das Verkündete. Ähnlich enthält der erste Teil der Messe einen Psalm, den → Introitus, und anfänglich drei, später zwei Lektionen und Responsorien, das → Graduale und → Halleluja. Anders dagegen der zweite sakramentale Teil der Messe, bei dem zwar der Opfer- und Kommuniongang der Gläubigen durch Psalmodien, das → Offertorium und die → Communio, begleitet wurden, der aber im Kern doch aus Orationen besteht. Die Psalmodien hatten also in der musikalischen L. ihre ursprüngliche Aufgabe als Begleitgesänge zu Prozessionen: dem Einzug bei Beginn der Messe, dem Opfergang, dem Gang zum Herrenmahl. Der Text hatte auch bei ihnen die entscheidende Rolle, und erst allmählich, mit dem Wegfall dieser Gänge, wurde er zurückgedrängt, so daß etwa seit 1000 nChr stellenweise nur die den Psalm unterbrechende oder umrahmende Antiphon erhalten geblieben ist. Damit begann die M. der L. zu entgleiten und die musikalische L. zu entarten.

5. Neben der röm. L. gab es viele andere (→ Liturgie: III); die musikalischen *Grundformen* sind jedoch im wesentlichen die gleichen. Am weitesten von der Norm entfernt sich vielleicht - trotz vieler Zusammenhänge mit östlichen L.n - die gallikanische, die auf jeden Fall für die weitere Geschichte der musikalischen L. bes. bedeutend wurde. Während in Rom nach anfänglichem Schwanken sozusagen Grundsatz wurde, für jedes Fest eigene Texte zu haben, liebte man in Gallien gleichbleibende Texte, denen oft mehrere Melodien entsprachen; auch spielten die Instrumente und die → Litaneien und Prozessionen eine gewisse Rolle, obwohl zZ hierüber noch nichts Sicheres ausgesagt werden kann. Als durch die Karolinger die röm. Liturgie im Frankenreich eingeführt wurde, entwickelte sich - wohl infolge dieser gallikanischen Gewohnheiten - eine neue l.e M.: die → Tropen, die die aus Rom gekommenen Gesänge durchsetzten, und im Zusammenhang mit ihnen die Ordinariumsgesänge, diese mit vielen Melodien zum gleichen Text. Die Tropen enthielten manche tanzbare, instrumentale und keimhaft mehrstimmige M.: auch sie bedeuteten naturgemäß eine Lockerung des Dienstverhältnisses der M.; die → Kyrie-Gesänge waren vollends nicht mehr Rezitationen des Textes, sondern bewußte Kompositionen. In diesem Zusammenhang ist auch die Fixierung der → Notenschrift durch das Liniensystem zu nennen. Durch sie wurde die M. unabhängig von der mündlichen Tradition, ein ebenso großer Gewinn für die M. an sich, wie Schaden für die musikalische L. Die M. wurde Komposition, dh ein Gegenstand der Kunst, der bewußt ästhetischen Gesetzen unterworfen war, wie sie zB die Mehrstimmigkeit (→ Polyphonie) mit sich brachte. Hand in Hand mit dieser Loslösung der M. aus der Herrschaft der L. vollzog sich die Befreiung der L. von der M. durch das Aufkommen der Stillen Messe ohne l.e M. und die Verpflichtung des Priesters (etwa seit dem 12.Jh.), die Gesangstexte zu beten, gleichgültig, ob sie gesungen wurden oder nicht. Damit war die l.e M. zum schmückenden Beiwerk des Gottesdienstes geworden oder konnte jedenfalls so verstanden werden.

6. Die *Reformation* wirft die Fragen der musikalischen L. wieder neu auf; die Antworten erinnern - sei es in der Ablehnung der M., sei es in der Duldung und Nutzung - an die der ersten Jh.e nChr. Daß sich eine neue l.e M. ausbildete, beruht natürlich zunächst auf der elementaren Wucht der Reformation; doch waren bereits vor ihr neben dem alten Choral neue Formen (außerhalb der mehrstimmigen Kunst-M.) aufgekommen: der Tropus, die → Cantio, volkssprachiges Lied für die nicht latein- oder doch nichtchoralkundigen Laien, Formen, die nun mit Selbstverständlichkeit aufgegriffen wurden. Die Verdeutschungen des → gregorianischen Gesangs aber erwiesen sich nicht als zukunftsträchtig, mit Ausnahme einiger Gesänge des Ordinariums, die heute noch als → »Altargesänge« fortleben. - Durch die Reformation entsteht aber ein neuer → Choral, der sich von dem der alten Kirche nicht bloß durch die Sprache und was mit ihr zusammenhängt, sondern vor allem formal und also durch seine geistige Einstellung unterscheidet. Er basiert auf der Liedform (→ Kirchenlied: II), während die Grundlage des alten Chorals die rezitativische Psalmodie ist: Das Lied hat Strophen, dh seine Form ist in sich geschlossen; der Psalm aber besteht aus aneinandergereihten Versen, die nur durch die Kadenzen gestaltet werden. Seinen Abschluß findet er in den (antiphonalen oder responsorialen) Responsa des Chores. Lied und Antiphon lassen sich als Bekenntnislieder eini-

germaßen vergleichen; die Psalmodie mit ihrer Bewegung, der Psalm als Begleitung einer Handlung gehen verloren. Dasselbe gilt (eingeschränkt) von den Ordinariumsgesängen, die in der alten musikalischen L. l.e Akklamationen waren, also letztlich nicht in sich beruhten, sondern handlungsmäßiger Art waren. Das Lied gewinnt also die Gemeinde für die Teilnahme am Gottesdienst neu zurück, verzichtet aber auf ein aktives Eingreifen in eine l.e Handlung. - Während ferner der alte Choral als formelhafte M. auf eine Ausdeutung der M. verzichtete, entwickelte sich die ev. Kirchen-M. - aber auch die kath. der Neuzeit - immer stärker zu einer M. als Auslegerin, Deuterin des Textes, im Einklang mit der gleichzeitigen Ausbildung der M. als »Sprache« überhaupt (→ Musik: V). Schließlich zog die neue kirchliche M. in weit stärkerem Maße als die des 1.Jt.s das Instrument heran, das nur in seltenen Fällen (etwa bei der Übernahme von Choralmelodien) bekenntnishaft wirkte, sondern wiederum den emotionellen, stimmungsmäßigen, ausdeutenden Bereich der Aussage übernahm. Es versteht sich von selbst, daß diese neuzeitliche Art der Kirchen-M. (aller Konfessionen), in der die Komponisten sich bemühten, individuell Neues zu sagen, nicht wahrhaft l.e M. sein konnte, die Äußerung der Gemeinschaft sein will.

7. Das Ende des 19. und das 20.Jh. brachten dann eine allmähliche *Neubesinnung* auf die musikalische L. Die Neubelebung hängt zT mit dem Aufblühen der → Musikwissenschaft zusammen, die sich bemühte, die geistigen, also auch die l.en Grundlagen der M. → Bachs, der Reformationszeit, der Gregorianik zu erforschen. Der Rückgriff auf die musikalische L. des 1.Jt.s erweist sich dabei als recht schwierig, obwohl die kath. Kirche den alten wiederhergestellten Choral in den Mittelpunkt ihrer Kirchen-M. rückte. In der entscheidend wichtigen Frage des Rhythmus gilt noch immer - in kath. wie ev. Praxis - die historisch nicht mehr haltbare Lösung vom Gleichwert aller Töne. Die Verdeutschungen des lat. Textes aber kämpfen mit der Schwierigkeit, daß die im Kern rezitativischen Melodien unmittelbar aus dem Vortrag des lat. Textes entstanden sind. Der Widerspruch, den eine solche »deutsche Gregorianik« immer wieder findet, aber auch allgemein die Schwierigkeiten einer neuen musikalischen L. beruhen im wesentlichen darauf, daß ein l.es Rezitativ und überhaupt ein Dienstverhältnis der M. zum Text, das die christliche musikalische L. fordern muß, von einem Zeitalter, in dem jeder - und auch jeder Musiker - eine individuelle Sprache reden möchte, kaum zu schaffen ist.

P. Wagner, Einführung in die gregorianischen Melodien I, (1895) 1911[3]; II, (1905) 1912[2]; III, 1921 - J. Quasten, M. u. Gesang in den Kulten der heidn. Antike u. christl. Frühzeit, 1930 - Fr. Blume, Die ev. Kirchen-M., 1931 - O. Ursprung, Die kath. Kirchen-M., 1931 - J.A. Jungmann, Missarum sollemnia I. II, (1948) 1958[4] - L. Eisenhofer-J. Lechner, Grundriß der Liturgik des röm. Ritus, 1950[5] - Leiturgia I ff (darin R. Stählin, Gesch. des christl. Gottesdienstes) - Thr. Georgiades, M. u. Sprache. Das Werden der abendländ. M., 1954 - E. Jammers, Der mittelalterl. Choral, 1954. - Ferner die einschlägigen Art. u. Bibliogr.en in: DACL, JLW, MGG, ALW, LJ, JLH. - Vgl. auch L. Gougaud, La danse dans les églises (RHE 15, 1914, 5-22. 229-245). - Veröffentlichungen u. Ausgaben der gegenw. Reformbewegung (vgl. → Gottesdienst: VI, 3) bei O. Brodde, Ev. Choralkunde (Leiturgia III, 344 ff).

E. Jammers

V. Liturgische Gesangbücher

Die Bücher der L. sind ursprünglich für den Bedarf der beteiligten Personen geschrieben: das → Sakramentar für den Sakramentenspender, das → Lektionar für den Lektor, und zwar das Evangelistar für den Vortrag des Evangeliums, für die Verlesung der Epistel das Epistolar oder Lektionar; im ambrosianischen Ritus, wo vor dem Evangelium 2 Lektionen verlesen wurden, gab es entsprechend 2 Lektionare. Das gleiche gilt von den Gesangbüchern; das Cantatorium = Graduale enthielt die solistischen → Gradualien für den Kantor, das Antiphonar die chorischen → Antiphonen für den Chor oder Chorleiter; Sequentiar, Hymnar, Tropar die entsprechenden Gesänge. Diese Ordnung wurde später durchbrochen, vor allem seitdem sich mit dem 9./10.Jh. die »stillen Messen« durchsetzten, der Priester neben den Gebeten die Lektionen und Gesangstexte las und man daher auf die laute Verlesung der Lektionen und den musikalischen Vortrag der Gesänge verzichten konnte. Es entstand das Missale plenarium, das das Sakramentar, das Lektionar und die Meßgesangbücher in sich vereinte sowie die erforderlichen Rubriken enthielt. Das Missale beginnt üblicherweise mit den wechselnden Texten der Sonn- und Wochentage vor Ostern; dann folgt der Ordo missae, dh die gleichbleibenden Teile der → Messe, dann die Texte von Ostern bis zum letzten Sonntag des → Kirchenjahres; den Abschluß bilden die Texte der im Jahr festliegenden Tage (mit Ausnahme der Weihnachtswoche, die im ersten Teil enthalten ist). Für die dem Bischof vorbehaltenen Riten entwickelte sich aus dem Sakramentar und den Ordines das Pontifikale. Entsprechendes gilt für die Gesangbücher: Antiphonar (= A.) und Graduale wurden zusammengeschrieben zu einem umfassenden A. Dies zerfiel dann in ein A. missae und ein A. officii, dieses wieder je nach der Tagzeit in ein A. diurnale und nocturnale. Statt des A. missae bürgerte sich seit dem 12.Jh. die Bezeichnung Graduale (also mit verändertem Sinn) ein. Man unterscheidet bei diesem und ähnlich beim A. officii das Ordinarium - die täglich wiederkehrenden Gesänge, nach dem ersten Gesang auch → Kyriale genannt - und das Proprium, bestehend aus dem Proprium → de tempore und de sanctis, von dem gleichbleibende Gesänge für einzelne Heiligengruppen als Commune de sanctis noch ausgeschieden sind. Seit der Restauration des → gregorianischen Gesanges (: I) sind als Editiones Vaticanae neu gedruckt das Graduale und das Diurnale. Die einzelnen Orden haben oft ihre eigenen Choralbücher. Die Medicäa ist die Ausgabe des verunstalteten Chorals vor der Vaticana.

Ebenso verwickelt wie die formale Geschichte der liturgischen Bücher ist die *textliche*. Selbstredend besaß jede L. ihre eigenen Bücher. In der römischen unterscheidet man beim → Sakramentar entsprechend der geschichtlichen Entwicklung der Meßtexte das Sacramentarium Leoninum, das Gelasianum und das Gregorianum. Dieses setzte sich durch, erhielt aber bei der Übernahme ins Frankenreich einen von → Alkuin redigierten Anhang. Für das gallikanische Sakramentar sind wichtigste Quellen das Missale Gothicum und das Gallicanum vetus. Der heute übliche einheitliche Text geht nicht auf die stadtrömische Fassung zurück, sondern auf die päpstliche, die im 13.Jh. von den Franziskanern verbreitet wurde.

A. Gastoné, Le Graduel et l'Antiphonaire romains. Histoire et description, 1913 - MGG II, 1276 ff (Choral). 1323 ff (Choralreform); V, 622 ff (Graduale) - LThK[2] II, 1079.

E. Jammers

VI. Liturgie und Kunst

1. Grundsätzlich - 2. Methodologisch. - K. = Kunst

1. Frühzeitig hat das Christentum in seinem kirchlichen Leben aus der Verbindung mit dem Verkündigungs- und Lehrauftrag und in Übereinstimmung mit Traditionen des alten Bundes festgelegte, wiederholbare Formen des → Gottesdienstes für notwendig erachtet. Hierbei berührt sich die Welt des Glaubens unausweich-

lich mit der Welt der K. Die *grundsätzliche* Frage »L. und K.« muß daher in dem weiteren Rahmen der Fragestellung »Kultus und K.« gesehen werden.

In den geschichtlicher Wandlung und konfessioneller Prägung unterworfenen Formen des christlichen Kultus läßt sich eine Vielzahl von künstlerischen Ausdrucksformen beobachten: die *K. des Wortes,* Rezitation und Lesung, gebundene Rede und freier Vortrag, dichterische Sprache der Texte und ihre Auslegung in der Prosa, schließlich ihre Ausmündung im Text des → Kirchenliedes; *die musikalische Form,* Chor und Wechselgesang; Reste von individueller und gemeinschaftlicher *»Bewegungs-K.«,* schweigendes Stillstehen im Gebet, Erheben und Niederknien, gemeinschaftlicher Einzug oder Heranschreiten zum Altar, Falten der Hände u.a.m.; das Gestalten christlicher Vorstellungen in *Werken der bildenden K.*; der gestaltete *Raum* (→ Kirchenbau: I), der die Gemeinde wie den Einzelnen in ihrer gottesdienstlichen Begegnung umschließt; das kultische *Gerät* (→ Altargerät); die → *Paramente.*

Wie alle Ausdrucksformen menschlichen Seins ist jede künstlerische Aussage als dessen reinster und empfindlichster Spiegel zeitlicher Wandlung unterworfen. Sie vollzieht sich in großen Wellen fast gesetzmäßiger Wertverschiebungen von schöpferischer Intuition und ordnender Gestaltung im Raum zu plastisch-körperlicher Ausbildung, farbig-malerischer Schau und musikalischer Vertiefung. Solcher Gesetzmäßigkeit scheinen auch die *K.formen* des Kultus unterworfen. Ihrem Wesen nach anonym als gemeinschaftlich aus Generationen gewachsenes Werk, ist ihr Weg durch die Geschichte doch begleitet von den Namen begnadeter Einzelner, die als Künstler oder kirchliche Auftraggeber, durch gesetzliche Festlegung oder reformatorisch-reinigenden Eifer das Wesentliche suchend an ihnen bildeten. Dabei droht für Kultus und K. die Gefahr, daß die Kraft der äußeren Formen, die Strenge ihrer rechtlichen Fixierung, die Sicherheit ihrer Verwurzelung im Brauch über die zeitgebundene Lebenskraft geistiger Aussage hinaus wirksam bleibt und unverstanden als starre, leere Formel mißbraucht wird. Gegen solche formalistische Erstarrung von Kultus und Glauben wandte sich die Reformation. Hatte Luther nur, ohne zu zerstören, von Auswüchsen und Erstarrungen reinigen wollen, so folgte eine Bewegung, die über Bilderstürmerei zum radikalen Ausschluß der bildenden Künste, ja zT sogar der Musik, aus dem ev. Kultus führte. Wenn auch aus solcher einseitig mißverstehenden und bald gleichfalls dogmatisch erstarrenden Auslegung zunächst eine neue künstlerische Hochform rein akustisch gestalteter L. heranwuchs, wie sie sich in ihrer strengen Ausschließlichkeit mit Wortverkündigung, Psalmensingen, Predigt und Choral in wohl abgewogenem Wechsel hie und da erhalten hat (zB in den Niederlanden oder in Ungarn) – bezeichnenderweise nicht ohne ein wesentliches Moment architektonisch geordneter Selbstdarstellung der Gemeinde in ihrer sozialen Rangordnung durch Gestühl und Emporen –, so konnte doch Verarmung und Verkümmerung nicht ausbleiben. Mit dem Absterben auch der musikalisch-sinnlichen Kultsprache, die in Kantaten, Motetten und Oratorien erst für den Konzertsaal wiederentdeckt werden sollte, setzte sich eine Entwicklung nach einer mehr lehrhaft-rationalen oder moralisierenden Seite durch, die mit dem Verlust künstlerischer Form schließlich weite Kreise von einem ihren Anlagen gemäßen Empfang der Botschaft ausschloß. – Erst zu Beginn des 20.Jh.s setzte mit der Besinnung auf die Grundlagen des → Kirchenbaues (: V, 1) eine liturgische Bewegung ein, die Kirchenmusik (→ Musik: VI) als wesentlichen Ausdruck von Verkündigung und Lobpreis wiederentdeckte und sich konsequent sogleich auch der bildenden K. in Paramentik, Gerät und Bildgestalt zuwandte (→ Gottesdienst: VI, 3). Aus ihren Erkenntnissen und Anregungen (Tagungen für Kultus und K.; → Berneuchen; Kirchenbautagungen) ist nicht nur eine liturgische Erneuerung im Kultus der EKD entstanden, sondern es scheinen auch, teils in parallelen Entwicklungen, die ev. Gliedkirchen der Ökumene vielfach berührt. Gleichzeitig setzte in der röm.-kath. Kirche eine Bewegung ein, die aus einem erneuerten Gemeindebewußtsein und Christusverständnis heraus zu neuen, grundsätzlichen Klärungen und Auseinandersetzungen gerade in den Fragen der bildenden K. geführt hat. – Noch sind die angedeuteten Entwicklungen zu neuer Verbindung der Künste in der Gestaltung des christlichen Kultus in den Anfängen und schwebend. Durch die kirchlichen Bauaufgaben nach dem 2. Weltkrieg haben sie vielfältig neuen Auftrieb erfahren. In der Schnelligkeit solcher Entwicklung kann die Gefahr vorzeitiger Erstarrung in Routine aufkommen. Andere Versuchungen werden nicht ausbleiben, vor allem das Einsickern einer Präsentation irdischen Reichtums in die rein geistigen Werte liturgisch-künstlerischer Formaussage.

H.THODE, Kultur u. Religion, 1901 – R.GUARDINI, Vom Geist der L., (1918) 1957² – G.F.HARTLAUB, K. u. Religion, 1919 – J.FISCHER, Ev. Gottesdienst u. kirchl. K., 1924 – K.B.RITTER, Liturgische Forderungen (in: Christentum u. Wirklichkeit 17, 1926) – RGG² III, 1409ff (O.BARTNING). 1412ff (C.HORN) – R.B.WITTE, Das kath. Gotteshaus, sein Bau, seine Ausstattung, seine Pflege im Geist der L., der Tradition u. der Vorschrift der Kirche, 1939 – P.PARSCH, Neue Kirchen-K. im Geist der L., 1939 – W.LÖHE, Vom Schmuck der hl. Orte, hg.v. A.RICKERT, 1949 – O.SÖHNGEN, Der kult. Raum nach luth. Verständnis; P.GABRIEL, Das ref. Verständnis des kult. Raumes; J.PINSK, Sinn u. Gestaltung des kath. Kultraumes (in: O.SÖHNGEN, Ev. Kirchenbautagung in Berlin 1948, 1950, 11–57) – R.GUARDINI, Die Sinne u. die relig. Erkenntnis, 1950 – Leiturgia I, 84ff (P.BRUNNER; Lit.) – F.BUCHHOLZ, Zur Aufgabe der L. (MPTh 44, 1955, 495–506; zu weiteren Arbeiten von BUCHHOLZ vgl. G.HARBSMEIER in: ThR NF 25, 1959, 251–280) – J.WEERDA, Bilderfrage u. ref. Kirche (K. u. Kirche 20, 1957, 105–107) – DERS., ». . . Nicht durch stumme Götzen . . .« (ebd 21, 1958, 58–60) – DERS., Die Bilderfrage in der Gesch. u. Theol. der ref. Kirche (in: Ev. Kirchenbautagung Erfurt 1954 u. Karlsruhe 1956, bearb. v. W.HEYER, 1957, 289–322) – W.STÄHLIN, Das Problem von Bild, Zeichen u. Allegorie (ebd 259–288) – H.JURSCH, Die altchristl. Symbole . . . (ebd 323–389) – A.KÖHLER, Verwendung von Bild, Zeichen u. Symbol im Kirchenbau (ebd 390–427) – H.HAMPE, Neuentdeckte Wandmalereien u. ihre Thematik (Ruperto Carola 24, 1958, 30–42) – O.SÖHNGEN, Vom Heiligen in der K. Zum gleichnamigen Buch von G.v.d.Leeuw (K. u. Kirche 22, 1959, 63–69). – Vgl. auch die Lit. zu → Kirchenbau: I.

H.Hampe

2. Zum Verstehen (→ Ikonologie) der christlichen K., soweit diese kirchlich gebunden ist, bes. also in der alten Kirche und im MA, bietet sich neben der Bibel als wichtigste Quelle die L. und ihre Geschichte (→ Liturgie: III). Nicht auf gelehrte Kreise beschränkt, kann die L. allgemein als Nährboden für die K. vorausgesetzt werden. Sie bildet den »Sitz im Leben« für der K. zugrunde liegende religiöse Vorstellungen, erhellt Akzente der Thematik sowie Eigenheiten der Darstellung. Ein sich spiegelnder liturgischer Usus kann zur Lokalisierung eines K.werkes beitragen. – Die in der *alten Kirche* beginnende Ausbildung liturgischer Formen ist, über allgemein schöpferische Auswirkung auf → Kirchenbau (: II, 1) und → altchristliche Kunst (, 3) hinaus, wichtig auch für Einzelfragen. Die führende Rolle der Taufthematik (→ Malerei und Plastik: I) ist in deren theologisch-liturgischer Bedeutung begründet; Auswahl und Anordnung von Leben Jesu-Szenen findet Erklärung in Festen und ihren Lesungen; die besondere Zusammenstellung von Rettungsszenen hat eine Ent-

sprechung in Gebeten mit gleicher Thematik. Bei dieser letzten Gruppe bleibt die Prioritätsfrage offen (vgl. die bei Gougaud [EphLiturg 49, 1935, 3-27] referierte Kontroverse), ein Fall, der zu grundsätzlicher Vorsicht bei der Interpretation mahnt. - Für die K. des MA ist die nun voll entfaltete L. unentbehrlicher methodischer Schlüssel. Dies gilt bes. für die *erste Hälfte des MA*, deren K. vorwiegend ars sacra, dh zu liturgischem Gebrauch bestimmt ist, dazu gewachsen in Klöstern der → Benediktiner (→ Malerei und Plastik: II). Die *liturgische Funktion* eines K.werkes erhellt seinen Bildschmuck. Bei Schreinen zB ist er auf Umschrittenwerden angelegt (→ Reliquiare). Erst im Vollzug der liturgischen Verehrung entfaltet ein Bildprogramm seinen vollen Sinn. Verschiedenartige liturgische Bestimmung kann trotz gleicher Bildthematik verschiedene Bildaussage ergeben. Allgemein prägend ist der eschatologisch-doxologische Tenor der L. (Christkönigtum, Kreuzesdoxologie, Paradiesvision und Civitas Celestis, allen gemeinsam die Lichtsymbolik). Im besonderen ist der Sakramentalismus mit seiner synchronisierenden Sicht der Christusereignisse bestimmend (vgl. hierzu Casel, JLW 6, 1926, 113-206). Hier wurzelt der spezifisch *liturgische Zeitbegriff*. Er erklärt das dem → Christusbild (, 2 b) eigene Ineinandergreifen von Leidens- und Auferstehungsthematik (Zuordnung von Kruzifixus- und Maiestasdarstellung, doxologische Kreuzesattribute), ebenso die Zusammenfassung zeitlich getrennter Christusereignisse in einem Bildfeld. - Dem Sakrament nah verbunden wirkt das Credo als formendes Prinzip auf die K. ein (dreifaches Christusbild: natus, passus, resurrectus; Darstellung von »fides - baptismus« auf → Reliquiaren). - Mit der *zweiten Hälfte des MA* tritt neben der L. als bildprägender Faktor das subjektive Element in der Frömmigkeit stärker hervor (Sakramentsmystik). Die heranzuziehenden Quellen werden vielschichtiger. Mit der *Reformation* und ihrer Wendung gegen Sakramentalismus und Verdinglichung des Glaubens tritt eine grundsätzliche Krise der Beziehung von L. und K. ein.

Qu.: vgl. → Liturgie: III. - Allgemeines u. Einzelbeispiele: A.EBNER, Qu. u. Forschungen zur Gesch. u. K.gesch. des Missale Romanum, (1896) 1957² - J.REIL, Die altchristl. Bildzyklen des Lebens Jesu, 1910 - G.MILLET, Recherches sur l'iconographie de l'Evangile, 1916 - F.J.DÖLGER, Sol salutis, (1920) 1925² - A.L.MAYER, Die L. u. der Geist der Gotik (JLW 6, 1926, 68-97) - DERS., L., Aufklärung u. Klassizismus (ebd 9, 1929, 67-127) - DERS., L., Romantik u. Restauration (ebd 10, 1930, 77-141) - DERS., Renaissance, Humanismus u. L. (ebd 14, 1934 [1938], 123-171) - DERS., L. u. Barock (ebd 15, 1935 [1941], 67-154) - O.CASEL, Älteste christl. K. u. Christusmysterium (ebd 12, 1932, 1-86) - E.H.KANTOROWICZ, Ivories and Litanies (Journal of the Warburg and Courtauld Institutes 5, 1942, 56-82) - DERS., The King's Advent and the Enigmatic Panels in the Doors of Sta. Sabina (ArtB 26, 1944, 207-232) - J.KOLLWITZ, Das Bild von Christus dem König in K. u. L. der christl. Frühzeit (ThGl 38, 1947/48, 95-117) - H.SEDLMAYR, Die Entstehung der Kathedrale, 1950 - H.SCHNITZLER, Die Komposition der Lorscher Elfenbeine (Münchener Jb. d. bildenden K., 3. Folge 1, 1950, 26-43) - J.A.JUNGMANN, L. u. Kirchen-K. (Innsbrucker Rektoratsrede), 1953 (grundsätzlich) - C.O.NORDSTRÖM, Ravenna-Studien, Uppsala 1953 - E. DINKLER-V.SCHUBERT, Ikonograph. Studien zum Schrein der Hl. Elisabeth zu Marburg (Diss. Marburg), 1957 - G.KRETSCHMAR, L. u. Kirchenbau in der frühen Christenheit (K. u. Kirche 22, 1959, 162-169).

Erika Dinkler-v. Schubert

Liturgik

I. Die Aufgaben der Liturgik - II. Hilfswissenschaften der Liturgik - III. Liturgiewissenschaftliche Begriffe - IV. Liturgische Formeln. - L. = Liturgik, l. = liturgisch. - Vgl. ergänzend → Liturgie

I. Die Aufgaben der Liturgik

1. Begriff und Abgrenzung der L. - 2. Zur Geschichte der L. - 3. Probleme der L.

1. L. ist ein Teil der → Praktischen Theologie. Sie ist eine betont kritische Disziplin. Das geht schon daraus hervor, daß sie ihren erst aus der Neuzeit stammenden Namen vom NT aus nicht begründen kann; denn dort hat Leiturgia samt seinen Ableitungen keinen speziellen Bezug auf die christliche Gemeindeversammlung, während doch die Lehre von *ihr* eine Hauptaufgabe der L. ist. Der Forscher und Lehrer in dieser Disziplin wird sich also durch ihren Namen stets zu der Selbstprüfung veranlaßt sehen, ob nicht in der Lehre von der christlichen Gemeindeversammlung eine Seite überbetont wird, die für das Denken und die Praxis des NT am Rande liegt. Kennzeichnend ist es für die L., daß sie sich von ihrem Namen aus in einer ganz anderen Situation befindet als ihre Schwesterdisziplin, die → Homiletik; denn diese hat tatsächlich, dem Worte gemäß, die Homilia, die christliche → Predigt, zum Gegenstand, und *ihre* kritische Aufgabe ist es, um eine sachgemäße christliche Homilia für die Kirche der jeweiligen Gegenwart bemüht zu sein. Dagegen hat die L. Sorge dafür zu tragen, daß die Liturgien mit ihrem geschichtlichen Schwergewicht und ihrer Neigung zu unersättlicher Fülle die Einfalt der christlichen Versammlung nicht erdrücken; sie hat also neben ihrer positiven auch eine sehr ernsthafte negative Aufgabe. L. und Homiletik werden übrigens nicht ohne Rücksicht aufeinander arbeiten können. Die Frage nach dem Platz der Predigt innerhalb der christlichen Versammlung ist von jeher auch eine Frage der gottesdienstlichen Gestaltung gewesen (vgl. Luthers Deutsche Messe). Ebenso ist die Frage nach der Form der Predigt und ihrer Umrahmung (»Predigtauftritt«) einschließlich des Gemeindegesangs vor und nach der Predigt auch eine l.e Frage. Umgekehrt hat die Homiletik u.a. auch dazu anzuleiten, durch die Predigt die Ordnung der Versammlung immer wieder für die Gemeinde verständlich zu machen und es zu verhindern, daß Raum und Bedeutung der Predigt als der unabdingbaren Verkündigung des Evangeliums innerhalb der *einzelnen* »Liturgie« wie in der *Gesamtheit* des gottesdienstlichen Lebens verkürzt werde. - Außer mit der Homiletik hat die L. auch starke Berührungen, ja Überschneidungen mit der Lehre von der → Seelsorge, da sie außer der Gemeindeversammlung auch die Gestaltung der sog. Amtshandlungen mit zu behandeln hat, die, bes. unter modernen Verhältnissen, nur zT in der versammelten Gemeinde stattfinden. So gewichtig das Wort sein wird, das die Lehre von der Seelsorge zu den Amtshandlungen als → Kasualien zu sprechen hat, so wenig darf sich die L. ihren (übrigens durch den überlieferten Aufbau der Disziplin längst festgelegten) Anspruch nehmen lassen, hier den ihrer Sache gemäßen Beitrag zu leisten.

Die L. der *röm.-kath. Kirche* ist dadurch enger abgegrenzt als die der ev., daß sie nur die kirchenrechtlich festgelegten Riten und Ordnungen ihrer Kirche behandelt, während alle freieren gottesdienstlichen Formen (Volksandachten u.ä.) nicht Inhalt der L. sind. Auch ist nur eine geringere Berührung der kath. L. mit der Homiletik festzustellen, da die → Predigt (: I) nicht notwendig Bestandteil jeder → Messe (: II), geschweige denn der Horengottesdienste ist. Immerhin ist der Predigtauftritt (»Pronaus«) durch die Überlieferung und viele Ritualien mehr oder minder festgelegt und insofern auch ein Gegenstand der kath. L.

2. Von einer besonderen wissenschaftlichen Disziplin der L. kann man erst seit dem 18.Jh. sprechen, aber selbstverständlich sind Fragen des Gottesdienstes und seiner Gestaltung schon im kirchlichen Altertum erörtert worden; für das MA ist bes. auf die freilich stark allegorisierenden Meßerklärungen hinzuweisen. Die Reformationszeit kann man insofern als den Beginn einer ernsthaften Arbeit auf dem Gebiet der L. bezeich-

nen, als bei allen Reformatoren an den entsprechenden Stellen ihrer Schriften in größeren Zusammenhängen und unter grundsätzlichen theologischen Erwägungen die Fragen des ev. → Gottesdienstes (: V B, 2) behandelt werden. Aber auch in zahlreichen → Kirchenordnungen (: II) der Zeit finden sich außer Anweisungen für den Verlauf des Gottesdienstes oft eingehende, ja breite Erörterungen über gottesdienstliche Fragen, bes. in Zusammenhang mit den von der Messe her erwachsenen Problemen. Wie der aus dem Osten stammende Name Liturgie sich nur langsam einbürgerte, so blieb auch die Bezeichnung L. zunächst selten. In *gesonderten* Vorlesungen und Büchern wurde die werdende Disziplin noch wenig behandelt, sondern war zunächst ein Teil der von → Hyperius begründeten Praktischen Theologie. Anders wurde das im 18.Jh., als J.Friederici 1704/05 seine Liturgia vetus et nova vorlegte und 1705 das Rituale ecclesiasticum von K.Calvör erschien. In den Broschüren und Zeitschriften der aufklärerischen Zeit finden sich viele Abhandlungen und Vorschläge zur Gestaltung und Erneuerung des »Kultus«, auch von kath. Seite, und bekannte Namen (→ Basedow, → Salzmann, → Herder) fehlen hier nicht. Zahlreiche Männer der kirchlichen Praxis beteiligten sich lebhaft an dem l.en Gespräch. Als Begründer der modernen L. kann freilich erst → Schleiermacher gelten, der den »Cultus« in seinen Vorlesungen über Praktische Theologie sehr eingehend nach den verschiedensten Richtungen hin durchdacht (postum hg. in: Werke XIII, 68-201) und in seiner Vorlesung über die christliche Sittenlehre (ebenfalls postum, Werke XII, 502-706) unter dem Stichwort des »darstellenden Handelns« die Grundsatzfragen der L. erörtert hat. Beide Vorlesungen werden durch Schleiermachers Ausführungen in seiner »Kurzen Darstellung des theologischen Studiums« ergänzt ([1811] 1830², §§ 280-290), ohne daß man den Eindruck gewänne, L. und Homiletik, die zusammen die Lehre vom christlichen Kultus bilden, würden nur, wie doch der Verfasser grundsätzlich will, mittels *Kunstregeln* dargestellt. Während bei Schleiermacher die damals sich erst entfaltenden Hilfswissenschaften der → Liturgik (: II) noch gar keine Rolle spielten, ist die L. des weiteren 19.Jh.s zT schon stark von ihnen bestimmt; freilich noch nicht bei C.I. → Nitzsch, dessen L. sich durch ihre grundsätzliche Strenge und Klarheit in seiner »Praktischen Theologie« (II/2, 2: Der ev. Gottesdienst, 1851) bes. heraushebt. E.C. → Achelis verband in seinem Lehrbuch der Praktischen Theologie ([1890] 1911³) eine für damalige Zeiten bewundernswerte liturgiewissenschaftlich-historische Grundlegung (I, 185-532) mit einer sorgsam aufgebauten »Lehre vom Kultus« (II, 1-76), ohne daß konfessionelle Enge sich bemerkbar machte. Die L. der Erlanger Theologie (vgl. C.A.G.v. → Zezschwitz, System der Praktischen Theologie, 1878, 246-472: Der Cultus der Communion-Gemeinde) ist ausgeprägt luth.; aber die Auffassung des Gottesdienstes als Kultus, von der Aufklärung und von Schleiermacher her ererbt, ist auch hier noch selbstverständlich. Eine epochemachende selbständige L. verdankte die ev. Theologie um die Jh.wende G. → Rietschel (I. II, 1900/09), in der nicht nur die liturgiewissenschaftliche Ernte vergangener Jahrzehnte geborgen und eine sorgsame Statistik der damaligen Lage gegeben, sondern auch die aktuellen Grundsatzfragen weitherzig und besonnen erörtert wurden. Die Straßburger Professoren F. → Spitta und J. → Smend befruchteten die L. durch viele Aufsätze in ihrer »Monatsschrift für Gottesdienst und kirchliche Kunst«, wobei sie die Kirchenmusik (→ Musik: V) stark berücksichtigten, vergessenes Lieder- und Gebetsgut aus dem südwestdeutschen Raum neu zur Geltung brachten und durch die l.en und musikalischen Beilagen zur Monatsschrift, das von Spitta betreute ev. → Gesangbuch (: I, 3 b) von Elsaß-Lothringen (1899) und das Smendsche Kirchenbuch von 1906 (I, 1924³; II, 1925²) eine l.e Bewegung eigener Prägung auslösten (→ Gottesdienst: VI, 2), die bis in die Zeit nach dem 1. Weltkrieg spürbar war (J.Smend, Der ev. Gottesdienst. Eine L. nach ev. Grundsätzen, 1904; Vorträge und Aufsätze zur L., Hymnologie und Kirchenmusik, 1925). Aus der gleichen Zeit stammt R. → Ottos Schrift »Zur Erneuerung und Ausgestaltung des Gottesdienstes« (1925), der praktische Beispiele entsprachen (Chorgebete, 1925, zusammen mit G.Mensching; Liturgische Blätter, 1926-34). Nach dem 2. Weltkrieg brachte Paul Graff die lang entbehrte L. von Rietschel unter weitgehender Schonung des ursprünglichen Buches durch historische und literarische Ergänzungen auf den neuesten Stand (1951). Kirchliche Gruppen und Bewegungen der Gegenwart (→ Berneuchen, → Kirchliche Arbeit von Alpirsbach, → Hochkirchliche Bewegung: II) lieferten in ihrem Schrifttum wie in den Einleitungen zu ihren praktisch-l.en Ausgaben wichtige Beiträge zur L. selbst. Dasselbe gilt von den umfassenden Untersuchungen zur Kirchenagende I/1, einem (privaten) Kirchenbuch für den »Gottesdienst an Sonn- und Feiertagen« (hg.v. J.Beckmann, H.Kulp, P.Brunner und W.Reindel, 1949), wie von neueren Äußerungen und Einführungen zu amtlichen Agenden oder Agendenentwürfen. Eine L. ganz eigener Prägung ist die seit 1954 erscheinende große Gemeinschaftsarbeit »Leiturgia«, die nicht nur eine Fülle liturgiewissenschaftlichen Materials, ja sogar eine Geschichte der Predigt enthält, sondern auch eine in die Tiefe gehende systematisch-theologische Abhandlung zum Wesen des ev. Gottesdienstes (P.Brunner). Nicht nur die einzelnen traditionellen Bestandteile des Gottesdienstes werden geschichtlich und grundsätzlich dargestellt, auch die verschiedenen Gottesdiensttypen (zB Predigtgottesdienst, → Stundengebet), ferner → Kirchenjahr und → Kirchenbau finden gesonderte Behandlung. Auch auf eine Sonderdarstellung der Kirchenmusik einschließlich des Gemeindeliedes und Gemeindegesanges ist nicht verzichtet. Eine selbständige *luth.* L. im gewohnten Stil schuf E.Hertzsch im 1. Teil (»Die Liturgie«) seines Kompendiums der Praktischen Theologie (1956), bes. auf die Bedürfnisse der jungen Theologen bedacht, Historie und Grundsätzliches in ausgewogener Weise verbindend. Als neuester Typus einer L. ist das 3. Kapitel des Grundrisses der Praktischen Theologie von O.Haendler (1957) zu bezeichnen, nicht nur, weil der (wie man fast hoffen durfte) erstorbene Begriff des Kultus doch wieder lebendig gemacht wird, sondern auch, weil diese L. von → Meditation und → Tiefenpsychologie aufs stärkste befruchtet ist.

3. Mit dem eben Gesagten ist bereits auf eines der wichtigsten *Probleme gegenwärtiger Arbeit* in der L. hingewiesen: Ist der ev. Gottesdienst wirklich → Kultus im Sinne der Religionswissenschaft, oder ist er eine Erscheinung so eigener Prägung, daß er in der Praxis wie in der Wissenschaft durch Übernahme wesensfremder Begriffe (Kultus, Liturgie) nur Schaden leiden kann? Die Beantwortung der Frage berührt als ein weiteres Problem das Verhältnis von L. und NT. Gibt das NT Normen für die Gestaltung des Gottesdienstes im einzelnen, oder ist es in diesen Dingen in ein (fast möchte man sagen) »absichtsvolles« Halbdunkel gehüllt, so daß es auch den Biblizisten leicht gemacht ist, bei der Gestaltung des Gottesdienstes von ihrer ev. Freiheit Gebrauch zu machen? So ist heute wieder bes. nachdrücklich (wie übrigens schon G.Rietschel tat) im Blick auf das Problem der Verbin-

dung von Predigtgottesdienst und Abendmahlsfeier zu fragen. Angeblich sichere Resultate der nt. Forschung sind kein sicherer Boden für eine Wissenschaft, die der ev. Kirche ihres jeweiligen Zeitalters im Blick auf ihre gottesdienstlichen Versammlungen zur rechten Mitte zwischen Christusgebundenheit und gegenwartsgemäßer Gestaltung verhelfen soll. Groß ist in der heutigen l.en Diskussion die Neigung, wenn schon das NT nicht helfen will, die Ergebnisse der Liturgiewissenschaft (→ Liturgik: II) zu Hilfe zu rufen, als ob, was *einmal* in der Kirche brauchbar war oder wenigstens kodifiziert wurde, nun zu einem Gesetz für das Heute oder Morgen erhoben werden dürfte. Die Ablehnung solchen Gesetzes bedeutet nicht Ehrfurchtslosigkeit der L. gegenüber der Gottesdienstgeschichte und der in ihr entstandenen Formen, zumal soweit sie im weiteren oder engeren Bereich einer Kirche noch innere Gültigkeit haben, wohl aber ständige Verantwortung gegenüber *den* traditionslos gewordenen Menschen von heute, die zwar das Evangelium als solches treffen kann, die aber damit zugleich das Gehör für die l.e Form und Sprache von einst keineswegs geschenkt zu bekommen brauchen. Eine moderne L. wird also bemüht sein müssen, *mancherlei* Wege aufzuzeigen, wie eine ev. Versammlung gestaltet sein kann, alte und gewohnte wie neue und vielleicht gewagte. – Sicher gehört das Problem der *Sprache* im ev. Gottesdienst heute nicht *nur* unter die Probleme der Homiletik, sondern auch der L., und es wird bes. ernst, wo es sich auf die Sprache unserer Kirchengebete konzentriert. Und werden die Probleme Gottesdienst und Musik, gesprochene und gesungene Liturgie u.ä. von der L. so ernst genommen, wie es nötig wäre? – Je mehr Kirchengebäude wieder herzustellen oder neu zu erbauen sind, desto mehr ist man heute geneigt, die l.e Problematik des kirchlichen Gebäudes anzuerkennen und zu diskutieren. Nur: könnte nicht dies die *eigentliche* theologische Problematik dieser Dinge sein, wie wir die große Einfalt des Evangeliums und der von ihm immer neu »zusammengebrachten« Versammlung genügend berücksichtigen?

Außer den im Text genannten Werken s. die Lehrbücher u. Grundrisse der → Praktischen Theologie u. der L. Ferner: RE XI, 538ff – RGG² III, 1693f – CKL II, 76ff – EKL II, 1140ff. – Zur kath. L.: BRAUN, LH – L.EISENHOFER, Grundriß der kath. L., (1924) 1937⁴; NB v. J.LECHNER, Grundriß der L. des röm. Ritus, 1953⁶ – L.EISENHOFER, Hdb. der kath. L. I. II, (1932/33) 1941² – LThK VI, 613ff. – Jb.er u.ä. (mit Lit.-Berichten), kath.: Liturgiegeschichtl. Qu., 1918ff – LQF, 1919ff – JLW, 1921-41 – ALW, 1950ff – LJ, 1951ff. – Ev.: JLH, 1955ff. *W.Jannasch*

II. Hilfswissenschaften der Liturgik

Keine der anderen Disziplinen der → Praktischen Theologie hat so viele Hilfswissenschaften in ihrem Dienst wie die L. Das bedeutet Glanz und Ehre, aber auch Mißverständnis und Gefahr. Die wichtigste Hilfswissenschaft der L. ist die sog. *Liturgiewissenschaft,* die statistische und geschichtliche Darstellung christlicher Gottesdienstformulare u. dgl. (→ Liturgie: III). Wenn Luther vergleichende Liturgiekunde an Hand neu erschienener ev. Messen trieb, um ihre Gültigkeit vor dem Evangelium zu prüfen (also aus rein theologischen Gründen), so war die Liturgie*wissenschaft* erst ein Kind des sammelfreudigen und darstellungsbeflissenen Polyhistorismus der Zeit von ca 1650 bis ca 1750, von dessen Bienenfleiß alle später Geborenen lebten und leben. Die Interessengebiete waren dabei, auf die Kirchen und Länder gesehen, verschieden verteilt, und sind es noch. Es ist auch die Frage, ob man darüber klagen soll, daß in der röm.-kath. Kirche fast alle entscheidenden Quellenausgaben und Darstellungen zur Geschichte ihres Gottesdienstes (→ Messe: I. II) und seiner l.en Handschriften im umfassendsten Sinne des Wortes geschaffen worden sind, oder daß die Leistungen der Engländer auf dem Gebiet der Liturgiewissenschaft mit Vorliebe den Ostkirchen gegolten haben und noch gelten, während die deutsche Forschung, schon aus Glaubensgründen nur zT im kath. Boden verwurzelt, trotz einiger auch hier glänzender ev. Namen (P. → Drews, H. → Lietzmann) sich im ganzen doch stärker auf die minderen Ruhm erbringende Geschichte ev. Liturgien gewiesen sah. Vielleicht sollte die Aufteilung der Liturgiewissenschaft nach Gebieten noch viel bewußter und ohne alle Ressentiments durchgeführt werden. Daß dabei geniale Forschergabe des einzelnen nicht gehemmt werden darf, ist klar; ebenso liegt es auf der Hand, daß bestimmte aus der Konfession herkommende Interessen in ein fremdes Gebiet hinüberführen können und müssen, wie zB der Perikopenplan (→ Perikopen) die ev. Liturgiewissenschaft ins MA. Im ganzen wird sich die ev. Liturgiewissenschaft noch mehr daran gewöhnen müssen, ihren ihr gemäßen Bereich mit der Freude und Demut zu bearbeiten, die einer echten Hilfswissenschaft zukommt. Die Aufgabe, die territorial bedingten Gestalten ev. Liturgien darzustellen, wird in langsamem Fortschritt erfüllt. Das dafür benötigte Material wächst mit der Zahl der neu herausgegebenen → Kirchenordnungen (: II). – Daß die Geschichte der *Kirchenmusik* (→ Musik: V) und die Herausgabe ihrer Quellen ebenfalls eine wichtige Hilfswissenschaft der L. ist, ist freilich so lange noch nicht genügend erkannt, als den Noten in den Neuausgaben nicht das gleiche Recht wie dem Text zuteil wird. Im übrigen bedeutet die wissenschaftliche Erforschung der ev. Kirchenmusikgeschichte und die Neuherausgabe der alten Meister einen wichtigen Dienst für die ev. L. der Gegenwart. – Aufs engste hängen L. und → *Hymnologie* miteinander zusammen. Als Hilfswissenschaft der L. ist es die Aufgabe der Hymnologie, ihre ohne praktische Abzweckung erarbeiteten Schätze bereitzuhalten für die von der L. zu erahnenden und zu klärenden neuen Bedürfnisse der singenden Gemeinde. – Die *Kunstwissenschaft* dient der L. nicht nur in ihrem historischen Bereich. Sie hilft auch, die Fragen künstlerischer Gestaltung des Gotteshauses und im Gotteshaus grundsätzlich und praktisch zu klären (→ Kirchenbau: V, → Liturgie: VI, 1. 2).

Zur *Liturgiewiss.:* RGG² III, 1689ff (Lit.) – EKL II, 1140ff (Lit.) – L.FENDT, Einführung in die Liturgiewiss., 1958. Ferner die Lit. zu → Gottesdienst: V A.B, → Liturgie: III, → Messe: I. II. – Zur *Kirchenmusik:* HDEKM, 1935ff – MGG, 1949ff. Ferner die Lit. zu → Liturgie: IV, → Musik: V-VII. – Zur *Hymnologie* vgl. die Lit. zu → Gesangbuch: I, → Kirchenlied: I. II, → Hymnologie. Ev. l.e Gesangbücher s. → Kantional, → Bonnus, → Lossius. – Zur *Kunstwiss.* vgl. die Lit. zu → Kirchenbau: V, → Liturgie: VI, 1. 2. *W.Jannasch*

III. Liturgiewissenschaftliche Begriffe

Wichtige liturgiewissenschaftliche Begriffe, bes. solche ohne eigenen Artikel, seien hier zusammengestellt und kurz erläutert: 1. *Liturgische Bücher* sind das *Meßbuch* (Missale, → Agende), das alle Texte für den Hauptgottesdienst enthält; das → *Sakramentar,* in dem nur die Gebete des Liturgen (Celebrans) stehen; das → *Lektionar,* anfangs oft in *Epistolar* und *Evangeliar* geteilt, in dem der → Lektor die Texte zur Lesung (anagnosis) findet: die dem AT entnommene *lectio,* die aus den nt. Briefen, der Apg oder Apk ausgewählte *epistola* und das aus einem der vier Evangelien »ausgehobene« *evangelium;* das → *Graduale* (Antiphonar [→ Liturgie: V], → Kantional), aus dem der → Chor singt, entweder »responsorial« (dh im Wechsel mit einem Solisten [→ Responsorium]) Gradual- und Halleluja-Pss mit → Jubilus,

Prose oder Sequenz (Gesänge zwischen Halleluja-Ps und Evangelium, die bisweilen mit dem Sammelbegriff »caudae« bezeichnet wurden, so von Bugenhagen in der Hamburger und der Lübecker KO) oder »antiphonal« (dh in zwei Chorhälften aufgeteilt [→ Antiphon]) Introitus- (ursprünglich beim Einzug des Klerus), Offertorium- (bei der Opfergabendarbringung) und Communio-Pss (bei der Austeilung). Die Agende für Amtshandlungen heißt in der röm. Kirche *»Pontificale«* (nur für die bischöflichen Funktionen) oder *»Rituale«* (für die priesterlichen Funktionen). Das *Breviarium* ist unentbehrlich in den → Stundengebeten (horae canonicae, officium divinum), die täglich achtmal gehalten werden sollen, die aber die Priester, die nicht wie die Mönche eine vita communis haben, zusammenlegen oder vorwegnehmen (antizipieren [anticipatio]) können. Zum Horengottesdienst gehören neben Psalmen und Lesungen vor allem Hymnen und → *Cantica,* dh Psalmen, die nicht im Psalter stehen: aus dem AT zB das »Benedicite« (Lobgesang der drei Männer im Feuerofen), aus dem NT »Benedictus« (Lobgesang des Zacharias), → »Magnificat« (Lobgesang der Maria), »Nunc dimittis« (Lobgesang des Simeon), auch das Te Deum (→ Ambrosianischer Lobgesang). - 2. Der *Hauptgottesdienst* (im Osten Liturgie [→ Gottesdienst: V A, 2], im Westen → Messe [: II] genannt) hat zwei Hauptteile: *missa catechumenorum* (kath.: Vormesse, ev.: Predigt) und *missa fidelium* (kath.: Opfermesse, ev.: Hl. Abendmahl). Jede Messe hat, wie jede Hore, ihr *Ordinarium* (immer wiederkehrende Stücke) und ihr *Proprium* (wechselnde Stücke). Das *Ordinarium der Gemeinde* (später vom Chor übernommen) besteht aus → Kyrie, → Gloria in excelsis (Lk 2, 14) mit Laudamus, → Credo (Glaubensbekenntnis), → Sanctus oder Tersanctus (Jes 6, 3) mit Benedictus (Mt 21, 9), → Agnus Dei (ursprünglich Gesang bei der Brotbrechung = fractio panis). Das *Tersanctus* darf mit dem ostkirchlichen *Trishagios* nicht verwechselt werden (→ Liturgik: IV)! Im *Ordinarium des Liturgen* sind am wichtigsten die Einsetzungsworte (verba institutionis, verba testamenti, verba consecrationis), bei denen Brot und Kelch in der röm. Messe »eleviert«, emporgehoben werden (Elevation), und das Herrengebet (Pater noster, Tischgebet der familia Dei), dessen letzte Bitte paraphrasiert wiederholt wird (Embolismus). Bei der missa fidelium (→ Messe: II, 5) unterscheiden die Katholiken a) *offertorium* (Darbringung der Opfergaben); b) *praefatio* (urchristliches Dankgebet: »vere dignum«), in Sanctus-Benedictus ausmündend; c) *canon missae* (Kanon), dessen Herzstück, die consecratio (transsubstantiatio), von einem äußeren (Commemoratio oder Memento pro vivis bzw. pro defunctis; Gedächtnis, Fürbitte für die Lebenden bzw. für die Toten) und von einem inneren Gebetsring (Gebet »infra actionem« = Bitte um Annahme des Opfers; Anamnese = Gedächtnis des Erlösungswerkes Christi) umgeben ist; d) das *Opfermahl;* e) *Schlußgebet* (postcommunio) mit Entlassung, Segen und Schlußevangelium. Das Meßopfer wird vom Priester Lebenden und Toten »zugewendet«, »appliziert«; es besteht eine »Applikationspflicht«. - 3. Wichtige *Gebete* sind auch das → *Confiteor,* das Sündenbekenntnis, und die *Collecta* (oratio, Kirchengebet), das Gebet nach Kyrie und Gloria, das in Rom seine charakteristische Form fand und in prägnanter Kürze alle (nach Thomas von Aquino) notwendigen Merkmale eines christlichen Gebets vereinigt: oratio (Hinwendung zu Gott), gratiarum actio (Dank), postulatio (Bitte), obsecratio (Berufung auf Jesus Christus). Das große *Fürbittengebet* (allgemeines Kirchengebet) ist a) entweder *Prosphonese* (in der der Liturg allein das ganze Gebet spricht); b) oder *Ektenie* (Litanei, diakonisches Gebet), die in der Ostkirche (→ Gottesdienst: V A, 2) üblich gewordene Form des Fürbittengebetes, bei dem der Diakon die Gebetsanliegen nennt, die die Gemeinde mit »Kyrie eleison« oder anderen Anrufungen aufnimmt, und das der Liturg mit einem kollektenartigen Gebet abschließt; c) oder *»Karfreitagsgebet«,* das alte röm. Fürbittengebet, das aus Gebetsaufforderungen des Diakons, Kollektengebeten des Liturgen und dem wiederholten Amen der Gemeinde besteht und nur noch am → Karfreitag gebetet wird. Für die Ostkirche sehr wichtig ist die *Epiklese* (Herabrufung des Hl. Geistes auf Brot und Wein), die, der Anamnese folgend, konsekratorische Bedeutung hat. Manchen Gebeten geht die *Salutatio* (»Dominus vobiscum«) voraus, die eigentlich nicht ein »Gruß«, sondern (zusammen mit »Oremus«) Gebetsvorbereitung ist. In der *»Pax«,* dem Friedensgruß, manchmal auch noch Friedenskuß, hat sich der urchristliche »hl. Kuß« (1Kor 16, 20 u.ö.) erhalten. Dem »Benedicat vos . . .« (trinitarischer Segen) geht in den Messen ohne Gloria das »Benedicamus« (in luth. Liturgien »Lasset uns benedeien den Herrn«) voraus.

Vgl. die ev. u. kath. Handbücher der → Liturgik (: I).

E.Hertzsch

IV. Liturgische Formeln

Zu den liturgischen Formeln gehören 1. *Akklamationen,* mit denen der einzelne oder die Gemeinde einem Gottesgebot, einem Lobpreis, einem Gebet, einem Segen oder Fluch seine Zustimmung gibt: zB → »Amen« (Ja, so sei es!), → »Halleluja« (Lobet den Herrn!), »Deo gratias« (Gott sei Dank!), »Dignum et iustum est« (Würdig und recht ist es). - 2. Aus den Akklamationen werden *selbständige liturgische Formeln:* a) Huldigungsrufe der Ehrfurcht, wie das biblische Sanctus oder Tersanctus (Jes 6, 3): »Heilig, heilig, heilig ist der Herr Zebaoth. Alle Lande (liturgisch: Himmel und Erde) sind seiner Ehre voll« oder das ostkirchliche Trishagios, das auch (Ajus genannt) in der gallikanischen Messe griech. und lat. gesungen wurde: »(H)agios (h)o theos, (h)agios ischyros, (h)agios athanatos, eleison (h)imas«, »Sanctus Deus, sanctus fortis, sanctus immortalis, miserere nobis«; es lebt fort in der mittelalterlichen Antiphon »Media vita in morte sumus« und in Luthers Lied (EKG 309) »Hl. Herre Gott, hl. starker Gott (hl., barmherziger Heiland), du ewiger Gott . . .« b) Das Trishagios ist Huldigungsruf und Bittruf zugleich; dasselbe gilt zB von den Formeln → »Kyrie eleison« (Herr, erbarme dich; vgl. Mt 9, 27; 15, 22; Lk 17, 13), → »Maranatha« (Ja komm, Herr Jesu!; 1Kor 16, 22; Apk 22, 20), »Hosianna« oder »Osanna« (Heil dir! O hilf doch!). c) Die Huldigung ist zugleich Freudenruf: »Benedictus, qui venit in nomine domini!« (Gelobt sei, der da kommt im Namen des Herrn!; Ps 118, 25; Mk 11, 9 par). Alle drei Momente (a-c) vereinen sich beim Abendmahl im → Sanctus mit Osanna und Benedictus. - 3. Nahe verwandt mit den Huldigungsrufen sind die *Doxologien.* Im AT kommt häufig vor: »Gelobt sei der Herr, der Gott Israels, von nun an bis in Ewigkeit« (Ps 41, 14 u.ö.). Das christliche Gegenstück dazu ist die »kleine → Doxologie«: »Gloria patri et filio et spiritui sancto«, die im Abendland antihäretisch erweitert wurde: »sicut erat in principio et nunc et semper et in saecula saeculorum. Amen!« Das Gloria patri hat seine liturgische Funktion als Abschluß der Psalmen, die durch das Gloria patri christlich interpretiert werden. Die »große Doxologie«, das → Gloria in excelsis, ist der Lobpreis der himmlischen Heerscharen (Lk 2, 14), in den die leidende und streitende Kirche lobend und flehend einstimmt mit dem Laudamus: »Wir loben dich, wir beten dich an, wir preisen dich, wir sagen dir Dank . . .« (Das Laudamus findet sich bereits in den → Apostolischen Konstitutionen [VII, 47] und im Codex Alexandrinus; es wurde in die abendländische Vormesse [zwischen Kyrie und Kollektengebet] aufgenommen, zuerst ausnahmsweise in der weihnachtlichen Zeit, seit ca 500 an allen Tagen ohne Bußcharakter; der ev. Kirche ist es weithin verlorengegangen; erhalten hat sich im kirchlichen Gebrauch die gereimte Umformung von Nik. → Decius, EKG 131.) Die Doxologie am Schluß des Vaterunsers, die die röm. Kirche nicht kennt, wird in der Liturgie der Ostkirche dem Priester, in den ev. Kirchen meist der Gemeinde zugewiesen. - 4. Zu den liturgischen Formeln gehören die *Bekenntnisse,* die ihre Wurzel in den biblischen Bekenntnissen zu Jesus als dem Herrn, dem Christus, dem Gottessohn oder dem Gotteslamm haben (1Kor 12, 3: »Kyrios ist Jesus«; Phil 2, 11: »Kyrios ist Jesus Christus«; Apg 8, 27 Cod. E: »Jesus Christus ist Gottes Sohn«; Joh 1, 29: Jesus ist »Gottes Lamm, das der Welt Sünde wegnimmt«). Durch Verbindung mit trinitarischen Formeln entstehen die liturgischen Bekenntnisse, die bei Taufe und Herrenmahl, später in der Messe als Credo benutzt werden: das → Nicäno-Konstantinopolitanum und das → Apostolikum. Auch das → Agnus Dei ist hier zu nennen, das Bekenntnis und Bittruf verbindet. Huldigung, Bekenntnis, Bitte und Lobpreis verbinden sich in *der* liturgischen Gebetsformel der Kirche, im Herrengebet (→ Vaterunser). - 5. Die *Salutationen* »Dominus vobiscum« oder »Pax vobiscum« (in der röm. Messe dem Bischof vorbehalten!), die mit »et cum spiritu tuo« (dh: »und mit dir«) beantwortet werden, sind eigentlich nicht Begrüßungen (kehren sie doch häufig in *einem* Gottesdienst wieder!), sondern vielmehr Gebetsvorbereitung, ebenso das uralte »Sursum corda!« (Die Herzen in die Höhe!), das dem eucharistischen Hochgebet vorausgeht (Herkunft und ursprünglicher Sinn sind umstritten!). - 6. *Entlassungsformeln* sind in der röm. Messe: »Ite, missa est« (in der ev. Messe: »Gehet hin im Frieden des Herrn«) und in der röm. Messe ohne Gloria: »Benedicamus domino« (im ev. Gottesdienst ohne Abendmahl: »Laßt uns benedeien den Herrn«). - 7. Unter den vielen *Segensformeln,* die bei Gemeindegottesdiensten und Kasualien benutzt werden, ist der → aaronitische Segen (Num 6, 24f), den die ev. Kirche am Schluß aller Gottesdienste verwendet, bes. wichtig. Der Schlußsegen der röm. Messe lautet: »Benedicat vos omnes omnipotens Deus, pater et filius et spiritus sanctus«.

Vgl. die ev. u. kath. Handbücher der → Liturgik (: I).

E.Hertzsch

Liturgische Andachten → Gottesdienst: VI, → Kantatengottesdienst, → Nebengottesdienste.

Liturgische Bewegungen, 1. *Evangelische* → Gottesdienst: VI, → Kirchliche Arbeit von Alpirsbach, → Berneuchen. - 2. *Katholische* → Gottesdienst: V B, 1h, → Gregorianischer Gesang: I.

Liudger, * ca 742, † 26.3.809 in Billerbeck, westfriesischer Edeling, dessen Vorfahren durch → Willibrord bekehrt waren. L. war Schüler → Gregors von Utrecht und wurde 767 Diakon zu → York, dann noch Schüler → Alkuins, um 777 Priester zu Köln, darauf Missionar in Nordfriesland und Westfalen (→ Sachsen) und erster Bischof von → Münster (seit 30.3.804). Auf einer Italienreise (784-787, dabei Besuch von → Monte Cassino) wurde er zur Gründung des Eigenklosters Werden, seiner späteren Grabesstätte, angeregt. L. schrieb die »Vita« seines Lehrers Gregor und wurde selber durch eine »Vita« Altfrieds geehrt.

Vita Gregorii, ed. O.HOLDER-EGGER, MG SS XV/1, 1887, 63-79 (dazu NA 40, 1916, 639-790, bes. 768ff) - Vitae Liudgeri, ed. W.DIEKAMP, 1881 - HAUCK II, 361ff. 416ff - H.ABELS, Die Christianisierung des Emslandes, 1924 - F.FLASKAMP, Die Anfänge friesischen u. sächsischen Christentums, 1929 - Westf. Lebensbilder I, 1930, 1-17 (KL.LÖFFLER) - H.WIEDEMANN, Die Sachsenbekehrung, 1932 - Hdb. des Bistums Münster I, 1946², 16ff - Westfalia sacra I, 1948 - H.LÖWE, L. als Zeitkritiker (HJ 74, 1955, 79-91).

F.Flaskamp

Livingstone, *David* (1813-73), * in Blantyre, ausgebildet als Missionar und Arzt, arbeitete im Dienst der → Londoner Mission seit 1841 unter den Betschuanen (→ Afrika: IV B, 2 c). Schon damals unternahm er Reisen durch die Kalahari, wobei er 1849 den Ngami-See entdeckte. Seine erste große Reise (1853-56) führte ihn von den Makololo den Zambezi (→ 2 F/H 5/6) aufwärts, dann westlich nach Loanda in Angola. Er nahm denselben Weg zurück und folgte dem Zambezi (Entdeckung der Victoria-Fälle) bis zur Mündung. Nach einem Aufenthalt in England unternahm er als englischer Konsul eine Reise (1858-64) an den Zambezi, die zur Entdeckung des Schire-Hochlandes und des Nyassa-Sees (→ 2 G 5) führte. Die dritte Reise (1866-73) war der Erforschung Ostafrikas und der Auffindung der Nilquellen gewidmet. In dieser Zeit galt L. längere Zeit für verschollen, bis er 1871 von Stanley in Udjidji gefunden wurde. Danach setzte er seine Forschertätigkeit fort und starb bei dem von ihm entdeckten Bangweolo-See. - L. lag nicht in erster Linie an wissenschaftlichen Erkenntnissen, er wollte vielmehr Afrika für das Evangelium erschließen. Gleichzeitig wollte er einen unbehinderten Verkehr und damit die Entfaltung der Wirtschaft als beste Waffe gegen den Sklavenhandel ermöglichen. Unermüdlich versuchte er, die Öffentlichkeit, bes. die Regierungen zum Einschreiten zu bewegen. Hinter seinem Handeln stand aber nicht bloße Philanthropie, sondern die missionarische Verantwortung. Niemals unterließ er es, selbst Gottesdienst zu halten. In gesunden Gegenden erhoffte er durch Ansiedlung weißer christlicher Familien (→ Auswanderung: III) Verbreitung des Evangeliums. Andererseits erkannte er schon früh, daß nicht Europäer, sondern Afrikaner Afrika das Evangelium zu bringen hätten. - Auf L.s Anregungen gehen die Universities Mission und die Livingstonia Mission zurück.

Vf. u.a.: Missionary Travels and Researches in South Africa, London 1857 (dt. 1858 u. 1939); Narrative of an Expedition to the Zambesi and its tributaries, ebd 1865 (dt. 1865/66); The last Journals of D.L., ebd 1874 (dt. 1875). - Über L.: W.G.BLAIKIE, The personal Life of D.L., 1881; dt. 1881 - I.EATON, D.L., 1954 - I.P.R.WALLIS, The Zambesi Expedition of D.L., 1956 - C.NORTHCOTT, L. in Africa, 1957 - G.SEAVER, D.L., His Life and Letters, 1957. *E.Dammann*

Lo *(Loo, Lohe, vom Lohe), Peter* (1530-81), 1552 in Elberfeld Kaplan bei dem altgläubigen Pfarrer Snute. L. hält aber ev. Predigten, wird 1555 vertrieben und schreibt 1556 in Mengeringhausen (Waldeck) eine Verteidigungsschrift über das Abendmahl in luth. Haltung. Seit 1556 persönlicher und theologischer Ratgeber bei den Grafen von Waldeck, vor allem Graf Philipp V. († 1584), wird er auch von Herzog Wilhelm IV. von Jülich-Cleve-Berg-Mark zu Hilfeleistung herangezogen. L. kommt auch in Elberfeld wieder zu gelegentlicher Wirksamkeit. Der Übergang der Elberfelder Gemeinde zum ref. Bekenntnis geht wahrscheinlich nicht auf ihn zurück.

Briefe von P.L., hg. u. kommentiert v. H.KLUGKIST-HESSE in: Zs. des Bergischen Geschichtsvereins 70, 1949, 1-115. - Über L.: B.SCHÖNNESHÖFER, Gesch. des Berg. Landes, 1895 - A.NEBE, Drei Briefe über P.L.s Verhandlungen mit den Wiedertäufern in Blankenburg (an der Sieg) 1565, 1899 - H.NIEMÖLLER, P.L., 1907.

E.Mülhaupt

Lobwasser, *Ambrosius* (1515-85), * zu Schneeberg (Erzgebirge), † in Königsberg/Pr., dort seit 1563 Prof.

der Rechte. 1550/51 lernte L. in Frankreich die Genfer → Psalmen (: II, 2) kennen, die er wortgetreu übersetzte, 1565 Herzog → Albrecht widmete und 1573 zu Leipzig herausgab. Trotz schwerfälliger Sprache wurde der L.sche Psalter Bestandteil vieler → Gesangbücher (: I, 1 e), bis er von → Jorissens Psalmbereimung abgelöst wurde. Der Lutheraner L. wurde als »Augapfel und Sirene des Calvinismus« kritisiert, seine Bedeutung für das deutsche → Kirchenlied (: I) kann jedoch kaum überschätzt werden. L. betätigte sich auch sonst als Übersetzer und Dichter geistlicher Lieder.

KOCH II, 394ff - RE XI, 568ff - E.TRUNZ, A.L. (Altpreuß. Forschungen 9, 1932, 29-97; Bibliogr., Lit.) - FR.A.HENN, M.Jorissen, 1955, 103ff - Hdb. z. EKG, Sonder-Bd, 1958 (s. Reg.). *K.Halaski*

Loccum, Zisterzienserabtei unweit des Steinhuder Meeres, gegründet 1163, seit je exemt, freies Reichsstift (1252, bestätigt 1530 durch Karl V.). L. wurde in allmählichem Übergang Ende des 16.Jh.s luth., blieb als ev. Mannskloster selbständig mit Grundbesitz, Selbstverwaltung, klösterlicher Verfassung (Abt, Prior, Konvent) und zT bis heute erhaltenem Brauchtum. Das Kloster ist jetzt Bestandteil der Hannoverschen Landeskirche. Es unterhält in seinem »Hospiz« (Anfänge im 17.Jh.) ein Predigerseminar mit Zweijahreskurs. Bedeutende Äbte waren G.W. → Molanus († 1722) und G. → Uhlhorn († 1901). Nach Einführung des Bischofsamtes wurde bei den letzten Abtswahlen ohne Rechtsfestlegung der jeweils amtierende Landesbischof zum Abt gewählt (1928 A. → Marahrens, 1950 H. → Lilje). - Neben dem »alten« ist seit 1952 ein »neues« L. entstanden als Brennpunkt landeskirchlicher Arbeit mit ev. Akademie, Katechetischem Amt, Pastoralkolleg und einer Volkshochschule.

H.LILJE, L., 1952 (kunstgeschichtl. Einführung von H.DECKERT) - SEHLING VI/2, 1957, 1209ff (Lit.). *G.Hoffmann*

Locke, *John* (1632-1704), * in Wrington bei Bristol. Nach dem Besuch der Westminsterschule studierte er in Oxford vorwiegend Medizin. Er führte das Leben vieler Wissenschaftler seiner Zeit: arbeitete im diplomatischen Dienst und als Hausarzt bei einem adligen Gönner, unternahm mehrere Reisen nach Frankreich, gelangte in hohe Regierungsämter, wurde in einen politischen Prozeß verwickelt, ging nach Holland ins Exil, erhielt nach der englischen Revolution wieder ein Amt und verbrachte seine letzten Jahre auf dem Landsitz eines Freundes. - L.s zT anonym veröffentlichte Schriften sind wirksamer geworden, als es ihrer Bedeutung entspricht. Sie haben wesentlich dazu beigetragen, daß sich die eben beginnende Bewegung der → Aufklärung (: I) schnell durchsetzte. Zu ganz verschiedenen Themen und oft aus aktuellem Anlaß geschrieben, ist ihre gemeinsame Mitte die Absicht, das Recht des einzelnen zu begründen, selbst zu denken und zu handeln (A.Riehl). - L. ist der erste, der sein systematisches Hauptwerk (Essay concerning Human Understanding, 1690) der Aufgabe gewidmet hat, »die Art und Weise zu erklären, wie der Verstand zu seinen Begriffen von Objekten gelangt«. Diese Theorie vom Ursprung und von den Grenzen unserer Erkenntnis gründet sich auf zwei Prinzipien: a) Alle elementaren Vorstellungen (ideas) kommen aus der Erfahrung, entweder aus der Sinneswahrnehmung (sensation) oder aus der Selbstwahrnehmung (reflexion) oder aus beiden zugleich (zB Existenz, Dauer, Einheit). b) Es gibt eine Erkenntnis, die von der Erfahrung unabhängig ist. Sie handelt von der Übereinstimmung oder vom Widerstreit zwischen Ideen. Die intuitive Erkenntnis einer Übereinstimmung enthält gegenüber der vermittelten (demonstrativen) die höhere Gewißheit. Auch die Übereinstimmung von Ideen mit der Wirklichkeit läßt sich demonstrativ erkennen. Jede adäquate Erkenntnis setzt aber klare Ideen voraus. Aus diesen beiden Lehren folgen alle anderen Theorien L.s: die Ablehnung der angeborenen Ideen, die Kritik am Begriff der → Substanz (diese Idee ist nur eine Verbindung einfacher Vorstellungen), die Lehre von den primären und den sekundären Qualitäten (nach L. sind sie Qualitäten der Dinge, nicht der Ideen), die Analyse des Ursprungs des Kraftbegriffs (aus der Selbstwahrnehmung des Willens) und die scharfsinnige Kritik am Schluß von der Identität des Ich auf die Einheit der Seele. Am kosmologischen → Gottesbeweis hält L. fest. - In der Schrift »The Reasonableness of Christianity« (1695) will er zeigen, daß die Vernunft das Handeln Gottes, von dem die Bibel berichtet, als folgerichtig und geschickt anerkennen muß; dem Glauben an solche Wahrheiten der Offenbarung, die für uns uneinsichtig sind, steht daher nichts im Wege. Nachdem der Mensch das Gesetz der göttlichen Gerechtigkeit übertreten hatte und deshalb bestraft werden mußte, hat Gottes Güte ihn veranlaßt, eine lex nova aufzurichten, die zur Bedingung ewigen Glücks nur fordert, Gott unbedingt zu vertrauen, sei es seinen Verheißungen (Abraham), sei es seinem Wort, daß Jesus sein Sohn ist. Da die Vernunft dies Wort nicht begreift, muß es durch → Wunder als göttlich beglaubigt sein. L. kennt drei Bedeutungen von Jesus: Lehrer göttlichen Willens (Heiland), Erlöser (Christus) und Inhalt einer göttlichen Offenbarung (Gottes Sohn). Er läßt sie unverbunden nebeneinander stehen, so daß sie auch drei verschiedenen Personen zukommen könnten. Ausführlich begründet er die politische Notwendigkeit des Messiasgeheimnisses. - L.s zweiter »Treatise of Government« (1690) ist zur Grundlage der parlamentarischen Demokratie und vieler Ideen der franz. Revolution geworden. Er leitet den → Staat aus einem Vertrag aller ab, durch den das schon im Naturzustand bestehende Recht fest bestimmt wird und einen unparteiischen Richter und ausreichende Macht erhält. Der Untertaneneid gilt nur dem Vollzieher der Gesetze. Eine tyrannische Legislative kann deshalb durch das Volk, das sich seinem himmlischen Richter anvertraut, durch Gewalt gestürzt werden (gegen → Hobbes). - Neben diesen Schriften sind die Briefe über die Toleranz (1689), die vom Staat Duldung aller mit Ausnahme der Atheisten verlangen, und »Some Thoughts concerning Education« (1693) zu erwähnen, die statt der Schulzucht eine Ausbildung der Individualität empfehlen (→ Rousseau). - Vgl. → Deismus: III, 2.

H.O.CHRISTOPHERSEN, A bibliographical Introduction to the Study of J.L., Oslo 1930. - Seither bes.: L., an early draft of L.s Essay, ed. R.I.AARON-J.GIBBS, 1936 - W.KENDALL, J.L. and the Doctrine of the Majority-Rule, Urbana 1941 - N.REICYN, La Pédagogie de J.L., Paris 1941 - HIRSCH I, 49 ff. 271 ff - A.KLEMMT, J.L., 1952 - L., Essays on the Law of Nature, ed. W.v.LEYDEN, 1954 - E.TUVESON, L. and the »Dissolution of the ego« (Modern Philology 52, 1955, 159-174) - J.W.YOLTON, J.L. and the Way of Ideas, Oxford 1956 - M.CRANSTON, J.L., a Biography, 1957 - L., ein Brief über Toleranz, ed. J.EBBINGHAUS, 1957. *D.Henrich*

Lodenstein, *Jodocus van,* * 6.2.1620 in Delft, † 6.8. 1677 in Utrecht. Schüler von G. → Voetius und J. → Coccejus, wurde L. als Pfarrer in Zoetermeer b. Delft (1644), in Sluis/Flandern (1650) und Utrecht (1653) eine führende Gestalt im niederländischen → Pietismus (Präzisismus). Seine Bußpredigt war auf dem Hintergrund der politischen und wirtschaftlichen Blüte der → Niederlande (: I) bes. wirksam. Sein Ruf zur Heiligung verdichtete sich zur Forderung, auf das hl. Abendmahl wegen mangelnder Würdigkeit zu verzichten. So glaubte er, dem Separatismus → Labadies verständnisvoll zu begegnen. Er selbst lebte ausgesprochen asketisch und blieb ehelos.

Vf. Predigten, Erbauungsschriften u. geistl. Lieder, u.a.: Weegschale der onvolmaacktheden, 1664; Beschouwinge van Zion, 1674 bis 1676; Geestelijke Opwekker voor het ... Christendom, 1701 u.ö.; Vervalle Christendom, hg.v. J.HOFMANN (Lehrer → Tersteegens), 1711; De Heerlykheed van een waar Christelyk Leven ..., hg.v. DEMS., 1767. - Lieder: Uyt-spanningen en andere Gedigten, 1676; Bloomlezing uit de gedichten van J.v.L., hg.v. A.W.BRONSFELD, 1867. - Über L.: M.GOEBEL, Gesch. d. christl. Lebens in d. rhein.-westfäl. Kirche II, 1852 - H.HEPPE, Gesch. d. Pietismus u. d. Mystik in d. ref. Kirche, 1879 - A.RITSCHL, Gesch. d. Pietismus I, 1880 - P.I.PROOST, J.v.L. (Diss. Amsterdam), 1880 - W.GOETERS, Die Vorbereitung d. Pietismus in d. ref. Kirche d. Niederlande, 1911 - NNBW IX, 614ff. *M.Schmidt*

Lods, *Adolphe* (1867-1948), hervorragendster Vertreter der at. Wissenschaft in Frankreich in der ersten Hälfte des 20.Jh.s, * in Courbevoie (Seine), 1893 Prof. für AT an der ev.-theol. Fakultät Paris, 1906-37 Prof. für hebr. Literatur an der Faculté des Lettres (Sorbonne). Seine literarkritische und religionsgeschichtliche Forschung steht in der Linie → Wellhausens; die Anwendung der Archäologie und Soziologie geben aber seinen Werken ein eigenes Gepräge. Als Synthese seines Lebenswerks gilt die Bible du Centenaire, deren Ausgabe (1916 bis 1948) er als Leiter der Pariser Bibelgesellschaft vorstand, eine der wissenschaftlichsten modernen Bibelübersetzungen.

Vf. u.a. (alles Paris): Le livre d'Enoch, fragments grecs découverts à Akhmin, 1892; Le culte des ancêtres dans l'antiquité hébraïque, 1906; La croyance à la vie future et le culte des morts dans l'antiquité israélite, 1906; Jean Astruc et la critique biblique, 1924; Israel des origines au milieu du 8me siècle, 1930; Les Prophètes d'Israel et les débuts du judaïsme, 1935; La Religion d'Israel, 1939; Hist. de la litt. hébraïque et juive depuis les origines jusqu'à 135 ap. J.C., 1950. - Vollst. Bibliogr. in: Bulletin de la Faculté libre de Théologie protestante de Paris Nr. 42, März 1953. *E.Jacob*

Loeffler, *Josias Friedrich Christian* (1752-1816), * in Saalfeld, in Halle Schüler → Semlers und → Nösselts, 1782 Prof. in Frankfurt a. O., 1788 - mit Beginn der Ära → Wöllner - General-Sup. und Oberkonsistorialrat im aufgeklärten Gotha. L. reduzierte die Offenbarung auf rationale Evidenz und übte vom Begriff der Hellenisierung her Dogmenkritik, zB in seiner Übersetzung von → Souverains 1700 erschienenem »Le Platonisme dévoilé« ([1781] 1792²). W.A. → Tellers kirchenregimentliche Konzeption führte L. (1803-16 auch als Hg. des »Magazins für Prediger«) im Sinne des → Rationalismus weiter.

Kleine Schriften, 3 Bde, 1817f (mit Biogr.). - Über L.: F.C.BAUR, Die christl. Lehre v. d. Versöhnung, 1841, 515ff - DERS., Vorlesungen über die christl. DG III, 1867, 548ff - W.GASS, Gesch. d. prot. Dogmatik IV, 1867, 228ff - G.FRANK, Gesch. d. prot. Theol. III, 1875, 366ff - ADB XIX, 106f - W.GLAWE, Die Hellenisierung d. Christentums ..., 1912, 212ff - K.ANER, Die Theol. d. Lessingzeit, 1929 - R.HERRMANN, Thüring. KG II, 1947, 335ff u.ö. - HIRSCH IV, 109. *E.H.Pältz*

Löhe, *Wilhelm* (21.2.1808 bis 2.1.1872), seit 1837 Pfarrer in dem unansehnlichen Dorf → Neuendettelsau. Obwohl ein Bürgerkind, war er dem Dorf ebenso nahe, wie er von Kindheit an dem rationalistischen Geiste der Vaterstadt (Fürth) fremd war. Einsam schon als Kind, blieb er dem studentischen Treiben fremd, fand keinen Anschluß an das geistig großzügige Leben Berlins, war aber schon als Vikar an mancherlei Orten ein Lehrer, Prediger und Seelsorger, den die Menschen aller Stände suchten. Um seiner Dorfleute willen nahm er sich der Auswanderer an (→ Auswanderung: III) und wurde so der Gründer einer luth. Mission (→ Luthertum: IV) und Diasporahilfe in drei Erdteilen. Aus den Nöten des Dorflebens kam der Antrieb zur weiblichen → Diakonie. Auf dem Dorf erwachte das starke Verlangen nach der alten Liturgie, der er durch Studien aller Art diente. Die Mitte von dem allen war der Dienst am Sakrament, um das er sich eine bischöflich-brüderliche Kirche gesammelt ersehnte, der er in der → Erweckung (: I, 5 b) seiner Zeit dienen wollte, einsam gegenüber den freikirchlichen Reformen, fremd gegenüber dem enthusiastischen Verlangen nach Volkskirche. - Vgl. → Paramente.

GA, 7 Bde, hg.v. K.GANZERT, 1951ff. - H.KRESSEL, W.L. als Prediger, 1929 - DERS., W.L. als Liturg u. Liturgiker, 1952 - DERS., W.L. als Katechet u. Seelsorger, 1955 - S.HEBART, W.L.s Lehre von der Kirche, ihrem Amt u. Regiment, 1939 - HIRSCH V, 185ff - EKL II, 1151f. *† G.Merz*

Loën, *Johann Michael v.* (1694-1776), * in Frankfurt a.M., Jurist, Schriftsteller, 1753 preußischer Regierungspräsident. Als bedeutender Vertreter der → Toleranz (Chr. → Thomasius), der aufgeklärten Unionsprogrammatik (→ Leibniz) und des Friedensgedankens verband L. spiritualistisch-mystische mit deistischen Motiven.

Vf. u.a.: Der redliche Mann am Hofe oder die Begebenheiten d. Grafen v. Riviera, 1740; Ges. kl. Schriften, hg.v. J.E.SCHNEIDER, 4 Tle, 1749-52; Die einzige wahre Religion, 1750; Ges. kl. Schriften v. Kirchen- u. Religionssachen, 1751. - Über L.: ADB XIX, 86ff - RE XI, 586ff - W.BENDER, M.v.L. u. d. staatskirchl. Reformprojekte d. Aufklärungszeit, o.J. - RGG¹ III, 2348f - Goethe-Hdb., hg.v. J.ZEITLER, II, 1917, 472ff - E.COHN, Gesellschaftsideale u. Gesellschaftsromane d. 17.Jh.s, 1921 - S.SIEBER, J.M.v.L., 1922 (Bibliogr.) - E.SEEBERG, G.Arnold, 1923, 537ff - M.WIESER, Der sentimentale Mensch, 1924 - RGG² III, 1708 - F.GÖTTING, Goethes Großoheim J.M.v.L. (Goethe-Kalender 32, 1939, 175-217). *E.H.Pältz*

Loener, *Kaspar* (1493-1546), * in Markterlbach, 1498 Klosterschüler zu Heilsbronn, 1508 Student in Erfurt, 1520 Pfarrvikar und Frühmesser in Nesselbach in Unterfranken. Anfang 1524 wird L. nach Hof berufen und predigt hier im Sinne Luthers. 1525 wird er aus Hof vertrieben, geht nach Wittenberg (1526) und 1527 als Prediger nach Oelsnitz. Um die Jahreswende 1527/28 wieder in Hof, entfaltet L. - unterstützt von Nik. → Medler - eine umfassende reformatorische Tätigkeit. Er gibt der Gemeinde Gottesdienstordnung, Gesangbuch und Katechismus und hält am 5.9.1529 in der Michaeliskirche die erste deutsche Messe. 1531 wird L. erneut aus Hof vertrieben, geht wiederum nach Oelsnitz, 1542 nach Naumburg und 1544 als Sup. nach Nördlingen. Dieser Stadt schenkte er ebenfalls KO, Gesangbuch und Katechismus.

ADB XIX, 152f - RE XI, 589ff (Lit.) - MATTH. SIMON, Ev. KG Bayerns, (1942) 1952² - E.DIETLEIN, Chronik der Stadt Hof IV, 1955 (s. Reg.). *A.Behr*

Loerke, *Oskar* (1884-1941), * in Jungen (Westpr.), † in Berlin, Dichter. L. studiert seit 1903 in Berlin Philosophie, Germanistik, Geschichte und Musik und übernimmt 1917 als Nachfolger von Moritz Heimann das Lektorat am S.Fischer Verlag. 1927 Sekretär der Preußischen Akademie der Künste, Sektion für Dichtkunst (Rede »Das alte Wagnis des Gedichts«), wird er 1933 ausgeschlossen. Im Unterschied zum → Expressionismus seiner Generation sucht L. geistig und formal wieder den Anschluß an die Tradition → Herders, → Jean Pauls, → Goethes, → Stifters, Rückerts, denen er als »Hausfreunden« Essays widmet. Er besitzt dazu ein enges Verhältnis zu → Bruckner und → Bach (»Das ist immer wie das Aufnehmen einer ewigen Gewißheit«). Manche seiner Gedichte folgen dem Aufbau der Fuge. L.s Wort, er habe in der Lyrik »sein Erleben heimzuleiten in die Form seiner Existenz durch Sprache«, bedeutet, daß er die Zufälligkeit der privaten Erfahrung zur Seinsaussage läutern wollte. Dieser Eingang zum Sein wird im traumhaften Entstalten geöffnet, dem sich selbst die harte Realität der Großstadt nicht entzieht, vor allem, wenn sie von dem Vergehen der Natur durchlichtet wird (»Traumstadt«, »Schneestadt«, »Wolkenstadt« oder das versunkene Pompeji). Dem Flüchtigsten wohnt das

Sein inne, dem »Schattenzweig« oder der »Laubwolke«, die im Herbst dem dürren Gezweig weicht, aber sich im Frühling wieder auf die Bäume niederläßt: »Beständig ist das leicht Verletzliche.« Den Orient hatte er 1913 auf einer Reise nach Afrika kennengelernt, östliches Denken bestimmt ihn seitdem. Da sich L. im letzten Lebensjahrzehnt scharf mit dem Regime auseinandersetzt, wird seine Dichtung entschiedener, spruchhafter. Ein Christusgedicht aus dem »Steinpfad« (»Auch ich lustwandelte ...«), die Begegnung von Emmaus nachbildend, charakterisiert seine durch Mt 16, 26 bezeichnete Haltung.

Gedichte u. Prosa, 2 Bde, hg.v. P.Suhrkamp, 1958 - Tagebücher 1903-39, hg.v. H.Kasack, 1955. - Über L.: H.Kasack, O.L., Charakterbild e. Dichters, 1951 - C.Heselhaus, O.L. u. Konrad Weiß (Der Deutschunterricht 6, 1954, H. 6, 28-55) - U.Dorn, Unters.en an d. Lyrik O.L.s (Phil. Diss. München), 1954. *P.Requadt*

Loesche, *Georg,* ev. Theologe, * 22.5.1855 in Berlin, † 7.3.1932 in Königssee (Obb.), seit 1887 Prof. der KG in Wien, 1915 emeritiert. Als Präsident der 1879 gegründeten »Gesellschaft für die Geschichte des Protestantismus in Österreich«, deren Jahrbuch er 1889-1929 herausgab, war L. bestrebt, dem Protestantismus seine ihm zukommende Stellung in → Österreich zu erkämpfen.

Vf. bes.: Gesch. des Protestantismus in Österrejch, (1902) 1929³; Von der Duldung zur Gleichberechtigung. Archivalische Beiträge zur Gesch. des Protestantismus in Österreich 1781-1861, 1911; Neues über die Ausrottung des Protestantismus in Salzburg 1731/32, 1929. - Über L.: K.Völker in: JGPrÖ 54, 1933, 3-42 (Bibliogr.: 47-56). *H.Hohlwein*

Löscher, *Valentin Ernst* (29.12.1673 bis 12.12.1749), luth. Theologe, * in Sondershausen, legte durch das Studium von Philologie und Geschichte in Wittenberg und Jena den Grund zu seiner universalen Bildung, in der sein theologisches Interesse erst langsam hervortrat, wurde 1698 Sup. in Jüterbog, 1701 in Delitzsch, 1707 Prof. in Wittenberg, 1709 Sup. und Oberkonsistorialassessor in Dresden, wo er bis zu seinem Tode eine vielseitige kirchliche Tätigkeit entfaltete. L. wurde der bedeutendste Gegner des heraufkommenden → Pietismus. Er griff Forderungen der praxis pietatis → Speners auf (»Pia Desideria«, 1703), kämpfte aber in jahrelangem Streit mit Joachim → Lange (»Vollständiger Timotheus Verinus«, 1718/22) gegen das »Malum Pietisticum«, die dogmatische Indifferenz des Pietismus und seine Abweichungen von der reformatorischen Lehre. Im Zusammenhang dieser Auseinandersetzungen entstanden seine kirchengeschichtlichen Werke »Ausführliche Historia Motuum zwischen den Ev.-Lutherischen und den Reformierten« (3 Bde, 1707ff) und »Vollständige Reformationsakta« (3 Bde, 1720ff). Seit 1723 wandte er sich in Aufsätzen und Predigten gegen den → Deismus, verfaßte eine Physikotheologie (»Merckwürdige Wercke Gottes«, 1724) und trat der Philosophie Chr. → Wolffs mit »Quo ruitis ?« (1735) entgegen. In seinem Dresdener Amt hatte er sich gegen den von August dem Starken und seinem Nachfolger geförderten Katholizismus zu wehren. L. vertrat in einer Übergangszeit, neuen Fragen und Tendenzen offen, noch einmal eindrucksvoll und überlegen das Erbe der luth. → Orthodoxie. - L. war Hg. der ersten theologischen Zeitschrift: »Altes und Neues aus dem Schatz Theologischer Wissenschaften«, 1701, seit 1702 unter dem Titel »Unschuldige Nachrichten von alten und neuen theologischen Sachen«. Einige seiner etwa 120 Kirchenlieder finden sich noch heute in den Gesangbüchern.

Koch V, 388ff - RE XI, 593ff; XXIV, 662f - H.Schüttoff, V.E.L.s geistl. Lieder, 1912 - F.Blanckmeister, Der Prophet von Kursachsen V.E.L. u. seine Zeit, 1920 - W.Kersten-Thiele, Die Kirchengeschichtsschreibung V.E.L.s (Diss. Breslau), 1937 - P.Schreyer, V.E.L. u. die Unionsversuche seiner Zeit, 1938 - H.-M.Rotermund, V.E.L.s »Timotheus verinus«. Die abschließende Stellungnahme der luth. Orthodoxie zum Pietismus (Diss. Göttingen), 1947 - Ders. (→ Lange, 1) - Barth, PrTh 118ff - Hirsch II, 200ff - W.Philipp, Das Werden der Aufklärung, 1957, passim. *M.Rohkrämer*

Löwen (Lovanium, Louvain, Leuven), belgische Stadt an der Dyle, alte Hauptstadt des Herzogtums Brabant und *Universität.* An der Stelle des späteren L. scheint eine römische Siedlung gestanden zu haben, später jedenfalls, wie zahlreiche Flurnamen beweisen, eine fränkische. In der Form *Lovon* wird der Name der Stadt zuerst im 9.Jh. erwähnt. Die Normannen eroberten das castrum und hielten es, bis sie hier im Nov. 891 von König Arnulf von Kärnten geschlagen wurden und bald darauf das Gebiet endgültig verließen (892). Um 1000 siedelte Graf Lambert I. aus strategischen und wirtschaftlichen Gründen auf eine Dyle-Insel weiter nördlich über; sein neues castrum lag im Schnittpunkt der Handelsstraßen nach Flandern, Nordbrabant, Namur und zur Maas. Unweit davon errichtete er eine Kirche (St. Peter) mit Kanonikat. So konzentrierte sich seit 1015 die wachsende mittelalterliche Stadt um diese beiden Zentren, das militärische und das kirchliche. Neben die vom Kapitel abhängigen Leibeigenen und Freisassen (homines S. Petri, Petermannen) trat eine Handelskolonie von Freien und emanzipierten Hörigen, aus der das L.er Gemeinwesen hervorging; in Verwaltung und Gerichtshoheit teilten sich der »maieur«, ein gräflicher Beamter, und die »échevins« und »jurés«, bürgerliche Schöffen und Geschworene. Seine wichtigsten Freiheiten und Privilegien verdankt L. Herzog Heinrich I. von Brabant (1190-1235). Um jene Zeit erscheint auch die Tuchindustrie in L. Bis Anfang des 14.Jh.s lag das Stadtregiment ganz in den Händen der Patriziergilden; die Forderungen des einfachen Handwerkervolks auf Teilnahme an den Stadtgeschäften fanden erst nach blutigen Unruhen unter der Herzogin Johanna und ihrem Gemahl Wenzeslaus von Luxemburg Gehör. 1317 begann der Bau der Tuchhalle. Unter Herzog Johann IV. wurde die Universität errichtet; sie erhielt ihre Bestätigung durch Papst Martin V. (9.12.1425), und die Stadt stellte ihr die Tuchhalle zur Verfügung. Anfangs besaß sie drei Fakultäten (juristische, medizinische, artistische); 1432 gestattete Eugen IV. die Angliederung einer theologischen Fakultät. Weltgeltung verschaffte sich die alte L.er Universität zZ des Humanismus. → Erasmus weilte mehrfach in L. und hatte an der Gründung des berühmten »Collège des Trois Langues« aktiven Anteil. Zu den L.er Lehrern zählten Männer wie Justus Lipsius, Ericius Puteanus, Vesalius u.a. L.er Theologen (Ruard Tapper, Ravesteyn, → Baius, → Hessels) erschienen später in führender Position auf dem Trienter Konzil, nachdem die Universität als eine der ersten schon 1519 Sätze Luthers verurteilt hatte. Im 17./18.Jh. war L., wo C. → Jansen lebte und lehrte (seit 1630 an der Universität), ein Brennpunkt des Streits um den → Jansenismus. - Unter → Karl V. und den Burgunderherzögen erlebte L. eine Hochblüte. Aus der Burgunderzeit stammen das spätgotische Rathaus und andere bedeutende Bauten; der Architekt Josse Matsys, der Maler Dirk Bouts u.a. gehören zu den L.er Künstlern. - Der Aufstand der → Niederlande (: I) stürzte Stadt und Universität in großes Elend. Unter Erzherzog Albrecht und Isabella (1598-1621) stabilisierte sich die Lage zwar wieder, doch hatte der spanische Erbfolgekrieg für Stadt und Universität erneut verheerende Folgen. Wirtschaftlich brachte die Regierung Maria Theresias (1740-80) einen neuen Aufschwung (Belebung des Handels, Ansiedlung neuer Industrien). Unter französischer Besetzung während des Directoire schloß ein Erlaß des

Departementspräfekten die altehrwürdige Universität. Nach einem Interim als holländische Staatsuniversität (seit 1816) ohne theologische Fakultät wurde sie erst nach der belgischen Unabhängigkeitserklärung (→ Belgien), nunmehr als *»Université Catholique de Louvain«*, von den Bischöfen neuerrichtet (1835). Infolge eines tragischen Mißverständnisses auf deutscher Seite wurde die Stadt während des 1.Weltkrieges zT eingeäschert; auch die Universitätsbibliothek ging in Flammen auf. Das Innere der neuen Bibliothek, deren Bestände nach Art. 247 des Versailler Vertrages aus deutschen Mitteln zu ersetzen waren, wurde im 2.Weltkrieg erneut zerstört; die Bibliothek erlitt noch einmal unersetzliche Verluste an Hss., Büchern und Katalogen. - Gegenwärtig hat die Stadt L. (ohne Außenbezirke) 34 000 Einwohner. An der Universität mit ihren 34 Gebäuden und Instituten studieren über 12 000 Studenten. Von der Bedeutung der theologischen Fakultät zeugt eine stattliche Reihe wichtiger Fachpublikationen, u.a. CSCO, DHGE, EphLov, EThL, Muséon, RHE, Revue néo-scholastique, Spicilegium Sacrum Lovaniense.

H.van der Linden, Geschiedenis van de stad Leuven, L. 1892 - L'université de L. à travers cinq siècles (zahlreiche Beiträge; Einl. v. van der Essen), Brüssel 1927 - J.Cuvelier, La formation de la ville de L. des origines à la fin du XIVe siècle, 1935 - L. van der Essen, L'université de L. 1425-1940, Brüssel 1945 - F.Claeys-Bouuaert, L'ancienne université de L., Etudes et documents (Bibl. de la RHE 28), 1956 - P.Schöller, Het geval L. en het Duitse Witboek, L. 1958.

L. van der Essen

Löwenstern, *Matthäus Apelles von* (eigentlich Apelt, 1594-1648), ev. Kirchenlieddichter aus Oberschlesien, wurde nach Lehrer- und Kirchenmusikerzeit beim Herzog von Oels-Bernstadt nach verschiedenen anderen Ämtern 1631 Kammerdirektor; seit 1634 war er kaiserlicher Rat in Wien, † als Oelser Staatsrat in Breslau. L. wirkte als Mäzen und Musiker (Vertreter des neuen italienischen Stils). Als Dichter verwertete er nach Opitzens Art (→ Barock: II, 6) antike Versmaße und Strophen (alkaische und sapphische, »Apelleslieder«). Bes. bekannt sind »Nun preiset alle« und »Christe, du Beistand« (EKG 380, 212). Sieben Lieder gelten als von J.S. → Bach vertont. - Vgl. → Kirchenlied: I, 3 c.

Koch III, 57f. 249ff - ADB XIX, 318 - v.Winterfeld II, 1843, 92ff - Kümmerle II, 92ff - GG III², 52f, § 179f - H.Steinitz, Leben u. Compositionen des M.A.v.L. (Diss. Rostock), 1892 - P.Epstein, A.v.L., 1929 - Hdb. z. EKG II/1 (W.Lueken), 1957, Nr. 97 (Lit.); Sonder-Bd (J.Kulp), 1958, 326ff. 567.

W.Lueken

Logik

1. Begriffsbestimmung - 2. Geschichte der L. - 3. Das Problem der Begründung der L.

1. Der Ausdruck »L.« hat im Sprachgebrauch vielfach seine Bedeutung erweitert, was gelegentlich verwirrt. In Ausdrücken wie »L. der geschichtlichen Entwicklung«, »L. des Schönen«, »L. der Tatsachen« u.dgl. soll der Zusatz »L.« nur auf eine von menschlicher Willkür unabhängige sacheigene Gesetzlichkeit hinweisen. Dabei gilt die Unverbrüchlichkeit log. Gesetze als ein Idealfall, dem sich die bezeichneten Sachgesetze annähern. L. im engeren Sinn nennt man seit → Kant (Kritik der reinen Vernunft A 130) »formale« L. In diesem Ausdruck ist eine prinzipielle Einsicht hinterlegt, deren Besitz Aristoteles zum Begründer der L. machte: daß nämlich die log. Gesetze - wie zB der Syllogismus *Barbara:* »Wenn alle Griechen Menschen sind und alle Menschen Lebewesen sind, so sind alle Griechen Lebewesen« - *auf Grund ihrer Form* wahr sind. Dh ihre Wahrheit hängt nicht von den in ihnen auftretenden sachhaltigen Ausdrücken, sondern nur von den sog. »synkategorematischen« Wörtern wie »und«, »nicht«, »wenn-so«, »oder«, »alle«, »einige« usw ab. In diesem Sinn könnte man die L. als die »Lehre von den wahren Aussageformen« definieren. Unter einer Aussageform versteht man dabei das Ergebnis der Ersetzung aller sachhaltigen Bestandstücke einer Aussage durch Variable: die »Form« des oben genannten Syllogismus wäre zB »Wenn *A* von allen *B* gilt und *B* von allen *C* gilt, so gilt *A* von allen *C*«. Dies ist ein gültiges log. Gesetz (eine wahre Aussageform), weil diese Satzform für alle beliebigen Prädikate *A, B, C* in einen wahren Satz übergeht. Nicht ebenso die Aussageform »Wenn *A* von allen *B* gilt und *A* von allen *C* gilt, so gilt *B* von allen *C*«. Denn hier lassen sich Prädikate *A, B, C* angeben, für die die Satzform in einen *falschen* Satz übergeht - zB Lebewesen *(A)*, Mensch *(B)*, Pferd *(C)*. - Die L. läßt sich dann ohne Zwang in Teilgebiete aufgliedern, die durch die log. »Konstanten« (die genannten synkategorematischen Ausdrücke) bestimmt werden, aus denen die log. Form der jeweils untersuchten Aussagen aufgebaut ist. In der elementaren »Aussagen-L.« treten nur ganze Sätze als Werte der Variablen *(p, q, r)* auf, die durch »nicht« verneint und durch »oder«, »und«, »wenn-so« usw zu Satzverbindungen beliebiger Kompliziertheit verknüpft werden können. Es sind mechanische Rechenverfahren entwickelt worden, die nach endlich vielen Schritten eindeutig zeigen, ob eine gegebene Aussageform ein Gesetz der L. ist oder nicht. - Treten in einer Aussage außer den eben genannten log. Konstanten auch noch Ausdrücke wie »einige«, »alle« usw auf, müssen zusätzliche Variablen für Prädikate *(A, B, C ...)* und für die Gegenstände, denen die Prädikate zukommen, eingeführt werden *(x, y, z ...)*. Wir erhalten zunächst die einstellige Prädikaten-L. (von der die *Syllogistik* eine Teildisziplin darstellt) und weiterhin die mehrstellige Prädikaten-L., in der Prädikate vorkommen, die zB eine Beziehung zwischen *zwei* Gegenständen *x* und *y* bezeichnen. So sind »grün«, »Lebewesen« u.ä. einstellige, »größer«, »Lehrer«, »Freund« u.ä. zweistellige Prädikate. Weitere Teilgebiete der L., die meist erst im 19.Jh. erschlossen wurden, sind die Theorie der Gleichheit, die L. der Relationen und Klassen, die Theorie der Kennzeichnung (Ausdrücke wie »das Gravitationszentrum des Sonnensystems«, »der älteste Einwohner Europas« u.ä. behandelnd). In den höheren Disziplinen der L. (mit Ausnahme der Aussagen-L. und der einstelligen Prädikaten-L.) ist ein mechanisches Entscheidungsverfahren nicht mehr möglich (Beweis von A.Church, 1936).

2. Schon vor → Aristoteles haben griechische Denker bewußt log. Gesetze benutzt (unbewußte Benutzung log. Gesetze ist so wenig L. wie korrektes Sprechen Grammatik): → Parmenides formulierte den »Satz vom Widerspruch« (f. 6, Diels), → Sokrates schärfte den Blick seiner Schüler für denkerische Konsequenz, die Sophistik (→ Griechisch-römische Philosophie, 2 b α) entwickelte eine an log. Strukturen interessierte Disputierkunst (→ »Dialektik«). → Platons Dialoge (bes. der »Euthydem« und die Altersdialoge) treiben die log. Abstraktion mit Macht vorwärts, doch bleibt die log. Form unter dem Gewand der Ideenlehre noch wie verschleiert. Reine formale L. ist erst die »Analytik« des Aristoteles, die aristotelische Syllogistik das erste ausgeführte log. System. Zum Aufbau dieses Systems benutzte Aristoteles auch aussagenlog. Gesetze, jedoch hat erst die megarisch-stoische L. der Folgezeit auch die Aussagen-L. zu einem System ausgebaut. Einen neuen Höhepunkt der Geschichte der L. bildet die → *Scholastik;* u.a. ist erst hier (bei → Buridan, 14.Jh.) die »log. Form« als das synkategorematische Gerüst von Aussagen klar bestimmt worden. Nach dem Aufkommen der modernen → Naturwissenschaft galt die formale L. als Sammlung

unfruchtbarer Spitzfindigkeiten. Die Lehrbücher der L. pflegen seit → Descartes nur eine simplifizierte Form der aristotelischen Syllogistik zu bieten und vornehmlich Methodenlehre und → Erkenntnistheorie zu behandeln. Kants Ausspruch (Kritik der reinen Vernunft B 7), die L. habe seit Aristoteles keinen Schritt vorwärts oder zurück tun dürfen, kennzeichnet nur den doppelten Irrtum seiner Zeit. Indessen hatte schon → Leibniz das Programm entworfen, dessen Ausführung zur Erneuerung und Erweiterung der formalen L. führte, die seit ca 1850 bis heute fortgeht. Leibniz entwarf das Ideal eines log. Formalismus, der die Vieldeutigkeit und systematische Undeutlichkeit der Umgangssprache beheben sollte. Nach Pionierleistungen von G.Boole und A.de Morgan (1847) legte zuerst G.Frege (1848-1925) in seiner »Begriffsschrift« (1879) einen vollständigen Kalkül der Aussagen- und Prädikaten-L. vor. Die Vollendung der Fregeschen Gedanken brachte das Standardwerk der modernen L. von → Russell und → Whitehead (s. Lit.), auf dem die seitherige log. Forschung auch dort fußt, wo sie zu wesentlich anderen Resultaten gelangt. Die von der modernen L. in der Behandlung log. Probleme gewonnenen subtilen begrifflichen Instrumente werden seither auch von der Philosophie und den Fachwissenschaften in zunehmendem Maße benutzt.

3. So einhellig die Meinungen der Logiker über die Natur log. Probleme und über Gültigkeit oder Nichtgültigkeit log. Theoreme im einzelnen heute sind, so weit gehen ihre Ansichten über die *Rechtsquellen* unseres Glaubens an die Gültigkeit der L. auseinander, bes. seit die bloße Berufung auf die »Evidenz« der log. Axiome durch die → Paradoxien fragwürdig wurde. Die *»ontologische«* Interpretation der L. als Lehre von allgemeinsten Seinsprinzipien, die sich (zu Unrecht) auf die Autorität des Aristoteles stützte, ist durch → Wittgensteins Auffassung der log. Gesetze als *Tautologien* ohne jeden sachlichen Gehalt zurückgedrängt worden. Eine *»psychologische«* Richtung, die sich an Kants Definition der L. als der »Wissenschaft von den Formen des reinen Denkens« unschwer anschließen läßt, sah in der L. die Lehre von den Naturgesetzen des menschlichen Denkens. Gegenüber einem solchen Subjektivismus wollte Frege (und ihm folgend → Husserl) die L. zur Lehre von einem objektiven Reich der log. Gegenstände, einer idealen Sphäre reiner Bedeutungen erheben. Jedoch bleibt der Gedanke der L. als einer *Wissenschaft* auch so verfänglich, weil sie *als* Wissenschaft die log. Gesetze doch schon voraussetzen müßte, deren Gültigkeit sie erweisen soll (schon bei Aristoteles war die L. keine Wissenschaft, sondern Werkzeug, »Organon«, der Wissenschaften). Darum vermochte der Neopositivismus (bes. R.Carnap; → Positivismus) in den log. Gesetzen nur mehr sprachliche Vereinbarungen, in der L. die Analyse unserer Sprachsysteme zu sehen. Einen neuesten Versuch, in der Begründungsfrage hinter die sog. Axiome der L. zurückzugelangen, hat P.Lorenzen unternommen, der die L. - *»operativ«* - als die Lehre von den in allen beliebigen Kalkülen zulässigen Regeln interpretiert, dh der Regeln, die die Menge der in einem gegebenen Kalkül ableitbaren Aussagen (Figuren) nicht echt erweitern. Anstelle der »Evidenz« log. Axiome tritt hier die praktische Gewißheit, gewisse Handlungen, zB Ableitungen in bestimmten Kalkülen ausführen zu können. Die Diskussion der Begründungsfrage ist noch im Fluß; dabei zeigt sich u.a., daß die Begründungsfrage der L. tiefliegende philosophische Probleme wachruft.

F.ÜBERWEG, System der L., (1857) 1882[5] - E.HUSSERL, Log. Unters.en I. II, (1900) 1928[4] - B.RUSSELL-A.N.WHITEHEAD, Principia Mathematica I-III, (1910-13) 1925[2] - D.HILBERT-W.ACKERMANN, Grundzüge der theoret. L., (1928) 1949[3] - W.V.O.QUINE, Methods of Logic, London 1953 - R.CARNAP, Einführung in die symbol. L., Wien 1954 - P.LORENZEN, Formale L. (SG 1176/76 a), 1958 - H.A.SCHMIDT, Mathemat. Gesetze der L. I, 1960. - Gesch. d. L.: C.PRANTL, Gesch. der L. im Abendlande I-IV, (1855-70) 1955[3] - H.SCHOLZ, Gesch. der L., (1931) 1959[2] - J.LUKASIEWICZ, Aristotle's Syllogistic from the Standpoint of modern Formal Logic, Oxford (1951) 1957[2] - I.M.BOCHENSKI, Formale L., 1956 (Lit.) - G.PATZIG, Die aristotel. Syllogistik, 1959. *G.Patzig*

Logos

1. Religionsgeschichtlich: a) Wortbedeutung - b) In der griechischen Philosophie - c) Im religiösen Bereich des Griechentums - d) Der at. dabar - e) Heraklit - 2. Im NT: a) Paulus - b) Jesu Worte - c) Die Ausdrucksweise in Joh 1. - Vgl. → Wort Gottes

1. a) Ohne den johanneischen Satz Ἐν ἀρχῇ ἦν ὁ λόγος gäbe es trotz Paulus wahrscheinlich keine christliche Theologie, wie es trotz Philo keine jüdische gibt. → Theologie (: I) löst sich von der Spekulation wie der L. vom → Mythos, so sehr gerade jener Satz in Joh 1, 1 ein spekulativer, mythischer Satz zu sein scheint. Aber das ist eine optische Täuschung, die freilich mit dem zwiespältigen, dem Mythos benachbarten Wesen des L. zusammenhängt. λόγος heißt griechisch sowohl Erzählung, Kunde, Wort als auch Zahl, Rechnung, Maß, Proportion, Beziehung und ist im einen wie im andern Falle so etwas wie ein Beleg (Wurzel: leg), ob dieser nun im strengen Sinne erdacht oder als Überlieferung vorgebracht sein mag. Der Beleg reizt zur Nachprüfung, so daß Rechenschaft gegeben werden muß (λόγον διδόναι). Daraus ergeben sich die Bedeutungen Sinn, Begriff, Kalkül, Vernunft. Mit Hilfe der Philosophie gelangte der L. zur Gestalt der exakten → Wissenschaft (ἐπιστήμη). Der L. führt die Worte in der Rede, indem er sein sophistisches Zerrbild im Durchsprechen der Sachen selbst entwirrt (διαλέγεσθαι), und wird so selbst zum Wort (κοινὸς λόγος), wenn er seinen Zweck erreicht hat. Insofern ist der L. das *bestimmte* Wort (λόγος τινός). Diese griechische Mitgift ermöglichte die Begegnung des wissenschaftlichen, dh begründenden Denkens mit der jüdisch-christlichen Predigt. Die Begegnung erlaubte der Sprache des christlichen Glaubens, in Jesus nicht nur den Inhalt, sondern in eins damit den immer entscheidenden Grund zur Predigt zu behalten. Der L. wird im christlichen Glauben das allein durch sich selbst bestimmte Wort, das nur noch Glauben fordert und duldet. Diese Einsicht hat Luther für die Theologie gegen die Philosophie kämpfen lassen. Das Wort kann nur fraglos sein, indem es uns dorthin und von dort her ruft, wo wir nichts mehr zu bestimmen haben.

b) Der streng gedachte *griechische L.* bespricht das Wesen (ἕν, ἐόν, οὐσία, ὄν [ὄντα], ἄτομον εἶδος, τὸ τί ἦν εἶναι) im Lichte der zu denkenden festen oder auch analogen Beziehung (πρός τι), einer alles umfassenden Ordnung (κόσμος) und Regel (νόμος). Schaltet man den irreführenden Transzendenzbegriff aus und hält man sich richtiger an die Entsprechung zwischen einem Übertreffenden zum Übertroffenen (Aristoteles, Met. 1020 b, 28; 1021 a, 6f: τὸ δὲ ὑπερέχον πρὸς τὸ ὑπερεχόμενον τοσοῦτόν τέ ἐστι καὶ ἔτι, ein die [platonische] Einsicht: Sein ist und . . . [dh das Sein neigt, mittels der belegbaren Zahl, als Idee zur Ordnung] verwahrender Gedanke), so läßt sich sagen: Während die ältere Tradition das Wesen mit → Heraklit im Gotte bedenkt (L. wird später oft Hermes genannt), erfährt es die jüngere mit → Aristoteles im Konkreten, dem Einzelnen, aber eben nicht Vereinzelten. Der religiöse Zug des Ansatzes geht nie ganz verloren und verstärkt sich später wieder, obwohl sich der L. »logisch« (»Logik« sagt erst die Stoa) formalisiert und deshalb vorweg als Aussage (= Satz) manifestiert (Arist., De Int. 4: λ. ἀποφαντικός). Gerade das wissenschaftlich gewordene Denken ordnet erklärend die Welt des Vielen, indem es das Einzelne »rettet«, dh aus dem Allgemeinen verfügbar, weil im ὁρισμός ermittelbar macht. Das Göttliche am L. wandelt sich so in den denkend verfügbaren Bezug alles Seienden zum Denken selbst. Wer definieren kann, der hat am Gotte teil, der lernt die Welt kunstvoll, »technisch«, zu entfalten, indem er »nachdenkt«. Er wird so, im Unterschied zur unmittelbaren Wirkung der neuzeitlichen »Technik«, der produktiven Kraft des denkenden Bezugs inne und verhält sich ihm gemäß »ethisch«. Das logisch gewordene → Denken sagt aus, was ist. Der richtig angesetzte Begriff bleibt nie aus. Strenges Denken ist verläßlich, streng Denkende werden tüchtig (σπουδαῖοι). Der im Denken Ausgebildete, der Gebildete, hat begriffen, daß er begreifen kann. In solcher Verläßlichkeit des Denkens waltet also immer noch der Gott. Wer sich freilich nur auf das Denken verläßt, den läßt der Gott leicht im Stich, - was Sophokles doch wohl wußte (Ödipustrilogie), der Stoiker dagegen nicht mehr wahrhaben wollte. Wenn der L. wirklich offenbart, verbirgt er auch, wie denn das Licht nur Lichthaftes annimmt bzw. affiziert. Der L. kann nur »offenbaren« (δηλοῦν), was sich der Mensch klar machen soll. Diese Schranke ist in Wahrheit die Stärke des L.

c) Geht das Denken mit dem Belegbaren einen Bund ein - aber könnte es denn anders verfahren? -, so überschlägt es sich leicht in einen Rationalismus, der auch vor dem *Religiösen* nicht Halt macht, sondern gerade das Religiöse mit Vorliebe in sich einbezieht. Die Folge wird sein, daß sich das Religiöse gegen das Denken zur Wehr setzt. Werden beide miteinander auskommen? Oder liegt gerade im L. ein Moment, das jeweils Entscheidung fordert und nur Eines zuläßt? Eben deshalb, weil der L. vor allem und von jedermann Klarheit fordert, also Konsequenz verlangt? - α) Wie angedeutet, scheint das Sein schon bei → Platon nicht der Struktur zu entbehren, die, als ἄτομον εἶδος, bei Aristoteles im Entwurf der Wirklichkeit (ἐνέργεια) des Einzelnen logisch festgelegt bzw. ins Logische transponiert wird, wie es der Wahrheit geziemt, sobald man sie als Idee bestimmt. Gerade dann läßt sich immer noch mit Platon behaupten, daß die Sachen selbst (τὰ ὄντα ... αὐτὰ ἐξ αὐτῶν ... ζητητέον, Krat. 439b) entscheiden, was zu sagen ist. Diese Position verlegt sich bei der Stoa in das Postulat, daß Logik, Physik und Ethik einander entsprechen müssen. Dabei rückt der Titel L., formal wie bei Heraklit, ganz in die Mitte. In Wahrheit läßt sich die Konzeption der Stoa mit dem L. Heraklits (s. 1 e) kaum vergleichen. Die → Stoa ist offensichtlich eine mit wissenschaftlichen Mitteln arbeitende, wissenschaftlicher Haltung allezeit naheliegende Weltanschauung, ja eigentlich »die« Weltanschauung schlechthin. Wie sie die Welt als Makrokosmos versteht, so den Menschen in ihr als Mikrokosmos - dieser entspricht jenem, weil sich beide denkend objektivieren lassen. Dem L. als der Weltvernunft wendet sich zu, wer in eigener Sache dem die »Richtung weisenden« (ὀρθός) L. folgt; der gleiche L., der alle Naturkräfte durchwaltet, will sein Maß vom Menschen gegenüber den Affekten und überhaupt allen Sinneseindrücken (φαντασίαι) angewandt wissen, so daß der Mensch im objektivierenden Denken seine »Bestimmung« erfüllt. Dieser großartige Versuch, schlechterdings alles (τὰ πάντα) denkend zu bewältigen und allein dem »Weisen«, aber ihm nun auch die volle Übereinstimmung mit der Natur zuzusprechen, darf nicht mit der Verdächtigung abgetan werden, als helfe sich hier eben eine »gefährdete« Existenz mit dem »System«. Der Freitod ist für den Stoiker keine klägliche Möglichkeit, sondern echte Tat. Gerade an dem ihm Entzogenen macht er sich klar, was ihm zukommt (τὰ ἐφ' ἡμῖν). Seine Weltanschauung folgt ganz einfach einer inneren Tendenz des Denkens selbst, die aufgeklärten Menschen wohl anstünde, wenn sie ihr Schulmeistern lassen könnten. Das zunehmende stoische Geklapper mit den Knochen wirkt unnatürlich. - β) Das → Sein liefert sich der Schule eben nicht aus, so sehr es eigens bedacht werden will. Wo Sein ist, da ist freilich auch Schein; aber auch die Umkehrung dieses Satzes folgt dem L. Ist die Stoa ein Symptom dafür, daß der hellenistische Mensch diesem Zusammenhang mehr und mehr entfremdet wird, so könnte vielleicht der hellenistische Jude → *Philo von Alexandria* als Zeuge für eine behutsamere Einschätzung des L. angeführt werden. Philo bereichert den von ihm ungemein breit aufgenommenen Verwendungsbereich des L. um die jüdische Einschätzung der Beziehung zwischen Gott, Gesetz und Welt, so daß er den L. als »zweiten Gott« (δεύτερος θεός) bezeichnen kann (Cohn-Wendland I, 107, 28f). Der L. führt den Menschen sicher auf dem Weg zu Gott. Aber am Ziel, in der Gottesschau, bedarf es des Mittlers nicht mehr. Gerade der L. sagt nicht das für Philo Wesentliche aus. Das Gewicht des L. ist eben nicht an der Verwendung der Vokabel abzulesen. - γ) Die → *Gnosis* und mit ihr die → *Mysterien-Frömmigkeit* müssen ebendeshalb hier wenigstens erwähnt werden, obwohl für sie weniger der L. als vielmehr das Pneuma leitender Begriff ist. Der gleichzeitig aufgekommene Mythos der »Weisheit« und spätere Quellen (wie die Literatur der → Mandäer) machen deutlich, daß sich in diesem Bereich für den Offenbarer und den Erlösten ein Ich-Stil entwickelt hat, der dem L. faktisch wieder neue Bedeutung verleiht. Aber das ist nicht mehr der griechische L. Es ist merkwürdig, daß in dem Augenblick, in welchem sich das religiöse Moment gegen den Rationalismus zur Wehr setzt und auf das griechische Ordnungsdenken mit einem Dualismus schroffster Art antwortet, die → Sprache selbst auf den Plan tritt. Wird das Objektive übertrieben, so scheint sich die Sprache für das Subjekt zu entscheiden. Es bleibe dahingestellt, wie weit sich der Grieche dieser Ambivalenz bewußt wurde.

d) Der Denker wird sich fragen lassen müssen, ob er bedacht hat, wodurch er selbst denn zum Reden ermächtigt ist. Gelangt aber das Denken in den Bereich des Hörens, so entsteht die tiefere Frage, ob und wie ein aufs Sehen bedachtes Denken dem zu Hörenden entspricht. Oder kommt auch diese Frage »zu spät«? *Das AT* scheint auf sie antworten zu können. Sein griechisch so oft mit λόγος wiedergegebener *dabar* ist als Gottes → Wort (: I) Anrede, sei es im Gesetz, sei es beim Propheten. Die Anrede sagt, was geschehen soll, und sie erinnert ebenso an das, was geschah, denn es gilt: »Denn er sprach, da ward es, er gebot, da stand es da« (Ps 33, 9). »Er sandte sein Wort und heilte sie und errettete aus der Grube ihr Leben« (Ps 107, 20). »Auf dein Wort hoffe ich« (Ps 119, 81 usw). »Das Wort unsres Gottes bleibt in Ewigkeit« (Jes 40, 8). Mein (dh Jahwes) Wort »kommt nicht leer zu mir zurück, ohne daß es wirkt, was ich will, und ausrichtet, wozu ich es gesandt habe« (Jes 55, 11). Gott hat aber seinen Willen im Gesetz eingeschärft - die 10 Gebote (δέκα λόγοι) sind Gewähr für den → Bund (: II) Gottes mit seinem Volk. Die Sinaioffenbarung und die Gottesworte der Propheten gehören zusammen, weil sich Jahwe durch sein Wort immer wieder und verläßlich als Gott der Geschichte erweist. »Ist nicht mein Wort sengend wie Feuer, wie der Hammer, der Felsen zerschlägt?« (Jer 23, 29). »Ein Wort hat der Herr gegen Jakob gesandt, und es ist niedergefallen in Israel« (Jes 9, 7). Weil Jahwes Wort → Geschichte (: I) schafft und weil Jahwe zu seinem Wort steht, läßt er es auch in Zukunft weder an seinem Wort noch an Propheten fehlen (Dtn 18, 15. 18). Jahwe ist treu. Deshalb werden diejenigen, welche »bleiben« wollen, sich mit der gleichen Treue auf sein Wort einlassen müssen (Jes 7, 9). Wenn sich aber Treue an Treue erkennt, so scheint doch das Hören mit Anschauung gesättigt zu werden und deshalb dort, wo es noch nicht sieht, der Geduld fähig zu sein (Ps 73, 23-26)?

e) Der einzige griechische Denker, der den L. in ähnlich kraftvoller Weise je und je als Spruch hinwirft, ist → *Heraklit*. Auch er kann schelten, auch er ist der Treue fähig. Gleichwohl bleibt sein »Wort« befremdend, ob man es nun mit dem der Philosophen oder dem AT vergleicht. Sollte des Rätsels Lösung sein, daß eben nicht wir darüber bestimmen, ob wir das Wort als Mittel des Denkens oder das Denken als Mittel des Worts in Anspruch nehmen? Mögen Augen genauere »Zeugen« sein als die Ohren (B 101 a Diels[6]) - kommt es denn zuerst auf die Zeugen an? Besteht die Zwiefalt des L. etwa darin, daß der leicht nicht hört, der sieht, während der, der hört, leicht nicht sieht? Oder zwingt der wahre »L.« Hören und Sehen in das Selbe zurück wie der - Blitz (vgl. B 64 Diels[6])? Wie dem auch sei, das NT kennt eine *eindeutig* sagbare Einheit von Sehen und Hören, ein gleichfalls nicht vom Menschen bestimmtes, aber eindeutiges Wort.

2. a) Auch *im NT* ist der L. in der Regel ein bestimmtes Wort. Aber das Wort bestimmt sich hier nicht wie bei den Griechen aus dem Denken, sondern wie im AT als Rede oder auch Spruch aus einem zu Gehör Bringen (ἀκοή). Weil sich nun das Wort in der Verkündigung aufs bestimmteste mit dem → Glauben (πίστις) verbindet, ist das Wort vor allem das christliche → Kerygma, wie es zumal der Apostel predigt (1Kor 15, 1-11; 2Kor 2, 14 - 6, 10). Das Kerygma ist freilich echte »Weisheit« (σοφία) und schenkt wahre Gnosis. Aber das ist es und tut es nur, weil es und sofern es den historischen Jesus, den Gekreuzigten, *als* Gottes Wort predigt. *Paulus* schreibt nach Korinth: »Denn nicht entsandte mich Christus, um zu taufen, sondern um zu predigen, nicht mit weisheitsvollem Wort (ἐν σοφίᾳ λόγου), damit Christi Kreuz nicht entleert werde. Denn das Wort vom Kreuz ist den Verlorenen Torheit, aber uns, die errettet werden, Gottes Kraft« (1Kor 1, 17f). Dementsprechend heißt es wenig später (2, 4f): »und mein Wort und meine Verkündigung (geschah) nicht mit (bloß) überredenden Weisheitsworten (ἐν πειθοῖς [?] σοφίας λόγοις), sondern im Erweis des Geistes und der Kraft, damit euer Glaube nicht in Menschenweisheit, sondern in Gottes Kraft (Bestand habe).« Des Apostels Botschaft ist nicht ausgeklügelt, nicht eine weitere neue Weiheitslehre, keine Weltanschauung, sondern dabar, Gottes Machtwort, das über Untergang und Errettetwerden entscheidet. Zwar zeigt auch dieses Wort etwas vor: Christi Kreuz (Gal 3, 1). Aber gerade hier, wo für den sündigen Menschen alles aus ist (Gal 3, 13), erschien Gottes Kraft, die »in unseren Herzen« als Gotteserkenntnis aufleuchtet (2Kor 4, 6). Die »Welt« will das nicht fassen (1Kor 1, 21); sie hält diese paradoxe Botschaft für ein Ärgernis und für Torheit (V. 23). Aber wer sich zum Glauben rufen läßt, der erfaßt gerade den gekreuzigten Christus als Gottes Kraft und Gottes Weisheit (V. 24). Gottes Kraft wollte in dem Gekreuzigten als die wahre Weisheit sagbar werden (V. 25), damit sich der Mensch zu seinem Heil darauf einlassen müsse, daß er Gott in diesem Ruf, nur in ihm, aber gerade durch ihn, künftig für sich haben werde (Röm 8, 24. 32; 1Kor 1, 26-31). Es ist der präzise Sinn des »Wortes vom Kreuz«, daß der gekreuzigte Jesus Gottes Wort werden sollte, das der Apostel verkündigt, das offene Wort, das unter der Decke eines tödlichen Nein verborgen war und deshalb jetzt Gottes treues Ja auszusprechen vermag (2Kor 3, 12-16; 1, 19f). Sofern der Gekreuzigte dabei aktiv mitwirkte, bedeutete sein »Gehorsam« nichts anderes als das endgültige zu Wort Kommen Gottes »im Erweis des Geistes und der Kraft«, die Herrlichkeit (δόξα) des fortan rettenden Namens des Herrn (1Kor 1, 31; Phil 2, 6-11; 1Kor 12, 3; Röm 10, 9-13), Rechtfertigung des Glaubens (Röm 5, 18f; 10, 5-8), das Ende des mit dem Gesetz verbunden gewesenen tödlichen Fluches (Röm 10, 4; Gal 3, 13), den Anfang freier Zuversicht auf Gottes Gnade (Phil 3, 12-14), auf Gott selbst (2Kor 3, 12. 18; Gal 2, 20f; Röm 4, 17ff; 2Kor 1, 9f; 1Kor 4, 4f). Jesu Kreuz und Gottes → Wort (: II) durchdringen einander gegenseitig, so daß der Apostel im Blick auf den Gekreuzigten stets weiß, was er und daß er von Gott her (ἀπὸ θεοῦ 1Kor 1, 30) zu reden hat (ἐκ θεοῦ κατέναντι θεοῦ 2Kor 2, 17; Gal 3, 1). Der Glaube an dieses Wort muß um des Wortes willen Glaube bleiben; er darf nicht zu einer Schau transzendieren (2Kor 5, 7; Phil 2, 12f). Deshalb expliziert Paulus den → Glauben (: III, 4 a) als von Gott geschenkte → Gerechtigkeit (Röm 4, 13; 3, 21-26) im Gegensatz zu aller »eigenen« Gerechtigkeit (Röm 3, 27-31; 10, 1-8; Phil 3, 4-11). Glaube ist in keinem Sinne des Menschen Werk (Gal 2, 15-21), sondern ein gehorsames beim Wort Bleiben (Röm 1, 5. 14-17), wie es Jesu Kreuz gebietet (1Kor 2, 1-5).

b) Man kann nicht sagen, daß das NT diesen neuen Ansatz durchweg festgehalten hätte. Schon Paulus will es nicht ganz gelingen, die Beziehung zwischen Wort und Glauben durchzureflektieren. Was ihn dazu treibt und dabei unterstützt, ist die durch die Heidenmission notwendig gewordene Reflexion auf das → Gesetz (: IV). Was ihn hindert, ist das traditionelle Schriftbeweisverfahren, eine seltsame Mischung von Allegorese und Prozeßtechnik. Aber das NT stellt zwei andere Sachverhalte daneben, die den neuen Ansatz scharf genug beleuchten: Jesu eigene Worte und die Ausdrucksweise in Joh 1.

Jesu Worte unterscheiden sich in ihrem Stil zunächst nicht von der Sprachtechnik des jüdischen Weisheitslehrers oder eines seinen Spruch sagenden Propheten. Der Unterschied liegt im Inhalt, der gewiß die Form beeinflußt. → Jesus schilt und droht zwar ebenso wie der Täufer, aber darüber hinaus bietet er in seinen → Gleichnissen (: III, 3) und Parabeln unübertroffene Sprachbildungen. Sie sind Sprachereignisse. Auch Jesus greift zum Bild, zur Analogie, aber nicht, um sonst Ungreifbares begreiflich zu machen, auch nicht, um primitiven Zuhörern Hilfestellung zu geben, sondern indem er es wagt, das der Gottesherrschaft *jetzt und hier Entsprechende* zu sagen, Gottes Kraft und Willen also im eigenen Wort vorzubilden (nicht etwa nachzubilden!). Während zB Jeremia Jahwes ihn wie Feuer verzehrendes Wort (dabar) hinauslodern lassen mußte (20, 9), schafft Jesus seine Worte selbst. Deshalb sind sie so vollkommen abgerundet, so bestimmt und - frei. Dementsprechend fordern sie zu ihrem vollen Verständnis die ebenso freie innere Mitarbeit des Hörenden. Er muß merken, warum gerade ihm vom Senfkorn und vom Sauerteig, vom Sohn, von der Saat, von Geld und Lohn geredet wird. Die Bilder sind nicht nur naheliegende Anwendungen aus dem Erfahrungsbereich des Hörers oder gar des Sprechers, sondern diese vertrauten Dinge werden absichtsvoll zum Wort, zu einem dem Hörer gehörenden, weil in ihm mittels des ihm Eigenen erweckten Wort, so daß er sich das Wort nicht nur aneignen, sondern zugeeignet wissen muß. So ist gerade die »Bildhälfte« der wesentliche Teil eines Zuspruchs, wie Jesu Kreuz für den Christenverfolger Paulus zum wesentlichen Teil des

Gottesworts an ihn geworden war. Jesu Wort geht in mein Eigenes hinein und bedient sich des mir Eigenen als eines Worts an mich. Es auf diese Kehre ankommen zu lassen, ist Jesu sprachliches Wagnis gewesen, während Paulus einfach das, was er sich gesagt sein lassen mußte, auf alle andern anwandte.

c) War Jesu Wort und erst recht des Paulus Verkündigung stark persönlich bedingt und darin von biographischen (Paulus) und soziologischen (Jesus) Bezügen abhängig (man kann sich das an der Sparsamkeit des hellenistischen MkEv verdeutlichen), so versucht das → *Johannesevangelium* das Sprachereignis der Verkündigung von allen Einschränkungen zu befreien. Es bedient sich zwar wie Paulus programmatisch des L., aber doch auf eine auch gegenüber dem übrigen NT terminologisch neue Weise: »Im Anfang war der L. ...« (1, 1). Der ganze Prolog (1, 1-18) personifiziert den L. Parallele dafür ist die ebenfalls personifizierte jüdische → »Weisheit« und die Gestalt des gnostischen Offenbarers, die dem JohEv ja mindestens in den Reden als Modell dient. Zweifellos zielt schon der Anfang in V. 1 auf jenen Satz in V. 14: »und der L. wurde Fleisch«. Aber was soll dann die deutliche Präexistenzaussage in V. 1? Es geht ja sofort weiter: »und der L. war bei Gott«! Und wenn anschließend prädikativ gesagt wird: »und der L. war Gott«, so hebt diese Aussage nicht etwa die Besonderheit des L. auf, wie V. 2 beweist. Vielmehr kann nun in V. 3 gesagt werden: »alles wurde durch ihn«, wie denn überhaupt nichts »ohne ihn« geschah. Vielmehr: was geschah, »war in ihm Leben« (V. 4 a), weil die Menschen das Leben als Licht nötig haben (V. 4 b). Hier muß die Auslegung ansetzen, ohne dem Text nicht bewußte trinitarische Gedanken einzutragen. Heißt das Leben für den Menschen Licht - es kann nach V. 5 bzw. 9-11 verschmäht werden -, so ist nicht biologisches, sondern ein Leben gemeint, das sich ganz unabhängig vom Menschen ereignet, während umgekehrt der Mensch ohne es sein Leben verfehlt und verfälscht. Ja der gesamten Schöpfung muß die gleiche Abhängigkeit zugeschrieben werden! Solche Abhängigkeit ist also gerade durch den L. vermittelt. Weist die Vermittlung des L. den L. zunächst als Bestimmendes aus, dann sagt jene prädikative Bestimmung des L. als »Gott« (καὶ θεὸς ἦν ὁ λόγος V. 1), daß Gott sich selbst so bestimmt hat, daß alles von ihm abhängt. Der L. ist also eigens Ausdruck für die Selbstbestimmung Gottes. Geht nun der L. allem schon im Anfang voraus, so heißt das doch, daß Gott selbst der sein wollte, in welchem allein alles seinen Bestand behält. Aber der L. ist nicht etwa Figur für eine Absicht Gottes, sondern genau das Phänomen, das er ist: das von Gott zu unterscheidende Wort Gottes (vgl. Gen 1, 1-3).

Gott hat sich also im L. als den zuverlässigen Grund von allem ausgesprochen: Allem zuvor gilt sein Wort! Und dieses Wort ist in Jesus »Fleisch« geworden (V. 14). Gottes Wort hat in Jesus auf Erden existiert. Wer es leugnen wollte, der müßte Jesu Dagewesensein leugnen. Wer Jesus sah, der sah den Vater (14, 9). Nun war aber Jesu Existenz nichts anderes als das ständig in sich durchsichtige Geschehen reiner Liebe (13, 1. 34). Der L., der in der Existenz Jesu auf Erden Ereignis wurde, kann also nur das Wort der Liebe sein (3, 16). Denn reine, dh echte Liebe bindet sich, eben mit ihrem Wort. Eben deshalb band Gott alles an sich, indem er alles von dem Wort abhängig machte, mit dem er sich selbst an die Liebe band. Indem er sein Wort als das Band offenbarte, mit dem er sich selbst von vornherein gebunden wissen will, offenbarte sich Gott als Liebe und damit als Gott. Denn von einer Offenbarung kann nur geredet werden, wenn ein Inhalt erkennbar wird (17, 3). Dieser Inhalt besteht also darin, daß sich Gott in Jesus als an das Wort der Liebe gebunden offenbart hat. Es gibt keine Liebe ohne ihr Wort. Wollte sich Gott als *Liebe* offenbaren, so mußte er das Wort der Liebe offenbaren. Und wenn sich *Gott* als Liebe zu erkennen geben wollte, so kam seinem Wort dasjenige Zuvor zu, das Gott selbst zukommt. Und doch wäre dieses Wort nicht das Wort der Liebe, wenn es nicht dort, wo es hochnötig war, hätte erfaßt werden können. Die Liebe muß anschaulich werden, wenn sie helfen soll, und sie kann nur anschaulich werden, indem ihr Wort, an das sie sich bindet, Ereignis wird. Eben deshalb muß die Liebe, um ganz Liebe und so frei zu bleiben und zu befreien, Glauben an ihr Wort verlangen, nämlich dafür, daß sie sich dort bezeugt, wo jemand nichts für sich selbst sein wollte (14, 20f). Dieser kann nur das Eine Wort der Liebe sein, wenn anders die Liebe geoffenbart werden *mußte*. Denn die Liebe offenbart sich gerade im Wort, in dem Einen Wort, das absolut gilt, weil es nur Wort ist. Dies zu lehren wird die Aufgabe der Theologie bleiben. Denn das Wort der Liebe kann dann verkündigt werden, wenn sich der Verkündiger darüber klar wurde, daß nur der Glaube an dieses Wort seine Ereignis gewordene Herrlichkeit sieht, und daß, wer sie sieht, glaubt. Denn einzig das Wort der Liebe ist nichts anderes als das Wort (14, 6). Es muß also doch wohl verkündigt werden.

PW XIII, 1035ff - ThW IV, 69ff (Lit.). - Ferner zu 1: R.Reitzenstein, Die hellenist. Mysterienreligionen, (1910) 1927^{3} (Neudr. 1956) - M.Heidegger, Sein u. Zeit, (1927) 1957^{8} - Ders., Vorträge u. Aufs., (1954) 1959^{2} - J.Stenzel, Zahl u. Gestalt bei Platon u. Aristoteles, (1931) 1959^{3} - Ders., Metaphysik des Altertums (HPh), 1931 - Bultmann I, 268-293 - Ders., Das Urchristentum im Rahmen der antiken Religionen, (1949) 1954^{2} - O.Grether, Name u. Wort Gottes im AT (BZAW 64), 1934 - H.A.Wolfson, Philo I. II, 1947 - U.Hölscher, Der L. bei Heraklit (Festg. K.Reinhardt, 1952, 69-81) - W.Jaeger, Die Theol. der frühen griech. Denker, 1953 - A.Lesky, Gesch. der griech. Lit., 1957/58 - W.Kelber, Die L.lehre von Heraklit bis Origenes, 1958. - Zu 2: R.Bultmann, Das Evangelium des Joh. (MeyerK II [^{10}]^{15}), (1941) 1957 - E.Fuchs, Hermeneutik, (1954) 1958^{2} - Ders., Ges. Aufs. I. II, 1959/60 - U.Wilckens, Weisheit u. Torheit (BHTh 26), 1959 - G.Ebeling, Das Wesen des christl. Glaubens, 1959 - H.Franz, Kerygma u. Kunst, 1959. *E.Fuchs*

Lohman, *Jonkheer Alexander Frederik de Savornin* (1837-1924), niederländischer Jurist, Rechtsdenker und Politiker, * in Groningen, wurde dort Rechtsanwalt. 1862-84 war er Richter zu Appingedam und 's Hertogenbosch, 1879-1921 mit kurzer Unterbrechung Mitglied der 2. Kammer, 1890 Minister des Innern. 1884-96 war er Prof. an der Freien Universität in Amsterdam. Mit → Kuyper war L. im Kampf gegen den Liberalismus (christliche Schule) verbunden. In der Zusammenarbeit kam es aber zum Konflikt. L. war von → Vinet beeinflußt, Kuypers Bekämpfung der Ethisch-Irenischen verletzte ihn; L. war auch so wenig wie → Groen ein Neukalvinist. Außerdem wollte sich der Aristokrat L. Kuypers autokratischen Neigungen nicht fügen. So kam es zum Bruch mit der Freien Universität und zur Bildung einer freien antirevolutionären Gruppe, die später in die »Christelijk-Historische Unie« aufging. L. war Hauptredaktor ihres Tageblattes »De Nederlander«, des Gegenstücks zu Kuypers »Standaard«.

Vf. u.a.: Gezag en vrijheid, (1875) 1921^{2}; Onze Constitutie, (1901) 1926^{4}; Calvijn en Rome, 1927. - Über L.: L.C.Suttorp, Jhr.A.F.d.S.L., 1948 (Bibliogr., Lit.). *S. van der Linde*

Lohmeyer, *Ernst,* Neutestamentler, * 8.7.1890 in Dorsten/Westf., † im Sept. 1946, lehrte 1920-35 in → Breslau (1930/31 Rektor), nach Strafversetzung wegen Anti-NS-Haltung bis 1946 in → Greifswald. Am 15.5.1945 dort zum Rektor designiert, ermöglichte er durch Reorganisation die alsbaldige Weiterführung des Lehrbetriebes und traf die Vorbereitungen für die Wiedereröffnung der Universität am 16.2.1946. Aus unbekannt gebliebenen Gründen wurde er in der vorangehenden Nacht verhaftet und kehrte nicht mehr zurück. - Von → Deißmann ausgehend hat L. zur Entwicklung der → Bibelwissenschaft (: II, 4. 6 a-c) des NT einen eigenen Beitrag geleistet. Glaube und Geschichte war das Thema. Die jüngste *redaktions*geschichtliche Forschung knüpft bes. an die Arbeitsmethoden von L. an.

Vf. außer Komm. zu Apk (HNT 16, [1926] 1953²), Phil, Kol, Phlm (MeyerK IX[8]11, [1930] 1956), MkEv (ebd I/2[10]14, [1937] 1957), MtEv (ebd Sonder-Bd, hg.v. W.SCHMAUCH, [1956] 1958²) u.a.: Vom Begriff der religiösen Gemeinschaft, 1925; Kyrios Jesus (SAH 1928, 4); Grundlagen paulinischer Theol., 1929; Glaube u. Gesch. in den vorderoriental. Religionen (Breslauer Univ.-Reden), 1931; Das Urchristentum I: Joh. d. Täufer, 1932; Galiläa u. Jerusalem (FRLANT NF 34), 1936; Kultus u. Evangelium, 1942; Gottesknecht u. Davidsohn (FRLANT NF 43), (1945) 1953²; Das Vaterunser, (1946) 1954². Bibliogr. in: In memoriam E.L., hg.v. W.SCHMAUCH, 1951, 368-375. - Über L.: W.SCHMAUCH, ebd 9-16 - DERS. in: DtPfrBl 40, 1940, 261 - E.ESKING, Glaube u. Gesch. in der theol. Exegese E.L.s (ASNU 18), Uppsala 1951. *W.Schmauch*

Lohn und Lohnsystem

I. Volkswirtschaftlich - II. Sozialethisch. - Über die religiöse L.idee vgl. → Verdienst, → Vergeltung

I. Volkswirtschaftlich

1. L.formen - 2. L.bildung - 3. L.wirkungen - 4. L.politische Argumente

1. Als Entgelt für die in fremdem Auftrag ausgeführte Arbeitsleistung ist der L. wichtigster Einkommensfaktor jeder modernen, durch industrielle Arbeitsteilung (→ Arbeit) und Eigentumsunterschiede (→ Eigentum) gekennzeichneten Volkswirtschaft. Die Lebenslage der breiten Bevölkerungsschichten ist direkt vom jeweiligen, nach Branchen, Beruf, Alter, Geschlecht und Leistung differenzierten Brutto-L., dem davon nach Abzug der → Steuern und → Sozialversicherungs-Beiträge konsumfähigen Netto-L. und seiner jeweiligen, durch das Verhältnis der Geld-L.e zu den Güterpreisen bestimmten Kaufkraft (dem Real-L.) abhängig. In frühindustriellen Verhältnissen war häufig der Natural-L. vorherrschend, der eine freie Verfügbarkeit über das Arbeitsentgelt einschränkte, seit den aus sozialpolitischen Gründen erlassenen Verboten des Trucksystems (Entlohnung in Waren) jedoch nur noch in der Landwirtschaft und im Bergbau eine immer geringer werdende Rolle spielt. Die gegenwärtigen *L.formen* werden vor allem nach der Bemessungsgrundlage - durch den Unterschied zwischen Zeit- und Akkord- bzw. Leistungs-L. (→ Arbeitswissenschaft) - sowie nach dem Charakter des Arbeitsverhältnisses - durch den Unterschied zwischen L. (bei → Arbeitern) und Gehalt (bei → Angestellten und → Beamten) - gekennzeichnet. So spiegelt sich in den L.formen und L.unterschieden die große Mannigfaltigkeit moderner Arbeitsbeziehungen und -bedingungen wider, die bei jeder Auseinandersetzung über »den L.« berücksichtigt werden muß.

Während der L. für den Arbeitnehmer wichtigste Einkommensquelle ist, stellt er für den Arbeitgeber einen je nach dem Ausmaß des Arbeitskräfteeinsatzes (Unterschied zwischen arbeits- und kapitalintensiven → Betrieben), der jeweiligen Marktlage (→ Wirtschaftsphasen) und der Marktstellung des Unternehmens (→ Monopol) in seiner Bedeutung schwankenden Kostenfaktor dar. Diese wirtschaftliche Doppelfunktion des L.s begründet in wesentlichem Maße die sozialpolitischen Gegensätze zwischen Arbeitnehmerschaft (→ Gewerkschaften) und Arbeitgebern, die in den durch reguläre Tarifverhandlungen mehr und mehr institutionalisierten → Arbeitskämpfen ihren schärfsten Ausdruck finden (→ Arbeitsrecht). Hierbei zeigt sich, daß neben der L.höhe und L.form vor allem auch die relative Sicherheit einer fortlaufenden L.zahlung (→ Vollbeschäftigung) immer mehr an Bedeutung gewinnt.

2. Die Ursachen von L.konflikten lassen sich erst durch eine die soziologische Struktur des Arbeitsverhältnisses berücksichtigende Analyse der *L.bildungsvorgänge* verstehen. Für den Nichtbesitzer von Produktionsmitteln (→ Kapital) hat seine Arbeitskraft keinen Gebrauchswert, sondern nur einen Tauschwert, dh die Arbeit wird zur Ware, die am Arbeitsmarkt verkauft werden muß. Gegenüber dem Nachfrager ist der Anbieter von Arbeit jedoch strukturell dadurch benachteiligt, daß er unmittelbar für den Lebensunterhalt tätig ist, also auf ein gutes Angebot nicht lange warten kann und so bei Fehlen entsprechender ausgleichender sozialpolitischer Maßnahmen seine Arbeit zu beinahe jedem Preis verkaufen muß. Bei vollständiger → Konkurrenz ist deshalb der Arbeitsmarkt nicht funktionsfähig, weil der L. zeitweilig bis unter das Existenzminimum fallen kann, vor allem dann, wenn ein Überangebot an Arbeitskräften besteht. Derartige Beobachtungen in der Frühzeit der Industrialisierung (→ Industrie: I) haben zu den durchweg pessimistischen L.theorien geführt, die eine Erhöhung der L.e über die Reproduktionskosten der Arbeit (→ Lassalles in Anlehnung an → Malthus' Bevölkerungstheorie formuliertes »ehernes und grausames« L.gesetz) für unmöglich ansahen und allenfalls durch allmähliches relatives Anwachsen des Kapitals gegenüber der Bevölkerung eine Vergrößerung des »L.fonds« erhofften. Diese ein festes Verhältnis zwischen Kapital und L. postulierende L.theorie herrschte während der ersten Hälfte des 19.Jh.s fast unumschränkt, trotz der Hinweise, daß die L.e letztlich vom Konsumenten gezahlt werden, also vom Marktwert der Arbeitserzeugnisse abhängen (F.B.Hermann). Demgegenüber betonte die L.theorie von → Marx die Abhängigkeit der Arbeitseinkommen von den jeweils herrschenden Arbeitsverhältnissen: Unter dem System des → Kapitalismus könne der Arbeiter immer nur einen Teil des von ihm erzeugten Wertes erlangen, weil seine Arbeit gemäß dem Verhältnis von Angebot und Nachfrage am Arbeitsmarkt nur in Höhe ihrer Reproduktionskosten, das Produkt jedoch an seinem eigenen Markte entsprechend den dortigen Marktverhältnissen verkauft werde. Die Differenz zwischen L. und Produktpreis stelle den sog. »Mehrwert« dar, der erst durch eine radikale Beseitigung des auf Privateigentum an den Produktionsmitteln begründeten Wirtschaftssystems verschwinden könne (→ Marxismus).

Die wirtschaftliche Entwicklung hat die Allgemeingültigkeit aller dieser Auffassungen widerlegt. Der die Arbeitsproduktivität (→ Produktivität) vergrößernde technische Fortschritt, die Erschließung des Weltmarkts für Industriegüter, eine planvolle staatliche und betriebliche → Sozialpolitik sowie vor allem das Wirken der Gewerkschaften führten zu einer Hebung des Real-L.-niveaus in allen Industriestaaten und damit zu einer grundlegenden Verlagerung der Sozialprobleme. Bei steigendem L.niveau gewinnen die nicht im L. ausgedrückten Arbeitsbedingungen (Freizeit, Betriebsklima, Aufstiegschancen, soziale → Sicherheit) zunehmend an Bedeutung auch für die Vorgänge am Arbeitsmarkt. Eine Analyse der gegenwärtigen L.bildungsvorgänge muß deshalb sowohl diese nichtökonomischen Aspekte des Produktionsfaktors Arbeit als auch die durch Verbandsbildung eingeleitete Kollektivierunig des Arbeitsmarkts in Richtung auf ein bilaterales Monopol (Gewerkschaften - Arbeitgeberverbände) berücksichtigen. Die noch vorherrschende Grenzproduktivitätstheorie des L.s (J.B.Clark), nach der sich die L.höhe nach der zusätzlichen Arbeitsleistung des zuletzt eingestellten Arbeiters bestimmt, hat deshalb begrenzten Aussagewert und stellt lediglich den Zusammenhang zwischen Leistung und L. fest.

3. Das allgemeine Interesse verlagert sich angesichts der aktiven L.politik der Gewerkschaften mehr und mehr in Richtung der Auswirkungen von L.veränderungen auf Wirtschaftslage und Sozialstruktur. Insbesondere sind die Folgen von L.erhöhungen im Rahmen der Diskussion über die »Preis-L.-Spirale« Gegenstand der Erörterungen gewesen. Hierbei ist zu beachten, daß gemäß der allgemeinen Interdependenz wirtschaftlicher Faktoren immer zahlreiche Wechselbeziehungen bestehen, also eine isolierende Betrachtung allein des Preis-L.-Zusammenhangs wenig aufschlußreich ist. Von grundlegender Bedeutung ist die jeweilige Wirtschaftslage (zB Vollbeschäftigung oder Bestehen ungenutzter Produktionskapazitäten). Vor Erreichung der Vollbeschäftigung können L.erhöhungen auf viele Arten positiv wirken: Sie schaffen zB durch Kaufkrafterhöhung neue Nachfrage nach Wirtschaftsgütern und fördern den Massenkonsum zu Lasten des Luxusbedarfs. Allerdings hängt die Steigerung der Kaufkraft (das Anwachsen der Real-L.e) entscheidend davon ab, ob die Unternehmungen die L.erhöhung durch Preiserhöhung fortwälzen können, was um so leichter fällt, je starrer die Nachfrage nach den von ihnen produzierten Gütern ist. Je näher die Vollbeschäftigung rückt, desto geringer sind die durch L.erhöhungen auslösbaren unmittelbar produktiven Mehrleistungen der Unternehmen. Die Güternachfrage steigt ohne entsprechende Ausdehnung des Angebots (→ Geld). Bis durch → Rationalisierung und Aufbau neuer Produktionskapazitäten diese Lücke gefüllt ist, wirken die zusätzlichen L.e preistreibend, es sei denn, daß Mittel zu verstärkter Einfuhr von Verbrauchsgütern vorhanden sind (→ Freihandel) oder daß durch staatliche → Wirtschaftspolitik das Geld- und Kreditvolumen begrenzt wird, was zur Einschränkung der Investitionstätigkeit der Unternehmen und damit zur Umkehr der Konjunktur (→ Wirtschaftsphasen) führen kann.

Der Versuch, die volkswirtschaftliche L.quote nicht nur anteilmäßig, sondern absolut zu Lasten anderer Einkommensträger, hauptsächlich aber durch Senkung der Investitionsquote zu erhöhen und so die Konjunktur zu stabilisieren, ist angesichts der zahlreichen Märkte mit unvollkommener Konkurrenz ohne rigorose staatliche Maßnahmen (→ Planwirtschaft) nicht durchzuführen. Es ist statistisch nachgewiesen worden, daß der Anteil der L.einkommen (L.quote) am → Sozialprodukt über lange Zeiträume hinweg relativ stabil geblieben ist, Real-L.erhöhungen also primär auf das allgemeine Wirtschaftswachstum zurückzuführen sind. Dieser Wohlstandszuwachs nicht auf Kosten eines → Sozialpartners, sondern durch Beteiligung an der durch gemeinsame Leistung erbrachten Produktivitätssteigerung erscheint als wichtigste Möglichkeit einer marktwirtschaftlich orientierten Volkswirtschaft, den immanenten strukturellen Gegensatz zwischen Arbeitgebern und Arbeitnehmern immer wieder zu suspendieren (→ Kapitalismus). Die Problematik einer sehr ungleichen Eigentumsverteilung bleibt hiervon allerdings unberührt, denn die Verfügungsgewalt über die Investitionen bleibt trotz einiger weniger Reformansätze (»Investiv-L.«, Gewinnbeteiligung u.a.) von lohnpolitischen Maßnahmen unberührt (→ Mitbestimmung).

4. Bei der Betrachtung der *L.argumente der Sozialpartner* muß wiederum der gesamtwirtschaftliche Zusammenhang, vor allem auch die Einkommensentwicklung der übrigen Bevölkerungsschichten, berücksichtigt werden. Von seiten der Gewerkschaften wird je nach der konjunkturellen Lage mit der Forderung nach Kaufkraftstabilität der L.e, nach Erhöhung der L.-quote, nach Förderung der gesamtwirtschaftlichen Produktivität durch Vollbeschäftigung sowie nach angemessener Beteiligung der Arbeitnehmerschaft an der industriellen Wertschöpfung argumentiert. Die Arbeitgeber benützen als Argumente vorwiegend die preissteigernden Wirkungen, die Benachteiligung des Exports durch Erhöhung der Selbstkosten sowie die Einschränkung der Kapitalbildung durch höhere L.e. Es darf jedoch nicht außer acht gelassen werden, daß für die tatsächliche L.politik, die in der BRD gegenwärtig autonom von den Sozialpartnern gehandhabt wird, auch die relative Machtlage der beteiligten Organisationen sowie die jeweilige staatliche Wirtschaftspolitik wesentlich ist. Ein allgemeines objektives Kriterium für die L.politik gibt es angesichts der Vielschichtigkeit der Beeinflussungsfaktoren nicht.

So ist die L.politik ein Beispiel für wirtschafts- und sozialpolitische Kompromisse, deren Rahmen jedoch einmal durch die institutionelle Struktur des Arbeitsmarkts und zum andern durch die Kenntnis der jeweiligen Situation und der damit gegebenen objektiven Möglichkeiten bestimmt ist. Trotzdem ist der Spielraum für weitreichende Entscheidungen außerordentlich groß und dementsprechend die Verantwortung der Sozialpartner nicht nur für den von ihnen vertretenen Personenkreis, sondern für die Gesamtgesellschaft.

K. Marx, Das Kapital I, 1867 - HWSt VI, 396ff - F. Goossens, Die Praxis der L.formen, 1952 - G. Fürst-S. L. Gabriel (Hg.), Produktivität u. L., 1956 - G. Bombach-S. L. Gabriel (Hg.), L.e u. Preise, 1957 - E. Arndt, Theoretische Grundlagen der L.politik, 1957 - F. Fürstenberg, Probleme der L.struktur, 1958. - Laufend Aufsätze im »Arbeitgeber« u. in den »Gewerkschaftl. Monatsheften«.

F. Fürstenberg

II. Sozialethisch

Der große Einfluß von L.höhe, L.form und L.sicherheit auf die Lebensführung des Arbeitnehmers und seine gesellschaftlichen Entfaltungsmöglichkeiten hat immer wieder zu Versuchen geführt, allgemeingültige Prinzipien oder wenigstens anerkannte Richtlinien für die L.gestaltung zu finden. Im Mittelpunkt dieser Versuche steht das Problem der »L.gerechtigkeit«. Die betreffenden Stellen des NT (Lk 10, 7; Apg 1, 18; 1Tim 5, 18; Jak 5, 4; 2Petr 2, 13. 15; Jud 11) bieten hierfür nur allgemeine Ansatzpunkte, die der Konkretisierung entsprechend jeweils gültiger gesellschaftlicher Normen bedürfen. So galt weithin im MA als »gerechter« L. dasjenige Arbeitsentgelt, das einen den herrschenden ständischen Vorstellungen entsprechenden angemessenen Lebensunterhalt garantierte. Diese Auffassung wirkte bis in die Anfänge der modernen Industriewirtschaft nach, wo an die Stelle göttlichen Naturrechts die »natürliche Ordnung« trat und auf dieser Basis von den »lebensnotwendigen Aufwendungen« als Grundlage der L.bemessung gesprochen wurde.

Mit der Auflösung ständischer Schichtung in einer emanzipierten und zunehmend dynamisierten Wirtschaftsgesellschaft (→ Emanzipation) und der Umwandlung des patriarchalisch gebundenen in das dem freien Spiel von Angebot und Nachfrage preisgegebene L.-arbeitsverhältnis wurden diese traditionellen Auffassungen vom gerechten L. immer fragwürdiger bzw. unanwendbarer. So entstanden die Versuche, L.gerechtigkeit rational zu begründen, etwa in der Weise, daß vom »marktgerechten«, dh dem bei freier → Konkurrenz zustande gekommenen L., vom »leistungsgerechten«, dh dem technisch meßbaren Arbeitsaufwand entsprechenden L. und schließlich vom gerechten Sozial-L. gesprochen wurde, der entsprechend den sozialen Verpflichtungen im Lebenslauf (zB Familiengründung) gestaffelt sein sollte. Der Widerspruch, in dem diese drei Ansätze für eine gerechte L.bemessung bei ihrer Realisierung zueinander stehen, beruht auf der Unklarheit über den Inhalt der Gerechtigkeitsforderung. Wird sie mit wirtschaftlicher Zweckmäßigkeit gleichgesetzt, ist ihr Kriterium die Funktionsfähigkeit des Arbeitsmarktes, wird sie als objektiv nachprüfbare Richtigkeit der Bemessung (»gleicher L. für gleiche Arbeit«) interpretiert, führt dies zwangsläufig zur Anwendung wissenschaftlich-exakter Messungen des Arbeitsaufwands. Steht hingegen die Lebenshaltung im Vordergrund, ist der Sozial-L. das Ergebnis. In der Praxis wird versucht, alle drei Gesichtspunkte auf dem Wege des Kompromisses bei der L.findung zur Geltung zu bringen. Schließlich ist es auch wichtig, ob L.gerechtigkeit für eine Einzelperson, für eine soziale Gruppe oder für die gesamte Arbeitnehmerschaft angestrebt bzw. ob die einzelne L.rate oder das L.-system als Ganzes betrachtet wird. Ist letzteres der Fall (zB »Recht auf den vollen Arbeitsertrag«), so wird die Suche nach entsprechenden Maßstäben noch schwieriger und unterliegt der Gefahr ideologischer Begründungen, die die jeweilige Klassenlage reflektieren, oder dem Einfluß der realen Machtkonstellation.

Nur anhand einer festen Rangordnung sozialer Funktionen und Beziehungen kann deshalb eine allgemeine Formel für die L.gerechtigkeit gefunden werden, die der Tatsache Rechnung trägt, daß der L. Ausdruck eines bestimmten Wirtschafts- und Gesellschaftssystems ist und in diesen Grenzen sowohl Leistungsentgelt in Form eines den Markteinflüssen ausgesetzten Preises als auch lebensnotwendiges Unterhaltsmittel darstellt. Die Verwirklichung einer einheitlichen Gerechtigkeitsvorstellung führt also zwangsläufig über das L.problem hinaus und berührt die Grundfragen der Sozialordnung überhaupt. Der für ihre Gestaltung verfügbare Spielraum hat aber seine Grenzen am Kriterium der Funktionsfähigkeit, die direkt von der Widerspruchsfreiheit der Grundpostulate und entsprechender Maßnahmen abhängt.

So ist die Auseinandersetzung mit dem Problem der L.gerechtigkeit dauernd in der Gefahr, zur Diskussion über technisch-wirtschaftliche → Eigengesetzlichkeit einerseits und zur rein weltanschaulichen Deklamation andererseits zu entarten. Gegenüber dem Quietismus derer, die ein vermeintlich allgemeingültiges Universalschema für die Bestimmung des gerechten L.s gefunden zu haben glauben, ist deshalb diejenige Haltung vorzuziehen, die jede L.gestaltung immer wieder neu als Anruf zur Gewissensentscheidung im Sinne des verpflichtenden Menschenbildes des christlichen Glaubens erfährt.

Vgl. → Sozialethik, → Wirtschaftsethik.

A.Menger, Das Recht auf den vollen Arbeitsertrag, 1891 - W.Weddigen, Wirtschaftsethik, 1951 - H.Schack, Der richtige u. gerechte L. (SchmJb 73, 1953, 433-466) - D.Dammer, Vom heterogenen Familieneinkommen zum Familien-L., 1955 (Lit.) - B.Stein, Der Familien-L., 1956 (Lit.). *F.Fürstenberg*

Loisy, *Alfred* (1857-1940), franz. Theologe, einer der Hauptvertreter des kath. Modernismus (→ Reformkatholizismus), wurde 1879 Priester, 1881 Prof. für Hebräisch, 1889 für Exegese am Institut Catholique in Paris. Offen für die neuen Methoden der wissenschaftlichen Kritik, mußte er 1893 sein Amt aufgeben. 1900-04 lehrte er an der École pratique des Hautes Études, 1904 bis 1926 am Collège de France. Fünf seiner Bücher wurden 1903 indiziert; die Exkommunikation folgte 1908.

Vf. wertvolle exeget. Werke, u.a.: L'Évangile et l'Église, 1903; Les évangiles synoptiques I. II, 1907/08; Les Actes des apôtres, 1920; La naissance du christianisme, 1933. - Über L.: Congrès d'hist. du christianisme, Jubilé A.L., 3 Bde, 1928 - F.Heiler, A.L., der Vater des kath. Modernismus, 1947. *J.Roth*

Lokalgötter sind Götter, deren Anerkennung oder Verehrung auf eine bestimmte Gegend beschränkt ist, im Gegensatz zu jenen, die weithin anerkannt waren (→ Baal und → El). Da aber fast jeder → Gott (: I) zu irgendeiner Zeit nicht mehr als örtliche Bedeutung gehabt haben kann, ändert sich der Sinn des Begriffs mit dem Zusammenhang. Für eine isolierte Kulturgruppe sind die von ihr verehrten Götter einfach *die Götter,* wie auch ihr Wesen sei (→ Henotheismus); nur der von außen kommende Beobachter sieht ihren begrenzten, lokalen Charakter. Andererseits sind einige Götter, auch wenn ihre Funktion weiträumiger ist, dem Wesen nach L., zB die, deren numen sich ausschließlich in einem bestimmten Gegenstand offenbart (in einem → Baum, einer → Quelle, einem hl. → Stein; → Naturgottheiten). Eine dritte Art von L.n umfaßt Götter, die als Schutzgottheiten eines besonderen Ortes oder einer sozialen Gruppe gekennzeichnet sind (der Baal von Emesa oder von Damaskus, der »Gott der Väter« [Abrahams, Isaaks und Jakobs], die Hera von Samos). Je nachdem kann derselbe Titel für den einen Anbeter bedeuten, daß die Macht und Fürsorge des Gottes nur dem Ort oder dem → Stamm gilt (vgl. Ri 11, 24; Ruth 1, 16), für einen andern, daß der Gott, wie weit sich auch seine Verehrung erstreckt, bes. bevorzugte Wohnstätten hat (vgl. Homer, Il. 1, 37f; 16, 513ff), oder daß - wie in Israel - der »Bundesgott« in Wirklichkeit der universale und höchste → Gott (: II, 5) ist. Als Verallgemeinerung gilt zweifellos: »...für den religionsgeschichtlichen Fortschritt gewinnen sie [die L.] im Grunde erst da an Bedeutung, wo sie aufhören, L. zu sein« (RGG² III, 1719); dennoch darf die Tiefe religiöser Bewegtheit, die sich auf solche L. richtete, nicht übersehen werden. Wie in röm.-kath. oder orth. Ländern die Christen vielfach bes. den Ortsheiligen anrufen, schienen im alten Griechenland die lokalen → Heroen und Kleingötter oft näher und zugänglicher als die mächtigen, aber fernen Olympier. - Während sich L. bisweilen zu großen Göttern entwickeln, kann ein großer Gott u.U. in einzelne L. auseinanderbrechen, sobald die einigende Kraft der Tradition oder der Theologie nicht stark genug ist. Wie soziale, politische und geistige Kräfte aller Art den Status von L.n gestalten können, läßt sich an der → griechischen Religion mit ihrem Partikularismus gut zeigen. Einige vorhellenische Götter konnten sich nur als L. halten (zB Helena in Sparta und Rhodus), wurden zu Heroen erniedrigt oder sogar einem anderen Gott unterstellt (zB der »Heros« Hyakinthos in Amyklai dem Apoll). Die vielen lokalen Titel und Beinamen sogar der höheren griechischen Götter und die Verschiedenartigkeit ihrer Riten weisen auf die Ausdauer und Stärke örtlicher Traditionen hin. Nur selten, etwa bei → Asklepios von Trikka, kann die Entwicklung von einer lokalen Gestalt (Gott oder Heros?) zu einem Hochgott von größerer Bedeutung genau verfolgt werden.

PW XIII, 1110ff - H.Usener, Götternamen, (1896) 1948³ - A. Brelich, Gli eroi greci, Rom 1958. - Weitere Lit. s. → Griechische Religion. *F.R.Walton*

London, *Universität.* Schon im 16.Jh. legte Sir Thomas Gresham den Plan für eine Universität in L. vor, drang jedoch damit nicht durch. Das Monopol der klassischen mittelalterlichen, nur Anglikanern zugänglichen Universitäten → Oxford und → Cambridge blieb bis zum »Zeitalter der Reform« (seit 1830) erhalten. Die Universitätsgründung in L. wurde der Exponent der modernen demokratischen und auch der Technik offenen Bildungsbestrebungen. Die allgemeine Reformtendenz wurde durch den starken Eindruck unterstützt, den der Dichter Thomas Campbell von der 1818 eröffneten Universität → Bonn und der akademischen Freiheit in Deutschland mit heimbrachte. Er faßte den Entschluß, in England die Prinzipien des Verzichts auf Konfessionsbindung und auf das Internatsleben durchzusetzen. Das 1827 gegründete nonkonformistische University College erhob alsbald Universitätsansprüche; als anglikanische Antwort trat 1829 das King's College ins Leben. Die öffentliche Auseinandersetzung über Ansprüche und Rechte brachte im Parlament 1836 eine Universitätsverfassung für L. hervor, in der die »Universität von L.« zunächst als Prüfungsbehörde mit dem Recht, alle akademischen Grade zu verleihen, geschaffen wurde. 1858 erhielten die in L. bestehenden Colleges Selbstverwaltung, 1878 wurden die Grade auch Frauen freigegeben. I.J. 1900 erfolgte durch ein 1898 beschlossenes Gesetz die Umgestaltung durch Errichtung eines eigentlichen Unterrichtswesens als Universität von L. Diese umfaßte nunmehr 3 Zweige: a) Lehre und Forschung mit ortsansässigen (internal) Studenten; b) Prüfungen für auswärtige (external) Studenten; c) Ausweitung (extension) der Universität, dh Kurse außerhalb L.s, namentlich in den britischen Dominien. Die neue Universitätsverfassung seit 1929 legte die Verwaltung, bes. die finanzielle Verantwortung, in die Hände einer Kommission (Vertreter des Senats, der Krone und der Stadtregierung; L. county council). Die Möglichkeiten der Hauptstadt führten zu vielen akademischen Neugründungen (u.a. das Institute of Historical Research [1921], medizinische und technische Institute). Von den theologischen Lehranstalten sind Richmond College (methodistisch) und New College (kongregationalistisch) bes. bedeutend. Theologische Lehrer von Rang waren F.D. → Maurice, Ch. → Gore und W.R.Matthews am King's College.

W.H.ALLCHIN, An Account of the Reconstruction of the Univ. of L., 1905 - A.D.WALLER, A short Account of the Origins of the Univ. of L., 1912 - T.L.HUMBERSTONE, University Reform in L., 1926 - Yearbook of the Universities of the Empire. *M.Schmidt*

Londoner Mission *(London Missionary Society, L.M.S.)*, gegr. 1795, entstand aus der von der evangelikalen → Erweckung (: I, 1) in England hervorgerufenen Bewegung für die Verkündigung des Evangeliums in der ganzen Welt. Sie war interdenominationell angelegt. Gemäß der »Grundsatzerklärung« von 1796 war es nicht beabsichtigt, »eine presbyterianische, unabhängige, episkopale oder irgendeine andere kirchliche Gestalt auszubreiten ..., sondern ›the Glorious Gospel of the Blessed God to the Heathen‹ zu bringen«; dabei sollte es »den Menschen überlassen bleiben, die Gott in die Gemeinschaft seines Sohnes beruft, selbst zu entscheiden, welche kirchliche Form ihnen am ehesten mit dem Worte Gottes vereinbar erscheint«. Später wurde die L.M.S. - entsprechend ihrem Kirchenbegriff - in erster Linie die Mission des → Kongregationalismus in England, Australien, Neuseeland und Südafrika. ZZ sind Diskussionen über eine engere Beziehung zu den »Unions of Congregational Churches« im Gange. - Dreierlei ist für die L.M.S. charakteristisch: 1. Sie hat immer die persönliche Initiative zu Pionierleistungen in geographischer wie auch in methodischer Hinsicht ermutigt. Zu ihren bekanntesten Pionier-Missionaren gehören R. → Moffat und D. → Livingstone in → Afrika (: IV B), John → Williams im Pazifik, James Chalmers in Papua (→ Neuguinea), Robert Morrison in China, John Smith of Demerara in Westindien. - 2. Sie hat von Anfang an die eigene Verantwortung der einheimischen Kirchen hervorgehoben und sich stets um die Entwicklung einer eigenen Leitung und des Selbsterhalts bemüht. - 3. Sie war vorbildlich in der missionarischen Zusammenarbeit und in den → Einigungsbestrebungen (: VII) zur Kirche Christi in → China (: IV C, 1 d), zur Kirche von → Südindien, zur Vereinigten Kirche von Nordindien und zur Kirche von Zentralafrika in Rhodesien. - Arbeitsgebiete der L.M.S. sind zZ Süd- und Zentralafrika, → Madagaskar, → Indien (: IV), → Malaya, → Hongkong, Südwest-Pazifik und Papua. Sie hat ca 180 Missionare (ohne deren Frauen) und ein jährliches Einkommen von etwa £ 350 000.

R.LOVETT, The History of the L.M.S. 1795-1895, 2 Bde, 1899 - N.GOODALL, A History of the L.M.S. 1895-1945, 1954. *R.K.Orchard*

Loofs, *Friedrich* (1858-1928), Kirchenhistoriker, * in Hildesheim. In einem konfessionell-luth. Pfarrhaus aufgewachsen, als Student in Leipzig von Luthardt enttäuscht, jedoch von → Harnack angezogen, wurde L. in Göttingen endgültig zum → Ritschlianer konservativer Prägung. Seit 1882 lehrte er in → Leipzig, seit 1887 in → Halle. - Nicht nur durch seine lange Wirksamkeit (em. 1926) hat L. die Arbeit und das Gesicht der Halleschen Fakultät maßgeblich beeinflußt. Von eisernem Pflichtbewußtsein getragen, war der Nimmermüde imstande, neben ausgedehnter literarischer Arbeit 15 Jahre lang das Amt eines Konsistorialrates in Magdeburg auszuüben, regelmäßig am akademischen Gottesdienst mitzuwirken, homiletisches Proseminar zu halten usw. Aus der Materialvorbereitung für seine Studenten sind sein Leitfaden zum Studium der DG ([1889] 1906^4, 1959^6 hg. v. K.Aland), seine Symbolik (I, 1902), seine Grundlinien der KG ([1901] 1910^2) erwachsen, aus der Mitarbeit an der RE (über 50 Artikel) nicht wenige seiner Monographien zur alten KG (u.a.: Eustathius von Sebaste und die Chronologie der Basiliusbriefe, 1898; Nestoriana, 1905; Zur Synode von Sardika, 1908). Daneben stehen zahlreiche allgemeinverständliche Abhandlungen, Predigtbände sowie Aufsätze und Reden verschiedensten Inhalts. - L.' Hauptinteresse galt der → Dogmengeschichte, in ihr der Trinitätslehre der alten Zeit und der Rechtfertigungslehre der Reformation. Seine theologische Stellung ist schwer zu bestimmen, er steht zwischen den Fronten. »Der Grundfarbe nach bin ich Ritschlianer geblieben«, hat er erklärt, »die neue metaphysische und mystische Welle ... hat mich nicht einmal benetzt«. Den Einflüssen der Religionsgeschichte wie der → dialektischen Theologie ist er nicht zugänglich gewesen, eher - seiner Herkunft entsprechend - konservativ-kirchlichen Gedanken. Andererseits hat er sich als Mitglied des kirchlichen Spruchkollegiums gegen die Absetzung → Jathos eingesetzt und gehört zu den Mitbegründern der → »Christlichen Welt«. Einflüsse von W. → Herrmann sind nicht zu verkennen, L. denkt an ein »Neuluthertum« eigener Prägung.

Vf. ferner u.a.: Leontius v. Byzanz, 1887; Wer war Jesus Christus?, (1916) 1922^2; Der articulus stantis et cadentis ecclesiae (ThStKr 90, 1917, 323-420); Die »Internationale Vereinigung ernster Bibelforscher«, (1918) 1922^2; Paulus von Samosata, 1924; Theophilus von Antiochien adv. Marc. u. d. anderen theol. Qu. bei Irenäus (TU 46, 2), 1930. Selbstbiogr. in: Die Religionswiss. der Gegenwart in Selbstdarst. II, 1926, 119-160 (Bibliogr.). - Über L.: J.FICKER, F.L. (Dt. Biogr. Jb. 10, 1928, 161-167) - J.KONRAD, F.L.' Beitrag zur Christologie (EvTh 18, 1958, 324-333) - R.STÖWESAND, Bekenntnis zu F.L. (ZdZ 12, 1958, 208-214). *K.Aland*

Lopez, *Gregor* (1542-96), mystischer Einsiedler, * in Madrid, seit 1567 in Mexiko. Von der mystischen Zeitströmung ergriffen (→ Theresa, → Johannes vom Kreuz, → Johannes von Avila), welche die zuständliche innere Einung mit Gott als Erfüllung des Lebens erfährt, wird L. durch Betrachtung des Evangeliums, schweigendes

Gebet und asketische Strenge trotz seiner quietistischen Neigung in den Einöden Mexikos zum geistlichen Ratgeber des herbeiströmenden Volkes, dem er die »immerwährende Tat der inneren Liebe zu Gott« empfiehlt. → Molinos und Frau von → Guyon rühmen L. als begnadeten Mystiker.

Biogr. von seinen Jüngern FR.LOSA u. JOH.A S.JACOB, Sevilla 1618, franz. von A.D'ANTILLY, Paris 1675; dt. bearb. von TERSTEEGEN in: Auserles. Lebensbeschreibungen hl. Seelen I, 1733. Vgl. H.HEPPE, Gesch. d. quietist. Mystik, 1875, 39f. *O.Karrer*

Lorber-Gesellschaft. Der Musiklehrer *Jakob Lorber* (1800-64, * in Kanischa, Steiermark) vernahm am 15.3. 1840 eine innere Stimme: »Stehe auf, nimm deinen Griffel und schreibe!« Er schrieb fortan bis zu seinem Tod die Diktate dieser Stimme nieder. Es entstanden 25 Bde der »Neuoffenbarung« (»Neusalems-Schriften«). Die Freunde dieser Schriften sind in lockeren Gesinnungsgemeinschaften gesammelt (»Neu-Salems-Gesellschaft«, seit 1949 »L.-G.«). Die »Neuoffenbarungen« berichten über das Leben Jesu und erklären alle Zusammenhänge und Rätsel des Kosmos, der Geschichte, des menschlichen Schicksals, des Jenseits und der Engel- und Geisterwelt. Das Universum bildet mit seinen Sternenheeren die Gestalt des »großen Schöpfungsmenschen« und besteht aus den Urgeistern, die unter Luzifers Führung fielen und zu Materie erstarrten. Ihre Erlösung ist der Sinn alles Geschehens, der entscheidende Schauplatz die Erde und hier wiederum der Mensch. Durch Befolgung des »Reichsgrundgesetzes« der Gottes- und Nächstenliebe soll er die »geistige Wiedergeburt« erlangen, um sich dann als »gewordener Engel« am Erlösungswerk zu beteiligen. Damit der Mensch den unendlichen Gottgeist begreifen und lieben könne, hüllte sich dieser in das Fleisch Jesu. Vater und Sohn sind also nur verschiedene Seinsweisen des einen Gottes. Reich entfaltet sind die Jenseitsvorstellungen, die eine stufenweise Höherentwicklung, Reinkarnation von Unverbesserlichen, aber keine ewige Verdammnis kennen. Die Erde steht heute in der Vollendungszeit, die zunächst die unsichtbare Wiederkunft Christi und, nach einer 1000jährigen Epoche des Kampfs und Übergangs, das »ewige Friedensreich« bringt.

LORBER vf. bes.: Die Haushaltung Gottes, 3 Bde, 1840/44; Die Jugend Jesu, 1843/44; Bischof Martin, 1847/48; Robert Blum, 2 Bde, 1848/51; Das Große Evangelium Johannis, 10 Bde, 1851-64; Himmelsgaben, 2 Bde, 1935. - Über L.: W.LUTZ, Die Grundfragen d. Lebens im Lichte d. Botschaft J.L.s, 1930 - H.HEIMANN, Prophetie u. Geisteskrankheit, 1956. - Kritisch: HUTTEN[8] 337ff. *K.Hutten*

Lorenzianer. *Hermann Lorenz* (* 1864), Inhaber einer kleinen Tintenlöscherfabrik in Marterbüschel (sächs. Erzgebirge) und Sohn einer somnambulen und wundersüchtigen Mutter, erlangte 1885 die Gewißheit seiner göttlichen Sendung, trat vor 1914 mit düsteren Zukunftsprophezeiungen hervor und gründete 1922 die »Gemeinschaft in Christo Jesu« mit einem Zentralheiligtum, der »Eliasburg«, in Marterbüschel. Die Gemeinschaft blieb auf Sachsen beschränkt. Enger Zusammenhalt, Opferwilligkeit, gegenseitige Fürsorge und reger Besuch ihrer Gottesdienste kennzeichnen ihr Leben. Mit der Kirche hat sie nicht förmlich gebrochen, meidet aber die Teilnahme an deren gottesdienstlichem Leben, bes. am Abendmahl, und fügt den kirchlichen Amtshandlungen zusätzliche Weihen hinzu. Sie schöpft aus den von Lorenz im Halbschlaf empfangenen Offenbarungen, den »Pergamenten«, die der Bibel gleichgestellt werden. Seine Botschaft gründet auf dem Antagonismus Gott - Satan. Der Sohn Gottes erlöste den Menschen vom geistigen Tod. Durch Gehorsam gegen das neue Gesetz Jesu und durch Entfaltung der »höchsten Vernunft« gelangt er zur Vollendung und setzt seine »Veredelung« im Jenseits fort. Neben reich entwickelten Jenseitsvorstellungen steht die Erwartung der nahen Wiederkunft mit Entrückung der 144 000 »Auserwählten«.

Lit. (alles o.J.): O.F.SCHNEIDER, Eine Offenbarung von unserem Herrn u. Heilande Jesu Christo, niedergeschrieben in hellsehendem Zustande - DERS., Eine Offenbarung unseres Herrn ..., empfangen am Gedächtnistag der Verstorbenen, Sonntag, den 26. Nov. 1876 - Wichtige Bibelstellen für Mitglieder der Gemeinschaft in Christo Jesu (o.Vf.) - H.LORENZ, Pergamente. - Kritisch: S.KLEEMANN, Die L., 1926. *K.Hutten*

Loreto, altes Marienheiligtum in der Provinz Ancona. Seit 1194 ist hier das Bestehen einer fundamentlosen Kapelle als Wallfahrtsort bezeugt. Nach dem Bericht des Propstes Teramanus († 1473) wäre sie das Zimmer der Verkündigung, in dem Jesus von Maria empfangen wurde. Die Apostel gestalteten es in ein Kirchlein um, und der Evangelist Lukas schuf ein hölzernes Bild der Jungfrau mit dem Kind (1921 durch Brand vernichtet). Nach der Eroberung Akkons (1291) trugen die Engel das hl. Haus nach Dalmatien (auf den Hügel Tersat neben Fiume), von dort in den Wald der Frau Loreta bei Recanati (10.12.1294). - Der geschichtliche Kern der Legende scheint die Überführung des Gnadenbildes der Maria von Tersat ins L.-Heiligtum zu sein. Baptista Mantuanus (1498), G.Angelita (1525), O.Torsellini (1597) trugen durch ihre Schriften zur Verbreitung der Legende und der »Devotio lauretana« bei. Die Päpste verliehen L. besondere Privilegien, 1586 erhob es Sixtus V. zum Bistum, 1632 bewilligte die Ritenkongregation ein Fest der »Translatio almae domus« am 10.Dez., 1669 trug sie dieses Fest ins röm. Martyrologium und 1699 ein eigenes Offizium ins Brevier und Missale ein. - Mehrere Pilger und bes. der Franziskaner Fr.Suriano, Missionar im Hl. Lande (1485), erhoben Protest gegen den Anspruch L.s und bezeugten, daß das Hl. Haus (eigentlich eine Höhle) noch immer in Nazareth verehrt wurde (vgl. auch P.P. → Vergerio, De idolo Lauretano, 1554). Aber in der röm. Kirche verstummte die Kritik fast vollständig bis zum Anfang des 20.Jh.s, als H. → Grisar die L.-Frage neu aufwarf. Ihm folgten u.a. F.X.→ Funk, L.de Feis, U.Chevalier, G.Hüffer, welche die »Translatio« der frommen Überlieferung zuschrieben. Verfechter der Legende waren u.a. A.Eschbach, J.Faurax, Il.Rinieri und natürlich das »Collegium defensorum almae Domus« (seit 1907). Nach dem Lateranvertrag (1929) wird das Heiligtum direkt vom Hl. Stuhl verwaltet. 1931 verlieh Pius XI. den Pilgern nach L. gleichen Ablaß wie den Pilgern nach dem Hl. Lande und → Lourdes. - Vgl. → Wallfahrt: II.

M.U.CHEVALIER, Notre-Dame de L., Paris 1906 - A.ESCHBACH, La vérité sur le fait de L., ebd 1909 - IL.RINIERI, La Santa Casa di L., 2 Bde, Turin 1910/11 - J.FAURAX, Bibliogr. lorétaine, Paris 1913 - G.HÜFFER, L., 2 Bde, 1913/21 - DACL IX/2, 2473ff - EC VII, 1556ff - CL.M.HENZE, Andiamo a L., Turin 1954. *V.Vinay*

Lorichius *(Lurkäs), Jodocus* (ca 1542-1613), * in Trarbach (Mosel), † Freiburg/Br., kath. Theologe, 1568 Prof. der Poesie, 1574 der Theologie in Freiburg. L. widersetzte sich zeitlebens erfolgreich der seit 1576 versuchten Einführung der Jesuiten und der Bindung der Professoren an einen Orden. Er war Mitstifter und erster Vorsteher der Burse »zum Frieden« (1580). Seine Schriftstellerei galt zunächst der Dogmatik und Polemik. Er wurde von A.Osiander d.J. »blutdürstiger Aufmahner zur Austilgung des Religionsfriedens und aller Evangelischen« genannt. Später verfaßte er moraltheologische und zuletzt mystisch-praktische Schriften. L. verzichtete 1605 auf sein Lehramt und trat 1610 in die Kartause St. Johanns-Baptistenberg bei Freiburg ein.

Vf. u.a.: Thesaurus novus utriusque theologiae, theoreticae et practicae, (1609) 1621². - Über L.: H.SCHREIBER, Die Stifter des Hauses »zum Frieden«, 1830, 19ff - DERS., Gesch. der Univ. Freiburg II, 1859, 306ff - ADB XIX, 196 - ST.EHSES, J.L. (in: Festschr. zum 1100jähr. Jubiläum des dt. Campo Santo in Rom, 1897, 242-255) - DThC IX, 935ff (Bibliogr.) - LThK VI, 533. *H.Liebing*

Los. Das Wort L. (lat. sors, got. hlauts, altnord. hlaut, ahd. [h]lōz, mhd. lōz) kann das von der Gottheit oder vom Zufall einem Menschen oder einer Gemeinschaft bestimmte → Schicksal bezeichnen. Es wird ferner für das sakrale L.orakel (sortilegium) verwandt. Schließlich ist es im profanen Gebrauch (vgl. ital. lotto, franz. loterie) Mittel zur Entscheidung eines Glücksspiels. - Religionsgeschichtlich wichtig ist das *L.orakel* als Mittel einer mechanischen Divination auf Grund einer induktiven → Mantik. Nach → Thomas von Aquino (S.Th. II/2 q. 95 a. 8) hat das L.orakel drei unterschiedliche Intentionen. Als verteilendes L. (sors divisoria) dient es zur Entscheidung juristischer Fälle, wobei der agonale Gedanke, die Idee des Gewinnens oder Verlierens, ethisch-juridische Motive von Recht und Unrecht überschattet. Das beratende L. (sors consultatoria) soll in wichtigen Angelegenheiten den einzuschlagenden Weg und günstige Gelegenheiten ermitteln. Endlich dient das wahrsagende L. (sors divinatoria) der Erkundung der Zukunft. - Als L.instrument sind vor allem Holzstäbchen (vgl. κλῆρος, »abgebrochener Zweig«) weit verbreitet; andere Mittel sind Schafgarbenstengel, Steine, (polyedrische) Würfel, geomantische Punktierzeichen. Der Vollzug des L.orakels ist oft dem Könige oder Priestern, die sich als Auguren betätigen, vorbehalten. - Das L. ist religionsgeschichtlich weit verbreitet. Im AT wird es öfters erwähnt (u.a. Lev 16, 8; Num 33, 54; 1Sam 14, 42; Jon 1, 7; Ps 22, 19); die dem Schiedsspruch dienenden → Urim und Tummim trug der Hohepriester im Brustschild (Ex 28, 30; Num 27, 21). Im übrigen semitischen Bereich ist das L. für Altarabien und die Babylonier und Assyrer bezeugt, die es vielleicht von den → Sumerern übernahmen. Für die Religion der → Indogermanen ist es vielfach belegt, bes. für die griech.-röm. Antike, die Germanen (Tacitus, Germ. 10; Caesar, Bell. Gall. I, 50; → Germanische Religion, 5), Skythen (Herodot IV, 67) und manche Slaven (Ammianus Marcellinus XXI, 2, 24). In Ostasien (→ China: II, 1 d) ist es ebenfalls bekannt. Innerhalb der Primitivreligionen findet sich oft der Gebrauch des L.es. In der christlichen Kirche ist er schon früh abgelehnt worden (Decretum Gratiani). - Vgl. → Gottesurteil, → Hexen, → Medizinmänner, → Orakel, → Wahrsager, → Zauberer.

H.BRUNNER, Dt. Rechtsgesch. I, (1887) 1906², 553f - J.WELLHAUSEN, Reste arab. Heidentums, (1887) 1897², 132 - V.EHRENBERG, Die Rechtsidee im frühen Griechentum, 1921, 73ff - G.HÖLSCHER, Gesch. der israelit. u. jüd. Religion, 1922 (Reg.: Orakellose) - HWDA V, 1351ff - J.HUIZINGA, Homo Ludens, (1939) 1940³, Neuausg. 1956, 129ff - NILSSON I. II (Reg.: Losorakel). *G.Lanczkowski*

Lossius, *Lucas* (1508-82), wirkte vor allem in Lüneburg, zuletzt als Konrektor am dortigen Johanneum. 1530 kam er in Wittenberg mit Luther und Melanchthon in Verbindung, die ihn U. → Rhegius empfahlen; L. wurde dessen zeitweiliger Sekretär. Unter seinen Schriften ist die »Psalmodia, hoc est, Cantica sacra veteris Ecclesiae selecta« (1553 u.ö., Vorwort von Melanchthon) eine der wichtigsten Quellen für das liturgische Gesangsrepertoire des luth. Gottesdienstes im 16.Jh.

MGG VIII, 1217ff. *W.Blankenburg*

Losungen der → Brüderunität (: II) sind eine originale Schöpfung des Grafen → Zinzendorf. Am 3.5. 1728 gab er der zur abendlichen Singstunde versammelten Gemeinde Herrnhut eine kurze Gesangbuchstrophe als »Losung für den künftigen Tag« mit. Bald wurde die Losung als Tagesparole von Ältesten in die Häuser der Siedlung getragen, wobei sich zwanglose seelsorgerliche Gespräche ergaben. Aus der Gemeinde und für diese entstanden, sind die L. anfangs nicht zuerst als Hilfe zur persönlichen Erbauung gedacht. Ihr Charakter als Tagesparole macht sie zum Kampfesmittel in der Bewährung des Christenstandes gegen die Feinde von innen und außen. Das Gespräch über die L. führt zur gegenseitigen Seelsorge und zur Begründung des christlichen Lebens auf das Wort Gottes. Schon das erste gedruckte Losungsbuch 1731 bringt fast ausschließlich Bibelsprüche, denen häufig eine Liedstrophe aus dem Gesangbuch beigegeben ist, die als »Collecte« oder Responsorium bezeichnet wird. Zeit seines Lebens hat Zinzendorf viel Sorgfalt auf die Zusammenstellung der L. verwandt. In den 55 verschiedenen Losungsbüchern hat er etwa 15 000 biblische Texte zusammengestellt. Die Titel zeigen die damit verbundene theologische Absicht, das Christuszeugnis der ganzen Schrift der Gemeinde in ihrem Extrakt und in mannigfaltiger Weise nahezubringen und das Leben der Gemeinde und des einzelnen auf Jesus Christus auszurichten. Wahrscheinlich spielte schon bei den L. für 1731 die zweite Bedeutung des Wortes (von »losen«) eine Rolle, daß nämlich die einzelnen Worte nicht ausgewählt, sondern aus einer bestimmten Zahl von Bibelworten ausgelost wurden. Jedoch wurde dies zu Zinzendorfs Lebzeiten nicht zum Grundsatz erhoben, wie die planvolle Zusammenstellung der L. aus bestimmten Büchern der Schrift zeigt. Erst seit 1812 ist bis heute der Grundsatz maßgebend, daß die at. Worte, die eigentlichen L., aus einer Spruchsammlung des AT gezogen, während die nt. Worte, die sog. Lehr-Texte, frei ausgewählt werden. Um mehrere Worte täglich für die zahlreichen Gottesdienste der Gemeinde zur Verfügung zu haben, hatte Zinzendorf sog. »Lammestexte« ausgewählt, die noch durch Bibellektionen ergänzt wurden. So entstand ein liturgisches Kompendium, das zunächst den Gemeinden und ihren Sendboten bei der Mission diente. Seit Mitte des 19.Jh.s wurden L. und Lehrtexte für jeden Tag zusammengedruckt und damit die heutige Form der L. erreicht. Schon durch die Diaspora der Brüdergemeine und die → Erweckungsbewegung kamen die L. in weitere Kreise der ev. Kirche, namentlich zu den erweckten Adligen (zB → Bismarck, preußisches Königshaus). Gebrauch und Verbreitung sind eine Quelle der Frömmigkeitsgeschichte, bes. in Deutschland. - Die ersten Übersetzungen wurden im Zusammenhang mit der Missionsarbeit der Brüdergemeine geschaffen. Allgemeine Verbreitung in der ev. Christenheit fanden die L. seit der 2. Hälfte des 19.Jh.s, bes. im 2.Weltkrieg und nachher. Ihre Herausgabe wurde mit Hilfe der Ökumene schon damals ermöglicht, als es noch keine andere → Erbauungsliteratur (, 3 d) gab. Die L. sind in allen Erdteilen und unter vielen Kirchen und Konfessionen verbreitet und tragen damit zur Einheit der Christenheit unter dem täglichen Bibelwort, der Bibellese und im Gebet bei. 1960 erschienen sie in der 230. Ausgabe, und zwar in 21 Sprachen und 25 verschiedenen Ausgaben.

H.RENKEWITZ, Die L., Entstehung u. Gesch. eines Andachtsbuches, 1953. *H.Renkewitz*

Los-von-Rom-Bewegung (= L.) nennt man herkömmlich einen ein erhebliches Ausmaß annehmenden Abfall österreichischer Katholiken von der röm.-kath. Kirche, der etwa 1897 begann, seit mindestens 1882 schon vorbereitet war (Linzer Programm der österreichischen Deutschnationalen) und heute noch nicht ganz zu Ende gekommen ist. Im weiteren Sinne spricht man von L. auch im Blick auf analoge Entwicklungen in Frankreich, in der Ukraine, in Belgien oder gar in Spanien.

1. Träger der L. in → *Österreich* waren Kreise, die den Führungsanspruch der Deutschen in dem Vielvölkerstaat aufrechterhalten bzw. wiederherstellen wollten und sich in Parteien und Verbänden unter den Losungen »alldeutsch« oder »deutschnational« sammelten. Anlaß zum Ausbruch der Bewegung wurden die Sprachenverordnungen des Ministerpräsidenten Badeni von 1897. In Böhmen zB sollte jede Behörde verpflichtet sein, jeden Antrag in der vom Antragsteller gebrauchten Sprache zu bearbeiten und zu beantworten, wodurch es zB nötig wurde, auch in den rein deutschen Sprachgebieten mindestens des Tschechischen kundige Beamte einzusetzen. Hinzu kam, daß in Böhmen die röm.-kath. Priester überwiegend tschechisch waren, auch in deutschen Gemeinden. - Die Motive des Aufrufes zur Trennung von Rom waren also politischer Natur. Der Übertritt zum Protestantismus statt etwa zu den → Altkatholiken (die auch erheblichen Zuzug bekamen) wurde von an der L. interessierten Politikern deshalb gefördert, weil sie nur den »deutschen Luther« kannten und im Protestantismus lediglich eine Eindeutschung des Christentums sahen oder den Übergang zu einer Religionsform, die sich schließlich von Luther, vielleicht vom christlichen Erbe überhaupt wieder lösen werde. Antisemitische Stimmungen waren in der L. stark verbreitet, und hier und da zeigten sich Neigungen zu einem Wotanidenkult. Unter den Politikern trat am stärksten für den Los-von-Rom-Gedanken Georg Ritter von Schönerer ein, der seine Zeitschrift »Unverfälschte deutsche Worte« (1890-1912) der L. öffnete. Da zu den Programmpunkten der Alldeutschen der Anschluß der deutsch-österreichischen Teile der Donaumonarchie an das Deutsche Reich gehörte, standen deutsch-österreichische Parteien und Gruppen, die dem habsburgischen Kaisertum gegenüber loyal waren, zusammen mit nichtdeutschen in Gegensatz zur L. und setzten ihrer Ausbreitung Grenzen. Die L. wurde von den vorhandenen etwa 10 Schutzbünden (mit Mitgliederzahlen bis zu 90 000) mitgetragen, bes. dem »Bund der Deutschen in Böhmen«. Böhmen wurde überhaupt - neben der Steiermark - zu dem eigentlichen Verbreitungsgebiet der L. Obwohl der Ruf »Los-von-Rom« in einer Versammlung in Wien am 11.12.1897 von den Medizinstudenten Georg Rakus und Franz Födisch in die Massen geworfen worden war, hat sich die Bewegung weder in Wien noch in den Kerngebieten des österreichischen Altprotestantismus (Oberösterreich) stark durchgesetzt. Die Kirchen, die am stärksten von der L. berührt wurden - die Deutsche Ev. Kirche in Böhmen und Mähren und die Deutsche ev. Kirche A.B. in → Jugoslawien -, sind heute nicht mehr vorhanden, und ihre Gemeindeglieder sind zerstreut. Die ev. Kirchen Österreichs können nur unter erheblichen Vorbehalten und Einschränkungen auf die Frage antworten, was aus der L. geworden sei.

2. Daß sich der politisch motivierten L. eine *»ev. Bewegung«* zuordnete, die versuchte, das »Los von Rom« durch ein »Hin zum Evangelium« zu ergänzen, ist vor allem das Verdienst des → Evangelischen Bundes (1886), der 1898 durch den Kaufmann G.A.Schlechtendahl auf die österreichische L. aufmerksam wurde. Er ließ die österreichischen Gemeinden bereisen, bes. durch Pfarrer P.Bräunlich in Wetzdorf/Thür., gründete 1898 in Halle a.d.S. einen »Ausschuß zur Förderung der ev. Bewegung in Österreich« und gab seit 1902 ein eigenes Organ der ev. Bewegung in Österreich heraus, »Die Wartburg«. An die Spitze der vom Ev. Bund für Österreich zu leistenden Arbeit trat der Zwickauer Sup. Friedrich Meier. Der Ev. Bund sandte viele reichsdeutsche Vikare nach Österreich, um die Sammlung der Neugewonnenen in ev. Gemeinden zu ermöglichen. Unter Beihilfe des → Gustav-Adolf-Vereines wurden in neuen Pfarreien oder Predigtorten Kirchen und Pfarrhäuser errichtet. Der k.k. Ev. Oberkirchenrat in Wien zeigte sich zunächst der zur ev. Bewegung werdenden L. gegenüber zurückhaltend.

3. Von den Kreisen um Schönerer geht eine gerade Linie zum deutschen Nationalsozialismus hin. Es ist unverkennbar, daß in dem Schrifttum der L. auch, soweit sie zur ev. Bewegung wurde, die Schlagworte der späteren → Deutsch-christlichen Bewegung auftauchen: deutsches Christentum, arteigener Glaube, Nationalkirche, deutscher Dom usw. Obwohl H.St.Chamberlain nicht nur über die österreichische L., sondern auch unmittelbar auf die deutsch-christliche Bewegung gewirkt hat, wird sich die Geschichte der letzteren schwerlich ohne Rückbezug auf die L. und die in ihr ausgeformte religiöse Ideologie schreiben lassen. Der Satz des Deutschnationalen W.Jakesch: »Eine ev. Propaganda mit Verleugnung des deutschnationalen Gedankens ist ein anachronistischer Fehlgriff« (bei Albertin 78) entsprach der Geisteshaltung vieler deutscher Vikare. Die Probe aufs Exempel bedeutete deren weithin ablehnende Einstellung zur Evangelisierungsarbeit unter Tschechen: Eigenartigerweise ergriff der Abfall von Rom und die Hinwendung zum ev. Glauben schon um 1900 tschechische Kreise; die bei tschechischen Pfarrern erklingenden Töne waren vielfach reiner und evangelischer als die, die von deutscher Seite erklangen. Andererseits betonten Kreise des Ev. Bundes klar, daß die Verpflichtung gegenüber dem Evangelium der gegenüber dem Volkstum eindeutig voranzugehen habe. Daß das kath. »et - et« in der L. in Gefahr war, von einem *sehr* fragwürdigen deutsch-prot. »sowohl - als auch« abgelöst zu werden, ist trotz allem nicht zu verkennen.

4. Die österreichischen Gebiete zeigen zwischen 1897 und 1912 folgende Veränderung: Deutsche Superintendenz A.B. Böhmen 17 bzw. 36 Pfarrgemeinden, 12 bzw. 104 Predigtstationen; Wien und Niederösterreich 4 Mutter- und 2 Tochtergemeinden bzw. 10 Muttergemeinden, 2 Tochtergemeinden, 14 Predigtstationen; Steiermark: 6 bzw. 15 Gemeinden, 33 Predigtstationen; Kärnten: 16 bzw. 18 Gemeinden, 11 Predigtstationen. Im ganzen sind zwischen 1898 und 1901 in ganz Österreich 14 835 Eintritte erfolgt (amtl. Zahl des Wiener Oberkirchenrates). Bis 1914 betrug die jährliche Zahl der Übertretenden etwa 5000; dann wurde sie geringer. Nach dem Kriege kam es infolge der österreichischen Ehegesetzgebung zu einer Übertrittswelle: 30 000 wurden zB in einem einzigen Jahr evangelisch. Ansätze zum Eindringen der L. in Arbeiterschaft und Sozialdemokratie gab es schon in den Anfangsjahren; 1934/35 sind aber 25 000 Sozialisten ev. geworden. Der Nationalsozialismus hat nach 1938 wieder Übertritte veranlaßt, aber auch viele Austritte in die Konfessionslosigkeit. Mutmaßlich sind gerade manche der L.-Protestanten anfällig für eine Gottgläubigkeitspropaganda gewesen. Im allgemeinen ist die Zeit der L. für den österreichischen Protestantismus trotz gewisser Nachwirkungen (Abwehr gegen liturgische Erneuerung oder Versuche der Wiedereinführung ev. Beichte usw) Vergangenheit geworden.

5. Es hat sich eingebürgert, gewisse den österreichischen parallele Vorgänge in einem weiteren Sinne mit zur L. zu rechnen. So haben *Deutschland,* die *Schweiz* und *Österreich* infolge der Beschlüsse des → Vatikanums

eine Abfallsbewegung vom röm. Katholizismus erlebt (→ Altkatholiken). In → *Frankreich* wurden seit 1895 nicht nur vereinzelt Priester und Gemeindeglieder evangelisch. In → *Belgien* entstand 1849 die → Belgische Missionskirche. Die sog. Huß-Renaissance und die Philosophie Th.Masaryks haben unter den Tschechen prot. Neigungen erzeugt; in der → *Tschechoslowakei* ist 1920 eine nationalkath. »Tschechoslowakische Kirche« entstanden und stark in aufklärerisch-unitarische Bahnen gekommen. Ihr entspricht in → *Polen* eine polnische nationalkath. Kirche, bes. stark vertreten unter den Polen in Nordamerika. Galizien erlebte schon nach 1890 eine L. unter Peter Stojalowski. Unter dem Einfluß von Th. → Zöckler entstand in Stanislau eine Übertrittsbewegung auch unter den Ukrainern. Der Aufbau einer von Rom unabhängigen kath. Hierarchie im neuen *China* läßt sich noch zu wenig übersehen, um Prognosen zu ermöglichen.

Die L. namentlich in Österreich hat die leitenden Stellen der röm.-kath. Kirche in erhebliche Unruhe versetzt und bei ihnen Gegenmaßnahmen ausgelöst. Eine zahlenmäßig stark ins Gewicht fallende Einbuße des Katholizismus an Gläubigen haben alle L.en zusammen nicht zur Folge gehabt.

P. BRÄUNLICH, Die österr. L., 1899 - DERS., Bericht über den Fortgang der L., 1899-1906 - H.W. BEYER, Die Gesch. des Gustav-Adolf-Vereins, 1932 - F.V.D.HEYDT, Die ev. Bewegung in Österreich, 1934 - L.ALBERTIN, Nationalismus u. Protestantismus in der österr. L. um 1900 (Diss. Köln), 1953 - G.MAY, Was ist von der L. übriggeblieben? (Ev. Diaspora 25, 1954, 21-25). *F.Lau*

Lothringen

1. Die Entwicklung bis zur Revolution - 2. Seit der Revolution. - Zur Ergänzung vgl. → Elsaß

1. a) L. ist hier im wesentlichen nur im Umfang des 1871 geschaffenen Bezirks L. zu verstehen. Die alte Bischofs-, seit dem 13.Jh. freie Reichsstadt *Metz* bildet darin seit je den kulturellen Mittelpunkt. Hier erweckten Luthers Schriften seit 1520 vernehmlichen Widerhall, gleichzeitig aber auch den Widerstand der alten Kirche. Erst 1543 bewirkten die durch W. → Farel ausgelöste Bewegung und der politische Druck des Schmalkaldischen Bundes, daß den Protestanten ein Prediger und eine Kirche in der Stadt zugestanden wurden. Aber der Einspruch → Karls V. und ein damit begründetes Verbot der neuen Lehre durch den Rat machten das Erreichte schnell zunichte. Die konfessionelle Spaltung der Stadt trug dazu bei, daß sie ihre bis dahin streng bewahrte Unabhängigkeit 1552 zugunsten einer französischen Besetzung aufgab. Die im Vertrag von Friedewald (1551) ausbedungenen Sicherungen gaben den Metzer Protestanten noch eine Schonfrist. 1560/69 nahmen sie unter Leitung des in Genf ausgebildeten Pierre de Cologne eine streng ref. Ordnung an und zählten bald 7000 Seelen. Aber schon nach der Bartholomäusnacht (1572) trat die Bindung an die Religionspolitik des französischen Königtums (→ Frankreich: I, 4) in Erscheinung; sie blieb bis zur Revolution bestimmend.

Die reformatorische Entwicklung im *Metzer Landgebiet* war einerseits von der in der Stadt völlig abhängig, bot andererseits in Zeiten der Unterdrückung den Gläubigen innerhalb der Mauern Ausweichmöglichkeiten. In den feudalrechtlichen Bereichen der Ortschaften waren die Verbote des städtischen Rats unwirksam und daher Gottesdienste und Amtshandlungen möglich. Courcelles ist hier stellvertretend zu nennen. - Auch im Herzogtum L. und den lothr. Bistümern weckte Luthers Wort ein Echo. Trotz schärfster Gegenmaßnahmen in diesem engsten Einflußbereich der Guisen lebten um 1590 noch in mehr als 80 lothr. Orten Evangelische, die aber im 17.Jh. durch die gleichbleibend antiprot. Politik der Herzöge völlig dezimiert wurden. - Dagegen gab das Edikt von Nantes (1598) den Reformierten in Metz und L. außerhalb des herzoglichen Bereichs endlich eine Rechtsgrundlage. Bis etwa 1660 war ihnen die einzige ruhige Zeit in ihrer Geschichte beschert. Die Metzer Gemeinde zählte damals mit mehr als 10 000 Seelen zu den bedeutendsten in Frankreich, ihr Pfarrer P. → Ferry zu den repräsentativen Theologen des Calvinismus. Im Metzer Landgebiet waren mehr als 100 dörfliche Herrschaften prot. Dann mehrten sich die Entrechtungen und Unterdrückungen von Jahr zu Jahr. Dem entsprach eine zunehmende Emigration. Allein in Berlin fanden über 2000 Metzer Réfugiés mit ihrem Pfarrer Dav. Ancillon Zuflucht (→ Hugenotten, 2f). Mit der Aufhebung des Edikts von Nantes (1685), die in Metz und Metzer Land nach deren Anfall an Frankreich (1648) voll anwendbar war, setzten dort Dragonaden, Kinderraub und andere Bekehrungsmittel ein, denen nur wenige widerstanden. Ihre Namen erscheinen im 18.Jh. in den ref. Kirchenbüchern von Ludweiler u.a. Orten an der Saar. Unter dem mildernden Einfluß der Aufklärung ließ der Druck langsam nach. Seit 1760 fanden in Courcelles wieder sonntäglich Gottesdienste statt, zT mit Pfarrern aus dem Zweibrückischen; auch die Gläubigen aus Metz und Umgebung nahmen daran teil. Das Toleranzedikt Ludwigs XVI. gab den Reformierten 1787 endlich eine beschränkte Freiheit.

b) Ganz anders verlief die Entwicklung in den deutschen Reichsfürsten gehörigen Territorien an der mittleren Saar. Ähnlich wie im → Elsaß verquickten sich hier die die deutsche Reformation bewegenden Kräfte mit dem politischen Schicksal der Grenzlandschaft. Das größte dieser Zwerggebiete war die nassauische Grafschaft Saarwerden, in der Graf Adolf von Saarbrücken 1558 den von der bäuerlichen Bevölkerung angenommenen luth. Glauben bestätigte, in 7 von Hugenotten besiedelten »welschen Dörfern« aber ein rein ref. Kirchenwesen duldete. Die Kriege und unbeschreiblichen Drangsalierungen der Protestanten durch Frankreich entvölkerten das Land im 17.Jh. völlig. Erst die Rückgabe an → Nassau (1697) gab ihm und seinem ev. Kirchenwesen neue Lebensmöglichkeit. In den rheingräflichen Herrschaften Diemeringen und Finstingen wurde 1555 bzw. 1565 das luth. Bekenntnis eingeführt. In der ersteren blieb es verhältnismäßig unangefochten; die letztere kam durch Kauf an L. und wurde mit diesem von Frankreich besetzt, das hier wie allerorts nach 1685 die ev. Kirche grausam vernichtete. Die trotz allem beim ev. Glauben verharrenden Reste durften im 18.Jh. in saarwerdenschen Gemeinden kirchliche Fürsorge suchen. Pfalzburg, 1568 von Georg Hans von Pfalz-Veldenz als Zufluchtsort für Hugenotten gegründet, aber schon 1583 an das Herzogtum L. verpfändet, verlor bald die vereinbarte Glaubensfreiheit; 1620 wanderte die ref. Gemeinde geschlossen nach Bischweiler (→ Elsaß, 1 b) aus.

2. Die Revolution hatte für die luth. Gebiete an der Saar dieselben Folgen wie im Elsaß. Wegen der Gleichartigkeit der konfessionellen Verhältnisse wurden sie 1793 bei Neuordnung der französischen Verwaltung dem Departement Niederrhein zugeschlagen. Ihre luth. Gemeinden gehören seit 1802 zur Kirche Augsburger Konfession. - Die Reformierten im Metzer Land konnten ihre kirchliche Sammlung erst nach dem »Terreur« ermöglichen. 1797 bekam Courcelles wieder einen Pfarrer; 1803 folgte Metz. Man zählte damals im Metzer Land etwa 800 Protestanten, davon nur 110 in der Stadt. Das innere Leben dieser ausgebluteten Gemeinden konnte sich nur langsam erholen. Vom beginnenden Zufluß deutschsprachiger, meist elsässischer Protestanten

zeugt die Einführung eines monatlichen deutschen Gottesdienstes in Metz (1854). Kräftigeres Leben setzte erst nach 1871 mit der starken Einwanderung von Evangelischen aus dem Reich ein (→ Elsaß, 4); sie gab den Gemeinden des ref. Konsistoriums Metz, bes. den neu entstehenden, einen unierten Charakter, dem man 1903 dadurch Rechnung trug, daß dessen Pfarreien sich auf besonderen Wunsch »ev.« nennen durften - ein Schritt zu einer späteren Union der beiden Kirchen. Die Zunahme der meist ländlichen Gemeinden Augsburgischer Konfession in L. war weniger stark; Neugründungen erfolgten vor allem im lothr. Kohlenrevier.

M.MEURISSE, Hist. de la naissance, du progrès et de la décadence de l'hérésie dans la ville de Metz et dans le pays messin, Metz 1670 - M.THIRION, Étude sur l'hist. du protestantisme à Metz et dans le pays messin (Thèse Lettres Nancy), 1884 - F.DIETSCH, Die ev. Kirche von Metz, 1888 - G.MATTHIS, Die Leiden d. Evangelischen in d. Grafschaft Saarwerden [I.] II, 1888/94 - Die ev. Kirche in L. in Vergangenheit u. Gegenwart, hg.v. O.MICHAELIS, 1917 - R.MAZAURIC, Une Église huguenote lorraine: Courcelles-Chaussy, Metz 1933 - DERS., La Réforme au pays messin (BSHPF 95, 1948, 157-183. 184 bis 212; vgl. ebd 84, 1935, 377-388; 86, 1937, 43-59; 87, 1938, 27-40. 211f; 88, 1939, 4-21; 101, 1955, 23-32. 53-71. 175f) - DERS., Le Protestantisme en pays messin, Metz 1950 - F.CUNY, Reformation u. Gegenreformation im Bereiche d. früheren Archipresbyterates Bockenheim II, ebd 1940 - J.P.SCHNEIDER, La Luthererie en pays messin (1521-59) (Thèse Univ. Strasbourg, Lettres), 1955 (Masch.) - CH.ORTLIEB, Le Régime légal du culte prot. dans les départements du Rhin et de la Moselle, éd. CH.ALTORFFER, Straßburg 1956 - PH.MIEG, Les Réfugiés prot. lorrains et de Ste-Marie à Mulhouse et en Suisse au 17e siècle (Trois Provinces de l'est: Lorraine, Alsace, Franche-Comté, ebd-Paris 1957, 13-36; vgl. ebd 37ff). - Vgl. die Lit. zu → Elsaß.

Chr.Hallier

Lotze, *Rudolf Hermann,* Philosoph, * 21.5.1817 zu Bautzen als Sohn eines Arztes, † 1.7.1881 in Berlin kurz nach Antritt des dortigen Lehramtes. L. studierte in → Leipzig Medizin und Philosophie (Freundschaft mit → Fechner) und habilitierte sich dort 1839 in der medizinischen und philosophischen Fakultät. 1844 wurde er Nachfolger → Herbarts in → Göttingen. Lehrtätigkeit und Werk spiegeln die Universalität seines Denkens. Das System liegt in doppelter Gestalt vor: Unter dem Titel »System der Philosophie« erschien 1. die Logik (drei Bücher vom Denken, Untersuchen und Erkennen, 1874, Neudr. 1928²), 2. die Metaphysik (drei Bücher der Ontologie, Kosmologie und Psychologie, 1879, Neudr. 1912). Der 3.Bd sollte praktische Philosophie, Ästhetik und Religionsphilosophie enthalten. An seiner Stelle besitzen wir aber die »Geschichte der Ästhetik in Deutschland« (in: Gesch. d. Wiss. in Deutschland 7, 1868). Die andere Darstellung liegt in dem berühmten »Mikrokosmos« vor (3 Bde, 1856-64, Neudr. 1923), eine der Ethik R. → Rothes vergleichbare, zur Kulturlehre und Weltansicht ausgedehnte Anthropologie. Wichtig sind auch die postum erschienenen Vorlesungsdiktate (s. Lit.). Das übrige Werk ist in den »Kleinen Schriften« (ed. D.Peipers, 1885-91) vollständig gesammelt.

L. stand durch sein exaktes Studium der Natur von Anfang an in Front gegen den → Idealismus (: II), vorab gegen die Naturphilosophie → Schellings. Doch wußte er, daß der Mechanismus der sichtbaren Welt nur eine Denkform des ordnenden Geistes sei, freilich unverletzlich für das wissenschaftliche Gewissen. »Das wahrhaft Wirkliche, das ist und sein soll, ist nicht der Stoff und noch weniger die Idee, sondern der lebendige persönliche Geist Gottes und die Welt persönlicher Geister, die er geschaffen hat.« L. betreibt die Philosophie als strenge Wissenschaft, zugleich in einem lebhaften Bedürfnis nach Zusammenschau der Weltfülle in einer Einheit (L.s »Monismus«!). Der Naturmechanismus ist auf höhere Zwecke hin geordnet. L.s kritischer Empirismus und sein Glaube an den Geist erklären es, daß die Psychologie und des weiteren das Interesse am Menschen überhaupt (→ Ethik) in die Mitte seines Philosophierens tritt. Seine Lehre von der »Geltung« hat (bes. in seiner Kritik der platonischen Ideenlehre) neue Wege der → Ontologie erschlossen, seine Theorie der → Werturteile hat nicht nur weithin die spätere → Wertphilosophie begründet, sondern auch eine neue Kategorie wissenschaftlicher Urteile eröffnet. A. → Ritschl hat - freilich mitunter in vergröberter Form - viele Anregungen L.s aufgegriffen, zB in seiner Auffassung religiöser Sätze als Werturteile. L.s Bedeutung für die → Religionsphilosophie liegt aber darüber hinaus in seiner Verbindung einer nüchternen Weltansicht (»Mechanismus des Lebens«) mit dem Glauben an die Persönlichkeit Gottes und einer weitgespannten, ideenreichen Bewältigung der Welterfahrung. L. hat diese Erfahrung in ihrer Eigenart auch dort gelten lassen, wo sie nicht ohne weiteres rationalisierbar war.

L.s Vorlesungsdiktate (hg.v. E.REHNISCH): Psychologie, (1881) 1912⁷; Prakt. Philosophie, (1882) 1899³; Religionsphilos., (1882) 1894³; Gesch. der dt. Philos. seit Kant, (1882) 1894²; Naturphilos., (1882) 1889²; Logik u. Enzyklopädie, (1883) 1891³; Metaphysik, (1883) 1901³; Grundzüge der Ästhetik, (1884) 1888² (109-119: Bibliogr. L.s). - Über L.: ADB XIX, 288ff - RGG² III, 1730f (Lit.) - Ü IV, 299ff - LThK VI, 658f (Lit.) - EKL II, 1157f (Lit. seit 1925).

W.Trillhaas

Lotzer, *Sebastian,* Laientheologe, * ca 1490 in Horb, Kürschnergeselle in Memmingen. In 5 Flugschriften, die Kenntnis der Bibel, der zeitgenössischen Publizistik und Luthers verraten, vertrat er das Recht der Laien, von dem Wort Gottes zu reden und zu schreiben, und wandte unter dem Einfluß des Memminger Predigers → Schappeler, aber auch → Eberlins von Günzburg das Schriftprinzip auf das praktische Leben an. Ende Febr. 1525 wurde er im → Bauernkrieg Feldschreiber der Memminger und der Baltringer Bauern und verfaßte die »Zwölf Artikel«, die rasch allgemeine Gültigkeit erlangende Programmschrift der ganzen Bewegung. Sie begründet die Forderungen der Bauern eindringlich aus der Bibel, vertritt aber eine friedliche Lösung des Streites. Nach dem Bauernkrieg floh L. nach St. Gallen und ist seitdem verschollen.

Schriften, hg.v. A.GOETZE, 1902. - Über L.: G.BOSSERT, S.L. u. seine Schriften, 1906 - G.FRANZ, Die Entstehung der 12 Artikel (ARG 36, 1940, 193-213).

G.Franz

Lourdes (am Nordrande der Pyrenäen), neben Fatima (Portugal) heute bedeutendster Wallfahrtsort der röm.-kath. Kirche (→ Wallfahrt: II). - Bernadette Soubirous, ein einfaches Mädchen, hatte in einer Grotte bei L. vom 11.2.-16.7.1858 insgesamt 18 → Marienerscheinungen. Am 25.3. gab sich »die Dame« zu erkennen: »Ich bin die Unbefleckte Empfängnis«; einen Monat vorher war in der Grotte die wundertätige Quelle entsprungen. Bernadette wurde 1925 selig-, 1933 heiliggesprochen. - Die Echtheit der Erscheinung wurde 1862 von dem zuständigen Bischof von Tarbes anerkannt, seit 1874 wiederholt durch die Päpste. Leo XIII. ließ in den vatikanischen Gärten eine Nachbildung der Grotte bauen und machte sie damit zu einem beliebten Andachtsgegenstand der → Marienverehrung (: I). Seit Pius X. gilt die Erscheinung von L. als himmlische Bestätigung der 1854 dogmatisierten Immaculata Conceptio. Das Fest der Erscheinung (11.2.) wurde 1891 für die Kirchenprovinz Auch, 1907 für die ganze Kirche festgesetzt. - Die L.-Wallfahrten erhielten dadurch Auftrieb, daß L. nach 1871 zum Symbol des nationalen Frankreich wurde. Der internationale Ruhm der Heilungen verschaffte L. in dem laizistischen Frankreich sogar eine gewisse Ausnahmestellung. Schon während der ersten Erscheinungen hatte der Ortsarzt Douzous Bernadette medizinisch beobachtet und Heilungen festgestellt. H.Lasserre, selbst in L. von einem Augenleiden geheilt, stellte 1868 die ersten 200 Heilungen zusammen. Er wurde damit zum Begründer des L.-Mythos, mußte freilich später sein Werk gegen die »Brüder der Grotte« verteidigen, denen der Bischof von Tarbes die Betreuung des Wallfahrtsortes anvertraut hatte. Die damaligen Streitigkeiten, die u.a. in dem Roman von → Zola über L. behandelt wurden, sind heute längst überwunden. - Für die → Heilungen besteht in L. ein Ärztebüro, zu dem jeder Arzt ohne Rücksicht auf die Konfession freien Zutritt hat. Es bescheinigt die medizinische Unerklärbarkeit der Heilungen, die eigentliche Anerkennung als »Wunder« erfolgt durch die für die Geheilten zuständigen Ordinariate, wenn die Heilung andauert. Auffallend ist, daß die Zahl der wirklichen Heilungen immer mehr zurückgeht. Insgesamt sind nur 57 kirchlich anerkannt worden.

Ältere Lit. s. RGG² III, 1731f - LThK VI, 660ff - EC VII, 1580ff - EKL II, 1158f. - Ferner: A.CARREL, Man - the unknown, 1935; dt. (1936) 1955 - DERS., Le voyage de L., Paris 1949; dt. (1951) 1952² - F.L.SCHLEYER, Die Heilungen von L., 1949 (medizinisch, kritisch) - F.LEURET-H.BON, Les guérisons miraculeuses modernes, Paris 1950; dt.: Wunder, Wissenschaft u. Kirche, 1957 - L.LOCHET, Apparitions, ebd 1956; dt. 1957 (sucht theol. Deutung) - J.M.TAURIAC, Miracles à L., 1956; dt. 1957 - PIUS XII., Le pèlerinage de L. (AAS 49, 1957, 605-619; Jubiläumsenzyklika) - K.NITZSCHKE, L. 1858-1958 (MdKI 9, 1958, 1-10) - G.SIEGMUND, Aus der Gesch. der mediz. Diskussion der L.-Heilungen (ThGl 48, 1958, 99-108) - P.PETIT, L., les protestants et la tradition chrétienne, Paris 1958. - Vgl. → Werfel sowie Lit. zu → Heilung. *K.Nitzschke*

Louvaris, *Nikolaus,* griech. Theologe, * 1887 auf Tinos, studierte Theologie und Philosophie in Athen und Leipzig. Zuerst in leitenden pädagogischen Stellungen, wurde er 1925 Prof. für NT an der Universität → Athen und gründete hier auch die Lehrstühle für allgemeine Religionsgeschichte und Religionsphilosophie. 1936 und 1943/44 war L. Kultusminister. Als Publizist leitete er jahrelang die Zeitschriften »Grigorios Palamas«, »Avgi« und »Kosmotheoria«.

Vf. u.a. Studien über die paulin. Theol., über religionsphilos. Themen, ferner Arbeiten über Goethe, Rilke, Nietzsche, R.Wagner (alle griech.) sowie viele Aufsätze u. Vorträge in dt. Sprache. - Bibliogr. in: Neoteron Enkyklopädikon Lexikon Iliou XII, Athen o.J., 544f. *G.Möckel*

Lowth, *Robert* (1710-87), engl. Theol., ein Hauptvertreter der sog. engl. Präromantik; * in Winchester, † in London, 1741-50 Prof. der Poesie in Oxford, 1766 Bischof von St. Davids, im selben Jahr von Oxford, 1777 von London. Sein Hauptwerk sind die Praelectiones De sacra poesi Hebraeorum (gedr. 1753; von J.D. → Michaelis 1758/62 [1769/70²] mit Anmerkungen und Zusätzen hg.). Hier ist die von ihm »parallelismus membrorum« genannte - synonyme, antithetische oder synthetische - Entsprechung je zweier (auch dreier) Reihen einer Periode als die Grundstruktur der hebr. Poesie erkannt (→ Formen: I, 2). Durch die Behandlung der at. Bücher unter rein ästhetischen Gesichtspunkten und die auf dieser Ebene ermöglichte Vergleichung at. Texte mit außerbiblischer antiker Literatur sowie durch die Herausarbeitung im ganzen AT verwendeter Stilformen bereitete L. die Entwicklung eines neuen Verständnisses von Mythos und der Grundsätze seiner Interpretation durch Chr.G.Heyne und die Einführung des Mythosbegriffes in die Bibelwissenschaft durch J.G. → Eichhorn vor. L.s Erkenntnis des rein menschlichen Wertes und Gehaltes der Bibel trug wesentlich zur Befreiung der Forschung von den Fesseln theologischer Tradition und damit zur Entstehung des historischen Denkens bei.

Vf. weiter u.a.: Isaiah, a New Translation with Notes, (1778) 1842¹³. - Über L.: DNB XXXIV, 1893 (= XII, 1921f), 214ff - Dict. de la Bible IV, 1912, 375 - F.MEINECKE, Die Entstehung des Historismus, (1936) 1946², 255ff - CHR.HARTLICH-W.SACHS, Der Ursprung des Mythosbegriffes in der modernen Bibelwiss., 1952, 6ff u.ö. - R.S.CRIPPS, Two British Interpreters of the OT: R.L. ... and Samuel Lee ... (BJRL 35, 1952/53, 385-404). *E.Kutsch*

Loyola, *Ignatius* (1491-1556)

1. Leben und Werk - 2. Die Quellenfrage - 3. Bedeutung

1. Inigo Lopez de L. (Ignatius erst in Paris), Gründer des → Jesuiten-Ordens, * in L., aus baskischem Adelsgeschlecht. Für den Klerikerstand bestimmt, wurde I. 1506/07 Page beim Großschatzmeister des spanischen Königs in Arévalo. Gleich dem romanhaften Ritterhelden Amadis verehrte er eine »hohe Frau« (wahrscheinlich die Infantin Caterina) und war ganz eleganter Junker, seit 1517 Offizier. - Eine schwere Beinverwundung bei der Verteidigung der Feste Pamplona (20.5.1521) beendet seine militärische Laufbahn. Auf dem Krankenlager liest er »ein Leben Christi und ein Buch mit dem Leben der Heiligen« (s. 2). Es beginnt ein Ringen zwischen dem Alten und dem Neuen in seiner Seele, das bei steter Selbstbeobachtung schon früh zu der »Unterscheidung der Geister«, der fundamentalen »aszetischen« Grunderkenntnis und -lehre des I., führt. Nach schweren Krisen lernt er das Auf und Ab seiner Seele so zu beherrschen, daß er später von sich bekennt, er könne »immer und zu jeder Stunde« Gott finden. Eine Vision der Jungfrau Maria bringt ihm eine dauernde Reinigung von aller Sinnlichkeit. Doch führt die Umwandlung vom weltlichen zum Ritter Christi zunächst ins Extrem: I. wird ein etwas wunderlicher Büßer, der sich bis zum äußersten kasteit, alles verläßt, eine romantische Ritterwache und Waffenweihe an Maria auf dem Montserrat hält und Pilgertracht anlegt. Erst langsam gewinnt er jene aristokratische Ausgeglichenheit und Beherrschtheit, die ihn bis zum Ende seines Lebens immer stärker kennzeichnet. - Auf dem Wege zur geplanten Palästinamission kommt er nach Manresa (1522). Hier beginnt er eine Niederschrift seiner geistlichen Erfahrungen, damit sie auch anderen hilfreich werden können. So entsteht der Kern seines Exerzitienbüchleins. Als Pilger fährt er 1523 über Rom und Venedig nach Jerusalem, wo er sich in inniger Betrachtung der vestigia Christi dem Herrn nahe weiß; nur unter Hinweis auf kirchliche Autorität läßt er sich zur Rückfahrt bewegen. Um »den Seelen zu helfen«, beginnt er jetzt ein geordnetes Studium: seit 1524 zwei Jahre auf der Lateinschule zu Barcelona (Grammatik), 1526/27 auf den Universitäten Alcalá und Salamanca (artes liberales). Sein Drang zur Seelsorge und zur Weitergabe seiner geistlichen Erfahrungen bringt ihm 1526 die ersten Verdächtigungen als → Alumbrado bei der Inquisition ein, 1527 sitzt er für mehrere Wochen im Kerker. Er weicht nach Paris aus, wo er seit Febr. 1528 Theologie studiert. Hier gelingt es ihm zum ersten Male, durch seine → Exerzitien gleichgesinnte Streiter für seine Sache zu finden (1534; → Jesuiten, 2). Seit Ende 1535 ist I. in Venedig. 1537 langen die Pariser Freunde an. Die in Rom genehmigte Palästinafahrt wird durch drohende Kriegsgefahr verhindert. I., seit 1537 Priester, beginnt ein seelsorgerliches Wirken mit → Faber und → Laynez in Vicenza. Sie beschließen, sich als »Compañia de Jesús« dem Papst zu unterstellen. - Seit Nov. 1537 bleibt I. mit nur kurzen Unterbrechungen bis an sein Lebensende in Rom. Er beginnt mit Seelsorgearbeit und innerkirchlicher Reformtätigkeit. Einem ersten Entwurf der Ordensgründung, der Formula Instituti (1539), folgen nach der Bestätigung des Ordens (1540) die Arbeiten an der Ordensverfassung. 1541 wird

I. einstimmig zum ersten Ordensgeneral gewählt. Bei der Abfassung der Konstitutionen, beim inneren Ausbau und der äußeren Leitung des gewaltig sich entfaltenden Ordens hilft seit 1547 Joh.v.Polanco, ein genialer Sekretär. Aus den Jahren 1544/45 sind Bruchstücke eines geistlichen Tagebuches erhalten, 1553-55 diktiert I. Gonçalves da Câmara seine »Lebenserinnerungen«. Neben der »inneren« galt das Hauptaugenmerk des I. der äußeren Mission (→ Jesuiten, 5). Trotz der Berührung mit reformatorischen Regungen in Paris fiel der Blick des I. erst relativ spät auf Deutschland: 1544 wird in Köln eine Niederlassung des Ordens gegründet (→ Faber), 1549 Petrus → Canisius als Prof. nach → Ingolstadt geschickt. Für den deutschen Theologennachwuchs errichtet I. 1552 das Collegium Germanicum, 1551 wurde auf seine Anregung ein römisches Kolleg eröffnet (→ Rom: III). - I. wurde 1609 selig-, 1622 heiliggesprochen (Fest 31.7.). Pius XI. ernannte ihn 1922 zum »Patron der Geistlichen Übungen«.

2. I. ist zunächst stark durch seine *ritterliche Umwelt* geprägt. Er ist »adelig und fromm erzogen« worden. Neben dem Amadis-Roman hat I. möglicherweise auch die »Aposteltriumphe« des Juan de Padilla gekannt und, dadurch angeregt, ein (verlorenes) Heldenlied auf den Apostel Petrus gedichtet. Man spürt den in Spanien noch lebendigen Geist der Kreuzzugsfrömmigkeit (H. Wolter). - Neben diesem Einfluß volksfrommer Tradition stehen wenigstens drei *spätmittelalterliche Erbauungsbücher*: die »Vita Christi« → Ludolfs von Sachsen (span. Ausg. in 4 Bden Alcala 1502/03 durch Ambr.Montesino) und der »Flos Sanctorum« des Dominikaners Jakob von Viraggio (span. Ausgaben 1493 und 1511). Brachte ihm das erste die Gestalt Christi und seiner Umgebung im Geiste der deutschen Mystik nahe, so bezeugt er selbst von dem zweiten, daß es ihn auf die Heiligen Franziskus und Dominikus hinlenkte (nach dem span. Vorwort wollen die Heiligen als »Ritter Christi« verstanden sein!). In Manresa schließlich lernte I. die »Nachfolge Christi« des → Thomas a Kempis kennen, die er zT wie »Losungen« gebrauchte. Daneben hat er auf dem Montserrat das »Exercitadorio« des Abtes Cisneros (1500) und in Barcelona auch das »Enchiridion militis Christiani« des → Erasmus kennengelernt, es jedoch unbefriedigt beiseitegelegt, wie ihm überhaupt der Geist seiner Zeit weithin verschlossen blieb. - Das *theologische Studium* führte den individualistischen Mystiker zu einer gewissen »Kirchlichkeit« und vermittelte ihm die Kenntnis des → Thomas von Aquino und der durch → Franz von Vitoria erneuerten Scholastik. Später, bes. bei der Abfassung der Konstitutionen, trat noch das Studium von Ordensregeln und anderer theologischer Literatur hinzu, wohl vermittelt durch Polanco.

3. I. ist der Hl. Schrift niemals in der Weise begegnet wie Luther. Bestimmend blieb die → Erbauungsliteratur des Spät-MA. Von ihm selber gibt es auch keine Predigten oder Kommentare zu Büchern der Bibel, sondern nur Dokumente seines seelsorgerlichen Wirkens, bes. das Exerzitienbuch. Ausgehend vom Vorfindlichen (Schöpfung, Existenz von Gut und Böse) wird der Mensch über die Indifferenz zur Frage nach dem kürzesten Weg zum Heil und zu einem männlichen Entschluß geführt. Der Wunsch, dem Herrn zu dienen, wird zu einer immer neu zu stellenden Frage nach dem »Wie«. Die ursprünglich nur für wenige gedachten → Exerzitien sind eine »Geburt«, bei der eine erfahrene Hebamme erforderlich ist. Ihre Wirkung ist deshalb auch wesentlich an den Exerzitienmeister gebunden. - Das Schlüsselwort der Konstitutionen lautet: »Den Seelen helfen«. Theologie über das von der Seelsorge erforderte Maß hinaus ist nicht erwünscht. Auch die vielen von I. erhaltenen Briefe wollen direkt oder indirekt diesem Ziele dienen. Vor allem aber war I. ein Meister des seelsorgerlichen Gespräches. - Aus dieser zentralen Stellung der Seelenleitung ergeben sich bedeutsame Akzentverschiebungen. Das Wort »Glaube« begegnet bei I. äußerst selten. An erster Stelle steht die Liebe. Der Glaube wird zum Gehorsam, da die starke Heraushebung des einzelnen (auf Grund der Mystik des »Gottfindens in allen Dingen«) eine um so stärkere Bindung an die Kirche erheischt. Nicht das *Wort* Gottes steht im Mittelpunkt, sondern die *Gestalt* Christi als des Feldherrn, der Nachfolge fordert. Die Transponierung des Wortes zum Bild, des Hörens zur »Andacht«, des Verkündigens zur seelsorgerlichen Aktion läßt die Predigt *ein* Seelsorgemittel neben anderen werden. Nicht eigentlich das inhaltlich Neue (viele Elemente sind etwa in der deutschen Mystik vorgeprägt) als vielmehr die neue Form, ihre Zielrichtung und Konsequenz machen I. zu einer der wesentlichsten Figuren im Prozeß der Umprägung des mittelalterlichen Katholizismus zu einer Kirche der Seelenführung.

Monumenta Historica Societatis Jesu, Monumenta ignatiana, Ser. I: Epistolae et Instructiones, 12 Bde, Madrid 1903-13; Ser. II: Exercitia et Directoria, 2 Bde, ebd 1919 u. Rom 1955; Ser. III: Constitutiones et Regulae, 4 Bde, Rom 1934-48; Ser. IV: Scripta, 2 Bde, Madrid 1904-18; Fontes Narrativi de S. Ignatio, 2 Bde, Rom 1943/51. - Obras completas de San Ignacio de L. ed. I.Iparraguirre SJ u. C.de Dalmases SJ (Bibl. de autor. crist. 86), Madrid 1952 (geglätteter span. Text); Obras completas ... I: Autobiografia. Diario espiritual (ebd 24), ebd 1947 (Originaltext). - Dt. Ausg.n: Die Exerzitien: H.Urs v.Balthasar, Einsiedeln 1956; A.Feder-E.Raitz v.Frentz SJ, 1957[12] - Konstitutionen in Auswahl: Die großen Ordensregeln, hg.v. H.Urs v.Balthasar, 1948, 269-348 (bearb. v. M.Schoenenberger u. R.Stalder) - Autobiogr.: I.v.L., Der Bericht des Pilgers, übers. u. erl. v. B.Schneider SJ, 1956 - Geistl. Tagebuch übers. v. A.Feder SJ, 1922 - Briefe: I.v.L., Geistl. Briefe, eingel. v. H.Rahner SJ, 1956[3]; Ders., I.v.L., Briefwechsel mit Frauen, 1956. - Bibliogr.: P.Dalman SJ u. J.F.Gilmont SJ, Bibliogr. ignatienne (1894 bis 1955), Löwen-Paris 1958 - J.Juambelz SJ, Bibliogr. sobre la vida, obras y escritos de San I. de L. (1900-1950), Madrid 1956 - I.Iparraguirre SJ, Orientaciones bibliográficas sobre I. de L., Rom 1957. - Zu 1: H.Boehmer, Studien z. Gesch. d. Ges. Jesu, (1914) hg.v. H.Leube, 1951[3] - K.Eder, Die Kirche im Zeitalter d. konfess. Absolutismus (KG v. J.P.Kirsch III/2), 1949, 40ff. 372ff (Lit.) - P.de Leturia SJ, El Gentilhombre Inigo López de L., Barcelona 1949[2] - Ders., Estudios Ignacianos, 2 Bde, Rom 1957 - H.Rahner SJ u. L.v.Matt, I.v.L., 1955 - EKL II, 288f. - Zu 2: H.Boehmer, L. u. d. dt. Mystik (BAL 73/1), 1921 - L.Zarncke (→ Exerzitien) - K.D. Schmidt, Die Gehorsamsidee des I.v.L., 1935 - H.Rahner SJ, I.v.L. u. d. geschichtl. Werden seiner Frömmigkeit, Graz 1949[2] - H.Wolter SJ, Elemente der Kreuzzugsfrömmigkeit ... (b.Wulf [s.u.] 113 bis 150). - Zu 3: F.Wulf SJ (Hg.), I.v.L., Seine geistl. Gestalt u. sein Vermächtnis, 1956 - G.Maron, Zur neueren I.-Lit. (VF 1956/57, 188 bis 201). - Vgl. die Lit. zu → Exerzitien, → Jesuiten. *G.Maron*

Loyson, *Charles* (1827-1912), * in Orléans, † in Paris. Als → Sulpizianer zunächst Prof. für Philosophie und Dogmatik, 1856 Vikar an S. Sulpice in Paris, 1859 OP (»Père Hyacinthe«), nach fünf Monaten OCarm; 1864 Prediger an Notre Dame de Paris. L. war ein leidenschaftlicher, kühner Redner und reformerischer Geist. Die unter seinem Einfluß konvertierte Amerikanerin Emilie Meriman (1868) beeindruckte ihn tief. Seine Adventspredigten 1868 führten zu Konflikten, schließlich zum Bruch mit Orden und Kirche. 1869 erhob L. Protest gegen die päpstliche Unfehlbarkeit, heiratete 1872 E.Meriman und war kurze Zeit Pfarrer der Genfer altkath. Gemeinde (1873-74). Als Vortragsredner entfaltete er eine rege Tätigkeit, gründete 1879 in Paris die kurzlebige kath.-gallikanische Gemeinde und unternahm ausgedehnte Reisen nach Amerika und Palästina.

Vf. u.a. (jeweils Paris): La société civile dans ses rapports avec le christianisme, 1867; De la réforme catholique, 2 Bde, 1872/73; La réforme catholique et l'église anglicane, 1878; Les principes de la réforme catholique, 1878; Ni cléricaux ni athées, 1890; Mon testament,

1893; Du sacerdoce au mariage (Briefe u. Tagebücher), 2Bde, hg.v. A.HOUTIN u. P.L.CLOUCHOUD, 1927. - Über L.: G.RIOU, Le P.Hyacinthe et le libéralisme, Paris 1910 - A.HOUTIN, Le Père Hyacinthe, 3Bde, ebd 1920-24. *A.Hamman*

Lubac, *Henri de,* SJ, * 20.2.1896 in Cambrai, seit 1929 Prof. für Fundamentaltheologie und Religionsgeschichte an der Jesuitenfakultät Lyon-La Fourvière, Mit-Hg. der SC. Die ganze patristische und mittelalterliche Tradition verarbeitend, jedoch ohne Bindung an ein System, führt L. auch kritische und ungläubige Menschen zum Mysterium der Kirche und der Schrift, erhellt vom Glauben aus moderne geistige Strömungen und die Beziehungen zwischen natürlicher und übernatürlicher Religion.

Vf. u.a.: Catholicisme, les aspects sociaux du dogme, (1937) 1952[5] (dt. 1943); Israel et la Foi chrétienne, 1942; Le Drame de l'humanisme athée, (1943) 1950[4] (dt. 1950); Corpus Mysticum. L'Eucharistie et l'Eglise au moyen âge, (1944) 1949[2]; Origène, Homélies sur la Genèse et sur l'Exode, Introductions (SC 7. 16), 1945 u. 1947; Surnaturel, 1946 (darüber N.HUBER, Die Berufung des Menschen zur Gnade [Diss. Tübingen], 1958); Le Fondement théologique des Missions, 1946; Histoire et Esprit. L'Intelligence de l'Ecriture d'après Origène, 1950; Der geistige Sinn der Schrift (Sammlung: Christ heute 2, 5), 1952; La rencontre du Bouddhisme et de l'Occident, 1952; Méditation sur l'Eglise, (1953) 1954[3] (dt. 1954); Sur les Chemins de Dieu, 1956 (Bibliogr., dt. 1958). *R.Gögler*

Lubbertus, *Sibrandus* (1556-1625), ref. Theologe, * in Langwarden (Ostfriesland), 1583 Krankenbesucher zu Emden, 1584 Prediger in Harlingen und Leeuwarden, 1585 Prof. in → Franeker. L. arbeitete 1594 an der Einrichtung der ref. Kirche in Groningen und war 1618/19 Mitglied der → Dordrechter Synode. Ein kampflustiger Kontraremonstrant, griff er in zahlreichen Pamphleten u.a. → Bellarmin, → Sozzini, seine Franeker Kollegen → Drusius und → Maccovius sowie die Leidener Bertius und → Vorstius an.

Viele Briefe von L. im British Museum, London. - Über L.: CHR.SEPP, Het godgel. onderwijs in Ned. I, 1873 - W.B.S.BOELES, Frieslands Hoogeschool II, 1879 - NNBW II, 843ff (Lit.). *W.F.Dankbaar*

Lucian, 1. *von Antiochien* (ca 240-312), Gründer der antiochenischen Schule (→ Antiochenische Theologie, 2), * in Samosata (?) als Kind angesehener Leute, † als Märtyrer. L. hat seine theologische Ausbildung in der berühmten Schule von → Edessa empfangen. In den 60er Jahren siedelte er, vielleicht veranlaßt durch politische Ereignisse, nach → Antiochien über. Hier überschnitten sich die theologischen Einflüsse von Edessa und → Alexandrien. Die sehr heftigen Gegensätze führten 268 zum Schisma (der sog. Absetzung des Bischofs → Paulus von »Samosata«). In den folgenden Jahren der Lehrtätigkeit L.s sind viele seiner Schüler auf wichtige Bischofssitze gekommen, wie sich bei Ausbruch des → arianischen Streites herausstellte. - Der Unterschied der syrisch orientierten Theologie L.s von der griech. Theologie der alexandrinischen Partei ist grundsätzlich; L. geht nicht von ontologischen Spekulationen, sondern vom biblischen Schöpfungsglauben aus. Alles, was ist, ist durch einen Willensentschluß Gottes aus dem Nichts geschaffen, auch der Logos (Gegensatz zur ewigen Zeugung; → Christologie: II, 3 b). - Der Unterschied betraf ferner die Methode der → Schriftauslegung (: IV); der Literalsinn wurde stärker berücksichtigt und nicht völlig der Allegorese geopfert. - Auf L. geht eine der großen Bibelrezensionen zurück, die nach Hieronymus »von Konstantinopel bis Antiochien« gebraucht wurde (→ Bibelübersetzungen: I, 3). In ihrer Gestalt muß sie dem 𝔎-Text zum Verwechseln ähnlich gewesen sein. - Im Herbst 311 wurde L. verhaftet und nach Nikomedien transportiert, wo er vor dem Kaiser sein Bekenntnis ablegte. Antiochien hat den 7.1. als Todestag bewahrt. Der Leichnam wurde in Drepanum beigesetzt, das später wegen der besonderen Verehrung der Kaiserin → Helena für L. den Namen Helenopolis erhielt.

G.BARDY, Recherches sur L. d'A. et son école, 1936 - DThC IX, 1024ff (DERS.) - H.DÖRRIE, Zur Gesch. d. LXX ... (ZNW 39, 1940, 57-110) - ALTANER 190 (Lit.).

2. *von Samosata* (* ca 120, † nach 180), Syrer. Der Rhetor L. gehört zu den anregendsten und witzigsten Schriftstellern der Spätantike; deshalb sind uns wohl seine Werke nahezu vollständig überliefert. Neben 80 erhaltenen - nicht sämtlich echten - Schriften wissen wir nur von einer verlorenen. Sie sind Erzeugnisse einer Gelegenheitsschriftstellerei, die ihren Verfasser als unruhigen und oberflächlichen, aber auch nur selten langweiligen Geist zeigt. Bis in die neuere Zeit hinein ist die satirische Literatur von dieser seltsamen Mischung aus Anmut und Dekadenz befruchtet worden. - L. ist in Samosata in kleinen Verhältnissen aufgewachsen. Eine Bildhauerlehre brach er ab und begab sich in eine ionische Rhetorenschule, wo er sich gute Kenntnisse in der griechischen Sprache und Literatur verschaffte. Als Wanderredner bereiste er dann vor allem Griechenland, aber auch mehrfach Italien und Gallien. Dabei erwarb er sich einen bekannten Namen und konnte Beziehungen zu einflußreichen Leuten anknüpfen. In vorgerücktem Alter übernahm er ein Verwaltungsamt (wahrscheinlich Kanzleivorsteher beim ägyptischen Statthalter). Seine Hoffnung, selber eine Provinz zu erhalten, scheint sich nicht erfüllt zu haben. - Abgesehen von seiner literaturgeschichtlichen Bedeutung - mit Recht rühmt er sich im »Doppelt Angeklagten«, den Dialog durch die Verbindung mit der Komödie und Satire zu neuem Leben erweckt zu haben - schätzen wir seine Schriften wegen ihrer Fülle kultur- und religionsgeschichtlicher Nachrichten (zB De dea Syria, →Atargatis). Für die Philosophiegeschichte bedeutet er nichts; seine vielfachen philosophischen Interessen sind stets oberflächlich und wechselnd. - L. ist einer der wenigen Heiden, die uns Nachrichten über das Christentum überliefern (in »De morte Peregrini«, 165/67, und im »Alexander sive Pseudopropheta«, nach 180 geschrieben). Er ist kein Kirchenfeind, sondern blickt gleichgültig verachtend auf die Christen herab; sie erscheinen für ihn als zahlreiche, aber harmlose, von unmäßigem Aberglauben erfüllte Sekte.

Ausg.n: E.CHERNBERG, L. de S., Oeuvres complètes, 1934 - J. SCHWARTZ, L. de S., Philopseudès et De morte Peregrini, 1951 (mit Komm.). - Dt. Übers. v. C.M.WIELAND, 1788/89, neue Ausg. v. H.FLÖRKE, 5 Bde, 1912. - Über L.: PW XIII/2, 1725ff - STÄHLIN 550ff - M.CASTER, Lucien et la pensée rel. de son temps, 1938 - H.D. BETZ, L.v.S. u. das NT (Diss. Mainz), 1957 (Masch.; vgl. ThLZ 83, 1958, 586f) - ALTANER 92 (Lit.). *H.Kraft*

Lucifer († 370/71), Bischof *von Calaris* (Cagliari) auf Sardinien. Auf dem Konzil von Mailand 355 weigerte er sich, → Athanasius zu verdammen. Kaiser Konstantius verbannte ihn zunächst nach Palästina, dann nach der Thebais (in Ägypten); von dort richtete er heftige Angriffe gegen den arianischen Kaiser, die für die Wissenschaft wegen ihres Vulgärlateins und ihres vorhieronymianischen Bibeltextes wichtig sind. Unter Kaiser → Julian begnadigt (362), bekämpfte er die Versöhnung zwischen den Altnicänern und der homöusianischen Gruppe und sabotierte jede Möglichkeit einer Rehabilitierung des → Meletius (, 1), indem er den altnicänischen Presbyter → Paulinus (, 1) zum Bischof von Antiochien weihte. Diese für die Einheit der Orthodoxie unheilvolle Handlung wurde von der Synode von Alexandrien 362 als fait accompli anerkannt. L. kehrte nach Sardinien zurück und verweigerte allen westlichen Bischöfen die Gemeinschaft, die 359 in Rimini zum arianischen Glauben abgefallen waren. Seine schismatischen Anhänger erreichten 384 bei Kaiser Theodosius ihre Duldung. - Vgl. → Arianischer Streit, 3. 4.

Ausg.: W.HARTEL, CSEL 14, 1886; Coll. Avellana 2, CSEL 35, 1895. - Über L.: G.KRÜGER, L. Bischof von Cagliari u. das Schisma der Luciferianer, 1886 - DThC IX, 1032ff - K.M.SETTON, Christian Attitude towards the Emperor in the fourth Century, New York 1941 - ALTANER 330 (Lit.). *H.Chadwick*

Lucius I., *Papst* Juni 253 bis April 254, wurde vermutlich gleich nach seiner Wahl von Gallus verbannt, konnte aber bald zurückkehren. L. zeigte sich tolerant gegenüber den in den → Christenverfolgungen Abgefallenen und um Wiederaufnahme in die Gemeinde Bittenden, den sog. lapsi (→ Bußwesen: II, 1 d). Sein Martyrium ist zweifelhaft.

RE XI, 668 - CASPAR I, 70 - SEPPELT I, 47. *F.Jürß*

II., *Papst* 12.3.1144 bis 15.2.1145, Gerardus aus Bologna, Kardinal unter → Honorius II., Kanzler und Bibliothekar unter → Innozenz II., Legat in Deutschland. Als Papst suchte er gegen Rom (als unabhängige Kommune) vergeblich Hilfe bei Roger II. von Sizilien und Konrad III.

MPL 179, 819ff - JAFFÉ II, 7ff - WATTERICH II, 278ff - DUCHESNE, LP II, 385. 449 - F.GREGOROVIUS, Gesch. der Stadt Rom im MA IV, (1863) 1922⁶, 464ff - P.F.PALUMBO, Lo scisma del MCXXX, Rom 1942 (Reg.) - LThK VI, 680.

III., *Papst* 1.9.1181 bis 25.11.1185, Hubald Allucinguli aus Lucca, war als Kardinal am Frieden von Benevent (1156) beteiligt. → Friedrich I. hat ihn später als Schiedsrichter wegen des Besitzes der Mathildischen Güter erbeten. Verhandlungen darüber schlug der Kaiser L. III., der nach dem Tode Christians von Mainz (Aug. 1183) nicht nach Rom zurückkehren konnte, erneut vor. Auf dem Kongreß von Verona (Okt./Nov. 1184) beschlossen beide Gewalten gemeinsames Vorgehen gegen die Ketzer und einen Kreuzzug, aber die eigentlichen Streitpunkte blieben in der Schwebe: Mathildische Güter, Doppelwahl von Trier, Kaiserkrönung Heinrichs VI. zu Lebzeiten des Vaters, Anerkennung der während des Schismas geweihten Geistlichen. Über die Wirkung der Verlobung Heinrichs VI. mit Konstanze von Sizilien (Haller nimmt päpstliche Vermittlung an) sowie L.' persönliche Stellung zum Kaiser gehen die Meinungen der Forscher auseinander.

MPL 201, 1067ff - JAFFÉ II, 431ff - WATTERICH II, 650ff - DUCHESNE, LP II, 450 - P.SCHEFFER-BOICHORST, Kaiser Friedr. I. letzter Streit mit der Kurie, 1866 - J.HALLER, Heinrich VI. u. d. röm. Kurie (MIÖG 35, 1914, 385-454. 545-669) - W.LENEL, Der Konstanzer Friede (HZ 128, 1923, 189-261) - C.WENCK in Kehr-Festschr., 1926, 415-475 - H.KAUFFMANN, Die ital. Politik Kaiser Friedrichs I., 1933. *F.Bock*

Lucius, *Paul Ernest* (1852-1902), elsässischer luth. Theologe, Vikar in Sesenheim, 1879 Pfarrer an Alt-St. Peter in Straßburg, 1880 PDoz., 1883 Prof. für KG und Missionsgeschichte (damals eine Neuerung). L. war Mitglied des Konsistoriums und gehörte zur zweiten Generation der liberalen »Straßburger Schule«.

Vf. u.a.: Die Therapeuten u. ihre Stellung in der Gesch. der Askese, 1879; Der Essenismus in seinem Verhältnis zum Judentum, 1881; Bonaparte u. d. prot. Kirchen Frankreichs, 1903; Die Anfänge d. Heiligenkults in der christl. Kirche, 1904, hg.v. G.ANRICH (franz. 1908, mit biogr. Vorwort v. P.LOBSTEIN). - Über L.: F.LICHTENBERGER, Encycl. des sciences relig. XII, 124 - H.STROHL, Le Protestantisme en Alsace, 1950, 448f. *R.Voeltzel*

Ludolf *von Sachsen,* seit 1340 Kartäuser in Straßburg, Koblenz, Mainz, † 10.4.1377 in Straßburg. L. schrieb die umfangreichen »Meditationes vitae Jesu Christi«, das meistgelesene Andachtsbuch des Spät-MA (→ Erbauungsliteratur, 2), das in viele Sprachen übersetzt, seit 1472 über 60mal gedruckt wurde. Es vereint die christologische Überlieferung mit eindringlicher Evangelienbetrachtung und innigen Gebeten zur Vergegenwärtigung des Heilands. Es wirkte stark auf → Loyola und seine geistlichen → Exerzitien, auch auf → Theresa de Jesús, → Franz von Sales u.a. L. verfaßte auch einen gleichfalls beliebten Pss-Kommentar, den zuerst →Wimpheling 1491 drucken ließ. - Vgl. → Heilsspiegel.

H.BOEHMER, Loyola u. d. dt. Mystik (BAL 73, 1), 1921 - O.KARRER, Die große Glut, 1926, 370-378 (Auszüge) - N.PAULUS, L.v.S. (Arch. f. Elsäss. KG 2, 1927, 207-222) - M.I.BODENSTEDT, The Vita Christi of L. the Carthusian (Diss. Washington), 1944 (Lit.). *H.Grundmann*

Ludwig, 1. *Luís de Granada* (1504-88), * in Granada, † in Lissabon, span. Dominikaner, berühmter Prediger, einer der ersten Klassiker der span. Sprache. L. lebte 47 Jahre in Portugal, wohin er wahrscheinlich kam, weil man ihn als »Mystiker« des »Lutheranismus« verdächtigte (vgl. → Carranza). Er war Prediger und Beichtvater am Hof zu Lissabon, vorher in Evora, und verfaßte seelsorgerlich-erbauliche und moralistische Schriften.

Vf. u.a.: Libro de la oración y meditación ..., Salamanca 1554; Guia de pecadores..., Lissabon 1556; Compêndio da doutrina cristã ..., ebd 1559. - Span. GA, 14 Bde, Madrid 1906. Predigten dt. v. J.P.SILBERT, 5 Bde, 1868. - Über L.: DThC IX, 953ff - EC VII, 1640. *L.Thomas*

2. L. IX., *der Heilige,* König von → Frankreich (: I, 2), Sohn Ludwigs VIII., * 1214 in Poissy/Seine, † 1270 vor Karthago, regierte seit 1226 zunächst unter Vormundschaft seiner herrschbegabten Mutter Blanca von Kastilien. - L. war für seine Zeit der bewunderte christliche König, der die gegenseitige Durchdringung von sacerdotium und regnum verwirklicht hat. Zugleich König, Ritter und Heiliger, war er der rechtwahrende und friedestiftende Herrscher, der die Sainte Chapelle zur Aufbewahrung der Dornenkrone Christi baute, durch Berührung die Skrofeln heilte und den Kreuzzugsgedanken zu erneuern versuchte. Mußte L. hierin scheitern, so gelang ihm nicht zuletzt infolge seiner von England bis Byzanz beanspruchten Tätigkeit als Schiedsrichter eine bedeutende Steigerung des französischen Ansehens in Europa. »Im Zweifel stets der Gegner seiner eigenen Ansprüche« (Ranke), verzichtete er im Pariser Frieden (1259) auf frühere Eroberungen im Südwesten (südl. Saintonge, Périgord, Limousin) und setzte Heinrich III. von England hierin als Vasallen ein, erhielt aber dafür endgültig die Normandie, Anjou, Touraine, Maine und Poitou. Auf dem Wege zu einer zentralisierten Verwaltung wird unter L. die schon vorher begonnene Dreiteilung der curia regis in Parlament (Hofgericht), Rechenkammer (oberste Finanzbehörde) und Staatsrat weitergeführt. Zur Überwachung der Baillis und Seneschälle, deren Aufgabenbereich durch große Ordonnanzen (1254ff) bezeichnet wurde, schickte der König Kommissionen (enquêteurs) in die Provinzen, die viel zur Wiederherstellung der durch die Kriege zerrütteten Rechtsordnung beitrugen. Dem gleichen Ziel galt die Erneuerung der »quarantaine-le-roi« (1245), gefolgt von einem allgemeinen Fehdeverbot (1258), das sich freilich gegen die feudalen Anschauungen noch nicht durchzusetzen vermochte. Größere Wirkung hatten die das abendländische Gerichtsverfahren bis heute beeinflussenden Prozeßreformen L.s. Sie ersetzten den alten formalen Prozeß mit Zweikampf und → Gottesurteil (: I) durch das Verfahren von Amts wegen mit Beweisaufnahme und führten statt der Urteilschelte

einen regelrechten Instanzenzug bis zum Parlament ein. - Der 1297 von Bonifatius VIII. heilig gesprochene König (Fest: 25.8.), der den Kirchenschutz übte, Juden und Lombarden aus dem Lande wies und die Inquisitionsgerichte unterstützte, ignorierte doch die Absetzung → Friedrichs II. und suchte zwischen diesem und → Innozenz IV. zu vermitteln; er verteidigte sein Kollationsrecht gegen die Reservationsansprüche → Clemens' IV.; sein Name konnte 200 Jahre später der Fälschung einer pragmatischen Sanktion (→ Frankreich: I, 3) dienen. L. zog zweimal in den hl. Krieg: nach dem Fehlschlag seines 1. → Kreuzzuges 1248/50 herrschte Freude bei den florentinischen → Ghibellinen und den um ihren Handel besorgten italienischen Seestädten. Als L. das Heer des 2. Kreuzzuges 1270 zunächst nach Tunis führte, erlag er im Lager vor → Karthago dem allgemeinen Fieber. Das vom König 1260 für 300 von den Arabern geblendete Kreuzritter gestiftete Spital »Quinze-Vingts« besteht noch heute.

J. DE JOINVILLE (Vertrauter L.s), Hist. de Saint Louis, ed. N. DE WAILLY, 1874². - Weitere Viten: GUILLAUME DE ST. PATHUS, ed. H.F. DELABORDE, 1899; WILH.V.NANGIS in: M.BOUQUET, Recueil des Historiens des Gaules et de la France XX, Paris 1840. - H.WALLON, S.L. et son temps, 2 Bde, Tours (1875) 1892⁴ - CH.-V.LANGLOIS in: E.LAVISSE, Hist. de France III/2, Paris 1911, 1-102 - W.KIENAST, Der franz. Staat im 13.Jh. (HZ 148, 1933, 457-519) - F.OLIVIER-MARTIN, S.L. (in: Hommes d'État II, 1937, 131-212) - L.BUISSON, König L. IX., der Hl., u. das Recht, 1954 (Lit.). *H. van Dühren*

Lübeck

I. Bistum und Domkapitel - II. Hansestadt

I. Bistum und Domkapitel

Die Stadt L., 1143 von dem holsteinischen Grafen Adolf von Schauenburg gegründet, 1158 an Heinrich den Löwen abgetreten, wurde 1160 Sitz des bisherigen Bischofs von Oldenburg in Holstein (Wagrien) und 1226 freie Reichsstadt. Die Bischöfe residierten meist in Eutin, die Stadt L. unterstand geistlich unmittelbar dem Domkapitel, das die Plebane (Pfarrer) der fünf Pfarrkirchen (Dom, Petri-, Jakobi-, Ägidien- und Marienkirche) stellte. Spannungen zwischen Stadt und Kapitel glichen sich im Laufe des MA immer mehr aus, zumal die gleichen Familien im Rat und im Kapitel saßen. Unter den Bischöfen trat Otto Schele auf dem Konstanzer Konzil hervor, Arnold Westfal war Gelehrter und Diplomat. Sein Nachfolger Albert Krummendyk († 1489) hinterließ ein schwerverschuldetes Bistum, aber auch kostbare Kunstwerte (Bernd Notkes Kreuzigungsgruppe im Dom). Da die Diözese L. holsteinischer Landstand war und der Dekan des Kapitels geistlicher Oberhirt der Stadt, konnte sich das Bistum nie voll entfalten. Seit dem 2. Drittel des 16.Jh.s stellte das Haus Holstein-Gottorp die Fürstbischöfe, bis 1803 das säkularisierte Fürstentum an Oldenburg fiel.

RE XI, 670f; XXIV, 37 - H.v.SCHUBERT, KG Schleswig-Holsteins I, 1907 - LThK VI, 668ff - W.SUHR, Die L.er Kirche im MA, 1938. - Vgl. die Lit. zu → Lübeck: II. *W. Jannasch*

II. Hansestadt

1. Die kaiserfreie Stadt, am Ende des MA mit 25 000 bis 30 000 Einwohnern eine der größten Städte des Reiches, wurde schon früh in die Wirren des Petersablasses hineingezogen und erlebte bereits 1522 den ersten Versuch eines gewaltsamen Vorgehens gegen einen jungen ev. »Bekenner«, Joh.Steenhoff, den späteren Bürgermeister von Naumburg a.S. Ein anderer Bürgerssohn, Jürgen Benedicti (gen. Senkstake), Wittenberger Student und Lutherschüler, durch seine kommentierte Bibel bekannt geworden (WA 57, LXXVI), sorgte für die Verbindung mit den Reformatoren. Druckschriften, auch aus L. selbst, sowie Winkel- und Wanderprediger, bes. der Prämonstratenser Joh.Osenbrügge aus Stade, der für lange Jahre in die Haft des Rates geriet (sein angeblicher Ordensgenosse Manhus verdankt sein Dasein nur einem Lesefehler), hielten die Bewegung lebendig. Joh.Fritze, Predigtkaplan der Ratskirche, war der erste »ev.« Kleriker auf einer L.er Kanzel. Als er 1525 unter dem Druck des mit dem Rat eng verbündeten Kapitels L. verließ und Pastor in Hamburg wurde, bedeutete das keineswegs das Ende der äußerst zielbewußten Bürgerbewegung. Auch die beiden in L. mächtigen Bettelorden (bes. die Franziskaner von St. Katharinen mit ihrem antiluth. Provinzialkapitel von 1527) konnten ihr nichts anhaben. Ev. Predigten hielten der Marien-Kaplan Joh.Walhoff und der Sonntagsprediger des Doms und Ägidien-Pleban Andreas Wilms. Dessen heimliche Reise nach Wittenberg (1528) eröffnete den dramatischen Endkampf. Zwar »beurlaubten« gegen Ende des Jahres Rat und Kapitel die beiden ev. Prädikanten aus ihren Ämtern; aber die Predigtfahrten der ev. Bürger nach auswärts, bes. nach dem holsteinischen Oldesloe, und die Drohungen und Strafen des Rates schürten nur das Feuer. Die Finanznot der Stadt, allein mit neuen Steuern zu beheben, die nicht ohne Mitwirkung der Bürger auferlegt werden konnten, bedeutete eine unerwartete Hilfe im Kampf um »gute Prädikanten« und die Rückkehr der beiden abgesetzten. Eine in den Kirchen spontan ausbrechende Singebewegung, die bis auf die Straßen und Plätze der Stadt drang, erwirkte gegen Ende 1529 die Rückberufung der Prediger. Das Kapitel mit seinem höchst achtenswerten Dekan Joh.Brand wurde immer mehr zum ohnmächtigen Zuschauer. Das Jahr 1530 brachte die endgültige Entscheidung. Schon am Sonntag Misericordias Domini, 1. Mai, war in der Ägidienkirche von sämtlichen ev. Prädikanten mit rd 1000 Kommunikanten die erste niederdeutsche Abendmahlsfeier unter beiderlei Gestalt gehalten worden. Als auch der Augsburger Reichstag die vom streng kath. Bürgermeister Nikolaus Brömse erhoffte Unterstützung nicht gebracht hatte, mußte der »gelehrte Mann« aus Wittenberg herbeigeholt werden, der L. eine KO schaffen sollte. Joh. → Bugenhagen traf Ende Okt. 1530 in L. ein und ordnete in den ersten anderthalb Jahren seines dortigen Aufenthaltes Schulwesen, Gottesdienst, Kirchenverwaltung und Armenpflege. Schon vor Einführung der KO war die innenpolitische Lage in L. radikalisiert worden. Brömse hatte (zusammen mit seinem Amtsgenossen Plönnies) heimlich die Stadt verlassen und war zum Kaiser gegangen. Unter Führung von Jürgen Wullenwever nahm in den nächsten Jahren die Radikalisierung (Neubesetzung des Rates) ihren Fortgang. Die Ordnung Bugenhagens, von der man nicht behaupten kann, daß sie L. durch die Aufsichtsstellung des »Superattendenten« eine bischöfliche Leitung gegeben hätte, hielt sich bis zum Sturze Wullenwevers (1535). Bis dahin war das Evangelium so fest verwurzelt, daß auch die Rückkehr Brömses und die Wiederherstellung der alten Ratsherrschaft keine Gegenreformation ermöglichten. Auf gottesdienstlichem Gebiet behauptete sich Bugenhagens Ordnung fast vollständig. Es entwickelte sich ein liturgischer Konservatismus, der sich bis gegen das Ende des 18.Jh.s erhielt. Das gleiche gilt vom Gebiet der Schule. Die 1531 von Bugenhagen eingerichtete Gelehrtenschule des Katharineums blieb ebensolange eine kirchliche Einrichtung. Dagegen wurde die wohldurchdachte Verzahnung von Kirchen- und Bürgergemeinde in der Verwaltung der Gesamtkirche wie der einzelnen Kirchspiele ein Opfer der Restauration. Die kirchliche Ratsherrschaft wurde wiederhergestellt; nur fehlte ihr jetzt das Gegengewicht

des Kapitels. Dieses hatte 1531 die neuen kirchlichen Verhältnisse vertraglich anerkannt, 1535 seine letzten Gottesdienste im Hochchor des Domes aufgegeben und diesen 1571 durch den ev. Bischof Eberhard v. Holle den luth. Geistlichen überlassen. Als neue geistliche Körperschaft bildete sich das Ministerium der Stadtgeistlichkeit heraus, dem es im Kampfe mit dem Rat (1579 und später) gelang, gewisse Rechte für sich zu gewinnen. Aus dem Schmalkaldischen Bund war L. nach der Rückkehr Brömses wieder ausgeschieden; doch begann frühzeitig eine Zusammenarbeit der geistlichen Ministerien von L., Hamburg und Lüneburg, das sog. Ministerium tripolitanum (→ Ministerium).

2. 1580 nahm L. das → Konkordienbuch an. Im 17.Jh., in dessen ersten Jahrzehnten die niederdeutsche Gottesdienstsprache in L. unterging, herrschte eine oft recht unduldsame luth. Orthodoxie. Sie sah ihren Gegner hauptsächlich in den Calvinisten, denen 1673 *öffentlicher* Gottesdienst sogar verboten wurde. Den Juden war selbst die Niederlassung in der Stadt untersagt. Die wenigen Katholiken, unter ihnen einige Domherren, beobachtete man mit Argwohn. Im 18.Jh. wurde der Pietismus bekämpft. A.H. → Francke gestand man bei einem Reiseaufenthalt in seiner Vaterstadt nur ungern eine Predigt zu. Die von Oldesloe (Pilgerruh) eingedrungenen Herrnhuter wurden durch Ratsmandate verboten und von dem Superintendenten Joh.G. → Carpzov in Predigten und Schriften heftig befehdet. – Schon unter Carpzovs Nachfolger, Joh.Andr. → Cramer, begann, ziemlich unvermittelt an die Orthodoxie anknüpfend, die Herrschaft der Aufklärung, der bald auch die Bugenhagensche Liturgie, das seit 1703 gebrauchte treffliche Gesangbuch und als letzte Stücke der alten Ordnung der kirchliche Katharineumschor, aber auch äußere Formen, wie die bis dahin noch beim Abendmahl benutzten Meßgewänder, zum Opfer fielen. Die große Zeit der luth. Kirchenmusik in L. (→ Tunder, → Buxtehude) war schon lange vorher zu Ende gegangen. In den für L. bes. stürmischen Anfangsjahrzehnten des 19.Jh.s (Franzosenherrschaft und folgende schwere Verschuldung) lag die vom Rationalismus beherrschte Kirche tief darnieder.

3. Der Neuanfang kirchlichen Lebens ging von der so lange verfolgten ref. Gemeinde aus, in der seit 1798 Joh. → Geibel unter wachsendem allgemeinem Einfluß wirkte. Doch konnten bei der Machtstellung des Rates die Formen der Aufklärung nur langsam überwunden werden. So wurde ein nicht mehr rationalistisches Gesangbuch zB erst 1859 eingeführt. Unter dem einflußreichen Senior (das Amt des Superintendenten war gegen Ende des 18.Jh.s erloschen) Joh.K.Lindenberg (1798–1892), dem das Fernbleiben L.s von konfessioneller Unduldsamkeit und kirchlichem Parteiwesen zu danken ist, erging 1860 eine Kirchenordnung, der 1895 eine Kirchenverfassung folgte. Eine neue Kirchengemeindeordnung von 1897 führte die Seelsorgebezirke ein. Die Kirchenverfassung von 1921 beseitigte die Rechte des Rates (Senates) in der Kirche, wahrte aber dem Ministerium seine einflußreiche begutachtende Stellung. Der Nationalsozialismus brachte noch einmal eine Episode des Staatskirchentums, Einsetzung eines deutsch-christlichen »Bischofs«, Absetzung oder Amtsbehinderung zahlreicher Pastoren. Die neue Kirchenverfassung von 1948 verbindet in der heute vielfach üblichen Weise Bischofsamt und Synodalverfassung (1. Bischof D. Joh.Pautke, † 1955; zZ Bischof D. Heinrich Meyer). Neue Gemeinden, Gemeindezentren und Kirchen wurden geschaffen. Selbstverständlich schloß sich L. der EKD und der VELKD an. Eine Eingliederung der L.er Kirche in eine norddeutsche luth. Großkirche ist zu erwarten. Für das innere Leben der L.er Kirche sind die nach 1945 eingeströmten zahlreichen Ostflüchtlinge von großer Bedeutung.

4. *Statistik.* L. hatte 1958 rd 231 000 Einwohner. Zur luth. Kirche gehörten ca 204 000 (einschließlich der beiden Landgemeinden), zur röm.-kath. Kirche ca 18 000. Es gibt 49 luth. Pfarrstellen in 25 Gemeinden, außerdem 1 ref. in einer Gemeinde von 567 Seelen.

C.H.Starck, L.ische Kirchen-Historie I, 1724 – Joh.Bugenhagen, L.ische KO, Neudr. 1877 – RE XI, 671 ff; XXIV, 37 f – RGG[1] III, 2400 ff; RGG[2] III, 1740 ff – O.Bode, Aus der Gesch. der ev.-ref. Gemeinde in L., 1926 – W.Jannasch, Gesch. des luth. Gottesdienstes in L. von den Anfängen der Reformation bis zum Ende des Niedersächsischen als gottesdienstlicher Sprache, 1928 – Ders., Reformationsgesch. L.s vom Petersablaß bis zum Augsburger Reichstag, 1958 – A.v.Brandt, Geist u. Politik in der L.ischen Gesch., 1954 (bes. »Die Ratskirche St.Marien«) – EKL II, 1159 f. – Zahlreiche Aufsätze in der Zs. des Vereins für L.ische Altertumskunde, 1860 ff. – Vgl. die Lit. zu → Lübeck: I. *W.Jannasch*

Lübeck, *Vincent* (1654–1740), Komponist, * zu Padingbüttel bei Bremen als Sohn eines Organisten, † zu Hamburg, Organist in Stade und seit 1702 an der Nikolaikirche in Hamburg, war einer der bedeutenden Meister der norddeutschen Organistenschule neben → Buxtehude. L. genoß auch großen Ruf als Orgellehrer und -sachverständiger. Seine Kompositionen (Orgel- und Klavierwerke, Kantaten) zeigen bei virtuoser Klangfreudigkeit oft eigentümlich empfindsame Züge.

GA der musikal. Werke hg.v. G.Harms, 1921. – P.Rubarth, V.L. (AfMw 8, 1924, 450–470) – MGG VIII, 1280 ff. *S.Hermelink*

Lücke, *Friedrich* (24.8.1791 bis 14.2.1855), * in Egeln b. Magdeburg, † in Göttingen als Prof., Konsistorialrat und Abt von Bursfelde. L. lehrte seit 1818/19 in → Bonn NT und KG, seit 1827 in → Göttingen NT und Systematik. Als einer der angesehensten Theologen seiner Zeit stand L. im geistigen Austausch mit → Schleiermacher (»Sendschreiben an L.«), → Neander, → De Wette, → Gieseler, K.H.Sack, K.I. → Nitzsch u.a., mit seinen Jugendfreunden K.J. v. → Bunsen und K.Lachmann und den Bonner bzw. Göttinger Kollegen E.M. → Arndt, B.G. → Niebuhr, O.Müller und den Brüdern → Grimm. Andererseits war → Wichern Schüler L.s. – Für seine → Hermeneutik (, 2 f), die das Gleichgewicht zwischen historischem Wissen und philosophischem Erkennen herstellen sollte (Einfluß → Schellings), war die »gegenseitige Durchdringung des historischen und spekulativen Forschens« bestimmend. Durch → Herder und Schleiermacher angeregt, entschied sich L. in Abgrenzung gegen vereinseitigte dogmatische, grammatische oder philosophische Auslegung für das »Prinzip der christlichen Philologie«, dh eine theologische Auslegung auf dem festen Boden des grammatischen und historischen Sinnes. Als Mitbegründer der ThStKr verfaßte er deren Programm. Mit der Wahrung der Position der → Vermittlungstheologie gegenüber → Konfessionalismus (L.A. → Petri) und Tübinger Schule stand L. später vereinsamt. – Vgl. → Bibelwissenschaft: II, 3.

Vf. u.a.: Grundriß der nt. Hermeneutik u. ihrer Gesch., 1816; Komm. über die Schriften des Evangelisten Joh., 3 Bde, (1820–25) 1840–56[3]; Einl. in die Offenb. Joh., (1832) 2 Bde, 1852[2]. – Über L.: ADB 19, 357 ff – F.Sander, D. F.L., 1891 – Briefwechsel F.L.s mit den Brüdern Grimm, hg.v. F.Sander, 1891 – RE XI, 674 ff – J. Wach, Das Verstehen II, 1929, 153 ff – J.Meyer, Gesch. der Göttinger theol. Fakultät (ZGNKG 42, 1937, 50 f) – Ders., KG Niedersachsens, 1939 – Hermelink I. II – W.G.Kümmel, Das NT, 1958 (s. jeweils Reg.). *E.H.Pältz*

Lüdke, *Friedrich Germanus* (1730–92), * in Stendal, Feldprediger, dann 1765 Diakonus an St. Nicolai in Berlin. Von → Nösselt beeinflußt, vertrat L. eine biblizistische Neologie gegen die lehrgesetzliche Autorität der Bekenntnisschriften (Vom falschen Religionseifer, 1767; dagegen J.M. → Goeze) und begünstigte als theologischer Hauptrezensent (u.a. zum Fragmentenstreit, → Reimarus) in Fr. → Nicolais »Allgemeiner Deutschen Bibliothek« die Verbreitung der → Aufklärung. Mit der Unterscheidung von fundamentalen und nichtfundamentalen Glaubenswahrheiten und der Forderung von Toleranz und Gewissensfreiheit verband L. die Überzeugung von der pädagogisch-ethischen Bedeutung des echten Christentums und des Predigtamtes für den Staat.

Vf. u.a.: Kommunionbuch, (1772) 1804[6]; Über Toleranz u. Gewissensfreiheit, 1774; Gespräche über die Abschaffung des geistl. Standes, 1784. - Über L.: K.ANER, F.G.L. (JBrKG 11/12, 1914, 160-232) - DERS., Die Theol. d. Lessingzeit, 1929 - RGG[2] III, 1744 - W.WENDLAND, 700 Jahre KG Berlins, 1930 - HIRSCH IV, 103.
E.H.Pältz

Lüge → Wahrhaftigkeit.

Lüpke, *Hans von* (1866-1934), * in Müden/Aller als Pfarrerssohn, seit 1893 im thüringischen Kirchendienst, 1911 Sup. in Auma, 1917 Pfarrer in Windischleuba, 1919 in Isenhagen (Niedersachsen). 1925 emeritiert, erhielt er 1933 einen Lehrauftrag für Dorfkirchenarbeit an der Universität Göttingen. Über die von ihm auf Anregung → Sohnreys begründete → Dorfkirchenbewegung berichtet er selbst in RGG[2] I, 800f. 1984ff (vgl. auch »Dorfkirche« 1934, H. 2).

Vf. u.a.: Die Arbeit des Pfarrers für die Wohlfahrt des Landvolks, 1900; Tat u. Wahrheit, 1903; Die dt. Volkshochschule für das Land, (1918) 1920[3]; Volkstümlichkeit, 1927; Jugendglaube, 1930; Aufsätze in den von ihm hg. Zs.en: Dorfkirche (ab 1907), Schriften zur Dorfkirche (ab 1910), Neue Saat (ab 1926). *R.Jauernig*

Lütkemann, *Joachim* (1608-55), * in Demmin (Vorpommern), † in Wolfenbüttel. Nach dem Studium in Greifswald, Straßburg (Schüler → Dannhauers) und → Rostock wurde er dort Pfarrer und Prof. (seit 1638). L. bestimmte das kirchliche Leben entscheidend und wirkte bes. auf → Großgebauer, H. → Müller, → Scriver. Seine Bestreitung der Fortdauer von Jesu wahrer Menschheit im Tode rief 1648 einen heftigen Streit hervor. Sein Hauptgegner und Kollege Cothmann erreichte seine Landesverweisung, nachdem L. ähnlich wie P. → Gerhardt die Unterschrift unter einen Revers abgelehnt hatte. 1649 wurde er General-Sup. von Wolfenbüttel und Abt von Riddagshausen, wo er die braunschweigische Kirchen- und Schulordnung von 1651/57 schuf. Sein »Vorschmack göttlicher Güte« (1643; schwed. 1731) wurde nach J. → Arnds Wahrem Christentum das meistverbreitete Erbauungsbuch im Luthertum.

PH.RETHMEYER, Nachricht v. d. Schicksalen, Schriften u. Gaben L.s, 1658 - A.THOLUCK, Vorgesch. d. Rationalismus I/2, 1854 - ADB XIX, 696ff - RE XI, 681f - H.LEUBE, Die Reformideen in der dt. luth. Kirche zZ der Orthodoxie, 1924. *M.Schmidt*

Lüttich (Liège, Luik, Leodium oder Legia), *Bistum* in Flandern. Bischofssitz war in der röm. Zeit Tongern, dann → Maastricht. → Hubertus verlegte Anfang des 8.Jh.s den Sitz nach L. Ende des 10.Jh.s wurde Bischof → Notker (, 3) Reichsfürst; L. blieb jahrhundertelang geistliches Gebiet. Im Investiturstreit hielten die Bischöfe zum Kaiser. Die L.er Schulen genossen im MA überall im Westen hohes Ansehen. 1468 wurden Stadt und Stift L. von Karl d. Kühnen zerstört. 1559 erlitt die große Diözese, in der der Protestantismus rigoros unterdrückt wurde, starke Gebietsverluste zugunsten der neuen Bistümer Mecheln, Namur und Roermond. Im 17.Jh. herrschte bereits der franz. Einfluß vor, der den Philosophen der → Aufklärung im 18.Jh. den Eingang erleichterte. 1795 ging das Fürstbistum in der franz. Republik auf; das Gebiet kam jedoch 1815 an die Niederlande und 1830 an → Belgien. Seitdem ist L. Suffraganbistum von → Mecheln.

H.PIRENNE, Bibliogr. de l'hist. de Belgique, Brüssel 1931[3] (ältere Lit.) - L.-E.HALKIN-J.HOYOUX in: Annuaire d'hist. liégeoise 4ff, L. 1948ff (fortlaufende Bibliogr.). - J.DARIS, Hist. du diocèse et de la principauté de L., 10 Bde, L. 1868-90 - S.BALAU, Les sources de l'hist. de L. au MA, Brüssel 1903 - G.KURTH, La cité de L. au MA, 3 Bde, L. 1910. *L.-E.Halkin*

Lugano, mit → Basel (: I) verbundenes, exemtes *Bistum* mit eigener Jurisdiktion, ursprünglich kirchlich zu Como und Mailand gehörig. 1859 durch die liberale Schweizer Regierung kirchlich von Italien losgelöst, hing L. kirchenrechtlich seitdem gewissermaßen in der Luft. Der Wunsch der seit 1877 bewußt kath. Kantonsregierung nach Vereinigung des Tessins mit einem deutsch-schweizerischen Bistum führte 1883 zu Verhandlungen mit der Kurie, die durch → Ferrata geführt wurden und 1888 mit der heutigen Lösung zum Abschluß kamen. Erster Administrator wurde der resignierte Bischof von Basel Eugen Lachat. Statistik des fast rein kath. Gebiets s. AnnPont 1959, 316.

A.PERI-MOROSINI, La questione diocesana Ticinese, Einsiedeln 1892 - U.STUTZ, Die päpstl. Diplomatie unter Leo XIII. (AAB 1925, 3/4), 1926, 29ff - LThK VI, 702f - EC VII, 1650 (Lit.) - C.TREZZINI, Le diocèse de L., Fribourg 1948. *G.Maron*

Lugo, *Juan de* (1583-1660), Jesuit (1603) und Kardinal (1643), * in Madrid, † in Rom. L. lehrte seit 1612 Philosophie, seit 1617 Theologie an verschiedenen spanischen Kollegien des Ordens, seit 1621 Dogmatik am Collegium Romanum. Er verfaßte theologische und philosophische Schriften, beeinflußte möglicherweise → Descartes (so Eschweiler) und erinnert in seiner Analysis fidei in manchem an Alois v. Schmid († 1910): L. sieht in der natürlichen Erkenntnis der Glaubwürdigkeit Gottes ein Teilmotiv des letzten Gewißheitsgrundes des Glaubens (→ Testimonium spiritus sancti).

Opera omnia, 7 Bde, Venedig 1718; 8 Bde, Paris 1868-69. - Bibliogr.: BACKER-SOMMERVOGEL V, 176ff; IX, 619f. - Über L.: K. ESCHWEILER, Die zwei Wege der neueren Theol., 1926 - J.ROMPEL, Kardinal de L. (75 Jahre Stella Matutina, Festschr. I, 1931, 416-452) - DThC IX, 1071f - LThK VI, 705f - EC VII, 1652ff. *W.Göbell*

Lukaris, *Kyrillos,* * 1572 auf Kreta, 1638 in Konstantinopel von Janitscharen erdrosselt und ins Meer geworfen. Da Kreta zu Venedig gehörte, begab sich L. 1584 dorthin und studierte dann in Padua. Seit 1596 ist er Lehrer an der 1590 vom Fürsten Konstantin von Ostrog gegründeten Akademie und wird zum vertrauten Berater Konstantins gegen die von Rom 1595 in Brest Litowsk gegründete unierte Kirche (→ Einigungsbestrebungen: III, 2). Damit beginnt die Gegnerschaft der Jesuiten, die, mit Peter Skarga an der Spitze, einen ganzen L.-»Mythos« literarisch ins Werk setzen, der noch heute manche Forscher an der wissenschaftlichen Objektivität hindert. 1602 wird L. Patriarch von Alexandrien und lernt durch den holländischen Gesandten C.Haga und durch Briefwechsel die Theologie der → Arminianer kennen. Von 1620-38 ist er mehrfach Patriarch von Konstantinopel. Seine 1629 erstmals in Genf veröffentlichte Confessio Fidei (lat.; lat. und griech. 1633) erzeugte bei den Orthodoxen einen Sturm der Entrüstung. Sie wurde 1642 (Jassy) und 1672 (Jerusalem, Konstantinopel) verdammt (→ Dositheus, → Mogila). Mit seinen Gegnern im orth. Lager verbanden sich der kaiserliche und der französische Gesandte an der Pforte, unterstützt von den Jesuiten. Diesem Komplott fiel L. schließlich zum Opfer, ohne daß die Schuldfrage an seiner Ermordung bis heute völlig geklärt wäre. - Die je nach der konfessionellen Orientierung gefärbte Beurteilung des L. bedarf im Zeitalter der ökumenischen Bewegung einer grundsätzlichen Neubesinnung. Die Tatsache des calvinistischen Charakters seines Privatbekenntnisses ist nicht zu leugnen. Andererseits spiegelt sich in seinem Bemühen der Wunsch wider, die Orthodoxie mit dem Protestantismus ins Gespräch zu bringen, so ungeschickt er dieses Problem auch angefaßt haben mag. Eine gründliche, vor allem ekklesiologische Untersuchung der Schriften des L. dürfte den Weg zu einem neuen Verständnis öffnen. Die russ. Religionsphilosophie hat zT für diese Arbeit fruchtbare Perspektiven gezeigt. In negativer wie auch in positiver Hinsicht gibt der »Fall L.« für das Gespräch mit der Ostkirche wertvolles Material.

Die Confessio bei J.MICHALCESCU, Die Bekenntnisse ... der griech.-oriental. Kirche, 1904, 262-276 (ältere Lit.). Über L.: R. SCHLIER, Der Patriarch C.L. von Konstantinopel, sein Leben u. sein Glaubensbekenntnis, 1927 - RGG^2 III, 1747f - LThK III, 111f - G. HOFMANN in: REByz 11, 1953, 165-174 - CL.LIALINE, L'Orthodoxie et le problème oecuménique (L'Église et les Églises II, 1955, 389-413 [411]). *K.Onasch*

Lukas (Kurzform aus Lucanus bzw. Lukios) war Begleiter des → Paulus. Dieser nennt ihn (Phlm 24) seinen Mitarbeiter. Nach Kol 4, 14 (paulinisch?) war L. Arzt, nach 2Tim 4, 11 (nachpaulinisch) weilt er als einziger beim gefangenen Apostel. - Daß der Röm 16, 21 genannte Lukios mit L. identisch ist (so Origenes) oder der Apg 13, 1 genannte (so Ephraem Syrus), ist unwahrscheinlich. - Die alte Kirche ist insofern an L. interessiert, als sie ihn für den Verfasser des LkEv (→ Evangelien, synoptische, 2 d) und der → Apostelgeschichte (, 4 a) hielt. Die ältesten Belege dafür sind das → Muratorische Fragment und Irenäus (Adv. haer. III, 1, 1). Oft wird die enge Beziehung zu Paulus betont. Nach Clemens Alexandr. (Euseb, h. e. VI, 14, 2) hat L. den (angeblich von Paulus verfaßten) → Hebräerbrief übersetzt, nach einigen nt. Hss. war er einer der Sekretäre, die 2Kor für Paulus geschrieben haben. Später rückt man L. stärker an Jesus heran, indem man ihn (durch Fehlinterpretation von Lk 1, 2) selbst für einen Augenzeugen hält (Euseb, h. e. III, 4, 6) oder ihn zu den Siebzig (Lk 10, 1ff) rechnet (Epiphanius). Nach Euseb (h. e. III, 4, 7) stammt L. aus Antiochien; nach Hieronymus (De vir. il. 8) sind seine Gebeine im 4.Jh. aus Theben in Böotien nach Konstantinopel überführt worden. Seit dem 6.Jh. begegnet die Tradition, daß L. Maler gewesen sei.

Zusammenstellung der älteren Zeugnisse bei H.J.CADBURY in: The Beginnings of Christianity I/2, 1922, 209ff. - Zur Lit. vgl. die nt. Einl.en, Kommentare zu LkEv u. Apg sowie BAUER, WB^5. *W.Marxsen*

Lukas *aus Prag* (1460-1528), Bakkalaureus der Universität Prag (1481), bedeutendster Repräsentant der → Brüderunität (: I) in den ersten drei Jahrzehnten des 16.Jh.s, Mitglied des Engen Rates und Bischof, Verfasser zahlreicher Schriften. L. hat der Unität in Lehre, Verfassung und Liturgie die ihr fortan eigentümliche Struktur gegeben. In Abgrenzung von Rom, Luther und der Kleinen Partei hat er die Grundgedanken der ersten Brüder im Geist eines rationalen Biblizismus wiclefitisch-taboritischer Prägung umgedeutet und zu einem eigenwilligen theologischen System fortgebildet.

E.PESCHKE, Der Kirchenbegriff des Bruder L. von Prag (WZ Rostock 5, 1955/56, 273-288) - DERS., ebd 6, 1956/57, 141-154. - Weiteres s. → Brüderunität: I. *E.Peschke*

Lullus (ca 710-786), aus Wessex, erzogen im Kloster Malmesbury im Geiste → Aldhelms, schloß sich in Rom 738 dem → Bonifatius an. In Thüringen (→ Ohrdruf) wurde er Mönch, dann in Mainz Sekretär, Archidiakon (746/47) und Chorbischof (752) des Bonifatius, dessen Nachfolge er 754 nur in → Mainz antreten durfte. Ersatz für die Mainz versagten Metropolitanrechte bot die Eingliederung der Bistümer → Büraburg und → Erfurt. Als bischöfliche Eigenklöster behauptete er weder → Fulda noch seine Gründung → Hersfeld, während das von ihm gegründete Bleidenstadt wohl mainzisch blieb. 780/82 erhob → Karl d. Gr. Mainz zur Metropole und L. zum Erzbischof.

MG Ep. sel. I, 1916 - Glaubensbekenntnis ed. W.LEVISON, England and the Continent in the eighth Century, Oxford (1946) 1950^2, 233-240 (vgl. 280ff); TH.SCHIEFFER, Angelsachsen u. Franken (AAMz 20, 1950), 1429ff - H.HAHN, Bonifaz u. L., 1883 - HAUCK I. II (s. Reg.) - SCHIEFFER (s. o.) 1471-1539 - WATTENBACH-LEVISON 2, 176f. *H.Löwe*

Lullus *(Llull), Raimundus* (1235-1316), doctor illuminatus, Theologe, Mystiker, Logiker und Dichter, Sarazenenmissionar (→ Islam: II. III). * in Mallorca, dort Hausminister des Königs, bekehrte sich L. 1265 auf Grund von Visionen des Gekreuzigten. L. war überzeugt, in der kombinatorischen Reallogik seiner Ars generalis (1272) die Methode zur Zusammenfassung, Ordnung und Entdeckung aller Seins- und Wissensgebiete von Gott erhalten zu haben. Zugleich sah er in seiner Ars das wirksamste Mittel zur Überwindung des → Averroismus, zur Missionierung der Sarazenen und zur Reform aller Stände der Christenheit. Diesen Aufgaben widmete er die letzten 40 Jahre seines Lebens. So wurde er zum fruchtbarsten und vielseitigsten Schriftsteller des MA und war der erste, der größere philosophische Werke in einer Volkssprache (katalanisch) verfaßte. In seinen Werken verbindet er genaue syllogistische Konstruktion oft mit eindringlicher dichterischer Kraft. Ein Initiator großen Stils, drängte er auf Errichtung von Lehrstühlen für Hebräisch und Arabisch und gründete in Mallorca das Missionsseminar Miramar (1276-96). Für sein Denken ist charakteristisch die Lehre von den im intellectus fidei einleuchtenden Dignitates divinae als obersten Seins- und Erkenntnisprinzipien und vom Primat der Ehre Gottes (prima intentio), ferner die Betonung des Intellekts (man ehrt Gott mehr durch credere und intelligere als durch credere allein), die Einheit der Wahrheit und darum die Erkennbarkeit von rationes necessariae für Trinität, Inkarnation, Schöpfung und Weltanfang. Widerspruch fand methodisch der Gültigkeitsanspruch seiner Ars und sachlich seine Lehre von der Beweisbarkeit der Glaubensgeheimnisse (Nik.Eymericus, Joh. → Gerson). Er gewann aber sowohl in seiner Heimat wie in Italien, Frankreich und Deutschland Anhänger und Verteidiger (Cornelius Agrippa, J.H.Alsted, Pere Degui, Jaume Janer, Antonio Busquets, A.R.Pasqual). Sein Einfluß erstreckte sich auf → Nikolaus von Kues, G. → Bruno und → Leibniz.

L. vf. auf arab., katalanisch u. lat. ca 280 Werke (ca 240 erhalten, ca 70 noch ungedr.), bes.: Ars magna, 1272; Liber contemplationis, ca 1275; De gentili et tribus sapientibus, 1277; Blanquerna mit Liber de amico et amato, ca 1284; Felix de maravelles, 1287; Arbor scientiae, 1295; Arbor philosophiae amoris, 1298; Super Sententias Petri Lombardi, 1298; Quaestiones Atrebatenses, 1299; De descensu et ascensu intellectus, 1305; Liber natalis pueri Jesu, 1310; De civitate mundi, 1314; Ars consilii, 1315. - GA: Katal.: ed. M.OBRADOR-S. GALMÉS, I-XXI, 1905-50; Obres essencials I. II, Barcelona 1957/60. Span.: Obras literarias (Biblioteca de autores cristianos [BAC] 31), Madrid 1948. Lat.: ed. I.SALZINGER, I-VI. IX-X, Mainz 1721-42; ed. F.STEGMÜLLER, Palma de Mallorca 1959ff (bisher 2 Bde). - Bibliogr.: E.ROGENT-E.DURÀN, Bibliogr. de les impressions Lullianes, Barcelona 1928 - M.BATLLORI, Introducción bibliogr. á los estudios Lulianos, Palma 1945. - Vita coaetanea, lat. ed. B.DE GAIFFIER, AnBoll 48, 1930, 130-178; BAC 32, 1948; katal. ed. F.DE B.MOLL, Palma 1933; BAC 32, 1948; Obres essencials I, Barcelona 1957, 34-54. - Über L.: A.R.PASQUAL, Vida del beato R.L. I, Palma 1890 - J.AVINYO, Historia del Lulisme, Barcelona 1925 - DERS., Les obres autèntiques de

R.L., ebd 1935 - DThC IX, 1072ff - E.A.PEERS, R.L., a biography, London 1929 - F.SUREDA BLANES, El beato R.L., Madrid (1934) 1937² - T. u. J.CARRERAS Y ARTAU, Historia de la Filosofia española I. II, ebd 1939/43. - Zentren der L.forschung sind die Maioricensis Schola Lullistica (Leitung: S.GARCÍAS PALOU) mit der Zs. »Estudios Lulianos«, 1957ff, u. das R.L.-Institut der Univ. Freiburg/Br. (Leitung: F.STEGMÜLLER), das die Edition der Opera Latina vorbereitet. *F.Stegmüller*

Lund

I. Erzbistum - II. Universität - III. Kirchenkonferenzen

I. Erzbistum

Schon König Svend Estridssøn († 1074) suchte die dänische Kirche durch die Gründung eines Erzbistums in L. (→ 5 C 9) aus der Abhängigkeit von → Hamburg-Bremen zu befreien. Dieser Plan wurde aber erst unter König Erik Ejegod ausgeführt. 1104 überbrachte der Kardinal Alberik das Pallium für den Bischof. Bischof Asser, der einem führenden Geschlecht des Landes angehörte, regierte 3 Jahrzehnte mit Tüchtigkeit seine Diözese. Sie umfaßte außer →Dänemark (: I) auch →Island, → Norwegen (: I) und → Schweden (: I). Seine Nachfolger → Eskil († 1177), →Absalon († 1201) und Anders Sunesøn († 1228) waren als Kirchenregenten wie als Politiker Männer ungewöhnlichen Formates. Das Erzbistum L. verdankte ihnen großes Ansehen, wenn es auch an territorialer Ausdehnung verlor. 1152 gewann die norwegische Kirche volle Selbständigkeit (Sitz des Erzbischofs in Nidaros). 1164 erhielt Schweden seinen eigenen Erzbischofssitz; doch bewahrte der Erzbischof in L. über diesen den Primat. Schon Asser begann den Bau der ansehnlichen romanischen Kathedrale in L., der unter Eskil vollendet wurde. Diese vier Erzbischöfe trugen durch die Gründung von Klöstern und Kapiteln und durch die Einführung gregorianischer Gedanken (→ Gregor VII.) wesentlich dazu bei, daß sich die dänische Kirche im 12.Jh. mit denen des Auslandes messen konnte. Seit 1250 geriet das Erzbistum unter machtlüsternen und wenig diplomatischen Bischöfen (Jak.Erlandsen 1274, Jens Grand 1327) in einen heftigen Streit mit dem König, der schließlich den Sieg davontrug. Im Spät-MA sammelten die Erzbischöfe erhebliche Reichtümer und spielten kirchlich und politisch eine große Rolle. Nach der Reformation wurde in L. ein prot. Bischofsstuhl errichtet, der jedoch im Schatten des Bischofsstuhles in der Residenzstadt Kopenhagen stehen mußte.

L.s Domkapitels Gavebøger, ed. C.WEEKE, 1884-89 - L.s Aerkestifts urkundsbok, ed. L.WEIBULL, III-VI, L. 1900-39 - L.s Domkyrkas Nekrologium, ed. DERS., 1923 - HAL KOCH, Danmarks Kirke i den beg. Højmiddelalder I, Kopenhagen 1936, 67ff - L.s Domkyrkas historie 1145-1945, ed. E.NEWMAN, Stockholm 1946 - L.WEIBULL, Skåneskyrka, Kopenhagen 1946. *Hal Koch*

II. Universität

Die Academia Carolina in L. wurde 1666 gestiftet, 1668 eingeweiht, um schwedische Bildung in den von Dänemark 1658 an → Schweden (: I) abgetretenen Provinzen Skåne, Halland und Blekinge zu fördern. Der Krieg mit Dänemark 1676-79 unterbrach ihre Tätigkeit; aber 1682 wurde sie von Karl XI. reorganisiert. Seit etwa 1730 erlebte die Universität eine erste Blütezeit. Neben dem von → Descartes beeinflußten Philosophen Andreas Rydelius († 1738) traten u.a. der Naturforscher und Arzt Kilian Stobaeus († 1742), die beiden Orientalisten und Theologen Henrik Benzelius († 1758) und Johan Engeström († 1777) und der Jurist David Nehrman-Ehrenstråle († 1769), Schüler von Chr. → Thomasius und J.H. → Boehmer, hervor. Nach einer Niedergangsperiode, der jedoch hervorragende Lehrer nicht fehlten - vor allem der berühmte Historiker Sven Bring-Lagerbring († 1787) -, erlebte die Universität vom Ende des 18.Jh.s bis etwa 1830 ihre glänzendste Periode, die ihren Ruhm u.a. durch den Naturforscher A.J.Retzius († 1821) und später bes. durch Esaias → Tegnér und C.A.Agardh (Naturwissenschaftler, Staatswirt und Theologe, 1835 Bischof in Karlstad, † 1859) gewann. Im Zusammenhang mit der religiösen Erweckung und der Vertiefung des allgemeinen Kulturlebens war der Theologie seit den 20er Jahren eine für schwedische Verhältnisse einzigartige Blütezeit beschieden. Wegbereiter dieses Aufschwungs waren H.Schartau († 1825) und Martin Erik Ahlman (Kantianer, 1816 Prof. der Dogmatik und Moraltheologie, † 1844), seine ersten Träger H. → Reuterdahl, J.H. → Thomander sowie - um die Mitte des Jh.s - Hans Magnus Melin (Exeget und Bibelübersetzer, † 1877), Ebbe Gustaf Bring (von → Hegel beeinflußter Systematiker, später Pastoraltheologe, 1861 Bischof in Linköping, † 1884), Wilhelm Flensburg (Systematiker, 1865 Bischof in Lund, † 1897) und A.N.Sundberg (1864 Bischof in Karlstad, 1870 Erzbischof, † 1900). Reuterdahl und Thomander gaben von 1828-32 und 1836-40 die »Theologisk Quartalskrift«, Schwedens erste bedeutendere theologische Zeitschrift, heraus. Bring, Flensburg und Sundberg waren die Herausgeber der »Svensk Kyrkotidning« (1855-64), einer Zeitschrift, die im Kampf gegen religiösen Liberalismus und freikirchlichen Subjektivismus eine konservative Hochkirchlichkeit im Sinne Th. →Kliefoths und F.J. →Stahls vertrat. - Gleichzeitig lebte auch die naturwissenschaftliche Forschung an der Universität auf, wobei die von Retzius gestiftete »Fysiografiska sällskapet i L.« eine bedeutende Rolle spielte. Gegen Ende des 19.Jh.s wuchs auch das Interesse für Philologie und Historie.

In der Theologie trat A.G.L.Billing (1884 Bischof in Västerås, 1898 in Lund, † 1925) als Träger der konservativen Tradition hervor. P.G.Eklund († 1911) bereitete, beeinflußt von A. → Ritschl und der modernen historisch-kritischen Theologie, den Boden für ein tieferes Verständnis Luthers und des Evangeliums. Im ersten Jahrzehnt des 20.Jh.s führte G.M.Pfannenstill († 1940) die Theologie Wilh. → Herrmanns ein und erlangte Ansehen als freisinniger, naturwissenschaftlich geschulter Apologet einer christlichen Lebensanschauung. Gemeinsam mit S.Herner († 1949) gab er 1906-33 die Zeitschrift »Kristendomen och vår tid« heraus. Das lebhafte Interesse für die Exegese, das außer Herner durch F.A. Johansson († 1910), später durch S.E.Aurelius (1927 Bischof in Linköping, † 1935), E.Eidem (1931-50 Erzbischof) und J.Lindblom (1930-47 Prof.) vertreten wurde, trug zur Fertigstellung der 1917 vom König genehmigten neuen → Bibelübersetzung (: V, 2 k γ) bei, die bes. ein Werk des L.er Sprachforschers Esaias Tegnér d.J. (Prof. für orientalische Sprachen, † 1928) ist. Gleichzeitig wurden in der KG und Religionsgeschichte sowie in der prakt. Theol. moderne Methoden angewendet. Vertreter dieser Disziplinen waren u.a. Hj. → Holmquist († 1945), E.M.Rohde (1925-48 Bischof in Lund, † 1954), Edv.Lehmann († 1930), Y. → Brilioth († 1959). H.Pleijel (1930-60 Prof. für KG) und Holmquist begannen 1933 mit der Edition eines Sammelwerkes über die Geschichte der Schwedischen Kirche (bisher 5 Teile). Im Anschluß daran gab Pleijel seit 1941 unter dem Titel »Samlingar och studier till Svenska Kyrkans historia (Acta historico-ecclesiastica Suecana)« eine Serie von Urkunden-Publikationen und Spezialuntersuchungen heraus. In dieser Serie wie auch in den »Studia Theologica Lundensia, Skrifter utgivna av theologiska fakulteten i L.« (seit 1952) sind auch praktisch-theologische Untersuchungen enthalten. Seit 1957 besitzt diese Disziplin eine eigene Schriftenreihe »Bibliotheca Theologiae Practicae« (hg.v. Prof. Åke Andrén [Uppsala] und Prof. Sven Kjöllerström [L.]). – Während der letzten Jahrzehnte ist dank mehrerer Arbeiten von G.Aulén (1933-52 Bischof in Strängnäs) und A. → Nygren (1949-58 Bischof in L.) und ihren Schülern die syst. Theol. in den Vordergrund getreten. Auf diesem Gebiet erscheint seit 1925 die Zeitschrift »Svensk Teologisk Kvartalskrift«. – Nach 1945 hat sich die Universität L. rasch entwickelt: Die Zahl der Studenten ist ständig gestiegen, Personalbestand und Räume wurden erweitert, bes. in der medizinischen und naturwissenschaftlichen Fakultät; die theol. Fakultät erhielt 1947 eine Professur für Religionsphilosophie. Die Stellung der Dozenten hat sich insofern verändert, als ein Dozent nunmehr zum Inhaber einer 6jährigen Dozentur (mit Pensionsberechtigung) ernannt werden kann. Die theol. Fakultät verfügt über 7 solcher Dozenturen. Um das Interesse für wissenschaftliche Studien zu fördern, werden seit 1947 besondere Stipendien für Lizentianden und Doktoranden verteilt (73 bzw. 76, davon 7 bzw. 6 theologische). – Die Universität hat heute 5 Fakultäten mit 98 Professoren, 80 Dozenten und fast 6000 Studenten (300 Theologen). In der theol. Fakultät lehren zZ H.Odeberg (seit 1933 NT), R.Bring (seit 1934 Dogmatik und Symbolik), S.Kjöllerström (seit 1941 prakt. Theol. und Kirchenrecht), G.Gerleman (seit 1949 AT), E.Ehnmark (seit 1949 Religionsgeschichte und Religionspsychologie), H.Eklund (seit 1949 Religionsphilosophie), G.Wingren (seit 1951 Ethik und Religionsphilosophie) und C.-E. Normann (seit 1960 KG). – In »Lunds universitets årsskrift (Acta Universitatis Lundensis)« besitzt die Universität seit 1864 ein wissenschaftliches Organ.

M.Weibull-E.Tegnér, L.s universitets historia 1668-1868, 2 Bde, 1868 - E.Tegnér, L.s universitet 1872-97, 1897 - J.Lindblom, The University of L., 1949 - L.s universitets matriklar, zuletzt hg.v. W. Norlind u. M.Persson, 1951. *(† E.Newman) S.Kjöllerström*

III. Kirchenkonferenzen

1947 fand in L. die konstituierende Tagung des → Lutherischen Weltbundes (: I) statt, der die Rechtsnachfolge des 1923 in Eisenach gegründeten Luth. Weltkonvents übernahm.

1952 tagte in L. die 3. Weltkonferenz für Glaube und Kirchenverfassung, auf der 225 Delegierte aus 120 Gliedkirchen des Ökumenischen Rates (ÖkR), 27 Sachberater, 15 akkreditierte Besucher und 20 Jugenddelegierte über das rechte Fundament des ökumenischen Einigungswerks berieten (anwesend waren auch 4 Beobachter der kath. Kirche). Eine Kontinuität der beiden früheren Weltkonferenzen (Lausanne und Edinburgh, 1927 und 1937; → Ökumenische Bewegung, 2) war gewährleistet durch die 1939 begonnene Vorarbeit in 3 Kommissionen, deren Ergebnisse zur Vorbereitung von L. rechtzeitig in 3 Sammelbänden vorlagen: Das Wesen der Kirche (ed. R.N.Flew); Das Wesen des Gottesdienstes (ed. P.Edwall); Die sakramentale Gemeinschaft (ed. D.Baillie, J.Marsh). Um dem Anliegen der Konferenz von Amsterdam (1948) und ihrer Frage nach dem rechten Selbstverständnis des ÖkR gerecht zu werden, geschah die Vorarbeit von L. im engsten Zusammenwirken mit dem Zentralausschuß des ÖkR; dessen Beschluß von 1950 (das allen Gliedkirchen empfohlene Dokument von Toronto) legte es nahe, das Thema »Das Wesen der Kirche« in L. dreifach zu gliedern. Das ergab für die Arbeit in L. folgende Sektionen: 1. Christus und die Kirche (Vorsitz: der Anglikaner P.M.Dawley); 2. Kontinuität der Kirche (der Reformierte H.d'Espine); 3. Einheit der Kirche (der Kongregationalist D.Horton); 4. Das Wesen des Gottesdienstes (der Lutheraner H. → Lilje); 5. Die Sakramentsgemeinschaft (der Baptist E.A.Payne). In der Ausrichtung auf die verheißene sichtbare Einheit der Gläubigen bemühten sich alle 5 Sektionen, dem Anliegen von Erzbischof W. → Temple Geltung zu verschaffen, daß Organisationen nicht erst eine Einheit zu schaffen, sondern nur zu bezeugen haben, was an gegebener Einheit verborgen oder offen vorhanden sei. – Über Lausanne und Edinburgh und auch über den Rahmen der Methode vergleichender → Konfessionskunde hinaus gewann L. dadurch an Bedeutung, daß für den Prozeß der Einigung auch die »kulturellen und sozialen Faktoren« (von dem Kongregationalisten C.H.Dodd in der Vorbereitung von L. als »nicht-theologische Faktoren« definiert) eingehend gewürdigt wurden und zu verschiedenen Arbeiten über den Institutionalismus anregten (→ Institution). Die Weltoffenheit und Blickweite, die in L. vorherrschte, sicherte der »Abteilung für Glaube und Kirchenverfassung« im ÖkR auf längere Zeit weitgehende Eigenständigkeit. In der Zeit zwischen der 2. und 3. Vollversammlung des ÖkR wurde das Anliegen, »den Weg von Lausanne und L. uneingeschränkt durch den Aktionsradius anderer Abteilungen des ökumenischen Gesamtwerks weiterzugehen«, bes. von dem Lutheraner → Brilioth und dem Methodisten J.R.Nelson betont. In organisatorischer Hinsicht beschloß man in L. die Konstituierung einer Kommission für Glaube und Kirchenverfassung (85 Mitglieder). Zu ihren Obliegenheiten gehörte die Einhaltung des 1927 begonnenen Weges und die Anbahnung einer 4. Weltkirchenkonferenz (für einen Zeitpunkt nach 1960). Die Beschlüsse von L. fanden die Zustimmung der Vollversammlung des ÖkR in Evanston (→ Ökumenische Bewegung, 3).

E.H.Robertson, L. 1952, London 1952 - J.W.Winterhager, Die Weltkirchenkonferenz (ZdZ 6, 1952, 161-166) - A.C.Outler, A Way Forward from L. (ER 5, 1952/53, 59-63) - O.S.Tomkins, The Third World Conference, London 1953 - W.Stählin, L. 1952, 1953 - J.R.Nelson, Responses of the Churches to the L. Report, Genf 1957. *J.W.Winterhager*

Lundström, *Anders Herman* (1858-1917), schwedischer Theologe, 1893 Dozent, 1898 Prof. der KG, 1909 Theol. Prof. Primarius und Domdechant in Uppsala. Durch kritische Quellenforschung und Betonung des geschichtlichen Entwicklungszusammenhanges wurde er ein Bahnbrecher der modernen kirchengeschichtlichen Forschung in Schweden. Gründer der Kyrkohistorisk årsskrift (1900).

Vf. u.a.: Laurentius Paulinus Gothus I-III, 1893-98; Undersökningar och aktstycken, 1898; Skisser och kritiker, 1903; Fynd och forskningar 1-2, 1912-14; Ärkebiskopen doktor Johan August Ekman, 1916²; Historisk-kritisk utredning angående Luthers lilla katekes, 1917. - Hg.: Laurentius Petris skrifter: Oeconomia christiana, 1897, Quaestiones aliquot circa magistratum, 1898; Svenska synodalakter efter 1500-talets ingång I: Synodalakter från Upsala ärkestift 1526 bis 1800, 1903-08; II: Strängnäs stift 1825-1671, 1909-11; Dr. M. Luthers Enchiridion i dess tidigaste kända svenska dräkt, 1915. - Nekrolog u. Bibliogr. in KÅ 17, 1916, V-XXX. *C.E.Normann*

Luneslat *(Lüneschloß), Kaspar* (1556-1613), * auf Gut Lunislo bei Neviges, empfing in Köln die Priesterweihe, 1576 Prediger in Neviges sowie Schloßprediger auf Hardenberg unter dem ref. gewordenen Schloßherrn Wilhelm II. von Bernsau, seit 1580 Pfarrer in Sonnborn bei Elberfeld, Mitinitiator der ersten Bergischen Provinzialsynode in Neviges 1589 unter Schutz und Mithilfe Wilhelms von Bernsau. L. war ein überzeugter Vorkämpfer des Calvinismus in einer Zeit, in der am Düsseldorfer Hof der Herzöge von Jülich-Cleve-Berg-Mark die kath. Räte maßgebenden Einfluß hatten.

A. zur Nieden, Gesch. der ref. Gemeinde Sonnborn an der Wupper, 1887 - L. van de Loo, Bernsau, 1940 - A.Rosenkrantz, Das Ev. Rheinland II, 1958. *E.Mülhaupt*

Lupold *von Bebenburg* (ca 1297-1363), doctor decretorum, studierte in Bologna bei Johannes Andreae, Domherr in Würzburg, Mainz und Bamberg, am 12.1. 1353 zum Bischof von Bamberg erwählt. In seinem Tractatus de iuribus regni et imperii Romanorum (1340) verteidigte L. die Rechte des Reiches gegen das → Papsttum. Bedeutsam ist seine Unterscheidung zwischen historisch gewordenem Reich und universalem Herrschaftsanspruch. Seine Auffassung, daß die Kurfürsten ein Kolleg bildeten, in dem die Mehrheit entscheidet, ist in die Goldene Bulle eingegangen.

Vf. ferner: Libellus de zelo christianae religionis veterum principum Germanorum; Ritmaticum querulosum...; Liber privilegiorum. - Über L.: H.MEYER, L.v.B., 1909 - R.MOST, Der Reichsgedanke d. L.v.B. (DA 4, 1941, 444-485) - E.WOLF, Große Rechtsdenker, (1943²) 1951³, 29-58 (Lit.) - R.KLIPPEL, Die Aufnahme d. Schriften d. L.v.B. im dt. Humanismus (Diss. Frankfurt), 1953 (Masch.). *S.Krüger*

Luria, 1. *Isaak* (Abkürzung: Ha'ari), auch *Aschkenasi* (der Deutsche) genannt (1534-72), * als Sohn deutscher Einwanderer in Jerusalem, erzogen in Kairo, wirkte als Mystiker seit 1569 in Safed. Da L. nur sehr wenig schriftlich hinterließ, sind wir auf die Aufzeichnungen seiner Jünger, vor allem des vertrautesten, Chajim Vital Calabrese (1543-1620) angewiesen. L.s Lebensgeschichte ist von zahlreichen Legenden umwoben. Als Kabbalist liegt seine Hauptbedeutung in der Systematisierung der Lehren Mose Cordoveros (1522-70 in Safed), die durch L. bald verdrängt wurden. - Die wesentlichen Punkte seiner Lehre sind: a) Die »Selbstbeschränkung« Gottes, die das Verhältnis zwischen dem All-Einen und der Schöpfung erweisen soll; b) der konzentrische und lineare Aspekt der zehn Sephirot (→ Kabbala, → Mystik: III) und die Lehre von den »Gestaltformen«; c) die fünf Weltsysteme, statt der vier der übrigen Kabbalisten. d) In seiner Seelenlehre bekommt die → Seelenwanderung eine kosmisch-universelle Auffassung. Die Zeit des Messias kann erst mit der Wiedergutmachung der Schuld des ersten Menschen und der Lösung des Guten vom Bösen kommen. Dazu führen die »Seelenwanderung« mit der Läuterung durch Leiden und gute Werke, ferner die »Seelenschwängerung«, durch die eine Seele einer anderen einverleibt werden kann mit dem Ziel der Erlösung durch gute Werke. e) Wie der Sabbat die Werktage krönt, wird die messianische Zeit im 7.Jt. anbrechen und mit der Rückkehr Israels in sein Land die endgültige Erlösung der gesamten Menschheit beginnen. - Im übrigen folgt L. den Lehren der aschkenasischen Kabbala, die er durch asketische Übungen und kontemplative Riten bereichert. In seiner Tugendlehre setzt er den Hauptlastern (Hochmut, Zorn, Geschwätzigkeit, Lust, Betrübnis) die entsprechenden positiven Eigenschaften als sittliche Tugenden entgegen. Kabbalistische Buchstaben- und Zahlenspielereien kommen auch in seinem System vor.

G.SCHOLEM, Bibliographia Kabbalistica, 1927 - EJud X, 1211f (Lit.).

2. *Salomo* (Abkürzung: Maharschal), * ca 1510 in Brest-Litowsk, † 1573 in Lublin, der bedeutendste Talmudgelehrte Polens. Im Gegensatz zur damaligen rabulistischen Behandlung des Talmuds knüpft L. wieder an die kritische Exegese → Raschis an. Seine klare Ablehnung der Kodifikatoren → Karo und Isserles und sogar des → Maimonides machten ihn weithin unpopulär. Wie andere Talmudisten seiner Zeit stand er der → Kabbala nahe, lehnte sie jedoch in der halachischen Praxis ab. Als Gegner philosophischer Forschung verwirft er Maimonides und Abraham → Ibn Esra. Als Eiferer empfiehlt er Bannfluch und Strafen bei Übertretung des Gesetzes.

EJud X, 1217 (Lit.) - S.HURWITZ, The Responsa of S.L., 1938. *E.L.Rapp*

Lust und Unlust → Tiefenpsychologie.

Luther, *Martin* (1483-1546)

I. Leben und Schriften - II. Theologie. - Vgl. → Lutherausgaben, → Lutherbilder, → Lutherdramen, → Luthertum

I. Leben und Schriften

1. Der junge L. - 2. Der Kampf innerhalb der röm. Kirche (1517 bis 1521) - 3. Entfaltung und Klärung der reformatorischen Bewegung (1521-25) - 4. Aufbau der Landeskirchen und erste Duldung (1526-32) - 5. Fortschreitende Reformation (1532-39) - 6. Der alte L.

1. L. wurde am 10.11.1483 als zweiter Sohn eines Bergmanns in Eisleben geboren und empfing am folgenden Tag bei der Taufe den Namen des Tagesheiligen → Martin von Tours. Er stammte aus einer in Möhra am Westrande des Thüringer Waldes ansässigen Bauernfamilie (Luder oder Lüder = Lothar). Als ältester Sohn nicht Hoferbe, hatte sein Vater Hans L. sich dem Kupferbergbau in der Grafschaft Mansfeld zugewandt, wo es ihm zwar noch nicht in Eisleben, aber 1484 in Mansfeld gelang, eine zunächst ärmliche, langsam aber zu bescheidenem Wohlstand aufsteigende Existenz zu gründen. Die Mutter, Margarete (wahrscheinlich geb. Lindemann aus Neustadt/Saale, vgl. WAB 5, 287f; die andere Überlieferung »Ziegler« vielleicht Handwerksname), mußte die Schar von mindestens 9 Kindern also knapp halten. Trotz der Strenge, die der empfindsame Knabe im Gedächtnis behielt, fehlte es ihm nicht an elterlicher Liebe. Im Hause herrschte eine normale mittelalterliche Frömmigkeit, ebenso frei von Kritik an der Kirche wie von besonderer Wärme. Diese begegnete ihm erst, als er nach dem Besuch der Mansfelder Stadtschule (1488-97) ein Jahr lang auf die Magdeburger Domschule geschickt wurde, an der die → Brüder vom gemeinsamen Leben unterrichteten. Die spätmittelalterliche Erweckungsfrömmigkeit, die sie vertraten, ist ihm als das Reinste der kath. Glaubenswelt in Erinnerung geblieben. Diese Eindrücke setzten sich fort, als er, 1498 von den Eltern nach Eisenach geschickt, zu den frommen, den Franziskanern nahestehenden Patrizierhäusern Schalbe und Cotta Zutritt erhielt und in dem Stiftsvikar Joh. Braun, der einen musikalisch-poetischen Jugendkreis um sich sammelte, einen väterlichen Freund fand.

Im Frühjahr 1501 bezog L. die vom Geist des → Nominalismus (via moderna) beherrschte Universität → Erfurt. Das artistische Studium vermittelte ihm bleibende Grundlagen seiner Bildung: eine sichere Beherrschung der Grammatik, Rhetorik und der aristotelischen Logik, ein gründliches naturphilosophisches Wissen und eine genaue Kenntnis der Ethik und Metaphysik des → Aristoteles. Erzogen ihn schon seine Lehrer zur Kritik an Aristoteles und den thomistischen Versuchen, ihn mit der kirchlichen Lehre zu harmonisieren, so behielt L. doch stets eine hohe Schätzung für einzelne Lehren des Aristoteles, bes. für seine Logik und seine politische Ethik. Nach der Promotion zum Magister artium wandte L. sich im Frühjahr 1505 auf väterlichen Wunsch dem juristischen Studium zu, wurde aber bald aus seiner Lebensbahn gerissen. Ein schweres Gewitter, in das er am 2.7.1505 bei Stotternheim in der Nähe von Erfurt geriet, erpreßte aus ihm eine Anrufung der hl. → Anna, der Patronin der Bergleute, und das Gelübde, ins Kloster zu gehen. Es war schwerlich ganz unvorbereitet. Sündenanfechtung und Sorge um das Seelenheil müssen den uns sonst als fröhlich und musikliebend geschilderten Studenten wohl schon länger heimlich gequält haben, so daß er jetzt im Bewußtsein, plötzlich vor Gottes Richterstuhl treten zu müssen, den Ruf zu der heiligsten Lebensform hörte, die es für einen kath. Christen gab. Am 17.7. trat er in das strenge Kloster der → Augustiner-Eremiten in Erfurt ein. Der enttäuschte Vater gab nur widerwillig die zur Aufnahme erforderliche Zustimmung. Im Novizenjahr wurde L. zur peinlichen Erfüllung der Ordensvorschriften, zu Bettelgängen und zur eindringenden Selbstzergliederung in der Beichte angehalten. Er übte sie rückhaltlos, war aber nie lange von der Absolution beruhigt, so daß der Novizenmeister, »ein feiner, alter Mann«, ihm nicht zu helfen vermochte. Im Herbst 1506 wurde er zur Profeß zugelassen, durch seine wunderbare Berufung und seine außergewöhnliche Strenge der Ruhm seines Klosters. Er wurde zum Priester bestimmt und nach der nötigen Einführung durch → Biels Buch über den Meßkanon am 27.2.1507 geweiht. Seine erste Messe (2.5.1507) erweckte in ihm ein tiefes Erschauern vor der Gegenwart Gottes. Doch war er an seinem Mönchsstande damals noch nicht irre geworden. Er mühte sich noch, durch Reinheit des Herzens und »Akte der Gottesliebe« der Gnade Gottes würdig zu werden. Die Seelenqualen, die er durchlitt, waren nicht krankhafter Natur. Sie entsprangen daraus, daß er die Anweisungen und Tröstungen der Kirche, in denen immer ein Stück eigener Mitwirkung gefordert wurde, beim Wort nahm.

Ohne den auf die Priesterweihe folgenden Auftrag, am Generalstudium des Klosters Theologie zu studieren, hätte L. schwerlich den Weg ins Freie gefunden. Er brachte ihm die Berührung mit dem theologischen Ockhamismus, der ihn durch seine ausgeprägte Offenbarungslehre und seine Betonung der Freiheit Gottes anziehen, dagegen durch seinen Glauben an die Freiheit des sich für die Gnade öffnenden Menschen in neue Not bringen mußte. Hilfreich wurde der Zwang zum Studium der Bibel und der mit Väter-, bes. Augustinstellen erfüllten Sentenzen des → Petrus Lombardus, dazu der Kommentare von → Ockham, Biel und des → Petrus von Ailli. Bevor er den ersten theologischen Grad erreicht hatte, wurde L. im Okt. 1508 durch den Generalvikar → Staupitz in das Wittenberger Kloster versetzt, um die moralphilosophischen Vorlesungen in der Artistenfakultät (→ Wittenberg) zu übernehmen. Im März 1509 zum baccalarius biblicus promoviert, hatte er auch biblische Vorlesungen zu halten. Schon im Herbst wurde er ebenso plötzlich nach Erfurt zurückberufen, um über die Sentenzen des Lombarden zu lesen. Die dazu wie zu einigen Augustinschriften in L.s Handexemplaren erhaltenen Randbemerkungen sind seine frühesten theologischen Äußerungen. Sie reichen zusammen mit L.s späteren Erinnerungen nicht aus, um seinen theologischen Weg in den Jahren 1509-12 genau nachzuzeichnen. Er führte über die zunächst noch festgehaltene ockhamistische Theologie, zB die Willensfreiheit, hinaus immer tiefer in Augustins Sünden- und Gnadenlehre und in die Aneignung der Inkarnation und des Kreuzes Christi im Glauben. Aber damit war er noch keineswegs von den Genugtuungs- und Reinigungsforderungen befreit, welche die Beicht- und Klosterpraxis stellten. In den nicht endenden Qualen hat ihn auch Staupitz, dem er wohl im Winter 1508/09 in Wittenberg nahegetreten war, mit dem aus der → Devotio moderna stammenden freundlich-menschlichen Gottesbilde nicht wirksam trösten können, so dankbar L. jedes Wort dieses begnadeten Seelsorgers in Erinnerung behielt. Der Schrecken vor der Majestät des gerechten Gottes ließ sich nicht bannen, so lange er die überlieferten Teilaspekte der hl. Schrift nicht in ihrer Einheit erkannte. Seine innerste Erfahrung drängte - noch lange unausgesprochen, aber unaufhaltsam - auf sein Lebensproblem, die Zentralfrage der Bibel: Gesetz und Evangelium hin.

Die Erfurter Lehrtätigkeit wurde dadurch unterbrochen, daß L. im Nov. 1510 mit einem Nürnberger Bruder nach Rom gesandt wurde, um den Einspruch von 7 Augustinerkonventen gegen die von Staupitz auf Befehl des Ordensgenerals eingeleitete Wiedervereinigung der → Observanten mit den laxeren Konventualklöstern zu vertreten. In der Stadt der unermeßlichen Ablaßgnaden suchte er durch eine Generalbeichte, Messelesen an bestimmten Altären, Hinaufrutschen der »hl. Treppe« am Lateran u.a. Sündenvergebung und Fegefeuererlaß für sich und seine Verwandten. Noch kaum vom Zweifel befallen, aber entsetzt von der geistlichen Verwahrlosung der röm. Kirche kehrte er zurück. In der Ordensfrage leistete er dem General, der gegen die Observanten entschied, den schuldigen Gehorsam und geriet damit in Widerspruch zu seinem renitent bleibenden Kloster. Daher holte Staupitz ihn im Sommer 1511 wieder nach Wittenberg, wo er ihn - nicht zuletzt, um ihm durch große Aufgaben gegen seine Anfechtungen zu helfen - zum Klosterprediger machte und zum Erwerb der Doktorwürde veranlaßte. Mit ihr übernahm L. 1512 die bisher von Staupitz bekleidete Lectura in biblia, sein Lebensamt.

Mit L.s erster Vorlesung über die Psalmen (Aug. 1513 bis Ostern 1515) beginnen die Quellen reichlich zu strömen. Von der Psalmen- und Römerbrief-Vorlesung (Ostern 1515 - Sept. 1516) sind uns L.s eigene Manuskripte, von der Galater- (Okt. 1516 - März 1517) und Hebräer-Vorlesung (April 1517 - März 1518) studentische Nachschriften erhalten. Nur bei den Psalmen hält L. sich noch an das überlieferte Schema des vierfachen Schriftsinnes (→ Hermeneutik, 2d), stellt aber neben der durchgehenden prophetischen Deutung auf Christus mit der tropologischen die auf den Glauben des einzelnen gerichteten Textaussagen kraftvoll voran. Doch führt ihn der Zwang zur allegorischen Auslegung auf die Kirche zu Betrachtungen über den rein geistlichen, nicht rechtlichen Charakter der kirchlichen Ordnung, ohne daß daraus schon eine Auseinandersetzung mit der röm. Kirche erwächst. Es ist nur natürlich, daß L. sich in den ersten Vorlesungen noch weithin überlieferter Ausdrucksformen des Ockhamismus, Neuplatonismus, der Mystik oder Devotio moderna bedient. Daher ist es verfehlt, in isolierten traditionellen Begriffsbildungen (Neuplatonismus, conformitas, humilitas) das Eigentümliche von L.s damaliger Theologie zu sehen. Vielmehr vollzieht sich eine durchgreifende Wandlung und Konzentration aller dieser Aussagen auf die Verlorenheit und Selbstpreisgabe des Menschen und die Unbedingtheit und Unmittelbarkeit der Gnade, ohne Reflexion auf kirchliche Vermittlungsformen. Wort und Bild Christi (vor allem im Psalter, dessen Thema er ist) sind die Grundlagen einer noch angefochtenen, aber immer sicherer werdenden Gewißheit. L. fühlt sich dabei als Schüler Augustins, vor allem in dem Dualismus von → Geist und Buchstabe (, 3) und seiner »sakramentalen«, dh am Glaubenden wirksamen, nicht nur pädagogisch oder dogmatisch lehrhaften Christologie. Der Übergang zur Thematik der paulinischen Briefe läßt ihn dann rasch den ihm gemäßen Ausdruck seiner Erfahrungen und Grunderkenntnisse finden (→ Luther: II, 2).

In das theologische Ringen dieser Jahre gehört die von L. mehrfach, vor allem in der Vorrede zu seinen Opera latina 1545, eindrucksvoll geschilderte Entdeckung des wahren Sinns der iustitia Dei (als Gabe, nicht in Lohn oder Strafe wirksamer Eigenschaft Gottes) gegenüber der zwiespältigen Auffassung in der scholastischen Exegese und Dogmatik. In dem vielerörterten Problem ist zu unterscheiden, welche Datierung sich aus L.s Rückblicken ergibt und ob sich L.s neue Deutung in den frühen Vorlesungen nachweisen läßt. Die Unsicherheit in der ersten Frage darf nicht verdunkeln, daß L.s Auffassung spätestens in der Vorlesung über Röm 1, 17 (1515), wenn nicht schon im Psalmenkolleg (1514), begegnet. Sicher ist, daß die im Arbeitszimmer im Wittenberger Klosterturm errungene Erkenntnis nicht ein einmaliges Durchbruchserlebnis darstellt, sondern ein aufwühlendes Ringen um eine zentrale Frage der Schrift, die das Verständnis der Rechtfertigung aus Gnaden voraussetzt, L. aber immer wieder in Zweifel an ihr stürzte.

Eine reiche Tätigkeit als Distriktsvikar seines Ordens für Meißen und Thüringen, der Zulauf der Studenten, der Sieg seiner augustinischen Theologie in der Fakultät (1516/17) und die Bestätigung vieler seiner Erfahrungen durch → Tauler, den er 1516 kennenlernte, und den anonymen mystischen Traktat, die → »Deutsche Theologie«, die er 1516 (1518 nochmals nach besserem Text) veröffentlichte, gaben ihm wachsende Sicherheit. So übte er seit der Römerbriefvorlesung scharfe Kritik an mancherlei Zuständen der Kirche, am 31.10.1516 zum ersten Male öffentlich in einer Predigt am → Ablaß, und eröffnete mit 97 Disputationsthesen vom 4.9.1517, die er gedruckt verschickte, einen Generalangriff auf die scholastische Theologie.

2. Aber nicht diese Thesen, sondern eine viel speziellere Reihe von 95 Thesen über Buße und Ablaß, die er nach vermutlich richtiger Überlieferung am 31.10.1517, der Vigil des Allerheiligenfestes, an die Tür der Wittenberger Schloßkirche anschlug, verwickelte ihn in eine öffentliche Auseinandersetzung und einen kirchlichen Prozeß. L.s Kritik richtete sich nicht in erster Linie gegen die Finanzpraktiken bei dem von dem Dominikaner → Tetzel im Auftrag von Kardinal → Albrecht von Mainz vertriebenen Ablaß, sondern gegen die darin liegende Verkehrung wahrer Bußgesinnung. Er griff, so gering er ihn einschätzte, weder den Ablaß selbst an, wenn er als bloß pädagogisches, nicht ins → Fegefeuer hineinreichendes Mittel der Kirche verstanden wird, noch den Papst, dessen Vollmacht er freilich – wie er glaubte, im Einverständnis mit ihm – in der allen Priestern anbefohlenen Fürbitte sah. Das unerwartete Aufsehen, das L.s Thesen erregten, veranlaßte ihn, sie in eingehenden »Resolutionen« zu erläutern und den positiven, seelsorgerlichen Ertrag in einem volkstümlichen »Sermon von dem Ablaß und Gnade« zusammenzufassen. Inzwischen hatten Kardinal Albrecht und die Dominikaner Anzeigen in Rom erstattet. Tetzel nahm in Gegenthesen, die der Prof. → Wimpina in Frankfurt a.O. aufgestellt hatte, die Disputation auf, unterstützt durch eine handschriftlich verbreitete Streitschrift »Obelisci« des Ingolstädter Joh. → Eck. In dieser Situation bedeutete es für L. eine Ermutigung, daß Staupitz ihn beauftragte, auf dem Kapitel der deutschen Augustinerkongregation in Heidelberg die Disputation (26.4.1518) zu halten. Sie bot ihm Gelegenheit zu einer bedeutsamen Abgrenzung von Theologie und aristotelischer Philosophie und zu leidenschaftlichen Thesen über die menschliche Unfreiheit und die Gnade, die auf viele jüngere Zuhörer tiefen Eindruck machten und eine Reihe künftiger Führer der süddeutschen Reformation (→ Bucer, → Brenz, → Schnepf, → Frecht, auch Seb. → Franck) für ihn gewannen.

Während die Auseinandersetzung mit Tetzel und Eck weiterging, kam der röm. Prozeß in Gang. Auf Grund eines oberflächlichen Gutachtens des Sylvester → Prierias wurde L. nach Rom zitiert und kurz danach, da man nach einer neuen, auf gefälschten Thesen beruhenden Denunziation seine Ketzerei als erwiesen ansah, auch Kurfürst → Friedrich der Weise aufgefordert, ihn an den auf dem Augsburger Reichstag weilenden Legaten → Cajetan auszuliefern. Inzwischen aber hatte der Kurfürst sich das Ersuchen L.s, die Sache nicht in Rom, sondern vor einem unparteiischen deutschen Gericht zu verhandeln, zu eigen gemacht. Damit geriet der Prozeß in politische Zusammenhänge. Der Papst wünschte, die von Kaiser Maximilian geplante Wahl seines Enkels Karl von Spanien (→ Karl V.) zum röm. König und das Anwachsen der auf Italien drückenden spanischen Macht zu verhindern. Um sich dafür die Unterstützung Friedrichs d.W. zu sichern, beauftragte er Cajetan, L. zu vernehmen und das Urteil über ihn zu sprechen. Das Augsburger Verhör (12.–14.10.1518) spitzte sich vor allem auf die Frage zu, ob nach biblischer und kirchlicher Lehre die Verdienste Christi der Schatz seien, aus dem die Kirche Ablaß erteilen könne. L. weigerte sich, in dieser wie in anderen Fragen zu widerrufen, ohne widerlegt zu sein. Durch einen Bericht über das Verhör (Acta Augustana) und eine Appellation an ein Konzil bereitete sich L. auf die erwartete Bannbulle vor. Er war entschlossen, Deutschland zu verlassen, um den Kurfürsten nicht zu gefährden, der erklärt hatte, ihn nicht mehr schützen zu können. Erst in letzter Stunde hielt Friedrich ihn zurück und lehnte das Verlangen Cajetans, L. auszuliefern oder auszuweisen, ab. Der päpstliche Kammerjunker v. → Miltitz, der dem Kurfürsten die Goldene → Rose überbringen sollte, gewann L. in Altenburg (4.–5.1.1519) die Zustimmung ab, daß beide Seiten sich in der Streitsache nicht mehr öffentlich äußern sollten. Er versprach, beim Papste aber eine Prüfung seiner Meinungen durch einen gelehrten Bischof durchzusetzen. L. erklärte sich wiederum bereit zu widerrufen, falls er des Irrtums überführt würde.

Miltitz hatte ohne Vollmachten gehandelt, aber ein Abkommen erreicht, in dem L. später die letzte Gelegenheit sah, die Sache friedlich beizulegen. Er hielt sich zunächst an das übernommene Schweigen. Aber Eck hatte für eine mit Karlstadt vereinbarte Disputation Thesen aufgestellt, die so offenkundig gegen L. gerichtet waren, daß er die Zulassung zu der Disputation beantragen mußte. Eck hatte die Debatte auf die Frage des röm. Primats hinübergespielt und lockte aus L. damit die erschreckende, aber wohlüberlegte These hervor, der päpstliche Primat gelte de iure (natürlich nicht de facto) erst seit 400 Jahren, dh seit der Gleichstellung der päpstlichen → Dekretalen mit dem älteren kanonischen Recht im Decretum des → Gratian. In der Resolutio super propositione XIII. gab er dafür eine von seinen neuen historischen Studien zeugende Begründung. Erst durch L.s Beteiligung erregte die Leipziger Disputation (zuerst zwischen Karlstadt und Eck über Willensfreiheit u.a., vom 4.–14.7.1519 zwischen L. und Eck über Primat, Konzile, Fegefeuer, Ablaß und Buße) ein weit über Deutschland hinausreichendes Aufsehen, namentlich unter den Humanisten. Sie förderte L. in seiner Anschauung von der → Kirche (: III, 4 a), da sie ihn zwang, die Autorität der → Konzile nicht nur grundsätzlich, sondern auch im konkreten Fall des Konstanzer Konzils der Schrift unterzuordnen. Eck suchte ihn dabei in die gefährliche Rolle eines Anwalts der Hussiten hineinzumanövrieren; L. hielt ihm dagegen die Verdammung der morgenländischen Kirche als blasphemische Folge der päpstlichen Primatansprüche vor. Mit der Leipziger Disputation war für L. die Verbindung zum röm. Kirchenbegriff abgebrochen. Nachdem durch die Wahl Karls V. zum Kaiser die Rücksicht auf Friedrich d.W. gegenstandslos geworden war, nahm die Kurie den unterbrochenen Prozeß wieder auf. In der Bulle Exsurge Domine vom 15.6.1520 wurden 41 aus dem Zusammenhang gerissene, zT verdrehte Sätze L.s ohne Begründung und Widerlegung verdammt und L. eine Frist von 60

Tagen zur Unterwerfung gesetzt. L. ließ sich zwar noch einmal von dem vermittlungsfreudigen Miltitz zu einem höflich-ernsten Brief an Papst → Leo X. mit der Widmung seiner rasch dafür entworfenen Schrift »Von der Freiheit eines Christenmenschen« (Okt. 1520) bewegen, setzte sich aber mit der Bulle selbst aufs schärfste auseinander (Adversus execrabilem Antichristi bullam). Er wiederholte feierlich seine Appellation an ein Konzil und zog schließlich die letzte Folgerung aus der Überzeugung, daß der einzelne Glaubende auch gegen die Leitung der Kirche für das Evangelium einstehen müsse: Als Antwort auf die Verbrennungen seiner Bücher verbrannte er am 10.12.1520 in Wittenberg die Bulle und das → Corpus iuris canonici - ein Zeichen, wo er den Krebsschaden der Papstkirche suchte.

In den fast zwei Jahren, in denen sein Prozeß ruhte, hatte L. seine Anschauungen in einer Fülle von Schriften entfaltet. Die Grundlage bildeten seine Vorlesungen, in denen er sich selbst klärte. 1519 erschienen die ersten seiner Operationes in Psalmos, die tiefgreifende, das Schema der scholastischen Exegese völlig überwindende Neugestaltung seiner Psalmenvorlesung, und seine aus dem Kolleg umgearbeitete Auslegung des Galaterbriefs, durch Geschlossenheit und Prägnanz die Krone seiner Kommentare. Auf eine Reihe schöner kleiner Sermone über Sakramentsfragen, das Sterben u.a. und auf die vom Kurfürsten erbetene Trostschrift Tesseradecas (angelehnt an die 14 → Nothelfer) folgte der bedeutende »Sermon von den guten Werken« (1520), eine erste ev. Ethik, in der er den Glauben als Wurzel aller wahren → guten Werke aufwies. Der Sermon vom Wucher (1520), der sich gegen das übliche maßlose Zinsgeschäft richtete und eine Reform des Armenwesens vorschlug (erweitert in: Von Kaufshandlung und Wucher, 1524), bereitete L.s umfassendes Programm zur Beseitigung der Schäden in der Kirche und im Volksleben vor: »An den christlichen Adel deutscher Nation (dh die Obrigkeit aller Art) von des christlichen Standes Besserung« (1520). Das Buch überbietet die zahlreichen Reformschriften der Konzilsbewegung (→ Reformkonzile) und des → Humanismus; nicht allein durch die Fülle konkreter Vorschläge bes. zur kirchlichen Finanzgebarung und Erneuerung des Pfarrstandes, sondern vor allem durch die praktische Anwendung seiner neuen Sicht der Kirche, wie er sie schon in einer Schrift gegen den Leipziger Alfeld »Vom Papsttum zu Rom« (1520) eindrucksvoll vorgetragen hatte. Aus der gemeinsamen Verantwortung, dem »allgemeinen → Priestertum« aller Getauften, das ihm Ende 1519 in der Beschäftigung mit dem Sakramentsbegriff und der Ordinationsfrage gewiß geworden war, rief er die Obrigkeit zu ihrer Christenpflicht, der Kirche durch Notmaßnahmen und Einberufung eines Konzils, das nicht mehr als Bischofsversammlung gedacht war, zu helfen. Die Schrift erweckte einen ungeheuren Widerhall, wurde aber an Bedeutung weit übertroffen durch die theologisch viel kühnere und darum schwerer zugängliche De captivitate Babylonica ecclesiae (1520), seine Auseinandersetzung mit der röm. Sakramentslehre. Vom Inhalt, der Vergebungszusage, und von der Form des Sakraments, dem sinnenfälligen Zeichen, aus erkannte er nur zwei der sieben röm. → Sakramente (: I) in gereinigter Gestalt an: → Taufe (: III) und → Abendmahl (: II, 3a); der Buße fehlt das Zeichen (→ Bußwesen: II, 3). Aber auch die wahren Sakramente sind sichtbare Gestalten des Gottesworts und nur durch den Glauben wirksam. Die unlösbare Zusammengehörigkeit von Glauben und Liebe beschrieb L. noch einmal mitreißend in dem Traktat »Von der Freiheit eines Christenmenschen« (lat. Form De libertate christiana, 1520). Die Fülle der Schriften von 1518-20 - man hat die Drucke allein der rein religiösen Traktate vor der Adelsschrift auf mindestens 250 000 beziffert - trug L. neben der Leipziger Disputation und der Verbrennung der Bulle die Aufmerksamkeit der Nation, vor allem die stürmische Zustimmung vieler Humanisten ein. Eine Frucht davon waren der sprunghafte Anstieg der Universität Wittenberg und die Berufung → Melanchthons (Aug. 1518), der sich schnell zu L.s nächstem Schüler und Freunde entwickelte.

Nachdem alle Ausgleichsversuche mit Rom gescheitert waren, verfolgte der Kurfürst den allein noch offenen Ausweg, L. auf dem nächsten Reichstag vor einem deutschen Schiedsgericht verhören zu lassen. In zähem Bemühen erreichte er gegen den Widerstand des Nuntius → Aleander, daß der Kaiser L. unter freiem Geleit nach Worms vorlud. Nicht nur das Erscheinen vor dem Reichstag (17./18.4.1521), sondern mehr noch die Verhandlungen vor einem Sonderausschuß erforderten ein außerordentliches Maß von Festigkeit. L. lehnte wie bisher jeden bloßen Widerruf ab, obwohl er wußte, daß er von nun an auch mit der Feindschaft des Kaisers zu rechnen hatte. Das am Schluß des Reichstags erlassene »Wormser Edikt« verhängte die Reichsacht über ihn. Sein Kurfürst entzog ihn zunächst der Gefahr, indem er ihn heimlich auf der Wartburg festsetzte.

3. In der erzwungenen Einsamkeit konnte L. eine Reihe begonnener Arbeiten zu Ende führen: die Operationes in Psalmos, die er freilich aus Mangel an Hilfsmitteln mit Ps 22 abbrach, die Auslegung des → Magnificat, das Muster eines ev., ganz auf die Gnade, nicht auf die geöffnete, mitwirkende Menschlichkeit gestellten Marienbildes, und die Kirchenpostille, die er später sein bestes Buch nannte. In kein anderes ist so sein ganzes Wesen eingegangen wie in diese breit ausgesponnenen Auslegungen (nicht Predigten) der Advents- und Weihnachtsperikopen. Daneben aber forderten ihn bald Tagesaufgaben: u.a. die Antwort an den Löwener Theologen → Latomus, eine seiner wichtigsten Schriften zur Rechtfertigungslehre, und eine grimmige Kampfansage »Wider den Abgott zu Halle«, dh gegen das neue Ablaßgeschäft des ewig geldbedürftigen Albrecht von Mainz. Vor allem brachte er seine Anschauung über drei entscheidende Fragen zur vollen Klarheit: »Von der Beicht« (mit der Ablehnung der vorgeschriebenen und Empfehlung der freiwilligen → Beichte), De votis monasticis und De abroganda missa privata. Die beiden letzten Schriften entstanden aus Sorge um Wittenberg. Dort begannen viele die Klöster zu verlassen - wie L. meinte, mit unzureichender Begründung. Nur die Erkenntnis, daß das als verdienstliche Leistung abgelegte → Gelübde der Gnade widerstreite, gibt die Freiheit, es abzuwerfen - oder es im rechten Sinne zu halten, wie es L. noch immer tat. Ebenso schien ihm der seit Okt. 1521 in Wittenberg unter Führung von → Karlstadt und → Zwilling entbrannte Kampf gegen die Privatmesse in die falsche Richtung zu gehen. Nicht die Verweigerung des Kelches an die Laien, sondern die Verkehrung der Gabe Christi zu einem durch die Kirche dargebrachten Opfer ist das entscheidend Unevangelische an der röm. Messe. Die Unruhe um die Wittenberger Vorgänge trieb ihn zu einem kurzen heimlichen Besuch, von dem er beruhigt zurückkehrte. Er machte sich sogleich an die von den Freunden erbetene Übersetzung des NT, die er in 11 Wochen fertigstellte. Seine Vorlage war die Textausgabe des → Erasmus von 1519, der eine lat. Übersetzung und Erläuterungen beigegeben waren. Dazu trat die ihm wörtlich vertraute Vulgata, so daß er nicht allein nach dem Urtext, sondern nach dieser dreifachen Kombination übertrug. Dagegen ist die vermutete Benutzung der Zainerbibel (→ Bibelübersetzungen: IV, 1)

nicht nachzuweisen. L. übersetzte in die auf dem Siedlungsboden aus der Verschmelzung ober- und niederdeutscher Dialekte entstandene ostmitteldeutsche Sprachform. Er hat sie nicht geschaffen, aber durch seine Bibel und seine Schriften wie kein anderer zur deutschen Gemeinsprache gemacht.

Inzwischen waren in Wittenberg und bald darauf auch in Eilenburg die Wogen wieder hochgegangen. Eine von Karlstadt zu Weihnachten gehaltene, von den Opfergebeten gereinigte Messe, bei der das Abendmahl unter beiderlei Gestalt ausgeteilt wurde, machte der Rat zur Grundlage einer »Ordnung der Stadt Wittenberg«. Zugleich wurden darin Maßnahmen gegen Armut und Unzucht getroffen, wie L. sie in der Adels- und der Wucherschrift vorgeschlagen hatte, und die Beseitigung der Bilder aus den Kirchen angeordnet, die Karlstadt nach dem at. Bilderverbot (→ Bilder: II) gefordert hatte. Schlimmer noch war die Unruhe, welche die → »Zwickauer Propheten« in die Stadt trugen. Sie waren aus Zwickau ausgewiesen worden, nachdem es durch → Müntzer und den visionären Tuchmacher Storch, der u.a. die Kindertaufe scharf angriff, zu heftigen Auseinandersetzungen gekommen war. Melanchthon und der Kurfürst wußten keine Hilfe. So riefen der Rat und die Universität L. zurück. Durch Predigten in der Woche seit Invokavit (9.3.1522) stellte er die Ordnung binnen kurzem wieder her. Karlstadt fügte sich, freilich nur gezwungen. Die »Propheten« ließ L. mit Spott abfahren. Der Gemeinde hielt er vor, daß sie gegenüber den Altgläubigen die Liebe vergessen und sich zum Haften an äußeren Dingen (Laienkelch, Beseitigung der Bilder, die doch an sich gut und unschädlich sind) habe verführen lassen. Um niemanden zu zwingen, ließ L. in der Stadtkirche den sonntäglichen Meßgottesdienst bis auf die Opferungsgebete zunächst unverändert, schuf aber daneben ev. Abendmahlsfeiern. Indem er ein organisches Wachstum einleitete, entschied er über den Charakter der Reformation. Jetzt näherten sich ihm auch die böhmische → Brüderunität (: I) und die Utraquisten (→ Huß, 2). Die Vertreter der Brüderunität → Horn und Mich. → Weiße gefielen ihm, konnten aber die Bedenken, die er gegen ihre Sakramentslehre hatte, nicht völlig ausräumen. Der Besuch des Utraquisten Cahera veranlaßte ihn zu der Schrift De instituendis ministris ecclesiae (1523), in der er den Unterschied zwischen dem allen Christen in der Taufe anvertrauten Priesteramt (sacerdos) und dem geordneten Gemeindeamt (presbyterus, minister) bes. klar darlegte. Die Auseinandersetzung mit den Gegnern trat jetzt vor der aufbauenden literarischen Arbeit zurück. Nur der Angriff Heinrichs VIII. von → England (: I, 3) gegen seine Schrift De captivitate Babylonica zwang ihn zu einer Erwiderung (1522). Der Verdruß über die unergiebige Fehde und der Wunsch, zu zeigen, daß er sich auch vor keinem König fürchte, machen seine deutsche und lat. Antwort zu den gröbsten Schriften, die er bis dahin geschrieben hatte. Der mit Melanchthons Hilfe durchgesehenen Übersetzung des NT (Sept., 2. Aufl. Dez. 1522) gab er Vorreden mit, in denen er zu einigen historisch-kritischen Urteilen und vor allem zu einer Sachkritik mehrerer Schriften am Maßstab des in seiner Vorrede zum Römerbrief klassisch dargestellten Evangeliums anleitete. Sodann stellte er sich nacheinander den großen öffentlichen Fragen. Die Schrift »Vom ehelichen Leben« (1522) sollte die → Ehe (: III B, 3; V, 2) nicht nur von den unzähligen kanonischen Ehehindernissen befreien, sondern ihr vor allem ihren von der Jungfräulichkeit nicht übertroffenen Rang wiedergeben. Das Vorgehen Herzog → Georgs von Sachsen u.a. gegen seine Bibelübersetzung und andere Verfolgungen zwangen ihn zur Besinnung über die Frage »Von weltlicher Oberkeit, wie weit man ihr Gehorsam schuldig sei« (1523). Er schärfte die nt. und augustinische Unterscheidung der zwei Reiche von neuem ein und forderte Gehorsam in weltlichen und gegebenenfalls Ungehorsam in Glaubens- und Gewissensfragen (→ Zwei-Reiche-Lehre). Zugleich wies er dem einzelnen Christen, indem er zwischen dem Handeln für sich und für andere unterschied, den Weg zu einer verantwortlichen, in beiden Fällen in der Liebe wurzelnden Handhabung des Rechts und der staatlichen Ämter. Die Schrift war die Frucht seiner Auseinandersetzung mit einer tausendjährigen Gesellschaftsordnung. Schließlich veranlaßte ihn die Stadt Leisnig (Mulde), seine Gedanken über den neuen Aufbau der → Gemeinde (: II, 3c) vorzulegen (1523). Er veröffentlichte mit einer Vorrede ihre Kastenordnung, welche die Verwendung des → Kirchenguts für Kirche, Schule und soziale Zwecke regelte, begründete in der Schrift »Daß eine christliche Versammlung ... Recht und Macht habe, alle Lehre zu urteilen ...« gegenüber der häufigen → Inkorporation das Recht der Gemeinde, ihre Pfarrer zu wählen, und gab einige Anweisungen »Von Ordnung Gottesdiensts in der Gemeinde«. Ein Entwurf einer gereinigten lat. Messe für die Wittenberger Stadtkirche folgte (Formula missae et communionis, 1523). L.s bedächtiges Vorgehen in diesen Fragen rief heftige Vorwürfe aus dem eigenen Lager hervor. Karlstadt, der Pfarrer in Orlamünde geworden war, verfocht dort weiterhin seine Ablehnung der Bilder, verbunden mit einer Versenkungsmystik, die er auch in Schriften vertrat. Die Auseinandersetzung mit ihm wurde überschattet durch das wilde Treiben, das Müntzer seit Ostern 1523 in Allstedt am Kyffhäuser begonnen hatte. L. hörte mit Entsetzen, daß Müntzer durch gewaltsames Vorgehen die von den Wittenbergern verratene Reformation zum Siege zu führen hoffte. In seinem Brief »An die Fürsten zu Sachsen von dem aufrührerischen Geist« (Juli 1524) rief L. zum Einschreiten gegen Müntzers Umsturzpläne auf, unterschied davon aber seine Lehre, die nicht mit Gewalt, sondern nur mit dem Wort bekämpft werden dürfe. Die Schrift enthält L.s wichtigste Ausführungen zur Frage der → Toleranz (: II). Mit der Verbindung der gesetzlichen Auslegung des AT und einer ekstatisch-eschatologischen Mystik setzte er sich noch einmal in der vor allem gegen Karlstadt gerichteten Schrift »Wider die himmlischen Propheten« (1524/25) auseinander, in der er auch seine symbolische Abendmahlslehre angriff. Durch die Abgrenzung gegen eine spirituelle Mystik, die Bestimmung des Verhältnisses von Gesetz und Freiheit und die Vorordnung des Wortes und Glaubens auch in seiner realistischen Sakramentsanschauung ist es eines seiner bedeutendsten Werke. Aus dem Kampf gegen die »Schwärmer« erwuchsen auch L.s erste Gemeindelieder 1523/24 (→ Kirchenlied: I, 3 a). Sie sind wohl durch die Gesänge in Müntzers »Deutschem Kirchenamt« veranlaßt. Und gegen die Bildungsfeindlichkeit Karlstadts und der Zwickauer Propheten richtete sich sein weitgehörter Ruf »An die Ratsherren ..., daß sie christliche Schulen aufrichten sollen« (1524), vor allem zur Pflege der Sprachen.

Die politischen Vorgänge dieser Jahre berührten L. wenig. Er ließ sich in die Erhebung der Reichsritter 1522/23 (→ Sickingen, → Hutten) nicht hineinziehen. Und sein Rat an den Hochmeister des deutschen Ritterordens → Albrecht von Brandenburg, den Ordensstaat in ein weltliches Herzogtum umzuwandeln, war nicht politisch begründet, sondern wollte dem geistlich-weltlichen Zwittergebilde des Ordens ein Ende machen (An die Herren deutschs Ordens, 1523). In einer anderen

Weise stieß er auf dasselbe Problem, als die Bauern (→ Bauernkrieg) jetzt begannen, ihre alten Forderungen mit der christlichen Freiheit zu begründen. Das war in L.s Augen eine neue, heillose Verwirrung von Weltlichem und Geistlichem. L. bemühte sich in seiner »Ermahnung zum Frieden auf die 12 Artikel der Bauernschaft in Schwaben« (April 1525), die wirtschaftlichen Forderungen der Bauern, denen er zT beitrat, den Grundherren aufs Gewissen zu legen, andererseits aber die Bauern zu überzeugen, daß es kein christliches Recht auf diese Forderungen und vollends keinen Aufstand im Namen Christi gebe. Er beschwor beide, sich auf ein Schiedsgericht zu einigen. Die rasende Ausbreitung des Aufstands ließ L.s besonnenes Wort verhallen, während Müntzers u.a. gleichzeitige Hetzschriften zündeten. L. reiste selbst im Mai 1525 ins mansfeldische und thüringische Aufruhrgebiet, hatte aber keine Gewalt mehr über die Massen. Da das Schlimmste zu befürchten war und seine Landesherren, vor allem der todkranke Kurfürst († 5. Mai), am Recht der Gegenwehr gezweifelt hatten, gab L. seine »Ermahnung« nochmals heraus, dazu einen Anhang »Auch wider die räubischen und mördischen Rotten der andern Bauern«, der erst in Nachdrucken als selbständige Schrift erschien. Die erregten Worte dieser Schrift entstammen der Siedehitze der völlig unübersichtlichen Situation und dem Bewußtsein, der Obrigkeit jetzt einen unzweideutigen Gewissensrat geben zu müssen. L. bekannte sich gegenüber der Kritik, die seine Härte hervorgerufen hatte, noch einmal ruhiger zu dieser Verpflichtung, trat gleichzeitig aber den Fürsten, die zT ihren Sieg auskosteten, mit Schärfe entgegen (Ein Sendbrief von dem harten Büchlein wider die Bauern, 1525). Die vom Teufel heraufbeschworene Krise und das Gefühl, ernstlich krank zu sein, stellten ihm die Möglichkeit eines nahen Endes vor Augen und brachten damit den oft erwogenen, aber immer wieder verworfenen Entschluß zur Reife, zu heiraten. Er wollte damit anderen ein ihr Gewissen ermutigendes Zeichen geben. Katharina von → Bora, für die er seit ihrer Flucht aus dem Kloster Verantwortung empfand, wurde ihm eine treffliche Frau und Verwalterin des großen Haushalts, den er von nun an mit zahllosen Gästen, unermüdlicher Freude an Gespräch und Musik und rückhaltloser Wohltätigkeit führte. Erst im Herbst des schicksalsreichen Jahres 1525 kam L. dazu, auf den Angriff zu antworten, den → Erasmus in seiner Schrift De libero arbitrio (Sept. 1524) gegen ihn gerichtet hatte. L. hatte ihn als Humanisten verehrt, dagegen die theologischen Unterschiede früh erkannt. Er antwortete zögernd, teils verdrossen über den unnötigen Streit, den er gern vermieden hätte, teils doch auch dankbar, sich einmal über Kernfragen und nicht über untergeordnete Dinge wie Ablaß, Papsttum u. dgl. äußern zu müssen. Die dem Gedankengang des Gegners folgende und daher formlose Schrift De servo arbitrio (Dez. 1525) zieht den Schleier von den tiefsten Untergründen von L.s Gotteslehre (→ Gott: V, 12): dem deus absconditus (dh nicht einem besonderen, verborgenen, sondern dem sich verbergenden Gott, der zugleich sein Herz in Christus dem Glauben offenbart), der alles Leben, auch das böse, tragenden Allgewalt Gottes und der → Prädestination (: III). Das tiefsinnige Buch bietet zwar keine vollständige Theologie L.s, aber entscheidende, nicht zu eliminierende Fundamente.

4. Bis 1525 hatte L. sich zu allen großen Differenzen gegenüber der röm. Kirche und zu den wichtigsten öffentlichen Fragen geäußert und die reformatorische Bewegung gegen Verfälschungen abgegrenzt. Von nun an gehörte seine Arbeit stärker den täglichen Pflichten des Aufbaus. Seine Vorlesungen und Reihenpredigten galten bes. dem AT: den Mosebüchern, an denen er seine Gesetzesauffassung und Hermeneutik zu klarem Ausdruck brachte (Deuteronomium, 1525; Unterrichtung wie sich die Christen in Mosen sollen schicken, 1525), und den kleinen Propheten (1524-26); Vorlesungen über den Prediger Salomonis (1526) und Jesaja (1527-30) folgten. An der schwierigen Übersetzung des AT arbeitete er unermüdlich weiter (→ Bibelübersetzungen: IV, 2); die erste vollständige Bibel erschien 1534. Inzwischen führte er schon Revisionen des NT (1526, 1530) und des Psalters (1528, 1531) durch und stellte einen teils revidierten, teils neu übersetzten lat. Bibeltext her (Gen - 2Kön, NT, 1529). Ende 1525 begann die Erneuerung des → Gottesdienstes (: V B, 2 a α) in Wittenberg. L. gab sie bald auch in einer Schrift bekannt, ohne damit ein Gesetz aufrichten zu wollen (Deutsche Messe, 1526). Sie enthält Anregungen für Wochengottesdienste und ein Formular für den Sonntagsgottesdienst, den L. als öffentliche Veranstaltung auch für Nochnichtglaubende und für die Jugend in Anlehnung an die Messe ausgestaltete. Für die, »so mit Ernst Christen wollen sein«, hätte ihm ein schlichter Gottesdienst mit Wort, Gebet und Sakrament genügt. Der Beschluß des 1. Speyrer Reichstags (1526) brachte überall den Aufbau in Gang. L. hielt Versuche einer völligen Neugestaltung des Kirchenwesens wie die Reformatio ecclesiarum Hassiae (1526, → Hessen: I, 2) für verfrüht und riet zunächst zu → Visitationen, wie man sie 1526 in Kursachsen auf kleinem Gebiet erprobt hatte und 1527-30 umfassend durchführte. Zu dem »Unterricht der Visitatoren« Melanchthons (1528) steuerte L. nur die Vorrede bei, die im Unterschied von der kurfürstlichen Instruktion die Mitwirkung des Landesherrn aus der christlichen Liebespflicht, nicht dem landesherrlichen Recht begründete (→ Kirchenverfassung: VI, 2). Aus dem Ergebnis der Visitation ersah L. den Mangel an einem ausreichenden Glaubensunterricht und schrieb darum, nachdem er andere vergeblich ermuntert hatte, seine Katechismen (1529; → Katechismus: II, 3). Mehr Sorge als das in jenen Jahren zurücktretende Ringen mit Rom machte L. die Auseinandersetzung mit der spiritualistischen Sakramentslehre, wie sie ihm nach Karlstadt auch in → Zwingli, → Ökolampad und → Schwenckfeld begegnete. L. sah in allen »Sakramentierern« den trotz gewisser Unterschiede einheitlichen Versuch der Vernunft, die Paradoxie der von Gott gewählten Offenbarung zu umgehen. Nach längerem Zögern griff er, nachdem sich Zwinglis Lehre in Süddeutschland besorgniserregend ausgebreitet hatte, Mitte 1526 in den Streit ein, in den bald danach auch → Bucer verwickelt wurde. In der heftigen Fehde mit Zwingli und Ökolampad sprach L. in der Schrift »Vom Abendmahl Christi, Bekenntnis« (1528) sein Schlußwort und bekräftigte es am Ende durch eine trinitarische Formulierung seiner Glaubensanschauungen, die knappste, die wir von ihm haben (WA 26, 499ff). L. verteidigte seine Abendmahlsanschauung sowohl in scharfsinniger Exegese gegenüber den zT seltsamen Auslegungen seiner Gegner wie in überlegener Abwehr der philosophischen Vorstellungen, die sie mit der Erhöhung Christi in den Himmel verbanden. Die Abendmahlsschriften sind daher die wichtigsten Quellen zu L.s theologischer Metaphysik, seiner Raum- und Naturanschauung. Trotz des heftigen Streits gelang es Landgraf → Philipp nach dem bedrohlichen Ergebnis des 2. Speyrer Reichstags (→ Protestation), die Gegner im Okt. 1529 auf dem → Marburger Religionsgespräch an einen Tisch zu bringen. Der Riß zwischen beiden prot. Gruppen war freilich mit L.s versöhnlich gehaltenen »Marburger Artikeln« vom 4.10.1529 nicht geheilt. Dazu trat der

Gegensatz in der Frage nach dem Recht des Widerstands gegen den Kaiser. L. hatte den Verteidigungskrieg, soweit nicht erkennbares Unrecht des Landesherrn vorliegt, bejaht (»Ob Kriegsleute auch in seligem Stande sein können«, 1526; → Krieg: IV, 1) und forderte deshalb in mehreren Schriften 1528/29 den gemeinsamen, vom Glaubenszwiespalt unabhängigen Abwehrkampf gegen die Türken, der aber nicht als Kreuzzug im Namen Christi zu führen sei. In der bedrohlichen Situation der → Packschen Händel 1528 gab er dementsprechend eine Verteidigungspflicht zu, lehnte aber die Angriffspläne Philipps von Hessen ab. Dagegen erkannte er gegenüber dem Kaiser, den er als höhere Obrigkeit verstand, den Fürsten so wenig ein → Widerstandsrecht zu wie einst den Bauern gegen sie. Als Karl V. 1530 wieder in → Deutschland (: I, 2a) erschien und die Religionsfrage auf dem Augsburger Reichstag zur Erörterung stellte, konnte Kurfürst Johann den Geächteten nur bis zur Koburg, seiner südlichsten Festung, mitbringen. Die Zeit dort (15.4.-4.10.1530) brachte wieder einen reichen literarischen Ertrag: Prophetenübersetzung, Auslegung des 118. Psalms (»Das schöne Confitemini«), Von den Schlüsseln (wichtig für Beichte und Kirchenzucht), »Daß man Kinder zur Schule halten solle«, Sendbrief vom Dolmetschen, Beginn einer Übersetzung von Äsops Fabeln. Auf die Augsburger Verhandlungen wirkte L. zunächst durch seine »Vermahnung an die Geistlichen, versammelt auf dem Reichstag zu Augsburg« ein, eine kraftvolle rückblickende Rechtfertigung der Reformation, sodann durch eine Reihe großartiger Mahn- und Trostbriefe. Er freute sich an dem → Augsburger Bekenntnis und dem mutigen Auftreten der Fürsten und Städte, mahnte dann aber den nachgiebigen Melanchthon zum Abbruch der nutzlosen weiteren Verhandlungen. Er verkannte den Ernst des scharfen Reichstagsabschieds nicht, begegnete ihm aber mit Ruhe, ja Angriffslust. In der »Warnung an seine lieben Deutschen« (1531) prangerte er jeden Krieg zur Ausrottung des Evangeliums als Frevel gegen Gott an. In dem Chaos, das dadurch kommen werde, gestand er ein Notwehrrecht zu. Von den Juristen belehrt, daß ein Widerstand gegen den Kaiser im positiven Recht vorgesehen sei, war L. bereit, die rechtliche Frage ihrem Gewissen zu überlassen (Gutachten Okt. 1530), mahnte aber weiterhin, das Vertrauen nicht auf Waffen, sondern auf Gott zu setzen. An der Gründung des Schmalkaldischen Bundes (Febr. 1531) wirkte er nicht mit und drang bei den unter dem Druck der Türkengefahr vom Kaiser eingeleiteten Verhandlungen auf größte Nachgiebigkeit, soweit es nicht die Lehre und den rechten Gottesdienst beträfe. Den Nürnberger Frieden (Juli 1532), der den Protestanten bis zu einem »freien, christlichen Konzil« Sicherheit gab, begrüßte er als ein Gnadenzeichen Gottes und als Bestätigung der friedlichen Festigkeit, zu der er unbeirrt geraten hatte.

5. Die nun folgenden Jahre des Friedens ermöglichten L. eine ungestörte Arbeit an den Tagesaufgaben. Seine Vorlesungen galten nach der großen Galatervorlesung (1531; hg. v. → Rörer) mehrere Jahre den Psalmen, von 1535-45 der Genesis. Die Neuordnung der theologischen Fakultät (1533) und der Universität → Wittenberg (1536) brachte L. das ständige Dekanat und die Wiederaufnahme der seit 1522 eingeschlafenen Disputationen, für die er eine Fülle von Thesen aufstellte. - Schon seit längerem hatte ihn das Täufertum wieder beschäftigt, für das ihm, da es in Sachsen keine Rolle spielte, Storch und Müntzer die Urbilder blieben. Er setzte sich theologisch mit ihm auseinander (Von der Wiedertaufe an zwei Pfarrherrn, 1528), forderte aber auch das Einschreiten der Obrigkeit gegen die Auflösung der kirchlichen und - wegen der Ablehnung des Staatsdienstes - auch der bürgerlichen Ordnung. Im äußersten Falle erklärte er, einem Gutachten Melanchthons zustimmend (Okt. 1531), sogar die Todesstrafe für zulässig. Für ihn fiel das Wirken der → Täufer nicht nur in den Bereich der Irrlehre, sondern des Aufruhrs. Das Täuferreich zu Münster (1534/35) konnte ihm sein zuerst am »Allstedter Geist« (Müntzer) gewonnenes Bild der Bewegung nur bestätigen. Zu seiner Freude begann sich gleichzeitig der andere große Riß, die Differenz in der Abendmahlsfrage, langsam zu schließen. Der drohende Augsburger Reichstagsabschied, der Tod Zwinglis (Okt. 1531) und der damit verbundene Rückgang seiner Lehre in Süddeutschland erleichterten Bucers unverdrossenes Ringen um eine Konkordie. L. hatte seit einem Besuch Bucers auf der Koburg (Sept. 1530) wieder zu ihm Vertrauen gefaßt und ließ sich schließlich durch die Einigungen in Württemberg und den oberdeutschen Städten von der Aufrichtigkeit seiner Bemühungen überzeugen. So stimmte er schließlich der ihm im Mai 1536 in Wittenberg vorgelegten Lehrformulierung der Oberländer zu, ohne die Meinungsverschiedenheiten bis ins Letzte auszudiskutieren. Die Hauptsache war, daß die reale, vom Empfangenden unabhängige Gegenwart Christi anerkannt und Zwinglis Symbolismus beseitigt war. Die → Wittenberger Konkordie war kein Unionsbekenntnis - daher hatte L. auch keine Veranlassung, sich in eigenen Äußerungen daran zu halten -, sondern Anerkennung der Glaubens- und Kirchengemeinschaft. Auf diese Weise wurde Süddeutschland dem Luthertum wieder zugeführt. Zugleich aber begann die Abwehr der antinomistischen Mißdeutung seiner Lehre durch → Agricola. Sie erregte L. tief, handelte es sich doch um den Kern seiner Rechtfertigungslehre. In sechs Thesenreihen (1537-40), drei Disputationen (1537 bis 1538) und der kleinen Schrift »Wider die Antinomer« (1539) klärte er den Sinn des Gesetzes, ohne das es nicht zur Buße und zum Glauben kommen kann. Es sind die wichtigsten Äußerungen des späteren L. zu seinem Lebensthema → Gesetz (:V, 5) und Evangelium.

Das Verhältnis zur röm. Kirche beschäftigte L. wieder, als Clemens VII. endlich auf Karls V. unaufhörliches Drängen seit 1533 Anstalten machte, ein Konzil einzuberufen. L. und die Seinen hatten zu oft ein »freies christliches Konzil« gefordert, als daß sie es jetzt trotz aller Bedenken ablehnen konnten, wie Kurfürst Johann Friedrich von Anfang an meinte. Andererseits war es für sie ebenso unmöglich, sich von vornherein dem Spruch eines vom Papst geleiteten Konzils zu unterwerfen, wie dieser verlangte. Die zahlreichen Wittenberger Gutachten in diesen Jahren, vor allem nach der Einberufung eines Konzils nach Mantua durch → Paul III. (2.6.1536; → Vergerio), dämpften alle Illusionen, rieten aber schließlich, das Konzil zu besuchen und sich dort zu Gottes Wort zu bekennen. Zur Vorbereitung der Konzilsfrage in der Schmalkaldener Bundesversammlung Febr. 1537 beauftragte der Kurfürst L. mit einem Gutachten, worin man notfalls nachgeben könne und worin nicht. Zugleich wollte er ihn damit, da er seit langem um L.s Gesundheit fürchten mußte, zu einer testamentarischen Erklärung über seinen Glauben bewegen, um künftige Spaltungen zu verhüten. In diesen → Schmalkaldischen Artikeln verwarf L. nochmals aus dem Glauben an die Versöhnung in Christus mit aller Entschiedenheit Messe, Papsttum u.a., ließ aber auch bei den theologischen Grundfragen, über die man diskutieren könne, nichts zum Nachgeben übrig. Der Schmalkaldische Bund lehnte eine Teilnahme am Konzil ab, das inzwischen vom Papst schon wieder vorläufig abgesagt war. L. führte das Thema für sich in seiner Schrift

»Von den Konziliis und Kirchen« (1539) zu Ende. Mit reichem Material aus der Geschichte der vier ersten ökumenischen Konzile umriß er die Aufgaben und Grenzen eines wahren, sich der Schrift unterstellenden Konzils, freilich ohne Hoffnung, daß es jetzt zu einem solchen kommen werde. Die Schrift bietet die reifste Darstellung von L.s Kirchenbegriff (dazu später noch »Wider Hans Worst« [Heinz von Braunschweig], 1541). Zu L.s besonderer Freude gingen 1539 auch die benachbarten Länder, das Herzogtum → Sachsen und → Brandenburg (: II, 2), zur → Reformation über.

6. Die letzten Lebensjahre L.s waren neben gesundheitlichen Störungen von einer Fülle großer oder kleiner Sorgen bedrückt. Die politischen waren dabei die geringsten. An den vermittelnden Religionsgesprächen 1540/41 war er nicht beteiligt, hielt auch nichts von ihnen. Die Ausgleichsformel über die Rechtfertigungslehre, das »Regensburger Buch« (→ Gropper), lehnte er ab. Dagegen bereitete ihm die Nebenehe → Philipps von Hessen Not, mit der er sich auf Vermittlung Bucers bei strenger Geheimhaltung einverstanden erklärt hatte (Dez. 1539), damit der Landgraf sein übles Leben beende. Als die Sache trotzdem ruchbar geworden war, riet L., sie schlimmstenfalls lieber abzuleugnen, als daß ein böses Beispiel daraus entstünde. Mitleid mit dem zerknirschten Philipp, at. und andere Beispiele und die Möglichkeit einer individuellen Notentscheidung des Gewissens gegen das formulierte Gesetz führten zu dem Beichtrat, der, so verfehlt er war, nur als solcher verstanden werden kann. Die langsam anlaufenden Kriegsvorbereitungen des Kaisers blieben L. verborgen. Er wäre ihm sonst nicht gegen das die entgegenkommenden Beschlüsse des Speyrer Reichstags 1544 rügende Breve des Papstes mit einer groben, seinen Lebenskampf zusammenfassenden Schrift »Wider das Papsttum zu Rom, vom Teufel gestiftet« (1545) an die Seite getreten. Am meisten quälten ihn die Reibungen und Mißstände innerhalb des ev. Lagers, etwa die zwischen den beiden sächsischen Fürsten, und der Kleinkrieg mit den Hofbeamten und Juristen um Kirchen- und Ehefragen. L. trat dem Versuch des Herzogs Moritz 1543, die → Kirchenzucht (: I) in die Hände der Obrigkeit zu nehmen, scharf entgegen, während er sich zu dem Gedanken einer Gemeindezucht nach dem Vorbild → Hessens zustimmend geäußert hatte, ohne freilich Schritte zu ihrer Einführung zu tun. Wohin seine Gedanken über eine dauernde Ordnung der Kirche gingen, hatte er bei der Einsetzung → Amsdorffs zum Bischof von → Naumburg 1542 deutlich gezeigt. Mehr als einzelne Vorkommnisse bekümmerte L. der allgemeine Zustand des öffentlichen Lebens. Die Sorge, daß die versäumte Gnadenstunde zum Gericht werden müßte, preßte ihm manchen Notschrei aus, – nicht über die Gnadenpredigt der Reformation, wie das von den Gegnern oft mißdeutet wurde, sondern über sein geliebtes, Gott undankbares Volk. Die Nähe des Jüngsten Tages wurde ihm immer gewisser. Um so mehr hielt er die Obrigkeit dazu an, das Ihre zur Vermeidung des göttlichen Gerichts zu tun. Dazu gehörte auch, daß sie nach der Messe und der Täuferpredigt der dritten Form öffentlicher Gotteslästerung ein Ende machte, dem Gottesdienst der Synagoge. Hatte L. einst zur → Judenmission aufgerufen (Daß Jesus Christus ein geborener Jude sei, 1523), so war er durch den Mißerfolg dieses Versuchs, persönliche Enttäuschungen und jüdische Schriften in eine so gereizte Stimmung geraten, daß er für das Verbot ihres Gottesdienstes und notfalls für ihre Ausweisung eintrat (Wider die Sabbather, 1538; Wider die Juden und ihre Lügen, 1543). So schrecklich L. hier seinem Zorn Lauf ließ, so muß doch zum Unterschied von jeder rassisch-antisemitischen Denkweise (→ Antisemitismus) festgehalten werden, daß L.s Zorn sich gegen die Christusleugnung der Juden richtete. Bekehrte Juden sollten als Brüder behandelt werden.

L. war seit etwa 1525 oft krank gewesen, vor allem an einem immer wiederkehrenden Steinleiden, das im Febr. 1537 in Schmalkalden fast zu seinem Tode geführt hätte, und einem chronischen Ohrenkatarrh, der seine Arbeitsfähigkeit oft beeinträchtigte. Mit seinen Erkrankungen hingen schwere seelische Depressionen zusammen, zB 1527/28, die aber nicht aus einer manisch-depressiven Psychose (Reiter) abzuleiten sind, da L. auch in diesen Zeiten von erstaunlicher Schaffenskraft war. → Anfechtungen und hochgestimmter Kampfesmut, die in ihm nahe beieinander liegen konnten, waren vielmehr Ausdruck eines Seelenlebens von unerhörter Kraft und Weite und eines Lebenskampfes von unvergleichlicher Schwere, den er nur dank einer außerordentlichen Willenskraft bestehen konnte. Eine lange vorbereitete Angina pectoris führte schließlich zum Tode, als sich L. mit einer Reise nach Eisleben zur Schlichtung eines Rechtsstreites im Mansfelder Grafenhause einer allzu großen Belastung aussetzte. Er starb dort am 18.2.1546 und wurde in der Schloßkirche zu Wittenberg beigesetzt.

Vgl. die Lit. zu → Luther: II. - *Werke:* → Lutherausgaben (Lit.). - *Bibliogr.n:* SCHL. I Nr. 10 919-14 610; V Nr. 47 502-48 070 b - LuJ 1926-40, 1957ff.

Forschungsberichte: H.BOEHMER, L. im Lichte der neueren Forschung, (1906) 1918[5] - E.WOLF, Über neuere L.-Lit. u. d. Gang d. L.forschung (ChuW 9, 1933, 201-226; 10, 1934, 6-21. 203-219. 259 bis 273. 437-457) - H.HERMELINK, Die neuere L.forschung (ThR NF 7, 1935, 63-85. 131-156) - DERS., Zur Theol. L.s (ebd 15, 1943, 12-55) - J.HASHAGEN, Die apologet. Tendenz d. L.forschung u. d. sog. L.-Renaissance (HV 31, 1939, 625-650) - DERS., Krit. Betrachtungen zur L.forschung (ARG 39, 1942, 256-273) - W.v.LOEWENICH, 10 Jahre L.forschung (1938-48) (in: Theol. u. Liturgie, hg.v. L.HENNIG, 1952, 121-170) - L.v.MURALT, Zur L.forschung u. zum L.verständnis (Zwingliana 9, 1953, 576-595) - L.forschung heute, hg.v. V.VAJTA, 1958 (Bibliogr.) - EKL II, 1177ff - D.LÖFGREN, Verschiedene Tendenzen in d. neueren L.forschung (KuD 5, 1959, 146-164).

Gesch. d. L.verständnisses: H.STEPHAN, L. in den Wandlungen seiner Kirche, (1907) 1951[2] - H.BORNKAMM, L. u. Böhme, 1925 - DERS., Renaissancemystik, L. u. Böhme (LuJ 9, 1927, 156-197) - DERS., L. zwischen den Konfessionen. 400 Jahre kath. L.forschung (Festschr. f. G.Ritter, 1950, 210-231) - DERS., L. im Spiegel der dt. Geistesgesch. Mit ausgew. Texten von Lessing bis zur Gegenwart, 1955 - W.REHM, L. im Lichte der Klassik u. Romantik (ZW 3, 1927, II, 254-267) - F.BLANKE, Hamann u. L. (LuJ 10, 1928, 28-55) - TH SIEGFRIED, L. u. Kant, 1930 - O.WOLFF, Die Haupttypen der neueren L.deutung, 1938 - H.LEUBE, Deutschlandbild u. L.auffassung in Frankreich, 1941 - A.HERTE, Das kath. L.bild im Bann der L.kommentare des Cochläus I-III, 1943 (kath.) - J.HESSEN, L. in kath. Sicht, (1947) 1949[2] (kath.) - E.W.ZEEDEN, M.L. u. d. Reformation im Urteil des dt. Luthertums (bis zum Beginn der Goethezeit) I. II, 1950-52 (kath.) - J.PELIKAN, From L. to Kierkegaard, 1950 - F.HILDEBRANDT, From L. to Wesley, 1951 - M.SCHMIDT, Spener u. L. (LuJ 24, 1957, 102-129).

Zum Allgemeinen: J.KÖSTLIN, M.L. Sein Leben u. seine Schriften I. II, (1875) 1903[5] hg.v. G.KAWERAU - TH.KOLDE, M.L. I. II, 1884 bis 1889 - A.E.BERGER, M.L. in kulturgeschichtl. Darstellung I-IV, 1895-1921 - H.DENIFLE OP, L. u. Luthertum in der ersten Entwickelung I. II u. 2 ErgBde, 1904-09 - W.EBSTEIN, D. M.L.s Krankheiten u. deren Einfluß auf seinen körperl. u. geistigen Zustand, 1908 - H.GRISAR SJ, L. I-III, (1911/12) 1924f[3] - DERS., M.L.s Leben u. sein Werk, (1926) 1927[2] - W.WALTHER, L.s Charakter, 1917 - HOLL I. III - G.RITTER, L., Gestalt u. Tat, (1925) 1959[6] - G.BUCHWALD, L.-Kalendarium (SVRG 147), 1929 - R.THIEL, L. I. II, 1933-35 - P.J. REITER, M.L.s Umwelt, Charakter u. Psychose I. II, Kopenhagen 1937-41 (kath.) - J.LORTZ, Die Reformation in Deutschland I. II, (1939f) 1948[3] (kath.) - H.BORNKAMM, L.s geistige Welt, (1947) 1959[3] - E.G.SCHWIEBERT, L. and his times, St. Louis/Miss. 1950 - R.H.BAINTON, Here I stand. A life of M.L., New York 1950; dt. v. H.DÖRRIES, (1952) 1958[2] - ERNST WOLF, Peregrinatio. Studien zur reformat. Theol. u. zum Kirchenproblem, 1954 - EKL II, 1162ff (DERS.) - E.HIRSCH, L.studien I. II, 1954 - H.FAUSEL, D. M.L., 1955 (Texte) - E.GROSSMANN, Beitrag zur psychol. Analyse der Persönlichkeit Dr. M.L.s (Monatsschr. f. Psychiatrie u. Neurologie 132, 1956, 274-290) - F.LAU, L. (SG 1187), 1959.

Zu 1: O.SCHEEL, Dokumente zu L.s Entwicklung (SQS NF 4), (1911) 1929² - DERS., M.L., Vom Katholizismus zur Reformation I. II, (1916f) 1921-30³ - H.BOEHMER, Der junge L., (1925) 1951⁴ hg.v. H.BORNKAMM - ERNST WOLF, Staupitz u. Luther (QFRG 9), 1927 - A.HAMEL, Der junge L. u. Augustin I. II, 1934f - J.HECKEL, Recht u. Gesetz. Kirche u. Obrigkeit in L.s Lehre vor dem Thesenanschlag von 1517 (ZSavRG Kan.Abt. 26, 1937, 285-375) - H.BORNKAMM, L.s Bericht über seine Entdeckung der iustitia dei (ARG 37, 1940, 117-128) - DERS., Iustitia dei in der Scholastik u. bei L. (ebd 39, 1942, 1-46) - K.A.MEISSINGER, Der kath. L., 1952 - E.BIZER, Fides ex auditu. Eine Unters. über die Entdeckung der Gerechtigkeit Gottes durch M.L., 1958 - G.PFEIFFER, Das Ringen des jungen L. um die Gerechtigkeit Gottes (LuJ 1959, 25-55). - Zu 2: P.KALKOFF, L. u. die Entscheidungsjahre der Reformation, 1917 - H.DANNENBAUER, L. als relig. Volksschriftsteller (SgV 145), 1930 - H.v.CAMPENHAUSEN, Reformatorisches Selbstbewußtsein u. reformat. Geschichtsbewußtsein bei L., 1517-1522 (ARG 37, 1940, 128-150) - W.MAURER, Von der Freiheit eines Christenmenschen, 1949 - H.VOLZ, M.L.s Thesenanschlag u. dessen Vorgesch., 1959. - Zu 3: Zur Bibel außer der Lit. zu → Bibelübersetzungen: IV, 2: A.E.BERGER, L. u. die neuhochdt. Schriftsprache (in: Dt. Wortgesch., Festschr. f. A. Götze II, 1943, 37-192) - J.ERBEN, Grundzüge einer Syntax der Sprache L.s, 1954 - H.O.BURGER, L. als Ereignis der Literaturgesch. (LuJ 1957, 86-101). - Ferner: E.KROKER, Katharina von Bora, (1906) 1925² - KARL MÜLLER, L. u. Karlstadt, 1907 - DERS., Kirche, Gemeinde u. Obrigkeit nach L., 1910 - P.ALTHAUS, L.s Haltung im Bauernkrieg (LuJ 1925, 1-39; selbst. 1952) - C.HINRICHS, L. u. Müntzer (AKG 29), 1952 - H.v.CAMPENHAUSEN, Die Bilderfrage in der Reformation (ZKG 68, 1957, 96-128) - H.BORNKAMM, Erasmus u. L. (LuJ 1958, 3-22). - Zu 4: K.MÜLLER, L.s Äußerungen über das Recht des bewaffneten Widerstandes gegen den Kaiser (SAM 1915, 8) - W.KÖHLER, Zwingli u. L. I. II (QFRG 6. 7), 1924/53 - H.v.SCHUBERT, L. auf der Koburg (LuJ 1930, 109-161). - Zu 5: W.KÖHLER, M.L., in: Mennonit. Lexikon II, 1937, 703ff (Toleranzfrage) - E.BIZER, Studien zur Gesch. des Abendmahlsstreites im 16.Jh. (BFChrTh II, 46), 1940 - R.STUPPERICH, Die Reformatoren u. das Tridentinum (ARG 47, 1956, 20-62) - Weitere Lit. s. → Schmalkaldische Artikel. - Zu 6: W.W.ROCKWELL, Die Doppelehe des Landgrafen Philipp v. Hessen, 1904 (dazu W.KÖHLER, L. u. die Lüge [SVRG 109/10], 1912, 109-153) - J.STRIEDER, Authentische Berichte über L.s letzte Lebensstunden (KIT 99), 1912 - CHR.SCHUBART, Die Berichte über L.s Tod u. Begräbnis, 1917 - R.STAMMLER, L.s letzte Lebenstat (ZSTh 2, 1925, 595-604) - W.MAURER, L. u. die Doppelehe Landgraf Philipps v. Hessen (LML 1953, 97-120). *H.Bornkamm*

II. Theologie

1. Zur L.-Forschung: a) Geschichtliches - b) Methodisches - 2. Die Genesis von L.s Theol.: a) Die reformatorische Wende - b) Sentenzenlektur - c) 1. Pss-Vorlesung - d) Paulus-Exegese - 3. Die antiröm. Entfaltung von L.s Theol.: a) Ablaß und Buße - b) Lehrautorität - c) Sakramente - d) Kirche - e) Wort Gottes - 4. Der antischwärmerische Ausbau von L.s Theol.: a) Gesetz - b) Zwei Reiche - c) Kirche - d) Wort und Sakrament - e) Rechtfertigung - f) Gott. - Theol. = Theologie, theol. = theologisch. - Stellenangaben beziehen sich auf WA

1. a) Die *Geschichte des L.-Verständnisses* (vgl. Lit. zu → Luther: I) ist mit der Geistesgeschichte der letzten vier Jh.e eng verwoben. Darin dokumentiert sich nicht nur die in alle Lebensbereiche ausstrahlende Nachwirkung dieses Theologen, sondern auch die fortdauernde, unüberholte Aktualität des durch ihn zur Sprache gekommenen Fragens und Verstehens.

Von einer *L.-Forschung* kann freilich erst seit etwa 100 Jahren die Rede sein; im strengen Sinne ist sie eine Sache sogar erst des 20.Jh.s. Wiederholte systematisch-theol. Impulse der Hinwendung zu L. (konfessionelle Restauration: Th. → Harnack; → Vermittlungstheologie: J. → Köstlin; → Ritschlianer: J.Gottschick, W. → Herrmann; sog. L.-Renaissance: K. → Holl; → Dialektische Theologie: F. → Gogarten) ließen, namentlich seit 1917 (Gründung der → Luther-Gesellschaft) die Zahl der L.-Forscher und ihrer Publikationen stark anwachsen. Dabei wurden drei Faktoren bes. wichtig: 1. das in vieler Hinsicht stimulierende Unternehmen der kritischen Gesamtausgabe 1883ff (→ Lutherausgaben, 8); 2. die Auffindung einer Fülle wertvollsten Quellenmaterials (vor allem aus den Jahren 1509-18: Randbemerkungen zu → Augustin, → Petrus Lombardus, → Faber Stapulensis, → Tauler, → Biel; Vorlesungen über Pss, Röm, Gal, Hebr; aber auch des reifen L.: bes. die Predigtnachschriften → Rörers 1522-46, Nachschriften von bis dahin nur in Druckbearbeitung bekannten Vorlesungen, Disputationsprotokolle u.a.); 3. die zuerst von kath. Seite (→ Denifle) mit Recht eingeschärfte Frage nach L.s Verhältnis zur mittelalterlichen Tradition. Diese Frage konnte, zusammen mit der nach der Genesis von L.s Theol., erst dank der neueren Textfunde in Angriff genommen werden. Daraus erklärt sich das verhältnismäßig starke Übergewicht der Erforschung des jungen L. Es braucht darin nicht die (methodisch bedenkliche und sachlich unberechtigte) wertende Antithetik von »jungem« und »altem« L. wirksam zu sein. Die trotz zunehmender philologisch-historischer Akribie bleibende Verflochtenheit in die Wandlungen der systematischen Theol. sollte nicht überraschen und darf nicht grundsätzlich verurteilt werden. Die L.-Forschung hat exemplarisch teil an der komplexen Weite des hermeneutischen Problems. Als wichtigstes Korrektiv ist neuerdings die interkonfessionelle (vgl. auf kath. Seite den Wandel von H.Denifle und H.Grisar zu J.Lortz, A.Herte, J.Hessen u.a.) und internationale Zusammenarbeit in der L.-Forschung (neben dem deutschen und skandinavischen Sprachbereich jetzt zunehmend auch der angelsächsische; vgl. Internationale Kongresse für L.-Forschung: 1956 Aarhus, 1960 Münster/W.) hinzugetreten.

b) Die Grundsätze historischer *Methodik* sind bei der Erforschung von L.s Theol. vor allem in folgender Hinsicht zu beachten: 1. Der Überlieferungswert der Texte ist genau zu prüfen (ob handschriftlich von L. selbst, ob Nachschrift oder Druckbearbeitung durch Schüler usw). 2. Die Interpretation muß sich primär begrenzten Textkomplexen zuwenden, um L.s theol. Denkstrukturen zur Geltung kommen zu lassen (statt eigener Systematisierung von atomisiertem Zitate-Material). 3. Die geschichtliche Bewegung von L.s Denken ist zu erarbeiten: in Hinsicht auf die Genesis und auf spätere Wandlungen seiner Theol. sowie auf die Situationsbedingtheit seiner Äußerungen. Nur so kann die keinesfalls zu vernachlässigende Frage nach der sich durchhaltenden Einheit und Strukturganzheit seiner Theol. geklärt werden. 4. Das Verhältnis zur Tradition bedarf eingehender Untersuchung - in erster Linie (aber nicht nur) bei der Erforschung der Initia. Es geht dabei nicht um kausale Erklärung durch historische Herleitung, sondern um profilierende Interpretation des reformatorischen Sprachgeschehens in dessen vielseitigen Beziehungen. Auf das Verhältnis zu → Augustin, zur → Scholastik (bes. zum Ockhamismus), zur → Mystik (: VI), zur exegetischen Tradition (→ Schriftauslegung: IV) und zum → Humanismus ist schon viel Mühe verwandt worden. Doch bleiben hier - ungeachtet der nie endenden Interpretationsaufgabe - noch große Forschungsdesiderien. Dazu gehört auch, daß L.s Theol. als Schriftauslegung kritisch bedacht sein will, sowie das Fernziel einer umfassenden Erhellung seiner Sprache (L.-Lexikon).

Die Darstellung von L.s Theol. kann darum nicht nach üblichem dogmatischem Schema rein systematisch vorgehen. Sie muß, der hier vollzogenen Denk- und Sprachbewegung folgend, zumindest zwei Hauptzäsuren beachten: den Beginn der expliziten kritischen Auseinandersetzung mit der herrschenden kirchlichen Lehre (1517/18) und den (mit dem Abschluß dieses Vorgangs ungefähr gleichzeitigen) Beginn der innerreformatorischen Auseinandersetzungen und Klärungen (1521/22).

2. Mit der Frage nach der *Genesis* von L.s Theol. ist das Problem des sog. reformatorischen Durchbruchs (nach WATR 3, Nr. 3232 a »Turmerlebnis«) in komplizierter Weise verquickt. Das Werden seiner Theol. in ihrer Besonderheit läßt sich auf dem Hintergrund des durch Studiengang, Lektüre und sonstige Einflüsse Empfangenen schrittweise aus den frühen Texten erheben. In der Frage nach der reformatorischen Wende dagegen geht es um die Fixierung des spezifisch Reformatorischen als der Keimzelle ev. Lehre - in Abhebung nicht gegen bloße Schultraditionen, sondern gegen die innersten Motive der herrschenden kath. Lehre. Um die Tiefe des konfessionellen Gegensatzes aufzuspüren, bedarf es zwar eines gewissen Leitbildes; aber man muß für Korrektur und Kritik von den Texten her offen sein. Denn die Bestimmung des spezifisch Reformatorischen ist vornehmlich eine theol. Interpretationsaufgabe und nicht nur eine Sache biographischer Datierung. L.s spätere Rückblicke sind dabei als behutsam zu verwertende Wegweisung unentbehrlich. Sie allein deuten die biographische und gedankliche Konkretion der entscheidenden Wende an. Daraus erwachsen Schwierigkeiten: Die theol. Sachfrage scheint absorbiert zu sein von dem persönlichen Erleben. Und für dieses biographisch Ereignishafte fehlt ein entsprechender Anhalt in den Texten der in Frage kommenden Zeit. Die diffizilen Interpretationsprobleme haben die Auffassungen und chronologischen Ansetzungen weit auseinandergehen lassen. Trotzdem besteht kein Grund, das *Problem der reformatorischen Wende* resigniert zu übergehen. Es muß vielmehr im Rahmen der Genesis von L.s Theol. mit Rücksicht auf die besonderen methodischen Bedingungen zunächst, soweit möglich, gesondert untersucht werden.

a) Die häufigen biographischen Äußerungen über seine mönchische Vergangenheit und über die Anfechtungen im Kloster (→ Luther: I, 1; früheste Andeutungen: 3, 436, 29ff; 447, 25ff; 4, 665, 15ff; bes. 1, 557, 33ff) fügen sich zu einem klaren und überzeugenden Gesamteindruck: Trotz strenger Einhaltung monastischer Disziplin und intensiven Gebrauchs der kirchlichen Gnadenmittel stellte sich - natürlich unter Schwankungen, bis zur Prädestinationsanfechtung gesteigert - das Empfinden ein, der Gnade nicht teilhaftig zu sein. Die ihm in erster Linie vertraute ockhamistische Ausprägung der Gnadenlehre (→ Ockham) verschärfte gerade durch die Betonung der göttlichen liberalitas (Anerkennung eines meritum de congruo in der Vorbereitung auf die Gnade: Si homo facit quod in se est, Deus dat gratiam; der Mensch könne ex suis naturalibus Gott über alles lieben) das Gefühl des eigenen, schuldhaften Versagens. Doch lag das Grundproblem jenseits der innerscholastischen Differenzen: Die kirchlich geordnete Gnadenzueignung blieb wirkungslos, ja hatte ihr Gegenteil zur Folge. Daß dies über quälende Selbstkritik hinaus zu theol. Kritik und Überwindung der herrschenden kirchlichen (nicht etwa nur der ockhamistischen) Gnadenlehre führte, ist zu erklären nur aus dem Anspruch des biblischen Textes, der L. ergriffen hatte. Dieser Anspruch verpflichtete ihn, die Theol. in Hinsicht auf die eigene Existenz zu treiben, aber auch umgekehrt: die → Anfechtung theol. durchzustehen. So erhob sich die persönliche Erfahrung über die Sphäre privater Erlebnisse zu tradierbarer Lehre, die sich auf Texte berufen konnte.

Unter den Selbstzeugnissen über die reformatorische Grunderkenntnis (O.Scheel, M.L. II, 569 Anm. 1) ist das in der Vorrede zu Bd I der Opp. latt. der Wittenberger Ausgabe 1545 (54, 185f) das wichtigste. Sie wird charakterisiert als ein das verzweifelte Gewissen gewiß machendes Verstehen des Evangeliums als Evangeliums, und zwar in bezug auf den Sinn von »iustitia Dei« in Röm 1, 17. Er habe es zunächst als die göttliche Eigenschaft distributiver Gerechtigkeit verstanden (philosophice ... de iustitia ... formali seu activa, qua Deus est iustus et peccatores iniustosque punit). Es sei ihm dann aber am Verhältnis von V. 17 a zu b als das durch den Glauben mitgeteilte rechtfertigende Handeln aufgegangen (qua iustus dono Dei vivit, nempe ex fide ... iustitiam Dei, sc. passivam, qua nos Deus misericors iustificat per fidem). Dieses Verständnis habe sich ihm sofort an analogen genitivisch konstruierten Gottesprädikationen (opus Dei, virtus Dei usw) bestätigt, und später auf Grund der Lektüre von De spiritu et littera auch durch die ähnliche augustinische Auffassung. Es gilt zunächst, diese direkten Angaben in den frühen Texten zu verifizieren. Die Kenntnis von De sp. et litt. ist deutlich erst in der Röm-Vorlesung bezeugt. Die passive Deutung von iustitia Dei findet sich ausdrücklich erst 1525 (18, 768f), weist aber, unter Berührung mit scholastischer Terminologie (gratia activa und passiva), auf Beobachtungen zum hebr. Sprachgebrauch zurück, wie sie schon in der 1. Pss-Vorlesung vorliegen. Darüber hinaus begegnen alle in der Vorrede von 1545 erwähnten Momente bereits in der 1. Pss-Vorlesung (vgl. Schol. zu Ps 70 und 71: 3, 457, 38 - 458, 11; 465, 33-35; 466, 26-34; so E.Vogelsang in Fortführung von E.Hirsch). Von da an werden sie in zunehmender Präzisierung wiederholt (zB 56, 171, 26 - 172, 11; 57 [Hebr], 187, 5 - 188, 3; 5, 144, 1-22).

Die anderen Rückblicke bringen sachlich kaum Neues hinzu: neben Röm 1, 17 die Erwähnung von Ps 30 (70), 2 als Quelle der Anfechtung und die Charakterisierung der Neuentdeckung als Unterscheidung von Gesetz und Evangelium (vgl. dazu ebenfalls 3, 456f. 461ff). Gegen die Datierung des reformatorischen Durchbruchs auf 1514 wird eingewandt: 1. Der in der Praefatio entstehende Anschein eines chronologischen Anschlusses an den vorausgehenden kirchenpolitischen Bericht über die Jahre 1517-19. L. greift jedoch mit der Darlegung der reformatorischen Grundentdeckung ohne genauere Datierung zurück und betont nur den Kontrast seiner theol. Position bei Wiederaufnahme (1518) des ersten Vorlesungsgegenstandes, des Psalters, gegenüber dem Beginn seiner Lehrtätigkeit (1512/13). 2. Beobachtungen zu L.s theol. Entwicklung, die entweder schon am Beginn der 1. Pss-Vorlesung (vgl. 3, 31, 3ff) das neue Rechtfertigungsverständnis nachweisen sollen oder die Präzisierung des Gnadenmittel-Verständnisses um 1518 als eigentlichen Inhalt der in den Rückblicken gemeinten Wende ausgeben (so E.Bizer). Doch muß man sich, soweit es um die Datierungsfrage geht, streng an die Angaben der Rückblicke halten und sich auf deren Identifizierung in den Äußerungen der Frühzeit beschränken. Allerdings kann das erzielte Ergebnis nur von der Gesamtinterpretation der Genesis von L.s Theol. her fruchtbar werden. Denn einerseits ist die reformatorische Grundentdeckung die Frucht theol. Wandlungen auf breiter Front, anderseits sichern die formelhaften Charakterisierungen des neuen Verständnisses von iustitia Dei in den späten Rückblicken nicht hinreichend gegen die Verwechslung mit der augustinischen Auffassung, der man neben anderen auch in der exegetischen Tradition der Scholastik begegnet. Daran zeigt sich der nur begrenzte Wert von L.s späten Rückblicken auf die reformatorische Wende.

b) Der reformatorische Durchbruch war selbstverständlich weder allererster Anfang noch Endpunkt der umstürzenden theol. Wandlung, die L. zum Reformator werden ließ. Die *Randbemerkungen von 1509/10* lassen als früheste Anzeichen erkennen: die - aus dem »Erfurter

Nominalismus« (→ Erfurt: II) nicht hinreichend erklärbare - scharf antiphilosophische Haltung; entsprechend eine starke Hervorhebung der Autorität der Schrift und ihres Sprachgebrauchs; trotz nominalistischer Interpretationstendenz eine Bevorzugung Augustins und des Lombarden gegenüber der hoch- und spätscholastischen Theol.; endlich, auf das Inhaltliche gesehen, leise, aber bedeutsame Verschiebungen in der Gnadenlehre: Während der Ockhamismus die ontologische Notwendigkeit habitueller → Gnade (: IV, 2) unter dem Vorzeichen der potentia Dei absoluta bestritt, ficht L. in der Gnadenlehre den habitus-Begriff vom Wirken des Hl. Geistes her an (also de potentia Dei ordinata). Die drei »theol. virtutes« (fides, spes, caritas) versteht er ausschließlich aktual und als untrennbare Einheit. Abweichend von der scholastischen Tradition setzt er die fides informis der fides acquisita gleich, spricht ihr also überhaupt den Charakter des Glaubens im theol. Sinne ab. Während nach scholastischer Auffassung die fides infusa auch bei Verlust der Gnaden-forma (caritas) Glaube bleibt, kann nach L. der eingegossene Glaube nicht zusammen mit Todsünde bestehen. Hier kündigt sich schon die fundamentale Bedeutung des Glaubens an. Als Grundmotiv ist dahinter eine ungewöhnliche Resonanz des Anspruchs Gottes zu spüren. Darin war eine Radikalisierung des Sünden- und eine Aktualisierung des Gnadenverständnisses angelegt. Es hielt ihn zu einem aufs Letzte gehenden Theologietreiben an (vgl. WAB 1, 17, Nr. 5, 40ff), führte aber notwendig in tiefe Konflikte. Denn nun war die Frage nach der iustificatio anders gestellt, als es den Voraussetzungen der traditionellen Gnadenlehre entsprach. Von dieser war darum keine befreiende Antwort zu empfangen. Die Anfechtungen waren bereits Folge einer beginnenden theol. Neuorientierung.

c) Auch wenn man die Überlieferungslücke 1511/12 in Rechnung stellt, ist es erstaunlich, wie schnell leidenschaftlich bewegtes Denken aus den nur mit der Lupe erkennbaren Besonderheiten eines spätscholastischen Theologen eine Theol. von eigener Prägung und einzigartiger Geladenheit hervorbrachte. Gewiß begegnet man in der *1. Pss-Vorlesung* viel übernommenem Material aus der exegetischen (Augustin, → Cassiodor, → Glossa ordinaria, → Nikolaus von Lyra, → Paulus von Burgos, →Perez von Valencia, →Reuchlin, →Faber Stapulensis u.a.), systematisch-scholastischen (→ Ockham, → Gregor von Rimini, → Petrus von Ailli, → Biel u.a.) und mystisch-erbaulichen (→ Bernhard von Clairvaux, → Gerson u.a.) Tradition. Doch stets ist die selbständige Wahl und Verarbeitung spürbar, und der eigene Denkstil dominiert. Die bewußte weitgehende Ausschaltung scholastischer Denkformen und Begriffe ist auch bei exegetischer Arbeitsmethode auffallend. Der biblische Sprachgebrauch wird in kritischer Abgrenzung gegen die aristotelische metaphysische und psychologische Terminologie erarbeitet. Fundamentale theol. Verstehensstrukturen kommen meditativ zur Anwendung. An abstraktem dogmatischem Maßstab gemessen liegen »Katholisches« und schon »Evangelisches« verwirrend ineinander. (Vgl. auch das nicht zufällige Fehlen ganzer Themenkreise, wie Mariologie, Papsttum u.dgl.) Auf die theol. Denkbewegung gesehen beeindruckt jedoch die Einheitlichkeit des Grundzuges: das Ringen um »geistliches« Verstehen der Schrift als Gottes Wort (→ Hermeneutik, 2 e). Dieses Fragen nach der Methode meinte die Sache selbst: das Wirken des Hl. Geistes und damit den Vollzug des heilschaffenden opus Dei.

Der (wohl auf → Staupitz zurückzuführende) entschiedene Christozentrismus läßt ihn die traditionelle christologische Pss-Auslegung viel konsequenter handhaben. Der christologische Sinn liegt als sensus litteralis dem vierfachen Schriftsinn zugrunde. So wird im Psalter-Text Christus selbst zum Grundtext, der zum Verstehen kommt, indem er primär den Menschen (sensus tropologicus), dann das Volk Gottes (sensus allegoricus) und das die endliche Welt begrenzende Geheimnis (sensus anagogicus) zum Verstehen bringt. Neu ist nicht nur die Art, wie hier aus dem traditionellen Schematismus ein (dessen Überwindung anbahnendes) sinnvolles Ganzes wird, in dem alle theol. Aussagen vom Zentrum her bestimmt werden, sondern vor allem die Erfassung der Korrespondenz von Christus und Glaube als der darin wirksamen Grundrelation. So allein kommt der spezifisch theol. Gesichtspunkt zur Geltung: die Unterscheidung von littera und spiritus (→ Geist und Buchstabe, 3). L. verwendet sie in einer vor ihm nicht nachweisbaren Intensität als Inbegriff eines umfassenden (neuplatonisch gefärbten) → Dualismus (visibilia - invisibilia, sensibilia - intelligibilia usw, aber auch: praesentia - futura), um diesen, statt im Sinne getrennter Bereiche, als Alternative des Daseinsverständnisses zu interpretieren. Da der Mensch stets zugleich coram Deo und coram mundo existiert, stellt die mit littera (= lex Mosi) und spiritus (= lex Christi, Evangelium) gegebene Alternative notwendig in die Gleichzeitigkeit widersprechender Urteile. Was die Menschen erwählen, verdammt Gott, und umgekehrt (1Kor 1, 18ff). Der Struktur der geistlich verstandenen Sünde als Heuchelei der Eigengerechtigkeit entspricht darum die Struktur der → Offenbarung (: VI, 3) als absconditas sub contrario, wie sie sich als Vollendung der Inkarnation im Kreuz Christi vollzogen hat und von daher die Signatur des Hl. Geistes ist. Deshalb ist gemäß Hebr 11, 1 der → Glaube (: IV, 4) die Weise, wie sich das opus Dei in Christus am Menschen vollzieht. Durch den litteralen Bezug auf Christus kommt überraschend scharf das Menschsein Christi und gerade so das Verständnis Christi als opus Dei zur Geltung im Unterschied zur traditionellen Christologie. Entsprechend bewirkt die tropologische Deutung auf die fides Christi, abweichend von der traditionellen Gnadenlehre, die engste Durchdringung von → Christologie (: II, 7 a) und Rechtfertigungslehre. Daß die iustitia Dei nur zuteil werden kann, indem die eigene Gerechtigkeit zugrunde geht, der Gerechte also, im Gegensatz zum Sünder (= defensor sui), accusator sui (Spr 18, 17) ist und die → Rechtfertigung (: II) als confessio peccati ein Gott Rechtgeben (iustificare Deum, vgl. Röm 3, 4) und darum Anteilhaben an der Wahrheit Gottes: das wird dadurch theol. klargestellt, daß iustitia Dei ad litteram Christus in Person ist und darum tropologice fides Christi. Die Gottesprädikationen (iustitia, gloria Dei usw) meinen nicht in sich ruhende göttliche Vollkommenheiten, sondern kausativ ein Wirken am Menschen (Jes 26, 12). Gottes iustitia macht den Sünder gerecht, indem er diesen zu einem macht, der Gott recht gibt. Dieses von Christus her durch das Wort den Glauben wirkende Handeln Gottes setzt darum auch nicht eine habituale iustitia im Menschen; vielmehr ist (in Umprägung des scholastischen virtus-Begriffs und in Umkehrung der scholastischen Rangfolge von fides und caritas) die das Herz des Menschen treffende fides (Apg 15, 9) die aktuale virtus Dei, aus der die Liebe hervorgeht.

Die sprachlichen Anleihen bei Mystik und mönchischer Devotion, bes. die Gleichsetzung von fides und humilitas, erwecken den Eindruck einer aktiven dispositio ad gratiam durch die Tugend der Demut. Doch gerade die Heranziehung des humilitas-Begriffs dient zur Uminterpretation des traditionellen Verständnisses des Glaubens als eines habitus des Intellekts zu einem den ganzen Menschen betreffenden passiven Geschehen (humiliatio) und somit zur Überwindung der scholastischen Tugendlehre. Die Konsequenzen dieses Ansatzes - der sich im sensus allegoricus auch auf die Kirche auszuwirken beginnt - bleiben freilich noch verborgen unter dem Anschein einer zwar kühnen und tiefgrabenden, doch in den Grenzen der kirchlichen Lehre bleibenden Theol.

d) Die Röm-Vorlesung enthält kaum etwas, das nicht schon keimartig in der 1. Pss-Vorlesung begegnete. Dennoch bringt die *Paulus-Exegese,* unterstützt durch die Lektüre der antipelagianischen Schriften Augustins, einen erheblichen Fortschritt zu treffsicherer Konzentration auf das Wesentliche, zur Präzisierung der theol. Sprache und zu entschiedener Abgrenzung gegen die Scholastik (vorläufig gipfelnd in der Disputatio contra scholasticam theologiam, Sept. 1517), aber nun auch - erstmals zu Röm 5, 2 - gegen die areopagitische Mystik (→ Dionysius, 3). Das von mystischen Denkformen beeinflußte (vgl. 56, 229) »extra nos« richtet sich zunächst gegen die ockhamistische Auffassung von der praeparatio ad gratiam und gegen die gemeinscholastische Lehre von der gratia habitualis als qualitas animae (dagegen L.: externa et aliena iustitia; vgl. 56, 337, 18: maledictum vocabulum illud »formatum«), wird aber zugleich zu dem entscheidenden Stichwort auch gegen die Mystik und das künftige Schwärmertum. Es zielt nicht auf eine Objektivität, die vom Menschen absieht, sondern auf das rechte Verständnis der Betroffenheit der Existenz durch das Glauben wirkende Heilswort. Die zu äußerster Schärfe gesteigerte Polemik gegen → Aristoteles und die → Philosophie überhaupt schließt nicht aus, daß das theol. Denken wichtige philosophische Impulse hervorbringt (zB 56, 371f), die als solche freilich unentfaltet bleiben. Die Hauptkritik richtet sich weniger gegen Aristoteles als gegen die scholastische Verwendung seiner Tugendlehre zur Auslegung der Existenz vor Gott.

Für die Kritik an der scholastischen Gnadenlehre ist die Einsicht in die bleibende Erbsünde wesentlich (→ Sünde: V). Im Gegensatz zur Scholastik versteht L. die (mit dem Unglauben identische) concupiscentia selbst als das Wesen der Erbsünde, die als das peccatum radicale die Person auf sich selbst verkrümmt sein läßt und darum so lange besteht, wie der Mensch am Leben bleibt. Der Wille des sündigen Menschen ist notwendig unfrei (→ Willensfreiheit). Das facere quod in se est kann nur Sünde zutage fördern. Die einzige dispositio ad gratiam ist die göttliche → Erwählung (: III). Das Gnadengeschehen ist nicht eine akzidentelle Veränderung am Menschen, sondern ein Neuwerden der → Person selbst in mortificatio und vivificatio. Nur wenn die Person recht ist, können auch ihre Werke recht sein. (Dieser schon in der 1. Pss-Vorlesung begegnende, später häufig wiederholte Grundsatz zB WAB 1, 70, Nr. 27, 29ff: Non ... iusta agendo iusti efficimur ..., sed iusti ... fiendo et essendo operamur iusta. Prius necesse est personam esse mutatam, deinde opera.) Die Rechtfertigung der Person sola fide (auch diese Wendung gelegentlich schon in der 1. Pss-Vorlesung) ist jedoch nicht eine für sich bestehende Zuständlichkeit, sondern hängt durch den Glauben am Zuspruch Gottes, bleibt also ein Gerechtfertigtwerden. Dieses Geschehen schließt zwar das Moment des Sanativen in sich, aber trotzdem uneingeschränkt - ebenfalls sola fide - die Anerkenntnis des Sünderseins. Im Glauben ist darum der Mensch gerecht und Sünder zugleich, und zwar beides als totus homo: peccator in re, iustus in spe. Grundsätzlich, wenn auch nicht schon immer hinreichend klar in der Formulierung, ist der Glaube zwischen praesumptio und desperatio nicht, wie in der Scholastik, als Schwebehaltung der Ungewißheit, sondern als Heilsgewißheit verstanden. Denn der Glaube, der die Furcht Gottes in sich schließt, hält sich in der ihn begleitenden → Anfechtung an die → Gewißheit der göttlichen Verheißung. Die völlige Klärung dieses Rechtfertigungsverständnisses hängt an der Unterscheidung von Gesetz und Evangelium. Deren Präzisierung macht in diesen Jahren zwar bedeutsame Fortschritte, kommt aber noch nicht zum Abschluß.

3. Die seit L.s theol. Anfängen begegnenden und bis 1517 zT in ungewohnter Schärfe sich steigernden kritischen Äußerungen über die scholastische Theol., aber auch über mancherlei kirchliche Mißstände verbanden sich bis dahin mit eindeutiger Verwerfung häretischer Neigung als typischer Erscheinungsweise der Selbstgerechtigkeit (vgl. 3, 578f). Daß er nun in wenigen Jahren - zögernd und dann doch in atemberaubender Folge - Lehre und Gestalt der Kirche in kritischer Revision von Jh.en angriff, ohne in den Strudel völliger Destruktion zu geraten, zeugt von der Fundierung und Tragfähigkeit der bisher errungenen theol. Position. Die theologia crucis (diese Bezeichnung prägte L. 1518 während des Ablaßstreits in Antithese zur theologia scholastica als der theologia gloriae: 1, 354. 613f) war zum Protest herausgefordert gegen ein den Ablaß legitimierendes Buß- und Rechtfertigungsverständnis. Dieser nur scheinbar periphere Anlaß machte nun unvermeidlich die von L. bisher neben der Gnadenlehre selbst noch kaum explizit behandelte *Lehre von den Gnadenmitteln* zum Thema. Es verbinden sich darin die Probleme der Lehrautorität, der Sakramentslehre und des Kirchenbegriffs. Der Weg aus der Konzentration in die *Weite der antiröm. Konsequenzen* fördert zugleich die Klärung der Grundposition durch schärfere Ausbildung der Lehre vom Wort Gottes.

a) In den 95 Thesen geht L. von der nt. Bedeutung von → *Buße* (These 1) in Abhebung gegen das sakramentale Verständnis aus, um zu klären, was der → *Ablaß* als Appendix des Bußsakraments (→ Bußwesen: II, 2) vermag. Er führt damit sofort das Grundmotiv der theologia crucis (crux = poenitentia) ein, wie es - bei fast durchgehender Vermeidung der traditionellen Bußterminologie - schon das Generalthema der 1. Pss-Vorlesung gewesen war. Dabei verdankte er Staupitz die Erkenntnis, daß wahre Buße aus der Liebe zu Gott hervorgehe (vgl. Widmung der Resolutiones, 1, 525). Der Ablaß kommt allenfalls als Nachlaß kanonischer (→ Kirchenrecht: I A, 1) Strafen für Lebende in Betracht. Aber seine den Strafen feindliche Grundtendenz widerspricht dem Evangelium wie dem Gebot der Nächstenliebe. Die scholastische Begründung mit der Theorie vom Schatz der Verdienste Christi und der Heiligen ist nicht stichhaltig. Es gibt keine überschüssigen guten Werke der Heiligen. Der wahre thesaurus ecclesiae ist das Evangelium selbst, dh die durch Christi → Verdienst (: IV) geschenkte → Schlüsselgewalt (: II).

Im Verlauf des Ablaßstreits kam es - neben einer Verdeutlichung der Rechtfertigungslehre (Ablehnung jeder Verdienstlichkeit der Werke, vgl. Heidelberger Disputation) - vor allem zu einem neuen Verständnis dessen, wozu es des besonderen sakramentalen Aktes bedarf: Als gewiß machender Zuspruch des Wortes Christi dient er zur pax conscientiae. Die traditionell-sakramentale, aber auch jurisdiktionelle Begründung des Bußsakraments entfällt. Das Sakrament verleiht nicht die fides iustificans, sondern setzt sie voraus, hilft ihr aber, da sie wesenhaft angefochten ist, zu der ihr gleichfalls wesenhaften Gewißheit. → Cajetan inkriminierte außer der Verletzung der päpstlichen Autorität (Extravagante »Unigenitus« Clemens' VI. zur Frage des thesaurus ecclesiae, Mirbt Nr. 385) vor allem L.s Auffassung vom Verhältnis von Glaube und Sakrament in den Resolutiones zur 7. These (1, 539ff) als »neue Lehre« (2, 7ff). Damit hat er die entscheidenden Probleme genannt, hinter denen die Ablaßfrage als zweitrangig zurücktrat.

b) Auch ohne daß sich der Streit um das Gnadenverständnis an der Ablaßfrage entzündet hätte, hätte der Sachzusammenhang die Frage der → Gnadenmittel brennend gemacht. Die Diskussion von L.s Rechtfertigungslehre mußte die darin implizierte, von der kirchlichen Lehre abweichende Auffassung der Gnadenmittel zur Entfaltung bringen. Die Notwendigkeit dieses Zusammenhanges entscheidet über das Recht, L.s theol. Grunderkenntnis als reformatorische Wende zu bezeichnen, die den Schritt zum reformatorischen Geschehen ermöglichte und erforderte. Zum Problembereich der Gnadenmittel gehört aber zunächst die Autorität, durch die das Gnadenverständnis vermittelt und bestimmt ist.

Das Ablaßwesen war durch seine Geschichte und Handhabung so eng mit dem Papsttum verflochten, daß der Papst in mehr als einem Drittel der 95 Thesen erwähnt wird. Die *Lehrautorität* des Papstes hatte L.s theol. Denken zuvor nicht beschäftigt und besaß darin auch keinen Anhaltspunkt. Gegenüber den ersten Angriffen hat er sofort ohne Zögern die Fehlbarkeit des Papstes vertreten. Daß auch → Konzile irren können, sprach er schon im Aug. 1518 grundsätzlich aus (1, 656, 32). Die Anwendung auf das Konstanzer Konzil (→ Reformkonzile) im Juli 1519 wirkte der Sache (→ Hus!) und dieses Konzils (Konziliarismus!) wegen sensationell. Viel bedeutsamer war die prinzipielle Bestreitung eines unfehlbaren kirchlichen → Lehramtes überhaupt. Damit war die hermeneutische Frage dem Jurisdiktionellen entzogen und dieses seines geistlichen Anspruches beraubt. Das hatte umstürzende Folgen für den Kirchenbegriff.

Dieser Zusammenbruch der Autoritäten war für L. nur die Auswirkung der Autorität der Hl. Schrift. Von Anfang an praktizierte er mit Selbstverständlichkeit ein unausgesprochenes → »Schriftprinzip«. Dessen theoretische Entfaltung wurde erst erforderlich, um die damit eingenommene hermeneutische Position gegen die röm. Forderung hermeneutischer Funktion der Tradition zu vertreten. Die Schrift ist sui ipsius interpres (7, 95ff; → Hermeneutik, 2e). Diese These ist Ausdruck des Sachverständnisses, um das es in der Schrift geht, und richtet sich darum nicht minder gegen ein formal biblizistisches Schriftprinzip. Das sola scriptura entspricht der Particula exclusiva in bezug auf Christus, verbum und fides. Die Autorität der Schrift und die Autorität des im Rechtfertigungsverständnis ausgelegten Evangeliums sind eine und dieselbe. Der normative Sinn von Autorität ist der auctoritas im Sinne von Urheberschaft in bezug auf das verbum fidei untergeordnet. Darum ist das verkündigte Wort Gottes (dh die Schrift im Vollzug der Selbstauslegung) als Quelle des rechtfertigenden Glaubens das Gnadenmittel schlechthin.

c) Die thematische Behandlung der *Sakramentslehre* setzte, im Zusammenhang mit dem Ablaßstreit, erst in der Hebr-Vorlesung ein, vollzog sich dann nahezu unpolemisch als Unterrichtung der Gewissen über den rechten Gebrauch der Sakramente (Sermone 1519), bis schließlich - für die Öffentlichkeit plötzlich und erschreckend radikal - die umfassende Kritik an der geltenden Lehre erfolgte (De capt. Babyl. Ecclesiae, 1520). Dieser erste direkte und sogleich zentrale Angriff auf das Dogma declaratum war der entscheidende Schritt von der Rechtfertigungslehre zu deren reformatorischen Folgen, die sich auf die gesamte Struktur der Kirche und der Gesellschaft erstreckten.

Die sehr spärlichen Äußerungen über die → Sakramente (: I) vor 1517 lassen erkennen, daß die schon ganz frühe Korrektur und Kritik an der Lehre von den »theol. Tugenden« und die Schwerpunktverlagerung in die Beziehung von verbum und fides zumindest Zurückhaltung gegenüber der herrschenden Sakramentslehre verursachte. Die Trennung von der Auffassung ausschließlich sakramentaler Vermittlung der gratia iustificans hat sich bei L. offenbar ohne innere Konflikte, jedenfalls ohne Spuren theol. Ringens vollzogen. Der Konflikt mit der röm. Sakramentslehre bricht darum primär an dem Verhältnis von Glaube und Sakramentsempfang auf (fides iam est gratia iustificans, 57 [Hebr], 191, 24), während der Ansatz zum positiven Verständnis des Sakraments die es konstituierende, Gewißheit verleihende promissio, das testamentum Christi ist. Der Glaube ist der rechte usus sacramenti. Entgegen der scholastischen Unterscheidung der at. (bloß ex opere operante, dh dank dem vorauszusetzenden Glauben der Vollziehenden nützlichen) und der nt. Sakramente (die als efficacia signa gratiae ex opere operato die Gnade enthalten und mitteilen, sofern nur kein obex im Wege steht) stellt L. beide als sacramenta fidei einander gleich und unterscheidet diese von den rein zeremonialen sacramenta operis. Er kann deshalb in Polemik gegen das opus operatum zeitweilig das opus operans (bzw. operantis) betonen, jedoch nicht, um den Anteil menschlicher Mitwirkung hervorzuheben. Der Glaube ist opus Dei und steht, als Erfüllung der Verheißung, in strenger Relation zum verbum Dei (promissio). Das Sakrament ist nur eine besondere Erscheinungsweise des Wortgeschehens; das Wort selbst wirkt sakramental.

Im Sinne von μυστήριον im NT gibt es nur ein einziges sacramentum: Christus (6, 501, 37, vgl. 86, 7). Obwohl der kirchliche Sakramentsbegriff nicht nt. ist, wird er doch, in Beschränkung auf signa sacramentalia, übernommen. Zu einem Sakrament in diesem Sinn bedarf es eines Wortes der Verheißung, das kraft göttlicher Einsetzung mit einem Zeichen verbunden ist. Diesen Kriterien entsprechen nur → Taufe (: III) und → Abendmahl (: II); doch will L. - pro tempore - um → Beichte und → Absolution willen auch die → Buße zu den sakramentalen Zeichen zählen. Aber nicht in der Reduktion der Zahl der Sakramente, sondern in der Wiedergewinnung des wahren Sinnes der bejahten Sakramente liegt der Schwerpunkt der antiröm. Kritik. Am Sakramentsverständnis entscheidet sich die Befreiung der Kirche aus ihrer babylonischen Gefangenschaft.

Beim *Altarsakrament* ist der entscheidende röm. Mißbrauch nicht die (allerdings schriftwidrige, doch zur Not zu ertragende) Versagung der Kommunion in beiderlei Gestalt; auch nicht die Transsubstantiationslehre (→ Abendmahl: II, 2 a), die als (noch dazu schlechte!) philosophische und christologisch bedenkliche Interpretation der außer Diskussion stehenden Realpräsenz willkürlich für glaubensnotwendig erklärt worden ist; sondern das Verständnis der → Messe (: II) als Opfer und damit als Werk anstatt als Verheißung, der allein der Glaube entspricht, als summa et compendium Euangelii (6, 525, 36; vgl. 521, 28: non ... communicamus active, sed ... communicamur passive). Lautes Sprechen der Einsetzungsworte und Verzicht auf Applizierung der Messen für bestimmte Zwecke zeichnen sich darum als erste liturgische Konsequenzen ab.

Trotz anderen Anscheins ist beim *Taufsakrament* (dem sacramentum iustificationis!) der Gegensatz nicht geringer. Dank der Kindertaufe ist es zwar vor äußerlichem Mißbrauch bewahrt geblieben. Aber Mißdeutung hat den rechten Taufgebrauch unkenntlich gemacht. Der Glaube ist die virtus (= efficacia, nicht = effectus!) der Taufe; er ist, entsprechend der Einmaligkeit des Taufaktes, der Einmaligkeit des ganzen Lebens zugeordnet als das sich erst im leiblichen Tode vollendende Sterben und Auferstehen (6, 535, 10: semel es baptizatus sacramentaliter, sed semper baptizandus fide, semper moriendum, semperque vivendum. 24: Quicquid enim vivimus, Baptismus esse debet). Die traditionellen Probleme betr. Taufformel, Tauftermin und momentanen Effekt im Getauften werden unwichtig, während die Heilsbedeutung der Taufe als unüberholbar aktuell in unvergleichlicher Weise herausgestellt wird. Die Tauflehre ist darum bereits Lehre von der Buße, ändert jedoch deren scholastisches Verständnis ebenfalls fundamental (statt der Dreigliederung in contritio, confessio, satisfactio Konzentration auf promissio - fides) bei entschiedenem Festhalten an der Heilsamkeit der Beichte für das angefochtene Gewissen. Doch werden Beichtzwang, Verpflichtung zu vollständiger Aufzählung der begangenen Todsünden und Bindung an den Priester verworfen (→ Bußwesen: II, 3 a).

d) Die Kritik an der herrschenden Lehre von den Gnadenmitteln griff so tief, daß in dem entsprechenden Verständnis der *Kirche* das Selbstverständnis der röm. Kirche verneint und deshalb der zur Entscheidung zwingende Gegensatz gar nicht mehr innerhalb der röm. Kirche austragbar war. Ketzerprozeß und Bann, Titulierung des Papstes als Antichrist und Verbrennung des kanonischen Rechts (→ Luther: I, 2) kennzeichnen zwar spektakulär, aber genau die Problemlage: In dem Streit um den Kirchenbegriff war die Substanz der Kirche strittig. Die röm. Kirche, die noch nie zu einer solchen Grundentscheidung herausgefordert war, identifizierte sich mit der sie offiziell repräsentierenden Tradition und lehnte darum die Infragestellung dieses Selbstverständnisses als absurde Selbstpreisgabe ab. L.s Theol. wies auf eine Reformation der Kirche, die die Reformmöglichkeiten dieser röm. Kirche sprengte. Mit Verwerfung der Scheidung von → Klerus und Laien (Sakrament des ordo), der unfehlbaren Repräsentation der ecclesia universalis und des ius divinum des Papsttums war an die Stelle der für die Existenz der Kirche fundamentalen dreifachen potestas ecclesiae (ordinis, magisterii, iurisdictionis) die eine potestas Verbi divini getreten. L.s persönlicher, naheliegende Ausweichmöglichkeiten mißachtender Einsatz dafür verrät, wie wichtig die Kirche in seiner Theol. ist. Die im Zusammenhang damit auf ihn zukommenden Fragen nach den geistlichen Folgen ungerechtfertigter Exkommunikation und nach den Möglichkeiten reformierenden Handelns bei Versagen der bestehenden kirchlichen Organe gaben erste Veranlassung, vom Wesen der Kirche her die ihr gemäße Ordnung zu bedenken.

Daß die Kirche Christi, weil geistlich, verborgen sei, war Grundtenor schon der frühen theologia crucis und wurde nun in seinem eschatologischen Sinn dadurch präzisiert, daß L. der überkommenen Ineinssetzung von Kirche und Reich Gottes als kritischen Skopus die Unsichtbarkeit der Kirche entnahm (Mt 24, 24ff; Lk 17, 20f; Joh 18, 36; vgl. 6, 293). Die »Christenheit« (um des eindeutig personalen Wortsinns willen bevorzugt) als »geistliche Versammlung der Seelen in einem Glauben« (6, 296, 5) ist darum nicht durch bestimmte leibliche und lokale Faktoren konstituiert und rechtlich ausweisbar, sondern Glaubenssache (sola fide perceptibilis: 7, 710, 3). Die Unsichtbarkeit der → Kirche (: III, 4 a) meint, entsprechend der absconditas sub contrario, nicht Flucht aus der Leiblichkeit, sondern die Existenz in carne non secundum carnem (7, 719, 34). Die »Unsichtbarkeit« wird nicht eingeschränkt, sondern begründet, wenn auf die methodische Leitfrage: »Was macht die Kirche zur Kirche?« das leibliche Wortgeschehen als Erkennungszeichen der Kirche angegeben wird (einschließlich, notfalls ohne Sakramente, vgl. 6, 301, 3ff; 7, 720, 32ff). Denn allein durch das Wort Gottes (verbo promissionis per fidem) existiert die Kirche als creatura verbi (6, 560, 33ff). Dieses Wortgeschehen ist die Weise, wie Christus selbst (ohne vicarius!) Haupt der Kirche ist und kraft des darin sich vollziehenden Austausches zwischen ihm und den Seinen (zB 1, 593, 7ff) diese untereinander communio sanctorum sein und erfahren läßt (2, 757, 22ff; 6, 131, 7ff). So ist die Kirche wesenhaft eine. Ihr ist nur ein Amt gegeben: das Schlüsselamt (Mt 16, 18f behält also, in antiröm. Interpretation, fundamentale Bedeutung für den Kirchenbegriff) als ministerium verbi, dessen potestas kraft der Taufe jedem Christen als → Priestertum (: III) verliehen ist. Dessen öffentliche Ausübung erfordert jedoch »vocatio« durch eine → Gemeinde (: II), ohne daß sich damit etwa die Vollmacht des geistlichen Amtes »von unten« herleitete.

e) Wie die verschiedenen Momente in L.s Kritik an der röm. Lehre von den Gnadenmitteln eine unteilbare Einheit bilden, so stellt die *Lehre vom → Wort Gottes* (: III), auf die sich seine Lehre von den Gnadenmitteln konzentriert, die Grundstruktur seiner Theol. überhaupt dar. Wer »solo verbo« sagt, muß auch »sola fide« sagen und kann, weil beides miteinander nur als Explikation des »solus Christus« verantwortbar ist, »Wort Gottes« ebensowenig wie »Glaube« soteriologisch neutral verstehen. Daß vom Wort das Heil kommt, impliziert ein bestimmtes Verständnis von »Heil« sowie von dem, was »Wort« eigentlich ist. Wort ist mündliches, geschehendes, wirkendes Wort. Gemäß Röm 3, 4 (Deus verax - omnis homo mendax) ist es entweder als Gottes Wort gutes, verläßliches, lebendig machendes, oder als Menschenwort böses, versagendes, tötendes Wort (2, 452, 28ff; 462, 23f). Wort Gottes ist als »verbum fidei« eo ipso Evangelium. Menschenwort ist als solches Menschensatzung (verba moralia) und darum prinzipiell gesetzlichen Charakters. Das eine wirkt coram Deo iustitia fidei als iustitia aliena; das andere allenfalls coram mundo iustitia operum als iustitia propria, und dh coram Deo: iniustitia.

Die (scheinbar verwirrende) Gleichsetzung von Wort Gottes und Evangelium, Menschenwort und Gesetz, unterstreicht: Nicht durch bessere legislatio (Gottesgesetz gegen Menschensatzungen) kommt das Heil, sondern durch Mitteilung der in Christus geschehenen impletio legis (verbum fidei als Zuspruch der remissio peccatorum). Dadurch ist das → Gesetz (: V, 5) als Heilsweg abgetan; dh es ist radikal interpretiert als das den Glauben zwar fordernde, aber nicht gebende, den Menschen als Sünder behaftende Wort (lex non impleta, accusans, occidens, impossibilis ad iustificationem); und zugleich »abgeschafft« (lex abrogata, impleta), weil »gegenstandslos« geworden in bezug auf die iustificatio der persona (secundum conscientiam), aber gerade so in Geltung gesetzt als sachliche Anleitung zu guten Werken. Nur vom Evangelium her ist es darum sinnvoll, das Gesetz als Gottes Wort anzusprechen. Während Gesetz einerseits Inbegriff aller Weisen ist, wie der Sünder Gott und Gottes Gaben mißversteht und mißbraucht, ist es anderseits - »geistlich« interpretiert - gerade in seiner aufgedeckten tötenden Wirkung in seinem wahren, theol. usus. Als das Wort, in dem Gott sich versagt, verhält es sich zu dem Wort, in dem Gott sich zusagt, wie das opus Dei alienum zum opus Dei proprium. Weil zu dem Wort als Geschehen das gehört, was es wirkt, kann vom Gesetz nicht an sich, sondern nur in bezug auf den Sünder, und vom Evangelium nicht an sich, sondern nur in bezug auf den Menschen unter dem Gesetz die Rede sein. Als Lehre vom Evangelium muß sich darum die Lehre vom Worte Gottes auf die Lehre vom Gesetz in dessen Ambivalenz von Göttlichkeit und Heillosigkeit einlassen.

Die Unterscheidung von Gesetz und Evangelium ist darum die Grundformel theol. Verstehens. (... paene universa scriptura totiusque theologiae cognitio pendet in recta cognitione legis et Euangelii: 7, 502, 34.) In ihr kommt L.s reformatorische Theol. zur Reife, indem Unklarheiten und Befangenheiten, die ihr von der Frühzeit her anhaften, als solche erkannt und ausgeschieden werden. »Evangelium« wird strikt gefaßt als das konkrete Wort der promissio. Selbstverständlich ist es in eigentlichem Sinne nicht ein Buch, überhaupt nicht »Schrift«, sondern mündliches Wort und darf auch nicht in seiner Unterschiedenheit vom »Gesetz« historisiert werden (= AT - NT). Vor allem muß die Interpretation des Evangeliums als »lex spiritus« (dh als geschehende Erfüllung) gegen das Mißverständnis gesichert werden, als käme und bliebe die impletio legis anders als in der Weise des Zukunft eröffnenden Zuspruchs, der → Geist (: V, 5) anders als in der Relation von verbum und fides. Um des Wortcharakters und dh um der Reinheit des Evangeliums willen tritt die Verwendung von lex als auch das Evangelium umgreifenden Begriffs und die einst so dominierende Terminologie »littera - spiritus« in den Hintergrund. Entsprechend wird, ohne Preisgabe der untrennbaren Zusammengehörigkeit, zwischen contritio (als dem eigentlichen officium legis) und fides (als *der* Gabe des Evangeliums) theol. scharf unterschieden und darum der beides in sich vereinigende Begriff »humilitas« zurückgedrängt. Der Glaube erhält nun als Wortförmigkeit (2, 490) und als so verstandene Vereinigung mit Christus den entschiedenen Charakter der Freiheit des → Gewissens (»Glaubst du, so hast du!«: 7, 24, 13), deren Frucht die Liebe als mitmenschliche Dienstbarkeit ist. So kann in neuer Weise von → »guten Werken« gesprochen werden, welche allein durch den Glauben gut sind und (statt an einer religiösen Wertskala der Selbstvervollkommnung) an der Not des Nächsten orientiert sind. Es gibt keine besonderen »geistlichen« Werke.

4. Auch über den Abschluß der antiröm. Entfaltung hinaus bleibt L.s Theol. in beispielloser Weise dem Geschehen ausgesetzt. Mit dem notwendigen Übergang von reformatorischer Lehre zu reformatorischem Handeln und zu fortdauerndem Verantworten von Entscheidungen trifft die beginnende Differenzierung der reformatorischen Bewegung zusammen (→ Luther: I, 3. 4), die zu Auseinandersetzungen und Scheidungen Anlaß gibt. Daß es dabei nicht um bloße Anwendung und Verteidigung eines fertigen Lehrsystems geht, sondern um theol. Bedenken konkreter Aufgaben und Anfechtungen, macht L.s Theol. weiterhin als Vorgang so instruktiv.

Die von ihm selbst geprägte und auf sehr verschiedenartige Erscheinungen pauschal angewandte Bezeichnung *»Schwärmer«* ist, ungeachtet des damit getriebenen Mißbrauchs, eine treffende Charakterisierung radikalistischer Tendenzen zur »Vollendung« der → Reformation: des enthusiastischen Offenbarungsverständnisses, des ungeduldigen Drängens auf religiöse Verwirklichung und der spiritualistischen Mißachtung des geschichtlich-welthaft Gegebenen. Obwohl, als unsachgemäßes »Geistlichmachen« des Leiblichen, dem papistischen »Leiblichmachen« des Geistlichen extrem entgegengesetzt (18, 181, 30; vgl. 10/II, 12, 1), ist das Schwärmertum doch nur eine Spielart der Verkehrung christlicher Freiheit in Gesetzlichkeit (18, 111, 13), wie anderseits das Papsttum ebenfalls »eitel Enthusiasmus« ist (50, 245f). So hält sich auch den neuen Fronten gegenüber das Grundthema von L.s Theol. durch, wird jedoch zu Variationen veranlaßt, deren gemeinsamer Nenner - in einem weiten Verständnis - das *Problem des Gesetzes* ist.

a) Der neuralgische Punkt ev. Reformmaßnahmen (betr. Messe, Kommunion, Beichte, Fastensitte, Bilder, Zölibat, Mönchswesen usw) war für L. weder der Sachgehalt der Änderungen noch die dazu befugte Instanz, sondern die Weise des Vollzugs (vgl. Invokavit-Predigten 1522). Seine Kritik an → Karlstadts »Eilen« war ein Kampf um das Evangelium selbst: Dieses befreit die Gewissen von der Herrschaft des Gesetzes, wird also durch Gewissenszwang bei Aufrichtung ev. Ordnungen um sein Wesen gebracht. Reformation der Kirche kann nicht gesetzlich durch die Tat, sondern nur ev. durch das Wort in Gang gesetzt werden und zu Entscheidungen führen. In der Rücksicht auf das irrende → Gewissen tritt die Liebe nicht in Widerspruch zum Glauben, sondern gibt als Frucht des Glaubens dem andern die Freiheit zu eigenem Glauben, dessen Gewißheit auch die Einsamkeit des Sterbens durchsteht. Denn im Unterschied zu den »freigelassenen Dingen« (→ Adiaphora) ist das schlechterdings »Nötige«, von Gott Gebotene und darum undispensierbar das Gewissen Angehende allein Glaube und Liebe (der Glaube als Täter, die Liebe als Tat: 17/II, 98, 25).

Daß die an der Frage des reformierenden Handelns aufbrechende Differenz das Wesen des Wortes Gottes selbst betraf, zeigte sich schon 1520 an Karlstadts Verteidigung eines biblizistisch-gesetzlichen Kanonsverständnisses gegen L.s freimütige Sachkritik (am Jak zuerst 1519: 2, 425, 10; vgl. später die Vorreden im Septembertestament: WADB 7). Das Problem spitzte sich zu auf die Geltung des mosaischen Gesetzes für die Christen (vgl. bes. 16, 363ff). Die Konzentration auf das Bilderverbot war dabei nicht zufällig. Denn die durch Karlstadt in den Vordergrund gerückte Außerkraftsetzung des Zeremonialgesetzes durch Christus fand am mosaischen Bilderverbot scheinbar einen Anhalt: als an einer antikultischen »Zeremonialbestimmung« und gesetzlichen Fassung der (so begrenzten) abrogatio legis. Demgegenüber bezog L. die abrogatio legis auf das ganze, unteilbare mosaische Gesetz, einschließlich des → Dekalogs, sprach aber unabhängig davon dem mosaischen Gesetz als solchem Gesetzeskraft für den Nicht-Juden ab. Als »der Juden Sachsenspiegel« ist es diesen von Gott gegeben, ohne daß deshalb den Gesetzen anderer Völker entsprechende Offenbarungsdignität zu- und dem mosaischen Gesetz jegliche Relevanz für den Christen abzusprechen wäre. Selbst der Dekalog ist nicht offenbarungspositivistisch als mosaisch in Geltung, vielmehr weil und sofern darin die lex naturalis, dh das jedes Menschen Gewissen treffende, mit der Existenz gegebene, sie immer schon angehende Gesetz prägnant formuliert ist. Auch sonstige mosaische Vorschriften können als Vorbild für Gesetzgebung dienen. Die eigentliche Bedeutung des AT liegt jedoch in dem, was wir nicht von Natur haben: den Verheißungen und den Exempeln des Glaubens, der Liebe und des Kreuzes.

An der Frage des mosaischen Gesetzes klärte sich ein Problemaspekt des Gesetzes, der angesichts der chaotischen Doppelbedrohung des Evangeliums durch erneute Verkehrung in Gesetz und durch fleischlichen Mißbrauch ev. Freiheit akut wurde: der »zivile« Sinn des Gesetzes. Während L. bis 1521 das Gesetz nahezu nur im Horizont der Rechtfertigungslehre auf seine geistliche, dh tötende Funktion hin erörtert und die allenfalls gewirkte iustitia als iniustitia coram Deo theologisch ausschließlich negativ verstanden hatte, wurde nun die als solche stets unangetastet gelassene iustitia coram mundo als iustitia civilis und damit das Gesetz in seinem üblichen positiven Verständnis als Mittel zur iustitia ausdrücklich in die theol. Reflexion einbezogen. Nicht als Korrektur, sondern als Explikation des bisher über lex und iustitia Gesagten wurde die Lehre vom Gesetz zur *Lehre vom duplex usus legis* (zuerst 1522: 10/I, 1, 454f; vgl. 40/I, 479f). Gerade zur Reinerhaltung des theol. usus legis (cognitio peccati) muß davon der usus civilis (cohercere peccata) unterschieden werden, der freilich in diesem seinem nicht »theol.« Charakter richtig nur theol. interpretierbar ist. Noch 1519 hatte L. von duplex iustitia im Sinne von iustitia fidei (infusa) und iustitia actualis (als Frucht des Glaubens) gesprochen (2, 145ff). Jetzt ging es ihm in Unterscheidung von der Glaubensgerechtigkeit um iustitia civilis überhaupt. Darunter verstand er in erster Linie eine bloß äußerliche Gerechtigkeit, entsprechend der durch das Gesetz allgemein erzwingbaren Eindämmung der äußeren Sündenfolgen. Doch ist die iustitia activa auch des Glaubenden als iustitia der Werke ihrer Struktur nach iustitia civilis gegenüber der strikten theol. Bedeutung von iustitia als iustitia passiva (fidei) der Person.

Da sich im *primus usus legis* (civilis) notwendig verschiedene Problemlinien schneiden, sind folgende naheliegende Mißverständnisse abzuwehren: 1. Der duplex usus legis ist, streng genommen, nicht auf verschiedene Personenkreise aufzuteilen. L. erläutert zwar häufig in diesem Schema (die rohen Leute - die Christen) die Verschiedenheit der Effekte beider usus (äußerlich - geistlich). Konstitutiv ist jedoch die jeden Menschen betreffende Zweiheit von coram mundo und coram Deo, von opus und persona. Der primus usus legis steht zwar letztlich, aber nicht nur, im Zeichen des Schwertes. Er erzwingt auf jeden Fall »Legalität«, umschließt aber auch den ganzen Bereich der »Moralität«. 2. Der duplex usus legis darf darum nicht mißdeutet werden als duplex lex (profan - religiös, oder: civilis - christiana; vgl. die Stufenfolge von virtutes morales und virtutes theologicae). Bei aller Variabilität der interpretatio legis ist es letztlich eine und dieselbe lex, die Gott auf zweierlei Weise gebraucht. 3. Die beiden usus legis stehen nicht etwa beziehungslos nebeneinander. Zwar vollzieht sich der primus usus (im Unterschied zum usus theol.!) nicht eigentlich als Predigt, sondern als faktisches Walten des Gesetzes und besteht darum grundsätzlich unabhängig von der christlichen Verkündigung. Doch wird er allein vom Evangelium her zu seinem wahren Verständnis als usus civilis gebracht. Nur der Glaube hält die iustitia civilis frei von der Selbstrechtfertigung. Darum diente es indirekt auch der Klärung des primus usus, daß in der Auseinandersetzung mit den Antinomern noch einmal das Problem des secundus usus legis zur Erörterung kam (s. 4e).

b) Die fundamentaltheol. Erörterung der mit dem primus usus legis zusammenhängenden Probleme erfolgte im Rahmen der sog. → *Zwei-Reiche-Lehre*. Anlaß und Modell gaben vornehmlich die Fragen der politischen Ethik: zunächst nach den Grenzen weltlicher Obrigkeit (→ Staat: III. IV); und deswegen auch nach deren positiver Begründung, vor allem, als die Schwärmer deren Unvereinbarkeit bzw. revolutionäre Verschmelzung mit der Herrschaft Christi vertraten (→ Müntzer, → Bauernkrieg), aber auch gegenüber der mittelalterlichen Einordnung in das Stufenschema von → Natur und Übernatur. Jedoch unangemessener noch als die Einengung des primus usus legis auf die Schwertgewalt ist die Restriktion der Zwei-Reiche-Lehre zu einer Theorie der politischen Ethik. Als Zwei-Reiche- und Zwei-Regimente-Lehre ist sie an sich gar nichts Neues. Die terminologische Anlehnung an das heilsgeschichtlich-apokalyptische Schema Augustins (jedoch statt »civitates« biblisch: »regna«) und an das mittelalterliche Ordnungsschema der zwei potestates innerhalb der Christenheit leistet einer verengenden Deutung Vorschub und verdeckt leicht die umfassende Fragestellung L.s und die Besonderheit seines Verständnisses der Unterscheidung. Doch läßt die in der Tradition nicht übliche Kombination beider Schemata aufmerken.

Das Ineinander des kontradiktorischen und des konträren Moments in L.s Zwei-Reiche-Lehre macht diese zur charakteristischen Reflexionsgestalt seines theol. Denkens: Die ihn von Anfang an bestimmende dualistische Antithetik scheidet nicht die Wirklichkeit in getrennte Bereiche, sondern die Gewissen in einander ausschließende Weisen des Verstehens und Gebrauchs der einen Wirklichkeit: des Unglaubens, als heilloser Vermischung (oder Trennung, jedenfalls: Widerspruchs) von Schöpfung und Schöpfer, und des Glaubens, als deren heilsamer Unterscheidung (und darum Entsprechung). Von daher erklärt sich die Ambivalenz des regnum mundi in seinen höchsten Möglichkeiten (ratio, opera, mores, iustitia civilis, politia, philosophia, religio) als regnum diaboli oder als mundus, dh creatura Dei. Konstitutiv für die Unterscheidung beider Reiche ist deshalb nicht etwa die Verschiedenheit von Gesetzen und Rechtssystemen, sondern die das kontradiktorische und das konträre Moment umschließende Unterscheidung von Gesetz und Evangelium. So ist für das Reich der Welt das Gesetz und für das Reich Christi das Evangelium konstitutiv, aber nicht so, daß dadurch Gesetz und Evangelium voneinander getrennt wären. Gerade die Rückführung auf die Unterscheidung von Gesetz und Evangelium bindet den Vollzug der Unterscheidung der zwei Reiche an das Wortgeschehen der Unterscheidung von Gesetz und Evangelium und richtet das Interesse auf das, was sich in der Begegnung von Reich Christi und Reich der Welt ereignet. Darum ist die Zwei-Reiche-Lehre verfehlt, wenn sie auf eine bloße Trennung von primus usus legis und Evangelium hinauszulaufen scheint und nicht beachtet wird ihr Abzielen auf die conscientia (und damit: auf den Zusammenhang mit dem secundus usus legis und dem wahren Verständnis der iustitia civilis).

Die Orientierung an den beiden Weisen von Gottes Regiment gegenüber der sündigen Welt und darum an der Unterscheidung von iustitia activa und passiva (40/I, 40ff) läßt die Zwei-Reiche-Lehre alle Probleme umspannen, die das In-der-Welt-Sein des Christen betreffen, macht aber anderseits die Vordringlichkeit des politischen Problems verständlich. Denn hier wird die Verschiedenheit beider Regimente Gottes extrem. Darum kann L., abweichend von der mittelalterlichen Tradition, die Eigenständigkeit des Politischen am nichtchristlichen Staat exemplifizieren und zugleich einer minderen ethischen Einschätzung weltlicher Obrigkeit entgegen- und für eine saubere Unterscheidung weltlicher und geistlicher Gewalt eintreten. Sahen die Schwärmer in weltlicher Obrigkeit und Bergpredigt einander widersprechende Gesetze, so kann L. den Christen die Einfügung in, ja die aktive Verantwortung für die politia als Werk der Liebe und Gottesdienst zur Pflicht machen. Das zielt auf sehr enge Beziehung des weltlichen und des geistlichen Regiments ab; in der elterlichen Gewalt sind beide vereint (10/II, 301, 25). Die → Bergpredigt (: II, 3) gilt uneingeschränkt für jeden Christen, sofern es um ihn selbst geht, jedoch nicht für ihn als »Weltperson« (persona hier = Rolle, also Amtsperson) in Verantwortung für andere. In beidem geht es um die Liebe, die das jeweils Vernünftige tut und im Unrechtleiden wie im Unrechtwehren gemäß den beiden Regierungsweisen Gottes der Welt gerecht wird. Damit sind die möglichen Konflikte nicht aus der Welt geschafft. Als äußerste Grenzen markiert L.: Kein Unrecht der Obrigkeit gibt Recht zu Aufruhr;

aber keines Unrechts der Obrigkeit darf man sich teilhaftig machen.

c) Nach L.s Verständnis der zwei Reiche gilt der Begriff »Obrigkeit« nur für das weltliche, nicht für das geistliche Reich (die *Kirche*) (11, 270, 30). Mit der Preisgabe der anfänglich vertretenen Auffassung, Röm 13 verpflichte auch einem unrechten Kirchenregiment gegenüber zu leidendem Gehorsam (noch 1520, zB 6, 321, 31ff), war der Tatbestand des »Aufruhrs« ausschließlich in das weltliche Reich verwiesen und reformatorisches Handeln u.U. gegen die bestehende Hierarchie legitimiert. Weil das Evangelium das Reich Christi konstituiert, ist die → Kirche (: VI B) weder durch Gesetze zu regieren noch durch Rechtsunterschiede personell gestuft. Das gibt zugleich den positiven Ansatz ev. → Kirchenrechts (: I B): Das Evangelium ist das im Reich Christi geltende, allen Christen gemeinsame Recht (eiusdem iuris sumus omnes: 12, 189, 9). Aus derselben Wurzel leiten sich die beiden Grundfaktoren ev. KO her: die Verkündigung des Evangeliums und das Priestertum aller Getauften.

Nachdem sich Hierarchie und Reich einer Reformation von oben her versagt hatten, eröffnete der Fortgang der reformatorischen Bewegung unter Duldung oder Förderung territorialer und lokaler Obrigkeiten einen Weg zu kirchlicher Neuordnung, der reformatorischem Verständnis der Kirche entsprach: auf der Ebene der Ortsgemeinde als Folge der Verkündigung die Bildung einer dem Verkündigungsgeschehen entsprechenden und dienenden Gottesdienstordnung (→ Gottesdienst: V B, 2 a α). Denn KO ist identisch mit Gemeindeordnung, und Gemeindeordnung ist gottesdienstliche Versammlungsordnung. Neben der Reform der → Messe (: III) lag zunächst der Schwerpunkt in der Gestaltung des als Dienst verstandenen → Amtes (: III). Das → Priestertum aller Getauften fand dabei (außer in der Verantwortung der Gemeinde für die Berufung von Predigern und abgesehen vom Notfall) faktisch keinen Ausdruck in neuen Formen des Dienstes von »Laien«, war aber - der primären Intention dieser Lehre durchaus gemäß - maßgebend für das Verständnis des Amtes. Waren alle nun »Priester«, so waren die berufenen ministri, gemessen am traditionellen Verständnis, »Laien« (sacerdotem non esse quod presbyterum vel ministrum, illum nasci, hunc fieri: 12, 178, 9). Einerseits wird darum dem geordneten Amt die Bezeichnung als Priestertum entschieden versagt, anderseits wird das »Priestertum« des Christen als die geistliche Vollmacht gedeutet, die im ministerium verbi öffentlich ausgeübt wird (Verkündigung, Taufe, Abendmahl, Schlüsselamt, Selbsthingabe, Fürbitte, Urteil über die Lehre: 12, 180ff). Das »Priestertum«, das in seinem herkömmlichen Verständnis nur als »besonderes« Sinn hat, ist als »allgemeines« dessen Ende, aber, als so von dem einen Christus und der einen Taufe her neu verstandenes, auch eine Neubegründung des einen Amtes (ministerium verbi summum in ecclesia officium esse prorsus unicum et omnibus commune: 12, 181, 17). Doch kann sich dieses in eine Mannigfaltigkeit von Diensten konkretisieren.

Trotz der Prävalenz der → Predigt (: I) erhält die Frage der KO ihre äußerste Profilierung erst durch das Abendmahl. Die Predigt ergeht unterschiedslos an alle; doch kann nicht jeder zum Sakrament zugelassen werden. Zu seinem Empfang gehört das → Bekenntnis (: IV. V), das Gemeinde sichtbar werden läßt (propter confessionem coetus ecclesiae est visibilis: 39/II, 161, 8). Die Gründung von bekennenden Gemeinden hat L. als »die rechte Art ev. Ordnung« zwar grundsätzlich bejaht (bes. 19, 75, 3ff), aber entgegen dem Drängen → Schwenckfelds (vgl. dessen Unterredung mit L.: ZKG 13, 1892, 554f) nicht verwirklicht, weil er die Leute dazu nicht habe und damit nicht Rotterei daraus werde. Da L. nicht eine »ecclesiola in ecclesia« meinte, sondern die geordnete Versammlung der Christen im Unterschied zur »öffentlichen Reizung zum Christentum«, wäre unverantwortbare Auflösung volkskirchlicher Gegebenheiten die Folge gewesen. Der faktische geschichtliche Verlauf, der es nicht in der Verfolgungssituation, sondern im Schutz der Obrigkeit zum Aufbau ev. Gemeinden kommen ließ, verdeckt leicht die in L.s Theol. angelegten weiteren Möglichkeiten. Auch ist neben L.s Bejahung des Notdienstes der Obrigkeit bei der Durchführung der → Visitationen (→ Kirchenverfassung: VI, 2) sein theol. Widerspruch gegen das heraufziehende landesherrliche → Kirchenregiment zu beachten. Das Vorgehen des weltlichen Schwerts gegen die Schwärmer ist allein im Fall des Aufruhrs berechtigt.

Vor allem die durch die Konzilsfrage in Gang gehaltene Auseinandersetzung mit Rom (→ Luther: I, 5), aber auch die Polemik gegen Schwärmer und Juden, ließ L. bis zuletzt mit den Fragen des Kirchenbegriffs beschäftigt sein. Die »zwei Reiche« sind in ihrem eschatologischen Aspekt »zweierlei Kirchen« von Anfang bis Ende der Welt (51, 477, 13, vgl. 50, 644ff). Das macht die Scheidung von Rom einerseits so tief, anderseits unmöglich! Der Anspruch, die alte, wahre Kirche zu sein, ist ebenso entschieden gegen Rom zu vertreten, wie anzuerkennen ist, daß auch unter dem Papst Kirche erhalten blieb. Gerade als → Antichrist (: II, 5) hat der Papst seinen Ort nicht außerhalb, sondern innerhalb der Kirche. Die Scheidung von ihm ist darum nur geistlich, nicht leiblich vollziehbar (38, 251, 5ff). Genau genommen handelt es sich nicht um Kirchenspaltung, sondern um Einsicht in einen äußerlich nicht zu beseitigenden Zustand der Vermengung von Christentum und Antichristentum in der einen Christenheit. So hält L. auch im Alter die Grundmotive seines Verständnisses von Kirche durch: ihre Verborgenheit (51, 507, 14ff), ihren personalen Charakter als »christlich heiliges Volk« (statt des »blinden, undeutlichen Wortes ›Kirche‹«: 50, 625, 5) und ihre Faßbarkeit an Wort und Sakrament, deren Kraft nicht von der Person des »minister« abhängt (vgl. über den Teufel als Pfarrer: 38, 240, 24ff; die Predigt ist kein vergebungsbedürftiges Tun: 51, 516, 15ff).

d) Die Kulmination des antischwärmerischen Kampfes im Streit um *Wort und Sakrament* ist in besonderem Maß von menschlicher Tragik und nicht hinreichend bewältigter Problematik überschattet. Aber trotz persönlicher Unzulänglichkeiten und sachlicher Vergröberungen erschließt sich nachdenkender Interpretation gerade hier das reformatorische Generalthema »Wort und Glaube« in ungewöhnlicher Tiefe. Der Schwerpunkt verlagerte sich nicht etwa rekatholisierend vom Wort in die Sakramente, vom Glauben in das opus operatum. Ohne Schwanken hielt L. bis zuletzt an dem Vorrang des Wortes fest: Die → Sakramente (: I. II, 1) können nicht ohne das Wort sein, wohl aber das Wort ohne die Sakramente; zur Not könnte einer ohne Sakrament, aber nicht ohne das Wort selig werden (38, 231, 9ff). Streng genommen ist es gar keine Zweiheit. Im Sakramentsstreit ging es um das Verständnis des Wortes. Die krasse Abwertung des verbum externum zugunsten enthusiastischer oder mystischer Geistunmittelbarkeit hielt L. nur für die grobe Parallele zu einer subtilen Verachtung des Wortes bei den »Sakramentierern«. In der Zerreißung bzw. Umkehrung des Zusammenhanges von »äußerlich« und »innerlich«, »leiblich« und »geistlich« im Wortgeschehen sah er die Auflösung von Gott gesetzter Ordnung. Gott »will niemand den Geist noch Glauben geben ohne das äußerliche Wort und Zeichen« (18, 136, 17).

So wurden für L. Obrigkeit (Müntzer) und Sakrament (Karlstadt, → Oekolampad, → Zwingli) strukturverwandte theol. Probleme (23, 263, 8ff). Denn Gottes Werk, das leiblich begegnet, ist in Gottes Wort gefaßt und will darum durch Gottes Wort geistlich, dh im Glauben, erfaßt sein. Alle Kreaturen sind Gottes Larven. Aber das mit ihnen verbundene Wort Gottes ist nicht ihnen, sondern »den hellen und gewissen Sprüchen der Schrift« zu entnehmen. Trotz anscheinend rückläufiger Tendenz zu gesetzlichem Positivismus durch schroffe Berufung auf geschichtliche Gegebenheiten und den Buchstaben der Schrift gegen die Vernunft ist das gemeinte Wortverständnis gerade nicht das gesetzliche. Die zu wahrende Ordnung Gottes, sein Gebot, ist nicht abstraktes, auf Verwirklichung harrendes, sondern konkretes Wort, das als von Gott her geschehenes Wort an seinen leiblichen Gaben (zB Eltern: 30/I, 214, 18ff) haftet und als mündlich geschehendes Wort diese leiblichen Gaben zu wahrem, geistlichem Gebrauch bringt. Im Wort ist also Leibliches (Kreatürliches) und Geistliches (Göttliches) vereint. Der Kampf gegen die → Spiritualisten geht um die Wahrung der unumkehrbar schenkenden Bewegung des verbum Dei und damit des Rechtfertigungsgeschehens (vgl. 18, 139).

Die Gültigkeit der → *Taufe* (: III. IV, 1) vom Glauben abhängig machen ist Werkerei. Dadurch würde die Taufe ungewiß, so daß man niemand taufen dürfte. Gottes Ordnung wird durch Mißbrauch nicht ungültig. Denn Gottes Wort als das Gründende und Unwandelbare ist größer als der wandelbare Glaube. Statt »Wiedertäufer« sollte man »Wiedergläubler« sein (26, 173, 3). Gewiß muß man selbst glauben wie selbst getauft werden. Aber wann auch immer das Glauben geschieht, ist damit der Taufe Genüge getan, selbst wenn die Gewißheit, getauft zu sein, auf einer Täuschung beruhte (26, 171, 25). Das theol. Recht der Kindertaufe steht darum so fest, daß die Theorie vom Kinderglauben nur als Folgerung, nicht als Begründung auftritt.

Viel weitschichtiger ist die Problemlage beim → *Abendmahl* (: II, 3 a; III, 1). Die von L. trotz zeitweiliger Bedenken (15, 394, 12) stets gelehrte, seit 1523 (vgl. 11, 431ff) aber zunehmend hervorgehobene Realpräsenz erhebt das Sakrament nicht etwa durch eine andere, höhere Heilsgabe über das Wort. Es liegt alles am Wort, um des willen im Abendmahl auch ohne Realpräsenz Vergebung der Sünden geschähe (18, 204, 15ff). Die Realpräsenz läßt Glaubende und Nicht-Glaubende im leiblichen Essen dasselbe empfangen (manducatio impiorum), während das Wort das geistliche Essen des Glaubenden wirkt und allein dadurch das leibliche Essen (das »ohne Geist und Glaube Gift und Tod« ist: 26, 293, 1) zum Heil qualifiziert. Wie ja selbst Gott, Christus und Hl. Geist nichts nützen ohne Wort und Glauben (18, 202, 32ff; 26, 353, 10ff). Der Glaube hält sich an das Wort, das die Begegnung im Leiblichen ansagt, aber fragt von sich aus nicht nach Wozu und Wie der Realpräsenz. Daß L. in der Auseinandersetzung sich doch auf beide Fragen einließ, war theol. unumgänglich, unterliegt aber am Maßstab seiner Intention, den Leib Christi nicht vom Wort zu scheiden, der Prüfung, wie hier die Lehre vom Wort durchgeführt ist. Bedeutsam ist vor allem, daß das Abendmahl Anlaß gab, die durch das Wort geschehende Verbindung von »geistlich« und »leiblich« von der Christologie und von der Gotteslehre her zu begründen. (Vgl. zum Ansatz der Ubiquitätslehre 26, 333, 6: »Wo du mir Gott hinsetzest, da mußt du mir die Menschheit mit hinsetzen«; 23, 133, 19ff: »Die allmächtige Gewalt Gottes ... zugleich nirgend ... und doch an allen Orten«.)

e) Die → *Rechtfertigung* (: II. III) fand als Schnittpunkt der antiröm. und antischwärmerischen theol. Explikation intensive Behandlung in L.s akademischer Wirksamkeit der 30er Jahre (vor allem Gal-Vorlesung 1531 und Disputationen). Infolge des Angriffs aus dem eigenen Lager (J. → Agricola; → antinomistische Streitigkeiten) wurde sie nach der Seite des Gesetzes hin umfassend durchdacht. Obwohl Agricola aus Äußerungen des jungen L. über Gesetz und Evangelium sein Pathos schöpfte und auch im antischwärmerischen Kampf an dessen Seite stand, war doch seine Grundthese eine der schwärmerischen Trennung von »geistlich« und »leiblich« analoge Trennung des Evangeliums vom Gesetz: Buße sei nicht durch das Gesetz, sondern durch das Evangelium zu predigen; »Decalogus gehört auf das Rathaus, nicht auf den Predigtstuhl.« Nach L.s Urteil war durch diese Isolierung von dem Gesetz das Evangelium in illusionärer Weise von der Wirklichkeit des Menschseins abgeschnitten und damit um seinen Sinn gebracht.

Die Differenz meldet sich schon im Gesetzesbegriff an. Im Unterschied zu Agricolas gegenständlicher Verteilung von Gesetz und Evangelium auf verschiedene Texte (Dekalog - NT) und Räume (Welt - Kirche) ist L. nicht am lexikalischen Bezeichnungssinn der Vokabel »lex« orientiert, sondern an dem Vermögen und Wirken der lex als dem theol. relevanten Sachverhalt. Darum redet er nicht primär neutral vom »Inhalt« und den Möglichkeiten der lex. Obwohl das Gesetz und entsprechend die Vernunft in ihren Grenzen höchst notwendig sind, ja das hervorragendste am Menschen darstellen (zB 40/I, 306, 5; 39/I, 175, 9), kommen sie theol. in erster Linie in bezug auf den Menschen als peccator coram Deo in Betracht. Das Gesetz ist deshalb seiner Funktion nach als nicht erfülltes Gesetz Gewissensanklage (Quicquid ostendit peccatum, iram seu mortem, id exercet officium legis: 39/I, 348, 25). Es tritt nicht zum Menschen hinzu, sondern ist immer schon da (39/I, 477, 7), weil von Sünde und Tod nicht zu trennen, und darum nur zu beseitigen, indem dieser Mensch beseitigt wird. Zwar bleibt es als lex impleta in Ewigkeit, doch nicht eigentlich als lex, sondern als res, als creatura nova (39/I, 350, 1).

Gerade das gegensätzliche Verhältnis von Gesetz und Rechtfertigung (lex non est necessaria ad iustificationem, sed inutilis et impossibilis: 39/I, 382, 2; lex est negatio Christi: 40/II, 18, 4; vgl. 39/I, 47, 23) begründet die Notwendigkeit der Predigt des Gesetzes. Gesetz und Evangelium dürfen so wenig voneinander getrennt werden wie Buße und Vergebung der Sünden. Gegen die antinomistische Auffassung, daß beides zugleich durch das Evangelium gewirkt werde und deshalb das bloß verdammende Gesetz auszuschalten sei, wendet L. ein: Auch der Aufweis der Sünde »ex violatione Filii« ist, theol. gesehen, officium legis. Doch nur dann, wenn das Gesetz so zur Sprache kommt, wie es über jeden Menschen seine (nicht erkannte, aber wirksame) strafende Gewalt schon ausübt, also in der ganzen Breite, Tiefe und Furchtbarkeit menschlicher Erfahrung, die als Gesetzeserfahrung vernichtende Gotteserfahrung ist (39/I, 370f. 389f), wird ganz deutlich, wer Christus als Erfüllung des Gesetzes ist. Die antinomistische Scheidung von Gesetz und Evangelium führt zu einer Vermischung beider unter dem Namen »Evangelium«. Mit der Tiefe des Gesetzes geht dabei auch die Tiefe des Evangeliums verloren.

Weil das Leben des Christen als Leben in der Rechtfertigung Leben in der Buße bleibt, bleiben Gesetz und Evangelium beieinander. Das officium legis hört allerdings in dem Maße auf, wie die → Sünde aufhört (39/I, 431f). Das geschieht imputativ für den Glauben, der als fides apprehensiva (nicht: acquisita, historica) Christus im Wort als »pro me« gegeben ergreift (39/I, 44ff). Den Glaubenden geht das Gesetz nichts an; er ist »supra legem«. Fides est creatrix divinitatis, non in persona, sed in nobis (40/I, 360, 5f). Anstelle des Gesetzes hat Christus vom Gewissen Besitz ergriffen und wirkt im Gerechtfertigten gute Werke ohne Zutun des Gesetzes (39/I, 354, 5ff). Die iustificatio ist als solche regeneratio (39/I, 48, 14), allerdings nur anfangsweise. Die Sünde weicht formaliter nur in dem ständigen Kampf der mortificatio, die erst im leiblichen Sterben an das Ziel kommt. In diesem Kampf bleibt um der reliquiae peccati willen und nur insofern der Christ unter dem Gesetz; und zwar in dessen usus theologicus, der allerdings je nachdem gemildert sein kann durch die Rechtfertigung (39/I, 474, 8ff). Denn im konkreten Wortgeschehen vollzieht sich das Unterscheiden von Gesetz und Evangelium nicht schematisch und uniform, sondern entsprechend dem, was an der Zeit ist in bezug auf Strafen, Mahnen, Trösten und kühne Ermutigung. Der Unterschied von Gesetz und Evangelium ist ein Unterschied der Zeiten: des tempus legis und tempus gratiae (40/I, 209ff; Christianus est divisus in 2 tempora: quatenus caro, est sub lege; quatenus spiritus, est sub Euangelio: 40/I, 526, 2ff). Der Sinn dieser Zweiheit, die L.s ganze Theol. bestimmt, darf nicht verwischt werden durch einen tertius usus legis, der in die Struktur von L.s Lehre vom Gesetz nicht paßt. Berechtigte Gesichtspunkte bei der Ausbildung der Lehre vom tertius usus durch → Melanchthon haben bei L. durch die seelsorgerlich differenzierte Auffassung vom secundus usus und durch die Orientierung des primus usus an der Weite der iustitia activa in der Weise Berücksichtigung gefunden, daß der Verwandlung des Evangeliums als des verbum fidei in eine lex caritatis gewehrt ist (40/I, 141, 6) und Gott allein causa iustificationis bleibt (39/I, 470, 10).

f) Daß allein der articulus de iustificatione wahre Theologen macht und schlechterdings notwendig ist, liegt daran, daß sein Thema das Grundthema der Theol. ist: *das Gottsein Gottes*. Christlich kann nicht von Gott an sich und dem Menschen an sich die Rede sein, sondern nur von Gott und Mensch in Christus (de Deo incarnato vel homine deificato: 8, 126, 23ff) und deshalb von dem Deus iustificans und dem homo peccator als dem einen subiectum theologiae (40/II, 327f). Davon hängt ab, ob nicht nur vom Menschen und allen theol. Teilfragen, sondern gerade auch von Gott theologice geredet wird in dem unauflöslichen Zusammenhang von cognitio Dei et hominis. Das kommt deswegen an der Rechtfertigungslehre heraus, weil in ihr das Schöpfersein Gottes an dem ihm radikal Widersprechenden, dem Sünder, bekannt wird. Gott erweist sich am Sünder dadurch als Schöpfer, daß die Rechtfertigung ebenso wie die → Schöpfung (: V) ausschließlich sein, nicht des Menschen Werk ist (18, 754, 1ff). Im Menschen die Rechtfertigung begründet sehen ist die gleiche Gotteslästerung wie sich als eigenen Gott und Schöpfer ausgeben (39/I, 48, 28). Glauben heißt, → Gott (: V, 12) als Gott anerkennen. Gott seine Gottheit zusprechen, ist das einzige, was der Mensch Gott »geben« kann (40/I, 360, 2ff).

Nach L. hat deshalb unter seinen Gegnern als einziger → Erasmus – freilich ahnungslos – den Kernpunkt getroffen. Was dieser als verworrenes, dem Christen gar nicht wissensnotwendiges Thema ansieht und aufgreift: die biblische Auffassung vom Vermögen des menschlichen Willens zur Seligkeit und vom göttlichen Vorherwissen, ist nach L. die entscheidende Frage. Wer nicht weiß, was der Mensch Gott gegenüber vermag – nämlich nichts! –, weiß auch nicht um Gottes Macht als wirklich ausgeübte Allmacht (nicht bloß in potentia). Mit der Bejahung Gottes ist das liberum arbitrium verneint und umgekehrt. Nicht erst eine ausdrückliche Leugnung Gottes, sondern schon die Behauptung einer gewissen Unabhängigkeit des menschlichen Willens Gott gegenüber ist Gottlosigkeit. Liberum arbitrium ist, streng genommen, Gottesprädikat (18, 636, 27ff). So erscheint das Problem im theol. (nicht im moralischen oder metaphysischen) Fragehorizont. Zur Debatte steht die menschliche → Willensfreiheit nicht in bezug auf die Natur, sondern in bezug auf die Gnade, die Geltung vor Gott (18, 752, 6ff). Das Verhältnis von Gott und Mensch kommt dabei nicht als das zweier sich begrenzender Bereiche in Betracht, sondern als Gottes Wirken, das Zeit gewährt und damit auch einräumt, daß diese Gewährung nicht »wahr-genommen« wird. Indifferentismus und → Determinismus liegen darum fern. Determinismus verlangt entscheidungslose Verursachung durch ein metaphysisches Prinzip. Doch L. bezeichnet den Willen des Menschen nicht deshalb als unfrei, weil er von Gott bestimmt wäre, sondern weil er nicht von Gott bestimmt sein will. Wäre er von Gott bestimmt, so wäre er zwar nicht Gott gegenüber, aber durch Gott »frei«, weil frei von der Sorge um das Heil, die ja konstitutiv ist für das theol. Problem der Willensfreiheit. Als allein im wirkenden Willen Gottes existierend, ist der menschliche Wille nie sein eigener Herr, sondern gehört Gott entweder willig oder aber widerwillig (und dh: dem Satan; 18, 635, 17ff; 670, 6ff). Den einmal geschehenen Herrschaftswechsel vermag (wie den Selbstmord) der Wille des Menschen nicht rückgängig zu machen. Der Widerwille gegen Gott kann nicht Willen zu Gott erzeugen. Doch verrät diese Unfreiheit noch das Verlorene: Das servum arbitrium befindet sich zwar notwendig, doch nicht gezwungen, sondern freiwillig im Gefängnis der Sünde und Verblendung, die dies sogar für Freiheit hält. Und obwohl die von Gott gewährte Zeit nicht wahrgenommen ist, bleibt sie auch im Mißbrauch von Gott gewährt. Das Tun des Bösen ist, als durch die Kreatur geschehend, in Bewegung gehalten durch Gottes unmittelbares allmächtiges Wirken. Mit der wirkenden Präszienz Gottes wäre seine Gottheit bestritten. Dies kann Anlaß zu abgründiger Verzweiflung sein, freilich einer heilsamen Verzweiflung, nahe der Gnade (18, 719, 4ff). Recht verstanden aber ist es Grund der Gewißheit, daß Gottes unveränderlicher Wille seine Verheißungen wahrmacht (18, 619, 16ff).

Der Glaube gründet allein im Deus incarnatus, crucifixus, praedicatus (18, 633, 7ff; 685, 3ff). Nur der Unglaube sucht den Deus absconditus zu erforschen (in maiestate et natura sua). Der Glaube wahrt die Unterscheidung zwischen verbum Dei und Deus ipse. Denn weil das Wort Gottes das Wort des sub contrario verborgenen Gottes ist, der sich allein so gibt, daß er sein Wort gibt, gehören Gott und Glaube zusammen. Um der absconditas Gottes willen (in seiner Majestät, in der »Mummerei« der Geschichte sowie in Inkarnation und Kreuz) geschieht Gottes Heil solo verbo sola fide. Darum dient das Reden vom Deus absconditus der rechten Bezeugung des Deus revelatus.

Vgl. die Lit. zu → Luther: I sowie zu den Artt., auf die im einzelnen verwiesen wurde. Die folgende Auswahl schließt sich nur zu 2a–d der Gliederung dieses Art.s an u. ist im übrigen nach einigen übergreifenden Themen geordnet.

Ges.-Darstellungen: TH. HARNACK, L.s Theol. mit bes. Beziehung auf seine Versöhnungs- u. Erlösungslehre I. II, 1862/86 (Neudr. 1927) – J. KÖSTLIN, L.s Theol. in ihrer gesch. Entwicklung u. ihrem inneren Zus.hang I. II, (1863) 1901[2] – J. GOTTSCHICK, L.s Theol., 1914 – P. WERNLE, Der ev. Glaube nach den Hauptschr. der Reformatoren I, 1918 – HOLL I. III – E. SEEBERG, L.s Theol. I: Die Gottesanschauung, 1929; II: Christus, Wirklichkeit u. Urbild, 1937 – DERS., L.s Theol. in ihren Grundzügen, (1940) 1950² - SEEBERG, DG IV/1 - J.v. WALTER, Die Theol. L.s, 1940 - PH.S.WATSON, Um Gottes Gottheit. Einf. in L.s Theol., 1952.

Zu 2: E.WOLF, Joh.v. Staupitz u. d. theol. Anfänge L.s (LuJ 11, 1929, 43-86) - W.v. LOEWENICH, L.s Theologia crucis, (1929) 1954⁴ - F.HUCK, Die Entwicklung der Christologie L.s von der Pss- zur Röm-Vorl. (ThStKr 102, 1930, 61-142) - H.J.IWAND, Rechtfertigungslehre u. Christusglaube, 1930 - W.DRESS, Gerson u. L. (ZKG 52, 1933, 122-161) - J.FICKER, Zu den Randbemerkungen L.s in Taulers Sermones (ThStKr 107, 1936, 46-64) - R.KEKOW, L. u. die devotio moderna (Diss. Hamburg), 1936 - H.QUIRING, L. u. die Mystik (ZSTh 13, 1936, 150-240) - E.VOGELSANG, L. u. die Mystik (LuJ 19, 1937, 32-54) - J.v. WALTER, Mystik u. Rechtfertigung beim jungen L., 1937 - W.KOHLSCHMIDT, L. u. die Mystik, 1947 - H.BLUHM, L.s View of Man in the first published Works (HThR 41, 1948, 103-122) - R.WEIJENBORG, La charité dans la première théol. de L. (1509-15) (RHE 45, 1950, 617-669) - A.GYLLENKROK, Rechtfertigung u. Heiligung in der frühen ev. Theol. L.s, Uppsala 1952 - W.MAURER, Die Anfänge von L.s Theol. Eine Frage an die luth. Kirche (ThLZ 77, 1952, 1-12) - W.JETTER, Die Taufe beim jungen L. (BHTh 18), 1954 - U.MAUSER, Der Häresiebegriff des jungen L. (Diss. Tübingen), 1957 - R.SCHWARZ, Fides, spes u. charitas beim jungen L., unter bes. Berücksichtigung der mittelalt. Tradition (Diss. ebd), 1959 - L.PINOMAA, Die Heiligen in L.s Frühtheol. (StTh XIII, 1), 1959. - Ferner die Arbeiten von E.WOLF, A.HAMEL, J.HECKEL (→ Luther: I, 1).

Zu 2 a: H.DENIFLE, L. u. Luthertum I/2: Die abendländ. Schriftausleger bis L. über Iustitia Dei (Rom. 1, 17) u. Iustificatio, 1905 - FR.LOOFS, Der articulus stantis et cadentis ecclesiae (ThStKr 90, 1917, 323-420) - E.HIRSCH, Initium theologiae Lutheri (Festg. f. J.Kaftan, 1920, 150-169 = E.H., L.studien II, 1954, 9-34) - E.STRACKE, L.s großes Selbstzeugnis über seine Entwicklung zum Reformator hist.-krit. untersucht (SVRG 140), 1926 - HOLL III, 171-188 - H.WENDORF, Der Durchbruch der neuen Erkenntnis L.s im Lichte der handschriftl. Überlieferung (HV 27, 1932, 124-144. 285-327) - U.SAARNIVAARA, L. discovers the Gospel, St. Louis 1951. - Ferner die Arbeiten von H.BORNKAMM, E.BIZER, G.PFEIFFER (→ Luther: I, 1).

Zu 2 b: P.VIGNAUX, L., commentateur des Sentences (livre 1, dist. 17) (EPhM 21), 1935 - DERS., Sur L. et Ockham (FS 32, 1950, 21-30) - L.MEIER, Research that has been made and is yet to be made on the Ockhamism of M.L. at Erfurt (AFrH 43, 1950, 56-67) - L.SAINT-BLANCAT, L.s Verhältnis zu Petrus Lombardus (ZSTh 22, 1953, 300-311) - DERS., La théol. de L. et un nouveau plagiat de Pierre d'Ailly (Positions luthériennes 4, 1956, 61-81).

Zu 2 c: A.W.HUNZINGER, L.-Studien I: L.s Neuplatonismus in der Pss-Vorl. von 1513-16, 1906 - H.THOMAS, Zur Würdigung der Pss-Vorl. L.s von 1513-16, 1920 - H.BOEHMER, L.s erste Vorl. (BAL 75, 1), 1923 - J.FICKER, L.s erste Vorlesung - welche? (ThStKr 100, 1928, 348-353) - E.VOGELSANG, Die Anfänge von L.s Christologie nach der ersten Pss-Vorl. (AKG 15), 1929 - F.HAHN, Faber Stapulensis u. L. (ZKG 57, 1938, 356-432) - W.A.QUANBECK, The Hermeneutical Principles of L.s Early Exegesis, Princeton 1948 - G.EBELING, Die Anfänge von L.s Hermeneutik (ZThK 48, 1951, 172-230) - DERS., L.s Psalterdruck vom Jahre 1513 (ebd 50, 1953, 43-99) - DERS., L.s Auslegung des 14. (15.) Psalms im Vergleich mit der exeget. Tradition (ebd 280-339) - H.FAGERBERG, Die Kirche in L.s Pss-Vorl. 1513-15 (Gedenkschr. f. W.Elert, 1955, 109-118) - H.VOLZ, L.s Arbeit am lat. Psalter (ARG 48, 1957, 11-56) - W.MAURER, Kirche u. Gesch. nach L.s Dictata s. Psalt. (L.-Forschung heute, 1958, 85-101) - S.RAEDER, Das Hebr. bei L. untersucht bis z. Ende der 1.Pss-Vorl. Eine philol.-theol. Studie (Diss. Zürich), 1958.

Zu 2 d: A.SCHLATTER, L.s Deutung des Röm (BFChTh 21, 7), 1917 - F.W.SCHMIDT, Der Gottesgedanke in L.s Röm-Vorl. (ThStKr 93, 1920/21, 117-248) - R.HERMANN, Das Verhältnis von Rechtfertigung u. Gebet nach L.s Auslegung von Röm 3 (ZSTh 3, 1926, 603 bis 647) - H.LANG, Die Bedeutung Christi für die Rechtfertigungslehre in L.s Röm-Vorl. (NKZ 39, 1928, 509-547) - E.VOGELSANG, Die Bed. der neuveröffentl. Hebr-Vorl. L.s von 1517-18 (SgV 143), 1930 - DERS., Unbekannte Fragmente aus L.s zweiter Pss-Vorl. 1518 (AKG 27), 1940 - H.APPEL, Anfechtung u. Trost im Spät-MA u. bei L. (SVRG 165), 1938 - J.HILBURG, L.s Frömmigkeit in seiner Vorlesung über den Röm, 1951 (Mikr.) - H.BEINTKER, Zur Datierung u. Einordnung eines neueren L.-Fragmentes (WZ Greifswald 1, 1951/52, 70-78) - H.VOLZ, Eine neue studentische Nachschrift von L.s erster Gal-Vorl. von 1516-17 (ZKG 66, 1954/55, 72-96).

Allgemeines u. Verschiedenes: F.NITZSCH, L. u. Aristoteles, 1883 - W.KÖHLER, L. u. die KG nach seinen Schriften, zunächst bis 1521, Tl I/1, 1900 - C.STANGE, Studien z. L.s Theol. I, 1928 - E.SEEBERG, Der Gegensatz zw. Zwingli, Schwenckfeld u. L. (R.Seeberg-Festschr. I, 1929, 43-80) - ELERT, ML I, 1931 - M.LUDWIG, Religion u. Sittlichkeit bei L. bis zum »Sermon v. d. guten Werken« 1520 (QFRG 14), 1931 - H.OBENDIEK, Der Teufel bei M.L., 1931 - M.A.H. STOMPS, Die Anthropologie M.L.s. Eine philos. Unters., 1935 - W.LINK, Das Ringen L.s um die Freiheit der Theol. v. d. Philos. (FGLP IX, 3), (1940) 1955² - FR.GOGARTEN, Die Verkündigung Jesu Christi, 1948, 275ff - W.MAURER, Die Einheit der Theol. L.s (ThLZ 75, 1950, 245-252) - W.DELIUS, L. u. die Marienverehrung (ebd 79, 1954, 409-414) - E.HIRSCH, L.studien I. II, 1954 - DERS., L.s Predigtweise (LML 25, 1954, 1-23) - H.D.PREUSS, Maria bei L. (SVRG 172), 1954 - R.WELLMER, Sprache u. Stil in L.s reformat. Schriften (Diss. FU Berlin), 1954 - CHR.WETZEL, Die theol. Bedeutung der Musik im Leben u. Denken M.L.s I. II (Diss. Münster), 1954 - E.WOLF, Peregrinatio. Studien z. reformat. Theol. u. z. Kirchenproblem, 1954 - B.HÄGGLUND, Theol. u. Philos. bei L. u. in der occamist. Tradition, Lund 1955 - J.KOOPMANS, Das altkirchl. Dogma in d. Reformation (BEvTh 22), 1955 - K.G.STECK, L. u. die Schwärmer (ThSt[B] 44), 1955 - U.MANN, Ethisches u. Ontisches in L.s Theol. (KuD 3, 1957, 171-207) - P.MEINHOLD, L.s Sprachphilos., 1958 - B.LOHSE, Ratio u. Fides. Eine Unters. über die ratio in d. Theol. L.s (FKDG 8), 1958 - E.BÖRSCH, Geber - Gabe - Aufgabe. L.s Prophetie in d. Entscheidungsjahren . . . 1520/25 (FGLP X, 13), 1958.

Gott, Christus, Glaube, Rechtfertigung: K.ZICKENDRAHT, Der Streit zw. Erasmus u. L. über die Willensfreiheit, 1909 - E.HIRSCH, L.s Gottesanschauung, 1918 - DERS., Gesetz u. Ev. in L.s Predigten (LML 25, 1954, 49-60) - F.KATTENBUSCH, Deus absconditus bei L. (Festg. f. J.Kaftan, 1920, 170-214) - F.BLANKE, Der verborgene Gott bei L., 1928 - E.SCHOTT, Fleisch u. Geist nach L.s Lehre unter bes. Berücksichtigung des Begriffs totus homo, 1928 - DERS., L.s Lehre vom servum arbitrium in ihrer theol. Bed. (ZSTh 7, 1929/30, 399-430) - G.JACOB, Der Gewissensbegriff in d. Theol. L.s (BHTh 4), 1929 - H.M.MÜLLER, Erfahrung u. Glaube bei L., 1929 - E.VOGELSANG, Der confessio-Begriff des jungen L. 1513-22 (LuJ 12, 1930, 91-108) - DERS., Der angefochtene Christus bei L. (AKG 21), 1932 - DERS., Die unio mystica bei L. (ARG 35, 1938, 63-80) - R.HERMANN, L.s These »Gerecht u. Sünder zugleich«, 1930 - DERS., L.s Lehre vom unfreien Willen, 1931 - DERS., Zur Frage: Vorsehungs- u. Heilsglaube bei L. (ZSTh 16, 1939, 189-232) - DERS., Die Rechtfertigungslehre u. der ev. Glaube (ebd 18, 1941, 286-361) - DERS., Zu L.s Lehre von Sünde u. Rechtfertigung (SgV 200/01), 1952 - DERS., Zum Streit um die Bedeutung d. Gesetzes. Erörterungen zu L.s Antinomerthesen, 1958 - P.ALTHAUS, Gottes Gottheit als Sinn der Rechtfertigungslehre L.s (LuJ 13, 1931, 1-28 = P.A., Theol. Aufs. II, 1935, 1-30) - DERS., Paulus u. L. über den Menschen, (1938) 1951³ - DERS., Die luth. Rechtfertigungslehre u. ihre heutigen Kritiker, 1951 - DERS., Der Schöpfungsgedanke bei L. (SAM 1959, 7) - C.STANGE, Die Gottesanschauung L.s (ZSTh 8, 1931, 45-89) - DERS., Der johanneische Typus der Heilslehre L.s im Verhältnis zur paulin. Rechtfertigungslehre, 1949 - H.BORNKAMM, Äußerer u. innerer Mensch bei L. u. den Spiritualisten (Festschr. G.Krüger, 1932, 85-109) - R.BRING, Das Verhältnis von Glauben u. Werken in der luth. Theol., 1933; dt.: FGLP X, 7, 1955 - A.KURZ, Die Heilsgewißheit bei L., 1933 - H. THIMME, Christi Bedeutung für L.s Glauben. Unter Zugrundelegung des Röm-, des Hebr- u. des Gal-Kommentars von 1531 u. der Disputationen, 1933 - H.LAMMERS, L.s Anschauung vom Willen, 1935 - M.SCHÜLER, L.s Gottesbegriff nach seiner Schrift De servo arbitrio (ZKG 56, 1936, 532-593) - L.PINOMAA, Der Zorn Gottes in d. Theol. L.s, Helsinki 1938 - DERS., Der existentielle Charakter der Theol. L.s, ebd 1940 - F.FREY, L.s Glaubensbegriff, 1939 - O.GÜHLOFF, Gebieten u. Schaffen in L.s Auslegung des ersten Gebotes (Diss. Göttingen), 1939 - J.HAAR, Initium creaturae Dei. Eine Unters. über L.s Begriff der »Neuen Creatur« im Zusammenhang mit seinem Verständnis von Jak 1, 8 u. mit s. »Zeit«-Gedanken, 1939 - K.STÜRMER, Gottesgerechtigkeit u. Gottesweisheit bei M.L. (Diss. Heidelberg), 1939 - H.J.IWAND, Glaubensgerechtigkeit nach L.s Lehre (ThEx 75), (1941) 1951² - DERS., Die Freiheit des Christen u. die Unfreiheit des Willens (Festschr. R.Hermann, 1957, 132-146 = H.J.I., Um den rechten Glauben, Ges. Aufs., 1959, 247-268) - DERS., Die grundlegende Bedeutung der Lehre vom unfreien Willen für den Glauben (Um den rechten Glauben, 1959, 13-30) - P.TH.BÜHLER, Die Anfechtung bei L., 1942 - H.DÖRRIES, Gottesgehorsam u. Menschengehorsam bei L. (ARG 39, 1942, 47-84) - W.KOEHLER, Der verborgene Gott (SAH 1942/43, 4), 1946 - R.PRENTER, Spiritus Creator. Studien zu L.s Theol., 1944; dt.: FGLP X, 6, 1954 - J.HILBURG, L. u. das Wort Gottes in seiner Exegese u. Theol., dargest. auf Grund seiner Operationes in Pss 1519/21 . . . (Diss. Marburg), 1948 - FR. GOGARTEN, Sittlichkeit u. Glaube in L.s Schrift De servo arbitrio (ZThK 47, 1950, 227-275) - W.v. LOEWENICH, Pharaos Verstockung. Zu L.s Lehre von der Prädestination (Festschr. H.Meiser, 1951, 196 bis 213) - H.RÜCKERT, L.s åskådning om Guds fördoldhet (SvTK 28, 1952, 229-238) - G.RUPP, The Righteousness of God: L. Studies, London 1953 - H.BEINTKER, Die Überwindung der Anfechtung bei

L., 1954 - W.JOEST, Paulus u. das Luth. Simul Iustus et Peccator (KuD 1, 1955, 269-320) - K.BURBA, Die Christologie in L.s Liedern (SVRG 175), 1956 - W.PANNENBERG, Der Einfluß der Anfechtungserfahrung auf den Prädestinationsbegriff L.s (KuD 3, 1957, 109-139) - H.BANDT, L.s Lehre vom verborgenen Gott, 1958 - W.MAURER, Melanchthons Anteil am Streit zw. L. u. Erasmus (ARG 49, 1958, 89-115) - D.LÖFGREN, Die Theol. der Schöpfung bei L. (FKDG 10), 1960.

Lehre vom Gesetz u. den zwei Reichen: K.MATTHES, Das Corpus christianum bei L. im Lichte seiner Erforschung, 1929 - DERS., L. u. d. Obrigkeit, 1937 - O.DITTRICH, L.s Ethik, 1930 - F.LAU, »Äußerlich Ordnung« u. »weltlich Ding« in L.s Theol., 1933 - DERS., L.s Lehre v. d. beiden Reichen, 1953 - DERS., Leges charitatis (KuD 2, 1956, 76-89) - H.W.BEYER, L. u. das Recht, 1935 - F.X.ARNOLD, Zur Frage des Naturrechts bei L., 1937 - HA.DIEM, L.s Lehre v. d. zwei Reichen (BEvTh 5), 1938 - P.HUSFELDT, Studien zum Problem des Gesetzes in d. Theol. L.s (Diss. Kiel), 1939 - H.LAMPARTER, L.s Stellung zum Türkenkrieg (FGLP IX, 4), 1940 - R.LIND, L.s Stellung zum Kreuz- u. Türkenkrieg (Diss. Gießen), 1940 - G.TÖRNVALL, Geistliches u. weltl. Regiment bei L., 1940; dt.: FGLP X, 2, 1947 - R.HERMANN, L.s Zirkulardisputation über Matth. 19, 21 (LuJ 23, 1941, 35-93) - G.WINGREN, L.s Lehre vom Beruf, 1942; dt.: FGLP X, 3, 1952 - R.BRING, Gesetz u. Ev. u. der dritte Brauch des Gesetzes in der luth. Theol., Helsinki 1943 - DERS., Der Glaube u. das Recht bei L. (Gedenkschr. f. W.Elert, 1955, 140-162) - HE.DIEM, L.s Predigt in den zwei Reichen (ThEx NF 6), 1947 - W.ELERT, Zwischen Gnade u. Ungnade, 1948 - DERS., Eine theol. Fälschung zur Lehre vom tertius usus legis (ZRGG 1, 1948, 168-170) - G.EBELING, Zur Lehre vom triplex usus legis in der reformat. Theol. (ThLZ 75, 1950, 235-246) - G.PFEIFFER, Totaler Staat - u. L.? L.s Lehre vom Verhalten des Christen im Staat, 1951 - H.BARGE, L. u. der Frühkapitalismus (SVRG 168), 1951 - W.JOEST, Gesetz u. Freiheit. Das Problem des Tertius usus legis bei L. u. die nt. Parainese, 1951 - DERS., Das Verhältnis der Unterscheidung der beiden Regimente zu der Unterscheidung von Gesetz u. Ev. (Dank an P.Althaus, 1958, 79 bis 97) - W.ELLIGER, L.s polit. Denken u. Handeln, 1952 - J.HEKKEL, Lex charitatis. Eine jurist. Unters. über das Recht in der Theol. M.L.s (AAM 1953, 36) - DERS., Im Irrgarten der Zwei-Reiche-Lehre (ThEx NF 55), 1957 - DERS., Marsilius von Padua u. L. Ein Vergleich ihrer Rechts- u. Soziallehre (ZSavRG Kan. Abt. 44, 1958, 268-336) - DERS. in: EKL III, 1937ff - G.W.FORELL, Faith Active in Love. An Investigation of the Principles Underlying L.'s Social Ethics, New York 1954 - G.HILLERDAL, Gehorsam gegen Gott u. Menschen, Lund 1954 - H.GERDES, L.s Streit mit den Schwärmern um das rechte Verständnis des Gesetzes Moses, 1955 - E.KINDER, Gottesreich u. Weltreich bei Augustin u. bei L. (Gedenkschr. f. W.Elert, 1955, 24-42) - H.BUCHANAN, L. and the Turks 1519-29 (ARG 47, 1956, 145-160) - G.FORCK, Die Königsherrschaft Christi bei L. (Diss. Heidelberg), 1956 (Teilabdr. KuD 3, 1957, 23-52) - H.R.GERSTENKORN, Weltlich Regiment zw. Gottesreich u. Teufelsmacht, 1956 - A.SIIRALA, Gottes Gebot bei L., 1956 (zum 1.Hauptstück im GrKat) - P.ALTHAUS, L.s Lehre v. d. beiden Reichen im Feuer der Kritik (LuJ 24, 1957, 40-68) - DERS. in: EKL III, 1928ff - H.BORNKAMM, L.s Lehre v. d. zwei Reichen im Zus.hang seiner Theol. (ARG 49, 1958, 26-49) - L.HAIKOLA, Studien zu L. u. zum Luthertum (UUÅ 1958, 2) - DERS., Usus legis (ebd 3) - G.HEINTZE, L.s Predigt von Gesetz u. Ev. (FGLP X, 11), 1958 - F.E.CRANZ, An Essay on the Development of L.'s Thought on Justice, Law and Society (Harvard Theol. Stud. 19), 1959.

Schriftprinzip u. Schriftauslegung: Vgl. Lit. zu → Hermeneutik, 2 e. Ferner: TH.PAHL, Quellenstudien zu L.s Pss-Übers., 1931 - K.GALLING, Die Prophetenbilder der L.-Bibel im Zushg. mit L.s Schriftverständnis (EvTh 6, 1946/47, 273-301) - J.M.REU, L. and the Scriptures, Columbus/Ohio 1949 - FR.K.SCHUMANN, Gedanken L.s zur Frage der Entmythologisierung (Festschr. R.Bultmann, 1949, 208 bis 220 = F.K.S., Wort u. Gestalt, 1956, 165-178) - L.PINOMAA, Register der Bibelzitate in L.s Schriften in den Jahren 1509-19, 1951 (Masch.) - DERS., Register ... 1520-21, 1955 (Masch.) - R.HERMANN, Die Gestalt Simsons bei L., 1952 - H.BLUHM, The Biblical Quotations in L.'s German Writings (ARG 44, 1953, 103-113) - E.WÖLFEL, L. u. die Skepsis. Eine Studie zur Kohelet-Exegese L.s (FGLP X, 12), 1958 (Lit.) - K.BORNKAMM, L.s Auslegung des Gal von 1519 u. 1531 (Diss. Tübingen), 1959 - H.POHLMANN, Hat L. Paulus entdeckt?, 1959 - H.VOLZ, L.s Stellung zu den Apokryphen des AT (LuJ 26, 1959, 93-108) - G.KRAUSE, Studien zu L.s Auslegung der Kl. Propheten (Diss. Zürich), 1960.

Kirche, Gottesdienst, Sakramente: F.KATTENBUSCH, Die Doppelschichtigkeit in L.s Kirchenbegriff, 1927 - P.ALTHAUS, Communio sanctorum I: Die Gemeinde in L.s Kirchengedanken (FGLP I, 1), 1929 - DERS., M.L. über die Kindertaufe (ThLZ 73, 1948, 705-714) - P.W.GENNRICH, Die Christologie L.s im Abendmahlsstreit 1524-29, 1929 - E.SOMMERLATH, Der Sinn des Abendmahls nach L.s Gedanken über das Abendmahl 1527/29, 1930 - F.HILDEBRANDT, Est, das luth. Prinzip, 1931 - E.RIETSCHEL, Das Problem der unsichtbaren Kirche bei L. (SVRG 154), 1932 - H.GOLLWITZER, L.s Abendmahlslehre (BEvTh 3, 1937, 94-121) - H.GRASS, Die Abendmahlslehre bei L. u. Calvin (BFChTh II, 47), (1940) 1954² - E.METZKE, Sakrament u. Metaphysik, 1948 - J.HECKEL, Initia juris ecclesiastici Protestantium (SAM 1949, 5), 1950 - E.ROTH, Sakrament nach L., 1952 - DERS., Aporien in L.s Tauflehre (ZSTh 22, 1953, 99-124) - E.ISERLOH, Der Kampf um die Messe in den ersten Jahren der Auseinandersetzung mit L., 1952 - V.VAJTA, Die Theol. des Gottesdienstes bei L. (FKDG 1), (1952) 1958³ - H.STORCK, Das allg. Priestertum bei L. (ThEx NF 37), 1953 - E.SCHOTT, Die ekklesiologische Begründung des ev. Kirchenrechts im Lichte der Zwei-Reiche-Lehre (ZSTh 22, 1953, 335-351) - R.HERMANN, Die Probleme der Exkommunikation bei L. u. Th.Erastus (ebd 23, 1954, 103-136) - H.-W.GENSICHEN, Damnamus. Die Verwerfung von Irrlehre bei L. u. im Luthertum des 16.Jh.s, 1955 - E.BIZER, Die Entdeckung des Sakraments durch L. (EvTh 17, 1957, 64-90) - H.J.IWAND, Zur Entstehung von L.s Kirchenbegriff (Festschr. G.Dehn, 1957, 253-264) - K.BRINKEL, Die Lehre L.s von der Fides infantium bei der Kindertaufe, 1958 - K.TUCHEL, L.s Auffassung vom geistl. Amt (LuJ 25, 1958, 61-98) - E.KINDER, »Realpräsenz« u. »Repräsentation« (ThLZ 84, 1959, 881-894).

Gesch. u. Eschatologie: H.LILJE, L.s Geschichtsanschauung, 1932 - J.MÜLLER-BARDORFF, Gesch. u. Kreuz bei L., 1938 - H.-H.PFLANZ, Gesch. u. Eschatologie bei L., 1939 - E.KOHLMEYER, Die Geschichtsbetrachtung L.s (ARG 37, 1940, 150-170) - P.ALTHAUS, L.s Gedanken über die letzten Dinge (LuJ 23, 1941, 9-34) - H.ZAHRNT, L. deutet Gesch., 1952 - H.-W.KRUMWIEDE, Glaube u. Gesch. in d. Theol. L.s (FKDG 2), 1953. *G.Ebeling*

Luther-Akademie, gegr. 1932 in Fortführung und Ausweitung des Apologetischen Seminars Wernigerode (seit 1909; → Apologetik: IV, 5) und der Helmstedter Hochschulwochen als »Gesellschaft zur Pflege der Wissenschaft und des geistigen Lebens im Rahmen luth. Ökumenizität«. Sie geht auf einen Beschluß des apologetischen Ausschusses der Allg. Ev.-luth. Konferenz (→ Luthertum: II) und auf energische Vorarbeiten von Prof. C.Stange († 1959) zurück, der ihr wissenschaftlicher Leiter blieb. 1. Vorsitzender war Bischof Ihmels. Die Arbeit der L.-A. sieht 3 Sektionen vor (Lehrkurse für luth. Theologen, apologetische Hochschultagungen, Freizeiten für Äußere und Innere Mission usw). An der Vortragsarbeit haben sich vor allem namhafte skandinavische Theologen beteiligt, sich aber unter dem Eindruck der politischen Umstellung während des 3. Reiches zT wieder zurückgezogen. Bis 1943 fanden 13 Studientagungen im Schloß Sondershausen statt. Seit 1950 wird die Arbeit in je einem west- (Goslar, C.Stange) und ostdeutschen (Prof. R.Hermann) Zweig weitergeführt. Gleich dem Apologetischen Seminar gibt die L.-A. seit 1932 auch »Studien der L.-A.« in Gestalt verschieden umfangreicher Monographien heraus. Durch die L.-A. angeregt wurde von Prof. M. → Reu in Dubuque (Iowa) eine ähnlich arbeitende amerikanische L.-A. gegründet.

Nachrichten der L.-A., Nr. 1-31, 1932-44; Nr. 32ff, 1950ff.

Ernst Wolf

Lutherausgaben (L. = Luther, LA. = Lutherausgabe)

1. Die erste (von W. → Capito redigierte und rasch abgesetzte) *Sammelausgabe* aller (auf dem Titelblatt aufgeführten [»Ad Leonem X. Pontificem Maximum« usw]) bisherigen *lat. L.schriften,* die ebenso wie fast alle späteren in Quartformat gedruckt ist und einer Orts- und Druckerangabe ermangelt, brachte - ohne L.s Mitwirkung - Basels bedeutendster Drucker Joh.Froben Okt. 1518 in hoher Auflage heraus. Als Froben trotz guter Absatzmöglichkeit angesichts der Drohungen des → Erasmus auf weitere Auflagen verzichtete, druckte Matthias Schürer in Straßburg jene Sammelausgabe Febr. und Aug. 1520 zweimal fast unverändert nach. Frobens Ausgabe legte März 1520 auch der Baseler Drucker Andr.

Cratander seiner (stark erweiterten und in 2 Teile gegliederten) Veröffentlichung zugrunde. Dieser folgte (mit Orts- und Druckerangabe) Juli 1520 mit neuem Titel (»Lutherii ... lucubrationum pars una«) Adam Petris wiederum erweiterte und von K. → Pellikan redigierte Baseler Folioausgabe. Als »Mancherlei Büchlin und Tractätlin« L.s (4°) ließ (ohne Orts- und Druckerangabe) Mai 1520 Cratander in Basel die erste *Sammelausgabe deutscher L.schriften* erscheinen, die Okt. 1520 Matthias Schürers Witwe oder Erben in Straßburg mit geringen Erweiterungen nachdruckten.

2. Bis zum Erscheinen der ersten auf Vollständigkeit bedachten LA. vergingen fast 2 Jahrzehnte, innerhalb deren nur mehrere (auch Thesen anderer Wittenberger Gelehrter enthaltende) Thesen- sowie Predigtsammlungen, ferner 1527 und (von L. autorisiert) 1533 (von Georg Rhau bzw. Hans Lufft in Wittenberg gedruckte) »Register« der bisherigen L.schriften herauskamen.

3. Auf Wunsch des sächsischen Kurfürsten Johann Friedrich und auf das Drängen seiner Freunde willigte L. nur widerstrebend in eine (in *Wittenberg* von dem Konsortium B.Vogel, M.Goltze [seit 1548 K.Rühel] und Ch.Schramm verlegte und größtenteils von H.Lufft gedruckte) *Gesamtausgabe* seiner nach sachlichen Gesichtspunkten geordneten Schriften. Die zunächst von G. → Rörer (bis 1551) und K. → Cruciger († 1548) und dann von G. → Major zusammen mit Christoph Walther († 1574) redigierte, erst 13 Jahre nach L.s Tod vollendete Wittenberger Ausgabe gliedert sich (mit Rücksicht auf fremdsprachige Benutzer) in je eine deutsche (12 Bde: 1539-59) und lat. Reihe (7 Bde: 1545-57). Die lat. Bände 1 (1545) mit L.s autobiographischer Vorrede (bis 1521) und 2 (1546) mit → Melanchthons kurzer L.biographie sowie der deutsche Bd 9 (1557) enthalten zahlreiche Dokumente zur Reformationsgeschichte. Die einzelnen deutschen und lat. Bände wurden (mit zT abweichender Blattzählung) bis 1603 je nach Bedarf mehr oder minder oft aufgelegt. Ein Inhaltsverzeichnis für die ganze Ausgabe lieferte 1558 Chr.Walther (WA 1, XVII Anm. 1).

4. Wegen mancher (von L. gebilligter) Textauslassungen, der Aufnahme von Übersetzungen von L.schriften und von zahlreichen fremden Schriften sowie im Hinblick auf die thematisch bestimmte Anordnung, die die Entwicklung von L.s Lehre nicht deutlich genug zutage treten ließ, feindeten die Gnesiolutheraner (u.a. → Amsdorf) die im philippistischen Wittenberg erscheinende Ausgabe, für die seit 1546 meist Melanchthon die Vorreden lieferte, als verfälscht an. Daher wurde auf Befehl des ehemaligen Kurfürsten Johann Friedrich († 1554), der zu diesem Zweck Rörer († 1557) mit seinen reichen Handschriftenschätzen und den bisherigen Magdeburger Drucker Christian Rödinger († 1556) 1553 nach Jena berief, dort als Konkurrenzunternehmen die ebenfalls in je eine deutsche (8 Bde: 1555-58) und lat. Reihe (4 Bde: 1556-58) gegliederte, aber chronologisch angeordnete, textlich zuverlässigere und auch vollständigere *Jenaer Ausgabe* begründet. Sie beschränkte sich (unter Verzicht auf Bibel, Tischreden und eine Briefsammlung) infolge Geldmangels im wesentlichen auf bereits gedrucktes Material und wurde von Rörer und den beiden Hofpredigern Johann Stoltz († 1556) und Johann → Aurifaber († 1575) redigiert, von Konrad König verlegt und vom sächsischen Herzogshaus 1553 und 1555 privilegiert. Trotz der voraufgegangenen scharfen Kritik an der Wittenberger Ausgabe beschritt man jedoch bei der Jenaer teilweise die gleichen Wege. Ihr deutscher und lat. Teil erlebte bis 1615 bzw. 1612 6 bzw. 4 meist vollständige Auflagen (mit zT abweichender Blattzählung). Ein Register für die 8 deutschen Bände der Jenaer Ausgabe, die bis tief ins 19.Jh. hinein in der Wissenschaft benutzt wurde, lieferte 1564 (1592[4]) der Asseburgische Hofprediger Th. → Kirchner, während der Breslauer Geistliche Sigismund Schwab (Suevus, † 1596) 1563 (1573[3]) ein alphabetisch geordnetes synoptisches Verzeichnis über den ganzen Inhalt der Wittenberger und Jenaer Ausgabe schuf. Eine 2bändige, aber unvollendet gebliebene (1603 in Leipzig neuaufgelegte) Ergänzung zu beiden Gesamtausgaben veröffentlichte 1564-65 in Eisleben *(Eislebener ErgBde)* J.Aurifaber, der 1556-65 auch die erste umfassende lat. L.briefsammlung (bis 1528) in 2 Bänden und 1566 die erste (deutsche) Tischredenausgabe herausbrachte.

5. Die 3 großen LA.n des 17. und 18.Jh.s, von denen 2 den Stoff wieder nach Sachgebieten aufgliederten, modernisierten nicht nur das L.deutsch, sondern gaben um des allgemeinen Verständnisses willen auch die lat. Texte stets in deutscher Übersetzung wieder. Nachdem eine 1637 von den Brüdern Hans und Heinrich Stern in Lüneburg geplante LA. nicht zustande gekommen war, veranstaltete auf Befehl des sachsen-altenburgischen Herzogs Friedrich Wilhelm II. dessen Hofprediger Joh. Christfried Sagittarius († 1689) 1661-64 auf der Grundlage der Jenaer Ausgabe die mit ausgezeichneten Registern ausgestattete, chronologisch geordnete 10bändige *Altenburger Ausgabe.* Der Ergänzung aller voraufgegangenen LA.n diente der von J.Gottfr.Zeidler bearbeitete *Hallische Supplementband* (1702; WA 1, 266). Auf der Altenburger Ausgabe, den Eislebener Ergänzungsbänden und dem Hallischen Supplementband fußt - mit manchen eigenen Ergänzungen und Berichtigungen - die von Pfarrer Joh.Jakob Greiff redigierte und von Joh.Heinr.Zedler verlegte, wenig sorgfältig gedruckte, aber rasch vergriffene, »in eine ... nach denen Materien eingerichtete Ordnung gebrachte« 22bändige *Leipziger Ausgabe* (1728-34), der Greiff 1740 noch einen Anhang nebst Register und Supplement hinzufügte.

6. Eine wesentlich längere wissenschaftliche Lebensdauer als den meisten früheren Ausgaben war der von Joh.Georg → Walch († 1775) veröffentlichten 24bändigen *(Hallischen) Ausgabe* (1740-53) beschieden, die sich vor allem durch die ausführlichen Einleitungen des Herausgebers sowie die Aufnahme vieler Reformationsdokumente (bes. in Bd 15-17) und zahlreicher Schriften auch von L.gegnern auszeichnet, während sie in sprachlicher und textlicher Hinsicht erhebliche Mängel aufweist. Fast 1½ Jh.e später bot sie auch Grundlage und Rahmen für die 1880-1910 in St. Louis/Missouri erschienene 23bändige Ausgabe *(Walch[2])*, die textlich gründlich revidiert bzw. neu übersetzt war und sich auch die neueren Forschungsergebnisse zunutze machte.

7. Dem vielfachen Wunsch nach einer LA. in den Originalsprachen entsprang die mit ganz unzulänglichen Mitteln von Joh.Konr.Irmischer und Joh.Georg Plochmann bearbeitete *Erlanger Ausgabe* (1826-57 und 1829 bis 1886), die (wie die Wittenberger Ausgabe) aus einer jeweils in mehrere Sachabteilungen aufgegliederten deutschen und lat. Reihe besteht und dadurch höchst unübersichtlich ist. Die deutsche Reihe, von der E.L. Enders 1862-85 Bd 1-20 und 24-26 neu bearbeitete, umfaßt (einschl. 2 Registerbänden) 67, die 1886 unvollendet abgebrochene lat. Reihe (ohne den zunächst von Enders, dann von G. → Kawerau und P.Flemming herausgegebenen, von Bd 12 [1910] an verselbständigten Briefwechsel [19 Bde, 1884-1932]) insgesamt 38 Bände.

8. Alle Vorgängerinnen übertrifft durch Umfang, Güte der dargebotenen Texte, Verwertung reicher, großenteils bis dahin ganz unbenutzter Handschriften und ihr wissenschaftliches Beiwerk die im Jubiläumsjahr 1883 von J.K.F.Knaake allein begründete, später

aber von einem großen Mitarbeiterstab bearbeitete *Weimarer Ausgabe* (zZ 99 Bde). Sie gliedert sich in eine chronologisch angeordnete Hauptreihe (Schriften, Predigten, Vorlesungen, Disputationen [Bd 1-54. 56-58/I]) und in 3 Nebenreihen: Tischreden (Bd 1-6), Briefwechsel (Bd 1-11) und die erstmals in eine LA. aufgenommene Deutsche Bibel (Bd 1-11/II).

9. Kurz erwähnt seien die wichtigeren Auswahlausgaben: L.s Werke für das christliche Haus *(Braunschweiger Ausg.)*, hg.v. → Buchwald, → Kawerau, → Köstlin u.a. (8 und 2 Bde, 1889-1905); L.s Werke in Auswahl *(Bonner [Berliner] Studentenausg.)*, hg.v. Clemen, Vogelsang, Rückert, Hirsch (Bd 1-4, 1959[4]; Bd 5-8, 1950 bis 1955[2]); M.L., Ausgewählte Werke *(Münchener Ausg.)*, hg.v. H.H.Borcherdt (8 Bde, 1914-25), 3. Aufl. hg.v. H.H.Borcherdt und G.Merz (6 und 6 Bde, 1948ff); *Luther Deutsch*, hg.v. K.Aland (11 und 3 Bde, 1948ff).

10. Seit 1955 bzw. 1957 erscheint in Amerika (St. Louis/Miss. bzw. Philadelphia) eine große wissenschaftliche *englischsprachige LA.*; ihr 1. Teil (hg.v. J.Pelikan) soll in 30 Bden L.s Exegetica, Vorlesungen und Predigten, ihr 2. Teil (hg.v. H.T.Lehmann) in 24 Bden L.s reformatorisches und sonstiges Schrifttum umfassen.

Zu 1: G.Veesenmeyer in: ThStKr 1, 1828, 363-371 (dazu 2, 1829, 776-782) - H.Volz in: Gutenberg-Jb. 1960. - Zu 2: WA 1, 143. 222. 629; 6, 470; 39/I, 2. 4f; 10/III, XVI-XXI; 38, 132-134. - Zu 3-4: Altenburger LA., Haupt-Reg., 1664, 1206-1208 - G.G.Zeltner, Kurtzgefaßte Historie der gedruckten Bibel-Version, 1727, 80f. 85f. 90f - Leipziger LA., Reg., 1740, Repertorium, 3-5 - J.G.Walch, LA. 24, 1750, 638f Anm. u (betr. Auflagen der Wittenberger u. Jenaer LA.) - J.Haussleiter in: NKZ 28, 1917, 178-180. - Zu 3-6: Walch, LA. 24, 1750, 617ff. - Zu 3-7: Zs. für Protestantismus u. Kirche NF 19, 1850, 43-59 - G.Koffmane, Die handschriftl. Überlieferung von Werken D.M.L.s, 1907, XXVIIff. - Zu 3-9: RE XI, 720f; XXIV, 45 - Wolf, QK II/1, 1916, 172-185 - R.Jauernig in: Börsenblatt für den Dt. Buchhandel, Frankfurter Ausg. 1954, 704-707. - Zu 3: Ch.Walther, Bericht von den Wittenberg. Tomis der Bücher... Lutheri, Wittenberg 1558 - CR VI, 155-170 - J.Haussleiter in: NKZ 9, 1898, 831-854; 10, 1899, 455-466 - J.Luther in: Aufs. F.Milkau gewidmet, 1921, 232-243 - WA 2, 157; 50, 654-661; 54, 176-187. 459-477 - WADB 8, LIV Anm. 41 - H.Volz, 100 Jahre Wittenberger Bibeldruck, 1954, 89 Anm. 28. - Zu 4: Fortgesetzte Sammlung v. Alten u. Neuen Theol. Sachen, 1726, 735-766 - C.A.H. Burkhardt in: ZHTh 32, 1862, 456-469 - G.Kawerau in: L.-studien zur 4.Jh.feier der Ref., 1917, 4f - R.Jauernig in: ThLZ 77, 1952, 747-762 - Ders. in: WZ Jena 4, 1954/55, 267-277 - Ders. in: LuJ 26, 1959, 75-92. - Zu 5: G.Kawerau in: L.studien (s.o.), 11 - P. Flemming in: Studien zur Reformationsgesch. u. zur prakt. Theol., 1917, 23f - Th.Wotschke in: ARG 25, 1928, 271-276 - R.Jauernig in: Archiv u. Bibliothek im kirchl. Raum, 1959, 42-62. - Zu 6-9: K.Aland, Hilfsbuch zum L.studium, 1957, 229-339 (Schlüssel zu den LA.n). - Zu 7-9: G.Kawerau, Verz. von L.s Schriften (SVRG 147), 1929[2] - R.Poser, Synoptisches Inhaltsverz. der gebräuchlichsten LA.n (ebd 158), 1935. - Zu 7: G.L.Plitt in: Zs. für Protestantismus u. Kirche NF 49, 1865, 371-387 - H.Schmidt, ebd NF 50, 1865, 55-64. - Zu 8: O.Albrecht in: L.studien, 1917, 29-65 - K.A. Meissinger, Der kath. Luther, 1952, 253-258 - R.Jauernig in: ZdZ 1952, 56-60 - H.Rückert in: L.forschung heute, hg.v. V.Vajta, 1958, 111-120.

H.Volz

Lutherbilder

1. Das zeitgenössische »echte L.B.« in der Lebensfolge des Reformators - 2. Die zeitgenössischen Umwandlungen - 3. Die monumentalen Gruppenbilder der Reformation und Nachwirkungen am Ende des 16.Jh.s - 4. Bildnis, Gedächtnisbild, L.verehrung im 17. bis 19.Jh. - 5. Neubesinnung im 20.Jh. - L. = Luther, L.B. = Lutherbild. - Vgl. → Luther: I

1. Selten nur haben Künstler Gelegenheit zu einer Originalbildniszeichnung oder gar einem Gemälde bei dem überbeschäftigten L. gefunden. Anfang 1520 äußert → Dürer diesen Wunsch; er ist ihm zwar nicht erfüllt worden, hat aber wohl Lukas → Cranach den Anstoß gegeben, den ihm eng befreundeten Reformator zu »konterfeien« und seine Lebensstufen in einer Reihe von Bildnissen festzuhalten. Nur von wenigen anderen Malern noch besitzen wir ein originales L.B., eigentlich außerhalb der Cranachschen Werkstatt nur von L.s Famulus Reifenstein (Federzeichnungen) und von Furtenagel (Totenbildnis). Aber Cranach selbst und später seine Söhne sowie die fast unübersehbare Schar der deutschen Maler, Graphiker und Buchdrucker der Zeit haben uns das L.B. im Bildnis allein oder im Widerschein der Geisteskämpfe gezeigt, so daß wir in den L.B.ern ein wirkliches »Abbild« seiner Person haben. - Ein kleiner, in Eile hergestellter Holzschnitt auf dem Titelblatt der während der Leipziger Disputation 1519 gehaltenen Predigt soll L. darstellen, wie die noch in Spiegelschrift erscheinende Umschrift »Doctor Martinus Lutter Augustiner Wittenberg« besagt. Aber auch sein beigefügtes Wappen (hier nur die Rose) kann aus dieser Mönchsgestalt mit Doktorbarett keine Bildnisgestalt L.s machen. Erst Anfang 1520 entstand das erste und vielleicht bedeutendste L.B., zugleich wohl das beste Bildnis aus Cranachs Hand, der kleine Kupferstich mit einem lat. Epigramm, zu deutsch etwa:

> Seines Geistes ewige Gestalt prägt Luther selbst,
> des Cranach Griffel nur sein sterblich Angesicht.

Blockhaft angedeutet nur ist die Kutte. Das Antlitz trägt die Spuren der Askese. Die mit etwas längerem Haar geschnittene große Tonsur über der hohen Stirn, deren starke Augenwülste wie ein Dach über den ernst blickenden Augen liegen, die fast gerade Nase und der schön geschwungene Mund, ohne jeden Krampf auch bei dem geistig angespannten Gesichtsausdruck - so zeigt dieses älteste L.B. den Mönch in dem entscheidenden Jahr 1520. Es zeigt eine innere Erregtheit, die fast mit Erschrecken von einer Erkenntnis zur anderen bis zur letzten »Freiheit eines Christenmenschen« schreitet. Die Gegner sprachen von einem dämonischen Blick (→ Aleander), von der Bestie, die tiefe Augen und wunderliche Gedanken in ihrem Kopfe habe (→ Cajetan). Anders die Freunde, zB Erasmus → Alber: »Ein fein, klar und tapfer Gesicht und Falkenaugen hatte er«; und Joh. → Keßler: »Er war eines aufrechten Ganges, mit aufgehobenem Angesicht gegen den Himmel, mit tiefen, schwarzen (bräunlichen) Augen und Brauen blintzelnd und switzerlnd, wie ein Stern«. - Anfang 1521 entsteht Cranachs zweites, für Worms gearbeitetes L.B.; es stellt L. mit dem Doktorbarett als Wittenberger Professor dar. Jetzt schon könnte L. sagen: »Ich bin hindurch.« Cranach hat diese Gewißheit der Haltung im Profilbild festgehalten, im festen, klaren Blick geradeaus. Die erste Fassung hatte hellen Hintergrund. In der zweiten, endgültigen Fassung kommt vor dem nun dunklen Hintergrund das Profil des Kopfes noch eindrücklicher zur Erscheinung. Das Gesicht ist kräftiger gegenüber dem von 1520; man ahnt die Entschlossenheit und Zuversicht der kommenden Wormser Entscheidung. - Noch aus den Adventstagen des Jahres 1521 stammt das dritte originale L.B., L. als Junker Jörg bei seinem heimlichen Aufenthalt in Wittenberg. Zum ersten Mal sehen wir die Farben im bräunlichen Auge, im dunkelblonden Haar, im frischen Ton der Haut; auch seinen starken Haarwuchs im Vollbart und mächtigen Haupthaar, dessen zweiten Wirbel über der Stirn auch später kein Barett bändigen kann. Das Bildnis ist zum Brustbild erweitert, mit schwarzem ritterlichem Wams, die eine Hand das Schwert haltend, die andere auf dem Schwertknauf. In einer Variante des Bildes ist die Rechte im Redegestus erhoben. - 1525 begegnet ein neuer Typ. 1524 hat L. die Mönchskutte abgelegt und trägt nun Professorenkleidung. Ein kleines Rundbild bringt nur den Kopf und bildet die Grundlage für die

Cranachgemälde der Jahre 1525 und 1526, die letzteren zum Brustbild im rechteckigen Format erweitert. Es ist wieder ernster gehalten, die Haare nun halblang, wie es Luther dann beibehielt. - 1528 entsteht ein 5. Original-L.B., das als Gemälde in oft guten Kopien der Cranachwerkstatt 1528, 1529 und 1530 wiederholt wird. Es ist auch noch das Durchpausblatt mit punktierter Zeichnung vorhanden, mit dem man zunächst die genaue Linienführung auf die grundierte Holzplatte übertrug. Immer ist es ein Brustbild, ohne Hände, mit Barett, L. als Prediger. - Etwa 1535 entstand eine Erweiterung durch Zufügung der Hände, schließlich der Typ von 1540-45. Hierbei wird L. als Professor charakterisiert mit Pelz am Kragen und vorn (bes. lebendig in den drei Reifensteinschen Zeichnungen). Es dominiert aber die Gruppe der Bilder, die man als Bilder des »Kirchenvaters«, des verehrten Lenkers der ev. Kirche bezeichnen kann und die in der Folgezeit am volkstümlichsten wurde. Wir haben sie als Gemälde vom Bildnis bis zur monumentalen Standfigur, vom großen Holzschnitt (zT farbig) des Kopfes bis zur kleinen Standfigur im Buchdruck, daneben aber auch die fast lebensgroße Standfigur, im Buchdruckverfahren in Teilen von ca 10 Druckplatten gedruckt und zusammengesetzt. Das Gewand ist meist die geistliche Amtstracht. Das Totenbildnis, das der hallesche Maler Furtenagel noch am Totenbett in Eisleben zeichnete, vollendet den Reigen der Bilder des Lebens, ebenso die Totenmaske, deren originale Wachsform aber im Barock nach dem damaligen Zeitgeschmack illusionistisch lebendig gemacht und zusammen mit den unveränderten Abgüssen der Hände zu einer L.figur aufgebaut wurde.

2. All diese Grundtypen des L.B.es kehren gleichzeitig wieder in Nachahmungen von der Hand anderer Künstler, mehr aber noch in *Umwandlungen und Erweiterungen zum Bild als einer geistigen Waffe* im Kampf der Reformationszeit. Außer den unbekannten sind dabei folgende uns bekannte Künstler beteiligt: die Söhne und die Werkstatt Cranachs (zB Sebastian Adam, Peter Roddelstedt-Gottlandt), Hans Baldung Grien, Daniel Hopfer, Aldegrever, Hans und Christof Weiditz, Jak. Binck, Hans Sebald Beham, Peter Vischer, Hans → Holbein, Jobst Kammerer u.a. In folgenden Kunstarten kommen die L.B.er vor: Gemälde, Kupferstich, Holzschnitt (einzeln oder im Buchdruck), Medaille und größerer Erzguß, Kupferplatten, Steinrelief, Lederstempeldruck (Bucheinbände), Ofenkachel, Steinpappe, Textilien, Glasmalerei. Der Kupferstich von 1520 erlebt noch im selben Jahr Erweiterungen des Bildnisses durch Zufügung eines architektonischen Hintergrundes, der Hände, des Bibelbuches, das die eine Hand hält und in das die andere Hand zeigt. Einmal ist der obere Teil der Architektur abgeschnitten und durch ein neues Stück ergänzt, in dem die Taube des hl. Geistes erscheint; Hans Baldung Grien in Straßburg faßt diese Motive dann zu einem neuen Holzschnitt zusammen, auf dem der Kopf L.s noch von einem Strahlenkranz umgeben ist. Ähnlich hat Daniel Hopfer den Cranachschen Kupferstich von 1521 in einem Holzschnitt durch Zufügung des Lichtkranzes und Umwandlung des lat. Distichons in einen deutschen Vers noch volkstümlicher gemacht: Des Luthers Gestalt mag wohl verderben / sein christlich Gemüt wird nimmer sterben. - Mehr noch als im Einzelblatt erschien das L.B. als Buchillustration in den zahllosen Drucken der Reformationszeit (→ Graphik). Hier erlebte es auch immer neue Wandlungen zum Kampfbild in den erzählenden, mit Spott, Satire, Ironie oder Allegorie und freudigem Bekenntnis erfüllten mehr oder minder gelungenen Holzschnitten. Fast alle damaligen Künstler sind auch hieran beteiligt gewesen. Der Erzgießer Peter Vischer zB zeichnete eine Allegorie der Reformation mit L. als befreiendem Herkules, während L. von gegnerischer Seite als voller Widersprüche mit 2 und 7 Köpfen dargestellt wurde (→ Karikaturen). Häufig sind zu Anfang der 20er Jahre Zusammenstellungen mit → Hutten, beide als Vorkämpfer christlicher Freiheit mit Buch (L.) und Schwert (Hutten) dargestellt.

3. Seit dem Beginn der eigenen Kirchenbildung begegnet das L.B. weiterhin in polemischen Holzschnitten, mehr aber noch in Personengruppen auf positiv darstellenden Holzschnitten, in denen die Grundlagen der Kirche und das biblische Menschenbild sichtbar gemacht werden. Ihren Höhepunkt findet diese Gruppe in den monumentalen *Cranachaltären* von Wittenberg, Schneeberg, Weimar, Dessau u.a. Zusammen mit → Melanchthon, → Bugenhagen, → Jonas, → Cruciger, aber auch mit Cranach selbst ist L. hier auf der Kanzel, mit Christus beim Abendmahl oder unter dem gekreuzigten Christus dargestellt. Es sind die bildlichen Bekenntnisaussagen der Kirche der Reformation. Solche Bekennergruppen umfassen aber auf vielen Gemälden bis zum Ende des 16.Jh.s auch die führenden Laien (zB auf dem großen Croyteppich in Greifswald).

4. Wie die Cranachsche Werkstatt die Bildtraditionen der Reformationszeit noch eine volle Generation weiterführte (Lukas Cranach d.J., † 1586), so begegnet auch das L.B. weiterhin als Bildnis oder im Bildzusammenhang in gleicher Weise. Seit dem *17.Jh.* aber mehren sich die allegorischen Holzschnitte, Kupferstiche, auch Gemälde, bes. in Gedenkjahren der Reformation. L. mit dem Schwan (Beziehung auf eine Weissagung von → Huß = Gans) ist dabei noch am verständlichsten. Aber die symbolischen, allegorischen Blätter haben nur mehr Wert als Symptome des jeweiligen Zeitgeistes, so sehr sie auch Ausdruck großer L.verehrung sind. Auch die reinen Bildnisse L.s müssen mehr als Dokumente des Wandels der Theologie und Frömmigkeit über Orthodoxie, Rationalismus, Pietismus, Romantik usw gewertet werden, als daß sie noch unmittelbare Gegenwartsbedeutung haben könnten, wie sie ohne Frage gerade heute wieder die originalen zeitgenössischen L.B.er und die großen Altartafeln haben. Im 19.Jh. hat die L.verehrung zu zahlreichen L.denkmälern geführt, von denen wohl das von Schadow in Wittenberg in seiner ruhig gesammelten Kraft zu den besten gezählt werden muß.

5. Analog der sog. »L.renaissance« in der Theologie seit Anfang des *20.Jh.s* haben sich auch die Künstler der Gegenwart, meist ohne Auftrag, erstaunlich intensiv mit L., bes. dem »jungen L.«, beschäftigt. Sie sind dabei durch Studium des echten zeitgenössischen L.B.es wie durch innere Beschäftigung mit dem Schrifttum L.s zu Gestaltungen gekommen, die weithin wieder Geist von L.s Geist, nicht nur der Zeiten Geist spüren lassen. Zu nennen wären nach den Vorarbeiten von Karl Bauer vor allem Schwegerle, Weidantz, → Corinth, v.Cursell, Trumpf, Marks, Haffenrichter, Simcik, → Barlach, Brüllmann, dazu ungarische Künstler in den Vorarbeiten für ein ungarisches L.denkmal wie Horvai, Borberecki, Keviczki-Farkas, Lux.

Die L.halle, das reformationsgeschichtl. Museum in Wittenberg, besitzt über 2400 L.B.er des 16.-20.Jh.s. - A.HAGELSTANGE, Die Wandlungen eines L.B.es in der Buchillustration des 16.Jh.s (Zs. f. Bücherfreunde 11/I, 1907/08, 97-107) - K.SCHOTTENLOHER, Denkwürdige Reformationsdrucke mit dem Bilde L.s (ebd NF 4/II, 1913, 221 bis 231) - H.PREUSS, L.bildnisse, (1913) 1918² - P.SCHRECKENBACH-F.NEUBERT, M.L., (1916) 1921³ - JOH.FICKER, Älteste Bildnisse L.s (ZKGPrSa 17, 1920, 1-50) - DERS., Die frühen L.bildnisse Cranachs (ebd 20, 1924, Beilage) - DERS., Neue alte Bilder L.s (LML 6, 1924, 54-76) - DERS., Die Bildnisse L.s aus der Zeit seines Lebens (LuJ 16, 1934, 103-161; umfassender Katalog) - G.STUHLFAUTH, Die Bildnisse D.M.L.s im Tode, 1927 - RGG[3] III, 1774ff - O.THULIN, Vorarbeiten zum ung. L.denkmal (Kunst u. Kirche 17, 1940, 11-16) - DERS., Das L.B. der Gegenwart (LuJ 23, 1941, 123-148) - DERS., Cranach-Altäre der Reformation, 1955 - DERS., M.L., sein Leben in Bildern u. Zeitdokumenten, 1958. - Weitere Lit. bei SCHL. I, Nr. 14 394-14 472. *O.Thulin*

Lutherdramen (L. = Luther). Polemische Stücke im Ton unflätiger Fastnachtspiele veröffentlichten in der Kampfzeit so bekannte Gegner wie Joh.Hohenberg, Joh. → Cochläus und Simon → Lemnius (Mönchshurenkrieg, gegen L.s Ehe). Auf prot. Seite dienten bei der Zentenarfeier die Dramen »Phasma« (lat.) von N. → Frischlin (1580 aufgeführt, 1592 gedruckt), »Lutherus redivivus« (1593) von Zach.Rivander, Sup. in Bischofswerda, und »Papista conversus« von dem Lübecker Prediger Friedr.Dedekind (1596). L.s Leben vorzuführen versuchte erstmalig Andreas Hartmann aus Hergberg. Nur der 1.Teil bis einschließlich Wartburgaufenthalt erschien 1600 (Neuaufl. 1624). Martin → Rinckart, damals Diakon in Eisleben, beabsichtigte sieben Stücke über die Reformation. Das beste ist »Der Eislebische Christliche Ritter« (1613). Sein drittes und letztes Stück (Indulgentarius confusus, 1618) benutzt »Tetzelocramia« von Heinr.Tielmann (1617), Konrektor in Stettin, wohl das bestgelungene Stück. Im 19.Jh. feiern L. als Wiederhersteller des echten Glaubens E.Aug.Friedr.Klingemann (M.L., 1808) und Zach. → Werner: »M.L. oder die Weihe der Kraft« (1807, aufgeführt 1806 in Berlin; nach seiner Konversion setzte er dagegen 1814 »die Weihe der Unkraft«). Volksschauspiele erschienen 1883 von Aug.Trümpelmann (erst 1869, neubearb. 1887), als bestes das von Otto Devrient (1883) mit Musik von L. Machts. Eine Trilogie schrieben Adolf Bartels (1903), besser Friedr.Lienhard (1904), bes. »L. auf der Wartburg«. Erwähnt sei der Einakter von E.Malo »Der 31.Okt. 1517 in Wittenberg« und Hans Rüdigers »Das Wort sie sollen lassen stahn« (für Jugendgruppen). Literarisch anspruchsvoll sind August → Strindberg (1905 in den historischen Miniaturen, dt. 1908) sowie in expressionistischer Stilisierung Hanns Johst, »Propheten« (1927).

H.HOLSTEIN, Die Reformation im Spiegelbild der dramat. Lit., 1886 - G.K.ERDMANN, Die L.festspiele, 1888. *W.Flemming*

Luther-Gesellschaft, auf Anregung des Philosophen R.Eucken im Anschluß an das Lutherjubiläum 1917 am 26.9.1918 in Wittenberg gegründet, um »Luther im Ganzen seines Wesens und Wirkens der Gegenwart immer aufs neue nahezubringen«. Die geistigen Gefahren der modernen Kultur sollten durch innere, seelische Erneuerung gebannt werden. Die L.-G. fördert die Lutherforschung und vor allem deren Kenntnis und Auswertung in breiteren Kreisen, unterstützt auch die Lutherhalle in Wittenberg. Ihre Arbeit geschieht durch Ortsgruppenvorträge, Jahrestagungen und entsprechende Veröffentlichungen (Luther. Mitteilungen der L.-G., 1919-41, 1953ff; Jahrbuch der L.-G., 23 Bde, 1919-41, Bd 24ff, 1957ff hg.v. F.Lau, wertvolle Lutherbibliogr.). Präsidenten der L.-G.: R.Eucken, W.v.Hegel, K. → Holl, P. → Althaus. Geschäftsführer, später 2. Präsident: Hauptpastor Th. → Knolle. Nach dem 2.Weltkrieg wurde die L.-G. 1953 reaktiviert. Neben P.Althaus traten die Hamburger Bischöfe Knolle (1955) und V.Herntrich (1958) als 2.Vorsitzende. Geschäftsstelle: Hamburg, Bugenhagenstr. 21, Mitgliederbestand wieder rd 2000. *Ernst Wolf*

Lutherischer Weltbund

I. Geschichte und Verfassung - II. Missionskommission. - Vgl. → Luthertum

I. Geschichte und Verfassung

Am 1.7.1947 haben 184 Delegierte von 49 luth. Kirchen aus 22 Ländern in → Lund (Schweden) den LWB durch einstimmige Annahme seiner Verfassung konstituiert. 1959 gehören ihm 61 Kirchen mit über 50 Mill. Mitgliedern in 32 Ländern an, darunter 13 deutsche Kirchen: die 10 Gliedkirchen der VELKD (→ Luthertum: III A), die Ev. Landeskirche in Württemberg, die Ev.-luth. Kirche in Oldenburg und die Pommersche Ev. Kirche. Nach seiner Verfassung ist der LWB »eine freie Vereinigung von luth. Kirchen. Er hat den Gliedkirchen gegenüber keine Vollmacht, Gesetze zu erlassen oder in ihre volle Autonomie einzugreifen. Er handelt aber als ihr Organ in Angelegenheiten, die ihm von den Gliedkirchen übertragen werden.« »Der LWB will folgenden Zwecken dienen: das Evangelium von Jesus Christus als die seligmachende Kraft Gottes vor der Welt einmütig zu bezeugen; Einigkeit des Glaubens und Bekennens unter den luth. Kirchen der Welt zu pflegen; brüderliche Gemeinschaft und gemeinsame Studienarbeit unter Lutheranern weiterzuentwickeln; die luth. Beteiligung an ökumenischen Bewegungen zu fördern; eine geschlossene luth. Initiative in der Erfüllung missionarischer und katechetischer Aufgaben zu entwickeln; luth. Gruppen zu unterstützen, die geistlicher oder materieller Hilfe bedürfen.« Die Lehrgrundlage des LWB ist ebenfalls in der Verfassung festgelegt: »Der LWB erkennt die Heilige Schrift Alten und Neuen Testaments als die alleinige Quelle und unfehlbare Norm alles Lehrens und Handelns der Kirche an. Er betrachtet die Bekenntnisse der luth. Kirche, insbesondere die unveränderte Augsburgische Konfession und Luthers Katechismus, als unverfälschte Auslegung des Wortes Gottes.« Alle luth. Kirchen, die die Verfassung des LWB annehmen, können dessen Mitglieder werden. - Der LWB hat sich aus dem *Luth. Weltkonvent* entwickelt, der sich erstmalig vom 19.-24.8.1923 in Eisenach (147 Delegierte aus 22 Ländern) unter dem Vorsitz des sächsischen Landesbischofs Ihmels versammelte. Nach Eisenach hatten die Allgemeine Ev.-Luth. Konferenz (erste Tagung 1868; ihr Organ seit 1868 die AELKZ) und das National Lutheran Council in America (J.A.Morehead) eingeladen. Eine umfassende karitative Tätigkeit nach dem 1.Weltkrieg hatte den Wunsch nach Zusammenschluß der luth. Kirchen wachsen lassen. Weitere Zusammenkünfte des Luth. Weltkonventes - 1929 in Kopenhagen (Präsident J.A.Morehead), 1935 in Paris (Präsident Aug. → Marahrens; Generalsekretär H. → Lilje) - sowie die während und nach dem 2.Weltkrieg erheblich verstärkten Hilfsmaßnahmen für notleidende Gebiete, bes. auch für verwaiste Missionsfelder und Diasporagebiete, ließen die luth. Kirchen über den verhältnismäßig losen Zusammenschluß im Luth. Weltkonvent hinauswachsen zu einer engeren Gemeinschaft, die dann 1947 in Lund als LWB konstituiert wurde. Dessen erster Präsident wurde A. → Nygren, sein erster Exekutivsekretär und großer Organisator S.C.Michelfelder († 30.9.1951). - Die 2. Vollversammlung des LWB (Hannover 1952), die H.Lilje zum Präsidenten wählte, stand unter dem Thema »Das lebendige Wort in einer verantwortlichen Kirche«. Das Thema der 3. Vollversammlung (Minneapolis 1957) hieß: »Christus befreit und eint.« Sie wählte F.C. → Fry zum Präsidenten des LWB. Exekutiv- bzw. Generalsekretär ist seit dem Tode Michelfelders Carl E.Lund-Quist. - Oberste Instanz des LWB ist seine Vollversammlung, der die Delegierten aller Mitgliedskirchen angehören. Sie tritt alle 5 Jahre zusammen. In den dazwischen liegenden Jahren leiten der Präsident und der Exekutiv-Ausschuß (20 Mitglieder, darunter mindestens 4 Nichttheologen) die Geschäfte des LWB. Der Exekutiv-Ausschuß ernennt den Generalsekretär, der der Hauptgeschäftsstelle des LWB in Genf (mit Finanz-, Verwaltungs- und Pressebüro) vorsteht und die Tätigkeit der Abteilungen für Theologie, Weltdienst und Weltmission (→ Lutherischer Weltbund: II) sowie des von New York aus arbeitenden Lateinamerika-Komitees beaufsichtigt und koordiniert. Den 3 Abteilungen stehen besondere Kommissionen zur Leitung und Beratung vor. Andere Kommissionen, denen keine Abteilungen entsprechen, sind in erster Linie Studienausschüsse (zZ für Erziehungsfragen, → Haushalterschaft und Gemeindeleben, Innere Mission, Internationale Angelegenheiten). Alle Kommissionen sollen jährlich zusammentreten. - Von besonderer Bedeutung für die intensive Arbeit des LWB sind die Nationalkomitees in den einzelnen Ländern (zZ 29). - 1960 nimmt der LWB eine neue wichtige Arbeit auf in der Stiftung für konfessionskundliche Forschungen; sie wird sich bes. mit der röm.-kath. Kirche befassen. - Die gesamte Geschichte des Luth. Weltkonvents wie auch des LWB hat ein ekklesiologisches Problem durchzogen: Kann, ja darf es überhaupt »eine freie Vereinigung von luth. Kirchen« geben angesichts der oben zitierten Lehrgrundlage und also der in den luth. Bekenntnisschriften ausgesprochenen Lehre von der → Kirche (: III, 4f)? Dieses den LWB beunruhigende Problem hat bis heute keine echte Lösung gefunden.

Luth. Weltkonvent zu Eisenach 1923, Denkschr. 1925 - Luth. Weltkonvent zu Kopenhagen 1929, Denkschr. 1929 - Luth. Weltkonvent zu Paris 1935, Denkschr. 1939 - H.MEISER (Hg.), Der LWB. Lund 1947. Berichte u. Dokumente, 1948 - C.E.LUND-QUIST (Hg.), Offizieller Bericht d. 2.Vollversammlg. Hannover 1952, 1952 - DERS. (Hg.), Offizieller Bericht d. 3. Vollversammlg. d. LWB Minneapolis 1957, 1958 - S.GRUNDMANN, Der LWB. Grundlagen, Herkunft, Aufbau, 1957 - Die Luth. Kirchen in der Welt, hg. vom LWB, 1957 - E.KINDER (Hg.), Die theol. Arbeit in Minneapolis. Referate, Kommentare u. Dokumente der 3. Vollversammlg. d. LWB, 1958 - Der LWB, Aufbau u. Arbeit, Genf 1959 (wichtigste Dokumente, Statistiken, Anschriften, Bibliogr.). - Zs.: LR. *H.H.Harms*

II. Missionskommission

In wenigen Bereichen ist die luth. Zusammenarbeit so wirkungsvoll gewesen wie in der Weltmission. Nach dem 1. Weltkrieg leisteten die Amerikaner den deutschen und finnischen Missionsgesellschaften beträchtliche Hilfe. Bei der konstituierenden Konferenz des luth. Weltkonvents in Eisenach 1923 und bei den folgenden Konferenzen von Kopenhagen 1929 und Paris 1935 wurde eingehend über die Weltmission beraten. Der 2. Weltkrieg brachte nicht nur allen deutschen, sondern auch den finnischen, dänischen und norwegischen Missionen große Verluste und Rückschläge. Mit dem → Internationalen Missions-Rat wurde eine Hilfsaktion des amerikanischen und kanadischen National Lutheran Council für die notleidenden luth. Missionen vereinbart; auch Schweden und Australien beteiligten sich daran. - Nach dem Kriege wurde die Gemeinschaft weiter ausgebaut. Die Vollversammlung des LWB in Lund (1947) nahm eine Resolution über »Luth. Weltmission« an und beschloß die Errichtung einer *Missionskommission* (= M.). Zum Vorsitzenden der 1949 in Oxford organisierten M. wurde der Amerikaner *Fredrik A.Schiotz* DD ernannt. Die Vollversammlung in Hannover 1952 billigte den Plan, der M. ein eigenes Büro in der Hauptgeschäftsstelle des LWB in Genf als Mittelpunkt für luth. Weltmission zu geben (Abteilung Weltmission). Erster Direktor dieser Abteilung war 1954-57 Dr. *Fridtjov Birkeli*, Norwegen. Die aus 6 Mitgliedern bestehende M. bekam gleichzeitig zwei neue Mitglieder aus Asien. - Inzwischen hat sich die M. zu einem luth. »Missionsparlament« entwickelt. Zu den jährlichen Zusammenkünften werden Vertreter sämtlicher luth. Missionen (→ Luthertum: IV) in Europa und Amerika eingeladen. Dazu kommt eine wachsende Anzahl von Asiaten und Afrikanern. Obwohl die M. anfänglich nur in Finanzfragen beschlußfähig war, hat sie doch gegenüber den Missionsgesellschaften und den Kirchen in Asien und Afrika (→ Junge Kirchen) zunehmend Autorität erhalten hinsichtlich einer gemeinsamen Planung luth. Mission in der ganzen Welt. Jährliche Tagungen wurden 1950-53 in Deutschland, 1954 in Holland, 1955 in Finnland, 1956 in Norwegen, 1957 in USA, 1958 in Schweden, 1959 in Dänemark abgehalten. Künftige Tagungen werden bisweilen auch in Asien und Afrika stattfinden. 1957 wurde Bischof Prof. D. Heinrich Meyer (Deutschland) Vorsitzender der M., Dr. Arne Sovik (USA) neuer Direktor der Abteilung Weltmission. Erstmals wurde auch ein Afrikaner, Stephano Moshi, als Mitglied gewählt. Prof. Andrianarijaona (Madagaskar) fungierte 1955-57 als stellvertretendes Mitglied.

Die Unterstützung der vom Kriege betroffenen Missionen und Kirchen blieb stets die Hauptaufgabe der M. Anfangs wurden 23 verschiedene Missionsgebiete unterstützt. In den letzten Jahren ist die Hilfe nach Japan, Hongkong, Neuguinea, Indonesien, Indien, Jordanien, Äthiopien, Tanganyika und Südafrika gegangen. Bes. umfangreich wurde die Hilfsarbeit für die Batak-Kirche in Sumatra und für einige Gebiete in Tanganyika. - In der ersten Zeit war es eine wichtige und schwierige Aufgabe, das während des Krieges beschlagnahmte Eigentum luth. Missionen in Jordanien, Israel, Äthiopien und Tanganyika wieder frei zu bekommen. - Freilich gab es schon vor der Existenz der M. eine enge Zusammenarbeit verschiedener luth. Missionen und ein ernstes Streben nach einer eigenen Entwicklung der luth. Kirchen in Asien und Afrika. Jedoch wurde diese Arbeit durch die M. neu angelegt und nun intensiv gefördert. Zusammenschlüsse luth. Kirchen versucht man in → Japan, → Äthiopien, → Tanganyika und Südafrika. Typische Kircheneinigungen sind zB in → Taiwan, → Hongkong, → Neuguinea und → Madagaskar gelungen; hier sind Gemeinden zusammengewachsen, die durch die Arbeit der verschiedensten luth. Missionen entstanden waren. - Die M. hat sich auch mit den Problemen in Südamerika beschäftigt; im allgemeinen ist aber das Lateinamerika-Komitee des LWB hauptverantwortlich für dieses Gebiet. - In Asien und Afrika hat die M. inzwischen versucht, eine Kontinentalplanung festzulegen. Für Afrika kam dieses Bestreben in der all-afrikanischen Konferenz in Marangu/Tanganyika 1955 zum Ausdruck. Diese Konferenz war überhaupt die erste christliche kontinentale Konferenz in der Geschichte Afrikas. Eine ähnliche Konferenz für sämtliche asiatischen luth. Kirchen fand 1956 in Gurukul/Madras statt. - Weitere Aufgaben der M. sind die Ausbildung von führenden Geistlichen für die Kirchen in Asien und Afrika, die Ausführung von Studien auf Gebieten, an denen die luth. Mission besonderes Interesse hat, sowie eine Verstärkung bes. der Radiosendungen in Asien und Afrika.

A.SCHIOTZ, Lutheran World Missions (IRM 53, 1954, 311-322) - Marangu, A Record of the All-Africa Lutheran Conference, hg.v. LWB, Genf 1956 - Die luth. Kirchen in der Welt, hg.v. LWB, 1957, 167-229. *F.Birkeli*

Luthertum

I. Konfessionskundlich - II. Neuluthertum - III. Lutherische Kirchen der Gegenwart - IV. Mission im Luthertum. - Vgl. → Lutherischer Weltbund

I. Konfessionskundlich

1. Verbreitung - 2. Benennung, allgemeine Charakteristik - 3. Bibelautorität - 4. Theologisches System - 5. Ethik

1. L. ist der Name der mächtigen Strömung in Theologie, Kirchenbildung und Gesellschaftsleben, die sich, ausgehend von → Luthers reformatorischer Wirksamkeit, rasch in → Deutschland (: I, 2 a) und von dort weiter in die anderen Länder Europas ausbreitete. Am Ende des 16.Jh.s hatte das L. in Deutschland und → Österreich, den skandinavischen Ländern (→ Dänemark, → Finnland, → Island, → Norwegen, → Schweden), Livland (→ Baltische Länder) und → Siebenbürgen Fuß gefaßt und vielfach Landeskirchen gebildet. Daneben gab es Diasporagemeinden in → Polen und → Ungarn sowie in Teilen von Südosteuropa, auch in Frankreich. Zur Entstehung von konfessionsbestimmten luth. Kirchen trug außer dem Widerstand von seiten der röm.-kath. Kirche und der Humanistengruppe um → Erasmus auch die notwendige Abgrenzung gegen die Schwärmer (→ Bauernkrieg, → Täufer), die Antinomisten (→ Agricola, 1) und die sog. Sakramentierer bei (→ Zwingli, ref. Gemeinden auf Reichsboden). Verschärft wurde die konfessionelle Eigenart weiterhin während des 17.Jh.s in der → Orthodoxie durch die → Gegenreformation, den Übertritt des Kurfürsten Johann Sigismund zum Calvinismus (→ Brandenburg: II, 3), den → synkretistischen Streit (G. → Calixt) und die → Einigungsbestrebungen (: II, 2). → Pietismus, Herrnhutertum (→ Brüderunität: II) und die Theologie der → Aufklärung (: III) trugen zur Schwächung der luth. Orthodoxie bei. In der konfessionellen Theologie des 19.Jh.s (→ Luthertum: II) erhielten die konfessionellen Fragestellungen erneute Aktualität und wurden dann von ganz neuen Ausgangspunkten aus in Angriff genommen. Von Bedeutung für die Verbreitung des L.s wurde die Auswanderung luth. Glaubensbekenner nach den → Vereinigten Staaten (: I; → Amerika: II, 3), wo es während des 19.Jh.s zu neuen luth. Kirchenbildungen kam (→ Löhe, → Missouri-Synode). Auch die Missionsarbeit unter nichtchristlichen Völkern hat zur Ausbreitung des L.s in Afrika, Asien und Südamerika kräftig beigetragen (→ Luthertum: IV).

2. Die Bezeichnung »luth.« für die neue Kirchenbildung war ursprünglich ein Schimpfname, der von den kath. Gegnern der Reformation geprägt wurde (erstmalig nachweisbar bei Joh. → Eck 1520). Die Absicht war, die Bedeutung der ev. Bewegung herabzusetzen und sie als Ketzerei zu erklären. Luther, dem die Ursache ganz klar war, wehrte sich lange gegen die Benennung der neuen Bewegung nach seinem Namen. Die Bezeichnung setzte sich jedoch bald durch, da sie die deutsche Reformation in leichtfaßlicher Weise den anderen reformatorischen Bewegungen gegenüber charakterisierte. Luther selbst gebrauchte später einige Male die Bezeichnung »luth.« (zB WA 30/II, 345, 1), doch handelt es sich dabei um Ausnahmen. Das L. wollte sich selbst nicht als Werk eines Menschen auffassen. Die luth. → Bekenntnisschriften (, 2) vermeiden »luth.« und verwenden statt dessen »ev.« oder »Kirchen der Augsburgischen Konfession« als Selbstbezeichnung. Vor allem war man bis ins 17.Jh. nicht geneigt, von einer »luth. Kirche« zu sprechen (→ Katholizismus: I, 1). Unter den Theologen war der adäquate Name »ecclesia apostolica catholica« oder »ecclesia catholica evangelica«. Nur in der Apologie (AC XV, 44) kommt »luth.« - und auch hier nur ein einziges Mal - in einem polemischen Zusammenhange vor. Natürlich nimmt Luther innerhalb des L.s eine zentrale Stellung ein, obwohl sein tatsächlicher Einfluß Schwankungen unterworfen war. Die Bekenntnisschriften schätzen ihn hoch als den »fürnehmsten Lehrer der Augsburgischen Confession«, jedoch mit dem Vorbehalt, daß nur das Wort Gottes die alleinige Regel und Richtschnur der Lehre sein solle. - Als selbständige Kirchenbildung trat das L. mit der durch → Melanchthon verfaßten CA hervor, die dem Kaiser auf dem Augsburger Reichstag von 1530 vorgelegt wurde. Die CA ist von allen luth. Kirchen angenommen worden, auch von denen, die sich dem ganzen → Konkordienbuch gegenüber abweisend verhielten. Die CA knüpft an die altkirchlichen Symbole an und hat auffallend starke »kath.« Züge. Die allgemeinkirchliche Einstellung wird in Wendungen ausgedrückt, die bisweilen allzu konziliant wirken (→ Augsburger Bekenntnis). Derartige Versuche zu einer Einebnung der Unterschiede zwischen der röm.-kath. Kirche und dem L. lassen sich aus der damaligen politischen und kirchenpolitischen Situation erklären. Auf dem Reichstag zu Augsburg handelte es sich für die Evangelischen darum, in Deutschland rechtliche Anerkennung zu gewinnen; daher mußte man nachweisen, daß der ev. Glaube nicht von dem abwich, der durch die altkirchlichen Bekenntnisse und das Edikt des → Theodosius von 380 rechtlich fixiert war. Darüber hinaus hatte das L. selbst ein inneres Bedürfnis, den Zusammenhang mit der übrigen Christenheit zu bewahren. Das L. wollte nicht als eine partikuläre Sonderkirche hervortreten. Die moderne Luther-Forschung, die ursprünglich danach strebte, die Eigenart Luthers hervorzuheben, hat in steigendem Maße seine starke Beziehung zur älteren Theologie erkannt (→ Luther: II). In der CA und in den übrigen Bekenntnisschriften wird hervorgehoben, daß das, was in den ev. Kirchen gepredigt wird, bei den Kirchenvätern eine Stütze findet. Die Einstellung zu den Kirchenvätern war jedoch nicht unkritisch. Sie konnten, wie alle Menschen, Irrtümer begehen (AC XXIV, 95), und sie werden nur dann herangezogen, wenn sie deutliche Bibelworte hinter sich haben. In Glaubensfragen muß das Wort Gottes die Entscheidung treffen. Dieses Prinzip wurde schon durch Luther in der Psalmenvorlesung (1513-15) befolgt und 1519 nach der Diskussion mit Eck (WA II, 279, 23) formuliert. In den Bekenntnisschriften wird es oft hervorgehoben (zB CA, Beschluß des 1. Teils, 2; ASm 421, 23).

3. Im Unterschied von der Orthodoxie fehlt in den Bekenntnisschriften eine *Lehre über die Hl. Schrift*. Eine durchdachte christozentrische Auffassung der → Bibel (: III) liegt jedoch vor. Für das ursprüngliche L. beantwortet die Bibel in erster Linie die Frage nach der → Erlösung (: IV, 4). Die Bibel hat ihren Mittelpunkt in der → Rechtfertigung (: II), die ihrerseits mit der Frage von Gesetz und Evangelium zusammenhängt, von der die ganze Bibel handelt (AC IV, 5; XII, 53-55). Zur Abgrenzung der Auffassung der Bibel im ursprünglichen L. von der orthodoxen hebt die neuzeitliche Forschung oft hervor, daß die Autorität der Bibel nicht formell, sondern inhaltlich sei. Die Bibel wacht über dem Evangelium, das hier gleichbedeutend mit der Rechtfertigung ist, und erhält von ihm ihre Autorität. Die Autorität der Schrift läßt sich nicht ohne weiteres mit der Bibel als Buch identifizieren. Sie muß ihren ev. Inhalt dadurch zurückgewinnen, daß sie gesprochenes, in der Predigt vorgetragenes Wort wird (so schon in der Psalmenvorlesung, WA 3, 124, 34; 4, 9, 18; 450, 39). - Die Unterstreichung des Evangeliums und der wörtlichen Verkündigung darf indessen nicht gewisse, für das älteste L. selbstverständliche Zusammenhänge verdunkeln. Die Autorität der Bibel als Buch wurde nie in Frage gestellt. Im Gegenteil setzen alle Äußerungen über das Evangelium voraus, daß die Hl. Schrift die Autorität ist, die Norm, nach welcher alle Lehre zu beurteilen sei (SD, Von dem summarischen Begriff, 3). Außerdem tritt der ev. christozentrische Inhalt der Hl. Schrift nur auf dem Hintergrund des → Gesetzes (: V) hervor. Die

Predigt des Evangeliums ohne Voraussetzung des Gesetzes führt auf Abwege. Die Verkündigung des Evangeliums setzt das Predigen von Gesetz und Buße voraus. Wenn man an der Autorität der ganzen Hl. Schrift festhalten will, so würde das Beiseiteschieben des Gesetzes in seiner rechtmäßigen Funktion eine Verstümmelung des Evangeliums bedeuten. Die Aussagen der Bekenntnisschriften über die Bibel haben auch einen bestimmten »Sitz im Leben«; sie wurden auf dem Hintergrund der kirchlichen Tradition geäußert, die zT bejaht, zT verworfen wurde. Die konservative, antibiblizistische Haltung erklärt sich aus dem offenen Sinn der Reformatoren für die Kirche. Man beließ alles, was während der Jh.e hervorgewachsen war, solange es nicht dem Evangelium im Wege stand. Wenn jedoch etwas verworfen werden mußte, ließ man Bibel und Rechtfertigung die Entscheidung treffen. Das Meßopfer, das Klosterwesen und die Siebenzahl der Sakramente zB wurden zurückgewiesen, weil sie mit der Bibel und der Rechtfertigungslehre nicht vereinbar waren. Das Abendmahl in beiden Gestalten wurde angenommen aus Gründen, die man der Hl. Schrift entnahm. Und so verhält es sich überall in den Bekenntnisschriften. - Die Auffassung der Hl. Schrift im L. enthält verschiedene Momente, die als Gesamtheit betrachtet werden müssen, wenn der Bibel Recht widerfahren soll. Die von der Reformation nie in Frage gestellte Autorität der Bibel konnte verstärkt und einseitig hervorgehoben werden; das geschah in der Orthodoxie, wo die Erkenntnisfrage vor der Frage der Erlösung praktisch den Vorrang bekam. Die Konzentration des L.s auf das Evangelium wurde irrtümlich als eine Vorwegnahme der historischen Bibelauffassung gedeutet. Sobald das Hauptgewicht auf das verkündigte Wort gelegt wurde, konnte das geschriebene Wort in einer dem ursprünglichen L. fremden Weise in den Hintergrund geschoben werden. Dies geschieht weithin in der heutigen kerygmatischen Theologie mit ihrer Betonung des Wortes als Botschaft und Zuspruch. Die betonte Freiheit des L.s in kirchlichen Ordnungsfragen konnte ohne die in den Bekenntnisschriften gegebenen Begrenzungen zum Prinzip gemacht werden. Durch Fehldeutungen wurde das L. entweder konservativer oder radikaler gemacht, als es ursprünglich war. Allen solchen Einseitigkeiten stehen die klaren Aussagen der Bekenntnisschriften entgegen, nach denen die Bibel die Norm ist (norma normans).

4. Sein Zentrum hat das L. in der Lehre von der → Rechtfertigung (: II. III), dem vorzüglichsten Artikel der christlichen Lehre (AC IV, 2). Der neue ev. Einsatz beginnt mit der Entdeckung, daß die → Gerechtigkeit Gottes (: IV) in der Bibel die Gerechtigkeit bedeutet, die Gott nach der Rechtfertigung dem zugleich sündigen und gerechtfertigten Menschen schenkt (simul iustus et peccator). Nicht die → Anthropologie (: III, 3), die Lehre von der Erbsünde (→ Sünde: V. VI) oder die Lehre von der ausschließlichen Wirksamkeit Gottes und der Unfreiheit des Menschen, sondern die Rechtfertigung bildet den Ausgangspunkt für die Dogmatik des L.s. - Die Auffassung des Menschen ist für das L. von der Rechtfertigung bestimmt. Jene ist nicht durchgehend »pessimistisch«, sondern die Machtlosigkeit des Menschen gilt für die Erlangung des Heils. Der Mensch kann nicht selbst seine Erlösung bewirken. Seine Natur ist nach dem Sündenfall intakt (SD 1), und sein Wissen um das Dasein Gottes wird nicht in Frage gestellt (AC IV, 7; GrKat, BSLK 661, 25); doch fehlt ihm das wahre Wissen um Gott. Die Gottebenbildlichkeit (imago Dei), hier als die Fähigkeit zu wahrem Gottvertrauen aufgefaßt (CA und AC II), ist abhanden gekommen und wird in der Erlösung durch Christus wiedergewonnen (AC II, 15-22; IV, 135). - Bereits Melanchthon nimmt die → Gottesbeweise wieder auf (→ Gott: V, 13), die in Orthodoxie, Aufklärungstheologie und Idealismus zunehmend Platz gewinnen. Das älteste L. bestritt nicht das Wissen um Gott an sich, wohl aber seinen Wert für die Erlösung. - Auch → Prädestination (: III. IV) und → Willensfreiheit werden aus dem Gesichtspunkt der Rechtfertigung betrachtet. Dem Menschen fehlt gewiß nicht die Kraft, moralisch zu leben, doch fehlt ihm die Fähigkeit zur Gerechtigkeit, die vor Gott gilt (CA XVIII). Die Einschränkung der Freiheit des Willens ist auf sein Verhältnis zu Gott beschränkt. Die Prädestination sollte lediglich die Erlösung als das freie Werk Gottes hervorheben. Das L. warnt vor Spekulationen über Gott und hat im Unterschied zur → Reformierten Kirche (: I) die doppelte Prädestination nie vertreten. CA XIX hebt hervor, daß der schlechte Wille des Menschen für die Sünde verantwortlich ist. SD XI unterscheidet zwischen der Vorsehung Gottes (praescientia) und Prädestination. Orthodoxie, Pietismus und liberale Theologie (→ Liberalismus: IV) wiesen die Lehre von der Prädestination zurück. - Eng verbunden mit der Rechtfertigung ist die Lehre vom geistlichen Regiment (→ Zwei-Reiche-Lehre). Dieses übt Gott in der Kirche durch das Wort und die Sakramente aus. Das Fundament der Kirche ist das Evangelium von Christus. Christus ist das Haupt der Kirche und wirkt als solches durch die → Gnadenmittel. Diese begründen und erhalten das Leben der Kirche und sind darum ihr Kennzeichen. Sie wird in CA VII als »congregatio sanctorum, in qua evangelium pure docetur et recte administrantur sacramenta« definiert. Damit wendet sich das L. sowohl gegen den röm. Anspruch, die legitime kirchliche Organisation zu sein, als auch gegen die Forderung der Schwärmer nach einer radikalen Umgestaltung der Kirche nach nt. Vorbildern. - Die → Kirche (: III, 4; IV) ist ihrem innersten Wesen nach verborgen, weil auf dem Wort gegründet, aber nicht unsichtbar. Die Aufteilung der Kirche durch die Orthodoxie in eine größere sichtbare (coetus vocatorum) und eine kleinere unsichtbare Gemeinde (coetus vere credentium) fehlt im ursprünglichen L. Das im L. des 19.Jh.s wichtige Problem von der sichtbaren und der unsichtbaren Kirche (→ Luthertum: II) ist in den Bekenntnisschriften nicht aktuell. - Als → Sakramente (: I. II) wurden nur die hl. Handlungen angenommen, die Christus eingesetzt und an die er die Verheißung der Sündenvergebung geknüpft hatte. Sakramente im eigentlichen Sinne sind daher nur Taufe (Kindertaufe) und Abendmahl. Das röm. Bußsakrament (→ Bußwesen: II) wird aufgelöst und der Taufe angeschlossen. Die → Taufe (: IV, 1), die Tod und Auferstehung mit Christus bedeutet (Röm 6), soll in der täglichen → Buße verwirklicht werden, die aus Reue und Glauben besteht. Ein besonderes Sakrament der Buße ist daher nicht erforderlich. Der aus dem röm. Bußsakrament ausgeschiedenen → Beichte (: III) wurde eine wichtige Rolle übertragen; doch behauptete sie nicht ihre Stellung als Sakrament, obwohl sie noch in AC XIII, 4 als solches gezählt wurde. Im → Abendmahl (: III, 1) wird Christi Gegenwart im Brot und Wein auf Grund der Stiftungsworte und Christi universeller Gegenwart (Ubiquität) betont. Das Meßopfer (→ Messe: II) wurde verworfen, da es keine Stütze in der Hl. Schrift findet und gegen die Lehre von der Rechtfertigung streitet. Mit Rücksicht auf diese zwei Hauptgesichtspunkte wurde der ev. → Gottesdienst (: V B, 2) umgestaltet. Das → Amt (: III) wurde in direkten Zusammenhang mit der Rechtfertigung gestellt. Seine Aufgabe ist die Verkündigung der Rechtfertigung

durch Wort und Sakrament (CA V). Die Lehre vom allgemeinen → Priestertum findet in den Bekenntnisschriften keinen Platz. In der Reformationszeit erhielt sie manchmal eine kirchenpolitische Spitze und wurde dann als Argument gegen den röm. Amtsbegriff benutzt. Charakteristisch für das ursprüngliche L. ist jedoch, daß es durch den Gedanken des allgemeinen Priestertums markieren wollte, daß alle Christen als Glieder der Kirche vor Gott gleich sind. Orthodoxie und Pietismus sprengten diese Einheit von Amt und allgemeinem Priestertum: die Orthodoxie durch einseitige Betonung des Lehramts, der Pietismus durch ebenso einseitiges Hervorheben des allgemeinen Priestertums im Gegensatz zum speziellen Amt. Diese Debatte findet in der intensiven Diskussion über den Amtsbegriff im 19.Jh. ihre Auswirkung (→ Luthertum: II). Der Gedanke des allgemeinen Priestertums wurde dabei weitgehend zur Sprache gebracht, ist jedoch im kirchlichen Leben kaum in der vom L. beabsichtigten Ausdehnung verwirklicht worden.

5. Das L. brachte eine radikale Umgestaltung der Auffassung des christlichen Lebens und der sozialen *Ethik* mit sich. Dies war eine Folge teils der Lehre von der Rechtfertigung, teils der von den beiden Regimenten und den drei Hierarchien (Ständen) und vom Beruf. Anfangs bildete das L. keine eigenständige Ethik aus, sondern diese war mit der → Dogmatik verknüpft. Erst durch → Schleiermacher wurden beide voneinander getrennt (→ Ethik, 3 a). Das L. bildete auch keine → Kasuistik aus. Das neue Leben ist eine Folge des auf die Rechtfertigung begründeten Verhältnisses zu Gott. Die → guten Werke sind nicht wie im MA Voraussetzung der Rechtfertigung und haben überhaupt nichts mit ihr zu tun, sondern sind Frucht des Hl. Geistes (AC XX, 15; CA VI. XX). Welche Werke zur Ausführung kommen sollen, wird zT durch den jeweiligen → Beruf (: III, 3), teils durch die Forderungen der Liebe und des Nächsten bestimmt. Das Verhältnis zu Gott, das durch die Rechtfertigung begründet worden war, entzog dem Klosterleben als einer bes. verdienstvollen Lebensweise und dem priesterlichen → Zölibat den Grund (→ Gelübde: V). Die → Ehe (: III B, 3) wurde als eine von Gott eingesetzte Ordnung empfohlen (CA XXIII, 5; XXVII, 18 bis 21). In jedem Beruf, den Gott in seinem Wort befohlen hatte, konnten die Menschen ihr gutes Gewissen behalten. Die Motivierung des Berufs ist eine doppelte: sie stammt teils aus Gottes Gebot in der Bibel, teils von der Rechtfertigung (CA XXVII, 36). - Die → Sozialethik erhielt ihr Gepräge durch die Lehre vom weltlichen Regiment. Es war die Absicht des L.s, Gottes Macht in der Welt zur Geltung zu bringen, was dann der Fall ist, wenn sein Gebot in allen Berufen und Ständen zu seinem Recht kommt. Heute wird darauf hingewiesen, daß das L. der → Eigengesetzlichkeit des politischen Lebens und der Säkularisierung die Türe geöffnet habe, und man ist der Meinung, daß diese Lehre Passivität im staatlichen Leben zur Folge gehabt habe. Doch wird dagegen mit Recht gesagt, daß diese Entwicklung mit den Absichten des L.s in Widerspruch stehe. Niemand hat so wie Luther gegen die Säkularisierung des weltlichen Lebens gekämpft, in dem Gott mit seinem Gesetz vielmehr ständig wirksam ist. Jedenfalls grenzt sich das L. gegen zwei Weisen des christlichen Weltverständnisses ab: gegen die klerikale Bevormundung der Welt durch die Kirche im Sinne des röm. Katholizismus und gegen die schwärmerische Verwechslung von Gesetz und Evangelium, auf Grund deren die Welt nach dem »Gesetz Christi« regiert werden soll.

Qu.: BSLK. - Nachschlagewerke, ev.: RGG^{3} III, 1779ff - NTU II, 893ff - EKL II, 1194ff. - Kath.: LThK VI, 732ff. - Außer den ev. u. kath. Darstellungen der → Konfessionskunde sowie der Lit. zu → Luther: II, → Melanchthon, → Orthodoxie, → Pietismus, → Rationalismus: II, → Aufklärung: III, → Luthertum: II u. zu den dogmengeschichtl. u. dogmat. Einzelartikeln: P.Tschackert, Die Entstehung der luth. u. ref. Kirchenlehre, 1910 - Elert, ML - W.Köhler, Luther u. das L. in ihrer weltgeschichtl. Auswirkung, 1933 - H. Sasse, Was heißt luth.?, (1935) 1936^{2} - H.Pleijel, De luth. bekännelseskrifterna, 1936 - Ders., Vår kyrkas bekännelse, 1941 - H.E. Weber, Reformation, Orthodoxie u. Rationalismus, 3 Bde, 1937-51 - E.Schlink, Theol. der luth. Bekenntnisschriften, (1940) 1948^{3} - F. Brunstäd, Theol. der luth. Bekenntnisschriften, 1951 - E.Molland, Konfesjonskunnskap, 1953, 170ff - Ernst Wolf, Peregrinatio. Studien zur reformat. Theol. u. zum Kirchenproblem, 1954 - E.Kinder, Schrift u. Tradition (in: Die Katholizität der Kirche, hg.v. H. Asmussen u. W.Stählin. 1957, 9-79) - Ders., Der ev. Glaube u. die Kirche, 1958 (Lit.) - S.Grundmann, Der Luth. Weltbund. Grundlagen, Herkunft, Aufbau, 1957 - L.Haikola, Studien zu Luther u. zum L. (UUÅ 1958, 2) - E.Thestrup Pedersen, Luther som skriftfortolker I, 1959.

H.Fagerberg

II. Neuluthertum

1. Begriff - 2. Entstehungsgeschichte - 3. Theologische Hauptfragen - 4. Das N. in Skandinavien und in den USA. - N. = Neuluthertum. - Vgl. ergänzend die im Text genannten biographischen Einzelartikel

1. Als N. bezeichnet man die Strömung, die im 19.Jh. in Deutschland, Skandinavien und Nordamerika eine Erneuerung des → Luthertums (: I) in Theologie und praktisch-kirchlichem Leben anstrebte. Das N. ging von der Bibel und den Bekenntnisschriften aus. Sein theologisches Programm war »die wissenschaftliche Vertretung des kirchlichen Bekenntnisses« (G.Thomasius). Die Beschäftigung mit den → Bekenntnisschriften führte zu einem tieferen Verständnis für → Luther und zur Entdeckung des Unterschiedes zwischen ihm und der → Orthodoxie (J.Chr.K.v. → Hofmann). Th. → Harnack schrieb eine große Monographie über Luther. Auch die altluth. Orthodoxie wurde durch H.Schmids »Dogmatik der ev.-luth. Kirche« ([1843] 1893^{7}), F.A.Philippis »Kirchliche Glaubenslehre« (I-VI, [1854-79] 1883-90^{3}) und C.F.W. → Walther Gegenstand erneuten Interesses.

2. Das N. war anfänglich eine Erweckungsbewegung. Historisch hängt es mit den → Erweckungen (: I) zusammen, die zu Beginn des 19.Jh.s die meisten deutschen Lande durchzogen. Der Charakter des N.s als Erweckungsbewegung drückt sich in seiner starken Betonung der → Wiedergeburt (: III) aus. Im Gegensatz zum ursprünglichen L. ist das N. eine ausgesprochene → Erfahrungstheologie, die fordert, daß auch der wissenschaftlich arbeitende Theologe bekehrt sein solle. Das N. war stark von den gleichzeitigen Gedankenrichtungen abhängig. Der → Romantik und dem philosophischen → Idealismus entlehnte es den Organismus- und Entwicklungsbegriff, welche F. → Delitzsch in seinem Briefwechsel mit v.Hofmann als die großen Fortschritte dieser Theologie im Vergleich mit der älteren luth. Theologie betrachtet. - Das erste Signal für den luth. → Konfessionalismus wurde durch → Reinhards berühmte Reformationspredigt von 1800 gegeben, die aber kein stärkeres Echo fand. Von größerer Bedeutung wurden die Thesen von Claus → Harms anläßlich des Reformationsjubiläums 1817. Darin griff Harms nicht nur den → Rationalismus (: II), sondern auch die → Union (: I) an. Im Kampf gegen den Rationalismus stand das N. auf derselben Seite wie die ganze Erweckungsbewegung. Dieser Kampf wurde mit Energie durch Aug. → Hahn und E.W. → Hengstenberg in der Ev. Kirchenzeitung (begr. 1827) geführt. Solange er währte, hielt er alle Vertreter des N.s auf einer gemeinsamen Front zusammen. Die Ablehnung der Union (vgl. → Abendmahl: II, 3 c) bedeutete einen Bruch mit der ursprünglich unkonfessionellen und ökumenischen

Erweckung. Der Übergang läßt sich bei Hengstenberg beobachten: Anfänglich Vertreter der Erweckung und Unionsfreund, wurde er später ein entschiedener Gegner der Union. In Schlesien führte der Streit zur altluth. Separation unter dem Breslauer Prof. Joh. G. → Scheibel (→ Luthertum: III B). – In Nordbayern wurde die Entwicklung durch den wachsenden Gegensatz zum Katholizismus beschleunigt (→ Kölner Kirchenstreit, J. → Görres). Das erste und eines seiner stärksten Bollwerke fand das N. in Erlangen, wo A.v. → Harleß durch seine »Theologische Encyklopädie und Methodologie vom Standpunkte der prot. Kirche« (1837) und durch die »Zeitschrift für Protestantismus und Kirche« (begr. 1838) den wissenschaftlichen Grund zum N. legte. Gleichzeitig wirkten in Erlangen F. → Höfling und G.Thomasius (1802–75); sie bildeten zusammen den Ursprung der → Erlanger Schule, deren vorzüglichster Vertreter J.Chr.K.v.Hofmann wurde. Demselben Kreis gehörten auch Th.Harnack und F.H.R. → Frank an. – Ein weiteres Zentrum des N.s in Nordbayern war → Neuendettelsau; von dort aus übte W. → Löhe in Deutschland und den USA (→ Missouri-Synode) theologisch und praktisch eine fruchtbringende Tätigkeit aus (Zeitschrift: »Kirchliche Mitteilungen aus und über Nordamerika«, seit 1843). Als Harleß aus politischen Gründen (→ Kniebeugungsstreit) nach Leipzig ging, machte er dort im Verein mit F.Delitzsch, Karl Friedr. Aug.Kahnis (1814–88) und Christoph Ernst Luthardt (1823–1902) den Einfluß des N.s an der theologischen Fakultät geltend. Luthardt, ein Schüler v.Hofmanns, war eine der leitenden Gestalten in → Leipzig. Er schrieb mehrere systematische und exegetische Werke (u.a. Kompendium der Dogmatik, [1865] 1948[15]; Die Lehre von den letzten Dingen, [1861] 1885[3]; Systematische Theologie, [1884] 1890[3]), gab seit 1868 die »Allgemeine ev.-luth. Kirchenzeitung« heraus und gehörte zu den Anregern der Allgemeinen Ev.-luth. Konferenz. In Sachsen hatte das N. schon durch A.G. → Rudelbach Eingang gefunden. Dieser war mit → Grundtvig in Verbindung gewesen und wurde der Leiter der luth. Erweckung (Zeitschrift: »Der Pilger in Sachsen«, 1835). Zusammen mit H.E.F. → Guericke gab Rudelbach die »Zeitschrift für die gesamte luth. Theologie und Kirche« (1840) heraus. In Mecklenburg wirkte Th. → Kliefoth (»Kirchliche Zeitschrift«, 1854 zusammen mit O. → Mejer), in Hessen A.F.C. → Vilmar (»Hessischer Volksfreund«, 1849) für das N. Diese beiden Männer waren theologisch verwandt mit F.J. → Stahl, der in Erlangen mit dem N. in Berührung gekommen war. In Berlin wurde er einer der ersten im Kreise um die konservative Partei (Brüder v. → Gerlach). Unter dem Einfluß von Stahl erhielt das N. einen starken konservativen Zug. In Hannover wirkten L. → Harms, A.F.O. → Münchmeyer und L.A. → Petri. Letzterer gab seit 1848 das »Zeitblatt für die Angelegenheiten der ev.-luth. Kirche« heraus. – Durch die Dorpater Professoren E.Sartorius (1797–1859), F.A.Philippi (1809–82, später in Rostock) und Th.Harnack (1817–89; 1853–66 in Erlangen) wurden die Gedanken des N.s auch in den deutschsprachigen baltischen Gebieten verbreitet. Das N. brachte nicht nur eine umfangreiche Literatur in Form von Büchern, Zeitungen und Zeitschriften hervor, sondern gründete auch eine Reihe lokaler (→ Brandenburg: II, 5) und regionaler Konferenzen, unter denen vor allem die Allgemeine Ev.-luth. Konferenz von 1868 zu nennen ist.

3. Innerhalb des N.s begegnet man zahlreichen Persönlichkeiten von verschiedenem theologischem Profil und mit verschiedenen Interessensphären. Exegetische, systematische und praktisch-theologische Probleme wurden beleuchtet. Die gemeinsamen Bestrebungen des N.s galten zunächst der Verteidigung des luth. Erbes. In der Praxis bedeutete dies ein Festhalten an der → Bibel (: III) und am → Bekenntnis (: V), die beide von den rationalistischen Theologen heftig angegriffen worden waren. Die Theologie des N.s ging weder von der Vernunft noch vom Gefühl aus, sondern vom Bibelwort, das als lauterste Quelle und einzig untrügliche Norm christlicher Wahrheit galt. Sie strebte aber nur ausnahmsweise (Philippi, Walther) einen Rückgang zu Orthodoxie und → Biblizismus an. Auch wäre es falsch, das N. (abgesehen von Hengstenberg) als eine reine Repristinationstheologie zu bezeichnen. Vielmehr suchte es die Einstellung des ursprünglichen L.s zum lebendigen, in der Verkündigung ausgelegten Wort (→ Kerygma: II) zu bewahren, freilich unter Anknüpfung an die philosophischen Voraussetzungen der Zeit. Gegenüber dem → Rationalismus (: II) hob man im N. hervor, daß der Ausgangspunkt für das christliche Wissen in der in der Bibel gegebenen Offenbarung liege, und gegen die Orthodoxie schärfte man ein, daß die Offenbarung in erster Linie nicht eine Lehre, sondern eine göttliche Handlung sei. Der Begriff der → *Offenbarung* (: VI) wurde kraftvoll gegen jede intellektualistische Verdünnung der christlichen Botschaft verteidigt. Die Offenbarung ist Wahrheit und Kraft (Harleß), ein Tatbestand (v.Hofmann, Vilmar), eine Substanz oder ein Geist (Kliefoth), ein neues Lebensprinzip (Thomasius). Die Ausdrücke variieren, und die Worte sind manchmal mit Bezug auf die Philosophen (→ Schelling, → Hegel) gewählt, an welche die Theologen des N.s anknüpften. Das Wort, das die Offenbarung vermittelt, ist etwas anderes und mehr als der gedruckte Buchstabe. Als Träger göttlicher Kraft besitzt es Aktualität. Zur Erklärung seines Gedankenganges betrachtet man die Bibel unter christologischem Aspekt. Das Wort ist der Träger Christi, es ist der Körper, in dem Christus jetzt wohnt und wirkt (Thomasius, Vilmar). Die Beziehung zwischen dem Bibelwort und Christus entspricht derjenigen zwischen seiner menschlichen und göttlichen Natur. »Im Christentum ist das Wort Fleisch geworden, so ist auch der Geist mittels des Wortes in ein konkretes, bestimmtes Sein eingetreten« (Höfling). Als göttliche Kraft bewirkt das Wort die → *Wiedergeburt* (: III); durch diese verwirklicht sich im Menschen subjektiv das Geschehen, von dem das Wort objektiv handelt. Die Wiedergeburt beinhaltet somit »eine fortgehende Menschwerdung Gottes« (Kliefoth, Thomasius). Der Akt, durch den die Wiedergeburt zustande kommt, heißt Glauben. Der → *Glaube* (: V) bringt eine Vereinigung zwischen Gott und dem Menschen mit sich und führt zu einer neuen Erfahrung. Gemäß dem theologischen System war die *Erfahrung* der Ausdruck nicht nur eines subjektiven Erlebnisses, sondern auch eines objektiven Geschehens. Sie war Gottes Werk, und ihr Gehalt an Wahrheit konnte durch das Bibelwort und die gemeinsame kirchliche Erfahrung kontrolliert werden. Im System selbst wird auch der Kirche ein großer Platz eingeräumt. Das auf die Erfahrung gelegte Gewicht hatte einen philosophischen Hintergrund. Gemäß der kritischen Philosophie war alles Wissen auf Gegenstände der Erfahrung begrenzt, erstreckte sich aber nicht auf übersinnliche Dinge. Indem man die Offenbarung in das Gebiet der Erfahrung verlegte, wollte man im N. das Recht sowohl des Wortes als auch des Wissens für die Theologie in Anspruch nehmen. – Die gesammelte christliche Erfahrung kommt in der → *Bekenntnisbildung* der Kirche zum Ausdruck; sie ist ihrem Wesen nach eine Erklärung und Deutung der in der Erfahrung gegebenen Offenbarung. Diese wird mit einem Samen verglichen,

der keimen und sich entwickeln soll; dies geschieht in der Bekenntnisbildung, die nicht die Offenbarung als solche, sondern ihr Verstandenwerden durch die Kirche betrifft. Die Bekenntnisbildung wird mit einem organischen und dialektischen (pseudo-hegelschen) Entwicklungsprozeß verglichen. Sie ist weder selbsttätig noch fehlerfrei, sie muß durch das Bibelwort kontrolliert werden, doch bildet sie in ihrer Hauptlinie ein organisch zusammenhängendes Ganzes. Bezeichnend hierfür ist, daß G.Thomasius seine Dogmengeschichte »Die christliche Dogmengeschichte als Entwicklungsgeschichte des kirchlichen Lehrbegriffs« (1874-76) nannte. Auch andere Forscher wandten denselben entwicklungsgeschichtlichen Gesichtspunkt an. Wie das ursprüngliche → Luthertum (: I) wies auch das N. auf den Zusammenhang zwischen den Kirchenvätern und den luth. Bekenntnisschriften hin, legte jedoch im Gegensatz zum älteren L. besonderen Nachdruck auf den Zusammenhang mit den ersten fünf Jh.en der Geschichte der Kirche. Man war der Meinung, daß die luth. Bekenntnisschriften die wahre Fortsetzung der Entwicklung der kirchlichen Lehre seien. Die → »Katholizität« der luth. Kirche wurde u.a. von Vilmar und Löhe kräftig hervorgehoben. Das Festhalten am Bekenntnis bedeutete für das N. nicht nur einen Blick in die Vergangenheit, sondern auch auf die Gegenwart und die Zukunft. Kliefoth, Vilmar und Thomasius folgerten aus dem Gedanken der Entwicklung des Dogmas die Notwendigkeit, bisher ungelöste Fragen zu bearbeiten, zu denen der Kirchenbegriff und die → Eschatologie (: VI) gerechnet wurden. Das zweite Problem wurde u.a. durch Kliefoth und Luthardt, die Kirchenfrage durch eine ganze Reihe von Theologen bearbeitet. Das N. akzeptierte die Tradition als eine Deutung der gesamten kirchlichen Erfahrung, welche im → Augsburger Bekenntnis (Vilmar) oder im ganzen → Konkordienbuch (Thomasius) ihren Abschluß gefunden hatte. Eine ähnliche organische Auffassung der → Tradition (: VI) wurde gleichzeitig mit dem N. von J.A. → Möhler und Kardinal → Newman dargelegt. Der Unterschied lag in der Auffassung der Bibel. Nach der Auffassung des N.s, die sich auf SD, Vom summarischen Begriff 1ff stützte, mußte alle Tradition dem Bibelwort untergeordnet werden. - Das geschriebene Wort erhält also im N. den ihm zukommenden Platz. Dagegen werden die → Rechtfertigung und das Problem von → Gesetz (: V) und Evangelium stark in den Hintergrund gedrängt, noch mehr das Prädestinationsproblem (Luthardt, Die Lehre vom freien Willen und der Gnade, 1863). Höfling verwendet die Rechtfertigung als Argument in der Debatte über Kirche und Amt, die sehr lebhaft geführt wurde. Die Vorgänger des N.s gerieten hier in einen langwierigen Konflikt, in den auch Theologen außerhalb der neuluth. Kreise einbezogen wurden. W.Löhe strebte eine liturgische Erneuerung der → *Kirche* (: III, 4 e) mit Anknüpfung an die alte Kirche an. Er setzte sich für ein intensiviertes persönliches Andachtsleben, für die Erneuerung der Beichte sowie für Diakonie und Mission ein. Stahl hatte frühzeitig unter hegelschem Einfluß ein Programm in der Frage der Kirchenverfassung vorgelegt (»Die Kirchenverfassung nach Lehre und Recht der Protestanten«, [1840] 1862²). Als nach der Revolution von 1848 die große Debatte ausbrach, war der Boden vorbereitet und die Positionen waren eingenommen. Bezeichnenderweise begann die Debatte mit der Verfassungsfrage der Kirche. Das N. teilte sich in zwei Lager; das eine hatte seinen Schwerpunkt in Erlangen bei Höfling (»Grundsätze ev.-luth. Kirchenverfassung«, [1850] 1853³), das andere bei Kliefoth, Löhe, Stahl und Vilmar. In naher Verbindung mit der Erlanger Gruppe standen Harleß und seine Freunde in Leipzig, während sich die Gruppe in Hannover der entgegengesetzten Seite anschloß. Die Gruppe um Höfling (v.Hofmann, Walther, Harleß) machte geltend, daß die Kirche die Versammlung der Gläubigen sei (congregatio sanctorum, CA VII). Von der Gegenseite wurde betont, das wahre Wesen der Kirche bestehe darin, daß sie - nach einem von Stahl eingeführten Begriff - eine *»Anstalt«* sei. Damit meinte man, daß die Kirche ein Organ, ein Mittel für die Wirkung Gottes sei. Die Betrachtungsweise ist mit der Lehre des L.s vom geistlichen Regiment verwandt, erhielt aber durch den Anstaltsbegriff den politischen Beigeschmack eines Verhältnisses zwischen Obrigkeit und Untertanen, der dem L. fremd war. Ein anderes wichtiges Problem betraf die Frage von der sichtbaren und der unsichtbaren Kirche. Während Höfling und seine Freunde das Hauptgewicht auf die unsichtbare Kirche legten, hob die Gruppe um Stahl die Sichtbarkeit der Kirche stärker hervor. - Auch über das → *Amt* (: III) waren die Meinungen geteilt. Die Gruppe um die »Zeitschrift für Protestantismus und Kirche« stellte es in nahe Beziehung zu dem allgemeinen → Priestertum; im entgegengesetzten Lager wurde der Unterschied zwischen Amt und allgemeinem Priestertum stärker betont. Die Meinungsverschiedenheiten waren zT durch den verschiedenen philosophischen Hintergrund bedingt. Der Einfluß → Hegels förderte eine institutionalistische Anschauungsweise. Der Unterschied beruhte auch auf der theologischen Methode.

4. Das N. fand in → *Dänemark* seinen vornehmsten Vertreter in H.L. → Martensen, in → *Schweden* sein stärkstes Bollwerk an der Fakultät von → Lund (: II), wo ihm E.G.Bring, W.Flensburg und A.N.Sundberg in »Swensk kyrkotidning« (1855) ein Sprachrohr schufen. Diese drei Männer, von Hegels Philosophie beeinflußt, standen in ihrer Auffassung der Gruppe um Stahl nahe, ohne jedoch direkt abhängig zu sein. Im schwedischen N. kam der Organismus-Gedanke reichlich zur Anwendung sowohl in der Konzeption der Kirche als auch in der Auffassung der Gesellschaft und der Bekenntnisbildung. Bischof G.Billing, der etwas jünger war, aber auch demselben Kreise angehörte, entwickelte eine Anschauung vom Bekenntnis der Kirche, die sich der des deutschen N.s nahe anschloß. - Das *nordamerikanische* N. hatte seine stärkste Verankerung in der → Missouri-Synode (C.F.W. → Walther; → Vereinigte Staaten: I. II). Sie hat sich in biblizistischer Richtung mit einem starken Zug zur altluth. Orthodoxie entwickelt. Mit der Buffalosynode geriet sie in Streitigkeiten über Kirche und Amt. Die Stellungnahme in diesem Streit führte zum Bruch mit Löhe, mit dem sie auch die Einstellung zum Bekenntnis diskutierte. Die Synode erneuerte die ursprüngliche Prädestinationslehre des L.s, was zu weiteren Lehrstreitigkeiten führte.

Eine Gesamtdarstellung fehlt noch. Vgl. außer der Lit. zu → Erlanger Schule, → Erweckung: I u. zu den genannten Personen: CHR.HOCHSTETTER (→ Missouri-Synode) - RGG² III, 1785ff. 1173ff (Konfessionelle Theol.) - BARTH, PrTh - M.SCHMIDT, Die innere Einheit der Erweckungsfrömmigkeit im Übergangsstadium zum luth. Konfessionalismus (ThLZ 74, 1949, 17-28) - DERS., Wort Gottes u. Fremdlingsherrschaft, 1953 - The Lutheran Churches of the World, ed. A.R.WENTZ, 1952 - H.FAGERBERG, Bekenntnis, Kirche u. Amt in der dt. konfessionellen Theol. des 19.Jh.s, 1952 (Lit.) - DERS., Gottfrid Billing och den kyrkliga bekännelsen (SvTK 29, 1953, 229 bis 244) - HIRSCH V, 70ff - B.LOHSE, Kirche u. Offenbarung bei Vilmar (EvTh 17, 1957, 445-467) - P.FLEISCH, Für Kirche u. Bekenntnis. Gesch. d. Allg. Ev.-Luth. Konferenz, 1956 - S.GRUNDMANN, Der Luth. Weltbund, 1957 - R.C.SCHULTZ, Gesetz u. Evangelium, 1958 - EKL II, 1558 ff - E.WALLGREN, Individen och samfundet. Bidrag till kännedomen om samfundstänkandet i Swensk kyrkotidning 1855 bis 1863, 1959 (Lit.).

H.Fagerberg

III. Lutherische Kirchen der Gegenwart

A. Statistische Übersicht - B. Altlutheraner. - K. = Kirche, L. = Luthertum

III A. Statistische Übersicht

1. Allgemeines - 2. Europa: a) Deutschland - b) Nordeuropa - c) Westeuropa - d) Übriges Europa - 3. USA und Kanada - 4. Lateinamerika - 5. Australien und Neuseeland - 6. Afrika - 7. Asien

1. Die allen luth.K.n der Welt gemeinsame Bindung an die luth. → Bekenntnisschriften (, 2) des 16.Jh.s hat der Bildung vielfältiger luth. K.ntypen nicht im Wege gestanden. So gibt es heute Staats-, Volks- und Frei-K.n sowie ausgesprochene Minderheits-K.n, alle mit derselben Bekenntnisgrundlage. Manche von ihnen sind bischöflich verfaßt - einige können sogar auf die bei ihnen formal bestehende apostolische → Sukzession hinweisen -, andere streng synodal, zT mit deutlich erkennbaren kongregationalistischen Zügen. Und alle nur denkbaren Zwischentypen lassen sich nachweisen. Darin zeigt sich die innere, auf das Evangelium gegründete Freiheit der luth.K.n gegenüber allen Verfassungs- und Organisationsfragen. Diese Freiheit hat freilich nicht verhindern können, daß es innerhalb der luth. K.nfamilie schärfste Gegensätze und bittere Feindschaft, selbst Verketzerung gibt. Die Spannungen zwischen luth.K.n, die grundsätzlich alle ökumenischen Bestrebungen ablehnen, und anderen, zT selber bereits Unions-K.n, die höchst aktiv an der → ökumenischen Bewegung teilnehmen, sind trotz aller Berufung auf die gemeinsame Bekenntnisgrundlage so groß, daß es bis heute unmöglich geblieben ist, alle luth.K.n auch nur im → Lutherischen Weltbund (: I) zusammenzuführen. Das so oft berufene Bekenntnis scheint sogar gegenüber nichttheologischen Faktoren, zB - um nur ein paar unübersehbare zu nennen - gegenüber längst überholten landeskirchlichen → Grenzen (wie in Deutschland) oder gegenüber längst ebenso überholten völkischen und sprachlichen Traditionen (wie in den USA) nur wenig bindende Kraft zu besitzen.

Die folgende grobe, nach geographischen Gesichtspunkten gegliederte *statistische Übersicht* über die zZ bestehenden luth.K.n und Gemeinden in der Welt stützt sich auf 1959 vom Luth. Weltbund vorgelegte Angaben, die nur mit all den Vorbehalten, die überhaupt für Statistiken in der K. gelten, angenommen werden können. Für Einzelheiten über Geschichte, Verfassung und theologische Prägung der K.n wird auf die Länderartikel verwiesen.

Die *Gesamtzahl* der Lutheraner wird 1959 mit etwa 76,8 Mill. angegeben. Von ihnen leben a) fast 50,8 Mill. in K.n, die dem Luth. Weltbund angehören, b) 5,6 Mill. in anderen luth.K.n. - In die Gesamtzahl sind auch 20,4 Mill. Glieder der übrigen deutschen unierten Landes-K.n eingerechnet. Diese Zahl ist problematisch, da sie auch diejenigen, bisher nicht zählbaren Glieder der Unions-K.n enthält, die sich selber nicht als Lutheraner ansehen. Dasselbe gilt von wenigen zu b) gerechneten K.n, die im wesentlichen ehemalige deutsche Auslands-K.n (→ Auslandsgemeinden: I) sind (zB Deutsche Ev. La Plata Synode, ca 100 000).

2. a) Die 10 *Glied-K.n* der 1948 gegründeten *VELKD* sind: Ev.-luth. K. in *Bayern* (2 469 000); *Braunschweigische* Ev.-luth. Landes-K. (700 000); Ev.-luth. K. im *Hamburgischen Staate* (790 000); Ev.-luth. Landes-K. *Hannovers* (3 770 000); Ev.-luth. K. in *Lübeck* (205 000); Ev.-luth. Landes-K. *Mecklenburgs* (1 144 651); Ev.-luth. Landes-K. *Sachsens* (4 413 699); Ev.-luth. Landes-K. von *Schaumburg-Lippe* (75 240); Ev.-luth. Landes-K. *Schleswig-Holsteins* (2 477 819); Ev.-luth. K. in *Thüringen* (1 800 000). Außer diesen gehören dem Luth. Weltbund an: Ev.-luth. K. in *Oldenburg* (543 000); Ev. Landes-K. in *Württemberg* (2 400 000) sowie die *Pommersche* Ev. K., eine Glied-K. der EKU (700 000). Weitere luth.K.n sind: Ev.-luth. Landes-K. *Eutin* (91 000); Ev.-luth. (altluth.) K. (37 000), die mit der VELKD ein Vereinigungsgespräch führen will, an dem sich die 3 übrigen luth. Frei-K.n nicht beteiligen (→ Luthertum: III B). - Eine überwiegend luth. Mehrheit haben außer der Pommerschen Ev. K. folgende Kirchen der EKD: die Ev. K. in *Berlin-Brandenburg* (4 789 000), die Ev. K. der K.nprovinz *Sachsen* (3 460 000), die Ev. K. im *Rheinland* (3 250 000), die Ev. K. von *Schlesien* (230 000), die Ev. K. von *Westfalen* (3 130 000), die Ev.K. in *Hessen und Nassau* (2 040 000), die Ev. Landes-K. von *Kurhessen-Waldeck* (1 085 000), die Ev. Landes-K. *Anhalts* (420 000), die *Bremische* Ev. K. (430 000). Lutheraner gibt es auch in der Ev. Landes-K. in *Baden* (1 140 000) und in der Vereinigten Prot.-Ev.-Christlichen K. der *Pfalz* (680 0000). Die Luth. Klasse in der (ref.) *Lippischen* Landes-K. zählt 37 077 Glieder.

b) In Nordeuropa bestehen folgende luth.K.n: *Isländische* National-K. (150 000); Ev.-luth. Volks-K. in *Dänemark* (4 304 000); *Norwegische* K. (3 155 323) und die Ev.-luth. Frei-K. von *Norwegen* (18 200); *Schwedische* K. (7 000 000); *Finnische* Ev.-luth. K. (4 234 244). Von diesen K.n gehört nur die Norwegische Frei-K. dem Luth. Weltbund nicht an.

c) Der Luth. Rat von *Großbritannien* (30 000) und die luth. Gemeinden in *Dublin, Cork* und *Belfast* (275) stehen mit dem Luth. Weltbund in Verbindung, nicht dagegen die Ev.-luth. K. *Englands* (775). - Die K. Augsburgischer Konfession im *Elsaß* und in *Lothringen* (240 000), die Ev.-luth. K. *Frankreichs* (42 000) und die Ev.-luth. K. im Königreich der *Niederlande* (60 000) sind die westeuropäischen Mitglieds-K.n des Luth. Weltbundes. Dagegen gehören ihm die Luth. Frei-K.n von *Frankreich* und *Belgien* (950) sowie die Prot. K. im Großherzogtum *Luxemburg* (5400) nicht an.

d) Im übrigen Europa gibt es folgende luth.K.n: Ev. K. Augsburgischen Bekenntnisses (= A.B.) in *Österreich* (392 837); Ev.-luth. K. in *Italien* (6000); Ev. K. in den Volksrepubliken *Kroatiens, Bosniens* und der *Herzegowina* und in der Autonomen Provinz *Wojwodina* (11 150); Ev.-christliche K. A.B. in der Volksrepublik *Slovenien* (23 478); Ev. K. in der Volksrepublik *Serbien* (8100); Slowakische Ev. christliche K. A.B. in *Jugoslawien* (57 339); *Ungarische* Ev. K. (432 961). Alle diese K.n sind Mitglieds-K.n des Luth. Weltbundes. Dagegen gehören ihm die luth. K.n *Rumäniens* nicht an: Ev. Synodal-Presbyteriale K. A.B. (35 000) und die Ev. K. A.B. in der Rumänischen Volksrepublik (180 000). - Die Slowakische Ev. K. A.B. in der *Tschechoslowakei* (415 269), die *Schlesische* Ev. K. A.B. (53 000), die Ev. K. A.B. in *Polen* (125 000) sowie die außerhalb ihrer früheren K.ngebiete in vielen Ländern der ganzen Welt verstreut lebenden *baltischen Exil-K.n*: Estnische Ev.-luth. K. (66 000; Sitz des Erzbischofs in Schweden), Lettlands Ev.-luth. K. (120 000; Sitz des Erzbischofs in Deutschland) und Litauische Ev.-luth. K. (12 000; Sitz des Seniors in Deutschland) gehören allesamt dem Luth. Weltbund an, nicht dagegen die luth.K.n *Estlands* (350 000), *Lettlands* (ca 600 000) und *Litauens* (30 000), die jeweils dieselben Namen tragen wie die entsprechenden Exil-K.n. - Die luth. Gemeinden der *Schweiz* (Genf und Zürich), im wesentlichen deutsche Auslandsgemeinden, stehen mit dem Luth. Weltbund in ständiger Beziehung.

3. Die *nordamerikanischen* luth.K.n haben zwar die Landesgrenzen der USA und Kanadas überschritten, sind aber im übrigen zT bisher nicht in der Lage gewesen, ihre völkischen und sprachlichen Traditionen, die

längst ihre frühere Bedeutung verloren haben, zu überwinden. Die theologischen Unterschiede im nordamerikanischen L. sind bes. trennend. - Sieben von den acht nordamerikanischen Mitglieds-K.n des Luth. Weltbundes werden sich in den nächsten Jahren zu 2 größeren K.n zusammenschließen. Dann werden die Amerikanische Ev.-luth. K. (23 043), die Ev.-luth. Augustana-K. (576 189), die Finnische Ev.-luth. K., Suomi-Synode (37 142) und die Vereinigte Luth. K. in Amerika (2 395 611) die größte luth. K. Amerikas bilden. Die Amerikanische Luth. K. (972 929), die Ev.-luth. K. (1 082 809) und die Vereinigte Ev.-luth. K. (64 629) werden sich ebenfalls zusammenschließen. Unabhängig wird die Luth. Frei-K. (77 304) bleiben. Folgende luth. K.n gehören dem Luth. Weltbund nicht an: Luth. K. - Missouri-Synode (2 351 805); Ev.-luth. Synode von Wisconsin und anderen Staaten (342 993); Negermissionen der Luth. Synodalkonferenz (19 000 in den USA); Ev.-luth. Synode (14 150); Slowakische Ev.-luth. K. (20 140); Luth. Brüder-K. (4300); Ev.-luth. K., Eielsen Synode (1500); Nationale Ev.-luth. K. (Finnisch) (9110); Finnische Apostolische Luth. K. Amerikas (ca 16 465).

4. Das L. *Lateinamerikas* ist bes. nach 1945 zahlenmäßig gewachsen. Seine K.n werden langsam von Auslands- oder Auswanderer-K.n zu missionierenden K.n. Im übrigen wirken die von Europa und Nordamerika mitgebrachten theologischen Prägungen trennend wie in ihren Heimatländern. Der Luth. Weltbund hat in Lateinamerika folgende Mitglieds-K.n: Die Vereinigte Ev.-luth. K. (*Argentinien,* 3786); Bund der Synoden, Ev. K. Luth. Bekenntnisses in *Brasilien* (509 000); Ev.-luth. K. in *Britisch-Guayana* (7000); Ev.-luth. K. in *Chile* (25 000); *Mexikanische* Luth. K. (858). Folgende Gemeinden oder K.n sind vom Luth. Weltbund »anerkannt«: in *Ekuador* Quito und Guayaquil (250), in *Kolumbien* Bogotá (1700) und Cali (235), Ev.-luth. K. in *Peru* (1350) und der Luth. Rat von *Venezuela* mit 4 Gemeinden: Barquisimeto (87), Caracas (2500), Turén (76), Valencia (312). Die luth. Gemeinde in Maracaibo (240) steht ebenfalls in Verbindung mit dem Luth. Weltbund. - Außerdem arbeiten folgende K.n, Missionen und Gemeinden in Lateinamerika, und zwar bis auf die Gründungen der → Missouri-Synode fast alle in Verbindung mit dem Luth. Weltbund: Vereinigte Luth. K. in Amerika (USA) Synode (*Antillen,* 6201); Deutsche Ev. La Plata Synode (*Argentinien, Paraguay, Uruguay,* ca 100 000); Ev.-luth. K. deutscher Sprache in *Bolivien* (ca 2000); Weltmissions-Gebetsbund (*Bolivien* 455, *Ekuador* 30); Ev.-Luth. K. (in *Brasilien,* 50); Ev.-luth. K. (*El Salvador* 50, *Honduras* 50, *Kostarika* 600, *Nikaragua* 100); Ev.-luth. K. - Synode von *Kolumbien* (ca 500); Mission der Ev.-luth. Augustana-K. und Vereinigten Luth. K. in Amerika (*Uruguay,* 150). Einzelgemeinden skandinavischer Herkunft bestehen in *Argentinien* (1050), *Brasilien* (2000), *Mexiko* (300); hier ebenfalls eine deutsche Gemeinde (2000). Die *Missouri-Synode* unterhält K.n bzw. Missionen in *Argentinien* (18 204), *Brasilien* (102 833), *Chile* (99), *El Salvador* und *Guatemala* (963), *Kuba* (467), *Mexiko* (1000), *Panama* (225), *Paraguay* (322), *Uruguay* (189), *Venezuela* (426).

5. Die Vereinigte Luth. K. in *Australien* (51 317) gehört dem Luth. Weltbund an, nicht dagegen die Ev.-luth. K. *Australiens* (48 196). Beide K.n gehen auf deutsche Einwanderer zurück. Die Ev.-luth. K., *Neuseeland,* zählt 2068 Glieder. Auch sie gehört dem Luth. Weltbund nicht an.

6. Nur die Ev. K. Mekane Yesus in *Addis-Abeba* (631) und die Luth. K. *Nordtanganyikas* (122 864) sind Mitglieds-K.n des Luth. Weltbundes auf dem afrikanischen Kontinent. Hinzu kommt die *Madagassische* Luth. K. (208 526). Mit dem Luth. Weltbund arbeiten zT eng zusammen der Luth. Missionsrat von *Äthiopien* (23 782 Gemeindeglieder bei 6 Missionsgesellschaften); in *Französisch-Äquatorialafrika* und *Kamerun* die Mission der Luth. Brüder-K. (3000), Sudan Mission der Ev.-luth. K. (USA) (7094) und die Norwegische Missionsgesellschaft (3000); die Ev.-luth. K. in *Liberien* (4936), die Ev.-luth. K. *Nigeriens* (28 000), die *Sudanesische* Luth. K. Christi (ca 7200), der Rat der K.n auf luth. Grundlage in *Südafrika* (insgesamt 553 077) sowie der Deutsche Ev.-luth. K.nbund in *Süd-* und *Südwestafrika* mit folgenden Synoden: Deutsche Ev.-luth. Synode Südafrikas (6441), Deutsche Ev.-luth. Synode Transvaals (5798), Deutsche Ev.-luth. Synode Südwestafrikas (ca 12 000). Zum K.nbund stehen weitere Verbände und Gemeinden (8280 Glieder) in freundschaftlicher Beziehung. Mit dem Luth. Weltbund arbeitet ferner der Bund Luth.K.n in *Tanganyika* zusammen (insgesamt 157 114). Außerdem gibt es in Afrika die Schwedische Luth. K. von *Kenia* (1207) und die Afrikanische Ev.-luth. K. (*Südrhodesien,* 10 788).

7. In Vorderasien bestehen die Ev.-luth. K. in *Jordanien* (1289) und luth. Gemeinden in *Haifa* und *Tel Aviv* (95). Die asiatischen Mitglieds-K.n des Luth. Weltbundes sind die Ev.-luth. K. von *Hongkong* (4800), 7 *indische* K.n (Ev.-luth. Andhra-K., 254 462; Ev.-luth. K. Nordindiens, 34 957; Ev.-luth. Goßner-K., 209 371; Ev.-luth. Jeypur-K., 35 743; Ev.luth. K. in Madhya Pradesh, 4971; Luth. Südandhra-K., 13 854; Ev.-luth. Tamulen-K., 54 222), die Prot. Christliche *Batak*-K. (717 398) und die *Japanische* Ev.-luth. K. (9162). Außerdem gibt es in Asien noch folgende luth. K.n oder Missionen: die Luth. K. *Chinas* (ca 53 000) und die Luth. K. von *Taiwan* (3800) sowie die Mission der Luth. K. - Missouri-Synode in *Taiwan* (950); in *Hongkong* die Chinesische Rheinische K., Hongkong Synode (2720), die Tsung Tsin Mission der Ev. Hakka-K. (4460); in *Indien* die Luth. Arcot-K. (11 290), Ev.-luth. Ost Jeypur-K. (1200) und die Indische Ev.-luth. K. (28 268); in *Japan* folgende Missionen: Ev.-luth. K. (USA), Japan Mission (655); Japanmission der Luth. Frei-K. Norwegens (157); Norwegische Luth. Mission (ca 460); Norwegische Missionsgesellschaft (303); Mission der Suomi Synode (76); Mission der Luth. Brüder-K. (325); Mission der Luth. K. - Missouri-Synode (ca 1400). Von der Luth. *Korea*mission sind keine Zahlen bekannt, ebensowenig von den luth. Gemeinden der Batak-K. und der Ev.-luth. Tamulen-K. in *Malaya.* Die Mission der Vereinigten Luth. K. in Amerika in *Malaya* zählt 200 Glieder, die *Pakistanische* Luth. K. 1200. Schließlich sind noch zu nennen die Ev.-luth. K. *Neuguineas* (180 022), die dortige Mission der Missouri-Synode (1298) und die Luth. K. der *Philippinen* - Missouri-Synode (3040).

A.R.WENTZ (Hg.), The Lutheran Churches of the World 1952, Genf 1952 - WChH, London 1957 - Luth. Weltbund (Hg.), Die Luth. K.n in der Welt, 1957 - S.GRUNDMANN. Der Luth. Weltbund. Grundlagen, Herkunft, Aufbau, 1957 - Der Luth. Weltbund, Aufbau u. Arbeit, Genf 1959. - Für die luth. K.n Nordamerikas: Religious Bodies: 1926, Vol. II, Washington 1929. *H.H.Harms*

III B. Altlutheraner

Als Altlutheraner (= A.) werden in Deutschland luth. Frei-K.n bezeichnet, deren älteste 1830 aus Protest gegen die Einführung der → Union (: I) in Preußen und deren spätere sich - aus Treue zur konfessionellen Überlieferung - innerhalb teils unierter, teils luth. Landes-K.n im 19. und 20.Jh. bildeten. Die altluth. (= a.) Bewegung wurzelt einerseits in der → Erweckungsbewegung der ersten Hälfte des 19.Jh.s, anderseits in der Verbindung mit dem damals in Deutschland noch vorhandenen bekenntnismäßigen L. und dem Aufkommen der konfessionellen Bewegung (→ Luthertum: II) im Ausklang des Rationalismus. Die Verbindung von pietistischer Erweckungsfrömmigkeit und luth. Orthodoxie wurde zum ersten Mal in größerem Ausmaße in dem Schlesier J.G. → Scheibel kirchengeschichtlich wirksam. Er bestritt der neuen preußischen Unions-K. die Kontinuität mit der K. der luth. Reformation, da sie dem ref. Evangeliumsverständnis gleiches Recht und gleiche Geltung einräume. Die Folge dieser Überzeugung war die Loslösung von der Unions-K. 1830, dem Jahr des Augustana-Jubiläums. Etwa 2500 Breslauer Bürger, unter ihnen der Jurist → Huschke und der Naturphilosoph → Steffens, bildeten die erste Gemeinde der a.n K. Ihr gehörten die Theologen → Guericke und Kahnis, die Pastoren E.Kellner, J. → Nagel, H.A.Pistorius, J.G. Wermelskirch, Ludw.Schröder-Thorn, später auch Rud. → Rocholl an. Der preußische Staat bekämpfte die Bedrohung seiner prot. Einheits-K. durch Verweigerung der rechtlichen Anerkennung der a.n K. und versuchte, den Widerstand gewaltsam zu brechen (Suspendierung und Inhaftierung a.r Pfarrer, Einsatz von Polizei und Militär, Nichtanerkennung der Amtshandlungen a.r Geistlicher). Nach dem Regierungsantritt Friedrich Wilhelms IV. gelang die friedliche Lösung des Konfliktes. In der »Generalkonzession für die von der Gemeinschaft der ev. Landes-K. sich getrennt haltenden Lutheraner« von 1845 wurden den a.n Gemeinden Korporationsrechte gewährt und eine von den landeskirchlichen Behörden unabhängige Leitung zugestanden. Erst mit dem Erlöschen des preußischen Staates ist das lange Bemühen der A. um staatliche Anerkennung des Namens »K.« gegenstandslos geworden; die Selbstbezeichnung ist heute: Ev.-luth. (a.) K. – Nach 1845 erfolgte auch der Aufbau einer *Verfassung*. Das leitende Gremium ist das Oberkirchenkollegium, das sich durch Zuwahl ergänzt, aber der in gewissen Abständen tagenden Generalsynode mit Vertretern aus allen Gemeinden verantwortlich ist und von dieser die Direktiven empfängt. Bis 1860 stieg die Zahl der Glieder auf über 55 000, die sich auf zahlreiche Gemeinden von → Schlesien bis nach West- und → Ostpreußen, vom → Rheinland bis nach → Pommern verteilten. Getrieben von independentistischen Kräften trennte sich 1864 die »Immanuel-Synode« nach heftigem Streit mit dem Oberkirchenkollegium ab; erst 1904 gelang die Wiedervereinigung. 1883 wurde in Breslau ein theologisches Seminar errichtet, das bis 1945 bestand. Es fand seinen Nachfolger in der 1948 gemeinsam mit der Ev.-luth. Frei-K. (s.u.) errichteten Theologischen Hochschule in Oberursel. Die Verbindung zum Gesamt-L., voran den luth. Landes-K.n Deutschlands, wurde aufrechterhalten, jedoch gehört die a. K. nicht der EKD an und steht nicht in Abendmahlsgemeinschaft mit deren Glied-K.n. – Bis 1918 hielt die a. K. ihren Bestand von über 60 000 Gliedern in rd 180 Gemeinden mit ca 80 Pfarrern; diese werden an den Universitäten und zusätzlich am eigenen theologischen Seminar ausgebildet. Das Ende des 1. Weltkrieges brachte den Verlust der Gemeinden in der Provinz → Posen. Noch schwerere Verluste kamen mit dem Ausgang des 2. Weltkrieges: Über die Hälfte der Gemeinden löste sich binnen kurzem auf, darunter gerade die alten Stammgemeinden des Ostens. 1959 zählt die a. K. ca 40 000 Glieder in beiden Teilen Deutschlands. Sitz der K.nleitung ist Wuppertal. Die Verbindung der a. K. zu den übrigen luth. Frei-K.n ist nach 1945 wesentlich enger geworden. Es wird eine Verschmelzung angestrebt, ein Prozeß, der sich vor allem wegen der von einem Teil der A. vertretenen extremen Verbalinspirationslehre nicht ohne Schwierigkeiten vollzieht. Das Verhältnis zum → Lutherischen Weltbund ist offiziell noch nicht festgelegt, dürfte aber im Einklang mit dem rechten Flügel des amerikanischen L.s (→ Missouri-Synode) erfolgen.

Außer der eben beschriebenen Ev.-luth. K., die im altpreußischen Raum entstanden ist, gibt es noch folgende a. K.n in Deutschland: a) Die *Ev.-luth. Frei-K.* ist eine Vereinigung der 1846 aus der nassauischen Landes-K. unter Führung von Fr.Brunn ausgetretenen luth. Gemeinde und der 1871 aus der sächsischen Landes-K. ausgetretenen »Lutheranervereine«. Sie hat enge Beziehungen zur Missouri-Synode und umfaßt heute 17 250 Glieder mit 52 Gemeinden und 46 Pastoren. – b) Die *Selbständige ev.-luth. K.* ist ein Zusammenschluß der *Selbständigen ev.-luth. K. in Hessen* (1877 wegen Ablehnung einer unionistischen K.nverfassung gegründet), der *Hannoverschen ev.-luth. Frei-K.* und der *Hermannsburg-Hamburger ev.-luth. Frei-K.* (1878 infolge Ablehnung der neuen Zivilstandsgesetzgebung unter Führung von Th.Harms und R. → Rocholl entstanden), der *Badischen ev.-luth. Frei-K.* (1850 unter Führung von K. → Eichhorn und M. → Frommel entstanden) und der *Renitenten K. ungeänderter Augsburgischer Konfession in Niederhessen* (1873 unter Führung von W. → Vilmar und Hoffmann als Protestbewegung gegen die Errichtung eines gemeinsamen Konsistoriums für die luth., ref. und unierte K. entstanden). Diese 1947–50 entstandene Vereinigung umfaßt 5 Diözesen mit 19 200 Gliedern, 77 Gemeinden und 44 Pastoren. – c) Die *Freie ev.-luth. Bekenntnis-K. zu St. Anschar* in Hamburg trennte sich 1920 formell von der Hamburgischen Landes-K.; sie ist bes. mit der Inneren Mission und der Mutterhaus-Diakonie verbunden. – d) Die *ev.-luth. Bekenntnis-K. in der Diaspora* ist Nachfolgerin der 1924 in Lodz gegründeten ev.-luth. Frei-K. in Polen und wurde 1946 unter dem Namen Ev.-luth. Flüchtlingsmissions-K. neu organisiert. 1951 wurde der Name in Ev.-luth. Bekenntnis-K. in der Diaspora geändert. Sie umfaßt ca 20 000 Glieder, 45 Gemeinden und 15 Pastoren. – Schon 1907 schlossen sich die preußischen, hannoverschen und hessischen Frei-K.n zum *Delegierten-Konvent der vom Staate unabhängigen luth. K.n in Deutschland* zusammen, der sich 1919 durch den Beitritt der Renitenten K. in Niederhessen und der badischen A. zur *Vereinigung ev.-luth. Frei-K.n in Deutschland* erweiterte. 1958 schlossen sich die luth. Frei-K.n zur *Arbeitsgemeinschaft freier ev.-luth. K.n in Deutschland* zusammen.

Selbstdarstellungen u. Lit. bei U.Kunz, Viele Glieder – Ein Leib, (1953) 1960², 11–43. *M.Kiunke (H.-H.Schrey)*

IV. Mission im Luthertum

1. Bis 1800 – 2. 19./20.Jh. – 3. Heutige Lage. – M. = Mission

1. So gewiß Luther einerseits M. als plantatio ecclesiae im röm. Sinne nicht anerkennt und andererseits M. als ein neben der Kirche existierendes Sonderunternehmen noch nicht kennt, so gewiß ist seinem Glauben die missionarische Dimension eingestiftet; denn dieser Glaube weiß, daß Gott, Christus, das Wort selbst Subjekt der M. an die Welt sind. Eben darum weiß er auch um die missio Dei als Sache aller Christen: Ihnen ist mit dem allgemeinen Priestertum die Heidenpredigt aufgegeben, soweit sich die »offene Tür« bietet. Jedenfalls muß das Evangelium »immer im Aufgang« sein, mag es auch nicht immer Glauben finden. Kräftemangel im eigenen Bereich, binnenländische Lage und begrenzte religionsgeographische Kenntnis ließen es im L. freilich lange nicht zur M.stat kommen, abgesehen von »Binnen-M.« an kriegsgefangenen Türken, an Juden und an den Lappen in Nordschweden (seit 1559). Wenngleich die luth. Orthodoxie nicht generell als »missionsfeind-

lich« gelten kann, förderte sie, bestimmt durch die Auseinandersetzung mit Rom und den Schwärmern, die Domestizierung des M.sgedankens durch die Rückwendung zur Theorie vom Verlust der apostolischen Gnadengaben sowie durch die Betonung der ordnungsmäßigen vocatio zum Predigtamt und des Territorialprinzips, dessen Grenzen auch in der schwedischen Indianer-M. am Delaware (seit 1637, → Schweden: III) nicht überwunden wurden. M.sreisen wie die des P.Heyling nach → Äthiopien (: V; 1634) und des Justinian v. → Welz nach Suriname (beide Laien!) waren Einzelaktionen ohne breite Wirkung. Welz' M.sprogramm nahm zwar Einsichten Luthers wieder auf, erregte aber durch seinen mystisch-asketischen Einschlag den Argwohn der Theologen. Erst in der dänisch-halleschen M. (→ Indien: IV) fand der luth. M.swille den Weg zur Verwirklichung, wobei die Initiative der Obrigkeit, das pietistische Verantwortungsgefühl der Bekehrten für die Heiden und ein luth.-kirchliches Bewußtsein zusammenwirkten, allerdings nicht ohne Opposition orthodoxer wie auch radikal-pietistischer Kreise. Je mehr der Anteil der Obrigkeit vor dem der freien Freundeskreise zurücktrat und je weniger die luth. Kirchen als solche sich der M.ssache öffneten, desto eindeutiger war die Weiche zur Gesellschafts-M. gestellt, während die Brüder-M. (→ Brüderunität: II, 6) in ihrem Bereich den Weg der Gemeinde-M. zu gehen und dadurch der M.sfeindschaft der Aufklärung besser zu widerstehen vermochte.

2. Das M.serwachen, das an der Wende zum 19.Jh. allenthalben einsetzte, erfaßte auch luth. Kreise. In der Erweckungsbewegung fand es sein Einfallstor; zugleich hat im L. die M.sbewegung die → Erweckung (: I) getragen und gefördert. In Deutschland ergab sich daraus eine zunehmende innere Annäherung von luth. Kirche und M. (L.A. → Petri, A.v. → Harleß, K. → Graul, L. → Harms, W. → Löhe), die in der Gründung bewußt luth. M.sgesellschaften zum Ausdruck kam (1836 Dresdener, später → Leipziger Mission, seit 1841 Löhes → Neuendettelsauer Mission, 1849 → Hermannsburger Mission, 1876 → Schleswig-Holsteinische Mission; die → Berliner und die → Goßnersche Mission zeigen ein weniger betontes konfessionelles Gepräge). Allerdings standen und stehen alle diese M.en als freie Vereine neben der Kirche. Ähnlich verlief die Entwicklung im skandinavischen L. (→ Dänemark: III, → Finnland: III, → Norwegen: III, → Schweden: III). Nur allmählich bildete sich im amerikanischen L. ein dritter Schwerpunkt der luth. M. heraus. Die luth. Einwandererkirchen, zunächst mit der eigenen Konsolidierung beschäftigt und meist durch Unterstützung der europäischen M.sgesellschaften an der M.sbewegung beteiligt, sind vielfach erst mit der völligen Lösung von ihren europäischen Bindungen zu eigenständiger M.sarbeit gekommen (→ Vereinigte Staaten: V). Immerhin wurde C.F.Heyer, der erste Missionar des amerikanischen L.s, schon 1842 nach Indien gesandt. Die freikirchliche Struktur, die das amerikanische Kirchenwesen beherrscht, ermöglichte es auch den luth. Kirchen, die M. nicht auf dem Umweg über Gesellschaften, sondern unmittelbar in die kirchliche Verantwortung zu übernehmen. Neben 10 kirchlichen M.en gibt es im amerikanischen L. heute nur 4 »überkirchliche« M.sgesellschaften.

3. Die M. des europäischen L.s wurde durch die Weltkriege und ihre Folgen bes. schwer getroffen. Hilfsaktionen großen Stils, getragen vor allem vom amerikanischen und kanadischen L. (seit 1919 Luth. M.skonferenz in Amerika), aber auch von skandinavischen und australischen luth. M.en, leiteten eine Entwicklung zur Konzentration und Zusammenarbeit ein, die – abgesehen von den aller heutigen M. gemeinsamen Problemen und Tendenzen (→ Mission: III D) – das gegenwärtige Bild bestimmt. Dabei gehen das Werden einheitlicher luth. Kirchen auf früher getrennt bearbeiteten »M.sfeldern« (→ Tanganyika, → Neuguinea u.a.) und das Zusammenrücken der M.sorganisationen, zunehmend mit Einbeziehung afrikanischer und asiatischer luth. Kirchen, Hand in Hand (→ Lutherischer Weltbund: II). Zugleich ist die M. des L.s damit immer mehr in die weltweite Zusammenarbeit aller prot. M.en hineingewachsen (→ Internationaler Missions-Rat). Personell und finanziell entspricht der luth. Anteil an der gesamten prot. M. noch nicht dem luth. Anteil an der prot. Weltchristenheit. Dabei spielen freilich neben Faktoren der historischen Entwicklung auch Besonderheiten der Arbeitsweise eine Rolle; so nehmen zB Institutionen wie Hospitäler usw in den luth. M.en einen verhältnismäßig geringeren Raum ein als in anderen M.en.

Statistik: LR 9, 1959/60, 487-497. – Vgl. → Luthertum: III A.

Zu 1: W.Grössel, Die M. u. die ev. Kirche im 17.Jh., 1897 – K.Holl, Luther u. die M. (NAMZ 1, 1924, 36-49 = Holl III, 234 bis 243) – M.Richter, Der M.sgedanke im ev. Deutschland des 18.Jh.s, 1928 – Elert, ML I, 236-351 (Lit.) – W.Holsten, Die Bedeutung der altprot. Dogmatik für die M. (Das Evangelium u. die Völker, 1939, 148-166) – Ders., Reformation u. M. (ARG 44, 1953, 1-32) – E.Beyreuther, Die Bedeutung des 17.Jh.s für das dt. M.sleben (EMZ 8, 1951, 69-79. 104-109) – H.Dörries, Luther u. die Heidenpredigt (in: M. u. Theologie, hg.v. F.Wiebe, 1953, 61-77) – A.Lehmann, Es begann in Tranquebar, (1955) 1957² – H.Schlyter, Wort u. M. von Luther her gesehen (EMZ 14, 1957, 1-8) – W.Hess, Der M.sgedanke bei Philipp Nicolai (Diss. Münster), 1957. – Zu 2: G.Plitt, Kurze Gesch. der luth. M. in Vorträgen, 1871; neu hg.v. O.Hardeland, Gesch. der luth. M., 2 Bde, 1894/95 – W.Maurer, Sendende Kirche (Luth. M.s-Jb. 1951/52, 56-87) – Ders., Die Luth. Kirche u. ihre M. (ebd 1953/54, 22-50) – M.Simon, M. u. Bekenntnis in der Entwicklung des Ev.-luth. Zentralmissionsvereins für Bayern, 1953 – H.-W.Gensichen, Goßner-Harms-Löhe (EMZ 16, 1958, 76-80. 108-113. 142-145). – Zu 3: Handbook Lutheran World Missions, ed. A.Lehmann, 1952 – Lutheran World Missions, ed. A.S. Burgess, 1954 – S.Grundmann, Der Luth. Weltbund, 1957, 426ff.

H.-W.Gensichen

Lutteroth, *Askanius Heinrich Theodor* (1802-89), ev. Schriftsteller und Liederdichter, * in Leipzig, † in Paris, wo er 1818 Sekretär der Société de la morale chrétienne wurde und dadurch mit dem → Réveil und A. → Vinet zusammenkam. Mit Vinet gründete L. die der Evangelisation dienende Zeitung Le Semeur (Hg. von 1831-50). In seine Chants chrétiens (1837) nahm er Lieder zeitgenössischer Autoren auf, u.a. auch eigene und solche von seiner Frau Henriette geb. Lassence (→ Kirchenlied: I, 5 c).

Vf. u.a.: Essai d'interprétation de quelques parties de l'Evangile selon St. Matthieu, 1860, ... selon St. Jean, 1860-76; La Réformation en France pendant sa première période, 1859. – Über L.: Mathilde L., Das Geschlecht L., 1902 – M.Boegner u.a., Protestantisme français, 1945 – Hermelink I, 459.

H.Hohlwein

Lutz, 1. *Johann Evangelist Georg* (1801-82), * zu Burg in Bayern, 1823 Priester. Ab 1826 war L. Pfarrvikar in der Kolonie Karlshud im Donaumoos und half den armen Moosbewohnern mit Erfolg aus ihrer Armut. Unter dem Einfluß mystischer Gedanken sammelte er trotz Mahnung des Ordinariats die »Erweckten« zu besonderen Erbauungsstunden. Er weigerte sich gegen eine Versetzung und trat aus der kath. Kirche aus. Der Wunsch, eine besondere »apostolisch-christliche Gemeinde« zu gründen, wurde vom Ministerium abgelehnt. Der Eintritt in die ev. Kirche (1832) konnte seine Wünsche ebensowenig erfüllen. L. kehrte in die kath. Kirche zurück, wurde 1834 Priester in Tafertshofen, später sogar Dekan. Durch seine als aftermystisch angeprangerten Schriften entstanden neue Gegensätze. 1844 kam L. mit dem kath.-apostolischen Apostel und Sendboten W.L. Caird (→ Katholisch-apostolische Gemeinde) in Verbindung. 1857/59 wurde er mit einigen Gesinnungsgenossen exkommuniziert. 1857-69 wirkte L. als altapostolischer Prediger in Basel, Bern und Zürich, später in Ulm, Nürnberg und andern Städten. - L. verfaßte manche Schriften in zuerst an die Herrnhuter erinnernder Art, dann mystische, zuletzt im Sinn des kath.-apostolischen Glaubens.

Vf. u.a.: Das prophet. Wort des Herrn u. unsere Zeit oder Betrachtungen über Mt 24 u. 25, 1849; Gottes Werk in unserer Zeit, 1857 (Autobiogr.). - Über L.: ADB XIX, 711f - G.PICKEL, J.E.G.L. u. der Irvingianismus im Donaumoos (BBKG 16, 1910, 49-71. 97 bis 121) - RE XXIV, 53f - RGG² III, 1787f (Lit.) - LThK VI, 744f.
O. Eggenberger

2. *Samuel* (1674-1750), ref. Theologe der bernischen Staatskirche, überragende Persönlichkeit innerhalb eines milden, stark von Luthers Geist bestimmten kirchlichen Pietismus im bernischen Lande, mit → Zinzendorf verbunden, von seiner Behörde oft angefochten. L. war 1703 Pfarrer in Yverdon (Waadt), 1726 in Amsoldingen und von hier aus der Führer der großen oberländischen Erweckung, seit 1738 in Dießbach bei Thun. Die sog. Heimberger oder Oberländischen Brüder mit David Tschanz u.a., der einzige Zweig des alten Berner Pietismus, den die Aufklärung nicht wegspülte, setzten sein Wirken fort. Ihre Ausläufer haben sich mit der Ev. Gesellschaft des Kantons Bern verbunden.

Vf. u.a. die Sammlung: Ein wohlriechender Strauß von schönen u. gesunden Himmelsblumen ..., 1756. Hg. von Luthers Erklärung des Gal, 1717. - Über L.: RE XII, 21ff - F.TRECHSEL, Berner Taschenbuch, 1858/59 - W.HADORN, Gesch. des schweiz. Pietismus, 1901, 262ff - P.WERNLE, Der schweiz. Protestantismus im 18.Jh. I. III, 1923 bis 1925 (s. Reg.) - K.GUGGISBERG, Bernische KG, 1958, 402ff.
E. Beyreuther

Luxemburg

1. Geschichte - 2. Religiöses Leben - 3. Protestantismus

1. Die Anfänge des Christentums im luxemburgischen Raume reichen sicher in die *spätrömische Zeit* zurück. Missioniert wurde das Gebiet vor allem von → Trier her, später im Norden auch von → Lüttich. Diese Entwicklung wurde durch die Völkerwanderung nicht ganz abgebrochen. Der Großteil der Landbevölkerung dürfte allerdings erst seit Beginn des 7.Jh.s christlich geworden sein. Die kirchliche Pfarr- und Dekanatseinteilung vollzog sich in den nächsten Jh.en, wobei es sich nachteilig auswirkte, daß hier *mehrere Diözesen* aufeinanderstießen. Zum größten Teil unterstand das Gebiet den Bistümern Trier und Lüttich, aber kleinere Teile auch → Metz, → Verdun, → Reims und → Köln. Der im 10.Jh. begründeten Grafschaft L., die sich im 12. und 13.Jh. immer weiter vom Mittelmoselraum nach der Maas ausdehnte, blieb eine großräumige territorialpolitische Entwicklung versagt, da sie eingekeilt war zwischen die geistlichen Fürstentümer Trier, Metz und Lüttich. Mit Kaiser Heinrich VII. (1308-13) und seinem Bruder Erzbischof Balduin von Trier (1307 bis 1354) gewann das Haus L. Weltbedeutung. Durch Verpfändungen unter Wenzel d. Faulen und → Sigismund kam L., seit 1354 Herzogtum, schließlich an die Herzöge von Burgund (1441/43), die es als Südostblock in ihr großes niederländisches Territorialgefüge einbauten. Die sog. spanische (1506-1714) und die sog. österreichische Zeit (1714-95) haben das Land, seine Kultur und sein religiöses Leben weitgehend geprägt, obgleich es immer eine *rechtliche Sonderstellung* und eine *besondere Eigenart* bewahrte. - Infolge der Aufsplitterung L.s unter so viele Diözesen besaßen die *Abteien und Klöster* des L.er Raumes große Bedeutung: → Echternach, die Gründung des Hl. → Willibrord, Münster (Stadt L.), Orval, St. Hubert, Clairefontaine, Mariental u.a.m., aber auch jene Klöster der Umgebung, die großen Besitz in L. hatten, wie St. Maximin und Oeren in Trier, Prüm und Stavelot-Malmédy. Seit dem 15.Jh. übernahm dieser Regularklerus die Vertretung der Kirche in den Ständen des Herzogtums. Im 16.Jh. unter Philipp II. tauchte nach der Reorganisation der niederländischen Bistümer zum ersten Mal der Plan zur Errichtung eines *eigenen Bistums L.* auf; aber er scheiterte - auch bei wiederholten Versuchen im 17. und 18.Jh. - immer wieder am Widerstand der Bischöfe von Trier und Lüttich und der übrigen direkt beteiligten Prälaten. Im 18.Jh. erregten die Reformen → Josephs II. in L. großen Unwillen. Zum blutigen Aufstand (Klöppelkrieg) kam es einige Jahre später gegen Konskription und religionsfeindliche Maßnahmen der franz. Behörden, nachdem L. seit 1795 als Wälderdepartement zur franz. Republik gehörte. Nach dem Konkordat Napoleons von 1801 wurde L. erstmals *kirchlich einheitlich* zusammengefaßt und dem Bistum → Metz unterstellt. Diese Verbindung bestand bis 1823, obgleich der → Wiener Kongreß 1815 das Land L. wiederherstellte, zum Großherzogtum erhob und dem neuen König der Niederlande Wilhelm I. als Ersatz für seine verlorenen rechtsrheinischen oranischen Hausbesitzungen gab. Damit wurden die rechtlichen Grundlagen geschaffen, um L. dem Deutschen Bund einzufügen (bis 1866) und so die berühmte Festung L. als Bundesfestung mit preußischer Besatzung gegen Frankreich zu sichern. Von 1823-40 unterstand L. einem Bistum des niederländischen Königreiches, nämlich Namur. Allerdings wurde diese Verbindung seit der belgischen Revolution vom Landesherrn nicht mehr anerkannt. Er erwirkte i.J. 1840 schließlich die Schaffung eines eigenen *Apostolischen Vikariates* für das unter dem Zepter Oraniens verbliebene Großherzogtum, während die wallonische Hälfte L.s, die als Provinz L. an das neue Königreich → Belgien verlorengegangen war, weiter beim Bistum Namur blieb. Der erste Titularbischof (seit 1842), J.Th.Laurent, mußte 1848 unter dem Druck liberal-freimaurerischer Kirchenfeindschaft das Land verlassen und resignierte 1856. Unter seinem Nachfolger kam es zu einer gewissen Beruhigung. Pius IX. entsprach 1870 schließlich dem Wunsch nach Schaffung eines *eigenen Bistums* (erst 1873 vom Staate anerkannt). Da L. politisch mit Holland verbunden war, welches als kath. Missionsgebiet in seiner kirchlichen Organisation der → Propaganda-Kongregation unterstand, kam das neue Bistum L. unter diese Kongregation, bis es 1908 als exemtes Bistum direkt dem Hl. Stuhl unterstellt wurde. Das Bistum L. umfaßt heute (1959) 15 Dekanate und 269 Pfarreien (Bischof seit 1956 Dr. Leo Lommel). Das Verhältnis von Kirche und Staat wird geregelt durch das Konkordat Napoleons von 1801, durch die luxemburgische Verfassung und durch Spezialgesetze sowie durch Gewohnheitsrecht. Der Seelsorgeklerus bezieht Staatsgehalt und Pension.

2. Das durchaus kath. Land ist mit Ausnahme von einigen Gemeinden in den Ardennen und in der Eifel (Manderscheid, Schleiden) von der *Reformation* kaum berührt worden. Ausschlaggebend für das religiöse Leben der nächsten Jh.e wurde das Wirken der *Jesuiten* (seit 1594), bes. durch ein großes Kolleg (1603-1773). Durch sie erhielt die in L. schon vorher sehr rege *Marienverehrung* neuen Antrieb und eine neue Ausrichtung. Seit 1624 wird in L. ein Gnadenbild der »Trösterin der Betrübten« verehrt, dessen Ruhm weit über die Grenzen L.s hinausdrang (→ Kevelaer). Seit 1666 ist Maria offiziell Patronin der Stadt und seit 1678 des Landes L. Alljährlich finden noch heute vom 3.-5. Sonntag nach Ostern große Marienfeiern mit Wallfahrtscharakter

statt. Daneben haben sich auch andere uralte lokale und regionale Kultformen erhalten, zB die Springprozession in → Echternach. – Der *Klerus* wird auf dem 1845 gegr. Priesterseminar ausgebildet. Zu weiteren theologischen Studien gehen die Geistlichen meist nach Rom. Ausgeprägt römisch ist auch das kath. Denken der L.er. – Seit der franz. Revolution haben sich wieder eine Reihe alter *Ordensgemeinschaften* sowie zahlreiche moderne Kongregationen (vor allem weibliche) in L. niedergelassen, die vielfach am öffentlichen Unterricht beteiligt sind, der im übrigen Staatsmonopol ist. Die kath. Zeitung »L.er Wort« (seit 1848) ist heute bei weitem die bedeutendste Tageszeitung des Landes.

3. Bis zu Beginn des 19.Jh.s wurde nur äußerst selten *Protestanten* gestattet, sich in L. niederzulassen. Erst die *preußische Besatzung* der Bundesfestung L. begründete nach 1815 eine prot. Gemeinde. Um diese Militärgemeinde kristallisierte sich eine kleine Zivilgemeinde aus niederländischen und deutschen Beamten, ehemaligen Soldaten und Kaufleuten. Nach Abzug der preußischen Truppen (1867) bildete sie den Grundstock einer neuen Konsistorialgemeinde (1871: 464 Personen), die der Weimarischen Landeskirche angeschlossen war. Seit 1894 ist sie von L. als unabhängige *»Prot. Kirche Augsburgischer und Helvetischer Konfession im Großherzogtum L.«* anerkannt; ihr Verhältnis zum Staat beruht auf ähnlichen Verträgen und Gesetzen wie bei der kath. Kirche (Besoldung, Pension usw). Ein neuer Aufschwung und eine neue Stütze erwuchs der prot. Kirche, als bei Erlöschen des Mannesstammes der Oranier i.J. 1890 mit dem Hause Nassau-Weilburg eine in L. residierende *prot. Dynastie* folgte. Beamte und Diener des Hofes vergrößerten die prot. Gemeinde (1900: 2000 Personen). Allerdings gingen aus der Mischehe Nassau-Braganza (1893) nur Töchter hervor, die dem kath. Glauben der Mutter folgten; seit 1912 ist das *Herrscherhaus kath.* – Der seit 1945 amtierende prot. Pfarrer N.A.Housse ließ sich 1951 zum Bischof weihen (vom Staate nicht anerkannt). Er nahm auch Kontakt auf zu den verstreuten Mennonitengruppen des Landes. Nachdem kurz vor dem 1. Weltkrieg und zwischen den beiden Kriegen die Zahl der Protestanten 4000 erreicht hatte, wurden bei der letzten staatlichen Zählung 1947 nur 2503 gezählt. Ihre Zahl soll 1959 allerdings sogar die 5000er-Grenze überschritten haben. Im ganzen gibt es heute 3 Pfarreien mit 3 Gotteshäusern.

Allgemein: T.Kellen, Die Luxemburg. Geschichtsschreibung, L. 1933/37 – C.Wampach, Urkunden- u. Quellenbuch zur Gesch. der altluxemburg. Territorien, 10 Bde, L. 1935–55 – A.Herchen-N. Margue-J.Meyers, Manuel d'hist. Nationale, L. 1947[6] – E.Donckel, Die Kirche in L. von den Anfängen bis zur Gegenwart, L. 1950 (Lit.). – Ferner: N.van Werveke, L'inquisition, les hérésies et le protestantisme au duché de L. avant et après le 16ème siècle, L. 1897 – A.Jacoby, Aus der Vergangenheit der prot. Kirche L. (Monatsblätter der prot. Kirche im Großherzogtum L., 6, Nr. 3–10), L. 1918 – N.Majerus, La situation légale de l'Eglise catholique au Grand-Duché de L., L. 1926 – Ders., Hist. du Droit dans le Grand-Duché de L., 2 Bde, L. 1949 – Ders., L'érection de l'évêché de L., L. 1951 – M.Faltz, Heimstätte Unserer Lieben Frau von L., L. 1948[3] – J. Goedert, J.-Th.Laurent (Biographie Nationale du pays de L. VIII), L. 1957. *J.Schoos*

Luxeuil (→ 11 E 5), um 590 ebenso wie Annegray und Fontaine im Doubsgebiet von dem Iren → Columba (, 2) als Kloster gegründet; sein Nachfolger war → Eustasius. Seit Abt Waldebert (629–670) war L. Vorbild einer columbanisch-benediktinischen Mischregel. L. besaß seit dem 8./9.Jh. eine berühmte Schreibschule (Lektionar von L.) und großen Besitz, bes. im Saône-Rhoneraum. Vom 10.Jh. an teilte L. das Schicksal Burgunds. Die Abtei, seit Ende des 15.Jh.s meist als Kommende vergeben, wurde 1790 aufgehoben.

Chronicon Luxoviense saec. XI in: MG SS III, 219ff – Gallia Christ. XV, 1860, 144ff – Hauck I, 266ff – H.Büttner, Gesch. d. Elsaß I, 1939, 38ff (Lit.) – Ph.Schmitz, Gesch. d. Benediktinerordens I, 1947, 57ff (Lit.); II, 1948, 476 – M.Dubois, S.Colomban, 1950. *H.Büttner*

Luxus bezeichnet den am »konventionellen Standard der Wohlanständigkeit« (Veblen) gemessen überflüssigen Aufwand. Seine Voraussetzungen sind die Unabhängigkeit von unmittelbaren Nutzenerwägungen und das die vorherrschenden Normvorstellungen überschreitende Ausmaß des Konsums. Es scheint also, als ob weder ökonomisch noch soziologisch L. notwendig sei. Dennoch findet er sich nicht nur in allen Geschichtsepochen und bei allen Völkern, sondern auch innerhalb der verschiedensten Gesellschaftsschichten. Allerdings ändert sich dementsprechend der Tatbestand, der als L. bezeichnet wird.

Die *soziale Funktion* des L. liegt darin, daß ein derartiger demonstrativer Konsum Prestige begründet (Veblen). Die in der Verschwendung bzw. überflüssigen Zurschaustellung von knappen Wirtschaftsgütern liegende offensichtliche Mißachtung zweckrationaler Wirtschaftlichkeit hat zu allen Zeiten Aufsehen und Neid erregt und mittelbar auch das soziale Ansehen erhöht. Hinzu kommt der bes. dem »öffentlichen« L. häufig zugeschriebene Symbolwert: L. wird repräsentativ für die soziale Stellung. Die luxuriöse Hofhaltung absolutistisch regierender Fürsten zB beruhte zweifellos auch auf dieser für notwendig erachteten Repräsentationsfunktion. In ähnlicher Weise wirkten die ständisch differenzierenden L.verbote des MA, die derartigen Aufwand zum sozialen Privileg machten. Auch in der Gegenwart ist L.konsum ein wichtiger Gradmesser sozialer Geltung (Autotyp, Länge und Dauer der Urlaubsreise usw), wobei die Bestimmung dessen, was als L. zu bezeichnen ist, zwischen den Gesellschaftsschichten stark differiert.

Die *wirtschaftliche Funktion* des L. wurde mit gleicher Hartnäckigkeit negativ beurteilt (zB vom älteren Plinius und Seneca, durchweg in der Patristik und Scholastik, von Luther, Calvin, Pascal, Fénelon, Rousseau und Proudhon) wie auch verteidigt (zB von Petty, Mandeville, Voltaire, Hume, List). Gegenüber dem Argument sinnloser Verschwendung auf Kosten abhängiger Sozialschichten wurde darauf hingewiesen, daß L. Arbeit und somit Erwerbsmöglichkeiten schafft (Mandeville), die Entwicklung neuer Industrien und Fertigkeiten fördert (List) und der Geschmacksbildung neue Horizonte eröffnet. In der Tat sind viele Kulturleistungen der Vergangenheit seinerzeit L. gewesen. Industriezweige, die heute für den Massenbedarf produzieren, stellten anfangs die gleichen Güter nur für den L.bedarf her. Zweifellos ist diese »marktbildende Kraft« des Reichtums (Sombart), dh die Bildung von Nachfrage für neuartige Güter, zunächst auf der Basis der L.produktion, ein nicht zu unterschätzender Faktor wirtschaftlich-technischen → Fortschritts gewesen. Demgegenüber stehen die volkswirtschaftlich nicht zu vertretenden Aufwendungen für L.güter und -dienstleistungen in Zeiten allgemeiner Knappheit an Produktionsmitteln und des Mangels an lebensnotwendigen Verbrauchsgütern, die u.a. durch entsprechende L.steuern kontrolliert werden müssen.

Eine *sozialethische Bewertung* des L. wird sich angesichts dieser komplexen Zusammenhänge weder mit einer prinzipiell ablehnenden, moralisierenden Haltung (wie etwa im Puritanismus) noch mit einem den »öffentlichen Nutzen privater Laster« (Mandeville) betonenden → Utilitarismus zufriedengeben dürfen. Es ist vielmehr nach den Motiven der L.konsumtion und der jeweiligen sozialen Situation zu fragen. Liegen die Motive ganz in persönlicher Selbstsucht und übertriebenem Ehrgeiz, so sind die sittlichen Gefahren einer Bestätigung dieser Leidenschaften durch L. offensichtlich. Liegt die Motivierung hingegen in dem Wunsch nach kulturell verfeinerter Lebensführung, so wird man dem hierauf begründeten L. eine gewisse Berechtigung nicht absprechen können, sei es als Entgelt für bes. wertvolle Leistungen, sei es im Sinne eines auch die sittlichen Möglichkeiten des Menschen fördernden wachsenden Lebensstandards.

W.ROSCHER, Über den L., 1843 (in: Ansichten der Volkswirtschaft I, 1878³, 103-203) - H.J.L.BAUDRILLART, L'histoire du luxe privé et public depuis l'antiquité jusqu'à nos jours, 4 Bde, Paris 1880 bis 1882² - TH.VEBLEN, Theory of the Leisure Class, 1899; dt. 1959 - W.SOMBART, L. u. Kapitalismus, 1913 - C.LANDAUER, Die Theorien der Merkantilisten u. der Physiokraten über die ökonomische Bedeutung des L. (Diss. Heidelberg), 1915 - HWSt VI, 445ff - F.MARBACH, L. u. L.steuer, 1948 - EKL II, 1202ff. *F.Fürstenberg*

Luzifer (lat. = Lichtbringer) bezeichnet den Morgenstern. Im Spottgedicht auf den König von Babel (Jes 14, 2 ff) heißt es: »Wie bist du gefallen, Helal, Sohn der Morgenröte!« Aus der Kombination von Jes 14 mit Lk 10, 18 erwuchs so L. als Name für den → Teufel (: II). In der jüdischen Apokalyptik der späthellenistischen Zeit gelten die den Menschen verführenden Dämonen (→ Geister: II, 4 b) als Nachkommen *gefallener* Engel. Aus der Vermischung mit Menschentöchtern (Anknüpfung an Gen 6, 1-4) entstehen »riesige« Dämonen (nᵉpîlîm wohl wörtlich genommen: die Gefallenen); die Engel, unter Führung Asasels oder Semjazas frevelnd, sind dem Gericht verfallen (vgl. äthHen 7 f. 15 f. 69; Jub 10).

M.GRÜNBAUM, Beiträge zur vergl. Mythologie aus der Haggada (ZDMG 31, 1877, 183-359) - L.JUNG, Fallen Angels in Jewish, Christian and Mohammedan Lit. (Diss. Philadelphia), 1926 - BILL. IV, 505 ff. *K.Galling*

Luzzatto, *Samuel David* (Abkürzung: Schedal), * 1800 in Triest, † 1865 in Padua, konservativer jüdischer Theologe und Mitbegründer der neueren Wissenschaft des → Judentums (: III, 2). Seine Verdienste liegen auf dem Gebiete der hebräischen und aramäischen Sprachforschung, Bibelerklärung und -übersetzung sowie der Erforschung der Targume (→ Bibelübersetzungen: III, 1); durch einen fruchtbaren Briefwechsel stand er mit fast allen geistigen Führern des zeitgenössischen Judentums in Verbindung. Daneben gilt L. als einer der Begründer der modernen hebräischen Sprache und Vertreter eines jüdischen Nationalismus, den er in der Tora begründet sieht.

J.LUZZATTO, Catalogo ragionato degli scritti sparsi di S.D.L., 1881. - Über L.: EJud X, 1253f - M.WAXMAN, A History of Jewish Literature III, 1936, 389ff. 489ff - J.KLAUSNER, Gesch. der neuen hebr. Lit. III, 1937, 40ff (hebr.). *E.L.Rapp*

Lydius, 1. *Balthasar* (1576-1629), ref. Theologe, * in Umstadt bei Darmstadt, 1602 Prediger in Dordrecht, 1618/19 Mitglied der dortigen Synode, die er mit einer Predigt eröffnete und beschloß.

Vf. u.a.: Waldensia (Aktenstücke zur Gesch. der Waldenser u. Böhmischen Brüder), 2 Bde, 1616/17.

2. *Jacobus* (1610-79), ref. Theologe, * in Dordrecht, Sohn von 1, 1633 Pfarrer zu Bleskensgraaf, 1637 zu Dordrecht, vorübergehend (1643-45) Gesandtschaftsprediger in England. L. war ein verdienstvoller Exeget und Archäologe; er bekämpfte den Katholizismus auf satirische Weise.

Vf. u.a.: Den Roomschen Uylen-Spiegel, 1671.

3. *Martinus* (1539-1601), ref. Theologe, * in Lübeck, 1580 Prediger zu Amsterdam, 1582 Mitglied der Provinzialsynode von Haarlem (→ Coolhaes), 1585 Prediger zu Leeuwarden, 1585 Prof. in → Franeker. L. war gemäßigter Calvinist, schrieb eine »Apologia pro Erasmo« und versuchte in den kirchlichen Streitigkeiten zu vermitteln.

Zu 1-3: RE XII, 25ff - NNBW VIII, 1086ff (Lit.). *W.F.Dankbaar*

Lyon, als römische Kolonie Lugdunum (→ 14 C 2) 43 vChr gegründet, Sitz des Erzbischofs von L. und → Vienne mit Titel eines Primas Galliarum. Das Erzbistum umfaßt heute die Departements Rhone (ohne Villeurbane) und Loire mit den Diözesen L., Autun, Dijon, Grenoble, Langres, St. Claude. Eine Christengemeinde wird erstmalig im Zusammenhang mit der Verfolgung von 177/78 genannt, der 48 Märtyrer zum Opfer fielen. L. war eines der wichtigsten Missionszentren in → Gallien. Bischöfe wie → Pothinus, → Irenäus, Justus (ca 374-381), → Eucherius, Nicetius (552-573) und später Leidrad (798-816) und → Agobard haben gesamtgeschichtliche Bedeutung. Im 9.Jh. besaß L. eine berühmte Schule. Im 10.Jh. erwarben die Bischöfe eine bedeutende Domäne und hatten am Ende des Jh.s die Grafen verdrängt. 1032 kam L. bis zum Ende des 13.Jh.s ans Deutsche Reich. Päpste fanden mehrfach hier Zuflucht; zwei ökumenische → Konzile (1245, 1274) tagten in L. Die Reformation machte sich früh bemerkbar; nach den kritischen Jahren 1561-63 kehrte L. 1572 endgültig zum Katholizismus zurück. Die Erhebung gegen den Konvent hatte Belagerung und Verwüstung durch die Jakobiner zur Folge (Okt. 1793). L. zeigt auch heute ein ausgeprägtes religiöses Gesicht. ZT hat sich in der Diözese noch die alte Liturgie erhalten. L. besitzt eine kath. Universität (Institut Catholique, seit 1875) und hat in seinem »Institut Social« eine eigenwillige sozialhumanistische Auffassung des Katholizismus entwickelt. Die Diözese L. hat bei 1 621 000 Einwohnern 1 450 000 Katholiken in 715 Pfarreien mit 1700 Priestern.

A.KLEINKLAUSZ (Hg.), Hist. de L., 2 Bde (bis 1814), L. 1939/48 (Bd 3 noch nicht erschienen; Lit.). *E.Jarry*

Lyra, *Justus Wilhelm* (1822-82), Theologe, zuletzt Pastor in Gehrden (Hannover). L. gehörte zu den eifrigsten Liturgiewissenschaftlern im Geiste der Restauration.

Vf. u.a.: Die liturg. Altarweisen des luth. Hauptgottesdienstes ... in musikalischer Beziehung untersucht, 1873; A.Ornithoparchus u. dessen Lehre von den Kirchenaccenten, 1877; D.M.Luthers Dt. Messe musikalisch erläutert, hg.v. M.HEROLD, 1904. - Über L.: KÜMMERLE II, 106f. *W.Blankenburg*

Lyrik, *religiöse, des 19. und 20.Jh.s*

1. Die weltanschauliche Situation - 2. Die künstlerische Situation - 3. Christlich-religiöse L. - 4. Der unreligiöse Positivismus und Materialismus - 5. Die freireligiöse Haltung - 6. L. des Pessimismus und des Zerfalls. - Vgl. → Dichtung und Religion, → Literatur der Gegenwart

1. Im 19. und 20.Jh. hat sich die → Philosophie als eigene Weltansicht ausgebildet, sich von der kirchlichen Lehre emanzipiert und sich zT ihr scharf entgegengesetzt. Um 1800 konstituiert sie sich, in → Fichte, → Hegel, zT auch → Schelling als → Idealismus (: II), faßt das absolute Sein als universalen Geist, um 1850 als Materialismus, der das absolute Sein als stoffliche Natur faßt. Hier ist schon dogmatisierte Wissenschaft wirksam; man glaubt an die Allkraft der wissenschaftlichen Erkenntnis, alle Rätsel der Wirklichkeit zu durchdringen und aufzulösen. Durch A. → Comte verbindet sich diese Lehre mit einer Hegels Geschichtsphilosophie umdeutenden geschichtsphilosophischen Konstruktion, daß sich der Mensch in den drei Stadien der Religion, der Metaphysik und der Wissenschaft vom Wahn des Glau-

bens zur kritischen und zuverlässigen Erkenntnis erhebe. Nicht mehr in Gott, nicht mehr im Geist (Hegel) soll sich der Mensch erfüllen, sondern im irdischen Dasein. - Zugleich ist mit der Säkularisation sofort die Menschen- und Kulturkrise da. → Schopenhauer lehrt schon zZ Hegels, daß sich der Mensch, wie im → Buddhismus, nur durch Rückkehr ins vorgestaltige Sein erlösen könne; → Nietzsche verkündet zZ des bildungsstolzen und diesseitsfrohen Positivismus, daß der Mensch in äußerlicher Bildungssattheit und vermassendem Daseinsbetrieb verlorengegangen sei. Er fordert den schönen, aristokratischen, den kraftvoll lebensbejahenden Menschen und sieht in der ewigen Mischung der Elemente die Möglichkeit ewiger Wiederkehr. Die moderne Philosophie verneint das Zureichende allen immanenten Seins und weist den Menschen hierüber hinaus; aber transzendentes Sein besteht nicht (→ Sartre), begegnet dem Menschen wie das Nichts (der frühe → Heidegger) oder ist unbetretbar (→ Jaspers). Der Krise sucht man sofort durch Festhalten und Erneuern der kirchlichen Religion entgegenzuwirken. In der Mittel- und Spätromantik wird man religiös konservativ; Fr. → Schlegel, Schöpfer der romantischen Kulturphilosophie, wird kath., → Görres, zuerst betonter Aufklärer, wird Vorkämpfer für einen erneuerten Katholizismus. In Frankreich, im Lande der → Aufklärung, wird diese stets durch den Zug konservativer Bewahrung begleitet (→ Le Maistre; → Chateaubriand, »Le Génie du Christianisme«, 1802); gegen Ende des 19.Jh.s nimmt er den Charakter eines → Renouveau catholique an (Léon → Bloy). In England führt die → Hochkirchliche Bewegung (: I) bis zum Katholizismus hin (Kardinal → Newman). Hier ist auch der Zug zur prot. Erneuerung stark (→ Broad Church Party), zur Durchdringung des praktischen Lebens mit religiösem Ethos (→ Gladstone als der »christliche« Staatsmann). In Deutschland werden die religiösen Bewegungen erst durch die Erschütterungen seit dem 1. Weltkrieg wirksam aktualisiert.

Im 19. und 20.Jh. wird der Dichter in den Strudel der weltanschaulichen Bewegungen gerissen: hier die christliche Religion, dort die freie Philosophie, und sie wieder in einer Fülle verschiedener und rasch wechselnder Positionen. Zudem verwirren neue Theorien vom Wesen des Dichters und der → Dichtung. Für Hegel war der Dichter Organ, worin das absolute Sein als Geist sich manifestierte; so trat er an die Seite, ja an die Stelle der religiösen Propheten (Hebbel: der Dichter löst den Priester ab); für den → Positivismus steht der Dichter neben dem Forscher, gibt neue psychologische, soziologische und historische Aufschlüsse. Im christlichen Raum ist der Dichter der poetische Gestalter und der Sänger; für Hegel ist er der durch den Geist Inspirierte; für den Positivisten ist er der künstlerische Techniker. In diesen Strudel des verschiedenen Seinsverständnisses wird auch der Lyriker hineingezogen. Er bringt die Zustände und Erfahrungen des menschlichen Gemüts zum Anschauen. Indem sich der Dichter als Offenbarungsorgan der Zeit begreift, wird er die lyrische Stimme des Zeitgeschehens. Er wird zur Freude gestimmt durch Gewinne, zur Trauer durch Verluste; er fördert den Fortschritt, er hemmt den Rückschritt.

Trotz des Positivismus und einer positivistischen Philosophie besteht im 19. und 20.Jh. zugleich mit der Kirche eine an Vorangegangenes anknüpfende religiöse L. fort. Es treten nur neue Stellungen zur Wirklichkeit hinzu. Sie können auch dem christlichen Dichter fühlbar werden als innere Bedrohung, aber auch als Appell zur Wahrung der geschichtlichen Religion. Viele Dichter schließen sich jedoch jetzt der säkularisierten Weltansicht an. Zwischen den Polen strenger religiöser Bewahrung und unbedingten Glaubens an die säkularisierten Weltansichten begegnen in der L. viele Zwischenpositionen. Am breitesten findet sich die säkularisierte Religiosität, die die Religion dem privaten Fühlen und Denken überantwortet, den Offenbarungsbestand subjektiv aufweicht und ihn mehr und mehr zum Schwinden bringt. Hier sind zT noch die christlichen Überlieferungsbestände wirksam, doch findet man auch viel subjektiv Mystisches und Pantheistisches mit dem Anspruch originärer religiöser Erfahrung. Teils werden bloß subjektive Erfahrungen bekannt, teils macht der Dichter im Hintergrund sein eigenes Weltbild sichtbar. Mit Ausgang des 19.Jh.s wird der Dichter mehr und mehr von dem Krisenbewußtsein und der Negativität moderner Philosophie berührt. Er offenbart jetzt den fortschreitenden Verfall an das Nichts; er scheint um so bedeutsamer, je unbedingter er dies erfährt und je krasser er dies ausdrückt.

2. Im 16.Jh. wird zuerst im Süden und Westen der → Humanismus in der Dichtung die bestimmende Macht; eine Dichtung in Form und Vorstellungswelt der Antike wird gebildet. Im 17. und 18.Jh. siegt der Humanismus auch in Deutschland. → Klopstock dichtet seine religiösen Stoffe und lyrischen Erfahrungen in Hexametern, in antik reimloser Ode, zugleich freilich mit Blick auf die jüdischen Psalmen. → Goethe und → Schiller suchen ihre dichterische Erfüllung im Klassizismus, → Hölderlin bildet eine griechisch-deutsche Dichtung aus. Formkünstler wie Platen (1796-1835) oder Geibel (1815-84) setzen diese Gesinnung im 19.Jh. fort, auch St. → George, obgleich weithin ästhetizistischer Neutöner, sucht antike Formstrenge und Monumentalität; im 20.Jh. ist R.A. → Schröder der konsequenteste und formstärkste Neuschöpfer antik-deutscher L. In Frankreich sind Th. Gautier (1811-72), Th. de Banville (1823-91) und Lectone de Lisle (1818-94) Hauptträger dieser Gesinnung, in England wird sie von John Keats (1795-1821) und A. → Tennyson (1809-92) getragen. - Etwa seit 1750 wird die durch den Humanismus zurückgedrängte einheimische und volkhafte Dichtung neu geschätzt und gesammelt, zuerst in England (Macpherson: Ossian; Percy: Altenglische Balladen), in Deutschland bes. durch → Herder. Die Romantiker setzen das Sammeln und Dichten volksliedhafter L. fort (Des Knaben Wunderhorn, 1806-08). Klassisch-romantische Lieddichtung gehört zum besten Bestand im 19.Jh. (→ Uhland, → Heine, → Mörike u.a.). - Weltanschauliche Tendenzen in der Dichtung begegnen durch das Aufklärungsideal des Vernünftigen und Natürlichen bereits im 18.Jh. Im → Sturm und Drang verherrlicht man weltanschaulich übersteigert den Dichter als den kleinen Schöpfergott. In der → Romantik (: II) werden weltanschauliche Interessen vorherrschend: Poesie soll zum Religionsersatz werden, in mystisch pantheistischen Erlebnissen wurzeln und solche Erlebnisse bewirken. Zugleich wird die Romantik Erbe der klassischen Formkunst, pflegt und steigert sie bildungshaft virtuos, mit besonderer Vorliebe für die Formenbestände der Weltliteratur (Terzine, Ghasele usw). Aus → Klassik und Romantik gehen so Formvirtuosen hervor (→ Rückert), ferner subjektivste Formalisten wie Heine mit seiner ironisch spielenden, intellektualistischen L. Seit 1830 werden die Formen für weltanschaulichen Einsatz benutzt, für einen politischen Aktivismus, wie bei Freiligrath (1810-76); der französischen Romantik (V. → Hugo) entnimmt man die grelleren Farben, kühneren Rhythmen, die tonstärkere Rhetorik. Um 1850 bildet sich ein mehr gegenständlich künstlerischer → Realismus aus, worin die unmittelbare Entäußerung des Sub-

jekts zurückgedrängt wird zugunsten des Malens mehr gegenständlicher Bilder (A.v. → Droste-Hülshoff, C.F. → Meyer, → Storm). - Der → Naturalismus (: II) steigert den Realismus zur kopierenden Naturnachahmung. Nach Arno Holz (1863-1929) soll der Lyriker unter Verzicht auf festen Vers, Reim, Strophe Sinneneindrücke möglichst subtil registrieren. Mehr in konventionellen Formen bildet D. v. Liliencron (1844-1909) eine impressionistische L. aus, reich an Licht-, Ton-, Geruchs- und Geschmacksempfindungen, mit Freude an nachahmender Lautmalerei. - Dem Verfall der L. an die Natur und technische Zivilisationswelt stellen sich schon früh kunstbetonende Dichter bis zum Ästhetizismus gegenüber; sie pflegen das Artistische bis zur Künstlichkeit. → Baudelaire beginnt hiermit in Frankreich, ihm schließen sich die Symbolisten an (→ Symbolismus: II). In England will → Ruskin im Schönen eine Erscheinung des höher Vollkommenen sehen; Swinburne (1837-1909) und O. → Wilde pflegen das Ästhetizistische um seiner selbst willen. In Deutschland tritt St. → George auf; auch → Hofmannsthal steht der neuen Kunst- und Reizdichtung nahe; auch → Rilke liebt das ästhetische Raffinement, das Preziöse und fremdartigen Wortprunk. - Die Ästhetiker und Ästhetizisten retten sich in der brutalisierten Daseinswelt in eine Welt der künstlichen Paradiese. Der → Expressionismus (: II) sucht wieder den Durchbruch zu einem höher Metaphysischen; die Kunstdichtung weicht hier häufig dem seelisch Hymnischen (→ Werfel). Der Zusammenbruch des Expressionismus führt zu neuer desillusionierter Sachlichkeit (der junge G. → Benn und B. Brecht).

3. *Gottesdienstliche L.*, vor allem das → Kirchenlied (: I, 3 d), wird auch im 19.Jh. gepflegt. Schon → Gellert stellte sich die Aufgabe, die Ausdruckskraft und Glaubensinnigkeit des alten Kirchenliedes zu wahren, doch zugleich den neuen verfeinerten Formansprüchen und einer moralischen Humanität zu genügen. Im 19.Jh. dichten in diesem Geiste bes. A. → Knapp und Ph. → Spitta, mit betonterer Frontstellung gegen die Säkularisation und im Dienste der religiösen → Erweckungsbewegung; ohne an Sprachkraft, Urwüchsigkeit und Tiefe des Glaubensgehalts den alten Lieddichtern ganz gewachsen zu sein, zeugen sie doch von der inneren Lebenskraft des Kirchenlieds. Mit schwächerer Kraft stehen neben ihnen Karl → Gerok und Julius Sturm (1816-96). R.A. → Schröder ist im 20.Jh., nach seiner Rückwendung zum kirchlichen Christentum, neben J. → Klepper der bedeutendste Kirchenlieddichter; er schließt sich an Luther und P. → Gerhardt an.

Im 17.Jh. gehört geistliche L. auch zum Werkbestand der weltlichen Dichter. Im 18.Jh. lockert sich die Bindung an das Bekenntnis; das geistliche Lied wandelt sich in das religiöse Lied. Schon bei Klopstock überwiegt, trotz Bindung an das kirchliche Christentum, die subjektive Gefühls-L. In der Klassik und frühen Romantik tritt das Religiöse zurück. Doch dringt es schon bald in der Romantik hoch, durch → Schleiermachers »Reden über die Religion«, → Wackenroders und Tiecks Verherrlichung des mittelalterlichen frommen Menschen (»Herzensergießungen eines kunstliebenden Klosterbruders«), durch den pietistischen → Novalis. Bei Tieck (1773-1853) bleibt die religiöse L. anempfindende Spielerei; bei Novalis findet man zuerst eine in Fichtes Geisteslehre begründete Mystik (Hymnen an die Nacht). Doch dichtet er auch in pietistischer Liedtradition geistliche Lieder. In der späteren Romantik wird das Christentum konservativer, kirchlicher. → Brentano, zuerst romantischer Subjektivist, wird strenger Katholik. Von seiner frühen L. der religiösen Bedrängnis geht er, mit Blick auf Spanien, zur Feier des kath. Glaubens über (Romanzen vom Rosenkranz). → Eichendorff dichtet als konservativer Katholik; Romantik wird ihm nur zum bereichernden Erlebnis, bes. der Natur. → Arndt dichtet aus festem ev. Glauben, in Sagen und Gestalten oft dem alten Kirchenlied nahe; neben ihm steht, weicher romantisch, M. v. Schenkendorf (1783-1817). Auch Rückert dichtet im christlichen Ethos; dies bleibt in allen konservativeren Dichtern wirksam (Mörike, Geibel, C.F. Meyer).

So zieht sich eine reiche religiöse L. durch das 19.Jh. bis zur Gegenwart, teils im kath., teils im ev. Bekenntnis gegründet. Im kath. Raum herrscht die Glaubenswahrung, zT die Glaubenserneuerung vor; hier treten auch die Konvertiten hinzu. Die reichsten Talente erstehen in Frankreich: Lamartine (1790-1869), der Gottes Größe und Güte in der Natur feiert (»Harmonies poétiques et religieuses«, 1830); der späte V. → Hugo; P. → Claudel, der nach seiner Rückbindung an die Kirche zum maßgeblichsten Dichter des → Renouveau catholique wird; Charles → Péguy, der vom Sozialismus zur Kirche zurückfindet; Francis → Jammes, der inmitten der inhaltlich und formal überzüchteten L. seines Landes zum Gottessänger von franziskanischer Schlichtheit und Innigkeit wird. Auch bei den Ästhetizisten und Symbolisten klingt in seelischer Not das religiöse Thema an; → Verlaine bekennt sich in seiner »Sagesse« zur Schuld und sucht Trost und Ruhe in Gott. Bei Rimbaud (1854-91) begegnet das christliche Motiv im Gefühl einer Verdammtheit, in dem freilich der Bezug auf Gott verlorengegangen ist. In Deutschland kommt diesen Dichtern an Rang nur Anette v. → Droste-Hülshoff gleich und übertrifft sie weit an echter religiöser Bekümmerung, wenn sie im »Geistlichen Jahr« die Not ihrer Angefochtenheit im Glauben singt und eben hierdurch Gott und die Pflicht zum Glauben festhält. Deutschland ist aber reich an weniger eminenten lyrischen Talenten, die in der Welt der festen Glaubenstatsachen dichten (in Gott und der durch ihn begründeten Seinsweise und Lebensordnung des Menschen, wie sie in der Lehre der kath. Kirche erscheinen). Zu nennen sind Christoph Flaskamp (* 1880), Jakob Kneip (1881 bis 1958), Richard Knies (1886-1957), Georg Oberkofler (* 1889). Problemerfüllter und künstlerisch profilierter ist die Lyrik von Elisabeth → Langgässer, Reinhold → Schneider und Konrad → Weiß, der um den religiösen Ausdruck an der Grenze des Sagbaren ringt. Besondere Intensität zeichnet auch die Konvertiten aus. In England wird G.M. → Hopkins, Meisterschüler des feinsinnigen Klassizisten Pater, durch die Oxfordbewegung zum Katholizismus geführt und wird Jesuitenpater; seine L., die eine hohe Formkultur mit kühner Gesinnung zum Ausdruck religiöser Erfahrungen einsetzt, hat erst in den letzten Jahren die ihr gebührende Anerkennung gefunden. Auch in Deutschland übertreffen die Konvertiten die die kath. Tradition fortsetzenden Dichter an religiöser Intensität, meistens auch an Formkraft (zB Gertrud von → le Fort).

In England spaltet sich die Literatur im 19.Jh. sichtlich in eine religiöse und eine weltliche Linie. Das Religiöse kommt zuerst in der Romantik zum Ausdruck, in W. → Wordsworth und seinem Einsatz für die englische Hochkirche, weniger in → Coleridge, der dem deutschen Idealismus nahesteht, freilich den Glauben an den persönlichen Gott festhält. Die L. trägt im fortschreitenden Jh. nur bei den → Präraffaeliten bedeutende Frucht (die Gedichte der Christina Rossetti). Sie ist im 20.Jh. um so bedeutender in dem geborenen Amerikaner und Wahlengländer T.S. → Eliot, der die religiösen Themen glücklich mit klassischer Formgesinnung bewältigt. Hieran gemessen wirkt der auch sich religiös bekennende

Dylan Thomas (1914-53) subjektivistisch und zuchtloser; sein religiöses Fühlen ist auch von einem unklaren, naturalisierenden Pantheismus nicht frei.

In Deutschland fehlt es bis 1910 nicht an Dichtern und Dichterinnen, die auf Grund persönlicher Entscheidung als Christen dichten (Emil v. Schönaich-Carolath, 1852 bis 1908; Otto v. → Taube; K.E.Knodt, 1856-1917; Fritz Philippi, 1869-1932; Gustav Schüler, 1868-1938; Therese Köstlin, * 1877; Dora Stieler, * 1875; Margarethe Weinhandl, * 1880); doch erst mit dem Expressionismus kommt es zu einer religiös gestimmten Bewegung. Das deutsche Schicksal seit dem 1. Weltkrieg fördert die ernste religiöse Entscheidung (wie bei R.A.Schröder). Auch Manfred Hausmann (* 1898) findet nach zuerst subjektiv stimmungshafter Dichtung unter dem Einfluß von → Kierkegaard und Karl → Barth zum christlichen Existenzbewußtsein zurück (Alte Musik, Gedichte, 1941). Der Pfarrer Albrecht → Goes tritt wirkend hervor als »ev. Dichter«.

4. In Frankreich bleibt die Aufklärung ungebrochener als in Deutschland, obgleich nicht ohne Gegenbewegung (→ Le Maistre, → Lamennais, → Chateaubriand). Die Saint-Simonisten (Enfantin) predigen einen diesseitigen Sozialismus und Hedonismus. An Frankreich orientiert sich weitreichend in Deutschland die nachromantische Generation. → Heine wird Wortführer des modernen Hedonismus, kehrt aber mit körperlichem Zusammenbruch zum Gott seiner Väter zurück. An Frankreich schulen sich auch die politischen Aktivisten, die die Patrioten der Freiheitskriege (Arndt, Schenkendorf, Körner) ablösen. Sie machen die Agitation eines Béranger (1780-1857) wirksam, wie G.Herwegh (1817-75; »Reißt die Kreuze aus der Erden, Kreuze müssen Schwerter werden«), Freiligrath, A.Grün (1806 bis 1876), Hoffmann v. Fallersleben (1798-1874) usw. Im Naturalismus wird dieser Aktivismus materialistisch-sozialistisch; für A.Holz ist der »Rabbi Jesus Christ« nur »der erste Sozialist«; nützlicher als die Bibel scheint ihm die Volksschulfibel. In den kommunistischen Staaten bildet man die atheistische L. aus (J.R.Becher, 1891 bis 1958; B.Brecht, 1898-1956); für Brecht kann Gottesglaube nur da bestehen, wo es an Wissenschaft fehlt. Auch im rein geistigen Raum bildet sich ein diesseitiger Optimismus und Aktivismus aus, eine Verherrlichung des diesseitigen Lebens und der Technik. George Meredith (1828-1909) lebt in dem Enthusiasmus einer diesseitigen Evolution; der Mensch soll der Erde wiedergegeben werden; die Erde gibt Kräfte denen, die sich ihr ergeben; Todesfurcht soll der Liebe zum Leben weichen. A.Holz verherrlicht die Maschine, die technische Zivilisation, die Großstadt. Der Flame Verhaeren (1855-1916) steigert sich hier, im Gefolge von W. → Whitman, zu fast religiöser Hymnik. Gebrochener bleiben die Arbeiterdichter (→ Arbeiterdichtung), die aus der technischen Zivilisation heraus einen Durchbruch zu Natur und Gott suchen (u.a. H.Lersch, 1889-1936; G.Engelke, 1890-1918). Auch künstlerische Realisten können im Banne des weltanschaulichen Realismus stehen; G. → Keller ist Schüler von L. → Feuerbach und beschränkt sich als Lyriker auf den weltlichen Erfahrungsbereich; auch → Storm neigt zu Skepsis und Diesseitsglauben, religiöse Töne sind selten.

5. Ein Großteil der Lyriker des 19. und 20.Jh.s zeugt von subjektiv verschwommener Gefühlswelt, die theistisch, mystisch oder pantheistisch gefärbt ist, oder von unklarem religiösem Suchen, im christlichen Raum, in der Antike oder im fernen Osten. Vielfach ist der christliche Grund noch da im Sprechen von Gott und seinem Wirken; mehr herrscht seit der Romantik eine säkularisierte Mystik, später auch viel Pantheismus. In der romantischen Mystik ist Gott preisgegeben; der Mensch leidet an seinem Beschränktsein auf sein Ich, wünscht die Rückkehr seines Ichs in ein All. R.Wagner (1813-83) vertritt solche romantische Mystik, für die er im »Parzifal« auch eine christliche Einkleidung findet. Um 1900 taucht das Mystische wieder als Gegenstellung zum Naturalismus auf. Der junge → Rilke gibt sich als Mystiker (Stundenbuch), als ästhetisierter Nachfolger von → Angelus Silesius; echter ist er in seinen Duineser Elegien mit ihrer ungelösten Seinsnot, worin das Sein nur als das Fremde, Furchtbare, Zerstörende begegnet.

Dem Mystischen steht das Pantheisieren nahe, das durch die idealistische → Naturphilosophie gefördert wird. Es verstofflicht sich bis Ende des 19.Jh.s durch das Zurückdrängen des Geistes zugunsten des Lebens. → Dehmel neigt einer Panerotik zu. Lersch und Engelke gehen in pantheistische Naturfeier über. Die Brüder Heinrich und Julius Hart (1855-1906, 1859-1930) in ihrer späteren Zeit und Bruno → Wille wenden das Pantheistische ins Mystische zurück, wobei sie an die Romantik und bes. an Novalis anknüpfen. Daneben treten die Kosmiker auf, wie A.Mombert (1872-1942), Alfred Schuler († 1923), Rudolf Paulsen (* 1883; Die kosmische Fibel, 1924). Ihnen steht auch → Morgenstern nahe, der als Theosoph und als Anthroposoph (als Schüler R. → Steiners) dichtet; er deutet Christus zum kosmischen Prinzip um. Kosmisch fühlen und erfahren wollen auch die Expressionisten, doch bleiben sie im Faßlicheren und setzen dem mechanisierten Materialismus die Erfahrung des beseelten Alls entgegen, worin nun das dem Ich antwortende Du begegnet. → Werfel wird zum Sänger eines religiös gestimmten Menschen- und Allgefühls, religiöse Inbrunst spricht auch aus manchem Gedicht der Else → Lasker-Schüler. Mehr im sozialen Mitgefühl bleibt H.Johst (* 1890), besonnener und formstärker ist Ernst Lissauer (1882-1937); er kündet mehr den »Glauben an irdische Heilande«, an die »Herrlichkeit der Erde«, an »Wertstufen durchs Weltall aufwärts«.

Auf Antike und antik heidnische Frömmigkeit geht schon → Hölderlin zurück. Heine sieht in der Antike heidnische Diesseitigkeit und Lebensfreude; er teilt die Menschen in Hellenen und Nazarener, Sensualisten und Spiritualisten, Materialisten und Idealisten ein und bekennt sich zum Heidentum. Auch Nietzsche spielt gegen das Christentum die Antike aus; an ihn schließt sich St.George an. Er bejaht wie Nietzsche die große Einzelpersönlichkeit und sieht sie als Gestalt durch ein kosmisch bildendes Prinzip, das in der Antike am mächtigsten war. In der Gegenwart fand er die reine Menschengestalt in einem als Maximin verehrten Jüngling. Seit dem 1. Weltkrieg gab George viel von der Esoterik seiner Weltanschauung und Kunst preis, um wie ein Dante als Richter seiner Zeit aufzutreten. - Im nicht-christlichen Osten suchten schon Romantiker wie Fr.Schlegel ihr Heil; Indien schien ihm das Land der romantischen Erlösung. → Schopenhauer wendet dieses Motiv ins Pessimistische. Heute hat H. → Hesse wieder Romantik in die Nähe des Ostens gebracht; buddhistische, aber auch Motive chinesischer Lebenshaltung tauchen auf.

6. Die Kulturkrise durch die Säkularisten spiegelt sich auch sofort in der L. Der *Pessimismus* taucht auf: das des höheren Seins beraubte Leben ist sinnlos geworden. Der Weltschmerz wird ein bedeutendes Thema (G.Leopardi, 1798-1837; A. de Vigny, 1797-1863); Resignation spricht auch aus der Dichtung Leconte de Lisles (1818 bis 1894). Th.Hardy (1840-1928) bekennt die Ohnmacht des menschlichen Daseins, das durch ein blindes Fatum zermalmt wird. Aus Humor wird Galgenhumor: die Schranken des Daseins sind geblieben; die Erlösung in

einen höheren Bereich fehlt (bei V.v.Scheffel, auch bei W.Busch). - Der Ästhetizismus ist als eine Erlösung von dem Gemeinen des Daseins in das Schöne der Kunst gedacht, aber er steigert sich zur Künstlichkeit. In Frankreich wird als Antwort auf die problematisch gewordene Wirklichkeit ein extremer Ästhetizismus ausgebildet. Er distanziert sich als hohe, ja überzüchtete Formkultur von dem technisierten und vermassten Dasein, sucht aber zugleich diesem Dasein neue Reize abzugewinnen. → Baudelaire bildet zuerst diese L. aus in seinen »Fleurs du Mal«. Inhalt der lyrischen Erfahrung wird das Besondere, Absonderliche, Abnorme bis zur Perversion. Es wird der Reiz des Kunstvollen, Künstlichen, Entarteten gesucht; das Gedicht soll zugleich Ergebnis und Manifest einer Artistik sein, die das zerfallende Sein durch Gestalt bannt. In St.Mallarmé (1842-98) tritt zur Artistik ein betonter Geheimnissinn hinzu; das Gedicht soll aufhören, durchschnittlich verständlich zu sein; es soll durch Klänge und Rhythmen hintergründige Erlebnisse beschwören. In England gewinnt der Ästhetizismus in Swinburne und O.Wilde den Charakter eines amoralischen → Hedonismus; in Deutschland opfert St.George am meisten der überzüchteten Form und dem beschwörenden Wort; den nur im Künstlichen sich befriedigenden Hedonismus stellt er im »Algabal« dar. Bewußte Dunkelheit, Beschwören hintergründigen Seins durch das absolut gesetzte Wort und der Versuch, das Sein durch Form zu bannen, bleibt ein Zug moderner, mit der Leere ihrer Autonomie kämpfenden L. - Dahinter steht der herandrohende Pessimismus, der → Nihilismus. Alle Idealität hat die Weise der »leeren Transzendenz« (Hugo Friedrich); es ist nur die Flucht aus diesem unzureichenden Leben faßlich, nicht ein erfülltes Ziel. Für Rimbaud ist der Dichter »der große Verfemte - und der Höchste aller Wissenden«. Baudelaire fühlt zugleich Ekel vor dem modernen Leben wie Verzückung durch die Reize dieses Lebens; er ist noch entarteter Katholik. Das Religiöse bei Rimbaud und Verlaine bleibt eine problematisch subjektive Geste. Unverhüllt gestaltet G. → Heym die negativ dämonisch gewordene Welt, malt in strenger, an St.George geschulter Form, bes. die Großstadt, die nicht mehr Gipfel der Moderne ist (Verhaeren, A.Holz), nicht mehr Material neuer künstlicher Reize (Baudelaire), sondern das Unheimliche, Verderbliche, den Menschen Erdrückende schlechthin. Der Expressionismus steht in der Spannung zwischen seelischem Aufschwung und der Neigung zum Entarteten, Verwesenden, Unappetitlichen. Mit seinem Zusammenbruch treten die krassen Nihilisten auf, der junge G. → Benn, für den der Mensch nur noch das im physiologischen Dreck versinkende Schwein ist, oder der frühe B.Brecht, dessen Orge als schönsten Ort den Abort feiert, »weil drüber Sterne sind und drunter Mist«. Diese Kraßheiten aber können nicht durchgehalten werden; Benn wendet sich einer nebulosen Kosmik, Brecht dem Marxismus zu.

O.Frommel, Neuere dt. Dichter in ihrer religiösen Stellung, 1902 - Ders., Das Religiöse in der modernen L., 1911 - Ph.Witkop, Die dt. Lyriker von Luther bis Nietzsche I, (1910) 1925²; II, (1913) 1921² - E.Ermatinger, Die dt. L. seit Herder, 3 Bde, (1921) 1925² - G. Müller, Gesch. des dt. Liedes vom Zeitalter des Barock bis zur Gegenwart, 1925 - C.Schröder, Gott u. Seele in der jüngsten kath. L., 1927 - Ders., Kath. L. der Gegenwart, 1929 - Joh.Schomerus-Wagner, Dt. kath. Dichter der Gegenwart, 1950 - A.Closs, Die neuere dt. L. vom Barock bis zur Gegenwart (in: Dt. Philologie im Aufriß, hg.v. W.Stammler, Bd II, [1953] 1956², 134-142) - H. Friedrich, Die Struktur der modernen L., 1956 - J.Klein, Gesch. der dt. L., 1957.
O.Mann

Lysius, *Heinrich,* * 24.10.1670 in Flensburg, † 16.10. 1731 in Königsberg, wurde auf Veranlassung → Speners und → Franckes 1702 Inspektor und Direktor der königlichen Schule (Collegium Fridericianum), zugleich Prof. an der Universität → Königsberg, 1715 Hofprediger, 1717 auch Mitglied des Konsistoriums. In leidenschaftlichen Kämpfen gelang es ihm, den Pietismus in Königsberg zu einer beherrschenden Macht zu machen.

G.Zippel, Gesch. des Kgl. Friedrichskollegium zu Königsberg, 1898 - W.Borrmann, Das Eindringen des Pietismus in die ostpreuß. Landeskirche (Diss. Königsberg), 1913 (Lit.) - G.Sommerfeldt, Die Übertragung des Pietismus von Halle/S. nach Löbenicht-Königsberg (ZKG 34, 1913, 106-110; 36, 1915/16, 123-153; 37, 1918, 443 bis 463) - P.Konschel, Die ev. Kirche Ostpreußens im 18.Jh., 1925.
H.Hohlwein

M

Maaßen, *Friedrich,* Kirchenrechtshistoriker, * 24.9. 1823 in Wismar, † 9.4.1900 in Innsbruck, wirkte als Prof. des römischen und (seit Graz) Kirchenrechts in Pest (Budapest; 1855), Innsbruck (1855), Graz (1860) und Wien (1871). M. hat die Erforschung der »Geschichte der Quellen und der Literatur des canonischen Rechts im Abendlande bis zum Ausgang des MA« mit dem allein erschienenen 1. Bd seines so betitelten Hauptwerkes (1870) grundgelegt und für die Zeit bis zur Mitte des 9.Jh.s zugleich in der Hauptsache auch schon vollendet. Kirchlich stand der 1851 kath. gewordene M. zeitweilig den → Altkatholiken nahe.

Vf. ferner u.a.: Neun Capitel über Freie Kirche u. Gewissensfreiheit, Graz 1876; Concilia Aevi Merovingici (MG Leges III/1), 1893. - Über M.: DDC VI, 687ff - N.Grass, Österr. Kanonistenschulen aus drei Jh.en (ZSavRG Kan. Abt. 41, 1955, 300-345).
H.Barion

Maastricht (Mosae traiectus), nach Zerstörung Tongerns im Hunnenkrieg (451) Bischofssitz, im beginnenden 8.Jh. nach → Lüttich verlegt. Namhafte Bischöfe waren → Amandus, Lambert und der hl. → Hubertus.

Hauck I, 325ff - Vitae Landiberti (MG SS rer. Merov. VI, 1913, 299ff; dazu VII, 1920, 849).
F.Flaskamp

Mabillon, *Jean,* * 23.11.1632 in St. Pierremont b. Reims, † 27.12.1707 in St. Germain-des-Prés b. Paris, wurde 1653 → Mauriner (zuerst in Reims, seit 1664 in St. Germain-des-Prés) und bald deren führender Historiker, unterstützt von d' → Achery und → Ruinart. Von der Geschichte der → Benediktiner aus kam er zur Erforschung des gesamten MA und entwickelte daran die bis heute maßgebenden methodischen Grundsätze. Die historischen Hilfswissenschaften der → Diplomatik, → Paläographie und → Chronologie (: I) wurden von ihm geschaffen. An der Augustinausgabe der Mauriner (Paris 1687-1700) hatte er starken Anteil und edierte die Werke → Bernhards von Clairvaux (Opera omnia, 1667; De Consideratione, 1701). In den Streitigkeiten seiner Zeit war M. Wortführer der Mauriner, Anwalt der Jansenisten (→ Jansenismus) und Zielscheibe der → Jesuiten.

Vf. u.a.: Acta Sanctorum ordinis S.Benedicti I-IX, 1668-1701; Vetera Analecta (Berichte über Reisen u. Urkundenfunde aus Frankreich, Italien, Deutschland) I-IV, 1675-85; De re diplomatica libri VI, (1681, dazu Supplementum 1704) 1709² (method. Hauptwerk); De liturgia Gallicana, 1685; Traité des études monastiques, 1691 (lat. 1702 u. 1705; gegen → Le Bouthillier de Rancé, der die wissenschaftl. Beschäftigung für widermönchisch erklärt hatte); La mort chrétienne sur le modèle de celle de notre Seigneur Jésus-Christ..., 1702; Annales Ordinis S.Benedicti I-IV, 1703-07, fortges. v. R.MASSUET (V, 1713) u. E.MARTÈNE (VI, 1739); Ouvrages posthumes de M. et Ruinart I-III, ed. V.THUILLIER, 1724. - Über M.: E.DE BROGLIE, M. et la société de l'abbaye de St. Germain-des-Prés I. II, 1888 - R.C.KUKULA, Die Maurinerausg. des Augustinus I-IV (in: SAW 121. 122, 1890; 127, 1892; 138, 1898; über M. bes.: 121, 1890, 5. Abh., 85ff) - S.BÄUMER, J.M., 1892 - J.M.BESSE, Les études ecclésiastiques d'après la méthode de M., 1902 - RE XII, 30ff - L.DELISLE, Dom J.M., sa probité d'historien (Archives de la France monastique 5, 1908, 93ff) - PH.DENIS, M. et sa méthode historique, 1910 - Mémoire justificatif sur M. et son édition des Acta Sanctorum Ordinis S.Benedicti, 1910 (darin bes. P.DENIS u. F.CABROL) - DThC IX/2, 1425ff (vollst. Bibliogr.) - J.U.BERGKAMP, Dom J.M., Washington 1928 - T.RUINART, M., Paris 1933 - EC VII, 1737f. *M.Schmidt*

Maccovius (Makowski), *Johannes* (1588-1644), ref. Theologe, * in Polen, Schwager → Rembrandts, studierte in → Franeker, wurde dort 1614 PDoz., 1615 Prof. Als Vorkämpfer des strengsten scholastischen Calvinismus (Supralapsarismus, → Prädestination: III) geriet er in Streitigkeiten mit seinen Kollegen → Lubbertus und → Amesius. Sein Lebenswandel war nicht untadelig.

Vf. u.a.: Collegia Theologica, 1641³; Loci communes, 1650; M. redivivus sive manuscripta eius typis exscripta, 1650. - Über M.: J.HERINGA, De twistzaak van ... J.M. (Arch. voor kerkel. gesch., 1831, 503-664) - A.KUYPER JR., J.M., 1899 - RE XII, 36ff. *W.F.Dankbaar*

Macedonius I. *von Konstantinopel,* 335 Gegenkandidat des Bischofs Paulus, nach dessen Verbannung 342 Bischof. Als Paulus 346 zurückkehrte, hatten sie bis 356 (erneute Verbannung und Tod des Paulus) das Bistum gemeinsam inne, wobei Paulus von den Nicänern, M. von den Homöusianern (→ Arianischer Streit) unterstützt wurde. Von 357-60 verfolgte M. die Nicäner und die Novatianer (→ Novatian); 360 wurde er von der Synode von Konstantinopel abgesetzt und durch → Eudoxius ersetzt. Bald darauf starb er. M. erhöhte das Ansehen von Konstantinopel, indem er Bischöfe in Kleinasien weihte und Reliquien des hl. Andreas erwarb. - Nach 383 wurden die Pneumatomachen (→Trinität: III) Makedonianer genannt.

W.TELFER, Paul of Constantinople (HThR 43, 1950, 31-92) - PW XXI/1, 1951, 1066ff (Pneumatomachoi). *H.Chadwick*

Macfarland, *Charles Stedman* (12.12.1866 bis 26.10. 1956), amerikanischer kongregationalistischer Theologe, * in Boston. Zunächst Pfarrer in Malden (1900) und South Norwalk (1906), bemühte sich M. als Generalsekretär des Federal Council of the Churches of Christ in America (1911-30) um die Einigung der Christenheit und die Entfaltung einer völkerversöhnenden internationalen Ordnung. Er war an der Gründung der Weltallianz zur Herbeiführung internationaler Freundschaft (1914) und an der → Friedensbewegung (1916) beteiligt und vertrat auf insgesamt 23 Reisen nach Europa diese Gedanken innerhalb der Kirchen und vor allen maßgeblichen Staatsmännern. Mit → Söderblom und dem Schweizer Präsidenten Herold bereitete er 1919 die Internationale Konferenz für Praktisches Christentum vor. In Genua (1920) und Stockholm (1925; → Ökumenische Bewegung, 3) gehörte er der amerikanischen Delegation an. Auch im Ruhestande war er unermüdlich um Aussöhnung bemüht, zB in Gesprächen mit Hitler über die Judenfrage und den Kirchenkampf, aber auch im Kampf zwischen Staat und Kirche in Mexiko.

Vf. u.a.: Across the Years (Selbstbiogr.), 1936 (Bibliogr.); Christian Unity in the Making, 1948. - Über M.: R.H.WALLAU, Die Einigung der Kirche, 1925, 115ff - ROUSE-NEILL II, 1958 (s. Reg.). *H.Hohlwein*

Machiavelli, *Niccolò,* * 3.5.1469 in Florenz, † 22.6. 1527 ebd. Seit 1498 Sekretär der zweiten Kanzlei und des Rates der Zehn in Florenz und mehrmals als Diplomat verwendet, mußte M. nach der Rückkehr der Medici den Staatsdienst aufgeben (1512). Er gewann zwar 1519 ihre Gunst, doch gaben sie ihm nur relativ unbedeutende politische Aufträge. In den sieben Jahren völliger Zurückgezogenheit schrieb er »Il Principe« und die »Discorsi sopra la prima Deca di Tito Livio«, Wegweiser für das ohnmächtige → Italien zu Stärke und Unabhängigkeit (Erstdrucke 1532 bzw. 1531). Im vollen Bewußtsein der Neuartigkeit seines Vorhabens behandelt M. die zur Begründung und Erhaltung jeder Art von Herrschaft gebräuchlichen Mittel allein unter dem Aspekt ihrer Aussichten auf Erfolg in einer Welt, in der jeder nur sittlich einwandfrei handelnde Regent an der Verderbtheit der Menschen scheitern müßte. Zur Erhaltung des Staates bedarf es vor allem der »virtù«, einer rational gelenkten, den rechten Augenblick nutzenden Tatkraft. Intakt bleiben kann ein Staat ferner nur mittels Pflege der Religion. Das Christentum könnte staatserhaltend wirken, wenn man beachtete, daß es zuläßt, das Vaterland zu lieben und zu verteidigen. In der Form der Demutspredigt und Weltverachtung erscheint es M. politisch untauglich. Seine politischen Grundgedanken exemplifiziert M. an der Geschichte seiner Vaterstadt in den 1520-25 verfaßten, Papst Clemens VII. gewidmeten »Istorie fiorentine« (Erstdruck 1532).

Werke hg.v. G.MAZZONI u. M.CASELLA, Florenz 1929; hg.v. F.FLORA u. C.CORDIÉ, bisher 2 Bde, Mailand 1949/50. - Über M.: P.VILLARI, N.M. e i suoi tempi, (3 Bde, Florenz 1877-82) 2 Bde, Mailand 1927⁴ - U.SPIRITO, M. e Guicciardini, Florenz 1944 - R. RIDOLFI, Vita di N.M., Rom 1954 - F.CHABOD, M. and the Renaissance, London 1958 (Lit.) - G.SASSO, N.M. Storia del suo pensiero politico, Neapel 1958. *E.Hassinger*

Machpela → Hebron.

Macht

I. Religionsgeschichtlich - II. Macht im Urchristentum - III. Ethisch - IV. Macht und Herrschaft, soziologisch

I. Religionsgeschichtlich

Die M. hat in der religionswissenschaftlichen Theoriebildung seit der Veröffentlichung eines Briefes des unter den Melanesiern wirkenden Missionars R.H.Codrington an Max → Müller (1878) eine große Rolle gespielt. Je nachdem man versucht hat, im → Animismus, → Hochgott- oder → Mana-Glauben die Urform der → Religion zu finden, ist die M. verschieden gedeutet worden. In RGG² (vgl. RegBd, Systematische Übersicht) wie bei van der → Leeuw wird der M.glaube (auch unter dem Namen »Dynamismus«) noch als religiöses Urphänomen an den Anfang der Entwicklung gestellt. Religionspsychologisch und religionsphilosophisch hat man diese Ansicht unter Berufung auf die These R. → Ottos vom → Numinosen weiter zu begründen versucht. N. → Söderblom, der auch das → Heilige als einen Hauptbegriff der Religion erkannt hat, ist mehr ethnologisch orientiert und rechnet mit allen oben genannten »Wurzeln« der Religion. Seine Darstellung der M. in RGG² ist deshalb sehr aufgeschlossen für verschiedene Aspekte der M. und kann im wesentlichen noch heute als Einleitung in die Fragestellungen dienen.

Untersucht man näher die Wesen und Dinge, die als »mächtig«, → Tabu, Mana, Wakonda, Manitu, Orenda (s.u.) bezeichnet werden, so haften diese Bezeichnungen teils an dem Neuen, Unerwarteten, Staunenerregenden oder auch Fremden, an ungewöhnlich geformten Gegenständen und außerordentlicher, menschlicher Begabung, teils an Erscheinungen, die ständig wiederkehren, aber doch stets Schrecken verursachen oder Ehrfurcht wecken, oder die als geheimnisvoll und bedeutsam empfunden werden, wie → Geburt, → Tod, → Krieg, → Mysterien, Mysteriengeräte, → Zaubersprüche usw. Bes. findet sich die M. bei dem Häuptling (→ Königtum, sakrales, 7) und dem Schamanen (→ Schamanismus), dem → Medizinmann. - Man unterscheidet in der Regel zwischen einer guten und einer bösen M. Im östlichen Zentral- → Australien bei dem Arandastamm hat die schädliche M. einen eigenen Namen, Arunkulta. Die wohltätige magische Kraft überwiegt in den Mysteriengeräten, den Tjurunga (→ Schwirrholz).

Codrington behauptete 1891, die M. (→ Mana) in → Melanesien rühre immer von einer Person her: Geister hätten sie und gewisse Menschen. In Wirklichkeit aber kommt M. auch in Gegenständen, → Steinen, Zaubergesängen usw vor, ohne von einem Geist hergeleitet zu werden. Das Sumangat auf Malakka, das Tendi oder Tondi bei den Batak ist eine Lebenskraft oder ein Kraftstoff (→ Leben) und offenbart sich im Schatten, im Puls, im → Blut, in der Nabelschnur, in der Nachgeburt (→ Geburt), im → Haar, in den Nägeln, im → Speichel, in den Tränen usw. Es ist die gleiche Kraft, die sich in Tieren und Pflanzen sowie in dem Hauptnahrungsmittel, dem Reis, findet. Bes. ist zu beachten, daß der M.stoff im Reis den gleichen Namen trägt wie die M. bei den Menschen (vgl. → Fruchtbarkeit).

Bisweilen sieht es aus, als ob alle → Geister, Menschen und Tiere die M. besäßen. Alle Menschen bei den Aranda-Loritja-Stämmen in Zentral-Australien haben ihre tjurunga. Nach den Irokesen besitzt jeder Mensch, jedes Tier und Ding Orenda (M.). Ähnlich das hasina der Madagassen. Bei den Thonga an der Ostküste Südafrikas scheinen alle Toten mit M. begabt zu sein. Bei den Tschi-sprechenden Negern an der Westküste Afrikas verdankt das Individuum seine Kraft dem Kra. Bei solcher Vorstellung erklärt man den Sieg eines Stammes über einen anderen oder die Überlegenheit eines Medizinmannes oder → Zauberers über einen Nebenbuhler, überhaupt die Übermacht eines Individuums über ein anderes aus der größeren M. des einen, welche die M. des anderen überwinde. Gewöhnlicher ist die Vorstellung, daß die M. einigen Seelen, Menschen, Tieren und Gegenständen im Unterschiede von anderen eigen ist. Bes. große, kräftige oder sonst mysteriöse Dinge, Tiere und Menschen werden bei den Siouxindianern Wakonda genannt. → Sonne, Donner, Blitz (→ Gewitter), → Sterne, → Winde, die Zeder, der Schamane, die mythischen Ungeheuer der → Erde, der Luft und des → Wassers (→ Drache), die Fetische (→ Fetischismus) und die Geräte und Schmucksachen, die zu den hl. Zeremonien gehören, sind Wakonda. Das → Pferd heißt Wakonda-Hund = ein bes. großer, kräftiger, merkwürdiger Hund. Von den Melanesiern werden die Verstorbenen angebetet, die schon zu Lebzeiten durch Tüchtigkeit und Erfolg oder nach dem Tode durch geheimnisvolle Wirkungen gezeigt haben, daß sie Mana besitzen. Bei den Wedda auf Ceylon entscheidet man durch besondere Zurufe und Experimente, ob der Verstorbene M. besitzt und somit ein Yaka ist. Ähnlich bei sibirischen Stämmen usw (→ Totenverehrung: I). - Die Echtheit von Reliquien wurde so untersucht, daß man sie zu einem Kranken oder Toten brachte: die richtigen wirkten sofort, nicht mit M. begabte Knochen und Holzstücke blieben ohne Wirkung.

Wie entsteht die M.? Sie kann angeboren sein: einige Menschen besitzen von Geburt besondere Merkmale und Eigenschaften, die eine geheimnisvolle Fähigkeit bedeuten. Andere erhalten die M. durch ein wunderbares → Erlebnis im → Traum oder Wachzustand. Der → Indianer hat seine → Vision. Bes. gesteigert wird die Heiligkeitskraft beim Manne während des Krieges, auf der Jagd und beim Fischfang (→ Jäger), bei der → Frau in der → Schwangerschaft. Man kann die mysteriöse Kraft auch durch Lernen und Übung erwerben oder stärken und mehren. Die → Medizinmänner lehren ihre Schüler die Kraftsubstanz erlangen und die Zaubertechnik üben. Durch Einsamkeit an öden Plätzen, durch → Fasten, Kasteiungen und narkotische Mittel (→ Rausch) macht man sich für das übernatürliche Erlebnis oder die M. empfänglich. → Askese erzeugt »Hitze«, wie die Melanesier in Ostasien, die Eweleute in Afrika und die alten Inder die Zauberkraft nennen. Der Schamane, der Besitzer der übernatürlichen M., muß sich abmühen und anstrengen.

Worin besteht die M.? Es liegt nahe, diese außerordentliche Kraft mit der Elektrizität zu vergleichen, die auch sowohl gefährlich als nutzbringend ist. Aber von einem das Dasein durchdringenden Fluidum oder Stoff kann man nicht reden. Die betreffenden Worte bezeichnen ursprünglich vielmehr entweder die Gegenstände und Wesen, welche M. besitzen, oder Eigenschaften, welche sie haben. Auch muß festgehalten werden, daß die M.-vorstellung natürlich nicht überall identisch ist, sondern bei den betreffenden sog. → Naturvölkern, in verschiedenen Kulturkreisen und auf den einzelnen Entwicklungsstufen verschieden ist. Die betreffenden Worte, welche das Ungewöhnliche, Mysteriöse oder Kräftige bezeichnen, wurden oft mit »Geist« oder »göttlich« übersetzt. Die Sprache faßte eine Reihe von einzelnen Erscheinungen unter der gleichen Bezeichnung des Seltsamen zusammen. Für die primitive Auffassung ist das betreffende Ding oder Wesen das, was ihm später nur als eine mit anderen Dingen oder Wesen gemeinsame Eigenschaft zugeschrieben wird. Manitu der Algonkins ist öfters mit »Geist« oder »der große Geist« übersetzt worden und hat freilich nicht selten einen persönlichen Anstrich. Aber nicht nur mythische Wesen, Geister, göttliche Mächte, Menschen, Tiere und Gegenstände heißen Manitu, sondern es wird vom Medizinmanne gesagt, daß er Manitu hat und Manitu gegen seinen Feind richtet. Auch Wakonda bei den Siouxindianern hat einen persönlichen Sinn, und zwar wird dadurch der → Urheber oder Urvater der Mysteriengebräuche bezeichnet, aber eigentlich ist Wakonda »ein großes Mysterium«. (Mc Gee). In → Indien wird der primitive Ausdruck für die M. in eine neutrale und in eine persönliche Linie gespalten. Das neutrale Brahman bezeichnet die übernatürliche M. der hl. → Formel, des Opferliedes, des Priesters und wird im entwickelten Denken zum Grundwesen des gesamten Daseins. Der persönliche Gott, Brahma, Schöpfer und Erhalter des Weltalls, hatte und hat im indischen Kultus unvergleichlich weniger zu bedeuten als die Volksgötter der Vedareligion (→ Vedische und brahmanische Religion) und des → Hinduismus, zeigt aber die auch bei den Primitiven, in Manitu, Wakonda, Nzambi, Molungu, Tilo (Zentral-, Ost- und Südafrika) usw vorhandene Verbindung zwischen dem Urheber oder Schöpfergott und der geheimnisvollen, in Wesen und Gegenständen vorhandenen M.

In der M.vorstellung wurzeln Zauberei und → Magie sowohl als Religion, Ehrfurcht vor dem Heiligen, Anbetung.

Soweit Söderblom. Wie aktuell seine Auffassung der M. noch heute ist, zeigt ein Vergleich mit der Darstellung von J.Haekel in dem neuesten »Lehrbuch der Völkerkunde« (hg.v. L.Adam und H.Trimborn, 1958). Dort faßt Haekel, ein kritischer Anhänger der → Kulturkreislehre, folgendermaßen zusammen: »Wenn auch diese M.

als außerordentliche Wirksamkeit in Naturdingen, Örtlichkeiten, Riten und Menschen innewohnend gedacht wird, so gilt sie letzten Endes - was sehr wesentlich ist - als Emanation oder Manifestation persönlicher höherer Wesen. Sie kann also einen unpersönlich-sachlichen und einen personalen Aspekt haben. Die Geltung des M.glaubens in den Religionen darf jedoch nicht überschätzt werden« (48; reiche Lit.). Haekel sucht die Fragestellung persönlich-unpersönlich zu überwinden, indem er die M. als Merkmal der → Erscheinungsformen der Gottheit (»Hierophanien« sind »Kratophanien«) ontologisch auffaßt: die M. ist wirklich, wirksam und fruchtbar.

RGG[3] III, 1811ff (ältere Lit.) - ELIADE §§ 7ff - DERS., Puissance et Sacralité dans l'Hist. des Religions (ErJb 21, 1953, 11-44) - VAN DER LEEUW §§ 1ff - J.HAEKEL (s.o.). † *N.Söderblom (C.-M.Edsman)*

II. Im Urchristentum

Im Urchristentum bedeutet M. (ἐξουσία) zunächst die Freiheit zu bestimmen und zu verfügen, als ein von Menschen oder Gott zugebilligtes Recht (zB Röm 9, 21; 1Kor 7, 37; Apk 13, 5), dann die von Menschen oder Gott verliehene Befugnis und Autorität (zB Apg 9, 14; Joh 19, 10f; Mk 11, 27ff; Mt 28, 18; Apk 12, 10; 2, 26), seltener die kraft besonderer Stellung ausgeübte herrscherliche Gewalt (bes. im LkEv) oder auch den M.bereich (LkEv; Kol; Eph). In dem von Paulus übernommenen, durch Begriffe der römisch-hellenistischen Rechts- und Verwaltungspraxis stark mitbestimmten jüdischen Traditionsstück Röm 13, 1-7 sind ἐξουσίαι (Singular gleichbedeutend) die vorfindlichen Justiz- und Verwaltungsbehörden, nicht der Staat an sich, auch nicht die Obrigkeit im umfassenden Sinn. Von Völkerengeln (im NT nicht belegt) oder dämonischen Gewalten (nach apokalyptischem und gnostischem Vorbild 1Kor 15, 24; Kol; Eph; 1Petr, jeweils in christologischen Stücken) ist in diesem auch in seiner theologischen Begründung »jedermann« geltenden und verständlichen, erst durch den Kontext eschatologisch interpretierten Text keine Rede. Synkretistischer Herkunft ist die Bedeutung von M. als auf göttlicher Begabung beruhendem Vermögen (vgl. δύναμις) und als daraus resultierendem Recht des Pneumatikers (zB Mk 1, 22; 1Kor 9, 4ff; 8, 9). 1Kor 11, 10 ist ἐξουσία wohl als vor Engeln schützendes M.mittel verstanden.

A.STROBEL, Zum Verständnis von Röm 13 (ZNW 47, 1956, 67 bis 93; Lit.) - BAUER, WB[5] 550ff (Lit.) - E.KÄSEMANN, Röm 13, 1-7 in unserer Generation (ZThK 56, 1959, 316-376, bes. 351ff). *D.Georgi*

III. Ethisch

1. Übertragene M. - 2. Unmittelbare M. - 3. Theologisches Verständnis

1. Staatsmännern und Obrigkeitspersonen ist eine bestimmte, gesetzlich definierte öffentliche M. (Amtsgewalt) über andere Menschen übertragen, um das Leben der → Gesellschaft zu regulieren und um Personen oder Gruppen gegenseitig vor Übergriffen zu schützen. Im abendländischen Kulturkreis hat sich die Auffassung der M. als eines öffentlichen und politischen Phänomens in doppelter Hinsicht gewandelt: a) In der vordemokratischen Gesellschaft gehörte die M. allein in die Hände einer Mehrheit von Regierenden und nicht in die Hände eines einzelnen Untertanen. Es galt daher als etwas Verwerfliches, wenn eine einzelne Person im öffentlichen Leben eine Initiative ergriff, die außerhalb ihres Amtes oder Gewerbes lag. In der demokratischen Gesellschaft dagegen haben gemäß dem Gedanken der Volkssouveränität alle an der M. teil und sind somit mitverantwortlich dafür, wie die M. von den Regierenden gebraucht wird. Das bedeutet nicht, daß alle gleich große M. und → Verantwortung haben. Auf Grund des Volksvertretungssystems der demokratischen Verfassung (→ Staatsformen) ist die M. und Verantwortung der Volksvertreter teils größer als die der Wähler, teils ist die Möglichkeit des einzelnen Bürgers, die → öffentliche Meinung zu beeinflussen, je nach Befähigung und Stellung verschieden. - b) Im Feudalstaat waren Besitz (→ Eigentum) und Reichtum Privilegien, die zur Ausübung der öffentlichen und politischen M. notwendig waren. Nur wer als Obrigkeitsperson M. hatte, konnte sich daher, unter Ausnutzung seiner Privilegien, der Unterdrückung schuldig machen. Anders in der kapitalistischen Gesellschaft (→ Kapitalismus): hier verleiht Reichtum M., und zwar eine rein private M. Der Industrialismus (→ Industrie) ermöglichte Einzelpersonen lediglich infolge ihrer rein ökonomischen M. und ohne an der Staats-M. beteiligt zu sein, Mitbürger zu unterdrücken.

2. M. ist indessen nicht nur ein öffentliches oder politisches Phänomen, sondern wegen der Verflochtenheit der menschlichen Beziehungen ist jedes Verhältnis zwischen Menschen auf *unmittelbare* Weise ein M.verhältnis. Viele Bezirke unserer gegenseitigen Beziehungen können daher von Gesetz und Rechtsprechung nicht erfaßt werden und sollen dies auch nicht. Mißbrauch der M. kann nämlich nur dann gesetzlich erfaßt und zum Gegenstand der Rechtsverfolgung gemacht werden, wenn er objektiv konstatierbar ist. Doch wirkt sich der sachlich nicht konstatierbare, daher gesetzlich nicht erfaßbare und geschichtlich nicht verfolgbare M.-Mißbrauch nicht weniger zerstörerisch aus.

3. *Theologisch verstanden* gehört jede M., die es gibt und die Menschen aufeinander ausüben können, Gott. Sie ist dem Menschen verliehen, damit er mit ihrer Hilfe das Leben des anderen Menschen schütze, das ihm ausgeliefert ist. Die M. der Obrigkeit im Volke, die M. der Eltern über ihre Kinder usw kann entweder im Gehorsam vor Gott und in seinem Namen ausgeübt werden, oder es ist eine M., die man sich angeeignet hat und nun so benutzt, als gehöre sie einem selber. Die M. ist daher in der Hand des Menschen durch die bestimmte und besondere Aufgabe begrenzt, um derentwillen er M. von Gott erhalten hat. Für die Obrigkeit etwa besteht sie u.a. darin, äußerliche Gerechtigkeit und Frieden, ohne die das Leben zugrunde gehen würde, zu bewahren. Daraus folgt, daß die Amtswalter der öffentlichen M. selber der Rechtsordnung unterstellt sind, um derentwillen ihnen die M. übertragen ist. Von Luther aus gesehen ist jede weltliche M. in ein kompliziertes M.gefüge eingebaut, um hemmungslose M.entfaltung zu verhindern. Die eine M. hält die andere in Schach. Die Ordnungen liegen für Luther nicht nebeneinander, sondern greifen ineinander über; so hat die M. der Obrigkeit ihren Ursprung in der der Eltern. - Die Folgerungen, die Luther und Calvin aus ihrem Verständnis vom Wesen der M. ziehen zu müssen meinten, wenn sie zB jedes → Widerstandsrecht abwiesen, hängen zusammen mit ihrer Akzeptierung der damals waltenden patriarchalischen Gesellschaftsauffassung und gelten infolgedessen nicht unter völlig anderen Gesellschaftsbedingungen, wie etwa den heutigen.

Eine grundsätzlich irreligiöse und enthumanisierte Auffassung der M. findet sich bei → *Machiavelli*. Der Fürst ist der M.virtuose, der Krieg zum Handwerk hat und die Regeln des M.spieles kennt. Selbst für den Fürsten, der keinen Wert auf seinen Ruf legt und daher nicht davor zurückschreckt, sich auf ruchlose Weise M. anzueignen, stellt Machiavelli technische Regeln zur Erwerbung und Wahrung der M. auf. Das Volk interessiert ihn nicht, nur der Kampf zwischen denen, die um

M. werben. Ruhe und Ordnung aufrechtzuerhalten, kann machtpolitisch opportun sein, aber es gehört für ihn nicht zum Amt des Fürsten. Überhaupt gibt es den Begriff »Amt« bei Machiavelli nicht, es geht nur um die M. um der M. willen.

F.LAU, »Äußerliche Ordnung« u. »Weltlich Ding« in Luthers Theol., 1933 - G.RITTER, (M.staat u. Utopie, 1940) Die Dämonie der M., 1948⁶ - DERS., Das sittliche Problem der M., Bern 1948 - P.TILLICH, Liebe, M., Gerechtigkeit, 1955 - K.E.LØGSTRUP, Die ethische Forderung, 1959, 30. 52ff. 99ff. *K.E.Løgstrup*

IV. Macht und Herrschaft, soziologisch

1. M. und H. als soziale Grundphänomene - 2. Typen und Formen der H. - 3. Soziale Funktionen von M. und H. - H. = Herrschaft

1. M. und H. sind die Grundkategorien jeder Analyse ganzer Gesellschaften und ihrer Zusammenhänge. In seiner Studie über den Gesellschaftsvertrag beklagt J.W. Gough, daß seit den griechischen Anfängen der Vertragsdiskussion zwei Dinge häufig vermischt worden seien: der eigentliche »Gesellschaftsvertrag«, durch den Menschen sich zu einer sozialen und politischen Einheit zusammenschließen, und der »H.svertrag«, durch den sie sich einer Befehlsgewalt unterwerfen. Soziologisch gesehen ist diese Vermischung nicht zufällig: → Gesellschaft bedeutet immer schon die Errichtung eines Zwangsverbandes, in dem sich einige der Befehlsgewalt anderer unterwerfen. Jede Gesellschaft ist H.sverband.

Hinsichtlich der Begriffe »M.«, »H.« und → »Autorität« berufen sich neuere Soziologen meist auf die in der Tat glücklichen Definitionen von Max → Weber (Wirtschaft und Gesellschaft, Kap. I, § 16): »M. bedeutet jede Chance, innerhalb einer sozialen Beziehung den eigenen Willen auch gegen Widerstreben durchzusetzen, gleichviel worauf diese Chance beruht. H. soll heißen die Chance, für einen Befehl bestimmten Inhalts bei angebbaren Personen Gehorsam zu finden.« An späterer Stelle (aaO 604) unterscheidet Weber weiter: »Einerseits die H. kraft Interessenkonstellation (insbesondere kraft monopolistischer Lage) und andererseits die H. kraft Autorität (Befehlsgewalt und Gehorsamspflicht).« M. ist also ein sozial willkürliches Verhältnis zwischen Menschen, auch Menschengruppen; H. begründet dagegen ein in verläßlichen Erwartungen verfestigtes, institutionalisiertes Verhältnis. Der Werkmeister, der den ihm Unterstellten Arbeitsanweisungen gibt, übt H. aus; verlangt er dagegen erfolgreich, daß sie ihm sein Motorrad reparieren oder Bier holen, so übt er M. aus.

Beide, M. und H., bestehen offenkundig in vielen Sozialverhältnissen; doch ist H. als Befugnis zur M.ausübung das eigentlich strukturelle Phänomen. M. kann in der Regel als Überschreitung der H.sbefugnis verstanden werden. In Ergänzung und Explizierung der Weberschen Definition läßt sich sagen: a) H.sbeziehungen sind immer Beziehungen der Über- und Unterordnung. b) Wo H.sbeziehungen bestehen, wird vom Übergeordneten sozial erwartet, daß er das Verhalten des Untergeordneten durch Befehle und Anordnungen, Warnungen und Verbote kontrolliert. c) Diese Erwartungen knüpfen sich an soziale Positionen unabhängig vom Charakter ihrer individuellen Träger; sie sind institutionalisiert. d) Aus diesem Grunde ist H. immer begrenzt auf »angebbare Personen« und »bestimmte Inhalte«; sie ist im Gegensatz zur M. nie generalisierte Kontrolle über andere. e) Bei Nichtbefolgung von auf H. beruhenden Anordnungen hat der einzelne Sanktionen zu gewärtigen; H. ist stets verbindlich.

In diesem Sinne sind alle sozialen Organisationen und Assoziationen »H.sverbände«: »Ein Verband soll insoweit, als seine Mitglieder als solche kraft geltender Ordnung H.sbeziehungen unterworfen sind, H.sverband heißen« (M.Weber, aaO § 16). Doch ragen in modernen Gesellschaften zwei H.sverbände wegen ihres besonderen Gewichtes für das Ganze der Gesellschaft hervor: der → Staat mit seinem Monopol physischen Zwanges in einem Territorium, und der wirtschaftliche → Betrieb, bes. der Industriebetrieb. Für historische Gesellschaften ist diesen vor allem der »hierokratische Verband« der Kirche hinzuzufügen.

2. Immer wieder haben Ethnologen von einfacheren Gesellschaften berichtet, es fehle in diesen an verfestigten H.sbeziehungen. Neuerdings behaupten auch Soziologen, die moderne Gesellschaft kenne H. eigentlich nicht mehr, diese hätte vielmehr der »Regierung des Gesetzes« (K.Renner) bzw. der »Beherrschung der Verhältnisse« (A.Gehlen) Raum gegeben. Hier liegt offenkundig eine Verwechslung der Begriffe M. und H. vor. Es läßt sich zeigen, daß die Tendenz entwickelter Gesellschaften immer stärker auf eine Ersetzung von M.beziehungen, also uneingeschränkter persönlicher Unterordnung (»absoluter« politischer Regimes, aber auch etwa der Dienstleistungsberufe alten Typs), durch H.sbeziehungen, also vertraglich begrenzte Unterordnung, hinzielt. So ist der Staatsbürger typisch zwar Beherrschter, aber nicht mehr Ohnmächtiger. Doch wird durch solche Entwicklungen die Wirklichkeit der H. nicht berührt: Auch der Mitbestimmungsbetrieb und der demokratische Staat sind H.sverbände. H. ist in diesem Sinne keine »historische«, sondern eine systematische Kategorie; dem Wandel unterliegen allein ihre Formen und Inhalte.

M.Weber hat eine Typologie der H. an Hand ihrer möglichen Legitimitätsgrundlagen, dh der sozial akzeptierten Begründungen ihres Rechtsanspruches, entwickelt. Er unterscheidet als reine Typen die »legale H.« aus »dem Glauben an die Legalität gesetzter Ordnungen«, die »traditionale H.« aus »dem Alltagsglauben an die Heiligkeit von jeher geltender Traditionen« und die »charismatische H.« aus »der außeralltäglichen Hingabe an die Heiligkeit oder die Heldenkraft oder die Vorbildlichkeit einer Person« (aaO Kap. III, § 2). Als Instrumente der Realanalyse bewähren diese Typen sich jedoch nur, wenn man ihre Mischung prinzipiell voraussetzt. Auch dann liegt in ihrer Unterscheidung nur ein Aspekt der Variabilität der H. in historischen Gesellschaften.

Wesentliche Unterschiede von H.sformen ergeben sich aus der Zahl der in gegebenen Verbänden zur Ausübung von H. Befugten. Nicht immer ist es ein einzelner oder ein kleiner Kreis, der das Recht hat, Anordnungen zu geben und Gehorsam zu erwarten. Gerade für moderne Gesellschaften ist vielmehr die Arbeitsteilung der H. kennzeichnend: H.sfunktionen werden in Kompetenzen aufgesplittert und an Funktionsträger - → Beamte, → Angestellte - delegiert. So entsteht der Verwaltungsstab moderner Betriebe und Staaten, der teilhat an der Ausübung von H., ohne ihr eigentlicher Träger zu sein. Damit wird es in entwickelten Gesellschaften schwierig, den Sitz der H. zu lokalisieren; es liegt nahe, mit D.Riesman von einer »amorphen Verteilung der M.« zu sprechen oder mit H.Schelsky anderen anonymen Kräften (»bürokratischen Großorganisationen«) die »eigentliche« H. zuzuschreiben. Solche Umschreibungen sind jedoch ungenau und nicht selten irreführend. Genauer ist es, davon auszugehen, daß der Verwaltungsstab eine Art Konstante in sich inhaltlich wandelnden H.sstrukturen moderner Staaten und Verbände ist, und dann zu fragen, welche sozialen Gruppen (→ »Klassen«) den Bürokratien ihre

Impulse geben: Von den Parteieliten totalitärer Staaten über die wirtschaftlichen Führungsgruppen kapitalistischer Gesellschaften bis zu den konkurrierenden Verbänden, »Lobbies« und »Veto-Gruppen« der nachkapitalistischen Welt eröffnen sich hier zahlreiche Möglichkeiten. - In die Tendenz der Ersetzung von M. durch H. gehört das demokratische System der H. auf Zeit, dh der regelmäßigen Bewährung der herrschenden Gruppen in allgemeinen Wahlen. Auch von diesem Aspekt her lassen sich Formen der H. unterscheiden, zu deren Bezeichnung man die alte Dreiteilung in Monarchie, Aristokratie, Demokratie verwenden mag (→ Staatsformen).

Die Rede von M. und H. und die Klassifizierung ihrer Formen muß für den Soziologen unbefriedigend bleiben, solange die Richtung ihrer Ausübung unbekannt ist. Neben der Chance ist vor allem der Inhalt der Anordnungen von Bedeutung, die kraft persönlicher M. oder verfestigter H. erteilt werden. Hier ist der Begriff der H. untrennbar von dem des Interesses: H. (wie auch M.) ist stets eine Chance, bestimmte Interessen (Ziele, Programme) zu verwirklichen. Unter diesem Gesichtspunkt wäre eine Unterscheidung von H.sformen nach der sozialen Grundlage der involvierten Interessen wünschbar: H. auf Grund wirtschaftlicher (»Plutokratie«), religiöser (»Hierokratie«), militärischer, ausbildungsmäßiger (»Meritokratie«) und anderer Position. M.Weber und K.Renner haben Ansätze zu solchen Einteilungen geliefert.

3. Der Gegensatz von »H.« und → »Genossenschaft« (O.v.Gierke) ist eine der ältesten Antinomien des politischen Denkens. In der soziologischen Theorie findet dieser Gegensatz sich wieder; an ihm lassen sich die beiden Aspekte sozialer Strukturen und auch die beiden sozialen Funktionen von M. und H. deutlich machen.

Auf der einen Seite muß das H.sgefüge einer Gesellschaft als ihr erhaltendes Rückgrat gelten. In den Herrschenden findet die Integration des sozialen Systems ihren Ausdruck; die Staatsregierung, der Unternehmensvorstand repräsentieren das Ganze. H. ist in diesem Sinne das Instrument, »um die Mittel der Gesellschaft für die Erreichung von Zielen zu mobilisieren, für die eine allgemeine ›öffentliche‹ Verpflichtung besteht oder bestehen könnte« (T.Parsons). Paradox formuliert: In der als »Genossenschaft« (oder »Gemeinschaft«) verstandenen Gesellschaft ist die H.sstruktur der institutionelle Ausdruck des allgemeinen Grundconsensus.

Andererseits aber begründet H. den Zwangscharakter menschlicher Gesellschaften. Sie ist immer die H. einiger über andere und schafft daher (selbst in ihrer arbeitsgeteilten Form in modernen Gesellschaften) eine Kluft zwischen den Herrschenden und Beherrschten. Unter diesem Aspekt ist H. ein »Null-Summen-Begriff« (so T.Parsons über C.W.Mills' Begriff »power« in polemischer Absicht), dh ein Begriff, der eine soziale Dichotomie zwischen »Oben« und »Unten« konstituiert. Von hier aus wird die Annahme möglich, daß die H.sstruktur von Verbänden und ganzen Gesellschaften die letzte Ursache aller sozialen Konflikte abgibt. Jeder nicht bloß individuell motivierte Konflikt in der Gesellschaft ist eine Auseinandersetzung um H. in dem doppelten Sinne eines durch die ungleiche Verteilung der H. hervorgerufenen und nach einer Neuverteilung der H. drängenden Streites. Weil H. immer zugleich nötig und unerträglich, legitim und illegitim ist, wird sie zum Stimulus der Geschichte. Diese geschichtsträchtige Funktion der H. wird bes. eindringlich an Hand des alten Problems von M. und Recht in der → Revolution. Hier tritt dem Recht, also der H. des ancien régime, der noch rechtlose M.anspruch der Revolutionäre gegenüber; der Moment der Revolution aber vermag den rechtlosen M.anspruch in rechtmäßige H. zu verwandeln. Das Modell läßt sich verallgemeinern. Auch die institutionalisierte H. ist immer prekär, immer in Gefahr, zur illegitimen M. zu werden - wie umgekehrt jeder M.anspruch in sich den Keim einer neuen Form legitimierter H. trägt. Durch diese ihre innere Dialektik begründen M. und H. menschliche Gesellschaft als wesentlich geschichtliche Gesellschaft.

G.Mosca, Elementi di Scienza Politica, (1896) 1947[4]; dt.: Die herrschende Klasse, 1950 - R.Michels, Zur Soziologie des Parteiwesens in der modernen Demokratie, (1911) 1925[2] - M.Weber, Wirtschaft u. Gesellschaft (GdS III), (1922) 1956[4] - J.W.Gough, The Social Contract, (1936) 1957[2] - B.Russell, Power, 1938; dt. 1947 - C.Brinkmann, Soziologische Theorie der Revolution, 1948 - K.Mannheim, Freedom, Power and Democratic Planning, 1950 - D.Riesman, The Lonely Crowd, (1950) 1952[4]; dt.: Die einsame Masse, 1956 - J.K.Galbraith, American Capitalism. The Concept of Countervailing Power, 1952; dt. 1956 - A.R.L.Gurland (Hg.), Faktoren der M.bildung, 1952 - R.K.Merton (Hg.), Reader in Bureaucracy, 1952 - K.Renner, Mensch u. Gesellschaft, 1952 - V.Pareto, Allg. Soziologie (hg.v. C.Brinkmann), 1955 - C.W. Mills, The Power Elite, 1956 - R.Dahrendorf, Soziale Klassen u. Klassenkonflikt in der industriellen Gesellschaft, 1957; engl. 1959[2] - T.Parsons, The Distribution of Power in American Society (World Politics X/1), 1957 - C.J.Friedrich, Demokratie als H.s- u. Lebensform, 1959 - HWSW VII, 77ff (A.Gehlen) - G.Salomon-Delatour, Polit. Soziologie, 1959. *R.Dahrendorf*

Mackay, 1. *Alexander M.* (1849-90), schottischer Pfarrerssohn, Ingenieur, ging 1876 als einer der Pioniermissionare der CMS nach Uganda (→ Afrika: IV B, 2c), bewährte seine Fähigkeiten als Techniker, Lehrer und Bibelübersetzer und war vor allem überragend in missionarischer Umsicht und Standhaftigkeit beim Aufbau der Mission und in der blutigen Verfolgung unter König Mwanga. Er starb einsam nach Errichtung einer neuen Station in Usambiro.

A.M.M., Pioneer Missionary of the Church Missionary Society to Uganda. By his Sister, London 1890; dt. v. W.Baur, 1891 - J.W. Harrison, M. of Uganda, New York 1900 - J.V.Taylor, The Growth of the Church in Buganda, London 1958. *H.-W.Gensichen*

2. *John Alexander,* * 17.5.1889 in Iverness/Schottland, eine der führenden kirchlichen Persönlichkeiten beider Amerika und der → Ökumenischen Bewegung. Seit 1916 Missionar (1917 Gründung des Anglo-Peruvian College), später führend im CVJM, war er bis 1932 in Südamerika tätig. 1936-59 war M. Präsident des Princeton Theological Seminary, 1947-58 des → Internationalen Missions-Rates, 1948-54 des Verbindungsausschusses dieses und des Ökumenischen Rates der Kirchen, 1954-59 des → Reformierten Weltbundes. Er ist einer der Schöpfer der ökumenischen Formel »Laßt die Kirche Kirche sein«. 1944 gründete M. die Zeitschrift »Theology Today«.

Vf. u.a.: The Other Spanish Christ, London 1932; A Preface to Christian Theology, New York 1941; Christianity on the Frontier, ebd 1950. - Über M.: J.Harbison, M. of Princeton (Presbyterian Life, Sept. 15/Oct. 1, 1958) - E.J.Jurji (Hg.), The Ecumenical Era in Church and Society, New York 1959. *J.Margull*

Mackinnon, *James* (1860-1945), schottischer Historiker, Lecturer in Glasgow und St. Andrews, Prof. für KG in Edinburgh. Sein Buch »Luther and the Reformation« (4 Bde, 1925-30) machte das englische Publikum mit der ersten Phase der »Luther-Renaissance« bekannt.

Vf. ferner u.a.: Hist. of modern Liberty, 5 Bde, 1906-45; Artikel M.Luther in EBrit XIV[14], 1929, 491ff; Calvin and the Reformation, 1936; Origins of the Reformation, 1939; ferner Arbeiten zur schott. Gesch. - Biogr. fehlt. *D.Carter*

Maczynski, *Johann* (1520-70), polnischer → Antitrinitarier, war nach Studien in Wittenberg, Straßburg,

Paris und Zürich Sekretär des Fürsten Nikolaus Radziwill des Schwarzen, des einflußreichen Förderers der Reformation in Litauen und → Polen, später Notar der königlichen Kanzlei. M. gab 1564 das erste polnisch-lat. Wörterbuch heraus. 1569 ging er vom Luthertum zum Antitrinitarismus über.

Wielka Encykl. Powsz. XLVI, 1911, 684. - Vgl. zur Gesch. der poln. Antitrinitarier: A.STARKE, Zur Reformationsgesch. Polens (ThLZ 79, 1954, 595-602) - K.KREJČÍ, Gesch. der poln. Lit., 1958, 539f. *E.Peschke*

Madách, *Imre* (1823-64), ungarischer ev. Dichter. Sein Hauptwerk »Die Tragödie des Menschen. Eine dramatische Dichtung« ist eine farbenreiche geschichtsphilosophische Schau deistisch-seelsorgerlichen Gepräges. In dem sich immer neu gestaltenden Kampf zwischen Individualismus und Kollektivismus symbolisiert Adam den sich begeisternden, aber auch stets enttäuschten Idealisten, Lucifer seinen kalt-realistischen Wegweiser und Eva das lebensbejahende »Dennoch« der Frau.

GesW, 2 Bde, 1942. Neueste dt. Übers. der Tragödie v. J.MOHÁCSI, 1940. - Über M.: G.VOINOVICH, M. u. die Tragödie des Menschen, ung. 1914, dt. gekürzt 1935 - K.PRÖHLE, Die Sinndeutung des menschl. Daseins (ZSTh 16, 1939, 528-547) - J.BARTA, I.M., Budapest 1942. *I.Török*

Madagaskar. Von ernsthafter Mission in M. kann man erst nach dem prot. Einsatz zu Beginn des 19.Jh.s sprechen. 1818 kamen die ersten Missionare der → Londoner Mission (L.M.S.) zur Ostküste. Der Tod raffte 5 von den 6 hinweg; der Überlebende, David Jones, mußte sich nach Mauritius zurückziehen, kehrte aber i.J. 1820 zurück und drang bis zur Hauptstadt des Landes, Antananarivo, vor. In den folgenden Jahren übersetzten die Missionare der L.M.S. die Bibel ins Madagassische und lehrten verschiedene Handwerke. 1836 mußten alle Missionare auf Grund der harten Regierung der Königin Ranavalonas das Land verlassen. Die 25jährige Verfolgungsperiode (→ Märtyrer: III, 2) erreichte 1849 ihren Höhepunkt. Als M. 1861 dem Westen wieder zugänglich war, setzte ein förmlicher Wettlauf um den größeren Einfluß zwischen den Missionaren → Frankreichs (: IV) und → Englands (: IV) ein. Nach und nach gewann die L.M.S. an Boden; als die Königin mit ihrer Regierung 1869 offiziell den christlichen Glauben bezeugte, wurde die »Unabhängigkeit« der L.M.S. sozusagen »Staatsreligion«. Demgegenüber machte die Arbeit der Jesuiten bis zum Ende des 19.Jh.s nur verhältnismäßig kleine Fortschritte. - Die Möglichkeit eines neuen Anfangs lockte mehrere prot. Missionen nach M. Von 1864-74 wirkte die C.M.S. an der Ostküste; seit 1867 arbeitet auch die S.P.G. (→ Anglikanische Kirche: I, 1) in M. 1867 kamen englische → Quäker, 1866 die ersten Lutheraner, nämlich Missionare der Norske Misjonsselskap (N.M.S.; → Norwegen: III), die auf der südlichen Inselhälfte arbeiteten und sich nach und nach zur größten Mission auf M. entwickelten. 1888 folgten amerikanische Missionare der jetzigen Evangelical Lutheran Church und der luth. Freikirche; sie ließen sich im südlichsten Teil der Insel nieder. In der Zeit bis 1895 erlangte ein Schulpflichtgesetz besondere Bedeutung: Tausende von Kindern kamen in die Missionsschulen und die Eltern in die Gemeinden. - Nach der Eroberung M.s durch die Franzosen (1895) erreichte der Vormarsch der Katholiken seinen Höhepunkt. Es entbrannte ein heftiger Streit zwischen kath. und nichtkath. Mission. Man rief französische Protestanten herbei, und seither hat die Société des Missions Evangéliques de Paris einen bedeutenden Teil der Arbeit im Norden der Insel übernommen. Durch die neue Kolonialherrschaft wurde die Schularbeit radikal geändert und die ev. Mission stark in den Hintergrund gedrängt. Aber mit der Zeit paßten sich die Missionen den neuen Verhältnissen an und konnten in den ersten Jahrzehnten des 20.Jh.s kleinere Fortschritte verzeichnen. - Als eine Folge der Edinburgher Konferenz von 1910 (→ Internationaler Missions-Rat, 2) fand 1913 eine gemeinsame Konferenz aller ev. Missionen zur Einigung über die Zusammenarbeit statt. Dabei wurden die Grenzen zwischen den Arbeitsgebieten festgelegt und ein ständiges intermissionarisches Komitee gegründet; 1959 ging es im »Christian Council of M.« auf, der ein Mitglied des Internationalen Missions-Rates ist. - Schon früh setzte die Organisation der Kirche ein, zuerst bei der L.M.S., später auch bei den anderen Missionen; die große Zahl madagassischer Pfarrer spielte dabei eine nicht geringe Rolle. 1950 schlossen sich die Lutheraner zur »Fiangonana Loterana Malagasy« zusammen, einer Kirche, die aus 6 Regionalsynoden und 1 Generalsynode besteht; sie ist Mitglied des → Lutherischen Weltbundes. Verhandlungen mit dem Ziel, die drei ref. Kirchen in einer Kirche zu vereinen, haben noch zu keinem Ergebnis geführt. - Die kath. Kirche ist in M. in 13 Bistümer gegliedert, die anglikanische Kirche hat seit 1956 einen assistierenden Bischof. Von den 5 Mill. Einwohnern M.s stehen etwa 2 Mill. unter christlichem Einfluß (ca 1 Mill. Katholiken, 400 000 Lutheraner). - Von Zeit zu Zeit hat M. große → Erweckungen (: II) erlebt, bes. in den luth. Gebieten; sie haben für das geistliche Leben viel bedeutet. - Ein anderer für die Insel typischer Zug ist das reiche, vor allem auch theologische Schrifttum in madagassischer Sprache. Hier haben die L.M.S. und N.M.S. einen großen Teil der Arbeit geleistet.

W.ELISS, M. Revisited, London 1867 - G.MONDAIN, Un siècle de missions protestantes à M., Paris 1920 - P.LHANDE, Notre épopée missionnaire. Madagascar, 1832-1932, ebd 1932- A.S.BURGESS, Zanahary in South M., Minneapolis 1932 - Det norske misjonsselskaps historie IV: M., Stavanger 1949 - J.T.HARDYMAN, M. on the move, London 1950 - A.BOUDOU, M., La mission de Tananarive, Tananarive 1951 - Die luth. Kirchen in der Welt, hg.v. Luth. Weltbund, 1957. *F.Birkeli*

Madeba, Dorf mit griech. und lat. Gemeinde auf der Hochebene 20 km östl. vom Nordende des Toten Meeres, ist der moderne Nachfolger des biblischen mêdeba'. Im rubenitisch-gaditischen Kolonisationsgebiet gelegen (Jos 13, 9. 16), mußte der Ort auf die Dauer dem moabitischen Expansionsdrang zum Opfer fallen. Einen israelitischen (sic!) Sieg feiert ein altes Spottlied (Num 21, 30). Aber nicht erst Jes 15, 2 setzt moabitische Bevölkerung voraus, sondern schon → Mesa (Inschr. Zl. 8) rühmt sich um 840, die Israeliten vertrieben zu haben. Vielleicht sind aus 1Chr 19, 7 auch alte ammonitische Ansprüche zu erschließen. In der Makkabäerzeit wird M. wieder genannt als Besitz eines nabatäischen Clans (1Makk 9, 36; Josephus, Ant. XIII, 1, 2. 4), der nun ein Jh. unter hasmonäische Herrschaft gerät (Jos., Ant. XIII, 9, 1; 15, 4; XIV, 1, 4; Bell. I, 2, 6). Die Mischna (Miqv VII, 1) berichtet von einer jüdischen Gemeinde in der sonst heidnischen (Tyche-Münze Elagabals) Stadt. Ob Eusebius (On. 128, 19f und 104, 11; 112, 15f; 126, 5) schon von Christen dort weiß, steht dahin. Aber spätestens 451 ist M. Bischofssitz. Von der Bedeutung der Stadt legen die zahlreichen archäologischen Reste aus byzantinischer Zeit noch heute eindrücklich Zeugnis ab: Stadtmauer, Säulenstraße, Forum, Mosaikfußböden, Inschriften und vor allem ein gutes Dutzend Kirchen. - Berühmt geworden ist die sog. M.karte, ein auch künstlerisch hervorragendes vielfarbiges Mosaik, das seit dem Ende des 6.Jh.s den Fußboden der nördlichsten, am Wege zum Nebo (!) liegenden Kirche zierte und erst bei deren neuerlichem Wiederaufbau zum größten Teil zerstört wurde. Mit vielen, zT sehr spezifizierten Ortsvignetten, aber auch anderen bildlichen Darstellungen und LXX-Zitaten hat der Künstler, sich stark auf Eusebs Onomastikon und zT auf eigene Ortskenntnis stützend, den Schauplatz der hl. Geschichte anschaubar gemacht. Auch die Ortsnamen sind nicht selten durch Hinweise auf ihre biblische Bedeutung ergänzt. Der erhaltene Hauptrest reicht mit Unterbrechungen vom Nildelta bis in die Gegend von Sichem und enthält das topographisch bes. wertvolle Stadtbild des byzantinischen Jerusalem.

DACL X/1, 1931, 806ff - Dict. de la Bible Suppl. V, 1957, 627ff (aus dem Jahre 1953; jeweils ausführl. Lit.). - Dazu jetzt: M.Avi-Yonah, The M. Mosaic Map, 1954 (inhaltlich = Eretz-Israel II, 1953, 129ff [hebr.]) - K.Elliger, Noch einmal Beeroth (in: Mélanges A.Robert, Paris 1957, 82-94) - B.Bagatti, Il significato dei mosaici della scuola di M. (RivAC 33, 1957, 139-160) - V.R.Gold, The Mosaic Map of M. (BA 21, 1958, 50-71). *K.Elliger*

Madras (1938) → Internationaler Missions-Rat, 7.

Madruzzo *(Madrutsch), Christoph* (1512-78), aus Südtiroler Adelsgeschlecht, 1529 Domherr in Trient, 1536 auch von Salzburg, 1535 Domdekan, 1539-67 Fürstbischof von → Trient, seit 1542 auch von → Brixen, seit 1542 (in petto) bzw. 1545 Kardinal, 1555-58 kaiserlicher Statthalter in Mailand, lebte seit 1560 in Rom. Seine Freundschaft mit König Ferdinand, die ihm auch das Vertrauen → Karls V. einbrachte, und zugleich mit Alexander Farnese machte ihn für den Ausgleich zwischen der Kurie und den Habsburgern wie geschaffen; doch hat er auf dem → Trienter Konzil, auf dem ihm als Kardinal und Bischof der Konzilsstadt eine bedeutsame Rolle zufiel, eigentlich nur die Interessen des Kaisers vertreten und sich energisch, aber erfolglos *für* die Reform der Kirche und *gegen* die Verlegung des Konzils nach Bologna eingesetzt. In seinen Bistümern hat er die Reform angebahnt. Für eine wirklich große Rolle reichte seine Begabung nicht aus.

M.s umfangreiche Korrespondenz liegt im Stadtarchiv von Trient. Sein Traktat »De vertendis libris sacris in linguam vulgarem« ist gedruckt in: Concilium Tridentinum XII, 1930, 528ff. - Über M.: C.de Giuliani, C.M. (Archivio Trentino 20, 1905, 52-88) - A.Galante, La corrispondenza del card. C.M., 1911 - A.Monti, Filippo II e il Card. C.M. governatore di Milano (Nuova Riv. Storica 8, 1924, fasc. 2) - S.Weber, La presa di Milano e C.M. (Studi Trentini 6, 1925, 168ff) - v.Pastor V-VII, passim (s. Reg.) - M.Levri, La cappella musicale del M. e i cantori del concilio (Il concilio di Trento 2, 1942/43, 393-405) - Jedin I. II (s. Reg., bes. I, 450ff).

K.D.Schmidt

Mädchenschulwesen

1. Geschichte - 2. Allgemeinbildendes Schulwesen - 3. Berufsbildungswesen. - M. = Mädchen, Msch. = Mädchenschul(e). - Vgl. → Bildungswesen, → Lehrerbildung, → Lehrerinnen

1. Von einem eigenen, seiner besonderen Ziele und Aufgaben bewußten Msch.wesen kann man erst seit dem letzten Drittel des 19.Jh.s sprechen, so viele einzelne hochgebildete Frauen es in Europa vom MA bis in die erste Hälfte des 19. Jh.s auch gegeben hat (→ Frau: III B). Ein reicher gegliedertes M.bildungswesen entfaltet sich erst seit ca 1900. Es spiegelt in seinen Zielen und Berechtigungen die veränderte kulturelle, soziale und wirtschaftliche Lage der → Frau (: V) wider, ist dabei aber nicht nur wegen der Verschiedenheit der Lage in den Ländern, sondern mehr noch wegen einer gewissen Ratlosigkeit gegenüber dem raschen Bildungswandel in seinem pädagogischen Stil noch uneinheitlich.

Msch.n gab es zwar in manchen Städten schon seit dem MA; sie existierten aber jahrhundertelang nur als Winkelschulen. Auch → Luther hat in seinem »Sendschreiben« noch sehr bescheidene Ziele für die M.bildung aufgestellt. Die Forderung des → Tridentinums, für die M.bildung zu sorgen, hatte ein stärkeres Echo zur Folge. In den kath. Ländern entstand eine Fülle von Lehrorden und Vereinigungen, die zumeist mit der Unterweisung der Armen begannen, aber rasch auch die höhere Bildung pflegten und heute eine große Zahl von Bildungseinrichtungen betreuen. Sie mußten u.U. gegen zu enge kirchliche Bindungen kämpfen, wie die tapfere Mary → Ward, die Begründerin der → Englischen Fräulein. - Als sich nach 1800, zunächst noch vielfach auf dem Papier, aber seit 1850 wirksamer, in Europa die → Schulpflicht durchsetzte, hob sich allmählich auch das → Volksschulwesen für M. Noch 1853 legte die Kurhessische Schulordnung fest, daß Lesen, Biblische Geschichte, Katechismus und Gesang für M. zwar »notwendig«, Schreiben und Rechnen aber nur »nützlich« seien. In früheren Schulordnungen war sogar die Frage aufgekommen, ob es nicht gefährlich sei, die M. außer Lesen auch Schreiben zu lehren. Die Stimmen Einsichtiger, namentlich von Männern, vereinzelt aber auch von Frauen, die sich in Europa seit dem 16.Jh. zugunsten einer echten M.bildung erhoben hatten, verhallten ungehört. Gründungen wie die Msch. St. Cyr der Frau von Maintenon, angeregt durch → Fénelons Essay über M.erziehung, blieben wie A.H. → Franckes Gynäzeum Einzelerscheinungen und hatten keine lange Dauer. Nachhaltige Bestrebungen zur Hebung und Änderung der M.bildung setzten in Deutschland erst mit Louise Otto-Peters um 1848 ein. Bis dahin bestanden viele Privatschulen, meist Töchterschulen genannt, mit allen Vor- und Nachteilen dieser Schulart. Konzessionen, die die wissenschaftliche und moralische Eignung der Unterrichtenden verbürgten, wurden noch kaum verlangt. Obwohl sich in einzelnen Städten die Verwaltung, oft auf Initiative einzelner Frauen hin, der M.bildung angenommen hatte (Hannover gründete 1902 die erste höhere Msch.), gab es immer wieder Rückfälle. So bedeutete 1872 die Weimarer Resolution des Vereins für das höhere Msch.wesen mit der Zielsetzung, das M. sei »einzig dem Manne zu gefallen« zu erziehen, einen Rückfall in den Geist → Rousseaus. Das Verdienst dieser Konferenz lag in der Vereinheitlichung von Organisation und Lehrplan. Aber noch 1906 standen im preußischen Etat nur 345 000 Mark für Msch.n zur Verfügung, für Knabenschulen dagegen 14,5 Mill. Mark. Später als das Ausland und als andere deutsche Staaten gewährte Preußen auch den Frauen Zugang zur Universität (1908). - Da sich der Staat nur zögernd entschloß, Grundlegendes für die höhere M.bildung zu tun, griffen die Führerinnen der Frauenbewegung (→ Frau: V, 1 a), vor allem Helene Lange und Gertrud Bäumer, zur Selbsthilfe. Helene Lange gründete 1889 in Berlin Realschulkurse für M., die 1893 in Gymnasialkurse umgewandelt wurden; die ersten Schülerinnen legten nach 6 Jahren an Knabenschulen gute Examina ab. In vielen ihrer Veröffentlichungen betonte Helene Lange, daß die mütterlichen Kräfte der M. fürs Lebensganze gebildet werden müßten, daß ihre Schulung der männlichen gleichwertig, nicht gleichartig sein müsse, und zog aus diesem Grundsatz alle Konsequenzen für den Lehrkörper der höheren Msch. - Aber als die Reform begann, mußten sich die M. auf demselben Felde und in gleichen Formen bewähren wie die Knaben; die Jungenschule erschien weiterhin als das gültige Modell. Seit der Reichsschulkonferenz von 1920 gelten für Knaben und M. die gleichen Erziehungsgrundsätze, für M. abgewandelt im Hinblick auf ihre besonderen Aufgaben. So finden sich heute im M.bildungswesen dieselben Grundformen wie bei den Knaben. Die Erschütterung des Gewonnenen, die die nationalsozialistische Zeit mit ihrem Umbau des Bildungswesens nach »artgemäßen« Grundsätzen bes. für die M.bildung bedeutete, wurde nach 1945 durch Wiederanschluß an den Stand der Weimarer Zeit ausgeglichen.

2. Der *heutige Zustand* des M.bildungswesens ist nach Schultypen unterschiedlich. In der *Volksschule* wird für M. vom 3. Schuljahr ab Nadelarbeit und vielfach im Abschlußjahr Hauswirtschaft unterrichtet, während sich an Knabenschulen als Äquivalent Werkunterricht nur langsam durchsetzt. In der → *Mittelschule* ist die Situation ähnlich, auch dort gibt es auf Hauswirtschaft und weibliche Büroberufe bezogene Kurse und Fächer, die bes. für M. gedacht sind. Dieser Schultyp wird in Elternkreisen als Bildungsweg für M. bes. bevorzugt. (Das Statistische Jahrbuch der BRD von 1958 weist aus, daß von 1954-56 an der Mittelschule auf je 100 Knaben 117 M. kamen, an der höheren Schule auf je 100 Knaben nur 67 M.) Die *höhere Msch.* hat in den letzten drei Jahrzehnten die größten Veränderungen erfahren. Ende der 20er Jahre konnten die Nichtvollanstalten des *Lyzeums* (Grundschule plus 6 Jahre höhere Schule) selbständig oder auch Zubringerschulen für ein *Oberlyzeum* sein. Dieses endete nach drei weiteren Jahren mit der Reifeprüfung. Durch ein zusätzliches Jahr pädagogischer Ausbildung konnten M. die Lehrbefähigung erwerben. Diese Möglichkeit fiel mit der Durchsetzung der akademischen → Lehrerbildung fort. Das Schicksal der anderen Fortsetzung des Lyzeums, der ein-, zwei- oder dreijährigen *Frauenschule,* die sich die Erweiterung der Allgemeinbildung mit besonderer Betonung der weiblichen Anliegen zum Ziel gesetzt hat, ist noch heute nicht voll gesichert. M. mit wissenschaftlichen Neigungen und Fähigkeiten konnten sodann nach dem 7. Schuljahr vom Lyzeum auf die *Studienanstalt* überwechseln, die meist realgymnasialen Charakter hatte und in 6 Jahren zum Abitur führte. Nach dem 1. Weltkrieg versuchte man auch, höhere Schulen zu schaffen, die neben der wissenschaftlichen Grundbildung dem weiblichen Typus mehr gerecht würden. Die *»Deutsche Oberschule«* setzte sich nicht durch; die sechsstufige *Aufbauschule* blieb bestehen und wurde das Sammelbecken für Schüler und Schülerinnen vom Lande und aus kleinen Orten, die sie vom 7. Volksschuljahr zum Abitur führte. Heute tragen alle höheren Msch.n wie die Knabenschulen den Namen → *Gymnasium* (: II). Neben den drei traditionellen Formen (dem humanistischen oder altsprachlichen, dem neusprachlichen und dem mathematisch-naturwissenschaftlichen Gymnasium) ist der neueste Typ, der sich der besonderen Pflege der Sozial- und Wirtschaftswissenschaften annimmt, die *Wirtschaftsoberschule* (Wirtschaftsgymnasium), noch umstritten. Dieser Typ nimmt Schüler beiderlei Geschlechts auf. Seit 1955 erprobt das Kultusministerium von Nordrhein-Westfalen eine neue Sonderform des Gymnasiums für M., vorläufig noch ohne Benennung, aber mit starker Betonung sozialwissenschaftlicher Fächer. Der Unterricht soll zur Hochschulreife hinführen.

Angesichts des Strukturwandels der → Gesellschaft, die - auch bei Verheirateten - mit der berufstätigen Frau rechnet, müssen die M. in allen allgemeinbildenden Schulen stärker noch als bisher so beeinflußt werden, daß sie bereit sind, ihre Verantwortung in → Familie und Gesellschaft bewußt zu übernehmen. (1958 waren unter 3 Mill. verheirateter berufstätiger Frauen 900 000 mit einem Kind, 700 000 mit zwei und mehr Kindern, unter diesen 130 000 Witwen.) Auch die männliche Jugend muß auf Hausvater- und Vaterpflichten hin erzogen werden. Die Grundlagenforschung zur Erkenntnis und zutreffenden Beurteilung weiblichen Wesens hat erst eingesetzt; sicher werden manche traditionellen Gegensätze zwischen männlicher und weiblicher Bildung und manche damit verbundenen Probleme der M.bildung auf Grund neuer Erkenntnisse an Gewicht verlieren.

3. Den eindrucksvollsten Beleg für die veränderte Stellung der Frau in der Gegenwart und für die sich daraus ergebenden neuen weiblichen Berufs- und Bildungswege bietet das *berufliche Bildungswesen.* Die Frauen selbst hatten 1899 in Berlin den ersten Jahreskurs zur Ausbildung von Berufsarbeiterinnen für soziale Hilfsarbeit eingerichtet, der später in die Soziale Frauenschule, die Vorläuferin der heutigen *Wohlfahrtsschulen,* umgewandelt wurde. 1925 gründete Alice Salomon die Akademie für soziale und pädagogische Frauenarbeit, die den Aufstieg begabter M. ebnen helfen sollte. Zum Eintritt in die Wohlfahrtsschule war außer der mittleren Reife oder einer entsprechenden Prüfung der Nachweis beruflicher Schulung in pflegerischen oder Lehrberufen nötig. Wenn heute eine Zurückhaltung der M. gegenüber den pflegerischen Berufen zu beklagen ist, so ist zu beachten, daß diese Berufe weder in ihren Anforderungen an die Arbeitskraft noch in ihrer Entlohnung mit der Entwicklung anderer Berufe Schritt gehalten haben.

Das Jahr 1912 brachte für die beruflichen Ausbildungsmöglichkeiten der M. eine Wende. Damals hatte die Zahl der berufstätigen Frauen seit 1900 um 57% zugenommen (von 19,9 Mill. erwachsener Frauen waren 9 Mill. im Hauptberuf, 3,5 Mill. nebenberuflich tätig). Jetzt entstanden auch für M. Berufsschulen, Berufsfachschulen und Fachschulen. Unter den → *Berufsschulen* sind für M. die gewerblichen, hauswirtschaftlichen, kaufmännischen und landwirtschaftlichen die wichtigsten. Sie enthalten alle eine große Zahl von Fachklassen oder, wenn sie klein sind, wenigstens Fachgruppen. Die erstaunlichste Umschichtung hat sich dabei in der kurzen Spanne von etwa 5 Jahren im kaufmännischen Beruf vollzogen: Die bislang reinen Jungenschulen sind fast völlig zu Msch.n geworden; 70% ihrer Schüler sind M.; es gibt sogar Klassen mit nur 1-3 männlichen Schülern. In nicht-hauswirtschaftlichen Berufsschulen werden 2 Jahreswochenstunden Hauswirtschaft erteilt, meist über 3 Jahre. Auch unter den *Berufsfachschulen* (→ Fachschule) sind die kaufmännischen (Handels- und höhere Handelsschulen), die gewerblichen, die Fremdsprachen- und Haushaltungsschulen, die Schulen für pflegerische Berufe sowie die Gymnastik- und Heilgymnastik-Ausbildungsstätten für M. die wichtigsten. Unter den für M. bedeutsamen → *Fachschulen* haben sich bes. die Landfrauenschulen gut entwickelt. Da sie Internate führen, sind sie Lebens- und → Arbeitsschulen, die in anregendem geistigem Klima in einem Schulhaushalt alle einschlägigen Aufgaben des Alltags bewältigen lehren und vor allem die Arbeit der Landfrau berücksichtigen, die mit ihrer Verantwortung für Garten, Vieh- und Geflügelhaltung weit über den Aufgabenbereich des städtischen Haushalts hinausreicht. Unter den privaten Einrichtungen dieser Art haben die Schulen des Reifensteiner Verbandes und die der Mathilde-Zimmer-Stiftung einen bes. guten Ruf.

Am wenigsten aufgeschlossen für die Ausbildung der Frau hat sich bisher die Industrie gezeigt (→ Industriepädagogik). 1958 waren in gewerblich-technischen Lehrverhältnissen 3% M. zu finden, als Anlernlinge waren sie mit 186% vertreten. Das → Handwerk öffnet sich in wachsendem Maße auch den M. Seit die Einheit von häuslicher und beruflicher Arbeit durch die Industrialisierung zerstört ist, seit sich die alten Aufgabengebiete der Frau im Hause verändert haben und zT verkümmert sind, müssen die M. für ihre neue Doppelaufgabe in Familie und Gesellschaft vorbereitet und auch fachlich qualifiziert werden. Berufserziehung der weiblichen Jugend ist zur sozialen Pflicht geworden. Sie muß auch Aufstiegsmöglichkeiten bahnen und vor allem den Rückstand in der Bildung der → Dorfjugend aufholen. Gerade für M. muß die Erziehung an allen Bildungsstätten mehr als bisher neben den Fertigkeiten auch Charaktereigenschaften und Geisteskräfte wecken und pflegen und die Lehrpläne noch stärker auf das Leben beziehen. - Damit sich Lebensplan, Berufsvorstellungen und Berufswünsche der M. nicht zu früh auf althergebrachte oder modische Schemata fixieren, sollten schon in den Volksschulen etwa von der 7. Klasse ab unter Hinzuziehung der Eltern Berufsgespräche geführt oder, wo die Volksschulzeit um ein 9. oder als Fernziel gar um ein 10. Schuljahr verlängert wird, die Abschlußklassen als »Berufsfindungsjahr« ausgestaltet werden. Die M. und ihre Eltern sollten mit der Berufsberatung vertraut sein und wissen, daß in jeder Volksbücherei Wegweiser zum Beruf zu entleihen sind, in denen bis zu 120 Berufsbilder gezeichnet sind (aus dem land- und hauswirtschaftlichen Bereich, dem Gesundheitswesen, den kaufmännischen, graphischen, holz- und metallverarbeitenden Berufen, den vielen Möglichkeiten in der Textilbranche, in Verwaltungs- und Behördentätigkeit usw). Neben der bloßen Kenntnis der realen Berufsmöglichkeiten muß aber bei den M. auch früh schon eine entsprechende Berufshaltung vorbereitet werden, damit der Sprung von der Schule in die Arbeitswelt die M. nicht überfordert, eine Gefahr, die vor allem für die Vierzehnjährigen entsteht. Die komplizierte Arbeitswelt der → Industrie (: II) fordert dringend die Verlängerung der → Schulpflicht, vor allem als Schutz für den jungen Menschen. Aber sie ist in der BRD erst in ersten kleinen Anfängen festzustellen. Einen dankenswerten Vorstoß zur Förderung einer vertieften Berufsauffassung der M. unternahm daher 1956 eine ad-hoc-Kommission für M.fragen, die vom Kuratorium des Bundesjugendplanes eingesetzt war und für deren Arbeitsentwurf aus staatlichen Mitteln 1 Mill. DM bewilligt wurden: Für berufstätige M. im Alter zwischen 14 und 25 Jahren wurden Klubs und Bildungsseminare geschaffen, die als Hilfe für die Persönlichkeitsbildung gedacht sind.

Hdb. der Frauenbewegung, hg.v.H.Lange u. G.Bäumer, 5 Bde, 1901-06 - M.Vaërting, Neubegründung der Psychologie von Mann u. Weib, 2 Bde, (1921) 1923² - Dies., Die Frau in unsrer Zeit, 1952 - A.Kühne, Hdb. für das Berufs- u. Fachschulwesen, (1922) 1929² - U.Graf, Das Problem der weibl. Bildung, 1925 - HPäd IV, 1928, 265ff - L.Voss, Gesch. der höheren Msch.n, 1952 - H.Heckel, Übersicht über das Schulwesen in der BRD, 1952 - Zur Entwicklung des Erziehungs- u. Bildungswesens in den Ländern der BRD. Bericht der Ständigen Konferenz der Kultusminister, 1952 - H.Wander, Berufsausbildung u. Produktivität, 1953 - E.J.Hylla-W.L.Wrinkle, Die Schulen in Westeuropa, 1953, 301ff. - Zs.en: Informationen für die Frau 5, 1956, H. 12, S. 7-10 - Mädchenbildung u. Frauenschaffen 8, 1958, H. 4, S. 146-192 - deutsche jugend, 1959, H. 3, S. 109-116.

K.Petersen

Männerarbeit der ev. Kirche

1. Entwicklung - 2. Arbeitsformen. - M. = Männer

1. Die M.arbeit, veranlaßt durch die Abwanderung der M. aus der Kirche, ist der jüngste kirchliche Arbeitszweig. Im 19.Jh. bestehen bereits M.-, Gesellen- (→ Wichern) und ev. Arbeitervereine (A. → Stoecker, Fr. → Naumann, L. Weber; → Arbeiterbewegung, 2). Vorstufe heutiger M.arbeit ist der »kirchliche M.dienst« in einigen altpreußischen Kirchenprovinzen. 1928 wurde der Anstoß zu einer M.arbeit in größerem Rahmen gegeben. Im Nov. 1933 entstand das »Deutsche Ev. M.-werk« mit dem Ziel, kirchliche M. in der Einzelgemeinde zu aktivieren. Im → Kirchenkampf bildete sich auf dem Boden der → Bekennenden Kirche ein »Ev. kirchlicher M.dienst«. - Nach 1945 kam es zum Aufbau der M.arbeit in der EKD nach den sog. »Echzeller Richtlinien« (Mai 1946 in Echzell/Oberhessen). Als Losung für die Durchführung aller M.arbeit wurde bestimmt: »Sammlung der M. unter dem Wort, Ausrüstung der M. mit dem Wort, Sendung der M. durch das Wort.« Inzwischen hat sich M.arbeit in allen Landeskirchen praktisch durchgesetzt. Neben einigen hauptamtlichen Kräften im Rahmen der EKD (theologischer Leiter: Propst E. zur Nieden; gleichberechtigter Laie: Direktor v. Eickstedt) und der Landeskirchen (M.pfarrer, Geschäftsführer, Sekretäre oder Volksmissionare) sind viele nebenamtlich »Beauftragte« (Theologen) und »Obleute« (Laien) tätig.

2. Die *Arbeitsformen* wollen die M. vom Evangelium her nicht nur zur Teilnahme am kirchlichen Leben wiedergewinnen, sondern vor allem zum Leben in Familie und Beruf zurüsten. Getragen wird dieser Dienst in der Einzelgemeinde durch den M.kreis. Nach außen ist man offen und beweglich (keine Vereinsform!) und veranstaltet M.abende für konzentrierte Zurüstung im kleinen Kreis (Laienapostolat und Bruderschaft bis hin zur Bewährung in der »Lebensordnung des ev. Mannes«), M.versammlungen mit missionarischem Akzent (dabei Podiumsgespräch, überhaupt Dialog statt Monolog als Arbeitsform), ebenso M.treffen oder M.tage. Angestrebt wird seminarartige Zurüstung auf Kirchenkreisebene, auch zur Förderung geeigneter Mitarbeiter und bewußt ev. handelnder M. im öffentlichen Leben. Auf Landesebene werden Tagungen und Kurse abgehalten. Bei den »Haupttagungen« im Rahmen der EKD (einschließlich der DDR, vertreten durch eine besondere Geschäftsstelle in Ostberlin) werden vom »Arbeitsausschuß« vorbereitete Anstöße für weitere Arbeit gegeben, u.a. Durchführung des M.-sonntags (3. Sonntag im Oktober), des Schrifttums und der allgemeinen publizistischen Arbeit. - Zur M.arbeit gehören auch besondere Vorstöße in einzelne Berufsstände: Arbeiterwerk (→ Arbeiter: II, 3 b) mit → Arbeiterpfarrern, Sozialsekretären, Soziallehrgängen, Betriebsgruppenarbeit und Arbeiterbrief; Landvolkarbeit mit Tagungen und Seminaren für Landwirtschaftsmeister und Jungbauern, mit »Wochen des Dorfes« und Bauernbrief; eine Handwerkerbewegung (Handwerkerbrief) ist erst im Werden. Daneben kommt es zu gelegentlicher Begegnung mit anderen Berufen bzw. Körperschaften. Die zT heute notwendige übergemeindliche Arbeitsweise hat den Aufbau der Einzelgemeinde und die Aktivierung der in ihr tätigen Kräfte zum Ziel, aber auch eine Reform kirchlich erstarrter Lebensformen.

H.Johnsen, Die M.arbeit der Kirche, 1941 - F.Linz-O.Hammelsbeck, Ev. kirchl. M.arbeit heute, 1946 - E.zur Nieden, Die Gemeinde nach dem Gottesdienst, 1955 - H.G.Lubkoll, M.arbeit, aber wie?, (1958) 1959² - EKL II, 1233ff - W.Wilken, Kirche auf tausend Straßen, 1959. - Schriften: Kirche u. Mann, 1947ff; Botschaft u. Dienst, 1949ff.

K.Schuster

Männerbund. Die M.e erscheinen vorwiegend in den ungeschichteten ethnischen Einheiten höherer → Jäger und Sammler und Pflanzer (→ Ethnologie). Die Abgrenzung zwischen M.en und → Geheimbünden wird meist von ihrer unterschiedlichen personellen Zusammensetzung aus durchgeführt: Zum M. gehören alle Männer der lokalen Verwandtschaftsgruppe (Sippe, Klan); der Geheimbund umfaßt nur einen (nach bestimmten Faktoren, zB aristokratischem oder plutokratischem Prinzip ausgewählten) Teil der Männer, aber mehrerer Siedlungen. Aufgabe des M.s ist die Pflege der Beziehungen zu den Ahnen (→ Totenverehrung: I), dem → Heilbringer, Sippenersten oder Totem (→ Totemismus). Seine wichtigste Äußerung ist dabei die → Initiation als (im M. meist korporativ vorgenommene) Einweihung der Jünglinge in die Kultgeheimnisse. Durch Kommunion mit den Ahnen (mittels → Masken, → Schwirrhölzer usw, Dramatisierung der Mythen vor ihren Augen und unter ihrer Beteiligung [→ Drama], Ritus von Tod und Wiedergeburt) erwerben sie die Kultfähigkeit. Auch unabhängig von der Initiation wirken die M.e etwa bei geheimen Ahnenfesten oder → Fruchtbarkeits-Riten. - Der Ausschluß (und damit die Kultunfähigkeit) der → Frau beruht zB darauf, daß die bei der Geburt erworbene Sippen- und Totemzugehörigkeit lebenslang erhalten bleibt und somit die Frau bei patrilinearer Sozialordnung und entsprechender Wohnsitzregel bei der Eheschließung (Exogamie) als »Fremde« außerhalb der Sippe ihres Gatten steht. Nur die (am Ort gebliebenen) Männer sind berechtigt, die linearen Beziehungen zu den (ebenfalls ortsgebundenen) Ahnen zu pflegen. - Verrat und unbefugter (auch zufälliger) Einblick in die Kultvorgänge werden vom M. mit der Todesstrafe bedroht. - Funktionen sowie Kreis der Mitglieder und Ausgeschlossenen deuten darauf hin, daß die historischen Wurzeln des M.s (besser wäre: geheime Männergemeinschaft) auf einer Ebene mit der Bildung der unilinearen Sippen und der Seßhaftwerdung des Menschen (bes. in Verbindung mit dem Pflanzenanbau) liegen. Teilweise sind später aus den M.en durch ethnische Schichtung und damit Aufsprengung der Sippen Geheimbünde hervorgegangen, die einzelne kultische Züge der M.e sinnentleert als → Survivals bewahrten (Maske und Schwirrholz als bloße Schreckmittel usw).

Außer der Lit. zu → Geheimbünde, → Initiation: AD.E.JENSEN, Mythos u. Kult bei Naturvölkern, (1951) 1959² - E.SCHLESIER, Die melanesischen Geheimkulte, 1958 (Lit.). *E.Schlesier*

Märchen

I. Allgemein - II. In der Bibel - III. Im kirchlichen Unterricht. - Vgl. → Fabel, → Mythos, → Sagen und Legenden

I. Allgemein

1. Etymologie, Definition; archaische Glaubensschichten - 2. Die Untergattungen des M.s - 3. M.sammlungen und literarische Zeugnisse - 4. M.theorien: Deutung, Herkunft, Alter und Verbreitung - 5. Erzählforschung und Literaturwissenschaft; Stilmittel und Form

1. M. (ahd. mâri, mhd. diu oder daz maere = Bericht, Nachricht) ist nach dem modernen Sprachgebrauch eine kurze, nicht von den Bedingungen der Wirklichkeit abhängige, phantastische Erzählung. Unterhaltende Erzählung für Kinder ist das M. jedoch erst in unserer dem M. geistig fernen Kultur; ursprünglich ist es geglaubte Erwachsenenerzählung. Aber noch das heutige M. zeigt wie im Spiegel ein frühes Weltbild und seine Glaubensvorstellungen von → Leben und → Tod (→ Lebenswasser, dankbarer Tote), Diesseits und Jenseits (→ Eschatologie: I), dem Auftreten dämonischer Gestalten (→ Riesen, → Zwerge, Feen, → Hexen, → Zauberer, → Drachen und Trolle), der magischen Partizipation (→ Magie), in der Vorstellung von → Blut, → Haaren, → Speichel usw als → Macht-Trägern (Gänsemagd), Sympathie-Tieren und -Pflanzen (Kind und Unke), der Vorstellung vom »gebundenen Leben« (Riese ohne Herz), archaischem → Namenglauben (Rumpelstilzchen) und bestimmten → Tabus. Das M. zeigt noch scheinbar altjägerische Glaubensvorstellungen wie die dankbare Hilfe des nicht erlegten Tieres, Tötung und Wiederbelebung aus den Knochen (Machandelboom), totemistische Züge (Verstehen der Tiersprache u.dgl.; → Bärenfest, → Jäger, → Totemismus), schamanistische Züge (→ Weltenbaum, Jenseitsreise; → Schamanismus). Auf dem Gebiet von Recht und Brauchtum hat das M. ebenfalls Altertümliches bewahrt, zB mutterrechtliche Züge der Erbfolge (→ Mutterrecht), grausame Strafen als Reste historischer Strafen (Nageltonne, Verbrennen). Es schildert → Menschenopfer, Kindsaussetzung, → Kannibalismus, Parallelen zu → Initiations-Bräuchen, Bräuche bei Brautwerbung und Hochzeit (Rätsellösen als Heiratsprobe, Versteckwette, unterschobene Braut; → Ehe: I), Zeugungsweihe (Übereignung eines noch ungeborenen Kindes an ein jenseitiges Wesen). Freilich macht erst die Entwirklichung, Verharmlosung und Formelhaftigkeit des Magischen und Übernatürlichen das Charakteristische des M.s aus. Auch modernisiert sich das M. ständig und ersetzt ältere Kulturvorstellungen durch jüngere: übernatürliche Figuren werden zu menschlichen Figuren (zB der Riese zum Räuber, die Hexe zur Stiefmutter). Vorstellungen ganz verschiedenen kulturgeschichtlichen Alters stehen in den M. oft nebeneinander, bes. deutlich etwa bei den häufigen Motiven von Verwandlung und → Erlösung. Im Unterschied zur mißlingenden Erlösung der Sage gelingt sie im M. stets, denn das europäische M. ist zum »Glücks-M.« geworden und muß darum gut ausgehen.

2. Daneben hat es wahrscheinlich von Anfang an auch schon eine phantastisch-fabulierende Richtung des M.s gegeben, reine Wunschfiktionen und Spielformen, die mit dem Glauben des Volkes wohl nie etwas zu tun gehabt haben (zB M. von Faulen und Fleißigen, Scharfsinnsproben u.a.). Die *Gattung* M. ist überhaupt sehr vielschichtig; man unterscheidet nach dem charakteristischen Inhalt neben den »eigentlichen« M. oder Zauber-M. die sog. »Novellen-M.«, dh kunstvollere Erzählungen, die nicht aus dem Rahmen des in Wirklichkeit Möglichen fallen. Ein bes. großer Teil aller M. sind nach ihrem Hauptinhalt Brautwerber-M. Man kann ferner legendenartige M. (mit ausgesprochen christlichen Zügen), heitere Schwank-M., Lügen-M. und Rätsel-M. unterscheiden. Eine besondere Gruppe bilden die sog. ätiologischen M., die auffallende Eigenschaften von Mensch und Tier erklären. Man unterscheidet weiter nach den auftretenden Hauptfiguren (Tier-, Riesen-, Teufels-M.), nach formalen Gesichtspunkten (Ketten-, Rund-M.) oder nach der Funktion (Predigt-, Warn-, Ammen-M. u.a.). Die Gattungseinteilung ist weitgehend eine Frage der Wirklichkeitseinstellung der Erzählung und des Erzählers. Die wichtigste, aber oft fließende Gattungsgrenze ist die zur → Sage (: I), die an bestimmte Personen, Örtlichkeiten oder Ereignisse anknüpft, während das M. in einer zeitlosen Welt spielt.

3. Die *Sammlung* der Brüder → Grimm (Kinder- und Haus-M., 1812-14) enthält fast alle wichtigen Typen des europäischen M.schatzes ohne allzu starke Überarbeitung und ist wirklich ein deutsches Hausbuch und zum Vorbild für alle europäischen Volkserzählungssammlungen des 19.Jh.s geworden (Müllenhoff, Jahn, Kristensen, Cosquin, Afanasjev, Pitré u.a.). Die systematische und literarisch unbearbeitete Aufzeichnung echter Volksüberlieferungen gilt seither als wissenschaftliches Ziel. Für alle früheren Jh.e sind wir auf die Zeugnisse der Literatur angewiesen. Dabei ist zu unterscheiden zwischen vollständigen M. (oder sogar M.sammlungen) und M.motiven in literarischen und mythischen Zeugnissen. Die ältesten erhaltenen M. sind die altägyptischen, die bis an den Anfang des 2.Jt.s vChr zurückreichen, am bekanntesten das M. von den zwei Brüdern und das M. von der Blendung der Wahrheit. Auch das babylonische → Gilgamesch-Epos (2000 vChr) enthält märchenhafte Züge (Kraut des ewigen Lebens, Jenseits-

fahrt). Noch dem 2.Jt. vChr entstammen die ältesten M. → Chinas. Bes. wichtig sind dann die großen Sammlungen → Indiens, vom → Mahâbhârata (500 vChr) bis zum »Ozean der M.ströme« (Kathasaritsagara, 11.Jh.). Das Pantschatantra (300 vChr), weitaus die bedeutendste Sammlung, wurde ins Persische und Arabische übersetzt; um 1480 erschien die erste deutsche Übersetzung. Die arabische Sammlung von »Tausend und eine Nacht«, etwa seit 1200 abgeschlossen und 1704 durch Gallands franz. Übersetzung in Europa eingeführt, war vorher ein persisches Geschichtenbuch und stammt letztlich ebenfalls aus Indien. Auch in der griech.-röm. Antike ist zu unterscheiden zwischen M.-motiven in der Literatur, zB im homerischen Epos (Polyphem), und der Wiedergabe ganzer M., zB der Erzählung vom Schatz des Rhampsinit (Meisterdieb) bei Herodot (5.Jh.). Das berühmteste M. des Altertums ist das von »Amor und Psyche« bei Apulejus (2.Jh. nChr). Für das europäische MA und die Neuzeit sind literarische Belege das einzige Zeugnis für die Existenz von Volks-M. In Betracht kommen Sammlungen wie die im 13.Jh. aufgezeichneten Gesta Romanorum, die → Legenda aurea, der Liber exemplorum sowie Einzelbelege und Bearbeitungen wie im »Unibos« (10.Jh.), bei Marie de France, → Jakob von Vitry, Ulrich von Zatzikhoven, Rudolf von Ems, dem Stricker (13.Jh.) u.a. Frühe europäische M.sammlungen in den Volkssprachen finden sich zunächst in Italien bei Straparola (1550ff), im Pentamerone von G.Basile (1634), dann in Frankreich die Sammlung Ch.Perraults »Contes de ma mère l'oye« (1697). Seine M. stammen zwar aus dem Volk, sind aber auf kunstvoll-ironische Weise nacherzählt, ebenso später die M. des J.K.A.Musäus (1782ff). Neben diesen Sammlungen stehen in allen Jh.en für die Forschung u.U. sehr wichtige Einzelbelege oder Erwähnungen von M., zB bei → Luther, H. → Sachs, J. Pauli, J.Wickram, → Abraham a Sancta Clara und in der Barockpredigt.

4. Der Vielfalt der Erscheinungen entsprechen die Methoden, Richtungen und *Theorien der M.forschung,* wobei das M. allerdings das Objekt verschiedenster Theorien und Weltanschauungen geworden ist, etwa der → Natur- und Astralmythologie (M. → Müller, A. Kuhn), psychoanalytischer Schulen (S. → Freud, C.G. → Jung, H.v.Beit) oder der → Anthroposophie (R. Steiner, R.Meyer). Ihre divergierenden Deutungen sind meist irrig, weil sie aus einzelnen Varianten eines M.s allgemeine Schlüsse ziehen und nicht aus der → Volkserzählung gewonnene Theorien von außen an das M.material herantragen. - Wichtiger sind die volkskundlichen Theorien über Herkunft, Alter und Verbreitung der M. Schon → Herder erkennt den Wert des M.s. Auch für Jak.Grimm ist das M. nicht nur Volksdichtung, sondern eine wissenschaftliche Quelle, die noch Reste uralter, in die Zeit der → Indogermanen hinaufreichender Götter- und Heldensagen birgt. Die »indische Theorie« Th.Benfeys in seinem Werk über das Pantschatantra (1859) sieht dann in Indien die ausschließliche Heimat der M., die hier ursprünglich Predigt- und Lehrbeispiele der buddhistischen Priester waren. Diese Theorie wirkt nach bis zu R.Köhler, A.Wesselski, Gaston Paris und E.Cosquin. Die in England von E.Tylor und A.Lang, in Deutschland von A.Bastian vertretene anthropologische M.-theorie (auch ethnologische oder völkerpsychologische Schule genannt) nimmt an, daß M.motive und einfache Erzählungen, deren Voraussetzungen überall vorhanden sind, unabhängig voneinander bei den verschiedensten Völkern entstehen können (Polygenese). Von diesen festen Theorien setzt sich die historisch-geographische Methode bewußt ab. Ihre Vertreter waren zuerst die Finnen A.Aarne und K.Krohn (deshalb auch »finnische Schule« genannt), in Schweden C.W.v.Sydow, in Deutschland J.Bolte, W.Anderson und K.Ranke. Sie versuchen für jedes einzelne M. Urform, Herkunft und Wanderweg zu erschließen. Man sucht die Heimat eines M.s dort, wo die Überlieferung am dichtesten ist und wo die Varianten in ihrem Aufbau am geschlossensten wirken, wobei sich außer in Indien auch im vorderen Orient, in Italien, Frankreich und Irland, in Skandinavien und auf dem Balkan wichtige Zentren der M.verbreitung ergeben. Für die möglichst vollständig erfaßten Texte wurden Typenregister und Kataloge entwickelt (u.a. für Frankreich, Island, Spanien, Ungarn, Türkei), die vorwiegend in den FFC (Helsinki) erschienen sind.

5. Unbelastet von den Bemühungen historischer und geographischer Art stellt die moderne *Erzählforschung* die Frage nach dem Erzähler und seiner schöpferischen oder nachschöpferischen Leistung, nach der Wirkung des M.s auf Zuhörer und Erzählgemeinschaften und überhaupt nach seinen Funktionen (»M.biologie«). Nur aus der lebendigen Beobachtung läßt sich erkennen, wie der Erzähler zu seinem Stoff steht (Magnetophonaufnahme, Aufzeichnung von Kontexten). Es ist auch früh aufgefallen, daß die M. charakteristische Züge ihrer Erzähler reflektieren. Schließlich ist noch in der Gegenwart das M.erzählen zT lebendig, und immer wieder treten bedeutende M.erzähler hervor (zB Sammlungen von W.Wisser, G.Henssen, A.Merkelbach-Pinck, M. Zender, K.Haiding, E.Zenker-Starzacher, L.Uffer, H. Tillhagen). In fast allen Ländern gibt es nationale Erzählarchive, die sich der Sammlung und Forschung widmen (zB Zentralarchiv der deutschen Volkserzählung, Marburg). Neben und außerhalb der volkskundlichen M.forschung bemüht sich die literaturwissenschaftliche Forschung (A.Jolles, R.Petsch, M.Lüthi) um eine Abgrenzung der M.form gegen andere epische Formen. Zu den »Epischen Gesetzen« (A.Olrik) gehören das Einleitungsgesetz, das Gesetz der Wiederholung, der Dreizahl, von Vordergewicht und Achtergewicht, der szenischen Zweiheit, des Gegensatzes, der Einsträngigkeit, die Konzentration auf eine Hauptperson, Flächenhaftigkeit, Isolierung, die Verwendung von Formeln (zB »Es war einmal«) oder die Einlage von formelhaften Versen in den Prosastil.

FFC, Helsinki 1910ff (zahlreiche grundlegende Werke, neben landschaftl. M.katalogen u.a.: S.THOMPSON, The Types of the Folk-Tale. A Classification and Bibliogr. [FFC 74], 1928; J.DEVRIES, Betrachtungen zum M. [ebd 150], 1954) - F.v.D.LEYEN, Das M., (1911) 1958⁴ - DERS., Die Welt der M. I. II, 1953/54 - Die M. der Weltlit., hg.v. DEMS., 1912ff (bis jetzt über 40 Bde) - J.BOLTE-G.POLIVKA, Anm.en zu den Kinder- u. Haus-M. der Brüder Grimm I-V, 1913-32 - RGG² III, 1824ff (Lit.) - A.WESSELSKI, Versuch einer Theorie des M.s, 1931 - HWB d. dt. M.s, hg.v. L.MACKENSEN, 2 Bde, 1931-40 - S.THOMPSON, Motif-Index of Folk-Lit. I-VI, (Helsinki 1932-36) Kopenhagen 1955-58² - DERS., The Folktale, New York (1946) 1951² - W.E.PEUCKERT, Dt. Volkstum in M. u. Sage . . ., 1938 - C.W.v.SYDOW, Våra folksagor, Stockholm 1941 - M.LÜTHI, Das europ. Volks-M., Bern 1947 - L.RÖHRICH, Die M.forschung seit dem J. 1945 (in: Dt. Jb. für Volkskunde 1-4, 1955-58) - DERS., M. u. Wirklichkeit, 1956 - Fabula. Zs. für Erzählforschung, hg.v. K.RANKE (mit Bh.en), 1ff, 1957ff.

L.Röhrich

II. In der Bibel

1. Gibt es M. in der Bibel? - 2. M.motive im AT - 3. M.stoffe in den Sagen des AT - 4. M.stoffe in lehrhafter und erbaulicher Verwendung im AT - 5. M.stoffe im NT

1. Nirgends enthält die Bibel M. in reiner Gestalt. Aber daß Israel M. besaß, die auch ihre Spuren in der Bibel hinterließen, ist von vornherein wahrscheinlich. M. gehören zum Gemeinbesitz der Menschheit (→ Märchen: I). M. besaßen auch Israels Nachbarn: Ägypten

hat uns die ältesten M. erhalten. Babylonische Mythen enthalten M.motive. In der jüdischen Militärkolonie von → Elephantine diente die Erzählung vom weisen Achikar zur Unterhaltung. M. haben auch das spätere Judentum und die Araber in Palästina. – Im Dienste ihrer »panbabylonistischen« Astraltheorie (→ Panbabylonismus) zogen H.Winckler und A.Jeremias zuerst M.parallelen zu den Erzählungen des AT heran. Systematischer ging die → Religionsgeschichtliche Schule vor (H. → Gunkel, H. → Greßmann). Von der Volkskunde her arbeiteten J.G. → Frazer und P.Saintyves damit.

2. Zahlreich sind im AT die den M. zugrunde liegenden *Motive der primitiven Weltanschauung*. In das *Natur-M.* gehört es, daß Josua 10, 12ff die Sonne stillstehen, Jesaja 2Kön 20, 8ff den Schatten an der Sonnenuhr rückwärtsgehen läßt. Aus dem *Seelenglauben* stammt die in den Haaren wurzelnde Kraft → Simsons Ri 16. Eine große Rolle spielen die *Träume*: Doppelträume Gen 37, 5ff; 41, 1ff; in der → Josephs-Geschichte der Traum, der trotz aller Hindernisse sich doch erfüllt (→Traum, 2). Wie Rumpelstilzchen seinen Namen verheimlicht, weil Kenntnis desselben Macht über den Träger gibt *(→ Namenglaube)*, so verweigert der Engel die Nennung seines Namens Gen 32, 30; Ri 13, 17f; aus dem entsprechenden »Ich bin, der ich bin« Ex 3, 12ff hört Mose aber doch den Gottesnamen heraus. – → *Geister-Geschichten:* Ex 4, 24ff der Dämon, der einen Mann um seiner Frau willen überfällt und durch ihre Geistesgegenwart abgewehrt wird, jetzt auf Jahwe übertragen; in der Tobiaslegende (→ Tobitbuch) der Dämon, der eine Frau beherrscht und jeweils ihren Mann in der Brautnacht tötet, wie es auch Juda von der Tamar fürchtet (Gen 38). – *Zauber:* Das im indianischen Schöpfungs-M. häufige Zauberwort erscheint in Gen 1 als göttliches Schöpferwort. Die Wundertaten der Gottesmänner des AT kehren ähnlich in den ägyptischen Zauber-M. wieder. Der Gen 2, 21 über den Mann verhängte Schlaf entspricht dem Zauberschlaf des M.s. – *Wunschdinge* sind Mehlfaß und Ölkrug, die nie leer werden (1Kön 17, 14ff; 2Kön 4, 3ff), und die 20 Gerstenbrote, die 100 Mann sättigen (2Kön 4, 42ff). Ein M.land ist das → Paradies (: II) mit seinen Wunderbäumen und dem Tierfrieden; auch wie die ersten Menschen es verscherzten, erzählt das primitive M. oft ähnlich. In Gen 18; 2Kön 4, 8ff; 2Kön 2, 9; 1Kön 3, 5ff ist das Motiv der freigestellten Wünsche abgewandelt. – Aus dem M. stammen die *redenden Tiere* des AT, die früheren Theologengeschlechtern soviel zu schaffen machten; was im M. die Regel ist, hat sich hier nur in besonderen Fällen erhalten: die Schlange Gen 3 ist klüger als alle anderen Tiere, und der Eselin Num 22 öffnet Gott selber den Mund. Ein Nachklang früherer Tierüberlegenheit sind auch die »weisenden Tiere« 1Sam 6, 7ff (vgl. Gen 36, 24; Ex 31) sowie die »hilfreichen Tiere« (Elias Raben 1Kön 17, 14ff); Jonas Fisch Jon 1 und die Löwen 1Kön 13; Dan 6 stehen schon der Legende nahe (→ Sagen: II). – Die → Sintflut-Geschichte stammt nicht direkt vom primitiven Flut-M. ab, sondern aus dem babylonischen Mythos (→ Babylonien: III, 3). – Innere Umwandlung hat dahin geführt, daß nun Jahwe die Träume schickt, die Zauberhandlung selber ausführt oder durch den Gottesmann ausführen läßt usw.

3. Auf das M.element in der → *Sage* (: II) achten hilft ihren Charakter bestimmen und ihren geschichtlichen Gehalt abgrenzen. Oft liefert das M. den novellistischen Kern zu den Ätiologien. Das Motiv vom Gott oder Gottesmann, der unerkannt über die Erde wandert und der Menschen Gesinnung prüft (Odyssee 17, 485ff), begegnet Gen 18 als Ortssage von Hebron, Gen 19 in Zusammenhang mit Sodoms Zerstörung, Ri 6, 11ff; 13 als Kult- und Berufungssage. Die Flucht der schwangeren Mutter (vgl. → Isis) erzählt die ismaelitische Stammessage Gen 16 von Hagar. Blutschänderische Liebe zwischen Vater und Tochter, wie in nordischer Sage ursprünglich zur eigenen Ehre erzählt, kennt die Stammessage von Moab und Ammon Gen 19, 30ff. Das ägyptische M. von der Frau, die vom verstorbenen Mann ein Kind bekommt, liegt der Tamargeschichte Gen 38, der Stammessage Judas, zugrunde; an die Stelle des Zaubers ist die Schwagerehe getreten. Das Motiv von der Liebe zwischen dem Sohn und des Vaters jungem Weib findet sich in der Stammessage Rubens Gen 35, 22; 49, 4; das von der Frau, die entführt und von ihren zwei Brüdern zurückgeholt wird (Helena!), in Gen 34. Der Aufriß der Novelle von → Joseph ist umgebildet aus dem Glücks-M. vom Sohn, der von seinen Brüdern verfolgt wird, in die Fremde kommt und schließlich als großer Herr heimkehrt; eingelegt sind weitere Motive wie die weissagenden Träume und Potiphars Weib. – Die kulturgeschichtlich wichtigen *Standes*-M. lassen die Vertreter bestimmter Stände, in zweiter Linie auch verschiedener Völker auftreten. Die Geschichten von → Jakob und Esau Gen 25 und 27 stellen den plumpen Jäger dem schlauen Hirten gegenüber, die von Jakob und Laban Gen 29f den alten und jungen Hirten. Gen 4 erschlägt der Bauer → Kain den Hirten Abel, dessen Opfer Jahwe vorgezogen hat, und wird dafür zum Nomadentum verflucht. Der Erzähler steht auf der Seite des Hirten. Später ist dann Jakob zum Stammvater → Israels, Esau zu dem der → Edomiter, Laban zum Vertreter der → Aramäer gemacht. – Endlich findet das M. Verwendung, wo die Sage das Leben ihrer Lieblinge ausschmückt. Daß der Sagenheld den Eltern nach langer Kinderlosigkeit geschenkt wurde (→ Isaak, Joseph, Simson, → Samuel, → Johannes der Täufer), ist wohl Milderung der im M. gelegentlich noch erhaltenen magischen Empfängnis. Die von → Mose erzählte Aussetzung kehrt in M. (Grimm Nr. 29), Sage (bei Sargon von Akkad, Kyros, Kypselos, Agathokles, Kaiser Heinrich III., vgl. Mt 2) und Mythos (bei → Horus, Zeus, → Attis, → Krishna, vgl. Apk 12) in verschiedener Gestalt wieder; oft so, daß ein König das Kind, das laut Traum oder Orakelspruch sein Nachfolger werden soll, aussetzt, ohne das Schicksal biegen zu können. Andere M.motive sind: → Jephtas Gelübde Ri 11, 30ff, jetzt zur Erklärung eines jährlichen Klagefestes; → Saul, der verlorene Eselinnen sucht und eine Krone findet 1Sam 9; → Davids Kampf mit dem Riesen Goliath, die ausgebotene und dann verweigerte Königstochter 1Sam 17; der Uriasbrief 2Sam 11, 14ff (vgl. Grimm Nr. 29 usw); → Salomos Urteil 1Kön 3, 16ff, wohl indischer Herkunft; → Ahabs Verkleidung 1Kön 22, wieder das Schicksalsmotiv; die Rolle des Jüngsten und Schwächsten: Joseph, → Gideon Ri 6, 15, Saul 1Sam 9, 21, David 1Sam 16f usw.

4. Wie anderwärts konnte auch in Israel das M. *praktischen Zwecken* dienstbar gemacht werden. Die Pflanzenfabeln vom Dornstrauch Ri 9 und 2Kön 14, 8ff (→ Fabel: II) haben eine politische Spitze erhalten. Die → Weisheitsdichtung redet bildlich von Lebensbaum und Lebensquell Spr 3, 18; 10, 11 u.ö. – Wo die *Legende*, die geistliche Sage, M.stoffe verwendet, liegt das Gewicht nicht mehr auf den Abenteuern als solchen, sondern auf der erbaulichen Auswertung; so in den Geschichten von Jonas, Tobias und → Susanna. – Wie die indischen M. dem Abendland in der lehrhaften Fassung bekannt wurden, die ihnen buddhistische Mönche gegeben, wie die christlichen Mönche des MA und noch Luther in seinen Tischreden und Predigten öfter M. heranziehen, um einen Gedanken drastisch zu veranschaulichen, so finden sich M.stoffe auch bei den Propheten. Um die Schrecken des Jahwetages anschaulich

zu machen, spielt Amos auf die Geschichte von einem Pechvogel an, der zwei Gefahren entrinnt, einer dritten aber erliegt (5, 18-20), und Ezechiel (16, 1ff) verwendet in seiner Allegorie auf Jerusalems Geschichte das M. von dem Mädchen, das ausgesetzt und von einem König aufgefunden wird. – Manche dieser M. werden in Israel selber entstanden sein. Andere (Gen 16; 19, 1ff. 30ff; 1Kön 3, 16ff; Tob) stammen aus näherer oder fernerer Fremde; Israel hatte Teil am großen internationalen M.schatz. Aber die kraft- und hoheitsvolle israelitische Religion ringt mit den überkommenen Stoffen und biegt sie oft bemerkenswert um: die Josephsgeschichte ist unter den Vorsehungsgedanken gestellt (Gen 50, 20), die Wahl des Jüngsten zum Helden soll dartun, wie Gottes Kraft auch in den Schwachen mächtig ist usw.

5. Auch *das NT* enthält M.stoffe, wenngleich in geringerer Zahl. Wundergeschichten wie die Speisungen Mk 6, 32ff; 8, 1ff, Krankenheilungen, Totenerweckungen, Meerwandeln Mk 6, 47f u.a. haben im M. ihre Parallelen. In den M.kreis vom geprellten Teufel gehören die gerasenischen Säue Mk 5, 1ff, zum Ring des Polykrates der Stater im Fischmaul Mt 17, 25ff, zum Aussetzungs-M. (s. 3) Mt 2. Auch gewisse Züge der → Gleichnisse (: II, 3) Jesu können M. nachgebildet sein: Der Sohn, der sein Erbe verpraßt Lk 15, 13, der Kaufmann, der all seinen Besitz für eine kostbare Perle hingibt, u.a. haben dort ihr Gegenstück. Apk 12; 21, 10ff; 22 dagegen stammen trotz M.parallelen eher aus dem Mythos.

Zu 1: L.Ginzberg, The Legends of the Jews I-VII, 1909-38 - Bin Gorion, Der Born Judas I-VI, 1916ff - Br.Meissner, Das M. vom weisen Achikar (AO XVI/2), 1917 - H.Schmidt-P.Kahle, Volkserzählungen aus Palästina I. II, 1918/28 - G.Roeder, Altägypt. Erzählungen u. M., 1926 - A.Ungnad-H.Gressmann, Das Gilgameschepos, 1926. - Zu 2-4: A.Jeremias, Das AT im Lichte des Alten Orients, (1905) 1930[4] - H.Gunkel, Das M. im AT, 1917 - J.G.Frazer, Folklore in the OT I-III, 1919 - P.Saintyves, Essais de Folklore Biblique, 1922 - W.Baumgartner, Israelitisch-griech. Sagenbeziehungen (Schweiz. Archiv f. Volkskunde 41, 1944, 1-29). - Zu 5 (außer Gunkel u. Saintyves): H.Gressmann, Das Weihnachtsevangelium, 1914 - Ders., Vom reichen Mann u. armen Lazarus, 1918 - R.Bultmann, Gesch. der synopt. Tradition, (1921) 1958[3] (mit ErgH.).
W.Baumgartner

III. Im kirchlichen Unterricht

Neben anderen Pädagogen hat vor allem T.Ziller auf Grund seiner Theorie der kulturhistorischen Stufen gefordert, daß in den ersten drei Schuljahren dem biblisch ausgerichteten ein Religionsunterricht voranzugehen habe, dessen »Gesinnungsstoff« M. u.ä. bilden. Diese Forderung kann vor allem aus theologischen Gründen nicht aufrechterhalten werden; vereinzelte Versuche (s. Lit.), von ganzheitlichem Unterrichtsverständnis aus das M. wieder in den Religionsunterricht einzuführen, sind mit Recht ohne Erfolg geblieben. Auch da, wo die → kirchliche Unterweisung (: II) mit einem Vorkurs beginnt (G.Grimme, J.Erb), ruht sie ganz auf christlichem Glaubensgut.

T.Ziller, Der M.unterricht (Jb. d. Vereins für wissenschaftl. Pädagogik 1, 1869, 25-29) - J.Schmitt, Stoffsammlung für den ev. Religionsunterricht in der Grundschule, 1924 - A.H.Unland, Bildungsplan u. Stoffsammlung für den Religionsunterricht, 1951 - G.Grimme, Freut euch, ihr lieben Christen, 1957 - J.Erb, Der gute Hirte, 1958.
H.W.Surkau

Märtyrer

I. Religionsgeschichtlich - II. Christliche Märtyrer - III. In der neueren Kirchengeschichte. - Vgl. → Christenverfolgungen, → Märtyrerakten

I. Religionsgeschichtlich

In außerchristlichen Religionen fehlt den christlichen → Märtyrern (: II) Vergleichbares völlig; einzig das späte → Judentum (: I, 2) läßt Vorstufen erkennen, während die Entwicklung im → Islam (: I) parallel mit der im Christentum verläuft und dieselben geschichtlichen Wurzeln hat. – Dies Fehlen religionsgeschichtlicher Parallelen hat zwei Gründe: a) Keine außerchristliche Religion – das Judentum ausgenommen – forderte von ihren Anhängern Bekenntnis und Bekenntnistreue; kein anderer Kult beanspruchte ausschließliche Gültigkeit und völlige Hingabe der Gläubigen. – b) Hellenische Religiosität ruht auf ganz anderen Voraussetzungen als christlicher Glaube: das Wirken eines Gottes und seine Existenz ist ihr einsichtig; sie erfordert weder Glauben noch Zeugnis. – Nur eine Offenbarungs-Religion mit Ausschließlichkeits-Anspruch konnte M. hervorbringen. Folgerichtig werden im Judentum die ersten Ansätze zum M.tum da sichtbar, wo Wesenszüge der → Offenbarung (Prophetie) erscheinen. Weder die Selbstverbrennung des → Herakles noch die des Brahmanen Kalanos noch der Tod des → Sokrates dürfen als Akte außerchristlichen M.wesens angesehen werden; ihrem Tode kommt nicht, wie dem des christlichen M.s, Zeugnischarakter zu. – Zu den Merkmalen des M.todes gehört, daß er im Widerstand gegen eine glaubensfeindliche Staatsordnung erlitten wird (vgl. zB 2Makk 6-7). Die Wahrheit keiner Prophetie ist dadurch zur Offenbarung erhöht worden, daß der Prophet (oft genug durch das eigene Volk) den Tod fand (Mt 23, 37). Um so mehr war das Leiden Christi das Vorbild für alle M., es spielte stark mit, daß in ihm der Konflikt zum Staat das erste Opfer gefordert hatte.

Immerhin war im außerchristlichen Bereich in zwei Richtungen etwas vorbereitet, woran Späteres anknüpfte: a) In der Todesstunde sieht der Mensch die Wahrheit, denn erst dann wird die → Seele frei und alles Irrtums ledig. Daher ist, was ein Sterbender prophezeit, unverrückbare Wahrheit (vgl. schon Homer, Il. XVI, 852ff; XXII, 358ff; viele Beispiele bei Cicero, De div. I, 64ff). Im Christentum hat nicht jeder Sterbende, sondern nur der für den Glauben Sterbende Einsicht in die volle Wahrheit und zeugt für sie. – b) Wollte ein Jude oder Christ unter Hellenen Verständnis für das M.tum erwecken (für die radikale Verständnislosigkeit vgl. Lukian, De morte Peregrini 13), so konnte er nur auf die Standhaftigkeit hinweisen, die in philosophischen Schulen, bes. in der → Stoa, gefordert wurde: Jedem Menschen ist von der Gottheit eine Aufgabe gegeben. Jeder ist zum Zeugnis dafür berufen, daß die in ihm wirkende Vorsehung sinnvoll ist (Epiktet I, 29. 47; III, 26. 28). Damit dies Zeugnis konsequent und überzeugend ist, müssen Wort und Tat übereinstimmen (ebd I, 47. 56; Seneca, Ep. 16, 3; 24, 15). Hier knüpft der Verfasser des 4. → Makkabäerbuches an und beweist von philosophischer Überlegung aus die Notwendigkeit des Martyriums des Eleazar und der 7 Brüder.

Außer der Lit. zu → Märtyrer: II: A.J.Wensinck, The Oriental Doctrine of the Martyrs (MAA 1921, 53 A, 6) - DThC X, 220ff - H.W.Surkau, Martyrien in jüd. u. frühchristl. Zeit (FRLANT 54), 1938 - HIsl 663ff - Acta Alexandrinorum, ed. H.Musurillo, Oxford 1954.
H.Dörrie

II. Christliche Märtyrer

Die christlichen M. sind Heilige, die ihr Zeugnis für Christus mit dem Tod besiegelten. Der Übergang von der Grundbedeutung (μάρτυς »Zeuge«) zum *Terminus* im martyrologischen Sinn ist nicht immer eindeutig. Im NT sind die → Apostel und Jünger »Zeugen« vom Leben und der → Auferstehung Christi (: I). In den johanneischen Schriften (bes. Apk) ist der Begriff nuanciert im Sinn einer eschatologisch-apokalyptischen Zeugenschaft. Hier liegen die Ansätze zu der weiteren Entwicklung, die schließlich in der sich steigernden Verfolgungssituation der Kirche zur Ausbildung des spezifischen M.titels führte, wie er erstmalig im MartPol (2. Hälfte des 2.Jh.s, Smyrna; → Polykarp) begegnet. Oft hießen so auch jene, die sich - dem Tode nahe - allen Gewaltmaßnahmen (Tortur, Kerker, Zwangsarbeit, Exil u.ä.) zum Trotz standhaft als Christen bekannt hatten, die sog. »Bekenner« (confessores, ὁμολογηταί). Trotz versuchter Abgrenzung blieb der Sprachgebrauch noch bis ins 3.Jh. (→ Cyprian) schwankend. Als Lehnwort hatte sich »martys« im lat. Sprachgebiet früh durchgesetzt. - M. und Bekenner standen im höchsten Ansehen bei der Gemeinde und wurden oft in den Klerikerstand aufgenommen. Ihre Fürsprache aus der Haft erreichte oft die Wiederaufnahme der Abgefallenen. Das Martyrium, die → Bluttaufe, galt als Ersatz der sakramentalen. Das Drängen zum Martyrium fand jedoch nicht die Billigung der Kirche. Die *Verehrung* der M. (→ Heiligenverehrung: II) kam in der jährlichen Gedächtnisfeier ihres Todestages (→ Anniversarien, → Geburtstag) am Grab bes. zum Ausdruck. Erste Kunde davon gibt das MartPol. Im Laufe des 3.Jh.s mit seinen → Christenverfolgungen blühte der M.kult immer mehr auf. Die verhältnismäßig sicher große Gesamtzahl der Opfer läßt sich auch annähernd kaum angeben. Nach dem Eintritt des Friedens (313) wurden die M.gräber in den Cömeterien ausgebaut und Memorialbauten errichtet (→ Begräbnis: III, 1, → Martyrion). Die Gemeinde versammelte sich hier am Gedenktag ihrer M., deren Fest und Ruhestätte in den → Martyrologien eingetragen war. Man hielt eine eucharistische Feier, wobei die Passio zur Verlesung kam und Fürbitten an den M. gerichtet wurden. Gedächtnismahl (→ Agapen) und Gabenverteilung an die Armen schlossen sich an. Die aufkommende → Reliquien-Verehrung sowie die Überführung und Beisetzung von M.n in Altargräbern (→ Altar: III A, 3) der Basiliken förderte die Ausbreitung des Kultes, der seit dem 6.Jh. überall ein Bestandteil der Liturgie ist. - Vgl. → Märtyrerakten.

H.Delehaye, Les origines du culte des martyrs, Brüssel (1912) 1933² - Ders., Sanctus. Essai sur le culte des saints dans l'antiquité, ebd 1927 - PW XIV/2, 1930, 2044ff (H.Lietzmann) - DACL X/2, 1932, 2359ff; XV/1, 1950, 373ff - DThC XIII, 1936, 2318ff; XIV, 1939, 870ff - H.Frhr.v. Campenhausen, Die Idee des Martyriums in der alten Kirche, 1936 - ThW IV, 477ff (vgl. auch Bauer, WB⁵) - K.Bihlmeyer-H.Tüchle, KG I, 1951¹², 78f. 358ff - E.Lohse, M. u. Gottesknecht, 1955 - E.Günther, Zeuge u. M. (ZNW 47, 1956, 145 bis 161; Lit.) - F.W.Deichmann-A.Tschira, Das Mausoleum der Kaiserin Helena u. die Basilika der hll. Marcellinus u. Petrus an der Via Labicana vor Rom (JdI 72, 1957, 44-110; mit Unters.en zum M.kult: Basilika, Altar, Grab) - Altaner 31f (Lit.). *F.Paschke*

III. In der neueren Kirchengeschichte

1. In der Kirchengeschichte: a) Im Zeitalter der Reformation und der Gegenreformation - b) M. im 20.Jh. - 2. In der Mission

1. a) Mit dem Wormser Edikt 1521 war für die Anhänger Luthers eine Lage entstanden, die weithin der der christlichen Gemeinden während der ersten 3 Jh.e entsprach. Öffentliches Bekenntnis zur Lehre Luthers oder auch nur Kritik an der Kirche im Sinne Luthers führte zur Anklage der Ketzerei (→ Häresie: I, → Irrlehre). Nach Erhebung der Anklage vor dem geistlichen Gericht wurde der Verurteilte dem weltlichen Gericht zur Vollstreckung der Todesstrafe nach dem Reichsketzerrecht seit Friedrich II. übergeben, das noch die Bambergensis 1507 festhält, die Carolina 1532 zwar nicht abschafft, aber auch nicht erneuert. Als Vergünstigung galt der Tod durch das Schwert vor dem Verbrennen.

Als → Karl V. feststellen mußte, daß in den → *Niederlanden,* zumal in den Städten Burgunds, das Luthertum starke Fortschritte gemacht hatte, wurde 1522 auf Veranlassung des päpstlichen Legaten → Aleander das erste einer langen Reihe von »Plakaten« gegen die Häresien veröffentlicht und ein Mitglied des Rates von Brabant, van der Houlst, beauftragt, die Ketzer im Namen des Souveräns zu züchtigen. Da sich Priore und Mönche der niederländischen Augustinerklöster seit 1519 luth. Gedanken geöffnet hatten, traf sie der erste Stoß. Einige konnten fliehen, von 16 Eingekerkerten widerriefen 13 in der Hauptkirche zu Antwerpen. H. → Voes, J.Esch und L.v.Thorn blieben standhaft. Voes und Esch wurden auf dem Marktplatz zu Brüssel verbrannt (L.v.Thorn starb 1528 im Kerker). Ihnen folgten Männer und Frauen aller Stände und Altersstufen. - Unter Philipp II. wurden die »Plakate« noch schärfer: auch reuig zurückkehrende Ketzer sollten hingerichtet werden. Albas »Blutrat« führte zum Freiheitskampf der Niederlande (1568-1648), in dem unzählige Protestanten für ihren Glauben und für die Freiheit ihres Landes starben.

Auch in → *Spanien,* dem eigentlichen Machtbereich Karls V., wurden die Anhänger des luth. Glaubens durch die im 16.Jh. erneuerte → Inquisition bekämpft. Der erste spanische M. wurde J. → Diaz. Die ev. Gemeinden in Sevilla und Valladolid wurden von mehreren Autodafés getroffen. Dabei starben 1559 in Valladolid vor den Augen Philipps II. u.a. der Gründer der Gemeinde, Don Carlos de Seso, in Sevilla etwa weitere 50 Evangelische. Damit war der Protestantismus in Spanien für nahezu 3 Jh.e ausgelöscht.

Die reformatorische Bewegung in → *Italien* (, 3. 4) wurde durch die von Pius III. eingeführte Inquisition in Verbindung mit den Jesuiten blutig unterdrückt. Sie traf vor allem die M.kirche der → Waldenser. Genannt seien bes. G.L.Paschale († 1560), P. → Carnesecchi († 1567) und F.di Franco, dessen M.tod 1611 in Wilna den Anstoß zu weiteren Verfolgungen gegen Evangelische in → Polen gab.

In → *Deutschland,* wo schon vor der Reformation → Huß, → Hieronymus von Prag, 1503 M.Prokop und 5 weitere Mitglieder der alten → Brüderunität (: I), 1527 Martha von Porzicz als M. gestorben waren, bildete die Reichsacht gegen Luther und seine Anhänger die Grundlage zur Ausrottung luth. Gesinnter. Die Formen der Hinrichtung entsprachen zwar im Prinzip denen der Inquisition, doch fehlten vielfach die prunkvollen Hinrichtungszeremonien. Die meisten M. starben im Süden und Westen des Reiches. 1524 wurde in Wien K.Tauber hingerichtet, ihm folgten im selben Jahre die Schweizer Hans, Johann und Adrian Wirth sowie B. Rütimann, in Heide der Augustinermönch → Heinrich von Zütphen, im Elsaß 1525 die Pfarrer W.Schuch, W.v. Sigolsheim, M.Waibel, 1526 mit 3 anderen ev. gesinnten Priestern H.v.Blodelsheim, 1527 in München G.Wagner, in Halle G.Winkler, 1528 in Wien B. → Hubmaier, 1529 in Köln A. → Clarenbach und P. → Fliesteden. Bes. hart wurden sowohl von Altgläubigen wie von Anhängern der Reformation die (Wieder-)→ Täufer und »Schwärmer« verfolgt, auch Antitrinitarier (→ Servet) und religiöse Freigeister. - Eine weitere Reihe von M.n brachte die → Gegenreformation: In Paderborn starb 1604 der Bürgermeister L.Wichart, 1611 in Wilna B.Kronsniewicz und M.Tertulian. 1625 wurden auf dem Haushamerfeld in Oberösterreich 16 Bauern wegen ihres ev. Glaubens hingerichtet. - Als im 30jährigen Kriege zahlreiche ev. Deutsche nach Polen flohen, wurden die Pfarrer, wenn man sie als solche erkannte, dort erschlagen. In die Reihe dieser Metzeleien gehören auch das Thorner Blutgericht 1724 und ähnliche Mordtaten an ev. Bürgern im Kulmer Land 1769.

In → *England* und → *Schottland* kam es zu Martyrien

in Verbindung mit der wechselnden Haltung des Königtums zum ev. Bekenntnis. Als erster M. starb 1528 in Schottland P. → Hamilton, 1546 auch G. → Wishart. - In England ließ Heinrich VIII. 1536 → Tindale und 1546 A.Askew hinrichten. Maria die Blutige (1553-58) versuchte vergeblich mit der Verbrennung der Bischöfe J. → Hooper und N. → Ridley (1555), des Erzbischofs Th. → Cranmer sowie von einigen Hundert ev. Christen und ihrer Thronrivalin J.Gray (1556) die Ausbildung einer selbständigen ev. Kirche in England zu verhindern.

In → *Frankreich* (: I, 4. 5) wurde die luth. Bewegung zunächst mit einer vom Parlament angeordneten Verbrennung der Bücher Luthers auf einem großen Blutgerüst vor Nôtre Dame in Paris bekämpft. Doch brannten auch bald Anhänger der »luth. Sekte«: u.a. A.J.Vallière 1523 in Paris, J.Castellanus 1525 in Vic, J.Leclerc in Metz, 1529 L.de → Berquin in Paris, 1533 A.Canus ebd, 1545 P.Brully in Tournay. Später ließ Heinrich II. zahllose Ketzerprozesse durchführen, unter denen die gegen die 5 ref. Studenten von Lyon 1553 und gegen die von Genf 1555 besonderes Aufsehen erregten. In der Bartholomäusnacht (1572) starb mit ihrem politischen Führer → Coligny und ihrem Liederdichter Cl. → Goudimel die Mehrzahl der franz. Protestanten. In der »Kirche der Wüste« erlitten dann wiederum ca 100 Pfarrer den M.tod, u.a. A.Roussel 1728, P.Durand mit seiner Familie 1732, L.Ranc und J.Roger 1745. Von den bei den Septembermorden (1792) etwa 1600 Erschlagenen wurden 1926 durch Pius XI. 191 als »Pariser M.« seliggesprochen.

b) Schien nach den Glaubenskriegen das Ermorden von Menschen wegen ihres christlichen Glaubens zu einem Ende gekommen, so erhoben sich *im 20.Jh.* neue Verfolgungswellen. Sie suchten nicht den einzelnen Christen, sondern das Christentum schlechthin zu treffen. Vielfach spielen auch nationale und politische Motive mit, so daß das Bild des M.s in diesen Verfolgungen weder eindeutig noch einheitlich ist. - Die religiöse Feindschaft des *Islams* traf die Armenier (→ Armenien: II), Kurden, Griechen und nach dem 2. Weltkrieg die Christen auf Celebes. Dabei starben Hunderttausende von Christen. - Der weltanschauliche und damit grundsätzliche Gegensatz des Kommunismus war der Anlaß zur Ermordung ungezählter Christen in den → *baltischen Ländern* nach dem 1. Weltkrieg und abermals 1944/45. - Während des Bürgerkrieges sollen in → *Rußland* der größte Teil der Geistlichkeit sowie 23 Bischöfe umgekommen sein. - In *Spanien* wurden während des Bürgerkrieges 1936/37 viele Tausende von Priestern, Nonnen usw umgebracht, ebenso 1926-38 in → *Mexiko*. - Die Ev. Kirche in *Deutschland* nennt in ihrem Amtsblatt vom 15.1.1948 Ernst Berendt, D. → Bonhoeffer, H.Hesse, E.Kasenzer, J. → Perels, P.Richter, P.Schneider, L.Steil, W.Sylten, F.Weissler, die 1937-45 als M. in nationalsozialistischen Konzentrationslagern und Gefängnissen ihr Leben ließen. Außerdem werden noch aufgezählt: M.Gauger, F.Müller, E.Sack, H.Buttersack, E.Dittmann, H.Koch, G.Maus, H.Jacoby, K.F.Stellbrink. Auch viele kath. Priester sind in Konzentrationslagern oder durch politischen Prozeß umgekommen, u.a. A.Delp SJ und K.Kirchhoff OFM. Der Klerus der im Kriege besetzten Gebiete hat bes. schwer geblutet. Allein im Konzentrationslager Dachau befanden sich über 1000 polnische Priester. Doch ist noch keiner der in den Verfolgungen des 20.Jh.s Umgekommenen durch die kath. Kirche »zur Ehre der Altäre« erhoben worden.

J.Crespin, Le livre des martyrs, Genf 1554 - Ders., Hist. des vrays témoins de la vérité de l'Evangile, ebd 1570 - L.Rabus, Historien der hl. ... Gotteszeugen, Bekenner u. M., 1557/58 - J.G.Schellhorn, Observatio de primis historiae martyrum ex coetu Protestantium scriptoribus (in: Ders., Commercii epistolaris Uffenbachianii selecta, 1756, 65-82) - G.v.Pohlenz, Gesch. des franz. Calvinismus I. II. 1857 - F.Piper, Zeugen der Wahrheit I-IV, 1874/75 - C.A.Wilkens, Gesch. des span. Protestantismus im 16.Jh., 1888 - F.v.d.Haegen u.a., Bibliogr. des martyrologes protestants néerlandais I. II, 1890 - P.Hofstede de Groot, 100 Jahre aus der Gesch. der Reformation in den Niederlanden, dt. v. O.Greeven, 1893 - O.Clemen, Die ersten M. des ev. Glaubens (Beitr. z. Reformationsgesch. I, 1900, 40-52) - E.Schäfer, Sevilla u. Valladolid, 1903 - R.Urban, M. der Reformation, 1904 - P.Frédericq, Le nombre des martyrs néerlandais au XVIe siècle (Bull. de la société du prot. belge 4, 1907, 5-15) - J.Meyhoffer, Le Martyrologe prot. des Pays-Bas 1523-27, La Haye 1907 - Th.Wotschke, Das Evangelium unter dem Kreuz im Lande Posen, 1917 - O.Michaelis, Prot. M.buch, (1917) 1932² - Th.Knolle, Die ersten Blutzeugen der Reformation (LML 5, 1923, 1-12. 43-50) - O.Schabert, Baltisches M.buch, 1926 - W.Maurer, Bekenntnis u. Sakrament, 1939 (zum Ketzerrecht) - J.Schäfer, Wo seine Zeugen sterben, ist sein Reich, 1946 - J.Overduin, Der Himmel in der Hölle von Dachau, 1947 - B.H.Forck, Und folget ihrem Glauben nach. Gedenkbuch f. d. Blutzeugen der BK, 1949 - J.Erb, Die Wolke der Zeugen I-III, 1951-58 - L.-E.Halkin, Les martyrologes et la critique (in: Mélanges ... offerts à J.Meyhoffer, 1952, 52-70; Lit.) - C.Bödefeld, Die letzte Hymne. P.K.Kirchhoff, 1952 - K.D.Schmidt, Grundriß der KG, 1954, 564ff (572f Lit. über Christenverfolgungen im 20.Jh.) - J.Ch.Curtius, Die Kirche in der Sowjetunion, 1957, 85ff. - Zu den Plakaten Karls V. s. Reg. der »Ordonnancie van Vlanderen«, 1639; franz. Übers. der Plakate: Sección Estado Flondes de l'Archivo General de Simancas, legajo 519, fol. 222. *H.Hohlwein*

2. Die Zahl der unbezweifelbar echten M. *in den ev. und kath. Missionen* seit 1600 dürfte größer sein als die Zahl der M. in den ersten Jh.en. Dazu kommen sehr viele, die bei Ausübung ihres Missionsdienstes, aber aus politischen, rassischen und anderen Gründen den Tod erlitten. Der letzte Fall ereignete sich am 8.1.1956 in Ekuador, als 5 amerikanische ev. Missionare von mißtrauischen Aucas-Indianern mit Wurfspießen getötet wurden. Bes. häufig waren M. in Japan, China und Korea. - Nach dem Edikt von 1614 wurden Tausende von japanischen Christen getötet, unter ihnen manche, die sich weigerten, zum Zeichen der Glaubensleugnung »nur« ein Kreuz mit Füßen zu treten; zu je 50 und 60 wurden sie zum Scheiterhaufen geführt. Im 19.Jh. kamen in → Japan (: IV) ca 2000 Christen in Gefängnissen ums Leben. In der durch die Königin Ranavalona 1835 auf → Madagaskar in Gang gebrachten grausigen Verfolgung sind 200 Madagassen als M. gestorben. Der Boxeraufstand in → China (: IV C, 1 d) von 1900 brachte mindestens 30 000 chinesischen Christen den Bekennertod; die Zahl der ermordeten kath. und ev. Missionsleute beträgt etwa 230-250. Auch unter den Fijianern und Koreanern gab es Tausende von M.n, viele auf Formosa (→ Taiwan) und einige auch unter früheren Muslim. Eine kath. Gesellschaft »hat seit 1940 über 150 Missionare durch gewaltsamen Tod verloren - alle in Asien«. - Die Todesarten weisen eine erschreckende Vielfalt auf: Christen wurden deportiert, enthauptet, erschlagen, ertränkt, von hohen Felsen auf die Meeresklippen gestürzt, skalpiert, erhängt, mit dem Kopf nach unten aufgehängt, erwürgt, durch angetriebene Ochsen gevierteilt, gesteinigt, in siedendes Öl gesteckt, verbrannt, »geröstet«, »lebendig gebraten«, ja selbst gekreuzigt (Japan) und aufgefressen (Indianer, Borneo).

Latourette III, 332 (Lit.) - J.Monsterleet, Chinas M. sprechen, 1953 - Th.Imoos, Auf den Spuren jap. M. (in: Bethlehem-Kalender 1956) - NZM 13, 1957, 9-28. 119-138 - E.M.Wiseman, Kikuyu Martyrs, 1958 - E.Elliot, Durchs Tor der Herrlichkeit, 1958. *A.Lehmann*

Märtyrerakten (acta, gesta martyrum) nennt man die in der 2. Hälfte des 2.Jh.s beginnenden Aufzeichnungen und Berichte über Verhör und Tod der christlichen → Märtyrer (: II), besonders dann, wenn sie auf amtlichen Protokollen fußen (? - vielleicht die M. → Justins um 165 und die der → Scilitanischen Märtyrer 180) oder als apologetisch-erbauliche »Protokoll-Literatur« solche literarisch nachahmen (zB das Apolloniosmartyrium). Zu den alten Berichten gehören vor allem noch der später überarbeitete Brief über das Martyrium → Polykarps (um 165) und der Brief der Gemeinde von Lyon und Vienne (177/78), ferner das Martyrium der → Perpetua und Felicitas (202). Die Sammlung des → Eusebius (, 2) ist untergegangen. Die alten »M.« bilden formal durchaus keine einheitliche Gruppe und sind im wesentlichen nicht von sog. jüdischen oder heidnischen (Philosophen-)Martyrien abzuleiten. »Martyrien« (passiones) wurden sicher schon im 3.Jh. zur liturgischen Feier des Jahrestages verlesen. Sie bilden den Ausgangspunkt der gesamten christlichen → Hagiographie; doch ist die große, unübersehbare Masse der M. späten Ursprungs und ohne historischen Wert.

Die Texte in den AS u. bei TH.RUINART, Acta primorum martyrum, Paris 1689, Regensburg 1859; R.KNOPF-G.KRÜGER, Ausgew. M. (SQS NF 3), 1929³. - Lit. s. → Märtyrer: II, → Hagiographie u. bei QUASTEN I, 176ff. Ferner: H.-W.SURKAU, Martyrien in jüd. u. frühchristl. Zeit, 1938 - H.A.MUSURILLO, The Acts of the pagan Martyrs, Oxford 1954 (Lit.) - M.SIMONETTI, Studi Agiografici, Rom 1955 - DERS., Qualche osservazione a proposito dell'origine degli Atti dei martiri (Rev. étud. Augustin. 2, 1956, 39-57) - DERS., Qualche osservazione sui luoghi comuni negli Atti dei martiri (Giorn. Ital. Filol. 10, 1957, 147-155) - G.LAZZATI, Gli sviluppi della letteratura sui martiri nei primi quattro secoli, Turin 1956.

H.v.Campenhausen

Maffei, 1. *Giampietro* (1535-1603), Historiker, SJ, * in Bergamo, † in Tivoli, zuerst Lehrer und Staatsbeamter in Genua, 1565 Jesuit, seit 1567 Lehrer am Collegium Romanum, zeitweise in Portugal, verfaßte eine Biographie des Ignatius von → Loyola und Arbeiten zur Geschichte der Kolonisierung und Missionierung Indiens. Seine »Annali di Gregorio XIII« sind nur zT publiziert.

Opera omnia, 2 Bde, Bergamo 1747. - Über M.: BACKER-SOMMERVOGEL V, 293ff - LThK VI, 771 - P.PIRRI, Gli »Annali Gregoriani« di G.P.M. (Arch. hist. SJ 16, 1947, 56-97) - EC VII, 1811f.

H.Liebing

2. *Francesco Scipione* (1.6.1675 bis 11.2.1755), kath. Polyhistor und Reformer, * und † in Verona, nahm nach Studien bei den Jesuiten in Parma als bayerischer Offizier am spanischen Erbfolgekrieg teil, lebte dann als Wissenschaftler und Schriftsteller, viel auf Reisen. M. wandte sich gegen das Duell, das kirchliche Zinsverbot, den Hexen- und Zauberglauben (L'arte magica distrutta, Trient 1750) und im Zusammenhang mit älteren dogmengeschichtlichen Studien (Animadversiones in historiam theol. dogmatum de divina gratia, Frankfurt 1718; De haeresi semipelagiana, Rovereto 1743) auch gegen den → Jansenismus (Giansenismo nuovo, Venedig 1752). Er edierte altkirchliche Autoren (Hilarii opera, 1730, jetzt in MPL 9. 10) und trieb diplomatische (Istoria diplomatica, 1727) und archäologische Studien: Galliae antiquitates selectae, Paris 1733; Origines Etruscae (in den 6 Bden Osservazioni letterarie, die das von M. begründete Giornale de'Letterati d'Italia, 1700-40, ergänzen). M. trat für Belebung des Theaters ein (Teatro Italiano, Verona 1723), auch durch eigene Dichtungen (Tragödie Merope). Sein Hauptwerk galt seiner Vaterstadt: Verona illustrata, 2 Bde 1731f, dazu Museum Veronese, 1749. Er stand → Benedikt XIV. nahe. Chr. M. → Pfaffs Fälschung von Irenäusfragmenten hat er als erster entlarvt.

GesW 21 Bde, Venedig 1790; Briefe ed. G.BIADEGO, Verona 1881, u. G.GIANINI, Lucca 1895; Opere dramatiche e poesie, ed. A.AVENA, Bari 1928; Bibliogr. Maffeiana, 1885. - Über M.: I.PINDEMONTE, Studi Maffeiani, Rom 1909 - HN IV, 1491ff - LThK VI, 772 - F.ANDREOTTI, Considerazione dogmatica della dottrina di S.M., Rovigo 1940 - L.ROSSI, Un precursore di Montesquieu, S.M., Mailand 1941 - EC VII, 1812.

Ernst Wolf

Magdalenerinnen. Die M. verdanken ihre Entstehung dem Kanonikus Rudolf von St. Moritz in Hildesheim, der sich zu Beginn des 13.Jh.s bes. der gefallenen Mädchen annahm und diese in Klöstern sammelte. Zu den ältesten Klöstern gehören u.a. jene zu Basel, Erfurt, Frankfurt/M., Hildesheim, Köln, Regensburg, Speyer, Worms, Würzburg. 1227 wurden die Klöster in apostolischen Schutz genommen, 1232 ist der Orden bereits exemt und untersteht einem von den Nonnen gewählten Generalpropst. Ursprünglich befolgten die Nonnen die → Benediktinerregel mit den → Zisterzienser-Satzungen, aber Gregor IX. gab ihnen die → Augustinerregel mit den Statuten der Dominikanerinnen. Um 1300 trat ein Zerfall ein; verschiedene Klöster traten zu anderen Orden über; die Glaubensspaltung fügte dem Orden neue Schläge zu. Die Stürme der Zeit überstand nur das 1320 zu Lauban gegründete Kloster, das 1567 dem Dekan und Kollegiatkapitel St. Peter in Bautzen und 1821 dem Bischof von Breslau unterstellt wurde. Die Konstitutionen wurden 1930 von neuem gutgeheißen.

A.SIMON, L'Ordre des Pénitentes de Ste. Marie Madeleine en Allemagne en XIIIe siècle, 1918 - PH.HOFMEISTER, Die Exemtion des M.ordens (ZSavRG Kan.Abt. 35, 1948, 305-329).

Ph.Hofmeister

Magdeburg, 1. *Erzbistum.* Der Plan → Ottos d. Gr., das 937 gestiftete Moritzkloster in ein Erzbistum für die Slawen östlich der Elbe umzuwandeln, konnte erst 968 nach Überwindung des Widerstandes von → Mainz und → Halberstadt in begrenztem Umfang realisiert werden. Erster Metropolit wurde Adalbert († 981). Der Sprengel blieb zwischen Ohre, Saale, Mulde und Elbe eingeengt, die Kirchenprovinz auf den Markengürtel (ohne Oldenburg) beschränkt. Als Suffragane wurden M. die Bistümer → Brandenburg und → Havelberg sowie → Merseburg, → Meißen und → Zeitz unterstellt; → Posen blieb dem Anspruch M.s entzogen. Alle Versuche zur Ausweitung nach Osten, bes. im Anfang des 12.Jh.s, scheiterten an der Metropolie von → Gnesen. Erst im Anfang des 15.Jh.s ist → Lebus aus dem Gnesener in den M.er Kirchenverband hinübergewechselt. Mit dem Aufruf zum Wendenkreuzzug (1108) und der Gründung des Prämonstratenserstiftes U. L. Frauen durch Erzbischof → Norbert (1129) griff M. seinen missionarischen Auftrag gegenüber den Elbslawen wieder auf; unter Erzbischof Wichmann (1152-92) verband sich damit eine erfolgreiche Siedlungs- und Territorialpolitik (Land Jüterbog). Aber Askanier und Wettiner verlegten dem Erzstift den Weg nach Osten. M.s Aussicht auf die Lehnsherrschaft über die Mark → Brandenburg (: II) scheiterte an Karl IV. und wurde 1449 durch einen Staatsvertrag mit den Hohenzollern endgültig zunichte. Im Ringen zwischen Wettinern und Hohenzollern um den M.er Stuhl folgte auf den sächsischen Prinzen Ernst (1476-1513; Residenz Halle) → Albrecht von Brandenburg (1513-45), unter dem die Reformation in Stadt und Stift M. Eingang fand. Erzbischof Siegmund (1552-66) bekannte sich 1561 zur neuen Lehre. Obwohl im 30jährigen Krieg die Ersetzung Christian Wilhelms (1599-1628) durch August von Sachsen als Koadjutor (1628-80) die Sicherung M.s für Sachsen zu bedeuten schien, bestimmte der → Westfälische Friede, daß M. nach Augusts Tode als weltliches Herzogtum an Brandenburg fallen sollte. Das seit 1567 ev. Domkapitel wurde 1810 aufgehoben.

G. A.v.MÜLVERSTEDT, Regesta archiepiscopatus Magdeburgensis (bis 1305), 4 Bde, 1876-99 - RE XII, 54f; XXIV, 56 - Sachsen u. Anhalt, Bd 1-15, 1925-40 - RGG² III, 1838f (Lit.) - J.BAUERMANN, Umfang u. Einteilung der Erzdiözese M. (ZKGPrSa 29, 1933,

2-43) - A.BRACKMANN, M. als Hauptstadt des dt. Ostens im frühen MA, 1937 - Urkundenbuch des Erzstifts M. I (bis 1192), 1937 - H.BEUMANN-W.SCHLESINGER, Urkundenstudien zur dt. Ostpolitik unter Otto III. (Archiv f. Diplomatik 1, 1955. 132-256). - Weiteres bei DAHLMANN-WAITZ 5971. 6120. 6888. 10 404. *H.Ludat*

2. Die *Stadt* M. war im 16.Jh. als aufstrebende Hansestadt und wichtige Festung ein begehrtes Ziel der konkurrierenden Wettiner und Hohenzollern; außerdem wurde ihre Stellung im Reformationszeitalter durch den alten Gegensatz zum erzbischöflichen Stadtherrn bestimmt. Als erste größere Stadt Norddeutschlands führte sie 1524 die Reformation ein. 1531 trat sie dem Schmalkaldischen Bund bei und war 1547 Hauptsitz des prot. Widerstandes (»Unseres Herrgotts Kanzley«; → Flacius). Die im Zuge der Reichsacht (1547-62) durchgeführte Reichsexekution (vergebliche Belagerung 1550/51) gab → Moritz von Sachsen den Vorwand zur Aufstellung des 1552 gegen → Karl V. eingesetzten Heeres. Im nahe gelegenen Kloster Berge wurde 1577 die → Konkordienformel entworfen. 1631 eroberte Tilly die Stadt (Blutbad im Dom, vernichtende Feuersbrunst). Seit 1666/80 brandenburgisch, erhielt M. starken Auftrieb durch die → Hugenotten- und Pfälzerkolonie (1685 bzw. 1689).

Außer der Lit. zu 1: F.A.WOLTER, Gesch. d. Stadt M., (1845) 1902³ - Dt. Städtebuch II, 1941, 592 ff (Lit.) - DAHLMANN-WAITZ Nr. 2044. *H.-D.Kahl*

Magdeburg, *Joachim* (1525 bis nach 1587), ev. Theologe aus Gardelegen. Seine unsteten Lebensschicksale waren durch kath. Verfolgungen, innerev. Intoleranz und eigene Unbeugsamkeit bestimmt. Verlor er anfänglich seine Ämter durch Romfreunde (Rektorat zu Schöningen bei Helmstedt, Pfarramt in Salzwedel), so wurde ihm später (1552-58 Diakonat an St. Petri in Hamburg, 1558-62 Pfarramt in Oßmannstedt bei Weimar) seine Freundschaft mit → Flacius, an dessen Centurien er zeitweilig mitarbeitete, verhängnisvoll. In den folgenden Jahren wechselte er, auch von Familienleid heimgesucht, seine Aufenthalte und Dienste zwischen Thüringen und Österreich. Seit 1585 war er in Köln, Essen und Iserlohn tätig; sein Todesjahr ist unbekannt. - M. schrieb meist spruchartige Einzelstrophen wie EKG 284, 1. Die Musik zu seinen Tischgesängen (1572) und Sätze bei M. → Prätorius zeigen ihn als gewandten Musiker. - Sein Bruder *Johann* (ca 1520-60) dichtete einen Reimpsalter.

ZAHN VI, 55 - Hdb. zum EKG II/1, 1957, 107 - L.FINSCHER, Das Cantional des Gg.Weber (JLH 3, 1957, 63. 68. 76). *S.Fornaçon*

Magie, *religionsgeschichtlich*

1. Vorläufige Definition - 2. Elementare Kraftübertragung - 3. Kontagiöse und imitative M. - 4. Ausdehnung des Magischen - 5. Wesen der M. - 6. Zur Geschichte der M. - 7. M. im AT

1. M. ist ein in seiner eigentlichen Bedeutung und namentlich in seiner Abgrenzung zur → Religion bes. lebhaft umstrittener Begriff. Gewiß hält es schwer und wird es vielleicht nie restlos gelingen, die Grenzen des Magischen im einzelnen ganz scharf zu umreißen. Um von einem Beispiel auszugehen, wo eine solche Analyse weniger Schwierigkeiten bereitet, sei ein religiöser Brauch aus dem mittleren Angoniland (in Südafrika) an die Spitze gestellt: Da strömt bei ausbleibendem → Regen das Volk zum sog. Regentempel. Das Gras wird weggeräumt, der Führer gießt Bier in einen Topf, der im Erdboden eingegraben ist, und opfert es mit einem Gebet dem verehrten Numen. Nachdem die Teilnehmer ihrerseits vom übrigen Bier gekostet haben, nehmen sie Baumzweige, tauchen sie nach der Rückkehr ins Dorf in ein Gefäß mit Wasser, das ein altes Weib am Toreingang aufgestellt hat, und schwingen sie, ringsum die Tropfen sprengend. Hier ist die Doppelheit der Voraussetzung bei der Bemühung der Leute, Regen zu bekommen, nicht zu verkennen: sie wissen von einem Numen, das die → Macht besitzt, Regen zu spenden; mit → Gebet und → Opfer will es darum angegangen sein, und wenn sie sich nicht damit begnügen, ihm Bier als Opfergabe darzubringen, sondern selber davon trinken, so verleihen sie durch diese Äußerung engster Verbindung mit dem Numen ihrer Bitte noch besonderen Nachdruck. An alledem ist nichts Magisches; es ist lediglich Beispiel eines auf ein persönliches Ich-Du-Verhältnis zwischen Verehrer und verehrtem Wesen gegründeten religiösen Verkehrs. Ganz anders der damit verbundene Brauch, Baumzweige in Wasser zu tauchen und sie zu schwingen, um den Fall der Tropfen zu erzeugen. Hier handelt es sich um eine rein dingliche Handlung, bei der ein höheres Wesen, auf dessen Willen eingewirkt würde, gar nicht in Frage kommt. Voraussetzung ist bloß, daß gewisse Handlungsweisen gewisse Ergebnisse zur Folge haben oder richtiger gesagt: sie direkt zeitigen. Im Gegensatz zum Versuch, durch die Einwirkung auf den freien Willen eines übersinnlichen Wesens zum Ziele zu kommen, ist hier alles auf die Automatik der Wirkung einer bestimmten Art des Handelns eingestellt. Bedingt ist solche Wirkung durch die der Handlung immanente Kraft, und damit erweisen sich die betreffenden Handlungen einfach als *in Praxis umgesetzte dynamistische Weltauffassung*. Darin dürfte schon die Definition der M. im Kerne gegeben sein.

2. Der Gedanke *einfachster Kraftübertragung* in elementarster Form liegt folgenden Beispielen zugrunde: Der madagassische Häuptling tritt bei seiner Thronbesteigung auf einen mit hasina (Kraft, vgl. → Macht: I) geladenen Stein. Der Melanesier vergräbt neben die Wurzel des Baumes, von dem er reichlichen Ertrag zu bekommen wünscht, »Mana«steine. Frauen erwarten ihre → Fruchtbarkeit von magischen → Steinen. Häufiger läßt man solche Kraftübertragung aus dem Pflanzenreich ausgehen. So legen Papuas Ringe aus festem Bast um die Beine, um ihren Sehnen die Festigkeit dieses Umkleidungsstoffes mitzuteilen, und der Schlag mit der grünen »Lebensrute« als einer Trägerin von Lebenskraft schafft Gesundheit und Fruchtbarkeit. Den → Kelten war die Mistel der »Allheiler«. Nicht minder läßt sich die im *Animalischen* steckende Kraft übertragen. So stellt, wer bei den Galla harte Sohlen bekommen will, die bloßen Füße auf eine Schildkrötenschale. Nach vedischem Ritual setzt sich, wer nach besonderer Kraft verlangt, auf die Haut eines Tigers, wer (wie eine Braut) sich besondere Fruchtbarkeit wünscht, auf die eines Stiers. Ein Löwenzahn, als → Amulett getragen, ist ein anderes Mittel, die Kraft zu steigern. Die nächste (chronologisch betrachtet vielleicht älteste) Stufe ist Kraftübertragung *von Mensch zu Mensch;* denn sein Körper ist in allen seinen Teilen voll magischer Kräfte (vgl. → Blut, → Haar, → Nieren, → Speichel) - darin hat der → Kannibalismus zu einem Teil seinen Ursprung -, und es gibt Menschen von überlegener magischer Kraft (→ Herrscherkult, → Königtum, sakrales). Auch die feinere Materie des Hauches (→ Atem) ist Kraftträger. Das magische → Wort schafft, was es sagt (→ Segen und Fluch). Und der Wortglaube potenziert sich im → *Namenglauben,* mit dem sich eine Fülle von M. verbindet. Vom gesprochenen Wort ist nur ein Schritt zum geschriebenen. *Magische Sprüche,* die dem ägyptischen Toten mit ins Grab gegeben wurden (→ Zaubersprüche), hatten selber die Macht, Hunger und Durst, Schlangen und Skorpionen, von denen sie sprachen, von ihm abzuwehren, und das geschriebene Gebet um Brot,

Bier, Gänsebraten, Kleider und »alle guten Sachen, wovon die Götter leben«, ersetzte ihm vollständig das Opfer in natura (Chant I, 429. 470). Wollte man dem Geschriebenen noch stärkere Wirksamkeit verleihen, so schrieb man womöglich mit magischer Tinte, in der an sich bereits besondere Kraft steckt. Neben den Buchstaben (→ Alphabet) stehen die *Zahlen,* bes. magische Lieblingszahlen wie die 3, 7, 9, 99 u.a. (→ Zahlensymbolik). Aber auch in *Tönen* und Melodien sind verborgene Kräfte vorhanden, die sich durch Gesang und Spiel übertragen (→ Musik: II), und eine bes. lehrreiche Illustration zum Glauben an einfache Kraftübertragung liefert wiederum der *magische* → *Kreis,* sei es, daß sie mehr zentrifugal, sei es, daß sie mehr zentripetal vorgestellt werde. – Handelt es sich in allem Bisherigen um unmittelbar positive Kraftwirkung und Übertragung, so ergeben sich aus denselben Voraussetzungen entsprechende *negative Verhaltungsmaßregeln* (→ Tabu, → Fasten: I). Um den bösen Kraftstoff loszuwerden, der → Krankheit und → Sünde bewirkt, wird er gerne auf ein Tier oder einen Menschen abgeleitet, der ihn als → Sündenbock zu entfernen hat. Will man von Dämonen freikommen, so gibt es eine magische Abwehr, in Japan zB mittels des Phallus oder des Werfens von Pfirsichen (Chant I, 291. 295).

3. Über die bisher betrachteten Fälle unmittelbarster Kraftzuleitung oder -ableitung hinaus führt die *kontagiöse* M. Dahin gehört ein guter Teil des → Reliquien-Kultes: Jede kleinste Partikel des Leibes eines Heiligen ist von der Kraft durchströmt, die ihm selber eigen war. Und wer nur etwas von ihm besitzt, ja wer nur durch die → Fußspur mit ihm in Beziehung kommt, der vermag seine ganze Kraft auf sich überzuleiten. Umgekehrt kann, wer im Besitze auch nur eines Haares eines andern ist, diesen an sich fesseln oder ihm schaden, je nachdem er mit diesem Haar verfährt. Der Australier legt einem Menschen, den er krank machen will, Quarz, Knochen oder Glassplitter in die Fußspur. – Will man aber im Verständnis des Wesens der M. weiter kommen, so gilt es vor allem zu wissen, wie weit der genannte solidarische Zusammenhang (vgl. participation mystique, → Levy-Bruhl) reicht bzw. was alles als Teil des Ganzen gerechnet wird, und hier geht primitive Auffassung weit über die unsere hinaus. Aufs innigste gehört für sie zusammen Objekt und Bild des Objektes, so sehr, daß zwischen beiden ein unlösbarer Zusammenhang besteht und das Objekt unmittelbar von dem mitbetroffen wird, was sein Abbild betrifft. Das heißt praktisch, daß Ähnliches Ähnliches bewirkt. Darauf geht alles zurück, was → Frazer »magic by similarity« genannt hat und was man allgemein als *imitative* oder *homöopathische* M. bezeichnet. Die sog. Uschebtis, dh kleine Holz- oder Fayencefiguren, die dem ägyptischen Toten mit ins Grab gegeben wurden, traten dank dem Spruche, der gewöhnlich an ihnen geschrieben stand (Totenbuch, Kap. 6), für ihn ein, wenn er zur Arbeit gerufen wurde (vgl. → Ersatzgaben). Diese imitative M. ist nicht von der kontagiösen verschieden, sondern steht mit ihr in innerem Zusammenhang: Das Abbild eines Dinges ist nur ein Teil dessen, was das Ganze dieses Dinges ausmacht, und so läßt sich denn auch hier einfach die Automatik der Kraftwirkung weiter verfolgen. Will man zB einen Menschen vernichten, so kommt es auf dasselbe hinaus, ob man irgendeine Partikel seines Körpers oder ob man sein Abbild zerstört. Auf letzterem beruht der Brauch der sog. Defixionspuppen, dh der Darstellungen einer menschlichen Person, die man vielleicht einschnürt, um der dargestellten Person die Bewegungsfreiheit zu nehmen, oder die man mit Nadeln und Dornen durchbohrt, um sie zu töten. Ja, es kann genügen, sich das Bild vorzutäuschen: Die Ovambo schauen so lange in eine Schüssel mit Wasser, bis sie das Bild ihres Feindes zu erblicken glauben; dann spuckt man es an und verflucht es, und der Mann stirbt (Chant I, 155). Indessen stellt sich imitative M. keineswegs nur in den Dienst dessen, was man als dem Menschen schadende gerne als *»schwarze«* M. bezeichnet im Gegensatz zur *»weißen«,* die ihm Nutzen bringt. So ist zB der größte Teil des Fruchtbarkeits- und Wetterzaubers nichts anderes als imitative M. Will man, daß die Halme hochwachsen, so springt man hoch oder tanzt auf Stelzen wie in China, und zwar hier in Frauenkleidern, um zugleich den sympathetischen Zusammenhang mit den Frauen als den eigentlichen Trägerinnen der Fruchtbarkeit zum Ausdruck zu bringen. Will man Regen, so wird (bei Indianern) Tabakrauch oder es werden (in Australien) Flaumfedern in die Luft geblasen: so entstehen die Wolken, oder es werden Tropfen ausgesprengt (schon herabfließende Tränen können genügen) oder es wird Wasser ausgegossen, und das himmlische Naß kann nicht ausbleiben. Um die Fruchtbarkeit des Bodens zu befördern, opferten die Römer ihrer Erdgöttin Tellus trächtige Kühe, weil diese die Fruchtbarkeit selber zu verkörpern schienen. Soll etwas wachsen, so wird die entsprechende Handlung bei zunehmendem → Mond, soll es abnehmen, bei abnehmendem vorgenommen. Und wie Gleiches Gleiches erzeugt, so führt derselbe Gedanke, nur gleichsam mit negativem Vorzeichen versehen, zu entsprechenden Bräuchen, *Gleiches durch Gleiches abzuwenden:* daher zB die blauen Glasperlen als wirksamstes → Amulett gegen den bösen → Blick des (in den Mittelmeerländern bes. gefürchteten) blauen Auges.

4. Die Betrachtung dieser einfachen Fälle imitativer M. weist auf ein Weiteres: Das Prinzip der Analogie, das sich in der Auffassung bekundet, daß Gleiches Gleiches bewirke, zieht naturgemäß größere Kreise. Wenn zB Blasen von Rauch oder Flaumfedern Wolken entstehen lassen oder das Ausgießen von Wasser Regen, so deutet das schon auf *Beziehungen von* → *Makrokosmos und Mikrokosmos,* die sich in einer Art von Parallelismus der Kräftewirkungen darstellen, und man wird auf die Erkenntnis umfassenderer Zusammenhänge geführt, welche die M. mit → Astrologie und → Mantik (vgl. auch → Tagewählerei) verbinden. Auch diese wurzeln in den magischen Grundvoraussetzungen der Automatik gewisser Kräfteströmungen, sei es zum Guten, sei es zum Bösen. So ist es ein ungeheuer ausgedehnter Boden, auf dem man dem magischen Kräftespiel begegnet, in das der Mensch eingreift, um in Ausnützung der ihm geeignet erscheinenden Kräfte seine Ziele zu erreichen, Schaden von sich abzuwehren und sich positive Vorteile zu verschaffen.

5. Mit dem Gesagten ist bereits angedeutet, daß das *eigentliche Wesen der M.* in anderm liegen dürfte, als womit man es zT zu bestimmen versucht hat. Nicht der Gegensatz von sozial und antisozial (so → Durkheim u.a.) ist das für die M. Wesenhafte. Gleiches gilt vom Heilzauber, und erst recht will Regen- und Fruchtbarkeitszauber letzten Endes dem gemeinen Wohl dienen. Sonst begriffe man schlechterdings nicht die offizielle Anerkennung, deren → Medizinmänner und → Zauberer, in deren Hand doch im wesentlichen die Ausübung magischer Praktiken lag, sich in primitiven Gesellschaften zu erfreuen hatten. Tatsächlich erscheint ja auch (s. 6) der offizielle Kult bis in die höhere Religion hinein ganz und gar mit magischen Elementen durchsetzt, so viel Widerspruch sich aus ihr auch gegen gewisse illegale Anwendungen von M. erheben mochte. – Mit der obigen Auffassung der M. ist ihre *Grenzlinie gegenüber dem eigentlich Religiösen* im Grunde scharf gezogen. Ist als ihr Kern

der Gedanke der Automatik der Kraftwirkung anzusprechen, so ist klar, daß sie sich auf dem Boden des rein Dinglichen bewegt. Das aber steht auf einem andern Blatt als der Gedanke an die Möglichkeit einer Einwirkung auf einen persönlichen Willen, der sich so oder so entscheiden kann: Es ist, so schwankend im einzelnen die Grenzen zwischen Kraft und Person auch sein mögen (vgl. Chant I, 146), zweierlei, ob der Kranke, um Heilung zu erlangen, das magische Zaubermittel nimmt – dieses wirkt unfehlbar, es müßte denn sein, daß es durch einen kräftigeren Gegenzauber in seiner Wirkung beeinträchtigt würde –, oder ob er ein Numen bittet, ihm zu helfen; mag der Glaube an dessen helfende Macht auch noch so stark sein, im Rest bleibt hier stets der Gedanke: so Du *willst*, kannst Du mir wohl helfen. Es ist zweierlei, ob der Krieger gegen den Feind in der Ferne die magische Waffe schwingt, vielleicht geführt von einem »Mana«-Besitzer und unterstützt von den Frauen zu Hause, die gleichzeitig auf Früchte einhauen – lauter magische Praktiken, die als solche unfehlbar wirken –, oder ob er zu einem Numen fleht, daß es ihm den Sieg verleihe. Die Grenzen zwischen M. und Religion können hier wie anderwärts fließend sein, und die Religionsgeschichte zeigt in der Tat an einer erdrückenden Fülle von Beispielen, wie die Religion das Magische in sich aufnimmt, dh wie magische Praktiken, die ursprünglich für sich wirkten, mit der Zeit an die Kulte der verschiedensten Götter angeschlossen worden sind. Aber das führt schon in die *Geschichte* der M. über.

6. Die *Ursprünge der M.* sind in zu tiefes Dunkel gehüllt, als daß es jemals restlos aufgehellt werden könnte. Es wäre aber bestimmt von vornherein verkehrt, M. rein nur als das Ergebnis primitiver Vorstellungsassoziationen verstehen zu wollen. Das hieße dem Intellekt unverdientermaßen den Primat zuerkennen und diesem Primat obendrein sehr viel mehr zutrauen, als ihm zukommt. Ohne Zweifel wurzelt eine Erscheinung wie die M. in tiefer liegenden Trieben des Menschen. Aber ist es genug, sie in ihrem eigentlichen Wesen als die einfache und unverhüllte Objektivierung des Wunsches in der menschlichen Vorstellung zu verstehen, so daß der faktische Erfolg oder die reale Objektivierung nichts anderes als die zufällige Bestätigung jener idealen Objektivierung geworden wäre (Beth 121), oder gar ihre Wurzel in nichts anderm sehen zu wollen als in den aus bestimmten Lebensbedürfnissen des Menschen entsprungenen Lebensgewohnheiten desselben (King 179ff)? Im Hintergrund aller M. steht ein Irrationales, für das die Erklärung allein in menschlicher Erfahrung und in menschlichem Erlebnis zu suchen sein dürfte. Es ist das Erlebnis der geheimnisvollen → Macht, das im Menschen, zunächst vielleicht mehr unbewußt als bewußt, entsprechende Reaktions- und Ausdrucksbewegungen auslöst, und je mehr Wille und Wunsch, mit der Zeit auch verständiges Überlegen, für diese Bewegungen richtunggebend werden, desto mehr sieht man M. wachsen und sich entwickeln. Dabei mögen sich wohl *»Stufen« der Entwicklung* unterscheiden lassen, aber das lebendige Leben mit der unendlichen Vielheit seiner magischen Anlässe wird selber schon zur Warnung vor zu großer Schematisierung. Auch die Frage des zeitlichen Verhältnisses von Religion und M. darf schwerlich zu schematisch im Sinne einer rein chronologischen Aufeinanderfolge entschieden werden; besser vielleicht spricht man von einer magischen »Schicht« als von einer magischen »Epoche«. Diese magische Schicht scheint auch da noch durch, wo der Mensch schon längst den ersten Perioden seiner Geschichte entwachsen ist. Bekanntlich ist er in der Ausübung seiner Bräuche außerordentlich konservativ. Ein magischer → Ritus gilt der Kraft. Wenn aber anstatt der Kraft ein Geist oder ein Dämon eintritt, bewahren die Riten noch lange ihren magischen Charakter (Chant II, 300). So sieht man die griechischen Thesmophorien zu einem Fest der Demeter werden, obwohl nicht zu verkennen ist, daß in den betreffenden Riten die Göttin ursprünglich keinen Platz hatte (Chant II, 290). Ursprünglich kann magische Kraft von einem Tier als solchem ausgehen und ist vielleicht in seinem Blute konzentriert; aber nun macht diese Kraft eine Art hl. Taufe durch, indem das Tier zum Opfertier wird, das in irgendeinem Götterkult geopfert wird (vgl. II, 424). Oder es konnte einst → Erde an sich befruchtend wirken; aber nun empfängt sie ihre Kraft letzten Endes von der Gottheit, zu deren Heiligtum sie gehört, und es wird zB in Japan Brauch, daß Schwangere zum Zweck leichterer → Geburt sich Erde vom Heiligtum mitnehmen (I, 304). Im übrigen zeigt sich der magische Einschlag in die Religion u.a. in gewissen Hand- und Fingerstellungen, die das Beten oder die → Kontemplation begleiten (→ Gesten), in einer Auffassung des → Opfers als einer die Götter zwingenden Macht – so namentlich in Indien (vgl. II, 73), in zahllosen → Reinigungs-Riten, bes. in → Babylonien (: II), aber zB auch bei den Griechen (II, 286). Das Zusammentreffen von Magischem und Religiösem kann geradezu zu einer gewissen Verdoppelung oder »Gemination« von Kultriten führen. Zuweilen greift das Magische so stark in das Religiöse über, daß es sich der Auffassung der Gottheit selber bemächtigt, zB bei den Ägyptern, wo der Gott Thot selber der große Magiker wird, der die Zaubersprüche mit richtiger Betonung und Stimmführung hersagen kann (I, 459), bei den Indern, wo Rudra durch Selbstkasteiung magische Kraft bekommt (II, 65), bei den Germanen, wo Odin Einsicht in die heimliche magische Bedeutung der Schriftzeichen gewinnt (II, 585), bei den Kelten, wo es der Gott Dagda ist, dem die magischen Gegenstände gehören, ein Kessel, der unerschöpfliche Speise liefert, → Bäume, denen es nie an Früchten mangelt usw (II, 609). Umgekehrt läßt sich beobachten, wie das magische Objekt gelegentlich selber einen Vergottungsprozeß durchmacht. Dafür ist das lehrreichste Beispiel die Geschichte des indischen Begriffes »brahman«, das von Haus aus den magischen Zauberspruch bezeichnet und als die den Gott zwingende Formel eine Kraft offenbart, die schließlich selber zum Gott erhoben wird. Auch → Waffen, die nach primitiver Auffassung gerne als Träger besonderer Kräfte galten, sind mannigfach selber mit der Zeit zu Göttern geworden. So bezeugen zB griechische Quellen des öfteren, daß jemand bei seiner Lanze schwört, und gerade Lanzen sind bei verschiedenen Völkern kultisch verehrt worden (Chant II, 432; ein Beispiel bei Plutarch, Pelop. 29; vgl. auch Pausanias IX, 40, 11f). – Aber nicht nur in das religiöse Leben griff M. so tief ein. In Indien zB sieht man magische Handlungen das ganze häusliche Leben durchziehen (Chant II, 46), und am Beispiel Alt-Ägyptens, wo sie sich nicht minder im täglichen Leben geltend machten, läßt sich beobachten, wie ein solches Vorwiegen der M. geradezu ein großes Hindernis für die Moral werden kann (I, 490). Anderseits ist nicht zu verkennen, was darin liegt, daß M., auf einer eigentümlich naiven Auffassung beruhend, die die Welt als eine Walstatt für Wille und Macht ansieht und nicht als einen Tummelplatz von Zufälligkeiten (II, 557), zu aktivem Eingreifen in den Lauf der Dinge trieb, um sich ihre Kräfte dienstbar und die Welt untertan zu machen. – Aber die trostlose Hoffnungslosigkeit ihres Prinzips einer rein dinglichen Automatik der Kräfte konnte auf die Dauer nicht unwidersprochen bleiben. In der japanischen Posse wird der »Yama-

buschi«, der sich mit magischen Praktiken abgibt, der Gegenstand beißenden Hohns (I, 421). In heiligerem Ernst hat lebendige Religion der M., sofern sie sie nicht auf dem Wege der Übernahme und Umdeutung einzelner ihrer Praktiken unschädlich machte, den offenen Kampf angesagt. Zwar liegt es nicht so, daß Religion überhaupt an die Stelle der M. getreten wäre dadurch, daß der Mensch vom Augenblick an, da ihm die Vergeblichkeit seiner magischen Kraftanstrengungen aufgegangen sei, seine Zuflucht zu überlegenen Wesen genommen habe (so Frazer). Aber je mehr sich religiöser Glaube von der allein wirksamen Kraft des Numens überzeugte, von dem er lebte, um so mehr mußte das Vertrauen in die Automatik magischer Kraftwirkungen in sein Nichts zusammensinken.

I.King, The Development of Religion, New York 1910 - Frazer I-XII - K.Beth, Religion u. M. bei den Naturvölkern, (1914) 1928² - ERE VIII, 245ff - RGG² III, 1839ff (ältere Lit.) - PW XIV/1, 301ff - C.H.Ratschow, M. u. Religion, (1947) 1955² - E.Spranger, Die M. der Seele, 1947 - H.Webster, Magic. A Sociological Study, Stanford 1948 - W.Goode, Magic and Religion, a Continuum (Ethnos 14, 1949, 172-182) - Ad.E.Jensen, Mythos u. Kult bei Naturvölkern, (1951) 1959² (wichtige Kritik) - C.G.Diehl, Instrument and Purpose. Studies on Rites and Rituals in South India (Diss. Lund), 1956 - E.Ehnmark, Religion and Magic: Frazer, Söderblom and Hägerström (Ethnos 21, 1956, 1-10) - B.Malinowski, Magic, Science and Religion, Boston 1956 - G.B.Wetter, Magic and Religion, New York 1958 - D.P.Walker, Spiritual and Demonic Magic from Ficino to Campanella, London 1958 - J.Haekel, Religion (in: Lehrbuch der Völkerkunde, hg.v. L.Adam u. H.Trimborn, 1958, 40-72, bes. 57). - Weitere Lit. s. → Aberglaube, → Naturvölker, → Zauberer. *† A.Bertholet (C.-M.Edsman)*

7. Nicht wenige Spuren magischer Anschauungen und Praktiken finden sich *im AT*, was indirekt auch durch ihre Bekämpfung (Ex 22, 18; Lev 19, 31; 20, 27; Dtn 18, 9ff) aufgewiesen wird. Im einzelnen läßt sich schwer ausmachen, was den Israeliten *vor* der Landnahme bekannt war und was sie von den Kanaanäern übernahmen. Später drang die Wahrsagerei des Morgenlandes und die Zeichendeuterei der Philister ein (Jes 2, 6). All dies galt im offiziellen Urteil als → Aberglaube, wie auch die Beschwörung eines Totengeistes (1Sam 28). Geheimnisvolle Kräfte sah man im Auge (böser → Blick), im → Haar und in der → Kleidung (zB Mantel → Elias). Die Kraft ist übertragbar, sei es zum Guten, sei es zum Bösen, so daß man sich u.U. (wiederum magischer) Apotropaica (→ Amulett) bediente. - Das kraftgefüllte Wort des → Segens und Fluches (: II) schafft Wirklichkeiten, ebenso die → Handauflegung oder das Aufstemmen der Sünde auf den → Sündenbock. Nicht anders ist von ihren Urgründen die → Salbung (: II) zu verstehen. Wer jemandem den Namen abgewinnt (Gen 32, 30), kann Macht über ihn erlangen (→ Namenglaube: II). Bei den Gegenüberstellungen von → Heilig und Profan (: II) sowie → Rein und Unrein (: II) sind auch magische Aspekte im Spiel. Die den frommen Beter in den Pss bedrängenden Übeltäter (poʿªlê ʾawæn) erklärt Mowinckel als »magische Zauberer«, nach Birkeland sind es (primär den König) bekämpfende Nicht-Israeliten; doch sind beide Thesen nicht unbestritten geblieben. - Die Exklusivität des Jahweglaubens (→ Monotheismus: II) unterwarf sich das magische Denken wie den Glauben an → Geister (: II) und paralysierte, wenn auch nicht immer erfolgreich, die Gefahren, die ihm von dorther drohten.

Mowinckel I, 1921 - G.Hölscher, Gesch. der israelit. u. jüd. Religion, 1922 (s. Reg.) - A.Bertholet, Das Dynamistische im AT, 1926 - J.Hempel, Gott u. Mensch im AT, (1926) 1936² (s. Reg. s.v. Macht) - H.Birkeland, Die Feinde des Individuums in der israelit. Pss-Lit., Oslo 1933 - Ders., The Evildoers in the Book of Psalms (ANVAO 1955, 2) - Goodenough I-IV. *K.Galling*

Magier (altpers. maguš, μάγος), nach Herodot I, 101 Name eines medischen Stammes, der das Priesteramt ausübte und zugleich Sitten pflegte, die später als Pflicht jedes Mazdaverehrers gelten (Totenaussetzung [→ Begräbnis: I], → Reinigungen, Vernichtung schädlicher Tiere, Hundeverehrung, Verwandtenehe). Entgegen der zarathustrischen Lehre aus dem Osten und der politischen Macht aus dem Südwesten haben sich die M. sehr rasch in Kultus und Politik durchgesetzt und vor allem in sassanidischer Zeit (→ Iran: I) als Mobeden (»Ober-M.«) die größte Rolle gespielt. Sie haben die iranische Religion (→ Iran: II) erhalten, umgestaltet und eine mazdayasnische Reichskirche begründet (Kartēr-Inschriften Ende des 3.Jh.s nChr), die erst dem Arabersturm im 7.Jh. zum Opfer fällt. Die ihnen anvertrauten Reste des → Avesta haben sie geordnet, liturgisch erweitert und zT (etwa durch den Vendidad, das iranische Priestergesetz) noch in später Zeit vermehrt. Ihnen oblag die Erhaltung der Religion nach dem Zusammenbruch bis zur Gegenwart (Rivāyats nach Indien). Der Einfluß der Mobeden erstreckte sich auf die geistlichen Angelegenheiten (u.a. Kampf gegen → Manichäismus, → Mazdak; Auseinandersetzung mit dem Christentum) wie auf Machtkämpfe der Innenpolitik; auch die geschichtliche Überlieferung Irans ist ganz wesentlich vom priesterlichen Standpunkt aus geformt worden. - Sehr schwer lassen sich Stellung und Ursprung des M.tums in den Anfängen bestimmen. Schon der Name maguš ist umstritten (Angehöriger eines maga- oder »Bundes«, vergleichbar dem zoroastrischen magavan der Gathas?). Die M. erscheinen als Träger alter westiranischer Kultvorstellungen und Opferriten und als leidenschaftliche Dualisten. Die antiken Quellen, u.a. schon Herodot, sind voller Widersprüche und zeigen bald das uns geläufige Bild der M. als Schüler und Lehrer des Zoroastrismus (→ Iran: III. VII). Vor allem tritt eine Verquikkung mit dem Priestertum → Babyloniens (: I) ein, so daß »M.« als Synonym von Chaldäer und Astrologe, → Traum-Deuter und → Zauberer erscheint, Berufe, die mit den M.n ursprünglich gar nichts zu tun hatten (so auch die M. in Mt 2). Dem Islam ist mağūs einfach der Inbegriff gefährlichen Heidentums. Noch weiter geht der Mißbrauch des Wortes M. im mittelalterlichen Maghreb und Spanien, wo al-mağūs schließlich den Wikinger, dh die skandinavischen Seeräuber und französischen Normannen bezeichnete (EI¹ III, 108f).

A.Carnoy, Le nom des Mages (Muséon NS 9, 1908, 121-158) - ERE VII, 242ff - C.Clemen, Die griech. u. lat. Nachrichten über d. pers. Religion, 1920, 205ff - PW XIV/1, 509ff - G.Messina, Der Ursprung der M. u. d. zarathuštr. Religion, Rom 1930 - Ders., I magi a Betlemme e una predizione di Zoroastro, ebd 1933 - H.S. Nyberg (→ Ahriman) 335ff u.ö. - J.Bidez-F.Cumont, Les Mages hellénisés I. II, Paris 1938 - E.Benveniste, Les Mages dans l'ancien Iran, ebd 1938 - ThW IV, 360ff - Stig Wikander (→ Iran: II) - W.Eilers, Der alte Name des pers. Neujahrsfestes (AAMz 1953, 2) - A.Melvinger, Les premières incursions des Vikings en Occident d'après les sources arabes (Diss. Uppsala), 1955 - R.C.Zaehner, The Teachings of the Magi: a Compendium of Zoroastrian Beliefs, London 1956. *W.Eilers*

Magnificat (so nach dem lat. Anfangswort), der »Lobgesang der Maria« (Lk 1, 46-55), ein eschatologischer Hymnus, 1Sam 2, 1-10 auffallend ähnlich, in seiner Zukunftserwartung sich auch mit lukanischem Sondergut (6, 20ff) eng berührend. Das M. kam als → Canticum früh in das → Stundengebet der Kirche, im Osten beim Morgengebet (Laudes), im Westen bei der Vesper. Auch in der ev. Kirche wurde es bei der Vesper gesungen (lat. vom Chor oder deutsch von der Gemeinde), wohl auf Luthers Anregung immer nach dem 9. Psalmton. Komponiert wurde es in allen → Kirchenton-Arten und den verschiedensten musikalischen Formen, u.a. von → Palestrina, → Prätorius, → Schütz, → Bach, → Kaminski, → Micheelsen, Marx. Seit 1524 wurde es auch in Liedform nachgedichtet, zB von → Bonnus (EKG 200). Luthers Auslegung (1521; WA 7, 544ff) preist Maria als Vorbild echt christlicher Demut und Gottesfurcht.

EKL II, 1213f (Lit.). *E.Hertzsch*

Magyaren, *religionsgeschichtlich* → Finnisch-ugrische Religionen.

Mahâbhârata. Das M., das »große (Epos vom Kampf) der Bharata-Nachkommen«, ein Riesenwerk von 100 000 Doppelversen, berichtet in seinem Kern vom Bruderzwist der Kurus und Pândavas, deren Kämpfe im Bereich des heutigen Delhi (→ 15 C 2) stattgefunden haben. Darum hat sich ein dichtes Rankenwerk von Legenden, Sagen, theologisch-philosophischen Traktaten, Erörterungen von Rechten und Pflichten aller Kasten und Lebensstadien geschlungen, so daß das M. als Dharma-Kompendium (→ Lehre) den von jedem Hindu anerkannten Traditionsschriften eingereiht ist. Durch verschiedene Umschichtungen wurde nach etwa einem Jt. im 5.Jh. nChr der gegenwärtige Umfang des M. erreicht: 18 Bücher, denen als 19. der Harivamsha, die Geschichte vom Leben → Krishnas als Anhang zugerechnet wird. - Im M. findet der → Hinduismus (: I) einen breiten Niederschlag. Die Vorstellung der Welt mit dem → Berge Meru als Mittelpunkt, um den sich ringförmig die Kontinente legen, die Lehre von Zeitzyklen mit ihrem absteigenden Weltablauf (→ Apokalyptik: I) erscheinen in klaren Umrissen. Die soziale Organisation erfolgt durch die → Kasten. Die früheren Götter sind vor allem von → Shiva und bes. von → Vishnu verdrängt, neben denen die ganze Fülle göttlicher und dämonischer Wesen des Hinduismus auftritt. In hinduistischem Geiste erscheinen selbst die Kurus und Pândavas als Söhne von Göttern, in deren Kreis sie zurückkehren werden, wenn ihr → Karma verbraucht ist. Bemerkenswert ist aber, daß die shaktistischen Elemente des späteren Hinduismus dem M. noch fremd sind. Im Mittelpunkt der wesentlichen religiös-philosophischen Traktate steht Vishnu-Krishna, sowohl in der → Bhagavadgîtâ wie im sog. Nârâyanîya-Abschnitt des 12.Buches, der die 10 → Avatâras lehrt und stark von Pâncarâtra-Elementen durchsetzt ist. Beide gehören zum festen Bestand vishnuitischer Gläubigkeit und erhellen die Geschichte der → Sâmkhya- und → Yoga-Philosophie. Aus der Fülle der Sagen seien → Sintflut-Sage und die Herabkunft der Gangâ auf Shivas Haupt hervorgehoben, während die Geschichte der gattentreuen Sâvitrî, die durch ihre weisen Sprüche ihren Gatten dem Todesgott Yama zu entreißen versteht, als Vorbild indischen Weibtums bis in die Gegenwart lebendig geblieben ist.

Ausg.: seit 1927 vom Bhandarkar Institute in Poona, maßgebend. - Übers.: vollst. nur in Englisch, Calcutta 1884-96 u. 1895-1905. - A.Holtzmann, Das M. u. seine Teile I-IV, 1892-95 - J.Dahlmann, Das M. als Epos u. Rechtsbuch, 1895 - H.Jacobi, Das M., Inhaltsangabe, Index u. Concordanz, 1903 - H.Oldenberg, Das M., seine Entstehung, Inhalt, Form, 1922 - G.J.Held, The M., an Ethnological Study, London 1935 - G.Dumézil, Jupiter, Mars, Quirinus IV, Paris 1948, 37ff. *H.Losch*

Maharshi. Das Wort bedeutet »großer Rshi, dh Seher«. Die von ihm »geschaute« Wahrheit »redet der Rshi wahr« (Amarakosha II, 7, 43). Im Rigveda (→ Veden) erscheint er als einem Gott nebengeordnet, der Gott persönlich läßt ihn Weltwunder und Göttergeheimnisse schauen (Geldner zu Rigveda VII, 88, 4 b). Von den quasi-göttlichen, unter die Sterne entrückten Rshis leiten sich die Brahmanengeschlechter her (→ Vedische und brahmanische Religion). Rshis sind zugleich »Schauer« vedischer Hymnen. Erst in den Brâhmanas und → Upanishaden erscheint der M., ohne bestimmte Konturen zu erhalten. Aber bald werden die Seher aller Art in eine 5stufige Skala eingereiht, deren zweithöchste Stufe die M. einnehmen, während der Brahmarshi der höchsten Stufe das Brahman unmittelbar schaut. Dem M. wachsen seine Seherkräfte aus Askese (tapas), → Weihe (dîkshâ) und → Yoga zu. Den M. fällt in den einzelnen Manvantaras (→ Hinduismus: I, 2 b) die Aufgabe zu, den Dharma (Religion und Recht) zu sichern (Matsyapurâna 9, 27-30). Unter den M. gilt Bhrgu als der höchste (Bhagavadgîtâ X, 25). Der M. Agastya, noch heute als »Prophet des Südens« geehrt, breitet arische Kultur nach Süden aus. Der aus Kshatriyakaste stammende Vishvâmitra verdankt strenger Askese den Aufstieg zur Würde eines M. Die aus göttlicher Wesenheit abgeleitete Schau des M. symbolisiert den höchsten Grad der Heiligkeit. So hat man bis heute Persönlichkeiten von seherischer Religiosität durch Beilegung des Titels M. ausgezeichnet (zB Devendranâth Tagore, den Führer der Brahma Samâj, und Shri Ramana M. aus Tiruvannamalai).

Einzelnes bei E.W.Hopkins, Epic Mythology, 1915 - J.W.Hauer, Anfänge der Yogapraxis, 1922 - Etudes sur Ramana M., introd. par J.Herbert, Paris (1940/42) 1949² - H.Zimmer, Der Weg zum Selbst. Lehre u. Leben des ind. Heiligen Shri Ramana M.L..., hg.v. C.G.Jung, 1954. *H.Losch*

Mahâvîra, gekürzt Vîra, ist ein ehrender Beiname (»Held«) des Vardhamâna, eines Sohnes des Adligen Siddhârtha und der Trishalâ, * zu Kundagrâma (heute Basukund in Bihâr). Mit 30 Jahren wurde M. ein heimatloser Wandermönch und der eigentliche Begründer des Jaina-Glaubens (→ Jinismus). Als solcher lebte er 42 Jahre lang in seinem Geburtsland bis zu seinem Tode in der Stadt Pâvâ. Dieses sein Eingehen ins → Nirvâna wird von der Tradition auf 527, nach heutiger Rechnung auf 477 vChr angesetzt. M. war ein Zeitgenosse des → Buddha. Außer einer alten Ballade über die rauhen Anfänge seines Asketenlebens ist Persönliches kaum bekannt. In den Belehrungen für seinen Hauptjünger Gautama und einige andere Fragende sind nur wenige Züge individuell. Das Zerwürfnis mit seinem Anhänger (?) Goshâla liegt in einer polemischen Schilderung vor. M. war in der Jugend verheiratet und hatte eine Tochter, deren Mann sich später ebenfalls gegen ihn stellte. Allem Anschein nach war M. eine strenge Natur, während sein Vorgänger Pârshva, dem M.s Eltern anhingen, als milde charakterisiert wird. M. hat Pârshvas 4 Sittengebote genauer gefaßt und auf 5 gebracht, so daß die sexuelle Enthaltsamkeit und die Besitzlosigkeit nunmehr scharf hervortreten. Auch im Verzicht auf jegliche → Kleidung ging M. über Pârshva hinaus. Während dieser wohl nur eine elementare Vorstellung vom → Weltbild und der Schonung des Lebendigen hatte, gehört M., soweit wir wissen, die im Kanon der Jainas niedergelegte, logisch und rechnerisch präzis durchdachte Systematik.

Lit. s. → Jinismus. *W.Schubring*

Mahdī (arab. »der [von Gott] Geleitete«) heißt im → *Islam* eine in der Endzeit erwartete Führergestalt aus der Nachkommenschaft des Propheten, die diese Religion erneuern und sie zur herrschenden machen wird. - Bei den *Sunniten* ist der Glaube an den M. in den breiten Massen entstanden; → Muhammed und die eigentliche Theologie kannten ihn jahrhundertelang nicht; er wird bei dem Historiker Ibn Chaldūn um 1400 erstmals klar wiedergegeben. In die Gestalt des M. sind ältere Sehnsüchte auch politisch gescheiterter Bewegungen, etwa die Hoffnung von Anhängern der im Osten gestürzten Dynastie der Omajjaden (661-750) auf einen Erneuerer der Glanzzeit des Islams (Sufjānī) eingeflossen. Wie weit jüdische Messias- und christliche Parusie-Erwartungen mitwirkten, bleibt im einzelnen noch zu klären. Jedenfalls sollte aber vor dem Erscheinen des M. der → Antichrist und als sein Besieger Jesus Christus auftreten. - In der nun folgenden Zerfallszeit der islamischen Macht (später auch des Osmanischen Reiches; → Türkei, → Türken) sind verschiedentlich M.s aufgetreten; ihr Erfolg war stets nur zeitweilig. Der bedeutendste M. dieser Art war *Mohammed Ahmed,* der Träger des dem M. schließlich zugeschriebenen Namens war und sich als angeblicher Nachfahr Muhammeds (wie prophezeit) i.J. 1300 der Hidschra (1882) im Sudan erhob, die Macht der Engländer brach, aber bald starb (1844-85). Der M.-Staat erhielt sich unter seinem Nachfolger (»Chalifen«) *'Abd Allāh* bis zu dessen Kriegstod 1898. Die Bewegung besitzt im Sudan noch Anhänger. - In der *schiitischen* Dogmatik aller Konfessionen ist der M. der am Ende der Zeiten erwartete, aus der Verborgenheit auftauchende *Imām* (→ Islam: I, 7), also der einzige wirkliche Leiter der gesamten Menschheit, dem zu folgen Pflicht ist und der die Schia (der entsprechenden Untergruppe) zur endzeitlichen Weltreligion machen wird. - Hier ist der M. eine Zentralfigur der Heilserwartung. - Vgl. → Apokalyptik: I.

I. GOLDZIHER, Vorlesungen über den Islam, (1910) 1953[3] (s. Reg.) - ERE VIII, 336ff - C. SNOUCK-HURGRONJE in: Verspreide Geschriften I, 1923, 147-181 - EI[1] III, 120ff. 733f - A.B. THEOBALD, The Mahdiya, London 1951. - Zum M. in Ägypten: E.L. DIETRICH, Der M., 1925 - T.A. AL-BAKRĪ, Muḥammad Aḥmad al-M., Kairo 1944 (arab.) - K. SCHLOSSER, Propheten in Afrika, 1949. *B. Spuler*

Mahling, *Friedrich,* * 14.2.1865 in Frankfurt/M., † 18.5.1933 in Berlin, 1892 Vorsteher der Hamburger Stadtmission, 1904 Pfarrer in Frankfurt/M., 1909 Prof. für prakt. Theol. in Berlin. Seit 1909 auch Mitglied des Central-Ausschusses der → Inneren Mission, wirkte M. führend auf dem Gebiet der Alkoholbekämpfung, der Straffälligenfürsorge und der Sexualethik.

Vf. u.a. außer zahlreichen Artikeln in RGG[2]: Beiträge zur Entwicklung der Inneren Mission, 1898; Die Entwicklung der Inneren Mission von ihren Anfängen bis zur Gegenwart, 1923; Sittl. Voraussetzungen der Volkswohlfahrtspflege, 1925. - Über M.: F. ULRICH in: Innere Mission, 1933, 318f - W. LÜTGERT, Wichern u. M. (ZSTh 11, 1934, 171-187) - M. GERHARDT, Ein Jh. Innere Mission II, 1948 (s. Reg.). *H. Hohlwein*

Mahlzeiten, *kultische*

I. Religionsgeschichtlich - II. Im AT und NT

I. Religionsgeschichtlich

Kultische M. sind Akte eines feierlich-öffentlichen oder auch privaten Essens und Trinkens, das in Beziehung zum »Heiligen« (→ Heilig: I) steht und von daher seine Mächtigkeit (→ Macht: I) empfängt. Die Mahl-Mächtigkeit erstreckt sich auf alle Anliegen der a) vitalen, b) sozialen, c) seelisch-geistigen und d) zukünftig-ewigen Existenz. Beispiele (Seitenzahlen im folgenden nach Bammel, s. Lit.) zu a) sind die M. der → Naturvölker, die das Speisetabu (→ Tabu) lösen und so erst den Lebensunterhalt sichern, weiter u.a. der altgermanische → Opfer-Schmaus und Umtrunk (blotveizla; → Germanische Religion, 6), der den auch zum »Jahresglück« gehörenden Wachstumssegen erneuert (S. 17 bis 32. 34-47). Eine sublime Abwandlung vitaler Mahlfeierbezogenheit stellt eine Tischsitte dar, die man im brahmanischen Shâktismus (→ Hinduismus: I, 3 d) und in christlichen Kreisen pflegt. Alles ist von Shâkti (göttlicher Macht) durchwaltet, auch die nährende Speise. Sie darf nur ehrfürchtig-genügsam genossen werden, und solche Zucht ist für diese Heilslehre auch ein Mittel zur Befreiung von dem das Unheil der → Wiedergeburt (→ Karma-samsâra) erzeugenden Grundübel der Lebensgier (tanha). Christen aber dürfen ihr tägliches Brot nur in stetem Gedenken an Brot und Wein, Leib und Blut Christi essen (S. 32ff). - Beispiele zu b) sind das »Gottespferdessen« der indonesischen Bataks, der allseitige Genuß einer Opferspeise bei den »feriae Latinae« der Römer, die »Compitalia« ihrer bäuerlichen Flurgemeinschaft und die germanischen blotveizla-Mahle (s.o.) mit ihrer bes. auf das Heil der Zusammengehörigkeit gerichteten Intention. Solche Mahlfeiern begründen, erneuern und stärken das »verbundene Leben« in Sippe, → Stamm, Volk und Ständen (S. 76. 79-85; zum AT vgl. → Mahlzeiten: II). - Beispiele zu c) sind die »epulae expiationis« des Parsismus (→ Iran: III) und die der altindischen Ahnenopfermahle (→ Totenverehrung: I) mit ihrer Hoffnung, daß Gott Sünder löse von der Schuld ritueller und sittlicher Verfehlungen; vor allem die auf ein hl. Leben bedachte Frömmigkeit eines Aischylos und Euripides und der ihnen gleichgesinnten Mysten der späteren Demeter- und → Dionysos-Mysterien, die auch mit M. verbunden sind (→ Mysterien). Auch offenbarend ist die Mahlfeier der seelisch-geistigen Existenz dienlich. Der Parsismus erwartet vom Haoma-Mahl einen Fortschritt in der geoffenbarten Yasna-Heilswahrheit, der altindische Mahlglaube ein wachsendes Verständnis der → Veda-Offenbarung. All diese Anliegen vereinigt vollends das christliche → Abendmahl in sich (S. 110f. 112ff. 115. 118f. 123ff). - Beispiele zu d): Um eine Befreiung vom Schicksal des → Leibes (: I) geht es den Mysten des späteren → Attis-Mahlkults, um ein Aufhören des Wiedergeburten-Unheils in der → Nirvâna-Vollendung dem buddhistischen → Lamaismus bei seinem »Sakrament des langen Lebens«, um → ewiges Leben (: III B. IV) der christlichen Kirche aller Konfessionen (S. 126ff. 135ff).

Diese Fülle der Anliegen kulminiert gerade im Mahlkult, weil für den Mahlfeierglauben schlechthin nichts a) Menschen untereinander sowie b) Mensch und Gott mehr eint als ein Essen und Trinken, das als Hierophagie oder Theophagie eine auch sinnenfällige Teilhabe am »Heiligen« verbürgt. So ist *Kommunion* das dem Phänomen des hl. Mahles *Eigentümliche.* Charakteristisch dafür sind etwa folgende Ausdrucks- und Handlungsweisen: zu a) die Selbstbezeichnung der Attismahl-Mysten (s.o.) als »consacranei«, »fratres et sorores«, oder die versöhnliche Praxis der »maha prasada«-(große Gnade-)M. des Vaishnava- → Hinduismus (: I, 3 b); zu b) das »Essen der (divinierten) Reisseele« beim Erntebeginn der indonesischen Alfoeren und Kajans, das »teoquale« (Gottessen) der altmexikanischen Religion (→ Mexiko: I), das »ex sacris carnem petere« der »feriae Latinae« (s.o.) und bes. das Einswerden mit dem Herrn in der christlichen Kommunion, die sowohl psychisch-pneumatisch als auch physisch-vital verstanden werden kann (S. 14. 37. 65. 81. 132. 164ff). - So zeigt sich auch beim hl. Mahl ein Neben- und Miteinander von → *Religion und* → *Magie:* für eine reine Religiosität handelt es sich ausschließlich um eine »geistliche Speise der Seelen«; dagegen hat eine allenthalben vorhandene niedere Stufe mit ihrer nur oder vorherrschend vitalen Interessiertheit eine gar magisch-superstitiöse Auffassung, bei der die hl. M. durch ihren bloßen äußeren Vollzug und eine Teilnahme daran für wirksam gehalten werden (S. 111. 167f). - Wie allen sonstigen kultischen Akten ist auch der Hierophagie oder Theophagie die → *Ambivalenz* einer vielgestaltig heilbringenden und einer schädlichen Auswirkung eigen. Rituelle und zumal sittliche Verfehlungen vor, bei und nach der Mahlfeier trifft deren rächende Macht (vgl. zB Lev 22, 3ff. 9 und bes. 1Kor 11, 20-30). Ähnlich ernst denken bereits »Primitive«, zB die kaukasischen Abchasen und afrikanischen Wadschagga von ihren Hierophagien: Kein den Bundesgliedern gegenüber Treuloser wird dem vernichtenden Zugriff der mit der hl. Speise einverleibten numinosen Macht entrinnen. Auf höherer Stufe steht, analog der mittelalterlichen »Abendmahlsprobe«, das lamaistische »Sakrament des langen Lebens« (s.o.), ein → Gottesurteil. Es bringt bei denen, die unwürdig essen, die fortwirkende Schuld früherer Existenzen in üblen Folgeerscheinungen vollends an den Tag (S. 149ff).

M.T.Kennedy, Chaitanya Movement. A Study of the Vaishnavism of Bengal, Oxford 1925 - H.Lietzmann, Messe u. Herrenmahl (AKG 8), (1926) 1955³ - R.R.Marett, Sacraments of Simple Folk, Oxford 1933 - van der Leeuw 406ff - Ders., Sakramentstheol., 1949 - H.Preuss, Die Gesch. der Abendmahlsfrömmigkeit, 1949 - F.Bammel, Das Hl. Mahl im Glauben der Völker, 1950 (Gesamtdarstellung, Lit.) - L. Zielhuis, Het offermaal in het heidendom en in de Hl. Schrift (Diss. Kampen), 1951. *F.Bammel*

II. Im AT und NT

Das alte *Israel* teilt die verbreitete Auffassung, daß kultisches Essen und Trinken die Aufnahme der im genossenen Stoff enthaltenen Kraft und vor allem die bleibende Gemeinschaft zwischen den Teilnehmern bewirkt. Wie daher → Speiseverbote (: II) schädliche Stoffe ausschließen, so wird oft ein → *Bund* (: II) mittels k.M. geschlossen (vgl. Gen 26, 30; Jos 9, 14). Durch sie besiegeln Jakob und Laban ihren Friedensvertrag (Gen 31, 46. 54), der Schwiegervater Moses und dieser samt den Ältesten ihre Zusammengehörigkeit (Ex 18, 12), Gaal und die Sichemiten ihre Verschwörung (Ri 9, 26f) und das Volk oder seine Vertreter den Vertrag mit dem ausersehenen König (1Sam 11, 15; 1Kön 1, 25. 41ff; vgl. 1Sam 9, 22ff). Der Bund zwischen Jahwe und Israel am Sinai wird nach der ältesten Darstellung allein durch eine k.M. der Ältesten mit Jahwe geschlossen (Ex 24, 11; vgl. Ps 50, 5). Ähnlich bewirkt der bloße Genuß von Salz eine ewige Gemeinschaft (Num 18, 19; 2Chr 13, 5), an die nach jüngerer Auffassung das an sich zur Herrichtung des Opfers nötige Salzen erinnern soll (Lev 2, 13). Kraft von Gott und Gemeinschaft mit ihm sucht der Mensch immer wieder, so daß → *Feste* (: II) und → *Opfer* (: II) oft mit k.M. verbunden sind und geradezu mit der Redewendung »vor Jahwe essen und sich freuen« bezeichnet werden können (Dtn 12, 7 u.ö.). Dergleichen geschieht bei den Dorffesten (1Sam 9, 13ff), dem Jahresfest der Sippe (1Sam 20, 6) und vielen anderen Anlässen (auch in Fremdkulten, nach Jes 65, 3f noch der Spätzeit). Dabei verwendet man bes. die Form des Schlacht- oder Gemeinschaftsopfers mit vorheriger → Heiligung (: I) der Teilnehmer. Diese werden durch das Mahl nicht nur untereinander, sondern auch mit Jahwe »Brüder« (vgl. den Namen 'ahijjah[û]). Jedoch hat das Gemeinschaftsopfer seine selbständige Bedeutung noch vor dem Exil verloren. Dafür treten die k.M. der Priester als Teil der Sühneriten beim Sünd- und Schuldopfer hervor (Lev 6, 19; 7, 7; 10, 17), obwohl ihre Eigenart durch Einbeziehung aller Opfer oder aller Priester wieder zu einer allgemeinen Tischgemeinschaft mit Jahwe abgeschwächt wird. Die wichtigste k.M. ist das *Passamahl* geworden, das zwar mannigfache Wandlungen erfahren (→ Feste: II, 3), sich aber behauptet hat, als bes. durch die Kultuszentralisation und das → Exil die übrigen k.M. ihre Bedeutung einbüßen oder mehr als Gehorsams- denn als Gemeinschaftshandlungen gedeutet werden. Sie bilden zuletzt nur in einzelnen Sondergemeinschaften des *Judentums* einen Mittelpunkt ordensähnlicher Riten, wie es das tägliche Kultmahl der → Essener von → Qumran zeigt, und können als grundlegend für die eschatologische Gemeinde und als die Form, in der sich die Endzeit abspielt, gelten (Jes 25, 6; 65, 13; äthHen 62, 14; slHen 42, 5; ApkBar[syr] 29, 8). An sie knüpft in der *christlichen Urgemeinde* das »Brotbrechen« an (Apg 2, 42ff), das an sich zwar die tägliche Hauptmahlzeit ist (→ Agapen), mit seinem »Jubel« aber den Charakter eines eschatologischen Mahls mit dem als gegenwärtig erfahrenen Herrn erhält, wie denn die Überlieferung überhaupt einen Zug des Wirkens Jesu in Speisungen und Mahlgemeinschaften mit vorweggenommener eschatologischer Erfüllung erblickt. In der hellenistischen Gemeinde sind jene Mahle unter gleichzeitiger Beziehung auf das letzte Mahl Jesu zur sakramentalen Mysterienfeier des »Herrenmahls« umgestaltet worden, das die Communio mit dem gestorbenen und auferstandenen Herrn bewirkt. Paulus hat es dann von der bislang damit verbundenen eigentlichen Mahlzeit gelöst (1Kor 10; 11, 29ff). Wird darin eine andere Tradition k.M. aufgenommen, so knüpfen die Synoptiker an das at.-jüd. Erbe an, wenn sie das letzte Mahl Jesu und damit das → Abendmahl (: I) als Passamahl aufgefaßt haben (Mt 26, 17ff; Mk 14, 12ff; Lk 22, 7ff).

F.Bammel, Das hl. Mahl im Glauben der Völker, 1950. - Weitere Lit. s. → Abendmahl: I, → Agapen, → Bund: II, → Feste: II.

G.Fohrer

Mahrenholz, *Christhard,* Theologe und Musikforscher, * 11.8.1900 in Adelebsen b. Göttingen, wurde 1953 Geistlicher Dirigent im Landeskirchenamt Hannover und ist Honorar-Prof. in Göttingen. M. war einer der Initiatoren der deutschen → Orgelbewegung. Seit 1933 ist er Reichsobmann des Verbandes ev. Kirchenchöre Deutschlands, in dessen Gesangbuchsausschuß er bis zur Fertigstellung des EKG (1949; → Gesangbuch: I, 3 c) Vorsitzender war. 1940 übernahm er die Leitung der Luth. Liturgischen Konferenz, die die Agende für ev.-luth. Kirchen herausgibt. Seit 1949 ist er Vorsitzender der Neuen Bach-Gesellschaft. M. ist Mit-Hg. von MuK, HDEKM, Hdb. zum EKG und JLH.

Vf. u.a.: S.Scheidt, sein Leben u. sein Werk, 1924; Die Orgelregister, ihre Gesch. u. ihr Bau, 1930; Luther u. die Kirchenmusik, 1937; Das EKG. Ein Bericht über seine Vorgesch., 1950.

W.Blankenburg

Mai, *Angelo,* * 7.3.1782 in Schilpario (Bergamo), † 9.9.1854 in Albano, 1799 Jesuit, 1804 Lehrer der klassischen Sprachen im Kolleg von Neapel. Durch die antijesuitische Politik Joseph Napoleons vertrieben, ging er ins Collegium Romanum nach Rom. Von dort nach Orvieto berufen, beschäftigte sich M. mit der Entzifferung von Palimpsesten. 1813 wurde er Kustos der Ambrosiana in Mailand, 1819 erster Bibliothekar der Vaticana in Rom, 1838 nach anderen Ehrungen Kardinal. Er ordnete und katalogisierte die Hss. der Vaticana.

Vf.: Veterum scriptorum nova collectio I-X, 1825-38; Classici auctores e codicibus vaticanis editi I-X, 1828-38; Spicilegium Romanum I-X, 1839-44; SS. Patrum nova bibliotheca I-VI, 1844-71; Appendix ad opera edita ab A.M., 1879. - Über M.: B.Prina, Biografia del card. A.M., Bergamo 1882 - RE XII, 78f - G.Gervasoni, L'ambiente letter. milanese ... A.M. alla Bibl. Ambrosiana, Florenz 1936 (Bibliogr.) - EC VII, 1851f. *M.Schmidt*

Maiandacht, eine der jüngsten kath. Volksandachten, die den Monat Mai hindurch vor dem Marienaltar gehalten wird. Als Volksandacht hat sie kein liturgisches Formular. Mariengebete und -lieder (»Es blüht der Blumen eine«, »Maria, Maienkönigin«), eine Ansprache oder Lesung und die Lauretanische → Litanei sind Bestandteile der M., die stets mit dem sakramentalen Segen geschlossen wird. - Die scholastischen Auseinandersetzungen über die unbefleckte Empfängnis Marias (→ Mariologie) und die Marienmystik → Seuses (Büchlein der ewigen Weisheit) zeitigten die ersten Ansätze zu Andachten zur »Königin des himmlischen Landes« und »Mutter der Barmherzigkeit«. Es entstanden die Gottesmutterandachten, und zwar zwischen Mariä Himmelfahrt (15.Aug.) und Mariä Geburt (8.Sept.), die im 17.Jh. bis zum Feste der Kreuzerhöhung (14.Sept.) ausgedehnt wurden. Damit war ein marianisches Tricesimum geschaffen. - Das Andachtsbüchlein des Jesuiten Johannes Nadasi »Theophilus Marianus« (Köln 1654) stellte einen Monat des Jahres unter den besonderen Schutz Marias. Maigebete (Maibaum, Maien) um »fruchtbare und gesegnete Zeiten« wurden seit Anfang des 18.Jh.s nach Feierabend gehalten und mit einem Bittruf an Maria geschlossen, während die Andacht am Sonnabend ganz Maria geweiht war (Sonnabend als Marientag seit Petrus Damiani, † 1072). Die eigentliche M. (und damit der Mai als Marienmonat) entstand in Italien, und zwar durch das Andachtsbüchlein des Jesuiten Annibale Dionisi (1726) und durch die »Maimonate« von P.Lalomia (1758) und P.Muzzarelli (1786). Bald ist sie in Spanien und Frankreich anzutreffen, zu Beginn des 19.Jh.s auch in Belgien und in der Schweiz. Durch die Schrift »Monat Mariä« des Jesuitengenerals Pierre-Jean Beckx (1837) kam sie nach Österreich und Deutschland, wo der Boden wohl bereitet war (s.o.). Bereits 1815 und 1822 von Pius VII. durch Ablässe ausgezeichnet, hat die M. nicht unwesentlich die Dogmatisierung der unbefleckten Empfängnis (1854) gefördert. - Die über die ganze kath. Welt verbreitete M. kann neben der → Herz-Jesu-Verehrung als ein Stück wiederaufgelebter volkstümlicher Mystik angesehen werden.

RE XII, 329 - J.B.METZLER SJ, Die Marien-M. in ihrer hist. Entwicklung u. Ausbreitung (Katholik 1909/I, 100-125. 177-188. 262 bis 282) - A.PH.BRÜCK, Gesch. der Mainzer M. (Jb. f. d. Bistum Mainz 5, 1950, 357-368). *F.Schmidt-Clausing*

Maibaum. Der frisch belaubte Baum mit verschiedenen Zieraten (bes. reich in Bayern) oder die kranzgeschmückte Stange als Festzeichen sind in der gesamten europäischen Volksüberlieferung bekannt. Die deutsche Bezeichnung »Mai« als Synonym für »grüner Zweig« kommt zwar vom Monatsnamen Mai, ist aber an keine Zeit gebunden und erscheint bei den verschiedensten Brauchgelegenheiten (zB Erntemai, Brautmai, Richtmai), dh praktisch bei allen Jahres-, Familien- und Arbeitsfesten. Neben dem M., der von der ganzen Gemeinde an einem öffentlichen Platz errichtet wird, gibt es das »Maienstecken« der männlichen Jugend zu Ehren der Mädchen, denen ein individueller M. vors Fenster oder vor die Tür gesetzt wird (Gegensatz: »Schandmai«). Die Einholung eines Dorf-M.s (»den Mai suchen«) erfolgt unter besonderen, zT abergläubischen oder auch ausgelassen-lustigen Bräuchen, wie überhaupt der M. meist mit einer großen Zahl anderer Frühlingsbräuche verbunden ist (Maibraut, Maikönig, Beglückwünschung, Heischebräuche, → Spiele, Tänze, Wettkämpfe, → Orakel). - Vermutlich ist die altröm. Sitte, am → Neujahrs-Tag die Häuser mit Baumgrün (Lorbeer) zu schmücken, später auf den 1. Mai übertragen worden. Der 1. Mai war dann wohl zunächst im volkstümlichen Kalender der → Kelten ein wichtiger Merktag des Jahres (Einleitung des Sommerhalbjahres, »Sommertag«). Die Sitte, bei festlichen Gelegenheiten mit Grün zu schmükken, lebt jedenfalls nicht nur als Überbleibsel aus röm. Zeit weiter, sondern war auch bei germanischen Völkern heimisch. Das älteste deutsche Zeugnis von 1225 stammt aus Aachen. Quellen und Belege für die Geschichte des M.s sind meist kirchliche Verbote. - Der frische grünende Baum hat in besonderem Maße wachstumsfördernde und erneuernde Kraft (→ Fruchtbarkeit). Diese älteren Glaubensinhalte des Brauches sind jedoch heute weitgehend verblaßt oder verschwunden.

W.MANNHARDT, Wald- u. Feldkulte I. II, (1875/76) 1904/05² - M.ANDREE-EYSN, Volkskundliches . . ., 1910 (M.bilder) - P.SARTORI, Sitte u. Brauch (Hdb.er zur Volkskunde V-VIII), 1910-14 - HWDA V, 1515ff - A.VAN GENNEP, Manuel de folklore français contemporain I/4, Paris 1949 - M.FOSSENIUS, Majgren, Majträd, Majstång (Diss. Lund), 1951. *L.Röhrich*

Maiestas → Christusbild, → Ezechielbuch, 6, → Johannesapokalypse, 9.

Mailänder Edikt → Konstantin I.

Mailand, *Erzbistum.* Der erste dokumentarisch bezeugte Bischof von M. ist Merokles, der auf den Synoden von Rom und → Arles (313 und 314) unterschrieb. Schon vor → Ambrosius erreichte M. als erste Metropole in Norditalien eine Stellung ersten Ranges. M. stand mehrmals in Gegensatz zu Rom, bes. unter Bischof Vitalis (552-555) im → Dreikapitelstreit. Der Einfall der → Langobarden zwang die Erzbischöfe von M., im 7.Jh. nach Genua überzusiedeln; sie verloren aber keineswegs an Bedeutung und verteidigten ihre Selbständigkeit auch auf liturgischem Gebiet (→ Ambrosianische Liturgie, → Ambrosianischer Gesang). Zur Zeit der → Pataria erlangte M. eine besondere Bedeutung. Dabei wandte sich das Laientum, das die Reform der Kirche im Sinne Roms befürwortete, gegen den Erzbischof und einen großen Teil des Klerus von M., die man der Simonie und des Konkubinats bezichtigte. Da sich dadurch die Bande zwischen Papsttum und M. enger gestaltet hatten, büßte M. weder durch die Erhebung Genuas zur Metropole (1133) noch nach dem starken Zustrom ketzerischer → Katharer an Bedeutung ein. Nach dem Konzil von Trient zählte M. zu denjenigen Städten, wo die Gegenreformation unter Karl → Borromäus und seinem Vetter und 2. Nachfolger Friedrich, der die Bibliotheca Ambrosiana (1602) gründete, am strengsten und planvollsten durchgeführt wurde. M. ist heute Metropole mit 8 Suffraganen: Bergamo, Brescia, Como, Crema, Cremona, Lodi, Mantua, Pavia.

G.GIULINI, Storia di Milano, M. 1852 - F.CUSANI, Storia di Milano, 8 Bde, M. 1861-84 - G.RONCALLI, Gli atti della visita apostolica di s. C.Borromeo a Bergamo (1575) (Fontes Ambrosiani 13-18), M. 1936-49 - Storia di Milano, hg.v. der Fondazione Treccani degli Alfieri, 18 Bde, M. 1952ff - AnnPont 1959, 337. - Vgl. die Lit. zu → Pataria. *R.Manselli*

Maimbourg, *Louis* (1610-86), Prediger und Kirchenhistoriker, * in Nancy, † in Paris, 1626-82 Jesuit, studierte in Rom, lehrte zeitweise in Rouen. Hauptgegenstand seiner Historiographie ist die Geschichte der Schismata und Häresien. Im Sinne der uniformistischen Kirchenpolitik Ludwigs XIV. bekämpfte M. Protestantismus und → Jansenismus in Wort und Schrift, während er den → Gallikanismus verteidigte. Deshalb wurden viele seiner Werke indiziert, er selbst von → Innozenz XI. zum Verlassen des Ordens gezwungen. Der König sicherte ihm Arbeitsmöglichkeit und Einkünfte.

Vf. u.a.: Hist. de l'arianisme, 1673; Hist. des croisades, 1674; Hist. du schisme des Grecs, 1678. Verurteilt wurden u.a.: Hist. du grand schisme d'Occident, 1678; Hist. de la décadence de l'Empire après Charlemagne, 1679; Hist. du luthéranisme, 1680 (versucht, die Lehrunterschiede auf die Ablaßfrage zu reduzieren); Traité historique de l'établissement et des prérogatives de l'Eglise de Rome et de ses évêques, 1685. - GA: Histoires du Sieur M. cy-devant jésuite, 14 Bde, Paris 1686ff. - Über M.: BACKER-SOMMERVOGEL V, 343ff - H.REUSCH, Der Index der verbotenen Bücher II, 1885, 583ff - HN IV, 514ff - DThC IX, 1656ff - LThK VI, 799 - EC VII, 1855f.

H.Liebing

Maimon, *Salomon* (1754-1800), Philosoph, * in Nieswiesz (Litauen), † in Niedersiegersdorf (Schlesien). Enttäuscht von der streng orthodoxen jüdischen Umgebung, in der er erzogen wurde, wandte sich M. zuerst der → Kabbala, dann weltlichen Studien zu, bes. der Philosophie. Angeregt von dem More Nebuchim des → Maimonides, zu dem er einen Kommentar schrieb (Gibeat Hamore, 1791), nahm er den Zunamen Maimon an und wanderte, nachdem er sich das Deutsche mühsam selbst beigebracht hatte, nach Westen, um eine neue Laufbahn zu suchen. Er führte ein Leben in Armut, erfuhr zeitweise Hilfe von Leuten wie Moses → Mendelssohn, entfremdete sich jedoch allen durch seine Lebensweise und seine radikalen Ansichten. Durch zahlreiche Schriften förderte M. die Philosophie erheblich (u.a.: Versuch über die Transzendentalphilosophie, 1790; Versuch einer neuen Logik, 1794, Neuausg. 1912). → Kant erkannte M. als seinen eingehendsten Kritiker an; M.s Kritik des Kantschen Materialismus hatte eine tiefe Wirkung auf die Gedanken von → Fichte, → Schelling, → Hegel und auf den deutschen → Idealismus (: II). M.s Lebensgeschichte (1792; beste Ausg. von J.Fromer, 1911) gibt trotz möglicher Übertreibungen ein plastisches Bild der religiösen Lage im polnischen Judentum und der Kämpfe, die ein denkender Mensch zu bestehen hat, wenn er seinen Platz im Bereich der Ideen seiner Zeit finden will.

FR.KUNTZE, Die Philosophie S.M.s, 1912 - UJE VII, 286 - N.J. JACOBS, S.M.'s Life and Philosophy (Studies in Bibliogr. and Booklore 4, 1959, 59-67). *S.Cohen*

Maimonides, *Moses* (Rabbi Moses ben Maimon, abgekürzt RaMBaM, 1135-1204), der bedeutendste jüdische Denker und Gelehrte des MA (→ Judentum: II, 2; → Jüdische Philosophie, 4 b; → Jüdische Theologie), * in Cordoba (Spanien), † in Fostat bei Kairo in Ägypten. Als seine Familie 1148 bei der Verfolgung der Almohaden aus → Spanien vertrieben wurde, lebte sie zuerst in Nordafrika, dann in Palästina und schließlich in Ägypten. M. wirkte dort als Arzt und wurde so berühmt, daß er zum Leibarzt des Sultans und Vorsteher der jüdischen Gemeinde (Nagid) ernannt wurde (1172). Er schrieb mindestens zehn medizinische Abhandlungen (u.a. »Medizinische Aphorismen« und »Über die Gifte«); das ihm oft zugeschriebene »Gebet des Arztes« stammt jedoch nicht von ihm.

Besondere Bedeutung erlangten die talmudischen und philosophischen Schriften des M. Die Unsicherheit des Lebens hatte bei den Juden jener Zeit dazu geführt, daß das Studium des → Talmud in bedenklicher Weise zurückgegangen war. Daher ging M. daran, die ganze jüdische Lehre so zu erklären und zu systematisieren, daß sie dem durchschnittlichen Juden verständlich würde. Seine Schriften zum Talmud sind: Ein Kommentar zur gesamten → Mischna (Siraj, 1168); ein verlorener Talmudkommentar; eine nach sachlichen Gesichtspunkten geordnete systematische Darstellung des jüdischen Gesetzes in seiner Ganzheit (Mischne Tora, »Wiederholung des Gesetzes«, auch als Jad Hazakah »Starke Hand« bekannt, 1180), der als Einleitung eine ebenso geordnete Sammlung der 613 Gebote der Tora vorangestellt ist (Sefer Hamitzvot). Der Mischnakommentar enthält in seiner Einleitung zum Traktat Abot eine Darlegung der jüdischen Ethik, und die Einleitung zu Sanhedrin X bringt ein jüdisches Glaubensbekenntnis in 13 Artikeln, das sich in Prosa oder als Gedicht in jedem jüdischen Gebetbuch findet. Die Mischne Tora wurde die Grundlage aller späteren jüdischen Gesetzessammlungen bis zum Šulḥan ʿArûk des Joseph → Karo. - M. war in ständiger Verbindung mit jüdischen Gemeinden in aller Welt und schrieb ihnen nicht nur besondere Abhandlungen (zB über die Auferstehung und über die erzwungene Bekehrung), sondern auch zahlreiche Antwortbriefe. Durch seine Autorität setzte sich das heutige System der hebräischen Vokalisation und die offizielle Anerkennung des Bibeltextes von Ben Ascher durch (→ Bibel: II C, 3; → Bibelhandschriften: I, 3).

Sein philosophisches Hauptwerk, der »Führer der Schwankenden« (arab.: Dalalat al-Ḥairin, 1185; hebr.: Môræ Nebûchîm) will, wie der Titel zeigt, den Juden die vernünftige Struktur ihrer Religion erklären. M. weist nach, daß das Denken des → Aristoteles in jeder Weise mit dem Judentum vereinbar sei (→ Jüdische Philosophie, 4 b). Widersprüche beseitigt er - so bes. die aristotelische Idee von der Ewigkeit der Welt zugunsten der jüdischen Lehre von der Schöpfung - oder erklärt sie hinweg (zB den Anthropomorphismus oder Anthropopathismus der Bibel) und führt zu einem Gott, der nur negativ gekennzeichnet ist. Bes. betont er die jüdische Auffassung von der prophetischen Offenbarung und von der Gültigkeit des sittlichen und religiösen Gesetzes. So legt M. eine Vernunftreligion dar, die doch dem Übernatürlichen und dem Glauben Raum gibt. - Der Einfluß des Buches ging weit über die jüdischen Kreise hinaus. Die Mohammedaner lasen es eifrig. In seiner lat. Übersetzung wirkte es stark auf die Schriften des → Albertus Magnus und → Thomas von Aquino und beeinflußte das Denken von → Nikolaus von Kues, Meister → Eckehart, → Spinoza und → Leibniz.

Dt. Übers. der Werke des M.: »Führer der Unschlüssigen«, v. AD.WEISS, 3 Bde, 1923/24; N.N.GLATZER, Rabbi Moses ben Maimon. Ein syst. Querschnitt durch sein Werk, 1935. - Über M.: D. KAUFMANN, Gesch. der Attributenlehre, 1877, 428ff - Moses ben Maimon. Sein Leben, seine Lehre u. sein Einfluß, hg.v. der Ges. zur Förderung der Wiss. des Judentums, I. II, 1908/14 - L.G.LÉVY, Maimonide, Paris 1911 - Ü II, 339ff. 727 (Lit.) - P.BRUNNER, Probleme der Teleologie bei M., Thomas v. Aquin u. Spinoza, 1928 - LThK VI, 799ff - E.GILSON, La philosophie au moyen-âge, Paris 1947², 373ff - UJE VII, 287ff (Lit.) - EC VII, 1856ff. *S.Cohen*

Maine de Biran, *François Pierre Gontier,* * 29.11.1766 in Bergerac, † 16.7.1824 in Paris, franz. Philosoph und Politiker; Anhänger der Revolution, dann Legitimist; Offizier, Abgeordneter, Staatsrat zwischen Ancien Régime und Restauration; philosophisch zwischen Positivismus und christlicher Metaphysik, politisch zwischen Revolutionsideologie und Traditionalismus vermittelnd; Vertreter eines volitiven Idealismus und Theoretiker der juste-milieu-Politik. Als empirischer Psychologe, spiritualistischer Metaphysiker und christlicher Mystiker geht M. vom Zeugnis des »inneren Sinnes« aus: die Urerfahrung des sens intime ist das Widerstandserlebnis. Die gewollte Anstrengung erschließt das Ich als Kraft, den Menschen als entscheidende Person, die Welt als positive Realität. Der volitive Idealismus ergibt sich als gelebte Erfahrung aus dem Innewerden des effort. Ein nicht-cartesianischer Ansatz wird mit dem je veux, j'agis, donc j'existe (»ich will, ich handle, also existiere ich«) formuliert. Nicht ganz frei und nicht voll bestimmt, lebt der Mensch zwischen Animalität und esprit-amour. Philosophisch ist er das Wesen des Übergangs, das sich selbst transzendiert. Politisch wird er mit gegebener Bindung und aufgegebener Freiheit nur fertig, indem er die »rechte Mitte« zwischen Autorität und Liberalität jeweils aus sich bestimmt. M. hat auf den sog. christlichen Existentialismus (→ Existenzphilosophie) gewirkt.

Vf. u.a.: Influence de l'habitude sur la faculté de penser, 1802; Essais sur les fondements de la psychologie, 1812; Nouveaux essais d'anthropologie, 1823/24. - Ausgaben v. V.Cousin (4 Bde, 1834-41), E.Naville (3 Bde, 1859), P.Tisserand (14 Bde, 1920-49); Journal hg.v. H.Gouhier (3 Bde, 1954-57). - Über M.: G.Funke, M. Philos. u. polit. Denken zwischen Ancien Régime u. Bürgerkönigtum in Frankreich, 1947 (Lit.) - M.Ghio, La Filosofia della coscienza di M. e la tradizione biraniana in Francia, 1947 - H.Gouhier, Les conversions de M., 1948 - M.Antonelli, M., 1957. *G.Funke*

Mainz

I. Bistum und Erzbistum - II. Universität

I. Bistum und Erzbistum

1. Anfänge - 2. Bis zum Ende des 18.Jh.s - 3. Im 19. und 20.Jh.

1. Nach Irenäus (Adv. haer. IV, 2) hatte M. um 200 eine christliche Gemeinde und damit wohl auch einen Bischof, dessen Sprengel sich nach späteren Zeugnissen mit der röm. Provinz Germania prima deckte (→ Germanien). Die Grabfunde bei St. Alban beweisen, daß die christliche Gemeinde in M. auch während der Völkerwanderungszeit weiterbestand. Bischof Sidonius hat im 6.Jh. den Wiederbau kirchlicher und profaner Gebäude geleitet. Von dem in einer Randlandschaft des Merovingerreiches gelegenen M. stieß die fränkische Mission in das rechtsrheinische Gebiet, vielleicht sogar bis → Thüringen vor, das man später als zu M. gehörig beanspruchte.

2. Daß → Bonifatius, der die Missionsbistümer → Büraburg und → Erfurt gründete, Bischof von M. wurde, war für die Folgezeit von entscheidender Bedeutung. Die Missionsbistümer wurden in den M.er Sprengel hineingenommen; → Lullus, der Schüler des Bonifatius, wurde 780/82 Erzbischof von M. Zu seiner 843 endgültig umschriebenen *Kirchenprovinz* gehörten die alemannischen Bistümer → Chur, → Konstanz, → Augsburg und → Straßburg, die fränkischen → Speyer, → Worms, → Würzburg und → Eichstätt, die sächsischen → Paderborn, → Verden, → Hildesheim und → Halberstadt, dazu bis 1344 → Prag und → Olmütz. Das *Erzbistum* umfaßte das Rhein-Main-Gebiet, Hessen und Thüringen und wurde um 1000 durch Erzbischof Willigis in 18 Archidiakonate aufgegliedert. Als »Weihbischöfe« fungierten bis ins 13.Jh. Bischöfe des deutschen Ostens und Nordens, dann wurden eigene in »partibus Rheni« und in »partibus Thuringiae« bestellt, letzterer mit dem Sitz in Erfurt. Die führende Stellung im deutschen Episkopat brachte dem Erzbischof 965 das ständige Erzkanzleramt für Deutschland, 1257 den Vorsitz im Kurkolleg, der ihm entscheidenden Einfluß auf die Königswahl sicherte. Die ursprünglich reiche Ausstattung des Erzstiftes wurde schon früh durch Lehen verkleinert; nach langwierigen Kämpfen mit den Landgrafen von Thüringen und Hessen blieben nur Erfurt und das Eichsfeld, Fritzlar und Amöneburg in M.er Besitz. Schwerpunkte des Territoriums waren das »Oberstift« (Hauptstadt Aschaffenburg) und das »Unterstift« mit M. und dem Rheingau sowie den ehemaligen Lorscher Besitzungen an der Bergstraße und der Umgebung von M. und Bingen, die in einem dauernden Kleinkrieg gegen Kurpfalz verteidigt werden mußten. Die Erzbischöfe waren bis ins 11.Jh. hinein vorwiegend Benediktiner. Mit Adalbert I. (1110) beginnt die Reihe der Erzbischöfe aus dem hohen Adel des M.er Raumes (13.Jh.: Grafen von Eppstein, 14./15.Jh.: Grafen von Nassau). Berthold von Henneberg, an der Schwelle der Neuzeit, versuchte noch einmal die politischen Möglichkeiten seines Amtes voll auszunutzen. Unter → Albrecht von Brandenburg brachte die Reformation dem Erzbistum den Verlust der Jurisdiktion in Hessen und Thüringen und beschränkte den Katholizismus auf den Besitz des Erzstiftes, der aber auch zT erst durch die Bemühungen der Jesuiten (M. 1561, Heiligenstadt 1575, Erfurt 1604) im Zuge der Gegenreformation zurückgewonnen wurde. Die Erzbischöfe des 16.-18.Jh.s entstammten alle (mit Ausnahme von Franz Ludwig von Pfalz-Neuburg) der freien Reichsritterschaft, die sich dadurch einen Einfluß im Reich zu sichern suchte. Johann Philipp von Schönborn (1647-73) förderte die Unionsbestrebungen seines Ministers Boineburg und von Leibniz. Die im → Emser Kongreß gipfelnden Bemühungen des Erzbischofs v.Erthal († 1802), die Metropolitangewalt gegen den päpstlichen Einfluß zu stärken, scheiterten am Widerstand der Bischöfe und an den politischen Gegebenheiten. Die von den letzten Kurfürsten wesentlich geförderte Aufklärung wirkte auf die Errichtung der Lehrerakademie (1770), die Erneuerung des höheren Schulwesens nach Aufhebung des Jesuitenordens (1773) und die Restauration der Universität (1784; → Mainz: II) entscheidend ein. Doch ging das Erzstift 1798, das Erzbistum, 1803 »für ewige Zeiten« nach → Regensburg verlegt, in den Wirren der französischen Revolution unter.

3. Ein französisches Bistum M. wurde durch das Napoleonische Konkordat 1802 für das Departement Donnersberg unter Bischof Colmar errichtet. Dieser gründete sofort im aufgehobenen Augustinerkloster ein tridentinisches Seminar, an dem → Liebermann, Räss und Weis als Professoren wirkten. - Bei der Errichtung der oberrheinischen Kirchenprovinz (1821) kam der Sitz des Erzbischofs nicht mehr nach M., sondern nach → Freiburg. Das für das Großherzogtum Hessen neu errichtete Bistum M. hatte nur noch in der Umgebung von M. und Bingen, an der Bergstraße sowie um Dieburg und Seligenstadt geschlossen kath. Gebiete. Seit 1830 lagen die Bischöfe in ständigem Kampf mit dem Staatskirchentum. Die 1830 in → Gießen (, 6) errichtete kath.-theol. Fakultät wurde durch die Wiedererrichtung der philosophisch-theologischen Lehranstalt im M.er Priesterseminar durch Bischof Ketteler 1851 faktisch geschlossen. In M., wo man 1848 den ersten deutschen → Katholikentag gehalten hatte, entstand ein Mittelpunkt für die kath. Bewegung in Deutschland. Regens Moufang und der Dogmatiker J.B.Heinrich gaben seit 1851 den »Katholik« heraus. Mitten im hessischen Kulturkampf starb Bischof → Ketteler (1877). Der zu seinem Nachfolger gewählte Moufang konnte nicht die Bestätigung der Regierung erhalten. Erst 1886 ernannte Leo XIII. P.L.Haffner zum Bischof von M. Ihm folgten 1900 der um die KG verdiente Heinrich Brück, 1904 Georg Heinrich Kirstein, 1921 der Kämpfer gegen den Nationalsozialismus Ludwig Maria Hugo. Seit 1935 ist Dr. Albert Stohr Bischof von M. (* 1890 in Friedberg). Durch die Flüchtlingsbewegung der Nachkriegszeit sind auch in den früher kaum von Katholiken bewohnten Gebieten in Oberhessen und im Odenwald große kath. Gemeinden entstanden, für die bis 1958 über 60 Seelsorgestellen neu errichtet wurden. Die Diözese umfaßt 1958 in 20 Dekanaten 314 selbständige Seelsorgestellen mit 606 Welt- und 103 Ordensgeistlichen für 710 280 Katholiken unter 1 309 350 Nichtkatholiken. - Unter den zahlreichen Niederlassungen von männlichen und vor allem weiblichen Orden ist die Benediktiner-Abtei Grüssau in Bad Wimpfen bes. zu erwähnen.

G.C.Joannis, Rerum Moguntiacarum libri V, 3 Bde, 1722-27 - J.F.Böhmer-C.Will, Regesta archiepiscoporum Moguntinensium, 2 Bde, Innsbruck 1877-86 (bis 1288) - D.Rattinger, Die M.er Weihbischöfe des MA (Katholik 3. Folge 11, 1895, 140-153. 245-258) - E.Baumgartner, Gesch. u. Recht des Archidiakonates Stuttgart, 1907 - F.Herrmann, Die ev. Bewegung in M. im Reformationszeitalter, 1907 - Ders., Die Protokolle des M.er Domkapitels III

(1514-45), 1929/32 - M.STIMMING, Die Wahlkapitulationen der Erzbischöfe u. Kurfürsten von M., 1909 - DERS., Die Entstehung des weltl. Territoriums des Erzbistums M., 1915 - DERS., M.er Urkundenbuch I, 1928 - J.SIMON, Stand u. Herkunft der Bischöfe der M.er Kirchenprovinz im MA, 1908 - U.STUTZ, Der Erzbischof v. M. u. die dt. Königswahl, 1910 - L.A.VEIT, Kirchl. Reformbestrebungen im ehem. Erzstift M. 1647-73, 1910 - DERS., Der Zusammenbruch des M.er Erzstuhles infolge der franz. Revolution, 1927 - F.USINGER, Das Bistum M. unter franz. Herrschaft, 1912 - E.VOGT-H.OTTO-F.VIGENER, Regesten der Erzbischöfe von M. von 1289-1396 (erschienen bis 1374), 1913-35; Reg. von W.KREIMES, 1958 - W.FABRICIUS, Erläuterungen zum geschichtl. Atlas der Rheinprovinz V/2: Die Trierer u. M.er Kirchenprovinz, 1913 - F.VIGENER, Die M.er Dompropstei im 14.Jh., 1913 - A.BRACKMANN, Germania Pontificia III: Provincia Moguntinensis I-III, 1923-35 - J.WENNER, Die Rechtsbeziehungen d. M.er Metropoliten zu ihren sächs. Suffraganbistümern, 1926 - DERS., Metropolit u. Bistumsbesetzung in der M.er Kirchenprovinz (Arch. f. Hess. Gesch. NF 19, 1930, 1-43) - Hdb. der Diözese M., 1931 - K.WALTER, Hessen-Darmstadt u. die kath. Kirche 1803 bis 1830, 1933 - L.PFLEGER, Die rechtl. Beziehungen d. Diöz. Straßburg zur M.er Metropolitankirche (Arch. f. els. KG 10, 1935, 1-78) - A.BRÜCK, Kurze Bibliogr. zur M.er KG (in: H.B.GOTTRON, M.er KG, 1950, 75-94) - DERS., Das Erzstift M. u. das Tridentinum (in: G.SCHREIBER, Das Weltkonzil v. Trient II, 1951, 193-243) - H.BÜTTNER, Frühes fränk. Christentum am Mittelrhein (Arch. f. mittelrhein. KG 3, 1951, 9-55) - Necrologium defunctorum dioecesis Moguntinae sacerdotum, qui ab anno 1830-1955 obierunt, 1956 - H.KNIES, M. u. Rheinhessen, eine Bibliogr. f. d. Jahre 1939-1954 (M.er Zs. 51, 1956, 1-160) - G.MAY, Die geistl. Gerichtsbarkeit des Erzbischofs v. M. im Thüringen des späten MA, 1956 - K.O.FRHR. v. ARETIN, Die Konfessionen als polit. Kräfte am Ausgang des alten Reiches (Festschr. J.Lortz II, 1957, 181-242) - L.LENHART, Die erste M.er Theologenschule, 1957 - Schematismus der Diözese M., 1958.

A.Brück

II. Universität

Rückgreifend auf Universitätspläne seines Vorgängers Adolf von Nassau ließ Erzbischof → Diether von Isenburg sich für die Universität M. am 23.11.1476 von Sixtus IV. die Privilegien von Bologna, Paris und Köln verleihen. Die päpstliche Errichtungsbulle sah auch vor, daß die Besoldung der Professoren (2 Theologen, 4 Juristen, 1 Mediziner und 7 Artisten) aus Pfründen von 14 Stiftskirchen in und außer der Stadt M. erfolgen sollte. Für die Theologen wollte man offenbar auf die schon in M. bestehenden Ordenshochschulen der Dominikaner, Franziskaner, Karmeliter und Augustiner zurückgreifen. Die für die damalige Zeit einzigartige Ausstattung der philosophischen Fakultät mit 7 Lektoralpräbenden zeigt deutlich den humanistischen Geist der neuen Universität, an der auch das in Deutschland neu aufgenommene weltliche römische Recht bes. gepflegt wurde. Für die »via moderna« und die »via antiqua« der Spätscholastik wurde je eine eigene Burse geschaffen. Der bei der Eröffnung der Universität am 1.10.1477 gewählte Rektor Jakob Welder aus Siegen ging in der Verfassung der Hochschule neue und selbständige Wege. Wie sich der → Humanismus in M. (Hauptvertreter: Dietrich Gresemund d.J. und J.Rhagius Aesticampianus) mit dogmatischer Orthodoxie verband, zeigt die Stellungnahme der M.er Theologen im Inquisitionsprozeß gegen den Dompfarrer Johann von Wesel 1479 und im Streit um → Reuchlin 1511. Die vom Hofmeister Albrechts von Brandenburg, Eitelwolf von Stein, angestrebte Reform der Universität in ganz humanistischem Sinne wurde durch seinen frühen Tod vereitelt, die Tätigkeit der Reformationsanhänger → Capito und → Hedio blieb nur Episode. Die Vorkämpfer des Katholizismus in der Reformationszeit (→ Dietenberger, → Nausea, Neander, Necrosius, → Helding) gehörten zu den Professoren der M.er Hochschule. Sie wurde aber durch das Festhalten am alten Glauben bald »unmodern«; die Zahl der Hörer ging so zurück, daß man 1548 und 1554 an die Auflösung der Universität dachte. Erst die Berufung der Jesuiten durch den Kurfürsten Daniel Brendel von Homburg (1561) brachte neue Impulse. Hervorragende Lehrer, so der Exeget und Historiker Serarius, der Kontroverstheologe → Becanus und der Sozialethiker Contzen, wirkten um 1600 in M. Die neue »Domus Universitatis« (1618) für die philosophischen und theologischen Studien dokumentierte auch nach außen die Blüte der Universität, woran freilich damals die juristische und medizinische Fakultät keinen Anteil hatten. Auch die in der Schwedenzeit (1632-36) vertriebenen Jesuiten konnten nach ihrer Rückkehr nicht mehr die frühere Höhe halten. Zudem waren durch den Krieg und seine Folgen die Lektoralpräbenden nicht mehr ergiebig, und die Finanzierung der Universität blieb die ständige Sorge der Kurfürsten im 17. und 18.Jh. Ausreichende Mittel für die Förderung der juristischen und medizinischen Studien, um die sich schon die erneuerte Universitätsordnung des Kurfürsten von Ostein bemüht hatte (1746), wurden erst durch die Einziehung des Vermögens dreier Klöster (1781) gewonnen. Nach der durch die Aufhebung des Jesuitenordens (1773) bedingten überstürzten Reform des philosophischen und theologischen Studiums durch den aufklärungsfreundlichen Kurfürsten Emmerich Josef baute Kurfürst Friedr. Karl Josef v.Erthal (1774-1802) die theologische Fakultät nach dem Wiener Lehrplan von 1776 allmählich auf. Die von dem Kurator Anselm Franz v. Bentzel verfaßte »Neue Verfassung der verbesserten hohen Schule zu M.«, die mit dem Restaurationsfest von 1784 verkündigt wurde, sah dann für die theologische und juristische Fakultät je 10, für die medizinische und philosophisch-mathematische je 9, für die erstmals errichtete historisch-statistische 8 und für die Kameral-Fakultät 6 Lehrstühle vor. Ein genauer Studienplan ließ Professoren und Studenten wenig Bewegungsfreiheit. Andererseits hatten Bentzel und der Kurfürst durch die Berufung von Ausländern und Protestanten (zB des Mediziners Sömmering) Klerus und Volk verstimmt. Radikale Geister wie der Bibliothekar Georg Forster und die Theologen → Blau, Dorsch und Nimis wurden sogar Vorkämpfer der Ideen der französischen Revolution. Nach der ersten französischen Besetzung von M. (1792) konnte die Universität nur unter Schwierigkeiten ihre Tätigkeit wieder aufnehmen. Nach der Angliederung von M. an Frankreich (1797) wurde sie nur mehr als »Zentralschule« fortgeführt. Ohne je aufgehoben worden zu sein, erlosch die medizinische Fakultät 1822; die philosophische und theologische Fakultät lebten nur im Priesterseminar fort. Die Karls-Universität in Aschaffenburg, von Kurfürst Karl Theod. v. → Dalberg als Ersatz für M. gegründet, bestand nur 1802-18.

An die alte M.er Universität und an den noch vorhandenen Universitätsfonds anknüpfend wurde am 22.5.1946 in einer ehemaligen Kaserne für das spätere Land Rheinland-Pfalz die *Johannes Gutenberg-Universität* mit Genehmigung der Besatzungsmacht (Frankreich) errichtet. Die Lehrstühle wurden zT mit Gelehrten aus dem deutschen Osten besetzt. Außer der kath.-theologischen, der damals neu geschaffenen ev.-theologischen, den juristischen, medizinischen, philosophischen und naturwissenschaftlichen Fakultäten umfaßt die Universität noch das Auslands- und Dolmetscherinstitut in Germersheim und das Institut für Edelsteinforschung in Idar-Oberstein. - In der ev.-theologischen Fakultät lehren zZ (Winter 1959/60): A.Kuschke und H.W.Wolff (AT), G.Stählin und H.Braun (NT), W.Völker und M.Schmidt (KG), F.Delekat und W.Wiesner (syst. Theol.), W.Holsten (Allgemeine Religions- und Missionswissenschaft), M.Mezger (prakt. Theol.), E.L.Rapp (christliche Orientalistik), ferner 2 Honorarprofessoren und 2 Lehrbeauftragte. Die Studentenzahl der Fakultät beträgt 160 (bei insgesamt 4850).

ERMAN-HORN II, 739ff - J.R.DIETRICH-K.BADER, Beiträge zur Gesch. der Universitäten M. u. Gießen, 1907 - Volk u. Scholle 6, 1928, H. 3/4 (Sonder-Heft zum 450. Jubiläum) - Die alte M.er Univ. Gedenkschrift anläßlich der Wiedereröffnung, 1946 - A.BRÜCK, Die M.er theol. Fakultät im 18 Jh., 1955 - Beiträge zur Gesch. der Univ. M., 1955ff - L.JUST, Die alte Univ. M. von 1477-1798, 1957.
A.Brück

Majolus, 4. Abt von → Cluny (ca 910-994), um 940 Archidiakon in Mâcon, dann Mönch, ca 954 Koadjutor des Abtes Aymard, seit ca 965 alleiniger Leiter der Abtei, deren weltweites Ansehen er erst eigentlich begründete. Durch die Kaiserin Adelheid mit den Ottonen verbunden, breitete er die cluniazensische Reform in Frankreich, Burgund (Peterlingen) und Italien aus.

E.SACKUR, Die Cluniacenser I, 1892, 209ff. *Th.Schieffer*

Major, *Georg* (1502-74), eigentlich *Maier,* * in Nürnberg, nach Wittenberger Studienjahren 1529 Rektor in Magdeburg, 1537 Schloßprediger und 1544 Prof. der Theol. in Wittenberg, wurde nach Luthers Tod einer der von den Gnesiolutheranern am heftigsten angefeindeten Philippisten. Sein »Psalterium Davidis« (1547) ist ein weitverbreitetes Schulbuch; die »Vitae Patrum« sind von ihm auf Luthers Anregung hin neu bearbeitet worden (1544). Ähnlich wie → Georg III. von Anhalt, dem er 1547 in Merseburg assistierte, → Pfeffinger u.a. bemühte sich M. um ein ev. Traditionsverständnis (De origine et autoritate verbi Dei, 1550; Begriff des catholicus consensus). Im Kampf um das → Interim auf der Seite Melanchthons stehend und des Adiaphorismus bezichtigt, wurde er - 1552/53 kurzfristig Sup. in Eisleben - vor allem deshalb von → Amsdorf, → Flacius u.a. angegriffen, weil er eine bereits von Luther mißbilligte Formel → Melanchthons, die → guten Werke seien zur Seligkeit notwendig, wiederaufgenommen hatte. M. meinte nicht, daß diese meritorisch Rechtfertigung und Seligkeit bewirkten, aber daß sie zur Bewahrung des Glaubens und der Seligkeit unerläßlich seien. Der damit eingeleitete *majoristische Streit* (→ Menius) ging in den II. → antinomistischen Streit über. In FC IV ist die von M. später zurückgenommene Formel abgewiesen, das Anliegen M.s aber anerkannt. Vgl. noch M.s Bekenntnis vom Artikel von der Justifikation (1559).

W.PREGER, Matthias Flacius Illyricus u. seine Zeit, 1859-61 - RE XII, 85ff - RITSCHL I. II. IV - R.BRING, Das Verhältnis von Glauben u. Werken in d. luth. Theol., 1955, 92ff. 293ff. *F.Lau*

Maistre, *Joseph Marie,* Comte de, * 1.4.1754 (1753?) in Chambéry (Savoyen), † 26.2.1821 in Turin. Von Jesuiten erzogen, wurde M. nach dem Rechtsstudium Senator seiner Heimatstadt. Er war Mitglied englischer und schottischer Freimaurerlogen und vertraut mit → Saint-Martin und → Rousseau, in seinen geschichtlichen Darstellungen oft abhängig von → Voltaire. Vor der Revolution in Savoyen zog er sich als scharfer Gegner (»Considérations sur la France«, London 1796) nach Lausanne zurück. Von dort 1797 vertrieben, floh M. nach Sardinien und war 1802-17 sardinischer Gesandter in Petersburg. Hier schrieb er seine wichtigsten Werke: Essai sur le principe générateur des constitutions politiques, Paris 1814; Du Pape I. II, Lyon 1819 (Hauptwerk, dt. v. J.Bernhart, 1923); Les soirées de St. Pétersbourg I. II, Paris 1821. - Graf de M. gilt als entschiedener Vertreter des → Ultramontanismus gegenüber dem → Gallikanismus (vgl. seine als Anhang zu Du Pape gedachte Schrift De l'Eglise Gallicane, Paris 1820) und als der Prophet des Infallibilitätsdogmas. Seine Gedanken, ausgerichtet auf Autorität und Tradition, Absolutismus und aristokratisch-feudale Gesellschaftsordnung und auf das Bündnis von Kirche und Monarchie als das Mittel der Vorsehung zur Gesundung der Völker, wurden zu leitenden Ideen der → Restauration. Den → Staat setzt M. einem Individuum gleich. Der Grundgedanke seiner Staatsphilosophie ist, daß Gott durch seine »Minister« Staat, Kirche und Zeit die Menschen aus Hochmut und Zersplitterung wieder in die Einheit mit Gott zurückführt. - Seinen Zeitgenossen erschien M. als ein in der kath. Tradition fest gegründeter Kirchenlehrer. Neuerdings hat M.Huber den Nachweis versucht, daß M. nicht als kath. Staatsphilosoph anzusprechen sei.

Vf. ferner u.a.: Lettres et opuscules inédits, hg.v. Graf RODOLPHE DE M. (Sohn), 2 Bde, 1851 - Mémoires politiques et correspondance diplomatique 1811-17, hg.v. A.BLANC, 1858 - GA, 14 Bde, 1884-87. - Ältere Lit. in RGG² III, 1867 - Ferner: E.DERMENGHEM, J. de M. mystique, Paris (1923) 1946² - P.R.RHODEN, J. de M., Betrachtungen über Frankreich, hg. m. einer Einführung (Klass. d. Politik XI), 1924 - DERS., J. de M. als polit. Theoretiker, 1929 - P.VULLIAUD, J. de M. franc-maçon, Paris 1926 - R.JOHANNET, J. de M., ebd 1932 - A.CROSNIER, J. de M., choisir les meilleurs textes, introduction, ebd 1933 - LThK VI, 809f (Lit.) - A.OMODEO, Un reazionario il Conte J. de M., Bari 1939 - H.BARTH, A.Comte u. J. de M. (Schweiz. Beiträge z. allg. Gesch. 14, 1956, 103-138) - EKL II, 1219f (Lit.) - M. HUBER, Die Staatsphilos. von J. de M. im Lichte d. Thomismus (Basler Beitr. z. Gesch.wiss. 71), 1958 (Lit.). *E.Fahlbusch*

Maitland, *Frederic William* (1850-1906), englischer Rechtshistoriker, seit 1888 Prof. für englisches Recht in Cambridge. M. verfaßte mit Sir F.Pollock die »History of English Law before the Time of Edward I.« (1895). Obwohl er keine Beziehungen zur Kirche hatte - seine Tochter nennt ihn einen »evangelical agnostic«, er sich selbst einen »dissenter from all churches« -, übernahm er in der von Lord → Acton angeregten »Cambridge Modern History« den Abschnitt über die Reformation in England und Schottland, die bedeutendste Zusammenfassung dieser Periode. Auch seine Untersuchungen zum englischen Kirchenrecht haben bleibenden Wert.

A.L.SMITH, F.W.M., 1908 (vollst. Bibliogr.) - H.A.L.FISHER, F.W.M., 1910 - DNB 1901-11, 552ff - H.A.HOLLOND, F.W.M., 1953 (Selden Soc.) - E.MAITLAND, F.W.M., a child's-eye view, 1957.
A.Ehrhardt

Majunke, *Paul* (14.7.1842 bis 21.5.1899), kath. Theologe, * in Groß-Schmograu (Schlesien), 1867 Priester, Herausgeber der einflußreichen Correspondenz der Centrumsblätter, 1871-78 Redakteur der »Germania« in Berlin, zeitweise Mitglied des Reichstags und des preußischen Abgeordnetenhauses, seit 1884 Pfarrer in Hochkirch bei Glogau. Als Publizist und Polemiker gegen Protestantismus und Preußentum tätig, blieb M. mit der Wiederaufnahme der These von Luthers Selbstmord allein.

Vf. u.a.: (als Mitverf.) Geschichtslügen, (1884) 1902¹⁷; Gesch. d. Kulturkampfes, (1886) 1902³; Luthers Lebensende, (1889) 1891⁵. - Über M.: ADB 52, 156ff - W.KOSCH, Das kath. Deutschland II, 1937, 2751f. *K.G.Steck*

Makarij, *Metropolit von Moskau* 1542-63 (Erzbischof von Novgorod 1526-42), zusammen mit Ivan IV. hochgebildeter Förderer der Idee von → Moskau, dem 3. Rom. Zu ihrer Propagierung schuf M. die Lese- → Menäen (1552). Er veranlaßte auch bald danach die Fertigstellung des Stufenbuches (stepennaja kniga). In beiden Werken werden im panegyrischen Stil die großen Heiligen und die Generationen der Großfürsten zum Ruhme des hl. → Rußlands unter Ivan IV. (dem Gestrengen) gepriesen. Auch in der Ikonenmalerei (→ Ikone) wirkte M. anregend, wenngleich er westlichen Einflüssen Eingang verschaffte. Durch seine Tätigkeit stärkte er die kirchenpolitische Richtung des → Josif von Volokolamsk, deren Krise unter Ivan IV. er nicht mehr erlebte.

N.E.Andreev, Seminarium Kondakovianum 7, 1935, 227-244 (russ., mit dt. Résumé) - A.M.Ammann, Abriß der ostlaw. KG, 1950, 219ff - I.Smolitsch, Russ. Mönchtum, 1953, 136ff. 254f u.ö. (Lit.) - N.K.Gudzij, Gesch. der russ. Lit. vom 11.-17.Jh., 1959, 386ff (Lit.). *K.Onasch*

Makarius, 1. *der Ägypter* oder *der Große* (ca 300-380/90), in den → Apophthegmata patrum als Begründer des sketischen → Mönchtums (: II) gefeiert und zu → Antonius in ein Schülerverhältnis gebracht, stammt aus Oberägypten. In seiner Jugend Kameltreiber, lebte er als Asket nahe seinem Dorfe, ging 30jährig in die Wüste, wurde nach 10 Jahren Priester und machte die Sketis neben den nitrischen Bergen zu einer Hauptstätte des unterägyptischen Eremitentums. Er ist eine unliterarische Gestalt, deren Andenken durch zahlreiche Apophthegmen und Mönchsbiographien in koptischer und griechischer Sprache bewahrt blieb.

E.Amélineau, Hist. des monastères de la Basse-Egypte (Annales du Musée Guimet 25, 1894, 46-234).

2. »M.« = *Symeon von Mesopotamien,* Euchitenführer und mystischer Schriftsteller um 400. - An den Namen M. hefteten sich nach der kirchlichen Verurteilung der → Euchiten die Schriften eines ihrer Führer - wohl des S. von Mesopotamien -, die bald in kirchlich überarbeiteten Sammlungen als Werke des »großen« M. weite Verbreitung gewannen. Das erste sichere äußere Zeugnis liefert das Konzil von → Ephesus (431). Es verurteilte Sätze eines euchitischen Grundbuchs, des sog. Asketikon, das sich aus Schriften S.s zusammensetzte. Über den Verfasser wissen wir nur, was sich aus seinem eigenen Werk entnehmen läßt. Er ist ein Schüler der Kappadozier und lebt als Haupt einer Mönchsgemeinschaft am oberen Euphrat. Neben Briefen und Traktaten stehen Antworten auf Mönchsfragen, in der Art der sog. Kurzen Regeln des → Basilius (, 3); Logienreihen setzen die Apophthegmen der ägyptischen Eremiten fort; die zahlreichen kürzeren und längeren Reden bezeichnet man zumeist als die »50 geistlichen Homilien« (des M.). Eine bilderreiche und weder gelehrte noch dogmatische Sprache geht doch nicht auf die Volkstümlichkeit einer Bußpredigt aus, sondern wendet sich an die kleine Schar derer, denen es auch mit der inneren Wahrheit Ernst ist. Sind die Grundgedanken euchitisch, so weist doch das Fehlen mancher extremen Züge wie des Arbeitsverbots ihn als Reformer dieser Bewegung aus. S.s Kritik richtet sich ebenso gegen die Gefahren des eigenen Kreises und dessen Pneumatikeranspruch wie gegen die Sicherheit des »pharisäischen« kirchlichen Mönchtums. Er fordert den Kampf um die innere Reinheit, erfährt dabei die allgegenwärtige Macht des Bösen und erwartet alles vom Gebet um den Geist. Eine durchdachte Geisttheologie erklärt das Schicksal der wahren Christen, die gleich den Propheten vom eigenen Volke verfolgt werden. Mit ihrer Lichtmystik spätere Lehrweisen der griechischen Kirche vorbereitend (→ Symeon, 2), haben die »M.«-Schriften auch im Abendland noch eine reiche Geschichte gehabt, Spiritualisten wie G. → Arnold bestimmt und noch auf die englischen → Methodisten nachhaltig gewirkt.

Ausg. der 50 Homilien (erstmals 1559) MPG 34; 7 weitere Hom. hg.v. G.L.Marriott: Macarii anecdota, Cambridge/Mass. 1918; Großer Brief hg.v. W.Jaeger: Two rediscovered works of Anc. Christ. Lit., Leiden 1954. - H.Dörries, S.v.M., 1941 - Ders. in: ThLZ 79, 1954, 643-656 - Altaner 235f. *H.Dörries*

3. M. *Magnes* ist durch eine Apologie bekannt, von deren 5 Büchern nur ein Teil erhalten ist. In Form eines Streitgespräches, was ihn der späteren Phase der → Apologetik (: II) zuweist, wandte er sich gegen das verlorene Werk des → Porphyrius, »Wider die Christen«. Auch wenn es ihm nur in überarbeiteten Exzerpten vorlag, so bildet M. doch eine wichtige Quelle für die Argumente des neuplatonischen Christengegners. Sollte M. mit einem Bischof von Magnesia, der auf der Eichensynode (403) gegen die Origenisten auftrat, identisch sein, wäre die Apologie um 400 zu datieren. Unter dem Namen des M. gehen Fragmente einer Genesishomilie, die bis auf eines unecht sind.

Texte: MPG 10, 1345ff - C.Blondel, Macarii Magnetis quae supersunt, Paris 1876 (unvollst.). - Lit.: Altaner 298f. *C.Andresen*

Makkabäer → Judentum: I, 2.

Makkabäerbücher

1. Erstes M. - 2. Zweites M .- 3. Drittes M. - 4. Viertes M. - M. = Makkabäerbuch. - Vgl. → Apokryphen: I

1. Mit 2Makk (s. 2) durch eine weitreichende Parallelität im Inhalt verbunden, behandelt *1Makk* die Geschichte des → Judentums (: I, 2) vom Regierungsantritt → Antiochus' IV. Epiphanes (175 vChr) bis zum Tode des jüdischen Fürsten und Hohenpriesters Simon (135/34 vChr). Im Mittelpunkt steht der Kampf des Judas (mit dem Ehrennamen Makkabäus [ὁ μακκαβαῖος »der Hammerartige«?]; davon der Name des Buches und des Geschlechts, letzteres von Josephus »Hasmonäer« genannt), Jonathan und Simon, dreier Söhne des Priesters Mattathias aus Modeïn, um Reinerhaltung der jüdischen Religion und Befreiung von der syrischen Herrschaft. Die Schrift, vor 106 vChr in Palästina hebräisch verfaßt (s. zahlreiche Hebraismen, dazu Hieronymus, Prol. gal.), ist nur in Übersetzungen erhalten (bes. wertvoll neben Kodex Sinaiticus die Vulg.). → Josephus verarbeitet in den Ant. nur c. 1-13; dennoch darf eine einheitliche Abfassung als wahrscheinlich gelten. Für eine Klärung der Quellenfrage wurde die Erkenntnis entscheidend, daß die Datierungen zwei verschiedenen, mit unterschiedlichem Epochebeginn rechnenden Ären folgen: einer im Herbst 312 vChr (entsprechend der offiziellen Zeitrechnung in den seleukidischen Westgebieten) und einer im Frühling 311 vChr (oder 312?) beginnenden Ära. Demzufolge sind alle »syrischen« Nachrichten einer Königschronik zuzuweisen, während sich die »jüdischen« Berichte auf mehrere Quellen verteilen: eine Vita des Judas, hohepriesterliche Jahrbücher für Jonathan und Simon, Urkunden, mündliche Tradition und wohl eine besondere Mattathias-Überlieferung. Anders als die jüdischen Quellen bietet die Chronik nur Jahresangaben; sie datiert nur die legitimen Herrscher. Die Vita hebt sich durch breitere Anlage von den Jahrbüchern ab; ihr Verfasser ist vielleicht → Eupolemos (8, 17). Über alle Kapitel verteilt sind »Lieder aus der Kampfzeit«, die den → Salomo-Psalmen nahestehen (vgl. 2, 44; 3, 5. 6. 8; 14, 4 und PsSal 13, 4ff) und asidäisch-pharisäisches Gepräge tragen. Der Verfasser des 1Makk dürfte so in die Nähe pharisäischer Kreise gehören; auf jeden Fall war er ein den Makkabäern treu ergebener, national gesinnter Jude (vgl. 5, 62). Gesetzestreue und -eifer spielen bei ihm eine große Rolle, doch hindert ihn dies nicht, das Sabbatgebot den Notwendigkeiten des Krieges unterzuordnen (2, 41). Gott, für dessen Name »Himmel« (3, 50. 60; 4, 10. 40 u.ö.) oder das Personal-Pronomen (2, 21; 3, 22. 53) gesetzt wird, ist der Helfer Israels, doch besteht zu ihm nicht mehr jener direkte Kontakt, wie ihn das AT voraussetzt (zB bei den Erzvätern oder anderen Frommen). Gebete spielen daher keine besondere Rolle; Erfolge werden nicht auf Wunder, sondern auf persönliche Klugheit und Tatkraft zurückgeführt. Die Prophetie ist erloschen (9, 27), wenn man auch auf einen Propheten hofft (4, 46; 14, 41). - Im literarischen Typus ist

1Makk Ri oder Sam vergleichbar; die at. → Geschichtsschreibung (: I) dient als Vorbild. Neben Beispielen großer Objektivität (11, 4ff) und historischer Treue (die Anordnung der Vorgeschichte entspricht derjenigen im → Danielbuch) stehen eindeutige Ungenauigkeiten (zB wird die Rolle der hellenistenfreundlichen Hohenpriester verschwiegen bzw. verkürzt). Ob die Tempelweihe *nach* dem Tode Antiochus' IV. anzusetzen ist (Schaumberger), hängt davon ab, nach welchem Epochejahr die jüdischen Daten zählen und so 4, 52 vor oder hinter den jetzt genau datierten Tod des Antiochus fällt.

H.W.ETTELSON, The Integrity of 1Macc. (Transact. of the Connecticut Acad. 27, 1925, 249-384) - E.BICKERMANN, Der Gott d. Makkabäer, 1937 - F.-M.ABEL, Les livres des Macc., 1949 - R.MARCUS, The Name Makkabaios (Jew. Soc. Studies 5, 1953, 59-65) - W.MÖLLEKEN, Geschichtsklitterung im 1Makk (ZAW 65, 1953, 205-228) - R. NORTH, Macc. Sabbath Years (Bibl 34, 1953, 501-515) - J.C.DANCY, A Commentary on 1Macc., 1954 - K.-D.SCHUNCK, Die Quellen d. I. u. II. M.es, 1954 (Lit.) - J.SCHAUMBERGER, Die neue Seleukiden-Liste BM 35 603 u. die makk. Chronologie (Bibl 36, 1955, 423-435).

2. Im Unterschied zu 1Makk setzt *2Makk* bereits unter Seleukus IV. mit einer ausführlichen Darstellung der Vorgeschichte der makkabäischen Erhebung ein, bricht dann aber schon auf dem Höhepunkt der Wirksamkeit des Judas, mit dem Sieg über Nikanor (161/60 vChr), ab. Die Schrift, vor 60 vChr griech. verfaßt und nach dem Vorwort 2, 19-32 ein Auszug aus einem Ende des 2.Jh.s entstandenen größeren Werke Jasons von Kyrene, zeigt einen wohlkomponierten Aufbau: Judas ist unter Auslassung des Mattathias alleiniger Held des Aufstands, jede Buchhälfte endet mit der Einsetzung eines Tempelfestes (10, 6-8; 15, 36f), der der Untergang des jeweiligen Tempelfeindes vorangeht. Vor die Epitome sind von einem Bearbeiter (um Christi Geburt) zwei Schreiben (1, 1-9; 1, 10 - 2, 18) der palästinensischen Juden an die ägypt. Brüder gestellt. Ihre Aufnahme gab wahrscheinlich zu zahlreichen Umordnungen in den Mittelkapiteln Anlaß - sofern nicht die Tempelweihe zeitlich hinter den Tod Antiochus' IV. gehört und so die jetzt vorliegende Anordnung der Ereignisse als ursprünglich zu gelten hat (s. 1). Auf jeden Fall gehören die (bis auf 11, 22-26 wohl echten) Urkunden in c. 11 noch unter Antiochus IV.; ihre Datierungen - wie die weiteren in 13, 1; 14, 4 - sind nach der Herbst 312 vChr beginnenden Ära gegeben. - Die Quellenfrage ist infolge des Dazwischentretens des Jasonschen Werkes bes. schwierig. Wahrscheinlich bildeten auch hier (vgl. 1) die Judasvita und die syrische Chronik den Grundstock, neben dem hohepriesterliche Jahrbücher (für Onias, Jason, Menelaus und Alkimus) sowie Urkunden und mündliche Tradition standen. 2Makk (bzw. Jason) und 1Makk hatten somit weitgehend dasselbe Quellenmaterial zur Verfügung. - 2Makk ist den → Chronikbüchern vergleichbar; alles kreist um den Jerusalemer Tempel und seinen Gott. Wunder (3; 5, 2-4; 8, 20; 10, 29ff; 11, 8. 27), Legenden (1, 13ff. 19ff; 2, 1ff; 9) und Märtyrerberichte (6, 18ff; 7; 14, 37ff) spielen eine große Rolle. Wie seine Vorlage ist 2Makk literarisch der hellenistischen pathetischen Historiographie zuzurechnen. Doch bedeutet das nicht, daß der Verfasser kein strenggläubiger Jude gewesen sei; immer wieder nennt er Gott, begegnen Gebete (3, 15. 20. 33; 8, 29; 10, 4 u.ö.), wird der Sabbat auch im Krieg streng bewahrt (8, 26; 12, 31. 38; 15, 1ff). Dogmatisch wichtig sind vor allem die Zeugnisse von der → Auferstehung (7, 9. 11. 14; 14, 46), von dem Gebet für die Toten (12, 43ff) sowie von einer Fürbitte der Heiligen (15, 12ff). Gott ist der Helfer Israels (15, 21), der seine Hilfe in Form einer wundersamen Intervention, meist durch Engel vermittelt (3, 22ff; 15, 22f u.ö.), sendet. - Der leitende historische Gedanke in 2Makk ist die Betonung des Vergeltungsgesetzes (vgl. 4, 38; 5, 9f; 9, 5; 13, 7f; 15, 32). Zu dieser Anschauung paßt jedoch kaum das Motiv der Vorgeschichte: Der Aufstand ist Folge eines Parteikampfes, aus πλεονεξία entstanden (3, 5; 4, 7ff. 23ff). Auch 2Makk besitzt historischen Wert; Wellhausens Vorschlag ist daher noch immer der beste: »Man muß ... von Fall zu Fall prüfen und darf sich vor eklektischem Verfahren nicht scheuen.«

Außer der Lit. zu 1: E.BICKERMANN, Ein jüd. Festbrief vom Jahre 124 vChr (2Makk 1, 1-9) (ZNW 32, 1933, 233-254) - C.C.TORREY, The Letters prefixed to 2Macc. (JAOS 60, 1940, 119-150) - E.CAVAIGNAC, Remarques sur 2Macc. (RHR 130, 1945, 42-58) - M.B. DAGUT, 2Macc. and the Death of Antiochus IV Epiphanes (JBL 72, 1953, 149-157) - S.ZEITLIN-S.TEDESCHE, The Second Book of M., 1954.

K.-D.Schunck

Zur *Auslegungsgeschichte* (s. auch → Schriftauslegung: IV):

9.Jh.: Hrabanus Maurus (MPL 109). - 15.Jh.: Joh.Michaelis OFM (ed. in: Thomas v. Aquin, Opera, Paris 1871ff, Bd 31, 282-331). - 16.Jh.: Victorin Strigel, Leipzig 1571 - Nik.Serarius SJ, Mainz 1599. - 17.Jh.: Joh.Drusius, Franeker 1600 (1Makk) - Fabricius Paulutius, Rom 1625 - Caspar Sanctius SJ, Lyon 1628 - Theoph.Raymund, ebd 1651 - Petrus Redanus SJ, ebd 1651 - J.E.Fullonius SJ, Leodium 1664.

W.Werbeck

3. Das 7 Kapitel umfassende und am Anfang verstümmelte *3Makk* erzählt von der wunderbaren Errettung der Juden bei einer Verfolgung durch Ptolemäus IV. Philopator (221-204 vChr). Nach seinem Siege bei Raphia (217) nach Jerusalem gekommen, will Ptolemäus das Innere des Tempels betreten. Auf das Gebet des Hohenpriesters hin stürzt er gelähmt zu Boden (1, 1 - 2, 24). Nach Alexandrien zurückgekehrt, versucht er dort die Juden zum Abfall von ihrer Religion zu bewegen. Da dies bis auf wenige Ausnahmen nicht gelingt, will er sie in der Rennbahn von Elefanten niedertreten lassen. Aus dieser Not werden die Juden dreimal im letzten Augenblick gerettet (2, 25 - 6, 21). Nun läßt der König ein Freudenfest feiern, das alljährlich wiederholt werden soll (8.-14. Epiphi), und gibt ihnen einen Schutzbrief. Die Abgefallenen werden getötet (6, 22 - 7, 23). - Wahrscheinlich liegt dem Buch die Kultlegende eines Festes zugrunde, das in der ägyptischen Judenschaft gefeiert wurde und stark an das Purimfest (→ Feste: II, 6 a) erinnert. Ob man mit einem historischen Kern zu rechnen hat oder ob dahinter ein ursprünglich heidnisches Fest steht, ist umstritten. Die Geschichte von der beabsichtigten Tötung durch Elefanten kehrt auch bei Josephus (Contra Ap. II, 5, § 53ff) wieder, allerdings auf Ptolemäus Physkon (146-117) übertragen. Eine Dublette für das Strafwunder im Tempel liegt in dem über Heliodor in 2Makk 3 Berichteten vor. - Unverkennbar ist der apologetische Charakter der Schrift. Ihre Hauptbedeutung liegt jedoch darin, daß sie einen Einblick gibt in die Situation des Judentums in Ägypten im 1.Jh. vChr und in die Probleme der → Diaspora (: I) überhaupt. Die Schrift wurde in griech. Sprache wahrscheinlich in Alexandrien abgefaßt. Der Zeitpunkt ist kaum genauer als mit dem 1.Jh. vChr anzugeben.

4. Die als *4Makk* bekannte und griechisch abgefaßte Schrift ist eine Diatribe mit dem Thema περὶ αὐτοκράτορος λογισμοῦ (1, 13). Sie hat mit den M.ern nur insofern etwas zu tun, als sie die »Herrschaft der Vernunft über die Triebe« vor allem durch Beispiele aus der Makkabäerzeit zu belegen sucht. - In einem Prolog (1, 1-12) wird der stoische Satz von der Herrschaft der Vernunft als These eingeführt, philosophisch entfaltet (1, 13-35) und die Vernunft dabei zugleich auf die durch das Gesetz erlangte Bildung zurückgeführt (1, 17). Dies wird erläutert durch Beispiele aus der at. Geschichte (2, 1 - 3, 18). - Im Mittelpunkt stehen aber die Martyrien des Eleasar, der sieben Brüder und ihrer Mutter (5, 1 -

17, 6). Diese aus 2Makk (6, 18 - 7, 42) entlehnten Beispiele erweisen die Gültigkeit des Satzes, indem sie zeigen, wie die Märtyrer im Gehorsam gegen das Gesetz Gottes die stoischen Tugenden (→ Stoa) Besonnenheit, Gerechtigkeit, Güte und Mannhaftigkeit (2, 23) bewähren und Schmerz, Leid und Todesangst überwinden. Den eigentlichen Schluß bildet ein Epilog mit der Grabinschrift für die Märtyrer (17, 7 - 18, 24). - Die in Stil und Begrifflichkeit hellenistische Schrift ist ein Zeugnis für die Kraft des Judentums, in fremder Form eigene Gedanken und Probleme durchzusetzen. Es geht in dem Buch um die Bewahrung des → Gesetzes gegenüber hellenistischer Aufklärung und einer Religionspolitik, die mit Gewalt zu ihrem Ziel kommen will. Eleasar und die sieben Brüder berufen sich in ihrem Verhalten auf das Gesetz (5, 16; 9, 2). Sie erdulden alles um der Frömmigkeit und um Gottes willen (16, 17ff). Sie leiden zur Sühnung für die Sünden des Volkes und zu seiner Läuterung (1, 11; 6, 29; 17, 21f). Als Heimat des Verfassers, der nicht bekannt ist, werden sowohl Alexandrien als auch Antiochien vermutet. Trotz seiner Kenntnisse in der hellenistischen Popularphilosophie ist er im Judentum und seiner Geschichte verwurzelt. Wo er den Glauben an die Unsterblichkeit der Seele aufnimmt, prägt er ihn im jüdischen Sinne um (14, 6, bes. 18, 23). Das in LXX-Hss. und unter den Werken des → Josephus überlieferte Buch, von dem aber auch eine sehr freie lat. Übersetzung aus dem 4.Jh. existiert, ist nicht vor der Mitte des 1.Jh.s vChr entstanden. Dupont-Sommer datiert sogar erst auf 117/118 nChr.

Zu 3 u. 4: KAUTZSCH, AP I, 119ff; II, 149ff - CHARLES, AP I, 155ff; II, 653ff - RIESSLER 682ff. 700ff. 1312f - M.HADAS, The Third and Fourth Books of Maccabees, New York 1953 - O.EISSFELDT, EinlAT, 1956², 720f. 758ff (Lit.). - Zu 3: H.WILLRICH, Der hist. Kern des 3Makk (Hermes 39, 1904, 244-258). - Zu 4: A.DUPONT-SOMMER, Le Quatrième Livre des Machabées, Paris 1939. *U.Luck*

Makkai, *Sándor* (1890-1951), ungarischer ref. Theologe, lehrte 1917 in → Sárospatak, 1918-26 in → Klausenburg, war 1926-36 als Bischof des Siebenbürger Kirchendistrikts führend für die ungarische Minderheit in → Rumänien. Von 1936-51 vertrat er in → Debrecen das Fach der Pastoraltheologie. Seine vielseitige literarische und praktische Tätigkeit hatte beträchtlichen Einfluß auf ein bewußt kirchliches Denken der ref. Kirche → Ungarns.

Vf. u.a.: Die missionarische Arbeit der Kirche, 1938 (ung.); Poimenik, 1947 (ung.). *S.Czeglédy*

Makrakis, *Apostolos* (1831-1905), griech. Laientheologe und Erweckungsprediger, * auf Siphnos. M. erwarb sich in Konstantinopel eine ausgezeichnete biblische und philosophische Bildung. Seine Überzeugung, daß nur eine radikale Wiedergeburt und Rückkehr zum Weg der ersten Christen sein Volk und die Menschheit retten könne, vertrat er mit eigenartigem Sendungsbewußtsein sowohl literarisch als auch in vielbeachteten Straßenpredigten in Athen. Scharfe Angriffe gegen Mißstände in Staat und Kirche trugen ihm zweijährige Haft und Exkommunikation ein (1881); seine »Philosophische Schule des Logos« wurde vorübergehend geschlossen. Der eindrucksvolle und einflußreiche Gelehrte, Prediger und Volkserzieher hinterließ einen großen Schüler- und Anhängerkreis, aus dem bedeutende geistige Bewegungen der heutigen griech.-orth. Kirche hervorgegangen sind (u.a. die Bruderschaft »Zoe«).

Vf. u.a. zahlreiche bibl. Kommentare, philos. Hdb.er, ein eigenes pädag. System (alles griech.). Englisch: Interpretation of the Entire NT, Chicago 1949; Divine and Sacred Catechism, ebd 1946. - Über M.: CHR.PAPADOPOULOS, A.M., Athen 1939 (griech.) - P.BRATSIOTIS, Die Orth. Kirche in griech. Sicht (Die Kirchen der Welt I/2), 1960, 55ff. *G.Möckel*

Makrokosmos und Mikrokosmos

1. Begriff - 2. Kosmogonie - 3. Physiologie und Morphologie - 4. Psychologie - 5. Soziologie - 6. Raum - 7. Zeit - 8. Offenbarung - 9. Eschatologie - 10. Menschliche Verhaltensweisen. - Ma. = Makrokosmos, Mi. = Mikrokosmos

1. Der Gedanke eines korrelativen Zusammenhangs der großen äußeren Welt mit der Lebenswelt des Menschen ist sehr alt und weit verbreitet. Nach ihm entspricht alles irdische Sein und Geschehen einem überirdischen, das seinerseits - auf Grund der Doppelseitigkeit dieser Korrespondenzlehre - Beeinflussungen durch irdisches Handeln zugänglich ist. Die begriffliche Erfassung dieser Anschauung findet sich zuerst bei → Aristoteles, der den Menschen einmal als μικρὸς κόσμος (Phys. VIII, 2, 252 b) bezeichnet. Im deutschen Denken wurde diese Idee bes. durch → Paracelsus vertieft.

2. Die Vorstellung eines *kosmogonischen* Zusammenhangs von Ma. und Mi. wird mythisch vor allem durch die schöpferische Tötung eines Urwesens zum Ausdruck gebracht (→ Schöpfung: I). Die → germanische Religion kennt die Tötung des Urriesen Ymir durch die Götter, die aus seinem Körper die → Erde erschaffen, aus seinem Blute die Gewässer (→ Wasser), aus seinem Schädel den → Himmel, aus seinen Haaren → Bäume und Pflanzen. Nach dem babylonischen Weltschöpfungsepos Enuma elisch (→ Babylonien: II, 14) bildet der Gott Marduk aus den beiden Hälften der besiegten und getöteten Tiâmat die sichtbare Welt und aus Kingu, dem Usurpator der Götterherrschaft, die Menschheit. Nach einer im jüngeren → Taoismus vertretenen chinesischen Anschauung (→ China: II) sind die Teile des Weltalls aus dem Riesenkörper des Urwesens P'an-ku entstanden; sein Atem wurde zum Wind, seine Stimme zum Donner, seine Augen zu Sonne und Mond, sein Blut das Meer, sein Fleisch der Erdboden, seine Haare die Bäume, sein Schweiß der Regen, sein Ungeziefer die Menschen. Nach einer späten vedischen Vorstellung ist die Welt aus dem → Urmenschen Purusha hervorgegangen (Rigveda X, 90). Vergeistigt ist die Lehre der → Upanishaden, die die Schöpfung als → Emanation des → Âtman begreift (Brhadâranyaka-Upanishad I, 4, 1-5).

3. Aus den kosmogonischen Vorstellungen ergibt sich die Anschauung von einer substantiellen Einheit von Ma. und Mi. Bezeichnend ist die manichäische Ansicht (→ Manichäismus) »über den Körper, daß er entsprechend dem Bilde des Kosmos eingerichtet ist« (Kephalaia LXX). Für die → Mandäer ist jeder Mensch ein Abbild des kosmischen Menschen. Nach → Platon (Timaios 73 b) besteht der Mensch aus den kosmischen → Elementen Feuer, Luft, Wasser und Erde.

4. Das bekannteste Beispiel für die → Seele als individuelles und zugleich kosmisches Prinzip ist die → Mystik (: II) der → Upanishaden, die die Allseele Brahman mit der Einzelseele → Âtman identifiziert.

5. Der Gedanke einer makrokosmischen Entsprechung bzw. Herkunft legitimiert und heiligt die irdische → Ordnung. Dem sumerischen Ordnungsprinzip (→ Babylonien: II, 2) liegt die harmonische Entsprechung des Himmlischen und Irdischen zugrunde. Im alten → Indien (: II) wird die → Ehe (: I) als Spiegelbild des Verhältnisses von Himmel und Erde angesehen (Aitareya-Brâhmana VIII, 27). Nach dem Rigveda (X, 90) entstehen die vier Kastengruppen (→ Kaste: I) aus dem Munde, den Armen, den Schenkeln und den Füßen des Purusha. - Umgekehrt werden Begriffe der irdischen Gesellschaft wie Vater (→ Vatername Gottes: I), Mutter (→ Muttergottheiten), Sohn, Hirt, Herrscher, König oft zur Bezeichnung der Gottheit (→ Gott: I) verwendet.

6. Weit verbreitete Vorstellung ist, daß die uns umgebende Welt auf ein außerirdisches Urbild zurückgeht, das auf einer höheren kosmischen Ebene existiert. Die Verbindung zwischen Ma. und Mi. wird als Weltsäule (axis mundi; zB Rigveda X, 89, 4), → Regenbogen oder Himmelsleiter (Gen 28, 12) vorgestellt; die → Mithras-Mysterien kennen eine achtteilige Leiter, die die Verbindung der Erde mit den acht Himmeln darstellt. Als kosmische Mittelpunkte, die oft als → Nabel der Erde bezeichnet werden, erscheinen heilige → Berge, Städte und → Tempel (: I). Oft wird an solchen Orten das → Paradies (: I) lokalisiert. Der Tempel kann den kosmischen Berg symbolisieren oder als imago mundi gelten. Verbreitet ist die Anschauung, daß Flüsse ihr makrokosmisches Analogon in Sternbildern (→ Sterne) haben.

7. Die gegenseitige Entsprechung von Ma. und Mi. bedingt unsere Vorstellung von Anfang, Gliederung und Ende zeitlicher Perioden, die in der Schöpfung des Kalenders ihren Ausdruck findet. Sie beruht auf der Beobachtung biokosmischer Rhythmen (→Heilige Zeiten).

8. Neben der Zeit als dem nach Maßstab des makrokosmischen Geschehens unveränderlichen Regelmaß steht die → Offenbarung (: I) der spontanen → Macht (: I) des Ma., die in Lichtmythen (→ Licht und Finsternis), im → Sonnen-, → Mond- und → Sternen-Glauben sowie in der Vorstellung einer himmlischen Allwissenheit ihren Ausdruck findet (→ Naturdienst).

9. Individualeschatologisch (→ Eschatologie: I) sind die Vorstellungen, daß die einzelnen Bestandteile des Menschen beim → Tode zu den kosmischen Elementen zurückkehren, denen sie entstammen, oder daß sich die Einzelseele mit der Allseele vereint. In der Universaleschatologie begreift das zyklische Geschichtsverständnis den periodischen Weltuntergang als makrokosmische Analogie des Kreislaufs der → Jahreszeiten (→ Apokalyptik: I). Für das lineare, irreversible Geschichtsdenken ist das Eschaton ein einmaliges kosmisches Ereignis.

10. Auf der Einsicht in einen Parallelismus irdischer und makrokosmischer Kräfte beruhen → Mantik und → Astrologie. Den Grundsatz der Entsprechung beider Bereiche nutzt die → Magie. Der → Kultus, seine → Feste und Feiern sind, sofern sie nicht historischen Ereignissen entspringen, Vergegenwärtigungen urzeitlicher Schöpfungstaten; vor allem das Jahresfest stellt die periodische Wiederholung des kosmogonischen Aktes dar (→ Neujahr). Für eine am makrokosmischen Wirken des Himmels orientierte Ethik sind der → Taoismus und die Lehre des → Konfuzius charakteristisch.

A.Meyer, Wesen u. Gesch. der Theorie vom Mi. u. Ma. (Diss. Bern), 1900 - H.Nissen, Orientation, 1906-10 - R.Eisler, Weltenmantel u. Himmelszelt, 1910 - A.J.Wensinck, The Ideas of Western Semites concerning the Navel of the Earth (VAA 17, 1, 1916) - Ders., The Semitic New Year and the Origin of Eschatology (AcOr [L] 1, 1923, 158-199) - J.J.M.de Groot, Universismus, 1918 - W. Kranz, Kosmos u. Mensch in der Vorstellung des frühen Griechentums (NGG NF, Fachgr. 1, Bd 2, 1936/38, 121-161) - H.Hommel, Mi. (RheinMus NF 92, 1943f, 56-89) - R.Allers, M., from Anaximandros to Paracelsus (Traditio 2, 1944, 319-408) - J.Filliozat, La doctrine classique de la médecine indienne, Paris 1949 - A.Olerud, L'idée de macroc. et de microc. dans le Timée de Platon (Diss. Uppsala), 1951 - M.Eliade, Le mythe de l'éternel retour, Paris 1949; dt. 1953 - Ders., Das Heilige u. das Profane, 1957 - R.Pettazzoni, L'onniscienza di Dio, Turin 1955. *G.Lanczkowski*

Malachias (eigentlich Mael M'Aedóc Ua Morgair, 1095-1148), 1124 Bischof von Connor (Ulster, Irland), 1126 vertrieben, Abt in Ibrach (Kelly), seit 1132/34 als Exponent der röm. Partei Erzbischof von Armagh. 1139 und 1148 reiste er nach Rom und wurde in Clairvaux → Bernhards Freund; die zweite Reise endete dort durch seinen Tod. - M. setzte die Bindung der irischen Kirche an Rom als kirchliche Lebensnotwendigkeit bleibend durch (→ Irland: II, 1). Unter seinem Namen lief eine 1595 entstandene Weissagung über 111 Päpste von Cölestin II. bis zum Ende der Welt.

Die von Bernhard verfaßte Vita in MPL 182, 1073ff u. ed. H.J. Lawlor, 1920 - O'Hanlon, Life of Malachi O'Morgair, 1859 - DNB XXXV, 392ff - RE XII, 94ff - Die KG.en von → Irland (: II), zuletzt W.Delius, 1954, 139f. - Zur sog. M.weissagung: A.Harnack, ZKG 3, 1879, 315-324 - J.Schmidlin in: Festg. f. Heinr. Finke, 1904, 3-21. *M.Schmidt*

Malan, *Henry Abraham César,* schweiz. ref. Theologe, * 7.7.1787 in Genf, † 8.5.1864 in Vandoeuvres, einer der Führer des → Réveil. M. geriet durch eine Predigt über die Rechtfertigung allein aus Glauben in Konflikt mit der rationalistisch eingestellten Pfarrerschaft Genfs und wurde von den Kanzeln und vom Schuldienst ausgeschlossen (1823). Er fand Anschluß an die von A. → Bost und → Empaytaz gesammelten Erweckten, die nach methodistischem Vorbild eine freie, auf die inspirierte Bibel gegründete, zur Evangelisation bereite Kirche bilden wollten. Dieser von ihren Gegnern »momiers« (Komödianten) genannten Gemeinde schuf M. in der auf eigenem Grund erbauten Eglise de Témoignage einen Mittelpunkt. 1828 schloß ihn die Genfer Kirche vom Pfarramt aus. Da er sich der inzwischen gebildeten freien Eglise du Bourg de four nicht anschloß, verließ ihn 1830 ein großer Teil seiner Anhänger. M. bereiste als Evangelist England, Schottland, Belgien, Holland und Frankreich. Er unterbaute seine Arbeit durch Traktate und von ihm gedichtete und vertonte Lieder (bes. die 300 Chants de Sion; → Kirchenlied: I, 5 c).

Vf. zahlreiche, meist anonyme Traktate, verzeichnet bei J.M. Quérard, La France Littéraire XI, 1854, 269ff. - Über M.: Nouvelle Biogr. générale, hg.v. F.Didot Frères, Bd 32, 1863, 1007f - C. Malan (Sohn, 1821-99), La vie et les travaux de C.M., 1869 (Bibliogr.) - L.Maury, Le Réveil religieux dans l'Eglise réformée, 2 Bde, 1892 - RE XII, 98ff - Hermelink I, 453ff. *H.Hohlwein*

Malaya. Unter »M.« versteht man im allgemeinen die malaiische Halbinsel mit der Insel Singapur (→ 13 B 6/7). Die erste europäische Niederlassung wurde 1511 von den Portugiesen gegründet; 1641 folgten die Holländer, 1786 die Engländer. 1819 landeten die Engländer in Singapur und gründeten dort Stadt und Hafen. Am 31.8.1957 übergaben sie die Herrschaft in M. an den »Malaiischen Bund« (Federation of M.). Nach 1945 zunächst eine britische Kronkolonie, hat Singapur seit 1959 eine eigene Regierung. - Alle Malaien sind Muslim; die sog. Staaten von M. werden von malaiischen Sultanen regiert, die einem von diesen gewählten Agong (König) verantwortlich sind; als Staatsoberhaupt ist jeder Sultan gleichzeitig religiöses Oberhaupt und Hüter des Glaubens. Die in M. wohnenden Chinesen sind weitgehend Buddhisten, die Inder sind Hindus. Daneben ist jede asiatische Religion vertreten. Die Portugiesen brachten den röm. Katholizismus, die britischen Kolonisten von Georgetown (Penang) und Singapur die anglikanische Kirche nach M. Die englischen → Presbyterianer kamen 1856, die amerikanischen → Methodisten 1885. - 1948 wurde der malaiische Christenrat (→ Internationaler Missions-Rat), gleichzeitig das Trinity Theological College gegründet, ein gemeinsames Institut der Methodisten, Anglikaner und Presbyterianer. Es hat zZ 67 Studenten, die von 10 Lehrkräften in Mandarin und Englisch unterrichtet werden. - In M. arbeiten ferner die → Darbysten, die → Adventisten, die Overseas Missionary Fellowship (ehemalige → China-Inland-Mission), die Mar-Thoma- und die jakobitische Kirche aus Malabar (→ Indien: IV, 4 a), die südlichen → Baptisten

(USA), einige Lutheraner aus Indien, die → Pfingstbewegung und andere Gruppen aus China, England, Australien und den USA. Die Arbeit erstreckt sich neben der Heidenpredigt auf Unterricht in Tagesschulen, ärztliche Mission und eine vielfältige Wirksamkeit unter Studenten. - Die Engländer haben die Gesetze der malaiischen Sultane so sorgfältig respektiert, daß es für einen Malaien fast unmöglich ist, Christ zu werden; denn Bürgerrecht und Besitz eines Malaien hängen von seiner Religion ab, und dieser Grundsatz wurde in der Verfassung des Malaiischen Bundes niedergelegt. Deshalb sind nur wenige Muslim Christen geworden. Die malaiischen Christen waren zuvor fast ausnahmslos Buddhisten, Konfuzianer, Hindus oder Animisten. Die Kirchen zählen ca 100 000 Glieder (unter ca 8 Mill. Einwohnern); dazu kommen aber noch mindestens 200 000 Menschen, darunter getaufte Kinder und Jugendliche. Dennoch ist der Einfluß der Christen im öffentlichen Leben sehr groß. Eine Reihe wichtiger Stellungen werden von ihnen eingenommen.

R.A.Blasdell, Islam in M. (IRM 34, 1945, 165-172) - D.D. Chelliah, The Growth of Unity among the Churches in M. (ebd 37, 1948, 421-426) - G.P.Dartford, A short Hist. of M., London 1957 - F.G.Healey, M. - What of the Church?, ebd 1957 - F.H.H.King, The new M. Nation, New York 1957. *H.B.Amstutz*

Malche, *Bibelhaus.* Die → Frauenmission M. (gegr. 1898 im Malchetal bei Bad Freienwalde/O.) arbeitete unter den verfolgten christlichen Armeniern (→ Armenien: III) in der Türkei. Sie bildet Frauen zum Dienst in der Weltmission, der Inneren Mission und in der Gemeinde aus. Die Entsendung erfolgt noch heute in den Vorderen → Orient, aber auch nach Afrika und Fernost. 1945 wurde die Arbeit geteilt: In der DDR besteht eine → Bibelschule bes. für katechetischen Dienst, in der BRD (zunächst in Wendlinghausen/L., seit 1958 in Barkhausen/Porta) eine Bibelschule für Mission und Diakonie mit einem Gemeindehelferinnenseminar. *R.Börner*

Maldonatus, *Juan* (1533-83), span. Jesuit, Exeget und Theologe, * in Las Casas de la Reina, † in Rom. M. trat 1562 in die SJ ein und lehrte 1564-69 am Collegium Clermont in Paris, wurde hier von seiten der Sorbonne als Häretiker verdächtigt, jedoch gerechtfertigt. 1570 betätigte er sich bei der Bekehrung der → Hugenotten in Poitou, ebenfalls in Paris 1570-76. Infolge der Anfeindungen durch die Sorbonne mußte er nach Bourges gehen und wurde Visitator seines Ordens für die Provinz Paris (1578-79); dabei erneuerte er die Universität in Pont-à-Mousson. In Rom leitete M. 1581 die Wahl des Ordensgenerals → Aquaviva und wurde von diesem für das Collegium Romanum verpflichtet. Gregor III. berief ihn in die Kommission zur Revision der LXX. Die Lehre von der unbefleckten Empfängnis Mariä sah M. zwar für richtig, aber nicht als heilsnotwendig an.

Backer-Sommervogel V, 403ff (Bibliogr.) - DThC IX, 1772ff - LThK VI, 826 - R.Galdos, En el cuarto centenario del nacimiento de M. (Estudios eclesiásticos 13, 1934, 73-89) - Ders., Miscelánea de M., Madrid 1947 - J.Itturioz, M. en Salamanca (Estudios ecl. 16, 1942, 221-224) - EC VII, 1902. *W.Göbell*

Mâle, *Emil* (2.6.1862 bis 6.10.1954), bedeutender franz. Kunsthistoriker. M. hielt seit 1906 Vorlesungen an der Sorbonne über christliche Kunst; 1918 wurde er Mitglied der Académie des Inscriptions et Belles Lettres, 1925 Direktor der Ecole française d'Archéologique in Rom, 1927 Mitglied der Académie Française. Seine Erkenntnisse über Entstehung und Entwicklung ikonographischer Themen haben die Erforschung mittelalterlicher Monumente stark beeinflußt. Die Bedeutung der Pilgerstraßen und der großen Abteien und der Einfluß des geistlichen Theaters auf die Kunst wurde von ihm zuerst erkannt.

Vf. bes.: L'Art religieux du XIIIe siècle en France, Paris 1898; L'Art rel. de la fin du moyen âge en France, ebd 1908; L'Art rel. du XIIe siècle en France, ebd 1922; L'Art rel. après le concile de Trente, ebd 1932 (zahlreiche Neuaufl.). *R.Feldhusen*

Maleachibuch

1. Name - 2. Entstehungszeit - 3. Aufbau und Inhalt

1. Das M. bildet den Abschluß des → Zwölfprophetenbuches. Es trägt in 1, 1 die gleiche Überschrift wie die beiden in Sach 9-11 und 12-14 überlieferten Sammlungen von Prophetensprüchen: »Orakel. Wort Jahwes (an Israel)«, ist also wohl mit diesen gemeinsam der Sammlung der Prophetenbücher am Schluß angefügt worden und war wie diese ursprünglich anonym. Die Überschrift wurde durch die Worte b^{e}jăd măl'akî »durch meinen Boten« erweitert. Das Wort măl'akî ist 3, 1 entnommen; LXX hat es appellativisch wiedergegeben (ἐν χειρὶ ἀγγέλου αὐτοῦ); zugleich zeigt aber die Überschrift Μαλαχιας, daß die LXX-Überlieferung es schon als Eigennamen kennt. Dieses Verständnis hat wohl zur Abtrennung als selbständiges Buch geführt. Die Auffassung, măl'akî sei die Kurzform eines Namens măl-'^{a}kijjā, ist schwerlich zutreffend.

2. Die *Entstehungszeit* des M.es läßt sich mit einiger Sicherheit bestimmen. Das starke Interesse an den Fragen des Opferkultes setzt das Bestehen des Tempels voraus, der auch in 3, 1 genannt wird. Die Erwähnung eines Statthalters (1, 8) weist aber in die persische Zeit, dh es ist der 515 vollendete zweite Tempel gemeint (→ Judentum: I, 1). Auch inhaltlich spricht alles für eine Entstehung in nachexilischer Zeit. Andererseits sind die kultischen und sozialen Mißstände, von denen im M. die Rede ist, nach den Reformen → Nehemias und → Esras kaum denkbar. Man wird deshalb die Wirksamkeit des anonymen Propheten, dessen Worte im M. überliefert sind, etwa in der ersten Hälfte des 5.Jh.s vChr anzusetzen haben.

3. Die formale und inhaltliche Einheitlichkeit des M.es läßt erkennen, daß es in seinem Grundbestand auf *einen* Propheten zurückgeht. Es gliedert sich in sechs Redestücke (1, 2-5; 1, 6 - 2, 9; 2, 10-16; 2, 17 - 3, 5; 3, 6-12; 3,13-21 [3, 22-24 enthalten Nachträge]), die nach dem gemeinsamen Schema einer Diskussionsrede aufgebaut sind. Am Anfang steht jeweils eine als Jahwewort (1, 2. 6; 3, 6f. 13) oder Prophetenrede (2, 10-13. 17) formulierte »These«, auf die eine kurze Gegenfrage folgt (1, 2. 6f [doppelte Frage]; 2, 14. 17; 3, 7f [doppelte Frage]. 13). Die Antwort bringt dann die Entfaltung des Prophetenwortes. Innerhalb dieses Schemas, das eine Weiterbildung des Disputationswortes darstellt, werden die verschiedensten Gattungen der prophetischen Rede (→ Prophetenspruch), zT in sehr freier Form, verwendet.

Schon die Form der Diskussionsrede zeigt, daß die Worte jeweils in ganz bestimmte Situationen hineingesprochen sind und zu bestimmten Fragen Stellung nehmen: Das Heilswort 1, 2-5 antwortet auf die zweifelnde Frage, ob Jahwe sein Volk wirklich liebt, mit der Ankündigung der Vernichtung des feindlichen Edom. - Kultische Mißstände bilden den Anlaß zu zwei weiteren Worten: Das Schelt- und Drohwort 1, 6 - 2, 9 wirft den Priestern Verachtung des Namens Jahwes vor, die sich in der Darbringung unzulänglicher Opfertiere zeigt und als Zerstörung des »Levibundes« (2, 4-8) bezeichnet wird; deshalb wird ihnen Jahwes Gericht angekündigt. (1, 11-14 + 2, 2 sind Zusatz: ein paralleles Wort an Laien, vgl. bes. 1, 14.) 3, 6-12 fordern in einem Schelt- und Mahnwort die vollständige Ablieferung des → Zehnten als Voraussetzung dafür, daß Jahwe Segen und Fruchtbarkeit gibt. – 2, 10–16, ebenfalls ein Schelt- und Mahnwort, richten sich gegen die Ehescheidungspraxis der Zeitgenossen. (Nachträglich ist das Wort durch einen Zusatz in V. 11–13 aα auf die Heirat ausländischer Frauen ausgedehnt worden.) – In 2, 17 – 3, 5 und 3, 13–21 ist jeweils ein Wort der Angeredeten selbst Ausgangspunkt: 2, 17 zitiert die Zweifel daran, daß Jahwe wirklich die Menschen nach ihrem Tun richtet; als Antwort wird das Kommen Jahwes zum Gericht angekündigt (3, 5), dem sein Bote (mǎl'akî 3, 1; der Nachtrag 3, 23f deutet ihn auf → Elia) als Wegbereiter vorangehen soll. Das Gericht ist in 3, 3f nachträglich um eine Läuterung der Leviten erweitert worden. – 3, 13–15 zitieren ähnliche Zweifel: ob es nicht vergeblich sei, Gott zu dienen; doch sind die Redenden selbst als Gottesfürchtige bezeichnet (3, 16, lies zo't o.ä.). Auch hier wird das Kommen Jahwes, sein »Tag« (3, 17. 19. 21), angekündigt, aber in erster Linie zum Heil für die, die ihn fürchten (3, 20).

Der anonyme Prophet steht mit seiner Gerichts- und Heilsankündigung ganz in der prophetischen Tradition; das starke Interesse an kultischen Fragen und die ausgeprägte eschatologische Erwartung sind für die nachexilische Zeit charakteristisch und stellen ihn in eine Linie mit → Haggai und → Sacharja.

A.v.Bulmerincq, Der Prophet Maleachi I (Einl.), 1926; II (Kommentar), 1932 – L.Levy, Der Prophet Maleachi (Festschr. zum 75jähr. Bestehen des jüd.-theol. Seminars Fraenckelscher Stiftung, 1929, II, 273–284) – O.Holtzmann, Der Prophet Maleachi u. der Ursprung des Pharisäerbundes (ARW 29, 1931, 1–21) – C.Lattey, The Book of Malachy, London 1934 – D.Cameron, A Study of Malachy (Glasgow Univ. Oriental Society Transactions 8, 1936/37, 9–12) – E.Pfeiffer, Die Disputationsworte im Buche Maleachi (EvTh 19, 1959, 546–568). – Ferner: O.Eissfeldt, EinlAT, (1934) 1956², 543ff – O.Procksch, TheolAT, 1950, 355ff. – Kommentare s. → Zwölfprophetenbuch. *R.Rendtorff*

Zur *Auslegungsgeschichte* (s. auch → Schriftauslegung: IV, → Zwölfprophetenbuch):

16.Jh.: Melanchthon, Explicationes in initium (CR 13, 1005ff) – Joh.Draconites, Leipzig 1564 – David Chyträus, Rostock 1568 – Heinr.Moller, Wittenberg 1569 – M.Quarré OFM, Paris 1575 – Joh. Jak.Grynäus, Basel 1583 – Amandus Polanus von Polansdorf, ebd 1597. – 17.Jh.: Friedr.Balduin, Wittenberg 1610 – Aug. de Quiros, Lyon 1623 – Joh.Höpfner, Leipzig 1624 (Predigten) – Samuel Bohlius, Rostock 1637 – Joh.Bogerman, Franeker 1637 – Gabriel Acosta, Lyon 1641 – W.Teellinck, Amsterdam 1645 – Joh.Martinus, Groningen 1647 – William Sclate, London 1650 – Joh.Heinr.Ursinus, Frankfurt 1652 – Aug.Varenius, Rostock 1662 – Edward Pococke, Oxford 1687. – 18.Jh.: Sal. van Til, Leiden 1701 – Joh.Wessel, Lübeck 1729 – Herm.Venema, Löwen 1759. *W.Werbeck*

Malebranche, *Nicole,* * 6.8.1638 in Paris, † 13.10.1715 ebd. M. studierte Philosophie am Collège de la Marche, Theologie an der Sorbonne, trat 1660 in das Oratorium ein und erhielt 1664 die Priesterweihe. Seit 1664 beschäftigte er sich eingehend mit der cartesischen Philosophie, 1668–74 arbeitete er die »Recherche de la vérité« aus, deren Grundgedanken er in allen späteren Schriften unverändert beibehielt und in jahrzehntelangen Kontroversen – vor allem mit → Arnauld – verteidigte. – M. hat die Grundgedanken seiner Philosophie in unmittelbarer Anknüpfung an → Descartes und in enger Anlehnung an → Augustin bei schroffer Ablehnung des → Aristoteles und des scholastischen → Aristotelismus entwickelt. Sie haben ihr systematisches Zentrum in seiner Lehre von der »Vision en Dieu« (Rech. vér. III/2, 6) und ihre prägnanteste Gestalt in seiner Fassung des → Okkasionalismus (Rech. vér. VI/2, 3). Beide Theorien entstammen derselben gläubigen Mentalität und sind in gleicher Weise Konsequenzen der vorausgesetzten, als ausschließlich verstandenen Allmacht Gottes. Alles Geschehen geschieht – anläßlich des jeweils vorausgehenden Geschehens als seiner causa occasionalis – allein kraft göttlichen Wollens und nach dessen einfachen und allgemeinen, gewöhnlich für Naturgesetze gehaltenen Regeln. Die Annahme wirkender oder auch nur mitwirkender (concursus divinus, → Schöpfung: IV) natürlicher Kräfte ist theologisch eine Vergötzung der Kreatur, philosophisch eine fiction de l'esprit, die aus der Verwechslung der regelmäßigen Sukzession mit der Kausation resultiert (→ Hume). Wie es keinen kausalen Zusammenhang zwischen Geist und Körper gibt, so auch keine direkte Erkenntnisbeziehung: »Nur in Gott sehen wir alle Dinge«. Erkenntnis bedeutet von Gott gewährte → Teilhabe an den → Ideen, nach denen er die Welt erschaffen hat und unaufhörlich erschafft (creatio continua). Die reale Welt ist als solche nicht erkennbar, ihre Existenz unbeweisbar, aber nicht zu bezweifeln. Doch der Zweifel war ermutigt, und die Legende, daß M., von langer Krankheit geschwächt, an der Aufregung eines Gespräches mit → Berkeley gestorben sei, symbolisiert die Richtung, in der seine Lehre fortgeführt wurde (→ Idealismus: I, 2).

Hauptwerk: De la recherche de la vérité, Paris 1674f – GesW, Paris 1837 u.ö.; GA in Vorbereitung. – Ü III, § 28 (Lit.) – H.Gouhier, Introduction bibliographique à l'oeuvre et à la pensée de M. (RIPh 1, 1938, 161–174) – EF III, 272ff (Lit.). *H.U.Asemissen*

Malerei und Plastik

I. Spätantike – II. Frühes und hohes Mittelalter – III. Spätgotik und Renaissance – IV. Barock und Rokoko – V. Im 19.Jh. – VI. Im 20.Jh. – VII. Christliche Kunst in den jungen Kirchen. – Zu den vor- und außerchristlichen Kunstgebieten vgl. → Kunst: II. Die folgenden Artikel haben die Geschichte der *christlichen* Kunst zum Thema, und zwar primär M. und P. Zur Kunst im christlichen Raum vgl. ergänzend bes. → Altchristliche Kunst, → Bibelillustration, → Byzantinische Kunst, → Christusbild, → Elfenbeinplastik, → Glasmalerei, religiöse → Graphik, → Ikone, → Kirchenbau, → Kopten: III, → Kunsthandwerk: II, → Mosaikkunst

I. Spätantike

1. Grundsätzlich – 2. Historisch: a) Vorkonstantinische Zeit – b) Konstantinisches und theodosianisches Zeitalter – c) Das 5.Jh. – d) Das 6.Jh. – 3. Zusammenfassung. – Bildtafeln 51 und 52 nach Sp. 672

1. Der hier zu behandelnde Zeitraum spannt sich vom 3.–6.Jh. Da frühchristliche M. und P. – nachweisbar – seit 220 bezeugt ist, der Beginn der Spätantike – im engeren Sinne – mit Rodenwaldt, Lietzmann u.a. auf 275 (Ende der Regierungszeit Aurelians) anzusetzen ist, sind die letzten Jahrzehnte der ausgehenden Antike einzubeziehen. Stil und Technik der → altchristlichen Kunst sind dieselben wie in der gleichzeitigen nichtchristlichen. Bei aller landschaftsgebundenen Eigenheit kann von einer Ost und West verbindenden Reichskunst gesprochen werden. Aus ihr sondert sich zunehmend im 4. und 5.Jh. die oströmische Kunst heraus, die nach dem Zeitalter Justinians eine im engeren Sinne → byzantinische Kunst wird. Ohne auf die Problematik der Frage einzugehen, was das eigentlich Christliche in der M. und P. der Frühzeit ist, mag hier gelten: Sobald die gedankliche Konzeption des Auftraggebers oder des Entwerfers als christlich zu erkennen ist, darf von christlicher Kunst gesprochen werden. Daß sie vor Konstantin meistens und später gewiß oft von Nichtchristen gefertigt wurde, ist anzunehmen. Der Qualität nach finden sich wenige Meisterwerke, die mit denen der klassischen Antike (→ Kunst: II H) vergleichbar sind. Der Unterschied liegt nicht daran, daß die Kunst im Bereich der Christen degenerierte, sondern steht im Einklang mit dem allgemeinen Charakter der Epoche als Übergangszeit und mit dem zunehmenden Formenzerfall ihrer Kunst, der nur durch Regenerationsversuche gelegentlich aufgefangen wird. »Betrachtet man die Kunst der Spätantike

um ihrer selbst willen, so bedeutet sie einen Kompromiß zwischen einem im Grunde schon mittelalterlichen Empfinden und der Formensprache der alternden, aber immer noch produktiven Antike« (Rodenwaldt). Grundzug spätantiker Entwicklung ist die Vorliebe für die Fläche, für das Malerische, in der P. für das Relief; die Rund-P. wird nahezu ganz aufgegeben. Der Charakter der Darstellungen ist im Unterschied zum MA nicht lehr-, sondern bekenntnishaft, und zwar eher spontan als theologisch durchreflektiert. Die Stoffkreise sind dem AT und NT sowie der apokryphen Literatur entnommen; ferner werden außerchristliche Symbole und Motive übernommen, bes. wenn sie eine interpretatio christiana erlauben. - Die *Chronologie* der M. und P. der Spätantike ist erst seit ca 30 Jahren relativ gesichert. Zuerst brachten die Forschungen von A.M.Schneider und P.Styger zur Baugeschichte der römischen → Katakomben (: I) eine Umwälzung in der Datierung, die durch Vergleichung der Katakomben-M. mit der paganen der Kaiserzeit durch F.Wirth und J.De Wit bestätigt wurde: Frühdatierungen von christlicher M. und P. ins 2. oder gar 1.Jh. (Wilpert) sind aufzugeben. Ferner wurden durch G.Rodenwaldt und dessen Schüler H.v. Schoenebeck, F.Gerke sowie durch Hanfmann und F.Matz die heidnischen und christlichen Sarkophage bis 400 chronologisch geordnet. Für die P. des Ostens im 4.-6.Jh. erarbeiteten J.Kollwitz und F.W.Deichmann die Chronologie.

2. a) In der *vorkonstantinischen Zeit* setzt die Ausbildung einer christlichen Kunst, nach Anfängen im → Kunsthandwerk (: I, 1), *in der M.* ein. Die ältesten erhaltenen Denkmäler finden sich in den → Katakomben von → Rom (: I; Domitilla: Flaviergallerie; Lucina-Katakombe; S.Callisto: Sakramentskapellen) und Neapel (älteste Räume von S.Gennaro) sowie im → Baptisterium von → Dura-Europos (: III; vgl. Taf. 10). Das nahezu gleichzeitige und voneinander unabhängige Einsetzen in Ost und West geht parallel den ersten M.en in jüdischen → Katakomben (: II) und → Synagogen. Auffallend ist angesichts der ältesten christlichen M.en, daß kurz vorher noch → Clemens von Alexandrien (Paid. 3, 58, 1ff) in der Welt des Ostens weder biblische Darstellungen noch »Bildtypen mit einem ein für allemal feststehenden christlichen Symbolwert« kannte (Klauser). Die älteste Katakomben-M. übernimmt die seit severischer Zeit übliche rot-grüne Liniendekoration für Decken und Wände (s. Taf. 51 Abb. 1) und stellt in dieses illusionistische Laubensystem christliche Szenen hinein, Rettungstaten des AT und Wunder des NT. Die profane Heiterkeit der Blumengirlanden mit Vögeln und Schmetterlingen erscheint den Christen ebensowenig unangemessen wie die gelegentliche Wiedergabe von Amor und Psyche (Wilpert, Katakomben [=WK], Taf. 52). Die Malweise ist sorgfältig, stilistisch zunächst konservativ und erst später, gegen Mitte des Jh.s, in der Tendenz skizzenhaft und impressionistisch. Bei der Themenauswahl wird das eigentliche Christusereignis von Kreuzigung (→Kreuz: III) und Auferstehung (→Ostern, 3) noch lange aus frommer Ehrfurcht umgangen und entweder typologisch durch die Opferung Isaaks und die Jonasgeschichte oder symbolisch durch die Lazaruserweckung angedeutet. Die Taufthematik (Taufe Jesu, Quellwunder des Mose, Jesus und die Samariterin [s. Taf. 51 Abb. 2]) tritt stark hervor; daneben sind Mahlszenen Hinweise auf das Sakrament, das somit sehr früh den Boden abgibt für die Verbindung von → Liturgie (: VI, 2) und Kunst. Die an sich nichtchristlichen Typen von → Oranten und → Gutem Hirten erscheinen häufig, verbunden mit Motiven der Laubendekoration wie Genien und Amoretten, und können nur auf Grund mitgegebener eindeutig christlicher Bildthemen für eine neue Interpretation benutzt werden. Eine Tendenz zur Offenheit für das Transzendente ist der Kunst ab etwa 240 abzulesen; auch sie ist nicht spezifisch christlich, sondern ebenso in heidnischen Villen und Nekropolen wie im gnostischen Aurelierhypogäum in Rom zu Hause. Zum vorherrschenden Merkmal wird dieser Zug mit dem Beginn der Spätantike. Jetzt erst wird die Preisgabe des griechischen Raumempfindens und damit des Plastischen in der Kunst vollends deutlich und setzen sich die römischen Strömungen zum Flachrelief durch, eine Entwicklung, die weniger als Abfall denn als Umwertung zu beurteilen ist.

Werke der P. mit eindeutig christlichen Bildthemen sind (nach Gerke, F.Matz u.a.) erst in der 2. Hälfte des 3.Jh.s greifbar (v.Schoenebeck, E.Weigand datieren auf 220), genauer seit der Zeit des Gallienus (253-268). Wieder handelt es sich um Sepulkralkunst, hier Sarkophag-P., die offenbar in der M. entwickelte Bildthemen aufnimmt. Zwar wird man die oft noch als älteste christliche Sarkophage aufgeführten Wannen in La Gayolle und von der Via Salaria, Rom (Wilpert, Sarcofagi [= WS], Taf. I, 1. 3) als heidnisch zu erkennen haben; aber es bleibt die Wanne in S.Maria Antica von ca 260 (s. Taf. 52 Abb. 1) als ein ältestes Denkmal christlicher P. Es verbindet Jonasgeschichte und Taufe Christi mit der heidnischen und vieldeutbaren Darstellung vom sitzenden »Philosophen«, der von Orans und Gutem Hirten flankiert ist. In die Zeit um 270/80 ist wohl auch das Unikum frühchristlicher P., die Lokulus-Platte der Aelia Afanasia, zu datieren, auf der eine Auspeitschung und Tortur der christlichen Bekennerin festgehalten ist (WS Taf. 281, 1; vgl. H.Fuhrmann bei M.Gütschow, 159-179). Gegen Ende des Jh.s, in der Tetrarchenzeit, macht das bislang Kryptochristliche in der P. zunehmend einer biblischen Thematik Platz. Bei aller künstlerischen Geschlossenheit ist doch ein Synkretismus von heidnischen und christlichen Bildtypen zu erkennen. Als besondere Sarkophagklasse tritt im letzten Jahrzehnt diejenige mit der Jonasgeschichte hervor. Der künstlerisch beste Vertreter ist die Platte des Lateranmuseums Nr. 119 (s. Taf. 52 Abb. 2). Hier kündet sich durch die Einfügung einer Querleiste ein neues Prinzip der Staffelung an, das ähnlich bei einer Gruppe polychromer Sarkophagreliefs (Rom, Thermenmuseum; WS Taf. 220, 1) aus gleicher Zeit auftritt und die Entwicklung zum graphischen Reliefstil (v. Schoenebeck) bekräftigt. - Wenn die große Masse erhaltener M. und P. der Sepulkralwelt entstammt, so darf dies nicht die Interpretation grundsätzlich einengen. Die M.en in → Dura (: III; vgl. Taf. 10) lassen es möglich erscheinen, daß in zerstörten Hauskirchen auch des Westens M.en vorhanden waren.

b) Das 4.Jh. bringt mit der *konstantinischen Zeit* voll zur Entfaltung, was sich in der Tetrarchenzeit angebahnt hatte. Repräsentativ ist der Triumphbogen des Kaisers zu Rom, dessen historische Reliefs, Konstantins Taten darstellend (313/15), mit herangeholten Skulpturen aus trajanischer, hadrianischer und antoninischer Zeit zusammengestellt sind (vgl. H.P.L'Orange-A.v.Gerkan). In der gleichen Werkstatt wie die konstantinischen Reliefs des Bogens wurden nachweisbar christliche Friessarkophage (Lat. 104 und 161; WS Taf. 96; 127, 1) gearbeitet: die heidnischen Sarkophagwerkstätten stellen sich also auf christliche Thematik um. Die P. übernimmt jetzt die Führung. Der ihr in dieser Periode eigene *harte* Stil hatte sich bereits Ende des 3.Jh.s am Galeriusbogen zu Thessalonich (vgl. Volbach Abb. 2. 3) und an der auf 305 datierten Dezennalienbasis im Forum Romanum (vgl. Dinkler Abb. 25) angekündigt. Er ist für die ein- und zweizonigen Friessarkophage der beginnenden

Friedenszeit charakteristisch, deren erste Exemplare wohl mit theologischer Beratung entworfen wurden, um dann, in die Handwerksbücher eingegangen, vielfach variiert und kompiliert zu werden. Jetzt treten neben älteren Darstellungen von Christusthemen plötzlich Petrusszenen auf, zunächst eine Petrus-Trilogie, die das Quellwunder des Mose auf die apokryphe Petrus-Geschichte von Bekehrung und Taufe seiner römischen Gefängniswächter überträgt. Taufe durch Petrus und Totenerweckung durch Christus werden als Eckbefestigungen der Reliefs kontrapostiert und bieten ein soteriologisches Programm dar (vgl. WS Taf. 126, 1. 2; 128, 1 u.ö.). Die Themen werden durch biblische, oft auch apokryphe Szenen erweitert. Durch Einfügung einer horizontalen Mittelleiste entstehen die Zweizonensarkophage (WS Taf. 96; 218, 1 u.ö.). Weitere Merkmale dieses harten Stiles sind: Flächenhaftigkeit, Angst vor leerem Raum, was zur dichten Drängung zentral komponierter und frontal dargestellter Gruppen führt, die eine durch Orans oder Muschelporträt gebildete Mitte umgeben. Die Folgezeit bringt dann von etwa 325-360 einen zunehmend *weichen* Stil, der zeitweilig klassizistische Tendenzen aufnehmen und mehr Tiefe ins Relief bringen kann (WS Taf. 91: Brüdersarkophag; Detail s. Taf. 7 Abb. 2). In dieser Zeit ist auch die einzige Rund-P. von Qualität entstanden: der lehrende Christus im Thermenmuseum zu Rom (Volbach Abb. 36; die oft als Symbol frühchristlicher Kunst mißbrauchte Statue des Guten Hirten im Lateranmuseum dürfte nicht-christlich sein! Vgl. Klauser, JAC 1, 1958, 31 Anm. 54). In diesem Stil wurden ferner kurz vor Mitte des Jh.s, vermutlich in Rom, die ersten Passionssarkophage gearbeitet, deren schönstes Exemplar der Säulensarkophag Lat. Nr. 171 ist (s. Taf. 52 Abb. 3). Es handelt sich um eine durchdachte Komposition: Passionsszenen sind um die Mittelnische mit der Crux invicta gruppiert. In der bestimmenden Mittelnische hält der Adler, dessen Schwingen die Muschel ersetzen, den Siegeskranz mit dem → Monogramm Christi. Die Dornenkrönung Jesu geschieht mit einem Lorbeerkranz; über der Pilatus- und Simon von Kyrene-Szene ist gleichfalls im Giebel der Siegeskranz gegeben. Nur die der Tropaionszene entnommenen Wächter - deren Schlafen und Wachen die Seitensymbolik von Sonne und Mond in den Zwickeln der Adlerschwingen aufnimmt - gemahnen noch an das Historische der Passion, die im übrigen ganz in der eschatologischen Doxa aufgenommen ist. Das Passionsthema ist also mit dem Osterglauben verknüpft, und die echte Paradoxie des christlichen Glaubens hat in dieser Komposition Gestalt gewonnen. Von dieser Passionsthematik ist auch der bekannte Sarkophag des Junius Bassus abhängig (ca 359; Vatikanische Grotten, Rom; WS Taf. 13). Der weiche und klassizistische Stil ist hier vollendet. Das Zweizonensystem ist von den Friessarkophagen übernommen und durch Säulengliederung in 2 × 5 Nischen gefaßt. Die Crux invicta ist durch die Maiestas Domini-Darstellung ersetzt. Sinnvoll wird die typologisch verstandene Opferung Isaaks als Hinweis auf die Kreuzigung einbezogen. Auch Paulus wird jetzt seit der Mitte des Jh.s in die Kunst des Westens eingeführt. Als Besonderheit zeigt der Bassus-Sarkophag zwischen oberer und unterer Zone kleine Zwickelszenen, in denen bekannte Kompositionen von AT und NT als Lämmerallegorien (erstmalig) erscheinen. Wie bei Lat. 174 (WS Taf. 121, 4), so sind auch die Mittelsäulen des Bassus-Sarkophags in beiden Zonen von feinem Weinrankengeflecht übersponnen, in dem Putten Trauben ernten und selbst ein tanzender Satyr mit Krummstab eingemogelt wird. Es zeigt sich, daß der Künstler Vorbilder aus klassischer Kunst studiert hat, bes. in dem von A.Rumpf beobachteten Zug, daß bei der Eva der Sündenfallszene (vgl. WS Taf. 13) das Motiv der knidischen Aphrodite des Praxiteles übernommen ist, unter Abänderung nur der Haltung von linkem Arm und Kopf. - Tektonik wie Thematik der römischen Sarkophag-P. haben auch auf die Werkstätten der Provence (→ Arles) eingewirkt, wo im 4.Jh. ein einflußreiches Kunstzentrum entsteht. Von hier aus - abgesehen von Rom - wird auch Spanien mitbeliefert. Wandlungen wie die von der Säulen- zur Baumgliederung lassen sich in der Folgezeit im römischen wie im arelatischen Gebiet nachweisen. Zwischen 360 und 380 wird der Stil schwächer, eine Übergangsphase ist zu beobachten. Das erzählende Moment nimmt zu und führt zu einer Ungeordnetheit des Frieses. Charakteristisch sind die Sarkophage, die das Thema des Durchzugs durch das Rote Meer als Hauptthema auf die ganze Vorderseite setzen; es ist wahrscheinlich typologisch auf die Taufe zu beziehen. Nach der Jh.mitte vermutlich in Südfrankreich entstanden, greifen sie anscheinend auf Kirchen-M.en bzw. → Bibelillustrationen (: I, 1) zurück. Daß letztere jetzt eine zunehmende Rolle für M. und P. spielen, bezeugt die ebenfalls um 370/80 (mit Kollwitz, gegen Delbrück) zu datierende Lipsanothek von Brescia, das erste größere Werk christlicher → Elfenbeinplastik (, 1).

In *theodosianischer* Zeit kommt es zu einer Regeneration und einer erneut klassizistischen Strömung, die möglicherweise von Osten her auf den Westen des Reiches einwirkt (s. Münchener Elfenbein, Taf. 11, 1). Im Mailand des → Ambrosius wird wahrscheinlich erstmals - unter Mitwirkung attischer Steinmetzen - ein Stadttor-Sarkophag gearbeitet (ca 390), der eine neue Klasse gleichartiger Werke inauguriert (s. Taf. 52 Abb. 4; weitere WS Taf. 150, 1. 2; 14, 1-3; 82, 1-3). Gemeinsam ist allen das Motiv einer von Toren durchbrochenen Stadtmauer, die auf dem Mailänder Marmor-Werk sogar alle 4 Seiten umläuft. Die Vorderseite zeigt die Gesetzesübergabe an Petrus (zur Linken Christi) in Gegenwart aller zwölf Apostel; die Rückseite bringt die Lehrversammlung (hier Christus unbärtig und Petrus zu seiner Rechten); die Schmalseiten zeigen at. Szenen (Himmelfahrt Elias, Gesetzesübergabe an Moses, Noah in der Arche, Sündenfall, Isaaksszene), die alle, auch bei typologischer Interpretation, nicht mit den Stadttoren in Verbindung gebracht werden können, wodurch sich letztere als teils symbolische, teils ornamentale Kulisse ausweisen. Der Sarkophag, der die oberitalienische Giebeldach-Tektonik mit der römischen Deckelleiste verbindet, war auf Umschreitung angelegt. - In der theodosianischen Zeit tritt auch die P. des Ostens in beachtlicher Reife des Stils und der Komposition hervor. Als ältestes christliches Relief der oströmischen Kunst ist der 1933 gefundene sog. Prinzensarkophag zu erwähnen (Istanbul, Antikes Museum; WS Taf. 299). Eine ihm vorlaufende Tradition läßt sich für das westliche Kleinasien belegen, von wo auch das bekannte Berliner Fragment eines Christus-Säulensarkophags (WS Taf. 31, 2) herzuleiten ist (→ Byzantinische Kunst, 1 b). - Die M. zeigt die gleichen harten und weichen Stilphasen und im ganzen ebenso ein Nachlassen der plastischen Körperlichkeit wie Tiefe des Raumes. Die Masse der Katakombenfresken Roms gehört diesem 4.Jh. an. Sie bringen in Fortführung der Tradition der M. des 3.Jh.s und bei Aufnahme von Szenen, die in der Sarkophag-P. des 4.Jh.s entworfen wurden, eine wesentliche Erweiterung des ikonographischen Themenkreises, bes. des NT. Zugleich bezeugen sie einen Rückgang an Qualität. Jetzt setzt auch eine kirchliche → Mosaikkunst ein. Erhalten ist - da die Apsismosaiken der Lateranbasilika und von Alt-St.Peter verloren und nur unsicher rekonstruierbar sind - das schöne Deckenmosaik in S.Costanza, Rom (s. Taf. 69 Abb. 2), das im Gesamtentwurf heidnische und christliche Motive und Szenen verbindet. Wie wenig in der Tat eine grundsätzliche Wendung der Kunst zur christlichen Thematik geschah, bezeugen nicht nur der allein in mittelalterlichen Kopien erhaltene illustrierte Filocalus-Kalender von 354 oder die auf 420 (De Wit) anzusetzende vatikanische Vergil-Hs., sondern auch Gemmen, Edelmetallarbeiten und Elfenbein-Diptychen der Zeit. Auch der christliche Kaiser Theodosius läßt sein offizielles Geschenk, das Missorium aus Madrid (vgl. R.Delbrück, Spätantike Kaiserportraits, Taf. 94), noch ganz in antiker Ikonographie mit Apotheose ausführen. Überall ist ein Weiterleben oder gar eine Nachblüte der alten heidnischen Religion, verbunden mit klassizistischen Stiltendenzen, zu erkennen. Selbst die römische Katakomben-M. ist vielschichtiger als früher angenommen wurde. Beispiel mag die 1956 entdeckte Katakombe an der Via Latina sein, die in ihren Cubicula seltene, sogar einmalige Szenen der Bibel (Trunkenheit Noahs, Absalom an der Eiche hängend u.a.) neben bekannten (Durchzug durchs Rote Meer, Jesus und die Samariterin; vgl. Taf. 51 Abb. 3. 4) bringt und sie mit heidnisch-mythologischen Bildern mischt (Taten des Herakles, Alkestis, eine medizinische Demonstration; vgl. A.Ferrua).

c) *Das 5.Jh.* ist durch die großen politischen Erschütterungen gekennzeichnet (→ Imperium Romanum, 4). Dreimal wird Rom von Fremdvölkern erobert und geplündert. Das Jahr 476, in dem der letzte Kaiser den Barbaren weicht, ist kalendarisches Zeichen für den äußeren und inneren Zusammenbruch des Westens. Bei Alarichs Einzug in Rom (410) hatte bereits der Kaiser → Ravenna (402/04), vorher Mailand, zur politischen Residenz gewählt und damit eine neue kulturelle Metropole des Westens begründet. Gewiß besitzt → Rom aus dieser Zeit in der Holztüre von S.Sabina auf dem Aventin (Kirche 432 geweiht) und bes. in den Mosaiken von S.Pudenziana (nach 400) und S.Maria Maggiore (430-440) Denkmäler von erstem Rang, aber die Werke künstlerischer Qualität auf breiterer Basis erstehen in Ravenna. Die hier noch erhaltenen Sarkophage - vermutlich an Ort und Stelle von zugewanderten Steinmetzen des Ostens gearbeitet und nicht von dort importiert - zeigen sowohl im tektonischen Gerüst, in Kapitellen und Profilen der Arkadenbögen sowie im figürlichen und szenischen Aufbau große Kunst und unterscheiden sich grundsätzlich von stadtrömischen des 4.Jh.s. Die vierseitige Bearbeitung herrscht vor, Giebel- oder Bogendach gestalten ein Totenhaus. Abkürzende Darstellungen und Symbole wie Allegorien stehen anstelle des Erzählenden. Die Schwierigkeit der absoluten Chronologie ist nicht allein durch die künstlerische Unabhängigkeit Ravennas gegenüber Rom und Gallien gegeben, sondern auch darin, daß kaum ein Sarkophag am ursprünglichen Ort steht (umstritten ist die Lage in Galla Placidia) und kein einziger eine Inschrift mit Datum des ursprünglich hier Bestatteten trägt. Die relative Chronologie zeigt, daß man im Laufe des 5. und 6.Jh.s von der plastischen Bearbeitung der Figuren (Pignatta-Sarkophag; Rinaldo-Sarkophag, s. Taf. 52 Abb. 5) zum Umrißhaften und Unlebendigen (Ecclesius-Sarkophag) gelangt und daß die echte Symbolik im Ornamentalen mündet. - Für die M. ist auf die dem → Kirchenbau (: II) folgende → Mosaikkunst zu verweisen, deren eigentlich künstlerische Stärke im malerischen Entwurf und nicht in der Technik der Ausführung liegt. Sie verweist - stärker als die P. - nachdrücklich auf eine weiter verbreitete und für das 4.Jh. nur in den Quedlinburger Italafragmenten erhaltene → Bibelillustration (: I), deren ikonographische Auswirkungen auf die verschiedenen Zweige der Kunst nicht überschätzt werden können (→ Altchristliche Kunst, 4). - Im einzelnen ist zu beachten, daß die Kaiser-Ikonographie zunehmend auf das → Christusbild übertragen wird. Diese Tendenzen hatten bereits Anfang des 4.Jh.s mit der rasch beliebten Szene der Magieranbetung eingesetzt und mit der um die Jh.mitte aufkommenden Maiestas Domini-Darstellung weitere Bedeutung gewonnen. Beherrschend werden diese Huldigungsbilder im 5.Jh. Sie ziehen mit der Ikonographie der Akklamation oder des Aurum Coronarium (vgl. Klauser, RAC s.v.) den Betrachter ins Bild hinein. Wie ein Programm wirkt das Apsismosaik von S.Pudenziana, Rom: Der lehrende Christus sitzt auf dem kaiserlichen Thron, flankiert von den tiefer sitzenden Aposteln; über seinem Haupt (mit → Nimbus) erhebt sich inmitten der civitas caelestis das edelsteingeschmückte Tropaion, das dem historischen, vom Kaiser errichteten Golgathakreuz nachgebildet ist. Die Vision von Apk 4, 4. 10f wird in dieser Huldigungsthematik auf Triumphbögen (S.Paolo fuori le mura, Rom, 440/50), in Kuppeln (Baptisterium des Domes, Ravenna), auf Langhausmosaiken (S.Apollinare Nuovo, Ravenna) zum eschatologischen und doxologischen Repräsentationsbild. - Die Szene von Christi Einzug in Jerusalem wird zunehmend nach dem kaiserlichen Adventus-Zeremoniell gestaltet: auf dem Bassus-Sarkophag noch kaum erkennbar, in theodosianischer Zeit bereits deutlich, vollendet im Codex Rossanensis. Die Abwendung von der griechischen Tradition vollendet sich jetzt darin, daß - wie im → Mithras-Kult angebahnt - nicht mehr nur eine Voll-P., sondern auch ein Relief, Mosaik oder Fresko Kultbild sein kann (Rodenwaldt). Zugleich bahnt sich darin der Weg zu den → Ikonen der byzantinischen Kunst an.

d) *Das 6.Jh.* führt mit der Epoche → Justinians zum Höhepunkt und Abschluß der Spätantike. Der Kaiser läßt seine Residenzstadt Konstantinopel auch zum kulturellen Mittelpunkt werden. Von hier aus strömen maßgebende Kräfte nach dem Westen aus, so stark, daß man von jetzt ab in diesem »Neuen Rom« das eigentliche Kunstzentrum erkennen muß (→ Byzantinische Kunst). - Als Denkmäler des 6.Jh.s sind neben der Raumschöpfung der Hagia Sophia (→ Kirchenbau: II, 3 b) bes. die Mosaiken in → Ravenna hervorzuheben. Entscheidend ist, daß alle M. und P. deutlich die Architektur begleiten, sich dem sakralen Raum ein- und unterordnen. Diese Rolle der darstellenden Kunst als Funktion von Kirchenbau und christlicher Leiturgia erhöht die künstlerische Gesamtleistung. Während Kuppeln und Apsiden dem doxologischen Huldigungsbild vorbehalten sind, zeigen die Wände oder Obergaden des Langhauses die Ereignisse der Heilsgeschichte in verkürzender, oft abstrakter und das Thema vergeistigender Darstellungsweise (s. Taf. 19 Abb. 4). Die Tendenz zum eigentlich gestalteten Zyklus ist überall deutlich. Auch Abfolge und räumliche Anordnung solcher Bildzyklen sind wohl durchdacht, wie etwa die Anbringung des Abendmahls nahe der Apsis (S.Apollinare Nuovo) oder der at. Präfiguration des Opfers Christi im Altarraum (S.Vitale) zeigen. Es spiegelt sich hier die fortschreitende Ausbildung liturgischer Formen wider, die aufgenommen werden, um ein theologisches Gesamtprogramm ikonographisch zu gestalten. Theologisch bemerkenswert ist dabei, daß eine Vergegenwärtigung des himmlischen Reiches Christi immer verbunden bleibt mit der eschatologischen Botschaft von der kommenden Parusie des Kyrios. Und endlich wird dieses Hauptthema in den Rahmen von Verheißung und Erfüllung hineingestellt: Prophetische

Gestalten und Szenen des AT werden als Vorläufer mit den Aposteln und selten fehlenden Evangelisten ebenso als Zeugen der Wahrheit abgebildet wie die Märtyrer und Heiligen. - Voraussetzung bes. für die Zyklen sind die → Bibelillustrationen (: I, 1), von denen aus dem 6.Jh. Zeugnis geben: aus der Reihe der Purpur-Codices die Wiener Genesis, die Reste der Cotton-Bibel und die Evangelien von Sinope und Rossano (s.Taf. 51 Abb. 5), ferner der Rabulas-Codex von 586 (s. Taf. 5 Abb. 1). Sie alle sind im Osten entstanden und setzen eine ältere Bildtradition voraus. - Ein besonderer Hinweis muß noch der Bau-P. gelten, die sich im 5. und 6.Jh. in Konstantinopel unter Aufnahme kleinasiatischer Traditionen vollendet. Für den Innenraum geschaffen, ist sie in der Licht-Schatten-Kontrastierung auf einfallendes Licht angelegt. Die aus Marmor gefertigten Bauglieder (Kapitelle und andere Architekturteile) werden zur Akzentsetzung im Raumgefüge verwendet, sie lassen das plastische Ornament zum Zeichen werden. Derartige aus Konstantinopel stammende Kapitelle finden sich im ganzen Mittelmeer-Küstengebiet, in Ravenna zB nachweisbar in S.Vitale, S.Apollinare Nuovo und S.Apollinare in Classe (Deichmann). - Die Relief-P. des 6.Jh.s läßt an Ausdruckskraft nach, die Sarkophage gehen vom Szenischen zum Symbolischen und Ornamentalen über. Weiter entwickelt ist die Elfenbein-P., die in der Kathedra Maximians in Ravenna (s.Taf. 11 Abb. 2) ein reifes Denkmal der Zeit (ca 550) überliefert hat. Sie ist sehr wahrscheinlich in Konstantinopel gearbeitet (Kollwitz, RAC) und unterstreicht die auch in der Herstellung offizieller Diptychen bezeugte Führung und Verlagerung des Schwerpunktes künstlerischer Produktion.

3. Christliche M. und P. der Spätantike durchlaufen in Stil- und Ikonographiegeschichte keinen logischen Entwicklungsgang; sie zeigen Vielschichtigkeit und ein Übergreifen der Stile und inhaltlichen Konzeptionen, Parallelität verschiedener, auch zT antagonistischer Tendenzen. Gewiß lassen sich ikonographische Traditionen im Nebeneinander, in Verbindungen, Auflösungen oder Wandlungen verfolgen, Traditionen, die quer durch die Kunstgattungen gehen. Entsprechendes gilt von den Stilen, die nicht einer Gesetzlichkeit unterstellt werden können, die Eigenheiten der jeweiligen Kunstgattung und dazu des Ortes mit sich führen oder auch plötzlich in das Einflußgebiet eines aus der Masse heraustretenden Meisterwerkes geraten. Am ehesten besteht noch im 3. und 4.Jh. die Möglichkeit, ausgehend von datierten historischen Reliefs oder der Porträt-M. und von ikonographisch geschlossenen Denkmalgruppen die Einordnung nicht datierten Materials vorzunehmen. Mit dem Anwachsen der Produktion und Szenen-Kompilation aber wird die Möglichkeit eindeutiger Bestimmung von Entstehungsort und -zeit entscheidend erschwert. Das Absolutsetzen von Generations-Stilen (Gerke) scheitert einfach daran, daß letztlich jedes neue Kalenderjahr eine eigene »Generation« der Geschichte übergibt und Regierungszeiten von Herrschern zwar Mittel zur Nomenklatur, aber nicht Grenzlinien für Kunst-Generationen sein können. Bleibt somit im einzelnen für die Spätantike vieles weiterer Erforschung vorbehalten, so läßt sich einiges mit größter Wahrscheinlichkeit sagen: Zu einer Aufnahme und Darstellung christlicher Themen kommt es relativ spät. Bald nach 200 nChr macht den zaghaften Anfang das → Kunsthandwerk (: II, 1), wo - sei es durch den Hersteller oder den Käufer - ursprünglich heidnische Bildmotive (→ Guter Hirt, → Oranten, → Anker, → Fisch, → Schiff usw) christlich uminterpretiert werden (→ Symbole: III). Was die Ausbildung biblischer Szenen neben der Symbolik betrifft, so stellt sie insofern vor noch ungelöste Rätsel, als nahezu gleichzeitig erzählende und verkürzende Darstellungen auftreten. Sie sind schwer in eine genealogische Folge zu bringen, obgleich man für eine verlorengegangene Bibelillustration erzählende Darstellungsweise postulieren darf (K.Weitzmann) und sich anderseits im geschichtlichen Ablauf der Ikonographie bis in Mosaiken der justinianischen Zeit die Tendenz zur abstrahierenden Verkürzung beobachten läßt. - Dem Ausfall der Voll-P. und dem Schwergewicht, das seit dem 4.Jh. dem Kirchenbau und der Gestaltung des Sakralraumes zukommt, entspricht auf der anderen Seite die Prävalenz der M. und auch des Malerischen. Letzteres bestimmt auch - mit Ausnahmen in Zeiten der Regeneration klassischer Strömungen - die P., wo das Flächenhafte und Graphische in Relief- und Kapitellbearbeitung vorherrschen. Diese Merkmale sind nicht auf theologische Prinzipien zurückzuführen, etwa auf eine größere Angemessenheit des Zweidimensionalen für Darstellungen der christlichen Glaubensinhalte. Der vergeistigende und zum Transzendenten weisende Stil ist vielmehr allgemein spätantiker Wesenszug, der schon vor dem konstantinischen Frieden auf nichtchristlichen Werken der P. entwickelt wurde. Der Stil selber erweist sich also dem religiösen Bekenntnis gegenüber neutral. - Entscheidend für die Geschichte von M. und P. im Ablauf der Spätantike ist der Schritt aus dem Bereich des Sepulkralen in die primär werdende Ausgestaltung von Kirchengebäuden, wo sie organisches Glied der Architektur werden oder - wie in der Buch-M. - eine liturgische Funktion erhalten. Als Auftraggeber sind seit Konstantin der Kaiser und seine Beamten zu erkennen; auch ist eine Beteiligung des Klerus oft deutlich greifbar und zT literarisch belegt. Direkte Einflüsse dogmengeschichtlicher Auseinandersetzungen (Bußstreitigkeiten, Zweinaturenlehre usw) sind äußerst selten, wohl aber indirekte Auswirkungen der christologischen Entwicklung des 4./5.Jh.s (→ Christologie: II) spürbar. Sie äußern sich indes nicht in bildhafter Definition, sondern in zunehmender doxologischer Repräsentation, der eine vorsichtige und auch folgerichtige Behandlung der Passion parallel läuft (→ Kreuz: III; vgl. Taf. 16 Abb. 1, Taf. 18 Abb. 3). Die Akzentverlagerung in der Thematik in M. und P. steht somit im Zusammenhang mit der Kirchen- wie Theologie- und bes. der Liturgiegeschichte. Derartige Akzente zeigen sich zB bes. in der Ausgestaltung des → Christusbildes.

Im Ablauf der spätantiken M. und P. kommt es bereits zur unwiderruflichen Wende zum MA hin, eine Wende, die rückblickend als Absage an die Ordnungs- und Formprinzipien sowie die Raumideale der hellenischen und hellenistischen Klassik erscheint. Daß diese Wende nicht zum völligen Bruch führte, ist den Zentren in Ravenna und bes. in Konstantinopel zu verdanken, die am Ende der Spätantike für die Aufgabe gerüstet waren, die künstlerische Kontinuität zwischen Antike und MA zu gewährleisten.

Unentbehrliche Bild-Corpora: R.Garrucci, Storia dell'arte cristiana nei primi otto secoli, 6 Bde, Prato 1872-80 - J.Wilpert, Die M.en der Katakomben Roms, 2 Bde, 1903 - Ders., Die röm. Mosaiken u. M.en der kirchl. Bauten vom 4.-13.Jh., 4 Bde, 1917 - Ders., I sarcofagi cristiani antichi, 5 Bde, Rom 1928-36 - R.Delbrück, Die Consulardiptychen u. verwandte Denkmäler (Studien zur spätantiken Kunstgesch. 2), 1928 - Ders., Spätantike Kaiserportraits (ebd 8), 1933 - H.Achelis, Die Katakomben von Neapel, 1936 (dazu E.Weigand, ByZ 37, 1937, 460-474).

Ältere Lit.: RGG² I, 261. - W.Neuss, Die Kunst der alten Christen, 1926 - M.Lawrence, City Gate Sarcofagi (ArtB 10, 1927, 1-25) - Dies., Columnar Sarcofagi in the Latin West (ebd 14, 1933, 103 bis 185) - Dies., The Sarcofagi of Ravenna (Monographs on Archaeology and Fine Arts II), 1945 - H.Lietzmann, Das Problem der Spätantike (SAB 1927, 342-358 = Kl. Schriften I, 1958, 3-24) - Lietzmann II, 120ff - A.M.Schneider, Der Eingang zum Hypogaeum

Flaviorum (RM 43, 1928, 1-12) - DERS., Die ältesten Denkmäler der Röm. Kirche (Festschr. z. Feier des 200jähr. Bestehens der Akad. d. Wiss. Göttingen II, 1951, 166-198) - H.v.CAMPENHAUSEN, Die Passionssarkophage (Marburger Jb. f. Kunstwiss. 5, 1929, 1-47) - O. THULIN, Die Christusstatuette im Museo Nazionale Romano (RM 44, 1929, 201-259) - G.RODENWALDT, Die Kunst der Antike (Propyläen-Kunstgesch. III²), 1930 - DERS., Zur Kunstgesch. der Jahre 220-270 (JdI 51, 1936, 82-113) - DERS., Röm. Reliefs, Vorstufen zur Spätantike (ebd 55, 1940, 12-43) - P.STYGER, Die röm. Katakomben, 1933 - DERS., Die röm. Märtyrergrüfte, 2Bde, 1935 - H.P.L'ORANGE, Studien z. Gesch. des spätantiken Porträts, Oslo 1933 - DERS., Studies on the Iconography of Cosmic Kingship in the Ancient World, ebd 1953 - DERS., Fra principat til dominat. En kunst- og samfundshistorisk studie i den romerske keisertid, Stockholm 1958 - DERS.-A.v.GERKAN, Der spätantike Bildschmuck des Konstantinsbogens (Studien z. spätantiken Kunstgesch. 10), 1939 - A.ALFÖLDI, Die Ausgestaltung des monarchischen Zeremoniells am röm. Kaiserhofe (RM 49, 1934, 1-118) - DERS., Insignien u. Tracht der röm. Kaiser (ebd 50, 1935, 3-138) - F.WIRTH, Die röm. Wand-M., 1934 - H.-U. v.SCHOENEBECK, Der Mailänder Sarkophag u. seine Nachfolge, Rom 1935 - DERS., Die christl. Sarkophag-P. unter Konstantin (RM 51, 1936, 228-336) - DERS., Die christl. Paradeisos-Sarkophage (RivAC 14, 1937, 289-343) - DERS., Altchristl. Grabdenkmäler u. antike Grabgebräuche (ARW 34, 1937, 60-80) - F.GERKE, Der Sarkophag des Junius Bassus, 1936 - DERS., Die christl. Sarkophage der vorkonstantinischen Zeit (Studien z. spätantiken Kunstgesch. 11), 1940 - A.C.SOPER, The Latin Style on Christian Sarcophagi of the 4th Century (ArtB 19. 1937, 148-202) - DERS., The Italo-Gallic School of Early Christian Art (ebd 20, 1938, 145-192) - M.GÜTSCHOW. Das Museum der Praetextat-Katakombe, Rom 1938 - J.DEWIT, Spätantike Bildnis-M., 1938 - DERS., Die Miniaturen des Vergilius Vaticanus, Amsterdam 1959 - E.DINKLER, Die ersten Petrusdarstellungen ... (Marburger Jb. f. Kunstwiss. 11, 1939, 1-80) - J.KOLLWITZ, Oström. P. der theodosianischen Zeit (Studien z. spätantiken Kunstgesch. 12), 1941 - DERS., Die Sarkophage Ravennas, 1956 - DERS., Art. Elfenbein, RAC IV, 1106ff (Lit.) - S.BETTINI, Frühchristl. M. u. frühchristl. röm. Tradition, Wien 1942 - F.CUMONT, Recherches sur le symbolisme funéraire des Romains, Paris 1942 - C.R.MOREY, Early Christian Art, Princeton (1942) 1952² - E.H.KANTOROWICZ, The »King's Advent« and ... the Doors of S.Sabina (ArtB 26, 1944, 207-231) - A.GRABAR, Martyrium II, Paris 1946 - DERS.-C.NORDENFALK, Das frühe MA vom 4.-11.Jh.: Mosaiken u. Wand-M.en, Genf 1957 - F.W.DEICHMANN, Frühchristl. Kirchen in Rom, Basel 1948 - DERS., Studien z. Architektur Konstantinopels, 1956 - DERS., Frühchristl. Bauten u. Mosaiken von Ravenna, 1958 - G.BOVINI, I sarcofagi paleocristiani, determinazione della loro cronologia, Rom 1949 - DERS., Sarcofagi paleocristiani di Ravenna, ebd 1954 - DERS., I sarcofagi paleocristiani della Spagna, ebd 1954 - B.SCHWEITZER, Die spätantiken Grundlagen der mittelalterl. Kunst, 1949 - G.M.A.HANFMANN, The Season Sarcophagus in Dumbarton Oaks, 2 Bde, Cambridge/Mass. 1951 - E.H.SWIFT, Roman Sources of Christian Art, New York 1951 - R.DELBRÜCK, Probleme der Lipsanothek in Brescia, 1952 - G.AGNELLO, La pittura paleocristiana della Sicilia, Rom 1952 - C.O.NORDSTRÖM, Ravennastudien, Uppsala 1953 - E.STOMMEL, Beiträge zur Ikonographie der konstantin. Sarkophag-P. (Theophaneia 10), 1954 - E.BENOIT, Sarcophages paléochrétiens d'Arles et de Marseille, Paris 1954 - A.RUMPF, Stilphasen der spätantiken Kunst, 1957 - D.TALBOT RICE, The Beginnings of Christian Art, London 1957 - F.MATZ, Ein röm. Meisterwerk: Der Jahreszeitensarkophag Badminton/New York, 1958 - TH.KLAUSER, Studien zur Entstehungsgesch. der christl. Kunst (JAC 1, 1958, 20 bis 51; 2, 1959, 115-145) - G.DE FRANCOVICH, Studi sulla scultura Ravennate I: I sarcofagi (Felix Ravenna 26/27, 1958, 5-172; 28, 1959, 5-175) - W.F.VOLBACH, Frühchristl. Kunst. Die Kunst der Spätantike in West- u. Ostrom, 1958 - K.WEITZMANN, Ancient Book Illumination, Cambridge/Mass. 1959 - A.FERRUA SJ, Le pitture della nuova catacomba di Via Latina, Rom 1960. - Lit.-Berichte: E.WEIGAND, ByZ 41, 1941, 104-164. 406-446 - E.DINKLER, ThR NF 21, 1953, 318-340. - Fortlaufende Berichte in RivAC u. ByZ.

Erich Dinkler

II. Frühes und hohes Mittelalter

1. Allgemeines - 2. Vorkarolingische Kunst - 3. Karolingische Kunst - 4. Ottonische Kunst - 5. Romanik - 6. Gotik. - Bildtafeln 53-55 nach Sp. 672

1. Im Gesamtbild der abendländisch-christlichen Kultur des frühen und hohen MA spielt die bildende Kunst neben der Architektur (→ Kirchenbau: III) eine bestimmende Rolle. Sie ist nicht wie ein entbehrlicher Schmuck, sondern unabdingbar mit allem kirchlichen und herrscherlichen Zeremoniell verknüpft. Vor allem die *Kirche* bedurfte der M. oder P., nicht allein zur Veranschaulichung ihrer Lehren, sondern darüber hinaus, um der von ihr geschaffenen und gelenkten Ordnung sinnfälligen Ausdruck zu geben. Die Schrift war nur den wenigsten zugänglich; und was das gesprochene Wort der Gemeinde vorzustellen vermochte, das vergegenwärtigte nachhaltiger, oft auch einleuchtender die Bildkunst selbst dem schlichtesten Gemüt. Ob dabei ein Kunstwerk unmittelbar dem Kult diente oder mittelbar, als Schmuck des Gotteshauses, auf die Gläubigen einwirkte, ist von geringerer Bedeutung; auch Fragen formaler Verschiedenheit (Stilfragen) und qualitativer Rangstufung haben in diesem Bereich künstlerischer Wirkung keinen Ort. - Doch auch der *Herrscher* bedurfte der Kunst zur Manifestation seiner Herrschaft. In dem hier behandelten Zeitraum tritt er als Auftraggeber für Werke vornehmlich der kirchlichen Kunst und für Rechtsmale auf (die Wohnkultur, sicher gleichfalls von hohem Rang, ist fast ganz verloren). Er bedient sich kirchlicher Ratgeber und äußert Machtanspruch wie Religiosität in Gestalt geistlicher Stiftungen, die er reich mit Kunstwerken ausstattet; zuweilen unterhält er hierfür eigene Werkstätten. Erst im hohen MA tritt als Auftraggeber neben Kirche und Herrscher auch der einzelne Privatmann. - Festzuhalten sind zwei wesentliche Kennzeichen der *Kunstwerke* dieser Zeit: daß sie stets als Ergebnis eines Auftrags entstanden (was auch für die in Klosterwerkstätten für den Eigenbedarf des Ordens geschaffenen Hss. gilt) und daß ihre Künstler fast immer anonym blieben. Und wie der Künstler hinter seinem Werk zurücktritt, so ist das Kunstwerk nicht Selbstzweck, sondern dient seiner Bestimmung: die Bildkünste sind der Gesamtheit untertan, die das Gotteshaus mit der in ihm vollzogenen Kulthandlung bildet; das einzelne Kunstwerk wiederum dient der Darstellung des ihm innewohnenden Gehalts. - M. und P. sind, obwohl an sich gleichberechtigt, an der Erfüllung der der Kunst gestellten Aufgaben doch verschieden beteiligt. Ursache hierfür ist ihr grundsätzlicher Unterschied. »Plastisch ist diejenige Betrachtungsweise, der das einzelne Gebilde als ein in sich selbst ruhendes, gegen die Umgebung isoliertes gilt; malerisch diejenige, die die Einzelerscheinung als Teil und Glied des Unendlichen empfindet und deshalb vornehmlich auf ihre Relation zur Umwelt ansieht. Dieser Unterschied ist zweifellos noch wichtiger als der technische« (Dehio). Hiernach wird es verständlich, daß die M., zur Übermittlung sachlicher Inhalte geeigneter, in der Frühzeit der abendländischen Kunst die Führung hatte und sie erst im Stadium der Reife an die P. abtrat. - *Inhalt* der Darstellungen der M. und P. ist im frühen und hohen MA nicht die sichtbare Wirklichkeit. Die alle Lebensbereiche durchdringenden Lehren der Kirche schrieben wie den Wortkünsten auch den Bildkünsten ihre Inhalte vor: diese waren - im weitesten Sinne - lehrhaft. (Daß sie das Auge des Betrachters auch ästhetisch befriedigen sollten, geht aus den Schriftquellen mit Sicherheit hervor.) Als Vermittlerin der kirchlichen Lehren bemächtigte sich die Bildkunst der vorhandenen christlichen *Stoffkreise,* die sie, in enger Wechselwirkung mit der Theologie, durchgestaltete und weiterbildete (→ Ikonologie); sie überschneiden sich vielfach und werden durch wenige außerchristliche bereichert. Wichtigster Stoffkreis ist die Bibel mit den Apokryphen (letztere stehen als Bildquellen gleichwertig neben dem kanonischen Text); er lieferte zunächst Bildvorwürfe für die rein szenischen (»historischen«) Darstellungen, wie sie als → Bibelillustrationen in Evangelien- und anderen Hss., als Wandfresken und

an vielen weiteren Stellen vorkamen. Großen Einfluß auf die Auswahl hatte dabei die → Liturgie (: VI, 2). Dem im hohen MA wachsenden Bedürfnis nach → Schriftauslegung (: IV) entsprach es, daß in *typologischen* Hss. (soweit illustriert) die Heilslehren des NT durch Heranziehung entsprechender Szenen des AT Stützung und Steigerung erfuhren (Bible moralisée, → Armenbibel, → Heilsspiegel, Concordantia caritatis u.a.). Als weitere Stoffkreise traten die Heiligenlegenden, die theologischen Schriften zumal der Kirchenväter, die visionäre Literatur und die Ethik hinzu. Hier reichten oft einfache szenische Darstellungen nicht mehr aus, die Inhalte zu erläutern, so daß durch *allegorische* Gestaltungen, Personifikation abstrakter Begriffe, Einführung oder Übernahme einfacher und komplizierterer Symbole, Abbreviation und Metapher neue Bildinhalte entstanden. Wie für die historischen Darstellungen schon frühzeitig feste Bildtraditionen entstanden, so auch für die → Typologie (: III) und die großen Bereiche scholastischer Allegorien. Von diesen sei nur eine Auswahl genannt: Ausdeutung der Visionen des → Ezechielbuchs; Rangordnung der Tugenden; Kampf der Tugenden und Laster nach der Psychomachie des → Prudentius; Lebensbrunnen; die 7 → Artes liberales; die Planeten; Legende der drei Lebenden und drei Toten; als Beispiel visionärer Literatur: illustrierte Werke der hl. → Hildegard von Bingen. – Ein ohne Unterbrechung überlieferter, doch nur sporadisch wirksamer Stoffkreis ist der der *antiken* Mythologie und Geschichte. → Augustin, die Enzyklopädisten des MA seit → Isidor, die Mythographen, Weltchroniken, aber auch Werke der Klassiker in Originaltexten oder mittelalterlichen Auslegungen (Ovide moralisé) haben für die Bewahrung des immer bildträchtigen Bildungsgutes gesorgt. So gerieten zB Erzählungen aus Ovids Metamorphosen als »Beweisgut« in die Typologie. Eine gewisse Rolle spielte auch das germanische Sagengut (zB Dietrich von Bern). Unterschätzt wird oft, welch großen Anteil an den Bildquellen wie an den Bildtraditionen die geistlichen *Schauspiele* hatten; ihre oft feststehenden Bilderfolgen (→ Weihnachts-, → Passions-, → Mysterienspiele) traten immer neu in Wechselbeziehung mit M. und P. – Auch die Ausbildung fester *Symbolkreise* gehört zu den Kennzeichen mittelalterlicher Bildkunst. So sind die mit bestimmten Bedeutungen versehenen Tiere aus dem → Physiologus im ganzen MA als Bildzeichen für Heilstatsachen oder hl. Personen verstanden worden (s. auch → Christussymbole). Ähnliches gilt für die Pflanzenwelt (zB → Lebensbaum). – Wie der Inhalt der Bildwerke des MA ist auch ihre *Form* an bestimmte Gesetze und Traditionen gebunden. Wir sehen heute klarer als die der Wirklichkeitstreue zugewandten Kunstepochen, daß jede Stilperiode des frühen und hohen MA ihren eigenen fest umrissenen Schönheitsbegriff besaß. Gerade die Zeiten, die sich in der Darstellung ihrer Inhalte weniger der von der sichtbaren Welt gebotenen Bilder bedienten, scheinen uns umso befähigter, die hohen geistigen Werte auszudrücken, deren bildliche Ausformung ihnen aufgetragen war.

2. Die ersten bedeutenden Äußerungen der Bildkunst im Norden Europas entsprangen dem Bedürfnis der neu gegründeten Benediktinerklöster, die Bücher ihres Kults zu schmücken. In Nordfrankreich und bes. in *Irland und Südengland* entstanden seit Ende des 7.Jh.s *illuminierte Hss.* von zT prunkvoller Ausführung. Infolge der Missionierung dieser Gebiete von den Mittelmeerländern aus waren vereinzelt spätantike christliche Hss. nach dem Norden gelangt, wie später umgekehrt die irischen Missionare durch mitgebrachte Hss. insulares Formgut auf den Kontinent verpflanzten. In *nordfranzösischen* Hss. entwickelte sich im 7.Jh. die sog. Fisch-Vogel-Ornamentik, die Initialen aus bunten Fischen und Vögeln zusammensetzte; wichtigste Klosterwerkstätten der Merowingerzeit waren → Luxeuil, → Corbie und → Fleury. Charakteristisch für irisch-angelsächsische Hss. (meist → Evangeliare) ist dagegen eine Übernahme des zT erheblich älteren nordischen Ornamentstils aus Bandverschlingungen und langgezogenen Tierleibern, der nun auf farbigen Zierseiten wiederkehrt. Nur widerstrebend wird, unter dem Einfluß mittelmeerischer Kunst, das Bild des Menschen in die germanische Kunstwelt eingeführt (Matthäussymbol, Evangelisten, Muttergottes, Engel). Doch läßt oft nur das Gesicht, das mit weitgeöffneten Augen aus den verschlungenen Gewandmassen herausblickt, die menschliche Figur erkennen. Dem Wort Gottes wird durch die Prachtentfaltung auf den Titelseiten der Evangelien die höchste Ehrung, die die Kunst kennt, zuteil. Vermutlich hat die Bilderfeindlichkeit der Zeit (→ Bilder: III) im Zusammenwirken mit der germanischen Freude am freien Spiel des Ornaments den unverwechselbaren Stil geschaffen. Die anders geartete Buch-M. der oberitalienischen Klöster tritt hiergegen an Zahl und Wirkung zurück. – Von → *Glasmalereien* in Kirchenfenstern sowie von *Wand- und Decken-M.en* hören wir aus den Schriftquellen seit dem 6.Jh., doch haben sich keine Spuren erhalten. – Die P. dieser Zeit, ganz dem Gerät verpflichtete *Relief-P.*, errang nicht die gleiche künstlerische Selbständigkeit wie die Buch-M. Ein Konzil zu Auxerre hatte um 600 ausdrücklich verboten, »sculptilia aut pede aut hominem ligneo fieri«. In Gallien erlebte die → Elfenbein-Plastik eine erste bescheidene Blüte. Aus frühchristlicher Tradition erwuchs in Irland die P. der Steinkreuze, im Langobardenreich eine Kunst des Marmorreliefs, die Chorschranken und Altarziborien mit Flechtwerkornament, Symbolen, Tier- und zT auch Menschenbildern schmückte. Bei den Steinreliefs nördlich der Alpen wird Zusammenhang mit der Holzschnitzkunst deutlich. Die Bau-P. beschränkt sich auf Schmuckplatten und vereinzelte, der Antike nachgeformte Kapitelle. Nahezu völlig verloren ist die sicher sehr umfangreiche Holzreliefkunst. Die erhaltenen Grabsteine mit Figurendarstellungen sind von äußerster Primitivität. → Kirchengerät aus Edelmetallen, bes. Bucheinbände und Taschenreliquiare, sind zuweilen mit guten Reliefs in Treibarbeit geschmückt; wie überhaupt das → Kunsthandwerk, zumal auf deutschem Boden, am lebhaftesten röm. Handfertigkeiten und nordisches Formgut weitergepflegt hat.

3. Unter der Herrschaft → *Karls d. Gr.* fand erstmalig auch der → Kirchenbau (: III) nördlich der Alpen, im Rückgriff auf die christliche Spätantike, zu selbständigen Gestaltungen. Im Rahmen kirchlicher Baukunst konnten sich seit Ende des 8.Jh.s M. und P. freier entfalten. Das spätantike Formgut, von den Franken und Langobarden mühevoll weitergetragen und umgebildet, stellte Karl erneut, doch in direkter Aneignung, in den Dienst der Kunst seines Reichs. Von hier datiert eine jahrhundertelang zwischen Hofkunst und Volkskunst spürbare Spannung. Die *karolingischen* Künstler, meist Mönche, standen vor der Aufgabe, heidnische Formen mit christlichem Inhalt zu füllen. Zum erstenmal gelangte jetzt die Mittelmeerkunst in breiterem Strom zu ihnen; röm.-kaiserzeitliche Bildvorstellungen machten sie sich, mit mehr oder weniger Erfolg, zu eigen, wählten das ihnen brauchbar Erscheinende aus und wandelten es ihrer Phantasie entsprechend für ihre Zwecke um. Die bedeutendsten Kunstwerke der Zeit entstanden im Ausstrahlungsbereich des Kaiserhofs, in den großen Klöstern des Reichs (Lorsch, → Fulda, → St. Gallen,

St. Denis, Corbie, → Korvey u.a.); unabhängig davon pflegten süditalienische und spanische Klöster die ihnen überkommenen Traditionen. - Noch fehlte es, soviel wir sehen, an eigenständiger Monumental-P. (ein bronzenes Reiterdenkmal, das Karl in Aachen aufrichten ließ, war Import aus Ravenna). Die *monumentale M.* dagegen hat, nach Quellen und erhaltenen Resten zu schließen, im 9.Jh. bedeutende Leistungen hervorgebracht. Karls Pfalzen waren mit großen erzählenden Freskenzyklen geschmückt. Für Ingelheim werden at. und nt. Geschichten in der Kapelle, Taten berühmter Männer in der aula regia genannt. Die Wände der Aachener Pfalzkapelle trugen Mosaiken mit at. und nt. Szenen; die St. Gallener Klosterkirche hatte nt. Wandbilder, dazu ein nach der Apk geschaffenes Weltgerichtsfresko. Als Vorlagen dienten wohl meist frühchristliche Hss. Die besterhaltenen Reste zeigen lebhaft bewegte Darstellungen (Stephanslegende in Auxerre; nt. Programme u.a. in Münster i. Gr. und S. Vincenzo al Volturno; Marienzyklus in Castelseprio b. Mailand; Krypten-M.en in St. Maximin zu Trier [s. Taf. 53 Abb. 2] und Ternand, Rhone). → *Mosaik-Schmuck* ist kaum erhalten (Rom, Sta. Prassede; Germigny-des-Prés). Farbige *Glas-M.en* darf man bei den reicheren Kirchenbauten als üblich voraussetzen. - Am greifbarsten ist für uns die künstlerische Entwicklung wieder in der *Buch-M.*, wobei im Reich Karls eine Anzahl Schulen zu unterscheiden sind (→ Bibelillustration: I, 3). Die bewußte, planvolle Übernahme der spätantik-frühchristlichen Thematik aus den als Vorlagen beschafften Hss. des 4.-6.Jh.s sowie die Berufung römischer, syrischer, koptischer, byzantinischer Künstler bereicherte die Buch-M. ikonographisch wie stilistisch; doch darf nicht übersehen werden, daß eine im frühen 8.Jh. machtvoll einsetzende Eigenentwicklung hierdurch gestört wurde. Darum zeigt die karolingische Buch-M. kein einheitliches Gepräge. Neben illusionistisch wirkenden Evangelistenbildern im Stil antiker Autorenporträts (Wien, Schatzkammerevangeliar) finden sich streng stilisierte Bilder, deren antike Vorbilder kaum noch erkennbar sind (Maiestas Domini, s. Taf. 5 Abb. 2). Maltechnik, Illustrationsschema und Stil variieren nach den Schulzusammenhängen; außer der Deckfarben-M., zT mit Pinsel- oder Blattgold, wird die Federzeichnung verwendet. Der Utrechtpsalter mit seinen nervösen, skizzierenden Zeichnungen illustriert die Psalmen von der einzelnen Textmetapher aus; anders der sonst verwandte Stuttgarter Psalter. In der Initialornamentik blieben die Bandverschlingungen, Tierköpfe und Flechtwerk aus germanischem Erbe weiterhin (auch noch in der ottonischen Buch-M.) lebendig, wenngleich sie unter dem Eindruck mittelmeerischer Pflanzenmotive umgebildet wurden. Illuminiert wurden vor allem Evangeliare, ferner Psalter, → Sakramentare, Gebetbücher und Kirchenväter, in Westfranken auch Bibeln und die → Johannesapokalypse (, 9 b); damit erweiterte sich der Bilderkreis beträchtlich. Der reich ausgestattete Codex aureus von St. Emmeram in Regensburg (München), um 870 in Reims (?) für Karl den Kahlen geschrieben, zeigt unter anderen Bildern das des thronenden Kaisers, von der Hand Gottes gesegnet, mit huldigenden Provinzen, Leibwache und Engeln (s. Taf. 53 Abb. 1). Den Einband dieser Hs. schmücken, von Bändern mit kunstvoll gefaßten grünen Steinen gerahmt, vier *goldgetriebene Reliefdarstellungen* aus dem NT und in der Mitte die Maiestas; der gleichen Werkstatt entstammen die Treibreliefs auf dem Reiseziborium König Arnulfs (München, Schatzkammer). Dem 2. Viertel des 9.Jh.s gehört der reliefgeschmückte Goldaltar von S. Ambrogio in Mailand an, ferner eine Kristallschale Kaiser Lothars, in die 8 Szenen der Susannalegende eingeschliffen sind (London). Die Klein-P. läßt sich jedoch am besten nach den *Elfenbeinreliefs* beurteilen, die, zusammen mit Edelsteinen, als Schmuck von Buchdeckeln und → Reliquiaren dienten. Stilistische Verwandtschaft mit der gleichzeitigen Buch-M. ist vor allem in Westfranken spürbar. Der besondere Wert dieser Kunstgattung liegt in der Bewältigung der Aufgabe, die bewegte Menschenfigur bildnerisch zu gestalten (s. Taf. 12 Abb. 2; Taf. 11 Abb. 4). Die Kunst des *Bronzegusses* hat nur ein kleines, als Rund-P. aber umso bedeutsameres Werk hinterlassen, eine Reiterstatuette Karls d. Gr. in Paris. Im oberitalienisch-rätischen Gebiet tritt vereinzelt *Stuck-P.* auf. - Das 10.Jh. war für das Frankenreich eine Zeit äußerster Gefährdung des errungenen Kulturniveaus; die Produktivität versiegte fast ganz.

4. In der *ottonischen* Zeit verlagerte sich der Schwerpunkt der Kunstentwicklung nach Osten. Neben das sächsische Kaiserhaus traten nun als Auftraggeber kirchliche Würdenträger (Gero von Köln, Egbert von Trier, → Bernward von Hildesheim u.a.) sowie die kaiserlichen Klostergründungen. Der Kirchenbau erlebte hier seine erste hohe Blüte und, im Gegensatz zur Karolingerzeit, eine Vereinheitlichung der Baugedanken. Im Bereich der Bildkünste wurde die Vorherrschaft der antiken »Vorbilder« gebrochen. Selbständige Weiterbildung der karolingischen Traditionen, zT unter Einwirkung byzantinischer Gestaltungen, und der Durchbruch eminent schöpferischer Kräfte befähigte die Künstler zu höchsten Leistungen in der Buch- und Wand-M., Elfenbein-, Gold-, Erz- und Holz-P. Noch arbeiteten die Künstler in den Klosterwerkstätten (Trier, Echternach, Reichenau, Fulda, Hildesheim, Köln, Regensburg). Gemeinsam ist den Bildkünsten eine Vergeistigung des Inhalts, Leugnung des Abbildcharakters der Kunst, Erhöhung des Menschenbilds als Träger des Ausdrucks, Steigerung der Gebärdensprache bis zu magischen Wirkungen; die naturferne Feierlichkeit wird nur von wenigen Künstlern zugunsten eines volkstümlichen Realismus verlassen. - Wichtiger als die vereinzelte Stein-P. am Bauwerk (Türstütze u.a.) sind die Anfänge *monumentaler P.* in Gestalt des Kultbilds (das Gesamtbild, das wir von der ottonischen Groß-P. haben, ist noch unscharf; neuere Versuche, dem Zeitraum um 1000 eine größere Zahl freiplastischer Werke zuzuweisen, werden angefochten). Wichtigste Neuschöpfung ist die Gestalt des Gekreuzigten: zwischen dem Kölner Gerokreuz (ca 970) und dem Werdener Kruzifix (ca 1060) liegt eine Reihe verschiedenartiger Gestaltungen. Holzfiguren waren häufig mit Goldblech überzogen, um die Entrückung in eine überwirkliche Sphäre zu vervollständigen (Kruzifixe in Pavia und ehem. Mainz). Daneben entstanden zahlreiche Kleinkruzifixe in Bronze und Edelmetall (Essen, München, Hildesheim, Mailand). Am Anfang der mittelalterlichen Muttergottesbilder steht die in Goldblech über Holzkern gearbeitete Essener Madonna; die spätottonische Imad-Madonna in Paderborn zeigt wie das Werdener Kruzifix straffere Bildung, dazu den Ausdruck hoheitsvoller Strenge, der bereits zu den romanischen → Marienbildern überleitet. Unter die Groß-P. sind aber nicht nur die rundplastischen Bildwerke zu zählen, sondern auch die in Hochrelief gearbeiteten der Hildesheimer Gießhütte Bernwards: die Erztüren von St. Michael erzählen in naiver, ausdrucksstarker Form die Geschichte von Sündenfall und Erlösung (s. Taf. 53 Abb. 4); die Bernwardsäule schildert in fortlaufendem Streifen das Leben Christi. Rätselvollen Symbolcharakter haben die antikisierenden Reliefs der Erztür am Augsburger Dom. Dagegen nimmt die Holztür von St. Maria im Kapitol zu Köln den Hildesheimer Erzählstil auf. Auch die *Elfenbein-P.* ist in ein Reife-

stadium getreten; Ausdrucksgewalt (s. Taf. 11 Abb. 4) und Vergeistigung sind ihre Kennzeichen (Antependium des Magdeburger Doms [?]). Hohen künstlerischen Wert haben die wenigen erhaltenen *Goldschmiede-Treibarbeiten* (Altartafel in Aachen; Basler Antependium, s. Taf. 7 Abb. 3; die Aachener Reliefs enthalten einen der wenigen Passionszyklen der Zeit). – Verfeinerung der Ausdrucksmittel, Vertiefung des religiösen und geistigen Gehalts sowie die thematische Bereicherung werden am deutlichsten in der ottonischen *Buch-M.* In ihr liegt der Höhepunkt der künstlerischen Äußerungen der Zeit, einer der Höhepunkte der Kunst überhaupt. Die Hss., deren hervorragendste im Auftrag des Kaiserhauses entstanden, sind fast ausschließlich religiösen Inhalts. Wie sich die liturgischen Bücher differenzierten (s. zB → Perikopen-Buch, → Lektionar), so erweiterte sich auch ihr Bilderkreis. Aus dem Leben Jesu stellte man bes. die Wundertaten dar; die handelnde Gestalt Christi beherrscht die meisten Illustrationen (s. Taf. 5 Abb. 3). Auch Christi Lehrtätigkeit und Gleichnisse wurden dargestellt, für viele nt. Szenen sind neue Bildformeln gefunden worden (s. Taf. 12 Abb. 3). Die Visionen der Apk erfahren eine einzigartige Vergegenwärtigung (Bamberg). Die Fülle göttlicher Macht gewinnt in der Maiestas Domini Gestalt; eine andere Erscheinung des Christlogos zeigt ihn als den Herrn des Kosmos (s. Taf. 13 Abb. 1). In den Evangelistenbildern verbinden sich menschliche Gestalt und → Evangelistensymbol zur Darstellung visionärer Vorgänge von stärkster Vergeistigung (s. Taf. 53 Abb. 3). – Die wichtigste Schule ist die der → *Reichenau* (alle bisher genannten Hss.); die Lokalisierung in das Inselkloster ist neuerdings bestritten worden. Zu den Kennzeichen der Gruppe gehören strengste Konzentration auf den hl. Vorgang, knappe, aber machtvolle Aussage, Weitflächigkeit ohne Raumtiefe und eine große, feierliche Wirkung. Die Entwicklung der Schule von 970–1040 zeigt das Loslösen von der karolingischen Tradition, das Ringen um selbständige Ausdruckssprache und Vergegenwärtigung, aber auch das Einfließen neuer, vom Osten kommender Bildmotive und Formen. Der Höhepunkt wird in den Kaiser-Hss. um die Wende des Jt.s erreicht. Unter den weiteren Schulen zeichnet sich die *Kölner* durch bewegte szenische Darstellungen und eine die Bildwirkung unterstreichende, überaus differenzierte Farbwirkung aus (Hitdakodex, Darmstadt). Die *Trierer* Schule, wie die Echternacher unter der Einwirkung der Reichenau, brachte im sog. Meister des Registrum Gregorii einen der größten Künstler der Zeit hervor. Die Schule von *Echternach* wirkte erst seit 1020 und ist durch Erzählweise in mehreren Streifen gekennzeichnet. Die *Fuldaer* Schule bewahrte am längsten die karolingische Tradition, die *Hildesheimer* pflegte den frankosächsischen Ornamentstil. Weitere Schulen arbeiteten in Tegernsee und Salzburg. Wertvolle Leistungen brachte *Regensburg* hervor, wo das Ornament eine große Rolle spielte; doch steht, bes. im Utakodex (München), die Bildgestaltung theologisch-symbolischer Gedankensysteme im Vordergrund. Fast alle ottonischen Hss. enthalten neben den biblischen Darstellungen reine Schmuckblätter oder Initialseiten von ausgesuchter Pracht. »Das Bild wird Wort und das Wort wird Bild« (Jantzen). – In *Frankreich* war nach der Produktivität der Karolingerzeit, die in der 2. Hälfte des 9.Jh.s ihre Blüte erlebt hatte, eine Ermüdung eingetreten. Erst nach 1000 traten langsam wieder Schulen der Buch-M. hervor, die im Nordwesten mehr unter angelsächsischem, im Nordosten mehr unter deutsch-maasländischem Einfluß standen. Nur in zwei Kunstkreisen war außerhalb Deutschlands noch Bedeutendes geschaffen worden: in *England* hatte sich in der Winchesterschule vor und um 1000 eine angelsächsische Buch-M. entfaltet; im mozarabischen *Spanien* brachten die noch verbliebenen christlichen Königreiche bedeutende illuminierte Hss., namentlich die Beatus-Kommentare zur Apk, hervor. – Die *Wand-M.* der deutschen ottonischen Kunst ist fast ganz zugrundegegangen; aus Schriftquellen dürfen wir auf zahlreiche Fresken schließen. Reste haben sich im Rheinland und in Süddeutschland erhalten (Essen, Werden, Fulda, Goldbach a. Bodensee); der einzige vollständige Zyklus ist der in St. Georg auf der Reichenau (Ende des 10.Jh.s) mit Darstellungen von Wundertaten Christi. Die Auffassung des Heilands als Überwinder von Not und Tod entsprach dem Glauben der christianisierten Germanen wohl besonders, wie auch die Hss. beweisen. In Frankreich hat sich aus diesem Zeitraum wenig bewahrt (St. Michel d'Aiguilhe bei Le Puy; St. Pierre-les-Eglises im Poitou; Allinges am Genfer See). In Spanien sind einige Freskenzyklen erhalten; ihr Stil ist dem der späteren Beatus-Hss. ähnlich. Zur ottonischen M. muß noch, außer der Glas-M., von der nichts auf uns gekommen ist, die *Textilkunst* gerechnet werden. Sie hat in den meist aus süddeutschen Werkstätten stammenden kaiserlichen Ornaten Werke hohen künstlerischen Rangs hinterlassen (Mäntel Heinrichs II. und der hl. Kunigunde, Bamberg; ungarischer Krönungsmantel).

5. Im 2. Drittel des 11.Jh.s ließ die schöpferische Kraft der großen ottonischen Kunstzentren nach. Neues kündigte sich vor allem in den Gebieten an, die von den großen Reformbewegungen von → Cluny und → Gorze zuerst erreicht wurden: in Burgund und im Maasgebiet wächst die *romanische* Kunst heran. War bisher der höchste Schmuck dem → Altar, seinen Geräten und liturgischen Büchern zuteilgeworden, so dienen die Bildkünste nun einem größeren Ganzen: dem Kirchenbau werden P., M. und → Kunsthandwerk untergeordnet. Dabei zeigt sich zum erstenmal im Abendland ein über alle Regionen verbreiteter, gemeinsamer Stilwille, der überall, wenn auch nicht immer gleichzeitig oder gleichförmig, zu innerlich verwandten Bildungen führt. Unbestreitbar ruht diese – relative! – Homogenität auf dem Boden einer realen geistigen Einheit des Weltbildes. – Wo dem Steinmetz der ottonischen Zeit nur vereinzelte Zierglieder aufgetragen waren, da entsteht nun eine umfangreiche *Bau-P.* Neben den dekorativen, aus Blatt- und Rankenwerk von unerschöpflicher Mannigfaltigkeit bestehenden und mit Tiersymbolen (→ Symbole: III) durchsetzten Zierat tritt jetzt eine figürliche Stein-P. an Kapitellen und Friesen, endlich die Monumentalskulptur an Bogenfeldern und Gewänden der Kirchenportale und an den Chorschranken. Es entstehen die Anfänge einer Frei-P., deren strenge, »archaisch« gebundene Formen keineswegs einer noch nicht vollendet beherrschten Technik zugeschrieben werden dürfen. Etwa gleichzeitig mit der Stein-P. bildete sich eine monumentale Erz-P. heraus, daneben wurden Stuck und Holz als Material weiter verwendet. *Neue Anwendungsgebiete* erschlossen sich der P.: die Grabmalkunst gibt den Verstorbenen oft in Lebensgröße auf seiner Grabtumba wieder; andere Aufgaben stellten die skulpierten → Taufbecken, Chorschranken und Altarretabel, die Kruzifixe (→ Kreuz: III) und Kreuzgruppen, die hl. → Gräber, Prozessionsfiguren (Palmesel), die Heiligen- und Muttergottesbilder (s. Taf. 54 Abb. 4), später die → Chorgestühle. – Aber nicht kampflos gab die M. ihre bisherige Führung ab: die *Wand-M.* erlebte noch einmal einen bedeutsamen Aufschwung. Szenische und ornamentale Fresken überziehen nun die Innenwand des Kirchenraums und vereinigen sich mit

Gewölbe-M.en oder bemalten Holzdecken (Hildesheim, Zillis) und mit den Glas-M.en zu gemeinsamer Raumwirkung im Dienst der Architektur. Die *Buch-M.*, kaum noch übersehbar in der Zahl ihrer Schulen und Werke, tritt vom Ganzen gesehen in ihrer Bedeutung zurück. In der Klein-P. übergibt die Elfenbeinschnitzerei ihre jahrhundertelange Vorherrschaft dem Erzguß; immerhin hatte das durch byzantinische Elfenbeine einströmende Formgut spürbaren Anteil an der Bildung des neuen Stils. Die Goldschmiedekunst brachte eine Reihe Büstenreliquiare, den ersten Bildniskopf (Friedrich I.), aber auch bedeutende Altargeräte rundplastischer Arbeit hervor. - Als Auftraggeber erschienen neben den Fürstenhäusern nun vor allem das Rittertum, dessen Lebensstil dem ganzen Zeitraum sein Gepräge gab, dazu die Klöster und der einzelne Geistliche. Noch stehen die Werkstätten in enger Verbindung mit den Klöstern, doch kennen wir schon einige Künstler mit Namen oder können die Wanderungen anonymer Meister von Ort zu Ort verfolgen. Zentrum und Sammelpunkt für die am und im Kirchenbau geübte Kunst war die Bauhütte. - Betrachtet man die romanische P. nach *Kunstlandschaften*, so liegen die Anfänge in dem zum Reich gehörenden Gebiet der mittleren Maas (Klöster in Lüttich, Stavelot, St. Hubert, Huy u.a.). Die »Maasschule« ragt durch Bronzen (Taufbecken des Reiner von Huy, Lüttich) und Goldschmiedewerke hervor. Zur gleichen Zeit regen sich neue Kräfte aber auch in Burgund (Kapitelle von Cluny; Tympana von Charlieu, Autun und Vézelay), Südfrankreich (Toulouse, Moissac; Fassade von St. Gilles; Kapitelle der Auvergne), Sachsen (Grabplatten in Merseburg, Enger, Quedlinburg und Magdeburg), Oberitalien (Modena, Dom; Pavia, S. Michele; durch wandernde Steinmetzen Wirkung auf den Norden bis Skandinavien), Unteritalien (Bari, Kathedra; Troia, Bronzetür) und Nordspanien (Tympana in Santiago de Compostela und S. Isidor zu León). Später im 12.Jh. findet dann die P. der übrigen Kunstlandschaften Anschluß an die große Strömung: die Niederlande (Nivelles), die Rheinlande (Gustorfer Chorschranken), Südwestdeutschland (Chorpult in Freudenstadt, Holz; Portale in Petershausen und Basel). Bayern und Österreich traten erst im 13.Jh. hinzu, als in Mitteldeutschland und am Oberrhein die Berührung mit der französischen Kathedral-P. (s.u.) schon eine neue Wende gebracht hatte. Auch England und Skandinavien beteiligten sich im 12.Jh. an der Weiterentwicklung der Monumental-P. - Die *Wand-M.en* stehen an Zahl, zumindest im heutigen Bestand, weit hinter der Buch-M. zurück. Als erstes müssen die frei erzählenden Fresken in der Unterkirche von S. Clemente in Rom genannt werden, denen in Italien nur wenig an die Seite zu stellen ist (Aosta; Civate; S. Angelo in Formis b. Capua); die süditalienische Wand-M. und Mosaikkunst (Cefalù; Monreale) steht noch stärker unter dem Einfluß von Byzanz. Frankreich besitzt die großen Zyklen von St. Savin-sur-Gartempe, Vic, Tavant und Berzé-la-Ville (s. Taf. 54 Abb. 2); hier, in einem Priorat von Cluny, haben wir ein verkleinertes Abbild der Ausmalung der großen Abteikirche des Abts Hugo von Cluny. Für den nordfranzösischen Raum fehlen Fresken, doch bietet der Bildteppich von Bayeux mit der Darstellung der Eroberung Englands durch die Normannen einen gewissen Ersatz. England hat nur noch wenige Reste eines früher reichen Bestands an Fresken (Hardham; Coombes; Canterbury). Um so reicher sind die noch in Deutschland und Österreich erhaltenen Ausmalungen, doch sind sie oft durch Übermalung verdorben. Burgfelden (Württ.) steht noch in der ottonischen Tradition. Seit Mitte des 12.Jh.s entstanden zahlreiche Freskenzyklen (Regensburg, Allerheiligenkapelle; Idensen i. Hann.; Braunschweig; bes. häufig im Rheinland, zB Schwarzrheindorf b. Bonn). In Österreich blieb der romanische Charakter noch bis ins 13.Jh. gewahrt (Pürgg; Gurk). Viele Fresken haben sich auch in Dänemark erhalten. Zu den Wand-M.en treten noch die *Bildteppiche:* die wertvollsten besitzt der Halberstädter Domschatz (13.Jh.). - Die *Buch-M.* des 12. und frühen 13.Jh.s ist im wesentlichen eine Weiterentwicklung aus der des 11.Jh.s. Das Kolorit wird bunter, leuchtender, wo Deckfarben verwendet sind; hinzu tritt die ein- oder mehrfarbige Federzeichnung (s. Taf. 15 Abb. 2). Der Bilderkreis wurde abermals stark bereichert (Legenden). Die Anfänge liegen wieder im Maasgebiet (s.o.). In Frankreich haben die nördlichen Landschaften den zeitlichen Vorrang, doch gibt es nun kaum ein bedeutendes Benediktinerkloster, in dem nicht eigene Illuminatoren wirkten, und auch die Zisterzienser, Prämonstratenser u.a. Orden hatten ihre Schulen (s. Taf. 5 Abb. 4). In Deutschland ragen Salzburg mit seinen Riesenbibeln, Regensburg und Weingarten (s. Taf. 16 Abb. 2) hervor. Am Oberrhein entstand der Hortus deliciarum der → Herrad von Landsberg. Gegen Ende der → Romanik gewann die sächsisch-thüringische Malerschule Einfluß auch auf den Norden. In England entstand Anfang des 12.Jh.s der Albanipsalter, eine der reichst illuminierten Hss. der Zeit (s. Taf. 15 Abb. 1. 3). Später bildete sich eine Schule, aus der bes. die Winchesterbibel hervorging (s. Taf. 55 Abb. 1). Zu den großen Leistungen der romanischen M. muß auch die → Glasmalerei gerechnet werden (Prophetenfenster des Augsburger Doms, Anfang 12.Jh.; s. Taf. 54 Abb. 1).

6. Die romanische Kunst hatte die bildhafte und scheinbar im Räumlichen bewegte Kompositionsweise, die der karolingischen und ottonischen aus antikem Erbe ihr Gepräge gab, zugunsten feierlicher Starre oder verhaltener Gestik, schroffer Linearität und oft symmetrischer Anordnung zurückgedrängt. Wahres raumkörperliches Vorstellungsvermögen eignete weder der Kunst der Frühzeit noch der Romanik. Erst langsam eroberten sich die Künstler, voran einige bedeutende Persönlichkeiten, diesen seit der Spätantike verschlossenen Bereich. Die Ausgangspunkte waren verschieden, sie liegen aber alle, wie zu erwarten ist, im Gebiet der P. Nicht nur die in Gewändefiguren und Gerät schon ausgebildete Frei-P. hat daran teil, sondern ebenso das Relief, die Holz- und Stein-P. ebenso wie die Goldschmiedekunst. Die Ansätze sind in *Frankreich* früher als in Deutschland und Italien spürbar, ihr Zentrum die Bauhütten der Kathedralen im Herzen Frankreichs. Die schon vor Mitte des 12.Jh.s beginnende Entwicklung nimmt ihren Weg »von idealer Allgemeinheit und Architekturnähe zu eindringlicher Vergegenwärtigung und Lebensnähe« (Pinder). Der klassische Höhepunkt wurde im 13.Jh. erreicht. - Die P. entfaltete sich am reichsten in großen, den christlichen Heilsplan darstellenden *Portalprogrammen*, wie sie schon bald nach 1100 in Burgund erschienen und vorzüglich in der Ile-de-France, etwa seit 1135 bis zur Mitte des 13.Jh.s, weitergebildet wurden (Chartres [s. Taf. 54 Abb. 3], Paris, Reims, Amiens [s. Taf. 55 Abb. 3] u.a.). Bes. die Gewändefiguren gewinnen jetzt von innen her Leben, die blockhafte Körpergestaltung weicht organischen Formen, das wie aufgeschriebene Linienwerk erhält als Faltenwurf seine Funktion, die Gebärde wird frei. Noch ruhen die Figuren in sich, im weiteren Verlauf werden sie sich einem Beschauer zuwenden. Das Relief strebt Gegenwartsnähe und freie Flächenfüllung an, zuweilen sogar unter Einbeziehung des Tiefenraums. Diesem Reichtum an Entdeckungen steht nicht selten ein Verlust gegenüber:

die herbe, kultische Hoheit romanischer Skulpturen, die Ausdruckskraft ihrer zugleich zarten und strengen Gebärdensprache wird von keiner späteren Epoche erreicht. – In *Deutschland* setzte der Umschwung nur zögernd ein, zunächst in Straßburg und Mainz, dann vor allem in den östlichen Grenzlanden (Magdeburg, Freiberg, Bamberg, Naumburg). Die Aufgaben waren in Deutschland weniger einheitlich, so auch die gefundenen Lösungen oft sehr persönlich (Engelspfeiler in Straßburg als Weltgerichtsdarstellung; Dialoge der Propheten und Apostel an den Bamberger Georgenchorschranken; Bamberger und Magdeburger Reiter; Naumburger Stifterchor). Die Meister lassen ihre in französischen Bauhütten erworbene Schulung erkennen. Die 2. Hälfte des 13.Jh.s brachte weniger an bedeutender Monumental-P. hervor (Regensburg, Marburg, Straßburg, Stralsund). Stark dezimiert sind wohl die Bildwerke in Holz (Triumphkreuzgruppe in Halberstadt; Grabmal des Grafen v. Sayn, Nürnberg). Der Erzguß brachte mit dem Taufbecken des Hildesheimer Doms ein für Relief-P. wie für Frei-P. bedeutsames Werk hervor. Wichtigen Anteil an der Ausbildung des neuen monumentalen Stils hatte aber auch die Klein-P., bes. die *Reliquienschreine* mit vergoldeten Kupfertreibarbeiten (ca 1150 bis 1250). Lothringen, Köln und Aachen waren hier zunächst führend. Nikolaus von Verdun, der Hauptmeister der Maasschule, schuf mit dem Dreikönigenschrein in Köln ein der Stein-P. ebenbürtiges Werk. Aus Kölner Werkstätten gingen der Annoschrein in Siegburg, der Heribertschrein in Deutz und der Maurinusschrein in Köln hervor, aus der Aachener Werkstatt der Karlsschrein und der Marienschrein im dortigen Münster. Der Marburger Elisabethschrein schließt die Reihe ab. Erwähnung verdienen noch die getriebenen oder gegossenen Altarantependien, die figürlichen Gießgefäße und einige Büstenreliquiare. – Die in ihrer Bedeutung meist unterschätzte *englische* P. des 13.Jh.s (Bau-P., Tympana, Strebepfeilerfiguren: Wells, Lincoln, Salisbury, Westminster; Grabsteine aus Purbeckmarmor) übte bestimmenden Einfluß auf Skandinavien aus (Drontheim und Bergen; West- und Mittelschweden). – Die M. hatte in romanischer Zeit wesentlich zur Gestaltung der Raumgrenze im Kircheninnern beigetragen, indem sie durch farbige Architekturglieder, Wandgemälde, bunte Glasfenster und in die Arkaden gehängte Bildteppiche eine nahezu lückenlose farbige Wandoberfläche bot. In der gotischen Kathedrale ist für die figürliche Wand-M. kein Platz mehr, und auch die dekorative M. wird zurückgedrängt (immerhin war die P. großenteils farbig gefaßt). Um so stärker treten die *Glas-M.en* und Bildteppiche hervor. Die Glasfenster waren bes. berufen, dem Kircheninnern eine feierliche, überweltliche Wirkung zu geben (s. Taf. 55 Abb. 2). – Die *Buch-M.* stellt nun zum erstenmal in größerem Umfang auch literarische Themen (Epen, Romane) dar, und aus ihrer Art der Schilderung hat wiederum die religiöse Buch-M. Gewinn gezogen. Die freie Anmut der Körperbewegung und des Linienflusses der Gewänder sind Widerspiegelungen der in der Kathedral-P. vollzogenen Entwicklung. Daneben aber lebt in Deutschland bis nach der Mitte des 13.Jh.s der in einigen Landschaften ausgeprägte unruhvolle, den Ausdruck übersteigernde, doch im Flächigen bleibende Zackenstil weiter (Landgrafenpsalter, Stuttgart; Goslarer Evangeliar; Aschaffenburger Evangeliar, s. Taf. 13 Abb. 2). Die französische Buch-M., die sich einheitlicher entwickelte, und die englische Buch-M. schufen noch bis zum Ende des 13.Jh.s bedeutende Hss. (Psalter Ludwigs d. Hl., nach 1253; drei Evangeliare der Ste. Chapelle; Queen Mary's Psalter). Die Tradition wurde hier ins 14.Jh. fortgeführt, während sie in der deutschen Buch-M. abbrach und sich erst im 14.Jh. mit nur wenigen Hss. neu belebte (Weltchroniken, Manesse-Hs.). – Neben die Buch-M. war aber schon seit längerer Zeit die *Tafel-M.* getreten. Ihre Werke aus karolingisch-ottonischer Zeit, meist kleine, hochverehrte Bilder, sind oft übermalt und darum schwer einzuordnen. Neue Aufgaben fand sie nun in Altarantependien und -retabeln (zB Berlin, Anfang 13.Jh., aus Soest). Die M. ist sehr sorgfältig auf Kreidegrund aufgetragen, ihr Stil entspricht dem der Buch-M. Anregungen der byzantinischen Tafel-M., durch Italien vermittelt, sind anzunehmen. – Die *italienische Dugento-M.* konnte sich aus dem über Süditalien und Venedig her immer neu einströmenden byzantinischen Formenkanon nur langsam befreien. Mosaik, Fresko und Tafel-M. haben an dieser Entwicklung gemeinsam teil, in geringerem Maße auch die Buch-M. In Lucca (Berlinghieri) und Pisa (Giunta) ist zum erstenmal die neue Kraft spürbar (Kruzifix-, Madonnen- und Heiligentafeln). Nach der Jh.-Mitte gesellten sich bes. Florenz (Cimabue) und Siena (Duccio) hinzu und bereicherten das Bild der M. durch Anmut und Lebensnähe. Gegen Ende des 13.Jh.s wird in Rom (Torriti, Cavallini) unter Einwirkung der nahen spätantiken Mosaiken ein freierer Erzählstil vorbereitet, dem dann nach 1300 in Florenz → Giotto zum Durchbruch verhilft (→ Malerei und Plastik: III). – In der P. hat Italien keinen Anteil an der Entstehung und Weiterentwicklung der Gotik; es stand dem französischen Formgut ablehnend gegenüber und nahm erst spät einiges davon auf. Bronzeguß und Bau-P., deren bedeutendste Werke im späten 12.Jh. entstanden, überließen im 13.Jh. einer dekorativen Marmor- und Mosaikkunst (Cosmatenarbeit) die Führung. Nur im engsten Kreis um Kaiser → Friedrich II. († 1250) entstand aus dem Willen des Herrschers, der seine Bildhauer antike Skulpturen kopieren ließ, eine *monumentale P.*, deren Werke größtenteils verloren sind (Capua; Castel del Monte). Aus dieser Werkstatt ging aber der erste Erneuerer der italienischen P. hervor: Niccolò Pisano, der 1250 ins ghibellinische Pisa kam und hier (1260, s. Taf. 55 Abb. 4), in Siena (1268) und Perugia (1275ff) arbeitete. Seine Werke (Kanzeln und Brunnen-P.) bedeuten eine Synthese aus spätantiker Sarkophag-P., französischer Kathedralskulptur und spätbyzantinischen Formelementen. Giovanni Pisano, sein genialer Sohn und Schüler, in Perugia gleichberechtigter Mitarbeiter, setzte sein Werk fort und leitete die große Zeit der italienischen P. ein (→ Malerei und Plastik: III, 2).

Allgemein: J.BAUM, Die M. u. P. des MA in Deutschland, Frankreich u. Britannien (Hdb. d. Kunstwiss. 8), 1930 – M.HAUTTMANN, Die Kunst des frühen MA (Propyläen-Kunstgesch. 6), 1929 – H.FOCILLON, Art d'occident, Paris 1938 – G.DEHIO, Gesch. der dt. Kunst I, 2 Bde, (1919) 1930⁴ – »Ars sacra«, Kunst des frühen MA, Ausstellungs-Kat. München 1950 – H.DECKERT, Dt. Kunst I: Von d. Anfängen bis z. Ende des roman. Stils, 1931 – J.GANTNER, Kunstgesch. der Schweiz I. II, 1936-47 – J.HUBERT, L'art pré-roman, Paris 1938 – G.B. BROWN, The Arts in early England, 5 Bde, London 1903-21 – The Oxford History of English Art II-V, 1952-57 – P.TOESCA, Storia dell' arte italiana I, 2 Bde, Turin 1927 – Ars Hispaniae, Historia universal del arte hispánica II-IX, Madrid 1947-55 – W.HOLMQVIST, Kunstprobleme der Merowingerzeit, Stockholm 1939 – N.ÅBERG, The Occident and the Orient in the Art of the 7th century, 3 Bde, ebd 1943-47 – R.HINKS, Carolingian Art, London 1935 – H.JANTZEN, Ottonische Kunst, 1947 – H.SWARZENSKI, Monuments of romanesque Art, London 1954 – W.PINDER, Die Kunst der dt. Kaiserzeit bis z. Ende der staufischen Klassik, (1935) 2 Bde, 1952⁵.

Malerei: RDK II, 1420ff (A.BOECKLER-P.BUBERL-H.WEGENER: »Buch-M.«; ausführl. Lit.) – K.WEITZMANN, Illustrations in Roll and Codex. A Study of the Origin and Method of Text Illustration, Princeton 1947 – A.GRABAR-C.NORDENFALK, Die großen Jh.e der M.: I. Das frühe MA vom 4.-11.Jh.; II. Die roman. M. vom 11.-13.Jh., Genf 1957-58 – H.SCHRADE, M. des MA: I. Vor- u. frühroman. M., 1958 – P.CLEMEN, Die roman. Monumental-M. in den Rheinlanden,

1916 - Ders., Die got. Monumental-M.en der Rheinlande, 2 Bde, 1930 - W.Frodl, Die roman. Wand-M. in Kärnten, Klagenfurt 1942 - J.Mašín, Romanesque mural Painting in Bohemia and Moravia, Prag 1954 - A.Stange, Dt. roman. Tafel-M. (Münchner Jb. d. bild. Kunst NF 7, 1930, 125-181) - B.Kurth, Die dt. Bildteppiche des MA, 3 Bde, Wien 1926 - M.Schuette, Gestickte Bildteppiche u. Decken des MA, 2 Bde, 1930 - »Sakrale Gewänder des MA«, Ausstellungs-Kat. München 1955 - P.Deschamps-M.Thibout, La peinture murale en France, Paris 1951 - »Manuscrits à peinture du VIIe au XIIIe siècle«, Ausstellungs-Kat. Paris 1954 - O.E.Saunders, Englische Buch-M., 2 Bde, 1928 - E.G.Millar, La miniature anglaise du Xe au XIIIe siècle, Paris 1926 - A.Goldschmidt, Der Albanipsalter in Hildesheim u. seine Beziehung zur symbol. Kirchensculptur des 12.Jh.s, 1895 - T.Borenius-E.W.Tristram, Englische M. des MA, 1927 - E.W.Tristram, English medieval Wall Painting: XIIth century, Oxford 1944; XIIIth century, 2 Bde, London 1950 - E.B.Garrison, Italian Romanesque Panel Painting, Florenz 1949 - Ders., Studies in the History of mediaeval Italian Painting, 3 Bde, ebd 1953-58 - E.W.Anthony, Romanesque Frescoes, Princeton 1951 - »Mostra storica nazionale della miniatura«, Ausstellungs-Kat. Rom 1954 - R.Oertel, Die Frühzeit der ital. M. (Urban-Bücher), 1953 - J.Wilpert, Die röm. Mosaiken u. M.en der kirchl. Bauten vom 4.-13.Jh., 4 Bde, 1924³ - O.Demus, The Mosaics of Norman Sicily. London 1949 - E.Sandberg-Vavalà, La croce dipinta italiana e l'iconografia della passione, Verona 1929 - J.D.Bordona, Die span. Buch-M. vom 7.-17.Jh., 2 Bde, 1930 - J.Pijoan-J.Gudiol i Ricart, Les pintures murals romàniques de Catalunya, Barcelona 1948 - W.Neuss, Die katalanische Bibelillustration um die Wende des 1.Jt.s u. die altspan. Buch-M., 1922.

Plastik: H.Schrade, Zur Frühgesch. der ma. Monumental-P. (Westfalen 35, 1957, 33-64) - A.Feulner-Th.Müller, Gesch. der dt. P., 1953 - E.Panofsky, Die dt. P. des 11.-13.Jh.s, 2 Bde, 1924 - H. Beenken, Roman. Skulptur in Deutschland, 1924 - R.Bernheimer, Roman. Tier-P., 1931 - H.Jantzen, Dt. Bildhauer des 13.Jh.s, 1925 - R.Hamann, Dt. u. franz. Kunst im MA I, 1922 - A.Kingsley Porter, Romanesque Sculpture of the Pilgrimage Roads, 10 Bde, Boston 1923 - P.Deschamps, Die roman. P. Frankreichs, 1930 - H.Focillon, L'art des sculpteurs romans, Paris 1931 - R.Rey, La sculpture romane Languedocienne, Toulouse 1936 - W.Vöge, Die Anfänge des monumentalen Stiles im MA, 1894 - M.Aubert, Die got. P. in Frankreich 1140-1225, 1929 - P.Vitry, Die got. P. in Frankreich 1225-1270, 1929 - L.Tollenaere, La sculpture sur pierre de l'ancien diocèse de Liège à l'époque romane, Gembloux 1957 - F.Henry, La sculpture irlandaise pendant les 12 premiers siècles de l'ère chrétienne, 2 Bde, Paris 1933 - A.Gardner, English medieval Sculpture, Cambridge 1951 - A.Andersson, English Influence in Norwegian and Swedish Figuresculpture in Wood 1220-1270, Stockholm 1949 - R.Kautzsch, Die röm. Schmuckkunst in Stein vom 6.-10.Jh. (Röm. Jb. f. Kunstgesch. 3, 1939, 1-73) - Ders., Die langobardische Schmuckkunst in Oberitalien (ebd 5, 1941, 1-48) - R.Jullian, L'éveil de la sculpture italienne. La sculpture romane dans l'Italie du nord, 2 Bde, Paris 1945-49 - Ders., Les sculpteurs romans de l'Italie septentrionale, ebd 1952 - M.Salmi, La scultura romanica in Toscana, Florenz 1928 - G. de Francovich, Benedetto Antelami, architetto e scultore e l'arte del suo tempo, Mailand-Florenz 1952 - H.Keller, Giovanni Pisano, 1942.

H.M.v.Erffa

III. Spätgotik und Renaissance

1. Allgemeines - 2. Italien im 14.Jh. - 3. Deutschland und Frankreich im 14.Jh. - 4. Der Weiche Stil - 5. Altniederländische M. - 6. Deutsche M. des 14. und 15.Jh.s - 7. Frührenaissance in Italien - 8. Hochrenaissance und Manierismus in Italien - 9. Niederländische M. des 16.Jh.s - 10. Spätgotik und Reformationszeit in Deutschland. - Bildtafeln 56-58 nach Sp. 672

1. Die Ausbreitung der → Bettelorden seit dem 2. Viertel des 13.Jh.s und die dadurch bewirkte Erneuerung der → Volksfrömmigkeit (: I) führte in ganz Europa zu einem tiefgreifenden Wandel der künstlerischen Ausdrucksformen. War noch die hochgotische Kathedrale ein Gesamtkunstwerk, das die universale Welt- und Heilsvorstellung des MA nahezu vollständig in bildhafter Form zu verkörpern vermochte (→ Kirchenbau: III, 3), so bemerken wir etwa um 1300 die ersten Zeichen für die beginnende Auflösung dieses in sich geschlossenen geistig-künstlerischen Systems. Solange die *Kirche* als Institution die wichtigste und fast einzige Trägerin aller künstlerischen Initiative war, spiegelte sich in der »Hierarchie der Künste« das hierarchische System der Kirche selbst. Die *Architektur* war unbestritten die führende Ausdrucksform, die alle übrigen Künste erst ermöglichte und in sich aufnahm. Mit dem Erstarken der persönlichen Frömmigkeit, die in der → *Mystik* (: VI) ihren bezeichnendsten Ausdruck fand, traten auch neue künstlerische Bedürfnisse auf. Wie die Predigt in der Landessprache neben dem Latein des liturgischen Gottesdienstes an Bedeutung gewann, so verstärkte sich das Gewicht der darstellenden Künste - P. und M. - gegenüber dem der Architektur. Wohl hat auch das städtische Bürgertum noch gewaltige Kirchenbauten aufgeführt, aber deren Bild war bestimmt von der Vielzahl der Kapellen und Altäre, der Grabstätten und Epitaphien, die als Stiftungen einzelner Familien entstanden. Mit ihnen dringt ein Element des Privaten in den Kultraum der Gemeinde ein.

Schon die Skulptur des 13.Jh.s stand im Zeichen einer Humanisierung des Darstellungsgehaltes. Die hl. Gestalten wurden im Bilde eines edlen Menschentums dargestellt, die biblischen Erzählungen erfüllten sich mit einer neuen Eindringlichkeit, die zum Nachvollzug des Geschehens in der Sphäre menschlichen Empfindens aufrief (»Beau Dieu« an der Kathedrale von Amiens [s. Taf. 55 Abb. 3], Passionsszenen am Naumburger Lettner). Diese Kunst wollte unmittelbar ergreifen und sprach die persönlichsten Regungen des Betrachters an. Aus diesen Voraussetzungen erwuchs im 14.Jh. das → *Andachtsbild*, das der frommen Versenkung des Einzelnen diente. Zwischen Mystik und Kunst entstand eine fruchtbare Wechselwirkung. Die Visionen der Mystiker knüpften vielfach an bereits vorhandene Bildmotive an, nicht selten aber gaben sie ihrerseits die Anregung für ikonographische Neuschöpfungen. Die mystische Bewegung hat nicht nur zahlreiche neue Bildtypen hervorgebracht und der Kunst neue Empfindungstiefen erschlossen, sie schuf auch ganz allgemein ein neues Verhältnis zwischen dem Kunstwerk und seinem Betrachter. Entscheidend war, daß der Einzelne nun einem einzelnen Kunstwerk gegenüberstand. Die mystische Schau, die sich an künstlerischen Darstellungen inspirierte, hat damit den Boden bereitet für die Möglichkeit einer vorwiegend ästhetischen Betrachtungsweise und für die Emanzipation der künstlerischen Sphäre, die durch die Renaissance herbeigeführt werden sollte.

2. Zugleich verlagerte sich um 1300 der Schwerpunkt der künstlerischen Entwicklung von der Ile-de-France, die im 13.Jh. die führende Kunstlandschaft Europas war, nach *Italien*. Hier führte *Giovanni Pisano* am Dom von Siena die Kathedralskulptur auf ihre letzte Höhe. Gleichzeitig erhob → *Giotto* die italienische M. zu europäischem Rang. In genialer Synthese verschmolz er die italienisch-byzantinische Tradition mit Elementen der französischen → Gotik (Vermenschlichung der Gebärdensprache und der Erzählung, Raumauffassung im Sinne der hochgotischen Reliefkunst). Von größter Bedeutung wurde seine perspektivische Darstellungsweise, mit der er das Prinzip der *räumlichen Illusion* in die europäische M. einführte. Giottos Perspektive ist noch rein empirisch und findet ihre Grenzen in seinem Sinn für monumentale Gestaltung und für die Würde der menschlichen Figur. Trotzdem schuf er damit die Voraussetzungen für das System der Zentralperspektive, das zu Beginn des folgenden Jh.s in Florenz ausgebildet wurde (s.u.). Giottos Schüler gingen in der Anwendung der perspektivischen Illusion zT schon weit über ihn hinaus (*Taddeo Gaddi*, Fresken der Baroncelli-Kapelle in S. Croce, Florenz, um 1330). Dasselbe gilt für die sienesischen Maler dieser Generation (*Simone Martini*, *Pietro* und *Ambrogio Lorenzetti*). Diese verstanden es, zarteste Anmut der Empfindung mit einer Fülle von neuarti-

gen Naturbeobachtungen zu verbinden. Ihre kühnen Vorstöße blieben jedoch zunächst ohne Nachfolge. Um 1340 setzte eine rückläufige Stilbewegung ein, die auch in der Skulptur zu einer strengeren, blockhaft geschlossenen Figurenbildung und zur Reduktion der räumlichen Vorstellung führte *(Andrea Pisano, Tino di Camaino)*. In der Florentiner M. *(Maso di Banco)* setzte sich die Neigung zu flächenhafter Bildung und straffer Formdisziplin durch, die ebenfalls zu der künstlerischen Erbschaft Giottos gehörte. Noch schärfer trat diese Erstarrung seit 1350 bei *Andrea Orcagna* und seiner Schule in Erscheinung. In Fresken und Tafelbildern dominiert wieder das Prinzip der Flächengestaltung, das zu dem seit Giotto vorhandenen perspektivisch-räumlichen Element in ein scharfes Spannungsverhältnis tritt. Auch thematisch kehrte die M. wieder zu hieratisch-repräsentativen Darstellungen zurück, während das erzählerische Moment zurücktrat. Bezeichnend für diese Zeit sind programmatische Bilderzyklen von neuartiger ikonographischer Erfindung (»Triumph des Todes« im Campo Santo in Pisa, vermutlich von *Francesco Traini;* »Wirken des Dominikanerordens« in der Spanischen Kapelle, Florenz, von *Andrea da Firenze* um 1366–68). – Diese Tendenzen wurden gefördert durch die Folgen der Pestepidemie von 1348, die die Bevölkerung der toskanischen Städte, vor allem von Florenz und Siena, in Schrecken versetzte und dezimierte. Nicht nur viele Künstler wurden dahingerafft (u.a. wohl die Brüder Lorenzetti), sondern auch die Schicht der Auftraggeber veränderte sich in ihrer sozialen Struktur. Anstelle der mächtigen, fortschrittlich denkenden Patrizierfamilien, die Giottos M. bejaht und gefördert hatten, kamen nun Kleinbürger und Handwerker zu Macht und Einfluß; ihre Denkweise und ihr am Hergebrachten hängender Geschmack bestimmten von nun an weithin die künstlerische Produktion. An der künstlerischen Leistung schätzten sie vor allem die handwerklichen Qualitäten. Die Pracht und Größe der Altarwerke nahm deshalb in der 2. Hälfte des Trecento beständig zu, während der Stil zu eklektischer Trockenheit erstarrte (*Niccolò di Pietro Gerini* in Florenz, *Bartolo di Fredi* u.a. in Siena). Die Wand-M. bedeckte immer größere Flächen mit figurenreichen, aber im Grunde undramatischen Szenen (*Agnolo Gaddi,* Fresken der Kreuzlegende in S. Croce, Florenz, um 1380). Doch auch jetzt noch erwies die von Giotto geschaffene Formensprache ihre einzigartige traditionsbildende Kraft; obwohl reduziert und vielfach ins Handwerkliche abgesunken, hat sie in ganz Italien noch bis weit in das 15.Jh. hinein weitergelebt. – Wichtiger war es, daß die stilbildende Wirkung, die von Giotto und seinen Zeitgenossen ausging, auch weit über die Grenzen Italiens hinausreichte. Vermittelt durch den päpstlichen Hof in *Avignon,* aber auch auf anderen Wegen, wurde die italienische M. vorbildlich für ganz Europa. Ihre überlegene Technik, die klare Plastizität und Gebärdensprache der Figuren und vor allem die in ihr enthaltenen perspektivisch-räumlichen Elemente faszinierten die Maler nördlich der Alpen (Miniaturen des *Jean Pucelle* in Paris; Glas-M.en in *Königsfelden,* Schweiz; Flügeltafeln des Altars in *Klosterneuburg* b. Wien; sämtlich um 1320–30). Der neue italienische Stil verbreitete sich durch Buch-M.en, Musterzeichnungen (exempla) und bes. durch die um 1300 aufkommenden *»Kleinen Andachtsbilder«*, die dank ihrer leichten Beweglichkeit über Länder und Meere hin versandt werden konnten. Es waren Einzeltafeln oder verschließbare Diptychen und Triptychen; sie dienten der Privatandacht, als Reisealtärchen oder für die Versammlungsräume der zahlreichen Laienbruderschaften, die im Gefolge der Bettelorden entstanden. Ihr Themenkreis ist von mystischen Vorstellungen bestimmt: Passion und Kreuzestod des Erlösers, Christus als Schmerzensmann, Maria mit dem Kinde, meist thronend und von Heiligen verehrt, oft aber auch in der charakteristischen Haltung der »Madonna dell'Umiltà«, dh allein, mit dem Kinde im Schoß, am Boden sitzend (s. Taf. 56 Abb. 1). Dieser Typus der »Demütigen Gottesmutter« (→ Marienbild) wurde vor allem von der böhmischen M. seit ca 1350 aufgegriffen. Auch sonst war alles, was im Laufe des 14.Jh.s in Deutschland und Frankreich an Buch- und Tafel-M. entstand, mehr oder weniger von italienischen Vorbildern geprägt. Noch in dem Stil der Brüder van Eyck sind die giottesken Formgrundlagen spürbar, die als mächtiger Impuls am Beginn einer jahrhundertelangen Entwicklung stehen. Giottos Kunst, obwohl in ihrer spezifischen Erscheinungsform noch durchaus mittelalterlichen Charakters, bildet die gemeinsame Wurzel für das Aufblühen der neuzeitlichen M. sowohl in Italien wie im Norden.

3. Während in Italien bereits im Trecento die M. alle übrigen Künste an Bedeutung übertraf, stand in den Ländern nördlich der Alpen noch immer, wie schon im 13.Jh., die P. im Vordergrund. In *Deutschland* weckte die *Mystik* auch auf künstlerischem Gebiet starke schöpferische Kräfte. Das *Andachtsbild* trat hier bezeichnenderweise nicht in der M., sondern als plastisches Bildwerk auf. Die neuen Bildtypen, die sich bald nach 1300 herauskristallisierten, sind überaus charakteristisch für die mystische Empfindungsweise. So wird aus der erzählenden Szene des Abendmahls die *Christus-Johannes-Gruppe* herausgelöst und zum zeitlosen Symbol inniger Christusliebe erhoben. Der *»Schmerzensmann«* verkörpert den leidenden, von allen verlassenen Heiland; der *»Kreuztragende Christus«* – ebenfalls isoliert und aller historischen Bedingtheit entrückt – wird zum mahnenden Symbol für den Gedanken der → Nachfolge Christi (: II). Der Gekreuzigte wird mit Zügen bittersten Leidens dargestellt, oft in extremer Kraßheit (→ Kreuz: III). Das *»Vesperbild«* schließlich, die Klage der Gottesmutter um ihren toten Sohn, ist die tiefste und bezeichnendste Schöpfung der von der Mystik inspirierten Kunst. Vesperbildgruppen deutscher Herkunft sind auch in Italien zahlreich zu finden; noch → *Michelangelo* hat sich von ihnen zu seiner berühmten Marmor-Pietà in St. Peter in Rom anregen lassen. Die Bezeichnung »Pietà«, die vermutlich durch dieses Werk allgemeine Verbreitung fand, ist für die älteren, sämtlich in Deutschland entstandenen Vesperbilder fehl am Platze (wichtigste Vesperbilder aus dem 14.Jh.: Veste Coburg, um 1320–30; Erfurt, Ursulinerinnen-Kloster, um 1360 [s. Taf. 56 Abb. 2]; Bonn, Landesmuseum, aus Sammlung Röttgen, um 1370). – Eng verwandt mit dem Themenkreis der Andachtsbilder ist das *»Hl. → Grab«* (, 2), das den toten Christus umgeben von trauernden Gestalten und Grabeswächtern zeigt, in der Regel in einem architektonischen Gehäuse (bedeutendstes erhaltenes Beispiel im Münster zu Freiburg/Br., um 1330–40).

Während so die Passion Christi in ergreifenden Bildprägungen veranschaulicht wurde, entstanden gleichzeitig Bildwerke von zartester Schönheit und Holdseligkeit der Stimmung, vor allem Madonnenbilder. Mystische »Süße« verbindet sich mit höfischer Anmut und Eleganz zu einem Stil von höchster Verfeinerung und Idealität. In der *Groß-P.* erreicht dieser Stil seinen Höhepunkt in der Apostelfolge im Kölner Domchor (um 1322); hier werden die überlangen, fragilen Körper fast aufgezehrt von der schwungvollen Eigenbewegung der Gewandfalten. Doch schon in denselben Jahren setzte, von Frankreich ausgehend, die Gegenbewegung ein. Die Apostel von Saint-Jacques in Paris (1319 bis 1327, heute im Cluny-Museum) sind wieder blockhaft geschlossen und sparsam in der Gewandbehandlung. Der Fortgang dieser Entwicklung - zunehmende Erstarrung und »Verblockung« - läßt sich auf deutschem Boden an einer Reihe von monumentalen Figurenzyklen verfolgen (Propheten am Freiburger Münsterturm, um 1330-35; Katharinenkapelle im Straßburger Münster, um 1340; Madonna und Propheten in Rottweil, um 1340; Nordportal des Augsburger Domes, 1343; nördl. Chorportal der Heiligkreuz-Kirche in Schwäbisch-Gmünd, bald nach 1351). Zugleich mit der Rückwendung zu statuarischer Monumentalität bekundet sich in diesen Werken ein zunehmender, bürgerlich gestimmter Realismus. Beide Tendenzen erfuhren ihre letzte Steigerung in den Skulpturen der Prager Dombauhütte unter *Peter Parler* (Grabmäler der Přzemysliden, 1376/77; Büsten am Triforium des Prager Domes, um 1380 [s. Taf. 56 Abb. 3]). In diesen lebenssprühenden Bildnisbüsten, die Kaiser Karl IV. und seine Familie, aber auch Geistliche und die beiden Dombaumeister darstellen, erreichte die Skulptur der Parlerschule europäischen Rang.

Das *Bildnis,* dh die Darstellung des Menschen mit dem Anspruch individueller Ähnlichkeit, ist eine der epochalen Neuschöpfungen des 14.Jh.s. Es entstand vermutlich im Umkreis Giottos und Simone Martinis, allerdings etwa gleichzeitig auch in der Sepulkralskulptur. Rein weltliche Bildnisse sind in Frankreich bald nach der Mitte des 14.Jh.s nachzuweisen (König Johann der Gute, Tafelbild um 1360; Bildnisstatuen der königlichen Familie an der Wendeltreppe des Louvre, nicht erhalten, um 1365). Erhalten haben sich die realistischen Porträtfiguren der herzoglichen Familie im Justizpalast in Poitiers (bald nach 1389) und die Statuen mit den Bildniszügen König Karls V. und seiner Gemahlin vom Hospital der Quinze-Vingt (heute im Louvre, um 1390).

4. Das Frankreich Karls V. war die Wiege der letzten, großen Stilbewegung von gesamteuropäischer Wirkung, die das MA hervorgebracht hat. Der sog. *Weiche Stil* ist höfischen Ursprungs; seine Quellen lagen in Paris und an den französischen Herzogshöfen (Angers, Poitiers, Bourges, Dijon). In ihm schuf sich die zu Ende gehende ritterliche Kultur ihre späteste, aufs höchste verfeinerte künstlerische Ausdrucksform. Das erste Hauptwerk des »Weichen Stils« ist die Teppichfolge der *»Apokalypse von Angers«* (entworfen 1376-80 von dem Niederländer *Jean de Bondol;* s. Taf. 56 Abb. 4). Ornamentaler Überschwang und kindliche Anmut verbinden sich darin mit kühn realistischen Zügen, zugleich aber auch mit einer eigentümlich verspielten, romantisierenden Auffassung, die vielfach den Ernst des Themas vergessen läßt. Eine ähnliche Mischung scheinbar unvereinbarer Elemente begegnet auch in den Werken der *Goldschmiedekunst,* die damals in Frankreich in hoher Blüte stand (»Goldenes Rössel« in Altötting, Goldemailarbeit aus dem Besitz König Karls VI., kurz vor 1404). Am reinsten verwirklichte sich dieser höfische Stil in der *Miniatur-M.* (s.u.), bes. in den → »Stundenbüchern«. Obwohl zumeist religiösen Inhalts, wurden diese illuminierten Bücher - wie die Werke der Goldschmiedekunst - immer mehr zu Objekten weltlicher Prachtliebe und fürstlichen Sammeleifers.

Ein Gipfelpunkt des Weichen Stils in der *Skulptur* ist die Kunst des genialen, vermutlich aus Holland stammenden *Claus Sluter.* Dieser schuf im Dienst Herzogs Philipps des Kühnen von Burgund den Skulpturenschmuck der Kartause von *Dijon* (Madonna, Heilige und Stifterpaar am Portal der Kirche, 1389-93; Mosesbrunnen, bekrönt von einer heute fehlenden Kalvariengruppe, 1395-1405). Die mächtigen, von leidenschaftlichem Leben erfüllten Figuren sind umwogt von üppig strömenden Gewandmassen, zugleich aber mit durchdringendem Wirklichkeitssinn behandelt, der einst durch die naturalistische Bemalung noch unterstrichen wurde. Die Formensprache des »Weichen Stils« verbindet sich hier mit dem neuen, niederländischen Realismus, also mit einer spezifisch bürgerlichen Kunstrichtung.

Seit etwa 1380 begann der aus Frankreich kommende höfische Stil auch in *Deutschland* einzudringen. Er traf hier auf gänzlich andere Voraussetzungen als in seinem Ursprungsland. Einzig in Prag und in Wien bildete sich eine echte Hofkunst heraus (Buch-M. zZ König Wenzels, »Herzogswerkstatt« in Wien). Das übrige Deutschland war schon damals geprägt von der bürgerlichen Kultur der Städte. Die höfischen, oft preziösen und modischen Züge des Weichen Stils wurden hier als fremdartig-märchenhafter Reiz empfunden. Die kindliche Zartheit der Figuren wurde ins Volkstümliche übersetzt, aus ritterlicher Eleganz und dekadenter Verspieltheit wurde unreflektierte, volksliedhafte Anmut. - Am fruchtbarsten erwiesen sich dabei die am weitesten vorgeschobenen Grenzgebiete der deutschen Kultur im Osten und Südosten des Reiches. Dort entstand der Typus der *»Schönen Madonnen«,* die köstlichste Blüte der P. des Weichen Stils; in ihnen verbindet sich eine feine, naturnahe Sinnlichkeit mit höchstem, oft überirdischem Liebreiz. Die wichtigsten Beispiele sind die Madonnen aus Breslau (heute in Warschau), Thorn (zerstört) und Krumau in Südböhmen (heute in Wien; s. Taf. 57 Abb. 1), um 1390-1410. Auch Vesperbildgruppen von ähnlicher Zartheit der Empfindung und klassisch anmutender Komposition entstanden im südostdeutschen Raum und wurden von dort über große Entfernungen hin exportiert. Mit dem Vordringen des Weichen Stils wandelten sich auch die äußeren Voraussetzungen des bildhauerischen Schaffens. Die gemeinschaftsbildende Tradition der Bauhüttenskulptur wurde abgelöst durch die individuellere Tätigkeit einzelner, freilich zunächst noch zunftmäßig gebundener Handwerksmeister.

Um 1400 erreichte die Flutwelle des Weichen Stils auch *Italien.* Für die italienischen Fürsten und Tyrannen lag es nahe, sich in ihrer künstlerischen Repräsentation an das Vorbild der französischen Hofkunst anzuschließen, dh an den Stil der in Europa tonangebenden feudalen Schicht. Dies geschah bes. in Oberitalien, an den Höfen von Mailand und Verona. Aber auch Venedig öffnete sich bereitwillig dem Weichen Stil, und überraschenderweise auch die bürgerlichen Stadtrepubliken Florenz und Siena. In Florenz hat *Lorenzo Ghiberti* mit der ersten seiner zwei Bronzetüren am Baptisterium (1403-25) ein Hauptwerk des Weichen Stils geschaffen. Der Sienese *Jacopo della Quercia* mit seiner blutvollen, unverkennbar vom Weichen Stil geprägten Formensprache war ein Bildhauertemperament von ähnlicher Vitalität wie Claus Sluter; seine Werke haben noch Michelangelo entscheidend beeinflußt (Fonte Gaia, Siena, 1409-19; Portalskulpturen an S. Petronio in Bologna, 1425-38). Auch in der italienischen M. wirkte der Weiche Stil als das Ferment, das die erstarrte trecentistische Tradition wieder in Fluß brachte und damit den Boden für künftige Entwicklungen vorbereitete (*Stefano da Verona, Gentile da Fabriano* und *Pisanello* in Oberitalien, *Lorenzo Monaco* und *Masolino* in Florenz). Im ganzen aber blieb der von außen kommende Einfluß der »internationalen Gotik« in Italien eine Episode, die von den eigenen, schöpferischen Kräften des Landes rasch überwunden wurde.

5. Unvergleichlich viel tiefer war die Wirkung der französischen Hofkunst auf die *niederländische* M. Hier bestand ein unmittelbarer, genetischer Zusammenhang.

Die Künstler, die im ausgehenden 14.Jh. für die französischen Höfe arbeiteten, waren überwiegend Niederländer oder Wallonen, so der Bildhauer *André Beauneveu*, der sich auch als Miniaturist betätigte (Psalter des Herzogs Jean de Berry, um 1380), und der Miniaturmaler *Jacquemart de Hesdin*. Dieser führte die Buch-M. zu einem neuen Höhepunkt. In bildhaft geschlossenen, ganzseitigen Darstellungen verband er italienische Anregungen mit selbständiger Naturbeobachtung (Très belles Heures des Herzogs von Berry, heute in Brüssel, um 1390-95). Etwa gleichzeitig hat *Melchior Broederlam* in der Tafel-M. – noch in der Formensprache des Weichen Stils – die neue Bildvorstellung verwirklicht, die für die Zukunft maßgebend wurde (Altarflügel für die Kartause von Dijon, vollendet 1494; Dijon, Museum). In diesen Tafeln herrscht bereits das Prinzip der räumlichen Illusion. Die vom Menschen her gesehene, diesseitige Wirklichkeit wird zum vorherrschenden Maßstab der bildlichen Gestaltung. Die Brüder *Pol, Herman* und *Jean de Limbourg* (vermutlich aus Limborch in Geldern stammend) stießen zu eindringlicher, differenzierter Naturbeobachtung vor. In den Monatsbildern der »Très riches Heures des Herzogs von Berry« (Chantilly, Musée Condé, um 1406-16; s. Taf. 57 Abb. 2) stellten sie mit fast schon polemischer, sozialkritischer Schärfe das harte Leben der Landleute dem Luxusdasein der feudalen Herrenschicht gegenüber. Den letzten, entscheidenden Schritt tat dann *Jan van Eyck* († 1439) in seinen Miniaturen im Turin-Mailänder Stundenbuch (erhaltene Teile heute in Turin, seit ca 1417). Hier fand er als erster überzeugende Lösungen für die Darstellung der einheitlich gesehenen, offenen Landschaft wie für die des Innenraumes; die Miniatur der »Geburt des Johannes« wurde zum Ausgangspunkt für die gesamte niederländische Interieur-M.

Mit dem Wunderwerk des *Genter Altars* errang die altniederländische M. ihre volle Selbständigkeit und europäische Geltung. Vermutlich von *Hubert van Eyck* begonnen, wurde der Altar 1432 von *Jan*, dem jüngeren der beiden Brüder, vollendet (Gent, St. Bavo). Sieht man ab von den himmlischen Gestalten im Mittelbild, die noch durch den traditionellen Goldgrund ausgezeichnet sind, so ist hier bereits alles in der Sphäre der irdischen Wirklichkeit gesehen. Mit staunenswertem malerischem Können wird die Illusion einer reich differenzierten Stofflichkeit, körperlicher Gegenwart und räumlicher Tiefe erzeugt. Folgerichtig hat Jan van Eyck – auch in seinen späteren Madonnenbildern – auf das gewohnte Symbol des Heiligenscheines verzichtet. Der Eindruck überirdischer Würde und Stille, der dennoch von seinen Bildern ausgeht, beruht auf dem Zauber des Lichtes und des »Raumschattens«, auf der Verklärung der Wirklichkeit durch die Kostbarkeit der M. In seinen *Bildnissen* verbindet sich dieses malerische Können mit tiefdringender Charakterisierungskunst. – Kaum weniger radikal als Jan van Eyck hat sein Generationsgenosse *Robert Campin* (der »Meister von Flémalle«, ca 1375 bis 1444, tätig in Tournai) die neue Sicht der Wirklichkeit gestaltet. Sein Realismus ist herber und primitiver, mehr auf die plastische Form als auf die optische Erscheinung der Dinge gerichtet. Seine – noch empirische – Perspektive ist jäh und übertrieben. Auch er hat meist auf die Verwendung des Goldgrundes und des Heiligenscheines verzichtet (vgl. Taf. 12 Abb. 4).

Es ist bezeichnend, daß die radikalen Konsequenzen, zu denen die großen Meister des ersten, schöpferischen Aufbruchs vorgestoßen waren, schon von der nächsten Generation nicht mehr gebilligt wurden. *Rogier van der → Weyden* († 1464), der Schüler Campins, hat zwar das neue Bild der Wirklichkeit übernommen, das Campin und Jan van Eyck geschaffen hatten, zugleich aber auch das Motiv des Heiligenscheins (→ Nimbus) unbedenklich wieder in seine Bildwelt eingeführt. Seine Kunst ist restaurativ, erfüllt von zeremonieller Frömmigkeit und aristokratischer Noblesse; sie wirkt wie ein verspäteter Sieg des höfischen Elements in einer sonst schon ganz bürgerlich gewordenen Welt. – Rogiers Schüler *Hans Memling* († 1494) setzte die restaurative Richtung fort und schuf Bilder von legendenhaft frommer, verhaltener Stimmung. – Die malerischen Probleme, die Jan van Eyck beschäftigt hatten, wurden weiterverfolgt von *Aelbert Ouwater* und *Dierick Bouts d. Ä.* († 1475). Beide waren gebürtige Holländer, zurückhaltend im Ausdruck, aber mit feinstem koloristischem Sinn begabt. – Ihren monumentalen Höhepunkt erreichte die altniederländische M. in dem sog. *Portinari-Altar* des *Hugo van der Goes* († 1482). Der grandiose Flügelaltar wurde im Auftrag des Florentiner Kaufmanns Tommaso Portinari 1473-75 für S. Maria Nuova in Florenz gemalt (heute Florenz, Uffizien). Die herbe Größe und eindringliche Lebensnähe dieses nordischen Meisterwerks hat die Florentiner Maler vielfach zu Nachahmungen angeregt.

6. Die M. in *Deutschland* bot kein so geschlossenes Bild wie die niederländische. Zwar traten hier immer wieder einzelne, geniale Maler auf, doch blieben sie zumeist isoliert; soweit es zu einer kontinuierlichen Schulentwicklung kam, dominierte das handwerkliche Mittelmaß. Bezeichnend dafür ist die kurze Blüte der M. in *Böhmen* unter → Karl IV. und seinem Sohne Wenzel. Nach stark italianisierenden Anfängen (Altar von *Hohenfurt*, um 1350-60) fand Meister *Theoderich von Prag* einen eigenen Stil von dumpfer, doch intensiver Ausdruckskraft (Heiligentafeln in der Kreuzkapelle der Burg Karlstein, um 1365). Mit den Passionstafeln des *Meisters von Wittingau* (um 1380, heute in Prag) hielt der Weiche Stil seinen Einzug, allerdings in spezifisch »östlicher« Abwandlung: die gestreckten, knochenlosen Figuren strahlen eine fast magische Wirkung aus. Schon um 1400 erreichte der vom Westen übernommene Stil seinen Höhepunkt, um dann rasch ins Provinzielle abzusinken. – Im Norden Deutschlands hat *Meister Bertram* – ohne erkennbare Vorstufen, doch vertraut mit der westlichen und wohl auch der böhmischen M. – ein malerisches Werk von höchstem Rang geschaffen: den Altar aus der Petrikirche in Hamburg (vollendet 1383). Mit naiver Anschaulichkeit und Dramatik erzählt er die Schöpfungsgeschichte und die Kindheit Jesu. – Die nächste Generation stand schon ganz im Banne der französischen Kunst. *Konrad von Soest* verpflanzte die höfische Eleganz westlicher Vordilder in seine westfälische Heimat (Wildunger und Dortmunder Altar, um 1410 bzw. 1425). *Meister Francke* in Hamburg, im Vollbesitz der malerischen Kultur des Westens, schuf Bilder von mystischer Poesie und tief menschlicher Empfindung (Englandfahreraltar, 1424). Seine »Anbetung des Kindes« (s. Taf. 57 Abb. 3), wohl das schönste → Weihnachts-Bild der deutschen Kunst, ist inspiriert von der Schilderung der Geburt Christi in den »Revelationes« der Hl. → Birgitta. – Unmittelbar danach setzte sich der Einfluß des neuen, niederländischen Realismus durch. Der Schwabe *Lukas Moser* stellt sich als Kolorist und fein beobachtender Naturschilderer den flandrischen Meistern ebenbürtig zur Seite (Tiefenbronner Altar, 1431). *Konrad Witz*, von derb zupackendem, revolutionärem Temperament, verleiht Menschen und Dingen metallische Härte. Die perspektivische Illusion wird ihm zum pathetischen Ausdruckselement (Heilsspiegelaltar, Basel, um 1435-40; Verkündigung, Nürnberg). – Abermals eine Generation später wurde die formal geklärte, ausdrucksvolle Kunst des Rogier van der Weyden zum

Vorbild für die deutschen Maler (*Herlin* in Schwaben, *Pleydenwurff* in Nürnberg, *Schongauer* am Oberrhein).

Neben der M. wuchs in Deutschland ein neuer, volkstümlicher Kunstzweig empor: die *Druckgraphik* (→ Bibelillustration: II, 1, → Graphik). Nach vereinzelten, historisch noch ungeklärten Anfängen erlebte der *Holzschnitt* um 1400 in Süd- und Südostdeutschland seine erste Blüte (s. Taf. 57 Abb. 4). Bald folgten die ersten gedruckten Bücher, *»Blockbücher«* genannt, weil Bild und Text zunächst noch aus *einem* Holzstock geschnitten wurden. Ihr Inhalt war lehrhaft und erbaulich (→ Armenbibel [s. Taf. 6 Abb. 1], Ars moriendi, Dekalog). Etwa um 1430 begann man auch den *Kupferstich* für den Bilddruck heranzuziehen; auch dies geschah in größerem Umfang zuerst in Deutschland (Meister der Spielkarten, Meister E. S.). In stürmischer Entwicklung wurden die graphischen Techniken weitergebildet zu künstlerischen Ausdrucksmitteln von eigener Gesetzlichkeit und selbständigem Rang. Hier liegt die wichtigste, weit in die Zukunft weisende Leistung der deutschen Kunst im 15.Jh.

Während die Druckgraphik ihren Siegeszug begann, machte die aus dem MA überkommene → *Glasmalerei* eine bezeichnende Wandlung durch. Im 14.Jh. stand sie noch ganz im Zeichen abstrakter, tief glühender Farbigkeit, die den Kirchenraum in mystisches Dämmerlicht hüllte (Chorfenster im Dom zu Erfurt, um 1360-80). Mit der Ausbreitung des Weichen Stils setzte eine Aufhellung der Farbskala ein. Wachsende technische Virtuosität verführte die Glasmaler zu immer kühneren, bildmäßigen Effekten, die sie in gefährliche Nähe zur Tafel-M. und schließlich zur Handzeichnung geraten ließen. Trotz reichster Produktion während des ganzen 15.Jh.s war das Ende der Glas-M. nicht aufzuhalten. Zuletzt lebte sie fast nur noch im profanen Bereich weiter (sog. Kabinett- und Wappenscheiben).

7. In genauer zeitlicher Parallele zu dem Aufstieg der altniederländischen M. vollzog sich in *Italien* der Durchbruch zur *Frührenaissance*. In Florenz überwand *Masaccio* (1401-28) die gotische Ornamentalität des Weichen Stils. Seine monumentalen Figuren bewegen sich nach den Gesetzen der natürlichen Statik und Ponderation in einem einheitlich gesehenen Raum (Petrusszenen in der Brancaccikapelle, Florenz, S. Maria del Carmine; s. Taf. 58 Abb. 1). Das »Bild« wurde von nun an als Ausschnitt aus dem unendlichen Raum verstanden, den der Betrachter von einem bestimmten Punkt aus sieht. Der rationale Geist der Florentiner faßte das, was im Norden nur empirisch beobachtet wurde, in ein klar durchdachtes, konstruierbares System: die *Zentralperspektive*. Ihr Schöpfer war der Architekt *Brunelleschi* (→ Kirchenbau: IV, 1 a), ihr erster Theoretiker *Leone Battista Alberti*. Masaccio verstand es sogleich, das neue Darstellungsmittel der Perspektive unmittelbar in den Dienst der Erzählung zu stellen (Schattenheilung Petri). Das neue Sehen verbindet sich bei ihm mit tiefstem Ernst und heroischem Pathos. Sein malerischer Vortrag ist breit und gelockert; Licht und Schatten modellieren die Formen und beginnen bereits die Lokalfarben aufzulösen. - Doch auch in Florenz folgte auf diesen ersten, revolutionären Aufbruch eine Rückwendung zu traditionelleren Ausdrucksformen. Zwar wurde die Perspektive noch weiterentwickelt, zT mit experimenteller Einseitigkeit (*Uccello*). Zugleich aber wurden die malerischen Errungenschaften Masaccios preisgegeben; man kehrte zu einer mehr linearen, fein ziselierenden und spröden Formensprache zurück (*Castagno, Fra Filippo Lippi, Baldovinetti*). In den Klosterzellen von S. Marco schuf der Dominikaner → *Fra Angelico* eine Kunst von kindlich frommer Anmut, die bewußt auf alle aktuelle Problematik verzichtet. Zum ersten Male begegnen wir dem Phänomen einer religiösen M., die nicht mehr auf der Höhe der zeitgenössischen Entwicklung steht. Die Krise, die sich hier ankündigt, ist bezeichnend für die neue Stellung der Kunst in der → Renaissance. Die alte Einheit von Kunst und Glauben löste sich auf. Die Gestalt des »Künstlers« im neuzeitlichen Sinne zeichnet sich ab, und damit die Autonomie der Kunst als einer der Grundformen geistiger Produktivität des Menschen. Die Kunst beanspruchte, eine »Wissenschaft« zu sein, und tatsächlich gingen Kunst und Wissenschaft im Florenz des 15.Jh.s ein einzigartiges Bündnis ein (Leonardo da Vinci, s. 8). Dies führte jedoch keineswegs zu einer radikalen Säkularisierung. Auch in den folgenden Jh.en - bis zum Ausgang des → Barocks (: I) - haben die künstlerisch führenden Meister stets auch die tiefsten, für ihre Epoche bezeichnendsten Werke der religiösen Kunst geschaffen.

Zu den Begründern der Renaissance gehörte auch der Bildhauer *Donatello* (1386-1466). Seine Propheten vom Campanile des Florentiner Domes sind Menschen von Fleisch und Blut, gleich den Gestalten Masaccios, aber auch - wie diese - von glühender geistiger Leidenschaft erfüllt. Die Ponderation, das Körperliche überhaupt, auch wo es herb und häßlich ist, wird unmittelbar in den Dienst des religiösen Ausdrucks gestellt (Johannes d. T., Siena, Dom). Antike Vorbilder aufgreifend, hat Donatello die ersten Freifiguren der neuzeitlichen Kunst geschaffen. Die zahlreichen, hochbegabten Bildhauer, die in seinem Gefolge in Florenz auftraten, haben die Menschen der Renaissance in Bildnisbüsten von unübertroffener Lebensnähe festgehalten.

Die M. der Frührenaissance stand in wachsendem Maße unter der Spannung zwischen Raumillusion und Fläche. Es galt den perspektivisch vertieften Bildraum mit den Forderungen der monumentalen Figurenkomposition zu vereinen. Die Figuren durften sich nicht in der neu entdeckten Weite des Raumes verlieren. Die Bildfläche, die für das perspektivische Sehen nur ein »geöffnetes Fenster« war, sollte dennoch ihren Zusammenhang als farbig gestaltete, geschlossene Fläche bewahren. Kein anderer hat dies klarer erkannt als *Piero della Francesca* († 1492). In seinen Fresken der Kreuzlegende in S. Francesco in Arezzo (1452-59) vereint er schlagende perspektivische Wirkung mit höchster Monumentalität und souveräner Flächengestaltung; das verbindende Medium ist das Licht, das den Farben Zartheit und Schwerelosigkeit verleiht. - Die Auseinandersetzung mit der Perspektive war auch das zentrale Problem für *Mantegna* (1431-1506) in Oberitalien, für *Melozzo da Forlì* (1438-94) in den Marken und in Rom. In Florenz trat das Interesse dafür zurück. *Botticelli* (1444-1510) gestaltete religiöse und mythologische Themen in einer sensiblen Liniensprache, erfüllt von herber Anmut und sprödem Lyrismus. Seine mystisch gestimmte Religiosität ließ ihn zum Anhänger → Savonarolas werden. Die übrigen Florentiner Maler des späteren Quattrocento bemühten sich um immer strengere Plastizität (*Antonio Pollaiuolo, Verrocchio*) oder begnügten sich mit bürgerlich-nüchterner Schilderung ihrer Umwelt (*Ghirlandajo*, Fresken des Marienlebens im Chor von S. Maria Novella, 1486-90). Die Kunst der Frührenaissance hatte ihre Möglichkeiten erschöpft. Formale Probleme wurden den Künstlern wichtiger als die inhaltliche Aussage. Sie vermochten die heiligen und göttlichen Gestalten nur noch als Menschen zu sehen, in der Sphäre einer zwar festlich erhöhten, aber greifbar diesseitigen Wirklichkeit. Es bedurfte eines neuen, mächtigen Anstoßes, um die Kunst zu ihren eigentlichen Aufgaben zurückzuführen. Diese lagen noch immer unbestritten im religiösen Bereich.

8. Noch einmal sollte dieser Anstoß von *Florenz* ausgehen. → *Leonardo da Vinci* (1452-1519) war Schüler Verrocchios und schuf in Florenz seine ersten Werke. Den Schritt zur *Hochrenaissance* vollzog er zuerst in Mailand (Felsgrottenmadonna, heute im Louvre, Paris [s. Taf. 58 Abb. 2]; Abendmahl, Mailand, S. Maria delle Grazie, vollendet 1498). Die Natur ist für ihn wieder von Geheimnis durchweht, obwohl er - seiner Zeit weit vorauseilend - ihre Geheimnisse durchforscht und vielfach mit genialem Scharfblick enträtselt hat. Den Menschen sieht er in der ganzen Spannweite seiner Existenz, und gerade dies macht ihn fähig, wieder religiöse Darstellungen von erhabener Würde und tiefster Empfindung zu schaffen. Bezeichnend, daß er als erster wieder auf die Verwendung des Heiligenscheines verzichtet hat, wie nach ihm alle Meister der Hochrenaissance. Auch weltliche Themen vermochte er durch sein tiefdringendes Einfühlungsvermögen zu zeitloser Allgemeingültigkeit zu erheben (Bildnis der Gioconda, Paris; Anghiari-Schlacht, überliefert in einer Zeichnung von Rubens).

Auch → *Michelangelo* (1475-1564) kam aus Florenz, aber erst das Erlebnis Roms entband seine höchsten schöpferischen Kräfte. In → Julius II. fand er einen kongenialen Auftraggeber. Für ihn schuf er in übermenschlichem Ringen und jahrelanger Einsamkeit die Fresken der Sixtinischen Decke (1508-12). In seiner Auffassung der Schöpfungsgeschichte kommt sein tragisches Weltgefühl zum Ausdruck; in den Propheten und Sibyllen verbindet sich heroische Größe mit dem Feuer der Verkündigung. Später fügte er an der Altarwand der Sixtinischen Kapelle das »Weltgericht« hinzu (1534-41). Die gigantische, von quälender Spannung erfüllte Komposition ist bereits weltenfern von der klassischen Harmonie der Hochrenaissance. Die Nacktheit der Figuren hat schon zu Lebzeiten Michelangelos in kirchlichen Kreisen Anstoß erregt. Aber nur so war das Unwiderrufliche des Letzten Gerichts, die Absolutheit des göttlichen Anspruchs für Michelangelo noch darstellbar. Sein Werk gehört zu den großartigsten Zeugnissen für die Religiosität des 16.Jh.s. Auch als Bildhauer hat er die Harmonie der Klassik verschmäht. Sein »David« ist ein zum Äußersten bereiter Kämpfer, der »Moses« vom Grabmal Julius II. ein Sinnbild zürnenden Glaubenseifers.

Die klassische Stufe der Hochrenaissance wird am reinsten von → *Raffael* (1483-1520) repräsentiert. Durch seinen Lehrer *Perugino* mit der schlichten Anmut und Frömmigkeit der umbrischen M. vertraut, kam er zunächst nach Florenz, um sich in methodischem Studium die Kenntnis der menschlichen Gestalt und ihrer Bewegung anzueignen. Auch für ihn war die Voraussetzung für seinen hohen Stil die Vorstellung von einem integralen Menschentum. Schon seine in Florenz gemalten Madonnenbilder vereinen Idealität mit menschlicher Wärme und naturhafter Anmut. Julius II. berief ihn nach Rom. In den Fresken der Stanza della Segnatura im Vatikan (1509-11, ursprünglich Bibliothek? Vgl. Taf. 8 Abb. 1) gestaltete Raffael mit souveräner Kompositionskunst das universale Bildungsideal der Hochrenaissance: die christliche und die antike Geisteswelt stehen sich in harmonischem Gleichgewicht gegenüber. Die Fresken der anschließenden Stanza d'Eliodoro (1511 bis 1514) verherrlichen - im Gewande biblischer und kirchengeschichtlicher Ereignisse - die Taten Julius II. Die dramatische Spannung und räumliche Dynamik, die hier einsetzt, zeigt bereits das Ende der klassischen Stilstufe an. Die höchsten Schöpfungen der reinen Klassik drängten sich auf die kurze Spanne weniger Jahre zusammen. Zu ihnen gehört auch Raffaels »Sixtinische Madonna« (Dresden), die vermutlich noch im Auftrag Julius II. um 1512-13 entstanden ist.

Die Hochrenaissance war der mit heroischer Anstrengung unternommene Versuch, die gewaltigen Spannungen, denen das damalige Leben unterworfen war, durch künstlerische Gestaltung im Sinne klassischen Ausgleichs zu überwinden. Doch die Selbstgewißheit der Renaissance schlug sehr bald in ihr Gegenteil um. Das Krisenbewußtsein, das unter der Oberfläche seit langem vorhanden war, brach offen hervor. Schon um 1520 setzte in Florenz der bewußt antiklassische Stil des *Frühmanierismus* ein *(Pontormo, Rosso Fiorentino)*. In spannungsgeladenen Kompositionen mit überlangen, bizarren Figuren und krankhaft gebrochenen oder unwirklich aufgehellten Farben kam die tiefe geistige Unsicherheit zum Ausdruck, die die Menschen jener Zeit erfüllte. So entstanden religiöse Darstellungen von erregender Ausdruckskraft, wie sie die italienische Kunst bis dahin noch nicht gekannt hatte (Kreuzabnahme von Rosso in Volterra, 1521 [s. Taf. 58 Abb. 4]; Grablegung von Pontormo, Florenz, S. Felicità, 1526-28). - Die spätere Entwicklung des → *Manierismus* entfernte sich weit von diesen Anfängen. Mit der Übersiedlung des Rosso Fiorentino nach Frankreich (1530) wurde der Manierismus zum modischen Dekorationsstil von internationaler Geltung (sog. *Schule von Fontainebleau*). Auch weite Bereiche der niederländischen und deutschen Kunst wurden von ihm erfaßt, bis zu seiner Ablösung durch den Frühbarock zu Beginn des 16.Jh.s.

Weniger dramatisch als in Florenz und Rom verlief die Entwicklung der M. in Oberitalien. *Correggio* in Parma (1489-1534) setzte sich mit der römischen Hochklassik auseinander, kam aber bald zu einem eigenen, weit in die Zukunft weisenden Stil, der bes. für die → Malerei (: IV) des Barocks vorbildlich werden sollte (Deckenillusion, flüssig bewegte Kompositionen, Farbenschmelz und dramatische Lichtwirkungen). Sein Nachfolger *Parmigianino* (1503-40) war einer der führenden Meister des Frühmanierismus. Seine extrem übersteigerte Formenwelt steht in faszinierendem Kontrast zu der kühlen Eleganz seines malerischen Vortrags.

In Venedig gipfelte die Frührenaissance in dem weithin schulbildenden Lebenswerk des *Giovanni Bellini* (1430-1516). Angeregt von Antonello da Messina (Pala von San Cassiano, Fragmente in Wien erhalten) schuf Bellini den für die venezianische M. charakteristischen Typus der »Sacra Conversazione« (Thronende Madonna mit Heiligen). Seine reifste Fassung dieses Bildmotivs, die Pala von S.Zaccaria (1505), steht bereits an der Schwelle zur Hochrenaissance. Etwa gleichzeitig gelang *Giorgione* (1478-1510) der Durchbruch zur Klassik (Castelfranco-Madonna, um 1505). Bahnbrechend wurde Giorgione vor allem durch seine neuartigen Bildthemen, die von humanistischem und zT esoterisch-naturphilosophischem Gedankengut angeregt sind (»Drei Philosophen«, Wien; sog. »Familie des Giorgione«, Venedig). Von fruchtbarster Wirkung für die Folgezeit wurde der von ihm geschaffene Typus des profanen Halbfigurenbildes sowie der des liegenden Frauenaktes (Schlummernde Venus, Dresden, vermutlich von Tizian nach einem Vorbild Giorgiones). - → *Tizian* (um 1487 bis 1576) erhob, von Giorgione ausgehend, die Farbe zum wichtigsten Ausdrucksmittel der venezianischen Malerei. Er repräsentierte wie kein zweiter Meister die neue Stellung des Künstlers in der Gesellschaft der Renaissance. Religiöse und mythologische Themen behandelte er mit gleicher Souveränität, als Porträtist erntete er europäischen Ruhm. Durch *Jacopo Tintoretto* (1518-94) fand der Manierismus auch in Venedig Eingang, und zwar wie in Florenz als Ausdrucksmittel einer neuen, leidenschaftlichen Religiosität. Durch kühne Verkürzungen und Raumperspektiven, dramatische Lichtwirkungen und ein oft riesiges Aufgebot an Figuren hob Tintoretto das Geschehen in eine Sphäre allgemeiner, mitreißender Erregung. Neben ihm stand *Paolo Veronese* (1528-88), der mit höchstem malerischem Glanz auch religiöse Themen mehr im Sinne weltlicher Pracht und Repräsentation darstellte.

9. In den *Niederlanden* fand die Klassik Italiens keine Parallele. Auf die Höllenvisionen des *Hieronymus* → *Bosch* († 1516; vgl. Taf. 14 Abb. 1) folgte der monumentale, aber schon von manieristischen Zügen durchsetzte Stil des *Quentin Massys* († 1530). Die Versuche der niederländischen Romanisten, die Formenwelt der Renaissance zu rezipieren, führten nur zu problematischen Ergebnissen. Erst in *Pieter Brueghel d. Ä.* († 1569) erstand im Norden wieder ein Meister von europäischem Rang. Während seine Figurenbilder durch bewußte Verfremdung und Distanzierung zu Massenszenen von eigentümlich anonymem, mechanischem Charakter wurden, schuf er als Landschaftsmaler einen neuen, zukunftsreichen Bildtypus: die »Weltlandschaft«. Mit genialem Tiefblick machte er das Werden der Erdoberfläche, gleichsam die Geschichtlichkeit der irdischen Landschaft sichtbar - ein Beitrag zu der Entdeckung der natürlichen Welt, der sich den Erkenntnissen eines Leonardo ebenbürtig zur Seite stellt.

10. In *Deutschland* entfaltete die *Spätgotik* ihre höchste Blüte erst kurz vor dem Erlöschen. Ihre bes. charakteristische Schöpfung, der *Schreinaltar*, wurde zum Universalkunstwerk, das in einem holzgeschnitzten architektonischen Aufbau farbig gefaßte Holzskulpturen und Tafel-M.en vereinigte, oft mit doppelten Flügelpaaren, die eine zweifache »Wandlung« erlaubten (Altar des *Michael Pacher* in St. Wolfgang, 1471-81). Das gewaltigste Werk der altdeutschen Holzbildnerei, in reicher farbiger Fassung und Vergoldung strahlend, ist der Flügelaltar, den der in Nürnberg geschulte *Veit Stoß* († 1533) für die Marienkirche in Krakau geschaffen hat (1477-89). Der in Franken tätige *Tilman* → *Riemenschneider* († 1531; s. Taf. 58 Abb. 3) wagte es als erster, große Schreinaltäre fast völlig farblos zu behandeln, dh seine von feinster Empfindung erfüllten Schnitzfiguren als rein plastische Kunstwerke sprechen zu lassen (Creglinger Altar, um 1505-10).

Zum Typus der Wandelaltäre gehört auch der Altar aus dem Antoniterkloster zu *Isenheim* (heute Colmar, Museum), dessen Schreinfiguren der Straßburger Bildschnitzer *Nikolaus Hagnower* geschaffen hat. Doch dominiert hier die M. der doppelt zu öffnenden Flügelpaare, das einsam-großartige Hauptwerk des *Mathis Gothart-Nithart* (um 1512-16; → *»Grünewald«*). Die erschütternde Kreuzigungsszene, das wundersam leuchtende, mystisch-geheimnisvolle »Menschwerdungsbild« und die als Lichtvision gestaltete Auferstehung Christi (s. Taf. 16 Abb. 4), das alles steht noch in der spätgotischen Tradition und wächst doch weit über sie hinaus. Die malerischen Werte des Isenheimer Altares gehören zu den Gipfelleistungen der M. aller Zeiten, doch sie sind nur der sichtbare Ausdruck einer geistigen Aussagekraft, die noch einmal - am Vorabend der Reformation - die erhabensten Vorstellungen der spätmittelalterlichen Frömmigkeit bildhaft zusammenfaßte.

Die tiefe Erregung und Unruhe der Geister, die der großen weltgeschichtlichen Entscheidung voranging, spiegelt sich auch sonst in der altdeutschen M., der gerade jetzt ein dichter Wuchs von genialen Begabungen geschenkt wurde. Wie ein warnendes Flammenzeichen steht am Eingang dieser Epoche die Holzschnittfolge der Apokalypse von *Albrecht* → *Dürer* (1498; s. Taf. 13 Abb. 3). Die Beruhigung, die bald darauf in Dürers Schaffen erkennbar wird, verdankt er der Auseinandersetzung mit der italienischen Kunst (zweite venezianische Reise 1505-07). Es ging ihm dabei nicht um die Aneignung fremder Stilformen, sondern um eine methodische Klärung seiner künstlerischen Vorstellungswelt, die er sich selbst und seinem Volke schuldig zu sein glaubte. Die schönste Frucht seiner Begegnung mit Italien war das »Marienleben« (vollendet 1511), ein Werk von inniger, echt deutscher Erzählerfreude, dessen formale Klarheit und geistige Gelassenheit jedoch nicht möglich gewesen wäre ohne die Eindrücke der italienischen Reisen. Dürers theoretische Schriften bezeugen sein Ringen um allgemeingültige Erkenntnis; er geht darin ganz eigene, von der italienischen Kunsttheorie unabhängige Wege. In seinen letzten Lebensjahren hat sich Dürer aus tiefer Überzeugung zur Reformation bekannt. Schon 1521, aus Anlaß der Nachricht von der Entführung Luthers auf die Wartburg, entrang sich ihm ein ergreifendes Gebet für den »frommen, mit dem hl. Geist erleuchteten Mann«. Seine »Vier Apostel«, die er dem Rat der Stadt Nürnberg schenkte (1526, seit 1627 in München), sind gedacht als Warnung vor Sektierern und Schwarmgeistern und als Mahnung, festzuhalten am unverfälschten Wort.

Zum bevorzugten Maler des reformatorischen Kreises wurde *Lukas* → *Cranach d.Ä.*, der freilich als Künstler nicht mit Dürers Maßen zu messen ist. Sein Bestes gab er in den temperamentvollen, von romantischer Naturpoesie erfüllten Werken seiner Frühzeit. Als Porträtist Luthers (→ Lutherbilder) und seiner fürstlichen Beschützer ist er in die Geschichte der Reformationszeit eingegangen. Seine von den Zeitgenossen bewunderten, spätgotisch zerbrechlichen Aktdarstellungen und mythologischen Bilder blieben in kleinbürgerlicher Enge befangen. - Dagegen kam *Hans Burgkmair* (Augsburg, 1473-1531) zu einer fruchtbaren Annäherung an die italienische Renaissance durch seine Berührung mit dem venezianischen Kolorismus. *Albrecht Altdorfer* (Regensburg, † 1538) erlauschte das geheimnisvolle Leben in der Natur und schuf das erste reine Landschaftsbild der abendländischen Kunst (Donaulandschaft, um 1532, München). *Hans Baldung Grien* (Straßburg, † 1545) war ein Maler und Graphiker von männlich kraftvollem Temperament. Neben groß gesehenen religiösen Gemälden (Hochaltar im Freiburger Münster, 1512-16) schuf er auch Hexenszenen, Todesallegorien und mythologische Darstellungen. Die weltliche Sinnenfreude, die allenthalben zu künstlerischem Ausdruck drängte, hüllte sich vorerst noch in das Gewand humanistischen Bildungsgutes und moralisierender Allegorik. Ein Themenkreis von ganz eigener und aktueller Art, die Welt der Landsknechte und fahrenden Leute, wurde von den Schweizern *Urs Graf* († 1527/28) und *Niklaus* → *Manuel Deutsch* († 1530) aus eigenem Erleben heraus packend gestaltet. Mit *Hans* → *Holbein d.J.* († 1543) erhebt sich die deutsche M. noch einmal zu internationaler Geltung (vgl. Taf. 6 Abb. 2). Doch schon die religiösen Werke seiner früheren Zeit sind gekennzeichnet durch humanistische Indifferenz (Madonna des Bürgermeisters Meyer, Darmstadt; Toter Christus, Basel). Seine später in England gemalten Bildnisse sind unübertroffene Meisterwerke einer unbeirrbaren, aber oft beklemmend kühlen Objektivität. Das Ende der altdeutschen Kunst, das in Holbeins Schicksal tragisch zum Ausdruck kam, war zT wohl bedingt durch die Ausbreitung der Reformation, die den Künstlern ihre überlieferten Aufgaben nahm. Vor allem aber handelte es sich um ein allgemeines Versiegen der schöpferischen Kräfte. Auch die kath. gebliebenen Teile Deutschlands, in denen es an Aufträgen keineswegs fehlte, wurden davon betroffen. Nur im → Kunsthandwerk hielt sich die alte formbildende Kraft ungemindert am Leben.

Allgemein: F.X.KRAUS, Gesch. der christl. Kunst II/1, 1897 - A. VENTURI, Storia dell'Arte italiana IV-XI, 1906-39 - G.DEHIO, Gesch. der dt. Kunst II, (1921) 1930⁴; III, (1926) 1931² - W.v.BODE, Die Kunst der Frührenaissance, 1923 - P.SCHUBRING, Die Kunst der Hochrenaissance, 1926 - H.PREUSS, Die dt. Frömmigkeit im Spiegel der bildenden Kunst, 1926 - W.PINDER, Vom Werden u. Wesen dt. Formen II: Die Kunst der ersten Bürgerzeit, 1937; III: Die Kunst der Dürerzeit, 1940; IV: Holbein d. J. u. das Ende der altdt. Kunst, 1951 - M.WACKERNAGEL, Der Lebensraum des Künstlers in der florentinischen Renaissance, 1938. - *Plastik:* W.PINDER, Die dt. P. des 14.Jh.s, 1925 - DERS., Die dt. P. des 15.Jh.s, 1924 - A.FEULNER, Die dt. P. des 16.Jh.s, 1926 - W.PINDER, Die dt. P. vom ausgehenden MA bis zum Ende der Renaissance (Hdb. der Kunstwiss.), 1929 - G.TROESCHER, Claus Sluter, 1932 - M.AUBERT, La Sculpture française au moyen âge, 1946 - A.FEULNER-TH.MÜLLER, Gesch. der dt. P., 1953 - J.POPE-HENNESSY, Italian Gothic Sculpture, 1955 - DERS., Italian Renaissance Sculpture, 1958 - W.PAATZ, Prolegomena zu einer Gesch. der dt. spätgot. Skulptur im 15.Jh., 1956. - *Malerei u. Graphik:* E.HEIDRICH, Die altdt. M., 1909 - DERS., Dürer u. die Reformation, 1909 - F.BURGER-H.SCHMITZ-J.BETH, Die dt. M. vom ausgehenden MA bis zum Ende der Renaissance (Hdb. der Kunstwiss.), 3 Bde, 1913-17 - E.PANOFSKY, Dürers Kunsttheorie, 1915 - DERS., A.Dürer I. II, Princeton 1949 - DERS., Early Netherlandish Painting I. II, 1953 - K.ESCHER, Die M. der Renaissance in Mittelitalien (Hdb. der Kunstwiss.), 1922 - R.VAN MARLE, The Development of the Italian Schools of Painting I-XV, 1923-34 - W.WORRINGER, Die Anfänge der Tafel-M., 1924 - M.I.FRIEDLÄNDER, Die altniederländ. M. I-XIV, 1924ff - E.VON DER BERCKEN, Die M. der Renaissance in Oberitalien (Hdb. der Kunstwiss.), 1927 - B.MARTENS, Meister Francke I. II, 1929 - A.STANGE, Dt. M. der Gotik I-VIII, 1934ff - A.MATĚJČEK, Gotische M. in Böhmen, 1939 - M.GEISBERG, Gesch. der dt. Graphik vor Dürer, 1939 - O.FISCHER, Gesch. der dt. M., 1942 - DERS., Gesch. der dt. Zeichnung u. Graphik, 1951 - L.BECHERUCCI, Manieristi toscani, (1944) 1949² - F.ANTAL, Florentine Painting and its Social Background, 1947; dt. 1958 - G.RING, A Century of French Painting 1400-1500, 1949 - H.WENTZEL, Meisterwerke der Glas-M., (1951) 1954² - M.MEISS, Painting in Florence and Siena after the Black Death, 1951 - J.WHITE, The Birth and Rebirth of Pictorial Space, 1957 - B.BERENSON, Italian Pictures of the Renaissance, Venetian School I. II, 1957 - F.WÜRTENBERGER, Pieter Brueghel d. Ä. u. die dt. Kunst, 1957.

R.Oertel

IV. Barock und Rokoko

1. Allgemeines - 2. Italien - 3. Spanien - 4. B. in Frankreich - 5. Niederländischer B. - 6. Deutscher B. - B. = Barock, R. = Rokoko. - Bildtafeln 59-61 nach Sp. 672

1. Zusammen mit der Architektur in ihrer dynamisch-dramatischen Raumgestaltung machen auch M. und P. in Europa seit der Wende vom 16. zum 17.Jh. die Wandlung zum → Barock (: I) in aller Eindringlichkeit durch. Zwei Hauptkräfte treten gestaltend auf: a) die höfische Welt des überall in Europa erstarkenden Dynastentums beider Konfessionen (und im Gefolge die am Höfischen orientierte Feudalkultur des Adels); sie äußert sich im Schloßbau, wo Repräsentationstrieb und Machtdarstellung zusammenwirkten. Triumphalgedanken aber und Allegoriebedürfnis wirkten von den Festen der Zeit bis in die emphatische Gestaltung der castra doloris hinüber. b) Die bekehrungsfreudige Kunst bes. der kath. Kirche, die außerhalb Italiens, vornehmlich aber in jenen Ländern, die der → Gegenreformation unterlagen (zB Böhmen, Pfalz-Bayern, Spanien), sich in einer unübersehbaren Zahl von Kirchen- und Konventsbauten äußerte. Alle diese Bauten verlangten nach einer intensiven Ausgestaltung durch M. und P., die den fürstlichen Prachtgemächern ebenso zu Glanz verhalfen, wie sie den Kirchenbauten im Zusammenklang der Farben in P., Stuck, Fresko, Altarblättern zu einem gloriosen Unisono der optischen Reizmittel gediehen (→ Kirchenbau: IV). Von diesem, mit der Kunstübung früherer Stilrichtungen kaum vergleichbaren Zusammenwirken aller Kunst hat man wiederholt als von einem »Gesamtkunstwerk« gesprochen. Jetzt treten große Zyklen auf (etwa in Konventssälen und Klostergängen), die meistens Heiligengeschichten und biblische Episoden aufreihen. Die planmäßig aufgebauten Kunstsammlungen der Fürsten werden neue Wirkungsorte barocker (und nicht nur barocker) M. und P. Seit der Erstarkung zumal des nordischen Dynastentums und in der nachtridentinischen Periode des kirchlichen Lebens entwickeln sich neue Themenkreise. Sie beschränken sich keineswegs auf die südlichen oder gar nur süddeutschen Länder, wie denn selbst die prot. Kirchenkunst oft genug im 18.Jh. zunehmend barocke Baugedanken, Schmuckformen und Ausstattungsprinzipien aufnimmt (zB Frauenkirche in Dresden [s. Taf. 27 Abb. 5], Hofkirche in Ludwigslust, Friedens- und Gnadenkirchen Schlesiens [s. Taf. 27 Abb. 2]). Wir nennen die gebräuchlichsten Themen, deren sich M. und P. im B. außerhalb der herkömmlichen Themen aus der Bibel, der Mythologie und der Geschichte nunmehr bedienen: Die weltlichen Themenkreise in den Stiegenhäusern und Festsälen der Schlösser und den Kaisersälen der Abteien verbinden die triumphale Idee etwa der Darstellung des Apoll im Sonnenwagen und der Ahnengalerie (Kremsmünster, St.Florian u.a.m.). In Weiterführung dieser Gedanken werden als gebräuchlichste Themen der westlichen Repräsentationskunst gestaltet: Phöbus-Apoll als Lichtspender, als Allegorie des absolutistischen Prinzips oder der aufsteigenden politischen Laufbahn; oder Phöbus-Apoll als Musenführer auf dem Parnaß in Verbindung mit dem Gedanken eines fürstlichen Protektorats von Wissenschaft und Bildung, wie denn überhaupt das Mäzenatentum im B. bei kirchlichen wie weltlichen Auftraggebern bewußt gestaltet wird (Melk, Göttweig, Villa Albani, Stra u.a.m.). Ferner die Völker und Länder der Krone, oft verbunden mit der Verherrlichung der Gaben des Landes und des merkantilen Systems (Innsbruck, Bruchsal); die Genealogie der Herrscherhäuser und die Verherrlichung der Throne in Zusammenhang mit den allegorischen Darstellungen des guten Staatssystems und des Protektorats der europäisch-christlichen Welt durch den Kaiser (Hofbibliothek Wien, Festsaal Pommersfelden u.a.m.). Im Zusammenhang damit stehen Schlachtendarstellungen, Verherrlichung berühmter Allianzen, Darstellungen aus der Orts- und Landesgeschichte usw. Bei all dem spielt der Gedanke an Ruhm und Nachruhm, die Fama, die oft genug personifiziert auftritt, eine große Rolle (Bruchsal, Kloster-Neuburg, Würzburg und andernorts). Motive der Natursymbolik, die Elemente Feuer, Wasser, Luft und Erde erfreuen sich einer weiten, bisweilen pathetischen, mitunter genrehaften Darstellung (Ernte, Weinlese, Jagd, Fischfang) und bilden oft genug Motivkreise, die im 18.Jh., phantasievoll ausgeweitet, einen reichen Motivschatz für das - hier nur anzudeutende - ungemeine Aufblühen des → Kunsthandwerks (: II, 6. 7) im Spät-B. und R. ausmachen, zumal in Deutschland mit seinen großen Zentren für die Werke der Silberschmiedekunst (Augsburg, Nürnberg) und des Porzellans (Meißen, Frankenthal, Nymphenburg).

Zahlenmäßig noch größer und ikonologisch umständlicher sind die neuen *Themen der kirchlichen Kunst.* Für Fresken-Zyklen wie Altarfolgen werden hier außer der herkömmlichen Darstellung der Martyrien der Glaubenszeugen vor allem folgende Konzeptionen bevorzugt: a) die Spende des göttlichen ewigen Lichtes (vgl. Lk 13, 49); b) die Apperzeption des Wunderbaren durch Erscheinung und Offenbarung; c) die Propaganda fidei (seit der Gründung der → Propaganda-Kongregation durch Gregor XV., 1622) in Verbindung mit der Darstellung der Unterwerfung von Schisma, Häresie und der Unterwerfung der Ungläubigen (Hl. → Michael); d) die Darstellung der sieben freien Künste unter dem Protektorat Mariens oder der christlichen Kirche, vornehmlich in Klosterbibliotheken (zB Strachow, Admont); e) die personifizierte Glorie der → Trinität (: V), ein Thema, das sich gelegentlich mit der Verherrlichung des Namens (Phil 2, 10) oder des → Monogramms Christi verbindet (Rom, Breslau, München und andernorts); f) die Himmelfahrt und Verherrlichung der Ordensheiligen, oft genug im Zusammenhang mit der Darstellung der obenerwähnten Visionen. Daneben treten ganze Folgen typologischer und antithetischer Programme. Die Symbolthemen der Marianischen Litanei, die christlichen Tugenden oder das Leben Mariä werden ideologisch oder episodenhaft ausgeweitet, zumal in den großen Freskenzyklen Deutschlands und denen der ost- und südosteuropäischen Länder. Während das für die kath. Kirche so entscheidende Ereignis des → Tridentinischen Konzils in der Themenwelt des B.s nur selten behandelt wird, treten seither andere religiöse Themen in den Themenschatz barocker Kunst. Obenan die ungewöhnlich beliebte Darstellung der unbefleckten Empfängnis und der Verherrlichung der Immaculata in Spanien, Italien und Süddeutschland (Maria mit dem Christkind, den Drachen der Häresie niedertretend). Auch die Verherrlichung der Eucharistie (Rubens) und der Triumph der Kirche (seit Tizian) sind ebenso gegenreformatorische Themen wie die Darstellung der 15 Geheimnisse des → Rosenkranzes oder der in Italien beginnenden genrehaft ausgeweiteten Darstellung der Spendung der 7 Sakramente. Für die Ausweitung dieses Themenschatzes stehen der B.-M. seit Cortona, Pozzo und Rubens, der B.-P. seit Bernini ganz neue Wirkungsmittel zur Verfügung. Sie sind schlagwortartig mit den Begriffen Hell-Dunkel-Kontrast, Betonung der Lichtführung, Konzentrierung der warmen und leuchtenden Farben, mitreißende Kurven- oder Diagonalkomposition, Bewegung schlechthin und Massierung der Form, starke Raumwirkung, Antithetik gekennzeichnet. Ungewöhnliche Pathetik und Erregung der Gesten sprengt den Formaufbau; Transitorik und starke naturalistische Steigerung der Naturform steht bisweilen neben heftigen Gefühlsausbrüchen und realistischer Darstellung menschlicher Gebrechen und Leidenschaften. Letzteres gilt für die profane wie für die religiöse Kunst, wobei oft genug zu bemerken ist, daß die höfische Kunst sich gehalteneren Stils befleißigt als die religiöse (zB die im B. so beliebten Darstellungen der leiblichen Barmherzigkeit oder etwa Christus, den Armen predigend), die in eindringlich pastoraler Ausdeutung das Armselige und Leidende betont. Alle hier nur angedeuteten Probleme werden erörtert in einer erstaunlichen Bereicherung der internationalen Kunstliteratur, der ästhetischen Traktate und der Kunstlehre des B.s, wie sie selbst in der an den vitruvianischen Lehrbüchern sich so erfreuenden → Renaissance in ihrer literarischen Hochblüte nicht zu finden war.

2. a) Die *M. Italiens* im 17.Jh. wird von zwei Richtungen beherrscht, die gegenüber dem erkaltenden → Manierismus mit seinen outrierten Formen und Farbprogrammen entschiedene Belebung bedeuten: die Schulen des Caravaggio (1573-1610) und der Carracci. Die Bewegungen wirken von Oberitalien her, aus Bologna, nach Rom; von dort breiten sie sich weit aus. Zeitgenossen und spätere Theoretiker haben beide Strömungen als etwas grundsätzlich Wichtiges und doch Gegensätzliches empfunden (Passeri; Baldinucci). Die Kunst *Caravaggios* kann man gegenüber dem Manierismus »naturalistisch« nennen. Die Konsequenz, mit der Caravaggio Szenen der Hl. Schrift nach volkstümlichen Modellen entwickelt, statt klassische Posen aufzunehmen, ist von entscheidender Bedeutung. Breitflächige M. und kontrastreiche Beleuchtung dienen einer neuen Motivsuche, mit der das gestenfreudige italienische Temperament dem religiösen Bilde Verständlichkeit ohne klassische Allegorese verleiht. Eine wesentliche Komponente allen barocken Darstellungswillens, die Füllung der Bewegung mit plastischem Volumen, durch → Michelangelo vorbereitet, bricht sich in Caravaggios Werken Bahn (s. Taf. 59 Abb. 1). Die Auswirkung läßt sich über zahllose Meister (sog. Caravaggisten) verfolgen, zB in Spanien bei Ribera, in Holland bei Honthorst, Terbrugghen u.a. Entschieden ausgeprägt sind diese Züge bereits in Caravaggios erstem großen Auftrag, dem Matthäus-Zyklus für die Contarelli-Kapelle in Rom (S.Luigi dei Francesi; vor 1597). - Zur Bologneser Malerfamilie der Carracci, die in ihrer Heimatstadt eine große Werkstatt betrieb, gehören: a) *Agostino Carracci* (1557-1602; Bruder von b, Vetter von c), hauptsächlich Kupferstecher und in der Großzügigkeit seines Striches auch Wegbereiter des religiösen Reproduktionsstiches; b) *Annibale Carracci* (1560-1609), von Correggio und Raffael beeindruckt, der Vorbereiter einer neuen klassizistischen und dekorativen Linie des B.s; in den hellen Fresken des Pal. Farnese (Rom, 1597-1604) schafft er einen, dem Caravaggio durchaus gegensätzlichen, klaren Kompositionsaufbau, von idealischen Aktstudien vorbereitet (Michelangelo-Einfluß); seine Wirkung auf den → Klassizismus (Mengs, → Winckelmann) wird von dieser Seite her verständlich. Carraccis Schülerkreis war sehr groß. Auch Altarbilder zeigen Annibales neue, weniger naturalistische Richtung (Taufe Christi, S.Gregorio, Bologna; Pietà mit Heiligen, Parma, Gall. Naz.; Madonna mit Heiligen, Dresden). c) *Lodovico Carracci* (1555-1619), der Eklektizist der Familie; seine Altarblätter für die Kirchen von Bologna zeigen jedoch in allen Teilen die erregte Formsprache barocker Glaubenswilligkeit, ohne daß man bei ihnen von innerer Erregung sprechen kann (Bologna: Pinakothek; S.Cristina, S.Gregorio, S.Leonardo u.a.). Der bedeutendste Schüler Annibales ist Domenico Zampieri, gen. *il Domenichino* (1581-1641). Bei ihm wirkte die klare Formgebung des Meisters, kennzeichnend für die ganze Nachfolge, in einer etwas trockenen, bisweilen grellen Farbgebung und kühlen Komposition (von Franzosen später bewundert) nach (Chorausmalung S.Andrea della Valle). *Guido Reni* (1575-1642) setzte die Carracci-Richtung fort; die »grazia« seiner kirchlichen Werke hat zuweilen etwas Sentimental-Beseligendes und ist im Spät-B. leicht banalisiert kopiert worden. Schärfer und volltöniger im Kolorit ist Giov.Franc.Barbieri, gen. *il Guercino* (1591-1666), der vor allem in seinen frühen Werken die oft zu beobachtende Wechselwirkung zum zeitgemäßen Helldunkel Carraccis aufnimmt, später jedoch im Temperament verebbt. Die überall in der italienischen M. zu beobachtende Fähigkeit, dekorative Werke zu gestalten, die man keineswegs als etwas Nebensächliches im B. hinnehmen sollte, sondern als etwas zutiefst Genuines, kommt bei *Lanfranco* († 1649) zutage, der die Decken-M. Correggios und Ann. Carraccis fortsetzte. Italien, vor allem die Schulen von Bologna und Rom, sind bahnbrechend für die neue Illusionskunst. Entscheidend ist die farbige Auflösung von Kirchenräumen und Palastsälen durch Monumental-M.; nach dem Vorbilde Correggios (Domkuppelfresko in Parma) entstehen in zügiger Entwicklung bis zu Gaullis († 1709) Ausmalung von Il Gesù in Rom (1668) zahllose Variationen von Himmelserscheinungen, Glorien Mariens, Heiligenvisionen an Kirchendecken. Den Gläubigen soll die Vorstellung des Wunders so intensiv vermittelt werden, als geschähe das Wunderbare in der Kirche selber, genauer: zwischen Gesimszone und Gewölbegurten, deren plastischer Gehalt von M. oft

genug verwischt wird; denn während in der Renaissance Gewölbefelder, Gurte und Einzelabschnitte (Kassetten) sauber geschieden werden und die Baustruktur klar zutage tritt, versucht die B.-M. nunmehr im Zusammenwirken mit malerisch behandelter P. (gleichsam als Stuck bemalten Gurten usw) Raumeindrücke zu verstärken und die P. illusionistisch zu verlebendigen. Dies Bestreben nach gegenseitiger Durchdringung ist kennzeichnend für die (später auch in Deutschland zu beobachtende) Tendenz des B.s, im Zusammenklang der verschiedenen Kunstgattungen eine Art »Gesamtwerk« zu entwickeln. Verwandtes findet sich in der Illusionskunst der profanen wie kirchlichen Fest- und Theaterdekoration, die seit den Medici-Festen (1589) bis weit in die Kirchenkunst hinüberwirkt; auch sie entwickelt sich aus den Prinzipien der Untersicht- und Quadratur-M. Bolognas und Roms. – *Pietro da Cortona* (1596–1669) ist der großartigste Vertreter der aus Michelangelos und Annibale Carraccis Ansätzen sich entwickelnden Totaldekoration. Von seiner Decke im Festsaal des Pal. Barberini und ihrer grandiosen Massenregie im vermeintlich endlosen Raum (Glorie des Bienen-Wappens Papst Urbans VIII.) ist eine ebenso große Wirkung ausgegangen wie von seinen täuschenden Untersicht-M.en in den Festgemächern des Pal. Pitti.

Gleich der Architektur – oft in ihrem Gefolge – gibt die italienische B.-M. mit derlei Zügen den Ansatz für Entwicklungen, die dem barocken Form- und Raumempfinden wesenhaft entsprechen. Hier läßt sich die Fülle der Wechselwirkungen unter den Schulen nur andeuten. Verbindlich bleibt der Sinn für das Erregte und Bewegte – italienischem Temperament durchaus entsprechend –, das mit Vokabeln wie »ausschweifend« oder »tumultuarisch« nur einseitig zu kennzeichnen ist. In Neapel gedieh bes. der dramatische Hell-Dunkel-(Tenebroso-)Stil des B.s, wie denn Süditalien auch in seinen Dekorationsmitteln stets ungehemmter war. Mit *Luca Giordano* (1632–1705) und *Francesco Solimena* († 1747) besitzt dieses Kunstzentrum Vertreter einer auf Caravaggio basierenden Malweise, die alle Züge barocken Kunstempfindens aufweist: spannungsvolle Tongebung, dekoratives Talent, virtuose a-presto-M., echte Dramatik, vermittelt durch eine selbstverständliche Beherrschung kompliziertester Körperattitüden. Daneben muß für Genua der Naturalist *B.Strozzi* († 1644) genannt werden und als Gegenpol der hintergründige *A.Magnasco* († 1749), der in höchst expressiven Landschaften erregte Mönchs- und Eremitenszenen darstellt. Bisweilen ist, vor allem in der oberitalienischen Schule, zu beobachten, wie ein genrehafter Zug auch in religiösen Darstellungen auftritt. Den Anstoß gab *J.Bassano* († 1592). Im 18.Jh. nimmt dieser von der oberitalienischen Carracci-Tradition abweichende Zug zu, dessen Zusammenhang mit Neapel mit Recht betont wird. *G.M.Crespi* († 1747) sucht rein vom Volkstümlich-Menschlichen her das religiöse Leben der Zeit zu erfassen, etwa in seinen Priester-Szenen (Die 7 Sakramente, Dresden 1712). Hingegen hat Rom in der veredelten Formwelt der *A.Sacchi* († 1661), *C.Maratta* († 1713) und *P.Batoni* († 1787) Meister einer klassischen Gehaltenheit gefördert, die dem spannungsvollen Tenebrosostil entgegen sind und den Klassizismus vorbereiten. Gegensätze der Schulen treten in Venedig weniger zutage. Hier herrscht unter dem genius loci seit → Tizians Tod die betonte Pflege des Kolorits. Die bisher noch nicht genügend geklärte venezianische M. des 17.Jh.s hat immerhin mit dem neuerdings mehr erkannten *Francesco Maffei* († 1660) ein Beispiel dafür erbracht, daß naturnahe Züge mit tonigem Kolorismus zu transzendentaler Wirkung verbunden werden können. Die Seicento-Ausstellung 1959 hat erwiesen, wie hoch noch im barocken Venedig der Rang dekorativer Kirchen-M. ist (S. Mazzoni, † 1678; B.Strozzi, † 1644; u.a.). Sieht man ab von den entzückenden Genreszenen und Veduten Bellottos, Guardis und Longhis, so gipfelt alles, was venezianische Monumental-M. entwickelt hat, im Fresko wie im Tafelbild, im Werke Piazzettas und Tiepolos. *G.B.Piazzetta* († 1754), anfänglich durch Crespi und die erregten Tenebrosi bestimmt, hat, wie seine herrliche Vision des Hl. Franziskus in der Galerie zu Vicenza und das Deckenbild in der Frarikirche zu Venedig erweisen, noch echtes Gefühl für die Versinnbildlichung religiöser Werte. Falsch wäre es, in der Kunst des Venezianers *G.B.Tiepolo* (1696–1770; s. Taf. 59 Abb. 3) nichts als den Schlußpunkt einer von Veronese vorgezeichneten, nur festlich-dekorativen M. zu sehen. Zwar sind seine delikaten M.en typisch für den Geschmack des R. an rauschender Pracht und üppigem Leben (Villa Valmarana; Palazzo Labia, Venedig), doch weisen oft genug seine Altarblätter (Maria, von drei Heiligen umgeben, Gesuati, Venedig) eine innige Verehrung Marias und mehr als eine nur deklamatorische Haltung auf. Tiepolos Dombild von Este (Die Hl. Thekla befreit die Stadt von der Pest) und das gläubige, unendlich schön und leicht gemalte Bischofsmartyrium in Bergamo (Domapsis), das Prinzipien Manets vorwegnimmt, zeigt ebenso wie der erschütternde spiralförmig komponierte Kalvarienberg in St.Alvise, daß im mondänen Venedig Casanovas der Sinn für Vergegenwärtigung des religiösen Erlebnisses lebendig geblieben ist.

b) Man hat gesagt, daß der Name des *Lorenzo Bernini* (1598–1680) gleichbedeutend sei mit italienischer *Barockplastik*, ja mit B.-P. überhaupt. In der Tat scheinen alle ihre Eigenschaften in seiner Kunst vereinigt: das überspielt Natürliche, Bewegungsfreudigkeit, variable Behandlung der Oberfläche (»von Leben und Atem berührt«), fließender Übergang der Konturen, Einbeziehung von Licht- und Schattenspiel, kurz, jener alle B.-P. auszeichnende Sensualismus, der abgestimmt wird auf weiteste Wirkung. Das Transitorische, integrierender Bestandteil barocker Bewegungsauffassung, findet so seinen Ausdruck in Berninis bekannter Gruppe »Apoll und Daphne« (Rom, Villa Borghese) und selbst in seinen Büsten; das für das Herrscherbild in Europa so maßgebliche Porträt Ludwigs XIV. (1665, Versailles) scheint, von unsichtbaren Mächten belebt, hinüberzuflattern in einen anderen Existenzraum. In dem Wechsel der Interpretation des Formgefühls und des Ausdruckswillens hat unter den religiösen P.en Berninis die Darstellung der Hl. Therese (Rom, S.Maria della Vittoria) stets die meiste Beachtung gefunden. Der Vorgang suggeriert eindringliche Nähe zum mystischen Erlebnis der Ekstase in halb verzückter, halb erotischer Hingabe. Mit diesem Vorbild ist fortan dem B.plastiker der Weg gewiesen, körperliche Erregung und ihre psychologische Deutung als Ohnmacht, Hingabe oder Ersterben den religiösen Ausdruckszwecken dienstbar zu machen und im schwierigen Material des Steines jene Wiedergabe schwebender und transitorischer Zustände zu erreichen, die eine künstlerisch-religiöse Erscheinung gleichsam körperlich realisiert. Das psychologische Element des B.s, das sich in der neapolitanischen Schule der Tenebrosi oft genug in einem derbgläubigen Realismus erschöpft, wird mit den Mitteln der P. in Italien fortan auf eine halb veristische, halb zwischenweltliche Weise verdichtet. Die Papstgräber der Peterskirche zeugen davon ebenso wie → Kreuzweg-Stationen in Oberitalien. In hohem Pathos und volkstümlicher Realistik (sacro monte in Varallo) spricht eine P., die allen Volks- und Erlebnisschichten nahe ist. – Die Wirkung Berninis war unvergleichlich (Aufenthalt am französischen Hof).

Ercole Ferrata († 1668) und Domenico Guidi († 1701, Papstgräber in S.Maria Maggiore in Rom) trugen berninesken B. bis in den Osten des Deutschen Reiches (Elisabethkapelle des Breslauer Doms). Von europäischer Wirkung wurde der riesige Bronzetabernakel, den Bernini unter der Michelangelo-Kuppel über dem Petersgrab in der Papstkirche schuf. Der in der → Romanik entwickelte Ciborien-Altar (Bari, Venedig) ist in die Form eines Thronbaldachins übertragen, der die Mensa überschattet. Dieser Typus wirkt in zahllosen Varianten weiter (s. 6 d). Die Mensa löst sich allenthalben aus dem Wandaltar. Die wunderbare Erscheinung der Taube des Hl. Geistes gestaltet Bernini im großen Strahlenkranz seiner freischwebenden Engelsglorie oberhalb der »Kathedra Petri« (s. Taf. 59 Abb. 2) zum Abschlußprospekt der Peterskirche. Bis über Fischer v. Erlach (Salzburg, Collegienkirche) und Asam (Weltenburg, Rohr) hinaus läßt sich die Auflösung der Wand durch P. und deren Steigerung durch die Einbeziehung verschiedenster Lichtquellen verfolgen. Mit der Mischung von Bronze, Glas und Marmor ist der Prototyp aller jener Glorien entstanden, der »mit dem taumelnden Durcheinander von Strahlen, Wolken, Gestalten« eine sinnenberauschende Vergegenwärtigung des sonst nur ahnbaren Wunders Gestalt werden läßt. - Die erwähnte Tendenz des B.s, alle Künste zu einem Gesamtkunstwerk zusammenzuschmelzen, hat durch Bernini ihren wirksamsten Antrieb erfahren. Daneben behaupten sich nur wenige Künstler Italiens. Unter den Nachfolgern sind zu erwähnen der Niederländer Duquesnoy († 1643), Schöpfer zweier Figuren in der Vierungskapelle von S.Peter, und - bedeutender noch - *Alessandro Algardi* († 1654), dessen Porträts und religiöse P.en zwar nicht das »Seelisch-Nuancierte und das Impressive« der Ausdrucksweise Berninis aufweisen, aber dennoch typische Kinder ihrer Zeit sind (Grabmal Leos XI., Peterskirche). Die gegenreformatorische Ausdruckskraft der in der römischen B.-P. aufgekommenen Formsprache hielt sich zählebig; erst in der 2. Hälfte des 18.Jh.s, im Zeitalter der Aufklärung (Wirkung der »hellenistischen P.« Winckelmanns), setzt in der P. ähnlich wie in der M. jene antikisierende Glätte ein, die, mit Relikten einer ohnehin in Italien nicht bedeutenden R.-P. verbunden, aus antiken Vorbildern manche entgegengesetzten Formanregungen zu entlehnen versucht.

3. a) Die *spanische* Kunst des 16.Jh.s wird gekennzeichnet von der langandauernden Auseinandersetzung zwischen der noch immer lebendigen gotischen Tradition mit ihren maurischen Elementen und den neuen Einflüssen aus Italien bes. auf die Hofkunst unter Philipp II. (Escorial; s. Taf. 26 Abb. 1). Religiöse Thematik herrscht vor, die Mythologie tritt ganz zurück, nur das strenge Porträt behauptet sich. Vor der eigentlichen Wende zum B. ist hier als größter Maler *Luis de Morales* († 1586) zu nennen; seine Themen sind die Passion Christi und die Schmerzensszenen Mariä, von starkem Sentiment getragen (Werke in Berlin, Basel, Madrid). Noch unerforscht ist, wie tief die spanische Mystik auf die bildende Kunst nachweislich einwirkte (Hl. → Therese, → Petrus von Alcántara, → Johannes vom Kreuz, → Franz von Borgia, Ignatius von → Loyola). Eine Abwendung von der Formensinnlichkeit italienischer Vorbilder, die man bei Hofe sammelte (→ Tizian), äußert sich oft im Verzicht auf sinnlichen Reiz und koloristische Pracht. Exponent dieses von Mystik getragenen Strebens wird der aus Candia (Kreta) gebürtige, unter Tintorettos Einfluß in Italien geschulte Domenico Theotokopulos, gen. *El → Greco* (1541-1614); seine Kunst ist europäischer Spätmanierismus und spanische Religiosität schlechthin. In leidenschaftlicher Hingabe hat er immer wieder die gleichen Themen zu verdichten versucht. Wie ihm die Landschaft (Toledo im Wetterleuchten, New York) nur Anlaß zu dramatischer Vision ist, so werden die Szenen des NT (Entkleidung Christi, München, Sevilla u.a.) und der Apk (Öffnung des 5. Siegels, New York) zu ekstatischen Emanationen, die in dem Anaturalismus ihrer Maßverhältnisse und Raumauflösung (Traum Philipps II.; Martertod des Hl. Mauritius und der thebaischen Legion; beide um 1580, Escorial) weit über das bei Tintoretto Gewohnte hinausgehen. Wie von Blitzen werden Grecos Kompositionen angeleuchtet; seine züngelnden Figuren, übermäßig gestreckt und kleinköpfig (Verhältnis Kopf: Körper oft 1:11, statt klassisch 1:6), sind von magischem Licht zerschlissen. Die edelsteinartig aufglühenden Farben entsprechen nicht den Lokaltönen. Neben äußerster Erregung hat Greco im Sinne des mystischen Sichversenkens (»el sociego«) in den Heiligenbildern alle Stadien von ruhiger Betrachtung bis zur Verzückung dargestellt (über 60 Fassungen des Hl. Franziskus; s. Taf. 60 Abb. 2). Bei aller Anerkennung im gegenreformatorischen Toledo wirkt Grecos Kunst auf die Zeitgenossen doch nur äußerlich ein (wie ähnlich Rembrandt), tiefer hingegen erst viel später auf die religiöse M. des → Expressionismus (: I). Die Blüte der reichen spanischen B.-M. beginnt mit so eindeutig unmanieristischen Meistern wie dem Sevillaner *Herrera d. Ä.* († 1656) und *Jusepe de Ribera* († 1652) in Valencia. Im Gegensatz zu Greco kennzeichnet diese Meister eine unbedingte Rückkehr zu Naturform und Gegenwartsnähe mit volkstümlich scharf charakterisierenden Zügen. Spanische Charaktertypen werden jetzt in die religiöse Handlung einbezogen, sie stehen für das tiefe seelische Ausdrucksverlangen des Spaniers. Herreras »Jüngstes Gericht« (Sevilla) und »Pfingsten« (Toledo) verraten das ebenso wie die in pastoser Breite und oft stärkster Realistik gegebenen Einsiedler- und Büßerszenen des Ribera, der bes. die Hl. Magdalena und den Hl. Hieronymus neben dem Martyrium der christlichen Blutzeugen (Marter des Hl. Bartholomäus, Madrid) zum Thema wählte (Werke in Neapel, Madrid, Wien). Seine spannungsvoll beleuchteten Bilder sind typischer Ausdruck des spanischen B.s. Ribera verwandt, nur strenger und herber, in der M. weniger pastos ist *Francisco de Zurbarán* (1598-1664; s. Taf. 59 Abb. 5). In großen Folgen stellt er das spanische Mönchtum dar (Hieronymitenkloster Guadalupe). Er historisiert nicht, schildert vielmehr sehr individuell Gegenwartseindrücke. Abwandlung des Schönheitsideals der Antike oder der internationalen akademischen Kunst findet sich bei ihm sowenig wie bei Ribera oder Herrera. Die Ekstase des Hl. Franz (Rouen) und die Verkündigung (Grenoble) sind bezeichnende Beispiele spanisch-inbrünstiger Religiosität. F. Bock betont (RGG² III, 1916), daß Zurbarán mehreren neuen Vorwürfen der spanischen Kunst ihre charakteristische Fassung gab, so den »hl. Kindern« (Das auf dem Kreuz schlafende Christuskind, Madrid) und der Immaculata Purissima (gegenüber der Immaculata Conceptio). Neu sind auch die grausigen Memento-mori-Motive des *Valdés Leal* († 1690), der in seinen aufgerissenen Bischofssarkophagen (Barcelona) büßerisch zu Vanitas-Gedanken aufruft. Das Genie der spanischen M., *Diego Velázquez* (1599-1660), hat sich auffallend selten religiöser Thematik zugewandt. Obwohl ihn volkstümliche Züge (Los Boracchos, Madrid) und das Gefühl für ungeschminkte Naturnähe ursprünglich mit Zurbarán und Ribera verbinden, ist seine M. doch nie populäre Ansprache der Gläubigen geworden (vereinzelt, als Sittenbild behandelt, »Christus im Hause der Martha«, London). Die wenigen religiösen Bilder, wie die »Krönung Mariä«

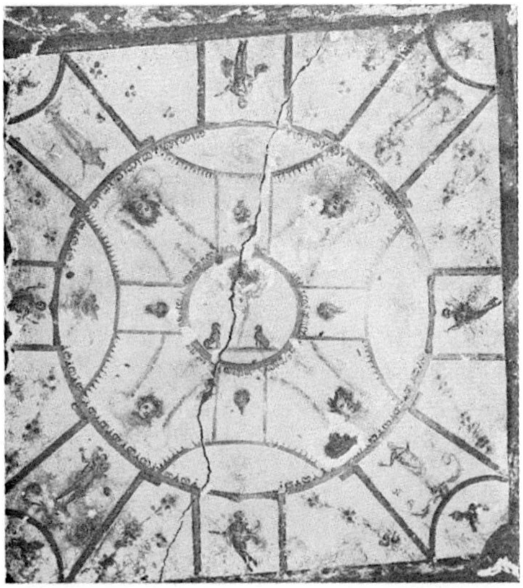

1. Deckenmalerei. Lucina-Katakombe, Rom, um 220 *(nach F. Wirth, Die röm. Wandmalerei, 1934, Abb. 39)*

2. Christus und die Samariterin. Kallistus-Katakombe, Rom, um 230 *(nach Wirth, aaO Abb. 46a)*

3. Christus und die Samariterin am Brunnen. Via Latina-Katakombe, Rom, Mitte 4. Jh. *(nach E. Kirschbaum, RQ 51, 1956, Abb. 1)*

4. Durchzug durch das Rote Meer. Via Latina-Katakombe, Rom, Mitte 4. Jh. *(nach Kirschbaum, aaO Abb. 4)*

5. Die klugen und die törichten Jungfrauen. Codex Rossanensis, Ende 6. Jh. *(nach W. F. Volbach-M. Hirmer, Frühchristl. Kunst, 1958, Abb. 241)*

1. Wannen-Sarkophag. S. Maria Antica, Rom, um 260 *(Foto: Deutsches Archäologisches Institut, Rom)*

2. Jonas-Sarkophag. Lateranmuseum Nr. 119, Rom, um 290 *(Foto: Deutsches Archäologisches Institut, Rom)*

3. Passions-Sarkophag. Lateranmuseum Nr. 171, Rom, um 350 *(Foto: Deutsches Archäologisches Institut, Rom)*

4. Stadttor-Sarkophag: Schmalseite und ursprüngliche Frontseite. S. Ambrogio, Mailand, um 390 *(nach Volbach-Hirmer, aaO Abb. 46)*

5. Rinaldo-Sarkophag: Christus zwischen Petrus und Paulus. Dom, Ravenna, Mitte 5. Jh. *(nach Volbach-Hirmer, aaO Abb. 177)*

1. Codex aureus von St. Emmeram in Regensburg, Bild Kaiser Karls des Kahlen auf dem Thron. Reims (?), ca 870 – *München, Staatsbibliothek, Clm. 14000, fol. 5v* *(Bildarchiv Foto Marburg)*

2. Trier, Fresko aus der Krypta von St. Maximin, Märtyrerin mit Palmzweig, 9. Jh. *(Foto: Rheinisches Landesmuseum Trier)*

3. Sog. Evangeliar Ottos III., Evangelistenbild des hl. Lukas. Reichenau, um 1000 – *München, Staatsbibliothek, Clm. 4453, fol. 139v* *(Bildarchiv Foto Marburg)*

4. Hildesheim, Dom (ehem. an St. Michael), Bronzetür, Detail aus »Christus vor Herodes«, 1015 *(Bildarchiv Foto Marburg)*

1

1. Augsburg, Dom, Glasfenster mit Darstellung des Propheten Daniel, Anfang 12. Jh. *(Foto: Deutscher Verein für Kunstwissenschaft e. V., Berlin)*

2. Berzé-la-Ville bei Cluny (Burgund), Apsis mit Wandmalerei, 1. Hälfte 12. Jh. *(Bildarchiv Foto Marburg)*

3. Chartres, Kathedrale, Bogenfeld des Westportals, ca 1135 *(Bildarchiv Foto Marburg)*

4. Köln, S. Maria im Kapitol, Muttergottes, ca 1200 *(Foto: Rheinisches Bildarchiv, Köln)*

1. Winchester, Kathedrale, Bibel, Ende 12. Jh. Bild der Beerdigung des Judas Makkabäus (nach 1Makk 9, 19) *(Foto: Warburg Institute, University of London)*

2. Amiens, Kathedrale, nördl. Querschiff, Rose mit der zweireihigen Fenstergalerie, Anfang 14. Jh. *(nach H. Zbinden, Farbfenster großer Kathedralen [Iris-Bücher], Laupen [Bern] 1951, Taf. 18)*

3. Amiens, Kathedrale, Westfassade, Mittelportal. Beau Dieu (segnender Heiland) am Mittelpfosten, ca 1230 *(Bildarchiv Foto Marburg)*

4. Pisa, Baptisterium, Kanzelrelief des Niccolò Pisano: Darbringung Christi im Tempel, 1260 *(Foto: Alinari, Florenz)*

1. Kreis des Simone Martini, Madonna dell'Umiltà, ca 1340 – *Berlin, Ehem. Staatl. Museen* *(Originalaufnahme)*

2. Vesperbild, Erfurt, Ursulinerinnen-Kloster, ca 1360 *(nach W. Pinder, Die deutsche Plastik des 14. Jh.s, 1925, Taf. 55)*

3. Peter Parler, Selbstbildnis-Büste am Triforium des Prager Doms, ca 1380 *(Bildarchiv Foto Marburg)*

4. Apokalypse von Angers, Michaels Drachenkampf, ca 1380 *(Foto: Atelier Eidenbenz, Basel)*

1. Krumauer Madonna, ca 1410 – *Wien, Kunsthistorisches Museum* *(Originalaufnahme)*

2. Chantilly, Très riches Heures du Duc de Berry, Monatsbild (Februar), ca 1416 – *Chantilly, Musée Condé* *(Photographie Giraudon, Paris)*

3. Meister Francke, Anbetung des Kindes, 1424 – *Hamburg, Kunsthalle* *(Originalaufnahme)*

4. Christus in der Kelter, Einblattholzschnitt, Ende 14. Jh. – *Nürnberg, Germanisches Nationalmuseum* *(Originalaufnahme)*

1. Masaccio, Die Schattenheilung. Florenz, S. Maria del Carmine, ca 1428 *(Originalaufnahme)*

2. Leonardo da Vinci, Hl. Anna Selbdritt, ca 1507 – *Paris, Louvre* *(Foto: Alinari, Florenz)*

3. Riemenschneider, Kopf des Scherenberg-Grabmals. Würzburg, Dom, 1496-99 *(Photo-Verlag Gundermann, Würzburg)*

4. Rosso Fiorentino, Kreuzabnahme. Volterra, 1521 *(Foto: Alinari, Florenz)*

1. Caravaggio, Rosenkranz-Madonna, 1607 – *Wien, Kunsthistorisches Museum* *(Originalaufnahme)*

2. Bernini, Kathedra Petri. Rom, St. Peter, 1655 *(Foto: Dr. F. Stoedtner, Düsseldorf)*

3. Tiepolo, Anbetung der Könige, Detail: Münster-Schwarzach-Madonna, 1753 – *München, Alte Pinakothek* *(Originalaufnahme)*

4

5

4. Girardon, Grabmal Richelieus. Paris, Kirche der Sorbonne, 1694 *(Bildarchiv Foto Marburg)*

5. Zurbarán, Der hl. Bonaventura weist dem hl. Thomas den Gekreuzigten als Quelle alles Wissens, 1629 – *Berlin* *(Foto: Dr. F. Stoedtner, Düsseldorf)*

1. Pedro de Mena, Der hl. Franz in Ekstase. Toledo, Kathedrale, ca 1663 *(nach H. Kehrer, Die Kunst des Greco, 1914, Taf. 40)*

2. El Greco, Der hl. Franz in Ekstase. Toledo, San Vicente, ca 1600 *(nach J. Camón Aznar, Dominico Greco I, Madrid 1950, Abb. 413)*

3. Rubens, Kreuzaufrichtung. Antwerpen, Kathedrale, 1611–14 *(Foto: Dr. F. Stoedtner, Düsseldorf)*

4. Rembrandt, Christus lehrend (»La petite tombe«), ca 1652 *(Foto: Kunsthist. Institut der Universität Kiel)*

5. Willmann, Kreuzigung des hl. Andreas. Kloster Leubus (Schlesien), 1662 *(Foto: Kunsthist. Institut der Universität Kiel)*

1

2

3

4

5

4. Trier, Kornmarkt, Georgsbrunnen, 1750
(Foto: Kunsthist. Institut der Universität Kiel)

5. J.W. v. d. Auvera, Grabmal für Friedrich Carl v. Schönborn, 1746-48 – *Mainfränkisches Museum, Würzburg (Photo-Verlag Gundermann, Würzburg)*

6. Matthias Braun, Die hl. Luitgard mit dem Gekreuzigten. Prag, Karlsbrücke, 1710 *(Foto: Verlag Orbis, Prag)*

6

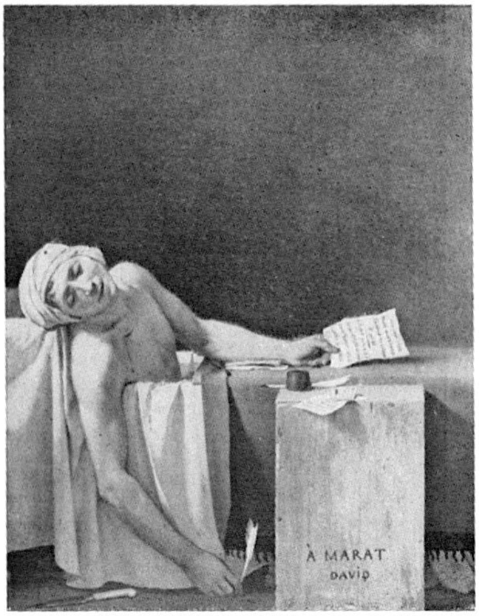

1

1. J.-L. David, Der ermordete Marat, 1793 – *Musées royaux des Beaux-Arts, Brüssel (Originalaufnahme)*

2

2. C. D. Friedrich, Kreuz im Gebirge, 1808 – *Staatl. Sammlungen, Pillnitz (Foto: Staatl. Kunstsammlungen, Dresden)*

3. F. Olivier, Die Hl. Allianz, 1815 – *Staatl. Galerie Dessau (Originalaufnahme)*

4. Thorwaldsen, Einsetzung des hl. Abendmahls. Kopenhagen, Liebfrauenkirche, 1820 *(Foto: Thorvaldsens Museum, Kopenhagen)*

5. Friedr. Overbeck, Der Triumph der Religion in den Künsten, 1840 – *Städelsches Kunstinstitut, Frankfurt/M. (Bildarchiv Foto Marburg)*

1. A. Menzel, Die königliche Abendtafel in Sanssouci. Holzschnitt zu: F. Kugler, Geschichte Friedrichs d. Gr., 1840

2. G. Courbet, Die Steinklopfer, 1849 – *Ehem. Dresden*
(Foto: F. Bruckmann, München)

3. E. v. Gebhardt, Jakob ringt mit dem Engel, 1894 – *Staatl. Sammlungen, Pillnitz (Foto: Landesbildstelle Sachsen)*

4. P. Gauguin, Jakob ringt mit dem Engel, 1888 – *National Gallery of Scotland, Edinburgh*
(Originalaufnahme)

1. F. v. Uhde, Abendmahl, 1886
(*Foto: Dr. F. Stoedtner, Düsseldorf*)

2. H. v. Marées, Die Hesperiden (Gesamtaufnahme), 1885 – *München, Bayerische Staatsgemäldesammlung (Originalaufnahme)*

3. E. Nolde, der Zinsgroschen, 1915
(*Fototeca Venedig*)

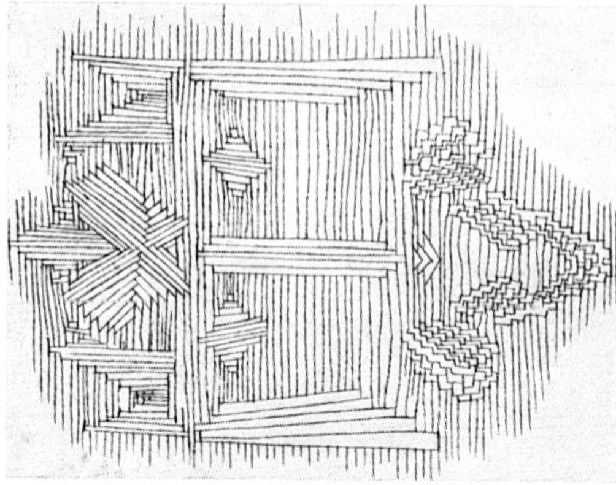

4. P. Klee, Christus, 1926
(*Originalaufnahme*)

1. G. Rouault, Kreuzigung, Radierung, 1925 *(Originalaufnahme)*

2. P. Picasso, Kreuzigung, 1930 *(nach Chr. Zervos, P. Picasso VII, Paris 1955, Abb. 287)*

3. M. Chagall, Kreuzigung in Gelb, 1943 *(Originalaufnahme)*

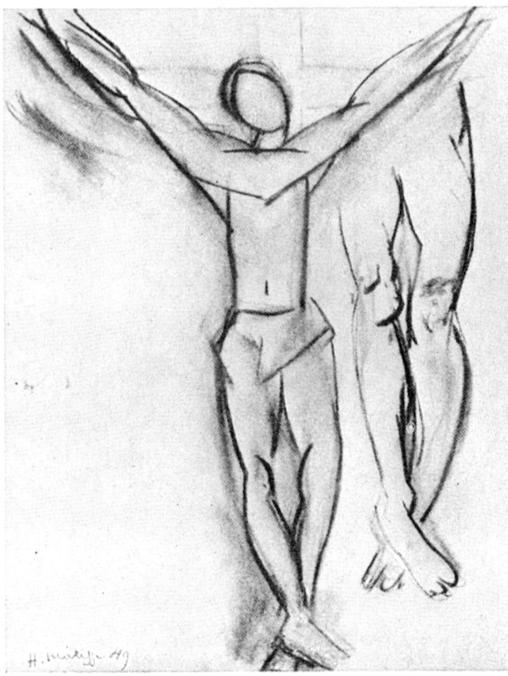

4. H. Matisse, Der Gekreuzigte. Entwurf für die Kapelle in Vence, 1949 *(Foto: Fritz Eschen, Berlin)*

1. E. Barlach, Das Wiedersehen (Auferstandener Christus), Bronze, 1926 *(Originalaufnahme)*

2. K. Kollwitz, Pietà, Bronze, 1937 *(Originalaufnahme)*

3. H. Moore, Madonna, Steinbildwerk, 1943 *(Originalaufnahme)*

4. A. Rattner, Pietà, 1948 *(Originalaufnahme: Downtown Gallery, New York)*

1. G. Sutherland, Weinende Magdalena, 1946 *(Originalaufnahme)*

2. A. Manessier, Glasfenster für die Dorfkirche von Les Bréseux (Doubs), 1950 *(Foto: Galerie de France)*

3

3. F. Léger, Glasfensterstreifen in der Pfarrkirche von Audincourt (Passionswerkzeuge; Mittelfenster: Herz Jesu und 5 goldene Strahlenbündel), 1951 *(nach P. Régamey, Kirche und Kunst im 20. Jh., dt. 1954, Abb. 60)*

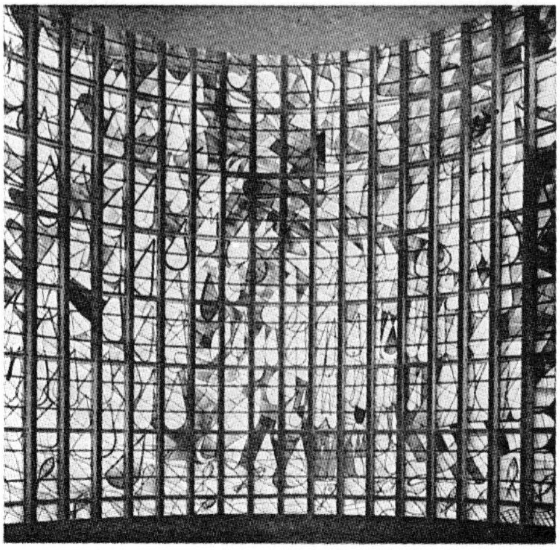

4. G. Meistermann, Ausgießung des Hl. Geistes. Glasfenster in Schweinfurt, St. Kilian, 1953 *(nach Régamey, aaO Abb. 39)*

1. Die Versuchung. Von Alfred Thomas (Indien) *(Originalaufnahme)*

2. Chinesische Madonna. Maler unbekannt *(Originalaufnahme)*

3. Heimkehr des verlorenen Sohnes. Plastik von Sam Songo in Cyrene (Afrika) *(Originalaufnahme)*

4. Kreuzigungsgruppe. Um 1930 von einem Angehörigen des Kate-Stammes (Neuguinea) aus Eisenholz gearbeitet *(Originalaufnahme)*

(Madrid, um 1642) oder »Christus an der Martersäule« (London, ca 1636), bleiben ohne heftige Erregung. Als Hofmaler und Porträtist zeigt Velázquez ein ungewöhnlich toniges Kolorit, das ihn zwischen Tizian und Rubens stellt. Er hat daher später auch auf den → Impressionismus (: I) gewirkt. – Völlig von religiösen Themen getragen ist die heute oft unterschätzte Kunst des *Bart. Esteban* → *Murillo* (1618–82). Unglaublich fruchtbar hat er große Folgen für Kirchen und Klöster nicht nur seiner Vaterstadt Sevilla und viele einzelne Altarblätter (heute über alle Länder verstreut) geschaffen. Murillo ist der Meister des Marienkultes der Gegenreformation. Seine große Popularität verdankt er der sentimentalen Anmut seiner Bilder. Murillo steht am Ende der hier nur zu umreißenden B.-M. Spaniens. Zwar hat auch das 18.Jh. sich um religiöse Themen bemüht, aber die ungebrochene Originalität ist verloren. Der einzig hervorragende *Francisco de Goya* (1746–1828) ist bereits ein Kind der Aufklärung; so wenig wie er (als Hofmaler!) nicht davor zurückschreckte, die Dekadenz des Hofes erbarmunglos zu charakterisieren, so wenig scheut er sich, vornehmlich in seinen Graphiken, häßliche Mönche, Flagellantenszenen und Opfer religiösen Wahnes darzustellen. Er ist ein Ankläger, dessen Mitleid sich nicht an den hergebrachten Themen des NT und der Martyrien erwärmt, sondern an den Opfern höchst erregter Zeitläufte.

b) Die spanische *Plastik* gelangt – nach italienischen Renaissance-Einflüssen (Pompeo Leoni, Grabmalfiguren des Escorial) – im B. zu großer Selbständigkeit. Die Holzschnitzkunst herrscht vor gegenüber Erzguß und Steinwerk. Die großen Schnitzaltäre, »Retablos« genannt, überdauern als Aufgabe seit der Spätgotik alle Phasen der Stilwandlung und bleiben die beherrschenden Abschlußwände der Kirchen. Sie sind oft nicht zu trennen von der reichen Dekoration des → Chorgestühls, die zusammen mit mauerartig den Kirchenraum abriegelnden → Lettnern eine plastisch umfriedete Welt des Chorhauses bilden. Ihnen wird im Langhaus oft der »Trascoro« entgegengesetzt, ein hohes Gestühl für die Gebete der Kapitel (Sevilla, Cordoba). Der Spanier als Bildhauer denkt realistischer als der Italiener, weniger klassisch als der Franzose, kaum so extravagant wie oft der Deutsche. Der schon bei Ribera, Zurbarán und Valdés Leal zu beobachtende Hang zu scharf charakterisierendem Realismus kennzeichnet auch die spanische B.-P. Nicht Gebärdensprache und Mienenspiel allein sind Ausdrucksmittel für eine oft fanatische oder doch hingebungsvolle Glaubensinbrunst; selbst naturalistische Zutaten – dem übrigen Europa fremd – werden bedenkenlos verwendet; Gold- oder Spiegelnischen sollen dem religiösen Empfinden Unendlichkeit und Irrealität suggerieren. Vor allem in der *Prozessions-P.* (Passionsgruppen, sog. »pasos«, oft lebensgroß) sucht der Spanier ein Äußerstes an leibhaftiger Vergegenwärtigung. So werden den Figuren Augen und Tränen aus farbigem Glas eingesetzt, für Haupt- und Barthaar natürliche Haare, für die Gewandung wirkliche Stoffe verwendet (Prozessionsmantel der Immaculata im Dom von Toledo mit Tausenden echter Brillanten!); entsprechend echt sind die Kronen, Ringe und Beigaben. Mag dies dem Nordländer »karussellhaft« erscheinen, so entspricht es doch dem ungehemmt gläubigen Verlangen nach Realisation der religiösen Vorstellungswelt. – Die religiöse P. beherrscht bei weitem das Feld. Die eben gekennzeichneten Züge eines zugespitzten Naturalismus finden sich an den Bildwerken des *Josef de Mora* († 1725), dessen Hl. Bruno (Granada, Cartuja) zu den intensivsten Werken der B.-P. gehört. Aus der großen Schar tüchtiger Werkleute, denen Marienklage, Kreuzigung, Anbetung, Abendmahl darzustellen immer sensitives Anliegen war, seien hervorgehoben: Nordspaniens Hauptmeister *Gregorio Hernandez* († 1636, Werke in Avila, Plasencia, Valladolid); aus dem fruchtbareren Südspanien *Juan de Montanes* († 1649), Begründer der Sevillaner B.schule (Immaculata, Sevilla, Dom); sein Schüler *Alfonso Martinez* († 1668) setzt diese Richtung fort. Sodann ist neben Roldan und Gijon vor allem *Alonso Cano* († 1667, Hauptwerke in Granada und Cordoba) aufzuführen, ein Meister in der Darstellung hingegebenen Schmerzes. Josef de Mora schuf Darstellungen der Schmerzensmutter und des Schmerzensmannes (Granada). Als Hauptmeister Südspaniens gilt *Pedro de Mena* (1628–88) aus Granada. Seine Franziskus-Ekstase im Dom zu Toledo (s. Taf. 60 Abb. 1) und zahlreiche Darstellungen von Heiligen in kontemplativer Versenkung kennzeichnen diese pessimistische Ausdrucksweise hinreichend; Menas Werk ist auch das ebenso aufwendige wie typische Chorgestühl der Kathedrale von Maglaga. Hauptmeister der spanischen P. des 18.Jh.s ist *Francisco Zarcillo* († 1781) aus Murcia, der intensive Prozessionsgruppen, höchst bewegte Ölbergszenen und aufwendigerregte Altäre geschaffen hat (Churigguerismus). Die typisch realistischen Züge halten sich noch lange in der ungehemmten Volkskunst Spaniens; in der offiziellen P. aber erlöschen sie ebenso wie in der höfischen M. mit dem Auftreten des Raffael Mengs und dem Einströmen eines von Neapel ausgehenden Klassizismus.

4. a) Ähnlich wie in Deutschland (s. 6) und den Niederlanden (s. 5) haben sich in *Frankreich*, das eine sehr lange Auseinandersetzung seiner gotischen Tradition mit der Spätrenaissance Italiens durchgemacht hat (Rosso Fiorentino, Primaticcio, der Hof Franz II., die Schule von Fontainebleau), barocke Tendenzen gegen 1600 entwickelt. Zu neuen selbständigen Entwicklungszügen kam es zuerst während der Regierungszeit Heinrichs IV. und Ludwigs XIII. Die eigentliche Konstituierung aber einer barocken Nationalkunst Frankreichs bedeutete die Ära Ludwigs XIV. Sie übernimmt, wie in der Baukunst leicht zu übersehen ist, vor allem im → Kirchenbau (: IV, 1 c) viele Anregungen Italiens. Jedoch nehmen sie hier, wie in der M., unter gewissen Forderungen, die schlagwortartig mit dem Verlangen nach »clarté«, »ordonnance« und »mésure« benannt sein mögen analog den Forderungen in der Literatur, starke klassizistische und doktrinäre Formen an. Als Regulativ des öffentlichen Geschmacks treten die weitgehend spezialisierten Akademien auf den Plan, unter denen seit ihrer Gründung i.J. 1648 die Akademie der schönen Künste mit ihrem Classement der Kunstzweige und ihrer Wertschätzung alsbald eine maßgebliche Rolle spielen sollte. Der Gründung der Hofwerkstätten (1661) ist innerhalb der Bemühungen um eine Zentralisierung der französischen Kunst am Hofe Ludwigs XIV. eine überragende Bedeutung für den Geschmack Europas zuzumessen. Wenn sich mit allen diesen Tendenzen Frankreich auch im ganzen zum lat.-romanischen Kulturkreis hinwenden mag, und wenn auch die Theoretiker in ihren »entrétiens« und »discourses« oft genug die Meinung über das Wie und Was in der Kunst bestimmt haben, so wäre es doch irreführend, wenn man diese vom Mäzenatentum des Königs abhängige und auf das klare Formgefühl der Franzosen abgestimmte Kunst nur als unschöpferisch und eklektisch, weil eben klassizistisch, bezeichnen würde. Mehr als in anderen Ländern ist die Staatskunst ein sichtbarer Ausdruck nicht nur der Verbindung der politischen Macht zwischen Hof und Staat, sondern Maßstab einer feudalen, im 18.Jh. zunehmend übersteigerten Kultur. Wenn auch die Jesuiten in enger Verbindung mit dem Hofe herrschen, so hat doch das gegenreformatori-

sche Element (ähnlich wie im Kirchenbau) sich nicht entscheidend in M. und P. durchzusetzen vermocht.

b) Die *Malerei* des grand siècle Frankreichs gehört keineswegs zum »Unselbständigsten und Armseligsten« (F.Bock, RGG² III, 1919). Allerdings sind in der religiösen M. des an Künstlern damals so überreichen Landes entscheidende und neue Vorstöße nicht zu beobachten. Der → Jansenismus war keineswegs ein Anreger. Die akademischen Themen, vornehmlich aus der antiken Geschichte und die Schlacht- und Geschichtsdarstellungen, entsprachen dem Geschmack der Auftraggeber, obenan Ludwigs XIV. Aber selbst *Nicolas Poussin* (1593-1665), ein archäologisch in Rom trefflich gebildeter Maler, ist keineswegs nur als ein Erzakademiker anzusehen, dem ein gänzlicher Mangel an Einfällen zueigen gewesen wäre. Wenn auch seine Bilder meistens mythologisch-allegorische oder arkadische Hirtenszenen zum Gegenstand haben (Die Erziehung des Jupiter, 1644, Berlin) - klare, feinsinnige Kompositionen, die sich vor sensibel und durchsichtig gestalteten Landschaftsräumen entwickeln -, so ist Poussin mit dem scharf durchgearbeiteten »Martyrium des Hl. Erasmus« (Vatikan, Pinakothek) doch ein überzeugend religiöses Bild gelungen. Die meisterlich komponierten Themen »Triumph Davids« (Dulwich) und »Findung des Moses« (Louvre) müssen, obwohl sie meist als rein weltliche Geschichtsbilder gescholten sind, als typischer Ausdruck des grand goût der französischen Akademie gewertet werden. Von großem kunst- und religionsgeschichtlichem Gehalt sind die beiden Bilder seiner Folge »Die sieben Sakramente« (Belvoir Castle und Bridgewater Collection London). - Die Entwicklung der französischen M. wird allerdings überwiegend von profanen Stoffen getragen. Doch finden sich wenigstens im 17.Jh. bei allen wichtigeren Meistern noch eindrucksvolle Rückgriffe auf religiöse Themen neben dem Sittenbild, dem Bildnis und der Landschaft, die mehr und mehr das Anliegen der Maler gegen 1700 wurden. Obenan sind die nordfranzösischen Brüder *Le Nain* zu nennen (Anton * 1588, Ludwig * 1593, Matthias * 1607), bei denen man mit Recht die Entwicklung eines selbständigen Naturalismus in Verbindung mit einer hellen und harmonischen, echt französischen Tonführung gelobt hat. Unter ihren wenigen größeren religiösen Kompositionen sind die »Geburt Christi« (Paris), »Die Anbetung der Hirten« (Lille) und bes. das streng durchgebildete, wenngleich tonige Nachtstück der »Geburt« (Rennes) zu nennen. *Georges de La Tour* († 1652) gelang es in seiner »Trauer um den Hl. Sebastian« (Berlin), die französische klare Haltung mit einem tiefen Ausdruck von Mitleid eingängig darzustellen. Als Schöpfer von merkwürdig strengen Nonnenbildern und gleichermaßen repräsentativen Porträts (Kardinal Richelieu, Louvre) ist der dem Jansenismus nahestehende *Philipp de Champaigne* (1602-74) bekanntgeworden. Er malte für die Abtei → Port Royal, den so entscheidenden Kirchenbau Val-de-Grâce (s. Taf. 26 Abb. 3) und viele andere Pariser Kirchen. Seine Bilder zeigen einen recht rationalen, unpathetischen Stil, meist ohne Rückgriff auf antikisierendes Formgut, so daß verständlich wird, daß er immer mehr als ein Gegner Poussins gegolten hat. Gegenüber den Akademikern hat F.Bock (RGG² III, 1920) Champaignes Bildern ein tief religiöses Empfinden nachgesagt, das unmittelbar in seelischen Ausdruck umgesetzt sei (Abendmahl und Szenen aus dem Leben Christi im Louvre; Verkündigung, Lille; Leben des Hl. Benedikt, Brüssel; Darstellung im Tempel, Wien; Abels Tod, Darmstadt; u.a.m.).

Die von Poussin begründete akademische Richtung wurde von *Charles Lebrun* (1619-90) repräsentiert, dem Dekoraten der Spiegel-Galerie und der Staatsgemächer von Versailles. Innerhalb seiner begreiflicherweise stark von dekorativen Tendenzen geleiteten Kunst, die nicht ohne Einflüsse von Carracci (s. 2 a) ist, nimmt die religiöse Thematik nur einen begrenzten Raum ein; erwähnt werden muß Lebruns »Opfer Jephtas« (Uffizien). Als erster Akademiker sei *Simon Vouet* († 1649) genannt, der nach langjährigem Italienaufenthalt das aktuelle Kunstgut Roms und Bolognas in Frankreich heimisch machte (Christus und Magdalena, Paris, St.Merry; Hl. Ludwig, Dresden). Seit einigen Jahrzehnten wird *Sebastian Le Sueur* (1616-56) stärker beachtet. Seine scharf durchleuchtete Malweise hat oft an den Spanier Zurbarán denken lassen (Tod des Hl. Bruno, Louvre; Paulus predigt, Hl. Martin, Paris; Messewunder des Hl. Ludwig, München).

Es ist bezeichnend genug für den französischen B., daß in der malerischen Durchbildung des kirchlichen Innenraumes das Fresko nicht die Rolle spielt wie in Italien und Deutschland. Die Verunklärung der struktiven Form widersprach zu stark dem französischen Empfinden. Zumal die Theoretiker des beginnenden 18.Jh.s haben sich schärfstens gegen die Auflösung der Decke durch figurale M. und plastischen Schmuck gewendet. So gibt es denn im Bereich des profanen Innenraumes eigentlich nur eine Entwicklung der gemalten Supraporte oder allenfalls des Zwickelbildes (zB Nattier, Hotel de Soubise, Paris). Den Ausmalungen Lebruns in Versailles ist deswegen nur *Mignards* (1612-95) großes Kuppelbild »Das Paradies« in Val-de-Grâce gegenüberzustellen, das im Sinne der italienischen Tradition mit Untersichten die Kalotte auflöst. - Neben den hier genannten Meistern sind noch als gelegentliche Gestalter religiöser Szenen *Jouvenet* († 1717), *Sylvestre* († 1760), *Ch. de la Fosse* (Himmelfahrt Mariä, um 1680, Kuppel der Himmelfahrtskirche, Paris) und *Fr.Lemoyne* († 1737) mit seinem Plafondstück von St.Thomas-d'Aquine (Paris, 1723) zu nennen, ferner mit Einzelbildern *J.Fr. de Troy* († 1752, Skizzen zur Geschichte Esthers, 1738). Im allgemeinen aber erfährt die religiöse Kunst im 18.Jh. schon vor Beginn der Aufklärung, die begreiflicherweise in Frankreich vorzeitig die lebendige Beziehung zur Religion angreift, einen Abstieg. Bei *Charles van Loo* († 1765), einem Vertreter der »Rubenisten« an der französischen Akademie, die gegen die »Poussinisten« standen, macht sich schon eine erschreckende Kühle und akademische Routine in der Gestaltung religiöser Themen bemerkbar (Prozession der Reliquien des Hl. Augustin, 1755, Paris, Notre Dame de Victoire). Ähnliches kann man bei *J.M.Vien* († 1809) beobachten, dessen »Lot mit seinen Töchtern« (1748, Le Havre) in seiner hellen und glatten Farbigkeit an Bouchers Idyllen denken läßt.

Spät-B. und R., in der M. Italiens und Deutschlands oft von echter Gläubigkeit und erschütternder Aussagekraft getragen, zeitigen in Frankreich überwiegend kultivierte Profan-M. Unter den stimmungsvollen Werken des größten Malers dieser Zeit, *Antoine Watteau* († 1721), findet sich außer einer Kreuzigungsskizze kein einziges Bild mit religiösem Inhalt. Sein gepflegtes höfisch theatralisches Genre, ferner die Gesellschaftsbilder, Jagdszenen, Austernfrühstücke, Gartenfeste von *Lancret* († 1754), *Oudry* († 1755), *Pater* († 1736) sind Zeugnisse höchster Verfeinerung im Handwerklichen wie im Ausdrucksmäßigen. Das bürgerliche Genre und das kostbar durchgebildete Stilleben werden bei *Chardin* († 1779) und *Desportes* († 1743) zu Vorläufern impressionistischer Tongebung; selbst bei Provinzmalern fehlt es nicht an überraschenden Ergebnissen. Daneben hat vor allem die Heroische Landschaft und die Vedute nach *Claude Lor-*

rain (1600–82; Vertreibung der Hagar, 1668, München) in Werken der *Dughet* († 1675), *Fragonard* († 1806) und *H.Robert* († 1808) vollgültige Nachfolge gefunden. Aber in einer Gesamtdarstellung des an sich so reichen Bildes französischer M. im 18.Jh. ist es selbst einem so ausgezeichneten Kenner wie Florisoone nicht gelungen, mehr als ein halbes Dutzend bedeutende Bilder religiösen Inhalts abzubilden. Heiligenvisionen und gewisse eindringlichere Themen der spanischen, italienischen und deutschen B.-M. (zB »Das Fegefeuer«, »Die vier letzten Dinge der Menschen«, »St.Rochus unter den Pestkranken«, »Aussätzigenheilung«) sind wegen notwendig irrealer oder scharf-realistischer Darstellung im französischen 18.Jh. kaum zu finden.

c) Für die *Plastik* stellten auch in Frankreich neben Bildnisbüsten die Grabmäler und Außenfiguren die vornehmsten Aufgaben. Zwar wurden in den französischen Kathedralen gerade auch Altarbildwerke von den Revolutionären bes. gern zertrümmert, doch ist große figürliche Altar-P. und plastische Durchbildung der Altarmensa in Frankreich nie ein so besonderes Anliegen gewesen wie etwa in Süddeutschland oder Osteuropa. Am Anfang der Entwicklung ist *Germain Pilon* (1535–90) zu nennen, dessen »Beweinung Christi« (Bronzerelief Paris) bes. stark im Seelischen und Gestischen genannt werden kann. *Pierre Puget* (1620–94), aus dem Holzschnitzerhandwerk Marseilles kommend, in Rom unter dem Einfluß Cortonas weitergebildet, wurde von jeher als ein durchaus unklassizistischer und naturalistischer echter B.künstler bezeichnet. Seine Kunst ist voll Elan und Sinnlichkeit (»Immaculata«, Genua; »Sterbender Hl. Sebastian«, Genua, Carignano-Kirche; die leidenschaftlich bewegte Darstellung der »Pest in Mailand«, Marseille). Puget ist einer der wenigen, bei denen noch eine gewisse lebenswahre Charakteristik und naturalistische Kraft ungehemmt zum Ausdruck kommt. Alles das verliert sich (ähnlich wie in der M.) in der P. des 18.Jh.s. Schon bei *Girardon* († 1715), den man wegen seiner dekorativen Werke den »Lebrun der Bildnerei« genannt hat, tritt eine glättende, westliche und akademisch-höfische Seite deutlich zutage. Sein Grabmal Richelieus (1694; s. Taf. 59 Abb. 4) in der Kirche der Sorbonne darf als das Musterstück einer repräsentativen Tumbagestaltung bezeichnet werden; die Darstellung des Kardinals in großer Robe und mit der ihn beweinenden Wissenschaft darf man nicht so sehr als »französische Schauspielerei« auffassen, sondern als den Ausdruck eines subtilen Gefühls für die geprägte Geste höfischer Repräsentanz. Die um 1700 noch wahrnehmbaren Ansätze zu religiös bestimmter Groß-P. verlieren sich in der Régence vollkommen, und man kann mit Recht sagen, daß die Ära Ludwigs XV. zwar einen großen Schatz ebenso sprechender Bildnis-P.en wie kostbarer Nippes geschaffen hat, daß aber ein Gefühl für die intensive Sprache religiöser P. verlorengegangen ist. Im Schaffen *Houdons* († 1828), des größten Plastikers in der Zeit der französischen Aufklärung, spielt bereits das religiöse Gruppenbild keine Rolle mehr. Die große Tradition der Kathedral-P. Frankreichs, im MA zu den höchsten Leistungen europäischer Kunst zählend (→ Malerei und Plastik: II, 6; III), ist bereits im Zeitalter Ludwigs XIV. völlig abgestorben, und den ausgedehnten Programmen der Bau-P. kommt selbst an den Schloßbauten jener Zeit nur noch eine dekorative Rolle zu.

5. Die Trennung der nördlichen ref. *Niederlande* von den südlichen, spanisch-kath. (1581), findet in den Künsten alsbald ihren Niederschlag. Die flämische Kunst wird stark von den Jesuiten beherrscht; auch die Kunst aus profanem Auftrag atmet gegenreformatorischen Geist. Italienische Einflüsse und eine allgemein barocke ostentative Haltung lassen die Kunst im Süden der Generalstaaten ausladender erscheinen als im Norden, wo ein wohlhabendes Bürgertum gedeiht, dessen Kaufmannsgeist, gefördert durch die Prädestinationslehre, von nüchternem Realismus geprägt wird. Stilleben, Landschaft und Porträt erleben auf engstem Raum eine unerhört neue Blütezeit, religiöse Themen treten – von Rembrandt abgesehen – dagegen zurück.

a) Die Kunst der *südlichen Niederlande* beherrscht der übermächtige *Peter Paul* → *Rubens* (1577–1640). Seinen Lehrjahren bei heimischen »Romanisten« (sog. nach einer Spielart des → Manierismus) folgt 1600–08 der obligate Italienaufenthalt (Rom, Mantua); dennoch entwickelt sich seine Kunst ganz eigenständig. Die Kreuzaufrichtung und Kreuzabnahme (1611–14; s. Taf. 60 Abb. 3) für Antwerpens Kathedrale zeigen in mächtigem Diagonalaufbau und lodernder Farbigkeit die erste Reifestufe einer gewaltigen Kunst, die, sich koloristisch und kompositionell immer freier entfaltend, zur Grundlage aller nordeuropäischen B.-M. wurde. Humanistisch gebildet, von feiner Weltläufigkeit und politischem Geschick, wird Rubens Prototyp eines barocken »uomo universale«. Es wäre zu einseitig, in seinen kraftstrotzenden, flämisch-temperamentvollen Mythologien pure Lebensgier zu sehen. In Rubens' religiösen Bildern werden die kraftvollen Christus- und Heiligengestalten zu sieghaften Überwindern des Unglaubens. Wie in antiker Herkulesvorstellung steht physische für moralische Kraft. Rubens' Werk umfaßt große geschichtliche Zyklen (Decius-Mus-Zyklus, Sammlung Liechtenstein; Medici-Zyklus, Paris) neben grandiosen religiösen Folgen, von denen die Ausmalung der Jesuitenkirche in Antwerpen (1619/20; verbrannt) die bedeutendste gewesen sein dürfte. Vehemente Tierbilder, erfühlte Landschaft, sehr persönliche Porträts füllen sein überreiches Werk, dessen mehr als 2000 Schöpfungen, auf Grund großartig-sicherer Figuralzeichnungen und Entwürfe angelegt (seine Farbskizzen gehören zum Edelsten der B.-M. überhaupt), nur mit Hilfe einer großen Werkstatt zu bewältigen waren. Rubens trat ganz im Sinne des B.s auch als Festdekorateur hervor (Einzug Kardinal-Infant Ferdinands von Spanien, Siegers von Nördlingen, in Antwerpen, 1635). Rubens' leidenschaftlich belebtes Werk schöpft aus tiefen historischen Vorstellungen, seine Bildwelt ist von starker Gläubigkeit erfüllt. Höllensturz und Jüngstes Gericht (München) sind zu persönliche, geniale Schöpfungen, als daß man sie abtun dürfte als »Agitationsmittel und Reklame des neuen Katholizismus«, die »den Fanatismus aufgepeitschter Leidenschaften« ausdrücke und »ihre Seitenstücke im Rausch und Trubel des Karnevals wie im Flitter der Fronleichnamsprozession« finde (F.Bock, RGG² III, 1923). Die Flucht nach Ägypten (1614, Kassel) und, koloristischer Höhepunkt, der Ildefonso-Altar (1630–32, Wien) mit seinen tief gedeuteten Stifterbildern offenbaren große Ehrfurcht und warmes Ausdrucksvermögen gerade in Rubens' religiösen Bildern. – Gegenüber diesem Genie sind die Schüler nur Talente. *A. van Dyck* (1599–1641), überaus begabt, eleganter Porträtist, zeigt in seinen – im Verhältnis zu Rubens nur sehr wenigen – religiösen Bildern sichere M., gefällige Wirkung und gefühlvolle Züge, ohne je Wurf und Verve seines Meisters zu erreichen (Kreuzaufrichtung, Courtrai; Kreuzigungen in Lille, Mecheln, Gent); Beweinungen (Antwerpen, Berlin, München, Stuttgart, Paris) und viele Heiligendarstellungen erweisen das ebenso wie – gegenüber Rubens – unsichere und weiche Entwurfzeichnungen. – Auch *Jakob Jordaens* († 1678) – urflämisch, nie in Italien – malt Sittenbilder, Mythologien und Bibelstoffe im Geiste des Rubens, ohne mystisch-gegenreformatorische Tendenzen zu veranschaulichen. Seine Anbetung der Hirten (Amsterdam, Antwerpen, Frankfurt, Stockholm) und verwandte Stoffe verraten in mancher Derbheit den Abstand gegenüber Rubens, zeigen ihn platt, wo van Dyck nur blaß ist. Südniederländische Ausstrahlungen spiegeln sich in der französischen B.-M. wider.

Die flämische *Plastik* weist Rubens gegenüber keinen ebenbürtigen Meister auf. Quantitativ ist ihre Gesamtleistung in den flämischen Kirchen imponierend. *Artus Quellinus d. Ä.* († 1668) gleicht in seinem sinnlichen Gefühl für das Körperliche von ferne Rubens, *Quellinus d. J.* († 1700) darf man im Temperament mit van Dyck vergleichen. *L.Faydherbe* († 1697) hat manchen Rubens-Einfluß aufgenommen; seine riesigen Apostelfiguren in der Gudula- und der Liebfrauenkirche zu Brüssel zeigen einen vertieften Naturalismus. Der Berninischüler in Lüttich, *del Cour,* ferner *Boeckstuyns, Verbrugghen, Gahl* und *van Thoon* müssen hier genannt werden; ihre Holzskulpturen an Altären, Kanzeln, Beicht- und Chorgestühlen gehören zu den handwerklich bedeutendsten Leistungen der südniederländischen B.kunst.

b) Wie die Predigtkirchen des *ref. Nordens* im Typus grundsätzlich verschieden sind von den Gotteshäusern des kath. Südens (→ Kirchenbau: IV, 1f), so unterscheidet sich dort und hier auch die M. schon in der Faktur. Nur die Caravaggisten im kath. (!) Utrecht nehmen, bei vorzugsweise religiöser Thematik, eine Zwischenstellung ein: *Hendr. ter Brugghen* († 1629; Matthäus-Berufung, 1621, Utrecht), *D. v.Baburen* († 1624; Grablegung, 1617, Utrecht) und *G. v.Honthorst* († 1656). Die Knospe der eigentlichen holländischen M. gedeiht im Kunstzentrum Haarlem. Den Spätmanieristen der sog. Haarlemer Akademie (Cornelisz, Goltzius, v. Mander) folgt eine Generation, die sich spezialisiert: Esajas v. d. Velde (Landschaft), W.Buytewech (Gesellschaftsbild), W.C.Heda (Stilleben), J.Porcellis (Seestück) und, alle überragend, der geniale Porträtist *Frans Hals* (ca 1580 bis 1666), der Velázquez gleich noch auf die Impressionisten einwirkte. Dem Haarlemer Wirklichkeitssinn gegenüber stehen in Amsterdam die mit romanisierenden Kleinformen gefüllten, glatt gemalten Bilder des *Pieter Lastmann* (1583-1633) mit mehr mythologisch-historisierendem als religiösem Gehalt. Erst Lastmanns Schüler → *Rembrandt* Harmensz v. Rijn (1606-69) entwickelt sich schließlich zum Rubens ebenbürtigen Genie der nordniederländischen B.-M., zum überragenden Exponenten prot. Künstlertums. Mythologie und Historie treten in seinem Werk zurück, Bildnis und religiöse Themen bestimmen sein Schaffen (über 600 Gemälde, mehr als 300 Radierungen). Aber Rembrandts bibelauslegende Bilder entstehen nicht als Kirchenkunst, sondern als Zeugnisse persönlichster Frömmigkeit. Das AT, von kath. B.-M. hintangestellt, findet bei Rembrandt tiefste menschliche Ausdeutung; in den Bildern zum NT walten Mitleiden und Einsicht in das Los des Heilands. So erscheint der ev. Rembrandt als der Antipode des Katholiken Rubens: bei diesem rauschende Verkündigung der Heilsoffenbarung an die Menge – beim anderen stille Durchleuchtung biblischer Geschichten, die zu persönlich bezeugtem Evangelium wird. In der Leidener Frühzeit (1626-31) entstehen glatt gemalte, schulgerecht komponierte Bilder kleineren Formats (David vor Saul, 1627, Basel), deren Buntfarbigkeit bald dunkleren Tönen mit starken Lichtern weicht; im physiognomischen Ausdruck oft übersteigert (Tobias und Anna, 1626). In der Amsterdamer Reifezeit, in die auch das berühmteste Gruppenbildnis, die Kompanie des Hauptmanns Cocq (sog. »Nachtwache«, 1642, Amsterdam) gehört, geht Rembrandts Malweise von harter Lichtführung über zu einer Erwärmung der Form im Helldunkel bei zunehmender Tonigkeit, ablesbar an den 5 Passionsbildern (1633-39, München), die Rembrandt für den Statthalter Friedrich Heinrich von Oranien malte. Zwischen 1641 (Opfer Manoahs, Dresden) und 1656 (Jakobs Segen, Kassel) behandelt Rembrandt die Tonwerte immer großzügiger, vertieft sich seine Darstellungskunst (1648: Emmaus, Paris). In dieser Zeit erfährt auch seine Radierkunst eine bis dahin nie beobachtete Ausdrucksfreiheit der Strichführung, das barocke Pathos der 30er Jahre wird beruhigt und verinnerlicht, jetzt entstehen so stille und tiefe Interpretationen wie das sog. Hundertguldenblatt und »Christus lehrend« (gen. »La petite tombe«, um 1652; s. Taf. 60 Abb. 4). Innerhalb der reichen niederländischen Produktion auf graphischem Gebiet nimmt Rembrandt eine ganz eigene Stellung ein; man ist berührt von der Konzentration und Geschlossenheit der Darstellung, die im Kleinen groß wirkt. Im Spätstil der 60er Jahre fehlt jede äußerlich-dramatische Zuspitzung; in Geste und Ausdruck unendlich vereinfacht, läßt das Bild des Menschen nur mehr seelische Regung verspüren (Rückkehr des verlorenen Sohnes, 1668/69, Leningrad; Petri Verleugnung, 1660, und die sog. Judenbraut, nach 1665, beide Amsterdam). Die geniale Intensivierung des Seelischen und überaus persönliche Behandlung des Helldunkel (eben darin ganz barock) konnte von Schülern nur äußerlich übernommen werden. Unter ihnen sind *F.Bol* und *Govert Flinck* († 1660) zu nennen sowie als eigenständigster *Carel Fabritius* (1622-54; Lazarusauferweckung, um 1645, Warschau). Unter ihm und seinem Schüler *J.Vermeer van Delft* (1632-75) entwickelt sich in Delft die letzte große Blüte der holländischen Dinglichkeits-M. Andere Meister des an Malern so reichen Holland wie der urwüchsig-vielseitige *Jan Steen* († 1679), *P. de Hooch* († ca 1677), *Jac. v.Ruisdael* († 1672), *W.v.d. Velde d. J.* († 1707) und *W.Kalf* († 1693) haben sich der souverän erfaßten Umwelt mit Freude an der schönen Dinglichkeit hingegeben. Als eigentümlich holländische Bildgattung entwickeln *P.Saenredam* († 1665), *G.Houckgeest* († 1661) und *E. de Witte* († 1692) das Kircheninterieur; doch bleiben Sittenbild, Porträt, Landschaft, Seestück und Stilleben die Domäne des in seinem kirchlichen Leben so differenzierten Protestantismus Hollands.

Da in den schlichten calvinistischen Predigtkirchen der nördlichen Niederlande üppiges Kultgerät und aufwendige Ausstattung sich von selbst verboten, konnte sich barocke Bildnerei nur gelegentlich an Grabmälern erproben. So ist mit *Hendrick de Keyzer* (1565-1621; Grab Wilhelms I., 1614ff, Delft) schon der einzig hervorragende einheimische Bildhauer genannt. Der in Holland wirksame Quellinusschüler *R.Verhulst* († 1698) stammt aus Mecheln. Sein Lehrer und er schufen in Holland neben großartigen Grabmälern auch den plastischen Schmuck von hohem Niveau für das Amsterdamer Rathaus; doch mußten die bildhauerischen Aufgaben in einem Backsteingebiet auch für den Profanbau in ihren Möglichkeit beschränkt bleiben.

6. a) Die frühbarocke M. *Deutschlands* entwickelt sich – vom Porträt abgesehen – nur langsam. Gegen 1600 ist die Landschafts-M. erstarrt, das Stilleben (außer bei G.Flegel) schwach entwickelt. Dies Stagnieren ist um so auffallender, als zB in Nordwestdeutschland die gleichzeitige Profanbaukunst (Bremen, Celle, Lemgo, Münster) ungemein rege ist. Erst allmählich – im Einklang mit dem erstarkenden → Kirchenbau (: IV, 1f) – findet die religiöse M. zu anspruchsvolleren Formaten. Der Wandelaltar des MA wird vom festen Altaraufbau mit großem Altarblatt abgelöst. In der ev. Kirche spielen

emblematische und symbolische M.en an den Emporen zunehmend eine Rolle. Diese Ansätze werden fast überall durch den 30jährigen Krieg gehemmt oder gar unterbrochen. Erst in der 2. Hälfte des 17.Jh.s vereinheitlicht sich das Bild deutscher B.-M., also erst zu einer Zeit, als Caravaggio, die Carracci und Cortona, die Anreger in Italien (s. 2 a), als Rubens und Rembrandt, die Vorbilder im Norden (s. 5 a. b), schon verstorben sind.

b) Frühe Antworten auf Correggios Raumvisionen geben die Münchener *Chr.Schwarz* († 1592) und *H. Werle* († 1608), deren Entwürfe sich um das neue Fresko mit Untersicht bemühen. Der bedeutendste deutsche Maler jener Zeit, *Adam Elsheimer* (1578–1610), starb in Rom. Seine kleinen Landschaften mit biblischen Staffagen (Flucht nach Ägypten, München; Auffindung Mosis, Frankfurt) verbinden venezianische und römische Einflüsse mit idyllischen, nächtlich-stimmungsvollen Zügen. Elsheimers Kunst, in Nachstichen ungemein verbreitet, war von nachhaltiger Wirkung bis hin zu Rubens, Rembrandt und Lorrain. Neben Elsheimer sind der zum Venezianer gewordene Holsteiner *J.Liss* († 1629; Inspiration des Hl. Hieronymus, Venedig, S.Nicolo da Tolentino) und *H.Rottenhammer* († 1625) in Augsburg zu nennen. Nach dem 30jährigen Krieg tritt neben *Andr.Wolf* († 1716) und *Joh.Heinr.Schönfeld* († 1675) in Süddeutschland *J.Spillenberger* († 1679) hervor, dessen »Susanna im Bade« oder »Auffindung Mosis« (Pommersfelden) zähes Bemühen um die Requisiten venezianischer M. verraten. Sie alle überragt aber *Michael Willmann* (1630–1706). Selbständig verarbeitet er Anregungen Rembrandts und Ruisdaels mit Zügen von van Dyck, Skreta und Caravaggio; das erweisen die eigenwillig komponierte »Kreuzabnahme«, der »Marienkuß« (ehem. Breslau) und die unerhört dramatische, flüssig-aufgelöst gemalte Folge der Apostelmartyrien (Kloster Leubus, Schlesien), u.a. die erregende Andreas-Marter (s. Taf. 60 Abb. 5). Das die deutsche B.-M. kennzeichnende liebevolle Bemühen um die Landschaft ist Willmann bes. eigen; hier sind neben der »Jakobsleiter« (ehem. Breslau) die innige »Ruhe auf der Flucht« und die grandiosen Anbetungsszenen in der Josephskirche zu Grüßau (1692–95) hervorzuheben, die schlechthin den Neubeginn deutscher Wand-M. bedeuten. Mit der Wende zum 18.Jh. erwacht im Bereich der Habsburger Erblande erneut das im MA so lebendige Gefühl für didaktischen Wert und räumliche Wirkung der *Fresko-M.* Trotz einflußreicher italienischer Vorbilder (Perspektivbücher des Pater Pozzo SJ, † 1709, malte 1703 die Wiener Jesuitenkirche aus) ist eine überall durchbrechende Eigenständigkeit der Deutschen unverkennbar, die im Rahmen ihrer aufblühenden B.-architektur nun auch zusammenhängende theologische Programme (s. 1) zu bewältigen lernen. Anstatt Gewölbefelder mit stukkierten Gurten und Zwickelbildern (gleichsam unter die Decke gehefteten Tafelgemälden) auszuschmücken, strebt man nun allenthalben, durch M. »die Decke hinwegzuheben«, damit die Gläubigen Einblick nähmen in einen Himmel der Wunder oder in realiter niemals errichtbare Räume. Solches geschieht zuerst durch den Salzburger *Michael Rottmayr* (1654–1730) bei der Umgestaltung der Breslauer Universitätskirche (1704–06): die Deckengurte werden abgeschlagen, um die Joche zusammenzufassen für seine alles überrauschende »Verherrlichung des Namens Jesu«. Das Fresko der Stiftskirche zu Melk, wo Rottmayr seine Invention grandios variiert (1712–18), leitet die nächste Periode deutscher B.-Decken-M. ein, in der *Cosmas Damian Asam* (1696–1739) überragt. In der Decke des Langhauses von Weingarten (1717ff; s. Taf. 61 Abb. 3) läßt er die Architektur des Schiffes noch einmal erstehen. Versteckte Lichtquellen und farbig gehaltene P. verwischen alle Grenzen zwischen Schein und Sein in der Kirche zu Weltenburg, an deren Ausgestaltung der Bruder Egid Quirin Asam (s. 6 d) als Bildhauer untrennbar teilhat. Ein äußerster Illusionsgrad suggeriert dem Andächtigen das Unfaßliche als wirkende Gegenwart. – Von den zahllosen, oft volkstümlichen Meistern dieser hochbarocken Stufe sind noch hervorzuheben: *Daniel Gran* († 1757) mit ikonographisch bedeutsamen Fresken in der Wiener Hofbibliothek und *Paul Troger* († 1762) mit Fresken von ungewöhnlichem Farbenschmelz in Altenburg a. K. Solcher Fresko-M. gegenüber erscheinen die Leistungen der Figural- und Genremaler schwächer, wenngleich *Grund, Dietricy* und *Brand* als tüchtige Landschafter, *A.Graff* († 1813), *Ziesenis* († 1777) und *Pesne* († 1757) als tüchtige Porträtisten hier Erwähnung verdienen. Auch nach der Jahrhundertmitte, im R., führt die Fresko-M. Die Meister der Zentren Augsburg, München und Wien sind wirksam von Mannheim bis Stuhlweißenburg, von Trient bis Olmütz. Schlesien, Böhmen, Mähren und Ungarn sind erstaunlich aufnahmebereit für von Wien und München ausstrahlende Anregungen (Asam in den Klosterkirchen Wahlstatt und Breunau). Nach Willmann sind in Ostdeutschland *Kracker, Neunherz, Etgens* und *Palko* tätig. Dem R. entspricht es, daß die mächtigen Scheinperspektiven abgelöst werden durch am Rande der Deckenspiegel verteilte Darstellungen; darin beispielhaft ist *J.B.Zimmermann* († 1758), dessen Kirchenfresken in Steinhausen, Wies und Berg am Laim einen in zartesten Tönen aufgelösten Himmel zeigen, an den Randgesimsen phantasievoll-symbolische Seelengärten mit Gnadenbrunnen, die in stimmungsvollem Sfumato Ausdruck eines neuen, sentimentalischen Lyrismus sind. *M.Gündter* († 1788) deutscht venezianische Motive der Tiepolozeit ein in volkstümliche, frische Erzählung mit prunkvollen Aufzügen in satter M. Doch bedeutet die tändelnde Leichtigkeit und französierende Eleganz kein Nachlassen der Religiosität, deutlich an Gündters Wiltener Fresken (Judith zeigt Israel das Holoferneshaupt) im unakademischen Pathos einer volkstümlichen Kunst. Der Schwabe *Franz Spiegler* († 1757) schuf an den Decken der Stiftskirche zu Zwiefalten scharf angestrahlte Visionen von dramatischer Lichtführung (»Vision des Hl. Benedikt«, »Zungenregen und Gnadenstrahlen Mariä«, Synopse der Gnadenorte Europas), die nach Konzeption und Gestaltung zu den bedeutendsten Werken europäischer Fresko-M. im 18.Jh. zählen. Aus Schwaben stammt auch *Fr.Ant.Maulbertsch* (1724–96); in Wien ansässig, füllte er in hinreißender Schaffenskraft die Decken der Neubauten ungarischer Erzstifte und österreichischer Schlösser. Sein phantasievolles Werk, dramatisch komponiert in Farben von opalisierendem Schmelz, wird »zu einem Gipfelpunkt der großen idealistischen Phantasiekunst in Deutschland« (Dvořak). Die Ölskizzen für Maulbertschs Deckenkonzeptionen (Wien, B.museum) gehören zum kostbarsten Malgut des 18.Jh.s. Seine Altarbilder (Marter des Hl. Judas Thaddäus, Wien, B.museum) packen als Glaubenszeugnisse einer oft als unfromm verkannten Zeit. Auch noch im → Klassizismus bleibt die Groß-M. auf dem Lande lebendig. Dabei drängen (etwa ab 1770) Mengs' Einfluß und rationalistische Argumente eines Werner, eines Sulzer die Phantastik zurück. Letzte große Zeugnisse der um 1700 anhebenden deutschen Freskokunst sind die klarfarbigen, scharf durchgezeichneten Werke des *Martin Knoller* († 1804; Fresken in Gries und Neresheim) und des *Januarius Zick* († 1797; Fresken in Elchingen und Wiblingen). Ruf und Rang der deutschen Fresko-M. des 18.Jh.s sind international. Der Ruhm eines *Anton Raffael Mengs* (1728-79; wirkte in Rom und Madrid) stieg zu europäischer Höhe.

c) In der → *Graphik* nimmt neben dem Porträt- der Illustrationsstich an Bedeutung zu. → Bibelillustrationen (: II, 3) und ornamentale Vorlageblätter für → Kirchengerät wachsen ins Ungeheure. Augsburg wird bedeutsam mit hier erscheinenden illustrierten Heiligenlegenden und Andachtsbüchern, bes. des *J.U.Krauß* († 1719; »Hl. Augen- und Gemütslust«). Wichtig werden die Augsburger Nachstiche zahlreicher und gewaltiger *Fest- und Theaterdekorationen*. Diese, hierdurch verbreitete, Spezies der Künste - zwischen Architektur und Fresko-M. stehend - war im öffentlichen Leben beider Konfessionen überaus wirksam; mehr als alle anderen der Vergänglichkeit anheimfallend, ist sie uns in ihrem hohen illusionistischen und illusionsfördernden Gehalt nur noch in Entwürfen und Nachstichen faßbar (Stiche von Melchior Küsel nach den üppigen Dekorationen Bibienas zur Dresdener Zwingertheater-Einweihung). Die Themen dieser graphischen Produktion sind: pompöse Trauerdekorationen (»Castra doloris«), Ausgestaltungen der Kanonisationsfeste und des »40stündigen Gebets«, Triumphpforten, Prozessionsgerüste, allegorische Feuerwerke u.ä. Unendlich viel Formgut und ideologische Bereicherung strömt von hier in die barocke M. zurück.

d) In der deutschen *Plastik* sind gegen 1600 Münchener Gießer führend; italienische, mehr noch niederländische Einflüsse machen sich geltend. Der Erzengel Michael des *Hub.Gerhard* († 1620), Zentralstück an der Münchener Jesuitenkirche, und des *H.Krumper* († 1634) starke »Patrona Bavariae« an der Fassade der kurfürstlichen Residenz sind Hauptwerke. *H.Reichle* († 1642), ein Meister beachtlicher Stadtbrunnen, behandelt mit der gewaltigen Michaelsgruppe für das Augsburger Zeughaus ein neues, gegenreformatorisches Motiv. Die *Grabmal-P.* erfährt Belebung (Ludwigsgrab in der Münchener Frauenkirche von Krumper und Gerhard); Epitaphien werden ein weites Feld für deutsche B.bildnerei (Spätbeispiel: Auveras Schönborn-Epitaph für Bamberg, heute Würzburg; s. Taf. 61 Abb. 5). In der Bodenseeschule fällt *J.Zürn* († ca 1635) auf als Meister eines ungewöhnlichen Sakramentshauses und des Hochaltars der Überlinger Hauptkirche (1613 ff). Über seine Schüler *Chr.Kapup* und *Seb.Ertle* strahlt südwestdeutsche Kunst nach Mitteldeutschland aus. - Die Fülle neuer Einzelaufgaben kann hier nur angedeutet werden. *Orgelprospekte* spielen nun betont eine Rolle; *Joseph Christian* († 1777) kombiniert in großartigem Schnitzwerk → Orgel und → Chorgestühl (Ottobeuren). Die Entwicklung der → *Kanzel* erreicht im B. noch einmal einen Höhepunkt (Wies, Dillingen, Straubing) und findet phantasievollen Ausdruck in den Walfisch- und Schifflein-Petri-Kanzeln Südostdeutschlands (Reinerz; Traunkirchen, s. Taf. 61 Abb. 2). In der Gestaltung von → *Kreuzweg-Stationen* (Birnau), *Weihwasserbecken* und → *Beichtstühlen* übertrifft Phantasie und Bizarrerie in Deutschland alles bisher Gewohnte. - In der → *Altar-P.* hat Schwaben die spätgotische Kontinuität am ehesten bewahrt. Altaraufbauten in vielen Geschossen beherrschen den Kirchenraum, so die Altäre von *Hans Degler* († 1637) in St. Ulrich und Afra zu Augsburg. Ähnlich ist es im Salzburger Land, im Innviertel und selbst im prot. niederdeutschen Raum. *Ludw.Münstermann* († 1637/38) im Oldenburgischen schnitzt erregte Figuren, die, an Tintoretto und Greco erinnernd, einen Kompromiß zwischen gotischem und barockem Formgut bedeuten. *J.M.Gröninger* († 1707) schuf bewegte Alabasterarbeiten für den Dom zu Münster. Der Abendmahlsaltar des *Hans Gudewerdt d.J.* († 1671) in Preetz/Schleswig-Holstein (1656) ist ein bedeutendes Beispiel der in Deutschland fortan blühenden Altarkunst des B.s; um 1700 ist der Typus des mit P.en bereicherten Altars ausgebildet: Die Mensa steht unter baldachinartigen Aufbauten vor durchsichtigen Säulenarkaden mit kühn gebrochenen Giebeln und Gebälken; hiervon staffelt sich die Schar der Apostel- und Heiligenfiguren. Übersinnliches soll auch hier - ähnlich wie im Fresko - faßbar gemacht werden. In Strahlenglorien, Engelsreigen und Tabernakel-Architektur wirken Berninis (s. 2 b) Spätwerke nach. Im 18.Jh. wechselt die Bemalung von Nußbaumtönen zu Weiß-Gold-Fassungen und farbigem Stuckmarmor. Die große P. sucht oft Einklang mit dem Freskoschmuck. In den österreichischen Erblanden geben illusionistisch gemalte Altarprospekte gern die »theatra sacra« der Jesuiten wieder (Spital a. P., Brieg u.a.). Den großartigsten Ausdruck solcher Altarwunder findet *Egid Quirin Asam* (1692-1750) in den Hochaltären von Rohr und Weltenburg, wo Farbe und Beleuchtung mit den ungehemmten Gebärden der Figuren überwältigend zusammenklingen. Weit außerhalb römischer Einflüsse stehen gegen Mitte des 18.Jh.s die führenden Süddeutschen. *J.B.Straub* (1704-84), *Ignaz Günther* (1725-75) und *J.M.Feuchtmayr* (1709/10-72) sind als Prototypen einer nicht nur heiteren, sondern bisweilen auch hektisch-exaltierten und sehr hintergründigen R.-P. zu verstehen. Große Temperamentsausbrüche, raffinierte Materialausnutzung und volkstümliche Züge verbinden sich in den Altarausstattungen der Klosterkirchen in Rott a. Inn, Zwiefalten, Neubirnau und Einsiedeln. Schwaben, Österreich, Bayern (s. Taf. 61 Abb. 1) und Böhmen-Mähren sind Hauptgebiete dieser überreichen Entwicklung. Im Rheinland ist der Mannheimer *Paul Egell* († 1752), in Dresden der geschmeidige *Balth.Permoser* († 1732) hervorgetreten, im Sudetenraum *Matthias Braun* († 1738; Stift Kukus, Prager Karlsbrücke; s. Taf. 61 Abb. 6) und *F.M.Brokoff* († 1731; Kurfürstenkapelle Breslau). Mariensäulen und Immaculatagruppen, neue gegenreformatorische Aufgaben, erstehen an Straßenecken und auf Marktplätzen. Seit der Kanonisierung des Hl. Johann von → Nepomuk (1729) wird, vor allem im südostdeutschen Raum, die Darstellung seines Sternwunders zum sehr verbreiteten plastischen Motiv des Spät-B.s. Für den Preßburger Dom schuf *Georg Raffael Donner* (1693-1741) die Gruppe des Hl. Martin als verhalten bewegtes Reiterbild. Das Herrscherbild hoch zu Roß ist im B. die vornehmste profane Aufgabe. Als das hervorragendste deutsche B.-denkmal, als das bedeutendste der neueren Kunst überhaupt, sei darum zuletzt *Andreas Schlüters* (ca 1660-1714) 1700 gegossenes Reiterstandbild des Großen Kurfürsten genannt.

Zu 1 vgl. die Lit. zu → Barock: I. Ferner: W.WEISBACH, Die Kunst des B., 1924 - J.V.SCHLOSSER, Die Kunst-Lit., 1924 (erg. ital. Neuaufl.: La letteratura artistica, 1956²) - W.DROST, B.-M. in den german. Ländern, 1926 - M.MARAGONI, Arte barocca, 1927 - G.SOBOTKA, Die Bildhauerei der B.zeit, 1927 - N.PEVSNER-O.GRAUTOFF, B.-M. in den roman. Ländern, 1928 - RGG² III, 1909 ff - H.TINTELNOT, B.theater u. barocke Kunst, 1939 - DERS., Zur Gewinnung unserer B.begriffe (in: Kunstformen des B.zeitalters [Slg. Dalp 82], 1956, 13-91) - A.E.BRINCKMANN, Die Kunst des R., 1940 - A.PIGLER, B.themen, 1956 - A.SCHÖNBERGER-H.SOEHNER, Die Welt des R., 1959.

Zu 2: H.VOSS. Die M. der Spätrenaissance, 1920 - DERS., Die M. des B. in Rom, 1925 - B.CROCE, Storia dell'età barocca in Italia, 1929 - U.OJETTI, Il settecento ital., 1932 - G.DELOGU, La scultura ital. del seicento e del settecento, 1933 - G.B.PASSERI, Die Künstlerbiographien, ed. J.HESS. 1934 (ital. Text mit dt. Einl.) - M.GOERING, Ital. M. des 17. u. 18.Jh.s, 1936 - R.OERTEL, Neapolitanische M. des 17.-19. Jh.s (Pantheon 22, 1938 225-232) - G.LORENZETTI, La pittura ital. del settecento, 1948 - L.BRUHNS, Die Kunst der Stadt Rom, 1951 - R.WITTKOWER, Art and Architecture in Italy 1600-1750, 1958 (Lit.).

- Zu Caravaggio: L.SCHUDT, C., 1942 - Katalog: Mostra del C., 1951 - R.LONGHI, C., 1952 - W.FRIEDLÄNDER, C.-Studies, 1955. - Zu Carracci: H.BODMER, Lodovico C., 1939 - Katalog: Mostra dei C., 1956. - Zu Bernini: S.FRASCHETTI, Il B., 1900 - E.BENKARD, Giov. Lor. B., 1926 - R.WITTKOWER, Gian Lor. B., 1955.

Zu 3: DIEULAFOY, La statuaire polychrome en Espagne, 1908 - A.L.MAYER, Gesch. der span. M., (1913) 1922² - DERS., Span. B.-P., 1923 - V.v.LOGA, Die M. in Spanien vom 14.-18.Jh., 1923 - DERS., Span. P., o.J. - G.WEISE, Span. P., 1925-39 - H.KEHRER, Span. Kunst von Greco bis Goya, 1926 - C.R.POST, A Hist. of Spanish Painting, 1930-34 - G.JEDLICKA, Span. M., 1941 - P.GUINARD-J.BATICLE, Hist. de la peinture espagn., 1950 - J.LASSAIGNE, La peinture espagn., 1956 - G.KUBLER-M.SORIA, Art and Architecture in Spain and Portugal and their American Dominions 1500-1800, 1959. - Außer der Lit. zu → Greco: H.SOEHNER, Der Stand der G.-Forschung (Zs. f. Kunstgesch. 19, 1956, 47-75; Lit. 1939-55). - Zu Velazquez: C.JUSTI, Diego V. u. sein Jh., (1888) 1923³ - E.DUGUÉ TRAPIER, V., 1948.

Zu 4: E.HILDEBRANDT, Die M. u. P. des 18.Jh.s in Frankreich, Deutschland u. England, 1915 - L.HOURTICQ, De Poussin à Watteau, 1921 - L.RÉAU, L'hist. de l'expansion de l'art franç., 1924-33 - L.DIMIER, Hist. de la peinture franç., 1925-27 - W.WEISBACH, Franz. M. des 17.Jh.s, 1932 - P.VITRY, La sculpture franç. de Goujon à Rodin, 1935 - F.KIMBAL, The Creation of the R., 1943 - P.LAVEDAN, Le conflit du baroque, 1944 - M.FLORISOONE, La peinture franç., 1948 (Lit.) - F.G.PARISET, G. de la Tour, 1948.

Zu 5: A.v.WURZBACH, Niederländ. Künstlerlexikon, 1906-11 - H.JANTZEN, Das niederländ. Architekturbild, 1910 - M.ROOSES, Gesch. der Kunst in Flandern, 1914 - W.v.BODE, Die Meister der holländ. u. vläm. Malerschulen, (1917) 1953⁷ - R.OLDENBOURG, Die fläm. M. des 17.Jh.s, (1918) 1922² - M.KONRAD, Meisterwerke der Skulptur in Flandern, 1932 - W.MARTIN, De hollandsche schilderkunst i. d. 17. eeuw, 1936 - E.NEURDENBURG, De 17eeuwsche beeldhouwkunst i. d. noord. Nederlanden, 1948. - Vgl. ferner die Lit. zu → Rubens u. → Rembrandt.

Zu 6: G.BIERMANN (Hg.), Dt. B. u. R., 1914 - A.FEULNER, Bayrisches R., 1923 - DERS., Skulptur u. M. des 18.Jh.s in Deutschland, 1929 - DERS.-TH.MÜLLER, Gesch. der dt. P., 1953 - L.BRUHNS, Dt. B.bildhauer, 1925 - W.PINDER, Dt. B.-P., 1933 - O.FISCHER, Dt. M., 1942 - DERS., Gesch. der dt. Zeichnung u. Graphik, 1951 - H.TINTELNOT, Die barocke Fresko-M. in Deutschland, 1951.

H.Tintelnot (J.S.Kunstreich)

V. Im 19.Jh.

1. Allgemeines zur Kunst des 19.Jh.s: a) Verlust - b) Gewinn - c) Offizielle Kunst - d) Oppositionelle Kunst - 2. Das Problem der religiösen Kunst: a) Klassizismus - b) Romantik - c) Realismus und Impressionismus - d) Nachimpressionismus. - Bildtafeln 62-64 nach Sp. 672. - Vgl. → Impressionismus: I, → Klassizismus, → Nazarener, → Romantik: I, → Symbolismus: II

1. Der *kunstgeschichtliche Begriff »19.Jh.«* deckt sich nicht genau mit dem Kalenderbegriff. Er umfaßt etwa die Zeit von 1780-1905. Die Kunst dieser Periode ist nicht als bruchlose Fortsetzung der früheren Kunst des Abendlandes zu betrachten und darf nicht mit den bisher gültigen Kategorien gemessen werden. Sie entspringt einer politisch, sozial, wirtschaftlich, geistig und religiös veränderten Weltsituation und ist als Ausdruck einer sich in Aktion und Reaktion bildenden neuen »Wirklichkeit« zu verstehen. Die Kunst des 19.Jh.s ist Kunst einer Übergangsepoche, in der sich Altes und Neues schroff gegenüberstanden und jeder Gewinn mit einem Verlust bezahlt wurde. Sie hat nicht nur subjektiv extrem gegensätzliche Wertungen erfahren, sondern ist auch in objektivem Sinne doppelpolig: erstmals in der Geschichte des Abendlandes muß zwischen offizieller und oppositioneller Kunst unterschieden werden.

a) Negativ beurteilt ist die Kunst im »Zeitalter des Atheismus« durch den »Verlust der Mitte« (Sedlmayr) gekennzeichnet. Der Zusammenbruch der Elitekultur des ancien régime vernichtete die wirtschaftliche Grundlage der Künstler. Die Einheit von Auftraggeber und Künstler zerfiel, eine Kluft zwischen diesem und dem »Publikum« öffnete sich. Andererseits führten neue Mittel künstlerischer (Lithographie) und mechanischer (Photographie) Reproduktion zu gefährlicher Popularisierung von Gemälden und Skulpturen. Der → Kitsch als soziologisches Problem entstand. Das 19.Jh. verlor die Fähigkeit zur Gestaltung eines »Gesamtkunstwerkes«. Die bisher führenden Themen gaben die Vorherrschaft ab, die Hierarchie der Themen überhaupt brach zusammen. Die verpflichtende Kraft der alten Mythologie und Symbolik erlosch. So gelang es der Kunst nicht mehr, ein verbindliches Gottes- und → Christusbild zu schaffen. Auch das nach der Vorstellung vom Ebenbild Gottes gestaltete ideale Bild vom Menschen gelang kaum mehr. Die thematischen und stilistischen Unsicherheiten spiegeln die Lebensunsicherheit; der Verlust des alten Raum-Bildes spiegelt den der Raum-Sicherheit. Der aller früheren Sicherungen beraubte Künstler sah sich Gefährdungen ausgesetzt wie nie zuvor. Die aus den Bindungen an die geoffenbarte Religion losgelöste → Kunst (: I) setzte sich - und damit das Ich des Künstlers - selbst als autonom oder absolut. Das »Schöne« und das »Gute« traten endgültig auseinander. Im Sinne des zum Schlagwort gewordenen »l'art pour l'art« gab man der Form vor dem Inhalt den Vorrang. Der Kunst wurde ein eigener Erlösungswert zuerkannt (→ Hölderlin sprach von der »ästhetischen Kirche«; Oskar → Wilde formulierte am Ende der Epoche aggressiver: »Daß einer ein Lustmörder ist, sagt nichts gegen sein Geigenspiel«).

b) Positiv gesehen ist der »Verlust der Mitte« das Aufgeben eines bestimmten, des bisher gültigen »Weltbildes«. Die verwirrende Vielfalt ungewohnter künstlerischer Äußerungen war die Folge der Versuche des einzelnen zur Aneignung und Gestaltung eines neuen Weltbildes. Die Kunst stand vor der Aufgabe, für die neuen Erfahrungen eine neue Symbolsprache zu schaffen. Der Zusammenbruch des barocken »ordo« schenkte dem schöpferischen Menschen eine nie geahnte Freiheit: Die Anonymisierung und Demokratisierung des »Gegenstandes« führte zu völliger Freiheit in der Wahl der Themen, die Subjektivierung des Gestaltungsprozesses zu völliger Freiheit in der Wahl der formalen Mittel. So hat die Kunst die Grenzen des menschlichen Bewußtseins erweitert und neue Bereiche der Darstellung erschlossen: das Innerweltliche und die Innenwelt, die »Nachtseiten« und die »Grenzsituationen« des Menschen. → Hegel hat die veränderte Funktion der Kunst wohl als erster erkannt: »Das Gebundensein an einen besonderen Gehalt und eine nur für diesen Stoff passende Art der Darstellung ist für den heutigen Künstler etwas Vergangenes und die Kunst dadurch ein freies Instrument geworden, das er nach Maßgabe seiner subjektiven Geschicklichkeit in bezug auf jeden Inhalt, welcher Art er auch sei, gleichmäßig handhaben kann ... Es gibt heutigentags keinen Stoff, der an und für sich über dieser Relativität stände ... In diesem Hinausgehn jedoch der Kunst über sich selber ist sie ebensosehr ein Zurückgehn des Menschen in sich selbst, ein Hinabsteigen in seine eigene Brust, wodurch die Kunst alle feste Beschränkung auf einen bestimmten Kreis des Inhalts und der Auffassung von sich abstreift und zu ihrem neuen Heiligen den *Humanus* macht: die Tiefen und Höhen des menschlichen Gemüts als solchen, das allgemein Menschliche in seinen Freuden und Leiden, seinen Bestrebungen, Taten und Schicksalen. Hiermit erhält der Künstler seinen Inhalt an ihm selber ...« (Ästhetik, [1835¹] 1955, 568-570).

c) Die von den Höfen, den christlichen Kirchen und dem Bürgertum geschätzte Kunst war während des 19.Jh.s meist retrospektiv eingestellt. Die staatlichen Akademien lehrten einen modelltreuen → Klassizismus, der um so unkünstlerischer wurde, je mehr er der historischen Einstellung zufolge einen peinlichen → Naturalismus (: III) des Details übte. Insonderheit die zweite Jh.-Hälfte war die Zeit der großformatigen, auf illusionistische Täuschung angelegten und mit der Photographie konkurrierenden »Lebenden Bilder«. Inhaltlich zeichneten sich die Künste im Dienste der herrschenden Schichten durch eine Abkehr von den Problemen der Zeit aus. Schon 1831 notierte H. → Heine: »Die jetzige Kunst ist in unerquicklichem Widerspruch mit der Gegenwart.« Die Gesellschaft und mit ihr die Kunst flüchtete in die »gute alte Zeit«, in die Idylle, in exotische Thematik und - nicht zuletzt - in die Geschichte. So wurde das 19.Jh. eine Epoche der Idolbildungen und der Surrogate. 1841 verkündete F.Th.Vischer das Ende der christlich-religiösen M., an deren Stelle trete »das sog. profan-historische Gemälde«, dessen Stoffe allein dem Kunstfreund der Jetztzeit »das Herz schwellen lassen« (Dt. Jb. f. Wiss. u. Kunst 1841, Nr. 28); und um die Mitte des Jh.s war in Münchner Künstlerkreisen ständiges Tischgespräch: »Geschichte müssen wir malen. Geschichte ist die Religion unsrer Zeit. Geschichte allein ist zeitgemäß« (Zs. f. bild. Kunst 1876, 264). Der Historienmaler beanspruchte daher noch immer den ersten Rang. Bevorzugt wurden Darstellungen mit rührseligem oder auch grausamem Inhalt. Für das Historienbild sentimentaler Prägung seien die hochbezahlten und hymnisch gepriesenen Gemälde von Ary Scheffer (1795 bis 1859) als Beispiel genannt. Auch die Gestaltung des bürgerlichen Heims wurde geradezu als Religionsersatz angesehen (s. die Begründung bei G.Hirth, Das deutsche Zimmer der Renaissance. Anregungen zu häuslicher Kunstpflege, 1880, 2). Die Kataloge der im 19.Jh. aufkommenden Weltausstellungen bieten den weitaus besten Überblick über Geschmacksrichtungen und Stilideale der großbürgerlichen Epoche.

d) Diejenigen Künstler, die sich von den neu gestellten Problemen des Jh.s ergreifen ließen, wurden in die Vereinzelung oder in die Bohème gedrängt. Ph.O. → Runge galt den Zeitgenossen als »besoffen«; er war sich klar, daß man ihn »für rasend, verrückt oder albern erklären« würde, wenn er seine Theorie offenbaren wollte (Schriften II, 1841, 223; I, 1840, 29). E.Delacroix mußte sich vom Minister der schönen Künste sagen lassen: »daß ich, wenn ich an den Gunstbeweisen der Regierung teilhaben wolle, meinen Stil endlich ändern müsse« (Fragmente einer Selbstbiographie, 1919, 24). Manets Gemälde und die der Impressionisten erregten öffentliche Skandale und wurden von den offiziellen Ausstellungen in Paris refusiert (vgl. Rewald). Noch 1892 wurde die erste Ausstellung von Werken E.Munchs in Berlin als »Rinnsteinkunst« geschlossen. Die Beispiele ließen sich beliebig vermehren (F.Roh, Der verkannte Künstler, 1948). Die anti-bürgerliche Haltung fast aller großen Künstler des 19.Jh.s war ebenso zwangsläufig wie das Bekenntnis zur »contemporaneité« (Manet). Je nach allgemeiner Situation, nach Persönlichkeit und Gruppenzugehörigkeit der Künstler herrschten optimistische Bejahung des Lebens oder Skepsis und Pessimismus vor. Außer der Landschaft, von Constable und → Friedrich bis zu Van → Gogh und Cézanne bevorzugter Gegenstand der M., wurden im weiteren Verlauf des 19.Jh.s auch die Themen Menschenmasse, Großstadt, Fabrik, Eisenbahn, Dampfschiff, Strand und Sport aufgegriffen. Daneben aber schuf die Kunst von Goya, Géricault und Daumier bis zu → Ensor und Munch Bilder menschlicher Existenz am Rande der bürgerlichen Gesellschaft und von Ausgestoßenen: von fahrendem Volk, von Verwundeten, Gefolterten, Verlassenen, Auswanderern, Kranken und Irren. Am Ende der Epoche gestaltete sie erstmals proletarische Not (→ Kollwitz). Flüchtlinge und Schiffbrüchige, das treibende Wrack und das durchgehende Pferd, der Torso, die Maske und das Skelett wurden im 19.Jh. unmittelbar zu Symbolen menschlicher Situationen.

2. Einer der wesentlichen Unterschiede gegenüber der Kunst früherer Epochen besteht darin, daß die *christlich-religiöse Thematik* im 19.Jh. nicht mehr im Mittelpunkt der künstlerischen Bemühungen stand, daß sich vielmehr gerade die größten Begabungen diesem »Gegenstand« meist versagten. Eine Befragung der Kunst nach ihrer Stellung zum Christentum kann daher ihrer geschichtlichen Leistung nicht gerecht werden. Die Kunst wurde im 19.Jh. »zu einem eigenen Weg der Gottes- und Welterkenntnis« (E.Troeltsch, Die Bedeutung des Protestantismus, 1928⁵, 84). Dabei darf ihr Gegensatz zur »Jenseitsreligion« des Christentums nicht so sehr in einem Atheismus gesehen werden als in einer diesseitsbejahenden, die sinnliche Schönheit verklärenden Weltfrömmigkeit. Und daher ist es »nicht zuviel gesagt, wenn man einem Stilleben von Cézanne oder einem Baum von van Gogh mehr Heiligkeitsqualität zuspricht als einem Jesusbild von Uhde« (P.Tillich, Die religiöse Lage der Gegenwart, 1926, 51f).

a) Die Extremisten der Französischen Revolution standen dem Christentum feindlich gegenüber. Sie bekämpften es ebenso wie das Königtum. In einem neuen »Bildersturm« wurden Tausende von mittelalterlichen Skulpturen vernichtet; die Kathedrale von Chartres konnte nur mit Mühe vor der Zerstörung bewahrt werden. An die Stelle des christlichen Gottesdienstes traten Kulthandlungen vor dem »Altar des Vaterlandes«. Wie die Staatsfeste nach Analogie religiöser Prozessionen unter Mitführung von »Reliquien« gestaltet wurden, so nahm auch die M. des revolutionären → *Klassizismus* zur Schaffung einer neuen Ikonographie Anleihen bei der alten Kunst auf. Das Gemälde des J.-L.David, welches den »Märtyrer« Marat nach seiner Ermordung zeigt, verrät den pseudoreligiösen Charakter der jakobinischen Bewegung bes. deutlich (1793, Brüssel; s. Taf. 62 Abb. 1). Das Bild verdankt seine faszinierende Wirkung nicht zuletzt der Herkunft des Typus aus der sakralen Kunst: es ist die ins Politische transponierte Darstellung eines toten Christus im Grabe, eine Pietà der Revolution. - Napoleon, der Erfüller und Überwinder der Revolution, wurde von J.-A.Gros auf dem Bilde »Die Pestkranken von Jaffa« (1804, Louvre) in der Heilungsgeste des St. Rochus und St. Carl Borromäus dargestellt (W.Friedlaender, Napoleon as »Roi Thaumaturge«, in: Warburg-Journal 4, 1940-42, 139ff). - Erst Davids Schüler J.A.D.Ingres, nach Napoleons Sturz der Künstler der bourbonischen Restauration, malte wieder zahlreiche Gemälde mit christlicher Thematik, in denen jedoch trotz großer formaler Kraft die Anlehnung an historische Vorbilder unangenehm spürbar bleibt (Schlüsselübergabe, 1820, Louvre; Gelübde Ludwigs XIII., 1824, Montauban; Madonna mit der Hostie, 1852, Privatbesitz London). Der Klassizismus der übrigen Länder war in keinen »Bildersturm« verwickelt, aber auch er mied - seiner Abkunft aus dem Rationalismus der Aufklärung gemäß - religiöse Themen (A.Canova, A.J.Carstens, G.Schick). Er stand dem Christentum innerlich fern, selbst wenn er etwa in bildhauerischen Werken das → Christusbild (, 2 e) zu gestalten suchte (J.H.Dannecker, B. → Thorwaldsen [s. Taf. 62 Abb. 4]).

b) Erst die → *Romantik* (: I) wurde sich des Verlustes bewußt, den die Kunst durch die Loslösung von dem sie bisher tragenden religiösen Grund erlitten hatte. Sie suchte diese Bindung neu zu knüpfen, ohne doch Werke von gemeinschaftsbildender Kraft schaffen zu können. In England schuf W. → Blake formgewaltige Imaginationen einer von J. → Böhme inspirierten Mystik, die erst im 20.Jh. recht gewürdigt worden sind. In Frankreich malte E.Delacroix neben Darstellungen aus der Weltliteratur zahlreiche biblische Szenen, in denen er für die Passion Christi ergreifende neue künstlerische Formulierungen fand; ihre subjektive Sprache verhinderte eine Breitenwirkung. Die deutsche Romantik verwirklichte zwei extreme Möglichkeiten. Dem Weg eines Neubeginns, den die prot. Frühromantiker Norddeutschlands beschritten, steht der Weg der Restaurierung alter Ordnungen gegenüber, den die kath. oder zum Katholizismus konvertierten → Nazarener gingen. Obwohl → Runge den Grund des Niederganges in dem »Unzusammenhang der Kunst mit der positiven Religion« sah, wußte er doch zugleich, daß der »neugierige Blick in die Vergangenheit« nur den »productiven Glauben an die Zukunft« lähmen würde (Schriften II, 1841, 201; I, 1840, 186). Für seine neue individuelle Religiosität, in der sich bibelgläubiges Christentum mit panentheistischer Naturmystik verband, schuf er sich eine kraftvolle Symbolik, in der diese Spannung sichtbar geworden ist. C.D. → Friedrichs Lebenswerk durchzieht ein ähnlich begründeter religiöser und formaler Dualismus. Findet in seinem berühmten »Mönch am Meer« (1808/09, Berlin) - wohl dem bedeutendsten Gemälde der deutschen M. der ersten Jh.-Hälfte - jene spezifisch »moderne« Weltsituation eine großartige Gestaltung, so bekundet das »Kreuz im Gebirge« (1808, Pillnitz; s. Taf. 62 Abb. 2) die geschichtliche Krisis des Altarbildes. Die zeitgenössische Kritik hat die Problematik des Bildes gespürt und vom Standpunkt der Tradition aus einen scharfen Angriff gegen Form und Funktion erhoben: »... In der That, es ist eine wahre Anmaßung, wenn die Landschafts-M. sich in die Kirche schleichen und auf Altäre kriechen will« (s. die Quellen der berühmten Kontroverse in: Bekenntnisse, 1924, 267-381). Im Gegensatz zur Frühromantik bedeutete die Kunst der Jüngeren Romantik das bewußte Anknüpfen an die Tradition. Die führende deutsche Gruppe war die der → Nazarener (, 5). Als Hauptvertreter seien P. → Cornelius, F. → Overbeck (s. Taf. 62 Abb. 5), J. → Schnorr von Carolsfeld genannt, denen sich später W.Schadow, J.Führich und E.Steinle u.a. zugesellten. Die M. der Nazarener war Figuralkunst nach dem Vorbild der altdeutschen und der italienischen Renaissance-Kunst. Dem restaurativen Formideal entsprach die politische Idee: F.Olivier stellte 1815 die drei Monarchen der »Hl. →Allianz« als Ordensritter vor dem Hintergrund neugotischer Sakralarchitektur dar (Dessau; s. Taf. 62 Abb. 3). Das Endziel der Nazarener war die Erneuerung der Monumental-M., »so wie sie zu Zeiten des großen Giotto bis auf den göttlichen Raffael in Italien war« (Cornelius 1814). Zahlreiche Kirchenbauten des 19.Jh.s enthalten oder enthielten Fresken der nazarenischen Schule. Als Beispiel einer geschlossenen Folge von Wand-M.en sei die 1845-53 ausgeführte Dekoration des Speyerer Doms erwähnt. Unter der Schirmherrschaft König Ludwigs I. von Bayern statteten J.Schraudolph und seine Mitarbeiter den Dom mit einem großen marianischen Zyklus aus, der um Darstellungen mit Bezug auf die beiden Heiligen Stephan und Bernhard erweitert wurde. Der Zyklus umfaßt 123 Gemälde mit insgesamt 470 Figuren. »Das historisierend Abgeleitete aus dem Umkreis Raffaels ist unverkennbar, während für die Dekoration eher das italienische 14. und 15.Jh. bestimmend waren« (A.Verbeek in: Kunstchronik 11, 1958, 267-280). Die Nazarener hatten ihre Parallelen in anderen Ländern. Die 1848 gegründete englische → Präraffaelitische Bruderschaft, zu der von den deutschen Malern persönliche und geistige Fäden hinüberreichten, pflegte die christlich-religiöse Thematik als eines neben anderen Stoffgebieten; in dem Gemälde »Das Licht der Welt« von H.Hunt (1854, Oxford) wird »die völlige Kraftlosigkeit und Schwäche der Christusgestalt geradezu überdeutlich« (W.Schöne 46). Der bedeutendste französische Maler dieser Richtung war H.Flandrin; seine Hauptwerke sind die Fresken in Saint-Germain des Prés (1842-46) und Saint-Vincent de Paul (1849-53) zu Paris. Für den doppelten Fries der letztgenannten Dekoration haben die Prozessionsmosaiken des 6.Jh.s nChr in S.Apollinare Nuovo zu Ravenna als Vorbild gedient. → Puvis de Chavannes, der die Linienkunst des Ingres fortführte, fand in dem Zyklus aus dem Leben der hl. → Genovefa, der Schutzpatronin von Paris, eine monumentale Formensprache von eigener Prägung und von melodischer Kraft. Auf dem Wege bewußter Archaisierung suchten P.Desiderius Lenz und die von ihm gegründete Schule von Beuron eine neue hieratisch-liturgische Kunst zu schaffen, doch endete auch diese Bewegung in schwachem Eklektizismus (J.Kreitmaier, Beuroner Kunst, 1914[2]).

c) Die der Romantik entwicklungsgeschichtlich folgenden Bewegungen des → *Realismus und* → *Impressionismus* (: I) wandten sich von der Gestaltung des kultischen Bildes und der biblischen Thematik scharf ab. Der Linienstrenge der idealistischen Kunst setzten die realistisch gesinnten Maler - etwa seit der Mitte des Jh.s - das freie Strömen der Farbe gegenüber, der akademischen Komposition im Atelier den »Pleinairismus« in der Natur. In den groß empfundenen, monumentalisierten Gestalten des normannischen Bauernsohnes J.-F. → Millet bleibt noch ein starkes religiöses Lebensgefühl gegenwärtig. Erst G.Courbet besaß die Vitalität und den kämpferischen Geist, dem Realismus ohne jeden metaphysischen Bezug zum Durchbruch zu verhelfen. Er nannte die Bahnhöfe »Kirchen des Fortschritts«, in denen das »wirkliche Leben sich abspielt«, und signierte eines seiner Bilder: »Courbet sans idéal et sans religion«. Für die religionsgeschichtliche Lage verdient immerhin eine Mitteilung seines Freundes P.-J.Proudhon Beachtung: Als die Bauern von Ornans das Gemälde der »Steinklopfer« (1849, ehem. Dresden; s. Taf. 63 Abb. 2) sahen, forderten einige, es auf dem Hochaltar ihrer Dorfkirche aufzustellen (P.-J.Proudhon, Du Principe de l'Art et de la Destination sociale, 1865, 242). Im Impressionismus führte zwischen 1860 und 1880 die realistische Naturbejahung zu einer Verklärung des Diesseits in farbigem Licht. Die tonige modellierende Malweise wurde zugunsten einer Technik aufgegeben, welche die gesamte Bildfläche in helle Farbflecken auflöst. Die entscheidenden Meister E.Manet, C.Monet, A.Renoir, A.Sisley, E.Degas, P.Cézanne, auf denen der Ruhm der französischen M. des Jh.s beruht, fehlen in einer Geschichte der christlichen Kunst. Dagegen schuf gleichzeitig der einst hochgepriesene A.W.Bouguereau zahlreiche Darstellungen von Madonnen und nt. Szenen, in denen pathetische Auffassung des Gegenstandes und peinliches Kleben am Modell unerträglich wirken. Auch bei den führenden Meistern des Realismus und Impressionismus in Deutschland blieb die religiöse Thematik eine Ausnahme (W.Leibl, »Die drei Frauen in der Kirche«, 1881, Hamburg). Dem genialen A.Menzel mißriet in einer Gelegenheitsarbeit die Darstellung »Christus im Tempel« (1851, Entwurf München), aber ihm gelang - als Zeitgenossen von Th. → Carlyle - die bildliche Prägung einer historischen Persönlichkeit und einer Epoche so überzeugend, »daß noch heute die Vorstellung von der Zeit Friedrichs des Großen durch Menzels Sehweise bestimmt ist« (P.Brieger, Geschichts-M., 1930, 38; s. Taf. 63 Abb. 1). Es gab jedoch nach wie vor Meister, die ihr Lebenswerk ganz oder zu einem bedeutenden Teil in den Dienst der christlichen Religion stellten, wobei die künstlerische Absicht auf psychologische Vertiefung, historische »Richtigkeit« und gegenständliche Aktualisierung gerichtet war. Ob die biblischen Gestalten in den Trachten der Reformationszeit gegeben sind (E.v. → Gebhardt, s. Taf. 63 Abb. 3), ob Christus als ein zweiter Emanuel Quint bei den Proletariern einkehrt (F.v. → Uhde, s. Taf. 64 Abb. 1) oder als bäuerlicher Typus erscheint (H. → Thoma), ob er sich menschlich-schlicht an alle Menschen zu wenden scheint (W. → Steinhausen), – stets droht über der Absicht naturalistischer Vergegenwärtigung der überirdisch-göttliche Gehalt der Szenen verlorenzugehen. Mitunter wurde das nt. Geschehen mit den Mitteln des Regisseurs theatralisiert: der später dem Okkultismus zuneigende G.Max gab Christus in der »Erweckung von Jairi Töchterlein« (1875, Berlin; das Bild hing im Blickpunkt des deutschen Saales auf der Pariser Weltausstellung von 1878) als einen dunkelhäutigen Magnetiseur; bei A.v.Keller wurde dasselbe Thema »zu einer antikisch kostümierten Salonsensation« (1881, München). Gegenüber solcher der Photographie nahen Historien-M. besitzen die Passionsdarstellungen des L. → Corinth einen starken expressiven Gehalt, doch widerstreben lockerer Bildbau und stürmische Pinselführung einer sakralen Wirkung. Die stärkste Formbegabung der deutschen M., Hans v. Marées, fühlte sich von der christlichen Thematik nicht angerührt, gestaltete vielmehr eine idealische Welt im Geiste der griechischen Klassik; doch darf sein großes Triptychon der »Hesperiden« (1885, München; s. Taf. 64 Abb. 2) als unbewußte Darstellung des verlorenen Paradieses interpretiert werden (K.Lankheit, Das Triptychon als Pathosformel [AAH 1959, 4], 54f).

d) Seit den 80er Jahren des 19.Jh.s, dem »fin de siècle«, machte sich allenthalben ein neues Kunstwollen geltend. »Neuromantik«, → »Symbolismus«, »Art Nouveau«, »Jugendstil«, »Frühexpressionismus« usw waren die Brechungen einer einzigen Bewegung, die wir unter dem Begriff *Nachimpressionismus* zusammenfassen. Der allgemeine Hintergrund war der eines Kulturpessimismus, einer Stadtmüdigkeit und der damit verbundenen Sehnsucht nach einfachem Leben. Wiederum lassen sich eine realistische und eine idealistische Reaktion auf diesen Zustand feststellen, und je nach der Persönlichkeit herrschten illusionsloser Verzicht oder Wille zur Neugestaltung vor. In diesem Zusammenhang wurden zahlreiche Versuche zur Erneuerung der christlichen Kunst unternommen. Vor allem sollte der Charakter des Wunderbaren und Überirdischen durch die Sakralität des Stils ausgedrückt werden. Der Wille zum Monumentalen blieb jedoch oft in reiner Dekoration stecken, statt verbindlicher Symbole führte der Weg zum → Symbolismus (: II), aus dem Streben nach Erneuerung des Mythos wurde ein privater Mystizismus. Auch verband sich die Kunst mit allerlei sektiererischen Zirkeln: so gehörten E.Bernard und F.Hodler zeitweilig den von Ser Peladan gegründeten »Rosenkreutzern« an (in der von diesen 1891 in Paris veranstalteten Ausstellung erntete Hodler mit seiner »Nacht« den ersten großen Erfolg). O.Redon und J. → Ensor gestalteten christliche Themen als unheimliche Visionen. P.Gauguin schuf in der Bretagne und auf Tahiti farbstarke und großflächige Gemälde religiösen Inhaltes: »Vision nach der Predigt – Jakob ringt mit dem Engel« (1888, Edinburgh; s. Taf. 63 Abb. 4); »Der gelbe Christus« (1889, Buffalo); »Ave Maria« (1891, New York). Eine eigene Würdigung verlangt das ergreifende Ringen des V.van → Gogh um eine neue religiöse Kunst, weil bei ihm als einzigem ein freilich eigenwillig verstandenes Christentum im Zentrum aller künstlerischen Bemühungen stand, auch wenn diese Tatsache in seinem gemalten Werk thematisch kaum zum Ausdruck gelangte. Unter den Künstlern einer neukath. Richtung kommt dem Franzosen M. → Denis und dem konvertierten Holländer J.Toroop Bedeutung zu. Gegenüber den ausländischen Bestrebungen blieben die Versuche deutscher Künstler infolge ihrer Gedankenschwere und Modelltreue fruchtlos (M.Klinger, »Christus im Olymp«, 1897 Wien; A.Boecklin, »Mariensage«, 1890). Wenn der Nachimpressionismus auch keine Wiedererweckung der christlichen Kunst brachte, so stellte er doch die bildnerischen Mittel für die Kunst des 20.Jh.s bereit (→ Malerei und Plastik: VI).

F.v.Boetticher, Malerwerke des 19.Jh.s, 1891 – H.v.Tschudi, Kataloge der Dt. Jh.-Ausstellung 1906 – K.Woermann, Gesch. der Kunst VI, 1922 – H.Hildebrandt, Die Kunst des 19. u. 20.Jh.s (Hdb. der Kunstwiss.), 1924-31 – D.Sternberger, Panorama oder Ansichten vom 19.Jh., (1938) 1955³ – H.Beenken, Das 19.Jh. in der Dt. Kunst, 1944 – H.Sedlmayr, Verlust der Mitte. Die bildende Kunst des 19. u. 20.Jh.s als Symbol der Zeit, 1948 (dazu: Kunstchronik 2, 1949, 227-233) – Th.Hetzer, Francisco Goya u. die Krise der Kunst um 1800 (Wiener Jb. für Kunstgesch. 14[18], 1950, 7-22 = Aufs. u. Vorträge I, 1957, 177-198) – W.Schöne, Die Bildgesch. der christl. Gottesgestalten in der abendländ. Kunst (in: Das Gottesbild im Abendland, 1957, 7-56) – J.Rewald, Gesch. des Impressionismus, 1957 – Ders., Von van Gogh zu Gauguin. Die Meister des Nachimpressionismus, 1957.

K.Lankheit

VI. Im 20.Jh.

1. Die M. des 20.Jh.s: a) Die »Brücke«-Maler – b) Die »Fauves« – c) Der »Blaue Reiter« – d) Kubismus – e) Futurismus – f) Surrealismus – g) »Neue Sachlichkeit« – h) Das »Bauhaus« – i) Die M. seit 1945 – 2. Die P. des 20.Jh.s – 3. Moderne Kunst und Religiosität. – Bildtafeln 64-67 nach Sp. 672. – Vgl. → Abstrakte Kunst, → Expressionismus: I, → Surrealismus

1. Die Kunst des 20.Jh.s beginnt in Deutschland, den nordischen Ländern und Frankreich mit den Malern und Bildhauern, die den Ausdruck und die Autonomie des Bildes betonen und deshalb den um 1900 herrschenden → Impressionismus (: I) ablehnen (→ Expressionismus: I). Im Norden geht der Norweger Edvard Munch (1863-1944) voran, in Frankreich werden die expressiven Tendenzen durch den Holländer Vincent van → Gogh (1853-90) und den Franzosen Paul Gauguin (1848-1903) vorbereitet (→ Malerei und Plastik: V, 2 d). Ihr Werk und Schicksal hat auf die gesamte Kunstwelt um und nach 1900 gewirkt. – Die Deutschen der »Brücke« (gegr. 1905 in Dresden) schließen an van Gogh, Gauguin und Munch an, die Franzosen um → Matisse, die 1905 im »Salon d'Automne« in Paris ausstellen, an van Gogh und Gauguin. Der Einfluß der Symbolisten (→ Symbolismus: II) um M. → Denis (1870-1943) und P.Sérusier (1864-1927), die nach 1900 viele kirchliche Aufträge ausführen und 1919 in Paris die »Ateliers d'Art Sacré« gründen, ist künstlerisch geringer als geistig. Die Leistungen des Jugendstils aber (Henry van de Velde, 1863-1957) liegen um 1900 mehr auf dem Gebiete der Buchkunst, des → Kunsthandwerks (: II) und der Architektur als dem der freien Künste. – Die Impressionisten in Frankreich und Deutschland sind zu Beginn des Jh.s zum großen Teil noch am Leben; ihre Bedeutung ist für den Anfang des 20.Jh.s nicht gering, insofern sie viel zur Erkenntnis des Wesens der Kunst beigetragen haben, und zwar durch die Analyse der Farbe und des Lichts.

a) In Deutschland geht die Erneuerung der Kunst von der Dresdner *»Brücke«* aus. Ihre Gründungsmitglieder sind Ernst Ludwig Kirchner, Erich Heckel und Karl → Schmidt-Rottluff, alle drei Architekturstudenten und als Maler Autodidakten. 1906 kommen Max Pechstein und Emil → Nolde hinzu (dieser für reichlich 1½ Jahre), 1910 Otto Müller; von den ausländischen Mitgliedern stellt nur Cuno Amiet mit aus. Sie sind in Charakter und Malweise bis zur Übersiedlung nach Berlin (1911) weitgehend verwandt, arbeiten in gemeinsamen Ateliers und nach denselben Modellen, stellen seit 1906 gemeinsam aus und veröffentlichen 7 graphische Mappen. 1913 lösen sie die Gemeinschaft auf, nachdem jeder seinen eigenen Weg gefunden hat. Ein eigentliches Programm hat es nicht gegeben, man war sich aber einig in der Ablehnung der Tradition und in dem Wunsch, das menschliche Drama in den Mittelpunkt zu stellen und die Eigengesetzlichkeit des Bildes zu unterstreichen. – Der Esprit der »Brücke« ist *E.L.Kirchner* (1880–1938), er ist die treibende Kraft aller Unternehmungen, der älteste und wandlungsreichste. Der erste Höhepunkt sind seine Bilder der Straßen und Plätze Berlins, die zum ersten Male in der Geschichte der Kunst Rhythmus und Tempo der Großstadt erfassen (1912–14). Ende 1916 siedelt er nach der Schweiz über. Abstraktere Versuche (seit 1926) gibt er 1932 wieder auf. Sein graphisches Werk ist das umfangreichste und bedeutendste des 20.Jh.s in Deutschland (ca 1500 Blätter). In ihm zeigt Kirchner formal die größte Erfindungskraft. *E. Heckel* (* 1883) ist in den Jahren 1909–13 Kirchner ebenbürtig, seine frühen Landschaften und die figuralen Darstellungen um 1912 sind seine große Leistung. Licht und Luft fängt er wie in einem Kristall ein. → *Schmidt-Rottluff* (*1884) ist der Stummste und Sinnbildlichste; selbst seine Figurenbilder sind ohne Assoziationen, und gelegentlich nähert er sich kubischen Aufbaugesetzen. Nach dem Krieg entstehen einige religiöse Bilder wie »Gespräch vom Tod« (1920), 1918 erscheint die Mappe »Kristus« (mit 9 Holzschnitten; s. Taf. 6 Abb. 4). *Max Pechstein* (1881–1955) ist derber und konventioneller als seine Freunde, aber in den ersten Jahren gerade deswegen erfolgreich. Alle vier »Brücke«-Maler werden nach dem Krieg naturnäher, aber Reste des »Brücke«-Stils bleiben erkennbar. Am wenigsten wandelt sich *Otto Müller* (1874–1930); seine lyrischen Mädchenakte unter Bäumen (Leimfarbenbilder) bleiben bis zu seinem Tode von derselben Schönheit. – Der Schaffensvorgang vollzieht sich bei den »Brücke«-Malern in einem Hin und Her zwischen Ich und Welt. Der Maler sieht die Welt abgewandelt durch seine Empfindung und bildet dem Gegenstand gefühlsbetonte Vorstellungen ein. Die Erregung des Schaffensaktes drängt zu summarischer Darstellung, das Bild baut sich nicht aus Einzelformen auf, sondern diese werden aus dem Ganzen ausgeklammert. Von daher erklären sich die Deformationen und die »Hieroglyphe« (Kirchner).

Emil → *Nolde* (1867–1956) gehört nur bedingt zur »Brücke«, er verdankt ihr die Technik des Holzschnitts, diese ihm die Technik der Radierung. Bei Nolde kommt der Ausdruck ganz aus der Farbe, selbst seine Graphiken sind malerisch. Er ist in Deutschland der Erneuerer der religiösen Kunst wie Georges → Rouault (1871–1958) in Frankreich, der in seinem Zyklus »Miserere« (entstanden 1911–27, erschienen 1948) 58 Radierungen aktuellen religiösen Inhalts schafft (s. Taf. 65 Abb. 1). Nolde malt 1909 das »Abendmahl« und »Pfingsten«, 1911 »Die Heilige Nacht« und »Maria Aegyptiaca«, 1915 »Grablegung« und »Zinsgroschen« (s. Taf. 64 Abb. 3). Die Oberfläche besteht aus einem Mosaik größerer und kleinerer Farbflecken von stärkster Intensität. 1915 weiten sich die Flecken zu größeren Flächen satter Töne. Daneben malt Nolde Landschaften, Blumengärten, Stilleben und Humoresken. Sein späterer Stil weicht nicht wesentlich von dem der reifen Jahre ab. Von den graphischen Arbeiten sind die Radierungen die erfindungsreichsten, unter ihnen befinden sich zahlreiche biblische Blätter.

Nicht zum Kreis der »Brücke« gehören *Paula Modersohn-Becker* (1876–1907) und *Christian Rohlfs* (1849 bis 1938); sie sind älter als die Maler um Kirchner, aber Ausdruckskünstler wie diese. Etwa gleichaltrig sind *Karl Hofer* (1878–1955), *Max* → *Beckmann* (1884–1950) und *Oskar* → *Kokoschka* (* 1886). Kokoschka ist Österreicher und kommt aus dem Wien des Psychiaters S.Freud, seine visionären Bildnisse zwischen 1908 und 1912 (August Forel, Herwarth Walden) haben seinen Ruhm begründet. Er zeichnet das Wesen der Porträtierten in einer Art Runenschrift auf. Die späteren Arbeiten tragen barocke Züge. Beckmann ist norddeutsch und hart in seinen Themen und Ausdrucksmitteln (»Christus und die Ehebrecherin«, 1917 [s. Taf. 8 Abb. 4]; »Die Nacht«, 1919). Höhepunkt sind die 7 Triptycha aus der Zeit der Emigration in Holland und den USA (»Die Argonauten«, 1950).

Eine expressionistische Kunst hat es auch in der Schweiz und in Skandinavien gegeben; im Norden wirkte Munch, in der Schweiz Kirchner auf die Jüngeren. Unabhängiger war die Ausdrucks-M. in Belgien (C.Permeke, G. de Smet, G. van Woestyne); in Nordamerika wurde sie von einigen aus Osteuropa eingewanderten Malern (Max Weber) getragen.

Die Nachwirkungen sind nicht erheblich. Außer Rolf Nesch (* 1893) und E.W.Nay (* 1902), die die Anregungen selbständig verarbeiteten und zu neuen Formen weiterentwickelten (beide waren bei Kirchner in Frauenkirch gewesen), gibt es in den späteren Jahrzehnten keine Ausdruckskünstler von Rang.

b) In Frankreich lösen die *»Fauves«*, die Maler des Matisse-Kreises, den Impressionismus ab. Sie werden oft mit den »Brücke«-Malern verglichen und als ihnen verwandt bezeichnet, aber die Franzosen wünschen im Gegensatz zu den Deutschen »in der Reihe« zu bleiben. Sie suchen eine M. des Gleichgewichts und der Harmonie, einen Bildbau aus ungebrochen farbigen Flächen und rhythmisch zusammenfassenden Umrissen. Die Deutschen betonen gerade das, was über die Kunst hinausgeht und für sie ein Mehr bedeutet. – Henri → Matisse (1869–1954), von Haus aus Jurist wie P.Bonnard und W.Kandinsky, ist der unbestrittene Führer der »Fauves«. Sie bilden keine Gruppe, stellen aber seit 1905 gemeinsam aus: Matisse, André Derain (1880–1954), Maurice de Vlaminck (1876–1958), Raoul Dufy (1877 bis 1953), Othon Friesz (1897–1949), Albert Marquet (1875–1947), Kees van Dongen (* 1877), Henri Marguin (1874–1943), Jean Puy (* 1876). Auch der junge Georges Braque (* 1881) gehört bis 1907 zu ihnen. – Das erste Meisterwerk von *Matisse* ist »Luxe, Calme et Volupté«, das er 1905 ausstellt. 1910 malt er den »Tanz« und die »Musik« (beide in Moskau), 1915/16 die »Marokkaner« und die »Frauen am Bach«. »Großes Format und summarische Handschrift« hatte van Gogh gefordert; das Wort gilt auch für Matisse. Das einzelne Bild betrachtet Matisse als Teil einer Reihe, er will nach der »courbe générale« seiner Konzeptionen beurteilt werden. Erst im Alter, von 1940 an, erreicht er die Überlegenheit seiner Frühzeit wieder, und in der Kirche von Vence, die er baulich entwirft, ausmalt, mit farbigen Fenstern und Kultgegenständen versieht, vollendet er sich und sein Werk (1949–51; s. Taf. 65 Abb. 4). – *Derain* und *Vlaminck* setzen sich von 1908 an mit Cézanne auseinander, der sie auf den Weg des Vorkubismus verweist. Es gibt bei Derain Berührungen mit Amadeo Modigliani (1884 bis 1920), dem genialen Manieristen. Seit 1921 orientiert sich Derain an Corot und den alten Meistern, Vlaminck an den wesensverwandten Vlamen. Außer den beiden hat nur *Dufy* eine bemerkenswerte Entwicklung gehabt. Die letzten Bilder sind auf einer einzigen Farbe aufgebaut. – Neben den »Fauves« malen in Paris *Maurice Utrillo* (1883–1955) und der Freund der Kubisten *Henri Rousseau* (1844–1910), der Fra Angelico unter den Modernen. Er ist kein »Sonntagsmaler«, auch wenn er bis 1885 Douanier ist; die Primitive seiner Urwaldlandschaften ist hohe Kunst.

»Brücke« und »Fauves« bedeuten die Wende zum 20.Jh., »Blauer Reiter« und »Kubismus« den endgültigen Durchbruch zur Gegenwart. Kandinsky und Klee sind die Bahnbrecher in Deutschland gewesen, Picasso, Braque und Gris in Frankreich. Die Folgen ihrer Leistungen sind heute noch wirksam.

c) Der *»Blaue Reiter«* geht 1911 aus der »Neuen Künstlervereinigung München« hervor. Er ist keine Gruppe, sondern eine Redaktion, bestehend aus Kandinsky und Marc; seine Ausstellungen 1911 und 1912 in München, 1913 in Berlin sind Ereignisse von großer Tragweite, der Almanach »Der Blaue Reiter« (1912) ist das bedeutendste Manifest der Vorkriegszeit. – 1912 erscheint »Über das Geistige in der Kunst« von Wassily Kandinsky (1866 bis 1944), der ein prophetischer Geist und der Führer der Bewegung ist. Er malt 1910 das erste abstrakte Werk und schafft bis 1914 durch seine M. die Grundlagen der → abstrakten Kunst. Zu ihm stoßen 1910 Franz Marc (1880–1916), 1911 August Macke (1887–1914) und Paul Klee (1879–1940). Alexej von Jawlensky (1864–1941) war 1896 mit Kandinsky von Rußland nach München gekommen und gehört zu dem weiteren Freundeskreis, ebenso der Komponist Arnold Schönberg. Während die »Brücke«-Maler später den gegenseitigen Kontakt verlieren, bleiben die Freunde des »Blauen Reiter« bis zu ihrem Tode miteinander verbunden. Kandinsky, Klee und Feininger, der in Berlin mit ihnen ausgestellt hatte, treffen sich nach dem Krieg am »Bauhaus« in Weimar wieder. – *Kandinskys* Ziel sind malerische Fakten, die ohne Beziehung zum Gegenstand, aber nicht ohne Beziehung zu bestimmten Themen leben, aus der Symbolkraft der reinen Farben und Formen heraus. Seine Kunst sind »Schöpfungen von abgeschlossenen, sinnlich wahrnehmbaren Formgebilden als Symbolen geistiger Kräfte und seelischer Impulse«. Die Jahre 1908–14 sind Kandinskys Geniezeit. Der in Moskau Geborene, der sich in Deutschland einlebt und viele europäische Länder bereist, übernimmt von Rußland die mythische Ausdruckskraft, vom Westen die geistige und formale Disziplin. Nach dem Krieg, der ihn zur Rückkehr nach Rußland zwingt, kommt Kandinsky 1921 wieder nach Deutschland; 1922 wird er an das »Bauhaus« berufen. Seine Kunst ist kühler und konstruktiver geworden, erst nach seiner Emigration nach Paris (Herbst 1933) bricht das Östliche mit erneuter Gewalt in seine Entwürfe ein, die oft von barockem Überschwang sind. – Der ihm befreundete *Jawlensky,* dessen Anfänge denen Kandinskys in Murnau (1908) nahestehen, konzentriert sich nach dem Krieg ganz auf das menschliche Antlitz und nähert sich in den letzten zehn Jahren seines Lebens dem russischen Ikon. – *Franz Marc* ist unmittelbar vor Ausbruch des Krieges ebenfalls zu abstrakten Lösungen gekommen. Sein Tod vor Verdun läßt offen, ob er diesen Weg weiter gegangen oder zum Tierbild zurückgekehrt wäre. Der seit 1945 verschollene »Turm der Blauen Pferde« und die »Tierschicksale« (heute im Museum in Basel) sind Gleichnisbilder von großer Tiefe, Visionen von einer Welt, in der die Dinge zum Reden gebracht sind. – *August Macke,* Rheinländer, fällt 1914, kurz nach der Rückkehr von einer Reise nach Tunis, die er mit Klee und Moilliet unternommen hatte. Er ist der einzige, der zu den zeitgenössischen Franzosen (bes. R.Delaunay) engere Beziehungen hat als zu Kandinsky. – *Paul → Klee* (s. Taf. 64 Abb. 4) ist in der Zeit der Münchner Kunstrevolution mehr Zeichner als Maler, erst die Reise nach Kairuan 1914 führt ihn zur Farbe. »Kunst gibt nicht das Sichtbare wieder, sondern macht sichtbar« ist einer der grundlegenden Sätze, die er 1918 niederschreibt. Sie macht sichtbar, was hinter der Zufälligkeit des Optischen verborgen bleibt. Die Welt ist für Klee in der sichtbaren Gestalt ein Beispiel unter vielen, deshalb setzt er an die Stelle des fertigen Naturbildes »das allein wesentliche Bild der Schöpfung als Genesis«. Die Form wird bei ihm zu einem konkreten Wesen, im Ganzen zu einem »formalen Kosmos, der mit der Schöpfung solche Ähnlichkeit aufweist, daß ein Hauch genügt, um den Ausdruck des Religiösen, die Religion zur Tat werden zu lassen«. In den letzten drei Lebensjahren werden die Gestalten seiner Bilder immer apodiktischer, er antwortet jetzt in knappesten Abkürzungen auf die Fragen der Welt. Seit 1938 malt er sein eigenes Requiem, mit Engeln aller Art, mit dem Fährmann (Hades), aber auch mit »Tod und Feuer«. – Durch ihren Unterricht am »Bauhaus« haben Kandinsky und Klee einen nachhaltigen Einfluß auf die jüngere Generation ausgeübt, auch auf die Industrial Designers. Da das Bauhaus eine internationale Schule war, sind die ehemaligen Studierenden über die ganze Welt verstreut.

d) Dieselbe Wirkung wie der »Blaue Reiter« hat von Paris aus der *»Kubismus«* gehabt. Eine neue Sehmethode, die der der naturwissenschaftlichen Forschung analog ist, wird zur Grundlage der Kunst. Cézannes Lehre, die Wirklichkeit nach den Gesetzen von Kugel, Kegel und Zylinder zu gestalten, kann der Ausgangspunkt gewesen sein; daneben hat die Entdeckung der Neger-P. durch Matisse und Derain in der Richtung der neuen Konzeption gewirkt. – Die Vorkämpfer der Bewegung sind der Spanier *Pablo → Picasso* (* 1881) und der Franzose *Georges Braque* (* 1881); der etwas jüngere *Juan Gris* (Spanier, 1887–1927) schaltet sich in eine spätere Phase des Kubismus ein. Der Dichter Apollinaire nennt in seinen »Peintres cubistes« (1913) außerdem Gleizes, Metzinger, Picabia, Duchamp und Marie Laurencin; Albert Gleizes führt in seiner »Geschichte des Kubismus« (1928) ferner an: Delaunay, Herbin, Le Fauconnier, Marcoussis, Villon und einige weniger bekannte Nichtfranzosen wie den Tschechen Filla und den Schweden Carlsund. *Fernand Léger* gehört vorübergehend dem Kubismus an, ebenso *Robert Delaunay,* der Begründer des »Orphismus«. Léger (1881–1955) arbeitet mit röhrenhaften Formteilen (»tubisme«) und mit Zeichen für aktuelle technische Fakta (Maschinenbilder). Delaunays »Orphismus«, der großen Einfluß auf Klee, Marc und Macke hatte, arbeitet mit dem »Simultané« farbiger Kontraste, mit farbigen Rhythmen als alleinigen Trägern von Form und Gegenstand (Beziehung zur Musik, daher der Name). – Die Kubisten machen den Versuch einer komplexeren Aussage, die Raum und Körper einbezieht, ohne daß Deformationen entstehen. Die Formteile sind zweidimensional, facettenhaft, und suggerieren durch ihre Lage und Richtung Bewegung und Raum. Der feste Standpunkt weicht einem Pluralismus der Sichten, der Gegenstand wird von verschiedenen Seiten gleichzeitig wiedergegeben. Man betont die Materie, malt Holzmaserungen, setzt Buchstaben ins Bild und schließlich Tapeten und Zeitungen (»Collages«, 1912). Von 1913 an wird das Diskrepante harmonisiert, größere geometrische Flächen ersetzen die splittrigen, der analytische Kubismus verwandelt sich in einen synthetischen. 1921 ist auch dieser Prozeß zu Ende, und jeder der Maler geht seinen eigenen Weg. Picasso kommt über neoklassizistische, expressive und surrealistische Experimente zu metamorphotischen, in denen sich die verschiedenen Menschheitsepochen gegenseitig durchdringen. Das Hauptwerk der späteren Epoche ist »Guernica« (1937), eine ebenso drastische wie allegorische Darstellung einer Bombennacht im spanischen Bürgerkrieg. – Braque arbeitet bis 1914 ebenbürtig neben dem ihm befreundeten Picasso, malt 1908 wie dieser vorkubistische Landschaften und anschließend Stilleben mit Musikinstrumenten und Figuren. 1912 entstehen bei beiden die Hauptbilder (Picasso: »Torero«; Braque: »Frau mit Guitarre«). In den 20er Jahren folgen bei Braque die Kamin-Stilleben, um 1940 wird er naturnäher. Juan Gris geht vom Allgemeinen zum Besonderen. »Cézanne macht aus einer Flasche einen Zylinder, ich mache aus einem Zylinder eine Flasche.« Der Bildinhalt wird zur »Modifikation der vorher existierenden malerischen Beziehungen«, die Gris kontrapunktisch aufbaut.

e) Die Anfänge des Kubismus fallen zeitlich zusammen mit dem Beginn des *»Futurismus«* in dem künstlerisch bis dahin reaktionären Italien. 1909 veröffentlicht Marinetti im »Figaro« (Paris) das erste Manifest, dem weitere der Maler, Bildhauer und Dichter folgen. Man ist gegen Tradition, für Aktualität, Bewegung und Tempo und gibt im Bild und in der P. den zeitlichen Ablauf wieder. Die wesentlichsten sind *Carlo Carrà* (* 1881), *Gino Severini* (* 1883) und *Umberto Boccioni* (1882-1916). Außer bei Boccioni handelt es sich bei den Futuristen mehr um kinetische als dynamische Vorgänge. Carrà erfindet mit Giorgio de Chirico (* 1888) 1915 in Ferrara die »Pittura metafisica«. Chirico, die größere Begabung, hatte 1911-14 surreale Stadtplätze gemalt, 1915 folgt der »Seher«, 1917 »Die beunruhigenden Musen«, traumhafte Bilder, in die Geometrie und Algebra als letzter Ausdruck einbezogen sind.

f) Der → *»Surrealismus«* entsteht aus der »Dada«-Bewegung. Begründer des »Dada« sind 1916 in Zürich Hans Arp, Tristan Tzara und Hugo Ball. Anhänger der Bewegung sind in Deutschland Max Ernst, Köln (* 1891), Kurt Schwitters, Hannover (1887-1948), Richard Hülsenbeck und Hans Richter, Berlin, in Frankreich Marcel Duchamp (* 1887) und Francis Picabia (1878-1953). Arp und Ernst siedeln 1922 nach Paris über und werden zu Mitbegründern des Surrealismus, zusammen mit den französischen Dichtern Breton, Eluard, Aragon und Soupault. Das erste Manifest erscheint 1924, die erste Ausstellung erfolgt 1925. An ihr nehmen Picasso, Klee, Mirò, Chirico, Masson, Ernst, Arp, Man Ray teil. Im Laufe der 20er Jahre schließen sich aus allen Ländern Gleichgesinnte an, u.a. Tanguy, Dali, Magritte, Matta, der Bildhauer Giacometti. - Der Surrealismus ist keine Methode, sondern eine Mentalität; er negiert die Logik und unterscheidet nicht zwischen Wachen und Träumen. Der Traum wird auf das genaueste studiert und das Wunderbare halluzinativ dargestellt. Man beruft sich auf Ahnen, auf Rimbaud, Lautréamont und Apollinaire, auf romantische Maler wie → Blake, auf Maler der jüngeren Vergangenheit wie den Franzosen Odilon Redon (1840-1916) und den Belgier James → Ensor (1860 bis 1949) sowie auf Zeitgenossen wie Chagall, Chirico, Klee. → Chagall (* 1887 in Witebsk) hält seine frühen Werke, die zugleich futuristische und kubistische Züge tragen, für surrealistisch; Chirico und Klee nehmen in der Tat Züge der surrealistischen Traumwelt voraus. Chagall illustriert später Lafontaine, Gogol und die Bibel (s. Taf. 65 Abb. 3) und betont als Maler das Dichterische, Chirico kehrt zur italienischen Tradition zurück. - Die führenden Surrealisten sind Max Ernst, Joan Mirò und Salvador Dali. *Max Ernst* beginnt mit Graphik-Montagen, malt Mitte der 20er Jahre die Tauben-Monumente und die Gräten-Wald-Bilder, in den 40er Jahren in Arizona tropische Dämonien. *Joan Mirò* (*1893) beginnt mit katalanischen Landschaften, dann folgen die Trance-Bilder; aber auch in ihnen bleibt seine Sprache von Willkür frei. *Salvador Dali* (* 1904), Spanier wie Mirò, veröffentlicht 1930 seine Theorie der »Kritischen Paranoia-M.« und systematisiert in seinen Bildern das Irresein. Im klassischen Stil malt er in den 50er Jahren religiöse Bilder.

g) Wie ein Ausweichen vor den aktuellen Problemen wirkt die sog. *»Neue Sachlichkeit«*, die mit dem Surrealismus nichts gemein hat, es sei denn die minutiöse Naturwiedergabe, die im Surrealismus lediglich Mittel zur Erhöhung der Diskrepanz ist. Ihre Vertreter sind vergessen mit Ausnahme derjenigen, die als Gesellschaftskritiker begannen, *Otto Dix* (* 1891) und *George Grosz* (1893-1959). Für Käthe → Kollwitz (s. Taf. 66 Abb. 2) aber war der sozialkritische Realismus mehr eine menschliche als eine politische Angelegenheit. - Eine naturnahe M. gibt es am Rande überall auch weiterhin. Sie wird an Kunstschulen und Kunsthochschulen gepflegt und beherrscht die großen Ausstellungen. Die Gleichniskraft der nachahmenden Naturdarstellung schwindet aber mit der wachsenden Einsicht in die Wandlungen des Weltbildes.

h) Das Zusammenwirken der konstruktiven Tendenzen in Deutschland und Holland mit der funktionellen Architektur führt 1919 zur Gründung des *»Bauhauses«* durch Gropius in Weimar. Man greift den Gedanken der Bauhütte wieder auf und will die Verbindung des Baus mit den freien und angewandten Künsten, eine Synthese also. Lehrer sind Gropius, Kandinsky, Klee, Feininger, Itten, Schlemmer, Muche, Moholy-Nagy, später die jüngeren Josef Albers, Marcel Breuer u.a. Ein Außenseiter am »Bauhaus« war Oskar Schlemmer (1888-1943), dessen figurale Bilder das Thema Mensch im Raum abwandeln. Er war zugleich Bühnengestalter und Schöpfer des »Triadischen Balletts« (1912-22). Die Ideen des »Bauhauses« finden nach seiner Auflösung (1932) in den USA Eingang und rasche Verbreitung. - Zeitweise hält sich der Holländer Theo van Doesburg (1883-1931) am »Bauhaus« auf und beeinflußt den Unterricht in Richtung des »Stijl«, einer holländischen Gruppe und einer Zeitschrift, die er zusammen mit Piet Mondrian (1872-1944) ins Leben gerufen hatte. Mondrian, der seinen Flächenstil »Neoplastizismus« nennt und einfache Kompositionen aus farbigen Quadraten und Rechtecken schafft, ist der Erfinder der »harmonikalen« M., einer Kunst des »Ausgleichs der ungleichen Gegensätze des Lebens«.

Die 20er Jahre sind überaus reich an Ideen und Entwürfen in der Kunst gewesen, die 30er Jahre haben dem Vorrat an Konzeptionen wenig hinzugefügt. In Deutschland unterbricht die Herrschaft des Nationalsozialismus die Entwicklung, in den übrigen Ländern tritt eine Atempause ein, ein Abschnitt der Besinnung auf das Erreichte und eine Verbreiterung der gewonnenen Resultate.

i) *Die Jahre seit 1945* sind angefüllt mit einer großen Anzahl neuer Versuche, die heute schon zu übersehen und zu ordnen schwierig ist. Mit Sicherheit läßt sich behaupten, daß die Kunst in hohem Maße international geworden ist und daß fast in allen Ländern, sogar im fernen Osten, dieselbe Sprache gesprochen wird. Auf den internationalen Ausstellungen ist die Herkunft der einzelnen Maler ohne Katalog kaum festzustellen. Hinzu kommt, daß infolge der politischen Verhältnisse viele Künstler ihre Heimat verlassen haben und daß zB unter den französischen und amerikanischen Malern sich sehr viele deutscher oder osteuropäischer Herkunft befinden.

Als der Krieg vorbei war, brachen sich die aufgestauten Kräfte eine Bahn in die Öffentlichkeit. Es waren Maler und Bildhauer dabei, die bereits vor 1945 Erfolge hatten, und solche, deren Namen unbekannt waren. In Deutschland gehören Theodor Werner (* 1886), Willi Baumeister (1889-1955), Werner Gilles (* 1894), Ernst Wilhelm Nay (* 1902) und Fritz Winter (* 1905) zu den schon vor 1945 Bekannten, wenn auch noch nicht Anerkannten, in Oslo der naturalisierte Rolf Nesch

(* 1893), in Frankreich Jean Dubuffet (* 1901), Hans Hartung (* 1904, deutscher Herkunft), Jean Bazaine (* 1904), Alfred → Manessier (* 1911), in Italien Renato Birolli (1906-59), Guiseppe Santomaso (* 1907) und Afro (* 1912), in der Schweiz Max Bill (* 1908), in England Ben Nicholson (* 1894) und Graham → Sutherland (* 1903; s. Taf. 67 Abb. 1), in den USA Marc Tobey (* 1890) und Arshile Gorky (1904-48, Armenier). Sie sind fast alle abstrakt. Gegenständliche Maler gibt es nur vereinzelt, und auch diese sind nicht Realisten, sondern Surrealisten wie Sutherland oder Symboliker wie Gilles. Nur in England und Nordamerika finden sich noch Gegenständliche von Niveau, Francis Bacon (* 1910) und Ben Shan (* 1895). - Die genannten Künstler sind Wege gegangen, deren Anfänge hinter die Zäsur des Krieges zurückreichen. Winter und Bill kommen aus der Lehre des »Bauhauses«, Nay wie Bazaine und die Italiener von der Akademie. Der Lehrer wird immer unwesentlicher, die Künstler lernen das Entscheidende in den Ausstellungen, aus farbigen Reproduktionen und Kunstbüchern. Alles ist allen bekannt und gegenwärtig. - Die Leistung der Zwischengeneration liegt in der Verbindung der vorhandenen Entwürfe mit den eigenen Ideen. Ein Maler wie Baumeister meinte, wer die Ecke des Kubismus nicht mitgenommen habe, könne nicht damit rechnen weiterzukommen, ohne Analyse sei eine spätere Reife nicht möglich. Das hinderte ihn nicht, in den 50er Jahren symbolhafte Zeichen zu setzen (Montaru, Aru, Han). Werner lernt von Juan Gris und stößt in die Sphäre des Zeit-Raum-Problems vor, nachdem er vorher im Rhythmus das Ordnungsgesetz der Welt und der Kunst gesehen hatte. Nay kommt über Kirchner zu mythenhaften Darstellungen und zuletzt zu musikalischen Kompositionen. Hartung findet in der gestenhaften Sprache den Weg zum universellen Gleichnis, Bazaine und Manessier suchen eine Sprache, »die in einem die sinnliche Welt als Erregung und die geistige Welt als letzte Offenbarung beinhaltet«, eine Symbolsprache, die der der Religion nahe verwandt ist. Mondrians Forderung an die Kunst: »true reality, pure vitality, universal emotion« gilt auch für diese Generation nach Picasso. - Man nennt die Maler »expressive Abstrakte« und rechnet zu ihnen auch die Italiener dieser Altersklasse: Afro, Renato Birolli und Antonio Corpora (* 1909). Aber der Ausdruck würde auch für viele Maler der jüngsten Generation gelten wie den Italiener Emilio Vedova (* 1919); er bedeutet nicht viel mehr als eine Abgrenzung gegen die Harmonikalen, die Surrealisten und die eigentlichen Expressionisten: Gegen die Harmonikalen wie Josef Albers (* 1888, USA), Alberto Magnelli (* 1888, Italien) und Max Bill (* 1908, Schweiz), die mit wenigen Ausnahmen älter sind; gegen die Surrealisten wie Victor Brauner (* 1903, Rumänien) und William Baziotes (* 1912, USA); gegen die zweite Generation der Expressionisten, die die Wirklichkeit nur noch bedingt im Schema ihrer freien Erfindungen einfängt (Willem de Kooning, * 1904, USA; Karel Appel, * 1921, Holland).

Die erst nach 1945 an die Öffentlichkeit getretene Generation weist weder Geometriker noch Surrealisten noch Expressionisten auf. Die führende Gruppe sind die Tachisten mit Emil Schumacher (* 1912) und Bernard Schultze (* 1915); sie können sich auf den Deutschen Wols (Wolfgang Schulze, 1913-51) und den Amerikaner Jackson Pollock (1912-56) berufen, der in den USA als »action painter« bezeichnet wird. Das Entscheidende ist bei ihnen der Prozeß des Malens, in den Elan und Imagination geworfen werden. Der Akt der Entstehung rückt an die erste Stelle. »Ich male, darum bin ich«, hat Alfred Barr von diesen Malern gesagt. Die gegenwärtige Kunst der USA liegt vorwiegend in dieser Richtung (Marc Rothko, * 1903; James Brooks, * 1906; Sam Francis, * 1923). Einen anderen Weg gehen die Kalligraphen, die von der ostasiatischen Kunst angeregt sind, die jüngeren Japaner, aber auch Europäer wie Julius Bissier (* 1893) und Georges Mathieu (* 1921, Frankreich) und Amerikaner wie Franz Kline (* 1910) und Robert Motherwell (* 1915). - Daneben gibt es bemerkenswerte Einzelgänger, die sich nirgends einordnen lassen: der suprematistische Rupprecht Geiger (* 1908), der tragisch-dunkle Pierre Soulages (* 1919, Frankreich), der improvisierende K.R.H.Sonderborg (* 1923) oder der verwitterte Gemäuer suggerierende Antonio Tapies (* 1923, Spanien). - Religiöse Themen sind selten behandelt worden, aber Aufträge der Kirchen haben seit 1945 zu einigen hohen künstlerischen Leistungen innerhalb des kirchlichen Lebens geführt. In erster Linie sind zu nennen: St.Matthew, Northampton bei Canterbury, 1943 (H. → Moore und G. → Sutherland); Assy, Frankreich, 1945/47 (G.Rouault, F.Léger, J.Bazaine, J.Lurçat, Germaine Richier; s. Taf. 13 Abb. 4); Les Bréseux, Jura, 1950 (A.Manessier; s. Taf. 67 Abb. 2); Audincourt, Frankreich, 1951 (F.Léger und J.Bazaine; s. Taf. 67 Abb. 3); Vence, Frankreich, 1951 (Matisse; s. Taf. 65 Abb. 4); Schweinfurt, St.Kilian, 1953 (G. → Meistermann, s. Taf. 67 Abb. 4).

2. Um 1900 ist die *Plastik* ein »Dialog mit der Vergangenheit« (A.Malraux); die M. ist ihr voraus, und viele Bildhauer des 20.Jh.s fangen als Maler an (Maillol, Gonzalez, Arp, Giacometti, Scharff, → Mataré). Die entscheidenden Entwürfe gehen denen der M. parallel, das Transluzide, Offene, Sinnbildliche wird auch für die Bildhauer das Ziel.

In Deutschland gibt es um 1907 den Aufbruch zur ausdrucksbetonten P., in Frankreich den zur analytischen. In Deutschland geht der Klassizist Adolf v. Hildebrand (1847-1921) voraus (»Problem der Form«, 1893), in Frankreich der Impressionist Auguste Rodin (1840 bis 1917). Rodins Einfluß ist überall herrschend, ehe der Erneuerer der P., Aristide Maillol (1861-1944), zu wirken beginnt. »Die P. muß voll sein, ihre Kraft kommt aus der Mitte«, das Psychologische tritt zurück. Charles Despiau (1874-1946) folgt in Frankreich, Georg Kolbe (1877-1947) in Deutschland seinen Anregungen. Auch in Wilhelm Lehmbruck (1881-1919) bleibt Maillol spürbar, aber die »gotische« Ausdruckskomponente überwiegt und dominiert in den weiblichen Existenzbildern. In Ernst → Barlach (1870-1938; s. Taf. 66 Abb. 1) gipfelt die expressive P. und nimmt visionäre und religiöse Züge an (Figuren für die Lübecker Katharinenkirche 1930-32, von Gerhard Marcks [* 1889] 1945 fortgesetzt; »Fries der Lauschenden«, 1931-35). - In Frankreich geben zwei Maler, Picasso und Matisse, den Anstoß zur analytischen P. Picassos »Kopf« von 1909 zerlegt die organische Form und setzt sie neu zusammen auf Grund eines subjektiven Sehaktes. Die eigentlichen Kubisten sind Henri Laurens (1885-1954) und Jacques Lipchitz (* 1891), deren farbige Reliefs (um 1920) der Gestaltung eines Juan Gris verwandt sind. Laurens kommt zu metamorphotischen Figurationen wie »Aurora« (1950), Lipchitz zu barocken wie »Prometheus« (1944). Julio Gonzalez (1876-1942) ist der Erfinder der geschmiedeten Eisen-P.en, die stark auf die jüngere Generation wirkten (»Kaktusfigur«, 1940). In Rußland entsteht ein konstruktivistischer Entwurf der P. mit Vladimir Tatlin (* 1885), Antoine Pevsner (* 1886) und Nahum Gabo (* 1890), in Italien ein dynamisch bewegter (Umberto Boccioni, 1882-1916). Den Weg von der Natur zur Darstellung ihrer Wachstumskräfte gehen der Rumäne Constantin Brancusi (1876-1957) und der

Elsässer Jean Arp (* 1887). - Von den Bildhauern der folgenden Generation führen Henry → Moore (* 1898, England), Alexander Calder (* 1898, USA), Marino Marini (* 1901, Italien) und Alberto Giacometti (* 1901, Schweiz). Die umfassendste Begabung ist Moore (s. Taf. 66 Abb. 3), der wie Picasso abstrakte neben naturnäheren Arbeiten schafft (»Liegende«, UNESCO-Gebäude, Paris 1957/58). Calders »Mobiles« (seit 1932) sind die am weitesten vorangetriebene Auflösung der plastischen Geschlossenheit. - Unter den jungen Bildhauern sind die englischen die fortgeschrittensten (Reg Butler, * 1913; Lynn Chadwick, * 1914; Kenneth Armitage, * 1916). Sie arbeiten vorwiegend in Eisen und Stahl, zB in Deutschland Hans Uhlmann (* 1900), in den USA David Smith (* 1906), in Italien Berto Lardera (* 1911). Max Bill (* 1908, Schweiz) gestaltet nach »mathematischen Denkformen«. Die Jüngsten nähern sich einerseits dem Entwurf der Tachisten (O.H.Hajek, * 1927), andererseits dem Montageprinzip (César, * 1927, Frankreich; Eduardo Paolozzi, * 1924, England).

3. Die Behauptung, daß die gegenwärtige Kunst, bes. die abstrakte, unreligiös sei und ein »Verlust der Mitte« durch die Aufgabe des Menschen als Ebenbild Gottes eingetreten sei (H.Sedlmayr, 1948), wird durch eindeutige literarische Äußerungen und die Werke der Künstler des 20.Jh.s widerlegt. Von den »Brücke«-Malern gibt es zahlreiche religiöse und numinose Darstellungen, und Nolde ist wie Rouault ein gläubiger Ekstatiker. Marc wie Kandinsky waren offenbarungsgläubig, Marcs »romantisch-mystische Konstruktion« des Bildes deutet ebenso auf das Absolute wie manche Stelle seiner »Briefe aus dem Felde« (1920). Kandinsky verlangt vom Kunstwerk »das innere Leben«. »Ich bemerkte, daß diese Kunstanschauung christlich ist - auf der Basis gewachsen, die Christus als die moralische Qualifizierungsbasis aufstellte« (»Rückblicke«, 1913). Die angeführten Zitate von Klee (s. 1 c) und Manessier (s. 1 i) weisen in dieselbe Richtung. - Inwiefern die → abstrakte Kunst religiös sein kann, zeigen die vielen ausgeführten kirchlichen Aufträge (s. 1 i). Alle große Kunst ist unmittelbar zu Gott, nur hängt die Religiosität nicht mehr vom Gegenstand und seiner Darstellung ab. Bei den noch auf den Gegenstand anspielenden Werken von Picasso (»Kreuzigung«, 1930; s. Taf. 65 Abb. 2), Rattner (»Pietà«, 1948; s. Taf. 66 Abb. 4) und Moore (»Madonna«, 1943; s. Taf. 66 Abb. 3) ist das Religiöse nicht intensiver als bei den abstrakten Bildern Bazaines, Manessiers und Meistermanns. Es handelt sich in beiden Fällen darum, daß die künstlerische Konzeption ins Absolute transzendiert und daß die totale Verwandlung der Dinge dem Über-sich-Hinausgelangen des Künstlers entspricht.

Zs.en: Art News, hg.v. A.Frankfurter, New York, seit 1902 - Die Kunst, seit 1903 - Der Sturm, hg.v. H.Walden, 1910-32 - Das Werk, Zürich, seit 1914 - Das Kunstblatt, hg.v. P.Westheim, 1917-33 - De Stijl, hg.v. van Doesburg, Leiden u. Paris 1917-32 - Bauhaus, Zs. für Bau u. Gestaltung, 1926-31 - Cahiers d'art, hg.v. Chr.Zervos, Paris, seit 1926 - Das Kunstwerk, hg.v. L.Zahn, seit 1946.

Lexika, Sammlungen, Kataloge: U.Thieme-F.Becker, Allg. Lexikon der bildenden Künstler, 1907-42 - Junge Kunst (Sammlung v. Monographien moderner Künstler), 58 Bändchen, 1919-31 - J.Jahn-R.Heidenreich-W.v.Jenny, WB der Kunst, 1950³ - Künstlerlexikon d. 20.Jh.s, hg.v. H.Vollmer, 1953 ff - Documenta. Kunst des 20.Jh.s. Internat. Ausstellung in Kassel I, 1955; II, 3 Bde, 1959.

Allgemeines: H.Read, Art and Society, London 1937 - Ders., Wurzelgrund der Kunst, 1951 - J.Gebser, Ursprung u. Gegenwart I. II, 1949/52.

Gesamtdarstellungen: G.Apollinaire, Les peintres cubistes, Paris 1913 - W.Hausenstein, Die bildende Kunst der Gegenwart, 1914 - A.J.Eddy, Cubists and Post-Impressionism, Chicago 1914 - Th. Däubler, Der neue Standpunkt, 1916 - E.v.Sydow, Die dt. expressionist. Kultur u. M., 1920 - H.Hildebrandt, Die Kunst des 19. u. 20.Jh.s, 1924 - Staatl. Bauhaus Weimar 1919-23, 1924 - F.Roh, Nach-Expressionismus, Magischer Realismus, 1925 - Ders., Gesch. der dt. Kunst v. 1900 bis zur Gegenwart, 1958 - C.Einstein, Die Kunst des 20.Jh.s, (1926) 1930³ - R.Huyghe-G.Bazin, Hist. de l'art contemporain. L'amour de l'art, Paris 1933-35 - H.Read, Art now, London 1933 - Ders., Surrealism, ebd 1936 - Ders., A concise Hist. of modern Painting, ebd 1959 - A.Barr, Cubism and abstract Art, New York 1936 - Ders., Fantastic Art, Dada, Surrealism, ebd 1936 - C.Giedion-Welcker, Moderne P., (Zürich 1937) New York 1955 - Chr.Zervos, Hist. de l'art contemporain, Paris 1938 - Ders., Un demi-siècle d'art italien, Cahiers d'art, ebd 1950 - G.F.Hartlaub, Die Graphik des Expressionismus in Deutschland, 1947 - A.Malraux, Psychologie de l'art I-III, Genf 1948-50 - M.Raynal, Hist. de la peinture moderne I-III, ebd 1949-50 - J.Th.Soby-A.Barr, Twentieth Century Italian Art, New York 1949 - M.Seuphor, L'art abstrait, Paris 1949 - W.Grohmann, Bildende Kunst u. Architektur (1900 bis 1950), 1953 - W.Haftmann, M. im 20.Jh., 1954, Tafel-Bd 1955 - H.C.L.Jaffé, De Stijl, Amsterdam 1956 - W.Hess, Dokumente zum Verständnis der modernen M., 1956 - P.Damar, Art in European Architecture, New York 1956 - L.-G.Buchheim, Die Künstlergemeinschaft BRÜCKE, 1956 - P.Selz, German Expressionist Painting, California Univ. 1957 - Kunst nach 1945, hg.v. W.Grohmann, 1958 - J.Leymarie, Fauvisme, Genf 1959 - New Images of Man, ed. P.Selz u. P.Tillich, New York 1959.

Biographien u. Monographien: W.Grohmann, Das Werk E.L. Kirchners, 1926 - Ders., P.Klee, Handzeichnungen, 1933 - Ders., P.Klee, (1954) 1959³ - Ders., E.L.Kirchner, 1958 - Ders., W.Kandinsky, 1958 - G.Schiefler, Das graph. Werk v. E.L.Kirchner I. II, 1926/28 - A.Schardt, F.Marc, 1936 - J.J.Sweeney, J.Miró, New York 1941 - Ders., Alex.Calder, ebd 1943 - H.Kahnweiler, J.Gris, Paris 1946 - J.P.Hodin, E.Munch, Stockholm 1948 - H.Hope, G. Braque, New York 1949 - D.Cooper, F.Léger et le nouvel espace, Genf 1949 - M.Rousseau, H.Hartung, 1950 - H.Hildebrandt, O.Schlemmer, 1952 - G.Vriesen, A.Macke, 1953 - C.Giedion-Welcker, Arp, 1957 - Dies., C.Brancusi, Basel 1958 - H.Hess, L. Feininger, 1959 - W.Erben, J.Miró, 1959. - Weiteres bei den biogr. Einzelartikeln.

Veröffentlichungen der Maler u. Bildhauer: W.Kandinsky, Über das Geistige in der Kunst, 1912 - Ders., Punkt u. Linie zu Fläche, 1926 - Ders.-F.Marc, Der Blaue Reiter, 1912 - C.Carrà, Pittura metafisica, Florenz 1919 - F.Marc, Briefe, Aufzeichnungen, Aphorismen I. II, 1920 - P.Mondrian, Neue Gestaltung, 1924 - O.Schlemmer, Die Bühne im Bauhaus, 1925 - W.Baumeister, Das Unbekannte in der Kunst, 1947 - G.Braque, Cahiers de Georges Braque 1917-47, Paris-New York 1948 - H.Arp, On my Way, New York 1948 - M.Ernst, Beyond Painting, ebd 1948 - J.Bazaine, Notes sur la peinture d'aujourd'hui, Paris 1953 - O.Kokoschka, Schriften 1907 bis 1955, 1956. - Weiteres bei den biogr. Einzelartikeln.

Moderne Kunst u. Religiosität: H.Sedlmayr, Verlust der Mitte, 1948 - W.Hausenstein, Was bedeutet die moderne Kunst?, 1949 - P.Regamey, Art sacré au XXe siècle, Paris 1952; dt. 1954 - A. Henze, Kirchl. Kunst der Gegenwart, 1954 - P.Metz, Abstrakte Kunst u. Kirche, 1954 - G.Jedlicka, Die Matisse-Kapelle in Vence, 1955 - P.Damaz, Art in European Architecture, New York 1956 - P.Tillich, Existentialist Aspects of Modern Art (in: C.Michalson, Christianity and the Existentialists, ebd 1956, 128-147) - Y.Sjöberg, Mort et résurrection de l'art sacré, Paris 1957 - W.Schöne u.a., Das Gottesbild im Abendland, 1957. - Zs.en: L'art sacré, Paris, seit 1947 - Kunst u. Kirche, seit 1958. *W.Grohmann*

VII. Christliche Kunst in den jungen Kirchen

1. Zur Geschichte - 2. Eigenprägung - 3. Leistung. - Bildtafel 68 vor Sp. 673

1. Eine Geschichte der Kunst in den → »jungen« Kirchen fehlt noch, wohl aber gibt es weitreichende vorbereitende Arbeiten (u.a. von J.-B.Aufhauser, S.Schüller, C.Costantini, A.Lehmann, D.J.Fleming). Der Vorsprung liegt bei röm.-kath. Gelehrten, bedingt durch den frühen kath. Missionseinsatz, die reichere Produktion und eine zentrale Förderung (vgl. zB die von der kath. Kirche gegründete Versuchsstation von Oye-Ekiti, Nigeria, in der unter Leitung eines europäischen Künstlers afrikanische Schnitzer arbeiten). Das Werden und der Leistungsumfang dieser Kunst der Ökumene sind von der Mission, vom Minoritäts- und Diasporacharakter und von den Umweltsbedingungen der »jungen« Kirchen bestimmt. In relativ kurzer Zeit ist es zu nach Umfang und Wert achtunggebietenden Leistungen ge-

kommen. Die ersten künstlerischen Arbeiten gehen bis in das 16.Jh., ja bis in die → Nestorianer-Mission in China zurück, aus der ein Stickbild des Gekreuzigten bekannt ist und in welcher sich die erstmalige Verbindung von Kreuz und Lotus findet. Am Ende des 16.Jh.s brachte die Malschule des Jesuiten Giovanni Nicolao in Japan »beachtenswerte Werke einheimischer Maler« hervor. Im selben Jh. begannen auch in Indien die ersten (kath.) Kunstregungen. Zu einer quantitativen und qualitativen Fülle aber kam es erst in den ersten Jahrzehnten des 20.Jh.s, nach einigen Vorleistungen früherer Zeit auch in den ev. Kirchen. Die auf Seide, Papier oder Holztafeln gemalten Bilder gehen in die Tausende. Die kath. »Missionskunst« erfuhr intensive Förderung durch Kardinal Celso Costantini, der bis 1935 in China weilte und 1936 die Leitung der → Propaganda-Kongregation übernahm. Kath. waren die ersten Ausstellungen im Fernen Osten sowie in Afrika und Europa: Tokyo 1932, Shanghai 1935, Peking und Leopoldsville (Kongo) 1936, Paotingfu 1937, Paris 1937, Peking 1938, London 1939, Rom 1940 u.a. Der ev. Mission und den ev. »jungen« Kirchen dagegen fehlt eine leitende Stelle, die sich die Sammlung und Förderung angelegen sein läßt. Eine erste ev. Ausstellung kam bei der Tagung des → Internationalen Missions-Rates in Tambaram 1938 zustande; bezeichnenderweise fand sie im offiziellen Berichtswerk keinerlei Erwähnung. Bedeutender und doch wenig beachtet war die Exhibition of Christian Art in India, die mit 127 Gemälden und 20 Miniaturen zum AT und NT 1956 in Lucknow stattfand. Die Ausstellung von Bibelillustrationen der Vereinigten Bibelgesellschaften in Edinburgh 1959 gab auch Arbeiten aus Asien und Afrika Raum. Zu einer ersten Kunstgesellschaft auf ev. Seite war es 1926 in Nanking gekommen; dieses Sankt-Lukas-Studio entwickelte sich 1934 zur Church Art Society mit dem Künstler-Bischof Shen in Shensi als Präsidenten.

2. Die Eigenart dieser jungen Kunst besteht darin, daß sie indische, japanische, chinesische, afrikanische Kunst sein will und ist. Die Werke sind mit solchen aus Europa nicht auswechselbar. Die Fülle und Qualität sind wichtige Hinweise auf das Wachstum des christlichen Eigenlebens und ein Maß der erreichten Einwurzelung, ein Gradmesser dafür, wieweit und wie tief eine Kirche in das Evangelium und in ein Volk und Volkstum hineingewachsen ist. – Mit den Missionaren kam auch die europäische Kunst in die Missionsländer und hat dort ihre Wirkung ausgeübt. Sie ist auch kopiert worden, im spanischen Südamerika wie im indischen Mogul-Reiche. Von den übernommenen europäischen Vorlagen (bedeutende und bekannte Gemälde) sind große Anregungen ausgegangen. Die Loslösung von den fremden Vorlagen trat jedoch bald ein, so schon beim Kopieren, wenn etwa bestimmte Gestalten den Mogultypus annahmen, wenn eine sonst europäisch gemalte Madonna in Indien den Punkt auf die Stirn bekam oder wenn um 1785 in Britisch-Kolumbien die Szenerie, die Kleidung und die Gesichtszüge indianisch wurden. Auch beim natürlichen Gleichbleiben der Kruzifixe und Kreuzigungsgruppen entstanden in Afrika und in Neuguinea (s. Taf. 68 Abb. 4) doch eigenständige Kunstwerke, etwa mit afrikanischen Rundhütten im Hintergrund, mit afrikanischen Schächern und einem Christus mit Wulstlippen und Negerhaar. Die Absage an den Europäismus und die Bemühung um das eigene Gesicht erfolgen von innen her und werden durch den → Nationalismus (: II) verstärkt. So erscheint die Madonna als Vietnamesin, Chinesin (s. Taf. 68 Abb. 2), Negerfrau usw und Christus (erst in letzter Zeit) mit den Zügen der betr. Landeskinder. Die Häuser und ihr Mobiliar, Komposition und Farbigkeit, Landschaft und Gesichter, Gewänder und Schmuck werden landeseigen: Gabriel hat in Indien einen Armreif und in der Hand den Lotus, der Christus im Pariadorfe paßt sich mit seiner dunklen Haut dem »armen Fleisch und Blut« an. Das Hereinnehmen des hl. Geschehens in die Landesart geschieht auch aus evangelistischen Gründen und vielen zur Freude. Nicht nur das Ausmaß (etwa bei dem Inder Alfred Thomas), sondern auch das Recht dazu wird jedoch auch von einheimischen Künstlern bestritten, welche die »historischen Umstände« festhalten wollen.

3. Die Themen werden fast ausschließlich der Bibel entnommen. Die Künstler malen und schnitzen aus Glauben und wollen Verkünder sein. Was sie leisten, ist viel mehr, als man erwarten konnte. Mit Vorliebe wird die Madonna gemalt, sodann die biblische Geschichte (auch die Flucht aus Damaskus, die Predigt in Athen; vgl. Taf. 68 Abb. 3). Die Flucht nach Ägypten geschieht hier auch im Boot oder zu Fuß, wobei Joseph eine Tragstange mit zwei Körben für das Kind und den Reisebedarf trägt. Die Weisen läßt man im Indianer-Kanu ankommen. Zu den Nova in der Kunstgeschichte gehören der Schatten Jesu im Bild von der Verleugnung des Petrus und der Versucher in der Gestalt eines schönen jungen Weibes (s. Taf. 68 Abb. 1), wobei nach Mitteilung des Künstlers Alfred Thomas kein buddhistischer Einfluß mitgewirkt hat. Entgegen früherer Meinung kann auch Afrika malen; in der P. ist es besonders groß. – Von Künstlern seien erwähnt der Japaner Luka Hasegawa, die Chinesen Lukas Ch'en und Shek-Kai-Nung (Johnny Shek), die Inder Angelo de Fonseca und Alfred Thomas, der Indianer Richard West und der Australier Albert Namatjira, ferner für die afrikanische M. und P. die Schule von Cyrene in Südrhodesien.

D.J.Fleming, Each with his own brush, New York 1938 – A. Lehmann, Die Kunst der Jungen Kirchen, (1955) 1957² (Lit.) – Shek-Kai-Nung, Sketches of Christ from a Chinese Brush, Minneapolis 1956 – R.Italiaander, Neue Kunst in Afrika, 1957 – Indian Culture and the Fullness of Christ, Madras 1957 – F.zu Löwenstein, Christl. Bilder in altind. M., 1958 – E.H.Sluyter, Christian Art in India, 1958 – R.M.Segal, Africa South, Vol. 2, Nr. 4, 1958 (»The Art of Africa«).
A.Lehmann

Mallet, *Friedrich Ludwig* (1793–1865), ref. Prediger, * in Braunfels b. Wetzlar. Ergriffen von der patriotischen Bewegung unter der Studentenschaft und selbst Teilnehmer am Freiheitskrieg, war er in Tübingen mit K.Sand (→ Karlsbader Beschlüsse) befreundet. Sein christlicher Patriotismus, dessentwegen ihn Hofacker noch 1830 einen »deutschen Jüngling im deutschen Rock« nannte, war bei M. eng mit den aus der → Erweckungsbewegung kommenden Anstößen verschmolzen. Seit 1817 Pastor an St. Michaelis, seit 1827 an St. Stephan in → Bremen, hat er sich in Predigten und Artikeln in den von ihm gegründeten Blättern gegen alle liberalen Strömungen gewandt, aber zugleich einen wachen Sinn für die seelischen und sozialen Nöte der jungen Handwerker gezeigt. Anregungen des 1833 in die ref. Gemeinde aufgenommenen V.A. → Huber sowie das Beispiel des Baseler »Vereins für Sonntagssäle für Arbeiter, Lehrlinge und Knaben« führten dazu, daß M. 1834 in Bremen einen gleichen Verein gründete, der zur Entstehung ev. Jugendarbeit beigetragen hat (→ Jugendvereinigungen: I, 1).

Vf. u.a.: Passions- u. Festpredigten, 1859; Predigten u. Reden, 1867; Neues u. Altes, 1868. – Biogr. v. H.Hupfeld, 1865; W.H. Meurer, 1868; C.A.Wilkens, 1872 – RE XII, 126ff – E.Schröder, M. als Prediger (Diss. Königsberg), 1922 – L.Cordier, Ev. Jugendkunde II, 1927, 143ff – G.Herde, Der junge M. (Pflugschar, 1934, 33–39).
K.Kupisch

Malmgren, *Arthur* (18./30.10.1860 bis 2.2.1947), letzter ev.-luth. Bischof → Rußlands (: III), * in Reval, † in Leipzig. Nach dem Studium in Dorpat war M. Hilfsprediger in Fellin, Diakonus in Reval und 1891 bis 1931 Pastor der St. Annengemeinde in Petersburg (Leningrad). 1914 zum Assessor des dortigen ev.-luth. Konsistoriums berufen, wurde er 1916 General-Sup. des Petersburger Konsistorialbezirkes, der die ev. Gemeinden Westrußlands von der Eismeerküste bis zum Schwarzen Meer umfaßte. Gemeinsam mit P.Th.Meyer bereitete er nach den Erschütterungen der Oktoberrevolution und des Bürgerkrieges die erste Generalsynode der nunmehr vom Staat getrennten ev. Kirche in Sowjetrußland vor, die im Juni 1924 in Moskau tagte. Auf ihr wurde M. zum Bischof mit dem Sitz in Leningrad gewählt. Das im Auftrage der Synode 1925 gegründete Predigerseminar in Leningrad leitete er bis zu dessen Schließung 1935. Als M. 1936 schwerkrank sein Bischofsamt niederlegte, waren von den i.J. 1917 amtierenden 198 Geistlichen und den 57 Absolventen des Predigerseminars nur noch 10 in ihren Gemeinden; 1937 waren auch diese verhaftet. Eine Wiederaufnahme seiner Tätigkeit war für M. aussichtslos geworden. Er lebte seitdem in Mainz.

Die ev. Diaspora 1924, 165-167. 223-226; 1926, 51 f; 1939, 58 - DtPfrBl 40, 1940, 405 - Nachrichten aus der luth. Diaspora 7, 1950.
H.Roemmich

Malteserorden → Ritterorden.

Malthus, *Thomas Robert* (1766-1834), Pfarrer, seit 1805 Prof. für Geschichte und Politische Ökonomie am College in Haileybury, England. Bis in die Gegenwart hat seine Bevölkerungslehre lebhafte wissenschaftliche und populäre Diskussion hervorgerufen (→ Bevölkerungspolitik, 2). Auch darüber hinaus ist sein Werk für die Sozialwissenschaften von Bedeutung. Selbst auf dem Boden der klassischen Volkswirtschaftslehre fußend, hat M. an dem scheinbar so harmonischen Lehrgebäude des A. → Smith wichtige Mängel der Abstraktion aufgewiesen. Seine Kritik richtete sich u.a. gegen die »objektivistische« Wertlehre und gegen die Lehre einer »natürlich« stabilen Wirtschaftsentwicklung. Die Betonung der Rolle des Nachfrageverhaltens mit dem Hinweis auf die Möglichkeit von Absatzkrisen ist erst in der Gegenwart recht gewürdigt worden. Für empirisch erwiesen hielt M. das disproportionale Wachstum der Bevölkerung im Verhältnis zur Nahrungsmittelversorgung. Von dieser Basis aus richtete sich seine Polemik gegen eine optimistische Interpretation wirtschaftlicher und sozialer Entwicklung, bes. gegen die Fortschritts-Utopie W.Godwins. Übervölkerung und Massenelend lassen sich nach M. nur durch Beschränkung des Bevölkerungswachstums verhüten. M. wendet sich deshalb gegen die Anfänge einer allgemeinen Armengesetzgebung als einer Begünstigung der Bevölkerungsvermehrung und fordert »moral restraint« (Enthaltsamkeit), um eine sonst unheilvolle Entwicklung aufzuhalten.

Vf. bes.: An Essay on the Principle of Population, (1798) 1803[2] (dt. 1924[2]); Principles of Political Economy, 1820 (dt. 1910). - Über M.: J.Bonar, M. and his Work, (1885) 1924[2] - D.V.Glass, Introduction to M., 1953 - J.M.Keynes, Essays in Biography, dt.: Politik u. Wirtschaft, 1956 - HWSW VII, 101 ff (Lit.). *H.W.Gerhard*

Maltzew (Mal'cev), *Alexej* (1854-1915), russ. Theologe, Lehrer der Pädagogik am Geistlichen Seminar in St. Petersburg, 30 Jahre lang als Erzpriester Vorsteher der russ. Botschaftskirche in Berlin. Seine russ.-deutschen Parallelübersetzungen der Kultusbücher der → Orthodoxen Kirche in Auswahl vermitteln einen ersten Eindruck von der orth. Liturgie. M. hat sich auch mit Fragen der Wiedervereinigung der Kirchen und mit dem Verhältnis zur anglikanischen Kirche und zu den Altkatholiken beschäftigt. Die russ.-orth. »St. Wladimir-Bruderschaft« in Berlin-Tegel mit ihrer Bibliothek und karitativen Tätigkeit war seine Gründung.

Vf. u.a.: Nachtwache, 1892; Liturgie, 1894; Andachtsbuch, 1895; Hl. Krönung, 1896; Bitt-, Dank- u. Weihegottesdienste, 1897; Begräbnis-Ritus, 1898; Sakramente, 1898; Fasten- u. Blumen-Triodion, 1899; Menologion, 2 Bde, 1900/01; Oktoichos, 2 Bde, 1903/04. - Über M.: R.A.Klostermann, Probleme der Ostkirche, 1955, 208 (Lit.). *K.Onasch*

Malvenda, 1. *Petrus,* Dr. theol., spanischer Theologe der Reformationszeit, Dominikaner; über seine Lebensumstände ist wenig bekannt. Auf Wunsch → Karls V. war er 1546 unter den kath. Teilnehmern am Regensburger Religionsgespräch. Mit 3 Kollegen arbeitete er im Okt. 1547 zu Augsburg das → Interim aus. Im Jan. 1547 sollte er in kaiserlichem Auftrag → Philipp von Hessen bekehren, gab aber den Versuch nach 2 Tagen auf. 1551-52 nahm er am → Trienter Konzil teil. Aus dieser Zeit stammt sein wertvoller Briefwechsel mit → Granvelle.

J.C.Schramm, Francisci de Vargas, Petri de Malvenda ... de concilio Tridentino epistolae ..., 1704 - Nuntiatur-Berichte aus Deutschland VIII ff, 1898 ff - C.Gutiérrez, Españoles en Trento, Valladolid 1951, 962 ff.

2. *Thomas* (1566-1628), spanischer Exeget und Historiker, * in Játiva, † in Valencia, seit 1581 Dominikaner. Während eines römischen Aufenthaltes (1601 ff) war er Mitarbeiter des → Baronius, 1608 Definitor der Provinz Aragonien. M. gehörte der spanischen Indexkongregation an und revidierte das Missale, Martyrologium und Brevier des OP.

Vf. u.a.: De antichristo libri XI, 1604; Annalium OP Centuria, 2 Bde, 1627; Commentaria in s. Scripturam una cum nova ex Hebraeo translatione, 5 Bde, 1650. - Über M.: RE XII, 146 - EC VII, 1932 f. *P.F.Barton*

Mamre → Hebron.

Mana bezeichnet eine unpersönliche, zT substantiell aufgefaßte außergewöhnliche → Macht (: I). Der Begriff wird in der → Religionswissenschaft allgemein für den Machtglauben verwendet, wegen seines spezifischen Inhaltes aber zu Unrecht. Das Wort ist polynesisch-melanesischen Ursprungs (austronesisch) und wurde zuerst 1891 von Codrington für → Melanesien nachgewiesen. Es bedeutet zunächst ein Sein, das eine außergewöhnliche (übernatürliche) Wirksamkeit ausübt. Es wird als Substantiv wie auch als Verbum, letzteres transitiv wie intransitiv, gebraucht. Lexikalisch scheint M. »fähig sein«, »können« oder »wirksam« zu bedeuten, in weiterem Sinne »übernatürliche Macht«, »göttliche Macht«, »Autorität«, »Herrschaft«. Letztlich dürfte es sich dabei um die göttliche Lebenskraft oder auch Schöpferkraft handeln, die in allen Dingen mehr oder weniger bis heute wirksam ist. Das zeigt u.a. der Ausspruch eines Maori: »Man könnte sagen, es wäre Gott, dessen Macht nicht beschränkt ist, etwa die Allmacht Gottes.« Derselbe Sachverhalt verbirgt sich in Melanesien unter verschiedenen anderen Termini (zB ingal bei den Gunantuna auf Neubritannien). Im Prinzip handelt es sich jedenfalls nur um die überlegene und deshalb siegreiche Kraft: Ein Krieger hat M., wenn er Erfolg hat; ein Mann, wenn er Führereigenschaften entwickelt oder sonst ein Genie ist. Diese Kraft ist nicht mechanisch zu verstehen, eher als bewegliche Substanz. Sie läßt sich übertragen und aneignen. M.kräftige Gegenstände (als solche werden sie auf Grund ihrer auffälligen Form oder ihrer Wirksamkeit erkannt) werden mitgenommen, damit andere Gegenstände in ihr »magnetisches Kraftfeld« kommen und somit selbst m.haltig werden. So dürfte der → Kannibalismus eine seiner wesentlichen Komponenten im M.-Glauben finden (M. wird durch die Nahrung aufgenommen). Dieser Glaube ist weiter sehr bedeutend für die → Kopfjagd und für die → Totenverehrung (hier zeigt sich bereits eine Verbindung zum → Seelen-Begriff). Manchmal läßt sich M. nur auf genetischem Wege übertragen. Daher sind polynesische Häuptlingsfamilien Träger von außergewöhnlichem M. und von vielen Tabus umgeben. M. und → tabu sind überhaupt in engerem Zusammenhang zu betrachten. Ein weiteres Moment im M.-Begriff dürften Wörter wie manava, manaku (polyn.) sein, die denken, fühlen, wünschen u.a.m. bedeuten. Damit wird deutlich die Seelenkraft mit ihren möglichen Funktionen als Zentralbedeutung sichtbar. Eine Entgeistigung erfährt der Begriff aber dadurch, daß es möglich ist, m.haltige → Amulette zu erwerben (Zähne, → Haare, Knochen usw). Diese Dinge sind aber jedenfalls als pars pro toto zu betrachten. Daß dem M.-Glauben ein primitiver → Pantheismus zugrunde liege, ist entschieden abzulehnen, da der persönliche Gott von unpersönlichem M. auch von den betreffenden → Naturvölkern streng auseinandergehalten wird. – Der Machtglaube spielt außer in → Ozeanien und → Indonesien vor allem bei nordamerikanischen → Indianern eine große Rolle. Analoge Bezeichnungen sind dort wakonda, manitu, orenda u.a., bei → Negern elima, Bambuti megbe; ähnlich dürften auch die griech. Worte pneuma, charis, dynamis zu verstehen sein.

R.H.Codrington, Melanesian Anthropology and Folklore, Oxford 1891 – F.R.Lehmann, M., der Begriff des »außerordentlich Wirkungsvollen« bei Südseevölkern, 1922 – R.Thurnwald, Neue Forschungen zum M.begriff (ARW 27, 1929, 93-112) – R.Firth, An Analysis of M. (Polynesian Anthropological Studies, Wellington 1941, 189-218) – M.Mauss, Sociologie et Anthropologie, Paris 1950, XLII (Lit.) – A.Brunner, Die Religion, 1956, 319ff – C.Laufer, Das Wesen des Menschen im Denken der Gunantuna (Wiener Völkerkundl. Mitt.en 5, 1957, 127-160) – J.Haekel, Religion (in: L.Adam-H.Trimborn, Lehrbuch d. Völkerkunde, 1958, 40-72, bes. 47f).

E.Stiglmayr

Manager → Sozialtypen.

Manasse (hebr. Menäššæ, keilschriftlich Menasē, Minsē), *König von Juda* etwa 696-642 vChr (→ Israel: I, 11), Sohn und Nachfolger → Hiskias. In seine ungewöhnlich lange Regierungszeit (2Kön 21, 1: 55 Jahre; eine Änderung dieser überlieferten Zahl ist nur dann notwendig, wenn man die Regierungszeit Hiskias nach 2Kön 18, 13 festlegt) fällt der Höhepunkt der Machtentfaltung des assyrischen Reiches (→ Assyrien, 3) unter Asarhaddon (681-669 vChr): Syrien und Palästina sind – nach der Eroberung von → Sidon (677 vChr) restlos – in das Provinzial- und Vasallenstaatensystem des assyrischen Reiches eingegliedert, 671 vChr wird auch Ägypten erobert. Juda ist seit → Ahas und erneut seit Hiskia (701 vChr) assyrischer Vasall. Die Auswirkungen dieser politischen Abhängigkeit auf kultischem Gebiet sind das einzige Thema der wohl ausschließlich »deuteronomistisch« formulierten (→Deuteronomistisches Geschichtswerk) Darstellung der Regierungszeit M.s in den → Königsbüchern. (Die über die Darstellung von 2Kön 21, 1-18 hinausgehenden Nachrichten in 2Chr 33, 1-20 sind teils reine Konstruktion [so V. 15f], teils zwar mehr oder minder glaubwürdig, indes nicht kontrollierbar [so V. 11-14].) Die erneute Unterwerfung unter die assyrische Herrschaft (701 vChr) nach dem Aufstand des Jahres 705 vChr hatte wohl schon Hiskia gezwungen, dem *assyrischen Staatskult* im Jerusalemer Tempel erneut einen Platz einzuräumen. Die Überlieferung jedoch macht die Wiedereinführung und Pflege des assyrischen Kultes nicht schon ihm, sondern erst seinem Nachfolger M. zum Vorwurf (das ist bei der hier und → Israel: II vorausgesetzten Chronologie Begrichs besser verständlich als bei Albrights Ansetzung des Todes Hiskias i.J. 687 vChr); denn eben der assyrische Staatskult ist gemeint, wenn in 2Kön 21, 3 vom → Baal und der → Aschera die Rede ist: die im gleichen Zusammenhang erwähnte Verehrung des »ganzen Himmelsheeres« (vgl. auch Zeph 1, 5) läßt erkennen, daß die kanaanäischen Namen hier wie 2Kön 23, 3. 7 (→ Josia) zur Bezeichnung der assyrischen Götter Assur und Ischtar verwendet sind. Auch sonst weiß die Überlieferung an M. auf kultischem Gebiet allerlei zu tadeln, so die Wiedereinrichtung der von Hiskia zerstörten Höhenheiligtümer (2Kön 21, 3 a), also der kanaanäischen (oder vielleicht eher assyrischen, vgl. 2Kön 23, 5) Lokalkulte in der judäischen Landschaft, und die Pflege von nichtjahwistischen Kulten und Afterkulten im Bereich des Stadtstaates Jerusalem (2Kön 21, 6; vgl. 23, 8 b. 10. 24; → Moloch; → Menschenopfer, 2). Dieser Synkretismus, der gewiß schon zu M.s Lebzeiten auf Widerstände stieß (in diesen Zusammenhang gehört vielleicht die Notiz 2Kön 21, 16), wurde erst durch die Reform seines Enkels → Josia beseitigt. – Daß es zu M.s Zeit zu Aufständen gegen die assyrische Herrschaft gekommen sein sollte, ist unwahrscheinlich und allenfalls aus 2Chr 33, 11 zu erschließen; aber hinter dieser Nachricht steht eher die Heranziehung M.s zu Materialtransporten für assyrische Bauvorhaben (Galling, ATD 12), die auch in einer Inschrift Asarhaddons erwähnt ist (AOT 357; ANET 291). Die unter → Hiskia von den Assyrern weggenommene Landschaft Juda scheint schon unter Hiskia, jedenfalls aber unter M. an die Davididen zurückgefallen zu sein (vgl. 2Kön 21, 3 a).

Vgl. die Darstellungen der Gesch. → Israels u. die Kommentare zu den → Königs- u. → Chronikbüchern.

R.Bach

Manasse-Gebet, steht unter den »Gesängen«, die sich in manchen Hss. am Schluß des griech. AT finden (→ Apokryphen: I). Es ist ein wohlgegliedertes, warm empfundenes »Klagelied« mit hymnischer Anrufung (V. 1ff), Sündenbekenntnis (V. 8ff), Bitte (V. 13), Vertrauensmotiv (V. 14) und Dankgelübde (V. 15). Es betont die Allmacht, den strafenden Zorn, aber auch die Gnade Gottes, erwähnt die Patriarchen und ihre gerechte Nachkommenschaft (V. 1. 8). Den Namen Manasses trägt es nach 2Chr 33, 1ff: der gottlose König → Manasse geht in der Haft zu Babylon in sich, betet zu Gott und erlangt darauf die Freiheit wieder. Sein Gebet wird dort V. 18f genannt, hier wird V. 10 auf seine Person und Lage deutlich angespielt. Das Judentum liebte es, Texte durch eingelegte Gebete zu bereichern. Während aber in anderen Fällen (Jes 38, 9ff; Jon 2, 2ff; → Asarja-Gebet und Lobgesang der → Drei Männer) schon vorhandene Psalmen verwendet wurden, scheint dies Gebet eigens für jene Situation gedichtet zu sein. Bezeugt ist es zuerst in der syrischen → Didaskalia des 3.Jh.s. An jüdischer Herkunft ist nicht zu zweifeln, ein semitischer Urtext jedoch nicht anzunehmen.

H.Volz, Zur Überlieferung d. Gebetes Manasse (ZKG 70, 1959, 293-307).

W.Baumgartner

Manchester, *Universität* (seit 1903: »Victoria University of M.«), ein wichtiges Glied in der Anpassung des höheren englischen Bildungswesens an die Neuzeit (Bruch mit dem anglikanischen Charakter, mit dem Monopol der Universitäten → Oxford und → Cambridge, Aufnahme von Wirtschaft und Technik). Als Vorort des → Freihandels schien M. dafür bes. geeignet, was sich symbolisch im Sitz des John Owen's College (gestiftet 1846, eröffnet 1851), der Keimzelle der Universität M., im früheren Hause Richard Cobdens, des Führers der Freihändler, ausdrückte. 1880 wurde dem College Universitätsverfassung gewährt, die Theologie und Medizin (zunächst) ausschloß, jedoch universitätsähnliche Anstalten der Umgebung (University College in Liverpool, College of Science in Leeds) sich einverleibte (bis 1903). In der Folgezeit wurden einige freikirchliche theologische Colleges lose angegliedert (M. Baptist, Moravian in Fairfield, Hartley Primitive Methodist, Wesleyan in Didsbury [seit 1945 in Bristol], Lancashire Independent, Unitarian). Die Volluniversität (seit 1903) hat 4 theologische Lehrstühle. Die theologischen Grade werden unterschiedslos an Glieder aller Kirchen verliehen.

PH.J.HARTOG, The Owen's College, M., 1900 - H.IRVING, University Sketches, 1904 - R.BRIERLEY, Memories of Quay Street and of Owen's College, 1920 - The Journal of the Univ. of M. 1-3, 1937-39 - Humanitas. A Univ. Quarterly 1-3, 1946-48 - H.B.CHARLTON, Portrait of a Univ., (1951) 1952². *M.Schmidt*

Mandäer, junge und seltene, von der Wissenschaft bevorzugte, wohl von mandäisch (= m.) *mandā* »Gnosis« abgeleitete Selbstbezeichnung einer Taufsekte, die sich aus ihrer früheren Zeit häufiger → Nazoräer (urspr. Bezeichnung der syrischen Christen) nennt. Ihre etwa 5000 Mitglieder leben überwiegend am unteren Euphrat und Tigris und am Schat el Arab, daneben in verschiedenen iraqischen Städten und am persischen Karun. Durch ihren Kultus und ihre hl., in einem eigenen Dialekt (→ Semitische Sprachen) verfaßten Schriften erweisen sie sich als Nachkommen einer Gemeinschaft aus der Welt des antiken → Synkretismus (: I).

1. Der *Kultus* ist die Grundlage des ganzen religiösen Lebens der M. Weithin ist die m.e Mythologie eine Deutung der kultischen Phänomene. Das erste heilsnotwendige Sakrament ist die → Taufe (: I. II; Maṣbūtā). Sie kann in jedem fließenden → Wasser vollzogen werden. Der einzelne Täufling steigt in das zuvor konsekrierte (→ Weihen) Wasser und taucht dreimal unter, danach wird er vom Priester dreimal untergetaucht, mit »Jordan«-Wasser gezeichnet und getränkt und mit Myrten bekränzt. Nach einer → Handauflegung tauscht er mit dem Täufling Kušṭā (»Wahrheit«, dh hier Handschlag mit der Rechten). Am Ufer wird an den Täuflingen gruppenweise die Ölzeichnung vorgenommen, dann folgt die Kommunion mit ungesäuertem Brot und Wasser (Pihtā und Mambūhā) und noch einmal eine Kušṭā. Die Taufe kann wiederholt werden (nur sonntags), darüber hinaus können täglich ohne priesterliche Hilfe (nur von Reisenden berichtete) → Waschungen vorgenommen werden. Sie setzen die Heilsbedeutung der Taufe voraus, die ihrerseits ursprünglich eine zum Gottesdienst erhobene und mythologisch gedeutete Waschung, also keine → Initiation ist. Auch Kleinkinder können die Volltaufe erhalten. - Das andere Hauptsakrament ist der »Aufstieg« (Masiqtā) der abgeschiedenen → Seele zum Lichtreich. Es wird im Haus des Verstorbenen und in der Kulthütte zelebriert. Seine Hauptelemente sind Waschung, → Salbung, Bekleidung, → Begräbnis des Toten und Hymnenrezitation; ferner kann die am 3. Tage danach erfolgende eigentliche Masiqtā durch Gedächtniskommunionen, die zur Seele des Verstorbenen in magischer Beziehung stehen, unterstützt werden (→ Tod: I, → Trauerbräuche: I).

2. Die m.e *Mythologie* kann nicht systematisch dargestellt werden, weil sie in eine uneinheitliche Sammelliteratur eingebettet ist. Inwieweit dem umfangreichen m.en Pantheon wirkliche Götter- und Funktionszusammenhänge, -spaltungen und -vereinigungen zugrunde liegen und inwieweit bestimmte Figuren und Themen einander nur literarisch zugeordnet sind, ist im einzelnen noch nicht untersucht. - Die obere Welt repräsentiert der Große Mānā (= Gefäß), Große König des Lichts, Herr der Größe, das Große Leben o.ä.; er bzw. es lebt in einem leuchtenden Äthermeer und wird von zahllosen Mānās, Piras oder Uthras bevölkert. Ihm steht eine (nicht eindeutig als vor der → Schöpfung existent geltende) Welt des schwarzen Wassers gegenüber, von Dēws, Liliths und Satanen bevölkert (→ Geister: I. II) und von höheren Dämonen wie Krūn, Namrus, Hewath, Rūhā und Ur regiert. Aus dem großen Mānā geht das 1., 2. und 3. Leben oder auch Jōšamīn und Abathur hervor. Ein Abstieg und Sieg von Mandā ḏHaijē (»Erkenntnis des Lebens«) oder Hibil-Zīwā (»leuchtender Abel«) über Ur wird oft erwähnt, ist aber weder zur Kosmogonie noch zur → Erlösung recht in Beziehung zu setzen. Die Uthras des 2. Lebens oder das im schwarzen Wasser erscheinende Spiegelbild Abathurs bringen den hybriden Ptahil hervor, der aus dem sich verdickenden schwarzen Wasser die Tibil (Erde) schafft. Rūhā und Ur erzeugen die Tierkreise und die 7 Planeten (→ Sterne), die ihrerseits den Leib Adams schaffen. Das Leben beseelt ihn mit dem Adakas-Zīwā (»leuchtendem verborgenem Adam«). Mandā ḏHaijē und Hibil-Zīwā offenbaren Adam und seinem Weibe Hawwā das wahre Wissen, während Rūhā und die Planeten beide zum Irrtum verführen wollen. Sie bringen im Verlauf der Weltgeschichte die 7 falschen Religionen hervor, zu denen Mazdaismus, Judentum, Christentum und Islam gehören. Diese werden von falschen Propheten - Jesus ist Sohn der Rūhā! - gepredigt und unterdrücken die Gemeinde der M., die auch durch die Jungfrau Mirjai symbolisiert werden kann, welche Jerusalem und das Judentum verlassen hat und nach Babylonien gegangen ist. Die M. werden durch → Johannes den Täufer belehrt, der Mandā ḏHaijē als kleinen Knaben tauft, sowie durch den mythischen Anōš (-Uthra), der zZ des Pilatus das von Ur gebaute Jerusalem zerstört und das tut, was Mt 11, 5 gesagt wird; er überführt auch den Betrüger Jesus. Die Seelen der Menschen, die dem Ruf Mandā ḏHaijēs, Hibils, Šitils und Anōš-Uthras gefolgt sind, gehen nach dem Tode in die Lichtwelt ein. Die Seele kann auch von Abathur, der ihre Taten wägt, wieder verworfen werden, ohne daß über ihr weiteres Schicksal Genaueres ausgesagt würde als »der zweite Tod«. Daß sich die Erlöser bzw. Mānās, die auch als »fremder Mann« zusammengefaßt werden, als Teile eines kosmischen → Urmenschen (dessen präexistentes Schicksal und Verhältnis zum Protoplasten unklar ist) an sich selbst wenden, verbindet diese Mythologie mit der Grundanschauung der → Gnosis (: I. III). Aussagen über die → Wiederbringung aller sind meist mit apokalyptischen Passagen über die Verfolgungen der Sekte verbunden; ihre Gegner streiten als Beauftragte der finsteren Mächte gegen die himmlischen Genien; zugleich damit zerfällt die Erde in Trümmer und gehen die Lichter an ihren Ort zurück.

3. Die sog. *M.frage* brach 1919 mit R. → Reitzensteins Abhandlung »Das m.e Buch des Herrn der Größe und die Evangelienüberlieferung« und 1920 mit M.Lidzbarskis Einleitung zu den m.en Liturgien auf. Im wesentlichen handelt es sich um folgende Probleme: a) Besteht ein Zusammenhang zwischen der m.en Selbstbezeichnung Nāṣōräer (s.o.) und den Ναζωραῖοι des NT (→ Nazaräer)? Handelt es sich bei diesen um vorchristliche »Observanten«, zu denen Jesus einmal gehört hätte? Waren diese »Urmandäer« identisch mit den Jüngern → Johannes des Täufers? - b) Kehrt im → Menschensohn der → Evangelien der m.e Anōš-Uthra wieder, sei

es, daß Jesus sich selbst, sei es, daß die Urgemeinde Jesus als historische Erscheinung dieses mythischen → Erlösers (: II) verstand? - c) Repräsentiert die m.e Mythologie so genau einen allgemein-gnostischen Erlösermythos, daß ihre literarischen Parallelen zum → Johannesevangelium es fordern, seine → Christologie (: I, 4) als eine vergeschichtlichende Antithese zur m.-gnostischen Erlöserlehre zu interpretieren? - d) Ist die m.e eine Vorstufe der christlichen Taufe? - e) Wenn diese Fragen zu bejahen sind, haben wir dann (neben andere zu stellende) Beweise für eine seit achämenidischer Zeit die Mittelmeerwelt überziehende iranische Religionsbewegung (→ Iran: IV) vor uns, die auch die Folie für die antikjüdische und die urchristliche Religion abgegeben hätte?

4. Soweit im vorhergehenden nicht implizit enthalten, ergeben sich sowohl die negativen Antworten als auch die sonst noch offene historische Problematik aus *Erwägungen über die Geschichte der M.* Der Ursprung ist unter den häretischen jüdischen bzw. judenchristlichen Taufsekten in den östlichen Randgebieten Syrien-Palästinas zu suchen. Dafür sprechen der term. techn. *ṣb'* statt *'md* für »taufen«, sporadische Hinweise auf eine Trennung von Juden- und Christentum, ein historischer Kern in der Mirjai- und der Haran-Gawaita-Legende (Auswanderung der M. nach → Haran zZ des Partherkönigs Artabanus; in Frage kommen III., 11-40; IV., 80-81; V., 215-224), Beziehungen zu jüdischen → Apokryphen und westsemitischer Mythologie, schließlich die Maṣbūtā selbst; denn der von Lietzmann als Erledigung der M.frage gemeinte Nachweis, daß die M. ihr Taufritual auf einmal von den → Nestorianern entlehnt und für sich umgebildet hätten, ist nach den Untersuchungen von Segelberg und Rudolph dahin zu modifizieren, daß die m.e Taufe ein originäres Grundritual hatte, welches durch Berührungen mit den nestorianischen und vielleicht syrischen Ritualen erweitert worden ist. Dagegen besagt das Argument, daß die M. jedes Taufwasser Jordan nennen, deshalb wenig, weil diese Bezeichnung auch in anderen Überlieferungen als der m.en und auch in anderen Gebieten als Palästina und Mesopotamien vorkommt (vgl. Rengstorf, ThW VI, 608-623). Im westlichen Ursprungsgebiet erlauben zwar die von den christlichen Häreseologen gegebenen Namen (Hemerobaptisten, Baptisten, Masbothäer, Sebuäer) keine Identifikationen mit sonst bekannten Gruppen mehr und können zT dasselbe bezeichnen, doch sind sie keine Fiktionen. Ferner sind → Essener, → Elkesaiten, → Ebioniten und Johannesjünger sowie Indizien für Wasserkult in der Gnosis der → Salomo-Oden, → Baruchschriften (, 5), → Thomasakten, der → Sethianer, (→ Ophiten und) Naassener und des → Markus zu nennen. Die Übergänge zwischen einfacher Übung und kultischer Dignität einer Waschung, zwischen Einmaligkeit und Wiederholung sind in allen Fällen fließend. Ein genetischer Zusammenhang der m.en mit einer sonst bekannten Praxis läßt sich nicht erweisen; sie muß von einer Gruppe, die innerhalb der genannten selbständig war und schon in frühchristlicher Zeit bestanden haben kann, geübt worden sein. Ob man bereits diese, oder von wann an man ihre Nachfahren M. nennt, hängt davon ab, welche Kennzeichen man in die Definition von M. aufnehmen will. Die gnostische Seelen-, Urmensch- und Erlösermythologie hängt keinesfalls von Anfang an mit ihrem Kult zusammen, sondern ist später übernommen und umgebildet worden. Da sich aus dem Verhältnis zum System des → Manichäismus keine chronologischen Schlüsse ziehen lassen (→Thomaspsalmen), bleiben terminus ad quem die m.en Schalen und Bleitafeln des 5./6.Jh.s. Christliche (namentlich johanneische) und iranische (Seelenaufstieg?, kultische Einzelheiten) Elemente traten, oft nur kompilatorisch, hinzu; Babylonisches, zB die → Astrologie, kann schon im Westen eingewirkt haben. Stadien der m.en Kult- und Lehrentwicklung sind nur noch in Einzelfällen rekonstruierbar. Der Rückzug aus Haran in die Sumpfgebiete des Südens muß unter dem Druck der byzantinischen Kirche und später des → Islam erfolgt sein. In Mesopotamien ist als selbständiger Zweig des Ostaramäischen die m.e Sprache ausgebildet und aus der mit der nabatäischen verwandten elymäischen Schrift die m.e Schrift entwickelt worden. Um vom Islam als »Schriftbesitzer« anerkannt zu sein, haben die M. im 7./8.Jh. ihre Schriften zusammengestellt und redigiert.

Wichtigste Qu.: H.Petermann, Thesaurus sive liber magnus vulgo »Liber Adami« appellatus opus Mandaeorum summi ponderis, 2 Bde, 1867 - M.Lidzbarski, Das Johannesbuch der M., 2 Bde, 1905/15 - Ders., M.e Liturgien (AGG NF 17, 1), 1920 - Ders., Ginza (QRG 13/4), 1925 - E.S.Drower, Diwan Abatur (StT 151), 1950 - Dies., The Haran Gawaita and the Baptism of Hibil-Ziwa (ebd 176), 1953 - Dies., The Sacramental Bread (Pihtha) of the Mandaeans (ZDMG 105, 1955, 115-150) - Dies., The Canonical Prayerbook of the Mandaeans, 1959. - Bibliogr. in: C.H.Kraeling, Mandaic Bibliogr. (JAOS 46, 1926, 49-55; 49, 1929, 281) - S.A.Pallis, Essay on Mandaic Bibliogr. 1560-1930, London-Kopenhagen 1933 - H. Schlier, Zur M.frage (ThR NF 5, 1933, 1-34. 69-92) - E.S.Drower, A Mandaean Bibliogr. (JRAS 1953, 34-49). - Th.Nöldeke, M.e Grammatik, 1875 - H.Odeberg, Die m.e Religionsanschauung (UUÅ 1930) - H.Lietzmann, Ein Beitrag zur M.frage (SAB 1930, 596-608) - ThW I, 527ff (A.Oepke); IV, 879ff (H.H.Schaeder) - J.Thomas, Le mouvement baptiste en Palestine et en Syrie, Gembloux 1935 - E.S.Drower, The Mandaeans of Iraq and Iran, Oxford 1937 - H.Ch.Puech, Le Mandéisme (HGR 3, 1945, 67-83. 444-446; Lit.) - RAC I, 1167ff (J.Thomas); IV, 487ff. 1171ff (G.Strecker) - W.Baumgartner, Zur M.frage (HUCA 23, 1950/51, 41-71) - W.Sundberg, Kushṭa (Diss. Lund), 1953 - R.Macuch, Alter u. Heimat des Mandäismus nach neuerschlossenen Qu. (ThLZ 82, 1957, 401-408) - K.Rudolph, Das Christentum in der Sicht der m.en Religion (WZ Leipzig 7, 1957/58, 651-659) - Ders., Die M. I: Das M.problem; II: Der Kult (FRLANT 74. 75), 1960/61 (maßgebende Zusammenfassungen; Lit. u. weitere Qu.) - E.Segelberg, Maṣbūtā (Diss. Uppsala), 1958. - Vgl. Lit. zu → Thomaspsalmen. *C.Colpe*

Mande, *Hendrik* (ca 1360-1431), aus Dordrecht, devoter Mystiker (→ Brüder vom gemeinsamen Leben) im Kloster → Windesheim neben → Gerlach Peters, gewonnen als »scriptor palatii« durch Geert → Grootes Bußpredigt und seines Freundes → Florentius Einfluß, erst 1395 eingekleidet. M. war körperlich leidend, hatte Verzückungen und schaute Visionen. Er schrieb u.a. nach Joh. → Busch 14, tatsächlich 12 mystische Traktate in der Muttersprache. In seinem besten Werk »De tribus statibus hominis conversi« schildert er als »der nordholländische → Jan van Ruysbroek« die drei Stufen »eines vollkommenen geistlichen Lebens«: das werkende, innige und schauende.

G.Visser, H.M., 1899 - RE XII, 183ff; XXIV, 58 - ADB 20, 165f - NNBW V, 1921, 336f - R.R.Post, De Moderne Devotie, (1940) 1950². *E.Barnikol*

Mandeville, *Bernard de* (ca 1670-1733), franz. Gesellschafts- und Moralphilosoph, * in Dordrecht, † in London, wo er als Arzt lebte. M. hat durch zahlreiche, auch satirische, Schriften die franz. → Aufklärung (: III, 2 b) nach England vermittelt, hier als Feind der Religion verurteilt. Seine Bienenfabel (The Fable of the Bees or private Vices public Benefits, London 1714; franz. 1740, dt. v. O.Bobertag, 1911) entwickelt eine Kulturphilosophie des → Utilitarismus auf Grund von Egoismus, natürlichen Begierden und gesellschaftsfördernden Lastern des menschlichen Erwerbstriebs. Ein Vorgänger von A. → Smith, vertrat er eine »politische Ökonomie« des → Materialismus, der für die breite Masse auf Arbeit und Mäßigkeit reduziert wird. Als Religionsphilosoph gehört M. zum skeptischen → Deismus (: III) auf der

Linie von → Bayle, ohne direkte Angriffe auf das Christentum, das für die Masse aus Gründen der Staatsräson erzieherisch wichtig bleibt, um hier ein Freidenkertum abzuriegeln (Free Thoughts on Religion, the Church and National Happiness, London 1720; franz. 1723, dt. 1726).

Vf. außerdem: Inquiry into the Christianity in War, London 1722; A Letter to Dion occasioned by his Book called Alciphron (gegen → Berkeley), ebd 1732. - Über M.: P.SAKMANN, B. de M. u. die Bienenfabel-Kontroverse, 1897 - F.JODL, Gesch. der Ethik I, 1920³, 289ff - F.B.KAYE, The Fable of the Bees I. II, Oxford 1924 - K.VORLÄNDER, Von Macchiavelli bis Lenin, 1926, 77ff - StL III⁶, 1143ff - W.DOCKELMANN, Unters.en zur Bienenfabel M.s, 1933 - LThK VI, 846 - F.GRÉGOIRE, B. de M. et la »Fable des Abeilles«, Nancy 1947 - EC VII, 1948f - HIRSCH I, 372ff. *Ernst Wolf*

Manegold *von Lautenbach* (um 1030/40 bis nach 1103), war zunächst Wanderlehrer und Philosoph in Frankreich, trat vor 1084 in das Stift Lautenbach (Elsaß) ein, wurde hier als Verteidiger der gregorianischen Reform (→ Gregor VII.) vertrieben und fand in Bayern im Stift Rottenbuch Aufnahme (ca 1085-94 Dekan). Ins Elsaß zurückgekehrt, wurde er Propst des neugegründeten Stiftes Marbach. Von seinen zahlreichen Schriften sind erhalten die Flugschrift »Liber ad Gebehardum«, in der er die Absetzung → Heinrichs IV. mit naturrechtlichen Lehren begründet und die Idee der Volkssouveränität vertritt, und sein »Opusculum contra Wolfelmum«, in dem er die Unvereinbarkeit der antiken Philosophie mit dem christlichen Dogma verficht.

MG Lib. de lite I, 308ff - MPL 155, 149ff. - G.KOCH, M.v.L. u. die Lehre von der Volkssouveränität unter Heinrich IV., 1902 - WATTENBACH-HOLTZMANN 401ff (Lit.) - T.GREGORY, Platonismo medievale (Studi storici 26/27, 1958, 17-30). *K.Jordan*

Manessier, *Alfred,* Maler, Glasmaler und Graphiker, * 5.12.1911 in Saint-Ouen bei Abbéville. Ab 1922 in Amiens, Schule und Ecole des Beaux-Arts. 1929 Architekturstudium an der Ecole des Beaux-Arts in Paris, Freundschaft mit dem Maler Le Moal und Besuch der Montparnasse-Akademien. 1935 Begegnung mit dem Maler Roger Bissière an der Akademie Ranson. 1942-49 zahlreiche Ausstellungen in Frankreich und dem Ausland. 1948 Mitbegründer des Salon de Mai. 1948-50 Glasfenster für die Kirche in Les Bréseux (franz. Jura; s. Taf. 67 Abb. 2); 1949 »Pâques«, Folge von 7 Lithos; 1952 Glasfenster für die Allerheiligenkirche in Basel; 1958 Glaswände für eine Kapelle in Hem (Nord) und Glasfenster für eine Kirche in Le Pouldu (Morbihan). - M. ist der führende religiöse Maler unter den franz. expressiven Abstrakten. Auch unter seinen Tafelbildern befinden sich viele mit religiösen Themen (»Die Jünger von Emmaus«, 1944; »Grablegung«, 1948; »Dornenkrone« und »Gethsemane«, 1951; »Kalvarienberg«, 1954; »Gregorianischer Gesang«, 1955). M.s Anfänge stehen dem synthetischen Kubismus nahe. Ende der 40er Jahre findet er eine Sprache, die es ihm ermöglicht, mit gegenstandsfernen Formen und Licht suggerierenden Farben die Vorstellung konkreter weltlicher Ereignisse und religiöser Offenbarungen hervorzurufen. - Vgl. → Malerei: VI.

Über M.: Art d'aujourd'hui, Januar 1953 - Katalog der Kestner-Gesellschaft, Hannover, Text v. W.SCHMALENBACH, Dez./Jan. 1958/1959. *W.Grohmann*

Mangenot, *Joseph Eugène* (1856-1922), kath. Exeget und Lexikograph, Prof. für Exegese in Nancy, seit 1903 am Institut Catholique in Paris, Berater der päpstlichen Bibelkommission. Als kundiger Fachgelehrter, jedoch ohne große synthetische Begabung, verwarf M. den überholten Konkordismus, führte die historische Kritik in die kath. Exegese ein und trug dadurch wesentlich zur Erneuerung des Schriftstudiums bei. Außer durch ortsgeschichtliche Studien (Sion, son sanctuaire, son pèlerinage, Nancy 1919) wurde er bes. als Mitarbeiter am Dict. de la Bible (er sorgte für Aufnahme der »biblischen Theologie«) und am DThC bekannt; dessen Herausgabe lag für 6 Bde (fasc. 6-53) in seinen Händen.

DThC IX, 1830ff (Bibliogr.) - EC VII, 1957. *A.Hamman*

Manichäismus

1. Mani und seine Kirche - 2. M.e Literatur und sekundäre Quellen - 3. Lehre, Ethik, Kultus - 4. Varianten des Mythos - 5. Zur religionsgeschichtlichen Beurteilung. - M. = Manichäismus, M.er = Manichäer, m. = manichäisch

M. ist die Religion des Μανιχαῖος, d. i. des Mānī ḥajjā (syr.), des »lebendigen Mani«.

1. Manis (* 216 nChr, † wohl 276) Geburtsort in der Nähe der parthischen Residenz Seleukia-Ktesiphon (→ 3 E 4) ist noch nicht genau ermittelt. Sein Vater schloß sich einer in Südbabylonien ansässigen Taufsekte (syr. mnaqqḏē, arab. muġtasila) an, in der Mani zunächst aufwuchs. Seine Entschlüsse, diese Sekte zu verlassen und eine eigene Lehre zu verkünden, führt die Legende auf zwei Berufungsvisionen aus den Jahren 228/29 und 240/41 zurück. Er ging dann nach »Indien«, kehrte nach dem Tode des ersten Sassaniden Ardaschir I. (224-242) zurück und predigte in Südpersien, Mesene, Susiana, schließlich mit Unterstützung Schapurs I. (242-273), dem an einer allen Untertanen zusagenden Religion gelegen sein mochte, im ganzen Sassanidenreich. Unter Hormizd I. (273/74) lebte Mani in Babylonien. Auf seiner letzten Reise wurde er auf Anstiften von → Magiern, welche die Reform der zoroastrischen Staatskirche betrieben, nach einem Verhör vor Bahram I. (274-277) in der neuen Hauptstadt Gondeschapur (früher Beth Lapat) eingekerkert und starb dort in Ketten. Dieses Ereignis samt den widersprüchlich überlieferten Schändungen seines Leichnams wird in vielen Texten in bewußter Reminiszenz an die Passion Jesu eine Kreuzigung genannt.

Manis Tod löste unter Bahram I. und bes. unter Bahram II. (277-293) und Hormizd II. (303-310) Verfolgungen seiner *Gemeinde* aus. Die Verfolgungen beschleunigten die missionarische Ausbreitung, zu der Mani sich ohnehin gesandt wußte. Er wollte der verheißene Buddha Maitreya der Buddhisten, Ušētar bāmīk der Zoroastrier und Paraklet der Christen sein. Mit dem Anspruch, die abschließende göttliche Offenbarung zu bringen, erreichte der M. nun rasch den römischen Teil von Mesopotamien, von dort um 300 Syrien, Nordarabien und Ägypten, dann Nordafrika (297 Edikt → Diokletians auf Grund einer Anzeige des Prokonsuls Julian), Italien (Liber Pontificalis des Papstes → Miltiades [311-314] bezeugt M.er in Rom), Dalmatien (Grabstein einer m.en Lydierin Bassa Anfang des 4.Jh.s), Gallien, Spanien, von Syrien aus auch Palästina, Kleinasien und Armenien. In das 4.Jh., eine Blütezeit des M., fallen die Bestreitungen durch die Kirchenväter → Titus von Bostra, → Serapion von Thmuis, Hegemonius, → Cyrill von Jerusalem, → Epiphanius, → Augustin und Marius Victorinus (→ Viktorin, 1) sowie die Edikte → Konstantins d. Gr. (326), Valentinians I. (372) und → Theodosius I. (381/83). Seit dem 6.Jh. ist der M. im römischen Westreich ständig im Rückgang, im Ostreich bekämpft man ihn gemeinsam mit den → Paulizianern noch im 9.Jh. (2.Abschwörungsformel). - In Persien (→ Iran: I. II) gingen die M.er unter dem Druck der Sassaniden meist nach Chorasan und Transoxanien und bildeten dort neue Zentren. Nach der islamischen Eroberung (640-644) kehrten sie zT nach Mesopotamien zurück; unter der offiziellen Duldung der Omajjaden entstand dort ein arabischer Gemeinde-

M., der dann unter der abbasidischen Theokratie (seit 750) wieder unterdrückt und deshalb von einzelnen abgefallenen Mohammedanern wie Ibn al-Muqaffaʿ († 758) und Abu ʿIsā al-Warrāq († 861 oder 909) bewußt weiterentwickelt wurde, um mit dem → Islam (: I) konkurrieren zu können.

Die meisten M.er blieben in ihren – seit der Mitte des 6.Jh.s zT ins westliche Turkestan einbezogenen – östlichen Wohnsitzen und drangen von dort Ende des 7.Jh.s auf den Seidenstraßen nach Ostturkestan und weiter ins innere → China (: IV A) vor, wo sie mit den Missionaren des → Buddhismus und der → Nestorianer in Konkurrenz traten. 763 konvertierte ein Herrscher des türkischen Uigurenreiches, das sich damals von der nördlichen Mongolei bis weit nach Süden und Südwesten erstreckte (→ Türken), zum M. und machte ihn – das einzige Mal in seiner Geschichte – zu einer Staatsreligion, die namentlich die im Uigurenreich lebenden ostiranischen Sogdier lebendig erhielten. Der M. überdauerte die Vernichtung des Reiches (840 durch die Kirgisen) in zwei weiterbestehenden Kleinstaaten, wurde aber im westlichen von ihnen vom Buddhismus verdrängt und ging mit ihm unter der Islamisierung Zentralasiens und endgültig durch den → Mongolen-Sturm Anfang des 13. Jh.s zugrunde. In den Städten Chinas gewannen seit 694 weniger die Gemeinden als einzelne M.er zT bedeutenden kulturellen Einfluß. Gelegentlich kam es auch zu einer m.-taoistischen Symbiose von niedrigem Niveau. Die m.-chinesische Missionsliteratur rief die ständige Apologie der konfuzianischen Literaten hervor. Der M. wurde theoretisch abgelehnt (Edikt von 732), seine Anhänger zunächst formell geduldet (Edikte von 732, 768, 771), dann blutig verfolgt (843/44) und noch im Gesetzbuch der Ming-Kaiser (1370/74) verboten. – Mit seiner über 1000jährigen Geschichte und seiner gewaltigen Ausdehnung war der M. eine Weltreligion. In der Auseinandersetzung mit den fünf großen Religionen der von ihm überzogenen Gebiete (daneben → Altaische Religion), die bis auf den Buddhismus alle die Staatsgewalt hinter sich hatten (Christentum, Islam, Zoroastrismus, Konfuzianismus), ist er schließlich unterlegen.

2. Mani wollte bewußt eine Buchreligion stiften und schuf zu diesem Zwecke aus der palmyrenischen eine neue, m.e Schrift, die an Schönheit und Zweckmäßigkeit alle damals gebräuchlichen iranischen Schriftsysteme übertraf. An Lehrschriften von ihm sind sicher bezeugt: a) das Schapurakan (»dem Schapur gewidmet«), als einzige in mittelpersischer Sprache (alle anderen in nichtedessenischem Syrisch) verfaßt; unter welchem Namen dies Werk im Westen umlief, ist umstritten; b) das Große oder Lebendige Evangelium, mit beigegebenem Tafelband (Eikon oder Ardhang, die Gestalten des Licht- und Finsternisreiches darstellend), der die hohe Buchkultur der M.er begründete und Mani im Orient den Beinamen »der Maler« verschaffte; c) der Schatz des Lebens; d) die Pragmateia; e) das Buch der Geheimnisse; f) das Buch der Riesen; g) die Briefe. Aus diesen Werken sind Fragmente in den verschiedenen Sprachen erhalten, in denen die M.er bei ihrer Ausbreitung auch eine umfangreiche nachkanonische Literatur schufen (s. Lit.); sie besteht aus Lehr- und historischen Texten, Hymnen, Gebeten, liturgischen Formularen, Ermahnungen, Sendschreiben, Beichtspiegeln, Katechismen und Diskussionsprotokollen. Dies sind unsere *primären* Quellen über den M. In größtem Ausmaß wurden sie bekannt durch verschiedene Expeditionen (1902 bis 1914) nach Zentralasien, die nach dem Zielort der ersten → Turfan-Expeditionen heißen; sie brachten zahlreiche wichtige Fragmente in iranischen und türkischen Dialekten ein. Dazu fanden sich seit 1908 in der Bibliothekshöhle bei Tunhuang an der chinesischen Mauer in der Provinz Kansu m.-chinesische Texte, u.a. der Traktat und die Hymnenrolle. 1930/31 kam dann in Medinet Madi im Faijum der sensationelle Fund koptischer, um 400 aus dem Syrischen übersetzter m.er Texte ans Licht, die aus der Gegend des oberägyptischen Missionszentrums Assiut stammen (→ Kopten: II, 4). Inhaltlich gehören sie in die erste m.e Generation.

Außer den Schriften, die für das Gemeindeleben und die Mission verfaßt wurden, übernahmen die M.er auch viele jüdische (zB → Henochbücher) und christliche (zB ein → Thomasevangelium) apokryphe, zT bereits gnostische Schriften, die sie änderten oder interpolierten. – Auf der Grenze zu den sekundären Quellen stehen die oft m.e Schriften zitierenden Widerlegungen namentlich christlicher und islamischer Theologen, zu denen sich die vom neuplatonischen Standpunkt aus verfaßte Streitschrift des → Alexander von Lykopolis und die zoroastrische Apologie Škand-gumānīk vičār (»Zweifelzerstreuende Entscheidung«, 9.Jh.) gesellt.

Als *sekundäre* Quellen – gleichfalls wechselnd in den verschiedenen m.en Sprachen und meist im Sinne der konkurrierenden Religionen überliefert – haben die Berichte von Chronisten und Historikern, ferner Abschwörungsformeln, Inschriften, Papyri und Edikte zu gelten. – Welche Gestalt Mani selbst seiner Lehre gegeben hat, ist noch nicht durchgängig gesichert. Im folgenden Überblick kann frühe Gemeindebildung mitenthalten sein.

3. Am Anfang bestehen → Licht und Finsternis voneinander getrennt, ohne auseinander oder aus einem noch vor ihnen liegenden Prinzip hervorgegangen zu sein. Sie haben die Gestalt zweier übereinander gelegener und durch eine Grenze geschiedener Reiche. Das Lichtreich wird vom Vater der Größe, König der Paradiese des Lichts o.ä. beherrscht, welcher sowohl mit ihm substantiell identisch als auch sein personifizierter Exponent ist. Dieser oberste Gott ist in den fünf → Hypostasen Vernunft, Denken, Einsicht, Sinnen und Überlegung existent und für die Spekulation faßbar. Diese heißen in bezug auf den Vater seine »Glieder« und in bezug auf das Lichtreich seine (räumlich vorzustellenden) »Größen«; daneben gibt es andere »Äonen«. Analog zerfällt das Finsternisreich in eine Pentade von Äonen, und zwar Rauch, Finsternis, → Feuer, → Wasser und → Wind. Die »Mächte« und »Söhne«, die zu einem jeden dieser Äonen gehören, bestehen jeweils aus einem bestimmten → Metall, die »Früchte« eines jeden Äon haben eine bestimmte Geschmacksart, sie stehen je unter bestimmten Tierkreiszeichen, die jeweils einen repräsentativen Stern erzeugen (→ Astrologie, 1); sie werden bevölkert von Zweifüßern, Vierfüßern, Flug-, Schwimm- und Kriechtieren; ein ihnen entsprechendes Gesicht hat der König jedes Äon. Neben ihnen gibt es andere Archonten. Über die fünf Finsterniswelten herrscht der König der Finsternis, der sowohl aus ihnen bzw. ihren Königen besteht als auch ihre Personifikation oder ihr Werkzeug ist. Er zettelt, manchmal mit einer Partnerin, einen Krieg gegen das Lichtreich an, oder die in ihm enthaltenen Elemente drängen aus ihrer finsteren Enge zur lichten Höhe. Daraufhin »beruft« oder »erzeugt« der Vater der Größe den Großen Geist, der einerseits die Sophia des Vaters ist und im noch nicht kämpfenden Lichtreich atmet, andererseits als der → Mittler dient, durch den als nächste Gestalt die Mutter des Lebens (oder: der Lebendigen) berufen wird. Sie bringt ihrerseits den → *Urmenschen* hervor, damit er gegen die Finsternis kämpfe. Dieser verbringt zunächst eine lange Zeit für sich allein, dann legt er Feuer, Wind, Wasser, Licht und Äther als seine »Kleider«, »Söhne«, »Elemente« oder »Rüstung« an. (Diese

Pentade kann auch als Lebendige Seele bezeichnet werden, die ebenso wie zum Urmenschen zur Lichterde gehört, dem innerhalb des Lichtreiches präexistenten Urbild der geschaffenen Erde.) Beim Kampf mit dem Finsterniskönig wird der Urmensch überwältigt, wobei seine fünf → Elemente von den fünf finsteren Äonen oder Elementen verschlungen werden. Zu seiner Rettung beruft der Vater der Größe den Geliebten der Lichter, den Großen Baumeister und den *Lebendigen Geist*. Dieser hat wieder fünf Söhne oder → Emanationen; zunächst erlöst er den Urmenschen, indem er einen erweckenden »Ruf« zu ihm hinabsendet, der zum sechsten Sohn des Lebendigen Geistes hypostasiert werden kann. Der Urmensch reagiert mit der »Antwort«, die, manchmal als sein sechster Sohn, zur Mutter des Lebens emporsteigt, um von ihr als Kleid angelegt zu werden, während der Lebendige Geist dasselbe mit dem wieder zurückgekehrten Ruf tut. Ruf und Antwort werden ihrerseits zum Gedanken des Lebens oder Großen Gedanken vereinigt. – Indem der Ruf den Urmenschen erreicht und seine Antwort hervorgelockt hat, ist der Urmensch befreit und (als S/) selbst emporgeführt. Seine »Söhne« bleiben dagegen von den Archonten der Finsternis verschlungen bzw. mit ihren Elementen vermischt. Zu ihrer Befreiung trifft nun der Lebendige Geist weitere Anstalten: er holt die Archonten herauf, kreuzigt sie am Firmament und ordnet sie, dem Maße des in ihnen konzentrierten Lichts entsprechend, zu Sonne, Mond, Gestirnen, Himmeln und Erden an. Damit ist aus einem Material, in welchem Licht und Finsternis durcheinandergemischt sind, die gegenwärtige Welt erschaffen (→ Schöpfung: I). Nun treten die fünf Söhne des Lebendigen Geistes in Aktion. Der Festhalter des Glanzes sorgt, daß die Himmel hoch und ausgespannt bleiben, und hält die Welt von oben, der Schulterträger hält sie von unten (seine Bewegungen verursachen die Erdbeben), der Große König der Ehre bewacht und richtet die Firmamente, der Adamas des Lichts bewacht den zwischen ihnen und der Erde liegenden Raum, der König der Herrlichkeit überwacht die drei Räder des Feuers, des Wassers und des Windes (→ Rad).

Noch steht der ganze Kosmos still. Ihn in Bewegung zu setzen und auf diese und andere Weise das Lichtbefreiungswerk zu vollenden, wird der (sc. nach Urmenschen und Lebendigem Geist) *Dritte Gesandte* berufen. Auf seine Veranlassung setzen sich die drei Räder in Bewegung, welche das Licht nach oben leiten. Für ihren weiteren Weg hat der Dritte Gesandte bereits gesorgt, indem er die Säule der Herrlichkeit schuf; sie hat den Beinamen »der vollkommene Mann«, wohl weil man sich das aus der Versprengung zusammengeführte Licht unter dem Bilde des wiederhergestellten, nun vollendeten Urmenschen vorstellte. Diese Säule ist die → Milchstraße; an ihr steigen die Lichtteile bis zum Lichtschiff des → Mondes empor, der sie solange speichert, bis er voll und rund geworden ist, um sie dann, sich völlig vom Licht entleerend, an die → Sonne weiterzugeben. Mittlerweile hat sich der Große Baumeister an den Bau des Neuen Äon gemacht, in welchen die Lichtteile von der Sonne aus endgültig aufgenommen werden. Zur Lichtbefreiung beginnen ferner die Wolken zu ziehen, damit feine direkte Bahnen zur Lichtwelt bezeichnend, und die Firmamente geraten in kreisende Bewegung. Außerdem zeigt sich der Dritte Gesandte den Archonten unverhüllt in seinen beiden Gestalten, der männlichen und der weiblichen (→ Geschlechtliches); als Weib ist er die Lichtjungfrau, die ihrerseits in zwölffacher Gestalt erscheinen kann. Voll lüsterner Begier geben darauf die männlichen Archonten ihren Samen und die weiblichen ihre Leibesfrüchte frei; in beiden ist bes. viel Licht kumuliert. Der Same fällt teils auf das irdische Land und läßt dort die → Bäume mit ihren Früchten wachsen, teils ins irdische Wasser und erzeugt dort den Meeresriesen, welcher Ebbe und Flut atmet und am Ende vom Adamas des Lichts erlegt wird. Die abortierten Leibesfrüchte leben auf der Erde als Dämonen weiter, fressen mit den Baumfrüchten möglichst viel Licht in sich hinein, begatten sich dauernd und bringen so zu den Pflanzen auch die Tiere hervor. Da der kosmisch-mechanische Lichtausläuterungsprozeß nicht aufzuhalten ist, konzentrieren die Archonten und der Finsterniskönig nun ihre Bemühungen ganz auf die Lebewesen: für das Licht müssen festere Bindungen ersonnen werden, als sie in Pflanzen, Tieren und Dämonen gegeben sind. Zu diesem Zweck muß das Bild des Dritten Gesandten, das eine so mächtige Anziehungskraft auf das Licht ausgeübt hat, in einer hylischen Gegenschöpfung mit gleicher Kraft nachgeahmt werden.

Als solche wird der → *Mensch* geplant. Die Archonten geben die Eikon bzw. das Siegel oder Prägemal des Dritten Gesandten, das sich ihnen durch den Anblick eingeprägt hat, in die ständig weiter herabfallenden Samen und Aborte hinein, welche nun die beiden Hauptdämonen Saklas (auch Aschaqlun o.ä.) und Nebroel (auch Namrael o.ä.) erzeugen. Diese fressen alle anderen Dämonen auf, um ihr ganzes Licht in sich aufzunehmen, und zeugen nach dem in ihnen wirksamen männlichen und weiblichen Bilde des Dritten Gesandten Adam und Eva. Vom Verhalten dieser beiden und weiterhin aller Menschen hängt nun das Weltschicksal ab. Damit Adam sich selbst, seine Herkunft und seine Aufgabe erkennt, sendet der Dritte Gesandte Jesus den Glanz zu ihm, welcher ihn über alles belehrt, dh ihm die Gnosis bringt. Für die anderen Menschen beruft Jesus der Glanz den Lichtnous, der sukzessive die Apostel zu ihnen entsendet. Als Apostel werden in verschiedener Anzahl und Reihenfolge Seth(el), Noah, Enosch, Nikotheos (?), Henoch, Sem, Abraham, Buddha, Aurentes, Zarathustra, Jesus, Paulus überliefert; sie wiederholen und vervollständigen das erlösende Wissen, und entsprechend hoch sind ihre Schriften zu schätzen.

Mani ist das »Siegel der Propheten« und begründet die endgültige Heilsgemeinde. Diese hat grundsätzlich alle Quälereien des Lichts zu unterlassen, das allem beigemengt ist, mit dem der Mensch bei der Bereitung von Speisen, Herstellung von Geräten und Häusern, bei → Krieg, → Jagd, → Handel oder → Ackerbau in Berührung kommt; und sie hat zu berücksichtigen, daß das Licht weiter in der Welt versprengt wird, wenn man Kinder zeugt. Ein Menschengeschlecht, das aus diesem Sachverhalt die Konsequenz zieht, ist zu Tatenlosigkeit, Hungertod und Aussterben verurteilt. Andererseits muß das Licht noch aus Pflanzen und Tieren herausgeläutert werden, was nur durch den Körper eines tugendhaften Menschen geschehen kann, und allen anderen Menschen muß die Gnosis verkündigt werden, damit kein Licht mit ihnen zugrunde geht. Deshalb muß die m.e Kirche weiterbestehen und bedarf, da nicht alles in einer Generation geschehen kann, sogar der Nachkommen. Das Verhalten, das aus diesen Einsichten resultiert, steht im diametralen Gegensatz zum erstgenannten. Der Kompromiß, der geschlossen werden mußte, bestimmt die m.e Ethik, und je nach dem Grade des Kompromisses gibt es in der Gemeinde verschiedene hierarchische Grade.

Den geringsten Kompromiß brauchten die *»Vollkommenen«* oder *»Erwählten«* einzugehen. Die ihnen auferlegten Verpflichtungen werden als »Siegel« auf Mund, Hand und Schoß symbolisiert. Sie enthielten sich des Geschlechtsverkehrs, des Fleisch- und → Wein-Genusses und bestimmter Tätigkeiten und lebten von pflanzlicher Nahrung, die ihnen die Laien oder »Hörer« verschafften. Die m.e Anthropologie ist de facto die des Vollkommenen. Der somatisch-sarkische Teil des Menschen, auch Alter Mensch genannt, ist aus den fünf Körpern der Finsternis errichtet und von böser Lust getrieben; in ihnen ist die → Seele gefesselt, die aus den Gliedern des Urmenschen oder auch aus denen des Lichtgottes besteht. Ihr wird vom Lichtnous das aus dem Todesschlaf wachrüttelnde, aus der Mischung lösende Bewußtsein von der Zugehörigkeit zur göttlichen Lichtsubstanz zurückgegeben; dabei werden die Lichtglieder gelöst und zum Neuen Menschen errichtet, der fortan im Kampf mit dem Alten liegt. Er betätigt durch Vermittlung des in ihm wirkenden Lichtnous die Tugenden Freude oder Liebe, Glaube, Vollkommenheit, Geduld und Weisheit. Damit errettete er sich selbst, dh das Licht oder die Seele in sich. Nach dem Tode des Vollkommenen wird die Seele sogleich von verschiedenen Gottheiten in die Lichtwelt zurückgeleitet. – Einen stärkeren Kompromiß gingen die *»Hörer«* ein: sie verrichteten gewisse Arbeiten für die Erwählten, durften Kinder zeugen und Fleisch essen, aber nicht selbst schlachten. Nach dem Tode muß ihre Seele durch viele Wiederverkörperungen hindurchgehen, bis auch sie durch den Leib eines Erwählten errettet werden kann. – Die Seele des Sünders, dh des Nicht-M.ers, welche überhaupt keinen Nous hat, verfällt der Finsternis und ewigen Verdammnis.

In der Hörer und Erwählte umfassenden Gemeinde waren aus den letzteren als höhere Grade eine größere Anzahl Presbyter oder Priester ausgewählt, darüber 72 Bischöfe oder Diakone und darüber 12 Lehrer. An der Spitze stand der Archegos. Dem Erwählten waren täglich sieben, dem Hörer vier Gebete vorgeschrieben, dazu jedem M.er jährlich mehrere verschieden lange → Fasten. Das nur einmal täglich von den Vollkommenen einzunehmende gemeinsame Mahl, in dem aus bes. lichthaltiger Nahrung wie Weizenbrot, Gurken und Melonen das Licht herausgeläutert werden mußte, kann seines feierlichen Charakters wegen als Sakrament bezeichnet werden. Taufen aller Art wurden bewußt abgelehnt. Zur Erinnerung an Manis Todestag wurde das Bema-Fest gefeiert, dem für Erwählte (!) und für Hörer je eine Beichte voraufging. Am Feste selbst wurde Mani, dessen Büste auf einem fünfstufigen Tribunal (βῆμα) stand, um Vergebung angerufen und der Aufstieg der Seele und das Weltgericht im Singen von Psalmen vorweggenommen. – Außer den genannten folgten die M.er einigen anderen Geboten, u.a. dem der → Armut (: II).

Durch ihr ganzes Verhalten bringt die Gemeinde das große Weltendrama aktiv mit zu seiner Peripetie. Wenn die Lichtbefreiung durch die kosmisch-mechanischen und die ethischen Mittel fast vollendet ist, treten die in Mt 24f par geschilderten Ereignisse ein, und die materielle Welt wird in einem 1468 Jahre währenden Brand zu einem Klumpen zusammengeschmolzen (→ Weltende). Die hiermit wiederhergestellte Trennung von → Licht und Finsternis ist endgültig; eine Welt, die eine weitere Erlösung nötig machen würde, soll nicht wieder entstehen.

4. Das m.e System erlaubte seinen Anhängern, Bestreitern und modernen Erforschern die verschiedenartigsten Ausdeutungen. In den Texten werden mannigfache Systematisierungen der Begriffe, reizvolle Verbindungslinien zwischen präexistenten, gegenwärtigen und postexistenten Ereignissen und Beziehungen zwischen der Erlösung in → Makro- und Mikrokosmos aufgestellt, so bes. schön in den vom Jüngerkreise aufgezeichneten koptischen Kephalaia. Dort, bei → Severus von Antiochien und im chinesischen Traktat können die beiden Reiche (wohl im Anschluß an Lk 6, 43f) als zwei Bäume, anderswo als zwei Wurzeln dargestellt werden. Das kosmogonische und soteriologische Geschehen teilt man in mehrere »Berufungen« oder »Schöpfungen« von Göttern, in »drei Zeiten« (Getrenntheit, Vermischung, Entmischung) oder »fünf Kriege« bzw. »Entweichungen« (des Urmenschen, des Lebendigen Geistes, des Dritten Gesandten, Jesu des Glanzes und des Großen Gedanken) ein usw. Dogmatische Sätze, die sich aus solchen und anderen Ausdeutungen ergeben, lassen den Zusammenhang mit dem System oft nur mittelbar erkennen und wuchern, namentlich in den Turfantexten (wo sie überdies oft buddhistisches Gedankengut aufnehmen), gern selbständig weiter. – Texte gleichen Inhalts, aber verschiedener Sprachen, die nicht durch Begriffsvertauschungen entartet sind, gestatten Wortgleichungen, die bes. die → Iranistik beträchtlich gefördert haben. Das Hauptproblem aber liegt in der Auswechselbarkeit theologischer Begriffe. So stehen für Vater der Größe, Urmenschen nebst Lichtelementen, Lebendigen Geist, Dritten Gesandten und (König der) Finsternis in südwestiranischen Texten Zurvan, → Ormazd nebst → Amesha Spentas, → Mithra, Lichtreichgott (oder Gott Narisah; im Sogdischen Mithra an dieser Stelle) und → Ahriman; in Texten, die sich an Christen wenden: Gottvater, Jesus patibilis, Hl. Geist (steht auch noch für andere Kräfte), Jesus der Sohn und Finsternis; in der von Alexander von Lykopolis bekämpften Schrift θεός, ψυχή, δημιουργός, νοῦς und ὕλη.

5. An Hand der iranischen, durch die Turfanfunde bekanntgewordenen Terminologie erarbeitete sich die → Religionsgeschichtliche Schule ihr Verständnis des M. und damit auch der von ihm noch nicht unterschiedenen → Gnosis im allgemeinen; man hielt beides für Ausläufer einer alten iranischen Volksreligion, welche die Schicksale des → Urmenschen als eines erlösten → Erlösers (: I) zum Inhalt hatte. Dagegen stellte H.H. Schaeder die These, daß Mani das System in einer Terminologie, die hellenistisch-philosophische Begriffe und Funktionen im Rahmen eines Mythos wiedergab, konzipiert habe (»Urform«), um es gleichzeitig, aber sachlich sekundär in zoroastrischer bzw. zurvanitischer mythologischer und in christlicher Terminologie umzustilisieren, ohne damit den Grundgehalt des Systems zu verändern (»Fortbildungen«, von »Anpassungen« nicht unterschieden). Diese These, die lange die Debatte beherrscht hat, präjudiziert ein Urteil über die Herkunft des Grundgehaltes des M., das von vornherein hinter die auswechselbaren begrifflichen Ausprägungen zurückgeht und von da aus die hellenistische Begrifflichkeit grundsätzlich bevorzugt. Der Nachweis, daß Mani auf dieser Grundlage das System aus missionarischen Gründen anderen Terminologien angepaßt hat, bezeichnet jedoch erst das religionsgeschichtliche Problem, nämlich wie die älteren Überlieferungen im 3.Jh. beschaffen gewesen sein müssen, so daß solche Fortbildungen überhaupt möglich waren. Für diese Überlieferungen (beispielhaft: die altbabylonischen) ist strukturelle Erweichung ihrer Grundgehalte und Entpräzisierung ihrer Begrifflichkeit vorauszusetzen, wodurch ein → Synkretismus κατ' ἐξοχήν ermöglicht wurde. Innerhalb dessen kann man nicht die im Verhältnis zu ihrer früheren Geschichte statthabende Ungebrochenheit gerade einer bestimmten Überlieferung, zB der hellenistischen, postulieren, die dann die »Urform« des M. bestimmen soll. Ähnliche Einwände sind zu machen, wenn man mit Hilfe von Alternativkategorien wie philosophisch oder religiös, naturwissenschaftlich oder metaphysisch, rational oder mystisch, begrifflich oder symbolisch, theoretisch oder mythologisch das »Wesen« des M. definieren und dieses aus einer älteren Überlieferung ableiten will.

Kaum sicherer läßt sich über begrenzte mythographische Beziehungen urteilen. Für die gleichartige Beseelung von Makro- und Mikrokosmos mit Konsequenzen für Kosmologie und Erkenntnis bieten sich analoge Vorstellungen in → Indien (Mani war dort, Indienhandel ging durch Babylonien), → Iran (: II. VII) und dem (insbesondere stoischen) → Hellenismus (Zentrum in Seleukia) an, für die → Seelenwanderung einerseits → Hinduismus und → Jinismus, andererseits Pythagoreismus (→ Pythagoreer) und → Platonismus. Die → Askese kann sich aus jenseitsbezogenen, namentlich dualistisch verschärften Haltungen überall ergeben. Der → Dualismus selbst ist so konsequent überhaupt nur im M. ausgebildet worden; der Zusammenfall der Pole Geist und Körper mit Gut und Böse ist jedenfalls nicht iranisch. Statt dessen dürfte die mystische Identifikation der höchsten Geisteskraft des Menschen mit einer erlösenden Gottheit (Lichtnous/manuhmed!) iranisches Erbe sein (W.Lentz); doch gewinnt diese Kraft ihre im M. charakteristische hypostatische Beweglichkeit und Aufspaltung in salvator und salvandum erst durch Verbindung mit der Christologie, die wohl durch die häretische Umbildung des → Bardesanes hindurchgegangen ist. Im M. ist nicht nur Jesus mit dem (Licht-)Nous verbunden, sondern er heißt in südwestiranischen Texten »Verstandeswelt-Gott« und ist in mehrfacher Gestalt auf eine universale von ihm getrennte und zu erlösende Geistes- und Seelenwelt bezogen; die m.e Christologie muß deshalb als paganisiert bezeichnet werden. Dem kam die Tilgung der Stammtafeln Jesu im von Mani benutzten Diatessaron des → Tatian entgegen; in der Verwerfung des AT war ihm → Marcion Vorbild. Inwieweit alles schon vor Mani in einer → Gnosis, etwa der der → Mandäer, vorgebildet war, ist problematisch; die Identität der Muġtasila (s. 1) mit ihnen ist ungewiß, und ihre volkstümlichen Anschauungen brauchen im M. nicht systematisiert zu sein, da auch der umgekehrte Vorgang möglich ist. Doch verdient neuerdings die Frage Beachtung, ob und inwieweit Mani das fertige System des Zurvanismus (→ Aion, → Iran: II) gnostisch gedeutet hat, und wie dann die anderen Terminologien zu beurteilen wären. Häufig ist die Sachlage dadurch erschwert, daß Überlieferungen, die Mani vorgefunden und schöpferisch verarbeitet haben kann, den M. im Laufe seiner Geschichte ein zweites Mal beeinflußt haben (so die Christologie, s. 4). – Neben der weiteren Erforschung der Religionen und der Berichte über Manis Leben ist eine Untersuchung der politischen, ethnischen, sprachlichen, wirtschaftlichen und sozialen Verhältnisse Babyloniens im 3.Jh. ein Desiderat.

Im Islam ist die orthodoxe Dogmatik u.a. in Auseinandersetzung mit dem M. ausgebildet worden (→ Mutakallimūn), im Christentum hat → Augustin, der selbst 9 Jahre m.er Auditor war, wesentliche Positionen im Kampf gegen den M. gewonnen. In der islamischen wie in der abendländischen (→ Bogomilen, → Katharer, → Albigenser) Welt führt der allezeit inoffizielle dualistische Spiritualismus Strömungen weiter, die sich im M. kristallisiert hatten, aber nicht als seine direkten Auswirkungen betrachtet werden können. In diesem Sinne ist zB die Ketzerbezeichnung »Manichaei« in der FC zu verstehen. Als Prototyp und Vollendung der Gnosis, deren historische Gesamtproblematik er teilt, vereinigte der M. die Aussagen der menschlichen Sehnsucht nach erlösendem Wissen, das aus Gott- und Welterkenntnis hervorgeht – Aussagen, die in der Geschichte der christlichen Kirche immer wieder von denen aufgenommen wurden, die im Gottesgehorsam kein Genügen fanden.

Qu.: *Syrisch:* Bibliogr. bei A.Adam, Texte zum M. (KlT 175), 1954 – F.C.Burkitt, The Religion of the Manichees, Cambridge 1925, 111ff. – *Iranisch* (dh Südwestdialekt, parthisch, sogdisch): Bibliogr. (bes. der Ausg.n von W.Henning) bei W.Lentz, Fünfzig Jahre Arbeit an den iran. Hss. der dt.Turfan-Sammlung (ZDMG 106, 1956, *3*-*22*) – P.J. de Menasce, Une apologétique mazdéenne du IXe siècle: Škand-Gumānīk Vičār, Fribourg 1945. – *Arabisch u. neupersisch:* Abdr. bei H.Taqizadeh-A.A.Šīrāzī, Mani u. seine Religion, Teheran 1335/1957 (pers.). – *Alttürkisch:* A.v. Le Coq, Türkische Manichaica aus Chotscho I-III (AAB 1912, 1919, 1922) – W. Bang, M.e Laienbeichtspiegel (Muséon 36, 1923, 137-242) – Ders., M.e Hymnen (ebd 38, 1925, 1-55) – Ders., M.e Erzähler (ebd 44, 1931, 1-36) – W.Bang-A.v.Gabain, Türkische Turfantexte II. III (SAB 1929, 411-430; 1930, 183-211) – A.v.Gabain-W.Winter, Türkische Turfantexte IX (AAB 1956, 2). – *Chinesisch:* E.Chavannes-P.Pelliot, Un traité manichéen retrouvé en Chine (JA 10/18, 1911, 499-617) – Dies., Textes historiques – Fragment Pelliot (JA 11/1, 1913, 99-199. 261-392) – E.Waldschmidt-W.Lentz, Die Stellung Jesu im M. (AAB 1926, 4) – Dies., M.e Dogmatik aus chines. u. iran. Texten (SAB 1932, 480-607) – Tsui Chi, MoNiChiaoHsiaPuTsan (BSOAS 11, 1943, 174-219; engl.) – G.Haloun-W.B. Henning, The Compendium of the Doctrines and Styles of the Teaching of Mani, the Buddha of Light (Asia Major NS 3, 1952, 184 bis 212). – *Koptisch:* H.J.Polotsky-H.Ibscher, M.e Homilien, 1934 – C.R.C.Allberry-H.Ibscher, A Manichaean Psalmbook II, 1938 – H.J.Polotsky-A.Böhlig-H.Ibscher, Kephalaia I, 1940 – A.Böhlig, Aus den m.en »Kephalaia des Lehrers« (WZ Halle 5, 1956, 1067-1084) – R.Ibscher-C.Colpe-A.Böhlig, Der Mani-Fund (Akten des 24. internat. Orientalistenkongresses München 1957, 1959, 226-230, vgl. 222-224). – *Griechisch u. Lateinisch:* Bibliogr. bei A.Adam aaO – Altaner, Reg. s.v. M., Anastasius Sinaita, Doctrina patrum, Joh. Malalas, Markus (Diakon), Marius Victorinus, Theodoret v. Cyrus, Zacharias Rhetor – MPG 102, 15ff (dazu J.Scharf, Zur Echtheitsfrage der M.erbücher des Photios [ByZ 44, 1951, 487-494]). – Ältere Lit. in: J.Ries, Introduction aux études manichéennes. Quatre siècles de recherches I. II (AnLov III/7, 1957, 453-482; III/11, 1959, 362 bis 409; bes. wichtig: → Beausobre u. F.C. → Baur). – Neuere Lit.: H.H.Schaeder, Urform u. Fortbildungen des m.en Systems (Vorträge der Bibl. Warburg IV, 1927, 65-157) – Ders., RGG^2 III, 1959ff – H.J.Polotsky, PW Suppl. VI, 240ff – E.Rose, Die Christologie des M. (Theol. Diss. Marburg), 1941 (Masch.) – H.Ch.Puech, Le manichéisme, Paris 1949 (Lit.) – Ders., Die Religion des Mani (ChrRel II, 499-563) – O.Klima, Zur Chronologie von Manis Leben (ArOr 19, 1951, 393-403) – Ders., Beiträge zur Chronologie von Manis Leben (ebd 22, 1954, 63-68) – Ders., KAMSARAKAN u. KAMAΣARYH (ebd 26, 1958, 339-342) – Ders., Baat the Manichee (ebd 342-346) – Ders., The Date of Zoroaster (ebd 27, 1959, 556-564) – E.H.Kaden, Die Edikte gegen die M.er von Diokletian bis Justinian (Festschr. H.Lewald, Basel 1953, 55-68) – W.Lentz, Yasna 28 (AAMz 1954, 16) – I.Gershevitch, A Grammar of Manichean Sogdian, Oxford 1954 – C.Colpe, Der M. in der arab. Überlieferung (Phil. Diss. Göttingen), 1954 (Masch., Lit.) – R.C.Zaehner, Zurvan, Oxford 1955 – A.Adam, Das Fortwirken des M. bei Augustin (ZKG 69, 1958, 1-25) – Hennecke^3 I, 190ff. 199ff. 261ff.

C.Colpe

Manierismus. Der Begriff M. kennzeichnete zunächst die Nachahmer der »maniera« der Renaissancemeister im 16.Jh. und wurde dann zum Aburteil über diese eklektische Richtung. Wir nennen M. den früher als Spätrenaissance oder Frühbarock gedeuteten, jedoch eigenständigen und in Bau- und Bildkunst homogenen, auch in der Literatur usw nachweisbaren Stil, der in Italien um 1520 als Abkehr vom harmonisch Naturschönen der → Renaissance entsteht, sich über Europa ausbreitet und um 1580 dem barocken → Naturalismus (: III) weicht. Geistesgeschichtlich spiegelt der M. die Krise der Glaubensspaltung und der Säkularisation des Natur- und Geschichtsbildes. Auf sich zurückgeworfen, wird die Kunst ihrer Autonomie als Geistestätigkeit inne, die Theorie begründet diese im produktiven Subjekt, das seine »idea« in der »invenzione« vergegenständlicht und im »disegno« gestaltet. Erstmals konstituiert sich die Kunstform als selbstbestimmte Wirklichkeit. In seiner Medicikapelle (1520) und Biblioteca Laurenziana (1524) bricht → Michelangelo mit der organischen Tektonik von Figur und Bau; labile, überschwer lastende, schroff kontrastierte Formen bezeugen den Konflikt, den problematischen Realitätsbezug. In Pontormos und

Parmigianinos Malerei, in Peruzzis Architektur verlagert sich der Schwerpunkt exzentrisch, erkaltet die Natur von Mensch und Ding. Als Chiffre der neu erfahrenen Unendlichkeit des Alls bricht die fluchtende Tiefenachse das starre Gefüge auf (Uffizienhof Florenz). Die Skulptur (Cellini, Giovanni Bologna) verschraubt die Gestalt zur »figura serpentinata« von potentiell zahllosen Ansichten; die scheinbar unendliche Spirale (Wendeltreppe), die irrealisierende Wiederholung (vier gleiche Fronten an Palladios Villa Rotonda) sind Leitformen des Stils. Durchgehend zeigt sich ein Hang zur Abstraktion, pagane Sinnlichkeit wechselt mit religiösem Affekt, das Thematische verschlüsselt sich in gesuchter Allegorik, diese Kunst bildet eine hermetische »zweite« Natur. Werke hohen Ranges gehen voran, bei rascher Ausbreitung entsteht der viel getadelte leere Formalismus. Die transalpine Renaissance trägt seit etwa 1530 manieristischen Charakter, begünstigt durch die Affinität des Stils zur → Gotik. Seit der Mitte des Jh.s festigt sich der M. zum Gemeinstil der Kirche und der politischen Mächte; auch der frühe prot. → Kirchenbau (: IV, 1 d) gehört ihm an. Palladio gliedert den Palastbau symmetrisch; das achsiale Prinzip eröffnet die neuere Stadtbaukunst (Kapitolsplatz, gerades Straßennetz von Rom) wie die Raumgestaltung weiter Bezirke aus Palast und Park (Villa d'Este, Tivoli). Orden errichten wuchtig strenge Baukomplexe (Collegio Romano), Michelangelo entwirft die St. Peterskuppel, Vignolas Gesù (s. Taf. 25 Abb. 2), in seiner ersten kargen Fassung ein Zeichen jesuitischer Disziplin, prägt den → Kirchenbau (: IV, 1 a) der Gegenreformation. In erlesenem Geschmack blüht die höfische Kleinkunst. Das weltliche Historienbild und die Landschaft werden selbständig, das Bildnis erreicht unübertroffene Vollendung (→ Holbein, Bronzino, Ant. Mor), das Sittenbild faßt das Lebensrätsel in tiefsinnige Gleichnisse (Brueghel), im Altarbild wie in mächtigen Zyklen religiöser → Malerei (: III. IV) drückt sich Glaubensinbrunst aus (Tintoretto, → Greco).

M. Dvořák, Kunstgesch. als Geistesgesch., 1924 - W. Friedländer, Die Entstehung des antiklass. Stils in der ital. Malerei um 1520 (Repert. f. Kunstwiss. 46, 1925, 49-86) - Ders., Der antimanierist. Stil um 1590 (Vorträge der Bibl. Warburg 8), 1930 - D. Frey, Gotik u. Renaissance als Grundlagen der mod. Weltanschauung, 1929 - W. Pinder, Zur Physiognomik des M. (in: Festschr. L. Klages, 1932, 148-156) - H. Hoffmann, Hochrenaissance, M., Frühbarock, 1938 - N. Pevsner, The Architecture of M. (in: The Mint 1, 1946) - O. Benesch, The Art of Renaissance in Northern Europe, Cambridge/Mass. 1945 - De Triomf van het M. (Katalog Rijksmuseum Amsterdam), 1955 - W. Hager, Zur Raumstruktur des M. in der ital. Architektur (in: Festschr. M. Wackernagel, 1958, 112-140) - W. R. Hocke, M. in der Lit., 1959. *W. Hager*

Mann, *Thomas,* * 6.6.1875 in Lübeck, † 12.8.1955 in Zürich

1. Leben - 2. Werk - 3. Verhältnis zur Religion

1. Th.M. entstammte einer Lübecker Patrizierfamilie, mütterlicherseits von portugiesisch-kreolischem Einschlag. Von 1893-1933 lebte er meist in München, anfangs als Mitarbeiter am »Simplizissimus«. 1901 erschien sein Roman »Die Buddenbrooks«, größtenteils in Rom geschrieben, der seinen literarischen Ruhm begründete (Nobelpreis 1929). M. wurde neben Gerhart → Hauptmann zum repräsentativen Schriftsteller der Weimarer Republik, der auch in Reden und Abhandlungen in die weltanschaulichen und kulturpolitischen Auseinandersetzungen leidenschaftlich eingriff. Als Gegner des Nationalsozialismus emigrierte er 1933 in die Schweiz (Herausgeber der Zs. »Maß und Wert«), erhielt 1938 einen Ruf an die Princeton-Universität, erwarb 1940 in den USA die Staatsbürgerschaft und ließ sich in Pacific Palisades/Kalifornien nieder. Von dort setzte er in Wort und Schrift seinen Kampf gegen den Nationalsozialismus fort. Nach dem Kriege kehrte M. in die Schweiz zurück. Durch seine »Ansprache im Goethejahr« 1949 in Frankfurt und seine Teilnahme an den Schillerfeiern 1955 in Stuttgart und Weimar machte er den Versuch eines geistigen Brückenschlages zwischen den zerrissenen Teilen Deutschlands. - 1956 wurde in Zürich die Th.M.-Gesellschaft gegründet.

2. In seinem reichen und vielschichtigen erzählerischen Werk entfaltet und variiert Th.M. das in den »Buddenbrooks« angeschlagene Grundthema des Verfalls, der Dekadenz und des Zusammenhangs von künstlerischer Produktivität und individueller geistiger Steigerung mit Phänomenen krankhafter Zerstörung, der Verschwisterung des Schönen mit dem Tode, sein ästhetisches Urerlebnis, das M. aus dem Erbe der → Romantik, aus dem Pessimismus → Schopenhauers, aus der Lebensphilosophie → Nietzsches und der Musik Richard Wagners tief in sich eingesogen hat. Den Schauern rauschhafter Dämonie als der einen Seite des Künstlertums hält bei Th.M. ein immenser Fleiß, eine strenge Arbeitsaskese, eine unerbittliche Exaktheit der Beobachtung, die an → Flaubert, → Tolstoi und → Dostojewskij geschult ist, die Waage. Diese bis zum Extrem ausgebildete Doppelnatur ermöglicht Th.M. die dichterische Bewältigung einer fast enzyklopädischen Stoffülle und führt zu einer unaufhebbaren, aber fruchtbaren Spannung zwischen Künstler- und Bürgertum, die ihn zum Repräsentanten seines (bürgerlichen) Zeitalters werden ließ. Das artistische Mittel der Bewältigung dieser Spannung ist die Ironie und eine oft mißverstandene, unpathetisch-parodistische Behandlung des Ernsthaftesten. - Die Problematik des Künstlertums beherrscht die Novellen »Tonio Kröger« (1903) und »Der Tod in Venedig« (1913); der parodistische Zug tritt hervor in dem Roman »Königliche Hoheit« (1909). - Die erste große Erweiterung seines Grundthemas gelingt Th.M. in dem Roman »Der Zauberberg« (1924). In der Binnenwelt eines Davoser Sanatoriums gibt er einen imposanten Querschnitt durch die geistige Verfassung der bürgerlichen Gesellschaft vor dem 1. Weltkrieg und spiegelt darin den labilen Zustand »einer zukünftigen, durch tiefstes Wissen um Krankheit und Tod hindurchgegangenen Humanität«. - Die nächste Etappe bildet die 1933-43 entstandene Romantetralogie »Joseph und seine Brüder« (dazu: Romandichtung und Mythologie. Ein Briefwechsel von K. Kérenyi und Th.M., 1945). Nach dem Querschnitt des »Zauberbergs« wird hier mit allen Mitteln der modernen Tiefenpsychologie und Religionswissenschaft der vielleicht hybride, aber konsequente Versuch eines Vertikalschnittes gemacht, den »Brunnen der Vergangenheit« auszuloten bis auf den mythischen Urgrund der Humanität und die geistige Existenz in der äußersten Gespanntheit zwischen Mythos und Zivilisation zu begreifen. In die gleiche Schaffensperiode gehört als Ausdruck artistischer Selbstbefreiung der Roman »Lotte in Weimar« (1939), die reich facettierte, episodische Schilderung des späten Goethe und seiner Umwelt, zugleich die Huldigung eines Ironikers in der Form einer köstlichen Selbstpersiflage. - Der leidenschaftliche Anteil am Zeitgeschehen beeinflußt Form und Inhalt des großen Spätwerkes »Doktor Faustus. Das Leben des deutschen Tonsetzers Adrian Leverkühn, erzählt von einem Freunde« (1947; dazu: Die Entstehung des Doktor Faustus, 1949). Leverkühn, in wesentlichen biographischen Zügen ein Abbild Nietzsches, aber auch nicht frei von autobiographischen Zügen Th.M.s, wird in der Dämonie seines Teufelspaktes zum Symbol der dem Nationalsozialismus verfallenen deutschen Nation.

Der Roman ist zugleich M.s leidenschaftliches Bekenntnis des Mitleidens an deutscher Größe und Erniedrigung. - Aufschlußreich für das spielerisch-artistische Element ist die durch alle Phasen sich hinziehende Beschäftigung mit dem kleinen Meisterwerk »Bekenntnisse des Hochstaplers Felix Krull« (1922, erw. 1938, fortgesetzt 1948).

3. Von Th.M.s seelisch differenziertem und intellektuell kompliziertem *Verhältnis zur Religion* gilt vielleicht sein eigenes Wort über Joseph: »Da ist einer, der Gott nicht entdeckt hat, aber der ihn zu ›behandeln‹ weiß.« Bezeichnend für das Hineinspielen der religiösen Frage in alle Lebensäußerungen ist der Beginn der »Buddenbrooks« mit der Katechismus-Szene (»Was ist das?... Je, den Düwel ook, c'est la question«), aber immer dringt von dieser spielerischen Oberfläche M.s suchender Geist in die Tiefe eines »religiösen Humors«, der gleichsam der Aggregatzustand eines undogmatischen Glaubens ist, der aber zuletzt nicht die Religion, sondern die Kunst in Frage stellt: »Wenn es ernst wird, verschmäht man die Kunst und ist ihrer nicht fähig« (Faustus). Th.M. selbst will sich ausdrücklich in seinem Altersbekenntnis (1952) verstanden wissen »als ev. Christ, dessen Bildung und Werk in deutscher prot. Kultur ihre Wurzeln haben«.

Vf. ferner u.a.: *Erzählungen:* Der kleine Herr Friedemann, 1898; Tristan, 1903; Das Wunderkind, 1914; Wälsungenblut, 1921; Unordnung u. frühes Leid, 1926; Mario u. der Zauberer, 1929; Die vertauschten Köpfe. Indische Legende, 1940; Das Gesetz (Moses, früherer Titel: Ich bin der Herr dein Gott), 1944; Der Erwählte (nach Hartmann von Aue, Gregorius), 1951; Die Betrogene, 1953. - *Drama:* Fiorenza, 1905. - *Idyllen:* Herr u. Hund. Gesang vom Kindchen, 1914. - *Essays:* Betrachtungen eines Unpolitischen, 1918 (überarb. 1922); Rede u. Antwort, 1922; Goethe u. Tolstoij, 1923; Bemühungen, 1925; Die Forderung des Tages, 1930; Leiden u. Größe der Meister, 1935; Freud u. die Zukunft, 1936; Adel des Geistes, 1945; Neue Studien, 1948; Ansprache im Goethejahr, 1949; Meine Zeit, 1950; G.Hauptmann, 1953; Versuch über Schiller, 1955; Nachlese, Prosa 1951-55, 1956. - *Polit. Schriften:* Friedrich u. die große Koalition, 1916; Pariser Rechenschaft, 1926; Dt. Ansprache, 1930; Achtung Europa!, 1938; Vom kommenden Sieg der Demokratie, 1938; Dieser Friede, 1938; Das Problem der Freiheit, 1939; Dt. Hörer, 1942; Deutschland u. die Deutschen, 1947. - GesW, 10 Bde, 1922 bis 1925 - Stockholmer GA, 1938ff. - *Bibliogr.:* G.JAKOB, Das Werk Th.M.s, 1926 - K.W.JONAS, Fifty Years of Th.M. Studies, Minneapolis/London 1955. - *Gesamtdarstellungen:* F.LEPPMANN, 1916; P. HANKAMER, 1916; F.ENDRES, 1923; HANNE BACK, 1925; A.ELOESSER, 1925; M.HAVENSTEIN, 1927; G.LUKACS, 1949; H.MAYER, 1950; J.LESSER, 1952; H.C.HATFIELD, London 1952; HANS EICHNER, 1953; R.FAESI, 1955; H.STRESAU, 1955; F.LION, 1955. - VIKTOR MANN (Bruder), Wir waren fünf, 1949 - ERIKA MANN, Das letzte Jahr, 1956 - MONICA MANN, Vergangenes u. Gegenwärtiges, 1956. - Lit. über M. ausführlich in: J.KÖRNER, Bibliograph. Hdb. des dt. Schrifttums, 1949[3], 518f - H.W.EPPELSHEIMER, Bibliogr. der dt. Lit.-Wiss. I, 1957, 357ff; II, 1958, 262ff. *† M.Greiner*

Manna. Als Gotteshilfe gegen den Hunger in der Wüste werden zweimal (Ex 16; Num 11) Wachteln und M. genannt. Nach Num 11 (J) verlangen die des M. Überdrüssigen Fleisch und erhalten die Wachteln (Haftort der Erzählung der Weg am Mittelmeer!), was aber den Lästerern zum Verderben gereicht (V. 33ff). Nach Ex 16 (weithin P) erhalten die Israeliten Wachteln und M. zugleich. Im Mittelpunkt steht die Gabe des M. und (verdeutlicht am Auflesen) die Ordnung des → Sabbat. Im älteren Bestand von Ex 16 fehlen die erst Num 11 genannten Wachteln. - M. ist nach der Beschreibung beider Texte kleinkörnig, weiß wie Reif, dann gelblich wie Balsamharz; es kann zerkleinert und geknetet werden und schmeckt wie Öl- bzw. Honigkuchen. In der Sonne wird es weich, Würmer (Bodenheimer: Ameisen) verderben es. Trotz gewisser Unterschiede der Beschreibung in Ex 16 und Num 11 ist es nicht möglich, zwei Arten von M. zu unterscheiden (anders ThW IV, 466ff). Auch ist die sog. M.-Flechte, Lecanora esculenta, deren Fruchtknollen (mit Honiggeschmack) gegessen werden, niemals auf der Sinaihalbinsel aufgetaucht. Dagegen kennen die Beduinen dort noch heute das mann (vgl. Ex 16, 15), das M. verschiedener Sträucher und bes. das der Tamariske. Es ist ein Sekret von Schildläusen auf den Blättern der Tamariske, von wo es auf die Erde fällt (»vom Himmel« Ex 16, 4; daher: Ps 78, 24f; 105, 40; vgl. auch die Spiritualisierung in Dtn 8, 3). - In Joh 6, 22ff wird das M. dem Brot des Lebens kontrastiert. In 1Kor 10, 1ff ist das M. als »geistige Speise« Typos des Sakraments.

H.GRESSMANN, Mose u. seine Zeit, 1913, 124ff - A.KAISER, Der heutige Stand der M.-Frage (Mitt. der Thurgauischen Naturforschenden Gesellschaft 25, 1924, 99-155; Lit.) - DERS., Neue naturwiss. Forschungen auf der Sinai-Halbinsel (ZDPV 53, 1930, 63-70) - F.S.BODENHEIMER-O.THEODOR, Ergebnisse der Sinaiexpedition 1927 der hebr. Univ. Jerusalem, 1929 - F.S.BODENHEIMER, The M. of Sinai (BA 10, 1947, 1-6). *K.Galling*

Mannhardt, Johann *Wilhelm* Emanuel (1831-80), * in Friedrichstadt (Schleswig), 1858 PDoz. in Berlin, lebte seit 1863, immer kränklich, in Danzig seinen gelehrten Studien. Anfangs war er ein Anhänger der damals vorherrschenden Theorie der indogermanischen Urreligion (→ Germanistik), wobei er bes. an einen alten Lichtkult dachte. Später ließ er die höhere Mythologie der getrennten → Indogermanen aus der niederen hervorgehen und beachtete jetzt auch den Zusammenhang zwischen den Volksbräuchen und den Mythen (→ Kultgeschichtliche Methode: I). M.s Hauptverdienst besteht in der Sammlung eines ungeheuren Materials durch Fragebogen, das noch bei weitem nicht ausgeschöpft ist. Er war ein sehr kritischer Geist und davon überzeugt, daß man aus seinem Material auch andere Schlußfolgerungen ziehen könne, als er getan hatte.

Vf. u.a.: Germanische Mythen, 1858; Die Götter der dt. u. nord. Völker, 1860; Weihnachtsblüten in Sitte u. Sage, 1864; Roggenwolf u. Roggenhund, 1865; Die Korndämonen, 1868; Wald- u. Feldkulte I. II, (1875/79) 1904[2]; Klytia, 1876; Mythol. Forschungen, 1884 (postum). - Hg. der Zs. für dt. Mythologie u. Sittenkunde, 1855ff. - Über M.: TH.DOEBNER, W.M. u. seine Beziehungen zu G.Berkholz (Sitzungsber. d. Ges. f. Gesch. u. Altertumsk. der Ostseeprovinzen Rußlands, Riga 1911, 160-174) - N.LID, W.M. og hans samling av norske folkeminne, Oslo 1931 - C.W.v.SYDOW, W.M. u. sein Briefwechsel mit G.O.Hyltén-Cavallius (Vetenskapssoc. i Lund Årsbok 1931, 41-66) - K.SCHEUERMANN, W.M. Seine Bedeutung für die vergleich. Rel.sforschung (Diss. Bonn), 1933 - O.ODENIUS, Brev från W.M. till H.Hildebrand (Svenska Landsmål 1958, 106-148). *J.de Vries*

Manning, *Henry Edward* (1808-92), 1832 als anglikanischer Geistlicher ordiniert, 1841 Erzdiakon von Chichester. Zunächst von der »low church« (→ Anglikanische Kirche: I, 1) beeinflußt, schloß sich M. der → Hochkirchlichen Bewegung (: I) an und wurde nach J.H. → Newmans Übertritt zur röm. Kirche (1845) einer ihrer Führer. Das Urteil im → Gorham-Fall trieb auch ihn in die röm. Kirche. 1865 wurde er Erzbischof von Westminster, 1875 Kardinal. M.s entschiedener → Ultramontanismus und sein Eintreten für die weltliche Macht des Papsttums zeigten sich auf dem → Vatikanum. Er war ein autoritärer Verwalter seiner Diözese. Sein waches, praktisches Interesse an sozialer Reform, zumal für die Wohnungs- und Erziehungsprobleme der Armen, erwarb ihm die Achtung weiter Kreise.

A.W.HUTTON, Card. M., (1892) 1894[2] (Bibliogr.) - DNB XXXVI, 62ff - E.S.PURCELL, Life of Card. M., 2 Bde, 1896 (offizielle Biogr., eine schwerfällige Karikatur) - J.FITZSIMMONS, M., Anglican and Catholic, 1951 - S.LESLIE, H.E.M., his Life and Labours, 1953 - E.E.REYNOLDS, Three Cardinals, 1958. *D.Carter*

Mansi, *Giovanni Domenico* (1692-1769), * in Lucca, 1708 Regularkleriker der Congregatio matris Dei

(→ Gottesmutter, 2), lehrte in Neapel und wurde 1765 Erzbischof von Lucca. Durch Umfang und thematische Breite seines Lebenswerkes wurde M. bes. als Herausgeber einer der größten Gelehrten des 18.Jh.s. Sein Hauptwerk ist die große Sacrorum conciliorum nova et amplissima collectio (bis 1429), 31 Bde, Florenz und Venedig 1759-98 (Neudr. und Forts. hg.v. L.Petit und J.B.Martin, 60 Bde, Paris 1899-1927), eine vollständigere, aber weniger kritische Ausgabe als die → Hardouins. M. übersetzte das Werk des Exegeten → Calmet ins Lateinische (Glossarium biblicum, 1725; Kommentare, 1729-38) und veranstaltete kommentierte Ausgaben, u.a. des Traktats über die kirchliche Disziplin von → Thomassin, der Annalen des → Baronius (38 Bde, 1738-59), der KG des Alex.Natalis (9 Bde, 1749), ferner »Pii II. orationes politicae et ecclesiasticae« (1752, mit zahlreichen unedierten Stücken).

Vf. ferner: Tractatus de casibus et excommunicationibus episcopis reservatis, 1724-39; De epochis conciliorum Sardicensium et Sirmicensium, 1746; Epitome doctrinae moralis ex operibus Benedicti XIV deprompta e, 1770. - Über M.: A.ZATTA, Comm. de vita et scriptis J.D.M., Venedig 1772 - H.QUENTIN, J.D.M. et les grandes collections conciliaires, Paris 1900 - HN V, 131f - DThC IX, 1915f.

A.Hamman

Manson, *Thomas Walter* (22.7.1893 bis 1.5.1958), englischer Neutestamentler, 1932-36 Prof. in Mansfield College, Oxford, 1936-58 an der Universität Manchester. M. war Mitglied der British Academy und korrespondierendes Mitglied der Göttinger Akademie der Wissenschaften. Seine philologisch und theologisch gleich bedeutenden Arbeiten galten bes. dem Leben und der Lehre Jesu. Er war Mitbegründer der Societas Novi Testamenti Studiorum.

Vf. u.a.: The Teaching of Jesus, (1931) 1935²; The Mission and Message of Jesus (mit H.D.A.MAJOR u. C.J.WRIGHT), 1939 (auch gesondert als The Sayings of Jesus, 1949); God and the Nations, 1940; The Church's Ministry, 1948; The Beginning of the Gospel, 1950; OT in the Teaching of Jesus, 1952; The Servant-Messiah, 1953; Ministry and Priesthood: Christ's and Ours, 1958. Hg. (mit G.ZUNTZ) der Manchester University Loose-Leaf Texts. - NT Essays, Studies in Memory of Th.W.M., ed. A.J.B.HIGGINS, Manchester 1959.

K.Grobel

Mantik (griech. μάντις = Seher) ist die Kunst des Wahrsagens (→ Wahrsager; in der Religionswissenschaft, bes. in der englischen Literatur, auch *Divination* genannt). Ist die etymologische Ableitung richtig (μαίνεσθαι, »rasen«), so wird in erster Linie der Seher gemeint sein, der auf Grund von Raserei, des »außer sich Seins« (→ Ekstase), in der Lage ist, Dinge zu verkünden, die außerhalb des normalen Erkenntnisbereiches liegen, zunächst also der Schamane (→ Schamanismus), aber ebenso auch jeder andere mediale Seher. Man spricht dann von einer medialen Divination bzw. → Inspirations-M., dh die → Orakel werden von höheren Wesen durch Medien erteilt. Das Medium kann aber auch unpersönlich aufgefaßt werden (instrumentale Divination). Hier wird durch Prozeduren an dazu geeigneten Objekten und deren Beobachtung auf Grund einer präzisen Fragestellung eine ebensolche Antwort erwartet. Die Wahrsagung kann somit auf eine transzendente Persönlichkeit oder auf ein unpersönliches Etwas zurückgeführt werden, also auf eine → Macht (: I), die oft fälschlich mit einer dynamistischen Weltauffassung in Zusammenhang gebracht wird. Aus demselben Grunde wird die M. oder wenigstens ein Teil von ihr in engen Zusammenhang mit der → Magie gebracht. Ein solcher Zusammenhang ist bei bestimmten Orakeln nicht zu leugnen, doch ist die Erteilung von Orakeln durch eine unpersönliche Kraft nicht gleich magisch und mechanistisch aufzufassen, denn der hinreichende Grund für die außernatürliche Mitteilung liegt eben in dieser Macht. Als mediale Divination ist M. jedenfalls ein Teil der → Religion. Neben anderen transzendenten Wesen kann auch Gott selbst als Geber des Orakels erscheinen, wie auch mit der priesterlichen Funktion (→ Priestertum: I) oft eine mantische verbunden wird. Andererseits wird die M. von Religionen eben wegen ihres zT magischen, zT auch unverstandenen Gehaltes abgelehnt. Der M. liegt letztlich eine Weltanschauung zugrunde, nach der die Gesamtwirklichkeit als ein Organismus aufgefaßt wird, in dem alles - räumlich und zeitlich - zusammenhängt (vgl. → Makro- und Mikrokosmos), und zwar nicht einfach mechanisch, sondern mit einem gewissen Spielraum für Eigenbewegung, jedoch immer unter dem Einfluß des Ganzen stehend. Darum ist es möglich - wenigstens im Prinzip -, aus allem und jedem verborgene Dinge zu erkennen. An bestimmten Stellen ist dieses Verborgene jedoch deutlicher zu erfassen, bes. bei Dingen und Ereignissen, deren natürliche Ursache nicht ohne weiteres einsichtig ist (Vogelflug, gewisse Bewegungen des Körpers, Sprünge in Feuer erhitzter Tierknochen usw). Daß dabei gerade Tiere von besonderer Bedeutung sind, ist vielleicht darauf zurückzuführen, daß sie für gewisse Vorkommnisse eine auffallende Witterung besitzen (zB Hunde, Frösche, Wild), andererseits aber ihr Verhalten beeindruckt. Die Auskünfte, die durch → Orakel gegeben werden, betreffen grundsätzlich Einzelereignisse und keineswegs das Wesen des Göttlichen. Es sind Angaben über Erfolg und Mißerfolg, Recht und Unrecht usw, jedenfalls nicht über allgemein gültige Wahrheiten. Das durch das Orakel angewiesene Verhalten des Menschen muß deshalb keinesfalls einer sittlichen Norm entsprechen. Je nach der Art des befragten Objektes werden die Formen des Orakelsuchens unterschieden. In gewisser Hinsicht gehören auch die Omina zur M. (→ Omen). Bes. weit verbreitet ist das → Traum-Orakel. Hier sind wiederum verschiedene Formen möglich: Der Träumer sieht die zu erwartenden Dinge, als wäre er wach; die → Seele entfernt sich vom Körper und erlebt die zukünftigen Erlebnisse mit, oder sie begibt sich in die Geisterwelt und erhält dort Informationen. Ebenso ist auch ein Besuch der → Geister (: I) im Traum möglich. Um solche Träume zu erhalten, wird häufig eine bestimmte → heilige Stätte (auch → Grab) aufgesucht (→ Inkubation). Da Träume nicht immer wörtlich aufzufassen sind, entwickelt sich eine - später sogar wissenschaftliche - Traumdeutung (Oneiromantie). Eine andere Art von Orakel sind die Ordale oder → Gottesurteile. Als Nekyo- oder Nekromantie wird die Befragung der Toten bezeichnet, sei es die der Seele des Verstorbenen oder der Leiche. Vom Leichnam selbst wird meist nur die Todesursache erfragt, um so den Schuldigen ausfindig zu machen (Bewegen des Körpers, Bluten usw), während durch → Beschwörung der Totenseele die verschiedenartigsten Orakel erlangt werden können. Omina werden auch aus den zahlreichen Bewegungen und Lauten des menschlichen Körpers gefunden (zB → Lachen und Weinen, → Niesen). Sehr beliebt ist ferner das Handlesen (Chiromantie). Ebenso werden von den verschiedensten Bewegungen der Tiere und von Tierlauten Orakel abgeleitet (Augurien; augur = Vogelschauer, Zeichendeuter; daher augurieren = weissagen). Aus dem Flug und dem Ruf der Vögel (Auspizien = Vogelschau; Ornithomantie), aus den Sprüngen von ins Feuer geworfenen Tierschulterblättern (Skapulimantie) oder aus den Eingeweiden von Opfertieren (bes. der Leber, → Leberschau) werden Orakel gewonnen. Im alten Rom oblag die Vogelschau einem eigenen Staatspriesterkollegium (Auguren). Auch bei den Maori auf Neuseeland wird der Ausgang einer Schlacht aus der Richtung des Vogelfluges abgelesen.

Das Schreien des Käuzchens gilt noch heute als schlechtes Omen. Die frühesten Schriftzeichen aus dem chinesischen Raum (Lungshankultur, Shangkultur) stammen von Tierschulterblättern, die zu Orakelzwecken ins Feuer geworfen wurden. Diese Form der M. ist vor allem in Zentral- und Nordasien (bes. Schulterblätter des Schafes) und im westlichen Nordamerika (Wildtierknochen) verbreitet. Bei den Naskapi-Indianern in Labrador wird die Skapulimantie mit dem Träumen kombiniert und dient vor allem für eine erfolgreiche → Jagd. Im Traum bekommt man auf Grund von Eingebungen der Seele (des »großen Mannes«) bestimmte Weisungen über den Aufenthaltsort des Wildes. Die Sprünge des daraufhin ins Feuer geworfenen Schulterblattes sollen die Andeutungen des Traumes konkretisieren (nach Art einer Skizze) im Sinne einer Lokalisierung des Jagdtieres. In Hinterindien, Indonesien und andernorts beobachtet man zur Gewinnung von Orakeln die Bewegungen und Zuckungen von geopfertem Geflügel. Bes. bedeutungsvoll ist bei Opfertieren auch die Lage und Größe der Eingeweide. Ein beliebtes Orakel bei den Azande in Belgisch Kongo und bei vielen anderen Stämmen des tropischen Afrika besteht darin, daß einem Huhn Gift eingeflößt wird. Nun werden eine Reihe von Fragen gestellt, jedoch nicht an das Huhn, sondern an das Gift. Die Antwort wird verschieden gewertet, je nachdem ob das Huhn verendet oder die Prozedur lebend übersteht. - Das Erlangen von Orakeln und Omina aus leblosen Gegenständen ist unzählbar. Hierzu gehört der weite Bereich der instrumentalen M. In weiten Teilen Afrikas wird bes. das sog. Reibeholz-Orakel verwendet: Man bestreicht eine glatte Holzunterlage mit Pflanzensäften oder sonstigen Substanzen und reibt mit einer Holzplatte darüber. Die an dieses Orakel gerichteten Fragen gelten als positiv oder negativ beantwortet, je nachdem ob das Reiben ohne Hemmung vor sich geht oder aber die beiden Hölzer aneinander haften bleiben. - Zur instrumentalen M. gehört ferner das Beobachten von Erscheinungen am → Opfer und Opferfeuer (Pyromantie) und an hl. → Quellen, in die Gegenstände geworfen werden (Hydromantie); bes. wichtig ist auch das → Los-Orakel (Kleromantie) sowie die Beobachtung des → Wetters, der Himmelskörper und deren Konstellationen (→ Astrologie). Donner und Blitz (→ Gewitter), Erdbeben, Sternschnuppen (→ Sterne), Meteore und → Kometen haben meist eine schlechte Bedeutung. - Begriffe wie → Weissagung, Prophetie u.ä. sollten aus dem Bereich der M. herausgehalten werden, da der Erkenntnisgrund des → Propheten letztlich Gott selbst ist und Weissagungen Offenbarungen sind, die das Heil der gesamten oder wenigstens eines Teiles der Menschheit betreffen und das Voraussagen von Einzelereignissen nur als »Auftragsbestätigung« gewertet werden soll.

ERE IV, 775ff - PW XIV/1, 1258ff - CH.MONTEIL, La divination chez les Noirs de l'Afrique occidentale française, Paris 1932 - G.CONTENAU, La divination chez les Assyriens et les Babyloniens, ebd 1940 - A.FRIEDRICH, Knochen u. Skelett in der Vorstellungswelt Nordasiens (WBKL 5, 1943, 189-247) - W.HOWELLS, The Heathens. Primitive Man and his Religions, New York 1948 - A.BRUNNER, Die Religion, 1956 - FR.KÖNIG, Religionswissenschaftl. WB, 1956, XL - RAC III, 1235ff (Lit.) - VAN DER LEEUW §§ 27, 2; 54 - J.HAEKEL (→ Mana; bes. S. 62). - Weitere Lit. bei den Einzelartikeln.

E.Stiglmayr

Manton, *Thomas* (1620-77), presbyterianischer Theologe der Cromwellzeit, * in Somerset, studierte in Oxford und wurde in sehr jungen Jahren einer der populärsten Kanzelredner Londons. M. predigte vor dem »Langen Parlament« und wurde Scriba der → Westminster-Synode. Trotz gewisser Sympathien für die Restauration unterwarf er sich der Uniformitätsakte (1662) nicht und schlug das ihm angetragene Dekanat von Rochester aus. Er verlor daher seine Londoner Pfründe, predigte aber weiterhin in Privathäusern, weshalb er 1670 für 6 Monate inhaftiert wurde. Seine schlichten, aber tiefen Predigten haben nachhaltig gewirkt, u.a. auf → Spurgeon.

Werke (Predigten u. Auslegungen) ed. J.C.RYLE, 22 Bde, 1870-75. - Über M.: DNB 36, 101ff.

F.Schlingensiepen

Mantova, *Benedetto da* (zuletzt 1549 nachweisbar), Benediktiner, stand in Beziehung zu Juan de → Valdés und dessen Kreis in Neapel. M.s »Trattato utilissimo del beneficio di Gesù Christo crocifisso verso i Christiani« (»Von der Wohltat des Todes Christi«, Venedig 1542/43; Neudr. London 1855), stilistisch von dem Dichter Marco Antonio Flaminio († 1550) überarbeitet, wurde in Übersetzungen in Spanien, Frankreich, England und Deutschland in ca 40 000 Exemplaren verbreitet, fiel jedoch der Inquisition zum Opfer. Die Verfasserschaft wurde erst von Benrath sicher nachgewiesen.

K.BENRATH, Über den Verfasser der Schrift »Von der Wohltat Christi« (ZKG 1, 1877, 575-596) - v.PASTOR V, 1909, 704 - RE IX, 535ff - LThK VI, 859 - DOMINGO DE STA.TERESA, Juan de Valdés, Rom 1957, 124ff. 205ff. 221 f. 284ff.

W.Göbell

Manuel, *Niklaus* (mit dem Zunamen *Deutsch*; ca 1484-1530), Maler und Dramatiker, Förderer der Reformation in Bern. Als Künstler mehr noch der alten Kirche verpflichtet, erwacht in seinem Gedicht »Der Traum« (1522) die Kritik am verweltlichten Papsttum; ihren schärfsten Ausdruck findet sie in den Fastnachtsspielen »Vom Papst und seiner Priesterherrschaft« und »Von Papsts und Christi Gegensatz« (1523). Weitere satirische Dichtungen bereiten die Berner Disputation (1526) vor und folgen ihr nach. Als Mitglied der Regierung befolgt M. im Gegensatz zu → Zwingli eine versöhnliche Politik gegenüber den altgläubigen Miteidgenossen.

RE XII, 240ff (Lit.) - L.STUMM, N.M.D. als bildender Künstler, 1925 - R.FELLER, N.M. (in: Gedenkschr. zur Berner Reformationsfeier II, 1928, 105-110) - C.v.MANDACH-H.KOEGLER, N.M.D., 1940 - D.BAUD-BOVY, N.M., Genf 1941 - M.STETTLER, N.M. u. die Vinzenzteppiche im Berner hist. Museum (Jb. d. Bern. hist. Museums 29, 1949, 5-17) - C.-A.BEERLI, Le peintre poète N.M. et l'évolution sociale de son temps (Diss. Genf), 1953 - P.ZINSLI, N.M.s Totentanz (Hochwächter 9, 1953, 151-182) - DERS., N.M.s Malerdichtertum (Berner Schulblatt 87, 1954/55, 797-805).

O.E.Straßer

Manz, *Felix* (ca 1500-27), der charaktervollste und neben → Grebel und Blaurock wichtigste Führer der Zürcher → Täufer, Sohn eines Zürcher Geistlichen, wohl (u.a. in Paris?) humanistisch gebildet. 1522/23 in vertrautem Verkehr mit → Zwingli, trennt sich M. von diesem im Verständnis der Kirche, Daraus wächst (Einflüsse → Karlstadts und → Müntzers?) der Widerspruch in der Tauffrage und in der Beurteilung der Obrigkeit hervor, den M. streng biblizistisch begründet und mit besonnener Unbeirrbarkeit vertritt. Nach den ersten Wiedertaufen (nach Mitte Jan. 1525; vgl. F.Blanke, ThZ 8, 1952, 76) beginnen die Verfolgungen und immer neuen Gefangenschaften, dazwischen eine heimliche, zT recht erfolgreiche Wirksamkeit in der Nord- und Ostschweiz. Am 5.1.1527 wird M. vom Rat, der durch Strenge die Bewegung einzudämmen hofft, als erster Zürcher Täufer zum Tod verurteilt und in der Limmat ertränkt.

W.SCHMID, Der Autor der sog. Protestation u. Schutzschrift von 1524/25 (Zwingliana 9, 1949-54, 139-149) - L.v.MURALT-W.SCHMID, Qu. zur Gesch. der Täufer in der Schweiz I, 1952 - E.KRAJEWSKI, Leben u. Sterben des Zürcher Täuferführers F.M., (1957) 1958² (Lit.) - J.YODER, Täufertum u. Reformation in der Schweiz (Schriftenr. d. Menn. Geschichtsvereins 6), 1958.

B.Moeller

Manzoni, *Alessandro* (1785-1873), * und † in Mailand, ital. Dichter und Schriftsteller, Sohn des Grafen Pietro M. und der Marchesa Giulia Beccaria, folgt 1805 seiner Mutter nach Paris, wo er in der »Société d'Auteuil« mit den → Ideologen in Berührung kommt und sich mit Claude Fauriel anfreundet. Dieser regt ihn zum Studium der Geschichte an und weist ihn auf → Shakespeare hin. Nach seiner Rückkehr nach Mailand wendet sich M. unter dem Einfluß seiner zum Katholizismus konvertierten Gattin Enrichetta Blondel vom aufklärerischen Freidenkertum ab und findet 1810 zum kath. Glauben zurück, der von da an sein dichterisches Schaffen wesentlich bestimmt. Sein religiöses Denken steht unter dem Einfluß des kath. Philosophen Antonio → Rosmini Serbati, mit dem ihn eine enge Freundschaft verbindet. Trotz seiner Ergebenheit gegenüber dem Papst und der Kirche begrüßt M. die hauptsächlich vom ital. Liberalismus getragenen nationalen Einheitsbestrebungen. 1860 wird er zum Senator des neuen Königreichs ernannt. - M. ist der bedeutendste Vertreter der → Romantik in → Italien (, 4) und einer der größten Erzähler der ital. Literatur. Seine romantische Geisteshaltung ist bestimmt durch seinen Katholizismus und sein Interesse an der Geschichte. In den »Inni sacri« (1812-22) besingt er in schlichten innigen Versen die Mutter Gottes und die wichtigsten Feste des Kirchenjahres. Er schafft damit im Gegensatz zu der mythologisch drapierten Poesie des Klassizismus eine christliche Dichtung, in der die Religion nicht wie bei den deutschen Romantikern subjektiv-gefühlsmäßig erfaßt wird, sondern als ein objektives Lebensprinzip. - Gleichfalls im Widerspruch zur klassizistischen Tradition lehnt M. das Gesetz der dramatischen Einheiten ab und fordert eine historische Tragödie nach dem Vorbild Shakespeares. Diese Forderung sucht er in den Tragödien »Il conte di Carmagnola« (1820) und »Adelchi« (1822) zu verwirklichen, die sich weniger durch dramatische Kraft als durch lyrische Schönheit auszeichnen. In frommer Ergebenheit erdulden die tragischen Helden ihr Geschick als göttliche Fügung. - Die Frage nach dem Verhältnis von Vorsehung und Geschichte steht auch im Mittelpunkt des Romans »I promessi sposi«, den Goethe als ein Dokument reiner Menschlichkeit geschätzt hat und der in die Weltliteratur eingegangen ist. Die einfache Liebesgeschichte von Renzo und Lucia nimmt M. zum Anlaß, ein gewaltiges historisches Gemälde zu entwerfen, das in jeder seiner Gestalten das Walten Gottes in der Geschichte offenbart. Auf dem düsteren Hintergrund der Mailänder Pest von 1630 verlebendigt M. seine christliche Vorstellungswelt, indem er das Göttliche im Alltag vermenschlicht. Die Grundidee des Werkes, die Sinngebung des menschlichen Leidens als des gottgewollten Weges zur Läuterung, spiegelt die Gestalt der Lucia am reinsten wider. - In den »Osservazioni sulla morale cattolica« (1819) widerlegt M. die von Sismondo de'Sismondi in der »Histoire des républiques italiennes« aufgestellte Behauptung, die kath. Moral sei eine der Ursachen für den sittlichen Verfall Italiens gewesen.

Opere, hg.v. G.Lesca, Florenz 1946 (dt. v. H.Bahr u. E.Kamnitzer, 1923-27) - I Promessi Sposi, hg.v. A.Chiari u. F.Ghisalberti, Verona 1954. - Über M.: P.Fossi, La conversione di A.M., Bari 1933 - A.Galletti, A.M.: il pensatore e il poeta, Mailand 1944 - M.Sansone, L'opera poetica di A.M., Messina-Mailand 1947 - B. Croce, A.M., Bari 1952 - B.Boldrini, La formazione del pensiero etico-storico del M., Florenz 1954 - A.Momigliano, A.M. Vita ed opere, Mailand-Messina 1955 - L.Russo, Personaggi dei Promessi Sposi, Bari 1958. *A.Buck*

Marahrens, *August* (11.10.1875 bis 3.5.1950), * in Hannover, † in Loccum, 1905-09 Pastor und Konsistorialassessor in Hannover, 1909-20 Studiendirektor des Predigerseminars Erichsburg, 1920 Sup. in Einbeck, 1922 Gen.-Sup. von Stade, 1925-47 Landesbischof der Ev.-Luth. Landeskirche → Hannovers, 1928-50 Abt zu → Loccum, 1933 Vorsitzender der Allgemeinen Luth. Konferenz (→ Luthertum: III), 1934-36 Vorsitzender der 1. Vorläufigen Leitung der DEK (→ Bekennende Kirche, 4), 1935-45 Präsident des Luth. Weltkonvents (→ Lutherischer Weltbund), 1939-45 Mitglied des Geistlichen Vertrauensrates der DEK (→ Kirchenkampf). In dem Willen, die Neuordnung der DEK zu unterstützen (Vorberatung der Verfassung der DEK in Loccum; → Kirchenkampf, 5), das Luthertum zu fördern und das Recht der Kirche zu verteidigen, erwarb sich M. vor allem in seiner Kirche als pastor pastorum Vertrauen. Wegen seiner vorsichtigen Taktik, die ihn aus konservativer Grundhaltung zu weitgehenden Zugeständnissen gegenüber dem Staat veranlaßte, kam es in der Bekennenden Kirche zu heftigen Differenzen. Seine Annahme der Godesberger Erklärung in der Fassung des Reichskirchenministers Kerrl (1939) und seine Billigung des Ausschlusses der nichtarischen Christen aus dem gemeindlichen Leben der DEK (1941) wurden scharf verurteilt.

F.Duensing (Hg.), Der Landesbischof u. die Kirche, 1935 - Der Abschied S. Hochwürden des Landesbischofs ... D.M. aus dem Bischofsamte, 1947 - P.Fleisch, ELKZ 4, 1950, 199 f - Ders., Erlebte KG, 1952 - Th.Wurm, Bischof M. im Kirchenkampf (Für Arbeit u. Besinnung 4, 1950, 266-268) - W.Ködderitz (Hg.), D.A.M., 1952 - G.Koch, EvTh 18, 1958, 6-14. *G.Koch*

Maranatha, aram. Formel, die in griech. Umschrift 1Kor 16, 22; Did 10, 6, vereinzelt noch später begegnet. Man kann sie auflösen in 1. marana tha (Imperativ: »Unser Herr, komm!«), 2. maran atha (a) Perfekt: »Unser Herr ist gekommen«, b) Perfekt praesens: »... ist da«, c) ebenfalls Imperativ [Kuhn]; d) Partizipialverbindung: »... ist im Kommen« [dazu A.Adam, ZKG 68, 1957, 6 Anm. 14]). Abzulehnen ist sicher 2 a. Denn fast allgemein gilt M. als liturgische → Formel (: II, 1) der Herrenmahlfeier, und für das sachlich nah verwandte ἔρχου κύριε 'Ιησοῦ (Apk 22, 20) ist neuerdings derselbe Sitz im Leben erkannt (Bornkamm, Robinson). Von daher kann man M. entweder als Proklamation des gegenwärtigen Kultgottes und Apk 22, 20 als deren sekundäre Interpretation verstehen (Käsemann) oder - wegen 1Kor 11, 26; Apk 22, 20 wahrscheinlicher - als beschwörende Herbeirufung (→ Gebet: V, 1) der → Parusie, wobei die Bitte um kultische Ankunft des Herrn mitschwingen mag (Cullmann). - Im Streit um den Ursprung des urchristlichen Kyriosglaubens (→ Erlöser: II, 2) gilt das M. als stärkster Beweis für dessen palästinische Herkunft. Aber → Boussets These vom zweisprachigen Heimatboden des M. ist nicht widerlegt, zumal die griech. Fassung Apk 22 und die koptische im kopt. Text von Did 10 zeigen, wie wenig die aram. Gestalt der Formel als ihr *Konstitutivum* galt; ferner bewiese das M. selbst bei palästinischer Herkunft eine frühjudenchristliche Verehrung Jesu nur als einer herrscherlichen, nicht als einer göttlichen Gestalt (Braun, Vielhauer). - Daß das M. nicht die älteste Phase urchristlicher Erwartung reflektieren muß, zeigt sich auch daran, daß es traditionsgeschichtlich als Fortführung der Bitte Mt 10, 6 a par verstanden werden kann (→ Apokalyptik: III, 3 b), die ihrerseits bereits die Parusieverzögerung als Problem zu kennen scheint (E.Grässer, BZNW 22, 1957, 99).

ThW IV, 470ff (Lit.) - G.Bornkamm, Das Anathema in der urchristl. Abendmahlsliturgie (Das Ende des Gesetzes [BEvTh 16], [1952] 1958², 123-132) - J.A.T.Robinson, Traces of a Liturgical Sequence in 1Cor 16, 20-24 (JThS NS 4, 1953, 38-41) - C.Spicq, Comment comprendre φιλεῖν dans 1Cor XVI, 22? (NovTest 1, 1956,

200-204) - O.CULLMANN, Die Christologie des NT, (1957) 1958², 214ff - H.BRAUN, Der Sinn der nt. Christologie (ZThK 54, 1957, 341-377, bes. 351f). *G.Klein*

Marbach, *Johannes* (1521-81), * in Lindau, kam 1536 auf die Akademie nach Straßburg und 1539 als Luthers Tischgenosse nach Wittenberg, dort 1543 Dr. theol. (vgl. WA 39/II, 204ff). Nach kurzer Tätigkeit als Pfarrer von Isny (Nachfolger von → Fagius) wirkt M. seit 1545 in Straßburg, baut in Bucers Sinn die »Gemeinschaften« auf und leistet als Pfarrer vorbildliche Gemeindearbeit, zZ des → Interim als Vertrauensmann des Rates und nach → Hedios Tode als Leiter des Straßburger Kirchenwesens (1552 Vertreter Straßburgs in Trient). Nach dem Tode Jakob → Sturms stellte sich M. in Weiterführung der von → Bucer seit der → Wittenberger Konkordie eingeschlagenen Linie auf die Seite der Lutheraner, kämpfte gegen → Zanchis Prädestinationslehre und trat gegen Joh. → Sturm auf, der sich Zanchi anschloß. Sturm wurde aus dem Schulwesen ausgeschlossen, und M. trat an die Spitze der Akademie. Der Streit konnte erst durch auswärtige Vermittlung beigelegt werden. Straßburg blieb luth. - M. hat auch die erste Kirchenvisitation in der Kurpfalz durchgeführt. Sein Einfluß hörte hier aber auf, als er sich auf die Seite von → Heßhus stellte. M. nahm großen Anteil am Zustandekommen der FC.

J.G.PLANCK, Gesch. d. prot. Theol. V, 1798, 303ff - A.TRENSS, Zur Gesch. der Straßb. Kirche unter Dr. M. (Beitr. z. KG d. Elsasses 6, 1886, 34-62. 81-93. 98-111) - W.HORNING, Dr. J. M., 1887 - RE XII, 245ff; XXIV, 64 - J.FICKER-O.WINKELMANN, Hss.-Proben des 16.Jh.s II, 1905, Bl. 88 f - W.SOHM, Die Schule Joh. Sturms u. die Kirche Straßburgs, 1912, 161ff - JOH.ADAM, KG der Stadt Straßburg, 1922 - R.RAUBENHEIMER, Paul Fagius, 1957. *R.Stupperich*

Marbeck, *Pilgram* (ca 1495-1556), * in Rattenberg/Inn. Als Ratsherr und Bergrichter seiner Vaterstadt neigte er zum Luthertum, schloß sich Ende 1527 den → Täufern an und mußte Anfang 1528 fliehen. Bis 1532 lebte er in Straßburg als Fachmann für Holzflößerei und Bergbau, 1544-56 in Augsburg als Brunneningenieur. Dazwischen führte er ein unruhiges Wanderleben. Durch ein umfangreiches Schrifttum, eine weitläufige Korrespondenz und viele Reisen erlangte er für das oberdeutsche Täufertum die Bedeutung, die → Menno Simons für das niederdeutsche hatte. M. verteidigte die sichtbare Ordnung des Leibes Christi sowohl gegen die »fleischliche Freiheit« der Landeskirchen wie auch gegen den Spiritualismus → Schwenckfelds. Innerhalb des Täufertums nahm er eine Vermittlerrolle ein. Anklänge an → Denck und → Hut verband er mit der biblizistischen Gemeindetheologie der Schweizer Brüder (→ Täufer); doch wahrte er ihnen gegenüber in ethischen Fragen eine freiere Haltung.

H.FAST, P.M. u. das oberdt. Täufertum (ARG 47, 1956, 212-242) - J.J.KIWIET, P.M., sein Kreis u. seine Theol., 1957 (Lit.) - T.BERGSTEN, P.M. u. seine Auseinandersetzung mit C.Schwenckfeld (KÅ 57, 1957, 39-100; 58, 1958, 53-87) - W.KLASSEN, The Hermeneutics of P.M. (Diss. Princeton Theol. Sem.), 1959 (Masch.) - Weitere Aufsätze von T.BERGSTEN u. W.KLASSEN in Menn. Quart. Review 1958 u. 1959 - M.KREBS-H.G.ROTT, Qu. zur Gesch. der Täufer VII: Elsaß I (QFRG 26), 1959. *H.Fast*

Marburg, *Universität*

1. Gründung - 2. M. im 16.Jh. - 3. Die ref. Landesuniversität von Hessen-Kassel (1605-24) - 4. Die luth. Landesuniversität von Hessen-Darmstadt (1625-45) - 5. Die ref. Landesuniversität von Hessen-Kassel seit 1653 - 6. Aufklärung, Pietismus und Romantik in M. - 7. Die ev. Fakultät M. im Kurfürstentum Hessen - 8. Universität und ev. Fakultät M. im Staat Preußen - 9. Die ev. Fakultät M. im 20.Jh. - 10. Gegenwart - 11. Kath.-theol. Fakultät

1. Die Universität M. ist als erste prot. Universität die geistige Frucht der Reformation in Hessen. In ihrer Geschichte spiegeln sich die allgemeine Geschichte der prot. Theologie wie auch die besondere Eigenart der hessischen Kirchengeschichte wider. Ihre *Gründung* ist das Werk des hessischen Landgrafen → Philipps des Großmütigen, dessen Namen sie noch heute trägt. Die »Ev. Bewegung« in → Hessen (: I, 2) wie auch der Abschluß des Speyerer Reichstags von 1526 veranlaßten Philipp, noch im Okt. desselben Jahres jene »Homberger Synode« einzuberufen, die die Einführung der Reformation dokumentieren sollte. Die daraufhin ausgearbeitete »Reformatio ecclesiarum Hassiae« legte in Kap. 29 »De Universali Studio Marpurgensi« die Universitätsgründung im Zusammenhang mit einem ausgedehnten pädagogischen Programm fest (Knaben- und Mädchenschulen, hessische Stipendiatenanstalt). - Für die reformatorischen Universitäts- und Schulpläne Philipps sind zwei Grundgedanken maßgebend: Einmal die Homberger These Lamberts von Avignon: »das Wort war eher als die Kirche«. Nicht nur für die Kirchenreformation, sondern auch für alle Wissenschaften wurde darum das göttliche Wort als »censor« angesehen. Zweitens ist es jener pädagogische Zug der hessischen Reformation, der dem Landgrafen offenbar durch → Melanchthon vermittelt wurde und der sich vielfach in Philipps reformatorischem Wirken findet.

2. Die i.J. 1527 ohne päpstliche Genehmigung errichtete Universität, die erst 1541 die kaiserliche Bestätigung erhielt, sah Lehrer der Hl. Schrift, des bürgerlichen Rechts, der Medizin, der freien Künste und schönen Wissenschaften (einschließlich der Mathematik) und der Sprachen vor. Vorlesungen über das kanonische Recht wurden wie alles, was »im Widerspruch mit Gottes Hl. Wort« steht, verboten. Für die theol. Fakultät wurde entscheidend, daß Philipp auf eine gesamtprot. Weite bei der Berufung ihrer Professoren bedacht war. So wurde neben → Lambert von Avignon (1527-30) der der Wittenberger Theologie nahestehende landgräfliche Hofprediger Adam → Krafft (1527-58) berufen. Zu ihnen kam bald noch Erhard → Schnepff (1527-34). Der Einfluß Lamberts zog schon 1527 die schottischen bzw. englischen Glaubenszeugen Patrick → Hamilton, William → Tindale und John → Frith nach M. - Lamberts Nachfolger wurde der Nymweger Gerhard Geldenhauer Noviomagus (1534-42). Joh. → Draconites (1534-47), ein humanistischer Schrifttheologe, und Theobald → Thamer (1543-49, später zum Katholizismus konvertiert), setzten die Wittenberger Tradition fort. Demgegenüber entstammt der »Vater der praktischen Theologie«, Andr. → Hyperius (1541-64), dem Westen Europas. Er erhob die »summa consensio« der gesamtkirchlichen Lehre wie die ursprünglichen »ecclesiarum πράξεις« zum Gegenstand theologischer Wissenschaft und knüpfte auch an die Einflüsse → Bucers in Hessen an.

In den übrigen Fakultäten war vor allem der → Humanismus bestimmend. Ihm gehörte der erste M.er Rektor Joh.Eisermann (Ferrarius Montanus, 1527-58) an, der den »gemeinen Nutzen« zum politischen Maßstab der prot. Territorien machte. Für die Universitätsverwaltung und den juristischen Unterricht wurde Joh. → Oldendorp (1540-67) bedeutsam. Unter den Medizinern ragten → Euricius Cordus (1527-33), Joh.Eichmann (1535-60) und Janus Cornarius (1542-46) hervor. Die philosophische Fakultät hatte humanistische Geschichtsgelehrte wie H. von dem → Busche (1527-33) und Eobanus → Hessus (1536-40) nebst dem Gräzisten Joh.Lonicer (1527-69) aufzuweisen.

Den letzten Abschnitt der M.er Theologie im 16.Jh. leitet das Wirken des Aeg. → Hunnius (1576-91) ein. Er vertrat nicht nur eine streng luth. Ubiquitätslehre, sondern auch einen neuen konfessionellen Kirchenbegriff, der das Wesen der reformatorischen Kirche mit ihrem durch Luther begründeten Anfang in eins setzte und deswegen die Ausschließung aller »Calvinisten« aus der hessischen Kirche forderte. Nach seiner Entlassung setzten Joh. → Winckelmann (1592-1605) und Balth. → Mentzer (1596-1605) neben der in Hessen nie zur Geltung gelangten Ubiquitätslehre auch die Kirchenlehre des Hunnius durch den anticalvinistischen Begriff der »Katholizität« der luth. Kirche fort. - Demgegenüber riefen schon Bartholomäus Meier (1554-59) und Georg → Sohn (1574-84) zu gesamtprot. Einigkeit gegenüber dem »Antichristus Romanus« auf und verwarfen die Ubiquitätslehre als »neue Lehre« in Hessen. Während schließlich der Wittenberger Typ durch Wigand Orth (1560-66) und Henrich Orth (1566-75) vertreten wurde, verkörperten Joh.Garnerius (1560-62), Henr.Vietor (1563-76) und Nik.Roding (1576-80) die Bucersche Richtung.

3. Trotz der Teilung → Hessens (: I, 3) unter den Söhnen Philipps und trotz der schon auf den letzten hessischen Generalsynoden erkennbaren Gegensätze zwischen den niederhessischen und oberhessischen Theologen blieb M. bis 1605 hessische »Samtuniversität«. Erst als Landgraf Moritz auf Grund seines landesherrlichen Summepiskopats seine »Verbesserungspunkte« aufstellte (→ Hessen: I, 3) und sich Hessen-Kassel künftig als »reformirt« bezeichnete, wurde M. zur *ref. Territorial-Universität von Hessen-Kassel*. Die abgesetzten ubiquitistischen Professoren fanden 1607 an der neu gegründeten luth. Universität in → Gießen ihr Wirkungsfeld. Die geistige Weite des Landgrafen Moritz wirkte auch auf die Berufung der Marburger Professoren. Zu ihnen zählte Georg Cruciger (1605-24), Sohn eines vertriebenen Wittenberger »Kryptocalvinisten« und 1618 Gast bei der → Dordrechter Synode, der über die platonische Ideenlehre schrieb; ferner Raphael Eglinus Iconius (1606-22), der sich im Zusammenhang alchimistisch-pansophischer Studien für die Wunderfrage interessierte und sogar mit G. → Bruno beschäftigte.

4. Daß M. in den Wirren, in denen die Politik des Landgrafen Moritz ausging, *luth. Territorial-Universität von Hessen-Darmstadt* wurde, vermochte selbst das Wirken solcher Theologen wie J. → Feurborn (1625-50), Joh. → Steuber (1625-43) und des Professors der Eloquenz Balth. → Schupp (1632-45) kaum über den Rang einer geschichtlichen Episode zu erheben.

5. Die 1653 unter Landgraf Wilhelm VI. wieder eröffnete Universität M. lag als *ref. Landesuniversität* künftig in einer weithin luth. gebliebenen Stadt. Gerade das aber hat ihre Theologen veranlaßt, ein gesamtprot. Denken zu pflegen. Ihr führender Geist wurde jetzt Joh. → Crocius; er nahm 1631 an dem Leipziger Religionsgespräch zwischen Sachsen und Hessen teil und interessierte sich für die Unionsversuche des John → Durie. Die Anregungen des Crocius, der die Einheit aller »Evangelischen« als einer »Augustanae confessionis Societas« vertrat, wirkten auf die KO Wilhelms VI. von 1657 ein, die die Mauritianischen Verbesserungen in die gemeinsame althessische Tradition einzufügen bemüht war. Die gesamtprot. Linie der M.er Theologie kam auch 1661 im Kasseler Religionsgespräch zwischen den Universitäten M. und Rinteln unter Führung des Seb. Curtius (1653-84) zur Geltung, auf dem die M.er die Gleichheit der »Articuli fundamentales« bei Reformierten und Lutheranern behaupteten. Selbst als Gregorius Stannarius (1660-70) und Henrich Duysing (1664-91) sich der Föderaltheologie (→ Bund: IV) des → Coccejus anschlossen, wurde die gesamtprot. Einheit im Sinne einer »Consociatio reformatae et lutheranae ecclesiae« weiter in M. gelehrt. - Schon bei den Theologen Reinhold Pauli (1670-82), Samuel Andreä (1676-99), Phil. Joh.Tilemann (1685-1708) und Laurentius Croll (1693 bis 1709) und ihrer Auseinandersetzung mit der »Theologia naturalis« wird ein neues Bildungsideal erkennbar. Der Streit um den Cartesianismus (→ Descartes) zwischen den Hugenotten Thomas Gautier (Theologe, 1687-1709) und Denis Papin (Philosoph, 1688-95) schloß das Zeitalter der prot. Orthodoxie in M. ab.

6. Der aus Halle vertriebene Chr. → Wolff, zugleich der erste Lutheraner an der ref. Landesuniversität (1723 bis 1740), erkämpfte durch seine szientifische Methode die Gleichstellung von Philosophie und Theologie. In der theol. Fakultät gehörten Joh.Chr.Kirchmeier (1724 bis 1743), Dan. → Wyttenbach (1756-79), J.F.Coing (1778-92) und A.J.Arnoldi (1789-1829) dem → Rationalismus an. Im Sinne des Kantianismus lehrten Karl → Daub (1790-94) und Wilh.Münscher (1792-1814), der erste Vertreter des neuen Faches der → Dogmengeschichte, die er mittels der pragmatischen Methode darstellte. Dem → Pietismus stand nach Heinr. → Horche (Dozent für Philosophie 1679-83, 1709) erst Joh.Heinr. → Jung-Stilling nahe (1787-1803 Prof. der Kameralwissenschaften). Die Wirksamkeit des Philosophen Leonhard Creuzer (1803-44) und des Theologen Carl Wilh.Justi (1822-46), vor allem aber der Einfluß des Rechtsgelehrten Carl Friedr. v. Savigny (1803-08) ließen M. zu einem Mittelpunkt der Romantik werden. Die Übernahme des Lutheraners Justi in die theol. Fakultät veranlaßte zudem, daß diese sich seit 1822 offiziell als »ev.« Fakultät bezeichnet.

7. Obwohl an der nach dem Ende des jéromischen Königreichs Westfalen seit 1815 wieder kurfürstlich-hessischen Landesuniversität weithin geistige Restauration und politische Reaktion bestimmend waren, hatte die *theol. Fakultät* in diesem Zeitraum durchaus namhafte Vertreter: Hermann Hupfeld (AT 1825-43), Joh.Gildemeister (AT 1845-59), Wilh.Mangold (NT 1863-72), Friedr.Wilh.Rettberg (KG 1838-49), Ernst Henke (KG 1839-72) und Heinr. → Thiersch (KG 1843-50, als Irvingianer amtsenthoben), ferner die Systematiker Jul. → Müller (1834-39) und Chr.Ernst Luthardt (1854-56). Ernst Ranke (1850-88), der Bruder Leopolds, verband erstmalig NT und KG. Die bedeutendsten Vertreter dieser Zeit waren Heinr. → Heppe (KG 1850-79) und Aug. → Vilmar (syst. und prakt. Theol. 1855-68). In dem Streit um den hessischen Konfessionsstand verstand Heppe die hessische Kirche als melanchthonisch-bucerischen Sondertyp eines deutschen Reformiertentums, während Vilmar auf die von Sachsen beeinflußten luth. Anfänge in Hessen hinwies.

8. Die Angliederung Kurhessens an Preußen 1866 erbrachte einen neuen Hochstand der Universität. Der Ausbau der Medizin und der Naturwissenschaften wurde durch die Errichtung von Kliniken und Instituten gefördert. Die Geisteswissenschaften gelangten durch die historisch-kritische Forschung und den → Neukantianismus (Herm. → Cohen 1873-1913, Paul → Natorp 1885-1922) zu allgemeiner Bedeutung. - Die historisch-kritische und religionsgeschichtliche Forschung kennzeichnete auch die geistige Arbeit in der theol. Fakultät. Ihr gehörten in diesem Zeitraum an: W.Graf → Baudissin (AT 1881-1900), A. → Jülicher (NT und KG 1889-1923), G. → Heinrici (NT 1874-92), J. → Weiß (NT 1895-1908), Th. → Brieger (KG 1876 bis 1886), A. → Harnack (KG 1886-88), C. → Mirbt (KG 1889-1912), W. → Herrmann (syst. Theol. 1879 bis 1917), E. → Achelis (prakt. Theol. 1882-1911), zeitweilig auch A. → Deißmann (NT 1892-95) und Th. → Kolde (KG 1879-81).

9. In der Zeit bis zum 1. Weltkrieg traten in die theol.

Fakultät ein: K. → Budde (AT 1900-21), W. → Heitmüller (NT 1908-20), H. → Boehmer (KG 1912-16), H.Hermelink (KG 1916-34, unter politischem Druck emeritiert), M. → Rade (syst. Theol. 1904-33, Hg. der ChW), R. → Otto (syst. Theol. 1917-29, Begründer der »Religionskundlichen Sammlung«), K.Bornhäuser (prakt. Theol. 1907-33), E.Simons (prakt. Theol. 1910 bis 1920); zu den Nichtordinarien gehörten W. → Bauer (NT), R.Knopf (NT), J.Bauer (prakt. Theol. und christliche Archäologie), F.Wiegand (KG), G. → Wobbermin, H.Stephan, K.Bornhausen (syst. Theol.). - Seitdem wirkten in M.: F. → Heiler (Religionswissenschaft), G. → Hölscher (AT), E.Balla (AT), R. → Bultmann (NT), H.v. → Soden, W.Eltester (NT und alte KG), E.Benz (KG), H.Frick (syst. Theol., Religionswissenschaft und Missionskunde), F. → Niebergall (prakt. Theol.), A. Uckeley, Joh.Horst (prakt. Theol.). Auf den 1931 errichteten Lehrstuhl für syst. Theol. und Sozialethik wurde G.Wünsch berufen. Ferner lehrten bes.: W.Baumgartner, H.W.Hertzberg (AT), E.Fascher, H.Schlier (NT), W.Maurer (KG), E.Dinkler (NT und KG), H. → Faber, P. → Tillich (syst. Theol.).

10. Die Universität M. bildet gegenwärtig eine der vier Hochschulen im Bundesland Hessen. Während die Zahl der Studenten 1929 ca 4000 (bei 170 Dozenten) betrug, überstieg sie 1959 die Zahl von 6000 (bei ca 190 Dozenten). - In der theol. Fakultät M. lehren zZ (Winter 1959/60) F.Heiler (vergleichende Religionsgeschichte und Religionsphilosophie), E.Würthwein (AT), Fr.Hesse (AT), W.G.Kümmel (NT), C.Andresen (NT und alte KG), U.Wilckens (NT), E.Benz (KG), W.Zeller (KG), Th.Siegfried (syst. Theol., Geschichte der Theologie und Religionsphilosophie), H.Graß (syst. Theol. und Sozialethik), W.Philipp (syst. Theol.), A. Niebergall (prakt. Theol.), H.Laag (christliche Archäologie und moderner Kirchenbau).

Die Matrikel mit den Annalen der Univ. M. von 1527-1652, hg.v. K.J.Caesar u. F.Justi, 1872-88; Personen- u. Ortsregister, bearb. v. W.Falckenhainer, 1904 - H.Heppe, KG beider Hessen I. II, 1876 - F.Gundlach, Catalogus Professorum Academiae Marburgensis (1527-1910), 1927 - H.Hermelink-S.A.Kaehler, Die Philipps-Univ. zu M. (1527-1927), 1927 - W.Maurer, Aufklärung, Idealismus u. Restauration (in bes. Beziehung auf Kurhessen), 1931 - M., die Philipps-Univ. u. ihre Stadt, hg. aus Anlaß der 425. Wiederkehr ihrer Stiftung v. K.Goldammer, 1952 - E.Benz, Die Gründung der Univ. M. u. die Reformation (Pastoralblatt für Kurhessen-Waldeck 1952, Nr. 5, S. 7-19) - G.Müller, Die Anfänge der M.er Theol. Fakultät (Hess. Jb. für Landesgesch. 6, 1956, 164-181) - W.Zeller, M. u. seine Bedeutung für die Theol. (DtPfrBl 57, 1957, 389-393).

W.Zeller

11. Ähnlich wie an anderen deutschen ev. Universitäten der Aufklärungszeit gab es seit 1781 in M. eine *kath.* Professur. Die M.er kath. Pfarrer waren zugleich Honorarprofessoren für kath. Kirchenrecht. Als bedeutendster in dieser Reihe ist L.van → Eß zu nennen, 1812 von König Jerôme als »Professeur en Théologie Catholique« berufen (bis 1822). Sein Nachfolger J.Chr. Multer sollte später mit Anlaß zu heftiger bischöflicher Opposition gegen M. geben. - Zur Konstituierung einer eigentlichen »Kurfürstlich Hessischen und Herzoglich Nassauischen kath.-theol. Fakultät« kam es Mai 1831. Anders als in → Gießen (, 6) ließ der Widerstand der Bischöfe von Limburg und Fulda (unter Hinweis auf das Tridentinum, Sess. XXIII, 18) die Fakultät hier gar nicht erst zur Entfaltung kommen. Es kam über Berufungsfragen nicht hinaus. Von 1831-33 wurde sie jedoch im Vorlesungsverzeichnis geführt. - Auch wenn man die diffizilen Verhältnisse zwischen Kurhessen und Nassau einerseits, diesen Staaten und der oberrheinischen Kirchenprovinz andererseits in Rechnung stellt, bezeichnet dieses Intermezzo einen Sieg des aufkeimenden → Ultramontanismus.

C.Mirbt, Die kath.-theol. Fakultät zu M., 1905. *G.Maron*

Marburger Mission, selbständiger Zweig des Deutschen Gemeinschafts-Diakonieverbandes, arbeitete 1909 bis 1928 in Verbindung mit der → Liebenzeller Mission in → China (: IV C, 1 e), Provinz Hunan, seit 1928 selbständig in der Provinz Yünan. Danach entstanden in 10 Jahren 13 Haupt- und 27 Nebenstationen. Erst im Okt. 1951 kam die Arbeit zum Erliegen. - Heute wirken in → Japan (seit 1951) 5 Diakonissen in Naruo und Mikage, nahe Kobe und Osaka (Schüler- und Studentenbibelkreise, Blindenschule in Osaka, Obdachlose). Auf Formosa (→ Taiwan, seit 1952) sind 8 Schwestern tätig (Blindenschule, Zahnpraxis, Evangelisation); eine Missionarin steht in Verbindung mit der Kanadischen Presbyterianer-Mission in der Aussätzigen-Kolonie in Taipeh, 2 in der christlichen Aussätzigen-Kolonie »Happy-Mount«. In → Thailand (seit 1953) arbeiten 5 Missionarsehepaare und 2 Missionare auf den Stationen Phayao, Phan (Bezirk Chiengrai), Chiengmai, Ban Bän (Bezirk Chiengmai) und Lampang. - Organ: »Nachrichten der M.M.«. *E.Haas*

Marburger Religionsgespräch. Das M.R. (1.-4.10. 1529) kam auf Betreiben des Landgrafen → Philipp von Hessen zustande. Die dogmatischen Differenzen in der Abendmahlslehre zwischen den Wittenberger Theologen einerseits und den Straßburgern und Schweizern andererseits boten nicht nur den röm.-kath. Gelehrten Angriffspunkte, sondern verhinderten auch ein politisches Bündnis der Evangelischen. Gegen den Widerstand der Kursachsen erreichte Philipp, daß → Luther und → Melanchthon mit → Zwingli und → Ökolampad verhandelten, während die Schwärmer (→ Karlstadt) ausgeschlossen wurden. Von den Straßburger Theologen waren → Bucer und → Hedio gekommen. Die Wittenberger hatten sich mit den *Schwabacher Artikeln* gerüstet. Das von Luther geforderte Gespräch über alle Glaubensfragen wurde aber abgelehnt; man beriet im Plenum nur über das → Abendmahl (: II, 3 a). Der Landgraf ließ eine Reihe von Personen teilnehmen, beschränkte aber die Zahl der Sprecher, so gut er konnte. Zu einer Einigung über die entscheidende Frage nach der Art der Präsenz Christi im Abendmahl kam es nicht. Am 3.10. abends zeigte es sich bereits, daß die Kluft unüberbrückbar war. Doch gelang es am nächsten Tag, die 15 *Marburger Artikel* aufzustellen, in denen sich die Gesprächsteilnehmer Übereinstimmung in 14 Punkten bezeugten. Im 15. Artikel gaben sie in der Frage nach der Präsenz Christi im Abendmahl ihre Lehrdifferenz zu, erklärten aber, jeder Teil solle »dem andern christliche Liebe« erzeigen; in Nachverhandlungen schlug man von luth. Seite (A. → Osiander) eine Einigungsformel vor, die von Zwingli abgelehnt wurde. Die politische Annäherung des Landgrafen an Zürich wurde gefördert, das kirchlich-theologische Anliegen in der → Wittenberger Konkordie erfüllt. Eine Milderung in der Abendmahlspolemik läßt sich seit dem M.R. auf beiden Seiten feststellen.

W.Köhler, Zwingli u. Luther II (QFRG 7), 1953 - J.Staedtke, Eine neue Version des sog. Utinger-Berichtes vom M.R. 1529 (Zwingliana 10, 1954-58, 210-216) - G.Müller, F.Lambert v. Avignon u. die Reformation in Hessen, 1958, 104ff - EKL II, 1237f (Lit.).

Gerh.Müller

Marca, *Pierre de* (1594-1662), franz. Jurist und Prälat, * in Gan bei Pau. Er wurde 1621 Präsident des Parlaments von Pau und kam 1639 als Staatsrat nach Paris. Hier verfaßte er in königlichem Auftrag seine berühmte

Schrift »De concordia sacerdotii et imperii« (1641), die eine Hauptwaffe für den → Gallikanismus wurde (mit einer Biographie M.s neu hg.v. E. → Baluze, 1663). M. wurde 1643 vom König zum Bischof von Conserans ernannt, mußte aber, um die päpstliche Bestätigung seiner Ernennung zu erlangen, seine Unterwerfung unter die Kurie schriftlich geloben. Erst 1651 konnte er sein Amt antreten. 1652 wurde er Erzbischof von Toulouse und kurz vor seinem Tode Erzbischof von Paris.

J.F.v.Schulte, Die Gesch. der Qu. u. Lit. des Canonischen Rechts, (1877/80) 1956², III, 593ff - RE XII, 255ff - LThK VI, 866f (Lit.) - K.Eder, Die Kirche im Zeitalter des konfessionellen Absolutismus (KG, hg.v. J.P.Kirsch, II/2), 1949, 268. *H.R.Guggisberg*

Marcel, *Gabriel,* französischer Philosoph, Dramatiker, Kritiker, Vertreter der christlichen → Existenzphilosophie (, 1 c. 2 c). * 7.12.1889 zu Paris, 1912 Prof. in Vendôme, 1915-18 in Paris, 1919-22 in Sens, 1939/40 in Paris, 1941 in Montpellier; wurde 1929 kath. - M. wendet sich gegen das idealistische Denken mit seinem Ausgang vom denkenden Ich. Für ihn besteht ein Zusammenhang zwischen dem gegenständlich vorstellenden Denken der neuzeitlichen Wissenschaft, das von allem Besitz ergreift und in Unverbindlichkeit darüber verfügt, und dem ehrfurchtslosen, egoistischen Menschen, der in Einsamkeit und Verzweiflung lebt. Solchem Denken wird auch das personale Du zum bloßen Objekt. Für M. ist das in sich beschlossene autonome Subjekt eine Fiktion. In Wahrheit ist das Sein des Menschen Mitsein mit anderen. Intersubjektivität ist für es konstitutiv. Liebe und Treue sind Grundweisen des Seins. Glaube und Hoffnung, ebenfalls letzte Seinsweisen, öffnen den Menschen zu Gott hin. Das → Sein entzieht sich dem objektivierenden Zugriff. Da es nicht Gegenstand werden kann, kann es nicht zum Problem werden. Es ist ein Geheimnis, an dem der Mensch teilhat und das sich ihm im philosophischen Akt der Sammlung offenbart. Sammlung ist Rückgang auf den letzten Grund, in dem das Sein in Fülle west, ist höchste Konzentration personalen Daseinsvollzugs, in welchem der Mensch vom Sein engagiert wird. Er kann sich der Seinsforderung in Verzweiflung verschließen oder sie in Treue und Hoffnung annehmen. - Vgl. →Erlösung: V, 4; →Frankreich: III, 2.

Vf. u.a.: Journal métaphysique, (1927) 1949¹⁴ (dt. 1955); Etre et avoir, 1935 (dt. 1954); Du refus à l'invocation, (1940) 1948⁵; Homo viator, 1945 (dt. 1949); Positions et approches concrètes du mystère ontologique, (1933) 1949 (dt.: PhJ 59, 1949, 466-490); Le mystère de l'être, 1951 (dt. 1952); Les hommes contre l'humain, 1951 (dt. 1956). Dramen u.a.: Le coeur des autres, 1921; Le monde cassé, 1933; Rome n'est plus dans Rome, 1951. - Über M.: J.Delhomme u.a., Existentialisme chrétien: G.M., 1947; dt. 1951 - M.Reding, Die Existenzphilosophie. Heidegger, Sartre, G.M. u. Jaspers in kritisch-syst. Sicht, 1949 - G.Furch, G.M. Ein christl. Existentialist, 1950 - R. Troisfontaines, De l'existence à l'être, 1953 (Lit.) - F.Hoefeld, Der christl. Existentialismus G.M.s, 1956. *F.G.Schmücker*

Marcellinus, *Papst* 30.6.296 bis 25.10.(16.1.?)304, Römer, wird in der Überlieferung oft mit → Marcellus verwechselt. Wahrscheinlich fand während seiner bis in die diokletianische Verfolgung reichenden Regierung eine vom Kaiser verlangte Auslieferung der hl. Bücher statt. Als »lapsus« galt M. aber erst um 400 den Donatisten. Dieser Makel blieb trotz Augustins Widerspruch an ihm haften und erklärt im 6.Jh. das Auftreten von Berichten über die baldige Sühne seiner Schuld durch den Märtyrertod.

RE XII, 257ff - Caspar I, 97ff - LThK VI, 868f. 871 - Haller I, 64f. 500 - Seppelt I², 65ff. 240 - E.H.Röttges, M.-Marcellus (ZKTh 78, 1956, 385-420; Lit.). *G.Glockmann*

Marcellus I., *Papst* (307?) 308-309, Römer, nach längerer Sedisvakanz Nachfolger des → Marcellinus, von dem ihn die hier schwer gestörte Überlieferung nicht eindeutig trennt. Versuche, das Problem durch Annahme der Identität von Marcellinus-M. zu lösen, können nicht restlos überzeugen. M. bemühte sich wahrscheinlich nach der diokletianischen Verfolgung um eine Neuordnung der kirchlichen Verwaltung und wurde von Maxentius verbannt, als es um die Wiederaufnahme der Abgefallenen, wobei M. wohl eine extrem strenge Haltung einnahm, zu blutigen Unruhen kam.

Lit. s. → Marcellinus. *G.Glockmann*

II., *Papst* 9.4.-1.5.1555, Marcello Cervini degli Spannocchi, * 1501 in Montefano (Macerata), studierte in Siena, der Heimat seiner Familie, Archäologe und Humanist. Kardinal Farnese (→ Paul III.) machte M. zum Erzieher seines Nepoten Alessandro, den er 1539 als Sekretär zu Karl V. begleitete. M. wurde 1539 Kardinal, 1540 Bischof von Reggio Emilia, 1544 von Gubbio, 1548 Präfekt der Vaticana. 1545 eröffnete M. als einer der 3 Legaten das → Tridentinische Konzil, auf dem er die Tagesordnungswünsche des Kaisers und der Konziliaristen bekämpfte. Der Reform diente M. in seinen Diözesen und in Rom, wo er gegen den → Nepotismus vorging und nach seiner Wahl auch seine Verwandten nicht duldete. Für die liturgischen Ziele des M. ist sein Auftrag an → Palestrina zur später sog. »Missa papae Marcelli« kennzeichnend.

v.Pastor VI - G.B.Mannucci, Il conclave di papa M., Siena 1921 - DThC IX, 1992f - A.Mercati, Prescrizioni pel culto divino nella diocesi de Reggio Emilia del vescovo cardinale M.C., Reggio E. 1933 - LThK VI, 871 - Jedin I. II (Reg. s.v. Cervini) - EC VIII, 17ff. *H.Liebing*

Marcellus, 1. Bischof *von Ancyra,* † um 374. Seine Teilnahme an der Synode von Ancyra 314 ist unsicher, in Nicäa 325 hat er »die Arianer widerlegt«. Eine Streitschrift gegen → Asterius (, 1) führte zur Absetzung auf einer Synode um 334 (oder 330/331?). 337 vorübergehend zurückgekehrt, war M. 339/40 mit → Athanasius in Rom und wurde auf einer Synode 340/41 rehabilitiert. Im Osten wurde M. 341 erneut verdammt (→Arianischer Streit, 2), in Serdika 342 nur vom Westen anerkannt. Als → Photin 345 verurteilt wurde, verteidigt ihn M., was den Bruch mit Athanasius herbeiführte. 381 wird er offiziell zum Häretiker abgestempelt. Seine Theologie ist vororigenistisch, dh er verficht gegen die drei Hypostasen die Einheit Gottes, die sich im Verlauf der Heilsgeschichte zur Dreiheit entfaltet. Nach 1Kor 15, 25 wird die Herrschaft Christi ein Ende haben (→ Christologie: II, 3 c; → Geist: V, 2).

128 Fragm. einer Streitschrift bei Euseb, Contra Marcellum ed. E.Klostermann (GCS 14), 1906; 1 Brief bei Epiphanius, Pan. 72 ed. K.Holl (ebd 37), 1933. - RE XII, 259ff - DThC IX, 1993ff - W.Gericke, M.v.A., 1940 - W.Schneemelcher, ThLZ 79, 1954, 393-400 - F.Scheidweiler, ByZ 47, 1954, 333-357 - E.Schwartz, Ges. Schriften III, 1959, 230ff. 292ff - Altaner 258. *W.Schneemelcher*

2. *Märtyrer,* ein Centurio, erklärte am 21.7.298 (Geburts- oder Festtag der Kaiser Diokletian und Maximian), er sei Christ und könne daher keinen Kriegsdienst mehr leisten. Am 30.10. wurde er in Tingis (Mauretanien) hingerichtet. Seine Akten sind im Kern echt.

AS 30.Okt. XIII, 281f - B.de Gaiffier, S. Marcel de Tanger ou de Léon (AnBoll 61, 1943, 116-139; Lit.) - W.Seston, A propos de la Passio Marcelli centurionis (Mélanges Goguel, Neuchâtel 1950, 239-246) - Ders. in Historia 1, 1950, 257-266. *G.Glockmann*

Marcion

1. Leben und Lehre - 2. Probleme der Textgeschichte

1. M. ist der Gründer einer der Kirche in Lehre und Organisation relativ nah stehenden gnostischen Sekte.

Geburts- und Todesjahr sind nicht bekannt; der Höhepunkt seines Wirkens liegt um die Mitte des 2.Jh.s. M. ist Kleinasiate; ursprünglich war er Reeder (nauclerus) in Sinope (Sinob) in Paphlagonien (→ 18 D 1). Hier sind wahrscheinlich bereits bestimmte Charakteristika seiner Lehre entstanden, nämlich die Überspitzung paulinischer Sätze und sein »Modalismus«, und hier ist es wohl auch schon zum Streit mit kath. Bischöfen gekommen. Vor 140 scheint er nach Rom gekommen zu sein, wo er zunächst aktives Mitglied der röm. Gemeinde wurde, der er sein Vermögen schenkte. Dann geriet er aber - sofern die Polemiker recht haben - unter den Einfluß des syrischen Gnostikers → Cerdo und übernahm die Deutung des at. Schöpfers als eines Äons ohne Gotteserkenntnis. Sie erklärte ihm den Unterschied der beiden Testamente und der dort verkündigten Gottheiten. M. hat den Gegensatz zwischen dem guten und dem gerechten Gott in seinen »Antitheseis« später einander gegenübergestellt. Der Bruch mit der röm. Gemeinde ist nach den Angaben der Marcioniten im Herbst 144 erfolgt. M. gründete nun eine eigene Kirche, die sich im Römerreich verbreitete und bis zur konstantinischen Wende als gefährlicher Gegner der katholischen galt. - M. unterscheidet sich dadurch von den anderen Gnostikern, daß er sich auf die kirchlichen Urkunden als Offenbarungsquellen beschränkt. Er findet im AT zunächst einen Schöpfer bezeugt, der durch seine - nach dem Talionsprinzip verstandene - Gerechtigkeit vollständig bestimmt war und dem jede Güte abging. So unvollkommen wie der Schöpfer ist auch seine aus der Materie geschaffene → Schöpfung (: IV) samt den Menschen und seinem auserwählten Volk. Darum müssen nach dem immanenten Gerechtigkeitsprinzip die meisten als Heiden und Sünder dem Gericht und der Strafe der Vernichtung entgegengehen. Aber nun offenbart sich der Gott. Er ist reine Güte, der Schöpfung wie dem Schöpfer selbst unbekannt. Aus Erbarmen mit den ihm wesensfremden Menschen erscheint er im 15.Jahr des Kaisers Tiberius und lehrt die Menschen, seine Güte zu erkennen und so das Gesetz der Gerechtigkeit zu überwinden durch die offenbarte Liebe. Der Schöpfer läßt ihn in seiner Unkenntnis kreuzigen und sendet ihn so zur Fortsetzung seines Erlösungswerkes in den Hades hinab. Der Erlöser kehrt mit den von ihm Geretteten zurück. Diese sind dem Tod hinfort entnommen; das Geschick der Ablehnenden und der Schöpfung verläuft dagegen unaufhaltsam in den vorgesehenen Bahnen. - Die Offenbarung des Guten Gottes findet M. in dem »Evangelium« bezeugt. Aber die Quellen seien alsbald von den Aposteln des jüdischen Schöpfers - wir haben hier ein ultrapaulinisches Gegenstück zur antipaulinischen Polemik, zB der → Pseudoclementinen - verfälscht worden; lediglich auf die Paulusbriefe und das von Entstellungen gereinigte, vermeintlich paulinische (Lukas-)Evangelium wollte M. sich stützen (s. 2). Die Kriterien der Zuverlässigkeit ergaben sich aus dem Gesagten: Gerechtigkeit, Gesetzlichkeit und Judaismus waren die Kennzeichen der Verfälschung.

Die Kirche M.s stimmte anscheinend in Organisation und Praxis mit dem Zustand der kath. Kirche im Augenblick der Spaltung überein. Die Materiefeindschaft der Lehre führte zu gesteigerten asketischen Forderungen. Außer von vermehrten Fasten hören wir von der Ehelosigkeit der Getauften (→ Ehe: III B, 1). M. stand in ständigem hohem Ansehen, wie schon aus der Namensform - Μαρκιωνισταί ist Selbstbenennung - hervorgeht. Von seinen Nachfolgern und Schülern ist bes. → Apelles hervorzuheben; er hat die Lehren M.s durch gemeingnostische Anschauungen erweitert. - Die marcionitischen Gemeinden haben die Christenverfolgungen noch überstanden und zahlreiche Märtyrer gestellt. Die älteste datierte Kircheninschrift bezeichnet eine 318/19 im Hauran (in Deir Ali) gebaute »Synagoge der Markionisten«. Danach setzte die staatliche Ketzerverfolgung ein und brachte die Organisation bald zum Verschwinden. Die Reste sind vielleicht in den Manichäern aufgegangen (→ Manichäismus).

Ob man M. einen Gnostiker nennen soll, ist im wesentlichen eine Definitionsfrage. Dagegen sprechen: eine gewisse Offenheit für montanistische Einflüsse, Ansätze zu echtem dualistischem Denken, das sonst den Gnostikern abgeht (darum hier auch eine apokalyptisch gefärbte → Eschatologie [: V]), und das Fehlen der für die Gnostiker charakteristischen mystischen Anthropologie und anfänglich auch aller synkretistischer Neigungen. Da aber die zentralen Merkmale der → Gnosis (: III) bei ihm vorhanden sind, nämlich die gnostische Kosmogonie, Soteriologie und Erkenntnislehre, ist M. doch mit Recht als Gnostiker zu bezeichnen.

RE XII, 266ff; XXIV, 64 - A.Harnack, M., Das Evangelium vom fremden Gott, (1921) 1924[2] - E.C.Blackman, M. and his Influence, London 1949 (Lit.) - Dict. de la Bible, Suppl.-Bd V, 862ff - Altaner 114.

H.Kraft

2. Bei der Zusammenstellung und Weitergabe ihres NT haben M. und seine Schule aus theologischen Gründen (Abbau vermeintlich judaistischer Textüberfremdung) *kritisch in den Text eingegriffen*. Der Aufweis dafür an den erhaltenen Hss. ist im einzelnen schwierig. ZB: Tilgte M. Röm 15, 1 - 16, 23, oder fehlte der Text in seiner Vorlage; sind Lk 22, 19b-20; Röm 16, 25-27 marcionitisch oder vormarcionitisch? Jeweils die zweite Lösung ist wahrscheinlicher. Die Frage nach dem möglichen Einfluß M.s auf die Textgeschichte zielt aber nicht so sehr auf solche herausragende Fälle, sondern grundsätzlicher auf das Verhältnis M.s zu den der → Textkritik (: II) bekannten Rezensionen der handschriftlichen Überlieferung. Die auffällige Verwandtschaft seiner Lesarten mit den griech. und lat. Zeugen des »westlichen« Textes einerseits, dem Diatessaron → Tatians und altsyr. Texten anderseits, führte zu der Hypothese, M. und der von ihm beeinflußte Tatian seien die Schöpfer dieser Überlieferungszweige (Vogels). Dagegen spricht aber: 1. Schon Tertullian benutzt altlat. Texte, die unabhängig von der lat. Gestalt des marcionitischen Textes und wahrscheinlich älter als diese sind (v.Soden, Higgins); 2. Papyri beweisen die Existenz des »westlichen« Textes in Ägypten bereits im 2.Jh. (Kümmel); 3. viele der Übereinstimmungen M.s mit den genannten Zeugen lassen sich keinesfalls als tendenziöse Produkte marcionitischer Dogmatik verstehen (Harnack); 4. im Corpus Paulinum werden sie in der Regel von einigen nicht »westlichen« Zeugen gestützt, von einigen, stets wechselnden, »westlichen« aber nicht (Zuntz). - Im ganzen ist M. eher eine Quelle für das den Rezensionen vorausliegende, unkonsolidierte Stadium der Überlieferung, ohne daß ein beschränkter Einfluß auf die Textgeschichte völlig auszuschließen wäre.

J.Jeremias, Die Abendmahlsworte Jesu, (1935) 1949[2], 71f - W.G. Kümmel, Textkritik u. Textgesch. des NT 1914-1937 (ThR NF 10, 1938, 206-221. 292-327; 11, 1939, 84-107; Lit.) - J.Knox, M. and the NT, 1942, 46ff - Blackman (s.o. 1) 42ff. 128ff - A.F.J.Klijn, A Survey of the Researches into the Western Text of the Gospels and Acts, 1949, 61ff - Ders., A Survey ... (1949-59) (NovTest 3, 1959, 1-27, bes. 25ff) - A.J.B.Higgins, The Latin Text of Luke in M. and Tertullian (VigChr 2, 1951, 1-42) - H.Vogels, Der Einfluß M.s u. Tatians auf Text u. Kanon des NT (Synopt. Studien für A.Wikenhauser, 1953, 278-289) - G.Zuntz, The Text of the Epistles, 1953, 226ff.

G.Klein

Marco Polo (1254-1324), * in Venedig aus einer Patrizierfamilie. Mit seinem Vater Niccolò und dessen Bruder Matteo reiste M.P. 1271 über Bagdad, Iran, den Pamir nach Kathai (China) an den Hof des Mongolenchans Kublai in Cambaluc (Peking; → China: IV A, 2). Dem Chan diente M.P. 20 Jahre als Verwaltungsbeamter (3 Jahre Statthalter in Yang-Chou) und Botschafter und unternahm in dessen Auftrag weite Reisen. 1292 kehrten die Polos über die Sundainseln, Vorderindien, Armenien nach Venedig zurück (1295). In der Seeschlacht bei Curzola 1298 von den Genuesen gefangengenommen, ließ M.P. durch seinen Mitgefangenen Rustichello da Pisa seine Erinnerungen niederschreiben (zwecks größerer Verbreitung in franz. Sprache). Dabei wurden Tagebuchnotizen verwertet; die (maßvolle) literarische Ausschmückung geht auf Rustichello zurück. M.P. berichtet in regelmäßiger Abfolge über Religion, Sitten und Gebräuche sowie die Landesprodukte der bereisten Gebiete. Bes. sorgfältig berichtet er über die Zahl der → Nestorianer, Götzendiener (= Buddhisten) und Moslems des jeweiligen Gebiets. Dies ist kein Zufall. Die Reisen der Polos fallen in die Zeit der franziskanischen Mission bei den → Mongolen und der Bestrebungen, sie als Bundesgenossen gegen den Islam zu gewinnen. - Neben → Dantes Göttlicher Komödie war M.P.s Werk der größte literarische Erfolg eines Italieners im MA (erste Drucke: dt. Nürnberg 1477, lat. 1485, ital. 1496, portug. 1502, span. 1503, franz. 1556, engl. 1579). Lange Zeit galt es als Fabelbuch, doch erkannte bereits der Humanist G.B.Ramusio seinen hohen Wahrheitsgehalt. Columbus empfing aus ihm Anregung zu seiner Entdeckungsfahrt.

Erste vollst. krit. Ausg. durch L.F.BENEDETTO, Florenz 1928. Übers.en hiervon (mit Einl. u. Anm.en): DERS., Mailand 1932 (ital.); L.HAMBIS, Paris 1955 (franz.). - Editio variorum der wichtigsten Fassungen: A.C.MOULE-P.PELLIOT, 2 Bde, London 1938 (mit vollst. krit. Abdruck der Hs. v.Toledo u. Anm.en). - Zur Textfrage vgl. die Einl. bei BENEDETTO u. MOULE-PELLIOT. - Krit. Ausg. d. ältesten toskan. Fassung von 1309: D.OLIVIERI, Bari 1928²; der engl. Übers. des 16.Jh.s: N.M.PENZER, London 1929 (mit bestem geogr. Kommentar u. vorzügl. Karten). - Textlich überholt, wegen des Kommentars noch nennenswert sind die Übers.en: engl. v. Sir H.YULE, 3. Aufl. verb. durch H.CORDIER (1903, Neudr. 1921), Kommentar-Bd v. CORDIER, London 1921 (zT veraltet); franz. v. A.J.H.CHARIGNON, Peking 1924-28 (Komm. unter zT unkrit.Verwertung chines. Qu.); dt. v. H.LEMKE, 1907 (veraltet). - Über M.P.: G.ORLANDINI, M.P. e la sua famiglia (Arch. Veneto Trid. 9, 1926, 1-68; reiches Archivmaterial) - J.WITTE, Das Buch des M.P. als Quelle f. d. Religionsgesch., 1916 (unkrit.) - L.OLSCHKI, L'Asia di M.P., Florenz 1957 (grundlegend; vollst. Lit.). *W.Th.Elwert*

Maredsous, benediktinisches Kloster bei Namur (Belgien), 1872 von → Beuron aus gegründet, 1878 Abtei, mit berühmtem Collège und Werkschule für religiöse Kunst. Gelehrte wie G. → Morin, U.Berlière, A.Wilmart u.a. haben durch die in M. hg. RBén (seit 1884), die Revue liturgique et monastique (seit 1916) und die Anecdota Maredsolana (I-IV, 1872-1932) zum wissenschaftlichen Ruhm der Abtei beigetragen. Abt C.Marmion (1909-23) wirkte bes. für die Wiederbelebung des Studiums der christlichen Frömmigkeit.

Abbaye de M. 1872-1922, M. 1922. *A.Hamman*

Maresius *(des Marets), Samuel* (1599-1673), ref. Theologe, * in Oisemont (Picardie), studierte in Paris, Saumur und Genf, wurde 1620 Pfarrer in Laon, 1624 in Falaise. Nachdem er in Leiden die Doktorwürde erlangt hatte, wurde er 1625 Prof. in Sédan, 1631 wallonischer Pfarrer in Maastricht, 1636 Pfarrer und Prof. in Herzogenbusch, 1643 Prof., 1652 auch Pfarrer in → Groningen. M. war ein streitbarer Repräsentant der ref. Orthodoxie und bekämpfte in zahlreichen Pamphleten Katholiken, Sozinianer, Arminianer und Lutheraner. Gegen → Voetius verteidigte er den Infralapsarismus und stritt jahrelang über die Benützung der geistlichen Güter; nachher wandten sich beide zusammen gegen Cartesianer und Coccejaner. M. hatte eine weite Auffassung der Taufpraxis. Mit seinem Groninger Kollegen Jakob → Alting lebte er in dauernder Zwietracht, u.a. über den Sabbat und den Chiliasmus. Sein Einfluß war groß, und sein »Collegium theologicum sive Systema breve universae Theologiae« ([1645] 1673⁴) wurde im 17.Jh. an verschiedenen Akademien als Lehrbuch gebraucht.

D.NAUTA, S.M., 1935. *W.F.Dankbaar*

Margaretha, *die Heilige* → Nothelfer.

Marheineke, *Philipp Konrad,* * 1.5.1780 in Hildesheim, † 31.5.1846 in Berlin; 1805 ao. Prof. in Erlangen, 1807 o. Prof. in → Heidelberg, seit 1811 in → Berlin. Mit → Daub gilt M. als typischer Vertreter der spekulativen Theologie des beginnenden 19.Jh.s. Seine Dogmatik zeigt in ihren beiden Auflagen (1819, 1827) den Fortgang von → Schelling zu → Hegel. Dabei ist M. überzeugt, daß die von ihm vertretene Philosophie mit der Lehre des christlichen Glaubens in Einklang stehe. Die Identitätslehre bestimmt die Frage nach dem Ursprung der Religion und wie die Vernunft Gott in sich finde (vgl. → Christologie: II, 8 c). Die Idee Gottes bewährt sich im menschlichen Geist; in Gott ist Sein und Denken eins, und die Ideen, »obgleich nicht Gott selbst, sind in Gott (Realität im Sein Gottes) und hiermit göttlich«. Die Differenz zwischen göttlichem und menschlichem Geist bleibt freilich in einem mysteriösen Dunkel; sie scheint in der Synthesis von Denken und Sein aufgehoben. Charakteristisch ist, wie M. gegenüber dem Zeitgeist in dem Bemühen um die Erkenntnis der Wahrheit die Offenbarung als theologische Kategorie ins Spiel bringt und die Trinitätslehre als Schema der Dogmatik verwendet. Dabei ist die Trinität selbst kein Mysterium mehr, sondern eine der Vernunft entsprechende theologische Erkenntnis des göttlichen Wesens. Hegel hat das theologische Kleid, das M. seiner Philosophie gab, durchaus passend gefunden. Die Linkshegelianer indessen haben es verworfen.

Vf. u.a.: Christl. Symbolik, 3 Bde, 1810-13 (Neuaufl. 1897); Grundlegung d. Homiletik, 1811; Grundlehren d. christl. Dogmatik, (1819) 1827²; Gesch. d. dt. Reformation, (2 Bde, 1816) 4 Bde, 1831 bis 1834²; Entwurf d. Prakt. Theol., 1837; Bedeutung d. Hegelschen Philos. i. d. christl. Theol., 1842; Zur Kritik d. Schellingschen Offenbarungsphilos., 1843; Theol. Vorlesungen, 4 Bde, hg.v. ST. MATTHIES u. W.VATKE, 1847-49. - Über M.: A.WEBER, Le système dogmatique de M., 1857 - RE XII, 304ff - BARTH, PrTh 442ff - HIRSCH V, 165f. 366ff - W.A.SCHULZE, Friedr. Engels u. M. (ZKG 67, 1955/56, 141-144). *E.Fahlbusch*

Mari

1. Archäologie - 2. Geschichte - 3. Nomaden - 4. Religion

1. Ein Zufallsfund lenkte 1933 das Interesse französischer Archäologen auf den tell ḥarīrī am mittleren Euphrat, das alte M. (→ 3 C 3), das unter der Leitung von A.Parrot in bisher 10 Kampagnen teilweise freigelegt wurde. Geringen Resten prähistorischer (Keramik Ninive V) und archaischer Perioden folgen Schichten mit starker Bautätigkeit: Mehrere Tempel der frühdynastischen, altakkadischen und Ur-III-Zeit wurden festgestellt, die höchste Blüte erreichte die Stadt jedoch in altbabylonischer Zeit, später wird sie bedeutungslos. Das am besten bekannte Bauwerk der frühdynastischen Periode ist der Tempel der Ištar (→ Babylonien: II, 6 c), in 4 Schichten sicher nachgewiesen. Neben dem Wohntrakt des Kultpersonals besteht das Heiligtum aus einem trapezförmigen Vorhof mit einem auf 5 Säulen ruhenden Porticus, dem sich die Cella mit »Knickachse« (→ Kunst: II F, 2) nach Art der Tempel des Dijala-Ge-

bietes anschließt. Sie ist fast quadratisch, ein niedriges Podium füllt sie etwa zur Hälfte aus. Die jüngste Baustufe fügt an der westlichen Stirnwand noch einen Langraum (zweite Cella?) an. Von Kleinfunden verdienen Figuren aus Perlmutt und Elfenbein, die zu einem Mosaikfries mit Kriegsszenen gehörten, Beachtung. Ähnliche Objekte sowie zahlreiche »Beterstatuetten«, Opfergefäße u.ä. wurden auch in anderen Tempeln gefunden: denen der Ištarat, der Ninḫursanga, der Götter Šamaš, → Dagan und dem Anonymen Tempel. Ein Stufenturm (Ziqqurrat) des 3.Jt.s wurde im 2.Jt. restauriert. - Mittelpunkt und Sehenswürdigkeit der Stadt war der Palast aus altbabylonischer Zeit. Die trapezförmige Anlage bedeckt eine Fläche von über 2½ Hektar und enthielt mindestens 300 Zimmer und Höfe. Sie war königliche Residenz und administratives Zentrum des Reiches in einem. Neben ausgedehnten Magazinen, Archiven, einer Schule, Küchen, Baderäumen und mehreren Kapellen enthielt sie Wohnräume des Hofpersonals und des Königs. Den Mittelpunkt bilden, jeweils an großen Höfen gelegen, die Audienzhalle und der Thronsaal des Königs, beide architektonisch einzigartige Schöpfungen. Erstere war direkt zum großen Vorhof geöffnet, während der Thronsaal (mit Podium und Baldachin) wie ein Tempel von einer Vorhalle aus durch zwei an den Ecken gelegene Türen betreten wurde (bisher auch als Tempel erklärt). An den Wänden dieses Gebäudekomplexes fanden sich zahlreiche Freskogemälde (weißer Gipsuntergrund, Farben Schwarz, Ockerrot und -gelb, Orange, Blau, Grün) mit Darstellungen kultischer Vorgänge und der Investitur eines Königs (Zimrilim?).

2. Die *Frühgeschichte* M.s ist nur wenig bekannt; erster König einer Dynastie (auch in der sumerischen Königsliste genannt) ist AN.BU (Lesung?). Eannatum von Lagaš erreicht die Stadt vielleicht, Sargon erobert sie auf seinem Zug nach Norden. Von der Zeit der Herrscher von Ur-III an (→ Ur) bis zum Untergang M.s kennen wir eine Reihe von 14 Herrschern (A.Parrot, Syria 21, 1940, 28), doch erst mit Jagitlim (um 1830 vChr?) und seinem Sohne Jaḫdunlim wird unsere Kenntnis genauer. Ersterer lag im Kampfe mit Ilukabkabu von Terqa (ca 20 km nördl. M.), besaß also nur ein bescheidenes Reich. Jaḫdunlim vermochte dies auch gegen Šamši-Adad I. (Sohn des Ilukabkabu), den König von Assur (→ Assyrien, 2), zu verteidigen. Sein Tod bei einer Palastrevolution spielte jedoch M. in die Hände des Assyrers, der dort seinen jüngsten Sohn Jasmaḫ-Adad als Vizekönig einsetzte, die Zügel aber selbst in der Hand behielt. Die reichen Archive des Palastes (ca 20000 Tontafeln und Fragmente) enthalten eine vielseitige Korrespondenz, die unerwartete Einblicke in die politische, wirtschaftliche und juristische Lage der Zeit, ja auch in die persönlichen Beziehungen zwischen Vater und Sohn gewähren. Mit dem Tode Šamši-Adads (ca 1781, eine Schwurformel nennt ihn noch neben → Hammurapi von Babylon in dessen 10. Regierungsjahr) mußte der Assyrer dem nach Aleppo geflohenen Sohn des Jaḫdunlim, Zimrilim, weichen, der in den folgenden ca 20 Jahren eines umsichtigen Regimentes sein Reich zu verteidigen verstand. Geographisch besaß M. eine Schlüsselposition: Zimrilim kämpfte im Osten gegen Elam, damals eine Großmacht, im Norden gegen Subartu (Assyrien), knüpfte aber vor allem Handelsbeziehungen an, die bis nach Kleinasien und Syrien reichten. → Ugarit und → Byblos werden erwähnt; vielleicht führte ein direkter Karawanenweg über Palmyra nach Qaṭna. Als südlichster Ort wird Ḫaṣor genannt, damals Königssitz und mit 4 anderen Fürstentümern verbündet (Orientalia NS 19, 1950, 509). Über vieles berichten Gesandte oder Spitzel des Königs an den fremden Höfen, auch über die Bündnispolitik: »Es gibt keinen König, der für sich allein schon mächtig wäre. Mit Hammurapi von Babylon gehen 10, 15 Könige, mit Rīm-Sîn von Larsa ebenso viele, mit Ibāl-pî-el von Ešnunna ebenso viele, mit Amūt-pī-el von Qaṭanum ebenso viele, und mit Jarimlim von Jamḫad gehen 20 Könige.« Eine ähnliche Situation schildert Gen 14: den Kampf der 4 Nordkönige gegen die Koalition der 5 von Sodom und Gomorra (Näheres s. → Amraphel). Bündnisse M.s bestanden mit Ḫalab (Aleppo, → 3 A 2), → Karkemisch (→ 3 B 2) und vor allem → Babylon; dessen aufstrebenden König Hammurapi unterstützte Zimrilim oft mit Hilfstruppen. Doch in seinem 33. Jahre eroberte der Babylonier M. und ließ 2 Jahre später die Mauern der Stadt schleifen.

3. Wichtige Aufschlüsse vermittelt das Archiv von M. über einen schon früher beobachteten historischen Prozeß: den Einbruch semitischer → *Nomaden* in das Zweistromland. Diese »Ostkanaanäer« (die Bezeichnung erfolgte nach sprachlichen Kriterien) lassen sich schon seit Beginn des 2.Jt.s vChr nachweisen, ihr Übergang von der Steppe ins Kulturland erfolgte seltener bei Sippar in Babylonien (→ 3 D 4), im allgemeinen jedoch am oberen und mittleren Lauf des Euphrat, also in der Gegend von M. Es handelt sich dabei - wie bei den Patriarchen des AT - um Kleinvieh züchtende Eselnomaden (nicht Kamelbeduinen), die von Wasserstelle zu Wasserstelle ziehend extensive Weidewirtschaft betrieben und am Rande des Kulturlandes, an den Flußläufen von Ḫabur und Baliḫ, zu vorübergehender Seßhaftigkeit kommen konnten (Halbnomaden). Den Königen von M. lag aus politischen Gründen daran, sie anzusiedeln und damit zu überwachen und dienstbar zu machen. Sie erhielten Königsland als Lehen zugewiesen und leisteten dafür Heeresfolge oder Naturalabgaben. Die Nomaden waren in großen Stammesgruppen organisiert, die aus mehreren kleinen Einheiten bestanden. Wir kennen davon: Binū-jamīna (Untergruppen: Amnānum, Jaḫrurum, Ubrabû), Binū-sim'al, Rabbû, Wā'ilānu, Ḫanäer (Untergruppen: Jaumaḫamû, Jariḫu), Sūḫu, Idamaraṣ, Jamūtbāl, Num(a)ḫâ. Eine strenge Scheidung ist nicht immer möglich, da bekanntere Stammesnamen auch als allgemeine Bezeichnung für »Nomade« verwendet wurden. - Die *Binū-jamīna* (oder lies akkadisch Mārū-j.? s. G.Dossin, RA 52, 1958, 60ff), »Südsöhne«, sind im Nordwesten M.s anzutreffen, brachten also ihren Namen mit; vgl. auch Binū-sim'al »Nordsöhne«. Die Namensgleichheit mit dem späteren judäischen Stamm ist kaum zufällig; ob eine Restgruppe nach Palästina abgewandert ist, ist damit nicht ohne weiteres gesagt, da der südlich an das Haus → Joseph angrenzende Stamm als autochthon palästinisch gilt (Gen 35, 16-20; → Stämme Israels). Weit eher könnte die Überlieferung von der Herkunft → Abrahams aus Harran (→ 3 B 2) hier angeknüpft werden. Die Binū-jamīna von M. hatten noch weitgehend nomadische Lebensform und fügten sich der königlichen Oberhoheit nur widerstrebend. Die Ḫanäer dagegen stellten bereits einen beträchtlichen Teil der Elitetruppen M.s. - Die Stammesabteilungen (gâ'um) werden von Schechs (sugāgum) geführt, die Verbindungsmänner zwischen Stamm und König sind und beider Interessen in Einklang bringen, über Fehden, Frieden und Bündnisse entscheiden und auch richterliche Funktion ausüben. Neben sie treten nur bei »Musterungen« königliche Beamte. Auch »Älteste« spielen eine gewisse Rolle. (Die Deutung von dawidûm [→ David] als »Truppenführer« hat sich als irrig erwiesen, s. H.Tadmor, JNES 17, 1958, 129ff.)

4. Die offizielle *Religion* der »Kanaanäer« von M., be-

kannt etwa aus einer Opferliste, kennt alle Hauptgottheiten des sumerisch-babylonischen Pantheons (→ Babylonien: II). Im Vordergrund stehen der Wettergott Adad (→ Hadad; Heiligtümer auch in Aleppo und Arrapḫa) und → Dagan (auch Hauptgott von Terqa). Daneben werden noch Itūr-Mer und Ikrub-Il genannt. Eigentlich kanaanäische Gottheiten begegnen oft als Bestandteil theophorer Personennamen, zB Lim, Bisir, der Mondgott Jaraḫ/Eraḫ, Verwandtschaftsbezeichnungen wie Ḫammu (ʿAmmu) und Ḫālu »Onkel (nach Vater bzw. Mutter)«. Opfer wurden sehr gewissenhaft dargebracht. Ein auffälliger Ritus nomadischen Ursprungs ist die Schlachtung eines Esels zur religiösen Bekräftigung eines Vertrages. Vertragsbruch bedeutet dann Frevel gegen den Gott. Die Bundeszeremonie (→ Bund: II) von Gen 15 (vgl. Jer 34, 18) bietet sich zum Vergleich an. – Eine Besonderheit des religiösen Lebens in M. stellt das Auftreten von Kultpropheten dar, Ekstatikern (muḫḫûm), die zB im Auftrage des Dagan die pünktliche Verrichtung von Opfern und den Bau eines Stadttores verlangen. An anderer Stelle fordert der Gott einen einfachen Mann im Traum auf, den König zur Berichterstattung über seine politischen Unternehmungen zu veranlassen, und fügt eine Segensverheißung bei Erfüllung zu. Schließlich meldet der Adad von Kallassu durch den Spruch eines »Beantworters« (āpilum) bei Zimrilim Gebietsforderungen für seine Hilfe bei der Thronbesteigung an. Fluch oder Segen werden verheißen. Anders als bei den → Propheten (: II) des AT bilden hier also nur kultische oder auch territoriale Forderungen, nicht solche ethischer Art, den Inhalt der Prophetensprüche.

Texte: A.Parrot-G.Dossin, Archives Royales de M. 1-8; 15 (Répertoire), 1950-59. - Archäol.: A.Parrot, M., 1953 - Ders., Mission Archéologique de M. I. II, 1-3, 1956-59 - H.Schmökel, Ur, Assur, Babylon, 1955. - Allg.: W. v. Soden, Das altbabyl. Briefarchiv von M. (WO 1, 1948, 187-204) - Ders., Verkündigung d. Gotteswillens durch proph. Wort in d. Briefen aus M. (ebd, 1950, 397-403) - M.Noth, Gesch. u. Gotteswort im AT, 1949 - Ders., Das at. Bundschließen im Lichte eines M.-Textes (AIPh 13, 1953 [1955], 433-444; jetzt: Ges. Stud. z. AT, 1957, 142ff bzw. 230ff) - Ders., WAT³ - J.-R.Kupper, Les nomades en Mésopotamie au temps des rois de M., 1957 - H.Klengel, Benjaminiten u. Hanäer (WZ Berlin 8, 1958/59, 211-227). *W.Röllig*

Maria *im NT.* Der *Name* M. ist die gräzisierte Form von Marjam, der Wiedergabe von → Mirjam in LXX (Targum und Peschitta), oft auch als Nebenform von M. im NT. Die Ableitung des Namens ist unsicher (bitter? widerspenstig? wohlbeleibt = prächtig? Melkerin? Wunschkind?). – Im NT kommen *7 Frauen mit dem Namen M.* vor: 1. die Mutter Jesu (s.u.); 2. M. von Magdala (vgl. RE XII, 336f) als Jüngerin (Lk 8, 2) sowie Zeugin der Kreuzigung und Auferstehung Jesu (Synoptiker, JohEv); 3. die Mutter des (kleinen) Jakobus und des Joses (Mk 15, 40 par), vielleicht = 4. die Tochter(?) des Klopas (Joh 19, 25); 5. die Schwester der Martha (Lk 10, 39) und des → Lazarus (Joh 11, 2; vgl. 12, 3); 6. die Mutter des Joh. Markus (Apg 12, 12); 7. eine eifrige Christin in Rom (Röm 16, 6).

Die wenigen unanfechtbaren geschichtlichen Angaben über *Jesu Mutter* stehen in Mk 3, 31ff par; 6, 3 par; Apg 1, 14, die übrigen zT in den Legendenkränzen von Mt 1f und Lk 1f, zT bei Joh (2, 1-12; 19, 25-27). Doch scheinen den Kindheitsgeschichten sowohl des Mt- als auch des LkEv (→ Evangelien, synoptische, 2 c. d) alte judenchristliche Überlieferungen zugrunde zu liegen (zum JohEv s.u.). Aber schon die Herkunft M.s ist unsicher: nach Lk 1, 36 (vgl. mit V. 5) stammte sie von Leviten ab (vgl. auch TestSim 7, Lev 2 u.a.), nach Lk 2, 4f W-Text (vgl. Protev 10; Justin u.a.) von David (vgl. die Verbindung beider in 1Clem 32, 2); aus Mt 1, 3. 5. 6 aber kann erschlossen werden, daß M. wie die vier anderen Frauen im Stammbaum Jesu nichtjüdischer Herkunft war (vielleicht waren ihre Vorfahren väterlicherseits Nichtjuden, mütterlicherseits Leviten, so R.Seeberg; durch die Ehe mit → Joseph aber wurde sie zur Davididin). Das NT, auch Paulus (vgl. Gal 4, 4), scheint im allgemeinen Jesus für einen Sproß dieser Ehe zu halten. Nur die alte judenchristliche Überlieferung bei Mt (1, 18ff) und Lk (1, 27ff) deutet eine → Jungfrauengeburt Jesu an, vielleicht auch Joh 3, 3; dazu stimmt auch, daß nach Lk 1, 31 (vgl. 2, 21, anders Mt 1, 25) M. den Namen geben sollte, sowie die alte jüdische Polemik gegen Jesus als Bastard (Stauffer). Außer → Jesus (, 5), dem Erstgeborenen (Lk 2, 7), hatte M. noch mindestens 6 weitere Kinder (Mk 6, 3; vgl. ThW I, 144f). Nichts rechtfertigt die dogmatische Behauptung, sie stammten aus einer früheren Ehe Josephs (Protev 9, 2; 17, 1 u.o.) oder seien Vettern Jesu (Hieronymus u.a.). In den Anfängen der Wirksamkeit Jesu in Kapernaum scheint M. mit ihren anderen Söhnen in seiner Nähe gelebt zu haben (Mk 3, 21. 31ff; Joh 2, 12; vgl. 6, 42 mit V. 59), doch ohne zum Jüngerkreis zu gehören. Sie wurde mit der übrigen Familie nicht nur ein Grund zum Ärgernis an Jesus (Mk 6, 3; vgl. Joh 6, 42), sondern fällt ihm selbst zum Opfer (Mk 3, 21; 6, 4; Lk 2, 48. 35: das Schwert bedeutet den Zwiespalt und Widerspruch in M. selbst). Sie teilt das Unverständnis der Umgebung Jesu (Lk 2, 50; vgl. Nazaräerev. Fr. 2; zu Mk 3, 21 vgl. Mt 16, 22) und zählt darum zunächst nicht zu der unter seinem Ja stehenden Familie Gottes (Mk 3, 33ff; Lk 11, 28; vgl. dagegen 1, 45. 48). An der Passion hat sie keinen Anteil; erst nach Ostern gehört sie mit Jesu Brüdern und Jüngern zum Kern der ersten Gemeinde (Apg 1, 14), vermutlich als Folge einer Erscheinung Jesu vor → Jakobus (1Kor 15, 7); ob sie selbst den Auferstandenen sah (so Tatian, Ephräm u.a.) und ob sie an Pfingsten teilhatte, ist nicht überliefert. – Jüngere Überlieferung modifiziert und ergänzt das Bild: in Lk 1f (Mt hebt M. nicht bes. heraus) ist schon die Jungfrau, die unter Gottes Gnadenwahl und Segen steht (1, 28. 30. 42; vgl. 2, 34), voll demütigen (1, 38; vgl. V. 48) Glaubens (1, 45; vgl. 2, 19. 51) und zugleich eine prophetische Sängerin (1, 46-55; → Magnificat). Hier wird auch die später immer weiter wachsende Reihe der Ehrentitel für M. eröffnet (zB Lk 1, 43). Sie ist ebenso die Zeugin des wahren Menschseins wie der göttlichen Herkunft Jesu. – Das JohEv deutet an, daß M., deren Namen es nie nennt, von Anfang des Wirkens Jesu (2, 1f, vgl. V. 11) bis zu seinem Ende (19, 25) in Jesu Nähe war, und zwar als gläubige Jüngerin, wenn auch noch mit begrenztem Verständnis (2, 4). Ihre Gestalt hat im JohEv wie vieles andere wahrscheinlich *zugleich* allegorische Bedeutung (Joh 2: die jüdische Gemeinde? Joh 19: das Judenchristentum? Die Kirche?). – Das Himmelsweib in Apk 12, 1ff ist weder M. selbst noch ihr apokalyptisches Abbild; es ist wohl eine ursprünglich mythische Gestalt, die hier als die messianische Heilsgemeinde der Endzeit gedeutet wird.

O.Bardenhewer, Der Name M., 1895 - Th.Zahn, FGNK VI, 1900, 328-343 - RE XII, 309ff - W.Bauer, Das Leben Jesu im Zeitalter der nt. Apokryphen, 1909, 8ff. 29ff. 458ff - E.König, Woher stammt der Name »M.«? (ZNW 17, 1916, 257-263) - R. Seeberg, Die Herkunft der Mutter Jesu (Festschr. f. N.Bonwetsch, 1918, 13-24) - A.Schlatter, Marien-Reden, (1927) 1930² - RGG² III, 1995f - F.M.Willam, Das Leben M.s, (1936) 1953⁴ - E.Buonaiuti, M. u. die jungfräul. Geburt Jesu (ErJb 1938, 325-363) - ThW IV, 646, 17-30 - Barth, KD I/2, 151ff, bes. 153f - A.Merk in: P.Sträter, Marienkunde I, (1947) 1952², 44-84 - G.Hilion in: H. du Manoir, M. I, Paris 1949, 41-68 - F.-M.Braun, La mère de Jésus dans l'oeuvre de Saint Jean I (RThom 58, 1950, 429-479) -

P.GAECHTER, M. im Erdenleben, (1953) 1954[2] - Bl-Debr § 53, 3 - W.DELIUS, M. in der neueren theol. Lit. (ThZ 10, 1954, 446-465) - E.STAUFFER, Jesus, 1957, 22ff. 44 mit Anm. 4 - BAUER, WB[5] s.v. - W.STÄHLIN, M., die Mutter des Herrn (in: Symbolon, 1958, 222 bis 235) - HENNECKE[3] I, 312ff, bes. 318f - W.MEYER in: M.ROESLE-O. CULLMANN, Begegnung der Christen, 1959, 573-592. *G.Stählin*

Maria, 1. *von Agreda* (M. von Jesus; 1602-65), seit 1627 Äbtissin des Klarissenklosters zu Agreda, in das sie 1619 eintrat. Man berichtet, daß ihr häufig mystische Phänomene widerfuhren (Ekstasen, Levitationen, Entrückungen). Ihre Visionen (hauptsächlich Marienvisionen) beschrieb sie in »La mística Ciudad de Dios« (3 Bde, Madrid 1670, oft neu aufgelegt und übersetzt). Das Buch zählt zu den klassischen Werken der spanischen Literatur; aber es gibt in Abhängigkeit von den Apokryphen ganz unvertretbare historische und dogmatische Behauptungen als Wahrheiten aus (1681 auf den Index gesetzt und 1696 von der Sorbonne verurteilt). Der Streit um die Realität dieser Visionen ist bis heute nicht völlig verstummt. Eine 22jährige Korrespondenz mit Philipp IV. von Spanien, den Maria beriet, umfaßt 614 Briefe (ed. Fr.Silvela, 2 Bde, Madrid 1885/86).

J.X.SAMANIEGO, Vida, Madrid 1668 - FR.H.REUSCH, Der Index II, 1885, 252ff - FR.SILVELA, La Venerable . . ., Madrid 1896 - DThC I, 627ff; XII, 37f; XIV, 1060 - Z.ROYO CAMPOS, Agredistas y antiagredistas, Totana 1929 - LThK I, 146f - DSp I, 342f. 530 (Amort); II, 811 - H.THURSTON, Surprising Mystics, London 1955, 122ff. *A.Rayez*

2. *M. Angelica von Jesus* (Yvonne Bisiaux; 1893-1919), franz. Mystikerin, * in Rosny-sous-Bois bei Paris; die deutsche Mutter kam vom Luthertum her. Nach streng kath. Erziehung trat M.A. 1914 gegen den Willen ihrer Eltern bei den Karmeliterinnen in Pontoise ein. Ihr waren die Prüfungen der passiven Purifikation ebenso vertraut wie die Gipfel mystischer Einung. In einer auf Geheiß der Oberin verfaßten Selbstbiographie (s.u.) schildert sie ihre Gnadenerlebnisse: »Vorgestern während der Verrichtung meines Dankgebets fand ich mich in Gegenwart der Hl. Trinität; es war das Unendliche, aber zugleich etwas Wunderbares, Unaussprechliches, Entzückendes . . . Ich war nicht mehr ich selbst; ich war nichts, und das mit einer unsagbaren Süße, die mir alle Furcht nahm. Ich hätte mich verlieren wollen in die Hl. Trinität!«

Flamme de joie, Pontoise 1948 (Selbstbiogr. u. Briefe); dt. v. M.J. WALTENSDORF, Sponsa Christi, 1926. - PAUL MARIE DE LA CROIX, Montée d'une âme d'oraison, Paris 1946. *A.Hamman*

3. *M.Stuart* (8.12.1542 bis 7.2.1587), Königin von Schottland. Nach dem frühen Tod ihres Vaters Jakob V. wurde M. in Frankreich, der Heimat ihrer Mutter Maria Guise, röm.-kath. erzogen und 1558 mit dem französischen Kronprinzen Franz II. vermählt. Heinrich II. von Frankreich ermunterte M., durch Aufnahme des königlichen Wappens von England den Anspruch → Elisabeths I. auf den englischen Thron öffentlich zu bestreiten. Daraus erwuchs der politische Gegensatz der beiden Königinnen, der nach langem Bürgerkrieg in Schottland und königlicher Haft M.s in England mit ihrer Hinrichtung wegen angeblichen Komplotts gegen Elisabeth I. endete. Diese hat, von einem Teil ihrer Ratgeber gedrängt und vom Parlament dazu ermächtigt, den Befehl zur Hinrichtung anscheinend nur widerwillig erteilt. M. erschien als Schlüsselfigur in den gegenreformatorisch-machtpolitischen Absichten Spaniens gegen England. In → Schottland (: I) ermöglichte ihre lange Abwesenheit das Vordringen der calvinistischen Reformation (J. → Knox).

A.STRICKLAND, Letters of Mary . . . and Documents connected with her Personal History, 3 Bde, 1842 - D.HAY FLEMING, M., Queen of Scots, 1898 - A.LANG, The Mystery of M.St., 1904 - K.KIPKA, M.St. im Drama der Weltlit., 1907 - E.HEYCK, M.St., 1926[2] - R.S. RAIT-A.T.CAMERON, King James's Secret Negotiations relating to the Execution of Mary, 1927 - H.S.GORMAN, The Scottish Queen, 1932 - R.GORE-BROWNE, Lord Bothwell and M.St., 1937 - DNB (Neudr. 1937/38) XII, 1258ff - M.P.WILLCOCKS, M.St., 1939 - G. DOUBLIER, M.St., 1959. - Zum Zusammenhang: A.O.MEYER, England u. die kath. Kirche unter Elisabeth I., 1911. *M.Schmidt*

Maria Laach, gegr. 1093 durch Pfalzgraf Heinrich II. von Luxemburg-Salm. Die ersten Gründermönche kamen von S. Maximin-Trier, die zweiten ca 1112 aus Affligem (Brabant). Die Abteikirche mit spätromanischer Vorhalle ist eine vollendete Verkörperung des romanischen Bauideals mit Anklängen an → Fleury. Der Beitritt zur → Bursfelder Kongregation (1474) begründete eine Zeit reichen literarischen Schaffens (Joh.Butzbach, Jak.Siberti, Joh. von Andernach). Nach der Aufhebung (1802) gingen Kloster und Landbesitz 1815 an den preußischen Staat, 1820 in Privatbesitz, 1863 an die Jesuiten (seit 1865 StML, seit 1914 StZ, Collectio Lacensis 7 Bde [Konziliengeschichte]). 1892 kamen wieder Benediktiner aus → Beuron. In M.L. besteht die Philosophieschule für Kleriker der Beuroner Kongregation. Seit 1914 wurde die Liturgie stärker betont, die allen Gläubigen nahegebracht werden sollte (→ Gottesdienst: V B, 1 h). Abt → Herwegen und P.Odo → Casel mühten sich auf verschiedenen Wegen, das Ideal zu erreichen.

Werke: Ecclesia orans, seit 1918; Sammelwerk: Die betende Kirche, 1927; Dt. Volksmeßbuch, seit 1929. - Beiträge zur Gesch. des alten Mönchtums u. des Benediktinerordens, seit 1912; Liturgiegeschichtl. Qu., seit 1918; Liturgiegeschichtl. Forschungen, seit 1919; LQF, seit 1928; ALW, seit 1950; Liturgiewissenschaftl. Qu. u. Forschungen, seit 1957. - Lit.: LThK VI, 913f - Die Kunstdenkmäler des Kreises Mayen (Die Kunstdenkmäler der Rheinprovinz, Bd 17, Abt. 2), 1941, 282ff - P.VOLK, Eine unbekannte Laacher Chronik (Annalen d. hist. Vereins f. d. Niederrhein 142/143, 1943, 45-83). *P.Volk*

Mariana, *Juan de* (1536-1624), spanischer Theologe und Publizist, seit 1554 Jesuit, 1561 Exeget am Collegium Romanum in Rom, 1569/74 in Paris, lebte dann in Toledo. Sein Traktat »De rege et regis institutione« (zuerst 1599) leitet die Legitimität der königlichen Gewalt von der Volkssouveränität ab. Der »cléricalisme intégral« kennzeichnet den Hispanismus M.s: die Bischöfe sind nicht nur die Führer der Kirche, sondern auch die berufenen Leiter der Staatsgeschäfte. Ein tyrannischer König kann nach Erschöpfung der Rechtsmittel des Ständestaates mit Gewalt zur Respektierung der Gesetze gezwungen werden. In Verbindung mit der begrifflichen Differenzierung zwischen rex und tyrannus hat M. die Ermordung des Apostaten Heinrich III. von Frankreich (1589) intensiv beschäftigt. Der Tyrannenmord aperta vi, nach antikem Vorbild die heroische Tat eines einzelnen, aber auch die Hinterlist des Giftmordes gelten als Grenzfall. Nach der Ermordung Heinrichs IV. (1610) wurde M.s Schrift in Frankreich auf Anordnung des Pariser Parlamentes öffentlich verbrannt, während der Jesuitengeneral die Lehre vom Tyrannenmord gleichzeitig ausdrücklich verbot. - Vgl. → Monarchomachen, → Widerstandsrecht.

Vf. ferner u.a.: Historia de rebus Hispaniae, 1592, erw. 1605 (bis 1516 reichend); De ponderibus et monetis, 1599; Scholia in Vetus et NT, 1609; De monetae mutatione, 1609; Discursus de erroribus, qui in forma gubernationis Societatis occurrunt, 1625 (1628 indiziert). - Über M.: BACKER-SOMMERVOGEL V, 547ff (Bibliogr.) - RE XII, 337ff - G.CIROT, M. historien, 1904 - P.U.GONZALÈS DE LA CALLE, Ideas político-sociales del P.M. (in: Rivista de Archivos 29-32 u. 40, 1913-19) - DThC IX, 2336ff - P.MESNARD, L'essor de la philos. politique au XVIe siècle, (1936) 1951[2], 549ff - M.BALLESTREOS-GAIBROIS, J.M., 2 Bde, 1938/39 - E.L.LLORENS, Über J. de M.s Staatsauffassung (Span. Forsch. d. Görresges. I/8, 1940, 381-412). *R.Nürnberger*

Marianische Antiphonen, seit dem 13.Jh. vorzugsweise am Schluß der Komplet, später auch der anderen Zeiten des → Stundengebetes gesungen. In der Liturgie haben sich 4 M.A. erhalten: 1. das »Salve Regina« für die Zeit zwischen Pfingsten und Advent; es wird gern dem Reichenauer Hermann dem Lahmen (1013-54) zugeschrieben; 2. das hexametrische »Alma redemptoris« für die Advents- und Weihnachtszeit; als Verfasser nennt → Cäsarius von Heisterbach wieder Hermann den Lahmen; 3. das »Regina caeli« für die Zeit bis Ostern und 4. das »Ave regina coelorum« (Reimverse) für die Oster- und Pfingstzeit. Der Name → Antiphon hat nur beschränkte Berechtigung, da die Gesänge nicht mehr als Rahmenlieder mit Psalmen verbunden sind. Als Schlußgesänge der Stundengebete haben sie große Beachtung gefunden, bes. das Salve. Es wurde häufig tropiert (→ Tropus), zu seiner Pflege entstanden Salve-Stiftungen und -Bruderschaften. Die regelmäßige Verwendung der M.A. durch eine ganze Jahreszeit hindurch verlockte zu zahlreichen mehrstimmigen Vertonungen.

J.Maier, Studien zur Gesch. der Marienantiphon »Salve Regina«, 1939. *E.Jammers*

Marianische Kongregationen sind religiöse, von der kath. Kirche errichtete und anerkannte, nach Alter, Geschlecht und Ständen gegliederte, an die erste Sodalität in Rom angeschlossene → Bruderschaften (: II. III, 1), die bei besonderer → Marienverehrung (: I) die christliche Standesvollkommenheit ihrer Mitglieder anstreben und diese zur apostolischen Tätigkeit emporzuführen suchen. Die erste Gründung nahm der Flame P. Johannes Leunis SJ 1563 für Studenten des römischen Kollegs vor; diese entstammten meist römischen Adels- und Patriziergeschlechtern. Von Rom verbreiteten sich die M.K. in den Jesuitenkollegien Italiens, Frankreichs, Spaniens und Deutschlands (Wien 1573, Dillingen 1574, Köln 1576, Ingolstadt 1577). Um die Errichtung der deutschen M.K. machten sich bes. die Jesuiten Jakob Rem, Franz Coster und Petrus → Canisius verdient. → Gregor XIII. (»Omnipotentis Dei«, 5.12.1584) bestätigte die M.K. in Rom als »primaria congregatio seu primarium sodalitium« unter dem Titel der Verkündigung Mariens und übertrug deren Leitung dem Jesuitengeneral mit dem Recht, andere solche Vereinigungen anzugliedern. Die M.K. zu Ingolstadt wurde 1586 als erste deutsche an die Hauptkongregation angegliedert. Der Ordensgeneral Claudius → Aquaviva gab den M.K. eine weise Verfassung, die im wesentlichen noch heute gilt (Präses mit gewähltem Magistrat oder Konsult, d. i. mit einem Präfekten, 2 Assistenten und 6 oder 12 Konsultoren). Verschiedene Verbände hatten zunächst eigene Regeln, nahmen dann aber später mehr oder weniger die des römischen Kollegs an. Bald spalteten sich die M.K. in verschiedene, nämlich solche für Akademiker, Gymnasiasten, Religiosen, Adlige, Bauern, Arbeiter, Soldaten (von → Clemens VIII. am 30.8.1602 gutgeheißen). → Benedikt XIV. erließ am 27.9.1748 die Bulle »Gloriosae Dominae«, die die M.K. reich privilegierte. Derselbe Papst gestattete am 8.9.1751 in den Kirchen des Jesuitenordens auch die Errichtung von M.K. für Frauen und Jungfrauen. Nach Aufhebung der → Jesuiten 1773 hätten auch die M.K. ihr Ende gefunden, wenn nicht fast überall ideal gesinnte Weltgeistliche und andere Ordensleute in die Bresche gesprungen wären. Diese Übernahme in die Gesamtkirche wurde auch nach Wiedererrichtung des Ordens 1814 nicht rückgängig gemacht. → Leo XII. ließ durch Reskript vom 7.3.1825 jede mit Zustimmung des Bischofs errichtete M.K. angliedern, auch wenn sie nicht unter Leitung der Jesuiten stand. Der Anschluß bewirkte aber keine Rechte über die angegliederten Vereine. Diese Maßnahme hatte eine ungeheure Steigerung der M.K. zur Folge. Der preußische → Kulturkampf brachte zwar die Auflösung verschiedener M.K. an höheren Lehranstalten, aber die diesbezüglichen ministeriellen Erlasse von 1872 wurden 1904 wieder aufgehoben oder wenigstens gemildert. → Pius XII. (»Bis saeculari«, 27.9.1948) kodifizierte das gesamte Recht, schrieb die allgemeinen Regeln für alle M.K. vor und bestimmte, daß die Sodalen keinem anderen Verbande beitreten müssen, da die soziale und apostolische Tätigkeit für die Ausbreitung des Reiches Christi und für die Verteidigung der kirchlichen Rechte zu den ersten Aufgaben der M.K. gehöre. Oft sind die M.K. in Diözesan- und Landesföderationen zusammengefaßt. Die Gesamtzahl der bis 1958 an die Prima primaria in Rom angegliederten M.K. beträgt bereits über 83 000. Das neueste Verzeichnis der Ablässe und Privilegien hat die Hl. Paenitentiarie am 9.8.1948 approbiert. Der feierlichen Aufnahme geht eine Prüfungszeit (Kandidatur) von 2 Monaten voraus. Als besonderes Mittel zur Heiligung gelten geistliche Übungen, tägliche Betrachtung, Gewissenserforschung, häufiger Sakramentenempfang, die Willigkeit gegenüber dem Seelenführer, die volle Hingabe seiner selbst an den Dienst der Gottesmutter und das feste Versprechen, aus sich und dem Mitmenschen vollkommene Christen zu machen.

LThK VI, 125f - DDC IV, 803ff - Les Congrégations Mariales, 1947 - P.Overhage, Geist u. Wollen der M.K., 1953 - Allgemeine Regeln der M.K., 1954 - H.Rahner, Die geistesgeschichtl. Bedeutung der M.K., 1954 - J.Risk, De Congregationis Marianae exemptione (Periodica de re morali, canonica, liturgica 45, 1956, 392-425; 46, 1957, 164-186). - Zs.en: Acies ordinata, 1931ff - Das große Zeichen, Werkblatt für Sodalinnen M.K., 1949ff - Korrespondenz der Präsides, 1951ff. *Ph.Hofmeister*

Marianisten (*Societas Mariae, SM; Marienbrüder, Gesellschaft Mariens, Society of Mary,* auch *Marianiten, Marianisti*), 1817 von G.-J.Chaminade (1761-1850) in Bordeaux gegründet. Zweck der in vielen europäischen und überseeischen Ländern arbeitenden Kongregation ist die Förderung des christlichen Unterrichts, der Jugenderziehung und -vereine. Neben der Selbstheiligung der Mitglieder stehen die Ausbreitung und Festigung der kath. Lehre sowie Leitung von → marianischen Kongregationen, → Exerzitien und Missionen im Mittelpunkt. Die päpstliche Approbation erfolgte 1865, die Bestätigung der Ordensregeln 1891. Die SM setzt sich zusammen aus Priestern, Lehr- und Arbeitsbrüdern mit gleichen Rechten, hat in 12 Provinzen ca 2600 Mitglieder und besitzt 180 Häuser, u.a. die Universitäten in Dayton (Ohio) und San Antonio (Texas) sowie mehrere High Schools. Auf den Stifter geht auch das 1816 in Agen (Dep. Lot-et-Garonne) errichtete Institut der *Marientöchter* zurück. - *Marianitinnen* → Kreuz, Orden, 2 i.

Lettres de M. Chaminade, 5 Bde, 1930 - Heimbucher II, 445ff - LThK VI, 917; LThK² II, 1012 (Chaminade) - Escobar II, 1191ff (Lit.) - EC XI, 864f - K.Burton, Chaminade, Apostle of Mary, Milwaukee 1946. *W.Göbell*

Mariaviten. Die M., heute eine romfreie kath. Kirche in → Polen, sind aus einer Kongregation röm.-kath. Priester im ehem. Kongreßpolen entstanden, die nach dem Vorbild der Maria (Mariae vitam imitantes) in »Stille, Schlichtheit und opferwilliger Arbeit dem Nächsten dienen« wollten. Die 1893 gegründete Priestergenossenschaft folgte Anregungen der in Plock/Weichsel lebenden *Maria Franziska* (Felicja) *Kozłowska* (1862 bis 1921). Schon in früher Jugend dem damaligen gesellschaftlichen Leben abgewandt, hatte sie in Plock mit fünf Gleichgesinnten 1888 eine Schwesternschaft nach der Regel der hl. Klara gegründet und außer der Anfertigung von Paramenten karitative Aufgaben unter der armen Bevölkerung übernommen. Maria Franziska glaubte sich durch ihr geschenkte Offenbarungen dazu berufen, eine innere Erneuerung des polnischen Volkes und seiner Kirche herbeizuführen. Die Priester, die sich ihr seit 1893 anschlossen, amtierten großenteils in städtischen Arbeitergemeinden, führten ihr Leben nach der Regel des hl. Franziskus und veranlaßten ihre Gemeindeglieder zu einem abstinenten Leben, u.a. im Kampf gegen den Alkoholmißbrauch. Durch Dekret des hl. Offiziums vom 4.9.1904 wurde der auf 70 Priester angewachsenen Kongregation die erstrebte Anerkennung verweigert. Die Bischöfe versetzten die Priester in entlegene Landgemeinden, um ihr soziales Wirken, mit dem sie sich Liebe und Anerkennung erworben hatten, zu unterbinden. Eine Klageschrift der M.priester an den Papst gegen dieses Vorgehen der Bischöfe wurde von Pius X. mit dem Versprechen beantwortet, die Angelegenheit gerecht zu behandeln. Aber am 5.4.1906 wurden sie durch eine an den polnischen Episkopat gerichtete Enzyklika verurteilt. Am 5.12.1906 wurde die große Exkommunikation über Maria Franziska und den Leiter der Ordensgenossenschaft, *Kowalski,* ausgesprochen, später auch über die Priester. Trotz der nun hereinbrechenden Verfolgung - die M. zählen 18 »Kreuzzüge« - und des dadurch veranlaßten Abfalls von Priestern und Schwestern wuchs die Bewegung weiterhin in den Arbeiterkreisen. Aus der Sache der Priester wurde eine Gemeindesache. Obwohl 40 Kirchen geräumt werden mußten, wurden in kurzer Zeit aus großen Opfern armer Gemeinden neue Kirchen errichtet, verbunden mit Leseräumen, alkoholfreien Gaststätten und karitativen Anstalten. Die Petersburger Regierung erkannte die M. 1906 als »religiöse Sekte« und laut Dumabeschluß 1912 als »Glaubensbekenntnis« an. 1907 trat unter Führung von Kowalski das erste *Generalkapitel* zusammen, neben 32 Geistlichen auch Laien.

In *dogmatischer* Hinsicht blieben die M. auf dem Boden der röm.-kath. Kirche. Allmählich stellten sich Unterschiede ein. Messe und Gottesdienst werden in der Volkssprache gehalten. Es gibt keine Ohrenbeichte, keine Reliquienverehrung, keine Kirchenstrafen oder Kirchenbann. Im Mittelpunkt des kultischen Lebens steht die Verehrung des Altarsakramentes, das 4. Ordensgelübde für Priester und Nonnen. - 1909 wurden die M. in die *Utrechter Union* der altkath. Kirchen (→ Altkatholiken, 1) aufgenommen und Kowalski zum Bischof geweiht.

Der 1. Weltkrieg brachte einen starken Rückgang der vielen wirtschaftlichen Unternehmungen der M. auf genossenschaftlicher Grundlage. Zugleich lebte in nationalistischem Sinne die alte Idee des polnischen *Messianismus* wieder auf. Die größten inneren Wirren wurden jedoch nach dem Tode von »Mutter« Maria Franziska (23.8.1921) hervorgerufen durch Bischof Kowalski, der in schwärmerischer Weise behauptete, weiterhin durch die Offenbarungen der als »Braut Christi« im Himmel thronenden Maria Franziska gelenkt zu werden. Durch mystische Ehen zwischen Mönchen und Nonnen sollte ein neues sündloses Geschlecht für das Reich Gottes auf Erden heranwachsen. Diese und andere schwärmerische Verirrungen führten 1924 zu einem *Ausschluß* aus der Gemeinschaft der altkath. Kirchen und zu einer Minderung und Spaltung unter den M., bis 1935 Kowalski seiner Ämter enthoben und Bischof *Feldmann* eingesetzt wurde. Einen neuen Anschluß an die Utrechter Union wollten die M. nach dem Angebot i.J. 1937 erst vollziehen, wenn die Gemeinschaft in Buße und Reinigung wieder erstarkt sei. Der 2. Weltkrieg zerstörte durch die nationalsozialistischen Beschlagnahmen und Vertreibungen grausam Gemeinden, Kirchen, Anstalten und wirtschaftlichen Besitz. Plock, der Mittelpunkt alles Lebens der M., blieb außerhalb des Generalgouvernements. Bischof Feldmann wurde wegen seiner teilweise deutschen Abstammung gezwungen, sich in die »deutsche Volksliste« einzutragen, und hat die Kriegsjahre bis 1957 in altkath. Gemeinden Südbadens verbracht. - Als sich im Sommer 1945 die Reste wieder sammelten, wurde *Jakob Prochniewski* zum leitenden Bischof gewählt. Ein »vorläufiger Kirchenrat« wurde geschaffen und der mühsame Wiederaufbau der Gemeinden und der wenigen noch verbliebenen Anstalten begonnen. Im Aug. 1957 versammelte sich in Plock das Kapitel, um die »ständigen« Behörden der Kirche zu wählen. Am 4.10. (Franziskustag) wurde der neue Bischof *Michael Sitek* konsekriert.

1912 hatten die M. ca 200 000 Mitglieder, 1927 waren es noch 102 000 in 67 Gemeinden. Nach dem Stand vom Juni 1958 sind es 38 000 Gemeindeglieder in 41 Kirchgemeinden und 6 Filialgemeinden. Dazu gehören 43 Kirchen, 4 Kapellen, einige Altersheime und genossenschaftliche Werkstätten. Die M. haben zZ 31 Priester, 4 Diakone, 1 Subdiakon und 215 Schwestern, die zT ausgebildete Lehrerinnen sind. - Die M.-Kirche ist seit 1956 dem Ökumenischen Rat der Kirchen in Polen angeschlossen. Ihr theologischer Nachwuchs studiert an der Christlich-Theologischen Akademie in Chylice bei Warschau, der Nachfolgerin der früheren ev.-augsburgischen Fakultät, die auch die Angehörigen anderer nichtkath. Kirchen in eigenen Sektionen ausbildet. Außerdem besteht ein Priesterseminar und ein Mutterhaus der Schwestern in Plock. Die Kowalskische Splittergruppe ist zahlenmäßig gering. - Ein Zusammenschluß mit der ebenfalls romfreien *polnischen Nationalkirche* ist trotz mancher Zusammenarbeit nicht erfolgt, auch noch keine Wiedereingliederung in die Utrechter Union.

A. Rhode, Bei den M. Eindrücke von einer neuen romfreien kath. Kirche, 1911 - Ders., Die neuere Entwicklung bei der M.-Kirche (Posener Ev. Kirchenbl. 6, 1927/28, 5-8. 36-40) - K. Gajowski, M.-sekte, Krakau 1911 - Ph. Feldmann, Die altkath. Kirche der M., Plock 1940² - I. Rhode, Die M. (in: Gestalten u. Wege der Kirche im Osten, 1958, 163-175). - Zs.en: »Mariavita« u. »Wiadomosci mariawickie«, Lodz; seit 1958 »W imię Boże« (»Im Namen Gottes«), seit 1959 geändert in »Mariavita«, Plock. *† I. Rhode*

Mariazell, Wallfahrtsort in Steiermark, um 1157 als Zelle der steirischen Benediktinerabtei St. Lambrecht begründet. Das holzgeschnitzte → Gnadenbild stammt aus dem 12. Jh., die Kapelle wurde im 14. Jh. zur gotischen Kirche ausgebaut, im 17. Jh. erweitert und barockisiert, den Hochaltar schuf J. B. Fischer v. Erlach. 1724 erhielt M. einen permanenten Plenarablaß.

O. Wonisch, Gesch. v. M., 1947 - Ders., Die M.-Ursprungslegende (Festschr. f. Geramb, 1949, 167-178) - M. Jantsch, M., 1952. *H. Zimmermann*

Marienbild

1. Motive und Versionen - 2. Geschichtlicher Überblick. - M. = Maria, Mb. = Marienbild. - Vgl. Bildtafeln zu → Malerei und Plastik: II-VI

1. Das Mb. gehört zu den beliebtesten Themen christlichen Kunstschaffens und ist nur noch in seiner Gesamtentwicklung überschaubar. Bibel und Legende, Dogma und Liturgie, offizielle und persönliche Frömmigkeit haben es geformt. An biblischen Erzählungen kommen als *Motive* in Betracht: Verkündigung, Heimsuchung, Kümmernis Josephs, Geburt, Anbetung, Darbringung im Tempel, Flucht nach Ägypten, Jesus unter den Schriftgelehrten, Jugend in Nazareth, Hochzeit zu Kana, M. unter dem Kreuz, Kreuzabnahme, Himmelfahrt

Christi, Pfingsten. Dazu hat die von der Volksfrömmigkeit geschaffene altchristliche und mittelalterliche Marienlegende der Kunst neue Themen geliefert: zB Geburt der M., Tempelgang, Vermählung der M., Marientod, Himmelfahrt M.s, Marienkrönung, ihre Fürbitte beim jüngsten Gericht (Deesis). Auch die »Wunder« der M. gehören hierher. Die Bewahrung vor Katastrophen mannigfacher Art läßt die Schutzmantelmadonna (Pestbild) erstehen. Liturgische Verehrung und dogmatische Formulierungen, die den Anteil M.s an der Erlösung kundtun, geben Anlaß zur Verselbständigung des Mb.es und zu weiteren Modifizierungen. Es entstehen die Motive der Anna Selbdritt und der Immaculata, die die Sündlosigkeit bereits der hl. → Anna zuschreiben. Die Bedeutung der M. im Erlösungsprozeß kommt auch in den Wurzel-Jesse- und in den Sippenbildern zum Ausdruck. Die scholastische Theologie schafft eine Reihe von marianischen Symbolen, die vorwiegend dem AT (Ez, Hhld) entnommen sind und die Jungfräulichkeit versinnbilden: zB den brennenden Busch, den verschlossenen Garten, den blühenden Stab Aarons, das Vließ Gideons, den elfenbeinernen Turm. Visionen frommer Klosterinsassen liefern individuelle Züge. Mystische Frömmigkeit schafft im Anschluß an biblische Berichte neue Szenen, zB den Abschied Jesu von M., die Pietà (→ Andachtsbild), die Beweinung. M. als Braut, M. im Rosenhag, die Gestaltung der 7 Freuden und der 7 Schmerzen M.s haben ebenfalls hier ihre Wurzel. – Grundsätzlich ist das Mb. in drei Versionen zu erwarten: a) in allen Darstellungen biblischer oder legendarischer Berichte, in denen M. eine Rolle spielt, bes. in der Kindheits- und Leidensgeschichte M.s und Jesu, b) isoliert mit Kind als Gegenstand der Andacht und der Verehrung, c) unter dem Deckmantel eines Symbols. Daß diese drei Darstellungsweisen sich auch gegenseitig durchdringen können, ist selbstverständlich. Welche Form jeweils überwiegt, hängt von der Gesamtentwicklung der christlichen Kunst und der Art der Frömmigkeit eines jeden Zeitalters ab. Der Reichtum der Kombinationen ist unerschöpflich.

2. Wunderbar entstandene oder von Lukas gemalte Mb.er kennt nur die Legende. Die Ausbeute in der → *altchristlichen Kunst* ist gering, da Kindheits- und Leidensgeschichte Jesu erst seit der Mitte des 4.Jh.s und auch da wesentlich in der Kleinkunst berücksichtigt werden und die → Marienverehrung (: I) erst im Werden begriffen ist. Häufig ist nur die Magieranbetung, bei der M. mit dem Kind auf dem Schoß ohne besondere Zeichen ihrer Würde dargestellt wird. Auf den → Weihnachts-Bildern, vorwiegend auf Sarkophagdeckeln, fehlt jede Sonderstellung. – Das Konzil von → Ephesus 431 hat durch die Erhebung der M. zur Theotokos die steigende Marienverehrung gekrönt und der Entwicklung des Mb.es neuen Anstoß gegeben. Das Mb. gewinnt seinen Platz an hervorragenden Stellen des Gotteshauses, in der Apsis, am Triumphbogen usw als → Mosaik oder Fresko. M. wird weithin der biblischen Umrahmung entnommen und isoliert dargestellt, allenfalls von Engelscharen umgeben. In der *byzantinischen Tradition* bilden sich unter dem Einfluß der ostkirchlichen Liturgie und Hymnologie Typen des Mb.es, die nur geringe Abwandlungen erfahren und in der russischen Kunst bis zur Gegenwart fortdauern. Sie lassen sich auf zwei reduzieren: die thronende M. mit dem Kind auf dem Schoß und die stehende mit (selten ohne) Kind auf dem Arm. Die Typen werden nach historischen Ereignissen, Kirchen oder Orten benannt, die für die Entstehung des Urtypus (meist verloren) verantwortlich gemacht werden, oder nach der Charakterisierung der M. Der Typus der sitzenden M. mit Kind heißt Nikopoia, beide Gestalten sind streng frontal. Dieser Typus findet sich schon in S. Apoll. Nuovo in Ravenna (formales Vorbild: → Isis mit dem Horusknaben). Der Typus der stehenden M. mit Kind ist die Hodegetria (Kloster Hodegon in Byzanz), wie sie zB in S. Marco in Venedig gestaltet ist (auch als Brustbild gebräuchlich). Eine Abart der stehenden M. ist die Blacherniotissa (Kloster Blachernae in Byzanz), die M. als Orantin in Voll- oder Halbfigur zeigt. Die Platytera stellt wiederum eine Weiterbildung dieses Motivs dar, indem sie das Jesuskind in Voll- oder Halbbild auf einer Scheibe vor der Brust der M. hinzufügt. Die Glykophilusa (Zärtliche), die Galaktotrophusa (Stillende), die Eleusa (Barmherzige; s. Taf. 17 Abb. 3) u.a. sind spätere Abwandlungen der ursprünglichen Typen, die dem strengen Geist des byzantinischen Mb.es nicht mehr entsprechen und in ihrer Individualisierung vielleicht schon westlichen Einfluß verraten.

Die *abendländische* Entwicklung des Mb.es ist ohne die byzantinischen Vorbilder nicht zu denken. Das gilt sowohl für die stadtröm. als auch für die romanische Kunst nördlich der Alpen. In der → *Romanik* (vgl. Taf. 54 Abb. 4) wird vornehmlich die sitzende M. mit Kind auf dem Schoß gestaltet. Die Plastik (Holz, Stein) schafft thronende Madonnen als Statuen für Fassadennischen oder Reliefs für Tympanen. Oft erhält M. Krone und Szepter als königlichen Schmuck. Die Unnahbarkeit und Herbheit des byzantinischen Vorbildes bleibt gewahrt. – Die → *Gotik* bringt die reichste Entwicklung des Mb.es nach Form und Gehalt. Scholastische und mystische Frömmigkeit ermöglichen neue Formen und Inhalte. Glasfenster und Portale der Kathedralen verlangen nach Schmuck, die Tafelbilder nach immer neuen Themen. Alle drei Versionen erleben ihre Blütezeit: die nach Bibel und Legende geformte Erzählung unter dem Einfluß der zahlreichen → Marienfeste; die isolierte Darstellung bes. der stehenden M. mit Kind, die unter dem Einfluß des neuen individuellen Geistes zur zärtlichen Mutter, unter dem Einfluß der Mystik zur minnereichen Braut wird, mit allen Zügen eines durchseelten ritterlichen Frauenideals ausgestattet; die marianische Symbolik unter scholastischem Einfluß. Im späten MA wird die Fülle unübersehbar. Die → Mystik (: VI) ist die Quelle von Pietà-Darstellungen von bis dahin unerhörter Realistik. Einflußreich sind auch die Revelationes der hl. → Birgitta. Daneben entstehen Schutzmantelmadonnen von zarter Beseeltheit, im Sippenbild begegnen Marien von biederer, bürgerlicher Herkunft. Neben der hohen Kunst schafft die Volksfrömmigkeit bes. an den Wallfahrtsorten → Gnadenbilder, »schwarze«, »blutende« Marien, jugendliche Marien ohne Kind im Ährenkleid, Marien im Strahlenkranz, das apokalyptische Weib mit Krone und Szepter auf der Mondsichel. Die Malerschulen des ausgehenden MA schaffen jeweils »ihr« Mb., die flämische Schule zB ein stärker realistisches, die Kölner (Stephan Lochner) ein fast kindlich zartes. Das Mb. erfährt durch die Holzschnittfolgen des »Marienlebens« (zB → Dürer) besondere Verbreitung.

Ein neuer Madonnentypus entsteht unter der Einwirkung der → *Renaissance* in Italien und beeinflußt bes. im 16.Jh. auch die Mb.er anderer Länder. Für die Frührenaissance charakteristisch sind die mädchenhafte Gestalt der M., ihre oft das Kind anbetende Geste, die Einbeziehung der Landschaft, die Form des Tondo, die eine sitzende M. zur Folge hat, schließlich die Freude am Detail, an der Kostbarkeit des Gewandes und des Schmuckes. Suchte das MA die M. durch das zeitgenössische Ideal zu verherrlichen, so die Renaissance durch das Idealbild des einzelnen Künstlers, das in der Frührenaissance vorwiegend der Aristokratie entstammt.

Die Besonderheiten der einzelnen Maler- und Bildhauerschulen (sienesische, florentinische, umbrische, venezianische) und ihrer Meister treten in helles Licht. Die herben Madonnen Donatellos (Florenz) unterscheiden sich charakteristisch von dem verhangenen Typus bei Botticelli (Florenz), dem sanften bei Perugino (Umbrien) und dem mütterlichen bei Giovanni Bellini (Venedig). Die Hochrenaissance verzichtet weithin auf das Detail zugunsten des Repräsentativen, bevorzugt den pyramidenförmigen Bildaufbau und stellt gerne die M. mit Kind auf dem Thronsessel in Verbindung mit Heiligen (sacra conversazione) in symmetrischer Komposition dar. Die monumentale Gestaltung läßt oftmals den Mangel an innerer Gebundenheit weniger fühlbar werden. Die »Gottesmutter« wird durch das würdige, aber nicht mehr unnahbare Menschenbild verdrängt. Die natürliche Beziehung von Mutter und Kind gewinnt immer mehr Raum. Die Mb.er → Raffaels sind der vollkommene Ausdruck dieser Epoche. Die bewegten Kompositionen → Tizians und Veroneses bilden die Überleitung zum Barock.

Die *Reformation* bedeutet für die Entwicklung des Mb.es Stillstand und Verarmung. Das Mb. der *Gegenreformation* aber ist in Form und Gehalt von der stark jesuitisch beeinflußten Frömmigkeit bestimmt. Der neue Stil (→ Barock: I) löst die klassische Gebundenheit in Bewegung auf, die Diagonale bestimmt den Bildaufbau. Licht und Farbe gewinnen eigenartige Bedeutung. Die Malerei hat den Vorrang. Der visionären Frömmigkeit und dem von ihr geprägten Stil gemäß werden überirdische Themen bevorzugt, bes. die Immaculata. Die den Heiligen sich nahende M. und die mater dolorosa spielen eine Rolle. Der Geist der Zeit prägt das Bild der ketzerbekämpfenden M. →Murillo, →Rubens, van Dyck schaffen Mb.er, die glutvolle Frömmigkeit mit völlig profanen Zügen verbinden. Die Ekstatik und Theatralik vieler Barockmadonnen bleiben dem prot. Empfinden fremd. Nur → Rembrandt weiß von der Wirkung, die von einem Mb. ohne jeden sakralen Anspruch ausgehen kann. - → *Klassizismus* und → *Romantik* haben nichts Wesentliches zur Entwicklung des Mb.es beigetragen, wenn auch den Marien der → Nazarener echte fromme Haltung nicht abgesprochen werden kann. Noch einmal hat die Beuroner Kunst versucht, auch das Mb. dem profanen und psychologisierenden Einfluß zu entziehen und ihm die sakrale Weihe wiederzugeben. Seither ist es immer stärker nur in den kirchlich-kath. Raum einbezogen, gewinnt aber hier durch die Dogmatisierung der leiblichen Himmelfahrt der M. (→ Mariologie), durch die persönliche Frömmigkeit der letzten Päpste und durch der Marienverehrung günstige kultische Bestrebungen neuen Auftrieb. - Vgl. Bildtafeln zu → Malerei und Plastik: II-VI.

E.Mâle, L'Art religieux ..., 4 Bde, 1898-1932 - A.Venturi, La Madonna, Mailand 1900; dt. bearb. v. Th.Schreiber, 1900 - A. Munoz, Iconografia della Madonna, Florenz 1905 - W.Rothes, Die Madonna, (1905) 1909² - St.Beissel, Gesch. der Verehrung M.s in Deutschland während des MA, 1909 - Ders., Gesch. der Verehrung M.s im 16. u. 17.Jh., 1910 - J.H.Clément, La représentation de la Mad. à travers les âges, Paris 1910 - N.P.Kondakoff, Ikon. der Mutter Gottes I. II, Leningrad 1914/15 (russ.) - V.C.Habicht, M., 1926 - C.Jéglot, La vie de la Vierge dans l'art, Paris 1927 - Künstle I - M.Vloberg, La Vierge et l'Enfant dans l'art français I. II, Grenoble 1933 - LThK VI, 925ff - M.Meiss, The Madonna of Humility (ArtB 18, 1936, 435-465) - E.H.Korevaar-Hesseling, Die Entwicklung des Madonnentypus in der bildenden Kunst, 1938 - DACL X/2, 1982ff - C.Cecchelli, Mater Christi I. II, Rom 1944/48 - RDK II, 821ff (Blacherniotissa); III, 1206 ff (Defensorium Mariae); IV, 1297 ff (Eleusa); V, 246ff (Empfängnis, Unbefleckte; jeweils Lit.) - M.L. d'Ancona, The Iconography of the Immaculate Conception in the MA and Early Renaissance, New York 1957 - Lexikon der Marienkunde, hg.v. K.Algermissen u.a., 1957ff (Lit.). *H.Jursch*

Mariendichtung

1. Lat. Md.: a) Marienhymnen - b) Marienlegenden - c) Mariendramen - d) Marienleben - 2. Deutsche Md.: a) Frömmigkeitshaltung - b) Poetisches Instrumentarium - c) Die Denkmäler (MA und Neuzeit). - M. = Maria, Md. = Mariendichtung

1. a) Die Md., die sich aus der → Marienverehrung (: I) entwickelte, hat wie diese ihren Ursprung in der griech. Kirche, wo sie in der Liturgie der → Marienfeste Verwendung findet. In der syrischen Kirche, in der → Ephraem zuerst das Lob der M. gesungen hatte, wurde früher als in der griech. Kirche das Verbot durchbrochen, selbstverfaßte Lieder im Gottesdienst zu verwenden. Die überschwenglichen *Marienhymnen* des Patriarchen → Sergius (, 1) und die nüchternen des → Romanos haben im 6./7.Jh. die Blütezeit der Md. heraufgeführt. - Mit → Hilarius von Poitiers, der den griech. Kirchengesang kennengelernt hatte, beginnen im Abendland die Anfänge der lat. Md. Auch → Ambrosius stimmte den Preis der M. an. Aber eine eigentliche Md. fehlt noch im 4.Jh. → Sedulius hat in seinem carmen paschale die Antithese Eva-M., die sündlose Geburt Jesu und zuerst die Anrufung der M. Poetische Inschriften - meist in der Form der Tituli für Marienkirchen und Altäre - finden sich vom 5.-9.Jh. Einen Lobgesang auf die M. hat Venantius → Fortunatus im 8. Buch der carmina miscellanea. Ins Brevier (→ Stundengebet) sind die ihm zugeschriebenen Hymnen »Quem terra, pontus, aethera« und »In laudem S. Mariae« aufgenommen worden. Das »Ave maris stella« unter seinem Namen gehört wohl erst dem 11.Jh. an. In → Aldhelms Gedicht »De laudibus virginum« führt M. den Chor der Jungfrauen an. Bei → Paulus Diaconus, in den Sequenzen des → Notker Balbulus und anderen Dichtungen des 9./10.Jh.s deutet sich die spätere Mariensymbolik an. Reichere Md. entsteht im Zusammenhang mit der inbrünstigen Marienverehrung der Cluniazenser (→ Cluny). Dem 11.Jh. gehören an: »Ave perquam« (Heriger von Laubach), »Alma redemptoris mater«, »Salve regina misericordiae« (Hermann der Lahme von Reichenau) und »Ave praeclara maris stella« in Anlehnung an das »Ave maris stella«. → Otloh von St. Emmeram bittet M. um Beistand, → Fulcher von Chartres preist sie in verschiedenen Hymnen, Alphanus I. von Salerno läßt M. eine Ansprache an Jesus halten, von dessen Sendung sie völlig unterrichtet ist. - Gegen Ende des 11.Jh.s beginnen bes. in Frankreich die rhythmischen Formen sich zu glätten, und der Aufbau der Md. vollzieht sich nach festen Gesetzen. Ihren ersten Höhepunkt hat sie bei → Adam von St. Viktor, der mit mystischer Inbrunst die reiche Symbolik at. Vorbilder bes. des Hhld auf M. anwendet und sie wie in der Prosaliteratur mit zahlreichen Prädikaten schmückt. Den höchsten Gipfel erreicht die Md. im »Stabat mater dolorosa« des 13.Jh.s (→ Jacopone da Todi?). Die spätere Md. verliert sich meist in Spielereien (Glossengedichte zu → Ave Maria, Salve regina u.a.). Die Aurea fabrica des Franko von Meschede (ca 1330) ist durch die »Goldene Schmiede« des Konrad von Würzburg (s. 2 c) beeinflußt worden. - Die Md. wird seit dem 11.Jh. auch apologetisch (Warnerius von Basel) und polemisch gegen Juden, Simonisten und andere Gegner der kirchlichen Lehre verwendet (→ Rupert von Deutz, Hugo Ambianensis).

b) Die *Marienlegenden* sind ebenfalls aus der griech. Kirche (→ Evagrius Scholasticus) ins Abendland gekommen und haben zuerst bei → Gregor von Tours und bei Papst → Gregor I. ihren Niederschlag gefunden. Eine wichtige Vorstufe haben sie in der griech. Theophiluslegende. Ihre lat. Übersetzung durch Paulus Diaconus ist die Quelle späterer Bearbeitungen geworden (→ Hrotsvit von Gandersheim, Marbod von Rennes,

Volpert von Ahusen, Ratewin von Freising, → Petrus Damiani). Eine rhythmische lat. Bearbeitung der Legende (nach 1119) hat wohl das Motiv verbreitet. Die ersten größeren, aber noch nicht systematisch bearbeiteten Prosasammlungen entstehen unter Hinzufügung zahlreicher neuer Motive zu Beginn des 12.Jh.s (→ Guibert von Nogent, → Caesarius von Heisterbach). → Hildegard von Bingen hat die Legende poetisch gestaltet. Während der → Kreuzzüge tritt in ihnen Judenfeindschaft zutage. Mit den Legenden werden Marienvisionen verbunden. Die Marienlegenden spielen in der → Legenda aurea eine wichtige Rolle. Die Miracula B.Mariae Virginis (12.-15.Jh.) wurden, in mehrere Sprachen übersetzt (italienisch, altfranzösisch: Gautier de Coincy), zum Volkslesebuch.

c) Die *Mariendramen,* die ebenfalls aus der griech. Kirche stammen, finden sich im Dramenbuch der Hrotsvit von Gandersheim. Seit der 2. Hälfte des 10.Jh.s erscheint M. in den Osterdramen, seit dem 13.Jh. in den Passionsdramen. Den Mariendramen sind zT Marienklagen eingefügt worden. Ihre älteste Gestaltung in der Compassio B.Mariae hat reichste Nachwirkung bes. in dem aus Frankreich stammenden »Planctus ante nescia«.

d) Die *Marienleben* gehen auf das Protev und bes. auf das Pseudo-MtEv zurück, das Hrotsvit in Verse faßte. → Vincentius von Beauvais machte Auszüge aus dem Evangelium de nativitate Mariae, das vollständig in die Legenda aurea aufgenommen wurde. Ein unbekannter Dichter des 12./13.Jh.s behandelt es in rhythmischer Form.

BHL, Rep. Hymn., 1892-1920 - AnBoll 21, 241ff - C.Blume, Ein Jt. lat. Hymnendichtung, 2 Bde, 1910 - Ders.-H.M.Bannister, Analecta hymnica, Bd 54. 55, 1915/22; lat.-dt. Ausg. v. F.Wellner, 1937 - Manitius I-III - G.Frenken, Wunder u. Taten der Heiligen, 1928 - LThK VI, 939ff. *W.Delius*

2. a) Als (mancherlei Formen zugehörige) themabestimmte *Gattung* bildet die Md. des deutschsprachigen Raumes nur im MA einen eigenen literarischen Komplex. Wie immer sie hier auch transformiert und ausgebaut wurde: ihre formalen, inhaltlichen und gemütsbewegenden Strukturen empfängt sie ganz oder zT von der *lat.* Md. (s. 1). Daß sich indes nach dem Muster des jahrhundertealten Vorbildes die rühmenden, verklärenden und bittenden Worte an die herrschende und leidende Gottesmutter seit der Mitte etwa des 12.Jh.s auch in der Volkssprache formieren, zeugt von einem Wandel der Frömmigkeitshaltung: Die eine Befreiung von ihren Schmerzen suchende Seele vertraut sich der Schmerzensreichen an, deren Fürbitte der göttliche Sohn sich nicht verweigern, die er gewisser hören wird als die der mittelnden Heiligen (vgl. → Marienverehrung: I).

b) »In tausend Bildern lieblich ausgedrückt«: dies in der Tat ist das stilistische Charakteristikum der Md. Von Anbeginn strahlt um sie die Gloriole der verherrlichenden Beiwörter, der symbolischen und allegorischen Embleme, wie sie die Sprache des liturgischen Kultes und der Poesie vor allem dem AT, hier wiederum bes. dem Hhld entnahmen. Die typologische Sehweise des MA erblickt M. und ihr Schicksal vorgebildet und allegorisch ausdeutbar zB in Jesses Reis, Gideons Fell, Aarons Stab oder Moses Dornbusch und in der »sponsa« des himmlischen Bräutigams. Sie ist Meerstern und Blume, Mond und Sonne, Edelstein und Himmelsspeise.

c) Die Md. ist Frucht des Kultes, der Liturgie. So stehen am Anfang die »lyrischen« Gebilde: *Lob und Gebet.* Noch dem epischen Reimpaarstil ist das »Arnsteiner Mariengebet« verhaftet. In lyrischen Strophen singen die Marienlieder von Melk, St. Lambrecht (Seckau) und Muri; die beiden letzten sind → Sequenzen, die das berühmte »Ave praeclara maris stella« (s. 1 a) nachbilden (alle vier wohl zwischen 1150 und 1180). - Die religiöse Epik des Jh.s klingt aus mit dem ersten M. gewidmeten deutschsprachigen Epos: den »Driu liet von der maget«, den »Drei Büchern von der Jungfrau M.« des Priesters Wernher (1172). Den Pseudo-Matthäus als Hauptquelle benutzend, erzählt Wernher anschaulich, stimmungs- und gemütvoll und mischt zuweilen schon frühe »höfische« Töne für ein immer formbewußter und stoffhungriger werdendes Publikum hinein. Das zunehmend biographische Interesse breiter Hörerkreise dokumentiert sich in Konrads von Heimesfurt »Mariae Himmelfahrt« (in höfischer Kunsttradition stehend, um 1220) und in den *Marienleben,* die sich der um 1200 verfaßten »Vita beatae virginis Mariae et Salvatoris rhythmica« als Quelle bedienen: das »Grazer Marienleben« und das Walthers von Rheinau (Mitte und Ende des 13. Jh.s), das des Bruders Philipp und das des Schweizers Wernher (Anfang und Ende des 14.Jh.s). - Die sich um M. rankenden *Legenden* wurden meist in größere Sammlungen eingebettet (so in das um 1300 vollendete → Passional). - Die von der höfischen Dichtung überlagerte mystisch-religiöse Strömung bricht hervor in der frommen Inbrunst des »Rheinischen Marienlobs« (um 1220). Ein halbes Jh. später katalogisiert Konrad von Würzburg die Lobpreisungen Mariens in der virtuosen Rhetorik seiner »Goldenen Schmiede«; und mit tiefsinnigem Prunk umgibt (um 1400) der niederrheinische Mystiker Bruder Hans die Gottesmutter in seinem Marienbuch. - Die *Lyrik der Blütezeit* gilt nicht M., sie gilt der transzendierenden Gottheit *Minne;* doch will man auch in diesem System die Stimme der Liebe zur Himmelskönigin mitschwingen hören. Ihr eigens hat → Walther von der Vogelweide einen Leich gewidmet. Über das (einst fälschlich → Gottfried von Straßburg zugeschriebene) »Marienlob« und die späten Spruchdichter führt die Entwicklung zur pittoresken Form- und Wissensschwelgerei Frauenlobs einerseits, zum einfachen geistlichen Lied anderseits (→ Heinrich von Laufenberg und seine Übersetzungen lat. Kirchengesänge in der 1. Hälfte des 15.Jh.s). - Der Weg zum *Drama* geht über die Gattung der *Marienklagen.* Sie entstammt der Sequenz »Planctus ante nescia«: die monologische Form wurde erweitert, dramatisiert und den → Passionsspielen eingereiht (oder erst durch Ablösung aus ihnen verselbständigt?).

Die *nachmittelalterliche Literatur* kennt nicht eigentlich die Marienthematik als dichterische Gattung. Das 17.Jh. besingt in seiner Kirchendichtung *auch* M. (→ Spee, → Angelus Silesius). Ergreifend und tief ist die lyrische Projektion der Erlösungssehnsucht des romantischen Zeitalters auf M.: in → Brentano, → Novalis, → Eichendorff. Aus neuerer Zeit ist → Rilkes aus dem heilsgeschichtlich-religiösen in den ästhetisch-symbolischen Bereich hinübergleitendes »Marienleben« erwähnenswert (durch → Hindemith vertont).

Wichtigste Ausg.n: F.Pfeiffer, Marienlegenden, (1846) 1863^2 - A.Waag, Kleinere dt. Gedichte des 11. u. 12. Jh.s, (1889) 1916^2 - C.Wesle, Priester Wernhers M., 1927 - A.Bach, Das rhein. Marienlob (Bibl. d. Lit. Vereins 281), 1934 - E.Perjus, Das Marienleben Walthers von Rheinau (Acta Academiae Aboensis Humaniora XVII/1), Åbo 1949^2. - Neueste Lit.: VerfLex III, 1943, 245ff (Lit.); V, 1955, 650ff (Lit.) - H. de Boor, Die dt. Lit. v. Karl d. Gr. bis zum Beginn d. höf. Dichtung, (1949) 1950^2, 199ff (Lit.) - H.Gaul, Der Wandel des Marienbildes in d. dt. Dichtung u. bildenden Kunst vom frühen zum hohen MA (Diss. Marburg), 1949 - H.Fromm, Unters.en zum Marienleben des Priesters Wernher, Turku 1955 - K.Büse, Das Marienbild in d. dt. Barockdichtung, 1955 - M.Bindschedler, Mittelalterl. Marienlyrik (Deutschunterricht 9, 1957, H. 2, 30-37).

P.Wapnewski

Mariendogma → Mariologie.

Marienerscheinungen. Obwohl die → Marienverehrung (: I) schon in der alten Kirche, zwar nicht für die Theologie, aber für die Volksfrömmigkeit von Bedeutung war, sind M. (abgesehen von einem kaum beachteten Bericht Papst → Gregors I. über eine Marienerscheinung vor einem kleinen Mädchen) erst im 19.Jh. in größerem Stile aufgetreten. Bekannt wurden vor allem die M. in → La Salette (1846), → Lourdes (1858) und Fatima (1917), die die offizielle kirchliche Anerkennung fanden, ferner die in Pontmain (1871), Banneux und Syrakus, die nur von den zuständigen Bischöfen anerkannt sind. Eine Reihe von M. (zB Heroldsbach) sind kirchlich nicht anerkannt; ihre Förderung ist verboten. – Eigentliche Bedeutung haben die M. erst durch den starken Widerhall gewonnen, den sie in der allgemeinen → Volksfrömmigkeit (: I) gefunden haben. Vor allem die religiösen → Heilungen, die den M. folgten, haben die Erscheinungsstätten zu berühmten Wallfahrtsorten (→ Wallfahrt: II) und zum Ziel unübersehbarer Pilgerströme werden lassen. In erster Linie sind die M. denn auch nicht von der offiziellen kath. Theologie her, sondern als Phänomene der Volksfrömmigkeit zu verstehen, denen sich die kirchliche Lehre freilich alsbald zugewandt hat. Sie sind als die spezifisch romanische Ausprägung einer religiösen Erweckungsbewegung anzusehen, die im 19.Jh. ganz Europa durchlief und oft zu wunderbaren Heilungen führte (→ Möttlingen, Männedorf). Wesentliche Wurzeln dieser Erweckungsbewegung dürften in den großen soziologischen und politischen Wandlungen und Umgruppierungen liegen, die das 19.Jh. bestimmten. So hat auch die mit den M. verbundene Botschaft der Madonna, vor allem im Falle von Fatima, deutlich politischen Sinn: sie will die Welt vor der Gefahr des Kommunismus warnen und zum Glauben zurückrufen. Die besondere Gestalt der M. und Marienfrömmigkeit, die die allgemeine religiöse Bewegung in den romanischen Ländern gefunden hat, erklärt sich aus der langen und bes. intensiven Tradition der Marienverehrung in diesen Ländern. – Unter psychologischem Aspekt sind »Erscheinungen« ein Symptom, das aus sehr verschiedenartigen Ursachen entstehen kann (zB → Suggestion, Neurosen, Psychosen). C.G. → Jung hat für die M. eine symbolische Deutung im Rahmen seines tiefenpsychologischen Systems geltend gemacht.

Die offizielle *Stellungnahme der kath. Kirche* zu den M. ist bestrebt, unter strenger Prüfung sämtlicher Umstände einer Erscheinung die Approbation nur dort zu erteilen, wo die Privatoffenbarung nicht mit der allgemeinen Offenbarung in Widerspruch steht, wo sie also ihrem Gehalt nach von der Kirche als im depositum fidei schon gegeben verstanden werden kann. Jedoch sind gerade die M. einer theologischen Entwicklung entgegengekommen, die das mariologische Dogma immer mehr hervortreten ließ und entfaltete (vgl. die Enzykliken Ineffabilis Deus, 1854; Ad diem, 1904; Mystici corporis, 1943; Munificentissimus Deus, 1950). Diese nachdrückliche Akzentuierung und Explikation der → Mariologie steht in grundsätzlichem und höchst bemerkenswertem Zusammenhang mit einer neuen Orientierung der kath. Ekklesiologie (→ Kirche: III, 5) seit dem Vatikanum (die Formel »ad Mediatorem mediatrix« [Denz. 1940 a] könnte gleicherweise der Maria und der Kirche gelten!) und hat ihrerseits auf die Beurteilung der M. zurückgewirkt. Die M. und die von ihnen ausgehende Marienfrömmigkeit sind dabei zu entscheidenden Stützen der mariologischen Lehrentwicklung geworden, oft sogar mit dem Rang eines theologischen Arguments (Pius X. sah in der Marienerscheinung von Lourdes die göttliche Bestätigung des Dogmas von 1854). So wurde durch die mariologische und darin ekklesiologische Grundtendenz neuerer kath. Lehrentscheidungen nicht nur die Anerkennung der M. selbst, sondern auch die weitere Verehrung der anerkannten Erscheinungsstätten mit großem und steigendem Nachdruck gefördert. Besonderen Einfluß hatte darauf → Pius XII., dem selbst eine aufsehenerregende Marienerscheinung zuteil wurde.

Für die *ev.Theologie* ist bereits der formalisierte Offenbarungsbegriff, der über das biblische Zeugnis hinaus weitere »Offenbarungen« anzuerkennen erlaubt, unannehmbar. Sie kann ferner jede Verbindung von Phänomenen der Frömmigkeitsgeschichte mit spekulativ-dogmatischer Lehrentwicklung nur als grundlegenden Widerspruch zum reformatorischen Schriftprinzip verstehen. Sie wird schließlich in einer daraus begründeten kirchlichen und lehrmäßigen Förderung der M. und der Verehrung von Erscheinungsstätten die Tolerierung, Legitimation und Konstituierung eines sekundären Paganismus sehen müssen, innerhalb dessen der von möglichen dogmatischen Distinktionen unbeeinflußte Volksglaube die M. nur als Epiphanien eines Idols begreifen kann. Die ev. Theologie wird jedoch den M. ihr Interesse nicht versagen können; denn sie sind ein Ausdruck wesentlicher Tendenzen der röm.-kath. Frömmigkeitsgeschichte. In diesem Sinne sind sie jenen Phänomenen christlicher Religiosität zuzurechnen, die sich rationaler Deutung nie ganz erschließen und geeignet sind, sowohl spiritualistische Verkürzungen in der Schultheologie wie einen einseitig an der klassischen Naturwissenschaft orientierten theologischen Wirklichkeitsbegriff zu problematisieren.

Über Erscheinungen allg.: G.Tyrell, Apparitions, 1953 - C.M. Staehlin, Apariciones, 1954 - K.Rahner, Visionen u. Prophezeiungen, 1958[2] - LThK[2] III, 1047ff (Lit.). - Über M.: L.Gonzaga da Fonseca, Le merariglie di Fátima, (1931) 1939[3]; dt.: Maria spricht zur Welt. Fatimas Geheimnis u. weltgeschichtl. Sendung, 1957[14] - R.Ernst, Maria redet zu uns. M. seit 1830, (1946) 1950[4] - D.Zähringer, Muttergotteserscheinungen (Benediktin. Monatsschr. 26, 1950, 25-40) - J.Goubert-L.Cristiani, Apparitions et messages de la Sainte Vierge de 1830 à nos jours, 1954 - H. du Manoir SJ (Hg.), Maria. Etudes sur la Sainte Vierge IV, 1956, 320f. 367ff; V, 1958, 757ff - L.Lochet, Apparitions, 1956; dt.: Muttergotteserscheinungen, 1957 - H.L.Maréchal, Mémorial des apparitions de la Vierge dans l'Église, 1957. - Ev. Lit.: G.Ebeling, Zur Frage nach dem Sinn des mariologischen Dogmas (ZThK 47, 1950, 383-391) - W.Delius, M. (ZW 29, 1958, 141-143).
D.Rössler

Marienfeste haben ihren Ursprung im Orient des 5.Jh.s; im 7.Jh. gelangten sie in das Abendland. Sie haben eine dreifache Wurzel: den christologischen Streit (→ Christologie: II, 4), die Mystik und die Dogmatisierung marianischer Tradition (→ Mariologie). Die beiden zuletzt dogmatisierten M., Unbefleckte Empfängnis (1854) und Mariä Himmelfahrt (1950), sind im CIC kodifiziert (c. 1247 § 1). Mariä Himmelfahrt (15. Aug.) ist das älteste Marienfest, hervorgegangen aus dem nestorianischen Streit mit der konziliaren Anerkennung der θεοτόκος (Gottesgebärerin) 431 in → Ephesus (Denz. 111 a. 113). Durch dieses Prädikat erhielten → Herrenfeste wie Darstellung (2. Febr.) und Verkündigung (25. März) einen marianischen Akzent. Bald nach dem Ephesinum wurde der 15. Aug. als »Tag der Gottesgebärerin Maria« begangen. Um 600 ordnete Kaiser Mauritius für diesen Tag die Feier der κοίμησις τῆς θεοτόκου an. Ein Jh. später taucht das Fest im Abendland als dormitio oder obitus Deiparae auf. Im Gelasianum und im Gregorianum steht zuerst »Adsumptio Sanctae Mariae«. Neun Monate vor Mariä Geburt (8. Sept.) liegt das Fest der Unbefleckten Empfängnis (8. Dez.), das von Unteritalien über die Normandie nach

England kam. Wenn auch bis 1854 ohne dogmatische Bindung, war die Feier der Immaculata schon 1477 durch Sixtus IV. auf die ganze Kirche ausgedehnt worden. – Außer diesen 5 großen kennt das Missale noch einige kleinere M.: Heimsuchung (2. Juli), Namen (12. Sept.), Opferung (21. Nov.), Maria vom Berge Karmel (16. Juli), Maria Schnee = Kirchweihe von S. Maria Maggiore (5. Aug.), Maria de Mercede (24. Sept.) und das → Rosenkranz-Fest (7. Okt.). Am Freitag vor Palmsonntag und am 15. Sept. wird der »Sieben Schmerzen Marias« gedacht.

RE XII, 319ff – LThK VI, 935ff – L.Eisenhofer-J.Lechner, Grundriß der Liturgik des röm. Ritus, 1953⁶, 177ff (Lit.). – Vgl. → Marienverehrung, → Mariologie. *F.Schmidt-Clausing*

Marienkunde ist im Katholizismus ein literarisches Erzeugnis der gesteigerten → Mariologie und → Marienverehrung (: I) des 20.Jh.s. Die M. zeigt, wie sich die Lehre und Verehrung der → Maria in der Kirchengeschichte und Liturgie entwickelt hat. Sie gibt einen systematischen Überblick über Mariologie und Marienverehrung in der kath. Frömmigkeit und den marianischen Dienst in den Orden, Kongregationen und im Weltklerus. Die M. zeigt die Bedeutung der Maria auf literarischem und künstlerischem Gebiet (→ Marienbild, → Mariendichtung). Sie will Handreichung für den Priester sein, den gebildeten Katholiken von seiner Skepsis gegenüber der Marienverehrung zu einer an der Lehre der Kirche ausgerichteten und auch seinem Intellekt gemäßen Verehrung der Gottesmutter führen und zugleich einer ungesunden, übersteigerten Marienverehrung wehren. Die M. wird durch das → Lehramt der Kirche geleitet.

P.Sträter (Hg.), Kath. M. I. II, (1947) 1952²; III, 1951 – H. du Manoir SJ (Hg.), Maria. Etudes sur la Sainte Vierge I-VI, Paris 1949ff – Lexikon der M., hg.v. K.Algermissen u.a., 1957ff (Lit.). – Weitere Lit. s. → Marienverehrung: I. → Mariologie. *W.Delius*

Marienverehrung

I. In der kath. Kirche – II. In der orth. Kirche – III. In der ev. Kirche der Gegenwart. – M. = Maria, Mv. = Marienverehrung. – Vgl. → Maria im NT, → Marianische Kongregationen, → Marienbild, → Mariendichtung, → Marienerscheinungen, → Marienfeste, → Marienkunde, → Mariologie

I. In der kath. Kirche

Die Heimat der Mv. ist der Orient. Dort ist der Glaube an die »ewige Jungfrau« (ἀειπάρθενος) entstanden, der Titel »Gottesmutter« (θεοτόκος) dogmatisiert (→ Mariologie), das Gedächtnis M.s in die Liturgie eingeführt worden; dort wurden die ersten Marienhymnen gedichtet, die ersten Mariengebete gesprochen, die ersten Marienlegenden erzählt, die ersten → Marienfeste und → Marienbilder geschaffen, die ersten Kirchen nach M. benannt. Nur zögernd, ja zT widerstrebend übernahm die Westkirche diese Mv. Die Polemik → Tertullians zeigt, daß schon der Glaube an die Jungfräulichkeit M.s in und nach der Geburt im Westen auf Widerspruch stieß. Zwar bekräftigten die römischen Legaten auf dem Konzil zu → Ephesus das Theotokos-Dogma; aber noch bei → Augustin finden sich weder Hymnen noch Gebete an M. noch eine Erwähnung von Marienfesten. In dem Papst → Gelasius I. (492–496) zugeschriebenen Decretum Gelasianum wird die im Osten verbreitete Erzählung von der Verherrlichung des Leibes M.s zu den verurteilten Schriften gezählt. Mit → Sedulius und Venantius → Fortunatus beginnt die lobpreisende und betende Hinwendung zu M., die den Anstoß zu einer immer reicheren lateinischen und bald auch deutschen → Mariendichtung gab. Im 6.Jh. begannen die abendländischen Kirchen (Rom erst im 7.Jh.) die Marienfeste zu übernehmen, und erst gegen Ende des 1.Jt.s fingen mit der Übersetzung der Theophilus-Legende ins Lateinische die Legenden von der wunderwirkenden Kraft des Gebets zu M. an zu wuchern. Obgleich überall die Vorbilder der östlichen Mv. wirksam waren, vollzog sich im Abendland eine tiefgreifende Veränderung in der Vorstellung M.s. Die über alle Engelchöre erhabene Himmelskönigin nahm immer mehr menschliche Züge an. Als Verkörperung der Barmherzigkeit erscheint sie vornehmlich in der Rolle der advocata, die durch den Hinweis auf ihre Mutterbrust den Zorn ihres Sohnes beschwichtigt und unter ihrem Mantel die zu ihr Fliehenden vor seinem Gericht schützt (»Schutzmantel-Madonna«). Hatte schon im Osten die Gestalt M.s Elemente aus dem Kult der vorderasiatischen → Muttergottheiten übernommen, so nahm sie im Westen Züge der keltischen und germanischen Göttinnen auf. Die Mv. verband sich mit alten Berg-, Wasser- und Baumheiligtümern, wie die Namen von Wallfahrtsorten (Marienberg, → Maria-Laach, M.-Bründl, M.-Eich) zeigen. An solchen wurden wundertätige → Gnadenbilder verehrt, die auf übernatürlichen Ursprung (Engelshand) zurückgeführt wurden. Große Heilige wie → Bernhard von Clairvaux und → Franz von Assisi vergeistigten die volkstümliche Mv. durch Orientierung an der Schrift. Der Minnesang übte starken Einfluß auf die Mv. aus, indem die Kirche die freigeistige Frauenanbetung in das Strombett der Marienminne lenkte. Dadurch drang in die Mv. ein erotisches Element ein. Eine Ergänzung bot die scholastische Theologie, welche die Stellung M.s in der Heilsgeschichte in rationaler Weise darzustellen suchte, bes. ihr Verhältnis zur Erbsünde (→ Mariologie). Die → Mystik (: VI) hingegen sah in M. vornehmlich das Urbild der gottliebenden, reinen Seele, die auf geistige Weise Gott empfängt und von neuem gebiert. Bei → Seuse führt die Verehrung der Gottesmutter zur schlichten Ehrfurcht vor jeder irdischen Frau. Obgleich die Theologie die Geschöpflichkeit M.s festhielt und ihre gesteigerte Verehrung (hyperdulia) von der Anbetung (latria) abgrenzte, nannte → Mechthild von Magdeburg sie »Göttin« (Fließendes Licht 3, 1. 4) und erklärte Papst → Martin I. (649–655): »Wer nicht M. verehrt und anbetet (adorat), der sei im Banne« (Ep. 14). Das Volk rief M. als die Helferin nicht nur in geistlichen, sondern in weltlichen Nöten an. Die verbreitetste Gebetsform wurde im 12.Jh. das → Ave Maria, dessen biblische Grußworte (Lk 1, 28. 42) erst 1500 durch eine kurze Bitte um Beistand in der Sterbestunde ergänzt wurden. Das Ave wurde mit dem Pater noster aufs engste verknüpft. Die beliebteste Form dieses Mariengebetes wurde neben dem → Angelusläuten der → Rosenkranz, bei welchem die Gottesmutter in enger Verbindung mit der Heilsgeschichte betrachtet wird. In der Gegenreformation wurde die Mv. bes. durch die → Jesuiten propagiert. Nachdem sie in der Aufklärungszeit in maßvolle Grenzen gedrängt worden war, dehnte sie sich im 19.Jh. immer mehr aus. Die Romantik belebte die mittelalterliche Marienminne. Das Papsttum steigerte die Mv. durch die Verkündigung der Dogmen von der unbefleckten Empfängnis (1854) und der leiblichen Aufnahme M.s in den Himmel (1950; → Mariologie). Hatten → Thomas von Aquino und ihm folgend der → Dominikaner-Orden die Empfängnis M.s in der Erbsünde gelehrt, so wurde nun die gegenteilige franziskanische Lehrmeinung als glaubensnotwendig erklärt. Und hatte die römische Kirche in ihrer Liturgie bis zum Ende des 16.Jh.s am Fest Mariä Himmelfahrt die sichere Annahme ihrer leiblichen Aufnahme in den Himmel als »aliquid frivolum et apocryphum« bezeichnet, so wurde nun diese Lehre als heilsnotwendig erklärt und ihre Bestreiter als »völlig vom göttlichen und kath. Glauben abgefallen« hingestellt. Durch diese Dogmen wurde das »marianische Zeitalter« eingeleitet. Manche Kreise fordern bereits weitere Dogmen: die universale Gnadenmittlerschaft und das Weltkönigtum M.s. → Pius XII. weihte die Welt dem Herzen M.s. Dieser dogmatischen Entwicklung gingen zahlreiche → Marienerscheinungen zur Seite. → Lourdes-Grotten mit Statuen der Immaculée und Abbilder der Fatima-Madonna finden sich heute in zahllosen Kirchen. An die Umherführung von Statuen antiker Gottheiten erinnert die »peregrinatio« der Fatima-Madonna durch die ganze Welt. Gegen die Zurückdrängung Christi durch den ausschweifenden Marianismus erhob sich vereinzelt Protest von kath. Seite. Trotz aller paganistischen Auswüchse übte die menschliche und künstlerische Seite der Mv. eine starke Anziehungskraft auch auf Nicht-Katholiken aus, zumal auf Dichter und bildende Künstler.

K. Benrath, Zur Gesch. der Mv. (ThStKr 59, 1886, 1-94. 197 bis 267) - G. Kolb, Wegweiser in die marian. Lit., (1888) 1900^{2} - RE XII, 309 ff - J. H. Schütz, Summa Mariana, 5 Bde, 1903-21 - J. Hoppenot, La sainte vierge ..., Brügge 1905 - G. Herzog, La sainte vierge dans l'hist., Paris 1908 - St. Beissel, Gesch. der Verehrung M.s in Deutschland während des MA, 1909 - Ders., Gesch. der Verehrung M.s im 16. u. 17. Jh., 1910 - Ders., Wallfahrten zu unserer lieben Frau in Legende u. Gesch., 1913 - B. Bartmann, M. im Lichte des Glaubens u. der Frömmigkeit, (1922) 1925^{4} - E. Campana, M. nel dogma cattolico, (1923) 1945^{6} - Ders., M. nel culto cattolico, 2 Bde, Rom (1933) 1943^{2} - RGG^{2} III, 2014 ff - F. Heiler, Die Gottesmutter im Glauben u. Beten der Jh.e (Hochkirche 13, 1931, 172-209) - Ders., Die Madonna als religiöses Symbol (ErJb 1934, 277-317) - LThK VI, 886 ff - Dom G. Demaret, Marie de qui est né Jésus, Paris 1937 ff - C. Cechelli, Mater Christi, 4 Bde, Rom 1946-53 - P. Sträter, Kath. Marienkunde, 3 Bde, 1947-51 - R. Graber, Die marian. Weltrundschreiben der Päpste in den letzten 100 Jahren, 1951 - Das neue Mariendogma im Lichte der Gesch. u. im Urteil der Ökumene, hg. v. F. Heiler, 2 Bde (Oekum. Einheit II/2. 3), 1951 - P. Bernardus, Fatima - Wahrheit oder Täuschung?, 1952 - Encicl. Mariana »Theotocos«, Genua 1954 - P. Alfaric, Les origines du culte de Marie, Paris 1954 - J. Leipoldt, Von Epidauros bis Lourdes, 1957. - Weiteres bei den ergänzenden Artikeln. *F. Heiler*

II. In der orth. Kirche

Nach den Kämpfen um den Titel der Gottesgebärerin (θεοτόκος, russ.: bogorodica) im 5. Jh. (→ Mariologie, 2a) ist es im Osten zu keiner konziliaren Entscheidung über die Mv. mehr gekommen. Das Dogma von der unbefleckten Empfängnis wird bis heute von der orth. Kirche abgelehnt. Das alte Fest der Koimesis (russ.: Uspenie) am 15.8. wie auch die anderen → Marienfeste hat sie mit einer Fülle von Hymnen ausgezeichnet. Während die zT aus älterer Zeit stammenden Lesungen noch christologischen Charakter haben, entwickelt sich in den Hymnen immer mehr das Bild der Miterlöserschaft M.s. In der Ikonographie der Koimesis finden sich sowohl die assumptio animae wie die assumptio corporis. Auf manchen Denkmälern der Malerei (s. → Ikone) ist nur die erste dargestellt. Im Laufe der Zeit eroberten die Marienlieder alle Meß- und Festliturgien sowie das → Stundengebet (: I, 1). Die Theotokien durchziehen thematisch den gesamten orth. → Gottesdienst (: V A, 2). Spezialtheotokien, wie etwa die Staurotheotokien (H. J. W. Tillyard, The Hymns of the Octoechus II, 1949, 163-208) oder die stichera dogmatica (ebd 103-162) werden dabei zur gesungenen Mariologie. Das berühmteste Marienlied der Orthodoxie ist der → Akathistos Hymnos, den man jetzt → Romanos zuschreibt (E. Wellesz, The Akathistos Hymn, 1957; Altaner 495). Neben der Hymnologie ist vor allem die → Ikone Gegenstand der Mv. Ihre Typen lassen sich auf die Hodegetria (»Führerin«) und die Eleusa (»Erbarmerin«) zurückführen. In Rußland hat die Mv. in Verbindung mit dem Mythos »Mutter, feuchte Erde« besondere Ausdeutungen gefunden, die sich vor allem in der Volksdichtung Geltung verschafft haben.

E. Staedel, Ikonographie der Himmelfahrt Mariens, 1935 - F. Heiler, Urkirche u. Ostkirche, 1937, 205 ff - V. N. Lazarev, Studies in the Iconography of the Virgin (ArtB 20, 1938, 38-41) - K. Kirchhoff, Über dich freuet sich der Erdkreis, 1940 - I. Ortiz de Urbina, Die Marienkunde in der Patristik (OrChrP 6, 1940, 40-82) - H. Schauf, Der brennende Dornbusch, 1940 - I. Smolitsch, Die Verehrung der Gottesmutter in der russ. Frömmigkeit u. Volksreligiosität (Kyrios 5), 1940/41 - C. Fink, Die Theotokos im Glauben u. Kultus der orth. Kirche (In Deo Omnia Unum, 1942, 156-176) - M. Jugie, La mort et l'assomption de la Sainte Vierge (StT 144), 1944 - N. Scheffer, The Akathistos ... in Russian Art (Gazette des Beaux Arts 29, 1946, 5-16) - J. Duhr, La Dormition dans l'art chrétien (NRTh 72, 1950, 134-157) - A. Vloberg, Les types iconographiques ... dans l'art byzantin (in: H. du Manoir SJ, M. Etudes sur la Sainte Vierge II, 1952, 403-444) - M. Gordillo SJ, Mariologia orientalis (OrChr Analecta 141), Rom 1954 - Th. Strotmann, M. in der Lehre u. Frömmigkeit der Ostkirche (Texte der Konfer. zu Maria Laach, 1954, 71 bis 79) - J. Nasrallah, Marie dans la ... liturgie byzantine, 1955 - G. A. Soteriou in: Θεολογία 27, 1956, 1-16 - W. Delius, Texte zur Gesch. der Mv. ... in der alten Kirche (KlT 178), 1956 - Altaner 23 f - D. T. Strotmann, Quelques aperçus historiques sur le culte marial en Russie (Irénikon 32, 1959, 178-202). *K. Onasch*

III. In der ev. Kirche der Gegenwart

Ev. Mv. ist ein theologisch noch durchaus ungeklärter Begriff. Auf die Reformatoren, bes. auf Luther, kann er nicht zurückgeführt werden, sofern man mit der Tatsache ernst macht, daß Luther in Sachen der → Heiligenverehrung (: II, 4) überhaupt wie bes. der Mv. seine ursprüngliche kath. Haltung allmählich preisgegeben hat. Er ehrte M. um ihres Zusammenhangs mit Christus willen. Er sah in ihr ein - nicht nur in seiner reformatorischen Frühzeit (Auslegung des → Magnificat, WA 7, 538 ff) - gepriesenes Vorbild des Glaubens und der Demut. Er lehnte es aber ab, sie als Fürbitterin anzurufen. Er sorgte dafür, daß die → Marienfeste, soweit sie beibehalten wurden, zu Christusfesten wurden. - Soweit ev. Mv. *gegenwärtig* in einem liturgisch-restaurativen Sinne gemeint sein sollte, könnte sie der ev. Theologie unbedenklich erscheinen. Sobald sie geflissentlich übersieht, was neben dem Bericht über M. in Lk 1 sonst noch im NT über → Maria gesagt (zB Mk 3, 31 ff; Lk 11, 27 f; vgl. auch die Beziehung zwischen Joh 2, 4 und 19, 26 [H. Preisker, ZNW 42, 1949, 209 bis 214]) oder nicht gesagt (Paulusbriefe!) wird, widerstreitet sie schon in ihrer Grundlage der biblischen Wahrheit. Sofern sie »als das Echo des Segens, den Gott über die Mutter des Herrn ausgesprochen hat« (H. Asmussen), für die ev. Verkündigung und das Lied und Gebet der Kirche verbindlich gemacht wird, entsteht ein neues Gesetz, und die Mv. wird zu einem Angriff auf die ev. Botschaft von der Rechtfertigung und zu einer Einschränkung des »Christus allein«. Ehe nicht die sehr disparaten modernen Anregungen zur Mv., wie sie von Theologen (→ Vilmar, → Lagarde, → Heiler, → Asmussen) und Dichtern (→ Novalis, Liliencron, → Rilke) kamen, in ernsthafter innertheologischer Diskussion verarbeitet sind, hat - gerade im Zeitalter des neuen kath. Mariendogmas (→ Mariologie) - keine ev. Gruppe und kein einzelner ev. Pfarrer das Recht, ev. Mv. heute praktisch voranzutreiben.

A. Schlatter, Marien-Reden, (1927) 1951^{3} - LThK VI, 895 ff, bes. 897 (Lit.) - Barth, KD I/2, 151 ff - H. Lamparter, Die Magd des Herrn. Ein ev. Marienbild, 1949 - H. Asmussen, M., die Mutter Gottes, 1950 - R. Schimmelpfennig, Die Gesch. der Mv. im dt. Protestantismus, 1952 (Lit.) - W. Delius, Luther u. die Mv. (ThLZ 79, 1954, 409-414) - H.-D. Preuss, M. bei Luther (SVRG 172), 1954 - F. Heiler (→ Mariologie) 39-48 - Ders., Ev. Mv., 1955 - Aufsätze zur ev. Mv. in: Eine hl. Kirche 28, 1955/56, 1-72 - EKL II, 1249 ff. *W. Jannasch*

Marillac, *Louise (Ludovica) de* (Madame Le Gras; 1591–1660), * und † in Paris, studierte Malerei und Philosophie, 1613 mit Antoine Le Gras, Sekretär der Königin Maria de'Medici, vermählt, 1625 Witwe. L.M. unterrichtete seit 1629 im Auftrag ihres Seelsorgers → Vincentius a Paulo Mitglieder der Frauenvereine in Krankenpflege. In ihrer Wohnung eröffnete sie 1633 eine »Schule der Liebe«, die 1634 durch ein Gelübde zur Armen- und Krankenpflege als Kongregation der Barmherzigen Schwestern vom hl. Vinzenz (→ Vinzentinerinnen) konstituiert wurde. L.M. errichtete Schulen, karitative Vereine und Anstalten. Sie wurde 1920 selig-, 1934 heiliggesprochen.

H. Gobillon, Vie de Mme Le Gras, Paris 1676; dt. 1837 – Lettres de L.M., 2 Bde, 1886 – Heimbucher II, 462ff (Lit.) – LThK VI, 947. – Briefwechsel s. → Vincentius a Paulo. *H. Liebing*

Marinus I., *Papst* 16.12.882 bis 15.5.884, aus Gallese (Toscana), unter → Hadrian II. und → Johannes VIII. als oströmischer Legat tätig, Bischof von Caere. Seine Wahl zum Papst verstieß gegen den nicänischen Grundsatz von der Unübertragbarkeit der Bischofswürde und fand anfangs Widerstand. Als → Photius ihn verurteilte, bannte er ihn.

II., *Papst* 30.10.942 bis April/Mai 946, Römer. Von Alberich II. (→ Papsttum: II) erhoben, blieb er von diesem abhängig.

M. I. und II. werden in Papstkatalogen des Spät-MA häufig als Martin II. und III. gezählt.

RE XII, 340f – DThC IX, 2476 – LThK VI, 982f – EC VIII, 162f. – Zu M. I.: J. Duhr, Le pape Marin I était-il évêque ou archidiacre lors de son élection (RSR 24, 1934, 200–206) – D. Bezzi, Roma e l'Impero medievale, 1947, 83ff – Haller II, 179. *H. Fuhrmann*

Mariologie

1. Wurzeln der M. – 2. Mariologische Dogmen der röm.-kath. Kirche – 3. M. der orth. Kirchen – 4. Reformatorische Beurteilung. – Vgl. → Maria im NT, → Marienbild, → Mariendichtung, → Marienerscheinungen, → Marienfeste, → Marienkunde, → Marienverehrung

1. Der *Ansatz der M.* ist in dem biblischen Zeugnis von → Marias Mutterschaft zu sehen, durch das jedoch über die → Jungfrauengeburt (, 2. 3) hinausgehende Aussagen nicht veranlaßt werden. Jeder weitere mariologische Satz ist das Ergebnis postulierender Exegese wie kombinierender Methoden theologischer Satzbildung. Die dogmenbildende Funktion übernimmt die Glaubenshinterlage (depositum fidei) zu Händen des unfehlbaren Lehramtes, das die formulierten und noch zu findenden Sätze der M. unter Berufung auf den Glaubenssinn und die Tradition der Kirche proklamiert. Die Dogmenentwicklung folgt der → Marienverehrung (: I), in der, geschichtlich gesehen, die M. aufs stärkste verwurzelt ist. Der Mariendienst ist *Umwelteinflüssen* geöffnet und übernimmt heidnische Vorbilder und Frömmigkeitsformen; die M. legitimiert den religionssoziologischen Vorgang der Übertragung und Umformung des Göttermutterglaubens und übt so eine religionskritische und frömmigkeitsnormierende Funktion: In Maria »erfüllt sich in der Wirklichkeit des Lebens, was in den Gestalten jener Himmelsköniginnen geträumt wurde, welche wir in den Mythen treffen« (Schmaus). – *Weitere Wurzeln* für die Durchbildung der M. liegen in kritischen Wertungen der Geschlechtlichkeit aus enkratitischen Tendenzen, was auf das Ethos des Geschlechtslebens zurückwirkt. Dadurch werden die in der M. verwendeten Heiligkeits- und Sündlosigkeitsvorstellungen stark geprägt; die früheste mariologische Aussage ist die typologische Beziehung zwischen Eva und Maria, der Mutter des sündigen Menschengeschlechts und der Mutter des Erlösers. Dazu gesellen sich die Typen Maria – Kirche und Maria – Welt. Typologisch gedeutete Symbole wie die der verschlossenen Tempeltür, des nicht verbrennenden Dornbusches, der Arche u.a. werden zu marianischen Prädikaten. Daß die M. für die Lehre vom alleinigen Heil in Christus an der Beziehung der Mutter zu ihrem Sohn ein bes. in der Gegenwart lebhaft verhandeltes Thema empfängt, ergibt sich nicht so sehr aus dem Ansatz der M., sondern eher aus dem Gang der Dogmenbildung, auf dem die M. immer mehr zu einer Parallele der → Christologie wird. – Das *Formgesetz der Dogmenbildung,* drohende und offenbare Häresien abzuwehren, theologische Streitigkeiten zu klären und autoritativ abzuschließen, wildwachsende Vorstellungen zu integrieren, zeigt jedes mariologische Dogma in seiner Entstehung und Formulierung.

2. Dem Schriftzeugnis von der jungfräulichen Geburt schließen sich aus den angedeuteten Wurzeln Sätze an, die zu *vier,* nach dem kath. Dogmenbegriff heilsnotwendigen, *Kerndogmen* gerinnen: Maria ist als Gottesgebärerin die Mutter Gottes; sie ist trotz der Geburt immer Jungfrau geblieben; sie ist unbefleckt empfangen; sie ist leiblich in den Himmel aufgenommen. Dogmenrang haben noch nicht erreicht *strittige Anschauungen* über ihre Mittler- und Miterlöserschaft, ihre heilsmittlerische Stellvertretung der Menschheit und ihre geistliche Mutterschaft, die ihre kosmische Stellung bezeichnen sollen. Auch zu einer dogmatisierten »Josephologie« ist es noch nicht gekommen, zu der Ansätze vorliegen (Nährvater Jesu, freiwilliger Verzicht auf die ehelichen Rechte; → Joseph, 2).

a) Der Titel *»Gottesgebärerin«* (θεοτόκος) ist 325 bei → Alexander von Alexandrien zuerst sicher bezeugt; ob er schon von → Hippolyt und → Origenes gebraucht ist, bleibt umstritten. Er wurde mit der Idiomenkommunikation (→ Christologie: II, 3. 4) erläutert: was von Christus nach seiner menschlichen Natur gilt, ist auch von seiner Gottheit zu sagen. Bedenken gegen die »Eindeutigkeit« des Titels regen sich bei Vertretern der → antiochenischen Theologie (→ Diodor von Tarsus, → Theodor von Mopsuestia, → Nestorius). Nestorius wollte Maria Christusgebärerin und »auch Menschengebärerin« nennen, um zu vermeiden, daß die beiden Naturen in Christus vermischt erschienen und Maria zur Göttin wurde. Im Blick auf den von ihr Geborenen wollte er sie wohl Gottesgebärerin heißen, nicht aber ihre Mutterschaft damit bezeichnen. Der vergebliche Widerstand verquickte sich mit dem kirchenpolitischen Gegensatz der Patriarchate. Auf der Synode zu → Ephesus 431 gelang es → Cyrill, im Bunde mit Rom, den Ehrentitel für Maria durchzusetzen. Das Dogma deckte die Gottesmutter-Vorstellung der Volksfrömmigkeit. Die Reformation behielt es, mit seiner Begründung, bei.

b) Das Dogma von der *immerwährenden Jungfräulichkeit* Marias (ἀειπάρθενος) entwickelt sich seit dem 2. Jh. (Protevangelium des Jakobus). Es erscheint in Synodaläußerungen seit dem 7. Jh., ohne ausdrücklich formuliert zu sein. Danach ist Maria durch ein Wunder integris virginalibus Jungfrau geblieben, obwohl die Geburt Jesu als wirklich geschehen gedacht werden soll. Diese Behauptung, die den Titel »Gottesgebärerin« in ein doketisches Zwielicht taucht, hängt – wie die Ansicht von der nach der Geburt bewahrten Jungfräulichkeit – mit Anschauungen zusammen, die einen ehelichen Verkehr Marias als Besudelung (Papst Siricius) empfinden. Gegen den Einspruch von → Tertullian, → Jovinian, → Helvidius und Bonosus werden die Geschwister Jesu als einer ersten Ehe Josephs entstammend (Epiphanius), später (Hieronymus) angemessener als Verwandte Jesu ausgegeben. Die Ehe der Eltern Jesu wird unter den Vorsatz oder das Gelübde der Entsagung (Augustin) gestellt (→ Josephsehe). Von Augustin lernt das MA, daß die jungfräuliche Geburt allein die Freiheit Jesu von der Erbsünde sichere. Auch Luther und Zwingli verwarfen die Meinung des Helvidius und vertraten Gedanken gleicher Art.

c) Erst spät, greifbar im 12.Jh., verdichten sich Ansichten über die Makellosigkeit Marias zu der Lehre, sie sei *unbefleckt empfangen* (Immaculata Conceptio) und von der Erbsünde freigeblieben. → Bernhard von Clairvaux und → Thomas von Aquino sahen dadurch die Erlösungsbedürftigkeit aller Menschen angetastet. Nach jahrhundertelangen Kämpfen proklamierte → Pius IX. am 8.12.1854 (Denz. 1641), Maria sei im ersten Augenblick ihrer Empfängnis durch ein einzigartiges Gnadenwerk des allmächtigen Gottes im Blick auf die Verdienste Christi vor jedem Makel der Erbschuld bewahrt geblieben. Maria ist vorweg »auf erhabenere Weise« durch die Verdienste ihres Sohnes von jeder Auswirkung der Urschuld, bes. von aller Begierlichkeit erlöst und so entsprechend ihrer Erwählung zu einem besonders gestellten Organ des göttlichen Heilsplans geworden. Auch Luther hat die Sündlosigkeit Marias in diesem Sinne festgehalten, doch ist sie von der späteren ev. Theologie preisgegeben, weil sonst Natur und Gnade unscheidbar vermischt erschienen.

d) Als vorläufig letztes Mariendogma hat → Pius XII. am 1.11.1950 die *Aufnahme Marias* nach vollendetem Lebenslauf mit Leib und Seele in die himmlische Herrlichkeit verkündet (Assumptio; Denz. 2331-33). Der Weg dieser Lehre beginnt mit Legenden und Festen, die von einem Entschlafen Marias wissen. Noch um 377 wußte → Epiphanius nichts Genaueres über das Ende Marias, um 600 (?) hält es Theoteknos für angemessen, daß Maria im Himmel sei. Ob das durch den Tod hindurch, etwa durch ein Martyrium, geschah, oder ob Maria als »Ikone der unverweslichen Kirche« (Laurentin) unsterblich blieb, wird nicht entschieden. Da die Schrift schweigt und die Tradition spät und unklar laut wird, erscheint das Dogma als reine Setzung der Kirche, die sich damit zur Offenbarungsquelle macht. Das verändert die Struktur der Offenbarungsbezogenheit und Traditionsgebundenheit ihres Lehrens. Ihre Unfehlbarkeit (→ Infallibilität) überschlägt sich in Selbstverherrlichung, indem sie Maria durch die ihr zugesprochenen Privilegien zum Bild ihres eigenen Mysteriums macht, darin sie selbstmächtig Heilsfakten schafft und den Heilsvollzug selbst wirkt.

3. Die *orth. Kirchen* kennen als eigentliches mariologisches Dogma nur das ephesinische von 431 (s. 2 a); sie lehnen die Dogmen von 1854 und 1950 ab, ohne Maria eine besondere Heiligkeit abzusprechen. Die Stellung der Gottesmutter, auch ihre Auferstehung aus dem Tod, den sie als Folge der Erbsünde erleidet, wird in liturgischen Formen, in Festen, Gebeten und Hymnen ausgedrückt (→ Marienverehrung: II).

4. Die *Reformation* verwirft die kultische Verehrung Marias, weil dadurch die Bedeutsamkeit und der heilsgeschichtliche Rang des Erlösungswerks Christi in Frage gestellt werde. Luther wollte auch Bilder, die Maria als Versöhnerin des zornigen Mittlers zeigen, abgetan wissen. Er lehnte damit im voraus Maria als Mittlerin auf den Mittler hin (in mediatorem mediatrix, wie sie in der kath. M. bezeichnet wird), ab. Dagegen erkennen die Reformatoren, deutlich Luther und Zwingli, den christologischen Grundsinn der M. ihrer Zeit an. Maria ist, was sie ist, um ihres Sohnes willen, wird aber dadurch gerade nicht im Sinne der röm. Dogmenentwicklung herausgestellt, sondern zur dienenden Nebenfigur (→ Marienverehrung: III).

HUGO KOCH, Adhuc Virgo (BHTh 2), 1929 - DERS., Virgo Eva - Virgo Maria (AKG 25), 1937 - G.B.ROSCHINI, Mariologia I-IV, Rom (1941 ff) 1947/48² - DERS., La Madonna secondo la fede e la teologia I-IV, Rom 1953/54 - H. DU MANOIR SJ (Hg.), Maria. Etudes sur la sainte Vierge I-IV, Paris 1949-56 - G.EBELING, Zur Frage nach dem Sinn des mariolog. Dogmas (ZThK 47, 1950, 383-391) - G.BESUTTI, Bibliografia mariana I-III, 1950-58 - F.HEILER, Assumptio (ThLZ 79, 1954, 1-48; Lit.) - C.FECKES (Hg.), Die heilsgeschichtl. Stellvertretung der Menschheit durch Maria, 1954 - M.SCHMAUS, M., 1955 (Lit.) - W.DELIUS, Texte zur Gesch. der Marienverehrung u. Marienverkündigung in der Alten Kirche (KIT 178), 1956 - G. MIEGGE, Die gegenw. Situation der kath. M. (ThLZ 82, 1957, 561 bis 570) - R.LAURENTIN, Kurzer Traktat der marian. Theol., 1959 (Lit.). - Zs.en: Marianum, Rom 1939 ff; Estudios Marianos, Madrid 1947 ff; Marie, Nicolet/Quebec 1948 ff; Marian Studies, Washington 1950 ff; Ephemerides Mariologicae, Madrid 1951 ff; Etudes Mariales, Paris 1952 ff. - Weitere Lit. s. → Marienkunde, → Marienverehrung: I-III.

J.Weerda

Maristen und M.-Schulbrüder

1. *M., M.patres (Societas Mariae, SM),* Ordensgenossenschaft, aus einem 1816 in Lyon erfolgten Zusammenschluß von Seminarpriestern zu einer marianischen Gemeinschaft 1824 unter Leitung des franz. Weltpriesters Jean Claude Colin (1790-1875) als erstem Generaloberen (1836-54), Marcellin J.B.Champagnat (1789 bis 1840) u.a. in Belley (b. Lyon) entstanden. Neben der Selbstheiligung durch besondere Verehrung Mariens wird das Ziel der Genossenschaft die Erziehung sowie Volks- und Heidenmission (seit 1836 Mission in Westozeanien). Die Bestätigung erfolgte 1836. Heute haben die M. in 13 Provinzen ca 1800 Priester und Kleriker und ca 200 Brüder. Das deutsche Provinzialat befindet sich in Meppen (a. d. Ems), das Scholastikat in der ehem. Zisterzienserabtei Fürstenzell b. Passau.

2. *M.-Schulbrüder* oder Mindere Brüder Mariens, 1817 von Champagnat (s. 1) in La Valle b. Lyon gestiftet, verstehen sich als Kinder der Gottesmutter und wollen am Friedenswerk der christlichen Erziehung wirken (Schulunterricht sowie Missionsarbeit in Übersee, bes. in der Südsee). Das Generalmutterhaus befindet sich in Saint-Genis-Laval b. Lyon, das Mutterhaus der deutschen Provinz in Furth b. Landshut (Bayern).

3. *Maristinnen, M.schwestern,* 1824 von J.C.Colin gegründete Kongregation für Jugenderziehung mit dem Generalmutterhaus in Belley, bes. in der Mission in Übersee tätig. – Nach Gründung und marianischer Gesinnung sind hinzuzuzählen die *M.-Missionsschwestern* oder *Schwestern vom regulären Dritten Orden Mariens* (1880 begründet, Noviziat in Sainte-Foy-lès-Lyon) und die *Missionsschwestern vom hl. Namen Mariae,* 1920 aus von Frankreich vertriebenen deutschen M.-Missionsschwestern durch Bischof W.Berning von Osnabrück errichtet (Mutterhaus in Osnabrück-Haste, 50 Niederlassungen). – Von den M. gegründet sind ferner 1882 die einheimischen *Kleinen Brüder* und *Kleinen Schwestern Mariens* auf den Fidschi-Inseln sowie 1930 in Neukaledonien die *Kleinen Hilfsbrüder.* – Außerdem besteht seit 1850 in Europa, Amerika und Ozeanien ein weltlicher *Dritter Orden der Gesellschaft Mariens* (Terz'Ordine di Maria) mit Sitz in Rom (über 10 000 Angehörige).

F.R.DE SALINIS, Marins et Missionnaires, Paris 1927 - HEIMBUCHER II, 374 ff - LThK VI, 950 f - ESCOBAR II, 1209 ff - EC XI, 865. 1567 - Das Wirken der Orden u. Klöster in Deutschland I, 1957, 272 ff. 402.

W.Göbell

Maritain, *Jacques,* franz. kath. Philosoph, * 18.11. 1882 in Paris, prot. getauft und zu liberalem und prot. Denken erzogen. Biologische und philosophische Studien an der Sorbonne befriedigten ihn nicht; gemeinsam mit Raïssa Oumansoff, die später seine Gattin wurde, suchte M. eine neue Lebensgrundlage. H. → Bergson befreite ihn vom Materialismus, L. → Bloy führte ihn zum Katholizismus (Konversion 1906). M. war seit 1914 Prof. am Institut catholique in Paris, 1945-48 franz. Gesandter beim Vatikan, 1948-53 Prof. in Princeton (USA). - M. gehört zu der Schule, die den → Thomismus auf moderne Probleme anwenden und sich nicht nur - wie zB → Gilson - mit ihm als historischem Phänomen beschäftigen will. M.s *Erkenntnistheorie* baut auf dem thomistischen Wesensbegriff auf. Erkenntnis ist weder reiner Gedanke noch Intuition im Sinne von Bergson. Der Intellekt an sich ist eine leere Form, die erst durch die Begegnung mit Extra-Mentalem inhaltlich gefüllt wird. Der Ausgangspunkt des Erkennens ist ein unmittelbares Wesenserkennen: *etwas existiert*. Diese Erfahrung wird von den Sinnen und vom Intellekt in einer sich steigernden Abstraktion bearbeitet, um - wenn das Erkennen gelingt - in einem unmittelbaren Erschauen der Ganzheit zu gipfeln. Daß Erkennen überhaupt möglich ist, beruht darauf, daß sowohl der Intellekt des Menschen als auch der intellektuelle Inhalt des Dinges (seine Form) vom göttlichen Intellekt erschaffen ist. Angeregt durch die Debatte über den Existentialismus (→ Existenzphilosophie) hat M. in seinen letzten Schriften die existentiale Seite des Thomismus unterstrichen. Dessen Wesensbegriff ist nicht etwas erstarrt Abstraktes oder etwas außerhalb der Existenz Liegendes; das thomistische ens findet sich in einer existentiellen Situation und wird in dieser erkannt. - M.s *Moral- und Sozialphilosophie* wurzeln in einem Persönlichkeitsprinzip, das direkt von der Grundidee des Thomismus abgeleitet ist: die Schöpfung ist analoger Ausdruck des göttlichen Intellekts. Der Mensch ist eine Einheit von Körper und Seele und enthält in sich das Göttliche. Die Würde des Menschen ist somit absolut, und M. wendet sich gegen jede Form von Abwertung des Menschen und der menschlichen Aktivität. Er spricht von einer »integralen Ethik«, die sich nicht in allgemeinen Regeln erschöpft, sondern dauernd in einem tiefen Kontakt mit der göttlichen Schöpfungsordnung erfahren werden muß. M. hat in wesentlichen Punkten E. → Mounier und die M.R.P. inspiriert (→ Katholisch-sozial, 4). - Auch M.s *Kunsttheorien* bauen auf thomistischer Grundlage auf, doch ist er hier modernistischer eingestellt als auf den übrigen Gebieten. Von G. → Rouault inspiriert sucht er eine Erklärung für die Erhabenheit der Kunst in dem Gedanken, daß die poetische Erkenntnis eine unmittelbare Begegnung mit dem göttlichen Intellekt ist, der sich in der Schöpfung kundtut. Hier liege die Würde der Kunst und zugleich ihr Mysterium. - Vgl. → Humanismus: II, 2.

Vf. u.a. (meist Paris): La philosophie bergsonienne, (1914) 1948; Art et scolastique, (1920) 1947; Antimoderne, 1922; De la vie d'oraison, 1922; Réflexions sur l'intelligence et sur sa vie propre, 1929; Religion et culture, 1930 (dt. 1931); Distinguer pour unir, ou les degrés du savoir, 1932 (dt. Die Stufen des Wissens, 1954); Sept leçons sur l'être, 1934; Science et sagesse, 1935; Frontières de la poésie, 1935; Humanisme intégral, 1936 (dt. 1949); Situation de la poésie, 1938; Christianisme et démocratie, (1942) 1945 (dt. 1949); De Bergson à Thomas d'Aquin, New York 1944 (dt. 1945); Court traité de l'existence et de l'existent, 1947; Creative Intuition in Art and Poetry, New York 1953. - Biogr.: RAÏSSA M., Les grandes amitiés, New York 1941 - DIES., Les aventures de la grâce, ebd 1944. - Über M.: J.TATE, Plato Art and Mr. M. (New Scholasticism 1938, 107-142) - The M. Volume of »The Thomist«, New York 1943 - I.TH.ESCHMANN, In Defence of J.M. (The Modern Schoolman 1945, 9-109) - CH.A.FECHNER, The Philosophy of J.M., Westminster/Maryland 1953 - J.CROTEAU, Les fondements thomistes du personnalisme de M., Ottawa 1955 - V.L.SIMONSEN, L'estétique de J.M., Kopenhagen-Paris o.J. *V.L.Simonsen*

Marius Mercator († nach 431), Afrikaner, übersandte i.J. 418 Augustin zwei in Rom verfaßte, verlorene Schriften gegen die Pelagianer (→ Pelagianismus). Später trat er wahrscheinlich in ein lat. Kloster in Thrazien ein, wo er eine antipelagianische Schrift an den Hof und an kirchliche Kreise in Konstantinopel schrieb (429). Im Geist der Theologie → Augustins und → Cyrills von Alexandria verfaßte er einige weitere Schriften gegen Pelagianer und Nestorianer, u.a. für seine Klosterbrüder Übersetzungen von 4 antipelagianischen Predigten des → Nestorius. Ein skythischer Mönch nahm nach 533 die Schriften des M.M. in die Collectio Palatina auf.

MPL 48. - RE XII, 342ff - BARDENHEWER IV, 525ff - ALTANER 225. 413f. *W.Delius*

Mark Aurel, *römischer Kaiser* 161-180, * 121 in Rom, von spanischer Abkunft, auf Veranlassung Hadrians 138 von Antoninus Pius adoptiert, wurde seit 146 Mitregent, nach dessen Tod (161) Herrscher zusammen mit Lucius Verus († 169). Seine Regierung war anders als die seines Vorgängers von schweren Kämpfen erfüllt: gegen die Parther und vor allem die Sarmaten, Markomannen und Quaden, die unter dem Druck der nach Süden drängenden → Goten ins → Imperium Romanum (, 2) eingefallen waren (Markussäule in Rom). Im weiteren Sinne hängt auch das Anwachsen der → Christenverfolgungen mit der Erschütterung und zunehmenden Gefährdung des Reiches zusammen. Die Aufzeichnungen »An sich selbst« (Εἰς ἑαυτόν), von dem alternden und kränklichen Kaiser zT im Feldlager niedergeschrieben, sind ein intensiver Versuch denkerischer Daseinsbewältigung und Zeugnis einer Frömmigkeit, die aus der philosophischen Überzeugung von der Sympathie des Kosmos, die unter den höchsten Wesen am größten sei, die Folgerung der Menschenliebe, der freundlichen Duldung, des unermüdlichen Dienstes an der Gemeinschaft zieht. Er fordert eine Schicksals- und Todesbereitschaft, die auf eigenem Urteil, aber nicht »reiner Widersetzlichkeit« beruht wie bei den Christen (11, 3 die einzige Erwähnung der Christen). Sein Weltsystem zeigt nicht die Geschlossenheit griechischer Vorgänger (→ Posidonius, → Epiktet) und läßt manchen Divergenzen Raum, die in seinem Wesen und seinen persönlichen Erfahrungen gründen. Heitere Weltoffenheit und düstere Weltverneinung, Pessimismus und gläubige Hingabe an die göttliche Ordnung stehen nebeneinander. Seine religiöse Erfahrung weist über die → Stoa hinaus. Die Sprache (M.A. ist ein Schüler des Redelehrers Fronto) ist klar und außerordentlich einprägsam. Praktische Auswirkungen seines philosophischen Glaubens lassen sich an den 324 Gesetzestexten erkennen, die auf ihn zurückgehen. Mehr als die Hälfte dient zum Schutze von Frauen, Kindern und Sklaven und mildert die alte quiritische Gesetzgebung in wesentlichen Teilen ab.

M.A., Selbstbetrachtungen, ed. A.S.L.FARQUHARSON, 2 Bde, Oxford 1944 (mit Komm.); ed. W.THEILER, Zürich 1951 (mit Übers., Anm.en, Lit.) - Fronto, Briefwechsel (mit Briefen M.A.s), 2 Bde, London 1919/20 (mit engl. Übers.); ed. M.P.J. VAN DEN HOUT, Leiden 1954 - Liste der Gesetzestexte in: P.NOYEN, Divus Marcus princeps ... (Rev. Internat. des Droits de l'Antiqu. 3^e Ser. I), 1954. - Über M.A.: RGG^3 III, 2020f (Lit.) - A.S.L.FARQUHARSON, M.A., his Life and his World, ed. D.A.REES, Oxford 1951 - H.ERBSE, Die Vorstellung von der Seele bei M.A. (in: Festschr. Zucker, 1954, 127 bis 152) - H.KASTNER, Wesen u. Bedeutung der Physika in den Meditationen des Kaisers M.A. (Diss. Frankfurt), 1954 (Mikrofilm) - W. GÖRLITZ, M.A., Kaiser u. Philosoph, 1954 - La colonna di M.A. (Studi e Materiali del Museo dell' Impero Romano No. 5), 1955 - J.BEAUJEU, La religion romaine à l'apogée de l'empire I: La politique religieuse des Antonins, Paris 1955, bes. 331ff. *V.Pöschl*

Markus stammt nach der Apg (deren Angaben aber zT vom Verfasser konstruiert sind) aus Jerusalem (12, 12), ist doppelnamig *(Johannes M.)*, begleitet → Paulus und → Barnabas auf der 1. Missionsreise (12, 25; 13, 5), trennt sich von ihnen (13, 13) und geht später mit Barnabas nach → Cypern (15, 39). - Nicht sicher ist, ob Joh.M. mit dem Phlm 24 genannten Mitarbeiter des Paulus identisch ist. Die nachpaulinische Tradition hat das offenbar angenommen (2Tim 4, 11; nach Kol 4, 10 ist M. Vetter des Barnabas). - 1Petr 5, 13 sieht M. mit → Petrus zusammen in Babylon (= Rom). Daraus dürfte die Tradition erwachsen sein, daß M. »Hermeneut« des Petrus war (→ Papias, bei Euseb, h. e. III, 39, 15) und in Rom (h. e. II, 15) auf Grund der Lehrvorträge des Petrus das MkEv schrieb (→ Evangelien, synoptische, 2 b). Möglicherweise hängt damit auch die andere Tradition zusammen, nach der M. in → Ägypten (: IV) gepredigt hat (eine röm. Militärkolonie im Nildelta hieß Babylon), die Kirche von → Alexandrien gründete (h. e. II, 16) und deren (erster) Bischof war. - Die angeblichen M.-Reliquien wurden nach Venedig verbracht (M.-Dom; M.-Löwe als Wappen Venedigs).

RE XII, 288ff - TH.ZAHN, EinlNT II, 1907³, 204ff - PW XIV, 1856ff - E.HAENCHEN, Die Apg (MeyerK III¹²), 1959 (zu den oben genannten Stellen).- Vgl. ferner M.- u. Barnabasakten bei HENNECKE³ II.

W.Marxsen

Markus, *Gnostiker,* nach Irenäus (adv. haer. I, 13-21) und - von ihm abhängig - Hippolyt (ref. VI, 39-55) ein Schüler → Valentins, sammelte (um 170?) in Kleinasien Anhänger, von denen ein Teil auch in das Rhônetal gelangte. Nach der offenbar von Irenäus benutzten Quellenschrift (»Sigē des M.«?) deutete M. die (obere und untere) Schöpfung vom Sprechen Gottes aus und konnte so das ganze System seines Lehrers in die Kategorien der hellenistischen Zahlen- und Buchstabenspekulation übersetzen. Er berief sich dafür - wie anscheinend auch Valentin - auf eine Vision. In seinen sakramentalen Praktiken - Rotfärben des Weines bei der Eucharistie, Ritus des Brautgemaches, Salbung der Sterbenden - und der Vorliebe für semitische Formeln wird die Nähe zur Magie bes. deutlich, aber auch der Einfluß syrisch-kleinasiatischer christlicher Traditionen. Anders als → Herakleon und → Ptolemäus hat M. die Theologie Valentins wieder stärker der vulgären → Gnosis (: III) angenähert.

QUASTEN I, 266 - ALTANER § 24, 6. - Weitere Lit. s. → Gnosis: III, → Valentin.

G.Kretschmar

Markus, *Papst* 18.1. bis 7.10.336, Römer, Gründer der Markuskirche in Rom, bestimmte, daß der Bischof von Ostia den Papst weihen und das → Pallium tragen solle. M. nahm vielleicht schon unter → Miltiades eine führende Stellung in der Gemeinde ein.

RE XII, 297f - CASPAR I, 131. 142 - LThK VI, 960 - HALLER I, 64f. 501.

G.Glockmann

Markus Eremita (Monachus), asketischer Schriftsteller des 5.Jh.s († nach 430), Schüler des → Chrysostomus, Abt in Ankyra, später Eremit. Nachrichten über sein literarisches Werk finden sich bei → Nikephorus Kallistus (h.e. XIV, 54) und → Photius; in Übereinstimmung mit dessen Mitteilung (Bibl. cod. 200) sind 8 praktisch-ethisch orientierte Schriften sowie ein Traktat De Melchisedek erhalten. Moderne Forschungen brachten die Schrift Adversus Nestorianos hinzu. Die handschriftliche Überlieferung ist noch ungenügend geprüft.

Grundlegend: J.KUNZE, M.E., 1895. - Ausg.n: MPG 65, 905ff; für Adv. Nestor. KUNZE 6ff u. COZZA-LUZI, N.Patr.Bibl. X, Rom 1905. - Zusammenfassend (mit Lit.): RE XII, 280ff - BARDENHEWER IV, 178ff - DThC IX, 1964ff - PW XIV, 1867ff u. Suppl. VI, 281f - ALTANER 300. - Zu Einzelfragen (Taufstreit, Messalianismus): ZNW 31, 1932, 273-288 - OrChrP 1, 1935, 328-360 - ZKTh 61, 1937, 258-271; 62, 1938, 76-91.

H.Berthold

Markus Eugenikus *(M. von Ephesus),* * 1391/92 in Konstantinopel, † 1445 ebd, byzantinischer Kontroverstheologe, das Haupt des orth. Widerstandes gegen die Synode von Florenz (→ Einigungsbestrebungen: I, 3). Schüler von → Gemistos Plethon und Joh.Chortasmenos, war M. zunächst Privatlehrer, wurde um 1418 Mönch und noch vor dem Konzil von Florenz Metropolit von Ephesus. Auf dem Konzil Vertreter des Patriarchen von Antiochia, verweigerte er die Unterschrift unter den Horos, wurde 1440-42 interniert und starb als unbestrittenes Haupt der national-kirchlichen Partei. - Seine meisten Werke richten sich gegen die lat. Lehren und die Beschlüsse von 1439. In früheren Jahren widmete er sich auch der liturgischen, homiletischen und asketischen Schriftstellerei.

Werke in MPG 160, die Lateinerpolemik zT auch PO XV/1 u. XVII/2, 1920 u. 1923. - DThC IX/2, 1968ff - BECK 755ff (Lit.).

H.-G.Beck

Markus-Liturgie → Liturgie: III, 3.

Marlorat, *Augustin* (1506-62), ref. Theologe, * in Bar-le-Duc, ursprünglich Augustinermönch, kam 1535 als Flüchtling nach Genf. Er wurde Pfarrer in Crissier bei Lausanne, später in Vevey. Enge Freundschaft und wissenschaftliche Zusammenarbeit verband ihn bes. mit → Beza. 1560 ging er als Prediger nach Rouen. Am Religionsgespräch von Poissy spielte M. neben Beza eine führende Rolle. Als das kath. Heer im Herbst 1562 Rouen eroberte, geriet M. in Gefangenschaft, wurde zum Tode verurteilt und hingerichtet.

Vf. u.a.: Novi Testamenti catholica expositio ecclesiastica, 1561. - Über M.: RE XII, 344ff - HBLS V, 29 - R.M.KINGDON, Geneva and the Coming of the Wars of Religion in France, 1956.

H.R.Guggisberg

Marnix, *Philipp,* Herr von St. Aldegonde (1540-98), niederländischer Theologe und Staatsmann, * in Brüssel, † in Leiden. Nach dem Studium in Löwen, Paris und Dôle wurde M. Domherr, gab aber diese Stelle auf, reiste nach Italien und wurde zum Calvinismus bekehrt. 1560/61 studierte er in Genf und kehrte 1561 in die → Niederlande (: I) zurück. Dort widmete er sich theologischen Studien, bis er in den Bildersturm hineingezogen wurde und als einer der Führer des Aufstandes gegen Spanien hervortrat. Nach dem gescheiterten Aufstandsversuch seines Bruders Johann von Toulouse floh M. 1567 vor Alba nach Ostfriesland, wo er eine Apologie des Aufstandes (Vraye narration et apologie des choses, 1567) wie auch den satirischen, schroff antirömischen »Biencorf« (1569) verfaßte, den er später zum »Tableau des différends de la religion« erweiterte. M. trat in den Dienst des Prinzen Wilhelm von Oranien, der ihn als Schriftsteller, Unterhändler und Freund sehr schätzte. M. hatte entscheidenden Anteil an der Ausarbeitung der niederländischen Kirchenverfassung und war bis 1585 an allen Angelegenheiten der aufständischen Provinzen und des Prinzen, so an der Pazifikation von Gent (1576), beteiligt. Er schrieb politisch bedeutende Flugschriften und vertrat das Land in wichtigen Gesandtschaften. 1583 wurde er Bürgermeister von Antwerpen. Nach der Übergabe der Stadt an Parma (1585) zog er sich nach Souburg (Zeeland) zurück, wo er 1591 eine zweite Ausgabe seiner 1580 erschienenen Reimübertragung der Pss und dogmatische Schriften (Opuscula quaedam, 1589) herausgab. Obwohl besser als die des → Dathenus, wurde M.' Psalmenübersetzung doch nicht offiziell eingeführt. 1594 begann M. in Leiden im Auftrage der Staaten mit einer niederländischen Bibelübersetzung (vollendet nur Gen und Pss). Wegen seines Buches gegen die → Täufer (Ondersoeckinghe der geestdrijvische leere, 1595) kam er in Leiden mit C. Wiggers und C. → Coolhaes in Streit.

J.J. van Toorenenbergen, M.' godsdienstige en kerkelijke geschriften, 's-Gravenhage 1871-90 - Marnixiana anonyma, ebd 1903. - - Über M.: NNBW I, 1307ff - M.v.St.Aldegonde, Officiëel Gedenkboek, Brüssel/Amsterdam 1939 (Lit. S. 303ff) - Bibliogr. de la Réforme, fasc. 1, Allemagne/Pays-Bas, Leiden 1959 (Reg. s.v. M.v. St.Aldegonde). *J.N.Bakhuizen van den Brink*

Maroniten, die einzige geschlossen → unierte Gemeinschaft des Ostens mit syrischer Liturgie und etwa 700000 Seelen (davon 400000 im Libanon; viele in Südamerika). Der Patriarch (seit 1955: Paul Petrus al-Ma'ūschī, franz. 'Méouchy'; * 1894) residiert in den Klöstern Bkerke und Kannōbīn, oft auch in Beirut. - Die M. gingen aus dem Monotheletismus (→ Christologie: II, 5 c) hervor und gruppierten sich unter eigener Hierarchie seit etwa 675 um das Kloster des Hl. Maro bei Hims. Seit 1182 mit den Kreuzfahrern in Verbindung, traten sie im 13.Jh. zur Union über, die 1445 in Florenz und auf späteren Synoden (bes. 1736) bekräftigt wurde. Seitdem fortschreitend latinisiert, gut organisiert und ausgebildet (Collegium Maroniticum in Rom seit 1584), sind die M. die führende Konfession des Staates Libanon (seit 1926) und eine Einfallspforte des franz. Kultureinflusses.

St.Duwaihi, Chronologie des Patriarches M., Beirut 1902 - P.Dib, De l'église maronite I (bis Ende des MA), Paris 1930 - B. Spuler im HO VIII, 1959 (Lit.). - Laufende Berichterstattung: B. Spuler in IKZ (seit 1939); ferner: L'Orient Syrien (Paris, seit 1956). *B.Spuler*

Marot, *Clément* (ca 1495-1544), * in Cahors, † in Turin, Hofdichter Franz I. von Frankreich, trat 1518 in den Dienst der ev. gesinnten Margarete von Orléans, der Schwester des Königs. Wegen Kritik an der Kirche (seit 1525) verhaftet, bekannte sich M. offen zur Reformation. Aus erneuter Haft wurde er mit Hilfe Margaretes und des Königs befreit. Von den durch M. übersetzten Psalmen (1533) wurden zunächst 12 in das erste → Gesangbuch (: I, 1 e) Calvins (Aulcuns Pseaulmes ..., Straßburg 1539) aufgenommen. Seit 1534 lebte M. am Hofe der Herzogin → Renate von Ferrara, in Venedig und in Lyon. 1537 nach Paris zurückgekehrt, übersetzte er weitere 18 Psalmen. 1542 erschienen die 30 Psalmen im Druck. 1543 floh er nach Genf und begegnete dort → Calvin, der bereits 1541 M.s Psalmen in seine Agende »La forme prières et chantz ecclésiastiques« aufgenommen hatte. Auf Wunsch Calvins übersetzte er noch 20 Psalmen und gab alle 1543 als »Cinquantes Pseaumes« heraus. 49 Psalmen M.s und 101 Psalmen, die Calvins Nachfolger Th.v. → Beza übersetzt hatte, bilden den ref. Psalter von 1562 (→ Kirchenlied: I, 5 a). - M. steht literargeschichtlich auf der Schwelle zwischen dem MA und der französischen Renaissance (»style marotique«). Kirchlicher Disziplin konnte er sich nicht beugen. So ertrug er auch die Genfer Theokratie Calvins nicht und überwarf sich deshalb mit den Calvinisten.

RE XII, 364f (Lit.); XVI, 214 - P.Villey, Tableau chronologique des publications de M., 1922 - Ph.A.Becker, C.M., sein Leben u. seine Dichtung, 1926 - J.Plattard, C.M., 1938 - C.E.Kinch, La poésie satirique de Cl.M. (Diss. Paris), 1940 - P.Jourda, M., 1950 - V.L.Saulnier, Les élégies de C.M., 1952 - Hdb. z. EKG II/1, 1957, 77ff - Leiturgia IV, 44f. *F.Schmidt-Clausing*

Marpingen, kath. Pfarrdorf im Krs. St.Wendel, Bez. Trier, Ort angeblicher Erscheinungen der »Unbefleckten Empfängnis« 1876/77 im Härtelwald und anderwärts vor Kindern. Der in der Stimmung des → Kulturkampfs nach drastischen Unterdrückungsversuchen durch die Regierung veranlaßte Prozeß endete mit Freispruch (1879), aber auch die Wallfahrten hörten auf. Die 1931/33 im Härtelwald erbaute Kapelle wurde nicht geweiht.

N.Thoemes, Die Erscheinungen in M., 1877 - J.Rebbert, M. u. seine Gegner, 1877 - A.F. vom Berg, M. u. das Evangelium, 1877 - J.Bachem, Erinnerungen, 1913, 133ff - J.B.Kissling, Gesch. des Kulturkampfes III, 1916, 118ff. *Ernst Wolf*

Marsay, *Charles Hector de* (1688-1753), * in Paris als Sohn einer hugenottischen Adelsfamilie, wurde Offizier und 1710 durch einen Leutnant Cordier unter dem Einfluß der Schriften A. → Bourignons zu dem Entschluß gebracht, die Welt zu verlassen. 1711 siedelte er sich mit Cordier und dem Feldprediger Baratier in Schwarzenau bei Berleburg an und begründete eine mönchische Kolonie mit kärglichster Ernährung und Stillschweigen. Cordier trennte sich bald von ihnen. M. lebte seit 1713 in geistlicher Ehe mit Clara Elis. v. Callenberg (1675 bis 1742), erlernte das Uhrmacherhandwerk, um nicht von Almosen zu leben, und ergab sich der Mystik der Frau von → Guyon. → Zinzendorfs Sammlungsplänen unter den → Separatisten in Berleburg-Schwarzenau stand er zunächst freundlich gegenüber, zog sich dann aber wieder in die Einsamkeit zurück. Seit 1745 lebte er bei Freunden in Godelsheim bei Arolsen und nahm wieder an öffentlichen Gottesdiensten teil.

M.Goebel, Gesch. des christl. Lebens ... III, 1860, 193ff - RE XII, 365ff. *M.Schmidt*

Marsh, *Herbert* (1757-1839), 1807 Prof. der Theol. in Cambridge, 1816 Bischof von Llandaff, 1819 von Peterborough. Als Schüler von J.D. → Michaelis führte M. durch Übersetzung von dessen EinlNT (4 Bde, 1792 bis 1801) die deutsche kritische Methode in England ein. Für seine »History of the Politics of Great Britain and France« (1799) verlieh ihm W.Pitt eine Jahresrente von £. 500. M. war ein rücksichtsloser Gegner des Calvinismus und als Bischof ein strenger Verwalter. Auf seine Anregung wurde 1811 die »National Society« (zum Bau von Kirchenschulen) gegründet.

DNB XXXVI, 211ff - ODCC 862. *D.Carter*

Marsilius, 1. *von Inghen* († 1396), 1362-78 berühmter Magister der Artistenfakultät, 1367 und 1371 Rektor in Paris, seit 1386 erster Rektor der Universität → Heidelberg. In der Logik folgt M. der ockhamistischen Richtung. Als Schüler → Buridans gehört er mit Nikolaus von Oresme und → Albert von Sachsen zu den Begründern der neuen Physik des 14.Jh.s. In der Theologie vertritt er einen konservativen Eklektizismus mit gemäßigt nominalistischem Einschlag.

Vf. u.a. Kommentare zu den log. u. phys. Schriften des Aristoteles, einen Sentenzenkommentar (vgl. F.Stegmüller, Rep. Comm. in Sententias Petri Lombardi I, 1947, 255f) u. eine Erklärung zu den Summulae logicales des Petrus Hispanus (→Johannes XXI.). - Über M.: G.Ritter, M.v.I. u. die okkamist. Schule in Deutschland (SAH 1921, 4) - Ü II, 609f - Anneliese Maier, Die Vorläufer Galileis im 14.Jh., Rom 1949 - Dies., Zwei Grundprobleme der schol. Naturphilosophie, ebd 1951, 275ff (Impetustheorie des M.) - W.Möhler, Die Trinitätslehre des M.v.I., 1949 - EC VIII, 196. *B.Decker*

2. *von Padua* (ca 1290-1342/43), Staatstheoretiker, * in Padua, † in München. M. war der Sohn eines Universitätsnotars und wurde Arzt in Padua, betätigte sich politisch für die → Ghibellinen, für Cangrande della Scala und Matteo Visconti auch in Frankreich. 1312 ist er als Magister artium, 1313 als Rektor der Universität Paris bezeugt. Dort vollendete er 1324 sein Hauptwerk *»Defensor pacis«* in Verbindung mit → Johannes von Jandun, dessen Anteil jedoch nicht erweisbar ist. Beide wurden deshalb von → Johannes XXII. als Ketzer verurteilt, flohen aber vorher zu Ludwig dem Bayern. Ihn

begleitete M. 1328 nach Rom und beriet ihn bei der Kaiserkrönung durch die Römer ohne päpstliche Mitwirkung und bei der Erhebung eines Gegenpapstes. Seitdem lebte M. in München, wo er noch einen verkürzten »Defensor minor«, einen Traktat über die »Translatio imperii« und 1342 ein Gutachten über das kaiserliche Recht zur Ehescheidung schrieb. – M. verbindet die Erfahrungen des italienischen Stadtstaates mit ghibellinischer Gesinnung und mit der Staatslehre des → Aristoteles, die er seiner Lehre von der vernunft- und bibelgemäßen christlichen Staatsordnung in ihrem Verhältnis zur Kirche zugrunde legt (→ Staat: III). Er will damit die kirchliche Zweigewaltenlehre und jeden päpstlich-klerikalen Herrschaftsanspruch widerlegen. Jede christliche Gemeinschaft untersteht zwar göttlichem und menschlichem Regiment; aber alle irdische Herrschaft, Verwaltung und Gerichtsbarkeit, auch die Bestallung der Priester ist dem von allen zu wählenden Staatsoberhaupt allein vorbehalten, das für Recht und Frieden zum irdischen Wohl aller zu sorgen hat. Die Priester, auch der Papst, dessen Primatanspruch M. nicht als biblisch begründet gelten läßt, haben nur durch Lehre, Sakramente und Seelsorge dem jenseitig-ewigen Heil zu dienen, ohne Besitz, Macht und weltliche Jurisdiktion. Nur die Bibel, nicht die kirchliche Tradition erkennt M. als göttliche Norm an. Über Lehre und Kult der Kirche soll das allgemeine Konzil, in dem auch die Laien vertreten sind, nicht der Papst entscheiden. – Diese Lehre wurde seit dem 15.Jh. stark beachtet (→ Reformkonzile), später oft als Beginn moderner Staatstheorie gerühmt. Auf Luther hat sie nicht unmittelbar gewirkt.

Defensor pacis: Erstdruck Basel 1522 (s. E.Staehelin, RHPhR 24, 1954, 209-222); ed. C.W.Previté-Orton, Cambridge 1928; ed. R.Scholz (MG Fontes juris), 1932, danach mit dt. Übers. hg.v. H.Kusch, 2 Bde, 1958; engl. Übers. v. A.Gewirth, New York 1956 - Defensor minor ed. C.K.Brampton, Birmingham 1922 - Tract. de translatione imperii, Tract. de iurisdictione imperatoris in causis matrimonialibus ed. M.Goldast in: Monarchia s. Romani imperii II, 1611/14. - Über M.: F.Battaglia, Marsilio da Padova e la filosofia politica del medio evo, Florenz 1928 - J.Haller, Zur Lebensgesch. M.s v. P. (ZKG 48, 1929, 166-199 = Ders., Abh.en z. Gesch. d. MA, 1944, 335-368) - G. de Lagarde, Marsile de Padoue ou le premier théoricien de l'état laïque, (1934) 1948² - R.Scholz, M.v.P. u. die Genesis des modernen Staatsbewußtseins (HZ 156, 1937, 88-103) - Marsilio da Padova, Studi raccolti ... a cura di A.Checchini e N.Bobbio, Padua 1942 - A.Gewirth, M. of P. and medieval political Philosophy, New York 1951 - M.Grignaschi, Le rôle de l'Aristotélisme dans le »Defensor pacis« (RHPhR 25, 1955, 301-348) - J.Heckel, M.v.P. und Luther (ZSavRG Kan. Abt. 44, 1958, 268 bis 336) - H.Segall, Der »Defensor pacis« des M.v.P., 1959 (Lit.).
H.Grundmann

Martensen, *Hans Lassen,* dänischer luth. Theologe, * 19.8.1808 in Flensburg, † 3.2.1884 in Kopenhagen, ebd 1840 Prof. für syst. Theol., 1845 Hofprediger, 1854 als Nachfolger von → Mynster Bischof von Seeland. Von → Hegel, → Marheineke, Dorner und → Baader sowie von J. → Böhme beeinflußt, verband M. in seiner mystisch-theosophisch geprägten Theologie Schrift, Kirchenlehre und Spekulation. So schien ihm eine harmonische Verbindung zwischen Christentum, den Bildungselementen seiner Zeit und dem aufkommenden Sozialismus gelungen. Christus, der kenotisch verstandene Gottmensch, war ihm Haupt und Mitte der Menschheit. – Die Leichenpredigt, die M. am 5.2.1854 für seinen Vorgänger Mynster als »unersetzlichen« Bischof und »wirklichen Wahrheitszeugen« hielt, veranlaßte → Kierkegaard zu seinem letzten scharfen Angriff auf die Kirche.

Vf. u.a.: Den kristelige Dogmatik, (1849) 1883⁴ (dt. 1856, 1897⁴); Den kristelige Ethik, 3 Bde, 1871-78 (dt. 1878); Af mit Levned (Selbstbiogr.), 2 Bde, 1882/83 (dt. 1883/84, 1891²); Mindre Skrifter og Taler af Biskop M., hg.v. J.Martensen, 1885 (Bibliogr.). - Über M.: RE XII, 373ff - C.J.Scharling, H.L.M., Kopenhagen 1928 - S.Arildsen, Biskop H.L.M. (Diss. ebd), 1932 - DBL XV, 367ff (Lit.) - Hermelink II, 127. 207f - Hirsch V, 389ff - W.Lowrie, Das Leben S.Kierkegaards, 1955, 200ff.
H.Hohlwein

Marti, *Karl* (1855-1925), Alttestamentler, * in Bubendorf (Baselland), lehrte nach pfarramtlicher Tätigkeit seit 1895 in → Bern. M. wurde nach anfänglichem Widerspruch entschiedener Anhänger → Wellhausens und ist bes. als Herausgeber des KHC und der ZAW (von 1907-23) bekanntgeworden.

Vf. außer Komm. im KHC zu Jes (1900), Dan (1901), 12 Propheten (1904) u.a.: Der Prophet Jeremia von Anatot, 1889; Der Prophet Sacharja, 1892; Gesch. der israelit. Religion, (1897) 1907⁵ (ursprünglich NB der TheolAT von Aug.Kayser); Die Religion des AT unter den Religionen des vorderen Orients, 1906; Stand u. Aufgabe der at. Wissenschaft in der Gegenwart, 1912. - Festschr. zum 70. Geb. hg.v. K.Budde (BZAW 41), 1925 (323ff Bibliogr.; Nachtrag: ZAW NF 5, 1928, 80).
F.Maass

Martianay, *Jean* (1647-1717) OSB, Exeget und Patrologe, * in St. Sever-Cap, † in St. Germain-des-Prés, 1667 in Toulouse → Mauriner, studierte und lehrte in mehreren Klöstern, bes. die biblischen Sprachen. Seine Schriften behandeln exegetische, hermeneutische, polemische und apologetische Fragen. Dem Interesse an der biblischen Textgeschichte diente seine Hieronymus-Ausgabe (5 Bde, Paris 1693-1706). M. versucht, die hebr. Vorlage des Vulgatatextes zu rekonstruieren, was ihm heftige Kritik eintrug (u.a. von → Clericus, R. → Simon, Vallarsi).

Vf. u.a.: Divi Hieronymi prodromus, Paris 1690; La Vie de St. Jérôme, ebd 1706; Anm.en zu den Briefen des Hieronymus (MPL 22, 1225-72). - Über M.: HN IV, 829ff - DThC X, 181f - Dict. de la Bible IV, 827 (Bibliogr.) - LThK VI, 978f - EC VIII, 204. - Vgl. die Lit. zu → Mauriner.
H.Liebing

Martin I., *Papst* Juli 649 bis 17.6.653 (Deportation), aus Todi (Umbrien). Er verurteilte auf der Lateransynode Okt. 649 den Monotheletismus (→ Christologie: II, 5 c), worauf ihn Kaiser Konstans II. sofort verhaften lassen wollte. Dies gelang erst 653; über Konstantinopel, wo man ihm den Hochverratsprozeß machte, wurde M. nach der Krim deportiert. Hier starb er am 16.9.655, nachdem ihm in → Eugen I. ein Nachfolger gewählt worden war. M. wurde früh als Märtyrer verehrt.

RE XII, 380f - L.Duchesne, L'église au VIe siècle, 1925, 441ff - E.Caspar, Die Lateransynode von 649 (ZKG 51, 1932, 75-137) - Caspar II, 553ff - LThK VI, 982 - DThC X, 182ff - EC VIII, 224 - Haller I, 320ff.
H.Fuhrmann

II. und III. → Marinus I. und II.

IV., *Papst* 22.2.1281 bis 28.3.1285, Simon de Brie, 1260 Kanzler Ludwigs IX., 1261 Kardinal, hat wesentlichen Anteil an der Übertragung Siziliens an Karl I., der M.s Papstwahl bewirkte. M. machte den Anjou wiederum zum röm. Senator (→ Nikolaus III.), unterstützte ihn gegen Byzanz und während der Sizilischen Vesper. Als Peter von Aragon Sizilien zu Hilfe kam, entsetzte ihn M. und gab Aragon an Frankreich. Aber der »Kreuzzug« Philipps III. scheiterte und wurde nach seinem Tode (1285) nicht fortgesetzt.

Duchesne, LP II, 459ff - Les registres de M. IV in: Bibl. des écoles franç. d'Athènes et de Rome, Paris 1901ff - W.Norden, Papsttum u. Byzanz, 1903, 619ff - N.Backes, Kard. Simon de Brie (Diss. Breslau), 1910 - R.Sternfeld, MIÖG 31, 1910, 1-53 - LThK VI, 983 - DThC X, 194 - J.R.Stayer, The Crusade against Aragon (Speculum 28, 1953, 103-113).

V., *Papst* 11.11.1417 bis 20.2.1431, Odo Colonna, Referendar Urbans VI., 1405 Kardinal. Als Politiker verschwiegen und beharrlich, stellte M. das päpstliche

Ansehen wieder her, schloß Konkordate und festigte seine Macht im Kirchenstaat (Fink, QFIAB 23, 182). Die Verhandlungen mit Alfons V. von Aragon über das Schisma in Peniscola wurden durch dessen Ansprüche in Süditalien erschwert. In England konnte das Provisionsverbot nicht beseitigt werden, wohl aber die Gallikanischen Freiheiten in → Frankreich (: I, 3; Haller, QFIAB 8, 245). Kreuzzüge gegen die Hussiten (→ Huß, 2) und Verhandlungen mit Byzanz waren erfolglos. Das 1423 berufene Konzil von Pavia-Siena hob M. bald auf (N.Mengozzi, M. V ed il concilio di Siena, 1918), für Basel gab er dem Leiter Cesarini Aufhebungsverbot (→ Reformkonzile).

DUCHESNE, LP II, 515ff - H.FINKE, Acta Conc. Const. II-IV, 1923-28 - v.PASTOR I, 217ff (dazu FINK, M.V. u. Aragon, 111. 140) - K.A.FINK, Die Sendung des Kard. von Pisa nach Aragon (RQ 41, 1933, 45-59) - DERS., Die polit. Korrespondenz M.s V. (QFIAB 26, 1935, 172-244; Lit.) - DERS., M.V. u. Aragon, 1938 - DERS., Rep. Germ. IV/1-3, 1943-58 - P.PARTNER, The papal State under M. V., 1958. *F.Bock*

Martin, 1. *von Braga.* * 510/20 in Pannonien, kam M. von einer Pilgerreise um 550 in das Suebenreich in Gallicien; als Abt des von ihm gegründeten Klosters Dumio scheint er am Übertritt der arianischen Sueben zum Katholizismus entscheidend beteiligt gewesen zu sein (Taufe des Königs 556; Bischof beim 1. nordwestspanischen Konzil 561, Erzbischof von Bracara beim Konzil 572); auch außerhalb Spaniens war er hoch angesehen (Venantius → Fortunatus, → Gregor von Tours), † 579. Seine Schriften lehnen sich eng an heidnische Autoren an; De ira stimmt in jedem Satz mit → Seneca überein, aber die Gedanken sind neu geordnet, die Wortstellung berücksichtigt den akzentuierenden Cursus. Der 1. Teil der Hauptschrift Formula vitae honestae galt im MA als Senecas Werk De quattuor (cardinalibus) virtutibus (über 600 Hss. und Übersetzungen erhalten); erst um 1300 wurde es Seneca abgesprochen, von → Petrarca dann als Werk M.s erkannt. Andere kleine Schriften gelten der Ethik und dem Kultus; De correctione rusticorum diente Späteren als Grundlage von Predigten gegen die Idololatrie.

Krit. GA hg.v. C.W.BARLOW, New Haven 1950 (Amer. Acad. Rome 12). - Über M.: C.P.CASPARI, 1883 - E.BICKEL, RheinMus 60, 1905, 505-551 - ALTANER § 98, 3 (Lit.). *C.Becker*

2. *von Cochem* (1634-1712), kath. Volksschriftsteller, * in Cochem, † in Waghäusel bei Bruchsal, seit 1653 Kapuziner, 1659 Priester, 1664-68 Lektor in Mainz. Als Visitator von Mainz (1682-85) und Trier (1698-1700) und als Wanderprediger in Baden, Österreich und Böhmen (1689-96) wirkte M. am Neubau des kath. Lebens im streng kirchlichen Sinne mit. Seit 1700 lebte er wieder im Kloster. Seine fast 70, meist kompilierten Werke erschienen trotz unkritischer Haltung dank ihrer großen dichterischen Kraft in unzähligen Auflagen.

Vf u.a.: Kinderlehre-Büchlein, 1666; Das große Leben Christi, 1681; Auserlesenes History-Buch, 5 Bde, 1687ff; Medulla Missae, 1697; Neue Legend der Heiligen, 4 Bde, 1708; Unerschätzliches Büchlein von Gott, 1708. - Über M.: H.STAHL, P.M.v.C., 1909 - W.KOSCH, M.v.C., (1915) 1921². *P.F.Barton*

3. *von Troppau (Polonus),* † 1278 in Bologna, OP in Prag, päpstlicher Kaplan und Pönitentiar, 1278 von Nikolaus III. zum Erzbischof von → Gnesen ernannt. M. schrieb außer Predigten und einem alphabetischen Repertorium zum Dekret → Gratians (Margarita Decreti) eine verbreitete, aber kritiklose und fabelreiche Papst- und Kaiserchronik (1. Fassung 1268/69, viele Fortsetzungen).

»Chronicon pontificum et imperatorum« hg.v. L.WEILAND, MG SS 22, 1872. - J.F.v.SCHULTE, Die Gesch. der Qu. u. Lit. des Canonischen Rechts II, 1877, 137f - WATTENBACH II, 466ff - CHEVALIER, BB II, 3105f - LThK VI, 987f - VerfLex III, 282ff (Lit.) - DDC VI, 837 - H.GRUNDMANN, Gesch.schreibung im MA (Dt. Philologie im Aufriß III, 1957, 1289f). *J.Leuschner*

4. *der Heilige von Tours* (ca 316/17-397), * in Sabaria (Pannonien), zeigt früh Neigung zu Christentum und Weltflucht, muß aber Soldat werden (Schenkung der Hälfte seines Mantels an einen Bettler bei Amiens). Nach der Taufe erhält er den Abschied. → Hilarius von Poitiers weiht ihn zum Exorzisten. Nach vorübergehendem Aufenthalt in der Heimat und Einsiedlerleben in Italien gründet M. bei Poitiers das erste gallische Kloster (Ligugé, nach 360). 371 wird er Bischof von → Tours, setzt aber sein mönchisches Leben fort (Gründung des Klosters Marmoutiers bei Tours). Er wirkt durch Predigt, Wunder und Zerstörung heidnischer Heiligtümer, die er oft durch Kirchen ersetzt, energisch für die Verbreitung des Christentums unter der Landbevölkerung → Galliens. Er bekämpft die blutige Verfolgung der → Priszillianer, obwohl er deren Lehre ablehnt. - M. wird Schutzpatron der → Franken und einer der volkstümlichsten Heiligen, in dessen Verehrung auch viel heidnisches Brauchtum einfließt. Tag: 11.11.

Wichtigste Qu.: Sulpicius Severus, Vita Martini; Briefe; Dialoge (ed. C.HALM, CSEL 1, 1866) - Gregor v. Tours, Historia Francorum; De virtutibus Sancti Martini (ed. B.KRUSCH, MG SS rer. Merov. I/1, [1884] 1951²; I/2, 1885). - Über M.: RE XII, 389ff - CH.-E.BABUT, Saint M. de T., Paris 1912 - H.DELEHAYE, AnBoll 38, 1920, 5-136 - C.JULLIAN, Revue des études anciennes 24, 1922, 37 bis 47. 123-128. 229-235. 306-312; 25, 1923, 49-55. 139-143. 234-250 - DERS., Hist. de la Gaule VIIf, Paris 1926 - PW XIV, 1930, 2020ff - LThK VI, 982ff - LIETZMANN IV, 166ff u.ö. - E.GRIFFE, La Gaule Chrétienne ... I, Toulouse 1947, 199 ff - H.GELZER, EMM 95, 1951, 10-18. - Zum volkstümlichen M.-Brauchtum: HWDA V, 1708ff - R.BEITL, WB der dt. Volkskunde, 1955, 505ff. *P.Wackwitz*

Martineau, *James* (1805-1900), engl. unitarischer Theologe und Philosoph, * in Norwich, † in London. M. war presbyterianischer Pfarrer in Dublin, Liverpool und London, seit 1840 zugleich Prof. für Moralphilosophie und Staatswirtschaft am Manchester New College (seit 1853 in London). Von A. → Trendelenburg beeinflußt, war er »einer der tiefsten und vielseitigsten theologischen Denker der englisch sprechenden Welt des 19.Jh.s« (Newman). Bedeutend als Ethiker, lehnte M. jede »dogmatische Mythologie« ab und vertrat gegenüber → Agnostizismus, → Materialismus (: II) und → Pantheismus (: II) einen philosophischen → Theismus (: II). Erkenntnisquelle ist die Offenbarung in Herz, Vernunft und Gewissen. M. erstrebte statt einer »unitarischen Kirche« eine »unitarische Gesellschaft«, in der die »Harmonie des menschlichen und göttlichen Geistes auf dem Boden der Moral wie der Gefühle« zu verwirklichen sei.

Vf. u.a.: Types of Ethical Theory, 2 Bde, London (1885) 1891³; A Study of Religion, its Sources and Contents, 2 Bde, Oxford (1888) 1899²; The Seat of Authority in Religion, London (1890) 1905⁵. - Über M.: A.LIPSIUS in: JB 1888, 323f; 1890, 349-353 - O.PFLEIDERER in: JpTh 15, 1889, 1-54, bes. 41ff - J.DRUMMOND-C.B.UPTON, Life and Letters of J.M., 2 Bde, London 1902 - J.E.CARPENTER, J.M., ebd 1905 - R.A.ARMSTRONG, M.s Study of Religion, ebd 1906 - RE XXIII, 408f (A.H.NEWMAN) - HERMELINK III, 254. *H.Hohlwein*

Martini, 1. *Cornelius* (1568-1621), * in Antwerpen, 1584ff in Rostock Schüler der Humanisten → Caselius und Liddel, war seit 1592 Prof. der Philosophie in → Helmstedt und einer der ersten prot. Aristoteliker und der Vater der aristotelischen Metaphysik in der luth. Welt. Der Vortrag seines »Compendium metaphysicum« erfolgte 1597-99 vor dem Einfluß der Disputationen von → Suarez auf Deutschland (1600). Die Vorlesung von 1605 erschien als »Metaphysica commentatio« (1612/1616/1622); ihr folgte 1622 (1638/1647) eine zweite »Metaphysica« (vorgetragen 1610). M.s Kampf galt den metaphysikfeindlichen Ramisten (P. → Ramus, D. → Hoffmann) und deren Bekenntnis zu einer doppelten Wahrheit (postum 1623: Commentarii Logici adversus Ramistas). In der Auseinandersetzung mit B. → Meisner ging es um die Begrenzung des Einflusses der Philosophie auf die Theologie. M. wirkte stark auf die gesamte luth. → Orthodoxie (J. → Gerhard!). Schüler M.s sind J.Martini (s. 2), G. → Calixt und → Conring.

E.L.TH.HENKE, G.Calixt u. seine Zeit I, 1853, 62ff - P.ZIMMERMANN, Album Academiae Helmstadiensis I, 1926, 432f - RGG³ III, 2031 - M.WUNDT, Die dt. Schulmetaphysik des 17.Jh.s, 1939.

2. *Jakob* (1570-1649), * in Langenstein bei Halberstadt, studierte in Helmstedt und Wittenberg und wurde nach geistlicher Tätigkeit in Norden/Ostfriesland 1602 Prof. der Logik und (1613) Ethik und 1623 Prof. der Theol. in Wittenberg. M. war Schüler von 1, trat aber früher als dieser und andere literarisch als Vertreter einer neuen prot. aristotelischen Metaphysik hervor (Partitiones et quaestiones metaphysicae, [1611] 1615²). Er kämpfte (Exercitationes metaphysicae, 1608) gegen B. → Keckermann, → Timpler, die Schüler von D. → Hoffmann (Vernunftspiegel, 1618), den Jesuiten M. → Becanus und die → Sozinianer. In seinen Partitiones lehnte er sich stark an → Suarez an und verpflanzte dadurch vollends die Barockscholastik in das Luthertum. → Calixt stand er lebenslang freundlich gegenüber. Sein Kampfgefährte war bes. B. → Meisner.

JÖCHER III, 1751, 229 - A.THOLUCK, Der Geist der luth. Theologen im ... 17.Jh., 1852 - W.FRIEDENSBURG, Gesch. d. Univ. Wittenberg, 1917 - P.PETERSEN, Gesch. d. arist. Philos. im prot. Deutschland, 1921 - M.WUNDT, Die dt. Schulmetaphysik des 17.Jh.s, 1939 - H.-W. GENSICHEN, Die Wittenberger antisocinian. Polemik (Diss. Göttingen), 1942 (Masch.) - B.HÄGGLUND, Die Hl. Schrift u. ihre Deutung in d. Theol. J.Gerhards, 1951.

3. *Matthias* (1572-1630), * in Freienhagen/Waldeck, ref. Theologe, war erst Hofprediger und Prof. in Herborn und Stadtpfarrer in Emden, seit 1610 Theologie-Prof. und Rektor des Bremer Gymnasium illustre. Geprägt oder angeregt durch C. → Olevianus, R. → Egli und Chr. → Pezel gehört M. zu den ersten Vertretern einer Föderaltheologie (→ Bund: IV), die dann sein Schüler J. → Coccejus weiterentwickelte. Das Bremer Gymnasium illustre verdankt M. sein großes Ansehen. Auf der → Dordrechter Synode vertrat M. neben anderen die Bremer Kirche; er setzte sich für infralapsarisches Verständnis der → Prädestination ein. Streitschriften schrieb er gegen Lutheraner wie Ph. → Nicolai und B. → Mentzer. Hauptwerke sind die Christianae doctrinae summa capita (1603) und das Lexicon philologicum ([1623] 1711⁵).

G.SCHRENK, Gottesreich u. Bund, 1923 - RITSCHL III - RGG³ III, 2032 (Lit.).
F.Lau

Martinianer → Observanten.

Martin-Luther-Bund

1. Geschichtliches - 2. Wirksamkeit, Bedeutung

1. Der MLB umfaßt 19 selbständige Landesgruppen und kirchliche Werke der luth. Diasporafürsorge in Deutschland. Angeschlossen haben sich ihm ferner 11 Landesgruppen und kirchliche Werke im Auslande. - Da der MLB den Zusammenschluß bereits bestehender Vereine der ev.-luth. Diasporafürsorge darstellt, kann als sein Vorläufer der am 10.11.1840 in Dresden gegründete »Verein zur Unterstützung der luth. Kirche in Nordamerika« gerechnet werden, der nur wenige Jahre wirken konnte. Aber bereits 1853 entstand in Hannover der »*Gotteskasten*« als erster Zweigverein des späteren MLB. Den Anlaß dazu gab ein Hilferuf des Pastors Fr.Wyneken (1810-76), der 1838 nach Amerika gegangen war. Der Führer der hannoverschen luth. Erweckung L.A. → Petri und W. → Löhe in Neuendettelsau erkannten sofort, wie verhängnisvoll es ist, wenn die Auswanderer ihre kirchliche Heimat verlieren. Petri begründete daher mit General-Sup. → Steinmetz und Sup. → Münchmeyer als Sammelstelle für Gaben zur geistlichen Versorgung der Lutheraner in Amerika den »Gotteskasten«. Andere Landeskirchen folgten diesem Beispiel. Zur ersten Verbindung zwischen den »Gotteskasten« kam es in Gestalt von Spezialkonferenzen auf der 2. (Leipzig 1870) und 3. (Nürnberg 1879) Allgemeinen ev. luth. Konferenz. Daraus entstand 1880 die Delegiertenkonferenz der verbündeten Gotteskastenvereine. Noch enger wurde der Zusammenschluß durch die Errichtung der »Hauptstelle der ev. luth. Diasporapflege« mit dem Sitz in Leipzig. Zu besonderer Entfaltung gelangte das Werk durch die Wahl von Prof. Fr. → Ulmer zum Vorsitzenden. Die Hauptstelle wurde von ihm nach Erlangen verlegt und 1929 im Vereinsregister als »Luth. Hilfswerk der verbündeten Gotteskastenvereine« eingetragen. 1932 wurde dann der Name in »MLB« umgeändert mit dem Untertitel »Luth. Hilfswerk der Gotteskasten und Martin-Luther-Vereine« (seit 1947: »Diasporawerk der ev. luth. Kirche Deutschlands«).

2. Die Arbeit des MLB ist von den Anfängen an durch das Bestreben gekennzeichnet, »Luth. Kirche« in der → Diaspora (: II) zu erhalten und »zu bauen«. Der MLB war daher weniger darauf bedacht, eine materielle Unterstützung zu vermitteln, als vielmehr Gliedern der luth. Kirche in der Diaspora und bedrängten luth. Gemeinden eine geistliche Hilfe zu erweisen. Die Aussendung von Predigern und Lehrern und die Versorgung der Diaspora mit Bibeln und geistlichem Schrifttum standen immer im Vordergrunde. Nach Nordamerika wurde Brasilien zu einem Hauptarbeitsgebiet vor allem des Bayrischen Vereins; aber auch auf Ungarn, Österreich, Frankreich, die Schweiz, Südafrika, Australien, Italien, England und andere Gebiete dehnte sich die Arbeit aus. Vor dem 2.Weltkrieg bildeten die ukrainischen ev. luth. Gemeinden Ostgaliziens und die im Zusammenhang mit der »Baltischen Rußlandarbeit« (D.O.Schabert) betriebene Evangelisation unter der russischen Bevölkerung Estlands und Lettlands ein verheißungsvolles Arbeitsgebiet. Aber auch die luth. Diaspora in kath., ref. oder unierter Umgebung in Deutschland wird nach Möglichkeit gestützt und gefördert. - Werke des MLB: 1. Das Auslands- und Diasporatheologenheim in Erlangen (1935 von Prof. Ulmer begründet) bietet 24 Studenten aus der luth. Auslandsdiaspora unentgeltliche Unterkunft; 2. das Sendschriftenhilfswerk (Berlin); 3. Bibelmission (Stuttgart); 4. Freizeitheim Sachsenmühle; 5. das Brasilienwerk.

M.AHNER, Der Luth. Gotteskasten, 1926 - FR.UHLHORN, Die dt.-luth. Diasporafürsorge, 1932 - M.SCHMIDT, Gottes Wort u. Fremdlingschaft, 1953 - Jahrbücher des MLB, 8. Folge 1957. - Zs.en: Der Luth. Gotteskasten, 1880-1933; Die Luth. Kirche in der Diaspora, 1933-41; Nachrichten aus der luth. Diaspora, 1949-52; Der MLB, Das Diasporawerk der Ev.-Luth. Kirche Deutschlands, 1952-56.
† E.Steinwand

Martyn, *Henry* (1781-1812), englischer Pioniermissionar in Indien, * in Cornwall, studierte in Cambridge. 1805 wurde M. Pfarrer bei der Ost-Indischen Kompanie. Eine strenge Askese untergrub vollends seine schwache Gesundheit. Neben seiner Seelsorge an den Europäern in Patna und Cawnpore predigte und unterrichtete er auch bei Hindus und Muslim. 1810 vollendete er die Übersetzung des NT ins Hindi, stellte eine Urdu-Übersetzung fast fertig und ging nach Persien, um dort die persische und arabische Übersetzung des NT abzuschließen. Auf der Rückreise nach England starb er in Tokat. M.s Beispiel inspirierte Hunderte zum Beruf des Missionars. - Vgl. → Iran: VI.

Journals and Letters of the Rev. H.M., hg.v. S.WILBERFORCE, London 1837. - J.SARGENT, A Memoir of the Rev. H.M., 1819ff; dt. zT von CH.G.BLUMHARDT, 1825 - G.SMITH, H.M., London 1892 - RE XXIV, 66ff - C.E.PADWICK, H.M., Confessor of the Faith, London 1922. *R.P.Beaver*

Martyrion

1. Vorkommen und Bedeutung - 2. Entwicklung - 3. Bauformen. - M. = Martyrion, Martyrien. - Vgl. → Begräbnis: III, 1, → Kirchenbau: II

1. Μαρτύριον (»Stätte des Zeugnisses«), auch μνήμη (lat. memoria, »Gedenkkirche«) heißen im Bereich der alten Kirche die Gedenkstätten des Zeugnisses Christi: Stätten biblischen Geschehens und Christi selbst, die sich auf das Hl. Land beschränkten, bes. aber die meist auf Friedhöfen außerhalb der Städte liegenden Stätten der Blutzeugen. Die Märtyrer-M. kommen wohl zusammen mit dem Märtyrerkult auf, der vor der Mitte des 3.Jh.s aus dem allgemeinen Totenkult hervorging, als neben das Gebet für den → Märtyrer (: II) das Gebet an ihn um seine Fürsprache trat. Bei den M. wurde die Eucharistie zelebriert, jedoch nicht zu regelmäßigen Sonntagsgottesdiensten, sondern an den Gedenktagen (→ Anniversarien) und bei anderen besonderen Anlässen. Die M. unterscheiden sich damit von den Stätten des normalen Totenkultes und bilden eine besondere Gruppe Christus geweihter Kultbauten mit einer sich ständig vermehrenden Bedeutung für die kirchliche wie private Frömmigkeit.

2. Kurz nach der Mitte des 3.Jh.s datierte Akklamations-Grafitti an die Apostel Petrus und Paulus erweisen die Memoria Apostolorum an der Via Appia vor → Rom (: II) als das einzige, sicher identifizierbare vorkonstantinische M. Der Bezirk wurde über einem älteren, zT aus Mausoleen bestehenden Friedhof mit einigen christlichen Bestattungen angelegt, dessen Hauptelemente ein Hof und eine offene, wohl dem Kult dienende Halle (»triclia«) sind. Ob die Stätte den zeitweiligen Gräbern oder einem Verweilen der Apostel zu Lebzeiten gilt, lassen Quellen und Funde nicht entscheiden, ebenso ob es sich bereits um eine offizielle kirchliche Gedenkstätte handelt. Dagegen ist es fraglich, ob das zweifellos vorkonstantinische Monument unter der Confessio der Peterskirche als wirkliches M. anzusprechen ist (→ Petrustradition), ebenso wie eine Reihe vorkonstantinischer Anlagen, zB Grabstätten, Mausoleen, Apsiden u.a. in Salona und Nordafrika, die den Kern späterer M. bilden. - Die erste große Zeit der Gründungen von M. ist zweifellos erst die konstantinische. Zahlreiche M. in Rom und im Hl. Lande gehen auf → Konstantin, → Helena und die konstantinische Familie zurück: Sie waren wohl die ersten geschlossenen Kultbauten und grundlegend für die weitere Entwicklung. In Rom erbaute man neben den in den → Katakomben (: I) geborgenen Gräbern der Märtyrer → Marcellinus und Petrus, → Laurentius und → Agnes Basiliken für die Eucharistie, während die in den offenen Friedhöfen am Vatikan bzw. an der Via Ostiense gelegenen Gräber der Apostel Petrus und Paulus das Zentrum der Basiliken bilden; über der Apostelmemoria an der Via Appia entstand eine → Basilika ohne genaue Bindung an die ältere Anlage. Diese M. hatten keinen → Altar (: III A) über den Gräbern, wohl überhaupt nicht einen festen Altar. Wegen der Intercessio der Märtyrer suchten in der Mehrzahl dieser Basiliken oder an ihnen (kaiserliche Mausoleen bei S. Marcellino e Pietro, S. Agnese, S. Pietro) die Christen »ad sanctos« begraben zu werden. Die Christus-M. des Hl. Landes sind zT komplexe Anlagen: Die Zentralbauten über der Geburts- und der Grabeshöhle sind als eigentliches M. das Zentrum, ohne Altar über der Gedenkstätte; für die Eucharistie diente eine anschließende Basilika. Alle erwähnten M. sind an eine Grab- oder Gedenkstätte gebunden. Noch in konstantinischer Zeit kommt ein neuer Typus auf: das an einem beliebigen Ort erbaute → Reliquien-M. Erstes Beispiel scheint die von Konstantin oder Konstantius II. errichtete Apostelkirche in Konstantinopel gewesen zu sein, wo man die aus ihren ursprünglichen Grabstätten überführten Leiber der Apostel Andreas und Lukas sowie des Apostelschülers Timotheus beisetzte, und in Rom richteten die Konstantinssöhne ein M. für Kreuzesreliquien im Palast der Helena ein. Dieser M.-Typus überwog später und war am weitesten verbreitet. Gegen Ende des 4.Jh.s ist dafür bezeichnend das Ambrosianische Mailand, wo die Märtyrer Nazarius und Celsus sowie → Gervasius und Protasius aus ihren Gräbern in neu erbaute, damit zu M. werdende Kirchen überführt wurden; wohl dasselbe geschah mit dem Märtyrer → Babylas in Antiochien. Überall führte die reiche Entfaltung des Märtyrerkultes zur Anlage von M., zB in Rom durch Papst → Damasus (366-384) bei den meisten zT erst damals aufgefundenen Gräbern von Märtyrern in den Katakomben. Eine Reihe der berühmtesten M. entstanden an der Wende vom 4. zum 5.Jh. (zB → Menas-Heiligtum bei Alexandrien, → Euphemia-M. bei Chalcedon, während die um das Grab des Evangelisten Johannes zu → Ephesus erbaute Basilika wohl noch konstantinisch ist). Bes. wichtig ist die Brotvermehrungskirche am See Genezareth, da hier wohl zum ersten Mal der Altar über die Gedenkstätte, den Stein der Brotvermehrung Christi, gesetzt wurde. Die Zunahme des Märtyrerkults im 5. und 6.Jh. führte außerdem zur Erweiterung älterer Anlagen (zB Felix-M. durch → Paulinus von Nola) oder zu Neubauten: In Marusinac bei Salona überführte man gegen die Mitte des 5.Jh.s den Märtyrer Anastasius hinter den Altar einer neuen, bei dem ursprünglichen Mausoleum-M. erbauten Basilika. Im 5./6.Jh. werden M. als Annexe oder Teile eines beliebigen kirchlichen Baus immer häufiger. Es sind aber vorwiegend keine eigentlichen M., denn ihr Altar enthält nur Reliquienpartikel. Bauten dieser Art sind nicht nur häufig in den Quellen belegt (zB Rom, Konstantinopel, Ravenna), sondern auch erhalten oder durch Ausgrabungen festgestellt (u.a. Rom, Padua, Korinth, Athen, Cypern). Für Nordsyrien sind seit dem Beginn des 5.Jh.s Reliquienkapellen typisch, die, im südlichen Raum neben der Apsis der Gemeindekirchen eingerichtet, oft mehrere Sarkophage mit Reliquienpartikeln enthalten. Im Westen gab es wahrscheinlich schon im 5.Jh. einzelne Beispiele des Altargrabes (→ Altar: III A, 3 a), aber erst im 6.Jh. wird es allgemein gebräuchlich und bald obligatorisch. In Rom erbaut man nun unmittelbar über den Märtyrergräbern der Coemeterien neue Basiliken mit dem Altar über dem Grabe (S. Lorenzo, S. Agnese), oder man überführt den Märtyrer unter den Altar (S. Pancrazio). In St. Peter setzte man den Altar auf eine erhöhte Estrade, die das Grabmonument in einer Krypta unter dem Altar umschließt; eine ähnliche Lösung ist für die Paulskirche vorauszusetzen. Diese Lösungen waren für das mittelalterliche Abendland wegweisend.

3. Die M. werden neuerdings aus der antiken Sepulkralarchitektur, bes. aus dem antiken Heroon abgeleitet

(Dyggve, Grabar). Ferner wird häufig angenommen, daß für M. besondere, zT nach Regionen unterschiedene Bautypen angewandt wurden. Doch scheint es kaum einen Bautypus zu geben, der nicht für M. wie für andere christliche Kultbauten gebräuchlich war: die Basilika mit und ohne Querschiff, Kreuzbauten, runde und polygonale, ein- wie mehrräumige Zentralbauten, cella trichora wie einfache cella mit und ohne Apsis, vorwiegend als Annexe.

F.Wieland, Altar u. Altargrab der christl. Kirchen im 4.Jh., 1912 - DACL X/2, 1932, 2512ff; XI/1, 1933, 296ff - E.Dyggve, Forschungen in Salona III, 1935, 101ff - Atti IV Congr. Int. Arch. Crist. I, 1940, 415ff - ZKG 59, 1940, 103ff - Th.Klauser, Vom Heroon zur Märtyrerbasilika, 1942 - A.Grabar, Martyrium I. II, 1946 (reiche Lit.) - F.W.Deichmann-A.Tschira in: JdI 72, 1957, 44-110 (Lit.).

F.W.Deichmann

Martyrologien sind kalendarisch geordnete Verzeichnisse von Gedenktagen der Heiligen. Ursprünglich waren - wie schon der Name sagt - nur → Märtyrer (: II) erfaßt; mit der Zeit nahm man die Bischöfe hinzu und auch Bekenner der Verfolgungszeiten, schließlich erweiterte sich der Kreis mehr und mehr (Äbte, Asketen u.a.). Vermerkt wurde der Todestag (dies natalis) mit Angabe der Grabstätte oder der Tag der Beisetzung (depositio), der Überführung (translatio) oder der Kirchweihe (dedicatio basilicae). Es gab anfänglich lokale Kalendarien größerer Kirchengemeinden wie die zwei Depositionslisten der römischen Märtyrer und Bischöfe (ab 3.Jh.) beim Chronographen vom J. 354 und der Heiligenkalender von Karthago (bis 505). Durch Vereinigung solcher Verzeichnisse entstanden M. für ganze Kirchenprovinzen und -gebiete, schließlich M. mit universalem Charakter. Das syrisch erhaltene, aber griechisch verfaßte Mart. syriacum (um 400, aus Nikomedien) stellt hierfür das älteste Dokument dar. Dieses bildete mit dem Kalender von Rom und Karthago sowie einigen Lokalkalendern Oberitaliens die Grundlage des sog. Mart. Hieronymianum, das hier um 450 entstand. Vielfach bearbeitet, ist es in der letzten Rezension (um 600, in Gallien) erhalten. Es war die Quelle für die sog. historischen M. des MA (8.-9.Jh.), die biographische Notizen aus den Akten und Legenden einstreuten. → Beda verfaßte ein M., das → Florus fortführte; dessen M. lag wiederum dem Werk des Ado († 875) zugrunde. Den Höhepunkt bildete Usuard († 877), der auf Ado zurückgriff und die späteren M. beeinflußte. Sein M. diente → Baronius als Vorlage für das seit 1584 maßgebliche Mart. Romanum der kath. Kirche (letzte Ausg. Rom 1922). - Vgl. → Menologien.

Ausgaben: AS Nov. II/1, 1894 (M. Hier. u. syr.); II/2, 1931 (M. Hier.)-Propyl. ad AS Dec., 1940 (Kommentar zum M.Rom.) - MPL 94 (Beda u. Florus); 123. 124 (Ado u. Usuard). - H.Achelis, Die M., ihre Gesch. u. ihr Wert (AGG NF 3 Nr. 3, 1900) - H.Quentin, Les martyrologes historiques du moyen âge, Paris 1908 - H.Lietzmann, Die drei ältesten M. (KIT 2), 1921³ - DACL VIII/1, 1928, 624ff; X/2, 1932, 2523ff - R.Aigrain, L'hagiographie, Paris 1953 (Lit.) - Altaner 193f (Lit.).

F.Paschke

Marutas (ca 565-649), Mönch in Mar Mattei, seit 629 Bischof von Tagrit und erster Maphrian (Großmetropolit) der monophysitischen → Jakobiten in Persien. Auf ihn führt die Tradition eine Variante der syrischen Jakobusliturgie (→ Liturgie: III, 2c) zurück.

Text der Liturgie bei E.Renaudot, Liturgiarum orientalium Collectio II, 1716, 261ff - Vita in PO III, 52ff - C.A.Baumstark, Gesch. der syr. Lit., 1922, 245f.

O.Rühle

Marx, 1. *Karl,* * 5.5.1818 in Trier, † 14.3.1883 in London, Sohn eines prot. gewordenen jüd. Rechtsanwalts, mit F. → Engels Begründer des »wissenschaftlichen Sozialismus«, dessen sozialökonomische Theorie sein Werk ist (→ Marxismus). Der Abituraufsatz »Über die Vereinigung der Gläubigen in Christo nach Joh 15, 1-14« zeigt eine einseitig moralische Auffassung der Religion. Eine religiöse Krise macht M. im Gegensatz zu Engels nicht durch. Er studiert in Bonn und Berlin Rechtswissenschaft, nach dem Tode des Vaters (Dez. 1838) Philosophie. In Jena promoviert er (in absentia) mit einer Arbeit über »Die Differenz der demokritischen und epikureischen Naturphilosophie« (im Geiste → Hegels, aber unter Einfluß der Linkshegelianer, bes. B. → Bauers). Habilitationspläne werden nach Entzug der venia legendi seines Freundes B.Bauer endgültig aufgegeben. M. wird Autor, später Redakteur der Rheinischen Zeitung in Köln, dem unter seiner Leitung radikalsten preußischen Oppositionsblatt. Nach Unterdrückung der Zeitung (18.3.1843) erfolgt eine Auseinandersetzung mit Hegels Rechtsphilosophie und der Übergang zum Standpunkt des → Proletariats und des → Kommunismus (: III). In Paris (1844 mit → Ruge Herausgeber der »Deutsch-französischen Jahrbücher«, von denen nur 2 Hefte erscheinen) wird M. von den französischen und englischen Sozialisten und Kommunisten beeinflußt, von Engels, der M. auf die Bedeutung der Ökonomie hinweist, und von M.Heß, der vor M. die Verbindung von aktivistischem Hegelianismus und Fourierschem Sozialismus versucht. In der »Hl. Familie« (1845) rechnet M. mit »B.Bauer und Consorten« und mit der eigenen junghegelianischen Vergangenheit ab. In Brüssel (1845-48) entwickelt er in »La misère de la philosophie« (1847; dt. 1885) eine erste Darstellung der ökonomischen Lehren und schreibt 1847 auf der Grundlage einer Skizze von Engels das Manifest der kommunistischen Partei (→ Kommunismus: III, 2). 1848/49 ist er Chefredakteur der »Neuen Rheinischen Zeitung« in Köln, die jetzt einen entschieden sozialistischen Standpunkt bezieht. Nach endgültiger Emigration wirkt M. von London aus als Ratgeber und Organisator der Arbeiterbewegung und arbeitet an der »Kritik der politischen Ökonomie«, deren 1. Heft 1859 erscheint und 1867 in ausgearbeiteter Form als »Das Kapital« Bd I vorgelegt wird (Bd II. III hg.v. Engels, 1885/94; historische Vorarbeiten hg.v. K.Kautsky: »Theorien über den Mehrwert«, 1905-10). - Bei aller Armut, die nur durch unregelmäßige journalistische Einkünfte, die Unterstützung Engels' und eine Reihe Erbschaften vorübergehend behoben wurde, lebt M., mit Jenny v. Westphalen verheiratet, in einer mühsam aufrechterhaltenen Bürgerlichkeit. Seine zuweilen sich bis zur Intoleranz steigernde Schroffheit erklärt sich aus der Spannung zwischen dem Selbstbewußtsein des Wissenschaftlers und Politikers und den äußeren Lebensumständen. - Vgl. → Materialismus: III.

K.M. u. F.Engels, Hist.-krit. GA, 1927-35 (unvollst.) - K.M. u. F.Engels, Werke, 1956ff (zZ 7 Bde) - K.M. u. F.Engels, Ges. Schriften 1852-62, hg.v. N.Rjasanoff, 2 Bde, 1917. Weiteres bei M.Rubel, Bibliogr. des oeuvres de K.M., Paris 1956. - Über M.: F.Mehring, K.M. Gesch. seines Lebens, (1918) 1933⁵, Neudr. 1946 - A.Cornu, K.M. u. F.Engels, Leben u. Werk I (bis 1844), dt. 1954 - M.Rubel, K.M., essai de biographie intell., Paris 1957.

I.Fetscher

2. *Wilhelm,* kath. Politiker, * 15.1.1863 in Köln, † 5.8.1946 in Bonn, 1906 Oberlandesgerichtsrat in Köln, 1907 in Düsseldorf, gehörte später formell dem Kammergericht als Senatspräsident an. Als Zentrumsabgeordneter im Preußischen Landtag (1899-1920) und im Deutschen Reichstag (1922-32) trat M. seit 1919 politisch als Gründer und Leiter des Kath. Volksvereins im Kampf um die kath. Schule hervor. 1920-28 war er Vorsitzender der Zentrums-Fraktion, seit 1921 auch der → Zentrums-Partei und bis 1927 im Vorstand des »Reichsbanners«. Als Nachfolger Stresemanns war er in

zwei Kabinetten Reichskanzler (Nov. 1923 - Dez. 1924). Bei der Reichspräsidentenwahl 1925 Kandidat der Weimarer Koalition, unterlag er im 2. Wahlgang gegen Hindenburg. 1925-26 war er Reichsminister für Justiz und für die besetzten Gebiete, Mai 1926 bis Juni 1928 wiederum Reichskanzler von zwei Kabinetten.

E. Eyck, Gesch. der Weimarer Republik I. II, 1954/56 (s. Reg.).

H. Hohlwein

Marxismus

1. Begriff - 2. Atheistischer Humanismus und Anthropologie - 3. Geschichtsphilosophie und Soziologie - 4. Ökonomie - 5. »Wissenschaftlicher Sozialismus« - 6. Entwicklung des M.

1. Unter M. versteht man die Quintessenz der von → Marx und → Engels vertretenen geschichtsphilosophischen, soziologischen und ökonomischen Lehren und die Form, in der sie zur politischen → Ideologie eines Teils der internationalen → Arbeiterbewegung geworden sind.

2. Geistesgeschichtlich kommen Marx und Engels von der atheistischen Radikalisierung → Hegels her. Diese hatte - mit *D.F.* → *Strauß* einsetzend - im Namen Hegelscher Vernunft und Begrifflichkeit die biblischen Aussagen auf das Gemeindebewußtsein als mythenbildende Kraft zurückgeführt und die → Christologie (: II, 8 c) spekulativ zur Lehre der Vergöttlichung der Menschheit umgedeutet. Strauß überbietend hatte *Br.* → *Bauer* dann das abstrakte individuelle Selbstbewußtsein zum Schöpfer aller religiösen Vorstellungen erhoben, denen damit jede Rechtsbasis entzogen wurde. → *Feuerbach* endlich hatte sämtlichen Hegelianern ihre Unfähigkeit, von der Abstraktion des Hegelschen Geistbegriffs loszukommen, zum Vorwurf gemacht und eine entschieden sensualistische Anthropologie an die Stelle idealistischer Spekulation gestellt. Für ihn ist die Theologie nichts anderes als eine sich selbst unbewußte Anthropologie; an die Stelle der Gottesreligion tritt daher ein emphatischer Kult der göttlichen Menschheit. An Feuerbach knüpft Marx an, indem er den sensualistischen Standpunkt übernimmt, aber durch die These von der Vermenschlichung des Menschen durch die schöpferische Umgestaltung der Natur in der → Arbeit korrigiert und historisiert. Alle den Menschen auszeichnenden Eigenschaften wie Vernunft, Sprache, Selbstbewußtsein werden als Erzeugnisse des in der Gesellschaft sich entwickelnden Arbeitsprozesses gedeutet. Menschsein heißt als sinnlich-reales Wesen die ebenso sinnlich-reale Natur arbeitend vermenschlichen und in dieser vermenschlichten Welt zum Bewußtsein eigener Menschlichkeit gelangen. Der Mensch ist ein »gegenständliches Wesen«: nicht nur, weil er, wie Feuerbach betont, seine Gattung zum Gegenstand des Bewußtseins macht, sondern weil er sein Gattungsleben produzieren, vergegenständlichen muß. Die schöpferische und bewußte Umgestaltung der Natur ist die Gattungseigenschaft des Menschen, Arbeit und Produktion daher sein Gattungsleben. Der einzelne Mensch ist in seinem Wesen gesellschaftlich, weil alle menschlichen Eigenschaften an ihm Erzeugnis der gesellschaftlichen Arbeit (in Vergangenheit und Gegenwart) sind. Eine freie Entfaltung seiner Menschlichkeit ist daher auch nur in der → Gesellschaft und durch die Gesellschaft möglich. Die beiden wichtigsten Voraussetzungen hierfür sind die Teilhabe an der allseitigen schöpferischen Arbeit der Gattung und die Fähigkeit zu ebenso allseitigem menschlichem Genuß, die mit der schöpferischen Produktionsfähigkeit im Geschichtsprozeß entsteht. Von beidem ist der moderne Lohnarbeiter ausgeschlossen, dessen Arbeit nicht freie Entfaltung, sondern abgenötigter Zwang, nicht allseitig, sondern borniert, nicht die Genußfähigkeit entfaltend, sondern abstumpfend ist. Arbeitsteilung und Fixierung des einzelnen an eine sinnentleerte Partialfunktion, Ausschluß vom → Eigentum (: III) an Produktionsmitteln und Produkten und Vorherrschen einer individualistischen Ideologie führen zur *Entfremdung* - oder sind umgekehrt Folgen der entfremdeten Arbeit. Die dem Lohnarbeiter fremde Tätigkeit führt zu einem entfremdeten Produkt, läßt ihn auch der Natur und den Mitmenschen gegenüber entfremden und pervertiert die Äußerung seiner Menschlichkeit - die schöpferische Arbeit - zum bloßen Mittel für die Fristung seiner aufs Animalische reduzierten Existenz. Phänomene dieser entfremdeten Welt sind der »Warenfetisch«, das Kapital und der Weltmarkt, dessen irrationale Schwankungen an die Stelle des antiken Schicksals getreten sind. Die in der kapitalistischen Gesellschaft (→ Kapitalismus) alle Menschen umfassende Entfremdung wird aber nur von den Proletariern als unerträgliche Last empfunden, die durch das Bewußtsein, das ihnen Marx zu geben wünscht, nur noch vergrößert werden soll, um sie zur revolutionären Tat zu veranlassen. Während der Bourgeois an der formalen Rechtsgleichheit und der Freiheit des abstrakten Staatsbürgers genug zu haben glaubt, weil er vermöge seines Besitzes die ihm gewährten Möglichkeiten nützen kann, spürt der Proletarier am eigenen Leibe die Abstraktheit und den Formalismus dieser freiheitlichen Ordnung und wird so zur Forderung nach einer wirklichen, menschlichen → Emanzipation gebracht. Was der Denker Marx in seiner Kritik der Hegelschen Rechtsphilosophie theoretisch durchgeführt hat, das erlebt das → Proletariat am eigenen Schicksal. Die Philosophie drängt sich in Marx zur Verwirklichung, das Proletariat in seiner Not drängt zum Bewußtsein. So scheinen beide - Philosophie und Proletariat - aufeinander angewiesen: »Das Proletariat kann sich nicht aufheben ohne die Verwirklichung der Philosophie, die Philosophie kann sich nicht verwirklichen ohne die Aufhebung des Proletariats.« Sowohl die religiöse wie die politische Entfremdung gehen nach Marx auf die sozialökonomische Entfremdung, auf die entfremdete Arbeit zurück. Wenn erst in einer menschlichen Gesellschaft jeder einzelne zum bewußten gesellschaftlichen Wesen geworden ist und die allseitige Produktion allen als Spiegel ihres Wesens erscheint, dann wird inmitten dieses verwirklichten Glücks kein Motiv mehr für jenseitige religiöse Erfüllungswünsche vorhanden sein und die real-empfundene echte Gemeinschaft an die Stelle der abstrakten und fiktiven Gemeinschaft im Staate treten.

3. Im Gegensatz zu allen übrigen zeitgenössischen Sozialisten und Kommunisten lehnt der M. eine ethische Begründung der sozialistischen Gesellschaftsordnung (der menschlichen → Gesellschaft) ab und versucht diese als ein notwendiges Resultat des *Geschichtsprozesses* zu erweisen. Anknüpfungspunkt ist auch hier Hegel, dessen Glauben an die »Vernunft in der Geschichte« Marx - bei gleichzeitiger Ablehnung seiner spekulativen Begründung - übernimmt. An die Stelle des Hegelschen Weltgeistes als Subjekt der → Geschichte (: III) tritt bei Marx zunächst ein dem Entwicklungsprozeß der Gesellschaft immanenter Zwang und endlich - nach der abschließenden proletarischen Revolution - die selbstbewußte Menschheit. Jede Epoche der Entwicklung der Gesellschaft wird durch eine → Klasse - wie bei Hegel durch einen Volksgeist - bestimmt. Klassen im Marxschen Sinne entstehen im Zusammenhang mit der Entwicklung der Produktion und werden primär durch ihr Verhältnis zum Eigentum an den Produktionsmitteln charakterisiert. Die Entwicklung, deren Träger die Klassen sind, wird durch die Entfaltung der Produktivkräfte der Gesellschaft vorangetrieben. Hierunter versteht Marx

Werkzeuge, Geräte, Maschinen und sonstige Produktionsmittel sowie die Fertigkeiten im Umgang mit ihnen. Abgesehen von katastrophalen Unterbrechungen entfalten sich diese Produktivkräfte kontinuierlich auf Grund der ständigen Verbesserungen und Erfindungen neuer Geräte usw im Interesse der Erleichterung und Leistungssteigerung der menschlichen Arbeit. Das gilt bes. für die moderne bürgerliche Gesellschaft, in geringerem Ausmaß aber auch für alle früheren Gesellschaftsformationen. Den Produktivkräften entsprechen jeweils Produktionsverhältnisse - Verhältnisse der arbeitsteilig produzierenden Menschen zueinander -, die ihren rechtlichen Ausdruck in den Eigentumsverhältnissen an Produktionsmitteln haben. Da nun die Produktivkräfte ständig wachsen, während die Produktionsverhältnisse gleich bleiben, müssen diese »früher oder später« aus Entwicklungsbedingungen in Fesseln der Produktion umschlagen. Es tritt dann eine Epoche revolutionärer Umwälzungen ein. Deren objektive Bedeutung liegt in der Ersetzung der alten Eigentumsordnung (Produktionsverhältnisse) durch eine neue, die den herangewachsenen Produktivkräften wieder Entfaltungsmöglichkeiten bietet. Träger dieses Umwälzungsprozesses ist diejenige Gesellschaftsklasse, die den fortgeschrittensten Zweig der Produktion vertritt und daher am stärksten an der Veränderung interessiert ist. So war etwa die franz. Bourgeoisie als Besitzerin der Manufakturen, Fabriken, Großhandelshäuser usw 1789 an der Aufhebung der feudalen Eigentumsverhältnisse interessiert, weil diese dem freien Arbeitsvertrag, dem freien Handelsverkehr und der Fungibilität des Grundbesitzes im Wege standen und dies notwendige Bedingungen für eine rasche Entfaltung ihrer Betriebe waren. Von dem objektiven Sinn der Revolution ist aber die Art und Weise zu unterscheiden, wie sich dieser im Bewußtsein der Beteiligten spiegelt. So glaubten etwa die Wortführer der franz. Bourgeoisie für → Freiheit, → Gleichheit, Brüderlichkeit und für eine schlechthin gerechte politische Ordnung zu kämpfen. Diese bürgerliche → »Ideologie« entsprach nach Marx zwar einen Augenblick lang der objektiven Realität. Sobald sich aber die neue Eigentumsordnung durchgesetzt hatte und im Proletariat eine Klasse entstand, deren Interessen denen der Bourgeoisie entgegengesetzt waren, ging die Allgemeinheit der bürgerlichen Ideologie verloren. Aus einer dem Geschichtsprozeß momentan konformen Ideologie wurde mehr und mehr eine bewußt apologetische Lüge. In dem Maße, wie die Bourgeoisie aufhört, an der Entwicklung der Produktionsverhältnisse interessiert zu sein, wird ihre Weltanschauung und selbst ihre Wissenschaft - soweit es sich um Kultur- und Gesellschaftswissenschaft handelt - wirklichkeitsferner und wertloser. Diese These wird vom M. vor allem an Hand der bürgerlichen Nationalökonomie, aber auch der Philosophie, der Geschichtswissenschaft usw belegt. Die vom Standpunkt des Proletariats aus erfolgende wissenschaftliche Analyse der Gesellschaftsentwicklung aber, die Marx vorgenommen hat, soll diesem Schicksal entgehen. Da das Proletariat die letzte welthistorische Klasse ist und die von ihm eingeleitete → Revolution das Ende aller Klassengesellschaft überhaupt bringen wird, kann sein Standpunkt durch keinen künftigen partikularen Klassenstandpunkt überholt werden. Die marxistische Theorie ist keine Ideologie mehr, sondern das objektive Bewußtsein der endlichen Wahrheit. Die Klassenbedingtheit gesellschaftswissenschaftlicher Aussagen ist daher für den M. kein Einwand gegen deren Objektivität. Erst der bürgerliche M., wie man die Wissenssoziologie K.Mannheims genannt hat, führt zu einem völligen Relativismus, weil in ihm die privilegierte Situation des proletarischen Klassenstandpunkts geleugnet wird. Man muß im M. zwei Klassenbegriffe unterscheiden: einen allgemeinen, der für die gesamte Geschichte seit Beginn der Arbeitsteilung und der Entstehung des Privateigentums gilt, und einen speziellen, der erst auf die moderne bürgerliche (kapitalistische) Gesellschaft anwendbar ist. Grund für die gleiche Bezeichnung so verschiedener Phänomene ist die Auffassung, daß die moderne Klassengesellschaft, in der nur das Eigentum an den Produktionsmitteln bzw. der Ausschluß von ihm klassenbildend wirkt, das Geheimnis aller Gesellschaften offenbart hat. Deshalb konnte auch erst in dieser modernen Gesellschaft die wissenschaftliche Erfassung ihres Bewegungsgesetzes gefunden werden. Während aber die Bourgeoisie noch in der ständischen Gesellschaft als »tiers état« sich bildet, ist das Proletariat als Produkt der bürgerlichen Gesellschaft die erste reine Klasse. »An sich« stellt eine Bevölkerungsgruppe, die das gleiche Verhältnis zum Eigentum an den Produktionsmitteln (gleicher Art) charakterisiert, schon eine Klasse dar, aber diese Klasse wird politisch erst relevant, wenn sie sich zu einer Klasse »für sich«, zum Bewußtsein ihrer gemeinschaftlichen Lage wandelt. Das Proletariat wird im vollen Sinne des Wortes erst dann eine Klasse für sich, wenn es sich zur herrschenden Klasse konstituiert und die sozialistische Revolution durchführt. Im gleichen Augenblick aber schafft es sich selbst als Klasse ab, indem es das Privateigentum an den Produktionsmitteln beseitigt. So zugespitzt wird der spezielle Klassenbegriff zu einer historischen Kategorie, die nur auf einen einzigen Augenblick exakt angewandt werden kann. - Wie die Weltanschauungen und alle anderen nicht-naturwissenschaftlichen Bewußtseinsformen ist auch die politische Ordnung vom Zustand der gesellschaftlichen Entwicklung und vom Charakter der jeweils herrschenden Klasse abhängig. Staaten sind grundsätzlich Diktaturen von Klassen, die sich ihrer als Herrschaftsinstrumente bedienen. Das gilt auch noch für die auf den Sieg des Proletariats folgende »Diktatur«, die aber im Gegensatz zu allen bisherigen Staaten die Herrschaft der überwältigenden Mehrheit darstellen und sich daher in demokratischen Formen vollziehen wird. Erst nach Ablauf dieser Übergangszeit werden in der vollendeten klassenlosen Zukunftsgesellschaft alle Unterdrückungsfunktionen vollends überflüssig. An die Stelle der »Herrschaft über Menschen« tritt die »Verwaltung von Sachen« (F.Engels) und die Leitung der gesellschaftlichen Produktion (Marx, Kapital III). Gegenüber dem → Anarchismus betont der M. jedoch die Notwendigkeit des Staates in der Gegenwart und für die Übergangszeit vom → Sozialismus zum vollendeten → Kommunismus (: III).

4. Die wichtigste Anwendung der Marxschen Geschichts- und Gesellschaftstheorie ist die kritische Analyse der kapitalistischen Gesellschaft und der sie erklärenden bürgerlichen *Ökonomie* im »Kapital«. Anknüpfungspunkt war vor allem *D.* → *Ricardo,* dessen »Grundsätze der Volkswirtschaft und Besteuerung« Marx für die bedeutendste Leistung der bürgerlichen Wirtschaftswissenschaft hielt. Das zentrale Lehrstück der Marxschen Ökonomie ist die Mehrwerttheorie. Schon Ricardo hatte nachgewiesen, daß der »Wert eines Gutes ... von der verhältnismäßigen Menge der zu seiner Produktion erforderlichen Arbeit abhängt«. Marx wendet nun dieses Gesetz auch auf die menschliche Arbeitskraft an. Hier kann an die Stelle der zu ihrer Produktion notwendigen → Arbeitszeit diejenige Zeit treten, die zur Herstellung der Güter erforderlich ist, die der Arbeiter zum Leben und zur Erhaltung seiner Familie braucht (Lebensmittel, Kleidung, Wohnung usw). Um den sich hieraus ergebenden → Wert schwankt der tatsächlich er-

zielte Preis für die Arbeitskraft auf Grund der Angebot-Nachfrage-Relation, ohne sich jedoch dauernd von ihm entfernen zu können. Von diesem Tauschwert der Ware Arbeitskraft ist jedoch ihr Gebrauchswert für den Produktionsmittelbesitzer unterschieden. Setzen wir den Tauschwert mit 4 Stunden an, so kann der den Arbeiter beschäftigende Kapitalist diesen zB 8 Stunden arbeiten lassen, wodurch dem Rohstoff 8 Werteinheiten zugefügt werden. Von diesen 8 Stunden werden 4 als »notwendige Arbeitszeit« bezeichnet, weil in ihnen ein Äquivalent für den Arbeitslohn (Marktpreis der Arbeitskraft) geschaffen wird; 4 weitere aber sind »Mehrarbeitszeit«, und in ihnen wird der Mehrwert erzeugt. Da Mehrwert Quell des Profits, dieser aber Motiv der Produktion ist, geht das Bestreben des Kapitalisten auf Vergrößerung des Mehrwerts - sei es durch Verlängerung der absoluten Arbeitszeit, was jedoch auf gewisse physische Grenzen stößt, sei es durch Verkürzung der notwendigen Arbeitszeit durch Verbesserung der Produktionsanlagen. Der → Kapitalismus ist daher ungeheuer dynamisch und führt zu einer viel rascheren Entwicklung der Produktivkräfte als alle bisherigen Wirtschaftsformen. Die → Konkurrenz zwingt alle Kapitalisten zu rascher Akkumulation, dh zur Verwendung ihrer Profite für die Ausweitung der Produktion. Da der Profit allein aus dem Mehrwert kommt, im Zuge des technischen Fortschritts aber der auf die industriellen Anlagen fallende Kapitalteil relativ immer größer wird (organische Zusammensetzung des Kapitals), hat die Profitrate (Verhältnis des Gesamtkapitals zum Mehrwert) die Tendenz zu fallen. Zusammen mit den regelmäßig wiederkehrenden Wirtschaftskrisen führt das zum Ausscheiden der kleinen und mittleren Betriebe aus dem Konkurrenzkampf und zur Konzentration der Kapitalien in immer weniger Händen, während zugleich auf dem anderen Pol der Gesellschaft das Proletariat ständig wächst. Während der leninistische M. durch seine Lehre vom imperialistischen Monopol- und Finanzkapitalismus der seitherigen Entwicklung Rechnung zu tragen sucht, weisen kritische Marxisten anderer Richtungen darauf hin, daß die von Marx gekennzeichneten Tendenzen - nicht zuletzt durch dessen eigene Tätigkeit in der Arbeiterbewegung - von zahlreichen Gegentendenzen aufgehalten und von ihrer ursprünglichen Richtung abgelenkt wurden, so daß heute eine Gesellschaftsordnung entstanden ist, die von der durch Marx analysierten stark abweicht.

5. Als *wissenschaftlichen Sozialismus* bezeichnet man die Bestimmung der Politik der Arbeiterparteien durch die von Marx aufgestellten Prinzipien und auf Grund von Analysen der Gesellschaft und ihrer Entwicklungstendenzen. Durch die enge Verbindung mit leidenschaftlich erstrebten politischen Zielen und infolge des Fehlens eines unabhängigen kritischen Forums haben sich im M. wiederholt einseitig dogmatistische Richtungen durchgesetzt, die seinen Wissenschaftsanspruch zur Rechtfertigung ihres eigenen Unfehlbarkeitspostulats benutzten.

6. Marx selbst kam geistesgeschichtlich von Hegel, den Junghegelianern und Feuerbach, politisch vom Standpunkt der radikalen bürgerlichen Demokratie zum → Sozialismus und zur Arbeiterbewegung. In seinen Frühschriften entwickelt er zunächst seine Geschichtstheorie und die Lehre vom Selbstbewußtsein des Proletariats als der notwendigen Voraussetzung der Revolution. Namentlich nach dem Scheitern der Revolution von 1848 wandte sich Marx dann immer ausschließlicher der »Kritik der politischen Ökonomie« zu, in der er das feste wissenschaftliche Fundament für den proletarischen Sozialismus zu schaffen suchte. Erst nach 1870 begann die → Arbeiterbewegung in Deutschland den M. zu rezipieren, wobei er Verbindungen mit den Lehren → Lassalles einging und sich später - bes. nach Engels' »Anti-Dühring« (1878) - zu einer umfassenden proletarischen Weltanschauungslehre erweiterte (→ Materialismus: III). Dabei nahm der M. im Werke → Kautskys und anderer Theoretiker der 2. Internationale Züge des zeitgenössischen materialistischen → Monismus (: II) in sich auf, die er in manchen seiner heutigen Vertreter noch bewahrt hat. Aus einer revolutionären Theorie wurde eine Integrationsideologie, die weltanschaulichen Momente gewannen gegenüber den analytischen die Oberhand. Diese Entwicklung wurde im russ. M. im → Leninismus und → Stalinismus weiter verstärkt, während sich die außerruss. Arbeiterbewegung in einen revisionistischen und reformistischen Flügel, der den Weltanschauungscharakter des M. auflöste, und einen revolutionären (leninistischen) Flügel spaltete, der sich an die Bewegung in der Sowjetunion anschloß.

Zu 2: K.LÖWITH, Von Hegel zu Nietzsche, (1941) 1953[3] - E. THIER, Einl. zu: K.MARX, Nationalökonomie u. Philosophie, 1950 - H.MARCUSE, Reason and Revolution, 1954[2] - A.CORNU, K.Marx u. F.Engels I, dt. 1954 - M.studien, 1-3. Folge, 1954-60 (bes. die Arbeiten von BOLLNOW, FETSCHER, LANDGREBE, THIER) - M.REDING Der polit. Atheismus, 1957 - H.-H.SCHREY. Der marxist. Atheismus (Festschr. f. F.Delekat, 1957, 159-174) - H.GOLLWITZER, Zum Verständnis des Menschen beim jungen Marx (Festschr. f. G.Dehn, 1957, 183-203). - Zu 3: G.W.PLECHANOW, Zur Frage der Entwicklung der monist. Geschichtsauffassung, 1895 (russ.); dt. 1956 - H.CUNOW, Die Marxsche Geschichts-, Gesellschafts- u. Staatstheorie, 1920 - N.BUCHARIN, Theorie des hist. Materialismus, 1922 - G.LUKÁCS, Gesch. u. Klassenbewußtsein, 1923 - K.KAUTSKY, Die materialist. Geschichtsauffassung I. II, 1927 - M.ADLER, Lehrbuch der materialist. Geschichtsauffassung I. II/1, 1930/32. - Zu 4: K.KAUTSKY, K.Marx' ökonomische Lehren, 1886 - O.LANGE-F.M.TAYLOR, On the Economic Theory of Socialism, 1938 - P.SWEEZY, The Theory of Capitalist Development, 1942; dt. 1959 - J.V.ROBINSON, Essay on Marxian Economics, 1942 - M.DOBB, On Economic Theory and Socialism, 1955 - H.PETER, Die polit. Ökonomie bei K.Marx (Tübinger Vorträge über M. u. Sowjetstaat, 1957, 24-38). - Zu 5: M.ADLER (s.o.). - Zu 6: E.THIER u. I.FETSCHER in: M.studien I.II, 1954/57 - I.FETSCHER, Von Marx zur Sowjetideologie, (1956) 1960[6]. - Lit.-Berichte: J.HABERMAS, Zur philos. Diskussion um Marx u. den M. (PhR 5, 1957, 165-235) - H.J.LIEBER u. P.LUDZ, Zur Situation der Marxforschung (KfS 10, 1958, 446-499. 658-674). *I.Fetscher*

Maschine → Rationalisierung.

Masken und Maskierungen sind in allen Teilen der Erde nachweisbar und dürften zu den Urphänomenen der Kulturgeschichte gehören. Religiöse Bedeutung kommt ihnen zu, wo sie eine Beziehung zu numinosen → Mächten herstellen.

Neben den häufig, aber wohl zu Unrecht in den Vordergrund gestellten apotropäischen M., deren Zweck in der Abschreckung von Menschen oder aber von dämonischen Wesen gesehen wird, stehen diejenigen M., deren Sinn es ist, die durch die Maskierung dargestellten Wesen zu »repräsentieren«, dh sie in die räumliche und zeitliche Gegenwart der Kulthandlung hereinzuziehen. Eine solche → Begehung scheint aus einem seelischen Urphänomen zu stammen, das in sehr verschiedenen Kulturkreisen beobachtet worden ist: aus der Erfahrung, daß im M.träger in der Erregung des Maskierungszustandes (oft planmäßig gefördert durch Bewegungsriten, Drogen, → Rausch-Mittel u.a.) seelische Kräfte erwachen, die dem Alltagsbewußtsein fremd sind und als Einwirkungen, Eingießungen oder Manifestationen »fremder«, außer- oder übermenschlicher Potenzen, dämonischer oder göttlicher Mächte oder Personen empfunden werden. Zeugnisse solcher Auffassung von M.erlebnissen sind zu sehen in der Tabuierung (→ Tabu) oder aber der kultischen Verehrung von M. auch außerhalb der M.handlung (etwa beim griech.

»M.gott«), in den Mythenberichten, die von M.kulthandlungen als von →Theophanien oder Daimonophanien erzählen (zB bei vielen germanischen Berichten von Aufzügen des Wilden Heeres, die bis in Einzelheiten kultische M.aufzüge widerspiegeln), Erzählungen von M.trägern, daß während der Maskierung etwas Fremdes, Unerklärliches »über sie gekommen« oder »in sie gefahren« sei, ferner in der beobachtbaren Typik des Verhaltens von M.trägern in kultischer → Ekstase. Solchen »Verwandlungs-« oder »Repräsentationskulten« (→ Stellvertretung) kommt in der Universalgeschichte der Religionen eine eminente Bedeutung zu. Sie dürften die Urform des kultischen → Dramas sein. – Dabei liegt das Wesentliche solcher Herbeiziehung numinoser Mächte oder Wesen in den M.träger offensichtlich nicht in illusionserweckender, totaler Unkenntlichmachung durch die Maske. Neben totaler Vermummung kommt sehr häufig auch mehr oder weniger partiale vor (Kopf-M., Gesichts-M. [vgl. → Teraphim], → Tätowierung, Tierhörner oder Tierkopf statt Gesamttiermaske, Gottembleme statt Gottgewandung usw), ohne daß damit das Wesen des M.erlebnisses ein anderes werden müßte. Die M.erlebnisse müssen also in solchen zahlreichen Fällen keineswegs »naiv« sein, wenngleich sie es sehr häufig sind und waren.

W.Wrede, Der M.gott (MDAI Athen. Abt. 53, Athen 1928, 66-95) - PW XIV/2, 2070ff (M.); Suppl. IV, 277ff (Epiphanie) - R.Stumpfl, Schauspiel-M. des MA u. der Renaissancezeit u. ihr Fortbestehen im Volksschauspiel (in: Neues Archiv für Theatergesch. II = Schr. der Ges. f. Theatergesch. 41, 1930, 1-77) - HWDA V, 1744ff - O.Höfler, Kultische Geheimbünde der Germanen I, 1934 - SDF II, 684ff (engl. Lit.) - J.Haekel, Initiationen u. Geheimbünde an der Nordwestküste Nordamerikas (Mitt. der Anthrop. Ges. 83, 3, Wien 1954, 167-190) - WB der dt. Volkskunde, 1955², 510ff - O.Eberle, Die akustische Maske (in: Actes du IVe congrès internat. des sciences anthrop. et ethnol., Vienne 1952, Tome II: Ethnologica I, Wien 1955, 74-78) - Leop.Schmidt, M. in Mitteleuropa, Wien 1955.

O.Höfler

Masse. Das deutsche Wort leitet sich vom »Brotteig« (μάζα) bzw. vom Verbum »kneten« (μάσσειν) her, das romanische (»foule« und »folla«) vom lat. »fullo« (Walker, Tuchmacher), das angelsächsische (»crowd«) vom Mittelhochdeutschen »kroten« (pressen). Gemeinsam ist diesen etymologischen Bezügen die Vorstellung eines amorphen Etwas, das durch äußeren Druck gestaltet wird, statt aus eigenem eine Form zu entwickeln. Hinsichtlich ihrer emotionalen Konnotationen stehen die Worte »M.« und »Ekel« in enger Nachbarschaftsbeziehung (Hofstätter, 1959). – Im soziologischen Schrifttum (Sighele, Le Bon, Tarde) taucht der Terminus um 1890 auf; seine Vorläufer sind »Vulgus« (Horaz: »Odi profanum vulgus et arceo«), »Pöbel« (Pejorativform von »populus«, seit dem 16.Jh.) und »Herr Omnes« (zB bei Luther, 1521). Gemeint ist der »schlechte Plural« im Sinne von Schillers Distichon: »Jeder, sieht man ihn einzeln, ist leidlich klug und verständig. Sind sie in corpore, gleich wird euch ein Dummkopf daraus«, bzw. einer im antiken Rom gebräuchlichen Redewendung: »senatores omnes boni viri, senatus romana mala bestia« (Reiwald 566). Dabei wird jeweils die Vielheit dem Einzelindividuum als minderwertig, namentlich als intellektuell weniger leistungsfähig, gegenübergestellt. Diese These ist in ihrer allgemeinen Form nachweisbar falsch.

»M.« bedeutet die Aufhebung der Persönlichkeitstugenden (Rationalität, Selbständigkeit, Selbstbeherrschung, Innerlichkeit, Verantwortlichkeit) in einer sozialen Situation. Anschauungsbeispiele liefern: die Panik, sog. »geistige Epidemien« (Hexenwahn, Tanzwut), modische Formen des → Aberglaubens, Publikums-Rasereien bei politischen, sportlichen und künstlerischen Veranstaltungen (zahlreiche Schilderungen bei Turner-Killian). Daß nur ganz bestimmte Plurale zu solchen Entwicklungen tendieren und daß echte M.nphänomene recht selten vorkommen, wurde zunächst verkannt. Le Bon und → Freud glaubten vielmehr das Triebhaft-Urmenschliche (»mala bestia«) in solchen Situationen zu sehen, ein Verhalten, das durch Gereiztheit, Unduldsamkeit, Überschwang der Gefühle, Unfähigkeit zum logischen Denken, Leitung durch das Unbewußte sowie durch seine Angewiesenheit auf einen despotischen – aber idolisierten – Führer bestimmt wird. Die etwa um die gleiche Zeit entwickelte Lehre von den hypnotischen und den hysterischen Phänomenen (Breuer und Freud, 1895) sowie die »Eliten-Theorie« der politischen Soziologie (G.Mosca, 1895; V. Pareto, 1916) verlockten zu einer Ausweitung dieses Ansatzes. – Neue und zT andersartige Impulse empfing die M.n-Lehre in der kulturkritischen Besinnungsphase nach dem 1. Weltkrieg (St.Zweig, »Zeitalter der M.n«; Ortega y Gasset, »Aufstand der M.n«, 1930). Gemeint ist nun nicht mehr der angsterfüllte, triebhafte Exzeß (»akute M.nbildung«, nach Lersch), sondern das Aufgehen in organisatorischen Großgebilden (»fortschreitende Vermassung«), die auf die Möglichkeiten und Bedürfnisse eines generalisierten Menschen, des statistischen »Durchschnittsmenschen« (A.Quetelet, 1836), eingestellt sind.

Systematisch betrachtet, besitzt der Begriff »M.« somit drei verschiedene Bezugsgegenstände: 1. die Gefolgschaft, die ohne ihr Korrelat, die Führung, als amorph und nur zur Nachahmung befähigt (Tarde) gedacht wird; 2. die in heftige Erregung geratene unstrukturierte Menge; 3. die rational strukturierte, aber für den einzelnen nicht mehr überschaubare Großorganisation. Der erste Begriff beruht auf einer unsachgemäßen Abstraktion, bei der die Bestimmung der Führerrolle durch die Geführten übersehen wird. Der zweite und dritte Begriff stellen beinahe Gegensätze dar und vertragen daher nicht die Abbildung auf ein gemeinsames Wort. Der organisatorische Apparat (»Bürokratie«) ordnet das Verhalten der Angehörigen einer Großgruppe, die – wie jede Gruppe, selbst die → Familie – eine gewisse Rollenhaftigkeit und damit einen Verzicht auf schrankenlose Individualität fordern und durch erzieherische Maßnahmen erzielen muß, ohne daß dadurch Triebhaftigkeit und Irrationalität gefördert würden. Die eigentliche Aufgabe besteht daher nicht in einer Ermahnung zur weltflüchtigen Absonderung des Individuums (Aufforderung zur »Verinnerlichung«), sondern in dessen orientierender Aufklärung über Struktur und Funktionen von Großgruppen (»Gemeinschaftskunde«). Wo diese in unzureichender Weise erfolgt, kommt es zum Gefühl der Verlassenheit in der Menge (»the lonely crowd«) bzw. zur Orientierung am Urteil der jeweiligen Nachbarn (»other-direction«, Riesman). Wissenschaftlich verwendbar ist der Terminus »M.« nur im zweiten Begriff, und zwar als Grenzbegriff der Dynamik geordneter Gruppen, in denen die Reziprozitäts-Einstellung der Angehörigen versagt (»Unisono« statt »Kontrapunkt«). Als Ausgangspunkt soziologischer Analysen im allgemeinen ist der Begriff jedoch ungeeignet, da in ihm das gefährliche Ressentiment einer überforderten und deshalb gefährdeten Individualität (»M. – das sind die anderen!«) stets mitschwingt.

S.Sighele, La folla delinquente, 1891 - G.Le Bon, Psychologie des foules, 1895 - G.Tarde, L'opinion et la foule, 1901 - S.Freud, M.npsychologie u. Ich-Analyse, 1921 - P.Reiwald, Vom Geist der M.n, 1946 - Ph.Lersch, Der Mensch in der Gegenwart, 1947 - D.Riesman, The lonely Crowd, 1950; dt. 1956 - H. de Man, Vermassung u. Kulturverfall, 1951 - W.Hagemann, Vom Mythos der M., 1951 - L.S.

PENROSE, On the objective Study of Crowd Behaviour, 1952 - P.R. HOFSTÄTTER, Gruppendynamik, Kritik der M.npsychologie, 1957 - DERS., Einführung in die Sozialpsychologie, 1959 - R.H.TURNER-L.M.KILLIAN, Collective Behavior, 1957. *P.R.Hofstätter*

Maße, Gewichte, Münzen in Israel (G. = Gewicht, M. = Maße, Sch. = Schekel)

1. Die Grundeinheit der *Längen-M.* ist die Elle ('ämmā). Unterteilungen: ½ = Spanne (zæræt), ⅙ = Handbreite (ṭopāḥ), $^1/_{24}$ = Finger ('æṣbă'). Man unterschied zwischen der gewöhnlichen bzw. alten Elle (Dtn 3, 11; 2Chr 3, 3) und der Großelle (Ez 40, 5; 43, 13), die noch eine Handbreite länger war. Das Verhältnis von 6 zu 7 ist nicht in Babylonien, sondern in Ägypten nachweisbar (458 zu 525 mm). Mit diesen M.n wird man auch für Israel rechnen dürfen. Ezechiel (40f) kennt eine Meßrute von 6 Ellen neben Maßzahlen von 25, 50 und 100 Ellen. Offensichtlich gehen Sexagesimal- und Dezimalsystem nebeneinander her; das gleiche gilt auch von Hohl-M.n und G.en. Größere Wegstrecken und (Acker-)Flächen werden nur ins Ungefähre fixiert (zB »ein Joch«). Daß der sog. Sabbatweg (vgl. Apg 1, 12) genauer abgegrenzt wurde, hing mit den Sabbatvorschriften zusammen (ca 800 m; vgl. Bill. II, 590ff). - Als *Hohl-M.* für Trockenes und Flüssiges bedient man sich annähernd maßgerechter Tongefäße. Die Grundeinheit ist Epha oder bat, wie u.a. das Maß 'iššarôn (= $^1/_{10}$ bat) und die Beschriftung »bat des Königs« auf einem Krug aus → Lakisch zeigen. In der nachfolgenden Reihe (Barrois; anders Scott, einsetzend mit 220 Liter) sind die reinen Trocken-M. mit a, die für Flüssigkeiten mit b, die für beides mit a/b gekennzeichnet. Die Zahlenreihe in eckigen Klammern gibt das Verhältnis zur obersten Einheit an. Ḥomær (a) = kor (a/b) [1] = 394 Liter; letæk (a) [2] = 197 l; 'êpā (»Epha«) (a) = bat (a/b) [10] = 39,4 l; s^e'ā (a) [30] = 13,1 l; hîn (b) [60] = 6,6 l; 'omær (a) bzw. 'iššarôn (a) [100] = 3,91 l; qab (a) [180] = 2,2 l; log (b) [720] = 0,5 l. Für die absoluten M. ist hier die Gleichheit von log und ξέστης vorausgesetzt.

2. Im Binnen- und Außenhandel (→ Wirtschaftsgeschichte: II) bediente man sich bei Aufrechnungen durch Metall fester G.snormen für das Wiegen (šaqāl). Die Grundeinheit ist der Schekel (šæqæl; Sch.). Kleinst-G.e hob man in einem (linnenen?) Beutel (kîs) auf, Sch.-G.e in einem Lederbeutel (ṣ^erôr), dessen Form in der Art einer oben offenen 8 als G.smarkierung auf G.en angebracht war (Scott). Die im AT bezeugten Normen sind: das Talent (kikkar = Rundscheibe), die Mine, der Sch., der Halb-Sch., der Viertel-Sch. und das Korn, $^1/_{20}$ eines Sch.s. Nach Ex 38, 25ff (P) besteht ein Talent aus 3000 Sch.n, nicht 3600 wie in Babylonien. Eine solche Gliederung begegnet auch in Ugarit (neben anderen Systemen). Ob die Mine zu 50 oder zu 60 Sch.n gerechnet wurde, läßt sich daraus nicht erkennen. In Kanaan dürfte die Mine 60 Sch. umfaßt haben (Ex 21, 32: → Bundesbuch), aber auch 50 Sch.-Rechnung findet sich in Altisrael (2Kön 15, 20; Dtn 22, 19). In der Glosse in Ez 45, 10-12 ist der verderbte Text wohl *so* zu interpretieren: es bleibt beim alten Maß, dh 1 Mine gleich 50 Sch., 1 Sch. gleich 20 Korn (nicht 24 wie in Babel). »G. des Königs« (2Sam 14, 26) ist keine Extranorm. Der »Sch. des Heiligtums« umfaßt 20 Korn (Ex 30, 13; Lev 27, 25; Num 18, 16), was die Priesterschrift vielleicht gegenüber der babylonischen Gliederung herausstellt. In der östlichen Diaspora rechnete man die Mine zu 60 Sch.n (Dan 6, 1) und verwendet den zumeist der Halb-Mine geltenden Terminus p^erēs (»Teil«) dann, wenn er auf Sch. folgt, auch für den Halb-Sch. (→ Mene Tekel). Aus der Zeit zwischen dem 7. und 4.Jh. fand man in Palästina gezeichnete G.s-Steine, die eine Umrechnung in Gramm ermöglichen. Die vorhandenen G.e sind auf das gleiche System ausgerichtet, auch wenn sich gewisse Schwankungen zeigen (Lachish III, 350). Nachweisbar sind bisher G.e von 8,4 und 2 Sch.n, das Sch.-G. ½, ⅔ (⅓) und ¼ Sch. - Nimmt man als Mittelwert für den Sch. 12 g, so kommt man für eine (50 Sch.-)Mine auf 600 g und für ein Talent auf 36 kg. Merkwürdigerweise fand man - in Schichten des 6./4.Jh.s - ein im AT nie erwähntes G. mit der Bezeichnung nṣp (= Halb?) von ca 10 g (nṣp auch in Ugarit neben dem Silber-[?]Sch.). War nṣp ein Gold-Sch. oder Teil eines sonst unbekannten schweren Sch.s von 20 g? Hat nṣp etwas mit dem »Kurs der Hin- und Herziehenden« (Gen 23, 16) zu tun? Diese Fragen sind bislang offen geblieben. Zu den vom 3.Jh. an auch im palästinischen Raum verwendeten Blei-G.n vgl. Seyrig.

3. In Kleinasien lassen sich die ersten *Münzen* nachweisen (7.Jh.). Maßgebend war für Juda zunächst die persische Münze. In Esr 8, 27; 1Chr 29, 7 steht Dareike, in Esr 2, 69 Drachme; obwohl im Wert verschieden, ist bei den Tradenten die gleiche Werteinheit gemeint. Seit dem 5.Jh. tauchten von Westen her auch im Handel attische Münzen auf. Um 400 vChr (Zeit → Esras) scheint die persische Regierung der Provinz Juda ein eigenes Münzrecht verliehen zu haben. Die Beschriftung lautete: »jhd« (= j^ehûd); so ist auch die früher sog. Jahu-Münze (AOT 362; ANEP 226) zu lesen. In Beth-Zur (Zeit um 300) fand man eine Silbermünze mit dem Namen eines Hohenpriesters. *Eigene* Münzen gibt es dann erst wieder bei den Makkabäern (→ Judentum: I, 2), beginnend mit Hyrkan um 125, bei Jannäus (Jannai-Jonatan) zweisprachig. Die Münzen des ersten Aufstandes (66-70) zeigen jüdische → Symbole (: II); Text: »Sch. von Israel Jahr I (bis V)«; Rückseite: »Jerusalem die hl. (Stadt)«. Die Münzen des 2. Aufstandes (132-135; unter → Simon bæn Kosba) tragen die Jahreszahl der »Befreiung Israels« sowie »Simon, Fürst Israels« oder »Eleazar, der Priester«.

BRL 185ff. 366ff. 388f - A.BARROIS, Manuel d'archéologie biblique II, Paris 1953, 243ff. - Ferner: A.REIFENBERG, Ancient Jewish Coins, Jerusalem (1940, hebr.) 1947² - H.LEWY, Assyro-Babylonian and Israelite Mesures of Capacity and Rates of Seeding (JAOS 64, 1944, 65-73) - H.SEYRIG, Poids antiques de la Syrie et de la Phénicie (Bull. Mus. Beyrouth 8, 1946/48, 37-68) - O.TUFFNELL, Lachish III, Oxford 1953, 348ff - R.B.Y.SCOTT, The Hebrew Cubit (JBL 77, 1958, 205-214) - DERS., The Shekel Sign on Stone Weights (BASOR 153, 1959, 32-35) - DERS., Weights and Measures of the Bible (BA 22, 1959, 22-40). *K.Galling*

Massillon, *Jean-Baptiste* (1663-1742), röm.-kath. Prediger und Bischof, Mitglied der Académie française (1719). M. wurde 1681 → Oratorianer, 1691 zum Priester geweiht und nach verschiedenen Lehraufträgen in seiner südfranzösischen Heimat 1696 Vorsteher des Seminars St. Magloire in Paris. Als einer der größten Advent- und Fastenprediger seiner Zeit predigte er 1699, 1701, 1704 und 1718 (der berühmte Petit Carême) am französischen Hof. Als Bischof von Clermont (seit Ende 1718) versah er seinen Hirtendienst mit großer Hingabe (regelmäßige Visitation der 758 Parochien, jährliche Synoden). Er stritt für eine bessere Ausbildung des Klerus sowie für die Hebung des geistlichen und sittlichen Lebens. Kirchenpolitisch war er ein Feind des → Jansenismus.

GA 15 Bde, Paris 1745-48; neue u. beste Ausg.: 3 Bde, Bar-le-Duc 1865. Dt. Übers.en: Synodalreden, 1835; Auswahl der Predigten bei G.LEONHARDI, Die Predigt der Kirche, Bd 25, 1893. - Über M.: E.A.BLAMPIGNON, M., d'après des documents inédits et sa correspondance, Paris 1879 - L.PAUTHE, M., sa prédication sous Louis XIV et Louis XV, ebd 1908 - RE XII, 411f - DThC X/1, 258ff - J.CHAMPOMIER, M., Paris 1942. *J.-J.v. Allmen*

Massow, *Julie von,* geb. v. Behr (1825-1901), * in Pinnow (Pommern), † in Dresden, seit 1852 mit Wilhelm v. M. († 1867) verheiratet, lebte meist in Rom und Stettin und bemühte sich mit dem von ihr 1862 gegr. Psalmenbund und dem 1878 gegr. Gebetsverein »Ut omnes unum« um die Aussöhnung der Konfessionen. Sie selbst trat unter dem Eindruck des → Kulturkampfes 1885 zum Katholizismus über.

F.Brümmer in: Biogr. Jb. 6, 1901, 225f - Schwester Maria Bernardina, J.v.M., (1902) 1911² - W.Kosch, Dt. Lit.-Lexikon II, 1953², 1658 (Bibliogr., Lit.). *H.Hohlwein*

Masuren heißt die Wald- und Seenlandschaft im südlichen Ostpreußen, die als »große Wildnis« seit der Mitte des 14.Jh.s die Grenze gegen Polen bildete. Zu ihrer Besiedlung rief der deutsche Orden (→ Ritterorden) aus dem angrenzenden polnischen Herzogtum Masowien Bauern ins Land. Nach Einführung der Reformation im Herzogtum Preußen (1525; → Ostpreußen) trennten sie sich durch ihr ev. Bekenntnis von ihren Volksgenossen in Masowien und übernahmen mit der deutschen Kultur als zweite Sprache auch das Deutsche. Der Name »M.« bezeichnete seit der Mitte des 19.Jh.s die nicht deutschsprachige Bevölkerung dieses Teiles von Ostpreußen. Ihre Treue zum preußischen Staat kam bei der Volksabstimmung 1920 zum Ausdruck, als 97,8% für die weitere Zugehörigkeit zum Deutschen Reich stimmten. Staat und Kirche ließen der masurischen Sprache Raum: Sie durfte seit 1873 im Religionsunterricht gebraucht werden. Neben deutschsprachigem wurde regelmäßig Gottesdienst in masurischer Sprache gehalten. Doch ging das Bedürfnis danach stark zurück. Ihre Verbundenheit mit der Kirche, die sich in ausgeprägter Kirchlichkeit, Pflege von Sitte und Brauchtum sowie Opferbereitschaft für kirchliche Liebestätigkeit äußerte, bewahrten die M. auch nach dem Verlust ihrer Heimat. Gegenwärtig leben in M. noch ca 20 000 ev. Deutsche. Sie werden von 22 Pfarrern und Pfarrdiakonen der Ev.-augsburgischen Kirche in Polen seelsorgerlich betreut.

P.Hensel, Die ev. M. in ihrer kirchl. Eigenart, 1908 - H.Schumann, Unser M. in Forschung u. Dichtung, (1915) 1921⁴ - Masurischer Volkskalender, 1928ff - W.Kosch, Dt. Lit.-Lexikon II, 1953², 1659 - G.Rhode, Die Ostgebiete des Dt. Reiches, 1957, 39f. 78ff. *H.Hohlwein*

Masznyik, *Endre* (24.9.1857 bis 3.10.1927), ung. ev. Theologe, 1882-1917 Prof. für NT und syst. Theol. an der Ev.-luth. Theol. Akademie in Preßburg, aber auch als kirchengeschichtlicher Forscher tätig. Bemüht um die Verbreitung der Kenntnis Luthers und dessen Verteidigung gegen kath. Angriffe, gab M. eine Auswahl von Schriften Luthers in ung. Übersetzung heraus (6 Bde, 1904-14). 1925 veröffentlichte er eine moderne Übersetzung des NT ins Ungarische. In seiner Dogmatik noch traditionalistisch-konfessionell eingestellt, vertrat er später die liberale Bibelkritik.

Vf. u.a. (ung.): Luthers Leben, 1885; Ev. Dogmatik (geschichtlich), 1888; Leben u. Briefe d. Ap. Paulus 6 Bde, 1894-1900; Leben Jesu, 1906. *J.Sólyom*

Mataré, *Ewald,* Bildhauer und Graphiker, * 25.2.1887 in Aachen. Zunächst Maler, 1907 Schüler L. → Corinths, 1914 Meisterschüler bei A.Kampf, Berlin. Nach dem Krieg vorwiegend als Bildhauer tätig, 1932/33 und - nach Entlassung 1933 - wieder seit 1946 Prof. an der Akademie Düsseldorf. M. wurde bekannt durch seine Tierplastiken in Holz aus den 20er Jahren. Nach 1945 schuf er heraldische Kleinplastiken und Bronze-Medaillons (Berührungen mit dem Animal-Style). M. führte zahlreiche kirchliche Aufträge aus, u.a. »Hl. Antonius«, Köln 1937; »Schmerzensmann«, Köln 1939/40; Südportal des Kölner Doms (Bronzereliefs mit Mosaik), Pfingst-, Bischofs-, Papst- und Schöpfungstür mit Supraporten, 1948-54; Westfenster des Aachener Münsters (Gußeisen und Antikglas), 1954; Portal der Weltfriedenskirche in Hiroshima, 1954. Weltliche Aufträge: »Phoenix« (Eisen mit Mosaik), Landtag Nordrhein-Westfalen 1949; »Bogenschütze« (Schiefer), 1950; Stephan-Lochner-Brunnen, Wallraf-Richartz-Museum, Köln 1955; Türen für den Gürzenich, Köln 1956. M. hat von Anbeginn die Tendenz zu stilistischen und gelegentlich dekorativen Betonungen, aber er vermeidet die Abstraktion. In den Kölner Domtüren erreicht er den Höhepunkt seiner Leistungen, das Relief kommt seinen Anlagen entgegen. - Vgl. → Malerei: VI.

Vf.: Ein Wort über Plastik (in: Kunst der Zeit 3, 1928, Nr. 1-3). - Über M.: H.Th.Flemming, E.M., 1955. *W.Grohmann*

Materialismus

I. Religionsgeschichtlich - II. Philosophisch - III. Dialektischer und historischer Materialismus. - Vgl. → Materie

I. Religionsgeschichtlich

1. Theoretischer M. - 2. Praktischer und ethischer M.

Sofern es sich im M. um die Lehre handelt, daß letzter Grund alles Geschehens die → Materie sei und alles Nichtmaterielle nur Funktion der Materie, steht M. im Gegensatz zur Religion und außerhalb der Religionsgeschichte; er gehört in die Philosophiegeschichte (→ Materialismus: II). Man kann dennoch vom M. als einer religionsgeschichtlichen Erscheinung unter einem dreifachen Gesichtspunkt reden: a) die Materie kann religiöse Verehrung auf sich ziehen, die zu einem mehr oder weniger ausgestalteten → Kultus führen kann; b) der M. kann der → Religion als einer Funktion der Materie einen gewissen praktischen Wert zuerkennen, so freilich, daß er ihre Wahrheit leugnet; c) schließlich gehört der M. da der Religionsgeschichte an, wo Religion bzw. Theologie und Philosophie noch nicht eine getrennte Entwicklung begonnen haben.

1. Wir begegnen dem *theoretischen* M. in vier verschiedenen Bereichen der Religionsgeschichte. a) Im alten *Griechenland* liegt ein konsequenter M. in der Atomistik des Leukipp und vor allem des Demokrit (ca 460-360) vor (→ Atom, 1). Demokrit will »die Welt des Höheren nicht kritisch auflösen, sondern sie nur einfügen in seinen extremen M.« (Joel). Ein Atom ist auch die → Seele, und die Götter werden nicht etwa geleugnet; sie sind real, Natur, materiell. Auch ihre Offenbarungen sind real, nämlich »Bilder« (εἴδωλα), wie sie aus den Dingen der Welt ausfließen, sich ablösen, um auf das Auge zu stoßen. Auf den Schultern des Leukipp und Demokrit stehen → Epikur (341-271) und schließlich Lucretius (99-55), die ebensowenig wie jene die Existenz der Götter in Frage stellen. - b) Unter den »Systemen der Auflehnung« gegen die Autorität der → Veden ist neben → Jinismus und → Buddhismus (: I) auch der M. zu nennen, der auf die beiden ersteren einen gewissen Einfluß gehabt hat, selbst aber nur aus polemischer Literatur bekannt ist. Das Sanskrit-Wort für M. ist Lokâyata, dh auf diese, die Sinnenwelt (loka) bezogen; die Materialisten werden Lokâyatika oder, nach dem Begründer der Schule, Cârvâka genannt. Nach den Hauptquellen, dem philosophischen Drama Prabodhacandrodaya und dem ersten Kapitel des Kompendiums aller philosophischen Systeme, des Sarvadarshanasamgraha, erklären die Cârvâka das, was durch die Sinne wahrgenommen werden kann, zur alleinigen Wirklichkeit; Autorität wie Schlußfolgerung werden

als Erkenntnismittel verworfen. Aus der Mischung der vier → Elemente → Erde, → Wasser, → Feuer und Luft entsteht der → Geist und verschwindet wieder, sobald diese Verbindung sich auflöst. Denken wird zu einer Funktion der Materie. Der Glaube an Götter ist Schwachheit des Denkens. Wie sich Spuren dieses M. bereits im Veda finden, so stehen Jinismus und Buddhismus insofern in Zusammenhang mit dem M., als der Jinismus zwar eine Seele kennt, aber sich nicht um das Jenseits kümmert, und der Buddhismus theologischer und metaphysischer Spekulation abhold ist und das Naturgesetz zur Allgemeingültigkeit auch im seelischen und geistigen Leben erhebt. - c) In → *China* (: II, 2 a) kann man → Konfuzius nicht deshalb einen Materialisten nennen, weil sein Interesse fast ausschließlich der sichtbaren oder erkennbaren Wirklichkeit zu gelten scheint (»über das Tao des Himmels in seiner Beziehung zu des Menschen Natur vernahm man von dem Meister nichts«). Wohl aber wird M. von Wang Tsch'ung (* 27 nChr) vertreten, der in seinem großen Werk Lön hêng, »Untersuchungen«, Konfuzius besondere Achtung zollt. Aus den beiden Kräften, die nach allgemeiner chinesischer Überzeugung alles Geschehen bestimmen, Yang und Yin, die vorwiegend → Himmel und Erde eigen oder zugeordnet sind, wird jedes persönliche Moment ausgeschaltet. Der Himmel ist von feinerer Stofflichkeit als die Erde, als Naturkraft wirkend, nicht als geistiges persönliches Wesen handelnd, nicht um die Menschen sich sorgend. Diese ihrerseits sind ausschließlich (wie etwa die Tiere) durch Yang und Yin bestimmt, ohne die Möglichkeit einer betenden Beziehung zu Gott; eine Unsterblichkeit der Seele wird entschieden geleugnet. Der Glaube an → Geister wird zwar wie auch der Glaube an ein → Schicksal festgehalten, aber Geister und Schicksal sind im wesentlichen Wirkungen von Yang und Yin, die ersteren allein des Yang. - d) Man kann mit einiger Einschränkung von M. auch da reden, wo eine Unterscheidung von Materie und Geist oder Seele oder auch erst von Stoff und Kraft oder von Natürlichem oder Übernatürlichem noch nicht stattgefunden hat. Das melanesische → Mana, das sich im Gesamtbereich der sog. primitiven Religionen und als Grund oder Untergrund auch in sog. Hochreligionen findet, ist nicht vom Stoff unterschiedene Kraft, sondern dem Stoff untrennbar eigen (→ Macht: I). Der Stoff ist nicht tot, sondern immer wirkend, manahaltig oder manageladen. Mana kann umschrieben werden als »merkwürdig, sehr stark, sehr groß, sehr alt, gefährlich, zauberkräftig, zauberkundig, übernatürlich, göttlich« oder substantivisch als »Macht, Magie, Zauber, Glück, Erfolg, Gottheit, Lust« (Söderblom). Es ist nicht Seele im Unterschied zum → Leib, eher »Seelenstoff«. Mana ist nicht persönlich und nicht auf Personen beschränkt, kann aber persönliche Züge annehmen und gar eine Art Person werden. Hier handelt es sich um einen M., in dem nicht die Materie gegen den Geist oder die Seele oder Gott ausgespielt wird; es fehlt ihm die Front gegen alle nichtmaterialistischen Theorien.

2. Weit häufiger als der auf gewisse Einzelerscheinungen beschränkte theoretische ist der *praktische* M. in der Religionsgeschichte anzutreffen. Gemeint ist nicht der praktische M. der Anhängermassen der verschiedenen Religionen, sondern seine Legitimierung durch ein materialistisch gedachtes Heilsziel, für das als Beispiele gewisse Aussagen des → Koran über die Freuden des Paradieses, bunte Schilderungen der Freuden des Himmels und der Qualen der → Hölle im volkstümlichen Mahâyâna-Buddhismus (→ Buddhismus: I, 7) wie auch die Zukunftserwartungen at. und nt. → Apokryphen oder der → Zeugen Jehovas und anderer pseudochristlicher Gemeinschaften genannt werden können. Fast unbeschränkt ist das Herrschaftsgebiet des *ethischen* M., sofern man darunter (mit F.A.Lange) eine Ethik versteht, die auf »die Triebe und das Gefühl der Lust und Unlust« gegründet ist. Dieser M. ist radikal überwunden im NT und Luthers Theologia crucis.

F.A.Lange, Gesch. des M., (1866) 1926[11] - H.Th. van Velzen, System des religiösen M., 1909 - ERE VIII, 488 ff - N.Soederblom, Das Werden des Gottesglaubens, (1915) 1926[2] - K.Joel, Gesch. der antiken Philos. I, 1921 - S.Radhakrishnan, Indian Philosophy I. II, (1922/26) 1929/30[2]; dt. 1955/56 - Chant - H.Hackmann, Chines. Philos., 1927 - H.v.Glasenapp, Entwicklungsstufen des ind. Denkens (SGK 15/16, 1940, 273-441) - W.Jaeger, Die Theol. der frühen griech. Denker, 1953 - van der Leeuw - Hutten. *W.Holsten*

II. Philosophisch

1. Begriff - 2. Geschichtliche Ausprägungen - 3. Praktischer M.

1. Das Wort M. wird in der zweiten Hälfte des 17.Jh.s gebräuchlich (zuerst bei Rob. → Boyle). Es bezeichnet eine philosophische Denkweise, die in Körperhaftem den Erklärungsgrund für alles, was ist, zu finden meint. Das Ganze der Welt wird als Aggregat gedacht, das aus bewegten Teilen besteht. Die Hauptfrage der neuzeitlichen Philosophie nach dem Verhältnis von Körper und Geist, → Sein und → Denken beantwortet der M. zugunsten des Körperlichen und der realen Außenwelt: sie sind alleiniger Ursprung; das sich selber erfassende Bewußtsein dagegen ist sekundär. Damit nimmt der M. an der nachcartesischen Tendenz teil, die Welt und in ihr den Menschen wieder aus einem einheitlichen Prinzip heraus zu denken, eine Tatsache, die selbst → Hegel dem M. zugute hielt. Gemäß der Art, wie die Abhängigkeit des Seelischen vom Materiellen verstanden wird, lassen sich vier Grundtypen des M. unterscheiden: a) Das Seelisch-Geistige wird unter den Begriff der → Materie subsumiert (ontologischer M.). - b) Zwischen Materie und Geist besteht ein kausaler Zusammenhang; der → Geist (: VII) ist Produkt der Materie (physiologischer M.). - c) Das → Bewußtsein ist innerhalb der einsehbaren Körperwelt ein unbegreiflicher Rest (skeptischer M.). - d) Geist und Materie stehen unter einem gemeinsamen Bewegungsgesetz, das für alle Dinge konstitutiv ist (dialektischer M.; vgl. Engels' »Dialektik der Natur«, s. 2). - Sobald sich der M. auf seine eigene Methode besinnt, steht er vor der Frage, weshalb gerade dem behaupteten Grundstoff die wesentliche Eigenschaft alles Körperhaften, sinnlich erfahrbar zu sein, abgeht. Kein m.es System kann der Konsequenz entgehen, daß seine empirischen Resultate letztlich metaphysisch begründet sind. Die Erwartung des neuzeitlichen M., die empirischen Wissenschaften könnten früher oder später den exakten Beweis für sein Prinzip antreten, ist deshalb schon in ihrem Ansatz verfehlt.

2. Das Gedankengut des antiken M. (Leukipp, Demokrit, → Epikur; → Griechisch-römische Philosophie, 2 a γ) ist uns in zusammenfassender epischer Darstellung im Lehrgedicht des Lucretius Carus überliefert. Aus einem ungeschaffenen und in seiner Summe ewig gleichbleibenden Grundstoff bilden sich alle Dinge aus zufälliger Bewegung seiner Teile, die selber nicht teilbar sind (→ Atom, 1). Als Voraussetzung aller Bewegung wird der leere Raum angenommen. Weder im großen zyklischen Gesamtablauf der Natur noch im kleinen Prozeß des Einzeldings wirkt ein teleologisches Prinzip: der gestalterzeugende Zufall der Körperbewegung spielt in sich selbst. Auch die menschliche Seele ist nur ein Einschlag im körperhaften Gewebe aller Dinge. Freiheit der theoretischen Schau ist im antiken M. Befreitsein von jeder präjudizierenden »religio« des Wissens. Insofern leugnet der dem antiken M. zugeschrie-

bene → Atheismus (: I, 2) nicht etwa die Existenz der Götter, sondern nur die Bindung an sie. Die Größe dieses frühen universalen Entwurfs hat der M. nie wieder erreicht.

Am Beginn der modernen mathematischen Naturwissenschaften im 17.Jh. ist der m.e Weltentwurf zunächst an die christliche Schöpfungslehre gebunden. »Der Körper war das, was Gott zuerst erschaffen hat« (Kepler). Den Entdeckern der mathematisch erfaßbaren Mechanik des »Weltbaus« fehlt die Anmaßung einer Weltauslegung aus m.em Prinzip (→ Newton, → Kepler, → Galilei); der M. dient ihnen als Hypothese zur Erforschung eines begrenzten Bereichs: der Bewegung der Himmelskörper und der unbelebten Natur. Erst → Descartes wendet die Mechanik auf den gesamten Bereich der realen Außenwelt an und legt damit den Grund für den M. der → Aufklärung (: I). Wenn, wie Descartes lehrte, der tierische Organismus als ganzer und selbst der menschliche, soweit er nicht Bewußtsein ist, als »Maschine«, als mechanisches Aggregat begriffen werden kann, so bleibt der Seele nur noch ein verschwindendes Residuum inmitten eines unendlichen mechanischen Universums. Sobald die an einen fragwürdigen Gottesbeweis gebundene cartesische Autonomie der Subjektivität zweifelhaft wird, ist bis zur Annahme einer mechanistischen Auslegung von Welt und Mensch nur noch ein kleiner Schritt. - Mit den Gesetzen der Mechanik scheint am Beginn der Neuzeit zugleich der Schlüssel zur Reproduktion der natürlichen Dinge gefunden. Die Erkenntnis verbindet sich mit der Macht zur technischen Herstellung des Erkannten (Fr. → Bacon). Der Mensch selbst rückt an die Stelle des ursprünglich göttlichen »Erfinders«. So entstehen die m.en Systeme von Th. → Hobbes in England, d' → Alembert, → Lamettrie und Holbach in Frankreich (→ Enzyklopädisten). Der »Zweck« der Philosophie besteht für Hobbes darin, »Wirkungen aus erkannten Ursachen vorauszusehen und sie so zum Gebrauch im Leben zu verwenden«. Für Lamettrie ist die Herstellung eines menschlichen Organismus nur noch eine Frage gesteigerter Kunstfertigkeit. Wenn sich die Dinge der natürlichen Welt nicht nur erkennen, sondern zu beliebigem Exempel nachmachen lassen, ist der letzte Rest des Staunenswerten und Unberechenbaren aus dem Anblick der Welt ausgetrieben. Die Hoffnung auf Unsterblichkeit der Seele schien Holbach ebenso absurd wie die Annahme, eine »in tausend Stücke geschlagene Uhr könne fortfahren zu schlagen und die Stunden anzuzeigen«. Der französische M. ist nicht nur antichristlich, sondern wendet sich ebenso scharf gegen den aufgeklärten → Deismus eines → Voltaire. Aus der absoluten Autarkie der mechanischen Naturordnung erwächst hier ein radikaler → Atheismus (: II, 4).

In Deutschland kam es erst im 19.Jh., nachdem der beherrschende Einfluß der großen idealistischen Systeme (→ Idealismus: II) gebrochen war, zu m.en Systemversuchen, die zZ des sog. M.-Streits (1854) ein populäres Forum hatten. Jedoch erschöpften sich die vorwiegend physiologisch orientierten und vom damaligen Aufstieg der Chemie ermutigten Materialisten Karl Vogt (1817-95), Ludw.Büchner (1824-99) und Jak.Moleschott (1822-93) in kleinlichem Gezänk um Einzelfragen, so etwa um die von Vogt behauptete Analogie, die Gedanken stünden in demselben Verhältnis zum Gehirn »wie die Galle zur Leber oder der Urin zu den Nieren«. Der M. wird vom Streit um »Fragen der Weltanschauung« ausgebeutet und dient zu einer bewußt vulgären Herabwürdigung des Geistigen. Diese Tendenz versucht der biologisch fundierte (→ Darwinismus) und lange Zeit populäre »monistische M.« von E. → Haeckel für das gebildete Bürgertum abzumildern. - Von diesem aus naturwissenschaftlichen Einzelerfolgen abgezogenen M. hebt sich die fragmentarisch gebliebene »Dialektik der Natur« von Fr. → Engels durch das Niveau der Argumentation ab. Engels versuchte die umfassende dialektische Methode Hegels für den M. fruchtbar zu machen mit der Begründung, daß Hegels System schon selber einen idealistisch auf den Kopf gestellten M. repräsentiere. So ersetzt Engels die absolute Idee durch die absolute Materie: sie ist das Ewige und im Kreislauf des Werdens und Vergehens Gleichbleibende. Das 1842 von Rob.Mayer entdeckte Gesetz von der Erhaltung der → Energie liefert eine naturwissenschaftliche Stütze. Die → Dialektik schien in ihrer Lehre vom Umschlagen der Quantität in Qualität aus der sterilen Festlegung des M. auf quantitative Bestimmungen herauszuführen. Wenn die durch Hegel aus dem sich selber erfassenden Denken herausgearbeitete Dialektik sich als abkünftig aus dem Charakter der natürlichen Bewegung erweisen ließe, wäre zugleich die Einheit von Seele und Außenwelt bestätigt. Die Wiederaufnahme des Kreislaufgedankens und die universale kosmologische Perspektive, unter die Engels seinen Versuch stellt, erinnern an den antiken M. (vgl. Engels' Einleitung zur »Dialektik der Natur«, bes. den letzten Abschnitt). Die Weise, in der Engels die Natur zum Gegenstand des dialektischen M. macht, ist seine eigene, von → Marx unabhängige Leistung; sie ist vom Marxschen Begriff des historischen M. zu unterscheiden (→ Materialismus: III).

3. Die Kritik am theoretischen M. pflegt an seinen vermeintlichen praktischen Konsequenzen anzusetzen. Die Verachtung der epikureischen Ethik im MA (eingeleitet durch die bereits umdeutende Rezeption bei → Cicero) bietet ein historisches Beispiel dafür, wie einer m.en Naturlehre gewaltsam eine ebenso »m.e« Moral zugeschrieben und dadurch der selbständige ethische Ansatz verdeckt werden kann. In der Tat hängen Theorie und moralische Gesinnung bei → Epikur zusammen, aber so, daß die m.e Theorie allererst aus der frei ihren Gegenstand und seine Deutung wählenden Vernunft erwächst. Wie anders wäre sonst ein Satz möglich wie dieser: »Denn keineswegs gleicht einem vergänglichen Lebewesen der Mensch, der in unvergänglichem Besitztum lebt« (Brief an Menoikeus). - Der *praktische* M. ist ebensowenig aus dem Prinzip einer natürlichen »Materie« abgeleitet wie der historische M. von Marx. Er entspringt vielmehr einem vorwissenschaftlichen Lebensverhalten, das über die Befriedigung der körperlichen Bedürfnisse nicht hinauskommt und das zu allen Zeiten möglich ist, weil es der Natur des Menschen angehört. Einerseits kann so der praktische M. zu einem hemmungslosen → Hedonismus der natürlichen Triebe ausarten und als Gegenbegriff zu jeder von der Autonomie des Geistes getragenen Ethik aufgefaßt werden. Andererseits kann er sich aber auch durchaus mit einer rational begründeten Haltung verbinden. In dem Erwerbsethos des bildungsbewußten Bürgertums, in dem die »materiellen« Güter, zumeist uneingestanden, den höchsten Rang einnehmen, ist der praktische M. sogar noch mit einer verflachten Form des → Idealismus verträglich: wenn nämlich, wie um die Mitte des 19.Jh.s beginnend, das »Ideale« (im Sinn eines geheimnisvoll unbestimmten »höheren Lebenszwecks«) durch ein geschäftstüchtig gesichertes Wohlleben garantiert wird. Aus diesem Kompromiß wird das heute wieder deutlich spürbare schlechte Gewissen der bürgerlichen Moral verständlich. So taucht zB das Schlagwort des praktischen M. in der kulturpolitischen Diskussion der Gegenwart immer dann auf, wenn es darum geht, die bürgerliche Lebensform etwa vor den marxistischen Ansprü-

chen zu legitimieren und einer möglichen Kritik durch Selbstkritik zuvorzukommen.

Fr.A.Lange, Gesch. des M., (1866) 1926[11] - L.Busse, Geist u. Körper, 1903 - H.Schwarz, Der moderne M., 1904 - H.Rickert, System der Philosophie I, 1921, 181 ff - E.J.Dijksterhuis, Die Mechanisierung des Weltbildes, (1950) dt. 1956 - W.Heisenberg, Das Naturbild der heutigen Physik, (1955) 1956[4]. - Vgl. die Lit. zu → Materie. *H.Braun*

III. Dialektischer und historischer Materialismus

1.Entstehung - 2. Grundzüge - 3. H.er M. - 4. Zur Kritik

1. Während für → Marx der Zweck seiner theoretischen Arbeit darin lag, dem → Proletariat das Selbstbewußtsein der ihm zukommenden historischen Rolle zu verschaffen (→ Marxismus, 3), entstand nach 1870 zunächst in Deutschland eine immer mehr anwachsende Arbeiterorganisation, deren marxistische Führer sich bemühten, ihre Anhänger durch eine gemeinsame Weltanschauung zu »integrieren«. Diese Bemühungen berührten sich mit den persönlichen Neigungen von → Engels, der eine geistige Verbindung zwischen den zeitgenössischen naturwissenschaftlichen Theorien von Rob.Mayer, Ch. → Darwin usw und der Marxschen Entdeckung des Entwicklungsgesetzes der → Gesellschaft hergestellt hatte. Mit diesen Ideen trat Engels erstmals 1878 an die Öffentlichkeit, als er - auf Wunsch des Parteivorstandes der SPD - das Universalsystem des Berliner Privatdozenten Eugen Dühring kritisierte (»Herrn Eugen Dührings Umwälzung der Wissenschaft«). In dieser Studie deutete Engels die gesamte Wirklichkeit, wie sie von den Naturwissenschaften und der Marxschen Sozialökonomik erfaßt wird, mit Hilfe Hegelscher Kategorien als eine in ihrer »Materialität« fundierte Einheit und erhob sich damit über das Niveau des Vulgär-M., der das zeitgenössische Denken beherrschte. Seine Gelegenheitsarbeit war einflußreicher als die ökonomischen Schriften von Marx und hat das Bewußtsein deutscher Sozialdemokraten bis ins 20.Jh. hinein bestimmt. Eine weitere Arbeit von Engels über die »Dialektik der Natur« blieb unvollendet. Das Manuskript wurde erst 1925 durch das Moskauer Marx-Engels-Institut veröffentlicht (1955[2]). Inzwischen war das Interesse an einer die gesamte Wirklichkeit umfassenden Ideologie in der nichtkommunistischen Arbeiterbewegung geschwunden, während es im bolschewistischen Rußland noch ständig wuchs. → *Lenin* hatte schon 1908 (»M. und Empiriokritizismus«, Neudr. 1949) von seinen Anhängern eine einheitliche weltanschauliche Haltung gefordert und jede Ergänzung des → Marxismus durch andere philosophische Richtungen - wie den → Neukantianismus, den → Positivismus oder den Machschen Empiriokritizismus - entschieden abgelehnt. Dennoch duldete Lenin auch nach der Oktoberrevolution zunächst noch Anhänger abweichender weltanschaulicher Richtungen sogar in führenden Partei- und Regierungsämtern. Nach seinem Tode kam es zu einer mehrjährigen Auseinandersetzung zwischen zwei Richtungen innerhalb des d.en M.: dem »Mechanizismus« von *N.Bucharin* und seinen Anhängern, die sich dem Positivismus näherten und für eine vorsichtige Wirtschaftspolitik eintraten, und der Schule *Deborins*, die sich an die Anweisung Lenins hielt und → Hegels Logik zum Gegenstand intensiver Forschungen machte, wobei sie nach Meinung ihrer Gegner in einen unzulässigen »Idealismus« geriet. Zunächst siegte Deborin über die Mechanizisten, aber schließlich setzte sich → Stalin mit seiner eklektischen Generallinie auch ihm gegenüber durch. Diese ideologischen Kämpfe spiegelten annähernd die machtpolitischen Auseinandersetzungen wider. 1938 erschien - von Stalin, wohl unter wesentlicher Mithilfe von P.F.Judin - als 4. Kapitel der Geschichte der KPdSU (kurzer Lehrgang) die Schrift »Über d.en und h.en M.«, die bis 1956 die obligatorische Grundlage der gesamten ideologischen Schulungsarbeit in fast allen kommunistischen Parteien bildete. Diese Schrift wurde seither in einigen Punkten korrigiert und durch eine anspruchsvollere Darstellung, eine Kollektivarbeit des Instituts für Philosophie der sowjetischen Akademie der Wissenschaften, ersetzt (Grundlagen der marxistischen Philosophie, 1958 [russ.]; dt. 1959).

2. Der d.e und h.e M. gilt als »Weltanschauung der marxistisch-leninistischen Partei« (Stalin). Er soll zugleich oberste methodologische und allumfassende weltanschauliche Autorität sein. Systematisch zerfällt er in den h.en M., der die »Anwendung des d.en M. auf das Gebiet der Gesellschaft und ihrer Entwicklung« darstellt, und den d.en M. der Natur. Die Einzelwissenschaften stehen - nach zZ herrschender Lehre - in einem lebendigen Wechselverhältnis zum d.en M., der sowohl aus einer schöpferischen Verallgemeinerung ihrer Resultate sich bereichert, wie seinerseits ihnen die höchsten methodologischen Gesichtspunkte und den umfassenden theoretischen Rahmen vermittelt. Neben den Einzelwissenschaften steht als wesentliches Moment die Praxis in ihren beiden Haupterscheinungsformen: Politik der Partei und Produktionstechnik. In der Formel, daß der d.e M. die Zusammenfassung und Verallgemeinerung der Erfahrungen der Partei auf der jeweiligen Stufe der Gesellschaftsentwicklung zum Ausdruck bringt, offenbart sich dessen Funktion als Rechtfertigungsinstrument. Diese Rolle schließt jedoch eine Bestimmung der politischen Praxis durch die Theorie des d.en M. nicht aus. - Die zwei *Hauptbestandteile des d.en M.* sind der philosophische M. und die dialektische Methode. Unter M. wird hier a) ein erkenntnistheoretischer Realismus verstanden (Lenin: M. ist »die Anerkennung, daß die von unserem Bewußtsein abgebildete Außenwelt unabhängig von unserem Bewußtsein existiert«). Damit ist jedoch b) die metaphysische Behauptung verbunden, daß alle Wirklichkeit nichts als → Materie (in ihren verschiedenen »Bewegungsformen«) sei. Im Unterschied zum Vulgär-M. anerkennt der d.e M. jedoch die qualitativen Unterschiede der Seinsbereiche (tote, lebendige, bewußtseinsfähige, gesellschaftliche »Materie«). Die dialektische Methode dient der Aufrechterhaltung des m.en → Monismus (: II) in dieser qualitativ differenzierten Welt. c) Schließlich wird mit dem philosophischen M. ein prinzipieller Erkenntnisoptimismus verbunden (es gibt nichts Unerkennbares, sondern nur »noch nicht Erkanntes«). - Die dialektische Methode besteht aus 4 oder 5 »Grundzügen«, die seit Stalin weiter ausgebaut und durch eine dialektische Kategorienlehre ergänzt worden sind. Wie bei Hegel soll es sich bei ihr nicht nur um die Gesetze der subjektiven (Bewußtseins-)Bewegung, sondern zugleich um die Bewegungsgesetze aller → Wirklichkeit handeln. Das Verhältnis zur formalen Logik, die seit etwa 1950 wieder gelehrt wird, ist noch nicht exakt bestimmt. Die von einigen sowjetischen Philosophen vorgeschlagene Lösung schließt sich in der Sache an die Hegelsche an. Die ersten beiden von Stalin (Judin) genannten Grundzüge - Auffassung der Wirklichkeit als Totalität und als ständig im Prozeß der Bewegung und Veränderung begriffen - sind noch nicht eigentlich »dialektisch«. Das gilt erst für die Lehre vom Umschlagen quantitativer Veränderungen in qualitative (und umgekehrt), die im 3. Grundzug dargestellt wird. Hegel hatte sie in seiner Logik unter dem Titel »Knotenlinie der Maßverhältnisse« behandelt und auf ein dem quantitativen Sein immanentes *Maß* zurückgeführt, das der d.e M. jedoch nicht kennt. Die Naturkon-

stanten (Gefrier-, Siede-, Schmelzpunkt usw) erscheinen hier als Punkte, an denen quantitative Veränderungen plötzlich, gleichsam explosiv zu qualitativen führen. Auf die gesellschaftliche Entwicklung angewandt folgt daraus die Lehre von der Notwendigkeit von Revolutionen und vom »revolutionären Reifegrad« einer Gesellschaft. Um den noch ausstehenden Übergang vom → Sozialismus zum → Kommunismus, der nicht auf dem Wege einer gewaltsamen, explosiven Veränderung vor sich gehen soll, theoretisch zu begründen, hat Stalin die Kategorie des »allmählichen« und »explosionslosen« Sprunges eingeführt. Abgesehen von diesem Sonderfall gilt jedoch fast allgemein das Gesetz des explosiven Übergangs von einer Qualität in eine andere. Der sowjetische Biologe Oparin hat seine Hypothesen über die Entstehung des Lebens auf der Erde mit Hilfe dieses dialektischen Grundzuges dargestellt. - Vierter (und bei Stalin letzter) Grundzug der dialektischen Methode ist die Lehre von der Entstehung der Bewegung aus dem Kampf (und der wechselseitigen Durchdringung) der Gegensätze, die in jeder Wirklichkeit eingeschlossen sind. Das soll wiederum in gleicher Weise für die Natur (positive und negative Elektrizität, Nord- und Südpol des Magneten usw) wie für die Gesellschaft (Klassenantagonismus) gelten. Die Anwendung auf die schon konfliktlos gewordene sozialistische und die klassenlose Gesellschaft führt zu Korrekturen und zur Einführung von nicht (eigentlich) m.en Triebkräften wie der »Freundschaft der Völker der Sowjetunion«, dem Sowjetpatriotismus, der harmonischen Zusammenarbeit der Klassen und der - einen Rest des Agonalen enthaltenden - »Kritik und Selbstkritik«. - Neuerdings fügt man als 5. Grundzug die »Negation der Negation« hinzu. Hier werden die Besonderheiten der dialektischen Negation (»Aufhebung« als Beseitigung und Emporhebung zugleich) behandelt und die auf höherer Stufe erfolgende »Rückkehr zum Alten« gelehrt, die sowohl in der Natur (vgl. den Weg vom Samen über die Pflanze zum neuen Samen) wie für die Gesellschaft (von der kommunistischen Urgemeinschaft über die Klassengesellschaft zur neuen, höheren Form des Kommunismus) gelten soll. Daß es sich bei dem von Engels angeführten Beispiel aus der Pflanzenwelt gerade *nicht* um einen fortschreitenden dialektischen Prozeß, sondern um einen bloßen Kreislauf handelt, ist u.a. von G.Lukács mit Recht betont worden.

3. Der *h.e M.* ist die zur geschlossenen Lehre und zum politischen Instrument entwickelte Marxsche Geschichtsphilosophie (vgl. → Marxismus, 3). Seit Stalin wird stärker der Gesichtspunkt der »Rückwirkung des politischen und ideologischen Überbaus auf die Basis« betont. Hierbei hat die Notwendigkeit des Aufbaus des »Sozialismus in einem Lande« wie die theoretische Rechtfertigung des stärkeren Ausbaus des Staats- und Partei-Apparates eine Rolle gespielt. In seinen 1950 erschienenen Arbeiten über »den Marxismus und die Fragen der Sprachwissenschaft« hat Stalin außerdem festgelegt, daß die Sprache nicht als »Überbauphänomen« angesehen werden kann, weil sie kein Produkt der im Lauf der Geschichte einander ablösenden Klassen, sondern Erzeugnis des ganzen Volkes ist. Entsprechend wurde auch die formale Logik und die Technologie - weil beide direkt mit den Produktivkräften verbunden seien - von der Sphäre des klassenbedingten Überbaus ausgeschlossen. Damit ist die Marxsche Konzeption, die alle Wirklichkeit auf den sich in der Arbeit verwandelnden Menschen zurückführt, grundlegend verändert.

4. Von nichtmarxistischer Seite werden als Haupteinwände erhoben: Der d.e M. erscheint als eine Metaphysik, weil er Thesen aufstellt, die sich über den Umkreis möglicher Erfahrungen erheben. Sein Wissenschaftsanspruch steht mit dem gleichzeitigen Anspruch, Weltanschauung zu vermitteln, in Widerspruch. Bes. scheint er nicht bereit, eine empirische Falsifikation einzuräumen, die doch als unumgängliche Voraussetzung für jede wissenschaftliche Theorie angesehen werden muß. Wenn als Beweis für die Wahrheit des h.en M. der Erfolg der Oktoberrevolution und des Aufbaus des Sozialismus in der Sowjetunion angeführt wird, so steht dem entgegen, daß *diese* Revolution nicht die auf den höchstmöglichen Reifegrad der kapitalistischen Gesellschaft folgende Selbstbefreiung des Proletariats, sondern eine von einer proletarischen Partei geführte, aber von den bäuerlichen Massen getragene Umwälzung war, deren anfängliche Losung »das Land den Bauern«, statt das Privateigentum an den Produktionsmitteln aufzuheben, umgekehrt für die Masse der landlosen Bauern gerade erst Privateigentum schuf. Noch problematischer ist die Anwendung des Marxschen Begriffs der sozialistischen Revolution auf die administrative Umwandlung der bäuerlichen Parzellen in Kollektivgüter (1928-31), die Stalin als eine »Revolution von oben« bezeichnet hat, ein Terminus, der von Marx und Engels für die Kennzeichnung der preußischen Reformen von 1807 und der Bismarckschen Reichsgründung verwendet wurde. In der Anwendung auf die Entwicklung der Natur erscheint der d.e M. als eine etwas differenziertere Abart des m.en → Monismus (: II) des 19.Jh.s, einer Weltanschauung, die zwar auch in Kreisen wirklicher Naturwissenschaftler Anklang fand, die aber dennoch nicht mit Wissenschaft verwechselt werden darf. Eine dialektische Interpretation naturwissenschaftlicher Erkenntnisse ist manchmal interessant und anschaulich, die Wege der Forschung aber dürfte sie kaum erleuchten. - Bei der Deutung geschichtlich-gesellschaftlicher Gebilde leistet dialektisches Denken oft wertvolle Dienste, stellt aber kein Monopol des d.en M. dar. Eine völlige Ablehnung der dialektischen Methode, wie sie in manchen polemischen Schriften zum Ausdruck kommt, würde den Geistes- und Gesellschaftswissenschaftler eines unentbehrlichen Erkenntnismittels berauben.

Außer den oben (s. 1) genannten Qu.: STALIN, Über d.en u. h.en M., Text u. krit. Komm. v. I.FETSCHER, (1956) 1960[6] - R.O.GROPP, Der d.e M., kurzer Abriß, 1959[9]. - Krit. Lit.: J.M.BOCHEŃSKI, Der sowjetruss. d.e M., (1950) 1956[2] - G.A.WETTER, Der d.e M. Seine Gesch. u. sein System in der Sowjetunion, (1952) 1959[4] (Lit.; dazu die Antikritik von G.KLAUS, Jesuiten, Gott, Materie, 1958[2]) - A.G. MEYER, Marxism. The Unity of Theory and Practice, 1954 - H. CHAMBRE, Le marxisme en union soviétique, idéologie et institutions, 1955 - H.MARCUSE, Soviet Marxism, a critical Analysis, 1958. - Vgl. die Lit. zu → Kommunismus: III, → Leninismus, → Marxismus, → Stalinismus.

I.Fetscher

Materie. Das lat. »materia« bedeutet wie griech. ὕλη Holz, speziell Bauholz. Die Bedeutung »Material« ist analogische Erweiterung: was sich zu einem Endprodukt so verhält wie Holz zu Haus oder Schiff, ist dessen M. So erweitert, wird M. zum korrelativen Begriff: der Gegensatz M.- → Form bestimmt nur *Momente* am Seienden, nichts Seiendes. Logisch verschieden ist der Gegensatz M.- → Geist; hier sind zwei *Substanzen* gemeint. M. als Gegensatz zu Geist ist *Subsumtionsbegriff*, als Gegensatz zu Form *Funktionsbegriff* oder Reflexionsbegriff (Kant). Diese beiden Begriffscharaktere sind zu unterscheiden, soll die Begriffsgeschichte von »M.« deutlich werden. Schon den Milesiern (→ Griechisch-römische Philosophie, 2 a α) schreibt Aristoteles den Gedanken einer Ur-M. zu (Met. A 3-5). Jedoch hat bei den Vorsokratikern ἀρχή mehr den »Anfang« im Sinn Hesiods als ein materielles Substrat bedeutet. Dies wurde wichtig erst durch die Ontologie des → Parmenides:

Wenn Merkmal echten Seins die Unveränderlichkeit ist, konnte man wie die »jüngeren Naturphilosophen« (ebd 2 a γ) eine ursprüngliche M. als »eigentlich Seiendes« ansetzen (Homoiomerien, vier Elemente, Atome). Demgegenüber verlegte → Platon das → Sein in ewige Formen, die in unserer Welt nur je und je verkörpert werden. Die M., das receptaculum der Formen, streng genommen ein Nicht-seiendes, nennt Platon bildlich »Amme des Werdens« und setzt sie mit der χώρα, dem Raum, gleich (Timaios 51 ff). Darin folgt ihm später → Descartes. Klassische Bestimmtheit erhält der Begriff der M. bei → Aristoteles. Im Geviert der Ursachen tritt die M. als das ἐξ οὗ (causa materialis) dem als causa formalis, efficiens und finalis dreifach wirksamen Eidos gegenüber; jedes Seiende kann reflektierend in Form und M. zerlegt werden, zB die Bronzeplastik in Bronze und ihre Gestalt, die Bronze wiederum in die Metalle Kupfer und Zinn und ihr Legierungsverhältnis. Die Grenze solcher Analyse, die »erste Hyle«, ist bloßer Grenzbegriff ohne Realität. Nur die (oft übersehene) Abstraktheit seines M.-Begriffs erlaubt es Aristoteles, auch von »intelligibler M.« zu reden. Die höheren Gattungen im Verhältnis zu den Arten, mathematische Gegenstände gegenüber den konkreten Dingen sind deren M.: wie man ein Standbild als Bronze auffassen kann, so kann man einen Menschen als Lebewesen ansehen, einen Baumstamm als Zylinder usw; M. ist also für Aristoteles das, was es selbst nicht gibt, als was man aber etwas, das es gibt, *auffassen* kann. Im Zug der üblichen Vergröberung ist der M.-Begriff des Aristoteles im Sinne des → Hylemorphismus als Gegeneinander zweier Weltkräfte ausgelegt worden. Da auch nach Aristoteles die Seele »Form« des Menschen ist, verschmolz der Gegensatz M.-Geist (schon bei Platon, bes. im Phaidon und Sophistes 246 a ff, keimhaft entwickelt) mit dem zwischen M. und Form. So konnte im → Neuplatonismus die M. zum *Urschlechten* werden, das der Formung aktiv widerstrebt (Plotin, Enn. 1, 8). Die → Scholastik nahm diese Motive wechselnd auf, unterschied bes. zwischen materia prima im Sinn des Aristoteles und dem Stoff der Naturwissenschaft als materia secunda. Descartes wollte die M. den mathematischen Naturwissenschaften ganz zugänglich machen, indem er sie rein als Ausdehnung definierte; → Leibniz und → Kant reduzierten die M. mehr auf *Kräfte*. Die »positiven« Wissenschaften sicherten dem Begriff der M. objektive Realität durch Rückgang auf Elementarteilchen. Jedoch ist er, verstanden als Subsumtionsbegriff, durch die → Komplementarität von Korpuskel und Welle im 20.Jh. wieder fragwürdig geworden. Als Funktionsbegriff bleibt er aber unentbehrlich und ist zB nach Vorgang von W. James von B. → Russell im Sinne eines »neutralen Monismus« neu entwickelt worden.

CL.BAEUMKER, Das Problem der M. in der griech. Philosophie, 1890 - H.WEYL, Raum, Zeit, M., 1923 - B.RUSSELL, The Analysis of Matter, London 1927 - L. DE BROGLIE, Licht u. M., 1949 - F.LIEBER, Vorstellungen vom Aufbau der M. im Wandel der Zeiten, Wien 1953.

G.Patzig

Mather, 1. *Cotton,* * 12.2.1663 in Boston (Sohn von 2), † 13.2.1728 ebd, Vorkämpfer des → Kongregationalismus und der politischen Sonderart Nordamerikas, seit 1685 Pfarrer in Boston, 1690 zugleich Fellow von Harvard. M. trat hervor als Führer des Widerstands gegen den britischen Gouverneur Sir Edmund Andros (seit 1688) und durch seine Stellungnahme zu den Zaubereiprozessen in Massachusetts, wo er biblisch die Teufelaustreibung durch Gebet und Fasten forderte. 1721 wurde er Präsident von Yale College in New Haven (Conn.). M. verfaßte die erste KG Nordamerikas (Magnalia Christi Americana, 1702) und korrespondierte mit A.H. → Francke. Theologisch befand er sich im Übergang zum → Deismus.

Diary of C.M., ed. W.C.FORD, Boston 1921f. - Über M.: B. WENDELL, C.M., (1891) 1926² - A.P.MARVIN, The Life and Times of C.M., 1892 - K.FRANCKE, The Beginnings of C.M.s Correspondence with A.H.Francke (Studies and Notes in Philology and Literature 5, 1896, 57-67) - Americana Germanica I, Nr. 4, 1897, 31-66 - R. u. L.BOAS, C.M., 1928 - DAB XII, 386ff.

2. *Increase,* amerikanischer Kongregationalist, * 21.6. 1639 in Dorchester (Mass.), † 23.8.1723 in Boston. Nach Studien am Harvard und am Trinity College in Dublin war M. zunächst Pfarrer in England. 1664 wurde er Pfarrer in Boston, 1674 Fellow in Harvard, 1681 Präsident, 1686 Rektor. Als solcher weitete er das Studienprogramm auf die Naturwissenschaft aus. Seit 1683 im Kampf gegen die britische Verfassung für die Kolonie Massachusetts führend, reiste er 1688-92 nach England, wo er sich mit → Boyle, → Baxter und → Penn befreundete und die neue Verfassung durchsetzte. Der neue Gouverneur, Sir William Phips, war sein Freund. Die wachsende Mißstimmung gegen diesen minderte daher auch den Einfluß von M. 1701 mußte er auf die Leitung von Harvard College verzichten.

R.H.MURRAY, Dublin Univ. and the New World, 1921 - K.B. MURDOCK, The Portraits of I.M., 1924 - DERS., I.M., 1925 - T.J.HOLMES, I.M. A Bibliogr. of his Works I. II, 1931 - DNB XIII, 27f - DAB XII, 390ff.

M.Schmidt

Mathesius, *Johannes* (1504-65), * in Rochlitz i. S., namhafter Luther- und Melanchthonschüler, studierte in Ingolstadt (1523-24) und Wittenberg (1529-30, 1540 bis 1542; zeitweilig Luthers Tischgenosse). 1530-40 war er Unterlehrer in Altenburg/Thür. bzw. Schulrektor in der böhmischen Silberbergwerksstadt St. Joachimsthal (N. → Herman). Dort war M. nach seiner Ordination durch Luther (29.3.1542) Prediger, seit 1545 Pfarrer. Von seinen ca 1500 gedruckten Predigten gewannen seine 17 Lutherpredigten (1562-65; zahlreiche Aufl. seit 1566) besondere Bedeutung, mit denen er die erste prot. Lutherbiographie des 16.Jh.s schuf, sowie seine 16 kultur- und sprachgeschichtlich wertvollen Bergwerkspredigten (1552-62; »Sarepta« nach 1Kön 17, 9f; 14 Aufl. seit 1562).

Schriften in Ausw. hg.v. G.LOESCHE: Leichenreden, (1896) 1908² (Ausw.); Hochzeitspredigten, 1897; Luthers Leben in Predigten, (1898) 1906²; Handsteine (u.a. Sarepta [Ausw.]), 1904 - Die Joachimsthaler Chronik von 1516-1617, hg.v. K.SIEGL, 1923. - Bibliogr.: G.LOESCHE, J.M. II, 1895, 378-435. - Briefwechsel: ebd 223-371 - Handsteine (s.o.) 491-605. 684-699 - ARG 24, 1927, 302-311; 29, 1932, 97-132. 260-284; 30, 1933, 37-66. 212-246; 31, 1934, 42-60. - Nachschriften Lutherscher Tischreden: Analecta Lutherana et Melanthoniana, hg.v. G.LOESCHE, 1892 - Luthers Tischreden in der M.schen Sammlung, hg.v. E.KROKER, 1903 - WATR IV, 1916, XXVII-XLV. 557 bis 705; V, 1919, 1-64. - Über M.: ADB XX, 586ff - G.LOESCHE, J.M., 2 Bde, 1895 - E.GÖPFERT, Die Bergmannssprache in der Sarepta des J.M., 1902 - RE XII, 425ff; XXIV, 71 - JGPrÖ 25, 1904, 275-280; 29, 1908, 163-171; 34, 1913, 38-54; 37, 1916, 81-87 - ARG 20, 1923, 67; 24, 1927, 312f - H.LORENZ, Bilder aus Alt-Joachimsthal, 1925 - H. VOLZ, Die Lutherpredigten des J.M., 1930 - SCHL. II, 13ff; V, 188f.

H.Volz

Mathews, *Shailer* (1863-1941), * in Portland (Maine, USA), Prof. für historische und systematische Theologie in Chicago (1906-33), seit 1908 ständig Dekan der Divinity School, 1912-16 Präsident des Federal Council of the Churches of Christ, 1915 Präsident der Northern Baptist Convention (→ Baptisten: I, 2 b).

Vf. u.a.: The Messianic Hope in the NT, 1905; The Church in the Changing Order, 1907; The Social Gospel, 1909; The Spiritual Interpretation of History, 1916; Patriotism and Religion, 1918; The Validity of American Ideals, 1922; The Faith of Modernism, 1924; Jesus on Social Institutions, 1928; Immortality and the Cosmic Process,

1933; Christianity and the Social Process, 1934; New Faith for Old (Autobiogr.), 1936; Hg. von NT Handbooks, Dictionary of Religion and Ethics u.a. - Über M.: Twentieth Century Enc. II, 713.

Ernst Wolf

Matisse, *Henri,* Maler, Bildhauer und Graphiker, * 31.12.1869 in Le Cateau-Cambrésis, † 3.11.1954 in Cimiez. 1892 Schüler der Académie Julian unter Bouguereau und der Académie des Beaux-Arts, Paris. 1895 im Atelier Moreau, wo er G. → Rouault trifft. Ende der 90er Jahre malt M. spätimpressionistische und pointillistische Bilder. 1901 stellt er im Salon des Indépendants aus, 1903 im Salon d'Automne. 1904 in St.Tropez, trifft Signac; erste Einzelausstellung bei Vollard-Paris. 1905 »Luxe, Calme et Volupté« im Salon d'Automne. Erste Plastiken. Von 1905 an im Sommer wiederholt in Collioure. 1907/08 Kunstschule am Montparnasse. Reisen führen ihn nach England, Deutschland, Spanien und Marokko. Seit 1917 lebt M. abwechselnd in Paris und Nizza. 1920 Dekorationen für das russische Ballett »Le Rossignol« von Strawinsky. 1930/31 Reisen nach den USA und Tahiti, Wandbild »La Danse« für A.Barnes in Merion bei Philadelphia. Seit 1938 in Cimiez-Nizza, 1943-48 in Vence, 1949 wieder in Cimiez. Von 1948-51 arbeitet M. an der Rosenkranz-Kapelle in Vence (Architektur, Wandbilder, Glasfenster, Kultgeräte und Gewänder). 1951/52 Retrospektive in New York, Cleveland, Chicago und San Francisco. Die großen malerischen Leistungen liegen am Anfang und am Ende: »La Joie de Vivre«, 1906; »La Musique« und »La Danse« (in Moskau), 1910; »Les Marocains«, 1916; »La Leçon de piano«, 1917. In den 20er Jahren viele Odalisken. Ein neuer künstlerischer Einsatz beginnt mit »La Blouse Roumaine«, 1939. Großes Werk an Lithos, Holzschnitten, Radierungen und Illustrationen zu Büchern. - M.s Ziel, Bilder der Harmonie und des Gleichgewichts zu malen und die Idee stets in den Mitteln aufgehen zu lassen, hat er als einziger der »Fauves« (→ Malerei: VI, 1 b) erreicht. Sein Oeuvre ist eines der größten im 20.Jh. und zudem durch Vielseitigkeit ausgezeichnet. Als sein Hauptwerk gilt die Kapelle in Vence (s. Taf. 65 Abb. 4).

Vf. u.a.: Notes d'un peintre (in: La grande Revue, Paris, Dez. 1908); Farbe u. Gleichnis. Ges. Schriften, Zürich 1955. - Über M.: G.Duthuit, Les Fauves, (Paris 1949) New York 1950 - A.H.Barr, H.M. His Art and His Public, New York 1951 (vollst. Dokumentation) - G.Diehl, H.M., 1954 (vollst. Bibliogr.) - R.Escholier, M. ce Vivant, Paris 1956.

W.Grohmann

Matthäus wird im NT in allen Apostellisten genannt (Mt 10, 3; Mk 3, 18; Lk 6, 15; Apg 1, 13). Die einzige weitere Erwähnung (Mt 9, 9) dürfte redaktionellen Ursprungs sein. Der Evangelist ersetzt den Namen Levi (Mk 2, 14; vgl. Lk 5, 27), der nicht zu den Zwölfen gehört, durch M. und nennt diesen dann 10, 3 ausdrücklich den Zöllner. Wenn → Papias (Euseb, h.e. III, 39, 16) M. als Verfasser der aram. Herrenworte (λόγια) bezeichnet, hat er selbst wohl an das MtEv gedacht. Diese Behauptung erscheint indes ebenso zweifelhaft wie die mehrfach ausgesprochene Vermutung, die Logia seien mit einer Quelle des MtEv identisch (→ Evangelien, synoptische, 2 a. c). Die späteren Nachrichten über M. sind undurchsichtig, da sich in ihnen eine kaum zu entwirrende Vertauschung der Namen M. und → Matthias findet. Gelegentlich wird M. mit judenchristlichen Evangelien in Verbindung gebracht.

RE XII, 428ff - Th.Zahn, EinlNT II, 1907³, 258ff - PW XIV, 2311ff - Hennecke³ I, 75ff. 303ff.

W.Marxsen

Matthäus, 1. *von Krakau* (ca 1335-1410), vielgelesener Erbauungsschriftsteller und Reformtheologe des Spät-MA, seit ca 1384 Prediger und Prof. der Theologie in Prag, seit 1395 an der jungen Universität → Heidelberg. Im Dienst des deutschen Königs Ruprecht von der Pfalz bestimmt er offenbar weitgehend dessen Kirchenpolitik. 1405 Bischof von Worms. Das Kardinalat (1408) tritt er nicht an. Durch seinen jahrzehntelangen frommen Eifer für die Kirchenreform, der sich in seiner berühmtesten Reformschrift »De squaloribus curiae Romanae« (nach 1403) zu scharfen Angriffen auf das Papsttum der Zeit steigert, beeinflußte er aufs stärkste die Konzilsbewegung (→ Reformkonzile) im geistlich-kirchlichen Sinn.

Verz. seiner zahlreichen Schriften sowie der älteren Lit. bei F. Franke, M.v.K. (Diss. Greifswald), 1910 - LThK VI, 1028f - G.Ritter, Die Heidelberger Univ. I, 1936, 244ff u.ö. - VerfLex III, 294ff.

B.Moeller

2. M. *Paris* (Parisiensis; ca 1200-59), englischer Benediktiner, Chronist und Künstler, seit 1217 Mönch von St. Albans (Herts), seit 1236 Leiter der Schreiberei. 1248-49 reformiert er die Abtei in Holm (Norwegen). Unter Benutzung der Arbeiten seines Vorgängers Roger von Wendover († 1236) verfaßte M. die Gesta Abbatum St. Albani, die Chronica Maiora, die Flores Historiarum und Heiligenleben, die er selbst mit Bildern versah. An Weite des Gesichtskreises, Kenntnis von heimischen wie auswärtigen Ereignissen und Lebhaftigkeit des Stils kommt ihm unter den mittelalterlichen Chronisten in England keiner gleich; aber er ist oft ungenau, gegen Fremde und gegen Rom voreingenommen und ein Parteigänger der Mönche.

R.Vaughan, Matthew Paris, Cambridge 1958 (Lit.).

M.D.Knowles

Matthäuspassion, Vertonung des Leidens Christi nach Matthäus. Am bekanntesten ist die 1729 in Leipzig entstandene M. von J.S. → Bach, seit der Wiederentdeckung durch → Mendelssohn (1829) wohl das meist aufgeführte Bachsche Großwerk. Hinsichtlich der äußeren und inneren Dimensionen überragt Bachs M. alle vergleichbaren Beispiele der musikalischen → Passion; von Bachs früher entstandener → Johannespassion unterscheidet sich das Werk bei ähnlichem Aufbau durch reichere musikalische Mittel (Doppelchor, geteiltes Orchester), bes. aber in der abgeklärteren Tiefgründigkeit der episch-allegorischen Anlage. Die Arientexte stammen von dem Leipziger Lokaldichter Chr.Fr.Henrici (Picander). - Ganz andersartig, aber nicht weniger bedeutend ist die auf alle Instrumente verzichtende, um 1666 entstandene M. von H. → Schütz. - Wichtige Vorläufer sind die M. von J. → Walther (Evangelium im → Lektionston, mehrstimmig nur Eingang, → Turbae, Schluß) sowie die von J. → Obrecht und von → Lasso (mehrstimmig durchkomponiert, jedoch nach einer lat. → Evangelienharmonie).

Lit. s. → Passion; zu Bachs M. bei W.Schmieder (→ Bach, 2) 342ff.

S.Hermelink

Matthias, *Apostel,* wurde nach der einzigen sicheren Nachricht (Apg 1, 23ff) als Ersatz für → Judas (, 5) erlost (→ Apostel, 3). Fraglich ist seine Zugehörigkeit zu den 70 von Lk 10, 1 (Euseb). Die Legenden über seine Tätigkeit und sein Ende (als Märtyrer ?) gehen stark auseinander. Reliquien u.a. in Trier. → Clemens Alexandrinus zitiert einiges aus den »Traditionen des M.«, er und → Hippolyt sprechen von geheimen M.-Überlieferungen bei den Basilidianern; → Origenes, → Euseb und Spätere nennen ein (verlorenes) Evangelium des M. Ob und inwieweit diese Schriften identisch sind, ist unklar. Gnostische Spuren darin sind ebenso unsicher wie in den verbreitet gewesenen Akten des Andreas und M. (Anfang 3.Jh.), wonach M. bei den Menschenfressern gefangen, geblendet und vergeblich vergiftet, aber von → Andreas befreit wird.

KL VIII, 1041f - LThK VI, 1033f - HENNECKE³ I, 224ff. - Vgl. → Andreasakten, dazu M.R.JAMES, The Apocryphal NT, 1924, 453ff - P.M.PETERSON, Andrew, brother of Simon Peter, 1958, 32f - E.HAENCHEN, Die Apg (MeyerK III¹²), 1959, 123 (Lit.). *W.Foerster*

Matutin → Stundengebet.

Maulbronn, ehemaliges Zisterzienserkloster, 1138 in Eckenweiher gegründet, dann ins nahe Salzachtal verlegt, wo März 1147 mit dem Bau begonnen wurde, seit 1504 württembergisch. Die Klosteranlage, eine künstlerische Einheit aller Stilarten vom Romanischen bis zur Renaissance, ist vollständig erhalten. Herzog Christoph von → Württemberg verwandelte 1556 das Kloster in eine ev. Klosterschule, heute ev. theol. Seminar (berühmte Schüler: Joh. → Kepler, → Hölderlin, H. → Hesse). Im April 1564 fand hier das Abendmahlsgespräch zwischen württ.-luth. und pfälzisch-calvinischen Theologen über die Ubiquität statt. Am 19.1.1576 wurde als Grundlage für die → Konkordienformel von württ. und hennebergischen Theologen die M.er Formel unterschrieben.

RE XII, 441ff; XXIV, 71 - A.METTLER, Zur Klosteranlage der Zisterzienser u. zur Baugesch. M.s, 1909 - DERS., Mittelalterl. Klosterkirchen u. Klöster der Hirsauer u. Zisterzienser in Württ., 1927 - K.O.MÜLLER, Die unbekannte Gründungsurkunde M.s vom Jahre 1147 (Württ. Vierteljahrshefte für Landesgesch. 31, 1922-24, 29-44) - I.DÖRRENBERG, Das Zisterzienserkloster M., (1937) 1938² - H.FAUSEL, M. 1147-1556-1956, 1956. *H.Fausel*

Maurenbrecher, *Max* (1874-1930), ev. Theologe und Publizist, Sohn des Historikers und Rankeschülers Wilhelm M. (1838-92) und Neffe des freisinnigen Parteiführers Eugen Richter, stammte aus Königsberg und war schon als Student mit → Naumann über den Verein Deutscher Studenten in Berührung gekommen. Begeistert von dessen ev.-sozialen Konzeptionen übernahm er nach Abschluß des Studiums 1899 die Schriftleitung von Naumanns »Hilfe«, 1901 das Generalsekretariat des National-sozialen Vereins. Halbblind, außergewöhnlich begabt, mit einem Zug zum Doktrinären und darum humorlos, war M. etwas zwiespältig, letztlich unausgeglichen, was die Zickzackwege seiner Entwicklung erklärt. Nach der Auflösung des National-sozialen Vereins schloß sich M. 1903 mit seinem Freunde P. → Göhre der Sozialdemokratie an, der er bis 1916 angehört hat. Während dieser Zeit war er u.a. freireligiöser Lehrer und Prediger in Nürnberg und in Mannheim. 1917 vollzog er die Schwenkung zur Deutschen Vaterlandspartei. Nach dem Kriege wurde er Mitglied bei den Deutschnationalen, war ein Jahr lang Pfarrer in Dresden, von 1920-24 Schriftleiter der »Deutschen Zeitung«, seit 1925 Pfarrer in Mengersgereuth in Thüringen. Obwohl er mit den völkischen Schwarmgeistern nicht in eins zu setzen ist, gehört er doch zu den Vätern der »deutschkirchlichen Bewegung«, den frühesten Vorgängern der »Deutschen Christen« (→ Deutsch-christliche Bewegungen). Mit seiner Stellung zum AT, das er als völkische Urkunde von religiös-politisch vorbildlichem Wert gelten lassen wollte, stieß M. allerdings auf Widerstand und zog sich daher vom »Bund für deutsche Kirche« zurück.

Vf. u.a.: Thomas von Aquinos Stellung z. Wirtschaftsleben sZ, 1898; Die Hohenzollernlegende, 1906; Von Nazareth nach Golgatha, 1910; Bibl. Geschichten, 1910; Die Taktik d. Parteien, 1920; Glaube u. Deutschtum, seit 1920 (Pred. u. Vorträge); Der Heiland d. Deutschen, 1930. *K.Kupisch*

Mauriac, *François,* * 11.10.1885 in Bordeaux, kath. Romanschriftsteller, Bühnenautor, Essayist und Publizist (1933: Académie Française, 1952: Nobelpreis). Obgleich M. als religiöser Bekenntnislyriker begann, bedeutende Werke der Literaturkritik schrieb und seit der Résistance ständig kulturpolitisch Stellung nimmt, gilt er vor allem als Prototyp des »romancier chrétien« im → Renouveau catholique. Etwa 25 Romane und 5 Dramen konzentrieren sich auf psychologische Analyse sinnlicher Leidenschaft, die augustinisch-jansenistisch wesentlich unter dem Aspekt der Sünde und verborgener Gnade gesehen wird. Heimatliches Milieu wohlhabenden Bürgertums Südfrankreichs verleiht M.s Werken gleichbleibend regionales Kolorit und autobiographische Züge. Seine Bekenntnisse, Tagebücher und Essays dokumentieren prinzipielles Ringen um christlichen Literaturbegriff und Ethik des sich selbst gefährdenden Autors. Auch die religionsgeschichtlichen Monographien (Pascal, Racine, Margarete von Cortona) und das »Leben Jesu« stellen Probleme der »Theologie der Sünde« und beunruhigter Gläubigkeit in den Vordergrund.

Oeuvres complètes, 1950ff (dt. Übers.en s. FROMM IV, 1951, 329ff); Zeitkritik in: Bloc-Notes 1952-57, 1958; Selbstdarstellung: M. par lui-même, 1953 (Lit.). - Monographien von J.ROBICHON, 1955; P.VAUDROMME, 1957 (sämtl. Paris). *H.K.Weinert*

Maurice, *Frederick Denison* (29.8.1805 bis 1.4.1872), englischer Theologe und Sozialreformer unitarischer Herkunft, * in Normanstone bei Lowestoft, studierte im Trinity College, Cambridge, schloß sich der anglikanischen Kirche an und ging nach London. M. war dort 1836-46 Kaplan von Guy's Hospital, 1846-60 von Lincoln's Inn, 1840 auch Prof. für englische Literatur und Geschichte am King's College, 1846 auch für Theologie an der neuerrichteten Theological School des King's College. Seit 1848 setzte er sich intensiver für christlichen Sozialismus (→ Christlich-sozial, 2 a) ein, zusammen mit Ch. → Kingsley u.a. Die ständige Beargwöhnung seiner Orthodoxie führte auf Grund seiner kritischen Stellung zur populären Eschatologie 1853 zur erzwungenen Niederlegung seiner Professur. 1854 gründete M. ein vorbildliches Working Men's College, nachdem er schon 1848 das Queen's College for Women im Zusammenhang seiner volkserzieherischen Arbeit und seines Eintretens für ein von unmittelbarer Wirkung des Geistes getragenes freies Christentum (gegenüber → Wilberforce und → Newman) ins Leben gerufen hatte. 1866 wurde M. Prof. für Moralphilosophie in Cambridge. - Vgl. → England: II, 4.

Vf. u.a. (alles London): The Kingdom of Christ, 1842; The Epistle to the Hebrews, 1846; Theological Essays, 1853; Moral and Metaphysical Philosophy, 1861 (Erstfassung 1836). - Über M.: The Life of F.D.M., hg. vom Sohn FREDERICK M. mit Briefwechsel, 2 Bde, 1884; dt. 1885 - DNB XXXVII, 77ff - C.F.G.MASTERMAN, F.D.M., 1907 - ERE VIII, 499f - C.JENKINS, M. and the New Reformation, 1938 - F.HIGHAM, F.D.M., 1947 - A.R.VIDLER, The Theology of F.D.M., 1948 - A.M.RAMSEY, F.D.M. and the Conflict of Modern Theology, 1951 - HIRSCH III, 325ff - ODCC 877f. *Ernst Wolf*

Mauriner, franz. → Benediktiner-Kongregation des 17. und 18.Jh.s mit Hauptsitz in Saint-Germain-des-Prés in Paris. Aus der lothringischen Kongregation erwachsen, wurde sie 1618 von L.Benard (Besnard) und Gr.Tarisse gegründet, 1621 errichtet und 1628 von Urban VIII. bestätigt. Die Statuten sahen eine straffere Zentralisierung unter einem alle drei Jahre neu zu wählenden Generalsuperior vor, der seit 1631 in Saint-Germain residierte. Die Mehrzahl der franz. Benediktinerklöster schloß sich der Reform an. 1685 hatten die M. 6 Provinzen mit 1700 Mönchen in 180 Klöstern. Unter dem Einfluß von Superioren wie Tarisse (1630-48), B.Audebert (1660-72), V.Marsolle (1672-81) und D.de Sainte Marthe (1720-25) zeichneten sie sich durch tiefen religiösen Ernst aus. Sie widmeten sich dem Unterricht, der Erziehung (6 höhere Schulen) und Predigt, vor allem aber wissenschaftlichen Spezialstudien, die ihren Ruhm begründeten. Etwa 40 ausgesuchte Brüder waren ständig mit wissenschaftlichen Arbeiten beschäftigt. Ein Generalprokurator in Rom (1623-1733) garantierte für engen Anschluß an den Hl. Stuhl unter Ausschaltung gallikanischer Tendenzen. 70 ungedruckte Folianten in der Pariser Bibl. Nat. warten noch auf Auswertung, bes. hinsichtlich der Geschichte des jansenistischen Einflusses auf die M. Doch »waren sie mit wenigen Ausnahmen mehr prinzipielle Jesuitengegner als Anhänger lehrmäßiger Irrtümer« (Denis). In der Frühzeit des → Jansenismus wurde ihre Augustin-Ausgabe angegriffen, dann auch die Diplomatik → Mabillons. B. de → Montfaucon verteidigte die Ausgabe und stand ganz zur Bulle »Unigenitus«. Zu Beginn des 18.Jh.s ergriffen die »Appellanten« im Orden für den Jansenismus Partei (→ Gerberon); unter den Mönchen kam es zu Spaltungen. Die theologische Diskussion beruhigte sich zwar in der 2. Hälfte des Jh.s, aber auch die Ordensdisziplin verfiel. Die Revolution brachte das Ende (1790); der letzte Ordensgeneral und 41 Mönche starben als Märtyrer. - Die ersten *Arbeiten der M.* galten der benediktinischen Ordensgeschichte (Acta Sanctorum OSB, 1668-1701). Später traten hinzu: Hl. Schrift, Patristik, Dogmatik und Moraltheologie, Kanonisches Recht, christliche und monastische Aszese, KG, Liturgie und → Hagiographie sowie Hilfswissenschaften wie → Diplomatik, → Paläographie, → Byzantinistik. Die Gelehrsamkeit der M. zeigt sich vor allem in ihren zT heute noch unerreichten Väterausgaben durch Blampin (Augustin), Constant (Hilarius), Mabillon (Bernhard), Montfaucon (Athanasius), J. → Garnier (Basilius) u.a. Sorgfältige Textherstellung auf Grund der Hss., scharfsichtige Auswahl der Varianten, kritische Sichtung der Spuria und Dubia, Einleitungen und Indices sichern diesen Ausgaben ihren Wert. Innerhalb eines Jh.s veröffentlichten die M. über 200 Bde.

E.MARTÈNE, Hist. de la Congrégation de S.Maur, 9 Bde, Paris (1735) 1928-43; Indices 1954 - RE XII, 446ff; XXIV, 71f - DThC X, 405f (Lit.). *A.Hamman*

Maurus, bei → Gregor d. Gr. als Schüler → Benedikts von Nursia bezeugt, aber erst durch die → Mauriner-Kongregation berühmt geworden; seine anspruchsvolle »Vita« ist durch Odo von Glanfeuil (9.Jh.) erfunden.

Vita Mauri, AS Jan. I, 1643, 1038ff; dazu F.X.LANDREAU, Les deux histoires manuscrites de l'abbaye de St. Maur, 1907. *F.Flaskamp*

Mausbach, *Joseph* (7.2.1861 bis 31.1.1931), kath. Theologe, * in Wipperfeld (Rhld.), nach Studien in Münster und Eichstätt 1884 Priester, 1892 o. Prof. für Moraltheologie und Apologetik in → Münster, 1917 dort zugleich Dompropst. M. bemühte sich um klare stoffliche Abgrenzung und innere Vereinheitlichung seines Fachs, als dessen Apologet er sich u.a. gegen W. → Herrmann zu wenden hatte. Als Universitätslehrer setzte er sich für das Studium der (Ordens-) Frauen, als Sozialethiker (Mitglied der Nationalversammlung 1919/20) für den Ausgleich in der Gewerkschaftsfrage, als Publizist für die Hebung der Kulturposition des Katholizismus ein. M. ist vor und neben Fr. → Tillmann der einflußreichste Erneuerer der → Moraltheologie in Deutschland.

Vf. u.a.: Die kath. Moral, ihre Methoden, Grundsätze u. Aufgaben, 1901 = Die kath. Moral u. ihre Gegner, 1921⁵; Die Ethik des Hl. Augustinus, 2 Bde, (1909) 1929²; Kath. Moraltheol., 3 Bde, (1914ff) 1926⁵⁻⁶ (1953⁸ bearb. v. G.ERMECKE); Aus kath. Ideenwelt (Aufs. u. Vortr.), 1921; Thomas v. Aquino als Meister christl. Sittenlehre, 1925; Dasein u. Wesen Gottes, 2 Bde, 1929/30. - Selbstbiogr. in: Die Religionswiss. der Gegenw. in Selbstdarst. III, 1927, 57-89 - G.SCHREIBER, J.M., 1931 - M.MEINERTZ-A.DONDERS (Hg.), Aus Ethik u. Leben, Festschr. f. J.M., 1931 - J.P.STEFFES, J.M. als Pädagoge (Vierteljahrsschr. f. wiss. Pädag. 7, 1931, 161-169) - LThK VII, 11f. *K.G.Steck*

Maximian *von Ravenna* (498-556), * in Pola, Diakon daselbst, wurde auf Betreiben → Justinians 546 von Papst Vigilius zum Bischof von → Ravenna geweiht. Infolge seiner Haltung im → Dreikapitelstreit anfangs abgelehnt, gewann er später in hohem Maße das Vertrauen seiner Diözesanen und gilt als Heiliger (Tag: 21.2.). Über ihn berichtet Agnellus (9.Jh.), der auch die Abfassung liturgischer Schriften und einer Chronik durch M. erwähnt. Ein großer Bauherr, ist M. auf dem berühmten Justiniansmosaik in der Kirche S. Vitale, die er 547 weihte (s. Taf. 19 Abb. 3), porträthaft wiedergegeben. Ein Elfenbeinsessel im erzbischöflichen Palais gilt als Kathedra M.s (s. Taf. 11 Abb. 2).

Agnellus, Liber Pontificalis Ecclesiae Ravennae, ed. A.TESTI-RASPONI, Bologna 1923 - PW XIV, 2534ff - DACL X/2, 2783ff - LThK VII, 14f - EC VIII, 296f (Lit.). *E.Schäfer*

Maximilian, *Märtyrer,* wurde nach standhafter Weigerung, sich als Christ zum Kriegsdienst verpflichten zu lassen, 295 mit 21 Jahren zu Theveste in Numidien hingerichtet und von einer Christin in Karthago neben dem Grab → Cyprians bestattet.

R.KNOPF, Ausgew. Märtyrerakten (SQS NF 3), 1929³, 86f - AS, 12.März, II. 104f - F.J.DÖLGER, Sacramentum militiae (AuC 2, 1930, 268-280) - ALTANER 196f. *F.Jürß*

Maximilla und *Priscilla* (bei Tertullian auch Prisca), Gefährtinnen des → Montanus, zusammen mit *Quintilla,* die wohl der zweiten Generation angehört, Prophetinnen (→ Frau: III B, 1 c) des → Montanismus. *K.Aland*

Maximus, 1. *Confessor* (Homologetes), * 580 in Konstantinopel, † 662 in Lazike, einer der bedeutendsten byzantinischen Theologen, gleich wichtig für die DG des Monotheletismus (→ Christologie: II, 5 c) wie für die Exegese und die Weiterbildung der theoretischen Mystik. Zunächst kaiserlicher Sekretär, wurde M. um 614 Mönch, geriet nach Erlaß der Ekthesis allmählich in den Streit über die zwei Willen in Christus, propagierte die Orthodoxie in Afrika und zusammen mit → Martin I. in Rom, wo sein Einfluß bei den Beschlüssen der Lateransynode von 649 spürbar ist und wo er formal wegen Hochverrats, tatsächlich wegen des Widerstandes gegen den »Typos« (648) verhaftet wurde. Nach schweren Mißhandlungen starb er im Exil. Seine dogmatischen Verdienste beruhen bes. auf einer saubereren Terminologie der Willenspsychologie. Als Exeget behandelt er neben der Bibel vor allem → Gregor von Nazianz und → Dionysius Areopagita. In der → Mystik (: V) versucht er eine kühne, in der Form aphoristische (»Centurien«) Synthese origenistischer Momente mit dem System des → Evagrius (, 1) und der areopagitischen Emanationsmystik auf dem Fundament der Dialektik der chalcedonensischen Orthodoxie. Der sog. Origenismus dürfte mehr Ausgangsposition als tragendes Element sein. Er blieb dabei ohne kongeniale Nachfolger.

Werke: MPG 90. 91; die Areopagita-Scholien in MPG 4 (zusammen mit denen des Joh. v. Skythopolis); Myst. Schriften ed. R.CANTARELLA, Florenz 1931 u. P.SHERWOOD, London 1955; Centurien u. kleinere Texte ed. S.L.EPIFANOVIČ, Kiev 1917. - Über M.: H.STRAUBINGER, Die Christologie des hl. M.C., 1906 - DThC X, 448ff - J.LOOSEN, Logos u. Pneuma ... bei M.C., 1941 - H.URS v. BALTHASAR, Kosmische Liturgie, 1941 - ALTANER § 106, 2 (Lit.) - BECK 436ff (reiche Lit.). *H.-G.Beck*

2. *Kallipolites,* griech. Mönch und Gelehrter des 16./17.Jh.s, aus Kallipolis/Thrakien, war Schüler des Cyrill

→ Lukaris. M. übersetzte das NT ins Vulgär-Griechische. Wegen angeblich calvinisierender Tendenzen wurde die Übersetzung als häretisch bes. von → Meletius Syrigos und Helladius Thessalos bekämpft.

Die Übers. erschien 1638 in Genf (mit Urtext, 2 Bde), 1703 in London, 1710 in Halle. - Über M.: E.LEGRAND, Bibliogr. hellénique II, 1895, 363ff - RE III, 118ff.

3. *Margunios* (1530-1602), vielseitig gebildeter griech. Geistlicher aus Kreta, studierte Jura und Philosophie in Padua, ging dann nach Venedig, wo er die griech. Druckerei gründete. 1585 wurde M. vom Patriarchen → Jeremias II. zum Bischof von Cythera geweiht. Wegen religiöser Differenzen mit → Gabriel Severus wurde 1592 eine Synode nach Konstantinopel einberufen, die jedoch M. rehabilitierte. Als großer Hellenist und Gelehrter war er zugleich ein berühmter Prediger.

Seine zahlreichen Werke (Canones der Apostel, Synoden u. Kirchenväter mit Scholien, Menologion, Pentekostarion, Homilien u. Briefe, Hymnen, Heiligenviten, Epigramme usw) sind nur zT herausgegeben, vgl. RE XII, 470f. *G.Möckel*

4. Bischof *von Turin*, hl., Verfasser zahlreicher Predigten und Traktate, lebte ca 350-420 und muß von seinem als Teilnehmer am Mailänder Konzil 451 bezeugten gleichnamigen Nachfolger unterschieden werden. Die GA von Bruni (Rom 1784 = MPL 57) entbehrt der kritischen Grundlage. M.Pellegrino hat 27 Homilien als Werke des Fälschers Meyranesio (1781) erkannt; B.Capelle konnte weitere 38 Homilien und 2 Traktate dem von Augustin bekämpften arianischen Gotenbischof Maximin zuweisen. Die Kriterien für die echten Stücke hat neuerdings P.Bongiovanni zusammengestellt, der sich auch um Klärung der christologischen und mariologischen Anschauungen des M. bemüht.

Krit. GA für das CChr (A.MUTZENBECHER) in Vorbereitung. - Über M.: B.CAPELLE in: RBén 34, 1922, 81-108; 36, 1924, 165-180; 40, 1928, 49-86; 45, 1933, 108-118 - P.BONGIOVANNI, S.Massimo ... e il suo pensiero teologico, Turin 1952 - A.MUTZENBECHER, Zur Überlieferung des M.Taurinensis (SE 6, 1954, 343-372) - M.PELLEGRINO, Sull'autenticità d'un gruppo di omelie e di sermoni attribuiti a S. Massimo di Torino (Atti della Accademia delle Scienze di Torino 90, 1955-56, 3-113) - ALTANER 421f (Lit.). *B.Capelle*

May *(Mayus), Johann Heinrich* (1653-1719), luth. Theologe, * zu Pforzheim, Schüler von → Calov in Wittenberg, 1684 Prediger und Prof. der hebr. Sprache in Durlach, seit 1688 Orientalist und Theologie-Prof. in Gießen, dazu 1690 Sup. der Diözesen Gießen und Alsfeld. M. gab 1692 den hebr. Bibeltext heraus. Er vertrat als Anhänger von → Coccejus und → Spener, gesinnungsverwandt mit → Buddeus, gegen die orthodoxe Scholastik eine die Praxis betonende Bundestheologie (→ Bund: IV) und verwertete, darin → Bengels Vorläufer, den Begriff der oeconomia temporum für die biblische Theologie. Kirchlich bedeutsam als Bahnbrecher des Pietismus in → Gießen und Hessen-Darmstadt.

Vf. u.a.: Oeconomia temporum veteris testamenti, (1706) 1712². - Über M.: STRIEDER VIII, 331ff (Bibliogr.) - JÖCHER-ROTERMUND IV, 455ff - RE XII, 471ff - W.KÖHLER, Die Anfänge des Pietismus in Gießen 1689-95, 1907 - G.SCHRENK, Gottesreich u. Bund im älteren Protestantismus, 1923, 307ff - A.F.STOLZENBURG, Die Theol. des J.F. Buddeus u. des Ch.M.Pfaff, 1926, 251f.
G.Schrenk (J.F.G.Goeters)

Mayavölker → Mexiko: I, 2.

Mayer, *Johann Friedrich* (1650-1712), * in Leipzig, 1672 dort Pastor, dann Sup. in Leisnig und Grimma, 1684 Prof. in Wittenberg, 1686 Hauptpastor an St. Jakobi in → Hamburg (: II, 3), zugleich Prof. in Kiel, 1701 Prof. und General-Sup. in → Greifswald. M. wurde zu einem leidenschaftlichen, von Schwächen nicht freien Bekämpfer des Pietismus (vgl. → Horb), weil er in diesem das »sola fide« durch eine strukturelle Kontinuität von Natur und Gnade bedroht sah. Die Nachwelt vergaß darüber, wie ernstlich sich M. im Sinne eines Reformluthertums um das → Gesangbuch (: I, 2 a) und um eine bessere katechetische und homiletische Ausbildung bemühte; auch eine Art »Seelsorgeseminar« richtete er ein. Mit 240 Gelehrten (auch Leibniz) stand er in Briefwechsel. Von seinen 581 Schriften wirkten praktisch-theologische und nt. nach.

ADB XXI, 99ff - RE XII, 474ff - H.LEUBE, Die Reformideen in der dt. luth. Kirche zZ der Orthodoxie, 1924 - H LOTHER, Pietist. Streitigkeiten in Greifswald, 1925 - W.NAGEL, D.Joh.Fr.M. (in: Festschr. zur 500-Jahrfeier der Univ. Greifswald II, 1956, 34-47).
W.Nagel

Mazarin *(Mazzarini), Jules,* franz. Kardinal und Staatsmann, * 14.7.1602 in Pescina (Abruzzen), † 9.3. 1661 in Vincennes. 1624 Offizier im päpstlichen Heer, dann Abbé und Sekretär Kardinal Barberinis. Als Vermittler im spanisch-franz. Frieden von Cherasco (1631) erwarb M. das Vertrauen → Richelieus, war auf dessen Betreiben 1634-36 Nuntius in Paris, trat 1640 ganz in franz. Staatsdienst und wurde 1641 Kardinal. 1643 verhalf er der Witwe Ludwigs XIII., Anna von Österreich, zur Alleinregentschaft und gewann damit die Leitung der Staatsgeschäfte. In Fortführung der Politik Richelieus festigte M. durch den → Westfälischen Frieden (1648) Frankreichs staats- und wirtschaftspolitischen Einfluß in Europa. Den spanisch-franz. Krieg führte er auf diplomatischem Wege zum Pyrenäenfrieden von 1659 (Heirat Ludwigs XIV. mit der Infantin, Erwerb von Artois und Roussillon). Seine Versuche, trotz der wirtschaftlichen Notlage des Landes die zerrütteten Staatsfinanzen zu sanieren, entfesselten 1648-53 die Frondeaufstände (Opposition der Parlamente, Staatsgläubiger und des Hochadels). M. wurde zweimal verbannt (1651-53) und persönlich in Pamphleten (Mazarinaden) verunglimpft. Das Edikt von Nantes hielt er gegen heftige Angriffe des kath. Klerus aufrecht und förderte verdiente Hugenotten (Turenne). Die Jansenisten tat er als Devotenzirkel ab, bejahte jedoch die päpstlichen Bullen gegen den → Jansenismus und ging zu scharfer Bekämpfung über, als → Port-Royal Asyl des Frondeadels wurde und als → Retz in Rom gegen M. intrigierte. Seine letzten Jahre nützte M. zu maßloser, oft illegaler Bereicherung (Teilnahme an staatlichen Finanzgeschäften, Pfründenanhäufung: Bistum Metz, 27 reiche Abteien) und zur Verheiratung seiner Nichten in den Hochadel. - Stiftungen: Bibliothèque Mazarine, Collège des quatre Nations.

Lettres de M., hg.v. A.CHÉRUEL u. G.D'AVENEL, 4 Bde, Paris 1872 bis 1905 - Bibliogr., hg.v. C.MOREAU, ebd 1850/51. - Über M.: A.CHÉRUEL, Hist. de France sous le ministère de M., 3 Bde, ebd 1883 - E.LAVISSE, Hist. de France VII, ebd 1905 - M.BOULENGER, M., soutien de l'Etat, ebd 1930 - A.BAILLY, M., ebd 1935; dt. 1947 - P.RENOUVIN-G.ZELLER, Hist. des relations internat. II/1, ebd 1953.
G.H.Rabe

Mazdak (bereits medisch bezeugter Name, → Iran: II, → Ormazd), Sohn des Bāmdād, religiöser Kommunist (→ Kommunismus: I) des sassanidischen Iran um 500 nChr (Heimatort unsicher) und Verbreiter der schon 2 Jh.e vorher von einem Zarādušt verkündeten sozialen Reformideen. König Kavād (488-531) bedient sich der M.iten-Bewegung sei es aus Überzeugung, sei es um die Macht des Adels und Klerus zu schwächen, vielleicht aus beiden Gründen. Um 498/99 kommt es zur Palastrevolution und Thronerhebung von Kavāds Bruder Dschāmāsp. Nach der Niederschlagung des Aufstandes wendet sich Kavād gegen die Ausschreitungen des Mobs und sichert die Thronfolge des jüngeren Sohnes Chosrou (Anuschirvān 531-578). Angeblich auf Einladung zu einem Religionsgespräch erscheint M. mit seinen Anhängern 528/29 am Hofe zu Ktesiphon, wo er jedoch getötet wird. - Die *Glaubenslehren* M.s sind kaum bekannt, da die Sekte völlig ausgerottet wurde, alle Darstellungen aber von der Gegenseite kommen und immer nur auf das sozialpolitische Programm abgestellt sind (Schilderung des Wirtschaftschaos, der Verwirrung der Familien und Stammbäume). Zweifellos erwuchs die Bewegung auf zoroastrischem (nicht etwa auf manichäischem) Boden und gipfelte in häretischer Askese sowie in Güter- und Weibergemeinschaft. Der eigentliche M.itenvertilger ist Chosrou I. Trotzdem hatten die Hauptgedanken dieser nächst Mani (→ Manichäismus) bedeutendsten Häresie Irans noch lange heimliche Anhänger.

Original-Qu.: Ṭabarī (ed. M.J. DE GOEJE I, Leiden 1879ff; franz. Übers. von H.ZOTENBERG 1867ff, dt. bei TH.NÖLDEKE, Gesch. d. Perser u. Araber zZ d. Sassaniden, 1879, 455ff) u. Šahrastānī (übers. v. T.HAARBRÜCKER, 1850f, I, 291ff); demgegenüber bietet nichts Neues das Dabistān-i-maḏāhib (17.Jh.; übers. v. D.SHEA-A.TROYER, Paris 1843, I, 372ff), das sich auf eine angebliche M.itenschrift Dīsnād bezieht; das sog. Buch M. war ein offiziell-populäres Unterhaltungsbuch, welches von Ibn-al-Muqaffa' ins Arab. übers. u. von Ābān Ibn-'Abdal-Ḥamīd al-Lāḥiqī in arab. Verse gebracht wurde. - ERE VII, 508ff (Lit.) - A.CHRISTENSEN, Le règne du roi Kawāḏh I et le communisme mazdakite, Kopenhagen 1925 - EI[1] III, 499ff (Lit.) - O.KLÍMA, M., Gesch. einer sozialen Bewegung im sassanid. Persien, Prag 1957. - Abendländ. Einfluß auf M.s Lehre suchen nachzuweisen F.ALTHEIM-R.STIEHL, M. u. Porphyrios (Mélanges A.Dupont-Sommer = NC 50, 1953, 356-376; vgl. auch DIES. in: Philologia Sacra, 1958, 89-91). *W.Eilers*

Mazdaznan nennt sich eine von dem Schriftsetzer *Otto Hanisch* (1844-1936) gegründete Bewegung, die auf weltanschaulicher Basis gesunde Lebensgestaltung anstrebt (Zeugungs- und Geburtshygiene, Atemschulung, Vegetarismus) und im deutschen Sprachgebiet vor allem nach 1918 viel von sich reden machte, eine Verbindung von Naturheilkunde, religiösem Sektierertum und Halbbildung. Die Verknüpfung mit altarischer Weisheit und der Lehre → Zarathustras entbehrt jeder wissenschaftlichen Grundlage und spielt absurd mit indoiranischen Wortelementen. Der religiös bewegte und zugleich geschäftstüchtige Meister und Elektor Dr. Otoman Zar-Adusht Ha'nish ist von Eitelkeit und Anmaßung, von Scharlatanismus und Hochstapelei nicht freizusprechen.

O.Z.A.HA'NISH (O.HANISCH), Jehoshua, Leben Jesu, 1922[7]; Wiedergeburtslehre, 1922[8]; Imanuel, M.-Denk-Lehre, 1925; M.-Drüsenlehre, 1928; M.-Ernährungslehre u. Kochbuch, 1928[60]; M.-Atem- u. Gesundheitspflege (übers. v. D.AMMAN), 1930[23]. - M. (bzw. Masdasna), Zs. f. zarathustr. Philos., Körperpflege u. Diätetik, Leipzig 1907ff; seit 1955: M.-Mitt.en, Freiburg i.Br. - Eine wissenschaftl. Darst. scheint bisher zu fehlen. Vgl. HUTTEN; EKL II, 1275f. *W.Eilers*

Mazzini, *Guiseppe* (22.6.1804 bis 10.3.1872), ital. Politiker, * in Genua, † in Pisa. In der Jugend jansenistisch beeinflußt, schloß M. sich als Rechtsanwalt 1830 den → Carbonari an, wurde denunziert und verhaftet. Nach seiner Flucht gründete er in Marseille Bund und Zeitschrift »Giovine Italia«, deren revolutionäre Unternehmungen zunächst mißglückten. Die Idee des republikanischen Aufbruchs der Völker weitete er auf Europa aus. Über die Schweiz ging er 1842 nach London, schloß sich 1848 der Legion Garibaldis an und rief als einer der Triumvirn 1849 in Rom die Republik aus (→ Italien, 4). Nach deren Scheitern ging M. wieder nach London und gründete hier mit → Kossuth, Ledru-Rollin, → Ruge u.a. 1850 den Comitato democratico europeo. Kurz vor seinem Tod kehrte er nach Italien zurück. Seine enorme publizistische Tätigkeit hat mit ihrem Werben für die republikanische Idee trotz allem Schwärmerischen doch durch die Parolen: Gott und die Menschlichkeit, Gott und das Volk (mit ihrer Proklamation des Volkes als des wahren Interpreten der göttlichen Gesetze, der Menschlichkeit als des lebendigen Wortes Gottes) das ital. Nationalbewußtsein entstehen lassen und die Einheitsidee des Risorgimento gestärkt und beide mit einem geradezu religiösen Pathos aufgeladen.

Scritti editi ed inediti, 18 Bde, Mailand-Rom 1861-71 (dt. in Auswahl von L.ASSING, 2 Bde, 1868); Nationalausg. durch M.MENGHINI, 93 Bde u. 5 Bde Appendici, Imola 1906-42. - Über M.: G.SALVEMINI, Il pensiero religioso e sociale di G.M., Messina 1905 - DERS., M., Catania 1915 - F.LANDOGNA, G.M. e il pensiero jansenista, Bologna 1921 - A.LEVI, La filosofia politica di G.M., ebd 1922 - O.VOSSLER, M.s polit. Denken u. Wollen in den geistigen Strömungen seiner Zeit, 1927 - A.LODOLINI, Bibliogr. mazziniana, Mailand 1932 - G.GENTILE, M. e la nuova Italia, Rom 1939 - A.CODIGNOLA, M., Turin 1946 - M.SAPONARO, M., Mailand 1946 - E.MORELLI, G.M., Rom 1950 - EC VIII, 528ff. *Ernst Wolf*

MBK-Mission. Die »Mission der Frauen- und Mädchen-Bibel-Kreise (MBK) e. V.« in Bad Salzuflen erwuchs aus der Jugendarbeit. Sie ruft Schülerinnen und ev. Frauen unter den Missionsauftrag und wird von den Bibelkreisen getragen. 1925 sandten die MBK in Verbindung mit der → China-Inland-Mission 2 Missionarinnen nach Westchina. Bis 1951 standen 7 Missionarinnen in evangelistischer und poliklinischer Arbeit. Seit 1952 begann in Verbindung mit dem → Japan-Komitee Deutscher Missionen Mitternachtsmission und Arbeit unter körperbehinderten Frauen in Japan. Die Arbeit geschieht innerhalb der japanischen Kirche, in enger Zusammenarbeit mit japanischen Christen und dem japanischen Komitee für die Mitternachtsmission. - Vgl. → Frauenmission. *A.Schmidt*

Mecheln (Malines, Mechelen, Mechlinia), *Erzbistum* in Flandern, 1559 auf Wunsch Philipps II. von Pius IV. gegründet. Seit Errichtung des Königreichs Belgien ist der Erzbischof von M. Primas von → Belgien mit den Suffraganen Brügge, Gent, → Lüttich, Namur und Tournai. Inhaber des M.er Sitzes waren u.a. die Kardinäle → Granvelle (1560-64), Sterckx (1832-67), → Dechamps (1867-83) und → Mercier (1906-26), letzterer bekannt durch die »M.er Gespräche« (→ Einigungsbestrebungen: IV, 3). Die 1834 in M. gegründete kath. Universität wurde schon 1835 nach → Löwen verlegt.

C. VAN GESTEL, Historia sacra et profana archiepiscopatus Mechliniensis, 2 Bde, Den Haag 1725 - P.CLAESSENS, Hist. des archevêques de M., 2 Bde, Löwen 1881 - J.LAENEN, Introduction à l'hist. paroissiale du diocèse de M., Brüssel 1924 - DERS., Geschiedenis van M., M. 1926 - M.DIERICKX, De oprichting der nieuwe bisdommen in de Nederlanden, Antwerpen 1950 - J.VERBEEMEN, De vroegste Geschiedenis van M., M. 1954. *L.-E.Halkin*

Mechit(h)aristen, *Congregatio monachorum Antonianorum Benedictinorum Armenorum,* in Konstantinopel am 8.9.1701 von Mechithar Vardapet Petrosean Sebastatzi (1676-1749, * in Siwas) gestiftete armenische Ordenskongregation, deren kath. Mitglieder nur für das armenische Volk arbeiten. Der in Aleppo röm.-kath. gewordene Mechithar und seine Jünger legten die Ordensgelübde nach der → Benediktinerregel anstelle der sog. Antoniusregel (→ Antonianer, 1) ab. Auf Weisung ihres Stifters gingen die M. nach Modon (1703-15), das unter der Herrschaft der Republik Venedig stand. Diese erlaubte den von den Türken Vertriebenen, sich auf der Insel San Lazzaro bei Venedig niederzulassen (1717). In armenischer Kultur und Tradition verwurzelt, in Seelsorge, Jugenderziehung und Unterricht an Armeniern sowie in der Mission vom

Bosporus bis an die persische Grenze tätig, erlangte die Genossenschaft durch Abfassung, Druck und Verbreitung wissenschaftlicher Werke anerkannte Bedeutung. Mechithar selbst gab 1727 die erste neuarmenische Grammatik heraus sowie ein Wörterbuch der armenischen Sprache. Es folgten ein Kommentar zu Pred, Gebetbücher und geistliche Lieder, auch Katechismen und eine Vita → Alberts d. Gr. Nach dem Tode Mechithars entstanden 2 Gruppen in San Lazzaro. 1773 wanderten 21 Mönche nach Triest aus, wo sie den Namen »M.« annahmen; ihre Niederlassung »zu den hl. Märtyrern« wurde von Maria Theresia genehmigt. 1810 verlegten sie ihre Arbeit weiter nach Wien (ehem. Kapuzinerkloster »am Platzl« in der Pfarrei St. Ulrich, gefördert durch Fürstbischof Graf Hohenwart und Cl. → Hofbauer). Ihr Kloster ist der Ursprung der Wiener M.-Kongregation, die das Blatt »Der Pilger« (1864-75), eine armenische Zeitschrift »Europa« (1847-63), die wissenschaftliche Monatszeitschrift »Handes Amsorya« (1887ff) sowie in der seit 1776 arbeitenden Druckerei wissenschaftliche Werke von hohem literarisch-typographischem Rang in verschiedenen Sprachen herausgab. Durch die Weltkriege gingen zahlreiche Niederlassungen verloren, andere wurden neu eingerichtet oder blieben bestehen (zB in Athen und Kairo). - Die M. von San Lazzaro, deren Konstitutionen erst 1928 bestätigt wurden, sind u.a. in Venedig selbst tätig (Collegio Armeno Moorat-Raphael), ferner in Aleppo, Beilân (Syrien), Konstantinopel, Jerusalem, Alexandrien und Sèvres. An die Stelle früherer Missionen in Kleinasien und Südrußland sind neue Arbeitsfelder getreten (zB in Addis Abeba, 1938). Hinzu kommt seit den Verfolgungen in der Türkei 1914/15 (→ Armenien: II) die Seelsorge und Jugenderziehung unter armenischen Flüchtlingen. In der Wissenschaft sind die M. vor allem durch ihre Erforschung und Edition der altarmenischen Literatur (→ Armenien: I) hervorgetreten (wertvolle Hss.-Sammlungen auf San Lazzaro). Ihre Übersetzungen, bes. der Armenier des 5.Jh.s, sind für die gesamte → Patristik und → altchristliche Literaturgeschichte wichtig geworden. Bekannte M.-Patres sind u.a. der Literarhistoriker, Dichter und Erforscher altarmenischer Hss. Łewond Alischan (1820-1901), ferner P.Barsel Sargisean, P.Arsên Łazikean und Vardan Hatzuni.

V.Langlois, Notice sur le couvent arménien de l'île de St. Lazare de Venise, Venedig 1863 - RE XII, 477ff - Heimbucher I, 241ff - LThK VII, 34f - B.Spuler, Berichte in IKZ, 1939ff - G.Marinelli, Angoli d'Oriente in Venezia, Venedig 1939 - M.A.van den Oudenrijn, Eine armen. Insel im Abendland, ebd 1940 - Escobar I, 887ff - H.Thorossian, Hist. de la litt. arménienne, Paris 1951. *W.Göbell*

Mechthild, 1. *von Hackeborn* (1241-98/99 [?]), jüngere Schwester der → Gertrud von Hackeborn, unter der sie seit ihrem 7. Jahr in Rodersdorf und dann in Helfta lebte. Ihr Beitrag zur dortigen Blüte der → Mystik (: VI) ist dem der → Gertrud d. Gr. eng verwandt, auch in der Nachwirkung.

Revelationes (→ Gertrud d. Gr.) II, 1ff. - Übers.en: J.Müller, Leben u. Offenbarungen der hl. Mechtildis u. der Schwester Mechtildis I, 1880 - M.v.H., Das Buch vom strömenden Lob, Ausw., Übers. u. Einführung v. H.U.v. Balthasar, 1956. - Über M.: RE XII, 482 - W.Oehl (→ Gertrud d. Gr.) 228ff - LThK VII, 35f - VerfLex III, 321ff (Lit.) - EC VIII, 400f - VSB XI, 667ff.

2. *von Magdeburg* (ca 1210 bis ca 1285), verließ 23jährig ihre Heimat und (wohlhabende, vielleicht adelige) Familie, um in Magdeburg arm und unbekannt als → Begine zu leben. Einer ihrer dominikanischen geistlichen Leiter, Heinrich von Halle, redigierte, was sie 1250-65 an Visionen, Betrachtungen, Sprüchen und Versen aufzeichnete. Diese Sammlung, »Das fließende Licht der Gottheit«, das erste große deutsch geschriebene mystische Werk, nur in oberdeutscher (→ Heinrich von Nördlingen) und lat. (frei bearbeitender) Übertragung erhalten, ist reich und tief in Ausdruck (Wechsel von Poesie und Prosa, Motive aus der höfischen Literatur), Phantasie und Gedanken. M.s → Mystik (: VI) ist persönlicher und kühner als die der geistesverwandten Nonnen von Helfta (→ Gertrud von Hackeborn), zu denen sie in ihrem Alter zog.

Offenbarungen der Schwester M.v.M., hg.v. G.Morel, 1869; krit. Ausg. v. H.Neumann in Vorbereitung - Revelationes (→ Gertrud d. Gr.) II, 423ff (lat. Version). - Übers.en: J.Müller (s. 1) II, 1881 - M.v.M., Das fließende Licht der Gottheit, eingeführt u. übertragen v. Margot Schmidt, 1956 - The Revelations of M. of M., translated by L.Menzies, London 1953. - Über M.: RE XII, 483f; XXIV, 81 - W.Oehl (→ Gertrud d. Gr.) 222ff - LThK VII, 36 - VerfLex III, 323ff; V, 673f (Lit.) - H.Neumann, Beiträge zur Textgesch. des »Fließenden Lichts der Gottheit« u. zur Lebensgesch. M.s v. M. (NAG 1954, Nr. 3, 27-80). *M.A.Schmidt*

Mecklenburg

I. Bistum - II. Land

I. Bistum

Beraten von Erzbischof → Adalbert von Bremen, errichtete der Wendenfürst Gottschalk um 1060 die Bistümer → Ratzeburg und M. Zum Bischof von M. wurde ein Schotte, Johannes, geweiht. Der Obotritenaufstand 1066 vernichtete alle neugeschaffenen kirchlichen Stützpunkte. Erst 1149 weihte Erzbischof Hartwig von → Hamburg, von der Idee eines nordischen Patriarchats beseelt, erneut einen Bischof, Emmehard († 1155). Dieser wurde jedoch, in den Investiturstreit zwischen Hartwig und Heinrich dem Löwen verwickelt, vom Herzog an der Wahrnehmung seines Amtes gehindert. Um 1160 wurde der Sitz des von Heinrich d. L. auf Grund kaiserlicher Vollmacht erneuerten Bistums M. nach → Schwerin verlegt und Berno zum Bischof ernannt.

K.Schmaltz, KG M.s I, 1935. *E.Peschke*

II. Land

1. Das Land - 2. Kirchenkunde: a) Kirche und Volkstum - b) Konfessionsstand - c) Theologen - d) Neuere Kirchengeschichte M.s - 3. Gegenwärtige Lage

1. Die geschichtlichen Grenzen M.s wurden 1945 und 1952 verändert. Bezirk Rostock umfaßt noch Rügen und Usedom, Bezirk Schwerin Teile der Priegnitz (Wittenberge, Perleberg, Wilsnack), Bezirk Neubrandenburg reicht bis zum Kleinen Haff und über Templin hinaus. Während das alte M. einen Flächenumfang von 15 719 qkm hatte, sind es nun 26 609. Von den (1950) 2 027 124 Einwohnern werden 1 729 658 als ev., 225 882 als kath., 56 868 als religionslos angegeben. Seit der Auflösung der Länderkammer 1958 gibt es im staatsrechtlichen Sinn kein M. mehr. Da die Kirchengrenzen die alten blieben, lebt das historische Kirchentum im alten territorialen Umfang innerhalb der staatlichen Neugliederung fort.

2. a) M. hat im blutigen Zusammenbruch des heidnischen Volkstums, ohne tiefgehende Missionierung, durch eine aus kolonialer Auslese hervorgegangene Herrenschicht seit der Mitte des 12.Jh.s das Christentum empfangen. Das planmäßig ausgebaute *Kirchentum* entwickelte sich konventionell. Aus keinem Jh. sind eigenständige Erneuerungsbewegungen zu nennen. Die Reformation nahm dank der Besonnenheit aller Verantwortlichen überall einen ruhigen Verlauf. Nirgends kam es zu einem Bildersturm, nur in Wismar zu täuferischen Anfängen. Konservativismus blieb ein Grundzug der Jh.e. Noch die Einführung des Zivilstandes war ohne

Einfluß auf die Kirchlichkeit; auch die erste Welle der Kirchenaustrittsbewegung um 1920 hatte nur geringe Bedeutung, obgleich 1919 im Landtag von 64 Sitzen 32 den Sozialdemokraten und 17 den Demokraten gehörten. Die politische Linkstendenz war weithin durch den Gegensatz zwischen Feudalherren und Bauern seit dem Ende des 16.Jh.s heraufgeführt. Eine Folge des rücksichtslosen Bauernlegens war die Zerstörung der Sonntagssitte, weil am Sonntag die Eigenwirtschaft bestellt werden mußte. Seit dem 17.Jh. verschwindet der leibeigen Gewordene zunehmend aus dem Sonntagsgottesdienst, der weithin verödete. Festgehalten wurde die Fest- und Sakramentsfrömmigkeit und die Mitwirkung der Kirche bei Trauung und Tod. Die streng konfessionelle Erziehung der Jugend führte oft zu Übersättigung, der das volkstümliche Spruchgut humorvollen, das Erzählgut weithin zynischen Ausdruck gab. Wenn die christliche Volksfrömmigkeit trotz blutiger Tagelöhnerunruhen 1848 und trotz leidenschaftlicher Protesthaltung (vgl. Fritz Reuter in »Kein Hüsung«) durchhielt, muß der grundlegende religiöse Konservativismus ungewöhnlich stark gewesen sein. In den Städten war durch die Aufklärung das Bürgertum der Kirche entfremdet. So fielen in Rostock 1807 fast alle Nebengottesdienste; in Wismar erschienen gelegentlich im Hauptgottesdienst keine 10 Gemeindeglieder. Der viermalige Abendmahlsgang im Jahr hielt sich vielerorts bis ins 19.Jh. Zu einer Eigenlebendigkeit der Gemeinden ist es nirgends gekommen; die Kirchlichkeit zerbröckelte bei nominellem Beharren. Kirchliche Freiheiten waren unerreichbar. Im Landesgrundgesetzlichen Erbvergleich 1755 behaupteten die Stände nicht nur alte kirchliche Reservate, sondern errangen noch die Kontrolle über die kirchliche Gesamtverwaltung auf den Landtagen. Die Ereignisse von 1848 stärkten den Feudalismus. Wünsche der Geistlichkeit nach synodaler Vertretung und Freiheit vom Staat galten hinfort als revolutionär, und da → Kliefoth der ständischen Meinung beitrat, blieb M. vom Synodalismus geschieden. Welche Möglichkeiten kirchlicher Selbständigkeit schlummerten, offenbarten die Briefe des Amerikafahrers Jürn Jakob Swehn, die J.Gillhoff literarisch bearbeitet herausgab.

b) Seit dem Sternberger Landtag 1549 bekannte sich M. zur luth. Lehre. Die → Konkordienformel - 1578 von der gesamten Geistlichkeit unterschrieben - gehört zum Lehrbekenntnis. Die konfessionelle Geschlossenheit wurde 1663 durch Gründung der kath. Gemeinde in Schwerin - Nils Stensen ist dort 1686 gestorben - wie durch Asylgewähr an ref. Flüchtlinge 1698 (ref. Kirche zu Bützow 1782) gelockert. Im 19.Jh. wurde durch Kliefoth der luth. Konfessionalismus neu stabilisiert. Heute gehört M. zur VELKD und zum Luth. Weltbund. Die Gottesdienstordnung der VELKD ist von den meisten Gemeinden angenommen.

c) *Theologen,* deren Namen in die Geschichte eingingen, sind nicht zahlreich: in der Reformationszeit → Slüter, der Reformator Rostocks, → Aurifaber, der Hauptverfasser der KO von 1551, Joh.R.Riebling († 1554), der bahnbrechende Organisator; im Zeitalter der Orthodoxie der Melanchthonschüler → Chyträus, J. →Wigand (zeitweilig Sup. in Wismar), J.Fr. →König, Verfasser des erfolgreichsten dogmatischen Lehrbuchs seit Melanchthons Loci; im Frühpietismus → Quistorp, → Lütkemann, → Großgebauer, H. → Müller; im Pietismus Chr.A. → Döderlein; als Führer der luth. Restauration im 19.Jh. → Kliefoth und F.A.Philippi (1809-82). Eine tragische Gestalt ist M. → Baumgarten. Im 20.Jh. kamen → Althaus und → Brunstäd zu starker Wirkung.

d) Die *neuere Kirchengeschichte M.s* beginnt 1918 mit dem Ende des Summepiskopats und der Staatskirche und dem Anfang der synodal-bischöflichen Epoche. Die Verfassung von 1921 steht noch in Kraft. Der erste Landesbischof, H.Behm, erweckte das kirchliche Verantwortungsbewußtsein der Laien. Der deutschchristlichen Herrschaft fiel der zweite Landesbischof, H.Rendtorff, zum Opfer. 1933 wurden die bisher getrennten Landeskirchen M.-Schwerin und Strelitz vereinigt. Der jetzige Landesbischof, N.Beste, ist seit 20.6.1946 im Amt. Der kath. Kirche, die 1945 eine starke Diaspora erhielt und heute ca 40 eigene Kirchen und Kapellen und eine Wallfahrtsstätte (Dreilützow) unterhält, wurden viele ev. Kirchen des Landes für Gottesdienste zur Verfügung gestellt.

3. *Gegenwärtig* bestehen 679 ev. Kirchen und Kapellen, 404 Pfarrgehöfte, 426 selbständige Gemeinden. Die Lücken in der Pfarrerschaft nach 1945 konnten durch Nachwuchs bes. von der theologischen Fakultät Rostock und durch erstmalig in Dienst genommene Pfarrhelfer notdürftig geschlossen werden. Jung ist das Element der Diakone (zZ 44, davon 10 Pfarrdiakone). Die Meldungen zum Theologiestudium gehen zurück. Die Einnahmen verringerten sich durch Schrumpfung der Kirchensteuer, Wegfall der alten Pfarrabgaben und Krise der Pfarrlandwirtschaft, die in der Umwälzung der Agrarstruktur erhalten blieb. Die kriegszerstörten Hauptkirchen in Rostock und Wismar konnten bisher noch nicht wiederaufgebaut werden; die kirchliche Versorgung neuentstandener großer Vorstädte ist ungenügend. Die Jugendarbeit, die in der Nachkriegszeit eine Blüte erlebte, ist zurückgegangen. Der Kampf zwischen Konfirmation und → Jugendweihe führte auch eine Krisis der → Christenlehre herauf, deren Ende noch nicht abzusehen ist. Neuland beschreitet die Dorfmission und die Freizeitarbeit an Landjugend. Die Zahl der Kirchenglieder geht zurück, die der Religionslosen steigt. Kirchentage, Landesjugendtage wie der Deutsche Ev. Kirchentag finden starke Beteiligung. Die Aufgabe der Zukunft wird darin bestehen, zwischen nur nominellen und praktizierenden Christen ein verantwortbares Verhältnis herzustellen. Der Katechetenstand, der 1945 aus dem Nichts geschaffen werden mußte und aus dem auch die Organisten und Gemeindehelfer hervorgehen, hat Großes geleistet. Nimmt man seine jungen Kräfte mit dem theologischen Nachwuchs zusammen, kommt man auf eine Zahl der neu in den kirchlichen Dienst Getretenen, die höher ist als je zuvor. Schwere Sorge bereitet der bauliche Unterhalt der geistlichen Gebäude. Nach dem Ende der Patronats-, Adels- und Obrigkeitskirche entwickelt sich vielerorts regere gemeindliche Selbständigkeit, die auch auf Synoden und Kirchentagen zutage tritt. Doch läßt sich über die zukünftige Entwicklung zZ nichts sagen, da die Umgestaltung der Landwirtschaft zur sozialistisch-genossenschaftlichen Großwirtschaft erst begonnen hat. In den städtischen Gemeinden, deren Schwerkraft immer im Bürgertum lag, führte die teilweise Abwanderung der alten Bildungsschicht und die soziologische Umformung von Handel und Handwerk auch zu kirchensoziologischen Problemen. Die Umsiedler sind zT ein kirchlich belebendes Element geworden, während stellenweise ihre Angleichung an eine unkirchliche Umwelt beklagt wird. Nach wie vor steht der industrielle Arbeiter der Kirche fern. Da die atheistische Werbung bes. unter der Jugend lebhaft ist, ist ein Höchstmaß an Verantwortung von allen bewußten Christen gefordert.

K.Schmaltz, KG M.s, 3 Bde, 1935-52 - W.Heess, Geschichtl. Bibliogr. von M., 3 Bde, 1944 - Fr.Mager, Gesch. des Bauerntums u. der Bodenkultur im Lande M., 1955. - Wossidlo-Teuchert, Mecklenburgisches WB, bisher 2 Bde, 1942ff (unentbehrlich als Quellenbuch der relig. Volkskunde). *G.Holtz*

Medardus († um 557), aus Salency in der Picardie, Bischof von Vermand-Noyon, missionarisch und organisatorisch verdient, früh als Heiliger verehrt (Patron des Acker- und Gartenbaues). Hauptkultstätte ist seine Grabeskirche zu Soissons (Benediktiner-Abtei St. Médard).

Venantii Fortunati Carmen de S. Medardo, ed. FR.LEO, MG AA IV/1, 1881, 44ff - Vita Medardi, ed. BR.KRUSCH, ebd IV/2, 1885, 67ff - L.MAÎTRE, Le culte de S. Médard (Annales de la Bretagne 15, 1900, 292 ff) - NA 34, 1909, 681-722 (E.MÜLLER) - Mémoires de l'Académie de Dijon, 1923, 27ff. 65ff. *F.Flaskamp*

Mede *(Mead), Joseph* (1586-1638), anglikanischer Theologe, Fellow des Christ's College, Cambridge. Seine vielseitigen Interessen umfaßten Anatomie, Astrologie und die Ursprünge der Religion der Semiten.

Vf. bes.: Clavis apocalyptica, 1627, engl. Übers. von R.MORE, 1643, u. von B.COOPER, 1833 (eine streng chronologisch-historistische u. chiliastische Auslegung der Apk); The Christian Sacrifice, (1648) 1672³ (die Eucharistie ein Gedenkopfer). Werke, 2 Bde, (1648-52) 1686⁸. - DNB XXXVII, 178ff. *D.Carter*

Medien (Μηδία, altpers. Māda; bei Salmanassar III., 835 vChr: Amadai; später Matai, Madai; vielleicht schon in den Ummān-Manda Irans), im weiteren Sinne ganz Nordwest-Iran, von wo aus etwa im 7.Jh. ein Deïokes die iranischen Stämme zu einem medischen Reiche vereinte (Herodot I, 96). Wie weit östlich die Assyrer auf ihren Feldzügen zu den Medern gedrungen sind, bleibt strittig. Unter dem Einfall der Skythen (um 626) haben die Meder sicher nicht weniger gelitten als die Assyrer (vgl. Jer und Zeph). I.J. 612 helfen die Meder unter Kyaxares dem babylonischen Chaldäerkönig Nabopolassar bei der Zerstörung → Ninives und beseitigen damit das Assyrische Reich (→ Assyrien, 4). Wegen Unvollständigkeit der assyrischen Feldzugsberichte bleibt die Reihenfolge der medischen Könige unsicher (nach Herodot: Deïokes, Phraortes, Kyaxares, Astyages; völlig abweichend Ktesias, bei Diodor 2, 32ff). Das medische Reich zerfällt um 553 mit der Empörung des Kyros (→ Iran: I). Die »medische Gefahr« (Anfragen an den Sonnengott, ed. Knudtzon 1893; jüdische Befreiungserwartung Jes 13f; 21; Jer 1; 51; Bau der Medischen Mauer durch Nebukadnezar) endet im persischen Weltreich der Achämeniden (546 Sardis, 539 Babylon erobert). - Das medische Reich war offenbar ähnlich dem auf gleichem Boden wurzelnden Partherreich (ca 250 vChr bis 224 nChr) ein föderativer Feudalstaat mit vielen Unterkönigen im Gegensatz zur zentralistisch-straffen Verwaltung, die Darius I. (522-486) einführte. Über seine Organisation weiß man wenig, da medische Hauptstädte wie Ekbatana/Agbatana (→ 3 F 3) nicht ausgegraben werden können oder wie Ragā (Rai bei Teheran) noch nicht gefunden wurden. Die Meder, zu deren Stämmen nach Herodot I, 101 auch die → Magier gehören, waren nächst den Persern (Pārsa) ein politisch bevorzugter Stamm; wenn sie auch nicht wie diese Steuerfreiheit genossen, so stellten sie doch auch die wichtigsten Beamten, Offiziere und die Leibwache der 10000 Unsterblichen. Guti und Subaräer, Churriter und → Mitanni, Mannäer und Urartäer waren die vorarischen Bewohner M.s. Nach Herodot III, 92 bildete »Agbatāna und das übrige M.« die 10. Satrapie mit einem Steueraufkommen von 450 Silbertalenten. Tracht und Bewaffnung sind bei Herodot VII, 62. 86 geschildert und in den Persepolis-Skulpturen bis ins einzelne abgebildet (Erich F.Schmidt, Persepolis I, 1953). Die medische Sprache steht dem Gemeiniranischen näher als im Südwesten das Persische (→ Iran: I, → Iranistik). Das medische Siedlungsgebiet läßt sich an den heutigen Mundarten und Ortsnamen bes. gegen den persischen Süden hin noch gut ablesen (Südgrenze Kermanschah, Hamadan, Isfahan). Ganz Kurdistan einschließlich der nordlurischen Läkken, Aserbeidschan und Teheran-Isfahan waren medisch. Der berühmten Paßstraße am »Tor von Asien« von Babylon nach Ekbatana (Baghdad nach Hamadan) folgend unterschied man ein unteres und oberes M. mit der Medischen Pforte beim heutigen Sarpul (Strabo 11, 525; Isidor von Charax, Mansiones Parthicae 6. 7). Die arsakidisch-sassanidische Landschaft Māδ muß in islamischer Zeit den Bewohnern von Basra und Kufa die Grund- und Kopfsteuer entrichten. Später bürgerte sich für M. die Bezeichnung al-Ǧibāl »die Berge« oder ʿIrāq al-ʿAǧam »Persischer Irak« ein. Die Übertragung zoroastrischer Ortsangaben aus dem avestischen Osten nach M. (Caēčasta-See = Urmia-See u.a.m.) dürfte bereits in arsakidischer Zeit erfolgt sein.

TH.NÖLDEKE, Aufsätze z. pers. Gesch., 1887, 2-13 - F.JUSTI in: Grundr. d. iran. Philologie II, 1904, 389f. 406-415 - MeyerG I/2⁵, 896ff; III², 160ff - EBrit XV, 1957, 171ff (DERS.) - J.V.PRAŠEK, Gesch. der Meder u. Perser I, 1906 (kritisch zu benutzen) - M. STRECK, Assurbanipal (VAB 7), 1916 (s. Reg.) - F.W.KÖNIG, Älteste Gesch. der Meder u. Perser (AO 33, 3/4), 1934 - A.T.OLMSTEAD, Hist. of the Persian Empire, Chicago 1948, 29ff u.ö. - I.M.D'JAKONOV, Istorija Midii, Moskau-Leningrad 1956 (ausführl. Inhaltsangabe in der Bespr. v. R.GHIRSHMAN, BiOr 15, 1958, 257-261). - Für das hellenist. u. arsakidische Iran: A.V.GUTSCHMID, Gesch. Irans u. seiner Nachbarländer ..., 1888. - Für die islam. Zeit: PAUL SCHWARZ, Iran im MA nach den arab. Geographen, 1896ff. *W.Eilers*

Medina, *Bartolomé de* → Bartholomäus, 3.

Meditation

1. Begriff - 2. Geschichtliche Typen - 3. Praktisch-theologisch

1. M. (lat. meditatio, meditari, »nachdenken«) bezeichnet das nachdenkende Eindringen in eine Sache. In der Regel ist dabei an ein methodisch geordnetes Verfahren zu denken, das eingeübt werden kann und der Höherführung des Menschen dient. Oft sind zur wahren M. nicht nur geistige, sondern auch körperliche Bedingungen zu erfüllen (→ Askese), so die Abgeschiedenheit des Meditierenden von der Umwelt, Versunkenheit, Schweigen, Entspannung und inneres Lauschen. Es gilt, sich von dem Naherlebnis der Welt, seinem Druck und seiner Ablenkung zu befreien und in die Tiefe der Wahrheit einzudringen oder auch in den Besitz höherer Kräfte zu gelangen. M. spielt meist keine selbständige Rolle, sondern ist nur Stufe auf einem Weg, Glied in einer Kette psychagogischer Akte, Vorbereitung etwa der mystischen → Ekstase, und hat als solche keinen selbständigen religiösen Wert, was durch die altprot. pastoraltheologische Trias »meditatio - tentatio - oratio« nur bestätigt wird. M. ist ein allgemein religionsgeschichtliches Phänomen, und daraus erklärt es sich, daß ihr Ziel oder auch Zweck ebensowenig generell angegeben werden kann wie der Gegenstand, in den der Meditierende eindringen möchte. Ziel und Gegenstand der M. sind von den religiösen und weltanschaulichen Voraussetzungen abhängig.

2. Es gibt keine Geschichte der M., sondern nur verschiedene *Typen,* welche auf Grund der leitenden Ideen mitunter gleichzeitig fortgewirkt haben. Doch erweist sich das Überwiegen der vita contemplativa (→ Kontemplation) über die vita activa als eine die M. allenthalben tragende Grundstimmung. Im → Buddhismus (: I, 5) spielt die M. als 7. Stufe des achtfachen Pfades eine wichtige Rolle innerhalb der Heilslehre. Die hier geforderte »rechte Andacht« verlangt das Bemühen um Selbsterkenntnis in jeder Hinsicht, also in körperlicher, seelischer und geistiger Beziehung, um sich dadurch fortschreitend vom Zwang des Daseins zu lösen und zur

Einsicht in die »vier edlen Wahrheiten« zu gelangen. Hier steht also die M. ganz im Dienste der → Erlösung und ist ein Glied des buddhistischen Heilsweges. In formal engstem Anschluß daran ist der in Indien entwikkelte → Yoga zu nennen, eine methodisch streng durchgebildete Praxis geistiger Konzentration. Seine klassische Lehrschrift Yoga-Sutras stammt aus dem 1.Jh. nChr. Auch hier ist ein achtgliedriger Weg vorgeschrieben, dessen 7. Stufe der M. gewidmet ist. Hier ist das Ziel die Befreiung des Geistes durch völlige, bis ins Wunderhafte gesteigerte Beherrschung des Körpers. Bald mehr als Erlösungslehre verstanden, bald als Psychotechnik therapeutisch ausgewertet, hat der Yoga in vielen Spielarten in der Geschichte fortgewirkt. Heute sind viele seiner Motive in dem »autogenen Training« (J.H.Schultz) erneuert, einer Methode der → Psychotherapie, die durch konzentrative Entspannung Verkrampfungen lösen und das leib-seelische Leben des Menschen unter seine Kontrolle bringen will. Von daher sind wesentliche Anregungen in die moderne, selbst die kirchliche M.spraxis übernommen worden. – In mittelbarem Zusammenhang damit muß auch die → Anthroposophie erwähnt werden. Die methodische Anleitung, die R. → Steiner zur Steigerung der menschlichen Erkenntniskräfte gibt, schließt auch die M. als tiefes geistiges Eindringen in Wort, Bild, Kunstwerk, Gebärde usw ein. Das Ziel ist die »Erkenntnis höherer Welten«.

Als im Anschluß an die jüdische Sitte das → Stundengebet in der frühen Kirche Eingang fand, war hier ein institutioneller Boden für die Pflege der M. in Gestalt regelmäßiger Lesung aus der Bibel, später dann in Hymnen und Lesungen aus den Vätern, vor allem aber des geregelten Gebetes geschaffen. Ursprünglich eine Einrichtung des regulierten Klerus, ist in Form der Brevierpflicht die M. bis heute ein integrierender Bestandteil der täglichen Pflichten des kath. Priesters. In der liturgischen Praxis der Kirche hat ganz allgemein die Wiederholung der Gebete und Gebetsformeln (→ Litanei) einen meditativen Charakter. Die → Andacht als Versenkung in den religiösen Gegenstand und das Einswerden mit ihm läßt nicht mehr nach Zwecken fragen. Die → Mystik und das mystische Gebet sind ohne vorbereitende M. nicht denkbar. Die → Erbauungsliteratur alter und neuer Zeit gibt Einblick in M.swege, die institutionell nicht mehr gebunden sind. Insonderheit leitet die »Ars moriendi«-Literatur zur meditatio futurae vitae an. Im Katholizismus beginnt mit den → Exerzitien des Ignatius von → Loyola (1522; gedr. zuerst 1547) eine neue Epoche methodisch streng geordneter, psychologisch durchdachter M. Das Ziel dieser Kontemplationsübungen neuen Stils ist die Erweckung des Willens zum Gehorsam gegen Gott, Christus und die Kirche. Im Anschluß an diese jesuitische Konzeption entstanden dann unter dem Kardinal Karl → Borromäus und → Vincentius a Paulo Exerzitienhäuser, welche die M. zu einem auch dem einfachen Laien zugänglichen Weg der frommen Übung werden ließen. Im Protestantismus hat lange Zeit die M. nur eine abseitige Rolle gespielt, was mit der Abwertung der vita contemplativa und einer gewissen rationalistischen oder doch rationalen Grundstimmung zusammenhängt. Immerhin haben Joh. → Arnd, J. → Gerhard (Meditationes sacrae, 1606) u.a., vom → Gesangbuch (: I) ganz abgesehen, das meditative Leben in der ev. Kirche befördert und befruchtet. Heute ist die M. wesentlich im Zusammenhang mit der → Homiletik zu neuer Bedeutung in der ev. Kirche gekommen, was im Unterschied zu anderen M.sformen für eine ausgesprochen praktische Zwecksetzung spricht.

3. In der *homiletischen Praxis* bildet die M. ein Zwischenglied zwischen Exegese des Textes und Ausführung der → Predigt. Sie soll das Bibelwort auf seine Fremdheit oder Vertrautheit hin erwägen und auf den heutigen Hörer hin reflektieren, so daß es zu einer Anrede werden kann. Zu diesem Zweck muß aber auch der Prediger selbst in den Tiefengehalt der geoffenbarten Wahrheit eindringen. Das nur-rationale Verhältnis zum Text genügt nicht. Das Evangelium ist mehr als nur Lehre, Gottes Wort ist Speise (Jer 15, 16) für Gemeinde und Prediger. M. schafft eine tiefere Gemeinsamkeit zwischen Prediger und Hörer. Auch in dieser Sinngebung erfordert sie Übung. Gewisse Anleitungen, die doch kein Gesetz werden dürfen, sind der M. förderlich: Abgeschiedenheit, ein sammelnder Raumeindruck, Schweigen, innere und äußere Entspannung, Eingehen der inneren Anschauung in die Bildschicht des Textes. Eine gewisse Passivität, die dem meditierten Wort und seiner Wahrheit die Wirkung an uns überläßt, soll dazu führen, daß wir in unserer Ganzheit vom Gegenstand der M. erfüllt werden und daß es nicht bei einer peripheren Beschäftigung mit ihm bleibt. Bei diesem Verständnis reicht dann natürlich die M. in ihrer Bedeutung weit über den unmittelbar homiletischen Zweck hinaus und erhebt den Anspruch, überhaupt zu einer Lebenshilfe zu werden. Da es sich bei dieser Auffassung von M. nicht um eine erneute Bevorzugung des kontemplativen vor dem aktiven Leben handelt, kann die M. immer nur einen vorbereitenden Wert haben, also für die Predigt, für das Leben selbst. Die Gefahr, daß die M. selbst zu einer Art von Religion wird, kann nicht ganz von der Hand gewiesen werden.

F.Rittelmeyer, M., (1929) 1948 - O.Fröbe-Kapteyn (Hg.), Yoga u. M. im Osten u. im Westen (ErJb 1), 1933 - A.D.Müller, Ethik, 1937, 180ff - C.Happich, Anleitung zur M., (1938) 1948[3] - O.Haendler, Die Predigt, (1941) 1949[2], 149ff - Ders., Grundriß d. prakt. Theol., 1957, 119ff - K.B.Ritter, Über die M. als Mittel der Menschenbildung, 1947 (Lit.) - H.-U.Rieker, Das Geheimnis der M., 1953 - J.B.Lotz, M., 1954 - F.Melzer, M., eine Lebenshilfe, 1954 - Ders., M. in Ost u. West, 1957 - Ders., Anleitung zur M., 1958 - A.Rosenberg, Die christl. Bild-M., 1955 - J.Wolff, Anleitung zur Predigt-M., 1955 - W.Lindenberg, Die Menschheit betet. Praktiken der M. in d. Welt, 1956 - W.Bitter (Hg.), M. in Religion u. Psychotherapie, 1958 - W.Stählin, Symbolon, 1958 - EKL II, 1280f (Lit.) - LThK[2] II, 317ff (Lit.). - Vgl. die Lit. zu → Kontemplation.

W.Trillhaas

Medium → Parapsychologie.

Medizinmann, eine bei → Naturvölkern sowohl sozial wie religiös profilierte Persönlichkeit mit verschiedenen Aufgaben (s.u.). Die Bezeichnung M. geht auf die ersten Besiedler und Missionare in Nordamerika zurück und wird mit größerer Einengung des Inhaltes auch heute noch verwendet. Genauere ethnologische Forschungen haben gezeigt, daß der Terminus M. zu Unrecht mit Schamane, Magier, Schaden- → Zauberer und sogar Priester synonym gebraucht wird. Medizin ist nicht als Heilmittel zu verstehen, sondern als ein Gegenstand, von dem man annimmt, daß er eine Kontrolle über außernatürliche Kräfte verleiht oder solche vermittelt. Beim Werdegang eines M.es sind drei Stufen zu unterscheiden: a) Die → Berufung geschieht durch höhere Wesen (→ Visionen), im → Traum, durch mystischen Kontakt mit Tieren, durch Vererbung u.a.m. b) Bes. wichtig ist die darauf folgende Belehrung oder Schulung des angehenden M.es. c) Ohne → Initiation und das damit verbundene erste öffentliche Auftreten ist eine allgemeine Anerkennung nicht denkbar. – Die Quellen der → Macht (: I) des M.es sind in außermenschlichen Wesen (in Natur-, Tier-, Ahnen- und Totengeistern; → Geister: I) oder in einer unpersönlichen Kraft zu suchen (wakonda der Sioux, orenda der

Irokesen). Bisweilen kann im Sinne einer Simultanexistenz zwischen dem M. und einem Tier ein intimes Wechselverhältnis bestehen, woraus zB die Kraft des M.es abgeleitet werden kann (Nagualismus). Andere Kraftquellen sind u.U. das Höchste Wesen (→ Hochgottglaube) oder auch die → Magie.

Der M. heilt vor allem → Krankheiten (: I), und zwar durch Bestreichen, Kneten oder → Salbung der schmerzhaften Stelle, durch Analogiehandlungen, Aussaugen oder Herausziehen von Krankheitsstoffen aus dem Körper (Steinchen, Stacheln, kleine Tiere usw). Der M. kann diese Objekte auch aus seinem Körper herausholen und sie aussenden, um so andere Menschen krank zu machen. Ebenso holt er sie auch wieder zurück, denn sie gehören zu seinem persönlichen Besitz. Man spricht dann von »Saugdoktoren«. Der »Singdoktor« hingegen versucht mittels → Musik, → Formeln und Anrufungen die Krankheit zu bannen. Diese Gesänge sind bes. wirksam, weil sie von Hilfsgeistern gelehrt wurden oder aus sich heraus als heilig und wirksam gelten. Arbeitet der betreffende »Doktor« nur mit Medizinpflanzen und sonstigen rationalen Mitteln, so ist die Bezeichnung M. nicht berechtigt; man spricht hier eher von einem Heilpraktiker. Zum Singdoktor gehört ferner das Rezitieren von Mythen, die sich direkt oder indirekt auf Krankenheilung beziehen. Auch der → Exorzismus zur Austreibung des die Krankheit verursachenden Geistes wird vom M. angewendet, ebenso Beräuchern des Kranken (zB mit Tabaksrauch [Nordamerika]), Einfangen der entwichenen oder verlaufenen → Seele, deren Fernbleiben die Krankheit verursacht, oder eine schamanistische Handlung (→ Schamanismus). Beim M. ist die → Ekstase jedoch nicht notwendig. Dennoch kann sich auch der M. in Trance steigern, was vor allem durch → Tänze erreicht wird. - Der M. kämpft auch gegen feindliche Personen, die durch Schadenzauber Krankheit oder Tod herbeiführen. Hier arbeitet er zum Wohle der Gemeinschaft mit Gegenzauber, was eine Fertigkeit in der schwarzen Magie voraussetzt. Weitere Tätigkeiten des M.es sind → Wahrsagen und Hellsehen, Einflußnahme auf die Natur (zB Herbeiführen von → Regen durch Gesänge und Formeln, wobei auch mit bestimmten Objekten operiert werden kann), Bewirken von → Jagd-Glück und → Fruchtbarkeit des Feldes (ebenfalls mittels Gesängen, Rezitationen und Pantomimen) oder die Beeinflussung der Stammesfeinde vor und während der Kampfhandlungen. Manchmal begleitet er auch den Kriegszug, zT als Führer, wie sich überhaupt das Amt des Häuptlings und M.es in einer Person vereinen können. Auch Liebeszauber gehört zum Metier des M.es. Seine Beziehungen zur Geisterwelt äußern sich in Riten zur Abwehr unheilvoller Mächte, wie Totengespenster und Dämonen. - Im Einzelfalle ist es oft schwierig, den M. und Schamanen auseinanderzuhalten. Eine klare Terminologie kann hier weitgehend Abhilfe schaffen. So unterscheidet sich der M. vom Schamanen bes. dadurch, daß zum letzteren als wesentlicher Bestimmungspunkt die Ekstase gehört (Seelenreise oder → Besessenheit), jedoch nicht der Besitz magischer Gegenstände. Paraphernalia als Zaubermittel sind aber für M.er wichtig. Es sind dies u.a. Teile von Tieren oder sonstigen Naturobjekten, → Masken, Musik und Lärminstrumente (zB → Schwirrholz), Stäbe und Rasseln.

UdG II-XII (s. Reg.) - R.H.Lowie, Primitive Religion, New York (1924) 1952² - M.Gusinde, Der M. bei den südamerik. Indianern (Mitt.en der Anthropolog. Gesellschaft 62, 1932, 286-294) - P.Radin, Primitive Religion, its Nature and Origin, New York 1937; franz. 1941 - G.Buschan, Über Medizinzauber u. Heilkunst im Leben der Völker, 1941 - Wach, Relsoz. - H.Petri, Der austral. M. (Annali Lateranensi 16, 1952, 159-317; 17, 1953, 157-225) - R. Karsten, Zur Psychologie des indian. M.es (ZE 80, 1955, 170-177) - van der Leeuw § 26. *E.Stiglmayr*

Medler, *Nikolaus* (1502-51), ev. Theologe, * in Hof, 1522 Student in Wittenberg, 1524 (?) Schulleiter in Eger, 1531-36 in Wittenberg, 1536-45 Reformator von → Naumburg, 1545-51 Sup. von Braunschweig, 1551 Hofprediger in Bernburg. M. verfaßte die Naumburger KO und die Braunschweiger Schulordnung, ferner Schriften gegen das → Interim und eine Reihe von Schulbüchern. Als streitbarer Theologe hatte er in Naumburg und Braunschweig Schwierigkeiten. In Naumburg wurde sein Verhältnis zu → Amsdorff getrübt. Luther bezeichnete M. neben Veit → Dietrich und Joh. → Spangenberg als seinen echten Schüler.

RE XII, 492ff; XXIV, 82 - Schl. II, 16f; V, 189. *W.Delius*

Meer → Wasser.

Megander (Großmann), *Kaspar* (1495-1545), Zürcher Theologe, Kaplan, nahm als einer der ersten für → Zwingli und dessen Reformation Partei. Auch in → Bern, wohin M. nach der Disputation 1528 als Prediger und Lehrer berufen wurde, vertrat er die entschieden Zwinglische Richtung. Aus Anlaß des 2. Kappelerkrieges geriet er in Konflikt mit dem Rat, weil dessen zögernde Politik nach M.s Meinung die Niederlage verschuldet hatte. Erst → Capito gelang es auf der Synode 1532, den suspendierten M. mit dem Rat auszusöhnen. Doch brach der Streit wieder los, als M. sich dem von → Bucer in Bern betriebenen »Lutheranismus« heftig widersetzte. Als M. gar die von Bucer eigenmächtig vollzogene, aber vom Rat genehmigte Abänderung seines Katechismus nicht dulden wollte, wurde er Ende 1537 entlassen. Er erhielt in Zürich das Amt eines Archidiakons und Chorherrn. - 1532 nahm M. führend am Täufergespräch in Zofingen teil, 1537 entwarf er die Kirchenverfassung für die Waadt.

K.B.Hundeshagen, Die Konflikte ... in der Bernischen Landeskirche von 1532-58, 1842 - RE XII, 501ff - O.E.Strasser, Capitos Beziehungen zu Bern, 1928. *O.E.Straßer*

Megiddo (ägypt. mkt, keilschriftlich mak/gid[d]a/u) ist mit tell el-mutesellim am Südrand der Ebene von M. zu identifizieren. → Ausgrabungen (: III, 2) wurden 1903-05 vom Deutschen Palästina-Verein unter Leitung von G.Schumacher, 1925-39 vom Oriental Institute der University of Chicago (OI) unter Leitung von C.L. Fisher, P.L.O.Guy (ab 1927) und G.Loud (ab 1935) durchgeführt. - M. ist seit dem 4.Jt. besiedelt, die ältesten architektonischen Überreste stammen aus der Frühbronzezeit. Gegen Ende der Frühbronzezeit war M. anscheinend nicht besiedelt. Es blühte in der Mittelbronzezeit auf, zu deren Beginn im 19.Jh. ägypt. Herrschaftseinfluß belegt ist. Die spätbronzezeitliche Stadt wird Thutmosis III. im Anschluß an die Schlacht bei M. 1479, in der sich eine Koalition kanaanäischer Stadtfürsten unter Führung von Hamat dem Pharao entgegenstellt, übergeben. In der → Amarna-Zeit ist M. in Streitigkeiten mit Lab'aju verwickelt. Biridija von M. übt die Aufsicht über Frondienstarbeiten im Gebiet der Stadt Sunem aus (vgl. Gen 49, 14f). Kostbare Elfenbeinschnitzereien der Ramessidenzeit sind in M. gefunden worden. Die Basis einer Stele Ramses VI. bezeugt ägypt. Oberherrschaft bis zur Mitte des 12.Jh.s. Aus demselben Jh. stammt ein Wasserkanal im Südwesten der Stadt. Noch zu Beginn der Eisenzeit ist M. kanaanäisch (Ri 1, 27f). Erst → David gelingt es, das immer mehr verfallene M. zu erobern und anstelle der kanaanäischen Siedlung ein Kastell zu errichten. Unter

→ Salomo wird M. die Hauptstadt des 5. Gaus (1Kön 4, 12). Es ist mit einer Streitwagengarnison belegt (1Kön 9, 15 b. 19), deren Pferdestallungen ausgegraben werden konnten. 922/21 wurde M. von Pharao Schoschenk I. erobert, 733 von Tiglatpileser (2Kön 15, 29), der es zur Hauptstadt einer assyrischen Provinz machte, die → Galiläa und die Jesreelebene umfaßte. 609 tritt → Josia dem Pharao Necho bei M. entgegen (2Kön 23, 29). Seit der persischen Zeit ist tell el-mutesellim verlassen.

Tell el-Mutesellim I: G.SCHUMACHER, Fundbericht, hg.v. C. STEUERNAGEL, 1908; II: C.WATZINGER, Die Funde, 1929. - A.ALT, Pharao Thutmosis III. in Palästina (PJ 10, 1914, 53-99) - DERS., Neues über Palästina aus dem Archiv Amenophis' IV. (PJ 20, 1924, 22-41) - DERS., M. im Übergang vom kanaan. zum israel. Zeitalter (ZAW 60, 1944, 67-85 = ALT I, 256-273) - C.S.FISHER, The excavation of Armageddon (OIComm. 4), 1929 - P.L.GUY, New light from Armageddon (ebd 9), 1931 - R.M.ENGBERG-G.M.SHIPTON, Notes on the Chalcolithic and Early Bronze Age pottery of M. (OIStud. 10), 1934 - H.G.MAY, Material remains of the M. cult (OIPubl. 26), 1935 - R.S.LAMON, The M. water system (ebd 32), 1935 - P.L.O. GUY-R.M.ENGBERG, M. tombs (ebd 33), 1938 - R.S.LAMON-G.M. SHIPTON, M. I, Seasons of 1925-34 (ebd 42), 1939 - G.LOUD, The M. ivories (ebd 52), 1939 - G.M.SHIPTON, Notes on the M. pottery of Strata VI-XX (OIStud. 17), 1939 - G.LOUD, M. II, Seasons of 1935 bis 1939 (OIPubl. 62), 1948. *H.Gese*

Megillot (»Rollen«), hebr. Bezeichnung der at. Bücher → Hoheslied, → Ruth, → Prediger, → Klagelieder, → Esther, die in der dritten Schriftengruppe des at. Kanons (→ Bibel: I A) zwischen den vorderen Ketubim Pss, Spr, Hi und den hinteren Ketubim Dan, Esr, Neh, 1.2Chr eine feste Sammlung bilden. Diese sowie die Bezeichnung ḥameš m^e^gillot sind wohl erst zZ der Masoreten (6.-9.Jh. nChr) entstanden. Dafür sprechen folgende Gründe: die noch im 3.Jh. nChr umstrittene Kanonizität von Hhld, Pred, Est; die bei Josephus (Contra Ap. I, 8) vorausgesetzte Gesamtzahl von 22 at. Schriften, bei der Ri und Ruth, Jer und Klgl als je ein Buch gezählt werden; die verschiedene Einordnung im griech. Kanon, bei Melito von Sardes, Origenes, Hieronymus; die im Talmud (Baba Bathra 14 b) angegebene Folge Ruth, Pss, Hi, Spr, Pred, Hhld, Klgl, Dan, Est, Esr, 1.2Chr. - Die Reihenfolge der M. entspricht der der → Feste (: II), deren Liturgie sie zugeordnet wurden: Passa-Mazzot (Hhld), Wochen-Erntefest (Ruth), Laubhütten (Pred), Tempelzerstörung (Klgl), Purim (Est). Die seit dem 12.Jh. nachweisbare liturgische Verbindung hat eine längere unüberschaubare Vorgeschichte. Als Rolle (→ Brief und Buch, 3) wird zuerst Est (Mischnatraktat M^e^gillā) bezeichnet und als solche noch heute im jüdischen Kult verwendet. Entsprechend ihrer liturgischen Verwendung wurde diese Bezeichnung auch auf die vier anderen Bücher übertragen.

L.BLAU, Studien zum althebr. Buchwesen, 1902 - O.EISSFELDT, EinlAT, 1956². *H.Bardtke*

Megingoz († spätestens 768), ostfränkischer Mitarbeiter des → Bonifatius, 738 als Diakon Lehrer zu → Fritzlar, 751/54 Bischof von → Würzburg geworden, *nicht* Nachfolger → Wittas in Buraburg. Mit Bischof → Lullus hat M. die »Vita Bonifatii« des Mainzer Priesters → Wilbald (, 2) angeregt.

HAUCK II, 51ff - A.BIGELMAIR, Die Anfänge des Bistums Würzburg (Festschr. Merkle, 1922, 12-37) - DERS., Die Gründung der mitteldt. Bistümer (Festschr. »St. Bonifatius«, 1954, 247-287) - F. FLASKAMP, Das Hessen-Bistum Buraburg, 1927, 42ff. *F.Flaskamp*

Mehl, *Oskar,* * 13.5.1875, ev. Theologe und Liturgiker, 1927-29 Vorsitzender der Hochkirchlichen Vereinigung (→ Hochkirchliche Bewegung: II, 1).

Vf. u.a.: Die Schönen Gottesdienste, 1902; Vom Bau u. Ausbau d. Liturgie, 1925; Das liturg. Verhalten, 1927; Ev. Brevier, 1930/31; Thom.Müntzers dt. Messen, 1937. Bibliogr.: Grimmen 1955. - Über M.: CKL II, 180 - RIETSCHEL-GRAFF (s. Reg.) - M.MEZGER, Die Amtshandlungen d. Kirche I, 1957. *K.Dienst*

Mejer, *Otto* (1818-93), Kirchen- (und Staats-)rechtslehrer in Göttingen, Königsberg, Greifswald, Rostock (dort zeitweilig mit → Kliefoth Herausgeber der Kirchlichen Zeitschrift) und Göttingen, seit 1885 Präsident des Landeskonsistoriums in Hannover. Schüler Savignys, gehörte er zugleich zum weiteren Kreise der Schule Ae.L. → Richters. Die drei Auflagen seines Lehrbuchs (1845/56/69) zeigen den Fortschritt vom → Kollegialismus zu konfessioneller Begründung; sein vergeblicher, aber anregender Versuch bekenntnismäßiger Begründung des landesherrlichen → Kirchenregiments (Die Grundlagen des luth. Kirchenregiments, 1864; Das Rechtsleben der dt. ev. Landeskirchen, 1889; Zum Kirchenrecht des Reformations-Jh.s, 1891) und sein juristischer Positivismus führen in die Nähe R. → Sohms.

Vf. ferner u.a.: Die Propaganda, ihre Provinzen u. ihr Recht, 1852/53; Zur Gesch. der röm.-dt. Frage, 3 Bde, 1871-85; Febronius, (1880) 1885². - Über M.: RE XII, 504ff - ADB 52, 297ff - R.STINTZING-E.LANDSBERG, Gesch. d. dt. Rechtswissenschaft III/2, 1910, 581f, Anm.-Bd 256f - R.SMEND in: Festschr. f. H.Niedermeyer, 1953, 249ff, u. ELKZ 10, 1956, 236. *R.Smend*

Meinecke, *Friedrich* (1862-1953), Historiker, kam aus einer prot. Beamtenfamilie der Altmark, von deren pietistischer Tradition er sich zeitig zugunsten einer idealistischen Weltfrömmigkeit löste. Nach dem Studium, das ihn u.a. mit Droysen, Sybel, → Treitschke und Koser in Berührung gebracht hatte, war er zunächst im Archivdienst tätig, übernahm 1892/93 die Redaktion der HZ und wurde 1901 Prof. in Straßburg, 1906 in Freiburg, 1914 in Berlin. 1929 emeritiert, hat er 1946 noch einmal an der Humboldt-Universität Berlin seine Lehrtätigkeit aufgenommen und war 1948 führend an der Gründung der Freien Universität Berlin beteiligt. - Der Goethezeit innerlich verpflichtet, bestand M.s Leistung darin, daß er in selbständiger Fortführung der Intentionen → Humboldts, → Rankes und → Diltheys die politische Geschichte nach ihren ideengeschichtlichen Momenten interpretierte und damit in eine fruchtbare Auseinandersetzung mit den Problemen der Macht und der Staatsräson geriet. Die Freundschaft mit → Troeltsch förderte seine Studien über die Ursprünge des → Historismus. Zwischen Ranke und → Burckhardt stehend, den neuen theologischen Fragestellungen zum Geschichtsproblem abgekehrt, war M. der letzte Vertreter des bürgerlichen Spätidealismus inmitten einer krisenhaften Zeit. In seiner politischen Publizistik entwickelte er sich, bes. nach 1918, immer stärker zu demokratischen Anschauungen und wurde von hier aus auch zum Kritiker des aufsteigenden Nationalsozialismus.

Hauptwerke: Weltbürgertum u. Nationalstaat, 1907; Die Idee d. Staatsräson in d. neueren Gesch., 1924; Die Entstehung d. Historismus, 1936 (= Werke I. III. V, 1957ff). Ferner u.a.: Das Zeitalter d. dt. Erhebung, (1906) 1957⁶; Erlebtes 1862-1901, 1941; Die dt. Katastrophe, 1946; Straßburg-Freiburg-Berlin, Erinnerungen 1901-19, 1949; Polit. Schr. u. Reden, 1950 (= Werke II). - Über M.: W.HOFER, Geschichtsschreibung u. Weltanschauung, Betrachtungen z. Werk M.s, 1950 - L.DEHIO, F.M., d. Historiker in d. Krise, 1953 - H.ROTHFELS, F.M., 1954 - E.SPRANGER, F.M. (Universitas 9, 1954, 825-832) - W.BESSON, M. u. d. Weimarer Republik (Vierteljahreshefte f. Zeitgesch. 7, 1959, 113-129). *K.Kupisch*

Meineid. Im M. bekräftigt eine Beweisperson (Zeuge, Sachverständiger, Partei) vor Gericht eine unwahre Aussage in Kenntnis der Unwahrheit durch den assertorischen *Eid.* M. ist ein Verbrechen (§ 154 StGB) und wird meist mit Zuchthaus bestraft. Die Auffassungen über den Unrechtsgehalt des M.s werden durch die ethische und rechtliche Sinngebung des → Eides (: IV) beeinflußt. Unter dem Einfluß des kanonischen Rechts erscheint der M. lange Zeit als ein zunächst nur der kirchlichen Gerichtsbarkeit unterliegendes Religionsverbrechen der → Gotteslästerung durch mißbräuchliche Anrufung Gottes, bis sich im gemeinen und Partikular-Recht in einer mehr rationalistischen Betrachtungsweise die Abschichtung des M.s als Rechtspflegedelikt von den → Religionsvergehen anbahnt. Im modernen → Strafrecht scheidet für den M. das sakrale Element des Eides weitgehend aus. Geschütztes Rechtsgut des M.s ist die Rechtspflege. Die - verfassungs- und prozeßrechtlich auf die Formel »Ich schwöre« ohne religiöse Beteuerung beschränkbare - eidliche Bekräftigung einer Aussage ist strafrechtlich wegen des gesteigerten Beweiswertes beeideter Aussagen für die richterliche Wahrheitsfindung und nicht wegen des Mißbrauchs der eidlichen Wahrheitsbeteuerung als solcher relevant: Strafbar ist bereits die unbeeidigte falsche Aussage des Zeugen oder Sachverständigen. Dieser Grundtatbestand des Aussagedelikts wird insoweit durch den M. qualifiziert. Nach der herrschenden objektiven Eidestheorie ist der Eid falsch, wenn die beeidete Aussage mit ihrem Gegenstand nicht übereinstimmt. Die Überzeugung des Aussagenden und damit seine Wahrhaftigkeit bleiben für die Feststellung der Wahrheit oder Unwahrheit der Aussage außer Betracht. Die Aussageperson kann daher »wahr« aussagen, obwohl sie zu lügen meint; die Aussage kann »unwahr« sein, obwohl sie der inneren Überzeugung des Aussagenden entspricht. Hierauf beruht die Konstruktion des ebenfalls strafbaren fahrlässigen *Falscheides*. Eine als Beweismittel unverwendbare falsche Aussage wird nicht allein dadurch strafbar, daß der Schwörende zu Unrecht Gott zum Zeugen der Wahrheit angerufen hat. Dem M. rechtsdogmatisch verwandt ist die falsche Versicherung an Eides statt (§ 156 StGB), deren Anwendungsbereich sich über das gerichtliche Beweisverfahren im engeren Sinn auf Erklärungen gegenüber zuständigen Verwaltungsbehörden erstreckt. Wer in die Rechtspflege eingreift, indem er sich als mittelbarer Täter einer Aussageperson bedient, die gutgläubig einen Falscheid leistet, ist wegen Verleitung zum Falscheid strafbar (§ 160 StGB). Kollidiert für die Beweisperson die Erfüllung der Aussage- und Eidespflicht mit der Gefahr, sich oder einen Angehörigen durch eine wahre Aussage gerichtlicher Bestrafung auszusetzen, so kann der Richter wegen Eidesnotstand die Strafe mildern und bei unbeeideter Falschaussage von Strafe absehen. Um auf falscher Aussage beruhende Fehlentscheidungen weitgehend zu vermeiden, ist dem Täter auch nach Vollendung des M.s noch die Möglichkeit strafbefreienden Rücktritts eingeräumt, wenn er seine Aussage nachträglich so rechtzeitig richtigstellt, daß sie bei der Entscheidung noch berücksichtigt werden kann und aus dem M. noch kein Nachteil für einen anderen entstanden ist. - Es ist eine offene Frage, ob sich der staatliche Strafschutz gegen M. auch auf die von unabhängigen Spruchkörpern in justizförmlichen Verfahren ausgeübte kirchliche Gerichtsbarkeit erstreckt, soweit nach innerkirchlichem Recht die Vereidigung von Beweispersonen statthaft ist. - Im kirchlichen → Strafrecht (: III) des CIC ist nicht nur der vor dem kirchlichen Gericht geleistete M. (cc. 1743 § 3, 1755 § 3), sondern auch der außergerichtliche Falscheid und Eidbruch (c. 2323) unter Strafe gestellt, ohne daß zwischen Aussage- und Versprechenseid unterschieden wird.

Vgl. die Lit. zu → Eid: IV sowie die Lehrbücher des Strafrechts (bes. R.MAURACH, Das Dt. Strafrecht, Besonderer Teil, 1956[2]).

G.Wendt

Meinung → Intention, 2.

Meïr *ben Baruch* aus Rothenburg o. T. (ca 1220-93), * in Worms, † in Ensisheim-Elsaß, wo er seit 1286 nach einem Auswanderungsversuch nach Palästina von Rudolf von Habsburg gefangengehalten wurde. M. ist nach Gerschom ben Jehuda (um 1000 in Mainz) der bedeutendste jüdische Gelehrte Deutschlands im MA. Seine zT heute noch gedruckten Werke befassen sich mit Talmuderklärung, Brauchtum, liturgischer Dichtung und der Masora. Sein Grab in Worms ist in der Gegenwart eine Art Wallfahrtsstätte frommer Juden.

S.BACK, R.M.b.B. aus R., 1895 - I.AGUS, Rabbi M. of R...., 2 Bde, 1947 - J.Z.KAHANA, Rabbi M.b.B. von R., 1957 (hebr.).

E.L.Rapp

Meiser, *Hans* (1881-1956). Seinem ganzen Wesen nach dem Freisinn abhold, entwickelte sich M. selbständig zum Luthertum. Nach Ämtern in der Diaspora und in der Inneren Mission wurde er Pfarrer in München, 1922 Leiter des Predigerseminars, 1928 Mitglied des Kirchenregiments, 1933 erster Landesbischof der ev.-luth. Kirche in → Bayern (, 3 b). Der Nationalsozialismus sah sich in seiner Hoffnung enttäuscht, in ihm ein gefügiges Werkzeug zu finden. M. sagte sich 1934 in Ulm vom Reichsbischof los (→ Kirchenkampf, 6), ging auf die Synode nach → Barmen und blieb in Kontakt mit seinen Freunden, bes. mit Th. → Wurm. M. war von der Würde des luth. Bekenntnisses durchdrungen, das auch dem Staat gegenüber bezeugt werden müsse. Nach 1945 war es ihm möglich, die Kirche in diesem Sinne neu zu ordnen. 1949 trat er an die Spitze der VELKD (→ Luthertum: III), die er auf den ökumenischen Konferenzen mehrfach vertrat.

J.SCHIEDER, D. H.M., Wächter u. Haushalter Gottes, 1956.

† G.Merz

Meisner, 1. *Balthasar* (1587-1626), * in Dresden, 1611 Prof. der Ethik und 1613 der Theol. in Wittenberg, verteidigte bereits 1606 die Metaphysik (J. → Martini), wies der Philosophie aber dann in der Theologie nur eine dienende Rolle zu. M.s Hauptwerk »Philosophia sobria« (3 Bde, 1611-23) ist gegen metaphysikfeindliche Reformierte gerichtet. Gegen die → Sozinianer in Polen polemisierte er zusammen mit W.Franz. Die Frage, wo vor Luther die wahre Kirche gewesen sei, erörtert er in der antijesuitischen »Catholischen Antwort« (ersch. 1627). Befreundet mit B. → Mentzer und J. → Gerhard, sah er deutlich die Schäden der luth. Kirche (bes. des Pfarrerstandes), forderte deren Reformation, beabsichtigte die Errichtung von Konventikeln und wies auf die Missionspflicht hin. M. gehört also zur Reformorthodoxie (→ Orthodoxie) und in die Vorgeschichte des → Pietismus. Seine erst 1679 veröffentlichten Pia desideria reden auch von der Unterdrückung der Untertanen durch die Obrigkeiten. - Vgl. → Unio mystica.

JÖCHER III, 1751, 382f - A.THOLUCK, Der Geist d. luth. Theologen Wittenbergs im... 17.Jh., 1852, 14ff u.ö. - DERS., Lebenszeugen der luth. Kirche, 1852, 202ff - W.FRIEDENSBURG, Gesch. der Univ. Wittenberg, 1917, bes. 406ff - H.LEUBE, Die Reformideen in d. dt. luth. Kirche, 1924, 45ff - RITSCHL IV, bes. 303ff - A.SCHLEIFF, Selbstkritik der luth. Kirchen im 17.Jh., 1937 - M.WUNDT, Die dt. Schulmetaphysik des 17.Jh.s, 1939.

2. *Johannes* (1615-84), * in Torgau, seit 1649 Prof. der Theol. in Wittenberg, gehört wie sein Verwandter B.M. (s. 1) zu den irenischen Gestalten unter den Wittenbergern der orthodoxen Periode, ohne freilich dem Unionsprogramm von → Durie zuzustimmen (Irenicum Duraeanum, 1675). M.s Hauptwerk ist das Examen catechismi Palatini (1669). Wegen seiner Unterscheidung von fundamentalen und nichtfundamentalen Glaubens-

artikeln und seiner Kritik an der Heftigkeit → Calovs geriet er mit diesem in einen schweren Streit.

JÖCHER (s.o.) - A.THOLUCK, Der Geist... (s.o.), 225ff - W.FRIEDENSBURG (s.o.), bes. 425ff - RITSCHL IV, bes. 349ff - H.LEUBE, Kalvinismus u. Luthertum, 1928, 249ff. *F.Lau*

Meißen, *Bistum,* von Otto I. 968 mit Burkhard als erstem Bischof im Sorbenland errichtet, bis zur Eximierung (1399) Suffragan → Magdeburgs. Der Sprengel umschloß zwischen Mulde, Bober und Queis die Mark M. sowie die Ober- und Niederlausitz, am Ausgang des 10.Jh.s wohl auch das zwischen Böhmen und Polen strittige Schlesien, ehe die Gnesener Kirchenprovinz entstand. Der Versuch Karls IV. (1365), M. dem Erzbistum → Prag zu unterstellen, schlug fehl. Von einer schwachen wirtschaftlichen Basis aus ist M. zu einem kleinen Territorium um Wurzen und Stolpen gelangt, blieb aber politisch unbedeutend und geriet in wachsende Abhängigkeit von den wettinischen Landesfürsten. 1559 vollzog sich die Reformation im Stiftsgebiet; 1581 resignierte Bischof Johann IX. von Haugwitz und übergab das Bistum Kurfürst August. Das ev. gewordene Domkapitel übertrug dem Kurfürsten die Regierung der erst 1818 dem sächsischen Staatsgebiet inkorporierten Stiftslande. 1921 erfolgte die Wiederherstellung eines exemten Bistums mit dem Sitz in Bautzen (*nicht* in M., wie Karte 9 [Bd II, nach Sp. 160] fälschlich angibt!).

R.BECKER, Ein Original der Meißener Bistumsmatrikel u. die Einteilung des Bistums M. (Neues Archiv f. sächs. Gesch. 23, 1902, 193-213) - R.KÖTZSCHKE, Das Domstift M. in der Landesgesch. (in: Festschr. d. Hochstifts M., 1929, 1-62) - H.GRÖGER, 1000 Jahre M., 1929 - RGG² III, 2073 (Lit.) - Hdb. des Bonifatius-Vereins f. d. kath. Deutschland, 1953, 37ff - H.BEUMANN-W.SCHLESINGER (→ Magdeburg) - H.BUTTE, Urkundenstudien z. Gesch. des frühmittelalterl. Einflusses des Bistums M. auf die Ober- u. Niederlausitz (WZ d. Techn. Hochschule Dresden 5, 1955/56, 1125-1136). - Weiteres bei DAHLMANN-WAITZ 3436. 6919. 8388. *H.Ludat*

Meistermann, *Georg,* * 16.6.1911 in Solingen, Maler, Glasmaler und Graphiker, studiert 1929-33 an der Akademie in Düsseldorf bei Heuser, Nauen und → Mataré. 1938-43 malt er ca 100 Glasfenster, vorwiegend für Kirchen (Solingen-Mangenberg, Franziskanerklöster in Hagen, Werl und Warendorf). 1953-55 ist er Prof. an der Städel-Schule in Frankfurt/M., seit 1955 an der Staatlichen Kunstakademie in Düsseldorf. Aufträge: Großes Treppenhausfenster für das Rundfunkhaus in Köln, 1952; Fenster für St. Kilian in Schweinfurt, 1953 (s. Taf. 67 Abb. 4); Wandbild für St. Alfons in Würzburg, 1954; Fenster für die Sepultur des Würzburger Doms, 1956; Fenster für die Christuskirche in Nürnberg, die Kaiser Friedrich-Gedächtniskirche in Berlin, das Rathaus in Köln, 1957; Fenster für die Vatikan-Kirche auf der Weltausstellung in Brüssel, 1958. - M. beginnt expressionistisch und kommt über seine Glasfensterentwürfe Ende der 40er Jahre zu einer Malerei harter Konturen, seit 1950 zu farbigen Kompositionen metamorphotischen Inhalts. 1955 wird seine Kunst abstrakt; in den Arbeiten seit 1957 nähert er sich ikonenhaften Bildern, deren konstruktive Grundfläche lediglich das Gerüst bildet. - Vgl. → Glasmalerei, → Malerei: VI.

O.DOMNICK, Die schöpferischen Kräfte in der abstrakten Malerei, 1947 - A.SCHULZE-VELLINGHAUSEN, G.M., Graphik-Katalog, 1953 - C.LINFERT, G.M., 1958. *W.Grohmann*

Mel, *Conrad* (1666-1733), ev. Theologe, * zu Gudensberg (Kr. Fritzlar), studierte in Rinteln, Bremen und Gröningen, wurde 1690 Prediger in Mietau (Kurland), 1692 an der deutsch-ref. Gemeinde in Memel, 1697 ref. Hofprediger, 1702 dazu ao. Prof. in Königsberg/Pr., wo er in → Speners Weise collegia pietatis und philobiblica einrichtete und für die Mission warb. 1705 wurde M. geistlicher Inspektor, Stiftsprediger und Rektor des Gymnasiums in Hersfeld, 1709 Mitbegründer des dortigen Waisenhauses. M. war als Erbauungsschriftsteller bedeutsam.

Vf. u.a. das Gebetbuch »Die Lust der Heiligen an Jehova«, (1715) 1783[16] u.ö. Bibliogr.: STRIEDER VIII, 1788, 391ff. - Über M.: A.VIAL, Dr. C.M. (in: Hersfelder GPr 1864) - H.HEPPE, KG beider Hessen II, 1876, 330ff - ADB XXI, 267f. *H.Steitz*

Melanchthon, *Philipp* (16.2.1497 bis 19.4.1560)

1. Humanistische Jugendentwicklung - 2. Übergang zur reformatorischen Theologie - 3. Krisenjahre - 4. Reichstage und Bekenntnisschriften - 5. M.s Theologie - 6. Nachwirkungen

1. Über der *humanistischen Jugendentwicklung* des zu Bretten in der Pfalz als Sohn eines Waffenschmiedes geborenen und früh des Vaters beraubten Knaben stehen die Namen → Reuchlin (Bruder der Großmutter mütterlicherseits) und → Erasmus. Reuchlins Autorität überschattet die Lateinschule zu Pforzheim, die M. 1508-10 besucht, durchkreuzt sich während der ersten Studentenjahre in Heidelberg (Juni 1511 bacc. art.) mit dem Einfluß → Wimpfelings und seiner Freunde und geleitet fürsorglich den Abschluß des Studiums in Tübingen (25.1.1514 mag. art.) und M.s erste Lehrtätigkeit als Konventor an der Burse der Realisten daselbst. Auch die Stellung eines Korrektors in der Druckerei des Thomas Anshelm wird M. der Vermittlung Reuchlins verdanken; bis 1516 hat M. unter dem Verleger Reuchlins nicht nur als Verfasser von Schulbüchern (am wichtigsten eine Terenzausgabe von 1516), sondern auch als Schildknappe im Dunkelmännerstreit (→ Epistolae obscurorum virorum) seine literarischen Sporen verdient. Frucht dieser ersten Lehrtätigkeit ist ein Kreis zahlreicher Schüler und Freunde, die im geistigen Leben der folgenden Jahrzehnte eine hervorragende Rolle spielen sollten, sowie eine griechische Grammatik (hg. Mai 1518) und eine Rhetorik (hg. Anfang 1519). Sie weisen ihn als Vorkämpfer der wissenschaftlichen Ideale des → Humanismus (: I) aus. - In den Gesichtskreis des Erasmus ist M. wahrscheinlich als Freund des um 15 Jahre älteren → Ökolampad getreten, nachdem er selbst schon vorher sich - mindestens seit 1514 - dem neuen Ideal sprachlicher Eleganz und literarischer Bildung begeistert verschrieben hatte. Schon 1515 hat ihm Erasmus eine große wissenschaftliche Zukunft geweissagt. M. verdankt ihm bes. den Zugang zu den religiösen Quellen der christlichen Antike und zu dem nach dem Muster der griechischen Kirchenväter ausgelegten NT. Daß M. sich auch hier seine Selbständigkeit zu wahren wußte, zeigt seine Stilkritik an der Römerbrief-Paraphrase des Erasmus, die um die Jahreswende 1518/19 - vielleicht auf Grund einer Denunziation von Joh.Eck - zu einer vorübergehenden Unstimmigkeit geführt hat.

2. Damals befand sich M. schon in Wittenberg und war im *Übergang zur reformatorischen Theologie* begriffen. Im März 1518 hatte Kurfürst → Friedrich der Weise - unter Einschaltung → Spalatins - die Hilfe Reuchlins zur Schaffung je einer Professur für Griechisch und Hebräisch in → Wittenberg in Anspruch genommen, und Reuchlin hatte den Großneffen als Gräzisten empfohlen. Dieser war, bedrückt und enttäuscht von der Enge der Tübinger Verhältnisse, gerne dem Rufe gefolgt. Am 25.8.1518 traf er in Wittenberg ein und hielt am 29.8. seine Antrittsrede De corrigendis adulescentiae studiis. Dieses Programm eines bibelnahen Humanismus fand sofort → Luthers ganzen Beifall; auch die Person des jungen Gelehrten nahm er alsbald in seine engste Freundschaft auf und hat sie ihm lebenslang unter allen Wechselfällen treu bewahrt. In diesem persönlichen Verhältnis spiegelt

sich Luthers Haltung gegenüber dem christlichen Humanismus: Er bejaht ihn, sofern er den Zugang zu Sprache und Umwelt der biblischen Schriften eröffnet; er lehnt ihn nur da ab, wo die paulinische Rechtfertigungslehre verkannt wurde. Luther hatte sich schon längst an der von Spalatin im Auftrage des Hofes geförderten Universitätsreform beteiligt, deren Ziel - Schaffung eines Collegium trilingue - man durch M.s Berufung ein gutes Stück näher gekommen war. In der Weiterverfolgung dieses Zieles arbeiten Luther und M. zunächst eng zusammen und kommen sich dabei auch persönlich immer näher. Für M. erschließen sich dabei die biblischen Grundwahrheiten der reformatorischen Theologie. Sofort und offenbar ohne Kampf hat er sich den neuen Gedanken hingegeben. Indem er sie in den Beispielsammlungen seiner »Rhetorik« zu Worte kommen läßt, bekennt er sich schon 1518/19 im akademischen Unterricht und vor der literarischen Öffentlichkeit zu ihnen. Noch 1519 hat er dieses Bekenntnis in den Vorreden, die er Luthers Kleinem Galaterkommentar und den Operationes in Psalmos mitgab, bekräftigt und näher begründet. Vor allem aber hat ihn seine Beteiligung an der Leipziger Disputation und seine daraus erwachsene Gegnerschaft gegen → Eck als Anhänger Luthers berühmt gemacht. In seiner Person verkörpert sich seitdem das damals geschlossene Bündnis von Reformation und christlichem Humanismus. In seinem offenen Brief an Ökolampad (21.7.1519) schildert er den Hergang der Disputation in einem der Scholastik feindlichen und für Reformation und Humanismus freundlichen Sinn und eröffnet damit die literarische Fehde mit Eck.

Mit diesen Vorgängen geht M.s innere Entwicklung Hand in Hand; seit Herbst 1519 besitzen wir dafür literarische Quellen. Damals wohl wurde als Niederschlag einer im Sommer gehaltenen Römerbriefvorlesung die Theologica Institutio (CR 21, 49ff) diktiert und handschriftlich verbreitet. In den Winter 1519/20 fällt eine 1523 ohne M.s Zustimmung gedruckte Vorlesung über das MtEv. Zwischen April und Juni 1520 entstanden die Capita (CR 21, 11ff Lucubratiuncula genannt). Mit einer am 9.9.1519 gehaltenen Disputation zum bacc. bibl. war M. in die theologische Fakultät eingetreten (er wurde nie D.theol. und volles Fakultätsmitglied). Zu seinem Ausbildungsgang gehörte die Auseinandersetzung mit den Sentenzen des → Petrus Lombardus. Sie hat neben der Römerbriefexegese ihren Niederschlag in den Capita gefunden. Diese bilden die wichtigste Vorstufe zu den Loci theologici von 1521.

M.s *Loci* müssen in ihrer Erstauflage von 1521 (1522 leicht überarbeitet) als Ergebnis einer noch immer nicht abgeschlossenen Auseinandersetzung von christlichem Humanismus und luth. Reformation gewürdigt werden und - vor allem in ihren letzten Abschnitten (das Werk erschien bogenweise bis Mitte Dez.) - als Ausdruck eines Ringens mit den in Wittenberg aufgebrochenen Fragen der praktischen Neuordnung der Kirche. Unter dem Eindruck von Luthers Assertio (Dez. 1520) vollzieht sich die Absage an Rom und Scholastik ohne Schwanken. Aber schon bei der Ausklammerung von Trinitäts- und Inkarnationslehre muß man fragen, ob sie bei M. einer resignierenden Skepsis gegenüber den mysteria divinitatis Ausdruck verleiht wie bei Erasmus oder ob hier wirklich im Sinne Luthers die Rücksicht auf den *Heils*glauben entscheidend ist. Es war ja nicht dasselbe, wenn man die scholastische Philosophie vom Prinzip der Humanität oder wenn man sie von der → Gewißheit des Heiles aus ablehnte. Ganz klar ist sich M. über den Unterschied zwischen Humanismus und Reformation nicht geworden. Aufs Ganze gesehen ist er geneigt, Erasmus von Luther her entweder auszulegen oder zu widerlegen. So liefern M.s Loci das reformatorische Gegenstück zur »Ratio seu methodus«, die Erasmus zur Einführung in die humanistische Theologie seit 1518 hatte ausgehen lassen. Erasmus hat den Widerspruch klar erkannt und M. daher seit 1524 in seinem Kampf gegen Luther jahrelang einbezogen.

3. Die mit den Unruhen des Winters 1521/22 verbundenen Ereignisse in Wittenberg leiten in M.s Leben eine *mehrjährige Krise* ein, die ihn das Verhältnis von Humanismus und Reformation neu durchdenken läßt und eine gewisse innere Entfremdung Luther gegenüber zur Folge hat. Die Erfahrung, den → Zwickauer Propheten nicht gewachsen zu sein, hat eine Erschütterung in M. hervorgerufen. Daß er ihnen gegenüber die Gabe der Scheidung der Geister nicht besaß, war - von seiner Jugend abgesehen - in seinem Geistverständnis begründet. Mit den mittelalterlichen Mystikern und den in der Devotio moderna (→ Brüder vom gemeinsamen Leben) groß gewordenen Humanisten, aber auch belehrt durch → Augustin hatte er im Hl. → Geist (: V) die übernatürliche Kraft gesehen, die den Menschen ganz beschlagnahmt, ihn gegen seinen Willen »erwählt«, zur spontanen Erfüllung des Gesetzes befähigt und zugleich von dessen Gewalt befreit. Solche Freiheit eines angemaßten Geistbesitzes hatte er nun an den Schwärmern kennen und schließlich verabscheuen gelernt. Die Folgen machten sich auf allen Gebieten seines Lebens und Denkens geltend. M. betont seitdem unentwegt die Notwendigkeit sittlicher Erziehung, den Unterschied zwischen sittlicher Zucht und ev. Glauben, zwischen staatlicher Gewalt und ev. Freiheit. Dabei greift er auf die naturrechtlichen Traditionen des MA und des Humanismus zurück (→ Naturrecht: II), um die bestehenden Ordnungen in Staat und Kirche dadurch zu legitimieren, lehnt alle revolutionäre Gewalt radikal ab - bes. hart und unerbittlich in dem Gutachten, das er dem Kurfürsten von der Pfalz während des → Bauernkrieges erstattete - und kämpfte überall gegen Barbarei und Tumult. In der Kirche bedeutet das eine stärkere Wertung der altkirchlichen Tradition, die, soweit es nach den Grundsätzen reformatorischer Theologie möglich schien, als authentische Interpretation der Schrift und als Ursprung aller liturgischen und verfassungsmäßigen Ordnung verstanden wird. Kurz, der Humanismus, der ihm in seinen ersten Jahren Waffen zum Kampf gegen das Bestehende an die Hand gegeben hatte, wurde aufs neue sein Lebenselement, wirkte jetzt aber als Schutz des Bestehenden, als Macht der Beharrung. Dieser Umbruch in M.s Leben ist ein Symptom für den Späthumanismus überhaupt: Der strahlende Glanz zukunftsweisender Visionen ist erloschen; geblieben ist die Sorge um die zuchtvolle Bewahrung des Vorhandenen, ist die Schulstube mit ihren Hoffnungen und ihrem Staub.

Dabei ist die Anhänglichkeit an die reformatorische Wahrheit ungebrochen. Das Verhältnis zu Luther ist abgekühlt, versachlicht, aber es bleibt die enge Zusammenarbeit zwischen beiden; neben die liebende Verehrung tritt mehr und mehr der sich distanzierende Respekt vor der großen Leistung. Als im Sommer 1524 der päpstliche Legat → Campeggio den in seiner Heimatstadt Bretten weilenden M. durch seinen Sekretär → Nausea von Luther zu trennen versuchte, verteidigt M. mit der Sache der → Reformation auch die Person des Reformators. Sein vertraulicher anläßlich von Luthers Eheschließung an → Camerarius gerichteter Brief, so philiströs, ja fast infam er sich in der Beurteilung der persönlichen Verhältnisse Luthers gibt, muß doch auch als Ausdruck einer echten, wenn auch kleinlichen Sorge verstanden werden. Den Streit um den freien Willen

(→ Willensfreiheit) suchte M. lange zu verhindern, dann möglichst zu lokalisieren und die Polemik zu mildern; in der Sache stand er ungeteilt auf Luthers Seite. Aber während dieser seitdem jede Berührung mit Erasmus mied, ergriff M. im Frühjahr 1528 wieder dessen ausgestreckte Hand. Die Verbindung blieb beständig, die gegenseitige Beeinflussung nicht gänzlich unwirksam; noch fünf Wochen vor seinem Tode versicherte Erasmus M. seiner ungetrübten Freundschaft. Um das Problem des freien Willens aber konzentriert sich schließlich M.s theologische Krisis; hier findet sie auch zuerst eine Lösung. In den Scholien zum Kol (1527) gewinnt M. eine Basis mitten zwischen Luther und Erasmus, auf der er zeitlebens verharren konnte. 1530 rückt er öffentlich von der Willenslehre der ersten Loci ab. 1527 war überhaupt für ihn ein Jahr innerer Klärung. Mit den von der Pest aus Wittenberg vertriebenen Studenten weilte er lange in Jena, konnte sich also frei entfalten, auch den Anfang der Thüringer → Visitationen relativ selbständig durchführen und eigene Erfahrungen sammeln. Im Streit mit → Agricola über die Visitationsartikel, sachlich über die Vorordnung des Gesetzes vor dem Evangelium, setzten sich die neugewonnenen Motive seiner Theologie zum ersten Male praktisch durch. Von Luther wurde seine Haltung - wenn auch aus ganz anderen Motiven - gebilligt und gestützt. Im Abendmahlsstreit (→ Abendmahl: II, 3 a) hielt M. sich zurück, sammelte aber lange Zeit hindurch Sentenzen der Kirchenväter zum Thema und fühlte sich durch sie in Luthers Lehre von der Realpräsenz bestärkt, verteidigte diesen Standpunkt auch energisch im → Marburger Religionsgespräch. Die konservative Prägung seines christlichen Humanismus machte ihn zum konservativen Lutheraner - das ist das Ergebnis dieser Krisenjahre.

4. In dieser Haltung ist M. *Vertreter* Kursachsens und der ev. Stände auf den *Reichstagen* und *Religionsgesprächen* sowie *Verfasser* der ersten luth. → *Bekenntnisschriften* geworden. Von seiner Teilnahme am Speyerer (1529) und Augsburger Reichstag (1530) an läßt sich eine durchgehende Linie verfolgen, die von außen gesehen mehrdeutig erscheint, von seinen eigenen Voraussetzungen aus aber durchaus folgerichtig ist: Er will die Glaubenseinheit der Christenheit und damit die politische Einheit des Reiches festhalten, zugleich aber die römischen Mißbräuche in der Kirche beseitigen und bei dem allen auch die glaubensmäßigen Verschiedenheiten innerhalb des Protestantismus überwinden. Je nach den Umständen erscheint die innerprot. Konkordie (→ Einigungsbestrebungen: II, 1) als Voraussetzung der gesamtkirchlichen Union oder diese als Vorbedingung für jene. Unter M.s Einfluß zielen auch Bekenntnisschriften wie die Schwabacher Artikel (so W.Köhler) oder die CA (→ Augsburger Bekenntnis), die so stark die »kath.« Einheit wahren, auf die innerprot. Konkordie. So hält M. in Speyer (→ Protestation) gegenüber der Spaltungspolitik König Ferdinands die Solidarität mit den Oberländern einigermaßen fest, beteiligt sich, wenn auch zögernd und unter Vorbehalt, an den Vorbereitungen für das Marburger Religionsgespräch und verweigert in Augsburg denselben Oberländern jede persönliche Gemeinschaft, solange er noch ein Entgegenkommen des Kaisers und der Altgläubigen erhoffen kann. Dann fördert er → Bucers Pläne einer Abendmahlskonkordie, ja ergreift 1534 schließlich eine gewisse Initiative und möchte den Abschluß der → Wittenberger Konkordie dennoch verzögern, weil er von der innerprot. Einigung eine Versteifung der gesamtkirchlichen Spaltung befürchtet. 1537 schiebt er auf dem Tag von Schmalkalden Luthers → Schmalkaldische Artikel beiseite, begründet in seinem Tractatus De potestate et primatu Papae die gesamtprot. Absage an den römischen → Antichrist (: II, 5) und trägt 1540 in der Fassung der Variata der Abendmahlskonkordie Rechnung. Gleichzeitig aber unterstützt er in England und Frankreich oder auch im Erzbistum → Köln die Bestrebungen, die auf eine Erhaltung römischer Kultus- und Verfassungsformen hinzielen und verschließt sich nicht der kaiserlichen Unionspolitik. Auf den Religionsgesprächen macht er in wichtigen Lehrpunkten dem römischen Partner Konzessionen und gefährdet dadurch die prot. Einheit, die dann durch seine Nachgiebigkeit gegenüber dem → Interim tatsächlich ins Wanken gerät.

Es wäre falsch, solche Zweideutigkeiten aus Mangel an Charakterfestigkeit oder an Glauben zu erklären. Die scheinbaren Gegensätze haben auch nicht in theologischen Unklarheiten ihren Ursprung; es ist also nicht so, daß M. in den von ihm verfaßten Bekenntnisschriften unter dem Einfluß eines humanistischen Reformkatholizismus die reformatorische Wahrheit verdunkelt hätte. Diese Schriften, sogar die → Apologie, sind nicht Ausdruck der ihm eigenen Theologie. Sie geben, wie es die CA deutlich ausspricht, nur die Lehre wieder, die unter Luthers Autorität öffentlich verkündigt wird. M. ist dabei selbst weder Verkündiger noch Lehrer, sondern erfüllt als Mandatar der Fürsten und Stände die Funktion, die der Humanismus dem Rhetor zuschreibt: Er muß dem Ungestalteten den gefälligen, das Wesentliche herausstellenden und damit vereinfachenden Ausdruck geben und dabei, ohne die Wahrheit zu verletzen, die Akzente so setzen, wie es die jeweilige Lage erfordert; er muß dadurch den Gegner zu gewinnen, die vorhandene Einheit zu stärken und die verlorene wiederherzustellen trachten. Das humanistische Erbe ist hier also formendes Element, nicht wahrheitsbestimmender Inhalt. Die ewige göttliche Wahrheit des Evangeliums soll unverletzt erhalten bleiben, zugleich aber die Forderung der geschichtlichen Stunde erfüllt werden. Hinter M.s religionspolitischer Praxis steht freilich eine Auffassung vom Verhältnis zwischen Evangelium und Geschichte, die nicht ohne weiteres aus der reformatorischen Theologie abgeleitet werden kann, die vielmehr in der humanistischen Geschichtsanschauung ihren Ursprung hat.

5. M.s *eigenständige Theologie* bildet sich in den kritischen Jahren 1522-29 langsam heraus. In vollen Umrissen ist das Neue, Eigengewachsene erkennbar in dem Römerbriefkommentar von 1532 und in den Loci von 1535. Diese, in den kommenden Jahren immer wieder umgearbeitet und neu aufgelegt, sind gegenüber dem ersten Entwurf von 1521 im Grunde ein neues Werk; Luther vermißte mit Recht an ihnen die ursprüngliche Inbrunst der Überzeugung. Dafür wird jetzt eine systematische Gesamtdarstellung der christlichen Lehre gegeben, die zwar in allen Einzelheiten von der reformatorischen Wahrheit bestimmt ist, zugleich aber mit den Wahrheitsmomenten der Philosophie in Übereinstimmung gebracht und - unter Verwerfung von Schwärmern und → Antitrinitariern - als die gesamtkirchliche Wahrheit aller Zeiten aus Kirchenvätern und Konzilen erwiesen wird. So lassen sich in der reifen Theologie M.s zwei Strukturelemente erkennen, die sich bei Luther so nicht finden. Das eine ist sein formaler *Traditionalismus* (→ Tradition: VI), der - echt humanistisch - die Vätertheologie und die altkirchlichen Symbole neben die Hl. Schrift stellt, diese ergänzend und maßgeblich interpretierend, aber doch auch - echt lutherisch - von ihr in ihrer Autorität bestimmt und begrenzt (gegen O.Ritschl, der zwischen dem Traditionalismus M.s und des → Tridentinums nur einen graduellen Unterschied sehen will). Die Geschichte wird hier zur Waffe gegen römische Ansprüche und rechtfertigt die

ev. Wahrheit, so vor allem 1539 in De ecclesia et de autoritate verbi Dei, »der ersten Dogmengeschichte vom prot. Standpunkt« (Herrlinger). Neue Dogmen sind als solche unwahr; es gelten τὰ κοινά und nicht τὰ καινά. Der Traditionalismus verträgt sich mit einem gewissen *Rationalismus*. Dieser beruht auf einer Entsprechung zwischen der menschlichen Seele (mens) und Gott, die mit der Imago Dei des Urstandes gegeben war, nach dem Fall rudimentär erhalten blieb und durch das Evangelium wiederhergestellt wird. Beide Elemente bestimmen mehr oder weniger alle theologischen Aussagen M.s und bewirken zusammen die Einheit seines Systems. In dieser Einheit findet die Synthese von Antike und reformatorischem Christentum einen zeitgemäßen und zeitgebundenen Ausdruck.

Von der naturrechtlichen Auffassung des Gesetzes aus, die M. nie aufgegeben hatte und die er von der abendländischen Gesamttradition in → Antike und Christentum bestätigt fand, setzen sich beide Elemente überall durch. Das Gesetz erscheint als Inbegriff der Vernunft; Luthers Entgegensetzung von → Gesetz (: V, 5) und Evangelium, die in die Offenbarung hineingehört, weitet sich aus und erschlafft zur Spannung von *Vernunft* und *Offenbarung*. Die dem Evangelium gleichgesetzte Offenbarung bringt, was das Vernunftgesetz fordert; auch der Gerechtfertigte bleibt deshalb an das Gesetz gebunden (tertius usus legis). Die Autorität der Schrift als Quelle der Offenbarung wird rational begründet durch ihr Alter und die von ihr bezeugten Wunder; dem Rationalismus korrespondiert also der Supranaturalismus. Gottes Existenz und Willen sind der Vernunft erkennbar und können bewiesen werden. Was Gott freilich *von mir* fordert und *für mich* getan hat, damit ich seine Forderung erfüllen kann, kann ich nur durch Christus im Hl. Geist erkennen. Die → Offenbarung (: VI) bezieht sich vornehmlich auf das persönliche Geschehen zwischen Mensch und Gott in der → *Rechtfertigung* (: II. III). Hier läßt M. die zentralen Anliegen der Reformation voll zur Geltung kommen: die radikale Verhaftung des Menschen an Sünde und Schuld und damit seine völlige Ohnmacht gegenüber der Forderung des Guten; die Alleinwirksamkeit der göttlichen → Gnade (: IV, 3) und das »sola fide« auf seiten des Menschen; das Nebeneinander von imputativer und effektiver Rechtfertigung. Die neuere Forschung hat hier manche traditionelle Vorwürfe, die mehr die »Philippisten« als M. selbst betreffen, korrigieren müssen. So hat M. Andreas → Osiander nicht deshalb verworfen, weil dieser die Regeneratio in das Geschehen der Rechtfertigung mit hineinnimmt, sondern weil er daneben das unaufgebbare Anliegen der Imputationslehre nicht anerkennt und Gottes Rechtfertigungsurteil von einer am Menschen vorfindlichen Gegebenheit abhängig macht. Von einem → Synergismus kann wohl bei → Pfeffinger oder → Strigel, streng genommen aber nicht bei M. geredet werden. Für ihn gehört die Freiheit zum ursprünglichen Wesen des Menschen. Ist dieses in der Rechtfertigung wiederhergestellt, dann auch die Freiheit zum sittlichen Handeln; sie ist mit der Rechtfertigung gesetzt, bildet nicht ihre Voraussetzung. Auch in bezug auf das Abendmahl haben M.s kryptocalvinistische Schüler rationale Elemente seiner Lehre verabsolutiert. Er selbst hat die leibliche Gegenwart Christi im → Abendmahl (: II, 3 a) in einer Weise festgehalten, die von der Deutung → Calvins darin charakteristisch verschieden ist, daß er die *Zueignung* des Leibes und Blutes Christi als Pfand der Rechtfertigungsgnade begreift und für den Glauben als notwendig erachtet. Christologisch begründet er die Realpräsenz freilich im Unterschied zu Luther mit der Lehre von der Multivolipräsenz und nicht mit der von der Communicatio idiomatum, leitet sie also vom persönlichen Heilswillen Christi und nicht vom Verhältnis der beiden Naturen ab. Dadurch daß M. damit die von → Brenz geschaffene Neuprägung der luth. Abendmahlslehre ablehnte, darf unser heutiges Urteil ebensowenig beeinflußt werden wie durch die spätere Entwicklung, die seine Schüler genommen haben.

6. Die *Nachwirkungen* M.s sind am leichtesten faßbar im Institutionellen. Er hat wie kein anderer der Reformatoren die Kulturaufgaben des werdenden Territorialstaates bejaht und gefördert. Ist er auch nicht der Vater der → Visitationen, so doch ihr maßgeblicher Programmatiker. Das Territorialkirchentum des prot. Erziehungsstaates entspricht im ganzen seinen Vorstellungen von Wesen und Auftrag der → Kirche (: III, 4 b). Er ist der Schöpfer der prot. *Gelehrtenschule*, sowohl in der Grundform der vorbereitenden Lateinschule, wie sie sich fast überall unter der entscheidenden Mitwirkung kirchlicher Instanzen an den kleineren Orten entwickelte, als auch in der vollendeteren Form, die sich in Großstädten wie Nürnberg oder Hamburg oder in den Klosterschulen Sachsens und Württembergs oder unter begnadeten Pädagogen wie → Trotzendorf an kleineren Orten herausbildete (→ Bildungswesen, 5). M.s aus der Praxis erwachsene Lehrbücher für den Elementarunterricht haben sich um ihrer didaktischen Vorzüge willen bis ins 18.Jh. hinein behauptet. Mit alledem hat er den Ertrag der humanistischen Reform in festen, freilich auch engen Formen geborgen und damit auch für die jesuitische Reformschule der → Gegenreformation Vorbildliches geleistet. Das gilt auch von der Reform der → Universitäten. → Wittenberg bleibt das Modell; hier arbeitet M., auch als Verfasser neuer Statuten, mit Luther Hand in Hand. Für die Neuordnung von → Tübingen, → Frankfurt a. d. Oder, → Leipzig, → Heidelberg, → Greifswald und - indirekt - → Rostock gehen von ihm entscheidende Impulse aus; bei den Neugründungen von → Marburg und → Königsberg gilt sein Rat, selbst auf die Struktur des feindlichen → Jena erstreckt sich sein Einfluß. Unermeßlich sind die Anregungen, die M. durch diese Institutionen auf das geistige Leben ausgeübt hat. Er ist der Vater der prot. *Schulphilosophie* geworden, in der Aristoteles im Mittelpunkt steht (→ Aristotelismus, 2 e), aber in der Erkenntnislehre von Plato, in der Ethik von der Stoa und von Cicero flankiert wird. M. hat alle Gebiete der *Naturwissenschaft* gepflegt wissen wollen und hat selbst durch die Übermittlung antiker und mittelalterlicher Lehrbücher und eigene Vorlesungen dieses Studium gefördert, nicht freilich als Forscher, sondern konservativ in seiner Haltung, aber doch aufgeschlossen für neue Forschungen, auch etwa des → Kopernikus, so daß aus seiner Schule so wichtige Übermittler der kopernikanischen Lehre wie Erasmus Reinhold und Joachim Rhaeticus hervorgingen. Als *Geschichtsschreiber* (Bearbeiter der Weltchronik Carions) und Quellensammler hat er anregend gewirkt.

Das Urteil über den *Theologen* M. schwankte schon unter den Zeitgenossen. Fest steht aber, daß sie alle, auch seine erbitterten Gegner, von ihm gelernt haben, ohne ihn also nicht zu denken sind. Was Erasmus einst im Hinblick auf ihn gesagt hatte: »Meine Pfeile erkenne ich in meinen Wunden«, das gilt auch für M.: seine Schüler haben ihn mit den Waffen geschlagen, die er ihnen in die Hand gegeben hatte. Er hat das Schicksal erfahren, das großen Systematikern selten erspart geblieben ist: Seine Schule ist in eine Rechte und in eine Linke zerfallen; beide Gruppen haben sich auf ihn berufen, ohne ihn ganz ernst zu nehmen. Die melanchthonische Rechte wirkt unter der Führung von → Chemnitz an der → Konkordienformel mit und läßt die scharfen Zensuren zu, mit denen M. darin belegt wird. Die Linke vergröbert die Distanz, die ihn von Luther trennt, und geht in der Abendmahlslehre zu Calvin über; → Kryptocalvinisten wie → Curäus oder → Peucer, Deutschreformierte wie → Ursinus, Caspar → Cruciger d.J. oder → Pezel haben sein Erbe doch nur zT zu wahren gewußt. So darf man die prot. → *Orthodoxie* beider Konfessionen nicht ohne weiteres als Nachwirkung M.s ansehen. In beiden Lagern lebt Geist von seinem Geiste, im Einzelnen wie im Ganzen; aber in keinem von beiden *herrscht* M.s Geist, wird die Versöhnung von Antike und reformatorischem Christentum so unmittelbar vollzogen wie bei ihm. Näher steht ihm die → *Aufklärung*: Der Optimismus der → Leibniz'schen Theodizee knüpft bewußt an M. an; die strenge Verklammerung von Vernunft und Offenbarung in der Schule Chr. → Wolffs kann sich auf sein System berufen. Die Aufklärung brachte auch wieder Bewunderer M.s hervor, bes. die großen Sammler G.Th.Strobel in Nürnberg und G.Veesenmeyer in Ulm. Die → *Vermittlungstheologie* des 19.Jh.s verehrte in ihm ihren Patron und den Vorläufer → Schleiermachers (J.A.Dorner, W.Geß, H. → Heppe). Die Kritik, die A. → Ritschl an ihm übte und K. → Holl vertiefte, hat der M.-Forschung neue Anstöße gegeben. Das neue M.-Bild ist noch nicht gezeichnet.

Werke: CR 1-28, 1834-60 - Epistolae, iudicia, consilia, testimonia etc ed. H.E.Bindseil, 1874 - Supplementa Melanchthoniana I/1, 1910; II/1, 1911; V/1. 2, 1915/29; VI/1 (Briefwechsel 1510-28), 1926 - Studienausg. (in Auswahl) hg.v. R.Stupperich, 1951ff (bisher 4 Bde). - Über M.: C.Schmidt, Ph.M., Leben u. ausgew. Schriften, 1861 - G.A.Herrlinger, Die Theol. M.s, 1879 - K.Hartfelder, Ph. M. als Praeceptor Germaniae, 1889 - E.Troeltsch, Vernunft u. Offenbarung bei Joh.Gerhard u. M., 1891 - G.Ellinger, Ph.M., ein Lebensbild, 1902 - E.F.Fischer, M.s Lehre von der Bekehrung, 1905 - Ritschl I - O.Ritschl, Die Entwicklung der Rechtfertigungslehre M.s bis 1527 (ThStKr 85, 1912, 518-540; 86, 1913, 163) - Seeberg, DG IV/2 - P.Petersen, Gesch. d. aristotel. Philos. im prot. Deutschland, 1921 - P.Joachimsen, Loci communes, eine Unters. zur Geistesgesch. des Humanismus u. der Reformation (LuJ 8, 1926, 27-97) - H.Engelland, M., Glauben u. Handeln, 1931 - F.Hübner, Natürl. Theol. u. theokrat. Schwärmerei bei M., 1936 - Hirsch I, 117ff - Cl.Bauer, Die Naturrechtsvorstellungen des jüngeren M. (Festschr. f. G.Ritter, 1950, 244-255) - Ders., M.s Naturrechtslehre (ARG 42, 1951, 64-98) - Ders., M.s Wirtschaftsethik (ebd 49, 1958, 115-160) - W.Maurer, Lex spiritualis bei M. (Gedenkschr. f. W. Elert, 1955, 171-198) - Ders., Zur Komposition der Loci M.s von 1521 (LuJ 25, 1958, 146-180) - Ders., M.s Anteil am Streit zwischen Luther u. Erasmus (ARG 49, 1958, 89-115) - Ders., Der Einfluß Augustins auf M.s theol. Entwicklung (KuD 5, 1959, 165-199) - Ders., M.s Loci Communes als wiss. Programmschrift. Ein Beitrag zur Hermeneutik der Reformationszeit (LuJ 27, 1960, 1-50) - P. Schwarzenau, Der Wandel im theol. Ansatz bei M. von 1525-35, 1956 - L.C.Green, Die exeget. Vorlesungen des jungen M. u. ihre Chronologie (KuD 3, 1957, 140-149; dazu A.Sperl, ebd 4, 1958, 59f) - F.W.Kantzenbach, Das Ringen um die Einheit d. Kirche im Zeitalter der Reformation, 1957 - W.Neuser, Der Ansatz der Theol. Ph.M.s, 1957 - H.Sick, M. als Ausleger des AT (BGH 2), 1959 - A.Sperl, M. zwischen Humanismus u. Reformation (FGLP X, 15), 1959 (Lit.) - R.Schäfer, Christologie u. Sittlichkeit in M.s frühen Loci (BHTh 29), 1960. *W.Maurer*

Melanesien. Die neuere Forschung neigt zur Aufgabe der traditionellen Unterscheidung des polynesischen (→ Polynesien) vom melanesischen Bereich, der sich, soweit er überhaupt näher bekannt ist, in deutliche Einzelkomplexe auflöst. Es ist daher schwierig, ein geschlossenes Bild von den Hauptzügen der Religionen M.s zu entwerfen. Allein im Umkreis von Neuguinea finden sich die verschiedenartigsten Gruppierungen; die Insel bildete die Endstation für zahlreiche Migrationswellen und Kulturschichten. Die Darstellung hat sich deshalb mehr an Allgemeinheiten zu halten, wobei das Gesamtbild je nach den örtlichen Gegebenheiten erheblich korrigiert werden muß. Ausgangspunkt ist vor allem die Zivilisation der neukaledonischen Stämme, deren religiöse Aspekte bes. Leenhardt untersucht hat.

Religiöses Denken durchtränkt die gesamte Gesellschaftsstruktur in M. und bestimmt ebenso das Verhalten des einzelnen. Leenhardt hat erkannt, daß den Äußerungen der melanesischen Religion ein primitives ideologisches Urschema zugrunde liegt. Ein solcher »Kosmomorphismus« kennt kein Segmentieren von Welt (→ Weltbild: I A) und Mensch, keine Gegenüberstellung von Objekt und Subjekt, keine Unterscheidung des Körpers vom Geist. Er begreift die Welt in einer mystischen Vision (→ Makro- und Mikrokosmos). Der erste Gedanke des homo religiosus war unmittelbar auf die Natur gerichtet, freilich eine in *allen* ihren Teilen belebte Natur (→ Naturdienst, → Naturmythologie). Später kam es zur Identifizierung von Göttergestalten, und erst der dritte Schritt brachte die Ausbildung eines → Hochgottglaubens. Eine Reihe esoterischer Traditionen in M. (Neuguinea, Neukaledonien) scheint diesen entwickelten Begriff der höchsten Gottheit zu bestätigen: mythische Helden erscheinen bisweilen als Götter: Xomoa, Moaxa, Gomawe auf Neukaledonien, Tagaro auf den Neuen Hebriden, Barkolkol auf Ambrym. - Im Vordergrund stehen freilich andere Themenkreise. Einer der wichtigsten ist das *Totem* (→ Totemismus). Seine bestimmte Bedeutung liegt hier in der Symbolisierung (→ Symbolismus) des → Lebens in seinen genetischen Ursprüngen. Das Totem übernimmt Paten- und Bürgschaft für den Menschen, der sich ihm in tiefer Zuneigung verbunden weiß. Ein bes. gegenüber mütterlichen Verwandten ausgeprägtes reiches Beziehungssystem mit wesentlich sexueller Symbolik (→ Geschlechtliches) entwickelt sich an dieser Stelle. Das Totem erlaubt ein erstes Orientieren der sozialen Bindungen und begründet den Heiratsaustausch, der die Verbindungen der Klangemeinschaften untereinander regelt. - Als potentielle Götter sind die *Ahnen* oft einflußreicher als die eigentlichen Götter. Ihr Kult unterscheidet sich grundlegend von den totemistischen Ritualen. Hier und in den Geheimbundriten hat die → *Maske* ihren Platz. Aus Holz, Rinde oder Geflecht, begegnet sie auf Neuguinea, den Salomonen und Hebriden (Mallicolo, Ambrym, Pfingstinsel), den Banks und bei den nordkaledonischen Stämmen. Die Technik der Abgußmaske, wie sie bes. bei den Sepik (Neuguinea), aber auch auf den Salomonen und seltener auf den Hebriden (Toman) geübt wird, soll die Erhaltung der Lebenskraft und der Versöhnung des zum Ahnen gewordenen Toten sichern (→ Totenverehrung: I). Tonerde und bestimmte pflanzliche Bestandteile dienen als Grundstoff, der Schmuck besteht in Perlmutt sowie roter und brauner Ockerbemalung. Die sorgfältig aufbewahrten Totenmasken garantieren die ständige Gegenwart des Ahnen. Der Ahn spricht durch den Mund der Maske, die auf diese Weise den Leitern der bes. auf den Zentralarchipeln und den Neuen Hebriden blühenden → *Geheimbünde* (vgl. → Männerbund) bei der Aufrechterhaltung der sozialen Ordnung oder der Durchführung spezieller Pläne hilft. - Die *Mythen* als zum → Dogma gestaltetes religionssoziologisches Credo haben auf den Inseln eine beträchtliche Entwicklung durchlaufen. Für Neukaledonien hat Leenhardt das Material zusammengestellt. Die von Pater Montauban auf Bougainville (Salomonen) gesammelten Mythen werden gegenwärtig im »Journal de la Société des Océanistes« veröffentlicht. Ihre Symbolik ist oft schwer zu interpretieren. Als Ursprungsmythen oder Grundregeln allgemein anerkannten oder auch verbotenen sozialen Verhaltens lassen sie ein dynamisches Universum erstehen, wobei alles in der Schöpfung belebt erscheint. Versucht man eine Gruppierung, so ergibt sich, daß verschiedene Gestalten im Mittelpunkt stehen können: ein Heros (Kwat auf den Banks-Inseln), eine hervorragende Gestalt innerhalb der Gesellschaftsordnung (Tubun, die älteste Tochter, auf Bougainville) oder ein Tier. Die religiösen Riten dienen der Dramatisierung des → Mythos oder der »Einsegnung« der verschiedenen → Rites de passage (Namengebung, → Ehe, → Krankheit u.a.). In West-M. besiegelt der Genuß von Kava (piper methysticum) die individuelle Teilnahme an der Kollektivzeremonie. Die verschiedensten → Begräbnis-Techniken begleiten den als »Durchgangsritus« verstandenen → Tod. Das Versenken im Meer scheint schon immer sehr selten gewesen zu sein; häufiger ist Erd- oder Höhlenbestattung. Zuweilen wird wie in Neukaledonien nur der Schädel aufbewahrt.

Zur *christlichen Mission* vgl. → Neuguinea, → Südsee.

W.H.R.Rivers, The Hist. of Melanesian Society, Cambridge 1914 - M.Leenhardt, Notes d'ethnologie néocalédonienne, Paris 1930 - Ders., Do Kamo, ebd 1947 - B.Malinowski, Argonauts of the Western Pacific, New York 1932 - Ders., Coral Gardens and their Magic, London 1935 - A.B.Deacon, Malekula. A Vanishing People in the New Hebrides, ebd 1934 - SDF II, 701ff - A.P.Elkin, Social Anthropology in Melanesia, Oxford 1953 (Lit.) - J.Guiart, Un siècle et demi de contacts culturels à Tanna, Nouvelles-Hébrides, Paris 1956 - Völkerkunde, hg.v. H.Tischner, 1959 (Reg.; 349 Lit.). - Laufende Bibliogr. in: International Bibliogr. of the Hist. of Religions, (1952ff) Leiden 1954ff (s.v.). Weitere Lit. s. → Männerbund, → Ozeanien; vgl. auch → Mikronesien, → Polynesien. *P.O'Reilly*

Melchers, *Paulus,* kath. Theologe, * 6.1.1813 in Münster (Westf.), † 14.12.1895 in Rom. Zuerst Jurist, wurde M. nach Studien unter → Döllinger 1841 Priester, nach mannigfacher Lehrtätigkeit 1857 Bischof in → Osnabrück, als solcher 1858-66 apostolischer Provikar der Nordischen Missionen, 1866 als Nachfolger → Geissels Erzbischof in → Köln. Auf dem → Vatikanum Inopportunist, publizierte er dennoch die Beschlüsse schon am 24.7.1870 und ging gegen die Bonner Theologen (Hilgers, Langen, → Reusch, → Knoodt), die sich nicht unterwarfen, bis zur Exkommunikation vor. Im → Kulturkampf zeitweise in Haft, dann im Ausland, mußte M. im Interesse des Ausgleichs 1885 resignieren und bekam den Kardinalshut. 1892 wurde er Jesuit.

Vf. außer allg.-relig. Schriften: De canonica dioecesium visitatione, 1872. - Über M.: H.M.Ludwigs, 1909 - K.A.Ley, Köln. KG, 1917, 556ff - J.Metzler, Die apost. Vikariate des Nordens, 1919, 192ff. *K.G.Steck*

Melchiades → Miltiades, Papst.

Melchioriten → Hofmann, 2.

Melchisedek

1. Im AT - 2. Im NT

1. M. (hebr. mălkî-ṣædæq = »König ist [der Gott] Sædæq« oder - wohl richtiger [vgl. Noth, Pers 161[4]] - »[der Gott] Mælæk ist gerecht«), im AT nur Gen 14, 18; Ps 110, 4 genannt, war nach Gen 14, 18 »König von Salem« (= Jerusalem, vgl. Ps 76, 3 sowie 1Q GenApokr XXII, 13) und »Priester des 'el 'æljôn (d.i. des Höchsten Gottes), des Schöpfers Himmels und der Erde«. Gegenüber der um die Jh.wende verbreiteten Anschauung, die Gestalt des M. sei nur ein Schattenbild des nachexilischen Hohenpriestertums, sowie dem Versuch, den Namen »M.« in Ps 110 (zB J.Pedersen, Israel III-IV, 1940, 430f. 708f) oder an beiden Stellen (Del Medico) zu eliminieren, ist M. doch wohl als eine historische Persönlichkeit anzusehen. Zu seiner Zeit (vgl. Gen 14, 18ff) wurde in Jerusalem der Gott El Eljon (→ El) als Schöpfer, Götterherr und Weltengott verehrt. Nach der Eroberung der Stadt durch → David übernahmen die Israeliten wohl die Kulttraditionen dieses Gottes, wobei dessen Eigenschaften auf Jahwe als den Gott von Exodus und Sinaibund übertragen wurden (Schmid). In Verbindung hiermit blieben auch Überlieferungen von dem vorisraelitischen Priesterkönig M. lebendig. Ps 110, 4 läßt die Übertragung der Priesterwürde »nach der Weise M.s« auf (David und) die Davididen zunächst wohl in ihrer Eigenschaft als Stadtkönige von Jerusalem (nicht die Bestätigung des jebusitischen Priesters Zadok in seinem Amt durch David; so Rowley) erkennen; und vielleicht diente dieser Ps später auch den Hasmonäern, bes. Simon (→ Judentum: I, 2), zur Legitimation (vgl. 1Makk 14, 41; Petuchowski). Das wegen der sonst dem Pentateuch fremden Vorstellung von → Abraham als Kriegsheld doch wohl junge (nach P ?) Kap. Gen 14, in dem auch alte Überlieferungen über einen Kampf der »Ostkönige« (→ Amraphel) verarbeitet sind (V. 1-10), verwendet in den den Zusammenhang von V. 17 und 21ff sprengenden Vv. 18-20 die M.-Tradition dazu, einen Erzvater mit Jerusalem in Verbindung zu bringen und das Zehntrecht der Jerusalemer Priesterschaft zu legitimieren, indem hier M. den Abraham im Namen des El Eljon segnet und jener dem M. den → Zehnten gibt.

Außer den Kommentaren zu Gen u. Pss, bes. H.-J.Kraus, Pss (BK XV), 1958ff, 752ff (Lit.): H.W.Hertzberg, Die M.traditionen (JPOS 8, 1928, 169-179; lokalisiert den Ursprung der M.-Tradition an den → Tabor) - H.H.Rowley, M. and Zadok (Gen 14 and Ps 110) (Festschr. A.Bertholet, 1950, 461-472) - Herb.Schmid, Jahwe u. die Kulttraditionen von Jerusalem (ZAW 67, 1955, 168-197) - A.R. Johnson, Sacral Kingship in Ancient Israel, Cardiff 1955 - J.J.Petuchowski, The Controversial Figure of M. (HUCA 28, 1957, 127 bis 136) - H.E.del Medico, M. (ZAW 69, 1957, 160-170). *E.Kutsch*

2. Der Verfasser des → Hebräerbriefes bedient sich der Gestalt M.s, um die Alleingültigkeit des Hohenpriestertums Jesu zu erweisen, und zwar unter Heranziehung sowohl von Gen 14, 18ff (7, 1ff) als auch von Ps 110, 4 (5, 5ff; 6, 20; 7, 11ff). Mit seiner Schätzung M.s scheint er in jüdischer Tradition zu stehen, deren Spuren sich in der → Apokalyptik (: II), bei → Philo und im Rabbinat finden. Für M.s Charakterisierung in geradezu hymnischer Form in Hebr 7, 1-3 mag bedeutsam sein, daß »Friede« und »Gerechtigkeit« (vgl. V. 2) in der Apokalyptik wie in den Schriften von → Qumran Kennzeichen der messianischen Zeit sind. Man wird daher unverkennbare Verbindungen zwischen dem Bilde Christi als des Hohenpriesters nach der Beschaffenheit M.s in Hebr und dem johanneischen Christusbilde besser nicht in Bekanntschaft des Hebr mit diesem, sondern in gemeinsamer Tradition begründet sein lassen. Wo die letzten Wurzeln der späteren jüd. und christlichen M.-Spekulationen liegen, bedarf noch der Klärung; doch wird eines der Motive in M.s Bezeichnung als »ohne Vater, ohne Mutter, ohne Stammbaum« (Hebr 7, 3) stekken, die ihm Einzigartigkeit verleiht und ihn über Jesus zu stellen verleitet. - In der christlichen Staatslehre des MA hat M. zeitweise als Mittler zwischen dem theokratischen Amtsideal und der Vergottung des Herrschers nach antikem Vorbild gedient.

Vgl. außer den Komm. zum → Hebräerbrief (bes. Michel, Spicq): G.Wuttke, M., der Priesterkönig von Salem. Eine Studie zur Gesch. der Exegese (BZNW 5), 1927 - H.Stork, Die sog. M.ianer (FGNK VIII/2), 1928 - ThW IV, 573ff (Lit.) - C.Spicq, L'origine johannique de la conception du Christ - prêtre dans l'Epître aux Hébreux (Festschr. f. M.Goguel, 1950, 258-269) - J.Funkenstein, M. in der Staatslehre (ARSP 41, 1954/55, 32-36) - G.Schille, Erwägungen zur Hohepriesterlehre des Hebr (ZNW 46, 1955, 81-109) - G.Friedrich, Beobachtungen zur messian. Hohepriestererwartung in den Synoptikern (ZThK 53, 1956, 265-311) - O.Cullmann, Die Christologie des NT, 1957, 82ff - Y.YADIN, The Dead Sea Scrolls and the Epistle to the Hebrews (Scripta Hierosolymitana 4, 1958, 36-55; Lit.). - Lit. zur Auslegungsgesch. s. bei → Genesis. *K.H.Rengstorf*

Melchiten → Orthodoxe Kirche: I.

Meldenius, *Rupert,* Pseudonym des Verfassers der Schrift »Paraenesis votiva pro pace ecclesiae« (o.O., o.J.; um 1626). Hinter dem Pseudonym verbirgt sich der Augsburger luth. Theologe *Petrus Meiderlin* oder *Meuderlin.* Nach seinem eigenen Zeugnis war M. ein Bekannter und Anhänger von Johann → Arnd, den er in seiner Schrift in Schutz nimmt. Die »Paraenesis« ist eine Mahnrede an die Theologen der Augsburgischen Konfession, die Streitigkeiten zu beenden, Eintracht zu wahren und wahre Frömmigkeit zu üben. M. steht mit seiner Schrift in der irenischen Tradition seiner Zeit (→ Einigungsbestrebungen: II, 2). In der »Paraenesis« findet sich erstmals der später oft wiederholte (u.a. von Georg Francke, R. → Baxter, → Spener) *Friedensspruch:* In necessariis unitas, in non necessariis libertas, in utrisque caritas (bei Lücke 128).

FR.LÜCKE, Über das Alter, den Verfasser, die ursprüngliche Form u. den wahren Sinn des kirchl. Friedensspruches ... Nebst einem Abdruck der Paraenesis ..., 1850 - DERS., Nachträge über den Verfasser des Spruches ... (ThStKr 24, 1851, 905-938) - RE XII, 550ff; XX, 859 - GUST.KRÜGER in: ThBl 1, 1922, 189; 4, 1925, 280 - DERS., Über den Friedensspruch ... (ThStKr 100, 1927/28, 154-163) - RITSCHL IV, 445ff - H.LEUBE, Kalvinismus u. Luthertum I, 1928, 1ff. *W.Holtmann*

Meletius, 1. *von Antiochien* († 381), stammte aus Melitene (Armenien), um 358 Bischof von Sebaste, zog sich aber bald zurück. Ab 360 ist M. Bischof von → Antiochien, wurde aber dreimal verbannt. Mehr Kirchenpolitiker als Dogmatiker, hat er sich zunächst zur Hofpartei des → Acacius von Cäsarea gehalten, später den Homöusianern genähert und wurde schließlich der anerkannte Führer der Jungnicäner im Osten (Synoden Antiochien 379 und Konstantinopel 381; → Christologie: II, 3 d). Er und die eustathianischen Altnicäner waren das Haupthindernis für die Einigung nach 362.

Erhalten ist nur eine Predigt: Epiphanius, Pan. 73 (ed. HOLL III, 303ff). - RE XII, 552ff - E.SCHWARTZ, Zur KG des 4.Jh.s (ZNW 34, 1935, 129-213) - G.L.PRESTIGE, St. Basil the Great and Apollinaris of Laodicea, 1956. *W.Schneemelcher*

2. *von Lykopolis* → Melitius.

3. *Syrigos* (1585-1664), griech. Schriftsteller und Prediger aus Heraklion/Kreta. M. studierte in Venedig und Padua Philologie, Mathematik und Physik und begann danach in Heraklion seine Lehrtätigkeit. Als Vorkämpfer der Orthodoxie polemisierte er gegen die röm. Katholiken und wurde deshalb von der venezianischen Besatzungsmacht Kretas zum Tode verurteilt. Nach geglückter Flucht wurde er in Konstantinopel zum Groß-Protosynkellos und Prediger ernannt. Hier wandte er sich bes. gegen die von Cyrill → Lukaris ausgehende Bewegung, in deren Vernichtung er seine eigentliche Lebensaufgabe sah. Deshalb eiferte er auch gegen die NT-Übersetzung des → Maximus Kallipolites, was seine Verbannung zur Folge hatte. Höhepunkt seines Wirkens war die Teilnahme an der Synode zu Jassy (1642), wo er die Confessio Orthodoxa des Petrus → Mogilas mitredigierte und ihren griech. Text abfaßte.

Von seinen Schriften ist nur sein anticalvinist. Werk »Antirresis« (1690) herausgegeben. - RE XII, 563f. *G.Möckel*

Melitius, Bischof *von Lykopolis* in Oberägypten, visitierte während der diokletianischen Verfolgung (305?) eigenmächtig verwaiste Diözesen in Unterägypten, wobei er sich die Oberaufsichtsrechte des geflüchteten Erzbischofs → Petrus von Alexandria aneignete. In Alexandria wurde M. festgenommen und in ein Bergwerk deportiert, später sogar nach Palästina. Als Petrus wieder auftauchte, setzte er den M. auf einer Bischofssynode ab und regelte Ostern 306 durch eine Enzyklika das Bußverfahren zur Wiederaufnahme der in der Verfolgung Gefallenen. M. protestierte dagegen und fand bei den Konfessoren Anklang, die sich mit M. zu einer »Kirche der Märtyrer« zusammenschlossen. Daß nicht M., sondern Petrus Märtyrer wurde (Nov. 311), tat dem Schisma keinen Abbruch. Zur Zeit des Konzils von → Nicäa, das sich vergeblich um die Wiedereingliederung bemühte, zählte man in → Ägypten (: IV) 29 melitianische und ca 100 kath. Bischöfe. Von → Athanasius wurden die Melitianer drangsaliert; sie hielten mit dessen Gegnern zusammen und haben schon damals ein weitverbreitetes Mönchtum gehabt. Spuren der Sekte und ihres Mönchtums finden sich bis ins 8.Jh.

E.SCHWARTZ, NAG 1905, 164-187 - K.MÜLLER, AAB 1922, Nr. 3, 12-17 - H.I.BELL, Jews and Christians in Egypt, 1924, 38ff - K.HOLL, SAB 1925, 18-31 = HOLL II, 283-297 - F.J.DÖLGER, AuC 4, 1934, 245-265 - F.H.KETTLER, ZNW 35, 1936, 155-193 - W.TELFER, AnBoll 67, 1949, 117-130; JEH 3, 1953, 1-13; HThR 48, 1955, 227-237 - E.W.KEMP, JEH 6, 1955, 125-142. *F.H.Kettler*

Melito, Bischof *von Sardes,* † vor 190 nChr, nach Euseb (h.e. IV, 26) Verfasser von Traktaten und Apologet (→ Apologetik: II), schrieb Herbst 175 eine Apologie, die durch den erstmaligen Hinweis auf die seit Augustus »nachweisbare« Förderung des röm. Reiches durch das Christentum berühmt wurde. Schätzte ihn deshalb die alte Kirche, so fielen zahlreiche andere Schriften des M. bald dem Vergessen anheim. M. nahm zu allen theologischen Tagesfragen Stellung. In einer Schrift zum Osterfest verteidigte er die → Quartadezimaner, in einer anderen »Über die Prophetie« äußerte er sich zum → Montanismus, in einer dritten »Über die Fleischwerdung Christi« bekämpfte er → Marcion. »Auszüge aus Gesetz und Propheten« begründeten die christliche Dogmatik aus dem AT (ältestes Verzeichnis der at. Bücher). Traktate über die Kirche, den Sonntag, die Taufe, zur Apk u.a. bleiben uns in der Zielsetzung verborgen. Auch die neuere Entdeckung einer Passahomilie (Bonner), der die Forschung wichtige Einsicht in die Anschauungen über die Erbsünde und Christologie (Höllenfahrt) wie überhaupt die altchristliche → Predigt (: I) verdankt, löste das Rätsel der altchristlichen Mißachtung dieser Traktate nicht. Ob der »Eunuch« M. (Polykarp von Ephesus bei Euseb, h.e. V, 24, 5) wegen seiner extremen Askese oder der »Prophet« M. (Tertullian, bei Hieronymus, De vir. ill. 24) wegen seiner Stellung zum Montanismus der altkath. Kirche untragbar wurde, bleibt daher ungeklärt. Erst im 5./6.Jh. schob man M. Schriften unter, u.a. das Apokryphon über Mariä Himmelfahrt.

Ausg.n u. Lit.: ALTANER 106f; dazu: B.LOHSE, Die Passa-Homilie des Bischofs M. v. S., 1958 - M.TESTUZ, Papyrus Bodmer XIII: L'homélie de M. sur la Pâque, 1960. *C.Andresen*

Melius (gräzisiert aus *Juhász* = ung. Schäfer), *Peter,* ref. Theologe, ung. Reformator (ca 1536-72). 1556 Student in Wittenberg, war M. schon 1558 Sup. in → Debrecen (Nachfolger → Kálmáncsehis), das bes. er zum »calvinistischen Rom« machte, von wo aus der Calvinismus in Ost- → Ungarn und → Siebenbürgen geformt wurde. Dem dienten neben zahlreichen Schriften (Bibelübersetzung, -exegese u.a.) die Synoden, deren große Bekenntnisse (zB BSRK 265-453) M. mit Gr. → Szegedi und Czeglédi verfaßte. Trotz bewußter

Anlehnung an die Genfer (→ Beza, auch → Bullinger [2. helv. Conf.]) zeigt M. beachtliche Originalität etwa in der Abendmahlslehre (Mitwirkung des hl. Geistes) und im Gemeindeaufbau. Die Abwehr der siebenbürgischen → Unitarier war hauptsächlich sein Verdienst.

RE XII, 567ff (Bibliogr.) - Ung. Lit.-Lexikon, Budapest 1926, 559f (ung.) - B.Soós, Die Trinitätslehre des P.M., ebd 1926 (ung.) - I.Révész, M. u. Calvin, Klausenburg 1936 (ung.) - M.Bucsay, Die Lehre vom hl. Abendmahl in der ung. Reformation helv. Richtung (DTh 6, 1939, 261-281) - Ders., Gesch. des Protestantismus in Ungarn, 1959 (Lit.). *P.Philippi*

Melk, Bezirksstadt in Niederösterreich, 1956 ev. Pfarre. M., das röm. Namare, war im 10./11.Jh. Residenz der Markgrafen von Österreich. Das Ende des 10.Jh.s begründete Kollegiatstift ist seit etwa 1089 Benediktinerabtei und war im 15. und 17.Jh. Zentrum einer Reform. Im Kloster wurde Dichtung (Heinrich von M.) und Historiographie (Annalen, Gebrüder → Pez) gepflegt. J.Prandtauer errichtete im 18.Jh. das Barockgebäude (s. Taf. 27 Abb. 6), das eine Bibliothek und wertvolle Sammlungen birgt. Vom Kloster werden zahlreiche Pfarren betreut und wird ein Gymnasium unterhalten.

Annales Mellicenses (MG SS 9, 1851, 480ff) - J.F.Keiblinger, Gesch. d. Benediktinerstiftes M., 2 Bde, 1851-69 - E.Katschthaler, M. (Topographie v. Niederösterreich 6, 1909, 370-410) - A.Brackmann, Germania pontificia I, 1911, 227ff - I.Zibermayr, Die Reform v. M. (Studien u. Mitt.en z. Gesch. d. Benediktinerordens 39, 1918, 171-208) - H.Hantsch, J.Prandtauer, 1926 - K.Lechner, Die Anfänge d. Stiftes M. (Jb. für Landeskunde v. Niederösterreich NF 29, 1948, 47-81). *H.Zimmermann*

Mell, *Max*, Dichter, * 10.11.1882 in Marburg a. d. Drau (Steiermark), entstammt einer altösterreichischen Beamtenfamilie, die in Wien ansässig wird, ohne die Bindung mit dem Geburtsland zu verlieren. Das gibt auch seinem Werk jenes für die »klassische« Zeit der österreichischen Dichtung (Grillparzer, Raimund, Nestroy u.a.) charakteristische Gepräge: elementare Volkstümlichkeit und klassisches Maß, barocke Spielfreudigkeit und wienerische Klassizität, religiöses Brauchtum und christlicher (mitunter josephinisch-liberal aufgelockerter) Humanismus. Als Erzähler → Rosegger und → Stifter nahestehend, als Lyriker auf eigenen Wegen und viel zu wenig beachtet, wird er mit seinem Triptychon (Apostelspiel, 1923; Schutzengelspiel, 1923; Nachfolge-Christi-Spiel, 1927) der geniale Erneuerer des mittelalterlichen geistlichen Volksschauspiels. Dem Nibelungenlied (Der Nibelunge Not, 1951), der griechischen Sage (Sieben vor Theben, 1932) und der mittelalterlichen Legende (Jeanne d'Arc, 1957) gewinnt er eine der Not unsrer Zeit gemäße Aussageform ab.

A.v.Grolmann in: Die Schöne Lit., 1930, 425ff - F.Lennartz, Dichter u. Schriftsteller unserer Zeit, 1952⁶, 331ff - W.Kosch, Dt. Lit.-Lexikon II, 1953², 1695f (Lit.) - K.Vancsa, Das Imitatiomotiv bei M.M. (in: Unsere Heimat, Wien 1954, 130-139) - I.Emich, M.M., ebd 1957 - H.W.Eppelsheimer-C.Köttelwesch, Bibliogr. d. dt. Lit.-Wiss. I-III, 1957-60 - Kürschners Dt. Lit.-Kalender 53, 1958, 470. *K.Vancsa*

Melville, 1. *Andreas* (1545-1622), * in Baldovie (Schottland), † in Sedan, führender Vertreter der humanistisch-presbyterianischen Reformation in → Schottland und Frankreich. M. studierte seit 1559 im St.Mary's College in St. Andrews. 1564 wurde er in Paris Schüler des Petrus → Ramus, dessen philosophische und didaktische Grundsätze er nach Schottland verpflanzte. → Beza machte ihn dann zum Prof. der klassischen Sprachen an der Akademie in → Genf. 1574 ging M. an die Universität Glasgow, die er reformierte. Seit 1575 für die Universitätsreform in Aberdeen und St. Andrews tätig, wurde er 1580 Leiter des St. Mary's College in St. Andrews, 1590 Rektor der Universität. Als Gegner des Bischofsamts setzte er 1581 das Second Book of Discipline in Schottland durch, das im Gegensatz zum First Book (1561) damit brach. Als Moderator der Generalversammlung vertrat er unbeugsam die Überordnung des biblisch-kirchlichen Rechts über das weltliche und die Unabhängigkeit der Kirche vom Staate. Mehrfach inhaftiert, mußte er nach England fliehen. Nach 4jähriger Haft im Tower erreichte Herzog Heinrich von Bouillon 1611 seine Befreiung. M. wurde Prof. der biblischen Theologie in → Sedan, wo er den Arminianer → Tilenus bekämpfte.

Th.McCrie, Life of A.M., 1856 - RE XII, 570ff - DNB (Neudr. 1937/38) XIII, 230ff. *M.Schmidt*

2. *Herman* (1819-91), amerik. Schriftsteller, * in New York, erzogen im calvinistischen Glauben der Dutch Reformed Church of America. Seefahrten (1839-44) lieferten den Stoff für die ersten Romane: Typee 1846, Omoo 1847, Mardi 1849, Redburn 1849, White-Jacket 1850, Moby-Dick 1851. Nach anfänglichen Erfolgen lebte M. zurückgezogen in New York (1866-86 Zollinspektor), wo er fast unbeachtet starb. Nach dem 1. Weltkrieg wiederentdeckt, gilt er seither als klassischer amerikanischer Symbolist. - Moby-Dick, die Jagd Kapitän Ahabs nach dem legendären Weißen Wal, vertiefte sich nach Bekanntwerden mit → Shakespeares Werk und mit Hawthorne zu symbolischer Lebens- und Weltdeutung. Weniger Anklang als die ersten Werke fanden Pierre (1852) und weitere Romane, das frühe Kurzgeschichten- und Novellenwerk und die Lyrik. Billy Budd, eine unvollendete Seenovelle, entstand 1888 bis 1891. M.s Werk zeigt Einflüsse von Shakespeare, → Milton, Sir Thomas Browne, → Carlyle, → Rabelais, → Montaigne, → Bayle. - Schon in Typee und Omoo findet sich Kritik an den christlichen Missionen in der Südsee. In dieser Zeit wandelt sich M.s christlicher Idealismus in christlichen Skeptizismus und Agnostizismus. So wird anstelle der herkömmlichen Deutung Moby-Dicks als Beleg für die Gültigkeit der christlichen Lehre dieses Hauptwerk neuerdings als geschickt versteckte Auflehnung gegen den calvinistischen Glauben, letztlich auch gegen Gott selbst gesehen, dessen Existenz M. aber nie leugnet (Thompson). Der Weiße Wal gilt verschiedentlich als Symbol des Guten, des Bösen, des Unbewußten (D.H.Lawrence) usw, Konstellation und Funktion der Hauptfiguren in Billy Budd als Verkörperung Gottes, des Teufels und Adams. M.s spätere misanthropische Einstellung gipfelt in der Vorstellung, »daß die Welt eine Fehlkonstruktion und Gott dafür zu tadeln sei« (Thompson).

Works, 16 Bde, London 1922-24; Complete Works, ed. H.P.Vincent, Chicago 1946ff; Representative Selections, ed.W.Thorp, N.Y. 1938 (Lit.). - Über M.: W.Braswell, M.s Religious Thought, Durham/N.C. 1943 - W.E.Sedgwick, H.M.: The Tragedy of Mind, Cambridge/Mass. 1944 - N.Wright, M.s Use of the Bible, Durham/N.C. 1949 - J. Leyda, The M. Log. A Documentary Life of H.M., 2 Bde, N. Y. 1951 - L.Thompson, M.s Quarrel with God, Princeton 1952 - M.R.Stern, The Fine Hammered Steel of H.M., Urbana 1957 (Lit.). *H.Helmcke*

Memento → Liturgik: III, 2.

Menäen heißen in der orth. Kirche die 12 Monatsbücher, welche das Proprium-Material (Hymnen, Fest- und Heiligen- → Synaxarien, → Typika, at. Lektionen, Apostolos) für jeden Tag des immobilen Festzyklus enthalten. Von den rein liturgischen M. unterscheiden sich die → Menologien, die nur das hagiographische Material enthalten (Martyrien, Viten). Aus ihnen entwickelten sich in Rußland die sog. Lese-M. (Čet'i minei), die auch als Privatlektüre gebraucht wurden. Im Gegensatz zu den letzteren gibt es noch keine textkritische Ausgabe der M.

Ausg.n: griech. bei PH.MEYER, Die theol. Litt. der griech. Kirche, 1899, 148ff; röm.: 1888-1901. - Lese-M.: Moskau 1868-1917. - Lit.: E.PANTELAKIS, Les livres ecclésiastiques de l'Orthodoxie, o.J. (Amaye sur Meuse) - N.CAPPUYNS, L'hist. des livres liturgiques grecs (Atti V Congr. di Studi Biz. 2, 1940, 470-473) - A.STENDER-PETERSEN, Gesch. der russ. Lit. I, 1957, 184ff - DACL XI, 409ff. 419ff - N.K.GUDZIJ, Gesch. d. russ. Lit. 11.-17.Jh., dt. 1959, 635 (Reg., Lit.). *K.Onasch*

Menahem (hebr. Menāḥem, keilschriftlich Menichimme), *König von → Israel* (: I, 11). In seine (nach 2Kön 15, 17 zehnjährige) Regierungszeit (etwa 746-737 vChr) fällt der Beginn der Expansion des neuassyrischen Reiches (→ Assyrien, 3) unter Tiglatpileser III. (745-727 vChr), die sich schon zu seiner Zeit kräftig bis nach Israel hinein auswirkt und bald nach seinem Tode zum Untergang des »Nordreichs« führt. Innenpolitisch sind diese letzten Jahrzehnte des Nordreichs charakterisiert durch Parteibildungen und eine Kette von Revolutionen (Hos 6, 7ff; 7,3 ff; 8, 4; 13, 10f; → Königtum in Israel, 2). M.s Regierungsantritt ist ein Glied dieser Kette: Kurz nach dem Tode → Jerobeams II. fand die fast 100jährige Herrschaft der Dynastie → Jehus ihr Ende, als Jerobeams Sohn und Nachfolger Sacharja nach kurzer Regierung (2Kön 15, 8: 6 Monate) von dem Usurpator Sallum getötet wurde. Dieser vermochte sich indessen auch nur einen Monat auf dem Thron zu halten (2Kön 15, 13) und wurde dann von M. gestürzt, der sich schon vorher in → Tirza festgesetzt und von dort aus offenbar allmählich größere Teile des Landes in seine Gewalt gebracht hatte (2Kön 15, 14. 16). Als Tiglatpileser III. i.J. 738 vChr in Nordsyrien erschien, unterwarf sich M. freiwillig und zahlte einen *Tribut* von 1000 Talenten. Von dieser Anlehnung an den Assyrerkönig erhoffte er sich nach 2Kön 15, 19 eine Stabilisierung seiner Herrschaft gegenüber inneren Widerständen. Daß er den Tribut durch eine Umlage auf alle freien Grundbesitzer seines Reiches aufbrachte (deren Zahl läßt sich mit Hilfe der Angaben in 2Kön 15, 20 auf 60 000 berechnen), wird die Widerstände gegen ihn und seine proassyrische Politik jedoch nur verstärkt haben. Jedenfalls wurde sein Sohn und Nachfolger Pekachja nach kurzer Regierung (2Kön 15, 23: 2 Jahre) von seinem Adjutanten Pekach, einem Exponenten der antiassyrischen Partei, beseitigt. Dieser brachte Israel durch seine Koalitionspolitik bis an den Rand des Abgrunds.

Vgl. die Darstellungen der Gesch. → Israels u. die Komm. zu den → Königsbüchern. Über den Tribut M.s: AOT 346, ANET 283. *R.Bach*

Menander, nach → Justin und → Irenäus ein antiochenischer Gnostiker, Samaritaner wie → Simon Magus, dessen Mythos er (anscheinend aber modifiziert) übernommen habe; die Taufe solle Unsterblichkeit verleihen.

Lit. s. → Gnosis: III. *G.Kretschmar*

Menas, 1. *der Heilige* († 296). Sein griechisches Martyrium bildet die Grundlage auch für die koptische Tradition, geht aber selbst abgesehen von den Ortsangaben auf das Eulogion des hl. → Basilius auf Gordius zurück. M. soll ein ägyptischer Soldat aus Nikiu gewesen sein, der unter Diokletian das Martyrium im phrygischen Kotyaion erlitt. Das legt die Frage nahe, ob hier nicht die Kultlegenden zweier verschiedener Märtyrer zu einer verarbeitet und dabei ausgeglichen wurden. Der Kult des hl. M. gehörte zu den bedeutendsten in Ägypten. Das Hauptfest liegt am 15. Athyr (11.Nov.). Die Verbreitung von dort stammender Öl- und Wasserampullen über Afrika, Europa und Asien bezeugt die Popularität der Kultstätte (→ Menas-Heiligtum), die sich im 7. und 8.Jh. zu einer größeren Oasenstadt erweiterte. Die Entvölkerung der Gegend führte zur Plünderung durch Beduinen und schließlich zur Verödung. Um die Mitte des 14.Jh.s wurde der Leichnam des M. in eine ihm geweihte Kirche in Kairo überführt.

BHG 1909² (1250, 1253, 1254) - RGG³ III, 2088f - J.DRESCHER, Apa Mena, Kairo 1946. *A.Böhlig*

2. *Patriarch von Konstantinopel* (536-552; Nachfolger des abgesetzten Anthimos) und als solcher von Papst → Agapet I. zum Bischof geweiht. M. verurteilte seinen Vorgänger und die Häupter der Monophysiten als Häretiker und unterschrieb das Edikt Justinians gegen die Origenisten und die → Drei Kapitel. Seine Absetzung durch Papst → Vigilius 547 und 551 blieb ohne Folgen, seine Treue zur Religionspolitik → Justinians trotz mancher Schwankungen unerschüttert. Der an Vigilius gerichtete Libellus Menae enthält monenergetische Lehren. Das Konzil von 680 sah darin eine Fälschung. Die Gründe sind jedoch unzureichend.

Dogmat. Dokumente bei MANSI VII, 1139ff; IX, 62f; XI, 525. 529ff. - Vgl. V.GRUMEL, Regestes des Patr. de Constantinople, Chalcedon 1932, Nr. 232-243 - BECK 379. *H.-G.Beck*

Menas-Heiligtum. C.M.Kaufmann grub 1906-07 in der Mareotis das Zentralheiligtum des → Menas (, 1) aus. Der Memorialkomplex, das bedeutende Pilgerziel, bestand aus drei Bauten: Die konstantinische Grabkirche über der Krypta des Heiligen war dreischiffig mit im Westen umlaufenden Seitenschiffen, stark herausgehobenem Ostteil mit kleiner Apsis und Nebenapsidiolen. Die Krypta mit Grabraum, Kapelle und Katakombe gehört zu den ältesten uns bekannten. Im Westen schloß sich die dreischiffige Emporenbasilika des Arcadius mit ebenfalls dreischiffigem Querhaus an; ihre Apsis war nur Grabstätte, Bischofsthron und Priesterbank mit Altar und schola cantorum waren in das Querhaus vorgeschoben. An der Südseite lag ein kleines Atrium. Das → Baptisterium lag an der Westseite der Grabkirche, ein quadratischer Bau mit säulenflankierten Nischen und Durchzugspiscina, umgeben von Gängen, einem reicher gestalteten Westraum und einem zweischiffigen Raum im Süden (Consignatorium ?). Alte Heilquellen, wohl schon in heidnischer Zeit heilig, speisten einen Thermenkomplex mit eigener dreischiffiger, doppelapsidaler Basilika mit Pastophorien. Hier lag das zweite Zentrum der Menas-Stadt. Für gestorbene Pilger zum Heiligengrab oder zu den Thermen war ein Friedhof mit einer dreischiffigen Basilika angelegt. Der Bau hat im Westen umlaufende Seitenschiffe, eingezogene Apsis mit Pastophorien und ein großes Atrium. Zahlreiche Anbauten umgeben ihn, u.a. ein Dreiapsidensaal und ein Baptisterium.

C.M.KAUFMANN, La découverte des sanctuaires de Ménas, 1908 - DERS., Die hl. Stadt der Wüste, 1924 - A.BADAWY, Les premières églises d'Egypte, Kairo 1947 (Sonderdruck aus »Kyrilliana«). *K.Wessel*

Mendelssohn, 1. *Arnold* (1855-1933), * in Ratibor, Sohn eines Vetters von Felix M., Schüler u.a. von E.A. Grell, einem der Führer der kirchenmusikalischen Restauration des 19.Jh.s, wirkte in verschiedenen Städten, seit 1891 im Schulamt und als Landeskirchenmusikdirektor in Darmstadt. M. war einer der Träger des deutschen → Kirchenchorwesens und von 1911-33 Vorstandsmitglied des Ev. Kirchengesangvereins für Deutschland. Von seinen kirchenmusikalischen Kompositionen sind die meisten ausgesprochen gottesdienstliche Gebrauchsmusik. Zur großen Zahl seiner Schüler zählen P. → Hindemith, G.Raphael, H.Spitta und K.Thomas.

H.HERING, A.M., 1927. *W.Blankenburg*

2. *Moses* (1729-86), jüdischer Philosoph, * in Dessau, kam 1742 nach Berlin, wo er seit 1750 Hauslehrer und dann Buchhalter eines Fabrikanten war. 1754 wurde er der Freund → Lessings, 1757 Mitarbeiter → Nicolais in verschiedenen Zeitschriften. 1763 erhielt er mit seiner »Abhandlung über die Evidenz in den metaphysischen Wissenschaften« vor → Kant den Preis der Berliner Akademie. Außer durch seine Schriften wurde M. bekannt durch einen Streit mit → Lavater über die Wahrheit des Christentums (1769) und mit → Jacobi über die Frage, ob Lessing Spinozist gewesen sei (1785). - M. ist der bedeutendste der aus der Schule von Chr. → Wolff hervorgegangenen Popularphilosophen. Kaum eines seiner Werke folgt im Stil den Lehrbüchern und Dissertationen, aus denen er die Prinzipien seiner Gedanken genommen hat. In Briefsammlungen, Essais, Rezensionen, Dialogen und Vorlesungen wendet er sich weniger an die Gelehrten als an die Gebildeten seiner Zeit in der Absicht, Vernunftreligion, Toleranz und guten Geschmack zu fördern. - Von historischer Bedeutung ist M. aus folgenden Gründen: Er hat das Lehrgut der Wolffschen Philosophie in die seit der Mitte des Jh.s mehr und mehr von der englischen Entwicklung bestimmte Nationalliteratur der Deutschen überführt. Als Schriftsteller hat er zusammen mit Lessing und → Herder die Sprache der Philosophie zur Sprache der klassischen deutschen Prosa gemacht; man nannte ihn den »deutschen Plato«. Deshalb war er der einzige Wolffianer, dessen Schriften nach dem Erfolg der Kantischen Kritik noch gelesen wurden. Das Fortwirken Wolffs in Idealismus und Romantik ist zum großen Teil durch M. vermittelt. Als erster jüdischer Philosoph der Neuzeit (→ Jüdische Philosophie, 6 a) hat er die Religion der Juden mit den Begriffen der europäischen Philosophie seiner Zeit interpretiert und den Pentateuch, die Pss und das Hhld ins Deutsche übersetzt (→ Bibelübersetzungen: IV, 5). Damit hat er dem → Judentum (: III, 2) den Weg zur profanen Bildung und sozialen Emanzipation geöffnet. - In seinen Schriften zur Psychologie und Ästhetik lehrt M., daß der endliche Mensch Mannigfaltiges nur dunkel in einem Moment zusammenfassen und deshalb Einheit (als Schönheit) nur in Gefühl und Empfindung genießen kann (Briefe über die Empfindungen, 1755; Über die Hauptgrundsätze der schönen Künste und Wissenschaften, 1771). 1767 veröffentlichte M. seine Bearbeitung des Dialogs »Phädon«, in der er → Platos und → Leibniz' Beweise für die Unsterblichkeit der Seele durch einen eigenen moraltheologischen Beweis ergänzte. 1785 erschienen die »Morgenstunden«, eine Vorlesungsreihe über die rationale Theologie, die den ontologischen → Gottesbeweis verteidigen und den Pantheismus → Spinozas widerlegen soll. In »Jerusalem oder über religiöse Macht und Judentum« (1783) will M. zeigen, daß der jüdische Glaube mit der Vernunfterkenntnis von Gott übereinstimmt. Den Juden ist nur ein Gesetz, keine Religion offenbart; Gott fordert sie zum Tun, nicht zum Glauben. Das Wunder dieser Offenbarung ist von einem ganzen Volk, nicht nur von Propheten bezeugt. Das Gesetz dient zudem nur dem Schutz der natürlichen Religion gegen Entstellung durch anthropomorphe Symbolik. Die jüdische Gemeinde ist also die Gemeinschaft der Theisten in einer vom Aberglauben noch nicht freigewordenen Welt.

Ges. Schriften hg.v. G.B.Mendelssohn, 7 Bde, 1843-45 - Schriften zur Philos., Ästhetik u. Apologetik hg.v. M.Brasch, 2 Bde, 1880 - Krit. GA hg.v. I.Elbogen u.a., 6 von 16 Bden, 1929-33. - Über M.: M.Kayserling, M.M., sein Leben u. seine Werke, (1862) 1888² - G.Kanngiesser, Die Stellung M.M.s in der Gesch. der Ästhetik, 1868 - L.Goldhammer, Die Psychologie M.s, 1886 - H. Lemle, M. u. die Toleranz (Diss. Würzburg), 1932 - J.Guttmann in: Die Philos. des Judentums, 1933, 303-317 (zur Religionsphilos. M.s) - H.J.Schoeps, Gesch. der jüd. Religionsphilos. in der Neuzeit I, 1935 - H.Hölters, Der spinozist. Gottesbegriff bei M. u. F.H.Jacobi (Diss. Bonn), 1938 - D.Henrich, Der ontolog. Gottesbeweis, 1960, 68 ff.
D.Henrich

Mendelssohn-Bartholdy, *Felix,* Komponist, * 3.2. 1809 in Hamburg, † 4.11.1847 in Leipzig, Enkel von Moses → Mendelssohn. Felix war in Berlin Schüler von Zelter, der ihn mit Goethe bekannt machte. Seit 1818 trat M. als Klavierspieler und Komponist hervor. Die »Sommernachtstraum«-Ouvertüre (1826) begründete seinen Ruhm, der sich auf Konzertreisen nach Frankreich und England festigte. Mit der 1829 von M. in der Berliner Singakademie zum ersten Mal wiederaufgeführten → Matthäuspassion von Bach beginnt auf historischer Basis das moderne Musikleben, dessen hervorragendster Vertreter M. in Leipzig als Gewandhauskapellmeister (1835) und Direktor des von ihm begründeten Konservatoriums (1843) war. Seit 1841 wirkte er zeitweise in Berlin (1842 preußischer Generalmusikdirektor). - Als romantisch-klassizistischer Komponist pflegte M. fast alle Musikgattungen, doch sind nur wenige seiner im 19.Jh. überaus geschätzten und einflußreichen Werke lebendig geblieben. Mit zahlreichen geistlichen Vokalkompositionen (Psalmen u.a.), Orgelmusik, vor allem aber den Oratorien »Paulus« (1836) und »Elias« (1846) hat M. einen wichtigen Beitrag zur ev. Kirchenmusik seiner Zeit gegeben.

GA, 18 Serien, hg.v. J.Rietz, 1874-77 (Geistl. Musik: Serie 12-14). - R.Werner, F.M.-B. als Kirchenmusiker (Diss. Frankfurt/M.), 1930 - Ph.Radcliffe, M., London/New York 1954 (Lit.) - H.E.Jacob, F.M. u. seine Zeit, 1959.
W.Osthoff

Mene Tekel ist in einer Legende des → Danielbuches (Dan 5) der Anfang der geheimnisvollen Schrift an der Wand des Festsaales, in dem der Frevler Belsazar mit den aus Jerusalem geraubten Tempelgefäßen ein Gastmahl feiert. Die chaldäischen Wahrsager scheitern, aber Daniel (5, 26) gelingt die Deutung: »Er (Gott) hat (dein Reich) gezählt ..., gewogen ..., zerteilt«. Bei der Deutung des Gelesenen (mᵉne' mᵉne' tᵉqel upârsîn) bleibt das erste mᵉne' (im Sinne von: addiere zusammen) unberücksichtigt, ebenso der Plural (besser Dual) pârsîn (lies sing.). Die Änderungen kommen von 6, 1 her (s.u.). Daß den Chaldäern die Lesung und Deutung nicht gelingt, obwohl sicher an aramäische Buchstaben gedacht ist, liegt daran, daß nur die drei Anfangsbuchstaben an der Wand erscheinen, also: m t p (vom Erzähler ausgeschrieben! Alt). Dies aber sind die (vgl. → Maße, Gewichte) bei Steuerlisten u.dgl. auftauchenden Zahlwerte: Mine, Schekel (aram.: tᵉqel) und Halb-Schekel (sic!). Daniel löst die Abbreviatur auf, deutet dann aber die Substantive als (beinahe gleichlautende) Verben und interpretiert sie als Gerichtswort Gottes: Belsazar wird verworfen und sein Reich den Medern und Persern gegeben. Die Abschlußnotiz (6, 1), der Nachfolger Darius sei 62 Jahre alt gewesen, deutet die Zahlwerte in der Addition: 60 + 1 + ½ (verwandelt in zweimal ½) = 62. - Sprichwörtlich begegnet »Das Menetekel« (als Warnzeichen) und (nach 5, 27) ein »Gewogen und zu leicht befunden«.

A.Bentzen, Daniel, (1937) 1952², 51 - O.Eissfeldt, Die M.-Inschrift u. ihre Deutung (ZAW 63, 1951, 105-114) - A.Alt, Zur M.-Inschrift (VT 4, 1954, 303-305) - K.Galling, Die 62 Jahre des Meders Darius in Dan 6, 1 (ZAW 66, 1954, 152).
K.Galling

Ménégoz, *Eugène,* franz. luth. Theologe (25.9.1838 bis 29.10.1920), * in Algolsheim (Elsaß), † in Paris. M. wurde 1866 Vizepräsident des luth. theologischen Seminars in Paris, 1877 Prof. für Dogmatik an der Sorbonne,

1901 auch Mitglied des Conseil supérieur de l'Instruction publique. Neben A.Sabatier war er Vertreter des → Symbolofideismus (→ Frankreich: II, 2). M. hat sich um die Sammlung und Betreuung der Deutschen in Frankreich bes. verdient gemacht.

Vf. u.a.: L'autorité de Dieu. Réflexions sur l'autorité en matière de foi, Paris 1892; Etudes sur le dogme de la Trinité, ebd 1898; La notion biblique du miracle, ebd 1894 (dt. 1895); La théologie de l'épître aux Hébreux, ebd 1894; Publications diverses sur le fidéisme, 5 Bde, ebd 1900-21. - Über M.: ThLZ 20, 1895, 360-362. 439 f - K.Bornhausen, Die relig. Gegenwart in Frankreich (ChW 27, 1913, 1084-1087) - W.Lüttge, Religion u. Dogma. Ein Jh. innerer Entwicklung im franz. Protestantismus (ZThK, ErgH.), 1913. - Vgl. die Lit. zu → Frankreich: II, 1. *H.Hohlwein*

Menelaus → Judentum: I, 2.

Mengering, *Arnold* (1596-1647), * in Halle. Der durch Joh. → Olearius d.Ä. und Joh. → Gerhard beeinflußte Theologe ist ein Musterbeispiel eines im 30jährigen Kriege sich bewährenden luth. Pastors. Von 1622 an 4 Jahre im Magdeburgischen tätig, dann 3 Jahre in Halle, das er wegen der Rekatholisierung verlassen muß, wird er 1631 Hofprediger in Dresden, 1635 in Altenburg, kehrt 1640 als Sup. und Inspektor des luth. Gymnasiums nach Halle zurück. Gegen die Verwilderung der Sitte, das Schwinden der Lehrzucht und die Auflösung aller kirchlichen Ordnung sucht er die Gewissen zu schärfen. Seine Schriften geben tiefe Einblicke in alle politischen, sozialen, regimentlichen, pädagogischen und ethischen Fragen seiner Zeit.

Vf. u.a.: Scrutinium Conscientiae catecheticum, 1651/52; Belsazaris sacrilegium, 1641 (betr. Raub u. Mißbrauch von Kircheneigentum). - Über M.: J.A.Gleich, Annales ecclesiastici II, 1730, 665ff (Bibliogr.) - H.Leube, Die Reformideen in d. dt. luth. Kirche zZ der Orthodoxie, 1924. *M.Schellbach*

Mêngtse (372-289 vChr) gab dem Konfuzianismus die dauernde Prägung. Er war Lehrer der Moral und der Staatskunst, sah es als seine Lebensaufgabe an, die Lehren des → Konfuzius zu verbreiten und bekämpfte alle anderen Systeme. Wie Konfuzius wollte er damit den Untergang des Hauses der Tschou aufhalten. Zentralbegriff seiner Lehre ist der → Himmel (: I): Er ist ein geistiges Wesen und das oberste Weltprinzip, regiert die Welt und lenkt die Taten der Menschen, deren Willen er gelegentlich durch Unglück stählt (→ Leiden: I, → Theodizee: I). Im Staate ist das Volk das wichtigste, danach die Landesgötter und der Fürst. Der → Mensch (: I) ist von Natur aus gut, nur äußere Verhältnisse bringen ihn oft vom Guten ab. Der Mensch muß seine guten Anlagen ständig betätigen, sonst überwuchern leicht die ungezügelten Leidenschaften. Der Weise strebt nach Gleichmut und Seelenruhe. Das Studium dient der sittlichen Besserung (→ Sittlichkeit: II) und Vervollkommnung, »das Ziel des Studiums ist kein anderes, es sucht nur nach dem verlorenen Herzen«. Kardinaltugenden sind Wohlwollen, Gerechtigkeit, Sitte und Wissen. Bes. eingehend behandelt M. die Kindesliebe und die anderen Familientugenden. Die Edlen und die Heiligen stehen an der Spitze der Menschheit. Der Fürst muß durch die eigenen Tugenden dem Volke Vorbild sein. Eine wohlwollende Regierung setzt sich im ganzen Reiche durch. Die Untertanen befolgen das Tugendbeispiel des Herrschers nur, wenn dieser ihren Lebensunterhalt sicherstellt. Der Staat muß für die Notleidenden sorgen (→ Liebestätigkeit: I). M. verabscheut den → Krieg (: I) und läßt im Notfall nur den Verteidigungskrieg gelten. Nur im Auftrage des Himmels darf ein Staat einen anderen angreifen. Ob ein solcher Auftrag vorlag, entscheidet nachträglich der Erfolg. In seinen Ansichten über Krieg, Politik und die Allmacht der Tugend ist M. weltfremd. Es ist sein Verdienst, daß er die absolute Verpflichtung zu sittlichem Handeln aus dem Begriff des Himmels herleitete. Diese Verpflichtung zieht sich durch das private, persönliche Leben wie durch Staatsregierung und Politik. - → China: II, 2 b.

J.Legge, The Chinese Classics I, Hongkong 1860 (Text, Einl., Übers. u. Kommentar) - S.Couvreur, Les Quatre Livres, Hokienfu 1895 (Text u. Übers.) - A.Forke, Gesch. d. alten chines. Philos., 1934 - A.Waley, Three Ways of Thought in Ancient China, London 1939; dt. 1947 - Ders., Notes on Mencius (Asia Major, NS 1, 1949, 99-108) - L.Giles, The Book of Mencius, London 1942. *M.Eder*

Meniates, *Elias* (1669-1714), griech. Geistlicher und Schriftsteller aus Lexurion/Kephallonien. M. besuchte seit 1679 das Phlangianum in Venedig und wurde später dort Lehrer des Griechischen und Prediger an der Georgskirche. Nach Kephallonien berufen, lehrte und predigte er auf der Insel, ging dann in derselben Funktion nach Xante, worauf ihm der venezianische Gouverneur von Korfu die Erziehung seiner Neffen übertrug. 1698 folgte er dem Gouverneur nach Venedig und erhielt dort seinen alten Lehrstuhl am Phlangianum wieder. 1699 wurde M. vom Gesandten Laurentius Sarantzus als Berater nach Konstantinopel mitgenommen. Wegen seiner Fähigkeiten bald berühmt geworden, sandte ihn der Hegemon der Moldau, Dimitri Kademir, als Bevollmächtigten nach Wien. Nach seiner Rückkehr lehrte er noch 7 Jahre an der Patriarchatsschule, ging dann auf die Jonischen Inseln, danach als Prediger nach Argos und Nauplia und wurde schließlich 1711 Erzbischof von Kerniki und Kalavryta; † in Patras. M. gilt als der berühmteste Kanzelredner seiner Zeit. Seine Homilien genossen bes. wegen ihrer ausgezeichneten Sprache hohes Ansehen.

Seine antiröm. Schrift »Der Stein des Anstoßes« erschien u.a. 1718 in Leipzig. - Über M.: Anthimos Marakakos, Reden u. Biogr. des M., Venedig 1849 (griech.). *G.Möckel*

Menius, *Justus* (1499-1558), * in Fulda, 1514 Student in Erfurt, 1519 in Wittenberg. M. wurde 1522 Vikar in Mühlberg/Thür., 1525 Pfarrer in Erfurt, 1528 Privatlehrer in Gotha, 1529 Sup. in Eisenach, seit 1547 (auch, ab 1552 nur) Pfarrer und Sup. in Gotha, 1557 Pfarrer an der Thomaskirche in Leipzig. Als Visitator des Ernestinischen und (1539) Albertinischen → Thüringen, Reformator Mühlhausens (1542/44), Teilnehmer an vielen kirchlichen Verhandlungen, als Übersetzer lat. Lutherschriften und Verfasser zahlreicher zT von Luther bevorworteter Schriften und Predigten, als Kämpfer gegen Kling (1526), die → Täufer (1530, 1544, 1551), → Osiander (1552) und als thüringischer Führer gegen das → Interim (1548) hat er der Reformation treu gedient. Von → Amsdorf in den majoristischen Streit verwickelt (→ Major), verließ er Thüringen und mußte sich gegen ihn und → Flacius bis zum Tode in Schriften wehren.

G.L.Schmidt, J.M., 2 Bde, 1861 - ADB XXI, 354f - RE XII, 577ff; XXIV, 84 - Wolf, QK II/2, 120ff - W.Friedensburg, Aus dem Briefwechsel des J.M. (in: ARG 22. 24. 26. 27, 1925. 1927. 1929, 1930) - O.Clemen, Eine unbekannte Übersetzungsarbeit des J.M. (ZKG 47, 1928, 413-419) - R.Jauernig, Zur Herkunft des J.M. (ARG 31, 1934, 129-132) - R.Herrmann, Thür. KG II, 1947 (Reg.). *R.Jauernig*

Menken, *Gottfried,* ev. Theologe (1768-1831), seit 1802 Pastor in → Bremen. Unter dem Einfluß des späteren niederrheinischen Pietismus (S. → Collenbusch, F.A. → Hasenkamp) und von J.A. → Bengel entwickelt M. gegen die → Aufklärung mit ihrer Verwechslung von Christentum und Moralismus und gegen die → Orthodoxie mit ihren kirchlichen und konfessionalistischen Intentionen einen → Biblizismus, der die Schrift als ein

»geschichtliches harmonisches Ganzes« auffaßt und in der Lehre vom → Reich Gottes (: III) Ausdruck findet. M. versteht darunter die geschichtliche »Anstalt« Gottes zum Heil der Menschheit, die mit der Geschichte Israels beginnt, in dem »Messias« Jesus Christus ihren Höhepunkt findet und in der Gegenwart als reale Weltherrschaft ihrer Vollendung entgegenreift. Das darin sich ausprägende Geschichtsverständnis empfindet den historischen Abstand als kein Problem, faßt die in der Bibel berichteten Begebenheiten als gegenwärtig wirkende → Heilstatsachen auf und verschmäht die Auseinandersetzung mit dem Geist der Zeit. Bei manchen Einseitigkeiten (Negierung von Gottes Zorn, Bevorzugung der Heiligung vor der Rechtfertigung, Vorliebe für spiritistische Gedankengänge, politisch konservative Einstellung) liegt die Größe M.s darin, daß er ein ungemein lebendiges Schriftverständnis besitzt und als Prediger (leidenschaftlicher Verfechter der analytischen Methode) eindrucksvoll vermittelt.

M.s Schriften, 7 Bde, 1858, RegBd 1865; Auswahl v. E.Chr. Achelis, 1888 - Briefe des Dr. G.M. an H.N.Achelis, 1859. - C.H. Gildemeister, Leben u. Wirken des Dr. M., 2 Bde, 1861 - A.Nebe, Gesch. der Predigt III, 1879, 393ff - RE XII, 581ff - RGG[2] III, 2094f - Barth, PrTh 469ff - Hirsch V, 92ff - EKL II, 1291f.

A.Niebergall

Menno Simons (1496-1561), * zu Witmarsum in Friesland, seit 1531 kath. Priester daselbst. Er las Schriften von Luther u.a. und beobachtete den Kampf des Täufertums ringsum. Endlich bedrängten ihn Zweifel an der Messe und an der Kindertaufe so, daß er 1536 zu den → Täufern übertrat, deren Sittenstrenge ihn anzog. Als ihr Ältester (Bischof) wirkte er in Groningen und in Emden (1544 Disputation mit Joh. → Laski), am Niederrhein, im Holsteinischen und im Preußischen. Seine mehr erbaulichen und polemischen als dogmatischen Schriften (Hauptwerk das »Fundamentbuch«, 1539) wandten sich gegen die revolutionären Münsterischen und andere Richtungen. So wurde er zum einflußreichsten Führer und Lehrer der stillen und leidwilligen Taufgesinnten, die man nach ihm → »Mennoniten« nannte. † in Wüstenfelde bei Oldesloe, der Zufluchtsstätte seines Alters.

C.Krahn, M.S., 1936 - Mennonitisches Lexikon III, (1938) 1958, 77ff - Mennonite Encyclopedia III, 1957, 577ff (jeweils Lit.).

E.Crous

Mennoniten

1. Europa: a) Anfang - b) Lehre - c) Länder - 2. Amerika: a) Einwanderung - b) Entwicklung - c) Konferenzen. - T. = Täufer

M., genannt nach → Menno Simons, ist der Name der → Täufer oder Taufgesinnten, die im 16.Jh. als Zweig der Reformationsbewegung in der Schweiz, den Niederlanden und Nordwestdeutschland entstanden. Sie bezeichneten sich selbst als Brüder, Christen, auch als Evangelische und Bundgenossen.

1. a) Nach dem Zusammenbruch des münsterischen Reiches (1535; → Täufer) und der Bekehrung des kath. Priesters Menno Simons zum T.tum (Jan. 1536) sammelte dieser mit seinen Mitarbeitern Dirk Philips, Adam Pastor, Leenaart Bouwens u.a. die den täuferischen Grundlagen Treugebliebenen und die durch die münsterische Verführung Enttäuschten. Mit der sich gleichzeitig bildenden → Reformierten Kirche litten die T. unter der kath. Verfolgung, wobei viele von ihnen aus dem Süden nach Ostfriesland und Schleswig-Holstein flüchteten. »Het Offer des Heeren«, später von T.J.van Braght als »Märtyrerspiegel« herausgegeben, war das Märtyrerbuch des T.tums im Norden. Nach der Befreiung der → Niederlande (: I) erlangten die T. eine beschränkte Duldung. Im kath. Belgien dagegen wurden sie vollständig ausgerottet.

b) Das T.tum des Südens und Nordens hatte eine gemeinsame Grundlage, obschon es in Einzelheiten verschiedene Ausprägungen fand. Man wollte die Gemeinde von der kath. Tradition kompromißlos reinigen, wobei die apostolische Gemeinde als Richtschnur dienen sollte. Man betonte das Freiwilligkeitsprinzip (→ Freikirche) der Gemeinde, in der nur auf das Bekenntnis des Glaubens getaufte Erwachsene Aufnahme fanden. Luthers »Durch den Glauben allein« sollte durch die Betonung der Wichtigkeit der Glaubensfrucht ergänzt werden. In der Gemeinde der Gläubigen werden die einzelnen Glieder durch die Liebe Christi getrieben, »Gutes zu tun«. Dieses Verständnis des Evangeliums, der Frucht des Glaubens und der Absonderung von der Welt war stark durch die Verfolgungen bedingt und führte dazu, daß die Reformatoren das T.tum einer neuen »Werkgerechtigkeit« beschuldigten. Zwischen Vertretern beider Richtungen fanden viele, meist erfolglose Gespräche statt. Die ursprünglich strenge Gemeindezucht und das Verbot, öffentliche Ämter zu übernehmen, werden heute nur noch bei den konservativen Gruppen aufrechterhalten. Die den M. eigentümliche → Kriegsdienstverweigerung wird in Amerika anerkannt, führte jedoch oft zur Unterdrückung und Auswanderung; die europäischen M. haben sie nicht beibehalten.

c) Die durch die Verfolgung verursachten Wanderungen und die Absonderungsidee gaben dem T.tum gewisse Merkmale. Die M. wurden als erfolgreiche Pioniere unbewohnter Gebiete bekannt. Aus den *Niederlanden* begaben sich T. während der Verfolgungszeit des 16.Jh.s in die benachbarten deutschen Provinzen, ebenso nach Danzig, West- und Ostpreußen und nach Polen. In den Niederlanden und den benachbarten deutschen Gemeinden (Krefeld, Emden, Hamburg) wurde das Prinzip der Absonderung von der Welt durch rege Anteilnahme an der Entwicklung der Wirtschaft und des sozialen und kulturellen Lebens allmählich aufgegeben. Seit 1811 sind alle Gemeinden in der »Algemeene Doopsgezinde Societeit« vereinigt, die im Zusammenhang mit der Universität in → Amsterdam ein theologisches Seminar unterhält. Die Bibliothek enthält die beste Sammlung auf dem Gebiet des T.tums. Die M. Hollands (ca 40000 Glieder) sind dem Ökumenischen Rat der Kirchen angeschlossen. Offizielles Organ ist das »Algemeen Doopsgezind Weekblad«.

Die *deutschen* M. haben nicht dieselbe einheitliche Entwicklung durchgemacht. Die Stadtgemeinden (Krefeld, Emden, Hamburg, Danzig, Berlin) unterschieden sich immer stark von den Landgemeinden in Westpreußen, der Pfalz, Hessen und bes. in Baden und Bayern. In der Vereinigung der deutschen M.gemeinden werden die Interessen und Veröffentlichungen (Mennonitische Geschichtsblätter, Der Mennonit), das Hilfswerk, Mission und andere Arbeitszweige zusammengefaßt. Die Vereinigung ist Glied des Ökumenischen Rates. Die Gemeinden in Danzig, West- und Ostpreußen sowie in Polen und Galizien wurden während des 2.Weltkrieges aufgelöst. Viele haben ein neues Heim in Uruguay und Kanada gefunden, während die meisten sich in Westdeutschland alten M.gemeinden anschlossen oder neue Siedlungen und Gemeinden gründeten (Kiel, Lübeck, Espelkamp, Enkenbach, Backnang). Die Mitgliederzahl der M. in Deutschland beträgt zZ 12000.

1788 kamen die ersten M. nach *Rußland*, da in Danzig und Westpreußen die Anerkennung der Wehrlosigkeit und die Möglichkeit des Ankaufs neuen Landes eingeschränkt wurden und weil Katharina II. ihnen großzügige Privilegien anbot. Von den zwei Siedlungen Chortitza und Molotschna in der Ukraine aus verbreiteten sie sich über das europäische und sibirische Rußland. Sie hatten als fortschrittliche Landwirte einen guten Ruf. 1873-82 kam es zur ersten Auswanderung aus Rußland, Polen und Preußen nach den USA und Kanada. Eine zweite und dritte folgte in den Jahren 1923 bis 1930 und während des 2. Weltkrieges nach Kanada, Paraguay, Brasilien und Uruguay. Die Sowjets haben die übrigen M. der Ukraine in den Norden und Osten Rußlands verpflanzt. Tausende kamen in Konzentrationslagern um. Heute leben in Rußland (Kinder eingeschlossen) ca 100 000 M. Sie versammeln sich privat und öffentlich zu Gottesdiensten, sind aber nicht als religiöse Gemeinschaft registriert.

Im 16.Jh. wurden die T. zum ersten Mal in Ostfriesland als »Menisten« bezeichnet. In den Niederlanden sind sie hauptsächlich als Doopsgezinde und in der Schweiz als Taufgesinnte bekannt; in Deutschland, Rußland und Amerika werden sie als M. bezeichnet. Die Zahl getaufter M. (über 15-20 Jahre) in Europa dürfte ca 100 000 betragen, die Gesamtzahl ca 200 000.

2. a) In *Nordamerika* werden die M. zum ersten Mal 1643 in Neu-Amsterdam (New York) genannt. Cornelis Pieter Plockhoy, ein utopischer mennonitischer Reformer aus Amsterdam, errichtete 1664 eine Siedlung mit Gleichgesinnten im Staate Delaware. Germantown wurde von 13 Krefelder Quäker-M.familien gegründet, die am 6.10.1683 in Philadelphia landeten. Einwanderer aus der Pfalz und der Schweiz (seit 1717) siedelten sich in Pennsylvanien an, später in Virginia, Ontario, Ohio, Indiana, Illinois und Iowa. Weitere Zuzüge folgten bis zur Mitte des 19.Jh.s.

b) Die erste Einwanderung von Rußland, Polen und Preußen fand 1874-82 statt, wobei sich die meisten in der Prärie zwischen Kansas und Manitoba niederließen (18 000). Nach dem 1. Weltkrieg kamen etwa 21 000 von Rußland nach Kanada und etwa 4000 nach Brasilien und Paraguay, wo sich schon M. aus Manitoba im Chaco niedergelassen hatten. Nach dem 2. Weltkrieg wanderten wieder ca 14 000 M. aus Rußland, Polen und Westpreußen nach Kanada, Paraguay und Uruguay aus. Die Binnenwanderung in Nordamerika beschränkt sich zZ auf eine Wanderung vom Lande in die Stadt. Die M. sind heute nicht nur Bauern. Da es in der Vergangenheit an einem Programm fehlte, mit dessen Hilfe man sich der Glieder in der Stadt hätte annehmen können, hat man viele verloren.

Die M. haben ihre eigenen Colleges (u.a. Bethel College, Goshen College), christliche »High schools«, Konferenzzentralen, Verlage und Organe (Gospel Herald, The Mennonite, Christian Leader, Der Bote, Mennonitische Rundschau, Mennonite Weekly Review, Mennonite Life, Mennonite Quarterly Review). Die erste Missionsarbeit der M. begann 1880 unter den Indianern in Oklahoma. Bald folgten Indien, China, Afrika, Japan und Südamerika. Fast alle M. beteiligen sich an Missionsarbeit. Die Zahl der Glieder der Missionsgemeinden in Asien ist 36 000, in Afrika 28 000.

Die M. bedienten sich im Umgang und im Gottesdienst zunächst der deutschen Sprache, seit der Wende des 19.Jh.s allmählich auch des Englischen. Unter den M. aus Rußland spricht man noch Plattdeutsch. In Kanada hat sich die deutsche Sprache durch die späteren Einwanderungen bis zur Gegenwart erhalten.

c) Die Erweckung im 19.Jh. (→ Vereinigte Staaten: I) hat einen starken Einfluß auf die M. ausgeübt. Sie beschleunigte die Einführung der englischen Sprache, der Sonntagsschule, des Missionssinnes, der eigenen höheren Schulen, der Abstinenzbewegung usw. Daß die M. Amerikas noch immer in mehrere Gruppen geteilt sind, ist auf die verschiedenen Einwanderungen und Siedlungen sowie darauf zurückzuführen, daß ihre Stellungnahme zu den erwähnten Neuerungen nicht immer einheitlich war. Versuche, die einzelnen autonomen Gemeinden zusammenzuführen, wurden 1847 und 1860 (West Point, Iowa) zB von John H. Oberholtzer gemacht. Dabei entstand die - zweitgrößte - *General Conference Mennonite Church*, zu der die meisten M. aus Rußland, Polen und Preußen sowie einige aus Deutschland und der Schweiz gehören (insgesamt über 50 000). - Die meisten Pennsylvanien-Deutschen gehören der 1898 organisierten *Mennonite General Conference* oder *Mennonite Church* an (über 70 000). Die Mennoniten Brüdergemeinde, die durch pietistische Einflüsse 1860 in Rußland entstand, ist in den USA und Kanada unter dem Namen *Mennonite Brethren* bekannt (ca 25 000). Die extremste konservative Gruppe sind die Old Order Amish (→ Ammann), die den Gebrauch der modernen Technik als »weltlich« ablehnen und die »Meidung« praktizieren, dh das Fernhalten von der »Welt« und vom »weltlichen Leben«. Auch die Huterischen Brüder (→ Huter) gehören zur Familie der M. Weitere kleinere Gruppen sind: The Old Order Mennonites; die aus Rußland emigrierten Manitoba M.; die Conservative Amish Mennonites; The Church of God in Christ, Mennonite, genannt »Holdemans« nach ihrem Gründer John Holdeman (1830-1900); The Evangelical Mennonite Brethren, eine russische Emigrantengruppe; die Evangelical Mennonite Church; die Krimmer Mennonite Brethren; die Kleine Gemeinde, 1870 aus Rußland nach Manitoba ausgewandert; die Reformed Mennonite Church.

Gemeinsame Schulen und die gemeinsame Arbeit in den Civilian Public Service-Lagern während des Krieges und im Mennonite Central Committee (M.C.C.) haben alle M. näher zusammengebracht. Die M. Amerikas gehören zu den sog. »historischen Friedenskirchen«. Alle Gruppen unterstützen das Hilfswerk des M.C.C. Die M. Nordamerikas (damals ca 200 000) trugen nach dem 1. Weltkrieg für das Hilfswerk in anderen Ländern rd 2,5 Mill. Dollar, nach dem 2. Weltkrieg 12,64 Mill. Dollar bei. - In Nordamerika gibt es zZ etwa 220 000 M., in Südamerika 11 000, in Europa 100 000, in Asien 36 000, in Afrika 28 000 (insgesamt 395 000, mit Kindern über 600 000).

Mennonitisches Lexikon, hg.v. CHR. HEGE u. CHR. NEFF, 1913-60 (A-S) - Mennonite Year-Book and Directory, seit 1916 - Mennonite Encyclopedia, hg.v. H.S. BENDER, C. KRAHN u.a., 4 Bde, 1956-59 (s. bes. II, 751 ff: »Historiography«). - Ferner: A. BRONS, Ursprung, Entwicklung u. Schicksale der altev. Taufgesinnten oder M., Amsterdam 1912³ - C.H. SMITH, The Story of the Mennonites, Newton/Kan. (1920) 1957⁴ - RGG² III, 2096 ff (ältere Lit.) - R. DOLLINGER, Gesch. der M. in Schleswig-Holstein, 1930 - A. EHRT, Das M.tum in Rußland, 1932 - C. KRAHN, Menno Simons: Ein Beitrag zur Gesch. u. Theol. der Taufgesinnten, 1936 - DERS., Anabaptism-Mennonitism in Doctoral Dissertations (Mennonite Life 13, 1958, Nr. 2, 83-87; 14, 1959, Nr. 2, 91; 15, 1960, Nr. 2, 92; Bericht über ca 100 Dissertationen; dt. auch in: Mennonit. Geschichtsblätter 15, 1958, Nr. 10) - R. FRIEDMANN, Mennonite Piety through the Centuries, 1949 - G.F. HERSHBERGER, The Mennonite Church in the second World War, Scottdale/Pa. 1951 - J.D. UNRUH, In the Name of Christ, 1952 - N. VAN DER ZIJPP, Gesch. der Doopgezinden in Nederland, Arnheim 1952 - H. WIEBE, Das Siedlungswerk der niederländ. M. im Weichseltal ... bis zum Ausgang d. 18.Jh.s, 1952 - D. GRATZ, The Bernese Anabaptists and their American Descendants, 1953 - B.J. UNRUH, Die niederländ.-niederdt. Hintergründe der mennonit. Ostwanderungen im 16., 18. u. 19. Jh., 1955. - Vgl. die Lit. zu → Täufer.

C. Krahn

Menologien sind im Gegensatz zu den kleinen hagiographischen Notizen in den → Menäen und deren Sammlungen (→ Synaxaria) die Sammlungen großer Heiligenviten nach der Ordnung des Kalenders. Sie sind vorgebildet durch die »Palästinensischen Märtyrer« des → Eusebius (, 2), werden bereits im 6.Jh. bezeugt und 787 zitiert. Einen tiefen Einschnitt in die Entwicklung bedeutet das Menologion des → Symeon Metaphrastes, der im Sinne der rhetorischen Ideale neue Viten schuf oder die alten bearbeitete. Trotzdem vermochte sich auch »der Metaphrast« nur langsam durchzusetzen. Die Überlieferung zerfällt in viele Typen, je nachdem die M. mit Stoffen aus dem Panegyrikon untermischt oder alte und metaphrastische Texte zusammengekoppelt werden.

Hauptwerk für die Überlieferung der M.: A.EHRHARD, Überlieferung u. Bestand der hagiograph. u. homilet. Lit. der griech. Kirche (TU 50-52), 1936ff (dort sind Teilausgaben einzelner M. zitiert). - Das berühmte Menologion des Kaisers Basilius (Faks.-Ausg. Turin 1907) ist ein Synaxar. *H.-G.Beck*

Menora. Die M. (hebr. m^{e}nôrā = der [siebenarmige] → Leuchter [: I]) im Tempel des → Herodes soll die von Judas Makkabäus (→ Judentum: I, 2) erneuerte gewesen sein (1Makk 4, 49, vgl. 1, 21). Titus (→ Judentum: I, 3) brachte sie nach Rom, und wir verdanken seinem Triumphbogen ihre wohl authentische Abbildung. Auffallend ist der Stilunterschied des orientalischen Leuchters und seiner hellenistischen Basis, die der synagogalen M. (→ Leuchter) fehlt, jedoch auch von Josephus (bell. VII, 149) erwähnt wird. Auffallend ist ferner angesichts des jüdischen Bilderverbots (→ Bilder: II, 3) der figürliche Schmuck der Basis: zwei Adler mit Girlande, mehrere Meerungeheuer (kētē, →Drache, →Leviathan).

Die M. ist zum →Symbol (: II) des Judentums geworden (heute, wieder mit Basis, Staatswappen Israels). Geht solche Bedeutsamkeit auf die M. des Tempels oder auf die Leuchter der Synagoge zurück? Die Alternative ist falsch, vielmehr dürfte Entwicklung vorliegen. Auf die Tempel-M. können → Lebensbaum-Vorstellungen eingewirkt haben, oder die korrespondierende Symbolik der Lampen des Leuchters und der kētē der Basis sollte Gottes Macht über Himmelswelt und Chaos veranschaulichen (→ Mythos: III, → Schöpfung: II), oder die M. sollte Gott als lebenspendendes Licht bezeichnen. Gerade die Prägnanz des Symbols verlieh ihm seine Kraft, die in der Synagoge neu auflebte.

BILL. III, 705ff - G.WIDENGREN, The King and the Tree of Life (UUÅ 1951, 4, 64ff) - GOODENOUGH IV, 71ff (Lit., Abb.) - W.ELTESTER, Schöpfungsoffenbarung u. natürl. Theol. (NTS 3, 1957, 102 bis 107; Abb.) - DERS., Der siebenarmige Leuchter u. der Titusbogen (in: BZNW 26, 1960; Lit.) - E.PETERSON, Frühkirche, Judentum u. Gnosis, 1959, 31f (Lit.). *W.Eltester*

Mensa, *Mensal-* oder *Tafelgut* (bona mensae) ist der Teil des → Kirchengutes, der dem Inhaber einer höheren Pfründe oder den Mitgliedern einer kirchlichen Korporation zum persönlichen Unterhalt zur Verfügung steht. Das geltende Recht kennt nur noch die »mensa episcopalis« (CIC cc. 349 § 2, 1356 § 1, 1483 § 1, 1653 § 1). Sie ist rechtsfähige Stiftung und wird vom Bischof genutzt sowie gerichtlich und außergerichtlich vertreten. Der Begriff ist am Bistumsvermögen erwachsen und nicht auf das Vermögen des Hl. Stuhls, nicht auf das Pfarr-(Dotal-)Vermögen angewandt worden, wohl aber auf die Stiftsvermögen, auch auf die Klostergüter. Das ursprünglich einheitliche Bistumsvermögen in der Stadt, dessen Erträge altrömischer Gewohnheit gemäß meist geviertelt wurden, zerfiel seit dem 9.Jh. (Auxerre um 819, Freising um 830, Köln vor 866) durch Abschichtung in die Vermögensmassen des Domstiftes und der übrigen städtischen Stifte, wobei das dem Bischof verbliebene Gut als mensa episcopalis, das Kapitels- oder Stiftsgut als mensa capituli (capitularis) bezeichnet wurde. Der gleiche Vorgang vollzog sich an den großen Stiftskirchen und Reichsklöstern (St. Denis 832) zwischen Propst bzw. Abt und Kapitel (Konvent). Das Kapitels-(Stifts-)Gut blieb dem Bischof entzogen und wurde vom 10.-12.Jh. zT in einzelne Dom- oder Stiftspfründen zerlegt (Kanonikate). Die Säkularisation von 1803 hat in Deutschland die alten Mensalgüter größtenteils der Kirche entzogen. An ihre Stelle sind → Staatsleistungen an die Kirche getreten, die regelmäßig in den → Zirkumskriptionsbullen und modernen → Konkordaten vertragsmäßig gesichert wurden.

U.STUTZ, Gesch. d. kirchl. Benefizialwesens I, 1895, passim - DERS., Kirchenrecht, (1904) 1914^{2}, 308 - A.PÖSCHL, Bischofsgut u. mensa episc. II, 1909 - FEINE 189f. 331f - PLÖCHL I, 392. 400; II, 382. 394 - EICHMANN-MÖRSDORF, s. Reg. *H.E.Feine*

Mensch

I. Religionsgeschichtlich - II. Im AT - III. Im NT. - Ergänzend vgl. bes. → Anthropologie: I-IV, → Fleisch und Geist, → Geist, → Leib und Seele, → Seele

I. Religionsgeschichtlich

1. Die Religionen anerkennen die Spezies M. nicht als Gegebenheit, die auf Grund psycho-physischer Eigenarten als solche da ist und aus ihren natürlichen Möglichkeiten den zureichenden Grund ihres Daseins hat. Der M. wird vielmehr als ein zwischen Göttlichem und tierhaft Dämonischem schwebendes Wesen betrachtet, das erst »kultisch« zum M.en im Vollsinne des Wortes gemacht werden muß. Manche Arten von M.en (zB Sklaven und → Frauen) erreichen das volle M.sein niemals. Wer es aber erreicht, der verdankt das den seit der → Geburt an ihm wirksamen Riten (→ Rites de passage). Dabei bezeichnet das Abstraktum M. denjenigen, der am »öffentlichen« Leben (Krieg und Frieden, Jagd und Fischfang usw) vollen Anteil hat und über den persönlichen → Tod hinaus zu weiterer Wirksamkeit oder zu den Ahnen »übergeht«. Der M. ist in den Religionen so verbunden vorgestellt, daß er weder als Individuum noch als Gattung in den Blick genommen wird. Nur Emanzipation hat seit den primitiven Stufen zur Entdeckung individuellen menschlichen Daseins geführt.

2. Die Religionen geben dem Glauben Ausdruck, daß der M. dem besonderen Akte eines gottheitlichen Wesens entstammt (→ Schöpfung: I). Wenn sich diese Überzeugung auch selten zu einem so grundsätzlichen Kreationsglauben verdichtet, wie er im → Koran vorliegt, so ist doch die Vorstellung verbreitet, daß die Taten der → Urheber auf den M.en konvergieren. Auch dabei erscheint der M. in engstem Kontakt mit der Welt. Entweder entsteht der M. in engstem Verein mit siderischen (→ Sterne) oder tellurischen (→ Erde) Größen, oder der Urheber ist als Gesetzgeber der Hervorbringer. Mit dem Zurücktreten der Urheber verliert sich der Glaube an die Geschöpflichkeit weithin in theoretisches Wissen. Mit der Vorstellung des → Urmenschen aber wird die hohe Bedeutung des M.en - gerade als homo religiosus - nahe an den Schöpfungszusammenhang herangeschoben, was die Einschätzung des M.en zumal in den indogermanischen Religionen stark prägte.

3. Die Religionen sind davon überzeugt, daß der M. »im Verlust« ist (so → Muhammed in Sure 103, 3). Die Mythen von seiner Entstehung, die den M.en als zusammengesetztes Wesen kennzeichnen, das Göttliches und Irdisches oder Titanisches in sich trägt, sagen damit die Existenz des M.en als eine aus sich selbst heraus bedrohte Existenz aus. Dieser anthropologische Ansatz ist nicht nur in dualistischen Kulturen wie der chinesischen zu finden, in der Yang und Yin (→ China: II, 2 a) sich im Menschen als Schen und Kwei fortsetzen, sondern durchzieht auch die monistisch gerichteten Kulturen der → Naturvölker (: I). Der eindrucksvolle Hainuwele-Mythos aus West-Ceram, der an den Anfang des M.en eine Untat stellt, an der jeder M. mit der Nahrungsauf-

nahme partizipiert, steht nicht isoliert da. Daher kann die vitale Geburt des M.en sein Leben im Kontakt mit Familie, → Stamm und Welt nicht begründen, sondern sein Dasein muß von Riten begleitet sein, die gleich bei der Geburt einsetzen (s. 1) und die Entwicklung menschlichen Wachsens stützen (→ Feste: I, → Pubertäts-, → Initiations-Riten). Eine typisch indische Abwandlung dieser menschlichen Bedrohtheit zeigt → Mahâvîra, wenn er den M.en darstellt als »Influenz des ajiva, des Ungeistigen, in jiva, das Seelenhafte, dessen Energie damit gehemmt wird«. Erst mit der Aufhebung des → Karma wird diese spezifisch menschliche Situation gelöst.

4. Die Religionen geben dem Ausdruck, daß der M. über den Tod hinaus Wirkungsmacht haben müsse, daß sein M.sein mit der vitalen Existenz nicht hinreichend erfaßt sei, ja daß sein vitales Leben gegenüber dieser ewigen Realität unwesentlich sein müsse. Wie der M. in seinem Herkommen durch Zeugung, Empfängnis und Geburt nicht hinreichend definiert ist, sondern aus dem Ahnenkomplex, dem Karma-Komplex oder aus dem Bereiche von tjurunga und Totem (→ Totemismus) aufsteigt, vielleicht auch der Vorentscheidung einer präexistenten → »Seele« folgt (→ Seelenwanderung: I), so kommt sein Dasein nicht mit dem Sterben zum Ende, sondern geht über in verwandte neuartige Existenz, die sehr schattenhaft wie im Hades, sehr fern wie im Totenreiche des Osiris (→ Hölle: I, 2 c) oder auch sehr nahe und wirkungsmächtig wie im Grabhügel-Bewohner sein kann. Jedenfalls ist menschliches Dasein nicht mit Geburt und → Tod umgrenzt. Der M. hat sein M.sein vielmehr gerade daran, daß er über das vitale Dasein hinaus Wirkungen ausübt und empfängt und daß sein Dasein in der Welt über Möglichkeit und Charakter dieser weitreichenden Wirklichkeit entscheidet.

In den obigen Gesichtspunkten der religiösen Anthropologie wird die spezifisch anthropologische Aufgabe von Religion sichtbar. Die Religionen weisen dem M.en den Weg, sein M.sein sicherzustellen. Sie sind darin unterschieden, welches der vier Momente den Kernbereich ihrer Anweisungen ausmacht und wie diese Momente miteinander verbunden erscheinen.

A.v.Gennep, Les rites de passage, Paris 1909 - E.Samter, Geburt, Hochzeit u. Tod, 1911 - J.G.Frazer, The Belief in Immortality II, London 1922 - R.Thurnwald, Psychologie des primitiven M.en, 1924 - J.Wach, Typen relig. Anthropologie, 1932 - Ders., Relsoz. - A.Leenhardt, Do Kamo, la personne et le mythe dans le monde mélanésien, Paris 1947 - C.H.Ratschow, Magie u. Religion, 1947 - B.Snell, Die Entdeckung des Geistes, 1948 - G.Rosenkranz, Ev. Religionskunde, 1951 - Anthropologie religieuse, éd. C.J.Bleeker (Suppl. to Numen II), Leiden 1955. *C.H.Ratschow*

II. Im AT

Der M. im AT ist immer in seinem Verhältnis zu Gott gesehen, und dieses Verhältnis ist für sein Schicksal entscheidend. Es kann unter verschiedenen Aspekten betrachtet werden, aber es ist immer da. Die Schöpfung des M.en ist unter theologischem Gesichtspunkt gesehen (Gen 1ff), und es ist charakteristisch, daß die ganze → Schöpfung (: II) um seinetwillen geschehen ist, damit er Herr über die Natur und die Welt sei (Gen 1, 26ff; 2, 7-17; Ps 8, 6ff). Er konnte sogar als das Ebenbild von Götterwesen (Elohim) gelten (Gen 1, 26f; 9, 6). Der ältere Bericht Gen 2, 7 erzählt, daß Gott dem M.en den Hauch des Lebens in die Nase blies; sein Leben war also göttlichen Ursprungs. Das ewige Leben im → Paradies ging dem M.en aber durch den Sündenfall verloren (Gen 3). An seine Stelle traten Arbeit, Mühe, Leiden und zuletzt Rückkehr zur Erde. Der zugleich optimistische und pessimistische Zug im at. M.enbild ist hier theologisch ausgedrückt. Beide Züge waren zwar von Anfang an vorhanden, haben sich aber nicht parallel entwickelt. Schon früh wurde betont, daß der M. nicht die Heiligkeit Gottes besitze (Ex 19, 21; Ri 13, 22); aber der M. hatte doch seine ewige Würde, wie sie im → Hiobbuch geschildert wird: »Gerechtigkeit hatte ich angezogen, und sie mich, wie Talar und Turban meine Rechtschaffenheit« (29, 14); »Meine Würde ist (stets) neu bei mir, und mein Bogen verjüngt sich in meiner Hand« (29, 20). In seinen eigenen Augen war Hiob auch vor Gott ein Gerechter (ṣaddîq; Hi 29f), und es war sein Recht, sein Leben in dieser Weise zu sehen. Demgegenüber hob man später hervor, daß der M. vor Gott kein Recht, sondern nur Schuld habe (Hi 38-42; Jes 40; Ps 39; 90). Nach und nach schuf das eine Kluft zwischen Gott und M., die durch → Opfer, Sündenbekenntnisse, demütige Haltung oder durch die Einführung von Mittlern (Engel [→ Geister: II] oder → Hypostasen) überbrückt werden mußte. Das Leben des M.en war durch das → Gesetz (: II) reguliert, und das Verhältnis des M.en zum Gesetz und sein Unvermögen, es zu halten, diente nur dazu, das Schuldgefühl zu erhöhen.

Das gewöhnliche Wort für M. ist im AT 'adam (Gen 1, 26ff), eine kollektive Bezeichnung des Typus Menschwesen (plur.: b^{e}nê ha-'adam »M.ensöhne, M.en«). Parallel wird das Wort 'ænôš benutzt (Gen 5, 6; aram. 'ænaš, Dan 4, 22). In geschlechtlicher Differenzierung wird der M. als 'îš (Mann) und 'iššā (Weib) bezeichnet. Wird der Begriff nicht definiert, so ist fast immer der Mann gemeint; er war nach at. Auffassung der eigentliche M. Das geht aus dem älteren Schöpfungsbericht hervor (Gen 2, 7), wonach der Mann als erstes Lebewesen geschaffen wurde, während das Weib als letztes Geschöpf aus einer Rippe des Mannes gebildet wurde (Gen 2, 21). Nach der Priesterschrift (Gen 1, 26ff) wurden Mann und Weib zusammen als die letzten aller Geschöpfe geschaffen. In dem älteren wie in dem jüngeren Bericht ist die Bedeutung des M.en stark unterstrichen, er war die Krone der → Schöpfung (: II). Diese Ansicht ist nicht die gewöhnliche. Der M. tritt als Einzel-M. oder in Gruppen von M.en hervor, schwach Gott gegenüber und in seinen Taten und Werken anderen Schöpfungen gleich. Die griechische Auffassung vom M.en als einem Wesen mit einem unsterblichen Geist und einem vergänglichen Körper ist dem AT fremd. Wohl wird auch hier von Fleisch (baśar) und Seele (næpæš) oder Geist (rûăḥ) gesprochen (→ Fleisch und Geist: I, → Geist: II), aber die verschiedenen Elemente stehen in einem anderen Verhältnis zueinander als im Griechentum. Primär und konstituierend im M.en des AT ist die Einheit, der tiefe Zusammenhang von Körper und Seele, die nur verschiedene Seiten derselben Wirklichkeit sind.

Die Seele (næpæš) ist eine »Körper-« oder »Lebensseele«, die mit dem Körper sehr eng verbunden ist, bes. mit dem → Blut, das nach alter Auffassung den Körper belebt (Gen 9, 4f; Lev 17, 11; Dtn 12, 23). Der Übergang zur Bedeutung »Leben« lag nahe (Gen 1, 21ff; 2, 7; Lev 11, 10; Jos 10, 28ff). Als Träger der verschiedenen Eigenschaften kann næpæš oft einfach »sich selbst«, »ich«, »eigen« usw bedeuten (Gen 9, 5; 1Sam 18, 1; Hos 9, 4; Jes 26, 9; 46, 2; Jer 4, 19). Auch die Bedeutung »Person« oder »Kern der Persönlichkeit« ist möglich. Die letzte Übersetzung macht die Aussage verständlicher, daß die Seele *in* jemandem war (Jes 15, 4; Jon 2, 8; Hab 2, 4) oder daß sie »herausging« oder »verlorenging« (Gen 35, 18; 1Kön 17, 21; Jer 15, 9; Hi 27, 8). Im älteren Schöpfungsbericht wird erzählt, daß der M. eine lebendige Seele (næpæš ḥăjjā) *wird*, nicht, daß er sie *bekommt* (Gen 2, 7). Durch den Tod wird er »die Seele eines Toten« (næpæš met, Num 6, 6). Zwar kann gelegentlich gesagt werden, daß die Seele stirbt (Num 23, 10; Ri 16, 30), meist aber wird angenommen, daß auch die Toten ihre Seelen haben (Lev 21, 1; Num 5, 2; Ps 78, 50; Hi 24, 12). Die Möglichkeit einer → Auferstehung (: III) wird erst in späterer Zeit angedeutet (Ez 37, 1-14; Dan 12, 2). - Auch → »Geist« (: II; rûăḥ) kann das Zentrale im M.en bezeichnen. Er repräsentiert die Kraft (Jes 31, 3) und wird von Gott besonders gegeben (Gen 2, 7), vor allem den Propheten (Num 24, 2; 1Sam 10, 6ff; Mi 3, 8). - Die Bezeichnung für Fleisch bzw. Körper (baśar) kann parallel mit næpæš benutzt werden, beide sind Träger der Persönlichkeit (Hi 14, 22; vgl. Ps 44, 26 mit bæṭæn, Bauch). Aber wie die Kraft vom Geist oder von der Seele repräsentiert sein kann, so kann auch Fleisch für das Schwache, Vergängliche stehen (1Sam 17, 44; Jes 31, 1); aber diese Auffassung darf nicht zu stark betont werden, sonst wird das Bild vom M.en im AT schief.

In der at. Welt sind nicht alle M.en gleich. Ein Mann bedeutet mehr als ein Weib, die Häuptlinge, Krieger und Älteren mehr als die schwachen und einfachen Leute. Ein bes. bedeutender M. hat mehr kabôd, Ehre, »Pondus«, als andere (zB Joseph, Gen 45, 13). Er ist mit Kraft (koăḥ) erfüllt, und diese Kraft kommt auch den Schwächeren zugute. Mehr als andere ist er ein Gerechter (ṣaddîq), ein M., der das Rechte tut und in dem rechten Verhältnis zu Gott steht, der im Bunde mit Gott lebt, wie das ganze Volk hätte leben sollen (→ Bund: II). - Gegenseitige Hilfe und Stütze waren in der alten Zeit selbstverständlich, auch im Kampf mit M.en, die außerhalb des Bundes standen (→ Fremde: II). In der Königszeit zerbrach die alte Solidarität, und Propheten wie → Amos, → Jesaja und → Jeremia haben diesen Mangel der Bruderliebe gerügt. Sie empfanden dies als Abfall von Jahwe, als Sünde. Eine Umkehr war notwendig, um das Verhältnis des M.en zu Gott wiederherzustellen. Spätere Propheten und ihre Jünger hofften auf einen neuen Bund (Jer 31, 33; Ez 16, 60; 24, 25), ja, auf die Rückkehr des Paradieszustandes (Jes 11, 1ff). Diese Hoffnung wuchs immer stärker. Die Bedeutung des M.en Gott gegenüber wurde immer geringer, bes. nach dem → Exil. Ṣaddîq wurde gleichbedeutend mit gering, demütig, arm (→ Armut: II) oder bezeichnete einen der wenigen, die die Gebote des Gesetzes halten konnten oder es wenigstens versuchten. Mit dieser Spannung in der religiösen Auffassung des M.en endet das AT. Andere Verhältnisse komplizierten das Bild, zB die Spannung zwischen kollektiver und individueller Anschauungsweise (→ Gemeinschaft und Individuum: II).

J. Hempel, Gott u. Mensch im AT (BWANT III/2), (1926) 1936² - J. Pedersen, Israel I. II, 1946-47 - W. Eichrodt, Das M.enverständnis des AT (AThANT 4), 1947 - K. Galling, Das Bild vom M.en in biblischer Sicht, 1947 - G. Whitefield, God and Man in the OT, 1949 - W. Zimmerli, Das M.enbild des AT, 1949 - L. Köhler, Der hebr. M., 1953 - G. Pidoux, L'homme dans l'AT, 1953. - Vgl. ferner die at. Theologien.

A. S. Kapelrud

III. Im NT

1. Verhältnis zum AT und Griechentum - 2. Gott, M. und Welt - 3. Seele und Leib - 4. Der M. und das Evangelium

1. Die Art und Weise, wie im NT vom M.en gesprochen wird, schließt sich im allgemeinen an das AT (→ Mensch: II) an. Vor allem bei → Paulus werden jedoch auch Begriffe aus der griechischen Tradition aufgenommen (Leib, Vernunft, → Gewissen u.dgl.). Anders als in der griechischen Wissenschaft und Philosophie wird aber keine Lehre über Natur, Bestandteile und Eigenschaften des M.en entwickelt. Das ist bemerkenswert, weil griechische Spekulationen über Welt und M., Leib und Seele auch ins Judentum eingedrungen waren. Bei den Rabbinen und bei → Philo wurden solche Fragen vor allem bei der Interpretation des biblischen Schöpfungsberichtes erörtert. Bei den Kirchenvätern ist das erneut der Fall. - Im NT wird jedoch Gen 1, 26f vor allem christologisch und soteriologisch verwertet: Christus ist das Bild Gottes, mit dem die Getauften als seine Abbilder eins werden sollen (2Kor 3, 18; 4, 4; Kol 1, 15ff). Auch in Texten, die als Schriftgrundlage für eine theologische → Anthropologie (: IV) dienen können, geht es meist um etwas anderes: in Apg 17, 24ff um Bußpredigt mit Polemik gegen den Götzendienst, in Röm 5, 12ff um das in Christus mit der Rechtfertigung gegebene Leben für alle M.en, in Röm 7, 7ff um die Heiligkeit des Gesetzes, in 1Kor 11, 2ff um das anständige Benehmen der weissagenden Frauen usw. Sprichwörtliche Weisheitsworte u.ä. reden von der Unsicherheit des menschlichen Lebens; auch sie stehen im Dienst des Bußrufes und der Mahnungen (zB Mk 8, 36f; Jak 4, 13ff). Das fehlende Interesse an objektiver Beobachtung und Spekulation über den M.en ist nicht nur durch den Anschluß an das AT, sondern vor allem durch die Konzentration auf die Botschaft vom → Reiche Gottes und Jesus Christus bedingt. Der M. kommt wesentlich als Adressat des Evangeliums und Glied der → Kirche (: II) in Betracht.

2. Nicht um Idee und Erscheinung des M.en, sondern um die *Stellung der M.en vor Gott* und ihr Verhältnis zueinander geht es im NT. Die Menschlichkeit des M.en wird in Kontrast zu der Gottheit Gottes gesehen und erscheint deshalb als durch Schwachheit, Sterblichkeit, Torheit und Sünde gekennzeichnet (zB Mt 16, 17. 23; Apg 5, 4. 29. 38; 1Kor 1, 25; 2, 5. 9; Gal 1, 10. 12). Der M. steht vor Gott als dem Schöpfer, der sich um den M.en kümmert (Mt 5, 45; Apg 14, 17), von ihm Gehorsam fordert und ihn richten wird (Mt 10, 28; Röm 2, 5ff). Gott hat freie Verfügungsgewalt über den M.en, und dennoch ist der M. vor Gott verantwortlich; dem zu widersprechen, hieße verkennen, daß Gott Gott und der M. eben M. ist (Röm 3, 5ff; 9, 14ff).

Im → Hellenismus wird der M. gern als Glied der geordneten Welt verstanden, in der er als »Mikrokosmos« in der Mitte steht, zugleich vernünftig wie die göttlichen Wesen und sinnlich wie die Tiere. Auch das NT weiß, daß der M. als Gattung sich von den Tieren wie von den Engeln unterscheidet (Mt 12, 12; Röm 1, 23; Jak 3, 7; 1Kor 4, 9; 13, 1). Dabei wird betont, daß der M. vor den Tieren und vor den Engeln Gegenstand der Fürsorge und Liebe Gottes ist (Mt 6, 36; 10, 31; Hebr 2, 16). Das M.enverständnis wird aber nicht von einem objektivierten → Weltbild (: III) abgeleitet, die → Welt kommt vielmehr als Bereich der menschlichen Erfahrungen und Begegnungen in Betracht, weshalb mit »Welt« oft die Menschheit gemeint ist; sie steht im Widerspruch zu Gott und ist dennoch Objekt der Liebe Gottes. Die Einheit und Gleichheit der M.en untereinander wird nur selten aus einer Idee der Menschheit abgeleitet (Apg 17, 26ff); sie wird durch das erwählende und berufende Handeln Gottes in Christus verwirklicht (Röm 3, 29f; 11, 28ff).

Nur selten ist abstrakt von *dem* M.en die Rede; es wird vielmehr konkret von M.en und Gruppen von M.en gesprochen: Männer und Frauen, Juden und Heiden, Arme und Reiche, Sklaven und Herren, Sünder und Gerechte. Die Einzelnen werden freilich eher als Typen denn als Individualitäten dargestellt; auch Paulus will nur als Apostel und Diener Christi verstanden werden (1Kor 3, 5ff). Der M. gilt als ein Vertreter der Gesamtheit, zu der er gehört (Mt 8, 5ff; Apg 10-11; Röm 11, 1; 16, 5). Indem das Evangelium an alle ergeht, verlieren aber alle individuellen, völkischen und sozialen

Unterschiede ihre letzte Bedeutung; das Handeln Gottes mit den M.en zielt auf die Herstellung der einen Kirche aus allen Völkern. Dabei verschwinden die Unterschiede freilich nicht, wie es auch vielerlei Gnadengaben gibt (1Kor 12). Der M. ist aber nicht souveräner Herr seines Lebens und seiner Taten, sondern er gehört immer dem Bereich dessen, der über ihn die Macht gewonnen hat. Letztlich geht es um die eine, entscheidende Alternative, Gott und Christus zu gehören oder von Sünde und Tod versklavt zu sein (Joh 8, 31ff; Röm 6, 15ff).

3. Weil die nt. Aussagen nicht eine statische Beschreibung des M.en geben wollen, sondern von dem reden, was der M. in seinem Verhältnis zu Gott geworden ist und werden kann, haben die einzelnen psychologischen und anthropologischen Begriffe oft etwas Schillerndes an sich und sind schwer zu definieren. »Leib« und »Seele« können zB sowohl als synonyme wie als entgegengesetzte Begriffe stehen (Mt 6, 25 und 10, 28 a). Von *»Seele«* (bzw. Herz, Geist) ist die Rede, wo der M. als lebendiges, wissendes und wollendes, urteilendes und strebendes Subjekt in Betracht kommt, vom *»Leib«* (bzw. Fleisch), wo mehr die äußere Erscheinung des sich betätigenden oder leidenden M.en vor Augen steht. Der M. ist Seele, er ist Leib, er ist Fleisch; er ist auch »Leib und Seele« (Mt 10, 28 b), → »Fleisch und Geist« (2Kor 7, 1) oder »Leib, Seele und Geist« (1Thess 5, 23). Man darf in solchen Fällen kein allzu großes Gewicht auf die Variation der Ausdrucksweise legen. Zwar kann der Kontrast zwischen dem Äußeren, Sichtbaren und dem Inneren und Eigentlichen betont werden (Röm 2, 28f; 1Petr 3, 3f), aber es ist der ganze M., der vor Gott als Sünder steht und Gegenstand des erlösenden Handelns Gottes ist. Ein Sein des M.en außerhalb seines Leibes ist denkbar (2Kor 12, 2); die Seele oder der Geist des M.en überdauert den Tod (Hebr 12, 23; Apk 6, 9). Eine dualistische Seelenlehre wird aber nicht entwickelt; der M. wird niemals wie im Hellenismus und in der → Gnosis dazu aufgerufen, sich auf sein inneres, höheres Selbst zu besinnen. Daß der M. um Gott und seinen Willen wissen kann, macht vielmehr seine Sünde unentschuldbar (Röm 1, 18ff; 2, 12ff). Auch wenn er innerlich das Gesetz bejaht und das Gute zu tun wünscht, tut er faktisch das Böse und wirkt Tod statt Leben; daran zeigt sich, daß der M. Sklave der Sünde bleibt, es sei denn, daß er durch Christus befreit und durch den Hl. → Geist (: IV) erneuert wird (Röm 7, 13ff). Das neuschaffende Wirken des Geistes fängt aber im »inneren M.en« an, während der »äußere M.« (Leib, Fleisch) bis zur → Auferstehung (: IV) schwach bleibt, Leiden, Tod und Versuchung zugänglich (2Kor 4, 16ff; Eph 3, 17; 4, 23). Die dualistische, vielleicht von den Anschauungen der Gnosis beeinflußte Terminologie dient bei Paulus zur Charakterisierung der Existenz des Glaubenden, der schon den Geist empfangen hat, aber noch im irdischen Leibe lebt. Der Geist, zu dem nicht nur das Fleisch, sondern auch das nur Seelische und Menschliche einen Gegensatz bildet (1Kor 2, 14; 3, 1ff; Jak 3, 15; Jud 19), ist aber nach dem NT nicht eine höhere Natur des M.en, sondern die eschatologische Gabe Gottes (Röm 8, 2ff. 23ff).

4. Die nt. Aussagen lassen sich nicht zu einem »System der biblischen Psychologie« (Franz Delitzsch, [1855] 1861²) systematisieren. Die Unterscheidung zwischen einer jüdischen und einer hellenistischen Anthropologie (H.Lüdemann, Die paulinische Anthropologie, 1872) hat aber auch keine wirkliche Klarheit gebracht. Zum besseren Verständnis hat im 20.Jh. nicht nur neues Material, etwa aus der Gnosis, dem Rabbinismus und den Texten von → Qumran, sondern auch das klarere Erfassen der at. Sicht des M.en beigetragen. Die durch die → Existenzphilosophie angeregte Analyse des Daseinsverständnisses (R. → Bultmann) hat sich als fruchtbarer als die alte Leib-Seele-Problematik erwiesen; die Frage ist, ob sie ihrerseits zu einer philosophischen Umdeutung des NT geführt hat. Wesentlich ist die Einsicht, daß in den Aussagen über Gott und Christus, Schöpfung und Erwählung, Sünde und Gerechtigkeit, Leben und Tod, Heil und Gericht auch ein Verständnis vom M.en impliziert ist; umgekehrt wird deshalb die Deutung des ganzen NT wesentlich durch das die Interpretation leitende Verständnis des menschlichen Seins beeinflußt. Das Evangelium zu verstehen, heißt zugleich verstehen, wie die Lage des M.en durch das Christusgeschehen verändert worden ist (vgl. zB Eph 1, 18 - 2, 22; 1Petr 1, 18 - 2, 10). Wie das im einzelnen entfaltet wird, kann hier nur angedeutet werden.

Theologisch geklärt wird das aus dem Evangelium sich ergebende Verständnis der Lage des M.en vor allem bei → *Paulus*. Der M. vor Christus lebt entweder gesetzlos oder gesetzlich; in keinem Fall erfüllt er seine Bestimmung, Gott in Dankbarkeit und Gehorsam die Ehre zu geben. Juden wie Heiden stehen ohne Gerechtigkeit als Sünder vor Gott. Die → Sünde (: IV) herrscht seit dem Fall Adams über alle M.en; das → Gesetz (: IV) vermag die Herrschaft der Sünde nicht zu brechen, denn auch wenn der M. äußerlich korrekt nach dem Gesetz lebt, tut er nicht wirklich das Gute, sondern sucht eine eigene Gerechtigkeit zu gewinnen, deren er sich rühmen kann (Röm 1, 18 - 3, 20; 5, 12ff; 7, 7-25; 9, 30 - 10, 3). Nur durch den Glauben an Jesus Christus wird der M. von seiner sündigen Vergangenheit befreit. Das neue Leben wirkt sich schon hier und jetzt in einem Wandel nach dem Geiste aus (Röm 6; 7, 6; 8, 2ff). Der Getaufte lebt aber noch im Fleische, dh unter der Versuchung, in die alten Sünden zurückzufallen oder aus dem, was ihm in Christus geschenkt ist, wiederum einen Gegenstand des Selbstruhms zu machen (vgl. 1Kor 3, 18ff; 4, 7f). In sich selber ist der Glaubende ein schwacher M. (2Kor 4, 7ff), der auf die Auferstehung wartet und sich deshalb immer wieder das zueignen muß, was ihm bei der Taufe geschenkt worden ist, indem er den »alten M.en« ablegt und »den neuen« anzieht (Eph 4, 20ff; Kol 3, 5ff). Christus ist das »Bild Gottes«, und der gottesebenbildliche M. ist der mit ihm verbundene, in gegenwärtigem Leiden und kommender Herrlichkeit gleichgestaltete M. (2Kor 3, 18; 4, 6; Röm 8, 29; 1Kor 15, 48f).

Im → *Johannesevangelium* wird der M. noch ausschließlicher in seiner Beziehung zu Christus gesehen. Die Sünde liegt recht eigentlich darin, daß die M.en die Finsternis dem Licht vorgezogen haben (Joh 3, 19); sie meinen die Freiheit und das Leben schon zu besitzen (8, 30ff). Weil die Juden die ihnen gegebene Offenbarung als Mittel der Selbstbehauptung des M.en gegen Gott benutzen, erscheinen sie im JohEv als die Vertreter der gottfeindlichen Welt. Der heilsgeschichtliche Unterschied zwischen Juden und Heiden tritt völlig zurück; betont wird dafür der latente Unterschied von M.en, die aus der Wahrheit sind und die Wahrheit tun, und solchen, die Böses tun und »von unten«, »aus dieser Welt« sind. Erst bei der Begegnung mit Christus zeigt sich, zu welcher Kategorie ein M. gehört (3, 20f; 8, 23; 19, 27). Der M. muß von neuem (bzw. von oben) geboren werden (3, 3ff); nur wer vom Vater gezogen wird, kommt zu dem Sohn (6, 44); auch der Glaubende kann ohne Jesus nichts tun (15, 5). Die Echtheit des Glaubens, und damit das Sein aus der Wahrheit, erweist sich daran, daß ein M. die Stimme Jesu hört, in seinem Worte bleibt und nach seinem Gebot tut (10, 27f; 15, 7ff; vgl. 1Joh 1, 6f; 2, 3ff).

Nach den Synoptikern hat → *Jesus* keine Lehre von der Knechtschaft des M.en unter der Sünde vorgetragen (vgl. jedoch zB Mt 7, 11; 19, 26 par). Dadurch, daß das Reich Gottes den Armen zugesagt, den Hilflosen geholfen und die Sünder in die Gemeinschaft des Menschensohnes hineingerufen werden, ist aber die jüdische Auffassung, nach der das Heil des M.en im Tun des Gesetzes liegt, faktisch schon durchbrochen.

E.KÄSEMANN, Leib u. Leib Christi (BHTh 9), 1933 - W.GUTBROD, Die paulinische Anthropologie (BWANT IV, 15), 1934 - W.G. KÜMMEL, Das Bild des M.en im NT (AThANT 13), 1948 - H.MEHL-KOEHNLEIN, L'Homme selon l'Apôtre Paul (Cahiers Théol. 28), 1951 - J.ROBINSON, The Body (Studies in Bibl. Theol. 5), 1952 - C.H. DODD-P.I.BRATSIOTIS-R.BULTMANN, Man in God's Design, 1952 (vgl. BULTMANN III, 35-54) - J.N.SEVENSTER, Die Anthropologie des NT (Numen, Suppl. II, 1955, 166-177) - W.D.STACEY, The Pauline View of Man, 1956 - BULTMANN, NT - S.LÄUCHLI, Monism and Dualism in the Pauline Anthropology (Biblical Research 3, 1958, 15-27) - J.JERVELL, Imago Dei (FRLANT 76), 1960. - Vgl. die Lit. zu → Fleisch und Geist: II. *N.A.Dahl*

Menschenopfer

1. Religionsgeschichtlich - 2. Im AT

1. M. sind im weitesten Sinn alle Ritualhandlungen, bei denen ein Mensch einer Gottheit dargebracht wird. Es muß unterschieden werden zwischen dem Opferzweck und der Begründung, welche zur Tötung eines Menschen (statt eines Tieres) geführt hat. Dem *Zweck* nach sind zu unterscheiden: a) Das → Opfer mit dem Ziel, die Willensäußerungen der Gottheit(en) zu beeinflussen (auf einen Altar legen, Skulpturen mit → Blut und Fett beschmieren, an einem numinosen Ort begraben usw). Eine Sonderform ist die Tötung eines → Sündenbocks, welche die Opfernden von allen Verfehlungen reinigt (→ Reinigungen: I). - b) M. beim → Begräbnis (: I) soll den Verstorbenen mit genügend Begleitern versehen (Frauen, Sklaven). Die → Witwenverbrennung kann eine Abwandlung dieser Art des M.s sein. - Die *Begründung*, welche die Tötung eines Menschen fordert, bestimmt diese als Wiederholung eines in der »Urzeit« erstmalig und beglaubigend aufgetretenen Ereignisses. Die Wiederholung der → Schöpfungs-Handlung, die in echten Mythen geschildert wird (→ Mythos: II), vergegenwärtigt in der Kultgruppe die Schöpfungskraft, welche in der »Urzeit« Menschen, Anbaupflanzen und andere Kulturkomplexe geschaffen hat. Nur diese Betrachtungsweise erlaubt historische Gliederung, da sich die Kulturen in den Begründungen voneinander unterscheiden. Der heutige Stand der Forschung erlaubt nicht, einen vollständigen Katalog der Begründungen aller Kulturen vorzulegen. Der → Kannibalismus fordert die Verzehrung des Getöteten durch die Kultgruppe (Wandlungen: nur der Priester ißt; der Mensch wird durch ein Tier ersetzt [→ Ersatzgaben]; man begnügt sich mit ritueller Behandlung von Teilen des Getöteten, zB → Kopfjagd). Zahlreiche M. gehen auf andere Begründungen zurück, die auch nicht die rituelle Verzehrung fordern (zB im Bereich austronesisch sprechender Völker). Auch hier ist der Ersatz des Menschen durch bestimmte Tiere möglich. Zweck und Begründung gehören bei jedem M. zusammen und bestimmen die äußere Form der Ritualhandlung. In der Regel genügt *ein* Mensch, um Zweck und Begründung zu befriedigen. Hypertrophe Schwellformen mit Massentötungen sind bes. in den archaischen Hochkulturen zu beobachten. - Vgl. → Bauopfer, → Opfer: I.

E.MOGK, Das M. bei den Germanen, 1909 - F.SCHWENN, Die M. bei den Griechen u. Römern (RVV XV, 3), 1915 - RIA II, 56ff - E.M.LOEB, The Blood Sacrifice Complex (Memoirs of the American Anthr. Soc. 30), 1923 - RLV VIII, 143ff - PW XV/1, 948ff - HWDA VI, 156ff - J.MARINGER, M. im Bestattungsbrauch Alteuropas, 1943 - T.IRSTAM, The King of Ganda, 1944 - K.MEULI, Griech. Opferbräuche (Phyllobolia f. P.v.d. Mühll, 1946, 185-288) - AD.E. JENSEN, Mythos u. Kult bei Naturvölkern, (1951) 1959² - F.FERNANDES, La guerre et le sacrifice humain chez les tupinamba (Journal de la Soc. des Américanistes, NS 41, 1952, 139-215) - RÄRG 452ff - ELIADE §§ 130f - F.M.TH.DE LIAGRE BÖHL, Das M. bei den alten Sumerern (Opera Minora, Groningen 1953, 163-173) - M.N.DAS, Suppression of Human Sacrifice among the Hill Tribes of Orissa (Man in India 36, 1956, 20-48) - J.HENNINGER, M. bei den Arabern (Anthropos 53, 1958, 721-805). - Vgl. die Lit. zu den im Text genannten Artikeln. *C.A.Schmitz*

2. Neben anderen, bes. semitischen Völkern, die die Sitte des M.s üben (vgl. 2Kön 3, 27, wo der König von Moab in höchster Not seinen erstgeborenen Sohn opfert), kennt auch *Israel* das M. (einschließlich Kinderopfer). Ri 11, 30-40 erzählt von → Jephta, daß er - seinem Gelübde getreu, das ihm bei siegreicher Heimkehr zuerst aus seinem Hause entgegenkommende Lebewesen Jahwe darzubringen - seine Tochter geopfert habe: auch in der Jahwereligion waren also M. möglich. Dasselbe geht aus der Erzählung von → Isaaks Opferung (Gen 22) hervor, die die Ablösung des M.s durch ein Tieropfer rechtfertigen will, und weiter aus der Frage des Michabuches: »Soll ich meinen Erstgeborenen für meine Sünde hingeben?« (6, 7). Dagegen ist die Deutung von 1Kön 16, 34 (Hiel kann beim Wiederaufbau der Stadt → Jericho ihren Grund nur »um den Preis seines Erstgeborenen« legen und ihre Tore nur »um den Preis seines Jüngsten« einsetzen) als → Bauopfer keineswegs gesichert. Vielmehr besagt die Erzählung wohl nur dies, daß beim Wiederaufbau von Jericho und bei dessen Vollendung zwei Söhne Hiels starben, was man als Erfüllung eines auf der Stätte lastenden Fluches (vgl. Jos 6, 26) aufgefaßt hat. Sonst sind für die Jahwereligion M., vor allem Kinderopfer, von denen das des erstgeborenen Sohnes als bes. kostbar und darum auch bes. wirksam gilt (→ Erstlinge), sicher bezeugt. Freilich darf aus der in Ex 22, 28 ohne das Zugeständnis der Auslösung (Ex 34, 19f; Num 3, 44ff) ausgesprochenen Forderung Jahwes: »Den Erstgeborenen deiner Söhne sollst du mir geben« keinesfalls geschlossen werden, daß wirklich einst alle Erstgeborenen geopfert worden seien. Vielmehr wird es sich um eine theoretische Ausweitung der für die männlichen erstgeborenen Tiere gültigen Opferpflicht handeln, bei der man von vornherein die Auslösung durch ein Tier oder durch Geld im Auge hatte. Denn auch bei den anderen semitischen Völkern ist die Opferung des Erstgeborenen etwas Außerordentliches, nicht regelmäßige Sitte. Für das 8., 7. und 6.Jh. vChr ist uns eine als molek (→ Moloch) bezeichnete Art des Kinderopfers bezeugt, die als Jahwe wohlgefällig galt, von den Propheten (Jer 7, 31; Ez 20, 26 u.ö.) aber aufs schärfste bekämpft und vom Gesetz mit der Todesstrafe (Lev 20, 2ff) bedroht worden ist. Demgemäß hat denn auch → Josia bei seiner Reform (621 vChr) die Stätte dieses Opfers, das Tophet, verunreinigt (2Kön 23, 10). - Auch andersartige Tötungen von Menschen galten als religiöse Handlungen, zB »Hinrichtungen« wie die der zum Baal Peor abgefallenen Israeliten (Num 25, 4), »Aussetzungen« wie die der Sauliden in Gibeon (2Sam 21) und in Vollstreckung des → Bannes geschehende Hinschlachtungen von Kriegsgefangenen wie die Agags durch → Samuel im Gilgal (1Sam 15, 32f). Aber um eigentliche Opfer handelt es sich in allen diesen Fällen nicht.

P.E.MADER, Die M. der alten Hebräer u. der benachbarten Völker, 1909 - R.DUSSAUD, Les origines cananéennes du sacrifice Israélite, Paris (1921) 1941² - G.B.GRAY, Sacrifice in the OT, Oxford 1925 - A.WENDEL, Das Opfer in der altisraelit. Religion, 1927 - K.DRONKERT, Het Mensenoffer in de Oud-Testamentische Wereld, Baarn 1955 - J.HENNINGER, M. bei den Arabern (Anthropos 53, 1958, 721 bis 805; 1 Karte). - Vgl. die Lit. zu → Moloch. *O.Eißfeldt*

Menschenrechte

I. Geschichtlich - II. Staats- und völkerrechtlich - III. Probleme der Glaubensfreiheit in den außereuropäischen Ländern

I. Geschichtlich

M. kommen als politische Kampf- und rechtliche Sicherungsmittel des einzelnen gegen den Träger der Staatsgewalt erst im 16.Jh. auf. Ihre Entwicklung ist nicht abgeschlossen. Mannigfache Anlässe führen zur verfassungsrechtlichen Ausprägung einzelner M.

1. Den Anstoß gibt das *Christentum* mit seinen Lehren von menschlicher Größe, Sünde und Erlösung, schlechthin von der → Verantwortung jedes Menschen vor Gott. Verantwortung tragen kann nur ein Geistwesen (Person), das sich in → Freiheit für oder wider das Gute, die gottgeschaffene Ordnung, entscheidet. Die → *Person* wird erstmalig von → Boethius als »rationalis naturae individua substantia« umschrieben. Mittelalterliche Denker (bes. → Thomas von Aquino) bedienen sich dieser Definition und bieten erste Ansatzpunkte für Freiheitsrechte, die alle Menschen naturhaft *haben*, damit sie ihrer moralischen Verantwortung genügen können (→ Naturrecht: II). - Als im Ausgang des MA die Überzeugung von einer erfaßbaren lex naturae verblaßt, vermag sich das aus allen überkommenen Ordnungen herausstrebende Individuum nicht mehr als Person zu empfinden und sucht als Rechtssubjekt auf der Grundlage des → Nominalismus nach neuen Sicherungen seiner Freiheit gegen einen übermächtig werdenden → *Staat*. Zunächst sind es nur die Stände, welche sich durch Vertrag mit dem Monarchen eine Freiheitssphäre verbürgen lassen. Ein solcher Vertrag ist zB die *Magna Charta* Libertatum (1215), in der die englischen Barone dem König Johann ohne Land gewisse Freiheiten abtrotzen (zB Schutz gegen willkürliche Inhaftierung). Es handelt sich noch nicht um Rechte *aller* Menschen, sondern um vertraglich eingeräumte Standesprivilegien.

2. Diese Vorgänge bestärken aber die bereits wirksame rationalistische These vom *Staats-* und *Unterwerfungsvertrag*, unter dem alle Menschen zum Landesherrn stehen sollen. Wo bereits ein Parlament dem Monarchen entgegentritt, drängt die politische Entwicklung zur verfassungsrechtlichen Regelung einzelner Grundfreiheiten aller Bürger. I.J. 1628 nötigt das *englische* Parlament König Karl I. zur Bewilligung der *Petition of Rights*, die sich vornehmlich gegen Verhaftungen von Personen wendet, welche sich den königlichen Zwangsanleihen widersetzt haben. Nach dem Eindringen ref. Glaubensgutes tritt die → *Religionsfreiheit* (→ Freiheit: II) in den Vordergrund; aber auch die → *Gleichheit* aller Menschen wird als Folge demokratischer Tendenzen bereits kraftvoll im *Agreement of the People* (1647), dem Verfassungsentwurf der Independenten (→ Cromwell) betont. Nachdem vorübergehend der König als Schützer der bürgerlichen Freiheit aufgetreten ist (*Habeas-Corpus-Akte*, 1679), legt das Parlament seine und einige Rechte der Untertanen in der *Bill of Rights* (1689) fest.

3. Die weitere Entwicklung verlagert sich nach *Nordamerika*. Hier waren ihres Glaubens wegen verfolgte Puritaner, die auf der Überfahrt (Mayflower) den *Pakt der → Pilgerväter* geschlossen hatten (1620), seßhaft geworden. Ihre Nachfahren verfassen 1776 die *Virginische Erklärung der Rechte*, die allen Bürgern »as the basis and foundation of government« zustehen sollen, weil »all men are by nature equally free and independent, and have certain inherent rights ...«. Dieselbe Überzeugung kommt in der von Th.Jefferson verfaßten *Unabhängigkeitserklärung* vom 4.7.1776 zum Ausdruck. Jefferson hält es für eine Wahrheit, die keines Beweises bedarf, daß alle Menschen vor ihrem Schöpfer gleich sind und daß er ihnen gewisse unveräußerliche Rechte verliehen hat.

4. Gegenüber der altväterlichen Sprache der amerikanischen Verfassungen, denen noch *theonomes* Ideengut (→ Autonomie) zugrunde liegt, strahlt die *Déclaration des droits de l'homme et du citoyen* vom 26.8.1789 (→ Frankreich: I, 7) den Geist der → Aufklärung in Sprache und Inhalt aus. Moralische Wertvorstellungen sind durch das Gesetz verdrängt. Dieses ist als »l'expression de la volonté générale« politisches Machtmittel und steht im Dienst einer »utilité commune«. Die Déclaration kennt zwar ebenso wie die *Jakobinische Verfassung* (1793) noch »droits naturels«. Diese sind jedoch nur in einem naturalistischen Sinne »vorgegeben« und zugunsten des gemeinsamen Nutzens relativierbar.

5. In *Deutschland* setzen sich M. erst spät, aber ruhiger durch. Anfang Juli 1848 werden sie im → Frankfurter Parlament erstmalig debattiert, wobei zB Jakob Grimm die französische Grundhaltung kritisiert und erneut auf die religiösen Grundlagen der Bruderschaft und Freiheit aller Menschen hinweist. Die Grundrechte der *»Reichsverfassung«* vom 28.3.1849 (§§ 130ff) stoßen auf die »Reaktion«, die auch in → *Preußen*, das 1848 eine freiheitliche Verfassung (Vorbild: die belgische Verfassung von 1830) durch den König erhalten hatte, einen vorübergehenden Rückschlag bewirkt (revidierte Verfassung von 1850). Danach werden zunehmend Grundrechte in die Verfassungen der deutschen Länder aufgenommen. Die erste *Reichsverfassung* mit Grundrechten ist die von *Weimar* (11.8.1919; Art. 109ff). Sie erwies sich wegen der Wertindifferenz und Relativität gerade ihrer Grundrechte nicht als taugliches Schutzmittel gegen autoritäre Tendenzen und brauchte daher durch das NS-Regime nie aufgehoben zu werden. Geltende Grundrechtsnormen sind für die BRD die Art. 1-19 des GG vom 23.5.1949, für die DDR die Art. 6-18 der Verfassung der DDR vom 3.8.1950 (→ Verfassungen: I. II).

Lit. s. → Menschenrechte: II. *W. Wertenbruch*

II. Staats- und völkerrechtlich

Während im außerdeutschen Raum zumeist von M.n die Rede ist, bevorzugt das deutsche Verfassungsrecht bisher den Ausdruck *Grundrecht* (= G.). Das GG kennt beide Begriffe. In Art. 1/II bekennt sich das Deutsche Volk zunächst »zu unverletzlichen und unveräußerlichen *M.n* als Grundlage *jeder* menschlichen Gemeinschaft, des Friedens und der Gerechtigkeit in der Welt«. In Abs. III ist von den »nachfolgenden *G.en*« die Rede.

1. Das Bekenntnis zu M.n knüpft unmittelbar an Art. 1/I an. Weil die *Würde* des Menschen unantastbar und es »Verpflichtung aller staatlichen Gewalt« *ist*, »sie zu achten und zu schützen«, *»darum«* bekennt sich das Deutsche Volk zu M.n. Die Menschenwürde, ein theologisch und philosophisch verwurzelter Begriff, wird primär als unantastbar *vorausgesetzt;* erst sekundär wird ihre Beachtung gesetzlich befohlen. Sie ist mithin als höchster Rechtswert deklariert und gibt Veranlassung für die weitere Anerkennung von M.n. Nach Auffassung vieler hat hier naturrechtliches Ideengut wieder Ausdruck in einer deutschen Verfassung gefunden. Die theonome Spitze der Verfassung findet sich in den Eingangsworten der *Präambel*, welche die Motive des Gesetzgebers offenlegt und in der das Staatsvolk auf seine »Verantwortung vor *Gott* und den Menschen« hinweist. So erscheint Art. 1 als eine Folge der Anrufung Gottes als des Schöpfers der *Person* (erschaffen ad imaginem Dei). Wenn Menschenwürde wahrhaft »unantastbar« sein soll, muß zunächst eine *innere* Würde (maiestas) gemeint sein, die als solche weder der Respektierung noch des staatlichen

Schutzes bedürftig ist. Diese ist wiederum Ursache für die *äußere* Würde jedes Menschen (dignitas). Erst aus der Dignität sind M., die nach außen abschirmen, ontologisch zu folgern. Auch sie sind letztlich »unverletzlich und unveräußerlich«. Jede Läsion verletzt lediglich die Dignität und Subjektivität und wirkt sich auf die faktische Ausübbarkeit eines einzelnen Menschenrechts aus, läßt jedoch das Recht als solches unberührt. Niemand, auch nicht der Gesetzgeber, vermag einem Menschen zu nehmen, was er an natürlichen Rechten *hat.* Unveräußerlich sind sie, weil sie aus demselben Grunde weder verzichtbar noch verwirkbar sind.

M. sind ferner gemäß Art. 1/II »Grundlage *jeder* Gemeinschaft«, dh nicht nur des staatlichen Zusammenlebens. Sie können das sein, weil der Mensch sie nur hat, damit er seinen moralischen Pflichten genügen kann. Schon die Person ist als »animal sociale et politicum« vorgeordnet. Ihre *Freiheit* verträgt sich daher ebenso wie jedes Menschenrecht mit jeder Gemeinschaftsordnung (vgl. Art. 2/I GG). Zugleich fördert personale Freiheit den Frieden und die »Gerechtigkeit in der *Welt*«. Gerade in diesen ersten Rechtssätzen prägt sich ganz deutlich die Vorstellung von einer vorgegebenen Ordnung aus.

2. Diesen Höhenflug des Geistes, ausgehend von einer theonomen Idee, die den Anstoß zur Ausprägung von natürlichen Rechten aller Menschen gab, setzt der Gesetzgeber in den folgenden Verfassungsnormen nicht fort. Was er ab Art. 1/III GG regelt, sind die »nachfolgenden *G.e*« und einige ergänzende Bestimmungen, die lediglich die *Staats*funktionen »als unmittelbar geltendes Recht« binden. Zu ihrem *Geltungsgrund* findet sich keine Andeutung. Demgemäß bleibt unklar, in welcher Beziehung die G.e zu den in Art. 1/II angesprochenen M.n stehen, *welche* G.e als überpositive M., welche lediglich als »verfassungsrechtlich *verliehene*« Rechte anzusehen sind. Im übrigen wird dem Gesetzgeber durch Gesetzesvorbehalte oder auf andere Weise eine weitgehende Verfügungsmacht (vgl. zB Art. 2/II Satz 3 oder Art. 14/I Satz 2 GG) über *alle* nachfolgenden G.e eingeräumt, wenn auch unter Verbot des Eingriffs in den »Wesensgehalt« eines Rechts (Art. 19/II GG). Diese Relativität, aber auch zB die Wirksamkeit einzelner G.e gegen *andere* Personen (sog. Drittwirkung) gehört zZ zu den umstrittensten Problemen des Verfassungsrechts. Ob sich die *Leitsätze* (Präambel, Art. 1/I und II, Art. 2/I und Art. 3), die den Geist der Weimarer Verfassung wohltuend überhöhen, zugunsten eines besseren Gefühls für Gemeinschaft und geordnete Freiheit gegen den nachfolgenden Katalog einzelner G.e durchzusetzen, ihn mit einem neuen Geist zu durchdringen vermögen, bleibt abzuwarten.

G.e pflegt man einzuteilen in negative, positive und aktive Statusrechte. Das *negative* Recht wehrt ab und bewahrt einen status libertatis, vermittelt also Unterlassungsansprüche, während Rechte des *positiven* Status (wozu auch sog. soziale G.e gehören) den Staat zu einem Tun verpflichten. *Aktive* Statusrechte sind die politischen Mitwirkungsrechte *(Bürgerrechte).* Der Katalog des GG enthält im wesentlichen negative Statusrechte, dh die klassischen »liberalen G.e«. Versuche, den Katalog zu erweitern, finden sich ebenso wie Bemühungen, ungeschriebene oder genormte Schranken einzelner Rechte näher zu bestimmen. Der Kampf um Inhalt und Wirksamkeit der G.e wird zumeist ideologisch geführt und ist noch in vollem Gange.

3. Kein Staat kann es sich heute leisten, auf die Aufnahme von M.n in seine Verfassung völlig zu verzichten, zumal seit 1945 in der Präambel der Satzung der UNO die *völkerrechtliche* Anerkennung von M.n erfolgt ist und die Generalversammlung der UNO am 10.12.1948 die aus 30 Artikeln bestehende *Universal Declaration of Human Rights* beschlossen hat. Auch die Präambel dieser Deklaration geht von dem Gedanken aus, daß »all human beings are born free and equal in dignity and rights . . .«. Ihr folgt, beschlossen am 4.11.1950 von den Mitgliedstaaten des *Europarates,* die *Konvention zum Schutze der M. und Grundfreiheiten,* die in der BRD 1952 Gesetzeskraft erlangt hat. Sie enthält in Art. 2ff den traditionellen Rechtekatalog (Rechte zB auf Leben, Bewegungsfreiheit, gerichtliches Gehör, Gewissens- und Religionsfreiheit, auf Freiheit der Meinungsäußerung usw). Zur Sicherung dieser Rechte sind eine Europäische Kommission und ein *Gerichtshof* für M. errichtet worden.

G.Jellinek, Die Erklärung der Menschen- u. Bürgerrechte, (1895) 1928[4] - F.Giese, Die G.e, 1905 - E.Eckhardt, Die G.e vom Wiener Kongreß bis zur Gegenwart, 1913 - G.A.Salander, Vom Werden der M., 1926 - H.C.Nipperdey, Die G.e u. Grundpflichten der Reichsverfassung I-III, 1929/30 - Ders., Die Würde des Menschen (F.L.Neumann-H.C.Nipperdey-U.Scheuner, Die G.e II, 1954, 1-50) - A.Hensel, G.e u. polit. Weltanschauung, 1931 - E.R. Huber, Bedeutungswandel der G.e (AÖR 62, 1933, 1-98) - A.Bayet, Hist. de la Déclaration des droits de l'homme, Paris 1939 - J.Robinson, Human Rights and Fundamental Freedoms in the Charter of the United Nations, New York 1946 - E.Brunner, Das Menschenbild u. die M. (Universitas 2, 1947, 269-275. 385-390) - J.Höffner, Christentum u. Menschenwürde, 1947 - A.Hossbach, Die M., 1947 - F.Hartung, Die Entwicklung der Menschen- u. Bürgerrechte von 1776 bis zur Gegenwart, (1948) 1954[2] - R.Laun, Die M., 1948 - W.Strzelewicz, Der Kampf um die M., 1948 - A.Voigt, Gesch. der G.e, 1948 - A.N.Holcombe, Human Rights, New York 1948 - K.J.Partsch, Internationale M.? (AÖR 74, 1948/49, 158-190) - G.Ritter, Ursprung u. Wesen der M. (HZ 169, 1949, 231-263) - H.v.Mangoldt, G.e u. Grundsatzfragen des Bonner GG (AÖR 75, 1949/50, 273-290) - W.Brepohl, Die sozialen M., ihre Gesch. u. ihre Begründung, 1950 - E.Friesenhahn, Die internationale Deklaration der M. (Recht-Staat-Wirtschaft II, 1950, 61-82) - R.Klatt, Die M. in geschichtl. Dokumenten bis zur Gegenwart, 1950 - Th.Maunz, Dt. Staatsrecht, (1951) 1959[9], 74ff - G.Oestreich, Die Idee der M. in ihrer geschichtl. Entwicklung, 1951 - E.H.Loewenfeld, Der Schutz der M. im Rahmen der Vereinten Nationen (AVR 3, 1951/52, 136 bis 145) - W.Schätzel, Die Frage der Weiterentwicklung der M. (Friedenswarte 51, 1951/53, 328-339) - G.Dürig, Die Menschenauffassung des GG (JR 1952, 259-263) - Ders. in: GG-Kommentar von Th.Maunz-G.Dürig, 1959ff, 1-72 (zu Art. 1) - Chr.Hodler, Die europ. M.-Konvention u. das Bonner GG, 1953 - B.Horvath, The European Court of Human Rights (Österr. Zs. f. öffentl. Recht NF 5, 1953, 166-191) - H.U.Scupin, Über die M. (Laun-Festschr., 1953, 173-200) - A.Wegner, Die Stellung der Einzelpersonen im gegenw. Völkerrecht (ebd 341-365) - A.Wimmer u.a., Die M. in christl. Sicht, 1953 - R.Stanka, Die M., 1954 - G.Dietze, Über die Formulierung der M., 1956 - H.Guradze, Der Stand der M. im Völkerrecht, 1956 - W.Hamel, Die Bedeutung der G.e im sozialen Rechtsstaat, 1957 - F.Klein in: v.Mangoldt-Klein, Das Bonner GG I, 1957, 54-160 - M.R.Konvitz, Fundamental Liberties of a Free People, New York 1957 - W.Wertenbruch, GG u. Menschenwürde, 1958 - Ders., Menschenwürde (StL[6] V, 1960, 665ff) - W.Geiger, G.e (StL[6] III, 1959, 1122ff).

W.Wertenbruch

III. Probleme der Glaubensfreiheit in den außereuropäischen Ländern

Probleme der Glaubensfreiheit tauchen in Ländern mit starken Interessengruppen auf, denen eine erfolgreiche Verbreitung von Ansichten, die ihren eigenen entgegenstehen, für ihre eigenen Ziele gefährlich erscheint. Es mag sich zB um eine von der Mehrheit anerkannte herrschende Religion handeln wie in gewissen islamischen oder röm.-kath. Ländern, um eine herrschende Ideologie, die oft nur von einer Minderheit offiziell unterstützt wird, oder um eine herrschende politisch-soziale Zielsetzung wie in Ländern, die erst kürzlich ihre Unabhängigkeit erreicht haben. Die Interessen derartiger Gruppen können zu ihrem Vorteil in Verfassungen gewahrt werden, wenn auch praktisch alle Verfassungen eine gewisse religiöse Freiheit garantieren.

Alte oder erst neuerdings erlassene Gesetze können in diskriminierender oder beschränkender Weise ausgelegt werden. Darüber hinaus entstehen Probleme als Folge der Regierungspraxis oder auch der Gewohnheit innerhalb der Gesellschaft, wo sich die mächtige Gruppe ihre Ansprüche zuungunsten jener sichert, die nicht mit ihr verbunden sind.

Mit Blick auf Art. 18 der Allgemeinen Erklärung der → Menschenrechte (: I) gibt es vor allem die folgenden Probleme der Glaubensfreiheit. *Freiheit des → Gewissens* wird im allgemeinen als ein absolutes Recht verstanden, das weder von der Regierung noch von der Gesellschaft verletzt werden kann. Dazu gehört aber wesenhaft freier Informationszugang und damit die Möglichkeit, die Ansichten anderer frei zu akzeptieren oder abzulehnen. Wenn Regierungen mit anti-religiöser Position oder Regierungen, die die Religion einer herrschenden Gruppe begünstigen, eine Zensur ausüben, hat der einzelne keinen Zugang zu der Information, auf welche sich die Freiheit des Gewissens verlassen muß. Wenn Eltern das Recht versagt wird, ihre Kinder im eigenen Glauben zu erziehen, dann ist die Weitergabe von Glaubenssätzen, die Instanz des Gewissens sind, begrenzt.

Das Recht, die Religion oder den Glauben zu wechseln, setzt voraus, daß eine Regierung niemanden wegen seiner Religionszugehörigkeit rechtlich benachteiligt. Alle sollten im Genuß gleicher bürgerlicher, politischer, wirtschaftlicher und sozialer Rechte sein. In Ländern mit einer herrschenden Religion kann jedoch der persönliche Status des einzelnen von seiner Religionszugehörigkeit abhängen. Der Zugang zum öffentlichen Dienst, zu bestimmten Berufsgruppen, zum Lehrberuf, die Heirats- und Erbschaftsgesetze können für jene günstiger sein, die der herrschenden religiösen oder ideologischen Gruppe angehören. Die Drohung rechtlicher Einschränkung beeinträchtigt die Freizügigkeit im Religionswechsel, während andererseits die Aussicht auf Bevorrechtigung und Verbesserung des Lebensstandards eine ungute Verlockung zum Religionswechsel darstellen kann.

Probleme besonderer Art entstehen hinsichtlich *der Freiheit, die Religion oder den Glauben in Gottesdienst, Unterricht, Sittlichkeit und Meidung auszuüben.* Diese Probleme beruhen häufig auf einer diskriminierenden Anwendung berechneter Einschränkungen, die »allein dazu bestimmt sind, die schuldige Anerkennung und den gebührenden Respekt vor den Rechten und Freiheiten anderer zu sichern und den berechtigten Forderungen der Moral, der öffentlichen Ordnung und der allgemeinen Wohlfahrt in einer demokratischen Gesellschaft zu entsprechen«. Bes. wird davon das Recht berührt, die Religion und den Glauben »in Gemeinschaft mit anderen« und »in der Öffentlichkeit« auszuüben. Enthalten die Gesetze eines Landes keine Bestimmungen für die rechtliche Anerkennung von Organisationen, die durch Minderheitengruppen gegründet werden können, so ist der Genuß körperschaftlicher Rechte beschnitten. Absonderungsgesetze vermögen die Freiheit der Assoziation einzuschränken. Gesetzliche oder Verwaltungsmaßnahmen, die die Herstellung von Beziehungen zu Körperschaften anderer Länder berühren oder die Freiheit zum Verlassen oder Betreten eines Landes beschränken, beschneiden verschiedene Tätigkeiten, die eine legitime Bekundung der Religion oder des Glaubens sind.

Die Ausübung des *Gottesdienstes* ist behindert, wenn von Minderheitengruppen gesetzlich gefordert wird, sich für den öffentlichen Gottesdienst eine besondere Genehmigung zu beschaffen oder eine besondere Erlaubnis zur Benutzung oder zum Bau von gottesdienstlichen Stätten. Probleme entstehen außerdem, wenn einzelne gezwungen werden, im Rahmen ihrer Bürgerpflichten an Gottesdiensten einer anderen Religion teilzunehmen.

Probleme, welche die Freiheit berühren, die Religion oder den Glauben im *Unterricht* zu bekunden, tauchen bes. dort auf, wo der Unterricht in einer Religion oder Ideologie Pflicht ist; wo es keine gesetzlich verankerten Garantien dafür gibt, daß Minderheitengruppen ihre eigenen Führer ausbilden dürfen; wo das Vorrecht der Eltern, über die religiöse Erziehung ihrer Kinder selbst zu entscheiden, nicht anerkannt wird; wo Forderungen erhoben werden, die über die allgemeinen Erziehungsgrundsätze hinausgehen. Eine andere Art der Beschränkung entsteht dort, wo die Lehrfreiheit Angehörigen der geltenden Religion vorbehalten ist und damit der freie Gedankenaustausch verhindert wird.

Der Begriff der Freiheit *praktischer Ausübung* der Religion oder des Glaubens ist zwar nie offiziell definiert worden; er sollte jedoch die Möglichkeit einschließen, dem Glauben im Leben Ausdruck zu verleihen, und sollte daher Dienste für das Wohlergehen der Gemeinde zulassen sowie das Zeugnis aus Gewissensgründen in sozialen, politischen und internationalen Streitfragen. Die religiöse Freiheit ist demnach dort begrenzt, wo Anstalten der öffentlichen Wohlfahrt (zB Hospitälern, Waisenhäusern, Schulen) unberechtigte Einschränkungen auferlegt werden und wo das öffentliche Eintreten für oder gegen Maßnahmen der Regierung solchen Einschränkungen unterliegt.

Hinsichtlich der *Befolgung religiöser Sitten* ist Diskriminierung auf verschiedenen Gebieten möglich, zB bei der Bestattung der Toten, bei Speisegesetzen, Pilgerfahrten und Feiern traditioneller Feste. Diese Einschränkungen werden oft um so schärfer, je mehr die religiösen oder ideologischen Sitten herrschender Gruppen durch die der Minderheiten gefährdet werden.

G. Raschen, Religionsfreiheit im Völkerrecht, 1936 (Lit.) - M.S. Bates, Glaubensfreiheit, New York 1944; dt. 1947 - Ders., Religious Liberty (Occasional Bulletin from the Missionary Research Library 10, New York 1959, Nr. 6; Lit.) - J.C. Hoekendijk, Losse Notities over de Godsdienstvrijheid (Heerbaan 2, 1949, 237-253) - G. Miegge, Religious Liberty, London 1957 - W. Holsten, Die Mission in den völkerrechtl. Verträgen u. Verfassungen der Neuzeit (in: Basileia, Festschr. f. W. Freytag, 1959, 106-127). *O.F. Nolde*

Menschensohn. Der Begriff M. (hebr. bæn-'adam, aram. bār-'æna̮š bzw. bār-naša), dem *im AT und Judentum* nur begrenzte Bedeutung zukommt, hat eine besondere Ausprägung im NT als Selbstprädikation Jesu erhalten (→ Christologie: I, 2 e. 3 b. 4 d; → Erlöser: II; → Eschatologie: IV, 3. 4; → Evangelien, synoptische, 2 a-d; → Jesus Christus, 9 b).

Nach hebr. und aram. Sprachgebrauch bedeutet M. zunächst das Einzelwesen »Mensch« (so Ps 8, 5; 80, 18; Hi 25, 6 u.ö.). Bei Ez ist M. häufig Anrede Gottes an den Propheten, welche die menschliche Niedrigkeit betonen soll. - Einen über diesen Sprachgebrauch hinausführenden Sinn hat M. im AT nur Dan 7, 13 f (→ Danielbuch, 6). Hier schaut der Visionär ein Wesen »wie einen M.«, das mit den Wolken des Himmels kommt und dem von Gott die ewige Herrschaft übergeben wird. M. steht hier zunächst im Gegensatz zu den im vorangehenden geschilderten Tiervisionen. Umstritten ist jedoch, ob der M. als Individuum oder Kollektivum zu verstehen ist. Für ersteres spricht die Wahrscheinlichkeit, daß 7, 9 f. 13 f ursprünglich eine Einheit bildeten, die sekundär in einen anderen Zusammenhang gestellt bzw. kommentiert worden ist. Der M. wäre dann ein eschatologischer Weltherrscher oder Messiaskönig. Im folgenden (7, 15 ff) wird er jedoch kollektiv auf »die Heiligen des Höchsten« gedeutet, dh auf die Engel und sekundär auf das Volk

Israel, dem am Ende der Zeit die Herrschaft übergeben wird (Noth).

Außerhalb des AT begegnet der Begriff nur noch in der jüd. → *Apokalyptik* (: II) in den Bilderreden des äthHen c. 37-71 (→ Henochbücher, 1) und in 4Esr 13 (→ Esrabücher: III), und zwar hier ausdrücklich im Anschluß an Dan 7. Der M. wird nunmehr als eine messianische Gestalt aufgefaßt (→ Messias: II. III) und zT mit Zügen des → Knechtes Jahwes aus Dtjes ausgestattet, wenn er als der »Gesalbte«, der »Auserwählte«, der »Gerechte« und als »Licht der Völker« bezeichnet wird, ohne daß jedoch damit auch der Gedanke eines »leidenden Messias« (Jes 52f) in äthHen oder 4Esr übernommen wurde. Andererseits sind aber auch bedeutende Unterschiede zur prophetischen Messiaserwartung vorhanden: Der M. in äthHen ist ein präexistentes, himmlisches Wesen, das jedoch in seiner Präexistenz inaktiv, dh nicht an der Weltschöpfung beteiligt ist (48, 3. 6; 62, 7). Vor der Endzeit verborgen, ist er nur den Gerechten offenbar (48, 6f). Sein Erscheinen führt die Endzeit herauf, in der Gott ihm das → Gericht (: II, 3) überträgt (45, 3; 69, 27). Sein Amt ist somit ein eschatologisches. C. 70f wird Henoch selbst zu jenem M. erhöht und schließlich mit ihm gleichgesetzt (71, 14ff). Nach 4Esr 13 steigt der M. aus dem Meer, dem Ort seiner Verborgenheit, empor (13, 3. 51f), vernichtet seine Feinde und sammelt eine Friedensschar um sich. In der Deutung der Vision (13, 25ff) erscheint er - wiederum in Übereinstimmung mit Dtjes - als der »Knecht Gottes« (13, 32. 37. 52), der bis zur Erlösung der Schöpfung Gottes »aufbewahrt« ist (13, 26). Wie in äthHen ist ihm das Gericht übertragen, das er vom Berge Zion aus vollzieht und das in der Vernichtung der Gottlosen gipfelt. - In der *rabbinischen* Überlieferung spielt der Begriff M. trotz messianischer Deutung von Dan 7, 13 (bSanh 98 a; Midr. Teh. 21 § 5; vgl. auch Justin, Dial. 31f) keine Rolle, wohl in Abwehr des Gebrauchs dieses Begriffes im Christentum. Ausdrückliche Polemik scheint in jTa'an II, 1, 65 b unten, vorzuliegen.

Noch immer umstritten ist das Problem der religionsgeschichtlichen *Herkunft* des Begriffes, zumal sich die Gestalt des M.s in äthHen und 4Esr keinesfalls allein auf Dan zurückführen läßt und auch Dan 7 eine ältere Vorstellung vorauszusetzen scheint. Aus dem AT selbst läßt sich der M. nicht begreifen - weder aus Ez noch aus Spr oder Weish, indem die Gestalt der → Weisheit zwischen der prophetischen Messiaserwartung und der transzendenten M.-Erwartung vermitteln würde. Entscheidend ist die Frage, wie ein Wort, das an sich jeden Menschen bezeichnen kann, eine solche Bedeutung erlangen konnte. Am nächsten liegt es hier noch immer, an die im Orient verbreitete Vorstellung vom → »Urmenschen« zu denken bzw. an ihre iranische Ausprägung in den Gestalten des Gayōmart und Saošyant (→ Iran: IV). Dabei ist jedoch zu beachten, daß einer der wesentlichsten Züge dieser Vorstellung, die urbildliche und kosmologische Bedeutung des Urmenschen, gerade dem at.-jüd. M. fremd ist. So hat wahrscheinlich auch in der at.-jüd. M.-Erwartung die Urmenschenvorstellung ihren Niederschlag gefunden, ist jedoch durch die alleinige Betonung und Ausbildung des eschatologischen Aspektes entscheidend umgestaltet worden (→ Eschatologie: III). Von der Urmenschenvorstellung ist demnach nicht viel mehr als die Bezeichnung »Mensch« übriggeblieben.

N. Messel, Der M. in den Bilderreden des Henoch (BZAW 35), 1922 - C.H. Kraeling, Anthropos and Son of Man, New York 1927 - RGG² III, 2117ff (Lit.) - R. Otto, Reich Gottes u. M., (1933) 1954³ - W. Staerk, Die Erlösererwartung in den östl. Religionen, 1938 - E. Sjöberg, Der M. im äthHen (SHVL 41), 1946 - A. Bentzen, Messias - Moses redivivus - M., 1948 - A. Feuillet, Le fils de l'homme de Daniel et la tradition biblique (RB 60, 1953, 170-202. 321-346) - J. Coppens, Le messianisme sapiential et les origines littéraires du Fils de l'homme daniélique (VT Suppl. 3, 1955, 33-41) - S. Mowinckel, He That Cometh, Oxford (1956) 1959² - M. Noth, Die Heiligen des Höchsten (NTT 56, 1955, 146-161 = Ges. Studien zum AT [ThB 6], 1957, 274-290). *H.-F. Weiß*

Menschheitsbund, *Religiöser,* 1921 von R. → Otto gegründet mit dem Ziel, »innerhalb der Religionsgemeinschaften das Gefühl der sittlichen Verantwortlichkeit zu schärfen« und »einen religiösen Konvent aus Vertretern der verschiedenen Religionsgemeinschaften als Arbeitsgemeinschaft zur Verwirklichung gemeinmenschlicher sittlicher Ziele vorzubereiten«. Nach 1933 nicht aktiv, wurde der R.M. 1956 von K. Küssner und F. → Heiler wieder ins Leben gerufen und mit der Bezeichnung »Deutscher Zweig des Weltbundes der Religionen« dem World Congress of Faiths (WCF) eingegliedert, der 1936 von dem englischen Oberst Francis Younghusband mit ähnlicher Zielsetzung begründet worden war. Ähnliche Bestrebungen verfolgen die 1912 begründete Universal Religious Alliance, World wide Congress of Religions, Faiths, Fraternities and Spiritual Philosophies (Sitz Cuba/Havana), die 1930 gegründete International Association for Liberal Christianity and Religious Freedom (Sitz Amsterdam), die 1957 gegründete World Fellowship of Religions (Sitz Delhi). Der WCF bemüht sich um einen Zusammenschluß dieser und ähnlicher Vereinigungen.

RGG² III, 2122f - A. Peacock, Fellowship through Religions, the Story of WCF, London o.J. - Einheit u. Zusammenarbeit der Religionen. Vorträge bei der Tagung des Weltbundes der Religionen Bremen (Zs. f. Gemeinschaft u. Politik 1957, H. 12). - Zs.en: Forum, publ. by the WCF, London; Weltharmonie der Religionen, hg.v. H.K. Iranschähr, Winterthur. *F. Heiler*

Menstruation. Die rituelle Behandlung der M. und die damit verbundenen religiösen Vorstellungen müssen vor dem Hintergrund der allgemeinen »Bluttheorie« verstanden werden, die bei → Naturvölkern anzutreffen ist. In jedem Mensch steckt eine Partikel der allgemeinen Schöpfungskraft, die sich im Laufe des Lebens weiter auflädt (→ Macht: I). Bestimmte Körperteile enthalten diese Kraft - auch nach dem Tode - in besonderem Maße. Andere Menschen können zusätzlich zu ihrer eigenen Partikel noch jener teilhaftig werden, wenn sie sich der entsprechenden Körperteile versichern. Ein bes. wichtiger Kraftträger ist das → Blut. Im Blut stecken aber nicht nur die positiven Kräfte des Individuums, sondern ebenso auch alle schadenden Kräfte (→ Krankheits-Erreger usw). Blutablassungen müssen also unter zwei entgegengesetzten Gesichtspunkten verstanden werden: a) zum Zweck der Übertragung positiver Lebenskraft auf andere, b) zum Entfernen negativer Kräfte aus dem Körper. Während solche Blutablassungen bei dem Mann durch Schnitte oder andere Reizungen erfolgen (→ Tätowierung), treten sie bei der → Frau (: I) regelmäßig ein. Ganz allgemein überwiegen die Vorstellungen, daß mit der M. ein Ablassen schadender Kräfte verbunden ist. So sind die vielen Meidungsvorschriften zu erklären, die eine menstruierende Frau umgeben (zB Absondern in besonderen Hütten; Verbot, Speisen zu kochen; Gebot, alle mit M.sblut verunreinigten Kleidungsstücke zu vernichten). Im Lebenszyklus der Frau spielt vor allem die erste M. eine rituell stark ausgebaute Rolle. Es kommt zu monatelangen Absonderungen. Verschiedene Kulturen führen künstliche Defloration durch, um das angestaute schlechte Blut schneller herauszulassen. Andererseits findet das M.sblut Verwendung im positiven Sinne als Wirkmittel bei Zauberhandlungen oder in direkter

Kraftübertragung (Herstellen von Zauberpasten; Einschmieren der Kultteilnehmer; Liebeszauber; Vorbereitung auf den ehelichen Geschlechtsverkehr). Die rituellen Verhaltensweisen bei der M. gehen nicht auf die Vorstellung der mit dem Geschlechtsverkehr verbundenen Verunreinigung der Partner zurück (→ Rein und unrein: I), sondern umgekehrt bringt der Geschlechtsverkehr Verunreinigung, weil er die Partner mit dem schadenden (aber auch mit dem guten) Blut in Verbindung gebracht hat.

ERE, s. Reg. - HWDA, s. Reg. - F.VOSSELMANN, La M. - légendes, coutumes et superstitions, Paris 1936 - SDF II, 706 (Lit.) - C.BERNDT, Women's Changing Ceremonies, Paris 1950 - O.NĚMEČEK, Virginity: Prenuptial Rites and Rituals, New York 1959. - Vgl. die Lit. zu den im Text genannten Artikeln u. zu → Pubertät. *C.A.Schmitz*

Mensurius, Bischof von Karthago († 311 oder 307). Während der Diokletianischen Verfolgung hatte er einen Teil seiner Gemeinde gegen sich aufgebracht, weil er einer unlauteren Martyriumssucht, einer wahllosen Märtyrerverehrung und einem ungeordneten Besuch der gefangenen Christen entgegengetreten war. Man warf ihm auch Auslieferung der hl. Schriften vor, obwohl er nur ketzerische Schriften den heidnischen Beamten in die Hände gespielt hatte. Mittelbar trug die so geschaffene Stimmung zum Ausbruch des → Donatismus bei.

W.H.C.FREND (→ Donatismus) 6ff. *† Hugo Koch (H.Chadwick)*

Mentalrestriktion → Wahrhaftigkeit.

Mentzer, 1. *Balthasar* I. (1565-1627), maßgebender Theologe der luth. Frühorthodoxie, Lehrer u.a. Joh. → Gerhards. * in Allendorf (Werra), nach Studium in Marburg Pfarrer in Kirtorf, 1596 Prof. in → Marburg. 1605 wegen Unbeugsamkeit im Streit um die »Verbesserungspunkte« (→ Hessen: I, 3) verdrängt, wurde M. Prof. in → Gießen, 1625 wieder in Marburg Rektor. Durch seine Teilnahme am christologischen Streit der Gießener und Tübinger (→ Christologie: II, 7 e; → Kenosis, 2) und viele Veröffentlichungen zur Polemik und Kontroverstheologie haftet ihm der Ruf eines engen Streittheologen an, aber zu Unrecht. Die positive Darlegung der Heilslehre lag ihm näher als die Polemik. Der fromme und gelehrte Dogmatiker bewährte sich zugleich als Mitarbeiter am Aufbau und der Ordnung des kirchlichen Lebens.

B.M.s Handbüchlein, hg.v. G.HOFFMANN, 1938 (mit hist. u. theol. Einl.). - RE XII, 632ff - MG Paedag. 27. 28. 33, 1903/05 - RITSCHL III. IV (Reg.) - H.E.WEBER, Reformation, Orthodoxie u. Rationalismus I/2, 1940 (Reg.).

2. *Balthasar* II. (1614-79), jüngster Sohn von 1, * in Gießen, 1640 Prof. der Theologie in → Marburg, 1646 bis 1650 in Rinteln, dann kurze Zeit in → Gießen; seit 1652 Oberhofprediger und Sup. in Darmstadt. Trotz raschem wissenschaftlichem Aufstieg mehr praktisch veranlagt, konnte M. in diesem Amte seine Gaben voll entfalten und sein Geschick zur Vermittlung bewähren. Um den kirchlichen Wiederaufbau nach dem 30jährigen Krieg erwarb er sich Verdienste, ebenso um das Schulwesen wie schon sein Vater. Dem Pietismus gegenüber (→ Hessen: I, 3) nahm er eine erst abwartende, dann mehr und mehr abweisende Haltung ein.

STRIEDER VIII, 1788, 442ff - RE XII, 635f - MG Paedag. 28. 33, 1903/05 - W.DIEHL, Hassia sacra II, 1925, 40ff. *G.Hoffmann*

Mercier, *Désiré Félicien François Josèphe* (1851-1926), belgischer Gelehrter und Kardinal, 1877 Prof. der Philosophie in Mecheln. Auf Wunsch → Leos XIII. wurde er zum Prof. für thomistische Philosophie in → Löwen ernannt, wo er ein Zentrum der → Neuscholastik schuf und gegen Widerstände aller Art das »Institut Supérieure de Philosophie« gründete, das bald die thomistische Akademie Leos XIII. in Rom überflügelte. M. vertrat den → Neuthomismus in seinen Schriften und durch die von ihm mitbegründete »Revue Néoscholastique de Philosophie« (1894ff). Als Erzbischof von Mecheln (seit 1906) erwies er sich erfüllt von seinem Hirtenamt. 1907 wurde er Kardinal. Während des 1. Weltkriegs vertrat er die Sache seines Vaterlandes und ermutigte dessen Widerstand mit glühendem Patriotismus, aber ohne Haß. 1921-25 präsidierte er bei den »Malines conversations« zwischen anglikanischen und röm.-kath. Theologen (→ Einigungsbestrebungen: IV, 3).

Le Cardinal M. (Erinnerungsband mit Bibliogr.), Brüssel 1927 - Biogr. u.a. v. J.A.GADE, New York 1934 - L. DE RAEYMAEKER u.a., Le Cardinal M., Löwen 1952 - ODCC 888 (Lit.). *D.Carter*

Merensky, *Alexander* (1837-1918), * in Panten bei Liegnitz, einer der bedeutendsten deutschen Afrikamissionare des 19.Jh.s (→ Afrika: IV B, 2 c. 3 c). 1859 bis 1882 gründete und leitete M. die Berliner Missionssynode Transvaal in Südafrika mit dem Hauptsitz Botshabelo (»Zufluchtsort«). 1896 berief ihn die → Berliner Missionsgesellschaft zum Missionsinspektor und sandte ihn 1891 als Leiter einer Expedition nach Ostafrika. Dort begann er mit der Berliner Missionsarbeit nördlich des Njassasees. Durch seine Vorträge und bes. seine literarische Arbeit, die auch viele geographische, naturwissenschaftliche und völkerkundliche Fragen behandelte, wirkte M. in Deutschland weit über die Missionskreise hinaus.

Vf. u.a.: Erinnerungen aus dem Missionsleben in Transvaal, 1889; Dt. Arbeit am Njassa, 1894; Missionsatlas der Berliner Mission, 1900. - Über M.: H.PETRICH, A.M., 1919. *G.Brennecke*

Mereschkowskij (Merežkovskij), *Dimitrij Sergejewitsch* (1865-1941), * in Petersburg, † in Paris, brachte nach vorwiegend außerästhetischer (sozialer) Zielsetzung und Wertung der russ. Literatur im 19.Jh. das ästhetische Wesen der Dichtung zur Geltung. Das Atmosphärische (Großstadt, Landschaft), die Geheimnisse und Rätsel des menschlichen Lebens (Krankheit, Schicksal, Religion) treten an die Stelle der »Statistik und Nationalökonomie«. So ist M. einer der bedeutendsten Wegbereiter der sog. »zwecklosen Kunst«, des russ. → Symbolismus (W.I. → Iwanow, A.Belyj, A.Blok u.a.), den er in seinem Buch »Über die Ursachen des Verfalls und die neuen Strömungen der zeitgenössischen russ. Literatur« (1893) erstmalig propagiert. Trotzdem bleibt seine Prosadichtung gedanklich überformt: These und Antithese (Christentum-Heidentum) werden durch die Synthese (russ. Orthodoxie) überwunden (Romantrilogie »Christ und Antichrist«: Julian Apostata, 1896; Leonardo da Vinci, 1901; Peter und Alexei, 1905). Trotz des glänzenden Stils leiden seine späteren Werke unter Manierismus und Ideendialektik. In → Dostojewskij, dem der 15jährige seine ersten Gedichte vorliest, sieht M. die Verwirklichung einer entkonfessionalisierten russ. Orthodoxie, welche als »drittes Testament« die Menschheitskultur erneuern soll. Wie bei Iwanow ist auch bei M. ein gewisser Bildungsliberalismus nicht zu übersehen.

Ausg.n u. Bibliogr.: A.S.FOMIN, Die Lit. des 20.Jh.s II, Moskau 1915 (russ.) - Der Große Brockhaus VII, 1955, 692. - Über M.: E.LUNDBERG, M. u. sein neues Christentum, 1922 - J.CHUZEVILLE, D.M., 1922 - B.SCHULTZE, Russ. Denker. Ihre Stellung zu Christus, Kirche u. Papsttum, 1950, 245ff - S.HIPPIUS-M., D.M., 1951 - A. STENDER-PETERSEN, Gesch. der russ. Lit. II, 1957, 509ff - J.HOLTHUSEN, Studien zur Ästhetik u. Poetik des russ. Symbolismus, 1957. *K.Onasch*

Mergner, *Friedrich* (1818-91), * zu Regensburg, † in Kloster Heilsbronn bei Ansbach als Pfarrer, Sohn eines Organisten, komponierte als Autodidakt in eigengeprägter Tonsprache u.a. »Paul Gerhardts geistliche Lieder in neuen Weisen« (1876, neu hg. 1918 von F.Spitta) und »Die hl. Passionswoche« (1900, für Chor a cappella und Einzelstimmen), Werke, die zu den wertvollen Erzeugnissen ev. Kirchenmusik im 19.Jh. zählen. Einige seiner Melodien sind in Gesangbücher übernommen worden.

A.SPERL, F.M., 1910 - F.SPITTA in MGkK 23, 1918, 173-183. *S.Hermelink*

Merkle, *Sebastian,* kath. Kirchenhistoriker, * 28.8. 1862 in Ellwangen (Württ.), † 24.4.1945 in Wargoldshausen, seit 1887 Priester, 1894-97 am Historischen Institut der Görresgesellschaft in Rom, 1898-1933 Prof. in → Würzburg. Der kritisch-historischen Wissenschaft streng verpflichtet, machte sich M. bes. durch Herausgabe der Tagebücher des → Tridentinischen Konzils verdient, war aber auch mit Erfolg um eine vorurteilslose Erforschung der Reformationshistorie und der kath. Aufklärung des 18.Jh.s bemüht.

Vf. u.a.: Reformationsgeschichtl. Streitfragen, 1904; Herm. Schell zum Gedächtnis, 1906; Die kath. Beurteilung des Aufklärungszeitalters, 1909; Die kirchl. Aufklärung im kath. Deutschland, 1910; Die Anfänge franz. Laientheol. im 19.Jh. (in: Wiederbegegnung von Kirche u. Kultur. Eine Gabe f. K.Muth, 1927, 323-357). - Hg.: Concil. Trident. I: Diariorum I-III, 1901-32. - Über M.: Festschr. zum 60. Geb., hg.v. W.SCHELLBERG, 1922; zum 70. Geb., hg.v. PH.FUNK, 1932 - A.BIGELMAIR, HJ 62-69, 1949, 944-958 - H.JEDIN, ThQ 130, 1950, 1-20. *K.G.Steck*

Merle d'Aubigné, *Jean-Henri,* schweiz. ref. Theologe, * 16.8.1794 in Eaux-Vives bei Genf, † 21.10.1872 in Genf. Durch R. → Haldane für die → Erweckung (: I, 5 c) gewonnen, seit seiner Teilnahme am Wartburgfest 1817 von der Idee einer umfassenden Reformationsgeschichte erfüllt, wurde M. nach Pfarrdienst in Hamburg (1818-23) und am Königshofe in Brüssel (1824-30) Prof. für KG an der 1832 gegründeten theologischen Schule der → Evangelischen Gesellschaft in Genf. Das Kanzelverbot der Genfer Staatskirche trieb ihn zur Trennung: Die chapelle de l'Oratoire wurde 1835 zum Mittelpunkt einer separierten Gemeinde, die 1849 mit der Eglise du Bourg de four zur Eglise Evangelique verschmolz.

Vf. u.a.: Hist. de la Réforme au XVIe siècle, 4 Bde, 1835-53 (dt. 5 Bde, 1848-54); Hist. de la Réforme en Europe au temps de Calvin, 8 Bde, 1863-78 (dt. 4 Bde, 1863-66). - Über M.: L.MAURY, Le Réveil religieux dans l'Eglise réformée I. II, Paris 1892 - RE XII, 637ff (Bibliogr.) - R.KAYSER, H.M. d'A. u. die Anfänge der Erweckung in Hamburg (Zs. des Vereins für Hamburg. Gesch. 30, 1920, 106-135) - HERMELINK I, 453ff. *H.Hohlwein*

Mermillod, *Gaspard* (1824-92), schweiz. Kardinal, 1845 Pfarrer, 1857 Generalvikar, 1864 apostolischer Vikar in Genf. Die kantonalen Behörden widersetzten sich dieser Ernennung als einer »Wiedererrichtung des Genfer Bistums«, und der Bundesrat verbannte M., der sich nach Ferney (Ain) zurückzog. 1893 setzte ihn Leo XIII. als Bischof für Lausanne-Genf mit Residenz in Freiburg i. Ü. ein. 1890 Kurienkardinal. M. war ein berühmter Redner und ein wirksamer Förderer des sozialen Katholizismus.

Vf. u.a.: Lettre à un protestant sur l'autorité de l'Eglise et le schisme, Paris 1864; Oeuvres oratoires, 3 Bde, ebd 1893f. - Über M.: L.JEANTET, Le Cardinal M., ebd 1906 - C.MASSARD, L'oeuvre sociale du Cardinal M., Louvain 1914. *A.Hamman*

Merry del Val, *Raphael* (1865-1930), span. Kardinal, * in London als Sohn eines Gesandtschaftssekretärs. M. wurde Diplomat im Dienst des Vatikans, 1897 apostolischer Delegat in Kanada, 1898 Präsident der Accademia dei Nobili, nach dem Tode Leos XIII. (1903) Sekretär des Konklave, bald darauf Staatssekretär → Pius' X. Sein Einfluß war bestimmend für die unnachgiebige Haltung des Vatikans, die zur Aufhebung des Konkordats mit Frankreich führte, sowie im Modernistenstreit (→ Reformkatholizismus). Nach Pius' X. Tod (1914) lebte er zurückgezogen in Rom.

F.A.FORBES, M., London 1932 - G.DAL GAL, Il cardinale R.M., segretario di stato del B.Pio X., Rom 1953. *A.Hamman*

Merseburg, *Bistum,* 968 in Erfüllung eines Gelübdes → Ottos I. vor der Ungarnschlacht 955 als Suffragan von → Magdeburg errichtet, wurde dem in der Slawenmission erfahrenen Regensburger Mönch Boso († 970) anvertraut. Schon 981 wurde M. wieder aufgehoben und die Diözese unter → Halberstadt, → Meißen und → Zeitz aufgeteilt. Bischof Gisilher wurde zum Erzbischof von Magdeburg erhoben, das Domkapitel trat als Kollegiatstift unter Halberstadt zurück. Doch wurde M. 1004 von Heinrich II. in kleinerem Umfang wiederhergestellt. Auf Bischof Wigbert (1004-09) folgte → Thietmar (1009-19). Erst nach dem Investiturstreit, in dem M. zu den schärfsten Gegnern → Heinrichs IV. zählte, gaben die Siedlungsmaßnahmen Wiprechts von Groitzsch und seine Pegauer Klostergründung (1092) der Christianisierung dieser Gebiete neue Impulse. M. war reichsunmittelbar, blieb aber politisch bedeutungslos und in völliger Abhängigkeit von seinen wettinischen Schutzherren, den Markgrafen von Meißen. Diese unterstellten sich mit Herzog August als ev. Administrator 1544 die Stiftslande, die nach vorübergehender Rekatholisierung (1549-61) unter Belassung des luth. Domkapitels bis 1815 unter sächsischer Verwaltung (1656-1738 Seitenlinie als Herzöge von Sachsen-M.) standen, ehe sie an Preußen kamen. Das Hochstift blieb auch nach 1918 erhalten.

P.KEHR, Urkundenbuch des Hochstifts M. I (bis 1357), 1899 - F.RANGE, Die Entwicklung des M.er Domkapitels bis zum Ausgang des 14.Jh.s (Diss. Greifswald), 1910 - R.HOLTZMANN, Die Aufhebung u.Wiederherstellung des Bistums M. (Sachsen u. Anhalt 2, 1926, 35-89) - Die Matrikel des Hochstifts M. 1469-1558, hg.v. G.BUCHWALD, 1926 - RGG³ III, 2129 (Lit.). - Weiteres bei DAHLMANN-WAITZ 5972. 7170. *H.Ludat*

Mersenne, *Marin* (Pseudonym: Sieur de Sermes; 1588-1648), * in Soutière bei Bourg d'Oizé, † in Paris, einer der ersten Schüler des Jesuitenkollegs von La Flèche, seit 1611 Minime, lehrte von 1614-19 an der Ordensschule zu Nevers und lebte seitdem im Pariser Ordenskonvent. M. besaß enzyklopädisch-kompilatorische Gelehrsamkeit, war ein Mittelpunkt des wissenschaftlichen Lebens und stand in reger Korrespondenz (s. Lit.) mit den bedeutendsten Gelehrten seiner Zeit (sécrétaire de l'Europe savante!): → Descartes, → Hobbes, → Campanella, → Gassendi, → Galilei, Fermat, Doni (Musiktheoretiker) u.a. Mit Descartes verband ihn von La Flèche her unbeirrbare Freundschaft. Er hielt sich für einen Cartesianer, war aber eine vermittelnde Natur. Den Grundzug seiner wissenschaftlichen Arbeit bestimmte sein musiktheoretisches Interesse; bes. seine »Harmonie Universelle« ist eine wichtige Quelle für die Musikgeschichte des Frühbarock. Seiner mathematisch-physikalisch orientierten musikwissenschaftlichen Methode entspricht seine Vorliebe für Mathematik und mechanische Welterklärung. → Skeptizismus, → Atheismus und → Deismus hat er zeitlebens bekämpft. M. war kein bahnbrechender Forscher, aber ein anregender und weitausschauender Geist, der auf den Fortschritt der Wissenschaft und die Methode der neueren Akademien starken Einfluß genommen hat. Seine Werke sind beispielhaft für das theologisch bestimmte geistige Klima in den Anfängen der modernen Wissenschaft.

Vf. bes.: Quaestiones in Genesim, 1623; L'impiété des Déistes, Athées et Libertins de ce temps, 1624; La vérité des Sciences contre les sceptiques ou Pyrrhoniens, 1625; Les Questions théologiques, physiques, morales et mathematiques, 1634; Harmonie Universelle, 1636/37; Cogitata physico mathematica, 1644; Correspondance hg.v. Mme P.Tannery, I-IV, Paris 1932-55. - Über M.: R.Eitner, Die Druckwerke P.M.M.s über Musik (MfM 23, 1891, 60-68. 164) - R.Lenoble, M. ou la naissance du mécanisme, Paris 1943 (vollst. Bibliogr., auch des nicht ed. Materials von u. über M. sowie der Lit.) - Zum »tricentenaire« M.s: R.Taton, Le père M.M. (La Nature 77, 1949, 28-29) u. Beitr. v. P.Sergescu, C. de Waard, P.Humbert, L. Auger, R.Lenoble, B.Rochot (Revue d'histoire des sciences 2, 1948, 5-89) - H.Hermelink, M.M. u. seine Naturphilosophie (Philosophia naturalis 1, 1950, 223-242). *J.Klein*

Merswin, *Rulman* (1307-82), vornehmer Straßburger Kaufmann und Wechsler, in Beziehung mit → Tauler (seinem Beichtvater), → Heinrich von Nördlingen, Margareta → Ebner und anderen → »Gottesfreunden«. Im Kloster auf dem Grünenwörth, das er 1367 von den Benediktinern erworben und als unter seinem Einfluß bleibende Stiftung den Johannitern übergeben hatte, mit Gleichgesinnten der Weltentsagung und Betrachtung lebend, gab er sich als der einzige autorisierte Mittelsmann eines geheimnisvollen, nur ihm bekannten »großen Gottesfreundes aus dem Oberland«. Die diesem sowie die M. selber zugeschriebenen Traktate und Briefe, alle erst nach 1382 bekannt geworden, ergänzen ältere Vorlagen mit weitschweifigen Klagen über die Verderbnis der Welt und Bekehrungsgeschichten, in denen die Laienfrömmigkeit auf Kosten des Klerus verherrlicht wird. Derselben Tendenz dient die Gestalt des großen Gottesfreundes selbst. Denn nach → Denifle hat der so lange gesuchte und mit den verschiedensten Personen (zB → Nikolaus von Basel) identifizierte Meister nicht existiert, sondern war eine Erfindung M.s, nach K.Rieder seines Famulus, des Nikolaus von Löwen († 1402).

Texte: K.Schmidt (→ Nikolaus v. Basel) - F.Lauchert, Des Gottesfreundes Buch von den zwei Mannen, 1896 - K.Rieder (s.u.) - Ph.Strauch, Schriften aus der Gottesfreund-Lit., 3 H.e, 1927-29. Weiteres s. VerfLex III, 367f. - Über M. (vgl. auch → Gottesfreund): RE XVII, 203ff; XXIV, 437 - K.Rieder, Der Gottesfreund vom Oberland, 1905 (mit Textbeilagen) - RGG² III, 2130 - W.Oehl (→ Gertrud d. Gr.) 397ff (Lit.) - VerfLex III, 355ff; V, 682 (Lit.) - EC VIII, 748. *M.A.Schmidt*

Merula, *Angelus* (Engel Willemsz, van Merlen; 1482 bis 1557), ev. Märtyrer, * in Den Briel, † in Bergen (Belgien). M. studierte seit 1504 in Paris Theologie und Kanonistik. 1511 wurde er Pfarrer in seinem Geburtsort, 1530 in Heenvliet. M. war ein guter Patristiker und las daneben reformatorische und gegenreformatorische Schriften. Er wurde von der Richtigkeit der ev. Rechtfertigungslehre überzeugt, widersprach der Marien- und Heiligenverehrung, der Transsubstantiationslehre und trat auch gegen kirchliche Mißbräuche auf. Er wollte sich aber nicht von der Kirche scheiden, sondern sie reformieren. Schon früh der Ketzerei verdächtigt, wurde er 1553 von der Inquisition im Haag verhaftet, nach Löwen gebracht und zuletzt in Bergen eingekerkert. Dort starb er, bevor das Feuer ihn vernichten konnte. Die sog. »Historia tragica« (1604) seines Großneffen Paulus M. birgt noch viele historische Probleme.

W.Moll, A.M., 1855 - I.M.J.Hoog, De verantwoording van A.M., 1897 - R.Fruin, Het proces van A.M. (in: Verspreide Geschriften I, 1900, 229-265) - BWGN VII, 859ff. *J.N.Bakhuizen van den Brink*

Merz, *Georg* (3.3.1892 bis 16.11.1959), ev. Theologe, * in Walkersbrunn (Oberfranken), 1918 Pfarrer in München, 1926 auch Studentenpfarrer, 1930 Dozent in Bethel, 1939 Dekan in Schweinfurt, 1947 Rektor der Augustana-Hochschule in Neuendettelsau. M. hat als Herausgeber von ZZ hervorragenden Anteil an der Entwicklung der → dialektischen Theologie. Die von ihr empfangenen Anregungen, zu denen später solche von → Löhe und → Bezzel traten, verarbeitete er zu Beiträgen bes. im Gebiet der praktischen Theologie (Neubegründer der ev. Erziehungslehre, Verkündigung an den modernen Gebildeten) sowie zur Lutherforschung.

Vf. u.a.: Religiöse Ansätze im modernen Sozialismus, 1919; Der vorreformatorische Luther, (1926) 1928²; Kirchl. Verkündigung u. moderne Bildung, 1931; Freiheit u. Zucht, 1932; Glaube u. Politik im Handeln Luthers, 1933; Gesetz Gottes u. Volksnomos (LuJ 1934, 51-82); Priesterlicher Dienst im kirchl. Handeln, 1952; Das bayer. Luthertum, 1955; Die Begegnung Karl Barths mit der dt. Theol. (KuD 2, 1956, 157-175). Mit-Hg. der Münchener → Lutherausgabe. - Über M.: H.Gollwitzer, Gruß u. Dank (EvTh 11, 1951/52, 428 bis 434). *H.Gollwitzer*

Merzedarier, amtlich *Ordo B.M.V. de Mercede Redemptionis Captivorum*. Laut Tradition wurde der Orden 1218 von den hll. Petrus Nolaskus (daher auch *Nolasker* genannt) und → Raimund von Peñaforte, der die Konstitutionen schrieb, gegründet; nach anderen entwickelte er sich aus einer Laienbruderschaft zum Loskauf christlicher Gefangener von den Ungläubigen. Gregor IX. bestätigte 1235 dem Verband die → Augustinerregel mit dem Gelübde zur Befreiung christlicher Sklaven. Die Statuten wurden zuletzt 1895 verbessert. Die M. bestanden ursprünglich aus Rittern, Priestern und Brüdern. 1606 bildete sich eine später unabhängige Reformkongregation von Barfüßern. Die M. zeichneten sich durch Befreiung von Sklaven und ausgedehnte Missionsarbeit in Mittel- und Südamerika aus. Die beschuhten M. erlitten durch die Unterdrückung in Frankreich, Spanien und Amerika große Einbuße. Ihr Habit ist weiß. Die Generalkurie befindet sich in S. Adriano in Rom. Der Orden hat heute 80 Niederlassungen mit 998 Mitgliedern. 1936 wurde dem Orden der Rittercharakter und die Verleihung von Ritterabzeichen abgesprochen. Der Zweite Orden wurde 1568 von Pius V. bestätigt; er zählt jetzt ca 700 Nonnen. M.-Tertiarinnen wurden schon 1265 gegründet; heute sind es in mehreren Kongregationen etwa 1500 Schwestern.

LThK VII, 99f - Heimbucher I, 571ff - AAS 28, 1936, 306f - Escobar I, 439ff. *Ph.Hofmeister*

Mesa, König der → Moabiter (mêšă' bzw. mš' = Hilfe [Gottes]), ist der einzige König der Nachbarreiche Israels, von dem wir außer den biblischen Notizen (in 2Kön 3) eine Steleninschrift - mit 35 Zeilen - besitzen (→ Epigraphik: I, 3 c). Die Stele, der sog. M.-Stein, wurde 1868 in Dibon entdeckt und steht jetzt im Louvre (AOB 120, ANEP 274). Der im Stil assyrischen Königsberichten folgende Text wird um 840/830 verfaßt sein. Der Kriegsbericht beginnt mit der auf 40 Jahre nach oben (!) abgerundeten Notzeit Moabs in den Tagen → Omris (878-871) und seiner Söhne. 2Kön 3, 5 datiert den »Abfall« M.s mit dem Tod → Ahabs (852). Die zZ Davids und Salomos am Arnon liegende Grenze hatten die Moabiter nach Norden vorgeschoben, so daß Aroer und Dibon (Heimat M.s) schon zuvor moabitisch waren. Von den durch Omri annektierten Territorien erobert M. das Land von → Madeba, das von Gaditen bewohnte Ataroth, deren Bewohner er ausrottet. Den Kommandanten (? Arel dodoh ?) schleppt M. in ein → Kamos-Heiligtum. Im Orte Nebo verfallen 7000 dem Bann, und »(Gerät)e Jahwes« (oder eine besondere Kultdienergruppe ?) werden vor Kamos geschleppt. Dann vertreibt M. den in Jahaz (südl. Madeba) sitzenden König (Joram?), macht sich mit (eigenen) Mannen zum Herrn der vordem von Ahab befestigten Stadt und gliedert sie Dibon an (vgl. 2Sam 5, 7 die »Davidsstadt«). Weitere Festungsbauten M.s (u.a. Madeba) sollen Moabs Nordgrenze sichern. In Z. 21-26 berichtet M. ausführlich über den Neubau von Qericho, eingangs (Z. 3f) vom Bau »dieses Heiligtums« für Kamos - in Qericho. Dieses Qericho (= Glatzkopf, dh kahler Fels) wird der Name der auf dem nördlichen Hügel von Dibon errichteten Neu-Stadt sein (vgl. den Doppelnamen: Zion-Jerusalem). - Die Bedrohung M.s durch die Verbündeten Israel, Juda und Edom (2Kön 3, 6ff; Vorstoß bis zur »Südresidenz« Kerak) könnte noch in der Zeit Ahabs spielen. Die Wende wird auf das Erstgeborenenopfer M.s und den gewaltigen Zorn des Gottes Kamos zurückgeführt (2Kön 3, 27). - Erst unter → Jerobeam II. (vgl. 2Kön 14, 25) konnte Israel seine Grenze im Ostjordanland wieder bis zur Höhe des Nordendes des Toten Meeres vorschieben.

Zum M.-Stein, Text: M.Lidzbarski, Ephemeris für sem. Epigraphik I, 1900 - G.A.Cooke, Text-Book of North Semitic Inscriptions, 1903 - TGI 47ff. - Übers.en: H.Gressmann in AOT 440ff - W.F.Albright in ANET 320f. - Interpretation: M.Noth in ZAW 60, 1944, 42-46. - Zu den in Dibon durchgeführten Ausgrabungen vgl. BASOR, ab 125, 1952. *K.Galling*

Mesmerismus, von dem deutschen Arzt *Franz Anton Mesmer* (1734-1815) begründete Lehre vom »animalischen Magnetismus«. Das All soll von unmeßbar feinen, dem Mineralmagnetismus ähnlichen Strömungen durchpulst sein. Besonders veranlagte Personen speichern sie in sich auf und können sie auf andere Menschen, Dinge usw überleiten. Diese Lehre führte zu »magnetischen« Kuren: da Krankheit nach Mesmers Theorie eine Stauung der magnetischen Ströme im Körper ist, besteht die Heilung in deren Beseitigung durch magnetisches Bestreichen des Patienten. - Überraschende Heilerfolge und merkwürdige »Krisen«-Erscheinungen bei diesem Verfahren erregten großes Aufsehen. Der M. gewann bedeutenden Einfluß auf die Heilkunde und Naturphilosophie der beginnenden Romantik (u.a. → Lavater, Just. → Kerner). Noch heute wird Heilmagnetopathie nach dem M. betrieben. Von der offiziellen Medizin wurde der M. jedoch nicht anerkannt, da er Hypnose und → Suggestion mißdeutete und das postulierte magnetische Fluidum nicht nachgewiesen werden konnte. Dagegen hatte der bei den »mesmerisierten« Patienten häufig auftretende Somnambulismus wissenschaftliche Bedeutung. Die weitere Erforschung dieses Phänomens führte zum → Hypnotismus und über ihn zur → Psychotherapie. - In Amerika wirkte der M. auf die Entstehung zweier halbreligiöser Bewegungen ein: auf die Mental-Science-Bewegung (→ Neugeist) und über A.J. Davis auf den → Spiritismus.

St.Zweig, Die Heilung durch den Geist, (1931) 1952² - K.Bittel-R.Tischner, Mesmer u. sein Problem, 1941 - E.Schneider, Der animale Magnetismus, Zürich 1950 (Lit.). *H.-D.Reimer*

Mesopotamien bedeutet seit der hellenistischen Periode das Gebiet »zwischen den Strömen« Euphrat und Tigris (→ 3 C/D 2/3). Heute beschränkt man den Ausdruck M. meist auf das »obermesopotamische« Gebiet am Mittellauf des Euphrat und bei seinen beiden Nebenflüssen Chabur (Chaboras) und Balich (Belichos). Schon Luther (Gen 24, 10; 31, 18 u.ö.) übersetzte mit M. die hebräischen Ausdrücke Aram Naharaim und Paddan Aram, womit das Land um Harran (→ 3 B 2) gemeint ist. Auch die in den ägyptischen Inschriften des Neuen Reiches üblichen Ausdrücke Nahrima oder Nahrina beschränken sich auf dieses »Stromgebiet« (so auch in den → Amarna-Briefen). - Die Kultur in diesem beschränkteren obermesopotamischen Raum reicht bis weit in die vorgeschichtliche Periode zurück (buntkeramische Scherbenfunde zB in Tell Halaf [→ 3 C 2]). Wahrscheinlich hatte das Reich Sargons von Akkad (Akkade, um 2400 vChr) im Chabur-Gebiet seinen Ausgangs- und Stützpunkt. Hier blühte, etwa gleichzeitig mit den → Sumerern, wohl die älteste (noch schriftlose) semitische Zivilisation. Im 18. und 17.Jh. vChr herrschte hier im weiteren Raum bis nach Phönizien hin eine erstaunliche kulturelle Einheit von Sprache, Schrift, Politik, Handel und Verkehr, wie aus den → Mari-Briefen erhellt. Seit ca 1560 vChr haben die Churriter und das → Mitanni-Reich dieses Gebiet beherrscht (→ Amarna). Um 1350 vChr bekämpften sich hier → Hethiter, → Aramäer und → Assyrer, bis das Gebiet im 9.Jh. dem Assyrerreich einverleibt wurde. Nach der Zerstörung → Ninives 612 vChr (→ Medien) fiel es an das neubabylonische (chaldäische) Reich, nach der Einnahme → Babylons 539 vChr an das Perserreich der Achämeniden. Nach → Alexanders d. Gr. Tod und nach dem Sturz des → Seleukiden-Reiches kam der Osten an die Parther, der Westen an die Römer. Seit 226 nChr folgte das neupersische Reich der Sassaniden (→ Iran: I). Um 650 nChr eroberten die Araber dieses Gebiet. Nach dem Verfall des Kalifenreiches stritten Perser, → Mongolen und → Türken um den Besitz; es entstanden ephemere Kleinstaaten. Im 15.Jh. erfolgte die Einverleibung in das osmanische Reich (Eroberung Bagdads 1534 und 1638). Heute gehört der Westen zu Syrien, der Osten zu Irak, der nördlichste Landstrich (mit Harran) zur Türkei. Die Austrocknung und Versteppung, die etwa im 9.Jh. vChr von der Wüste her einsetzte, hat wohl ihren Tiefstand erreicht.

RLV I, 206 (A.Alt) - L.Delaporte, La Mésopotamie, Paris 1924 - Seton Lloyd, Mesopotamia, London 1936 - R.T.O'Callaghan SJ, Aram Naharaim. A Contribution in the Hist. of Upper-Mesopotamia (AnOr 6), Rom 1948 - M. Frhr. v.Oppenheim u.a., Tell Halaf I-III, 1943-55 - F.M.Th. de Liagre Böhl, Zur Frühgesch. Ober-M.s (in: Opera Minora, Groningen 1953, 134-148) - J.Simons SJ, The Geographical and Topographical Texts of the OT, Leiden 1959, § 19 u.ö. *F.M.Th. de Liagre Böhl*

Mesrop Maschtoz (ca 360-440) aus Taron, Freund und Helfer des Katholikos → Sahak, unter Chosrow III. (388-392) Hofsekretär, wird Mönch und dann Missionar. Diese Tätigkeit führt ihm die Notwendigkeit einer armenischen Schriftsprache vor Augen, zumal Armenien der politischen Macht Persiens ausgeliefert ist und eine Iranisierung droht. Mit den Vorarbeiten des syrischen Bischofs Daniel nicht zufrieden, erfindet M. mit Hilfe eines Rufin das armenische Alphabet aus griechischen, semitischen und neuen Zeichen. Das bedeutet die Geburtsstunde der armenischen Literatur (→ Armenien: I, 4), die durch die Bibelübersetzungen des Sahak und M. und ihrer Schüler eingeleitet wird. Wissenschaftliche Revisionen und Übersetzungen patristischer Texte schließen sich an. Nach der Überlieferung soll M. auch das älteste georgische Alphabet geschaffen haben. Seine Vita schrieb sein Schüler Koriun.

Vita des Koriun bei V.Langlois, Collection des historiens anciens et modernes de l'Arménie II, 1869, 9ff - RE XII, 659ff - R. Grousset, Hist. de l'Arménie, 1947, 171ff - A.Vööbus, Early Versions of the NT, 1954, 137. 151ff. 179f. - Vgl. die Lit. zu → Armenien: I. *A.Böhlig*

Messalianer, syrischer Name der → Euchiten.

Meßbund, Gebetsverbrüderung mit der Verpflichtung, zu einem bestimmten geistlichen Zweck die hl. Messe zu lesen, lesen zu lassen oder mitzufeiern. Der Ingolstädter M., auch Marianisches Meßbündnis genannt, wurde 1729 im dortigen Franziskanerkloster zur Verehrung des Gnadenbildes begründet; seit 1874 ist er eine Bruderschaft, mit der → Gebetsmeinung um einen guten Tod oder für Verstorbene. M.e zur Unterstützung der Missionen sind zB der Missionsbund, seit 1924 in Huë (Annam) zur Bekehrung des Fernen Ostens; der Seraphische M., seit 1899 für die Kapuzinermissionen in Übersee; der Steyler Missionsbund, seit 1912; Missions-M. der → Pallottiner; M. für Afrika, seit 1908. Mehrere dieser M.e haben über 100 000 Mitglieder.

F. BERINGER, Die Ablässe, 1930[15]. *R. Mayer*

Messe

I. Liturgiegeschichtliche Entwicklung - II. Römische Messe - III. Im ev. Gottesdienst - IV. Musikalisch. - Vgl. ergänzend → Abendmahl: II. IV, → Gottesdienst: V A. B, → Liturgie: III. IV, → Opfer: IV

I. Liturgiegeschichtliche Entwicklung

1. Wortbedeutung - 2. Ursprung und Grundstruktur - 3. Der Wortteil - 4. Der eucharistische Teil der M. - 5. Der Zerfall der altkirchlichen M.

1. Der etymologische Ursprung des Wortes missa in der lat. Kirchensprache ist umstritten (Grundbedeutung wohl »Verabschiedung«, so Mohrmann); bereits im frühen MA ist es verschieden abgeleitet worden. Am Ende des 4.Jh.s konnte missa(e) noch sehr verschiedene Gottesdienstformen bezeichnen, seit etwa 500 wurde das Wort dann der in der lat. Kirche verbreitetste Name für den sonn- und festtäglichen Hauptgottesdienst (so → Caesarius von Arles), in dessen Mittelpunkt das → Abendmahl (: IV) stand, und schließlich für den eucharistischen Gottesdienst überhaupt. Auch in der Reformationszeit werden »M.« und »Abendmahl« meist synonym gebraucht. In der gegenwärtigen ev. → Liturgik (: I) in Deutschland wird als M. der »Hauptgottesdienst mit Predigt und Abendmahl« bezeichnet, also nicht mehr das Abendmahl allgemein, sondern ein bestimmter Gottesdienst- und Liturgietyp.

2. Dieser Gottesdienst wird zum ersten Mal bei → Justin deutlich geschildert (ap. 67, vgl. 65): Er besteht aus Lesung(en), Predigt, Gebet, Friedenskuß, Darbringung, Eucharistiegebet, Kommunion. Die einzelnen Elemente dieser Ordnung reichen sicher in apostolische Zeit zurück, wohl auch die Verbindung von Herrenmahl und Predigt, als Gesamtgefüge kann sie aber erst im 2.Jh. entstanden sein. Die alte Vermutung wird recht haben, daß nach der Trennung von Eucharistie und → Agape das → Abendmahl (: IV, 2 a) vom Ende der Vigilie auf den Sonntagmorgen verlegt wurde (vielleicht nach dem Vorbild des Gottesdienstes an → Ostern?) und sich hier mit einem älteren, dem synagogalen Morgengebet entsprechenden, morgendlichen Lese- und Predigtgottesdienst verband. - Die Unterscheidung dieser beiden Abschnitte der M. blieb erhalten und vertiefte sich noch durch die Ausbildung des festen → Katechumenats. Die Entlassung der Katechumenen (»missa catechumenorum«; erst seit dem 11.Jh. auf die ganze »Vor«-M. bezogen) und Büßer, die nicht zur Eucharistie zugelassen waren, trennte den Wort- und Abendmahlsteil, solange die Gemeinde nicht fast nur aus als Kinder Getauften bestand und die öffentliche Gemeindebuße geübt wurde.

3. Der *Wortteil* begann ursprünglich wohl allgemein mit den in den einzelnen Kirchengebieten an Zahl verschiedenen Lesungen (→ Perikopen), unterbrochen von Psalmen oder anderen Gesangstücken. Die → Predigt (: I) galt schon im 3.Jh. im allgemeinen als Vorrecht des Bischofs; Presbyterpredigten konnten ihr aber vorausgehen. Es folgt in Verbindung mit der Entlassung der Katechumenen- und Büßergruppen ein Teil des Fürbittgebetes. Der Ausbau des alten Morgengottesdienstes im Osten, bes. von Jerusalem aus, zum Frühoffizium, das vor der M. gehalten wurde, schob vor die Lesungen einen Gebetsteil als Kern der byzantinischen Enarxis (→ Gottesdienst: V A, 2 a β). In Ostsyrien sind die entsprechenden Abschnitte aus der Vesper genommen, ein Zeichen, wie lange die M. hier noch im Zusammenhang einer Vigilie gehalten wurde. Für den Westen s. → Messe: II, 5.

4. a) Den Kern der Liturgie der (seit dem 11.Jh.) sog. Gläubigen-M. bildete das Eucharistiegebet vor der Kommunion (griech. Anaphora, lat. ursprünglich canon actionis, praefatio u.a., später fehlte ein gemeinsamer Name), das liturgisch aus dem jüd. Tischgebet erwachsen ist und formgeschichtlich weitgehend dem Typ der jüd. Benediktionen folgte (Audet), der auch in der griech. »Danksagung« noch deutlich durchscheint. Sein Inhalt war daher der Lobpreis für Gottes Heilstat in (der Schöpfung und) der Erlösung durch Christus, darin aufgenommen der Bericht von der Einsetzung des Abendmahls als Begründung dieses liturgischen Handelns der Gemeinde (fehlte anscheinend in Ostsyrien), an den sich regelmäßig die Anamnese (→ Liturgik: III) anschließt. Das Gebet konnte mit einer Bitte um die Herabkunft des göttlichen Geistes (Hippolyt, Addai und Mari) oder Logos (Justin und ursprünglich Alexandrien, vgl. JLH 4, 1958/59, 184) auf Brot und Wein zum Empfang durch die Gemeinde schließen (Kommunions-Epiklese). Die Liturgien seit dem 4.Jh. zeigen eine veränderte Struktur der Anaphora: α) Das → Sanctus setzt sich von Syrien aus in allen Kirchengebieten durch als Einschub zwischen den Dank für die Schöpfung und die Erlösung; in Ägypten steht es wohl schon seit dem 3.Jh. vor den Einsetzungsworten und hat hierher eine erste Epiklese mitgebracht. - β) Weiter werden in das Eucharistiegebet Fürbitten eingeschoben (vgl. schon Did 10, 5 und Addai und Mari), um sie in das Lobopfer (Ägypten) bzw. Meßopfer (Syrien und Rom) hineinzunehmen. - γ) Im Zusammenhang mit der Ausbildung der Pneumatologie setzt sich die Geistepiklese, nun als Wandlungsepiklese, im ganzen Orient und weithin auch im gallischen Liturgiegebiet durch. - δ) Rom und Mailand kennen dagegen nur (noch?) Rudimente einer Epiklese, dafür gewinnt hier die Bitte um die Annahme des Meßopfers zentrale Bedeutung im sich herauskristallisierenden Kanon (→ Messe: II, 5). Der Orient kennt ähnliche Wendungen meist innerhalb des Offertoriums, gelegentlich auch im Zusammenhang der Epiklese. - Aus der relativ einheitlichen Danksagung ist damit im Osten eine gegliederte Gebetshandlung, im Westen eine Kette von Einzelgebeten geworden, in der die ursprünglich miteinander verbundenen Aspekte Christusanamnese, Lobopfer, Konsekration auseinandertreten und neue Elemente aufgenommen sind. Nach einem Konsekrationsmoment im strengen Sinne fragt erst die lat. Frühscholastik und sieht ihn im Sprechen der Einsetzungsworte.

b) In Syrien gab es seit alter Zeit noch andere Konsekrations- und Opfervorstellungen, bei denen nach der Epiklese bes. das Brechen des Brotes und die darauffolgende Mischung der Elemente eine Rolle spielten (de Jong). Dies ist anscheinend der Kern eines eigenen Kreises von Kommunionsriten nach der Anaphora, der sich in Ost und West verbreitete und die auch sonst belegten Kommunionsgebete und -gesänge in sich aufnahm. Seit dem ausgehenden 4.Jh. setzt sich der Brauch durch, an der Nahtstelle zwischen Anaphora und Kommunionsteil das Vaterunser zu beten. Eine Danksagung nach der Kommunion ist schon im Euchologium des → Serapion (4.Jh.) überliefert; eine abschließende Segnung wird erst spät fester Brauch.

c) Vor der Anaphora steht das → Offertorium, die

Darbringung von Brot und Wein, bis ins 4.Jh. in der Form des Opferganges der Gläubigen. Dieser wird dann durch eine Klerikerprozession abgelöst, aus der sich der »große Einzug« entwickelt, der in den byzantinischen Liturgien die Gläubigen-M. eröffnet (→ Gottesdienst: V A, 2 a β). Friedenskuß und Reste des alten Gläubigengebetes haben sich hier erhalten, seit dem 6.Jh. wird hier auch das Symbolum eingefügt, ursprünglich meist von der Gemeinde gesprochen. Die Reihenfolge wechselt in den einzelnen Riten (zum Westen s. → Messe: II). Zur Vorbereitung der Eucharistie gehört auch die Proskomidie, die Zurüstung der Elemente, die seit dem 6./7.Jh. in Konstantinopel zusammen mit priesterlichen Vorbereitungsakten vor die Enarxis gerückt ist, ein Zeichen dafür, daß die beiden Teile der M. im Orient nunmehr zu *einem* Gottesdienst verschmolzen sind.

5. Die Liturgie der M. ist auch in den folgenden Jh.en weiter ausgebaut worden, im Orient bes. unter dem Einfluß des symbolischen Denkens, das neue Möglichkeiten erschloß, die Gegenwart Christi auszusagen (→ Gottesdienst: V A, 1 c γ). Aber die M. verlor ihren Charakter als »Gottesdienst mit Predigt und Gemeindekommunion«. Die Predigt hörte seit dem frühen MA im Westen, später auch im Osten auf, als notwendiger Bestandteil der M. zu gelten, auch die Lesungen wurden überwiegend zur »kultischen Zeremonie« (Baumstark). Vor allem im Westen kam die Differenz zwischen Volks- und Liturgiesprache hinzu. Die schweigende oder nur von Stillgebeten begleitete priesterliche Zelebration des Meßopfers - im Osten später hinter der → Bilderwand - drängte das Lobopfer der Gemeinde an den Rand. An die Stelle der Gemeindekommunion trat im allgemeinen die Kommunion nur des Klerus oder die Selbstkommunion des Liturgen (→ Abendmahl: IV, 2 b). Erhalten blieb die formale Struktur der M. und damit die Möglichkeit, ihren Inhalt zurückzugewinnen. Die Versuche einer Erneuerung in der Reformationszeit (→ Messe: III) sind damals schließlich gescheitert; in der Gegenwart wird das Ziel in den verschiedenen Konfessionen und dementsprechend unter verschiedenen dogmatischen Voraussetzungen wieder angestrebt.

Qu. s. → Liturgie: III. - Allgemein außer der Lit. zu → Abendmahl: IV, → Gottesdienst: V A, 1. 2: N.M.-D. u. R.Boulet, Eucharistie ou la M., Paris 1953 - H.-C.Schmidt-Lauber, Die Eucharistie als Entfaltung der Verba Testamenti, 1957 - Chr.Mohrmann, Missa (VigChr 12, 1958, 67-92). - Einzelprobleme: F.Hamm, Die liturg. Einsetzungsberichte (LQF 23), 1928 - W.H.Codrington, The Heavenly Altar and the Epiclesis in Egypt (JThS 39, 1938, 141-150) - W.H.Frere, The Anaphora, London 1938 - C.A.Bouman, Variants in the Introduction to the Eucharistic Prayer (VigChr 4, 1950, 94 bis 115) - B.Botte, Problèmes de l'Anamnèse (JEH 5, 1954, 16-25) - Ders., L'épiclèse dans les liturgies syr. orientales (SE 6, 1954, 48-72) - J.P. de Jong, Le rite de la commixtion dans la M. romaine dans ses rapports avec les liturgies syriennes (ALW 4, 1956, 245-278; 5, 1958, 33-79) - J.P.Audet, »Bénédiction« juive et »Eucharistie« chrétienne (RB 65, 1958, 371-399). - M. u. Kirchenbau: A.M.Schneider, Liturgie u. Kirchenbau in Syrien (NAG 1949, 3) - J.Lassus, Liturgies nestoriennes médiévales et les églises syr. antiques (RHR 137, 1950, 236-252) - A.G.Luiks, Cathedra en Mensa, Franeker 1955 - G.Kretschmar, Liturgie u. Kirchenbau in der frühen Christenheit (Kunst u. Kirche 22, 1959, 162-169).

G.Kretschmar

II. Römische Messe

1. Name - 2. Geschichte - 3. Arten - 4. Zeit der Meßfeier - 5. Einteilung und Verlauf - 6. Theologie der M.

1. Die Bezeichnung des röm.-kath. Hauptgottesdienstes als M. ist vom spätlat. missa = missio = dimissio (Entlassung, Verabschiedung nach einer Versammlung) abzuleiten. So wurde M. auch in der Sprache der christlichen Liturgie gebraucht, sowohl um den Schluß der Versammlung anzusagen (Ite missa est) wie um den Vorgang dieses Schlusses zu bezeichnen: M. = abschließender Segen, dann Segen überhaupt (Ende 4.Jh.). So wurde im 4./5.Jh. *jeder* Gottesdienst, weil er einen Segen umschloß, auch als Ganzes M. genannt. Seit der Mitte des 5.Jh.s bezeichnete M. dann mit Vorzug die Eucharistiefeier, was Ende des 6.Jh.s allgemein üblich wurde und andere Bezeichnungen (eucharistia, oblatio) verdrängte.

2. Über die *griech*. Periode der röm. M. geben → Justin (Apol. I; um 150) und → Hippolyt (Ägypt. KO; um 225) einige Auskunft. Allerdings wäre es verkehrt, hier speziell *die* röm. M. des 2. und 3. Jh.s festzustellen: Die gezeigten Schemata finden sich auch für andere Gebiete (Osten). Überhaupt fehlen noch feststehende Gebetstexte. Im 4.Jh. ging dann Rom von seiner bisherigen griech. Liturgie (Zwischenglieder ?) zur *lat*. über, deren Geschichte bis zum 6.Jh. im Halbdunkel bleibt. Vor allem die Entstehung des röm. Kanons ist ungeklärt (viele Hypothesen; Callewaert nimmt drei Stufen an: Damasus I., Leo I., Gregor I.). Nach Jungmann ist bereits Ende des 4.Jh.s der Kern desselben vorhanden, der dann bis zum 6.Jh. weiter ausgebaut wird: Te igitur, Memento Domine (beide Anfang 5.Jh.), Communicantes (5.Jh.), Hanc igitur (5./6.Jh.), Quam oblationem, Qui pridie, Unde et memores, Supra quae, Supplices (alle Ende 4.Jh.), Memento etiam (6.Jh. ?), Nobis quoque (5.Jh.), Per quem. Anklänge an die ägyptische → Liturgie (: III, 3) sind vorhanden (Alexandria). »In pietätvoller Wahrung solcher Überlieferungen wird jemand im 4.Jh. den Grundtext des röm. Meßkanons geschaffen haben« (Jungmann). Im gleichen Zeitraum wurden auch die anderen Teile der röm. M. um- bzw. ausgestaltet: Eröffnungsakt, Lesungen (bis ins 6.Jh. drei), Wegfall des allgemeinen Kirchengebets unter Gelasius (durch → Kyrie-Litanei ersetzt). Über den Leseteil im 4.Jh. unterrichtet das heutige kath. Karfreitagsoffizium. - In der Folgezeit wurde vor allem der große Festgottesdienst (Stationsgottesdienst) schriftlich festgelegt (Verlauf der M. im »Ordo«, die Gebete im Sakramentar). Das älteste röm. → Sakramentar, das *Leonianum*, enthält Formularkonzepte stadtröm. Herkunft (u.a. von → Leo I., → Gelasius I. und → Vigilius). Das *ältere Gelasianum* (über dessen Entstehung und Auswirkung vgl. Chavasse) bringt gallikanisch beeinflußtes stadtröm. Material; der röm. Stoff ist spätestens im 7.Jh. ins Frankenreich gekommen. Hier entsteht nun aus dem Stoff dieses Gelasianums und weiterem, vorwiegend aus Rom gekommenem (gregorianischem) Material um die erste Hälfte des 8.Jh.s ein neuer Typ, das jüngere oder fränkische Gelasianum *(Gelasianum saec. VIII.;* nach Baumstarks - nicht akzeptierter - These aus englischen Bezirken abgeleitet und als das »führende Reichssakramentar« der Ottonen- und Salierzeit zum Ahnen des heutigen röm. Meßbuches erklärt). Ein dritter röm. Sakramentartyp findet sich im *Gregorianum,* das immer mehr → Gregor d. Gr. zugeschrieben wird (dagegen Fendt; zum Problem des Urgregorianums vgl. Baumstark und Kl. Gamber). - Die weitere Entwicklung der röm. M. verläuft im Frankenreich, wo andere Meßformen zurückgedrängt wurden (→ Gottesdienst: V B, 1 a), nachdem Pippin (754) und → Karl d. Gr. die Rezeption der röm. Liturgie verfügten. 785/86 schickte Papst → Hadrian an Karl d. Gr. ein gregorianisches Sakramentar, in dem als »päpstlichem Fest- und Stationsmissale« (Lietzmann) aber die Sonntags-M.n fehlten. Den fehlenden Stoff fügte → Alkuin im Anhang »Hucusque« bei, der aus der gallikanischen Überlieferung stammte, die aber selbst wieder eine Mischung aus gregorianischem und gelasianischem Material enthielt. Dieser Anhang wurde dann mit weiterem (zT gelasianischem) Material in das Sakramentar selbst eingearbeitet

und so ein auf fränkisch-röm., gregorianisch-gelasianischem Gut aufbauender neuer Typ des röm. Meßbuches geschaffen. Vorliebe für das Dramatische, lange Gebete (Orient), Apologien, Gebetshäufungen, M. als Reservat der Kleriker und Leisesprechen des Kanons sind Merkmale dieser Entwicklung. So entsteht um 1000 ein neuer Meßordo, der sich bald weithin Geltung verschaffte. Nach B.Luykx entstand seine Grundform in St. Gallen; Strahlungszentrum ist St. Alban in Mainz. Dieser »Rheinische Meßordo« (früher Séez-Gruppe genannt) findet sich auch im Meßordo von Séez, St. Denis und in der Missa Illyrica (anders die von A.Dold herausgegebene beneventanische M.; Ende 10.Jh.). Im Rheinischen Meßordo begegnen eine Reihe von Elementen, die noch heute zur röm. M. gehören oder sie als Vorbereitung und Danksagung umrahmen (im Kommunionkreis der größte Teil des heutigen Textbestandes, im Stufengebet erstmalig Ps 42). - Nach 1000 verdrängte diese umgebildete und erweiterte röm.-fränkische Liturgie in Italien langsam die bodenständigen Formen. Sie fand Einlaß in das Missale secundum consuetudinem Romanae Curiae (Innozenz III.), das, von den Franziskanern aufgenommen und verbreitet, die Grundlage für die Reform unter Pius V. abgab. Weitere Umformungen der röm. M. finden sich in der Gotik mit ihrem Zug ins Private und Subjektive (Bereicherung des schaubaren Zeremoniells, Häufung der M.n durch Votiv-M.n). Das → Trienter Konzil wies 1562 (Sess. XXV) die Reform der M. dem Papst zu. → Pius V. führte am 14.7.1570 das *Missale Romanum* als für die gesamte röm.-kath. Kirche (nur wenige Ausnahmen) verbindlich ein. Es versucht eine Rückführung der röm. M. zur Strenge der älteren Gestalt. Bis zur Gegenwart griffen Päpste noch vereinzelt ins Missale ein. Neuausgaben erfolgten 1604 (Clemens VIII.), 1634 (Urban VIII.) und 1920 (Benedikt XV.). Weitere Einfügungen erfolgten unter Clemens XIII. und Leo XIII. - Zur liturgischen Bewegung vgl. → Gottesdienst: V B, 1 h.

3. Nach gegenwärtiger Übung unterscheidet man a) die *Missa solemnis*, die sich aus dem bischöflichen Gesamtgottesdienst der Frühzeit ableitet (Hochamt). b) Die *Missa cantata*, die von der Presbyter-M. herzuleiten ist. Für beide Formen ist Gesang des Chores und des Priesters vorgeschrieben, für a außerdem die Assistenz der Leviten und → Weihrauch. c) Die *Missa privata* (lecta), bei der der Priester die sonst vom Chor vorgetragenen Gesänge und die Lektionen (bei a: Leviten) liest. Als regelmäßige Erscheinung tritt sie erst im frühen MA auf. Im Ablauf an a und b angenähert, wurde sie bald zur neuen Grundform der Opferfeier. - Weiter unterscheidet die röm.-kath. Kirche verschiedene *Arten* von M.n: a) Die M.n der Sonn- und Festtage: missa (= m.) de tempore; ihre Sonderstücke sind im Proprium de tempore des Meßbuches enthalten. b) Die M.n an den Gedenktagen der Maria und der Heiligen: m. de sanctis; sie stehen im Proprium de sanctis, die gemeinsamen Heiligen-M.n im Commune sanctorum. Zu letzteren gehört auch die an Wochentagen im Advent in manchen Diözesen zu Ehren Marias gelesene sog. Rorate-M. (nach dem Introitus Jes 45, 8), die auch als Votiv-M. gelesen werden kann. c) Die durch besondere Anlässe bestimmten Votiv-M.n: missae votivae für Anliegen der Kirche (zB Wahl eines Papstes) und für Privatpersonen (zB Braut-M.). d) Die M.n für Verstorbene: m. pro defunctis (Exsequial-M., → Exsequien). - Das → Kirchenjahr bestimmt also den Charakter der röm. M. weit mehr als zB in der Ostkirche (gallikanisches Erbe), zB in Lesungen, Gebeten (Kollekte, Sekret, Präfation [Communicantes und Hanc igitur haben an Hauptfesten Zusätze], Postcommunio) und Gesängen (Introitus, Graduale, Halleluja, Sequenz, Offertorium, Communio; Wegfall des Gloria zu bestimmten Zeiten).

4. Die tägliche Meßfeier ist im 3.Jh. in Afrika, aber erst im 5.Jh. in Rom Brauch. Als Zeit für die M. ist in Rom und Gallien um 530 die 3. Stunde (für Sonn- und Feiertage), in der Karolingerzeit auch die 9. Stunde belegt. CIC c. 821 § 1 gestattet, mit der M. eine Stunde vor Morgenröte (Arbeitsbeginn) als frühestem und eine Stunde nach Mittag als spätestem Termin zu beginnen. Abend-M.n (im MA nur vereinzelt) sind seit 1941 bzw. 19.3.1957 wieder gestattet. Die Wiederholung der M. am selben Tage ist erst seit dem 4.Jh. bezeugt. Auswüchse durch häufige Zelebration suchte man 1206 zurückzudrängen (Verbot der → Bination). Nach CIC c. 806 dürfen heute an Weihnachten und Allerseelen 3 M.n gelesen werden. Seit 1215 ist es → Kirchengebot, an jedem Sonntag und gebotenem Feiertag eine M. zu hören und mindestens einmal im Jahr die Kommunion zu empfangen (Pflichtkommunion).

5. Isidor von Sevilla gliedert den Meßordo in 7 »orationes«. Spätere Liturgiker (zB Sicard von Cremona) teilen ihn meist in 4 Teile ein. Historisch und sachlich ist nur die Einteilung in Vor-M. und Opfer-M. berechtigt, da beide ursprünglich selbständige liturgische Größen waren, die später verbunden wurden (so Jungmann; anders Cullmann). Die Bezeichnungen »Katechumenen-M.« und »Gläubigen-M.« sind erst seit dem 11.Jh. üblich. - Die M. hat folgenden rituellen Verlauf: A) Die *Vor-M.:* 1. *Eröffnung:* Auf den fakultativen Akzeß und das Anlegen der Gewänder folgt das Staffel- oder Stufengebet als persönliche Vorbereitung des Priesters (Ps 42 außer Toten-M. und Passionszeit; fehlt seit Pius XII. auch am Palmsonntag und in der Ostervigil). Es schließen sich an: Das Besteigen des Altars mit Altarkuß (in der m. solemnis: → Inzensation), → Introitus (ursprünglich ganzer Psalm als Begleitgesang zum Einzug des Klerus; nach dessen Wegfall verkürzt), 9maliges → Kyrie oder Christe eleison (Rest der alten, im 5.Jh. eingefügten → Litanei), → Gloria in excelsis (in M.n mit festlichem Charakter; seit 11.Jh.), Salutatio und Kollekte des Tages. - 2. Der *Lesegottesdienst.* Umfaßte die Schriftlesung ursprünglich drei Lektionen (AT, Apostel, Evangelien; vgl. heute Karfreitag), so sind es seit dem 6.Jh. nur noch zwei: Epistel und Evangelium. Zwischen beiden stehen das → Graduale und das → Halleluja. Für letzteres tritt in der Vorfasten- und Fastenzeit der → Tractus ein, während in der österlichen Zeit das Graduale durch ein zweites Halleluja ersetzt wird. An manchen Festen kommt die → Sequenz vor. An das Evangelium kann sich die Predigt anschließen. An gewissen Tagen folgt das Nicänische Glaubensbekenntnis (nach 1014 eingeführt). Ein allgemeines Kirchengebet kennt die röm. M. nur am Karfreitag. - B) Die *Opfer-M.:* 1. Das *Offertorium.* Da der ursprüngliche Opfergang des Volkes seit dem 11.Jh. verfiel, beginnt heute der Priester für sich mit der Zubereitung der Elemente für das Opfer. Unterdessen singt der Chor das → Offertorium (ursprünglich Gesang während des Opferganges des Volkes; heute nur noch eine → Antiphon, die in der Karsamstags-M. fehlt). In mehreren Gebeten bringt der Priester Brot und Wein (mit Wasser vermischt) dar (in der m. solemnis auch Inzensation). Nach der Händewaschung wird über den Opfergaben die Sekret (Stillgebet) verrichtet. - 2. Der *Canon actionis.* Ist um die Wende des 8.Jh.s im Begriff »Kanon« noch die Präfation mit eingeschlossen, so löst sich diese unter dem Einfluß der gallikanischen Liturgien vom Kanon los und wird zur Einleitung der Opferhandlung (Dialog, Lob- und Dankgebet). → Sanctus und Benedictus (→ Liturgik: III) schließen sie ab. Es folgt der eigentliche Canon missae,

der seit dem 8.Jh. still gebetet wird. Nach gallischem Vorbild ist hier das sog. eucharistische Hochgebet in eine Reihe von Einzelgebeten aufgespaltet: Te igitur (Empfehlung der Opfergaben, allgemeine Fürbitten für Kirche, Papst, Bischof und alle Gläubigen), → Memento für die Lebenden, Communicantes (Gedächtnis der Heiligen), Hanc igitur (ursprünglich Gebet für besondere Anliegen, jetzt Bitte um Annahme der Opfergaben), Quam oblationem (Wandlungsbitte), Qui pridie (Einsetzungsbericht, als Wandlungsworte verstanden; während der Priester die Handlungen Christi nennt, vollzieht er sie selbst in dramatischer Nachbildung), Elevation der Elemente (seit 11.Jh.; ursprünglich nur des Brotes), Unde et memores (Anamnese: Gedächtnis und Darbringung), Supra quae und Supplices (Bitte um Annahme des Opfers und um die Frucht des Opfermahles), Memento für die Verstorbenen, Nobis quoque (Bitte um Gemeinschaft mit den Heiligen, als Fortsetzung des Supplices entstanden), Per quem (ursprünglich Schlußwendung eines Gebetes zur Segnung der Naturalgaben), feierliche → Doxologie (per ipsum) mit kleiner Elevation. - 3. Der *Kommunionkreis.* Die Kommunion wird durch Gebete vorbereitet: Vaterunser (seit dem 4.Jh.), dessen letzte Bitte im sog. → Embolismus weitergeführt wird, Fractio panis (seit Gregor d.Gr.; heute Brechung in drei Teile, von denen der kleinste mit einem Friedenswunsch in den Kelch gegeben wird, die sog. Mischung), Pax domini, → Agnus dei (von Sergius I. eingeführt; ursprünglich Brechungsgesang), Friedensgebet mit Friedenskuß (dieser nur in der m. sollemnis üblich). Der Kommunion des Priesters gehen heute zwei stille Gebete voraus, die beide aus gallisch-fränkischem Bestand zugewachsen sind. Unter Gebetsworten reicht sich der Priester die Kommunion unter beiderlei Gestalt. Hier kann sich die Kommunion des Volkes anschließen, das nur die Brotgestalt empfängt (→ Kelchentziehung). Es folgen: die Ablutionen (Kelch, Fingerspitzen) mit den Gebeten Quod ore sumpsimus (findet sich als Postcommunio bereits im Leonianum) und Corpus tuum (gallisch), die Communio (Antiphon als Rest des alten Kommunionsgesanges) und die Postcommunio (Schlußgebet). - 4. Der *Schluß.* Überreste eines alten Schlußgebetes finden sich in der oratio super populum in den Werktags-M.n der → Fastenzeit. Sonst folgen: Das Ite missa est als Ansage des Schlusses (röm. Schlußformel), mit Dominus vobiscum eingeleitet und mit Deo gratias beantwortet. An Tagen ohne Gloria wird das Ite missa est durch das Benedicamus (Schlußformel der gallischen Liturgie), in Toten-M.n durch das Requiescant in pace (seit 12.Jh.) ersetzt. Der Abschied vom Altar erfolgt mit dem Gebet Placeat tibi (gallisch; 9.Jh.), dem Altarkuß, dem Schlußsegen (fehlt in Toten-M.n) und dem Schlußevangelium, das am Ausgang des MA hier eindrang (ursprünglich als Segen verstanden). In der Regel wird Joh 1, 1-14 gelesen (Ausnahme: Palmsonntag und 3. Weihnachts-M.; dies seit 1955). Im 19.Jh. (bes. Leo XIII.) sind der Privat-M. noch Fürbitten für besondere Anliegen der Kirche hinzugefügt worden, desgleichen die Anrufung des Erzengels Michael. Unter dem Sprechen der Rezeßgebete verläßt der Priester den Altar.

6. Im Laufe ihrer Geschichte hat die röm.-kath. Kirche eine besondere *Theologie der M.* entwickelt, die noch heute in Fluß ist. Die M. wird als Mahl- und Gedächtnisfeier, die das vergangene Heilsgeschehen inmitten der Gemeinde vergegenwärtigt, sowie als Opfer Christi *und* der Kirche, als Repräsentation des Kreuzesgeschehens und als Opferhandlung der Kirche unter Einschluß der Wandlungslehre (Transsubstantiation) entfaltet. Die Einsetzung des Abendmahles gilt als Einsetzung eines Opfers. Im einzelnen sind die Lösungen (Überblick bei → Jungmann, Missarum Sollemnia I, 233 ff) auf Grund der Verschiedenheit der angewandten Denkformen schwer auf einen Nenner zu bringen (→ Casel; → Abendmahl: II).

Ausg.n: Missale Romanum ex decreto SS.Concilii Tridentini restitutum ... et Benedicti XV. auctoritate vulgatum, 1950 - Das vollst. röm. Meßbuch lat. u. dt. ... im Anschluß an das Meßbuch von A.Schott, hg.v. den Benediktinern der Erzabtei Beuron, (1926) Ausg. 1958 - J.A.Jungmann, Neue dt. Übers. des Kanons (LJ 2, 1952, 135-139; vgl. ebd 4, 1954, 35 ff). - Außer der zu → Gottesdienst: V A, 1; B, 1 genannten Lit.: RE XII, 697 ff - A.L.Mayer, Die Liturgie u. der Geist der Gotik (JLW 6, 1926, 68-97) - RGG² III, 2135 ff - A.Baumstark, Missale Romanum, 1929 - Ders., Liturgie Comparée, (1933) ed. B.Botte, 1953³ - Ders., Das Problem des röm. Meßkanons (EphLiturg 53, 1939, 204-243) - M.Andrieu, Les Ordines Romani, 4 Bde, 1931-56 - Th.Klauser, Die liturg. Austauschbeziehungen zwischen der röm. u. der fränk.-dt. Kirche (HJ 53, 1933, 169-189) - Ders., Der Übergang der röm. Kirche von der griech. zur lat. Sprache (StT 121, 1946, 467-482) - J.Brinktrine, Die hl. M., (1934) 1950³ - B.Botte, Le canon de la Messe Romaine, 1935 - W.Trapp, Vorgesch. u. Ursprung der liturg. Bewegung, 1940 - J.A.Jungmann, Gewordene Liturgie, 1941 - Ders., Das eucharist. Hochgebet, 1954 - Th.Filthaut, Die Kontroverse über die Mysterienlehre, 1947 - B.Luykx, Essai sur les sources de l'ordo missae Prémontré (AnPraem 22/23, 1946/47, 35-90) - Ders., De oorsprong van het gewone der Mis, Utrecht 1955 - E.Bourque, Etude sur les sacramentaires Romains I, Rom 1948; II, Quebec 1952 - C.Callewaert in: SE 1 ff, 1948 ff (bes. 2, 1949, 109 f) - A.Stuiber, Libelli Sacramentorum Romani, 1950 - A.Chavasse, Messes du pape Vigile ... (EphLiturg 64, 1950, 161-213; 66, 1952, 145-219) - Ders., Les plus anciens types du lectionnaire et de l'antiphonaire romains de la messe (RBén 62, 1952, 3-94) - Ders., Le Sacramentaire Gélasien, 1957 - B.Durst, Das Wesen der Eucharistiefeier, 1953 - A.A.King, Liturgies of the religious Orders, London 1955 - Ders., Liturgy of the Roman Church, ebd 1957 - G.Ellard, Master Alcuin liturgist, Chicago 1956 - Kl.Gamber, Wege zum Urgregorianum (Texte u. Arbeiten 46), 1956 - Ders., Sakramentartypen, 1958 - EKL II, 1305 ff - R.Schulte, Die M. als Opfer der Kirche, 1959. - Vgl. ferner die Lit. zu → Abendmahl: II. IV, → Liturgie: III, → Sakramentar.

K.Dienst

III. Im ev. Gottesdienst

Ist M. der in den kath. Kirchen ausgebildete zweiteilige Gottesdienst, dessen Sakramentsteil die Wandlung der Abendmahlselemente, ihre Darbringung (Opferung) durch den Priester und gegebenenfalls das Gemeindeabendmahl umfaßt (→ Messe: II), dann hat sich in *diesem* Sinne die M. in den ev. Gottesdiensten nirgends erhalten. Die *Bezeichnung* M. wurde zunächst in der Reformation vielfach beibehalten, namentlich im Luthertum, wo »deutsche M.« schon vor Luthers gleichnamiger Schrift (1526) zur weitverbreiteten Kampfparole ev. Laien geworden war. Auch das → Common Prayer Book nach der Revision von 1561 erwähnt neben Herrenmahl und hl. Kommunion den Namen »Masse« noch, und in Schweden besteht er in der Bezeichnung »högmessa« für den Hauptgottesdienst bis heute. Daß er im deutschen Luthertum verhältnismäßig früh erlosch (einzelne KOen aus den letzten Jahrzehnten des 16.Jh.s haben ihn noch), hängt sicher damit zusammen, daß das Wort M. bei Luther schon längst *vor* seinen gottesdienstlichen Reformen keinerlei theologisches Eigengewicht hatte; er verstand darunter einfach die Abendmahlsfeier, auch das erste Abendmahl Christi, und hat sich damit durchgesetzt, wie zB eine Straßburger Gottesdienstordnung von 1524 mit ihrer Bezeichnung des Abendmahlsteils als der »rechten, wahren Meß« (und ähnlich) beweist. Wenn in den Anfangsjahrzehnten des 17.Jh.s luth. Gebetsgottesdienste Bet-M.n genannt werden konnten, so zeigt das eine völlige Loslösung des Begriffs M. von der Missa Romana einerseits, der frühreformatorischen Auffassung Luthers andererseits. Der Verdacht, daß ursprünglich der Name M. von der Reformation nur beibehalten worden sei, um dem einfältigen Volk den Übergang vom kath. zum ev. Gottesdienst zu erleichtern oder zu verschleiern, ist auf jeden Fall unbegründet. - Am leichtesten konnten dem Wesen der Sache nach verhältnismäßig geschlossene Stücke aus dem 1. Teil der Missa Romana in den ev. → Gottesdienst (: V B, 2) übernommen werden, vor allem → Introitus, → Kyrie, → Gloria, die beiden Lesungen und das → Credo, wobei es in Einzelheiten zahlreiche Variationen gab. Selbst die Sprachenfrage blieb uneinheitlich gelöst. Das Nebeneinander lat. und deutscher Stücke war sogar in Wittenberg noch rd ein Jahrzehnt nach Luthers Deutscher M. üblich. Zweifellos hing das weithin damit zusammen, daß die den liturgischen Gesang und die Kirchenmusik bestreitenden Schülerchöre lange auf ihre lat. Textbücher angewiesen blieben. Andererseits war es offensichtlich Luthers Tendenz, die liturgischen Chorstücke durch Psalmen und andere Lieder der Gemeinde zu ersetzen, wovon bes. das Gloria und das Credo betroffen wurden. - Im Sakramentsteil der luth. »M.« sind angesichts des wegfallenden Kanons die Verbindungslinien zur Missa Romana *noch* spärlicher geworden, wie bes. wieder an Luthers Deutscher M. deutlich wird, in der sogar Präfation und → Sanctus (im alten Sinne) fehlen. Luthers eigentliche Neuerung, die aus dem Gebet gelösten Einsetzungsworte laut als Evangelium verkündigen zu lassen, hat sich allenthalben durchgesetzt und bis heute erhalten. Doch ist sowohl im amerikanischen Luthertum wie innerhalb gottesdienstlicher Erneuerungsbewegungen in Deutschland die sich verschieden auswirkende Tendenz festzustellen, die verba testamenti wieder in ein eucharistisches Gebet einzufügen, in dem dann auch Epiklese und Anamnese unter Rückgriff auf ostkirchliche Vorbilder stärker zur Geltung kommen (→ Hochkirchliche Bewegung, → Berneuchen; P.Brunner, s. Lit.).

Außer den Lehrbüchern der → Liturgik: Leiturgia I, 83-364 (P. Brunner). *W.Jannasch*

IV. Musikalisch

In der lat. kath. M. ist Musik in allem, was erklingt, enthalten: Dies sind die Lesungen, die vom Priester laut vorgetragenen Gebete, die Chorgesänge. Hinzu kommen noch die instrumentalen Einlagen. In der Regel aber versteht man unter M. in musikalischer (= m.er) Hinsicht nur die Chorgesänge, und daraus wiederum im besonderen die Vertonung der festen Bestandteile, des Ordinarium missae (→ Kyrie, → Gloria, → Credo, → Sanctus, → Agnus; → Messe: II; über die wechselnden Bestandteile, die Propriumsgesänge, s. → Introitus, → Graduale, → Halleluja, → Tractus, → Sequenz, → Offertorium, → Communio; auch → Motette). - Die Ordinariumsgesänge waren ursprünglich von der Gemeinde getragen; ihre Melodien sind einfacher als die des Proprium; sie festigten sich erst im 10.-11.Jh., gehören also zum jüngeren Bestandteil des lat. einstimmigen liturgischen Gesangs (→ Gregorianischer Gesang: I). Seit dem 13.Jh. wurden sie unter Einbezug des Ite missa est zyklisch in sog. Choral-M.n zusammengestellt (sie sind im Gesangbuch Graduale enthalten).

Mehrstimmig gesetzte Ordinariumsgesänge findet man bis etwa 1300 nur ausnahmsweise (zB tropierte Kyrie). Sie verbreiteten sich erst im 14.Jh., bes. in England (→ Englische Kirchenmusik). Auf dem Kontinent begegnen um diese Zeit die sog. M. von Tournai und die von Machaut; beide enthalten alle fünf Gesänge und das Ite missa est. Mit dem 15.Jh. (→ Dunstable) tritt durch die m. zusammenhängende Ordinariumsvertonung (zB Verwendung desselben melodischen Kerns oder derselben Initialformel in allen Sätzen) die M. als m.e Einheit in den Vordergrund und wird zur repräsentativen Gattung der Kirchenmusik (15. und 16.Jh.: → Dufay, → Ockeghem, → Obrecht, → Josquin, → Senfl, → Palestrina, → Lasso, Willaert, A. → Gabrieli). Der m.en Einheit mußte die Verwendung der liturgischen Ordinariumsmelodien geopfert werden, denn diese waren für die einzelnen Gesänge verschieden. Man legte daher andere cantus firmi zugrunde, die in allen Sätzen wiederkehren, bald auch vorzugsweise weltliche Chansons. Von dorther stammen Bezeichnungen wie Missa L'homme armé, Se la face ay pale, Le serviteur. Dieses Verfahren hing mit der schon im 14.Jh. verbreiteten Gepflogenheit zusammen, durch Umtextieren weltliche in kirchliche Kompositionen zu verwandeln (→ Kontrafaktur) und führte zur → Parodie-M., bei der ein und dieselbe mehrstimmige → Motette den Kern aller Sätze bildet (zB Palestrinas M. Dies sanctificatus nach einer eigenen Motette, oder → Monteverdis M. In illo tempore, nach einer Motette von Gombert). Ihren Höhepunkt erreichte die M.-Vertonung mit Palestrina (→ A cappella), gleichzeitig mit dem durch das → Trienter Konzil herbeigeführten Abschluß des liturgischen Werdens (Einheitsmissale Pius' V., 1570). Der darauffolgende liturgische Stillstand bewirkte eine Veräußerlichung der m.en M. im 17. und 18.Jh., die sich, wie die Gebrauchs-M.n der Wiener Klassiker (→ Haydn, → Mozart, → Beethoven), vielfach nach den weltlichen m.en Gattungen richtete (strengere, zT rückbezogene Richtungen: Fux, → Cherubini). - Erst im 18.Jh. verbreitete sich die - unliturgische - Gepflogenheit, bei der mehrstimmigen Vertonung von Gloria und Credo die → Intonation des Priesters einzubegreifen.

Im Bereich der *ev. Kirchenmusik* verkümmerte die M.-Vertonung, obwohl selbst die lat. M. bes. auch als Missa brevis (nur Kyrie und Gloria) noch lange in Gebrauch blieb, so noch bei J.S. → Bach. Seine → h-moll-Messe aber ist einer der Marksteine der Musikgeschichte. (Dasselbe gilt für Beethovens dem kath. Bereich entstammende → Missa solemnis.) - Trotz Luthers Deutscher M. (1526) und → Schützens 12 Geistlichen Gesängen von 1648 erwies sich auch die deutschsprachige ev. M. nicht als lebensfähig. (Eine hervorragende Stellung nehmen Schützens m.e Exsequien, eine Art deutscher Toten-M., ein.) Einzelne Ordinariumsgesänge wurden durch deutsche Choräle ersetzt (→ Kirchenlied). Erst in der Gegenwart erlangte die Frage nach der M. in deutscher Sprache (bes. auch einstimmig vertont) im Zusammenhang mit den liturgischen Erneuerungsbestrebungen beider Konfessionen wieder Bedeutung (die kath. deutsche M. hatte sich seit dem 18.Jh. vom geistlichen Lied her eingebürgert).

Im 19.Jh. war die M.-Vertonung der allgemeinen Tendenz folgend nicht liturgisch eingestellt (→ Schubert, → Liszt, Gounod, → Bruckner, → Rheinberger). Daneben entstanden Werke im Sinne der kirchenmusikalischen Restaurationsbewegung (→ Ett, → Witt). - Aus der Gegenwart sei die lat. M. Strawinskys (1948) als Beispiel für die Tendenz erwähnt, die heute geltende Kunstmusik im liturgischen Geist zu verwenden.

Die Missa pro defunctis (Requiem), die bis ins 15.Jh. nur choraliter gehalten wurde, wird seit Ende dieses Jh.s auch mehrstimmig gesetzt. Bekannte Vertonungen aus der neueren Zeit sind die von → Mozart, → Berlioz, → Verdi. Dem Deutschen Requiem von → Brahms liegen eigens zusammengestellte Texte zugrunde.

Vgl. zum Ganzen → Musik: I. V. VI.

Graduale Romanum - P.Wagner, Gesch. d. M. I (bis 1600), 1913 - Fr.Ludwig, Die mehrst. M. d. 14.Jh.s (AfMw 7, 1925, 414-435) - W.Kurthen, Zur Gesch. d. dt. Sing-M. (KmJb 26, 1931, 76-110) - E.Schild, Gesch. d. prot. M. im 17.Jh. (Diss. Gießen), 1934 - K.G.

Fellerer, Dt. Sing-M. des 18./19.Jh.s (KmJb 31/33, 1936-38, 87-94) - Thr.Georgiades, Musik u. Sprache. Das Werden der abendländ. Musik dargest. an der Vertonung d. M., 1954. *Thr.Georgiades*

Messianismus

1. Begriff - 2. M.e Zyklen - 3. Typologien des m.en Phänomens: a) Die m.e Gestalt - b) Das m.e Reich - c) Endzeitberechnungen - 4. Kirche und Gottesreich. - M. = Messianismus, m. = messianisch. - Vgl. → Apokalyptik, → Chiliasmus, → Eschatologie, → Messias

1. M. ist »im wesentlichen der religiöse Glaube an das Kommen eines Erlösers, der auf universaler oder partikularer Ebene der gegenwärtigen Ordnung ein Ende setzen und eine neue Ordnung der Gerechtigkeit und des Glücks begründen wird« (H.Kohn). Die Etymologie der Begriffe → Messias und M. beweist, daß der Westen die so bezeichnete Gestalt bzw. Lehre unter jüdisch-christlichem Einfluß kennengelernt hat. Die im Hintergrund stehende Gedankenwelt jedoch geht weit über diesen engeren Bereich hinaus. Im Begriff M. sind in Wahrheit zwei verschiedene Komplexe vereinigt: der an die Proklamation der m.en Einzigartigkeit Jesu Christi gebundene normativ-theologische, in dem alle anderen m.en Gestalten unter die Kategorien »Pseudomessias«, »Vorläufer« oder »falscher Messias« fallen, und der komparativ-soziologische, der sich auf die zahlreichen Fälle in der Religionsgeschichte stützt, in denen sich die Führergestalt einer religiösen und sozialen Befreiungsbewegung mit einer im Gesamtbereich der Geschichte von Religion und Gesellschaft wirksamen höchsten Macht identifiziert oder mit ihr identifiziert wird. Hier handelt es sich hauptsächlich um die zweite Perspektive.

2. Die übliche Interpretation behauptet zuweilen, der Begriff des M.en sei so wesentlich mit der jüdisch-christlichen Tradition verknüpft, daß er in anderen Religionsbereichen nur durch Übernahme und Synkretismus Eingang finden konnte. Diese These wird bes. durch das unter dem Eindruck der kath. und prot. Missionsbotschaft oft wahrzunehmende Aufbrechen m.er Bewegungen in der religiösen Mentalität unterentwickelter Völker gestützt. Man wird diese Erklärung jedoch kaum für allgemeingültig ausgeben können. Dagegen dürfte sicher sein, daß der M. in den christlichen Kulturbereichen bes. reich entwickelt, oder richtiger: in seinem Reichtum viel besser bekannt ist als anderwärts. Das gilt zunächst für den Urzyklus der jüdisch-christlichen Messiasgestalten (→ Messias: II-IV). Sodann ließe sich an den in der gesamten Vätertradition von einem »Zweiten Advent« als Auftakt des Millenniums implizierten M. erinnern (→ Chiliasmus). Bekanntlich hat der kirchliche und später der politische Augustinismus diesen Traditionen den Anspruch auf Orthodoxie mit Erfolg bestritten; nach diesem Umschwung, den manche Forscher aus dem Übergang zur christlichen Reichsreligion erklären, fanden christliche m.e Bewegungen ihre Heimat und ihren Quellort meist in den mehr oder weniger heterodoxen Sondergruppen.

Innerhalb dieser späteren Traditionen lassen sich sehr verschiedene *Zyklen* erkennen, von denen folgende genannt seien: a) Der Kaiserzyklus, in dem der Mythos vom »Kaiser der Endzeit« dominiert. An seiner Bildung hatte nicht nur die Verehrung für → Karl d. Gr. Anteil (Folz), sondern auch die spätere Verehrung für die Vertreter bestimmter Dynastien. Er spielte eine bedeutende Rolle in den Auseinandersetzungen um die Führerschaft in den → Kreuzzügen. - b) Der volkstümliche Zyklus des mittelalterlichen Nonkonformismus, der sich von den ersten m.en Bewegungen des MA wie den Tanchelmiten (→ Tanchelijn) bis zum Messiasreich des Johann von Leiden in → Münster entwickelte (→ Täufer; vgl. N.Cohn). - c) Der nachreformatorische Zyklus, bes. in gewissen linksradikalen Kreisen der politischen und industriellen Revolution in England und gewissen pietistischen Konventikeln in Deutschland (vgl. W.D.Morris, The Christian Origins of Social Revolt, 1949). - d) Der nordamerikanische Zyklus des 17.-19.Jh.s, vielfach eine Fortsetzung des eben genannten auf dem Boden neuer, auf sich selbst beschränkter Gruppenerfahrungen (→ Christlich-sozialistische Gemeinden in Amerika). - e) Der russisch-polnische Zyklus. Mit dem kirchlichen Umbruch im Raskol kam es zu leidenschaftlichen m.en Bewegungen in den → russischen Sekten (vgl. Kovalevsky). In der durch die Teilung Polens geschaffenen politischen Lage verkündeten verschiedene m.e Bewegungen (→ Towiansky, Mickiewicz) die Wiederauferstehung der unterdrückten Nation. - f) Der Zyklus der französischen Revolution. Nicht nur in Frankreich (Suzette Labrousse, Pontard), sondern auch und bes. in den Kreisen des heterodoxen angelsächsischen Radikalismus wurde die Revolution als m.es Ereignis gefeiert (Desroche). - g) Die zwei nachrevolutionären Zyklen des mit den Wiedererrichtungs- und Rehabilitationsversuchen gewisser Fürstenhäuser verbundenen »Großen« oder »Starken Monarchen« (Vintrasismus) und der verschiedenen neuen »Christentümer«, wie sie überall im französischen, englischen und deutschen utopischen → Sozialismus eine »m.e Ära« predigten. - h) Die zeitgenössischen Zyklen der unterentwickelten Völker, bes. in folgenden drei Bereichen: → *Ozeanien,* wo die Forschungen von J.Guiart und P.Worsley sogar die Erarbeitung einer ersten Geographie der zahlreichen ozeanischen Messiasbewegungen ermöglicht haben, die durch die Kulte des → Cargo gegangen sind; das *Südsaharagebiet,* dessen m.e Bewegungen unter den Schwarzen Balandier und neuerdings Andersson untersucht haben, ferner die südafrikanischen Bewegungen, die jedoch eher prophetischen als m.en Charakter zeigen (vgl. Sundkler; zum Ganzen das ältere Werk von Schlosser); *Südamerika,* das bereits in zahlreichen Studien behandelt worden ist (vgl. das Material bei Queiroz, Bastide, Metraux). Zu diesen Gebieten wären noch der von Hobsbawn erforschte süditalienische Kreis sowie der nordamerikanische mit seinen indianischen Messiassen des 19.Jh.s (Lit. bei Lowie) oder den noch heute auftretenden Negermessiassen (Lit. bei Braden) hinzuzunehmen.

3. Das heute vorliegende Material über die Phänomene des christlichen und außerchristlichen M. ist zwar nach Ordnung und Inhalt ein uneinheitliches Ganzes. Die elementaren Übereinstimmungen weisen immerhin die Richtung, in der sich auf der Basis dieser deskriptiven Soziographie eine gewisse *Typologie des m.en Phänomens* aufbauen läßt. Drei Linien sind deutlich: die Typologien der m.en Gestalt, des m.en Reiches und der Endzeitberechnungen.

a) Zur ersten Gruppe gehören drei Erscheinungen: α) Die *m.e Gestalt* ist historisch gegenwärtig, sei es als Messiasprätendent, sei es als behaupteter Messias. Der Prätendent beruft sich meist auf eine geburtsmäßige Verbindung mit der höchsten göttlichen Macht; er ist ihr Vater, ihre Mutter, ihr Sohn usw oder auch der Gott selbst als Deus redivivus bzw. der göttliche Vorfahr. In allen Fällen geht mit dem persönlichen Messiasanspruch eine bestimmte Selbstvergottung zusammen. - Der behauptete Messias legt sich den Messiastitel nicht selbst bei, sondern erhält ihn von seinen Jüngern (→ Jüngerschaft) oder deren Nachfahren. Im Grenzfall erhält er durch sie sogar seine (vielfach erfundene) Historiographie und damit Geschichtlichkeit. Meist konzentriert sich diese nachträgliche Zuschreibung auf eine wirkliche historische Gestalt, deren eigenes Selbstbewußtsein nur das eines göttlichen Beauftragten, nicht ein eigentlich m.es ist. Das Kollektivbewußtsein geht daher dem Anspruch des individuellen Messiasbewußtseins voran und wirkt als Katalysator. Das Individuum ist »behaupteter« Messias, bevor es sich selbst als Messiasprätendent weiß. Im Endeffekt ist daher der Messiasanspruch geteilt: die vorgängige kollektive Zuschreibung wird von der Person selbst aufgenommen und individuell bestätigt. – β) Die m.e Gestalt ist historisch nicht gegenwärtig. In diesen Fällen beruht das m.e Phänomen auf nachträglicher Historisierung oder perspektivischer bzw. rückwirkender Sublimierung. Zu den konstanten Elementen gehört vor allem, daß die m.e Gestalt nur auf Grund des gegenwärtigen Auftretens ihres Gegenspielers (→ Antichrist) oder der Häufung von Ereignissen, die als Antityp zum m.en Reich verstanden werden, identifiziert werden kann. – γ) Zwischen den Extremen historischer Anwesenheit oder Abwesenheit gibt es zahlreiche Zwischenlösungen. Sie können sich um Stellvertreter, Vorläufer, Begleitpersonen oder Nachfolger gruppieren. Die häufigsten Typen sind der Wanderprediger und -asket, der sich vielfach unter dem Druck des eigenen Sendungsbewußtseins und der Kollektivbewegung zum Messiasbewußtsein aufschwingt oder dazu gedrängt wird; ferner der → Prophet oder einfach »die Prophetie«, der Vorläufer (ganz abgesehen von dem von Ch.Fourier in Anspruch genommenen »Nachläufer«), der tatkräftige Verbündete (meist ein als weltlicher Arm des m.en Unternehmens geeigneter »zweiter« Offizier), der widerwillige Verbündete (die »Gottesgeißel«), schließlich der priesterliche Theokrat.

b) Selbst wenn in der *Typologie der m.en Reiche* religiöse und soziale Faktoren ineinandergreifen, kann der Akzent doch auf verschiedene Ebenen fallen: α) Die *religiöse oder ekklesiologische:* Der M. ist hier von einem religiösen oder kulturellen Reformprogramm beherrscht, das eine mehr oder weniger radikale Absage an die bestehende Welt einschließt. Im Grenzfall kommt es, wie in der ursprünglichen Naherwartung, zum Verkauf der gesamten Habe (→ Eigentum: II), zur Arbeitsverweigerung, meist auch zum physischen »Verlassen« der Welt durch Konventikelbildung. – β) Die *politische:* Die Errichtung von Dynastien, das Aufkommen neuer Regime und selbst die Hochblüte der Nationalstaaten sind oft von m.en oder para-m.en Spekulationen begleitet, wie sich an der Geschichte Frankreichs, Deutschlands, Italiens, Polens, Rußlands beobachten läßt; sie verbinden sich mit dem in der Religionsgeschichte oft untersuchten Phänomen der Übertragung göttlicher Rechte an die politische Gewalt. – γ) Die *wirtschaftlich-soziale:* Auch die Geschichte der sozialen → Revolutionen kennt häufig eine m.e Moral. Sarkisyanz hat behauptet, daß selbst die russische Oktoberrevolution auf einer solchen Moral aufbauen konnte. Der Tatbestand ist jedenfalls überall dort bes. deutlich, wo sich die soziale Erhebung mit dem Kampf um nationale Unabhängigkeit verbindet (zB in den oben [s. 2 h] erwähnten Gebieten). – δ) Die *sittlich-sexuelle:* Vielfach wird die Anschauung vertreten, daß es in der »neuen Herrschaft« weder Mann noch Frau geben wird. Diese Vorstellung führt zu Varianten in den vorgeschlagenen Systemen: monastische oder neomanichäische → Askese, libertinistischer Affinitarismus oder auch gemischte Kombinationen mit wechselnden Vorschriften über Endogamie, Exogamie, → Polygamie (→ Mormonen) oder Mehrehe. – ε) Die *naturistische:* Die Ambition der »neuen Herrschaft« kann noch weiter gehen und den Willen zum Eingriff in noch elementarere Lebensbereiche umfassen: Ernährung (Tabus und Antitabus bestimmter Nahrungsmittel), Kleidung (→ Adamiten, Duchoborzen, Nacktkulte [→ Nacktheit]), Fortpflanzung (häufige Verwendung des Motivs der jungfräulichen Mutter), ja selbst den Herrschaftsbereich des Todes und der Unsterblichkeit (Metempsychose, sukzessive Auferstehung, Autorität eines Redivivus). – ζ) Die *kosmische:* Die »neue Herrschaft« kann sich schließlich auch auf die Pflanzen-, Tier- und Gestirnwelt erstrecken und sich mit den dichterischen Verheißungen des Goldenen Zeitalters verbinden (→ Weltperioden). Auf dieser Stufe fällt die Soziologie des M. mit der der Utopie zusammen.

c) Die beiden vorgenannten Typologien finden sich in der *Typologie der Zeitberechnungen* wieder, insofern »m.e Gestalten« und »m.e Reiche« auch hier auf bestimmte Kategorien verteilt erscheinen: α) *M. und Millenarismus* (→ Chiliasmus): »Es ist daran zu erinnern, daß nicht etwa der Messias das Millennium herbeiführt; das unausweichliche Kommen des Millenniums führt vielmehr den Messias und seine entsprechenden Handlungen mit sich. Um das 2. Viertel des 1.Jh.s wurde der Messias erwartet, weil das Millennium vor der Tür stand. Vor jener Zeit wurde er nicht erwartet, da nach damaliger Zeitrechnung das Millennium noch in beträchtlicher Ferne lag« (Silver). Dieses Abhängigkeitsverhältnis, das die Gestalt (Messias) ihrer Ära (Millennium) unterordnet, läßt sich jedoch kaum forcieren. Wohl entwickelt sich m.es Bewußtsein oft im historisch-sozialen *Milieu,* bevor es sich auf eine *Person* konzentriert und bevor diese es selbst in Anspruch nimmt (s. 3 a). Aber zwei Tatsachen scheinen sich gleichermaßen zu bestätigen: Einerseits kann der millenaristische Kontext diesseits des M. stehenbleiben; bald kommt es gar nicht erst zum Auftreten der Messiasgestalt, bald widersetzt sie sich, wenn sie auftritt, der m.en Qualifikation oder schiebt sie auf eine übernatürliche Größe ab, indem sie sich selbst nur als Wegbereiter betrachtet. Andererseits kann das Auftreten der Messiasfigur der millenaristischen Sehnsucht voraufgehen und sie bewußt oder unbewußt provozieren. Die Beziehungen zwischen Messiasgestalt und Reich gehorchen keiner einseitigen Logik; sie sind veränderliche und zumeist sich gegenseitig bedingende Komplexe. – β) Die Unterscheidung von *Prä- und Postmillenarismus* beschreibt im großen und ganzen zwei charakteristische Züge: einen sozialen Interventionsprozeß und eine theologische Gnadenvorstellung. – Im Prämillenarismus erscheint das Gottesreich als revolutionärer Akt in abrupter Plötzlichkeit. Es sprengt die Kausalketten von Natur und Geschichte und sucht die Welt in gewaltsamem Einbruch heim, um sie aufzulösen, wobei es sie u.U. auf einer neuen Ebene, mehr oder weniger nahe zum Hier oder Dort, wiederherstellt. Diese Intervention geschieht auf alleinige Initiative der Gottheit (Erbarmen oder Zorn). Ohne sie vermag menschliche Aktivität hier nichts. Das göttliche Handeln geht dem Millennium vorauf (prae) und ermöglicht es. – Im Postmillenarismus stellt sich das Gottesreich progressiv durch Evolution ein. Es ordnet sich in den Ablauf der geschichtlichen Ereignisse in Kirche und Gesellschaft ein und gibt der Welt die Ausrichtung auf einen Reifepunkt, an dem sie das Tausendjährige Reich oder das Messiasreich organisch hervorbringt wie ein Baum seine Frucht. Die Aktivität des religiösen Menschen ist diesem endgültigen Advent nicht nur nicht im Wege, sondern es liegt in ihrer Art, daß sie den Rhythmus sogar beschleunigt. Jedenfalls kommt das Millennium nach (post) diesem menschlichen Kollektivbemühen, das zu seinen Vorbedingungen gehört. – γ) *Immanenz und Imminenz.* Nach den hier in Frage kommenden Messianismen kann bei der Ankündigung oder Verkündigung des Reiches der Hauptakzent auf der einen oder der anderen Seite liegen. In gewissen Fällen mag es scheinen, daß der Primat des einen das andere auszuschließen trachtet. In der Imminenz des Zweiten Advent ist die Hinfälligkeit und Sinnlosigkeit alles gegenwärtigen irdischen Verfügens impliziert. Im Grenzfall verwandelt sich der »Himmel auf Erden« in eine »Erde im Himmel«. Die Zeit verflüchtigt sich im Raum, und die »Welt« ist ein Bau, dem nichts Besseres widerfahren kann, als abgerissen zu werden. Imminenz ohne Immanenz bildet den Hintergrund für eine Adventsmystik, Immanenz ohne Imminenz für eine evolutionistische Doktrin. Verbinden sich Immanenz und Imminenz, so ergibt sich je nach dem Vorherrschen des einen oder anderen Moments entweder chiliastisch-revolutionäre Aktivität oder eine Koexistenz, deren Gespanntheit im ungeduldigen Warten auf den Sieg des m.en Reiches über die Widerstände der universalen Gesellschaftsordnung gründet. - δ) *Mikro- und Makromillenarismus.* Der »neue Himmel« und die »neue Erde« als Charakteristika der m.en Herrschaft können sich auf zweierlei Weise mit dem bestehenden sozialen und religiösen System auseinandersetzen: Sie wirken entweder in äußerster Expansion gesamthaft auf das System ein mit dem Ziel, die bestehende Ordnung von innen heraus in ein Gottesreich zu verwandeln, wobei sich ein solcher Makromillenarismus je nachdem gewaltloser oder gewaltsamer Mittel bedienen kann. Oder sie drängen auf Absonderung vom bestehenden System und zur Bildung einer Sondergruppe, einer »Gesellschaft im Kleinen«, die aber dennoch den Anspruch auf Globalität aufrecht erhält. Zur Illustration wäre an den Millenarismus der Theologie → Müntzers, andererseits an den Mikromillenarismus der → Shakers zu denken. - ε) *Gewalt und Gewaltlosigkeit.* Nur selten - selbst im Mikromillenarismus - fehlt die Intention, die Gesellschaft letzten Endes doch zu absorbieren, und sei es einzig durch die Logik des Abseitsstehens. Umgekehrt kennt der Makromillenarismus nicht selten die Bildung einer ausgesuchten Kerntruppe, die die geplante Umordnung in Gang bringen oder kontrollieren soll. Joseph Smith, den man wohl als Apostel eines Makromillenarismus bezeichnen kann, hatte ein apostolisches Korps, eine Garde und sogar eine Geheimpolizei; auch → Müntzer schuf sich eine ähnliche Truppe. Angesichts des hier wie dort anzutreffenden Prinzips der »aktiven Minderheit« kann ebensogut die Art der von den verschiedenen Minderheitengruppen angewandten Mittel - Gewalt oder Gewaltlosigkeit - ein Unterscheidungsmerkmal liefern. - Die Anwendung gewaltsamer Mittel im → Chiliasmus hat eine lange Geschichte (vgl. → Simon bæn Koseba und die vielen Messiasse und Pseudomessiasse des MA). Die Tradition der Gewaltlosigkeit ist mindestens ebenso alt und kontinuierlich (→ Friedensbewegung). Die Hauptwaffe ist hier die Verweigerung der Mitarbeit als quasi-ontologische Form eines Lebenshaltungsstreiks, der die biologische, moralische, kultische und kulturelle Ordnung der Umwelt mehr oder weniger empfindlich treffen kann (durch die verschiedenen Formen der → Askese, Ablehnung von kirchlichem Gottesdienst, beamtetem Klerus, weltlichen Gerichten, → Eid, Kriegsdienst usw). Alle diese einzelnen Elemente sind freilich nur die negativen Gegenstücke zu Verhaltensweisen, die als Entdeckung oder Wiederentdeckung paradiesischer oder urchristlicher Lebensweise betrachtet werden und in einem positiven System durchgesetzt werden sollen.

4. Eine letzte Unterscheidung zur Interpretation der m.en Phänomene ist A. → Loisys Unterscheidung zwischen *Kirche und Gottesreich,* in der er als »Gottesreich« das »m.e Projekt im Gegensatz zu der im allgemeinen nachfolgenden kirchlichen Organisation« beschreibt. Fast alle m.en Erfahrungen gehen in der Tat von einer doppelten Enttäuschung aus: einer *wirtschaftlichen und sozialen,* da das Leben in der Gesellschaft, aus der die m.e Gestalt kommt, für viele zumindest dürftig ist und von Bedrückung und Verfolgung bedroht wird; ebenso aber, und fast noch mehr, von einer *religiösen:* über allen denominationellen Abweichungen zeichnet sich die Sehnsucht nach einem Gott ab, der ohne Vermittlung und ganz *ihr* Gott sein würde. Das Ineinandergreifen dieser doppelten Enttäuschung läßt diese Menschen nicht nur ein neues Kultmilieu, sondern auch ein neues Lebensmilieu schaffen (oder umgekehrt), indem sie den Kult in die Gegebenheiten des alltäglichen Produzierens, Zusammenlebens und Verbrauchens hineintragen. - Wir können hinzufügen (und finden damit den Anschluß an Loisy): Für viele chiliastische Versuche bedeutete das *Wiedererscheinen einer Kirche* zugleich das *Verschwinden des Reiches* oder zumindest die Beschränkung des m.en Projekts auf eine bloße Sehnsucht, die von der Koexistenz mit der Umwelt oder einem Aufgehen in ihr überlagert wurde. Schließlich kann ja, wie es Loisy für das Urchristentum annahm, eine solche Zweischichtigkeit eine Logik des *Überlebens* sein: die Kirche erscheint nunmehr in der Tat als Repräsentation des Bestandes und der Vorwegnahme eines Reiches im Hier und Jetzt, das hinfort ins unbegrenzte Jenseits oder die unbestimmte Zukunft verwiesen wird.

J. Darmsteter, Le Mahdi depuis les origines de l'Islam jusqu'à nos jours, Paris 1885 - E. Blochet, Le messianisme dans l'hétérodoxie musulmane, 1903 - G. Barzellotti, Monte Amiata e il suo profeta (D. Lazzaretti), Mailand 1910 - W. D. Wallis, Messiahs, Christian and Pagan, Boston 1918 - Ders., Messiahs, their Role in Civilization, Washington 1943 - A. H. Silver, A Hist. of Messianic Speculation in Israel, 1927 - E. Abegg, Der Messiasglaube in Indien u. Iran, 1928 - W. O. E. Oesterley, The Evolution of the Messianic Idea, 1928 - J. Kastein, The Messiah of Ismir: Sabbitai Zevi, New York 1931 - ESS X, 357ff (H. Kohn) - D. Stremooukhov, Soloviev et son oeuvre messianique, Paris 1935 - L. E. Froom, The Prophetic Faith of Our Fathers, 4 Bde, Washington 1946-54 - B. G. M. Sundkler, Bantu Prophets in South Africa, London 1948 - W. D. Morris, The Christian Origins of Social Revolt, ebd 1949 - K. Schlosser, Propheten in Afrika, 1949 - E. L. Tuveson, Millennium and Utopia, Los Angeles 1949 - R. Bastide, Le messianisme chez les Noirs du Brésil (in: Le Monde non-chrétien, Juli-Sept. 1950) - Ders., Le Candomblé de Bahia (Rite Nago), Paris-Den Haag 1958 - M. Holloway, Heavens on Earth. Utopian Communities in America (1680-1880), London 1951 - C. J. Braden, These also Believe, New York 1953 - R. Folz, L'idée d'Empire en Occident du Ve au XIVe siècle, Paris 1953 - G. Balandier, Sociologie actuelle de l'Afrique noire, ebd 1955 - H. Desroche, Les Shakers américains. Néo-christianisme ou socialisme?, ebd 1955 - Ders., Dict. des Messies et Messianismes de l'ère chrétienne (in Vorbereitung) - C. Hau, Le Messie de l'An XIII et les Fareinistes, Paris 1955 - E. Sarkisyanz, Rußland u. der M. des Orients, 1955 - L. Festinger u. a., When Prophecy fails, Minneapolis 1956 - G. Guariglia, Il messianesimo Russo, Rom 1956 - Ders., Prophetismus u. Heilserwartungs-Bewegungen als völkerkundl. u. religionsgesch. Problem, Horn-Wien 1959 - V. Lanternari, Origini storiche dei culti profetici melanesiani, Bologna 1956 - Ders., Culti profetici polinesiani, ebd 1957 - N. Cohn, The Pursuit of Millennium, London 1957 - R. H. Lowie, Le messianisme primitif (Diogène 19, 1957, 80-94) - M. I. Pereira de Queiroz, La guerre sainte au Brésil: Le mouvement messianique du »Conquestado«, Sao Paolo 1957 - P. Worsley, The Trumpet Shall Sound. A Study of Cargo Cults in Melanesia, London 1957 - E. Andersson, Messianic Popular Movements in the Lower Congo, Uppsala 1958 - E. J. Hobsbawn, Primitive Rebels, Manchester 1959. - Vgl. ferner die Aufsätze von Bastide, Cohn, Desroche, Guiart, Isambert, Kovalevsky, Metraux u. Queiroz in: Archives de Sociologie des Religions, 1957-59.

H. Desroche

Messias

I. Religionsgeschichtlich - II. Im AT und im älteren Judentum - III. Im nachbiblischen Judentum - IV. Im NT. - Vgl. → Apokalyptik, → Erlöser, → Eschatologie, → Heiland, → Kulturbringer, → Messianismus, → Weltperioden

I. Religionsgeschichtlich

1. Allgemeines - 2. Gottkönige und Kultheroen - 3. Mythologisches Schema und Motivanklänge - 4. Heilbringer und Erlöser

1. Die zentrale Gestalt des messianischen → Erlöser-Glaubens gehört schon wegen ihrer Verknüpfung mit dem biblisch-eschatologischen Schema (→ Eschatologie: II-IV) ausschließlich zum jüdischen und christlichen Ideenkreis. Der M.glaube ist im Judentum beheimatet (→ Messias: II. III); außerhalb dieses Kreises verdient der allgemeine Ausdruck »Heilbringer« (→ Heiland) den Vorzug. Doch hat man sich gewöhnt, die außerbiblischen Vorstufen und Analogien ebenfalls als M.glauben im weiteren Sinn zu bezeichnen, wobei freilich auch grundsätzliche Unterschiede zu betonen sind.

2. Der altorientalische M.gedanke (einschließlich → Ägypten) hängt mit dem Königsgedanken (→ Königtum, sakrales) und dem Glauben an vergöttlichte Kultheroen (→ Kulturbringer) oder Vegetationsgötter zusammen. Von der Person des jeweiligen Herrschers wird die Garantie höheren Lebens für Natur und Menschheit abgeleitet. Jede Thronbesteigung bedeutet somit einen neuen Weltenfrühling. Die tragische Grundstimmung aber, welche die Folge so mancher Enttäuschung war, suchte man zu beschwören durch die Aufnahme des verstorbenen Königs in den Kreis jener Kultheroen, von denen die Bedeutung des sumerischen Dumuzi- → Tammuz und seines Kreises im Lauf der Zeit (nach der Verdrängung durch Marduk [→ Babylonien: II]) abnahm, während die des Osiris (neben Amon-Rē; → Isis) zunahm. Es waren Helden des Kultdramas, deren tragisches Schicksal zwar beklagt wurde (vgl. Ez 8, 14), die aber auch nach ihrer Niederfahrt ins Totenreich (→ Hölle: I, 2) ihren Anhängern als Totenrichter und Heilbringer dort eine bevorzugte Stellung garantierten. Zudem galten sie als Garanten der periodischen Verjüngung des animalischen und vegetativen Naturlebens. Sie blieben aber wohl dort in der Tiefe, wo das junge Leben entspringt (→ Lebenswasser). Ihre scheinbare → Auferstehung (: I) ist wohl nur Folge ihrer periodischen Wiederkunft zum Zweck der kultischen Darstellung ihrer Niederfahrt. Dasselbe gilt auch von hethitischen Heilbringern wie Kumarbi und Baal → Hadad, vom ugaritischen Aleijan-Baal und selbst noch in der Zeit des → Synkretismus (: I) vom phönizischen → Adonis und vom phrygischen → Attis. Hier besteht ein prinzipieller Gegensatz zur christlichen Auffassung, wo die leibliche Auferstehung des Erlösers betont wird (1Kor 15, 14ff).

3. Im allgemeinen wird man hier nur von Motivanklängen reden können. Dazu gehört auch das Aussetzungs- und Findlingsmotiv in den Sagen von der Geburt des Helden. Es gehört zum mythologischen Schema (engl. »pattern«), bei dem trotz äußerer Ähnlichkeit kaum je literarische Entlehnung vorliegt. Als Erneuerung im Sinne des Kreislaufgedankens galt jeder Regierungsantritt, bei dem der Anbruch der Heilszeit erwartet wurde (bes. deutlich bei Assurbanipal, 668 vChr). Auch an die Vergottung, welche die → Seleukiden und → Ptolemäer beanspruchten, knüpfte sich diese Heilserwartung. Der Mythos von der Geburt des göttlichen Kindes (vgl. Vergils 4. Ekloge) spielte in augusteischer Zeit eine wichtige Rolle, ebenso die Hoffnung auf die Rückkehr des verborgenen (nicht gestorbenen) Gottkönigs, die sich sogar an → Nero heftete.

4. Auch im Parsismus (→ Iran: III), → Hinduismus, → Islam usw kommt die Sehnsucht nach dem Enderlöser gelegentlich zur Ausprägung, doch ohne die Möglichkeit einer Ableitung aus gemeinsamer Wurzel. Dasselbe gilt von der M.hoffnung vieler → Naturvölker. Erlösergestalten wie der Ta'eb der → Samaritaner, der Gott Baldr in der → germanischen Religion (, 9), der → Krishna des Hinduismus, der Imam und → Mahdi der Schiiten bieten Einzelbelege für die Tatsache, daß dieser Glaube der tiefsten Sehnsucht des Menschen entspricht.

Zu 1: Frazer IV - A. Jeremias, Die außerbibl. Erlösererwartung, 1927 - F. Taeschner (Hg.), Oriental. Stimmen zum Erlösungsgedanken (Morgenl. 28), 1936. - Zu 2: A. Scharff, Die Ausbreitung des Osiriskultes (SAM 1947, 4) - H. Frankfort, Kingship and the Gods, 1948 - A. Moortgat, Tammuz, 1949 - L. van den Berghe, Reflexions critiques sur la nature de Dumuzi-Tammuz (NC 6, 1954, 298-321). - Zu 3: O. Rank, Der Mythus von der Geburt des Helden, 1909 - E. Norden, Die Geburt des Kindes, 1924 - L. Cerfaux-J. Tondriau, Le culte des souverains dans la civilisation gréco-romaine, 1957. - Zu 4: E. Abegg, Der M.glaube in Indien u. Iran, 1928.

F.M.Th. de Liagre Böhl

II. Im AT und im älteren Judentum

1. Allgemein - 2. Die wichtigsten Stellen - 3. Herkunft der mythischen Motive

1. Der Titel M. (»der Gesalbte«), philologisch die gräzisierte Form der aramäischen Übersetzung des hebräischen Wortes [hăm]mašîaḥ, begegnet im AT nicht gerade häufig. Er bezeichnet neben dem → Hohenpriester (Lev 4; 6) vor allem den König von Israel (→ Königtum in Israel), Jes 45, 1 aber auch den Perserkönig Kyros (→ Judentum: I, 1). Neben → Saul trägt bes. → David und dann auch der jeweils regierende Davidide diesen Würdenamen. Besondere Beachtung verdient, daß der M.titel niemals dem erwarteten König der Heilszeit beigelegt wird; dies wohl deshalb, weil dieser Gestalt keine selbständige, aktive Rolle bei der endgültigen Verwirklichung des Heils zuerkannt wird. Diese glaubt man allein dem herrscherlichen Geschichtshandeln Jahwes vorbehalten (→ Königtum Gottes im AT, → Eschatologie: II. III). Kann man mithin im streng terminologischen Sinne im AT nicht von einer M.erwartung sprechen, so doch mit *sachlichem* Recht. Sie ist im AT ganz fest an die in der Rückschau glorifizierte Davidsgestalt geknüpft und gründet in der Verheißung → Nathans 2Sam 7.

2. Für die M.erwartungen im AT läßt sich keine »Entwicklungslinie« feststellen, da eine gesicherte Ansetzung der in Frage kommenden Texte nicht in jedem Falle möglich ist. Ebensowenig will ihre Systematisierung gelingen, weil sich jeweils verschiedene Vorstellungskomplexe überschneiden oder die eindeutige Einordnung einzelner Motive fraglich bleibt. So muß eine kurze Besprechung der wichtigsten Stellen folgen: Die wohl älteste M.erwartung liegt im Judaspruch Gen 49, 8ff vor (→ Jakobsegen), wo von dem »Kommen« einer im Dunkel bleibenden Gestalt die Rede ist, der die »Völker« gehorchen. Nach der gängigen Auffassung von V. 11f ist ihre Zeit eine solche der paradiesischen Fruchtbarkeit. - Zu Num 24, 15ff als messianischer Weissagung vgl. → Bileam und Bileamsprüche. - Eine rein politische Erwartung, die sich auf die Aufrichtung der »zerfallenen Hütte Davids« bezieht, findet sich Am 9, 11f; sie wird jedoch nicht der Verkündigung des → Amos angehören. - Im → Jesajabuch (, 1) begegnen drei Weissagungen (7, 10ff [→ Immanuel]; 8, 23b - 9, 6; 11, 1-10), von denen die beiden letzten wohl sicher messianisch aufzufassen sind: Jes 8, 23bff schildert die Heilswende und die Freude des Volkes über die Befreiung von Versklavung und Bedrückung. Dies geschieht im Zusammenhang mit der Geburt eines Sohnes, dessen Thronnamen »Wunderrat, starker Gott, Ewigvater, Friedefürst« lauten (vgl. Alt II, 206ff), durch den die Herrschaft des Thrones gesichert und Recht und Gerechtigkeit für alle Zeiten gewährleistet werden. Dieselbe Erwartung der Sicherung des Friedens (nun auch das Tierreich umfas-

send) und des Rechts spricht sich auch Jes 11, 1ff aus. Repräsentant und Mittler derselben ist hier das »Reis« aus dem »Stumpf Isais«, auf dem der → Geist (: II) Jahwes ruht, der auch das ganze Land erfüllt. – Mi 5, 1ff berichtet von der wunderbaren Geburt eines Kindes, das »von Urzeit her« ist, in Bethlehem, dem Stammsitz der Davididen. Zuvor aber geschieht die Heimführung der Kinder Israels durch Jahwe, die der Davidssproß dann in der Kraft Gottes weiden soll, so daß sie ruhig wohnen. – Ohne mythisches Beiwerk verheißt Jer 23, 5ff einen »gerechten Sproß« Davids, der den Programmnamen »Jahwe ist unsere Gerechtigkeit« trägt und Recht und Gerechtigkeit im Lande üben wird, nachdem Jahwe dem Volke Sicherheit seiner Existenz verschafft hat. – Auch → Ezechiel kennt die Erwartung eines davidischen Herrschers (17, 22f; 34, 23f; 37, 24f), die aber merkwürdig blaß bleibt. – → Haggai (2, 20ff) und → Sacharja (4, 6ff; trotz der priesterlichen Überarbeitung auch 4, 1ff. 10ff; 6, 9ff) sahen in Serubbabel (→ Judentum: I, 1) den M., der das Reich Davids aufrichten sollte. – In Sach 9, 9f werden Gen 49, 8ff und die jesajanischen Weissagungen vorausgesetzt; hier spricht die Ankündigung vom »Kommen« eines »Königs«, der den Völkern Frieden kündet, die Weltherrschaft innehat und selbst (?) die Kriegswerkzeuge vernichtet. Dabei wird das Reiten des Königs auf einem Esel entgegen der ursprünglichen Intention als Zeichen der Demut und Niedrigkeit verstanden. – Heftig umstritten ist die Frage, ob die Lieder vom → Knecht Jahwes (vgl. auch → Jesajabuch, 2), speziell das Lied vom leidenden Gottesknecht, messianisch aufzufassen sind. Da aber im AT der M.begriff an die Person des davidischen Königs gebunden ist, in den Liedern jedoch – bei allem Gewicht beigebrachter Aussagen über die am Neujahrsfest zu erduldenden »Leiden« des inthronisierten Königs im vorderorientalischen Königsritual – der »Knecht Jahwes« nicht deutlich als »König« erkennbar wird, wird man gut tun, die Ebed Jahwe-Lieder außer Betracht zu lassen.

3. Die mit den messianischen Erwartungen unablösbar verbundenen *mythischen Motive* lassen sich nicht aus genuin israelitischen Voraussetzungen erklären. Jene setzen vielmehr die feste Institution eines sakralen → Königtums voraus, das sich seinen eigenen »Hofstil« geschaffen hatte. Das aber war in der Umwelt Israels, in den Großreichen → Ägypten (: II), Assyrien, → Babylonien (: II), aber auch in den kanaanäischen Stadtstaaten (→ Kanaan: II, → Phönizier, → Ugarit) – wenn auch mit gewichtigen Unterschieden – der Fall. Aus der Umwelt drangen wahrscheinlich derartige Vorstellungen und Riten in das Zeremoniell der Könige von Israel ein (vgl. Ps 2; 110). Vielleicht ist die Ansicht im Recht, die als Einbruchsstelle dafür das vordavidische Priesterkönigtum Jerusalems (→ Melchisedek) ansieht, was neben der überragenden politischen Bedeutung der Persönlichkeit Davids der Grund sein mochte, die messianischen Erwartungen ausschließlich an seine Gestalt zu heften. Genuin israelitisch hingegen, als Frucht der übermächtigen prophetischen Erfahrung der souveränen Herrschaft Jahwes über die Geschichte, ist wohl der Umstand zu werten, daß der M. lediglich Repräsentant oder Mittler, nicht aber selbständige Heilsperson wurde. Als solcher war er daher durchaus aus den eschatologischen Erwartungen auszuklammern (→ Hosea; → Jesajabuch, 2), bzw. konnten andere Erwartungen (→ Menschensohn) neben ihn treten, oder aber mußten neue Eigenschaften auf ihn übertragen werden (→ Messias: III).

Ältere Lit. s. RGG^3 III, 2144. 2146. Vgl. die Lit. zu den im Text genannten Artikeln, vor allem zu → Messias: III (bes. Ringgren, Widengren, Klausner, Mowinckel), → Erlösung: II, → Erwählung: I, → Weissagung und Erfüllung: I. – Ferner: H.W.Wolff, Herrschaft Jahwes u. M.gestalt im AT (ZAW 54, 1936, 169-202) – I.Engnell, Studies in Divine Kingship, 1943 – A.Bentzen, M.-Moses redivivus-Menschensohn (AThANT 17), 1948 – M.Noth, Gott, König, Volk im AT (ZThK 47, 1950, 157-191) – J.Gray, Canaanite Kingship in Theory and Practice (VT 2, 1952, 193-220) – A.R.Johnson, Sacral Kingship in Ancient Israel, Cardiff 1955 – M.Buber, Das Kommende I: Königtum Gottes, 1956^3 – H.Ringgren, The M. in the OT, London 1956 – K.H.Bernhardt, Das Problem der altoriental. Königsideologie im AT ... (Diss. habil. Greifswald), 1957 (Masch.) – CBQ 19, 1 (Jan. 1957), 1-98 (Aufsätze über Messianismus) – G.Fohrer, M.frage u. Bibelverständnis (SgV 213/14), 1957 – J.H.Grønbaeck, Kongens kultiske funktion i det forexilske Israel (DTT 20, 1957, 1-16) – P.A.H. de Boer, De Zoon van God in het OT, Leiden 1958.

M.Weise

III. Im nachbiblischen Judentum

1. Grundzüge der M.erwartung – 2. Historische M.gestalten – 3. Ausgleichsvorstellungen – 4. Die M.idee in nachhadrianischer Zeit

1. Auch die → Eschatologie (: III) der hellenistisch-römischen Zeit ist grundsätzlich theozentrisch und nicht auf eine zentrale Heilsperson ausgerichtet; so beherrscht der M. weder die gesamte Enderwartung, noch stellt er die einzige Gestalt dar, die berufen ist, die Heilszeit heraufzuführen. Von daher wird es verständlich, daß der Begriff M., der teils als Titel (»der Gesalbte«) und teils als Eigenname (»König M.«) gebraucht wird, u.a. in Sir, Dan (→ Menschensohn), äthHen 1-36; 93 + 91, 12-17, Jub, AssMos und slHen überhaupt nicht begegnet. – Die traditionelle M.erwartung bezieht sich auf einen Davididen, der die Herrschaft des Gottesvolkes neu aufrichten soll; als solcher heißt er »Sohn« oder »Sproß« Davids. Gleichbedeutend hiermit sind Titel wie »Gesalbter des Herrn«, »Gesalbter der Gerechtigkeit«, »Befreier« bzw. »Erlöser« (gô'el) oder »Knecht« ('æbæd), ein Titel, der wohl auch dem »Sohn« (filius) Gottes über griech. παῖς (»Knecht, Sohn«) in 4Esr 7, 28 u.ö. zugrunde liegt. Daneben kann der → Hohepriester als Heilsperson mit M. bezeichnet werden; bei dieser mit dem Davididen konkurrierenden priesterfürstlichen Gestalt handelt es sich wohl um eine eschatologische Ausprägung der → Melchisedek-Tradition von Jerusalem. Infolge der wechselvollen jüdischen Geschichte hat sich die M.erwartung vielfach auf Nichtdavididen konzentriert und zT auch das Bild des eschatologischen Hohenpriesters gewandelt; denn weithin beziehen sich messianische Aussagen nicht auf einen künftigen Idealherrscher, sondern auf eine zeitgenössische Gestalt, um sie nach Art des hellenistisch-orientalischen Hofstils als Träger der bereits gegenwärtigen oder soeben anbrechenden Heilszeit in teilweise mythischen Farben zu feiern.

2. Die Hierokratie von Jerusalem ist dadurch gekennzeichnet, daß sie zu Anfang – um 520 vChr – zwei Träger des kommenden Heils, den Davididen Serubbabel und den Zadokiden Josua, nebeneinander kennt (Sach 4, 1ff; → Judentum: I, 1), daß aber sehr bald – mitbedingt durch die weltpolitische Situation – der Hohepriester die alleinige bzw. erste Stelle einnimmt (vgl. Sach 6, 11). Dies ist wohl der Ausgangspunkt dafür, daß um 200 vChr der M.glaube in erster Linie mit dem Hohenpriester verbunden ist; denn die im 2.Jh. vChr aus Jerusalem verdrängten Zadokiden (→ Sadduzäer) verfügten über eine M.erwartung, innerhalb deren der hohepriesterliche M. sogar im Endzeitkampfe vor dem königlichen M. den Vorrang hat (→ Qumran). Von der gleichen Idee sind auch ihre Gegner, die Hasmonäer (→ Judentum: I, 2), beseelt; so trägt Johannes Hyrkanus I. (135-104 vChr) die Prädikate eines endzeitlichen Priesterfürsten, und die hasmonäischen Kriege werden als »heilige«, dh eschatologische Kriege geführt. – Erst mit dem Untergang dieser Dynastie gewinnt nach unseren Quellen die Erwartung eines davidischen M., der das Reich seines großen

Ahnen in »geistgewirkter Weisheit, Gerechtigkeit und Stärke« aufrichten soll (PsSal 17-18), wieder an Boden. Dies bedeutet allerdings nicht, daß man die Verwirklichung der M.hoffnung in der Gegenwart von einem Davididen abhängig machte. Sieht man von der samaritanischen M.vorstellung (→ Samaritaner) und den messianischen Propheten ab, so verdient hier bes. eine »Dynastie« galiläischer M.anwärter Erwähnung, die drei Generationen hindurch das Haus des Herodes und die Römer bekriegt hat. Von den drei führenden Männern (Hiskia, Judas und Menachem) hat letzterer im Aufstand unter Vespasian kurze Zeit in Jerusalem als König regiert und so gewirkt, daß man eine Legende vom M., der am Tage der Tempelzerstörung geboren und alsbald entrückt wurde, auf ihn übertrug (Echa rabba 1). Bekannt ist ferner → Simon bæn Koseba, den → Akiba mit dem davidischen Prädikat »Stern aus Juda« (Num 24, 17) zum »König M.« designierte (pal. Taanit 68 d) und der einen Priester Eleasar zeitweise anscheinend sogar als Konkurrenten neben sich hatte. Das Geschick derartiger M.gestalten mag den Mythos vom »Kriegs-M.« – auch »M. bæn Joseph« oder »M. bæn Ephraim« genannt – ausgelöst haben, der im Kampf gegen Rom fällt und als eschatologische *Kollektiv*gestalt zu verstehen ist.

3. Auf der klassischen Heilseschatologie fußend, ist die M.idee ausschließlich diesseitsgebunden (Justin, Dial. 49). Der M. hat die Aufgabe, den im wesentlichen national-partikular begrenzten Heilsplan Gottes zu verwirklichen; er selbst ist an sich nichts anderes als der Begründer einer für alle Zeiten gesegneten Dynastie. Soweit er leiden muß, ist dies die Folge seines Kampfes gegen die widergöttliche Welt; am Ende winkt ihm und seinem Volke, das die »Wehen des M.« durchstehen muß, die Verherrlichung in Gestalt des Endreiches, in dem Israel in Frieden und Gerechtigkeit triumphiert. – Dieser bei aller inneren Spannung doch geschlossene Gedankenkreis verliert dadurch an Klarheit, daß man einen *Ausgleich* mit konkurrierenden Vorstellungen anstrebte. So ordnete man dem M. primär selbständige Heilspersonen wie → Elias und → Mose als Vorläufer unter. Die Systematisierung mag durch die iranische Lehre angeregt sein, wonach vier Weltzeiten je ihren eigenen Heiland haben und erst mit dem Heilsträger des letzten Äons die Vollendung kommt. Außerdem steht der M. in Spannung zu dem mythischen und kosmisch-universalen → Menschensohn. Eine gewisse Angleichung erfolgte dadurch, daß man charakteristische Motive von ihm auf den davidischen M. übertrug (zB 4Esr 12, 32; 13, 3. 25ff). Entscheidend wurde die M.vorstellung dadurch modifiziert, daß man sie dem jüngeren Zwei-Äonen-Schema (→ Eschatologie: III, 2) einordnete und die »Tage des M.« dahingehend idealisierte, daß man dem M. und seinem Reich eine Lebensdauer von 400 oder 1000 Jahren (→ Chiliasmus) zusprach. Ihr ursprünglicher Charakter blieb jedoch insofern gewahrt, als die M.zeit nur den segensreichen Abschluß »dieses Äons« bildet und der M. samt seinem Reich durch das »Schweigen der Urzeit« (4Esr 7, 30) bzw. durch Tod und → Auferstehung (: IV) von der »kommenden Welt« getrennt ist.

4. Infolge der Niederlage Simon bæn Kosebas i.J. 135 nChr verlor die M.idee ihre geschichtsbildende Dynamik, wenn auch späterhin (→ Judentum: II) ab und zu messianische Bewegungen zu verzeichnen sind. Die Synagoge hat die Erwartung eines davidischen M. liturgisch festgehalten; so heißt es im Achtzehngebet (15. Benediktion): »Den Sproß Davids ... laß eilends aufblühen, und sein Horn richte sich auf mit deiner Hilfe!«

Vgl. RE XII, 723ff; RGG² III, 2146 u. die Lit. zu → Eschatologie: III, → Messias: II. Ferner: P. Volz, Die Eschatologie der jüd. Gemeinde, (1903) 1934² – Bousset, Rel. 222ff – G.F. Moore, Judaism II, (1927) 1954², 323ff – Bill. IV, 799ff u.ö. – R. Meyer, Der Prophet aus Galiläa, 1940, 60ff – O.S. Rankin, The Messianic Office in the Lit. of Judaism and in the NT (ZAW 63, 1951, 259-270) – H. Ringgren, König u. M. (ebd 64, 1952, 120-147) – G. Widengren, Sakrales Königtum im AT u. im Judentum, 1955 – J. Klausner, The Messianic Idea in Israel, London 1956 – S. Mowinckel, He that Cometh. The Messianic Concept in the OT and later Judaism, Oxford (1956) 1959², 280ff (reiche Lit.) – A.v.d. Woude, Die messianischen Vorstellungen der Gemeinde von Qumrân (Studia Semitica Neerlandica 3), 1957 – S. Hurwitz, Die Gestalt des sterbenden M., 1958 – ThW VI, 825ff. *R. Meyer*

IV. Im NT

Im NT begegnet M. fast immer in der Gestalt des griechischen Äquivalents Χριστός, nur Joh 1, 41; 4, 25 zugleich in der griechisch transkribierten aramäischen Fassung. Hinzu kommen die Stellen, die zwar nicht den M.titel, aber religionsgeschichtlich analoge Prädikationen aufweisen (Sohn Davids, König der Juden, vielleicht auch → Sohn Gottes [: II] in der Prägung von Mk 9, 7; Röm 1, 3). Das Christentum entnimmt den Titel der jüdischen Vorstellung des endzeitlichen Herrschers (→ Messias: III), nicht der des messianischen Hohenpriesters (so Friedrich); diese kommt schon darum nicht in Frage, weil das NT außerhalb des → Hebräerbriefes Jesus nirgendwo als Hohenpriester tituliert. Richtig ist freilich, daß die jüdische Vorstellung vom herrscherlichen M. auf christlichem Boden ihrer charakteristischen nationalen Elemente entkleidet wurde. Obwohl diesem negativen Vorgang keine »gezielte Umbildung« des Titels in christlichem Sinne entsprach, war dieser kraft seiner eschatologischen Struktur doch imstande, den »Geschehnischarakter« der Christusoffenbarung anzuzeigen (Braun). – Entsprechend den Differenzierungen der jüdischen Enderwartung ist die Anwendung des M.titels auf Jesus ursprünglich kein gemeinchristlicher, sondern ein auf bestimmte christliche Kreise beschränkter Vorgang (→ Erlöser: II, 2). Dafür spricht, daß die Spruchquelle Q diese Titulatur nicht kennt (→ Evangelien, synoptische, 2a). Dieser Befund zusammen mit einer Analyse der von der M.terminologie geprägten synoptischen Stoffe (→ Jesus Christus, 9a) stellt es sicher, daß Jesus sich nicht für den M. ausgegeben hat (Stauffer). Im Stadium der Evangelienbildung ist der M.titel aus seiner Isolierung längst herausgetreten und zu einem wesentlichen Element gemeinsynoptischer christologischer Begriffsbildung geworden (→ Christologie: I, 3b). Er bezahlt diesen Gewinn mit einem weiteren Schwund seines genuinen Sinnes: Im MkEv steht er synonym mit dem Gottessohn- und dem Menschensohntitel (→ Erlöser: II, 5a) und konstituiert mit ihnen gemeinsam einen originellen christologischen Entwurf (so daß hier die Idee des »*M.*geheimnisses« nur in uneigentlichem Sinne so genannt werden darf). Im MtEv spielt die M.titulatur zwar eine erhebliche Rolle, aber schwerlich aus Rejudaisierungstendenzen, sondern eher als Chiffre für die historische Komponente in der Sendung Jesu – jedenfalls soweit der Begriff »Davidssohn« in Frage kommt, während Χριστός für Matthäus keine spezifische Bedeutung zu haben scheint (Strecker). Lukas, der den M.titel bes. in der Apg stark zur Geltung bringt, benutzt ihn bes. für die theologische Interpretation der Passionsmotivik (Conzelmann, Robinson). – Der fortschreitende Verlust seines ursprünglichen Sinnes bestimmt das endgültige Geschick des M.begriffs auf hellenistischem Boden: Er büßt seinen titularen Charakter ein und wird zum Eigennamen. Im außersynoptischen Bereich ist diese Entwicklung schon bei Paulus nahezu abgeschlossen.

RAC II, 1254f; III, 24f. 596f – J.G.H. Hoffmann, Jésus messie juif (Aux sources de la tradition chrétienne, 1950, 103-112) – A.

FRIDRICHSEN, M. u. Kirche (Ein Buch von der Kirche, 1951, 29-50) - H.CONZELMANN, Die Mitte der Zeit (BHTh 17), (1954) 1957[2], 146ff - H.RIESENFELD, The mythological Background of NT Christology (The Background of the NT and its Eschatology, 1956, 81 bis 95) - E.STAUFFER, M. oder Menschensohn? (NovTest 1, 1956, 81-102) - G.FRIEDRICH, Beobachtungen zur messian. Hohepriestererwartung in den Synoptikern (ZThK 53, 1956, 265-311) - J.A.T. ROBINSON, The most primitive Christology of all? (JThS NS 7, 1956, 177-189) - O.CULLMANN, Die Christologie des NT, (1957) 1958[2], 111ff. 286f - H.BRAUN, Der Sinn der nt. Christologie (ZThK 54, 1957, 341-377) - R.P.CASEY, The earliest Christologies (JThS NS 9, 1958, 253-277) - BULTMANN, NT 27ff. 51. 82f - E.HILL, Messianic Fulfilment in St. Luke (Studia Evangelica [TU 73], 1959, 190-198) - G.STRECKER, Der Weg der Gerechtigkeit (Habil.-Schr. Bonn), 1959.
G.Klein

Meßner, *Joseph,* * 27.2.1893 in Schaz/Tirol, 1922 Domorganist, 1926 Domkapellmeister in Salzburg, namhafter österreichischer Komponist, der Brucknerschule zugehörig. Er schuf neben Sinfonien, Klavierwerken und Opern auch eine biblische Oper »Hadassa« sowie zahlreiche größere und kleinere kirchenmusikalische Werke, u.a. eine Messe für Orchester und eine Solostimme. M. versucht - in gemäßigter Form -, der Kirchenmusik neue Stilelemente (Leitmotiv, symphonische Durchkomposition) zuzuführen. Er gab auch »Alte Salzburger Meister« heraus und führte die große Barockmesse des O.Benevoli wieder auf.

O.URSPRUNG, Kath. Kirchenmusik, 1931. *E.Jammers*

Meßstipendium, eine Gabe für einen Priester, der nach der Meinung des Gebers (Manual-M.) oder, falls sie aus Stiftungseinkünften stammt (gestiftetes M. oder, bei Weitergabe desselben, M. »nach Art eines Manual-M.s«), des Stifters zelebriert. Das M. ist wie das Honorarium des römischen Rechts, nach dem es rechtlich gedeutet wird, das Entgelt für einen Dienst, der nicht unentgeltlich geleistet zu werden braucht und doch nicht Gegenstand eines entgeltlichen Dienstvertrages sein kann, womit begrifflich die Möglichkeit ausscheidet, das M. als → Simonie aufzufassen. Dogmatische Grundlage für die Zelebration nach der Meinung des Gebers ist die Lehre von der besonderen Frucht jeder → Messe, die neben der auf die ganze Kirche sich erstreckenden allgemeinen Frucht und der dem Zelebrans zukommenden persönlichen Frucht entsteht und die der Priester nach seinem Belieben bestimmten Personen oder Anliegen zuwenden kann. Die M. unterliegen folgenden Vorschriften: Für jedes angenommene M. muß eine besondere Messe gelesen werden; anderseits darf ein Priester ein M. nur für Messen annehmen, die er noch nicht gelesen hat und in deren Applikation er von Rechts wegen frei ist, und darf er außer an Weihnachten auch bei → Bination oder Trination nur ein einziges M. für jeden Tag annehmen. Die Zelebration muß nach den Bestimmungen des Gebers geschehen, wenn solche vorliegen; andernfalls müssen die M. innerhalb eines mäßigen Zeitraums persolviert werden und darf niemand mehr M. annehmen, als er innerhalb eines Jahres persolvieren kann. Die Höhe des M.s steht im Belieben des Gebers; doch soll es wenigstens die vom Ortsordinarius festzusetzende Diözesantaxe erreichen und darf niemand mehr als diese verlangen. Dabei ist jeder Schein des Geschäfts und Handels mit M. zu vermeiden und soll kirchlich bestraft werden. Jeder Priester muß über seine M. Buch führen. - Rechtsgeschichtlicher Hintergrund der M. sind die sonntäglichen Gottesdienst-Oblationen der alten Kirche, neben die dann als eigentliche Wurzel die Oblationen auch bei Privatmessen traten. Diese Entwicklung war Ende des 13.Jh.s abgeschlossen.

cc. 824-844. 2324 CIC - Lehrbücher des kath. → Kirchenrechts - E.TENBÖRG, Die M. nach dem CIC, 1934 - DDC V, 1203ff - K. MÖRSDORF, Erwägungen zum Begriff u. zur Rechtfertigung des M.s (Theol. in Gesch. u. Gegenwart, Festschr. f. M.Schmaus, 1957, 103 bis 122). *H.Barion*

Metalle haben wegen ihrer Bedeutung für den Menschen und der ihnen zugeschriebenen Eigenschaften vielerlei Berührung mit dem religiösen Bereich. In vielen Kulturen findet sich die volkstümliche Ansicht, daß die M. in ihrem Urzustand lebendig seien, fähig zu wachsen und sich in der → Erde zu bewegen. Sowohl die Gewinnung der Erze wie die Bearbeitung der M. wird oft mit → Tabus umgeben. Viele Religionen kennen Gottheiten der M. Ein Gott oder → Kulturbringer entdeckt ihren Gebrauch (Prometheus); die Schmiedekunst hat göttliche Schutzpatrone (Hephaistos, die Daktylen vom Ida). Der Gebrauch von M.n für religiöse oder magische Zwecke erklärt sich teils aus magischen Gesichtspunkten (→ Magie), teils aus ihren angenommenen übernatürlichen Kräften. Der kultische Gebrauch von → Glocken, Gongs und Cymbeln hängt zT mit der apotropäischen Wirkung des Lärms zusammen (sogar eine christliche Glockeninschrift besagt: »Meine Stimme sei der Schrecken aller bösen Geister«). Kostbare M. werden regelmäßig für Weihgeschenke, Bilder und Tempelschmuck verwendet. Andererseits ist Eisen oft tabu: Der Flamen Dialis in Rom durfte nicht einmal ein eisernes Rasiermesser benutzen; Gegenstände aus Eisen waren in griechischen Tempeln meist nicht erlaubt (so Plutarch, 819 E); bei den Bauarbeiten am salomonischen → Tempel wurde kein Eisen verwendet (1Kön 6, 7). Man hat dieses Tabu mit dem Umstand erklären wollen, daß Eisen für tödliche Waffen verwendet wird, aber das gilt ebenso für Bronze. Auch die Tatsache, daß bei bestimmten Riten wie der → Beschneidung und der religiösen Kastrierung gelegentlich sogar Steinwerkzeuge vorgeschrieben waren. läßt vermuten, daß die richtige Erklärung in dem religiösen Konservatismus zu suchen ist: Das die Bronze ablösende Eisen galt als eine gefährliche Neuheit, deren magnetische Eigenschaft sie bes. unheimlich erscheinen ließ. - Der Gebrauch der M. als → Symbole oder Metaphern ist sehr alt. Gold, Silber, Bronze und Eisen stellen schon bei Hesiod die vier aufeinanderfolgenden Weltalter dar (wohl aus orientalischen Quellen übernommen; ähnlich in Dan 2, 31ff, wo die M. die vier Weltreiche bedeuten; → Apokalyptik: I, → Saeculum). Unter dem Einfluß der griechisch-orientalischen → Astrologie (, 2 a) wurde die Gruppe der vier M. auf sieben erweitert, den sieben Planeten entsprechend.

ERE VIII, 588ff - HWDA VI, 207ff - M.ELIADE, Metallurgy, Magic and Alchemy (Zalmoxis 1, 1938, 85-129) - DERS., Symbolisme et rituels métallurgiques babyloniens (Studien zur analyt. Psychologie C.G.Jungs II, 1955, 42-46) - DERS., Forgerons et Alchimistes, Paris 1956. - Über M. u. Planeten: F.CUMONT, RHR 103, 1931, 29 bis 96, bes. 50ff; über Eisen: M.CARY-A.D.NOCK, Classical Quarterly 21, 1927, 124-127. *F.R.Walton*

Metaphysik

1. Worterklärung - 2. Die Geschichtlichkeit der M. - 3. Die Geschichte der M.

1. Die Deutung des Wortes M. ist umstritten. Die vorherrschende Auffassung behauptet, Andronikos von Rhodos (um 70 vChr) habe in seiner Anordnung der aristotelischen Schriften »hinter die Bücher über die Natur« (μετὰ τὰ φυσικά) die Abhandlungen zur »Ersten Philosophie« gestellt; seit dem späteren Altertum sei diese äußere bibliothekarische Bezeichnung sachlich-systematisch umgedeutet worden: M. ist die Philosophie, die über die Natur hinausgeht. Nach neueren Forschungen soll das Wort M., und zwar in rein sachlicher Bedeutung, schon im frühesten Peripatos entstanden sein.

2. Da angesichts der Vielfalt der m.en Anschauungen

ein zureichender Allgemeinbegriff der M. kaum zu erlangen ist, wandte man seit dem 19.Jh. das Verfahren an, die historisch gegebenen Ausformungen der M. nach Typen zu ordnen (zB → Idealismus, → Materialismus, → Monismus, → Dualismus, → Voluntarismus, → Intellektualismus). Diese klassifizierenden Allgemeinbegriffe verdecken jedoch die Wandlungen der M., die ihr wesenhaft zugehören. Jede Wesensbestimmung der M. muß ihre → *Geschichtlichkeit* einbeziehen, denn das »Wesen« der M. ist ihre Einheit in ihren geschichtlichen Wandlungen.

3. Seit jeher zeigt sich der Mensch von den gegebenen Erscheinungen nicht befriedigt, die, in sich ungewiß, beunruhigen. Er »überschreitet« sie, indem er nach ihrem »hintergründigen« Sein, dh ihrem Sinn fragt. Auf dieser Grundhaltung des Transzendierens beruht die M. Sie konstituiert sich jedoch allein dort, wo die Frage nach dem Sinn des Seienden als Frage ausdrücklich bewußt und theoretisch einsichtig zu beantworten gesucht wird. Eine solche m.e Fragestellung ist Wirklichkeit geworden allein in der abendländischen Philosophie. Diese untersteht von Anfang an nicht dem Mythos, sondern dem → Logos, dh der sinnvollen Rede, in der sich der Denkende verpflichtet, Rechenschaft abzulegen.

a) Eine M. als philosophisch-explizite Theorie wurde bei den *Griechen* erst von Plato entwickelt. Die Vorsokratik konzipiert jedoch zwei Gedanken, die für das spätere Denken der M. entscheidend sind. Die jonische Naturphilosophie (→ Griechisch-römische Philosophie, 2 a) geht davon aus, daß das Seiende als solches einen Zusammenhang bildet, der, als φύσις bezeichnet, Ordnung, Gefüge, geregelter Ablauf ist. Der zweite für die M. wesentliche Gedanke, von → Parmenides ausgesprochen, besagt: → Denken und → Sein sind dasselbe, das Nichts ist nicht, dh für die M.: auch wenn ihre Gedanken das Gegebene überschreiten, treffen sie immer auf Seiendes. → *Plato* lehrt, daß der Mensch in der sichtbaren Welt keinen Sinn findet. Diese verweist auf die unsichtbaren Grundformen eines höheren Seins, die Welt der → Ideen. Das Verhältnis beider Welten wird in dem für die Folgezeit wichtigen Schema der Urbild-Abbild-Beziehung gedeutet. Die Ideen sind als Urbilder »für sich seiend« und zugleich, wenn auch in abgeblaßter Gestalt, im Sichtbaren »anwesend«; nur deswegen ist dieses überhaupt erkennbar. Das Sichtbare hat in sich das Streben, dem Urbild sich anzugleichen. Die m.e Grundformel des Transzendierens besagt: alles Seiende sucht sich dem Göttlichen zu »verähnlichen«. An diesem Streben des Seienden hat der Mensch Anteil, sein Streben ist jedoch eine ausdrücklich zu vollziehende Abwendung vom Sichtbaren als Zuwendung zum Unsichtbaren. Es vollendet sich in der Schau der Ideen. Daß diese möglich ist, begründet Plato durch den Mythos der Wiedererinnerung: die Seele ist todunbetroffen (ἀθάνατον) – das m.e Thema der → Unsterblichkeit wird hier erstmalig zum philosophischen Gegenstand. In vorgeburtlicher Schau hat die Seele die Urbilder erblickt, so daß sie sich von den Abbildern her an sie erinnern kann. Sie bereitet sich so auf den → Tod (: V) als die Rückkehr in die wahre Welt vor. → *Aristoteles* fragt in der »Ersten Philosophie« nach dem Seienden als Seienden (ὂν ᾗ ὄν) – daher der erst seit dem Beginn der Neuzeit gebräuchliche Begriff → Ontologie. Die Ontologie untersucht in formaler Weise die kategorialen Grundbestimmungen des Seienden (etwa: Substanz – Akzidenz), ordnet es in Regionen (etwa: natürlich Seiendes – künstlich Seiendes) und setzt diese in Beziehung zueinander (Stufenschema). In beiderlei Hinsicht ist sie aufs engste mit der M. verbunden: die Frage nach dem, was hinter der Natur ist, setzt immer eine mehr oder weniger ausdrückliche Vertrautheit mit den formalen und inhaltlichen Unterscheidungen des Seienden voraus, und die Ontologie schließt sich, selbst das Gegebene überschreitend, je einer m.en Gesamtdeutung des Seienden an. Der von Aristoteles konzipierte Grundsatz: »Gott ist das zuhöchst Seiende« ist zugleich ein ontologischer und ein m.er Satz. Aristoteles setzt → Gott (: VII, 1) »über« das natürlich Seiende. Dieses geht als bewegtes je aus seiner Möglichkeit in die ihm zukommende Wesenswirklichkeit; dieser Weg ist jedoch durch Nichtigkeit bestimmt, insofern er als Bewegung immer ein Noch-nicht oder Nicht-mehr der Wesenswirklichkeit bedeutet. Gott dagegen ruht in sich vollendet. Er vernimmt sich selbst als das zuhöchst Vernehmbare (νόησις νοήσεως) und bewegt das unter ihm Seiende, selbst unbewegt bleibend, indem er als das Beste alles auf sich hinzieht, so, wie das in sich ruhende Geliebte das Liebende zur Liebe erweckt. Das menschliche Leben erfüllt sich in der philosophischen Betrachtung dieses Göttlichen. → *Plotin* sucht das Ganze des Seins als die ewige Ordnungsbewegung eines Hervorgehens des Unteren aus dem Höheren zu deuten (→ Emanation). Aus dem Einen, das unterschiedslos in sich und darum ohne Bewußtsein seiner selbst ist, fließt als erstes Abbild der νοῦς, die Ideenwelt, in der Denkendes und Gedachtes unterscheidbar sind; das Abbild des νοῦς, die Seele, findet das Ideelle als mit Materie behaftet vor. Das m. Bedeutsame dieser Konzeption liegt darin, daß Plotin die vorausgehende griech. M. »schematisiert«. Durch die Ansetzung der Seinsbewegung »von oben nach unten« wird die Strebensbewegung »von unten nach oben« als notwendig erklärt: die Seele muß sich mit dem Höchsten vereinen, weil sie aus diesem emaniert ist.

b) Von *christlicher M.* ist erst dort zu reden, wo die nt. Verkündigung eine Verbindung mit dem griech. Denken eingeht. Diese Verbindung kennzeichnet das Denken der *Patristik* (→ Antike und Christentum, 1) und → *Scholastik*. Sachlich gesehen stellt sie vor schwere Probleme. So ist zB die platonische Lehre von der Unsterblichkeit, die die → Präexistenz einschließt, mit dem Gedanken einer Auferweckung von den Toten durch Gott schwer zu vereinen. Das Angleichen an griech. Gedanken bedeutet daher zugleich deren wesentliche Umformung, so daß die christliche M. eine eigene m.e Grundeinstellung bedeutet. Drei Themen sind hervorzuheben, die auch das Denken der → jüdischen und → islamischen Philosophie im MA bewegen. a) Der Gedanke der Erschaffung der Welt aus dem Nichts (→ Schöpfung: IV) bedingt eine Vertiefung der gesamten ontologischen M. Gott »nichtet« als Schöpfer ausdrücklich das Nichts und setzt an seine Stelle das Seiende, dh m. betrachtet: das Seiende im Ganzen ist nicht mehr wie bei den Griechen eine in sich gültige und fraglos vorhandene Ordnung, sondern als Welt ontologisch zu unterscheiden von Gott, der grundsätzlich weltlos (transzendent) ist. – b) Weil Gott transzendent ist, wird die Frage nach seiner Existenz zum m.en Grundproblem. Dem Glaubenden steht Gottes Existenz zwar fest; die → Gottesbeweise haben apologetische Tendenz, aber sie legen dar, daß es auch vernünftig ist, Gott als existierend anzusetzen, wenn anders das Dasein der faktischen Welt erklärt werden soll. Die Frage nach der Existenz Gottes ist verbunden mit der Reflexion auf sein Wesen und sein Verhältnis zur Welt. Der m.e Grundansatz bewegt sich zwischen zwei Extremen: Auf der einen Seite steht das Bestreben, Gott von der Welt radikal zu unterscheiden und ihn als unerkennbar zu deklarieren, auf der anderen Seite sucht man den Zusammenhang von Gott und Welt und dementsprechend eine relative Erkennbarkeit Gottes zu behaupten. Während die »negative Theologie« positive Aussagen über Gott ausschließt, da diese von welthaft

Seiendem her gewonnen seien, wird auf der anderen Seite gerade versucht, durch die Abhebung von welthaft Seiendem Gott »annähernd« zu bestimmen. Eines der wesentlichsten Schemata, in denen das Verhältnis von Gott und Welt gedeutet wird, ist die mittelalterliche Lehre der → analogia entis, die besagt, daß das Sein Gott und welthaft Seiendem nicht in derselben Aussageweise, sondern nur im Sinn einer Entsprechung zukommt. – c) Der Mensch, als imago Dei erschaffen, wird von dem Gedanken der Freiheit her bestimmt, als ein Wesen, das in der Entscheidung steht: Als homo vetus versteht er sich vom welthaft Äußeren her, während er als homo novus, der keiner äußeren Beschreibung zugänglich ist, das welthaft Seiende in seinem Inneren zu Gott hin überschreitet.

c) Die *neuzeitliche M.* hält an der Thematik der vorausgehenden M. fest, aber bereits → *Descartes* behauptet, daß die Frage nach Gott und der Seele besser durch die → Philosophie (: I) als die Theologie zu beantworten sei. Der methodische Ausgangspunkt ist das Selbstbewußtsein des Menschen, der denkend das welthaft Seiende zu durchschauen vermag, weil Gott, der diese Ordnung gesetzt hat, sich als wahrhaftiger an die einmal gegebene Gesetzlichkeit gebunden hat. Dies Bestreben, die Welt als in sich stimmigen Zusammenhang rational zu begreifen, bestimmt die Systeme von Spinoza und Leibniz. Nach → *Spinoza* kann Gott nicht als jenseitiger Schöpfer der Welt entgegengesetzt werden. Es gibt nur einen Seinszusammenhang, der als natura naturans das regelnd Setzende und als natura naturata das geregelt Gesetzte ist. → *Leibniz* setzt an die Stelle der einen Substanz des Spinoza die Vielheit von Monaden, die als je in sich nach den eigenen Wesensgesetzen sich vollziehende Einheiten doch ein vernünftiges Ganzes bilden. Dieses repräsentiert sich in Gott, der als Zentralmonade die beste Konstellation der möglichen Verbindungen aller Monaden verwirklicht hat (prästabilierte Harmonie). Von diesem Ansatz her bestimmt *Chr.* → *Wolff* die M. Als »metaphysica generalis sive ontologia« untersucht sie die allgemeinen Seinsbestimmungen, als »metaphysica specialis« legt sie in der rationalen Psychologie das Wesen der Seele als einfacher Substanz dar, zeigt als rationale Kosmologie den Zusammenhang des natürlich Seienden (Welt) und sucht als rationale oder natürliche Theologie Gott als Ursache der Welt zu erweisen. Im Gegensatz zu dieser Vernunftgläubigkeit erklärt → *Kant* in der Dialektik der »Kritik der reinen Vernunft«, daß M. als wissenschaftliche Erkenntnis unmöglich sei. Erkenntnis ist nur als Erfahrung möglich, deren Wesen es ist, daß der Verstand den durch die Sinne gelieferten Stoff, der den Bedingungen von Raum und Zeit untersteht, unter Begriffe ordnet und im transzendentalen Selbstbewußtsein unter die Einheit des Ichs stellt. Wo jede Gegebenheit ausfällt – und dies ist in der M. der Fall –, ist Erkenntnis ausgeschlossen. Das Bedeutsame an dieser Kritik ist der Aufweis des inneren Zwiespaltes der menschlichen → Vernunft. Nach Kant gehört das m.e Fragen der Vernunft wesenhaft zu, der Mensch wird immer wieder versuchen, die Erscheinungen zu einer Totalität zusammenzufassen und diese auf ein höchstes Wesen zurückzuführen, aber er wird immer wieder den dialektischen Schein solcher Versuche durchschauen müssen. Die großen Gegenstände der M. (Gott, Freiheit, Unsterblichkeit) sind theoretisch unbeweisbar, nur von der praktischen Vernunft her vermag der Mensch sie als Gesetze einer intelligiblen Welt zu postulieren. Die Kantische Kritik der M. ist bis heute wirksam geblieben. Sie führte jedoch zunächst nicht zu einer Aufhebung der M., sondern zu deren Umbildung. Im Deutschen → Idealismus (: II) wird die M. identisch mit dem methodisch sich entfaltenden Vernunftsystem. → *Fichte* erweitert das transzendentale Selbstbewußtsein zum absoluten Ich, das sich als reine schöpferische Tätigkeit selbst bestimmt. → *Schelling*, diesen Ansatz aufnehmend, erklärt, daß dies Ich nicht das menschliche Ich sein kann. Es ist die absolute Vernunft, die sich selbst aus einem Zustand der Indifferenz zum Bewußtsein entwickelt. Natur und Geist sind die Stufen dieser Entwicklung: Natur ist unbewußter Geist und → Geist (: VII) als geschichtliches Gebilde bewußt gewordene Natur. Dieser Ansatz ist von → *Hegel* methodisch fundiert worden. Hegels Philosophie ist als ganze die Wissenschaft des Absoluten, dh M. In der → Logik denkt die Vernunft die ontologischen Grundbestimmungen alles Seienden (wie Sein, Nichts, Werden). Die Logik ist die Wissenschaft der »Gedanken Gottes vor der Schöpfung«. In der Philosophie der Natur und des Geistes zeigt Hegel, wie die Vernunft das scheinbar von ihr unabhängig real Wirkliche aufhebt, indem sie begreiflich macht, daß es in seinem Wesen selbst vernünftig ist. Das Vernünftig-sein zeigt sich als ein Vernünftig-werden: Der geschichtliche Vollzug erweist die Aufhebung anfänglich äußerlicher Vorstellungsweisen in die endgültig begriffliche Durchsichtigkeit geistiger Bestimmungen, von denen her das Äußere des Anfangs sich als »an sich« schon geistig zeigt. Die Philosophie als M. ist ein Kreisgeschehen, das sich in sich selbst vollendet, dh M. ist nicht mehr die Lehre von einer über dem denkenden Menschen stehenden zweiten höheren Welt, sondern die Lehre von der jedem Denkenden im Denken zugänglichen absoluten Vernunft, in der der Gegensatz zwischen Diesseits und Jenseits aufgehoben ist.

d) Im *späteren 19.Jh.* wird der Deutsche Idealismus grundsätzlich in Frage gestellt. → Feuerbach will nicht nur die Theologie, sondern auch die spekulative Philosophie in → Anthropologie auflösen, und → Comte erklärt, daß das m.e Zeitalter überhaupt durch das positivwissenschaftliche ersetzt werde. Auch die bedeutenderen m.en Denker dieser Zeit gehen nicht mehr von der Vernunft aus, sondern von einem irrationalen Urgrund, so → Schopenhauer vom → Willen als einem dunklen Drang. Die → Lebensphilosophie nimmt diese Ansätze auf. → *Nietzsche* bestimmt den Menschen vom »Willen zur Macht« her. Dieser ist allem Lebendigen eigentümlich und zeigt sich als das sinnlose Kreisgeschehen der »ewigen Wiederkehr des Gleichen«, als der Krafthaushalt der Natur, den Nietzsche unter dem Symbol des Dionysos als das »Ewig-sich-selber-schaffen« und das »Ewig-sich-selber-zerstören« preist. Von dieser M. her übt Nietzsche schärfste Kritik an der traditionellen M.; diese setze im Platonismus und Christentum eine zweite Welt, die jetzt zur Fabel geworden sei, weil Gott tot ist. – Andere Lebensphilosophen im Ausgang des 19. und im Beginn des 20.Jh.s erkennen die M. in bestimmter Form an. → *Dilthey* erklärt, in indirekter Anknüpfung an Hegel, daß das Leben sich immer in geistig-geschichtlichen Sinnzusammenhängen strukturiere. Diese von ihren Ausformungen her zu deuten, ist Aufgabe des Philosophen, der, weil er selbst den geschichtlichen Wandlungen untersteht, jedoch nie das Ganze erfassen kann. An die Stelle absoluter Systeme der M. tritt die m.e Stimmung, die sich in m.en Grundeinstellungen ausdrückt, die Dilthey in Typen zu ordnen sucht. → *Bergson* setzt die M. in Gegensatz zur Wissenschaft. Diese bewegt sich notwendig in abstrakten Bestimmungen, während die M. intuitiv die »schöpferische Lebenskraft« als das eigentlich Wirkliche erfaßt.

e) In der *Philosophie der Gegenwart* ist die Möglichkeit einer M. als höchster philosophischer Disziplin problematisch geworden. Es gibt Richtungen, die die Möglichkeit der M. bejahen, indem sie konkret an bestimmte m.e Systeme der Tradition anknüpfen, so etwa der → Neuthomismus. Die allgemeine Situation ist jedoch dadurch gekennzeichnet, daß man geschlossene m.e Systeme nicht mehr für möglich hält. So hat *N.* → *Hartmann* die M. aus ihrer traditionellen Verklammerung mit der Ontologie gelöst. Ontologie wird von ihm als die Wissenschaft bestimmt, die nur auf dem Wege der Forschung die Grundbestimmungen des Seienden und seiner Ordnung herauszustellen vermag, im Gegensatz zur M., der es nach Hartmann eigentümlich ist, von nicht ausweisbaren Prinzipien her vorschnell endgültig sein sollende Systeme aufzustellen. Die → Existenzphilosophie von *K.* → *Jaspers* schließt die M. als solche nicht aus. Jaspers setzt der Wissenschaft, die sich als Weltorientierung vollzieht, die Existenzerhellung entgegen, in der der Mensch sein unverlierbares freies Selbst als existentiell zu übernehmende Aufgabe erfährt. Diese Existenzerfahrung ist immer schon m., dh vollzieht sich im Raum der → Transzendenz. Diese jedoch ist nie eindeutig auszusagen, sondern nur in »Chiffren« zu lesen. Die Chiffren sind vieldeutig, alles kann Chiffre, dh durchsichtig für die Gegenwärtigkeit der Transzendenz werden, Natur nicht weniger als Geschichte. Aber keine Chiffre ist endgültig. Jede der m.en Formeln »sagt dasselbe, alle sagen nur: *Sein*. Es ist, als ob sie nichts sagten, denn sie sind ein Brechen des Schweigens, ohne es brechen zu können.« Dieser Ansatz von Jaspers kann als der wesentlichste Ausdruck der heutigen Bewertung der M. bezeichnet werden, wie sie das allgemeine Bewußtsein kennzeichnet: Das Gegebene ist in sich nicht befriedigend, es weist über sich hinaus, aber das Transzendieren erfaßt nicht eine allgemein verbindliche Wahrheit, es bleibt im Raum je persönlicher Erfahrung. – Im Gegensatz zu Jaspers hat *M.* → *Heidegger* die M. grundsätzlich in Frage zu stellen gesucht. Die traditionelle M. untersucht das Seiende als Ontologie, aber in der Weise, daß sie ein zuhöchst Seiendes – so Gott – zur Grundlage macht und von diesem her das andere Seiende abzuleiten versucht. Dieses m.e Denken kennzeichnet die bisherige Philosophie im ganzen und erweist sie als beherrscht vom berechnenden Denken, dessen Wesen der Wille ist, durch ein restloses Begreifen das Seiende verfügbar zu machen. Dies Denken ist jedoch nicht ein der Willkür entsprungener Irrtum, sondern als geschichtliches Ereignis uns zugeschickt vom → Sein. Das Sein ist als das alles Durchwaltende und in allem Anwesende vom Seienden scharf zu unterscheiden. Der Mensch kann es nie vergegenständlichen, sondern hat ihm zu entsprechen. Dies kann nur geschehen im jeweiligen Austragen des geschichtlichen Geschickes. Dieser Ansatz, in dem Gedankengänge der m.en Tradition aufgehoben sind, zeigt, daß die M. selbst heute zu einem Problem geworden ist, dessen Lösung nur erbracht werden kann durch eine Auseinandersetzung mit der m.en Tradition, die unser Denken noch immer bestimmt.

Zur Worterklärung: H.Reiner, Die Entstehung u. ursprüngliche Bedeutung des Namens M. (ZPhF 8, 1954, 210–237). – Zur m.en Typenlehre: W.Dilthey, Weltanschauungslehre (Ges. Schr. 8), 1931. – Zur Gesch. der M.: E.v.Hartmann, Gesch. der M., 1899/1900 – H.Heimsoeth, Die sechs großen Themen der abendländ. M., (1922) 1958^{4} – J.Stenzel, M. des Altertums; A.Dempf, M. des MA; H. Heimsoeth, M. der Neuzeit (HPh 1), 1927 – W.Schulz, Der Gott der neuzeitl. M., 1957. – Zur gegenwärtigen Auseinandersetzung mit dem Problem der M.: M.Heidegger, Was ist M.?, (1929) 1955^{7} – Ders., Einführung in die M., 1953 – K.Jaspers, Philosophie III: M., (1932) 1956^{3} – S.Moser, M. einst u. jetzt, 1958 – E.Topitsch, Vom Ursprung u. Ende der M., 1958 – W.Schulz, Hegel u. das Problem der Aufhebung der M. (Festschr. f. M.Heidegger zum 70. Geb., 1959, 67–92).

W.Schulz

Methodismus

I. Konfessionskundlich – II. Methodistische Missionen

I. Konfessionskundlich

1. Entstehung und Frühentwicklung – 2. Verhältnis zur Anglikanischen Kirche und Kirchenbildung – 3. Innerer Aufbau – 4. Wirkung (bes. soziologisch) – 5. Lehre – 6. Ordnung – 7. Kirchengeschichtliche Bedeutung und Einordnung – 8. Der M. in Großbritannien seit J.Wesleys Tod – 9. Der M. in Nordamerika – 10. Der M. in Europa – 11. Gesamt-m.e Bestrebungen – 12. Statistik

1. Der M. ist die letzte große Kirchenbildung und geschah wie die Entstehung der reformatorischen Kirchen wider Willen. John (1703–91) und Charles (1707 bis 1788) → Wesley, anglikanische Pfarrerssöhne und Theologen mit abgeschlossener Ausbildung, benutzten ihre Tätigkeit als Fellows in Oxford dazu, einen Studentenkreis außerhalb der pflichtmäßigen Arbeitszeit wissenschaftlich und geistlich zu fördern. Da solcher Eifer vom sonstigen Studentenleben auffallend abstach, erhielt der Kreis die Spitznamen »Methodists« und »Holy Club« (seit etwa 1729). Er gliedert sich in den Zusammenhang innerkirchlicher Erneuerungsbewegungen ein, die die Kirche von → England (: I, 5. 6) als »religious societies« (seit 1678 durch A. → Horneck in London und seine Freunde) für Intensivierung des Glaubens- und Gebetslebens, Seelsorge aneinander, Verbreitung von Erbauungsliteratur, Armenschulgründungen, Heidenmission in den Kolonien hervorgebracht hatte. Der Vater der beiden Wesleys, Samuel Wesley (1662–1736), gehörte zu den stärksten Förderern dieser societies, und der Studentenkreis trat durch J.Wesley mit ihrer bedeutendsten Schöpfung, der Society for Promoting Christian Knowledge, in regelmäßige Verbindung. Als die beiden Führer 1735 Diasporapfarrämter in der nordamerikanischen Kolonie Georgia übernahmen, lernten sie auf der Überfahrt deutsche Herrnhuter und in Georgia selbst vertriebene → Salzburger Emigranten kennen, deren Pfarrer hallische Pietisten waren (→ Boltzius). Durch den engen Austausch mit diesen voneinander charakteristisch verschiedenen und vielfach gegensätzlich gerichteten Gemeinschaftsformen des deutschen → Pietismus wurden sie in dessen Fragestellungen hineingezogen. Der Oxforder Kreis hielt noch eine Weile zusammen, lehnte aber die Unterstützung der Brüder Wesley in der nordamerikanischen Arbeit ab und entwickelte sich teils zum betonten Anglikanismus (J. Hervey), teils zum entschiedenen Herrnhutertum (J. → Gambold; → Brüderunität: II) und damit zur Entfremdung von den Brüdern. Nach der Rückkehr aus Nordamerika (1738) und einem Dankbesuch J.Wesleys in Herrnhut begannen die Brüder mit einer unermüdlichen Evangelisationsarbeit (Predigt, Gruppenbildung nach Analogie sowohl der religious societies als der Herrnhuter Formen) in London. Ihre persönlichen Bekehrungserlebnisse, die sie in die sachliche Nähe von Luthers Rechtfertigungs- und Heilsgewißheit führten, hatten sie dazu innerlich entscheidend verpflichtet und ermächtigt. J.Wesley berief sich für sein kirchenamtlich nicht autorisiertes Tun auf seinen Rechtstitel als Fellow des Lincoln College von Oxford, auf Grund dessen er überall predigen durfte, im übrigen auf das Vorbild der religious societies. Daraus erwuchs der Bewegung viel Feindschaft, vor allem von der anglikanischen Pfarrerschaft, die ja damit in ihrer Amtsführung angegriffen war. Sie griff trotzdem bald nach Bristol, der zweiten Stadt des M., nach Newcastle-on-Tyne und in viele englische Landschaften (Cornwall, Dorset, Devonshire), bes. auch in das England entfremdete → Irland (: II) über. Zu der formalen Begründung des Widerstandes trat die inhaltliche: das Christentum des M., das Sünde, Versöhnung, Rechtfertigung, Wiedergeburt, Heiligung in den Mittelpunkt stellte und ein persönliches Glaubensverhältnis zu Jesus Christus forderte, wurde als Schwärmerei (en-

thusiasm) empfunden. Der anglikanische Episkopat stellte sich, vielfach ratlos gegenüber der im Zeitalter der → Aufklärung ungewohnten Thematik, verschieden ein; seine Haltung reicht von nachsichtiger Duldung (Potter in Oxford, → Gibson in London, → Butler in Bristol) bis zur entschlossenen literarischen und praktischen Bekämpfung (→ Lavington in Exeter, → Warburton in Gloucester). Ebenso waren die Erfolge bei der Bevölkerung wechselnd, so daß jede Stadt und Landschaft ihre eigene m.e Geschichte erhielt, in der heftige Verfolgungen und Märtyrer nicht fehlen. In lose Verbindung trat der M. mit der etwas früher beginnenden Erweckungsbewegung von H. → Harris in Wales, in enge mit derjenigen von G. → Whitefield. Von diesem Mitarbeiter, der 1739 bei Verweigerung von Kirchen mit Predigten unter freiem Himmel begann und dadurch die Massenversammlungen als Charakterzug des M. begründete, trennten sich jedoch die Brüder Wesley wiederholt. Die Versöhnungsversuche hatten nur persönliche Wirkung, da der dogmatische Gegensatz (gegen die von Whitefield gelehrte Prädestination) fundamental war. Nach dessen Tod (1770) organisierte sich seine Gefolgschaft unter Führung der Gräfin Selina Huntingdon in Trevecca (Wales) als selbständiger Zweig (Welsh Calvinist Methodists), der auch allen späteren Unionen fernblieb.

2. Im *Verhältnis zur → Anglikanischen Kirche* (: I) widerstanden die Brüder Wesley zäh allen Versuchen einer Trennung, die immer wieder von Mitgliedern ausgingen, bauten aber das innere Gefüge unter den Leitprinzipien von Verkündigung und Seelsorge, zT nach herrnhutischem Vorbild (»Banden« mit 2-5 Personen als kleinsten Einheiten der Seelsorge), kirchenähnlich aus. Der Eckstein wurde dabei der Laienprediger, ursprünglich nur »Helfer« genannt. Aus ihnen, denen J.Wesley eine Mindestausbildung durch Selbststudium auferlegte, gingen im 19.Jh. großenteils die Führer der Gewerkschaftsbewegung und die Begründer der Labour Party hervor, so daß von der Wurzel her eine enge Gemeinschaft zwischen Christentum und politischem Sozialismus bestand. Die Methodisten erbauten keine Kirchen, sondern mieteten Versammlungsräume (klassisch der New Room in Bristol, Broadmead) und errichteten schlichte Kapellen. Sie hielten ihre Zusammenkünfte außerhalb der anglikanischen Gottesdienstzeiten ab, verzichteten auf Sakrament und Liturgie und beschränkten sich auf Wortverkündigung, Wiedergabe persönlicher Heilserfahrung (lovefeast als Zeugnisgottesdienst nach herrnhutischem Vorbild) und Gesang. Nach den Anfängen der m.en Hymnologie durch J.Wesleys Übersetzung von deutschen, bes. pietistischen Liedern wurde Ch.Wesley der große, auch für den Anglikanismus fruchtbare Dichter der Bewegung (→ Kirchenlied: I, 6 b). 1784 ordnete J.Wesley in der Urkunde »Deed of Declaration« die Grundbesitz- und Rechtsverhältnisse der m.en Gemeinschaften, die er als »Methodist Societies *within* the Church of England« ansprach. Gleichwohl wurde dieses Dokument nach seinem Tode ein wichtiger Grundstein für die Verselbständigung im kirchenrechtlichen Sinne. Die Ordinationen, die er (infolge der nordamerikanischen Unabhängigkeit) seit 1784 für Nordamerika, 1785 für Schottland, 1788 für England vornahm, wiesen ebenfalls in diese Richtung. Trotzdem erfolgte die Lösung von der Mutterkirche erst 1795, und auch sie ist in ihrer Begründung und Tragweite umstritten. Daher setzen die gegenwärtigen → Einigungsbestrebungen (: V, 2), die die Kirche von England, bes. seit 1946, mit den landeseigenen Freikirchen unternimmt, bei den Methodisten an. Der tatsächliche Verzicht auf die für anglikanisches Bewußtsein unentbehrliche Liturgie im Gottesdienst macht bes. heute und zugleich im Sinne J.Wesleys, der ein überzeugter Freund des Book of → Common Prayer war, die Bewertung m.er Versammlungen als unvollständiger Hilfseinrichtungen gegenüber dem anglikanischen Gottesdienst möglich.

3. Im *inneren Aufbau* handelte J.Wesley sorgfältig überlegt und ging - echt englisch - Schritt für Schritt folgerichtig, aber ohne ausgearbeiteten Plan, weiter. Den Anfang hatte das Verlangen seiner Mitglieder gebildet, er möchte ihnen als Seelsorger nahe sein. Daraus ergaben sich seelsorgerliche Gruppen, in deren eine er sich selbst einordnete. Für die Evangelisationspredigt bedurfte er der »Helfer«, die aus den Mitgliedern erwuchsen. Eine wesentliche Rolle spielte dabei das weibliche Element, was Wesley und der Bewegung heftige Vorwürfe eintrug und zur Zerrüttung seiner eigenen Ehe durch die unbegründete Eifersucht seiner Frau führte. Die Laienprediger oder »Helfer« versammelte er auf jährlichen Konferenzen, die alle wichtigen Fragen berieten und weitgehend entschieden, wobei jedoch er selbst das letzte Wort behielt. Wegen seiner diktatorischen Stellung erfuhr er viele Anfeindungen. Nach seinem Tode erhielt die Jahreskonferenz der Prediger (mit jährlich wechselndem Präsidenten) die Vollmacht der Leitung. Die Verpflichtung für die Laienprediger, nach seinem Vorbild ein Tagebuch zu führen, nötigte zu einer »puritanischen« (→ Puritaner) Gewissenserforschung und Selbstkontrolle. Gerade dadurch wurde der M. zur klassischen Glaubensform der persönlichen Heilserfahrung und bewahrte so bis heute ein pietistisches Anliegen.

4. Durch die direkte - im Unterschied zum gleichzeitigen Anglikanismus -, persönliche Entscheidung fordernde, persönliche Überzeugung vermittelnde Art der m.en Predigt sowie durch die straffe Organisation sprach die Bewegung die häufig von der Kirche übersehenen schlichten Menschen an, bes. die Bergarbeiter (colliers) um Bristol. Der Adelsbrief, den das einfache Leben der Unbekannten empfing, bewirkte eine tiefe lebendige Dankbarkeit, die beim Tode J.Wesleys überreich zum Ausdruck kam. Wesley selbst scheute keine Mühe. Sein lückenlos geführtes Tagebuch zeigt einen unermüdlichen Arbeiter, der zu Pferde bis ins letzte Dorf eilte, um das Evangelium zu verkündigen. Wahrscheinlich ist kein zweiter so an jedem Platze auf den britischen Inseln gewesen wie er. In Fortführung der von den religious societies geschaffenen Tradition sowie in Anknüpfung an die eigenen Erfahrungen in der Londoner Charterhouse School und an das hallische Waisenhaus → Franckes, das er 1738 besucht hatte, gründete Wesley 1748 die Kingswood School bei Bristol als Armenschule, die sich zur klassischen Erziehungsstätte der m.en Kinder entwickelte.

5. Von Anfang an hat der M. auf Klarheit und Schlichtheit in der *Lehre* Wert gelegt. Die Bibelnähe, die für Wesley, verstärkt durch den herrnhutischen Einfluß, selbstverständlich war, forderte eindeutige Wiedergabe und Weitergabe ihres Inhalts. Seine zT eng an → Bengels Gnomon angelehnten Explanatory Notes upon the NT (1755; weniger wirksam: Expl. Notes upon the OT, 1765-67) gehören ebenso wie seine lehrhaft angelegten, streng logisch aufgebauten Predigten zu den Grundschriften des M. Bes. offiziell sind die ersten 53, die bestimmte Themen wie die Rechtfertigung durch den Glauben, die rettende Gnade, die Kennzeichen der neuen Geburt, die Beschneidung des Herzens, das Gesetz, die christliche Vollkommenheit, die Erbsünde behandelten. Lehrkämpfe wurden ausgefochten gegen eine mystisch-quietistische, die → Gnadenmittel beiseiteschiebende Frömmigkeit (vertreten durch den aus

dem Elsaß stammenden Herrnhuter Philipp Heinrich Molther), gegen eine prädestinatianisch-partikularistische Heilsauffassung (→ Whitefield), gegen antinomistische Tendenzen (bes. 1770 unter den Anhängern Whitefields), wobei J.W. → Fletcher der entscheidende Helfer J.Wesleys war. Wesley betonte bei jeder Gelegenheit den Universalismus des göttlichen Heilswillens und nannte sich deshalb → Arminianer, seine Zeitschrift (seit 1778) Arminian Magazine. Der Gesamtcharakter der m.en Lehre ist eine Verbindung von reformatorischen und pietistischen Grundanliegen: Rechtfertigung, Wiedergeburt, Heilserfahrung, infolgedessen stark persönlich, ja subjektivistisch gefärbter Glaube (er wird meist als Glaubensbesitz verstanden). Im betonten Unterschied zur Reformation Luthers wird das Gesetz hoch bewertet. Dem M. eigentümlich ist die enge Verbindung von Heilsfreude und Heiligungsernst, die in der Zielbestimmung: Vollkommenheit in der Liebe (nach Kol 3, 14) gipfelt, jedoch keineswegs ein Bekehrungs- und Heiligungsschematismus, wie er oft irrtümlich aus dem Namen abgeleitet wird. Gegenüber den in m.en Versammlungen schon früh auftretenden nervösen Erscheinungen (Schreie, Verzückungen, Ohnmachten) blieb der nüchterne, auf Lehr- und Willensbildung gerichtete J.Wesley kritisch. Nur bei den → Jumpers wurden sie als sichtbare Zeichen des Bußernstes und der Heilsgewißheit gepflegt. – In der Lehre ist der spätere M. kaum über Wesley hinausgegangen; nur durch die fortlaufende Auseinandersetzung mit dem Anglikanismus kamen neue Themen wie Lehre vom Amt (apostolische → Sukzession), vom Sakrament, von der Kirche ins Blickfeld. Der ökumenisch verbindende Charakter des M., den ihm Wesley eingepflanzt hatte, gelangte jedoch erst im 20.Jh. zur Auswirkung. Bemerkenswert bleibt, daß Wesley selbst von der romanischen Mystik Frankreichs mitgeprägt war und sich zeitlebens eine lebendige Offenheit für die Werte röm.-kath. Frömmigkeit bewahrte (Schätzung de Rentys, Hochachtung für Ignatius von → Loyola).

6. Unter den Eigentümlichkeiten der *Ordnung* stehen die Laienmitarbeit (Laienprediger, häufig im Alter von 16–20 Jahren, sowohl als Vorstufe für das volle, theologisch gebildete Predigeramt als auch selbständig) und das Klassensystem (Klassen als kleine, übersichtliche Einheiten der Seelsorge und der christlichen Lebensführung) obenan. Beides ergibt sich aus dem Verständnis des Christentums als Dienst für Jesus Christus an den Mitmenschen. Die m.e Kirche ist stärker als eine der institutionellen und traditionellen Kirchen bis heute Evangelisations- und Missionsbewegung.

7. Kirchengeschichtlich stellte sie den stärksten, weil unmittelbar biblisch (paulinisch) orientierten Gegenschlag gegen die im 18.Jh. im → Deismus (: III) und Antideismus (→ Butler, → Warburton) gipfelnde rationale Linie des englischen christlichen Denkens dar. Sie setzte damit einen neuen Anfang und wirkte, verschärft durch ihre enge Beziehung zum deutschen Pietismus, in ihrer Zeit als Fremdkörper. Mit ihrem → Biblizismus und ihrer reformatorisch-pietistischen Thematik kündigte sie die → Erweckungsbewegung des 19.Jh.s als Protest und Überwindung des → Rationalismus an.

8. Nach J.Wesleys Tode übernahm zunächst Th. → Coke die Leitung der Bewegung, da der von Wesley selbst ins Auge gefaßte J.W. → Fletcher schon 1785 gestorben war. Sehr bald setzte die von Wesley gewünschte Ordnung ein, daß die Konferenz der Prediger alle wesentlichen Entscheidungen traf. Unter ihren jährlich wechselnden Präsidenten ragte im 19.Jh. Jabez Bunting (1779 bis 1858) hervor. Als Leiter der m.en Missionen (seit 1833; → Methodismus: II) gewann er maßgebenden Einfluß auf die Gesamtbewegung und gestaltete sie unter endgültiger Ablösung von der Kirche von England zur Kirche eigener Prägung, dh zur innerev. Mission und Evangelisation (s. 5). Meinungsverschiedenheiten über Fragen der Kirchenleitung und der Politik führten zu verschiedenen Abspaltungen (Methodist New Connection 1797/98, Bible Christians 1815, United Methodist Free Churches ca 1836, Primitive Methodists 1807/10, Independent Methodist Churches 1806, Wesleyan Reform Union 1850, umgestaltet 1859). Von ihnen schlossen sich die drei ersten 1907 zur *United Methodist Church* zusammen. Die Einigungsbewegung schritt fort und brachte 1925 einen Entwurf hervor, der am 20.9.1932 als *Methodist Union* in Kraft gesetzt wurde. Außerhalb dieser Einigung blieben die Welsh Calvinist Methodists (Presbyterian Church of Wales), die Countess of Huntingdon's Connexion, die Independent Methodists und die Wesleyan Reform Union. Im 20.Jh. wirkte J.S. → Lidgett für soziale Aktivität und kirchliche Einigung (mit dem Anglikanismus).

9. In *Nordamerika* (→ Vereinigte Staaten: I) wurde der M. 1766 durch den Pfälzer Philipp Imburg-Embury, der aus Limerick (Irland) einwanderte, bekannt. Seit 1769 gingen Prediger aus England hinüber, an der Spitze Francis Asbury, der mit → Coke die Leitung als Superintendent (später in »Bischof« umbenannt) übernahm. Asbury, der größten Gestalt des amerikanischen M., und dem unermüdlichen Einsatz seiner reitenden Laienprediger (»circuit-riders«) ist es zu verdanken, daß der M. zu der typisch amerikanischen Frömmigkeitsform der nach Westen vordringenden Bevölkerungsbewegung wurde. Während auf der ersten nordamerikanischen Konferenz 1773 in Philadelphia das Band mit England fest geknüpft worden war, entfremdete der Unabhängigkeitskrieg – bes. durch J.Wesleys konservative, gegen die Loslösung gerichtete politische Haltung – Mutterland und Kolonien, so daß sich auf der Weihnachtskonferenz von Baltimore 1784 die selbständige Bischöfliche Methodistenkirche konstituierte. Sie begleitete die weitere Besiedlung des Kontinents und wuchs zu einer der größten Kirchen heran. Infolge der verschiedenen Stellung zur Sklaverei spaltete sich 1844 die Bischöfliche Methodistenkirche des Südens ab, da der Norden den Bischof James Osgood Andrew (1794–1871) als Sklavenhalter zur Abdankung hatte nötigen wollen. 1939 erfolgte die Wiedervereinigung. – Beide nationale Ausprägungen des M., der britische und der nordamerikanische, entwickelten eine bedeutende heidenmissionarische Aktivität (→ Methodismus: II). In gewisser Weise ist der evangelistische Eifer eine Übertragung des Missionsgedankens auf die Heimat nach dem Vorbild Wesleys.

10. Der M. wurde in den nichtenglischen Ländern *Europas* durch Heimkehrer von der Auswanderung nach Großbritannien oder Nordamerika eingebürgert (1831 Christoph Gottlieb Müller in Winnenden/Württ. aus England [wesleyanischer M.], 1849 Ludwig Sigismund Jacoby in Bremen aus Nordamerika). Beide Zweige vereinigten sich 1897. Der Württembergische M. blieb bis 1872 innerhalb der ev. Landeskirche. – Außerhalb Deutschlands verbreitete sich der M. in der Schweiz, Skandinavien, Österreich, Frankreich, Finnland, Ungarn, Bulgarien, Jugoslawien, Italien – überall vom nordamerikanischen Typus der bischöflichen Kirchenverfassung bestimmt.

11. An verschiedenen Stellen verband sich der M. mit anderen ev. Kirchen, so in → Kanada 1925 mit der presbyterianischen und kongregationalistischen (United Church of Canada), in Frankreich 1938 mit der ref. Kirche. Seit 1881 finden alle 10 Jahre m.e ökumenische Konferenzen abwechselnd in England oder Nordame-

rika statt. Der daraus hervorgegangene Ausschuß ist das World Methodist Council (seit 1951).

12. Seine stärkste Verbreitung hat der M. in den → Vereinigten Staaten gefunden, wo er mit über 11 Mill. Mitgliedern die größte amerikanische Denomination ist. Im übrigen Nord- und Südamerika gehören weitere 2-3 Mill. zu ihm, in Großbritannien ca 800 000, auf dem europäischen Kontinent ca 200 000, in Afrika 1,5 Mill., in Asien 2,5 Mill., in Australien 500 000.

Lit. (in Auswahl, vgl. → Methodismus: II, → Wesley): Proceedings of the Wesley Historical Society, 1898 ff - W.J.Townsend-H.B.Workman-G.Eayres, A New Hist. of Methodism, 1909 (brit.; eine neue brit. Gesamtgesch. des M. wird vorbereitet) - J.L. Nuelsen-J.W.E.Sommer-Th.Mann, Kurzgefaßte Gesch. des M., (1929) 1934² - C.Fabricius, Die Bischöfl. Methodistenkirche (CConf 20, 1), 1931 - W.W.Sweet, Methodism in American Hist., (1935) 1953² - J.L.Nuelsen, Die Ordination im M., 1935 (Lit.) - P.F.Douglas, The Story of German Methodism, 1939 - Th.Funk, Die Anfänge der Laienmitarbeit im M., 1941 - W.C.Barclay, Early American Methodism 1769-1844, 1949 (nordamerikanisch) - M.Schmidt, J.Wesley als Heidenmissionar u. Missionstheol., 1955 - Ders., J.Wesley als Organisator der m.en Bewegung (in: Für Kirche u. Recht, Festschr. f. J.Heckel, 1959, 313-350) - C.W.Towlson, Moravian and Methodist. Relationships and Influences in the 18th Cent., London 1957 - R.F.Wearmouth, The Social and Political Influence of M. in the 20th Cent., ebd 1957 - G.Kennedy, Weltweite Methodistenkirche. Ihre Gesch. u. ihr Auftrag, 1958. - Minutes of the British Methodist Conference, jährlich - Proceedings of the World Methodist Conferences (8th 1951, 9th 1956). *M.Schmidt*

II. Methodistische Missionen

M.e Mission gab es bereits vor der m.en Kirche; sie führte zu deren Gründung und gestaltete deren Theologie und Organisation. Diese wesenhafte Verbindung zwischen Mission und Kirche (→ Mission: III E) ist noch heute deutlich: 1. Die Mission integriert in der Kirche. In jedem Falle wird die missionarische Institution von der Kirche gegründet, ist der Kirche verantwortlich, und ihre Förderung gehört zur Erziehungs- und Finanzierungsaufgabe jeder Gemeinde. - 2. Mission wird als Aufgabe aller Laien und Geistlichen betrachtet. Laienprediger spielten bei der raschen Verbreitung des frühen M. eine große Rolle. Sie tragen auch heute noch besondere Verantwortung, vornehmlich in der Evangelisation. Laien brachten zuerst den M. in ferne Länder, u.a. nach Süd-Afrika, Sierra Leone und Ost-Nigeria. - 3. Das »Heimatland« wird als Missionsgebiet betrachtet (→ Mission und Evangelisation). Fast immer steht eine Institution für »Heimatmission« (→ Evangelism) neben einer solchen für äußere Mission. Die Aufgabe der Kirche, deren Sein Sendung ist, bleibt in allen Kontinenten die gleiche. - 4. In den ausländischen Gebieten sind die Missionare so gut wie immer Glieder der Kirche, der sie dienen; sie sind der Kirche und nicht der sendenden Institution verantwortlich. - Kennzeichnend für die m.en Missionen ist ferner die Teilnahme an den verschiedenen ökumenischen Bemühungen. - Die m.e theologische Ausbildung in den Ländern der »jungen« Kirchen erfolgt meist in Seminaren, die zusammen mit anderen prot. Kirchen unterhalten werden. Auf regionaler, nationaler und internationaler Ebene arbeiten die größeren m.en Gruppen aktiv in den verschiedenen Kirchenräten mit. M.e Kirchen haben bei den kirchlichen → Einigungsbestrebungen (: VII) mit den meisten größeren prot. Gruppen und mit den Anglikanern zusammengewirkt. - Die amerikanischen Methodisten dienen Kirchen in 60 Ländern aller Kontinente; beteiligt sind dabei die Methodisten, die Free Methodist, die Wesleyan Methodist, die African Methodist Episcopal und die African Methodist Episcopal Zion Churches. Der britische M. dient Kirchen in 25 Ländern Asiens, Afrikas, Westindiens und Mittelamerikas. Skandinavischer Dienst geschieht bes. in Nord- und Zentralafrika, Indien und Südostasien. Der südafrikanische M. vereinigt Europäer, Afrikaner, Farbige und Inder zum missionarischen Dienst in der Union und in Mozambique. Der australische M. dient Kirchen in 10 Ländern des südlichen Pazifik und Südasiens. Neuseeländische Missionen wirken in 3 Ländern des Südpazifik. Deutsche und Schweizer Missionare haben vor allem in Nord- und Zentralafrika sowie in Süd- und Ostasien gearbeitet. - M.e Kirchen wurden also in allen bedeutenderen Gebieten der Erde außer im asiatischen Rußland und im Nahen Osten gegründet. Es gibt über 15 Mill. erwachsene Methodisten. In den »jungen« m.en Kirchen besteht zZ eine Bewegung, die Missionare zur Hilfe im Bereich der eigenen wie auch konfessionell anderer Kirchen entsendet; sie umfaßt bereits sendende Kirchen in Argentinien, Uruguay, Brasilien, Jamaika, Malaya, Sumatra, den Philippinen, China, Korea und Indien.

G.G.Findlay, Hist. of the Wesleyan Methodist Missionary Society, 1921 (brit.) - W.C.Barclay, Hist. of Methodist Missions, 7 Bde, New York 1949 ff - C.J.Davey, The March of Methodism, London 1951 - EKL II, 1320 ff. - Ferner die Jahresberichte der m.en missionarischen Institutionen. *E.L.Smith*

Methodisten-Mission, *deutsche.* Die Methodistenkirche in Deutschland stellt ihre Mitarbeiter bes. den methodistischen Missionen in London, New York und Sydney zur Verfügung. Seit ca 1890 bis 1939 wirkten 21 deutsche methodistische Missionare in Malaya, Afrika, Armenien, in der Südsee, in Korea und Sumatra. Ab 1950 wurden 4 Missionare, 4 Ärzte und 5 Diakonissen nach Japan, Indien, Afrika, Neuguinea, Südamerika und Korea ausgesandt. Ihre Betreuung erfolgt durch die »Missionsgesellschaft der Methodistenkirche in Deutschland«, die dem DEMR (→ Missions-Tag) angeschlossen ist. In ihr arbeitet der »Methodistische Frauendienst«. Die finanzielle Leistung betrug 1958 DM 65 000.

Wochenzeitung: »Der Evangelist«, Frankfurt/M. *Chr.Jahreiß*

Methodius, nach Hieronymus (Vir. ill. 83) und Sokrates (h.e. VI, 13) Bischof *von Olympos* in Lykien, später in Tyrus, nach seinen Schriften zu urteilen jedoch freier christlicher Lehrer; † um 311 als Märtyrer. M. verfaßte zahlreiche Schriften, bes. das Symposion mit dem Jungfrauenlied (→ Altchristliche Dichtung, 1 b), De resurrectione und De autexusio; stark beeinflußt von → Platon, → Clemens von Alexandrien und, trotz Bekämpfung seines Spiritualismus, von → Origenes. Als Verfechter des jungfräulichen Ideals ist M. Vorläufer des Mönchtums, in dogmatischen Fragen nicht frei von Subordinatianismus, in der Schriftauslegung allegorisierend, der Kirche treu verbunden.

Zum *Slawenmissionar* M. vgl. → Konstantin und Methodius.

Ausg.n: MPG 18 - N.Bonwetsch, M.v.O. I, 1891 - Ders., GCS 27, 1917 - De autex. ed. A.Vaillant (PO 22, 5), 1930. - Übers. s. Altaner 191. - Über M.: N.Bonwetsch, Die Theol. des M.v.O. (AGG 7, 1), 1903 - Bardenhewer II, 334 ff - E.Buonaiuti, The Ethics and Eschat. of M. (HThR 14, 1921, 255-266) - A.Biamonti, L'escatologia di M. (Riv. studi filos. e rel. 4, 1923, 182-202) - F. Diekamp, Über den Bischofssitz des hl. Mart. M. (ThQ 109, 1928, 285-308) - J.Farges, Les idées morales et rel. de M., Paris 1929 - F.Badurina, Doctrina S.M. de peccato orig...., Rom 1942 - K. Quensell, Die wahre kirchl. Stellung u. Tätigkeit des fälschlich so genannten Bischofs M.v.O. (Diss. Heidelberg), 1952 (Masch.) - V. Buchheit, Studien zu M.v.O. (TU 69), 1958 - M.Pellegrino, L'inno del Simposio di S.M. Introd., testo e comm., Turin 1958 - St.M., The Symposium (ACW 27), 1958. *V.Buchheit*

Metrophanes Kritopoulos (1589-1639), * in Berröa/Mazedonien, wurde von Cyrill → Lukaris, dem damaligen Patriarchen von Alexandrien vom Athos, wo

M. als Mönch lebte, zum Theologiestudium nach Oxford gesandt. Danach studierte er in Helmstedt, Altorf, Wittenberg und Tübingen, war vorübergehend Lehrer des Griechischen in Venedig und kehrte über Konstantinopel (wo ihn Lukaris zum Archimandriten I. Klasse ernannte) nach Alexandrien zurück (1633). Nach seiner Ernennung zum Metropoliten von Memphis wurde M. schließlich nach dem Tode des Patriarchen Gerasimus selbst zum Patriarchen von Alexandrien gewählt (1636). Während seines Aufenthaltes in Konstantinopel 1638 zwang ihn der Nachfolger des Lukaris, Patriarch Cyrill Kontares, die Verwerfung des Lukaris zu unterzeichnen. 1625 verfaßte M. für die Helmstedter Theologen die Confessio Ecclesiae Orientalis, die Joh.Hornejus mit einer Vorrede von → Conring 1661 veröffentlichte. Obwohl sie nur drei Sakramente (Taufe, Buße, Eucharistie) als »notwendig« anerkennt, ist die Confessio gut orthodox.

Text der Confessio bei J.Michalcescu, Die Bekenntnisse ... der griech.-oriental. Kirche, 1904, 186-252. - Über M.: RE XIII, 30ff - K.Dyovouniotis, M.K., Athen 1915. *G.Möckel*

Metropolit, im kath. Kirchenrecht ein Diözesan- → Bischof, der zugleich der erste oder Erzbischof einer Kirchenprovinz ist. In dieser stehen ihm Ehrenrechte zu (Vortritt vor den übrigen, den Suffraganbischöfen; → Pallium; Pontifikalhandlungen in der ganzen Provinz; → Kirchenverfassung: V, 5 a). Jurisdiktionell ist er auf die Überwachung der Lehrverkündigung und der kirchlichen Ordnung beschränkt mit der Pflicht des Berichts an den Hl. Stuhl und im allgemeinen ohne das Recht eigenen Eingreifens. - Der → unierten Orientalischen Kirche eigentümlich ist der mit größeren Rechten ausgestattete M., der zugleich Erzbischof ist; die anderen M.en haben im wesentlichen die gleiche Stellung wie die lateinischen.

cc. 271-280 CIC - cc. 315-339 De Ritibus orientalibus et de Personis, pro Ecclesiis Orientalibus (AAS 49, 1957, 527-534). - Lehrbücher des kath. → Kirchenrechts - DDC I, 927ff; VI, 875ff.
H.Barion

Mette → Stundengebet.

Metternich, *Wolf de* († 1731), Mystiker und Alchimist aus märkisch-kath. Adel. Sein Vater wurde reformiert, sein Bruder kehrte in Wien zum Katholizismus zurück. M. war Brandenburgisch-Bayreuthisch-Ansbacher Gesandter auf dem Reichstag zu Regensburg, seit 1726 schwarzburgischer Geheimrat und Kammerpräsident. Er gehörte jener Generation weltbürgerlicher Aristokraten an, die genug Muße besaßen, sich vielseitigen geistigen Interessen bzw. Spielereien hinzugeben und einem theologischen Dilettantismus zu huldigen, der die Fühlung mit der einheimischen Orthodoxie verlor. M. verharrte formal im Reformiertentum, das er literarisch verteidigte. Wesentlich ist für ihn aber zugleich mit franz. Geistesbildung die span.-franz. → Mystik (: VI). In M.s Mystizismus finden sich - zT mit wörtlichen Entlehnungen - Gedanken von → Poiret, G. → Arnold, → Johannes vom Kreuz, → Fénelon und Frau von → Guyon, aber auch von → Löscher, J.W. → Jäger, E. → Saurin und → Jurieu. Mystische und alchimistische Heimlichkeit bestimmten ihn, seine Traktate unter dem Pseudonym Aletheophilus (auch Hilarius Theomilus ?) zu veröffentlichen; sie zeigen ihn in seiner Neigung zur Naturmystik, zum Sentimentalismus, Rationalismus und zu einem unbestimmten Chiliasmus als typische Übergangsgestalt und Vorläufer Michael von → Loens. Mit → Zinzendorf führte er einen Briefwechsel.

A.G.Spangenberg, Leben Zinzendorfs, 1773, 286. 455 - ADB XXI, 527 - M.Wieser, Der sentimentale Mensch, 1924, 147ff (Bibliogr.). *E.Beyreuther*

Metz, *Bistum,* gegr. Ende des 3.Jh.s im Raum der gallorömischen Civitas der Mediomatriker. Seine Grenzen, 1801 (Konkordat) verschoben, decken sich seit 1874 mit dem Bezirk Lothringen (heute Moseldepartement). Beiderseits der deutsch-französischen Sprachgrenze gelegen, gehört der Raum politisch seit dem Mersener Vertrag (870) zu Deutschland, seit 1552 bzw. 1648 (Stadt und Hochstift) und 1766 (Herzogtum Lothringen) zu Frankreich, 1871-1919 zu Deutschland und seither erneut zu Frankreich. Bis 1801 war das Bistum im Metropolitanverband von → Trier, bis 1874 von → Besançon; seither ist es exemt (→ Exemtion). - Seine Glanzzeit fällt ins Früh-MA, als der austrasischen Königsstadt M. das politisch-kulturelle Erbe des spätrömischen Trier zufiel. Das von den Austrasiern reich beschenkte Bistum wurde zeitweise von hervorragenden Persönlichkeiten geleitet (Arnulf, Ahnherr der Karolinger; → Chrodegang, Mitarbeiter Pippins und Nachfolger des → Bonifatius; Drogo, Sohn → Karls d. Gr.). M. spielte damals eine führende Rolle in Liturgie (→ Amalarius), Kirchengesang (Chrodegang) und Buchmalerei (Drogo-Sakramentar). Unter den Ottonen unterstützte der M.er Stuhl tatkräftig die Klosterreform von → Gorze. Auch auf die Reichspolitik machte sich bisweilen sein Einfluß geltend, da seine Inhaber zumeist dem lothringischen, luxemburgischen oder rheinischen Adel (10.-15.Jh.) und später (16.Jh.) dem Lothringer Herzogshaus entstammten. 1959 hat das Bistum ca 770 000 Katholiken (neben ca 60 000 Nichtkatholiken), 649 Pfarreien, 25 Hilfspfarreien, 35 Dekanate, 4 Archidiakonate, 791 Welt- und 58 Ordenspriester, ein Priesterseminar in M., bischöfliche Gymnasien in Montigny und Bitsch sowie zahlreiche Ordensniederlassungen. Bischof ist seit 1958 Paul Joseph Schmitt (* 1911).

RE XIII, 35f (mit Bischofsliste); XXIV, 100 - Hauck I-V (s. Anhang u. Reg.) - N.Dorvaux, Les anciens Pouillés du diocèse de M., Nancy 1902-07 - G.Bourgeat-N.Dorvaux, Atlas historique du diocèse de M., Montigny-M. 1907 - B.Morret, Stand u. Herkunft der Bischöfe von M., Toul u. Verdun im MA (Diss. Bonn), 1911 - Th. Klauser-R.S.Bour, Eglises messines antérieures à l'an mil, 1929 - M.Aubert, La cathédrale de M., Paris 1931 - DACL XI, 790ff - LThK VII, 143ff - W.Levison, M. u. Südfrankreich im frühen MA, 1938. *E.Morhain*

Metzger, *Max Joseph,* kath. Theologe (1887-1944), * in Schopfloch/Baden, widmete sich unter dem Eindruck des 1. Weltkriegs der christlichen Friedensarbeit (1917 Gründung des Friedensbundes deutscher Katholiken). Als Generalsekretär des Weltfriedensbundes vom Weißen Kreuz bekämpfte M. den Alkoholismus. Aus diesem Bund (seit 1919 »Missionsgesellschaft vom Weißen Kreuz«) entstanden später unter seiner Führung die → Christkönigsschwestern. Sie sollten der Mittelpunkt seiner Bemühungen um die → Una Sancta werden. M.s Protest gegen die Gewaltpolitik brachte ihn in Konflikt mit den nationalsozialistischen Machthabern. Ein Versuch der Friedensvermittlung mit dem Ausland wurde zum Vorwand für seine Hinrichtung am 17.4.1944.

Vf. u.a.: Der Weltkrieg - Bankerott oder Triumph d. Christentums?, 1916; Vaterländ. Friedensarbeit, 1916; Der Völkerbund u. d. kath. Internationale, 1920; Gefangenschaftsbriefe. hg.v. H.Bäcker, 1948. - Über M.: W.M.Baumeister, M.J.M., 1951 - L.Stevenson, M.J.M., Priest and Martyr, London 1952 - Fr.Siegmund-Schultze, M.J.M., Märtyrer d. Una Sancta (Ökum. Profile 3. 4), 1955.
H.-H.Schrey

Meurer, *Christian* (1856-1935), seit 1888 Prof. für Kirchen- und Völkerrecht in Würzburg. Als Völkerrechtler hat M. vor allem bei der Erforschung des zu seiner Zeit in Entstehung begriffenen Luftrechts Bleibendes geleistet. Seine kirchenrechtlichen Arbeiten galten dem bayerischen Staatskirchenrecht, dem Recht der hl. Sachen und dem Kirchenvermögensrecht; für das Recht der Kirchenstiftung, der Pfründe und der → Baulast sind sie noch heute von grundlegender Bedeutung.

Die Rechtswiss. der Gegenwart in Selbstdarst., hg.v. H.PLANITZ, III, 1929, 125-152 (Bibliogr.) - Zs. f. Völkerrecht 19, 1935, 217-220 - ZSavRG Kan. Abt. 24, 1935, 435. *H.Liermann*

Mexiko

I. Altmexikanische Religionen - II. Kirchengeschichtlich. - Vgl. Karte 19 bei → Mittelamerika

I. Altmexikanische Religionen

1. Grundlagen - 2. Mayas - 3. Azteken - 4. Beziehungen zu anderen Kulturen

1. Die altmexikanischen Religionen dominierten in der Zeit etwa von Christi Geburt bis zur Spanischen Eroberung in M., Britisch-Honduras und Nord-Guatemala bei Mayas und Tolteken, bes. bei der aztekischen Untergruppe der letzteren. Diese → Indianer waren charakterisiert einerseits durch Nichtvorhandensein von Eisen, schiffbaren Flüssen, Reit-, Zug- und Lasttieren, andererseits durch Nutzpflanzenkultivierung, Überlagerung älterer Indianerbevölkerung durch jüngere indianische Erobererschichten nebst hieraus resultierendem Leben von Feudalen und Priestern in Städten, für welche eine umwohnende abhängige Landbevölkerung mit primitiven Landbauinstrumenten Nahrung verschaffte. Wir wissen über all dies durch Berichte von Mischlingen und Spaniern, Inschriften und buchartige »Codices«, beides aus vorspanischer Zeit und jetzt zT entziffert (→ Amerikanistik, 4).

2. Von Nordwesten kommend gründeten die *Mayas* zZ Christi die Stadt Uaxactum im nördlichsten Guatemala, dann von hier aus andere Städtestaaten, verließen sie zwischen 500 und 650 nChr und gründeten neue in Yucatan. Sie huldigten einem Polytheismus mit → Sonnen-, → Regen- und → Wind-Gottheiten sowie mit der Vorstellung von einem angenehmen Leben nach dem → Tode. Die Priesterschaft feudaler Herkunft hatte an ihrer Spitze den Sonnenpriester Ahan Kin Mai, auf der Unterstufe zahlreiche Tempelgehilfen, in der Mitte den Saion Nacon, den Darbringer der → Menschenopfer der vornehmen Kriegsgefangenen und Sklaven. Solche Opfer gewährten die Möglichkeit, drohende Verhängnisse zu beschwören. Durch magische Praktiken glaubte man das → Opfer mit einer Gottheit identisch gemacht zu haben (→ Stellvertretung). Während es noch lebte, öffnete man ihm die Brust und holte das Herz heraus. Entscheidend war die Einhaltung der korrekten Opferdaten und deshalb die genaue Berechnung und Kenntnis des Kalenders - ein Werk von Priestern in ihren Observatorien. Ihre Schrift war hieroglyphisch-ideographisch. Außerhalb der hinduistischen, islamischen und christlichen Kulturen, also auch im Gegensatz zur antikgriechischen und römischen, war die *Maya-Mathematik* die einzige, welche die Null als Zahl sowie den jeweils verschiedenartigen Stellenwert der Zahl kannte; dh auch bei ihnen repräsentierte jede der beiden 7 in der Kombination 77 je eine andere Anzahl von Einheiten als die andere; nur ist die Maya-Grundzahl nicht wie bei Muslimen und Christen die 10, sondern die 20. Hierauf baut die *Priester-Astronomie* auf. Sie berechnete kommende Eklipsen für Jh.e voraus und fixierte eine Tageslänge, welche korrekter als die christlich-julianische ist. Der *Kalender* selbst operiert u.a. mit einem »Katun« von 256 aufeinanderfolgenden Jahren.

3. Als einer der verschiedenen Toltekenstämme gründeten die *Azteken* um 1100 nChr die Stadt Tenochtitlan, bis zum Kommen der Spanier die Führerin einer Drei-Städte-Konföderation. Es existierte ein Götterpantheon unter Einschluß von Gottheiten Unterworfener und von sternkultischen Elementen (→ Astralreligion), bes. mit dem Sonnengott Huitzilopochtli, mit → Mond- und Morgensterngottheiten. Wichtig war ferner Quetzalcoatl, als befiederte → Schlange dargestellt und als einstiger → Kulturbringer verehrt, der dann aber wieder verschwand. Seine Wiederkehr aus dem Osten wurde erwartet. Manche glaubten ihn im spanischen Eroberer Cortez zu erkennen, was diesem den Sieg erleichterte. Das Universum wurde in horizontaler wie vertikaler Richtung in mehrere Sektionen gegliedert vorgestellt (vgl. → Orientation, → Weltbild: I B). In je eine solche wurden Verstorbene einverleibt gedacht, aber nicht auf Grund ethischer Qualifiziertheit; es gab vielmehr Abteilungen für im Kindbett verstorbene Frauen und analoge andere. Innerhalb der Priesterhierarchie standen die beiden Hohenpriester des Sonnen- und Regengottes zu oberst; ihnen folgten Priester anderer Gottheiten, zT lokaler und regionaler Art. Im Kult war das *Menschenopfer* zentral, ähnlich wie bei den Mayas (s. 2), zu denen offenbar Wechselbeziehungen bestanden. Ferner waren auch bei den Azteken die Priester Kenner und Handhaber der Kunst des Schreibens, das hier dem »Rebusschreiben« verwandt war, und der *Kalenderkunde*. Es war ein Sonnenjahrkalender mit 18 Monaten zu je 20 Tagen nebst fünf Ergänzungstagen, an denen Unglücke geschehen konnten. 52 solcher Jahre bildeten einen Zyklus. Zudem nahm man die Existenz von vier, gelegentlich auch fünf aufeinanderfolgenden Zeitaltern an, die jeweils von einer anderen Gottheit geleitet gedacht wurden (→ Weltperioden).

4. *Ältere Erklärungen dieser Religionen* durch Einflüsse aus einer »Atlantis«, aus Ägypten oder durch die → Zehn verlorenen Stämme Israels sind jetzt aufgegeben. Dagegen haben auf der pazifischen Seite, wenn auch nicht die Bewohner → Australiens und → Melanesiens, so doch → Polynesiens sprachliche und indirekt ostasiatisch-kulturelle Elemente zugetragen, aber mehr an der Westküste, sporadisch und nicht innerhalb der religiösen Sphäre. Die geschilderten Religionen scheinen vielmehr weitgehend autochthon zu sein. Ausstrahlungen in umgekehrter Richtung, nach → Ozeanien hin, sind bisher kaum erwiesen, wohl aber solche von den Mayas in das südliche Guatemala und nach El Salvador sowie von den Azteken nach Norden hin; auch finden sich Residua unter christlicher Decke. - Vgl. → Amerika: I, 6; → Amerikanistik, 4; → Kunst: II A, 2.

Zu 1: Qu.-Ausg.n: DIEGO LANDA, Yucatan before and after the Conquest, transl. with Notes by W.GATES, Baltimore 1937 - Quellenwerke zur alten Gesch. Amerikas I-VI, 1937-57 - Popol Vuh, The Sacred Book of the Ancient Guiché Maya, engl. v. D.GOETZ u. S.G.MORLEY, Norman 1950 - The Book of the Jaguar Priest, a Transl. of the Book of Chilam Balaam of Timizim, New York 1951 - B.DE LAS CASAS, Historia de las Indias, M. 1951. - Sonstige Berichte von Spaniern u. Mischlingen sowie Ausg.n bei E.FUETER, Gesch. der neueren Historiographie, (1911) 1936³. - Zusammenfassendes: H.J. SPINDEN, Ancient Civilizations of M. and Central America, New York (1917) 1928² - W.LEHMANN, Zentral-Amerika I. II, 1920 - S.TAX (Hg.), The Civilizations of Ancient America I-III, Chicago 1951 - W.FRHR.V.SCHOEN, Gesch. Mittel- u. Südamerikas, 1953 - W.KRICKEBERG, Altmexikan. Kulturen, 1956. - Zu 2: E.P.DIESELDORFF, Kunst u. Religion der Maya-Völker (ZE 57, 1925, 1-45; 62, 1930, 1-44; separat: 3 H.e, 1926-33) - J.E.THOMPSON, The Civilization of the Mayas, Chicago (1927) 1932²; span. 1936 - DERS., Maya Hieroglyphic Writings, Washington 1950 (Lit.) - DERS., Rise and Fall of Maya Civilization, Norman 1954 - A.P.MAUDSLEY (Hg.), The Mayas and their Neighbors, New York 1940 - S.G.MORLEY, The Ancient Maya, Stanford (1944) 1946³ (Lit.) - M.W.JAKEMAN, The Origins and Hist. of the Mayas, Los Angeles 1945 (Lit., auch neuere Qu.-Ausg.n). - Zu 3: J.E.THOMPSON, M. before Cortez, New York 1933 - G.VAILLANT, Aztecs of M., ebd (1944) 1950³; dt. 1957 (Lit., auch

Ausg. der Codices) - J.SOUSTELLE, La vie quotidienne des Aztèques, Paris 1955; dt. 1956 - A.CASO, The Aztecs, Norman 1958. - Überschätzende Betonung altweltlicher Zusammenhänge zB bei F. GRAEBNER, Alt- u. neuweltliche Kalender (ZE 52/53, 1920/21, 6-37) - D.KREICHGAUER, Die ältesten Zeugnisse mexikan. Kultur (Festschr. E.Seler, 1922, 217-279) - DERS., Neue Beziehungen zwischen Amerika u. der Alten Welt (Festschr. P.W.Schmidt, 1928, 366-377) - J.IMBELLONI, On the Diffusion in America of Patu Onewa... (Journal of the Polynesian Society 39, 1930, 322-345). - Ausstrahlungen zu anderen Indianern: S.K.LOTHROP, Pottery Types and their Sequence in El Salvador (Indian Notes and Monographs Museum of the American Indian, Heye Foundation I/4. New York 1927, 165-220) - G.MASON, Pottery and other Artifacts from Caves in British Honduras, ebd 1928. - Überbleibsel innerhalb der christl. Epoche: R.REDFIELD, The Maya and Modern Civilization, Washington 1933 - DERS., A Village that Chose Progress, Chicago 1950 - M.OAKES, The two Crosses of Todos Santos, New York 1951.

P.Honigsheim

II. Kirchengeschichtlich

1. Kath. Kirche - 2. Ev. Kirchen - 3. Statistik

1. Die Mission der *kath. Kirche* wurde in M. bis zur Bildung von Kirchen durch die Orden getan. Die Franziskaner begannen 1522 unter Leitung des bedeutenden Missionsbischofs Juan de Zumárraga, dessen Katechismen die Theologie des → Erasmus spiegelten. Ihre Taufpraxis erregte den Widerspruch der bald folgenden Dominikaner, Augustiner und (seit 1572) Jesuiten. Die spanische Krone übte das Patronat in der Kirche aus. 1553 wurde die Universität in M. gegründet, 1571 die Inquisition eingerichtet. Der hohe Klerus hatte rasch ausgedehnten Grundbesitz inne, was schon 1680-92 zur Revolution in Puebla und 1735 in Veracruz führte; die Kirche gehörte politisch und sozial zu den herrschenden Schichten. Die Jesuiten bauten ihre »Reduktionen« im Norden auf (Texas, Arizona, Kalifornien), wo die heimischen Stämme durch Gemeinschaftsformen landwirtschaftlicher Mission zur wahren Religion »zurückgeführt« wurden. Nach 200jähriger Blüte wurde die Arbeit der Jesuiten 1767 durch ihre von Spanien her verfügte Vertreibung vernichtet. Der niedere Klerus kämpfte um Unabhängigkeit von Spanien. Die Erhebung begann 1810 mit Anrufung der Schutzherrschaft der Nationalheiligen, der Virgen de Guadalupe, durch Pater Hidalgo, und endigte 1815 mit der Erhängung des Paters Morelos. 1821 erklärten monarchistische konservative Gruppen die Unabhängigkeit, aber 1823 riefen liberale Gruppen die Republik aus, um die bis 1860 klerikale Konservative und freigeistige Liberale rangen. Die kath. Kirche erlitt große Einbußen. 1857 wurde Trennung des Staats von der Kirche verfügt, 1859 Zwangsenteignung kath. Immobilienbesitzes, Aufhebung der Orden, Zivilehe. Das kurze Zwischenspiel monarchischer Restauration unter dem Habsburger Maximilian (1864-67) konnte die Entwicklung nicht mehr aufhalten. Seit 1884 begann eine von Papst → Leo XIII. geförderte Reform des Klerus. Nach der Revolution von 1910, die zT kirchenfeindlich war, bildete sich 1911-13 eine kath. Partei, die dann bei der Umgestaltung M.s zum marxistisch inspirierten Wohlfahrtsstaat durch die Präsidenten Obregón und Calles (1920-34) hart bekämpft wurde. 1923 wurde der päpstliche Legat ausgewiesen, 1926-29 verließen die Bischöfe das Land, 1927 mißlang die bewaffnete Erhebung der »Cristeros« zugunsten der Kirche, 1928 wurde Präsident Obregón durch einen Katholiken ermordet. Nach 1929 entspannte sich die Lage allmählich; nicht alle kirchenfeindlichen Gesetze werden angewandt. Von der zu etwa 95% kath. Bevölkerung ist ein Viertel praktizierend. 1951 gab es 8 Erzbischöfe, 25 Bischöfe, 1 apostolischen Vikar. Nur 6000 Priester sind staatlich zugelassen.

2. Die *ev. Kirchengeschichte* beginnt 1826 mit dem Verkauf von Bibeln (J.C.Brigham, J.Thomson). Bibelleser bildeten kleine Gruppen, aus denen örtliche Gemeinden und schließlich Kirchen entstanden. In der Kampfzeit der Republik (1823-64) begann 1847 das Werk der Presbyterianer (seit 1872 stabil), 1853 der Episkopalkirche, 1857 der Baptisten, 1858 der Konstitutionalisten, 1861 der Mex. Kath. Kirche, 1867 der Methodisten; Präsident Benito Juárez war Glied der Mex. Kath. Kirche. Unter Präsident Díaz kamen 1871 die Quäker hinzu, 1872 die Kongregationalisten, 1894 die → Disciples of Christ und andere freikirchliche Evangelisationsbewegungen, meist aus USA, zT durch Einfluß der zeitweiligen Besatzungsmacht. Um 1880 war eine besondere Blütezeit. Bei der Gemeindebildung durch die Lehrerin Melinda Rankin (seit 1847) wurden nur mex. Mitarbeiter angenommen und antikath. Polemik untersagt. Als dann 1926 der Staat nur noch mexikanisch geborene Geistliche zuließ, stand diese Kirche schon selbständig da. Drei Viertel des Protestantismus machen heute die Kirche der Pfingstbewegung, der Baptisten, der Methodisten und Presbyterianer aus. Presbyterianer, Kongregationalisten und Disciples streben eine Kirchenunion an. 1888 begann kirchliche Allianzarbeit, 1928 führte sie zur Bildung eines Nationalen Ev. Rats. 1959 gehören ihm 14 Denominationen und 7 Anstalten an, die dem Weltrat der Kirchen und dem Weltrat für Christliche Erziehung angeschlossen sind. Presbyterianer und Disciples gründeten 1917 ein »Vereinigtes Theologisches Seminar« und einen gemeinsamen Verlag. Außerdem bestehen 7 Bibelschulen. 1922 entstand die Nationale Vereinigung der Frauenverbände. YMCA, YWCA und Studentenbund finden sich auch in M. Die Ausbreitung des Evangeliums geschieht vorwiegend durch Sonntagsschule und Evangelisation, Literatur, ärztliche und landwirtschaftliche Mission. Bemerkenswert ist der Beitrag der mex. Kirchen zum spanischen Liederschatz (1881 methodistisches Gesangbuch, Liederdichter sind T.Velazco, J.Mora, T.Westrup). Seit 1894 bilden deutsche Kaufleute, Handwerker und Grundbesitzer eine weitverstreute ev. Gemeinde, die 1958 durch den Luth. Weltbund mit skandinavischen Gruppen vereinigt wurde. Seit 1940 arbeitet die luth. Kirche der → Missouri-Synode, seit 1945 die amerikanische luth. Kirche in M. Die ev. Kirchen M.s haben ca 450 000 Mitglieder (darunter 175 000 Abendmahlsgäste), 800 Kirchengebäude, 1800 weitere Gottesdienststätten, 1500 einheimische Geistliche und Laienkräfte, 500 Missionare; von je 63 Mexikanern ist 1 ev.

3. *Statistik* (nach WChH 1957): Von den 29 Mill. Einwohnern M.s sind 22 Mill. kath., 910 000 ev. Die 41 Denominationen gliedern sich folgendermaßen auf: Baptisten 350 000, Presbyterianer 235 000, freie schwedische Missionen 150 000, Adventisten 52 000, Methodisten 33 000, Pfingstgemeinden 33 000, Episkopalkirche 16 000, Lutheraner 3000. Alle übrigen Kirchen haben weniger als 10 000 Mitglieder.

M.CUEVAS, Historia de la Iglesia en Méjico I-V, M. (1921-28) 1946-47[2] - J.GARCÍA GUTIÉRREZ, Apuntamientos de historia eclesiástica Mejicana, M. 1922 - DERS., La Iglesia mejicana en el segundo imperio, M. 1955 - DERS., Acción anticatólica en Méjico, M. 1956[2] - W.H.CALLCOTT, Church and State in M. 1822-1857, Durham/N.C. 1926 - J.ECHEVERRIA, Der Kampf gegen die kath. Kirche in M. in den letzten 13 Jahren, 1927[2] - A.DREXEL, M. Die Katholikenverfolgungen, dargestellt nach den neuesten authent. Qu., 1928 - E.HEINE, Mex. Märtyrer, 1930 - C.S.BRADEN, Religious Aspects of the Conquest of M., Duke University Press 1930 - R.RICARD, La »conquête spirituelle« du Mexique. Essai sur l'apostolat et les méthodes missionnaires des Ordres Mendiants en Nouvelle-Espagne de 1523-24 à 1572, Paris-Mexiko 1933 - CL.KOPP, Zur Gesch. d. Kirchenverfolgung in M. (ThGl 26, 1934, 731-747) - J.L.MECHAM, Church and State in Latin America, Chapel Hill 1934 (Lit.) - G.BAEZ-CAMARGO-K.G. GRUBB, Religion in the Republic of M., London-New York 1935 - CH.S.MACFARLAND, Chaos in M. The Conflict of Church and State, ebd 1935 - A.STELZMANN, Der mex. Kulturkampf unserer Tage (PrJ

239, 1935, 223-230) - DERS., Die mex. Religionswirren (AKultG 30, 1941, 327-339) - LATOURETTE III, 108ff; V, 71ff. 113ff; VII, 176ff - DERS., Gesch. 208ff - J.V.JACOBSEN, Educational Foundations of the Jesuits in 16th cent. New Spain, Berkeley 1938 - M.OCAMPO, Historia de la misión de la Tarahumara (1900-50), M. 1950 - R.LEVENE, Historia de América XII, Buenos Aires 1951 - F.MONTALBAN SJ, Historia de la Iglesia Católica IV, Madrid 1951, 670ff - L.LARA Y TORRES, Documentos para la historia de la persecución religiosa en M., M. 1954 - J.LEDIT SJ, Le front des pauvres, Paris 1955; dt. 1956 - EBrit XV, 1956, 377ff. - Zu 2: El Cristianismo evangélico en M., M. 1936 - A.REMBAO, Outlook in M., New York 1942 - T.ESQUIVEL OBREGÓN, La Propaganda protestante en M. a la luz del derecho internacional, M. 1946 - W.WESTRUP PUENTES, Paladines del Evangelio en M., M. 1953 - T.S.GOSLIN, Los Evangélicos en América Latina, Buenos Aires 1957 - WChH 1957 (Statistik) - ST.HERMAN, Luthertum in Lateinamerika (in: Luth. Kirchen in der Welt, hg.v. C.LUND-QUIST, 1957, 430-490) - R.OBERMÜLLER, Das Evangelium in Lateinamerika (Ev. Diaspora 29, 1958, 19-70; Lit.).

R.Obermüller

Meyenberg, *Albert,* kath. Theologe, * 9.11.1861 in Zug (Schweiz), seit 1891 Prof. am Priesterseminar in Luzern, † 23.1.1934 in Luzern. M. entfaltete als Dozent, Homilet und Redner in der Schweiz und im Ausland eine reiche schriftstellerische Tätigkeit, die sich durch umsichtige Apologetik des kath. Glaubensgutes auszeichnet. Während der Kämpfe um den Modernismus (→ Reformkatholizismus) redigierte er 1900-23 die Schweiz. Kirchenzeitung. Seine »Homiletischen und katechetischen Studien« ([1902] 1925⁹, ErgBd 1921) befruchteten die kath. Liturgische Bewegung. Das weitschweifige Leben Jesu-Werk (I-III, 1922-32) bietet eine Geschichte der Leben Jesu-Forschung von der Urkirche bis zur Gegenwart unter kath. dogmatischem Gesichtspunkt.

Vf. ferner u.a.: Relig. Grundfragen, 2 Bde, 1908/17; Einf. u. Einl. in das NT, 1932³. - Über M.: A.ZOLLET, Die Werke von Dr. A.M., 1931 - SKZ 102, 1934, 25f. 33-35 - F.A.HERZOG, A.M., 1935.

E.G.Rüsch

Meyer, 1. *Conrad Ferdinand,* * 11.10.1825 in Zürich, † 28.11.1898 in Kilchberg. M. entstammte einem prot., gut bürgerlichen Haus. In der langen Entwicklungszeit wirkte sich, bes. nach dem Tod des Vaters (1840), die ängstliche Frömmigkeit der Mutter bedrückend und hemmend aus. M. empfand sich in dieser Zeit als unfähig und vom wahren Leben ausgeschlossen. 1852 war er in einer Nervenheilanstalt, dann in Lausanne, wo er durch den Historiker Vulliemin mit den Werken → Pascals, Thierrys und Alex. → Vinets bekannt wurde und der Erweckungsbewegung des → Réveil vaudois nahestand. Nach dem Tod der Mutter (1856) reiste er u.a. nach Paris und Rom und hielt sich mehrfach in den Alpen auf. 1864 erschien die erste Gedichtsammlung, 1882 »Gedichte«, 1871 die Versdichtung »Huttens letzte Tage«, 1874 der Roman »Jürg Jenatsch«, 1873-91 Novellen, u.a. »Der Heilige« (1880), »Das Leiden eines Knaben« (1883), »Die Versuchung des Pescara« (1887). 1892 kam es zu einer zweiten Krise; M. mußte wieder in eine Heilanstalt eintreten. Die unproduktiven letzten vier Jahre verlebte er zu Hause.

M.s Verhältnis zum Christentum ist vielschichtig. Aufgewachsen in pietistischen und calvinistischen Kreisen, hält er zeitlebens an gewissen Frömmigkeitsübungen fest. Auf eine Richtung ist er nicht festzulegen; immer wieder wirft er in seinen Werken religiöse Probleme auf, ohne sie in einem bestimmten Sinn zu lösen (das Problem der Prädestination im »Amulett«, von Schicksal und Gerechtigkeit im »Jenatsch«, von Sühne und Gnade im »Heiligen« usw). Er schwankt zwischen Fatalismus und willentlichem Vertrauen auf Gott und wird bedroht von abgründigen Zweifeln an Gottes Allmacht (»Leiden eines Knaben«). Bisweilen erscheint ihm die Welt von Mächten beherrscht, die mit den Menschen spielen und ihnen Rollen zuweisen, zu denen sie nicht ausgerüstet sind. - Christus ist für M. in erster Linie nicht der Erlösende, sondern der Leidende, dem die leidenden Menschen immer wieder gleichgesetzt werden. - Die Bibel, bes. Paulus, ist ihm vertraut. Ein guter Teil der zitierten Motive und Wendungen ist aber profanierend oder ironisch verwendet. - M. liebt den Luther der Tischgespräche und feiert den Reformator um seiner Glaubensüberzeugung willen, die er selber in diesem Maße nicht hat (»Lutherlied«). Calvins Prädestinationslehre gewinnt bei M. fatalistische Züge; im Zusammenhang mit Zwingli erhebt sich ihm das Problem der Friedfertigkeit. → Hutten wird sterbend gezeigt, als widersprüchlicher Mensch zwischen den Zeiten. - Das persönlichste Verhältnis hat M. zu Tod und Kunst. Angesichts des Todes kann das Leben nur noch ironisch ernst genommen werden (vgl. Pescara); Tod ist für M. aber auch Leidlosigkeit. Kunst verwandelt Leiden in das leidlose Bild (»Michelangelo und seine Statuen«). M. versucht, die rätselhafte Chiffernschrift des Lebens verdeutlichend nachzuzeichnen, den Schein zu entlarven und dem wahren Sinn nachzuspüren, den er hinter allem Geschehen ahnt.

Hist.-krit. Ausg., Bern 1958ff. - Über M.: A.FREY, C.F.M., (1900) 1925⁴ - W.KÖHLER, C.F.M. als religiöser Charakter, 1911 - R.D'HARCOURT, C.F.M., Paris 1913 - H.HENEL, The Poetry of C.F. M., Madison 1954 - L.WIESMANN, C.F.M., Bern 1958 - W.KOHLSCHMIDT, C.F.M. u. d. Reformation (Die Sammlung 15, 1960, 126 bis 137). - Forschungsbericht mit Lit.: W.OBERLE, C.F.M. (Germ.-rom. Monatsschrift 6, 1956, 231-252).

W.Oberle

2. *Heinrich August Wilhelm* (1800-73), ev. Theologe, * in Gotha, 1822 Pfarrer in Osthausen, 1831 in Harste bei Göttingen, 1837 Sup. in Hoya, 1841 in Hannover, 1861 Oberkonsistorialrat, 1865 emeritiert. - M.s eigentliche wissenschaftliche Aufgabe galt der Auslegung des NT. Kennzeichnend für den nach ihm genannten Kommentar sollte eine sorgfältige philologisch-kritische Methode sein, die der historischen Situation des Textes gerecht würde. Mit diesem Programm wurde das Werk an die hermeneutische und exegetische Entwicklung der Folgezeit gebunden, ohne sich einer bestimmten Richtung zu verschreiben (→ Bibelwissenschaft: II, 4). 1829 erschienen 2 Bde Text und Übersetzung, 1832-47 nacheinander 9 Kommentare zu den Evangelien, Apg und den Paulusbriefen. Das Werk wurde ins Englische übersetzt. Jüngere Kräfte traten schon zu M.s Lebzeiten in die Arbeit ein. Nach seinem Tode bestimmte zunächst B. → Weiß die weitere Entwicklung des Werkes. Es hat später durch ausgezeichnete Leistungen (religionsgeschichtliche Bde von → Bousset, J. → Weiß, → Windisch; in der Gegenwart stärker theologisch bestimmt: → Lohmeyer, → Bultmann) neue wissenschaftliche Bedeutung gewonnen.

RE XIII, 39ff - W.G.KÜMMEL, Das NT. Gesch. der Erforschung seiner Probleme, 1958, 130ff.

O.Michel

3. *Louis-George-Frédéric,* franz. luth. Theologe, * 1.1. 1809 in Montbéliard, † 11.10.1867 in Paris. M. kam 1833 in Paris durch A. → Monod in Berührung mit der Erweckungsbewegung und gründete die Société des Amis des Pauvres. Seit 1837 luth. Pfarrer, wurde er 1857 Präsident des Konsistoriums und geistlicher Inspektor der Ev. Kirche Augsburgischen Bekenntnisses in Paris. In den Dienst der von ihm 1840 gegründeten Mission allemande unter den in Paris lebenden Deutschen berief er deutsche Pfarrer, u.a. F.v. → Bodelschwingh, den »Gassenkehrerpastor von La Villette« (1858-64).

Vf. u.a.: Sermons, (1868) 1886⁴; Lettres, Fragments et Pensées, (1870) 1888³. - Über M.: F.KUHN, L.M., sa vie, son oeuvre, Paris 1886.

H.Hohlwein

Meyfart, *Joh. Matthäus* (1590–1642), Pfarrerssohn aus dem Gothaischen, nach vielseitigen Studien 1616 Prof., 1623 Direktor des Gymnasium Casimirianum in Coburg, 1633 Prof. an der erneuerten Universität → Erfurt, 1636 auch Pastor der Predigerkirche. M. ist ein Hauptträger der vorpietistischen Reformbestrebungen im Luthertum, offen die Schäden im akademischen Leben wie im Pfarrerstand aufdeckend, literarisch auch gegen die Praxis der Hexenprozesse streitend (→ Hexen: II), unter den Theologen viel angefeindet. – Stark gewirkt hat er mit seinen oft nachgedruckten eschatologischen Erbauungsschriften, deren erste (»Tuba novissima«, 1626) das dichterisch vollendete Ewigkeitslied »Jerusalem, du hochgebaute Stadt« enthält (EKG 320, → Kirchenlied: I, 3 c; seit 1663 mit der wohl von M. → Franck geschaffenen ebenbürtigen Melodie).

Bibliogr. s. F-T II, 63ff – RE XIII, 44ff. – Lit.: A.THOLUCK, Lebenszeugen der luth. Kirche, 1859, 209ff – KOCH III, 117ff – P.ALTHAUS, Der Friedhof unserer Väter, (1915) 1948⁴, 86f – H.LEUBE, Die Reformideen in d. dt. luth. Kirche ..., 1924, 113ff – CHR.HALLIER, Die Wirksamkeit J.M.M.s in Erfurt 1633–42 (ZKGPrSa 24, 1928, 146–183) – DERS., J.M.M. (ebd 25, 1929, 37–51; 26, 1930, 52–74) – Hdb z. EKG II/1, 1957, 165f; Sonder-Bd, 1958, 501ff. *M.Doerne*

Micha

1. Als Träger des Namens M. (mîkajahû, mîkaj^{e}hû, mîkajā, mîkā) begegnen im AT zB M., ein Ephraimit, dessen Jahwebild die Daniten nach Lais/Dan entführten (Ri 17f), M., Sohn Meribaals und Urenkel Sauls (2Sam 9, 12), und M. bæn Jimla, Unheilsprophet und Gegner → Ahabs (1Kön 22, 8ff).

2. Der *Prophet* M. aus Moreseth-Gath (Tell ed-dschudêde), nach dem das → Michabuch genannt ist, trat nach 1, 6 wohl noch vor 724 vChr auf und wirkte hauptsächlich unter → Hiskia (Jer 26, 18); er erlebte also → Samarias Fall (721 vChr) und die Assyrereinfälle unter Sargon und Sanherib. – M. hat wohl als Bauer selbst erfahren, wie Jerusalems Oberschicht das Bodenrecht Judas brach (2, 2). Daher ist seine Botschaft – wohl ausschließlich Unheilsprophetie (→ Michabuch, 3) – vom Gegensatz des Judäers gegen Jerusalem (3, 10) und seine Vororte (1, 16) getragen. Obwohl er im Schatten → Jesajas steht, sticht er durch Wagemut (3, 12; vgl. auch Jer 26, 16–19) und ungebrochenes Sendungsbewußtsein hervor (2, 6ff; 3, 8). Unerschrocken bekämpft er den Großgrundbesitz (2, 2f. 9), die ungerechte Oberschicht (3, 1), die bettelnden Heilspropheten (3, 5ff), die bestechlichen Richter und Priester (3, 11), aber ebenso das törichte Volk (2, 11). Auch stellt er den Kultus (1, 7) und bes. die »Zionstheologie« als falsches Gottvertrauen in Frage (3, 11) und weissagt als erster dem Tempel den Untergang (3, 12). Voraussetzung für die harte Botschaft M.s ist, daß Jahwes Forderung nach Gerechtigkeit, Güte und Reinheit (oder: Demut) nicht erfüllt ist (6, 8).

J.JEREMIAS, Moreseth-Gath, die Heimat des Propheten M. (PJ 29, 1933, 42–53) – K.ELLIGER, Die Heimat des Propheten M. (ZDPV 57, 1934, 81–152) – O.PROCKSCH, Gat (ebd 66, 1943, 174–191) – L.W. LETTEN, The Theology of Micah, 1954 – H.J.STOEBE in: WuD 6, 1959, 180–194 (zu Mi 6, 8). – Vgl. → Michabuch. *R.Meyer*

Michabuch

1. Literargeschichtliches – 2. Gliederung – 3. Gehalt – 4. Theologische Eigenart. – M. = Micha, Mb. = Michabuch

1. Das 105 masoretische Verse umfassende Mb., nach dem gleichnamigen Propheten (→ Micha) aus dem 8.Jh. vChr genannt, stellt eine nachexilische Komposition dar, die auf der altjüdischen → Eschatologie (: II, 3) mit dem Schema von Gericht und Heil fußt. Ob die heutige Form darüber hinaus liturgisch bedingt ist, bleibt fraglich; immerhin könnte der Ausklang 7, 8–20 auf gottesdienstlichen Gebrauch hindeuten. Umstritten ist ferner der Anteil der echten M.worte; als Minimum weist man M. etwa 40 Verse aus c. 1–3 zu, während maximal das ganze Mb. unter Abzug von 2, 12f; 7, 8–20 und (ganz oder zT) 4, 1 – 5, 8 als Sammlung authentischer Sprüche angesehen wird.

2. Das Mb. weist in seinen Grundzügen eine ziemlich klare *Ordnung* auf: c. 1–3 Unheilsweissagungen (abzüglich 2, 12f), 4, 1 – 5, 8 Verheißungen, 5, 9 – 7, 7 Unheilsdrohungen, 7, 8–20 Heilsverheißung mit Schlußpsalm. Schwerer lassen sich die einzelnen Gattungen herausschälen. Dies liegt einmal daran, daß der zuweilen unverständliche MT sehr schlecht erhalten ist, jedenfalls schlechter als die einstige hebr. Vorlage der LXX. Zum anderen ist das Spruchgut weithin fragmentarisch, so daß es oft schwer fällt, einzelne Verse und Versgruppen einander zuzuordnen. Üblicherweise unterscheidet man 18 größere Stücke, von denen sich 2, 6–11; 2, 12f; 3, 5–8; 3, 9–12; 5, 6–8; 5, 9–14; 6, 9–16; 7, 8–20 ziemlich sicher abgrenzen lassen; doch bestehen auch sie zT aus heterogenen Fragmenten. Eine eindringendere Exegese wird daher oft die kleinsten Einheiten heranziehen müssen, von denen Th.R.Robinson außer der Überschrift (1, 1) 29 unterscheidet.

3. a) Der erste Teil 1, 2 – 3, 12 bietet bei Ausscheidung von 2, 12f, das sachlich zu 4, 6–14 gehört, ein geschlossenes Bild: Das jetzt durch V. 2 (vgl. Jes 1, 2f) zu einer Ankündigung des Weltgerichts umgeformte Drohgedicht 1, 3–7 verheißt Samaria und Jerusalem den Untergang; es muß also noch vor 724 vChr entstanden sein. Dagegen führt 1, 8–16, eine Klage über die Verwüstung des judäischen Hügellandes, M.s Heimat (1, 1), entweder in das Jahr 711, als Sargon Gath zerstörte, oder in das Jahr 701 vChr, wo → Hiskia das Königreich → Juda an Sanherib verlor. Das schlecht erhaltene Gedicht besteht aus Wortspielen mit Ortsnamen (vgl. Jes 10, 27 bff), und es fragt sich, ob es eine echte Klage oder nicht eher eine Unheilsankündigung in Form eines Klageliedes darstellt. Verwandt mit Jes 5, 8–10, bringt 2, 1–4 (5) einen Weheruf gegen die Landgier der Großgrundbesitzer. In 2, 6–11 liegt eine, am Anfang wohl beschädigte, textlich unsichere Streitrede über wahres und falsches Prophetentum vor, aus der die Erbitterung über die Vergewaltigung des sozial Schwächeren durch die Oberschicht deutlich hervorgeht. Sachgemäß schließt sich 3, 1–4 mit den Fragmenten 3, 1–2 a – Scheltwort über die Ungerechtigkeit der Mächtigen – und 3, 2 b–4 – Unheilsorakel gegen die Großgrundbesitzer – an. 3, 5–8 greift das Thema über wahres und falsches Prophetentum wieder auf, während 3, 9–12 die »Zionstheologie« ad absurdum führt und die Vernichtung des Tempels ankündigt. Daß in c. 1–3 authentisches Spruchgut M.s vorliegt, zeigt Jer 26, 18, wo Älteste aus Juda 3, 12 als Orakel M.s zitieren.

b) Durch eine tiefgehende Zäsur ist 4, 1–4 (mit der Parallele in Jes 2, 2–4) vom Vorhergehenden getrennt. Dieses primär wohl anonyme Heilsorakel verheißt die vom neuen Jerusalem ausgehende göttliche Friedensherrschaft und ist entgegen einer Datierung im 8.Jh. (so H.Wildberger) frühestens in exilischer Zeit anzusetzen; ebenso können 2, 12f, eine Verheißung nach vorangegangener Not, und 4, 6–8, wonach Jahwe mit dem »Rest« seine Herrschaft durch das Königtum wieder errichtet, nicht vorexilisch sein. Das in sich uneinheitliche Verheißungsgedicht 4, 9–14 setzt Jerusalems Belagerung 598 oder 587 vChr voraus und klingt an Jer 4, 31; 10, 17 an, ohne sich mit → Jeremias Prophetie zu decken. Umstritten ist 5, 1–5, das aus 2 Teilen besteht: Nach 5, 1–3 (vgl. Mt 2, 5f) soll der davidische Idealherrscher aus Bethlehem kommen, um das Großreich seines Ahnen wieder aufzurichten. Die Erwähnung dieser Stadt und die Betonung des fast mythischen Alters der Davididendynastie könnte auf nachexilischen Gegensatz judäischer Kreise gegen die Hierokratie von Jerusalem (→ Messias: III, 2) hinweisen. Andererseits gehört wohl 5, 4b-5 als Orakel gegen Assur in die Zeit Sanheribs, ohne freilich M.s Prophetie zu entsprechen. Während 5, 6-8 eindeutig die Diaspora im Auge hat, liegt in 5, 9-13 primär ein Drohwort vor, das an Jes 2, 6-8 erinnert und meistens M. zugeschrieben wird. Es steht wohl in diesem Zusammenhang, weil es durch V. 14 sekundär in eine Ankündigung des Gerichts über die Völker und damit in eine Verheißung für Israel umgedeutet ist.

c) Mit 6, 1-8 beginnt der dritte Teil des Mb.s. Die erste Einheit gliedert sich folgendermaßen: 6, 1-5 stellt eine »Gerichtsrede« Jahwes gegen Israel dar, die man aus gewichtigen Gründen - zB Nennung von Mose, Aaron und Mirjam (vgl. Ps 99, 6) - wohl als nachexilisch ansehen muß; 6, 6-8 dagegen bietet eine prophetische »Tora-Liturgie«, die zu M.s Zeiten durchaus denkbar ist (vgl. V. 7b mit 2Kön 16, 3; 21, 6). Meist wird auch die Schelt- und Drohrede über die Unredlichkeit in der Stadt (Jerusalem [?]), 6, 9-16, M. zugeschrieben. Das gleiche gilt von dem Klagelied 7, 1-7, das einerseits ein Schelt- und Drohwort gegen Ungerechtigkeit (V. 1-4), andererseits eine Klage über Verräterei (V. 5-7) enthält.

d) Der Schluß des Mb.s, 7, 8-20, wird heute mit H.Gunkel weithin einheitlich als »Liturgie« aufgefaßt. Doch darf nicht übersehen werden, daß 7, 8-20 aus drei heterogenen Teilen besteht: 7, 8-10 stellt ein politisches Klagelied dar; ihm folgt in 7, 11-13 eine Verheißung, die vielleicht auf den Mauerbau unter → Nehemia (Neh 2, 17ff) abzielt, während in 7, 14-20 das Fragment eines nachexilischen Psalms vorliegt, der in der Bitte um Israels Wiederherstellung gipfelt.

4. Für die Erschließung der *Prophetie M.s* kommen demnach mit einiger Sicherheit 1, 2 - 2, 11; 3, 1-12; 4, 9-13; 6, 1 - 7, 7 in Betracht. Dieses Überlieferungsgut ist im Mb., dessen literarischen Grundstock man wohl in c. 1-3 und 4-5 sehen darf und dessen älteste Auslegung jetzt fragmentarisch in → Qumran begegnet, so verarbeitet, daß man die alten Prophetenworte dem theologischen Schema der nachexilischen Heilseschatologie eingegliedert und der Hoffnung auf das kommende Heil, das vom Zion ausgehen soll, als Ausdruck des göttlichen Gerichtes vor- und zugleich untergeordnet hat. Eine sachgemäße Exegese wird beide Stufen zu scheiden haben, ohne dabei die religionsgeschichtliche Bedeutung des im Mb. als Ganzem zum Ausdruck kommenden Gedankengutes zu übersehen.

Kommentare s. → Zwölfprophetenbuch. - RE XIII, 47ff - RGG² IV, 1f - J.Lindblom, M. literarisch untersucht, 1929 - B.A.Copass-E.L.Carlsson, A Study of the Prophet Micah, 1950 - A.Alt, Mi 2, 1-5. ΓΗΣ ΑΝΑΔΑΣΜΟΣ in Juda (NTT 56, 1955, 13-23 = Alt III, 373-381) - E.Rohland, Die Bedeutung der Erwählungstraditionen Israels für die Eschatologie der at. Propheten (Diss. Heidelberg), 1956 - H.Wildberger, Die Völkerwallfahrt zum Zion (VT 7, 1957, 62-81) - W.Beyerlin, Die Kulttraditionen Israels in der Verkündigung des Propheten M. (FRLANT NF 54), 1959. - Ferner die at. Einl.en von O.Eissfeldt (1956²), A.Weiser (1957⁴), E.Sellin-L. Rost (1959⁹); jeweils Lit.
R.Meyer

Zur *Auslegungsgeschichte* (s. auch → Schriftauslegung: IV, → Zwölfprophetenbuch):

11.Jh.: Theophylakt (MPG 126). - 15.Jh.: Savonarola (Predigten, ed. G.Baccini, Florenz 1889). - 16.Jh.: Theodor Bibliander, Zürich 1534 - Paul Phrygio, Straßburg 1538 - Anton Gilby, London 1551 - Joh.Draconites, Wittenberg 1565 - David Chyträus, Rostock 1568 - Caspar Graxar, Salamanca 1570 - E.Heidenreich, Leipzig 1586 (Predigten). - 17.Jh.: Albert Grauer, Jena 1619 u. 1664 - Edward Pococke, Oxford 1685. - 18.Jh.: Theodor van Toll, Utrecht 1709.
W.Werbeck

Michael, *Erzengel*

1. Überlieferung - 2. In Liturgie, Kultus und Kunst

1. M. (hebr. = Wer ist wie Gott?) ist die hervorragendste Gestalt unter den Erzengeln (→ Geister: II, 4a). Sein Name wird erstmals im → Danielbuch (, 7) genannt und begegnet von da an häufig in jüdischen und christlichen Apokalypsen. Er steht dem Volke Gottes in der Bedrängnis bei und kämpft gegen dessen Feinde (Dan 10, 13. 21; 12, 1; äthHen 20, 5). Nach der Kriegsrolle von Qumran (→ Milḥamā) sendet Gott dem streitenden Israel durch M. Hilfe, damit der Fürst des Reiches der Bosheit niedergeworfen, aber die Herrschaft M.s unter den göttlichen Wesen erhöht werde und die Herrschaft Israels über alles Fleisch gehe (1QM 17, 5-7). Die kämpfenden Truppen schreiben den Namen M.s auf die Schilde der Türme (1QM 9, 15f). Gegen den Drachen tritt M. auf den Plan und wirft den Satan aus dem Himmel auf die Erde hinunter (Apk 12, 7ff). Als der Schutzengel Israels steht M. zur Rechten Gottes (Midrasch Num rabba zu 2, 31; Bill. II, 97) und bringt in hohepriesterlichem Dienst auf dem himmlischen Altar Opfer dar (babyl. Talmud, Chagiga 12b). Er ist der Schlüsselbewahrer des Himmelreiches, nimmt die Gebete der Menschen entgegen und trägt die guten Werke der Frommen zu Gott empor (ApkBar [gr] 11ff). Über die abtrünnigen Engel hält er in Gottes Auftrag Gericht (äthHen 10, 11; 90, 21f), doch bei Vollstreckung der Strafe wird er von Mitleid ergriffen (ebd 68). In seiner Barmherzigkeit und Langmut (ebd 40, 9) bittet er vor Gott um Gnade (ebd 89, 76). Die Frommen werden von ihm behütet und auf ihren Wegen geleitet (ebd 71, 3; TestAbr passim; Jud 9 u.ö.). Da er auch vor Krankheiten und Gefahren Schutz gewährt (→ Engel: I), wurde seinem Namen in jüdischen und christlichen Kreisen zaubermächtige Gewalt beigemessen. Über die göttlichen Geheimnisse hat er zu wachen (äthHen 69, 14ff) und die himmlischen Bücher zu führen (ebd 89, 61ff). Er wird am Jüngsten Tage zum Gericht blasen (LebAd 22; 1Thess 4, 16).

W.Lueken, M., 1898 - Deissmann, LvO 396ff - Bousset, Rel. 325ff - Bill. (Reg. s.v.) - S.A.Horodetzky, M. u. Gabriel (MGWJ 72, 1928, 499-506) - UJE VII, 529 - Bauer, WB⁵ 1036.
E.Lohse

2. a) Für die Darstellung M.s sind 2 in *Liturgie* und *Kultus* hervortretende Aspekte wichtig: *M.s Vorrang unter den → Engeln* (: I. II) und seine *Christusnähe,* im HochMA als Sakramentsnähe interpretiert; damit verbunden *M.s eschatologischer Auftrag* als »praepositus paradisi«, Schutzherr der Seelen und Teufelsbezwinger. Die Liturgien der M.sfeste (Ostkirche: 8. 11., Westkirche: 29. 9. und 8. 5.) und die Totenliturgie geben der Kunst einen Reichtum von Themen an die Hand. Wichtig ist: die Auszeichnung des »Archistrategos« M. in Byzanz (seit Konstantin; zur Erbauung des Michaelions vgl. Sozomenus, h. e. II, 3), M.s Patronat der Toten- und Westwerkkapellen (→ Kirchenbau: III, 1), seine Schutzherrschaft über die christlichen Heere, bes. der Heiden- und Häresiebekämpfer (→ Malerei: IV, 1. 6d). Texte wie zB Beleths Explicatio zum M.sfest (MPL 202, 154ff) oder das Formular des Fahnen-, später Rittersegens (Erdmann 333) führen diese Vorstellungen aus. Im Volksglauben lebt bes. das apotropäische Element fort.

b) In der *Kunst* sind im wesentlichen 2 Typen zu unterscheiden: α) M. - vielfach mit → Gabriel - als *Repräsentant der Himmelshierarchie,* oft in kaiserlichem Ornat, mit Standarte, Kreuzstab, Szepter und Globus, auch Schwert. Das Basler Antependium (s. Taf. 7 Abb. 3) gibt Christus *und* M. den Globus (hierzu Schramm 73f). Die Herleitung aus dem kaiserlichen Repräsentationsbild zeigen konstantinische Münzen (zB Cohen, Medailles impériales VII, 1888, 284 Nr. 480; 246 Nr. 149). Dies ist der ältere, im Umkreis der → byzantinischen Kunst verbreitete M.stypus. Er gehört als Ehrengeleit eng zum doxologischen → Christus- und → Marienbild, auch zu dem des Kaisers. Gegebener Platz ist das himmlische Repräsentationsbild an Kirchenpforte und -apsis. So begegnet M. auf ravennatischen → Mosaiken (Apsis von S. Michele in Affricisco, jetzt Berlin; Triumphbogen von S. Apollinare in Classe, beide 6.Jh.). M.s eschatologische Bedeutung wird bes. an den Schreinen des MA deutlich, wo er als Psychopompos (ehem. Annoschrein, ca 1183), Paradiesvogt (Maurinusschrein, ca 1180/90), himmlischer Thronwächter auftritt (Karlschrein, vollendet 1215), an letzteren mit Gabriel; so auch auf einer Kriegsstandarte des 12.Jh.s (Clemen, Der Dom zu Köln, 1937, Abb. 302), hier als »princeps militiae angelorum«. Das Bild M.s als Seelenwäger wird erst im Hoch-MA geläufig, und zwar im Westen. - β) Auch der Typus des M. als *Drachentöter* ist der ältesten Überlieferung fremd und von den westlichen Kulturzentren her verbreitet (Mons Garganus, Apulien; Mt.-St.-Michel, Normandie). Das Thema hat 2 Versionen: M. als *Sieger,* frontal, auf dem Drachen stehend (Pavia, S.Michele, 12.Jh.: M. waffenlos [!] mit Lilienszepter); M. *im Kampfe,* auf den Drachen einstürmend (St. Michel-d'Entraigues, 12.Jh.). Wichtig ist dabei die siegreiche Funktion des Kreuzstabes (→ Kreuz: II). → Dürers M. verbindet beide Versionen (s. Taf. 13 Abb. 3). Der Drachentötertyp zeigt M.s Christusnähe bes. deutlich; beide Formen lehnen sich ans Bild Christi an: triumphans, auf Basilisk und Aspis (Hadelinusschrein, 3. Viertel 11.Jh.); resurrectus, den Höllendrachen angreifend (Exultet-Rolle von Gaëta, 12.Jh.). Obwohl der byzantinischen M.stypik fremd, muß doch an östliche Herkunft gedacht werden. Spätantike Triumphalkunst bildet beide Versionen vor: im Bild des Kaisers als Triumphator und als debellator hostium (Cohen, aaO 443 Nr. 23f; VIII, 220 Nr. 1) und - bes. verwandt - der geflügelten, den Feind besiegenden Victoria (Delbrück, Konsulardiptychen, 1929, Abb. 46). - Die Kreuzfahrerzeit, die den Drachentöter bes. verehrt, gibt ihm auch einen kreuzgezeichneten Schild (zB Entraigues). Dem hl. → Georg, der mit M. östliche Herkunft, Drachenkampf und Kreuzfahrerpatronat teilt, steht der Typ des drachentötenden M. nahe.

Zu 2 a: AS Sept. VIII, 4-123 - MPL 78, 143f. 804ff (Messe u. Offizium) - Altdt. Predigten I, hg.v. A.E.SCHÖNBACH, Graz 1886, 177f - E.PETERSON, Das Buch von den Engeln, 1935 - C.ERDMANN, Die Entstehung des Kreuzzuggedankens, 1935 - I.BARBEL, Christos Angelos (Theophaneia 3), 1941 - J.A.JUNGMANN, Missarum Sollemnia, (1948) 1958⁴, I. 375; II, 37. 86. - Zu 2 b: DACL I/2, 2080ff (Anges); XI/1, 903ff (M.) - KÜNSTLE I, 247ff (Lit.) - HWDA VI, 232ff (Lit.) - LThK VII, 161ff (Lit.) - L.RÉAU, Iconographie de l'art chrétien II/1, Paris 1956, 44ff (Lit.) - P.E.SCHRAMM, Sphaira, Globus, Reichsapfel, 1958 - PW XXIII/2, 1457 (Psychostasie).
Erika Dinkler-v.Schubert

Michael, 1. *von Cesena,* 1316 General der → Franziskaner, † 29.11.1342 (R.Kloos, Die Inschriften, 1958, 204 Nr. 425). Seit dem Generalkapitel in Perugia (1322) Gegner Papst → Johannes XXII. im Armutsstreit, wich M.s Gutachten im Prozeß Franz von Lauterns (F.Bock, Zs. f. bayer. Landesgesch. 22, 1959, 1-12) von der päpstlichen Lehre ab. Die 2. Fassung der Appellation Ludwigs IV. geht auf diese Einwirkung zurück (Minoritenexkurs). 1327 floh M. mit anderen Ordensbrüdern von der Kurie und lebte nach Ludwigs Romzug im Münchener Franziskanerkonvent; dort ist er auch begraben.

Vat. Bibl. Cod. lat. 4008-10 (vgl. QFIAB 26, 1935, 143-171) - L.WADDING, Annales Minorum V-VIII, 1640-54 - AFrH 1916, 1930 - A.CARLINI, Fra Michelino e la sua eresia, Bologna 1912 - LThK VII, 166.
F.Bock

2. M. I. *Kerullarios,* 1043-58 Patriarch von Konstantinopel. M. stammte aus kaiserlicher Familie. Noch als Laie in eine Verschwörung gegen Michael IV. verwickelt, mußte er ins Kloster und in die Verbannung. Unter Konstantin IX. wurde er Patriarch, als welcher er ungehemmt die kirchliche Suprematie anstrebte. 1057 brachte er Isaak I. Komnenos auf den Thron, der ihn nach anfänglichen Zugeständnissen absetzte. Auf der Synode, welche die Absetzung ratifizieren sollte, ist er gestorben. Als 1054 Papst und Kaiser gegen die Normannen in Unteritalien zusammenarbeiten wollten, erwartete Rom den kirchlichen Frieden mit → Byzanz (: II, 2). M. aber setzte alle Hebel in Bewegung, um die kirchliche Anerkennung Roms zu hintertreiben. Er ließ durch seine Theologen, vor allem Leo von Achrida, die rituellen Unterschiede unterstreichen und predigte in der Hauptstadt gegen den lat. Glauben und die lat. Riten. Daraufhin legte Kardinal → Humbert dort - trotz der Sedisvakanz in Rom - die Bannbulle gegen M. nieder, was dieser mit dem Gegenbann beantwortete.

A.MICHEL, Humbert u. K., 2 Bde, 1925/30 (dort auch Predigten u. Pamphlete, dh die »Panoplia« des M.) - DThC X, 1677ff - M. JUGIE, Le schisme byzantin, Paris 1941, 186ff - BECK 533f.
H.-G.Beck

3. *Scotus* († ca 1235), in Oxford und Paris gebildet, wirkte in Toledo und (seit ca 1220) in Italien, zuletzt als Hofastrologe → Friedrichs II., hauptsächlich naturwissenschaftlich gerichteter Philosoph (u.a. Werke zur Astronomie und → Astrologie), bes. verdient als Übersetzer von → Aristoteles und → Averroes u.a. aus dem Arabischen (→ Aristotelismus, 2 d).

Ü II, 358. 370f. 731 - G.SARTON, Introduction to the History of Science II, Baltimore 1931, 579ff (Bibliogr., Lit.) - LThK VII, 167f - M.GRABMANN, Mittelalterl. Geistesleben II, 1936, 103-137. 614 (Lit.) - EC VIII, 960 - EF III, 586.
M.A.Schmidt

Michaelis, 1. *Georg* (1857-1936), Bruder von 5, war nach dem Jurastudium 3 Jahre Hochschullehrer in Japan, dann bis 1909 in der preußischen Verwaltung, anschließend im Finanzministerium tätig. 1915 wurde er Ernährungskommissar, 1917 Reichskanzler, 1918-19 Oberpräsident in Stettin. Als Vorsitzender der DCSV (seit 1913; → Studentenverbände) gründete er im Kriege den Deutschen Studentendienst (DStD). Seit seiner Dienstzeit in Liegnitz (1900-02) hielt sich M. zur → Gemeinschaftsbewegung und wirkte bes. auf die akademische Jugend im bewußt ev. Sinn.

Vf. u.a.: Für Staat u. Volk, (1921) 1922²; Weltreisegedanken, (1923) 1924²; Wirtschaftl. Wiederaufbau, 1923.
H.Brandenburg

2. *Johann David* (1717-91), Orientalist und Theol., * in Halle als Sohn des Prof. der Philosophie und Theol. sowie der griech. und oriental. Sprachen *Christian Benedikt* M. (1680-1764), eines Neffen und Mitarbeiters von 3; 1746 ao., 1750 o. Prof. für oriental. Sprachen in → Göttingen, dort †; zeitweise einer der gefeiertsten und einflußreichsten Gelehrten der Epoche, wenn auch charakterlich nicht makellos. Deistischer Einfluß während eines Englandaufenthaltes 1741/42 entfremdete ihn dem Pietismus. Dogmatisch blieb er, trotz gelegentlicher rationalistischer Auflockerungen, der Orthodoxie verhaftet. M.' besondere Bedeutung liegt in seinen umfangreichen Arbeiten zur hebr. Wortforschung, zur at. Textkritik und zur biblischen Altertumskunde sowie zur syr. Philologie. Seine auf diesen Grundlagen aufbauende, von Dogmatik freie Bibelerklärung hat einer historisch-kritischen Behandlung der Bibel die Bahn bereitet.

Vf. u.a.: Gedanken über die Lehre der hl. Schrift von Sünde u. Genugtuung, (1748) 1779²; Einl. in die göttl. Schriften des neuen Bundes, (1750) 1787f⁴; Entwurf einer typischen Gottesgelahrtheit,

1753; Compendium Theologiae dogmaticae, (1760) dt. 1784²; (Dt.) Übers. des AT u. NT mit Anm.en für Ungelehrte, 13 Tle, 1769-83 (Tl 1-4. 6: 1773-82²), u. 6 Tle, 1790-92; Gründl. Erklärung des mosaischen Rechts, 6 Tle, (1770-75) 1776-80²; Supplementa ad lexica hebraica, 6 Bde, 1784-92; Einl. in die Schriften des alten Bundes I/1, 1787. - M. gab heraus: R. → LOWTH, De sacra poësi Hebraeorum praelectiones (mit Anm.en u. Zusätzen), 2 Tle, (1758/62) 1769/70²; außerdem als eine der ersten wiss. Fach-Zs.en die Orientalische u. exeget. Bibliothek, 1771-79, Forts.: Neue o.u.e.B., 1786-91. - Versch. Mss. in der Univ.-Bibl. Göttingen (vgl. zB ZAW 54, 1936, 100). - Über M.: J.M.HASSENCAMP, Leben des Herrn J.D.M., von ihm selbst beschrieben, 1793 - J.G.BUHLE, M.s literar. Briefwechsel, 3 Bde, 1794-96 - R.SMEND, J.D.M., 1893 - RE XIII, 54ff - F.FRENSDORFF, J.D.M. u. die Berliner Akad. (Int. Monatsschr. 15, 1921, 261-290) - G.v.SELLE, Die Georg-August-Univ. zu Göttingen 1737-1937, 1937, 84ff. 350ff - J.C.O'FLAHERTY, J.D.M., Rational Biblicist (JEGPh 49, 1950, 172-181) - HIRSCH IV, 32ff - Drei Briefe von Josef Dobrovský an J.D.M. (Slavia 22, 1953, 427-442; tsch.) - KRAUS 87ff u.ö.

3. *Johann Heinrich* (1668-1738), * in Klettenberg (Südharz), † in Halle; dort 1699 ao. Prof. der oriental. Sprachen, 1709 o. Prof. der Theol., Vertreter der pietistischen Richtung, Mitarbeiter A.H. →Franckes beim Aufbau des Collegium Orientale theologicum (→ Halle, 2).

Vf. u.a. eine krit. Handausg. des AT, 1720 (u.ö.), dazu: Uberiorum adnotationum ... in hagiographos V.T. libros ... III Vol., (1719/20) 1745-51. - Vgl. dazu: J.D.MICHAELIS, Orient. u. exeg. Bibl. 1, 1771, 207-222 - E.WÜRTHWEIN, Der Text des AT, 1952, 34. - Über M.: Großes Universal-Lexicon XXI, 1739, 52ff - RE XIII, 53 - O.PODZECK, Die Arbeit am AT in Halle zZ des Pietismus (WZ Halle 7, 1958, 1059-1078). *E.Kutsch*

4. *Otto* (1875-1949), ev. Pfarrer in Metz und Weimar, Kirchenhistoriker Elsaß-Lothringens und Thüringens, als Hymnologe an der Gesangbucherneuerung (Thüringer Gesangbuch) beteiligt.

Vf. u.a.: Die ev. Kirche in Lothringen, 1917; Prot. Märtyrerbuch, (1917) 1927²; Wie Weimar ev. wurde, 1924; Liederschlüssel, 1928 (verwertet v. W.LUEKEN, Hdb. z. EKG II/1, 1957); Grenzlandkirche, 1934; Erlebtes Kirchenlied, 1935; Heinrich Schütz, 1935; Johann Walter, 1939; Der Anteil des Elsasses am dt. ev. Gesangbuch (Els.-Lothr. Jb. 19, 1941, 238-287); Elsäss. Gestalten, 1942; Johann Crüger, 1947. *K.Dienst*

5. *Walter* (1866-1953), Bruder von 1, ev. Theologe, erfuhr als Hilfsprediger in Berlin-Gesundbrunnen durch die Schrift »Die Bekehrung der Pastoren« von General-Sup. Braun eine innere Umkehr. 1892 wurde er Pfarrer der Neustädter Gemeinde in Bielefeld, wo eine Erweckung entstand. Seit 1901 war M. Inspektor der Missionsgesellschaft für Deutsch-Ostafrika, dann nach kurzer Evangelistentätigkeit seit 1908 wieder Pfarrer in Bielefeld, 1920 Dozent für Prakt. Theol. in Bethel. Als Vorsitzender des → Gnadauer Verbandes (1906-11 und 1920-53) war M. ein Führer der deutschen landeskirchlichen → Gemeinschaftsbewegung.

Vf. u.a.: Erkenntnisse u. Erfahrungen, (1939) 1949²; Nachlese, 1952. - Über M.: H.v.SAUBERZWEIG, »Er der Meister, wir die Brüder«, 1959. *H.Brandenburg*

Michaëlius, *Jonas* (1584-?), niederländischer ref. Theologe, * in Grootebroek (Holland), studierte in Leiden, war 1612 Prediger in Nibbixwoud, 1614 in Hem, 1625 in More an der Küste von Guinea. Nachdem seit 1624 Bastiaen Krol vorbereitend gearbeitet hatte, gründete M. 1628 die ref. Kirche (später Dutch Reformed Church) in Nieuw-Amsterdam (New-York) und war ihr erster Pfarrer. 1632 kehrte er nach Holland zurück; sein weiteres Leben ist nicht bekannt.

A.EEKHOF, J.M., Founder of the Church in New Netherland, Leiden 1926. *W.F.Dankbaar*

Michaelsbruderschaft, 1. *kath.*, im MA zahlreich an → Michaels-Heiligtümern (zB in Mont St. Michel) und manchen verehrten Michaelskapellen entstanden. M.en gab es für bestimmte Stände, etwa die St. Michaelsvereinigung in Bamberg für ehemalige Soldaten. Aus der Situation der Bedrohung der Freiheit des Kirchenstaates heraus wurde 1860 in Wien die St. M. zur Unterstützung des hl. Vaters durch Gebet und freiwillige Gaben gegründet; sie war in Österreich, Deutschland und Italien verbreitet. Seit 1856 besteht in der Erzdiözese Freiburg i. Br. eine Erzbruderschaft der Ewigen Anbetung des Allerheiligsten Altarsakramentes.

F.BERINGER, Die Ablässe, 1930¹⁵. *R.Mayer*

2. *Ev. M.* → Bruderschaften: III, 2b; → Berneuchen.

Michaud, *Eugène-Philibert* (1839-1917), altkath. Theologe, * in Pouilly sur Saone, † in Bern. Vom liberalen Katholizismus (→ Lacordaire, → Montalembert) bestimmt, promovierte M. bei → Döllinger und wurde 1867 Vikar an der Kirche Madeleine in Paris. Er verlor aber diese Stelle, als er 1871 dem Pariser Erzbischof Guibert gegenüber das → Vatikanum ablehnte. Seine polemischen Publikationen darüber brachten ihn schon 1872 mit den deutschen → Altkatholiken, zugleich mit der russischen orth. Kirche zusammen. 1876 wurde er Prof. für Dogmatik und KG an der christkath. Fakultät in → Bern, 1878 übernahm er auch den Lehrstuhl für franz. Literaturgeschichte. 1876-85 war er Generalvikar der christkath. Kirche in der romanischen Schweiz. In zahlreichen Veröffentlichungen suchte M. die wahre Katholizität des Altkatholizismus und seine Bedeutung für die Einigung der Christenheit zu erweisen.

Hg. der RITh, 1892-1910. - Über M.: O.NOVIKOFF, Le Général Alexandre Kiréef et son dévouement à l'ancien-catholicisme, Bern 1914 - DIES., Quelques lettres du Général Kiréef au prof. M. sur l'ancien-catholicisme, Paris 1914 - A.CHRÉTIEN, Prof. E.M. (IKZ 26, 1918, 1-27; Bibliogr.). *H.Hohlwein*

Micheelsen, *Hans Friedrich,* Komponist, * 9.6.1902 in Hennstedt (Dithmarschen), Schüler u.a. von P. → Hindemith, seit 1938 Leiter der Hamburger Landeskirchenmusikschule. M. gehört zu den fruchtbarsten Schöpfern von neuer gottesdienstlicher Gebrauchsmusik. Seine wichtigsten Werke sind das Hamburger Motettenbuch sowie das Holsteiner Orgelbüchlein. Er schuf auch Passionen, geistliche Konzerte und Kantaten.

Selbstbiogr. in: MuK 17, 1947, 125-128. *W.Blankenburg*

Michelangelo *Buonarroti,* Bildhauer, Maler, Architekt und Dichter, * 6.3.1475 in Caprese, † 18.2.1564 in Rom, stammte aus vornehmer Florentiner Familie. In ihm erscheint ein neues Maß des Künstlertums, der Schöpfer aus persönlicher Vollmacht mit der Konsequenz der Einsamkeit, des Konflikts von Ich und Welt, des Werkes als Konfession, der Selbstverwirklichung im Scheitern, des Unvollendeten als gültiger Tat. Früh Meister, überlebt er die mit von ihm zur Höhe geführte → Renaissance, bricht zum → Manierismus durch, bereitet den → Barock vor. Tief durchleidet M. die Geisteskämpfe seiner Zeit, das Ungenügen des → Platonismus, die Mühen um eine Glaubensreform. Er behandelt nur die Menschengestalt, und zwar rein ideal, nie als Bildnis; sein Werk erreicht die Grenze dessen, was im christlichen Bereich mit Würde, Leidenschaft und Schönheit des Humanen aussagbar ist; er verzichtet und endet seine Tage als Baumeister von St. Peter, der den fast aufgegebenen Riesenbau rettet. M. zählt auch zu den großen Dichtern Italiens. Seine herben Verse sprechen von Liebe, Tod, Kunst und dem Ringen um den Lebenssinn. Gütig, aber verschlossen und an sich selbst leidend, erschreckte er die Zeitgenossen durch seine »terribilità«. Sein Können schien unerreichbar. Zu Lebzeiten schon umgab ihn fast mythische Verehrung. - M. beginnt in Ghirlandajos Werkstatt und wird von Lorenzo Medici gefördert, lernt bei dem Bildhauer Bertoldo, studiert anhaltend die Antike und wird in den Ideenkreis der Platonischen Akademie eingeführt. Entgegen der Zierlichkeit des ausgehenden Quattrocento sucht er bei → Giotto, Donatello und Quercia das monumentale Vorbild. 1496-1501 in Rom, tritt er mit dem Trunkenen Bacchus und der harmonisch schönen Pietà von St. Peter neben den bisher Größten, → Leonardo, den er in Florenz (1501-05) mit dem Karton zur Schlacht von Cascina, einem Lehrstück vollendeter Aktzeichnung, überflügelt. Ein Bronzedavid (1501) ist verschollen; der riesige Marmordavid, das Wahrzeichen der Stadtfreiheit von Florenz, fügt noch naturalistisches Detail zur klassischen Haltung; geklärter ist die ernste Brügger Madonna, einziges erhaltenes Tafelgemälde das Rundbild der Madonna Doni. Überwunden ist die Frühstufe im unvollendeten Matthäus (1506), dessen massiger Gliederwurf bei geschlossenem Umriß seelische Bewegung auszudrücken beginnt. Von → Julius II. zu höchster Tätigkeit gespornt, beginnt M. 1505 das Grabmal des Papstes als gewaltigen freistehenden Figurenbau. Das Projekt scheitert am Übermaß des Triumphgedankens und kommt erst nach wiederholten mühevollen Anläufen 1542 als reduziertes Wandgrab in S. Pietro in Vincoli zu Ende, mit dem Moses (1515) und den stillen Spätwerken der Lea und Rahel besetzt. M.s Erfindung ergießt sich in die widerstrebend übernommene Deckenmalerei der Sixtinischen Kapelle (1508-13). Am Thema des Heilswerks ante legem ist mit unerhörter Gewalt das Wirken Gottes versinnlicht, die Urmenschheit, das träumende Harren und die wunderbaren Rettungen Israels, Sibyllen und Propheten, dazwischen nackte Epheben, Schönheit in Schwermut getaucht, die Figuren ornamental eingeordnet. Eine bronzene Herrscherstatue des Papstes wird 1511 von politischen Gegnern vernichtet. Unter → Leo X. und → Clemens VII. steht M. im Dienst der Medici. 1516-34 in Florenz, entwirft er eine Fassade für S. Lorenzo; 1519 entsteht der heroisch nackte Christus mit den Leidenswerkzeugen. Seit 1520 ist die Mediceische Grabkapelle in Arbeit, die Fragment bleibt. Es fehlen vor allem die liegenden Flußgötter, der Sinngehalt der sog. Tageszeiten ist umstritten, die Sitzgestalten der beiden Herzöge erscheinen in idealer Typik. In labilen Stellungen verbinden sich lastende langgliedrige Leiber mit der regelwidrig gedehnten Wandarchitektur zum Linienfluß einer Todeselegie, in der sich die Stimmung des Raumes bewußter verdichtet als bisher üblich. Die ab 1523 entstehende Biblioteca Laurenziana (Vorhalle und Lesesaal) führt die manieristischen Konfliktthemen zum offenen Durchbruch. Überlast, Spannung, Unfestigkeit, die Aufhebung der natürlichen Formenkausalität überhaupt bei formal beibehaltenem klassischem Kanon leiten eine Epoche des Subjektivismus in der Baukunst ein. Diese Arbeiten werden unterbrochen durch die Eroberung von Florenz 1530. M. leitet die Befestigung, flieht und wird begnadigt. 1534 geht er aus der gefallenen Vaterstadt nach Rom; die Brutusbüste bezeugt seinen Gram um die verlorene Freiheit. Dem jungen Römer T.Cavalieri widmet M. eine Reihe symbolischer Zeichnungen, die den Kampf des Lebens mit Schwere, Sturz und Tod umschreiben. 1536-41 entsteht in der Sixtina das Wandgemälde des Jüngsten Gerichts, ein ungeheurer Dies Irae aus massenhaftem Geschiebe nackter Leiber um einen heroisch zürnenden Christus; das Bild erweckt Entrüstung wie Begeisterung und wird zum unerschöpflichen Lehrstoff der Künstler. Unter dem Einfluß der frommen Vittoria → Colonna weicht M.s Stoizismus christlicher Glaubenserfahrung. Tiefernst zeigt die Wandmalerei der Cappella Paolina (1541-50) Petri Martyrium und Pauli Bekehrung. In der verinnerlichten Sprache der Spätzeit schließen sich religiöse Kompositionszeichnungen an. In ihre Nähe gehört die Pietà im Dom zu Florenz, zuerst für das eigene Grab bestimmt, und die erste Fassung des Toten Christus in den Armen der stehenden Mutter (Pietà Rondanini). 1547 tritt M. das Erbe Ant.Sangallos d.J. als Baumeister von St. Peter und des Palazzo Farnese an. Die Baukunst erhält den Vorrang. Am Palast wird der Oberstock des Hofes und das mächtige Kranzgesims aufgesetzt, ein Durchblick über den Tiber auf die Gruppe des Farnesischen Stiers war geplant. Zugleich beginnt der Neubau des Kapitols. Der symmetrisch von Palastfronten gerahmte Platzraum findet städtebaulich weite Nachfolge. Die Porta Pia (1561) wird zum Hauptstück antiklassischer Behandlung klassischer Formen. Eine Halle der Diokletiansthermen wird zur Kirche S. Maria degli Angeli umgebaut. Indessen schreitet der Petersbau fort, noch als Zentralbau, aber schon aus der immanenten Idealität seines Renaissance-Entwurfs in den transzendenten Kultbau der erneuerten Kirche umgeprägt. Seine Kuppelschale ist von G. della Porta etwas strebender ausgeführt worden als M. plante. Noch in den letzten Tagen arbeitete M. an der Umbildung der Pietà Rondanini zu einer fast körperlos vergeistigten Klagegruppe. - Vgl. →Kirchenbau: IV, 1; →Malerei und Plastik: III, 8.

Die Lit. bis 1925 vollständig bei E.Steinmann-R.Wittkower, M.-Bibliogr., 1927. - H.W.Beyer, Die Religion M.s, 1926 - A.Tietze, M.s Jüngstes Gericht u. die Nachwelt (Festschr. P.Clemen, 1926, 429-435) - R.Wittkower, Zur Peterskuppel M.s (Zs. f. Kunstgesch. 2, 1933, 348-370) - Ders., M.s Bibl. Laurenziana (ArtB 16, 1934, 123-218) - F.Baumgart-A.Breker, Die Pietà Rondanini (Jb. d. Preuß. Kunstsammlungen 56, 1935, 44-56) - F.Kriegbaum, M. Die Bildwerke (94 Tafeln), 1940 - H.Sedlmayr, Über M., 1940 - Redig de Campos-B.Biagetti, Il Giudizio Universale, 2 Bde, 1943 - Ch. de Tolnay, M., bisher 4 Bde, Princeton 1943 ff - L.Goldscheider, M., Gemälde, Skulptur, Architektur, 1943 - Ders., M., Drawings, 1951 - J.Wilde, The Drawings of M. and his School (Coll. of H.M. the King at Windsor), 1949 - Redig de Campos, Affreschi della Cappella Paolina in Vaticano, 1950 - H.Siebenhüner, Das Kapitol in Rom, 1954 - D.Frey, Die Pietà Rondanini u. Rembrandts drei Kreuze (Kunstgeschichtl. Studien f. H.Kauffmann, 1956, 208 bis 232) - H.v.Einem, M., 1959. - Weiteres s. → Manierismus.

W.Hager

Michelet, *Jules* (1798-1874), franz. Historiker, * in Paris, † in Hyères. 1816 getauft, löste er sich zwischen 1839/42 vom Christentum. Bd 4-5 seiner »Histoire de France« (17 Bde, 1833-67) beschreiben den Niedergang einer Kirche, die sich nicht um den Menschen kümmere und das Volk verraten habe. In »Etude sur les Jésuites« (1843) proklamiert M. den »Tod der Freiheit«. Der Essay »Du prêtre, de la femme et de la famille« (1844) greift die Beichte an, die die Frau tyrannisiere und eine Bedrohung der Familie darstelle. »Du peuple« (1846) wendet sich gegen ein Christentum, das dem jüdischen Vorurteil gegen die Natur huldigt und die Ungerechtigkeit der Erbsünde verteidigt. M. hofft, daß dieses Christentum abstirbt und zu der die Menschheit vergottenden Universalkirche aufersteht. Die »Histoire de la Révolution française« (7 Bde, 1847-53) beschreibt den Zusammenstoß der monarchiegebundenen »Gnadenreligion« mit der Suche nach der neuen, auf Gerechtigkeit, Freiheit und menschlichem Fortschritt basierenden Religion. Natur- und Fortschrittsmystik sowie der Gedanke einer einigenden Religion für alle Menschen (La Bible de l'humanité, 1864) bestimmen die späteren Lebensjahre. M., der in seiner Jugend → Vico übersetzt hatte (1829), sah die Aufgabe des Historikers als ein »Auferwecken«, als Kampf der Erinnerung gegen den Tod.

W.KAEGI, M. u. Deutschland, 1936 - J.POMMIER, Les idées de M. et de Renan sur la confession en 1845 (Journal de Psychologie, 1936, 514-544) - O.A.HAAC, Les principes inspirateurs de M., Paris 1951 - J.L.CORNUZ, J.M., un aspect de la pensée rel. au XIXe siècle, Lausanne 1955 - M.E.JOHNSON, M. et le Christianisme, Paris 1955.
P.Burgelin

Micron *(Micronius), Marten* (1523-59), ref. Theologe, * in Gent, ging wegen der Verfolgungen nach Straßburg und Basel und wurde 1550 Pfarrer der niederländischen Flüchtlingsgemeinde in London. Für sie verfaßte er u.a. einen »Kleynen Catechismus« (1552) und beschrieb ihre KO und Liturgie in den »Christlicke Ordinancien« (1554); letztere Schrift gewann große Bedeutung für die ref. Kirche in den Niederlanden. Mit seiner Gemeinde mußte M. 1553 nach Dänemark und Deutschland flüchten. In Wismar disputierte er mit → Menno Simons und in Hamburg mit Joachim → Westphal. Zuletzt war er Pfarrer in Norden (Ostfriesland).

Vf. u.a.: Een claer bewijs van het recht gebruyck des Nachtmaels, 1552 (ed. F.PIJPER, Bibl. Ref. Neerl. I, 1903); De christlicke Ordinancien, 1554 (ed. W.F.DANKBAAR, 1956). - Über M.: J.UTENHOVE, Simplex et fidelis narratio, 1560 (ed. F.PIJPER, aaO IX, 1912) - J.H. GERRETSEN, M., 1895 - RE XIII, 56f - A.A.VAN SCHELVEN, De Ned. vluchtelingenkerken der 16de eeuw, 1908 - J.LINDEBOOM, Austin Friars, 1950.
W.F.Dankbaar

Middleton, *Conyers* (1683-1750), anglikanischer Theologe, zunächst im praktischen Kirchendienst, seit 1721 Bibliothekar der Universitätsbibliothek in Cambridge, 1731-34 Prof. der Theologie, bis er wegen seiner bibelkritischen Haltung seines theologischen Grades entkleidet wurde. M. war zwar → Tindals Konstruktion der natürlichen Religion entgegengetreten (→ Deismus: III, 3), hatte aber zugleich → Waterlands orthodoxer Apologetik widersprochen, wie er später auch in seinen vielumstrittenen Schriften über die Wunderfrage, gestützt auf überlieferungsgeschichtliche Zweifel und auf Religionsvergleich, die deistische Wunderkritik innerhalb gewisser Grenzen bejahte. Trotz dem energischen Versuch zu religionsgeschichtlicher Einebnung des Christentums und bes. des Katholizismus ließ er die Eigenart des Evangeliums unangetastet.

Vf. u.a.: A Letter from Rome, showing an exact Conformity between Popery and Paganism, (1729) 1741[4]; A Letter to Dr. Waterland, 1731 (dazu Defence, 1731; Some further Remarks, 1732); A free Inquiry into miraculous Powers, 1749 (dazu Vindication, 1751). - Miscellaneous Works, (4 Bde 1752) 5 Bde, 1755; dt.: Vermischte Abh.en, 1793. - Über M.: DNB 37, 343ff - RE IV, 546.
† L.Zscharnack

Midianiter, ein nur aus dem AT bekannter Nomadenstämmeverband der syrisch-arabischen Wüste. Ihre genealogische Ableitung von → Abraham in einem anscheinend sehr bunt zusammengesetzten genealogischen Schema (Gen 25, 2. 4) besagt für uns wenig. Geschichtlich begegnen die M. vor allem in der Frühzeit → Israels (: I, 7), anscheinend als ein ziemlich weit verbreiteter Verband. Am deutlichsten treten sie als Nachbarn der ostjordanischen Kulturlandbewohner entgegen. Ein edomitischer König (→ Edomiter) hat einmal die M. im »moabitischen Gefilde« geschlagen (Gen 36, 35). Zum Kult des Baal Peor an der damals moabitisch-israelitischen Grenze haben die M. vielleicht Beziehungen gehabt (Num 22, 4. 7; danach wohl die späten Erzählungen in Num 25, 6ff; 31, 1ff). Am Karawanenhandel zwischen Ostjordanland und Ägypten waren sie beteiligt (Gen 37, 28. 36 E). Zeitweise fielen Gruppen von M.n, durch das ostjordanische Kulturland kommend, in die fruchtbare westjordanische Jesreelebene ein, um diese als Sommerweide für ihre Kamele zu nutzen (Ri 6, 1ff). Dabei tritt geschichtlich erstmalig im alten Orient das domestizierte Kamel (vgl. auch Jes 60, 6) in Erscheinung (ca 11.Jh. vChr); daraus erklärt sich der große Schrecken, den diese M.-Gruppen im palästinischen Kulturland verbreiteten, und die große Bedeutung, die man dem Sieg → Gideons über eine solche M.-Gruppe beimaß (vgl. noch Jes 9, 3; 10, 26; Ps 83, 10). Auf der anderen Seite kennt das AT auch M. weiter südlich in der Gegend des Golfes von el-ʿaḳaba. Südöstlich davon war noch in hellenistisch-römischer und arabischer Zeit der Name M. bekannt. In die Nähe dieses Golfes führt die Erwähnung von Midian im Zusammenhang der Flucht eines edomitischen Prinzen nach Ägypten (1Kön 18, 11). An diesen südlichen Bereich muß man auch denken für die Überlieferung von der Begegnung Israels mit dem »Priester von Midian« am »Gottesberg« nach dem Auszug aus Ägypten (Ex 18 E). Allerdings ist die Lage dieses »Gottesberges« unbekannt und die Frage seiner Identität mit dem → »Sinai« der Sinaiüberlieferung nicht sicher zu beantworten. Mit dieser Überlieferung hängt zusammen die Geschichte von der Flucht → Moses zu den M.n und von seiner Verschwägerung mit dem »Priester von Midian« (Ex 2, 15 - 4, 23 J + E). Daß Israel den Gottesnamen → Jahwe bei den M.n kennengelernt hätte, ist nicht sicher zu erweisen (trotz Ex 18, 11. 12).

RLV VIII, 187f (A.ALT) - KITTEL, GVI I, 346f - NOTH, ÜPent 150ff - R.WALZ, ZDMG 104, 1954, 45-87 - E.TÄUBLER, Biblische Studien. Die Epoche der Richter, 1958, 253-265.
M.Noth

Midrasch

1. Name - 2. Wesen - 3. Methode - 4. Sammlungen

1. M. (von hebr. darăš), ursprünglich Forschung als literarisches Werk (2Chr 13, 22; 24, 27), dann Forschung als Studium, Theorie (Ab. 1, 17) und als Auslegung eines hl. Textes (Ket. 4, 6), speziell mit dem Ziel der Rechtsfindung und -begründung. Daher dăršan: Schriftausleger, Prediger, dᵉrašā: der Ertrag seiner Arbeit, bêt hămmidraš: Lehrhaus (Sir 51, 23). Konkret versteht man unter dem Titel M. Werke jüdischen Schrifttums mit Sammlungen halachischer und haggadischer → Schriftauslegung (: II).

2. Der nach dem → Exil sich anbahnende und von der nachmakkabäischen Orthodoxie betonte Nomismus erforderte, das neben der Tora (→ Gesetz: III) in Geltung gekommene Gewohnheitsrecht zu sammeln und zugleich von Fall zu Fall neu aus ihr abzuleiten und zu begründen. Dies ist Arbeitsweise und Ziel des *halachischen M.* (→ Halacha). Daneben findet sich der *haggadische M.* (→ Haggada), die ausmalende, homiletische Bearbeitung auch anderer biblischer Bücher in Exegese oder freiem Vortrag. Seine Blüte fällt in die Zeit des politischen Niederganges. Mit dem 5.Jh. beginnt das Sammeln und Ordnen der alten corpora. Der haggadische M. lebt in einer überraschenden Vielfalt literarischer Gattungen. Für die Religions- und Kulturgeschichte des jüdischen Volkes und die Welt- und Lebensanschauung seiner Lehrer ist er von großer Bedeutung. Seiner Gemütswerte wegen erfreut er sich besonderer Beliebtheit.

3. Nach dem Grundsatz »Wende die Tora um und um, denn in ihr steckt alles« (Ab. 5, 22) entstand eine dem M. eigene exegetische Methode, um die vom Rabbinismus vorausgesetzte Einheit von schriftlicher und mündlicher Lehre für alle Zeiten zu sichern. So gehen unter dem Namen → Hillels 7 Auslegungsregeln (middôt), die ein System bestimmter Folgerungsweisen darstellen. In Ablehnung der spekulativen Interpretationskunst → Akibas entwickelte Jišmael b. Eliša nach seiner Erkenntnis »Die Tora spricht in menschlicher Redeweise« (Sifre Num 15, 31) aus ihnen 13. Ihre grundsätzliche Bedeutung erhellt daraus, daß sie seit dem Siddur des Gaon Amram (9.Jh.) in das tägliche Morgengebet aufgenom-

men wurden. Eliezer b. Jose (nach 135) soll sie auf 32 erweitert haben.

4. So entstanden *Auslegungs-M.im* ganzer Bücher, die nach der Reihenfolge der Verse verfahren, und *Homilien-M.im*, die meist nur die Textanfänge der synagogalen Lesungen behandeln. Diese beginnen mit Proömien, oft aus den Ketubim, und schließen mit eschatologischen Ausblicken. Die ältesten *Auslegungs-M.im* sammeln die *halachische* Überlieferung der Lehrhäuser Akibas und Jišmaels: Die *Mekilta* (hebr. middā) zu Ex, *Sifra* (tôrat kohannîm) zu Lev, *Sifre* zu Num und Dtn. Ältere *Auslegungs-M.im* überwiegend *haggadischer* Natur sind die *Rabbot* zu Gen und Klgl, redigiert etwa gleichzeitig mit dem pal. → Talmud. Die Rabbot zu den übrigen Megillot, den Ketubim, sowie weitere Sammlungen, Umgruppierungen, Neu-Erarbeitungen haggadischer M.werke entstammen zumeist dem frühen MA. Aus dem Lehrhaus des pal. Amoräers Tanchuma bar Abba (5.Jh.) stammt der Grundstock der ältesten *Homilien-M.im*, der *Pesiqta* (= Perikope) *de Rab Kahana* mit 32 Festpredigten über Tora- und Prophetenabschnitte, des *M.Tanchuma* oder *Jelammedenu* (nach der halachischen Introduktion »Es belehre uns unser Meister«) zum ganzen Pentateuch und ähnlichen Sammlungen zu einzelnen seiner Bücher. Die historischen und literarischen Probleme dieser Werke sind, da zu den meisten kritische Ausgaben fehlen, noch immer weithin ungelöst.

STRACK, Einl. - F.MAASS, Von den Ursprüngen der rabb. Schriftauslegung (ZThK 52, 1955, 129-161). - Tannaitische M.im, übers. u. erkl., hg.v. G.KITTEL u. K.H.RENGSTORF, seit 1930. *E.Groß*

Migne, *Jacques Paul* (1800–75), der bedeutendste Herausgeber kirchlicher Literatur im 19.Jh. Zunächst kath. Pfarrer, zog er 1833 nach Paris, wo er mit der Herausgabe einer »Universalbibliothek des Klerus« begann. In ihr erschienen u.a. zwei vollständige Reihen zur Theologie und zur Hl. Schrift (56 Bde) sowie eine Encyclopédie théologique (im ganzen 171 Bde). Bes. bekannt wurde M. durch den Patrologiae cursus completus, dessen lat. Reihe (bis 1216 reichend) 217 Bde (Bd 218-21 Indices; 1844-55), die griech. (bis 1439) 161 Bde umfaßt (1857-66). Unterstützt von J.B.Pitra druckte M. jeweils die besten verfügbaren Ausgaben ab, bes. die der → Mauriner. 1868 setzte bei Bd 162 der griech. Reihe ein Brand dem Unternehmen ein Ende. Trotz mannigfacher Mängel (Druckfehler, Lücken, Dubletten) bleiben beide Reihen ein unentbehrliches Hilfsmittel und haben zur Erneuerung der → Patristik beträchtlich beigetragen. Seit 1958 erscheint ein Supplement der MPL (hg.v. A.Hamman).

DACL XI, 941ff - DThC X, 1722ff - LThK VII, 182f - ALTANER 33 (Lit.). *A.Hamman*

Mikkelsen, *Hans* († 1532), * in Malmö, 1507–23 ebd Bürgermeister. Etwa seit 1517 fördert er die gegen Adel und Geistlichkeit sowie gegen die deutsche Hanse gerichtete Politik Christians II. M. ist einer der Hauptverfasser von dessen Gesetzen und geht im April 1523 mit ihm ins Exil an den kursächsischen Hof. In Wittenberg wird M. Anhänger der luth. Lehre. Zu der von Christian II. veranlaßten dänischen Ausgabe des NT (1524; → Bibelübersetzungen: V, 2 k) trug M. durch eine schon in Dänemark begonnene Übersetzung der Paulusbriefe und durch eine Vorrede bei, in der er für die Wiedereinsetzung Christians II. in seine Rechte und gegen König Friedrich I. Stellung nimmt. Es folgt eine Auseinandersetzung mit P. → Helgesen. In Brüssel, wohin M. dem König folgt, entgeht er nur durch dessen Einspruch 1528 der Verurteilung als Ketzer, fährt mit ihm 1531 nach Norwegen, kehrt aber zurück und stirbt in Harderwijk in Geldern.

DBL XV, 594ff - Danmarkshistorie II, 1941, 493 - P.H.VOGEL, Dän. u. norweg. Bibelübersetzungen seit der Reformation (IKZ 44, 1954, 235-240) - HAL KOCH, Den Danske Kirkes Historie III (in Vorbereitung). *W.Göbell*

Mikronesien. Zu M., einem Teil von → Ozeanien, gehören die Marianen, Karolinen, Marshall- und Gilbert-Inseln. Die letzten Zählungen ergaben (bei überwiegend steigender Tendenz) eine Bevölkerungszahl von ca 100 000 Eingeborenen. Durch Mission (→ Südsee), Regierung und Handel stehen sie zT seit langem schon unter europäischem Einfluß. Der Kulturumbruch ist noch im Gange. Die ethnographische Erforschung M.s förderten vor allem die Hamburger Südsee-Expedition von 1909/10 (Ergebnisse in zahlreichen Bänden für M. abgeschlossen) und das CIMA-Programm (Coordinated Investigation of Micronesian Anthropology) der USA 1947/48 (Ergebnisse noch im Erscheinen begriffen, keine Reihe). Die Bearbeitung des reichen Quellenmaterials, auch die Herausarbeitung der einzelnen Kulturprovinzen innerhalb M.s einschließlich ihrer religionsethnologischen Stellung ist noch längst nicht abgeschlossen. (Für die siedlungsgeschichtliche, sprachliche und anthropologische Stellung M.s s. → Ozeanien.) Die Wirtschaft der Mikronesier gründet sich auf Pflanzenanbau und Fischfang. An der Basis der gesellschaftlichen Ordnung steht auf den Karolinen und Marshall-Inseln eine unilineare, meist matrilineare Sippenorganisation (→ Mutterrecht). Soziale Schichtung, aristokratisch begründeter Herrschaftsanspruch und differenzierte politische Organisationsformen waren für die Marianen, Marshall-Inseln und Kusae kennzeichnend.

Äußerungen des → *Totemismus* wurden bes. auf den Karolinen angetroffen und hingen ursprünglich sicher noch mehr als heute mit der Sippenorganisation zusammen. Die gemeinsame Abkunft vom Totem begründet auch hier unilineare Sozialverwandtschaft und Exogamie der Sippe, die sich nach ihrem Totem benennt und dieses meidet (Nahrungs- → Tabu, → Speiseverbote). Der in → Melanesien nachweisbare totemistisch-geheimkultische Komplex mit Totemzentren und Vermehrungsriten, mit → Masken, → Schwirrholz, → Beschneidung und → Initiationsriten ist in M. nur bruchstückhaft zu fassen. - Der *Ahnenkult* (→ Totenverehrung: I) ist die wichtigste Religionsform der Mikronesier. Er tritt meist auf als familien- bzw. sippengebundener Kult der persönlichen Ahnen, wobei aber stellenweise totemistische Vorstellungen hineinspielen. Die Toten werden als weiterhin mit Familie und Sippe in enger Verbindung stehend betrachtet; sie helfen den Nachkommen, so lange diese ihnen Fürsorge und → Opfer zuteil werden lassen (Reziprozität des Verhaltens, *do ut des*). Das Totenbrauchtum (Grabbeigaben, Schmücken und Ausstellen des Leichnams usw) hängt damit ebenso zusammen wie die zahlreich nachweisbaren → Begräbnis-Formen, deren Bewertung jedoch von Insel zu Insel wechselt. Hingewiesen sei etwa auf die Bootsbestattung, die den Toten ins Land der Ahnen zurückgelangen lassen soll. Schädelkult wurde bes. auf Nauru vorgefunden. Auf Truk wird das → Haar des Toten zu einem Armband geflochten. Hölzerne Ahnenfiguren treten selten auf, hl. → Steine (als Sitz von Totenseelen) öfter (vgl. dazu → Animismus). Mittler zu den Ahnen sind der Familien- oder Sippenälteste und Priester (auch weiblichen Geschlechts, → Frau), wobei Züge des → Schamanismus (→ Ekstase) auftreten können. - Auf dem Gedanken, daß die Ahnen speziell für die Nahrung der Lebenden sorgen, beruhen die eng mit dem Ahnenkult verbundenen → *Fruchtbarkeits-Kulte* auf den West- und Zentral-Karolinen (auf Lukunor mit Maskenverwendung). - Eine besondere, zT über die Sippe hinausgreifende und regional in Gottesvorstellungen (→ Lokalgötter, → Sondergötter) einmündende Variante des Ahnenkults ist der → *Heroen-Kult*. Teils bezieht er sich auf zu Lebzeiten in bestimmter Hinsicht erfolgreiche Männer, deren → *Mana* sie zu außergewöhnlichen, im Gedächtnis der Menschen haften gebliebenen Leistungen befähigte, teils auf die *»Siedlerahnen«*, die Führer der Einwanderergruppen (damit verbunden Bootskult: Modelle von Ausleger- und Doppelbooten finden sich in den Kult- und Häuptlingshäusern aufgehängt, Karolinen ostwärts bis Ponape). - Dem heilserwartenden Glauben an die eigenen Ahnen steht gegenüber die → Furcht vor anderen Toten, sei es den sippenfremden oder solchen, die eines unnatürlichen Todes gestorben sind (»schlimmer Tod«: Menschen, die → Selbstmord begangen haben oder der → Kopfjagd [Palau] und Haien zum Opfer gefallen sind, im Kindbett gestorbene Frauen). - Aus der künstlerischen Betätigung ragen hervor die sog. »Bildergeschichten« an den Giebelwänden und Balken der palauischen »Männerhäuser«; sie stehen in engem Zusammenhang mit den Mythen und dem Erzählgut der Eingeborenen (vgl. Krämer).

A.Krämer, Palau, Teil-Bd 5 (Ergebnisse der Südsee-Expedition 1908-10), 1929 - H.H.Böhme, Der Ahnenkult in M., 1937 (Lit.) - Ders., Das Problem des Totemismus in M. (Kultur u. Rasse, O.Reche zum 60. Geb., hg.v. M.Hesch u. G.Spannaus, 1939, 265-273) - E.Schlesier, Die Erscheinungsformen des Männerhauses u. das Klubwesen in M., Den Haag 1953 (Lit.) - H.Damm, Mikronesische Kultboote, Schwebealtäre u. Weihegabenhänger (Jb. des Museums für Völkerkunde zu Leipzig 13, 1954, 45-72; Abb.) - B.Stillfried, Die Gilbert Inseln, ein Schlüssel in der Frage der Besiedlung Ozeaniens (mit bes. Berücksichtigung von Bestattung u. Jenseits-Vorstellungen) (Die Wiener Schule der Völkerkunde, Festschr., Wien 1956, 449-466). *E.Schlesier*

Milchstraße, das Sternbild, das von allen → Sternen die mythenschaffende Phantasie des Menschen am stärksten befruchtet hat, soll nach antiker Sage ihren Namen von der verschütteten Milch der Hera haben; christliche Legende hat für Hera die Jungfrau Maria eingesetzt. Die Idee der *Straße* findet sich über die ganze Erde hin (Irminstraße der Germanen, Heerstraße im Orient u.a.). Auf dieser Straße wandern die Abgeschiedenen gen Himmel: die M. wird Sitz des Totenreiches (→ Tod: I); mancher Primitive sieht nicht auf zu ihr aus Furcht, einer der dort hausenden Totengeister könnte ihn sonst emporziehen. Nach pythagoreischem Glauben ist die M. das Reich der Seligen, das man im Aufstieg durch die sieben Planetensphären hindurch erreicht (Chant II, 477). Sehr verbreitet ist die Vorstellung von der M. als Fluß, sie ist der himmlische Ganges oder Nil. Die Japaner denken sich die M. als *Himmelsfluß* mit breitem Bett voll Steingeröll; auf den Steinblöcken sitzen die Götter und schmieden die Weltenpläne (Chant I, 274). Australische Stämme halten die M. für einen Strom, an dessen Ufern herrliche Früchte wachsen; auch ihnen gilt die M. als Göttersitz, in den versetzt zu werden ihre tiefste Sehnsucht ist (K.Beth, Religion und Magie, 1927², 334. 339f). Neben diesen geläufigsten Vorstellungen der M. als Weg oder Fluß finden sich zahlreiche mehr oder minder phantastische Deutungen: die M. ist die Sonnenbahn, die bei Nacht leuchtet, weil die → Sonne ihren Pfad ausgeglüht hat; ein Riß im Himmelsgewölbe, durch den das himmlische → Feuer sichtbar wird (Philolaos); eine Strömung im Himmelsozean (Poseidonios); eine kristallene → Brücke; ein dickes Seil; eine Bogensehne; ein Baumstamm (vgl. W.Gundel, Sterne und Sternbilder im Glauben des Altertums und der Neuzeit, 1922, 46 u.ö.). In der babylonischen Mythologie ist die M. eine riesige → Schlange, die sich um den Tierkreis windet (Chant I, 596); ähnlich bei bolivischen Indianern ein ungeheurer Wurm, der nur Menschenherzen frißt (Th.Koch-Grünberg, Indianermärchen aus Südamerika, 1920, 269).

PW VII, 560ff - ERE X, 371 - MAR XIII, 274 - HWDA VI, 367ff - FFC 125, 1938, 200ff (altaische Völker) - SDF II, 726f - E.Zinner, Sternglaube u. Sternforschung, 1953, 32f. - Weitere Lit. s. → Astralreligion, → Sterne. *O.Rühle (C.-M.Edsman)*

Milde, *Vinzenz Eduard* (17.5.1777 bis 14.3.1853), kath. Pädagoge, * in Brünn, † in Wien, wirkte, 1800 Priester, in Wien als Katechet an der Normalschule St. Anna, seit 1805 als erster Prof. für Pädagogik an der Universität, seit 1810 krankheitshalber wieder als Pfarrer. 1823 wurde er Bischof von Leitmeritz, 1832 Fürsterzbischof von Wien. Als Vertrauter des Kaisers Franz trat M. für eine zwischen → Josephinismus und beginnendem → Ultramontanismus (Cl.M. → Hofbauer) verlaufende österreichisch-kath. Restauration ein, sorgte vor allem für katechetische Ausbildung des Klerus (unter Betonung der Psychologie) und für Reform der Gefangenenfürsorge. Sein Hauptwerk (Lehrbuch der allgemeinen Erziehungslehre I. II, 1811/13) wurde wiederholt (in Auszügen) neu herausgegeben, ebenso die Schriften über die Seelsorge in Strafhäusern (von L.Krebs in Theol. Studien der österr. Leo-Gesellsch. 25, 1922).

K.Wotke, V.E.M. als Pädagoge, 1902 - L.Krebs, V.E.M. in seiner Bedeutung für den Religionsunterricht (Theol. Stud. d. österr. Leo-Ges. 26), 1925 - R.Locher, Sudetendt. Lebensbilder I, 1926, 252-257 - M.Bauer, V.E.M., 1928. *Ernst Wolf*

Milḥamā, genauer *Milḥæmæt bᵉnê 'ôr bibᵉnê ḥôšæk* (»Krieg der Söhne des Lichts wider die Söhne der Finsternis«), hebr. Name eines der Texte von → Qumran; auf deutsch meist *Kriegsrolle* oder besser *Kriegsregel*. Das Werk ist in mehreren, voneinander abweichenden Kopien zutage getreten: in Höhle 1Q eine zusammenhängend, wenn auch nicht vollständig erhaltene Hs. (Abkürzung: 1QM, früher auch D[ead] S[ea] W[ar Scroll]); in Höhle 4Q fünf fragmentarisch erhaltene Hss. (4QMª bis 4QMᵉ). Die Hs. 1QM umfaßt 19 Kolumnen zu je 13 bis 18 Zeilen; es fehlt jedoch neben kleineren Lücken der gesamte untere Teil der Hs. (die ursprüngliche Zeilenzahl wird auf etwa 28-30 [Carmignac] oder wohl richtiger 21 [van der Ploeg u.a.] geschätzt) sowie der Schluß der Hs. (es folgt noch mindestens eine 20. Kolumne, von der auf dem Fragment 1QM 33, 2 ed. DJD I, 136 anderthalb Buchstaben erhalten sind), insgesamt mindestens 35% des Textes. Von der Hs. 4QMª sind etwa 70, von den Hss. 4QMᵇ bis 4QMᵉ nur ganz vereinzelte Fragmente erhalten (Näheres bei Hunzinger).

Inhaltlich geht es in M. um den eschatologischen Kampf zwischen dem Volke Gottes und seinen Widersachern. Dieser Kampf ist als ein *realer Krieg* vorgestellt; Beschreibungen der Waffenrüstung (zB 1QM V, 4ff), Feldzeichen (III, 13ff) und Trompeten (III, 1ff) sowie Anweisungen zur Organisation des Heeres (VII, 1ff), zum Aufbau der Schlachtordnung (V, 3ff; IX, 10ff) und zur Kampftaktik (VI, 1ff u.ö.) geben dem Text weithin den Charakter einer Felddienstordnung, die teils am AT, teils am zeitgenössischen Militärwesen orientiert ist. Zugleich aber ist das Buch M. *apokalyptischer* Natur, indem Verlauf und Ausgang des 40 Jahre währenden Krieges bereits mitgeteilt werden: nach manchen Rückschlägen und Verlusten werden die »Söhne des Lichts« mit der Hilfe Gottes und seiner himmlischen Heerscharen den endgültigen Sieg erringen (vgl. I, 13ff). Ferner ist der Text (von 1QM X ab) stark durchsetzt von *liturgischen* Elementen: ausführliche Gebete (zB X, 1ff), Verkündung von Segen und Fluch (XIII, 1ff), »Feldpredigten« zur Ermutigung vor der Schlacht (zB XV, 7ff) und Dankhymnen nach siegreicher Schlacht (zB XIV, 4ff). Daß es sich um einen hl. Krieg handelt, findet seinen Ausdruck auch in der führenden Rolle der Priester (II, 1ff; VII, 9ff; XV, 4ff u.ö.), im Ausschluß all derer, die nicht »vollkommen an Geist und Fleisch« sind (VII, 5), und in den Parolen, mit denen Feldzeichen, Waffen und Trompeten zu beschriften sind (zB III, 2ff).

Die *Komposition* des Buches M. ist keineswegs einheitlich. Neben vielen Wiederholungen verwandten Materials findet sich eine fast völlig übereinstimmende Dublette in dem Hymnus XII, 7ff/XIX, 1ff; das weist zwingend darauf hin, daß hier verschiedene Traditionsstränge zusammengeflossen sind. Daneben sind mancherlei sachliche Spannungen zu beobachten; zB erscheinen die »Söhne des Lichts« bald als das gesamte Volk Israel in seiner Zwölf-Stämme-Ordnung, bald nur als der »Hl. Rest«, dh die Mitglieder der Qumran-Gemeinde. Manche Differenzen zu anderen Qumran-Texten lassen die Frage aufbrechen (Rost), ob M. überhaupt innerhalb der Qumran-Gemeinde entstanden ist. Vor allem gewähren die Fragmente von 4QM mit ihren zahlreichen Varianten zu 1QM einen aufschlußreichen Einblick in den noch im Gange befindlichen überlieferungsgeschichtlichen Prozeß; manche spezifisch qumranischen Elemente in 1QM erweisen sich als sekundäre Interpolationen. Es bleibt zu fragen, wieweit hier literarische Bemühung Einzelner oder Niederschlag etwaigen liturgischen Gebrauchs vorliegt. Jedenfalls sind in M. verschiedene Schichten und Hände zu konstatieren, deren älteste ihren Ursprung außerhalb der Qumran-Gemeinde haben dürfte.

Die *Datierung* ist entsprechend schwierig; die Ansetzungen reichen von der frühen Makkabäerzeit (Rost) bis zum 1.Jh. nChr (Milik). *Paläographisch* ist die Hs. 1QM der 1. Hälfte des 1.Jh.s nChr zuzuweisen, die älteste Kopie (4QM^{a}) der 2. Hälfte des 1.Jh.s vChr. Als *sachliches* Kriterium scheidet der wiederholt zur Bezeichnung der Feinde verwendete Terminus »Kittiim« aus, da diese in M. sehr wahrscheinlich weder als Diadochen noch als Römer zu identifizieren, sondern als Bezeichnung der feindlichen Mächte schlechthin aufzufassen sind (Carmignac). Yadin hat bes. die nahe Verwandtschaft zur röm. Kriegstechnik nachgewiesen; jedoch: Rom hat sich schon im 2.Jh. vChr im Nahen Osten bemerkbar gemacht und auch die Kriegstechnik der Diadochen beeinflußt (Segal). Die liturgischen Elemente in M. berühren sich zT nah mit der Literatur der Makkabäerkriege (zB 1Makk 3, 18ff. 58ff; 4, 8ff. 30ff; 2Makk 8, 14ff). Die durchaus national-diesseitig orientierte Eschatologie wirkt altertümlich; die messianische Terminologie fehlt. So wird man mit allem Vorbehalt den Grundstock der M.-Tradition wohl schon in der Mitte des 2.Jh.s vChr ansetzen können.

Textausg.: 1QM: SUKENIK, DSS, Taf. 16-34. 47 - *Fragmente zu 1QM:* D.BARTHÉLEMY-J.T.MILIK, Qumran Cave I (DJD I), Oxford 1955, 135f - *Textprobe aus 4QM^{a}:* C.H.HUNZINGER, Fragmente einer älteren Fassung des Buches M. aus Höhle 4 von Qumrān (ZAW 69, 1957, 131-151). - *Konkordanz zu 1QM:* J.CARMIGNAC in: Revue de Qumran 1, 1958/59, 7-49. - *Monographien:* Y.YADIN, M^{e}gillăt milḥæmæt b^{e}nê 'ôr bib^{e}nê ḥôšæk, Jerusalem (1955) 1957² - J.CARMIGNAC, La Règle de la Guerre. Texte restauré, traduit, commenté, Paris 1958 - DERS., La Règle de la Guerre. Étude philologique, historique et théologique, ebd 1960 - J.VAN DER PLOEG, Le rouleau de la guerre, Leiden 1959 (Lit.). - *Weitere Übers.en u. Bearbeitungen:* H.BARDTKE in: ThLZ 80, 1955, 401-420 - DERS., Die Hss.funde am Toten Meer. Die Sekte von Qumran, 1958, 121ff. 215ff - A.DUPONT-SOMMER in: RHR 148, 1955, 25-43. 141-180 - DERS., Les écrits esséniens . . ., Paris 1959, 179ff - J.T.MILIK in: RB 62, 1955, 597-601 - P.BOCCACCIO-G.BERARDI, Bellum filiorum lucis contra filios tenebrarum, Fano 1956 (hebr. u. lat.) - TH.H.GASTER, The Dead Sea Scriptures in English Translation, Garden City/N.Y. 1956, 276ff. 281ff. - *Einzelstudien:* L.ROST in: ThLZ 80, 1955, 205-208 - K.G.KUHN, ebd 81, 1956, 25-30 - H.STEGEMANN, Die Risse in der Kriegsrolle von Qumrān (ebd 205-210) - K.M.T.ATKINSON, The Historical Setting of the »War of the Sons of Light . . .« (BJRL 40, 1957/58, 272-297) - R. NORTH, »Kittîm«War or »Sectaries« Liturgy? (Bibl 39, 1958, 84-93) - M.H.SEGAL, The Qumran War Scroll and the Date of its Composition (Scripta Hierosolymitana 4, Jerusalem 1958, 138-143) - H.W.HUPPENBAUER, Der Mensch zwischen zwei Welten (AThANT 34), 1959, 76ff. - Allg. Lit. s. bei → Qumran.

C.-H.Hunzinger

Milieu. Von den 19 Bedeutungen des franz. Wortes (Littré, 1957) ist in den wissenschaftlichen Sprachgebrauch seine Verwendung im Sinne von Umgebung, *Umwelt* übergegangen (dieser Ausdruck ist neuerdings für die gleiche Sache gebräuchlicher geworden). Unter M. wird hier die Gesamtheit relativ konstant wirkender, übermächtiger Faktoren natürlicher bzw. sozialer Art verstanden, die die Entwicklung und das Verhalten eines Lebewesens oder einer Gruppe beeinflussen. Den Terminus M. verwendet man in der → Biologie, → Soziologie, → Ethnologie, → Psychologie, → Pädagogik und → Philosophie. Die Geschichte des Begriffes reicht über → Comte und Taine, die als die Begründer einer M.-theorie gelten können, zu → Montesquieu und → Bodin zurück. Bei diesen Schriftstellern bedeutet M. noch die Gesamtheit der natürlichen und klimatischen Bedingungen, die auf die Sitten und Gesetze eines Volkes sowie auf die kulturellen Leistungen einzelner einen Einfluß ausüben. M. im Sinne gesellschaftlicher Verhältnisse dagegen hat sich über den historischen → Materialismus (: III) und den Sozialdarwinismus, ferner über die Erforschung primitiver Kulturen und über die Kriminologie in die wissenschaftliche Fachsprache eingebürgert. Die Verhaltenslehre J.v.Üxkülls hat dem M.begriff eine exakte theoretische Grundlage gegeben. Von hier aus ist er als Strukturbegriff (Umwelt-Gebundenheit im Gegensinne zu Welt-Offenheit) in der philosophischen → Anthropologie (: II) weiterentwickelt worden.

E.DUTOIT, Die Theorie des M., Bern 1899 - J.v.ÜXKÜLL, Umwelt u. Innenwelt der Tiere, (1909) 1921² - W.HELLPACH, Geopsyche, (1911) 1950⁶ - W.POPP, Das pädag. M., 1928 - H.PLESSNER, Die Stufen des Organischen u. der Mensch, 1928 - DERS. (Hg.), Symphilosophein, 8. Symposion: Das Umweltproblem, 1950 - K.LORENZ, Die angeborenen Formen möglicher Erfahrung (Zs. f. Tierpsychologie 5, 1943, 235-409) - E.ROTHACKER, Probleme der Kulturanthropologie, 1948 - A.BUSEMANN, Beiträge zur pädag. M.kunde aus dreißig Jahren, 1956.

Chr.v.Ferber

Militärseelsorge

1. Deutsche M.: a) Wesen und Aufgabe - b) Geschichte - c) Gegenwärtige rechtliche Grundlage, Organisation und Arbeitsform - 2. M. im Ausland

1. a) M. ist kirchliche Verkündigung im staatlichen Bereich. Die Kirche steht auch gegenüber dem Soldaten unter dem Sendungsbefehl Christi. M. repräsentiert die Kirche als Trägerin christlicher Verkündigung gegenüber dem → Staat in seinem militärischen Handeln und erinnert dadurch an die Begründung und Begrenzung staatlicher Macht in der Anordnung Gottes. So wenig die Kirche vor dem Ernst der Probleme des Wehrdienstes im Atomzeitalter ausweichen darf (→ Krieg: IV, 2, → Wehrpflicht: I), so müssen die Christen, die aus Gewissensgründen den Wehrdienst nicht meinen verweigern zu dürfen oder die auch nur staatlicher Anordnung gehorsam sind, in gleicher Weise des Rates und Zuspruchs der Kirche gewiß sein wie die → Kriegsdienstverweigerer. Indem der Staat die Voraussetzungen dafür sicherstellt, daß eine »freie, ungehinderte Religionsausübung« möglich ist, respektiert er den Anspruch des einzelnen auf seine eigene Glaubensentscheidung und auf Seelsorge, die seinem Bekenntnis entspricht. M. hat

es demnach nicht mit militärischen Zwecken zu tun. Ziel ist es nicht, die Kampfkraft zu stärken oder patriotische Gefühle zu wecken. Durch die Bindung an den Staat war die Kirche oft der Gefahr ausgesetzt, in dieser Richtung mißverstanden zu werden. Doch wurden in der M. nur die allgemeinen Schwächen der christlichen Verkündigung auffällig, sofern in ihr vaterländische Motive mit der Predigt des Evangeliums verquickt (zB viele Prediger in den Befreiungskriegen und im 1. Weltkrieg) oder gar zu seinem Ersatz wurden. In Theologie und Praxis war die M. immer nur Teil der Gesamtkirche, gefährdet von den gleichen Versuchungen der jeweiligen Zeit. – Der Verkünder der Kirche stand und steht immer in der Spannung zwischen Distanz zur Welt und Solidarität mit ihr. Im Leben des Soldaten ist dieses bes. zu beachten, aber auch bes. schwer zu bewältigen. Wer nicht »dazu gehört«, wird nicht gehört, wer aber in der militärischen Welt aufgeht, verliert Unabhängigkeit und Vollmacht. Dieser Notwendigkeit von Distanz und Solidarität muß die juristische Regelung, die Organisation und die praktische Arbeit Rechnung tragen.

b) Die *Geschichte* der M. ist verwoben mit der Geschichte des Verhältnisses von → Kirche und Staat.

Die Wurzeln der *ev. M. in Deutschland* liegen in Brandenburg-Preußen, wo mit dem Beginn stehender Heere, erstmals unter dem Großen Kurfürsten, Feldprediger zur ständigen Einrichtung wurden. 1719 wurde L. → Gedicke erster Feldpropst. Ein Militärkonsistorium leitete die M., getrennt von der landeskirchlichen Organisation. Nach dem Versuch von 1811, die M. in die Superintendenturen und Provinzialkonsistorien einzufügen, stellte 1832 die »Neue Militärkirchenordnung« eine eigenständige M. wieder her, die mit der übrigen Landeskirche stärker verzahnt war als ursprünglich. An ihre Stelle trat 1902 die »Ev. militärkirchliche Dienstordnung«, die bis über den 1. Weltkrieg hinaus bestehen blieb. Für die Kaiserliche Marine galten ähnliche Bestimmungen. Der preußische Feldpropst nahm im allgemeinen die Geschäfte des Marinepropstes wahr. Die landeskirchlichen Bindungen waren dort, entsprechend den besonderen Verhältnissen, weniger spürbar. – In den anderen deutschen Staaten, soweit sie nicht mit der Militärverwaltung auch die preußische Ordnung übernahmen, war die M. unterschiedlich geregelt: In Bayern wurden die Soldaten von der Ortsgemeinde betreut; nur in einigen größeren Standorten gab es besondere »Garnisonspfarrer«. In Sachsen war unter dem Landeskonsistorium ein »geistlicher Kommissar« mit hauptamtlichen Militärpfarrern für die M. tätig. In Württemberg leitete ein Feldpropst unter dem ev. Konsistorium die M. mit nur wenigen hauptamtlichen Militärpfarrern. – Im 1. Weltkrieg litt die M. anfänglich unter dem Fehlen einer einheitlichen Leitung und unter personellen Schwierigkeiten. Die Rücksichtnahme auf landeskirchliche Belange erschwerte es, den Notwendigkeiten des sich ausweitenden Krieges nachzukommen. – Während in der Dienstordnung von 1902 dem Militärpfarrer in ganz unbefangener Weise staatlich-patriotische Zwecke neben der geistlichen Aufgabe mit aufgetragen wurden (zB § 121), enthält sich die 1929 erlassene »Ev. militärkirchliche Dienstordnung« (E.M.D.) jeder grundsätzlichen Aussage über die Aufgaben der M. und beschränkt sich auf organisatorische Fragen. Hier kommt bereits die Änderung des Verhältnisses von Staat und Kirche zum Ausdruck. Diese E.M.D. war Grundlage der Arbeit bis 1945. Sie hat gerade in ihrer Beschränkung der weiteren Entwicklung Raum gelassen und es ermöglicht, den Gehalt der Seelsorge frei von fremden Einflüssen durchzuhalten. – In der Zeit der Reichswehr und beim Neuaufbau der Wehrmacht (1935) waren unter dem Feldpropst (später Feldbischof) in jedem Wehrkreis hauptamtliche Wehrkreispfarrer (später Dekane) eingesetzt, die die Seelsorge mit hauptamtlichen Standortpfarrern für größere und beauftragten Ortspfarrern für kleinere Standorte durchführten. Bei der Marine oblag diese Aufgabe den Marinestationspfarrern und einigen hauptamtlichen Marinepfarrern. Eine M. für die Luftwaffe einzurichten, scheiterte am Widerspruch Görings. Mit Beginn des 2. Weltkrieges wurde die Organisation der M. auf die Gliederung der Truppe umgestellt (Divisionspfarrer, Armee- und Heeresgruppenpfarrer, Lazarettpfarrer). – Im Dritten Reich wurde auch die M. in die Auseinandersetzung der Kirche mit dem totalen Staat hineingezogen. Die Zahl der Militärpfarrer, die der → Bekennenden Kirche angehörten und den Angriffen des Staates gerade in ihrer Stellung standhielten, war nicht geringer als anderswo.

Die Wurzeln der *kath. M. in Deutschland* reichen zurück bis zu Friedrich Wilhelm I., der 1713 den Gesandtschaftskaplan der Kaiserlichen Gesandtschaft für die Seelsorge an den kath. Soldaten gewann. Später wurden vereinzelt Militärgeistliche eingestellt, vorwiegend Dominikaner aus dem Dominikanerkloster Halberstadt. Die Entwicklung führte schließlich zu einer exemten M. Nach Verhandlungen mit dem Vatikan 1849 wurde zunächst der Fürstbischof zu Breslau, M.v. → Diepenbrock, Armeebischof; 1868 wurde die erste kath. Feldpropstei kanonisiert. – Für die kath. M. wurde 1902 gleichfalls eine Dienstordnung erlassen, die bis über den 1. Weltkrieg hinaus Gültigkeit behielt. Auch die kath. M. war zunächst den Anforderungen nicht gewachsen, die der 1. Weltkrieg an sie stellte. Erst allmählich wurde eine entsprechende Form aufgebaut. Die weitere Entwicklung läuft parallel zur ev. M.

c) *Rechtliche Grundlage der gegenwärtigen M.* ist der »Vertrag der EKD mit der BRD zur Regelung der ev. M.« vom 22.2.1957 (Amtsblatt der EKD 1957 Nr. 162), der nach langwierigen Verhandlungen innerhalb der EKD und mit dem Staat und nach heftigen Auseinandersetzungen auf der Synode zu Berlin-Spandau (7.3.1957) angenommen wurde. Nach Zustimmung aller westdeutschen Gliedkirchen ist er für diese geltendes Recht. Kirchenpolitisch ist der Vertrag umstritten, da er nach dem Urteil mancher den Keim zur möglichen Spaltung und Auflösung der EKD in sich trägt. Staatskirchenrechtlich fügt er sich nach Form und Inhalt der neueren Rechtsentwicklung im Verhältnis von → Kirche und Staat (, 3. 5; → Kirchenverträge) in der BRD ein, wobei es sich um einen der wenigen Fälle handelt, in denen der Bund für eine vertragliche Regelung mit der Kirche zuständig ist. Kirchenrechtlich wesentlich sind die volle Unabhängigkeit der Verkündigung von staatlicher Weisung und die maßgebliche Beteiligung der Gliedkirchen, die schon der Vertrag sichtbar macht, die aber in ihrer vollen Tragweite erst in dem zu seiner Ausführung ergangenen Gesetz der EKD vom 8.3.1957 (Amtsblatt der EKD 1957 Nr. 164) und den Ausführungsgesetzen der Gliedkirchen deutlich wird. Danach wird die M. »im Auftrag« der Gliedkirchen wahrgenommen; ihr Dienst ist innerhalb des Bereiches der Gliedkirchen an deren Bekenntnis gebunden; Gottesdienste und Amtshandlungen richten sich nach der Ordnung der zuständigen Gliedkirche; die Militärgeistlichen bleiben eng an ihre Gliedkirche gebunden; auch der Militärbischof und der Militärgeneraldekan führen ihre Ämter in enger Bindung an die EKD und die Gliedkirchen. Die Militärgeistlichen sind weder Vorgesetzte noch Untergebene irgendeines Soldaten; sie tragen keine Uniform.

Die *Organisation* der M. baut auf »personalen Seelsorgebereichen« oder »Militärkirchengemeinden« auf;

beide werden von den Gliedkirchen gebildet, wobei die Angehörigen der ersten zugleich Glieder der Ortsgemeinden sind. Die Seelsorge wird von haupt- oder nebenamtlichen Standortpfarrern ausgeübt. In jedem der 6 Wehrbereiche leitet ein Wehrbereichsdekan die Seelsorge für Heer, Marine und Luftwaffe. Die kirchliche Gesamtleitung liegt in den Händen des Militärbischofs, die Wahrnehmung der zentralen Verwaltungsaufgaben beim »Ev. Kirchenamt für die Bundeswehr«, das von dem Militärgeneraldekan geleitet wird. – Die durch die Eigenart der Aufgabe bedingte Verknüpfung der Organisation und Ausgestaltung der M. mit dem Staat einerseits, der EKD und den Gliedkirchen anderseits und die damit gegebene Mehrgliedrigkeit der Rechtsverhältnisse kann zu schwierigen Abgrenzungsfragen führen. Die dem Vertrag und den Ausführungsgesetzen zugrunde liegende Konzeption wird sich daher nur verwirklichen lassen, wenn auf Seiten aller Beteiligten der Wille zu loyaler Zusammenarbeit besteht.

Die Organisation der *kath.* M. ist parallel aufgebaut. Unter einem nebenamtlichen Militärbischof arbeitet das »Kath. Militärbischofsamt« in Bonn mit dem Generalvikar an der Spitze. Die Rechtsgrundlage der kath. M. bildet das Reichskonkordat vom 20.7.1933; die beamtenrechtlichen Bestimmungen des M.-Vertrages finden auch auf die kath. M. Anwendung (Art. 2; BGBl. 1957 II, 701).

Die *Arbeitsformen* der ev. M. beruhen auf den mannigfachen Erfahrungen der Kirche in den letzten Jahrzehnten (→ Akademien: II, → Studentengemeinden, → Männerarbeit). Zwei Gebiete haben besondere Bedeutung: Der »Lebenskundliche Unterricht« (in der Dienstzeit bei *freiwilliger* Teilnahme) behandelt allgemeine Lebensfragen, zugeschnitten auf den Soldaten. In Abgrenzung zu allem militärischen Unterricht ist er kirchliche Verkündigung in bestimmte ethische Situationen hinein. Methodisch knüpft er an die Erkenntnisse der modernen → Pädagogik an (Lehrgespräche, Gruppenpädagogik). Die Rüstzeiten (jeweils etwa 4 Tage in kirchlichen Häusern) geben die Möglichkeit zu lebendiger, zeitnaher Verkündigung und zu offener Diskussion.

2. Auch *im Ausland* fällt der Beginn einer ständigen M. mit der Aufstellung stehender Heere im 17.Jh. zusammen. Die Entwicklung weist häufig parallele Linien auf, modifiziert durch das verschiedenartige Verhältnis der Kirchen zum Staat. In den vorwiegend kath. Ländern gab es weitgehend nur eine kath. M. (so noch heute in Italien, Spanien, Portugal und den südamerikanischen Ländern). In den skandinavischen Ländern besteht nur eine ev. M. In allen übrigen Staaten laufen kath. und ev. M., je nach der Größenordnung der Kirchen, parallel nebeneinander. Im Unterschied zur gegenwärtigen deutschen M. besteht in den meisten Staaten außer Kanada und Norwegen eine getrennte Organisation für Heer, Marine und Luftwaffe. In das militärische Gefüge sind die Militärpfarrer unterschiedlich eingeordnet, entweder (zB in den USA) als Offiziere oder als Beamte. In allen Staaten außer der BRD tragen sie Uniform.

B. Rogge, Die ev. Feld- u. Lazarettgeistlichen der Königlich-Preuß. Armee im Feldzug 1870/71, 1872 – E. Schild, Der preuß. Feldprediger I. II, 1888/90 – J. Langhäuser, Das Militärkirchenwesen im Kurbrandenburgischen u. Königlich-Preuß. Heer (Jur. Diss. Straßburg), Metz 1912 – J. Freisen, Das Militärkirchenrecht in Heer und Marine des Dt. Reiches, 1913 – Ders., Die Jurisdiktion des preuß.-kath. u. ev. Feldpropstes (DZKR 25, 1915/16, 271–342) – M. Schian, Die dt. ev. Kirche im Weltkriege I. II, 1921/25 – RGG³ IV, 14ff (Lit.) – Berlin-Spandau 1957, Bericht über die 2. Tagung der 2. Synode d. EKD, 1957 – EKL III, 1736ff. *A.v.Mutius*

Militarismus bezeichnet die Vorherrschaft militärischer Staatsorgane oder militärischer Denk- und Verhaltensweisen im öffentlichen Leben und in der → Politik bzw. ihren maßgebenden Einfluß auch auf Daseinsbereiche, in denen er sachlich unbegründet ist. Das Wort ist seit dem preußischen Heereskonflikt und den deutschen Kriegen von 1866 und 1870 in polemischen Gebrauch gekommen. Es wurde im 1. und 2. Weltkrieg zum propagandistischen Schlagwort gegen Deutschland, wird aber auch auf Erscheinungen des M. in anderen Ländern angewandt. Mit M. ist in erster Linie die Geltung der von einer größeren Zahl bejahten militärähnlichen Verhaltensweise gemeint. Von dort aus entsteht auf der Suche nach Gründen die Frage nach der Rolle der Streitkräfte im Prozeß der politischen Willensbildung, die nach der »psychologischen« Eignung eines Volkes für militärähnliche Über- und Unterordnungsverhältnisse, die von der marxistischen Interpretation bes. hervorgehobene Frage nach dem Zusammenhang des M. mit der wirtschaftlich-sozialen Dynamik des modernen → Kapitalismus, dh aber auch mit dem Imperialismus und der Kolonialpolitik, schließlich die Frage nach dem Grade der Bereitschaft von Völkern, Staatssystemen und Regierungen zur Gewaltanwendung in der internationalen Politik, dh ihrer Haltung zu Krieg und Frieden. Weder ständige Einrichtungen der Landesverteidigung noch sogar Militärdiktaturen sind notwendig identisch mit M.

In der internationalen Diskussion des Verhältnisses von Politik und Kultur in Deutschland wurde das Problem des M. im 20.Jh. zunehmend wichtig, zumal er im Verlauf der beiden Weltkriege und unter dem Eindruck des → Nationalsozialismus als zentrales Moment des deutschen Nationalcharakters gedeutet werden konnte. Das deutsche Heerwesen war hervorgegangen aus der preußischen Variante des klassisch-absolutistischen Heerestypus, deren Tradition Friedrich Wilhelm I. (1713–40) begründet hatte. Die ständische Führung des altpreußischen Militärstaates gründete sich auf die enge Verbindung der Krone mit dem aus grundbesitzendem Adel stammenden Offizierskorps und entwickelte ein Pflichterfüllung, Gehorsam und Opferbereitschaft pflegendes Ethos, das in abgewandelter Form auch für Selbstverständnis und Verhalten des Beamten maßgebend war. Die Sonderstellung des Heeres im Staatsaufbau kam institutionell durch die Eigenschaft des Monarchen als Obersten Befehlshabers, durch das ihm unmittelbar unterstellte, vor allem mit den Personalangelegenheiten beauftragte Militärkabinett und durch das Immediatvortragsrecht des Kriegsministers zum Ausdruck. Die nach dem Frieden von Tilsit eingeleiteten liberalen Reformen konnten sich nach den Befreiungskriegen nicht dauernd durchsetzen. Die Heeresreform von 1862 vermochte, die allgemeine Wehrpflicht durch ein berufssoldatisches Rahmenheer auszunutzen und – im Gegensatz etwa zum Schweizer Milizsystem – ihm ein ständisch-feudales Führungskorps mit der entsprechenden sozialen Geltung zu erhalten. Das Sonderprestige des Soldaten wurde bis zum 1. Weltkrieg gefördert durch die in ganz Europa vorherrschende Auffassung des Krieges als unvermeidlicher Form internationaler Politik, durch die sich mit der wirtschaftlichen Expansion der industriewirtschaftlichen Länder verbindende Kolonial- und Flottenpolitik und durch die aus den Spannungen zwischen den souveränen Mächten Europas hervorgehende Politik der Rüstung und der Bündnissysteme.

Während in Deutschland das in der preußischen Tradition und Sozialverfassung begründete soldatische Ethos und seine soziale Geltung auch auf das ganze Militärwesen des Reiches übertragen worden war, hatte sich die Stellung des Soldaten in den Staaten des europäischen Westens im ganzen der amerikanischen Gesellschaft angenähert, für die eine zivilistisch-bürgerliche Daseinsauffassung maßgebend ist. Verglichen mit ihrer Auffassung des Soldaten als Mittel für einen zwar noch notwendigen aber bedauerlichen Zweck, erschienen die Deutschen als Militaristen aus Gesinnung, weil sie den militärischen Dienst nicht nur auf sich nahmen, sondern liebten, ihr M. als »natürliche Lebensform des spontanen Ethos und Grundwillens« des Volkes (Max Scheler).

Nach 1918 hat die Weimarer Republik einerseits die unter interalliierter Kontrolle stehende Reichswehr dem parlamentarisch verantwortlichen Minister unterstellt und von der inneren Politik ferngehalten, mußte andererseits aber militärische Formationen zur Bewältigung kommunistisch-revolutionärer Unruhen, faschistischer Staatsstreichversuche und illegaler Grenzkämpfe (Oberschlesien) einsetzen. Nachdem der aus der Gesinnung des M. sich nährende Restaurationsversuch des Kapp-Putsches (1920) am Widerstand vor allem der → Gewerkschaften gescheitert war, wobei die Reichswehr sich als ein politisch neutrales Organ verhielt, kristallisierten sich zunächst oppositionelle Gruppen in politischen Kampfbünden, deren hierarchischer Aufbau und aktivistische Gesinnung vom → Nationalsozialismus übernommen wurde. Damit war die pseudo-militärische Unterordnung des Gesamtvolkes unter den Willen der Einheitspartei des Nationalsozialismus vorbereitet. Der M. des Dritten Reiches gebrauchte militärische Formen zu politischen Zwecken auf allen Daseinsgebieten, unterstellte die Wehrmacht der Partei, der er wiederum die SS als politisch-militärische Führungs-Elite überzuordnen begann. Daß es möglich war, das Gewissen durch den Gehorsam gegenüber einer → Ideologie und der sie interpretierenden Führungsspitze zum Schweigen zu bringen, findet seine Erklärung nicht nur in der Schwächung der Weimarer Republik und der mangelnden Voraussicht der Terrorherrschaft, sondern auch in der weitgehenden Entfremdung des modernen Menschen von einer personalen Ethik und ihren Denkfolgen für die Politik. Zum Widerstand gegen die Vermessenheit des nationalsozialistischen M. hat auch die altpreußische Überlieferung und Denkzucht während des Hitler-Regimes Wesentliches beigetragen.

Nach 1945 haben die Siegermächte zunächst die Erneuerung eines deutschen M. durch die völlige Beseitigung der bewaffneten Macht zu verhindern versucht. Im Zusammenhang der Ost-West-Spannung ist in der DDR die Volkspolizei, dann die nationale Volksarmee, in der BRD nach Abschluß der Pariser Verträge die Bundeswehr geschaffen worden. Die BRD hat gegen die Möglichkeit einer Erneuerung des M. Vorsorge getroffen durch die Unterstellung des Verteidigungsministeriums unter einen parlamentarischen Minister und einen zivilistischen Staatssekretär, durch die Einrichtung der Institution des Wehrbeauftragten und durch eine Neugestaltung der Inneren Führung, die das staatsbürgerliche Bewußtsein und die freiheitliche Selbstachtung des Soldaten fördern soll.

Die Gesamtgeschichte des als M. bezeichneten Phänomens spiegelt die Entwicklung der sozialen, geistigen und politischen Verfassung der modernen Welt seit 1800. M. in Politik und Gesellschaft liegt nahe, wenn die Autorität der legitimen Institutionen der bürgerlichen politischen Willensbildung erschüttert ist. Die Ausbildung des M. im 19.Jh. stand in Zusammenhang mit den expansiven Tendenzen der souveränen modernen Industrie-Nationen, ihrer wirtschaftlichen → Konkurrenz untereinander und ihren auf Errichtung politisch-wirtschaftlicher Imperien gerichteten Tendenzen. Bei der fortschreitenden Demokratisierung der → öffentlichen Meinung bedeutete die Gesinnung des M. eine innere Stützung dieser Bestrebungen. Eine wesensnotwendige Verbindung zwischen der wirtschaftlichen Dynamik als solcher und dem M. besteht nicht. Eine vom → Nationalismus geförderte übersteigerte Geltung des Militärischen kann M. auch im freiheitlich-rechtsstaatlichen Gemeinwesen begünstigen, vor allem dann, wenn ein Zustand äußerer Bedrohung anhält. Dem freiheitlichen Rechtsstaat ist die Aufgabe gestellt, die Verteidigungsfähigkeit zu erhalten, ohne der Gesinnung des M. Chancen zu geben.

W.Liebknecht, M. u. Anti-M., 1907 - C.Bleibtreu, Zur Psychologie des M., 1908 - M.Scheler, Krieg u. Aufbau. Über Gesinnungs- u. Zweck-M., 1917 - O.Spengler, Preußentum u. Sozialismus, 1920 - S.R.Steinmetz, Soziologie des Krieges, 1929 - J.U.Nef, La route de la guerre totale, Paris 1949 - G.Ritter, Das Problem des M. in Deutschland, 1950 - Ders., Staatskunst u. Kriegshandwerk I, (1954) 1959² - W.Krelle, M. (ZgesStW 107, 1951, 698-722) - W. Picht, Vom Wesen des Krieges u. vom Kriegswesen der Deutschen, 1952 - C.Smith, Militärgewalt u. Zivilgewalt in Amerika, 1957 - E. Obermann, Soldaten, Bürger, Militaristen, 1958. *A.Bergsträßer*

Militsch, *Johann, von Kremsier* († 1374 in Avignon), Reformprediger unter Karl IV. in Prag, Registrator und Notar in seiner Kanzlei, 1361 Domherr bei St. Veit. Durch den Prediger Waldhauser aufgerüttelt, verließ M. 1363 Amt und Würde. Seit 1364 predigte er in tschechischer Sprache in Prag. Bes. bekämpfte er die Veräußerlichung der Kirche, die Sünden des hohen Klerus und die Praktiken der Bettelmönche. M. gründete ein Predigtseminar und die Stiftung »Jerusalem« für gefallene Frauen. Seine Predigten über den Antichrist brachten ihn vor die Inquisition. 1367 wurde er in Rom eingekerkert, konnte sich aber durch Vermittlung des Kardinals Grimaud rechtfertigen. Auch nach einer erneuten Anklage konnte man 1374 in Avignon nichts Ketzerisches an ihm finden.

Libellus de Antichristo, hg.v. F.Menčik in: Sitz.-Ber. d. kgl. böhm. Ges. d. Wiss. 1890, 328-336 - Sermo in die novissimo, hg. in: Reformační sborník VIII, Prag 1946. - F.Palacký, Die Vorläufer des Hussitentums in Böhmen, Prag 1869 - Vita . . . Milicii, hg.v. J.Emler in: Fontes rer. Bohem. I, 1871, 401-430 - J.Loserth, Huß u. Wiclif, ebd (1884) 1925² - RE XIII, 68ff - V.Novotný, Die tschech. relig. Bewegung im 14. u. 15.Jh. I, 1915 (tschech.) - F.Hrejsa, Gesch. des Christentums in der Tschechoslowakei I, Prag 1947 (tschech.).

J.Hemmerle

Milkow, *Bistum,* nach der von der röm. Kirche bewahrten Überlieferung bereits um 400 von Bischof Niketas für die in Dazien lebenden Völker gegründet. Zu einer für uns heute greifbaren Größe wurde es jedoch erst, als der kurz vor 1228 zum Bischof der Kumanen ernannte Theodericus OP es als *sein* Bistum wiederaufzurichten gedachte. Doch wurde sein Plan schon 1241 durch den Ansturm der → Mongolen zunichte. Seither hat es nur noch M.er Bischöfe → in partibus infidelium gegeben. Neue Bedeutung gewann dies Bistum, als die siebenbürgisch-sächsischen Kapitel Hermannstadt und Kronstadt - im Einklang mit jener Überlieferung - erklärten, seit jeher zu ihm zu gehören. Auf dieser Grundlage verteidigten sie ihre quasiepiskopalen Rechte und sonstigen Freiheiten. Alle Versuche sowohl des Graner Erzbischofs wie auch des Moldauer Bischofs, sie ihnen abzuerkennen, brachen zusammen, als sich die sächsische Kirche in → Siebenbürgen der Reformation zuwandte. Doch wurden die aus ihrer Zugehörigkeit zum Bistum M. abgeleiteten Rechte von den genannten Kapiteln auch in ev. Zeit noch geltend gemacht und erst bei Einführung der neuen Kirchenverfassung 1868 endgültig aufgegeben, die sie dem ev. Bischof übertrug.

Benkö Jos, Milkovia, sive antiqui episcopatus Milkoviensis . . . explanatio, 2 Bde, 1781 - Fr.Teutsch, Gesch. des M.er Bistums (AVSL 40, 1921, 315-333) - K.Reinerth, Aus der Vorgesch. der siebenbürgisch-sächs. Reformation. Ein Beitr. zur Gesch. des M.er Bistums (ebd 50, 1941, 3-70). *K.Reinerth*

Mill, *John Stuart* (1806-73), englischer Philosoph, Nationalökonom und Politiker. M. wurde von seinem Vater, *James* M. (1773-1836), unter Ausschluß aller anderen Bildungseinflüsse konsequent im Sinne des Positivismus und Utilitarismus seines Freundes J. → Bentham erzogen (vgl. darüber M.s »Autobiography«, 1873). 1823-58 war M. im Indienamt tätig, zuletzt in leitender Stellung. Als intellektuelles Haupt des liberalen Radikalismus war er 1865-68 ein prominentes Mitglied des Unterhauses. In seinen »Principles of Political Economy« (1848) schloß er sich gewissen Grundgedanken von → Ricardo und Adam → Smith an, baute sie zur systematischen Theorie aus und näherte sich dabei auch sozialistischen Gedankengängen. Hierin und in seinem lebhaften Eintreten für die Gleichberechtigung der Frau und das Frauenstimmrecht (»The subjection of Women«, 1869) bestärkte ihn seine langjährige Freundin und spätere Frau, Mrs. Harriet Taylor. - Die bedeutendsten Leistungen M.s und die wichtigsten seiner Schriften fallen in das Gebiet der Philosophie. In der → Erkenntnistheorie setzte er den englischen Empirismus von → Bacon, → Locke, → Hume fort (→ Apriorismus, 4) und nahm auch gewisse Anregungen von seiten des → Positivismus → Comtes auf. In seinem Hauptwerk »System of Logic, ratiocinative and inductive« ([1843] 1875^{8}) legte er eine epochemachende Darstellung der erkenntnistheoretischen und methodischen Prinzipien der empirischen Wissenschaften vor. Zugleich führte er die Einsichten der Mathematik auf Sinneserfahrungen, die Gesetze der Logik auf die Eigenart unseres Denkvermögens zurück; dadurch brachte er den Psychologismus in der → Logik zur Herrschaft. M.s → Ethik (»Utilitarianism«, 1863) bewegt sich mit viel Scharfsinn ganz in den Bahnen des klassischen → Utilitarismus und → Eudämonismus. M.s hauptsächliche philosophische Thesen haben der späteren Kritik nicht standgehalten. Aber seine Bücher bleiben wertvoll wegen der musterhaften Klarheit ihrer Gedankenführung und der stets aufrichtigen Bemühung M.s, auch abweichenden Lehrmeinungen gerecht zu werden. Seine Schriften zur Ethik und Politik bezeugen eine edle Rechtschaffenheit der Gesinnung und Unabhängigkeit von Vorurteilen. Drei religionsphilosophische Essays (»Nature«; »The Utility of Religion«; »Theism«, 1874) wurden erst nach M.s Tod veröffentlicht.

Vf. ferner u.a.: Dissertations and Discussions, 4 Bde, London 1859; On Liberty, ebd 1859; Considerations of Representative Government, ebd 1861; Examination of Sir William Hamilton's Philosophy, ebd 1865; Letters, ed. H.ELLIOT, 2 Bde, ebd 1910. Dt. Übers.: Werke, hg.v. TH.GOMPERZ, 12 Bde, 1869-80. - Über M.: Lit. bis 1924 in Ü V, 184f. Seither: G.ALEXANDER, J.St.M. u. der Empirismus, 1927 - F.A.HAYEK, J.St.M. and Harriet Taylor, Chicago 1951 - HIRSCH III, 218ff - K.BRITTON, J.St.M., London 1953 - R.P.ANSCHÜTZ, The Philosophy of J.St.M., Oxford 1953 - M.ST.J.PACKE, The Life of J.St.M., New York 1954. *G.Patzig*

Millet, *Jean François* (1814-75), franz. Maler und Graphiker, * in Gruchy (Normandie), † in Barbizon (Wald von Fontainebleau), wo er sich 1849 der neugegründeten Malerkolonie angeschlossen hatte, welcher auch Rousseau, Dupré und Daubigny angehörten. Während die Bestrebungen dieser letztgenannten Künstler der Landschaftsmalerei galten, blieb für M. der Mensch das Hauptanliegen: in seiner Erdverbundenheit als Landmann, dessen Arbeit im Sinne praktischen Christentums wie ein neues Evangelium gefeiert wird - Auffassungen, die der älteren Kunst fremd geblieben waren und mit denen der Künstler zahlreiche Nachfolger (u.a. auch van → Gogh) finden sollte. Weltberühmt wurden monumental-stimmungsvolle Gemälde wie die Ährenleserinnen (1857), das Abendgebet (Angelus, 1859) u.a. In der malerischen Verwirklichung blieb M. konventionell. Kühner und auch weniger sentimental war er in seinen Zeichnungen und Radierungen. - Vgl. → Malerei und Plastik: V, 2c.

J.CARTWRIGHT, M., his Life and Letters, dt. 1903 - E.MOREAU-NÉLATON, M. raconté par lui-même, 3 Bde, 1921 - P.GSELL, M., 1928. *G.F.Hartlaub*

Miltiades, 1. kleinasiatischer Rhetor des 2.Jh.s (→Apologetik: II), verfaßte polemische und apologetische Schriften, die alle verloren und nur nachrichtlich bekannt sind. Eine wandte sich gegen die valentinianische → Gnosis (Tertullian, Adv. Val. 5), eine andere gegen den → Montanismus (Anonymus bei Euseb, h. e. V, 17, 1). Ob die von Euseb aaO 17, 5 genannten Werke: je zwei Bücher »Gegen die Hellenen«, »Gegen die Juden« und die Apologie »Für die christliche Philosophie« einen Gesamtentwurf darstellen, der die Polemik von → Celsus im Auge hatte, bleibt unsicher. Da sich die von den Zeitgenossen gerühmte (bei Euseb aaO 28, 4) Apologie an zwei Kaiser richtete, dürfte sie nach Herbst 176 entstanden sein; M. wäre demnach Zeitgenosse → Tatians.

R.M.GRANT, The Chronology of the Greek Apologists (VigChr 9, 1955, 25-33). *C.Andresen*

2. *Papst* 2.7.310 bis 10.1.314 (auch *Melchiades* genannt), leitete die Synode von Rom (313), die Cäcilian, nicht Majorinus, als rechtmäßigen Bischof von Karthago anerkannte und Donatus verurteilte (→ Donatismus).

CASPAR I, 109ff. *H.Chadwick*

Miltitz, *Karl von* (ca 1490-1529), * im Meißnischen, seit 1513/14 kurialer Diplomat niederen Ranges, Musterbeispiel eines Pfründenjägers, ist durch die sog. »Miltitziade« berühmt geworden. M. hatte (1518) den Auftrag, → Friedrich dem Weisen u.a. Ablaßprivilegien und die Goldene → Rose zu überbringen und die Auslieferung Luthers zu erreichen, dann aber (1519; über Kardinal Orsini) Friedrich die Kaiserwürde und für »einen seiner Freunde« den Kardinalshut und ein Erzbistum anzubieten. Er hat mit → Luther (: I, 2) im Jan. 1519 in Altenburg verhandelt, diesem eine Erledigung seines Falles durch einen deutschen Bischof angeboten und ihm die Zusage abgewonnen, zu schweigen, solange seine Gegner schwiegen. Verhandlungen in Liebenwerda (Okt. 1519) und in Lichtenberg bei Wittenberg (Okt. 1520) schlossen sich an; M. war bereit, gegen einen rückdatierten Brief Luthers an Leo X. den Prozeß gegen Luther zu stoppen. M.s Verhandlungen sind höchstens bis zur Kaiserwahl (Juni 1519) von der Kurie toleriert worden, solange die Sache Luthers dilatorisch behandelt werden mußte.

H.A.KREUTZBERG, K.v.M., 1909 - P.KALKOFF, Die Miltitziade, 1911 - DERS., Die Entscheidungsjahre der Reformation, 1917 - DThC X/2, 1765ff - HKG III, § 4. 10. 11. *F.Lau*

Milton, *John* (1608-74), englischer Dichter und Verfasser politischer und theologischer Streitschriften, * in London als Sohn eines Schreibers. Er besucht die St. Pauls-Schule (London) und studiert am Christ's College in → Cambridge (1625-32), wo er sich durch tiefes Eindringen in die Antike und dichterische Begabung auszeichnet. Die hier noch nicht als Problem empfundene Synthese zwischen Antike und Christentum spiegelt sich in den lat. und engl. Gedichten dieser Zeit (bes. Ode On the Morning of Christ's Nativity, 1629). M. gibt die Absicht Geistlicher zu werden auf, um sich der »Tyrannei« in der Anglikanischen Kirche unter Erzbischof W. → Laud nicht zu unterwerfen. Sechs Jahre lang (1632 bis 1638) widmet er sich auf dem Gut seines Vaters ganz dem Studium der Klassik und eigenem Dichten. Dabei übt er bewußt seine Kräfte für die erstrebte Aufgabe eines Dichters als Lehrers und Propheten. L'Allegro und Il Penseroso verraten darüber hinaus, daß er den Schauplatz des inneren Kampfes zwischen Kavalier und Puritaner, Weltfreude und Kontemplation, Lösung im Diesseits und Erlösung im Jenseits betreten hat, auf dem sich die Spannungen des Barockzeitalters entladen. Das Gedicht Comus (in der Form eines Maskenspiels, 1634) läßt die rationale Bewältigung des Konflikts im Sieg von Tugend und Vernunft erscheinen. Die auf den frühen Tod eines Jugendfreundes gedichtete Elegie Lycidas (1637) verdeutlicht die innere Entscheidung für ein sittliches Leben, für Arbeit und Entsagung. Zugleich greift M. den anglikanischen Klerus zum ersten Male heftig an. Von einer Auslandsreise (1638-39), auf der er → Galilei und → Grotius begegnet, kehrt er aus Italien in das vom Bürgerkrieg bedrohte London zurück. In den folgenden Jahren (1640-60) setzt er sich mit der Feder rückhaltlos für das puritanische Commonwealth und für seine eigenen ethischen, politischen und religiösen Ideale ein. Sein Übertritt zu den → Presbyterianern (1641), deren Auffassung vom geistlichen Amt er im Smectymnuus-Streit in einem Pamphlet verteidigt, sein Eintreten für die Lösbarkeit der Ehe, die kein Sakrament sei (The Doctrine and Discipline of Divorce, 1643), und die berühmte Areopagitica (1644), in der er sich für Pressefreiheit einsetzt, offenbaren sein humanistisch fundiertes Grundprinzip der individuellen Freiheit und der dominierenden Vernunft. Politisch schon längst auf der Seite der Antiroyalisten stehend, schließt M. sich jetzt konsequenterweise religiös den Independenten (→ Kongregationalismus) an, um dann unter O. → Cromwell mit revolutionärer Inbrunst für dessen Ziele einzutreten. Seit 1649 hat er das Amt des »lat.« Sekretärs im neuen Council of State inne, bis ihn fortschreitende Erblindung (1651) zur Amtsniederlegung zwingt. M.s Rechtfertigung der Hinrichtung Karls I. (Eikonoklastes, als Antwort auf das dem König selbst fälschlich zugeschriebene Eikon Basilike, und Tenure of Kings and Magistrates, 1649; → England: I, 4) und seine Abwehr royalistischer Angriffe, bes. des → Salmasius, in Pro Populo Anglicano Defensio (1651) und Defensio Secunda (1654) tun der puritanischen Sache entscheidende Dienste. Aber das Scheitern seiner ersten Ehe, der Tod seiner ersten und zweiten Ehefrau (1652 und 1658), die Enttäuschung über Cromwells Kirchenpolitik, die seiner Auffassung von einer völligen Entstaatlichung der Kirche widerspricht, die Restauration der Monarchie (1660), die ihm als Parteigänger der Königsmörder vorübergehende Haft einbringt, und der gänzliche Verlust des Augenlichts schließen M. im letzten Abschnitt seines Lebens ganz von der Außenwelt ab und lassen die schöpferischen Kräfte großen Dichtertums, die schon in den (lat., ital. und engl.) Poems von 1645 offenbar werden, an zwei gewaltigen epischen Stoffen zu voller Entfaltung kommen: Paradise Lost (diktiert zwischen 1658 und 1663, gedr. 1667) setzt die heroisch-epische Tradition der Renaissance mit der Gestaltung des Falles und der Erlösung des Menschen als erhabenstem Thema der christlichen Dichtung (→ Dichtung und Religion, 1) fort und führt sie zur Höhe. Das Werk will die von Ewigkeit her vorbestimmten Wege Gottes dem Menschen rechtfertigend erklären (»... assert Eternal Providence, / And justify the ways of God to men«). Diese Gedanken hatte der wichtige Traktat De Doctrina Christiana (gedr. erst 1825) schon theoretisch formuliert. Das Epos vom wiedergewonnenen Paradies (Paradise Regained, 1671) stellt das Leben als eine Folge von Versuchungen dar, an deren Ende der in Christus beispielhaft vorgegebene Triumph der Vernunft über die Leidenschaft als Erlösung steht. Die Erlösung wird damit in einer Verschmelzung von christlich-puritanischer und zugleich humanistisch geprägter Theologie als Wiedergewinnung der freiheitlich-ratio-bestimmten, an Gott gebundenen Persönlichkeit aufgefaßt. Darin liegt begründet, daß M. nicht nur für die christliche und die humanistische Strömung in Anspruch genommen wird, sondern auch Ansatzpunkte für eine Vernunftreligion (→ Deismus: III) bietet und zudem Repräsentant des englischen Persönlichkeitsideals des Liberalismus ist. Bekräftigung dessen und zugleich persönlichstes Abbild von M.s eigenem Ringen ist als letzte Dichtung das Drama Samson Agonistes (1671): Der durch Leidenschaft gefallene und mit Blindheit geschlagene Samson, dessen Sieg über die Philister ein Sieg des willensstarken Ich über Welt und Schicksal ist, zeigt »das puritanischste seiner Werke in der klassischsten Form als sophokleische Tragödie mit Chören« (W.F.Schirmer). Damit liegt die Tragik und Größe dieser Dichtung in der vollendeten Gestaltung der Spannung des abendländischen Menschen zwischen Natur und Geist, Diesseits und Jenseits, Freiheit und Bindung, Welt und Gott, den der Anspruch Gottes in Christus immer wieder neu erreicht.

Works, ed. F.A.PATTERSON, 18 Bde u. 2 RegBde, New York 1931-40 - The Poetical Works of J.M., ed. H.DARBISHIRE, 2 Bde, Oxford 1952-55 - Wichtigste Übers. v. J.J.BODMER, 1724 u.ö.; vgl. F.G. → KLOPSTOCKS Messias - Complete Prose Works of J.M., ed. D.M.WOLFE, 8 Bde, New Haven 1953ff (bisher 1 Bd ersch.) - Private Correspondence and Academic Exercises, transl. into English by P.B.TILLYARD, ed. E.M.W.TILLYARD, Cambridge 1932. - Über M.: D.MASSON, The Life of M., 6 Bde u. RegBd, London 1859-96 - D.SAURAT, M., Man and Thinker, New York (1925) 1944^{2} - J.H. HANFORD, A M. Handbook, ebd (1926) 1946^{4} (Lit.) - D.H.STEVENS, Reference Guide to M. from 1800 to the Present Day, Chicago 1930; addenda by H.F.FLETCHER, Univ. of Illinois Studies in Language and Lit. XVI, Nr. 1, 1931 - E.M.W.TILLYARD, M., London 1930 - DERS., Studies in M., ebd 1951 - A.BARKER, M. and the Puritan Dilemma, 1641-1660, Toronto (1942) 1952^{2} - C.S.LEWIS, A Preface to Paradise Lost, Oxford (1942) 1956^{9} - The Life Records of J.M., ed. J.M. FRENCH, 3 Bde, New Brunswick/N.J. 1949-54. *G.Müller-Schwefe*

Minden, engerische Diözese in der Kölner Kirchenprovinz, gegen Ende des 8.Jh.s gegründet (→ Sachsen), von der mittleren Weser bis zur Hunte und weit über die Leine und Aller reichend, das weltliche Hochstift nur beiderseits der Weser mit den Städten M. und Lübbecke. Hauptkloster war → Loccum, bischöfliche Residenz Petershagen. In der Reformation wurde das Bistum so gut wie ganz prot., der letzte kath. Bischof Franz Wilhelm von Wartenberg 1634 abgelehnt. Im → Westfälischen Frieden wurde das Hochstift M. brandenburgisches Fürstentum, 1810 das Domkapitel (nach dem Normaljahr mit 11 kath. und 7 luth. Domherren) durch die Westfälische Regierung aufgelöst und der Dom als (einzige örtliche kath.) Pfarrkirche den Katholiken zugesprochen.

L.A.TH.HOLSCHER, Beschreibung des vormaligen Bistums M., 1877 - F.X.SCHRADER, Die Weihbischöfe, Offiziale u. Generalvikare von M., 1897 - HAUCK II-V (bes. Bischofslisten u. Klosterreihen) - H.HOOGEWEG, Verz. der Stifter u. Klöster Niedersachsens, 1908 - L.SCHMITZ-KALLENBERG, Monasticon Westfaliae, 1909 - B.FRIE, Die Entstehung der Landeshoheit der M.er Bischöfe, 1909 - W.PELSTER, Stand u. Herkunft der Bischöfe der Kölner Kirchenprovinz im MA, 1909, 89ff - J.SCHMIDLIN, Die kirchl. Zustände in Deutschland vor dem Dreißigjährigen Kriege II, 1910, 227ff - E.STANGE, Geld- u. Münzgesch. des Bistums M., 1913 - W.DERSCH, Hess. Klosterbuch, (1915) 1940^{2} - KL.LÖFFLER, M.er Geschichts-Qu. I. II, 1917/32 - M.er Jb., seit 1925 - E.SCHÜRENBERG, Baugesch. des Domes zu M., 1926 - V.PLESS, Die Einführung der Reformation in M., 1930 - W.DAMMEYER, Der Grundbesitz des M.er Domkapitels, 1957.

F.Flaskamp

Minderheiten

1. Minderheits- und Diasporakirchen - 2. Kirchliche M. fremden Volkstums - 3. Kirchliche Gruppen und Richtungen als M.

1. Seit einigen Jahren scheint es üblich zu werden, solche Kirchen als *Minderheitskirchen* zu bezeichnen, die man früher *Diasporakirchen* nannte, also Kirchen, die in einem Lande bestehen, in dem die Mehrheit der Bevölkerung einer anderen christlichen Konfession (oder einer Fremdreligion) zugetan ist. Der → Lutherische Weltbund zB bezeichnet eine Reihe von ihm angeschlossenen Kirchen als europäische Minderheitskirchen und veranstaltet Konferenzen derselben (April 1956 auf dem Semmering, Sept. 1959 in Gdynia). Dabei nennt er Kirchen, die in einem geistigen oder bloß geographischen Verhältnis zu einer Heimatkirche stehen, zwar Diasporakirchen; die Kirchen aber, bei denen das nicht oder nicht mehr der Fall ist, gelten als Minderheitskirchen. - Unter ökumenischer Sicht ist der Tatsache, daß christliche Kirchen, die an dem einen Orte sehr zahlreiche Glieder haben, andernorts aber nur als u.U. sehr kleine Minderheit in einer mehr oder weniger geschlossenen anderskonfessionellen Umwelt existieren (→ Methodismus, → Baptisten), Aufmerksamkeit zuzuwenden. Das brüderliche Verhältnis zu anderen Konfessionskirchen ist in solchen Fällen auf der oberen Ebene der Weltverbände und Weltkonferenzen relativ leicht, auf der unteren Ebene der einzelnen Kirchen und Gemeinden jedoch sehr viel schwerer zu erzielen.

Trotz der - noch im Gang befindlichen - Wandlung des Sprachgebrauchs muß hier für die »Minderheitskirchen« auf den Artikel → Diaspora (: II) verwiesen werden.

2. *Kirchliche M. fremden Volkstums* sind in vielen Fällen zugleich Diasporakirchen. Das gilt für die deutschen ev. Synoden in Lateinamerika mit überwiegend kath. Bevölkerung (→ Brasilien; La-Plata-Synode [→ Auslandsgemeinden: I, 2 d]), für ev. Kirchen deutscher Herkunft in Ost- und Südosteuropa (heute noch die luth. Kirche der Siebenbürger Sachsen im überwiegend orth. → Rumänien), für die zur Orthodoxie gehörenden Exilkirchen in der BRD (Russisch-orth. Kirche, Ukrainische Autokephale Orth. Kirche, Serbisch-orth. Exilkirche in Deutschland, Rumänische Orth. Kirche, Georgische Kirche in Deutschland u.a.). Man spricht im Blick auf solche Kirchen von Doppeldiaspora oder doppelter Diaspora. Die starke volkliche Bindung macht es weithin unmöglich, daß sich solche Kirchen auf dem Boden des gleichen Bekenntnisses zusammenschließen.

Im engeren Sinne müssen aber diejenigen Kirchen oder Gemeinden als M. fremden Volkstums gelten, die in einer gleichkonfessionellen Umgebung Sonderrechte fordern oder behaupten, bes. das Recht des gottesdienstlichen und u.U. auch unterrichtlichen Gebrauches der Muttersprache, evtl auch des heimatlichen Ritus. Solche M. stehen vielfach in Rechtsbeziehungen zur Kirche des Gastlandes, aber in seelsorgerlichen Beziehungen zur Kirche der Heimat oder, wenn das nicht möglich ist, zu Minderheitskirchen in anderen Ländern mit der gleichen Heimatbezogenheit. Die röm.-kath. Kirche hat viele derartige M. Die Katholiken deutscher Herkunft und Zunge im Ausland (→ Auslandsgemeinden: II) unterstehen wohl der Jurisdiktion des Episkopates des Gastlandes; seelsorgerlich weiß sich aber das Kath. Auslandssekretariat in Beuel a. Rh. für sie verantwortlich (Zeitschrift: »Der deutsche Katholik im Ausland«, 1959 im 6. Jahrgang). Man legt Wert auf Betreuung deutscher Auslandskatholiken durch deutschsprechende Priester und Ordensleute. Kath. M. besonderer Art sind die im allgemeinen volklich bezogenen M. eines nichtlateinischen Ritus. Nichtlateinische Katholiken sind, wo sie sich in der Minderheit befinden, in lateinische Bistümer eingeordnet; u.U. sind umgekehrt lateinische Katholiken einer griechischen Hierarchie unterstellt (vgl. die beiden ehemaligen Bistümer Großwardein mit je einer griechischen bzw. lateinischen Minderheit). Orth. Christen, die außerhalb ihres Heimatlandes leben (→ Orthodoxe Kirche: III), haben im allgemeinen das Bestreben, weiter zur Heimatkirche zu gehören, stoßen jedoch bei den Regierungen der Gastländer in Osteuropa auf starken Widerstand; in Amerika dagegen macht die Bestellung heimatlicher Bischöfe und Priester aus dem europäischen Osten keine Schwierigkeiten. Die luth. Exilkirchen in der BRD suchen Anschluß an gleichartige Exilkirchen in anderen westlichen Ländern (so ist zB der estnische Exilerzbischof in Schweden auch geistlicher Oberhirte der estnischen luth. Exilkirchen außerhalb Schwedens). Luth. Gemeinden deutscher Herkunft und Sprache sind in manchen Fällen den luth. Kirchen der Gastländer eingeordnet, auch in der Form, daß der Pfarrer Amtsträger der Gastkirche ist (Stockholm, Göteborg, nicht hingegen Malmö). Umgekehrt gehören luth. Gemeinden in anderem luth. Lande zur Kirche des Heimatlandes (die Schwedische Kirche in Deutschland = Victoriagemeinde in Berlin gehört zum Erzbistum Uppsala). Der Rechtsstand jeder einzelnen Kirche oder gar Gemeinde bedarf besonderer Klärung.

Bei den »Mehrheitskirchen« besteht weithin ein Interesse, die Bildung von volklich oder gar nur heimatlich bezogenen Minderheitskirchen zu verhindern oder wenigstens zeitlich zu befristen. Im allgemeinen ist kirchlicherseits der Bildung von Umsiedler- oder Flüchtlingsgemeinden oder gar -kirchen Widerstand entgegengesetzt worden, um die notwendige soziale Assimilation nicht durch kirchliche Dissimilation zu gefährden; die Kirchen beschränken sich auf Veranstaltung oder Genehmigung gelegentlicher Minderheitsgottesdienste mit heimatlicher Liturgie und Predigern aus der Heimat.

Die Versorgung alter, kleiner, volklicher M. in Deutschland wie der Wenden in Sachsen und Brandenburg oder der → Masuren in Ostpreußen (bis 1945) ist jeweils in besonderer Weise durch die betreffenden Landeskirchen geregelt. Predigt und Unterricht in der Muttersprache wird grundsätzlich sichergestellt und ist nur in den Jahren nach 1933 eingeschränkt oder verhindert gewesen. Die sächsischen Sorben hatten früher einen eigenen Oberpfarrer, seit Ende des 2. Weltkrieges einen sorbischen Superintendenten ohne geographisch gegen die anderen Ephorien abgegrenzten Superintendentursprengel. Die bedeutendste und mit schwierigen Problemen belastete volkliche Minderheit im deutschen ev. Kirchentum dürfte heute die dänische in Südschleswig sein, der eine deutsche Minderheit in Nordschleswig korrespondiert (→ Dänemark: I, 5; → Schleswig-Holstein).

3. Theologie-, Geistes- und Frömmigkeitsgeschichte des 19.Jh.s haben es zur Bildung *theologischer und kirchlicher Gruppen* kommen lassen (Positive und Liberale, Bibelgläubige und Religionsgeschichtler) und ein ganz neues M.problem aufgeworfen. M.bildung war freilich nicht die einzige Möglichkeit. Der Richtungsgegensatz konnte auch zur Abspaltung führen (zB der Gereformeerde Kerk von der Hervormde Kerk in den → Niederlanden, 1839/69) oder auch zu einem Gleichgewicht der Richtungen mit positiven und liberalen Pfarrstellen und Professuren derart, daß sich oft schwer sagen läßt, was Minderheit und was Mehrheit ist (→ Schweiz). Eine weitere Möglichkeit war die, die Bekenntnisbindung der Kirche aufzuheben oder stark zu erweichen

und den Parochialzwang zu beseitigen oder zu lockern, so daß es der Entwicklung überlassen werden konnte, wie sich die Richtungen und ihre Anhänger gruppierten (→ Bremen). Das bremische Beispiel der völligen Auflösung der Kirche als geistlicher Einheit nachzuahmen, haben alle übrigen deutschen Landeskirchen begründete Scheu und Abneigung gezeigt. Ein Minimum von M.schutz haben aber alle Kirchen festgelegt, etwa so, daß jedes Kirchenglied Betreuung durch einen anderen als den zuständigen Pfarrer verlangen konnte (→ Dimissoriale).

Ein M.problem besonderer Art sind die Sonderrechte, die in Unionskirchen ref. Gliedern und Gemeinden eingeräumt worden sind und die bis zur Bildung und verfassungsmäßigen Verankerung eines ref. Moderamens gingen (→ Moderator; vgl. die Verfassungen der einzelnen Landeskirchen). Ob Lutheraner in ref. und Reformierte in luth. Kirchen als Diaspora oder als Minderheit zu gelten haben, ist vom Bekenntnis der betr. Kirchen und dessen Interpretation her zu entscheiden.

Nur in seltenen Fällen hat die Sammlung positiver oder unionsfeindlicher oder um versteckte Unionstendenzen besorgter Gemeindeglieder zur M.bildung geführt (Kapellengemeinden in Hamburg und Bremerhaven; → Luthertum: III B). Im allgemeinen handelte es sich bei den Kreisen, denen M.schutz oder M.versorgung gewährt wurde, um Anhänger eines freien Christentums. In der Zeit nach 1918, von wo an überhaupt erst stärkere Neigung bestand, über die Gewährung eines Minimums von M.rechten hinauszugehen, ist → Thüringen am weitesten gegangen (Gesetz vom 7.7. 1921): Auf Antrag (ohne Mindestzahl der Antragsteller) einer Minderheit sollte die Versorgung durch einen an sich nicht zuständigen Pfarrer ermöglicht, in Gemeinden mit mehreren Pfarrern einer Minderheit von weniger als 50% sogar ein Sonderwahlrecht eingeräumt werden. Weitgehende M.rechte legte auch die badische Kirchenverfassung vom 24.12.1919 fest (§§ 56-59). Längst nicht alle Kirchen zeigten sich zu so weitgehendem Entgegenkommen bereit. Immerhin konnte am 26.10. 1935 der damalige Reichskirchenausschuß in einem Rundschreiben feststellen: »Fast alle Verfassungen der deutschen ev. Landeskirchen sehen die Möglichkeit vor, daß kirchliche M. in einer Kirchengemeinde unter bestimmten gesetzlich geordneten Voraussetzungen die kirchlichen Gebäude zu Gottesdiensten, die von einem anderen Pfarrer als dem zuständigen gehalten werden, benutzen können.« Dieses Rundschreiben zeigt zugleich, daß das M.problem im → Kirchenkampf wohl noch einmal akut wurde, aber nur im Blick auf die Ermöglichung gottesdienstlichen Lebens für die Richtung im Kirchenkampf, die gerade in einer Gemeinde entrechtet war. Eine Lösung dieses M.problems ließ sich im allgemeinen nicht erreichen, da disziplinarrechtliche Gesichtspunkte regelmäßig mit im Spiele waren. Hier und da (Westfalen; geistliche Leitung Koch und Fiebig) konnte die M.frage geklärt werden.

Seit 1945 ist die M.problematik anscheinend kaum noch akut. Die Verfassung der Ev.-Luth. Kirche in Thüringen vom 2.11.1951 kennt keine M. in der Kirchengemeinde. Die §§ 57-59 der noch geltenden Kirchenverfassung von Baden (s.o.) sind in der Blattsammlung der EKD (Merzyn) so abgedruckt, daß sie in Kursivsatz erscheinen und mit der bezeichnenden Bemerkung kommentiert werden: »Die §§ 57-59 sind heute ohne praktische Bedeutung und als gegenstandslos zu betrachten.« Die Festlegung und Betonung der Bekenntnisgrundlage der Landeskirchen schließt an sich eine Anerkennung von M. aus. Ob die Probleme, die in der Pfälzer Kirche durch Einwanderung von Gliedern aus Unionsgebieten mit luth. Katechismus und deren Resistenz gegen den Pfälzer Katechismus entstanden sind, durch Entwicklung eines neuen M.rechtes gelöst werden, bleibt abzuwarten.

Die Verweigerung von M.schutz und M.rechten für volklich bezogene M. bedeutet eine Frage an die Kirche nach ihrer Liebe und ihrer Bereitschaft, allen ihren Gliedern uneigennützig zu dienen. Jede Anerkennung von M. und Aufrichtung oder Gewährung von M.rechten unter dem Gesichtspunkt theologischer und kirchlicher Richtungen bedeutet umgekehrt eine Frage an die betreffende Kirche nach der Klarheit und Vollmacht ihrer Verkündigung und nach ihrer geistlichen Einheit. Ob sich freilich mit gesetzlichen Mitteln oder durch Verzicht auf gesetzliche Regelung des Dienstes an nun einmal vorhandenen M. Risse in der Kirche, die tatsächlich da sind oder sich in der Zukunft wieder zeigen werden, schließen lassen, ist sehr fraglich. Als Notmaßnahme kann M.schutz unvermeidlich werden.

Zu 1: P.W.Gennrich, Diaspora u. M. (Ev. Diaspora 29, 1958, 194-196). - Zu 2: N.-P.Moritzen, Volkstum, Sprache u. Kirche im deutsch-dänischen Grenzland (ebd 27, 1957, 96-104) - Der dt. Katholik im Ausland, 1954ff. - Zu 3: Allg. Kirchenblatt f. d. ev. Deutschland, 1921f - F.Giese-J.Hosemann, Die Verfassungen der dt. ev. Landeskirchen, 2 Bde, 1927 - Hdb. für das kirchl. Amt, hg.v. M.Schian, 1928, 295 - RGG² IV, 24ff - F.Merzyn, Das Verfassungsrecht der EKD u. ihrer Gliedkirchen, 3 Bde, 1957.
F.Lau

Mindszenty (bis 1941: *Pehm*), *Josef*, * 29.3.1892, 1915 Priester, 1944 Bischof von Veszprém, 1945 Erzbischof von → Gran und als solcher Fürstprimas von → Ungarn, 1946 Kardinal. Immer bedacht auf die Wahrung der Traditionen des kath. Ungarn war M. schon in der 1. kommunistischen Revolution unter Béla Kun (1919) eingekerkert, dann 1944 von den faschistischen Pfeilkreuzlern. Nach 1945 setzte er sich furchtlos für die Erhaltung bes. der kath. Schule und der kirchlichen Organisationen ein. Gegen die Austreibung der Volksdeutschen und die Deportationen der ungar. Minderheit in der Slowakei protestierte er wie 1944 gegen die Judenverfolgung. Im Febr. 1949 wegen Hochverrats zu lebenslänglicher Haft verurteilt, wurde er im ungar. Aufstand (1956) befreit, mußte aber nach wenigen Tagen Zuflucht in der Budapester amerikanischen Botschaft suchen. Seine verschiedentlich kritisierte politische Haltung muß aus dem Amt des Fürstprimas verstanden werden, der die höchste Würde der kath. Kirche und des ungar. öffentlichen Rechts auf sich vereint.

S.Mihalovicz, M., Ungarn u. Europa, 1949 - Cardinal M. speaks (von ihm autorisiertes Weißbuch), 1949 - B.Fabian, Cardinal M., New York 1949 - H.Kühn, M., 1951 - G.N.Shuster, In Silence I speak, New York-London 1956; dt. 1959 - J.Vecsey-J.Schwendemann, M.-Dokumentation I-III, 1956/57 - HerKorr (Reg. s. v. M.).
W.Sucker

Minet el bēda → Ugarit, 1.

Minges, *Parthenius* (1861-1926), Franziskaner, * in Flemlingen (Pfalz), † in München, wo er 1891-1906 als Lehrer für Dogmatik und Provinzial-Archivar wirkte. 1907-13 Präfekt des Kollegs in Quaracchi, danach Lektor für Dogmatik und Apologetik in München (1914 bis 1918). Außer der Franziskanergeschichte galt sein Bemühen vor allem der Rehabilitierung des → Duns Scotus, um dessen Renaissance er sich verdient gemacht hat. Seine kritischen Positionen sind heute vielfach überholt.

Vf. u.a.: Gesch. d. Franziskaner in Bayern, 1896; Compendium theologiae dogmaticae, 2 Bde, (1901/02) 1921/23²; Duns Scoti doctrina philosophica et theologica, 2Bde, Quaracchi 1930. - Über M.: B.Lins, Das Totenbuch d. bayr. Franziskanerprovinz I, 1929, 206; III, 1930, 29 Anm. 63 (Lit.) - P.M. (Antonianum 1, 1926, 507f; Lit.).
A.Hamman

Minimen, *Ordo (fratrum) Minimorum* (Minimiten und Mindeste Brüder), auch *Paulaner* (Pauliner) nach dem Geburtsort ihres Gründers → Franz von Paola (in Kalabrien, † 1507), in Frankreich *bons hommes* und in Spanien *Padres de la Victoria* genannt. 1474 erteilt ihnen Sixtus IV. die Privilegien der → Bettelorden, 1493 bestätigt Alexander VI. ihre Ordensregel. Von Kalabrien breiten sich die M. rasch weiter im Süden Italiens, auf Sizilien sowie in Frankreich (Plessis-les-Tours) und Spanien aus. Bernardo Boyl, der sie in Spanien einführt, begleitet Kolumbus auf seiner 3. Reise und wird der erste apostolische Delegat in Lateinamerika. 1507 hatten die M. 450 Klöster. Sie waren unter den ersten, die den Kampf gegen den Protestantismus aufnahmen. Politische Umwälzungen, bes. in Frankreich und Spanien, sowie die Säkularisation führten zum Niedergang des Ordens. Heute bestehen 30 Klöster in Italien und Spanien, außerdem verschiedene Priesterseminare, Novizenhäuser und Kollegien. - Der zweite, weibliche Orden, *Minimitinnen* oder *Paulanerinnen*, errichtete 1495 sein erstes Kloster in Spanien, wo er heute noch 10 Klöster hat, ferner 2 in Italien. - Der weltliche *Dritte Orden* der M. (→ Tertiarier) unterstützt den Generalkorrektor des Ordens.

HEIMBUCHER II, 48ff - ESCOBAR I, 545ff (Lit.) - EC VIII, 1036ff (Lit.). *W.Göbell*

Ministerium, *geistliches*, ist a) allgemeine ev. Bezeichnung für das geistliche Amt. - b) Ohne rechtliche Grundlage in den ältesten → Kirchenordnungen (: II) bildeten sich Pfarrkonvente unter dem Namen g. M., bes. in größeren Städten; sie wurden von dem Stadt-Sup. oder von einem Senior als primus inter pares geleitet. Zwischen g. M. und Rat entstanden oft Spannungen, da das g. M. seinen Einfluß über interne Standesfragen und kirchliche oder theologische Gutachten zu erweitern suchte (Sehling V, 368ff). Berühmte Zusammenschlüsse waren das M. tripolitanum (Hamburg, Lübeck, Lüneburg) und das Dreistädtische M. in Königsberg/Pr. Ausführliche Angaben besitzen wir über das g. M. der Stadt Braunschweig, seine Sitzungen, seine Befugnisse, seine regelmäßige Zusammenarbeit mit den bürgerlichen »Kastenherren« (1567; Sehling VI/1, 456ff). Untersuchungen über das Institut des g. M.s, das kirchenordnungsmäßig zB noch in Hamburg und → Lübeck besteht, wie über einzelne Ministerien (außer den genannten zB Göttingen, Erfurt, Frankfurt/M., wo → Spener 1666 Senior wurde) fehlen noch.

CKL II, 225. *W.Jannasch*

Ministrant, der nach kath. Kirchenrecht (c. 813 CIC) vorgeschriebene Meßdiener, der dem Zelebrans die notwendigen Handreichungen leistet und ihm antwortet. Es kann ein Laie sein und ist heute durchweg ein Jugendlicher. Weibliche Personen dürfen nicht ministrieren, sondern nur etwas entfernt vom Altar die Antworten geben. - Vgl. → Messe: II. *H.Barion*

Minocchi, *Salvatore* (1869-1943), ital. Modernist, Jesuitenschüler, 1903 Prof. für Hebräisch am Istituto Superiore in Florenz. M. gab seit 1896 die »Rivista bibliografica italiana«, von 1901-07 die »Studi Religiosi« heraus, in denen er den ital. Klerus mit der freieren kath. Wissenschaft anderer Länder bekanntmachte. Die Zeitschrift wurde verboten, M. 1908 suspendiert. Er legte das geistliche Gewand ab und lehrte seit 1910 an der Universität Pisa. Neben Übersetzungen und Studien zum AT arbeitete er u.a. über Franz v. Assisi.

F.GABRIELI, Le »Memorie di un modernista« di S.M. (Ricerche Religiose 19, 1948, 148-167) - EC VIII, 1045f. *G.Maron*

Minucius Felix, *Marcus*, aus Nordafrika, lebte als Sachwalter in Rom, wohl Anfang des 3.Jh.s. Erhalten ist (in *einer* Hs.) der Dialog Octavius, der auf klassisches Latein zurückgreift, allenthalben Stellen → Ciceros und → Senecas aufnimmt und auch an die Szenerie und Anlage ciceronischer Dialoge (bes. De natura deorum) anknüpft. Erst trägt Caecilius traditionelle Vorwürfe gegen Lebensführung und Glauben der Christen vor; dann entkräftet Octavius, ebenfalls in durchgehender Rede, diese Behauptungen (er lehnt auch den Anspruch ab, Rom verdanke seine Größe den Göttern); der Heide erklärt sich am Ende für überzeugt. Wie die Sprache und äußere Form, so sind auch die (stoisch gefärbten) Gedanken der geistigen Welt gebildeter Heiden angepaßt; von Christus und von Einzelheiten der Lehre wird nicht gesprochen. An christlichen Vorlagen wird vor allem → Tertullians Apologeticum (197) benutzt sein. In dem seit Mitte des 19.Jh.s erbittert geführten Streit, ob M. oder Tertullian der erste lat. christliche Autor sei, haben die Argumente für Tertullians Priorität größeres Gewicht. - Vgl. → Apologetik: II.

Maßgebende Ausg. (1926²) u. Komm. (Paris 1903) v. J.P.WALTZING. - R.HEINZE, Tertullians Apologeticum (BGL 62, 10, 1910) - B.AXELSON, Das Prioritätsproblem Tertullian - M.F., Lund 1941 - ALTANER § 29, 2 (Lit.). *C.Becker*

Mirbt, *Carl*, Kirchenhistoriker, * 21.7.1860 in Gnadenfrei (Schlesien), † 27.9.1929 in Göttingen. M. lehrte seit 1889 in → Marburg, seit 1912 in → Göttingen; 1928 emeritiert, Geheimer Konsistorialrat und Mitglied der Göttinger Gesellschaft der Wissenschaften. Seine Forschungen galten bes. den »Quellen zur Geschichte des Papsttums und des röm. Katholizismus« ([1895] 1934⁵), wodurch er auch zu führender Mitarbeit im → Evangelischen Bunde kam, und der Missionskunde, die durch seine Arbeiten zum »Vollrang einer Wissenschaft« erhoben wurde.

Vf. u.a.: Die Entstehung des Papsttums, 1890; Die Wahl Gregors VII., 1892; Die Publizistik im Zeitalter Gregors VII., 1894; Der dt. Protestantismus u. die Heidenmission im 19.Jh., 1896; Der Zusammenschluß der ev. Landeskirchen in Deutschland, 1903; Mission u. Kolonialpolitik in den dt. Schutzgebieten, 1910; Gesch. der kath. Kirche von der Mitte des 18.Jh.s bis zum Vatikan. Konzil, 1913; Ev. Mission. Einführung in ihre Gesch. u. Eigenart, 1917¹⁻⁴; Die Grundformen des Verhältnisses von Staat u. Kirche, 1921. - Hg.: Studien zur KG Niedersachsens, 1919ff; Missionswissenschaftl. Forschungen, 1920ff. Mit-Hg.: Deutsch-ev., 1902-16. - Über M.: H.JOHANNSEN, In piam memoriam C.M. (NAMZ 7, 1930, 10-16). *H.Hohlwein*

Mirjam (targumisch mărjam, griech. Μαριάμ, im NT zu Μαρία hellenisiert), hebr. Eigenname, dessen Etymologie unsicher ist. Von zahlreichen Vorschlägen sind die am wahrscheinlichsten, die von hebr. mara' (I. widerspenstig sein; II. sich mästen) ausgehen: 1. die *Widerspenstige* (braucht kein Bezug auf Num 12 zu sein), 2. die *Beleibte* oder (weil das als schön galt) die *Schöne*. - In 1Chr 4, 17 ist M. eine männliche Person, sonst stets die gleiche, die in der Liste der → Priesterschrift als Schwester Moses und Aarons bezeichnet wird (Num 26, 59). In der Kindheitsgeschichte → Moses (Ex 2) begegnet sie anonym als seine Beschützerin. Ihr wird der sicher sehr alte M.-Hymnus (Ex 15, 21) zugeschrieben, der Lobpreis auf die Heilstat Jahwes am Schilfmeer, aus dem noch vor dem Exil das *Meerlied* (V. 1b-18) herauswuchs (→ Mosessegen). Wohl nur wegen dieses Hymnus heißt sie hier Prophetin, obwohl Num 12, 2 auf mehr hinweisen könnte. Mit → Aaron rebelliert M. gegen Moses einzigartige Stellung, indem sie seine Mesalliance zum Anlaß nimmt; mit Aussatz gestraft, wird sie auf Moses Fürbitte hin geheilt (Num 12; Dtn 24, 9). Sie starb in Kades (Num 20, 1). - Noth (ÜPent 197ff) hält M. für eine historische Gestalt, nämlich für die südjudäische Kollegin der nordisraelitischen → Debora; doch vermag er sie weder räumlich noch zeitlich noch geschichtlich einzuordnen.

V. VAN WIJK, De Naam Maria, 1936 - E. VOGT, De nominis Mariae etymologia (VD 26, 1948, 163-168) - F.M. CROSS-D.N. FREEDMAN, The Song of M. (JNES 14, 1955, 237-250; Lit.) - O. EISSFELDT, EinlAT, 1956², 249 (Lit.). *C.H.Peisker*

Mischehe

1. Begriff und Problematik - 2. Stellung der kath. Kirche zur M. - 3. Stellung der ev. Kirche zur M.

1. M. im eigentlichen Sinne ist die Ehe zwischen Christen und Nichtchristen. Sie ist im NT in 1Kor 7 behandelt (→ Ehe: III A). Der christliche Teil soll sich nicht scheiden. Wenn jedoch der nichtchristliche Ehegatte sich wegen der Glaubensverschiedenheit scheidet, hält der Apostel den christlichen Ehegatten für frei, sich wieder zu verheiraten (sog. → Privilegium Paulinum). - Der historische und juristische Begriff der M. versteht sie jedoch als Ehe zwischen Christen und Angehörigen anderer Religionsgemeinschaften (disparitas cultus) überhaupt, hat aber kirchenrechtliche Bedeutung wesentlich als M. zwischen Getauften verschiedenen Bekenntnisses erlangt. Von ständig steigender Bedeutung ist speziell die ev.-kath. M. Über entsprechende Regeln der orientalischen Kirche vgl. H.Alivisatos, Hoi Hieroi Kanones, Athen 1949, 720ff; Jos.Zhishman, To Dikaion tou Gamou, ebd 1913, bes. II, 259. - Alle Kirchen verbieten oder widerraten ernstlich die M. als dem Wesen der → Ehe (: V) als umfassender Vergemeinschaftung widersprechend, wegen der Gefahr der Indifferenz und der Gefährdung der → religiösen Kindererziehung in ihrem Sinne. Sie gehen mit verschiedenen Mitteln vor, müssen aber die ungemischte Ehe als Ziel und Regel festhalten. Andererseits kann jedenfalls die abendländische Kirche (röm. Kirche und prot. Kirchen) sowenig wie der Ehe unter Nichtchristen der M. den Charakter als Ehe bestreiten (Naturehe, matrimonium legitimum).

2. Altkirchliche M.nverbote wurden auf den Konzilen von Elvira (306, can. 16), Karthago III (397, can. 12), Agde (506, can. 67) und im Decretum Gratiani (c. 16, C. XXVIII, qu. 1) erlassen. - Im nachreformatorischen kath. M.nrecht wurde die Rechtslage kompliziert durch die zur (an sich berechtigten) Beseitigung der sog. clandestinen Konsensehen aufgestellten Formerfordernisse der kirchlichen Eheschließung (vor dem Pfarrer und zwei Zeugen; → Ehe: VI, 2 e) als kirchliches, nicht göttliches Recht (Decr. Tametsi des Konzils von Trient, 1563; Denz. 990ff). Obwohl bis 1563 der bloße Konsens der Eheschließenden zur wirksamen Begründung der sakramentalen Ehe auch bei Verletzung der vielfach von Provinzialsynoden (Trier, Magdeburg) aufgestellten Gebote kirchlich-öffentlicher → Trauung unbestritten ausreichte und auch das Dekret »Tametsi« dies ausdrücklich feststellt, erklärt das Konzil nunmehr diejenigen, für die das Dekret gilt, für unfähig (inhabilis), einen solchen Ehevertrag einzugehen, und diese Eheverträge für nichtig, wenn sie ohne die vorgesehene Form geschlossen werden. Das Kirchenrecht beschränkt die (natur?!)rechtliche Konsensfähigkeit der Glieder der röm.-kath. Kirche und erkennt Rechtsakten keine Bedeutung zu, welche sie ohne sachlichen Unterschied bei Nichtkatholiken anerkennt. Obwohl ferner die Gültigkeit der → Taufe (: VII) selbst durch Nichtchristen nach gemeinchristlichem Kirchenrecht auch von der röm. Kirche gelehrt wird, macht sie für ihre Glieder wie für die getauften Partner einer M. den Sakramentscharakter von der Beobachtung der tridentinischen Schließungsform, einer Anordnung kirchlichen Rechts abhängig. Von der Form befreite Katholiken, Protestanten wie orth. Christen dagegen begründen nach dieser Lehre in gemischten wie ungemischten Ehen unbestritten sakramentale Ehen. An diesen unbehebbaren Widersprüchen leidet seither theoretisch wie praktisch das M.nrecht der röm.-kath. Kirche. Sie beruhen auf der Ineinssetzung von Sollen und Sein. Was unerwünscht und disziplinär verboten ist, wird für nichtig erklärt. Die theoretische Aushilfe besteht in der Annahme eines aufschiebenden, durch nachträglichen Vollzug oder Dispens behebbaren Ehehindernisses (impedimentum impediens tantum).

So bleiben zahlreiche bürgerlich wirksame Ehen entgegen der Lebenswirklichkeit wie dem rechtlichen Unbedingtheitserfordernis institutioneller Bindung kirchenrechtlich in der Schwebe. Die praktische Aushilfe bietet der → Dispens, der bis zum CIC von 1917 durch unterschiedliche päpstliche Regelungen vor allem für Gebiete mit starker Konfessionsmischung gegeben wurde. In gewissen Gebieten, in welchen eine regelmäßige kirchliche Versorgung nicht gewährleistet ist, sind andererseits die Formvorschriften außer Kraft gesetzt. Im 18. und bis zur Mitte des 19.Jh.s bestand eine verhältnismäßig milde Handhabung, so bes. durch Sonderregelungen Benedikts XIV. (1740-58) für Holland, Belgien, Polen, ebenso durch Zugeständnisse aus den Jahren 1830-41 für Teile von Deutschland und für Österreich. Die mit der Konstitution »Provida« von 1906 (Denz. 1991ff) und dem Dekret »Ne temere« von 1907 (Denz. 2066) gewährte Formbefreiung für M.n der in Deutschland und Ungarn Geborenen ist durch den CIC von 1917 beseitigt. Da die zunehmenden Bevölkerungsverschiebungen in der industriellen Gesellschaft und vor allem seit 1945 die Völkerwanderung der Vertriebenen die Konfessionsstruktur → Deutschlands (: V) stark verändert haben und noch weiter verändern werden, steigt die Zahl der Mischehen immer höher. Das Festhalten an der unveränderten Regelung des CIC ohne Rücksicht auf die deutschen Verhältnisse und die konkrete M.npraxis der kath. Kirche in Deutschland ist einer der Gründe, aus denen die ev. Kirche sich der von der Fuldaer Bischofskonferenz gewünschten Einführung der fakultativen Zivilehe gegenüber ablehnend verhalten hat (Entschließung der gesamtdeutschen Synode von Spandau 1954).

Die positive Rechtslage nach dem CIC ist folgende: Die grundlegende Bestimmung des c. 1060 verbietet wegen der »Perversions«gefahr für den kath. Ehegatten und die Kinder die M. Dem entspricht die Vorschrift (c. 1064), gemäß der die Bischöfe und Seelsorger die Eingehung von M.n möglichst verhindern sollen. Wird die M. trotzdem geschlossen, so kann sie zwar gültig sein, aber sie ist unerlaubt und strafbar. Von dem aufschiebenden Ehehindernis (impedimentum impediens) der mixta religio kann durch Dispens befreit werden. Dieser Dispens wird aber gemäß c. 1061 nur erteilt bei Vorliegen gerechtfertigter und schwerwiegender Gründe und unter der - regelmäßig schriftlich zu verbriefenden und in der Erfüllung moralisch gesicherten - Verpflichtung, daß der nichtkath. Ehegatte den kath. nicht in die Gefahr des Glaubensabfalls bringt und daß alle Kinder aus der M. kath. getauft und in der kath. Religion erzogen werden. Die Einhaltung dieser Verpflichtung ist von den Bischöfen und Seelsorgern zu überwachen. Der kath. Ehegatte, der die Tauf- und Erziehungspflicht verletzt, ist strafbar und häresieverdächtig (c. 2319) und setzt überdies einen Grund für Trennung von Tisch und Bett (c. 1131). Der Katholik, der ohne Dispens eine M. eingeht, verfällt der → Exkommunikation (, 1) im weiteren Sinne (c. 2375). - Die Erteilung des Dispenses macht den Weg zur kirchlichen Eheschließung frei.

Diese hat wie die → Ehe (: VI, 2) zwischen Katholiken vor dem Pfarrer oder Ortsordinarius oder einem von ihnen delegierten Priester und vor mindestens zwei Zeugen zu erfolgen (c. 1094). Im Fall einer M. erfolgt vor der Eheschließung grundsätzlich kein Aufgebot; das Aufgebot soll die Religion des nichtkath. Ehegatten nicht erwähnen (c. 1026); ferner soll die Eheschließung außerhalb der Kirche erfolgen (c. 1109); das Halten einer Brautmesse ist verboten, auch die Vornahme der Kultfeierlichkeiten soll unterbleiben (c. 1102). Von den letztgenannten drei Vorschriften kann der Bischof dispensieren. Dazu tritt das Verbot, vor oder nach der kirchlich-kath. Eheschließung noch eine Trauung durch einen akath. Geistlichen vornehmen zu lassen (cc. 1063, 2319). - Aus der kraft Dispens geschlossenen M. erwächst dem kath. Ehegatten schließlich die kirchenrechtliche Pflicht, in klugem Bemühen den nichtkath. Ehegatten für die kath. Kirche zu gewinnen (c. 1062).

3. Die *ev. Kirche* sieht sich aus den angeführten Gründen durch die M. vor den gleichen Fragen wie die kath. Sie muß sie in ihrer Weise lösen und danach trachten, es geistlicher zu tun. Sie ist in doppelter Weise mit der M. befaßt: unter dem Gesichtspunkt der → Trauung mehr kirchenrechtlich, unter dem Gesichtspunkt der Eheführung und Kindererziehung mehr nach der Seite der Seelsorge, Kirchenzucht und Lebensordnung. Die Reformation hat die Sakramentsnatur der → Ehe (: VI, 3) bestritten. Jedoch wurde die Ehe als »Gewissensfall« und wegen ihrer Würde als göttliche Stiftung der gemeinsamen Beurteilung von Theologen und Juristen in den Konsistorien unterworfen. Zur Begründung vgl. L.Dunte, Casus conscientiae, 1648; M. → Chemnitz, Examen Conc. Trid., 1707, 609; B. → Carpzov, Jurisprudentia ecclesiastica II, 1673, 34. In dieser Kirchenrechtslehre und Konsistorialpraxis galt die disparitas cultus zwischen Christen und Nichtchristen als impedimentum dirimens publicum, schloß also die Eheschließung überhaupt aus (so auch Gg.L.Boehmer d.J., Principia iuris canonici, [1762] 1802^7, § 385). Dagegen wird die Gültigkeit des Eheschlusses zwischen Christen ohne Bedingungen als gegeben angesehen, für Deutschland unter Berufung auf die reichsrechtliche Gleichstellung der drei Bekenntnisse im → Westfälischen Frieden. Die Bekenntnisse werden als »scholae« bezeichnet, also als sekundäre Unterschiede bewertet. Die - bes. kursächsische - Konsistorialpraxis des 17. und beginnenden 18.Jh.s, die M. zwischen Evangelischen und Katholiken als dispenspflichtig zu behandeln, hat sich nicht durchgesetzt und gehalten. Der Rückgriff auf das positive Reichsrecht und die Relativierung der Bekenntnisverschiedenheit vermeidet die Nennung des eigentlichen Rechtsgrundes. Dieser liegt nicht in der bürgerlichen Eheschließungsunfähigkeit. Denn die Kirche könnte auch genötigt sein, gegen das bürgerliche Recht Christen zu trauen und als Ehegatten anzuerkennen, so zB gegenüber Sklavenrecht und moderner Rassengesetzgebung. Der Rechtsgrund des Konnubiums zwischen Christen liegt vielmehr in der Taufe, durch die zwischen ihnen eine wirksame Gemeinschaft von umfassender und überragender Bedeutung geschaffen ist. Der Gemeinsamkeit der Taufe steht in der M. jedoch der Mangel der Abendmahlsgemeinschaft gegenüber. Auf diesem Gegensatz beruht das Problem. Da aber andererseits das M.nphänomen nicht aus der Welt zu schaffen ist, kann seine Regelung nicht zuerst von prohibitiven Gesichtspunkten bestimmt sein, wie sie im CIC stark hervortreten. Seine Vorschriften versuchen, durch die Festlegung des andersgläubigen Partners das Problem einseitig zu entscheiden. Sie behandeln den getauften Nichtkatholiken wie einen Nichtgetauften und bringen dadurch den anderen Teil von vornherein mit seiner Kirche in Konflikt. Der ev. Teil setzt sich neben der Versagung der Trauung auch Kirchenzuchtmaßnahmen (etwa Verlust der aktiven Gemeinderechte, so Badische Wahlordnung von 1952) aus. Die neueren ev. Kirchen- und kirchlichen Lebensordnungen versagen regelmäßig die Trauung, wenn der ev. Teil Verpflichtungen im Sinne des CIC eingegangen ist. Gegen die Entscheidung ist meist Beschwerde beim Dekan bzw. Superintendenten zulässig, der endgültig entscheidet. Ein Schutz gegen die Intransigenz der kanonistischen Regelung liegt in § 4 des Reichsgesetzes über die religiöse Kindererziehung vom 15.7.1921, wonach Verträge über die religiöse Erziehung ohne bürgerliche Wirkung sind. Dieses M.nrecht und diese M.npraxis belastet das Verhältnis der beiden bes. in → Deutschland (: III. IV) auf Zusammenleben angewiesenen Kirchen, wirft eine Fülle schwer lösbarer seelsorgerlicher Probleme auf, hat viele Menschen der Kirche entfremdet, ist aber im ganzen der kath. Kirche eher abträglich als von Nutzen gewesen. Das ev. Eherecht kann durch disziplinare Maßnahmen das Konnubium der Getauften nicht aufheben oder formell einschränken. Es muß Bindungen bekämpfen, welche die Zugehörigkeit des ev. Teils zur eigenen Kirche in Frage stellen, muß aber offen sein für die Bewährung des Glaubens in der M.

E.Eichmann, Das kath. M.nrecht nach dem CIC, 1921 - F.v.D. Heydt, Die M., 1926 - H.Schmatz, Die M.n zwischen Katholiken u. Protestanten nach d. in Deutschland geltenden kath. Kirchenrecht (Diss. München), 1934 - J.Candolfi, Les mariages mixtes en Suisse, 1952 - M. Hdb. für die ev. Seelsorge, hg.v. W.Sucker u.a., 1959.

H.Dombois

Mischna

1. Name und Wesen - 2. Entstehung - 3. Ordnung, Methode, Sprache - 4. Kommentare, Text, Textproblem

1. M. (von hebr. šanā: wiederholen, durch Wiederholung lehren und lernen) bezeichnet das außerhalb der Tora entwickelte, mündlich tradierte Gewohnheitsrecht des nachexilischen → Judentums (: I), den einzelnen Lehrsatz wie den gesamten Lehrstoff eines Schulhauptes, neben *Miqra* (Lesung), der schriftlich überlieferten Tora, und → *Midrasch*, der Methode der halachischen und haggadischen Pentateuchexegese. Konkret ist M. (griech. παράδοσις und δευτέρωσις) die kanonisch gewordene Sichtung und Redaktion dieser Rechtssätze durch Jehuda den Patriarchen, den Heiligen, kurz Rabbi genannt (135-220 nChr), der im galiläischen Sepphoris wirkte. Sie kennzeichnet den Übergang vom AT zum Judentum wie das NT den zur Kirche. Diese M. bildet den Grundstock der beiden → Talmude. Von der entsprechenden aram. Wurzel tannā kommt der Terminus tannā, pl. tanna'îm, für den M.-Lehrer. Man unterscheidet 5 bzw. 6 Generationen mit insgesamt etwa 150 Autoritäten.

2. Die traditionelle Ansicht der Synagoge über Herkunft und Alter des mündlich überlieferten Gesetzes findet sich bereits in der M. selbst. Nach Ab. 1, 1ff geht es ebenso auf die Sinaigesetzgebung zurück wie das schriftlich überlieferte Gesetz. Danach läuft die Kette der → Tradition (: IV) von Mose über Josua, die Ältesten (Jos 24, 31), die Propheten zu den »Männern der großen Synagoge« (aus Neh 8-10 erschlossen), von diesen zu Simeon dem Gerechten (nach 200 vChr), Antigonos von Soko und den 5 »Paaren«, deren letztes, → Hillel und Schammai, in der Zeit → Herodes des Großen lebte. In Wahrheit war aber wohl erst der nachexilische »Kirchenstaat« der Quellort solcher bindenden mündlichen Überlieferungen, bes. das Aufkommen der pharisäischen Bewegung (→ Pharisäer). Für die Zeit des Johannes Hyrkan (135-104 vChr) bezeugt es Josephus (Ant. XIII, 10, 6). Der Sieg der Schriftgelehrsamkeit nach der Zerstö-

rung des Tempels (70 nChr) wurde zugleich zum Sieg jenes Traditionalismus, der mit Hilfe des Midrasch oft nur lose und künstlich mit der Tora in Einklang gebracht werden konnte. Hier wieder sind es vor allem die 60 Friedensjahre vor Ausbruch des hadrianischen Krieges, in denen Definition und Formulierung des mündlichen Gesetzes, wie es jetzt vorliegt, vorangetrieben wurde. So geht das System der Gruppierung dieser Halakot, ihre genauere Definierung und Annäherung an die Tora auf → *Akiba* zurück. Von seinen Schülern stellt *Rabbi Meïr* das Bindeglied zwischen dem Werk Akibas und dem endgültigen Entwurf der heutigen M. durch *Jehuda den Patriarchen* her. Schriftliche Fixierungen des Stoffes sind wohl erst in der 2. Hälfte des 2.Jh.s nChr erfolgt, vielleicht nicht ohne Rücksicht auf den gleichzeitig entstandenen nt. Kanon. Auf den beiden Pfeilern der Sammlungen Akibas und Meïrs ruht im wesentlichen das endgültige Werk. Es ist wenig später noch einmal redigiert worden (etwa 30mal Rabbis Name erwähnt, sein Tod berichtet, seine Söhne und zwei spätere Rabbinen zitiert). Diese M. Jehudas sammelt übrigens nicht die ganze Fülle des Stoffes. Das bezeugt die Existenz der → Tosephta, der Baraitot (zerstreute Aussprüche und Lehren außerhalb unserer M.) und der halachischen Midraschim der tannaitischen Zeit.

3. Die M. gliedert sich in 6 *Ordnungen* (s^{e}darîm) mit 63 (ursprünglich 60) *Traktaten* (massektôt, sing. massækæt, sprachlich entsprechend lat. textus), diese in *Kapitel* (p^{e}raqîm) und *Einzelsprüche* (mišnajôt). I. *Z^{e}raʿîm* (Saaten) mit 11 Traktaten (Landbau und Feldfrüchte); II. *Môʿed* (Festtag) mit 12 Traktaten (Sabbat, Fest- und Fasttage); III. *Našîm* (Frauen) mit 7 Traktaten (Ehegesetze); IV. *N^{e}zîqîn* (Schäden, euphemistisch auch *J^{e}šûʿôt*, Taten der Hilfe, genannt) mit 10 Traktaten (Zivil- und Strafrecht); V. *Qådašîm* (Heiliges) mit 11 Traktaten (Tempel, Kultus, Speisegesetze); VI. *Ṭ^{e}harôt* (Reines) mit 12 Traktaten (levitische Unreinheit). Einordnung und Reihenfolge der Traktate sind nicht immer einsichtig. Innerhalb jedes Seder scheint man sie nach ihrer Länge geordnet zu haben. Vielleicht war auch, wenigstens für die älteste Anordnung, die Stellung der betreffenden Gesetze im Pentateuch maßgebend. Innerhalb der Traktate hat man Zusammenstellungen von gleichen oder verschiedenen Satzungen, ähnlichen Dingen und Fällen, von Personen und Zahlen sowie Denkassoziationen und lockere Anknüpfungen als Gedächtnisstützen zu Hilfe genommen. – Obgleich sich in der heutigen M. Spuren des Midrasch finden (217 Fälle von Halacha, 65 von Haggada), werden die pentateuchischen Grundstellen allgemein nicht mehr zitiert, sondern als bekannt vorausgesetzt. Alle Misçhnajot ohne Nennung des Lehrers gelten als der Diskussion entzogen autoritativ, ob sie nun von den »Weisen« oder von Rabbi selbst stammen. Im anderen Falle werden die streitenden Parteien genannt, zB die Schulen Hillels und Schammais. Dann fällt die Entscheidung meist mit dem Satz »Aber die Weisen sagen« auf Grund des consensus Früherer bzw. des Lehrhauses Rabbis oder auch eines Einzelnen, sofern er mit Rabbi konform geht. – Die *Sprache* der M. ist, außer etwa 10 kurzen aram. Sätzen, reines Hebräisch, nach Segal (11) »die unmittelbare Fortsetzung des *gesprochenen* Hebräisch der biblischen Periode im Unterschied zum *literarischen* Hebräisch der biblischen Zeit, wie es sich in den hebr. Schriften erhielt« und das erst nach dem Verfall jüdischen Lebens in Palästina auf Schule und Akademie beschränkt blieb. Kulturhistorisch bedeutsam sind die griech., lat. und aram. Fremdwörter. Syntax und Ausdruck sind, wohl mit unter dem Einfluß der aram. Volkssprache, stark vereinfacht. Der Stil ist trocken, kompakt, oft geradezu unverständlich ohne genaue Kenntnis des Gegenstandes.

4. Die M. Rabbis wurde alsbald unbestrittene Autorität und daher ihrerseits Gegenstand des Studiums, obwohl schon in den ersten Sammlungen etwa die Hälfte des Stoffes für die religiösen Praktiken des Judentums wertlos geworden war. Eine erste Interpretation bieten die beiden → *Talmude,* doch hat der palästinische nur zu 39, der babylonische nur zu 36½ Traktaten Gemara. In den Schulen Babyloniens wurde das Studium der M. bis zum Ende des Gaonates weiter getrieben. *Hai Gaon* († 1038) schrieb den ersten ausführlichen Kommentar, von dem nur der letzte Teil über die VI. Ordnung erhalten ist. Der eigentliche Vater aller M.-Kommentatoren aber ist → *Raschi* (1040–1105). Sein Werk, in der für ihn charakteristischen Kürze und Klarheit, ist ein Teil seines Talmudkommentars und beschränkt sich daher auf die in diesem behandelten Traktate. → *Maimonides* (1135 bis 1204) schrieb einen weitläufigeren Kommentar zur ganzen M. in Arabisch, dessen hebr. Übersetzung vielen M.-Ausgaben beigedruckt ist. Dank seiner Sachlichkeit und Einfachheit genießt der Kommentar des *Obadja b. Abraham aus Bertinoro* († 1510) höchstes Ansehen. Seit 1548 findet er sich in fast allen kommentierten M.-Ausgaben. Genannt seien noch das ausführliche und gelehrte Werk Tôs^{e}fôt Jôm Ṭôb des *Jom Tob Lipmann Heller* (1579–1654) und von Neueren die Tif'eret Jiśra'el des *Israel Lipschitz* (1782–1860). – Aus den Verfolgungen der Juden und ihrer Literatur im MA sind nur wenige vollständige Hss. der M. erhalten geblieben, so die Codices *Cambridge, Kaufmann* (15.Jh.?, von zweiter Hand vollständig punktiert) und *Parma* (13.Jh.?, fast zur Hälfte punktiert). Daher haben auch alte Drucke textkritischen Wert. Der *Erstdruck* der M. mit dem Kommentar des Maimonides erfolgte 1492 in Neapel bei Soncino. – Der heutige textus receptus der M. stellt eine Verschmelzung des palästinischen und babylonischen Typus dar, wie sie ursprünglich den beiden Talmuden zugrunde lagen. Letzterer glättet die in Palästina länger erhalten gebliebenen sprachlichen Unausgeglichenheiten und Besonderheiten. Die genannten drei Hss. gehören dem palästinischen Typus an, sind aber unter dem Einfluß des babylonischen überarbeitet worden. Auch der Erstdruck tendiert zu dem palästinischen Typus, wiewohl er charakteristische Lesungen beider Typen bietet.

Die M., Text, Übers. u. ausführl. Erkl., hg. v. (G.Beer u. O. Holtzmann) K.H.Rengstorf u. L.Rost, seit 1912 – H.Danby, The Mishna, transl. from the Hebrew with Introductions and Brief Explanatory Notes, (1933) 1954^{6} – Ph.Blackmann, Mishnayoth, Pointed Hebrew Text, Introductions, Translation, Notes, Supplements (Flora, Biographies), Indexes, 7 Bde, 1951–56. – Schürer I – Strack, Einl. – Ch.Albeck, Unters.en über die Redaktion der M., 1923 – M.H.Segal, A Grammar of Mishnaic Hebrew, (1927) 1958^{2}. – H.J. Kassowsky, Konkordanz der gesamten M., 1927/29. *E.Groß*

Missa solemnis, feierliche → Messe, 1. das vom Priester unter Assistenz von Diakon und Subdiakon gesungene Hochamt mit mehrstimmiger Ausführung einzelner Teile durch den (oft instrumental unterstützten) Chor. 2. in neuerer Zeit auch eine groß angelegte Meßkomposition; am bekanntesten → Beethovens große »M. s.« opus 123 für Solostimmen, Chor und Orchester. Dieses dem Erzherzog Rudolf von Österreich gewidmete, anläßlich dessen Inthronisation zum Erzbischof von Olmütz zwischen 1819 und 1823 entstandene, mit den musikalischen Mitteln der klassischen Sinfonie gestaltete Werk sprengt, hierin der → h-moll-Messe J.S. Bachs ähnlich, in seinen gewaltigen Proportionen den engeren liturgischen Rahmen, bildet aber gleichwohl in der Unmittelbarkeit des darin verwirklichten weltoffenkath. Lebensgefühls eines der erhabensten Zeugnisse christlich-abendländischer Geisteshaltung.

Lit. s. → Messe: II. IV, → Beethoven. *S.Hermelink*

Missio canonica, im kath. Kirchenrecht die legitime Entsendung in ein Amt oder einen Dienst. Die M. c. ist die jurisdiktionelle Wurzel aller kirchlichen Ämter mit Ausnahme des päpstlichen, so daß kein → Kirchenamt, auch nicht das weihemäßig göttlich-rechtliche, also eigenständige Bischofsamt (→ Bischof: II), legitim ohne die Sendung durch die zuständigen kirchlichen Amtsträger übernommen oder ohne ihre Fortdauer ausgeübt werden kann. Unter den nicht zu einem eigenen Amt verselbständigten kirchlichen Diensten ist die Verkündigung der wichtigste Bereich, innerhalb dessen die M. c. (hier nur M. genannt) notwendig ist. Das gilt auch für jeglichen (kath.) → Religionsunterricht, da er zur kirchlichen Verkündigung gehört; für den Religionsunterricht an nichtkirchlichen Schulen wird, wie sich aus dem → Konkordats-Recht ergibt (vgl. Bayer. Konkordat von 1924, Art. 5 § 2; Österr. Konkordat von 1933, Art. 5 § 4. 6 § 1), gemeinrechtlich die gleiche Regelung vorausgesetzt. In diesem Teilbereich ist ausnahmsweise auch die Erteilung der M. c. an Laien zulässig. – Gemeinrechtlich wird die M. c. nur dann in einem selbständigen Rechtsakt übertragen, wenn ein entsprechendes Amt fehlt; sie ist generell bei allen Ämtern und speziell als M. für die Verkündigung bei allen Ämtern mit Verkündigungsauftrag in der Amtsübertragung eingeschlossen. Soweit mit nichtkirchlichen Ämtern Verkündigungsaufgaben verknüpft sind, also vor allem bei Religionslehrern an staatlichen Schulen und Theologiedozenten an staatlichen Hochschulen, muß nach kirchlicher Auffassung die M. c. auch dann gesondert ausgesprochen werden, wenn diese Ämter in etwa vorgesehenen konkordatären Formen übertragen worden sind oder ein kirchliches → Nihil obstat erteilt worden ist.

cc. 109. 1328. 1333 § 1 CIC – c. 39 De Ritibus orientalibus et de Personis, pro Ecclesiis Orientalibus (AAS 49, 1957, 448) – Konkordatstexte s. → Konkordat. – Lehrbücher des kath. → Kirchenrechts – W.WEBER, Das Nihil obstat (ZgesStW 99, 1939, 193–244) – DDC VI, 890ff – H.FLATTEN, M.c. (Verkündigung u. Glaube, Festg. für F.X.Arnold, 1958, 123–141). *H.Barion*

Mission

I. Religionsgeschichtlich – II. Jüdische Mission – III. Christliche Mission. – M. = Mission, M.ar = Missionar, m. = missionarisch. – Ergänzende Artikel sind bei → Mission: III aufgeführt

I. Religionsgeschichtlich

M. hat es mit dem Glauben an Gott zu tun, der in Christus alle Menschen mit sich versöhnt hat und durch seine Bekenner der Welt verkündigt sein will (→ Mission: III A). Von M. und M.aren anderer Religionen zu sprechen, ist religionsphänomenologisch unzulässig; religiöse Expansion und Propaganda ist ein religionsgeschichtliches Phänomen, ihre christliche Sondergestalt, die M., eine theologische Aussage. Je klarer die Gesetze und Kräfte der Ausbreitung anderer Religionen erkannt werden, desto dringender wird die Frage, ob die Ausbreitung des Christentums ihrem Wesen als M. immer gerecht wurde und wird.

Stammesreligionen existieren geschichtslos wie die Stämme, denen sie zugehören. Sie haben keinen Ausbreitungsdrang, beanspruchen aber in ihren Bereichen Einzigkeit. Wie sie an innerer Entmächtigung oder unter Einflüssen von außen sterben können, so können sie auch mit einer anderen Gruppe ihresgleichen verschmelzen und in neuer Form, als Volksreligionen, fortdauern.

Unter den *Volksreligionen* und den auf ihrem Boden entstandenen Bewegungen sind solche, die dadurch, daß sie national entschränkt wurden und ihre Heilsbotschaft auf den einzelnen eingeht, ihrem Wesen nach auf Ausbreitung angelegt sind. Die *jüdische Religion* (→ Judentum: II. III) hat die Jh.e überdauert, aber schon seit dem Ende des → Hellenismus auf Gewinnung von Proselyten verzichtet (→ Mission: II). Expansive Bewegungen wie einzelne *Shinto-Sekten* (→ Shintoismus: I) und die → *Râmakrishna-Mission* sind, im 19.Jh. entstanden, nicht frei von Nachahmung der M. Beide haben, im Geist ihrer Mutterreligionen befangen, keine nennenswerten Erfolge unter fremden Völkern erzielt. Bereits in ihren Anfängen universal gerichtete, obschon örtlich gebundene Religionen wie die → *Mysterien-Kulte,* die → *Mithras-Religion* und der → *Manichäismus,* in denen einzelne Gottheiten vor anderen verehrt wurden, sind wie die monotheistischen *Religionen* → *Israels* und → *Irans* bestenfalls zu zwischen-, nicht zu übervölkischen Wirkungen gelangt. Der Manichäismus ist der Ausbreitung einer Weltreligion am nächsten gekommen. Auch der *Konfuzianismus* (→ China: II, 2 b, → Konfuzius) mit seiner scheinbar allgemeinmenschlichen Ethik ist, trotz zeitweiser Ausstrahlungen nach dem Westen, auf Ostasien beschränkt geblieben. Immer blieb hier nicht nur der → Universalismus, sondern auch der Individualismus völkisch-religiös oder auch esoterisch-dogmatisch gebunden. In der israelitischen und der → Zarathustra-Religion weiß sich der Mensch vor Gott als Mensch schlechthin; aber er hat Jahwe und Ahura Mazda (→ Ormazd) in seine völkische Kultur eingefangen. Auch in anderen Volksreligionen hat er sein Nur-Mensch-sein entdeckt, es jedoch in Göttergestalten hineinprojiziert. Die dritte Möglichkeit – ein von irdisch-menschlichen Bindungen freier Glaube an eine letzte, wahre Wirklichkeit und damit eine auf dies Eine gerichtete Humanitas – bieten die *Weltreligionen,* der Buddhismus und der Islam.

Der → *Buddha* hat seine Jünger beschworen, seine Lehre »zum Glück von Göttern und Menschen« zu verbreiten. Aber auch nach seinem Tode blieb die (Mönchs-)»Gemeinde der vier Himmelsgegenden« eine communio sanctorum, die »im wirklichen Leben in diesem universellen Sinne nie in Erscheinung kam« (H.Oldenberg). Durch Ashokas (→ Buddhismus: I, 2) Werbeeifer erhielt der Buddhismus keine Weltweite. Seine Vorherrschaft in Indien war vorübergehend. Erst das Mahâyâna (→ Buddhismus: I, 7) hat kraft seiner den bodenständigen Religionen überlegenen religiösen und philosophischen Werte sowie dadurch, daß es jene als Vorstufen in sich aufnahm, im Fernen Osten als Weltreligion Eingang gefunden und in einzelnen seiner Sekten die Massen gewonnen. Im Westen hat der Hînayâna-Buddhismus in der Folge seiner wissenschaftlichen Erforschung durch westliche Gelehrte als Lebenslehre Anhänger gefunden; die religiösen Folgerungen aus seiner negativen Weltwertung haben bisher nur wenige vollzogen. Die neuerdings bes. von Birma und Ceylon ausgehende Ankündigung buddhistischer Propaganda im Westen hat zeitbedingt-politische Ursachen. Sie ändert nichts daran, daß, wie führende Buddhisten in Ost und West bekennen, »es nicht im Wesen des Buddhismus liegt, bekehren zu wollen, und wenn seine Lehren dargelegt werden, so geschieht es nicht mit der Absicht, Proselyten zu machen, sondern einfach nur um zu zeigen, was der Buddha gelehrt hatte« (M.Ladner). – Vgl. → Buddhismus: IV.

An eine Ausbreitung des → Islam (: I) über Arabien hinaus hat → *Muhammed* nicht gedacht; aber der → Koran enthält Worte, mit denen der Islam später sein Auftreten als Weltreligion beglaubigen konnte. Erst allmählich kamen im arabischen Eroberungswillen die ihn tragenden religiösen Kräfte zur Vorherrschaft. Eroberung verband sich mit Bekehrung zum Islam im Hl. Krieg, der heute von vielen Muslim als Mittel der Ausbreitung abgelehnt, oft geistig gedeutet wird, aber nach wie vor im kanonischen Recht verankert ist. Es hat später nicht an friedlicher Werbung von Anhängern gefehlt; aber sie hat vielfach zu Verwirrung in den eigenen Reihen und politischem Mißbrauch geführt. Heute ringt der Islam vielerorts unter Einflüssen von außen um innere Neugestaltung. Seine beachtliche Ausbreitung in Afrika und Asien wird außer von seinen religiösen Kräften (*Ein* Gott, *Ein* hl. Buch, Bruderschaft, Gebetsübung) von seiner kulturellen Überlegenheit über einheimische Religionen und seine dem natürlichen Menschen und seinen religiösen Vorstellungen entgegenkommende Neigung getragen. Träger der Ausbreitung ist jeder Muslim. Dazu kommen heute bes. auf der Azhar-Universität ausgebildete Werber. Im Westen breitet sich der orthodoxe Islam kaum, wohl aber die ihm entstammende, von ihm gelöste → Bahai-Religion und die Ahmadiyya (→ Islam: I, 9) aus. Beide werden von der Orthodoxie als Ketzereien abgelehnt. Ihre Erfolge entsprechen bisher nicht dem Aufwand ihrer Propaganda.

H. Hackmann, Der Ursprung des Buddhismus u. die Gesch. seiner Ausbreitung, 1905 - C. Clemen, Die M.stätigkeit der nichtchristl. Religionen (ZMR 44, 1929, 225-243) - H. Corsepius, Der Islam im Angriff, 1938 - R. Paret, Der Einbruch d. Araber in d. Mittelmeerwelt, 1949 - C. Tiltack, Die Neuausbreitung des Islam im 20. Jh. (Saeculum 5, 1954, 359-373) - Auch nichtchristl. Religionen missionieren (»Materialdienst«, hg. v. K. Hutten, 17, 1954, Nr. 11, 122-132; Nr. 12, 133-144; Nr. 13, 145-156; Nr. 14, 157f) - W. Leifer, Buddhismus in Deutschland (ZM 39, 1955, 50-53) - G. F. Vicedom, Die Weltreligionen im Angriff auf d. Christentum, (1956) 1958² - Ders., Die M. der Weltreligionen, 1959 - Die gegenwärtige M. u. Ausbreitung asiat. Religionen in Europa u. den USA (ZRGG 10, 1958, H. 4) - W. Holsten, Der Buddhismus in Deutschland (Luth. Missions-Jb. 1958, 19-33) - H.-W. Gensichen, Das Sendungsbewußtsein des Hinduismus (ebd 1959, 25-35). *G. Rosenkranz*

II. Jüdische Mission

1. Geschichtliche Entwicklung - 2. Jüd. M.spropaganda - 3. Übertritt zum Judentum

1. Das alte Israel kannte keine Heiden-M. Seit Dtjes (→ Jesajabuch, 2) aber begegnet in steigendem Maße die Erkenntnis, daß die Botschaft (bzw. der Botschafter) der universalen Macht Jahwes als des einzigen Gottes »ein Licht, zu erleuchten die Völker« sei. Die nachexilische Gesetzgebung wandte den im Lande ansässigen → Fremden (: II) besondere Aufmerksamkeit und Fürsorge zu. In der Makkabäerzeit sind dann mit Gewalt auch Teile der nichtjüd. Bevölkerung Palästinas dem jüd. Volksverband eingegliedert worden. Der Anstoß zur M. im eigentlichen Sinne aber ging von der weit ausgebreiteten jüd. → Diaspora (: I) aus, die in der hellenistischen Welt eine rege Werbetätigkeit entfaltete. Die M. wurde nicht durch eine zentral geleitete Organisation betrieben, sondern beruhte auf persönlicher Initiative und der starken Anziehungskraft, die die → Synagogen ausübten. Ihren Höhepunkt erreichte die jüd. M. im 1. Jh. nChr. Nach Schätzungen betrug damals die Zahl der Juden im Römischen Reich ca 4,5 Mill., dh 7% der Gesamtbevölkerung. Als dann aber die christliche M. viele Glieder der hellenistischen Synagogen zu sich herüberzog, verschloß sich das → Judentum (: I. II) in zunehmendem Maße gegenüber den Außenstehenden und suchte durch Erhaltung der Gemeinden, die sich um das von den Rabbinen ausgelegte Gesetz sammelten, seinen Bestand zu sichern. Da sich durch die Katastrophen der Jahre 70 und 135 nChr die Feindschaft gegen die Römer zu bitterem Haß verschärfte, erlahmte auch der Eifer zur M. unter den Heiden. In den folgenden Jh.en kam die jüd. M. gänzlich zum Erliegen; von da an wurden nur noch gelegentlich Übertritte Einzelner zur Synagoge vollzogen.

2. Die *hellenistische* Synagoge stellte in ihrer M. vor allem das monotheistische Bekenntnis, die sittliche Verpflichtung des Menschen und seine Verantwortung vor Gott heraus, der im kommenden Weltgericht jedem nach seinen Werken vergelten wird. Eine reich ausgebildete *Propagandaliteratur* sollte einerseits Glaube und → Gesetz (: III) der Juden verteidigen und rechtfertigen, andererseits zur Anbetung des einen Gottes und Befolgung der jüd. Ethik einladen. Die → Salomo-Weisheit, die jüd. redigierten → Sibyllinen, der → Aristeasbrief, die Werke des → Demetrius (, 1), → Aristobul, → Eupolemos, → Philo von Alexandria, → Josephus u.a. gehören zu der umfangreichen jüd.-hellenistischen M.sliteratur. Obwohl der → Antisemitismus in der Spätantike weit verbreitet war, erzielte die jüd. Propaganda eine beträchtliche Wirkung in der hellenistischen Welt, zumal die jüd. Religion als göttliche Offenbarung verkündet wurde, die Synagoge keinen Opferdienst kannte und die sittlichen Forderungen weitgehend mit denen der kynischen und stoischen Philosophen zur Deckung gebracht wurden. – Das *palästinische* Judentum verhielt sich gegenüber missionarischer Tätigkeit weitaus zurückhaltender. Gleichwohl waren auch im Mutterland in den Tagen Jesu und der Apostel starke Bestrebungen am Werk, um Heiden für Israel zu gewinnen (vgl. Mt. 23, 15). Hatte man sich früher von den Fremden abgesondert, so lehrte man nun, daß die Proselyten uneingeschränkt Glieder des Volkes Israel würden. »Beliebt sind die Proselyten, denn überall, wo sie in der Schrift genannt werden, werden sie wie die Israeliten bezeichnet«, heißt es im Midrasch (Mekhilta zu Ex 22, 20; Bill. I, 355f). Abraham, der erst im Mannesalter die Beschneidung empfing, galt als der Vater der Proselyten. So öffnete die Synagoge ihre Tore weit, damit die Heidenwelt hereinkommen möchte.

3. Trat ein Heide zum Judentum über, so mußte er sich der Beschneidung unterziehen, ein Tauchbad nehmen und ein Opfer im Tempel darbringen. Nach 70 nChr entfiel die zuletzt genannte Pflicht. Im Laufe des 1. Jh.s nChr setzte sich die Proselytentaufe allmählich als allgemein anerkannter Brauch durch (→ Taufe: II). Die schwerste Bedingung stellte jedoch die Forderung der → Beschneidung dar, da durch sie nicht nur der Anschluß an eine Religionsgemeinschaft, sondern auch der Übertritt zum jüd. Volksverband vollzogen wurde. Weil aus diesem Grunde viele Nichtjuden sich scheuten, sich beschneiden zu lassen und sich zum Halten des ganzen jüd. Gesetzes einschließlich der rituellen Bestimmungen zu verpflichten, suchte man ihnen von jüd. Seite entgegenzukommen, indem man von den Heiden nur die Befolgung der wichtigsten Grundgebote (vor allem: Sabbat-, Speisegesetze und sittliche Weisungen) und das Bekenntnis zu dem einen Gott erwartete (vgl. → Noachische Gebote). Wer sich zu deren Innehaltung verpflichtete, galt als »Gottesfürchtiger«. Obwohl er rechtlich Heide blieb, gehörte er doch in einer lockeren Verbindung auch zur Synagoge. Auf diese Weise suchte man Heiden eine Annäherung an das Judentum zu erleichtern und erreichte dadurch häufig, daß dann die folgende Generation auch den endgültigen Übertritt vollzog. Ihren bedeutendsten Erfolg erzielte die jüd. M. im 1. Jh. nChr, als der König Izates von Adiabene mit seiner Mutter Helena sich zum Judentum bekehrte. Um die Synagogen scharten sich überall Kreise von Gottesfürch-

tigen, die gemeinsam mit dem Volk Israel glauben und beten wollten (vgl. Apg 13, 16. 26. 43. 50; 16, 14; 17, 4. 17; 18, 7). Viele von ihnen hörten in den Synagogen die Predigt der urchristlichen Missionare und schlossen sich um so leichter den entstehenden christlichen Gemeinden an, als die Forderung der Beschneidung nicht mehr gestellt wurde. So ist weithin die jüd. M. zum Schrittmacher der christlichen → Mission (: III C) geworden.

K.AXENFELD, Die jüd. Propaganda (Festschr. G.Warneck, 1904, 1-80) - BILL. I, 924ff; II, 715ff; III, 98ff - H.GRESSMANN, Jüd. M. in der Werdezeit des Christentums (ZMR 39, 1924, 169-183) - BOUSSET, Rel. 76ff - G.F.MOORE, Judaism I, 1927, 323ff - W.G.BRAUDE, Jewish Proselyting, 1940 - P.DALBERT, Die heol. der jüd.-hellenist. M.s-Lit. (ThF 4), 1954 - J.JEREMIAS, Jesu Verheißung für die Völker, 1956, 9ff - ThW VI, 727ff (Lit.) - H.J.SCHOEPS, Paulus, 1959, 232ff.

E.Lohse

III. Christliche Mission

A. Begründung und Ziel - B. Missionarische Verkündigung (Methode) - C. Geschichte - D. Gegenwärtige Lage - E. Kirche und Mission - F. Kath. Mission. - Außer den Artikeln über die verschiedenen M.sgebiete bzw. »jungen« Kirchen (zB →Ägypten: V, →Afrika: IV, → Australien: III, → China: IV) und über einzelne Problemkreise (→ Abendmahl: VII, → Amt: IV, → Beichte: III, → Bekehrung: V usw) vgl. ergänzend bes. → Ärztliche Mission, → Aussätzigenmission, → Blindenmission, → Frauenmission, → Internationaler Missions-Rat, → Judenmission, → Mission und Evangelisation, → Missionarsausbildung, → Missionen (deutsche), → Missionskonferenzen (deutsche), → Missionsschulwesen, → Missions-Tag, → Missionsunternehmungen, → Missionswissenschaft, → Rural Missions. - Zur Auseinandersetzung mit den Fremdreligionen vgl. → Afrika: III, → Amida: II, → Bhakti: II, → Buddhismus: III, → China: III, → Hinduismus: II, → Japan: III, → Indien: III, → Indonesien: III, → Islam: II, → Shintoismus: II

III A. Begründung und Ziel

1. Zur Forschung - 2. Biblischer Befund: a) AT - b) NT - 3. Systematische Überlegungen

1. Die Frage nach Begründung und Ziel der M. ist seit etwa 1950 immer stärker Gegenstand der ökumenischen Diskussion geworden (→ Internationaler Missions-Rat, → Ökumenische Bewegung, 3). Sie brach auf der Weltmissionskonferenz von Tambaram 1938 auf und wurde bes. im Zusammenhang mit den Konferenzen von Willingen 1952 und Evanston 1954 für das Verständnis der → Kirche (: IV. V), ihrer Einheit und Aufgabe, also als ökumenisch höchst bedeutsam erkannt. Die bisher geleistete intensive Vorarbeit zeigt deutlich eine zT scharfe Distanzierung von traditionellen kontinentalen und angelsächsischen Ergebnissen. Anlaß und Vorbereitung dieser Arbeit waren und sind die Distanzierungen von der → Missionswissenschaft (: I) des 19.Jh.s, wie sie im Zusammenhang mit der theologischen Neubesinnung nach dem 1. Weltkrieg bes. in Holland, Deutschland und in der Schweiz erfolgten und sich gegenwärtig in einer Reihe neuer Arbeiten zeigen. Dabei stand auf dem Kontinent zunächst die Auseinandersetzung mit dem System G. → Warnecks im Mittelpunkt. Warneck hatte die M. sechsfach begründet: dogmatisch, ethisch, biblisch, kirchlich, historisch und ethnologisch. Dabei dominierte der für seine Vorgänger und unmittelbaren Nachfolger geradezu tragische Zwang zu einer Apologie der M. (→ Apologetik: VI). Unter M. war die neuere Gesellschafts-M. (→ Missionen: I), freilich unter spezifischer Herausarbeitung des Sendungsbegriffes, verstanden worden. Demgegenüber wurde unter Konzentration auf die alleinige Dynamik des biblischen Wortes, unter Kritik bestimmter theologischer Verschiebungen oder Verengungen (→ Pietismus, → Corpus Christianum), unter radikaler Ablehnung des Kultur- und Kolonial-Motivs wie des Philanthropismus und nicht zuletzt im Hinblick auf neue Ansätze im Problem von Kirche und → Mission (: III E) sichergestellt, daß es nur eine, nämlich die biblische Begründung der M. gibt. Hinsichtlich des Zieles der M., das Warneck in der »Pflanzung und Organisation der Kirche unter Nichtchristen« sah, wurde erkannt, daß es nur streng christologisch zu beschreiben sei. Mit diesen beiden grundsätzlichen Resultaten ist jegliche apologetische Bemühung um die M. antiquiert. Ihre Begründung kann demzufolge nicht als Versuch ihrer Rechtfertigung verstanden werden; sie ist exegetische und systematische Erarbeitung dessen, was M. ist und sein soll. Das Problem wird deshalb in der ökumenischen Diskussion unter dem Stichwort »Theologie der M.« behandelt. Grundthese einer solchen Theologie ist: M. kann nur unter dem grundlegenden Aspekt der (trinitarisch zu verstehenden) M. *Gottes* gesehen werden.

2. a) *Im AT* ist das Geschehen, das nach Christus seinen Ausdruck in der M. fand, Gegenstand der prophetischen Enderwartung (→ Eschatologie: II). Verheißen wird die *Sammlung* der Völker und ihre Eingliederung in das Gottesvolk durch Jahwes Eingriff in die → Geschichte (: I) der Menschheit, in dem der geschichtsmächtige Herr der Völker im Gericht an ihnen und eben in ihrer Sammlung zu seinem und der Völker Ziel kommt. - In der prophetischen Schilderung der Völkerwallfahrt zum Zion (Jes 2, 1-4 = Mi 4, 1ff; vgl. Jer 3, 17; Jes 25, 6-9; 60; Hag 2, 6-9; Sach 8, 20f) wird - parallel einigen Aussagen vom → Königtum Gottes (Ps 46; 48 u.ö.) - beschrieben, wie die Völker am Ende der Tage zum Jahweberg ziehen und dort nach Jahwes Weisung fragen. Gedacht ist an einen »zentripetalen« Vorgang (Sundkler); nicht Israel wird zu den Völkern gesandt, schon gar nicht einzelne Israeliten (vgl. jedoch Jon 1, 1f; Jes 66, 18), sondern die Völker versammeln sich am »Nabel der Erde« (Ez 38, 12) auf Grund der Epiphanie Jahwes. In ihr wird der geschichtliche Ort der Weisung offenkundig und dh zwangsläufig weltkundig: im Herzukommen der Völker vollzieht sich die verheißene Gottesherrschaft (→ Reich Gottes: I). Jes 60, 1ff wird interpretiert: die Völker, die Dunkelheit bedeckt, sehen die Lichtglorie Jahwes über Jerusalem, strömen herbei und verkündigen (LXX: εὐαγγελιοῦνται) Jahwes Ruhmestaten. - In gleicher Überbietung der vom → Bund (: II) umgrenzten → Erwählung (: I) wird bei Dtjes (→ Jesajabuch, 2 b) Jahwes endgeschichtliches Handeln an den Völkern verheißen. Deshalb richtet er seine Botschaft an die Welt (49, 1), womit deutlich wird, daß Jahwe gerade als Gott Israels Herr der Völker ist. Dabei konzentriert sich für Dtjes alles auf die Rückkehr Jahwes zum Zion (52, 7-10), auf die »Epiphanie des Gottes Israels vor den Augen aller Welt« (Kraus). Der Kampf, den Jahwe Israels wegen mit Babylon führt (42, 10-17), wird als Offenbarung seiner Einzigkeit vor der Welt (40, 5; 49, 26; vgl. u.a. 1Kön 8, 59f) gesehen. Auf das endgeschichtliche → Gericht Gottes (: II) läuft die Geschichte zu. Für dieses Gericht erhält Israel die Aufgabe, Zeuge zu sein; aber es ist eine beachtenswerte »m.e« Aufgabe: das Volk Gottes kann in seiner Blindheit und Taubheit nur passiver Zeuge sein, es repräsentiert einzig mit seiner Geschichte Jahwes Handeln und ist als Israel unübersehbarer Hinweis auf seine hl. Unbedingtheit (42, 18ff; 43, 8-13). Israel soll also nur wirklich Israel sein (40, 1ff). Deshalb wird der → Knecht Jahwes (42, 1) auch zuerst Israel verkündigt (vgl. 40, 1-11; 52, 6ff), der Leidende für die »Vielen« (52, 13ff), das »Licht der Völker« (42, 6; 49, 6; 51, 4), dessen Zeugnis die Völker herbeizieht.

b) Der Befund *im NT* erschließt sich im Blick auf die at. Verheißung, auf deren Erfüllung gehofft wird - weshalb eine Heiden-M. Jesu und der Jünger zunächst ausgeschlossen bleibt - und die schließlich geglaubt wird:

Im *Kreuz* Jesu Christi (→ Christologie: I) geschieht Gottes Gericht an Israel und den Völkern, im Karfreitags- und Ostergeschehen ereignet sich die eschatologische Gottesherrschaft (→ Eschatologie: IV), und zwar in ihrer ganzen Konsequenz für die Ökumene (Phil 2, 10f; Jes 45, 20-24). Dieser Glaube hat für die M. ausschlaggebende Bedeutung: er ermöglicht sie (wenn man nach ihrem Recht fragt), wichtiger aber und richtig ist, daß er sie wesenhaft *fordert*.

Jesus hat an der jüdischen → Mission (: II) scharfe Kritik geübt (Mt 23, 15); sie ist eigenmächtige Vorwegnahme der erst für die *Endvollendung* verheißenen Sammlung der Völker durch Gottes Tat. Er hat den Jüngern die Verkündigung an die Heiden untersagt (Mt 10, 5f) und erklärt, daß er »nur zu den verlorenen Schafen des Hauses Israel gesandt« sei (Mt 15, 24). Die Sendung der Zwölf (Mt 9, 35 - 10, 16 par) und der Siebzig (Lk 10, 1-16), die man von einem bloß funktionalen Begriff der Sendung her als M.sunternehmen Jesu zu sehen pflegte, hat mit genuiner M. im Sinne der Heiden-M. nichts zu tun (wiewohl Lk 10 - falls nicht Dublette von Lk 9, 1-6 - ein Hinweis auf die M. sein dürfte, nämlich auf Grund der jüdischen Vorstellung von den 70 Völkern, die es auf der Erde gibt). Die Sendungen richten sich vielmehr an Israel, dem die Verkündigung von der nahenden Gottesherrschaft (Mk 1, 15) zuerst (πρῶτον: Mk 7, 27; vgl. Apg 3, 26; 13, 46; Röm 1, 16) und darin ganz gilt: die Zwölf (→ Apostel) sind die Repräsentanten des eschatologischen (wiederhergestellten) Israel. Dazu stimmt auch Mt 8, 5-13 par (vgl. Mk 7, 24-30 par): es ist der heidnische Centurio, der sich in der anbrechenden Gottesherrschaft ihrem Träger naht und unter der Prärogative Israels nur die Fernheilung (vgl. Mk 7, 29) erbittet. An seinem Glauben wird die »zentripetale« Vorstellung von der Sammlung der Völker, in die die Vorstellung vom eschatologischen Mahl eingeschlossen ist, verdeutlicht (Mt 8, 11f; Lk 13, 28f; vgl. Mt 22, 1-10). Sie zeigt sich ebenfalls Mt 2, 1-12 und an der Bedeutung Jerusalems (vgl. u.a. Mt 5, 35; Mk 11, 17 par; Apg 1-7). Jesus ist, wie auch Paulus weiß, »Diener der Beschneidung« (Röm 15, 8). - Dieser Befund von Jesu eschatologischer Sendung an Israel steht in starker *Spannung* zu ihrer Bedeutung für die Ökumene (Röm 15, 9ff). Sie hat Joh 12, 20-32 einen theologisch wichtigen Ausdruck gefunden: Griechen kommen (als Vertreter der Heidenwelt), um Jesus zu sehen, und angesichts dieser Tatsache wird erklärt, daß die Zeit des Gerichts gekommen, daß mithin nun Eschaton ist. Für die Frage nach Begründung und Ziel der M. ist diese Stelle deshalb aufschlußreich, weil sie vom at. Aspekt der endgeschichtlichen M. Gottes her (s. 2 a) die neue Situation erhellt, die mit dem Bußruf Jesu an Israel, seiner Vollmacht zur Sündenvergebung (Mk 2, 1-12 par) und mit der Proklamation vom Ende des alten Äons (Mt 11, 5; 12, 28 par) eingetreten ist. Des Endes wegen und um des zum Ende hin verheißenen Herzukommens der Heiden willen ist Jesus zu Israel gesandt. U.a. aus Mt 10, 5f und 15, 24 zu schließen, daß die M. nicht im Horizont Jesu gelegen habe (A.v. Harnack), ist somit eine unzulässige historische Verengung eines theologisch viel weiträumigeren Sachverhalts. Da die nahe Gottesherrschaft, auf die die prophetischen Verheißungen drängen, notwendig die Ökumene einschließen muß, geht es jetzt ganz um den Gehorsam Israels. Der Gegensatz von »Partikularismus« und »Universalismus« ist daher falsch. Der Jesus von Mt 15, 24 löscht nicht nur die Rache der jüdisch-apokalyptischen Erwartung (Lk 4, 19 = Jes 61, 2; Mt 11, 5f par) und weist auf den Samariter (Lk 10, 29-37; vgl. 17, 16), sondern er verheißt dazu die Auferstehung der Heiden (Mt 11, 22 par; vgl. 10, 15 par; 11, 24) und den Freispruch für viele im kommenden Gericht (Mt 25, 34). Angesichts des → Gerichtes (: III) wird die ganze Menschheit dem Richter unmittelbar; angesichts der universalen Bedeutung der Gottesherrschaft entscheidet sich Rettung und Verwerfung an ihrem Träger, der sie selbst ist (Mk 11, 9f; vgl. Joh 1, 14) und in dem die neue, »ökumenische« Situation besteht. Israel, das als ἐκκλησία (qahal) der Gottesherrschaft »zuerst« gerufen ist, verwirft ihn (Mk 6, 1-6 par; Mt 22, 3 par; vgl. Röm 11, 11; Apg 2, 23) und damit sich selbst (Mt 8, 12; 21, 43). - Freilich kann man von dieser Verwerfung nicht als von einer »Bedingung« für die M. oder von dieser als einer direkten Folge der Verwerfung (trotz Apg 13, 46 u.a.) reden und dabei meinen, daß die M. historisches Produkt der Katastrophe im Wirken Jesu sei. Vielmehr gilt: »Die Folge der Verwerfung Jesu ... war nicht unmittelbar die Heiden-M., sondern sein Tod am Kreuz. - Wenn Israel ihn verwirft, geht er nicht ins Heidenland, sondern nach Jerusalem ...« (D.Bosch). Das *Kreuz* ist die Begründung der M. (Joh 12, 24. 31f), das Gericht »für viele« (Mk 14, 24; vgl. Jes 53, 11f), in dem Gott mit der ganzen Welt handelt (Joh 11, 52).

Die eschatologische Bedeutung des Kreuzes impliziert nicht nur die M. als solche, sondern auch ihren eschatologischen Charakter bzw. sie selbst als eschatologisches Geschehen (1Kor 11, 26). Mk 13, 10 (Mt 24, 14) spricht unter Verwendung des gleichen δεῖ von der heilsgeschichtlichen Notwendigkeit der M., das u.a. Lk 24, 7 zur Charakterisierung des Christusgeschehens verwendet wird; hinsichtlich der m.en Aufgabe des Jüngers wird auf sein → *Leiden* (: III) gedeutet (vgl. 2Kor 4, 7ff; Kol 1, 24), unter dem sich das Geschehen der M. vollzieht (Mt 24, 9) und auf das es hinausläuft (Mk 13, 9). Mt 28, 18-20 (vgl. Lk 24, 46-49; Joh 20, 21-23; Apg 1, 8; Mk 16, 15-18) wird der Befehl des Kyrios zur Proklamation der nun für die Ökumene (vgl. Röm 10, 12) wirksam gewordenen Gottesherrschaft (vgl. Dan 7, 13ff) ausgerichtet und damit zur *Sendung* (vgl. Mt 22, 9) aufgerufen. Daß es um (»zentrifugale«) Sendung geht, freilich um Sendung zur Sammlung (→ Taufe: II), daß die verheißene Sammlung der Völker nur im Anbruch geschieht, zeigt die Spannung, in die die M. im Endgeschehen gestellt und von der sie ganz und gar charakterisiert ist. Sie ist im »Schon-jetzt« des Endes ihr Zeichen, gleichzeitig aber im »Noch-nicht« des Weltkundigseins Gottes die Funktion auf das Ende hin (Mt 24, 14): die Sendung ist der *Anbruch* der in der Endvollendung stehenden Sammlung (vgl. Mt 24, 31); ihr Vollzug hat darauf wesenhaft Bezug, ohne aber einfach Entwicklung oder Bedingung für die Endvollendung zu sein. - Mk 13, 10 zwingt sachlich keineswegs zu dem Schluß, daß die universale Erfüllung der M.saufgabe Voraussetzung der Endvollendung sei. Ein solcher Gedanke ist auch nur möglich, wenn man die M. aus der Spannung von Gegenwärtigkeit und Zukünftigkeit des Endes löst und sie mit Hilfe einer formalen Schematisierung der Zeit zwischen Kreuz und → Parusie, zu der das LkEv und die Apg Anlaß zu geben scheinen (u.a. Lk 21, 24), verselbständigt (→ Heilsgeschichte). Der eschatologische Charakter der M. ist dann einseitig nur von der Zukünftigkeit des Endes, aber nicht auch von seiner Gegenwärtigkeit her gesehen; M. zielt dann lediglich aufs Ende (und wird darin missionsgesellschaftlich oder kirchlich funktionalisiert) und ist nicht mehr nt. eschatologisches Geschehen *im* Ende selbst: »die M. gehört mit zur Epiphanie, in ihrem Wirken offenbart sich der Kyrios als der Herr der ganzen Welt« (H.W.Bartsch). Einziges Kriterium für die temporale Bestimmung der M. im Bezug auf die Endvollendung ist darum der sie treibende Christus selbst (Joh 20, 21f), der in der Spannung seiner Gegenwärtigkeit und Zukünftigkeit mit der Sendung immer schon die Sammlung meint (vgl. Röm 11, 25f), also im Endgeschehen von Kreuz und Auferstehung die Endvollendung in der Parusie glauben läßt.

Wie der Kyrios durch den Hl. → Geist (: IV. VI) selber Träger der M. (Mk 13, 11; Lk 10, 16; 2Kor 5, 20) und der Jünger durch sein Zeugnis nur leidender Zeuge ist, so ist der Kyrios auch das *Ziel* der M. (Phil 2, 11; vgl. Joh 5, 23; Röm 14, 9). Der Hl. Geist, in dem die Sendung M. Gottes in Jesus Christus ist, wirkt im → Apostel das Christuszeugnis (2Kor 4, 5; 1Thess 2, 9; 1Joh 1, 3; 4, 14), seine Verkündigung richtet sich auf den Gehorsam des Glaubens (Röm 1, 5; 16, 26), sie zielt auf das neue Gottesvolk aus den Heiden und aus Israel (Röm 9-11), auf das die »schon« gesammelte Gemeinde (vgl. 2Kor 5, 17) ihre → Hoffnung (: III) als Hoffnung (Röm 15, 12; 1Tim 4, 10; 1Petr 1, 13) auf das Offenkundigwerden Gottes vor der ganzen Ökumene setzt (Apk 21, 3).

Im Apostolat des → Paulus wird das Christusgeschehen als zentral m.es verstanden und in der *Heiden-M.* aktualisiert.

3. Zu unterscheiden, freilich nicht voneinander zu trennen sind die *M. Gottes* als die im Christusgeschehen sich ereignende eschatologische Sammlung des Gottesvolkes und die *M. der Kirche(n),* die in den ersten Jh.en sonderlich in spontanen, in neuerer Zeit in sozietär organisierten M.sveranstaltungen zum Ausdruck gekommen ist. Eine Identifizierung führt auf der einen Seite zur Beschränkung des Christusgeschehens und zur Herauslösung des Lebens der Kirche aus der M., auf der anderen Seite zur Verabsolutierung der historischen Sendungsveranstaltungen. Von der M. der Kirche ist dagegen nichts anderes zu sagen, als daß sie im Gehorsam gegen ihren M.sauftrag immer nur an der weit umfassenderen (geglaubten) M. Gottes *teilhaben* kann. Auf diese Teilhabe muß sie ganz und gar ausgerichtet sein: »Die M. ist Christi M., nicht unsere eigene« (Weltmissionskonferenz Ghana 1958). Denn nur in dieser Teilhabe gehört die M. der Kirche zum eschatologischen Geschehen, ja trägt sie das Christusgeschehen in seiner direkten Bezogenheit auf die Welt aus, wie sie nur so das Handeln Gottes mit der Welt in der Spannung des Weltendes darstellen kann.

Diese grundlegende Feststellung kann gar nicht streng genug durchgeführt werden. Es zeigt sich immer wieder, wie trotz des Wissens um die *Begründung* der M. im Christusgeschehen diese doch (und nicht nur praktisch) als M. einer Kirche oder einer als wahre Gemeinde postulierten Gruppe von Christen verstanden wird, wobei wenigstens lebensmäßig die Entfaltung des Christseins in einer Welt handgreiflicher »Finsternis« die M. motiviert. Im gleichen Bereich des Mißverständnisses liegt gegenwärtig der Ruf nach der M. der Kirchen, wenn er vielerorts nichts anderes als ein Ruf nach Aktivität ist und dabei völlig übersehen wird, daß das Tun des Glaubens keineswegs in sich m. zu sein braucht, das Missionarische vielmehr ganz an die *Welt*bezogenheit des eschatologischen Christusgeschehens gebunden ist. Nicht von der pietas christiana her kann M. verstanden und betrieben werden, sondern allein im gehorsamen Glauben des verbum externum (W.Holsten), das allein Christus verkündigt und von dem her allein Christus als Heiland und Herr der Welt verkündigt werden will. – Ebenso kurzschlüssig ist es, die M. in der Existenz der Kirche(n) und ihrer Aufgabe der Verkündigung begründet sehen zu wollen. Ganz abgesehen davon, daß die M. hierin wesenhaft der Gefahr ausgesetzt wäre, Ausbreitung und Entfaltung der Kirche in ihren je vorfindlichen historischen Fixierungen zu sein, ja zu christlicher Selbstdemonstration zu degenerieren und ihr Ziel in der bloßen Pflanzung von (Tochter-)Kirchen zu finden, ist es einfach die biblische Tatsache, daß M. und Kirche je unmittelbar, ohne jedoch voneinander getrennt werden zu können, zum Ereignis des Christusgeschehens stehen, die eine solche, meistens im Schatten der Verabsolutierung der Kirche wachsende Position nicht zuläßt. Es ist deshalb theologisch unsinnig, die M. – wie es gegenwärtig an vielen Stellen geschieht – in den Bereich der zwischenkirchlichen Hilfe hinein aufzulösen. Begründet man freilich die M. in der Existenz der Kirche, so muß sie zwangsläufig als M. in dem Augenblick aufhören und zur helfenden Brücke von Kirchen zu Kirchen werden, in dem unter der Verkündigung einer »alten« Kirche eine → »junge« Kirche gewachsen ist. Steht die jeweilige M. aber in der Teilhabe an der M. Gottes und hat sie hierin ihren Grund und ihr Ziel, so muß sie mit der »jungen« Kirche (→ Mission: III B) über diese hinausschreiten weiter in die Welt hinein. Sie hat sonst mit ihrem Bezug zur M. Gottes auch den primären Bezug zur Welt, zum konkreten Gegenüber des → Heidentums verloren. Der zwischenkirchlichen Hilfe oder ökumenischen Diakonie (→ Ökumenische Bewegung, 5) muß es dagegen darauf ankommen, den (meist »jungen«) Kirchen gerade in ihrer M. zu dienen.

Die Teilhabe der M. der Kirche an der M. Gottes bestimmt nun aber auch das Verhältnis von Kirche und M.: »Man kann nicht an Christus teilhaben, ohne teilzuhaben an seiner M. an die Welt« (Willingen). In der sog. Theologie des Apostolats, die in den → Niederlanden (: II) entwickelt worden ist, wird bes. von J.C.Hoekendijk die Kirche in das Apostolat hineingenommen und darin der m.en Bewegung des Handelns Gottes an der Welt untergeordnet. Mißverständlich hat gewirkt, daß im Begriff des Apostolats nur ein Ersatz für den Begriff der M. im Sinne der M.sveranstaltung gesehen wurde. Mit Apostolat aber ist weder diese noch eine Tätigkeit gemeint, die von gleicher Qualifikation wie die der Apostel (→ Apostolat) wäre, sondern die Aktualisierung des eschatologischen Christusgeschehens in seinem wesenhaften Bezug zur Welt, das (nuanciert) u.a. von K. → Hartenstein, W.Freytag und G.Vicedom im Begriff der M. Gottes kenntlich zu machen versucht wurde. Auch die → Kirche (: IV) kann nur in der Teilhabe am eschatologischen Handeln Gottes wirklich Kirche sein. Sowohl die M. der Kirche als auch diese selbst sind keine eigenbestimmten Größen, sondern gehören in die M. Gottes hinein. In der engen Bezogenheit von Sendung und Sammlung (s. 2 b) ereignet sich in ihnen der Anbruch der universalen Christusherrschaft, wenn sie sich beide ohne (je verschiedene) Reserven der M. Gottes an die Welt öffnen. In der Theologie des Apostolats wird die sozietäre M.sveranstaltung ebenso aus ihren mancherlei Verengungen herausgerufen wie die Kirchen aus ihrem Verharren bei sich selbst. In ihr drängt der biblische Befund zu theologischen und praktischen Konsequenzen.

Ebensowenig wie die Begründung der M. der Kirche kann ihr *Ziel* ekklesiologisch bestimmt werden. Freilich spielt die Kirche für die M. eine hervorragende Rolle. Indem sie Menschen zur → Bekehrung (: V) und zur → Taufe (: VIII), zum Glauben und Empfangen des Herrschaftswechsels, zur Hoffnung ruft, sammelt sie kraft des Hl. Geistes zum Gottesvolk. Im Augenblick der Taufe entsteht – auch wenn das bestimmte M.sveranstaltungen nicht beabsichtigen sollten – Kirche, wie klein und unausgebildet sie auch immer sein mag. Mit der Taufe übernimmt sie die Verantwortung, die Getauften zu eigener Verkündigung und rechter Verwaltung der Sakramente (→ Abendmahl: VII) zu leiten, also

Kirche zu bauen. Aber eine plantatio ecclesiae könnte nur ihr Ziel sein, wenn sich die eschatologische Sammlung des Gottesvolkes in der Gründung und schließlich in der Summe von Kirchen erfüllte. In der Spannung von Gegenwärtigkeit und Zukünftigkeit des Endes und damit der Herrschaft Christi sind die Kirchen aber nur Anbruch der zur Vollendung verheißenen Sammlung, auf die die Sendung der Kirche als faktische Sendung der Kirchen zielt. Die Kirchen, in denen »schon jetzt« die Sammlung geglaubt werden darf, in denen »das Volk Gottes auf Erden schon teilhaben darf an der Anbetung der Kirche im Himmel« (L.Newbigin), sind selbst zur Sendung gerufen (vgl. Mt 5, 14ff; 1Kor 11, 26). Die M. der Kirche hat in der Teilhabe an der M. Gottes ihr Ziel im Offenkundigwerden der Herrschaft bzw. des → Reiches Gottes (: III). Sie ist damit auf den Tag gerichtet, an dem Gott alles in allem sein wird (1Kor 15, 28). Als eschatologisches Geschehen im Ende, von dem sie zeugt, ist sie erst in dem Augenblick beendet, in dem die Spannung des Endes in seiner Erfüllung aufgehoben ist.

Aus dieser Bestimmung der M. ergeben sich einige wichtige Folgerungen. M. kann unter keinen Umständen Propaganda des Christlichen sein (M. → Kähler) oder diese mitführen; sie kann natürlich auch nicht als Ausbreitung des Christentums verstanden werden. M. ist einzig und allein Sendung zur Bezeugung der Liebe Gottes im gekreuzigten und auferstandenen Herrn Jesus Christus. In den mancherlei »M.en«, die gegenwärtig von West nach Ost, aber auch von Ost nach West gehen, hat sie hierin ihr unvergleichliches Spezifikum. Darin wird sie selbst, bar jeder religiösen und kulturellen Eindrucksfülle (→ Absolutheit des Christentums) und in der gegenwärtig offensichtlichen Situation der Erfolglosigkeit (zB → China: IV, → Islam: III), Zeichen Christi in der Welt. Sie deutet damit bereits in ihrer Gestalt auf die Andersartigkeit, die Wirklichkeit des Glaubens. – Richtpunkt kann folglich nicht im entferntesten die Verbesserung der Welt sein, wiewohl die jeweilige M. in der Konsequenz ihrer Botschaft für die Änderung bestimmter Verhältnisse einzutreten hat. Richtpunkt ist die Zukunft des Menschen in Jesus Christus, ist sein Leben in Hoffnung. – Dabei kann sich die M., wenn sie ihrem Wesen nicht untreu werden will, primär immer nur auf den Menschen ohne Christus richten und nicht auf Aktion, eben im Mißverständnis der M. als Aktivität, zur Erweckung innerhalb der Kirche (→ Mission und Evangelisation, → Proselytismus) sein. Ihr Gegenüber ist der Mensch der Nicht-Kirche, der sich der Zukunft in der → Religion (: IV B) und nun auch im religionshaften → Säkularismus entschlossen gegen Gott bemächtigt. Gerade im Ernstnehmen dieser genuin m.en Spitze wird nun aber auch in der Gegenwart das traditionelle M.sgebiet vornehmlich in Asien und Afrika entschränkt. M. ist – freilich immer unter dem theologischen Korrektiv der Heiden-M. – die Sendung der Kirche in alle Bereiche des Menschen ohne Christus. Nur so erfüllt die M. der Kirche ihren Auftrag zur Bezeugung der eschatologischen Gottesherrschaft in der *ganzen* Welt. Die neue, vor allem auch Europa einschließende m.e Situation stellt die Kirchen vor die Frage ihrer m.en Dimension und damit vor die Konsequenzen ihrer objektiven Teilhabe an der M. Gottes.

Zu 1: G.Warneck, Ev. M.slehre, 5 Bde, 1892-1900 (zur Auseinandersetzung zwischen G.Warneck, E.Troeltsch u. W.Bousset vgl. AMZ 34, 1907, 3-15. 49-61. 105-122; ZMR 22, 1907, 129-139. 161-166. 321-335. 353-362) – S.Knak, M.smotiv u. M.smethode unter der Fragestellung der dialekt. Theol. (Botschafter an Christi Statt, hg.v. M.Schlunk, 1932, 58-80) – H.Schärer, Die Begründung der M. in der kath. u. ev. M.swiss., 1944 – W.Freytag, Missionary Thinking in Germany in Recent Years (IRM 35, 1946, 391-397) – H.Dürr, Sendende u. werdende Kirche in der M.stheol. G.Warnecks, 1947 – J.C.Hoekendijk, Kerk en Volk in de Duitse Zendingswetenschap, Amsterdam 1948 (Lit.) – H.-W.Gensichen, Grundzüge heutigen M.sdenkens in Deutschland (EvTh 11, 1951, 259-267) – J.Blauw, De voornaamste trekken in het Missionaire denken in Nederland sinds 1945 (Heerbaan 5, 1952, 25-39. 63-77) – W.Holsten, Das Kerygma u. der Mensch, 1953 (Lit.) – W.Andersen, Auf dem Wege zu einer Theol. der M., 1957. – Zu 2: O.Cullmann, Le caractère eschatologique du devoir missionnaire et de la conscience apostolique de Saint Paul (RHPhR 16, 1936, 210-245) – B.Sundkler, Jésus et les païens, Uppsala 1937 – O.Michel, Gottesherrschaft u. Völkerwelt (EMZ 2, 1941, 225-232) – Ders., Menschensohn u. Völkerwelt (ebd 257-267) – Ders., Der Abschluß des MtEv (EvTh 10, 1950/51, 16-26) – H.H.Rowley, The Missionary Message of the OT, London 1944 – K.Barth, Auslegung von Mt 28, 16-20, 1945 – W.G.Kümmel, Verheißung u. Erfüllung, (1945) 1956³ – J.Blauw, Goden en Mensen, Groningen 1950 – F.M.Th. de Liagre-Böhl, M.s- u. Erwählungsgedanke in Alt-Israel (Festschr. A.Bertholet, 1950, 77-96) – G.Stählin, Die Endschau Jesu u. die M. (EMZ 7, 1950, 97-105. 134-147) – E.Lohmeyer, Mt 28, 16-20 (In memoriam E.Lohmeyer, 1951, 22-49) – H.W.Wolff, Israel u. die Völker bei Dtjes (EMZ 8, 1951, 1-14) – W.Manson, Bist Du, der da kommen soll?, 1952 – H.R.Boer, Pentecost and the Missionary Witness of the Church, Franeker 1955 – J.Jeremias, Jesu Verheißung für die Völker, 1956 (Lit.) – D.Bosch, Die Heiden-M. in der Zukunftsschau Jesu (AThANT 36), 1959 (Lit.) – P.May, Towards a Biblical Theology of M. (Indian Journal of Theol. 1959, 21-28) – H.W.Bartsch, Die Passions- u. Ostergeschichten bei Mt (Basileia, hg.v. J.Hermelink u. H.J.Margull, 1959, 27-41) – P.S.Minear, Gratitude and M. in the Epistle to the Romans (ebd 42-48). – Zu 3 (vgl. die Lit. zu 1 u. zu → Hoffnung: III): K.Hartenstein, M. als theol. Problem, 1933 – H.Kraemer, Die christl. Botschaft in einer nichtchristl. Welt, 1940 – W.Freytag, M. im Blick aufs Ende (EMZ 3, 1942, 321-333) – Ders., Vom Sinn der Welt-M. (ebd 7, 1950, 1-8; EMM 94, 1950, 67-75; engl. IRM 39, 1950, 153-161) – Ders., M. u. Oekumene (Dt. Ev. Welt-M. 1952, 3-10) – Ders., M. zwischen Gestern u. Morgen, 1952 – Ders. (Hg.), M. in der gegenwärtigen Weltstunde, 1958 – C.W. Ranson (Hg.), Renewal and Advance, London 1948 – M.A.C. Warren, The Truth of Vision, ebd 1948 – Ders., The Christian M., ebd 1951 – J.C.Hoekendijk, The Call to Evangelism (IRM 39, 1950, 162-175) – Rapport uitgebracht van de Nederlandse Zendingsraad ... (Heerbaan 4, 1951, 197-221) – W.Holsten, M. als eschatol. Geschehen (Theol. u. Liturgie, hg.v. L.Hennig, 1952, 183-196) – Ders., Reformation u. M. (ARG 44, 1953, 1-32; Lit.) – Barth, KD IV/1, 795ff; IV/3, 780ff – N.Goodall (Hg.), M.s under the Cross, London 1953 – A.A.van Ruler, Theol. des Apostolats (EMZ 11, 1954, 1-21) – J.H.Bavinck, Inleiding in de Zendingswetenschap, Kampen 1954 – G.Vicedom, Missio Dei, 1958 – EKL II, 1389f – James of Melita, The Orthodox Concept of M. and M.s (Basileia [s.o.], 76-80) – L.Newbigin, Die eine Kirche, das eine Evangelium, die eine Welt, 1959 – H.J.Margull, Theol. der m.en Verkündigung, 1959, 15ff. 51ff (Lit.).

J.Margull

III B. Missionarische Verkündigung (Methode)

1. Der M.ar – 2. Die Situation – 3. Zur Kommunikation. – Vgl. ergänzend → Anknüpfung, → Bibel: V, → Bibelübersetzungen: VII, → Brüderunität: II, 6, → China-Inland-Mission, → Davis, → Duff, → Erweckung: II, → Frauenmission, → Freimissionare, → Gutmann, → Hongkong, → Judenmission, → Kirchenlied: III, → Kirchenzucht: III, → Kolonialpolitik und Mission, → Laubach, → Livingstone, → Missionsunternehmungen, → Ritenstreit, → Taufe: VIII

Die M. der Kirche geschieht durch Menschen. Die Frage nach der *Methode* der M. ist eine Frage nach dem rechten Gehorsam dieser Menschen in der m.en Verkündigung. Sie darf keine Frage nach dem »Rezept« sein, das größtmögliche Wirkung verspricht. Es geht in der m.en Verkündigung um Hingabe im Glauben, nicht um Taktik.

1. Der Begriff der m.en Verkündigung ist weder zu eng noch zu weit zu fassen; er ist nicht auf die → Predigt (: III) beschränkt, noch beschreibt er die gesamte Lebensäußerung der Kirche, der zwar eine m.e Dimension, aber nicht pauschal eine m.e Intention (L.Newbigin) eignen muß. Indem die m.e Verkündigung kraft ihrer Botschaft auf den ganzen Menschen zielt (→ Comprehensive Approach, → Ärztliche Mission, → Missionsschulwesen, → Rural Missions), schließt der Begriff die

Bezeugung Jesu Christi in der Proklamation des Wortes (μαρτυρία, κήρυγμα), im hilfreichen Dienst (διακονία) und im Leben unter dem Evangelium (κοινωνία) ein. Träger der m.en Verkündigung ist theologisch in jedem Falle die Kirche, die primär im M.ar (und natürlich keineswegs allein im westlichen) vor ihr Gegenüber tritt. Der M.ar ist Prediger, Diakon und Zeuge des neuen Lebens. Er selbst, als »Mitarbeiter Christi in Seiner Sendung« (Weltmissionskonferenz Ghana), ist in seiner Person der (lebende) »Anknüpfungspunkt« (H.Kraemer) der vor seinem Kommen unmöglichen Frage nach Gott in Jesus Christus. – Prämisse einer solchen Kennzeichnung ist der Satz: »Jesus Christus ist der M.ar« (Weltkirchenkonferenz Evanston). Er will im Hinweis auf die (noch nicht präzis geklärte Frage der) *Selbstverkündigung* Jesu Christi im Hl. → Geist (: VI) nicht nur auf die strikt christologische Gebundenheit der m.en Verkündigung, sondern auch auf die Tatsache der Teilhabe des M.ars an der M. Christi deuten (vgl. Lk 10, 16; 2Kor 5, 20). Vor allem aber soll damit gesagt sein, daß der M.ar in das eschatologische Christusgeschehen der Sammlung des Gottesvolkes (→ Mission: III A, 2. 3) hineingehört, in ihr aber nur sein kann als Teilhabender an der Knechtsgestalt seines Herrn (1Kor 9, 19–23; 2Kor 4, 5. 7–12).

2. Die neue *Situation* der m.en Verkündigung in Europa (→ Arbeiterpriester, → Evangelism, → Säkularismus) zeichnet sich erst in Umrissen ab. Die klassische Situation vornehmlich in Asien und Afrika befindet sich in starker und rascher Wandlung (→ Nationalismus: II). Das totale Streben nach dem eigenen Weg zeigt sich (mit Recht) auch in den meisten der → »jungen« Kirchen und verändert – zT in harter Auseinandersetzung – Stellung und Tätigkeit westlicher M.en (→ Mission: III D). Das Faktum der Selbständigkeit der Kirchen in Asien und Afrika stellt das Problem des westlichen M.ars, dessen Lösung u.a. in folgenden Entscheidungen und Empfehlungen angestrebt wird: Aussendungen von M.aren können nur mit Zustimmung der betr. Kirche in Asien oder Afrika erfolgen; der weiße M.ar wird Glied dieser Kirche, seine Heimatleitung verkehrt mit ihm nur über die einheimische Kirchenleitung; die Bruderschaft von einheimischem Geistlichen und M.ar erfüllt sich im gemeinsamen Dienst, in dem der M.ar nach und nach zur Seite tritt. Damit ist aber selbst bei gewissenhaftester Befolgung dieser Hauptregeln das gegenwärtige Dilemma des M.ars noch nicht aufgehoben. In weiten Bereichen seiner Wirksamkeit ist er nicht mehr unmittelbarer Zeuge vor den Heiden, wie es der Pionier-M.ar war, sondern als Superintendent, Pastor, Lehrer, Assistent usw nur noch in dem Sinne M.ar, als er gesandt ist. Seinem Charakteristikum ist somit vielerorts der direkte Richtpunkt verlorengegangen. Darin zeigt sich das gegenwärtige Dilemma der M. in ihrer bisherigen Struktur; sie hat in der Verantwortung gegenüber den unter ihr gewordenen Kirchen diese in ihrem Wachsen und Wirken zu begleiten und steht gerade darin in der schwerwiegenden »verlorenen Unmittelbarkeit« (W.Freytag) gegenüber der Welt. Die M. ist somit in den meisten Fällen zur zwischenkirchlichen Unternehmung geworden. Und doch ist sie faktisch mehr: indem sie ihr m.es Selbstverständnis nicht aufgibt, mahnt sie mit ihrem kirchlichen Einsatz die Kirchen zur eigenen Sendung von M.aren. Dieser Sendung will und soll sie unter allen Umständen dienen.

Eine Lösung dieses Dilemmas wird sich erst dann ergeben, wenn die Verantwortung gegenüber den »jungen« Kirchen von den Kirchen des Westens voll übernommen und das Problem des Verhältnisses von Kirche und → Mission (: III E) dahingehend gelöst wird, daß in der Schau der totalen M. der Kirche alle nur möglichen Kräfte in m.e Bewegung gebracht werden, wobei sich viele innerkirchliche Schwierigkeiten von selbst erledigen. In diesem Ziel hat die Integration des Ökumenischen Rates der Kirchen (→ Ökumenische Bewegung, 3) und des → Internationalen Missions-Rates ihre Spitze. Ihm dienen die regionalen ökumenischen Bewegungen des Nahost-Christenrates, der → Ostasiatischen Christlichen Konferenz und der Allafrikanischen Kirchenkonferenz (→ Einigungsbestrebungen: VII). Diese Bewegungen verkörpern gleichzeitig die Frage nach der »ökumenischen M.«, die nicht nur eine Frage nach dem Maß und der Art ökumenischer Zusammenarbeit der Kirchen in Asien und Afrika darstellt, sondern vielmehr die eigentliche Frage beinhaltet, ob die m.e Verkündigung überhaupt anders als radikal und genuin ökumenisch verstanden und vollzogen werden kann. Steht diese Frage nicht brennend hinter allen methodischen Überlegungen zur m.en Verkündigung, so ist diese immer schon dabei, sich in ihrem von der Teilhabe an der M. Gottes bestimmten Wesen zu verfehlen. Für die Gegenwart deutet diese Frage auf die Notwendigkeit des unmittelbaren Zeugnisses der »jungen« Kirchen und der westlichen M.are in umfassender *Gemeinsamkeit* (»Partnerschaft in Gehorsam«), und zwar immer so, daß in der m.en Verkündigung die Aufhebung der denominationellen und auch konfessionellen Trennungen, ganz abgesehen von der nationalen Gebundenheit der Kirchen und M.en, erwartet wird.

1959 arbeiteten neben insgesamt 36 000 nicht-römischen westlichen M.aren indische M.are in Afrika, Nepal, Neuguinea, Indonesien und in der Südsee; chinesische M.are unter den Auslandschinesen; Koreaner in Thailand; Japaner in Okinawa, Kanada und Lateinamerika; Filipinos in Okinawa, Indonesien, Thailand, Korea, Irak und Iran; Batak auf Borneo; Ambonesen in Neuguinea.

3. Ort und Ausgangspunkt der *Kommunikation* des Evangeliums ist und kann im Blick auf die gegenwärtige und zukünftige Situation nur noch in einigen Fällen die M.sstation sein. Die Kommunikation hat vielmehr im unmittelbaren Umkreis der Gemeinde an ihrem Wohnsitz zu geschehen und in der Sendung eigener M.are (Evangelisten) von ihr auszugehen, wobei für diese die geistliche Möglichkeit eines *spontanen* Zeugnisses vorbereitet werden muß (R. → Allen). Dazu können als »Brücken« für die Kommunikation die natürlichen Verbindungen der Familie und Sippe, des Dorfes und Stammes, des gleichen Berufes und des gleichen Zieles, etwa in der kommunalen Arbeit, dienen (→ Gruppenbekehrungen, Chr. → Keyßer, → Neuguinea). In dieser gemeindlichen m.en Bewegung wird die Verkündigung zwangsläufig zum umfassenden Zeugnis des Wortes, Dienstes und Lebens. In ihr deutet sich das Leitbild der m.en Verkündigung in der neuen Situation an. Die Arbeit westlicher M.are, so segensreich und zT notwendig sie in der bisher vorherrschenden, von der Struktur der M.sstation bestimmten Weise sein mag, verfehlt sich auf lange Sicht, wenn sie nicht im Blick auf dieses Leitbild geschieht.

In der Kommunikation des Evangeliums von Jesus Christus »entsteht immer ein Neues. Wir machen uns nur Illusionen, wenn wir meinen, draußen würde genau dieselbe Kirche, wie wir sie haben. Es wird immer andere Kirche« (W.Freytag). Folglich ist nicht zu erwarten, daß Menschen einer anderen geschichtlichen Situation auf den Ruf des Evangeliums die gleiche Antwort geben, die der M.ar gegeben hat. In der → Bekehrung (: V) ist auf keine Wiederholung des Bekehrungserlebnisses zu sehen, das der M.ar meist im Bereich der → Erweckungsbewegung als intensive Erfahrung des Gnadendurchbruchs hatte. Demgegenüber zeigt sich der Herrschaftswechsel in der Regel zunächst als eine Revolution des Gesetzes, unter dem man lebt. Das neue Leben gestaltet sich auf dem Hintergrund bisher prägender Faktoren und im Rahmen der unmittelbaren Umgebung anders, als es dem M.ar ideal erscheinen mag (→ Gemeinde: V). In der Kommunikation und im Gemeindeaufbau auf eine glatte, wenn auch einfältige Wiederholung der in sich ja schon unterschiedlichen westlichen Antworten auszugehen, hieße letztlich Kommunikation in Erziehung umzubiegen und sie damit aufzugeben. Wird freilich in der Kommunikation ganz auf das nicht verrechenbare Wirken des Hl. Geistes vertraut, so muß gerade in diesem Vertrauen die Antwort freigegeben werden. Nur so bleibt das Evangelium Evangelium und verwandelt sich nicht unter der Hand des in seiner Verantwortung besorgten M.ars zum Gesetz. Damit ist der Gefahr der Gewissensüberfremdung gewehrt und der Weg der Botschaft zum → *Gewissen* des Hörers, in dem die eigene Antwort des Glaubens als Ja zur Zukunft in Christus und als Ja zum Gehorsam gegeben wird, frei gemacht (vgl. 1Kor 10, 29f). Die Frage nach der rechten Einwurzelung ist weniger ein völkisches (→ Volk: III) als vielmehr das Problem des Gewissens.

Kommunikation bedeutet in dem Sinne *Mit-Teilung* des Evangeliums, als sie sich nur in der weitest möglichen Solidarität mit dem Hörer, in der Begegnung mit dem Menschen in seiner unmittelbaren Umgebung, im Verstehen seiner religiösen, kulturellen, sozialen, nationalen und nicht zuletzt seiner intimen Bindungen, vor allem aber nur in der Liebe ereignen kann, die dem Menschen ohne Christus entgegengebracht wird und die sein menschliches Vertrauen weckt (T. → Kagawa). Das gilt für alle m.en Tätigkeiten von der Straßenpredigt bis zum Krankenbesuch. Der M.ar muß deshalb zur Kommunikation bes. qualifiziert sein und für ihren je verschiedenen Vollzug vielfältig und intensiv ausgebildet werden. Gründliche Kenntnis der Sprache und damit des ganzen Lebens des Hörers ist entgegen anderen Ansichten unerläßlich; die Bemühung um einen situationsgemäßen Ausdruck der Botschaft bis hin zu ihrer dramatischen Darbietung ist strikt erforderlich. - Kommunikation ist zunächst Gespräch und wird dieses immer mehr sein müssen, wenn das Evangelium durch die Mauer nachchristlicher Immunität dringen soll, die klassisch im → Islam aufgerichtet ist, sich aber immer mehr auch dort zeigt, wo → Hinduismus, → Buddhismus und → Shintoismus in der Lehre und Praxis nachchristliche Züge entwickeln und mit diesen die christliche Botschaft zu überbieten versuchen. Gespräch ist zunächst auch immer dort erforderlich, wo die Kirchen in Asien und Afrika Öffentlichkeitsarbeit zu übernehmen haben und sich gemeinsam mit den M.aren bes. zB mit den Gewerkschaften als neuem Heilsweg auseinandersetzen müssen. Nur im Gespräch wird es möglich sein, die im Vordergrund stehenden sekundären Mißverständnisse der Botschaft, der Kirche und des Christentums auszuräumen, vor allem aber die Einsicht zu wecken, daß der M.ar nicht nur »bekehren«, sondern auch verstehen möchte. Zugleich kann im Gespräch der Punkt gefunden werden, an dem der Mensch tatsächlich lebt und sich behaupten will. Stehen für den M.ar die Gegenstände dieses Gespräches voll und ganz auf dem Hintergrund der ihm anvertrauten Botschaft, so wird diese im gegebenen Augenblick laut werden und zu ihrem Ziel im Gewissen des Hörers kommen.

R.ALLEN, M.ary Methods: St.Paul's or Ours, London (1912) 1956⁴ - DERS., The Spontaneous Expansion of the Church, ebd (1927) 1956³ - W.FREYTAG, Die junge Christenheit im Umbruch des Ostens, 1938 - DERS., Das Problem der zweiten Generation in der jungen Kirche (EMZ 1, 1940, 198-210) - DERS., Wie Heiden Christen werden (M. u. Pfarramt 33, 1940, 10-15) - DERS., Kirchen im neuen Asien, 1957 - H.SCHÄRER, Die m.e Verkündigung auf dem M.sfeld, 1946 - J.V.TAYLOR, The Development of African Drama for Education and Evangelism (IRM 39, 1950, 292-301) - DERS., The Growth of the Church in Buganda, London 1958 - H.WYDER, Die Heidenpredigt, 1954 - H.R.WEBER, R.Allen (EMM 99, 1955, 150 bis 158) - DERS., The Communication of the Gospel to Illiterates, London 1957 - D.A.MCGAVRAN, The Bridges of God, ebd 1955 - J.S.TRIMINGHAM, Die christl. Kirche u. der Islam in Westafrika (EMZ 12, 1955, 129-139. 167-173) - P.BEYERHAUS, Die Selbständigkeit der jungen Kirchen als m.es Problem, 1956 - K.CRAGG, The Call of the Minaret, New York 1956 - ST.C.NEILL, The Unfinished Task, London 1957 - H.-D.WENDLAND, M.e Verkündigung u. soziales Handeln der Kirche (EMZ 14, 1957, 141-149) - H.KRAEMER, From M.field to Independent Church, London 1958 - DERS., Die Kommunikation des christl. Glaubens, 1959 - J.MARGULL, Nicht unsere, sondern Christi M. (ÖR 7, 1958, 176-186) - B.SUNDKLER, Response and Resistance to the Gospel in a Zulu Congregation (Basileia, hg.v. J.HERMELINK u. H.J.MARGULL, 1959, 128-145) - DERS., They Serve the Church in Africa, London 1960 - TH.MÜLLER-KRÜGER, Theol. in loco? (Basileia 313-325) - G.EICHHOLZ, Paulus im Umgang mit jungen Kirchen (ebd 49-59) - R.K.ORCHARD, Out of Every Nation. A Discussion of the Internationalizing of M.s, London 1959 - E.H. ROBERTSON, Tomorrow is a Holiday, ebd 1959. - Dazu die bei → Mission: III A genannten Arbeiten von KRAEMER, NEWBIGIN u. MARGULL.

J.Margull

III C. Geschichte

1. 16.-17.Jh. - 2. Der Aufbruch im 18.Jh. - 3. Das »M.s-Jh.« - 4. Die Zeit der »jungen« Kirche. - Zur Ausbreitung des Christentums vgl. ergänzend → Christentum: III

1. Die Wurzeln aller ev. M. reichen bis zur reformatorischen Neuentdeckung der Dynamik des Wortes und der Zeugnispflicht der Gemeinde zurück (→ Luthertum: IV). Als Auswirkung dieser Erkenntnisse sind, innerhalb der beschränkten äußeren Möglichkeiten, die Versuche missionarischer Kontakte mit dem → Islam (: III), mit Juden (→ Judenmission), mit Slavenvölkern und mit Heiden in Nordeuropa ebenso beachtlich wie das ref. M.sexperiment in Brasilien 1556-58 (de → Villegaignon). Differenzierungen des M.smotivs in Anlehnung an humanistische Gedanken von der »Seligkeit der Heiden« (→ Zwingli, → Bucer), in Verbindung mit dem Bischofsamt (bei dem Anglikaner Hadrian Saravia, 1531-1613) oder einem spiritualistisch-ungebundenen Heidenapostolat (→ Paracelsus) blieben ohne praktische Wirkung. Die Orthodoxie zeigt überwiegend Zurückhaltung, die zeitbedingt und theologisch begründet war (→ Luthertum: IV), daneben aber auch eine Offenheit für die weltweite Sendung (Ph. → Nicolai), die je länger je mehr dem Drängen auf innerkirchliche Reform korrespondiert. Das kühne M.skonzept des J. v. → Welz mutete den Kirchen zu viel zu, war zudem mystisch-asketischer Tendenzen verdächtig und verfiel der Ablehnung. Auch → Comenius' M.sgedanken setzten sich nicht durch. Zur M.stat kam es, wo obrigkeitliche Verantwortung für heidnische Untertanen ihre Aufgabe fand: bei den Schweden in Amerika und vor allem bei den Holländern in Asien, die zwar, als Erben der portugiesischen theokratisch-kolonialistischen M., den Gefahren dieser Praxis nicht entgingen, sich aber vom röm. Beispiel auch zu missionstheologischer Besinnung anregen ließen (J.Heurnius, G. → Voetius, J. → Hoornbeek; M.sseminar des A. → Walaeus in Leiden 1622-32). Calvinistischer Wille zur Heiligung der Ehre Gottes in der Welt, dazu puritanischer Biblizismus, Dienstgedanke und Naherwartung des Endes, wie sie schon von Richard Sibbs (1557-1635) als M.simpulse geltend gemacht waren, trugen die Indianer-M. des J. → Eliot (→ Indianer: II), die auch methodisch bahnbrechend war und im England Cromwells starkes Echo fand (1649 M.sgesellschaft zu Eliots Unterstützung). Die an-

schließende Epoche der dem → Deismus entgegenwirkenden Religious Societies bereitete weiter den Boden für eine englische Welt-M. (S.P.C.K. 1698, S.P.G. 1701; → Anglikanische Kirche: II), mit Betonung der pädagogisch-seelsorgerlichen Aufgabe in den Kolonien. In Deutschland setzte sich gleichzeitig → Leibniz, angeregt von der röm. China-M. (→ China: IV B), für propagatio fidei per scientias ein, ähnlich der ref. Theologe Konrad → Mel.

2. Im Bereich des Halleschen → Pietismus gelang es, die verschiedenen Impulse aufzunehmen und zugleich durch Rückgriff auf die reformatorische theologisch-kirchliche M.smotivierung so zu vertiefen, daß erstmals ein M.sschwerpunkt von ökumenischem Rang und mit Kontinuität gebildet wurde, bei dem die theokratisch-kolonialistische, die mystisch-asketische und die kulturpropagandistische Gefahr weitgehend vermieden waren - die Dänisch-Hallesche M. von Tranquebar (→ Indien: IV, 3, A.H. → Francke, → Ziegenbalg). Luth. Obrigkeitsinitiative, durchgesetzt auch gegen kirchlichen Widerstand, ein offener Sinn für Gottes Sache in der Welt, pietistischer »Zeugentrieb«, der auf Grund der eigenen Heilserfahrung zur Rettung von Seelen drängt, wirkten zusammen, wobei der M.swille sich an die Kirche als den Ort, da die Botschaft auch unter Heiden ihre Stätte hat und selbst den Sammelpunkt der Neubekehrten schafft, gebunden wußte. Die missionsmethodischen Konsequenzen (→ Junge Kirchen) waren ebenso bedeutsam wie die vielfach verästelten Wirkungen in die Weite, nicht zuletzt infolge tätiger englischer Beteiligung (S.P.C.K.; A.W. → Böhme). Neben neuen dänischen M.sanfängen (→ Eskimo: II, → Egede) ist vor allem das 1732 begonnene weltweite M.swerk der Brüdergemeine (→ Brüderunität: II, 6) ohne das Beispiel von Tranquebar nicht zu denken, wollte doch der junge → Zinzendorf selbst M.ar in Indien werden und ging die Herrnhuter Südafrika-Arbeit (G. → Schmidt, 1737) noch auf Ziegenbalgs ausdrückliche Anregung zurück. Während die Dänisch-Hallesche M. nach 1780 zusehends erlahmte, vermochte sich die obrigkeitsfreie Gemeinde-M. der Herrnhuter, der es weniger auf Kirchengründung als auf breit gestreute Gewinnung von »Seelen für das Lamm« ankam und deren Mitarbeiter sich meist aus Laienbrüdern rekrutierten, auch durch die Aufklärungszeit hindurch zu halten und den eigenen Typus fortzubilden.

Die für den pietistischen Neuansatz bezeichnende Verbindung von → Erweckung und M. hat auch im angelsächsischen Bereich weitergewirkt, so bei J.→Wesleys herrnhutisch mitbestimmter, urchristlich orientierter Sicht der M., die freilich durch ihn noch nicht und durch Th. → Coke zunächst nur tastend verwirklicht wurde, ferner bei anglikanischen Evangelicals in einem M.sexperiment in Amerika (1772; Countess of Huntingdon, Th.Haweis) und in der auch m. bedeutsamen Gründung der Sklavenfreistatt Sierra Leone (→ Afrika: IV B, 1 a α). In Amerika hatte der Puritaner Cotton → Mather mit Halle, London und Tranquebar Verbindung. In dem durch J. → Edwards geprägten Great Awakening erschien dann die M. als heilsgeschichtliches Korrelat der Epoche vor dem Millennium. Richtete sich das praktische Interesse vorerst auf Indianer-M. im eigenen Land (David Brainerd, 1718-47), so empfahl Edwards seit 1742 doch auch eine universale Gebetsgemeinschaft für Gottes Sache in aller Welt, die sogleich in Schottland verwirklicht wurde, dann auch in englischen baptistischen Kreisen, aus denen hernach W. → Carey hervorging. Careys »Enquiry« (1792) konzentrierte die Tendenzen der Zeit im Aufruf zu ökumenischer M.stat, bei dem die beginnende Expansion britischer Weltmacht den realen Hintergrund und der Zeugniswille der Erweckten, mit Einschluß aufklärerisch-humanitärer Motive, die treibende Kraft bildeten.

3. Als *»M.s-Jh.«* erschließt sich das 19.Jh. nur dann, wenn man der neugeweckten m.en Dynamik sowohl in ihren Auswirkungen in Übersee (→ Christentum: III; Länderartikel) als auch bis in die Geschichte der einzelnen Träger der M. hinein nachgeht, mit ständiger Rücksicht auf den kirchen-, welt- und religionsgeschichtlichen Kontext. Hier ist nur für grobe Andeutung der wichtigsten Entwicklungstendenzen Raum.

a) Die Sammlung der Kräfte am Ausgang des 18.Jh.s fand zuerst in *England* und *Schottland* den Weg zur Tat: 1792 durch die M. der → Baptisten (: II, → Carey), 1795 durch die → Londoner M. (L.M.S.), 1799 durch die (1812 so benannte) Church Missionary Society (→ Anglikanische Kirche: II), ferner durch die erste schottische M.sgesellschaft (1796, → Schottland: II). Anglikaner und Freikirchler standen zunächst noch eng zusammen im Geist des Revival, der auch die Traktat- und die Bibelgesellschaft inspirierte (1799, 1804; → Bibelgesellschaften), beide von hoher Bedeutung für die M. Aber konfessionelle Differenzierung machte der »Zeit der Unschuld« bald ein Ende. Hauptträger der M. der Kirche von England wurde die S.P.G., nun auch über die Kolonien hinaus, der 1859 die der Oxford-Bewegung nahestehende Universities' M. folgte, mit dem Ziel der Gründung autonomer überseeischer Zweige der Anglican Communion. Es konnte nicht ausbleiben, daß auch die nichtanglikanischen M.en deutlichere denominationelle Konturen annahmen. Selbst die L.M.S., einst überkirchlich bestimmt, erhielt zunehmend kongregationalistisches Gepräge. Als Reaktion schuf der radikalisierte Geist des Revival neue nichtkirchliche M.sgesellschaften von eigenem, durch strengen Biblizismus und intensivierte Enderwartung bestimmtem Stil, unter denen H. → Taylors → China-Inland-Mission führend wurde. In allen Typen entwickelte sich, trotz andauernden Ringens mit dem um sich greifenden westlichen Säkularismus, ein bald stärkerer, bald schwächerer Einschlag von nationalem Pathos, das mit der britischen Handels- und Kolonialpolitik Fühlung hielt und dieser zugleich humanitäre Züge zu geben suchte. In D. → Livingstone hat diese Wechselbeziehung eine geschichtsmächtige m.e Wirkung erreicht, während sie anderswo auch einer Aushöhlung des m.en Motivs vorarbeiten konnte.

b) Die Entwicklung in *Kontinentaleuropa* ist eng mit der englischen verbunden, war doch die erste kontinentale M.sgesellschaft, die niederländische (1797, → Niederlande: III), als Hilfsgesellschaft der L.M.S. entstanden. Auch die Neueinsätze im deutschen Sprachbereich, zwar noch zT direkt verwurzelt in der Dänisch-Halleschen und Herrnhuter Tradition, sind ohne die Kontakte mit England nicht zu denken (→ Missionen, deutsche: I). Sowohl J. → Jänickes Berliner M.sschule (1800) als auch das Basler Seminar (1816, → Basler Missionsgesellschaft) haben jahrelang Nachwuchs für englische M.en ausgebildet, solange diese im eigenen Land keine Mitarbeiter fanden. Zugleich läßt sich noch bis in die kontinentalen Gründungen der 20er Jahre bewußte Anlehnung an die englischen Vorbilder nachweisen. Bischof Hebers Wort galt auch jetzt: Quot rami, tot arbores. Beherrschte der überkirchliche Erweckungstyp die Frühzeit, so folgten ihm auch hier, nun im luth. Bereich, die kirchlichen M.en, die zwar der Vereinsform treu blieben, im übrigen aber »die Kirche in ihrer M.stätigkeit« (L.A.Petri) darstellen wollten (→ Luthertum: IV). Es war bedeutsam, daß auf diesem Boden auch das Erbe der Tranquebar-M. erneuert wurde (→ Leipziger Mission) und der luth. M. damit ein Maßstab gesetzt war, der auf die ganze luth. Erweckung zurückwirkte. Zu luth. Kirchen-M. im eigentlichen Sinn kam es freilich nur in Skandinavien (→ Schweden: III, → Norwegen: III). Die Typen der »Glaubens-M.« entwickelten sich auch auf dem Kontinent, meist angeregt durch die China-Inland-M. und oft eng mit ihr assoziiert. Kolonialer Einschlag spielte eine untergeordnete Rolle. Dafür bildete sich in der deutschen M. aber ein spezifisches »Ethnopathos« heraus, das von sorgsamer Pflege eingeborenen Volkstums zur Idee der Volkschristianisierung fortschritt und sich gelegentlich auch mit kulturpropagandistischen Tendenzen vereinen konnte.

c) *Amerika* hatte durch J.Edwards der europäischen Entwicklung entscheidende Impulse gegeben. Es empfing deren Ertrag zurück, als sein Second Awakening (1790–1820) durch englisches Beispiel den Durchbruch zur M.stat fand, so gewiß dieser schon von einheimischen M.svereinen vorbereitet war (1810 American Board, → Vereinigte Staaten: V). Während man anfangs noch alle Kräfte etwa im Sinn der L.M.S. zu sammeln trachtete, reflektierte das wachsende M.swerk bald die zunehmende Aufgliederung der Denominationen, wobei die mit europäischen Kirchen verbundenen Gruppen wie die Lutheraner (→ Luthertum: IV) verhältnismäßig spät zu eigenen Unternehmungen kamen. Die freikirchliche Struktur ermöglichte es, Kirche und M. in enger Zusammenordnung zu halten und die M. weitgehend als Sache der Gemeinden zu organisieren. Der alte Erweckungsimpuls, alle Kraft für die Ausbreitung der Herrschaft Christi einzusetzen, wirkte fort in dem Bemühen, schon jetzt und hier die Welt nachhaltig zu bessern, und führte zu großangelegten M.sprojekten mit volkserzieherischem und sozialem Schwerpunkt. So rückten die amerikanischen M.en hinsichtlich Aufwand an Menschen und Mitteln allmählich an führende Stelle, mit ständig wachsendem Anteil der Glaubens-M.en.

d) Die *kanadischen* (→ Kanada: II) wie die *australisch-neuseeländischen* M.en (→ Australien: IV), zunächst am englischen Vorbild orientiert, gewannen allmählich eigenständige Bedeutung. Die letzteren haben bes. große Verdienste um die M. im eigenen, südpazifischen Raum. Entsprechendes gilt für die M. der holländisch-ref. Kirche in *Südafrika* (→ Südafrikanische Union), wobei freilich Spannungen mit den älteren M.en aus Übersee entstanden.

4. Die Welt-M.skonferenz Edinburgh 1910 (→ Internationaler Missions-Rat, 2) gab Gelegenheit zu umfassender Bestandsaufnahme dessen, was der weitverzweigte opferreiche Einsatz im »M.s-Jh.« erreicht hatte, markierte aber auch den Übergang in eine neue Phase der M.sgeschichte. Nicht nur der Optimismus, der baldige Evangelisierung der Welt erhoffte, sondern auch der scheinbar sicher fundierte Bestand des M.swerks wurde in der Zeit der Weltkriege zutiefst erschüttert. Dabei wogen Terrainverluste zunächst nicht so schwer wie die Entfremdung innerhalb der ökumenischen M.sgemeinschaft, bes. nach dem 1. Weltkrieg, und, vor allem, die Auswirkungen des Verlusts an Glaubwürdigkeit, den der Westen in der farbigen Welt erlitt. Der dem Zerfall des → Kolonialismus korrespondierende → Nationalismus, die Ausbreitung von → Säkularismus und → Kommunismus einerseits und die Renaissance der nichtchristlichen Religionen andererseits trafen die M. um so härter, als sie sich von ihrem Anteil an dieser Entwicklung nicht freisprechen konnte. Der Verlust des chinesischen M.sfelds nach dem 2. Weltkrieg (→ China: IV C) sollte zum Symbol der Epoche werden, wenngleich anderswo die Arbeit zügig und mit sichtbaren Erfolgen voranging.

Indessen erwiesen sich die → »jungen« Kirchen – oft genug nur durch den Druck der Umstände in eine unsichere Autonomie gezwungen, nicht selten trotz aller vorbereitenden Arbeit der M. nur zögernd in ihrem Selbstsein anerkannt – als Träger neuer Hoffnungen, sofern sie ihre eigene M.sverantwortung wahrzunehmen und bewußt den eigenen Weg zu gehen begannen. So gewiß die Probleme ihrer Zusammenarbeit mit den M.en vorerst eher akzentuiert als gelöst wurden, so gewiß wurde schon vor dem neuen Sturm des 2. Weltkriegs die Gesamtentwicklung an wenigstens zwei Punkten nachhaltig beeinflußt: Die »jungen« Kirchen in ihrer Minoritätsstruktur haben zunehmend auf m.e Kräftekonzentration in Zusammenarbeit und Kircheneinheit gedrängt; sie haben ferner die Erkenntnis gefördert, daß M. nicht Sache von Kreisen und Gruppen, vollends nicht nur im Westen, sondern Gottes eigene Sache und daher unabdingbare Lebensfunktion der Gemeinde ist (→ Mission: III A). Beides war nicht gänzlich neu; aber beides mußte der M. und den Kirchen als Korrelat ihres Glaubensgehorsams neu bewußt werden, wenn die Krise bewältigt werden sollte. Die erste Anregung wurde teils in der Entwicklung ökumenischer Zusammenarbeit in der M. seit Edinburgh (→ Internationaler Missions-Rat), teils im Fortschreiten der kirchlichen → Einigungsbestrebungen (: VII) missionsgeschichtlich wirksam. Die zweite, anfangsweise aufgenommen in den Welt-M.skonferenzen zwischen den Kriegen, sollte die Nachkriegsentwicklung wesentlich mitbestimmen (→ Mission: III D).

Allgemein: G.Warneck, Abriß einer Gesch. der prot. M.en, (1882) 1913[10] – J.Richter, Allg. ev. M.sgesch., 5 Bde, 1906–32 – Ders., Ev. M.skunde II: Ev. M.sgesch., (1920) 1927[2] – C.Mirbt, Die Ev. M., 1917 – H.Frick, Die ev. M., 1922 – M.Schlunk, Die Welt-M. der Kirche Christi, (1925) 1951[2] – Latourette III–VII (Lit.). – Zu 1 s. die Lit. zu → Luthertum: IV, ferner: H.A.van Andel, De Zendingsleer van Gisbertus Voetius, Kampen 1912 – F.R.Merkel, G.W.v. Leibniz u. die China-M., 1920 – K.Goldammer, Aus den Anfängen ev. M.sdenkens (EMZ 4, 1943, 42–71) – O.Reverdin, Quatorze Calvinistes chez les Topinambous, Genf 1957 – H.Geissler, J.A.Comenius als Wegbereiter ev. M.sdenkens (EMZ 14, 1957, 74–82). – Zu 2: M. Richter, Der M.sgedanke im ev. Deutschland des 18.Jh.s, 1928 – E.Schick, Vorboten u. Bahnbrecher, 1943 – J.Foster, The Bicentenary of J.Edwards' »Humble Attempt« (IRM 37, 1948, 375–381) – M.Schmidt, Der M.sgedanke des jungen Wesley auf dem Hintergrund seines Zeitalters (ThViat 1948/49, 80–97) – Ders., Der junge Wesley als Heidenmissionar u. M.stheologe, 1955 – E.Benz, Pietist and Puritan Sources of Early Protestant World M.s (ChH 20, 1951, 28–55) – A.Lehmann, Es begann in Tranquebar, (1955) 1957[2] – H.-W.Gensichen, Fernwirkungen der dänisch-hallischen M. (Luth. M.s-Jb. 1956, 54–65) – E.Beyreuther, A.H.Francke u. die Anfänge der ökumenischen Bewegung, 1957 – P.Kawerau, Amerika u. die oriental. Kirchen (AKG 31), 1958 – R.P.Beaver, Eschatology in American M.s (Basileia, Festschr. f. W.Freytag, 1959, 60–75). – Zu 3 außer den Geschichten der M.sgesellschaften (Latourette IV, 463 bis 496): E. zur Nieden, Der M.sgedanke in der syst. Theol. seit Schleiermacher (BFChTh 31, 3), 1928 – O.Kübler, M. u. Theol. Eine Unters. über den M.sgedanken in der syst.Theol. seit Schleiermacher, 1929 – E.Payne, The Growth of the World Church, London 1955. – Zu 4: Interpretative Statistical Survey of the World M. of the Christian Church, London-New York 1938 – Latourette, Gesch. – Ders., The Unquenchable Light, 1945 – Ders.-W.R.Hogg, World Christian Community in Action. The Story of World War II and Orphaned M.s, New York-London 1948 – W.R.Hogg, Ecumenical Foundations, New York 1952; dt.: M. u. Oekumene, 1954 – S.Neill, The Unfinished Task, London 1957 – L.Newbigin, One Body, One Gospel, One World. The Christian M. Today, London-New York 1958.

H.-W.Gensichen

III D. Gegenwärtige Lage

K.S.Latourette gab dem 7.Bd seines Werkes »History of the Expansion of Christianity« den Titel »Advance through Storm«. Damit meinte er den Sturm, der 1914 über Europa hereinbrach und weltweite Umwälzungen zur Folge hatte. Für die M.en ließ dieser Sturm auch mit dem Ende des 2. Weltkrieges nicht nach. Dennoch bewerteten sie zusammen mit den »jungen« Kirchen die Lage mit einiger Zuversicht - zB 1947 auf der Versammlung des → Internationalen Missions-Rates in Whitby, Kanada -, denn sie sahen eine vielversprechende und reiche Möglichkeiten bietende Zeit vor sich. Der in Whitby geprägte Begriff »Expectant Evangelism« war Ausdruck dieser Zuversicht. Freilich war man sich über die tatsächlichen Schwierigkeiten in einer Welt im klaren, die gerade aus Kriegs- und Notzeiten hervorgegangen war. »Was wir sehen«, hieß es in dem Bericht von Whitby, »ist eher die *Verheißung* einer Erweckung, die Gottes Gnade einer ihm treuen Kirche gewähren kann, als die *Tatsächlichkeit* einer gegenwärtigen Erweckung.« Außerdem erinnerte der Bericht, wenn er von den »offenen Türen« für die M. in Afrika und Asien sprach, an die »vielen Gegner«, und er erkannte, daß sich einige der bestehenden Möglichkeiten »in Ländern ergeben, in denen das Evangelium wahrscheinlich nicht vor 10 oder 15 Jahren freien Eingang finden wird«.

Die Ereignisse haben dieser Warnung Recht gegeben. Bei den Diskussionen in Whitby war keine Delegation so hoffnungsvoll wie die chinesische, und gerade sie gab den Europäern und Amerikanern einen überzeugenden Eindruck jener »Partnerschaft im Gehorsam« zwischen den »jungen« und »alten« Kirchen, mit der sich die Versammlung zentral beschäftigte. Bereits 4 Jahre nach Whitby hatten sich jedoch die meisten der großen westlichen M.en aus China zurückziehen müssen, und fast alle vertrauensvollen, persönlichen Beziehungen, die so lange zwischen chinesischen Kirchenführern und westlichen M.aren bestanden hatten, waren zerbrochen. Nahezu 40 Jahre lang war → China (: IV C) für die prot. M.en das M.sgebiet par excellence gewesen. Die Zerschneidung der sichtbaren Bande zwischen der christlichen Bewegung in China und den Kirchen im Westen stellt sowohl in sich selbst als auch in vielen ihrer Konsequenzen das ernsteste Problem in der gegenwärtigen m.en Situation dar. Denn China ist das extreme Beispiel der radikalen Änderung in den Beziehungen zwischen dem Westen, aus dem die neuere M.sbewegung hervorgegangen ist, und Asien und Afrika, denen die M. in erster Linie gegolten hat.

Auch in anderen Ländern, die nicht in so starkem Maße vom → Kommunismus (: IV) durchzogen sind, hat die politische und soziale Gärung weitreichende Konsequenzen für die M. gehabt. Der Kampf um die politische Unabhängigkeit in → Indonesien hat die langdauernde Verbindung mit den holländischen M.en (→ Niederlande: III) fast zum Erliegen gebracht. Die schwierige Erneuerung der Gemeinschaft war nur auf einer neuen Basis für die M.en und die einheimischen Kirchen möglich. In den asiatischen Gebieten des britischen Commonwealth lassen jene Länder, die seit 1945 politisch unabhängig geworden sind - wie → Indien, → Burma und → Ceylon -, westliche M.are zwar immer noch zu, haben aber ihre Zahl durch Einwanderungsbestimmungen beschränkt. Die Regierungen bestehen darauf, daß dauernde oder langfristige Aufenthaltsgenehmigungen nicht an Ausländer für solche Stellungen gegeben werden, die ebensogut von Einheimischen ausgefüllt werden können. Die Tendenz geht außerdem dahin, jenen M.aren die Einreise zu verweigern, die ausdrücklich erklären, sie wollten → »Evangelism« (= heiden-m.e Verkündigung; → Mission: III B) betreiben.

In steigendem Maße unterscheiden asiatische Regierungen zwischen der Tätigkeit ausländischer M.are auf erzieherischen, medizinischen und anderen sozialen Gebieten (dies wird im allgemeinen als Beitrag zum Aufbau der neuen Gesellschaft begrüßt) und dem, was sie → Proselytismus nennen, der als spalterisch und als Bedrohung der kulturellen Integrität des betr. Landes angesehen wird. In einigen Fällen resultiert die letztere Auffassung aus dem neuen Selbstbewußtsein der nichtchristlichen Religionen. In den buddhistischen und islamischen Ländern wird die Loyalität gegenüber der traditionellen Religion und das Interesse an deren Wiederbelebung als nationale Pflicht gewertet, der man sich mit einem Religionswechsel entzieht (→ Nationalismus: II). Damit im Zusammenhang steht die immer stärker werdende Forderung asiatischer Regierungen, daß Kinder nichtchristlicher Eltern in christlichen Schulen in ihrer eigenen Religion unterrichtet werden müssen. Die M.en reagieren auf diesen Druck nicht einheitlich (eine Minderheit hält es für möglich, mit gutem Gewissen nachzugeben); in jedem Fall sind diese (wie auch andere) Bestrebungen geeignet, die erzieherische Arbeit der M.en einzuschränken und ihnen damit eine ihrer wichtigsten Möglichkeiten zu nehmen.

Die gegenwärtige Stellung der nichtchristlichen Religionen innerhalb der gesamten m.en Situation ist in sich selbst ein weites und komplexes Problem. Besondere Aufmerksamkeit verdient die Tatsache, daß die Auffassungen, die vor 30-50 Jahren verbreitet waren, nicht mehr gültig sind. Damals wurde weithin angenommen, der → Islam befinde sich »in einem Schmelztiegel« und habe wenig Aussicht, als lebendige Kraft daraus hervorzugehen, und → Buddhismus und → Hinduismus gingen dem Ende ihres Anspruchs auf die intellektuelle und geistige Gefolgschaft »moderner« Menschen entgegen. Die Zeit hat das Gegenteil bewiesen. Wesen, Bedeutung und anhaltender Erfolg dessen, was »Renaissance« der nichtchristlichen Religionen genannt wird, ist strittig. Eindeutig ist jedoch, daß die M.en zu neuer Auseinandersetzung mit diesen historischen »Alternativen« zum Christentum aufgerufen sind, und zwar nicht nur wegen des Zusammenhangs zwischen deren Wiederaufleben und dem kulturellen und politischen Geschehen in Asien, sondern auch und vor allem der Frage wegen, inwiefern gegenüber ihren religiösen Forderungen der Anspruch des Evangeliums auf Einmaligkeit formuliert und gelehrt werden kann.

Im allgemeinen sind die Kräfte, die in Asien die Beziehungen zwischen der M. und den Empfängern der christlichen Botschaft verändert haben, bis jetzt in → Afrika (: IV B. C) weniger stark gewesen oder zumindest langsamer in ihrem Ansturm auf die westlichen M.en. Die Arbeit der meisten europäischen und amerikanischen M.en hat sich seit 1945 eher vermehrt als vermindert. Dies trifft auch auf die Arbeit der niederländischen ref. Kirchen Südafrikas unter der Bantu-Bevölkerung innerhalb der → Südafrikanischen Union und in anderen afrikanischen Gebieten zu. Als → Ghana unabhängig wurde, zollten Sprecher der neuen nationalen Regierung der Arbeit der M.en öffentlich Beifall und verliehen dem Bedürfnis des Landes nach der Fortsetzung dieser Arbeit Ausdruck. In Ostafrika war nicht einmal die Mau-Mau-Bewegung in → Kenya vorwiegend gegen die M. eingestellt, obgleich vor allem die afrikanischen Christen unter ihren Gewalttätigkeiten zu leiden hatten. Im allgemeinen sind der von den M.en bei der Wiederaufbauarbeit in Kenya geleistete Beitrag und das Entgegenkommen, das sie im Osten in → Tanganyika und im Westen in Ghana, → Nigeria und Sierra Leone genießen, gute Zeichen für die in Afrika immer noch gegebenen Möglichkeiten. In Zentralafrika allerdings ist die Lage - trotz vermehrter m.er Tätigkeit - unsicherer angesichts der immer noch erfolglosen Versuche, die politische Zukunft vielrassiger Gebiete zu lösen. Über ganz Afrika liegt das Rassenproblem (→ Rasse: III) mit seinen vielfältigen politischen Formen und seinen bedrohenden Möglichkeiten, die jeden Augenblick das ganze System radikal verändern können, unter dem die M.en zZ ihre Freiheit genießen. - Trotz der bisherigen Freiheit von den störenden Kräften, die in Asien wirksam sind, ist die allgemeine Lage in Afrika keineswegs unproblematisch. Noch weniger bietet sie Grund zur Selbstzufriedenheit hinsichtlich der Errungenschaften der christlichen M.en. Wenn man über einen so großen und vielfältigen Kontinent wie Afrika auch nur mit vielen Vorbehalten verallgemeinernde Feststellungen treffen darf, so herrscht doch weitgehend die Ansicht vor, daß die im Entstehen begriffenen → »jungen« Kirchen nicht annähernd angemessen ausgerüstet sind, um mit der revolutionären Situation fertig zu werden, auf die hin sich der Kontinent als ganzes bewegt. Diese Sorge ist Teil eines weitreichenderen und tieferen Problems, eines der entscheidenden Kriterien der Zukunft der christlichen M.en, nämlich die Rolle, welche die jetzt in den historischen »M.sgebieten« bestehenden einheimischen Kirchen in der Welt-M. der Kirche spielen sollen.

Die sich wandelnden Beziehungen zwischen den sendenden Ländern des Westens und den empfangenden Ländern Asiens und Afrikas verleihen den »jungen« Kirchen eine größere Bedeutung als jemals zuvor und geben ihnen eine Schlüsselstellung in der M. Unabhängig von der politischen Entwicklung der jüngsten Vergangenheit haben die in Asien und Afrika arbeitenden M.en jahrzehntelang besonderen Nachdruck darauf gelegt, die Autorität von der M. auf die einheimische Kirche zu delegieren mit dem Ziel, daß die »jungen« Kirchen sowohl die m.e als auch die seelsorgerliche Verantwortung übernehmen sollen. (Selbst in China besteht eine merkwürdige und leicht ironische Parallele zwischen den Zielen der patriotischen »Three-self«-Bewegung, der die Kirchen verpflichtet sind, und dem klassischen M.sziel, das die Schaffung von »sich selbst erhaltenden, selbst regierenden und sich selbst ausbreitenden« Kirchen anstrebt.) Es ist heute deutlicher als je, daß dort, wo einheimische Kirchen existieren, die Triebkraft der M. von diesen ausgehen muß, wenn die Aufgabe der M. in dem Maße und mit der Tiefe erfüllt werden soll, die die heutige Lage - und das Evangelium - erfordert. An diesem Punkt erhalten zwei Fragen entscheidende Bedeutung: Wie stark sind diese Kirchen an Geistlichen, in ihrem m.en Wollen und Vermögen und ihrem Verständnis für die Art ihrer M. in ihrer unmittelbaren Umgebung? Wie können die Kirchen anderer Länder die örtliche und einheimische Verantwortung am besten fördern und sie zu einem Teil der M. der ganzen Kirche bis ans Ende der Welt machen? Auf die erste Frage kann bisweilen eine ermutigende Antwort gegeben werden. Bes. in Ostasien hat eine Bewegung, wie sie in der → »Ostasiatischen Christlichen Konferenz« 1949 in Bangkok und 1957 in Prapat/Indonesien ihren Ausdruck fand - Konferenzen, die 1959 zur Einrichtung einer ständigen Konferenz der asiatischen Kirchen und Christenräte führte -, im Grunde eindeutig ein Bewußtsein einheimischer Verantwortung gezeigt. Begabung für Führerschaft, verbunden mit echter m.er Hingabe, sind in dieser bedeutenden Bewegung asiatischer Christen weit verbreitet. Trotzdem zeigt das Gesamtbild auch manche Züge, die zu nüchterner Erkenntnis der relativen Schwäche dieser »jungen« Kirchen gegenüber ihrer Umwelt und ihrer Aufgabe zwingen. Zum größten Teil handelt es sich bei ihnen um Minderheitenbewegungen innerhalb ihrer nationalen Umwelt. Auch dort, wo ihre Anhänger nach Millionen zählen, wie in Indien und Indonesien, ist dieser Minderheitenstatus eindeutig. (Die christliche Bevölkerung Indiens macht wenig über 2%, die Indonesiens 4% der Gesamtbevölkerung aus.) In kaum einer der »jungen« Kirchen konnte das wirtschaftliche Problem des Unterhalts hauptamtlicher Geistlicher trotz bedeutsamer Bestrebungen gelöst werden. Ein fast ebenso großes Problem ist die Ausbildung der Pfarrer, und zwar nicht nur finanziell und personell, sondern auch theologisch im Hinblick auf die in einer veränderten Welt gestellte geistliche Aufgabe.

Diese Fragen, die bes. die »jungen« Kirchen und deren Teilnahme an der Welt-M. betreffen, haben aber auch ihr Gegenstück bei den »alten« Kirchen und sind für deren richtiges Verständnis der Art ihrer unmittelbaren und weltweiten M. ebenso erheblich. Hier beginnt die Frage nach der Ökumenizität der Kirche. Die Probleme der gemeinsamen m.en Aufgabe und des theologischen Verständnisses der M. sind in wachsendem Maße den »jungen« und »alten« Kirchen zusammen aufgegeben (→ Mission: III A. B). Schließlich drängt sich neben vielen anderen Fragen die Erkenntnis auf, daß angesichts des derzeitigen Bevölkerungszuwachses die unerledigten Aufgaben der M.en größer sind als je in einem Zeitalter, in welchem »die Geburtenziffern höher sind als die Bekehrungsziffern«.

Außer der Lit. zu →Mission: III B: LATOURETTE VII - R.B. MANIKAM (Hg.), Christianity and the Asian Revolution, Madras 1954. - Vgl. ferner die Jahresübersichten in IRM u. Jb. Ev. M. (Lit.).

N. Goodall

III E. Kirche und Mission

1. Geschichtlich - 2. »Junge« K.n und M. - 3. Organisatorisch. - K. = Kirche

1. Die verschiedenen Perioden in der M.stätigkeit haben eine je verschiedene Verhältnisbestimmung der m.en Arbeit zu den K.n mit sich gebracht. Die »absichtslose Ausbreitung« in der alten K. und zT im MA schuf keine besonderen Probleme organisatorischer Art, wenn auch die jeweilige Integration der durch die M. neu gewonnenen Gruppen und Nationen zu den formativen Grundlagen der KG des betr. Landes gehört (→ Bonifatius, → Konstantin und Methodius). Die zunehmende M.stätigkeit der röm.-kath. Orden vom 16.Jh. an (→ Jesuiten, 5, → China: IV B, → Indien: IV) wurde in ihrem Sonderstatus anerkannt, aber seit der Gründung der → Propaganda-Kongregation (→ Mission: III F) immer stärker aus dem Patronat der portugiesischen und spanischen Krone unter direkten Einfluß der Kurie gebracht.

Die neuzeitliche *prot.* → Mission (: III C) hatte in ihren Vorläufern noch keine grundsätzliche Auseinandersetzung in der Frage des Verhältnisses von K. und M. zur Folge. Die frommen Gesellschaften der → Anglikanischen Kirche (: II; S.P.C.K., S.P.G.) waren, ähnlich wie die Ansätze H.Savarias und J.v. → Welz', zunächst private Unternehmungen. Bei → Zinzendorf, dessen Brüdergemeine (→ Brüderunität: II, 6) in ihrer weltweiten Wirksamkeit zum ersten Mal grundsätzlich die territorialkirchliche Sicht durchbrach, wurde die Frage auf Grund der Tropenidee ausgeklammert.

Während des »großen Jh.s« der M. sind *drei Perioden* zu unterscheiden. a) Die ersten M.sgesellschaften, die in → England (: IV; → Baptisten: II, → Londoner Mission, → Church Missionary Society, → Methodismus: II), auf dem Kontinent (→ Basler, → Rheinische, Pariser [→ Frankreich: IV], → Berliner, → Norddeutsche, Norwegische M.sgesellschaft [→ Norwegen: III] usw) und in Nordamerika (American Board, → Vereinigte Staaten: V) entstanden, gingen von einem Verständnis des Reiches Gottes aus, wie es auf dem europäischen Festland in der → Christentumsgesellschaft seinen Niederschlag gefunden hatte. M. bedeutete Arbeit für das Reich Gottes; die K.n in ihrer organisierten Form traten dabei zurück. Die Organisationsform der Sozietät zeigt zugleich die Verwurzelung dieses Denkens in Geistesströmungen und religionssoziologischen Schichtungen des 17. und 18.Jh.s. In enger persönlicher Verbindung zu anderen »Reich-Gottes-Arbeiten« (→ Bibelgesellschaften, → Chrischona) entstand dabei hinsichtlich der Trägerschaft der M. eine Atmosphäre vorökumenischer Ökumenizität. Ganz bewußt wollte man nicht die abendländischen Konfessionen in den M.ländern reproduzieren, sondern nichts als »the Glorious Gospel of the Blessed Lord« (→ Londoner Mission) predigen. - b) Die *zweite Phase* der m.en Aktion, die um die Mitte des Jh.s zu ihrem Höhepunkt kam, ist demgegenüber, nicht ohne Einwirkung romantischer Gedanken, durch eine deutliche Hinwendung zur konkreten, in Bekenntnis und Ordnung identifizierbaren K. gekennzeichnet. In der Geschichte der M.sgründungen zeigt sich diese Wendung in dem Entschluß des Dresdner Hilfsvereins der Basler M., sich von Basel loszusagen (1836), weil luth. K. nur luth. M. treiben könne (→ Leipziger Mission). Der konfessionelle Charakter dieser zweiten Welle der m. wirksamen Erweckung ist aber nicht, wie oft irrtümlich angenommen wird, auf die Lutheraner beschränkt. In Parallele zu den Wurzeln der Leipziger, der → Hermannsburger und → Neuendettelsauer Mission muß die Oxford-Bewegung (→ Hochkirchliche Bewegung: I) gesehen werden, die u.a. die Entstehung der Universities' M. to Central Africa im Gefolge hatte und die S.P.G. mit anglokath. Tendenz erfüllte (→ England: IV). Innerhalb der ref. K.n gehören hierher die »Gereformeerden« Gemeinden, die in den → Niederlanden (: III) auf A. → Kuyper zurückgehen und gleichfalls starke m.e Aktivität entfalteten. Auch die in dieser zweiten Phase in Europa entstandenen M.en konnten nur als Sozietäten m. wirksam werden. Bezeichnend sind die gescheiterten Versuche von L. → Harms, seine Hermannsburger M. der Hannoverschen Landes-K. zu übergeben. In charakteristisch abgewandelter Form wirkt freilich auch in diesen konfessionellen M.sgründungen die Idee von der Freiheit aller Reich-Gottes-Arbeit nach, die in Parallele zu → Wicherns Grundsatz von der K.nfreiheit der → Inneren Mission steht. - c) Die *dritte Phase* der Bildung von M.sgesellschaften steht in innerem Zusammenhang mit der Weiterführung der Erweckung zur → Heiligungsbewegung. Ihre Auswirkungen in Europa, vor allem seit → Moodys Evangelisationen, verbanden sich mit dem starken Ruf zu einer neuartigen Form der vom Gedanken der Allianz (→ Allianzbewegungen) getragenen M.sarbeit im Lebenswerk H. → Taylors (→ China-Inland-Mission). Die so entstandenen Gesellschaften in Deutschland (zB → Liebenzeller Mission, → Allianz-Mission Barmen, → Marburger Mission) sind oft geneigt, die Eigenständigkeit des m.en Gehorsams gegenüber der »Groß-K.« zu betonen. Das gilt, wenn auch in ganz anderer Ausprägung, ebenso von der → Ostasien-Mission, die bes. von den Theologen der → Religionsgeschichtlichen Schule unterstützt wurde und auf eine Begegnung der Kulturen Wert legte. - Insgesamt zeigt sich in der Geschichte der M.sgründungen im 19.Jh. (→ Missionen: I) in ihrer Beziehung zu den verschiedenen Frömmigkeitstypen die Frage nach dem Selbstverständnis der K. als geheimes Thema.

2. Von einer anderen Seite her wird im Verlauf der M.sarbeit die Frage nach dem Verhältnis zu den K.n neu und dringlich gestellt durch das Ergebnis der m.en Arbeit in Gestalt von Gemeinden und K.n, die aus der m.en Verkündigung erwachsen sind. Es zeigte sich, daß die Frage nach der konfessionellen Bestimmtheit dieser → »jungen« Kirchen wegen der kirchlichen Bindung der M.are nicht mit der Unbefangenheit der ersten, aus der frühen Erweckung stammenden vorökumenischen Gedanken realistisch gelöst werden konnte. Faktisch sind aus der Londoner M.sarbeit zB in Südafrika und in → Madagaskar kongregationalistisch verfaßte Gemeinden erwachsen. Die Rheinische M. hat zur Bildung von luth. K.n in → Südwestafrika und in Sumatra (→ Indonesien: IV) beigetragen. Umgekehrt ist aber eine bloße Übertragung des konfessionellen, konkret verstandenen K.ntums auch dem zweiten, kirchlich bestimmten Typus der M.en nicht möglich gewesen. Bezeichnend hierfür ist die papuanische Eigenart der luth. K. in → Neuguinea, die von Neuendettelsau ausging. Insgesamt hat außerdem die Sehnsucht nach der Einheit der K. gerade im Nebeneinander von konfessionell verschieden geprägten M.en besondere Früchte getragen (K. von → Südindien [C.S.I.]). - Auch von den »jungen« K.n her zeigt sich also, daß die Funktion der M.sgesellschaft im Verhältnis zur K. ständig neu durchdacht werden muß. Die Weltmissionskonferenzen (→ Internationaler Missions-Rat) haben in dieser Frage zur Klarheit darüber geführt, daß im Verhältnis zu den »jungen« K.n bei aller Vielfalt der organisatorischen und geschichtlichen Formen der leitende Gesichtspunkt »partnership in obedience« (Whitby 1947) sein muß. Die praktische ökumenische Zusammenarbeit verschiedener M.en wird daher immer stärker im Dienst von werdenden K.n Afrikas und Asiens ausgebaut. - Bei der Übernahme kirchlicher Formen aus den abendländischen K.n ist es in den »jungen« K.n neben der Versuchung eines unmissionarischen K.nverständnisses an manchen Stellen auch zur sozietären Bildung m.er Unternehmungen gekommen (National Missionary Society of India, → Indien: IV, 4 c). Daneben steht aber das Ringen um die Einbeziehung der m.en Aufgabe in die K. selbst (R. → Allen). In Bewegungen wie den »Zeugen Christi« (→ Batakkirche) oder in der besonderen M.smethodik, die im Anschluß an → Keyßer in Neuguinea entwickelt wurde, findet sich solche kirchlich fest verankerte m.e Aktion der »jungen« K.n. Diesen Vorgang zu stärken, ist Hauptaufgabe der → Ostasiatischen Christlichen Konferenz.

3. In den Heimatgebieten der abendländischen M.en hat in je verschiedener Weise die Frage nach dem Verhältnis der M.en zu den K.n neue Formen hervorgebracht. Bezeichnend ist, daß schon während des ganzen 19.Jh.s im denominationellen System der nordamerikanischen Freiwilligkeits-K.n die Möglichkeit bestand, die »M. Boards« als M.sabteilungen den K.n einzugliedern, bis hin zur Aufnahme der Foreign Missions Conference of North America in das neu formierte National Council of Churches of Christ (1950). In Europa muß man zwischen der anglikanischen und röm.-kath. Situation einerseits und der prot. andererseits unterscheiden. Die »Anglican Communion« (→ Lambethkonferenzen) bot die Möglichkeit, ein weltumspannendes Netz von Diözesen und Erzdiözesen (Provinces) zu knüpfen, das in einer gewissen Analogie zur röm.-kath. Hierarchie steht, während in den reformatorischen Kirchen solche Versuche unmöglich waren. Die wenigen Ansätze, die noch vom Summepiskopat des Landesherrn ausgingen (Dänisch-Hallische M. [→ Indien: IV, 3], Bistum → Jerusalem), sind nicht erfolgreich gewesen. Doch sind sich die europäischen K.n in den letzten Jahrzehnten ihres weltweiten Auftrages immer stärker bewußt geworden (→ Ökumenische Bewegung) und haben von daher den Kontakt mit den M.sgesellschaften gesucht. Theologisch geht es dabei um ein neues m.es Selbstverständnis der K. Für die Rechtsgestalt von M.en und Landes-K.n ergeben sich daraus eine Reihe von Problemen, die sich in KOen und kirchlichen Verlautbarungen niedergeschlagen haben.

Während in den skandinavischen Ländern durch die Beibehaltung des staatskirchlichen Schemas die m.e Arbeit grundsätzlich kirchenfrei sein muß, besteht auf dem Kontinent eine wachsende Tendenz zur Übernahme der M. in die ordentliche kirchliche Tätigkeit. Äußerlich zeigt sich das darin, daß nicht nur in den Bestimmungen über kirchliche Werke, sondern auch in den Präambeln der deutschen → Kirchenverfassungen (: VII) nach 1945 die Verkündigungsaufgabe der K. Jesu Christi an allen Menschen in aller Welt immer stärker aufgenommen wurde. Am weitesten in dieser Richtung ging die Entwicklung in der niederländischen ref. Kirche (Ned. Herv. Kerk), die in ihrer KO von 1951 den Artikel vom Apostolat (→ Mission: III A) ganz bewußt vor den von der K. stellte, was die Einbeziehung der M.sleitungen in die kirchenleitenden Organe zur Folge hatte. Ein anderer Weg hat sich in → Frankreich (: IV) ergeben, wo die prot. M., zusammengefaßt in der Société des M.s Evangéliques (Pariser M.), schon von der Geschichte her Sammelbecken aller prot. K.n war und in enger personaler Beziehung zur ref. K. Frankreichs steht. Erfolgreiche föderative Absprachen zwischen den verschiedenen M.sgesellschaften eines K.ngebietes, zT mit gemeinsamem M.sblatt, sind kennzeichnend für die Entwicklung in der Schweiz. Bezeichnend ist auch die Tendenz zu patenschaftlicher Verbindung einzelner K.nkreise und Gemeinden mit einzelnen K.n und Gemeinden in Asien und Afrika, die in den Vereinbarungen zwischen der Rheinischen M. und der Rheinischen und Westfälischen K. vorgesehen ist und sich bisher bewährt hat. Die Frage nach der Rechtsstellung der M.are innerhalb der heimatlichen K., die Konzentration auf Probleme der m.en Ausbildung und auf die Einbeziehung der gesamten Christenheit in das m.e Selbstverständnis stehen im Mittelpunkt der Bemühungen um neue organisatorische Formen des Verhältnisses von K.n und M.en. Ein wichtiges Dokument für diese Bemühungen bilden die Beschlüsse der Generalsynode der VELKD 1959. Schließlich sind die Verhandlungen zu nennen, die 1961 bei der dritten Vollversammlung des Ökumenischen Rates zur Integration mit dem → Internationalen Missions-Rat führen sollen. Wenn es sich dabei auch um Organe der internationalen Zusammenarbeit und gerade nicht um eine K. oder eine M. handelt, wirken doch diese Verhandlungen auf die angeschlossenen K.n und M.sgesellschaften bzw. M.sräte zurück.

Eine vorschnelle Übertragung der Integration auf das Verhältnis von K.n und M.en verbietet sich aber in den kontinental-europäischen Verhältnissen wegen des geschichtlich bedingten Reaktions-Charakters der sozietären Form der M., die das Pendant zum Landeskirchentum ist. Die M.sgesellschaften müßten ihren eigentlichen Auftrag, den Ruf zur Predigt vom Reich Gottes an alle Menschen als zur entscheidenden kirchlichen Aufgabe in der Welt, aufgeben, wenn sie sich in unveränderte landeskirchliche Formen einbauen ließen. Der Übergang von der landeskirchlichen Gestalt zu etwas Neuem, Weiterem, »Ökumenischerem« muß von ihnen mit getragen werden. Ein zweiter Grund, der zur Vorsicht mahnt, ist die Notwendigkeit, für die freie Gruppierung auch innerhalb verfaßter und ordentlich geleiteter K.n einzutreten. Die weit über die Möglichkeit kirchlicher Zusammenarbeit hinausgehende wirksame Arbeitsgemeinschaft der M.en muß außerdem als geistliches Moment erhalten und für die gesamte Christenheit in Europa fruchtbar gemacht werden. Es ist bezeichnend, daß zB in Deutschland an keiner Stelle eine so umfassende Zusammenarbeit kirchlich verschiedener Gruppen besteht wie im Deutschen Ev. → Missions-Tag. – In allen Bemühungen um die rechte Zuordnung von M. und K.n gilt es, den Raum dafür zu schaffen, daß die Erkenntnis der Weltmissionskonferenz in Ghana (1958; → Internationaler Missions-Rat, 11) zum inneren Prinzip kirchlicher Arbeit überhaupt werden kann: Nicht um unsere, sondern um Christi M. geht es.

Allgemein u. zu 1 s. die Lit. zu → Mission: III A. C, ferner: G. Menzel, Das Gespräch um »K. u. M.« im 19.Jh. (EMZ 13, 1956, 74-87. 109-119). – Zu 2: P. Beyerhaus, Die Selbständigkeit der jungen K.n als m.es Problem, 1956 – L. Newbigin, Die eine K., das eine Evangelium, die eine Welt (Welt-M. heute), 1959. – Zu 3: K. in der m.en Mitverantwortung. Vereinbarungen in Westfalen u. Rheinland (Ev. Welt 9, 1955, 217f) – G. Menzel, Was muß bei uns anders werden? Aussprache des DEMT zum Thema: »K. u. M.« (Dt. Ev. Welt-M., Jb. 1956, 3-20) – W. Ruf (Hg.), K. u. M. in Deutschland. Neue Dokumente (Luth. M.s-Jb. 1956, 120-138) – Ders., K. u. M. in den Glied-K.n der VELKD (ELKZ 13, 1959, 264-266) – Zs.: L'Actualité Missionnaire, Lausanne 1956ff – O. G. Myklebust, Church and M. in the Scandinavian Countries (Miss. Research Library New York, Occasional Bulletin VIII, 10/1957, 1f) – K. u. Äußere M. Beschlüsse u. Referate auf d. Landessynode 1957 der Ev. K. v. Westfalen, 1958 – Die Äußere M. im Leben der Gemeinde (Kirchl. Amtsblatt der Ev. K. v. Westf., III. Teil, 1/1959) – E. Jansen-Schoonhoven, Der Artikel »Vom Apostolat der K.« in der KO der niederländ. ref. K. (Basileia, W. Freytag z. 60. Geb., 1959, 278-284) – Die Sendung der K. in die Welt der Völker. Referate und Beschlüsse der Generalsynode der VELKD 1959 in Lübeck – W. Freytag, Die Landes-K. als Teil der Welt-M. (Informationsblatt f. d. Gemeinden in d. niederdt. luth. Landes-K.n 8, 1959, 333-338). *J. Hermelink*

III F. Kath. Mission

1. Recht und Pflicht der M. – 2. Auftrag und Ziel – 3. Durchführung, M.sträger und M.stätigkeit – 4. Erfolge – 5. Gegenwartsprobleme

1. Die »Nicht-Christen« befinden sich, weil und soweit sie »ohne Christus« (Eph 2, 11), ohne Verbindung mit Christus und der Kirche als dem fortlebenden Christus, in Unwissenheit, Irrtum, Sünde und Schuld, »fern von Gott«, auf »eigenen« (Apg 14, 16) und verkehrten Wegen sind, in einer *Situation des Unheils* im biblischen, theologischen Sinn des Wortes. Aber sie sind heilbar, freilich nicht aus eigener Kraft. Das Christentum vertritt im Gegensatz zur Selbsterlösungslehre des Hînayâna-→ Buddhismus und des → Atheismus den Gedanken der Fremderlösung. Die heil-losen Menschen sollen sogar geheilt werden. Deswegen hat Gott, der das Heil aller will, seinen Sohn und der Sohn in Weitergabe seiner Sendung die Apostel in die Welt gesandt und ihnen und damit der Kirche den Auftrag zur Welt-M. gegeben. Von dieser »Sendung« berichten alle Evangelien und die Apg (Mk 16, 15; Mt 28, 19f; Lk 24, 47; Joh 20, 21; Apg 1, 8). – Die »missio« besagt das gottgegebene *Recht* auf M.stätigkeit. Niemand darf den Gesandten dieses Recht streitig machen, niemand ihre M.stätigkeit verhindern oder behindern. Die M. ist sogar *Pflicht* der Gesandten. Sie ist wesentliche Funktion der Kirche. Die Kirche ist für die M. da. Eine Kirche ohne M. könnte nicht als die wahre Kirche Christi gelten. – Gemäß dem Auftrag zum *»Gehen«* dürfen sich die Gesandten nicht damit begnügen, Menschen zu sich kommen zu lassen. Sie müssen vielmehr zu ihnen hingehen und sie suchen, wo immer sie sich finden. *»Objekt«* der M. in räumlicher Hinsicht ist »alle Welt«. Personal sind es »alle Völker«, genauer die Nicht-Jünger, die Nicht-Christen (»Heiden«, Muslim, Juden, Säkularisten), nicht die – im Sinne der kath. Lehre – Häretiker, Schismatiker und verirrte oder sündenkranke Katholiken. Da im Auftrag von »Völkern« die Rede ist, genügt eine nur auf Individuen ausgehende M.stätigkeit nicht dem Befehl Christi. Tatsächlich soll und will die Kirche nicht bloß einzelne, sondern ganze Familien, Stämme und Völker »bekehren«.

2. Der *Auftrag* selbst heißt: »Machet zu Jüngern«, dh zu Christen. Dahinter steckt der Auftrag, die Völker von

den Göttern und Götzen jeder Art abzuwenden und durch Jesus Christus zu Gott dem Vater hinzuwenden und hinzubringen. Paulus wurde zu den Heiden gesandt, »um ihre Augen zu öffnen, damit sie sich bekehren von der Finsternis zum Licht und von der Gewalt Satans zu Gott« (Apg 26, 18). Zu »Jüngern« aber werden die Menschen durch die *Taufe* und das *Halten* alles dessen, was Christus befohlen hat, dh dadurch, daß sie den alten eigenen Weg verlassen, kehrtmachen (μετανοεῖν) und den Weg Christi gehen. – Wie Christus, so hat die *Kirche* seit jeher Glaubensboten ausgesandt, die im Grunde den gleichen Auftrag wie die Apostel haben, die also die Menschen, die ohne Heil sind, suchen, finden, besuchen und ihre Unheilssituation ins Gegenteil kehren, also »bekehren« sollen.

Das *Ziel* der M. pflegt man heute in der *Einpflanzung* oder Gründung der Kirche oder regionaler und lokaler Kirchen in nichtchristlichen, kirchenlosen Ländern zu sehen. Diese Einpflanzung ist erreicht, wenn es in den betreffenden Gebieten eine Kirche mit einheimischem Klerus sowie mit entsprechender geistiger, organisatorischer und finanzieller Selbständigkeit gibt. Tatsächlich ist die Gründung der Kirche Ziel der M. Aber sie ist ein Nahziel. Letzten Endes dient die M. dem Heil der Menschen und Völker, der Verwirklichung des Reiches Gottes und darüber hinaus der Ehre, Anerkennung und Verehrung Gottes. Diese Zielbestimmung ist für die Praxis von höchster Bedeutung.

3. Dem Willen und Befehl Christi und der Zielsetzung entspricht die *Durchführung:* die Erwählung, Berufung, Vorbereitung, Ausrüstung und die in Verbindung mit der Sendung des Logos und des Hl. Geistes in die Welt stehende *Sendung* (missio) der Glaubensboten. Es folgt das mit dem Erscheinen des Logos und des Geistes in der Welt zusammenhängende *Erscheinen* der Glaubensboten bei den Nichtchristen und die *M.stätigkeit.* – Bei der letzteren haben wir es mit einem Zusammenwirken des dreifaltigen Gottes, der Missionare und aller Christen zu tun. Das Eigentliche bewirkt der dreifaltige Gott bzw. der zur Rechten des Vaters erhöhte Sohn (vgl. Mt 28, 20; Apg 9, 4–6). Aber die Menschen dienen hier als Instrumente, und zwar auf mannigfaltige Weise und in verschiedenen Graden.

M.sträger (»M.ssubjekt«) ist in der Heimat zuerst und vor allem der Papst (CIC c. 1350 § 2). Er ist der oberste Leiter des gesamten kath. M.swesens und unterhält in den M.en Nuntien, Internuntien und apostolische Delegaten. Im Einklang mit ihnen arbeiten verschiedene röm. Behörden, bes. die Congregatio de Propaganda Fide (→ Propaganda-Kongregation). Aber auch die Bischöfe in den »christlichen Ländern« und die Christen überhaupt sind M.sträger. Von größter Wichtigkeit ist die Arbeit der päpstlichen M.swerke (Werk der Glaubensverbreitung [1822], Werk der Kindheit [1843], Werk des hl. Petrus, Unio Cleri) und der M.svereine, die der Weckung und Steigerung des M.ssinnes bei den Christen, der Sammlung von M.sgaben dienen und das M.sgebet pflegen. Als Werbemittel dienen Andachten, Predigten, Vorträge, Katechesen, Zeitschriften, Bücher, Kongresse, Filme, Ausstellungen usw.

Die eigentliche M.sarbeit liegt bei Bischöfen, → Apostolischen Vikaren und Präfekten, M.soberen, Missionaren, Schwestern und Brüdern und Mitgliedern → Weltlicher Institute. Heute wird mit Recht auch das → »Laienapostolat« betont, ohne das die M. nicht mehr denkbar ist. Ferner wird heute hervorgehoben, daß die M. eine Funktion der Gesamtkirche und aller Christen, nicht bloß der M.sorden und -gesellschaften ist. Vergleicht man die Länder und Völker in bezug auf ihre M.sarbeit, so stehen Frankreich, Belgien und Holland an der Spitze. Aber auch Italien, Spanien, Deutschland (→ Missionen: II), USA und Irland sind stark beteiligt. Seit einiger Zeit beteiligen sich auch die Christen der M.sländer selbst. Schon sind in manchen Gebieten die einheimischen Priester, Schwestern und Brüder zahlreicher als die fremden. Wesentlich geändert hat sich das Verhältnis zwischen den fremden und einheimischen M.strägern. Die ersteren sind »Helfer«, »Partner« und »Diener« geworden, und die Leitung liegt bereits mancherorts bei den Einheimischen.

Die M.stätigkeit selbst besteht wesentlich im Dienst am Wort (Proklamation, Verkündigung, Predigt, Zeugnis ablegen usw) und bei der Gnadenverleihung, in der Förderung des sittlichen Lebens und in der → Caritas (→ Ärztliche Mission, 2). Auf der einen Seite spielen die Vorsehung und Gnade und auf der anderen das Gebet, das Opfer und das Beispiel eine große Rolle. Ergänzend kommt die kulturelle Tätigkeit hinzu (Schulwesen, Wirtschaft). In der Vergangenheit wurde die indirekte M. sehr betont. Heute tritt die direkte wieder mehr in den Vordergrund, unter dem Zwang der Verhältnisse, aber auch in der Einsicht, daß die ersten Dinge zuerst kommen müssen. Wünschenswert wäre mehr »Heidenpredigt«. Heute tritt diese zu sehr hinter die Arbeit an den Katechumenen und die Betreuung der Christen zurück. Die M. ist in Gefahr, in ihren Erfolgen zu ersticken. In der Gegenwart kommt es mehr als früher auf die Gestalt der Kirche an, auf ihre Wesentlichkeit und Christlichkeit. Der Erfolg hängt auch ab von der Anpassung (→ Akkommodation) an die Menschen, der Assimilation und Transformation der bei den Völkern vorhandenen Einsichten und Werke und der Betonung der Neuheit des Christentums; vor allem aber hängt er ab von der Liebe. Nur eine von dieser durchdrungene und geprägte M.stätigkeit entspricht dem Willen Gottes und den Bedürfnissen der Menschen. Die M. im Zeitalter der Atome, Technokratie, totalitären Reiche und selbständigen Staaten Asiens und Afrikas ist etwas anderes als die im Zeitalter der Kolonien und europäischen Weltherrschaft, die M. im Zeitalter der Tiefenpsychologie, Angst und Unruhe nach der Ruhe etwas anderes als die M. im Zeitalter des Intellektualismus, der Aktivität und der Ruhe. – Die Tätigkeit der M. umfaßt noch nicht die ganze Erde. Seit langem sind verschiedene Gebiete missionslos, zB Saudisch-Arabien, Bhutan und Tibet. In anderen hat die Tätigkeit der fremden Missionare aufgehört (→ China: IV C, 2) oder ist ihre Zulassung und Arbeit behindert und erschwert. Das Schwergewicht liegt heute auf der Arbeit in → Afrika (: IV C). Aber Fern- und Südasien bleiben die wichtigsten M.sgebiete.

4. Die *Erfolge* der M. sind groß. In keinem Jh. der Vergangenheit sind so viele für die Kirche gewonnen worden wie in den letzten hundert Jahren. In manchen Gebieten ist die Kirche eingepflanzt oder nähert sie sich dem Ziel der Einpflanzung. In Afrika allein gibt es heute ca 22 Mill. Katholiken. Nach Mitteilung der Propaganda von Anfang 1958 unterstehen ihr 690 Jurisdiktionsgebiete (78 Erzdiözesen, 292 Diözesen, 197 apostolische Vikariate, 114 apostolische Präfekturen, 6 gefreite Abteien und 3 unabhängige M.en) mit zusammen 31 894 515 Katholiken und 3 218 724 Katechumenen. In den Gebieten der Propaganda arbeiten 26 350 einheimische und ausländische Priester, 9962 Brüder, 66 185 Schwestern, 113 421 Katechisten und 158 368 Lehrkräfte. Die kommunistisch regierten Gebiete sind in dieser Statistik nicht berücksichtigt. Aber ein durchschlagender Erfolg der M. ist in neuester Zeit noch nicht erzielt worden. Die M. befindet sich heute sogar in einer großen und schweren *Krise.* In manchem wird man umdenken und

anders handeln müssen. Alles in allem ist die M. nicht am Ende, sondern am Beginn.

5. Daß alle Katholiken in ihren Auffassungen über die M. übereinstimmen, kann nicht gesagt werden. In vielen Dingen herrscht immer noch *Meinungsverschiedenheit,* selbst in der Begriffsbestimmung und Zielsetzung der M. Viele *Probleme* müssen noch gelöst werden: so das der M. in missionslosen Ländern, das der Beeinflussung der Tiefenschichten in den Menschen und Völkern, das der Anpassung der Frömmigkeit und des Kultes an die Menschen und Völker, das der Abfassung von Lehrbüchern der Dogmatik, Moral usw, in welche die Anliegen der Völker hineingenommen sind und durch welche der Atem der Welt geht. Dazu kommen die Probleme, die mit dem → Kommunismus (: IV), → Säkularismus (: II), → Nationalismus (: II), Rassenstreit, den neuen selbständigen Staaten Asiens und Afrikas und der Wiederbelebung der nichtchristlichen Religionen gegeben sind.

Die beste *Bibliogr.* über das kath. M.swesen ist die BiblMiss (21 Bde, 1916ff). Das gesamte laufend erscheinende Schrifttum verzeichnet die jährlich erscheinende Bibliografia Missionaria (Jahreshefte seit 1934). *Allgemein* ist wichtig: B.ARENS, Hdb. der kath. M.en, (1920) 1925². Für die *Theorie* u. *Methode* vgl. außer der Hl. Schrift, der Tradition, den M.senzykliken der Päpste, den Verlautbarungen u. Anweisungen der Propaganda (vgl. J.DINDINGER, Die Sammlungen röm. M.serlasse [ZM 29, 1939, 125-141]), der M.s-synoden, der M.sdirektorien, der Ordensstatuten usw: M.MEINERTZ, Jesus u. die Heiden-M., (1908) 1925² - J.SCHMIDLIN, Kath. M.slehre im Grundriß, (1918) 1923² - P.CHARLES, Dossiers de l'Action missionnaire, 1926-29 - DERS., Etudes missiologiques, 1956 - L.CAPÉRAN, Le problème du salut des infidèles, 2 Bde, Toulouse 1934² - C.CARMINATI, Il problema missionario, 1941 - J.DANIÉLOU, Le mystère du salut des nations, 1945 - H. DE LUBAC, Le fondement théologique des missions, 1946 - J.C.CHAMPAGNE, Manuel d'action missionnaire, Ottawa 1947 - P.M.DA MONDREGANES, Manual de Missionologia, Madrid 1947 - S.PAVENTI, La Chiesa missionaria, 2 Bde, Rom 1949/50 - A.SEUMOIS, Introduction à la missiologie, Schöneck 1952 - E.LOFFELD, Le problème cardinal de la missiologie et des missions catholiques, Rhenen 1956 - D.CATARZI, Lineamenti di dommatica missionaria, Parma 1958 - DERS., Teologia delle missioni estere, ebd 1958. - Zum *M.srecht* vgl. G.VROMANT-TH.GRENTRUP, Ius missionariorum, 7 Bde, 1926ff - J.FUNK, Einführung in das M.srecht, 1958. - Wichtige *Zs.en:* ZM, NZM, Die kath. M.en, Rythmes du Monde, Parole et M., World M. - *Presse-Agentur:* Agenzia Internationale Fides, Rom. - *Statistisches:* Le Missioni Cattoliche dipendenti dalla S.Congr. de Propaganda Fide, Rom 1950. - Vgl. auch die Lit. zu → Mission: III C, → Missionen: II, → Missionswissenschaft: II.

Th.Ohm

Mission Ev.-Luth. Freikirchen (Missionsanstalt Bleckmar, Kr. Celle), 1892 als Kirchenmission der Hannoverschen ev. luth. Freikirche im Protest gegen die kirchliche Gemeinschaft der → Hermannsburger Mission mit der Hannoverschen Landeskirche entstanden, seit 1951 gemeinsames Werk luth. Freikirchen in Deutschland und Südafrika. Für das Zusammenwachsen der unter Zulu und Batswana gesammelten Bantu-Gemeinden (1959: 16 585 Glieder) zur selbständigen »Ev. Luth. Kirche im Südlichen Afrika« ist wesentlich ihre Mitverantwortung für gemeinsame Aufgaben, bes. in den Großstädten (Johannesburg, Durban), in der Swazi-Mission sowie in der Ausbildung von Evangelisten und Pastoren. Seit 1956 arbeitet die M. auch unter den Indern Südafrikas (1959: 15 Getaufte).

Missionsblatt Ev.-Luth. Freikirchen, 1951ff. - EKL II, 1371 (Lit.).

F.W.Hopf

Mission und Evangelisation

1. Unterscheidung - 2. Zusammengehörigkeit

1. Zwischen M. und E. ist zunächst theologisch zu *unterscheiden.* Kriterium ist die → Taufe (: IV. VIII). → Mission (: III A) ist weltweite Sendung an die Heiden - deshalb früher auch Heiden-M., Äußere M. - mit dem Ziel der Taufe, während E. (→ Evangelisation und Volksmission) »Erweckung und Bekehrung« (H. Rendtorff) auf Grund der Taufe ist - deshalb auch »innerkirchliche E.« oder Volks-M. als die »M., die die Volkskirche an sich selbst und an ihrem Volk zu treiben hat« (G.Hilbert). Diese Unterscheidung ist seit der Einführung des Begriffes → Innere Mission gesichert, wiewohl sie seit F. → Lücke - schon Innere M. ist ein Widerspruch - terminologisch nicht ernst genommen worden ist: M. dient gemeinhin als Beschreibung der Tätigkeiten, die vom landeskirchlich geordneten Amt nicht wahrgenommen werden können, zB → Bahnhofsmission. Demgegenüber ist bes. seitens der deutschen → Missionswissenschaft (: I) ständig betont worden, daß das theologische Spezifikum von M. die Proklamation der Herrschaft Gottes unter Nichtchristen bis an die Enden der Erde (geographische Dimension) und auf das Ende der Zeit zu ist (eschatologische Komponente), und zwar in der Teilhabe an der messianischen Sendung Jesu Christi zu den Völkern. Hinsichtlich der Arbeit im Nahen Osten wird deshalb geschieden zwischen M. an Muslimen und E. als »Wiederbelebung der orientalischen Kirchen« (J.Richter; → Ägypten: V, → Armenien: III, → Proselytismus, → Türkei: II). Zur Weltmissionskonferenz von Edinburgh 1910 (→ Internationaler Missions-Rat) wurden aus gleichem Grunde die in → Südamerika unter der kath. Bevölkerung arbeitenden Gesellschaften nicht eingeladen. - In der kath. → Missionswissenschaft (: II) besteht diese Unterscheidung nicht in gleichem Maß: M. ist »jener Teil des kirchlichen Dienstes, der das Apostolat der Einpflanzung der kath. Kirche in den Gegenden betrifft, wo sie noch nicht dauerhaft eingerichtet ist« (A.Seumois).

2. Ob sich diese strikte theologische Unterscheidung in jedem Fall weiterhin wird beibehalten lassen, ist fraglich. Neben die für M. konstituierende geographische Dimension tritt im Kirchengebiet Europas die soziologische. Mit H.Godin (→ Arbeiterpriester) ist die Entstehung a-christlicher Milieus im Zusammenhang mit dem Zerbrechen des → Corpus Christianum erkannt worden. Die Voraussetzungen für eine evangelistische Erweckung oder eine volksmissionarische Wiedereingliederung in die Kirche sind weithin nicht mehr gegeben. Dafür zeigen sich immer mehr die Voraussetzungen für eine genuin missionarische Verkündigung im unmittelbaren Umkreis der Kirchen. Theologisch wird die eschatologische Komponente (→ Hoffnung: III) auch für die E. bedeutsam: der Begriff des Heiden läßt sich nicht mehr statisch fassen, er ist biblisch »Entsprechungsbegriff« (W.Freytag) gemäß der gegebenen Antwort auf das gehörte Wort. Die Taufe läßt sich kritisch nicht mehr voll anwenden, nachdem deutlich wird, daß im Zerbröckeln der → Volkskirche und einer in der Gefahr der Säkularisierung stehenden Kindertaufe viele Menschen nicht einmal mehr um die empfangene Taufe wissen. Das Kriterium verschiebt sich fortlaufend auf den Gegensatz von Kirche und Nicht-Kirche; der Ansatz einer Verhältnisbestimmung von M. und E. wird in der Missio Dei gesucht. In der ökumenischen Diskussion werden M. und E. theologisch *zusammengehörig* betrachtet (→ Evangelism) und unter den Begriff der missionarischen Verkündigung (aller Kirchen in aller Welt) geordnet. Dabei spielt das ökumenische Moment eine theologisch wichtige Rolle. Unabdinglich ist hierbei die M. als Korrektiv des bloß Erwecklichen bzw. des (Volks-)Kirchentümlichen. Nur so ist auch E. hoffende Teilhabe am messianischen Werk der Sammlung der Gemeinde.

Außer der Lit. zu → Evangelism: G.WARNECK, Ev. M.slehre I, (1892) 1897 - J.RICHTER, M. u. E. im Orient, (1908) 1930 - R. MICHEL, Zwischen Abfall u. Bekehrung, 1950 - A.SEUMOIS, Introduction à la Missiologie, Schöneck 1952 - W. FREYTAG, Das Rätsel der Religionen u. die bibl. Antwort, 1956 - H.J. MARGULL, Theol. der missionarischen Verkündigung, 1959. *J. Margull*

Missionarsausbildung (M. = Mission, M.ar = Missionar). Erste Ausbildungsstätten für M.are waren die Sprachkollegien der Dominikaner und Franziskaner (R. → Lullus), ferner die M.sseminare der Jesuiten in Coimbra (1542), der Karmeliter in Rom (1613) und das Collegium Urbanum in Rom (1627), Organ der → Propaganda-Kongregation, das allerdings auch Geistliche aus den M.sgebieten ausbildete. 1622–32 bestand das erste prot. M.sseminar in Leiden unter Leitung des Theologieprofessors Anton → Walaeus. J.v. → Welz' Anregung, in Verbindung mit den Universitäten Collegia de propaganda fide zu schaffen, blieb ebenso auf dem Papier wie der Plan der Kieler Professoren Raue und Wasmuth für ein Collegium Orientale de propaganda fide. Die ersten M.are der dänisch-halleschen M. (→ Indien: IV) wollten ein Seminarium studiosorum in Indien für die M.sausbildung von Theologiestudenten, aber auch das blieb ein Wunsch. Nachwuchsmangel war stete Sorge der M., während die Brüder-M. (→ Brüderunität: II, 6) auf meist unstudierte Brüder zurückgreifen konnte, die bis 1869 ohne besondere Ausbildung ausgesandt wurden. Seit dem M.serwachen um 1800 wurde es je länger je mehr nötig, den M.sarbeitern ein Mindestmaß an Ausbildung zu geben, so gewiß die Hauptvorbereitung in der »Schule des hl. Geistes« geschehen sollte. Pastor J. → Jänickes Berliner M.sschule (1800–49) und das Basler M.sseminar (1816), deren Absolventen zunächst in den Dienst ausländischer M.en gingen, wurden zum Prototyp der späteren Seminare, die in ihrer konfessionellen und methodischen Differenzierung die ganze Vielfalt der Gesellschafts-M. widerspiegelten. Meist bildete sich ein 6–7jähriger Kurs heraus, teils von der akademisch-theologischen Ausbildung abgesetzt, teils an sie angelehnt (→ Leipziger Mission). Verzicht auf seminaristische Ausbildung zugunsten der Universitätsbildung war in der deutschen M. lange die Ausnahme (→ Bethel-Mission, → Ostasien-Mission) und gewinnt erst heute an Boden. Durch die M.sakademie an der Universität Hamburg (1957) wurde ein Anfang zur Konzentration der Kräfte gemacht. In der angelsächsischen M. liegt die M.arsausbildung meist bei den mit der Theologenausbildung verbundenen M.shochschulen, in der röm.-kath. M. teils bei den M.sorden, teils bei Weltpriester-M.sseminaren.

Außer Hdb.ern der M.slehre u. Berichten der Welt-M.skonferenzen: A. PETRI, Die Ausbildung der ev. Heidenboten in Deutschland, 1873 - A.M. BROUWER, De Opleiding onzer Zendelingen, Baarn 1912 - J. LOVELL MURRAY, Missionary Preparation in North America (IRM 14, 1925, 586–597) - G.B.A. GERDENER, The Training of Missionaries for Africa, Pretoria 1935 - J. FOSTER, Missionary Training for the Postwar World (IRM 33, 1944, 361–376) - H.D. NORTHFIELD, The Training of Men Missionaries (IRM 46, 1957, 59–67). *H.-W. Gensichen*

Missionen, deutsche

I. Ev. Missionen - II. Kath. Missionen. - M. = Mission. - Für die M.en des Auslands und einzelner Denominationen vgl. die Artikel → Adventisten: II, → Anglikanische Kirche: II, → Australien: IV, → Baptisten: II, → Brüderunität: II, 6, → China-Inland-Mission, → Dänemark: III, → England: IV, → Finnland: III, → Frankreich: IV, → Kanada: II, → Londoner Mission, → Luthertum: IV, → Methodismus: II, → Niederlande: III, → Norwegen: III, → Orthodoxe Kirche: IV, → Pfingstbewegung: II, → Presbyterianer: II, → Reformierte Kirche: III, → Schottland: II, → Schweden: III, → Schweiz: II, → Vereinigte Staaten: V. - Vgl. ferner → Mission: III und die dort angegebenen Parallelartikel

I. Ev. Missionen

1. Entstehung - 2. Geschichte - 3. Gegenwärtiger Stand

1. Die ev. M. verdankt ihre *Entstehung* der → Reformation, wenn auch bis zum Anbruch des → Pietismus M.sunternehmungen, die den Vorstellungen des Pietismus und des 19. und 20.Jh.s von M. entsprechen, nicht zu finden sind. Der dynamische Charakter des Evangeliums und der Bewegungscharakter der Kirche, wie sie von Luther aufgezeigt werden, begründen notwendig → Mission (: III A). Sie obliegt den Christen, die nach den Vorstellungen der Zeit in allen Ländern leben, in ihrer nichtchristlichen Umgebung; sie obliegt den Deutschen gegenüber ihren Nichtchristen, den Juden (→ Judenmission) und den heranrückenden Türken (→ Islam: III). Die Exklusivität des reformatorischen Evangeliums ist kein Hindernis der M., weil gerade → Luthers Betonung des verbum externum und der iustitia externa die Möglichkeit gibt, den Religionen gerecht zu werden, ganz anders, als wenn das Evangelium in der Ebene der Religionen gesehen und mit ihnen in einen Konkurrenzkampf gestellt wäre. Luthers Konzeption von der M. ist von anderen Theologen der Reformation in dem Maße modifiziert worden, wie bei ihnen das humanistische Element Eingang gewinnt. → Bucer bringt neben dem verbum externum, das Glauben beansprucht, die Erfahrung des Menschen, die pietas, zur Geltung, die neben Glaube und Liebe die decentia vitae umfaßt. Damit wird erstens die christliche Persönlichkeit und die Erziehung zu ihr als Ziel der M., zum anderen die Verbindung der M. mit kulturellen Absichten wesentlich. Die Linien, die am Beispiel Bucers sich andeuten, sind in den späteren »Sendungsveranstaltungen« oft deutlicher wahrzunehmen als der Ansatz Luthers. Von Bucer stammt denn auch ein Aufruf zur M. in seiner Schrift »Von der wahren Seelsorge« (1533), die mit dem M.sappell des → Erasmus in seinem »Ecclesiastes sive concionator evangelicus« eine gewisse Ähnlichkeit hat. Der Züricher Theologe Th. → Bibliander, der → Zwinglis universalen Theismus weiter ausgebildet hat, hat die - allerdings nicht ausgeführte - Absicht gehabt, selbst als Missionar nach Ägypten zu ziehen. - Im Zeitalter der → Orthodoxie, in der es freilich nicht wenig Stimmen gibt, die die M.spflicht verneinen, beginnen wieder zwei Linien, die sich in die späteren M.sunternehmungen hinein deutlich fortsetzen. Die eine hebt etwa bei Ph. → Nicolai (1556–1608) an, der in seinem Buche »De Regno Christi« (1597) eine umfassende Übersicht über Kirche und M. in aller Welt gibt, ohne M. von der Kirche zu sondern. Seine Kenntnisse werden von Joh. → Gerhard (1582–1637) verwendet, für den M. mit der Apostolizität der Kirche gegeben ist. Er wiederum ist bes. wirksam geworden in W. → Löhes »Drei Büchern von der Kirche« (1844), in denen M. als die eine Kirche Gottes in ihrer Bewegung verstanden wird. Neben dieser luth. ist eine mehr ref. Linie zu beobachten; an ihrem Anfang steht Joh. → Coccejus (1603 bis 1669), in dessen Föderaltheologie (→ Bund: IV) der Begriff des Reiches Gottes entscheidend ist und die propagatio regni Christi die Hauptaufgabe des Volkes Gottes. Auf dieser Linie ist im 19.Jh. der ref. Pfarrer und Prof. Chr. → Krafft († 1845) in Erlangen zu sehen, der das Verdienst hat, das erste, als solches gekennzeichnete M.skolleg an einer deutschen Universität gelesen zu haben. - Neben einigen Vertretern der Reformorthodoxie (zB Michael Havemann, J.K. → Dannhauer, Chr. → Scriver) haben sich in erster Linie luth. Laien um die Entstehung ev. M. verdient gemacht. Die Beziehungen, die → Ernst der Fromme von Gotha (1601–75) zu Rußland und Abessinien aufnimmt, haben neben Handelsplänen zum Ziel, der russischen bzw. abessinischen Kirche die Möglichkeit oder den Willen zur M. zu geben. Im gleichen Geiste wirken mit ihm der Jurist und Staats-

mann V.L.v. → Seckendorf, der darum bemüht ist, »daß die reine ev. Lehre zu den barbarischen Völkern komme«, und später als Kanzler der Universität → Halle A.H. → Franckes Wirken ermöglicht, und der Orientalist Hiob Ludolf, der sich bemüht, Franckes Collegium Orientale missionarischen Charakter zu geben. Am modernsten wirkt J.E.Frhr. v. → Welz mit seinem unermüdlich verfolgten Plan einer Jesusgesellschaft, einer M.sgesellschaft. In Welz, der mit dem Böhmeschüler → Gichtel verbunden ist und sich von dem Theosophen und Mystiker → Breckling ordinieren ließ, kommen Einflüsse der Schwärmer und → Spiritualisten zur Wirksamkeit - schon bei → Paracelsus spielt der M.sgedanke eine große Rolle - und geben der missionarischen Bewegung eine mystisch-asketische Haltung, mit der sich ein »weltbeglückender Optimismus« paart. Dieser letztere herrscht auch in → Leibniz' Losung einer Propagatio fidei per scientias, die auf dem Wege des Kulturaustausches namentlich mit China vollzogen werden soll, für den Rußland die Brücke bilden soll. Durch Leibniz wurde der Gesellschaft der Wissenschaften in Berlin (1700) die Aufgabe gestellt, daß sie sich »auch die Fortpflanzung des wahren Glaubens und der christlichen Tugenden angelegen lassen sein solle«. Seine »Novissima Sinica« (1697) wirkten auf A.H.Francke.

2. Die erste deutsche ev. M. (1706), die dänisch-hallesche M. (→ Indien: IV, 3), wurde von Francke nicht gegründet, aber getragen. Ihre ersten Missionare → Ziegenbalg und → Plütschau waren Schüler Franckes, aber »königlich-dänische missionarii«, die M. selbst ein Unternehmen der christlichen Obrigkeit. Das eigentlich pietistische Element in ihr, von der Kopenhagener Leitung vertreten, erwies sich als hemmend, das luth. in Ziegenbalg als das eigentlich aufbauende. Im Unterschied zur dänisch-halleschen ist die M. der → Brüderunität (: II, 6) von Anfang an staatsfrei, und sie ist Gemeindesache, zu der grundsätzlich jedes Gemeindeglied bereit sein muß. Während jene unter dem Einfluß des Rationalismus zum Erliegen kam, hat die M. der Brüdergemeine sich bis heute als lebenskräftig erwiesen und das Wiederaufblühen der M. in der → Erweckungsbewegung des beginnenden 19.Jh.s nicht unwesentlich vorbereitet und damit auch die dänisch-hallesche M. gerettet, nachdem umgekehrt deren Berichte dem Grafen → Zinzendorf den ersten Anstoß zur Heiden-M. gegeben hatten. So gewiß zwischen halleschem Pietismus und Herrnhuter Frömmigkeit erhebliche Unterschiede bestehen, die gelegentlich zu unerquicklichem Streit im M.sgebiet führen konnten, so gewiß auch der Unterschied nicht zu übersehen ist, daß die dänisch-hallesche M. auf *ein* Gebiet, die dänische Kolonie Tranquebar, beschränkt war, über die sie freilich später in englisches Kolonialgebiet übergriff, während die Arbeit der Brüdergemeine schon im 18.Jh. an vielen Orten der Welt einsetzte, so war ihnen beiden doch ökumenische Haltung gemeinsam.

Im 19.Jh. prägen die M.sgesellschaften in der Rechtsform des »eingetragenen Vereins« (e. V.) das Bild der deutschen ev. M. Freilich können die Funktionen der Gesellschaften bei äußeren Übereinstimmungen recht verschieden sein. Die Gesellschaften können organisierte ecclesiolae sein; die Vereinsform ist dann die normale Form der M., vor allem, wenn eine solche Gesellschaft für eine bestimmte Sonderaufgabe gegründet wird. Die Gesellschaften können sich jedoch auch mehr oder weniger bewußt als Vertretung einer Kirche verstehen, die nicht oder noch nicht willens oder - im Falle einer Staatskirche - nicht imstande ist, selbst M. direkt zu treiben; in diesem Fall ist die Gesellschaftsform mehr geschichtlich zufälligen Charakters, ein Notbehelf. So ist es am ehesten in den konfessionell geprägten Gesellschaften. In diesem Sinn einer Verkirchlichung der M. haben im besonderen L.A. → Petri und A. → Harleß, W. → Löhe und K. → Graul gewirkt. - Aus der 1780 gegründeten deutschen → Christentumsgesellschaft ging 1815 die Ev. M.sgesellschaft in Basel hervor (→ Basler Mission), nachdem bereits vorher M.sgaben und Meldungen zum M.sdienst eingegangen waren. Die Gaben waren nach London, Herrnhut und Berlin weitergeleitet worden, wo Joh. → Jänicke in seiner 1800 gegründeten M.sschule junge Männer, auch die von Basel zugewiesenen, zu Missionaren ausbildete und an englische M.sgesellschaften abgab. 1861 wurde in Basel ein eigenes M.sseminar gegründet. Eine Reihe von Hilfsvereinen der Basler M., die in großer Zahl entstanden, entwickelte sich zu selbständigen Gesellschaften: in Berlin entstand 1824 die Gesellschaft zur Beförderung der Ev. M. unter den Heiden (→ Berliner Mission), 1826 in Barmen durch den Zusammenschluß von vier Hilfsvereinen die → Rheinische Missionsgesellschaft, in Hamburg 1836 die → Norddeutsche Missionsgesellschaft (späterer Sitz in Bremen), im selben Jahre die zunächst in Dresden gegründete Ev.-luth. M. in Leipzig (→ Leipziger Mission). Der persönlichen Initiative Chr.Fr. → Spittlers verdankt ihre Entstehung die Pilgermission von St. → Chrischona, die sich 1896 an die → China-Inland-Mission anschloß. Der von ihr als Vorsteher ihres Brüderhauses nach Jerusalem ausgesandte württembergische Lehrer J.L. → Schneller gründete 1866 das → Syrische Waisenhaus, das heute vom Ev. Verein für das Syrische Waisenhaus getragen wird. Erst allmählich nähert sich dem Typ der aus Basler Hilfsvereinen hervorgegangenen Gesellschaften die → Goßnersche Missionsgesellschaft; ihr Anfänger Joh.Ev. → Goßner gab die von ihm seit 1836 ausgebildeten Missionare an M.sgesellschaften und -felder verschiedenster Art ab. War die Erweckung, aus der diese Gesellschaften hervorgingen, zunächst konfessionell indifferent, so bereitete einigen von ihnen bald die konfessionelle Frage große Nöte, vor allem der Rheinischen (durch Hugo → Hahn) und der Norddeutschen M. Die Berliner M. dagegen hatte von Anfang an ein luth. Gepräge (innerhalb der Union). Die Goßnersche M., durch Goßner im Prinzip zwar interkonfessionell, wurde mehr durch die Missionare als durch die Leitung bewußt luth. Die Leipziger M. wollte von Anfang an M. der luth. Kirche in allen Landen sein. Ihr universaler Anspruch wurde ihr freilich streitig gemacht durch die von L. → Harms 1849 gegründete ev. luth. M.sanstalt zu Hermannsburg (→ Hermannsburger Mission), von der sich die → Mission Ev.-Luth. Freikirchen mit Sitz in Bleckmar löste; ferner durch die Gesellschaft für Innere und Äußere M. im Sinne der luth. Kirche in Bayern (→ Neuendettelsauer Mission), die, 1888 gegründet, in ihren Anfängen auf das Jahr 1841 und das Wirken W.Löhes zurückgeht und Volks-, Diaspora- und Heiden-M. zur Aufgabe hat; schließlich durch die → Schleswig-Holsteinische ev.-luth. M.sgesellschaft zu Breklum, die, 1876 durch Chr. → Jensen gegründet, ebenfalls Heiden- und Volks-M. vereinend, ein Luthertum vertritt, das einen stärkeren Einschlag von Pietismus zeigt.

Durch eine bestimmte Theologie, die → Religionsgeschichtliche Schule, geprägt war der 1884 gegründete Allgemeine Ev.-Prot. M.sverein für Ostasien (heute Deutsche → Ostasienmission), der sich in bewußter Kritik orthodox-pietistischer M. und ohne bekenntnismäßige Bindung die Aufgabe stellte, »christliche Religion und Geisteskultur unter den nichtchristlichen Völkern auszubreiten, in Anknüpfung an die bei diesen schon vorhandenen Wahrheitselemente«. - Der kolonialen Begeisterung, die durchaus nicht allgemein von der deutschen ev. M. geteilt wurde, verdankt die 1886 gegründete Ev. M.sgesellschaft für Deutsch-Ostafrika ihre Entstehung, die 1920 den Namen → Bethel-Mission erhielt, nachdem Fr.v. → Bodelschwingh 1890 nicht so sehr durch seinen Eintritt in den Vorstand, sondern durch Stellung von Diakonen, Diakonissen und Theologen sie vom Siechtum errettet hatte. - Eine ausgesprochene Glaubens-M. entstand, als zu der 1878 unter dem Einfluß Georg → Müllers von Bristol gegründeten Neukirchener Waisen- 1882 eine M.sanstalt hinzukam (→ Neukirchen). Sie ist den Gemeinschafts- und freikirchlichen M.en zuzurechnen. Diese sind oftmals mit einer speziellen Zwecksetzung gegründet worden, obschon solche Zwecksetzung auch einigen anderen Gesellschaften eigen ist. In der Gruppe der Orient-M.en ist die älteste der 1853 in Berlin gegründete Ev. → Jerusalemsverein zur Unterstützung der ev. Anstalten und der deutschen Gemeinden im Morgenland, wenn auch die Orientarbeit von → Kaiserswerth bereits 1851 begonnen hatte. Die 1896 von Dr. Lepsius gegründete Deutsche Orient-M., als Mohammedaner-M. geplant und von Gemeinschaftskreisen getragen, wurde zunächst zum Hilfswerk für die verfolgten Armenier (→ Armenien: III). Ein zweites solches Hilfswerk entstand ebenfalls 1896 in dem Deutschen → Hülfsbund für christliches Liebeswerk im Orient. Als Lepsius im 1. Weltkrieg aus politischen Gründen aus der deutschen Orient-M. ausschied, gründete er die Dr. → Lepsius Deutsche Orientmission, die die alte Orient-M. überdauerte.

Ebenfalls aus Gemeinschaftskreisen gingen hervor die Sudan-Pionier-M. (1900), jetzt → Evangelische Mission in Oberägypten, mit der Aufgabe der Mohammedaner-M., die → Karmelmission (1904), die auf die Kreise zurückgeht, die aus dem Deutschen → Tempel wegen dessen radikaler Entwicklung ausgeschieden waren, und die → Christoffel-Blinden-Mission im Orient (1908). Die Gruppe der China-M.en wurde fast durchweg von der China-Inland-M. inspiriert oder mit ihr organisatorisch verbunden, so die 1889 aus Wuppertaler Gemeinschaftskreisen entstandene China-Allianz-M. (heute → Allianz-Mission Barmen e. V.), die → Liebenzeller Mission (1899 in Hamburg gegründet, 1902 nach Liebenzell verlegt), die Diakonissenanstalt Friedenshort in Miechowitz (1912 angeschlossen), der Frauenmissions-Gebetsbund (ab 1913) und schließlich die Hotschuan-M. der Mädchenbibelkreise (1926) in Bad Salzuflen (heute → MBK-Mission). Ebenfalls in der → Gemeinschaftsbewegung wurzeln die → Missionshilfe Wiedenest (1905), die → Marburger Mission G.m.b.H. (1929), die Vereinigten → Missionsfreunde e.V. Weidenau (1931) und der deutsche Zweig des Weltweiten Evangelisationskreuzzuges (1914). Die ev.-freikirchlichen Gemeinden (→ Baptisten: II) und die → Methodisten (: II) haben eigene M.sgesellschaften. Neben den sendenden Gesellschaften entstand eine Reihe von solchen, die ihre Kräfte an sendende abgeben, in erster Linie die → Frauenmissionen, so der Frauenverein für christliche Bildung des weiblichen Geschlechts im Morgenlande (1842, heute → Morgenländischer Frauenmissionsverein), die Frauen-M. → Malche e. V. (1898) und der Deutsche → Frauen-Missions-Gebetsbund (1900), außerdem der Verband der deutschen Vereine für → ärztliche Mission und das deutsche Institut für ärztliche M. in Tübingen (1906). Mehr oder weniger direkte Hilfe leisten der deutschen ev. M. die → Missionskonferenzen und der → Studentenbund für Mission (1896), zeitweise und gebietsweise Arbeitskreis für M. genannt, jetzt missionarischer Faktor der Ev. Studentengemeinde in Deutschland. Die deutsche ev. → Missionshilfe, die 1913 aus der Kaiser-Jubiläumsspende entstand, hat für literarische und Vortragsarbeit gesorgt.

3. Die beiden Weltkriege brachten - mit wenigen Ausnahmen - die Entfernung der deutschen Missionare aus ihren Arbeitsgebieten. Im Unterschied zum ersten Weltkrieg hat sich im zweiten die ökumenische Verbundenheit der Welt-M. (→ Internationaler Missions-Rat) bewährt und den verwaisten deutschen M.sfeldern Hilfe gewährt, bereits von der Zeit der Devisenbeschränkung und -sperre des »Dritten Reiches« an bis über das Kriegsende hinaus. Wesentlich aber wurde ein in den M.sgebieten und in der Heimat gleichzeitig festzustellender Vorgang. Nicht ohne Zusammenhang mit der Entstehung neuer und selbständiger Staaten aus alten Kolonialgebieten vollzog sich die Entstehung selbständiger Kirchen, in denen die M. nicht Leitung, sondern »partnership in obedience« zu üben hat. Diesem Wandel entspricht der Zug zur Verkirchlichung der M. in der Heimat, die weniger organisatorisch, im Sinne einer Aufsaugung der M.sgesellschaften durch die organisierte Kirche, als vielmehr geistlich, im Sinne einer Stärkung und Aktivierung der missionarischen Verantwortung der Kirche und vor allem der Gemeinden verstanden werden muß (→ Mission: III E), die in der Entstehung von M.skammern, M.sausschüssen und ähnlichen Organen einer Reihe von Landeskirchen ihren Ausdruck findet wie in dem Verbindungsausschuß zwischen dem Deutschen Ev. M.s-Rat (→ Missions-Tag) und der EKD. Die M.sgesellschaften werden damit genötigt, sich grundsätzlich - wenn auch in verschiedenem Maße von Willigkeit - als Organe der Kirche zu betrachten, als freilich dennoch unentbehrlich, um nicht die Verkirchlichung zur Bürokratisierung entarten zu lassen. Es wurde eben dadurch auch einem hier und da einst vorhandenen Gesellschafts-Egoismus Abbruch getan und die Bereitschaft zur Zusammenarbeit mit Gesellschaften anderer Nationalität draußen wie zur Zusammenarbeit in der Heimat an Aufgaben gefördert, die nur in Zusammenarbeit bewältigt werden können. Auf dieser Linie liegt auch die Zusammenarbeit in der → Missionarsausbildung wie bei der Gründung der M.sakademie in Hamburg.

Die folgende *Übersicht* zeigt die gegenwärtigen Arbeitsgebiete der deutschen ev. M.sgesellschaften unter Hinzufügung der einheimischen Kirchen bzw. ausländischen M.sgesellschaften, innerhalb deren oder mit denen zusammen die betreffende Gesellschaft arbeitet.

Herrnhut: Südafrika-West, Broederkerk; Südafrika-Ost, Moravian Church; Tanganyika; Jordanien, Silwan; Labrador; Surinam.

Basel, Deutscher Zweig: Ghana, Presbyterianische Kirche; Indien; Malaya; Indonesien; Hongkong; Britisch-Borneo.

Berliner M.: Südafrika; Rhodesien; Tanganyika; Äthiopien; Malaya.

Rheinische M.: Südwestafrika, Ev.-luth. Kirche; Indonesien/Sumatra, HKBP (Batakkirche); Indonesien/Nias, BNKP (Niaskirche); Indonesien/Mentawei, PKP (Mentaweikirche); Neuguinea, Lutheran Church.

Norddeutsche M.: Ghana, Ev. Presbyterian Church; Japan, Japankomitee Deutscher M.en.

Goßnersche M.: Indien, Ev.-luth. Goßnerkirche.

Leipzig: Tanganyika; Südindien, Ev.-luth. Tamulenkirche; Neuguinea, Lutheran Church.

Hermannsburg: Südafrika; Äthiopien, Galla-Kirche.

Jerusalemsverein: Jordanien.

Syrisches Waisenhaus: Libanon; Jordanien.

Breklum: Indien, Jeypur Evangelical-Lutheran Church; Malaya.

Neukirchen: Tanganyika, Africa-Inland-M.

Deutsche Ostasien-M.: Japan.

Bethel: Tanganyika/Usambara; Tanganyika/Buhaya.

Neuendettelsau: Neuguinea, Lutheran Church.

Allianz-M.-Barmen: Japan; Brasilien.

Hildesheimer Blinden-M.: Hongkong.

Europäische Baptistische M.sgesellschaft: Nordkamerun.

M. ev.-luth. Freikirchen, Bleckmar: Südafrika.

Hülfsbund: Libanon.

Liebenzeller M.: Japan; Südsee/Karolinen; Südsee/Admiralitätsinseln; Taiwan.

Ev. M. in Oberägypten: Ägypten.

Karmel-M.: Libanon.

Christoffel-Blinden-M.: Iran.

Wiedenest: Japan; Pakistan, Afghan Border Crusade; Nigeria, Sudan Interior Mission; Nepal; Tanganyika; Österreich.

MBK-M.: Japan, Japankomitee Deutscher M.en.

Marburger M.: Thailand, Kirche Christi in Thailand; Formosa; Japan.

M.sgesellschaft der Methodistenkirche: Nordfrika; Indien; Japan; Neuguinea; Südamerika.

Diakonissenanstalt Kaiserswerth, Orientarbeit: Jordanien.

Vereinigte M.sfreunde Weidenau: Australien; Indien; Nigeria.

Deutscher Frauen-M.s-Gebetsbund: Ceylon, Methodistenkirche.

Deutsches Institut für ärztliche M.: alle in verschiedenem nichtdeutschem Dienst.

Weltweiter Evangelisations-Kreuzzug: Liberia; Indonesien.

Allgemein: H.Frick, Die ev. M. Ursprung, Gesch., Ziel, 1922 - RGG² IV, 55ff (Lit.) - W.Oehler, Gesch. der dt. ev. M., 1949-51. - Zu 1: W.Holsten, Christentum u. nichtchristl. Religion nach der Auffassung Luthers, 1932 - Ders., Christentum u. nichtchristl. Religion nach der Auffassung Bucers (ThStKr 107, 1936, 105-194) - Ders., Reformation u. M. (ARG 44, 1953, 1-32) - E.Schick, Vorboten u. Bahnbrecher, 1943. - Zu 2: C.Mirbt, M. u. Kolonialpolitik in den dt. Schutzgebieten, 1910 - A.Lehmann, Es begann in Tranquebar, (1955) 1957² - E.Beyreuther, Barth. Ziegenbalg u. der ökumenische u. missionarische Aufbruch im Luthertum des 17.Jh.s (Luth. M.s-Jb. 1956, 21-53) - H.-W.Gensichen, Fernwirkungen der dänisch-hallischen M. (ebd 54-65) - W.Holsten, Kolonialismus als theol. Problem (in: Stat crux dum volvitur orbis, Festschr. f. H.Lilje, 1959, 159-170). - Zu 3: Jb. Ev. M. (jährlich) - Luth. M.s-Jb. (jährlich). - Vgl. die Lit. zu den Einzelartikeln. *W.Holsten*

II. Kath. Missionen

An der Christianisierung der Germanen, Slawen, Finnen und Ungarn haben Deutsche hervorragenden Anteil gehabt. Im Entdeckungszeitalter standen die Portugiesen und Spanier im Vordergrund. Seit 1664 von der spanischen Regierung zugelassen, haben aber auch die Deutschen damals in den M.en nicht gefehlt (Seibert, Kratz, Boym, Schall, von Bell). So sind zwischen 1670 und 1770 unter den Missionaren etwa 800 deutsche Jesuiten gewesen. Um 1800 war alles durch die Aufklärung und die Säkularisation gehemmt. Die Romantik belebte zeitweise. Aber erst in den 70er Jahren des 19.Jh.s kam es zu einer eigentlichen M. der deutschen Katholiken. Es entstanden viele M.sgesellschaften, M.shäuser (→ Steyler Missionare 1875, → Weiße Väter von Trier 1894), M.svereine und M.szeitschriften; viele M.sgebiete wurden übernommen (in → Togo, → Kamerun, Natal,Ostafrika [→ Afrika: IV C], Ostasien [→ China: IV C, 2], → Südsee). Bei Ausbruch des 1. Weltkrieges waren 940 Priester, 819 Brüder und 1830 Schwestern in der M. Der Krieg hemmte die Arbeit und entzog den Deutschen 22 M.sgebiete (von 39). Dafür übernahm man schwierige Gebiete in → Japan (: IV, 2 b) und Südafrika. Trotzdem erfolgte bald ein großer Aufschwung des deutschen kath. M.swesens. Bes. erwähnt sei das missionsärztliche Institut Würzburg (→ Ärztliche Mission, 2). Der 2.Weltkrieg und die kommunistischen Bewegungen brachten neue Rückschläge; die blühenden M.en in → China (: IV C, 2), dem wichtigsten M.sgebiet, mußten aufgegeben werden. Aber anderswo wurde die Arbeit um so intensiver, getragen und unterstützt von einem blühenden »heimatlichen M.swesen«, den päpstlichen M.swerken (→ Mission: III F), vielen M.svereinen und gefördert durch die → Missionswissenschaft (: II) und M.sausstellungen, M.sfilme, M.sliteratur. 1953 entstand der »Deutsche M.srat«. In letzter Zeit nehmen sich die deutschen Bischöfe (Münster, Köln u.a.) mit ihren Diözesen in steigendem Maße der M. an. Man betrachtet diese jetzt als Aufgabe der gesamten Kirche, nicht nur der M.sorden und -gesellschaften. Die Beiträge, die in den letzten Jahren aufgebracht wurden, sind ungewöhnlich groß. 1953 waren außerhalb Deutschlands 6950 Deutsche im Apostolat eingesetzt (1303 Patres, 673 Brüder, 4939 Schwestern, 30 Ärzte und Ärztinnen, 5 Pflegerinnen).

Die deutschen M.sträger haben in neuerer Zeit größten Wert auf Schulen, Kulturarbeit und die → Ärztliche Mission (, 2) gelegt, ohne daß aber die eigentliche religiöse Arbeit zu kurz gekommen wäre. Zu wünschen ist die rechte Ordnung: die ersten Dinge müssen zuerst kommen. In diesem Sinn ist es zu bedauern, daß in weiten Kreisen die indirekte M. stärker betont wird als die direkte, daß relativ mehr getan wird für soziale Unternehmungen als für religiöse, daß sich für die weltlichen M.sinstitutionen mehr Kräfte finden als für die Orden und Schwesternkongregationen, daß die Zahl der Laienbrüder immer mehr zurückgeht.

B.Arens, Hdb. der kath. M.en, (1920) 1925², 95ff. 308ff. 356ff - J.Schmidlin, Kath. M.sgesch., 1925, 440f - R.Streit, Die kath. dt. M.s-Lit., 1925 - Statistik des Einsatzes dt. Kräfte im kath. Apostolat außerhalb Deutschlands, 1955 - J.Fried-J.Bettray, Österr. Priester, Brüder u. Schwestern in aller Welt, 1957 - Th.Ohm, L'Allemagne (in: S.Delacroix, Hist. universelle des missions cathol. IV, 1959, 96-98). *Th.Ohm*

Missionsfreunde, *Vereinigte, e. V., Weidenau.* Diese Missionsgesellschaft wurde 1931 von Vertretern christlicher Gemeinschaften in Velbert gegründet, um bestehende Missionsarbeiten zu unterstützen und eigene Missionare auszusenden. 1951 wurde die Geschäftsstelle nach Weidenau/Sieg verlegt. Bis zur Schließung → Chinas (: IV C) arbeiteten 6 Missionskräfte in der Provinz Jünan unter den Lisus und Nashi. 1955/56 wurden zwei Missionarsehepaare nach → Australien (: III) ausgesandt. In → Indien (: IV) wird ein einheimischer Missionar unterhalten. 1958 konnte ein Missionar nach → Nigeria ausreisen. Die Mittel werden von vielen kleineren Kreisen bereitgestellt. *E.Michel (J.Margull)*

Missions-Hilfe, *Deutsche Ev.* (gegr. 6.12.1913), war als Stiftung mit einem Teil des Kapitals der Nationalspende zum Kaiserjubiläum für die ev. und kath. Missionen in den deutschen Kolonien ausgestattet. Ihre Aufgabe ist, »die allgemeine Teilnahme für die deutsche ev. Mission zu erwecken, zu pflegen und zu fördern«. Nach dem weitgehenden Verlust der Mittel hat die M. dieser Aufgabe unter dem Direktorat von W.Freytag (1928-59) durch Veröffentlichungen, Vorträge und Studienwochen gedient. Seit 1931 ist eine immer stärkere sachliche und personale Verbindung zum Deutschen Ev. → Missions-Rat eingetreten.

W.Freytag, 25 Jahre Dt. Ev. M. (NAMZ 1938, 353-369) - J.Hermelink, 40 Jahre Dt. Ev. M. (AMN 33, 1953, 41-42). - Im Verlag der M. erscheinen: Das Wort in der Welt (AMN); Jb. ev. Mission (→ Missionskonferenzen). *J.Hermelink*

Missionshilfe Wiedenest, als Bibelschule für Innere und Äußere Mission 1905 in Berlin in Kreisen der Ev. Allianz durch F.W.Baedecker, Mascher, Simoleit, Frhr. v. Thümmler, H.W. v. → Tiele-Winckler, General v. → Viebahn gegründet, 1919 nach Wiedenest im Oberbergischen verlegt und 1951 mit der »Missionshilfe Velbert« (gegr. 1925) vereinigt. Bisherige Leiter waren Christoph Köhler (1860-1922), Johannes Warns (1874-1937), Erich Sauer (1898-1959). Die M. W. arbeitete zunächst im zaristischen Rußland, dann auch in anderen europäischen Ländern und in Übersee, u.a. Ernst Kuhlmann 1911-41 in Tangshan (Prov. Kiangsu/China; → China: IV C, 1 e). Gegenwärtig ist sie u.a. in → Japan, → Pakistan, → Tanganyika, → Nigeria tätig sowie in einigen westeuropäischen Gebieten (einschließlich Deutschland). Missionsblatt: »Offene Türen«. *E.Schrupp*

Missionskonferenzen (Mk.en, M. = Mission), *deutsche,* verdanken ihre Entstehung der Initiative G. → Warnecks, der 1879 die erste Mk. in Halle gründete. Seine Anregungen wurden in den nächsten Jahrzehnten in den einzelnen Landeskirchen aufgenommen. Diese Landes-Mk.en schlossen sich 1903 zum Gesamtverband der deutschen Mk.en zusammen, der bis zum 2. Weltkrieg alle 3 Jahre in Herrnhut eine M.swoche abhielt, die repräsentativ für das deutsche M.sleben wurde. Der Ausgang des Krieges brachte die Arbeit zunächst zum Erliegen. Heute gibt es wieder 19 Mk.en. An die Stelle der Herrnhuter M.swoche sind gesamtdeutsche M.s-Studientagungen getreten (die erste 1959 in Bethel). Auf jährlichen Landestagungen werden die jeweils aktuellen Fragen der Welt-M. erörtert. Dadurch soll die M. aus der Beschränkung auf die einzelnen M.sgesellschaften herausgehoben und der M.sauftrag in seiner Größe für die ganze Kirche sichtbar gemacht werden. Mit ihrem Dienst wendet sich die Mk. an Pfarrer und aufgeschlossene Laien. Jedes Mitglied erhält das Jahrbuch »Deutsche ev. Welt-M.«. Die Mk.en fördern durch Beiträge die Arbeit der → Missionswissenschaft und regen durch Ausschreiben von Preisarbeiten das Interesse für die M. in der jungen Generation an. Mit ihrer Arbeit dienen die Mk.en keiner bestimmten M.sgesellschaft, sondern der ganzen Kirche. – Über die internationalen Mk.en vgl. → Internationaler Missions-Rat.

G.Johansen, Aufgaben u. Ziele der dt. Mk. auf Grund ihrer Gesch. (Dt. ev. Heidenmission, Jb. 1930, 65-74) - W.Holsten, Die Mk. als Problem (M. u. Theol., hg.v. F.Wiebe, 1953, 77-88) - Ders., Was ist eine Mk.? (EvTh 16, 1955, 363-368) - E.Verwiebe, Die gegenwärtige Lage u. Aufgabe der Mk.en (Dt. ev. Welt-M., Jb. 1955, 67-71) - E.Krüger, Wesen u. Aufgabe der Mk. nach G.Warneck (DtPfrBl 58, 1958, 274 f. 294-297). *E.Verwiebe*

Missions-Rat → Missions-Tag, Deutscher Ev., → Internationaler Missions-Rat.

Missionsschulwesen

1. Die Anfänge - 2. Entwicklung und Probleme - 3. Die Krise der Ms. - M. = Mission, Ms. = Missionsschule. - Vgl. → Schule und Kirche: II

1. Wie in der M. des MA, so erscheint auch in der M. der Neuzeit die Ms. durchweg als selbstverständlicher Bestandteil der Arbeit. Fast »instinktiv« (G.Warneck) gründete man Schulen, die entweder »Mutter« oder »Tochter« der Gemeinde sein konnten, in jedem Fall aber um der Notwendigkeit des Bibellesens, des Katechismusunterrichts und der Heranbildung einheimischer Mitarbeiter willen nicht zu entbehren waren. So gab es, nach Anfängen in der holländischen Kolonial-M. des 17.Jh.s, in der Tranquebar-M. (→ Indien: IV, 3) bereits seit 1707 Elementarschulen, von Anfang an auch für Mädchen (1716 die erste tamulische Lehrerin), dazu bald ein »Seminar«. Zwar mußten sich die ersten Missionare gelegentlich mit radikal-pietistischen Hinweisen auf die schullose M. der Apostel auseinandersetzen. Auch tauchten schon methodische Differenzierungen auf, etwa zwischen den von Halle geprägten Ideen der Tranquebar-M. und → Zinzendorfs Besorgnis gegenüber pädagogischem Schematismus. Aber ernsthaft und wirksam wurde die Ms. als »schöner Pflanzgarten der Kirche Christi« (E.Gründler, 1719), als Korrelat der Gemeindebildung, nicht in Frage gestellt. Ein Experiment mit besonderen Schulen für nichtchristliche Kinder, 1715-27 in der Tranquebar-M. unternommen, bewährte sich freilich nicht; die Eltern widersetzten sich, sobald christlicher Einfluß zur Geltung kam, und es fehlte an christlichen Lehrern – ein exemplarisches Vorspiel späterer Nöte, das leider schnell vergessen wurde: Beim Niedergang der Tranquebar-M. spielte auch eine Hypertrophie der Schularbeit mit.

2. Die hohe Zeit der Ms. kam im 19.Jh., in der prot. M. rascher als in der röm.-kath. Kulturelle, politische und soziologische Faktoren wirkten mit zu einer sprunghaften Entwicklung, bei der Indien voranging. Schon in Serampore (→ Indien: IV, 4 c), erst recht auf Grund der Arbeit von A. → Duff setzte sich die Ansicht durch, daß man nur durch umfassende Vermittlung abendländischer Bildung auch die sozial höherstehenden Schichten gewinnen und eine Führerschicht für die indische Christenheit heranziehen, im übrigen den Christen allgemein den Weg zu sozialem Aufstieg öffnen könne. Daraus folgte die Schaffung eines höheren Schulwesens mit Englisch als Grundsprache (unabhängig von früheren Ansätzen in dieser Richtung bei C.F. → Schwartz in Südindien). Die Kolonialregierung, vor allem wegen ihres Bedarfs an Beamtennachwuchs lebhaft interessiert, half bereitwillig durch beträchtliche Zuschüsse (grants-in-aid-System). Die unbestreitbaren Erfolge dieses Systems konnten die Schwächen nicht völlig kompensieren: Vorherrschen eines fremden Bildungsideals, mechanischer Examensdrill, Zurückdrängung der christlichen Unterweisung, Abziehung vieler Missionare von der evangelistischen Arbeit, vor allem aber Abhängigkeit von der religiös neutralen Kolonialregierung und ihrer Aufsicht. Als die Regierung überdies zur Gründung eigener höherer Schulen überging und auch ein eigenes Elementarschulwesen aufzubauen begann, erwuchs der Ms. auf allen Stufen eine übermächtige Konkurrenz, an der Versuche einzelner M.en, ihre Ms.n ganz unabhängig zu machen, scheitern mußten. Allmählich zeigte sich die entscheidende Alternative: Sollte die Ms. auf die Bedürfnisse der Gemeinde beschränkt werden, oder sollte sie Bildungsmittler für weitere Kreise sein? Obwohl gelegentlich auch in der Indien-M. des 19.Jh.s gesagt wurde: »Schulunterricht ist nicht M.sarbeit« (Rufus Anderson), konnten und wollten die meisten M.en von dem einmal gewählten Weg nicht abgehen, da sie, trotz geringer direkter M.serfolge in den Ms.n, von der allgemeinen volkserzieherischen Wirkung der abendländisch-christlichen Bildungswerte als einer praeparatio evangelica überzeugt blieben.

Dieselbe Überzeugung bestimmte das Vorgehen in anderen M.sgebieten, so verschieden auch jeweils die Bedingungen und das Tempo der Entwicklung waren. Vor allem in Afrika, wo sowohl das Fehlen hochentwickelter bodenständiger Kulturen als auch das Entgegenkommen der meisten Kolonialverwaltungen der Ms. ein bes. weites Arbeitsfeld gaben, konnte sich die M. vielfach geradezu ein Erziehungsmonopol sichern; noch bis in die neueste Zeit veranschlagte man den christlichen Anteil am afrikanischen Schulwesen auf 90%. Der Bildungshunger der Afrikaner war die »Flutwelle«, die die Ms. emportrug (J.Richter), so daß sich die M.en, die in der Regel mit der einfachen Buschschule begannen, bald den wachsenden Anforderungen anpassen mußten. Auflagen der Kolonialmacht, bes. in den französischen Kolonien, westlich-säkulare Überfremdung der Schulbildung und evangelistische Sterilität der Ms. wurden freilich auch hier zunehmend als Belastung empfunden, mochte auch die Problematik noch nicht so offen hervortreten wie in Indien.

3. Die Krise der westlichen Vorherrschaft, die mit dem 1. Weltkrieg offen ausbrach, leitete auch eine Krise der Ms. ein. Hatte man noch in Edinburgh 1910 (→ Internationaler Missions-Rat) an Symptomen kurieren wollen – mehr Rücksicht auf das einheimische Volkstum,

Erweiterung der intellektuellen Bildung zur Charakterformung -, so setzte nun bes. vom europäischen Kontinent her eine grundsätzliche Neubesinnung ein. Nicht nur schien der Monopolanspruch des westlichen Bildungsideals erschüttert; aus theologischen Erwägungen wurde die Daseinsberechtigung der Ms. als eines »M.-mittels« überhaupt bestritten (K. → Hartenstein). Zwischen den Extremen standen diejenigen, die der Ms. die Aufgabe der »Hinführung zu Christus« (M. → Schlunk) belassen wollten, weil sie nur so die für christliche Charakterbildung unerläßliche Stetigkeit gewahrt sehen konnten. Auf dieser Mittellinie bewegten sich meist auch die Erörterungen der Welt-M.skonferenzen. Mittlerweile trat aber mit dem Abbau der Kolonialherrschaft, dem Werden der → »Jungen« Kirchen und der Tatsache, daß die mündige nichtwestliche Welt sich nun erst recht auf ihre Weise der westlich-säkularen Bildung zu bemächtigen begann, eine neue Wendung ein, die, zugleich mit dem Übergang von der Ms. zur Kirchenschule, ganz neue Probleme brachte. Das Schicksal der Ms.n und christlichen Universitäten in → China (: IV C), die Schwierigkeiten der christlichen Schulen in islamischen Ländern und in Südafrika markieren die Lage, in der das Erbe der früheren Entwicklung heute zu verwalten ist (→ Schule und Kirche: II).

Außer den Hdb.ern der M.skunde u. den Berichten der Welt-M.s-konferenzen (→ Internationaler Missions-Rat): M.Schlunk, Die Schulen für Eingeborene in den dt. Schutzgebieten, 1914 - Ders., Religiöse Erziehung als Problem der prot. Welt-M. (Die dt. ev. Heiden-M., Jb. 1935, 18-35; Lit.) - J.H.Oldham-B.D.Gibson, The Remaking of Man in Africa, London 1931 - Report of the Commission on Christian Higher Education in India, ebd 1931 - K.Hartenstein, M. u. Schule in Indien (Die M. als theol. Problem, 1933, 118-139) - C.Ihmels, Um das höhere M.sschulwesen in Indien (Die dt. ev. Heiden-M., Jb. 1933, 31-43) - W.Freytag, Das M.sschulwesen (Das Buch der dt. Welt-M., hg.v. J.Richter, 1935, 129-139) - E.Kellerhals, Die Frage des M.sschulwesens in Afrika im Lichte der neuesten Entwicklungen (EMM 88, 1944, 155-162. 183-190) - H.Henking, Bildung u. Evangelisation (EMM 90, 1946, 75-88) - J.W.C. Dougall, Education and Evangelism (IRM 36, 1947, 313-323) - F.Raaflaub, Gebt uns Lehrer!, 1948 - H.-W.Gensichen, The Crisis of Education on the Mission Fields (The Lutheran Quarterly 2, 1950, 363-368) - P.G.Pakendorf, Neuordnung des Eingeborenen-Schulwesens in Südafrika (EMZ 12, 1955, 104-113) - Questions Scolaires aux Missions, Bruges 1955 - R.A.Hodgkin, Education and Change, London 1957.

H.-W.Gensichen

Missions-Tag, *Deutscher Ev.* (DEMT, so seit 1933), als Deutscher Ev. Missionsbund 1922 gegründet, ist die Vereinigung der 34 sendenden ev. → Missionen (: I, 3) und der 8 auf die Weltmission bezogenen Organisationen (Konferenzen) in Deutschland. Er tritt einmal jährlich zu theologischer Arbeit und zur Beratung über den gemeinsamen Dienst zusammen (Kommissionen für Heimatarbeit, missionarisches Schrifttum, Frauenarbeit, Finanzen und Missionsstudien). Langjähriger Vorsitzender war bis zu seinem Tode (1959) Prof. D. Dr. W.Freytag, der zugleich Vorsitzender des *Deutschen Ev. Missions-Rates* (DEMR), 1885 als Missions-Ausschuß gegründet, war. Dieser wird vom DEMT gewählt und führt mit Sitz in Hamburg seine Geschäfte. Die im DEMT vereinigten Gesellschaften vertritt der DEMR gegenüber staatlichen und anderen Stellen. Er fördert die Missionsakademie an der Universität Hamburg. Der DEMR ist Mitglied des → Internationalen Missions-Rates, vertritt die deutschen luth. Missionen in der Kommission für Weltmission im → Lutherischen Weltbund und hält in einem Verbindungsausschuß Kontakt zum Rat der EKD.

J.Margull

Missionsunternehmungen (M.U.; M. = Mission), *wirtschaftliche.* Werkstätten, Industrieschulen, Plantagen und Handelsgesellschaften wurden in der M. schon im 19.Jh. begründet, um die Bevölkerung der M.sgebiete wirtschaftlich zu fördern und kulturell zu heben. Die → Brüderunität (: II, 6) hatte sogar schon 1754 Handwerkerbrüder nach Surinam (→ Guayana, 2) ausgesandt; daraus entstand die »Geschäftsabteilung der Brüdermission«. 1820 entsandte die → Londoner Mission Handwerkermissionare nach → Madagaskar, die aber nicht über ein Experiment hinauskamen. Neben Versuchen mit Industrie-M. in Westafrika und Handwerkerausbildung in Gambia (englische Methodisten 1833), → Kamerun (A.Saker 1845) und Senegambien (kath. M. 1855) steht die Arbeit der → Basler Mission vor allem in → Ghana (ab 1857, später auch in Kamerun) und die der United Lutheran Church of America in Liberia. Die Basler M. bildete jahrzehntelang in ihren Werkstätten selbständige, christliche Handwerker heran. Landwirtschafts-Missionare leiteten die afrikanischen Christen zum systematischen Anbau von Kulturpflanzen wie Reis, Tabak, Kaffee, Kakao an. Durch diese wirtschaftlichen M.U. sollten die Gemeinden mit der Zeit in die Lage versetzt werden, ihre Pfarrer und Lehrer selbst zu unterhalten. Die Lutheraner in Liberia strebten in der Mühlenberg Industrie-M. ein »harmonisches Training von Herz, Kopf und Hand« an. In ähnlicher Weise arbeitete die Industrie-M. der United Free Church of Scotland in Lovedale (Südafrika) und Livingstonia (Nyassaland) durch Handwerksbetriebe und landwirtschaftliche Ausbildung. Die → Berliner, die → Betheler, die Pariser M. (→ Frankreich: IV), die amerikanischen → Quäker und die australischen → Baptisten betrieben ebenfalls solche Industrie-M.en. - Handelsgesellschaften in Verbindung mit M.sgesellschaften sahen ihre Aufgabe - neben der Versorgung der M.sstationen - darin, durch ihre Geschäfte den Sklavenhandel zu verdrängen, die Alkoholeinfuhr auszuschalten und den Waffenhandel zu beschränken. - In Asien wurden wirtschaftliche M.U. bes. in Indien durch die Basler M. durchgeführt (neben einer Arbeit der amerikanischen Baptisten in → Burma). Seit Beginn der M.sarbeit erwies es sich als notwendig, der existenzlosen Bevölkerung wirtschaftlich zu helfen. So wurden die Industrien der Basler M. in Indien (Buchdruckerei, Weberei usw) etwa ab 1850 mit der Absicht aufgebaut, ehemaligen Hindus, die aus ihrer → Kaste ausgestoßen waren und somit die Existenzgrundlage verloren hatten, eine neue Existenz zu geben. - In solchen M.U. zeigte sich ein erstes Erkennen und Anpacken der *sozialen Probleme* durch die M.en. Manche der damaligen Aufgaben sind heute entweder überholt durch die allgemeine wirtschaftliche Entwicklung in Asien und Afrika, oder diese Probleme müssen ganz neu durchdacht werden. In Tambaram wurde 1938 die »soziale Arbeit geradezu als eine vierte Art der Betätigung« (neben Heidenpredigt, Erziehung, → Ärztlicher Mission) bezeichnet. Sie ist heute nicht mehr allein Sache der M., sondern eine Aufgabe der → »Jungen« Kirchen, die »ihr soziales Gewissen ... in greifbare Formen und Programme für soziale und wirtschaftliche Reformen umzusetzen haben«.

Vgl. die Lit. zu → Afrika: IV B, → Basler Mission, → Comprehensive Approach, → Mission: III C. Ferner: P.Steiner, Kulturarbeit der Basler M. in Westafrika, 1904 - J.Merle Davis, New Buildings on Old Foundations, New York-London 1947 - G.Brennecke, Brüder im Schatten, 1954.

W.Ringwald

Missionswissenschaft

I. Ev. Missionswissenschaft - II. Kath. Missionswissenschaft. - M. = Mission, Mw. = Missionswissenschaft, m. = missionswissenschaftlich. - Vgl. → Mission: III und die dort angegebenen Parallelartikel

I. Ev. Missionswissenschaft

1. Monographische Strömung - 2. Systematisch-didaktische Strömung

Seit ihren Anfängen, die, durch vereinzelte Untersuchungen (→ Ziegenbalg) vorbereitet, mit dem Beginn der ev. Welt-M. um 1800 zusammenfallen, ist in der Mw. eine doppelte Strömung bemerkbar: eine *monographische,* die sich spontan mit Problemen der M.spraxis beschäftigt, und eine *systematisch-didaktische,* die in Vorlesungen den künftigen Missionaren Wegweisung gibt, die künftigen Pfarrer in die Verantwortung für die M. führt.

1. Aus der Fülle der Monographien und Aufsätze, die, meist situations- und zeitbedingt, wegen ihrer Unmittelbarkeit auch dann Wert haben, wenn sie keine m.en Ziele verfolgen, haben sich Leistungen von repräsentativer Bedeutung herausgehoben. Oft ineinandergreifend, treten drei Problemkreise in ihnen hervor: *Begründung, Geschichte* und *Botschaft* der M. Ihre Behandlung spiegelt die Wandlungen, denen die → Mission (: III D) durch die grundstürzenden Weltveränderungen seit 1914 und die wenig später einsetzende theologische Neubesinnung unterworfen ist. Bis dahin hatte die biblizistische *Begründung* vorgeherrscht, der die M. durch ihre Herkunft aus dem → Pietismus verbunden war und durch zusätzliche philanthropische, kulturelle, nationale und andere Motivierungen Zeitgemäßheit verliehen hatte. Jetzt setzte sich die biblische Erkenntnis durch, daß die → Mission (: III A) allein in dem die ganze Welt umfassenden Heilswillen Gottes, im Christus-Ereignis, gründet. Die *M.sgeschichte* hatte sich um sachgemäße Abgrenzung gegenüber der Kirchengeschichte bemüht (→ Mission: III C). Durch die Entstehung → »junger« Kirchen ist sie darüber hinausgeführt und genötigt, M. als »M. der Kirche Christi in der ganzen Welt« zu verstehen und ihr Verhältnis zur Ökumene der Kirchen zu durchdenken und zu gestalten. Durch ihre *Botschaft* war die M. von jeher nach dem rechten Ort ihres Zeugnisses gefragt. Je mehr sie zum nt. Verständnis der Offenbarung, damit der Religionen und des Volkstums sowie der Gemeinde in der Welt durchdrang, kam sie zu neuen Erkenntnissen, die in der Mw. zu einer ev. → Religionskunde und u.a. zu grundlegenden Untersuchungen des Gemeindeaufbaus (→ Gemeinde: V) geführt haben.

Der innere Fortgang der Mw., der von diesen Grundlinien in alle Einzelprobleme ausstrahlte, läßt sich in ungefährer Periodisierung kennzeichnen. Von 1800-1920 lag der Mw. daran, die M. als Aufgabe der Christenheit in ihrer Zeit zu begründen, das Christentum für die Auseinandersetzung mit den nichtchristlichen Religionen zu rüsten, über Einwurzelung und Verselbständigung der sich bildenden Gemeinden in (oft patriarchalischer) Verantwortung zu wachen. Ihre Arbeit war stark apologetisch, auch vom Fortschrittsdenken bestimmt. Unter ihren einflußreichsten Vertretern waren R.Anderson, E.Buß (→ Ostasien-Mission), J.Denis, A. → Duff, K. → Graul, R. → Grundemann, R.Speer, H.Venn. Nur einem gelang es, die vielen Teilergebnisse ihrer Forschungen selbständig in einer systematischen Gesamtdarstellung zu verarbeiten: G. → Warneck. Seine »Ev. M.slehre« (1897-1903) hat bis zur Gegenwart, über Deutschland und den Protestantismus hinaus, die m.e Forschung entscheidend bestimmt.

Im Blick auf die führenden Mw.ler der nächsten Periode (von 1920 bis um die Mitte der 30er Jahre) ließe sich geradezu von einer Schule G.Warnecks sprechen, wenn sich bei ihnen nicht doch auch Neuansätze fänden. Diese Epoche, die den Charakter einer Übergangszeit hat, prägten Mw.ler wie H.Frick, B. → Gutmann, Chr. → Keyßer, S. → Knak, K.L.Reichelt, J. → Richter, M. → Schlunk, H.Schomerus, J. → Warneck, S. → Zwemer. Wieder sind es Einzelbeiträge, durch die sie ihr Eigentliches geleistet haben. Gesamtdarstellungen, wie J.Richters »Ev. M.skunde«, M.Schlunks »Die Welt-M. des Christentums« und H.Schomerus' »Mw.« erreichten nicht mehr die Eigenprägung und Wirkung der entsprechenden Werke G.Warnecks. Die an schöpferischen Gedanken reiche Arbeit R. → Allens wurde erst in der nächsten Epoche beachtet.

Zu den neuen theologischen Erkenntnissen, deren Wirkung auf die Mw., schon früher spürbar, ihre dritte, noch fortdauernde Periode entscheidend beeinflussen (H.Kraemer, K. → Hartenstein, W.Freytag), kam in Deutschland die Besinnung auf Grundfragen der M. Kritik an ihrer Vergangenheit brach auf, bes. an G.Warneck (H.Dürr) und der von ihm beeinflußten deutschen M.stheologie (J.C.Hoekendijk). Es war eine notwendige und, da sie die Probleme, wo sich ihre bisherigen Lösungen als unhaltbar erwiesen, in neuer Sicht ernstnahm, auch eine fruchtbare Kritik. Die neue Sicht führte zu wesentlichen Erkenntnissen: M. als Werk der einen Kirche Christi; Gemeinschaft aller Christen in »alten« und »jungen« Kirchen als »Partnerschaft im Gehorsam«; das Verständnis der Religionen als durch Gottes Geduld zugelassener, durch sein Heilshandeln gerichteter Versuche menschlicher Selbstbehauptung. Zu diesen Bemühungen der Mw., der M. zu einem neuen, ihrem Wesen gemäßen Selbstverständnis zu verhelfen, kommt die immer dringlichere Aufgabe, die spannungsreiche Zuordnung, in der sich heute die M. zur Ökumene weiß, zu klären und fruchtbar zu gestalten. Jetzt ist ihr Gegenstand nicht mehr nur die M., für die sich so weitgehende Folgerungen wie die Infragestellung ihrer Gesellschaftsorganisation ergeben, sondern auch die Kirche, die aus ihrer historisch-empirischen Verfestigung in die ihr ureigene Bewegung in die Welt zurückzurufen ist (→ Mission: III E). Viele Kräfte im Bereich der »alten«, vereinzelt auch schon der »jungen« Kirchen sind am Werk, die neuen Aufgaben zu bewältigen. Noch immer herrschen Einzelleistungen vor, darunter das 7bändige Werk von K.S.Latourette (»A History of the Expansion of the Christianity«), das, methodisch noch dem Übergang verhaftet, M. und Kirche in die weltweite Geschichte der Kirche Christi hineinnimmt. Aber es zeigt sich, verstärkt durch die Studienarbeit des → Internationalen Missions-Rates und des Ökumenischen Rates der Kirchen und ihrer Konferenzen (→ Ökumenische Bewegung, 3), die Notwendigkeit, daß sich die Spezialisten zu Gruppenarbeiten verbinden. Nur als Sammelwerk erscheint ein die Vielfalt m.er Forschungen und Ergebnisse darstellendes Gesamtwerk noch möglich. Dazu bedarf die Mw., daß sie sich ihre Arbeitsweise nicht mehr überwiegend, wie bisher, vom M.sgeschehen vorschreiben läßt, sondern sich der Problematik und Methodik bewußt wird, die sie als theologisch-wissenschaftliche Disziplin in sich trägt.

2. Hier treffen wir auf die zweite Strömung in der Mw. In *Deutschland* las der Tübinger Prof. Flatt 1801 erstmals über m.e Fragen. Er fand darin nur langsam und spärlich Nachfolger an anderen Universitäten. Behandelt wurde die M.sgeschichte, und zwar innerhalb der Kirchengeschichte. Als missionstheoretische Themen hinzutraten, geschah ihre Behandlung in der Praktischen Theologie. Während die Mw. in der seminaristischen Ausbildung der Missionare von Anfang an ihren festen Platz hatte, wurde sie als selbständige Universitätsdisziplin zwar schon von K.Graul (1864) und C. Plath (1868) gefordert, aber erst 1897 durch eine Honorarprofessur für G.Warneck in Halle verwirklicht. Heute bestehen planmäßige Ordinariate für Mw. in Halle,

Tübingen, Mainz, Hamburg, Heidelberg. Der 1914 errichtete Berliner Lehrstuhl wurde im »Dritten Reich« aufgehoben. Die von den theologischen → Fakultäten geforderte Errichtung m.er Lehrstühle an allen Universitäten und Kirchlichen Hochschulen wurde noch nicht erreicht. Während an ihnen mehr oder minder regelmäßig m.e Vorlesungen geboten werden, haben erst einige Kirchenleitungen die Mw. in ihre Prüfungsordnungen aufgenommen. Im Gegensatz zu *Holland* und *Skandinavien* hat die Mw. in *Großbritannien,* wo 1867 in Edinburgh der erste m.e Lehrstuhl errichtet, mit A.Duff besetzt, 1905 aber wieder aufgehoben wurde, an den Universitäten keinen festen Platz. Auch in der *Schweiz* bestehen keine planmäßigen Lehrstühle für sie. Dagegen ist sie in den *USA* als theologisches Lehrfach an den Universitäten und Hochschulen von wissenschaftlichem Rang durch Fachgelehrte vertreten.

Die fortschreitende Hereinnahme der Mw. als selbständiges Fach in den akademischen Lehr- und Forschungsbetrieb, ihre Pflege durch Fachgesellschaften (Deutsche Gesellschaft für → Missionswissenschaft), an Fachinstituten (zB Hamburg, Tübingen, Oslo, Uppsala, Helsinki), in Fachzeitschriften und -schriftenreihen (s. u.) sowie auf Fachtagungen (→ Missionskonferenzen) verschafft ihr ihren Platz im Ganzen der Wissenschaft, den sie, eine junge Disziplin, zu begründen und auszubauen hat. Wie sie von jeher andere Fächer (zB Erd- und Völkerkunde, Sprach- und Religionswissenschaft, Soziologie) bereichert hat, so bedarf sie ihrer als Hilfswissenschaften. Sie ist und bleibt eine theologische Disziplin, die aus ihren Schwesterdisziplinen ständig Forschungsbeiträge erhält und in Fühlungnahme mit ihnen in immer neuer Besinnung auf die biblisch-theologische Begründung der M. das sich ökumenisch weitende Verständnis der M.sgeschichte und die Aufgaben der missionarischen Verkündigung seitens der Kirchen bearbeitet. In ihrer doppelten Strömung ist sie aus der M.spraxis auf das sich vor Gott verantwortlich wissende »Sein in der Wahrheit«, in wissenschaftlicher Forschung auf die sich vor der Vernunft rechtfertigende Wahrheitsfindung gewiesen. Rechte Zuordnung beider Aufgaben zueinander wird sie vor selbstsicherer Glaubens- und Sachgerechtigkeit bewahren.

Zs.en: EMM, seit 1816; AMZ, 1874-1923; ZMR, 1886-1939; IRM, seit 1912; NAMZ, 1924-39; EMZ, seit 1940; ER, seit 1948; ÖR, seit 1952. - Schriftenreihen: Basler M.s-Studien, seit 1901; M.e Forschungen, 1920-36; Allg. M.s-Studien, 1924-41; Schriftenreihe der Ostasien-M., 1937-40, neu seit 1956; Missionary Research Library Occasional Bulletin, seit 1950; BMevR, seit 1951; Mitt.en der Studienabteilung des Ökumen. Rates der Kirchen, seit 1955; World M. Studies, seit 1958. - Lit.: K.HARTENSTEIN, Die M. als theol. Problem, 1939 - W.HOLSTEN, Das Kerygma u. der Mensch, 1953 - M.SCHLUNK, Die Vertretung der Mw. im Rahmen einer ev.-theol. Fakultät (in: Theol. als Glaubenswagnis, Festschr. f. K.Heim, 1954, 194-204) - O.G.MYKLEBUST, The Study of M.s in Theological Education I. II, Oslo 1955/57 - G.ROSENKRANZ, Mw. als Wissenschaft (ZThK 53, 1956, 103-127) - DERS., M.Schlunk (EMM 103, 1959, 17-32) - DERS., Ostasien-M. - unveränderter Auftrag in einer veränderten Welt (ZThK 57, 1960, 109-139) - A.LEHMANN, Die Religions- u. Mw. im theol. Studium (WZ Halle 6, 1957, 767-772) - M.WARREN, Theology, theol. Education and the M. of the Church, London 1958 - Basileia. W.Freytag zum 60. Geb., hg.v. J.HERMELINK u. H.J.MARGULL, 1959.

G.Rosenkranz

II. Kath. Missionswissenschaft

Die kath. Mw. (Missiologie, Missionologie) bemüht sich methodisch und systematisch um die Erforschung und Darstellung der M., dh der Christianisierung der Nichtchristen. Sie hat folgende Zweige: Die M.stheorie, bei der es um den Begriff, das Wesen, die Ursachen, die Ziele, die theoretischen Gesetze und den Wert der M. geht; die normative oder praktische Mw., die zeigt, wie man Nichtjünger zu Jüngern und Christen machen kann und soll (M.smethodik, M.smoral, M.srecht); die M.sgeschichte, welche die empirische und geschichtliche Erscheinung der M. behandelt; die M.skunde (gegenwärtiger Stand der M., M.sstatistik, -kartographie usw). Alle Zweige bilden eine Einheit. Grund- und Kernwissenschaft ist die M.stheorie.

Schon immer haben sich Katholiken wissenschaftlich mit der M. befaßt. Aber eine Mw. moderner Art gibt es erst seit Beginn des 20.Jh.s; sie ist von J.Schmidlin, Fr. Schwager, Robert Streit u.a. begründet worden. 1910/11 begannen die m.en Vorlesungen Schmidlins in Münster. 1911 entstanden hier der erste kath. Lehrstuhl für Mw., die »Zeitschrift für Mw.« und das »Internationale Institut für m.e Forschungen«. Andere Lehrstühle wurden in München (1919, Aufhauser), Würzburg, Nijmegen, Freiburg/Schw., Rom usw errichtet. In Rom entstanden 1932 an der Propaganda und Gregoriana m.e Fakultäten. Aber auch anderswo wurde und wird die Mw. gepflegt, so in Löwen (Charles, Masson) und Wien (Thauren, Bettray). Erfreulicherweise befassen sich auch andere Theologen mit Fragen der Mw., zB M.Meinertz, H.Rahner, H.de → Lubac, J. → Daniélou. Wichtig sind die m.en Institute (Münster, Nijmegen, Wien usw), Zeitschriften und Schriftenreihen (s. Lit.) sowie die m.en Kurse und M.sstudienwochen (u.a. in Löwen, Nijmegen, Deutschland, Kanada, Spanien). Die umfassendste Bibliographie ist die monumentale Bibliotheca Missionum, hg.v. R.Streit, J.Dindinger, J.Rommerskirchen (seit 1916). Fortlaufende Erscheinungen registriert die Bibliografia missionaria (J.Rommerskirchen, J.Dindinger, N.Kowalsky).

Zs.en: ZM, seit 1911; Het Missiewerk, seit 1919/20; Revue d'Histoire des M.s, 1924-38; Il Pensiero Missionario, seit 1928; Missionalia Hispanica, seit 1944; NZM, seit 1945; Rythmes du Monde, seit 1946. - Schriftenreihen: M.e Abh.en u. Texte, seit 1917; Veröffentlichungen des Instituts für Mw. der Univ. Münster, seit 1949; Bijdragen van het Missiologisch Instituut der R.K. Universiteit Nijmegen, seit 1950; die Supplemente der Missionalia Hispanica u. der NZM. - Einführungen: J.SCHMIDLIN, Einführung in die Mw., (1917) 1925² - A.MULDERS, Inleiding tot de Missiewetenschap, Bussum 1950. - Über die Aufgaben der m.en Forschung: TH.OHM, Mw. (in: L.BRANDT, Aufgaben dt. Forschung I, 1956, 45-49). - Hdb.er u. Lit. zur M.sgesch., M.stheorie u. M.smethode s. → Mission: III C. F sowie LThK² I, 243f (missionarische Akkommodation). - M.satlanten: O.WERNER, Kath. M.satlas, 1884 - DERS., Kath. Kirchenatlas, 1888 - K.STREIT, Atlas Hierarchicus, (1913) 1929² - J.NEUHÄUSLER, Atlas der kath. Welt-M., 1932 - J.THAUREN, Atlas der kath. M.sgesch., 1932 - Atlante delle Missioni Cattoliche dipendenti dalla S.Congr. de Propaganda Fide, Città del Vaticano 1947 - H.EMMERICH, Atlas missionum, ebd 1958.

Th.Ohm

Missionswissenschaft, *Deutsche Gesellschaft für.* Die DGM, am 29.9.1918 in Berlin gegründet, fördert »die wissenschaftliche Bearbeitung der Geschichte und Theorie der christlichen Mission« (von ihr hg. »Missionswissenschaftliche Forschungen«, »Allgemeine Missions-Studien«). Ihre Arbeit, durch Kriegsfolgen behindert, wird durch die Aufgaben dringend, die der → Missionswissenschaft (: I) heute gestellt sind. Vorsitzende: C. → Mirbt (1918-29), M. → Schlunk (1930-51), G.Rosenkranz (ab 1951).

C.MIRBT, DGM, o.J. - G.ROSENKRANZ, DGM (Luth. Missions-Jb. 1957, 137-145).

G.Rosenkranz

Missouri-Synode. Die M. ist eine Frucht der konfessionellen Erweckung Deutschlands auf dem Boden Amerikas (→ Vereinigte Staaten: I). Sie ist erwachsen aus der Auswanderung sächsischer Lutheraner unter M. → Stephan nach Missouri (St. Louis und Perry County) Ende 1838 sowie aus der großen Einwanderermission, die Wyneken (1810-76) in Indiana (Fort Wayne), Ohio und Michigan 1838 begann und für die er die Hilfe der Lutheraner Deutschlands gewann, vor allem W. → Löhes. Wyneken, Sihler (1801-85) und die Sendlinge Löhes, deren konfessionellem Gewissen die bestehenden luth. Synoden nicht genügten, suchten einen synodalen Zusammenschluß mit dem kleinen Kirchenwesen, das sich unter der Führung von Ferd. → Walther unter den Sachsen in Missouri gebildet hatte. So wurde 1847 in Chicago die »Deutsche ev.-luth. Synode von Missouri, Ohio und anderen Staaten« gegründet (seit 1947 »The Lutheran Church - Missouri Synod«).

Als Konfessionskirche an die Hl. Schrift als das »geschriebene Wort Gottes« und an sämtliche luth. Bekenntnisse gebunden, hat die M. die stärkste missionarische Kraft gezeigt in einem Lande, wo der Synkretismus den dogmatischen Gehalt des Christentums selbst bedroht. Im Lehrstreit mit → Grabau seit 1841 und in der Auseinandersetzung mit Löhe, der 1853 mit der M. brach, wurde der hochkirchliche Amtsbegriff und das romantische Verständnis der Kirche als eines Organismus überwunden. Im Gnadenwahlstreit (seit 1879) kämpfte die M. unter Walthers Führung für das reformatorische gegen das pietistische Luthertum. Unbestritten ist das Verdienst der M. um die Erhaltung der auf der Unterscheidung von → Gesetz (: V, 7) und Evangelium gegründeten ev. Predigt. Im Verständnis der Kirche ging die M. auf Luther zurück, wobei allerdings der Begriff der Gemeinde durch den Vereinsbegriff getrübt wurde. Die Verfassung der M. darf nicht aus der amerikanischen Demokratie erklärt werden, mit der die alten Missourier nichts zu tun hatten. Über der Ortsgemeinde, der die Kirchengewalt zugeschrieben wird, steht die von allen bekannte Lehre.

Die missionarische Kraft der M. zeigt sich in ihrem *Wachstum*. Die Zahl der Gemeinden betrug 1847: 12; 1872: 543; 1897: 1986; 1922: 3450; 1947: 4832; 1957: 5306. Die Seelenzahl betrug 1959 in den 32 Distrikten der USA und Kanadas 2 228 000 (ca ein Drittel des amerikanischen Luthertums). Dazu kommen je ein Distrikt in Brasilien und Argentinien sowie Missionen in Lateinamerika, Nigeria und in Ost- und Südostasien. Die Mission greift durch den Rundfunk weit über diese Gebiete hinaus (Lutheran Hour über zZ 1600 Stationen in 59 Sprachen). In der 1872 gegründeten Synodalkonferenz ist die M. mit der Synode von Wisconsin und zwei kleineren Kirchen verbunden. Sie steht in Kirchengemeinschaft mit den Luth. Freikirchen Europas und mit je einer Kirche in Australien und Indien. Sie gehört weder zum National Lutheran Council noch zum → Lutherischen Weltbund, arbeitet aber in praktischen Fragen mit ihnen zusammen (zB Luth. World Service) und sucht durch Entsendung von Beobachtern zu den ökumenischen Konferenzen die Isolierung früherer Zeiten zu überwinden.

Die für das alte Luthertum charakteristische Zusammenordnung von »Kirchen und Schulen« hat in der akademischen Tradition und dem großartigen *Schulwesen* der M. eine Auferstehung erlebt. Schon 1839 wurde eine höhere Lehranstalt gegründet, die dann nach St. Louis verlegt und zu dem großen Concordia Seminary ausgebaut wurde. Unter Walthers Leitung wurde dieses zu einem Zentrum luth. kirchlicher Theologie (Neubearbeitung der → Lutherausgabe [, 6] von Walch, St. Louis 1880-1910) mit stärkster Betonung der Exegese und Dogmatik (Stöckhardt, Bente, Pieper u.a.). Das von Sihler und Löhe 1846 gegründete Praktische Seminar lebt im Concordia Seminary zu Springfield/Ill. weiter. Ein großes System von höheren Schulen und Colleges bis zum Universitätsrang (Valparaiso) und Lehrerbildungsanstalten bilden den Oberbau zu dem im amerikanischen Protestantismus einzigartigen Gemeindeschulwesen mit zZ 1400 Schulen. Die Zahl der Gemeindeschullehrer ist von 2806 i.J. 1947 auf 4777 i.J. 1957 angestiegen. - Vgl. → Luthertum: II, 4.

CHR.HOCHSTETTER, Gesch. der Ev.-Luth. M. in Nordamerika, 1885 - W.A.BAEPLER, A Century of Grace. A History of the Missouri Synod 1847-1947, 1947 - C.S.MUNDINGER, Government in the Missouri Synod, 1947 - W.O.FORSTER, Zion on the Mississippi. The Settlement of the Saxon Lutherans in Missouri 1839-41, 1953. - Weiteres in »Lutheran Cyclopedia«, ed. E.L.LUEKEN, 1954. - Reiches Quellenmaterial ist gesammelt und wird bearbeitet in dem mit dem Seminar in St. Louis verbundenen Concordia Historical Institute, das ein »Quarterly« veröffentlicht. *H.Sasse*

Mitanni ist nach den zeitgenössischen Quellen des 2.Jt.s vChr der Name eines Staats in Obermesopotamien mit einer Ausdehnung von den kurdischen Bergen bis zum Mittelmeer und von der südlichen Türkei bis in die Gegend nördl. von Baghdad (→ 3 C 1). Die noch nicht wiederentdeckte Hauptstadt hieß Waššukanni. Der Tell Fecherījē an der Quelle des Chābūr kommt vielleicht für ihre Lage in Betracht; der Name der Stadt ist indischen Ursprungs. Indo-arisch sind auch die Namen der mitannischen Könige von B/Paratarna bis Šattuara II. (15.-13.Jh.) und mehrere der von ihnen verehrten Götter. Zur indo-arischen Herrscherschicht gehörten auch die sog. Marijanni = Wagenkämpfer. Bedeutendster völkischer Bestandteil von M. waren die Churriter (Ḥorī der Bibel: Gen 14, 6; 36, 20; Dtn 2, 12. 22; 1Chr 1, 39), eine innerasiatische (?) Völkergruppe mit eigener, agglutinierender Sprache. Sie sind vermutlich im 3.Jt. nach Vorderasien eingewandert. Der churritischen Sprache bedienten sich auch die Könige von M. in ihrer Korrespondenz mit den Pharaonen (→ Amarna), zu denen sie nach anfänglichen kriegerischen Auseinandersetzungen (→ Ägypten: I, 6, → Byblos) mehr oder minder freundliche Beziehungen aufrechterhielten. - An Kunstwerken aus M. sind Palastbauten, Wandmalereien, weiße Gefäßverzierungen auf dunklem Grund (Nuzi-Keramik) sowie Rollsiegel (Kerkūk-Stil) bekannt. In den Darstellungen herrscht eine Vorliebe für geflügelte Dämonen. Wahrscheinlich gab es ein reiches religiöses Schrifttum unter Verwendung churritischer Mythen. Churritisch-mitannischer Herkunft ist ferner der zweirädrige Streitwagen mit Pferdegespann (→ Hyksos). - *Fundorte* sind Nuzi/u (heute Jorgan Tepe) (→ 3 D 3), Arrapcha (heute Kerkūk) (→ 3 E 3), Schāgher Bāzār, Tell Fecherījē, Alalach (heute Tell Açana) (→ 3 A 2), → Ugarit (heute Rās Schamra) (→ 3 A 2).

A.MOORTGAT, Die bildende Kunst d. Alten Orients u. d. Bergvölker, 1932 - A.GÖTZE, Hethiter, Churriter u. Assyrer, Oslo 1936 - I.J.GELB, Hurrians and Subarians, Chicago 1944 - R.T.O'CALLAGHAN, Aram Naharain (AnOr 26, 1948, 51-92) - NOTH, WAT³ (s. Reg.). *A.Moortgat*

Mitbestimmung ist der Begriff für die den Arbeitnehmern (→ Sozialpartner) in einem → Betrieb gewährten Mitspracherechte. Die Forderung nach M. geht in ihrer Grundidee auf F.Naphtali zurück, der 1928 eine Übertragung demokratischer Ideen aus der Politik in die → Wirtschaft forderte. Auch wenn das Weimarer Betriebsrätegesetz von 1920 schon einen Schritt zur M. bedeutete, so kam es doch erst nach 1945 in den entflochtenen Unternehmungen zu einer echten M., die in anderen Ländern nicht erstrebt wird oder noch nicht durchgesetzt worden ist. 1949 machte sich der deutsche Katholikentag die Forderung des M.srechts zu eigen, und 1950 wurde von ev. Seite eine der M. zustimmende Erklärung des Rats der EKD abgegeben: Sinn der M. sei, das bloße Lohnarbeitsverhältnis zu überwinden und den → Arbeiter als Menschen und Mitarbeiter ernst zu nehmen. Am

21.5.1951 beschloß der Deutsche Bundestag das *Gesetz über die M.* der Arbeitnehmer in den Aufsichtsräten und Vorständen der Unternehmen des Bergbaus und der Eisen und Stahl erzeugenden Industrie. In den unter das Gesetz fallenden Unternehmen sind die Arbeitnehmer und die Anteilseigner mit je 4 Sitzen im Aufsichtsrat vertreten. Darüber hinaus hat jede der Gruppen eine unabhängige Persönlichkeit zu benennen. Ein elftes Aufsichtsratsmitglied wird auf Vorschlag der Mehrheit der übrigen gewählt. In bestimmten Fällen kann durch Satzung oder Vertrag bestimmt werden, daß der Aufsichtsrat aus 15 oder 21 Mitgliedern besteht. Dem Vorstand gehört ein Arbeitsdirektor an, der vom Aufsichtsrat bestellt und abberufen wird, was nicht gegen die Mehrheit der Arbeitnehmer im Aufsichtsrat erfolgen kann. Da 3 von 5 Arbeitnehmern durch die Gewerkschaft benannt werden, entstehen Probleme der richtigen und gerechten Vertretung der einzelnen Gruppen und des von außen gesteuerten Einflusses auf die Lenkung der Unternehmen. Umstritten ist die Position des Arbeitsdirektors, der einerseits die Interessen der Gewerkschaft und andererseits die des Unternehmens zu vertreten hat. - Ein Gesetz zur Ergänzung des Gesetzes über die M. vom 7.8.1956 regelt die M. in herrschenden Unternehmen. Hiernach ist das M.sgesetz bei diesen Unternehmen anzuwenden, wenn es sich um eine Holding der Montanindustrie handelt. Liegt diese Voraussetzung nicht vor, wird jedoch der Unternehmungszweck des Konzerns durch solche zu ihm gehörende Unternehmen gekennzeichnet, die unter das M.sgesetz fallen und mehr als die Hälfte der Umsätze sämtlicher Konzernunternehmen erzielen, dann gilt für die Holding eine besondere Form des M.srechts. - Eine andere Ordnung wurde für die übrige Wirtschaft mit dem *Betriebsverfassungsgesetz* vom 11.10.1952 gegeben, das fast allen Betrieben eine Verfassung gibt. Danach sind die Arbeitnehmer berechtigt, einen Betriebsrat zu wählen. Arbeiter und → Angestellte müssen im Betriebsrat vertreten sein. Jugendliche zwischen 16 und 18 Jahren wählen eine Jugendvertretung. Nach dem Gesetz haben Arbeitgeber und Betriebsrat im Rahmen der geltenden Tarifverträge (→ Arbeitsrecht, 2 c) vertrauensvoll zusammenzuarbeiten und mit den im Betrieb vertretenen Gewerkschaften und Arbeitgeberverbänden (→ Sozialpartner) zum Wohl des Betriebs und seiner Arbeitnehmer unter Berücksichtigung des Gemeinwohls zusammenzuwirken. Soweit nicht andere gesetzliche oder tarifliche Regelungen bestehen, hat der Betriebsrat über Beginn und Ende der täglichen → Arbeitszeit und Pausen, Zeit und Auszahlung des Entgelts, die Aufstellung des Urlaubsplans, die Durchführung der Berufsausbildung, die Verwaltung von Wohlfahrtseinrichtungen, Fragen der Ordnung des Betriebs und des Verhaltens der Arbeitnehmer, die Regelung von Akkord- und Stücklohnsätzen und über die Aufstellung von Entlohnungsmethoden mitzubestimmen. In gewissem Umfang besteht die Möglichkeit, in personellen Angelegenheiten mitzuwirken. - Durch M.sgesetz und Betriebsverfassungsgesetz ist die M. der Arbeitnehmer im Bereich der Produktion weithin verwirklicht worden. Die → Gewerkschaften treten weiterhin für eine überbetriebliche M. ein. Auch auf dem Christlich-Sozialen Arbeitnehmerkongreß in Köln 1960 ist wieder die Forderung erhoben worden, einen paritätisch besetzten Bundeswirtschaftsrat zu bilden. - Eine besondere Form der M. ist im *Personalvertretungsgesetz* vom 5.8.1955 verankert worden. Hiernach mußten in den Verwaltungen des Bundes, bundesunmittelbaren Körperschaften usw Personalvertretungen geschaffen werden, in denen → Beamte, Angestellte und Arbeiter je eine Gruppe bilden. Diese Personalräte haben die dem öffentlichen Dienst entsprechenden Funktionen eines Betriebsrats wahrzunehmen.

F.Karrenberg, M. in der Wirtschaft (Kirche im Volk, H. 9), 1953 - L.Raiser, Rechtsfragen der M., 1954 - H.D.Ortlieb-H.Schelsky (Hg.), Wege zum sozialen Frieden, 1954 - ESL 725ff - Bibliogr. zu M. u. Betriebsverfassung, hg.v. Dt. Industrie-Institut, 1955 u. 1957 - E.Potthoff, Zur Gesch. der Montan-M., 1955 - O.Neuloh, Die Dt. Betriebsverfassung, 1956 - H.Bayer, Stellung der Arbeitnehmer in der modernen Wirtschaftspolitik, 1959 - H.Wagner, Erfahrungen mit dem Betriebsverfassungsgesetz, 1960. *P.Heyde*

Mithras, eine indo-europäische Göttergestalt, die im Osten seit dem 14.Jh. vChr bekannt ist und im römischen Reiche vom 1.Jh. vChr bis zum 5.Jh. nChr in → Mysterien verehrt wurde. In den → Veden und im → Avesta wird er als Beschützer der Verträge (I.Gershevith, The Avestan Hymn to M. [Univ. of Cambridge, Oriental Publ. Nr. 4], 1959) und der Wahrheit angerufen. Der Name Mit(h)ra bedeutet Vertrag (Meillet in JA, ser. X, 1907, 143-159). In → Indien ist M. ein dem Himmelsgott Varuna untergeordneter Lichtgott (H.Oldenberg, Die Religion des Veda, 1894; G.Dumézil, Mitra Varuna, Paris 1949). In → Iran (: II) kämpft er an der Seite Ahura-Mazdas (→ Ormazd) oder gegen die von → Ahriman geführten Mächte der Finsternis (J.Duchesne-Guillemin, Ormazd et Ahriman, Paris 1953). Die Reform → Zarathustras hat M. zurückgedrängt. Aber obwohl das Stieropfer, mit dem er eng verbunden war (H.Lommel, M. und das Stieropfer [Paideuma 3, 1944/49, 207-218]), verboten wurde, spielte der Gott immer noch eine große Rolle in der iranischen Volksreligion. Umstritten bleibt, ob der Zoroastrismus (→ Iran: III. VII) von den Achämeniden anerkannt wurde oder nicht. Jedenfalls findet sich in den Inschriften dieses Königshauses der Name M. neben Ahura-Mazda und Anahîta. Herodot (I, 131) spricht über eine weibliche Mithra (W.Vollgraff in: Antiquité Classique 18, 1949, 61). Mit der Ausbreitung des Perserreiches ist M. nach dem Westen → Kleinasiens (, 1) gekommen. Es sind wohl die → Magier gewesen, die seine Verehrung langsam zu den M.mysterien umgebildet haben. Diese These → Cumonts (J.Bidez-Fr.Cumont, Les Mages hellénisés I. II, Paris 1938) wurde zwar von St.Wikander (Etudes sur les mystères de M. [Årsbok, Vetenskapssoc: s i Lund, 1950, 3-46]) bestritten, aber seine Meinung, die Mysterien müßten in den Balkanländern entstanden sein, ist sehr unwahrscheinlich (D.Schlumberger in: Syria 30, 1953, 325-330; G.Widengren, Stand und Aufgaben der iran. Religionsgeschichte [Numen 2, 1955, 89ff]). Die Schwierigkeit bleibt vielmehr festzustellen, *wann* die Mysterien geformt sind. Typisch ist (vgl. E.Will, Le relief cultuel gréco-romain, Paris 1955), daß Plutarch (Vita Pomp. 24) behauptet, die Mysterien seien durch die von Pompejus an den Südküsten Anatoliens besiegten Seeräuber nach Italien gekommen, während in den Inschriften des Mithridates in Arsameia (CIMRM II, Nr. 90 C) und seines Sohnes Antiochus I. von Kommagene am Nemrud-Dagh (CIMRM I, Nr. 28) M. nur neben anderen Reichsgöttern genannt wird. In Ägypten, wo M. sonst wenig verbreitet ist, ist im 3.Jh. vChr in Fajûm das Bestehen eines M.heiligtums bezeugt, das aber noch nicht das Dasein der Mysterien zu beweisen braucht. Wahrscheinlich sind diese also erst in späthellenistischer Zeit entstanden. Im 2. und vor allem im 3.Jh. nChr hat M. sich dann durch das ganze röm. Imperium verbreitet. Schon in Rom sind ca 100 Mithräen bekannt (M.J.Vermaseren, De M.dienst in Rome, Nijmegen 1951); in Ostia sind 16 Heiligtümer zutage gefördert (G.Becatti, Scavi di Ostia II: I Mitrei, Rom 1954). Das röm. Heer und die Kaufleute sind die wichtigsten Verbreiter seines Kultes. M. begegnet vor allem am Rhein- und Donau-Limes, am Limes in Britannien, Syrien und Afrika. Bes. wichtig sind die Heiligtümer in Rom (S. Prisca), Ostia, London, Merida (Spanien), Heddernheim (Deutschland), Carnuntum bei Wien und Sarmizegetusa in Rumänien. Nur die Griechen haben M. nie geliebt; der Gott ihrer Erbfeinde konnte die einheimischen Mysterien nicht verdrängen.

Für das Verständnis der M.mysterien sind grundlegend das Stieropfer (vgl. → Stierdienst) und die anderen Taten des Gottes. Über die M.legende berichten die Denkmäler; schriftliche Dokumente fehlen großenteils. - Der Gott wird aus einem Felsen geboren (petra genetrix, saxigenus), denn dieser ist ein Symbol des → Himmels, aus dem der Lichtgott hervorgeht. Diese Geburt des Sol invictus wurde am 25. Dez. gefeiert. In einer Zeit der Dürre schießt er mit Pfeilen Wasser aus einem Felsen. Dann folgen die wichtigen Abenteuer und Wundertaten mit dem Stier. Das Tier weidet ruhig (CIMRM II, Nr. 1283), und M. versucht es zu fangen; oder der Stier liegt in einem Haus (Dieburg; ebd Nr. 1247, 6), und M. lockt ihn mit Steinen heraus. Aber der Stier kann sich losringen und schleppt M. mit; dann aber fängt der Gott ihn endgültig und trägt ihn auf dem Rücken siegreich nach einer Grotte (transitus dei). M. zwingt das Tier zu Boden und stößt ihm den Dolch in die Seite. Dann geschieht ein Wunder: aus dem → Blut und aus dem Schweif des Stieres wachsen Kornähren. Der Tod verursacht neues Leben (→ Feste: I). Fast immer lecken ein Hund und eine → Schlange das Blut, um die → Fruchtbarkeit in sich aufzunehmen, während ein Skorpion das Sperma zu vergiften sucht. → Sonne und → Mond, öfters auch die sieben Planeten (→ Sterne), die vier → Wind-Götter oder die vier → Jahreszeiten sind bei der Heilstat des M. anwesend und verleihen dem kosmischen Charakter mehr Nachdruck. Wenn der Stier getötet ist, wird M., der selbst ein Sonnengott ist, mit dem Helios-Sol das Fleisch und das Blut des Stieres essen und trinken. Zuvor sieht man auf den Monumenten beide Götter einen Vertrag schließen: Sol kniet vor M., dieser gibt ihm einen Ritterschlag, dann reichen sie sich die rechte Hand (iunctio dextrarum). Endlich fahren sie zusammen zum Himmel. - Die göttlichen Taten werden von den Mysten in den Zeremonien nachgeahmt. Die Mitteilung des Hieronymus (Ep. ad Laetam 107), daß man nach der Einweihung sieben Ränge durchlaufen bzw. die sieben Stufen einer Himmelsleiter besteigen konnte, ist durch Mosaiken in Ostia, Malereien in den Mithräen zu Capua und zu Rom (S. Prisca auf dem Aventin; s. M.J.Vermaseren-C.C.van Essen in: Antiquity and Survival I, 1955, 3-36) und durch Inschriften in → Dura-Europos am Euphrat bestätigt worden. Im Mithräum auf dem Aventin sind sogar die Ränge mit ihren Symbolen dargestellt. Nach einer Zeit, in der man vom Vater der Gemeinde mit den Geheimnissen des nur Männern zugänglichen Dienstes bekannt gemacht wurde, wird man als Vorstufe zur wirklichen Einweihung (→ Initiation) ein Cryphius (»Verborgener«; W.Vollgraff in: Latomus 28, 1957, 517 bis 530). Das Mithräum in Capua zeigt, wie ein Myste nackt in das unterirdische, in Form einer Grotte (speleum) gebaute M.heiligtum hineingeführt wird. Er hat eine Augenbinde, auch seine Hände sind gebunden. So wird er Proben unterworfen. Nachdem er diese bestanden hat, ist er wiedergeboren (renatus) und kann Corax (Rabe) werden. Wie der Rabe einst M. den Auftrag meldete, den Stier zu töten, so ist der Corax im Dienst ein κῆρυξ (Herold); er trägt auch eine Rabenmaske. Der Nymphus tritt durch die iunctio dextrarum mit dem Vater (= M.) in eine mystische Ehe. Der Miles (Soldat) weiht sich durch einen Eid (sacramentum) zum Dienst in den Legionen des deus invictus. Nach → Porphyrius (De Abst. IV, 16) wird erst der Leo (Löwe) wirklich Teilhaber (μετέχων) an den Mysterien; er symbolisiert das → Feuer, und weil dieses dem → Wasser feindlich ist, reinigt er sich die Hände mit Honig. Der Heliodromus (Sonnenläufer) hat sich mit Sol, der Pater mit M. identifiziert. Beide sind vielfach bei der Mahlzeit dargestellt, bei der sie von den Brüdern (fratres) bedient werden. Graffiti im Aventiner Mithräum beweisen, daß jeder Rang einen der Planetengötter zum Vormund hatte. Der Vater stand unter Saturn, der öfters mit Kronos-Chronos und so mit dem Zeitgott → Aion gleichgestellt war. Auch die → Elemente spielten eine wichtige Rolle; das S. Prisca-Mithräum hat drei Seitenkapellen für Einweihungen durch Wasser, Feuer und Erde.

Gerade die → Mahlzeit (: I) war für die christlichen Kirchenväter ein Anstoß und wurde von ihnen als teuflische Nachahmung der Eucharistie betrachtet (Tertullian, De praescr. haer. 40). Es ist nicht zu beweisen, daß sich M. bei der Stiertötung selbst geopfert hat; wohl aber steht fest, daß das Fleisch und Blut des Stieres oder Brot und Wein das himmlische Dasein und die → Auferstehung versprachen. Beim Kultmahl wurden sogar einige Worte gesprochen (Justin, Apol. I, 66), die uns leider nicht mehr bekannt sind (Cumont in RA 1946, 193). Wichtig ist in dieser Hinsicht ein Graffito von 200 nChr im Aventiner Mithräum: »Die Männer hast du gerettet durch das Vergießen des ewigen Blutes.« Sicher haben noch andere Zeremonien die Christen zum Haß gegen die M.diener getrieben. M. hat versucht, die anderen Mysterien in sich aufzunehmen oder wenigstens unter seine Obhut zu stellen. Nachdem die syrischen Kaiser und Aurelian den Sonnenkult gefördert hatten (→ Imperium Romanum, 3) und M. schon längst zum kaiserlichen Hof durchgedrungen war, war der M.dienst bestrebt, eine Universalreligion zu werden. Im 4.Jh. nChr wurde ihm aber von Konstantin Halt geboten. Der Streit zwischen Mithraismus und Christentum wird zum Kampf zwischen Christentum und Heidentum überhaupt. Ende des 4.Jh.s war der Sieg des Christentums entschieden, und über vielen Mithräen wurden Kirchen gebaut (S. Clemente, S. Prisca u.a.).

Außer der Lit. im Text: Fr. Cumont, Textes et Monuments figurés relatifs aux Mystères de M. I. II, Brüssel 1896/99 - M.J. Vermaseren, Corpus Inscriptionum et Monumentorum Religionis Mithriacae I. II, Haag 1956/60 (abgekürzt: CIMRM) - Ders., M., de geheimzinnige god, Amsterdam 1959. - Die sog. M.liturgie (ed. A. Dieterich, 1925³) ist nicht mithräisch. *M.J.Vermaseren*

Mitleid

1. Religionsgeschichtlich - 2. Ethisch

1. Mitgefühl ist die Wurzel alles sittlichen Handelns, und M. ist das Mitgefühl mit dem → Leiden (: I) der Nebengeschöpfe. Es ist auch bei den → *Naturvölkern* stark entwickelt (vgl. E.Westermarck, Ursprung und Entwicklung der Moralbegriffe, Kap. 19). Der chinesische Philosoph → Mêngtse sagt: »Das Gefühl des M.s und Erbarmens ist allen Menschen eigen« und »ist Menschenliebe« (RGL 6, 79). Der Ausfluß des M.s ist das Gebot, dem Leidenden zu helfen. Nach Schi-King VI, 8 (vgl. Li-Ki 27, 32) wurden im alten *China* bei der Ernte Teile für die Witwen unberührt gelassen (vgl. Dtn 24, 19ff). Im *ägyptischen* Totenbuch versichert die Seele vor den Totenrichtern: »Ich habe nicht hungern lassen. Ich habe nicht zum Weinen gebracht . . . Ich habe Brot dem Hungernden gegeben, Wasser dem Dürstenden, Kleider dem Nackten und eine Fähre dem Schifflosen« (Urkunden zur Religion des alten Ägypten, übers. v. G.Roe-

der, 274. 278). In allen *indischen* Religionen wird von dem Frommen M. gegen alle Wesen, Menschen und Tiere, verlangt. Nach Brhadâranyaka-Upanishad V, 2 hat der Schüler vor allem drei Dinge zu lernen: Selbstbezähmung, Freigebigkeit und M. Aus dem M. entspringt das Gebot der Ahimsâ, des Vermeidens der Gewalttätigkeit gegenüber allen Wesen, das unbedingt für Asketen und Mönche gilt, aber im → Jinismus und → Buddhismus (: I, 5) zu einem allgemeinen sittlichen Gebot erhoben worden ist. Das M. steht geradezu im Mittelpunkt der buddhistischen Ethik. Eine der buddhistischen Versenkungen besteht in dem Ausströmen der vier »Unendlichkeitsgefühle«: Wohlwollen, M., Mitfreude und Gleichgültigkeit (F.Heiler, Buddhistische Versenkung, 22f). Im Mahâyâna-Buddhismus wird das M. als die erste aller Tugenden gepriesen, und Avalokiteshvara (→ Buddha, 6) ist der Bodhisattva, dessen M. für alle Wesen keine Grenzen kennt. In den theistischen Religionen erhält die Gottheit bes. das Attribut der → Gerechtigkeit, das aber durch Erbarmen und M. gemildert wird. Auch Gottheiten, die in der Mythologie furchtbar und schrecklich erscheinen, werden im → Gebet (: I) als gnädig und barmherzig angerufen. Der *babylonische* Marduk, obgleich gewöhnlich als der Schreckliche dargestellt, wird doch als »der Mitleidige unter den Göttern« angerufen. Der *griechische* Zeus ist auch Αἰδοῖος, der Erbarmungsvolle, und das M. teilt als Gottheit den Thron des Zeus, der sich auch der Witwen und Waisen annimmt (L.R.Farnell, The Attributes of God, 1925, 177ff). Wie der → Gott (: II) des AT, so ist auch *Allah* (→ Islam: I) streng und gerecht, aber auch voll M. Unter den 99 »guten Namen«, unter denen Gott von den Muslim angerufen wird, sind die beiden ersten ar-Raḥmān, »der Erbarmer«, und ar-Raḥīm, »der Barmherzige«, und jede Sure des → Korans beginnt mit den Worten: »Im Namen Gottes des Erbarmers, des Barmherzigen«. - Vgl. → Armenpflege: I, → Liebe: I, → Liebestätigkeit: I.

W.Burkert, Zum altgriech. M.sbegriff (Diss. Erlangen), 1955 - W.Schadewaldt, Furcht u. M.? (Hermes 83, 1955, 129-171).

† M.Winternitz (C.-M.Edsman)

2. Der Mensch kennt von Natur ein je nach Zivilisationsstand mehr oder weniger entwickeltes M.sempfinden, kraft dessen er angesichts fremden Leidens - eines Menschen oder auch eines Tieres - selbst leidet und den Drang zu helfen verspürt. Fälle totaler Fühllosigkeit sind selten und lassen oft auf pathologischen Sadismus schließen (Mörder, Folterer). Aber jenes natürliche Empfinden ist oft nur eine oberflächliche Affektreaktion; außerstande, dem Leiden des andern abzuhelfen, wendet der mitleidige Mensch sich ab. Egoistische Motive stellen sich ein (das eigene Interesse, allgemeine Klugheitsrücksichten) und lähmen nur allzu leicht die Hilfsbereitschaft. Natürliches M. mündet nicht notwendig in karitatives Handeln aus. - Der Intention nach will M. eine Form der → Sympathie sein. Jedoch der absolut individuell gebundene Charakter des → Leidens isoliert das leidende Lebewesen so völlig von seinesgleichen, daß jeder Versuch, dieses Leiden zu teilen, rasch seine Grenzen findet. Wir können fremdes Leiden in seiner ganzen, auch tragischen Tiefe verstehen, wir können sogar dermaßen von ihm erfaßt werden, daß wir unsererseits leiden; aber auch dann ist es *unser* Leiden, das wir tragen, nicht das des andern. - Selbst in den vom → Egoismus am wenigsten berührten Formen bleibt M. daher ein in sich paradoxes Gefühl. Es erreicht niemals das Ziel seiner genuinen Eigenbewegung, sondern offenbart vielmehr die unheilbare Einsamkeit, der jedes leidende Lebewesen unentrinnbar verhaftet ist. M. versetzt uns daher mitten in das Paradox ethischen Lebens, das der Begegnung von Mensch und Mitmensch. Einerseits können wir dem Leiden des andern gegenüber nicht gleichgültig bleiben, andererseits aber können wir uns auch nicht zu ihm stellen und sein Leiden mit ihm zusammen tragen. Selbst mit Hilfe der Imagination haben wir keine Chance, uns wirklich an seine Stelle zu versetzen. Nur die Tat kann in gewissen Fällen, in denen eine Möglichkeit zur Beseitigung objektiver Ursachen für das Leiden des andern besteht, aus der Unerträglichkeit dieser Situation befreien. - Das Geheimnis der Inkarnation und der Erlösung besteht eben darin, daß Christus in seiner Eigenschaft als Gottessohn und damit als göttliche Person Freiheit und Macht hat, die begrenzte, sündige Menschennatur anzunehmen und so das Leiden jedes Menschen unter Einschluß von Todesfurcht und Gerichtsangst zu tragen. Gott allein hat in Christus wahrhaft M. mit den Menschen. Voraussetzung dieses Mit-Leidens ist die Inkarnation, in der Christus eine Natur annimmt, die nicht die seine ist. So kann auch nur die Gewißheit, *in Christus* dem Mitmenschen voll und ganz zu begegnen, uns in beschränktem Rahmen die Möglichkeit geben, echtes Mit-Leiden mit dem andern zu erleben.

M.Scheler, Wesen u. Formen der Sympathie, (1913) 1926[3] - Barth, KD III/4, 1951 (Reg. s.v. »Nächste, der«) - P.Ricoeur, Sympathie et respect: phénoménologie et éthique de la deuxième personne (Revue de Métaphysique et de Morale 59, 1954, 380-397) - R.Mehl, La rencontre d'Autrui, 1955. *R.Mehl*

Mittelalter

1. Begriffsgeschichte - 2. Bereich und Dauer - 3. Die Grundzüge der ma.lichen Geschichte - 4. Zur Eigenart des MA. - MA = Mittelalter, Middle Ages, moyen âge; ma.lich = mittelalterlich

MA nennt man diejenige Periode der west- und mitteleuropäischen Geschichte, die mit dem Zerfall der römischen Antike und ihrer Überwältigung durch die Germanen beginnt, in der es - hauptsächlich durch die Verschmelzung christlicher, antiker und germanischer Elemente - zu einer im wesentlichen von der Kirche geführten und bestimmten Kultureinheit kommt und die mit dem Zerbrechen dieser Einheit endet.

1. Die abschätzige Vorstellung, die eben vergangene Zeit sei ein barbarisches Mittel-Alter, das die Gegenwart von den Herrlichkeiten der Antike trenne, bildet sich, vielleicht in Anlehnung an apokalyptische Literatur, in der → Renaissance, schon seit dem 13.Jh., freilich ohne daß man dieses Zeitalter zunächst eines eigenen Namens würdigt. Erst im 15.Jh. erscheint, ganz selten und unpräzis, bei den Humanisten der Ausdruck media aetas, anscheinend erstmals bei J. → Vadian auch in deutscher Fassung. Eine planmäßige Verwendung des Begriffs für die Einteilung der Geschichte findet sich dagegen erst im 17.Jh., und zwar geht sie offenbar von der ev. Kirchengeschichtsschreibung und ihrer dem Humanismus nahestehenden Geschichtsvorstellung aus. G. → Voëtius gliedert, wie es scheint als erster, in seinem Leitfaden Exercitia et bibliotheca studiosi theologici (1644) die abendländische Kirchengeschichte in die antiquitas ecclesiae, die intermedia aetas und die nova oder recens aetas (seit 1517). Den weiteren Schritt, dieses Dreiteilungsschema auf die Universalgeschichte zu übertragen, vollzieht dann der Leidener Historiker Georg Horn (ca 1666). Seit der vielgelesenen Historia tripartita des Hallenser Professors Christoph Cellarius, der zwischen die Historia antiqua und die Historia nova 1688 die Historia medii aevi (von Konstantin bis zum Fall Konstantinopels und dem Ende des 15.Jh.s) stellt, verbreitet sich die Dreiteilung wenigstens in der Profangeschichtsschreibung rasch; bei den Kirchenhistorikern beider Konfessionen kann sie sich allerdings gegen die traditio-

nelle Zenturieneinteilung (→ Kirchengeschichte, 2 d), das immer unsachgemäßer werdende, aber theologisch befrachtete 4-Reiche-Schema und andere Gliederungen erst am Anfang des 19.Jh.s allgemein durchsetzen. - Seit der Einführung des Begriffs hat sich die Beurteilung des MA wesentlich gewandelt. Das Wort hat nach und nach seinen eigentlichen Sinn verloren, seitdem in der → Aufklärung die »Neuzeit« aufgehört hat, sich selbst als wichtigstes Wesensmerkmal die Erneuerung der Antike zuzuschreiben, und seitdem in der → Romantik in der Sehnsucht nach der verlorenen Einheit (→ Novalis) eine schon bei → Goethe und → Herder vorbereitete, dem ursprünglichen Inhalt des Begriffs widersprechende neue, positive Wertung des MA sich verbreitete.

2. Auf Grund dieser allmählichen Ablösung von seinen früheren, durchaus geschichtsfremden Inhalten hat sich das Wort MA mit Recht einbürgern können. Zwar ist die alte Dreiteilung der Universalgeschichte in den letzten Jahrzehnten im Verlauf einer lebhaften Diskussion, die vornehmlich in Deutschland geführt wurde, stark modifiziert worden; doch hat sich dabei die Einsicht durchgehalten, daß es sinnvoll ist, das »MA«, als ein Zeitalter von ungewöhnlicher Einheitlichkeit und Abgeschlossenheit, unter einem Namen zusammenzufassen. Umstritten ist freilich, wie dieses Zeitalter zu *begrenzen* sei.

a) Streng genommen ist das MA kein Zeitalter der Weltgeschichte, sondern sein Schauplatz ist auf West- und Mitteleuropa beschränkt, das in unserem Zeitraum unter der Obödienz des römischen Bischofs stehende Gebiet, das durch eine gemeinsame Kirchen-, Kultur- und Amtssprache, das Lateinische, zusammen- und nach außen abgeschlossen ist und das üblicherweise, mit einem freilich vieldeutigen und im MA so nicht gebräuchlichen Ausdruck, als → Abendland bezeichnet wird. Das MA selbst wie auch die Renaissance, der wir unsern Begriff verdanken, schränken aufs Ganze gesehen in derselben Weise den Bereich ihrer Geschichte ein, freilich ohne die Beschränkung deutlich als solche zu spüren. Nur bedingt wird man also dem byzantinischen Reich (→ Byzanz: II), das schon seit dem 6./7.Jh. geistig und theologisch, seit → Karl d. Gr. staatsrechtlich und seit dem Beginn des Großen Schismas 1054 endgültig kirchenrechtlich vom Westen getrennt ist, am MA Anteil geben: Hier hat es ein eigentliches Ende der Antike, den geistigen und institutionellen Umbruch beim Einfall der jungen Völker, nicht gegeben. Im ganzen wird - trotz unserer inzwischen wesentlich vertieften Kenntnis der byzantinischen Geschichte und ihrer Beziehung zum Abendland - das Urteil von Dove gültig bleiben, Byzanz sei »eine Ruine des römischen Reiches in konstantinischen Formen«, eine Rückbildung hinter das römische Zeitalter, ein stehengebliebener Turm der antiken Geschichte. Nur darf dabei keinesfalls übersehen werden, daß die äußeren politischen und kirchlichen Beziehungen, bes. aber die innere Verwandtschaft zwischen dem Abendland und Byzanz auch nach 1054 wesentlich tiefer sind (→ Einigungsbestrebungen: I, 3) als die Verbindung zu dem dritten Kulturbereich, der im 1.Jt. auf dem Boden des Orbis Romanus entsteht, dem islamischen Reich (→ Islam: I). Von einem islamischen MA zu sprechen, erscheint als vollends unsachgemäß, ebenso wie die allgemeine Anwendung des Ausdrucks auf die jeweiligen Entwicklungsperioden der Völker und Kulturen nur bei weitem, unpräzisem Wortgebrauch möglich ist. - Die geographische Umgrenzung des Abendlandes im MA ist variabel, der größte Teil Spaniens sowie die seit dem späten 8.Jh. christianisierten und Rom unterworfenen germanischen und slawischen Gebiete wachsen zu.

b) Noch schwieriger ist die Frage nach der *zeitlichen* Abgrenzung des MA zu beantworten. Wie an einem Musterbeispiel kann man gerade am MA die Problematik aller historischen Periodisierung deutlich machen: Nur sehr unvollkommen lassen sich die Periodengrenzen mit festen Daten bezeichnen, vielmehr muß man von »breiten Streifen allmählicher Veränderung« (Aubin) sprechen, und der Abbruch des Alten und die Durchsetzung des Neuen weisen in den einzelnen Lebensbereichen und Landschaften große Phasenunterschiede auf. Will man, im Bewußtsein der Relativität solcher Bestimmungen, doch innerhalb des jahrhundertelangen Prozesses des Übergangs von der Antike zum MA den Wendepunkt genauer angeben, so wird der Kirchenhistoriker den entscheidenden Einschnitt schon bei → Konstantin d. Gr. finden, während in der Breite der Geschichte das spätere 5.Jh. als Zeit des großen Umbruchs erscheint. Hier trifft einerseits der Zusammenbruch Westroms die späte Antike ins Herz, weil er das (auch durch → Justinian nicht mehr rückgängig gemachte) Ende des → Imperium Romanum bedeutet; und andererseits leitet der Übertritt Chlodwigs zur kath. Kirche das MA ein, weil er das lebenskräftigste der großen Germanenreiche der Völkerwanderungszeit, das am wenigsten von der Antike fasziniert ist und als erstes nördlich der Alpen und außerhalb des Mittelmeer-Raums errichtet wird, gerade mit derjenigen Kirche verbindet, die die Germanen mit den Römern innerlich zusammenführen kann, die als einzige Gemeinschaft noch in nennenswertem Maß Kräfte der Antike weiterzugeben hat und die nach ihrem geistigen Besitz, nach ihrer Verbreitung und nach ihrer Organisation als die weit überlegene, zukunftsreichste Richtung innerhalb des Christentums erscheint. So wird nach dem Zerbrechen der alten der erste, grundlegende Schritt zur neuen einheitlichen Ordnung getan.

Auf entsprechendem Weg müßte das *Ende* des MA gesucht werden. Freilich erscheinen hier die Zeitalter noch stärker ineinandergeschoben und miteinander verwachsen, und indem die neue Zeit keine neue Einheitswelt an die Stelle der alten setzt, ist der Umbruch wesentlich vielschichtiger, aber letztlich viel eingreifender als am Beginn des MA. Doch liegt um das Jahr 1500 ein deutlicher Wendepunkt der Geschichte, sichtbar etwa in der äußeren Überwindung der ma.lichen Welt durch die großen Entdeckungsfahrten und die rasch folgende Verbreitung des »Abendlandes« über die ganze Erde, deutlicher noch in der inneren Zerstörung der ma.lichen Einheit in der → Reformation, durch die nicht bloß die eine Kirche sich verdoppelt, ja vervielfältigt, sondern in der auch die Voraussetzung für die ma.liche Verklammerung von Kirche und Welt umgestoßen und damit das MA »unmöglich« wird (Heimpel). Freilich erscheint die in Weiterführung Troeltschs neuerdings öfters gestellte Frage eindrucksvoll, ob dieses Ende des MA wirklich schon mit dem Beginn der → »Neuzeit« identisch, ob nicht dem ersten Umbruch in einigem Abstand ein viel tiefergehender zweiter gefolgt sei.

3. Hatte schon die starke Vergrößerung des fränkischen Herrschaftsgebiets unter Chlodwig dem Abendland einen neuen politischen Schwerpunkt gegeben, so verlagert sich mit dem Untergang des Ostgotenreichs in Italien (555; → Goten, 3) das Gewicht endgültig zu den → Franken. Sie haben gegenüber den Germanenvölkern im Süden den Vorzug, daß sie ihre Herrschaft fester verankern können, indem sie sich mit der einheimischen Bevölkerung verschmelzen, ohne doch die Verbindung zur germanischen Heimat zu verlieren. So kommt es bei ihnen, obgleich sie unter den späteren Merowingern an dem allgemeinen kulturellen und sittlichen Niedergang

der Zeit teilnehmen, wie nirgends sonst zu einer auch durch alle Teilungen und Streitigkeiten innerhalb des Reiches durch Jh.e hindurch nicht grundsätzlich in Frage gestellten staatlichen Kontinuität. Daher wird die fränkische Entwicklung beim Übergang von der Spätantike zum Früh-MA bes. für die ma.liche Verfassungsgeschichte, im weltlichen wie im kirchlichen Bereich, grundlegend.

Überall in Europa geht seit dem 6./7.Jh. die antike Stadtkultur rasch zurück, die Agrarwirtschaft von Bauern und Grundherren tritt weithin an die Stelle der Verkehrswirtschaft. Den Franken aber gelingt auf dem Boden der neuen Verhältnisse die allmähliche Ausbildung einer neuen staatlichen und kirchlichen Ordnung. Einerseits wird, zunächst im Interesse einer straffen obrigkeitlichen Führung, das → Lehnswesen entwickelt, und damit bildet sich, in Anlehnung an römische Vorbilder, die eigentümliche, auf gegenseitiger Treuverpflichtung aufbauende Grundstruktur des ma.lichen Staates. Zum andern wird nun die Aufgabe, das breite Land kirchlich zu versorgen, die im Rahmen der von der alten Kirche überkommenen Kirchenverfassung nicht mehr lösbar war, neu bewältigt, indem sich das Eigenkirchenwesen durchsetzt (→ Eigenkirche): in engstem Zusammenhang mit der grundherrschaftlichen Ordnung gewinnt die Landpfarrei Gestalt. Auch diese zweite Neubildung, die gleichfalls an ältere, wohl germanische Formen anschließt, ist von grundlegender Bedeutung für die ma.liche Geschichte. Einmal wird durch sie die Vermischung des kirchlichen und weltlichen Bereichs außerordentlich gefördert (s. 4); zum andern zieht mit ihr trotz aller späteren Modifizierungen (auf Grund des wesentlichen Unterschieds der Stellung des Bischofs zu derjenigen des Eigenkirchenpriesters) die Standestrennung in den Klerus ein. Die Eigenart der ma.lichen Kirche als einer »Adelskirche«, in der die führenden Positionen im Episkopat und im Mönchtum den oberen Ständen vorbehalten bleiben (→ Kirchenverfassung: IV, 2. 3), bereitet sich vor.

Zwischen 687 und 843 ist das fränkische Reich fast ohne Unterbrechung jeweils in der Hand eines Herrschers vereinigt. Das Erbteilungsrecht tritt in dieser Zeit auf Grund einer Kette von Zufällen außer Kraft, und die dadurch ermöglichte Stabilität der Verhältnisse führt zu dem Höhepunkt der früh-ma.lichen Geschichte. Die erste wichtige Folge ist ein kräftiger Ausbau des kirchlichen Lebens. Die älteren Merowinger hatten für die Christianisierung ihrer Untertanen wenig getan, und auch die Missionstätigkeit der Iroschotten (→ Irland: I) war ohne umfassende Wirkung geblieben, da sie aus asketischem Antrieb kam und ihnen an geordneter Erhaltung des Erreichten nichts lag. Das wird anders durch das Wirken der angelsächsischen Missionare (→ Angelsachsen), deren Führer Wynfrith- → Bonifatius nicht nur in der Missionsarbeit und in der Reform des hohen Klerus im Reich, sondern bes. in der Kirchenorganisation im Osten und in der Bindung der fränkischen Kirche an Rom seine bleibenden Erfolge hat. Die englische Kirche, aus der er stammt (→ England: I), war weniger durch die Initiative Roms als durch iroschottische Mission entstanden; aber sie hatte sich seit der Synode von Streaneshalch 664 doch eng an Rom angeschlossen, ja durch ihre naiv-fromme Petrus-Verehrung ein offenbar ganz neues religiöses Moment in die Schätzung des römischen Primats hineingebracht. Diese gläubige Anlehnung an Rom prägt nun auch das Wirken des Bonifatius und wird von ihm der fränkischen Kirche und den fränkischen Herrschern überliefert.

Das → Papsttum (: II) selbst war bisher dem germanischen Norden nur kühl begegnet. Es hatte den weitgehenden Zerfall seines Einflußgebiets in Landeskirchen, das fast völlige Aufhören seines gesetzgeberischen und richterlichen Einflusses außerhalb Italiens hingenommen, obgleich doch nicht bloß die germanische Verehrung, sondern auch der Verlust → Nordafrikas (: I) und des größten Teils von → Spanien und also die Ausschaltung der selbständigsten Kirchen des Westens dem päpstlichen Führungsanspruch entgegenkamen. Wenn das Papsttum im 6. und 7.Jh. überhaupt über die Grenzen Italiens hinausblickt, dann immer noch eher, feindlich oder freundlich, nach Konstantinopel als zu den Germanen. Auch die England-Mission → Gregors I. (→ Augustin von Canterbury) bleibt, aufs Ganze gesehen, Episode. Erst im 8.Jh. beginnt Rom sich durchgreifend auf die neue Entwicklung des Abendlandes einzustellen, die Bindungen an Byzanz planmäßig zu lockern und dagegen ernsthaft mit den Franken anzuknüpfen. Grundlegend für die weitere Entwicklung ist, nach einer ersten Verbindung unter Karl Martell, das Bündnis, das Papst → Stephan II. 754 mit Pippin abschließt. Hier läßt sich das junge Königtum der Karolinger mit der (erneuten) Salbung durch den Papst allen Mangel an Geblütsheiligkeit gegenüber den Merowingern ersetzen und übernimmt das Patriziat über die Römer. Dadurch stärkt es sich nicht bloß gegen alle möglichen Bestreiter, sondern läßt sich auch sein Amt für alle Zukunft heiligen, »verchristlichen«. Der Papst seinerseits gewinnt gegen die langobardische Bedrückung einen Schutzherrn; aber vor aller Bevormundung durch diesen schützt ihn, daß dessen Herrschaftszentrum weit entfernt liegt. Zudem stärkt er seine eigene Stellung und beseitigt zugleich (bis 1870!) die Gefahr, im eigenen Land erdrückt zu werden, indem er durch Pippin den hl. Petrus mit eigener Landesherrschaft in Italien beschenken läßt (→ Kirchenstaat). Die Basis für das Papsttum des MA ist geschaffen.

Die zweite Wirkung der Reichseinheit ist eine allmähliche Kräftigung der politischen Zentralgewalt. So gelingt dem Hausmeier Karl Martell 732 die Abwehr der Araber. Sein Enkel aber, → Karl d. Gr., erreicht unter den bes. günstigen Bedingungen des späteren 8.Jh.s nach und nach nochmals eine riesige Vergrößerung seines Reiches, den größten geschlossenen Herrschaftsbereich, den es im MA gegeben hat. Dabei sieht sich der König im Dienst Gottes stehen, um die Heiden in den Heilsbereich des Reiches zu führen, dort aber den Frieden zu wahren. So verbindet sich für Karl seine innere Bindung an die Kirche mit politischer Souveränität dem Papst gegenüber. Noch stärker als bei seinen Vorgängern steht bei ihm die Kirche im Dienst des Reichs, und es mag sein, daß seine bekannte Verstimmung bei der Kaiserkrönung (Weihnachten 800) nicht zuletzt darin begründet ist, daß er in dem neuen Titel eine Gefährdung des sakralen Charakters seines Amtes sieht (Schramm). - Unter Karl d. Gr. kommt es, von ihm selbst im Bewußtsein seiner Verantwortung für die Kirche lebhaft gefördert, zu einer ersten Blüte der abendländischen Bildung. Zum ersten Mal wird im Gebiet der Theologie und Wissenschaft wie in der Kunst (→ Kirchenbau: III, 1; → Kunstgewerbe: II, 2 b; → Malerei und Plastik: II) das antike Erbe nicht mehr bloß wiederholt, sondern in gewissem Maß selbständig gestaltet und weitergeführt. Indem diese Bildungsbewegung sich über das ganze Reich verbreitet, wird durch sie die Kultureinheit des MA maßgebend mitgeformt. Der Ausgleich von Romanen- und Germanentum erscheint hergestellt, die Antike ist endgültig an ihrem Ende.

Freilich hält das große Reich nur einige Jahrzehnte zusammen. Den inneren und äußeren Erschütterungen des 9.Jh.s ist es nicht gewachsen, zumal keiner der späteren Karolinger eine ähnlich kräftige, sichere Herrscherpersönlichkeit ist wie Karl. Erstaunlich rasch bilden sich das französische und deutsche Volk und schließen sich, nachdem sie in der Reichsteilung von 843 den eigenen politischen Rahmen erhalten, voneinander ab. Schon unter der unsicheren Regierung Ludwigs d. Fr., noch deutlicher aber unter den späteren Karolingern zersetzt, bes. im Westreich, die Stärkung der unteren Gewalten die Macht des Königtums: der im Dienst des Reichs selbstbewußt gewordene Episkopat stellt sich im Kampf gegen die durch das Eigenkirchenwesen bedingte Zersplitterung der Diözesen überhaupt gegen die Eingriffe der Laien in den kirchlichen Bereich (→ Pseudoisidorische Dekretalen); der Adel erstarkt, weil ihm die im Lehnswesen angelegten zentrifugalen Tendenzen zugute kommen. Dieser Aufschwung der partikularen Kräfte wird nicht zuletzt durch die Angriffe von außen gefördert, durch → Normannen, Sarazenen, Ungarn, denen gegenüber die Zentralgewalt weithin hilflos ist. Daß daneben, im Osten wie im Westen, das geistige Leben in den Klöstern, aber auch am Hof Karls d. K. (→ Reichenau, → Johannes Scotus Eriugena u.a.) noch auf der Höhe steht, kann den allgemeinen Niedergang nicht aufhalten. An ihm nimmt auch das Papsttum teil, das allerdings unter → Nikolaus I. noch einmal ein stolzes Selbstbewußtsein entwickelt (Schisma des → Photius).

In zweifacher Hinsicht legt das 10.Jh., das »saeculum obscurum«, Fundamente für das Hoch-MA. Einmal mit der Erneuerung des karolingischen Kaisertums durch die Ottonen und dessen neuer, vertiefter Bindung an Rom, zum andern durch die mönchische Reformbewegung, die sich, von Zentren wie → Cluny und → Gorze ausgehend, über das Abendland verbreitet und allmählich eine allgemeine Vertiefung des christlichen Lebens herbeiführt. Das Ostreich wird durch glückliche Umstände und durch das Verdienst seiner Herrscher weit vor allen andern abendländischen Königreichen wieder zu geschlossenem politischem Handeln fähig. Aber indem → Otto I. sich bei seiner Kaiserkrönung durch den Papst 962 in die Tradition Karls d. Gr. stellt und indem seine Nachfolger den Gedanken der Erneuerung des alten römischen Reiches hinzufügen, übergibt der König den Schlüssel für seine Machtstellung in schwer zu widerrufender Weise dem Papst und Italien. Das Kaisertum gewinnt dadurch zunächst eine neue sakrale Weihe, ja selbst priesterlichen Charakter; es macht die Kirche zur festesten Stütze seiner Herrschaft, und die Idee der ecclesia universalis, deren beide Häupter, Papst und Kaiser, in einträchtigem Zusammenwirken dem Wohl der Christenheit dienen, erlebt unter Heinrich II. und zumal unter Heinrich III. ihre höchste Verwirklichung. Nicht die Reformbewegung selbst ist es, die dieses ideale Bild zerstört. Sie äußert keine grundsätzlichen Einwendungen gegen das Staatskirchentum, duldet die Hilfe des Kaisers bei ihrem Kampf gegen die Verweltlichung von Klerus und Mönchtum und begrüßt noch das energische Eingreifen Heinrichs III. in die Verwirrungen des Papsttums 1046. Aber unter dem Einfluß der Reformer gewinnt man doch einen Sinn für den inneren Widerspruch jenes Kaisertums, spürt etwas von der Eigenart der Kirche gegenüber der weltlichen Herrschaft. So ist es verständlich, daß das Papsttum, nachdem es durch die Reform wieder zu Kraft, Selbstgefühl und Traditionsbewußtsein gekommen ist und seine Herrschaftsstellung im Episkopat gesichert hat, mit dem Kaisertum und mit den andern Herrschern Europas um den Einfluß auf die Kirche in Konflikt gerät (→ Kaisertum und Papsttum, 5). Doch dabei bleibt es nicht. → Gregor VII. geht einen großen Schritt weiter: er verbindet die mönchische Forderung nach Abwendung von der niedrigen Welt mit dem weiteren urkath., mit dieser Forderung zugleich in Zusammenhang und Spannung stehenden Gedanken der Emporführung der Welt zum Heil durch die kirchliche Anstalt; und er führt sie weiter, indem er sie in ihr Gegenteil verkehrt, durch die Folgerung, der Papst sei dem Kaiser also auch im Irdischen überlegen.

Der Investiturstreit bringt, aufs Ganze gesehen, insofern einen Sieg der Päpste, als sich die Unterscheidung der weltlichen von der geistlichen Gewalt durchsetzt und das weltliche Herrschertum somit seines priesterlichen Ansehens entkleidet wird, zugleich aber die Heilsaufgabe der von Rom geführten Kirche anerkannt bleibt. So gewinnt der Gedanke einer Oberhoheit des Papstes über das Abendland, über die christianitas, ganz neue Kraft. Folgerichtig entwickelt nun die abendländische Kirche, nachdem sie die Verbindung mit der Ostkirche 1054 endgültig gelöst hat, seit dem späteren 11.Jh. ein ganz neues kirchliches Eigenbewußtsein, bei dem sich freilich die Grenzen zwischen Geistlichem und Weltlichem nur zu leicht verwischen: Den Gewinn der → Libertas muß die ma.liche Kirche zwangsläufig mit einer Verstärkung ihrer weltlichen Position bezahlen (s. 4). So baut sie nun ihre Rechtsordnung aus und macht sie anwendbar (→ Kirchenrecht: II A, 2); nun führt sie eigene Kriege, die → Kreuzzüge, deren erster überhaupt ohne Beteiligung der großen weltlichen Herrscher stattfindet, und nun beginnt sie, in der Früh→ Scholastik, über ihren Lehrbesitz mit ganz neuer Selbständigkeit und Intensität nachzudenken. Freilich ist es ebenso folgerichtig, daß im 12.Jh. neben, ja teilweise auf Grund jener neuen Kirchlichkeit auch eine neue Weltlichkeit aufkommt, die zT beinahe säkularen Interessen folgt (so die Pflege der Naturforschung in der Schule von → Chartres oder die Wiedererweckung des römischen Rechts in Italien), die sich aber aufs Ganze gesehen in den Rahmen oder gar in den Dienst der christianitas stellt: in der neuen Entwicklung der bildenden Kunst (→ Gotik, → Kirchenbau: III, 3, → Malerei und Plastik: II) und der → Musik (: V; Entstehung der abendländischen → Polyphonie) und in der ganzen, gewiß durch die Kreuzzüge vielfältig mitbestimmten ritterlich-höfischen Kultur des Jh.s, deren bleibendste Frucht die sich nun breit entwickelnde Dichtung in den Volkssprachen ist (→ Mittelalterliche Literatur: I. II). In derselben Zeit bilden sich, in spontaner Entwicklung, die ersten → Universitäten (→ Bologna: II, → Paris: II) und erhalten in kennzeichnender Weise organisatorisch eine weltlich-geistliche Doppelgestalt. Aber nicht nur in Kunst und Wissenschaft - etwa auch in der Geschichtsschreibung - öffnet sich das Abendland im 12.Jh. und drängt über seine Grenzen hinaus; es gewinnt in den Kreuzzügen ganz neue, weite Eindrücke und Kenntnisse, treibt in Spanien die Reconquista voran, siedelt und christianisiert in Osteuropa, erobert sich das Mittelmeer. Dadurch wieder breitet sich der Fernhandel aus, steigert sich der Reichtum, erlebt das ma.liche Städtewesen seine erste Blüte. So tritt nun auch die Laienschaft deutlich hervor, und die Entstehung und der Erfolg großer Ketzerbewegungen (→ Arnold von Brescia, → Katharer, → Waldenser) zeigen zum ersten Mal das Ungenügen breiter Volksschichten an der Anstalts- und Adels-Kirche. Dieselbe Lockerung der früh-ma.lichen Einheitswelt zeigt sich im 12.Jh. endlich - und damit schließt sich der Kreis - auch in der politischen Geschichte. Nicht nur daß die Spannung zwischen Kaiser und Papst nun nicht mehr aufhört und daß das Kaisertum unter den Staufern die alten Begründungen seiner Vormacht zu restaurieren, ja noch zu steigern versucht, sich die neue Wissenschaft vom römischen Recht dienstbar macht und auf die Stärkung seiner politischen Macht das Gewicht legt. Vielmehr steigen gleichzeitig die Nationalstaaten auf. Die Oberherrschaft des Imperiums wird in dem Augenblick, da es erst anfängt, sie eigentlich zu beanspruchen, bestritten und untergraben, und zwar durchaus nicht gegen den Willen des Papstes, sondern geradezu unter seiner tätigen Mithilfe (Mochi Onory gegen Dempf, Dawson u.a.). So erreicht zumal → Frankreich (: I, 3) unter Philipp II. August um die Jh.-Wende Großmachtstellung. Freilich gelangt auch das Kaisertum unter → Friedrich Barbarossa und Heinrich VI. noch einmal zu ungeahnter Größe, und in der dramatischen Aufeinanderfolge der höchsten imperialen Herrlichkeit unter Heinrich VI. und der weitesten Herrschaft des Papsttums unter → Innozenz III. kommt die Doppelheit des 12.Jh.s zu ihrem Höhepunkt.

Noch höher freilich, im Sinn des MA, steigt das 13.Jh. Das Abendland ist aus dem Rahmen des von der Kirche geprägten Weltbildes keineswegs herausgetreten; so ist die Kirche mächtiger als ihre Gegner, und sie ist stärker, seitdem sie selbständiger geworden ist. Es gelingt ihr, wenigstens dem Anschein nach und für einen Augenblick, die auseinanderfahrenden Linien noch einmal, unter ihrer eigenen, ihrer selbst bewußten Führung, zusammenzufassen: Das Imperium (→ Friedrich II.) geht unter, das Papsttum beherrscht die Welt; die Ketzerei läßt sich mit Hilfe, ja in der Gestalt der neuen Bettelorden (→ Dominikaner, → Franziskaner) weitgehend in die päpstliche Kirche zurückführen, wird ihr geradezu dienstbar. Schließlich aber: Der Hoch- → Scholastik gelingt es, wenigstens in dem einen → Thomas von Aquino, in großem, differenziertem, aber doch harmonischem System die Überwindung des Gegensatzes von Übernatürlichem und Natürlichem, Geistlichem und Weltlichem, Glauben und Wissen, Papst und Kaiser unter der Führung der Kirche darzustellen, einsehbar und, in der Gestalt der von der Kirche verwalteten → Sakramente, sichtbar zu machen.

Freilich trägt dieser grandiose Einheitsbau schon Keime des Zerfalls in sich. Gerade die Bausteine, die ihm seine letzte Vollkommenheit gegeben hatten - in der Theologie die Hereinnahme des Aristoteles (→ Aristotelismus, 2 d), in der päpstlichen Politik die Förderung der regna gegen das Imperium -, erweisen sich als bes. unzuverlässig: Neben Thomas steht schon → Siger von Brabant, und anstelle des Kaisertums kommt Frankreich auf, das seit 1268 die europäische Politik beherrscht, nachdem es das geistige Leben des Abendlandes schon seit dem 12.Jh. mit weitem Abstand angeführt hat. Allgemein sichtbar aber wird der Zerfall um 1300. In großartiger, ernster Vertiefung der Theologie stellen die einflußreichsten Scholastiker nach Thomas, → Duns Scotus vorsichtiger, → Ockham grundsätzlich, die thomasische Harmonie in Frage, und zur gleichen Zeit meldet die deutsche Dominikaner- → Mystik (: VI) das Ungenügen der Frömmigkeit an der scholastischen Theologie an. → Bonifatius VIII. aber, der noch einmal den päpstlichen Herrschaftsanspruch im Weltlichen auf schroffste Weise zu verwirklichen sucht, scheitert an Frankreich.

Doch ist mit dieser Wende das MA noch nicht zerbrochen. Noch steht die alte, von der Kirche bestimmte Einheitswelt, die neuen Tendenzen sind noch nicht eindeutig siegreich. Vielmehr folgen im geistigen Leben und in der Theologie wie in der Politik dem Umbruch fast zwei Jh.e der weitgehenden Stagnation oder gar der Reaktion - das *Spät-MA*. Die beiden großen Mächte der früheren Zeit allerdings, Papsttum und Kaisertum, bleiben gebrochen und herrschen nicht einmal in ihrem eigenen Bereich mehr unbestritten. Nur durch hemmungslosen → Nepotismus können sich die Päpste, nur durch rücksichtslose Hausmachtpolitik die Kaiser der oligarchischen Tendenzen von Kardinälen und Reichsständen erwehren. Seit dem zweiten Nachfolger Bonifaz' VIII. lebt das → Papsttum im Avignoneser Exil, in weitgehender Abhängigkeit von Frankreich, seit 1378 aber ist es, bei dem Versuch, diese Abhängigkeit abzuschütteln, in dem großen Schisma zerspalten. Weder die Konzilsbewegung, die sich auf der Suche nach dem Ausweg bildet (→ Reformkonzile), noch die an die alte Zeit erinnernde maßgebende Tätigkeit des Kaisers bei der Wiederherstellung des Papsttums noch auch dessen neuer, freilich auch vom Wohlwollen der Großmächte abhängiger Wiederaufstieg haben große geschichtliche Wirkung.

Die neue Zeit bereitet sich politisch eher in den souveränen Verwaltungsstaaten vor, die in den westlichen Monarchien und den deutschen Territorien die feudale Zersplitterung zu überwinden und, abgeschlossen voneinander, alle übernationalen oder selbständigen Kräfte innerhalb ihres Gebiets zu integrieren suchen - die Kirche, die Stadtgemeinden, das Wirtschaftsleben, die Wissenschaft (Entstehung der deutschen → Universitäten) - und eine ihnen übergeordnete Instanz, Kaiser oder Papst, nicht anerkennen. Freilich geht auch hier die Entwicklung nur langsam und nicht gleichmäßig vorwärts: Die westeuropäischen Staaten schwächen sich selbst durch ihren Hundertjährigen Krieg; in → Deutschland (: I, 1 c. d) hält die innere Zerrissenheit, wohl auch die Anstrengung der Ostbewegung, die Entwicklung auf. Die neue Großmacht der Zukunft, → Spanien, entsteht erst nach 1469. So ist, bevor sich die absolute Herrschaft der Fürsten allgemein durchsetzt, das Spät-MA weithin gekennzeichnet durch die Hochblüte des Städtewesens, den Aufstieg des Bürgertums und den Rückgang des Adels, den Frühkapitalismus, der nun wieder die Geld- und Kredit-Wirtschaft anstelle der → Agrarverfassung (: IV) zur Herrschaft bringt. Dabei steht das gewerblich am stärksten durchgebildete Gebiet Europas, das mittlere Land von Flandern bis Oberitalien, an *politischer* Bedeutung gegenüber den Randgebieten des Abendlandes zurück; aber *geistig* ist jedenfalls → Italien jetzt das modernste Land Europas, mit einer Überfülle großer Begabungen auf allen Gebieten an Frankreichs Stelle tretend, aber territorial zerklüftet und zu politischem Wirken jenseits seiner Grenzen nicht fähig.

So ist das Spät-MA eine vielfältige, komplizierte, gegensätzliche Zeit. Allgemeine Zerrissenheit und tiefe Sehnsucht nach der Einheit und der alten Ordnung, Müdigkeit und junge, rohe Kraft, Rationalität und blühende Phantasterei stehen nebeneinander. An vielen Stellen, im Institutionellen wie im Geistigen und in der Frömmigkeit, meint man ein Wiederaufleben des Früh-MA zu sehen, und die dazwischenliegende hohe Zeit erscheint wie eine gewaltige, aber zuletzt vergebliche Zusammenfassung der Kräfte. Das Spät-MA ist die kirchlichste Zeit: Die alten Ketzerbewegungen verlaufen sich; leidenschaftliche Teilnahme an dem kirchlichen Leben ergreift alle Schichten, läßt große Kirchengebäude, echte Volkskirchen, entstehen und führt zur riesigen Vergrößerung der Klerikerzahl. Aber daneben steht, ebenso deutlich, ein allgemeines Ungenügen an der Kirche in ihrer verweltlichten, verrechtlichten, das Heilige profanierenden und simplifizierenden Gestalt, ja an der ganzen römischen Kirchenidee, und das Ausweichen in Schwärmerei oder Wundersucht, in mystische oder moralistische Frömmigkeit oder auch schon in kalten Spott. Überall werden Keime für neue, lebensvolle Entwicklungen gelegt, → Renaissance (: I) und → Humanismus (: I), ein neues Lebensgefühl der Selbstgewißheit und der Beschäftigung der Menschen mit sich selbst, eine allgemeine, freilich immer noch grundsätzlich rückwärtsgewandte Säkularisierung der Wissenschaft breiten sich aus, das 15. Jh. schafft im Buchdruck das Instrument, um geistige, von der Kirche unkontrollierte Revolutionen anzubahnen, und zuletzt geht es auf Entdeckungsreisen. Am Ende spürt man, daß eine neue Zeit vor der Tür steht, daß die Voraussetzungen für den Siegeszug neuer, kraftvoller Gedanken gegeben sind.

4. Die Frage nach der *Einheit* und *Eigenart des MA*, nach unserem Recht, es als Zeitalter zusammenzufassen und abzutrennen, muß, nachdem sein Ablauf vor Augen steht, genauer beantwortet werden. Dabei schränkt die Tatsache, daß es um lebendige Geschichte in ihrer Vielfalt und Undurchdringlichkeit geht, von vornherein die Gültigkeit unserer Aufstellungen ein.

Im Unterschied zu dem anderen großen Eroberervolk am Ende des Altertums, den Arabern, besiegen die Germanen die Antike nur durch ihre Volkskraft, nicht durch eine Idee oder Religion. Im Gegenteil, sie lassen sich durch die Welt der Alten aufs tiefste beeindrucken und empfangen neben Elementen ihrer staatlichen Verwaltungsordnung und neben ihrer Bildungssprache insbesondere ihre Religion von den Besiegten. Die Kirche entfaltet in den folgenden Jh.en eine starke Kraft als Erzieherin der jungen, lernbegierigen Völker und kann ihnen ihre geistlichen und sittlichen Lehren und die antiken Überlieferungen einprägen, soweit sie sie in ihrer römisch-spätantiken Gestalt noch bewahrt hat. Andererseits fügt sie sich, freilich als eine Genossenschaft mit eigenem Recht und Besitz, in die germanische Welt ein und paßt sich nach und nach der Denk- und Lebensweise ihrer Schüler an. So kommt es allmählich zu einer innigen Verflechtung des Christentums und seiner antiken Kulturreste mit dem Germanentum, in der im geistigen Bereich das christlich-antike, im institutionellen das germanische Element die Führung hat. Es entsteht die Welt des MA. Ihre hervortretenden Eigenarten lassen sich aus dieser Entstehungsgeschichte erklären: Die Christianisierung der Germanen, die → Germanisierung des Christentums, die Gegensätze und die neuen Kräfte, die das Zusammenkommen der beiden Elemente hervorbringt, prägen die ma.liche Geschichte in einem weitgehenden Maß, nicht bloß in den germanischen, sondern auch in den romanischen und slawischen Gebieten.

Die Erziehungsarbeit der Kirche hat durchschlagenden Erfolg, weil die Autoritätsgläubigkeit der Germanen sich von ihrer fremdartigen Größe gefangennehmen läßt, weil sie ohne Konkurrenz bleibt, weil sie ihre Belehrung in handlicher, freilich nicht ungefährlich vereinfachter Form darzubieten vermag. Ihr kommt jetzt zugute, daß sie am Ende der Antike selbst die Schätze ihrer Vergangenheit nur noch andächtig sammeln, nicht mehr kongenial vermehren konnte. Diese Beschränkung der spätantiken Kirche verbindet sich nun mit der Volksart der Germanen, und unter der Hand verwandelt sich der müde, ängstliche Konservativismus des Alters in die schülerhafte, unkomplizierte Ehrfurcht der Jugend. Dem MA aber bleibt als eine grundlegende Eigenschaft seine Rückwärtsgewandtheit, seine Traditionsgebundenheit, sein Beharrungswille. Der Glaube an die unfehlbare Autorität der Alten und die Bereitschaft, ihnen zu folgen, geht über den kirchlichen Bereich weit hinaus. Er führt nicht nur die Theologen, sondern auch die Naturforscher, und er gilt den Gedanken der Antike ebenso wie ihren Verhältnissen, Aristoteles wie dem römischen Reich. Und wenn es im MA Revolutionen gibt, so sind es Renaissancen. Doch wird es dadurch keineswegs ein totes Zeitalter, die lebendige Tat- und Denk-Kraft findet immer neue, unbegangene Wege im Bereich der selbstgesetzten Schranken oder Möglichkeiten, über sie hinwegzuspringen. Und für die Hemmung, die es hier in Kauf nehmen muß, gewinnt das MA den Zwang, seine Bemühungen auf den Ausbau und die Durchleuchtung seiner Welt zu konzentrieren, es gewinnt an Geschlossenheit.

Von einer *Kultureinheit* (wenn auch nicht von einer Einheitskultur; so Troeltsch) des Abendlandes im MA zu sprechen, scheint bei behutsamer Ausdeutung des Begriffs erlaubt. Durch die christliche, freilich in der Verbindung mit dem Germanentum umgebogene Idee der Zusammengehörigkeit von ecclesia und mundus veranlaßt, aber auch durch äußere Umstände wie die jahrhundertelange Sicherheit Europas vor Angriffen von außen begünstigt, kommt es im MA wenigstens annäherungsweise zu einer Prägung des gesamten menschlichen Lebens, der Ordnung der Gemeinschaft wie des individuellen Verhaltens, durch die Kirche. Sie vermag ihren Einfluß bis in die weltlichsten Bereiche zu verbreiten; es gelingt ihr etwa die »Verchristlichung« des Kriegs- (→ Ritterorden) und Fehdewesens (→ Gottesfriede). Dabei vollzieht sich im Lauf der Zeit insofern eine Wandlung, als die Einschmelzung des Geistlichen in das weltliche Leben im Früh-MA mehr spontan erfolgt; nachdem seit Gregor VII. die »Weltgewinnungstendenz« des Katholizismus über seine »Weltabwendungstendenz«, die priesterlich-sakramentale über die mönchisch-asketische Gedankenrichtung triumphiert hat (Tellenbach), wird sie dagegen bewußter von der Kirche veranlaßt und gesteuert.

Das MA selbst ist sich seiner Einheitlichkeit aufs stärkste bewußt, es sieht das ganze menschliche Leben auf eine Mitte konzentriert, es denkt nicht eigentlich in Gegensätzen, sondern in Stufenfolgen, in einer Hierarchie von Werten, die von Gott bestimmt wird und die in ihm kulminiert. Der spätere Betrachter freilich erkennt, wie diese Einheitswelt von immanenten Gegensätzen durchzogen ist. Deutlich setzt sich in diesem *Dualismus*, der dem MA seine lebendige, fruchtbare Spannung verleiht, die Verschiedenheit der Elemente fort, die das Zeitalter konstituierten. In gewissem Sinn bleibt der graduelle Unterschied von Klerus und Laien, von Kirche und Welt – auch nachdem die Kleriker Germanen geworden sind – bis zur Reformation der Gegensatz von antikem Christentum und Germanentum. Das äußert sich zB auf dem Gebiet der Bildung: Von der Karolingerzeit bis ins Spät-MA fällt der Unterschied zwischen litteratus und illitteratus weithin zusammen mit dem Unterschied von Geistlichkeit und Laienschaft. Die Kenntnis des Lateinischen, ja die Fähigkeit zu schreiben, wenigstens aber das Recht, Schulen und Universitäten zu leiten, bleibt Klerus und Mönchtum vorbehalten (→ Bildungswesen, 3. 4). – Noch deutlicher und im stärksten Maß geschichtsmächtig wird der Gegensatz in der das MA durchziehenden Spannung zwischen weltlicher und geistlicher Gewalt, bes. zwischen → Kaisertum und Papsttum (s. 3). Zwar kann keine Rede davon sein, daß das Papsttum von der Germanisierung unberührt geblieben wäre. Ganz im Gegenteil ermöglicht ihm gerade die Begegnung mit den Germanen, für die der Primat des Stellvertreters Petri aus der Sphäre des Rechts in diejenige des Glaubens rückt, den Überschritt aus dem geistlichen in den weltlich-politischen Bereich, sie macht den Papst zB zum Landesherrn. So kann man das ma.liche Papsttum mit Recht ein Produkt der Germanisierung nennen (→ Christentum: II, 3 b). Aber obgleich diese neue Basis beibehalten und ausgebaut wird, ist nun der Investiturstreit dennoch eine

Reaktionsbewegung des Christlichen gegen den Einbruch des Heidnisch-Germanischen in den kirchlichen Bereich, dh gegen die im Staatskirchentum und im Eigenkirchenwesen verwirklichte Laienherrschaft über die Kirche und die dahinterstehende Sakralisierung von Herrscher und Herrschaft. Freilich, in der Welt des MA scheint zwischen dem weltlichen und geistlichen Bereich die Scheidung im vollen Sinn, also gerade nicht als Scheidung von Stufen und Ständen, aber von Lebens- und Herrschaftsformen, nicht mehr möglich zu sein, die Germanisierung nicht mehr aufhebbar. Das zeigt sich schon darin, daß die Reformer in erster Linie nicht nach theologischen Gesichtspunkten argumentieren, sondern unter Berufung auf juristische Urkunden. Daher greift Gregor VII. zwar auf alte, noch vor-ma.liche päpstliche Ansprüche (→ Gelasius I.) zurück, die sich einst gegen das spätantik-byzantinische Kaisertum gerichtet hatten – er überbietet sie aber grundsätzlich, indem er nun seinerseits die weltlichen Herrscher zu kirchlichen Amtsträgern niederdrücken, den Papst zum Herrn der Welt machen will. Indem es dem Papsttum gelingt, in diesem Streit wenigstens im Grundsätzlichen zu siegen, kann es zwar im Hoch-MA auf den Gipfel der Macht steigen. Die Notwendigkeit aber, seine – himmlisch gemeinte – Herrschaft über die Welt praktisch durchzusetzen, zwingt es, sich den irdischen Herrschaftsformen immer mehr anzupassen, ja sie noch zu überbieten. Es muß Kriege führen – Kreuzzüge nicht mehr gegen die Moslems, sondern gegen den Kaiser! – und einen riesigen Behördenapparat aufbauen; es muß dafür immer mehr Geld aufbringen und seine Rechte immer genauer fixieren – es kann nicht ausbleiben, daß der übernatürliche Schimmer des Nachfolgers Petri dabei verblaßt. Der Glaube an die Kirche ist nicht mehr mit Selbstverständlichkeit Glaube an den Papst, die hohe Harmonie des 13.Jh.s ist in sich widerspruchsvoll. Die krampfhafte Bemühung des Papsttums, durch den forcierten Einsatz seiner Machtmittel seine Herrschaft doch noch zu behaupten, treibt die Verwirrung nur immer weiter und kann auf die Dauer mit den an natürlichen Kräften so viel reicheren, sich allmählich sammelnden Nationen dennoch nicht konkurrieren. Die Germanisierung des Christentums ermöglicht das MA, aber sie zerstört es auch.

Die innere Problematik der ma.lichen Welt läßt sich schließlich noch an einem anderen Zusammenhang zeigen. Die Erziehungsaufgabe der früh-ma.lichen Kirche verlangte nach einer Neuordnung des → *Bußwesens* (: II, 2 a), durch die es der Kirche möglich werden sollte, das sittliche Leben der jungen Christenvölker in ihrer Gesamtheit zu beaufsichtigen und zu führen. Hier bot sich das durch die Iroschotten dem Festland überlieferte Institut der Privatbeichte an, und es ist von hier aus erklärlich, daß das Bußwesen nun zentrale Bedeutung für die ma.liche Welt gewinnt: Wenn die Menschen tatsächlich ihr ganzes Leben von Gott und seiner Ordnung bestimmt sahen, dann mußte ihnen an der Instanz, die die Störungen ihres Gottesverhältnisses beseitigen konnte, außerordentlich viel liegen. Andererseits mußte ihr Interesse demjenigen der Kirche entgegenkommen; denn eben dadurch konnte diese ja ihre Führung der Gläubigen am besten sichern, daß sie deren Leben an seiner intimsten Stelle kontrollierte, daß sie sich hier unentbehrlich machte. So erfolgt Schritt für Schritt der weitere Ausbau des Bußwesens: Einerseits die Einreihung der poenitentia unter die → Sakramente (: II) und die endgültige theologische Erklärung ihres Sakramentscharakters in der Hochscholastik, bes. bei Thomas von Aquino – damit ist im Interesse der Kirche die Heilsnotwendigkeit der Beichte, im Interesse der Gläubigen die Unfehlbarkeit der Absolution, aufs Ganze gesehen aber eine Verdinglichung der Gnadenmitteilung und Sündenvergebung festgestellt; andererseits die Proklamierung der regelmäßigen Beichtpflicht, endgültig i.J. 1215 – damit sichert die Kirche ihre Herrschaft über die Seelen, indem sie sie in ein Rechtsverhältnis verwandelt und auch die Seelsorge der allgemeinen Verrechtlichung unterwirft; schließlich die Einführung von Erleichterungen der Satisfaktion, schon seit dem Früh-MA in Gestalt der Redemptionen, seit dem 11.Jh. in Gestalt des → Ablasses (, 2) – damit aber ist die Veräußerlichung des Beichtwesens und also die allgemeine Verflachung der kirchlich gebundenen Frömmigkeit im späteren MA vorbereitet.

So zeigt sich auch an diesem innersten Punkt der verborgene Riß in dem ma.lichen Einheitsbild; von hier aus zerfällt es denn auch. Seit dem Hoch-MA rennen die großen Häresien in immer neuen Wellen gerade gegen die Verdinglichung, Verrechtlichung, Veräußerlichung der kirchlichen Heilsvermittlung an. Zuletzt beweist die → Reformation ihre Radikalität und Treffsicherheit, indem sie sich gerade an dem Ablaßwesen entzündet.

Gesamtdarstellungen: KARL MÜLLER, KG I, (1892) 1941^{3}; II/1. 2, 1902/19 – HAUCK – The Cambridge Medieval History I–VIII, 1911 bis 1936 – H.v.SCHUBERT, Gesch. d. christl. Kirche im Früh-MA, 1921 – Ü II – Histoire du MA I–VIII, Paris 1928–40 – HKG I. II – SEEBERG, DG III – CASPAR II – DERS., Das Papsttum unter fränk. Herrschaft (ZKG 54, 1935, 132–266 = Neudr. 1956) – W.NEUSS, Die Kirche des MA, (1946) 1950^{2} – HALLER – GEBHARDT-GRUNDMANN I – FEINE – Historia Mundi V. VI, 1956/58. – Zu 1: P.LEHMANN, Vom MA u. von der lat. Philologie des MA, 1914 – DERS., MA u. Küchenlatein (HZ 137, 1928, 197–213 = DERS., Erforschung des MA I, [1941] 1959^{2}, 46–62) – L.SORRENTO, Medio evo, il termino e il concetto, Mailand 1931. – Zu 2 b, Anfang des MA: KARL MÜLLER, Die Grenze zwischen Altertum u. MA in der Kirche (PrJ 60, 1887, 257–278) – K.F.STROHEKER, Um die Grenze zwischen Antike u. abendländ. MA (Saeculum 1, 1950, 433–465; Forschungsbericht) – H.AUBIN, Die Frage nach der Scheide zwischen Altertum u. MA (HZ 172, 1951, 245 bis 263) – P.E.HÜBINGER, Spätantike u. frühes MA (DVfLG 26, 1952, 1–48) – F.VITTINGHOFF, Der Übergang von der »Antike« zum »MA« (Gesch. in Wiss. u. Unterr. 9, 1958, 457–474). – Ende des MA: E.TROELTSCH, Die Bedeutung des Protestantismus für die Entstehung der modernen Welt (Hist. Bibl. 24), (1911) 1928^{5} – H.HEIMPEL, Über die Epochen der ma.lichen Gesch. (Die Sammlung 2, 1947, 246–262 = DERS., Der Mensch in seiner Gegenwart, [1954] 1957^{2}, 42–66) – E.HASSINGER, Die weltgeschichtl. Stellung des 16.Jh.s (Gesch. in Wiss. u. Unterr. 2, 1951, 705–718) – W.KAMLAH, »Zeitalter« überhaupt, »Neuzeit« u. »Frühneuzeit« (Saeculum 8, 1957, 313–332). – Zu 3 u. 4 (Auswahl; zur Ergänzung vgl. die Lit. bei den im Text genannten Artikeln): J.HUIZINGA, Herfstij der middeleuwen, 1919; dt.: Der Herbst des MA, (1924) 1958^{7} – A.DEMPF, Sacrum Imperium, (1929) 1954^{2} – P.E.SCHRAMM, Kaiser, Rom u. Renovatio (Stud. d. Bibl. Warburg 17), (1929) 1957^{2} – DERS., Sacerdotium u. Regnum im Austausch ihrer Vorrechte (Studi Gregoriani 2, 1947, 403–457) – R.STADELMANN, Vom Geist des ausgehenden MA (DVfLG, Buchreihe 15), 1929 – W.ANDREAS, Deutschland vor der Reformation, (1932) 1959^{6} – CHR.DAWSON, The Making of Europe, London 1932; dt.: Die Gestaltung des Abendlandes, (1935) 1950^{2} – C.ERDMANN, Die Entstehung des Kreuzzugsgedankens (FKGG 6), (1935) 1955^{2} – H.GRUNDMANN, Religiöse Bewegungen im MA (Hist. Studien 267), 1935 – DERS., Vom Ursprung der Univ. im MA (BAL 103/2), 1957 – DERS., Litteratus – illitteratus (AKultG 40, 1958, 1–65) – G.TELLENBACH, Libertas. Kirche u. Weltordnung im Zeitalter des Investiturstreites (FKGG 7), 1936 – K.D.SCHMIDT, Die Bekehrung der Germanen zum Christentum I. II, 1939/42 – O.BRUNNER, Land u. Herrschaft, (1939) 1959^{4} – H.MITTEIS, Der Staat des hohen MA, (1940) 1955^{5} – W.OHNSORGE, Das Zweikaiserproblem im frühen MA, 1947 – F.HEER, Aufgang Europas, 1949 (dazu TH.MAYER in HZ 171, 1951, 449–472) – DERS., Die Tragödie des hl. Reiches, 1952 – K.HALLINGER, Gorze-Kluny I. II, Rom 1950/51 – S.MOCHI ONORY, Fonti canonistiche dell' idea moderna dello stato, Mailand 1951 – LANDGRAF – R.FOLZ, L'idée d'empire en occident du Ve au XVe siècle, Paris 1953 – H.HEIMPEL, Das Wesen des dt. Spät-MA (AKultG 35, 1953, 29–51 = Der Mensch in seiner Gegenwart [s.o.], 109–135) – F.KEMPF SJ, Papsttum u. Kaisertum bei Innocenz III., Rom 1954 – W.ULLMANN, The Growth of Papal Government in the MA, London 1955 – L.BUISSON, Potestas u. Caritas. Die päpstl. Gewalt im Spät-MA, 1958 – W.GOEZ, Translatio Imperii, 1958 – H.DANNEN-

BAUER, Grundlagen der ma.lichen Welt, 1958 - W.V.D.STEINEN, Menschendasein u. Menschendeutung im früheren MA (HJ 77, 1958, 188-213) - H.AUBIN, Der Aufbau des Abendlandes im MA (HZ 187, 1959, 497-520) - Neue Forschungen über Cluny u. die Cluniazenser, hg.v. G.TELLENBACH, 1959. *B.Moeller*

Mittelalterliche Literatur

I. Lateinische kirchliche Literatur - II. Deutsche Literatur. - Vgl. ergänzend → Byzanz: II, → Islamische Philosophie, → Judentum: II, → Jüdische Philosophie, → Midrasch, → Mischna, → Talmud; ferner zum Ganzen → Mittelalter

I. Lateinische kirchliche Literatur

1. Bis auf Karl d. Gr. (6.-8.Jh.) - 2. Die karolingische Renaissance und ihre Nachblüte (8.-11.Jh., Mitte) - 3. Umbruch, Anfänge von Scholastik und Mystik; Vielgestalt (11. und 12.Jh.) - 4. Blütezeit der Scholastik; Zusammenfassung und Spezialisierung (13.Jh.) - 5. Spätscholastik; Hochzeit der Mystik; Mannigfaltigkeit des Wissenschafts- und Literaturbetriebs

1. Beim Untergang des weströmischen Reiches (→ Imperium Romanum, 4) lagerte noch mancherorts im Abendlande, zu dem auch Gebiete von → Nordafrika (: I) gehörten, ein großer Teil des profan-antiken Schrifttums. Neben ihm hatte sich indessen längst eine vielfältige christlich-geistliche Literatur entwickelt, für die die Werke von → Hilarius, → Hieronymus, → Ambrosius, → Augustin u.a. repräsentativ sind. Wesentliches von der wissenschaftlichen und philosophischen Literatur für die christliche Bildung nutzbar zu machen, war im 6.Jh. nach → Boethius vornehmlich ein Anliegen → Cassiodors und seines süditalienischen Klosters Vivarium. Sein Zeitgenosse → Benedikt von Nursia, der die → Benediktinerregel verfaßte, schuf, ohne Gelehrsamkeit anzustreben, die Möglichkeit, nach und nach die monastischen Niederlassungen zu Pflanzstätten literarischer Kultur in Schulen, Bibliotheken, Skriptorien werden zu lassen. Die Beschränkung Papst → Gregors d. Gr. (590-604) aufs Religiöse, Theologische, Kirchliche trug die Gefahren einer Verengerung des Gesichtskreises in sich; andrerseits gaben seine die weiteste Verbreitung findenden Schriften eine fürs ganze MA wichtige Fortsetzung der abendländischen Patristik. Einstweilen brachte Italien allerdings keinen Autor hervor, der irgendwie mit dem großen römischen Bischof auf eine Stufe gestellt werden könnte. Die christliche Welt war jedoch im Literarischen nicht auf Rom angewiesen. Bald nach Gregors Tode entstand im westlichen Norditalien als Gründung des Iren → Columbanus das Kloster → Bobbio, dessen Bibliothek ein bedeutendes Sammelbecken sowohl antiker wie christlicher Überlieferung wurde. Auch sonst zeigte es sich seit dem 7.Jh., daß in der Lombardei der Sinn fürs lat. Schrifttum nicht abgestorben war, wiewohl es noch nicht zu bedeutenden literarischen Leistungen kam. Fruchtbarer erwiesen sich die übrigen europäischen Provinzen des einstigen Imperium Romanum sowie → Irland und → England. Bes. günstig war die Situation auf der *Pyrenäenhalbinsel,* wo die Völkerwanderungen weniger zerstört hatten und die frühe Hinwendung der Westgoten (→ Goten, 2) zum kath. Christentum eine verhältnismäßig starke Pflege der christlichen Literatur unter Einbeziehung alter antikrömischer Tradition gestattete. → Martin von Braga († 580) verfaßte, stark von → Seneca beeinflußt, moralistische, außerdem kirchenrechtliche und dem Kultus dienende Bücher. → Isidor von Sevilla († 636) hielt, ohne schöpferisch zu sein, in seiner umfangreichen Enzyklopädie vieles von altem, aus antiken Büchern zusammengestelltem Wissen fest und gab in seinen glossatorischen, exegetischen, historischen und sonstigen Werken reichen Stoff, der in der Folgezeit überall im Okzident gerne benutzt wurde. Außer und nach ihm ragten der König Sisebut († 620), Eugenius († 657), Julianus († 690) und Ildefons von Toledo († 667) als christliche Schriftsteller hervor. Mit ihren religiös gelehrten Tendenzen und Auffassungen wußten sie Profan-Antikes in Stoff und Form zu verknüpfen, bis die Eroberung → Spaniens durch den Islam die Blüten abschneiden oder verkümmern ließ.

Das einstige → *Gallien,* in dem altes Literaturgut aufbewahrt blieb und die Schultradition des späten Altertums noch nicht völlig abgebrochen war, lieferte in dem aus Oberitalien eingewanderten Venantius → Fortunatus († bald nach 600) einen Epigonen römischer Poesie und Vorläufer mittelalterlicher christlicher Dichtung, der zumal in und seit der karolingischen Zeit einflußreich werden sollte, in → Gregor von Tours († 594) einen kirchlichen Chronisten von Format, fand aber im sog. Fredegar und im Liber historiae Francorum nur recht mittelmäßige Fortsetzer. Freilich sind sie für die Quellenkunde und die Geschichte gelehrter Sagen sowie mit Gregor für die Betrachtung der lat. Sprachentwicklung wichtig. Reich ist das Frankenreich des 7./8.Jh.s an hagiographischen Texten, zu denen auch religiöse Visionen gehören. Als guter Kenner der lat. Bibel und der Patristik erwies sich in seinem Liber scintillarum Defensor von Ligugé. - Von sich allein hätte aber Frankreich nicht zum Kernland der karolingischen Renaissance werden können. Es bedurfte der Befruchtung durch Iren, Angelsachsen, Spanier, Italiener und der Aufnahmefähigkeit ostfränkischer Männer.

Seit dem Ende des 6.Jh.s, seit Columban und seinen Genossen durchzogen in kleinen Gruppen oder allein *Iren* Frankreich, Südwestdeutschland, die Schweiz, Oberitalien, ausgestattet mit merkwürdiger, schon in der Heimat erworbener Gelehrsamkeit und der Neigung, auf dem europäischen Festlande nicht nur missionierend und lehrend zu wirken, sondern auch zu lernen. Ihre Interessen lagen zumal im Grammatikalischen, was noch in der Karolingerzeit zu beobachten ist, wie in der Kunst der Zeitberechnung, der Astronomie und Länderbeschreibung. Ihre Eigenart zeigte sich auch in einer Vorliebe für akzentuierende und alliterierende lat. Dichtung vorwiegend geistlichen Inhalts. - Ihre stärksten Nebenbuhler waren die → *Angelsachsen,* die seit den Sendboten Gregors d. Gr. und dann in der zweiten Hälfte des 7.Jh.s dank → Theodor von Canterbury und Abt Hadrian schnell in die lat. Unterrichts- und Literaturwelt hineinwuchsen. Sie ließen sich von Iren schulen, unterrichteten sich in Südfrankreich und Italien über monastische Einrichtungen und brachten aus Rom usw Bücher mit. Große Schriftsteller erstanden ihnen erstmals in → Aldhelm († 709) und → Beda Venerabilis († 735). Bes. der letztgenannte Benediktiner wurde als Grammatiker, als Exeget und Homilet, als Geschichtsschreiber eine führende Gestalt im geistlichen Schrifttum. Angelsachsen wie → Willibrord und Winfrid-→ Bonifatius verbreiteten und befestigten nicht nur den christlichen Glauben; ihre Klostergründungen in Frankreich und Deutschland, namentlich → Fulda, wurden Heimstätten gelehrter Bildung.

2. Die *karolingische Renaissance* unter der Schutzherrschaft → Karls d. Gr. an den fränkischen Königshöfen, in Benediktinerklöstern und in den Domkapiteln faßte die geistigen Kräfte zusammen, die von den irisch-angelsächsischen Inseln, aus Italien, von Spanien ins Frankenreich kamen. Planvoller Betrieb der christlichen Studien unter Berücksichtigung alter römischer Klassiker führte die erste Großzeit der mittellat. Literatur und Gelehrsamkeit herbei. Unter Karl d. Gr. schrieben der Angelsachse → Alkuin († 804), die Langobarden → Paulinus von Aquileja und → Paulus Diaconus, der Ire Dungal, der Westgote → Theodulf von Orléans († 821) u.a.

ihre bibelkritischen, bibelerklärenden, theologischen, ihre grammatikalischen und historischen Werke in Prosa und - bes. Gelegenheitsdichtungen - in Poesie. Hauptsächlich in vielen Gauen Frankreichs und Deutschlands fanden sie das ganze 9.Jh. hindurch würdige Nachfolger, die hier nicht alle aufgezählt werden können, auch in Angilbert, in → Einhard, in Lupus von Ferrières, im Fulda-Mainzer → Hrabanus Maurus († 856), im Reichenauer → Walahfrid Strabo († 849), im Trierer Amalarius u.a. bis zu dem St. Galler → Notker Balbulus († 912). Anknüpfend an Hieronymus, Augustin, Cassiodor, Isidor, Beda und Alkuin pflegten sie die Erklärung der lat. Bibel (→ Schriftauslegung: IV) sowie die Förderung und Reinigung der Liturgie in einem fast überall bemerkbaren Traditionalismus. Aber auch die weltlichen Disziplinen des Trivium und Quadrivium (→ Artes liberales) nach alten römischen Quellen wurden herangezogen. Geschichtsaufzeichnungen von Weltchroniken, monastischen Annalen bis zur geistlich-erbauenden und der weltlichen Biographie (Einhardi Vita Karoli Magni!) entstanden vielerorts. Die dogmatische Theologie beschränkte sich fast immer auf einzelne Themen, auf Eucharistie (→ Abendmahl: II, 2 a) und → Prädestination (: III). Erwähnt seien die Corbier → Paschasius Radbertus und → Ratramnus, Äneas von Paris. Die Autorität der Bibel, der Konzile und Papstdekrete, der Kirchenväter und sonstigen Kirchenschriftsteller bildete ihre Stützen. Von Augustin ausgehend wagte der in Fulda ausgebildete Niedersachse → Gottschalk, auch poetisch originell, über die landläufigen Lehren hinauszugehen und geriet dadurch in schwere Konflikte mit der Kirche, die bes. durch Hrabanus Maurus und → Hinkmar von Reims vertreten war. Selbständiger noch als Gottschalk trat der Ire → Johannes Scotus (Eriugena) unter Karl dem Kahlen in Frankreich auf. Indem er die Werke des → Dionysius Areopagita übersetzte, sich überhaupt mit der neuplatonischen Philosophie beschäftigte und als Hauptwerk »De divisione naturae« schrieb, bereicherte er die lat. Sprache und das ganze Denken. Seine Übersetzung wurde von → Anastasius Bibliothecarius stark kritisiert, an seinen Gedankengängen nahmen die kirchlichen Kreise damals wie später Anstoß. Trotzdem schwand sein Einfluß nie und wurde im Zeitalter der Scholastik noch verstärkt.

Beim *Ausgang der karolingischen Periode* lag eine Fülle geistlicher lat. Literatur in den zahlreichen und großen Benediktinerklöstern und in den Domkapiteln vor. Sie wirkte im 10.Jh. und bis über die Mitte des 11. hinaus nach, so daß diese Zeit noch ihre Signatur von der allerdings abgeflauten karolingischen Bildung erhielt. Es gibt natürlich auch Stätten und Persönlichkeiten, die sich von dem Bildungsniedergang freihielten. In alten Kulturzentren wie → St. Gallen, → Reichenau, → Trier usw raffte man sich nach den großen Störungen der Ungarneinfälle neuerdings auf. In Südbayern erholten sich zB Tegernsee, St. Emmeram, in Norddeutschland ragte neben → Korvey seit dem Ende des 10.Jh.s zumal → Hildesheim mit Thankmar, → Bernward u.a. hervor, in Frankreich pflegte Reims das kirchliche Schulwesen. Einzelne Schriftsteller der ottonischen Zeit wie der Belgier → Ratherius von Verona, als Historiker der Italiener Liudprand von Cremona in ihren oft ichbezogenen Werken, Traktaten, Briefen und an der Jahrhundertwende der durch seine mathematisch-naturwissenschaftliche Ausbildung und große Belesenheit ausgezeichnete Gerbert von Reims († 1002 als Papst → Silvester II.) verraten Originalität. Von regionalen, lokalen und dynastischen Interessen bestimmte oder doch beeinflußte Geschichtsschreiber von → Regino von Prüm († 915), → Widukind von Korvey († bald nach 973), dem Biographen Ruotger (→ Bruno von Köln), → Flodoard von Reims († 966) bis zu → Thietmar von Merseburg († 1018), dem vielseitigen Hermanus Contractus († 1054), → Wipo († um 1048), → Adam von Bremen († nach 1081), → Lampert von Hersfeld († um 1075), sind nur einige von vielen. In der Mitte des 10.Jh.s treffen wir die durch ihre »Komödien« eigenartige Dichterin → Hrotsvit von Gandersheim, hundert Jahre darauf → Otloh von St. Emmeram, der in seinen religiösen Schriften auch Ansätze zur Autobiographie bietet.

3. Von den genannten Autoren heben sich Lampert unter → Heinrich IV. und etwa zu gleicher Zeit der aus Bamberg gekommene Adam von Bremen durch ihre Stellungnahme zum Zeitgeschehen heraus. Bes. Adam, der die Schicksale des Erzbischofs → Adalbert von Hamburg-Bremen weitgehend aus dessen Charakter in lebhafter Sprache erklärt und auch über die Grenzen schaut, kündigt mit seiner Gegenwartsnähe einen *Umbruch in der Literatur* an. Diese Wandlung bedeutet auch eine Veränderung im Lesepublikum. In eigenwilliger Interpretation der Rechtsquellen unter steter Berücksichtigung der Politik entstehen zahlreiche Schriften, die zum Investiturstreit (→ Kaisertum und Papsttum, 5) polemisch Stellung nehmen. Auch in der Theologie rührt es sich. → Petrus Damiani († 1072) erhebt in Reformschriften seine Stimme. → Berengar von Tours entfachte einen belebenden Kampf um die Würdigung des → Abendmahls (: II, 2 a). - Es zeigen sich vorbereitende Ansätze zur → Scholastik. → Anselm von Canterbury († 1109) ist ihr Vater und Führer. Freilich wird das 12. und 13.Jh. nicht nur von der Scholastik bestimmt. Man übersehe nicht die Vielgestalt in der Geschichtsschreibung, die Weltchroniken etwa Frutlofs von Michelsberg und Ekkehards von Aura, den religiösen und philosophischen Liber de duabus civitatibus → Ottos von Freising († 1158), die Mannigfaltigkeit der Rechts-, Länder-, Kirchen- und Fürstengeschichte Wilhelms von Malmesbury († kurz nach 1142), → Geoffreys von Monmouth († Mitte des 12.Jh.s), → Hugos von Flavigny und von Fleury, → Guiberts von Nogent († 1121), der außer den Gesta Dei per Francos auch eine große Selbstbiographie verfaßte, Roberts von Torigny u.a. Man übersehe auch nicht die zahlreichen hagiographischen und biographischen Werke, und daß ein Kopf wie Giraldus Cambrensis († 1223) ein weit umfassendes Wissen von Menschen, Völkern und Ländern, von Geschichte, Sage und Märchen lehrhaft und unterhaltend ausbreitet. Eine Fülle, die auch nach 1200 nicht geringer wird, wenn sie auch oft ein engeres Gesichtsfeld, eine gewisse Unselbständigkeit oder Oberflächlichkeit zeigt.

Die *Vielgestalt* zeigte sich nicht zum wenigsten in den zumeist noch kirchlich bestimmten, wiewohl häufig weltfrohen und aus Vergangenheit wie Gegenwart schöpfenden, phantasiebeflügelten mittellat. Dichtungen. Gerade in der Poesie schien jahrzehntelang der Einfluß antiker Vorbilder und Quellen in Form und Stoff obzusiegen, ohne daß → Hildebert von Lavardin und andere es zu einer Renaissance der Antike gebracht hätten. Zwar werden die antiken Metren, Themen und Personen neubelebt in den Epen zB des Walther von Lille und des → Alanus ab Insulis, jedoch bleibt die christliche Weltanschauung maßgebend, und bes. in der geistlichen und weltlichen Lyrik drängen sich sowohl in den Hymnen und Sequenzen wie auch in der mehr erdgebundenen Gelegenheitsdichtung die Rhythmen, vielfach auch die Reime vor. Hugo Primas von Orléans, der Archipoeta, Walter von Chatillon schaffen da Bedeutendes, Ansprechendes mit einem starken Anflug von individueller Originalität. Neben den aus der Liturgie hervorgehenden → Weihnachts-, → Passions- und Osterspielen dichtete ein sonst Unbekannter in der Mitte des 12.Jh.s seinen von Bibel, Apokalyptik und Geschichtsbetrachtung und Geschichtsprophetie erfüllten eigenartigen Ludus de antichristo.

Im Rahmen der Gelehrtenbildung begann schon seit Beginn des 12.Jh.s in Chartres und Orléans eine Vertiefung der christlichen Philosophie und eine Versenkung in die allmählich bekannter werdenden Schriften des → Aristoteles und der platonisch-aristotelischen Gedankenwelt. Bernhard und Theoderich von Chartres, Bernhardus Silvestris, → Gilbert Porreta, → Wilhelm von Conches sind die hervorragendsten Vertreter der eindrucksvollen Schule von → Chartres. Ihr gehört auch → Johannes von Salisbury († 1180) an, der ohne direkte Kenntnis des Griechischen Altertum und Christentum zur Grundlage und Exemplifizierung seiner erzieherischen Werke macht und durch seinen Policraticus einer der größten mittelalterlichen Lehrer der Staatstheorie und Staatspraxis wird.

Mitten in dieser geistig bunten Welt erwächst, bald befehdet, bald aufgenommen und gefördert, die *Frühscholastik* als theologisch-philosophische Bewegung, die vorerst ihren stärksten Mittelpunkt in Paris findet, als Glaubenslehre, der die Philosophie zu dienen hat mit dem erreichbaren Maß menschlicher Einsicht, um das Motto Anselms von Canterbury »Credo ut intelligam« zu beweisen und zu verwirklichen. Ihre dialektische Methode entwickelt sich, vor allem seitdem → Abaelard († 1142) als gedankenkühner und gewandter Lehrer und eindrucksvoller Schriftsteller aufgetreten war und wort- wie machtgewaltige Gegner, namentlich → Bernhard von Clairvaux († 1153), als Widersacher gefunden hatte. Der deutsche Theologe → Rupert von Deutz († 1130) stemmt sich in seinen zahlreichen, noch nicht genügend gewürdigten Werken gegen die Scholastik an. Aber sie setzt sich durch, auch in Deutschland, wo der Fremdling → Honorius Augustodunensis in halbpopulärer Form Ideen der Scholastik verbreitet und von wo aus viele aus Deutschland, England, Skandinavien, Italien zum Pariser Studium strömen. Auch → Hugo von St. Viktor († 1141) schließt sich der Frühscholastik an. Die Sententiarier, so → Petrus Lombardus († um 1160), machen die scholastische Dialektik in der abendländischen Theologie heimisch. Bei Hugo ist die Scholastik nicht das allein Maßgebende, sondern mit ihr verbindet sich die → Mystik (: VI, 2), der außer dem Scholastikgegner Rupert auch Richard von St. Viktor, Bernhard von Clairvaux, → Hildegard von Bingen, → Elisabeth von Schönau, später der Apokalyptiker → Joachim von Fiore und Persönlichkeiten der Bettelorden angehören oder zuneigen. Gleichzeitig in und seit dem 12.Jh. erfährt die → Schriftauslegung (: IV) Aufschwung und Zusammenfassung, erhält das → Kirchenrecht (: II A, 2) seit → Gratians Decretum neue Pflege und belebt sich, was bereits Bernhard zeigte, die → Predigt (: I) und die Predigtliteratur. – Alles das setzt sich im 13.Jh. im Zeitalter der *Hochscholastik* fort. Im ganzen nun beginnenden Spät-MA ist das kirchliche Schrifttum, in dem noch die lat. Sprache dominiert, wiewohl schon beeinträchtigt von den Volkssprachen, quantitativ so mächtig, daß ein kurzer Abriß nur einiges hervorheben kann.

4. »Die um 1200 einsetzende Periode der Hochscholastik ist in ihren Lehranschauungen vor allem charakterisiert durch das Bekanntwerden der Metaphysik, der Physik, der Psychologie, der Ethik und der Politik des Aristoteles und der teils auf dem Neuplatonismus, teils auf dem Aristoteles beruhenden Schriften arabischer und jüdischer Philosophen« (Ueberweg-Baumgartner). – Während man den englischen Franziskaner Roger → Bacon († 1294), der in Mathematik, Physik, Naturwissenschaften, Technik, Bibelkritik und Philologie Hervorragendes, weit über seine Zeit Hinausgehendes leistete, nicht eigentlich zu den Scholastikern rechnen darf, kamen Robert → Grosseteste († 1253), die Minoriten → Alexander von Hales († 1245) und → Bonaventura († 1274), der im Breviloquium ein treffliches Kompendium der Dogmatik schrieb, die Dominikaner → Albert d. Gr. († 1280), der auch als Naturbeobachter und Naturbeschreiber sich auszeichnete, und vor allem → Thomas von Aquino († 1274) mit ihren zumeist umfangreichen Werken zu Spitzenleistungen in der Glaubenslehre und Glaubensbegründung. An Originalität im Denken und Sprachgewalt stehen ihnen die etwa gleichzeitigen Zusammenfasser, so → Vincentius von Beauvais um 1250 mit seinen dickleibigen Specula beträchtlich nach, aber sie vermittelten der Folgezeit ein überaus reiches Buchwissen, aus dem bis ans Ende des MA viele Moralisten, Dogmatiker, Historiker, auch die Naturkundler stets von neuem schöpften. Zusammenfassung und Spezialisierung sind vor allem sonst in der nicht zum wenigsten in → Bologna gepflegten kirchlichen und zivilistischen Jurisprudenz, ebenso in der Medizin – um nur einige Gebiete zu nennen – beobachtbar.

5. Das Zeitalter der *Spätscholastik* betreten wir schon am Ende des 13.Jh.s. Viele Theologen schlossen sich an den großen Meister Thomas an, ohne ihn zu erreichen. Genannt seien nur → Ägidius von Rom, Ptolemäus von Lucca, Hugo von Straßburg, Hervaeus → Natalis, aus dem 15.Jh. noch Johannes Capreolus und → Dionysius der Kartäuser. Andere Linien zieht Raimundus → Lullus († 1316), der in seiner neben vielen anderen Werken verfaßten Ars magna eine für die Dogmatik und alle anderen Disziplinen anwendbare Methode gefunden zu haben behauptete, sich jedoch nicht durchsetzen konnte. Der einflußreichste Gegner des Thomismus ist Johannes → Duns Scotus († 1308), der Doctor subtilis. An den Hochschulen in → Oxford, → Paris und → Köln lehrend gewinnt er Nachfolger vornehmlich bei den Franziskanern und zeitweise auf den Universitäten. Augustinist wie Bonaventura, ein scharfsinniger, an Aristoteles geschulter kritischer Theologe ist er wie Thomas in der → Universalien-Frage Realist. In der Erkenntnistheorie und in der Seelenlehre leistete er mit der Auffassung vom Primat des Willens über den Intellekt Besonderes. Wilhelm von → Ockham († 1349) nimmt in der Scholastik eine besondere Stellung ein. Mit anderen erneuert er, in Logik, Naturphilosophie und durch seine kirchenpolitischen Schriften bedeutend, den → Nominalismus, der als Via moderna dann vielfach an den Hochschulen gepflegt wurde. Wenigstens erwähnt seien noch die Vertreter des → Averroismus, → Siger von Brabant, Boethius de Dacia, → Johannes von Jandun und Pietro → Pomponazzo, weil ihre Thesen trotz kirchlicher Bekämpfung noch bis zum Ausgang des MA nachgewirkt haben.

In der lat. *Dichtung* hat man die Formenschönheit des 12.Jh.s nicht mehr erreicht. Immerhin gelang in der religiösen Lyrik das eindrucksvolle »Dies irae, dies illa solvet saecla in favilla«. In der didaktischen wie in der historischen Poesie wurde manches geschaffen, was zum mindesten kulturgeschichtlich von Wert und Reiz ist. Dazu kamen die Sammlungen zB der Carmina Burana, die altes und neues Gut vereinigten. Auch in der Prosa-Geschichtsschreibung entstanden, ohne zu wirklicher Größe zu kommen, neben volkssprachlichen Darstellungen viele Schriften, die für die regionale, lokale, monastische und überhaupt für die kirchliche Quellenkunde wertvoll geworden sind und mit Einschluß von Biographien und Autobiographien wichtige Aufschlüsse gegeben haben.

Im Hinblick auf das lat. Schrifttum des *14.Jh.s* ein Absinken des Geisteslebens zu behaupten, weil oft in Theologie und Philosophie spitzfindige Grübeleien, Verschrobenheiten, kleinliches Gelehrtengezänk und schwerverständliche Ausdrucksweise zu sehen ist, verallgemeinert übermäßig und läßt übersehen, daß die tatsächlichen Schwächen und Mängel nicht so sehr auf die Unzulänglichkeit der Einzelpersönlichkeiten zurückzuführen sind wie auf die Fesseln, die durch die einengende Organisation der Hochschulen und Universitäten der freien Entfaltung der Wissenschaften auferlegt wurden. Und doch ist das, was in den einzelnen Fakultäten in steigender Spezialisierung geleistet wurde, sowohl für die Verbreitung des Wissens in Europa als auch für die Schulung und Vertiefung des wissenschaftlichen Denkens wichtig gewesen. Zumal für die Entwicklung des → Kirchenrechts (: II A, 3) und die Erklärung der kirchlichen wie der weltlichen Rechtsquellen haben die spätmittelalterlichen → Universitäten viel getan. Mit der Jurisprudenz hängt die Ausbildung der → Kasuistik, wie sie uns viele Summen zeigen, zusammen. Weiterhin fand die → Schriftauslegung (: IV) in den Postillen und Expositionen der Hochschullehrer und der Ordensleute von → Nikolaus von Lyra bis zu Nikolaus von Dinkelsbühl und Thomas Ebendorfer von Haselbach, desgleichen die Predigtliteratur in den Werken der Heinrich von Friemar, → Heinrich von Langenstein, → Bernhardin von Siena, → Johannes Capistrano, → Jakob von Jüterbog, Gabriel → Biel u.a.m. Fortsetzungen, die erst im 16.Jh. allmählich verdrängt und überholt wurden. Gegenüber der zunehmenden Verweltlichung steht im ganzen Spät-MA der auch literarisch zum Ausdruck kommende Drang nach religiöser Andacht und christlicher Askese, bezeugt durch die vielen, oft künstlerisch geschmückten Libri horarum für weltliche Personen und durch die asketische Massenproduktion zB der → Kartäuser. Verwandt damit, aber geistig und geistlich tiefer ist die seit etwa 1300 neuerblühende → Mystik (: VI, 4): Meister → Eckehart, → Tauler, → Seuse, → Jan van Ruysbroek, Johannes → Gerson und → Thomas a Kempis, der mit seiner gemütvollen Imitatio Christi Tausende von Menschenherzen erobert.

Eigene Noten erhalten die letzten beiden Jh.e des MA durch die kirchenpolitische und staatsrechtliche *Publizistik*. Die schon in der Karolingerzeit verfaßten Fürstenspiegel finden seit etwa 1250 viele Nachfolger (zB Vincentius von Beauvais, Thomas von Aquino, → Engelbert von Admont, Ägidius Romanus). → Dante († 1321) behandelt in De Monarchia die politischen und kirchenpolitischen Probleme seiner Zeit, Konrad von Megenberg und → Lupold von Bebenburg treten für das Deutsche Reich ein; → Ägidius von Rom, → Jakob von Viterbo und → Augustinus Triumphus verfechten die Rechte des Papsttums. Mit dem Defensor pacis des → Marsilius von Padua und den Streitschriften des Joh. von Jandun und des Wilhelm von Ockham erreichen die antipäpstlichen Theorien über geistliche und weltliche Gewalt Höhepunkte. Die durch das Schisma von Avignon (→ Papsttum: II) hervorgerufene, sehr mannigfaltige Publizistik kommt nicht zur Ruhe und bringt keine Entscheidungen von Dauer. Der Radikalismus, der sich in den Werken von John → Wiclif, Matthias von → Janow, Johannes → Huß offenbart, verursacht eine Abspaltung Böhmens von Rom. Die Reform der Kirche an Haupt und Gliedern mißlingt im 15.Jh. Die Flugschriften der verschiedenen Parteien kennzeichnen die äußerst schwierige Lage in Europa. Die moderne Forschung hat wohl die Problematik dieser Kämpfe erfaßt, indessen noch nicht genug im Zusammenhang gewürdigt, was das Reformschrifttum literarisch bedeutet. Das Jh. vor der deutschen → Reformation ist eine Zeit der Unruhe, in der noch einmal die geistige Mannigfalt des MA auch im lat. Schrifttum zu vielsagendem Ausdruck kommt, ganz abgesehen vom → Humanismus (: I), der von Italien aus vordringt und manches aus der mittellat. Literatur schöpft. Die letzte wahrhaft große Gestalt, die aus dem lat. Schrifttum emporragt, ist → Nikolaus von Kues († 1464). In der »Concordantia catholica« die Einheit und Gliederung der Kirche sowie die notwendigen Reformen behandelnd, in der »Docta ignorantia« die Frage nach dem Unendlichen, das sich in der Endlichkeit offenbart, mit bedächtiger Kühnheit anpackend, zeigt er sich überall, auch in seinen kleinen Schriften, als überlegener Geist, als spekulativer Theologe und Philosoph von weitem Wissen und großer Tiefe. Die humanistischen Erscheinungen und Strömungen Italiens kennend ist er jedoch keineswegs ein Humanist im landläufigen Sinne, vielmehr der letzte eigenartige Denker des lat. MA.

G. Gröber, Übersicht über die lat. Lit. von der Mitte des 6.Jh.s bis 1350 (Grundriß d. roman. Philologie II), 1893-1902 - HN II - Grabmann I. II - Manitius - F.J.E. Raby, A Hist. of Christian Latin Poetry, Oxford 1927 - Ders., A Hist. of Secular Latin Poetry, ebd (1934) 1957² - Ü II - LThK bzw. LThK² - M.L.W. Laistner, Thought and Letters in Western Europe, London (1931) 1957 - J. de Ghellinck, Litt. Latine au moyen âge, Brüssel 1939/40 - Ders., L'essor de la litt. Latine au XIIe siècle, ebd-Paris 1946 - P. Lehmann, Erforschung des MA I, (1941) Neudr. 1959; II, 1959; III u. IV in Vorbereitung - Ders., Die Vielgestalt des 12.Jh.s (HZ 178, 1954, 225-250) - Ders., Über Perioden des lat. Schrifttums im MA (in: Horizonte der Humanitas, 1960, 101-115) - G. Misch, Gesch. der Autobiogr. II/2 u. III/1, 1955/59 - H. Kusch, Einführung in das lat. MA I: Dichtung, 1957. - Weitere Lit. bei den im Text genannten Artikeln.

P.Lehmann

II. Deutsche Literatur

1. Die Anfänge (Mitte 8.Jh. bis nach 1000) - 2. Frühes MA (1060 bis 1170) - 3. Hohes MA (1170-1250) - 4. Spätes MA (1250-1500)

1. In vorchristlicher Zeit hat es wohl eine deutsche Dichtung, aber noch keine Literatur gegeben. Spruch- und Lieddichtung, Heldenlieder, Preislieder, vor und während der Völkerwanderungszeit entstanden, sind nur mündlich überliefert worden. Die einheimischen Runenzeichen dienten allein epigraphischen Zwecken. Erst mit dem Eindringen lat. Schrift und antiker Bildung beginnt eine literarische Tätigkeit in deutscher Sprache. Sie ist eng verknüpft mit der Wirksamkeit der durch auswärtige Mission gegründeten süd- und mitteldeutschen Klöster. In ihnen sind die ältesten uns überlieferten Literaturdenkmäler entstanden, die Glossen, lat.-deutsche Wörterbücher. Sie gehen auf ältere in Italien entstandene Wörtersammlungen zurück und vermitteln einen Einblick in den Vorgang der volkssprachlichen Aneignung des Christentums. Missionarischer Absicht verdanken auch die ältesten geschlossenen Denkmäler ihre Entstehung. Ihre Form läßt noch die Mühe erkennen, die es machte, die Inhalte einer fremden und reifen Kultur in einer Sprache wiederzugeben, die vordem nur bäuerlich-aristokratischer Lebensform diente. Doch erfaßt die literarische Tätigkeit bald auch schon Stoffe, die der volkstümlichen Überlieferung angehören; wie die Klosterleute Ovid und Vergil lasen, um an ihnen Latein zu lernen, so schrieben sie hier und dort auch auf, was ihnen von altgermanischer Dichtung bekannt war. Auch kam es zu freier literarischer Tätigkeit, die zu dichterischer Gestaltung drängte. Der uns überlieferte Bestand an literarischem Gut bis zum Anfang des 11.Jh.s zeigt vielfältig das Zusammenwachsen von antiker Bildung, christlicher Lebensdeutung und germanisch-deutscher Stoff- und Formüberlieferung. Dieser Prozeß verläuft in der Frühzeit noch ohne eigentliche innere Problematik. - Sprachgeschichtlich deckt sich

die Epoche mit der *Zeit des Althochdeutschen,* das sich in die drei Dialekte des Bairischen, Alemannischen und Fränkischen gliedert, und des *Altsächsischen.* – Hauptorte literarischer Tätigkeit waren die alemannischen Klöster → St. Gallen, → Murbach, → Reichenau, Weißenburg, die bayrischen → Freising, St. Emmeram, → Salzburg, Monsee, die fränkischen → Fulda, Würzburg, Lorsch, Mainz. Das älteste Glossar, der »Abrogans« (nach dem ersten Wort), ist um 770 nach spätantikem Vorbild in Freising entstanden und anderswo mehrfach bearbeitet worden. Die deutschen Hermeneumata, ein nach Sachgruppen und alphabetisch geordnetes Wörterbuch nebst einem Gesprächsbüchlein, ist uns fragmentarisch im Vocabularius Sancti Galli und in den Kasseler Glossen erhalten. Auch aus der Beschäftigung mit lat. Texten sind zahlreiche Glossare hervorgegangen; Interlinear- und Marginalglossen (zwischen den Text und an den Rand geschriebene Übersetzungen) lieferten dazu vielfach das Material. »Was die karolingische Zeit an kirchlich-theologischer Arbeit benutzte und sich vom Erbe der Antike aneignete, fand seinen Niederschlag in deutscher Glossierung« (de Boor). Die Übersetzung ganzer lat. Texte beginnt mit den Interlinearversionen, die ohne Rücksicht auf deutschen Satzbau Wort für Wort übersetzen. Die → Benediktinerregel, einige Psalmen, ambrosianische Hymnen, ein lat. Versgebet werden so ins Deutsche übertragen. Für kirchlichen Gebrauch übersetzte man das Taufgelöbnis, das Glaubensbekenntnis, das Vaterunser, einige Gebete. Im Weißenburger Katechismus besitzen wir eine ganze Sammlung solcher Stücke. Vom Lorscher Beichtformular sind die meisten späteren Versionen abhängig. In der »Exhortatio ad plebem christianam« ist die Übertragung einer kurzen Predigt erhalten. Auch theologische Traktate wurden verdeutscht, so → Isidors »De fide catholica contra Judaeos«, ein Traktat »De vocatione gentium«, die 76. Predigt → Augustins. In Fulda entstand um 830 eine Übersetzung der lat. Fassung der → Evangelienharmonie des Syrers → Tatian; sie ist die erste umfassende Darstellung des Lebens Jesu in deutscher Sprache. – Der ganze *Zeitraum des ausgehenden 8. und beginnenden 9.Jh.s* wird geprägt durch die Persönlichkeit → Karls d. Gr. und des von ihm beauftragten Abtes von St. Martin in Tours, des Angelsachsen → Alkuin. In seinen → Kapitularien, bes. in der admonitio generalis von 789, gab der Kaiser Anweisungen über den Unterricht in Kloster- und Domschulen und für die Bildung des Klerus. Die genannten Denkmäler zeigen, daß und wie seine Anordnungen befolgt wurden. Karl plante, wie sein Biograph → Einhard berichtet, eine deutsche Grammatik und eine Sammlung alter Lieder. »Aus der Größe seines Reichsgedankens erwuchs seine Idee, die Träger dieses Reiches, die Franken, in allem gleichberechtigt neben die Römer zu stellen« (de Boor). Unter seinem Sohn Ludwig brach diese Entwicklung jedoch ab. Im Jahre 817 wurde beschlossen, die deutsche Sprache nur noch bei den einfachsten Formeln zu verwenden. Nur einige Schüler Alkuins, vor allem → Hrabanus Maurus, Abt von Fulda, setzten die Arbeit fort. Fulda ist mit seiner angelsächsischen Tradition in der ersten Hälfte des 9.Jh.s zur Pflegestätte germanisch-deutscher Dichtungsüberlieferung geworden. Möglicherweise verdanken wir der Anordnung Karls die Niederschrift des *Hildebrandsliedes.* Das Fragment ist das einzige erhaltene deutsche heroische Lied. Stofflich gotischer Sage entstammend und in stabreimenden Langversen verfaßt, dürfte es von einem Langobarden des 7.Jh.s gedichtet sein; es wurde dann von bairischen Mönchen nach Fulda gebracht und teilweise ins Niederdeutsche übertragen. Der Inhalt ist im Kern durchaus heidnisch: ein Unheilsschicksal (»wewurt«) zwingt den Vater, den eigenen Sohn im Kampf zu töten. Doch zeigt sich ein erstes Anzeichen christlichen Geistes: Hildebrand ruft den »waltant got« zum Zeugen und Helfer an. Aus Fulda stammt vermutlich auch die Niederschrift eines kleinen Gedichts, das nach dem Fundort als *Wessobrunner Gebet* bezeichnet wird; es ist der Anfang einer nach angelsächsischem Muster verfaßten Schöpfungsgeschichte in 9 Stabreimversen. Bedeutsamer ist das sog. *Muspilli,* ein stabreimendes Gedicht von den letzten Dingen, das die christlichen Berichte vom Weltuntergang und dem Jüngsten Gericht mit heidnischen Vorstellungen verbindet. Wahrscheinlich ist in Fulda auch der → *Heliand* entstanden, das weitaus bedeutendste und umfangreichste Werk der deutschen Stabreimdichtung, ein Heilandsleben in altsächsischer Sprache und in germanischem Gewande, für die kürzlich erst bekehrten Sachsen bestimmt. Bruchstückhaft besitzen wir auch eine *altsächsische Genesis.* – Rein heidnische Vorstellung und zugleich etwas vom magischen Ursprung des Stabreimverses finden wir noch in den beiden *Merseburger Zaubersprüchen.* Noch urtümlicher sind vielleicht die beiden *Wurmsegen* gegen Krankheit. Andere Segen gehen auf antike Vorbilder zurück, und schon bald treten an die Stelle der heidnischen Götter Christus, die Apostel oder die Heiligen (Trierer Pferdesegen, Lorscher Bienensegen). – Missionarisches Bemühen hat wenig später neben dem Tatian und dem Heliand noch ein drittes Heilandsleben hervorgebracht: die Evangelienharmonie des → *Otfried von Weißenburg.* Dies große Werk steht am Anfang einer Reihe von Dichtungen christlichen Inhalts im neuen Endreimvers. Auf der Reichenau entstand das Gedicht »Christus und die Samariterin«, eine gereimte Übersetzung des biblischen Textes. Um 880 dichtete Ratbert, Chronist des Klosters St. Gallen, einen Lobgesang auf den Hl. → Gallus, von dem wir aber nur die ein Jh. später verfaßte lat. Übersetzung kennen. Die Überführung der Georgsreliquien in die Georgskirche auf der Reichenau i.J. 996 war wohl der Anlaß, ein deutsches Preislied auf den Hl. → Georg zu dichten. Liturgischen Charakter haben das kurze, dreistrophige Petruslied, das älteste deutsche Kirchenlied, und die Paraphrase des 138. Psalms. Eine besondere Stellung nimmt das *Ludwigslied* ein. Es verherrlicht den Sieg des westfränkischen Königs Ludwig über die heidnischen Normannen bei Saucourt (881) und wird gleich nach der Schlacht verfaßt sein. Daß wir in diesem Liede, trotz seines bis ins Innerste christlichen Geistes, ein spätes Denkmal des wohl bezeugten, aber nicht belegten germanisch-deutschen Preisliedes vor uns haben, wird heute bezweifelt. – Aus dem 10.Jh. sind nur wenige Reste in deutscher Sprache auf uns gekommen. Die Denkmäler deutsch-lat. Mischprosa beweisen, daß das Lateinische jetzt die Sprache der Literatur war. Selbst Sagenstoffe erscheinen nun in diesem Gewande: der Waltharius manu fortis, die Sage von Walther und Hildegunde, und der Ruodlieb. Vom Anfang des 11.Jh.s haben wir Fragmente von Übertragungen der Predigten Augustins, Gregors und Bedas, deren gewandte Form immerhin Zeugnis von den Fortschritten ablegt, die die deutsche Sprache inzwischen gemacht hat. – Am Ende des Zeitraums steht eine einsame und bedeutende Gestalt: → Notker Labeo von St. Gallen. Er nahm die Intentionen Karls wieder auf und wurde durch seine grammatischen Studien, Übersetzungen und Kommentare der erste Philologe des Deutschen. Doch hat er keine Nachfolge gefunden.

2. Nach einem Zeitraum von einem halben Jh., aus dem kaum ein Denkmal in deutscher Sprache bekannt ist, setzt die literarische Überlieferung im letzten Drittel des 11.Jh.s wieder ein. Ein neuer Geist ist nun wirksam:

Lehr- und Streitfragen der Theologie dringen in die Literatur ein, cluniazensische (→ Cluny) und bernhardische (→ Bernhard von Clairvaux) Frömmigkeit wirken sich in mannigfacher Weise in ihr aus. Die karolingische Idee des Weltkaisertums lebt kräftig wieder auf. Träger der Literatur ist nun vorwiegend der Weltklerus. Auch die weltliche Dichtung ist weitgehend von religiösen Gedanken durchdrungen, doch darf man nicht vergessen, daß die alte Heldensage ungebrochen weiterlebte, wenn ihre Denkmäler auch verschollen sind. - Sprachgeschichtlich ist die Epoche die der *frühmittelhochdeutschen Dialekte*. Vers- und Reimtechnik sind noch unvollkommen. - Das älteste Denkmal ist das *Ezzolied*, ein strophisches Gedicht, das der scolasticus Ezzo auf Veranlassung des Bischofs von Bamberg 1063 gedichtet hat. Es ist ein Hymnus auf das göttliche Heilsgeschehen, der auf dem Kreuzzug von 1065 gesungen wurde. In der gleichen Hs. steht das sog. »Memento mori«, um 1070 von Abt Nogger von Hirsau verfaßt, ein Bußgedicht voller Ermahnungen und ohne hymnischen Aufschwung. In einer Art rhythmischer Prosa ist das Gedicht »Himmel und Hölle« verfaßt, das in erstaunlicher sprachlicher Kraft den Gegensatz von Seligkeit und Sündenqual zum Ausdruck bringt. Typisch für die Christusfrömmigkeit des Jahrhundertendes ist Willirams Paraphrase des Hohenliedes, in der Christus der Himmelskönig und seine Braut die institutionell und hierarchisch gesehene Kirche ist. Mystisch erfaßt wurde das → Hohelied (: II) erst in der um Jahrzehnte jüngeren St. Trudperter Bearbeitung, für die der Bräutigam der Hl. Geist und die Braut die Jungfrau Maria ist, die zugleich für die Einzelseele steht. Als Werk eines österreichischen Geistlichen ist uns die *Wiener Genesis*, ein Epos von über 3000 Reimpaaren, überliefert, das den Stoff der Bibel anschaulich nacherzählt. Bedeutsam ist das gegen 1100 entstandene *Annolied*, die Lebensgeschichte des Bischofs und Reichsverwesers → Anno von Köln. Anno wird hier in den ausführlich erzählten Lauf der Weltgeschichte eingefügt, die zugleich Heilsgeschichte ist, in der Gott ihm seine Rolle zugewiesen hat.

Theologische Probleme, die auch den Laien bewegen, durchziehen Werke wie die »Summa Theologiae« und das »Anegenge«. Die Heilsgeschichte wird jetzt dialektisch-rekapitulativ abgehandelt; Fragen wie die nach dem Ursprung des Bösen, nach der Schuld der Neugeborenen und der Heiden, nach Prädestination und freiem Willen sind Beweis für die nachdenkliche Religiosität der Zeit, die ihren Anstoß von den Nachwirkungen der Reform Clunys erhalten hat. Von Bußgesinnung zeugt die Rede vom Glauben des Armen Hartmann und die asketische Sittenpredigt des Heinrich von Melk, an das Beichtformular schließen die Sündenklagen an. Die Gedichte »Vom Recht« und die »Hochzeit« sind Reimpredigten, im »Himmlischen Jerusalem« und im »Himmelreich« wird das Jenseits anschaulich beschrieben. Mehrfach sind biblische Erzählungen bearbeitet worden: der Auszug der Kinder Israel (Wiener Exodus), die Urgeschichte (Vorauer Bücher Moses), das Lob Salomonis, die Jünglinge im feurigen Ofen, die Judith. Als Heilsgeschichte hat die Rekluse Frau Ava ihr Leben Jesu dargestellt, vielleicht mit Kenntnis früher dramatischer Szenen. Die → Heiligenverehrung (: II) führte zur Abfassung einer Reihe von Legenden. Mit dem aufblühenden Kult der Jungfrau Maria entwickelte sich eine umfangreiche → Mariendichtung. Wichtig für unsere Kenntnis der symbolisch-allegorischen Bedeutung der Tierwelt ist die deutsche Übersetzung des griech.-lat. → Physiologus. - Eine Reihe von erzählenden Werken, die im Kern nicht mehr kirchlich-theologisch bestimmt sind, bereitet die hochmittelalterliche höfische Epik vor. Noch sind ihre Verfasser Geistliche; aber ihr Inhalt ist erfüllt vom Lebensgefühl des aufkommenden ritterlichen Adels. Ein neues, zeitlich wie räumlich weitgreifendes Weltbewußtsein bildet sich aus. Die umfangreiche *Kaiserchronik* bietet eine ganze Geschichte der deutschen Kaiser bis auf das Jahr 1147, die mit → Caesar, dem Stifter des Kaisernamens, beginnt. Der Geschichtsverlauf wird hier als Dokumentation göttlicher Weltgeschichtslenkung verstanden, deren bestimmende Motive überall durch die Einfügung legendarischer Erzählungen und anderer religiöser Momente deutlich gemacht werden. Christliche Sinndeutung erfährt auch die Lebensgeschichte → Alexanders d. Gr. im *Alexanderlied* des Pfaffen Lamprecht, das in drei Bearbeitungen erhalten ist. Alexanders an sich vorbildlicher Drang nach Weltherrschaft erscheint hier doch als die Superbia, die schließlich sogar nach dem fernen Paradiese greift, bis Gott Halt gebietet. Ebenfalls von einem Geistlichen, dem Pfaffen Konrad, stammt die deutsche Bearbeitung des kurz nach 1100 verfaßten französischen *Rolandsliedes*, in der eine Episode aus den Kreuzzügen Karls gegen die spanischen Sarazenen behandelt wird. Auch diesen Stoff hat die deutsche Version in das universalgeschichtliche Weltbild eingeordnet. Selbst jene Denkmäler der Zeit, die man als »Spielmannsepen« bezeichnet, werden von solchem Geschichtsbewußtsein ergriffen. Um 1150/60 wurde das Epos von *König Rother* gedichtet, das seinen Stoff alter Sage entnimmt, seinem Thema nach aber den Herrschaftsgedanken der Zeit behandelt. Durch die Wiederholung der Handlung auf religiöser Ebene wird dem heldischen Dasein die christliche Demut gegenübergestellt. Zweiteilig gebaut ist auch das Epos von *Herzog Ernst;* der erste Teil ruht auf geschichtlichem Grund, der zweite führt den Vertriebenen durch märchenhafte Abenteuer im Mittelmeer. Thema ist das Widerspiel von Reichsgewalt und Stammesfürstentum. Von geringerem Rang sind die ähnlich gebauten Erzählungen von Salman und Morolf, Oswald und Orendel.

3. Mit dem letzten Drittel des 12.Jh.s treten die ritterlichen Laien in der literarischen Tätigkeit rasch hervor und übernehmen bald die Führung. Das universale → Kaisertum, das unter den Staufern seinen Gipfel erreicht, ist der politisch-religiöse Hintergrund der höfischen Kultur. Mittelpunkte literarischer Tätigkeit sind nun die Fürstenhöfe; bes. hervorgetreten ist der des Landgrafen Hermann von Thüringen auf der Wartburg und der Hof des Bischofs von Passau. Alle früheren Ansätze zu freier dichterischer Gestaltung kommen jetzt zur Blüte. Ihr tragender geistiger Grund ist der noch ungebrochene Ideenrealismus der Erkenntnislehre und die christlich-idealistische Religiosität der Zeit, die einen durchgehenden Symbolismus der Gestaltung ermöglichte, in dem alle anderen Momente »aufgehoben« sind. In solchem Symbolismus wurden alte Stoffe neu bearbeitet, neue wurden eingeführt, insbesondere solche märchenhafter Art. Zum Vorbild wurde der neue französische Ritterroman und die provenzalische Lyrik, doch finden beide in Deutschland eine durchaus eigenständige Ausprägung. Die Geschlossenheit des dichterischen Stils führte zur Ausbildung einer fast dialektfreien allgemeinen Literatursprache, des klassischen *Mittelhochdeutsch*, mit eigener Terminologie des höfischen Lebensideals (Tugendlehre). Vers- und Reimtechnik wurden nun sorgfältig gepflegt.

Als Begründer der höfischen Dichtung galt den Zeitgenossen der Niederfranke *Heinrich von Veldeke*, der um 1170 mit einer Heiligenlegende von St. → Servatius begann, dann in der »Eneit«, einer Bearbeitung des französischen Romans d'Eneas, den ersten großen höfischen Roman schuf. Der antike Stoff wurde ganz in ritterliches Gewand gekleidet, höfisches Leben und höfische Minne rücken die Handlung in die Gegenwart. Ähnliche Tendenz zeigen schon die etwa gleichzeitig entstandene Straßburger Bearbeitung von Lamprechts Alexander, der Tristrant Eilharts von Oberg, die Kreuzfahrergeschichte vom Grafen Rudolf, die Liebesgeschichte Floyris nach orientalischer Quelle. Vorbild wurde Veldekes Roman für den Trojaroman des Herbort von Fritzlar und die Verdeutschung der Metamorphosen des Ovid durch Albrecht von Halberstadt. In die Frühzeit gehören noch Ottes Eraclius, eine Legendenerzählung, das Gedicht von Athis und Profilias und das kleine Epos von Morant und Galie. Aber erst mit der Einführung des Stoffkreises um *König Artus und seine Tafelrunde,* den Chrétien de Troyes in Frankreich in einer Reihe großartiger Abenteuererzählungen ausgebildet hatte, war der deutschen Dichtung das Vorbild für ihre bedeutendsten Leistungen gegeben. Das Verdienst, diesen Stoff in Deutschland eingeführt zu haben, gebührt dem schwäbischen Ministerialen → *Hartmann von Aue;* zum Gipfel geführt hat ihn in seinem Parzival → *Wolfram von Eschenbach.* Dem ebenfalls aus keltisch-französischem Kreise stammenden Stoff von Tristan und Isolde, der schon einmal ins Deutsche übernommen worden war (s.o.), hat → *Gottfried von Straßburg* die klassische Gestalt gegeben. Diese drei Großen sind in der Folgezeit die immer wieder nachgeahmten Vorbilder gewesen. Es entwickelte sich ein ritterlich-märchenhafter Abenteuerroman, der an die einzelnen Helden der Tafelrunde anknüpfte und bis zum Ende des MA die herrschende epische Gattung blieb. Das früheste Denkmal ist der »Lanzelet« des Schweizers Ulrich von Zazikoven; einen »Wigalois« schrieb Wirnt von Gravenberg. Heinrich von dem Türlin verfaßte in seiner »Krone« eine Kompilation von Artus- und Gralsabenteuern. Eine Rekapitulation und Erweiterung von Wolframs Gralsgeschichte ist der »Jüngere Titurel«. Im »Wartburgkrieg«, der Erzählung von einem Sängerstreit, tritt Wolfram selber als tiefsinniger Gottesgelehrter auf. Unter französischem Vorbild entstand um 1225 der erste Prosaroman der Artusepik, der Prosalanzelet. In der Nachfolge Gottfrieds stehen → Rudolf von Ems und Konrad von Würzburg mit großen Versromanen und kleineren epischen Werken. Ein Unbekannter schuf die Versnovelle »Moriz von Craun«. Didaktische Zwecke verfolgen der »Welsche Gast« des Thomasin von Zirkläre, eine ausführliche Tugendlehre für Ritter, und »Freidanks Bescheidenheit«, eine Spruchsammlung schon bürgerlichen Gepräges, der auch ein Abschnitt über die Zustände bei Akkon im Kreuzzug 1228/29 eingefügt ist. Überhaupt nimmt die lehrhafte Dichtung an Umfang und Bedeutung zu. Ein Lehrgespräch zwischen Vater und Sohn ist der »Winsbeke«, als weibliches Gegenstück entstand die »Winsbekin«. Ähnlich nach Form und Inhalt ist das Gedicht von Tirol und Vrideband. Die durch → *Walther von der Vogelweide* zu hoher Geltung gekommene Spruchdichtung findet erste Fortsetzung durch Reinmar von Zweter, der eine Fülle von Sprüchen verfaßt hat, alle in der gleichen Form, die später den Namen Frau-Ehren-Ton erhielt. – In der gleichen Zeit, da Wolfram seinen Parzival schrieb (um 1200), entstand in Baiern vermutlich als Werk eines Geistlichen am Passauer Bischofshofe das *Nibelungenlied,* die umfangreichste und zugleich gültigste dichterische Darstellung aus der deutschen Heldensage. In strophisch gegliederten Langversen verfaßt, ist das Denkmal zwar für höfische Kreise bestimmt, aber doch im Kern durchaus von altgermanisch-heroischer Art, echtes Gegenbild zu Wolframs tiefchristlichem Werk und darin ein Zeichen für die innere Weiträumigkeit der Epoche. Die Vorstufen des Liedes können nur erschlossen werden; der Stammbaum A.Heuslers wird heute stark angezweifelt. Die Denkmäler der Heldensage, die es im 12.Jh. gegeben haben muß, sind verschollen. Die Nord- und Ostseesagen verbindende *Kudrun* wirkt trotz ihrer an das Nibelungenlied sich anlehnenden Gestalt uneinheitlich. Um die Mitte des Jh.s wurden umfangreiche Heldenerzählungen aus anderen Sagenkreisen, vor allem aus der Sage von *Dietrich von Bern,* verfaßt. Sie haben zwar weite Verbreitung gefunden und sind offenbar sehr beliebt gewesen, doch fehlt ihnen das heroische Ethos. Stofflich sind sie für die Sagenforschung von unüberschätzbarem Wert. – Die *religiöse Dichtung* tritt in dieser Epoche zurück. Die wenigen Denkmäler von einigem Rang zeigen deutlich den Einfluß der höfischen Epik in Form und Gehalt. Nach vorwiegend apokryphen, legendarischen Quellen verfaßten Konrad von Fußesbrunnen eine Kindheit Jesu und Konrad von Heimesfurt eine Erzählung von Mariä Himmelfahrt und von der Urstende (Auferstehung). Das bedeutendste Denkmal der Legendendichtung ist der ganz in der Nachfolge von Wolframs Willehalm erzählte »Heilige Georg« des Ritters Reinbot von Durne. Ritterliche Aventüre und Martyrium sind darin, nicht gerade glücklich, verbunden. In verschiedenen Redaktionen ist uns der »Lucidarius«, eine Art christlicher Weltkunde, überliefert, die das Wissen der Zeit zusammenstellt und viel benutzt worden ist. Neu, wenn auch nicht ohne Vorläufer, ist das *geistliche Schauspiel,* das sich aus frühen Anfängen in liturgisch gebundener, lat. Form entwickelt hat und jetzt vor allem als Oster- oder → *Passionsspiel* zu immer größerer Bedeutung kommt. An lat. Muster lehnen sich auch die frühen *Predigten* in deutscher Prosa an; sie nehmen im 13.Jh. an Umfang und persönlicher Eigenart zu. Den Höhepunkt erreicht die geistliche Beredsamkeit in den Predigten des Franziskaners → Berthold von Regensburg. – In der Lyrik beherrscht der *Minnesang* das ganze Zeitalter. Ursprung und erste Ausbildung der Gattung sind bis heute nicht voll geklärt, doch herrscht Übereinstimmung darin, daß die Anfänge in Deutschland in heimischer Tradition wurzeln und provenzalischer Einfluß sich erst später auswirkt. Eine wichtige Komponente ist in der religiösen Ich-Dichtung zu suchen (Gebet, Sündenklage, Hymnus, geistliche Briefliteratur). Der Minnesang ist die lyrische Entsprechung zur höfischen Epik; der Ritter ist im Dienst einer hochgestellten Frau, ihr Preis und die Bitte um Erhörung machen in immer neuer Variation den Inhalt der Gedichte aus. Heimische Ausprägung zeigt sich noch in der frühen donauländischen Gruppe (Kürenberger, Dietmar von Aist, Burggraf von Regensburg, Meinloh von Sevelingen, Burggraf von Rietenburg). Repräsentant der zweiten, oberrheinischen, schon vom provenzalischen Minnesang beeinflußten Gruppe ist Friedrich von Hausen, unter die fünf Großen des hochhöfischen Minnesangs zählen wir Albrecht von Johansdorf, → Hartmann von Aue, Heinrich von Morungen, Reinmar von Hagenau und → Walther von der Vogelweide. Jeder von ihnen hat auf andere Weise von der Minne gedichtet: am strengsten Reinmar, am blühendsten Morungen, in problematischer Art Johansdorf und Hartmann, an der Grenze zu einem neuen, volkstümlicheren Liebesgedanken Walther. Zahlreiche Dichter, deren Werke die Sammel-Hss. des 14. und 15.Jh.s bewahrt haben, haben die Tradition weitergeführt. Ein satirisch-parodistisches Gegenbild zur Minne sind die Verse Neidharts von Reuenthal. Um die Jh.mitte hat Ulrich von Lichtenstein in seinem Frauendienst das eigene Minneleben in epischem Bericht, dem seine Minnelieder eingefügt sind, dargestellt. Hier wie schon bei Neidhart tritt das individuelle Ich mehr und mehr hervor und hebt damit den ursprünglichen kultischen Charakter der Dichtung auf. Andrerseits finden wir bei den späteren Dichtern eine gewisse Erstarrung der Form, in der sich der Mangel an echtem Erlebnis ausspricht. - Ohne unmittelbare Beziehung zum Minnesang entstand die teils lat., teils deutsche lyrische Dichtung der *Vaganten,* die als Scholaren von Ort zu Ort zogen und nach antiken Mustern Liebes-, Trink- und Spiellieder verfaßten und vortrugen. Aus der namenlosen Menge ragt der sog. Archipoeta hervor. Die bedeutendste Sammlung solcher weltfroher Lieder ist die der Carmina Burana, die nach 1230 im Kloster Benediktbeuren geschrieben wurde.

4. Die Zeitspanne von zweieinhalb Jh.en, die wir ohne Möglichkeit exakter Abgrenzung als *Ausklang des MA* bezeichnen, hat auf allen Gebieten eine solche Fülle von Werken hervorgebracht, daß selbst die ausführlichsten Handbücher nicht alles verzeichnen; hier kann nur Weniges genannt werden. Einheit hat die Epoche nur in der allgemein spürbaren Tendenz, einer realistischen Wirklichkeitsauffassung Geltung zu verschaffen. Auch hat sie kein einziges Denkmal von überzeitlichem Wert hervorgebracht, wenn man vom Schrifttum der Mystik absieht. Das ideenrealistische Weltbild der klassischen Zeit um 1200 zerbricht allmählich, nominalistische Strömungen kommen auf (→ Nominalismus) und wirken sich auf die Literatur aus, ohne sich doch voll durchzusetzen. Das Symbol weicht der rationalistischen Allegorie, die Wirklichkeit der Ideen der empirisch gegebenen Tatsächlichkeit der Weltdinge und der menschlichen Gesellschaft, die doch beide noch jeder Neuordnung entbehren. Durch den Zusammenbruch der Universalmonarchie und den damit verbundenen Niedergang des Rittertums tritt der Einzelmensch aus der in göttlichem Ordo begründeten Gebundenheit in die rein zweckhafte Bindung zu realpolitisch und ökonomisch bestimmten Gruppen (er wird Untertan der Landeshoheit, Bürger der Städte, Angehöriger eines Berufsstandes). Zeigt die Entwicklung der deutschen Literatur von ihren Anfängen bis zu ihrem Höhepunkt in der mittelhochdeutschen klassischen Zeit das Bild einer stufenweise fortschreitenden Bewegung auf ein bestimmtes Ziel, so bemerkt man jetzt ein Nebeneinander tastender Versuche auf ein noch unbekanntes Ziel hin. Es ist erst in der Neuzeit erreicht worden. - Der neu erwachte Sinn für die empirische Wirklichkeit zeigt sich auch in der Sprache: mehr und mehr kommen die Dialekte der Umgangssprache zu literarischer Geltung. Bürgerliche Dichter lösen die ritterlichen ab, Gegenstände des bürgerlich-städtischen Lebens werden zum Gegenstand der Dichtung. Die Dialekte machen in ihrer Gesamtheit die sprachgeschichtliche Epoche des *Frühneuhochdeutschen* aus. Neue Gattungen kommen auf: die Chronik, die erzählende Prosa, das Volkslied, weltliche Dramatik, geistliche Briefliteratur, das Volksbuch. Durch die Erfindung des Buchdrucks werden weite Kreise des Volkes ins literarische Leben hineingezogen, zumal durch die Wirksamkeit der Schulen die Kunst des Lesens nicht mehr auf die Geistlichkeit beschränkt ist. Die Gründung von → Universitäten im 14./15.Jh., vorwiegend durch die Landesfürsten, hat durch die Arbeit der Gelehrten zu einem inhaltlich beträchtlich erweiterten Weltbild geführt und damit auch die Dichtung von den Problemen der Form auf die des Inhaltes abgelenkt. Die Mitteilung von Kenntnissen gehört fortan zu den Aufgaben, die der Leser dem Dichter stellt; er will belehrt werden, auch wenn es sich nicht um Dinge des religiösen Glaubens handelt. - Typisch für eine solche Zeit allgemeiner Bewegung ist das Festhalten gewisser Kreise an der großen Leistung der Vergangenheit. Das zeigt sich in einer ausgedehnten Sammeltätigkeit, die das 14. und 15.Jh. entfaltet haben: ohne die Hss. der bedeutendsten Werke der klassischen Zeit, die damals entstanden sind, und die Sammel-Hss. des Minnesangs (die große und die kleine Heidelberger Lieder-Hs., die Weingartner Hs.) und der Heldensage (die Ambraser Hs.) wüßten wir heute wenig von hochmittelalterlicher Dichtung.

In zahlreichen Bearbeitungen, Erweiterungen, Kompilationen und Neudichtungen lebte der *höfische Roman* fort. Zwei Straßburger Bürger, Claus Wisse und Philipp Colin, verfaßten zwischen 1331 und 1336 einen Parzeval, eine Erweiterung von Wolframs Gedicht unter Benutzung französischer Dichtungen auf 36000 Verse. Fast ebenso lang ist der Karlmeinet, eine Kompilation von Erzählungen aus dem Leben Karls d. Gr. (um 1320). In seinem Buch der Abenteuer stellte Ulrich Füetrer einen Zyklus von Romanen zusammen. Am Ende der Epoche stehen die beiden Romane Teuerdank und Weisskunig des Kaisers Maximilian - literarische Zeugnisse für den Versuch, ritterliches Dasein in einer Zeit, da es längst vergangen war, lebendig zu erhalten. Auch der ritterliche Minnesang wurde weitergeführt, hat aber gerade bei seinen beiden bedeutendsten Vertretern eine bezeichnende Abwandlung erfahren, die in der schon von Neidhart und Ulrich von Lichtenstein begonnenen Linie liegt: Für Hugo von Montfort (1357-1423) aus Vorarlberg ist die Minneherrin, der er seine Lieder singt, nicht mehr eine anonyme Herrin, sondern die eigene Gattin, und den 125 Liedern, die Oswald von Wolkenstein (1377-1445) uns hinterlassen hat, kann man seine Biographie deutlich ablesen. Der Reiz dieser Lyrik liegt nicht mehr in der gekonnten Form, sondern in dem individuellen Temperament des Verfassers, das sich in ihr ausdrückt. Die andere, traditionelle Linie des Minnesangs führte schließlich zum *Meistergesang,* der in den Singschulen von städtischen Handwerksmeistern in ganz formalistischer Weise gepflegt wurde (die älteste Singschule wurde 1450 in Augsburg gegründet). - Neben der höfischen Epik hat sich eine *epische Kleindichtung* von beträchtlichem Umfang entwickelt. Sie war geeignet, das Leben von Ständen und Berufen darzustellen. Ihr bedeutendstes Denkmal ist der »Meier Helmbrecht« Wernhers des Gärtners. Realistische Schilderung und Fabel (ein Bauernsohn wird zum Raubritter) dokumentieren die Stellung zwischen alten Idealen und neuer Wirklichkeit, ebenso wie zahlreiche Schwankerzählungen und Satiren, in denen die Realitäten der Zustände an den idealen Forderungen gemessen werden. Die Gattung gipfelt in dem parodistisch-grotesken Bauernepos des »Ring« von Heinrich Wittenweiler, einem Schweizer aus der ersten Hälfte des 15.Jh.s, in dem sich Spott über das Rittertum und die Bauern in der Manier Neidharts (s.o.) mit ernsthafter lehrhafter Absicht mischen. Dem rationalen Charakter der Zeit entsprechend herrscht überhaupt das lehrhafte Moment überall vor. Die didaktische Dichtung hat sich in mannigfacher Form ausgebildet: als Spruch, Spruchsammlung, Allegorie, Mahnpredigt, Minnelehre, Spottgedicht. Die lat. »Disticha Catonis« wurden noch im 13.Jh. übersetzt, ebenso der »Facetus«. In seinem »Renner« hat Hugo von Trimberg eine lange Moralrede von fast 25000 Versen gegen das Laster verfaßt - an die Stelle der alten Gebotsethik, wie sie noch bei Freidank (s. 3) vorliegt, ist hier nun die Verbotsethik getreten. Zwischen 1350 und 1370 schrieb Heinrich der Teichner mehr als 700 Reimreden moralischen Inhalts für die verschiedenen Stände. Es gibt kaum einen Dichter der Zeit, der nicht moralische Gedichte verfaßt hätte, seien es Lehrgedichte, Sprüche, Allegorien oder Mahnreden. Das eigentliche Problem der Zeit ist nicht mehr, wie früher, die Frage: was ist Gott?, sondern: was fordert das wirkliche Leben von mir? Man suchte nach einer Regel des Verhaltens für den praktischen Fall. Zuweilen bediente man sich zu solchem Zweck der alten Gattung der → Fabel (: I). Unter dem Titel »Edelstein« hat Ulrich Boner um 1350 hundert Fabeln zusammengestellt. Für die Ritter schuf Johannes Rothe nach 1410 seinen »Ritterspiegel«, der über Kleidung, Sitten und Wappen belehrt. Auch die Minne bedurfte für solche, die ihr noch anhingen, der Belehrung: die typische Form dafür war die Minneallegorie, die um die Mitte des 13.Jh.s einsetzt und zu umfangreichen Werken geführt hat. Die Beliebtheit allegorischer Darstellung erklärt sich sowohl aus dem Interesse an der Belehrung als solcher wie auch aus der Vorstellung, daß ein Vorbild gegeben werden müsse - die Geschichte soll ein Exempel sein. Daß der sündhafte Mensch immer noch als ein solcher aufgefaßt wurde, dem es an Wissen gebricht, beweist das »Narrenschiff«, das Seb. → Brant 1494 herausgab. Ganz ähnliche Grundhaltung zeigt das Tierepos »Reinke Vos«, das 1498 in Lübeck nach französisch-niederländischer Vorlage erschien. Vom Sinn der Zeit für die Ereignisse des Tages legen eine Reihe von Chroniken Zeugnis ab. Vom Geschehen in der Natur berichtet Konrad von Megenberg in seinem Buch der Natur (14.Jh.). In Prosa verfaßt sind Reisebeschreibungen und Pilgerbücher, die über Ereignisse auf der Pilgerfahrt berichten. Doch muß man bei all solchen Schriften beachten, daß sich darin Beobachtung wirklicher Zustände mit dem Einfluß literarischer Reminiszenzen mischt. Das gilt sogar noch für Schriften ähnlicher Art des 16. und 17.Jh.s. - Sehr spät, erst mit den Erzählungen der Gräfin Elisabeth von Nassau-Saarbrücken (1397-1456) aus dem alten Sagenkreis um Karl d. Gr., hat der *Prosaroman* literarische Geltung gewonnen. Der Prosalanzelet des frühen 13.Jh.s (s. 3) blieb eine vereinzelte Erscheinung. Aber jetzt wurden auch deutsche höfische Epen in Prosa aufgelöst. Viele dieser Erzählungen sind im 16.Jh. zum Volksbuch geworden (Melusine, Fortunatus, Gregorius auf dem Steine, Tristrant u.a.). Aus unterliterarischer Wurzel hat sich im 15.Jh. das → Volkslied (: I) entwickelt. - Die *religiöse Dichtung* der Epoche hat eine Unzahl von Denkmälern hervorgebracht. Zur allgemeinen Charakterisierung kann man sagen, daß die nach dem Laterankonzil von 1215 einsetzende und durch die → Albigenser-Kriege und die Tätigkeit der → Dominikaner bekräftigte Erstarrung des theologischen Lebens in der Laienwelt die lebendige Beschäftigung mit den religiösen Problemen energisch gehemmt hat. Heidentum und Judentum, bei Wolfram noch geschichtsmetaphysisch als Vorstufen christlicher Offenbarung verstanden, werden schon bei Freidank um 1235 mit Ketzern gemeinsam verdammt. Das religiöse Thema hat seinen Schwerpunkt jetzt in den Gegenständen der kirchlichen Lehre und der praktischen Lebensführung. Zahlreich sind die deutschen Bearbeitungen des lat. Speculum humanae salvationis von 1324 (→ Heilsspiegel). Eine Menschheitsgeschichte im Sinne der alten Weltalterlehre ist noch die um 1320 verfaßte »Sibyllen Weissagung«; zur gleichen Zeit entstand die »Erlösung«, ein Gegenstück zum Anegenge des 12.Jh.s (s. 2), aber von ungleich größerer dichterischer Kraft. Von den moralischen Allegorien sei hier die »Pilgerschaft des träumenden Mönchs« aus dem 15.Jh. genannt. Das Leben Jesu und einzelne Szenen daraus sind in Vers und Prosa oft behandelt worden, ebenso die Apokalypse, das Jüngste Gericht, der → Antichrist. Bezeichnend für viele dieser Denkmäler ist die ausführliche Kommentierung und Erklärung heilsgeschichtlich-dogmatischer Fragen, doch zeigt sich kaum irgendein Einfluß der zeitgenössischen Theologie; das religiöse Schrifttum hält sich ganz im Rahmen des kirchlichen Dogmas. Andrerseits findet sich ein auffälliges Interesse für den reinen Bibeltext. Seit dem 14.Jh. gab es vollständige → Bibelübersetzungen (: IV, 1) in Prosa. Die berühmteste davon ist die Wenzelbibel, eine Übersetzung des AT für König Wenzel (vor 1400; → Bibelillustration: I, 6). Die erste gedruckte Bibel in deutscher Sprache erschien 1466 bei Johann Mentzel in Straßburg. Sie wurde das Vorbild aller Übersetzungen vor Luther. - Aus der umfangreichen Predigtliteratur ragen die Predigten des Joh. → Geiler von Kaisersberg (*1445) wegen ihrer volkstümlich-derben Sprache und ihrer anschaulichen Vergleiche hervor. - Das → Passionsspiel hat im 14. und 15.Jh. seine Blüte erreicht. Daneben entstanden → Weihnachtsspiele, Legendenspiele (der mittelniederdeutsche Theophilus, das Spiel von Frau Jutten) und Dramatisierungen von Stoffen aus der Bibel (das Spiel von den Zehn Jungfrauen, Anfang 14.Jh.). Auch die → Totentänze erhielten dialogisch-dramatische Form (Lübecker Totentanz von 1463). Unabhängig davon und aus heidnisch-kultischer Wurzel entwickelte sich das weltliche Fastnachtspiel, in das später aber auch religiöse Thematik eindrang. Von wirklicher Bedeutung ist der »Ackermann aus Böhmen« des Johann von Saaz (um 1400), ein Streitgespräch in Prosa zwischen dem Ackermann und dem Tode in Prozeßform, in dem sich bereits Züge der Frührenaissance zeigen. Doch steht das Werk im ganzen noch durchaus auf mittelalterlichem Boden. Bemerkenswert ist der glänzende Prosastil mit einer bisher unerhörten Kraft des Ausdrucks. Als einzige wirklich überzeitliche Leistung der Epoche darf das umfangreiche Schrifttum der → Mystik (: VI) gelten, das von dem frühen Werk der → Mechthild von Magdeburg (ca 1212-80) über die Schriften Meister → Eckeharts, → Taulers und → Seuses bis zu der Literatur der sog. → Gottesfreunde und der → Deutschen Theologie des Frankfurters reicht.

Lit. zur ganzen Epoche: G.EHRISMANN, Gesch. d. dt. Lit. bis zum Ausgang des MA, 4 Bde, 1918-35 (I^2 1932), Neudr. 1954 (grundlegend für Ausg.n u. Lit.) - HERM.SCHNEIDER, Heldendichtung - Geistlichendichtung - Ritterdichtung, (1925) 1943^2 - DERS., Gesch. d. dt. Lit. nach ihren Epochen dargestellt I. II, 1949/50 - J.SCHWIETERING, Die dt. Dichtung des MA, (1932) Neudr. 1957 - VerfLex I-V, 1933-55 (Lit.) - L.WOLFF, Das dt. Schrifttum bis zum Ausgang des MA I. (1939ff) 1951^2 (bis 1150) - H. DE BOOR, Gesch. d. dt. Lit. von den Anfängen bis zur Gegenwart I, (1949) 1957^3; II, 1953 (bis 1250; Lit.) - H.O.BURGER (Hg.), Annalen der dt. Lit., 1952. - Eine Zusammenfassung der Forschungsergebnisse auf vielen Gebieten bringt: Dt. Philologie im Aufriß, hg.v. W.STAMMLER, 3 Bde, 1952-57 (erscheint zZ in 2. Aufl.) - RDL^2, 1955ff. - Die wichtigsten Fach-Zs.en sind: Zs. f. dt. Altertum u. dt. Lit., seit 1841; Zs. f. dt. Philologie, seit 1869; BGDSL, seit 1874; Euphorion, seit 1894; Germanisch-romanische Monatsschrift, seit 1909; DVfLG, seit 1923; Wirkendes Wort, seit 1950/51.

Zu 1: W.v.UNWERTH-TH.SIEBS, Gesch. d. dt. Lit. bis zur Mitte des 11.Jh.s, 1920 (Lit.) - A.HEUSLER, Die altgerman. Dichtung, (1923-25) 1943^2, Neudr. 1957 - DERS., Dt. Versgesch. I, (1925) Neudr. 1957 - G.BAESECKE, Der dt. Abrogans u. d. Herkunft d. dt. Schrifttums, 1930 - DERS., Vor- u. Frühgesch. d. dt. Schrifttums I, 1940; II, 1950ff - FR.MAURER-FR.STROH, Dt. Wortgesch., (1943) $1957ff^2$.

Zu 2: M.ITTENBACH, Dt. Dichtungen d. salischen Kaiserzeit, 1937 - U.PRETZEL, Frühgesch. d. dt. Reims (Palaestra 220), 1941 - HUGO KUHN, Gestalten u. Lebenskräfte d. frühmhd. Dichtung (DVfLG 27, 1953, 1-30) - H.RUPP, Dt. relig. Dichtungen d. 11. u. 12.Jh.s, 1958 (Lit.).

Zu 3: G.EHRISMANN, Das ritterliche Tugendsystem (Zs. f. dt. Altertum u. dt. Lit. 56, 1919, 137-216; dazu: E.R.CURTIUS, DVfLG 21, 1943, 343-368; ED.NEUMANN, Der Streit um das »ritterliche Tugendsystem«, in: Festschr. K.Helm, 1951, 137-155) - G.MÜLLER, Gradualismus, eine Studie zur dt. Lit.-Gesch. (DVfLG 2, 1924, 681 bis 720) - H.NAUMANN, Der wilde u. der edle Heide (in: Festschr.

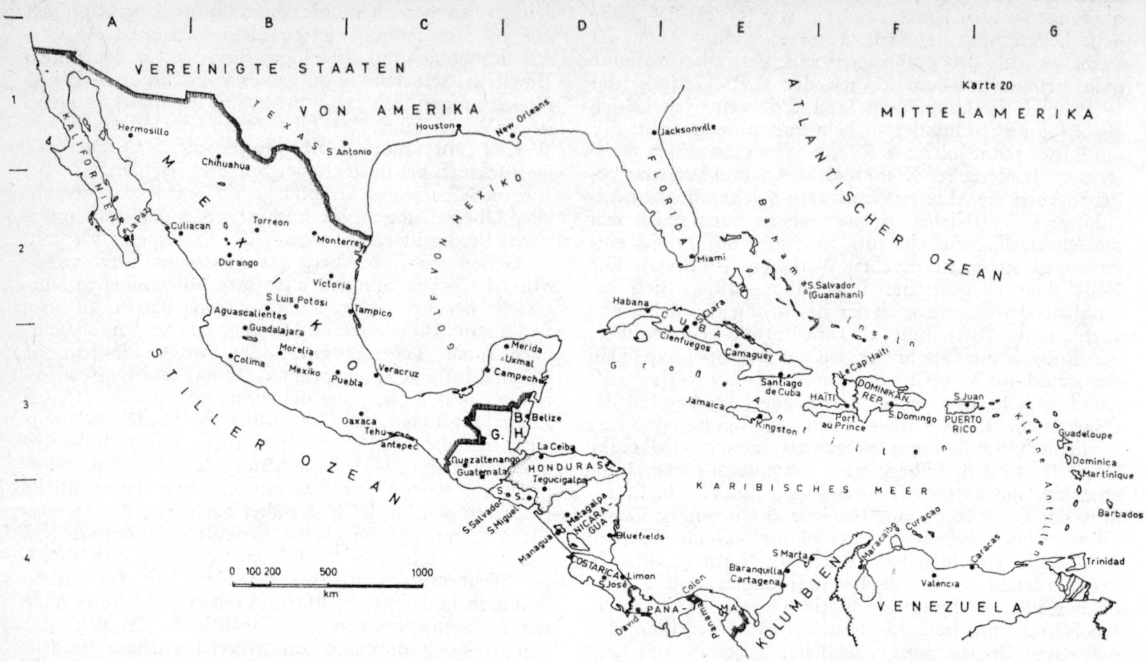

G.Ehrismann, 1925, 80-101) - Fr.Neumann, Hohe Minne (Zs. f. Deutschkunde 39, 1925, 81-91) - Herm.Schneider, Germanische Heldensage I, 1928 - H.Naumann-G.Müller, Höfische Kultur, 1929 - Hugo Kuhn, Zur Deutung d. künstlerischen Form d. MA (Studium Generale 2, 1949, 114-121) - Fr.Maurer, Leid. Studien zur Bedeutungs- u. Problemgesch. bes. in d. großen Epen d. stauf. Zeit, Bern 1951 - Fr.Panzer, Das Nibelungenlied, Entstehung u. Gestalt, 1955 (Lit.). - Eine vollst. Bibliogr. auch zur dt. Artusdichtung verzeichnet das jährlich erscheinende Bulletin bibliographique de la Société internationale Arthurienne, Paris, seit 1949.

Zu 4: W.Stammler, Von der Mystik zum Barock, (1927) 1950² - Hugo Kuhn, Minnesangs Wende, 1952 - A.Schirokauer, Frühneuhochdeutsch (in: Dt. Philologie im Aufriß, hg.v.W.Stammler, Bd I, 1952, 1013-1076) - Ed.Hartl, Das Drama d. MA (ebd II, 1954, 903 bis 948) - E.Seemann-W.Wiora, Volkslied (ebd 1-42) - G.Cordes, Alt- u. mitteldt. Lit. (ebd 375-422) - W.Stammler, Mittelalterl. Prosa in dt. Sprache (ebd 1299-1632).

W.J.Schröder

Mittelamerika

1. Der karibische Raum - 2. Die m.e Landbrücke: a) Kath. Kirche - b) Ev. Kirchen - 3. Die m.en Inseln: a) Kath. Kirche - b) Ev. Kirchen. - Karte 20 »Mittelamerika« s.o.

1. Die *Festlandbrücke* zwischen → Mexiko und → Kolumbien bildet mit dem *Inselbogen* Westindiens den karibischen Raum (→ 20 C-E 3/4). Spärliche Verbindungen zwischen Inseln und Küsten erzeugen soziologische, wirtschaftliche und politische Unterschiede, die sich in der Missions- und Kirchengeschichte auswirken. Die Landbrücke hat mehr Gemeinsames als die Inseln; neben meist von Indios oder Negern bewohnten Gebieten, deren Geschichte in die Zeit vor und nach der Sklavenbefreiung 1834 zu teilen ist, liegen spanisch geprägte Länder, deren Geschichte vor und nach Erringung der Selbständigkeit und je nach dem Vorwiegen klerikaler oder liberalistischer Strömungen verschieden ist. Die Christianisierung erfolgte zT erst verhältnismäßig spät, weil die Länder abseits lagen.

2. a) *Guatemala* wurde 1534 durch Franziskaner von Yucatan her missioniert, schon 1553 wurde die Missionsprovinz Kirchenprovinz mit Bistum. 1821 unabhängig mit liberaler Tendenz, 1839 selbständig mit Wiederherstellung der kirchlichen Vorrechte, schloß Guatemala 1852 ein Konkordat ab, das 1871 wieder ungültig wurde, als der Staat Klöster verbot und volle Religionsfreiheit nur innerhalb kirchlicher Räume gewährte. 1923 wurden die Beziehungen zu Rom abgebrochen, später wieder aufgenommen. Die Lage der kath. Kirche ist schwierig. - *Honduras,* 1530 Missionsgebiet, 1561 Kirchenprovinz mit Bistum, 1821 unabhängig und liberal, 1839 selbständig und neutral, zog im 19.Jh. die Kirchengüter ein, verbannte die Orden und erkannte die Freiheit aller Religionen an. Die Kirche kann sich frei bewegen, ebenso im britisch besetzten Belize. - In *El Salvador* wurde erst 1842 ein Bistum errichtet. 1871 trennte sich der liberale Staat von der Kirche, gewährte volle Religionsfreiheit, enteignete das Kirchengut, ließ aber die Orden unbelästigt. Geistliche können nicht ins Parlament gewählt werden. Das Verhältnis von Staat und Kirche ist meistens gespannt. - *Nikaragua,* seit 1530 missioniert, 1531 Bistum, war bis 1874 kirchenfreundlich; liberale Gesetze verfügten Trennung von Staat und Kirche, Finanzkontrolle des Staats über die kath. Kirche, Verbot aller Orden. Eine konservative Reaktion (1909) hat diesen Zustand zwar gemildert, aber nicht geändert. Die Lage bleibt für die Kirche schwierig. Der große Dichter Rubén Darío war überkonfessionell. - *Kostarika* wurde nach langer Missionszeit erst 1849 als Bistum organisiert. Der Staat übernahm das Patronat und trug zum Unterhalt der Kirche bei; die Ausübung anderer Religionen ist frei. Nach kurzem Kulturkampf (1884 bis 1886) entstanden wieder harmonische Beziehungen; 1908 kam ein apostolischer Internuntius. Bischof Bernhard Thiel war 1880-1901 ein großer Missionsbischof. - In *Panama* wurde schon 1510 die erste Kirche gebaut, 1520 ein Bistum errichtet und die Mission nach Nikaragua und Guatemala getragen. Nach der Abtrennung

Statistik »Mittelamerika« (nach WChH 1957)

	Einwohner	Katholiken	Evangelische	Zahl der Denominationen	Baptisten	Methodisten	Presbyterianer	Lutheraner	Zentralamerik. Mission
Guatemala	3 500 212	3 313 367	142 465	17	75 845	1 700	11 725	887	28 052
Honduras	1 608 000	1 025 400	22 221	16	197	1 850	–	50	3 487
El Salvador	2 157 873	1 909 298	29 198	7	10 200	–	–	300	5 000
Kostarika	951 477	807 260	10 992	13	412	1 270	–	600	2 111
Nikaragua	1 224 450	1 120 493	37 666	8 (20 585 Brüdergemeine)	10 160	–	–	150	1 076
Panama	878 186	675 000	47 722	15	2 000	2 657	–	123	311
Kuba	5 832 277	4 340 000	215 732	23	80 945	10 347	21 000	252	–
Haiti	3 111 973	2 765 000	313 279	17	11 147	16 235	–	–	–
Domin. Rep.	2 403 988	2 121 000	22 528	14	102	3 206	–	–	–
Jamaika	1 503 047	–	653 742	26	140 300	74 596	12 262	–	–
Puertoriko	1 210 703	1 030 000	147 411	18	20 000	11 460	32 000	6 012	–
brit. Inseln	1 419 072	572 316	548 134	18	–	61 445	–	–	–
franz. Inseln	488 250	464 000	7 633	2 (312 000 Anglikaner)	–	–	–	–	–

Panamas von Kolumbien (1903) löste sich der Staat von der Kirche, gab aber durch Unterstützung aller Religionen große Freiheiten. Die kath. Kirche kann sich frei bewegen.

b) In *Guatemala* verteilte kurz nach der Verselbständigung der englische Baptist F.Crowe Bibeln (1834–36), wurde dann aber ausgewiesen. 1884 lud der liberale Präsident J.R.Barrios die Presbyterianer ein (J.Hill). 1899 eröffnete die »M.e Mission«, 1890 in Dallas von C.Scofield als nicht denominationelle Glaubensmission gegründet, durch A.E.Bishop ihre Arbeit. Die Bibelgesellschaften wirken seit 1894 (F.Penzotti). 1947 trat die Luth. Missourisynode in die Arbeit ein. – In *Honduras* hatte F.Crowe schon 1836 Bibeln verbreitet; die m.e Mission setzte 1896 ein. 1920 bildete sich eine ev. Synode. – In *El Salvador* begann die m.e Mission 1894, bes. unter den Gebildeten (Purdie und Bender). 1911 kamen die Baptisten hinzu, 1951 die Luth. Missourisynode. Es gab mehrfach Verfolgungen. – In *Nikaragua* begann 1849 die Brüdergemeine unter den Miskitos an der sog. Moskitoküste zu arbeiten. 1856 verteilte W.H.Wheeler Bibeln, wurde aber erschossen; 1893 nahm F.Penzotti diese Arbeit wieder auf. 1900 kam die m.e Mission (A.B.Roos). – *Kostarika* wurde 1891 ein Feld der m.en Mission, die mit großen Schwierigkeiten zu kämpfen hatte. Die luth. Kirche (Weltbund) betreut M. seit 1958 von hier aus (F.Wolff). Die an der Dolmetscherschule studierenden Missionare helfen in der Arbeit mit. – In *Panama* wirken seit 1903 Methodisten, Baptisten und Presbyterianer, seit 1942 die Luth. Missourisynode.

R.Obermüller

Die missionarische Arbeit blieb nicht ohne Erfolg. Das WChH 1957 gibt für die 6 Länder ca 290 000 Protestanten an (bei einer Gesamtbevölkerung von 11 Mill.). Der größte Prozentsatz an Protestanten findet sich in Guatemala, Panama und Nikaragua. Die erzieherische Arbeit wird von Anstalten wie dem Panamerika-Institut der Methodisten in Panama und dem Baptisten-College in Managua (Nikaragua) getragen. Stärkste Tätigkeit unter den Indianern entwickeln die Presbyterianer in Guatemala, die Brüderunität in Nikaragua und die Methodisten in Panama. Die lateinamerikanische Mission unterstützt ein Bibelseminar in Kostarika sowie ein Krankenhaus, eine Rundfunkstation und einen Verlag. Die Baptisten haben ein College in El Salvador, mehrere Schulen und eine Klinik. Die m.e Mission besitzt ein Krankenhaus in Siguatepeque (Honduras) und eine Schule in Granada (Nikaragua). – Der Einfluß starker konservativer (fundamentalistischer) Gruppen in M. hat ökumenische Beziehungen behindert. Nur die älteren Konfessionen (nördliche Baptisten, Presbyterianer, Methodisten, Anglikaner, Lutheraner) nehmen an der → Ökumenischen Bewegung teil und entsenden Delegierte aus diesem Gebiet zu internationalen Konferenzen. Es gibt eine Ev. Synode (Rat) in Guatemala, die jedoch nur innerhalb des Landes zusammenarbeitet, eine genuine ökumenische Zusammenarbeit aber ablehnt.

G.Baez-Camargo

3. a) Die *westindischen Inseln* (→ 20 D–G 2–4) sind das älteste spanische Gebiet. Die kath. Kirche hatte hier die Aufgabe, für das Los der afrikanischen Negersklaven zu sorgen. Spätere Besitzveränderungen brachten es mit sich, daß die Bevölkerung dieser dicht besiedelten Inseln durch spanische, französische, britische, holländische und dänische Kultureinflüsse auch in ihrem kirchlichen Charakter unterschiedlich geprägt wurde; auch ist sie ethnisch aus Europäern, Afrikanern, Asiaten und Einheimischen sehr verschieden gebildet. Der Inselcharakter fördert den Freiheitssinn, der dann im Religiösen einer freien Vereinigung für Evangelisation und Gemeinschaftspflege den Vorzug vor der Kirchenbildung gibt. – *Kuba,* seit 1530 Missionsgebiet, vorher von Haiti aus betreut, blieb bis 1899 spanisch, traf aber trotzdem 1837–41 ordensfeindliche Maßnahmen. Nach der Unabhängigkeit wurden Staat und Kirche getrennt, das kath. Schulwesen blieb erhalten. Bei Bürgerkriegen sucht die Kirche zwischen den Parteien zu vermitteln. – *Haiti,* 1501 Bistum, 1510 Erzbistum, Missionszentrum im karibischen Raum, erlebte 1501 einen Aufstand der Ansiedler gegen die Dominikaner. Hier wirkte der Schutzherr der Indios, Fray Bartolomé de → Las Casas, der das Los der Indios durch Heranführung von Negern bessern wollte (1510–44). In der wechselvollen Geschichte der Insel konnte sich die Kirche nur mühsam behaupten. Im Konkordat von 1939 übernahm der Staat die Kontrolle über die Kirche, gibt aber Zuschüsse an alle Religionen. Reste afrikanischer Religion leben noch im Wudukult fort. – In *Santo Domingo,* das zwischen 1795 und 1941 bald französisch, haitianisch, spanisch, frei, spanisch und von den USA verwaltet war, war die kath. Kirche als Staatskirche jeweils in günstiger Lage; seit 1942 ist der Staat entgegenkommend. – Im seit 1655 britischen *Jamaika* war die kath. Kirche bis 1792 verboten. Dann begann die Missionsarbeit, 1836 von einem apostolischen Vikariat geleitet, seit 1852 von Jesuiten gefördert. Erst 1956 konnte ein Bistum errichtet werden. In *Trinidad, Antigua, Bahamas, Bermudas* waren keine antikath. Gesetze erlassen worden. – Im französi-

schen *Guadeloupe* und *Martinique* ist die Lage der Kirche ähnlich wie in Frankreich. – *Puertoriko*, bis 1897 spanisch, dann von den USA verwaltet und seit 1952 Freistaat, ließ die kath. Kirche frei arbeiten; ihre Lage im Wettbewerb ist aber nicht günstig.

b) *Kuba* erschloß sich nach der engen Berührung mit den USA 1899 den Missionen der Presbyterianer, Methodisten und Baptisten, aber auch vielen nichtkirchlichen christlichen Gruppen sowie der → Christian Science, der → Theosophie und dem → Spiritismus, der dem Afro-Amerikaner naheliegt. Viele Protestanten schließen sich keiner Kirche an. Ev. Einfluß im öffentlichen Leben ist spürbar. Mehrere Kirchen tragen gemeinsam das Seminar in Matanzas. – In *Haiti* wirkten seit dem 19.Jh. Methodisten und Baptisten, seit 1925 in stärkerem Maße. Die Pfingstgemeinden, die bei den unteren Volksschichten stark Anklang finden, wurden 1941 verboten, 1943 wieder zugelassen. Auf den franz. Inseln besteht keine nennenswerte ev. Mission. – In *Santo Domingo* war bis 1914 die ev. Mission behindert. Methodisten, Presbyterianer, Episkopale und Brüder arbeiten im Schul- und Hospitalwesen gemeinsam. Das Verhältnis zum Staat ist schwierig. – *Puertoriko* ist Stützpunkt der USA-Missionen für spanisch sprechende Länder geworden, seit es 1898 unter USA-Verwaltung gestellt und 1952 ein angeschlossener Freistaat geworden ist. Baptisten, Methodisten, Presbyterianer, Lutheraner, Kongregationalisten, Disciples of Christ und Brüder bildeten blühende Gemeinden. Fünf Kirchen tragen ein gemeinsames Seminar in Río Piedras. Die Verlagstätigkeit ist rege. – Im britischen *Jamaika*, das zwischen 1655 und 1792 exklusiv anglikanisch war, nahmen 1732 die Brüdergemeine, 1789 die Methodisten, 1800 die Presbyterianer, 1814 die Baptisten und 1837 die Kongregationalisten die Arbeit auf. Nach 1850 wurde die Kirche staatsfrei. 1861 begann die anglikanische Jamaika-Mission. Seit 1875 besteht kirchliches Schulwesen und ein Theologisches Seminar. 1940 setzte eine engere Zusammenarbeit der Kirchen ein. Jamaika hat die größte Zahl ev. Christen im karibischen Raum (ein Drittel der Bevölkerung). – Im seit 1797 britischen *Trinidad* kamen schon 1809 die Methodisten, 1886 die Presbyterianer. Seit 1867 erstreckte sich die Mission auch auf die etwa 200 000 Einwanderer aus Indien. Auf *Antigua* gibt es seit 1760 Methodisten, auf den *Bahamas* seit 1731 Anglikaner, auf den *Bermudas* Presbyterianer. – Auf den bis 1917 dänischen, seither den USA gehörenden *Virginischen Inseln* gab es früher eine luth. Staatskirche, jetzt eine luth. Missionskirche. Seit 1732 arbeitet hier auch die Brüdergemeine. – Versuche, einen Kirchenbund zu gründen, scheiterten bisher an der Vielgestaltigkeit der karibischen Kirchen und Gruppen sowie an der staatlich-soziologischen Ungleichheit zwischen freien und kolonialen Gebieten.

Außer der Lit. zu → Mexiko: II allgemein: A. VILLACORTA, Curso de Historia de la América Central, Guatemala 1926 – K.V. SCHUMACHER, Mexiko u. die Staaten Zentralamerikas, 1928 – K. GRUBB, Religion in Central America, London 1937 – E. SAMHABER, Südamerika, 1939 – M.S. BATES, Religious Liberty, New York 1945, 73 ff. 218 ff; dt. 1947 – R. PATTEE, El Catolicismo Contemporáneo en Hispano-América, Buenos Aires 1951 – W.J. GIBBONS SJ, Basic Ecclesiastical Statistics for Latin Amerika, New York 1956 – W.S. RYCROFT, Religion and Faith in Latin America, Philadelphia 1958 – W.J. COLEMAN M.M., Latin-American Catholicism, New York 1958. – Einzelne Länder, Antillen: J. RENNARD, Hist. religieuse des Antilles Françaises dès origines à 1914, Paris 1954. – Curaçao: A. EUWENS, Godsdienstige toestand van C. in de eerste eeuw (1634–1742) van het hollandsch bestuur (Historisch Tijdschrift 9, 1930, 317–337; 10, 1931, 103–125). – Guatemala: M.P. HOLLERAN, Church and State in G., New York 1949 – E. CHINCHILLA AGUILAR, La Inquisicion en G., G. 1953. – Jamaika: J.L. WEBB, In one corner. Concerning the Church in J., London 1951. – Santo Domingo: C. NOUEL, Hist. eclesiástica de la Arquidiócesis de S.D., 1. Bd, Rom 1913; 2. Bd, Santo Domingo 1914.

R. Obermüller

Mittelschule. Die M. (*Realschule*) ist im dreigliedrigen Aufbau des überlieferten Schulwesens die »mittlere« Schulart, im 19.Jh. aus der Volksschule (→ Volksschulwesen) auf Grund völlig gewandelter gesellschaftlicher Lage und neuer Bildungsbedürfnisse als selbständiger Schultypus erwachsen. Sie ist heute in ihrer Eigenständigkeit faktisch in allen Ländern der BRD in starker Aufwärtsentwicklung begriffen, gleichwohl hinsichtlich geistiger Struktur wie Organisationsform pädagogisch ein Problem. – Die M. knüpft als weiterführende Schule an die vierjährige allgemeine → Grundschule an, übernimmt nach einem oft sorgfältig erprobten Ausleseverfahren geeignete Volksschüler mit spezifischer Begabung für Ziele und Inhalte einer »mittleren Bildung«, um sie nach sechsjährigem Bildungsgang zu einem Abschluß zu führen, ohne diesen prüfungsmäßig zu formalisieren. Zur Vermeidung organisatorischer Isolierung der M. sind spätere Übergangsmöglichkeiten sowohl aus der Volksschule her als auch zur Oberschule hin vorgesehen; dies ist für die Mittelstellung dieser Schulart bezeichnend. Daneben gibt es zB in Niedersachsen in der Volksschule verbleibende vierjährige Aufbauzüge, deren Schüler das Abschlußzeugnis der M. nach Ablegung einer Prüfung erlangen; solche mittelschulfähigen Aufbauzüge finden sich an Orten ohne größeres M.-System, sie sind aber auch aus positiven pädagogischen Motiven herzuleiten (Anheben des Gesamtniveaus der Volksschule, dichteres Beieinander der Schularten). Im Rahmen der Kulturautonomie kommen die Länder der BRD im M.-Wesen vorläufig noch zu verschiedenartigen Lösungen. Wichtige Vorschläge zu weiterer Umformung und zum Ausbau der M. finden sich im »Rahmenplan«, den der Deutsche Ausschuß für das Erziehungs- und Bildungswesen 1959 der Öffentlichkeit vorgelegt hat.

Erziehungs- und Bildungsauftrag der M. ergeben sich aus ihrer geschichtlichen Herkunft, aus der heutigen Situation und aus dem Gesamtzusammenhang des Schulwesens. Die bis heute einflußreichste Gestaltung der M. entstammt der preußischen Schulreform (1925). Der nach 1945 einsetzende Wiederaufbau hat auf das preußische Modell weithin zurückgegriffen: Die M. als allgemeinbildende Schule der »gehobenen Berufe« will den gesteigerten Bildungsansprüchen des industriellen Zeitalters bes. gerechtwerden. Auf Vorbildung für den Nachwuchs in Handwerk, Handel und Gewerbe, Landwirtschaft, mittlere Verwaltung u.dgl. eingestellt, öffnete sich die M. einem realistischen Denken und praktischen Bedürfnissen, sucht dies aber zunehmend mit dem Interesse einer Allgemeinbildung und einer Erziehung zu erhöhter gesellschaftlicher und menschlicher Verantwortung zu verbinden. Trotz Lebensnähe und Berufsbezogenheit des Unterrichts soll es doch nicht um Vorwegnahme beruflicher Ausbildung gehen, sondern um Bildung auf der Grundlage des Christentums, des abendländischen Kulturgutes und des deutschen Bildungserbes (niedersächsische Richtlinien 1956). So schwierig es erscheint, die Idee einer mittleren Bildung nach ihren Inhalten (Lehrplan) und ihren Methoden zu konkretisieren, so eindeutig entspricht die M. einem wachsenden Bedarf mittlerer Schichten der Gesellschaft. Mehr als Volksschule und → Gymnasium kann sie sich auf einen Elternwillen berufen, der diese Schulart bejaht; das kommt der Erziehung vielfach zugute. Beibehaltung und Ausbau scheinen von daher ratsam zu sein. In der pädagogischen Diskussion wird aber mit Recht darauf hingewiesen, daß planmäßige Förderung der M. ein Stagnieren und Absinken der Volksschule bedingen könnte; daß andererseits die M. ihre Selbständigkeit gegenüber der Oberschule noch bewußter ausprägen müßte, wenn sie nicht als deren gekürzte Vorform erscheinen will. Die gesellschaftliche Situation drängt auf Anhebung der Volksschule in geistig-sittlicher und in technischer Hinsicht. Die M. hat sich historisch als Schrittmacher dieser Entwicklung erwiesen und ist insofern zeitgemäß, wobei sie sich freilich vor bloßer soziologischer Anpassung und vor nur utilitaristischem Denken bewahren muß. Auch der Hinweis auf die polytechnische Bildung in den Oststaaten sollte nicht zur Nachahmung führen. Die eigenständige M. hat in den westlichen Ländern die Chance, eine besondere Stufe konkreter Bildung zu entwickeln, die bis in Lebensformen und Arbeitsweisen hinein die Möglichkeiten der jugendlichen Altersstufe mobilisiert und dabei die gesellschaftlichen Notwendigkeiten mit erzieherischem Ethos vereint. Als Realschule verwirklicht sie eine eigentümliche Art besinnlichen und anschaulich-tätigen Umgangs mit der sozialen, technischen und geistig-geschichtlichen Welt, praktisch ausgerichtet und der Gegenwart aufgeschlossen, moderne Fremdsprachen hinzufügend, werktätig und musisch eingestellt. So kann sie ihre mittlere Position als Vermittlung zwischen elementarer Volksbildung und wissenschaftlicher Bildung rechtfertigen.

Die umstrittene Frage sachgemäßer Vorbildung des → Lehrer-Nachwuchses für die M. bedarf heute besonderer Aufmerksamkeit. Es ist ein positives Merkmal, daß die Lehrerschaft der M. niemals einheitlich vorgebildet war und sich bis heute aus Lehrern verschiedener Herkunft zusammensetzt. Seit der preußischen Prüfungsordnung von 1901 gab es zwei Zugangswege: autodidaktisches Studium nach Absolvierung der 1. und 2. Volksschullehrerprüfung oder Universitätsstudium von mindestens 6 Semestern in zwei Fächern (→ Lehrerbildung, 2). Den derzeitigen spürbaren Mangel an Lehrkräften für die M. suchen die Länder der BRD wiederum verschieden zu beheben. In der Empfehlung der Konferenz der Kultusminister (1953) wird der Weg über die Päd. → Hochschule und die beiden Lehrerprüfungen mit anschließendem Selbststudium normalisiert, daneben ein Universitätsstudium als Voraussetzung wieder zugelassen. Die Auseinandersetzungen zwischen Ministerien, Lehrerschaft und Hochschulen sind noch nicht ausgereift. Niedersachsen hat an der Päd. Hochschule Göttingen ein Institut eröffnet, das in 2semestrigem Studium der Pädagogik und Didaktik die aus dem Fachstudium kommenden Universitäts-Studenten zur Lehrerprüfung vorbereitet. Nordrhein-Westfalen denkt neuerdings an ein Nebeneinanderordnen von Fachstudium und pädagogischer Vorbildung. Die Berliner und Hessische Form, das Wahlfachstudium an der Päd. Hochschule zu intensivieren und mittelschulfähig zu machen, scheint sich zu bewähren. Der Weg über die selbständige Vorbereitung des Lehrers ist zweifellos schwierig und bedarf jedenfalls staatlicher Hilfen für den einzelnen Anwärter. Eine dauerhafte Lösung wird erst dann möglich sein, wenn eine nicht von partiellen Interessen und Rücksichten abhängige Gesamtkonzeption vorliegt. Hierzu sei auf das oben erwähnte Ausschuß-Gutachten hingewiesen.

E. PAX, Neue Wege für die mittleren Schulen, 1953 - H. HECKEL-P. SEIPP, Schulrechtskunde, 1957 - Method. Hdb. f. d. Realschule, M., Aufbauzüge an Volksschulen u. Techn. Oberschulen, hg. v. N. MAASSEN, 1957 - Rahmenplan des Dt. Ausschusses f. d. Erziehungs- u. Bildungswesen, 1959. - Zs.: Die Realschule, seit 1951. *H. Stock*

Mittelstand. In der BRD gehören zu den Mittelschichten in der eigenen Vorstellung und in der der Bevölkerung die mittleren → Angestellten und → Beamten (: I) sowie die Selbständigen in → Handwerk, → Handel und Gewerbe. Dazu kommt ein Teil der unteren und der höheren Angestellten und Beamten, der → Freien Berufe und der Landwirte. Die → Arbeiter (: I), auch die qualifizierten, rechnen sich selbst kaum zur Mittelschicht und werden auch von der Bevölkerung kaum dazugezählt; es bleibt aber offen, wieweit sich ihre Mentalität, ihr Lebensstil usw noch von dem bestimmter Angestelltengruppen unterscheidet. Innerhalb der Mittelschichten bilden die Selbständigen in Handwerk, Handel und Gewerbe den eigentlichen M. Sie waren (zusammen mit den »gebildeten« Berufen) schon in der vorindustriellen Gesellschaft M. und zeigen stärker als der im Verlauf der Industrialisierung (→ Industrie) entstandene »neue« M. (Angestellte, neue handwerklich-technische und Dienstleistungsberufe) noch heute eine gewisse ständische Mentalität: Festhalten an der Idee der »standesgemäßen« Nahrung, starkes Sicherheitsstreben, politischer → Konservatismus usw. Auch die Organisation in Innungen und Kammern mit dem Bestreben, Berufszugang und -ausübung zu kontrollieren, weist in diese Richtung. Das gilt zT auch für die Freien Berufe, die Beamten und Landwirte, obgleich diese Gruppen in der eigenen Vorstellung und in der der Bevölkerung nicht eigentlich zum M. zählen. Gegenüber dem mittelständischen Bewußtsein ist die wirtschaftliche Lage von untergeordneter Bedeutung für die Zugehörigkeit zum M. – Gesellschaftspolitisch gesehen sind in sich gefestigte Mittelschichten Vorbedingung für den Bestand der Demokratie; durch Wirtschaftskrisen u.ä. geschwächt, sind sie anfällig für eine »Revolution von rechts«. Die Wirtschaftsordnung der BRD mit ihrem Ziel, persönliche Freiheit des Wirtschaftens mit größtmöglicher → Produktivität zu verbinden, kann ohne einen breiten lebensfähigen M. nicht bestehen. – Gefährdet ist der M. in der hochindustrialisierten → Gesellschaft vor allem durch die sich aus seiner Mentalität ergebende mangelnde Anpassungsfähigkeit an den sozialen Wandel und durch die wirtschaftlichen Konzentrationstendenzen. Die Handwerker, Kaufleute und Gewerbetreibenden bemühen sich über ihre Verbände und spezielle → Genossenschaften darum, gegenüber den Großunternehmen des Handels und der Industrie wettbewerbsfähig zu bleiben: bes. durch betriebswirtschaftliche Schulung der mittelständischen → Unternehmer, Beratung bei der → Rationalisierung, gemeinsame Kreditbeschaffung usw. Diese Bemühungen soll die staatliche M.spolitik als »Hilfe zur Selbsthilfe« unterstützen und bes. die strukturellen Bedingungen für die Existenz des M.s schaffen: Sicherung gleicher Wettbewerbschancen (durch Verhinderung des Mißbrauchs wirtschaftlicher Macht, Schaffung eines wettbewerbsneutralen Steuersystems, Beseitigung der Benachteiligung der mittelständischen Unternehmen auf den Gebieten des Wettbewerbs-, Gesellschafts-, Steuer- und Sozialrechts), Hilfe bei der Versorgung mit langfristigen Krediten, Pflege der Eigentumsbildung, Förderung von Forschung und Ausbildung usw. – Vgl. → Sozialpolitik, → Wirtschaftspolitik.

E. LEDERER-J. MARSCHAK, Der neue M. (GdS IX/1, 1926, 120-141) - TH. GEIGER, Die soziale Schichtung des dt. Volkes, 1932 - ESS IX-X, 407ff (A. MEUSEL) - F. MARBACH, Theorie des M.s, 1942 - R. MAYNTZ, Soziale Schichtung u. sozialer Wandel in einer Industriegemeinde, 1958 - A. F. UTZ (Hg.), Der M. in der Wirtschaftsordnung heute, 1959. *H. Daheim*

Mitterer, *Ignaz Martin,* * 2.2.1850 zu St. Justina/Tirol, † 2.8.1934 zu Brixen; 1874 Priester, 1882 Domkapellmeister in Regensburg und 1885 in Brixen. M. gehört mit → Witt und → Haberl zu den namhaftesten, aber gemäßigten Vertretern des älteren Cäcilianismus (→ Cäcilienfeste), dh der Imitation des Palestrina-Stiles, und ist ausgezeichnet durch einen klassizistischen Chorsatz.

O.Ursprung, Kath. Kirchenmusik, 1931. *E.Jammers*

Mitternachtsmission heißt der missionarische Kampf, den die → Innere Mission gegen die öffentliche → Prostitution (: II) führt. Die Arbeit geschieht durch nächtlichen Streifendienst meist weiblicher, aber auch männlicher Mitarbeiter. Durch seelsorgerliche Gespräche, durch die Verteilung warnender Schriften an die Männer und durch seelsorgerliche Besuche bei den Prostituierten versucht die M. der sittlichen Not zu steuern. Die M. wird ergänzt durch die halboffene Fürsorge der Zufluchtsheime, die Tag und Nacht für Mädchen und Frauen offen stehen. Dazu kommen eine Anzahl ländlicher Heime, wo den Opfern der öffentlichen Unsittlichkeit durch Erziehung zur Arbeit und Pflege des Glaubenslebens innere und äußere Genesung zuteil wird. Das Ziel ist, ihnen wieder Anschluß an ein echtes Berufsleben zu vermitteln. Die Arbeit begann 1853 in Holland (O.G. → Heldring). In London tat sie als erste die → Heilsarmee. In Deutschland begann die Berliner → Stadtmission zu Beginn des 20.Jh.s die Arbeit; zZ wird sie in den meisten Großstädten Deutschlands getan. 1927 wurde der Reichsverband der M.en Deutschlands gegründet (Vorsitzender Pastor Walter Thieme). 1948 schlossen sich die M.en aus der Schweiz, Österreich und Finnland an. Die derzeitige Geschäftsstelle ist in Loxstedt bei Bremen (Vorsitzender Sup. P.G.Möller).

»M.«, vierteljährlich erscheinendes Verbandsblatt. - EKL II, 1405. *H.Brandenburg*

Mittler

1. Religionsgeschichtlich - 2. Im NT

1. Name und Begriff des M.s sind verblaßt, unscharf, unkonkret und als solche nicht allzu häufig, daher auch im Christentum erst durch Religionsphilosophie, religiöse Weltanschauung und Literatur des 18.Jh.s zu größerer Bedeutung gelangt. Die Sache dagegen liegt im Wesen der → Religion und ist uralt und weit verbreitet. M. bedeutet sowohl eine *Position* (hierarchisch oder kosmologisch) wie eine *Funktion*. Ihr Träger kann eine *transzendente, »mythische« Gestalt* göttlichen Charakters oder ein *irdisches Wesen* (»Medium«) sein. Funktional wäre weiter zwischen dem *Offenbarungs-M.* (→Offenbarung) und dem *Heils- oder Erlösungs-M.* (→ Erlöser) zu scheiden. Der M. ist stets personhaft gedacht. Nur indirekt können auch vermittelnde Objekte und Erscheinungen als M. bezeichnet werden. Übergänge dazwischen (→ Hypostasen u.ä.) sind vorhanden. Die mythologische und theologische Vorstellung eines M.s bzw. mittelnder Funktionen hat starke Wurzeln im → *Kultus*. Vorbildlich dafür sind die Aufgaben des → Priesters, des Sakralherrschers (→ Königtum, sakrales), des Lehrers (→ Lehre) und des → Propheten. Die Annahme einer kosmologischen Position von M.n und Mittelkräften dagegen verdankt ihren Ursprung mehr der mythologischen Reflexion. Jeweils soll der Abstand zur »Transzendenz« des Göttlichen damit überbrückt werden.

a) Demgemäß sind bei den → *Naturvölkern* Ritenkenner, Kultpraktiker (vgl. → Medizinmann, → Wahrsager) und Ekstatiker (→ Schamanismus) die gegebenen M. Daneben treten göttliche Gestalten als M. auf. Die eigentliche Domäne der M.-Figuren jedoch sind die Religionen der *Hochkulturen* mit ihrem ausgebildeten Mythos und Ritus, ihren → Heilanden oder → Heroen.

b) In → *China* (: II) hat bezeichnenderweise der mystisch-spekulative und magische → Taoismus reichlich M.-Gestalten hervorgebracht. Er berührte sich darin mit einem in → *Indien* (: II) offenbar ziemlich alten, vorbuddhistischen mythologischen Prinzip: dem der → Avatâras, dh der »Herabsteigenden«, Inkarnationen von Göttern, bes. → Vishnus, die sich auch in heiligen Menschen verkörpern. Der → Jinismus (durch das Konzept der Tîrthamkaras) und schließlich der → Buddhismus (durch das System der Bodhisattvas, Tulkus und Arhats) bauen in ihren entwickelten und mythologisierten Formen völlig darauf auf. In den Mahâyâna-Sekten Inner- und Ostasiens machen diese M.-Figuren die zentrale Idee aus. Im Mazdaismus *Persiens* (→ Iran: II) verbinden die → Amesha Spentas als M. den Herrn Ahura Mazda (→ Ormazd) mit der Welt. Eine ähnliche Funktion als Untergötter oder Hypostasen erfüllen die im animistischen Denken beheimateten → Fravashis. Der Saoshyant der Yashts ist ein eschatologischer M.

c) Im vorchristlichen altorientalischen und antiken *Mittelmeergebiet* haben dämonische Wesen in M.-Funktion seit je breitesten Raum in der Mythologie eingenommen. Das Empfinden einer großen räumlichen Distanz zwischen Götter- und Menschenwelt wirkte zT konstituierend. Bes. ist an → Babylonien und Assyrien zu erinnern, wobei iranischer Einfluß in Betracht kommt. In → Ägypten besitzen kosmologische Gottheiten (Himmels- und Gestirngötter) eine weltbildliche M.-Position zwischen Himmel und Erde. In der Spätantike haben Mysterienlehren und Religionsphilosophie den M.-Gedanken hervorgestellt, den schon → Platons Daimonion ausdrückt und den → Plutarch in dem μεσίτης → Mithras der persischen Mysterien finden will. Die kosmologische Aufgabe des M.s hat → Philo - bei dem übrigens μεσίτης selten ist, μεσιτεύειν sowohl die Tätigkeit des unsichtbaren Gottes (ed. Cohn V, 216) wie des Logos (ebd II, 135) bedeuten kann, während μέσος-μέσον dagegen außerordentlich häufig vorkommt - dem → Logos zugeschrieben. → Plotin bringt der Sache nach die Mittelstellungen zwischen Sein und Nichts (vgl. Enn. I, 8) und redet vor allem vom μέσον hinsichtlich der Stellung der Seele im Körper (Enn. II, 2 [109]), kennt aber anscheinend nicht den Begriff des M.s. Das hermetische Schrifttum (→Hermetica) ist reich an Gedanken zu M.-Kräften. In der → Gnosis, vor allem bei den → Mandäern, und im → Manichäismus behaupten M.-Hypostasen und -Aionen (→ Aion) sachlich einen zentralen Platz, obgleich die ausdrückliche M.-Titulatur keine Bedeutung zu haben scheint. Die »Mittelkräfte« weltbildlicher Art und als → Emanationen der Gottheit und die »Archetypen« bestimmter Strömungen der »hermetischen« und neuplatonisierenden Weltanschauung in MA und Renaissance haben hier ihren Ursprung.

d) Die mythologisierten und visionären Formen der → Mystik arbeiten mit solchen M.-Gestalten. Bes. zu erwähnen wäre die → Kabbala. Ferner ist hinzuweisen auf die Rolle, die verschiedentlich *weibliche M.-Hypostasen* und den Göttern zugeordnete weibliche kosmische Potenzen spielen, so im Taoismus (vgl. Chant I, 222), in den Mahâyâna-Formen des Buddhismus (Shaktis, Tara, Kuan Yin), im → Hinduismus und in der Gnosis (Sophia). Phänomenologisch hängt damit das mariologische Theologumenon von der mediatrix omnium gratiarum zusammen (→ Mariologie).

ERE VIII, 515ff - H.Leisegang, Die Gnosis, 1924 - E.Brunner, Der M., (1927) 1930² - E.Abegg, Der Messiasglaube in Indien u. Iran, 1928 - RGG² IV, 121f - W.Kirfel, Der Hinduismus, 1934 - F.König, Die Amesha Spentas des Awesta u. die Erzengel im AT, Melk 1935 - ThW IV, 602ff (Lit.) - G.Dumézil, Naissance d'Archanges, Paris 1945 - Nilsson II, 559ff. *K.Goldammer*

2. M. (μεσίτης) wird Jesus *im NT* nur an wenigen Stellen genannt. Von ihnen entfallen drei auf den Hebr (8, 6; 9, 15; 12, 24). In ihnen allen (vgl. 7, 22: ἔγγυος)

ist Jesus der M. des (neuen) → Bundes (: III, 2c), der auf seiner einmaligen Opfertat beruht und die Grundlage des neuen → Gottesdienstes (: IV) der Christen ist. Insofern gehört hier Jesu Bezeichnung als M. sachlich in den Zusammenhang seines hohenpriesterlichen Wirkens. Die Notwendigkeit eines Vermittlers ist mit Gott als dem sich selbst Offenbarenden, aber dem Menschen Unerreichbaren gegeben (vgl. Gal 3, 19f; wichtig für den at.-jüd. Hintergrund der Vorstellung in Hebr). Insofern bewährt sich in Jesu Mittlerschaft, daß er »Sohn« (Hebr 1, 1ff) schlechthin ist (→ Sohn Gottes: II). 1Tim 2, 5 bringt dieselbe Vorstellung, jedoch in Verbindung mit der Andeutung weitreichender religionsgeschichtlicher Zusammenhänge (→ Urmensch, → Knecht Jahwes). Das Zurücktreten des Begriffs als christologischer Terminus im NT und in der alten Kirche dürfte in seinem von Haus aus juristischen Charakter begründet sein.

ThW IV, 602ff (Lit.) - O.Cullmann, Die Christologie des NT, 1957, 88. 99f. *K.H.Rengstorf*

Mizpa bzw. *Mizpe* (hebr. miṣpæ = »Spähort«, »Warte«), Name mehrerer hochgelegener Orte im Siedlungsbereich Altisraels. Die bekanntesten sind: 1. M. in Benjamin, Grenzfestung zwischen Israel und Juda (1Kön 15, 22; 2Chr 16, 6), Sitz des Gedalja (2Kön 25, 23-25; Jer 40-41) und in nachexilischer Zeit Vorort eines Verwaltungsbezirks (Neh 3, 15), hat auf dem Tell en-Naṣbe, 11 km nördlich von Jerusalem gelegen. - 2. Als Ort eines bedeutenden Zentralheiligtums des alten Stämmebundes erscheint in Ri 20-21 noch ein benjaminitisches M., das auch in der → Samuel-Überlieferung eine wichtige Rolle spielt (1Sam 7, 5-16; 10, 17) und als »Gebetsstätte Israels von früher her« noch in 1Makk 3, 46 erwähnt wird. Seine Ansetzung auf der 7 km nordwestlich von Jerusalem mächtig emporragenden Höhe Nebi Samwīl hat allseitige Anerkennung gefunden; doch ist sie in archäologischer Hinsicht nicht einwandfrei gesichert. Angesichts der späten Abfassungszeit der genannten Texte (Noth, ÜSt 54ff) ist mit der Möglichkeit einer fiktiven Übertragung der in ihnen geschilderten Vorgänge in das unter 1 aufgeführte M. zu rechnen (Muilenburg). - 3. M. in → Gilead, Kultstätte (Gen 31, 49; Ri 11, 11) und Ausgangspunkt → Jephtas bei seinem Abwehrkampf gegen die → Ammoniter (Ri 10, 17f; 11, 29), ist höchstwahrscheinlich zu suchen auf der Ḫirbet el-Mišrefe, etwa 12 km nordnordöstlich von es-Salṭ (Noth). Dieses M. ist zu unterscheiden von Ramath-M. (Jos 13, 26), das mit es-Sīre, 12 km westlich vom Amman, identisch sein könnte (Gese).

Zu 1 u. 2: M.Noth, Das Buch Josua, (1937) 1953², 112 - C.C. McCown-J.C.Wampler, Tell en-Naṣbeh I. II, New Haven 1947 (Ausgrabungsbericht) - A.Alt, Neue Erwägungen über die Lage von M., Ataroth, Beeroth u. Gibeon (ZDPV 69, 1953, 1-27) - J.Muilenburg, M. of Benjamin (StTh 8, 1955, 25-42) - K.Elliger, ZDPV 73, 1957, 132. - Zu 3: M.Noth, ebd 30f. 35f - Ders., ebd 75, 1959, 34-37. 41f - H.Gese, ebd 74, 1958, 64 - E.Täubler, Biblische Studien, 1958, 283-297. *A.Kuschke*

Moabiter, neben → Ammonitern und → Edomitern eines der südostjordanischen Nachbarvölker Israels und wie diese mit den israelitischen Stämmen ethnisch verwandt. Die Lokalsage in Gen 19, 30-38 macht die Ahnherren »Moab« und »Ben-Ammi« zu Brüdern, und diese waren nach der at. Genealogie entfernte Vettern von Esau (Edom) und Jakob (Israel). Die M. bewohnten nach ihrer Landnahme die fruchtbare (vgl. 2Kön 3, 25 u.a.) Hochebene östlich des Toten Meeres. Ihre Südgrenze (gegen die Edomiter) bildete das wādi el-ḥesa (wohl eher das »Weidental« von Jes 15, 7 als das »Sered-Tal« von Num 21, 12; Dtn 2, 13f). Nördlich reichte ihr Kerngebiet bis zum Arnon; aber sie strebten ständig danach, sich auf das Gebiet nördlich des Arnon auszudehnen, wobei sie mit den israelitischen Ostjordaniern in Konflikt gerieten. Ihr Gebiet war nach Ausweis des archäologischen Befundes in den Jh.en der Mittel- und Spätbronzezeit fast gar nicht fest besiedelt gewesen und wurde erst im 13.Jh. vChr wieder dauernd bewohnt. Auch seine vormoabitischen Besitzer (vgl. Dtn 2, 10f) gehören erst in das 13.Jh. vChr. Über Art und Zeit der Landnahme der M. ist nichts Genaues bekannt. Nach Num 22-24 (→ Bileam) besaßen sie schon zur israelitischen Landnahmezeit eine Staatenbildung mit einem König, wobei allerdings fraglich bleibt, ob es sich bereits um ein gesamtmoabitisches Königtum oder um eine noch lokale Staatenbildung nördlich des Arnon handelt. Dasselbe gilt von dem in Ri 3, 12-30 vorausgesetzten moabitischen Königtum, dessen Bereich sich bis hinunter in die Osthälfte des untersten Jordangrabens (die ʿarbôt môʾab von Num 22, 1 u.ö.) erstreckte und zeitweise sogar auf das Gebiet von Jericho westlich des Jordans ausgedehnt wurde. In dieser Frühzeit nahmen die benachbarten M. und Israeliten gemeinsam an dem Kult des Baal Peor teil (vgl. außer Num 22-24 bes. Num 25, 1-5). Später gab es jedenfalls einen moabitischen Gesamtstaat, der sein Hauptgebiet südlich des Arnon und seine Königsstadt, wenn es eine gab, wahrscheinlich in Kir-Heres bzw. Kir-Hareseth (wohl an der Stelle des heutigen el-kerak) hatte (2Kön 3, 25-27) und den → Kamoš als Haupt- und wohl Staatsgott verehrte. → David besiegte die M., nahm ihnen das Gebiet bis zum Arnon ab (vgl. 2Sam 24, 5) und machte den moabitischen König zum Vasallen seines Großreiches (2Sam 8, 2), was er auch noch unter den Königen von Israel eine Zeitlang blieb. Um die Mitte des 9.Jh.s vChr machte sich der König → Mesa von Moab unabhängig und dehnte seine Herrschaft weit nördlich über den Arnon aus. In der Folgezeit war Moab siegreich gegen seine edomitischen (Am 2, 1) und israelitischen (2Kön 13, 20) Nachbarn. Seit Mitte des 8.Jh.s war M. Vasallenstaat des assyrischen und dann des neubabylonischen Großreiches und wird in assyrischen Quellen wiederholt genannt (maʾ[a]ba, muʾaba). Zur Zeit des Endes des Staates → Juda existierte es noch (2Kön 24, 2; vgl. auch Ez 25, 8-11), ist aber wohl im Laufe des 6.Jh.s nomadischen Einfällen erlegen und sein Gebiet später den → Nabatäern zugefallen. Die Einzelheiten seiner Geschichte sind zu wenig bekannt, als daß das Totenklagelied in Jes 15f und die Unheilsankündigung in Jer 48 sicher eingeordnet und die Existenz einer nachexilischen judäischen Familie mit dem Namen »Statthalter von Moab« (Esr 2, 6 u.ö.) erklärt werden könnte.

RLV VIII, 271f (A.Alt) - PW Halb-Bd 30, 1932, 2291ff (G.Hölscher) - F.-M.Abel, Géogr. I, 1933, 278ff - N.Glueck, AASOR 14, 1934, 1-113, auch 15, 1935; 18/19, 1939 - A.Alt, PJ 36, 1940, 29-43 = Alt I, 203-215 - M.Noth, ZAW 60, 1944, 11-57 - Ders., BBLAK 68, 1, 1949, 44-50 - H.Donner, MIOr 5, 1957, 155-184 - A.H.van Zyl, The Moabites, 1959. *M.Noth*

Moderator. Das klassische ref. Kirchenrecht kennt für die Leitung der → Synoden keine Instanz, die der Synode neben- oder übergeordnet wäre. Die Synodalversammlung wird vielmehr von Mitgliedern geleitet, die für jede Zusammenkunft gewählt werden; gewöhnlich sind es drei: ein Vorsitzender, ein Beisitzer (assessor) und ein Schriftführer (scriba). Dies Präsidium wird in manchen Kirchen auch Moderamen genannt, der Vorsitzende M. Die Amtszeit wird auch dann begrenzt, wenn, wie es mancherorts üblich wird, das Moderamen während der Zeit zwischen den Versammlungen die Geschäfte der Synode führt und nicht mit dem Ende der Zusammenkunft zu amtieren aufhört. Der M. ist kein

»Kirchenpräsident«, sondern nur Synodalvorsitzender, das Moderamen nur Synodalvorstand, wählbar sind nur Delegierte von Gemeinden. Die Amtsbezeichnung M. wird verwendet in Schottland und Südafrika, ein Moderamen kennt die niederländische KO. Art. 106 der Grundordnung für Berlin-Brandenburg unterstellt die ref. Gemeinden einem Moderamen. Die KO für Jülich und Berg kannte M.es als Synodalvorstand.

CALVIN, CR 52, 409 - NIESEL, BS 313. 317 - W.GÖBELL, Die Rhein.-Westfäl. KO vom 5. März 1835, 2 Bde, 1948/54 - TH.HAITJEMA, Nederlands Hervormd Kerkrecht, 1951. *J.Weerda*

Moderne Richtung in Holland, Mitte des 19.Jh.s unter dem Einfluß der Tübinger Schule F.Chr. → Baurs entstanden. Ihre Begründer sind J.H. → Scholten, der - von A. → Schweizer angeregt - ihr theologisches Programm aufstellte (»Die Lehre der ref. Kirche ..., [1848] 1861⁴), und C.W.Opzoomer (1821-92), der die philosophische Grundlegung gab. Der m.R. ging es um ein Christentum, das mit der modernen Kultur in Einklang stand (→ Niederlande: II). Die überkommenen Autoritäten des Kirchenglaubens hielt sie für überwunden und verwarf jeglichen Supranaturalismus. Das Christentum ist die »organische Religion«, in der Jesus kraft des Adels seiner religiös und sittlich vollkommenen Natur das geistige Prinzip des Menschen aus Sinnlichkeit und Glauben befreit. Durch Optimismus, Individualismus und Rationalismus gekennzeichnet, erwartete die m.R. ihrerseits von der modernen Wissenschaft als vollwertiger Partner anerkannt zu werden. Sie forderte die konfessionslose Schule, unbeschränkte Lehrfreiheit und Raum auch für »das Fragliche« in der Kirche und träumte von einer auf Herzensfrömmigkeit gegründeten überkonfessionellen Kirche. - Sammelpunkt der m.R. wurde naturgemäß nicht die Kirche - wenn die m.R. auch in der Ned. Herv. Kerk (→ Niederlande: I) starken Einfluß gewann und die Algemene Doopsgezinde Sozieteit (→ Mennoniten) und die Remonstrantse Broederschap (→ Arminianer) sich ihr ganz öffneten -, sondern u.a. der Nederlandse Protestantenbond (gegr. 1870) und die Amsterdams Vrije Gemeente (gegr. 1877). 1923 schlossen sich diese Gruppen in der »Centrale Commissie voor het Vrijzinnig Protestantisme« zusammen. - Organ der m.R. wurde die von A.D.Loman (1823-97) und S. → Hoekstra 1867 gegründete Theol. Tijdschrift. A. → Kuenen war einer der Begründer der → Religionswissenschaft, H.Oort (1836-1927) schuf eine moderne Bibelübersetzung. - Gegen Ende des 19.Jh.s spaltete sich die m.R. auf. Während sich eine *radikale Richtung* weitgehend von der Kirche löste (A.Pierson [1831-96] trat aus der Kirche aus), stellten die *Malcontenten* den Ausgangspunkt der m.R in Frage. Der daraus entstandene *Rechtsmodernismus* (→ Roessingh, G.J.Heering) wandte sich christologischen Fragen zu. Nur die kleine Gruppe der *Linksfreisinnigen* vertrat noch das ursprüngliche Anliegen. Nach 1918 öffneten sich auch die Vertreter der m.R. dem durch H.Kraemer und K. → Barth bestimmten neuen kirchlichen Denken.

RGG³ IV, 125 (Lit.) - J.LINDEBOOM, Gesch. van het vrijzinnig Protestantisme I-III, 1929-35 - T.L.HAITJEMA, De richtingen in de Ned. Herv. Kerk, (1934) 1953² - W.BANNING, Het vrijzinnig Protestantisme op de Tweesprong, 1946 - H.BERKHOF, Geloofsinhond en Geloofsbeleving, 1951 - HERMELINK II, 201 ff. *H.Hohlwein*

Modernismus, 1. *röm.-kath.*, → Reformkatholizismus.

2. Der *anglikanische* M. stammt aus der Tradition der → Broad Church Party und des liberalen Anglikanismus des 19.Jh.s und war zunächst vom röm. M. beeinflußt, vermittelt durch liberales anglokath. Gedankengut (vgl. Lux mundi, ed. C. → Gore, 1889). Der in der *Modern Churchmen's Union* (M.C.U.) organisierten Bewegung haben viele führende anglikanische Gelehrte angehört. Ihre Ansichten werden in der Vierteljahrsschrift »The Modern Churchman« (seit 1911, begründet von H.D.A. Major [* 1871], 1919-48 Principal von Ripon Hall) und der Jahresversammlung (seit 1911) bekanntgemacht. Das theologische College Ripon Hall (Oxford) ist seit jeher eng mit der Bewegung verbunden. Sie will die überlieferte Lehre auslegen, im Lichte moderner Erkenntnis praktizieren und veraltete liturgische Gebräuche reformieren. Dabei hat sich die M.C.U. häufig die Feindschaft von seiten des → Anglokatholizismus und → Fundamentalismus zugezogen. Ihre Versammlung 1921 über »Christus und die Bekenntnisse« war ein Anlaß für die Erzbischöfe von Canterbury und York, 1922 die Kommission über die Lehre einzuberufen, der viele Mitglieder der M.C.U. angehörten. Der Kommissionsbericht »Doctrine in the Church of England« (1938) ist die wichtigste moderne Zusammenfassung der anglikanischen Lehre. Die M.C.U. ist bis heute die organisatorische Zusammenfassung der liberalen Tradition.

H.D.A.MAJOR, English Modernism, 1927 (Lit.) - A biographical Record of the Modern Churchmen's Movement 1898-1957 (The Modern Churchman 46, 1958, 193-346). *S.G.F.Brandon*

Modern-positiv → Systematische Theologie: II B, 2.

Modersohn, *Ernst* (1870-1948), * in Soest, † in Blankenburg/Thür., ev. Pfarrer und Evangelist. M. war Pfarrer in Weidenau/Sieg (1895) und Mülheim/Ruhr (1899), wo es 1905 durch ihn zu einer tiefgehenden Erweckungsbewegung kam. Seit 1906 wohnte M. in Blankenburg. Er war der bekannteste Evangelist der → Gemeinschaftsbewegung und ihr fruchtbarster Schriftsteller (→ Evangelisation, 1 c).

Vf. u.a. (vgl. RGG³ IV, 128): Er führet mich auf rechter Straße, Lebenserinnerungen, (1939) 1948⁸; Heilig dem Herrn (Zs.); Aus meiner Hausapotheke, (1947) 1954⁷. - Über M.: H.BRUNS, E.M., 1953. *H.Brandenburg*

Modrzewski, *Andreas Frycz* (1503-72), bedeutendster Reformpolitiker des polnischen Protestantismus (→ Polen), nach Studien in Krakau wiederholt im Ausland, in Wittenberg entscheidend von Melanchthon beeinflußt. In seinem Werk »De republica emendanda« forderte M. Reform der Kirche durch ein allgemeines Konzil, Stärkung der Regierungsgewalt gegenüber dem Adel und Neugestaltung des öffentlichen Lebens nach humanistischen, die Rechtsgleichheit aller sichernden Grundsätzen. In mehreren theologischen Traktaten hat er sich im überkonfessionellen Sinn mit Problemen des Antitrinitarismus auseinandergesetzt.

Opera omnia, Warschau 1953 ff. - W.MALINIAK, A.F.Modrevius, 1913 - ST.KOT, A.F.M., Krakau (1919) 1923² - K.VÖLKER, KG Polens, 1930, 164. 186f - Reformacja w Polsce 12, 1956, 5-31. 126 bis 149. 150 ff - K.KREJČÍ, Gesch. der poln. Lit., 1958, 46ff. 540f. *E.Peschke*

Möhler, *Johann Adam*, kath. Kirchenhistoriker, * 6.5. 1796 in Igersheim (Württ.). Nach Studien in Ellwangen und Tübingen und einer Bildungsreise 1822/23 (u.a. nach Göttingen und Berlin) lehrte M. seit 1823 in → Tübingen (1828 o.Prof.), 1835 in → München, wo er schon am 12.4.1838 starb. Nicht unvorbereitet in der kath. (Tübinger Schule) und prot. Theologie, hat M.s Auftreten doch etwas Meteorhaftes, dessen Glanz noch nachwirkt. In dem - später von ihm kritisch beurteilten - Jugendwerk »Die Einheit in der Kirche« (1825) stellte er das Prinzip des → Katholizismus im Geist der Kirchenväter dar, zunächst die Einheit des Geistes, dann des Körpers der Kirche: die Einheit im Primas ist nur der Schlußstein der Konstruktion, die Kirche selbst fast wie bei → Schleiermacher pneumatisch-immanent. In der aus Vorlesungen erwachsenen »Symbolik« (1832) nimmt M. diese durch → Planck und → Marheineke erneuerte Disziplin für den Katholizismus in Anspruch und liefert das stärkste Dokument des neuen kath. Selbstbewußtseins. Aufbau und Interesse sind vor allem anthropologisch, dann erst ekklesiologisch, verknüpft durch ein »organisches« Verständnis von Geschichte und Tradition. »Gleichwie sich aber im Gläubigen Gottes und des Menschen Tat begegnen ... sollen, so durchdringt sich auch im Katholizismus Rationalismus und Supranaturalismus. Anders bei den Protestanten« (Lösch I, 359). Daher die nicht immer sachlich fundierte Überlegenheit, mit der M. die Reformatoren und die »kleineren prot. Secten« schildert, u.a. die Lehre → Swedenborgs und der → Sozinianer. Es kommt ihm mehr auf die Gegensätze an als auf die gemeinsamen Güter der Christenheit, und in den »Neuen Untersuchungen« (gegen F.Chr. → Baur, 1834) gewinnen Stil und Sprache eine eigentümliche Schärfe. - Dennoch bedeuten M.s Publikationen eine erst heute wieder erreichte Intensität der Kontroverse. Die »Symbolik« hat die weitere Entwicklung der → Konfessionskunde im Protestantismus bestimmt und erst in K.v. → Hases »Polemik« (1862) ein Gegenstück gefunden. Innerkath. ist M.s Bedeutung umstritten. Seine Gesinnungsgenossen (→ Döllinger u.a.) und Schüler (→ Hefele u.a.) sind keine Protagonisten der → Neuscholastik und der → Infallibilität. M. wird als Vorläufer sowohl des kath. Modernismus (→ Reformkatholizismus) wie des → Ultramontanismus bezeichnet. Gerade das Unvollendete seines Weges macht ihn heute zum Ahnherrn des geschichtlichen und ökumenischen Interesses im deutschen und franz. Katholizismus (J.A.M.-Institut für Konfessions- und Diasporakunde in Paderborn, seit 1957).

Vf. u.a.: Die Einheit in der Kirche, 1825 (krit. Neuausg. v. J.R. GEISELMANN, 1957); Athanasius d. Gr., 1827; Symbolik oder Darstellung der dogmat. Gegensätze der Katholiken u. Protestanten, (1832) 1838[5] (mit zT wesentlichen Modifikationen; krit. Neuausg. v. GEISELMANN, I, 1958); Ges. Schr., hg.v. I.DÖLLINGER, 2 Bde, 1839/40; KG, hg.v. B.GAMS, 3 Bde, 1867/70. Weitere Schr. u. Briefe in den Biogr. von B.WÖRNER-B.GAMS (1866) u. J.FRIEDRICH (1894) - ST.LÖSCH, J.A.M. Ges. Aktenstücke u. Briefe I, 1928 (ält. Lit.) - GEISELMANN, Geist des Christentums u. d. Katholizismus, 1940, 389-430. - Über M.: E.VERMEIL, J.A.M. et l'école cath. de Tubingue, 1913 - FR.VIGENER, Drei Gestalten aus d. mod. Katholizismus, 1926, 1-75 - K.ESCHWEILER, J.A.M.s Kirchenbegriff, 1930 - H.TÜCHLE (Hg.), Die Eine Kirche. Zum Gedenken J.A.M.s, 1939 - GEISELMANN, Lebendiger Glaube aus geheiligter Überlieferung, 1942 - DERS., Die theol. Anthropologie M.s, 1955 - E.HOCEDEZ, Hist. de la théol. I, 1949, 231ff (Lit.). - Zur Symbolik: H.J.HOLTZMANN, Kanon u. Tradition, 1859, § 58 - W.GASS, Gesch. d. prot. Theol. IV, 1867, 473f - G.v.SCHEELE in: O.ZÖCKLER, Hdb. d. theol. Wissensch. II, 1885, 381 (Lit.) - H.FAGERBERG, Bekenntnis, Kirche u. Amt, 1952, 172ff - E.STAKEMEIER, Konfessionskunde heute, 1957 - F.W.KANTZENBACH, Vilmars »Theol. d. Tatsachen« u. d. »Symbolik« J.A.M.s (ZKG 70, 1959, 253-277).

K.G.Steck

Möller, *Johann Friedrich* (1789-1861), ev. Theologe, * in Erfurt, † in Magdeburg. Nach Schul- und Kirchendienst in Erfurt wurde er dort 1831 Senior des ev. Ministeriums und suchte vergeblich zwischen dem luth. Separatismus → Grabaus und dem Staat zu vermitteln. 1843 wurde er General-Sup. in Magdeburg und sogleich in die Kämpfe um die → Lichtfreunde hineingezogen. Von Wislicenus, → Uhlich und → Sintenis heftig angegriffen, bemühte sich M. auch hier um geistliche Auseinandersetzungen. Dadurch und in der Abwehr des Liberalismus von 1848 kam er konfessionellen Grundgedanken näher.

RE XIII, 208ff (dort auch Titel der katechet. Schriften M.s).

H.Hohlwein

Mönchtum

I. Religionsgeschichtlich - II. Christliches Mönchtum. - Ergänzend vgl. → Askese, → Gelübde, → Kloster, → Orden

I. Religionsgeschichtlich

1. Grundlegung - 2. Religionsgeschichtlicher und -soziologischer Aspekt - 3. Zusammenfassung

1. Mit M. bezeichnet man religionsgeschichtlich und -soziologisch eine Anzahl gesellschaftlicher Gebilde mit folgenden Charakteristika: Eine Anzahl Männer (seltener auch Frauen) leben als kleinere Gruppe innerhalb eines umfassenderen Gebildes zusammen, basiert auf einem zumindest partiellen Kollektivbesitz (→ Kommunismus: I) sowie auf positiven Verhaltens- und asketischen Enthaltungsvorschriften (→ Askese). Durch deren Befolgung, durch Besitz eines als überlegen angesehenen Wissens und durch das Postulat eines höheren Prestiges distanziert man sich von den anderen Mitgliedern des umfassenderen Verbandes. Enthaltung von körperlicher → Arbeit, gemeinsame → Mahlzeiten (: I), mystische Einstellung und magische Praxis sind dagegen nur für einige Mönchsgruppen bezeichnend und eignen sich deshalb nicht zur Begriffsumgrenzung. Als Religionsgruppen, in denen sich M. findet, seien bes. folgende genannt: In → Indien (: II) und den indisch beeinflußten Ländern das vorbuddhistische Brahmanentum (→ Vedische und brahmanische Religion), der → Jinismus, Ur-, Hînayâna-, Mahâyâna-, Zen- und sonstige → Buddhismus (: I, 6. 7) nebst → Lamaismus sowie nachbuddhistische → Hinduismus (: I); in → China (: II) der → Taoismus; im Judentum die → Essener, → Therapeuten und → Qumran-Gruppen; im → Islam (: I, 8) das Derwischtum (zum Christentum vgl. → Mönchtum: II). Ausgeschlossen von der folgenden Darstellung bleiben: Ähnliche Phänomene wie → Geheimbünde, Propheten- und Philosophenschulen, ferner Gegebenheiten in anderen altasiatischen Ländern sowie bei Azteken, Mayas und Inkas (→ Mexiko: I, → Peru), schließlich Frauenklöster, da diese in der nichtchristlichen Welt nur folgenlose Begleiterscheinungen sind.

2. a) Je nach dem Grade der Vorherrschaft der Contemplatio (→ Kontemplation) über die Actio reichen die *Formen* des M.s von dem nur auf Selbsterlösung zielenden Frühbuddhisten, dem nichts im Christentum entspricht, wo ja jeder Mönch für die Welt betet, bis zum weltbezogenen Jesuiten. - b) Als *Leiter* fungiert anfangs stets ein charismatischer Führer (Max → Weber), so beim Jinismus und Buddhismus, ähnlich wie bei → Franziskanern und → Jesuiten; bei zunehmender Mitgliedzahl nähert man sich aber der Bürokratisierung. - c) Als *Sondergruppen* begegnen meist vollberechtigte Mönche, Novizen und eine Art von Laienbrüdern, die sich um die körperlichen Belange der Asketen bekümmern, wie ja auch durchgehend im Westchristentum. - d) Unter den *Funktionen* des M.s ist vornehmlich das → *Gebet* zu nennen. Es reicht von der lamaistischen Gebetsmühle ohne Erfordernis besonderer seelischer Einstellung über Gebete, die mit besonderen Wallfahrten, Bildern, Statuen und Klöstern verknüpft sind, zum rein kontemplativen Gebet, wie es für Indien bes. charakteristisch ist, im Katholizismus dagegen, zB durch beschauliche → Karmeliter gepflegt, Schwierigkeiten, in der Form des → Quietismus sogar Verurteilung fand. - In Hinsicht auf *Theologie und Philosophie* sind das Hînayâna- und Mahâyânasystem weitgehend Produkte des M.s, ebenso die dualistische Metaphysik der Essener, Qumrangruppe, Manichäer und ihrer Ableger; dagegen ist die islamische Scholastik nicht Sache von Mönchen, sondern von Ärzten. - *Einzelwissenschaften* werden - soweit überhaupt vorhanden - vom frühen Jinismus und Buddhismus als

Ablenkung vom Wesentlichen verworfen. Mohammedanische Einzelwissenschaft ist dagegen abermals nicht Mönchs-, sondern Medizinerangelegenheit. - Die *Ethik* des M.s wird um so mehr zur → *Kasuistik*, je weltbezogener die betreffende Mönchsgruppe ist; zu so durchgebildeten kasuistischen Systemen wie bei den → Dominikanern und Jesuiten kommt es aber in der außerchristlichen Welt nicht. - Zumal im Hînayânatum, Mahâyânatum und Lamaismus widmet sich das M. der Ausbildung und Pflege des *Ritus*, einschließlich der Musik und ihrer Theorie, letzteres wieder mit Ausnahme der Muslim, bei denen Musiktheorie weitgehend von Laien betrieben wird. - Die *Seelsorge* nimmt mit abnehmender Kontemplation an Umfang und Intensität zu und kann sich wie im Mahâyânatum, Lamaismus und Taoismus mit magischer Praxis verknüpfen. - → *Wallfahrten* (: I) werden oft von Mönchen organisiert und haben bisweilen einzelne Klöster zum Zielpunkt, ähnlich wie im Christentum. - *Erziehung* ist bei Weltflüchtigen und Dualisten meist ein Mittel zur Heranbildung des eigenen Klosternachwuchses, bei steigender Weltbezogenheit aber auch für andere zugänglich; die Internationalität der mittelalterlichen → Universität wird jedoch nicht erreicht. - Die Pflege der *Mission* durch das M. hängt vor allem vom Grad der Aktivitätsbejahung und Anpassungswilligkeit an die Eingeborenenumwelt ab; daher denn auch die Erfolge des Mahâyânatums wie auch der Jesuiten. - Gruppen, die sich ausdrücklich der *Krankenpflege* u.dgl. widmen (wie zB im Katholizismus die → Alexianer), trifft man außerhalb des Christentums kaum an. - Die Einstellung zum *ökonomischen Leben* reicht vom Bettel, verknüpft mit Ablehnung von Besitz, im frühen Jinismus und Buddhismus (ähnlich den radikal-christlichen → Humiliaten und Fraticellen [→ Spiritualen]) über das eigene Arbeiten (zB bei Essenern) bis zum auf Landbesitz und Leibeigenschaft basierenden Leben beim hinterindischen Hînayânatum. M. als Erzieher der Umwelt zu Landwirtschaftstechnik - wie in Südrußland, Irland und Ostelbien - ist dagegen in Asien selten; auch der → Handel ist fast stets verpönt oder verboten. - e) Die *Relation des M.s zu anderen Institutionen* ist unterschiedlich. Je mehr man ekstatisch, bes. aber dualistisch eingestellt ist, desto eher wird man der offiziellen → *Kirche* kritisch oder sogar feindlich gegenüberstehen (früher Jinismus und Buddhismus, Derwischtum, franziskanische Spiritualen, Fraticellen usw). - Die → *Sekte* enthält wie das M. ein geistesaristokratisches Element und kann sich deshalb mit ihm verbinden; man hebt dann die eigene Sekte dualistisch von der Welt ab und innerhalb der ersteren die perfecti von den weniger Vollkommenen (zB Essener, → Katharer u.a.). - Bisweilen kommt es zu einem Antagonismus zwischen einzelnen Mönchsgruppen, die sich mit ihren Anhängern kirchenartig entwickeln, so etwa zwischen Jinismus und Buddhismus oder zwischen Hînayâna- und Mahâyânasystem. - Oft verlangt man vom Mönch ein radikales Ausscheiden aus der *Familie* (Frühbuddhismus, Taoismus), während man im Okzident seltener (→ Trappisten) so weit geht. - Soweit existierend, wird die → *Kaste* anerkannt, mit Ausnahme von Jinismus und Frühbuddhismus; wegen anderer religiöser und sozialer Strukturiertheit fällt das Problem für die christliche Welt fast ganz fort. - Der *Staat* wird anfangs mit Gleichgültigkeit oder Haß angesehen; später gleicht man sich ihm an, wenn er - als zentralistische Monarchie im Kampf gegen antizentralistischen Klerus und Adel in Indien und Japan oder auch im 14.Jh. in → Frankreich - mit dem M. zusammengeht. Ein extremer Ausnahmefall einer Kombination von Staats- und Mönchsregierung ist der → Lamaismus in Tibet.

3. M. ist weder mit besonderen rassischen noch mit speziellen sprachlichen Gruppen liiert, auch nicht ein Phänomen, das notwendig und regelmäßig überall auf einer bestimmten Stufe erscheint, ferner auch keine Seinsart, die allein durch Menschen- oder Kulturgutwanderung verbreitet worden ist. Das nichtchristliche M. ist vom christlichen negativ durch Fehlen oder geringere Ausgestaltung von zahlreichen oben aufgeführten Institutionen, Verhaltensweisen und Konflikten unterschieden sowie positiv durch die größere Rolle, welche dort kontemplatives Gebet, zT auch Kastenwesen spielt. Andererseits weisen nichtchristliches und christliches M. mit Bezug auf zahlreiche Gegebenheiten und Vergesellschaftungsgebilde die gleichen extremen antagonistischen Verhaltensweisen nebst analogen Zwischenstufen zwischen den Extremen auf.

ERE VIII, 781ff - MAX WEBER, Ges. Aufs. zur Religionssoziologie I-III, 1920/21 (I, 1947⁴) - DERS., Wirtschaft u. Gesellschaft, (1920) 1956⁴, 279ff. 348ff. 367ff (beide grundlegend) - D.T.SUZUKI, An Introduction to Zen Buddhism, New York (1934) 1948, Kap. XI - DERS., The Training of the Zen Buddhist Monk, Kyoto 1934 - H.BECKER-H.F.BARNES, Social Thought from Lore to Science I, Washington (1938) 1952², Kap. II - HIsl 608f - R.HARTMANN, Die Religion des Islam, 1944, Kap. 9 - M.CABLE-F.FRANCIS, The Gobi Desert, New York 1944 (über Manichäer in Asien) - A.J.ARBERRY, Sufism, London 1950 - E.CONZE, Buddhism, Oxford 1951 (dt. 1953), Kap. II - WACH, Relsoz. - H.J.KISSLING, The Sociological and Educational Role of the Dervish Orders (AmA, Memoir 76, 1954, 23-35) - W.FILCHNER, Kumbum, Lamaismus in Lehre u. Leben, 1954 - ST. RUNCIMAN, The Medieval Manichee, Cambridge 1955, Kap. 2f. 6 - K.L.REICHELT, Transformed Abbot, London 1955 - H.WELCH, The Parting of the Way, Boston 1957, Tl III, Kap. 4ff. 9f (über Taoismus) - P.HONIGSHEIM, Sociol. of Religion (H.BECKER-A.BOSKOFF, Modern Sociol. Theory, New York 1957, 458-477) - DERS., Religionssoziologie (G.EISERMANN [Hg.], Die Lehre von der Gesellschaft, 1958, 140-144) - Bibliogr. Bouddhique XXIV-XXVII, Paris 1958, 169f. - Vgl. die Lit. zu den im Text genannten Artikeln.

P.Honigsheim

II. Christliches Mönchtum

1. Die Anfänge: a) Das altchristliche Asketentum - b) Das Eremitentum - c) Die Eremitenkolonie - d) Das Kloster-M. - 2. Wesen und Gestalt des M.s: a) Begriffsbezeichnungen - b) Die Frage außerchristlicher Einflüsse - c) Geistige Haltung - 3. Verbreitung: a) Ägypten - b) Griechisches und syrisches M. - c) Abendland - 4. Das benediktinische M.: a) Anfänge - b) Erneuerung - 5. Ordensgründungen im MA - 6. Entwicklung seit der Reformation: a) Luthers Ablehnung des M.s - b) Neubesinnung im Katholizismus - c) Aufklärung und Gegenwart

1. a) Der Mutterboden des M.s ist das christliche Eremitenwesen, und dieses ist aus dem *altchristlichen Asketentum* erwachsen. Von Anfang an sind in den christlichen Gemeinden Beispiele der Weltentsagung verbunden mit einer → Nachfolge Christi (: II) festzustellen, in Wiederholung des Jüngervorbildes aus Mt 19: »Wir haben alles verlassen und sind dir nachgefolgt.« Wie die enthusiastische Verwirklichung dieses Zieles aussah, zeigt die Gestalt des → Ignatius von Antiochien, und daß es sich um eine starke Bewegung handelte, ist aus der Ausbreitung der marcionitischen Gemeinden zu erschließen (→ Marcion). Die Anfänge sind, wie aus Did 11, 5ff zu erkennen ist, in dem Wanderasketentum zu sehen, das Mk 6, 7 nachahmt und Träger der Mission ist; hier erscheint auch der aus 1Petr 2, 11 und Hebr 11, 38 weiterentwickelte Begriff der asketischen Heimatlosigkeit, der in das ägyptische Eremitentum und von da aus in das irische M. übergegangen ist. Die weitere Ausgestaltung läßt sich aus den pseudoklementinischen Briefen »Über die Jungfräulichkeit« ablesen: um 200 gab es in Syrien Scharen von wandernden Asketen, bei denen das als Beweis vollendeter Askese geltende → Syneisaktentum verbreitet war. Dahinter scheint die Forderung einer Ehelosigkeit aller Getauften gestanden zu haben (→ Ehe: III B, 1); sie ist jedoch bald, spätestens seit → Afrahat, zu-

rückgedrängt worden. Aus der älteren Zeit hielt sich in der syrischen Kirche (→ Syrien: III) als Gemeindekern die Gruppe der bnai qjāmā (»Standesangehörige«), deren männliche und weibliche Glieder eine besondere Tracht hatten und schließlich die Tätigkeiten des niederen Klerus ausübten. – Daß sich im Asketentum das Meister-Schüler-Verhältnis ausgebildet hat, zeigt sich im Schrifttum des → Clemens von Alexandrien; der Meister ist der christliche Weise, der durch beständige Übung die christliche → Vollkommenheit erreicht hat, so daß er andere anleiten kann. Bei → Origenes ist die Vollendung dieser Stufe festzustellen: der wahre Christ erweist sich als der vollkommene Nachfolger Christi.

b) Wer diese Stufe erreicht hatte, vermochte sie nur in noch härterer Weltflucht festzuhalten und zu bestätigen. Das *christliche Eremitentum* trat als Steigerungsform der älteren Askese in Erscheinung. Seine geschichtlichen Anfänge sind uns verhüllt; deutlich ist allein die Gestalt →Antonius d. Gr. Um die ganze Vollkommenheit zu erlangen, zog sich der Asket, der bis dahin in der Nähe der Siedlungen gewohnt hatte, in die Einsamkeit der Wüste und der Berge zurück. Bei dieser Steigerung der Weltflucht mögen die veränderten Bedingungen der Zeit mitgewirkt haben; auch der nichtchristliche Weise strebte danach, sich von der Welt abzuschließen. Wichtiger ist die positive Begründung, die ein bei Sulpicius Severus überliefertes Wort enthält: »Wer von Menschen besucht wird, kann nicht von den Engeln besucht werden.« Der Einsiedler wollte in der Wüste, der Stätte der Dämonen, den entscheidenden Kampf um den Zugang zur himmlischen Welt bestehen, um sein Lebensziel, den Besitz der höchstmöglichen Vollkommenheit, zu erreichen; er verstand sich im umfassenden Sinne als den Nachfolger der → Märtyrer (: II).

c) Auch im Eremitentum schlossen sich Schüler an einzelne Persönlichkeiten an, um von ihnen die Weise des vollkommenen Lebens zu lernen. Die Umwandlung solcher dem Wechsel anheimgegebenen Verhältnisse in die feste Form einer *Eremitenkolonie* ist mit der Gestalt des → Antonius verknüpft. Sein Vorbild hatte eine solche Höhe erreicht, daß die Asketen, die dem gleichen Ziel nachtrachteten, sich seiner bleibenden Führung unterordneten. Antonius hatte sich um 300 nChr in eine Höhle nahe dem Gipfel des Berges Kólzom zurückgezogen. Dort, in der »inneren Wüste« des arabischen Gebirges zwischen Nil und Rotem Meer, fand er die Abgeschiedenheit, die er suchte, und konnte zugleich den Schülern, die sich ratsuchend um ihn sammelten, am Fuße des Berges bei einer starken Quelle den Wohnplatz anweisen. Antonius ist daher als Gründer der ersten ständigen Anachoretenkolonie zu betrachten. Eremitentum und gemeinschaftliches Leben war in seiner Person auf ursprüngliche Weise verbunden, da er sich nach der Belehrung der Schüler wiederum in die Einsamkeit der Bergeshöhe hinaufbegab. Antonius hat dem Leben der Mönche den festen Rhythmus von Gebet und Arbeit vorgeschrieben und auf diese Weise die Meditation vor Verstiegenheiten bewahrt. Die Grundlage der Lehre aber war ihm die Hl. Schrift, deren Wort er in das eigene Leben hineinzog. – An manchen Orten bildeten sich Asketenkolonien: so in Leontopolis (Nildelta) unter → Hierakas, in der nitrischen Wüste unter Amun, in der sketischen Wüste unter → Makarius d. Ä., unter Palämon in Oberägypten und unter → Hilarion von Gaza in Palästina.

d) Die bestimmte Form des *Kloster-M.s* ist von → Pachomius geschaffen worden. Er hat in Weiterbildung der von Antonius gefundenen Formen das erste feste → Kloster (: II) gegründet, ist dessen Abt geblieben und hat der Mönchsgemeinschaft, die durch den Zustrom der Asketen in kurzer Zeit stark anwuchs, eine schriftliche Regel gegeben. Dennoch ist Antonius mit dem Ehrentitel »Vater der Mönche« zu bezeichnen, da in seiner Eremitenkolonie die Grundform des Gemeinschaftslebens, das sich der Leitung eines geistlichen Oberen unterordnete, verwirklicht war. Pachom hat diesen Ansatz auf das gesamte äußere Leben seiner Mönchsgemeinschaft ausgedehnt und ist dadurch der Organisator des Koinobions, des »gemeinschaftlichen Lebens« der Klostermönche geworden; eine Mauer umschloß die Siedlung nach Art einer Hürde (μάνδρα). Im Antoniuskreis war der Gottesdienst gemeinsam gefeiert worden; Pachom ordnete das gemeinsame Essen und neben den in der Zelle zu verrichtenden Gebetsübungen und Arbeitsstunden das tägliche gemeinsame Gebet und gemeinsames Arbeiten an. Indem er für alle Verrichtungen die einfachsten Formen vorschrieb, erleichterte er den unbedingten Gehorsam. Seine Schöpfung zeigt die Struktur eines wohlgeleiteten Hauswesens und zugleich einer militärähnlichen Befehlsordnung; die Regel umfaßt das Leben der Mönche bis in die kleinsten Einzelheiten hinein. Den Schritt von der Klostergründung zur Ordensstiftung bezeichnet die Einrichtung der beiden Jahreskapitel aller pachomianischen Mönche: zu Ostern eine gemeinsame liturgische Feier der Passion, und im August eine Rechenschaftsversammlung mit Zuspruch der Sündenvergebung. – Das Ideal des Antonius war die Anachorese, das des Pachom das Koinobion. Antonius wollte die Mönche zum Einsiedlerleben erziehen, während Pachom das Kloster als feste, bleibende Stätte der Heiligkeitsübung ansah. Auf Grund dieser Zielsetzung aber war das Kloster Heiligkeitsgemeinde und zog alle die an, die den Weg zur Seligkeit sicher gehen wollten und die Zuchtübung bejahten.

2. a) Der *Begriff* μοναχός als Bezeichnung des asketisch lebenden vollkommenen Christen erscheint zum ersten Male in dem Kommentar Eusebs zu Ps 67 (68), 7 und wird hier als gleichbedeutend mit μονογενής, unicus, unigenitus, erklärt. Diese nur aus syrischem Sprachgebrauch zu verstehende Sinngebung ist in dem griechischen Begriff wenigstens insofern erhalten geblieben, als mit μοναχός auf die Vollkommenheit hingedeutet war, während μονάζων (»alleinlebend«) nur die äußere Lage des Einsiedlers bezeichnete, ebenso wie ἐρημίτης (»in der Wüste lebend«) und ἀναχωρητής (»der sich zurückgezogen hat«; vgl. Mt 14, 13). In der Vita Antonii des Athanasius kommt μοναχός bereits an vielen Stellen vor und ist in der latinisierten Form monachus unverändert zum Eigentum des Abendlandes geworden. In der syrischen Kirche haben sich darüber hinaus weitere Bezeichnungen der verschiedenen Mönchsgruppen erhalten: zB »Trauernde«, »Arme«, »Gebundene« (→ Inklusen), »Klosterbewohner«, »Wüstenleute« usw. Der Name »Boskoi« (Weidende, pabulatores) ist vielleicht nicht mehr als ein Spottwort. Dagegen scheint das Weiterleben anderer Formen eine ernsthafte Gefahr für das regulierte M. gewesen zu sein: die Sarabaïtae (Cassian, Coll. 18, 7: »die ihre Gemeinschaft verlassen haben und nach eigener Weise für sich leben«), deren koptischer Name vielleicht »Müßiggänger« bedeutet, ebenso wie Remnuoth (Hieronymus, ep. 22, 34) »einzelner Mensch, Einzelgänger«, während die Bezeichnung Gyrovagi (»Kreisläufer«) wohl eine Übersetzung von κυκλευταί ist und in dem koptisch-manichäischen Begriff Sarakōte (»Wanderer«) wiedergefunden werden darf.

b) Entwicklung und Begriffsbezeichnungen des M.s lassen sich von den *Voraussetzungen des frühkirchlichen Christentums* aus verstehen. Gnostisch-dualistische Motive sind nicht festzustellen, da in den Gelübden der → Armut (: II) und Keuschheit die Leiblichkeit nicht als böse beurteilt ist. Von den → Therapeuten Philons führen keine Wege zu den ersten Mönchsgemeinschaften, ebensowenig von dem buddhistischen Mönchswesen aus (→ Buddhismus: I, 6; → Mönchtum: I). Auch an die → Qumran-Gemeinschaft ist schwerlich zu denken. Die These, das christliche M. Syriens sei aus dem → Manichäismus übernommen (Vööbus), verkennt die Art, wie der Manichäismus innerhalb der Kirche weiterwirken konnte, und ist abzulehnen; Voraussetzungen und Erscheinungsform dessen, was man im Manichäismus als M. bezeichnen könnte, unterscheiden sich erheblich von dem christlichen M.

c) Weil der Mönch als vollkommener Christ aufgefaßt wurde, konnte er seinem Leben das *Ziel* der »Vergottung« (→ Mystik: V) setzen. Auf dieser Grundlage beruht die Mönchsmystik, die in allen Kreisen des frühen M.s gepflegt worden ist und in → Evagrius Ponticus, → Isaak von Ninive, Joseph Ḥazzājā und → Symeon dem Theologen ihre oberste Stufe erreicht hat. Bes. die Schriften des Evagrius haben im Osten einen starken Einfluß ausgeübt. Für die Bildung des Mönchs lieferte die Bibel die Grundlage; das letzte Ziel war jedoch die eigene Erkenntnis der himmlischen Dinge, wobei stets der *Lebensgehorsam* als Voraussetzung tieferer Einsicht galt. Daher erlangten die »Worte der Väter« (→ Apophthegmata patrum, verba seniorum) eine außerordentliche Bedeutung; in ihnen waren die Maßstäbe des Heiligungslebens ausgesprochen, so daß jeder sein eigenes Leben mit seinen Versuchungen und Überwindungen, Mängeln und Tugenden an ihnen messen konnte. Bald entstanden Lebensbeschreibungen der wichtigsten Mönchsväter, die neben den → Märtyrerakten in den Klosterrefektorien und in den Gemeinden gelesen wurden. Hier waren Menschen dargestellt, die ins Paradies eingegangen waren; indem man ihrem irdischen Weg mit dem Herzen folgte, konnte man ihn zur Richtschnur des eigenen Lebens machen.

3. a) Das Land, in dem die Anfänge des M.s ihre feste Gestalt gewannen, war → *Ägypten* (: IV). In der nitrischen Wüste südwestlich von Alexandrien, der sketischen Wüste nordwestlich von Memphis (heute Wādī Natrūn [→ 1 A 2] mit vier koptischen Klöstern) und in der zwischen beiden liegenden Hochfläche, die wegen der weithin verteilten Menge der Einsiedlerzellen »Kellia« genannt wurde, siedelten sich die Eremiten an. Die Thebais wurde bald für die Einsiedler ein ebenso begehrtes Gebiet, und die Klostergründung Pachoms wirkte hier als Anziehungspunkt für die Asketen, so daß sich bald Tausende von Mönchen unter die Oberleitung Pachoms begeben hatten. Auch Nonnenklöster hat er errichtet. – Von Ägypten verbreiteten sich die drei Formen des mönchischen Lebens, das Eremitentum der Wüste, die Anachoretenkolonie des Antonius und das Klosterwesen Pachoms, in die umgebenden Länder. In der zweiten Hälfte des 4.Jh.s lernten zahlreiche Besucher aus allen Teilen der Christenheit das M. in Ägypten kennen und berichteten über ihre Erfahrungen. Eins der einflußreichsten Werke wurden die »Gespräche« (Collationes), die Joh. → Cassianus aus dem Leben der Wüstenväter zusammenstellte. Von Palästina aus hat → Hieronymus für das Bekanntwerden des mönchischen Ideals gewirkt, in Kleinasien → Eustathius von Sebaste und → Basilius d. Gr., in Cypern → Epiphanius von Salamis. Für Ägypten selbst erlangte die Gestalt des Abtes → Schenute von Atripe eine hohe Bedeutung als eindrucksvolle Verkörperung des koptischen M.s. Das Sinaigebiet zwischen eṭ-Ṭōr (Raithu) und dem Ǧebel Mūsā ist sehr früh von Eremiten aufgesucht worden und hat lange Zeit als vornehmstes Land der Anachorese gegolten; das Katharinenkloster ist erst von Justinian angelegt worden.

b) Auf die Formung der kirchlichen Anschauungen über das M. übte die Vita Antonii des → Athanasius einen erheblichen Einfluß aus, während die Kritik des → Helvidius eine vereinzelte Erscheinung blieb. Im *Osten* hat → Basilius nach genauer Erwägung aller in Ägypten vorgebildeten Züge die Regeln verfaßt, die das kleinasiatische Asketentum in ein M. eigener Prägung umwandelten; bis heute haben sie durch ihre Weite die Einheit des griechischen M.s gesichert, so daß der Osten keine Mönchsorden kennt. Dabei konnte das einzelne Kloster durchaus seine eigene Verfassung haben, wie die Verschiedenheit der mönchischen Niederlassungen auf dem → Athos zeigt, ohne daß man von Ansätzen zur Ordensbildung zu sprechen braucht. – Um 400 nChr hatte die Begeisterung für das mönchische Ideal, das den Mönch an die Stelle des Märtyrers gesetzt hatte (→ Armut: II, 3), die gesamte Kirche ergriffen. Es war die Zeit, da eine erneute Steigerung der Askese erschien, begründet von dem Syrer → Symeon (390-459): das *Stylitentum*. Es ist vielleicht von dem Ziel her zu deuten, das Stehen der Engel und ihren liturgischen Dienst vor Gott bildhaft nachzuahmen und dazu die Säule, die sowohl die Entfernung von der Erde als auch die Nähe zum Himmel andeutet, immer mehr zu erhöhen. Die Säulenheiligen haben bis ins 10.Jh. hinein Nachfolger gefunden; im byzantinischen Reich gab es sogar Stylitinnen. Auch die *Messalianer* sind hier zu erwähnen (→ Euchiten). Ihre Hauptschrift »Liber graduum« (Buch der Stufen) ist um 400 nChr verfaßt; in ihm ist die Unterstufe der allgemeinen Christen, der »Gerechten«, überhöht durch die Stufe der »Vollkommenen«. Während der Gerechte neben dem guten Geist einen bösen Dämon habe, der nur durch anhaltendes Gebet auszutreiben sei, brauche der Vollkommene nur dem Antrieb des guten Geistes, also seinem eigenen Herzen, zu folgen und sei über alle kirchlichen Vorschriften erhaben. Der Messalianismus ist nicht als M., sondern als originelle Steigerung einiger im frühen Eremitenwesen Ägyptens und Syriens vorhandenen Züge zu beurteilen. Die → Akoimeten haben seine Anregungen übernommen. – Auf dem Hintergrund dieser allgemeinen Entwicklung sind die Entscheidungen des Konzils zu → *Chalcedon* zu sehen. Vor 451 hatte der Bischof keine eigene Jurisdiktion über die Mönche, so daß er der Kritik, die das M. oft an der Hierarchie übte, nicht entgegentreten konnte; nun wurden die Mönche durch die Konzilsbeschlüsse in den bischöflichen Diözesanverband eingegliedert. Diese Verbindung mit der Kirche ermöglichte es, daß die Mönche im Osten vom 8. bis tief ins 13.Jh. die Verwaltung der Beichte innehatten und die mit der Beichte verknüpfte Seelsorge ausübten.

c) Im *Abendland*, wo die älteren Formen der christlichen Askese bekannt blieben, hat das M. nur langsam Eingang gefunden. Wohl sind die Anregungen des Ostens aufgegriffen worden, wie bei → Ambrosius und bes. bei → Augustin zu erkennen ist, aber eine Geschlossenheit wie in Ägypten kann man nicht beobachten. Das Eindringen der neuen Gedanken geschah allmählich und ist vor allem durch Joh. → Cassianus gefördert worden. Sein Einfluß war bis nach → Irland (: I) zu spüren, wo ein eigenständiges M. erwuchs; die Klöster waren die Mittelpunkte des kirchlichen Lebens und der → Kirchenverfassung (: IV, 3), so daß man von einer Mönchskirche sprechen kann. Der seltsame Zug, daß die Mönche danach strebten, eine Zeitlang »für Christus in die Fremde zu gehen« (peregrinari pro Christo), erinnert an das Wanderasketentum des 2.Jh.s; darüber hinaus war aus der Bibel das Vorbild der Apostel aufgegriffen, indem eine Gruppe von Zwölfen hinauszog und genau wie die syrischen Wanderasketen in der Fremde das

Evangelium und die Weltflucht predigte. Unter ihnen ragen einige Namen hervor: → Columba d. Ä., der in Schottland missionierte, → Fridolin am Oberrhein, → Columbanus in den Vogesen, am Bodensee und in Oberitalien, → Kilian in Würzburg, → Emmeram in Regensburg, → Corbinian in Freiburg. - Cassian wirkte in Südgallien, das sich als geeignete Stätte des M.s erwies. Berühmt geworden ist das von → Honoratus gestiftete Kloster → Lerinum, auf der Insel Lérins bei Cannes gelegen, aus dem → Cäsarius von Arles hervorging.

4. a) Was Basilius für das M. des Ostens geleistet hatte, tat → *Benedikt von Nursia,* der Gründer von → Monte Cassino, für das M. des Abendlandes. Seine Regula monasteriorum (→ Benediktinerregel) hat ältere Vorlagen benutzt, in der Hauptsache wohl die Regula magistri und die Werke Cassians. Der Grund für ihren Erfolg liegt wahrscheinlich in der Zurückführung des mönchischen Lebens zur vollen Einfachheit des Gehorsams, der Geduld, der Demut. Die strenge Höhe der Wüstenväter bleibt zwar als Fernziel gewahrt, indem der Schlußabschnitt der Regel ihr Vorbild als maßgebend für ein »vollkommenes Leben« erklärt; aber als Norm wird das Nahziel des »guten Lebens« aufgestellt und die Regel als »Vorschrift für Anfänger« bezeichnet. Innerhalb dieses Bereiches sind der zuchtvolle Gehorsam und das Verharren im selben Kloster (stabilitas loci) als festes Gebot auferlegt; die notwendige Ergänzung war die eindeutige Stellung des Abtes als des Klostervorstehers. Diese Züge erwiesen sich als feste Grundlage des im Abendland entstehenden M.s. - Die benediktinische Regel stand zunächst neben anderen Weisen mönchischen Lebens. Das Vorbild des Antonius, daß sich eine Vereinigung ernster Christen einem geistlichen Oberen unterstellte und sich in gemeinsamem Leben dem Gotteslob und der Askese widmete, war weiterhin lebendig. Die Regeln des Basilius und auch die strengen Anweisungen Columbans wurden befolgt, hier und da auch in verbindender Auswahl. Selbst in Rom gelangte die Benediktinerregel erst seit dem Romzug Ottos d. Gr. (962) zur Vorherrschaft. Im fränkischen Reiche hatte sie seit der Aachener Synode von 817 ihren Siegeszug angetreten, so daß am Ende des Früh-MA das abendländische M. benediktinisch war. Von den deutschen → Benediktiner-Klöstern der damaligen Zeit ist in erster Linie → St. Gallen zu nennen, ferner → Echternach in Luxemburg, → Korvey an der Weser, → Reichenau im Bodensee, → Fulda, das Lieblingskloster des hl. → Bonifatius, → Prüm, → Stablo, → Freising. - Die benediktinischen Klöster sind zum Ort der Bewahrung antiker altkirchlicher Literatur geworden. Die Kulturarbeit trat hinzu: vom Kloster wurde der Acker-, Garten- und Weinbau samt allen dazugehörigen Arbeiten nach südländischer Weise gepflegt. Aber diese Tätigkeit entfremdete die Klöster ihrer Hauptaufgabe, Stätte der Heiligkeitsübung der eigenen Seele zu sein, so daß die Wirkung des M.s auf die weltlichen Verhältnisse gleichbedeutend mit seinem Verfall war.

b) In dieser Lage hat die Wiederbesinnung auf den Inhalt der Regel zu einer *Erneuerung* geführt; sie ist mit dem Namen des 909/10 nChr gegründeten Klosters → Cluny verknüpft und hat die asketischen sowie die meditativen Vorschriften Benedikts zu neuer Geltung erhoben. Die Reformbewegung ergriff viele französische und italienische Klöster und beeinflußte mit der Strenge ihrer Grundsätze aufs stärkste die gesamte Zeit. Erneuerungsbewegungen erhoben sich in Deutschland, wo → Gerhard von Brogne für Niederlothringen und Flandern, das Kloster → Gorze für Oberlothringen zum Mittelpunkt wurde. Hier zeigen sich die Anfänge eines Zusammenschlusses von Klöstern auf Grund einer Gleichheit der Reformbestrebungen; die großen Orden gewannen ihre erste Gestalt. Dabei hat die Befreiung der Klöster von der Herrschaft der Territorialherren stark zum Erfolg mitgewirkt. Zwar blieben die → Kamaldulenser, die 1012 als Erneuerung des Eremitentums gegründet waren, innerhalb des benediktinischen M.s; sie gewannen aber durch die Bestätigung ihrer Satzungen 1113 die eigene Ordensform. Die innere Kraft der cluniazensischen Reformbewegung zeigte sich im 11.Jh., als Papsttum und Klerus sich den neuen Gedanken unterwarfen; damals hat Papst → Gregor VII. für den gesamten Klerus den → Zölibat als unverbrüchliches Gebot durchführen können. In der Kreuzzugsbewegung, die aus dem Sieg der wiedererweckten Ideale hervorging (→ Kreuzzüge), wurden die → Ritterorden begründet, die als Gewinnung des Ritterstandes für die mönchischen Ziele verstanden werden können. Damals tauchten auch die ersten religiösen Laienvereine auf, die von dem Kloster die Wirtschaftsform der Gütergemeinschaft übernahmen (→ Hirsau). Verwandt sind die Spitalorden ohne Waffendienst (→ Hospitaliter).

Gegen Ende des 12.Jh.s wuchs die Zahl der Neugründungen, in denen der Aufschwung der Reformbewegung sich vollendete. Zwar hatten die Orden der → Grammontenser, von → Fontevrault und der → Gilbertiner keinen bleibenden Bestand; um so wichtiger aber wurden die Orden der → Kartäuser (1084), der → Zisterzienser (1098) und der → Prämonstratenser (1120). Die Kartäuser suchten das Ideal der Vollkommenheit zu verwirklichen, das Benedikt im letzten Kapitel seiner Regel mit dem Hinweis auf die Wüstenväter umschrieben hatte. Die Zisterzienser, die sich von den »schwarzen Mönchen« Benedikts durch weiße Tracht unterschieden, sind ebenfalls als fratres eremitae entstanden, erhielten aber bald einen so großen Zuzug, daß ein Kloster nach dem anderen gegründet werden mußte. Das Wirken → Bernhards von Clairvaux stellt den Höhepunkt der Wiedererweckung der alten monastischen Ideale dar, bis hin zu der Bewertung des Klosters als der Vorstufe zum himmlischen Jerusalem. Die organisatorische Kraft Bernhards hat den Gedanken einer Abstufung innerhalb der Verwirklichung des Ideals der Weltflucht bejaht und alle überlieferten Formen des M.s für die innere Ausgestaltung seines Ordens benutzt. Jetzt wurde die Aufnahme von Laien üblich; sie sind den Klöstern als dienende Brüder (→ Laienbrüder) zugesellt worden. Von der gleichen Grundauffassung aus konnten die Zisterzienser mit den Prämonstratensern, die kein Mönchsorden, sondern regulierte Kleriker waren, in freundschaftliche Verbindung und Arbeitsgemeinschaft treten. - Zu Beginn des 12.Jh.s stieg die Zahl der Neugründungen derart an, daß das 4. Laterankonzil 1215 die Errichtung neuer Orden verbot. Seit dem Konzil von Lyon 1274 bedarf jede Ordensregel der päpstlichen Bestätigung.

5. In der Tat hatte sich die innere Lage der Kirche und des M.s verändert. Mit dem Durchdringen des spätaugustinischen Kirchenbegriffes, wonach die auf Erden weilende Kirche als fester Bestandteil des ewigen Gottesreiches angesehen wurde (→ Kirche: III, 3 a), mußte die Folgerung gezogen werden, daß auch das Laientum in die volle Gliedschaft der Kirche einbezogen wurde. Von den → Katharern und → Waldensern war die radikale Forderung der evangelischen Armut und der apostolischen Predigt zur Lebensnorm erhoben und außerhalb der kirchlichen Ordnung verwirklicht worden; die neuen Bettelorden haben sich gerade diese Ziele als Aufgabe für ihr Wirken innerhalb der Laienwelt zu eigen gemacht und auf diese Weise das Ideal der neuen religiösen Bewegung für die Kirche gerettet (Grundmann).

Auf Grund dieser Aufgabenstellung war die Konstituierung des Ordens das Erste, die Errichtung der einzelnen Niederlassungen der zweite Schritt. - Vier große → Bettelorden entstanden: → Dominikaner, → Franziskaner, → Karmeliter und der Priesterorden der → Augustiner-Eremiten; sie sahen ihre Aufgabe bes. in der Predigt. Im Spät-MA sind sie durch Streitigkeiten über die Auslegung der Ordensgrundlagen geschwächt worden. Durchweg behielt die freiere Richtung mit Hilfe der Kurie die Oberhand über die strengere, die → Observanten. Im Franziskanerorden traten diese zu einer eigenen Vereinigung zusammen (→ Spiritualen), ebenso bei den Dominikanern. Bei den Augustiner-Eremiten trennte → Staupitz die deutsche Kongregation vom Gesamtorden ab und machte sie organisatorisch selbständig. Zur Behebung des Verfalls im Benediktinerorden bildeten sich in Italien 1313 die Reformkongregation der → Olivetaner, in Deutschland nach 1439 die → Bursfelder und → Windesheimer Kongregation. - Die neuen Ordensgründungen jener Zeit stellten nur eine Abwandlung bestehender Formen dar und haben keine größere Bedeutung erlangt; hervorzuheben sind die → Jesuaten, der → Birgittenorden, die → Hieronymiten, die → Minimen, die → Annunziaten von 1501.

6. a) Mit dem *Reformationszeitalter* trat das M. in eine Krise ein, die in den ev. gewordenen Ländern zu seiner Auslöschung führte. Die Gründe für diese Entwicklung sind zu einem guten Teil in der Tatsache zu suchen, daß der Verfall der Klosterzucht die allzu zahlreichen Mönche zu einer Landplage des Spät-MA hatte werden lassen. Der entscheidende Grund war jedoch positiver Natur: Die Rechtfertigungserfahrung → *Luthers,* die mit der im Kloster gepflegten Christusmystik in innerem Zusammenhang stand, wandte sich kraft ihres für jeden Christen geltenden Inhaltes an die gesamte Gemeinde. Weil Luthers Kirchenbegriff (→ Kirche: III, 4 a) auf das Urchristentum zurückging, konnte er das M. nicht mehr bejahen. So läßt sich die Tatsache, daß in der Reformation die Klöster aufgehoben wurden, vom Wesen des Rechtfertigungsglaubens her verstehen: jeder getaufte Christ war zu dem Stande des wahren Christen gerufen. Das Ideal des M.s wurde der gesamten Gemeinde als Glaubensgut zugeeignet, so daß die Verdienstlichkeit besonderer → Gelübde (: IV. V) nicht mehr behauptet werden konnte. In der Schrift »De votis monasticis« (Sept. 1521) erklärte Luther die Klostergelübde für nichtig, da sie gegen Röm 14, 23 verstießen; im Nov. 1521 verließ daraufhin eine größere Anzahl von Wittenberger Augustinern den Orden. Alle prot. Richtungen waren in dem Nein zum M. einig.

b) Innerhalb des → *Katholizismus* (: I) führte die als Gegenbewegung einsetzende *Neubesinnung* auch zu einer neuen Lebendigkeit des M.s. Von den Neugründungen seien genannt: die → Kapuziner (1528), die → Barmherzigen Brüder (1540), die → Salesianerinnen (1610), die → Trappisten (1664), die → Englischen Fräulein, die → Schulbrüder (1681). Vornehmstes Beispiel einer Neugestaltung ist der → Jesuitenorden. Sein Erfolg beruhte auf der Verbindung von Meditation (→ Exerzitien) und straff durchgeführter Gehorsamsordnung, so daß er sich der Kurie als beste Hilfstruppe darbot. Die Jesuiten rechnen zu den Orden der → Regularkleriker (Clerici regulares), die sich von den Regularkanonikern (Canonici regulares; → Kanoniker) hauptsächlich durch den Wegfall der Verpflichtung zum feierlichen Chorgebet unterscheiden. Hauptaufgabe sind die Seelsorge und die Übung der Barmherzigkeitswerke (→ Diakon, 2). Weiter gehören dazu die → Theatiner (1524), die → Barnabiten (1530), die → Somasker (1532), die → Piaristen (1597). - Als völlig neue Form der Organisation entstanden die sog. → Kongregationen (Genossenschaften mit nur einfachem Gelübde), die sich bis zur Gegenwart zunehmend ausgedehnt haben. Zu nennen sind die → Oratorianer (1548), die Priester der Mission oder → Lazaristen (1624), die Barmherzigen Schwestern oder → Vinzentinerinnen (1633), die Benediktinerkongregation der → Mechitaristen und die Liguorianer oder → Redemptoristen (1732).

c) Der Aufstieg wurde in der *Aufklärungszeit* von einem neuen Niedergang abgelöst. Der Jesuitenorden wurde 1772 aufgehoben, und die Kirchenreform → Josephs II. verminderte die 2163 österreichischen Klöster um ein Drittel. In der französischen Revolution wurden alle Klöster und Orden in Frankreich am 13.2.1790 aufgelöst, und in ganz Westeuropa schloß sich die große → Säkularisation an (in Deutschland 1803). - Die Wiederherstellung des Jesuitenordens 1814 bezeichnet den Beginn einer neuen Aufwärtsbewegung des M.s, die wohl durch mancherlei Schwankungen hindurchging, im ganzen jedoch bis zur *Gegenwart* angehalten hat. In Deutschland brachte der → Kulturkampf einen vorläufigen Rückgang des Ordenswesens, während in → Frankreich (: I, 8) 1901 die Orden allgemein einer Sondergesetzgebung unterworfen, die Schulorden aber 1904 aufgelöst wurden. In → Italien (, 4. 5) ordnete das piemontesische Klostergesetz von 1855 Einschränkungen an, die jedoch einen neuen Aufschwung nicht hindern konnten. In → Portugal war mit der Revolution von 1910 die Vertreibung der Mönche und Nonnen verbunden. Die Jesuiten wurden in Deutschland am 19.4. 1917 ohne Einschränkung wieder zugelassen; seit 1919 stieg die Zahl der Niederlassungen und der Ordensmitglieder erheblich an (s. die Tabelle Bd II, Sp. 147f). Die nationalsozialistische Zeit vermochte das M. nur äußerlich zu schädigen, während seine Grundgedanken nicht getroffen wurden, so daß sie in der Zeit nach 1945 ihre Kraft wieder entfalten konnten.

Über *ev.* Bestrebungen vgl. → Bruderschaften: III, 2 b.

K.MÜLLER, KG I/1, (1892) 1941³, 495ff - E.A.WALLIS BUDGE, The Book of Governors. The Historia Monastica of Thomas of Margâ A.D. 840, I. II, London 1893 - DERS., The Paradise or Garden of the Holy Fathers, being Histories of the Anchorites, Recluses, Monks, Coenobites and Ascetic Fathers of the Deserts of Egypt between A.D. 250 and A.D. 400 circiter compiled by Athanasius, Palladius, Saint Jerome and others I. II, ebd 1907 - K.HOLL, Enthusiasmus u. Bußgewalt beim griech. M., 1898 - DERS., Über das griech. M. (PrJ 94, 1898, 407-424 = HOLL II, 270-282) - J.-B.CHABOT, Histoire du moine Rabban Youssef Bousnaya par son disciple Jean Bar-Kaldoun (Extrait de la Revue de l'Orient Chrétien), Paris 1900 - ST.SCHIWIETZ, Das morgenländ. M. I-III, 1904-38 - RE XIII, 214ff (Lit.) - DACL XI/2, 1774ff - J.FLEMMING, Akten der Ephesinischen Synode v. 449 syrisch, mit G.Hoffmanns dt. Übers. u. seinen Anm.en (AGG 15/1), 1917, 169f - W.BOUSSET, Das M. in d. sketischen Wüste (ZKG 42, 1923, 1-41) - DERS., Apophthegmata. Studien z. Gesch. des ältesten M.s, 1923 - ST.HILPISCH, Gesch. des Benediktinischen M.s, 1929 - CASPAR I. II - H.V.CAMPENHAUSEN, Die asketische Heimatlosigkeit im altkirchl. u. frühmittelalterl. M. (SgV 149), 1930 - DERS., Die Askese im Urchristentum (SgV 192), 1949 - RGG² IV, 134ff (Lit.) - H.DÖRRIES, M. u. Arbeit (Forsch. z. KG u. chr. Kunst, 1931, 17-39) - DERS., Die Bibel im ältesten M. (ThLZ 72, 1947, 215 bis 222) - DERS., Die Vita Antonii als Geschichtsquelle (NAG 1949, 359-410) - HEIMBUCHER - H.GRUNDMANN, Religiöse Bewegungen im MA. Unters.en über die geschichtl. Zusammenhänge zwischen der Ketzerei, den Bettelorden u. der relig. Frauenbewegung im 12. u. 13.Jh. . . . (Hist. Studien 267), 1935 (Lit.) - DERS., Neue Beiträge zur Gesch. der relig. Bewegungen im MA (AKultG 37, 1955, 129-182) - K.HEUSSI, Der Ursprung des M.s, 1936 - FR.HEILER, Urkirche u. Ostkirche, 1937 (Lit.) - J.VAN DER PLOEG, Oud-syrisch monniksleven, Leiden 1942 - LIETZMANN IV, 116ff - K.E.KIRK, The Vision of God. The Christian Doctrine of the Summum Bonum, London 1950² - H.DUENSING, Die dem Klemens v. Rom zugeschriebenen Briefe über d. Jungfräulichkeit (ZKG 63, 1950/51, 166-188) - I.SMOLITSCH, Russ. M., Entstehung, Entwicklung u. Wesen 988-1917 (Das östl.

Christentum, NF 10/11), 1953 - H.BACHT, Die Rolle des oriental. M.s in den kirchenpolit. Auseinandersetzungen um Chalkedon (in: GRILLMEIER-BACHT II, 1953, 193-314) - L.UEDING, Die Kanones v. Chalkedon in ihrer Bedeutung f. M. u. Klerus (ebd 569-676) - A.ADAM, Grundbegriffe des M.s in sprachl. Sicht (ZKG 65, 1953/54, 209-239) - DERS., Erwägungen zur Herkunft der Did (ZKG 68, 1957, 1-47) - H.BACHT, Antonius u. Pachomius. Von d. Anachorese zum Cönobitentum (Antonius Magnus Eremita, hg.v. B.STEIDLE [Studia Anselmiana 38], Rom 1956, 66-107) - E.E.MALONE, The Monk and the Martyr (ebd 201-228) - A.VÖÖBUS, History of Asceticism in the Syrian Orient. A Contribution to the History of Culture in the Near East I: The Origin of Asceticism, Early Monasticism in Persia (CSCO 184, Subsidia 14), Louvain 1958 (dazu A.ADAM, GGA 231, 1960, H. 3/4) - ALTANER 233ff. 416f. 445ff (Lit.) - Western Asceticism, hg.v. O.CHADWICK (The Library of Christian Classics 12), London 1958 - BECK 120ff (Lit.) - Neue Forschungen über Cluny u. die Cluniazenser, hg.v. G.TELLENBACH, 1959. - Vgl. die Lit. zu den einzelnen Orden u. Kongregationen.

A.Adam

Mörike, *Eduard,* Dichter, * 8.9.1804 in Ludwigsburg, † 4.6.1875 in Stuttgart.

M.s Leben und Wesen wurde von den politischen Kämpfen, auch von den Glaubensfragen des 19.Jh.s wenig berührt und geprägt. Anders als seine Freunde → Strauß und Vischer war er keine Kampfnatur, kein kritischer, politischer, spekulativer Kopf. Den jungen Romantiker bannten zwar → Schellings Naturphilosophie und → Kerners Geisterglaube; doch drängte es ihn nie zum scharf umrißnen Welt- und zum entschiednen Existenzentwurf. Dazu war sein Wesen zu »offen«. In seiner künstlerischen Anlage verband sich visueller und eidetischer Sinn mit hoher Musikalität. Der Hang zur Einkehr in eine selbstgeschaffne, die Wirklichkeit verwandelnde Phantasiewelt prägt schon in Ludwigsburg das Antlitz des früh vaterlosen Arztsohns (dessen Mutter eng mit schwäbischer Pfarr- und Beamtenschaft versippt war) und verstärkt sich zu Urach im ev.-theol. Seminar (1818-22) wie zu Tübingen im Stift (1822-26). Als Vikar und Verweser viel umhergeschoben, wird M. 1834 ständig in Cleversulzbach (nordöstlich Heilbronns), wo er sich besinnlich-idyllisch einrichtet, manch frühes Leid in Wehmut verwindend. Zwischen der herzlichen Liebe zu zwei schwäbischen Pfarrtöchtern liegt die Bezauberung des Stiftlers durch die Schweizerin Maria Meyer, die als »Peregrina« aus geheimnisvollem Dunkel auftaucht und den im Mißverhältnis von Daseinsenge und Ahnungsfülle Lebenden tief erschüttert. In der Abgrenzung gegen die »weite Welt«, deren lockende Botin die Fremde ist, wird er der Grenzen seiner Art und Bestimmung inne, in der Krisis zum großen Lyriker erweckt, der um Dämonisches weiß, aber »Beschränkung« und »Verborgenheit« bejaht und pflegt. - Das bürgerliche Dasein blieb ihm ungemeistert. Kränklich und der Amtspflicht müde, ging er schon 1843 in Pension nach Mergentheim. 1851 vermählt, wurde er Lehrer am Katharinenstift in Stuttgart. Die Ehe des sensiblen Mannes wurde reich an Spannungen. Sein Alter war verdüstert von Gram und Melancholie, in deren Schatten nur selten noch ein reines Gedicht gelang.

Es ist der Schatten tragischer Existenz: nicht gehalten vom geistlich-bürgerlichen Beruf, doch zu befangen in bürgerlichem Ethos, um reine Künstlerexistenz zu wagen. Zwischen Bürger- und Künstlertum liegt bei M. ein eigener Bereich, in dem er gerne weilt: der des Spiels. Hier wurzelt (wenigstens zT) sein Humor, seine Lust an Maskenspiel, Mummenschanz und witzigem, Tief- und Unsinn mischendem Einfall. Auch der Dichter spielt gerne mit dem treffenden Wort das Spiel des Witzes, mit dem welterfindenden das Zauberspiel der Phantasie. Groß aber wird sein Gedicht, wenn mit ihm selbst »gespielt wird«: wenn, rätselhaft berührt, seine Seele zu tönen anhebt wie die Äolsharfe, deren Spiel im Wind eins seiner schönsten Gedichte auf »der Seele plötzliche Regung« bezieht. Was ihm in solchen Augenblicken geschah, wußte er nicht zu benennen und zu bereden, nur staunend und dankend, in Frage und Anruf zu bezeugen. Unfähig und unwillig, die Poesie zu kommandieren, lebt M., als der Quellenreichtum seiner Jugend karger wird, halb unbewußt verlangend auf solche Augenblicke dichterischer Fülle, reiner Ergriffenheit und tiefer Frömmigkeit hin, da »aus Finsternissen hell... aufzückt ein Freudenschein«. Darin ist Mystisches, doch auch Modernes, ein Vorklang der Dichterproblematik des 20.Jh.s. Doch liegt es M. noch fern, das Werk vom Leben völlig abzurücken, es zu beschwören, zu vergötzen.

Soweit Bekenntnis, ist M.s Gedicht so lauter und innig wie das → Goethes, seines verehrten Meisters, wenn auch geringer an Bekenntniswucht und an Kraft, das Subjektiv-Wahre in absolut gültiges Bild zu bannen. Es ist nicht sittlicher Anspruch noch religiöse Botschaft: das trennt M. von → Schiller und von → Hölderlin. Es hat nicht Programm noch Tendenz: das macht ihn zum Antipoden der Aktualitätshuber des »Jungen → Deutschland« und zu einer Art Vorläufer von »l'art pour l'art«. In seiner vollendeten Form ist es reiner Ausdruck von Stimmung und Ahnung, Traum und Flug der Seele im schwebenden, schwingenden Wort. Doch es zerfließt nicht romantisch in formauflösender Stimmung. Sein Wohllaut ist natürliche Magie, nicht Klangrausch. Musikalität verbündet sich immer stärker mit Plastizität. Früh schon treten neben Volkslied-Gebilde strengere: Stanze und Sonett, später antike Maße, bes. Distichen. Darin wirkt erstarkend klassizistischer Sinn. Dagegen ist die gleichzeitige Pflege des Dinggedichts ein Weg zum → Realismus. Doch lebt in ihm noch ganz die Seelentiefe M.s und - wie in seiner naturmagischen Ballade - sein Gespür für elementisches oder göttliches (oder ästhetisches) Wesens- und Wirkungsgeheimnis der Dinge. - Überhaupt ist M.s Wortkunst im Bund mit der Gabe, die eine Grundform seines Dichtens bedingt: in der Erscheinung das geheime Wesen, den »Grund« zu schauen. Das Werben um die »Seele« der Natur zwar bleibt für ihn - darin zeigt sich sein Abstand von Hölderlin und Goethe - vergeblich: sie »bleibt, mehr als der Mensch, verwaist, Darf nicht aus ihrem eignen Rätsel steigen«. Sonst aber macht sich immer wieder jene Grundform geltend. Von der Geliebten »Anschaun tief gestillt«, vernimmt der Dichter »die leisen Atemzüge Des Engels, welcher sich in ihr verhüllt«. Das schlafende Jesuskind auf einem Bild läßt ihn »noch in der Knospe dämmernd Eingehüllt die Herrlichkeit des Vaters« ahnen. Von hier aus wird der Bildkreis des Schleiers bedeutend und der des Abgrunds. Im Drang verwirrender Gefühle will er »zum Abgrund der Betrachtung steigen«. Doch mag es auch sein, daß ihm der Sinn schwindelnd »von Tiefe dann zu Tiefen stürzt«, wo er »aus der Gottheit nächtger Ferne Die Quellen des Geschicks melodisch rauschen« hört.

Mit dem Blick in den Abgrund tut sich nach dem Peregrina-Erlebnis mehrmals ein tragischer Tiefenbereich auf, bes. in »Maler Nolten« (1. Fassung 1832, 2. unvollendet). Ein Künstler- und Gesellschafts-, Liebes- und Schicksalsroman, dessen Keimzelle wohl eine romantische Künstlerberufungsnovelle ist und dessen Technik immer tiefere Zeitschichten und Lebensgründe erschließt. Die unheimliche Zerrüttung seines Lebenskreises zieht Nolten hinab in ein tief pessimistisches Lebensgefühl: »denn dies ist wirklich, dies ist da, kein Gott wirds ändern!« Der christlichen Mahnung an »die ewige Güte und Wahrheit«, die in ihm durch die »Feuertaufe« des Leidens »ein gottbewußteres Leben« wecken werde, entgegnet er mit dem Wunsche: »Daß eine Gottheit diesen mattgehetzten Geist, weichbettend, in das alte Nichts hinfallen ließe!« - Solche Bekenntnisse Noltens sind nicht endgültige M.s, lassen aber ahnen, was in dem Still-Verstörbaren gewühlt haben mag an Ängsten, die er am Ende seiner Jugend, indes er sein Leben im Sicheren einrichtet, zu radikalem Ende dichtet: eines der Symptome für das schon bei Goethe wirksame, mit der → Romantik einreißende Gefühl der Doppelbödigkeit des Daseins, das nochmals ergreifend aufbricht in dem Altersgedichte jäher Todesahnung »Erinna an Sappho«. - Der Tod beschattet auch »Mozart auf der Reise nach Prag« in der reifsten Novelle, worin der Fünfzigjährige, frei spielend und erfindend, nochmals die Existenz eines Künstlers gestaltet, in dessen Hingabe an Lebensreiz und Kunst »die Ahnung eines frühzeitigen Endes« ist.

»Heiterkeit auf dem Grunde der Schwermut«: für »Mozart« trifft diese Definition des → Biedermeier zu. Auch sonst lebt dessen Geist in M., bes. seit Vollendung des »Nolten«, und bes. in seinem Wunsch um »holdes Bescheiden«. Trotzdem kann »Biedermeier« nur ein Bezugspunkt seiner Kunst sein, keine erschöpfende Wesensbestimmung. Sie gründet dafür zu tief und ragt zu hoch. Sie bildet eine Brücke von der romantischen zur modernen, mit dem → Symbolismus einsetzenden Wortkunst. Zugleich bewahrt und pflegt sie - bei beträchtlicher Minderung der Ursubstanz - das edelste Erbe Goethes. - Der künstlerische Mensch war stärker als der religiöse, ohne jedoch mit ihm in Konflikt zu leben. Überhaupt kann diese Scheidung nur mit Vorbehalt gelten (bes. angesichts von Gedichten wie »Seufzer« und »Wo find ich Trost?«, Zeugen tief religiöser, christlicher Stimmung). M. war im Herzensgrunde fromm, aber kein Kämpfer um und für den Glauben; Entscheidung und »Durchbruch« blieben ihm fern, Dogmenstrenge fremd. Seine Lyrik bezeugt ebenso den seit der Romantik im 19.Jh. fortschreitenden Zerfall des sicheren Bundes zwischen Ich und Welt wie das Bemühen um angemessene Rettung dieses Bundes, der freilich nur noch in glückhaften Stunden Ereignis wird. M.s Werk vermittelt kaum unmittelbar feste Lebenswerte und -halte; wohl aber mag es auf den Einzelnen, der nicht im Saeculum aufgeht, den zeitlosen Zauber der Poesie ausstrahlen, der, durch Wehmut und Verdüsterung hindurch, das Lebensgefühl erhellt und befriedet.

Werke, hg.v. H.Maync, 3 Bde, 1914²; v. G.Baumann, 2 Bde, 1954; v. H.G.Göpfert, 1954 - Briefe, hg.v. F.Seebass, 1939; v. G. Baumann, 1959; Unveröff. Briefe, hg.v. F.Seebass, 1945². - Über M.: H.Maync, E.M., sein Leben u. Dichten, (1902) 1944⁵ - F.Gundolf, Romantiker, N.F. 1931, 219ff - A.Goes, M., (1938) 1954 - B.v.Wiese, E.M., 1950 - H.Meyer, E.M., 1950 - M.Koschlig, M. in seiner Welt, 1954 (288 Abb.). - Ferner: H.Reinhardt, M.s »Maler Nolten«, 1930 - W.Zemp, M.: Elemente u. Anfänge, 1939 - R.Ibel, Weltschau dt. Dichter, 1948 - M.Burger, Die Gegenständlichkeit in M.s lyr. Verhalten (Diss. Heidelberg), 1948 (Masch.) - A.Beck, M.s Gedicht »An einem Wintermorgen« (Euphorion 46, 1952, 370-393) - H.Emmel, M.s Peregrinadichtung u. ihre Beziehung zum Noltenroman, 1952 (dazu A.Beck, »Peregrina« [Euphorion 47, 1953, 194 bis 217]) - W.Kohlschmidt, Wehmut, Erinnerung, Sehnsucht in M.s Gedicht (in: W.K., Form u. Innerlichkeit, 1955, 233-247) - E.Staiger, Die Kunst der Interpretation, 1955 (darin Erklärung der Gedichte »Auf eine Lampe« u. »Das verlassene Mägdlein«, sowie »Ein Briefwechsel mit M.Heidegger« über das erste Gedicht) - H.Kunisch, E.M., »Peregrina« (in: Wege zum Gedicht, 1956, 237-256) - W.F.Taraba, Die Rolle der »Zeit« u. des »Schicksals« in E.M.s »Maler Nolten« (Euphorion 50, 1956, 405-427) - B.v.Wiese, E.M., »Mozart auf der Reise nach Prag« (in: B.v.W., Die dt. Novelle von Goethe bis Kafka, 1956, 213-237) - F.H.Mautner, M.s »Mozart auf der Reise nach Prag«, 1957 - R.Guardini, Gegenwart u. Geheimnis. Eine Auslegung v. 5 Gedichten E.M.s, 1957. *A.Beck*

Mörlin, 1. *Joachim* (1514-71), * als Sohn des luth. Predigers *Jodocus* M., studierte in Wittenberg, wurde Kaplan an der Stadtkirche, 1540 Sup. in Arnstadt, 1543 wegen zu strenger Kirchenzucht entlassen, 1544 Sup. in Göttingen. Als Gegner des → Interims vertrieben, wurde er im Sept. 1550 Domherr zu Königsberg, vom Herzog aber wegen kirchenpolitischer Differenzen abgesetzt. Bis 1567 war er Sup. in Braunschweig, seit 1568 Bischof in Samland. - M.s Bedeutung liegt in der Stärkung der Theologengruppe um → Flacius, Nik. → Gallus, → Heßhus und → Sarcerius. Als Gegner der Interimisten und A. → Osianders verlor er in Preußen sein Amt. Auf dem Kolloquium zu Worms (1557, J. → Pflug) gehörte er zu den Thüringern; sie wurden aus Protest gegen die lahme Haltung der Kursachsen abberufen. Als 1558 in Magdeburg der kath. Gottesdienst eingeführt wurde, nahm M. zugunsten → Wigands wider den Rat Stellung, der darauf sein Buch gegen → Major verbot (gedruckt in Eisleben). Wegen der Christologie entzweite sich M. mit Joh. → Marbach in Straßburg, wegen der Ubiquität (wie Heßhus) mit → Hardenberg, wegen des Gesetzes mit → Amsdorf, wegen der Erbsündenlehre mit Flacius. In Preußen bemühte er sich um Lehreinheit durch einen Auszug aus der CA und den Schmalkaldischen Artikeln (Repetitio corporis doctrinae ecclesiasticae, von 86 Theologen und Predigern unterschrieben).

Vf. u.a.: De vocatione ministrorum, 1565. - Qu. u. Lit. im Stadtarchiv Regensburg. - RE XIII, 237ff - Franz Koch, J.M. als Samländischer Bischof 1567-71, 1907 - O.Clemen, J.M.s Bannordnung von 1543 (ZVThG NF 35, 1941, 76-80) - E.Roth, M. u. seine Rechtfertigungslehre (JGNKG 50, 1952, 59-81). *R.Dollinger*

2. *Maximilian* (1516-84), Bruder von 1, * in Wittenberg, hier 1533 Student, 1539 Diakonus in Pegau, 1542 in Zeitz, 1543 Pfarrer in Schalkau, 1544 Hofprediger, 1546 Sup. in Coburg, 1546 Visitator des Coburger Landes, 1556 der Herrschaft Römhild. M. war beteiligt an den thüringischen »Censurae« gegen → Osiander (1552), am Wormser Religionsgespräch (1557) und an der Heidelberger Disputation im Gefolge Johann Friedrichs II., der den Kurfürsten Friedrich d. Frommen vom Übergang zum Calvinismus abhalten wollte (1560). Noch unter → Flacius' Einfluß Mitarbeiter am Weimarer Konfutationsbuch (1558), billigt er die declaratio Victorini (1562) und setzt sie 1563 als Visitator durch. 1569 als Antiflacianer entlassen, wird er Hofprediger in Dillenburg, 1573 nach Coburg zurückgerufen und Visitator, später Förderer der → Konkordienformel.

RE XIII, 247ff - R.Herrmann, Die Generalkirchenvisitationen in den Ernestinischen Landen (ZVThG NF 22, 1915, 75-156) - Ders., Thür. KG II, 1947 (Reg.) - Wolf, QK II/2, 143f - RGG² IV, 147 (Lit.). *R.Jauernig*

Möttlingen, ein kleines Schwarzwalddorf bei Calw, wurde durch die Wirksamkeit von → Blumhardt d.Ä. bekannt. Drei Jahre nach dem Weggang Blumhardts aus M. wurde dort 1855 *Friedrich Stanger* als uneheliches Kind geboren. Nach harter, armseliger Jugend und schwerer Gefährdung durch Trunksucht erlebte der 50jährige eine Bekehrung von nachhaltiger Wirkung. 1909 gründete er in M. ein christliches Erholungsheim, »Rettungsarche« genannt, das wegen des ungeheuren Zustroms mehrmals erweitert werden mußte. Schlichte Laienbrüder bäuerlicher Herkunft, dem schwäbischen → Biblizismus entstammend, unterstützten »Vater Stanger« bei seiner Tätigkeit in Wortverkündigung und Seelsorge. Bei reichlich freigebiger Verwendung der Besessenheitsdiagnose soll die Handauflegung bis ins Leibliche hinein völlige Befreiung von Krankheit schaffen. Doch wird die Botschaft von der Sinnesänderung und Erneuerung des Herzens der Verheißung einer → Heilung von körperlichen Gebrechen eindeutig vorangestellt. Ungezählte Suchtkranke und Neurastheniker haben in M. entscheidende Hilfe für ihr Leben gefunden. Führende Männer der deutschen → Gemeinschaftsbewegung wie der Evangelist Heinrich Dallmeyer und Pastor Walter → Michaelis haben sich gegenüber der Möttlinger Bewegung kritisch geäußert und sie der seelischen Schwärmerei verdächtigt. Andere haben M. einen »Gnadenort der ev. Kirche« genannt und Stanger als »auserwähltes Werkzeug« gepriesen. Man wird seine Lebensarbeit in einer Linie sehen dürfen mit der von O. → Stockmaier in Hauptwil und Joh. → Seitz in Teichwolframsdorf. Nach dem Tod von Stanger (1934) kam es unter den Nachfolgern des Werkes zu höchst unerfreulichen Streitigkeiten, die zur Schließung der »Rettungsarche« durch die nationalsozialistische Polizei führte. Heute dient das Heim in M. wieder seinem alten Zweck und erfreut sich eines mächtigen Zuspruchs aus aller Welt. Die Möttlinger Freunde haben sich in Deutschland, Holland und in der Schweiz an vielen Orten zu gleichgesinnten Kreisen zusammengeschlossen. Doch wird die Gliedschaft mit Landeskirche, Freikirche oder Gemeinschaft grundsätzlich nicht aufgegeben. Durch Besuchsreisen der in M. dienenden Brüder werden die zahlenmäßig kleinen Gruppen gesammelt und gestärkt.

W. Michaelis, M. Ein Wort über Fr. Stanger u. seine Wirksamkeit, 1925 - RGG² V, 758f (Lit.) - B. Jansa, Das heutige M., 1930 - J. Schlatter, M. u. seine Bedeutung für die Kirche, 1933 - F. Stanger, Ein Brand aus dem Feuer gerettet (Selbstbiogr.), o.J.

A. Köberle

Moffat, *Robert* (1795-1883), Missionar der → Londoner Mission in Südafrika, arbeitete zunächst in Namaqualand, dann in Lattakoo (Betschuanaland), wo er eine Missionsstation errichtete (heute Kuruman, → 2 F 7). Er übersetzte das NT und das AT in Setsuana (vollendet 1839 bzw. 1857), außerdem → Bunyans »Pilgrim's Progress« und viele Choräle. M. war mit Umzilikazi, dem Häuptling der Matabele, befreundet und begann 1859 mit der Mission in dessen Stamm. Über 50 Jahre wirkte er in → Afrika (: IV B, 1 b) und legte die Richtlinien fest, nach denen die »jungen« Kirchen bei den Betschuana und Matabele aufgebaut wurden.

R. Moffat, Missionary Labours and Scenes in Southern Africa, 1842 - J.S. Moffat, The Lives of R. and Mary M., 1886 - J.P.R. Wallis, The Matabele Journals of R.M. 1829-60, 1945 - L. Schapera, Apprenticeship at Kuruman 1820-28, 1951. *R.K. Orchard*

Moffatt, *James,* * 4.7.1870 in Glasgow, † 27.6.1944 in New York, war zunächst Pastor der United Free Church von Schottland und nach Lehrtätigkeit am Mansfield College (Oxford) und in Glasgow von 1927 bis 1940 Prof. für KG am Union Theological Seminary, New York. Bes. bekannt wurde M. durch seine → Bibelübersetzung (: V, 2 b; NT: 1913; AT: 1924; Rev. Ed. 1935) und die darauf basierende, von ihm edierte Kommentarreihe (Moffatt NTC).

Vf. u.a.: Introduction to the Lit. of the NT, (1911) 1918³; The Theology of the Gospels, 1912; Commentary on the Epistle to the Hebrews (ICC), 1924; Everyman's Life of Jesus, 1924; Love in the NT, 1929; Grace in the NT, 1931; The First Five Centuries of the Church, 1938. - Über M.: ET 56, 1944/45, 14-17 - Religion in Life 14, 1944/45, 24-31. *B.M. Metzger*

Mogila, *Petrus* (1597-1647), russ. Theologe, erwirbt auf weiten Reisen durch Europa (Studium in Paris) ein gründliches Wissen vor allem der röm.-kath. Theologie, nimmt 1620 in seiner moldauischen Heimat am Kampf gegen die Türken teil, wird 1625 Mönch und 1627 Archimandrit des Höhlenklosters in → Kiew, 1633 von Ladislaus IV. von Polen zum Metropoliten von Kiew und der Ukraine erhoben. Mit ausgesprochen antiunierter Tendenz baute er die darniederliegende russ. Orthodoxie in der → Ukraine wieder auf, indem er es verstand, bes. an der späteren Kiewer Akademie abendländisches, vorzugsweise kath. Denken mit den Bedürfnissen der orth. Dogmatik zu verbinden. In diesem Geiste schrieben seine Schüler zum ersten Male innerhalb der russ. Orthodoxie wissenschaftlich fundierte Untersuchungen über fast alle theologische Disziplinen. Seine gegen → Lukaris gerichtete Confessio Fidei Orthodoxae (→ Bekenntnisschriften, 7) mußte 1643 in Jassy revidiert werden, um jene Tendenzen abzuschwächen. Nach Approbation durch den ökumenischen Patriarchen erschien die 1. Ausg. in Kiew 1645.

Text der Confessio: J. Michalcescu, Die Bekenntnisse ... der griech.-oriental. Kirche, 1904, 22-122 (mit älterer Lit.). - Über M.: S. Golubev, Der Kiewer Metropolit P.M. I. II, Kiew 1883/98 (russ.) - E. Legrand, Bibliogr. hellénique III, 1896, 104ff - J.J. Overbeck, The orth. Confession of P.M., 1898 - A. Malvy-M. Viller, Orientalia Christiana X, 39, 1927; XX, H. 1, 1930 - DThC X/2, 2063ff (Lit.) - O. Barlea, De confessione orthodoxa P.M., 1948 - I. Spasskij in: ZMP 1951, H. 1, 44-52; H. 3, 40-49 (russ.). *K. Onasch*

Mohilew, *Erzbistum* der röm. Katholiken in → Rußland (: II; Sitz in St. Petersburg) mit den Suffraganen Minsk, Komeniec, Tiraspol und Zytomir, umfaßt das gesamte europäische Rußland mit Ausnahme einer Apostolischen Administratur für die Unierten Armenier Georgiens (→ Unierte Kirchen). Ursprünglich 1720 vom polnischen König für Weißrußland gegründetes Bistum, wurde M. nach der ersten Teilung Polens 1773 bis 1774 von Katharina II. als Zentrum der neu hinzugekommenen röm. Katholiken im russischen Reich unter Loslösung des »weißrussischen Vikariates« von → Wilna errichtet; 1782 wurde es vom Zaren zum Erzbistum erhoben. Diese im Geiste des → Josephinismus durchgeführten Maßnahmen wurden erst 1783 vom Vatikan anerkannt. Die Geschichte des Erzbistums M. spiegelt das Auf und Ab der Konflikte zwischen dem um die innere Einheit des Reiches besorgten orth. Rußland und dem Vatikan wider, der mehr oder weniger mit dem kath. → Polen sympathisierte. Im Grunde war Rom bei der Regelung der russischen Verhältnisse völlig machtlos. So befahl Paul I. 1799 die Loslösung von Rom und die Verselbständigung zu einer russisch-kath. Nationalkirche unter dem Erzbischof von M. Eine ähnliche Episode ereignete sich nach der Aufhebung des Konkordates von 1847 i.J. 1867: der M.er Erzbischof wurde selbständiges Haupt der russischen Katholiken unter dem Zaren als eigentlichem Oberhaupt. Der Sitz des Erzbischofs wurde zugleich nach St. Petersburg verlegt (1873 vom Papst bestätigt). Der erste Erzbischof von M., Siestrzencewicz-Bohusz (1773-1826), war für Rom keine Stütze; der weniger gefügige Ignaz Golowinski, der ihm folgte, hatte das Amt nur kurz inne (1851-55). Lange Zeit blieb es überhaupt unbesetzt. - Nach dem Frieden von Riga 1921 zwischen Polen und Sowjetrußland blieb das Erzbistum bei der Sowjetunion. Erzbischof Eduard v.d. Ropp emigrierte nach Warschau, wo er eine Art Exil-Diözesanverwaltung und ein Seminar in Lublin errichtete. Nach dem Abschluß des polnischen Konkordats wurden seine Priester in die polnische Seelsorge überführt. Sein in Rußland gebliebener Vertreter, Weihbischof Cieplak, leistete dem Staat in der Frage des kirchlichen Eigentums und des Religionsunterrichts Widerstand, wurde 1923 zum Tode verurteilt, aber ausgetauscht, sein Generalvikar jedoch erschossen. Eine 1926 durch den Vatikan versuchte Neuordnung der kath. Hierarchie in Rußland schlug fehl: der 1926 ernannte Administrator von M., Boleslav Sloskans, kam 1927 ins Gefängnis, dann nach Sibirien und mußte später ins Exil gehen. Seit 1925 untersteht → Rußland (: II) nominell der röm. Commissio Pro Russia. Statistische Angaben sind nicht möglich (vgl. AnnPont 1960, 335).

Offiziell besteht in der UdSSR heute nur eine kath. Gemeinde für ausländische Katholiken: St. Louis des Français in Moskau, zZ von einem amerikanischen Pater betreut. 1950 verfügte die Sowjetbehörde die Überführung dieser Gemeinde in die Erzdiözese Wilna.

A. Boudrou, Le St.-Siège et la Russie (1814-83), 2 Bde, Paris 1922-25 - A.M. Ammann, Abriß der ostslaw. KG, Wien 1950 (s. Reg.) - EC VIII, 1207f - W. de Vries, Kirche u. Staat in der Sowjetunion, 1959. *G.Maron*

Mohr, *Joseph* (1792-1848), kath. Geistlicher im Salzburgischen, zuletzt in Wagrein. Sein Lied »Stille Nacht, heilige Nacht« (1818), zu dem sein Freund Franz Gruber die Melodie schrieb, wurde weltbekannt. Daß dabei die 3 christlich aussagekräftigsten der 6 Strophen verlorengingen, ist nicht Schuld des Dichters. Daß das Lied im *deutschen* Sprachbereich heute - nicht ohne Widerstände - aus der ev. und kath. Kirche verschwunden ist, ergab sich aus den allgemeinen Erneuerungsbewegungen im Bereich des → Kirchenliedes.

RGG³ IV, 149 (Lit.) - Messiasbote 33, 1938, 3f. *W.Jannasch*

Molanus, *Gerard Walter,* * 1.11.1633 in Hameln (Weser), † 17.9.1722 in Hannover, studierte in Helmstedt unter G. → Calixt, wurde 1659 Prof. der Mathematik, 1664 der Theologie in → Rinteln, 1674 Direktor des Konsistoriums und Leiter der Landeskirche in Hannover, 1671 Konventual, 1672 Koadjutor des Abts, 1677 Abt des Klosters → Loccum. 1675 führte er eine Generalkirchenvisitation in Hannover durch, 1676 eine Schulordnung ein. Völlig von Calixts melanchthonischer Versöhnungstheologie bestimmt, war M. in den kirchlichen → Einigungsbestrebungen (: II, 2 c) seiner Zeit seit 1682 der Hauptmitarbeiter von → Leibniz und → Jablonski auf ev. wie → Spinola und → Bossuet auf röm.-kath. Seite. Trotz weitgehender Bereitschaft zur Union verweigerte M. den Katholiken gegenüber die Anerkennung des Tridentinums und mißtraute den Reformierten auf Grund der Erfahrungen seit dem Kasseler Religionsgespräch 1661 (Ausnutzung der Union zu ihrem eigenen Machtgewinn). Daran scheiterten die Pläne, die Ergebnis der am weitesten vorgetriebenen Verhandlungen mit dem röm. Katholizismus seit der Reformation waren, ebenso das Bemühen um eine innerev. Einigung. Als Kirchenfürst kämpfte M. für eine Verselbständigung der Kirche gegenüber dem Landesherrn und der Staatsverwaltung.

RE XIII, 253ff - H. Weidemann, G.W.M., 2 Bde, 1925/29 - DThC X/2, 2081ff - M. Schmidt in: Rouse-Neill I, 154ff. *M.Schmidt*

Moldenhawer, *Daniel Gotthilf* (11.12.1753 [1752, 1754?] bis 21.11.1823), * in Königsberg, † in Kopenhagen, 1777 Prof. der Theologie sowie der orientalischen und klassischen Philologie in Kiel. Nach einer zweijährigen Studienreise durch Europa wurde M. 1784 Prof. der KG und Dogmatik in Kopenhagen, »in Theorie und Praxis mit dem Rationalismus übereinstimmend, matt supranaturalistisch« (Tholuck). Seit 1788 war er zugleich Oberbibliothekar der königlichen Bibliothek. 1805 von seiner Professur entbunden, gehörte er dem königlichen Direktorium für Universitäten und gelehrte Schulen an.

Vf. u.a.: Hiob (metrische Übertragung), 2 Bde, 1780; Der Prozeß gegen den Orden der Tempelherren. Aus den Originalakten der päpstl. Kommission in Frankreich, 1792. - Über M.: C. Mohlbech, Conferensraad M. som Bibliothekar, 1824 - Th.H. Erslew, Almindeligt Forfatter-Leksikon II, 1847, 290ff - ADB XXII, 92 (Lit.) - Dansk biogr. Haandleksikon XVI, 1939, 13ff (Lit.). *H.Hohlwein*

Molière, *Jean Baptiste Poquelin* (1622-73), franz. Lustspieldichter und Schauspieler; Schüler von Gassendi, studierte die Rechte, eröffnete 1643 ein eigenes Theater, das er 1645 wieder aufgeben mußte. Er gehörte dann verschiedenen Schauspieltruppen an und wurde 1661 Direktor am Palais-Royal in Paris. M. schrieb für sein Ensemble eigene Stücke, in denen er und seine Frau A. Béjart meist die Hauptrollen spielten; dadurch entstand die Legende, daß seine Werke autobiographischen Charakter trügen, zumal er das Thema vom betrogenen Ehemann oft behandelte und seine eigene Ehe unglücklich war. Man vergaß dabei, daß dieses Thema im 17. Jh. bes. beliebt war. Witz und treffende Charakterzeichnung, souveräne Sprachbeherrschung und Sinn für Bühnenwirksamkeit trugen ihm wohlverdienten Erfolg ein. Seine Charakterkomödien (Misanthrope 1666; Tartuffe 1667; Avare 1668; Bourgeois Gentilhomme 1670; Femmes Savantes 1672; Malade Imaginaire 1673) zogen ihm die Mißgunst von Neidern und den Haß von Personen zu, die sich porträtiert glaubten. Dazu kam die generelle Ablehnung des → Theaters von kirchlicher Seite. Auf Grund des Tartuffe wurde M. exkommuniziert, obwohl das Stück sich nur gegen die Bigotterie, nicht gegen die Kirche richtete. Er ist als Dramatiker Moralist: Er wendet sich gegen die Unsitten der Zeit (kritisiert dabei sogar den König) und fordert naturgemäßes, vernünftiges Denken und Handeln.

Ausg.: M., Théâtre et poésies, 8 Bde, ed. R. Bray, 1935-52; dt.: M.s Werke, übertr. v. A. Luther, R.A. Schröder u. L. Wolde, 1954. - Über M.: G. Michaut, M., 3 Bde, 1922-25 - S. Gutkind, M. u. das komische Drama, 1928 - H. Heiss, M., 1929 - D. Mornet, M., 1943 - W.G. Moore, M., 1949 - D. Romano, Essai sur le comique de M. (Diss. Zürich), 1950 - R. Jasinski, M. et le Misanthrope, 1953 - R. Bray, M., 1954. *M.Schon*

Molina, *Ludwig* (1535-1600), * in Cuenca (Neukastilien), 1553 Jesuit, studierte in Coimbra, dort Prof. der Philosophie, dann der Theologie in Evora, 1590 wieder in Cuenca, 1592 Prof. der Moral in Madrid. Sein Werk »Concordia« entfachte einen heftigen Streit um das Verhältnis von menschlicher Freiheit und göttlichem Handeln. Das göttliche Vorherwissen ist nach M. zwar Grund aller Dinge, und so auch der freien menschlichen Handlungen, aber doch nur in der Form der Mitwirkung. Das Zusammenwirken von Gnade und freiem Willen bedingt den sittlichen Akt und auch die → Rechtfertigung (: II). M. spricht von zuvorkommender → Gnade (: IV), lehnt aber die → Prädestination (: III) ab. Das Problem, die göttliche Allwissenheit mit der → Willensfreiheit zu vereinigen, führte M. zum Begriff der sog. Scientia media. Gott sieht voraus, was die Menschen unter gewissen Umständen tun werden, obgleich sie auch das Gegenteil tun könnten. Erst auf Grund des vorausgesehenen menschlichen Willensentscheides bestimmt er ihr Schicksal. Diese Einordnung des menschlichen Willens in den Heilsprozeß als notwendigen Faktor erregte Widerspruch sowohl bei Jesuiten (→ Henríquez, → Mariana) als auch bes. bei den Dominikanern, weil sie → Thomas von Aquino zuwiderlief. → Clemens VIII. und → Paul V. ließen die Fragen offen. Dem strengen Molinismus trat eine vermittelnde Richtung (→ Suárez, → Bellarmini) gegenüber. M. hat neben Suárez den Geist der spanischen Spätscholastik geprägt und zu den Lebensäußerungen der Zeit in Staat und Gesellschaft Stellung genommen. Seine Rechts- und Wirtschaftslehre hatte starken Einfluß. M. zeigte sich den konkreten Fragen des modernen Wirtschaftslebens aufgeschlossen und suchte die Forderung von Sittlichkeit und Recht zu bestimmen. Man betrachtet ihn als den liberalsten unter den Wirtschaftsethikern der Spätscholastik.

Vf. bes.: Concordia liberi arbitrii cum gratiae donis, divina praescientia, providentia, praedestinatione et reprobatione, Lissabon 1588 (krit. Ausg. v. J. Rabeneck, Madrid 1953); Commentaria in primam

Divi Thomae partem, 2 Bde, Cuenca 1592; De Iustitia et Iure, 6 Bde, ebd 1593-1609. - Über M.: F.STEGMÜLLER, Gesch. des Molinismus I: Neue M.schriften, 1935 - J.RABENECK, De vita et scriptis L.M. (Archivum historicum Societatis Jesu 19, 1950, 75-145) - J.M. DIEZ-ALEGRÍA, El desarrollo de la ley natural en L. de M. y en los maestros de la Univ. de Evora de 1565 a 1591, Barcelona 1951 - V.MUÑOZ, Zumel y el Molinismo. Informe sobre las doctrinas del P.L. de M., 1595, Madrid 1953 - W.WEBER, Wirtschaftsethik am Vorabend des Liberalismus. Höhepunkt u. Abschluß der scholast. Wirtschaftsbetrachtung durch L.M., 1959. *R.Konetzke*

Molinos, *Miguel de* (1628-96/97), Hauptvertreter des → Quietismus. * in Muniesa (Aragon), lebte M. seit 1664 als hochgeschätzter Beichtvater in Rom. In seinem »Guida spirituale« (1675) bildete er die romanische → Mystik (: VI, 4) der → Therese von Jesu, des Gregor → Lopez und der Mme de → Chantal zu einer radikalen Lehre von der → Gelassenheit fort, die in der mystischen → Kontemplation das wahre Christentum erblickte. Der Mystiker soll durch völlige Hingabe an Gott, Christus und Maria, mit der himmlischen Wirklichkeit geeint, ein so hl. Leben führen, daß er der Gnadenmittel grundsätzlich nicht mehr bedarf. Durch Jesuiten wurde in Italien (Paolo Segneri) wie in Frankreich (→ La Chaise) Papst → Innozenz XI., der M. geneigt war, auf die Gefährlichkeit dieser Lehre hingewiesen: sie leiste dem kirchlichen Indifferentismus und der reformatorischen Anschauung von der völligen Unfähigkeit der menschlichen Natur zum Guten und der reinen Passivität im Gottesverhältnis Vorschub. Außerdem sei sie dem → Okkasionalismus des → Malebranche verwandt. So erfolgte am 28.8.1687 die Verdammung von 68 Sätzen (Denz. 1221-88) des M., die er als Gefangener in einem röm. Dominikanerkloster widerrief. Seine Volkstümlichkeit und seine Nähe zum mystischen Spiritualismus und → Pietismus sicherten ihm die allgemeine Anteilnahme. A.H. → Francke übersetzte 1687 den Guida spirituale ins Lateinische, G. → Arnold 1699 ins Deutsche.

RE XIII, 260ff - P.DUDON, Le quiétiste espagnol M.M., Paris 1921 (Lit.) - DThC X/2, 2187ff - H.STAHL, A.H.Francke. Der Einfluß Luthers u. M.' auf ihn, 1939 - EC VIII, 1224f. - Vgl. die Lit. zu → Quietismus. *M.Schmidt*

Moller, *Martin* (1547-1606), * in Kropstädt bei Wittenberg, luth. Prediger und Erbauungsschriftsteller, 1568 Kantor in Löwenberg (Schlesien), 1572 Pfarrer in Kesselsdorf, Löwenberg und Sprottau, 1600 Pastor primarius an St. Petri in Görlitz. M. wurde berühmt durch seine Erbauungsbücher »Praxis evangeliorum« (1601 u.ö.) und »Meditationes sacrorum patrum« (1584ff; → Kirchenlied: I, 3 b). Er besaß keine Universitätsbildung, war aller Polemik abgeneigt, stand in Görlitz unter Nachwirkungen melanchthonischer Theologie und wurde von Salomo Geßner in Wittenberg als Kryptocalvinist bekämpft. Sein Anliegen war, in einfacher Sprache die ev. Heilswahrheiten zu verkündigen. Seine Werke, in denen Einflüsse → Augustins, → Bernhards u.a. spürbar werden, haben großen Einfluß auf die luth. → Erbauungsliteratur (, 3) und Predigt genommen.

GIESE, Leben u. Schriften des P.M.M., 1769 - KOCH II, 211ff - H.BECK, Die Erbauungslit. der ev. Kirche Deutschlands I, 1883, 258ff - FR.SPITTA, Der Dichter des Liedes »Ach Gott, wie manches Herzeleid« (MGkK 7, 1902, 12-18. 57-62. 82-91) - P.ALTHAUS, Forschungen zur ev. Gebetslit., 1927 - Hdb. z. EKG II/1, 1957, 117f - J. KULP-A.BÜCHNER-S.FORNAÇON, Die Lieder unserer Kirche, 1958. *F.Lau*

Moloch, von der LXX (2Kön 23, 10; Jer 32, 35) her übernommene Umschrift des hebr. molæk. Nach der üblichen Meinung ist molæk eine Entstellung des hier als Gottesepitheton gebrauchten mælæk oder malk »König« durch die Vokale von bošæt »Schande« (Aussprache: bošæt?), die den damit gemeinten Gott als Scheusal brandmarke. Den Mælæk selbst betrachten manche als einen (etwa im 8.Jh. vChr) aus der Nachbarschaft in Israel eingedrungenen, andere als einen bereits bei den Kanaanäern heimischen Gott, dessen Kultus die Israeliten bei ihrer Landnahme übernommen und nach einigen Jh.en der Vernachlässigung später erneuert hätten. - Mælæk oder malk kommt als Gottesbezeichnung tatsächlich in manchen semitischen Religionen vor, aber davon, daß bes. oder gar ausschließlich einem Gott dieses Namens Kinderopfer zukämen, findet sich keine Spur. Vielmehr können solche Opfer verschiedenen Göttern dargebracht werden, wie denn Gen 22, 1-19; 2Kön 16, 3; 21, 6; Ez 20, 25f; Mi 6, 7 offenbar solche Opfer auch für Jahwe voraussetzen. - Nun findet sich in punischen Inschriften ein dem hebr. molæk entsprechendes molk als Bezeichnung einer bestimmten Opferart, und das macht es wahrscheinlich, daß molæk ebenfalls als Terminus für ein Opfer, nicht als Gottesbezeichnung zu verstehen und daß die entsprechende hebr. Wendung mit »als ein molæk darbringen«, nicht mit »dem Molæk darbringen« zu übersetzen ist. Nach 2Kön 23, 10; Jes 30, 33; Jer 7, 31-32; 19, 6. 11. 14 war das im Hinnom-Tale südlich von Jerusalem gelegene Tophet die Stätte dieses molæk-Kinderopfers. Auch die 2Kön 16, 3; 21, 6 erwähnten Kinderopfer des → Ahas und des → Manasse werden wohl dort dargebracht worden sein, und ebenso wird dem Erzähler von Gen 22, 1-19 und dem prophetischen Verfasser von Mi 6, 7 diese Stätte vor Augen gestanden haben. Wenn das molæk-Kinderopfer am Tophet erst für das 8., 7. und 6.Jh. vChr bezeugt ist, so handelt es sich doch kaum um einen erst damals aufgekommenen Brauch, sondern wohl um die durch die politischen und wirtschaftlichen Nöte jener Zeiten veranlaßte Wiederaufnahme einer älteren, halb in Vergessenheit geratenen Sitte. Von den Phöniziern und den Karthagern steht es jedenfalls fest, daß sie in Notzeiten die lange vernachlässigten Kinderopfer wieder eingeführt haben. - Vgl. → Menschenopfer, 2.

EB III, 3183ff - RE XIII, 269ff - J.-B.CHABOT, Les inscriptions néopuniques de Guelma (Calama) (JA XI/8, 1916, 483-520) - FR. WILKE, Kinderopfer u. kultische Preisgabe im »Heiligkeitsgesetz« (Festschr. 57. Vers. Deutscher Philol. in Salzburg 1929, 138-151) - ST. GSELL, Stèles votives découvertes près de N'Gaous (Algérie) par Jeanne et Prosper Alquier (CRAI 1931, 21-26) - J.CARCOPINO, Survivances par substitution d'enfants dans l'Afrique romaine (RHR 106, 1932, 592-599 = Rome et les immolations d'enfants, Paris 1941, 39-48) - O.EISSFELDT, Molk als Opferbegriff im Punischen u. das Ende des Gottes M., 1935 - N.SCHNEIDER, Melchom, das Scheusal der Ammoniter (BZ 18, 1937, 337-343; 19, 1938, 4) - R.DUSSAUD, Précisions épigraphiques touchant les sacrifices puniques d'enfants (CRAI 1946, 371-387) - W.KORNFELD, Der M., eine Unters. zur Theorie O.Eißfeldts (WZKM 51, 1952, 287-313) - J.-G.FÉVRIER, Molchomor (RHR 143, 1953, 8-18) - DERS., Le vocabulaire sacrificiel punique (JA 243, 1955, 49-63) - M.LEGLAY, Les stèles à Saturne de Djemila-Cuicul (Libyca 1, 1953, 37-76; Taf. I-X) - R.CHARLIER, Le sanctuaire punique d'El-Hofra à Constantine. Texte, Paris 1955; Planches, 1952 - K.DRONKERT, De Molochdienst in het OT, Leiden 1953 - ED.DHORME, Le dieu Baal et le dieu M. dans la tradition Biblique (Anatolian Studies 6, 1956, 57-62) - Dict. de la Bible, Suppl. V, Paris 1957, 1337ff (H.CAZELLES) - DERS., Encore un texte sur Mâlik (Bibl 38, 1957, 485f). - Vgl. die Lit. zu → Menschenopfer, 2. *O.Eißfeldt*

Mombritius, *Boninus* (1424 bis ca 1500), italienischer Humanist, seit etwa 1460 Prof. für Latein und Griechisch in Mailand, Übersetzer und Herausgeber antiker Klassiker, auch von des → Eusebius Chronikon. Am wichtigsten ist sein Sanctuarium, eine zweibändige Sammlung wertvoller, zT sonst verlorener Heiligenlegenden (→ Hagiographie).

Neuausg. des Sanctuarium von F.A.BRUNET, Paris 1910 - G.EIS, Die Qu. für das Sanctuarium des Mailänder Humanisten B.M., 1933 - EC VIII, 1233ff. *O.Rühle*

Momma, *Wilhelm* (1642–77), ref. Theologe, * zu Hamburg, Schüler des → Heidanus und bes. des → Coccejus, 1666 Prediger in Lübeck, 1674 Prof. und Prediger in Hamm, 1676 in Middelburg, 1677 als Coccejaner seines Amtes entsetzt. M. zeigt neue Ansätze biblisch-theologischer Arbeit, jedoch verquickt mit typologisierender Spielerei, die seinen Meister überbietet. Er lehnt wie Heidanus den Werkbund ab und bevorzugt den Begriff des Testaments (→ Bund: IV).

Vf. u.a.: De varia conditione et statu ecclesiae Dei sub triplici oeconomia etc, (1673) 1718[2]. – Über M.: B.Glasius, Godgeleerd Nederland II, 1853, 525ff – W.Gass, Gesch. der prot. Dogmatik II, 1857, 288f – L.Diestel, Studien zur Föderaltheol. (JDTh 10, 1865, [209–276] 255ff) – W.Deiss, Gesch. der ev.-ref. Gemeinde in Lübeck, 1866, 45ff – A.J.van der Aa, Biographisch Woordenboek der Nederlanden XII, 1869, 967ff (Bibliogr.) – J.Reitsma–J.Lindeboom, Gesch. ... van de Hervormde Kerk der Nederlanden, 1949[5] (s. Reg.).
G.Schrenk (J.F.G.Goeters)

Mommsen, *Theodor,* * 30.11.1817 in Garding (Schleswig), † 1.11.1903 in Berlin, Historiker. M. war Pfarrerssohn, studierte Jura (Kiel) und kam über die klassische Philologie zur alten Geschichte. Früh erfaßten den auch der Poesie zugetanen Jüngling die politischen Zeitereignisse: als Redakteur der Schleswig-Holsteinischen Zeitung kämpfte er für die Befreiung seiner Heimat von Dänemark. Wegen politischer Betätigung verlor er auch seine erste Professur für Römisches Recht (Leipzig, 1850). Über Zürich und Breslau kam er 1858, zunächst an die Akademie berufen, seit 1861 auch Prof. für alte Geschichte, nach → Berlin. Aus der Fülle seiner Arbeiten ragt als populärste Meisterleistung die »Römische Geschichte« hervor (I–III, 1854–56; V, 1885), der an wissenschaftlicher Bedeutung das »Römische Staatsrecht« (3 Bde, 1871ff) an die Seite rückt. M. war, darin → Harnack ähnlich, ein genialer Organisator des wissenschaftlichen Großbetriebes. Er ist Schöpfer des Corpus Inscriptionum Latinarum, veranlaßte die Sammlung antiker Münzen, leitete die Abteilung Auctores antiquissimi der MG und förderte das monumentale Unternehmen des Thesaurus linguae Latinae. – Ohne doktrinär zu sein, war M. von starker politischer Leidenschaft, die auch das Urteil des Gelehrten gefärbt hat, bes. in der Konzeption der Römischen Geschichte. Reste des rationalistischen Erbes des 18.Jh.s, verknüpft mit einem ethischen Liberalismus und gemäßigt wiederum durch Anschauungsweisen Goethes und Hegels, haben sein geschichtliches Denken bestimmt. M. war früh dem Christentum entfremdet, bis zum Unbehagen über seinen Vornamen, mit dem er nicht angeredet werden wollte. Man hat das Fehlen des 4. Bandes der Römischen Geschichte auch darauf zurückführen wollen. Als freisinniger Abgeordneter war M. Gegner → Bismarcks. Aufsehen erregte seine Kontroverse mit → Treitschke, dessen Antisemitismus er angriff. Rastlos tätig bis zu seinem Tode und als eine »geistige Weltmacht« respektvoll bewundert, hat ihn in den letzten Jahren ein düsterer Pessimismus befallen, der in dem 50 Jahre nach seinem Tode veröffentlichten Testament erschütternd zum Ausdruck kam. M. gehört zu den schöpferischen Meistern des → Historismus, mit dem der Erforschung des Altertums ein neuer Horizont eröffnet wurde.

Ges. Schriften, 8 Bde, 1905–13. Bibliogr.: Th.M. als Schriftsteller, hg.v. K.Zangemeister u. E.Jacobs, 1905. – Über M.: G.Lokys, Th.M. als Politiker (Dt. Philologenblatt, 29.11.1933, 548f) – H.v.Srbik, Geist u. Gesch. v. Dt. Humanismus bis zur Gegenwart II, 1951, 123ff – H.Bengtson, Th.M. (Welt als Gesch. 15, 1955, 87–99) – A.Heuss, Th.M. u. d. 19.Jh., 1956 – A.Wucher, Th.M. Geschichtschreibung u. Politik, 1956 (Lit.) – L.Wickert, Th.M., 3 Bde, 1959ff.
K.Kupisch

Monaco, kleines, konstitutionelles (seit 1910) Fürstentum an der ligurischen Küste westlich von der italienisch-französischen Grenze. Seit 1297 herrscht die genuesische Familie Grimaldi über M. unter dem Schutz verschiedener Mächte (seit 1860 von Frankreich). Die erste Nachricht christlichen Lebens in diesem Gebiet ist das 1075 gegründete benediktinische Priorat S. Devota. M. gehörte bis 1868 zur Diözese Nizza, dann wurde es zur Abtei nullius und 1887 zu einem exemten Bistum erhoben. Die Bevölkerung (23 000 Einwohner) ist röm.-kath. Eine ausländische prot. Minderheit wird geduldet.

L.H.Labande, Hist. de la Principauté de M., 1934. *V.Vinay*

Monade → Leibniz.

Monarchianismus → Christologie: II, 2c.

Monarchie → Staatsformen.

Monarchomachen nennt man jene Publizisten, die nach der Bartholomäusnacht (→ Frankreich: I, 4) eine durch den Gedanken der »Volkssouveränität« und der legalen Tyrannenbekämpfung charakterisierte Staatstheorie in ihren Streit- und Flugschriften entwickelten. Der Name, von einem zeitgenössischen Gegner geprägt (William Barclay, »De regno et regali potestate adversus Buchananum, Brutum, Boucherium et reliquos Monarchomachos libri sex«, Paris 1600), gilt auch für andere, die in den kirchenpolitischen Kämpfen des 16./17.Jh.s in Schottland und Spanien, auch in Deutschland, ähnliche Ideen vertraten. Zu den ref. M. zählt man in der Regel H. → Languet, Franz Hotoman (1524–90), Ph. → Duplessis-Mornay und L. → Daneau, zu den kath. M. neben Fickler den Bischof von Senlis, Guil.Rossaeus, und Boucher († ca 1622), dazu den span. Jesuiten Juan → Mariana, zu den schott. M. George → Buchanan, dem man noch John → Knox und John → Milton folgen läßt. In einem ausgefeilten System, losgelöst von dem konkreten Anlaß, begegnen die Gedanken der M. auch in der »Politik« (1603) des Joh. → Althusius.

Quellen für die Lehren der M. sind teils das AT (theokratische Stücke), teils die profane Literatur des klassischen Altertums und Elemente germanischer Rechts- und Staatsauffassung (Naturrecht, Herrschaftsvertrag, Volkssouveränitätslehre). Den *zeitgeschichtlichen Hintergrund* bilden die Auseinandersetzung mit dem fürstlichen Absolutismus und die schon bei → Farel anhebende Radikalisierung des franz. Protestantismus. Hier verknüpften sich religiöse und politische Tendenzen, die → Calvin vergeblich aufzuhalten suchte. Dem Reich Gottes und seinem Sieg in der Welt (»avancement du royaume de Dieu«) wollte man zu einem schnelleren Fortschreiten verhelfen.

Die Gedanken der M. sind auf ein → *Widerstandsrecht* gerichtet. Es wird mehr mit juristischen und historischen als mit theologischen Argumenten begründet. Der Jurist Hotoman ist in seiner zur staatsrechtlichen Rechtfertigung des hugenottischen Widerstands verfaßten Programmschrift »Francogallia« (Genf 1573) an der gesetzlichen Kontrolle der Monarchie durch ständische Körperschaften interessiert, um die Freiheit des Gemeinwesens zu sichern; gegen den Tyrannen müssen die Stände bewaffneten Widerstand leisten. In der Verknüpfung politischer und religiöser Motive argumentiert er im Blick auf den konkreten Notstand bes. von der Rechtsgeschichte her. Die »Vindiciae contra Tyrannos« hingegen (1576 unter dem Pseudonym J.Brutus; Verfasserschaft umstritten, eher Duplessis-Mornay als Languet) suchen den Nachweis für ein prinzipelles Widerstandsrecht von einer theologischen Grundlage aus unter Rückgriff auf mittelalterliche Vertrags- und Souveränitätstheorien. Volk und König sind beide Bundespartner Gottes und durch Vertrag untereinander verbunden, wobei das Volk als »universitas« (also nicht die »singuli privati«) dem König gegenüber die höhere Gewalt und im Falle der Tyrannei Recht und Pflicht des Widerstandes und der Absetzung hat. Diese »Demokratisierung« ist vorbereitet in der sog. Magdeburgischen Schrift → Bezas (?): »De iure magistratuum in subditos« (1574), die den Einfluß der noch kaum erforschten luth. M. verrät. Auch bei Buchanan (»De iure regni apud Scotos«, 1579) ist das Prinzip der Volkssouveränität Fundament für ein aktives Widerstandsrecht, womit er den Kampf des puritanischen Adels gegen das kath. Königtum Schottlands rechtfertigen möchte; in Kap. 14 der Confessio Scotica von 1560 war bereits das »tyrannidem opprimere« unter den guten Werken der Christen genannt. Ebenso geht Mariana (»De rege et regis institutione«, 1599) von der Volkssouveränität aus, denkt aber viel stärker naturrechtlich und unterstützt mit seiner Empfehlung des Tyrannenmordes die Politik der kath. Ligue. Auch die kath. M. knüpfen an die Magdeburgische Schrift an. Allgemein ist bei allen M. das aktive Widerstandsrecht den Volksrepräsentanten vorbehalten; nur im Falle dringlicher Not darf nach einigen der einzelne zur Selbsthilfe schreiten.

Für die *staatsrechtlichen Lehren* der ref. M. ist charakteristisch, daß sie über den akuten Anlaß hinaus im Zuge der angestrebten Gesamtordnung in Frankreich gleicherweise für Kirche und Staat allgemeingültige Normen suchen; beide Institutionen treffen in der Sorge für die wahre Religion zusammen. Dem Aufbau einer presbyterialen und synodalen Kirchenverfassung korrespondiert eine entsprechende Konstruktion der Staatsverfassung. Das Volk ist Subjekt der höchsten Gewalt. Der Herrscher ist als »servus« oder »minister Reipublicae« an die ihm übertragenen Machtbefugnisse gebunden. Dem Volk steht die entscheidende Mitwirkung bei der Gesetzgebung zu (bei Hotoman auch die ständige Kontrolle der Staatsangelegenheiten). Die Repräsentation des Volkes soll durch die Stände geschehen (bei Languet Einfluß von Calvins Ephorenlehre, die er von Melanchthon übernommen und weitergebildet hat; bei Hotoman sind die vorhandenen ständischen Einrichtungen Vorbild). In der Frage der Staatsstruktur entscheiden sich die M. für den Föderalismus, damit die Städte und Provinzen als Wächter des Bundes mit Gott wie des Bundes mit dem Volk fungieren können. Alle diese staatsrechtlichen Gedanken der M. blieben aus der Not geborene Ansätze; erst Althusius hat sie, zT stark modifiziert und unter Verzicht auf ein theologisches Vorzeichen, zu einem eindrucksvollen Lehrgebäude zusammengefaßt.

O.v.Gierke, Joh.Althusius u. d. Entwicklung d. naturrechtl. Staatstheorien, (1880) 1958⁵ - M.Lossen, Lehre vom Tyrannenmord, 1894 - R.Treumann, Die M., 1895 - H.G.Schmidt, Die Lehre vom Tyrannenmord, 1901 - A.Elkan, Die Publizistik d. Bartholomäusnacht u. Mornay's »Vindiciae contra Tyrannos«, 1905 - K.Wolzendorff, Staatsrecht u. Naturrecht in d. Lehre vom Widerstandsrecht d. Volkes, 1916 - G. de Lagarde, Recherches sur l'esprit politique de la Réforme, Paris 1926 - L.Rohloff, Der Kampf um d. Staatshoheit in Großbritannien. Die brit. M. u. ihre Beziehung zum Festland, 1931 - C.B.Hundeshagen, Calvinismus u. staatsbürgerl. Freiheit, u. H.Languet, Wider d. Tyrannen (Auszug), hg.v. L.Wyss, 1946 - R.Nürnberger, Die Politisierung d. franz. Protestantismus, 1948 (Lit.). - Vgl. die Lit. zu → Widerstandsrecht. *E.Fahlbusch*

Monate, *jüdische* → Chronologie: III.

Monate, *päpstliche,* die M., in denen nach früherem Kirchenrecht die freiwerdenden Benefizien dem Papst zur Besetzung reserviert waren (→ Reservation). Die p.n M. wurden in der ersten Hälfte des 15.Jh.s festgelegt, zuerst auf 8 (die zwei ersten jedes Quartals), sehr bald aber auf die 6 ungeraden.

Lit. s. → Reservation. *H.Barion*

Monceaux, *Paul* (29.5.1859 bis 7.2.1941), * in Auxerre, † in Paris, als Gräzist und Archäologe Mitglied der École française d'Athènes (1881), Gymnasial-Prof. in Paris. 1907 Prof. für lat. Literatur am Collège de France, 1912 Mitglied der Académie des Inscriptions. M. wandte sich vor allem der Erforschung des christlichen Nordafrika zu. Er war ein glänzender Geschichtsschreiber, gelehrt und kritisch, der auch das archäologische Material in die Darstellung einzubeziehen wußte.

Vf. u.a. (jeweils Paris): Examen critique des documents relatifs au martyre de S.Cyprien, 1901; Hist. littéraire de l'Afrique chrétienne, 7 Bde, 1901-23; Enquête sur l'épigraphie chrétienne d'Afrique, 1903; Hist. de la littérature latine chrétienne, 1924. - Über M.: EC VIII, 1275f. *A.Hamman*

Mond. Das Zunehmen, Abnehmen und Verschwinden des M.es als eines Gestirns, dessen Leben dem Universalgesetz des Werdens und Vergehens, Geborenwerdens und Sterbens unterworfen ist, hat das menschliche Denken seit jeher beschäftigt. Aber der Tod des M.es, das Untertauchen in der Finsternis dreier mondloser Nächte ist nicht endgültig; an der → Wiedergeburt, dem Neu-M., der dem Absterben des alten M.es folgt, nähren sich die Hoffnungen der Menschen. »Wie der M. stirbt und zu neuem Leben erwacht, so werden auch wir Sterblichen neu leben«, heißt es bei den Neumondriten kalifornischer Eingeborener. An der Beobachtung der M.phasen gewann der Mensch das Bewußtsein seiner irdischen Daseinsform im Kosmos, aber auch der Möglichkeit seines Weiterlebens oder Wiedergeborenwerdens. Der religiöse Mensch fand in der M.symbolik (→ Symbole: I, → Symbolismus) den Grund für die Herstellung eines Sachzusammenhangs zwischen scheinbar beziehungslosen Einzeltatsachen und ihrer Vereinigung zum umfassenden System. Wahrscheinlich beruhen bereits die ersten großen anthropokosmischen Synthesen der → Naturvölker auf einer religiösen Ausdeutung der M.rhythmen. Mit Hilfe der M.symbolik ließen sich scheinbar völlig heterogene Dinge in Beziehung setzen und auf einen Nenner bringen: → Geburt und Werden, → Tod und → Auferstehung; → Wasser, Pflanzen (→ Bäume), → Frau, → Fruchtbarkeit, Unsterblichkeit, kosmisches Dunkel, das Leben vor der Geburt und jenseits des von der mondhaften »Neugeburt« (»Licht aus der Finsternis«) gefolgten Todes; Gewebe, Lebensfadensymbolik, → Schicksal, Zeitlichkeit, Tod usw. Vorstellungen wie Zyklus, → Dualismus, Polarität, Opposition, Konflikt, aber auch Versöhnung der Gegensätze (coincidentia oppositorum) entstammen im allgemeinen der M.symbolik oder haben durch sie Klärung erfahren.

Der M. »mißt« und »teilt ein«. Zweifellos galten die M.phasen von jeher als Zeitmesser für die konkrete, lebendige Zeit (→ Chronologie: I). Gewisse → Jäger- und Sammler-Völker verwenden noch heute ausschließlich den M.kalender. Die Germanen rechneten nach Nächten (Tacitus, Germ. 11). Als Herrin alles Lebendigen »webt« die M.gottheit die Schicksale. Zuweilen ist sie als gewaltige Spinne gedacht (Paresi in Brasilien, Hottentotten, Banksinseln, Borneo u.a.). Auf Nias glaubt man, daß jedesmal, wenn der M. stirbt, seine → Seele als Spinne auf der Erde erscheint. Als Spinnerin ist der M. bei nordamerikanischen Stämmen, in Sumatra, China und der europäischen Volkssage (→ Sagen: I) vorgestellt. Die schicksalspinnenden Moiren (μοῖραι) sind M.gottheiten. Eine für Troja bezeugte Göttin am Spinnrad war auch im Vorderen Orient bekannt (hethitische Ischtar, ephesinische → Atargatis u.a.). Schicksal als der vom M. gewebte »Lebensfaden« ist für den Menschen eine längere oder kürzere Spanne gelebter Zeit.

In den Attributen oder Funktionen gewisser M.gottheiten spielt Wasser eine Rolle. Bereits Maori und → Eskimos wußten um den Zusammenhang zwischen M. und Gezeiten. Auf der anderen Seite ergab sich die Beobachtung, daß es bei M.wechsel regnet. So können einfüßige oder einhändige mythische Gestalten von unverkennbar mondhaftem Charakter → Regen kommen lassen (Buschmänner, Australier, Samojeden; Altchina, → Mexiko). Auch die → Sintflut ist mit dem M. in Verbindung gebracht worden. Der M. selbst hat nach australischen und mexikanischen Mythen die Flut verursacht. Verbreiteter ist das mythische Motiv von dem sich mit einem M.wesen verbindenden einzigen Überlebenden der Sintflut, der der Vorfahr einer neuen Menschheit wird.

Beziehungen zwischen M., Regen und Vegetation waren bereits vor Erfindung des → Ackerbaus bekannt. Gewisse vorderasiatische Fruchtbarkeitsgöttinnen (Hathor, Ischtar, Anaitis u.a.) sind zugleich M.göttinnen, wie das als Emblem der Fruchtbarkeitsgottheit erscheinende Neumondsymbol der Kuhhörner beweist; ein Hörnerpaar stellt wahrscheinlich zwei zunehmende M.-sicheln dar, dh die Vollentwicklung des Gestirns.

Gewisse Tiere legen in Erscheinung oder Lebensweise eine Symbolisierung des M.schicksals nahe. Als »M.-tiere« gelten etwa die sich in ihrem Haus verkriechende Schnecke, der im Winter unsichtbare Bär (→ Bärenfest), der sich aufblasende oder tauchende Frosch, der Hund, den man im M. zu erkennen glaubt oder der als mythischer Vorfahr des Stammes gilt, die → Schlange, die auf rätselhafte Weise auftaucht und verschwindet, die ebenso viele Ringe zählt wie der M. Tage hat und sich häutet (= periodisch regeneriert, »unsterblich« scheint).

Der → Menstruations-Zyklus hat zweifellos zur Verbreitung des Volksglaubens vom M. als dem ersten Gemahl der Frauen beigetragen. Die Papuas, gewisse Chacostämme, Maori u.a. halten das Menstruieren der Frauen und Mädchen für den Beweis geschlechtlichen Umgangs mit dem M. Die Eskimos glauben, daß der M. Nacht für Nacht auf die Erde herabsteigt, um sich mit ihren Frauen zu vermählen. Aus Furcht vor Empfängnis schauen die Mädchen nicht in den Voll-M. Ähnliches findet sich auf den Alëuten und in Australien, aber auch in der Bretagne (Krappe 106). Viele Völkerschaften machen die als M.tier geltende Schlange für die Menstruation verantwortlich. Die Erklärung dafür liegt nicht nur im phallischen Charakter der Schlange (→ Phallische Kulte), sondern auch in der bisweilen anzutreffenden Vorstellung von ihrer Zweigeschlechtlichkeit (→ Geschlechtliches), die sie mit dem M. teilt. Neolithische Idole aus Asien wie auch Kultgegenstände aus Mittelamerika zeigen den Schlangenschmuck mit Rhomben, Symbolen der Vulva, kombiniert (Hentze, Abb. 74-82); dieser plastische Ausdruck der Zweigeschlechtlichkeit ist mondhaft im besten Sinne. Beides kommt zum Ausdruck: »Dualismus« (Trennung der Geschlechter) und »Reintegration« (Koexistenz der Geschlechter). In der Tat denken sich manche Völker den M. als androgynes Wesen. Den brasilianischen Mura gilt er 14 Tage als männlich, 14 Tage als weiblich. Die Botokuden unterscheiden »Großen« (»Vater«) und »Kleinen« (»Mutter«) M. Bei den Buschmännern ist der Voll-M. weiblich, der Neu-M. männlich (H.Baumann, Das doppelte Geschlecht, 1955, 244f). Spuren einer Zweigeschlechtlichkeit des M.es finden sich auch in den Mythologien der Mittelmeerwelt (Selene, nach Hymn. orph. 8; → Ägypten [: II]: Plutarch, De Iside 43).

Schon bei einzelnen Jäger- und Sammlervölkern gilt der M. als mythischer Vorfahr des Stammes, wobei er zuweilen mit der Gestalt des → Himmels-Gottes verschmilzt und so als höchste Gottheit erscheint (Pygmäen, Buschmänner, Australier). Gewisse matriarchalische Kulturen (→ Mutterrecht) kennen den M. als Urmutter der feindlichen → Zwillinge Hell- und Dunkel-M., die Leben und Tod, Gut und Böse symbolisieren. Der ständige Streit der Zwillinge gibt den mythischen Hintergrund für die verschiedenen nachträglich eingeführten dualistischen Konzeptionen ab. Verbreiteter ist der Mythos vom Geschwisterverhältnis von → Sonne und M. Die Konjunktion der beiden Gestirne am Neumondstag wird zuweilen als ihre Vermählung gedeutet. Bes. aber beschäftigt das Verschwinden des einen beim Auftauchen des anderen die mythische Phantasie. Der M. (Mann oder Frau) widersetzt sich der blutschänderischen Verbindung mit der Schwester (bzw. dem Bruder) und flieht vor der Sonne.

In der M.mythologie bezeichnet der Westen als Aufgangsort des Neu-M.es in der Regel Leben und Geburt, in den Sonnenmythen das Totenreich. Aber da der M. das ewige »Werden« symbolisiert, ist der Tod in vielen Religionen nur als vorübergehender Wechsel der Seinsform, als Ruhepause zwischen zwei Existenzen gedacht. In → Indien führt der Weg der Manen (pitryâna) zum M., wo die Seelen ausruhen und der neuen → Inkarnation harren. Nach iranischer Tradition überschreiten die Seelen der Toten die → Brücke Činvat und eilen den → Sternen zu. Die tugendsamen gelangen zum M., dann zur Sonne; die tugendhaftesten erreichen schließlich → Ormazd (Dātastān i Dēnīk 34). Der Pythagoreismus bringt ein neues Element in die → Astralreligion: im M. liegen die elysischen Gefilde, der Ruheort der → Heroen und Caesaren (F.Cumont, Le symbolisme funéraire, 184). Plutarch (De facie 942ff) behauptet, daß die Seele der Gerechten im M. eine → Reinigung erfährt, während der Leib der Erde, der Nous der Sonne zurückgegeben werden.

Mehrere Mythen sprechen von der durch Vermittlung eines Tieres (Hase, Hund, Eidechse u.a.) dem Menschen überbrachten M.botschaft: »Wie ich sterbe und auferstehe, so wirst auch du sterben und ins Leben zurückkehren.« Dummheit oder Bosheit lassen jedoch den Botschafter genau das Gegenteil ausrichten, nämlich daß der Mensch im Gegensatz zum M. *nicht* wiederauferstehen werde (so häufig in Afrika, vgl. J.G.Frazer, The Belief in Immortality I, 1913, 65ff; H.Abrahamsson, The Origin of Death [Diss. Uppsala], 1951, 2ff; aber auch sonst: Fidji, → Australien, → Ainu u.a.). Für die M.flecken gibt es zahlreiche verschiedene Erklärungen. Die Eskimos etwa sehen in ihnen die Asche, mit der die Sonne ihren Bruder, den M., bewarf, als er sie umarmen wollte. Der indische Mythos spricht von einem Hasen, der sich vor der Verfolgung durch einen Hund in den M. flüchtet; dieses Motiv ist auch sonst weit verbreitet.

Die M.mythologien gehören zu den ältesten religiösen Schöpfungen der Menschheit. Aber sie nehmen keineswegs jene Schlüsselstellung für die gesamte Mythenbildung ein, die ihnen die astralmythologische (→ Astralreligion) und die panbabylonistische (→ Panbabylonismus) Schule zu Beginn des 20.Jh.s zuschreiben wollten. Andererseits kann nicht vom M.kult als einem Gestirnkult gesprochen werden; es ist stets eine göttliche oder halbgöttliche Gestalt (Gottheit, mythischer Vorfahr, → Kulturbringer), die der M. symbolisch vertritt oder die sich im M. manifestiert.

W.H.Roscher, Über Selene u. Verwandtes (Studien z. griech. Mythologie 4), 1890 - P.Ehrenreich, Die allg. Mythologie u. ihre ethnolog. Grundlagen, 1910 - ERE XII, 48ff - PW, 2. R. II/1,

1136ff - O.RÜHLE, Sonne u. M. im primitiven Mythus, 1925 - K.TH.PREUSS, Das Problem der M.mythologie im Lichte der lokalen Spezialforschung (ARW 23, 1925, 1-14) - C.HENTZE, Mythes et symboles lunaires, Antwerpen 1932 - HWDA VI, 477ff - A.H. KRAPPE, La Genèse des mythes, Paris 1938, 100ff - R.MUCH, M.mythologie u. Wissenschaft (ARW 37, 1942, 231-261) - K.TALLQVIST, Månen i myt och dikt, folktro och kult (StOr XII), Helsingfors 1947/48 - SDF II, 743ff - J.SCHWABE, Archetyp u. Tierkreis, 1951 - H.v.BEIT, Symbolik des Märchens, 1952, 25ff - ELIADE §§ 47-59 (Lit.) - THOMPSON I-VI (Reg. s.v. Moon). *M.Eliade*

Mongolen

1. Politisch-ethnologisch - 2. Religion der M. - 3. M.mission

1. M. *(Monggol)*, der Stamm (an den Flüssen Onon und Kerulen), aus dem der Eroberer Tschingis Chan (1155-1227) hervorging, und weiter die Sprachgemeinschaft eigenen Gepräges, der dieser Stamm zugehörte. M. leben noch heute in der Äußeren und Inneren Mongolei sowie im Rätebunde (südl. des Baikalsees: Burjäten = Nord-M.). Andere Stämme (mit gesonderten Mundarten) sind die Ost-M.: Chalcha (bes. in der Äußeren Mongolei), Tschachar und Oirot (Innere Mongolei) und Ordos (im Hoangho-Bogen) sowie die West-M.: Ölöt, Torghut. Die Stämme gliedern sich in Sippenverbände (Aimak), die heute zT in der Auflösung begriffen sind. Zu den M. gehören auch die (zu den Oiroten gehörigen) Kalmücken an der unteren Wolga (dort seit 1632; zT 1771 abgewandert, zT 1944/45 vertrieben). Die Gesamtzahl der M. wird auf 3,5 Mill. (davon 1,25 in der Äußeren Mongolei = »Mongol. Volksrepublik«) geschätzt. - Nach Ausweis ihrer agglutinierenden Sprache gehören die M. in die altaische Sprach-Familie und also mit den → Türken, Tungusen und Finno-Ugriern (→ Finnisch-ugrische Religionen), vielleicht auch den Koreanern (und Japanern?) zusammen. Freilich ist das gegenseitige Verhältnis der Sprachen (Problem alter Entlehnungen!) nicht völlig geklärt. - Die M. waren lange ein reines Wanderhirten-Volk (in »Jurten« lebend) des östlichen Innerasiens und erlangten weltgeschichtliche Bedeutung, als sie unter Tschingis Chan seit etwa 1200 die Keimzelle eines großen Reiches wurden, das neben ihnen vor allem Türken umfaßte und dem bis 1260 ganz Innerasien, → Iran (: I), → Mesopotamien, → Kleinasien (zT) sowie Kaukasien und Rußland unterworfen waren. Bis 1280 mußte sich ganz → China ihrer Herrschaft beugen. Doch zerfiel ihre Macht rasch: in Iran 1335/53, in Rußland seit 1359, in China 1368. Im Wolgaraum hielten sich Reste bis 1557, auf der Krim bis 1783. In Ost-Turkestan herrschten Nachfahren Tschingis Chans (nominell) bis 1678.

2. Bis zum 13.Jh. waren die M. Schamanisten; die Schamanen fungierten als Weissage-Priester (Knochen-Orakel), Ärzte und Leiter von Vegetations-Festen. Die M. glaubten dabei an *einen* Gott als Schöpfer und Erhalter Himmels und der Erde, Herrn über Glück und Leid. In nicht genau erkennbarem Verhältnis zu ihm standen Nebengötter: als solche galten auch → Sonne, → Mond und → Erde, Hausgötter aus Filz und Dämonen heiliger Stätten. Sie wurden durch kultische Gebete, Kniebeuge und Trankopfer verehrt. Das → Blut besaß magische Kraft, Verunreinigung des → Wassers war streng verpönt; → Regen-Zauber wurde geübt, und viele → Tabus (auch für Kranke) beherrschten das tägliche Leben. Erd- und Feuerbestattung bestanden nebeneinander, später auch Aussetzung der Leiche in der Steppe (→ Begräbnis: I). - Freilich waren die M. (und die neben ihnen lebenden Türken) schon seit dem 10./11.Jh. durch → Nestorianer-Mission und gelegentlich Glaubensboten des → Manichäismus erreicht worden. Um 1200 waren mehrere Stämme mehrheitlich christlich. Das Christentum (in nestorianischer Form) hielt sich während des 13.Jh.s weithin selbst in der Familie der Herrscher. Im übrigen wahrten die M. damals überall religiöse → Toleranz (: I). Um 1300 setzte sich in Vorder- und Mittelasien sowie an der Wolga rasch der (fast überall sunnitische) → Islam durch. Damit war eine Verschmelzung der M. und Türken (seitdem Tataren) und eine sprachliche Türkisierung verbunden, die das Mongolische in diesem Raum im 14.Jh. untergehen ließ. - Der Einfluß des → Buddhismus in Iran im 13.Jh. blieb vorübergehend und auf Hofkreise beschränkt; in China war er nachhaltiger. Eine wirkliche Bekehrung der (sprachlichen) M. (einschließlich der Kalmücken) zum Buddhismus erfolgte erst Ende des 16.Jh.s (auf Einladung mongol. Fürsten) von → Tibet aus in der Form des → Lamaismus. Dieser hat sich seither völlig durchgesetzt, soweit nicht der Einfluß des → Atheismus in der jüngsten Zeit zu Auflösungserscheinungen führt. Doch haben sich Reste des mongol. → Schamanismus (zB Knochen-Orakel) hier stets gehalten. - Vgl. → Altaische Religion.

Zu 1: A.C.MOURDAGEA D'OHSSON, Hist. des Mongols I-IV, Amsterdam 1852 - H.H.HOWORTH, Hist. of the Mongols I-IV, London 1876-88; ErgBd 1927 - A.POZDNEEV, Mongolija i Mongoly I. II, St. Petersburg 1898 - B.JA.VLADIMIRCOV, Der gesellschaftl. Aufbau der M., Leningrad 1934 (russ.; franz.: Paris 1949) - B.SPULER, Die M. in Iran, (1939) 1955² - DERS., M.zeit, Leiden 1953 - L.KRADER in: Asia Maior NF 3, 1953, 169-183 - E.M.MURZAEV, Die Mongol. Volksrepublik, dt. 1954 - W.HEISSIG, Ostmongol. Reise, 1955. - Zu 2: G.HUTH, Gesch. d. Buddhismus in der Mongolei I. II, 1892/96 - A.POKOTILOV, Hist. of the Eastern Mongols, engl. 1947 - W.HEISSIG, Mongol. Geschichtschreibung (Saeculum 3, 1952, 218-236) - DERS., Mongol. Schrifttum im Linden-Museum (Tribus 8, 1959, 39-56) - M.PERCHERON, Dieux et Démons, Lamas et Sorciers de Mongolie, Paris 1953 - UdG IX-XII - L.KRADER, Buryat Religion and Society (Southwestern Journal of Anthropology 10, Albuquerque 1954, 322-351). - Vgl. Lit. zu → Altaische Religion, → Buddhismus: I, → Lamaismus, → Schamanismus, → Türken. *B.Spuler*

3. Die Mongolei war und ist eines der schwierigsten *Missionsgebiete*. Unternehmungen der → Nestorianer (6./7.Jh.), der Franziskaner und Dominikaner (13./14.Jh.) blieben Episode (→ China: II A. B). Das 19.Jh. bringt einen Neuansatz, wobei die von China leichter zugängliche Innere Mongolei gegenüber der Äußeren Mongolei immer im Vordergrund stand. Führend wurde die röm.-kath. Kirche (erster apostolischer Vikar 1840). Seit 1864 wirkten die Scheutveld-Väter (→ Herz Mariä, 1 c), denen andere Orden bis ins 20.Jh. folgten. Vor 1914 arbeitete auch die russ.-orth. Kirche unter den M. (Bibelübersetzung). Die → Londoner Mission war mit Unterbrechungen seit 1817 tätig und trat Anfang des 20.Jh.s die Arbeit an die irischen → Presbyterianer ab. Seit Ende des 19.Jh.s beteiligten sich die Schwedische M.mission (Revision der NT-Übersetzung), die amerikanische Skandinavische Allianzmission, die → China-Inland-Mission, die Central Asian Mission u.a. Kath. wie ev. Missionen bemühten sich um Anlegung dörflicher Siedlungen. Die äußeren Erfolge blieben bei den ev. Missionen bescheiden. Nach Umwandlung der Äußeren Mongolei in die Mongol. Volksrepublik im Verband der UdSSR wurden Missionare vertrieben, denen 1938 gleichzeitig mit der Schließung der lamaistischen Klöster der Zutritt gänzlich versagt wurde. Seit der Gründung der Volksrepublik → China (: I) sind die mongol. Stämme vollends unzugänglich. Der kath. Missionsbezirk Urga besteht nur noch formell. Statistische Angaben sind zZ unmöglich.

Berichte in IRM, seit 1912 - J.RICHTER, Das Werden der christl. Kirche in China, 1928 - K.S.LATOURETTE, A History of Christian Missions in China, London 1929 - LATOURETTE, bes. VI. VII, 1944/45 - C.DAWSON, The Mongol Mission, London/New York 1955 - ERICH THIEL, Die Mongolei, 1958. - Vgl. die Lit. zu → China: IV A. B. *H.Motel*

Monheim, *Johannes* (ca 1509-64), Schulmann, * bei Elberfeld. Nach dem Besuch der humanistisch gerichteten Schule zu Münster und dem Studium in Köln wurde M. Rektor der Stiftsschule von Essen und der Domschule zu Köln; seit 1545 brachte er als Erasmianer die herzogliche Schule von Düsseldorf zu großer Blüte. Stehen die ersten katechetischen Veröffentlichungen M.s noch unter dem Zeichen des → Erasmus, so ist sein Catechismus (1560) zT bis in den Wortlaut von → Calvins Institutio und auch vom → Genfer Katechismus abhängig; in der Abendmahlslehre nähert er sich aber Luther und weist überhaupt einen unionistischen Zug auf. Viele niederrheinische und pfälzische Prediger und Laien sind durch die Schule M.s gegangen. Die Jesuiten schrieben gegen ihn ihre erste namhafte Streitschrift wider den Protestantismus in Deutschland. Für M. trat u.a. M. → Chemnitz ein, wodurch dessen »Examen concilii Tridentini« mitveranlaßt wurde.

C.H.Sack, Catechismus in quo christianae religionis elementa ... explicantur auctore Joan. Monhemio (Neudr.), 1847 - C.Krafft, Die gelehrte Schule zu Düsseldorf, 1853 - Fr.E.Koldewey, J.M. u. die Kölner (ZWTh 42, 1899, 106-138) - RE XIII, 355ff.

O.E.Straßer

Monismus

I. Religionsgeschichtlich - II. Philosophisch. - Vgl. → Gott, → Pantheismus, → Weltbild und Weltanschauung

I. Religionsgeschichtlich

Im Begriff M. ist seine Abgrenzung gegen den → Dualismus (und → Pluralismus) gegeben; die Einheit des gesamten Seins, die der M. lehrt, ist inhaltlich durch die Zweiheit bestimmt, gegen die er sich abgrenzt. Es kann sich im Dualismus um den Gegensatz Leib-Seele, Stoff-Geist, Gut-Böse und auch Gott-Welt handeln, der im M. derart überwunden wird, daß er nur ein einziges Prinzip der Wirklichkeit gelten läßt, sei es eines dieser Gegensatzpaare oder ein sie Umgreifendes oder Versöhnendes. Völlig anderer Art ist die Zweiheit Gott-Mensch, wenn sie nicht die von Gott und Welt und nicht die von verschiedenen Weltprinzipien ist, sondern im Handeln des im Wort sich offenbarenden Gottes mit dem zur Antwort und Verantwortung gerufenen Menschen begründet ist. Ein M., der diesem Dualismus entgegengesetzt wird, kann nur Verneinung und Verleugnung der personalen Beziehung von Gott und Mensch sein.

Dieser M. ist charakteristisch und wesentlich für alle Religionen, die nicht wie → Christentum, → Judentum und → Islam durch → Offenbarung und ein in der Geschichte ergangenes → Wort Gottes bestimmt sind, sondern durch das Streben nach »transempirischer Verwirklichung«, den Versuch des Menschen, »die Identität seines wahren Selbst mit der göttlichen Wirklichkeit zu erfahren und zu ergreifen« (H.Krämer). Seine Voraussetzung ist, daß → Makrokosmos und Mikrokosmos eine letzte Einheit bilden und daß alle Kontraste der Wirklichkeit, einschließlich der von Gut und Böse und von Leben und Tod, entschärft und ebenfalls in eine letzte Einheit aufgenommen werden. Diese Religionen sind wegen ihres Grundstrebens und ihrer Voraussetzungen in ihrem Kern mystisch und naturalistisch, am Kreislauf der Natur orientiert. Zu den monistischen Religionen gehören nicht nur die Stammesreligionen in aller Welt. Der strenge Dualismus des Zoroastrismus (→ Iran: VII) wurde durch den Zervanismus monistisch erweicht, dessen höchste Gottheit oder einziges Prinzip Zervan, die unendliche Zeit war, aus der → Ormazd und → Ahriman hervorgegangen sein sollen, und in dessen reichen Spekulationen wahrscheinlich die über Makrokosmos und Mikrokosmos eine besondere Rolle spielten. Am deutlichsten ist die monistische Tendenz in → Indien (: II), zumal seit in den → Upanishaden → Âtman und Brahman identifiziert wurden. Grundsätzlicher M. steht über und hinter all den sehr verschiedenen Gestalten indischer Religion; auch in den verschiedenen Formen theistischer → Bhakti-Religion ist die letzte Geltung des Advaita = Nichtzweiheit nicht angetastet. Von dieser Art des → Hinduismus hat sich der → Buddhismus, obwohl von ihm ausgestoßen, nicht gelöst, nicht einmal der Mahâyâna-Buddhismus, in dem der → Buddha mehr eine kosmische Potenz als eine historische Gestalt ist. Konfuzianismus (→ Konfuzius) wie → Taoismus sind durch den Begriff des Tao monistisch geprägt, der die formende Kraft und Urordnung des Weltalls, des Makrokosmos wie des Mikrokosmos, ist und beide zu einer Einheit des Lebens zusammenschließt. Monistisch ist schließlich die → Mystik (: II) in aller Welt; obwohl eine Frucht und Eigenart naturalistischer Religion, ist sie immer wieder auch in die nichtnaturalistischen, grundsätzlich mystikfremden Religionen eingedrungen. So wird in der spekulativen Mystik des → Islam (: I, 8) der fundamentale Begriff »tawḥīd« in der Weise monistisch verwandelt, daß die Einzigkeit Gottes nicht mehr nur besagt, daß kein Gott ist außer Gott, sondern daß nichts ist außer Gott, daß er das einzig Seiende ist. In den Religionen, in denen Gott und Mensch sich klar geschieden gegenüberstehen und nur durch die Stimme miteinander verbunden sind, wird ein Schritt zum M. hin dort getan, wo die Offenbarung »aus einem einmaligen Akt zu einem dauernd sich wiederholenden« (G.Scholem) wird und so jene Scheidung aufgehoben werden kann.

B.M.Schuurmann, Mystik u. Glaube im Zusammenhang mit der Mission auf Java, 1933 - H.Kraemer, Die christl. Botschaft in einer nichtchristl. Welt, 1940 - Ders., Religion and the Christian Faith, London 1956 - H.v.Glasenapp, Entwicklungsstufen des ind. Denkens, 1940 - H.Schärer, Die Gottesidee der Ngadju-Dajak in Süd-Borneo, 1946 - E.O.James, The Concept of Deity, London 1950, 153 - G.Widengren, Stand u. Aufgaben der iranischen Religionsgesch. (Numen 1, 1954, 16-83; 2, 1955, 47-143) - H.Ritter, Das Meer der Seele, 1955 - R.C.Zaehner, Zurvan, Oxford 1955 - van der Leeuw - G.Scholem, Die jüd. Mystik in ihren Hauptströmungen, 1957.

W.Holsten

II. Philosophisch

1. Begriff und Arten des M. - 2. M. in der Philosophiegeschichte - 3. Würdigung. - Vgl. → Monistenbund

1. Der Begriff M. ist von Chr. → Wolff eingeführt (Psychol. rationalis §§ 32-39: Monisten sind, die nur eine Art von → Substanz zulassen), doch schon → Aristoteles (Met. 986b 21) gebraucht die Bezeichnung ὁ ἑνίσας. M. ist das Bestreben, das → Sein und das Seiende als Einheit zu begreifen. Damit ist schon gesagt, daß im M. die ontologische Fragestellung von der metaphysischen her bestimmt wird, denn der M. greift über die in der Erfahrung wahrnehmbaren Seinszusammenhänge zurück auf die hinter den Phänomenen gesuchte Einheit mit der Tendenz, diese als bestimmte festzulegen. Dabei bemüht sich das m.e Denken mit mehr oder weniger Konsequenz um die Überwindung des → Dualismus, zB des kosmologischen von Gott-Welt, Geist-Natur; des anthropologischen von Seele-Leib, Mensch-Umwelt; des erkenntnistheoretischen von Denken-Sein, → Subjekt-Objekt. Die Identität von »Gott« und Welt sowie von Physischem und Psychischem sind m.e Grundsätze. Zur Erklärung des Verhältnisses zwischen Einheit und Vielheit bedient sich der M. gern des → Entwicklungs-Gedankens. Die Arten des M.ergeben sich aus der Bestimmung des einen Seins, das gründend für alles andere ist: als → Materie (→ Materialismus) oder Geist (→ Spiritualismus, objektiver und subjektiver → Idealismus) oder als hinter beiden stehendes Drittes (transzendenter

M.). Die Seinseinheit der Welt wird auch als Zusammenhang, Ordnung, Gesetzlichkeit gesehen (M. des Gesetzes), ja im bloßen Erleben gesucht. Die religiöse Form des M. ist häufig der → Pantheismus, die m.e Frömmigkeit ist Mystik - diese bedarf ja letztlich eines Gottes nicht.

2. Da fast alle philosophischen Systeme m.e Züge enthalten, kann hier nur ausgewählt werden (vgl. → Monismus: I). Die → griechische Philosophie zeigt verschiedene Typen m.en Denkens. Die jonische → Naturphilosophie sucht das eine Prinzip, den Urstoff, der aus sich heraus die Gestalten treibt (Hylozoismus), oder, bei → Heraklit, die Weltordnung, den → Logos, in dem die Gegensätze zur Einheit zusammengefaßt sind (M. des Gesetzes). → Parmenides verwirft den unablässig bewegten Urgrund der Naturphilosophie zugunsten des einen, unbewegten Seins, dem das → Denken »entspricht«, während die Vielheit des Werdens als doxa erscheint (ontologischer M., abstrakter M.). Die Atomistik (→ Atom, 1) ist M., sofern die stofflichen Atome alle qualitativ gleichartig sind und nur eine Weltgesetzlichkeit, der Mechanismus der Bewegung, gilt (materialistischer M.). Als Pantheismus und Materialismus erscheint die m.e Tendenz in der → Stoa. → Plotin kann nicht ohne weiteres als Monist gelten, obwohl seine Philosophie immer wieder der Nährboden m.er Gedanken wurde. Das Eine ist Ursprung aller Dinge, es ist mit allem verbunden und doch platonisch-dualistisch von allem geschieden. - Die große Zeit des M. ist das 19.Jh., vorbereitet einerseits durch den m.en → Panentheismus des G. → Bruno (→ Schleiermacher) und die den cartesischen Dualismus (→ Descartes) aufhebende pantheistische Substanzmetaphysik des → Spinoza, andererseits durch die materialistischen Systeme des 18.Jh.s (→ Materialismus: II). Sowohl der deutsche → Idealismus (: II) als auch der nachfolgende → Naturalismus stehen unter m.em Vorzeichen. a) Der deutsche Idealismus von Fichte bis Hegel versucht, das Erbe → Kants m. zu gestalten: das Ich → Fichtes ist ein m.es Prinzip, der mittlere → Schelling lehrt die Einheit von Natur und Geist, die in der Indifferenz des Absoluten gründet, bei → Hegel ist der Weltprozeß die dialektische Selbstbewegung des absoluten Geistes. In der 2. Hälfte des 19.Jh.s entsteht unter Nachwirkung Schellings → Fechners psychophysischer M. Seele und Leib liegt ein Einheitliches zugrunde. Sofern etwas sich selbst erscheint, ist es als Seele (Geist) charakterisiert, sofern es einem andern erscheint, als Leib (Materie). Die spekulative Philosophie läuft aus in E.v. → Hartmanns konkreten (dh die Vielheit der Einzelwesen als *objektiv* gesetzte Erscheinung des Unbewußten wahrenden) M., der Hegel, → Schopenhauer und moderne → Naturwissenschaft zu verbinden sucht. - b) Gegen Schelling und Hegel erfolgt der Versuch, die Naturwissenschaft auf den m.en Materialismus zu basieren (Vogt, Moleschott, Büchner). Am wirksamsten wurde hier → Haeckel, dessen M. sich aus dem → Darwinismus unter Verwendung spinozistischer Gedanken entwickelte. In diese Linie gehört Ostwalds energetischer M. (die → Energie ist »Substanz« alles Seienden), obwohl der naive Materiebegriff hier aufgegeben ist. - c) Im Zusammenhang mit den Tendenzen des → Neukantianismus, welcher das → Bewußtsein als die Urtatsache ansieht (Liebmann) und bei → Cohen zur Eliminierung des → »Dings an sich« schreitet, entsteht der erkenntnistheoretische M. Für diesen ist alles Sein dem subjektiven Bewußtsein immanent (Schuppe, Rehmke) und bildet so eine Einheit. - d) Ebenfalls nach Beseitigung des Gegensatzes von Ding an sich und Erscheinung strebt der Empiriokritizismus (Avenarius, Mach), der den Ichbegriff und damit den Dualismus von Ich und Welt auflöst und nur noch Empfindungselemente bei der Beschreibung der Wirklichkeit kennt. - Der M. des 19.Jh.s erscheint so im Gewand der verschiedensten Systeme und rechtfertigt die Bezeichnung dieser Epoche als Jh. der »uniformen Mannigfaltigkeit« (G.Stammler). In der Gegenwart vertritt der dialektische → Materialismus (: III) dogmatisch das weltanschauliche Anliegen des M. Andererseits enthält die Fundamentalontologie → Heideggers Monistisches. Sie bekämpft die dualistische Metaphysik und faßt in gewisser Weise »Ich« und Welt zusammen, indem Welt als Seinscharakter des Daseins erscheint.

3. Das berechtigte Moment des M. liegt im Einheitsstreben des menschlichen Denkens. Im M. wird jedoch oft die Wissenschaft zum Religionsersatz durch das Versprechen des M., durch Wissen zu der die Welt konstituierenden Einheit zu führen. Der Hinweis auf den zukünftigen Erfolg dieses Versprechens genügt nicht. Denn jedes m.e System ist ein geschlossenes System und setzt eine begrenzte Seinsbasis voraus, nämlich die in der bisherigen Forschung zu übersehende. Daher muß der M. sich in ständiger Wandlung befinden, und es ist nicht beweisbar, daß dieser Prozeß je ein Ende findet und eine letzte Einheit nachgewiesen wird.

Der M. dargestellt in Beiträgen seiner Vertreter, hg.v. A.DREWS, 1908 - R.EISLER, Gesch. des M., 1910 - F.KLIMKE, Der M. u. s. philos. Grundlagen, (1911) 1919[4] (Lit.) - A.DREWS, Gesch. des M. im Altertum, 1913 - RGG[2] IV, 172ff - G.STAMMLER, Dt. Logikarbeit seit Hegels Tod, 1936 - H.SIEGEL, Religion im M. (Diss. Münster), 1950 (Masch.; Lit.) - P.ROMANELL, Il monismo estetico di J.Vasconcelos (Riv. di filosofia 44, Mailand 1953, 137-157) - EKL II, 1441f.

R.Lorenz

Monistenbund. E. → Haeckel ist der Vater des 1906 in Jena mit → Kalthoff als 1. Vorsitzenden gegründeten Deutschen M.es (DMB). Haeckel hatte in seinen »Thesen zur Organisation des Monismus« (1904) die Verbreitung einer einheitlichen, auf Naturerkenntnis begründeten Weltanschauung und einer monistischen Religion gefordert, die das Gemüt durch Kunst und Wissenschaft erhebt. Kämpferische Töne gegen Kirche und Schöpfungsglauben fehlten dabei nicht. Die 1. Periode des DMB mit ihrer Vortragstätigkeit (Berliner Religionsgespräche 1910: A.Drews' Vortrag über die »Christusmythe«) steht im Zeichen dieser Gedanken. Unter W.Ostwalds Vorsitz beginnt 1911 die 2. Periode des DMB (Höhepunkt: Hamburger Monistenkongreß Sept. 1911). Ostwald betrachtet den → Monismus (: II) als Hilfsmittel zur Lebensbegründung der Diesseitsexistenz und betont die praktischen Kulturaufgaben des DMB. Der 1. Weltkrieg führt eine Krise herbei (3. Periode). Der Tendenz zu monistisch-idealistischer Religiosität (Drews) steht die auf einen weltlich-areligiösen Kulturbund (Müller-Lyer) gerichtete entgegen. Die Weimarer Tagung (1920) bringt auf Grund der »Hamburger Thesen« eine Neuorientierung des DMB im Sinne des → Sozialismus. In dieser 4. Periode spürt der DMB die Abwendung vieler junger Intellektueller vom monistischen Naturalismus. Nach der Auflösung des DMB i.J. 1933 erfolgt 1946 seine Wiederbegründung in München ohne erkennbare Wandlung des weltanschaulichen Ziels. - Vgl. → Keplerbund.

RGG[3] IV, 175ff. - Zs.en: Blätter des DMB, 1906/07; Der Monismus, 1908-12; Das monist. Jh., 1912-16; Monist. Monatshefte, 1920 bis 1931 (in Jg. 1926 »20 Jahre DMB« v. H.SCHMIDT); Monist. Mitt.en, 1947-49; Die Geistesfreiheit, 1949ff. Weiteres bei H.SIEGEL (s. Lit. zu → Monismus: II). - Monist. Bibliothek Nr. 1-51 a - W.OSTWALD, Monist. Sonntagspredigten, 1911-16 - L.FREI, Katechismus der monist. Weltanschauung, 1914 - Die Zukunftsaufgaben des DMB, 1917 - P.MINGES, Der Monismus des DMB, 1919 - H.SCHMIDT, Harmonie, Versuch einer monist. Ethik, 1931 - H.TITZE, Monist. Religion? (Befreiung 2, Aarau 1954, 241-248).

R.Lorenz

Monnard, *Charles* (17.1.1790 bis 13.1.1865), * in Bern, † in Bonn, schweiz. Theologe, Literarhistoriker und Politiker, 1816 Prof. für französische Literatur in → Lausanne. Am öffentlichen Leben stark beteiligt, kam M. durch seine »Observations sur les Sectaires« mit der allzu radikalen Regierung, der seine Sympathien galten, und mit der konservativen Rechtspartei in Konflikt. M. gab daher sein Amt als Abgeordneter der kantonalen Regierung im Eidgenössischen Parlament in Bern auf. 1845 wurde er als Prof. abgesetzt, war kurze Zeit Pfarrer in Montreux und ging im Dez. 1846 als Prof. für romanische Sprachen und Literatur nach Bonn.

Vf. u.a.: Übers. u. Ergänzung der »Geschichten der Schweizer« von JOH.V.MÜLLER, 18 Bde, Paris u. Genf 1837-51.

E.Platzhoff-Lejeune

Monod, 1. *Adolphe* (21.1.1802 bis 6.4.1856), franz. ref. Theologe, * in Kopenhagen, wo sein Vater *Jean* M. Pfarrer der franz. Gemeinde war. Ein feinsinniger und schwermütiger Mensch, übernahm M. nach unbefriedigendem Studium in Genf 1825 die ev. Gemeinde in Neapel und erlebte hier unter dem Einfluß von Erskine seine Bekehrung. 1827 an die ref. Kirche von Lyon berufen, gelang es ihm durch seine streng bibelgläubige Verkündigung, die frommen Separatisten wieder der Nationalkirche zuzuführen. Gleichzeitig geriet er mit dem Konsistorium in Konflikt und wurde 1832 wegen einer Predigt (Qui doit communier?) seines Amtes entsetzt. M. sah in diesen Kämpfen die große Auseinandersetzung zwischen der Lehre von der Gnade und von den Werken, in der es nur die Niederlage der einen oder der anderen Partei geben könne. Auf Drängen seiner Freunde gründete er 1832 eine Freikirche (Eglise évangélique) und erwarb sich um deren Entfaltung in volksmissionarischem Sinne große Verdienste. 1836 wurde er Prof. an der ref. Fakultät in → Montauban; auch diese Arbeit stellte er in den Dienst der Erweckung (→ Réveil) an seinen Studenten und einer großen Predigtgemeinde in ganz → Frankreich (: II, 2). 1847 nach Paris berufen, geriet er in die theologischen und kirchlichen Kämpfe des Revolutionsjahres. Während sein älterer Bruder *Frédéric* (1794-1863, Vertreter der Orthodoxie, Leiter der »Archives du Christianisme au XIXe siècle«) mit → Gasparin die »Union des Eglises évangéliques libres de France« gründete (→ Frankreich: I, 8), blieb A.M. der Nationalkirche verbunden. Durch seine Predigten und Bibelstunden im Oratoire sammelte er eine große Gemeinde. Die ref. Kirche Frankreichs feiert ihn als einen ihrer größten Prediger. Er gründete seine Verkündigung auf das lebendige Wort (la parole vivante), das in dem geschriebenen Wort (parole écrite) enthalten sei, und verstand es, seine Hörer mit eindrucksvollen Bildern des leidenden Heilandes ebenso wie mit den Schrecken der Hölle zur Bekehrung zu rufen. Die geistlichen Reden, die M. von seinem Krankenlager aus hielt, wurden als »Les adieux d'A.M. à ses amis et à l'église« herausgegeben ([1856] 1929^{12}; dt. 1858 und in vielen anderen Sprachen). - Nachfolger von A.M. wurde sein Bruder *Guillaume* (1800-96), der jedoch 1874 eine freie Gemeinde gründete und schließlich dem Wahn verfiel, Christus zu sein. Von den Söhnen Frédérics war *Jean Paul Frédéric* (1822-1907) Prof. der Dogmatik in Montauban (1864-94), *Léopold* (1844-1922) Pfarrer an der Eglise libre (1868-1909). *Théodore* (1836 bis 1921) wurde der Nachfolger seines Vaters, trat aber 1874 zur Nationalkirche über und verwaltete die Pfarrstelle an der Oratoire-Kirche.

A.M. vf. u.a.: Lucile ou la lecture de la Bible, (1841) 1879^{7}; Sermons, 4 Bde, (1855) 1866^{4}; Souvenirs et lettres d'A.M., 2 Bde, 1885 (dt. 1887). - Über A.M.: F.LICHTENBERGER, Encyclopédie des sciences religieuses IX, 1880, 317ff - E.DE PRESSENSÉ, Etudes contemporaines, 1880 - L.MAURY, Le réveil religieux I, 1890, 476ff u.ö. - J. PÉDÉZERT, Souvenirs et études, 1898 - P.STAPFER, La grande prédication en France, 1898 - RE XIII, 358ff - F.DAHLBOM, A.M. som predikant, 1923 - RGG^{2} IV, 177ff - HERMELINK I, 479ff - M.BOEGNER, A.M. Prédicateur de l'Eglise réformée, 1956.

2. *Wilfred* (1867-1943), franz. ref. Theologe, * und † in Paris. Nach Pfarrdienst in Condé sur Noireau (1892) und Rouen (1898) kam M. 1907 an die Oratoire-Kirche in Paris. 1909 wurde er zugleich Prof. für prakt. Theol. an der freien prot. Fakultät. Entscheidend von T. → Fallot beeinflußt, ein Mann von tiefer mystischer Frömmigkeit, der am Bösen in der Welt litt und in seiner gnostisch geprägten Theologie Gott von der Verantwortlichkeit für das Böse in der Welt trennte, war er um die Bewährung des christlichen Glaubens in der sozialen Wirklichkeit wie um kirchliche Einigung bemüht (→ Einigungsbestrebungen: IV, 3). 1912 wurde er Präsident der »Union des Eglises Réformées de France«. Mit E. → Gounelle suchte er die Einigung der Christenheit als Union des Vielfältigen.

Vf. u.a.: Sermons et méditations, 1896ff; L'espérance chrétienne I. II, 1899-1901; Du Protestantisme, 1928; Le problème du Bien, somme théologique, journal d'un pasteur, 3 Bde, 1935; L'Eglise peut-elle donner une âme à la société des nations?, 1936; Après la journée, 1938 (Selbstbiogr.); Souvenez-vous de vos conducteurs?, 1948; Quand même!, 1949/50. - Hg.: »Veillez«, Organ des von M. gegr. Tiers Ordre Protestant. - Über M.: J.F.VAN ROYEN, Het vragstuk der theodicee bij W.M., Amsterdam 1941 - HERMELINK III, 186 - ROUSE-NEILL II (s. Reg.).

H.Hohlwein

Monogramm Christi *(Chrismon, Christogramm).* Ein M. entsteht durch Zusammenziehung sämtlicher Buchstaben eines Begriffs, vor allem eines Namens, zu einem einzigen Zeichen. Der Vorgang erklärt sich nicht allein aus dem Spieltrieb und aus dem Wunsch, eine Buchstabenreihe in ein Ornament zu verwandeln; es steht auch die Tendenz dahinter, dem Begriff durch die Einheitlichkeit seines Ausdrucks eine wirksame Repräsentation zu verschaffen. Ähnlich den gematrischen Zahlen (→ Alphabetmystik) und den abkürzenden Schreibungen der Nomina sacra ($\overline{\Theta C}$, $\overline{IC}$, $\overline{XC}$, $\overline{YC}$ usw) ist auch das M. als Zwischending von Chiffre und → Symbol anzusehen. - Bei dem M.Chr. ist der Symbolcharakter bes. ausgeprägt. Wie das Kreuzzeichen (→ Kreuz: II), von dem es praktisch nicht zu trennen ist, vergegenwärtigt es Christus und sein Heil.

Das M.Chr. existiert in zwei Grundtypen, der Kreuz- (Fig. 1) und der Sternform (Fig. 6), die sich in ihrem christlichen Gebrauch unter wechselseitigem Einfluß und unter dem des Kreuzzeichens entwickelt haben. Beide Formen kommen auch vor- und außerchristlich vor. In der Kreuzform findet sich das Zeichen buchstäblich gebraucht auf Münzen des Tigranes von Armenien (96-64 vChr) und des Herodes d. Gr. (40-4 vChr), und längst vorher gab es schon die Form 2 bei verschiedenen asiatischen Völkern, ohne daß von daher ein Einfluß auf das M.Chr. vermutet werden könnte. Anders steht es jedoch mit dem ägyptischen Lebens-Zeichen (Fig. 3); die Ähnlichkeit dieses Zeichens (crux ansata) mit dem Kreuzzeichen ließ synkretistische Übergangsformen aufkommen und begünstigte den Gebrauch der Kreuzform des M.s Chr., ohne daß der heidnische Ursprung der christlichen Deutung (→ Kopten: III, 1) im Wege gestanden wäre (Fig. 4, 5).

Wie die Kreuzform gibt es auch die Sternform bereits in vorchristlicher Zeit, ebenfalls sowohl symbolisch wie buchstäblich verwandt. Hier liegen die Dinge insofern umgekehrt, als der buchstäbliche Gebrauch im Christentum nachgeahmt worden zu sein scheint, während das alte Sonnen- und Sternsymbol nur gelegentlich und nicht nachhaltig Einfluß geübt hat. Form 6 war als Kürzel für die Buchstabengruppen XP und PX verbreitet

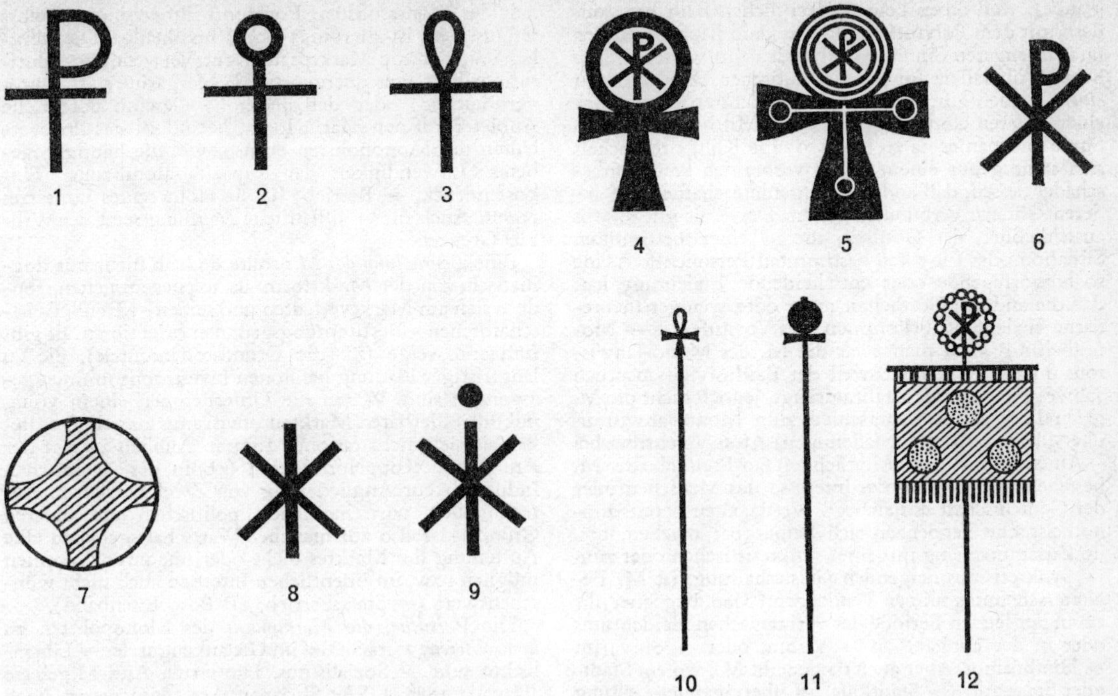

und kommt vielleicht schon vor Konstantin als Schreibung für den Namen Christi inschriftlich vor.

Nichtsdestoweniger bleibt der Gebrauch des M.s Chr. vor Konstantin sehr selten. Als Grund für den Umschwung seit Beginn des 4.Jh.s ist nicht nur das Ende der Verfolgung und die bald einsetzende Kreuzverehrung zu nennen, sondern auch das unmittelbare Beispiel des Kaisers. → Konstantin hatte in der berühmten »Vision« vor der Schlacht am Pons Milvius eine Erscheinung am Himmel beobachtet, die nach seinem eigenen Bericht (Euseb, Vita Const. 1, 28) Kreuz und Sonne zu dem in Fig. 7 dargestellten Zeichen vereinigte. Er nahm das Erlebnis zum Anlaß, auf Schilden seiner Soldaten ein auf das M.Chr. in der Kreuzform hinauslaufendes Zeichen anzubringen (Lactantius, De mort. pers. 44, 5: »transversa X littera summo capite circumflexo«). Nach dem Sieg über Maxentius erscheint das M.Chr. auf Münzbildern des Kaisers, aber nicht in der Kreuz-, sondern in der Sternform (Fig. 6, 8, 9). Der reine Stern existiert als Kürzel für die Buchstabengruppe XI und kann darum monogrammatischer Ausdruck für Χριστὸς Ἰησοῦς werden. Die Variante 9 scheint ein Sonnensymbol mit hineinzunehmen, ohne den christlichen Charakter des Zeichens in Frage zu stellen.

326 erscheint zum ersten Mal das *Labarum* auf einer Münze (Fig. 12), ein kaiserliches Feldzeichen, dem 315 die Form 11 vorausging. (Form 10 kommt in Zauberpapyri vor.) Was der Name heißt und wo er herkommt, ist nicht sicher auszumachen. Es handelt sich in der endgültigen Form um eine aus dem Vexillum der Reitertruppen entwickelte Kaiserstandarte, die über dem an einer Querstange aufgehängten Fahnentuch mit den metallgetriebenen Bildern des Kaisers und seiner Söhne das umkränzte M.Chr. in der Sternform trug.

Seit Konstantin wird das M.Chr. reichlich zum Schmuck und zur Bezeichnung des christlichen Charakters des Gegenstandes und seines Eigentümers verwandt. Es findet sich auf Amuletten, Gefäßen, Sarkophagen (vgl. Taf. 52 Abb. 3), innen und außen an Gebäuden usw. Vor allem die Kreuzform erhält oft Beigaben, ein Taubenpaar, einen Fisch und bes. oft die Buchstaben A und ω. Sie heben die Symbolkraft des Zeichens hervor. Etwa seit Justinian wird das M.Chr. in der beschriebenen Verwendung durch das einfache Kreuz ersetzt.

Unter den verschiedenen Abkürzungen für den Namen Jesu hat die Buchstabengruppe $\overline{IHC}$ in später Zeit noch einmal eine fast monogrammatische Verwendung gefunden. In der zT latinisierten Form $\overline{IHS}$, $\overline{ihs}$, $\overline{yhs}$ steht sie im MA in ihrem Gebrauch zwischen Nomen sacrum und Symbol. Zu Ausgang des MA wird diese Symbolik neu belebt. → Bernhardin von Siena versuchte, mit diesen Buchstaben die Parteizeichen der → Ghibellinen und Guelfen zu verdrängen. Seine bis heute anhaltende Verbreitung erreichte das Zeichen aber dadurch, daß die → Jesuiten diese Form des Namens Jesu als Ordenswappen wählten.

Lit. s. → Konstantin, → Kreuz: II. Ferner: RE XIII, 367ff - J.Maurice, Numismatique Constantinienne I-III, Paris 1908-12 - DACL III/1, 1481ff - V.Gardthausen, Das alte M., 1924 - RGG^2 IV, 179ff (Lit.) - PW XVI/1, 133ff - W.Seston, La Vision païenne usw (in: Mélanges F.Cumont, Brüssel 1936, 373-395) - A.Alföldi, The Initials of Christ on the Helmet of Constantine (Stud. in Rom. Econ. and Soc. Hist. in honour of A.Ch.Johnson, 1951, 303-311) - J.Gagé, Le »signum« astrologique de Constantin et le millénarisme de »Roma aeterna« (RHPhR 31, 1951, 181-223) - K.Kraft, Das Silbermedaillon Constantin des Großen mit dem Christus-M. auf dem Helm (Jb. f. Numism. u. Geldgesch. 5/6, 1954, 151-178) - M.Cramer, Das altägypt. Lebenszeichen im christl. (kopt.) Ägypten, 1955^3 (Lit.).

H.Kraft

Monolatrie. Unter M. hat man einen Kult zu verstehen, der nur *einer* Gottheit dient. M. kann als Praktizierung des → Henotheismus gelten. Wenn dieser die Existenz mehrerer Gottheiten nicht ausschließt, so schließt M. den Kult mehrerer Gottheiten nicht aus, sondern setzt ihn voraus. M. steht nicht im Zusammenhang mit dem Glauben an ein Höchstes Wesen (→ Hochgottglaube), weil dieses keinen eigentlichen Kult hat, sondern mit dem Polytheismus. Man kann M. im weiteren und im engeren Sinne unterscheiden. Im weiteren Sinn liegt M. überall da vor, wo ein kultischer Akt jeweils nur *einer* Gottheit gilt, während er im nächsten Augenblick einer anderen Gottheit gelten kann. Mit M. im engeren Sinne hat man es da zu tun, wo eine Kultgemeinschaft sich ständig nur einem Gotte verbunden weiß, unbeschadet dessen, daß andere Kultgemeinschaften sich anderen Göttern verbunden wissen. Der Kult gilt jeweils ausschließlich der Gottheit, die in einer bestimmten Situation oder für einen bestimmten Personenkreis eine so hervorragende oder entscheidende Bedeutung hat, daß die anderen Gottheiten mehr oder weniger theoretische Bedeutung bekommen. Als Vorstufe des → Monotheismus kann man zwar die M. des Mono-Jahwismus im AT betrachten, weil der Exklusivitätsanspruch Jahwes (→ Gott: II) zu ihm drängt, jedoch nicht die M. generell, weil im Unterschied zum Mono-Jahwismus überall, auch zB in der (alleinigen) Aton-Verehrung bei →Amenophis IV., die Möglichkeit zur Preisgabe der M. bestehen bleibt, wenn das Interesse des Menschen oder der Gemeinschaft es nahelegt. Wo dagegen bereits monotheistische Tendenzen sich bemerkbar machen, bes. im Zusammenhang mit einer synkretistischen oder zum → Synkretismus neigenden Geisteshaltung, ist M. Begleiterscheinung dieser Tendenzen. Man begegnet ihr zB in der letzten Periode des germanischen Heidentums oder in der Hingabe an → Vishnu oder → Shiva im → Hinduismus. Aber auch da gedeiht M., wo ein Stadt- oder Staatsgott (→ Stadtkult) zu überragender Geltung gelangt.

ERE VIII, 810f - CHANT I, 82f - J. DE VRIES, Altgerm. Religionsgesch. II, (1937) 1957² - E.O.JAMES, The Concept of Deity, London 1950, 87ff - TH.C.VRIEZEN, TheolAT in Grundzügen, 1956. - Weitere Lit. s. → Henotheismus. *W.Holsten*

Monophysiten → Christologie: II, 5a.

Monopol bezeichnet im Gegensatz zur → Konkurrenz eine Marktform, bei der »die Beherrschung des Gesamtangebots oder der Gesamtnachfrage durch einen einzelnen Willen« (Jöhr) gegeben ist. Wichtigste Erscheinungsform des Individual-M.s ist die Vereinigung mehrerer Unternehmungen gleicher (vertikale Konzentration) oder verschiedener Produktionsstufe (horizontale Konzentration) zu Konzernen oder Trusts. Von ähnlicher Bedeutung sind die Kollektiv-M.e (Kartelle), die durch vertraglichen Zusammenschluß mehrerer Unternehmen des gleichen Wirtschaftszweiges bei Wahrung der formalen Selbständigkeit entstehen. Sie erstreben dabei Koordinierung der Geschäftspolitik, zB hinsichtlich gemeinsamer Preisfestsetzung (Preis-Kartell), Fixierung der Zahlungs- und Lieferbedingungen (Konditionen-Kartell), mengenmäßige Aufteilung der Erzeugungsprogramme (Quoten-Kartell), der Absatzgebiete (Gebiets-Kartell) oder auch einer gemeinsamen Übereinkunft bezüglich der Kalkulationsrichtlinien. Zum Zwecke der → Rationalisierung (zB Typenbeschränkung) oder der gemeinsamen Hilfe in Krisensituationen entstehen ebenfalls kartellartige Zusammenschlüsse.

Die *wirtschafts- und sozialpolitische Bedeutung* des M.s ergibt sich daraus, daß sein Bestehen den Entscheidungsspielraum des Marktpartners - nicht nur des Endverbrauchers, sondern häufig auch der kleinen Gewerbetreibenden - wesentlich einengt, dementsprechend aber die Gewinnchancen des Monopolisten erweitert. Wirtschaftliche → Macht (: IV) trägt stets monopolartige Züge. Die sich aus der Marktstruktur ergebende Freiheit des Monopolisten, Preis und Umsatzmenge selbst festzusetzen, ist allerdings *nicht* schrankenlos. Die Möglichkeit, daß die Marktpartner zur Verwendung substitutioneller Güter übergehen (zB Margarine statt Butter verbrauchen) oder daß der hohe Gewinn potentielle Anbieter auf den Markt lockt, beeinflußt das Preisverhalten des Monopolisten ebenso, wie die häufig gegebene Notwendigkeit der Kapazitätsausnützung (Fixkostendruck, → Betrieb: II) die Höhe seines Umsatzes regelt. Auch die → öffentliche Meinung setzt der Willkür Grenzen.

Eine *Beurteilung des M.s* sollte deshalb nicht nur dogmatisch von der Marktform als solcher ausgehen, sondern sich am Marktverhalten und seinen - zT außerwirtschaftlichen - Bestimmungsgründen orientieren. Es gibt Industriezweige (zB die Grundstoffindustrie), die zu langfristiger Planung bei hohen Investitionssummen gezwungen sind. Wären die Unternehmen einem völlig unkontrollierbaren Marktautomatismus ausgeliefert, ließen sie sich nicht rationell führen. Ähnlich zwingt der Anfall von Kuppelprodukten (zB in der chemischen Industrie) zur Angliederung von Zweigbetrieben. Aus technischen, wirtschaftlichen, politischen und anderen Gründen ist also auf manchen Wirtschaftsgebieten eine Aufteilung des Marktes nicht oder nur unvollkommen möglich bzw. im öffentlichen Interesse auch nicht wünschenswert (→ Staatsbetrieb, zB Post, Eisenbahn).

Die *Versuche, die Marktmacht* des Monopolisten zu *kontrollieren*, wurzeln tief im Gedankengut des → Liberalismus und → Sozialismus. Die ersten Anti-M.gesetze (Kanada 1889, USA: Sherman Act 1890) waren noch Reaktionen einer vorwiegend agraren Gesellschaft gegen die entstehende industrielle Wirtschaftsmacht. In der Folgezeit mußte sich in nahezu allen Industrieländern der Gesetzgeber mit dem M.problem auseinandersetzen. Hierbei zeichneten sich zwei Möglichkeiten ab. Eine auf das grundsätzliche Verbot aller Handelsbeschränkungen abzielende Gesetzgebung entstand in den USA und in Kanada. Sie wirkte nachhaltig auf die entsprechenden Regelungen in der BRD und in Japan nach 1945 ein. Demgegenüber setzte sich in Großbritannien, Schweden, Norwegen, Holland, Frankreich und Südafrika eine Mißbrauchsgesetzgebung durch, in der das Schwergewicht auf die Tätigkeit von Untersuchungsausschüssen gelegt wurde, deren Ergebnisse publiziert werden. In einigen Ländern besteht auch ein Registrationszwang für M.e. - In Deutschland wurde die erste Verordnung gegen den Mißbrauch wirtschaftlicher Machtstellungen 1923 erlassen. Die vorwiegend auf politische Motive zurückzuführenden Entflechtungsmaßnahmen der Alliierten nach 1945 wurden zu einem großen Teil nicht zuletzt auch aus wirtschaftlich-technischer Notwendigkeit heraus wieder rückgängig gemacht. Nach jahrelanger »Kartelldebatte« wurde 1957 das »Gesetz gegen Wettbewerbsbeschränkungen« erlassen. Die Tätigkeit des inzwischen errichteten Bundeskartellamts zeigt jedoch die Schwierigkeit, dem M.problem allein durch juristische Bestimmungen beizukommen. Es ist im allgemeinen wirksamer, den freien Zugang zu den Märkten nicht durch Verbote von Abreden und Unternehmenskonzentrationen, sondern durch strukturpolitische Maßnahmen (zB Zollsenkung für ausländische Anbieter) zu schaffen oder wenigstens ausgleichend wirkende Gegenkräfte zu organisieren (Zusammenschluß der Marktpartner). - Vgl. → Wirtschaftspolitik.

W.A.JÖHR, Theoret. Grundlagen der Wirtschaftspolitik I. II, 1943/52 - W.FRICKE, Kollektiv-M.e, 1956 (Lit.) - W.FRIEDMANN, Anti-Trust Laws, London 1956 - H.RASCH, Wettbewerbsbeschränkungen. Kartell- u. M.recht, 1957. *F.Fürstenberg*

Monotheismus und Polytheismus

I. Religionsgeschichtlich - II. Im AT - III. Im Urchristentum und in der alten Kirche. - Ergänzend vgl. bes. → Gott, → Henotheismus, → Hochgottglaube, → Pantheismus, → Theismus, → Urmonotheismus

I. Religionsgeschichtlich

1. Vom M. zum P. - 2. M. als Ende einer Entwicklung - 3. M. wider den P.

Der Begriff M. setzt den P. voraus. Nicht entschieden ist damit die Frage, in welchem Verhältnis sachlich M. und P. zueinander stehen, ob der M. den P. voraussetzt oder umgekehrt der P. den M., und in welchem Sinne der eine die Voraussetzung des anderen ist, ob es sich um eine Entwicklung des einen aus dem anderen handelt oder um einen Widerspruch des einen gegen den andern. Alle die hier angedeuteten Möglichkeiten sind im Laufe der Geschichte vertreten worden.

1. Unter der Ein- und Nachwirkung der als Geschichte verstandenen biblischen Urgeschichte erwuchs die These von einem → *Urmonotheismus,* einem M. als Anfang der → Religionsgeschichte. Diesem M. steht dann der P. als Abfall von dem einen Gott, als Folge der → Sünde gegenüber. Nur eine andere Gestalt der Lehre vom Ur-M. ist die Lehre von der natürlichen Gotteserkenntnis, in der der M. davor bewahrt bleibt, im P. völlig unterzugehen und zum P. entstellt zu werden. Im → Rationalismus wird zwar die → Offenbarung durch die → Vernunft ersetzt und die natürliche Gotteserkenntnis zur vernünftigen, aber der Primat des M. gegenüber dem (jetzt als vernunftwidrig verstandenen) P. wird nicht erschüttert, sondern eher noch gestärkt. Selbst → Voltaire hält es nicht für ausgeschlossen, daß man zuerst *einen* Gott und erst später mehrere Götter anerkannte (Dictionnaire Philosophique, 1764). Bes. entschieden vertreten wird der Ur-M. von dem Jesuitenmissionar J.F.Lafitau in seinem Werk »Moeurs des sauvages Amériquains comparées aux moeurs des premiers temps« (1724), in dem er sich bemüht, in den Religionen der → Indianer Zeugnisse für einen einstigen M. aufzuspüren, der in der Folgezeit durch Sünde und Unwissenheit korrumpiert worden sei. Eine Abschwächung des Ur-M. stellt der → Henotheismus dar, den in der Nachfolge → Schellings Max → Müller an den Anfang der religionsgeschichtlichen Entwicklung stellt. Ebenfalls unter Schellings Einfluß sucht F.G.Welcker in seinem Werk »Die griechische Götterlehre« (1857-62) den griechischen P. auf einen vorausgehenden M. zurückzuführen. Mit aller Entschiedenheit sah der schottische Forscher, Dichter und Essayist A.Lang, von deutschen Romantikern wie F.Creuzer und Otfried Müller und durch die Forschungen des Missionars A.W.Howitt beeinflußt, der bei Südost-Australiern auf den Glauben an ein Höchstes Wesen gestoßen war, den M. als die älteste Religion der Menschheit, den P. als Degenerationserscheinung an, bes. in seinem Werk »The Making of Religion« (1898). Im Anschluß an Lang entwickelte P.Wilhelm → Schmidt vor allem in seinem vielbändigen Werk »Der Ursprung der Gottesidee« (1913ff) seine Theorie des Ur-M., der auf einer → Uroffenbarung beruht. Da nun aber neben den Höchsten Wesen, auf die Schmidt seine Theorie gründet (→ Hochgottglaube), immer auch »Nebenwesen« verehrt werden, wird der Begriff M. fragwürdig. Daß die Höchsten Wesen in vielen Fällen Verschmelzungen oder Verbindungen, sei es mit Stammvätern, sei es mit Natur-, insbesondere uranischen Erscheinungen eingehen, dürfte zwar nicht die Existenz einer speziellen Art von Gottheiten, die als Höchste Wesen bezeichnet werden, widerlegen, läßt aber ihr Wesen im schillernd Unbestimmten, so daß nicht einmal ihre Otiosität unbestritten bleibt, die weithin als ihr Charakteristikum gegolten hat, und läßt nicht den Schluß zu, daß sie am Anfang der religionsgeschichtlichen Entwicklung gestanden haben. Wohl aber dürfte dem Glauben an Höchste Wesen ein gewisser theoretischer Charakter eigen sein. Wenn auch die sog. primitiven Religionen das bevorzugte Feld sind, von dem Belege für diese Spezies von Gottheiten gesammelt werden, sind sie doch nicht das einzige. Im alten → Iran (: II) ist Zervan ein solcher Hochgott. In ihm ist der Dualismus der von ihm geborenen Götter → Ormazd und → Ahriman beschlossen; er ist darum über »Gut und Böse erhaben, er erteilt sowohl Gutes als Böses« (G.Widengren). Aber auch Ormazd (Ahuramazda) hat den Charakter eines Hochgottes. Der Hochgott ist in beiden Fällen von einer Schar von Gottheiten umgeben, »die die Fülle seines Wesens ausmachen« (G.Widengren). Es scheint, daß in → China (: II, 1 a) Schang-ti oder Tien, der → Himmel (: I), den Charakter eines Hochgottes hat. In allen Fällen ist dieser M. mit P. sehr wohl vereinbar. In Europa liegt eine Art Hochgottglaube im → Deismus (: III) vor, der sich für den chinesischen Himmelsgott so begeisterte, daß die Bezeichnung Himmel für Gott, die sich freilich bereits in der Bibel findet (→ Himmel: II, 1. 2), in jener Zeit bes. häufig wird. Er ist nach Lang der Glaube des »sprichwörtlich einfachen Mannes«. Daß er in Europa nicht mit P. gepaart ist, ist christlicher Tradition zu verdanken.

2. Muß der Ur-M., M. als Anfang religionsgeschichtlicher Entwicklung, fragwürdig bleiben, so ist M. als Produkt oder *Endprodukt* religionsgeschichtlicher Entwicklung eine Tatsache. Es handelt sich dabei um einen M., der in seiner Art von dem Ur-M. und dem Hochgottglauben nicht verschieden ist. Er ist freilich nicht dem P. voraus, sondern folgt ihm nach, schließt ihn jedoch ebensowenig aus wie der Hochgottglaube. Wie der Gang der Religionsgeschichte vom M. zum P. von dem Dogma vom Ur-M. behauptet wird, so der umgekehrte Gang vom Evolutionsdogma. An erster Stelle ist David → Hume zu nennen als der, der den P. als die erste und älteste Religion in »The Natural History of Religion« (1757) ansah, ähnlich J.J. → Rousseau im »Emile« (1764). Diese Wendung war wesentlich durch das neuerschlossene religionsgeschichtliche Material bedingt, das wiederum in erster Linie aus den sog. primitiven Religionen stammte. Von besonderer Bedeutung für die Folgezeit ist Charles de Brosses' Werk »Du Culte des dieux fétiches ou parallèle de l'ancienne Religion de l'Egypte avec la Religion actuelle de la Nigritié« (1760) geworden. Der von de Brosses beschriebene → Fetischismus wurde in A. → Comtes »Cours de Philosophie Positive« (1830 bis 1842) die erste der drei Perioden (Fetischismus, P., M.) der ersten Epoche in der Entwicklungsgeschichte des menschlichen Geistes, der religiösen, der die metaphysische und die positive folgen. An Stelle des Fetischismus setzt E.B.Tylor (»Primitive Culture«, 1871) den → Animismus an den Anfang der religionsgeschichtlichen Entwicklung, die über verschiedene Zwischenstufen zum P. und schließlich zum M. führt. Namentlich durch H. → Spencer und sein Werk »The Principles of Sociology« (1877) wurde der Animismus zum Schlagwort der Religionsgeschichte und mit dem Dogma der Evolution fest verbunden, nach dem die → Religion überhaupt als überwundene oder zu überwindende Stufe der Entwicklung anzusehen ist. Dieser Evolutionismus ist unbeweisbares Dogma; andererseits gibt es M., der aus dem P. oder Polydämonismus oder anderen Gestalten der Religion hervorgegangen ist. In Griechenland ist dieser M. das Ergebnis philosophischer Diskussionen; monotheistische Tendenz ist schon bei → Xeno-

phanes zu beobachten, zeigt sich in abstrakten Bezeichnungen für die Gottheit wie Tyche, Heimarmene (→ Schicksal: I), der πρώτη ἀρχή des → Aristoteles, dem νοῦς der → Stoa, in der jüngeren Orphik (→ Orpheus). Mit der Neigung der Philosophie, ihr höchstes Prinzip als höchsten Gott zu verstehen, wirkte die monarchische → Staatsform zusammen; sie verschaffte nicht nur der Vorstellung von einer monarchischen Ordnung der Götterwelt Raum, sondern M. konnte sogar politisches Problem und eine zwingende Forderung der Staatsräson werden. Dieser M. »räumte nicht mit dem P. auf, sondern ordnete die Götter des P. dem höchsten Gott unter oder ließ sie in einem von ihnen aufgehen. Sein Ergebnis war, daß dem Volk, und zwar nicht nur den gebildeten Kreisen, eingeprägt wurde, daß ein einziger Gott Lenker der Welt sei« (Nilsson). Auch in → Ägypten (: II) gehörten monotheistische Tendenzen immer der philosophischen oder theologischen Spekulation an; sie sind ebenso Widerhall staatlich-politischer Vorgänge. Der Versuch eines wirklichen M., der Aton-Glaube des Echnaton (→ Amenophis IV.), der die anderen Götter zu verfolgen begann, scheiterte gründlich und blieb Episode. Wohl aber war die Theologie immer wieder um einen künstlichen M. bemüht, zu dem die Identifikation der Götter als Mittel diente und Triebfeder das Streben war, die Hauptgottheit eines Ortes, der besondere politische Bedeutung hatte oder bekam, zum Zentrum eines Systems zu machen, dessen Einheit neben der Identifizierung der Götter durch ihre genealogische Verbindung oder Ordnung am häufigsten nach Triaden oder Enneaden herzustellen das Bemühen war. In der → germanischen Religion (, 9) macht sich an ihrem Ende eine Neigung zum M. bemerkbar, der ebenfalls P. nicht ausschließt. Es ist nicht nur Henotheismus in dieser Zeit vielfältig zu beobachten, sondern vielleicht auch ein Gegensatz zwischen Odin und Thor derart, daß eine Entscheidung zwischen ihnen gefordert wird. In → Indien (: II) sind Vishnuismus und Shivaismus zu einem gewissen monotheistischen Charakter gelangt. Sie können sogar Ausschließlichkeitsanspruch erheben und eine Intoleranz zeigen, die sich in Verfolgung Andersgläubiger äußert; aber sie stehen auch untereinander in steter Rivalität. Von → Vishnu wird erklärt, er allein sei geeignet, als höchster Gott verehrt zu werden. Für den shivaitischen Dichter Tayumanavar ist die → Shiva-Religion *die* Religion. Aber wiederum sind die anderen Götter nur zweitrangig, untergeordnet, jedoch nicht geleugnet.

3. Im Gegensatz zu dem Dogma vom Ur-M. und zu dem der Evolution, die sich beide auf vorgeschichtliche Erscheinungen und Vorgänge berufen und durch Beschäftigung mit den sog. primitiven Religionen Zugang zu ihnen zu finden glauben, gilt es, von den geschichtlichen Gestalten monotheistischer Religion auszugehen, dem Judentum, Christentum und Islam und im gewissen Sinn der Religion → Zarathustras. Es ergibt sich dann zunächst: der M. setzt immer den P. voraus. Er entsteht als ausdrückliche, revolutionäre *Verneinung* des P., ist nicht Produkt einer Entwicklung. Er ist also später als der P., und er hat Ausschließlichkeitscharakter. Zum andern ergibt sich: dieser geschichtliche M. ist nicht theoretisch oder philosophisch, durch des Gedankens Blässe gekennzeichnet, sondern behauptet den einen Gott als höchst real. Dieser M. ist nicht durch Subtraktion noch Abstraktion entstanden; es geht nicht um die Zurückführung einer Vielheit auf eine Einheit oder auch die Negation einer Vielheit, sondern um die Einzigkeit des Einen, um die »leidenschaftliche Affirmation seiner Gewaltigkeit« (van der Leeuw), die keine andere Gewalt, keinen anderen Gott neben sich duldet. Mit ihrem Verhältnis zum P. hängt zusammen, daß am Anfang der monotheistischen Religionen jeweils ein Stifter steht, der als geschichtliche Person nicht einen absoluten Neuanfang darstellt, sondern Reformer ist. Zarathustra verkündigte – vielleicht in Fortsetzung einer schon begonnenen Linie, aber unter heftigem Widerspruch seiner Zeitgenossen – Ahuramazda, der vielleicht ein alter iranischer Himmelsgott und Hauptgott unter vielen Göttern war, als alleinigen Gott in der Weise, daß die daevas, die vedischen devas, die in den außerzarathustrischen Kulten Götter waren, dämonisiert wurden (bes. → Ahriman) und die → Amesha Spentas aus Göttern zu Aspekten Ahuramazdas wurden. Der M. des AT (→ Monotheismus: II) ist so wenig Zurückführung einer Vielheit auf eine Einheit, sondern vielmehr Bekenntnis der Einzigkeit Gottes, daß er als der äußerste Gegensatz zu den grundsätzlich monistischen Religionen Indiens empfunden wird. »Die Juden erfanden zuerst den Mythos, daß nur eine Religion wahr sein könne« (→ Radhakrishnan). Zwar ist in Israel sicherlich nicht von Anfang an M. vertreten worden. Am M. bestand durchaus kein starkes Interesse, weil nicht einer Lehre über Gott, sondern der Gottesbeziehung und dem Gehorsam das eigentliche Interesse galt. Wohl aber war der M. im ersten Gebot angelegt. Indem dieses verbietet, anderen Göttern zu dienen, setzt es den P. voraus, gegen den es sich wendet. Und indem es mit der Begründung versehen wird: »Denn Jahwe ist ein eifriger Gott« (Ex 20, 5; 34, 14; Dtn 6, 14), zeigt sich dieser M. nicht in einer Subtraktion oder Abstraktion wurzelnd, sondern in der Allgewalt dieses einen Gottes, die wiederum nicht als erdacht, sondern als durch geschichtliche Taten erwiesen gilt, bes. durch die Herausführung aus Ägypten. Der M. wird zum leidenschaftlichen Anliegen des → Judentums. »Durch die Lehre der Einzigkeit unterscheidet sich der Gläubige vom Ungläubigen. Dies ist das Haupt der Wahrheit des Gesetzes« (Bachja ibn Pakuda, Herzenspflichten). An diese Einzigkeit wird im täglichen → Schma-Gebet erinnert. Wenn sie auch gegen die christliche Trinitätslehre gewendet wird, so ist diese doch samt den trinitarischen Kämpfen (→ Trinität: III) nichts anderes als die ständige Bemühung um Gottes Gottheit, um den einen Gott in seiner Lebendigkeit. Es geht um das erste Gebot, das in Jesus Christus erfüllt ist und in der Rechtfertigung erfüllt wird. An dieser Erfüllung vorbei geht der M. des → Islam, der in der doppelten Front gegen den P. der vorislamischen Araber (→ Arabien: I) wie gegen die christliche Trinitätslehre Allahs Einzigkeit »zur Weißglut erhitzt« (H. Kraemer). Diese Einzigkeit Gottes ist wiederum nicht in einer Subtraktion oder Abstraktion, sondern in seiner Allmacht im Sinne absoluter Willkür seiner Entscheidungen begründet. »Sprich: es ist der eine Gott, der ewige Gott; er zeugt nicht und wird nicht gezeugt, und keiner ist ihm gleich« (Sure 112). Schwerste Sünde ist darum Shirk = Zugesellung; ebenso zentral wie das Bekenntnis »Gott ist einer« ist das korrespondierende »Er hat keinen Genossen«. In der Schule der Mu'taziliten (→ Islam: I, 6) führt die Furcht vor der Zugesellung zu der Ablehnung jeglicher Aussagen über konkrete Eigenschaften Gottes, um der Gefahr ihrer Hypostasierung von vornherein zu begegnen. Es bleibt nur die Möglichkeit zu negativen Aussagen über Gott oder die Beschränkung auf die Behauptung seines Seins, so daß seine Person hinweggeschmolzen wird.

UdG – N. Söderblom, Das Werden des Gottesglaubens, (1915) 1926² – RGG² IV, 185ff (reiche Lit.) – A. Lehmann, Die Hymnen des Tayumanavar, 1935 – Ders., Die shivaitische Frömmigkeit der tamulischen Erbauungslit., 1948 – HWDA VI, 545ff – J. de Vries (→ Monolatrie) – G. Widengren, Hochgottglaube im alten Iran (UUÅ 1938, 6) – H. Kees, Der Götterglaube im alten Ägypten, 1941 – Nilsson II –

W.E.MÜHLMANN, Das Problem des Ur-M. (ThLZ 78, 1953, 705 bis 718) - R.PETTAZZONI, Essays on the Hist. of Religion, Leiden 1954 - P.RADIN, Monotheism among Primitive Peoples (Special Publ. of Bollingen Foundation 4), Basel 1954 - VAN DER LEEUW - ChrRel^2 - G.LANCZKOWSKI, Forschungen zum Gottesglauben in der Religionsgesch. (Saeculum 8, 1957, 392-403). - Ferner die Arbeiten von KRAEMER, JAMES, WIDENGREN (→ Monismus: I). *W.Holsten*

II. Im AT

Der M. in der at. Religion ist zwangsläufige Folge ihres Grundverständnisses von → »Gott« (: II), mit dem sie wie ein erratischer Fels aus den Umweltreligionen herausragt:

a) In den altorientalischen Religionen sind die Götter (abbildbare) Personifikationen der in der Natur wirksamen Mächte, Kosmogonie ist → Theogonie, das Göttliche ist immanent. In der at. Religion steht Gott über der Natur, als Schöpfer und Lenker der entgöttlichten Natur, Gott ist notwendig transzendent (nicht abbildbar; → Bilder: II). - b) Die altorientalischen Religionen sehen das Göttliche sich offenbaren in den wirkenden Kräften der Natur. Die im ewigen Kampf miteinander liegenden Lebens- und Todesmächte sind das Göttliche (der → Mythos [: II]) und die Zeugungs- und Gebärkräfte (das göttliche weibliche Komplement ist unabdingbar). Israel glaubt in Gott den Herrn über Leben und Tod, der → Mythos (: III) ist ihm völlig fremd. Das Zeugen und Gebären sind ihm vom Schöpfer gesetzte Kräfte, ein weibliches Komplement zu Jahwe ist unmöglich. Den Israeliten offenbart sich Gott im Wirken in der → Geschichte (: I) seines Volkes. - c) In den altorientalischen Religionen ist P. notwendige Auswirkung der zugrunde liegenden Idee von »Gott«; denn die Naturmächte sind vielfältig. Trotz aller Ansätze, die Einheit des Göttlichen zu sehen, sind diese Religionen niemals zum M. durchgedrungen. Der die Geschichte seines Volkes wirkende Gott Israels ist einheitlicher personenhaft-sittlicher, die Entscheidung seines Volkes fordernder Wille, der die Geschichte seines Volkes in höchster Aktivität planvoll ihrer Vollendung, der Realisierung seiner Lebensgemeinschaft mit dem von ihm erwählten Volk (→ Erwählung: I, 2) zuführt (→ Eschatologie: II). Eine Vielheit göttlicher Willenswirkung ist ausgeschlossen. - d) Die polytheistischen Religionen der Umwelt sind tolerant, sie sind für die Anerkennung neuer in ihren Gesichtskreis tretender göttlicher Mächte offen und gliedern fremde Gottheiten in ihre »Systeme« ein (→ Synkretismus: I). Innerhalb der Willenssphäre Jahwes ist kein Raum für das Zusammen mit einer anderen göttlichen Macht oder gar für eine Rivalität mit einer solchen. Der at. M. ist intolerant und radikal exklusiv. - e) Die polytheistischen Religionen mit ihren Systemen von unter sich hinsichtlich ihrer Machtpotenz abgestuften bzw. ineinander übergehenden Göttern setzen (den Menschen oft praktisch-unmittelbarer tangierende) übernatürliche Zwischenwesen verderblicher und helfender Art: → Geister, Dämonen und Engel (: I). Die at. Religion schließt solche Zwischenwesen aus. Jahwe ist unmittelbar zu seinem Volk bzw. zu dem Einzelnen, sowohl in seiner Dämonie wie in seiner richtenden und helfenden Aktivität. Gute wie böse Mächte (→ Geist: II; ThW VI, 360ff) sind von ihm her als der allein lebendigen Macht wirksam. Der mălʾăk jăhwæ̂ ist lediglich → Hypostase Gottes, dh in ihm ist die Gegenwärtigkeit Gottes offenbar; die b^e^nê ʾ^æ^lohîm, Seraphim u.ä. sind eingedrungenes Fremdgut (→ Königtum Gottes im AT).

Diese Verschiedenartigkeit im Grundverständnis von Gott schließt die Annahme aus, daß sich der at. M. aus Umweltfaktoren entwickelt haben könnte. Versuche, die Entstehung des at. M. als einen evolutionistischen Vorgang zu erfassen, sind oft gemacht worden - bis hin zu der These, der M. sei bereits in Babylon (Schamasch bzw. Marduk; vgl. Friedr. Delitzsch; → Babylonien: III, 1) und in Ägypten (Aton; zB J.N. Schofield; → Amenophis IV.) zum Durchbruch gelangt und Israel habe ihn lediglich entlehnt. Oder: sicher vorhandene monotheisierende Ansätze in der Umwelt hätten die Entstehung des at. M. begünstigt (zuletzt → Albright). Jedoch der M. Echnatons ist eine gedankliche Spekulation, die mit dem Pharao zu Grabe ging, und Delitzschs Irrtum wurde schnell erkannt. Und innerhalb der »Ansätze« bleibt die Göttervielheit überall faktisch bestehen (vielfach bloßer → Henotheismus). Das Phänomen des at. M. ist auf religionsgeschichtlich-evolutionistischem Wege nicht erklärbar.

Vielmehr: der at. M. ist der grundlegende Niederschlag der Glaubenserfahrung einer religiös-schöpferischen Persönlichkeit, theologisch gesprochen: er beruht auf der Selbsterschließung Gottes in einem von ihm erwählten Werkzeug. Die at. Religion ist eine Stifterreligion (vgl. bes. Söderblom). Ihr Stifter war → Mose. Ob Mose an eine schon bestehende rein lokale Jahwe-Verehrung anknüpfte (»Keniterhypothese«; → Keniter, → Jahwe, → Gott: II, 2 a), ist hier ohne Belang; denn mit der Anknüpfung konnte sich nur eine totale Wandlung im Verständnis »Jahwes« vollzogen haben.

Nach Israels Glauben ist die Stiftung seiner Religion identisch mit der Schöpfung → Israels (als politisch-kultischer Gemeinschaft; → Bundesbuch, 5) durch seinen Gott (vgl. Jes 5, 1ff), mit der Gewährung des → »Bundes« (: II), in dem Jahwe sein erwähltes Volk zu sich in ein für ewig bestehendes Verhältnis setzt: Ihr sollt mein Volk sein, und ich will euer Gott sein (Ex 6, 7). Das heißt zunächst nur: Jahwe allein ist unser Gott, es heißt nicht: es gibt bloß einen Gott. Das AT rechnet für die ältere Zeit durchaus mit der Existenz anderer Götter draußen (von denen sich Jahwe durch seinen Eigennamen unterscheidet), nur Israel hat mit ihnen nichts zu schaffen. Bevor der universale M., wie er oben aus dem Zeugnis der Propheten des 8. und 7.Jh.s gezeichnet ist, bestimmend wurde, mußte das vom Stifter gesetzte Grundverständnis von Gott erst zur Entfaltung kommen unter der infolge innerer und äußerer Gefährdung des Volkes neu aufbrechenden Gottesfrage.

Für die ältere Zeit ist M. nur im Sinne von → *Monolatrie* (Ex 20, 3; 22, 19; 23, 13) zu erkennen. Aber selbst diese scheint tangiert, als Israel nach der Landnahme der Gefahr unterliegt, mit den Kanaanäern zusammen das göttliche Wirken als ein naturhaftes zu begreifen (→ Kanaan: III). Unter teilweiser Übernahme der kanaanäischen Kultstätten und -gebräuche wurde den Eingewanderten Jahwe weithin zum → Baal, selbst dessen weibliches Komplement → Baalat, → Astarte, → Aschera fand Verehrer. Im Nordreich dringt der phönizische Baal ein (→ Isebel; »Dyotheismus« → Ahabs, vgl. Alt III, 278). Gegen solche polytheistische Überfremdung stehen die Propheten auf (→ Elia 1Kön 18, 16ff; → Hosea). Polytheistische Relikte aus der Vorzeit wurden mitgeschleppt. Polytheistische Winkelkulte fanden immer wieder Anhänger (→ Tammuz, Sonnendienst Ez 8, 14ff; die »Himmelskönigin« bei den Emigranten in Ägypten Jer 44; abgöttische Riten Jes 57, 5ff; 65, 3ff; weibliche Gottheiten im jüdischen Tempel auf → Elephantine).

Erschüttern konnten diese zersetzenden Vorgänge freilich den strengen monotheistischen Glaubensgrund niemals. Im Gegenteil: die anfängliche Monolatrie wandelt sich zu einem *universalen M.*, als Israel seit dem 8.Jh. in die schweren - die Existenz des Eigentumsvolkes Jahwes und damit dessen Treue in Frage stellenden - weltpolitischen Geschehnisse hineingerät. Die → Propheten

(: II) erkannten, ganz gegen den Augenschein, in diesem Geschehen die Aktivität des Gottes für sein Volk, in dessen Hand die Völker nur Werkzeuge (Jes 10, 15) und deren Götter ohnmächtige »Nichtse« (Jes 19, 1f) sind. Jahwe, »allein erhaben über die Völker und allein erhaben über die Erde« (Ps 46, 11; vgl. Dtn 6, 4), lenkt im Weltgeschehen planmäßig (Jes 5, 19; 28, 23ff) in → Gericht und → Gnade sein Volk hin auf das letzte, mit der Setzung des Bundes von ihm gewollte Ziel. Diese Ausweitung zum universalen M. ist nicht eine gedankliche Schöpfung, sie gründet in dem absoluten Vertrauen auf die mit dem Bund von Gott gegebene Verheißung an sein Volk. Gerade in deren in der Untreue des Volkes begründeten Gefährdetheit erweist sich den Propheten Jahwe als der alleinige Gott überhaupt. Erst bei *Dtjes* (40, 12ff; 41, 1ff. 21ff; → Jesajabuch, 2 b) sind Ansätze zu einer gedanklichen Unterbauung zu bemerken: er führt aus der Schöpfung und aus der Geschichte den »Beweis« für die alleinige Macht Jahwes und für die Nichtexistenz der Götter. Von solch begrifflichem M. aus konnte (Mal 1, 11) der Gedanke auftauchen, daß allerlei Opfer in der ganzen Welt im Grunde Opfer für Jahwe seien.

Semasiologisch gesprochen: das nomen proprium »Jahwe« (Monolatrie) ist in dem Begriff »Gott« (universaler M.) aufgegangen und ist seit dem Exil Ausdruck für diesen Begriff.

Außer den at. Theologien: FRIEDR.DELITZSCH, Babel u. Bibel, 1902-05 - B.BAENTSCH, Altoriental. u. israel. M., 1906 - P.VOLZ, Mose u. sein Werk, (1907) 1932² - K.BUDDE, Auf dem Wege zum M., 1910 - K.MÜLLER, Die seit Renan über einen israel. M. geäußerten Anschauungen (Diss. Breslau), 1911 - RGG¹ IV, 478f - J.HEHN, Die bibl. u. die babyl. Gottesidee, 1913 - O.EISSFELDT, Vom Werden der bibl. Gottesanschauung..., (1929) 1931² - B.BALSCHEIT, Alter u. Aufkommen des M. in der israel. Religion (BZAW 69), 1938 - ThW III, 79ff. 95f - N.SÖDERBLOM, Der lebendige Gott im Zeugnis der Religionsgesch., 1942 - J.N.SCHOFIELD, The Religious Background of the Bible, 1944 - W.F.ALBRIGHT, Von der Steinzeit zum Christentum, M. u. geschichtl. Werden, 1949 - H.H.ROWLEY, The Antiquity of Israelite M. (ET 61, 1950, 333-338) - DERS., Mose u. der M. (ZAW 69, 1957, 1-21) - Y.KAUFMANN, The Bible and Mythological P. (JBL 70, 1951, 179-197) - R.MAYER, Monotheist. Strömungen in der altoriental. Umwelt Israels (MThZ 8, 1957, 97-113) - EKL II, 1443f.

F.Baumgärtel

III. Im Urchristentum und in der alten Kirche

Im Urchristentum und in der alten Kirche ist das Problem mehrschichtig. → Jesus (, 10 b) bringt keinen neuen → Gott (: IV; Dtn 6, 4 = Mk 12, 29f). So ist wie schon für das Judentum für das Urchristentum der M. selbstverständlich (Röm 3, 29; Joh 17, 3; Jak 2, 19). Der Gott der Väter ist der in der → Auferstehung Christi eschatologisch Handelnde (Mk 12, 26f; Röm 4, 17). Darum kennzeichnet diese neue, unvergleichbare Gotteswirklichkeit mit ihrem in Zuspruch und Anspruch universalen Kerygma diesen M. (Mt 28, 18ff). Andere Götter sind unwesentlich (1Kor 8, 4ff; Gal 4, 8), die Mächte entmachtet worden (Kol 2, 15; → Macht: II). Auch Röm 1, 18ff (»Uroffenbarung«) bietet kein theoretisches Urteil, sondern ist von dem Zeugnis bestimmt. Die Problematik M./P. bleibt völlig im Hintergrunde, und die → Areopagrede Apg 17 steht am Rande des NT. Erst in der Begegnung von → Antike und Christentum wird die Gottesfrage wieder gestellt (→ Gott: V, 3). Die Apologeten (→ Apologetik: II, bes. 4) verteidigen den M. in Anknüpfung an philosophische Gedanken (→ Justin) durch deren (kritische: → Tatian, → Theophilus) Übernahme (→ Athenagoras, → Minucius Felix) oder Ablehnung (→ Irenäus, → Tertullian). Die Neben- bzw. Nachordnung des Offenbarers des Heils gegenüber dem einen (Schöpfer-)Gott zeigt das Verhältnis beider und damit auch die Frage M./P. noch ungeklärt. Denn von Anfang an steht im urchristlichen → Bekenntnis (: III) das Bekenntnis zu dem einen, auf Gottes Seite gehörenden Herrn (Phil 2, 11) unmittelbar neben dem zu dem einen Gott (1Kor 8, 6; 1Clem 59, 4), und in den triadischen → Formeln (2Kor 13, 13; 1Clem 46, 6) dann auch neben dem zu dem Hl. Geist. Aber ausdrücklich als Gott erscheint Christus wiederum selten (Joh 20, 28; 2Clem 1, 1). Ein spannungsvoller M. führt nach dem Ansatz theologischer Reflexion bei den Apologeten notwendig zu den Auseinandersetzungen um → Christologie (: II, 2) und → Trinität (: III). Diese Entwicklung in der alten Kirche läßt erkennen, daß das Schema M./P. dem christlichen Gottesglauben letztlich nicht gemäß ist.

RE IV, 16ff; XXIII, 306f - A.v.HARNACK, Die Mission u. Ausbreitung des Christentums I, (1902) 1924⁴ - E.PETERSON, 'ΕΙΣ ΘΕΟΣ, 1926 - DERS., Der M. als polit. Problem, 1935 - RAC I, 538ff - QUASTEN I - C.SCHNEIDER, Geistesgesch. des antiken Christentums I. II, 1954 (Lit.) - C.ANDRESEN, Logos u. Nomos, 1955 - G.KRETSCHMAR, Studien zur frühchristl. Trinitätstheol. (BHTh 21), 1956 - E. FASCHER, Gott u. die Götter (ThLZ 81, 1956, 279-308) - W.ELERT, Der Ausgang der altkirchl. Christologie, 1957 - BULTMANN, NT - ALTANER - W.PANNENBERG, Die Aufnahme des philos. Gottesbegriffs als dogmat. Problem der frühchristl. Theol. (ZKG 70, 1959, 1-45). - Dazu die Lit. der Artikel, auf die verwiesen ist.

W.Schmauch

Monrad, *Ditlev Gothard* (1811-87), dänischer Politiker und Bischof, * in Kopenhagen. Schon der junge Theologe zeigte vielseitige Begabung, auch als Orientalist. 1839 wurde er Redakteur der führenden liberalen Zeitung »Fædrelandet«, war eine Zeitlang Pfarrer, kehrte jedoch 1849 zur Politik der ersten konstitutionellen Regierung zurück. M. war der eigentliche Verfasser des neuen Grundgesetzes. 1849-54 war er Bischof von Lolland, 1854-59 Schulrat in Kopenhagen, danach wieder Minister und 1863 Ministerpräsident. Als solcher war er verantwortlich für den deutsch-dänischen Krieg, für die Räumung von Danewirke und für die Fortsetzung des Krieges nach der Londoner Konferenz. Nach dem Krieg verließ er Dänemark und lebte drei Jahre als Kolonist auf Neuseeland. 1868 wurde er wieder Bischof auf Lolland und erneut (liberales) Mitglied des Reichstages. Kraft seiner Begabung und seines - oft rätselhaften - Charakters gehörte M. zu den Größten in der Geschichte Dänemarks. Er verfaßte Untersuchungen über die Geschichte des Apostolikums und über die altkirchliche Auslegung der 5. Bitte des Vaterunsers, ferner das Andachtsbuch »Fra Bønnens Verden« (viele Auflagen) und eine hervorragende Postille.

FR.NØRGAARD, D.G.M., 1918 - P.BAGGE, Studier over D.G.M.s Statstanker, 1936 - DBL XVI, 98ff - Sv.HAUGE, Studier over D.G.M. som religiøs Personlighed, 1944 - ASG.NYHOLM, Religion og Politik, en M.-Studie, 1947.

Hal Koch

Monstra → Drache.

Monstranz → Allerheiligstes, → Altargeräte, → Fronleichnamsfest.

Montaigne, *Michel Eyquem de* (1533-92), * und † auf Schloß Montaigne b. Bordeaux. Humanist und Moralist, einer der bedeutendsten Autoren der franz. Renaissance, Verfasser der »Essais« (1580¹, 1588 erweitert, 1595 postum mit letzten Eintragungen), Begründer der literarischen Gattung des Essay. Die Essais, während der letzten 20 Lebensjahre M.s entstanden, sollten so gelesen werden, wie sie geschrieben wurden, dh nicht im Hinblick auf das Geformte und Erkannte allein, sondern in Nachvollzug des Formungs- und Erkenntnisvorgangs. So, genetisch gelesen, fügen sich die vielfach widersprüchlichen Äußerungen M.s sinnvoll zum organischen, lebensvollen Ganzen einer Aussage über den Menschen, wie sie zuvor gleich authentisch von keinem Modernen gemacht worden war. Im Mittelpunkt der Essais steht das Interesse an den »mores«, den Erscheinungsarten und Verhaltensweisen der Menschen. Das Interesse am irdischen Menschen, zumal der eigenen, empirischen Person, nimmt den Moralisten M. stärker in Anspruch als die religiösen Fragen, um derentwillen M.s Zeitgenossen einander befehdeten. Aus konservativer, skeptischer Gesinnung entscheidet M. sich für die Katholizität. Die fideistische Tendenz seines religiösen Denkens wurde zu seiner Zeit nicht, wohl aber im 17.Jh. von der kath. Kirche beanstandet: die Essais kamen 1676 auf den Index. Neuerdings haben theologisch geschulte Autoren verschiedentlich versucht, M.s Christlichkeit herauszustellen. Bei der Behandlung der in den Essais wichtigsten Themen wie Freundschaft, Erziehung, Reisen, Krankheit und Tod überwiegt jedoch die humanistisch-pagane Inspiration. M.s Hauptcharakteristikum ist seine jeder Verkrampfung abholde, alle menschlichen Gegebenheiten heiter akzeptierende Lebensweisheit, sein weltoffener, natürlicher und humaner Humanismus.

Ausg.n: Bordeaux 1906ff; Paris (Bibliothèque de la Pléiade) 1939 u. 1950. - Dt. Übers. v. H.Lüthy, Zürich 1953. - Lit.: H.Friedrich, M., Bern 1949. - Bibliogr.: A Critical Bibliogr. of French Lit., hg.v. D.C.Cabeen, Bd II, Syracuse (N. Y.) 1956, 155-187.

J.v.Stackelberg

Montalembert, *Charles* Forbes, Graf (1810-70), * in London als Sohn eines emigrierten Adligen und einer Engländerin, lernte 1830 → Lamennais und → Lacordaire kennen, an deren liberaler Zeitschrift »Avenir« er mitarbeitete (→ Frankreich: I, 8). M.s Kampf galt der Durchsetzung der Gewissensfreiheit, der Trennung von Kirche und Staat, der Presse-, Vereins- und Unterrichtsfreiheit und der Völkerbefreiung. Die Eröffnung einer illegalen »freien« Schule (1831) gab ihm Gelegenheit, die Unterrichtsfreiheit in einem Prozeß vor der Pairskammer zu verteidigen. Auch nach den päpstlichen Verurteilungen hielt er zunächst zu Lamennais, unterwarf sich jedoch 1834. Eine Zeitlang dachte er an Eintritt bei den Benediktinern in Solesmes, verfaßte eine Histoire de Sainte Elisabeth de Hongrie (1836), wandte sich aber dann der liberalen Politik zu, in der er als erfolgreicher Redner brillierte. Unter der Zweiten Republik wirkte er als Deputierter an der Neuregelung des Unterrichtswesens durch die Loi → Falloux (1850) mit. 1852 veröffentlichte er »Des intérêts catholiques au XIXe siècle«, eine der Hauptschriften des kath. politischen Liberalismus. Nach dem Staatsstreich in der Opposition, wurde M. als Redakteur des ultramontanen liberalen »Correspondant« mehrmals wegen Majestätsbeleidigung belangt. Von dem großangelegten Werk »Les moines d'occident depuis S. Benoît jusqu'à S. Bernard« konnte er selbst nur 5 Bde vollenden (1860-67; Bd 6-7 aus dem Nachlaß hg. 1877). 1863 erschienen seine Reden auf dem Mechelner Katholikenkongreß (»L'Eglise libre dans l'Etat libre«). Es ging M. um eine Aussöhnung der Kirche mit der modernen Gesellschaft. → Pius IX. verurteilte aber mit der Enzyklika Quanta Cura (1864) und dem nachfolgenden → Syllabus M.s Position. Noch einmal unterwarf er sich. Er starb, als das → Vatikanum sich anschickte, die von ihm scharf bekämpfte päpstliche Unfehlbarkeit zu verkünden.

G.Weill, Hist. du catholicisme libéral en France (1828-1918), Paris 1912 - A.Trannoy, Le romantisme politique de M. avant 1843, ebd 1942 - Ders., M., ebd 1947 (Lit.).

P.Burgelin

Montanismus, um die Mitte des 2.Jh.s (ca 157) in Phrygien/Kleinasien von → Montanus ins Leben gerufene Bewegung. Dieser tritt mit dem Anspruch auf, als Paraklet (→ Geist: V, 1) die höchste Offenbarungsstufe und damit den Abschluß des christlichen Glaubens zu bringen. Zusammen mit Prophetinnen (→ Maximilla und Priscilla) wird in ekstatischer Rede (die »neue Prophetie«) das nahe Weltende verkündet und zu einer rigoristischen Ethik aufgerufen (Verbot der 2. Ehe, verschärfte Fastenvorschriften, Verbot der Flucht in der Verfolgung, der Vergebung von Todsünden usw). Bei Pepuza und Tymion wird das Herabsteigen des himmlischen Jerusalem und des 1000jährigen Reiches erwartet. - Nur mühsam hat sich die Kirche → Kleinasiens dieser Restauration urchristlicher Gedanken und Formen erwehrt. Mit (erfolgloser) Geisteraustreibung, (den ersten uns bekannten) Synoden und Gegenschriften wurde der Kampf gegen den M. aufgenommen, der sich bald über Phrygien hinaus verbreitete (in Gallien wie in Rom, wo man eine Zeitlang anscheinend an seine Anerkennung dachte). Um 207 hat sich ihm in Karthago → Tertullian angeschlossen. Erleichtert wurde die Auseinandersetzung erst nach dem Tode des Gründers und seiner Prophetinnen, als das vorausgesagte Weltende ausblieb. Bis etwa 200 muß die von der Enderwartung beherrschte erste Epoche des M. angenommen werden, bald danach beginnt die zweite, in die schon Tertullian hineingehört. In ihr ist die im Gegensatz zur Großkirche verschärfte Ethik das Hauptkennzeichen des M., während Prophetie und Enderwartung verblassen. - Von dem anscheinend umfangreichen Schrifttum des M. sind noch etwa 20 Orakel aus den (gleichfalls verlorenen) Gegenschriften des 2.Jh.s nach Zitaten der späteren Kirchenväter (bes. Euseb und Epiphanius) rekonstruierbar. Dazu kommen als zusätzliche Quellen Tertullian sowie einige Inschriften. Es scheint, als ob der ursprüngliche M. orthodox war, jedenfalls greift ihn die Polemik des 2.Jh.s wegen dogmatischer Abweichungen nicht an. Einflüsse kleinasiatischer Kulte auf den M. werden wahrscheinlich zu Unrecht behauptet. Wie lange der M. bestanden hat, ist nicht sicher zu sagen, seine (regelmäßige) Erwähnung in den staatlichen Gesetzen gegen die Ketzer besagt nicht so viel, wie oft angenommen wird.

Qu.: P. de Labriolle, Les sources de l'hist. du Montanisme, 1913 - N.Bonwetsch, Texte zur Gesch. des M. (KIT 129), 1914. - Lit.: N.Bonwetsch, Gesch. des M., 1881 - A.Hilgenfeld, Ketzergesch. des Urchristentums, 1884 - RE XIII, 417ff; XXIV, 189 - P. de Labriolle, La crise montaniste, 1913 - W.Schepelern, Der M. u. die phrygischen Kulte, 1929 - PW XVI/1, 206ff - H.Kraft, Die altchristl. Prophetie u. die Entstehung des M. (ThZ 11, 1955, 249-271) - K.Aland, Bemerkungen zum M. u. zur frühchristl. Eschatologie; und: Augustin u. der M. (in: Kirchengeschichtl. Entwürfe I, 1960, 105ff. 149ff).

K.Aland

Montanus, Begründer des → Montanismus. M. soll vorher Priester des Apollo oder der Kybele gewesen sein. Wahrscheinlich handelt es sich hierbei aber um Verleumdungen der späteren Ketzerpolemik, da die Quellen des 2.Jh.s nichts davon berichten. *K.Aland*

Montanus, *Jacobus* († nach 1534), aus Gernsbach bei Speyer, war in Deventer Schüler von → Hegius, wurde in Münster → Bruder vom gemeinsamen Leben und wirkte seit Sept. 1486 im Herforder Brüderhause (1528 Rektor des Schwesternhauses). M. verfaßte grammatische Lehrbücher, dichtete Hymnen, geistliche Lieder und Oden, schrieb eine Vita Elisabethae (Marburg 1511) und war bereits 1523 mitsamt dem Herforder Brüder- und Schwesternhause ev. gesinnt. Luther und Melanchthon standen mit ihm und dem 1528-42 amtierenden Rektor Gerhardus Xanthis (Viscampius) im Briefwechsel und schützten 1530-34 die Lebensweise der Brüder vom gemeinsamen Leben, so daß dieses luth. Brüderhaus bis 1841 bestand.

L.Schulze in: Ev. Kirchenzeitung 1881, Nr. 24 - ADB 22, 176ff. - Die Herausgabe von Texten u. Funden in Wittenberg u. Westfalen steht bevor.

E.Barnikol

Montauban. Die heutige Hauptstadt des Departements Tarn et Garonne war um die Wende vom 16. zum 17.Jh. neben La Rochelle eines der wichtigsten Zentren des französischen Protestantismus. Schon in den Jahren 1556-60 hatte sich die Reformation im Gebiet von M. verbreitet und war durch den Bischof Jean de Lettes, der 1556 öffentlich zur neuen Lehre übertrat, stark gefördert worden. Nach dem Beschluß der Nationalsynode von Montpellier (1598) wurde in M. eine ref. Akademie zum Studium der Philosophie, Theologie, Medizin und der Rechte gegründet. In kurzer Zeit wurde sie sehr berühmt und zog auch Studenten aus dem ref. Ausland an. Ihren Ruf verdankte sie vor allem dem Theologen Daniel → Chamier (1565-1621), der nicht nur als Professor (seit 1612), sondern auch als Prediger im Kampf gegen die nach 1610 neu einsetzende Bedrückung der → Hugenotten eine hervorragende Rolle spielte. In den Mittelpunkt der kriegerischen Auseinandersetzungen rückte M. i.J. 1621, als das königliche Heer nach dreimonatiger Belagerung die Stadt nicht erobern konnte und sich schließlich zurückziehen mußte. Der Sieg hatte die Bevölkerung jedoch viele Opfer gekostet. Die Akademie mußte zT geschlossen werden und konnte nur noch als theologische Schule weiterbestehen. In den dogmatischen Auseinandersetzungen innerhalb der ref. Kirche Frankreichs nahm die Akademie von M. eine gemäßigte Mittelstellung ein zwischen dem fortschrittlichen → Saumur und dem konservativen → Sedan. Wegen ihres Widerstandes gegen die Fronde erwarben sich die Bürger von M. die Gunst → Mazarins. Trotzdem mußte 1659 das (seit 1579 bestehende) Collège teilweise an die Jesuiten abgetreten werden. Streitigkeiten unter den Schülern führten zur Denunzierung der Akademie. Mazarin konnte es nicht verhindern, daß Ludwig XIV. den Befehl zur Schleifung der Mauern und zur militärischen Besetzung der Stadt erteilte. Der Widerstand der Bürger führte zu grausamen Strafmaßnahmen. Die Akademie wurde nach Puylaurens verlegt (1660), wo sie 1685 aufgehoben wurde. Im selben Jahr unterwarf eine zweite Dragonade die Stadt M. endgültig. – Auf Grund des napoleonischen Konkordates wurde 1808 nach dem Vorbild der alten Akademie in M. eine neue theologische Fakultät errichtet. Sie entwickelte sich im Laufe des 19.Jh.s zum eigentlichen Mittelpunkt der calvinistischen Orthodoxie. Zu ihren bedeutendsten Lehrern gehörten Daniel Encontre (1762-1818), A. → Monod, G.-A. de → Félice und E. → Doumergue. 1919 wurde die Fakultät nach → Montpellier verlegt.

M. Nicolas, Hist. de l'ancienne Académie protestante de M. et de Puylaurens, 1885 - RGG³ IV, 198f (ältere Lit.) - J. Viénot, Hist. de la Réforme française de l'Edit de Nantes à sa Révocation, 1934 - R. Garrisson, Essai sur l'hist. du protestantisme dans la généralité de M. (1674-84), 1935 - S. Mours, Les Eglises réformées en France, 1958 (Lit.).
H.R.Guggisberg

Monte Cassino, Mutterkloster der → Benediktiner. → Benedikt erbaute an der Stelle eines Apollotempels Johannes dem Täufer und dem hl. Martin um 529 ein Heiligtum. Schon 581 wurde das Kloster von den → Langobarden zerstört. Erst um 717 von Abt Petronax wiederbesiedelt und aufgebaut, weihte Papst Zacharias 748 die neue Kirche und verlieh M.C. die Exemtion. In der folgenden Blütezeit der Wissenschaft traten mehrere Fürsten in M.C. ein (Karlmann, der Langobardenkönig Rachis, Adalhard, der Neffe Karls d. Gr., → Paulus Diaconus). → Karl d. Gr. war in M.C. und bestätigte seine Besitzungen. Um 883 wurde das Kloster von den Sarazenen zerstört; die Mönche zogen nach Teano, wo bei einem Brand das Urexemplar der Benediktinerregel zugrunde ging. Erst Abt Aligerno, ein Schüler → Odos von Cluny, kehrte 949 nach M.C. zurück. In der neuen Blütezeit gingen folgende Päpste hervor: Abt Friedrich 1057 als → Stephan X., Abt Desiderius 1086 als → Viktor III., Johann von Gaeta 1118 als → Gelasius II. Das wissenschaftliche Ansehen M.C.s wurde durch große Theologen und Historiker (Alberich, Amatus, Petrus Diaconus, Johannes), Mediziner (Alfanus, Joh. Afflacius, Constantinus Africanus), Exegeten (Paulus Didymus) und Mathematiker (Pandulf) gefestigt. 1071 weihte Papst Alexander II. die neue Basilika. Im 12.Jh. wurde im ganzen Abendland nur in M.C. Griechisch betrieben. Kaiser Friedrich II. vertrieb 1239 die Mönche und legte eine Besatzung ins Kloster. Papst Urban IV. stellte M.C. durch den Leriner Abt Bernhard Ayglerius († 1282) wieder her. Durch Papst Cölestin V. wurde M.C. 1294 vorübergehend den Cölestinern übergeben. Von 1321 bis 1367 war der Abt von M.C. auch Bischof mit einer Diözese. Plünderungen durch die Ungarn und ein Erdbeben zerstörten 1349 Kirche und Kloster. Schwer litt M.C. seit 1454 unter den Wirren im Königreich Neapel und den Kommendataräbten. Neues Leben kam erst wieder 1504 auf, als sich M.C. der Kongregation von S. Justina anschloß. Gelehrte dieser Zeit waren Placidus Petrucci († 1587), Angelo della Noce († 1691), die Brüder Frederici und Angelo Cherubini (Herausgeber des Bullarium Romanum, 1634). Erasmus Gattola († 1734) ordnete das Archiv mit seinen 80 000 Urkunden (u.a. über 1000 Kaiser- und Papsturkunden). Die Bibliothek (über 70 000 Bde) enthält neben vielen wertvollen Hss. seltene Inkunabeln. Die Hauptgebäude stammen aus dem 16./17.Jh. mit den drei Innenhöfen von Bramante. 1727 weihte Benedikt XIII. die dreischiffige Renaissancebasilika. Große Verluste erlitt M.C. durch den Raub der Franzosen und Neapolitaner (1799) sowie der Piemontesen (seit 1860), die M.C. 1866 zum Nationalmonument erklärten. Den wissenschaftlichen Ruf von M.C. in dieser Zeit begründete Abt Luigi Tosti († 1897), den inneren und äußeren Wiederaufbau leitete der deutsche Abt Bonifatius Krug († 1909), der die Krypta durch die Beuroner Kunstschule ausmalen ließ (1900-17). Nach der völligen Zerstörung durch alliierte Truppen im 2. Weltkrieg (Febr./März 1944) wurde M.C. 1945-59 vom italienischen Staat im alten Stil und Umfang wieder aufgebaut.

L.H. Cottineau, Répertoire II, 1913-16 - Pl. Lugano, L'Italia benedettina, Rom 1929 - RGG³ IV, 199 (Lit.) - LThK VII, 298ff - R. Böhmler, M.C., 1956.
P.Volk

Montefiore, *Claude Goldsmid* (1858-1938), Großneffe von *Moses* M. (1784-1885), führender Vertreter des liberalen → Judentums (: III, 3), Mitbegründer der Jewish Quarterly Review (1890) und der Jewish Religious Union (1902), seit 1926 Präsident der World Union for Progressive Judaism, zugleich philanthropisch tätig. Im Gegensatz zum → Zionismus versteht M. das Judentum als Religion, nicht als Nation. Er findet im NT gewisse Ergänzungen des AT und sieht die Mission des Judentums in der Verkündigung eines mittlerlosen ethischen Monotheismus.

Vf. u.a.: The Synoptic Gospels, (1909) 1927²; Outlines of liberal Judaism, 1912; Rabbinic Lit. and Gospel Teachings, 1930. - Über M.: JewEnc VIII, 663ff - JüdLex IV, 279f - G. Lindeskog, Die Jesusfrage im neuzeitl. Judentum, Uppsala 1938 (Lit.) - L. Cohen, Some Recollections of C.G.M., 1940.
W.Holsten

Montes pietatis, freiwillige Gelder (Montes) zur Unterstützung der Armen, zusammengebracht mit Hilfe der Kurie und kirchlicher Kreise, bes. der Franziskaner, während die Dominikaner an den geringen dabei geforderten Zinssätzen Anstoß nahmen. Die älteste dieser gemeinnützigen Anstalten scheint in Perugia errichtet zu sein (1462/63). Innozenz VIII. rief zu ihrer

Förderung Bernardin von Montefeltre nach Rom. Dort und im Kirchenstaat hielten sich solche Anstalten lange, nachdem sie Leo X. auf dem 5. Laterankonzil in seinen Schutz genommen hatte.

v.Pastor III, 80ff - Encicl. Ital. 23, 1934, 725ff - EC VIII, 1378ff - A.Ghinato, Un propogatore dei Monti di Pietà (Rivista di Storia della Chiesa in Italia 10, 1956, 193-211). *F.Bock*

Montesquieu, *Charles de Secondat, Baron de M.* (1689 bis 1755), franz. Moralist und Staatsphilosoph, bei den → Oratorianern erzogen, mit einer Protestantin verheiratet, war 1716-25 Parlamentspräsident in Bordeaux, reiste 1728-30 in Deutschland, Italien, England, Mitglied der Académie Française, Mitarbeiter der → Enzyklopädisten. Neben den »Lettres persanes« (1721) und den »Considérations sur les Causes de la Grandeur des Romains et de leur Décadence« (1734) begründete seinen Ruhm »De l'Esprit des Lois« (1748). Grundlegend für M.s Philosophie der Politik ist seine Herkunft aus dem Parlamentsadel, dessen humanistische Bildung und stoische Gesinnung auch M. charakterisieren. Der Zentralbegriff der moderation gegenüber allen Extremen bestimmt seine Kritik des ludovizianischen → Frankreich (:I, 6), dessen »Despotismus« das Ideal der monarchie modérée entgegen gehalten wird. In ihm durchdringen sich die Erinnerung an die altfranz. Freiheit aus der Tradition des Ständestaates mit dem Freiheitsbegriff der »Aufklärung« zu der liberté politique et civile. M.s aphoristische Denkweise unterliegt verschiedenartigen Auslegungen; historisch von größter Wirkung war seine Auffassung von der englischen Verfassung mit der Teilung der politischen Gewalt in Legislative, Exekutive und Judikatur als Garantie der Freiheit. Der Horizont seines Wissens war jedoch viel zu weit und sein Interesse an der Nuance viel zu lebendig, um sich hier festzulegen. Sie bilden die Voraussetzung für die Herausarbeitung der der Gesellschaft zugrunde liegenden »Gesetze« im Sinne eines mechanistisch verstandenen Weltzusammenhanges, die sich durch die »natürlichen« Verhältnisse, von denen die Verfassungen abhängig sind, erklären lassen. Die klassische Typenlehre hat M. nicht durch Relativierung aufgelöst, ihr aber einen neuen Inhalt gegeben, indem er seine Verfassungslehre auf Idealtypen mit verschiedenen moralischen Prinzipien begründete. Ihre Entartung ist mit der Zersetzung dieser Prinzipien verbunden. Entscheidend ist die Balance der politisch-sozialen Kräfte, die Bewahrung vor Radikalismus und Fanatismus als Bedingungen der Freiheit. → Toleranz ist Gebot der Staatsräson. Die Kritik des königlichen Absolutismus schließt die Ablehnung der religiösen Weihe für die politischen Ordnungen ein. M. wußte um die Auflösung des politischen Ethos in Frankreich, aber Reformwillen besaß er nicht, revolutionären Umsturz lehnte er ausdrücklich ab. Seine Kritik der Dekadenz hat ihn nicht wie → Machiavelli zu Reflexionen über das Problem der »Renaissance« geführt.

GesW, ed. E.de Laboulay, 7 Bde, 1875-79; ed. R.Caillois, Bibl. de la Pléiade, 2 Bde, 1949/51; Correspondance, hg.v. F.Gebelin, 2 Bde, 1914 - Dt. Übers.: Vom Geist der Gesetze, hg.v. E.Forsthoff, 2 Bde, 1951; Betrachtungen (mit d. Randbemerkungen Friedrichs d. Gr.), hg.v. L.Schuckert, 1958. - D.C.Cabeen, M., a Bibliogr., N.Y. 1947. - Über M.: A.Sorel, 1887 - E.Fournol, Bodin, prédecesseur de M., 1896 - E.Seidel, M.s Verdienste um d. röm. Gesch., 1887 - H.Barckhausen, 1907 - J.Dedieu, 1913 - V.Klemperer, 1914/15 - W.Struck, M. als Politiker, 1933 - F.Meinecke, Die Entstehung des Historismus, 1936, 125ff - M.Ramond, L'humanisme de M., 1942 - N.Duconseil, Machiavelli et M., 1943 - E. Durkheim, M. et Rousseau, 1953 - B.Groethuysen, Philos. de la Révolution franç. précédé de M., 1956 - J.Mailhol, Die Methode des Kulturkritikers u. Geschichtsdenkers M. (Phil. Diss. Mainz), 1956 - M.W.Rombout, La conception stoïcienne du bonheur chez M. et chez quelques de ses contemp., 1958. *R.Nürnberger*

Montessori, *Maria* (1870-1952), kath. Ärztin und Pädagogin, * in Chiaravalle, † in Noordwijk (Holland), übertrug das didaktische Übungsmaterial ihres Lehrers Séguin von der → Heilpädagogik als M.-Material auf die Erziehung gesunder Kinder (Serien von Figuren, Körpern, Farbtäfelchen usw, die in durchdachter Stufenfolge die Kinder zu Selbstbetätigung und Selbstkontrolle ihrer Leistungen auffordern). 1907 gründete sie in Rom das erste M.-Kinderhaus, in dem sich 3- bis 7jährige Arbeiterkinder unter betont zurückhaltender Aufsicht ihrer Erzieher selbsttätig erziehen, indem sie ihren im Kindermaßstab angelegten Haushalt weitgehend selber versorgen. Die M.-Methode wurde später auch auf höhere Altersstufen ausgedehnt. Ihr Ausgangspunkt ist das M.-Phänomen, die freiwillig ausdauernde Konzentration von Kindern auf ihnen angemessene Leistungsaufgaben. - Die *Kritik* hat die inzwischen international verbreitete M.-Pädagogik oft in Gegensatz zu → Fröbel gerückt und ihr Abstraktheit, Leistungspositivismus und eine spielfremde, phantasiefeindliche Klinik-Atmosphäre vorgeworfen. Doch ist auch ein im Kern religiöses, meditativ-asketisches Element in ihr nicht zu verkennen.

Vf. u.a.: Il metodo della pedagogia scientifica, 1909 (dt.: Selbsttätige Erziehung im frühen Kindesalter, 1913); Own handbook, 1914 (dt.: Mein Hdb., 1922); Il segreto dell' infanzia, 1950 (dt.: Kinder sind anders, 1952). - Über M.: H.Hecker-M.Muchow, Fröbel u. M., 1931 - S.Hessen, Die Methode der M., 1936 - H.Helming, M.-Pädagogik, 1958 - E.M.Standing, M.M., Leben u. Werk, 1959. *H.Scheuerl*

Monteverdi, *Claudio* (1567-1643), ital. Komponist, * in Cremona, † in Venedig. Nach Lehrjahren bei M.A. Ingegneri war M. ca 1590-1612 Hofmusiker in Mantua, wo er die Opern »Orfeo« und »Arianna« (1607/08) schrieb, und 1613-43 Markuskapellmeister in Venedig. 1632 oder kurz vorher trat er in den geistlichen Stand. Der »Ritorno di Ulisse« (1640) und die »Incoronazione di Poppea« (1642), sein Hauptwerk, legten den Typ der Oper fest. M. war wie kaum ein zweiter großer Komponist geistig-literarisch gebildet und erfaßte den dramatischen Affektgehalt seiner Texte durch eine zunehmend von instrumentalen Elementen bestimmte Musik. Während seine 8 Madrigalbücher (1587-1638, dazu kleinere und postume Sammlungen) M.s Entwicklung vom Vollender der → Polyphonie des 16.Jh.s und der Monodie des frühen 17.Jh.s zum »Schöpfer der modernen Musik« (Schrade) kontinuierlich spiegeln, ist sein geistliches Werk in je einer Sammlung aus seinen beiden Lebensabschnitten zusammengefaßt: Messe und Vesper 1610 und Selva morale e spirituale 1640/41 (dazu kleinere und postume Sammlungen). Ein Großteil der venezianischen Kirchenmusik M.s ist verschollen. In M.s geistlicher Musik stehen sich durchgehend → A cappella-Kompositionen und solistische bis mehrchörige Sätze (zT mit Instrumenten) konzertierender Technik stilistisch gegenüber. Der musikalische Satz im engeren Sinn ist jedoch als Einheit aufzufassen. Liturgisch überwiegen Vesperpsalmen. M.s Schüler G.Rovetta und F.Cavalli setzten zT seine Tradition fort, während sein eigentliches musikalisches Erbe H. → Schütz antrat.

GA hg.v. G.F.Malipiero, 16 Bde, 1926-42 (Bd 14-16 geistl. Musik); C.M., 12 Composizioni vocali profane e sacre inedite hg.v. W.Osthoff, Mailand 1958. - Über M.: G.F.Malipiero, C.M., ebd 1929 (mit sämtl. Briefen) - B.Lupo, M. sacro (Rassegna Musicale 15, 1942, 113-124) - H.F.Redlich, C.M. Leben u. Werk, Olten 1949; engl. London 1952 (Lit.) - Ders., C.M.: Some Problems of Textual Interpretation (The Musical Quarterly 41, 1955, 66-75) - D.Arnold, Notes on two movements of the M. »Vespers« (Monthly Musical Record 84, 1954, 59-66) - Ders., M.s Church Music (ebd 88, 1958, 83-91) - W.Osthoff, M.-Funde (AfMw 14, 1957, 253-280). *W.Osthoff*

Montfaucon, *Bernard de,* hervorragender kath. Gelehrter aus altadeligem Geschlecht, * 16./17.1.1655 in Soulage (Dép. Aude), † 21.12.1741 in Paris, 1672-75 Offizier, 1675 → Mauriner in Toulouse, kam 1687 nach St. Germain-des-Prés bei Paris und widmete sich der Herausgabe griechischer Kirchenväter (1698 → Athanasius [= MPG 25-28], 1713 Hexapla des → Origenes, 1718-38 → Chrysostomus [= MPG 47-64]). Eine Reise nach Italien zur Handschriftensuche (1698-1701) veranlaßte ihn, ein Riesenwerk zur bildlichen Darstellung der antiken Kultur in Angriff zu nehmen (L'Antiquité expliquée et représentée en figures, 10 Bde, 1719) und es für Frankreich durch »Les Monuments de la monarchie française« (5 Bde, 1729-33) fortzusetzen. M. verteidigte die von den Jesuiten angefeindete Augustinausgabe der Mauriner (Vindiciae editionis S. Augustini ..., 1699) und übergab diese Ehrenrettung persönlich Papst Innozenz XII. Mit seiner »Palaeographia graeca« (1708) begründete er die → Paläographie als historische Hilfswissenschaft.

M.Valéry, Correspondance inédite de Mabillon et M. avec l'Italie I-III, Paris 1846 - E.de Broglie, La Société de l'Abbaye de St.-Germain des Prés au XVIIIe siècle I. II, ebd 1891 (bes. II, 311 ff) - RE XIII, 431 ff - HN IV, 1445 ff - DThC X/2, 2388 ff (Lit.) - EC VIII, 1374 ff (Lit.). *M.Schmidt*

Montferrat (Montferrand), *Jeanne de,* geb. de Lestonnac (1556-1640), * und † in Bordeaux, Nichte des Michel de → Montaigne, 1573 verheiratet, 1597 Witwe. J.de M. war 1603 kurze Zeit Feuillantin in Toulouse. Nach dem Rat und Vorbild der → Jesuiten gründete sie 1606 die (auch »Jesuitinnen« genannte) »Gesellschaft der Töchter unserer lieben Frau von Bordeaux«, die dem Benediktinerorden angegliedert wurde. Ihr Ziel war die Erziehung von Mädchen, die bes. dem calvinistischen Einfluß entzogen werden sollten (die Mutter der J.de M. war Calvinistin gewesen). Die von → Paul V. 1607 approbierte Gesellschaft zählte 30 Häuser, als J.de M. - zuletzt aus der Leitung verdrängt - starb. J.de M. wurde 1900 selig-, 1949 heiliggesprochen.

LThK V, 458 f - EC VI, 491 f (Lit.). *H.Liebing*

Montgelas, *Maximilian Joseph,* Graf von (1809), * 10.9.1759, † 14.6.1838, aus savoyardischem Geschlecht. In der internationalen Diplomatenschule Chr. Wilh. Kochs in Straßburg mit den Gedanken eines rein rational bürokratischen Aufbaues des Staates erfüllt (ähnlich Metternich), bestimmte M. 1799-1817 als Minister Maximilian Josephs die Geschicke → Bayerns. An die Stelle der patrimonialstaatlichen Struktur setzte er die Prinzipien der Zentralisation und Staatsomnipotenz und schuf so einen modernen Behörden- und Beamtenstaat. Im Sinn der Staatsräson umfaßten seine Reformen nicht nur Verfassung, Verwaltung und Wirtschaft, sondern auch das geistige und kirchliche Leben (u.a. Parität der Konfessionen). Dementsprechend brach M. das Unterrichtsmonopol der röm.-kath. Kirche und stellte das Schulwesen unter staatliche Aufsicht. Die Reaktionen des bayrischen Katholizismus führten zum Konkordat von 1817. Die Außenpolitik M.s schmiegte sich der franz. Führung an und erreichte für Bayern eine territoriale Ausweitung, Souveränität und Königswürde (1806).

M.s Denkwürdigkeiten, hg.v. Ludw.v.M., 1887 (dt.; äußere Verwaltung), u. v. G.v.Laubmann-M.Döberl, 1908 (franz.; innere Verwaltung; hist. Einl. v. Döberl) - H.v.Sicherer, Staat u. Kirche in Bayern 1799-1821, 1874 - Du Moulin-Eckart, Bayern unter d. Ministerium M., 1895 - M.Döberl, Entwicklungsgesch. Bayerns II, (1912) 1928[3] (Lit.) - B.Hubensteiner, Bayr. Gesch., (1950) 1952[2]. *E.Fahlbusch*

Montmirail, Gut im Kt. Neuenburg, Schweiz, Besitz der Berner Familie v. Wattenwyl. M. wurde durch Friedrich v. Wattenwyl und seinen Bruder Nikolas zum Mittelpunkt der Herrnhuter Brüdergemeine für die französischsprechende Schweiz und 1765 von der Brüderunität übernommen. Sie gründete hier 1766 eine Erziehungsanstalt für junge Mädchen, um »das wahre Christentum, zeitliches und ewiges Wohlergehen der Seele« zu befördern. M. wurde die lebenskräftigste Gründung der Brüdergemeine in der Schweiz; dort wurde auch das französische Gesangbuch der Gemeine (Psalmodie de l'église des Frères) herausgegeben. Die Anstalt besteht heute als Haushaltungsschule unter der Obhut der Brüdergemeine.

P.Wernle, Der schweiz. Protestantismus im 18.Jh., bes. Bd I. III, 1923/25 (s. Reg.) - HBLS V, 150. *E.G.Rüsch*

Montpellier. 1919 wurde auf Beschluß der Nationalsynode die *prot.-theol. Fakultät* von → Montauban nach M. verlegt. Maßgebend dafür war der Wunsch, die Fakultät in einer Universitätsstadt zu haben und so den Gedankenaustausch mit anderen Fakultäten zu fördern. M. mit seinen 10 000 Studenten und 5 Fakultäten - die berühmte medizinische Fakultät, an der u.a. → Rabelais lehrte, ist die älteste in Europa - schien dieser Bedingung zu entsprechen. Als Vorort des Languedoc liegt die Stadt in unmittelbarer Nähe des Gard, der Cevennen und des Vivarais, wo sich ein lebendiger Protestantismus erhalten hat. 1598 hatte die franz. Nationalsynode zwei Fakultäten errichtet: Montauban und M. In M. lehrten hochgebildete Geistliche wie Jean Gigord, Daniel Peyrol, der Hebraist Philippe Codur und später der Gräzist und große Prediger Michel Le Faucheur. Aber während Montauban sich rasch entwickelte, hielt sich M. nur 20 Jahre. - Als Fakultät der ref. Kirche → Frankreichs (: I, 9) steht M. auf dem Boden des ref. Bekenntnisses. Von den Professoren der Fakultät seit 1919 seien erwähnt: Henri Bois († 1924), Léon Maury († 1931), Charles Bruston († 1937), Emile → Doumergue († 1937), André Arnal († 1944), Théo Preiss († 1950), Alexandre Westphal († 1951), Louis Perrier († 1953), Jean Barnaud († 1959). Sie alle haben als hervorragende Lehrer den franz. Protestantismus in der ersten Hälfte des 20.Jh.s entscheidend beeinflußt. Gegenwärtig lehren an der Fakultät 7 ord. Professoren: W.Vischer (AT), Ph.Menoud (NT), Jean Cadier (Dogmatik), L.Rimbault (Prakt. Theol.), R.H.Esnault (KG), M.Leenhardt (Ethik und Religionsgeschichte), G.Crespy (Philosophie). Die Zahl der Studenten beträgt in der Regel 60 (4 Jahresklassen), von denen ca 10 aus den jungen Kirchen Afrikas kommen. Die Studenten leben im »Séminaire«, der in einem großen Park gelegenen Villa des Wirtschaftlers Charles Gide. Die Bibliothek enthält 40 000 Bde, darunter Raritäten des 16.Jh.s. Vor einigen Jahren schuf die Fakultät ein »Centre Universitaire protestant«, das etwa 20 Nichttheologen Wohnung im Séminaire und dadurch die Möglichkeit zur Teilnahme am gemeinsamen Leben der Theologen gewährt. Sein Ziel ist, die Laienaktivität der zukünftigen Ärzte, Juristen und Lehrer zu fördern und in der Fakultät die Offenheit für die Fragen der modernen Welt zu erhalten. Seit 1926 veröffentlicht die Fakultät die Viermonatsschrift »Etudes théologiques et religieuses«. *J.Cadier*

Montserrat, Wallfahrtsort (schwarzes Muttergottesbild) und Benediktinerabtei in Katalonien (Spanien). An der wohl schon im 9.Jh. für das → Gnadenbild erbauten Kirche bestand 986 ein von der Abtei Ripoll abhängiges Priorat, das 1410 zur Benediktinerabtei erhoben wurde. 1493 wurde die strenge Observanz der

tungen verbinden, sondern die scharfsinnig und geistreich schildern, wie die Leute leben und durch welche Triebfedern ihr Denken und Handeln bewegt wird. Schon in der Antike gab es Moralisten in diesem Sinn: Theophrast, → Seneca und → Plutarch. Die franz. Literatur des 17. und 18. Jh.s hat eine Reihe großer »Moralisten« aufzuweisen, von denen → Montaigne und → La Rochefoucauld die bekanntesten sind. Für Deutschland ist in diesem Sinne immerhin auf Lichtenberg und → Schopenhauer (»Aphorismen zur Lebensweisheit«) zu verweisen (vgl. auch → Moralische Wochenschriften). Handelt es sich hierbei auch zunächst um eine Literaturgattung, die sich des Essays oder des Aphorismus, aber auch der Fabel (→ Lessing!) bedient, so sind doch der unvoreingenommene Blick für das Menschliche, die unübersehbare Frage nach den Motiven des Verhaltens und die Beobachtung des Wandels menschlicher Verhaltensweisen eine Bereicherung der Ethik, ohne daß die Lektüre der Moralisten selbst schon die Ethik ersetzen könnte. - Vgl. → Sittlichkeit: VI.

Zur Genesis des Begriffs: EISLER II, 181 - P. HAZARD, Die Krise des europ. Geistes, 1939. - FR. NIETZSCHE, Jenseits von Gut u. Böse, 1885; Zur Genealogie der Moral, 1887 (beides in: Nietzsches Werke VII, 1921) - MAX SCHELER, Das Ressentiment im Aufbau der Moralen (in: Vom Umsturz der Werte, [1915] 1955⁴, 33-147) - RGG² IV, 205 ff - W. TRILLHAAS, Seele u. Religion. Das Problem der Philosophie Fr. Nietzsches, 1931 - EKL II, 1448 f. - Von den Gesamtdarstellungen der → Ethik gehen auf den hier behandelten Fragenkreis vor allem ein A. D. MÜLLER, Ethik. Der ev. Weg der Verwirklichung des Guten, 1937; W. TRILLHAAS, Ethik, 1959. *W. Trillhaas*

Moraltheologie, *katholische*

1. Grundsätzliches und Problematisches - 2. Methode und Aufbau - 3. Geschichtliches. - Vgl. → Kasuistik: III. IV

1. Die M. ist als → Ethik der Erlösten die Lehre von den religiös-sittlichen Verpflichtungen des durch die Taufe zum übernatürlichen Sein erhobenen Menschen. Sie ist in einem doppelten Sinn eine normative Wissenschaft, insofern sie die natürlichen sittlichen Normen mit denen des kath. Glaubens verbindet. Ihre Wurzel ist die kath. Lehre von der → Rechtfertigung (: II), die Voraussetzung übernatürlicher Sittlichkeit ist und als fides caritate formata auch den status moralis des Gerechtfertigten umgreift. Sie setzt gesetzlichen Zusammenhang von Rechtfertigung und sittlichem Handeln voraus, wie ihn die tridentinische Formulierung impliziert: »Niemand darf sich der verwegenen und von den Vätern unter Strafe des Banns verbotenen Worte bedienen, die Gebote Gottes zu beobachten sei dem Gerechtfertigten unmöglich. Denn Gott befiehlt nichts Unmögliches; vielmehr indem er befiehlt, mahnt er zu tun, was du tun kannst, und um das zu bitten, was du nicht kannst, und er hilft, daß du kannst« (Conc. Trid. Sess. VI, c. 11; Denz. 804). Das damit ausgesprochene fundamentale moraltheologische Dogma ermöglicht und garantiert die Autorität der sichtbaren Kirche und ihre gesetzgeberische Funktion auf religiös-ethischem Gebiet. In Anwendung des Prinzips gratia supponit naturam (→ Natur und Übernatur) wird auf Grund der Statuierung eines vollendeten Parallelismus zwischen natürlicher und der diese überhöhenden übernatürlichen Seinsethik die für die Entfaltung der M. erforderliche Grundlage gewonnen. Näherhin besteht nach → Thomas von Aquino die in der Rechtfertigung geschenkte übernatürliche Erhebung des Seins der Seele in einer akzidentellen Teilnahme an der bonitas divina (S. th. I/II, 110, 2 ad 2) und ist als »habitualis forma superaddita potentiae naturali« (ebd II/II, 23, 2) identisch mit der caritas, die als Form aller Tugenden (ebd II/II, 23, 8) den Willen des Menschen »unfehlbar« auf die guten Ziele hinordnet (ebd II/II, 4, 5) und das Prinzip aller meritorischen sittlichen Tätigkeit darstellt (»caritatis imperfectae, quae est viae, est mereri«, ebd I, 62, 9 ad 1; vgl. I/II, 114, 4). Die Ethik der Erlösten hat demnach die Aufgabe darzutun, in welcher Weise durch → gute Werke die empfangene Gerechtigkeit zu bewahren und zu vermehren ist, um so dem göttlichen Gesetz vollständig zu genügen und das ewige Heil wahrhaft zu verdienen (Trid. Sess. VI, c. 10. 16; can. 24. 32). Im → Verdienst (: IV) als Ziel der den Glauben informierenden Liebe entbirgt sich der Kern aller M. und der Grund für ihre gesetzliche Struktur, die systematisch auf das für Natur und Übernatur geltende Konvertibilitätsprinzip von ens und bonum zurückzuführen ist. - Dieser übernatürlichen Seinsethik gegenüber erweist sich die → Kasuistik als ein notwendiges Pendant, und die immer wieder versuchte Loslösung der M. aus ihrer Umklammerung beruht auf einer Verkennung des dogmatisch fixierten Verständnisses der Verwirklichung des Christlichen und der in ihrem Dienst stehenden Bestimmungen des Bußsakramentes. Beidem vermag nur eine Norm zu genügen, die als das Gesetz der Liebe interpretiert und mit dem Gesetz der Freiheit und dem ihre Realisierung garantierenden Gesetz der Gnade identifiziert wird. Ein derartig theoretisch und praktisch systembedingtes gesetzliches Denken hat keinen Platz für eine nicht bloß nominelle ev. Freiheit, und so ergibt sich die grundsätzliche Notwendigkeit einer zweistufigen Moral: Neben die Ethik der honestas necessaria »normaler« christlicher Existenz tritt die des status perfectionis, für den die → Evangelischen Räte konstitutiv sind (S. th. I/II, 100, 2; 108, 4; S. c. g. III, 130). Da diese aber vi voti verpflichten, werden auch sie in den gesetzlichen Normativismus einbezogen, der sich im Gehorsam gegenüber einem Menschen realisiert. Die Ev. Räte im weitesten Sinne spezialisieren sich daher für beide Stände in höchst eigenartiger Weise. Einheitliches Prinzip dieser gesamten vielschichtigen M. ist die im kath. Rechtfertigungsbegriff gelegene meritorische Verpflichtung, die alles Tun des Christen in den Bannkreis der Normen der Gerechtigkeit verweist. Existentielle Entscheidungen schließt eine solche M. aus. Nur eine geistesgeschichtliche Erörterung des im Tridentinum dogmatisierten vorreformatorischen Verständnisses der Verwirklichung des Christlichen vermag Licht in die hier bestehenden Implikationen und Aporien zu tragen.

2. Die Mehrstufigkeit der M. der honestas necessaria vitae christianae communis und des status perfectionis, zwischen denen die kanonisch vorgeschriebene sanctior vita interior et exterior des Klerus (CIC c. 124) gelegen ist, spiegelt den Mangel eines einheitlichen moraltheologischen Prinzips. Die perfectio caritatis wird zu einem abstrakt formalen, unwirksamen Gesichtspunkt, und im Hinblick auf das meritum wird sie einer quantitativen Interpretation ausgeliefert, der ein arithmetisches Sündenverständnis entspricht. So erklären sich die in Methode, Aufbau und Inhalt so verschiedenartigen Darstellungen der M. Hinsichtlich der Methode bezeichnet die Unterscheidung von biblischer, positiver, spekulativer, kasuistischer, aszetischer oder mystischer Behandlung nur das jeweils hervorstechende Moment. - Das Verhältnis von → Natur und Übernatur und dementsprechend das von Philosophie und Theologie fordert für die M. als Unterlage der christlichen Moral die humane Ethik. Diese begegnet als ethische Prinzipienlehre unter dem Titel Fundamentalmoral, Moralphilosophie oder Naturrecht in gesonderter Darstellung, meist aber ist sie von vornherein in die M. hineingenommen. Eine reinliche Scheidung ist undurchführbar, da alle Fundamentaltheologie einem vorgegebenen Glauben seine Funda-

mente liefert. – Um der Gefahr einer Vermengung von humaner und übernatürlicher Ethik zu begegnen, hat → Tillmann alles von der eigentlichen M. abgetrennt und in eine gegliederte Grundlegung verwiesen, was Sache der Philosophie, Psychologie und Soziologie ist, und ihr die »religiös-sittlichen Erkenntnisse, Tatbestände und Aufgaben« vorbehalten, »die sich als christkath. Glaubenswahrheiten, so weit sie in das religiös-sittliche Gebiet hineinreichen, eindeutig abheben«. Ausscheiden aber möchte er, was zum Bereich der Kasuistik, Mystik, Liturgik sowie des kanonischen und bürgerlichen Rechts gehört. Doch die von ihm gezogene Trennungslinie ist schon im Hinblick auf die moraldogmatischen Bestimmungen ohne Willkür unmöglich, und dafür ist seine eigene M. exemplarisch. Ihre Leitidee (Moralprinzip!) ist der Gedanke der Nachfolge Jesu, aber in der Aufgliederung der speziellen Materie bedient er sich der drei traditionellen Pflichtenkreise. Die thomistischen M.n behandeln diesen Teil an Hand des Tugendschemas, wobei die Frömmigkeit (religio) in die Gerechtigkeit einbezogen, die Sakramentenlehre dagegen an das Ganze angehängt wird. Andere Bearbeitungen halten sich an das Schema des Dekalogs. Die Sakramentenlehre versagt sich jedoch jeder organischen Einordnung, sofern sie nicht die Grundkonzeption bestimmt, wie es die Ethik der sakramentalen Seinserhöhung in Parallele zur humanen Seinsethik tatsächlich fordert. Die Variationsbreite und nicht zur Ruhe kommende Problematik hinsichtlich der Bestimmung von Prinzip und Aufgliederung, das Bemühen um die Grundlegung der Fundamentalmoral und einer Sozialtheologie sind symptomatisch für die M. der Gegenwart.

3. Die *Geschichte* der M. ist die Geschichte des Verständnisses der Verwirklichung des Christlichen. Das → Tridentinische Konzil dogmatisierte die zeitgeschichtlich bedingte Form dieser Verwirklichung, gegen die die Reformation sich erhoben hatte, und von da an ist die Geschichte der M. die Geschichte der Auswirkungen dieser dogmatischen Kodifikation. Für sie war die Theologie des Thomas von Aquino das klassische Vorbild gewesen. Das gilt in erster Linie hinsichtlich der infolgedessen kanonisierten Zweistufigkeit der M. Thomas hatte die Moral der Bußbücher systematisch aufgefangen, das normative Verständnis aller Ethik durch seinen Gesetzesbegriff und die beherrschende Stellung der aristotelischen Gerechtigkeit definitiv gemacht und dadurch die Kasuistik theoretisch sanktioniert, und er hatte die Trias der Ev. Räte spekulativ unterbaut. – Die nachtridentinische Epoche verstand die M. als Interpretation und Anwendung der einschlägigen Konzilsbestimmungen und vernachlässigte die Darstellung des positiven kath. Lebensideals. Sie verwies es in die Aszetik und Mystik. Ihre Kompendien sind von gesetzlichem und rechtlichem Denken (→ Probabilismus) und vielfach von ethischem Minimismus beherrscht, und es ist bezeichnend für die unlösliche Verkoppelung von M. und Kasuistik, daß diese Epoche als die klassische Zeit der M. gilt. Ihr und nicht nur ihren Auswüchsen versetzte der → Jansenismus den stärksten Stoß. Daher ist es wohlverständlich, daß in der Zeit der Überwindung des rationalistischen und naturrechtlichen Denkens im deutschen → Idealismus (: II) und in der → Romantik mit dem Bewußtsein der schöpferischen und geschichtlichen Natur des Menschen ein antikasuistischer und antischolastischer Geist in der kath. Kirche sich gegen die überkommene statutarische M. wandte (→ Sailer, → Hirscher, → Deutinger). Man ignorierte jetzt die dogmatischen Schranken oder versuchte sie zu übersteigen. Aber die Umgehung zentraler kirchlicher Bestimmungen und die heftige Bekämpfung der Tradition machten eine Erneuerung der M. in dem intendierten Sinne unmöglich. Die kath. Kritik weist mit Recht auf die verfehlten philosophischen Voraussetzungen in den großen Versuchen dieser Zeit hin. Infolgedessen gewann im Zuge des kath. Zentralismus die kasuistisch ausgerichtete M. auch in Deutschland wiederum die Herrschaft, und es war konsequent, wenn entsprechend den kirchenamtlichen Weisungen der Systemschutz thomistischen Denkens dafür in Anspruch genommen wurde. Die bewundernswerte Selbständigkeit in der Erfassung der Problematik der M. → Linsenmanns wurde dagegen verkannt. Zu Beginn des 20.Jh.s hat sich → Mausbach um die Erneuerung der M. verdient gemacht. Die damalige Diskussion ist noch nicht zur Ruhe gekommen. Tillmanns Handbuch gewann nach Überwindung nicht geringer Widerstände mehr und mehr an Einfluß, ist aber als M. im wesentlichen eine idealistisch gesehene Ethik des NT. Allgemein offenbart sich in den vielfältigen Versuchen heutiger M., zumal auch in der Aufnahme personalistischer und existentialistischer Kategorien, die unbewältigte Problematik von Gesetz und Freiheit. Die Eigenart dieser Versuche bestimmt sich je nach der Stellungnahme zu der auf das Meritorische ausgerichteten moraldogmatischen Gesetzlichkeit, die in verschiedener Weise angegangen und umgangen wird, aber allein für eine kath. M. das Kriterium abzugeben vermag.

Umfassende Lit. bei B.HÄRING, Das Gesetz Christi, M., 1954. – Ergänzend s. die Lit. zu → Kasuistik: III. IV. Ferner: P.JEDZINK, Das Gesetz Christi nach der Lehre des hl. Thomas von Aquin, 1925 (Vorl. Verz. d. Akad. Braunsberg) – J.KLEIN, Kanonistische u. moraltheol. Normierung in der kath. Theol., 1949 – W.SCHÖLLGEN, Ein halbes Jh. kath. M. (Hochl. 46, 1953/54, 370–376) – DERS., Aktuelle Moralprobleme (Ges. Aufs.), 1959 – DERS., Konkrete Ethik (Wort u. Wahrh. 14, 1959, 85–96) – O.KARRER, M. in der Selbstprüfung (Hochl. 48, 1955/56, 165–172) – K.G.STECK, Neuere Lehrb. d. kath. M. (ThR NF 24, 1956/57, 136–169).

J.Klein

Moralunterricht

1. Definition – 2. Geschichte – 3. Heutige Lage

1. Unter M. versteht man sittliche Unterweisung, die sich nicht der Morallehre bestimmter Religions- oder Weltanschauungsgemeinschaften anschließt, sondern von sittlichen Grundsätzen ausgeht, die allgemeinen Charakters sein und als Grundlage des sozialen Verkehrs zwischen den einzelnen religiösen oder weltanschaulichen Körperschaften dienen sollen. Dem M. aller Schattierungen liegt der Gedanke zugrunde, daß das sittlich Verpflichtende nicht in den sich teils widerstreitenden Sittenlehren der Weltanschauungsgemeinschaften, sondern in der autonomen Sittlichkeit des Menschen (→ Gewissen) zu suchen sei.

2. Die geistigen Wurzeln dieser Gedanken gehen in der Neuzeit vor allem vom Ideengut der → Aufklärung aus. So weist zB → Rousseau im Contrat Social darauf hin, daß in einem religiös zerrissenen Staat das soziale Leben gefährdet ist, wenn nicht eine verbindliche Morallehre existiert, die den sozialen Verkehr innerhalb der Gemeinschaft garantiert. Diese »staatsbürgerliche Religion« – »beschränkt auf den rein innerlichen Kult des höchsten Wesens und die ewigen Pflichten der Moral« – legt er in die Hand des weltanschaulich neutralen Staates und unterscheidet sie als »religion civile« streng von der kirchlichen Lehre. – Die zunächst nur in allgemeiner Form gefaßten Gedanken begegnen in den Schulorganisationsplänen der Französischen Revolution (zB bei → Condorcet) in schulischer Gestalt. Hier ist von einem von den positiven Religionslehren unabhängigen eigentlichen M. die Rede.

In Deutschland wurden jene Ideen von den → Philanthropinisten aufgegriffen, die dann einen Unterricht in der »natürlichen Religion« programmatisch ausgearbeitet haben. Sowohl J.B. → Basedow als auch Chr.G. → Salzmann schickten dem Religionsunterricht zudem einen Vorkurs voraus, der den Namen M. verdient. – Neben Rousseaus Ideen wurden diejenigen → Kants in der Pädagogik der Philanthropinisten wirksam. In einem Brief an Wolke (1776), einen Vertreter des Philanthropinismus, äußert sich Kant über die religiöse Erziehung. Religion, so heißt es dort, hat allein der Erkenntnis unserer Pflichten als göttlicher Gebote zu dienen, und es sei zu verhindern, daß der Zögling »außer dem guten Lebenswandel noch etwas anderes als ein Mittel annimmt, die Gunst des Höchsten gleichsam zu erschleichen«.

Nach Abklingen der philanthropinistischen Epoche hat die Aufklärungspädagogik bes. in F.A.W. → Diesterweg eine Neubelebung erfahren. Er forderte die Umwandlung der »Kirchenschule« in eine unabhängige Schule, die konfessionell ungebunden sein und den Religionsunterricht überkonfessionell durchführen sollte. Die Befürchtung, daß durch die Beibehaltung des konfessionellen Religionsunterrichts eine gewisse Separation unter den Kindern herbeigeführt werde, ließ ihn zu dieser seiner Forderung kommen. Ähnliche Gedanken wie Diesterweg vertraten F.Dittes und K.Mager. – In Frankreich wurde 1882 durch Gesetz der Religionsunterricht in den staatlichen Schulen durch überkonfessionellen M. ersetzt. Man glaubte, konfessionellen Unterricht in Staatsschulen nicht mit der strikten weltanschaulichen Neutralität des Staates vereinbaren zu können. Im M. und der seit 1923 angefügten Bürgerkunde sollte zudem jene alle verbindende Bürger- und Staatsgesinnung geschaffen werden.

In der zweiten Hälfte des 19.Jh.s wurden in verschiedenen Ländern der westlichen Welt sog. Gesellschaften für ethische Kultur gegründet, die bis zum Anfang des 20.Jh.s die eigentlichen Bannerträger im Kampf um die Einführung des M.s waren. Diese ethische Bewegung ging von Amerika aus, wo der Neukantianer F.Adler eine der ersten »Societies for ethical Culture« gründete. Gerade in den USA, die konfessionell in Denominationen aufgespalten waren und alle kirchliche Unterweisung aus den öffentlichen Schulen ausgeklammert hatten, empfand man das Fehlen einer übergreifenden und einheitsstiftenden Moral bes. stark. Adler glaubte, daß der Staat auf eine die Staatsgesinnung fundierende moralische Erziehung nicht ohne größten Schaden verzichten könne. – Bald konnte die Bewegung in England Fuß fassen. Wie in Amerika, so war sie auch in England die treibende Kraft bei den Bestrebungen um Einführung des M.s. – Während in Frankreich und Italien die Bewegung keine nennenswerte Bedeutung erlangen konnte, kam es in Deutschland 1892 unter Mithilfe Adlers zur Gründung der »Deutschen Gesellschaft für ethische Kultur«. Der damalige Berliner Prof. W.Foerster galt als Seele der Bewegung. Foersters Sohn, der Moralpädagoge F.W.Foerster, rief in Zürich eine erste Ethische Gesellschaft ins Leben, auch folgte in Wien eine Gründung durch den in Prag lehrenden Philosophen F.Jodl. 1896 schlossen sich die nationalen Vereinigungen zu einem internationalen Bund zusammen, zu dessen Generalsekretär F.W.Foerster ernannt wurde. Später schied Foerster aus seinem Amt aus und wechselte zu einem dogmatisch-christlichen (kath.) Standpunkt innerhalb der Moralpädagogik über. Seine moralpädagogischen Bücher sind außerordentlich erfolgreich und weit verbreitet gewesen. Sicher ist es der Wirksamkeit der ethischen Gesellschaften zuzuschreiben, daß die neuen Unterrichtsgesetze in Italien (1905) und England (1906) den M. in den Elementarschulen einführten. – Auf mehreren internationalen Kongressen in der Zeit von 1908–30 wurden die moralpädagogischen Erfahrungen der einzelnen Länder einem weltweiten Forum zur Diskussion unterbreitet. 1921 berief der Soziologe und Pädagoge P.Barth den ersten deutschen Kongreß für Moralpädagogik nach Leipzig ein.

3. Nach den beiden Weltkriegen erhielt die Moralpädagogik namentlich in Deutschland eine neue Wendung. Die Einführung einer demokratischen Staatsordnung setzte Erziehung zu politischer Verantwortung voraus. In dem nach den Weltkriegen in einigen Ländern Deutschlands eingeführten Fach Staatsbürgerkunde oder Gemeinschaftskunde versuchte man den neuen Aufgaben in einem anderen Rahmen gerecht zu werden. Über Methode und Inhalt dieses Faches ist die pädagogische Diskussion noch im Gange. Um den M. alten Stiles hingegen ist es in Deutschland inzwischen still geworden. – Unabhängig vom fachlich selbständigen M. bleibt jedoch die Aufgabe bestehen, in bestimmten Entwicklungsabschnitten (zumal in der Vorpubertät) moralische Probleme auch unpolitischer Natur mit den Jugendlichen zu besprechen (→ Erziehung: I).

F.Adler, The Moral Instruction of Children, 1890; dt. 1894 – F.W.Foerster, Jugendlehre, (1904) 1959[6] – P.Barth, Die Notwendigkeit eines syst. M.s, (1919) 1920[2] – W.Rosenkranz, Die Moralpädagogik im heutigen Deutschland, 1919 – J.Weber, Forderungen eines M.s in der dt. pädag. Lit. seit den Philanthropen (Phil. Diss. München), 1923 – K.Pabelick, Die treibenden Kräfte in der internationalen moralpädag. Bewegung (Phil. Diss. Köln), 1933.

A.Niethammer

Morata, *Olympia Fulvia* (1526–55), Humanistentochter, * in Ferrara, † in Heidelberg, seit 1540 Lerngefährtin bei → Renata von Ferrara, von den Schweinfurter Brüdern Sinapius in Latein und Griechisch unterrichtet, von den Zeitgenossen wegen ihres reinen Stils und anmutigen Vortrags bestaunt. 1548 wurde sie durch den Tod ihres Vaters zum neuen Glauben geführt, den sie voll Seelengröße im Unglück bewährte. 1550 heiratete sie den in Ferrara promovierenden Schweinfurter Arzt Andr. Grundler und entfaltete einen regen, u.a. von Goethe bewunderten Briefwechsel. O.M. dichtete lat. und griech. Epigramme, Hymnen und griech. Psalmübersetzungen, die ihr Gatte vertonte. Nach dem »Schweinfurter Stadtverderben« (1554) floh sie über Fürstenau/Od. nach Heidelberg, wo sie in der Peterskirche (Epitaph) bestattet liegt.

Werke hg.v. C.S.Curio, Basel 1558, 1562, 1570/80. – Über O.M.: G.A.Nolten, De O.M.Vita, Frankfurt/O. 1731 – A.G.Smyth, O.M., London 1834 – J.Bonnet, Vie d'O.M., Paris 1850 – Schwarzlose, O.M. (Jb.er d. königl. Akad. . . . zu Erfurt, NF 25, 1899, 53–80) – L.Caretti, O.M., Ferrara 1940/54 – W.Brennecke, Die Hs. A.R. 940/41 der Proske-Bibliothek Regensburg, 1953. *G.Weiß-Stählin*

Moravian Church → Brüderunität: II.

More, 1. *Hannah* (1745–1833), englische religiöse Schriftstellerin und Philanthropin. Angeregt durch die ev. Erweckung (→ Anglikanische Kirche: I, 1), tritt sie für Sittenreform und praktische Armenfürsorge ein, gründet Schulen und kämpft in enger Verbindung mit W. → Wilberforce für die Sklavenbefreiung. Durch ihre großen Erfolge als Autorin von Dramen, Gedichten und Romanen (Coebels in Search of a Wife, 1809 in 11 Auflagen) wird sie eine der bekanntesten Frauen ihrer Zeit, die mit manchen großen Männern wie Edmund Burke, David Garrick, Dr. Samuel Johnson und Joshua Reynolds in reger Verbindung steht. Heute ist sie vergessen.

Works, 11 Bde, London (1801) 1830[2] – The Letters of H.M., ed. R.B.Johnson, ebd 1925 – M.A.Hopkins, H.M. and Her Circle, New York 1946 – M.G.Jones, H.M., London 1952. *G.Müller-Schwefe*

2. *Henry* (1614-87), englischer Philosoph und → Cambridge-Platonist, war sein Leben lang Fellow von Christ's College in Cambridge und lehnte wiederholte Angebote auf bessere Stellen ab. In rascher, umfangreicher literarischer Produktion, zuweilen unscharf und oft konstruierend, benutzte M. seine eklektische Philosophie und die Naturwissenschaft der Zeit zur Verteidigung der christlichen Offenbarung gegen den skeptischen Materialismus des Th. → Hobbes sowie gegen die »Schwärmerei« der → Puritaner. Später gab er seinen ursprünglichen Cartesianismus (→ Descartes) auf.

Opera Omnia, 3 Bde, 1679; Philos. Schriften hg.v. F.I.MACKINNON, 1925. - Biogr. v. R.WARD, 1710 (hg.v. M.F.HOWARD, 1911) - R.ZIMMERMANN, H.M. u. die vierte Dimension des Raumes (SAB XCVIII, 1881) - DNB XXXVIII, 421ff. - Vgl. die Lit. zu → Cambridge Platonists. *D.Carter*

Morgan, *Thomas* (1680-1743), engl. Deist (→ Deismus: III, 3), zunächst Dissenterprediger in Burton und Marlborough, wegen arianischer Irrlehre abgesetzt, dann Arzt in Bristol und London. In »The moral Philosopher, in a dialogue between Philalethes, a Christian Deist, and Theophanes, a Christian Jew« (I-III, 1737-40; IV: Physico Theology, 1741) beurteilt er das Judentum wegen der Unzulänglichkeit des mosaischen Gesetzes als eingeschränkte Nationalreligion, während das volloffenbarte Naturgesetz nur im Christentum entfaltet sei. Doch müsse das kirchliche Christentum erneuert werden zu einem von jüdischen Lehren gereinigten, rein moralischen Christentum, eben dem des Deismus.

Vf. ferner u.a.: A collection of Tracts relating to the Right of private Judgment, occasioned by the later Trinitarian Controversy, 1726; A Letter to Mr.Th. →Chubb, occasioned by his Vindication of Human Nature, 1727; A Defence of Natural and Revealed Religion, 1728. - Über M.: DNB 39, 35f (Lit.) - RE IV, 544f - LThK VII, 325f - HIRSCH I, 331ff. - Vgl. die Lit. zu → Deismus: III. *H.Hohlwein*

Morgenländische Frauenmission (Frauenverein für christliche Bildung des weiblichen Geschlechts im Morgenlande), 1842 gegr., Sitz in Berlin-Lichterfelde. Bibelschule und Missionsseminar bilden Missionarinnen und Gemeindehelferinnen für den Dienst im In- und Ausland aus. ZZ befinden sich 3 Missionarinnen in Indien und Indonesien in Zusammenarbeit mit der Goßner- und Rheinischen Mission; weitere werden für andere Missionen ausgebildet. Zeitschrift: »Freundesgruß«. - Vgl. → Frauenmission. *K.Schubert*

Morgenstern, *Christian* (1871-1914), Dichter, * in München, † in Meran. »Das Leidenserbe der Mutter« prägte den Dichter und sein Werk und führte zum frühen Tod. → Schopenhauers Lehre von der Wiederverkörperung und → Nietzsches tragisches Weltverständnis erweckten den jungen Lyriker. Befruchtend wirkten die Begegnung mit → Ibsen, dessen Verswerke M. übersetzte, und die Lektüre von P.de → Lagardes »Deutschen Schriften«. - M.s groteske Dichtung, die seinen literarischen Ruhm begründete, wurzelt in seiner Gottesidee und sollte als kulturpädagogisches Therapeutikum verstanden werden. M.s spiritueller Monismus konzipiert ein pantheistisches Gottesbild. Gott *ist,* indem er fortgesetzt *Mensch wird.* Trotz der Beeinflussung durch Meister → Eckehart erscheint fraglich, ob M.s Mystik als christliche Mystik gelten kann. Die christologischen Aussagen des JohEv werden als anthropologische schlechthin gedeutet, die Gottesidee trägt tragische Züge. M.s Monismus gerät in die entscheidende Krisis, als der Dichter durch die Lebensgefährtin der Andersheit des Du innewurde. Zuvor war ihm bei → Goethe die Polarität als Weltprinzip begegnet. Durch R. → Steiner fand er den »Pfad« zu einem dualistischen Seinsverständnis. Die Identität von Mensch und Gott löst sich auf. M.s Lehre von der Reinkarnation gewinnt eine teleologische Perspektive. Ihre Thematik heißt nicht mehr Menschwerdung Gottes, sondern Vergöttlichung des Menschen.

Vf. u.a.: Auf vielen Wegen, (1897) 1942; Galgenlieder, (1905) 1958; Melancholie, (1906) 1928; Einkehr, (1910) 1941; Wir fanden einen Pfad, (1914) 1957; Stufen, (1918) 1951; Mensch Wanderer, 1927; Böhmischer Jahrmarkt, (1938) 1943; Ein Leben in Briefen, 1952. - Über M.: M.BAUER, Chr.M.s Leben u. Werk, (1933) 1954^5 - F.HIEBEL, Chr. M., Wende u. Aufbruch unseres Jh.s, 1957 (Lit.). *P.Geiger*

Moria. Die jüd. Überlieferung setzt hămmôrijjā, nach 2Chr 3, 1 den Tempelberg (vgl. Josephus, Ant. I, 13, 2), der Stelle des Abrahamsopfers Gen 22 gleich, »einem der Berge« im »Land hămmorijjā« (hier defektiv geschrieben). Syr las ha'ᵆmorî; der Artikel vor M., mehr noch die Volksetymologie in Gen 22, 14 könnte für măr'ǣ = Ort, wo man Jahwe »sieht« bzw. von ihm »gesehen wird«, sprechen. Die samaritanische Tradition verlegt die Szene auf den → Garizim, die christliche nach Golgatha, wo sie - wie jene - noch heute lebt, bes. im abessinischen Ostteil des Komplexes der Grabeskirche.

M.J.BIN GORION, Sinai u. Garizim, 1926 - J.JEREMIAS, Golgotha, 1926 - G.DALMAN, Jerusalem u. sein Gelände, 1930, 125ff. *H.W.Hertzberg*

Morin, *Léopold Germain* (6.11.1861 bis 12.2.1946), kath. Gelehrter, * in Caen, † in Orselina, 1881 Benediktiner in → Maredsous, Dr. theol. der ev. Fakultät Zürich. M. widmete sich patristischen, liturgiegeschichtlichen und benediktinischen Studien, bes. der Herausgabe von Inedita und der Identifizierung umstrittener Texte. Ausgedehnte Bibliotheksreisen durch ganz Europa brachten ihm zahlreiche Entdeckungen. Seit 1907 in München, durchforschte er deutsche Bibliotheken. Während des 1. Weltkrieges lebte er in Freiburg (Schweiz), wohin er 1939 zurückkehrte. Sein engeres Forschungsgebiet umfaßt das 4.-12.Jh. M. hat bedeutenden Anteil an Gründung und Ruf der RBén. Die Editio princeps des → Caesarius von Arles ist sein Werk (2Bde, Maredsous 1937/42).

Vf. u.a.: Anecdota Maredsolana, 3 Bde, Maredsous 1893-1903; Etudes, Textes, Découvertes: Contributions à la litt. et à l'hist. des 12 premiers siècles, ebd 1913; S.Augustini sermones post Maurinos reperti, Rom 1930; Selbstdarst. in: ThZ 8, 1952, 393-396. - Über M.: EC VIII, 1414ff - O.PERLER in: ZSKG 40, 1946, 31-41 - EphLiturg 61, 1947, 55-76 (Bibliogr.) - HJ 62-69, 1949, 961-967. *A.Hamman*

Morinus, *Johann* (1591-1659), * in Blois, † in Paris, bedeutender kath. Theologe. Sohn ref. Eltern, trat er nach Studien in Leiden in Paris zum Katholizismus über und wurde 1618 Oratorianer. M. verwarf den angeblich verfälschten MT des AT zugunsten von LXX und Vulg. 1645 veröffentlichte er erstmals Pentateuch und Targum der → Samaritaner in der Pariser → Polyglotte. Von → Urban VIII. als Berater zu den Vorbereitungen eines kath.-griech. Unionsversuchs berufen, trat M. 1639/40 in Rom für die Anerkennung der ostkirchlichen Weihen ein.

Vf. u.a.: Exercitationes biblicae de hebraei graecique textus sinceritate ..., 1633; Commentarius de sacris Ecclesiae ordinationibus secundum antiquos et recentiores Latinos, Graecos, Syros et Babylonios ..., (1655) 1695^2; Commentarius historicus de disciplina in administratione sacramenti paenitentiae tredecim primis saeculis in Ecclesia occidentali et hucusque in orientali observata, (1651) 1685^3. - Über M.: HN III, 1153ff - DThC X, 2486ff (Lit.) - LThK VII, 326f - P.AUVRAY, Jean Morin (RB 66, 1959, 397-414). *W.Schottroff*

Moritz, *Herzog von Sachsen-Meißen,* seit 1547 auch *Kurfürst von → Sachsen,* * 21.3.1521 in Freiberg/Sachsen, † 11.7.1553. Die mangelhafte Erziehung durch die 1538

1. Fußboden-Mosaik aus Milet. Orpheus, 1. Hälfte 2. Jh. nChr *(Staatliche Museen zu Berlin)*

2. Wölbungs-Mosaik im Umgang von S. Costanza, Rom. Putti bei der Weinlese, ca 330 *(Staatliche Museen zu Berlin)*

3. Hosios Lukas, Mosaik der Apsis. Muttergottes thronend, Anfang 11. Jh. *(nach E. Diez-O. Demus, Byzantine Mosaics in Greece: Daphni and Hosios Lucas, Cambridge/Mass. 1931, Abb. 13)*

4. Martorana, Palermo. Christi Geburt, 1143 *(nach P. Meyer, Byzantinische Mosaiken [Iris-Bücher], Laupen [Bern] 1952 Taf. XI)*

1. Omajjaden-Moschee, Damaskus, 705 *(Originalaufnahme)*

2. Sidi Oqba-Moschee, Kairuan, 9. Jh. *(nach K. A. C. Creswell, Early Muslim Architecture II, Oxford 1940, Taf. 50 a)*

3. Freitagsmoschee in Isfahan, 11.–17. Jh., Vorderansicht *(nach Ars Islamica 2, 1935, H. 1, Abb. 3)*

4. Moschee Selims II., Adrianopel, 1567–74 *(Originalaufnahme)*

luth. werdenden Eltern Herzog Heinrich von Sachsen und Katharina von Mecklenburg, durch → Albrecht von Mainz in Halle und den kath. Vatersbruder Herzog → Georg (, 5) vermittelte M. keine festen kirchlichen Bindungen. Unter dem Einfluß des Erasmianismus von dessen Ratgeber Georg von Carlowitz blieb M. auch, als die Eltern im Herzogtum Sachsen-Meißen 1539 die Reformation einführten. 1541 selbst Herzog, gewann er seinen zunächst widerstrebenden Adel für die vom Volke gewünschte Reformation, schuf 1541-42 zwei Konsistorien und eine Kirchenverfassung und schaffte seit 1545 einzelne kath. Bräuche ab. Mit Einverständnis des Adels finanzierte er aus den Klostergütern die zahlreich neu errichteten Pfarreien und Stadtschulen, 3 Fürstenschulen (Meißen, Pforta und Grimma) sowie die reorganisierte Universität → Leipzig. Streitigkeiten mit Kursachsen über die Hochstifter Meißen (Wurzener Fehde 1542), Magdeburg und Halberstadt sowie das Bemühen, den jüngeren Bruder August als luth. Bischof von Merseburg zu sichern, veranlaßten M., den Kaiser und dessen Bruder Ferdinand I. militärisch gegen Türken und Franzosen zu unterstützen (1543-44). Vermittelnd zwischen Habsburgern und Schmalkaldenern, ließ sich M. 1546 durch → Granvelle zur Neutralität bewegen; gegen die Anerkennung des → Trienter Konzils erlangte M. die seiner Säkularisationen und Magdeburger Schutzherrschaft. Im Okt. 1546 trat er nach Zusicherung von Kurwürde und Ländern des geächteten Vetters Johann Friedrich selbst in den Kampf ein, den er für den Kaiser entschied (→ Deutschland: I, 2 a). Der »Judas von Meißen« wandte sich aber schon 1548 von ihm wieder ab. Überzeugt von der Unerfüllbarkeit der Hoffnungen → Karls V. auf Ausgleich zwischen Rom und Wittenberg durch das Konzil, schwächte er das von seinen Untertanen allgemein abgelehnte → Interim 1548 durch ein Leipziger Interim mit Hilfe der seinem Erasmianismus nahestehenden Melanchthon und Camerarius ab. Gegen Karl V. unterstützte er den Widerstand Ferdinands I. Die Einnahme des territorial wichtigen Magdeburg (1551) erstickte des → Flacius orthodox-luth. Kritik an M. und ermöglichte ihm die Unterhaltung eines Heeres. Gestützt auf Bündnisse mit Hessen und anderen deutschen Fürsten, schlug M. im April 1552 gegen den Kaiser los. Der Erfolg dieses Fürstenaufstandes ermöglichte es M., außer persönlichen Zugeständnissen (Freigabe seines Schwiegervaters Landgraf → Philipps) entscheidende Konzessionen über die Anerkennung des Luthertums und der Säkularisationen auf einem künftigen Reichstag zu erwirken (Passauer Vertrag, 2.-5.8. 1552). M. erreichte damit die folgenschwere Anerkennung eines Dualismus zwischen Rom und Wittenberg, Kaisertum und Kurfürsten. Als deren Führer im Kampf für den Reichsfrieden nach außen (Türken) und innen fiel M. nach siegreichem Kampf gegen den Landfriedensbrecher Albrecht Alcibiades von Kulmbach bei Sievershausen, auch im Sterben noch ein christlicher Fürst ohne die sich nun erst bildenden konfessionellen Bindungen.

Polit. Korrespondenz hg.v. E.Brandenburg, 2 Bde (bis 1546), 1900-04. - C.A.Cornelius, Kurfürst M. gegenüber der Fürstenverschwörung 1550/51 (AAM 1867) - A.v.Druffel, Beiträge zur Reichsgesch. I-IV, ergänzt u. bearb. v. K.Brandi, 1873-96 - J.Trefftz, Kursachsen u. Frankreich 1552-1557, 1891 - G.Voigt, M.v.S., 1876 - G.Wolf, Der Passauer Vertrag u. seine Bedeutung für die nächstfolgende Zeit (Neues Archiv für sächs. Gesch. 15, 1894, 237-282) - E.Brandenburg, M.v.S. I, 1898 - W.Köhler, M.v.S. u. seine Zeit (ChW 14, 1900, 747-749. 771-774. 802-804. 846-848) - S.Issleib, Die Jugend M.s v. S. (Neues Archiv für sächs. Gesch. 26, 1905, 274-331) - Ders., M. als ev. Fürst, 1907 - O.A.Hecker, Kurfürst M. nach den Briefen an seine Frau (Neue Jb.er für klass. Altertum 25, 1910, 343 bis 360) - H.Bornkamm, Kurfürst M.v.S. (Zs. f. dt. Geisteswiss. 1, 1938, 398-412) - J.Lortz, Die Reformation in Deutschland II, (1940) 1948[3] - M.Salomies, Die Pläne Kaiser Karls V. für eine Reichsreform, Helsinki 1953.

H.Rößler

Moritz, *Karl Philipp*, * 15.9.1756 in Hameln, † 26.6. 1793 in Berlin. Als Sohn eines quietistischen Regimentsmusikers und Hutmacherlehrling bei einem calvinistisch rigorosen Pietisten, später als gedemütigter Stipendiat am Gymnasium in Hannover war M. von Kind an auf ein religiös erregtes Gefühls- und Phantasieleben zurückgewiesen. Nach dem Fehlschlag von Theaterplänen studierte M. in Erfurt und Wittenberg Theologie und brachte es zum Hofrat und Prof. für Altertumskunde an der Berliner Kunstakademie. Die Versuche der bürgerlichen Einordnung, die auch Kontakte mit den Berliner Aufklärern ergaben, wurden unterbrochen durch Geniereisen, u.a. 1782 nach England und 1786-88 nach Italien. Unter geistigem Austausch mit → Goethe entstanden in Rom eine Prosodie (1786), die Goethe zur Jambenfassung der »Iphigenie« ermutigte, der Plan der »Götterlehre« (1791), in der die antiken Götter als Urbilder ewiger Lebensmächte gedeutet werden, und die Schrift »Über die bildende Nachahmung des Schönen« (1788), die der Leitidee der klassischen → Ästhetik Bahn bricht: Zurückdrängung subjektiver Antriebe und reine Spiegelung der Naturganzheit in der ganzheitlichen Kunstgestalt. Während in dieser Forderung die mystischen Vorstellungen der Entselbstung und der Zentralanschauung noch mitschwingen, säkularisiert M. als Psychologe die religiöse Selbstanalyse des Pietismus zu einer induktiven und empirischen »Erfahrungsseelenkunde« (1783-95). Das autobiographische Romanfragment »Anton Reiser« (1785-90) gibt eine atmosphärisch dichte Schilderung der sektiererischen Kleinbürgerkreise der Zeit und der notvollen Jugendentwicklung M.s, wobei noch in der Umbildung Formelemente der pietistischen Autobiographie erkennbar sind. »Andreas Hartknopf« (1786, mit Forts. 1790) ist der Versuch einer Synthese religiöser und aufklärerischer Kräfte.

G.Weisstein, C.Ph.M., Beitr. zu seiner Lebensgesch., 1899 - R. Minder, Die relig. Entwicklung von K.Ph.M. auf Grund seiner autobiogr. Schriften, 1936 (Lit.) - E.Moritz, M. u. der Sturm u. Drang (Diss. Marburg), 1938 - Bibliogr. d. dt. Lit.-Wiss., bearb. v. H.W.Eppelsheimer u.a., I-III, 1957-60.

G.Kaiser

Mormonen

1. Geschichte - 2. Lehre - 3. Organisation und Statistik

1. Die M. oder »Kirche Jesu Christi der Heiligen der letzten Tage« sind eine Gründung von Joseph Smith, der sich auf das *Buch Mormon* stützte. Dieses enthält auf 550 Seiten in 15 Büchern mit über 300 Bibelzitaten sozusagen als Vorgeschichte der heutigen M. »die heilige Schrift der Ureinwohner Amerikas«: Nach dem mißglückten Turmbau zu Babel führen die vom göttlichen Fluch bewahrten Jarediten nach Amerika. Eine zweite Einwanderungsgruppe kam, geführt vom Propheten Lehi, um 600 vChr mittels Kompaß (!) aus Israel über Indien und den Pazifik nach Amerika. Dort erlebte der gottesfürchtige Stamm der Nephiten zZ der Kreuzigung Jesu Sturm, Erdbeben, Finsternis und dann Erscheinungen des auferstandenen Herrn. Dieser berief in Amerika zwölf Jünger, wiederholte u.a. die Bergpredigt ähnlich wie Mt 5-7, lehrte fast wörtlich wie in den Evangelien, führte unter den Nephiten das Abendmahl ein (s. 3. Buch Nephi) und schied durch eine Himmelfahrt von ihnen. Um 384 nChr wurden (laut Buch Mormon) die Nephiten von den von Gott abgefallenen Lamiten in einer Schlacht auf dem Berge Cumorah/New York aufgerieben. Der Prophet Moroni entkam und konnte die von seinem Vater, dem Propheten Mormon, erhal-

tenen goldenen Blätter mit der bisherigen Geschichte retten. Er ergänzte diese und vergrub sie i.J. 421. Rund 1400 Jahre später begann mit *Joseph Smith* (* 23.12.1805 in Sharon/Vermont, USA) die eigentliche Geschichte der M. Er stammte aus einer kinderreichen presbyterianischen Farmersfamilie, blieb aber selbst ohne kirchliche Bindung. Jak 1, 5 führte ihn 1820 ins Gebet. Es folgte eine lichtvolle Vision Gottes mit der Ermahnung, sich keiner der bestehenden Kirchen anzuschließen. Solche Gesichte (»Offenbarungen«) bestimmten Leben und Wirken von J.Smith. Am 21.12.1823 erschien ihm der zum Engel gewordene Moroni (s.o.) und redete von dem vergrabenen Buch, und am 22.9.1827 durfte Smith die in einer Steinkiste liegenden goldenen Blätter holen. Beigelegte → Urim und Thummim, deren Besitz ihn zum Seher machten, ermöglichten ihm die Übersetzung der unbekannten Sprache »altägyptischer Art«. Die Platten mußten 1829 wieder zurückgebracht werden. Die »Übersetzung« erschien trotz Hindernissen und Anfeindungen 1830 als Buch Mormon. An dessen Eingang wird das »Zeugnis« von elf Männern angeführt, die die Platten gesehen hätten. - Die M. halten das Buch Mormon für eine echte geschichtliche und göttliche Kunde. Wer Inhalt und Stil (verflachte Bibelimitation) kritisch beobachtet, wird darin ein Phantasieprodukt zum Zweck der Gründung einer neuen Glaubensgemeinschaft sehen. Für die Entstehung des Buches werden zwei Möglichkeiten erwogen: J.Smith habe eine phantasievolle, von dem Presbyterianer Salomon Spaulding verfaßte, aber abhanden gekommene Geschichte über die Urbesiedelung Amerikas als Grundlage des Buches benützt. Dagegen verweisen die M. auf einen resultatlosen Vergleich zwischen dem 1884 wieder entdeckten Manuskript Spauldings und dem Buch Mormon. Die andere, wahrscheinlichere These erklärt die Entstehung aus wachvisionären Zuständen Smith's. - Am 15.5.1829 tauften sich J.Smith und sein Gefährte Oliver Cowdery, und zwar in Gegenwart von Johannes dem Täufer, »der unter der Leitung von Petrus, Jakobus und Johannes arbeitete«. So erhielten sie das Priestertum Melchisedeks, und Smith wurde erster Ältester. Am 6.4.1830 wurde mit 4 Gliedern der Familie Smith und 2 weiteren Personen in Fayette/New York die »Kirche Jesu Christi« gegründet. Der Zusatz »der Heiligen der letzten Tage« stammt aus einer Offenbarung vom 26.4.1838. Durch immer neue Offenbarungen organisierte Smith schrittweise die Hierarchie. Infolge Widerspruch und Verfolgung zog die junge Gemeinde auf eine Offenbarung Smith's hin 1831 nach Kirtland/Ohio, dann nach Missouri und 1841 nach Nauvoo/Illinois. Hier wurde Smith des Aufruhrs beschuldigt, gefangengenommen und zusammen mit seinem Bruder Hyrum am 27.6.1844 von ins Gefängnis eindringenden Pöbelhaufen erschossen. Darauf wurde *Brigham Young* »Präsident, Prophet und Seher«. Unter seiner Leitung machten die 15-20 000 M. vom Febr. 1846 bis zum Juli 1847 den bekannten strapaziösen Marsch über 1700 km westwärts zum Salzsee, wo Salt Lake City als M.stadt gegründet wurde und bald aufblühte. Ab 1853 wurde der sechstürmige Tempel gebaut mit einer Moroni-Statue auf dem höchsten Turm.

2. Bis heute gelten die am 1.3.1841 angenommenen Glaubensartikel des Joseph Smith als Lehrgrundlage. Die M. glauben »an die Bibel als an das Wort Gottes, soweit sie richtig übersetzt ist« (8. Artikel). Die Offenbarung Gottes ist indessen nicht abgeschlossen, sondern schreitet fort. »Wir glauben alles, was Gott geoffenbart hat, alles was Er jetzt offenbart, und wir glauben, daß Er noch viele große und wichtige Dinge offenbaren wird in bezug auf das Reich Gottes« (9. Artikel). Von den vier hl. Schriften (Bibel, Buch Mormon, Lehre und Bündnisse, die Köstliche Perle) enthalten die letzten beiden Prophezeiungen von Kirchenhäuptern der M. Maßgebend ist auch das Wort der jeweils lebenden Apostel und Propheten. Nach dem optimistischen Fortschrittsglauben der M. wird der Geist des Menschen aus seinem präexistenten Dasein in den Erdenleib geboren, um sich hier durch Erkenntnis der Wahrheit zu zeitlichem und ewigem Glück zu entwickeln. Auch nach dem Tode kann sich der Geist innerhalb des ihm zugewiesenen »Grades der Herrlichkeit« noch fortentwickeln. Im Grunde genommen »ist auch der Mensch in seiner Sterblichkeit ein Gott im Keimzustand« (Talmage 558). Dabei ist Gott, der oberste Vater, der einen Körper hat, mit allen Geistern auch in Entwicklung. Der Sündenfall war nicht Ungehorsam, sondern eine von Gott geschaffene Veranstaltung zur Übung der menschlichen Kräfte. Sünde ist eine Empörung gegen die Grundsätze des Fortschrittes. Jesus Christus gab den Menschen den Plan für das Leben, brachte durch seinen Sühnetod Befreiung von der adamitischen Sterblichkeit und den Folgen eigener Sünde; der Lehrsatz von der Rechtfertigung allein aus dem Glauben gilt als sektiererisch. In der baldigen Endzeit erscheint Christus dem Zion, dh den »Heiligen der Letzten Tage« in Amerika; es folgen die erste Auferstehung, 1000jähriges Reich mit Weiterführung des stellvertretenden Werkes der M. für die Toten, Endkampf mit dem Satan, zweite Auferstehung, Jüngstes Gericht, Weiterentwicklung in Herrlichkeit. Auch andere rechtschaffene Menschen können entsprechend ihrer Fortschrittstufe teilhaben. Die bei der Vertreibung aus dem Paradies eingesetzte Wassertaufe wird an mindestens Achtjährigen durch Untertauchen vollzogen und bringt Vergebung der Sünden. Auch Taufe für Verstorbene wird geübt, sofern deren Personalien bekannt sind. Die Handauflegung bei der Konfirmation verleiht den Hl. Geist und seine Gaben. Das Abendmahl, mit Wasser statt Wein gefeiert und nur für Leute mit gutem Gewissen, bringt nicht Vergebung, sondern Erinnerung an Christi Opfer und ist ein Mittel zur Erneuerung des Bündnisses zwischen Mensch und Gott. Diese oft von der Bibel abführenden Glaubensanschauungen kennzeichnen die M. als Sekte. - Joseph Smith übte (1836) und proklamierte (1843) auf Grund einer Offenbarung die Vielehe. 1862 wurde diese staatlich verboten und 1890 auch vom M.präsidenten in Zusammenhang mit der Aufnahme des Staates Utah in die USA widerrufen. Die M. streben danach, »ehrlich, getreu, keusch, wohltätig und tugendhaft zu sein« (Glaubensartikel 13). Wein, Tabak und viel Fleisch werden abgelehnt. Der Zehnte und freiwillige Gaben verschaffen die Mittel.

3. Die M. verstehen sich als die seit der Apostelzeit fehlende, jetzt aber vom Herrn durch den Propheten J.Smith wiederhergestellte Kirche. Die erste Präsidentschaft besteht zZ aus dem Propheten David O.McKay und zwei Ratgebern. Die in vielstufiger Hierarchie mannigfach organisierten Amtsträger gehören entweder dem Melchisedekischen Priestertum an (12 Apostel, Patriarchen, Hoherpriester, Siebziger und Älteste) oder dem Aaronitischen (Priester, Lehrer, Diener). Jeder »Pfahl Zions« (Bezirk) und jede »Ward« (Gemeinde) besitzen ihrerseits je einen Hohenpriester und Ämter, zusammen eine riesige Zahl von Priestern, die ernannt und durch die Gemeinde bestätigt werden. Die Zahl der M. (1850: 6000; 1900: 236 000; 1950: 1 078 671) wird für 1959 mit 1,4 Mill. angegeben (Deutschland 18 000, Schweiz 2900). Hauptverbreitungsgebiet ist Utah/USA. Nach kurzer Schulung in einem Missionsheim in Salt Lake City arbeiten viele M. zT mit familieneigenen Mitteln 1-2 Jahre in der Mission, zZ rd 5000 auf 45 Missionsfeldern, mit jährlich (1952) 7000 Eintritten. An Abspal-

tungen existieren hauptsächlich in Amerika fünf kleinere M.gruppen: The reorganized Church of Jesus Christ of Latter-day Saints mit rd 600 Kirchen und 115 000 Gliedern (Deutschland 1200); The Church of Christ, Temple Lot (ca 2000 Glieder), die in der Stadt Independence den J.Smith seinerzeit geoffenbarten Platz der Wiederkunft Christi besitzt; The Church of Jesus Christ (1500 Glieder), nach dem in Opposition zu Brigham Young gestandenen William Bickerton »Bickertonites« genannt; ferner zwei kleine Gruppen mit dem gleichen Namen und der Kennzeichnung Cutlerites und Strangites.

Qu.: Das Buch Mormon, engl. 1830, mit Kapitel- u. Verseinteilung 1879; dt. (1852) 1959[13] - The Doctrine and Covenants, 1883; dt. 1950[6] - The Pearl of great Price, 1883; dt. 1957[7] - J.E.TALMAGE, Articles of Faith, (1899) 1925[14]; dt. (1919) 1950[4] - J.A.WIDTSOE, A rational Theology ..., Salt Lake City (1915) 1937[4]; dt. 1945[3] - L.G. RICHARDS, A marvellous Work and a Wonder, 1950; dt. 1957[2] - Zs.en: Der Stern; Der Wegweiser; Kompaß. - Darstellungen: RGG[2] III, 219ff - J.RÖSSLE, Aus der Welt des M.tums, 1931 - E.T.CLARK, The small Sects in America, (1937) 1949[2] - R.L.EVANS, A Century of Mormonism in Great Britain, Salt Lake City 1937 - N.ANDERSON, Desert Saints, the Mormon Frontier in Utah, Chicago 1942 - L.LEMONNIER, Hist. du far West. Les Mormons, Paris 1948 - L.J.ARRINGTON, Early Mormon Communitarianism: The Law of Consecration and Stewardship (The Western Humanities Review 7, 1953, 351) - D.B.DAVIS, The New England Background of Mormonism (New England Quarterly 26, 1953, 147-168) - P.MEINHOLD, Die Anfänge des amerik. Geschichtsbewußtseins (Saeculum 5, 1954, 65-86) - W.MUELDER, Mormonism's »Gathering«: an American Doctrine with a Difference (ChH 23, 1954, 248-264) - ALGERMISSEN[7] 827ff - HUTTEN[5] 553ff.

O.Eggenberger

Morone, *Giovanni* (1509-80), schon 1529 außerordentlicher Nuntius in Frankreich und Bischof von Modena. In wenigen Jahren erarbeitete er sich eine Stellung, die nur mit der Lorenzo → Campeggios in den vorhergehenden Jahrzehnten als *dem* Diplomaten der Kurie verglichen werden kann. In Deutschland hielt er sich als Beauftragter verschiedener Päpste 1536-38, 1539-42, 1555, 1563 und 1576 auf. 1542 wurde er Kardinal und Konzilslegat. Lediglich → Paul IV. wandte sich gegen ihn: 1557 kerkerte er ihn wegen Häresieverdacht ein. Erst nach dessen Tod wurde M. rehabilitiert. → Pius IV. ernannte ihn zum Konzilslegaten. M. hat die 3. Periode des → Trienter Konzils entscheidend beeinflußt. 1570 wurde er Dekan des Kardinalskollegiums. 1574-76 war er als Legat in Genua. M. wurden während 5 Jahrzehnten schwierigste diplomatische Aufgaben anvertraut, die er mit Geschick zu lösen versuchte. Den Reformgruppen in → Italien (, 4) stand er nahe (→ Colonna). Die Reformation selbst hat er bekämpft und für die → Gegenreformation wichtige politische Voraussetzungen geschaffen.

G.CONSTANT, La légation du Cardinal M. près l'Empereur et le Concile de Trente ... 1563, Paris 1922 - RGG[2] IV, 223 (Lit.) - JEDIN I. II - J.GRISAR SJ, Die Sendung des Kardinals M. als Legat zum Reichstag von Augsburg 1555 (Zs. d. hist. Vereins für Schwaben 61, 1955, 341-387) - M.BONARIA, Una lettera inedita di U.Foglietta [al card. M.] (Atti dell'Accademia ligure di scienze e lettere 14, 1958, 85-95).

Gerh.Müller

Morrison, *Robert,* presbyterianischer Missionar, * 5.1. 1782 in Morpeth (Northumberland), † 1.8.1834 in Macao, ging im Dienst der → Londoner Mission 1805 nach China, fand aber in dem verschlossenen Land keine Arbeitsmöglichkeit. Seine Arbeit unter Auslandschinesen (→ China: IV C, 1 a) entsprach nicht seinen Erwartungen. Seine für die spätere Chinamission wichtige Übersetzung der Bibel in die Literatensprache (1819) und sein Chinesisch-englisches Wörterbuch (6 Bde, 1823) erwiesen ihn als bedeutenden Sinologen.

Vf. ferner u.a.: View of China for Philological Purposes, 1815; Horae Sinicae, 1824; Memoirs of the Life and Labours of R.M. (hg.v. s. Witwe), 2 Bde, London 1839. - Über M.: M.BROOMHALL, R.M., London 1924 - J.RICHTER, Das Werden d. christl. Kirche in China, 1928, 63ff - K.S.LATOURETTE, A History of Christian Mission in China, London 1929, 210ff - S.W.NILSSON, R.M., Stavanger 1953 - R.STEINER, R.M. (in: Die Bibel in d. Welt, 1958, 98-104).

G.Rosenkranz

Morus, 1. *Samuel Friedrich Nathanael* (1736-92), ev. Theologe, * in Lauban/Schlesien, † in Leipzig, 1768 ao., 1771 o. Prof. der lat. und griech. Sprache in → Leipzig, 1782 der Theologie (Nachfolger seines Lehrers → Ernesti). Seine Bibelauslegung gründete sich, frei von dogmatischen Voraussetzungen, auf grammatische Erklärungen. Seine biblisch-supranaturalistische Dogmatik (Epitome theologiae christianae, [1789] 1820[5]) sucht die Kirchenlehre auf die biblisch-nt. Aussagen zurückzuführen und durch sittlich-religiöse Erfahrungen als wahr zu erweisen. Obwohl M. wesentliche Teile der orthodoxen Christologie in den Anhang verweist, galt er für so orthodox, daß → Wöllner diese Dogmatik als Grundlage dogmatischer Vorlesungen empfahl.

Bibliogr. bei J.G.MEUSEL, Lexikon verstorbener Schriftsteller IX, 1809, 276ff. - Über M.: Selbstbiogr. in J.R.G.BEYERS Magazin für Prediger V, 1792 - CH.F.TR.VOIGT, S.Fr.N.M., 1792 - ADB XXII, 342ff - RE XIII, 481ff (Lit.) - HIRSCH IV, 14.

H.Hohlwein

2. *Thomas* (1478-1535), bedeutender englischer Humanist und Staatsmann, Lordkanzler Heinrichs VIII. (1529-32). M. wurde eingekerkert und hingerichtet, weil er die Ungültigkeitserklärung der Ehe des Königs mit Katharina von Aragon nicht anerkannte und den Eid auf die Oberhoheit der Krone über die Kirche standhaft verweigerte; 1886 selig-, 1935 heiliggesprochen. - M. hielt, so aufgeschlossen er in seinen humanistischen Anliegen, so zeitkritisch er auch in dem satirischen Entwurf des Idealstaates »Utopia« (bekanntestes Werk, lat. 1516) war, am Papsttum und an der Autorität der Kirche fest. Er half Heinrich VIII. bei der Schrift »Verteidigung der sieben Sakramente« (Antwort auf Luthers De captiv. babyl.), die dem König den Titel »Defensor fidei« einbrachte (1521), verfaßte selbst die Entgegnung auf Luthers Antwort unter dem Pseudonym W.Ross (1523) und verteidigte in weiteren Streitschriften (zB Dialog über Häresien gegen Luther und Tyndale, engl. 1528) u.a. Wallfahrten, Heiligenkult, Wundergläubigkeit. Von → Erasmus als »bei weitem liebster Freund« wegen seiner Heiterkeit und seines glücklichen Hausstandes gerühmt, hat er nie aufgehört, heimlich ein Büßerhemd zu tragen. Blutige Ketzerverfolgungen werden dem beliebten Richter und maßvollen Staatsmann wahrscheinlich zu Unrecht zur Last gelegt. Seine Briefe und Meditationen (zB Dialog über Trost im Leid, engl. 1534) zeugen von großer Gewissensstärke und Glaubenszuversicht. Als »Vorbild eines christlichen Staatsmannes und Laien«, »Märtyrer der Wahrheit«, »Märtyrer der Gewissensfreiheit« gewinnt M. heute wachsende Bedeutung im englischen und deutschen Katholizismus (Th.M.-Gesellschaft; Th.M.-Akademie, Bad Honneff; Th.M.-Verlag, Berlin).

F. u. M.P.SULLIVAN, Moreana, Kansas City/Mo. 1946 (Bibliogr. bis 1945). - Utopia, übers. u. eingel. v. H.SCHIEL, 1947 u. C.WOYTE, o.J. (Reclam 513-514 a); Briefe, übers. u. eingel. v. KH.SCHMIDTHÜS, (1938) 1957[4] u. B.v.BLARER, 1949; Trost im Leid, übers. u. eingel. v. M.FREUNDLICH, 1951. - Über M.: K.KAUTSKY, Th.M. u. seine Utopie, (1890) 1947[4] - R.W.CHAMBERS, Th.M., (1935) 1949[2]; dt. 1946 - G.RITTER, Die Dämonie der Macht, (1940) 1948[6] - K.SWART, Die soz. Gebilde u. ihr Einfluß auf das Verhalten d. Menschen in Th.M.' »Utopia« (Diss. Köln), 1948 - G.MÖBUS, Die Heiterkeit des Heiligen (StZ 1950/51, 429-435) - DERS., Politik des Heiligen, 1953 - G.HEIDINGSFELDER, Th.M., 1950 - H.KERN, Staatsutopie u. allg. Staatslehre unter bes. Berücks. von Th.M. (Diss. Mainz), 1952 - P.HUBER, Traditionsfestigkeit u. -kritik bei Th.M., 1953 - KH.SCHMIDTHÜS, Th.M., Staatsmann u. Märtyrer (in: Der Weg aus dem Ghetto, [1955] 1956[2], 115-151).

G.Beetz

Mosaik-Kunst

1. Christliche M.en - 2. Jüdische M.en. - M. = Mosaik, M.-K. = Mosaik-Kunst. - Bildtafel 69 nach Sp. 1136. - Vgl. → Byzantinische Kunst, → Malerei und Plastik: I. II

1. a) Römische M.en waren zumeist Boden-M.en (vgl. auch das Orpheus-M. aus Milet, Taf. 69 Abb. 1). Wand-M. begegnet zuerst an Brunnen in Pompeji und bei Innenräumen im Diokletianspalast zu Spalato. Hier knüpft die *altchristliche* M.-K. an. Figürliche Boden-M.en (weißgrundig) sind wenig erhalten, die ältesten in der Basilika von Aquileja (312/18) mit Jonaszyklus, → Gutem Hirten, Victoria eucharistica, Stifterbüsten und Tiermotiven; weitere M.en mit Figuren in den Oratorien daselbst (4./5.Jh.). In der Kirche → Theodors von Mopsuestia in Misis ist das M. bes. szenenreich (u.a. erster Simsonzyklus). Bedeutend sind auch die M.en alexandrinischer Tradition (Nil-Landschaften!) in der Brotvermehrungskirche am See Genezareth (380). Vorherrschend sind sonst Ornamente, daneben auch Architekturbilder (zB Kirche des Täufers in → Gerasa, 521; Ende des 6.Jh.s das Palästina-M. von → Madeba). Unter den (weiß-, blau- und goldgrundigen) *Wand*-M.en sind die der Juliergruft unter S.Peter in Rom mit Christus Helios, Angler, Jonas und Gutem Hirten die ältesten (frühes 4.Jh.). Seit konstantinischer Zeit waren die → Basiliken mit Wand-M.en geschmückt, die Apsis mit der »Maiestas Domini«, die Hochwände mit biblischen Szenen. Aus dem 4.Jh. blieb wenig: zB die M.en - ohne christliche Motive - im Umgang von S. Costanza in Rom (um 330; s. Taf. 69 Abb. 2), die wie auf Wölbung übertragene Boden-M.en wirken. Ab 400 ist mehr erhalten: S. Aquilino in Mailand, S. Pudenziana in Rom, Hagios Georgios in → Saloniki (das kunstvollste der Zeit) und das Baptisterium in Neapel (alle um 400). Der erste erhaltene Zyklus in S. Maria Maggiore in Rom (430) bringt im Langhaus at. Szenen, am Triumphbogen Bilder aus der Marienlegende und der Jugend Christi. Gleichzeitig sind die Figuren der beiden Ecclesien zu Seiten der M.-Inschrift in S. Sabina in Rom und die Ezechielvision in der Apsis von Hosios David in Saloniki. Um diese Zeit setzen auch die großartigen, von der Mitte des 5. bis zur Mitte des 6.Jh.s reichenden M.en von → Ravenna ein. Andernorts blieb kaum etwas erhalten: SS. Cosma e Damiano in Rom (526/30), Basilica Eufrasiana in Parenzo (Mitte 6.Jh.), Reste des ornamentalen Schmuckes der Hagia Sophia und das Apsis-M. (Verklärung Christi) im Katharinenkloster auf dem Sinai (6.Jh.). Eine klare Stilentwicklung läßt sich hierbei nicht aufzeigen.

b) An den M.en des 6.Jh.s ist der Übergang von der spätantiken zur → byzantinischen Kunst zu erkennen. Aus der *früh*byzantinischen M.-K. des 7./8.Jh.s sind infolge des Bilderstreits (→ Bilder: III, 2) nur wenige Denkmäler erhalten. Aus dem 7.Jh. sind dies: Hagios Demetrios in Saloniki, Apsis-M. der Panhagia Angeloktistos in Chiti auf Zypern und - nur in Photographien erhalten - die Gestalten der Exousiai in der Koimesiskirche zu Nicäa. Um 705/15 entstanden die prächtigen M.en der Omajjadenmoschee von → Damaskus (→ Moschee). Geringwertiger sind die M.en jener Zeit aus Italien: Triumphbogen in S. Lorenzo fuori le mura in Rom (578/90), die seitlichen M.en in der Apsis von S. Apollinare in Classe (7.Jh.), das Apsis-M. von S. Agnese fuori le mura in Rom (625/38) und S. Venanzio am Lateransbaptisterium (640/42). Die mehr zeichnerischen M.en in Italien verflachen immer mehr, so zB die des Oratoriums Johannes VII. in Rom. - Die *mittel*byzantinische M.-K. zeigt eine spätantike Traditionen fortsetzende höfische Richtung und eine andere, in der sich Tendenzen frühbyzantinischer Zeit (hieratische Darstellungsweise von starker Flächigkeit mit Vorliebe für die Frontalität) entwickeln. Die erste beginnt um 800 in der Apsis der Koimesiskirche zu Nicäa und erreicht um 850 mit den M.en der Apsis der Hagia Sophia einen Höhepunkt. Es folgen in Konstantinopel das M. Leos VI. (886/912) und die Madonna mit Konstantin und Justinian (Ende 10.Jh.), M.en in Narthex und Naos der Koimesiskirche in Nicäa (1025/28), die M.en von Daphni bei Athen (Ende 11.Jh.), die Madonna mit Johannes II. und Irene (1118/22) und die Deesis der Hagia Sophia (13.Jh.). Diese erlesenen Werke bezeugen die klassizistische Haltung der höfischen Richtung. Die andere Reihe beginnt mit M.en der Hagia Sophia in Saloniki (Mitte 9.Jh.) in expressiver linearer Form mit langen Gestalten ohne klassizistische Schönheit; es folgen die M.en von Hosios Lukas (Anfang 11.Jh.; s. Taf. 69 Abb. 3) und der Nea Moni in Chios (1042/56). Hier schließen die M.en des Michaelsklosters in Kiew an (1108), während die der Sophienkirche ebd (Mitte 11.Jh.) der höfischen Richtung folgen. - In *spät*byzantinischer Zeit sucht man in Byzanz neue Wege: Die M.en der Chorakirche in Konstantinopel (Anfang 14.Jh.) zeigen Lebendigkeit, Raumempfinden und Naturalismus von erstaunlicher Kraft (griechische Renaissance). Bald darauf versiegt die M.-K. in Byzanz.

c) Etwa um 800 lebt in *Rom* die spätantike M.-Tradition wieder auf: Triclinium Leos III. (stark restauriert), S. Prassede, S. Maria in Domnica, S. Cecilia und S. Marco (alle 9.Jh.). Im Hoch-MA entsteht ein eigener Stil (S. Clemente und S. Paolo), den die Meister Torriti (S. Maria Maggiore, Apsis, 1295) und Cavallini (S. Maria in Trastevere, Marienleben, 1291) zur Hochform bringen. Die M.en von Torcello knüpfen an Ravenna und Venedig an. In S. Marco in Venedig läßt sich die Entwicklung der M.-K. durch 4 Jh.e verfolgen (11.-15.Jh.; Einflüsse aus Ravenna und Byzanz, Gotik und Renaissance). Venezianische Meister schufen die M.en im Baptisterium und in S. Miniato in Florenz sowie in Parenzo (13.Jh.). Die M.en in Grottaferata (12.Jh.) und S. Giusto in Triest (um 1200) stehen unter byzantinischer Tradition, die der Basilika Ursiana in Ravenna (1122) sind eigenständig. In den normannischen Kirchen Siziliens (12.Jh.) arbeiten zT byzantinische Meister: Königspalast, Capella Palatina und Martorana in Palermo (s. Taf. 69 Abb. 4), Dom von Cefalù, Dom von Monreale. - Traditionen der arabisch-sizilianischen Wanddekoration nahmen unter dem Sammelnamen »Cosmaten« begriffene italienische M.-Künstler (12./13.Jh.) für Architektur-M.en auf.

d) Nördlich der Alpen fand die M.-K. keinen Anklang, abgesehen von der karolingischen Zeit (Germigny-des-Prés, 799/812; Pfalzkapelle Aachen, nicht erhalten) und wenigen späteren Boden-M.en (zB S. Gereon in Köln, 1160/70 mit Simson- und Davidzyklus und Zodiakus). Das M. am Veitsdom in Prag (14.Jh.) zeigt in seiner rohen Steinsetzung, wie wenig man hier mit der M.-K. vertraut war. - Eine gewisse Rolle spielt die M.-K. erst wieder seit Ende des 19.Jh.s (Werkstatt Puhl und Wagner, Berlin).

2. Den Fußboden des Salomonischen Tempels (1Kön 5, 31) hat sich die chronistische Überlieferung als M. gedacht (1Chr 29, 2; 2Chr 3, 6), doch sind *in Palästina* M.en erst seit dem 4.Jh. nChr belegt. In → Synagogen des 4.Jh.s finden sich hier und in der Diaspora nur M.en mit geometrischen Mustern (Cäsarea, Apamea, Ägina). Bei der seit dem 2.Jh. nChr sich zeigenden Offenheit für Bilder (vgl. Urbach) - wie in → Dura (: II), so bei den galiläischen Synagogen - ist bemerkenswert, daß Boden-M.en mit Gegenständlichem und Figuren erst im 5./6.Jh.

auftauchen, so in Beth Alpha, Jaffa, Jericho, Naaran, Esfia, Salbit (samaritanisch!), Gerasa und Hammath bei Gadara sowie in Haman Lif bei Tunis. Die (Stifter-, Weih- und Künstler-)Inschriften der M.en sind aramäisch und griechisch (Haman Lif: lateinisch). Beliebtestes Motiv sind Toraschrein und → Leuchter (: I), daneben der Tierkreis mit Eckfiguren der Jahreszeiten. Beth Alpha hat beides, dazu als Bildszene die Opferung Isaaks (dieser geflügelt!). In Naaran ist Daniel unter den Löwen wiedergegeben, in Gerasa die aus der Arche kommenden Tiere mit (griechische Beischrift:) Sem und Japhet. Die Qualität der M.en ist mäßig, entspricht aber - mit Ausnahme des hochwertigen M.s der Brotvermehrungskirche und des Klosters in Beth Sean - ungefähr der der Kirchen im Lande. In Aufbau und Ausführung sind das M. von Gerasa und, trotz bestimmter Kompositionsmängel, das von Haman Lif (schwer zu deuten; in Medaillons der Nebenräume nicht nur Tiere, sondern auch Dionysos und Athene!) von beachtlicher Qualität.

Zu 1: TH.SCHMIT, Kachrije Djami, Istanbul 1902-06 (russ.) - O.WULFF, Die Koimesiskirche in Nicäa u. ihre M.en, 1903 - J.WILPERT, Die röm. M.en u. Malereien der kirchl. Bauten vom 4.-13.Jh. I-IV, 1916 - M.VAN BERCHEM-E.CLOUZOT, Mosaïques chrétiennes du IVe au Xe siècle, Genf 1924 - G.GALASSI, Roma o Bisanzio, Rom (1929) 1950^{2} - E.DIEZ-O.DEMUS, Byzantine Mosaics in Greece: Daphni and Hosios Lucas, Cambridge/Mass. 1931 - TH.WITTMORE, The Mosaics of St. Sophia at Istanbul I-IV, London 1933-52 - La Basilica di Aquileia (IX. Centinario), Bologna 1933, 107-272 - O.DEMUS, Die M.en von S. Marco in Venedig, 1935 - DERS., Byzantine Mosaic Decoration, London (1948) 1953^{2} - DERS., The Mosaics of Norman Sicily, ebd 1949 - J.L.FISCHER, Dt. M. u. seine geschichtl. Qu., 1939 - S.BETTINI, Frühchristl. Malerei ... bis ins Hoch-MA, Wien 1942 - PH.SCHWEINFURTH, Die byz. Form, (1943) 1954^{2} - V.LAZAREV, Gesch. der byz. Malerei, Moskau 1948 (russ.) - P.MURATOFF, La pittura bizantina, Rom o.J. - W.F.VOLBACH, Altchristl. M.en des 4.-7.Jh.s, 1949 - W.SAS-ZALOZIECKY, L'importanza della decorazione musiva nell' architettura ravennate (Felix Ravenna 52, 1950, 5-33) - G.SOTIRIOU, Die Basilika des hl. Demetrius in Saloniki, Athen 1952 (griech.) - P.MEYER, Byz. M.en, Bern 1952 - O.PERLER, Die M.en der Juliergruft im Vatikan, Fribourg 1953 - A.GRABAR, La peinture byzantine, Genf 1953 - DERS.-C.NORDENFALK, Das frühe MA, ebd 1957 - J.KOLLWITZ, M.en, 1953 - W.WEIDLÉ, Mosaici paleocristiani e bizantini, Mailand 1954 - DERS., Les mosaïques vénétiennes, ebd 1956 - G.BOVINI, Die M.en von Ravenna, ebd 1956^{3} - C.CECCHELLI, I mosaici della Basilica di S. Maria Maggiore, Rom 1956 - G.BRUSIN-P.L.ZOVATTO, Monumenti paleocristiani di Aquileia e di Grado, Undine 1957 - F.W.DEICHMANN, Frühchristl. Bauten u. M.en von Ravenna, 1958 - D.TALBOT RICE, Kunst aus Byzanz, 1959 - K.PARLASCA, Die röm. M.en in Deutschland, 1959.

Zu 2: M.AVI YONAH, Mosaic Pavements in Palestine (QDAP 2, 1932, 136-181; 3, 1933, 26-57; 4, 1934, 187-193) - E.L.SUKENIK, Ancient Synagogues in Palestine and Greece, London 1934 - C.WATZINGER, Denkmäler Palästinas II, 1935, 115ff - GOODENOUGH I-III (Lit., Abb.) - E.E.URBACH, The Rabbinical Laws of Idolatry in the 2nd and 3rd Centuries in the Light of Archaeological and Historical Facts (IEJ 9, 1959, 149-165). *K.Wessel*

Moschee

1. Name - 2. Bestimmung - 3. Geschichte und Bauformen. - Bildtafel 70 vor Sp. 1137, Fig. 1-3 auf Sp. 1147. - Vgl. ergänzend → Kunst: II 1 (Bildtafeln 49. 50 nach Sp. 160)

1. M., arab. masdschid (Niederwerfungs-, Anbetungsort), wurden im → Islam (: I) ursprünglich nur bes. hl. Kultorte genannt wie die Ka'aba in Mekka, der Felsendom (Qubbet-i-Sahra) in → Jerusalem (: III, 3) und das zur M. umgewandelte Haus → Muhammeds in Medina. Bald wurde aber jede M. als Masdschid bezeichnet, doch wurde der Name seit dem 11.Jh. nur für kleinere Gebäude verwendet, während man die großen Haupt-M.n, in denen das Freitagsgebet verrichtet wird, als Masdschid-el-Djuma (Freitags-M.), Ulu Djami (große M.) oder einfach als Djami (Versammelnde) bezeichnete.

2. Die M. ist weder Gotteshaus noch Opferstätte, sondern Versammlungsort der Gläubigen zum gemeinsamen Gebet. Zur Zeit der Ausbreitung des Islams waren die M.n ausgesprochene Lager-M.n militärischen Charakters, der sich in der strengen Reihenausrichtung beim Gebet bis heute erhalten hat. Zugleich diente die M. als Lehrstätte (Koranwissenschaft). Das bekannteste Institut dieser Art ist die berühmte Azhar-M. in Kairo (969 gegr.), die älteste Universität der Welt, die noch heute besteht. Die M. war aber auch öffentlicher Versammlungsort im Sinne der Agora, hier wurde Recht gesprochen und fanden gelehrte Disputationen statt. Sie hatte auch politische Bedeutung: in ihr wurden der Name des rechtmäßigen → Kalifen und der Amtsantritt der Gouverneure durch das Freitagsgebet (Khutba) verlautbart sowie wichtige Proklamationen verkündet. Verfolgte genossen dort politisches Asyl. Gelegentlich befand sich hier auch das Schatzhaus des Reiches. Zur Zeit der Omajjaden war die Große M. in Damaskus ein ausgesprochen religiöser und politischer Mittelpunkt.

3. Bindend für den M.-Bau war zunächst nur die Gebetsrichtung (Kiblah; → Orientation). Diese war anfangs Jerusalem, wurde aber bereits unter Muhammed nach Mekka verlegt. Der Ursprung der M. liegt im Wohnhaus Muhammeds, dem arabischen Hofhaus, dem als Schutz gegen die Sonne ein gedeckter, aus Palmstämmen bestehender Umgang eingefügt wurde. Hieraus entwickelte sich der weit verbreitete Typ der aus offenem Arkadenhof und breitgerichteter Bethalle bestehenden Hof-M., mit Säulenreihen als Stützen in den Ländern des antiken Säulenbaues, mit Ziegelpfeilern in Mesopotamien und Persien. Während die »Lager-M.n« aus Basra und Kufa heute völlig verschwunden sind, haben sich in der vielfach veränderten 'Amr-M. in Fostat (641/42 begr.) noch Teile älterer Bauperioden (von 698/99 und 827) erhalten. Ihr folgt die um 847/61 in Samarra, der Lagerresidenz der türkischen Garden, errichtete Große M., ein Pfeilerbau gewaltigen Ausmaßes (240 × 156 m) mit isoliert stehendem, spiralförmigem Minarett (Malwiya) als besonderem Charakteristikum. Der nächste Verwandte hierzu ist die gleichzeitige M. des Ibn Tulun in Kairo.

Mit der Dynastie der Omajjaden (661-750) bildet sich in Syrien, dem Land des Steinbaues, eine neue M.anlage, der *»Transept-Typ«*, ebenfalls eine Hofanlage, heraus. Ihm gibt ein die Stützenreihen durchschneidendes breites, überhöhtes Mittelschiff (Transept) mit Giebelfront, dem außerdem im Südteil die Gebetsnische (Mihrab) eingefügt wird, das Gepräge. Unverkennbar wirkt hier der syrische → Kirchenbau (: II, 3 b) mit seiner besonderen Funktion des Mittelschiffes (Bema) ein, ebenso wie der Mihrab als Rudiment der christlichen Apsis verstanden werden muß. Eine weitere Betonung erhält das Transept durch die vor dem Mihrab befindliche, überkuppelte Fürstenloge (Maqsura). Der Funktionswandel des Mittelschiffes ist damit offensichtlich, es dient zur Machtdemonstration des Kalifen, der hier, umgeben von der seitlich des Transeptes aufgereihten Leibgarde, unter der Kuppel thront. - Die frühesten Mihrabformen (el Khasaki und Sidi Oqba-M.) sind rund- oder hufeisenbogig und verwenden spätantike Elemente (Muschelmotiv, Weinranke, Akanthuskapitell). - Als weitere Neuerung tritt in omajjadischer Zeit das Minarett auf, das sich seinerseits von christlichen Vorbildern, dem festungsartigen Viereckturm der syrisch-frühchristlichen Städte herleiten läßt. - Zum unentbehrlichen Bestandteil der M. gehört außerdem der im Hof errichtete Brunnen (Schadirwan), der für die vorgeschriebenen religiösen Waschungen dient. - Die bedeutendste der omajjadischen Transept-M.n ist die Große M. in Damaskus (705; s. Taf. 70 Abb. 1 und Fig. 1) mit ihren be-

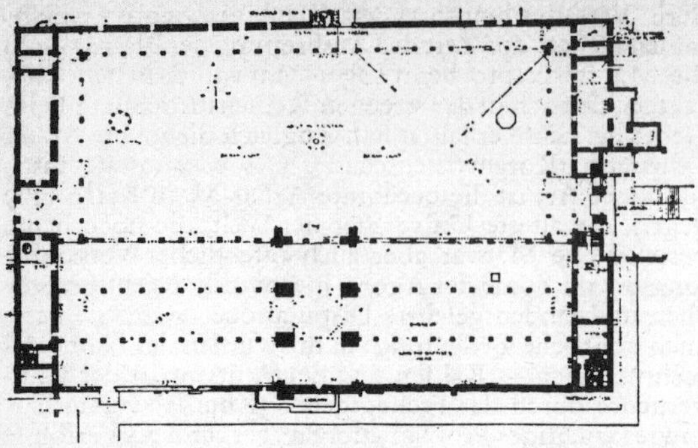

Fig. 1. Damaskus, Große Moschee

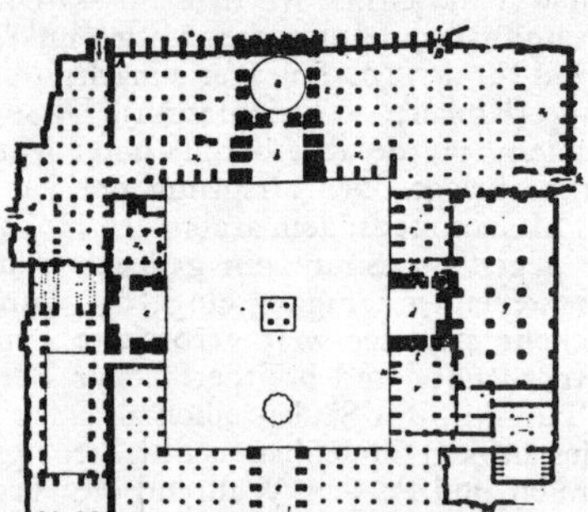

Fig. 2. Isfahan, Freitagsmoschee

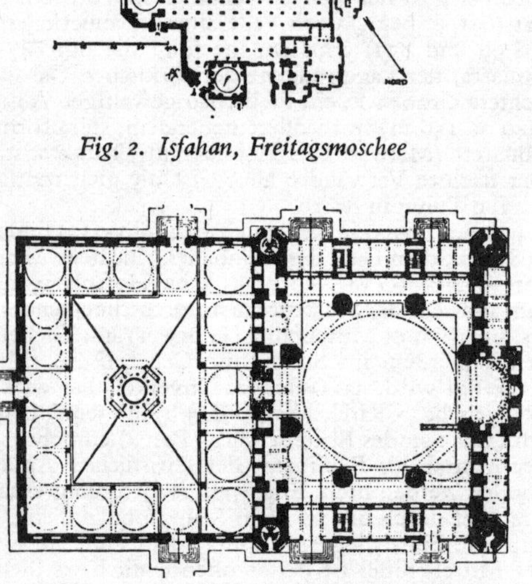

Fig. 3. Adrianopel, Moschee Selims II.

rühmten Wandmosaiken, denen ein bestimmter Symbolwert zukommt. Und zwar sind die Städtebilder im Hof als Herrschaftsbereich der Omajjaden zu deuten, dienen also wie das Transept im Innern reiner Machtdemonstration. Der Transept-Typ breitet sich bis in die westislamischen Länder aus, bes. in das von den Omajjaden beherrschte Spanien. Die hier im 8.Jh. begründete, vielfach erweiterte, in ihrem heutigen Zustand im wesentlichen aus dem 10.Jh. stammende Große M. in Cordoba zeigt senkrecht zur Kibla laufende Säulenreihen, ein zweigeschossiges Stützensystem, Hufeisenbögen in mehrfarbigem Marmor im Wechsel mit reich gezackten und dekorierten Bögen und als besonderes Charakteristikum einen kapellenartig vertieften, überkuppelten Mihrab. Das wichtigste Frühbeispiel für Nordafrika ist die M. des Sidi Oqba in Kairuan, deren Minarett noch omajjadisch ist, deren übrige Bauteile im wesentlichen jedoch zwischen 836 und 902 erneuert wurden (s. Taf. 70 Abb. 2). Bei ihr fallen das T-förmige Transept auf, eine Eigenart der afrikanischen M.n, zwei Kuppeln im Transept, die erstmalige Verwendung von Lüsterfliesen (Mihrab) und der reich geschnitzte Holzmimbar (s. Taf. 49 Abb. 3).

Beeinflußt durch die Bauform der Medrese (→Kunst: II I, 2 a) entsteht unter den türkischen Seldschuken im beginnenden 12.Jh. in Persien, dem Land des Ziegelbaues, die *Iwan-M.*, bei der vier Iwane im regelmäßigen Achsenkreuz um den zentralen Hof angeordnet sind. Das Hauptgewicht hat naturgemäß der Südiwan, dem ein auf Pfeilern ruhender, nach drei Seiten offener Kuppelsaal angefügt wird, eine Raumfolge, die sassanidische Vorbilder hat. Außerdem ist der Südiwan von einem Minarett-Paar vom neuen seldschukischen Stil mit zylindrischem Schaft bekrönt. Berühmtester Vertreter der Iwan-M. ist die Mesdschid-i-Dschuma in Isfahan, die auf eine ältere Stützenhallen-Anlage zurückgeht und zwischen 1072 (Melik Schah) und 1121 entscheidend umgestaltet und bis in das 17.Jh. hinein erweitert wurde (s. Taf. 70 Abb. 3 und Fig. 2). Das Schema der 4-Iwan-M. lebt in Persien bis in sefewidische Zeit hinein fort in Prachtanlagen wie etwa der Mesdschid-i-Schah in Isfahan, deren Kuppeln und Innenwände mit leuchtenden Glasurfarben-Fliesen in Gelb und Blau verkleidet sind. – Auch die Mihrabform wandelt sich in seldschukischer Zeit. In Persien entsteht die spitzbogige, durch Innennischen gegliederte Flachnische aus Ziegelmosaik, Stuck oder Lüsterfayencen, die hier zu hoher Blüte gelangen.

Im seldschukischen *Kleinasien* setzt sich das 4-Iwan-Schema nicht durch. Hier entwickelt sich im zentralen Hochland unter dem Einfluß des byzantinischen Kirchenbaues (→ Byzantinische Kunst) ein M.-Typ völlig eigener Prägung. Ihn charakterisiert die basilikale Längsrichtung, das betonte Mittelschiff und die Abkehr von dem dem Betraum vorgelagerten Arkadenhof. Lediglich in stark reduzierter Form, in einem einzelnen offenen Mitteljoch im Mittelschiff lebt die Hofidee fort, wie etwa ein klassisches Beispiel, die Khuand Khatun-M. in Kaysari (1238) zeigt. Eine weitere Eigenart der kleinasiatischen M. ist das monumentale Eingangstor, das sich ebenso ausgeprägt auch an der Medrese und der Karawansaray findet; seine Bogenwölbung ist mit Stalaktiten gefüllt, häufig wird es von einem Minarett-Paar bekrönt. Fraglos wirkt hier der persische Iwan ein. Seinen besonderen Reiz bildet die in Stein gemeißelte, die Fläche textilartig überziehende Ornamentik (s. Taf. 50 Abb. 3). Auffällig in Kleinasien ist auch die Kuppelbetonung. Sie kommt nicht nur in einer Kuppelreihung zum Ausdruck wie etwa bei der Burg-M. von Divrigi (1180), sondern auch im Ansatz zum Zentralkuppelbau, sei es in der Monumentalisierung der »Maksura-Kuppel« (Ulu Dschami in Silvan-Mayyafarkin, 12.Jh.), sei es in der Umwandlung des ehemaligen Hofes zum Kuppelraum (Dschadscha Bey-M. in Kirschehir, 1272). Letztere Tendenz wirkt auch in einer Gruppe von Medresen-Anlagen, zB in Konya (Karatay- [1251] und Ince Minare-M. [1258]). Neben der Stein-M. findet sich in Kleinasien auch die Holzsäulen-M. mit flachem Dach, möglicherweise eine Reminiszenz an das Großzelt der ehemals nomadischen Seldschuken. Ihre Hauptvertreter folgen dem Basilikal-Schema (Arslan Hane-M., Ankara; Eschref Oglu-M., Beyschehir; beide Ende 13.Jh., letztere von domartiger Wirkung). Im Gegensatz zum

Basilikal-Typ in Zentral-Anatolien wird die M. in der Osttürkei in der Gruppe der Ortokiden-M.n (zB in Mardin, Diyarbakir, Düneysir, Silvan) durch das syrische Transept-Schema bestimmt. - Das Minarett entwickelt sich in Kleinasien zu einem neuen bündelsäulenartigen Typ. Der Mihrab zeichnet sich durch seinen Fayence-Mosaikschmuck aus. Sein bedeutendster Vertreter ist der Mihrab der Arslan Hane-M. in Ankara (s. Taf. 50 Abb. 4), dessen Ausstattung mit Stuckdekor von feinster Ajour-Arbeit im persischen Stil kombiniert ist. Unter den Früh-Osmanen wird das Bild der M. vielschichtig. Im 15.Jh. bildet sich ein neuer, von der Medrese herkommender, »T-förmiger« M.-Typ aus mit zentralem Kuppelraum und Nebenkuppeln. Seine Hauptvertreter entstehen in den frühosmanischen Hauptstädten Brussa (zB die Yeschil Dschami, 1423) und Adrianopel (zB Murad II.-M., 1433). Die Breithalle mit Kuppelreihung erscheint (Brussa, Ulu Dschami, 1421), vor allem aber findet die bisher nur auf die Osttürkei beschränkte Hof-M. Eingang, zunächst im Transept-Schema (Isa Bey-M., Ephesus, 1375), dann mit eindeutiger Zentralkuppelbetonung (Ütsch Scherefli-M., Adrianopel, 1410-47). Erstmalig wird in dieser Zeit die fraglos vom Kirchenbau herkommende Vorhalle der M. verbunden. - In der Ausstattung des Mihrab und zT auch der Wandflächen wird eine neue Fayence-Gattung, die Glasurfarben-Fliese, verwandt, die ein von China her inspirierter, stilisierter Blütendekor kennzeichnet. - Unter Mehmed II. (Fatih), dem Eroberer von Konstantinopel, beginnt der Bau der monumentalen Zentralkuppel-M., fraglos angeregt durch das Vorbild der Hagia Sophia (s. Taf. 20 Abb. 1), mit weitem Arkadenhof und verbunden mit ganzen städtebaulichen Komplexen. Höhepunkt dieser Entwicklung sind im 16.Jh. die genialen Raumschöpfungen des großen Baumeisters Sinan, der sich in seinen Hauptwerken (Istanbul: Schahzade-M., 1548; Suleymaniye, 1550-57) einmal an das armenische Vierpaßschema, das andre Mal an die Hagia Sophia anlehnt und in seiner Meisterschöpfung, der Selimiye-M. in Adrianopel (1567-74; s. Taf. 70 Abb. 4 und Fig. 3), mit der auf 8 Pfeilern ruhenden Kuppel, zur Ideallösung des Zentralkuppel-Problems gelangt. Die neuen Monumentalanlagen sind im Äußeren wirkungsvoll über Hof, Vorhalle und Kuppelzone gestaffelt. Kontrastreich sind gegen die Kuppelmasse die überschlanken »Nadel-Minaretts« abgesetzt. Im Hof und Inneren dient überwiegend antikes Säulenmaterial als Stützen. Mihrab, ganze Wandflächen, zT auch Pfeiler und Kuppelzwickel werden nun mit den berühmten Iznik-Fayencen (»Rhodos«-Keramik) ausgestattet, auf denen in leuchtend bunten Farben unter glänzender Glasur der ganze Blütengarten des Orients ausgebreitet wird.

Eine bes. M.-Entwicklung geht in *Ägypten* vor sich. Nach einer Frühperiode mit Ziegelbau und Stuckverkleidung (Ibn Tulun-M.) setzt sich seit fatimidischer Zeit der Steinbau und die durch Nischen gegliederte Fassade durch (erstes klassisches Beispiel die el Aqmar-M. in Kairo, 1125). Sie gewinnt besondere Bedeutung durch das erstmalige Auftreten von Stalaktit-Nischen im Sakralbau. Die M. selbst ist vom einfachen Hof-M.-Typ mit Säulen als Stützen. Mit den Mamlukken bildet sich als dominierender Sakralbau die Grab-M. oder -Medrese heraus. Monumentalanlagen dieser neuen Baugattung haben wir in den Grab-M.n des Sultans Hasan (1356-63) und des Sultans Qait Bay (1472-74) in Kairo vor uns. Sie sind 4-Iwan-Anlagen mit eigenem Kuppelgrab und gesondert angelegten Wohnzellen-Trakten. Auch die »Transept-M.« findet Eingang, zB in der M. Baibars I. in Kairo (1266-69). - Zur Eigenart mamlukkischer Baukunst gehören die durch farbigen Schichtwechsel und Marmorinkrustation belebten Fassaden. Reiches Marmor-Intarsienwerk gibt im Innern auch dem Mihrab das Gepräge. Zur Nischenfassade kommen nun noch hohe, kleeblattbogige Tore und das in drei Stufen gegliederte Minarett, das durch Galerien über Stalaktitkonsolen betont wird. Zweifellos geht diese neue Minarettform auf den berühmten Pharos von Alexandrien zurück. Die helmförmigen Kuppeln sind im Äußeren vielfältig ausgestattet, gerippt, in Zickzackbändern gemustert oder mit geometrischem Bandwerk und Arabesken übersponnen.

In *Indien* setzt erst seit dem 13.Jh. die islamische Monumentalbaukunst ein, und zwar bilden sich in den verschiedenen Sultanaten Sonderstile heraus. Die wichtigsten Frühbeispiele entstehen unter den türkischen Ghoriden (1206-87) in den M.n des Kuttubeddin in Delhi und Adschmir. Hier werden für die Bethalle Pfeiler von Hindutempeln wiederverwendet, und eine neue spitzbogige Prachtfassade mit feinem Reliefdekor im indo-islamischen Stil wird vorgeblendet. Vor allem ist die Delhi-M. berühmt mit dem gewaltigen, 73 m hohen, aus rotem Sandstein errichteten, bündelsäulenförmigen Minarett, das in Balkone gegliedert ist und einen Schriftbänder-Dekor trägt. - Unter der Moghul-Dynastie entwickelt sich ein eigener indopersischer M.-Stil, für den riesige Höfe und ein von drei Zwiebelkuppeln überdeckter Betsaal, dessen mittlerer Hauptkuppel wie in Persien ein Iwan vorgelegt ist, bestimmend werden. Die besondere Note geben dem Außenbau reiche Marmor-Inkrustationen und die altindischen Pavillon-Bekrönungen auf Dächern und Minaretts. Eine der imposantesten M.n dieser Art ist die Freitags-M. Akbar's (1556-1605) in Fathpur Sikri, berühmt durch ihr »Hohes Tor« vom persischen Iwanstil. Ihr Gegenstück ist die unter Schah Djehan (1628-58) auf einer Riesenterrasse errichtete, von zwei mächtigen Minaretts flankierte Freitags-M. in Delhi.

A. Gabriel, Les Mosquées de Constantinople (Syria 7, 1926, 353 bis 419) - Halil Edhem, Nos Mosquées de Stamboul, Stamboul 1934 - J. Sauvaget, La Mosquée Omeyyade de Médine, Paris 1947 - E. Kühnel, Die M., 1949 - K. Erdmann, Zur türk. Baukunst seldschukischer u. osmanischer Zeit (Istanbuler Mitt.en 8, 1958, 1-39) - K. Otto-Dorn, Seldschukische Holzsäulen-M.n in Kleinasien (Festschr. f. E. Kühnel, 1959, 59-88). - Vgl. die Lit. zu → Kunst: II I.

K. Otto-Dorn

Mosellanus, *Petrus* (1493-1524), eigentlich *Peter Schade,* * in Bruttig bei Cochem a. d. Mosel, Lehrer in Freiberg und → Leipzig, mit Jul. → Pflug u.a. befreundet, galt als Humanist einem → Melanchthon als ebenbürtig. M. verfaßte gute Lehrbücher und war pädagogisch interessiert. Seine »Paedologia« (1518) wurde viel beachtet. Als er mit nt. Exegese beginnen wollte, geriet er mit den Theologen in Leipzig in Streit und war bereit, nach Wittenberg zu gehen. Luther empfahl ihn Spalatin, aber der Kurfürst berief statt seiner Melanchthon. Bei der Leipziger Disputation hielt M. die Eröffnungsrede. Offen auf Luthers Seite zu treten, scheute er sich. 1520 und 1523 Rektor der Universität, vermochte er den Niedergang Leipzigs nicht zu verhindern. Sein humanistisches Bildungsideal setzte sich nicht durch. Mit Melanchthon blieb er bis zum Tode verbunden.

O.G. Schmidt, P.M., 1867 - ADB 22, 358 f - F. Gess, Leipzig u. Wittenberg (N. Arch. f. sächs. Gesch. 16, 1895, 43-47) - Hamelmanns Schriften zur niedersächs.-westfäl. Gelehrtengesch. I/1, hg.v. H. Detmer, 1902, 66 - H. Helbig, Die Reformation d. Univ. Leipzig im 16.Jh. (SVRG 171), 1953, 26 ff.

R. Stupperich

Moser, 1. *Friedrich Karl* (1723-98), württ. Staatsmann und spätpietistischer Liederdichter, Sohn von 2. Das Elternhaus und die Bekanntschaft mit S.K.v.

→ Klettenberg vermittelten ihm spenerischen und herrnhutischen → Pietismus. Als Ministerpräsident in Hessen-Darmstadt (1772-80) führte er eine Schulreform durch. Nach einem enttäuschungsreichen Leben (infolge vieler Anfeindungen und Undankbarkeit seines Landesherrn) lebte er 1790-98 in Ludwigsburg und versuchte dort umsonst, die Pietisten für die frühidealistische Bildungsbewegung zu gewinnen. Er selbst verband nüchternen Pietismus mit Aufklärungs- und Humanitätsgesinnung.

Vf. u.a.: Beherzigungen, 1761; Ges. moralische u. polit. Schriften, 1763/64; Reliquien I. II, 1766/67. - Über M.: KOCH V, 171ff - A. RITSCHL, Gesch. d. Pietismus III, 1886, 111ff - J. HERZOG, M., Vater u. Sohn, 1905.

2. *Johann Jakob* (1701-85), * und † in Stuttgart, pietistischer Staatsrechtslehrer und -praktiker. Seltene Arbeitskraft und Kenntnisse (bes. im Reichsrecht) machten M. schnell zum Polyhistor (1719 Tübinger Gelehrtengeschichte). 1720 ao. Prof. in Tübingen, 1720-26 in Wien privater Rechtskonsulent für Hofbeamte in Reichsangelegenheiten, seitdem häufig als österreichischer Parteigänger beargwöhnt, 1726 Regierungsrat in Stuttgart, 1729 o. Prof. in Tübingen, wo er auf Grund von Lektüre → Speners seine pietistische Bekehrung erlebte, 1736 o. Prof. in Frankfurt/O., 1739 wegen Verteidigung der pragmatischen Sanktion entlassen. 1739-47 lebte M. als Freund F.C. → Steinhofers am preußischen Hofe in Ebersdorf, von dem er sich wegen des Übergangs der pietistischen Gemeinschaft zu → Zinzendorf trennte, dann in Staatsdiensten in Hessen-Homburg und Hanau, 1751 Landschaftskonsulent in Stuttgart. Die entschiedene Vertretung der Rechte des Landtags gegen Herzog Karl Eugen und seinen franz. Berater trug ihm 1759-64 schwere Haft auf dem Hohentwiel ein (dort Liederdichter). Nach seiner Rückkehr wurde M. 1770 aus dem Amt entlassen. Seine Bedeutung für die KG besteht in der Verbindung von pietistischer Erfahrungsfrömmigkeit (Vorsehungsglauben) mit der Bewährung in nüchterner Weltlichkeit.

Vf. u.a.: Altes u. Neues aus dem Reiche Gottes I-VII, 1733/34; Teutsches Staatsrecht, 50 Bde, 1737-54; Entwurf einer Historie des Reiches Gottes auf Erden, 1745; Lebensgesch. (Autobiogr.) I-III, (1768) 1777³, IV, 1783; Europ. Völkerrecht I-X, 1777-81. - Über M.: A. SCHMID, Das Leben J.J.M.s, 1868 - KOCH V, 152ff - O. WÄCHTER, J.J.M., 1885 - ADB XXII, 372ff - RITSCHL (s. 1) 28ff - R. STINTZING-E. LANDSBERG, Gesch. d. dt. Rechtswiss. III/1, 1898, Text-Bd 423ff, Anm.-Bd 273ff - HERZOG (s. 1) - M. FRÖHLICH, J.J.M. in seinem Verhältnis zu Rationalismus u. Pietismus, 1925 (Lit.) - StL III, 1427f.

M. Schmidt

Moses

1. Überlieferung - 2. Geschichte der Forschung - 3. Geschichtsbild - 4. Bedeutung im Judentum und im NT

1. Die ältesten *Überlieferungen* über M. sind in → Exodus und → Numeri enthalten. Sie verteilen sich literarisch auf den → Jahwisten, den → Elohisten und die → Priesterschrift. Die Analyse ist zT sehr schwierig (→ Pentateuch). Traditionsgeschichtlich gesehen liegen verschiedene größere Komplexe vor, die jeweils aus Einzelerzählungen zusammengesetzt sind, die ihrerseits durchweg den Charakter von → Sagen (: II) tragen. - Die Auszugstradition Ex 1, 1 - 15, 21 ist in ihrer heutigen Form auf die Einsetzung des Passafestes (→ Feste: II, 3) ausgerichtet, während ursprünglich die Errettung am Meer den Scopus des Ganzen darstellte. Die in diesem Komplex vereinigten Überlieferungen sind recht unterschiedlicher Art. In Ex 1, 11 findet sich in dem Bericht über die Bedrückung Israels in → Ägypten (: III) eine historisch wertvolle Notiz bezüglich des Baues der Städte → Pithom und Ramses, die Ramses II. errichten ließ. Demgegenüber ist die Erzählung in Ex 2, 1ff, in der das weitverbreitete Motiv von der Gefährdung des Heldenkindes eine Rolle spielt, sagenhafter Art. In Ex 2, 11ff wird berichtet, wie M. wegen der Tötung eines Ägypters zu den → Midianitern fliehen muß und zu ihrem Priester in verwandtschaftliche Beziehung tritt. Die Sage von M.' Berufung (Ex 3 JE) deutet auf Zusammenhänge mit dem midianitischen Kult hin. Auftragsgemäß bemühen sich M. und sein Bruder → Aaron, den Pharao zu bewegen, das Volk zur Feier eines Festes in die Wüste ziehen zu lassen. Erst nachdem Ägypten durch zehn Plagen (J, E, P) heimgesucht worden ist, erhält Israel die Erlaubnis zum Auszug. In engem Zusammenhang mit der letzten Plage steht die ätiologische Erzählung von der Einsetzung des Passa (Ex 12f). Von einer ägyptischen Heeresstreife verfolgt, werden die Ausziehenden durch → Jahwes Eingreifen (→ Theophanie: II) »am Meer« gerettet. Die Rettung feiert das Lied der Mirjam (Ex 15; → Mosessegen, Moseslied und Meerlied), mit dem dieser Überlieferungskomplex abschließt. - In Ex 15, 22ff folgt eine Gruppe itinerarmäßig aufgereihter Sagen, die sicher zum größten Teil im Raum von → Kadesch zu lokalisieren sind. Ganz ähnliche Sagen begegnen nochmals nach der Sinaiperikope in Num 10ff. Den Stoff einiger dieser Erzählungen bilden alte, im Kern sicher vorisraelitische Ortsüberlieferungen, so die von der bitteren Quelle Mara (Ex 15, 22-26) und von Massa und Meriba (Ex 17, 1-7; vgl. Num 20, 1-13). Die Namen der Hauptquellen von Kadesch deuten auf alte Rechtstraditionen hin. Im heutigen Zusammenhang dienen diese Sagen, ebenso wie die vom → Manna und den Wachteln (Ex 16; Num 11), zur Veranschaulichung von Jahwes Fürsorge. Die Erzählung über die Amalekiterschlacht in Rephidim knüpft an einen alten Altar und einen Kriegsspruch gegen die → Amalekiter an (Ex 17, 8-16). - In anderen Sagen tritt die lokale Bindung gegenüber einer solchen an Personen zurück. Dazu gehört die Überlieferung von Jithros Besuch (Ex 18, 1ff), die erklären soll, wie es zu einer Rechtsordnung in Israel gekommen ist, ferner die Erzählung von der Auflehnung → Mirjams und Aarons (Num 12, 1ff), → Korachs sowie Datans und Abirams (Num 16). - In der südlichen Wüste werden auch die stärker kultisch gefärbten Sagen vom → Goldenen Kalb (Ex 32), dem hl. → Zelt (Ex 33, 7-11), der → Lade Jahwes (Num 10, 29ff) und der → Ehernen Schlange (Num 21, 4-9; vgl. 2Kön 18, 4) lokalisiert. - Die Sinaiperikope, die den Komplex dieser Sagen unterbricht, weist Beziehungen zum Laubhüttenfest (→ Feste: II, 4 c) auf. Die älteste Schicht stellt die Erzählung vom Bundesmahl (→ Bund: II) der Ältesten (Ex 24, 9-11) dar. Anstelle der nicht erhaltenen Bundesurkunde findet sich heute der → Dekalog und das → Bundesbuch (Ex 20; 21-23). Diese Gesetze haben eine Fülle weiterer gesetzlicher Vorschriften an sich gezogen. - Nach dem Bundesschluß bricht Israel vom Gottesberg auf (Num 10, 29ff). Die Sagen, in denen die Ereignisse nach dem Aufbruch geschildert werden, gehören zum Komplex der Kadeschsagen (s. o.). - Von der Wüste Paran aus erfolgt die Aussendung von Kundschaftern (Num 13). Nach dem Scheitern des Versuches, von Süden her gegen das Kulturland vorzudringen (Num 14), ist Israel gezwungen, ins Ostjordanland zu ziehen, wovon verschiedene, wenig straff komponierte Einzelsagen berichten. Dazu gehört u.a. die Erzählung vom Kampf gegen den König der → Amoriter (Num 21, 21ff), von → Bileam (Num 22ff) und vom Abfall in Schittim (Num 25). Ohne das Westjordanland erreicht zu haben, stirbt M. auf dem Berge Nebo und wird an später unbekannter Stätte bei Beth Peor begraben (Dtn 34, 1-8; J, E, P). - Außerhalb der bereits erwähnten Quellen er-

scheint M. im AT überwiegend als Gesetzgeber (→ Deuteronomium; 1Chr 6, 34; Neh 1, 7 u.ö.), daneben auch als Prophet (Dtn 18, 15) sowie als Ahnherr der Leviten (Ri 18, 30).

2. Solange man nicht an der mosaischen Abfassung des → Pentateuch zweifelte, entsprach das M.bild ganz dem in der Bibel gezeichneten. Erst in der Forschung des 19.Jh.s kam es durch die historische und literarische Kritik (→ Bibelkritik: I, → Literarkritische Schule) von → de Wette, → Vatke, → Reuß, → Graf, → Kuenen, → Wellhausen u.a., vor allem durch die Spätdatierung der → Priesterschrift, zu einer durchgreifenden Umgestaltung des herkömmlichen M.bildes, die sich bes. darin zeigt, daß die Gesetzgebung dem M. nur noch mit starken Einschränkungen zugesprochen wird. Im Gegensatz zu Wellhausen, der infolge seiner Bindung an das Entwicklungsschema die Bedeutung des M. verhältnismäßig niedrig einschätzt, schreiben ihm Vertreter seiner Schule wie Stade, → Guthe, → Budde, Smend, → Marti u.a. Verdienste für die Religion Israels zu, wenn sie ihm auch die Begründung des israelitischen → Monotheismus (: II) absprechen. – Die Ansichten der Gegner Wellhausens (Orelli, Dillmann u.a.) nähern sich stärker dem traditionellen M.bild. – Neue Impulse erhielt die Forschung durch die Vertreter der → Religionsgeschichtlichen Schule und der formgeschichtlichen Methode (→ Formen und Gattungen: I). Mit Hilfe der Erschließung der ältesten Form der Sagen versuchen → Gunkel und → Greßmann zum »historischen Kern« der Überlieferung vorzudringen. Die dieser Richtung nahestehenden Forscher E.Meyer und G. → Hölscher betrachten M. lediglich als Priester von Kadesch. Während sich → Volz auf das aus dem Dekalog und durch Rückschluß zu erforschende religiöse Werk des M. beschränkt, versucht R. → Kittel, die M.gestalt in ihrer Komplexität zu erfassen. – Das Hauptaugenmerk der Vertreter der → Religionssoziologie ist auf die praktische Tätigkeit des M. gerichtet. – Die traditionsgeschichtliche Betrachtungsweise, wie sie vor allem durch → Pedersen, G.v. → Rad und M. → Noth repräsentiert wird, führte zu der Ansicht, daß die M.überlieferung in ursprünglich selbständigen, kultisch gebundenen Komplexen vorliege, was Zweifel an der Möglichkeit einer zusammenhängenden Geschichtsdarstellung zur Folge hat. Noth, der sich die Aufgabe stellt, die überlieferungsgeschichtliche Heimat der M.gestalt zu bestimmen, eliminiert diese bis auf die Grabtradition gänzlich aus dem Pentateuch. Nach Simpson, der die Überlieferungen, die J_1, J_2 und E zugrunde liegen, von verschiedenen israelitischen Gruppen ableitet, wirkte M. als Priester und Richter bei der Kadeschgruppe. – Engnell und Widengren als Vertreter der Schule von Uppsala (→ Kultgeschichtliche Schule) meinen Beziehungen zwischen der M.tradition und der Königsideologie nachweisen zu können (→ Kultgeschichtliche Methode: II). – Für die neueren jüdischen Forscher ist das Ringen um die Erfassung des historischen M. charakteristisch. Bei → Buber tritt die kritische Analyse gegenüber spekulativen Erörterungen zurück. Nach Auerbachs Ansicht ist M. als Initiator einer Kadesch-Amphiktyonie Religionsstifter, Volksführer und Gesetzgeber in einer Person. – Die Geschichte der Forschung zeigt, daß M. nach wie vor zu den umstrittensten Gestalten des AT gehört und daß die Lösung des Problems in starkem Maße von den jeweiligen theologischen und methodischen Voraussetzungen der einzelnen Forscher abhängig ist.

3. Auf eine Erforschung der *geschichtlichen Bedeutung von Person und Werk des M.* kann nicht verzichtet werden, wenn auch das Problem durch tiefere Einsichten in den Vorgang der Überlieferungsbildung immer komplizierter geworden ist. Der Nachweis verschiedener, meist kultisch gebundener Traditionskomplexe nötigt wohl nicht zu dem Schluß, daß gar keine historischen Zusammenhänge zwischen den überlieferten Ereignissen bestehen. Trotz aller erforderlichen Vorbehalte wird man folgendes Geschichtsbild rekonstruieren können (→ Israel: I): In Ägypten gerieten Teile des späteren Israel – wahrscheinlich das Haus Joseph (→ Stämme Israels) – in drückende Abhängigkeit (Ex 1, 11). Es gelang ihnen, mit anderen, nichtisraelitischen Elementen in die Wüste zu entfliehen (Ex 14, 5). Wahrscheinlich hat M. bei diesen Vorgängen eine entscheidende Rolle gespielt. Sollte er nicht primär mit dem Auszug verbunden gewesen sein, so erklärt sich sein Eindringen in diese Überlieferung am besten durch die Annahme, daß er in Kadesch für die betreffende Gruppe zum Deuter dieses Ereignisses wurde. In der Kadeschüberlieferung, die das Wüstenkolorit treu bewahrt hat, wird die Gestalt des M. am deutlichsten. → Kadesch scheint in der Frühzeit amphiktyonisches Zentrum für eine Reihe von Stämmen (Priesterstamm → Levi, → Keniter, → Kaleb, → Joseph) gewesen zu sein, unter denen M. als charismatischer Führer wirkte. Die Beziehungen zu den → Midianitern sind sicher geschichtlich, da man sie später kaum erfunden hätte. Wahrscheinlich spielte der Gottesberg (→ Berge) → Sinai/Horeb als gemeinsames Wallfahrtsheiligtum eine Rolle. M. kann nicht aus der Sinaiüberlieferung, der offenbar eine alte, mit gutem Grund in den Kranz der Kadeschsagen eingefügte Wallfahrtstradition zugrunde liegt, eliminiert werden, da seine Legitimation eng mit dem Sinai verknüpft ist. In die Erzählungen vom Zug ins Ostjordanland gehört er, von der Grabtradition abgesehen, ursprünglich sicher nicht hinein, und somit darf der historische M. nicht mit diesen Ereignissen in Verbindung gebracht werden. – M. ist nicht der Gründer des Volkes Israel, aber er hat Verdienste für die Amphiktyonie von Kadesch. Daß seine Tätigkeit für die Religion Israels von großer Bedeutung war, wird von der Tradition eindeutig bezeugt. Wenn auch die Herkunft → Jahwes und die neue Auffassung von ihm, die mit M. verbunden ist (→ Gott: II, 2), im Dunkeln bleibt, so tritt er doch seitdem als Gott des Rechts und der → Geschichte (: I) in Erscheinung und ist als solcher maßgebend für die Religion Israels geworden. Die Verpflichtung zur alleinigen Verehrung Jahwes dürfte auf M. zurückgehen. Auch die Tradition von M. als Gesetzgeber knüpft sicher an einen historischen Sachverhalt an. – M. selbst erscheint in der Überlieferung, wenn auch von der Sage stark überhöht, als eine Gestalt voll Blut und Leben, die zB stark gegen die blaß bleibende Gestalt des Aaron absticht. Gleichwohl will es nicht gelingen, M. ins helle Licht der Geschichte zu rücken.

4. Im → *Judentum* (: I. II) wurde M. als Übermittler der Tora (→ Gesetz: III) allezeit hoch geschätzt. Bei den → Essenern stand auf Lästerung des Namens des Gesetzgebers die Todesstrafe. Die at. Überlieferungen erfuhren durch die jüdische Legende weitere Ausgestaltungen. M.' Bedeutung für Israel ist Gegenstand der Reflexion. Während das M.bild von → Philo und → Josephus aus apologetischen Gründen mehr oder weniger nach dem Ideal der hellenistischen Umwelt gezeichnet wird, ist M. im palästinensischen Judentum, obwohl panegyrische Züge nicht ganz fehlen, in erster Linie der Mittler der Tora und der mündlich tradierten gesetzlichen Bestimmungen. – In der → Eschatologie (: III) begegnet neben der Erwartung des M. als Vorläufer des → Messias (: III) im Rahmen der M.-Messiastypologie auch die Vorstellung, daß der Messias selbst der M. redivivus sei. – Die häufige Erwähnung von apokryphen

M.schriften in der altchristlichen Literatur läßt darauf schließen, daß solche Werke weit verbreitet waren. In → Qumran ist eine Schrift »Worte des M.« gefunden worden. → Pseudepigraphen sind die → Himmelfahrt Mosis und das → Jubiläenbuch. In der apokalyptischen Literatur (→ Apokalyptik: II) wird M. Kenntnis der endzeitlichen Geheimnisse zugeschrieben (4Esr 14, 5; → Esrabücher: II). - Im *NT* wird M. in erster Linie als Mittler des Gesetzes, aber auch als Prophet und Glaubensvorbild betrachtet. Typologisch spielt er in der → Christologie (: I) eine gewisse Rolle (vgl. auch → Bergpredigt: I).

Vgl. die »Geschichten Israels«, die »At. Theologien« u. die Komm. zu → Exodus u. → Numeri. Aus der Fülle der Lit. ferner: JewEnc IX, 1905, 44ff - E.MEYER, Die Israeliten u. ihre Nachbarstämme, 1906 - P.VOLZ, M., (1907) 1932² - H.GRESSMANN, M. u. seine Zeit, 1913 - G.HÖLSCHER, Die Profeten, 1914 - DERS., Gesch. der israelit. u. jüd. Religion, 1922 - DERS., Die Anfänge der hebr. Geschichtsschreibung (SAH 1941/42, 3) - E.SELLIN, M. u. seine Bedeutung für die israelit.-jüd. Religionsgesch., 1922 - ThW IV, 1942, 852ff (J.JEREMIAS; Lit.) - M.BUBER, M., (Oxford 1946) 1952² - NOTH, ÜPent - C.A.SIMPSON, The Early Traditions of Israel, Oxford 1948 - E.AUERBACH, M., Amsterdam 1953 - H.CAZELLES, A.GELIN u.a., Moïse, l'homme de l'alliance (Originalausg. Sonder-Nr. der Cahiers sioniens 1954), Paris 1955 - E.OSSWALD, Das Bild des M. in der krit. at. Wiss. seit J.Wellhausen (Habil.-Schr. Jena), 1955 (Masch.) - H.H. ROWLEY, M. u. der Monotheismus (ZAW 69, 1957, 1-21) - F.SCHNUTENHAUS, Die Entstehung der M.traditionen (Theol. Diss. Heidelberg), 1958 (Masch.) - R.SMEND, Das M.bild von H.Ewald bis M.Noth (BGE 3), 1959 (Lit.). *E.Oßwald*

Moses, 1. *von Chorene,* der Tradition nach ein Neffe des → Mesrop, soll im 5.Jh. gewirkt und in Antiochia, Konstantinopel, Alexandria, Athen und Rom studiert haben. Unter seinen Werken ist die Geschichte → Armeniens am bedeutendsten. Sie behandelt die Zeit vom Ursprung des Volkes bis zum Zusammenbruch der armenischen Arsakiden und dem Tode des → Sahak und Mesrop. Angeblich hat sie noch ein 4. Buch enthalten, das bis Kaiser Zenon führte. Die Authentizität des Werkes ist stark umstritten; jedenfalls ist es im 7. oder 8.Jh. überarbeitet. U.a. wird dem M. eine Geographie, und zwar eine Zusammenfassung des verlorenen Werkes des Pappus von Alexandria zugeschrieben, vermehrt um eine Darstellung Armeniens.

Ausg. d. Mechitaristen, Venedig 1865 (2. Ed.) - Krit. Ausg. d. Gesch. v. M.ABEGHEAN u. S.YARUTIWNEAN, Tiflis 1913. - Übers. v. M.LAUER, 1869 - V.LANGLOIS, Collection des historiens anciens et modernes de l'Arménie II, Paris 1869, 45ff. - Vgl. A.BAUMSTARK, Die christl. Literaturen d. Orients II, 1911, 66. 91f - H.THOROSSIAN, Hist. de la Litt. arménienne, Paris 1951, 84ff. *A.Böhlig*

2. *bar Kepha,* der vielseitigste syrisch-jakobitische Kirchenschriftsteller seiner Zeit, * um 815 in Balad am Tigris, † 903 als Periodeut von Tagrit. Am originellsten sind seine spekulativen Schriften über Willensfreiheit, Prädestination, das Paradies und die Seele. Von seinen Kommentaren über fast alle biblischen Bücher ist wenig überliefert, seine Kirchengeschichte ganz verloren. Einige Schriften liegen auch in arab. Übersetzung vor.

A.BAUMSTARK, Gesch. der syr. Lit., 1922, 281f - GCAL II, 229ff.
A.Dietrich

Mosesbücher → Pentateuch.

Mosessegen, Moseslied und Meerlied (M. = Moses)

1. Der *M.segen* (Dtn 33) ist eine ursprünglich selbständige, nachträglich dem Bericht über den Tod → Moses eingefügte Sammlung von Stammessprüchen, die von einem Psalm (V. 1-5 Theophanie, 27-39 Hymnus) eingerahmt ist. Von dem verwandten → Jakobsegen unterscheidet er sich durch das Fehlen von Scheltworten und das Vorherrschen von Segen bzw. Bitte. Die so erreichte größere Geschlossenheit kann auf Redaktion, vielleicht erst bei der Einarbeit in den jetzigen Zusammenhang zurückgehen und besagt nichts über das Alter der Sprüche wie der Sammlung. Der M.segen wird zwar jünger als der Jakobs (Simeon ist untergegangen, Ruben dem Untergang nahe) und im Norden entstanden sein (Vorrang von → Joseph); doch besteht kein Grund, ihn erst in der späteren Königszeit anzusetzen. Die Trennung Judas von seinem Volk (V. 7, auch dieses Verständnis nicht unbestritten) erklärt sich eher aus vorköniglicher Zeit als nach der Reichstrennung. V. 8-10 (Levi) könnte späterer Zusatz sein (Cross). Während für den Rahmenpsalm früher meist nachexilische Entstehung angenommen wurde, verweist die neuere Forschung auf Berührungen mit der Literatur von → Ugarit und hält seine Entstehung wie Verbindung mit den Sprüchen spätestens in der frühen Königszeit für möglich. Die Erklärung als Liturgie zum Thronbesteigungsfest ist aus Gründen des zeitlichen Ansatzes unwahrscheinlich.

Außer Komm. u. at. Einl.en: K.BUDDE, Der Segen M., 1922 - W.J.PHYTIAN-ADAMS, On the Date of the Blessing of M. (JPOS 3, 1923, 158-166) - H.S.NYBERG, Dtn 33, 2-3 (ZDMG 12, 1928, 320 bis 344) - U.CASSUTO, Il cap. 33 del Dtn e la festa del Capo d'anno nell' antico Israele (Rivista degli studi Orientali 11, 1928, 233-253) - R.GORDIS, Critical Notes on the Blessing of M. (JThS 34, 1933, 390-392) - DERS., The Text and Meaning of Dtn 33, 27 (JBL 67, 1948, 69-72) - E.SELLIN, Zu dem Judasspruch im Jaqobsegen Gen 49, 8-12 u. im M.segen Dtn 33, 7 (ZAW NF 19, 1944, 57-67) - TH.H. GASTER, An ancient Eulogy of Israel (JBL 66, 1947, 53-62) - DERS., A Qumran Reading of Dtn 33, 10 (VT 8, 1958, 217-219) - F.M. CROSS JR u. D.N.FREEDMAN, The Blessing of M. (JBL 67, 1948, 191 bis 210) - S.MOWINCKEL, Der 68. Psalm (ANVAO 1953, 55-57).

2. Das *M.lied* (Dtn 32, 1-43) ist eine prophetische Predigt in hymnischer Form auf die Wundertaten Jahwes an Israel bis zum Einzug in Kanaan (vgl. Ps 78). Es ist zusammen mit dem M.segen, doch unabhängig von ihm dem → Deuteronomium eingefügt. Die Gnade Gottes lohnt das Volk mit Undank (15-18), weswegen er es in die Hände eines Unvolkes (lo' ʿam) gibt (19-25), aber um des Hochmutes seiner Feinde willen nicht ausrottet (26-31); auch diese werden gestraft (32-35), damit wird Jahwe seinem Volk Recht schaffen und seine Macht erweisen (36-43). Das Lied ist regelmäßig gebaut (Skehan) und unbeschadet späterer Überarbeitung eine Einheit (anders Winter). Die Abfassung durch M. ist nach V. 7. 10. 13-17 ausgeschlossen. Unter Deutung des lo' ʿam auf Babylonier (Budde) oder Samaritaner (Sellin) nahm man früher meist Entstehung in exilisch-nachexilischer Zeit an. Wegen der altertümlichen Züge (V. 8, LXX b^{e}nê 'el, durch Qumran bestätigt) und der Begrenzung der Geschichtssituation auf die Einwanderung in Kanaan denkt man bei lo' ʿam jetzt vielfach an Kanaanäer (Cassuto), Ammoniter und Moabiter (Frank) oder Philister (Eißfeldt). Dem entspricht ein Ansatz in der Vorkönigszeit und zugleich eine Beurteilung des Rahmens (Dtn 31, 14-23; 32, 44) als vordeuteronomisch. Freilich muß man fragen, ob der Geschichtsausschnitt sich nicht aus der vorausgesetzten Situation eines M.liedes erklärt. Die Berührungen mit prophetischem Denken (Zusammenstellung bei Baumann) dürften widerraten, mit dem Ansatz zu weit über die prophetische Zeit zurückzugehen. Andererseits spricht auch nichts zwingend für exilisch-nachexilische Ansetzung.

Außer Komm. u. at. Einl.en: K.BUDDE, Das Lied M.. Dtn 32, 1920 - E.SELLIN, Wann wurde das M.lied Dtn 32 gedichtet? (ZAW NF 2, 1925, 161-173) - A.C.WELCH, Deuteronomy, the framework to the Code, Oxford 1932, 141ff - U.CASSUTO, La cantica de M. (Atti del XIX Congresso Internat. degli Orientalisti Roma 23.-29. Settembre 1935, Rom 1938, 480-484) - M.FRANK, The Date of M. Song (Tarbiz 18, 1946/47, 129-138) - P.W.SKEHAN, The Structure of the Song of M. (CBQ 13, 1951, 153-163) - DERS., A Fragment of the »Song of M.« from Qumran (BASOR 136, 1954, 12-15) - P.WINTER, Der Begriff der Söhne Gottes im M.lied (ZAW NF 26, 1955, 40-48) - E.BAUMANN, Das Lied M. auf seine gedankliche Geschlossenheit untersucht (VT 6, 1956, 414-424) - O.EISSFELDT, Das Lied M. Dtn 32, 1-43 u. das Lehrgedicht Asaphs Ps 78 samt einer Analyse der Umgebung des M.liedes (BAL 104, 5), 1958 - W.F.ALBRIGHT, Some Remarks on the Song of M. (VT 9, 1959, 339-346).

3. Das *Meerlied* (Ex 15, 1-18) ist ein dem M. zugeschriebener und nachträglich in die jahwistische Geschichtsdarstellung eingefügter (anders Cross) Hymnus. V. 1-11 verherrlichen die Rettertat Jahwes am Schilfmeer, V. 12-18 als Folge davon die Hineinführung nach Kanaan und die Einpflanzung auf dem »Berg des Erbes«. Der Psalm ist Ausformung und Erweiterung eines alten Liedes, von dem ein Rest (?) Ex 15, 21 (= 15, 1) im Mirjamlied vorliegen mag (anders Mowinckel). Erlebnisgrundlage ist ein reales Geschehen beim Auszug Israels (am sirbonischen See?). Der Kern des Liedes dürfte diesen Ereignissen nicht allzu fern gestanden haben. Für das Lied als Ganzes ist eine Entstehung in der (frühen?) Königszeit am wahrscheinlichsten. Seiner letzten Form nach stellt es eine kultische Liturgie vielleicht einer Passafeier, weniger wahrscheinlich eines Thronbesteigungsfestes dar. An eine Liturgie zur Darbringung der Gelübdeopfer (Schmidt) ist nicht zu denken. Der kultische Gebrauch kann im Laufe der Zeit einen Einfluß auf die Gestalt des Liedes gehabt haben.

Außer Komm. u. at. Einl.en: A.BENDER, Das Lied Ex 15 (ZAW 23, 1903, 1-48) - H.SCHMIDT, Das Meerlied (ZAW NF 8, 1931, 59 bis 66) - S.MOWINCKEL, Offersang og sangoffer, Oslo 1951, passim - DERS., Der 68. Psalm (ANVAO 1953, 73f) - M.ROZELAAR, The Song of the Sea (VT 2, 1952, 220-228) - F.M.CROSS JR u. D.N. FREEDMAN, The Song of Miriam (JNES 14, 1955, 237-250) - J.D.W. WATTS, The Song of the Sea (VT 7, 1957, 371-380). *H.J.Stoebe*

Mosheim, *Johann Lorenz von,* * 9.10.1694 in Lübeck als Offizierssohn aus verarmter österreichischer (röm.-kath.) Adelsfamilie, † 9.9.1755 in Göttingen. Als Student in Kiel im späthumanistisch-irenischen Geiste → Calixts gebildet, ließ er schon früh seine Eignung zum Kirchenhistoriker erkennen (Aufnahme der englischen und niederländischen Kirchenväterkritik, Mitarbeit an der Bibliotheca Bremensis von Th.v.Hase und F.A. → Lampe, Widerlegung von J. → Tolands Nazarenus: Vindiciae antiquae Christianorum disciplinae, 1720). Nach Dozententätigkeit in der philosophischen Fakultät zu → Kiel (1716-23) seit 1723 Prof. controversiarum in → Helmstedt, stieg er langsam zur beherrschenden Gestalt im Schul- und Kirchenwesen → Braunschweigs auf. 1734/35 wurde er Hauptberater für den inneren Aufbau der Universität → Göttingen und entwarf die Statuten der theologischen Fakultät, ging jedoch erst 1747 als Prof. und Kanzler dahin über. Unermüdlicher Arbeitseifer, ausgeprägter historisch-kritischer Sinn, ein zwischen → Orthodoxie, → Pietismus und früher → Aufklärung vermittelnder theologischer (humanistischer) Standpunkt, zurückhaltendes Urteil und anziehender Stil, dazu eine weltmännische Art, die ihm durch zahlreiche Verbindungen mit Gelehrten des Auslandes seltene kirchengeschichtliche Quellen erschloß, befähigten ihn zum führenden Kirchenhistoriker seiner Zeit (→ Kirchengeschichte: I, 2f). Die Anwendung der pragmatischen Methode anstelle der konfessionellen Apologetik diente der »Objektivität« im Sinne »unparteiischer« Bestandsaufnahme und kausaler Ableitung. Bedeutungsvoll wurde M. weiterhin durch seine lat. Übersetzung und Kommentierung von → Cudworth' Intellectual System of the Universe (1733), seine Sittenlehre der hl. Schrift (1735-53) und seine Hl. Reden (I bis VII, 1725-43), die die → Predigt (: I) in die Richtung humanistisch antikisierender Kanzelberedsamkeit überleiteten.

Vf. ferner u.a.: De concilio Dordraceno, magno concordiae sacrae impedimento, 1724 (gab Anlaß zu heftiger ref. Polemik); Institutiones historiae ecclesiasticae N.i T.i, (1726) 1755 (Hauptwerk, 1764 mit Bibliogr.; dt. v. J.v.EINEM 1769-78, J.R.SCHLEGEL 1770-96; auch engl., franz., holl. Übers.); Versuch einer unparteiischen... Ketzergesch. I, 1746; II (Anderweitiger Versuch...), 1748 (Servet). - Über M.: RE XIII, 502ff (Lit.) - K.HEUSSI, J.L.M., 1906 - M.PETERS, Der Bahnbrecher der modernen Predigt J.L.M., 1910 - HIRSCH II, 354ff. - Vgl. die Lit. zu → Göttingen, → Kirchengeschichte: I, 2. *M.Schmidt*

Moskau (russ. Moskva), Hauptstadt der UdSSR und Sitz des Patriarchen von M. und ganz → Rußland (: I). Zum ersten Mal 1147 erwähnt, zu Beginn des 13.Jh.s Hauptstadt eines kleinen Teilfürstentums, war M., als es 1237 von den Tataren zerstört wurde, bereits eine bedeutende Stadt mit zahlreichen Kirchen und Klöstern. Die Metropoliten von → Kiew verlegten seit 1299 ihre Residenz in das Gebiet des Fürstentums M., 1326 nach M. selbst. Daraus leiteten die M.er Fürsten ihren Anspruch auf die Großfürstenwürde ab, die sie 1317 zum ersten Mal erhielten und seit 1341 ständig innehatten. M. wurde zum Mittelpunkt des staatlichen, kirchlichen und kulturellen Lebens in Rußland. 1441 weigerte sich der Großfürst von M., die von dem Metropoliten Isidor für Rußland vollzogene Florentiner Union (→ Einigungsbestrebungen: I, 3) anzuerkennen, und verwies ihn des Landes. Da von dem gleichfalls zur Union neigenden Patriarchen von → Konstantinopel keine Hilfe zu erwarten war, wählte 1448 eine russ. Synode auf Befehl des Großfürsten einen neuen Metropoliten. Dies ist der Beginn der russ. Autokephalie, die allerdings erst im 16.Jh. von Konstantinopel anerkannt wurde. Nach dem Fall Konstantinopels (1453), der von den Russen als Strafe für die Union der Griechen mit Rom betrachtet wurde, galt den Russen M. als Zentrum der christlichen Welt, als das »dritte Rom«, das stehen werde bis zum Ende der Tage. Seit 1461 nannten sich die Metropoliten nicht mehr nach Kiew, sondern nach M. Die Großfürsten von M. ließen sich seit 1473 »Car« nennen. Neue große Bauten in einem vom byzantinischen Vorbild sich immer mehr lösenden Stil bezeichnen diesen zweiten Höhepunkt in der Geschichte M.s (s. Taf. 33 Abb. 4). - 1589 wurde die Metropolie M. zum Patriarchat »von M. und ganz Rußland« erhoben und erhielt in der Rangordnung der ostkirchlichen Patriarchate (→ Orthodoxe Kirche: I) den fünften Platz. Im 17.Jh. waren die Patriarchen von M. nach dem Zaren die wichtigsten Männer des Reiches. Da sie die Reformen → Peters d. Gr. ablehnten, schaffte dieser 1721 das Patriarchat M. ab. An die Spitze der Kirche setzte er den in Petersburg amtierenden »Hl. Synod«. M. wurde eine gewöhnliche Eparchie; ihr Bischof trug den Titel Metropolit. Nach dem Sturz der Zarenherrschaft wurde das Patriarchat M. von einem allruss. Konzil im Okt. 1917 wiederhergestellt. Erster Patriarch war → Tychon (Belavin). Nach seinem Tod (7.4.1925) blieb der Patriarchenstuhl unbesetzt, da der Staat erst 1943 die Wahl eines neuen Patriarchen gestattete. Gewählt wurde → Sergius (Stragorodskij), nach dessen Tod (15.5.1944) der heute amtierende → Alexius (Simanskij). 1945 fand in M. ein allruss. Kirchenkonzil statt, das der Russ. Orth. Kirche eine neue Verfassung gab (→ Kirchenverfassung: III). 1948 wurde in M. die 500-Jahrfeier der Autokephalie der russ. Kirche, 1957 die 40-Jahrfeier der Wiederherstellung des Patriarchates M. festlich begangen. Zum Patriarchat M. gehören zZ 73 Eparchien, ferner Exarchate in Westeuropa und Amerika und andere Körperschaften in verschiedenen Ländern. In der Stadt M. stehen über 50 Kirchen in gottesdienstlichem Gebrauch (1914: 800). Im Patriarchat M.

gibt es 69 Klöster, 8 Priesterseminare, 2 Geistliche Akademien; die von M. ist in dem nahe bei M. gelegenen → Troice-Sergiew-Kloster untergebracht.

Außer der Lit. zu → Rußland: I bes.: H.SCHAEDER, M., das Dritte Rom, (1929) 1957² - D.AINALOV, Gesch. d. russ. Monumentalkunst zZ des Großfürstentums M., 1933 - Gesch. M.s, 6 Bde, M. 1952ff (russ.) - Die Russ. Orth. Kirche, M. 1958. *L.Müller*

Motette, eine der ältesten und lange Zeit die (neben der → Messe) wichtigste Gattung mehrstimmiger Musik, ging im 13.Jh. aus dem → Organum der Notre-Dame-Schule hervor, indem dessen textlos ausgezierten Oberstimmen syllabisch Textworte unterlegt wurden. Der Name M. leitet sich her von motetus (Etymologie umstritten), der Bezeichnung der Stimme, die sich direkt über dem tragenden Fundament der M., dem *Tenor* bewegte. Letzterer war meist dem → gregorianischen Gesang entnommen. Die im 13.Jh. beliebte *Doppel-M.* weist neben dem motetus eine weitere rhythmisch selbständige Stimme auf. Eine aus Tenor und drei Stimmen bestehende M. heißt *Tripel-M.* Jede der Stimmen hatte ihren eigenen Text. Beim Vortrag erklangen die verschiedenen Texte gleichzeitig, zusammen mit den Textsilben des Tenors. Man verband oft lat. mit vulgärsprachlichen und sogar geistliche mit weltlichen Texten, wobei jedoch eine Beziehung zum Sinngehalt des liturgischen Tenors gewahrt blieb. Im 14. und zu Beginn des 15.Jh.s blühte die isorhythmische M., deren aufeinanderfolgende Teile *(talea)* rhythmisch gleich gebaut, melodisch aber und im Zusammenklang verschieden sind. Sie war meist vierstimmig und konnte weltlich sein. Hauptmeister waren Philippe de Vitry (ca 1290-1361) und Guillaume de Machaut (1300-70). - Die für die Folgezeit typische Gestalt erhielt die M. im späteren 15.Jh. bei den niederländischen Meistern des vokalen Kontrapunkts (→ Ockeghem, → Obrecht, → Josquin). Die einzelnen Stimmen deklamieren nunmehr alle denselben Text. Sie sind meist imitatorisch miteinander verknüpft. Die melodische Erfindung geht mehr und mehr von der Sprachgestalt aus. In den mit Vorliebe fünf- und mehrstimmigen M.en von → Palestrina und → Lasso wird der natürliche Ablauf der (in der Liturgie gegebenen) lat. Prosa in unübertrefflicher Weise musikalisch verwirklicht. Nach dem Vorbild Palestrinas wurde die M. in der kath. Kirchenmusik bis ins 19.Jh. weiter gepflegt. Einen Höhepunkt auf prot. Seite erreicht das M.-Schaffen bei H. → Schütz, der die Mittel der klassischen a-cappella-Kunst (→ Polyphonie) der deutschen Sprache der Lutherbibel dienstbar macht *(Spruch-M.)*. Daneben entstand auf der Grundlage des ev. → Chorals im 17.Jh. die Choral-M. *(Lied-M.)*, bei der die einzelnen Zeilen eines → Kirchenlieds kontrapunktisch nach Art eines Prosatextes ausgearbeitet und in loser Verkettung aneinandergereiht werden (→ Eccard, → Haßler, M. → Prätorius, → Pachelbel u.a.). Die Tradition der prot. Spruch- und Liedmotettenkomposition gipfelt in den M.en, Choralfugen und Kantatenchorsätzen von J.S. → Bach, doch sind in diesen vielgestaltigen Schöpfungen zugleich auch Aufbauprinzipien instrumentaler Herkunft (Konzert, Ouverture, Variation) wirksam, die der alten a-cappella-M. fremd waren. Während die prot. Komponisten des 19. und beginnenden 20.Jh.s den von Bach aufgestellten Mustern folgten, greift man heute eher auf die M.-Technik des 15.-17.Jh.s zurück. Über die Stellung der M. im Gottesdienst vgl. → Musik V. VI.

H.LEICHTENTRITT, Gesch. der M., 1908 - R.DAMMANN, Gesch. der Begriffsbestimmung M. (AfMw 16, 1959, 337-377) - S.HERMELINK, Rhythmische Struktur in der Musik von H.Schütz (ebd 378-390). *S.Hermelink*

Mo-ti war einer der großen chinesischen Philosophen der geistig schöpferischen späteren Tschou-Zeit (600 bis 255 vChr); seine Schule rivalisierte mit der der Konfuzianer (→ Konfuzius), Taoisten (→ Taoismus) und Legalisten und ging in der Han-Zeit (206 vChr bis 220 nChr) allmählich ein. M. lebte wahrscheinlich im 5.Jh. vChr (480-390?) als einfacher Mann des arbeitenden Volkes. Er verehrte als Höchstes Wesen Schang-ti, den anthropomorphen → Himmel des Altertums, dessen Wille für Gut und Böse maßgebend sei, der, allmächtig und allwissend, gerecht belohne und bestrafe und dessen besondere Eigenschaft die Liebe zu den Menschen sei. M. ist auch für die Verehrung von → Geistern und Dämonen. Er wendet sich gegen den Fatalismus: sein → Schicksal bestimmt der Mensch durch seine Taten, der Himmel und die Geister sind nur Richter. Der Himmel fordert → Liebe und → Gerechtigkeit, Zuwiderhandelnde werden mit Naturkatastrophen bestraft. Der Angriffskrieg wird entschieden verworfen. Pomp und Riten werden abgelehnt, weil sie auf Kosten des Volkes gehen. Die allgemeine Liebe steht im Mittelpunkt von M.s Lehre, deren Ethik in Sozialpolitik übergeht. Seine Überspitzung der einfachen Lebensführung kommt der Kulturfeindlichkeit nahe. In der Ethik stehen utilitaristische Motive oft im Vordergrunde.

A.FORKE, Gesch. d. alten chines. Philosophie, 1927 - MEI YI-PAO, The Ethical and Political Works of Motse, London 1929 - DERS., Motse, the Neglected Rival of Confucius, ebd 1934 - H.H.ROWLEY, The Chinese Philosopher M. (BJRL 31, 1948, H. 2; Lit.) - FUNG YÜ-LAN, A Hist. of Chinese Philosophy, 2 Bde, Princeton/N.J. 1952/53. *M.Eder*

Motivforschung

1. Philosophische Grundlegung - 2. Theologische Anwendung - 3. Kritik

1. M. innerhalb der humanistischen und theologischen Wissenschaften will hinter das »Vorstellungsgewand« dringen, in welchem eine Anschauung hervortritt, um das für sie Konstitutive fixieren zu können. Bes. die schwedische systematische Theologie (→ Schweden: II) hat diese Methode ausgearbeitet und verwendet, um eine Möglichkeit zu schaffen, die Eigenart des christlichen Glaubens festzustellen. Forscher aus Lund wie Gustaf Aulén (* 1879), Ragnar Bring (* 1895) und bes. Anders → Nygren haben zu einer religionsphilosophischen Grundlegung der M. als theologischer Methode beigetragen.

Die → *Philosophie* soll nach Nygren allgemeine Erfahrungstheorie sein. Durch Analyse soll sie sich zu denjenigen in der Erfahrung gegebenen Voraussetzungen zurücksuchen, welche erst den einzelnen Urteilen Zusammenhang und Sinn geben. Von außen gesehen kann eine Vorstellung innerhalb verschiedener Anschauungen als ein und dieselbe erscheinen. In Wahrheit aber wird der Sinn vollkommen verschieden, je nachdem die Vorstellung in dem einen oder anderen Zusammenhang wurzelt und je nachdem sie der einen oder anderen grundlegenden Anschauung Ausdruck gibt. Um den eigentlichen Sinn auch einer einfachen Vorstellung zu ermitteln, muß man sie also auf dem Hintergrund der allgemeinen Struktur der Anschauung sehen, zu der sie gehört. Es ist die Aufgabe der Philosophie, diese verborgenen Voraussetzungen zu untersuchen. Sie soll m.a.W. Strukturanalyse oder logische Voraussetzungsanalyse (→ A priori, 2) sein. - Die → Erkenntnistheorie muß dabei nur als ein Teil der Philosophie betrachtet werden. Denn die Erfahrung wird nicht nur durch theoretische Feststellung der gegebenen Sachverhalte erschöpft. Es gibt Sätze und Urteile, die äußerlich die Gestalt theoretischer Erfahrungsurteile haben, aber offenbar ihren Sinn verlieren, wenn sie unter die erkenntnistheoretischen Voraussetzungen oder Kategorien subsumiert werden. Das ist zB bei den ethischen und religiösen Urteilen der Fall. Beim ethischen Urteil handelt es sich nicht wie beim theoretischen um das Feststellen eines Sachverhaltes, sondern um den Ausdruck einer Wertschätzung. Dasselbe gilt für das religiöse Urteil. Alle Urteile, die unter die Kategorie der Religion subsumiert werden können, gehören zu einem religiösen Sinnzusammenhang, außerhalb dessen sie ihre ursprüngliche Bedeutung verlieren oder u.U. ganz sinnlos werden. Die Kategorien sind Grundfragen, auf welche die einzelnen Urteile speziell antworten, und die Antwort bekommt ihren Sinn durch die Frage, die sie beantwortet. - Innerhalb des theoretischen Sinnzusammenhanges kann man direkt von den Kategorien zu den einzelnen Urteilen übergehen und aus diesen eine eindeutige Bedeutung gewinnen. Das ist aber innerhalb der atheoretischen Sinnzusammenhänge nicht möglich. Der religiöse Sinnzusammenhang zB bildet nach innen keinen eindeutigen Zusammenhang. Auf die kategoriale religiöse Grundfrage werden innerhalb der historischen Religionen einige große, typische, einander aufhebende Antworten gegeben, die jede für sich allen mit ihnen in Zusammenhang stehenden einzelnen religiösen Vorstellungen, Urteilen und Bewertungen ihr Gepräge geben. Eine Zwischeninstanz wird zwischen die allgemeine Kategorie und das einzelne Urteil eingeschaltet, und erst durch diese Zwischeninstanz erhalten die einzelnen Urteile ihren eindeutigen Sinn. Nygren nennt diese Zwischeninstanz *Grundmotiv*. Innerhalb der atheoretischen Sinnzusammenhänge gibt es also mehrere nebeneinander laufende sekundäre Sinnzusammenhänge, die von einem je besonderen Grundmotiv bestimmt sind. - Das Grundmotiv einer Anschauung ist also nach Nygren die grundlegende Antwort, die sie auf eine Frage kategorialer Natur gibt. Eine Untersuchung, die zu dem eine Anschauung beherrschenden Grundmotiv vordringen will, nennt er M. Die M. bewegt sich auf der Grenzlinie zwischen Philosophie und Geschichte, da die Frage philosophisch gestellt wird, aber die Antwort aus der gegebenen geschichtlichen Wirklichkeit geholt werden muß. - Bedeutet diese Verfahrensweise nicht, daß man sich an dem historisch Gegebenen gewalttätig vergreift? Nygren verneint das, denn die kategorialen Fragen, mit denen man arbeitet, sind nicht willkürliche Annahmen, sondern notwendige und unentrinnbare Voraussetzungen. Außerdem ist der Gedanke, man könne sich ohne alle Gesichtspunkte an das geschichtlich Gegebene halten, lediglich eine Fiktion. Und der Gesichtspunkt, den die M. anlegt, muß objektiver, unentrinnbarer und in dem Geschichtlichen fester verankert sein als alle Gesichtspunkte, die sonst von der geschichtlichen Betrachtung angelegt werden.

2. Innerhalb der → *systematischen Theologie* angewandt, bekommt die M. ihre große Bedeutung dadurch, daß sie diesem Fach der Theologie in ihrer Bestimmung der Eigenart des christlichen Glaubens einen objektiven, streng wissenschaftlichen Weg weist. Da verschiedene Glaubensaussagen Ausdruck derselben Glaubensrichtung sind, stehen sie in notwendigem Zusammenhang miteinander. Dieser organische Charakter des christlichen Glaubens ist der Grund dafür, daß eine wissenschaftliche Darstellung desselben eine systematische Form erhalten muß. Die M. ist eine spezifisch systematisch-theologische Methode, wodurch die systematische Theologie ihren »archimedischen Punkt« und ihr Zentrum finden kann, von dem aus der christliche Glaubensinhalt in seinem ganzen Reichtum in organischer Einheit zusammengehalten werden kann. Als M. kann die Theologie nicht stehenbleiben, seitdem sie zu gewissen christlichen Motiven vorgedrungen ist, sondern sie muß sich zum christlichen Grundmotiv zurücksuchen, dh zu dem Motiv, das dem christlichen Gottesverhältnis überhaupt sein Gepräge gibt und seine ganze Struktur bestimmt. - Wenn Nygren als Motivforscher das Christentum in seiner Eigenart darzustellen sucht, konstatiert er zwischen einem theozentrischen und einem egozentrischen Weg der Erlösung einen Riß, der durch die Welt der Religionen und auch durch das Christentum selbst in seiner geschichtlichen Ausprägung geht. In seiner großen Arbeit → »Eros und Agape« spielt diese Distinktion zwischen theozentrischer und egozentrischer Frömmigkeit eine entscheidende Rolle. Das Evangelium ist die theozentrische Botschaft der sündenvergebenden Liebe Gottes, die sich selbst in Christus dargegeben hat, um das Verlorene zu erlösen. Die christliche Gottesgemeinschaft bekommt ihr Gepräge dadurch, daß es Gott selbst ist, der in seiner Liebe und Gnade die Gemeinschaft errichtet. Der Mittelpunkt des Evangeliums besteht darin, daß der hl. Gott, wo er die Sünde verurteilt, gleichzeitig die Vergebung der Sünden durch den Glauben an den gekreuzigten und auferstandenen Christus schenkt. Dies ist nicht aus der christlichen Botschaft willkürlich herausgegriffen, sondern es ist dasjenige, was das Evangelium zum Evangelium macht. Dieses christliche Grundmotiv kann nach Nygren zusammengefaßt als das Agapemotiv bezeichnet werden; denn im christlichen Glauben kreist alles um die göttliche Liebe, die uns durch die Selbsthingabe erwiesen ist.

3. In der *Diskussion* über die M. hat man bestätigt, daß sich ihre Methode als fruchtbare Arbeitshypothese beim Studium der christlichen Ideengeschichte bewährt hat. Man hat aber zugleich geltend machen wollen, daß die Dogmatik im eigentlichen Sinne stiefmütterlich behandelt oder in Ideengeschichte verwandelt werde, wenn systematische Theologie nach der Methode der M. betrieben wird. Es ist kein Zufall, sagt man, daß die Dogmatik von G.Aulén, die sich an Nygrens Gesichtspunkte über das Verhältnis von Religionsphilosophie und Dogmatik anschließt, eher eine mit der Methode der M. durchgeführte Einleitung in die klassischen Perioden der christlichen Ideengeschichte als ein Lehrbuch der Dogmatik ist. Identifiziert man die Aufgabe der → Dogmatik mit dem geschichtlichen Verständnis der christlichen Gedankenwelt als eines Stückes religiöser Kultur, so entsteht die Gefahr, daß das Christentum als *Botschaft* in dem Christentum als *Anschauung* zugrunde geht. - Man hat auch an der religionsphilosophischen Grundlegung der M. Kritik geübt: Das Christentum werde von Nygren als der positive Inhalt einer allgemeingültigen, apriorischen religiösen Kategorie aufgefaßt. Damit sei aber ein bestimmtes kulturidealistisches Verständnis des Wesens des → Christentums (: V) vorausgesetzt, das nicht ohne Einfluß auf die Erforschung seines Inhaltes bleiben könne. Die Methode der M. sei von einer verborgenen metaphysischen Voraussetzung beherrscht, nämlich von der Auffassung der Religion als Kulturprodukt, die in der Tat eine inhaltsbestimmte religiöse Auffassung ist, die notwendig mit dem Inhalt des Christentums in Konflikt kommen muß. - Es scheint, als ob diese Kritik der Entwicklung innerhalb der Ausgestaltung von Nygrens transzendentaler Methode keine gebührende Aufmerksamkeit geschenkt hätte.

Der Konflikt zwischen philosophischer Metaphysik und Christentum wird gemäß der Kritik deutlich sichtbar in der *theologischen* Anwendung der Methode der M. Die philosophisch gestellte Frage nach dem Grundmotiv des Christentums als einer bestimmten Form der Gottesdienstgemeinschaft soll dieser Meinung nach eine historisch richtige Auffassung der christlichen Literatur, bes. der nt. Texte, verhindern. »In Nygrens Theologie entsteht unaufhörlich das Risiko, das Zentrum des christlichen Glaubens, das Evangelium, falsch zu zeichnen, da das Evangelium von der Frage der Schuld freigemacht wird, um mit einer formalen, philosophischen Frage verknüpft zu werden. Gerade die Formalität ist das Haupthindernis eines rechten Verständnisses des Stoffes« (Wingren). – Diese Kritik gründet offenbar in einem Mißverständnis und einem Fehlschluß. Die formale Frage und die »Frage« der Schuld können sehr wohl zugleich gestellt werden, ohne miteinander zu kollidieren oder einander auszuschließen. Nygren hat das zB bei der Behandlung von Agape als dem christlichen Grundmotiv in Beziehung zum Versöhnungstode Christi deutlich gezeigt. Sowohl das Gesetz als auch die Schuldfrage sind vorausgesetzt und sind nach Nygrens Meinung in der grundlegenden Bestimmung der Agape mit einbegriffen. Es ist zwar richtig, daß die kategorialen Grundfragen in einer anderen Wissenschaft als der Theologie fixiert werden, aber diese Fixierung ist gemäß der Theorie selbst nicht richtig, wenn sie nicht in Beziehung zu dem vorliegenden Material vorgenommen wird.

G.Aulén, Den allmänneliga kristna tron, Stockholm (1923) 1957[5]; engl.: The Faith of the Christian Church, London 1954 – A.Nygren, Den kristna kärlekstanken genom tiderna. Eros och agape I, Stockholm (1930) 1947[2]; dt.: Eros u. Agape I, 1930 – Ders., Filosofi och motivforskning, Stockholm 1940 – R.Bring, Till frågan om den systematiska teologiens uppgift I, Lund 1933 – Ders., Teologi och religion, ebd 1937 – K.E.Løgstrup, Den erkendelsesteoretiske Konflikt mellem den transcendental-filosofiske Idealisme og Teologien, Kopenhagen 1942 – R.Prenter, Skabelse og Genløsning I, ebd (1951) 1955[2]; dt. 1958 – G.Wingren, Teologiens metodfråga, Malmö 1954; dt. 1957 – Diskussion zwischen Nygren u. Wingren in SvTK 32, 1956. *V.Lindström*

Mott, *John R.* (1865–1955), Friedensnobelpreisträger, * im Staat New York. Im 1. Weltkrieg mit diplomatischen Aufgaben betraut, widmete M. seine eigentliche Lebensarbeit der Young Men's Christian Association (YMCA), der christlichen Studentenbewegung und der Weltmission (u.a. Generalsekretär des internationalen YMCA und der Studentenmissionsbewegung). Der → Internationale Missions-Rat machte M. 1921 zum Präsidenten und 1942 zum Ehrenpräsidenten.

Vf. u.a.: Evangelisation of the World in this Generation, 1900; The Future Leadership of the Church, 1909; Confronting Young Men with the Living Christ, 1923. – Über M. u.a.: B.Mathews, Ambassador of Christ, 1950 – Rouse-Neill (s. Reg.). *F.Schlingensiepen*

Mounier, *Emmanuel* (1905–50), franz. Philosoph, Mitbegründer und Schriftleiter der Zeitschrift »Esprit« (1932ff), schloß sich an J. → Maritain an und war von Ch. → Péguy beeinflußt. – M.s Philosophie wird *Personalismus* genannt, da sie in ihrem Kern eine Theorie über die → Persönlichkeit ist. Der Mensch als → Person ist etwas anderes als nur ein Individuum; dieses ist lediglich eine statistisch und sozial faßbare Größe. Dieser Gedanke wurde zum Ausgangspunkt eines Denkens, das in sozial interessierten kath. Kreisen in → Frankreich (: II, 1; III, 2) weite Verbreitung gefunden hat. Man kritisiert jedes Gesellschaftssystem, das den Menschen nicht in seinem Charakter als Person berücksichtigt. – Auch für M.s Betrachtungen über das Verhältnis des einzelnen zur Gesamtheit ist seine Theorie über die Personalität entscheidend. Jeder einzelne Mensch ist eine reich variierte Persönlichkeit und als solche streng abgegrenzt; zugleich aber fühlt er sich, aus Drang wie aus Pflicht, der Menschheit tief verbunden. Hieraus entspringt der grundlegende Konflikt des Menschen. Dieser ist unlösbar, weil der Intellekt nur ein allgemeines, nicht aber ein persönliches Problem zu lösen imstande ist. Das einzige, was den Menschen aus dem Konflikt herausführt, ist die Handlung. Damit setzt er sich dem höchsten Risiko aus, doch ist die Handlung zugleich »der schöpferische Urquell einer neuen Ordnung und einer neuen Einsicht; sie ist für den, der sie akzeptiert, ein neues Reifestadium«.

Vf. u.a.: Révolution personnaliste et communautaire, 1934; De la propriété capitaliste à la propriété humaine, 1936 (dt. 1936); La liberté aux conditions, 1946; Qu'est-ce que le personnalisme?, 1947. – Über M.: L.Braegger, Die Person im Personalismus von E.M. (Diss. Freiburg/Schw.), 1942 – Esprit 18, 1950 (Sonder-Nr., E.M. gewidmet; Bibliogr.). *V.L.Simonsen*

Mowinckel, *Sigmund,* hervorragender norweg. Alttestamentler, * 1884 in Kjerringøy (Salten), nach Studien in Kristiania, Kopenhagen, Marburg, Gießen 1917 Dozent, 1922 Prof. in Kristiania (Oslo). Einerseits Anschauungen von V. → Grønbech und J. → Pedersen über Kultus und primitive Religion, andererseits die Gattungsforschung H. → Gunkels aufnehmend, hat M. die Bedeutung von → Kultus und → Gottesdienst (: II) für Israel hervorgehoben und von hieraus bes. die Erklärung der → Psalmen und → Propheten (: II) gefördert und zT in neue Bahnen gelenkt. Darüber hinaus hat M. seine reiche Lebensarbeit fast allen Teilen des AT und zahlreichen Problemen der Umwelt Israels gewidmet und wesentliche Teile zur norweg. → Bibelübersetzung (: V, 2k β) beigetragen. M.s Forschungen werden bes. in der sog. »Uppsala-Schule« (→ Kultgeschichtliche Methode: I, 2; → Kultgeschichtliche Schule, 2) weitergeführt. – Vgl. → Bibelkritik: I, 3, → Feste: II, 8, → Formen: I, 2.

Bibliogr.: NTT 45, 1944, 245ff; vgl. auch O.Eissfeldt, EinlAT, 1956[2] (Reg. s.v.M.). – Zur Komposition des Buches Jer, Kristiania 1914; Psalmenstudien I–VI, ebd 1921–24, bes. II: Das Thronbesteigungsfest Jahwäs u. der Ursprung der Eschatologie, 1922; III: Kultprophetie u. kultprophet. Psalmen, 1923; Profeten Jes, Oslo 1925; Jesaja-disiplene, ebd 1926; Le Décalogue (EHPhR 16), 1927 (vgl. auch ZAW 55, 1937, 218–235); Prophecy and Tradition, Oslo 1946; Jes, ebd 1949; Religion og kultus, ebd 1950, dt. 1953; Offersang og sangoffer, ebd 1951; Han som kommer, Kopenhagen 1951, engl.: He That Cometh, Oxford 1956; Zum israel. Neujahr u. Zur Deutung der Thronbesteigungspsalmen (ANVAO 1952, 2); Der 68. Psalm (ebd 1953, 1); Real and Apparent Tricola in Hebrew Psalms (ebd 1957, 2); The OT as Word of God, New York-Nashville 1959. – Über M.: NBL IX, 1940, 397ff (H.Birkeland) – Acta Mowinckeliana (NTT 45, 1944 H. 3, m. Beitr. v. A.Bentzen, N.Messel, S.M.) – Kraus 364ff u.ö. – DBS V, 1957, 1387ff (J.de Fraine). *E.Kutsch*

Mozaraber ist Bezeichnung der nach der Schlacht von Jerez de la Frontera (711) arabisierten (mosta 'rabi, »zu Arabern Gemachte«) Christen in → Spanien, die in ihrer Religion unbehelligt blieben. So erhielten sich auch die unter der Herrschaft der Westgoten (→ Goten, 2) mit ihrer von Rom weitgehend unabhängigen Kirche ausgebildeten liturgischen Formen mit dem Zentrum Toledo, in das nach der Eroberung des Suevenreiches durch die Westgoten (585) die Liturgie von *Braga* einbezogen worden war. Durch die röm. Uniformierungsbestrebungen, die mit der Rückeroberung Spaniens einsetzten (seit Gregor VII.), wurde die Liturgie der M. zurückgedrängt. Doch gelang es Kardinal → Ximenes von Toledo, durch Herausgabe des Missale (»Missale mixtum«, mehrfach bereits römisch beeinflußt) und des Breviarium Mozarabicum (1500/02) wie durch Stiftung eines Priesterkollegiums die Gottesdienstformen weitgehend zu erhalten. Sie werden noch heute in einer Kapelle des Domes von Toledo (täglich) und in Salamanca (einige Male im Jahr) gebraucht. – Die Messe gehört zur Familie der gallischen Liturgien (→ Gottesdienst: V B, 1 a) und hat wie diese die dreifache Lektion und die Aufteilung des »Hochgebets« in eine Reihe von Einzelgebeten. Das → De tempore hat starke Bedeutung behalten; bei der Messe hat sogar jeder Sonntag sein eigenes eucharistisches Gebet. Der Typus dieser Liturgie wird zuerst in den »sieben Gebeten« des → Isidor von Sevilla († 636) sichtbar: Eingangsgebet pro populo, Gebet zur Oblation (Oblation der Gemeinde), Gebet für die Offerenten mit Erwähnung der Verstorbenen, Friedenskuß, Präfation, Konsekrationsgebete, Vaterunser. Es folgen der aaronitische Segen und die Kommunion. Verschiedene in Toledo gehaltene Synoden erweitern diese Ordnung, wobei noch im 7.Jh. in Spanien das Recht freier Komposition von Meßformularen nachweisbar ist. Im »Missale mixtum« folgen der Vorbereitung und dem Wortgottesdienst (Oratio, drei Lektionen, Sacrificium) zehn in jedem Gottesdienst wechselnde Gebete, die als Missa, Alia, Post nomina, Ad pacem, Inlatio (= röm. Präfation), Post Sanctus, Post Pridie (obwohl der Einsetzungsbericht nicht mit »pridie« beginnt), Ad orationem dominicam, Benedictio und Completuria bezeichnet werden. A.Dold hat diese Gebete bereits für das 7.Jh. nachgewiesen.

Textausgaben: A.DOLD, Das Sakramentar im Schabcodex M 12 sup., Beuron 1952 - Liber comicus, ed. G.MORIN, 1893; ed. J.PEREZ DE URBEL-A.GONZALES, 1950/55 - Liber ordinum, ed. M.FÉROTIN, 1904 - Liber mozarabicus sacramentorum, ed. DERS., 1912 - Oracional Visigótico, ed. J.VIVES, 1946 - Missale mixtum mozarabicum, ed. A.LESLEY, 1775 (MPL 85; in 86 das Breviarium Gothicum, ed. Lorenzana, 1775) - Missale Bracarense, 1924. - Lit.: C.BLUME, Hymnodia Gotica, 1897 - RE XII, 711f - DACL XII, 391 ff - L.EISENHOFER, Grundriß der Liturgik, (1924) NB v. J.LECHNER, 1953⁶ (Lit.) - DERS., Hdb. der kath. Liturgik, 2 Bde, (1932/33) 1941² - W.E. BISHOP, The Mozarabic and Ambrosian Rite, 1924 - A.GONZÁLES PALENCIA, Los M., 4 Bde, 1926-30 - A.G.RIBEIRO DE VASCONCELOS, Notas Liturgico-Bracarenses, 1927 - P.WAGNER, Der mozarab. Kirchengesang, 1928 - P.SÉJOURNÉ, S.Isidore de Séville, 1929 - DERS., in: Miscell. Isidoriana, 1936, 221 - H.ENGBERDING, Die span.-westgot. Liturgie (Liturg. Zs. 4, 1931/32, 155-166. 241-249; Lit.) - LThK VI, 611; VII, 352 - A.BAUMSTARK, Orientalisches in altspan. Liturgie, 1935 - J.F.RIVERA, Gregorio VII y la Liturgia mozárabe (in: Rev. Esp. Teol. 1942, 1, 3) - M.DIETZ, Gebetsklänge aus Altspanien, 1947 - G.KUNZE, Die gottesdienstl. Schriftlesung I, 1947, bes. 36 ff - J.A. JUNGMANN, Missarum sollemnia, 2 Bde, (1948) 1958⁴ (Lit.) - TH. KLAUSER, Abendländ. Liturgiegesch., 1949 - Liturg. Erneuerung in aller Welt, hg.v.TH.BOGLER, 1950, 89 - RIETSCHEL-GRAFF 270 (Lit.) - EC VIII, 1496 - Leiturgia I, 35f (R.STÄHLIN) - A.A.KING, Liturgies of the Primatial Sees, 1957 - L.FENDT, Einführung in die Liturgiewiss., 1958, bes. 123 ff. 168 ff (Lit.). *K.Dienst*

Mozart, *Wolfgang Amadeus,* * 27.1.1756 in Salzburg, † 5.12.1791 in Wien. Sein Vater, Leopold M., aus Augsburg, war Vizekapellmeister des Erzbischofs von Salzburg. M. ist der mittlere der drei Wiener Klassiker (→ Beethoven). Er wuchs in Salzburg unter der strengen musikalischen Führung des Vaters auf, der zwischen 1762 und 1772 mit dem als Wunderkind gefeierten M. Reisen durch Österreich, Deutschland, Frankreich, England und Italien unternahm. 1769 wurde M. erzbischöflicher Konzertmeister. 1777/78 reiste er mit seiner Mutter nach Mannheim und Paris. 1781 gab er seine Stellung beim Erzbischof auf und siedelte nach Wien über, wo er 1782 Constanze Weber heiratete. In Wien entstanden M.s bedeutendste Meisterwerke im Bereich der Oper, der Sinfonie, des Klavierkonzerts und der Kammermusik. Diese letzte Gattung ist der Freundschaft mit → Haydn wesentlich verpflichtet. Offen gegenüber jeder musikalischen Anregung aus seiner Umwelt, ist M. universal wie kein anderer Musiker. Die Kirchenmusik, größtenteils vor 1781 entstanden, steht zwar gemäß der Tendenz des Zeitalters nicht im Mittelpunkt seines Schaffens; sie weist in der Regel nicht die Tiefe und Weite seiner weltlichen Werke auf (→ Musik: V, 7). Jedoch geht von ihr der gleiche Zauber aus, der M.s Musik auch sonst kennzeichnet. Einen hohen Rang nehmen die Messe in c-moll (1782/83) und das Requiem (1791) ein. Beide Kompositionen sind unvollendet geblieben, die Messe aus unbekannten Gründen, das Requiem, weil der Tod M. bei der Arbeit übereilte.

Geistl. Werke: 18 Messen; mehrere andere liturg. Kompositionen. - GA bei Breitkopf & Härtel, 1876-86 - Neu GA seit 1953 im Erscheinen. - L.v.KÖCHEL, Chronologisch-thematisches Verzeichnis, (1862) 4. Aufl. in der Bearb. v. A.EINSTEIN, 1958; Neudr. Ann Arbor 1947. - Über M.: O.JAHN, W.A.M., 4 Bde, (1856-59) 1905/07⁴; umgearb. v. H.ABERT, 2 Bde, (1919/21) 1955/56⁷ - TH.DE WYZEWA-G.DE SAINT-FOIX, W.A.M., 5 Bde, Paris 1911-46 - A.EINSTEIN, M., 1947. *Thr.Georgiades*

Mozley, *Thomas* (1806-93), 1829 Fellow des Oriel College, Oxford, 1831 ordiniert. Unter dem Einfluß seines Schwagers J.H. → Newman trat M. für die → Hochkirchliche (Oxford-)Bewegung (: I) ein und lieferte Beiträge für ihre Zeitschrift »The British Critic«, die er später auch herausgab. Seine im Gesprächston und in Einzelheiten unzuverlässigen »Reminiscences« (2Bde, 1882) erregten große Aufmerksamkeit und sind wertvoll als die Eindrücke eines nahestehenden, wachen, wenn auch oberflächlichen Zeugen.

Biogr. fehlt. DNB XXXIX, 251f (Lit.). *D.Carter*

Muckermann, *Hermann,* kath. Theologe und Biologe, * 30.8.1877 in Bückeburg, nach theologischen Studien in Nordamerika und philosophischen in Valkenburg 1900-06 Prof. für Biologie und verwandte Fächer an verschiedenen Jesuitenschulen, 1896-1926 selbst Jesuit, 1913-16 Schriftleiter der StZ, 1927-33 Leiter der Abteilung für Eugenik am Kaiser-Wilhelm-Institut in Berlin-Dahlem, seit 1948 wieder Prof. für Anthropologie und Sozialethik in Berlin. In seinen Schriften und Vorträgen tritt M. für Neugestaltung des Familien- und Volkslebens auf gesunder biologischer und zugleich ethisch-religiöser Grundlage ein. M. widersetzte sich der Rassenlehre und -politik des NS-Regimes.

Vf. u.a. (Älteres s. RGG² IV, 253): Kind u.Volk, (1917) 1933/34¹⁶; Eugenik, 1934; Vererbung u. Entwicklung, (1937) 1947²; Der Sinn der Ehe, (1938) 1952³; Die Familie im Lichte der Lebensgesetze, (1946) 1952³; Feiertag u. Feierabend, 1951; Vom Sein u. Sollen des Menschen, 1954. *K.G.Steck*

Muckerprozeß, *Königsberger* → Königsberger Religionsprozeß.

Mühlenberg, 1. *Heinrich Melchior* (1711-87), * in Eimbeck (Hannover), wanderte 1742 auf G.A. → Frankkes Rat aus, um Pastor der »United Lutheran Congregation« in Pennsylvania zu werden. M. gründete und überwachte dort und in New Jersey Kirchen und Schulen sowie Missions-Unternehmungen in benachbarten Staaten. Er war der eigentliche Gründer des amerikanischen Luthertums (→ Vereinigte Staaten: I). 1748 organisierte er das »Pennsylvania Ministerium« (1918 in die »United Lutheran Church of America« eingegliedert). Von Jugend auf ein Anhänger des → Spener'schen Pietismus, war M. dennoch entschiedener Bekenntnis-Lutheraner, und das Ministerium hielt diese Tradition aufrecht. 1786 veröffentlichte er die erste amerikanische luth. Liturgie.

Journals of H.M.M., ed. G.TAPPERT u. J.W.DOBERSTEIN, 3 Bde, Philadelphia 1942-58. - M.s Selbstbiogr., ed. W.GERMANN, Allentown/Pa. 1881 - W.J.MANN, Life and Times of H.M.M., Philadelphia 1887 - W.K.FRICK, H.M.M. Patriarch of the Luth. Church in America, 1902 - RE XIII, 506 ff - A.R.WENTZ, The Luth. Church in American History, Philadelphia 1933, 38 ff - K.ALAND, Die Annales Hallenses ecclesiastici (WZ Halle 4, 1954/55, 375-402) - S.GRUNDMANN, Der Luth. Weltbund, 1957, 456 ff. *D.Carter*

2. *William Augustus* (1796-1877), Urenkel von 1, Kirchenlieddichter (→ Kirchenlied: I, 6 b) und episko-

paler Theologe, der in und um New York vor allem volksmissionarisch und -pädagogisch wirkte. Die kirchlichen Schulen der amerikanischen Episkopalisten gehen ebenso auf seinen Einfluß zurück wie die Einführung der Diakonissenarbeit, die Stiftung des St. Lukas-Hospitals und die Gründung der Kolonie St. Johnland.

A. Ayres, Life of M., 1884² - W.W. Newton, M., 1890.
F. Schlingensiepen

Mühler, *Heinrich von* (1813-74), preußischer Kultusminister, stammte aus einer schlesischen Bürgersfamilie; der Vater M.s wurde als preußischer Justizminister geadelt. M. trat nach dem Studium (Schüler Savignys) und kurzem juristischem Vorbereitungsdienst 1841 als Hilfsarbeiter in das Kultusministerium ein, wo besonders kirchliche Fragen zu seinem Aufgabenkreis gehörten. Der fleißige und kenntnisreiche Jurist, der schon als Student der Dichtervereinigung »Der Tunnel« angehörte und mit eigenen poetischen Schöpfungen hervorgetreten war (u.a. »Grad aus dem Wirtshaus komm' ich heraus«; »Zu Quedlinburg im Dome«; »König Karl am Meer«), gehörte zur konservativ-orthodoxen Richtung, ohne doch doktrinär zu sein. 1849 wurde er Präsident des Zentralausschusses der Inneren Mission, 1851 als Vertreter des Ministeriums in den neu gegründeten Oberkirchenrat berufen. Als Kultusminister (1862) hat M. im Kabinett → Bismarck dessen antiliberale Politik unterstützt. Das Verhältnis zu Bismarck kühlte sich nach 1866 ab, als dieser sich mit dem Liberalismus aussöhnte und M.s konservative Kirchen- und Schulpolitik auf heftigen Widerstand stieß. M. ist in diesen Fragen sich selber treu geblieben; doch fehlte ihm der nüchterne Blick für Menschen und Dinge. Sein Plan, die neu erworbenen Provinzen der preußischen Landeskirche einzugliedern, scheiterte ebenso wie seine Auffassung der Konfessionsschulen. Zum Bruch mit Bismarck kam es während des → Kulturkampfes. Dessen Anfänge hat M. noch mitgemacht; er widersetzte sich aber der Einführung des obligatorischen Zivilstandes. Sein Nachfolger wurde → Falk. Daß er stark unter den Einflüssen seiner frommen Gemahlin Adelheid, geb. v. Gossler (Tante des späteren Kultusministers) gestanden hat, wird man weder übertreiben noch völlig leugnen dürfen. Zu Wilhelm I., der der Kulturkampfpolitik nur seufzend gefolgt ist, hatte M. weiterhin gute Beziehungen, ohne daß er sie politisch erfolgreich ausgenutzt hätte.

So denk, es ist die reinste Minne (Briefe d. Adelheid v. M. 1844 bis 1849), hg.v. J. Werner, 1935 - W. Reichle, Zwischen Staat u. Kirche. Das Leben ... des preuß. Kultusministers H.v.M., 1938 (Lit.).
K. Kupisch

Müller, 1. *Adam Heinrich* (1826 geadelt), * 30.6.1779, † 17.1.1829, zunächst in der preuß. Finanzverwaltung tätig, in engem Kontakt mit der Berliner → Romantik, mit den Ideen von E. Burke vertraut, mit Fr. Gentz und H.v. → Kleist befreundet, beteiligt an der »Christlich-deutschen Tischgesellschaft« des Achim v. Arnim, konvertierte 1805 in Wien und war seit 1811 im österr. Staatsdienst. Mit seinen »Elementen der Staatskunst« (1809) vereinigt M. Romantik, altständisches Denken und christliche Motive; hier fließen alle die Tendenzen zusammen, die im Widerspruch zur franz. Revolution entstanden. Anregungen von Burke, → Novalis, → Hegel, → Schelling und → Schlegel aufgreifend entwickelte M. eine organische Geschichtsauffassung als Grundlage seiner Lehren über Staat, Recht und Kirche. Gott, das Absolute, ist das zusammenhaltende geistige Band in der organischen Entfaltung und durch seine »Geburt in die Endlichkeit« selbst der Träger geschichtlichen Lebens. Christus wird zum restaurator generis humani und die Kirche damit zum Symbol für Einheit und Ziel der Geschichte. Von daher ist als Recht zu verstehen, was in dem organischen Wachsen zu Recht geworden ist. Der → Staat als Inbegriff des Rechts ist eine gottgesetzte Totalität und die Synthese aller in ihm herrschenden Spannungen (Polaritäten); seinem Charakter als lebendiger Organismus entspricht eine ständische Gliederung. Der Staatstheorie M.s korrespondiert seine Volkswirtschaftslehre (organische Geldtheorie). M.s Ideen wurden ein Jh. später von Othmar Spann (Wien) und seiner Schule neu belebt.

Vf. u.a.: Die Lehre v. Gegensatz, 1804; Elemente d. Staatskunst, 3 Bde, (1809) Neudr. 1922 (dazu M.s handschriftl. Zusätze, hg.v. J. Baxa, 1926); Verm. Schriften, 1812; Versuche einer neuen Theorie d. Geldes, (1816) Neudr. 1922; Von d. Notwendigkeit einer theol. Grundlage d. gesamten Staatswiss., 1819; Briefwechsel m. F. Gentz, 1857 (Ergänzungen v. F.K. Wittichen, 1910). - Über M.: C. Schmitt-Dorotič, Polit. Romantik, (1919) 1925² - O. Spann, Der wahre Staat, (1923) 1938⁴ - Ders., Die Haupttheorien d. Volkswirtschaftslehre, 1930, 96ff - O. Weinberger, Das neue Schrifttum über A.M. (Arch. f. Sozialwiss. u. -politik 51, 1924, 808-816) - F. Reinkemeyer, A.M.s ethische u. phil. Anschauungen, 1926 - G.v. Busse, Die Lehre v. Staat als Organismus. Krit. Unters. z. Staatsphil. A.M.s, 1928 - R. Aris, Die Staatslehre A.M.s, 1929 - E. Sattler, Die Beurteilung A.M.s im dt. volkswirtsch. Schrifttum (Schweiz. Zs. f. Betriebswirtsch. 35, 1929, 97-108. 142-155) - J. Baxa, A.M.s Phil., Ästhetik u. Staatswiss., 1929 - Ders., A.M., ein Lebensbild, 1930 (Lit.).
E. Fahlbusch

2. *Friedrich* (1828-1915), * in Schäßburg, † in Hermannstadt/Siebenbürgen. Seit 1848 im Schuldienst, wurde M. 1869 Pfarrer in Leschkirch, 1870 Mitglied des Landeskonsistoriums und war 1893-1906 Bischof der ev. Kirche in → Siebenbürgen. In ihrem Kampf um Religion, Schule und Nationalität suchte er vor allem die inneren Kräfte zu entfalten. Dem dienten u.a. die Gründung des Allgemeinen ev. Frauenvereins (1884) und einer ev. Krankenpflegeanstalt (1887), die Errichtung einer Reisepredigerstelle für die Diaspora (1894), die Herausgabe eines neuen Gesangbuches (1898), ferner Richtlinien für Seelsorge und Gemeindepflege, die entschlossene Abwehr der »kirchenpolitischen Gesetze« (1894) und die Pflege der Gemeinschaft mit dem Mutterlande der Reformation.

Trausch-Schuller II, 447; IV, 301ff (Bibliogr.) - F. Teutsch, Gesch. der ev. Kirche in Siebenbürgen II, 1922, 493ff. 524ff - Ders., Bischof F.M., ein Zeit- u. Charakterbild, 1928.
H. Hohlwein

3. *Friedrich* (d. J.), * 28.10.1884, nach 2 (s.o.) zweiter siebenbürgischer »Sachsenbischof« dieses Namens. Der Kleinbauernsohn aus *Langenthal* (→ Siebenbürgen) studierte in Leipzig, Klausenburg, Wien, Berlin, war im Schuldienst (u.a. Seminardirektor), dann Schulrat seiner Landeskirche (1922), leistete dieser als Hermannstädter Stadtpfarrer (1928-45) und Bischofsvikar (1933-45) in schweren Krisen wesentliche Führungsdienste und wurde 1945 ihr Bischof. In historischen und theologischen Studien weist M. seinen ev. Sachsen ein neues Geschichtsverständnis aus christlichem Erweckungserbe.

Vf. u.a.: Die Siebenbürger Sachsen u. ihr Land, (1912) 1922⁴; Geschichtswirksamkeit des Evangeliums nach seinem luth. Verständnis, 1956 (Lit.) - Aufsätze u.a. in ZSTh, ThStKr, AVSL, Studien der Lutherakademie, Südostdt. Forschungen, Siebbg. Vierteljahrsschrift.
P. Philippi

4. *Georg* (1805-98), ev. Theologe, * in Croppenstedt bei Halberstadt, † in Bristol. Als Student in Halle für die → Erweckungsbewegung gewonnen, ging M. 1829 zum Zweck der Judenmission nach England, wo er sich den → Darbysten anschloß. Seit 1830 Prediger, begründete er 1834 The Scriptural Knowledge Institution for Home and Abroad, aus der zahlreiche Schulen, bes. in den englischen Kolonien, hervorgingen, und 1836 ein Waisenhaus in Ashley Down bei Bristol. Später trennte

er sich von → Darby, blieb aber Prediger der Open Brethren in Bristol. Seit 1875 reiste er im Dienste der → Evangelisation in Europa, Amerika, Asien und Australien.

A Narrative of some of the Lord's Dealings with G.M., written by himself (Tagebücher) I. II, 1837/41; Autobiogr., hg.v. G.F.BERGIN u. A.T.PIERSON, London 1905. - S.G.MÜLLER, Preaching Tours and Missionary Labours of G.M., 1883 - Biographien v. G.STEINECKE, 1898; F.G.WARNE, London (1898) 1935²; A.T.PIERSON, ebd (1899) 1949²; W.H.HARDING, ebd 1914 - RE XIII, 515ff; XXIV, 190 - E.K.GROVES, G.M. and his Successors, 1906 - ODCC 932. † *W.Siebeck*

5. *Heinrich,* * 18.10.1631 in Lübeck, † 17.9.1675 in Rostock. Aufgewachsen in der Rostocker Tradition reformwilliger luth. Orthodoxie, wurde M. 1652 Archidiakonus an St. Marien, 1659 Prof. der griech. Sprache, 1662 der Theologie und Pfarrer an St. Marien, 1671 Sup. Während er dogmatisch im traditionellen Rahmen blieb (Polemik gegen röm. Katholizismus und Calvinismus), stellte er als Prediger und Erbauungsschriftsteller (Schüler → Lütkemanns), Ph. → Nicolai folgend, die mystisch-erotische Tradition unbefangen in den Dienst der Glaubenssprache und brachte die Einwohnung der göttlichen Liebe im Gläubigen als Steigerung der Rechtfertigung zur Geltung. Da er gleichzeitig das allgemeine Volksleben scharf beobachtete und eine schlichte bildkräftige Ausdrucksweise pflegte, prägte er einen dem mystischen Spiritualismus verwandten, theologisch-homiletischen Stil aus, der auf den → Pietismus vorauswies.

Vf. u.a.: Himmlischer Liebeskuß, 1659; Orator ecclesiasticus, 1659; Kreuz-, Buß- u. Betschule, 1661; Geistl. Erquickstunden, 1664 (in Auswahl hg.v. G.HOLTZ, 1938); Geistl. Seelenmusik, 1659 (Gesangbuch); Geistl. Dank-Altar, 1669. Predigten: Apostol. Schlußkette, 1663; Ev. Schlußkette, 1672. - Über M.: O.KRABBE, H.M. u. seine Zeit, 1866 - RE XIII, 521ff - H.LEUBE, Die Reformideen in der dt. luth. Kirche zZ der Orthodoxie, 1924, 67ff - D. WINKLER, Grundzüge der Frömmigkeit H.M.s (Diss. Rostock), 1954. - Vgl. die Lit. zu → Erbauungsliteratur, 3. *M.Schmidt*

6. *Jakob Aurelius* (1741-1806), Bischof der ev. Sachsen in → Siebenbürgen (1792-1806) zZ der rechtsbeugenden »Regulationen« Österreichs. * in Hermannstadt, wo er nach Studien in Jena als Lehrer (1767), Rektor (1776) und als Pfarrer von Hammersdorf (1785-92) das Vertrauen weiter Kreise gewann. M.s aufrüttelnde Volksschrift »Die Siebenbürger Sachsen, hg. bei Auflebung der (durch die Reformen → Josephs II.) für verloschen erklärten Nation« (1790) bezeichnet ebenso einen Wendepunkt im nationalen und kirchlichen Denken seines Volkes wie das sog. »Hermannstädter Gesangbuch« (1793), an dem der milde Rationalist und Freimaurer mitarbeitete.

ADB XXII, 517ff - TRAUSCH-SCHULLER II. IV (s. Reg.; Lit.) - F.TEUTSCH, Gesch. der ev. Kirche in Siebenbürgen II, Hermannstadt 1922 (s. Reg.) - H.JEKELI, Unsere Bischöfe, ebd 1933, 216ff. *P.Philippi*

7. *Johannes* (1801-58), * in Koblenz, † in Berlin, schon in früher Jugend auffallend durch ungewöhnliche Begabung, verfaßte ein auf Beobachtung, Experiment und kausalanalytische Deutung gegründetes Lehrbuch der Physiologie, das zur Überwindung der vorangehenden naturphilosophischen Epoche führte. Unter seinen Schülern (Helmholtz, Ludwig, du Bois-Reymond, Virchow, → Haeckel, Schwann, Henle, Brücke) erreichte die deutsche Physiologie einen Höhepunkt. M. selbst war Anatom, Physiologe, Zoologe und Pathologe. Seine anatomischen Arbeiten galten der Embryologie und Fortpflanzung und - in Verbindung mit der zoologischen Systematik - der vergleichenden Anatomie der Meerestiere. Zur Anlage umfangreicher systematischer Sammlungen führte er wiederholt Reisen an Ostsee, Nordsee und an das Mittelmeer durch. Er wurde einer der besten Kenner der Fische, entdeckte unter den wirbellosen Meerestieren neue Formen des Generationswechsels (Seeigel und Pluteus) und - gemeinsam mit dem schwedischen Anatom Retzius - das Lanzettfischchen als Prototyp des Wirbeltierstammes. Sein Lehrbuch der menschlichen Physiologie enthielt neben anderen Abschnitten, wie die Lehre von den Bewegungen, von den Nerven und von den Sprachwerkzeugen, einen Abschnitt »Lehre von der Seele«, in den auch die Affektenlehre → Spinozas aufgenommen war. In dem Satz von den »spezifischen Sinnesenergien« war erstmals die Erkenntnis formuliert, daß die Sinnesempfindungen nur zu einem Teil durch die Eigenschaften der Außenwelt verursacht, zu einem wesentlichen Teil aber auch Ausdruck der inneren Organisations- und Arbeitsweise der Sinnesorgane selbst sind. Jedes Sinnesorgan beantwortet die verschiedenen Reize in der ihm eigentümlichen Art; die Sinnesempfindungen sind »Zeichen« für Geschehnisse der Außenwelt, die jedes Sinnesorgan in seine spezifische Sprache übersetzt. M. verband die Begabung des Naturforschers, der sich auf nüchterne Beobachtung und experimentelle Untersuchung stützt, mit der Fähigkeit zu großen philosophischen Gedanken und geistiger Durchdringung. Er stand an der Zeitenwende, in der die → Naturphilosophie der romantischen Schule durch die exakten kausalanalytischen Methoden der Physik und Chemie überwunden wurde.

R.VIRCHOW, J.M., eine Gedächtnisrede, 1858 - E.DU BOIS-REYMOND, Gedächtnisrede auf J.M. (in: AAB 1860; Bibliogr.) - W.HABERLING, J.M., das Leben des rhein. Naturforschers, 1924 - M.MÜLLER, Über die philos. Anschauungen des Naturforschers J.M., über Erkenntnistheorie u. Methodologie (Arch. Gesch. Med. 18, 1926, 130-150. 209-234. 328-350) - F.BIDDER, Vor hundert Jahren im Laboratorium J.M.s (Münch. Med. Wschr. 81, 1934, 60-64) - U.EBBECKE, J.M., der große rhein. Physiologe, 1951 - J.STEUDEL, Wissenschaftslehre u. Forschungsmethodik J.M.s (Dt. Med. Wschr. 77, 1952, 115 bis 118) - K.E.ROTHSCHUH, J.M. als Physiologe (in: Gesch. d. Physiologie, 1953, 112-118) - Der Kreis der M.-Schüler (ebd 123-150). † *U.Ebbecke*

8. *Johannes* (1864-1949), Lehrerssohn aus Riesa, ging vom Studium der Theologie unter → Delitzsch und → Frank zur → Judenmission, bald aber zur Arbeit an den »entkirchlichten Gebildeten«. So lud er im Jan. 1893 ins Kurhaus von Davos zu Vorträgen über Tolstoi, Nietzsche und die moderne Naturwissenschaft ein. In den Großstädten Deutschlands gewann er Freunde, bes. aus dem Adel, der Großindustrie und der Künstlerschaft; dies veranlaßte ihn, die »Blätter zur Pflege persönlichen Lebens« (1914-41: »Grüne Blätter«) herauszugeben und zu einer »Freistätte persönlichen Lebens« einzuladen, zunächst nach Schloß Mainberg, wo → Lhotzky kurze Zeit sein Mitarbeiter war, seit 1916 nach Schloß Elmau zwischen Garmisch und Mittenwald. Die Sitte seines Hauses war ohne kirchliche Formen. Nur die regelmäßige Auslegung des NT und eine Fragenbesprechung, gelegentlich auch freie Vorträge waren dadurch bestimmt, daß M. dem »Mißverständnis Jesu« das wahre Verständnis entgegenstellte, wie es sich ihm in den Reden Jesu, bes. in der Bergpredigt zeigte. Der Mensch müsse im Gegensatz zu jeder »Bewußtseinskultur« dem »Wesen« entsprechend leben. Deshalb nahm auch ein der Musik gemäßer Tanz eine besondere Stellung ein. Eine der → Jugendbewegung verwandte Art bestimmte den Geist der Begegnungen. Den kirchlichen Kreisen stand M. in bestimmten Zeiten nahe, aber seine Berliner Ehrenpromotion von 1917 war eher ein Abschied von der Kirche. Als 1933 die »nationale Wiedergeburt« des Volkes gekommen zu sein schien, verkündigte er sie und ihre Folgen mit Nachdruck. Seit 1934 war er eine Art Kirchenlehrer deutschchristlicher Kreise. Als M. sich

1948 verteidigen mußte, gab er seinen Irrtum offen zu. Nach 1948 wurde Elmau ihm zurückgegeben; nach M.s Tode suchte man das alte, von ihm geübte Leben weiterzuführen, aber der Versuch war unmöglich.

Vf. u.a.: Vom Geheimnis des Lebens, Erinnerungen I. II, 1937-38. - RGG² IV, 261f (Bibliogr.) - H.M.Müller, Elmauer Chronik 1933 bis 1949, 1950. † *G.Merz*

9. *Joseph Theodor* (14.5.1854 bis 6.8.1946), Theologe der → Brüderunität (: II), * in Niesky, studierte am Seminar der Brüdergemeine in Gnadenfeld und blieb in ihrem Dienst. 1905 wurde M. Direktor des Unitätsarchivs in Herrnhut, in dem er archivwissenschaftliche Prinzipien einführte. Seit 1883 durch einen Studienaufenthalt in Prag im engen Kontakt mit tschechischen Historikern und Quellen, schuf er durch die Übersetzung der Acta Unitatis Fratrum die Voraussetzung für die erste von ihm vorgelegte wissenschaftliche Gesamtdarstellung der »Geschichte der Böhmischen Brüder« (I-III, 1922-31). Als Herausgeber der ZBG (1903-20) faßte er in ihr die brüdergeschichtliche Forschung auch durch eigene Arbeiten kraftvoll zusammen.

Vf. ferner u.a.: Zinzendorf als Erneuerer der alten Brüderkirche, 1900; Hymnologisches Hdb. zum Gesangbuch der Brüdergemeine, 1916. *E.Beyreuther*

10. *Julius*, ev. Theologe, * 10.4.1801 in Brieg/Schlesien, † 27.9.1878 in Halle. M. studierte zunächst Jurisprudenz, ging 1821 in Göttingen zur Theologie über und wurde in Breslau von → Tholuck beeinflußt; 1825 Pfarrer in Schönbrunn/Schlesien, lehrte in Göttingen (1832), Marburg (1835) und seit 1839 in → Halle. - M.s Monographie über die Lehre von der Sünde ist ein bemerkenswerter Angriff auf die Positionen → Schleiermachers und → Hegels. Geschult am Pietismus, der deutschen Mystik und der Prädestinationslehre Luthers und erfaßt von dem Bewußtsein der Erweckung, daß alles im Christentum sich auf den großen Gegensatz von Sünde und Erlösung beziehe, versucht M. aufzuzeigen, daß die zeitgenössische dialektische Zusammenschau von Gott und Mensch an der inneren Erfahrung der Sünde unmöglich wird: der Gegensatz von Gut und Böse läßt sich in keiner Synthese auflösen. Das »religiöse Grauen« des Gewissens zeugt unwidersprechlich von der Selbstsucht gegen Gott, die persönliche Entscheidung und Tat ist. Die Erklärung sucht M. in spekulativer Weise in einem vorweltlichen Sündenfall, einer intelligiblen Selbstentscheidung jenseits unseres zeitlichen individuellen Daseins. - Daneben bemühte sich M. in Aufsätzen und bes. in seiner Schrift über Wesen und göttliches Recht der → Union (: I), eine gemeinsame Grundlage der luth. und ref. Kirche zu finden.

Vf. u.a.: Dogmat. Abh.en, 1870; Die christl. Lehre von d. Sünde, (I, 1839) 2 Bde, (1844) 1877⁶; Die erste Generalsynode d. ev. Landeskirche Preußens u. d. kirchl. Bekenntnisse, 1847; Lutheri et Calvini sententiae de sacra coena inter se comparatae, 1854; Consensus luth. u. ref. Lehre in d. ev. Kirche Deutschlands, 1854; Die ev. Union, ihr Wesen u. ihr göttl. Recht, 1854. - Über M.: Gedächtnisreden v. M.Kähler, 1878, u. Leop.Schultze, 1879 - RE XIII, 529ff - Barth, PrTh 535ff - H.Nitschke, Die Beurteilung d. natürl. Menschen in d. Theol. J.M.s (Diss. Halle), 1951 - Hirsch V, 392ff. *E.Fahlbusch*

11. *Karl* (1852-1940), Kirchenhistoriker, stammte aus einem schwäbischen Pfarrhause. Nach dem Studium der Theologie (Tübingen) und der Geschichte (Göttingen) führte ihn seine akademische Lehrtätigkeit von Berlin über Halle, Gießen, Breslau nach → Tübingen (1903-22). Theologisch bes. von → Ritschl beeinflußt, wurden ihm für sein Fach die von → Harnack empfangenen Anregungen bedeutsam. Die → Kirchengeschichte (: I, 2 g) bildete für M. »trotz ihrer Eigenart nur einen Teil der allgemeinen Geschichte«. Nur in Zusammenhang mit dieser und ohne »vorgefaßte Meinung« könne sie geschrieben werden; das bedeutete für M. auch das Absehen von einem bestimmten theologischen Kirchenbegriff. Diese Auffassung hat seiner durch wissenschaftliche Stringenz und Ausgewogenheit ausgezeichneten Geschichtsschreibung den positivistischen Zug gegeben. Die theologische Bewegung der 20er und 30er Jahre hat ihn in seinen methodischen Grundsätzen nicht beirren können. Seine großangelegte KG, die ihn über 50 Jahre beschäftigte, ist nicht zum Abschluß gekommen.

Vf. u.a.: Der Kampf Ludwigs d. Bayern mit d. röm. Kurie, 2 Bde, 1879/80; Die Anfänge d. Minoritenordens u. d. Bußbruderschaften, 1885; KG I, (1892) 1941³; II/1. 2, 1902/19; Luther u. Karlstadt, 1907; Beiträge zur Gesch. d. Verfassung d. alten Kirche, 1922; Die religiöse Erweckung in Württemberg, 1925; Aus der akadem. Arbeit (mit Selbstbiogr.), 1930. - Über M.: W.Nigg, Die Kirchengeschichtsschreibung, 1934, 230ff - E.Wolf, K.M. † (DtPfrBl 44, 1940, 89f). *K.Kupisch*

12. Friedrich *Max* (6.12.1823 bis 28.10.1900), hauptsächlich in Oxford tätiger Sprach- und Religionsforscher deutscher Herkunft (* in Dessau als Sohn des romantischen Dichters Wilhelm M.; Urenkel → Basedows). Begründer der sog. vergleichenden → Religionswissenschaft auf der Grundlage der vergleichenden Sprachforschung. Persönlich geformt durch starke darstellerische, ja dichterische Begabung, in seinen theologischen und philosophischen Einsichten vielfach durch die Probleme seiner Zeit, in der Methode durch einseitige Betonung des sprachgeschichtlichen Zugangs zur → Religion, durch lebhafte Phantasie und durch Neigung zur Konstruktion begrenzt. Wissenschaftliche Hauptleistung ist die Herausgabe des Rig-Veda (6 Bde, London 1849-74, danach Neudrucke; Neuausg. 4 Bde, 1890-92) und anderer nichtchristlicher religiöser Texte in Übersetzungen (SBE und SB of the Buddhists, seit 1879 bzw. 1895), daneben - außer Monographien zur → Indologie, Sprach- und → Religionsgeschichte - immer neue Versuche, Aufgabengebiet, Inhalt und Methode der Religionswissenschaft darzustellen und ihren Gegenstand zu definieren. - Vgl. → Naturdienst, → Naturgottheiten, → Naturmythologie (dort Korrektur eines verbreiteten Mißverständnisses der Ansichten M.s).

Vf. u.a.: Chips from a German Workshop I-IV, London 1867-75 (dt.: Essays I. II, [1869] 1879-81²); Introduction to the Science of Religion, ebd 1873; Lectures on the Origin and Growth of Religion, ebd 1878 (dt. [1880] 1881²); Natürliche (1890), Physische (1892), Anthropologische (1894), Theosophische oder psychologische Religion (1895); Contributions to the Science of Mythology I. II, London 1897 (dt. 1898-99); Ausgew. Werke, 1898-1901; Aus meinem Leben, 1902. - Über M.: Th.Achelis, M.M. u. die vergl. Religionswiss., 1893 - P.Berkenkopf, Die Voraussetzungen der Religionsphilosophie Fr.M.M.s (Phil. Diss. Münster), 1914 - G.Cocchiara, Storia del folklore in Europa, Turin 1954, 307ff. *K.Goldammer*

Mueller-Otfried, *Paula*, * 7.6.1865 in Hoya a.d. Weser, † 8.1.1946 in Einbeck, widmete sich schon früh der kirchlichen Armenpflege und kommunalen Wohlfahrtsaufgaben. Von daher drängte es sie zur Frauenbewegung (→ Frau: V, 1 a), der sie innerhalb der ev. Kirche Raum gewinnen wollte. Seit der Gründung des Deutsch-ev. Frauenbundes (1899) trat sie für eine an den Weisungen des NT gestaltete, verantwortliche Stellung der Frauen in der Kirche ein. 1901 wurde sie erste Vorsitzende des Bundes, 1918 stellvertretende Vorsitzende der Vereinigung ev. → Frauenverbände. Seit 1900 gab sie die Ev. Frauenzeitschrift heraus und begründete mit Adelheid v. Bennigsen in Hannover das Christlich-soziale Frauenseminar. Nach 1918 forderte sie das kirchliche Stimmrecht der Frauen. 1919 wurde sie Mitglied des Deutsch-ev. Kirchentages, 1920 des Reichstags, 1926 des Deutschen Ev. → Kirchenausschusses. *R.Ludwig*

München

I. Universität - II. Erzbistum München-Freising

I. Universität

1. Landshuter Periode - 2. Seit 1826 - 3. Kath.-theol. Fakultät

1. Seit den Studienreformen des im Sinne der Aufklärung wirksamen Prof. J.A.v.Ickstadt († 1776) wurde die Verlegung der Universität → Ingolstadt aus der beengenden Donaufestung in eine freie Stadt erwogen (M., Landshut oder Straubing). Als nach Regierungsantritt Max' IV. Joseph 1799 das Ministerium → Montgelas (Geheimer Referendar für das Ressort Universität: G.F. v.Zentner) mit einer Verwaltungsumbildung der Universität seine rationalistische Kulturpolitik begann, als zudem Ingolstadt kriegsbedroht war, übersiedelte die Universität am 17.5.1800 provisorisch nach *Landshut;* April 1802 dort endgültig fixiert, erhielt sie den Namen Ludovico Maximilianea. In der Landshuter Periode wurden im Sinne der Lehrpläne von 1774, 1784 und 1799 die Disziplinen nach der empirischen, historischen und philologischen Seite hin weiter ausgebaut. Die seit 1780 von F.X.Moshamm gelehrten Cameralia bildeten sich durch Gründung des Cameral-Instituts 1799 zum Grundstock der staatswirtschaftlichen Fakultät, mit der 1833 auch die Forstwissenschaften verbunden wurden. Die Ordnung von 1804 proklamierte zwar Lehr- und Lernfreiheit, verschärfte aber die staatliche Aufsicht und beschränkte die Selbstverwaltung. Eine »den Bedürfnissen des Staatsdienstes entsprechende Einrichtung der Lehrgegenstände« nach allgemeiner und besonderer Klasse mit jeweils 4 Sektionen ersetzte vorübergehend das alte Fakultätssystem; die theol. Fakultät hieß u.a. »Sektion zur Bildung des religiösen Volkslehrers«, »Positive Religionswissenschaften«. Im ersten Jahrzehnt führten hervorragende Gelehrte die Universität zu hoher Blüte, u.a. der Neuhumanist F.Ast (1805-41, †), der Jurist N.T.v.Gönner, einer der ersten deutschen Staatsrechtler (1799-1811), der erste deutsche Kriminalist A.v.Feuerbach (1804-06), der Rechtshistoriker K.v.Savigny (1808-10), die Mediziner A.Röschlaub (1802 bis 1824, 1826-35, †) und Ph.v.Walther (1804-18, 1830-49, †) sowie die drei, die positiv-christliche Überwindung der Aufklärung einleitenden Dillinger Freunde: der Dogmatiker P.Zimmer (1799-1806, 1807-20, †), der Physiker J.Weber (1799-1804) und der Exeget, spätere Bischof J.M. → Sailer (1799-1821), dessen Haus geistiges Zentrum der Stadt wurde. Ihr Eigengesicht erhielt die Landshuter Periode durch den Kampf zwischen → Aufklärung (vertreten bes. im Philosophen J.Salat, im Pastoraltheologen M.Fingerlos) und → Romantik (Sailer, Röschlaub), zwischen Kantianismus und Schellingianismus bzw. »Juvenismus«. Die weltanschaulichen Parteiungen im Lehrkörper, Mängel der bürokratischen Verfassung, finanzielle Not und die Abwanderung wertvoller Kräfte hemmten das wissenschaftliche Leben, so daß der Plan Zentners, Universität und → Akademie (: I, 2 g) in M. zu verbinden, wiederauflebte, warm gefördert von dem patriotisch gesinnten kronprinzlichen Studienfreund und Leibarzt J.N.Ringseis (s. 2).

2. Auf Antrag Eduards v.Schenk, damaligen Vorstands des Obersten Kirchen- und Schulrats, verfügte König Ludwig I. am 3.10.1826 die Verlegung; am 15.11. erfolgte die feierliche Eröffnung in *M.*, 1840 bezog die Universität ihr endgültiges Heim an der Ludwigstraße. Ziel war die völlige Neugestaltung im Zeichen geistiger Freiheit und kirchlicher Restauration »mit dem Übergewicht, aber nicht der Alleinherrschaft des Katholizismus«, geleitet vom Ideal wechselseitiger Durchdringung von Religion, Kunst und Wissenschaft sowie vom Vorbild der Universitäten → Göttingen und → Berlin. Die unter Mitwirkung v.Thierschs (s.u.) und Schellings (s.u.) ausgearbeiteten Satzungen von 1827 stärkten akademische Freiheit und Selbstverwaltung. Die bewußt überkonfessionelle, von Sailer und Schenk maßgeblich mitbestimmte Besetzung der Lehrstühle erregte zwar Kritik auf kath. wie prot. Seite, leitete indes eine ruhmreiche Ära der Universität ein, die nach kurzen Krisen 1830 und 1848 ihre weitere Förderung in der zielbewußten liberalen Kulturpolitik Maximilians II. erlebte (Berufung der »Nordlichter«). Die restaurativen Kräfte um Ludwig I. begrüßten neben dem Theosophen Fr.v. → Baader (1826-41, †), dem prot. Naturphilosophen G.H.v. → Schubert (1826-60, †), den romantischen Medizinern Röschlaub (s. 1) und Ringseis (1826-80, †; s. 1) bes. begeistert J.v. → Görres als Vertreter der allgemeinen Geschichte (1827-48, †), dessen Hörsaal und M.er Wohnung internationaler Treffpunkt kath.-konservativer Geistigkeit wurde. → Schelling (1826-41) enttäuschte dagegen die Hoffnung auf Begründung einer christlichen Religionsphilosophie. Mit dem Pädagogen und Philhellenen F.W.v.Thiersch (1826-60, †), Gründer des 1826 mit der Universität vereinten und für spätere Einrichtungen vorbildlichen Philologischen Seminars, und mit dem germanistischen Sprachforscher J.A.Schmeller (1828-31, 1847-52, †), Kustos der Bayerischen Staatsbibliothek, erhielt die kritisch-philologische Methode erste Vertreter. In den naturwissenschaftlichen Disziplinen stand die rationell-empirische Wissenschaft, gefördert durch den Anatom I.v.Döllinger (1826-41, †; Vater des Theologen), den Kliniker Ph.v.Walther (s. 1) und den Botaniker K.Ph.v.Martius (1826-54), anfangs noch im Schatten der Geisteswissenschaften, um dann seit der Jh.-Mitte zu überragender Bedeutung aufzusteigen. Aus vielen Namen von Weltruf seien genannt: der Hygieniker M.v.Pettenkofer (1847-1901, †), der Chirurg J.N. Nußbaum (1857-90, †), H.v.Ziemssen (1874-1902, †), die Psychiater E.Kraepelin (1903-26, †) und O.Bumke (1924-50, †), die Chemiker J.v.Liebig (1852-73, †), A.v.Baeyer (1875-1917, †), R.Willstätter (1915-25) und H.Wieland (1925-57, †), der Astronom J.v.Lamont (1837-79, †), die Physiker G.S.Ohm (1850-54, †), C.A.Steinheil (1835-49), W.C.Röntgen (1900-23, †) und A.Sommerfeld (1906-51, †). In den Geisteswissenschaften wirkten daneben Gelehrte wie die Rechtslehrer J.C. → Bluntschli (1848-61), B.Windscheid (1857 bis 1871) und K.v.Amira (1892-1930, †), die Nationalökonomen W.H.v.Riehl (1854-97, †) und L.Brentano (1891-1931, †), die Historiker C.v.Höfler (1838 bis 1847), H.v.Sybel (1857-61), W.v.Giesebrecht (1862 bis 1889, †), S.v.Riezler (1898-1927, †), H.v.Grauert (1883-1924, †), H.Günter (1923-51, †), die Byzantinisten K.Krumbacher (1886-1909, †) und A.Heisenberg (1910-30, †), der mittellat. Philologe L.Traube (1888 bis 1907, †), die Kunsthistoriker H.Wölfflin (1912-24) und W.Pinder (1927-35), der Romanist K.Voßler (1911-49, †), die Philosophen G.v.Hertling (1882-1912, seit 1917 Reichskanzler), Cl. → Baeumker (1912-24, †) und A.Pfänder (1901-41, †). Seit der 2. Hälfte des 19.Jh.s führte die Spezialisierung zur Gründung zahlreicher, zT einzigartiger Lehrstühle mit Seminaren (u.a. für Byzantinistik, mittellat. Philologie, Geschichte und Kultur Südosteuropas sowie des Nahen und Fernen Orients). Mit der Abtrennung der Naturwissenschaften von den philosophischen Fächern (1892 als Sektion, 1937 als Fakultät), mit der Angliederung der 1790 gegründeten M.er Tierärztlichen Hochschule 1914 als Fakultät und der Überführung der allgemeinen betriebswirtschaftlichen Fächer von der TH an die staatswirtschaftliche Fakultät 1945 erhielt die Universität ihre gegenwärtige

Gestalt. Der 2. Weltkrieg hat die Kliniken und Institute bis zu 80% zerstört. Inzwischen konnten die gröbsten Lücken geschlossen und auch neue Lehrstühle mit Instituten errichtet werden, so für Christliche Gesellschaftslehre, Internationales Privatrecht, Soziologie, Politische Wissenschaften, Holztechnologie, Weltwirtschaft, Amerikanistik. Mit 144 Instituten, 14 Kliniken, 3 Tierkliniken, 174 Lehrstühlen und rd 400 Dozenten und Honorarprofessoren, mit einer Durchschnittsfrequenz von 17-18 000 Studenten (davon 27% Frauen, 8,3% Ausländern, 2,2% Theologen) ist die Universität M. heute die größte der BRD.

3. Bei Besetzung der *theol. Fakultät* (kath.) stützte sich Ludwig I. ganz auf die Empfehlungen Sailers. Dessen Geist wirkte fort in den Exegeten J.F. → Allioli (1821 bis 1835) und D.B.v.Haneberg (1839-72), dem späteren Speyrer Bischof, im Pastoraltheologen G.F.Wiedemann (1821-42), am ungetrübtesten aber in J.A. → Möhler (1835-38). Bedeutsam für die Geschichte der Fakultät wurde die Berufung des 27jährigen → Döllinger (1826 bis 1847, 1850-90, †), bald die Seele des auch außerhalb der Universität (→ Kniebeugungsstreit, → Kölner Kirchenstreit) wirksamen Görres-Kreises, später die markanteste Gestalt unter den Gegnern der vom → Vatikanum definierten → Infallibilität. Döllinger und der Kirchenhistoriker J. → Friedrich († 1917) verweigerten als einzige der Fakultät die Anerkennung der Vatikanischen Beschlüsse und wurden April 1871 exkommuniziert. Eine weitere Krise mit Studentenunruhen brachte 1908 die Suspension des Dogmenhistorikers J. → Schnitzer im Zusammenhang mit der Antimodernistenenzyklika → Pius' X. - Im Frühjahr 1939 wurde die Fakultät »aus politischen Gründen« aufgehoben. Die Wiedereröffnung erfolgte Febr. 1946 zunächst in Fürstenried. Auf Initiative von K.Mörsdorf wurde bei der Fakultät das erste deutsche kanonistische Institut mit eigenem Promotionsrecht gegründet (1947 staatlich, 1949 vom Hl. Stuhl genehmigt) und durch Dekret der Hl. Studienkongregation in Rom (30.4.1954) mit den Rechten und Privilegien einer kirchlichen Fakultät ausgestattet. Das 1954 von M.Schmaus eingerichtete → Grabmann-Institut will die Tradition der handschriftlichen Erforschung der Theologie und Philosophie des MA fortführen. Mit der Fakultät verbunden ist das 1492 als Studentenburse gestiftete Herzogliche Georgianum, seit 1785 Priesterseminar, das dem jeweiligen Ordinarius der Pastoraltheologie untersteht. - Von den Professoren des 19.Jh.s seien erwähnt: die Kanonisten F.M.Permaneder († 1862) und J.Silbernagl († 1904), die Exegeten W.K.Reischl († 1873) und P.J.Schegg († 1885), der Liturgiker V. → Thalhofer (bis 1876), der spekulativ veranlagte Dogmatiker Alois v. Schmid († 1910) und sein Bruder, der vielseitige Pastoraltheologe Andreas Schmid († 1911).

Lehrstuhlinhaber im 20.Jh.: AT: J.Goettsberger († 1958), F.Stummer († 1955), V.Hamp (seit 1953); NT: der Patrologe O.Bardenhewer († 1935), J.Sickenberger († 1945), F.W.Maier († 1957), J.Schmid (em.), O.Kuß (seit 1960); Patrologie: J.Zellinger († 1958), mit alter KG A.W.Ziegler (seit 1948); KG: A.Knöpfler († 1921), G.Pfeilschifter († 1936), L.Mohler (1939 nach Freiburg, † 1943), F.X.Seppelt († 1956), H.Tüchle (seit 1952); Apologetik bzw. Fundamentaltheol.: A.Seitz († 1951), A.Lang (1939 nach Bonn), G.Söhngen (em.), H.Fries (seit 1958); Dogmatik: L.Atzberger († 1918), M.Grabmann († 1949), M.Schmaus (seit 1946); Moraltheol.: F.Walter († 1950), Th. → Steinbüchel (1939 nach Tübingen, † 1949), R.Egenter (seit 1946); Kirchenrecht: H.Gietl († 1918), E. → Eichmann († 1946), H.Barion (1938/39, nach Bonn), K.Mörsdorf (seit 1946); Kirchliche Rechtsgeschichte: K.Weinzierl (seit 1948); Kan. Prozeß- und Strafrecht: A.Scheuermann (seit 1956); Pastoraltheol. und Liturgik: E.Weigl († 1960), J.Pascher (seit 1946); Pädagogik und Katechetik: J.Göttler († 1935), J.Sellmair († 1954), Th.Kampmann (seit 1956); Syst. scholastische Philosophie und Propädeutik: W. Keilbach (seit 1956); Christliche Gesellschaftslehre: N.Monzel (seit 1955); Missionswissenschaften: S.Brechter OSB (seit 1952).

C.PRANTL, Gesch. der Ludwig-Maximilians-Univ. in Ingolstadt, Landshut, M., 2 Bde, 1872 - A.SCHMID, Gesch. des Georgianums in M., 1894 - PH.FUNK, Von der Aufklärung zur Romantik, 1925 - M.DOEBERL, König Ludwig I., der zweite Gründer der Ludw.-Max.-Univ., 1926 - K.A.v.MÜLLER, Die wissenschaftl. Anstalten der ... Univ. zu M., 1926 - DERS., Ludw.-Max.-Univ. M. (in: Das Akad. Deutschland I, 1930, 323-342) - Briefwechsel zwischen Ludwig I. ... u. E.v.Schenk 1823-41, eingel. u. hg.v. M.SPINDLER, 1930 - M.HUBER, Ludwig I. v. Bayern u. die ... Univ. in M. (1826-32), 1939 - G.v.PÖLNITZ, Die Matrikel der ... Univ. Ingolstadt-Landshut-M. I-III/1, 1937-41 - DERS., Denkmale u. Dokumente zur Gesch. der ... Univ. Ingolstadt, Landshut, M., 1942 - J.SPÖRL, Die ... Univ. M. (Neue Dt. Hefte 39, 1957, 622-631) - DERS. in: Jb. der ... Univ. M. 1957/58.

L.Boehm

II. Erzbistum München-Freising

In letzter Ausbildung des bayerischen Staatskirchensystems errichtete Kurfürst Karl Theodor 1789 in M. ein Hofbistum. Nach der Säkularisation (1803) wurde dieses Hofbistum 1805 wieder aufgelöst. Die Bestrebungen, die künftige bayerische Kirchenorganisation durch Verlegung eines Erzbistums in die Landeshauptstadt enger an den Staat zu ketten, wirkten jedoch weiter. Nach dem Konkordat (1817; → Bayern, 3 a) wurde das Bistum → Freising zum Erzbistum erhoben und nach M. verlegt. Kathedrale wurde neben dem Dom zu Freising die Liebfrauenkirche in M. Die neue Erzdiözese, der die Suffraganbistümer → Augsburg, → Regensburg und → Passau unterstellt sind, wurde aus den alten Bistümern Freising, → Chiemsee, der Fürstpropstei Berchtesgaden und den in Bayern gelegenen Teilen der ehemaligen Erzdiözese → Salzburg gebildet. Der Erzbischof von M.-Freising wurde Vorsitzender der Freisinger Bischofskonferenz. Erster Erzbischof wurde L.A. Frhr.v.Gebsattel (1821-46). Schon 1817 vom König ernannt, verzögerte sich sein Amtsantritt durch seine Weigerung, den Eid auf die bayerische Verfassung abzulegen. Erst 1821 wurden diese Schwierigkeiten durch die Tegernseer Erklärung des Königs behoben. Gebsattel widmete sich, in engem Kontakt mit J.M. → Sailer stehend, unter großen persönlichen Opfern dem Wiederaufbau einer geregelten Seelsorge, errichtete ein Priesterseminar (1826), ein Knabenseminar (1828) und eine philosophisch-theologische Hochschule in Freising (1834). Sein Nachfolger K.A.Graf v. → Reisach (1846-55, seit 1841 Coadjutor) versuchte der kath. Kirche in Bayern mehr Bewegungsfreiheit zu erkämpfen, geriet jedoch in scharfen Konflikt mit König Maximilian II., der 1855 Reisachs Entfernung von M. durch die Erhebung zum Kurienkardinal erreichte. Der neue Erzbischof G.v. Scherr (1856-77) hatte eine bes. schwere Amtszeit. Zunächst unter denselben Schwierigkeiten wie sein Amtsvorgänger leidend, wurde er durch → Döllinger und J. → Friedrich, die M. zu einem Zentrum der → Altkatholiken machten, und durch die in M. bes. scharf ausgefochtene Diskussion um das → Vatikanum in eine sehr schwierige Lage gebracht. Sein Ende stand im Schatten des auf den Höhepunkt zusteuernden → Kulturkampfes, der auch die Amtszeit seines Nachfolgers A.v.Steichele (1878-89) bestimmte. Die Seele des Widerstandes war neben den beiden Erzbischöfen der Generalvikar M.v.Rampf. Unter den Erzbischöfen A.v. Thoma (1889-97) und F.J.v.Stein (1898-1909) normalisierten sich die Beziehungen zwischen Staat und kath. Kirche in Bayern, bes. nachdem 1890 die Altkatholikenfrage geklärt wurde. Die grundlegende Veränderung der Verhältnisse kam 1914 in der Erhebung des Erzbischofs F.v.Bettinger (1909-17) zum Kardinal zum Ausdruck. Mit ihm beginnt die Reihe der M.er Kardinäle, die mit M.v. → Faulhaber (1917-52) und J.Wendel (seit 1952) fortgeführt wurde. 1958 zählt die Erzdiözese bei 2 335 567 Einwohnern 1 936 794 Katholiken, 1256 Diözesanpriester und 504 Ordensgeistliche, 2010 Kirchen mit 680 Pfarreien, 51 männliche (mit 2010 Professen) und 403 weibliche (mit 6222 Professinnen) Klosterniederlassungen sowie 180 Seminaristen.

Generaliensammlung der Erzdiözese M.-Freising, 5 Bde, 1821-98 - M.HARTIG, 1200 Jahre Bistum M. u. Freising, 1939 - B.BASTGEN, Bayern u. der Hl. Stuhl, 2 Bde, 1940 - P.SIEWECK, L.A.Frhr.v.Gebsattel, der erste Erzbischof von M. u. Freising, 1955.

K.O.Frhr.v.Aretin

Münchmeyer, *August Friedrich Otto,* luth. Theologe (8.12.1807 bis 7.11.1882), * in Barskamp a. d. Elbe. Wie J.H. → Wichern war M. Schüler Fr. → Lückes in Göttingen (1827-30), lehnte aber später die → Innere Mission ab, als er durch A.v.Arnswaldt und L.A. → Petri für ein hochkirchliches, konfessionelles → Luthertum (: II) gewonnen wurde. Gegen J.F.W. → Höfling trat M. für eine luth. Freikirche mit eigenem Kirchenregiment ein. 1853 rief er mit Petri zur Gründung eines luth. Gotteskastens auf (→ Martin-Luther-Bund). Seit 1855 Sup. in Buer und Konsistorialrat, wurde er mit K.K. Münkel Wortführer der konfessionellen Gruppe in der ev. luth. Kirche Hannovers.

Vf. u.a.: Das Amt des NT nach Lehre der Schrift u. der luth. Bekenntnisse, 1853; Das Dogma von der sichtbaren u. unsichtbaren Kirche, 1854. - Über M.: RE XIII, 536f - H.FAGERBERG, Bekenntnis, Kirche u. Amt in der dt. konfessionellen Theol. des 19.Jh.s, 1952 (s. Reg.).

H.W.Krumwiede

Münster

I. Bistum - II. Universität

I. Bistum

1. Gründung und Umfang - 2. Vom 16.-18.Jh. - 3. Im 19. und 20.Jh. - 4. Statistisches

1. Das Bistum M., von → Karl d. Gr. nach der Unterwerfung der → Sachsen gegründet und zur Kirchenprovinz → Köln (: II) gehörig, umfaßte außer den westfälischen Gauen nördlich der Lippe fünf friesische an der Mündung der Ems. In Mimigernaford hatte der Friese → Liudger, der spätere erste Bischof, auf einem Hügel an der Aa ein Stift (monasterium), die Keimzelle der heutigen Diözese, gegründet. - In dem sächsischen Anteil nördlich der Lippe und an der mittleren Ems erwarben die Bischöfe nach und nach die Landeshoheit. Dem »Oberstift«, das ungefähr dem heutigen Münsterland entspricht, wurde schließlich das »Niederstift« hinzugefügt, das aus den späteren Ämtern Vechta, Kloppenburg und Meppen bestand. Die kirchliche Oberhoheit setzte hier freilich erst Chr.B.v.Galen gegenüber dem Bistum → Osnabrück durch (1667). Kirchliche und kulturelle Mittelpunkte waren außer der Stadt M. die Kanonissenstifte Nottuln und Freckenhorst, das Prämonstratenserstift Cappenberg, das Benediktinerkloster Liesborn, das Zisterzienserkloster Marienfeld und die Johanniterkommende in Steinfurt. M. öffnete sich früh den → Brüdern vom gemeinsamen Leben. Der → Humanismus wirkte bes. durch seine pädagogische Zielsetzung (Rudolf von → Langen).

2. In den 30er Jahren des 16.Jh.s schlossen sich sämtliche Pfarrgemeinden der Stadt der *Reformation* an. Nur der Dom, die Kollegiatstifte und Klöster blieben kath. Doch gewannen trotz Luthers Mahnschreiben vom 21.12.1532 die wiedertäuferischen Schwarmgeister Boden. Bernd → Rottmann ging zu den → Täufern über. Niederländische und friesische Wiedertäufer wanderten in M. ein. Ihre Anführer, Jan Matthys und Jan Beuckelsson (van Leiden), rissen im Bunde mit Rottmann und dem Tuchhändler Knipperdolling die Herrschaft an sich (Abschaffung der Sonn- und Feiertage, »Liebesmahle« auf dem Domplatz mit Enthauptung mißliebiger Bürger, Gütergemeinschaft, Vielweiberei, Verbrennung aller Urkunden und Bücher außer der Hl. Schrift). Die ev. Gesinnten setzten sich zur Wehr, vor allem der Syndikus Johann von der Wieck und der vom Landgrafen → Philipp von Hessen gesandte Theologe Theodor Fabricius. Bischof Franz von Waldeck (1532-53) belagerte mit benachbarten, zT ev. Fürsten die Stadt und nahm sie am 25.6.1535 ein. Trotz des Einspruchs Philipps von Hessen erhielt die kath. Kirche sämtliche Gotteshäuser zurück. Noch 1543 hätte Franz von Waldeck gern das Hochstift durch H. → Bonnus, der in → Osnabrück das kirchliche Leben neu ordnete, reformieren lassen; dem Domkapitel gegenüber konnte er sich jedoch nicht durchsetzen. In manchen Stadt- und Landgemeinden aber wurden weiter ev. Gottesdienste gehalten. Der Adel blieb bis zur 2. Hälfte des 17.Jh.s überwiegend ev. - Als Pius IV. → Utrecht zum Erzbistum erhob, kam das Groningerland an das Bistum → Groningen. Bald darauf drang hier der Calvinismus vor. Die östlichen Gaue Frieslands hatten die Reformation bereits eingeführt und waren damit der kath. Kirche verlorengegangen. - Im Bistum M. setzte die *Gegenreformation* und das Zeitalter unumschränkter Fürstenmacht unter Johann von Hoya (1566-74) ein, der die Beschlüsse des → Trienter Konzils durchzuführen suchte. In demselben Sinn wirkten Ernst (1585-1612) und vor allem Ferdinand von Bayern (1612-50), die zugleich Kurfürsten von Köln waren. 1588 wurde in M. ein Kolleg der Jesuiten gegründet (Niederlassungen auch in Werne und Coesfeld). Fast das ganze mittlere Emsland wurde rekatholisiert. - Der 30jährige Krieg suchte auch das Hochstift heim. In der Stadt begannen die Verhandlungen zum → Westfälischen Frieden, der hier 1648 unterzeichnet wurde. Der kriegerische Chr. B.v. → Galen (1650-78) suchte seine politische Macht zu erweitern und tilgte die Reste des ev. Lebens aus. Die Gnadenkapelle, die er in Telgte bauen ließ, gab den Wallfahrten neuen Auftrieb. Im Unterricht wurde der Katechismus des → Canisius eingeführt. So wurde das Bistum M. »für 1½ Jh.e zum Bollwerk des kath. Glaubens im nordwestlichen Deutschland« (H.Börsting). - Der Minister Franz Frhr. v. → Fürstenberg gründete das Priesterseminar und errichtete in dem Jesuitenkolleg die Universität (→ Münster: II). Außerdem führte er unter Mitarbeit von Bernhard → Overberg eine wichtige Schulreform durch. Eine neue religiöse Besinnung leitete der Kreis um die Fürstin → Gallitzin ein.

3. Der → *Reichsdeputationshauptschluß* hob 1803 die rechtsrheinischen geistlichen Gebiete auf. Preußen erhielt den östlichen Teil des Hochstifts mit der Hauptstadt, der Herzog von Arenberg das Amt Meppen und der Herzog von Oldenburg die Ämter Vechta und Kloppenburg. Der Rest fiel anderen Landesherren zu. Frhr. vom Stein ermöglichte die Bildung einer ev. Gemeinde in M. und das Werden einer ev. Diasporakirche im Münsterland, das nach den Befreiungskriegen ganz zu Preußen kam. Von M. aus verwaltete das Ev. Konsistorium von 1815-1946 die ev. Gemeinden der Provinz → Westfalen. Nach den Zirkumskriptionen Pius' VII. (1821 für Preußen, 1824 für Hannover) gab die neue *Diözese M.* an das Bistum Osnabrück 38 Pfarreien im Amt Meppen, in Ostfriesland und der Grafschaft Bent-

heim ab, erhielt aber neue Gebiete: den Kreis Tecklenburg, das Vest Recklinghausen, das nördliche Oldenburg und die Länder Obergeldern, Cleve und Moers am Niederrhein. Bischof Joh.Bernh.Brinkmann (1870-89) stellte sich während des → Kulturkampfes entschieden gegen → Bismarck und → Falk. Im 19.Jh. wuchsen die kath. und die ev. Kirche innerhalb des ehemaligen Fürstbistums, zumal Bergbau und Eisenindustrie vom Ruhrgebiet nach Norden vordrangen und die Textilindustrie im Münsterland aufblühte. - Für die ev. Kirche von Westfalen und die angrenzenden Gebiete wurde die 1914 errichtete ev.-theol. Fakultät der Universität bedeutsam (→ Münster: II, 3). 1929 trat das Bistum an die neue Diözese → Aachen drei Dekanate ab. Bischof Clemens Aug. Graf v. → Galen (1933-46) verteidigte in der Zeit des Nationalsozialismus das kirchliche Erbe mit Ausdauer und Tapferkeit. - Seit 1945 sind viele Flüchtlinge und Vertriebene eingeströmt. Daher mußten die gottesdienstlichen Stätten auch der bisherigen und zT neu gebildeten ev. Gemeinden beträchtlich vermehrt und viele Kirchen, Gemeinde- und Pfarrhäuser gebaut werden. - An das Bistum → Essen gingen Teile des Industriegebiets über.

4. Nach dem »Schematismus des Bistums M.« (1959) entfallen von der gesamten Wohnbevölkerung (3 261 667) 1 863 619 (57,14%) auf die röm.-kath. Kirche. Das Bistum zählt in 59 Dekanaten 494 Pfarreien und 126 sonstige Seelsorgebezirke mit 1530 Geistlichen, von denen 1018 in der Pfarrseelsorge stehen (963 Welt- und 55 Ordensgeistliche); die restlichen 512 sind sonstige Weltgeistliche. - In der Stadt M. waren 1840 9,1% der Gesamtbevölkerung ev., 1937 21,9%, 1958 29,3% (49 960 Evangelische).

Allgemein: J.Niesert, M.ische Urkundensammlung, 7 Bde, 1826 bis 1837 - H.A.Erhard, Gesch. M.s, 1837 - J.Ficker u.a., Geschichts-Qu. des Bistums M., 1851-1937 - A.Tibus, Gründungsgesch. der Stifter ... im Bereich des alten Bistums M., 1885 - Hauck I-V - RE XIII, 538ff (Lit.) - L.Schmitz-Kallenberg, Monasticon Westfaliae, 1909 - H.Hamelmanns gesch. Werke II: Reformationsgesch. Westfalens, hg.v. Kl.Löffler, 1913 - A.Brand, Gesch. des Fürstbistums M., 1925 - RGG² IV, 271ff (Lit.) - Westfäl. Zs., 1930ff - H.Börsting-A.Schröer, Hdb. des Bistums M., 2 Bde, (1943) 1946² - Herm. Rothert, Westfäl. Gesch., 3 Bde, 1949-51 - H.Börsting, Gesch. des Bistums M., 1951 - Schematismus des Bistums M., 1959. - Einzelnes: F.Fischer, Die Reformationsversuche des Bischofs Franz v. Waldeck im Fürstbistum M., 1907 - Th.Klümper, Landesherr u. Städte im Fürstbistum M. unter Ernst u. Ferdinand v. Bayern 1585-1650 (Diss. M.), 1940 - H.Börsting-A.Schröer, Westfalia Sacra, 2 Bde, 1948/50 - F.Brune, Das Werden einer ev. Kirche im M.land 1802 bis 1806 (Jb. des Vereins f. Westf. KG 1952/53, 193-223) - Ders., Der Kampf um eine ev. Kirche im M.land 1520-1802, 1953 - R.Stupperich, Glaube u. Politik in der westf. Reformationsgesch. (Jb. des Vereins f. Westf. KG 1952/53, 97-121) - Ders., Das M.ische Täufertum, 1958.

W.Rahe

II. Universität

1. Allgemein - 2. Kath.-theol. Fakultät - 3. Ev.-theol. Fakultät

1. Zu Beginn des 16.Jh.s galt die (seit 797 bestehende) Domschule in M. als eine der ersten Pflanzstätten der neuen humanistischen Bildung. Westfälische Humanisten (Dringenberg, Alex. → Hegius, Rud. v. → Langen, H.v.d. → Busche u.a.) warben allenthalben für die dort gepflegten Studien. Gelehrte aus Nachbargebieten fanden sich in M. ein, von denen einige später auf seiten der Reformatoren zu finden sind (zB A. → Clarenbach, H. → Bonnus, H.Tulich; weitere Namen bei Herm. → Hamelmann in seinen Schriften zur westfälischen Gelehrtengeschichte). - M. bot günstige Voraussetzungen zur Gründung einer Universität, zumal die reformatorische Bewegung sich im deutschen Nordwesten mächtig ausbreitete und → Marburg bereits ein Vorbild bot. Die durch das Täufertum 1534/35 ausgelöste Katastrophe (→ Täufer) machte alle Hoffnungen zunichte. Dem westfälischen Bildungswesen brachte sie einen starken Rückschlag. Der Gedanke, mit Hilfe einer Universität die Reformation in → Westfalen durchzusetzen, wurde trotzdem nicht aufgegeben. Angeregt durch den Kölner Reformationsversuch (→ Hermann von Wied) richtete Arnold Burenius 1544 einen offenen Brief an Bischof Franz von Waldeck, in dem er ihm den Plan einer Universitätsgründung vortrug. Aber die politischen Verhältnisse ließen die Verwirklichung des Projektes nicht zu.

Als die Domschule 1588 unter die Leitung der Jesuiten kam, lebte der Plan der Universitätsgründung wieder auf. Fürstbischof Max Ferdinand erreichte 1629 ein päpstliches und 1631 ein kaiserliches Privileg für die Universität in M., nachdem Paderborn und Osnabrück auf diesem Wege vorangegangen waren. Kriegerische Unternehmungen des Bischofs Chr. Bernh. von → Galen verzehrten jedoch alle Mittel. - Erst in der zweiten Hälfte des 18.Jh.s, als viele deutsche Hochschulen im Niedergang begriffen waren, nahm der Staatsminister und Generalvikar Franz Frhr. v. → Fürstenberg den Universitätsplan wieder auf. Die Aufhebung des Jesuitenordens und die durch den Reichshofrat verfügte Säkularisation des Stiftes Überwasser gaben ihm dazu die Mittel. Trotz der Zustimmung Friedrichs d. Gr. gelang es nicht, die Güter des Stiftes Cappenberg für die neue Universität zu verwenden; sonst wäre M. die am besten dotierte deutsche Universität geworden.

Das Gründungsjahr der Universität M. ist 1773. Papst und Kaiser hatten die Stiftungsprivilegien erneuert. Fürstenberg hatte die Absicht, eine Landesuniversität konfessioneller Prägung zu errichten. Daher berief er keine »Ausländer«, sondern ließ Landeskinder ausbilden, die ein Lehramt übernehmen sollten. Die Arbeit der neuen Hochschule begann mit 11 Professoren. Die feierliche Eröffnung fand erst 1780 statt. Die geistige Atmosphäre wurde weitgehend durch den Kreis der Fürstin → Gallitzin bestimmt. - Als das Fürstbistum → Münster (: I) an Preußen fiel, wurde in Berlin der Plan erwogen, für die westlichen Teile der Monarchie eine große Universität zu schaffen, wobei die Universitäten Duisburg (→ Reformierte Hohe Schulen) und M. zusammengelegt werden sollten. Frhr. vom Stein sah in seinem »Entwurf zur Errichtung einer Landesuniversität in M.« (1804) bereits eine derartige Hochschule vor. Die politischen Verhältnisse ließen die Verwirklichung dieses Planes nicht zu; M. verblieb in seinem alten Zustand. Als aber Preußen 1815 das ganze Rheinland erhielt und Friedrich Wilhelm III. den Rheinländern eine Universität versprach, mußte M. seine juristische und medizinische Fakultät an die Universität Bonn abgeben. Immerhin wurde die Universität nicht völlig aufgehoben, sondern lebte in ihrer kath.-theol. und philosophischen Fakultät als »Akademische Lehranstalt« weiter. Sie hatte die bescheidene Aufgabe, kath. Priester und Gymnasiallehrer auszubilden. Das Promotionsrecht wurde der kath.-theol. Fakultät 1833, der philosophischen (mit Ausnahme der Naturwissenschaften) 1844 wiedergegeben, nachdem Friedrich Wilhelm IV. die Lehranstalt zur »Königlichen theologischen und philosophischen Akademie« erhoben hatte. Der kath. Bevölkerungsteil Westfalens war mit der Akademie eng verbunden, der ev. tendierte weiter nach Göttingen, Halle oder Bonn. Die Frequenz der Akademie war trotzdem größer als die mancher Universität. Seit der Mitte des 19.Jh.s lehrten hier namhafte Forscher. Den Bestrebungen, sie zu einer kath. Universität zu machen, widersetzte sich der Staat. Während des → Kulturkampfes wurden die ersten Professoren ev. Bekenntnisses nach M. berufen. Um dieselbe Zeit wurden naturwissenschaftliche Institute geschaffen und das Promotionsrecht auf die naturwissenschaftlichen Fächer ausgedehnt. Damit war der Weg zum Ausbau der Akademie beschritten.

Seit den 90er Jahren wurde die Forderung nach der Wiederherstellung der Universität M. immer lauter erhoben. Die volkreichste preußische Provinz durfte nicht ohne Universität bleiben. Als 1902 die juristische Fakultät errichtet wurde, erhielt die Akademie den Universitätscharakter. Seit 1907 führt sie den Namen »Westfälische Wilhelms-Universität«. Den Bemühungen, eine ev.-theol. und eine medizinische Fakultät zu erhalten, war erst später Erfolg beschieden. Die Einrichtungen für die medizinische Propädeutik wurden 1906 getroffen. Die medizinische Fakultät konnte aber erst 1925 ihre volle Arbeit aufnehmen, nachdem die Kliniken gebaut waren. Weniger durch Bemühungen der ev. Kirche als einiger Abgeordneten aus Westfalen wurde 1912/13 die Genehmigung des Staates zur Errichtung der ev.-theol. Fakultät erreicht, die am 1.10.1914 eröffnet wurde. Nachdem sich 1948 die mathematisch-naturwissenschaftliche Fakultät verselbständigt hat, besitzt die Universität 6 Fakultäten. Die seit Jahrzehnten gepflogenen Erörterungen über Angliederung weiterer Fakultäten sind noch im Fluß. - Wie andere deutsche Universitäten hat M. nach 1945 einen starken Aufschwung erlebt. Der Lehrkörper ist erheblich vermehrt, die Zahl der Studenten hat 11 000 überstiegen.

2. Der *kath.-theol. Fakultät* hatte bereits der Begründer der alten Universität große Sorgfalt zugewandt. Ihre besten Kräfte kamen aus Fürstenbergs Schülerkreis. Von hier ging die Überwindung der kath. Aufklärung aus, als Th. → Katerkamp und F.H.Kistemaker Anregungen Fr.L.v. → Stolbergs aufnahmen. Nachdem Fürstenberg das Amt des Kurators hatte aufgeben müssen, hatte die Fakultät viele Spannungen auszutragen. Aus Würzburg wurde der rationalistisch eingestellte Dogmatiker M. Weckelein berufen, dessen Vorlesungen der Generalvikar den Studierenden verbot. Schwerwiegender war der Konflikt, den Georg → Hermes auslöste. Hermes ging zwar bald nach Bonn, aber seine Gedanken wirkten in M. nach. Es dauerte lange, bis die Dogmatik wieder kirchlich korrekt gelehrt wurde. Erst recht waren durch das → Vatikanum Spannungen entstanden. Mitglieder der Fakultät hatten sich gegen das neue Dogma ausgesprochen und den Standpunkt → Döllingers gebilligt. Auch der → Kulturkampf wirkte sich stark aus. Professuren blieben unbesetzt, die Studentenzahl sank von 300 auf 83. Erst nach 1884 traten wieder normale Zustände ein. Von bekannten kath. Theologen haben damals in M. gelehrt: J.Schwane, J.Pohle, B.Dörholt, F.J. → Dölger, F.Hitze u.a. Nach 1900 kam ein neues Geschlecht auf, das die Theologie seiner Zeit maßgebend bestimmte. Zu nennen sind u.a. F.Diekamp, J. → Mausbach, J.Schmidlin, später M.Meinertz, G.Schreiber, J.Pascher, M. Schmaus, J.P.Steffes, A.Rücker und J.Lortz. Nach 1945 besteht die Fakultät in der Hauptsache aus jüngeren Forschern: H.Eising (AT), J.Gewiess (NT), B.Kötting (KG), E.Hegel (KG), H.Volk (Dogmatik), W.Heinen (Moraltheologie), A.Kolping (Fundamentaltheologie) u.a. Ihre Bedeutung innerhalb der kath. Theologie der Gegenwart kommt u.a. darin zum Ausdruck, daß Zeitschriften wie die ThRv, ZM und mehrere Reihenwerke von Mitgliedern dieser Fakultät herausgegeben werden.

3. Als die *ev.-theol. Fakultät* im Winter 1914/15 unter den schweren Kriegsverhältnissen ins Leben trat, waren die ersten fünf Ordinarien (J.W.Rothstein, J.Leipoldt, G.Grützmacher, K.Heim, J.Smend) vom preußischen Kultusminister ausgewählt und auch der erste Dekan von diesem bestimmt worden. Der Minister wollte dabei keine der damals bestehenden theologischen Richtungen bevorzugen, sondern der kirchlichen Lage Rechnung tragen. Die eigentliche Arbeit der Fakultät begann in der Nachkriegszeit, als ihre Zusammensetzung sich schon geändert hatte. An ihrem inneren Aufbau waren maßgebend die Exegeten O.Schmitz (NT) und Joh.Herrmann (AT) beteiligt. Außerdem lehrten die Kirchenhistoriker G.Grützmacher, G.Goeters und K. Bauer und die Systematiker G.Wehrung, Karl → Barth, O.Piper, H.E. → Weber, F.W.Schmidt und E.Haenchen. Bes. muß W. → Stählin genannt werden, der als praktischer Theologe starken Einfluß ausübte.

Nach 1945 wurde die Fakultät unter maßgebendem Einfluß von J.Herrmann zu neuem Leben erweckt. Wieder wurde der erste Dekan von staatlicher Seite ernannt. H.Schreiner gab der Fakultät eine bestimmende Ausrichtung. Dozenten der philosophischen Fakultät und der Theol. Schule in Bethel halfen im Anfang aus. Bis 1948 waren die vakanten Lehrstühle besetzt. Verändert wurde der bisherige Status der Fakultät dadurch, daß 1948 zunächst eine, sodann entsprechend dem Lippischen Staatsvertrag mit dem Lande Nordrhein-Westfalen 1957 eine zweite Professur für ref. Theologie geschaffen wurde. Die übrigen Professuren werden luth. besetzt. 1955 wurde ein Lehrstuhl für Christliche Gesellschaftswissenschaft errichtet. Die Fakultät ist zZ (1960/61) folgendermaßen besetzt: F.Hesse (AT), K.H.Rengstorf und W.Foerster (NT), R.Stupperich und K.Aland (KG), C.H.Ratschow und E.Kinder (syst. Theol.), P.Jacobs (ref. Theol.), W.Schütz (prakt. Theol.), H.-D.Wendland (christl. Gesellschaftswiss.). Weiter sind an der Fakultät 6 Privatdozenten habilitiert. An besonderen Einrichtungen besitzt die Fakultät das Institut für christliche Gesellschaftswissenschaften (H.-D.Wendland), das Institut für nt. Textforschung (K.Aland), das Institut für westfälische KG, das Bucer-Institut, das Ostkirchen-Institut (jeweils R.Stupperich) und das Institutum Judaicum Delitzschianum (K.H.Rengstorf). Periodische Veröffentlichungen der beiden zuletzt genannten Institute sind das Jahrbuch Kirche im Osten und die Schriften des Institutum Judaicum Delitzschianum.

Hamelmanns geschichtl. Werke hg.v. H.DETMER-K.LÖFFLER, II, 1902/13 - H.DETMER, Der Plan des Arn. Burenius zur Errichtung einer höheren Lehranstalt in Westfalen 1544 (Westf. Zs. 60, 1902, 157-181) - A.PIEPER, Die alte Univ. M. 1773-1818, 1902 - J.SCHMEDDING, Die Kämpfe um den Ausbau der Westf. Wilhelms-Univ., 1925 - K.SPANNAGEL, Westf. Wilhelms-Univ. M. (Das akad. Deutschland 1930, 343-348) - J.HERRMANN, Die Univ. M. in Gesch. u. Gegenwart (Schr. d. Ges. z. Förderung d. Westf. Wilhelms-Univ. H. 19), (1947) 1950² - A.EITEL, Von der alten zur neuen Univ. in M. (ebd 31), 1953 - R.STUPPERICH, Die ev.-theol. Fakultät der Univ. M. (ebd 34), 1955 - DERS., Der Anteil der Kirche an der Errichtung d. ev.-theol. Fakultät in M. (Jb. f. westf. KG 49/50, 1957, 199-207) - DERS., Ev.-theol. Arbeit in Westfalen seit der Reformation (Abh. d. Ges. z. Förd. d. Westf. Wilh.-Univ. H. 4), 1959.

R.Stupperich

Münster, *Sebastian* (1489-1552), Hebraist und Kosmograph, * in Ingelheim, studierte in Heidelberg, Tübingen und Wien Theologie, Orientalia und Mathematik. M. war eine Weile Franziskaner, lehrte 1524-27 in Heidelberg, trat zur ref. Kirche über und kam 1529 als Hebraist an die theologische Fakultät der Universität Basel. Seine ausgedehnte wissenschaftliche Tätigkeit - die erste vollständige Ausgabe der hebr. Bibel mit lat. Übersetzung (1535), Textausgaben von Büchern des AT und der jüdischen Profanliteratur sowie grammatische und lexikalische Arbeiten - verschaffte ihm bei den Zeitgenossen fast so großes Ansehen wie → Reuchlin. Weiteren Kreisen wurde er bekannt durch seine »Cosmographia« (1544), eine geographisch-geschichtliche

Beschreibung der Länder und Städte vornehmlich Deutschlands.

ADB 23, 30ff - V.HANTZSCH, S.M., Leben, Werke, wissenschaftl. Bedeutung, 1898. † O.Clemen (W.Baumgartner)

Münter, *Friedrich* (14.10.1761 bis 9.4.1830), dän. Kirchenhistoriker, * in Gotha, † in Kopenhagen, wo sein auch als Kirchenlieddichter bekannter Vater *Balthasar* M. (1735-93) seit 1765 Pfarrer der deutschen St. Petri Gemeinde war. Im Elternhaus kam M. u.a. mit → Klopstock und den Brüdern → Stolberg zusammen und wandte sich zunächst der Dichtkunst zu. Durch B.G. → Niebuhr kam er zur Archäologie, in Göttingen durch C.W.F. → Walch und L.T. → Spittler zur KG. 1787 wurde er Prof. in Kopenhagen, 1808 Bischof von Seeland. Ohne ausgeprägte Theologie, vom Rationalismus bestimmt, darum Gegner → Grundtvigs, Gelehrter von hohem Rang, vertrat M. in praktisch-kirchlichen Fragen einen konservativen Standpunkt. Er veranlaßte u.a. eine Neuübersetzung des NT und des Kleinen Katechismus.

Vf. u.a.: Hdb. der DG der ältesten Kirche, 2 Bde, 1801ff; Gesch. der dän. Reformation, 2 Bde, 1802; Sinnbilder u. Kunstvorstellungen der alten Christen, 2 Bde, 1825; Der Stern der Weisen, 1827; Primordia ecclesiae Africanae, 1829. - Ges. kleinere kirchengesch. u. archäol. Arbeiten in: Miscellanea Hafniensia, 2 Bde, 1816-28 - Tagebuch im Goethe-Jb. 1897 - Briefe in: Euphorion 15, 1908, 54-59. - Über B.M.: F.MÜNTER, B.M., 1793 - KOCH VI, 348ff - W.KOSCH, Dt. Lit.-Lexikon II, 1953², 1818. - Über F.M.: RE XIII, 553ff - A.RASMUSSEN, F.M., 1925 - DBL XVI, 341ff. H.Hohlwein

Müntzer (auch *Münzer*), *Thomas* (1468[1489/90?] bis 1525), erstmals 1484 in Stolberg am Harz erwähnt, * also vermutlich 1468, Sohn eines nicht unvermögenden Seilermeisters aus angesehener Familie. M. wurde Mönch, vermutlich im Augustinerkloster in Quedlinburg, und studierte 1506 in Leipzig, 1512 in Frankfurt/O. Theologie (1516 Magister). M. verstand Griechisch und Hebräisch, er las die Klassiker (Plato, Apulejus), die Kirchenväter und die Mystiker (→ Tauler, → Seuse), aber auch → Joachim de Fiore, ebenso die Konzilsakten. Er war als gelehrter Theologe anerkannt, jedoch kein Humanist; seine umfassende Lektüre galt von vornherein seiner eigenen Glaubensgewißheit. Bereits um 1512 war er als Kollaborator in Halle und Aschersleben in Verschwörungen gegen Erzbischof Ernst von Magdeburg verwickelt. Später war er in raschem Wechsel Lehrer in Braunschweig und Halberstadt sowie Propst im Nonnenkloster Frohse bei Aschersleben. 1519 wohnte er bei einem Buchdrucker in Leipzig und lernte während der Disputation wohl → Luther kennen. Anschließend war er Beichtvater im Nonnenkloster Beuditz bei Halle. Luther empfahl ihn 1520 als Vertreter von → Egranus nach Zwickau, wo er nach dessen Rückkehr die Predigerstelle an der Katharinenkirche übernahm. Hier geriet M. unter den Einfluß der → Zwickauer Propheten (Nik.Storch), die die innere Erleuchtung anstelle der Bibel setzten und statt der Rechtfertigung durch den Glauben in der Erfahrung des Kreuzes einen neuen Heilsweg sahen. Dieser Geistglaube verdrängte bei M. das luth. Prinzip der Schriftdeutung und gab ihm in dem Bewußtsein, selbst das Kreuz erfahren zu haben und erwählt zu sein, die Sicherheit für sein Wirken. Wegen seiner scharfen Predigten Ostern 1521 aus Zwickau verwiesen, wandte sich M. nach Prag, wo er durch sein »Manifest« die »Böhmischen Brüder« zu gewinnen hoffte. Bald zurückgekehrt, wurde er nach einem unsteten und notvollen Jahre Ostern 1523 Prediger in dem kursächsischen Städtchen Allstedt am Kyffhäuser. In seiner »Deutschen ev. Messe« und seinem »Deutschen Kirchenamt« schuf er vor Luther als erster eine deutsche Liturgie, die er in seiner Schrift »Ordenunge und Berechnung« verteidigte (→ Gottesdienst: V B, 2 a α). Inhaltlich konservativ, aber den Anteil der Gemeinde betonend, sind diese liturgischen Schriften in Erfurt wie in Wolfenbüttel lange in Gebrauch gewesen und haben wohl den Anstoß für Luthers deutsche Liederdichtung gegeben. M. bildete einen »Bund getreulichen und göttlichen Willens«, dem sich außer der Allstedter Gemeinde auch Mansfelder Bergknappen anschlossen und der sich weit über Nordthüringen ausbreitete. Nachdem Luther in seinem »Sendbrief an die Fürsten zu Sachsen vom aufrührerischen Geist« vor M. gewarnt hatte, verteidigte M. in einer Predigt vor Herzog Johann über die »Auslegung des andern Unterschieds Danielis« seine Lehre und forderte den Fürsten selbst zum Eintritt in seinen Bund auf. Erst als sich dieser versagte, wurde M. zum politischen Agitator. Als »ein neuer Johannes« wollte er Christus die Herrschaft bereiten und in einem neuen Gottesstaat »die Tyrannen und feisten Pausbacken erwürgen«, das Volk freimachen. Auch kommunistische Gedanken klingen an (→ Kommunismus: II, 3). Nach einem Verhör in Weimar floh M. im Aug. 1524 in die nahe Reichsstadt Mühlhausen, in der seit 1523 Heinrich Pfeiffer Unruhe schürte. Nach einem mißglückten Aufstand wurden M. und Pfeiffer ausgewiesen. M. wandte sich nach Nürnberg, wo er seine »Hochverursachte Schutzrede« gegen Luther druckte, und nahm Verbindung mit den aufständischen Bauern in Oberdeutschland, mit → Oekolampad in Basel und → Hubmaier auf. Ende Febr. 1525 kehrte er nach Mühlhausen zurück. Mitte März erreichten er und Pfeiffer die Wahl eines neuen Rates, durch die Mühlhausen zu einer christlichen Demokratie umgeformt wurde. Von Mühlhausen aus rief M. in sprachgewaltigen Briefen seine Anhänger in Allstedt, Mansfeld und Sangerhausen zum Anschluß an den → Bauernkrieg auf, der eben jetzt von Oberdeutschland auf Thüringen übersprang. Als »ein Knecht Gottes wider die Gottlosen, gegürtet mit dem Schwert Gideonis« gab er der thüringischen Bewegung ihr eigenes Gepräge und stellte sich an die Spitze des Bauernheeres bei Frankenhausen, das am 15. Mai von den Fürsten vernichtet wurde. M. selbst wurde verhaftet und nach scharfer Folterung am 27.5.1525 vor Mühlhausen gerichtet, nachdem er seinen Glauben widerrufen hatte. M. war »ein Theologe von eigenem Gepräge« und »nächst Luther der selbständigste und originellste und daher auch einflußreichste Denker seiner Zeit« (H.Bornkamm). Sein Gedankengut wirkte bei den → Täufern weiter.

Briefwechsel hg.v. H.BÖHMER u. P.KIRN, 1931; Dt. Messen u. Kirchenämter hg.v. O.J.MEHL, 1937; Polit. Schriften hg.v. C.HINRICHS, 1951; GA hg.v. G.FRANZ (im Druck). - G.FRANZ, Bibliogr. der Schriften M.s (ZVThG NF 34, 1940, 161-173) - DERS., Die Bildnisse M.s (AKultG 25, 1934, 21-37). - Über M.: A.LOHMANN, Zur geistigen Entwicklung M.s, 1931 - G.FRANZ, Der dt. Bauernkrieg, (1933) 1958⁵ - C.HINRICHS, Luther u. M., ihre Auseinandersetzung über Obrigkeit u. Widerstandsrecht, 1952 - M.M.SMIRIN, Die Volksreformation des Th.M. u. der große Bauernkrieg (russ.), dt. 1952 - H.GOEBKE, Neue Forschungen über M. bis zum Jahre 1520 (Harz-Zs. 9, 1957, 1-30) - G.BARING, Hans Denck u. Th.M. in Nürnberg 1524 (ARG 50, 1959, 145-181) - W.ELLIGER, Th.M., 1960. G.Franz

Münze. Die M., ein in Form gebrachtes und mit Prägebildern versehenes Stück Metall, tritt zuerst um 650 vChr im Bereich des östlichen Mittelmeerbeckens als Wertmesser und Rechnungseinheit auf. Wie das → Geld (: I), dessen Normaltypus sie darstellt, ist sie sakralen Ursprungs. Der → Kultus ist Schöpfer dieser normierten Entgeltungsmittel, die beim → Opfer (: I) (ahd. gelt = Vergeltung, → Ersatzgabe, Opfer) an die Stelle von Naturalabgaben treten und für die Tempelwirtschaft (→ Tempel: I) Bedeutung gewinnen. Die

Gültigkeit der M. als → Symbol (: I) für den Wert des Realgutes ist gesichert durch die göttliche Rechtsordnung (→ Recht: II) und begründet in der ursprünglich der Sphäre des Kultus entstammenden Möglichkeit des legitimen Ersatzes eines Objektes durch dessen Nachbildung. Älteste Münzstempel lassen die bildliche Ablösung ursprünglicher Naturalopfer durch Abbreviaturen von Naturalgütern erkennen, die Opfergaben waren. Neben diesen mit dem Gottesdienst in Zusammenhang stehenden Darstellungen finden sich früh und sehr häufig Bilder von Göttern oder Gottkönigen (→ Herrscherkult) als Eigentumszeichen. Die zunächst typisierte Darstellung des sakralen Herrschers gewinnt allmählich porträthafte Züge, die zur säkularisierten Abbildung des Landesfürsten auf neuzeitlichen M.n überleiten. Bis zum 16.Jh., in dem der staatliche Charakter der M.n schärfer, wenn auch nicht ausschließlich zum Ausdruck kommt, sind auch in christlicher Zeit die Prägebilder der M.n religiös. Sie erhalten damit einmal die Aufgabe einer Verkündigung des Glaubens; zum andern soll der christliche Münzstempel die Gefahren entkräften, die mit dem Geld als Werkzeug des → Bösen verbunden sind. Die Bilder der Heiligen sind häufig; ihre Auswahl wird meist durch die Hauptkirche der Münzstadt bestimmt. Maria erscheint auf M.n meist ohne Kind; in Ungarn und Bayern hält sich das → Marienbild bis ins 19.Jh. In Byzanz wird das → Christusbild in ganzer Figur, sitzend oder stehend und segnend üblich. Unter den Symbolen ist das häufigste mittelalterliche Prägebild das → Kreuz, das bereits unter Konstantins Nachfolgern aufkommt und zur Bezeichnung von M.n als Kreuzer, Kreuztaler und (spanisch) cruzado beiträgt. Als weitere Symbole finden sich Fisch, → Lamm und → Heiligenattribute. Neben Aufschriften wie INRI, Pater noster, Ave Maria, Halleluja, Amen, Pax treten im MA einzelne Buchstaben auf, deren wahrscheinlich sakraler Sinn meist nicht mehr deutlich ist. Für die Umschriften der M.n sind Bibelsprüche kennzeichnend sowie Wunschformeln wie »Gott mit uns«, »Dieu protège la France«. Der → Aberglaube hat sich des Geldes nur in Form der M. bemächtigt, die als → Amulett und als Mittel gegen → Krankheiten verwendet wird. – Vgl. → Münzkunde, → Maße, Gewichte, Münzen in Israel.

F. Friedensburg, Die M. in der Kulturgesch., (1909) 1926² – Ders., Die Symbolik der MA-M.n, 2 Bde, 1913 22 – B. Laum, Hl. Geld, 1924 – HWDA VI, 626ff – G.-R. Kian, Introduction à l'hist. de la monnaie et hist. monétaire de la Perse, Paris 1934 – Prümm 632 – J. Babelon, La numismatique antique, Paris 1944 – Ders. in: DBS V, 1346 ff (Lit.) – Ch. Seltmar, Greek Coins, London 1955 – W. Wirgin-S. Mandel, The Hist. of Coins and Symbols in Ancient Israel, New York 1958. – Weitere Lit. s. → Münzkunde. *G. Lanczkowski*

Münzer, *Thomas* → Müntzer.

Münzkunde (M. = Münz[e]). Die → Münze als primäre Geschichtsquelle kann von der M.forschung *(Numismatik)* nach sehr verschiedenen Gesichtspunkten ausgewertet werden. Man kann sie handels- und wirtschaftsgeschichtlich nach ihrer Verbreitung, ihren inneren Eigenschaften, M.fuß und Währung, erforschen oder aber das Äußere, das Gepräge und M.bild in den Vordergrund stellen. Für die Religions- und Kirchengeschichte stehen neben münzrechtlichen Fragen die M.bilder an erster Stelle. Auf *griechischen* und *römischen* M.n schon haben die Darstellungen der Hauptgötter, Halbgötter, der Heroen und des Kultes eine beherrschende Rolle gespielt, seit konstantinischer Zeit auch christliche → Symbole (: III), der aus der antiken Victoria entwickelte Engel, Kreuz und Christogramm. Die Prägungen der germanischen Völkerwanderungsreiche übernehmen das. – Von den *Karolingern* wird das Bild des antiken Tempels als »Christiana Religio« gedeutet, während die große Mehrzahl der karolingischen Gepräge bildlos ist. In Ostrom (Byzanz) wird die Darstellung der hl. Personen, vor allem Christi und der Maria, neben dem Herrscherbild vorherrschend. In der deutschen *sächsisch-salischen Kaiserzeit* des 10./11.Jh.s geht das königliche M.recht weitgehend und durch Privilegien der Könige auf die geistlichen Fürsten, die Erzbischöfe, Bischöfe und großen Abteien über, die alle auch Einfluß auf M.fuß und M.bild gewinnen, doch steht zunächst das Bild und der Name des M.herren neben einfachen christlichen Symbolen voran. In Frankreich dauert die karolingische Tradition mit sehr vereinfachten M.bildern (type immobilisé) länger an. – In der Zeit der *Brakteaten der Hohenstaufenzeit,* nur einseitig geprägter Pfennige von oft künstlerischer Vollendung, erscheinen neben den repräsentativen Bildern der M.herren, der Könige, Herzöge, Grafen und geistlichen Fürsten die Bilder der Stiftsheiligen und ganze Szenen von Märtyrern, Anbetungen u.a., wie in Halberstadt St. Stephan, in Merseburg St. Laurentius. Byzantinischer Einfluß ist oft unverkennbar, vor allem in den umrahmenden Zierarchitekturen. Die Zahl der M.stätten wächst mit dem zunehmenden Barverkehr ungeheuer. – Die fiskalische Ausnutzung des M.-rechts führt in fast allen europäischen Ländern zu häufigen *M.erneuerungen* und *M.verschlechterungen,* gegen die kirchliche Kreise (Thomas von Aquino und Nikolaus Oresmius) Stellung nehmen. – Seit der 2. Hälfte des 13.Jh.s gewinnen die *Städte* mehr und mehr Einfluß auf das M.wesen, in Deutschland vor allem die Reichs- und Hansestädte, aber auch viele bischöfliche Städte, bis zum vollen Erwerb des M.rechts. Die immer kleiner und geringwertiger werdenden Pfennige führen dazu, daß zuerst in Italien, dann auch in Frankreich (1266) und seit 1300 in Böhmen, später vor allem in Meißen-Sachsen *größere M.sorten* geprägt werden, Groschen (grossi), Schillinge und Kreuzer, die nun das M.wesen des 14./15.Jh.s beherrschen, differenziert auch in Zwischenwerten zu 3-6 Pfennigen. Gleichzeitig setzt, ausgehend von Italien (Floren von Florenz 1252; Dukat von Venedig 1284), eine neue *Goldprägung* ein, die seit der Karolingerzeit erloschen war, bei den Arabern in Südeuropa und in Byzanz aber nie aufgehört hatte. Für Deutschland wird der wertmäßig etwas abgeschwächte rheinische Goldgulden maßgebend, an dem die 4 rheinischen Kurfürsten, bes. die Erzbischöfe von Köln, Mainz und Trier hervorragend beteiligt sind. – Die *M.bilder des späten MA* werden mit dem größeren Format der Gepräge reichhaltiger. Neben den → Herrschaftssymbolen und Darstellungen der M.herren und ihrer Wappen behaupten sich die Darstellungen aus dem Bereich des kirchlichen Lebens, bevorzugt Maria, Paulus, Petrus, Johannes der Täufer. Dazu kommen, und nicht nur in geistlichen M.stätten, die Orts- und Stiftsheiligen. Sie werden nicht selten namengebend für beliebte M.sorten, wie Mariengroschen, Mathier, Petermännchen. – Das ausgehende 15.Jh. bringt die Entstehung einer *Groß-silber-M.,* des deutschen Guldengroschens in Tirol 1482, bald weit verbreitet als *»Taler«* von Joachimsthal in Böhmen. Das 16. und 17.Jh. ist das Zeitalter des Talers, der unter verschiedenen Namen auch in anderen Ländern Verbreitung findet bis nach Amerika (Dollar). In der Zeit der Glaubenskämpfe wird der Taler zum *Kampf- und Propagandamittel* beider Konfessionen mit Bibeltexten, Allegorien, Verspottungen der Gegner (Wiedertäufertaler von Münster, Pfaffenfeindtaler Christians von Braunschweig, Geschichtstaler auf kirchengeschichtliche Ereignisse und deren Jubiläen). Als Schau-M. nähern sie sich der Medaille und den Wallfahrtspfennigen. Einige Gepräge mit Marien- und Heiligenbildern erlangen volkstümliche Amulettbedeutung, zB die Mansfelder St. Georgstaler. Mariendarstellungen behaupten sich auch in luth. Gebieten bis ins 18.Jh. - Im 17. und 18.Jh. geht die Prägetätigkeit der geistlichen M.herren stark zurück gegenüber den erstarkenden großen weltlichen Territorien und deren M.politik, die zu großen M.konventionen führt. Säkularisation und in der napoleonischen Zeit der Verlust der weltlichen Souveränität bringen eine geistliche M.tätigkeit völlig zum Erlöschen. Auch die M.bilder werden einfacher und vorwiegend weltlich mit den Bildnissen und Wappen der Fürsten und Städte. - Vgl. → Maße, Gewichte, Münzen in Israel.

H.Dannenberg, Die dt. M.n der sächs. u. fränk. Kaiserzeit I-IV, 1876-1905 - A.Engel-R.Serrure, Traité de numismatique du moyen âge I-III, Paris 1891-1905 - A.Luschin v. Ebengreuth, Allgemeine M.kunde u. Geldgesch. des MA u. der neueren Zeit, (1904) 1926² - F.Friedensburg, Symbolik der MA-M.n, 3 Tle, 1913-22 - Ders., M.kunde u. Geldgesch. der Einzelstaaten des MA u. der neueren Zeit, 1926 - W.Jesse, Quellenbuch zur M.- u. Geldgesch. des MA, 1924 - Fr. Frhr. v. Schrötter, WB der M.kunde, 1930 - Hamburger Beiträge zur Numismatik, hg.v. W.Hävernick, bisher 13 H.e, 1947ff - Ph.Grierson, Coins and Medals, a select bibliography, London 1954. *W.Jesse*

Muhámmed (arab. »der Gepriesene«), mit vollem Namen Abū 'l-Qāsim M. ibn ʿAbd Allāh (ca 570-632), der Stifter des → Islams (: I, 1), * in Mekka (→ 16 E 4) aus einem verarmten Zweige der dort führenden Familie Qoráisch und schon früh verwaist. Er wuchs bei seinem Oheim Abū Tālib auf, mit dessen Sohn ʿAlī er von dessen Jugend an eng befreundet war. M. lebte in wirtschaftlich bedrückten Verhältnissen, bis er Vermögensverwalter der reichen Witwe Chadīdscha (* ca 555) wurde und sie um 595 heiratete. Nunmehr als Kaufmann tätig und also wohl des Schreibens und Lesens kundig, kam er vielleicht bis nach Syrien; doch kann er monotheistische Lehren auch in Mekka kennen gelernt haben. Von ihnen wurde er mehr und mehr beeindruckt; seine nunmehr behaglichen Vermögensverhältnisse erlaubten ihm, sich religiösen Spekulationen hinzugeben, die ihn oft in die einsamen Berge um Mekka führten. Sie verdichteten sich etwa 610 zu Visionen und Auditionen, bei denen er Gottes Stimme zu hören und seinen Boten, den Erzengel Gabriel, zu sehen überzeugt war. - Vom Glauben durchdrungen, zum → Propheten seines Volkes berufen zu sein, ermahnte er seine Landsleute auf Grund immer neuer »Offenbarungen« zum Verlassen ihres diesseitigen, »gottlosen« Lebens und schilderte ihnen in glühenden Farben → Weltende, → Höllen-Strafen und → Paradieses-Freuden. Doch fand er außer bei Chadīdscha, ʿAlī und seinem Freigelassenen Zaid anfangs Anhänger nur bei niedrig Gestellten; die beiden späteren → Kalifen Abū Bekr und (Jahre später) ʿOmar waren die einzigen Hochgestellten, die sich ihm früh zuwandten. Neue Forschung wollte in dieser Entwicklung auch die Reaktion wirtschaftlich-sozialer Spannungen in Mekka sehen (Watt, s. Lit.); doch ist diese Ansicht auf Widerspruch gestoßen. Obwohl ein wirtschaftlicher Boykott der Qoráisch (die meist nicht Gläubige waren) 617/19 abgebrochen werden mußte, geriet M. in solche Bedrängnis, daß er einige seiner Anhänger (u.a. seinen Schwiegersohn, den späteren 3. Kalifen ʿOthmān) zeitweilig ins christliche Abessinien schickte. Schließlich mußte er sich mit seinen Getreuen (u.a. Abū Bekr) im Herbst (24.9.?) 622 zur Übersiedlung *(»Hidschra«)* von Mekka nach Medina (→ 16 E 3) entschließen. ʿAlī folgte bald nach und wurde nun Gatte von M.s Tochter Fātima († Herbst 632); beider Söhne Hasan († 669) und Husáin († 680) sind die Ahnen aller Prophetennachkommen und bes. für die Schiiten auch heilsgeschichtlich bedeutsam (→ Islam: I, 7).

Die Hidschra öffnete M. das Tor zum endgültigen Erfolge, da er in Medina von vornherein mit der Unterstützung der »Helfer« (Ansār) aus den Stämmen Aus und Chazradsch rechnen konnte, die ihn dorthin berufen hatten. Mit ihnen traten die »Auswanderer« (Muhādschirūn) aus Mekka alsbald in ein engeres Verhältnis; auch die Nichtgläubigen dort einschließlich der Juden wurden im »Gemeindevertrag« zur Anerkennung der politischen Macht M.s gezwungen. Gegen seine mekkanischen Landsleute eröffnete er den Krieg, der ihm 624 seinen einzigen Sieg in offener Feldschlacht bei Badr, 625 aber die Niederlage am Berge Ohod einbrachte. Kluge Festigkeit, entschlossenes Gottvertrauen und die Kunst der Menschenbehandlung überwanden die darauf folgende Krise. Wachsende Zusammenarbeit mit den umwohnenden Beduinenstämmen erlaubte ihm die Abwehr der Belagerung Medinas 627 und die erneute Aufnahme einer aktiven Politik gegen Mekka, dessen Bewohner er nun durch geschickte, auf Prestigefragen keine Rücksicht nehmende Politik soweit isolierte und beschwichtigte, daß er Mekka 630 fast ohne Schwertstreich besetzen konnte. Die Bewohner, bes. seine Verwandten, behandelte er so schonend, daß nur eine neue »Offenbarung« seine alten Gefährten beruhigte. - In Medina hatte sich M. zum »Grandseigneur« (Sajjid) entwickelt, der sich nach Chadīdschas Tode (619) einen Harem zulegte, und hatte zur Verschlagenheit des Politikers gegriffen, der auch vor Mord und Vertragsbruch nicht zurückschreckte. Die drei jüdischen Stämme Medinas, die sein Prophetentum nicht anerkannt und sich politisch unzuverlässig gezeigt hatten, vertrieb er oder ließ sogar ihre Männer umbringen. Im Zusammenhang mit all dem veränderte sich der Inhalt seiner »Offenbarung« nun von endzeitlichen auf juristische, ethische, politische Fragen; auch mit Zwistigkeiten in seinem Harem beschäftigten sie sich (→ Koran). - M. hielt seine Verkündigung anfänglich für eine Vollendung von Judentum und Christentum (und so sehen es die Muslime); gleichzeitig war er überzeugt, Entstellungen dieser Religionen durch ihre Bekenner zu berichtigen. Die Ablehnung seines Prophetentums durch beide ließ ihn zur Erkenntnis seiner Eigenständigkeit kommen und machte ihn (zusammen mit der politischen Entwicklung) zum erbitterten Gegner bes. der Juden. M. sah sich nun als Erneuerer der *»Religion Abrahams«*, deren Mittelpunkt ihm die *Kaʿba* in Mekka war. Wenn er auch Moses und Christus weiter als seine Vorläufer ansah, so machte er nun doch den Freitag zum Wochenfeiertag (aber ohne Arbeitsruhe); statt der Gebetsrichtung nach Jerusalem forderte er die »Qibla« zur Kaʿba, und an die Stelle des jüd. Fasttages trat der Fastenmonat Ramadān (→ Islam: I, 3). - Auch nach Mekkas Fall behielt M. seinen Wohnsitz in Medina bei. Er traf nun abschließende religiöse, kultische und staatliche Verfügungen, unternahm die *»Abschiedswallfahrt«* und starb nach kurzer Krankheit am 8.6.632 in Medina in den Armen seiner nunmehrigen Lieblingsfrau ʿĀʾischa († 678), einer Tochter Abū Bekrs; in Medina liegt er begraben. - Mehrere Konkurrenzpropheten, die damals auftraten (bes. Musáilima), wurden spätestens kurz nach seinem Tode ausgeschaltet. - Über M.s Nachfolge s. → Kalif, → Islam: I, 2. 7.

M. betrachtete sich zeitlebens nur als (auch läßlicher Sünden fähigen) Menschen. Sein strenger → Monotheismus (: I) schloß jeden Gedanken an eine Gottessohnschaft aus. Gottes Logos manifestierte sich nicht in einem Menschen, sondern in einem hl. Buche, dem → Koran, um dessen Ewigkeit oder Geschaffensein, um dessen wörtliche oder symbolische Auslegung es zu ähnlichen Auseinandersetzungen kam, wie sie die → Christologie kannte. Möglicherweise spielten dabei von Übergetretenen mitgebrachte Fragestellungen eine gewisse Rolle. - Der spätere Islam, in vielem auch der → *Sufismus,* haben M. mehr und mehr in die Sphäre eines Übermenschen hineingehoben. Nun wurde seine Sündlosigkeit (ʿIsma) und allgemeine Vorbildlichkeit gelehrt, wurden ihm Wunder zugeschrieben und wurde er zum »Vollkommenen Menschen« (Insān kāmil) erhoben. Sein Leben wurde in Biographien (Sīra) und Überlieferungen (Hadīth; → Islam: I, 4) beschrieben und galt als normatives Vorbild für die Gemeinde. - Insofern das Christentum sich als die wirkliche Offenbarung Gottes versteht, kann es M. nicht als Propheten anerkennen (→ Islam: II, 2 c). Bis zur Aufklärung hin sah das ganze MA in M. nicht nur objektiv einen »falschen Propheten«, sondern auch subjektiv einen bewußten Betrüger, einen »Lügenpropheten«, allenfalls einen Kranken (Epileptiker). Die steigenden Erfolge des Islams führten (über die → Kreuzzüge hinaus) zu wachsender Erbitterung zwischen beiden Religionen (→ Islam: III), wie sie zuletzt in den Türkenkriegen durchbrach. Erst die moderne → Islamforschung lehrte, daß M. ohne Zweifel eine religiös eigenständige, subjektiv ehrliche Persönlichkeit war. Seine Lehre als »geistlos«, seine Ethik als »primitiv« zu erklären, wie das gelegentlich geschehen ist (vgl. RGG² IV, 286), verkennt von der Lage des modernen Abendlandes aus das völlig Andersartige von M.s Umwelt und wird der Nachwirkung des religiösen Erlebens eines Mannes nicht gerecht, dem es als einzigem gelang, mit seiner Lehre die christliche Oikumene zu sprengen und zu ihrem immer wieder erfolgreichen Widerpart zu werden.

Heute maßgebend die beiden Biographien von F.BUHL, M.s liv (Kopenhagen 1903; dt. v. H.H.SCHAEDER, 1954²) u. T.ANDRAE, M. (dt. 1932; schwed. 1950², hg. u. umgearb. v. G.WIDENGREN); mit soziol. Gesichtspunkten: W.MONTGOMERY WATT, M. at Mecca, Oxford 1953 - DERS., M. at Medina, ebd 1956. - Streng hist.-krit.: R.PARET, M. u. der Koran, 1957. - Nachleben: T.ANDRAE, Die Person M.s in Lehre u. Glauben seiner Gemeinde, Stockholm 1918 (klassisch). - Spezialfragen: K.AHRENS, M. als Religionsstifter, 1935 - J.FÜCK, Die Originalität des arab. Propheten (ZDMG 90, 1936, 509 bis 525) - O.PRETZL, M. als geschichtl. Persönlichkeit (HZ 161, 1940, 457-476) - M.HAMIDULLAH, The battlefields of ... M., Woking/England 1953 - A.J.WENSINCK, M. en de Joden te Medina, 1908. - Frühe isl. Biographien (Sīra): Ibn Hischām († 834, dt. v. G.WEIL, 1864; gestützt auf Ibn Ishāq, † 767, verloren), Wāqidī († 823), Ibn Saʿd († 845), Tabarī († 923) u.a.; zu deren krit. Auswertung vgl. L.CAETANI, Annali dell' Islam I-X, 1905-26. - Moderne isl. Biographien bauen *nur* auf der Sīra auf u. sind ausschließlich apologetisch-traditionell, so M.ESSAD BEY, Mahomet, Paris 1948 (auch Volksglauben) u. M.HAMIDULLAH, Le prophète de l'Islam I. II, ebd 1959.

B.Spuler

Mulford, *Prentice* (1834-91), Seemann, Goldgräber, Zeitungskorrespondent (u.a. in Wien), ging nach New Jersey und erlebte dort die »Wiedergeburt aus dem Geist«. Durch seine Essays ist M. in Nordamerika und Brasilien Wegbereiter des New Thought Movement (→ Neugeistbewegung) geworden. Er geht aus von dessen Gründer Henry Wood: »Gedanken sind Dinge«. Diese sind Kräfte, die uns Muskeln und Mienen und auch die Ereignisse um uns schaffen, »Bausteine unseres Schicksals«. Das Unendliche wird nur durch uns selbst wirksam. Allen schlechten Verkehr, überhaupt alles Üble ablehnend, muß man dem Unendlichen glauben und dann »ganz bei der Sache sein«; Glauben an sich materialisiert sich zu Fleisch und Blut und schafft den spirituellen Leib. Dann kann der »Unfug des Sterbens« aufhören. - M. repräsentiert die nach »success« und »efficiency« drängende lebensphilosophische Parole, die zuletzt auf die → Christian Science zurückgeht. - Vgl. → Heilung, 2.

Vf. u.a.: Your Forces and how to use them (= White Cross Library), 1886ff; Die Möglichkeit des Unmöglichen, dt. 1919; Der unendliche Geist des Lebens, 1922. - ANNA EPPSTEIN hat unter dem der angelsächsischen Gralsage entlehnten Pseudonym »Sir Galahad« frei bearbeitet: Der Unfug des Sterbens (1913), Der Unfug des Lebens (1913), Das Ende des Unfugs (1925). - Über M.: H.W.DRESSER, Hist. of the New Thought Movement, 1919 - HERMELINK III, 598f.

† H.Stocks

Mumm, *Reinhard* (1873-1932), * in Düsseldorf als Sohn eines Kaufmanns, seit 1900 Generalsekretär der Freien → kirchlich-sozialen Konferenz in Berlin, des späteren kirchlich-sozialen Bundes. Als Nachfolger → Stoeckers 1912-32 → christlich-sozialer (1918-29 deutschnationaler) Abgeordneter des Siegerlandes im Reichstag. Erster → Sozialpfarrer für Westfalen (1917 D. theol. h. c. von Berlin). In der Kirche vertrat M. die Linie der → Positiven Union, in der Politik die soziale Gesetzgebung, die → Bekenntnisschule, den Kampf gegen → Schund und Schmutz. Mitglied der Weltkirchenkonferenz in Stockholm 1925. M. unterstützte 1930-32 die Regierung Brüning gegen die Extreme von links und rechts.

Vf. u.a.: Die Theorie der christlich-nationalen Arbeiterbewegung, 1907; Der Christ u. der Krieg, (1915) 1917⁸; Was jeder Christ von den heutigen Parteien wissen muß, (1919) 1924⁴; Das Reichsschulgesetz, 1927; Der christlich-soziale Gedanke, 1933. Hg. der Kirchl.-soz. Blätter 1900-32 u. der Kirchl.-soz. Chronik im KJ. *R.Mumm*

Munk, *Kaj* (1898-1944), dänischer Schriftsteller, Pfarrer in West-Jütland, forderte nach der Besetzung Dänemarks durch deutsche Truppen zum aktiven Widerstand auf und wurde am 4.1.1944 von Handlangern der Okkupationsmacht ermordet. Mit seinen etwa 20 Dramen erneuerte er das dänische Theater, indem er bunte Szenenbilder, vielfarbige Gestalten und einen Dialog, der sich von hohem Pathos bis zu derber Komik bewegt, in den Dienst der Verkündigung einer Idee stellte. In »En Idealist« (1928) erscheint Herodes als Diktator, der für die Idee seines Lebens kämpft: er will das Unrecht Jakobs gegen Esau am israelitischen Volke rächen. Doch überwindet Gott ihn, und ohne es zu wissen, dient er zuletzt dem kleinen Jesus. In »Ordet« (1932) läßt M. in einem neuzeitlichen Bauernmilieu einen Toten auferstehen, um den Abgrund zwischen biblischem Wunderglauben und moderner Skepsis zu zeigen. Den Machtmenschen stellt er in »Cant« (1931; Heinrich VIII.), in »I Brændingen« (1929) und in »De Udvalgte« (1933; über David) dar. In »Han sidder ved Smeltediglen« (1938) protestiert M. gegen den deutschen Antisemitismus. Doch erst nach 1940 wendet er sich gegen den Nationalsozialismus als solchen, bes. in »Niels Ebbesen«, der Geschichte eines dänischen Bauern, der i.J. 1340 nach langem Zögern seine natürliche Friedfertigkeit überwand und den holsteinischen Eroberer Graf Gert erschlug. Mehrere Predigtsammlungen zeigen M.s aufreizende Verkündigung, die wohl untheologisch, doch ihrer Ausrichtung nach ev. ist.

F.H.BLAEDEL, K.M. En bibliografi, Kopenhagen 1945 - A.HENRIQUES, K.M., ebd 1945 - N.NØJGAARD, K.M., levnedsløb og personlighed, ebd 1958. *G.Tolderlund-Hansen*

Muratori, *Ludovico Antonio* (21.10.1672 bis 23.1.1750), ital. Historiker und kath. Theologe, * in Vignola, † in Modena. Nach juristischen und kirchlichen Studien 1695 zum Priester geweiht, kam M. an die Ambrosiana, kehrte jedoch bald nach Modena zurück, wo er bis zum Tode als Bibliothekar und Staatsarchivar wirkte. Als Propst von Sta. Maria della Pomposa (1716) widmete er sich dem geistlichen Amt mit gleicher Hingabe wie der Wissenschaft. M.s literarisches Lebenswerk ist von erstaunlicher Breite (klassische Philologie, Poesie, Literatur, Philosophie, Recht, Medizin, Natur- und Wirtschaftswissenschaft). Seine Korrespondenz (s.u.) enthält über 6000 Nummern. Mehrere Urkunden verdanken M. ihre Erstveröffentlichung. M.s wichtigster Beitrag liegt auf historisch-theologischem Gebiet; Hauptwerke: Rerum italicarum scriptores ab a. 500 ad 1500, 28 Bde, Mailand (1723-51) 1900ff²; Antiquitates italicae medii aevi, 6 Bde, ebd 1738-42 (III, 851ff das → Muratorische Fragment); Annali d'Italia dal principio dell'era volgare sino all'anno 1749, 12 Bde, 1744-49 (dt. v. G.L. Baudis, 9 Bde, Leipzig 1745-50). In theologischen, disziplinarischen und politischen Fehden bewies M. Mäßigung. Der historischen Kritik sicherte er ihr Recht in Theologie und Urkundenforschung und protestierte gegen Auswüchse des Heiligen- und Reliquienkultes wie auch gegen abergläubische Praktiken (Blutgelübde zur Verteidigung der Unbefleckten Empfängnis). Anzeigen in Rom hatten keinen Erfolg, da Benedikt XIV. ihn verehrte und ihn in Schutz nahm.

GA: 36 Bde, Arezzo 1767-80; 48 Bde, Venedig 1790-1800 - Scritti inediti, 2 Bde, Bologna 1872-80 - Epistolario di L.A.M., hg.v. M.CAMPORI, 14 Bde, Modena 1901-22 - T.SORBELLI, Bibliogr. Muratoriana, 2 Bde, ebd 1943-44 (Lit.). - Über M.: DThC X, 2547ff - EC VIII, 1523ff - F.CARLI, L.A.M., Florenz 1955. *A.Hamman*

Muratorisches Fragment ist der Name eines lat. Kanonverzeichnisses, das L.A. → Muratori in einer aus dem Kloster Bobbio stammenden Mailänder Hs. des 8.Jh.s entdeckte. Der unbekannte, der römischen Gemeinde nahestehende Verfasser lebte gegen Ende des 2.Jh.s. Die Originalsprache war lat. oder griech. Das Fragment setzt mit der letzten der das MkEv betreffenden Zeilen ein (vorauf ging die Erwähnung des MtEv, auch des at. Kanons?). Es enthält ausführlich begründete Angaben über die Kanonizität nt. (darunter Weish!), nt.-apokrypher und christlich-häretischer Schriften. Von den später kanonischen Schriften sind Hebr, Jak, 1.2Petr und ein Johannesbrief offenbar nicht bekannt. - Vgl. → Bibel: II B, 3 a.

Erstausg.: L.A.MURATORI, Antiquitates Italicae medii aevi III, 1740, 851ff. - Neuere Ausg.n: E.PREUSCHEN, Analecta 2, 1910², 27ff - H.LIETZMANN, KlT 1, 1933² - S.RITTER in: RivAC 3, 1926, 215ff. - Übers.: HENNECKE³ I, 18ff. - Vgl. außer den nt. Einl.en: P.KATZ, The Johannine Epistles in the Muratorian Canon (JThS 8, 1957, 273f) - DBS V, 1957, 1399ff (Lit.) - ALTANER 125f (Lit.). *G.Strecker*

Murbach wurde als *Benediktinerkloster* (St. Peter und St. Leodegar) 728 durch → Pirmin und den Grafen Eberhard in den Vogesen gegründet. Ihm gehörte auch St. Amarintal/Thann; ebenso die Propstei Hof zu Luzern vom 9.Jh. bis 1455. Kloster Lure (Lüders) wurde 1554 mit M. vereinigt. 1759 nach Gebweiler verlegt, wurde M. 1764 Ritterstift und 1789 aufgehoben.

Annales Murbac. in: MG SS I, 19-60 - A.GATRIO, Die Abtei M. im Elsaß I. II, 1895 - A.BRACKMANN, Germania Pontificia II/2, 1927, 275ff (Lit.) - H.BÜTTNER, Gesch. d. Elsaß, 1939, 78ff - F.BEYERLE in: Zs. f. schweiz. Gesch. 27, 1947, 129-173 - G.JECKER in: Archiv f. mittelrhein. KG 5, 1953, 9-41. *H.Büttner*

Murillo, *Bartolomé Esteban M. y Perez* (1618-82), spanischer Maler, war in seiner Vaterstadt Sevilla Schüler des Juan del Castillo und stand zunächst unter dem Einfluß des Juan de Ruelas, doch verbindet sich sein malerischer Stil in der Nachfolge → Raffaels und Correggios mit den großen Niederländern → Rubens und Van Dyck. Neben Velázquez ist er der Hauptmeister der spanischen → Malerei (: IV, 3 a) des 17.Jh.s. Ein Aufenthalt in Madrid (1642-45) trug ihm Förderung durch Velázquez ein und entband seine schöpferischen Kräfte. Seitdem ist er bis kurz vor seinem Tod in Sevilla geblieben. Aus der künstlerischen Tradition seiner Heimat Andalusien erklärt sich M.s Auffassung und Thematik (neben den religiösen Darstellungen derb-realistische Szenen mit Straßenjungen), doch verleiht er dieser Tradition erst ihr besonderes Gesicht und ihren eigentümlichen Charakter. Beginnend mit den Werken im Klosterhof von S. Francisco (1645/46) über die beiden Heiligenbilder des S. Isidoro und S. Leander für die Hauptsakristei der Kathedrale (1655) vollendet er - schon 1656 »der beste Maler der Stadt« - seinen malerischen, weich fließenden, »schwebenden« Stil, dessen für die Geschichte der Frömmigkeit wichtige Merkmale der verzückte Blick und die Innigkeit und Intensität der Gebärde sind. Vision ist zugleich auch Verwirklichung, und daher sind seine Heiligen und Madonnen vielfach als »Modelle« erkennbar. Die Spannung zwischen Heiligem und Profanem wird bei M. - im Gegensatz zu El → Greco - nicht durch Schau und Erschütterung, sondern durch Frömmigkeit und gläubiges Gefühl überwunden, durch Devotion; deswegen gab er auch für die religiöse Kleinkunst und die angewandte Andachtsmalerei ein Vorbild ab - ein Zusammenhang, der nicht übersehen zu werden braucht. Die Werke der Barmherzigkeit, elf Gemälde aus dem AT und dem NT für die Kirche der Hermandad de la Caridad (1671/74; jetzt in Madrid, London und Leningrad, nur zwei noch am ursprünglichen Ort) und die anschließend gemalten Bilder für die Altäre der Kirche des Kapuzinerklosters zeigen den späten Stil des Künstlers. Seine entscheidende Leistung in der Darstellung von Glaubensinhalten sind zahlreiche Gemälde mit der Immaculata Concepción (Sevilla, Madrid, Paris, hier bes. die späte Concepción Soult, um 1678), die für Sevilla bedeutsam sind, weil sie sich gegen die um 1613 aufgekommene Kritik eines Sevillaner Barfüßermönches wenden, die Paul V. 1617 zugunsten der bisherigen Ansicht zum Schweigen brachte.

C.JUSTI, M., 1892 - A.L.MAYER, M., des Meisters Gemälde (Klassiker der Kunst), 1913 - A.MUNOZ, M., Novara 1942. *W.v. Löhneysen*

Murmellius, *Johannes* (1480-1517), * in Roermond. Von Al. → Hegius in Deventer vorgebildet, wurde M. nach kurzer Lehrtätigkeit in Köln Konrektor der Domschule in Münster. Dann übernahm er dort die Kollegiatschule an St. Ludger, ehe er 1513 nach Alkmaar ging. Kriegsereignisse ließen ihn nach Deventer fliehen, wo er bald darauf starb. M. galt als der tüchtigste Pädagoge seiner Zeit. Seine neulat. Dichtungen gehören zu den besten humanistischen Schöpfungen. Mit vielen Humanisten stand er in brieflichem Austausch. Auf seine Schüler übte er starken Einfluß aus.

D.REICHLING, J.M., sein Leben u. seine Werke, 1880 - DERS., Ausgew. Gedichte des J.M., 1881 - ADB 23, 65f - A.BÖMER, Ausgew. Werke d. Münsterischen Humanisten J.M., 5 Tle, 1892-95 - DERS., J.M. (Westf. Lebensbilder II, 1931, 396-410) - J.FREUNDGEN, Pädag. Schriften v. J.M. übers., 1894 - H.E.VAN GELDER, Geschiedenis d. lat. School te Alkmaar, 1905 - NNBW I, 1348ff - R.SCHULTZE, Das Gymnasium Paulinum zu Münster 797-1947, 1948, 20ff. *R.Stupperich*

Murner, *Thomas* (1475-1537), * und † in Oberehnheim i. E., 1497 als Franziskaner in Straßburg zum Priester geweiht, 1505 durch Kaiser Maximilian poeta laureatus, 1506 Dr. theol. in Freiburg, 1519 Doktor beider Rechte in Basel, 1523 in England Parteigänger König Heinrichs VIII. in dessen Streit mit Luther, 1524 Vertreter des Straßburger Bischofs auf dem Reichstag zu Nürnberg. 1525 durch aufrührerische Bauern vertrieben, flüchtet er in die Schweiz und wird 1526 Pfarrer in Luzern. Hier verjagen ihn die Zwinglianer. Kurfürst Ludwig V. von der Pfalz nimmt ihn in Heidelberg auf; zuletzt Pfarrer in seinem Heimatort Oberehnheim. - Als kämpferische, streitsüchtige Natur ist M. schärfster publizistischer Gegner Luthers und der Reformation, zugleich in seinen gereimten, wortgewandten Satiren ein unbestechlicher Kritiker aller Mißstände im privaten wie öffentlichen Leben seiner Zeit. Als Satiriker ist er nach Form und Gehalt, bes. an Witz und Volkstümlichkeit seinem Vorgänger Seb. → Brant weit überlegen.

Satirische Hauptwerke: Narrenbeschwörung, 1512; Schelmenzunft, 1512; Geistl. Badenfahrt, 1514; Mühle von Schwindelsheim, 1515; Gäuchmatt, 1519; Vom großen Luth. Narren, 1522. - GA von F.SCHULTZ, 1918ff. - Über M. u.a.: G.BEBERMEYER, Murnerus Pseudepigraphus (Diss. Göttingen), 1913 - TH.V.LIEBENAU, Der Franziskaner Dr. Th.M., 1913 - J.LEFFTZ, Die volkstümlichen Stilelemente in M.s Satiren, 1915 - R.NEWALD, Wandlungen des M.-Bildes, 1938 - W.KOSCH, Dt. Lit.-Lexikon III, 1956², 1823ff (Lit.). *G.Bebermeyer*

Murabba'āt → Qumran, 6.

Musa *(Wesch, West), Anton* (ca 1485-1547), * in Wiehe (Unstrut), 1521 Pfarrer der Moritz-, 1522 der Augustinerkirche in Erfurt, 1524 Prediger, 1527 Pfarrer und Sup. in Jena, 1528/29 Visitator von Ostthüringen, 1537 Pfarrer und Sup. in Rochlitz, 1544 Domprediger und Sup. in Merseburg. M. ist Reformator der Wittumsherrschaft Rochlitz und des Hochstifts Merseburg. Er veranlaßte den Druck des Erfurter Enchiridions (1525) und komponierte zahlreiche Motetten und Kantaten.

G.PLANITZ, Zur Einführung der Ref. in den Ämtern Rochlitz usw (BSKG 17, 1904, 24-141) - P.FLEMMING, Die 1. Visitation im Hochstift Merseburg (ZKGPrSa 3, 1906, 145-210) - O.CLEMEN, Briefe von A.M. an Fürst Georg von Anhalt (ARG 9, 1912, 23-78) - H.KOCH, Die Jenenser Kirchrechnungen 1535/36 (ZVThG NF 30, 1933, 178-191) - H.ALBRECHT, Qu. zur dt. Musikgesch. (Mf 1, 1948, 242-285; Lit.). *R.Jauernig*

Musäus, 1. *Johannes* (1613-81), * in Langewiesen bei Ilmenau, Nachkomme von 3, studierte in Erfurt und Jena (nicht aber in Wittenberg!) und wurde 1643 Prof. der Geschichte und 1646 der Theologie in Jena. Als bewußter Vertreter der luth. → Orthodoxie stritt er gegen → Herbert von Cherbury, → Arminianer, Reformierte, gegen die Sekte der → Gewissener (Matth. Knutzen) und schließlich gegen → Calixt. M. baute eine neue prot. Schulmetaphysik mit auf und gab in seinem System der natürlichen Theologie breiten Raum. Aber er war irenischer als andere Theologen seiner Zeit, hatte praktisch-ethische Interessen, war nicht bereit, bedingungslos mit den Wittenbergern zu gehen, widersetzte sich erfolgreich der Einführung des »Consensus repetitus fidei vere Lutheranae« (→ Synkretistischer Streit) und geriet in eine schwere Auseinandersetzung mit A. → Calov und dessen Wittenberger Kollegen. So wurde unter seinem Einfluß die Theologische Fakultät → Jena zur Stätte eines offeneren und weitherzigeren Luthertums. Noch stärker als M. selbst haben Schüler von ihm im Sinne einer Auflockerung der starren luth. Orthodoxie gewirkt; über J.W. → Baiers »Compendium theologiae positivae« ist die Theologie seines Schwiegervaters M. weit verbreitet worden.

Vf. u.a.: De usu principiorum rationis et philosophiae, 1644; Der Jenaischen Theologen ausführliche Erklärung über 93 verschiedene Religionsfragen usw, 1677 (gegen die »Theologorum Jenensium errores«); Introductio in theologiam, 1679. - Über M.: C.STANGE, Zur Theol. des M. I, 1897 - RITSCHL IV - H.LEUBE, Kalvinismus u. Luthertum I, 1928, 347ff - K.HEUSSI, Gesch. der Theol. Fak. zu Jena, 1954, 137ff.

2. *Peter* (1620-74), Bruder von 1, 1648 Prof. der Logik und Philosophia prima, 1653 der Theologie in Rinteln, wirkte als solcher seit 1663 in → Helmstedt und ab 1665 in → Kiel (erster theol. Dekan der neugegründeten Universität). M. lehrte im Sinne seines Bruders, galt den Wittenbergern als Synkretist und nahm am Kasseler Religionsgespräch von 1661 teil.

RE XIII, 576f - M.WUNDT, Die dt. Schulmetaphysik des 17.Jh.s, 1939 - H.JORDAN, Die Christian-Albrechts-Univ. Kiel im Wandel der Jh.e, 1953. *F.Lau*

3. *Simon* (1521-76), * in Vetschau bei Cottbus, studierte in Frankfurt und Wittenberg, 1547 Griechischlehrer an der Sebaldusschule in Nürnberg, 1549 Pfarrer in Fürstenwalde, 1552 in Crossen (Mark), 1555 in Breslau, 1557 Sup. in Gotha, 1558 in Eisfeld, 1559 Prof. in Jena, 1562 Sup. in Bremen, 1563 Hofprediger in Schwerin, 1565 Sup. in Gera, 1569 Pfarrer in Thorn, 1570 General-Sup. in Coburg, 1573 Sup. in Soest, 1576 Sup. in Mansfeld. M. ist Mitverfasser des Weimarer Konfutationsbuches (1559) und der Reußischen Konfession (1567). Er leitete die Weimarer Disputation zwischen → Flacius und → Strigel (1560), deren Akten er 1562 herausgab. Als Gnesiolutheraner stritt er gegen → Interim, Adiaphoristen und Rom, zuletzt gegen Flacius (Sententia de peccato, quod non sit substantia, 1572). M. verfaßte 2 weitverbreitete Erbauungsbücher (Melancholischer Teufel, 1572; Speculationischer Teufel, 1574), exegetische und katechetische Schriften und eine Postille (1574). Er ist der Stammvater eines bedeutenden Theologengeschlechts.

J.WENZEL, Predigt bei der Begrebnis des S.M., 1577 - K.KRUMHAAR, Die Grafschaft Mansfeld im Ref. Zeitalter, 1855, 359 - ADB XXIII, 91ff - C.SPANGENBERG, Mansfeldische Chronica IV, hg.v. KOENNECKE u.a., 1925, 89 - TH.KRIEG, Das geehrte u. gelehrte Coburg I, 1927, 59ff (Lit.) - R.HERRMANN, Thür. KG II, 1947 (Reg.) - K.HEUSSI, Gesch. der theol. Fakultät zu Jena, 1954 (Reg.). *R.Jauernig*

Musculus, 1. *Andreas* (1514-81), ev. Theologe, * in Schneeberg (Sachsen), 1531-35 Student in Leipzig, 1538 bis 1542 in Wittenberg, Parteigänger → Agricolas im Streit mit Luther und Melanchthon, wurde 1542 als Prediger und Dozent nach → Frankfurt/O. berufen, 1546 Prof., 1556 General-Sup. M. war einer der heftigsten Streiter seiner Zeit gegen den Philippismus und Calvinismus für das Luthertum, das er durch A. → Osiander, → Stancarus, → Staphylus und Abdias → Prätorius bedroht sah. M. erfreute sich der Gunst der brandenburgischen Kurfürsten Joachim II. und Johann Georg. Als Vertreter → Brandenburgs (: II, 3) arbeitete er seit 1576 an der → Konkordienformel. M. verfaßte zahlreiche theologische Schriften. Weit verbreitet waren seine Schriften zur Hebung des sittlichen Lebens, bes. die zur »Teufelsliteratur« gehörenden (Hosen-, Ehe-, Fluchteufel).

G.KAWERAU, Johann Agricola, 1881, 313ff - RE XIII, 577ff; XXIV, 191 - SCHL. II, 81f; V, 203. *W.Delius*

2. *Wolfgang* (1497-1563; Dusanus), * in Dieuze (Lothringen), bis 1527 Benediktiner in Lixheim, dann ev. Hilfsprediger in Dorlisheim und seit 1529 Helfer M. → Zells am Straßburger Münster. Als Pfarrer in Augsburg (1531-47) betrieb M. die Reformation und die Union unter den Protestanten. Er unterzeichnete die → Wittenberger Konkordie (1536), näherte sich später aber wieder der → Confessio Tetrapolitana und Zwingli. 1540/41 nahm er an den Religionsgesprächen von Worms und Regensburg teil. Durch das → Interim aus Augsburg vertrieben, ging er nach Zürich, dann als Prof. zu seinem früheren Augsburger Amtsbruder Joh. → Haller nach → Bern. - Bes. als sprachkundiger Exeget, auch als Kirchenliederdichter hochgeschätzt, vermittelte M. zwischen Bern und → Calvin und wirkte literarisch auch außerhalb der Schweiz (Pfalz, England, Polen, Ungarn).

W.TH.STREUBER, W.M. (in: Berner Taschenbuch, 1860) - RE XIII, 581ff - A.ERICHSON, W.M. (MGkK 2, 1897/98, 236-240) - RITSCHL III. IV - P.J.SCHWAB, The Attitude of W.M. toward religious Tolerance, 1933 - H.KRESSNER, Schweizer Ursprünge des anglikanischen Staatskirchentums, 1953. *O.E.Straßer*

Musica Enchiriadis, ein im 9.Jh. nördlich der Alpen entstandener Musiktraktat, der fälschlich dem → Hucbald von St. Armand zugeschrieben wurde. Zum erstenmal und ausführlich wird neben der Einstimmigkeit das → Organum besprochen. Die zweistimmig notierten Beispiele sind die ältesten Aufzeichnungen abendländischer Mehrstimmigkeit.

Ausg.: M. GERBERT, Scriptores I, 1784, 152ff; Neuausg. v. HANS SCHMID in Vorber. (in AAM). - PH. SPITTA, Die M.E. u. ihr Zeitalter (VfM 5, 1889, 443-482; 6, 1890, 297-308). *Thr. Georgiades*

Musik

I. Religion und Musik, grundsätzlich - II. Religionsgeschichtlich - III. Instrumentale Musik, Gesang und Dichtung in Israel - IV. Synagogale Musik - V. Geschichte der Musik in der christlichen Kirche - VI. Kirchenmusik der Gegenwart - VII. Theologische Beurteilung. - M. = Musik, m. = musikalisch. - Vgl. → Musikwissenschaft

I. Religion und Musik, grundsätzlich

Religion und M. treten uns als Geschichtliches entgegen. Die Darstellung in diesem grundsätzlichen Abschnitt I, die notwendigerweise davon abstrahiert, bedarf daher der Ergänzung durch die Abschnitte II-VI. - Formulieren wir einige durch das Thema nahegelegte Fragen.

1. Wie äußert sich das religiöse Faktum? Impliziert es die Betätigung einer Gemeinschaft, Gebet oder Handlung, Kultus im weitesten Sinn? - 2. Ist dem Kultus die Sprache wesensnotwendig, oder ist auch stummer Kultus möglich, etwa als stumme Handlung, stummer Tanz, oder auch als sprachlose, dh instrumentale M.? - 3. Diese sprachlosen Äußerungsweisen können aber als Bestandteile des Kultus vorhanden sein, auch wenn Sprache als notwendig vorausgesetzt werden muß. Inwieweit sind sie in diesem Fall eigenständig? Woher schöpfen sie ihre Legitimität? Wie steht es im besonderen mit der eigenständigen Instrumental-M.? - 4. Eine im Kultus vorhandene Sprache muß vernehmbar sein. Wie geschieht das? Die Antwort: »durch Sprechen oder durch Singen« genügt nicht. Denn die Grenze zwischen beidem ist nicht scharf und muß zudem je nach der zugrunde liegenden Sprache verschieden gezogen werden. Daher ist es zweckmäßiger, lediglich festzustellen, daß die Sprache im Kultus *erklingt*. Sie erklingt aber innerhalb einer Gemeinschaft, und zwar nicht als gewöhnliches Verständigungsmittel unter Menschen, also nicht als natürliche, als Gebrauchssprache. Dieses »nicht« ist das Einfallstor der M., richtiger: der m.en Komponente. Denn der Bereich, der hier noch unbestimmt als M. angesprochen wurde, ist mit dem Bereich der vorher erwähnten sprachlosen Äußerungsweisen, also auch der instrumentalen M., unvergleichbar. Lassen sich jene, trotz ihrer Zugehörigkeit zum Geschehenszusammenhang als einem Ganzen, zugleich in ihrer - bedingten - Autonomie erfassen, so ist die m.e im Erklingen des Wortes liegende Komponente dem an die Sprache gebundenen Kultus inhärent. Nennen wir diese nicht-alltäglich-natürlich erklingende Sprache »Gesang«. Die 4. Frage lautet also: Was ist erklingende Kultsprache als Gesang, dieser soeben negativ umschriebene Begriff? Wie ist der m.e Bestandteil beschaffen?

Obwohl die Erörterung der beiden ersten Fragen nicht in den Rahmen dieses Artikels fällt, wurden sie gestellt, damit Möglichkeiten und Grenzen des m.en Anteils deutlicher werden. - Sofern das religiöse Faktum untrennbar mit dem ahnenden Wissen um ein »Anderes« verbunden ist und sofern dies das Unterscheidungsvermögen voraussetzt, das wiederum mit dem Nennvermögen identisch ist, gehört → Sprache (: II) notwendig zum religiösen Faktum. Sofern das einmal Genannte immer wieder gerufen sein will, sofern das Wort durch seine doppelte Eigenschaft als vernehmbar und nennend eine Gemeinschaft im Zeichen des religiösen Faktums zusammenschmiedet, ist → Kultus zugleich mit diesem Faktum gegeben, und er besteht primär durch das vernehmbare Wort. Da dieses Wort aber nicht als natürliche Gebrauchssprache vorhanden ist, ist es Gesang. - Der Gesang im Kultus, so verstanden, ist also mit der Sprache als Erklingen eng verknüpft. So wenig daher Sprache identisch ist mit dem, was späte Zeiten unter »autonomer Kunst« verstanden, so wenig ist dies auch der Gesang im Kultus. Er ist aber auch keine »dienende Kunst«, sondern nur eine notwendige *Seite* des Kultus.

Zu 3: Bei den stummen Äußerungsweisen ist zwar eher sinnvoll von Autonomie zu sprechen. Man muß sich aber vor Augen halten, daß sie nur bedingt ist, gleichsam nur im Vordergrund besteht. Denn diese Äußerungsweisen, soweit sie als Menschliches verstanden werden, können sich nicht selbst stiften, sondern stehen in einer wenn auch noch so verborgenen Abhängigkeit vom Urphänomen des Menschlichen, von der Sprache, vom Nennvermögen. Anders formuliert: Ein Tanz oder ein instrumentales Spiel können legitim nur dann als menschliche Betätigungen bezeichnet werden, wenn die Lebewesen, die sich darin betätigen, mit Sprachvermögen begabt sind. (Auch die architektonische Festlegung des Kultortes bzw. -raums und alles, was der hl. Bezirk an Räumlichem, Körperlichem, Sichtbarem beinhaltet, setzt die Gegenwart des Worts, der menschlichen Kult-Handlung voraus, bezieht sich auf sie, ist in ihr verankert.) Da nun die sakrale Instrumental-M., wie alle nichtredenden Erscheinungsweisen, das sprechende Wesen, das religiöse Wort, voraussetzt, sollte man vermeiden, ein spezifisch Sakrales in ihr herauszuarbeiten, und sich mit der Feststellung begnügen, daß Instrumental-M. im sakralen Bereich auftreten kann. Inwiefern und wie jeweils innerhalb der historischen Kunstformen sakral und profan auseinanderzuhalten sind, gehört nicht hierher (→ Musik: V). Dasselbe gilt für die Frage nach der jeweiligen Funktion der instrumentalen M. innerhalb der Kirche. ZB kann das Glokkengeläute zur Kirchen-M. im weitesten Sinn gerechnet werden.

Zu 4: Wie verhalten sich nun im Gesang Religion und M. zueinander? Wohl so wie die Sprache zu ihrem Erklingen innerhalb der religiösen Gemeinschaft. Das im Kultus verwendete Wort ist eine religiöse Aussage, welcher Art auch immer. Wird es schlicht, natürlich gesprochen, so ist es lediglich das Vernehmbarwerden dieser Aussage. Bei seinem Erklingen aber als Gesang taucht ein Moment auf, das nicht allein vom Sprechen abzuleiten ist. Zum Sprechen ist Stimme, tönende Stimme nicht unbedingt erforderlich. Man kann flüsternd und doch vernehmbar sprechen. Notwendig ist nur das Artikulieren. Gesang ist dagegen ohne tönende Stimme nicht möglich. Dieses Moment des Tönenden bewirkt die Verwandlung der nackten Sprache, als der Aussage der Person, in Gesang, als die tönende Verkörperung der Gemeinschaft: In Erscheinung tritt die Person durch die Sprache. Sprachvermögen ist aber Artikulationsvermögen. Dieses ist ausschließlich und unmittelbar dem Menschen eigen; zwischen Artikulieren und Person gibt es nichts Vermittelndes. Zwischen Gesang und Person aber vermittelt der Ton, ein Drittes, ein »Etwas« (das nicht spezifisch menschlich ist: auch die Natur, die Lebewesen, die Instrumente können tönen). Ist daher nackte Sprache die unmittelbare Erscheinungsweise des geistigen Faktums und somit der Person, und zwar die einzige unmittelbare, so geschieht Bändigung von Geistigem durch Gesang erst durch Verwendung eines Stoffs, des Tons, gleichsam erst durch Verkörperung, Vergegenständlichung. Die Verkörperung der Kultsprache ist aber zugleich das Greifbarmachen der Gemeinschaft als Gemeinschaft, und zwar innerhalb des Kultus. (Vgl. dazu Luther: Der gläubige Mensch »muß fröhlich und mit Lust davon singen und sagen, daß es *andere* auch *hören* und herzukommen«.) – Daß der Ton nicht spezifisch menschlich ist, sondern ein vermittelndes, ein das Werkzeug voraussetzendes »Etwas«, kam in der mittelalterlichen Anschauung zum Ausdruck, wonach in die »musica instrumentalis« auch der Gesang (Kehle als Tonwerkzeug) gehörte, also das Gesamte dessen, was wir M. nennen. (»Musica humana« bezog sich nicht auf Gesang und M., sondern auf die Harmonie von Körper und Seele; als »musica mundana« wurde die auf die Zahl gegründete Weltharmonie bezeichnet.) – Das Stoffliche des Tons ist dasjenige, das die Sphäre des spezifisch Musikalischen, im Gesang und als eigenständige Instrumental-M., ermöglicht. Hierbei tritt auch das wesentliche Moment der Zahl als Tonhöhenrelation in Erscheinung (→ Musikwissenschaft). – Auch das Singen des einzelnen außerhalb der Gemeinschaft ist ein Sagen, das zugleich durch Verwendung des »Tonwerkzeugs« eine eigene Freude hervorruft, die Freude am »Stofflichen«, am Entstehen und Wahrnehmen der Tonfolgen. So kann der einzelne durch die M., wie Luther oft bemerkt, die Traurigkeit (die → Anfechtung) vertreiben. – Sobald der Ton als *Notwendiges* herausgefordert wird, wird also Gegenständliches, Körperhaftes hingestellt, das aber im Gesang mit dem Wort innig verquickt ist. Im eigentlichen Sinn Sichtbares, Gegenständliches, stellt die Architektur hin. Auch sie macht die Gemeinschaft greifbar, jedoch auf relativ eigenständige Weise, denn hier ist das sprechende Wesen nur Voraussetzung, es erzeugt nicht die Architektur wie es den Gesang als tönende Sprache erzeugt. Der Gesang erscheint also als eine Synthese des unmittelbar In-Erscheinung-Tretenden und des Körperhaften, der Person und der Gemeinschaft, der Sprache und gleichsam der Architektur. Sofern die Person (im weiteren, nicht nur im christlich-ausdrücklichen Sinn) zugleich mit dem religiösen Faktum gegeben ist, ist sie der Grund der Möglichkeit, Gesang (als der Sprache teilhaftig) in unmittelbare Beziehung zur Religion zu bringen. *Thr.Georgiades*

II. Religionsgeschichtlich

1. In den orientalischen Hochkulturen – 2. Bei den Naturvölkern

1. Die besten Quellen zur Erforschung der Kult-M. der *orientalischen Hochkulturen* sind die → Upanishaden. Das geistige Prinzip, dem die Welt entspringt, ist hier ein Ruf, dessen Kraft auf dem ersten → Opfer beruht. Dieser Ruf soll dem Klang einer unhörbaren → Glocke oder eines Gongs ähnlich gewesen sein. Durch diese paradoxe Formel definiert man die Natur des höchsten Geistes, der, da er der Inbegriff der Leere ist, weder ein Sein noch ein Nichtsein ist. Infolgedessen ist jedes Hörbarwerden des stummen Lauts bereits eine denaturierte Manifestation → Atmans. Auf dieser scheinbaren Gestaltung des Ungestaltbaren beruht die ganze → Schöpfung (: I). Sie entsteht dadurch, daß Brahman, der → Zauberspruch, als erster Resonator der Welt den lautlosen Schall zum Aufklingen bringt und damit die Urklänge bildet, welche die akustischen Vorbilder der späteren konkreten Welt sind. Diese rhythmischen Modelle entstehen in einer Traumwelt, in der die Ursilbe AUM »aufgerollt« wird. AUM aber verwandelt sich durch den Spruch Brahmas in Götter, Namen, Worte und Dinge und führt zur Illusion der Sinne (Maya), durch welche die konkrete Welt für eine Wirklichkeit gehalten wird, obwohl diese in Wahrheit im → Schweigen, im Nichts liegt. So ist der Klang zwar der erste Schleier, der sich über die Realität legt, aber trotz seiner Immaterialität (Gottesnähe) dem Menschen gerade noch greifbar ist. Er hat 10 aufsteigende Erkenntnisstufen: cinî, cinîni, Glockenschlag, Muschelton, Saitenklang, Händeklatschen, Flötenton (Geheimwissen), Trommelschall (rituelle Sprache) und Trommelwirbel (Götterblick); mit dem Donnerschlag wird der Yogi zum Brahma. In China ist die Urstimme der unhörbare Donner (→ Gewitter). – Die ersten leisen Lieder (Götter, Vorbilder), die aus einer Höhle (Leerraum, Kopf, → Ei, Tao) oder aus dem Mund Brahmas »im Osten hervorgehen, singen und leuchten«, bilden allmählich die Lichttonwelt (Schau-M.). In diesem klingenden Morgenrot, in dem der Klang der Schöpfungsnacht allmählich vernehmbar wird (stöhnen, singen, lachen, schreien), werden die Urklänge rhythmisch und hell. Es entsteht das Paradies der Juwelenbäume, deren Gesang → Licht ausstrahlt. Svar (sanskr. = Ton) wird zu svara (Licht). Ein Teil dieser Welt verfällt aber alsbald einer Dekadenz, insofern er im Lauf der Schöpfung der Materialisierung anheimfällt, erstarrt und verstummt. Das Zwischenreich, das sich zwischen der ursprünglichen und der zur Materie absinkenden Lichttonwelt entwickelt, ist das Werk Prajapatis, der noch ein »Kind«, dh ein leiser Klang war, als er sich bei der Erschaffung dieser Welt selbst zersang. Aus den klingenden Buchstaben (aus seinen Körperteilen) A (Fuß) wurde die → Erde, aus K (Brust) die Atmosphäre, aus H (Kopf) der → Himmel. Doch als Prajapati sich sterben fühlte, rief er seine Kreaturen (Echo) zu Hilfe; sie kamen und richteten ihn durch ihren Gesang wieder auf. So muß der »singende, hungrige Tod« seine Kreaturen (sich selbst) wieder »auffressen«, weil er, im Gegensatz zum Urresonanzboden (Schweigen, Nacht, Tod), als zweiter Resonanzboden der Schöpfung schon halb materiell ist. Dieser nach Hilfe rufende Leerraum ist der »Hunger« des Schöpfungsmorgens. Bei der weiteren Materialisierung der Lichttonwelt wird der Klang zunächst zu → Wasser und das Licht zu → Feuer. Dann aber brodelt die Feuer-Wasserwelt laut auf, und der Gesang des Vulkans endet mit der Versteinerung der Welt und der Götter. Der Klang überlebt jedoch die Katastrophe, indem er sich in »die Bäume, in die Räder und in die M.instrumente« flüchtet. Nun entsteht in dem Gestein die dritte Resonanzhöhle, das Vorbild der Höhlentempel (→ Tempel), → Symbole des »Hungers« im offenen Rachen des hl. → Berges. Diese äußerst echofähigen Räume sind die Urkultstätten der Erde, in denen der Mensch die toten Götter ins Leben zurückruft und ihren Hunger mit Liedern stillt. Damit ernährt oder befruchtet der Sänger vor allem die erdnahen Götter, die seit ihrer Versteinerung nicht mehr in der Lage sind, »sich ihre Speise selbst zu ersingen«. Die Götter antworten im Echo. Die Natur dieser Kult-M. ist der Lobgesang (sanskr. arc = wachsen, ausdehnen), der die Dinge dazu ansporrnt, sich zu entfalten. Auch die M.instrumente sind »Höhlen«, Leerräume oder Sinnbilder göttlicher Leiber, die durch das Spiel ernährt und gezwungen werden, aus ihrer unbewegten Ruhe herauszutreten und zu klingen, um die Menschen zu ernähren. Denn der Kultraum, der durch die Begegnung und Vermischung (→ Dualismus) von Himmel und Erde (Geist und Materie) entsteht, verbindet den unhörbaren Klang des Äthers mit der stummen Materie derart, daß beide Teile in gemeinsamer Vibration das erste, klar hörbare kosmische M.instrument bilden. Diese Umgestaltung der Materie zum vibrationsfähigen Stoff ist das Ergebnis des Klangopfers, in welchem sich beide Teile entgegenkommen und durchdringen. Der Träger dieses Opferrituals ist im alten → Indien der 5- oder 7teilige Samangesang mit Vorsänger und Chor. Er besteht meist aus

einer präkonzipierten Melodie, deren Text wechseln kann und oft aus scheinbar zusammenhanglosen Silben besteht. Die Priester der vedischen Zeit (→ Veden) sangen je nach dem Gott, an den sie sich wandten, oft mit tierischer Stimme, um den Urklängen der Schöpfung möglichst nahezukommen. Die Tiergestalten der Götter gehören (ebenso wie die anderen mythischen Wesen) in die Zwischenwelt (Kult), in der zwar die → Erscheinungsweise zT irdisch und materiell ist, die Handlungsweise aber ausschließlich auf der Kraft des Klangs beruht. Götter, die mit Trompetenstößen kämpfen, oder Priester, die mit M.bögen oder Trommeln »schießen«, entfalten die spezifische Aktivität der Zwischenwelt, deren Aufgabe in der hörbaren Darbringung des Klangopfers besteht. Die M.instrumente sind die eigentlichen Geräte (Kesselgong = Amboß, Flöte = Blasebalg, Trompete und Horn = Stoßwaffe, Becken und Glocken = Trinkgefäße) oder Sitze des Klangopfers (Gong, Sistrum), mit dem man die Dämonen, welche den Menschen in die Sinnestäuschung verstricken, niederschlägt. - Das Klangopfer wird in der Literatur in so verschiedenartige Symbole gekleidet, daß es oft schwer zu erkennen ist. Die doppelfellige Sanduhrtrommel, welche die Anatomie des Gottes → Shiva und zugleich die X-Form des Universums darstellt, ist ein »Wagen« mit zwei Rädern oder »Ohren«, von denen das eine im Himmel und das andere auf Erden rollt. Der Kreuzungspunkt der beiden X-Linien ist die Zwischenwelt oder der »Nabel der Welt«. Dieser → Nabel entspricht im anthropomorphen Weltbild dem Sonnengeflecht (Zwerchfell), aus dem sich die hörbare Stimme des Kults erhebt. Der Begriff des Opfers kommt im Gesang bes. dadurch zum Ausdruck, daß der Mensch seinen durch → Askese gereinigten → Atem verwendet. Nur dadurch erreicht er die richtige Intonation, ohne die der Gesang weder einen Opfer- noch einen Substanzwert produzieren kann. M.-instrumente kommen sogar erst dann zum Klingen, wenn das Material (Haut, Därme, Knochen, Holz) der Wesen, die sich für ihren Bau aufgeopfert haben, vom Lebenssaft getrennt und vertrocknet ist. Das verbreitetste Tonsymbol der Askese ist der Klang des straff gespannten, ausgetrockneten Trommelfells. - Das Ritual, welches sich ausschließlich an die Götter wendet, besteht vornehmlich aus Lobgesängen. Die für die Menschen bestimmten Klangopfer konzentrieren sich bes. im Totenzeremonial. Für den Leichnam bedeutet der Samangesang die »Loslösung der Seele vom Leib« und zugleich das Vehikel, auf dem die → Seele über die → Milchstraße dem Reich der reinen Klangsubstanzen zustrebt. Während die Seele auf ihrer Reise ins Jenseits noch von den Dämonen (Sinnestäuschung) mit Furcht erfüllt wird, singt man dem Toten ins Ohr, um ihm durch die dauernde Klangzufuhr unablässig die Nichtigkeit der Sinnesvorstellungen ins Bewußtsein zu rufen. Aber erst wenn die Seele auch den Klang (die einzige Hilfe, welche die Menschen ihr noch gewähren können) als das letzte Hindernis vor dem Nichts erkannt hat, kann sie in den großen Resonator (→ Sonne) eintreten, aus dem sie nicht mehr reflektiert wird. Hört sie dagegen nicht auf zu klingen, so gelangt sie zum → Mond, der sie wieder auf die Erde herabregnet.

2. Bei den → *Naturvölkern* finden sich zT ähnliche Vorstellungen, wenngleich in viel unsystematischerer Form. Die starke Einheitlichkeit der Haupt-Züge läßt vermuten, daß ein Teil dieser Ideen Archetypen darstellen und andere aus einer weitverbreiteten Hochkultur entliehen worden sind (Megalithkulturen). In den Schöpfungsmythen der Uitoto (Südamerika) ist Gott das → »Wort«, der die ersten »Gewässer« aus einer Baumtrommel hervorgehen läßt. Bei den Bambara (Westafrika) und auf Samoa beginnen alle Dinge mit einer Folge von Klangsilben. - Die ersten Menschen treten aus einer Bambusflöte oder werden vom Schöpfer aus einem Erdloch oder aus einem hohlen Baum gerufen. Als Klangsymbol erscheint sehr oft die Feder (der Schöpfer Taikomol in Kalifornien). - Für den Naturmenschen ist der Klang der Leib des Unsichtbaren, dh der Sitz aller Kräfte und → Geister, die er nicht direkt greifen kann. Das Lied der menschlichen Stimme ist das »Sieb« oder »Netz«, durch welches man die wesentliche Substanz der Dinge (Geister) sammeln und alles Überflüssige fallenlassen kann. Durch die richtige Intonation setzt der Magier die in der trägen Materie angestauten Klangsubstanzen wieder in Gang. Das gleiche geschieht mit den M.instrumenten, deren wahre Aufgabe von der modernen Forschung unter dem Einfluß der Theorien S. → Freuds oft völlig verkannt worden ist. Die bereits erwähnte (s. 1) anthropomorphe, dreiteilige Welt hat in jeder Ebene eine spezifische Produktionsformel. Der Himmel (Kopf) erschafft mit Stirn und Mund; die Funktion der Zwischenwelt (Kult) liegt im Atmen und Speisen; die Produktionskraft der Erde besteht in der geschlechtlichen Zeugung und in der Verdauung. Verbunden werden diese drei analogen Ebenen durch den Wechsel von Kopf-, Brust- und Bauchstimme im Ritualgesang. Wenn man den Kultgesang zuweilen auch direkt als einen Samenerguß bezeichnet, so wird damit (genau wie bei dem kultischen Ausdruck »Lieder essen«) der Tatbestand nur mit einer irdischen Analogieformel erläutert. Auch das M.instrument ist nicht in erster Linie ein Geschlechtssymbol, sondern eine Zusammenballung der drei Ebenen in der akustischen Grundsubstanz. Das Instrument ist ein kultisches Werkzeug, dessen rein irdisches Gegenstück bei der Trommel das Gefäß, beim M.bogen der Schießbogen, bei der Harfe die Harke oder der Haken ist. Zwar steht das Gefäß bei vielen Trommeln der vegetativen oder uteralen Ebene nahe, aber das klingende Fell ist immer der »Kopf«. Die Schlitztrommel (Baumtrommel) dient heute vorwiegend der Nachrichtenübermittlung; aber ursprünglich scheint sie vor allem rituell »gesprochen« zu haben. Flöten sind keineswegs nur phallisch, sondern zT bes. stark geistig betont (Derwischflöten). M.bögen dienen der Zwiesprache mit Geistern. Die Instrumente wechseln je nach der Kultur und sind nur selten für einen bestimmten Ritus reserviert. Nur die Spielweise und das Melodiemodell wechselt je nach dem Zweck, für den das Instrument gebraucht wird. Das bevorzugte Instrument der amerasiatischen Schamanen (→ Schamanismus) ist die Rahmentrommel. Sie soll aus dem Holz des → Weltenbaumes verfertigt werden. Das Fell ist oft mit mythischen Landschaften oder mit einem (von Trommeln angefüllten) Sternenhimmel bemalt. Die runde Trommel gleicht dem Weltall; ihr Schlag ist der Puls des Herzens. Ihre Stimme ist die des großen Geistes und hilft dem Siouxindianer, »das Geheimnis der Dinge zu verstehen«. Das Wesen, das seine Haut für das Fell hergegeben hat, ist der »Herr des Instruments«. Kraft dieses Opfers kann der Schamane (als klingender Rhythmus) auf dieser Trommel als Reittier seine → Himmelfahrt ausführen. Sein Schlägel ist seine »Peitsche« oder ein »Messer«. Ist er bei seinem Gott angekommen, so spendet er ihm den Opferwein aus der Trommel, die er ihm entgegenhält, um den vom höchsten Herrn erwarteten Rat darin entgegenzunehmen. Bei der Rückkehr wird die Trommel an einen Baum oder am Eingang des Heiligtums aufgehängt. Kinderseelen erreichen und Tote verlassen die Erde über dieses Instrument. - Das australische → Schwirrholz (churinga) ist Sitz und Stimme der Götter. Der Gott, der als Schwirrholzklang (»an

einem Baum«) auf die Erde herabkommt, wird getötet (Opfer); der Klang schweigt und geht in die Bäume über. Die Urahnen aber machen aus dem Holz dieser Bäume neue Schwirrhölzer, von denen jedes den Geist (Klang) eines bestimmten Totems (→ Totemismus) in sich trägt. Nachdem diese Geister (Totemgötter) alle Dinge erschaffen haben, sterben sie in einer Höhle und werden zu Stein; aber ihre Klangsubstanz bleibt latent in der erstarrten Materie erhalten, bis der Mensch das Instrument »reibt« und wieder zum Klingen bringt. Damit erweckt er den Gott aufs neue in mystischer Weise und bekommt Kontakt mit dem Totem, dem er angehört. Durch das Surren der schöpferischen Stimme des Urahnen gelangen die Kinderseelen in die Gebärmutter und erreichen die Buben die Geschlechtsreife (→ Pubertät) und die »neue Stimme«, die offenbar mit dem Stimmbruch zusammenhängt. - Jede zeremoniale m.e Handlung ist letzten Endes eine Wiederholung des Schöpfungsakts, dh ein Wiederbeleben der ursprünglichen Klangsubstanz der Traumzeit. Alle Dinge, die in unserer wachen Welt absolut unwahrscheinlich erscheinen, werden wieder wahr und lebendig (und genauso alle Kulthandlungen effektiv), wenn man sie im unsichtbaren Körper der Traumzeit, dh im Klang, wieder auferstehen läßt.

M. Schneider, Die hist. Grundlagen der m.en Symbolik (Mf 4, 1951, 113-144) - Ders., Bedeutung der Stimme (Tribus 2, 1952/53, 9-29) - Ders., Singende Steine, 1955 - Ders., L'esprit de la musique et l'origine du symbole (Diogène 27, 1959, 48-57) - Ders., Bedeutung der Flügel (in: Festschr. f. O. Förster, 1960, 120-135) - Ders., Philosophie de la musique, in: Encycl. de la musique Gallimard (im Druck). *M. Schneider*

III. Instrumentale Musik, Gesang und Dichtung in Israel

1. Wesen und Bedeutung - 2. Die instrumentale M. - 3. Gesang und Dichtung. - I. = Instrument

1. M. ist im AT niemals Kunst um der Kunst willen; M., Gesang und → Tanz begegnen immer nur in bestimmten Funktionen, zunächst als Lebensäußerungen der Gemeinschaft. Ursprünglich ist M. Binden und Entbinden von Kraft. Das Singen, Tanzen und Musizieren ist als solches, nicht erst bezogen auf einen Inhalt, eine Begehung, in der jenseitige Kräfte im Rhythmus gebunden oder entfesselt werden. Es ist hl. Handlung, weil es mit Macht oder Mächten zu tun hat. Der ursprünglich magische Sinn der M. (→ Magie) zeigt sich zB bei der Sage von Jericho (Jos 6) oder wenn Davids Saitenspiel den bösen Geist Sauls zu bannen vermag (1Sam 16, 16). Aber diese Phase der pansakralen M. reicht nur in die älteren Schichten des AT hinein. Dann traten sakrale und profane M. auseinander, ohne daß es zu einer schroffen Scheidung kam.

Lied, Spiel und Tanz gehören im Ursprung nahe zueinander, alle drei sind beherrscht vom Rhythmus. Die Schlag-I.e markieren nur den Rhythmus, die ältesten Lieder sind ganz kurz; sie wurden in stetiger Wiederholung gesungen, so daß der endlos wiederholte Rhythmus den Liedcharakter bestimmte, wie wir es noch vom Singen kleiner Kinder kennen. An diese früheste Phase erinnern diejenigen Pss, in denen Lied, Spiel und Tanz vereint sind (zB Ps 149, 1-3; auch die Verben für »jubeln« umfassen Wort, Bewegung und Ton). Erst allmählich haben sich die drei Vorgänge voneinander gelöst. Dabei tritt im AT das gesungene Wort immer mehr in die Mitte und wird die beherrschende Tonkunst; die I.e verlieren ihre Eigenbedeutung und begleiten oder verstärken die Lieder der Gemeinde, oder aber sie erhalten eine rein profane Funktion. Der sakrale Tanz dagegen tritt immer mehr zurück.

2. *Die instrumentale M.* begleitet Lied und Tanz oder hat selbständige Funktionen, die des Wortes nicht bedürfen. Wahrscheinlich sank manche Art ursprünglich selbständigen I.enspiels im Laufe der Zeit zur bloßen Begleitung herab. Die primitivste Art »instrumentaler« Begleitung ist das Händeklatschen und Fußestampfen; beides steht dem Tanz noch ganz nahe. Von daher kommen die Schlag- und Schüttel-I.e. Dagegen sind die Blas- und Saiten-I.e technische Projektionen der Stimme. - Alle im AT genannten M.-I.e begegnen auch in seiner Umgebung, zT sogar die gleichen Namen. In der Spätzeit sind auch griech. I.e in Juda übernommen worden (Lyra als Münzbild der Barkochbazeit: BRL 388). - Die Besonderheit der M.-I.e in Israel wie in seiner Umgebung ist je von bestimmten Funktionen her zu verstehen. Allerdings sind die ursprünglichen Funktionen oft nicht mehr zu erkennen - zB welches I. einmal in Israel der Leichenklage diente -, weil die I.e im Laufe der Zeit eine sehr mannigfaltige Anwendung bekamen.

a) *Schlag-I.e:* Am häufigsten wird im AT die kleine *Handpauke* oder das *Tamburin* (tôp) genannt, ein mit Fell überspannter runder Rahmen (AOB 456f, BRL 393). Es begegnet u.a. in der Erzählung vom Meerlied (Ex 15, 20; → Mosessegen) und dann im ganzen AT, in profanem und sakralem Gebrauch (zB zum Geleit bei Abschied Gen 31, 27, beim Siegeslied 1Sam 18, 6, beim Gelage Jes 5, 12, zum Tanz Jer 31, 4). Oft spielen es Frauen und tanzen danach (vgl. ANEP 211). In den Pss wird es nur selten genannt, in der Chronik fast nie; aus den Gottesdiensten der Spätzeit ist es wohl ganz geschwunden. - Auffällig und nicht erklärt ist das Fehlen der großen *Stand-* oder *Kesseltrommel* im AT. Gab es sie, dann nur in später Zeit. - Die *Zymbeln* (ṣælṣᵉlîm und mᵉṣiltâjim) oder *Becken* sind zwei metallene Becken, die rhythmisch aufeinander geschlagen werden (QDAP 4, 1935, 60). Ps 150, 5 werden zwei Arten genannt: klingende (kleinere) und schallende (größere; diese in senkrechter Bewegung aneinander gestrichen). Auch dieses I. wird profan und sakral gebraucht. - Das *Sistrum,* die Rassel (mᵉnaʿănᵉʿîm; nur 2Sam 6, 5), ist ein Schüttel-I., das von Ägypten übernommen wurde (ein Griff in Bethel gefunden: BASOR 56, 1934, 10). - Eine Art *Triangel* (šālîš) wird nur 1Sam 18, 6 genannt.

b) *Blas-I.e:* Das *Horn* (šôpar), ein gebogenes Widderhorn (BRL 390, ANEP 201), ist ursprünglich Signalhorn im → Krieg (: II), gleichzeitig ein Mittel, den Feind durch wildes Blasen verbunden mit Kriegsgeschrei (tᵉrûʿā) zu schrecken. Es ist vornehmlich I. beim Kriegszug und bei der Thronbesteigung des Königs, aber auch im Gottesdienst (Ps 47, 6; 98, 6). Im »hl. Krieg« war das Horn sakrales und profanes I. in einem; mit der Säkularisierung des Krieges wurde auch das Signalhorn profan; schließlich wurde es wieder gottesdienstliches I. und Kultgerät der Synagogengemeinde (Neujahrsfest). - Die schlanke, vorn verbreiterte *Trompete* (ḥᵃṣôṣᵉrā; aus Metall, zT Silber) war ebenfalls Signal im Krieg, am Hof des Königs und Signal des Wächters; später wurde sie auch ein wichtiges kultisches Gerät (AOB 509; ägypt.: MGG I, 95). Das Ineinander von kultischer und profaner Bedeutung zeigt Num 10, 1-10, eine ausführliche Anweisung für den Gebrauch der Trompete. - Die kleinen Blas-I.e können im Gegensatz zu Horn und Trompete Tonfolgen erzeugen; sie singen, während jene rufen: die *Flöte* (ʿûgal), bei fröhlicher Feier im Hause gespielt (Hi 21, 12), Ps 150, 4 unter den I.en des Tempelorchesters genannt (ägypt.: MGG I, 95); die *Schalmei* (ḥālîl) mit 2 Röhren, zum Trinklied (Jes 5, 12), zur Königskrönung (1Kön 1, 40), bei der Tempelwallfahrt (Jes 30, 29) und zur Klage (Jer 48, 36) gespielt.

In 1Sam 10, 5 ist sie eines der I.e, durch die die prophetische Ekstase erzeugt wird (AOB 509, BRL 391).

c) Die beiden im AT genannten *Saiten-I.e* sind: die *Harfe* oder *Schrägleier* (næbæl) mit schrägem Joch, nach Ps 33, 2 zehnsaitig, aber nicht immer (nach Galling Leier mit schrägem Griff [BRL 393, AOB 151, hethit.: MGG VI, 331]; oder Harfe [KBL s.v.; Josephus, Ant. VII, 12, 3]?; nach Galling [BRL 390] war die Harfe in Syrien und Palästina unbekannt); ferner die (Kasten-) *Leier* (kinnôr), zwei- bis viersaitig, wahrscheinlich aus Indien nach Vorderasien gekommen, als Lehnwort im Ägyptischen. Sie ist mehrfach als I. der Freude bezeichnet (Hi 30, 31; Ps 137, 2; AOB 51; ANEP 205 [assyr.]. 206 [ägypt.]; MGG VI, 331 und Taf. 16 [hethit.]; VII, 226 [kanaanäisch]). Beide Saiten-I.e sind ursprünglich profan, dann aber die am häufigsten - oft zusammen - genannten M.-I.e.

d) Vom *Klang* der I.e wissen wir wenig; jedenfalls war jedes zuerst als Solo-I. gedacht; das Kombinieren zu gewiß zunächst sehr kleinen, erst in nachexilischer Zeit erheblich größeren Orchestern ist erst sekundär und sollte wohl mehr der Klangfülle als der Klangdifferenzierung dienen; das Orchester sollte mit den Sängern zusammen wie *ein* Ton klingen (2Chr 5, 13). Wie in manchen Arten gegenwärtiger M. war das Skandieren des Rhythmus beherrschend. - In spätnachexilischer Zeit ist, wie die → Chronikbücher zeigen, die Tempel-M. zu einer hohen Kunst entwickelt worden, die zusammen mit den Chören der Tempelsänger für das damalige Judäa nicht nur den kultischen, sondern auch den kulturellen Mittelpunkt des Lebens der Gemeinschaft darstellte.

e) Hinsichtlich der *Bedeutung und Wirkung der Instrumental-M.* sind die Gelegenheiten selbständigen und begleitenden Gebrauchs der M.-I.e zu unterscheiden. Die vielerlei Gelegenheiten, bei denen Instrumental-M. in begleitender Funktion begegnet, sind bei den einzelnen I.en genannt worden; gewiß kommen viele hinzu, die zufällig im AT nicht genannt sind. Bei der selbständigen Funktion vieler I.e sind zwei entgegengesetzte Wirkungen wahrzunehmen: die M. wirkt bindend und entfesselnd, begeisternd und befreiend; sie kann Macht bannen oder Macht zur Entladung bringen. In abgeschwächtem Maß gilt das auch für die begleitende Funktion der M. - Instrumentale M. führt die → Ekstase der → Propheten herbei (2Kön 3, 15; 1Sam 10, 5), sie dient der Divination; in der Kultprophetie wird die M. eine wesentliche Bedeutung gehabt haben; es ist noch ein Zusammenhang erkennbar zwischen Kultpropheten und Sängern (nibba' heißt 1Chr 25, 1ff »musizieren«). Wie hier der Geist oder eine Kraft durch die M. herbeigeholt wird, so kann die M. böse → Geister bannen (1Sam 16, 23; ebenso die Schellen am Priestergewand [Ex 28, 33] oder am Geschirr der Pferde [Sach 14, 20]).

f) Die wichtigste und für Israel bes. bezeichnende Bedeutung hat die Instrumental-M. im AT im Zusammenhang des *Gotteslobes*. Daß die I.e dem Gotteslob dienen, beginnt in der frühesten Zeit (Meerlied) und reicht, immer sich steigernd, bis in die Spätzeit. Wenn in den → Psalmen (: I) am Ruf zum Lob immer wieder die I.e - und zwar fast alle, die vorkommen - beteiligt sind, so darf das nicht primär subjektiv, also als Erzeugung einer fröhlichen Feststimmung verstanden werden, aber ebensowenig objektiv-ästhetisch als musikalischer Schmuck des → Gottesdienstes (: II); vielmehr sind hier die I.e in einzigartiger Weise in das auf Gott gerichtete Geschehen des Gotteslobes hineingenommen; sie sind am Preisen Gottes beteiligt (Ps 150 u.ö.). Wenn im gleichen Zusammenhang Berge und Hügel (Ps 65, 13f) und Bäume (96, 2) in das Orchester des Gotteslobes aufgenommen werden und in Ps 148 die ganze Schöpfung zum Lob gerufen wird, so ergibt sich von daher der tiefste Sinn der Instrumental-M. im Zusammenhang des Gotteslobes: die I.e tragen den Gottespreis aus Menschenmund hinüber in die Weite des Geschaffenen. Die ursprünglich selbständige Bedeutung der M.-I.e kehrt hier abgewandelt und des magischen Charakters entkleidet wieder; die I.e sind im Gotteslob mehr als nur Begleitung.

g) Während die Psalmenüberschriften (→ Psalmen: I) in ihrer Bedeutung großenteils noch unklar sind, ist die Bedeutung des Wortes *Sela* jetzt wahrscheinlich gefunden (Snaith u.a.). Es bezeichnet für Pss, die in drei Teilen gesungen wurden, am Ende jedes der Teile einen Zwischengesang, ein Responsorium des Chores, der an dieser Stelle die Worte Ps 136, 1 sang. Sela ist eigentlich wohl ein Imperativ »Erhebet!« (zu lesen sollû), dem nachträglich die Vokale des hebr. Wortes für »immer« untergelegt sind, des Kennwortes aus Ps 136, 1 für das Zwischenspiel. - Das sehr häufige *lāmᵉnāṣṣeᵃḥ*, gewöhnlich »dem Musikmeister« oder »dem Chormeister« übersetzt, ist ein musiktechnischer Ausdruck, der bisher nicht sicher gedeutet ist. Er begegnet in 55 Psalmenüberschriften und Hab 3, 19. Die gewöhnliche Deutung gründet auf 2Chr 2, 1; 15, 21 u.a. Mowinckel (IV, 17ff) leitet es von nasāḥ = strahlen, leuchten ab und deutet es »(das Antlitz Jahwes) leuchtend machen«, dh »zum Gnädigstimmen«. Andere deuten es nach Übersetzungen »für den Sieger« entsprechend der Psalmenüberschrift lᵉdawîd (Bentzen).

3. *Gedicht und Lied* sind im frühen Israel eins. Das Lied ist im Rhythmus gebundenes Wort, die rhythmische Bindung macht das Wort zum Lied. Wie das Spielen von I.en ist das Singen niemals Selbstzweck im Sinn eines bloß ästhetischen Sich-Betätigens; jedes Singen ist durch den Rhythmus ein Binden von Kraft und zeigt darin noch Spuren seiner Herkunft aus dem Magischen; jedes Lied bewirkt etwas. - Neben das ganz kurze, ein- oder zweizeilige Volkslied (zB Ex 15, 21; Num 10, 35f; 21, 17f; Ri 16, 23f; 1Sam 18, 7), das unmittelbar aus der Stunde des besungenen Ereignisses wächst und von einem Chor unter Tänzen gesungen oder von allen Versammelten aufgenommen werden kann, tritt schon in früher Zeit das Kunstlied, das die Konzeption durch einen »Begabten«, also einen Dichter oder Sänger, verrät und auch von einem einzelnen vorgetragen werden muß, wie das → Debora-Lied Ri 5 (→ Formen: I, 3). Die Unterschiede beider Typen zeigt am besten ein Vergleich zwischen dem höchst kunstvollen balladenartigen Deboralied und dem ganz primitiven Siegeslied der Philister Ri 16, 23f. Eine klare Scheidung zwischen profan und kultisch läßt sich beim Lied bzw. Gedicht wie bei der Instrumental-M. nicht durchführen. → Segen und Fluch (: II) zB, die in ihrer ältesten Form kurze rhythmische Worte sind, stehen noch durchaus jenseits jener Scheidung. Die ältesten Siegeslieder Israels sind Jahwe-Lieder, sogar die Arbeits- und Tanzlieder haben ihre Wurzeln noch im Pansakralen. Ganz allmählich hat sich das profane vom kultischen Lied gesondert (→ Profane Dichtung im AT). - *Die Stilmittel der Dichtung* haben nicht einen ästhetisch-literarischen, sondern magisch-religiösen Ursprung. Der die gesamte Dichtung des AT beherrschende Parallelismus der Glieder (hierzu und zur Metrik vgl. → Formen: I, 2) ist nicht im modernen Sinn Kunstmittel, sondern bindet das besondere, das gültige, das ergriffene oder das feierliche Wort in der Schwingung eines Satzpaares, die eine rhythmische Ganzheit schafft, den Vers. Dessen beide Glieder, die Vershälften, entsprechen einander formal und inhaltlich: inhaltlich, sofern der Satz des einen Halb-

verses immer in Entsprechung zu der des anderen steht (synonym, antithetisch oder synthetisch); formal, sofern der Rhythmus beide Halbverse im Gleichgewicht hält: entweder enthalten beide Vershälften die gleiche Anzahl von Tonhebungen, oder die zweite ist absichtlich um eine Tonhebung kürzer als die erste (Qinā-Metrum). Bei diesem schwingenden Satz kommt es aber niemals zu einem starren metrischen Schema, das den Sätzen als eine theoretische Konzeption aufgezwungen wäre; das ist schon deswegen nicht möglich, weil die rhythmische Einheit (sowohl Vers wie Halbvers wie Tonhebung) im AT immer zugleich eine Sinneinheit ist. Es bleibt bei diesem Satzrhythmus eine große Freiheit, der kein metrisches Schema ganz Herr werden kann. Ein Grund dafür liegt auch darin, daß die hebr. Dichtung sich nie ganz vom einfachen Vers der Volksdichtung gelöst hat und daher nie reine Kunstdichtung geworden ist. Der Zusammenhang mit den einfachsten Formen zeigt sich bei den Pss in der Aufnahme vieler alter Kultrufe, im Kehrreim, der das primitive Mittel der Wiederholung in das Kunstlied bringt, bes. aber in den vielen Spuren des Wechselgesangs (zB Ps 24), bei dem entweder zwei Chöre einander oder ein Chor einem Vorsänger antwortet. Dieser Wechsel der Stimmen gehört zu den Grundelementen des Liedes, wie zum gesprochenen Wort Rede und Antwort gehört. Auch der in einer Gruppe von Pss bes. ausgebildete Ruf zum Lob (100; 148) ist eigentlich Aufforderung einer Stimme, der dann die anderen Stimmen antworten. Eines der Worte für »singen«, ʿanā, bedeutet eigentlich »antworten, respondieren«.

H.Gressmann, M. u. M.-I.e im AT, 1903 - C.Sachs, M. des Altertums, 1924, 22ff - Ders., The Rise of Music in the Ancient World, New York 1943 - S.B.Finesinger, Musical Instruments in OT (HUCA 3, 1926, 21-76; Lit.) - Ders., The Shofar (ebd 8/9, 1931/32, 193-228) - H.Sachsse, Palästinensische M.-I.e (ZDPV 50, 1927, 19 bis 66. 117-172) - A.Z.Idelsohn, Jewish Music in its Historical Development, New York 1929 - BRL 389ff - A.R.Johnson, The Cultic Prophet in Ancient Israel, London 1944, 59ff - E.Kolari, M.-I.e u. ihre Verwendung im AT, Helsinki 1947 - P.Gradenwitz, The Music of Israel, New York 1949 - Ders., Music and Musicians in Israel, Tel Aviv 1959 - M.Wegner, Die M.-I.e des Alten Orients, 1950 - N.H. Snaith, Selah (VT 2, 1952, 43-56) - ANEP 191-211 - Grove's Dict. of Music and Musicians IV, London 1954[5], 615ff (Jewish Music) - H.Seidel, Horn u. Trompete im alten Israel unter Berücksichtigung der »Kriegsrolle« von Qumran (WZ Leipzig 6, 1956/57, 589-599) - New Oxford Hist. of Music I: Ancient and Oriental Music, ed. E.Wellesz, London 1957 (darin: C.H.Kraeling, Music in the Bible, 283-312) - MGG VII, 224ff (Jüd. M.).

C.Westermann

IV. Synagogale Musik

1. Von der das Singen begleitenden Instrumental-M. des Jerusalemer Tempels (→ Musik: III) ist in den → Gottesdienst (: III) der Synagoge nichts übergegangen. Daß in den Rezitativen des Vorbeters und den Responsen der Gemeinde Melodien der (nachexilischen) Levitenchöre weiterlebten, ist unwahrscheinlich. Der zum Gebet Bestimmte (šᵉliªḥ ṣibbûr) trug in mehr oder minder umfangreichen Abschnitten die Gebete vor, wobei die (männliche) Gemeinde mit »Amen« oder kurzen Eulogien (vgl. jSchabb XVI, 1, 15 c; bSukka 38 b; bPesachim 119) respondierte, beim → Schma antiphonisch. Der Vorbeter war meist auch zugleich derjenige, der die Toralektion und einen Abschnitt aus den »Propheten« vortrug. Für das psalmodierende Beten und das kantillierende *Vor*lesen der Schrift (Sprechgesang) gab es zunächst keine festen Ordnungen. Die Modulationen der Bibeltexte wurden im 6./9.Jh. durch *Akzente* festgelegt; dabei haben sich die tiberiensischen durchgesetzt, die für Pss, Spr und Hi Besonderheiten aufweisen (→ Bibel: I C, → Bibelhandschriften: I). Da jedes Gemeindeglied nicht nur zur Lesung, sondern auch zum Gebet herangezogen werden konnte, ist es in den ersten 5 Jh.en nicht zur Ausbildung eines Kunstgesanges gekommen.

2. Als man im 6./7.Jh. zu den Stammgebeten diese umrahmende neue Poesien (pijjuṭîm) fügte, wuchs das Interesse an einem »m.en« Vorbeter. So entstand das *Amt* des Vorsängers (ḥazzan), der als Solist kantorale Gesänge (ḥazzanût) vortrug. Die nicht aufgezeichneten Melodien wanderten mit den umherziehenden Vorsängern von Ort zu Ort, ja von Land zu Land. Seit dem frühen MA drangen - bes. im spanisch-arabischen Raum - in die synagogale M. neue Melodien ein, wie auch die Dichtung damals und dort neu aufblühte (→ Avicebron und → Jehuda ben Samuel Ha-Levi; 11.Jh.). Der spanisch-provenzalische Gelehrte Profiat Duran arbeitete als erster die Eigenart der jüd. M. heraus (1403). Bes. die der → Mystik (: III) ergebenen Kreise, die sich um die Verinnerlichung des Gottesdienstes bemühten, förderten die synagogale M. Da die Einzelgemeinde selbständig war, hatte das liturgische Brauchtum (minhag) eine große Breite. »Die modale Melodik der synagogalen M. erhielt sich im Osten anders als im Westen. Ihre Verwandtschaft mit der arabisch-persischen M. führte zur Angleichung, großenteils zum Aufgehen der spanisch-jüd. Modi in den Makamen. Die mittel- und osteuropäischen Juden dagegen bewahrten modale Gattungen, die von Bau- und Tonarten sowohl der europäischen wie arabischen und türkischen M. abweichen« (Avenary). Von entscheidender Bedeutung für die synagogale M. in Italien, dem Balkan und dem Orient (mit Ausnahme des Jemen) waren die um 1500 aus Spanien und Portugal vertriebenen sefardischen Juden (→ Judentum: II, 4. 5). Einen eigenen m.en Stil bildeten ihrerseits die aschkenasischen Juden in Polen aus. Im 16.Jh. haben die (sefardischen) Kabbalisten (→ Mystik: III) im obergaliläischen *Safed* ihren Gesängen feurige berauschende Melodien (zT im Tanzrhythmus) zugrunde gelegt, die vielfach Volksliedern der Umwelt entlehnt waren (ein berühmter ḥazzan war Israel Nadjara). Im 17.Jh. nahmen die syrischen und türkischen Juden, der von Nadjara eingeschlagenen Richtung folgend, Form und System der (persischen) Makamen auf. Eine gewisse Parallele zur Mystik und Ekstase, wie sie in Safed lebendig war, stellt im 18.Jh. der im polnisch-russischen Bereich beheimatete → Chassidismus dar, der seinerseits auch eine besondere Form der synagogalen M. ausbildete. »Das Eigenartige am chassidischen Gesang ist seine melodische Linie, die als Kurve psychischer Spannungen gelesen werden kann: das Drängen auf Konzentration in rastlos wiederholten Tönen oder dem wiederholten Umspielen eines Motivkeimes..., das innere Bewegung spiegelnde Steigern und wieder Abfallen im Tempo« (Avenary).

3. Das Normale der Aufführungspraxis der synagogalen M. im MA war das überkommene Gegenüber von Vorsänger und respondierender Gemeinde. Im 14./16.Jh. trat - zunächst an einzelnen Orten Europas - dem Vorsänger eine Knabenstimme und ein Baß zur Seite. Mehrstimmiger kunstgerechter Gesang wurde zuerst in den Synagogen Italiens eingeführt; Salomo di Rossi druckte 1620 die ersten hebr. Gesänge mit Noten (mehrstimmig für Chorgesang). In jene Zeit gehören auch die ersten Anfänge der Instrumentalbegleitung für den Synagogengesang. Während man im osteuropäischen Raum stärker der Tradition zuneigte, gewann die europäische M. im 18.Jh. einen starken Einfluß auf die westaschkenasische synagogale M. Die Übernahme des prot. Choralstiles wurde weniger problematisch angesehen als die Hereinnahme der → Orgel in die Synagoge. Dies geschah erstmals im hannoverschen Raum (Seesen, 1810).

Seitdem ist die Orgel in vielen Synagogen Europas und der USA anzutreffen. Ihre Einführung blieb nicht ohne Widerstand; vom Komponisten G.Meyerbeer wurde die Orgel aus rein künstlerischen Gründen als nicht zur synagogalen M. passend erklärt. Den Chorgesang förderten S.Sulzer (1804-91) in Wien und L.Lewandowski (1821-94) in Berlin (Neue Synagoge mit großer Orgel).

4. Die *Gegenwart* ist gekennzeichnet durch Sammlung und Erforschung der teils mündlichen, teils handschriftlichen Überlieferung (Birnbaum, Idelsohn, R.Lachmann, E.Gerson-Kiwi) sowie den Vorstoß zu neuen Formen eines durchkomponierten Gottesdienstes (u.a. I.Freed, E.Bloch, D.Milhaud, A.Schoenberg). »Die meisten Werke sind für liberale Bethäuser oder religiöse Konzerte bestimmt. Die Zukunftsfrage der jüd. Kunst-M. deutet entweder auf eine Wiedereinordnung in den breiten Strom der östlichen M. oder auf die Annahme der m.en Weltsprache hin, die bei den Völkern mehr und mehr durchzudringen scheint« (Avenary).

Außer den Grammatiken zur hebr. Sprache (betr. Akzente): JewEnc IX, 119ff - I.Elbogen, Der jüd. Gottesdienst, (1913) 1931[3] - A.Z.Idelsohn, Hebräisch-oriental. Melodienschatz, 10 Bde, 1914-32 - Ders., Jewish Music in Its Historical Development, New York 1929 - E.Werner, The E.Birnbaum-Collection of Jewish Music (HUCA 18, 1943/44, 397-428) - Ders., The Music of Post-Biblical Judaism (New Oxford Hist. of Music I, London 1957, 313-332) - Ders., The Sacred Bridge, New York 1958 - A.M.Rothmüller, Die M. der Juden, 1951 - MGG VII, 224ff (H.Avenary, Gesch. d. jüd. M.; Lit. u. Notenbeispiele). 261ff (E.Gerson-Kiwi, Jüd. Volks-M.).

† I.Elbogen (K.Galling)

V. Geschichte der Musik in der christlichen Kirche

1. Einleitung: Griechisches Altertum - 2. Der einstimmige liturgische Gesang - 3. Das Aufkommen der Mehrstimmigkeit - 4. Die M. im 12.-14.Jh. - 5. 15. und 16.Jh. - 6. Die M. der ev. Kirche bis zu Bachs Tod - 7. Die kath. Kirchen-M. seit 1600. Die Wiener Klassiker - 8. Das 19.Jh. (nach Beethovens Tod). - Vgl. ergänzend die im Text genannten Einzelartikel

1. Die unter → Musik: I der Sprache zuerkannte Priorität ist nicht im Sinne eines zeitlichen Nacheinander zu verstehen: Am Anfang der europäischen Geschichte begegnet eine Sprache, die zugleich M. war, das Altgriechische etwa von Homer bis ins 5.Jh. vChr. Sie war ein Nennen, das die Komponente des Tönend-M.en enthielt. Diese prägte bes. den Rhythmus der Sprache. Sie verlieh ihm eine eigenständige, gleichsam körperhaft-greifbare Beschaffenheit, stempelte ihn zum m.en Rhythmus. Der m.e unterscheidet sich vom sprachlichen Rhythmus dadurch, daß er mit festen, realen Größen operiert. Der spezifisch sprachliche Rhythmus hingegen steht in wesentlicher Abhängigkeit vom Sinn- und Bedeutungszusammenhang, vom Ausdruck, Nachdruck u.ä. Rein sprachlicher Natur ist der Rhythmus der deutschen Sprache. - Das Griechische war also durch den m.en Rhythmus bereits von sich aus festgefügt, es war daher in sprachrhythmischer Hinsicht, als Vers, und zugleich als M. präformiert. Trat es als ausdrücklich, verbindlich Geformtes auf, so nannten es die Griechen μουσική. Als phonetisches Gebilde, das zugleich mit eigenständiger rhythmisch-m.er Macht begabt war, einem Moment, das vom Nennvermögen unabhängig ist, bewirkte das Griechische die Vorstellung, daß nicht der Mensch die Dinge benennt, sondern daß die Dinge selbst sich klingend substantiell bekunden. Eine solche Geisteshaltung steht dem Magischen unvergleichlich näher als die abendländische. Die Griechen blieben jedoch nicht darin befangen. Sie standen auf der Stufe des Ontologischen. In der μουσική ist das Sein, sind die Götter, ist die Religion gegenwärtig. Religionsstiftung, Dichtung und M. sind hier so sehr eine Einheit, daß man sie nur in der denkerischen Fiktion - und auch hier lediglich als Seiten ein und derselben Sache - auseinanderhalten kann. Die Annahme etwa eines ein für allemal festgelegten religionsstiftenden Prosatextes wäre ein Unding. Ebensowenig wäre die Sonderung eines »wahren Seins« am Platze, das dem vergänglichen Diesseits gegenüberzustellen wäre. - Eine Zwischenstellung nehmen das Lateinische und die romanischen Sprachen ein, aber auch das Griechische der christlichen Ära (die Wandlung des Altgriechischen begann schon etwa mit dem 4.Jh. vChr). Doch erinnern diese Sprachen durch nur noch wenige Struktur-Merkmale an die altgriechische Sprachbeschaffenheit.

Der historische Befund lehrt also, daß das sprachliche und das m.e Vermögen innerhalb unserer Geschichte zuerst als Einheit erschienen und daß sich das spezifisch Sprachliche erst spät, und bes. im Deutschen, herausschälte. (Lehrreich ist auch die Beobachtung, daß sich die selbständige und Bedeutendes aussagende Instrumental-M. erst innerhalb des deutschen Sprachbereichs - Bach, Wiener Klassiker - einstellt, gleichsam als ausdrücklich m.er Gegenpol zum ausdrücklich Sprachlichen.)

2. Schon vor Beginn der christlichen Zeit traten an die Stelle der μουσική a) Sprache (schlichte Prosa), b) Dichtung (nachträglich auf dem Grund der Prosa geformter Vers) und c) M. Die dadurch von Dichtung und M. gleichsam entblößte Sprache mußte nun als das adäquate Gefäß der Offenbarungsreligion erscheinen: Diese schlichte Prosa wurde dazu ausersehen, auf die schlichte jenseitige Wahrheit hinzuweisen. Der Dichtung und der M. aber fiel von jetzt an im Bereich des Religiösen zu, jene Wahrheit diesseitig »sichtbar« zu machen.

Liturgiesprache war zuerst das Griechische und seit dem 3.Jh. im Westen das Lateinische. Beide Sprachen konnten nun, anders als die alte μουσική, frei in Gesang verwandelt werden. Die primäre Sprachschicht der → Liturgie (: IV) ist Prosa (auch die Psalmenübersetzungen in das Griechische und Lateinische sind Prosa). Verse sind erst als sekundär-liturgische Sprachschicht hinzugekommen (→ Hymnus). Der liturgische christliche Gesang bringt also in erster Linie Prosa zum Erklingen. Er ist etwas völlig Andersartiges als das, was man gemeinhin unter Gesang (nämlich liedhaft, eigenständige Vertonung von Versen) versteht. Der liturgische einstimmige Gesang ist wesentlich die Art und Weise des Erklingens der liturgischen Sprache, selbst dann, wenn er sich reicher, melismatisch entfaltet, wodurch freilich die m.e Seite an Selbständigkeit gewinnt. Es liegt nahe, seine Wurzeln im Bereich des griech. und auch des lat. Altertums einerseits, des jüdischen Gesangs andererseits zu suchen (→ Altchristliche Musik, → Ambrosianischer und → Gregorianischer Gesang). Man darf aber dabei nicht den Strom übersehen, der durch das Heraufkommen und Greifbarwerden der bis dahin namenlosen Schichten (»Volks-M.« im weitesten Sinn) dem liturgischen Gesang zugeführt worden sein mag. Der Zusammenhang mit dem Vorgefundenen wird entweder allgemein in Strukturmomenten oder in einzelnen Melodien und Wendungen bestanden haben. - Als eigentliche Wurzel des einstimmigen liturgischen Gesangs sollte man jedoch die schöpferische Kraft der anbrechenden christlichen Ära (als Religion, Gemeinschaft, Kultus) ansprechen. Man sollte den methodischen Fehler vermeiden, den christlichen Gesang in seinen verschiedenen heterogenen vorchristlichen Bestandteilen aufgehen zu lassen. Inwiefern und seit wann schriftliche Zeichen zur Erleichterung des m.en Vortrags bei den Lektionen (→ Lektionston), der → Psalmodie und dem eigentlichen Gesang verwendet wurden, läßt sich nicht mit Sicherheit sagen (→ Altchristliche Musik, → Ambrosianischer Gesang, → Antiphon, → Byzantinische Kirchenmusik, → Gallikanischer Gesang, → Gregorianischer Gesang, → Kirchentöne, → Neumen, → Notenschrift).

3. Bis zur karolingischen Zeit war der liturgische Gesang einstimmig. Zwar ist es nicht ausgeschlossen, daß mitunter im Vortrag irgendeine, heute nicht mehr bestimmbare Art von *Mehrstimmigkeit* auftrat (zB mehr oder minder zufällige Abweichungen durch die einzelnen Sänger bei der chorischen Ausführung, Singen in parallelen Quinten oder Quarten, Stützen der Melodie durch einen liegenbleibenden Ton). Aber solche Ansätze zur Mehrstimmigkeit, falls sie vorhanden waren, berührten nicht das Wesentliche der Konzeption des Gesangs als einstimmiger M., sondern gehörten der Ebene des Vortrags an. Mit dem 9.Jh. änderte sich der Sachverhalt. Die Mehrstimmigkeit wurde greifbar. Dieses Ereignis bedeutet den Anfang der im engeren Sinn abendländischen M. Von jetzt an konnte die M. über ihre bisherige Funktion als bloßes Erklingen des Textes hinausgehen, sie erhielt Eigenständigkeit. Die spezifisch eigenständige, von Sprache unabhängige M. ist aber die instrumentale. Verschiedene Gründe sprechen dafür, daß eine auf Zusammenklängen beruhende instrumentale M. bei den nun in die christliche Kultur eintretenden nordischen Völkern vorhanden war; damit verbindet man den Einbruch der Mehrstimmigkeit in die christliche Kirche (die zum ersten Mal Mehrstimmigkeit behandelnden M.traktate des 9.Jh.s sind nördlich der Alpen entstanden; → Musica Enchiriadis). Diese Mehrstimmigkeit war aber nicht geschichtlich durchfurcht. Sie war noch ein roher Stoff, wie ein unentwirrtes Knäuel. Durch ihre Konfrontierung mit dem einstimmigen liturgischen Gesang begann die stetige Auseinandersetzung zwischen Sprache und M., die zum Ferment für das Werden des m.en Satzes geworden ist. Von der Sprache lernte die mehrstimmige M. im Verlauf der folgenden Jh.e das Artikulieren. Sie wurde sprachähnlich. → Sprache aber ist, als das Urphänomen des Menschlichen, die primäre Menschendarstellung. Will man das ursprünglich in die christliche M. einbezogene Instrumental-Mehrstimmige mit einem Bandornament vergleichen, so ist der Prozeß des Werdens der abendländisch-mehrstimmigen M. der Prozeß ihrer Verwandlung von »Ornament« in Menschendarstellung. Er umfaßt die Zeit vom 9.Jh. bis zu den Wiener Klassikern einschließlich (Beethovens Tod 1827). Mit Palestrina (Latein) und Schütz (Deutsch) wurde dieser Wandel im Bereich der sprachgebundenen M. abgeschlossen. Das alsdann instrumentale Gefüge der Bachschen und der Wiener klassischen M. wird aber durch das sprachähnliche Artikulieren gekennzeichnet und ist somit als die reife Frucht des geschichtlichen Werdens anzusehen.

Als Belege für den Zusammenhang der ältesten bezeugten christlichen Mehrstimmigkeit mit dem Instrumentalen seien angeführt a) die Benennung dieser Mehrstimmigkeit: → Organum (= Werkzeug, Instrument, auch Orgel) und b) die ausdrückliche Erwähnung von Instrumenten bei der mehrstimmigen Ausführung der Gesänge. - Das Einbeziehen der Mehrstimmigkeit in den Gottesdienst hängt wohl mit dem Aufkommen von → Tropus und → Sequenz zusammen. (Die M.traktate des 9.Jh.s veranschaulichen das Organum anhand von Sequenzen.) Wie diese, als sekundär-liturgische Sprachschicht, den feststehenden liturgischen Text tropieren, deutend paraphrasieren und ergänzen, so beabsichtigt zunächst das Organum nur die ergänzende Umdeutung der gegebenen einstimmigen Melodien durch mehrstimmigen Vortrag. Organum war zu jener Zeit keine »Komposition«, sondern lediglich die Art und Weise, die einstimmigen liturgischen Gesänge mehrstimmig auszuführen. Es bildete zunächst eine sekundär-m.e Schicht. Aus diesem Grund wurden bis ca 1100 keine einzelnen Organa als fertige Werke aufgeschrieben, sondern nur Regeln für die organale Ausführung der Gesänge aufgestellt (→ Guido, → Hucbald, → Musica Enchiriadis).

4. Etwa ab 1100 begegnen notenschriftlich fixierte Organa. Die ältesten Aufzeichnungen befinden sich im Winchester Tropar (wohl noch 11.Jh.), in linienlosen → Neumen und daher nicht eindeutig lesbar. Liniensysteme mit vorgezeichneten Schlüsseln wurden im 12.Jh. für die Niederschrift zahlreicher zweistimmiger Gesänge benützt, bes. in Südfrankreich (St. Martial in Limoges) und Nordspanien (Santiago di Compostela). - Gegen 1100 wandelte sich auch die Struktur des Organums (Übergang: sog. Mailänder Traktat). Bis dahin wurde der einstimmige liturgische Gesang als die Oberstimme gedacht und blieb als melodisches Gebilde erkennbar. Von jetzt an rückte er aber in die Unterstimme. Er zerfiel in einzelne Töne, deren jeder lang ausgehalten wurde und als Stütze für den reich melismatischen Oberbau diente. Dadurch trat dieser jetzt in den Vordergrund, und der ursprüngliche einstimmige Gesang war als zusammenhängende Melodie nicht mehr vernehmbar. Er war nunmehr, gleichsam als das Dogma, nur ideell vorhanden. Von jetzt an kann man ihn als *Cantus firmus* bezeichnen. - Etwa um 1200 übernahm Paris die Führung. Wir finden dort zugleich mit der Entstehung der Kathedrale die sog. Notre-Dame-Schule, deren Hauptmeister Magister Leoninus und sein Nachfolger Magister Perotinus Magnus waren. Das imposante Organa-Repertoire des 13.Jh.s ist durch mehrere Hss. überliefert. Es handelt sich um 2- bis 4-stimmige Organa (Organum purum, triplum, quadruplum).

Das Auftreten jeweils eigens ausgearbeiteter Cantus-firmus-Kompositionen ließ die mehrstimmige M. innerhalb der Liturgie als etwas Selbständiges erscheinen. Dieser Charakter von m.er Einlage wurde dadurch noch deutlicher, daß im 12. und 13.Jh. die mehrstimmige Ausarbeitung derjenigen Gesänge bevorzugt wurde, denen auch innerhalb der liturgischen Einstimmigkeit eine spezifisch m.e Aufgabe zufiel: Graduale und Alleluia-Jubilen (→ Jubilus). Waren die zwischen die Lesungen (Epistel und Evangelium) eingeschobenen → Graduale und Alleluia (→ Halleluja) schon in ihrer einstimmigen Fassung stark melismatisch und wurden somit als m.e Einlagen empfunden, so verwandelte sie die mehrstimmige Bearbeitung durch das Auseinanderlegen der einzelnen Cantus-firmus-Töne vollends in sprachfreie Gebilde. Dasselbe gilt für die ebenfalls melismatischen und im Organa-Repertoire enthaltenen → Responsorien. Von einem Vernehmen des Textes konnte keine Rede mehr sein. In Wirklichkeit stehen wir hier vor einer dem Wesen nach instrumentalen M., obwohl die menschliche Stimme beteiligt ist. (Mitwirkung von Instrumenten ist anzunehmen. Ob der Vortrag solistisch oder chorisch stattfand, läßt sich nicht mehr eindeutig feststellen.)

Hier sei eine allgemeine Bemerkung eingefügt: Wenn die Sprache in der Liturgie als einstimmiger Gesang erklingt, so ist dieser Gesang notwendigerweise liturgisch. Die instrumental-mehrstimmige Komponente aber ist, weil eigenständig, nicht identisch mit dem In-Erscheinung-Treten des Liturgischen; sie ist kein Nennen, Sagen, Singen, sondern wird wesentlich vom Spiel bestimmt (man »spielt« ein Instrument). Sie ist daher, für sich betrachtet, »profan«, dh »nicht geweiht«. (Die Kirchenväter wandten sich gegen die Verwendung von Instrumenten; vgl. auch → Calvins Anschauung.) Sie *kann* sich aber dem Sakralen unterordnen, konsekriert werden. So entsteht erst mit dem Einbruch der Mehrstimmigkeit und des Instrumentalen recht eigentlich die Frage, inwiefern jeweils die M. sich dem geistlichen Ganzen einordnen läßt oder ihre profane Herkunft störend verrät; inwiefern sie liturgischen Zwecken dient oder nur als autonome Kunst zu würdigen ist. Es sind Fragen, die - veranlaßt durch die M. selbst - seit jener Zeit wiederholt im Verlauf der M.geschichte gestellt werden mußten. So begann vom 12.Jh. an die Spannung zwischen geistlicher und weltlicher M., bes. zwischen liturgischer Einstimmigkeit und profanem instrumental-mehrstimmigem Element befruchtend und gefährdend wirksam zu werden.

Die liturgische Einstimmigkeit wurde zwar seit dem 12.Jh. nicht verbannt. Sie entsprach aber seitdem nicht mehr der allgemeinen Tendenz und geriet im Verlauf der nächsten Jh.e in Verfall.

Neben der hohen Kunst der gottesdienstlichen Organa gab es auch ein- und mehrstimmige Gattungen schlichter geistlicher M. Seit etwa 1100 begegnen in Frankreich ein- und mehrstimmige Conductus, dh geistliche Gesänge mit rhythmischem und strophisch gegliedertem Text. Im 13.Jh. kamen auch geistliche Lieder in Volkssprachen auf: in Italien die Laudi, die vom Sonnengesang des Hl. Franz von Assisi ausgingen; in Spanien die Cantigas de Santa Maria aus dem Kreis des Königs Alfons X. von Kastilien; in Deutschland die Leisen (→ Kirchenlied: II, 2).

In der kunstvollen Mehrstimmigkeit vollzog sich während des 13.Jh.s eine Wendung. Man unterlegte den Melismen der Organum-Stimmen neue Texte - ein Verfahren, das an den → Tropus erinnert - und verwandelte damit das Organum in die → Motette, das sprachfreie in ein erneut sprachgebundenes m.es Gebilde. Die einzelnen Stimmen erhielten verschiedene Texte, die gleichzeitig erklangen. Bald verwendete man auch verschiedene Sprachen zugleich (zB Lateinisch und Französisch) und verband sogar geistliche mit weltlichen Texten (doch so, daß die durch den Cantus-firmus-Text vertretene Idee als das Verbindende gelten konnte). Sprache war hier zwar vorhanden, jedoch kaum als solche vernehmbar. Das Zuviel an Sprache unterstrich jetzt, wie früher im Organum das Zuwenig, die eigenständige Komponente der mehrstimmigen M. Doch in beiden Fällen bestand vermittels der Sprache die Bindung an einen Inhalt, an eine Idee. - Durch das Heranziehen weltlicher volkssprachlicher Texte ergriff die Motette den Bereich auch der weltlichen M., wodurch aber zugleich eine Verweltlichung der geistlichen möglich wurde. Die Sorge um die liturgische M. fand im Decretale Papst Johannes XXII. (1324/25, Avignon) Ausdruck, das sich gegen die Verweltlichung der M. wendet und die Mehrstimmigkeit nur bedingt zuläßt. - Die Motette wurde im 14.Jh. eine in erster Linie weltliche Gattung. (Der m.e Satz dieser Zeit in Frankreich führt den des 13.Jh.s in wesentlich verwandelter Form fort.) Bezeichnend für die weltliche Tendenz des Jh.s ist, daß der bedeutendste französische Komponist weltlicher M. in jener Zeit, Guillaume de Machaut, ein Geistlicher war (er hat auch eine Messe komponiert). Auch in Italien blühte im 14.Jh. die weltliche M. (ital. Sprache). England aber, das im 14. und beginnenden 15.Jh. im Gegensatz zum Kontinent eine beachtliche liturgische mehrstimmige M. aufweist, schöpfte aus bodenständigen m.en Kräften (→ Englische Kirchenmusik). Dort wurde auch bes. die Vertonung des Meßordinariums gepflegt (→ Messe: IV).

5. Der englische Beitrag gipfelte im 15.Jh. in → Dunstable, der den englischen Sonderstrom nun in die kontinentale M. einmünden ließ (ca 1430). Das m.e Zentrum verlagerte sich von England und Paris auf burgundisch-flämisch-holländisches Gebiet. Von Dunstable bis Palestrina vollzog sich eine tiefgreifende Wandlung (→ Dufay, → Ockeghem, → Obrecht, → Isaac, → Josquin, → Senfl). Der m.e Satz wurde zu einem Geflecht melodischer Linien und förderte dadurch die Vertonung der Sprache als zusammenhängender, natürlich fließender Prosa. Dies führte auch zur zunehmenden Vokalisierung, bis bei → Palestrina und → Lasso die Instrumente völlig ausgeschaltet wurden (→ A cappella). Der ursprüngliche Ornament-Charakter des Instrumental-Mehrstimmigen (s.o.) wurde aufgegeben, die M. wurde mündig, Sprachgestalt anzunehmen, sich gleichsam der Menschendarstellung zuzuwenden. War der einstimmige liturgische Gesang lediglich das tonliche Vernehmbarwerden der liturgischen Sprache, so erhob jetzt die mehrstimmige M. als eigenständiger Sinnträger aus eigener Machtvollkommenheit den Anspruch, die Sprache - und somit den Gottesdienst als Ganzes - zu tragen. Die M. konnte sich nicht mehr damit begnügen, eine willkommene oder nur geduldete Einlage in die Liturgie zu sein. Das Meßamt wurde als *m.e* Einheit sichtbar durch die zusammenhängende Vertonung der 5 Ordinariumsgesänge (→ Messe: IV; zuerst bei Dunstable). Die → Motette, die inzwischen die Mehrtextigkeit als unvereinbar mit der neuen m.en Aufgabe abgelegt hatte und wieder als gottesdienstliche Gattung auftrat, übernahm, die m.e Messe ergänzend, die Vertonung des Proprium. - Um die m.e Einheit der Messe zu schaffen, griff man nach einem nicht den Messegesängen entstammenden Cantus firmus, der in allen Sätzen wiederkehrte (und sogar meist weltlicher Herkunft war), oder man stellte sie mit Hilfe anderer Mittel her (→ Messe: IV). Daß die Einheit jetzt nicht in der Liturgie gesucht, sondern durch die M. gewährleistet wurde, bedeutete eine Bereicherung der Sphäre des Religiösen durch Zufuhr eines eigenständigen, somit nicht notwendig geistlichen Elements, sofern dieses bereit war, sich vom Religiösen assimilieren zu lassen. Sofern aber diese Bereitschaft auch fehlen konnte, bedeutete dies eine Gefährdung. Kultus und M. gingen, trotz zeitweiliger Gefährdung, bereichert aus. Palestrinas und Lassos Werk, der Höhepunkt dieser Periode, stand im Einklang mit der Mahnung des → Trienter Konzils zur Achtung des liturgischen Wortes.

Die m.e Verselbständigung stand in Wechselwirkung zur liturgischen Lage. Seit dem 14.Jh. trat mehr der Priester als einziger Träger der Liturgie hervor, etwa in der »Missa lecta«, der stillen Messe. Priester und Sänger machten sich voneinander unabhängig. Im 15.Jh. bestand sogar eine gewisse liturgische Verwilderung. Erst das Trienter Konzil schuf endgültige Ordnung. - Gehörten die Komponisten bis etwa 1500 meist dem geistlichen Stand an, so Palestrina und Lasso nicht mehr. - Die Loslösung des Sängerchors vom Klerikerchor war schon früher durch das Aufkommen der kunstvollen Mehrstimmigkeit veranlaßt worden (→ Chor). Seit dem Ende des 1.Jt.s war auch die Gemeinde, die ursprünglich zB die Ordinariumsgesänge trug, still geworden. Ihr gehörte jetzt nur noch der Bereich des geistlichen Lieds (s.o.). - In der 2. Hälfte des 16.Jh.s blühte in Venedig die prunkvolle, zT mehrchörige Kirchen-M. (Willaert, A. und G. → Gabrieli). An die Vokal-M. Italiens knüpfte die → englische Kirchenmusik dieser Zeit an (→ Byrd).

6. Die *Reformation* leitete auch für die M. einen neuen Abschnitt ein. Auf kath. Boden stellten wir eine Bereicherung durch das eigenständig m.e Element fest, die als Ergebnis des Werdens der hohen Kunst-M. erschien. Die Reformation aber schuf, indem sie unmittelbar im

Volk wurzelte, die Voraussetzung für eine unermeßlich tiefer angelegte Erneuerung der M. in den folgenden 2 Jh.en. - Inbegriff des Volks ist seine Sprache. Die Reformation wurzelt im deutschen Sprachraum. Die deutsche Sprache ist anders beschaffen als die lateinische und die romanischen Sprachen (s. 1) und erzeugte deswegen eine andersartige M. »Es muß beide, Text und Noten, Akzent, Weise und Gebärde aus rechter Muttersprache und Stimme kommen, sonst ist alles ein Nachahmen, wie die Affen tun« (Luther, Wider die himmlischen Propheten, 1525). Joh. → Walter u.a. paßten der deutschen Prosa die Wendungen des einstimmigen lat. Gesangs an (→ Altargesang, → Passion), aber das war nicht »aus rechter Muttersprache«. Im Lateinischen fallen Bedeutung und Erklingen nicht gänzlich zusammen, die Betonung ist nicht bedeutungsbedingt (wandernder Akzent). Daher wird im Sprechen der Bedeutungszusammenhang nicht so sehr als Erklingen, sondern wesentlich auch über den Umweg der Satzstruktur, des Grammatisch-Formalen realisiert. Diese Eigenschaft des Lateinischen ermöglicht den liturgischen Gesang, der, als liturgischer, wesentlich formelhaft sein und daher die formale Seite des Sprechens zur Geltung bringen muß. Im Lateinischen läßt sich die Verbindung von Aussage der Person, Gemeinschaft, Liturgie, Gesang auf natürliche Weise herstellen. Die M. braucht lediglich den Sprachfluß, die Sprachgebärde, die Gliederung zu realisieren, ohne auf die Bedeutung einzugehen. Das Deutsche widerstrebt aber dem liturgisch-formelhaften Gesang, denn es beruht auf der Verquickung von Bedeutung und Betonung (die Betonung haftet stets ein und derselben Silbe, der Wurzelsilbe an). Das Sprechen deckt sich restlos mit der Bedeutung, ist bedeutungsbedingt und somit reines Sprechen. Es ist identisch mit dem verbindlichen Vernehmbarwerden der Person (vgl. → Musik: I). Die Freiheit des Menschen als sprechenden Wesens wird im Deutschen neu entdeckt. Will die Vertonung dem Deutschen adäquat sein, so muß sie auf die Bedeutung eingehen, sie muß die Person nun auch durch die M. vernehmbar werden lassen. Die Persönlichkeit muß sich, als Komponist und Interpret, hier bewußt mit dem Sinngehalt m. auseinandersetzen. Eine solche M. ist aber nicht im engeren Sinn liturgisch. Von sich aus führt die deutsche Sprache (als Prosa) nicht zum liturgischen Gemeinschaftsgesang. Soll Ton verwendet werden, so kann dies auf dreierlei Weise geschehen: a) als Kirchenlied, b) als Prosavertonung, die das Verbindlich-Personhafte m. realisiert, c) mit den Mitteln und der Struktur der Instrumental-M. Das sind die drei Wege, die auch begangen wurden und sich als fruchtbar erwiesen. Im Gegensatz zum spezifisch liturgischen Gesang setzen alle drei das Hinzuziehen der M. als eines eigenständigen Bereichs voraus.

Zu a) Nur das → Kirchenlied (: I. II), der ev. → Choral, bot die Möglichkeit, die deutsche Sprache liturgisch, und zwar als Gemeindegesang, zu verwenden. Die sprachliche Betonung wird hier dem Versmaß zugeordnet, das wiederum die Brücke zur M. schlägt. Hier kann daher die M. - wie das Versmaß - von der Bedeutung unabhängig sein. Sie kann als in sich geschlossene Melodie lediglich das Liedhafte verkörpern, der m.e Träger des Versflusses, des Liedes als eines Ganzen sein, auch den deutschen Sprachhabitus realisieren, ohne auf die Sprache im einzelnen eingehen zu müssen. - Für die Einführung des deutschen Liedes in den Gottesdienst sprach auch die historische Gegebenheit. Denn durch das Lied fand die deutsche Sprache schon im MA Eingang in die Liturgie (→ Kirchenlied: II, 2. 3). Es war daher sachlich und historisch tief begründet, daß Luther, der die deutsche Sprache neu entdeckte, auch das deutsche Lied als festen Bestandteil des Gottesdienstes einführte. Von daher wird auch die bald darauf einsetzende Blüte des Kirchenlieds verständlich. Daß das Lied in den Vordergrund rückte, bedeutete allerdings in anderer Hinsicht die Lockerung der liturgischen Tradition. Denn der Vers (auch der lateinische) bildete bis dahin eine nur sekundär eingeführte liturgische Sprachschicht (s. 2).

Zu b) Bei den anderen Erscheinungsweisen der M. (b und c) im ev. Bereich ist, neben ihrer Verwurzelung im Deutschen, auch die hohe Kunst-M. (die → Figuralmusik) wirksam. Sie wurde von Luther bejaht (vgl. seine Hochschätzung von → Josquin und → Senfl), und auf kath. Boden entstandene Kompositionen fanden auch in den ev. Gottesdienst Eingang. Die lat. und deutschen Vertonungen der ev. Musiker richteten sich nach der Figural-M. ihrer Zeit (→ Rhau, → Eccard, → Lechner, J. → Prätorius, → Vulpius, → Haßler, → Demantius, M. → Prätorius; → Motette, → Passion). Doch die Verwendung der deutschen Sprache und des → Chorals trug wesentlich zur eigenen Prägung bei.

Die M. wurde aber noch bis etwa in die 20er Jahre des 17. Jh.s durch Italien bestimmt. Auf die restlose Vokalisierung der Mehrstimmigkeit folgte ein Gegenschlag. Das mehrstimmige einheitliche Gewebe zerfiel um die Wende zum 17. Jh. in vokalen Oberbau und instrumentales Gerüst. Dieses übernahm die m.e Komposition und wurde zur Stütze der menschlichen Stimme, die nun, vom Musikalisch-Tektonischen entlastet, frei deklamieren konnte. (→ Generalbaß. »Concerto« bedeutet wohl ursprünglich das Zusammenwirken der instrumentalen mit der vokalen Komponente. »Stilo« oder »genere recitativo« bezeichnet, von der Funktion der menschlichen Stimme her, diese neue M., die auch »Monodie« genannt wurde.) → Monteverdi ist der Musiker, der der neuen M. Gültigkeit gab. Auf ihm fußt H. → Schütz. Monteverdi war in erster Linie ein weltlicher Komponist - erst von jetzt an entfaltete sich die weltliche M. zur eigenständigen, der geistlichen gegenüber gleichberechtigten Gattung -, er vertonte Verse, und zwar in ital. Sprache. Schütz vertonte vornehmlich die Luthersche schlichte Bibelprosa. Er realisierte sie unmittelbar, ohne Vermittlung von Versen, als gegenwärtiges *Sprechen*, das m. geformt war; dadurch gründete er zugleich die große deutsche M. Er machte sie, Luthers Sprache verbindlich deutend, zum zentralen Sinnträger, zur Lebensmitte der ev. Geistigkeit. Er verwirklichte die verbindlich-persönliche Aussage als M., gab dieser den Charakter des Persönlich-Einmaligen und nahm damit - weil er der deutschen Sprache gehorchte - Abschied vom im engeren Sinn liturgischen Gesang.

Zu c) Etwa gleichzeitig mit dem Auftreten der instrumentalen Generalbaßbegleitung begann auch die selbständige Instrumental-M. auf der Orgel, dem Cembalo (England) und im Zusammenspiel mehrerer Instrumente an Bedeutung zu gewinnen und rückte im 17. Jh. in den Vordergrund. Die Vokal-M. - Oper, weltliche und geistliche → Kantate, bes. deren wesentlicher Bestandteil, die → Arie - paßte sich ihr an. Das Orgelspiel, das mit dem ev. Gottesdienst und bes. dem Kirchenlied früh verknüpft wurde, entfaltete sich zu einem gewichtigen Faktor der ev. Kirchen-M. (→ Organist, → Orgel, → Orgelmesse, → Alternatimpraxis). Der → Choral wurde zu einem Grundpfeiler des ev. Gottesdienstes. Kantoren und Organisten griffen die alte Cantus-firmus-Praxis auf und verwandelten sie in Vokalsätzen und auf der Orgel in die ev. → Choralbearbeitung (→ Sweelinck, M. → Prätorius, → Scheidt, → Buxtehude [dessen Name mit den Lübecker Abendmusiken verbunden ist, → Kirchenkonzert], → Pachelbel, → Lübeck, → Böhm). - Dies alles bildete das Gefäß für die Aufnahme des

Werks von J.S. → Bach. Alle Fäden liefen in ihm zusammen. Schütz hatte abseits der neueren, instrumental bedingten M. des 17.Jh.s gestanden. Als Hofkapellmeister und nicht Kantor hatte er eine mehr aristokratische M. geschaffen; er ging nicht so sehr von der Gemeinde aus, der Choral fand nur wenig Verwendung in seinem Werk. Trotzdem bildet Schütz die innere Voraussetzung für die Entstehung der Bachschen M. Schützens gemeißelte Vertonungen hatten so stark die inner-m.e Struktur geprägt, daß diese, sinnbeladen, auch von der Sprache losgelöst, ein eigenständiges Leben führen konnte, gleichsam selbsttätig zu werden begann und nunmehr dazu bereit war, als instrumentale M. Bedeutendes auszusagen. Die Mehrstimmigkeit, die seit dem 9.Jh. von der Sprache allmählich artikulieren gelernt hatte und zuletzt durch die deutsche Sprache geprägt wurde, entfaltete sich jetzt durch Bach zum souveränen Sinnträger. Das spezifisch Sprachliche des Deutschen zeugte als seinen Gegenpol das spezifisch Musikalische (s. 1), die durch die Geschichte geformte, Zentrales aussagende instrumental-mehrstimmige M. Sofern diese mit Text verbunden wurde, prägte jetzt *sie* die Struktur. Nicht Sprachvertonung war das Ziel, sondern M. anhand von Sprache. Diese diente jetzt weitgehend nur zur Angabe des vertonten Inhalts, sie wurde zum bloßen »Textbuch«. - Mit Bach endete die große Kantoren- und Organistentradition, die im 16.Jh. begonnen hatte. Das Schaffen in der ev. Kirchen-M. erlahmte nach ihm.

7. Auf *kath.* Boden hat die M. nach Monteverdi bis zum Beginn der Wiener klassischen Periode nichts an Gewicht Vergleichbares mit dem Werk von Schütz und von Bach aufzuweisen. Die Liturgie erreichte nach dem Tridentinum einen Stillstand. Die M. wandelte sich und wurde dadurch von der Liturgie isoliert. Da außerdem diese im 17.Jh. nicht mehr die Lebensmitte berührte, sank die liturgische M. zu zweitrangiger Bedeutung ab. Die Aufgabe der Wortverkündigung, die im ev. Bereich zur Erneuerung der M. aus dem Geiste der deutschen Sprache geführt hatte, fehlte der kath. geistlichen M. Sie verhielt sich teils konservativ (stilus antiquus, ecclesiasticus), teils richtete sie sich nach der fortschrittlichen weltlichen M., bes. auch der Oper (stilus modernus, theatralis; → Kantate, → Dialog, Geistliches Konzert, instrumentale M.: Kirchensonate). Man liebte das Glanzvolle, Gefällige, die konzertante M. (u.a. Caldara um 1700, sog. neapolitanische Schule, ca 1700-70, darunter A.Scarlatti, Pergolesi). - Das → Oratorium (F.→Neri) rückte durch → Carissimi in den Vordergrund. Das kath. Deutschland war an Italien orientiert (Kerll, Hasse, Fux; mehr eigene Prägung: Mannheimer Schule, ca 1740-80). Auch der ev. → Händel, der Meister des Oratoriums, ist vornehmlich von der ital. M. befruchtet, griff aber auch auf die englische Tradition und Purcell zurück (→ Englische Kirchenmusik). Aus dem ev. Bereich ist noch → Telemann zu erwähnen.

Das meiste an Kirchen-M. der *Wiener Klassiker* (→ Haydn, → Mozart, → Beethoven) entspricht der Einstellung der Gesellschaft jener Zeit, die in der Kirchen-M. lediglich das Sonntäglich-Festliche, Angenehm-Fröhliche suchte, sich am Konzertanten, Weltlich-Modernen freute, ist aber zugleich mit Selbstverständlichkeit in die kath. Tradition gebettet. Nur wenige ihrer religiösen Werke, so Haydns späte Oratorien, Mozarts Requiem und bes. Beethovens → Missa solemnis, haben das Gewicht ihres sonstigen Schaffens. - Den Ort der Wiener Klassiker innerhalb des Ganzen unserer Geschichte zu bestimmen, fällt dem heutigen Menschen unter allen Aufgaben, die ihm die abendländische M. stellt, wohl am schwersten. Ein Grund dafür ist, daß die Wiener klassische M. plötzlich auftaucht, inmitten einer Niederung und Veräußerlichung nach Bach und Händel, und ebenso plötzlich mit Beethovens Tod abbricht. Ein zweiter Grund ist, daß sie die letzte Stufe der großen abendländischen Mehrstimmigkeit und ein das geschichtliche Ganze zusammenraffendes Gedächtnis darstellt und daher eine analoge geistige Anstrengung erfordert. Ein letzter Grund ist, daß in der Regel ihr Sinngehalt irrtümlich als der bürgerlich-romantischen M. verwandt angesehen wird (Einbruch des Privat-Subjektiven, des Ästhetisch-Isolierenden; Religionsersatz). Stellen wir Haydns, Mozarts, Beethovens Werk in den Zusammenhang dieses Artikels: Der einstimmige liturgische Gesang ist geistlich. Mit dem Einbruch des Instrumental-Mehrstimmigen, des profanen Elements, entstand die befruchtende und gefährdende Spannung zwischen Geistlich und Weltlich. Sie wirkte sich im Verlauf der Jh.e verschieden aus. Das profane Element griff zuletzt am gewichtigsten ein, da es die gesamte M., auch die geistliche, instrumentalisierte. Dies wirkte sich bei Bach als Befruchtung aus: Das Profane wurde vom Christlichen überflutet, mit dem religiösen Ernst verschmolzen. Um dieselbe Zeit aber äußerte sich der Eingriff des Weltlichen im kath. Bereich als Gefährdung, Verweltlichung (da die Brücke des von Schütz vertonten deutschen Worts hier fehlte). Die Wiener Klassiker kamen vom Weltlichen her - der instrumentale Sinnträger wurde unter ihren Händen allmächtig -, führten aber diesen Zweig erneut dem der geistlichen, der durch das Instrumentale schon einmal (bei Bach) befruchteten M. zu. Das bedeutete Bach gegenüber einen weiteren, und zwar den letzten Schritt: die Verwandlung nun des spezifisch Geistlichen in zutiefst christlich-religiös verankertes allgemein Geistiges. - So ist Beethovens → Missa solemnis nicht eine unverbindlich ich-bezogene m.e Äußerung anhand des Messetextes, sondern sie stellt den mit der gesamten Geschichte geladenen Sinngehalt der Messe, ihren Inbegriff, als m.es Werk verbindlich hin. Beethoven vermochte dies, weil er über einen mit der gesamten Geschichte der M. ähnlich geladenen Sinnträger verfügte.

Auf deutsch-kath. Boden hatte sich im 18.Jh. (Aufklärung) das deutsche → Kirchenlied (: I, 9) und, von ihm abgeleitet, die deutsche Singmesse eingebürgert (M. → Haydn; Vogler und Holzbauer aus der Mannheimer Schule). Dem volksmäßig frühromantischen Empfinden entstammt → Schuberts Deutsche Messe. Auch in seinen lat. Messen ist der frühromantische Zug bestimmend. - → Cherubinis gediegene Kirchen-M. hat klassizistisches Gepräge.

8. Mit dem Einbrechen des bürgerlichen Zeitalters veränderte sich von Grund auf auch die Funktion der M. Die Komponisten schöpften jetzt aus der privaten Sphäre des Subjekts. Das Private, Bürgerliche, Subjektive bildet aber einen Gegensatz zum Öffentlich-Gültigen, geschichtlich Verankerten, die Gemeinschaft verbindlich Bindenden, dadurch auch einen Gegensatz zum spezifisch Religiösen. Dem neuen m.en Sinnträger war daher das Religiöse nicht immanent, er verhielt sich wie ein profaner Spiegel, worin sich das private Verhältnis der Komponisten zur Religion jeweils spiegelte; ihre geistlichen Werke sind im Grunde als weltliche, wenn auch mitunter noch so tief empfundene, bedeutende Betrachtungen zum Thema »Religion« anzusehen. Da aber dem neuen Sinnträger nun auch die immanente Geschichtstiefe, die die M. bis zu Beethovens Tod gekennzeichnet hatte, fehlte, vermochten die m.en Werke nicht mehr als der m.e Mikrokosmos vom »All der Wirklichkeit« zu fungieren; sie isolierten sich und wurden zu autonomer Kunst. Eben dadurch konnten sie aber - illegitim - vom privat-bürgerlichen Empfinden

als Religionsersatz aufgefaßt werden (→ Berlioz, → Mendelssohn, → Verdi, → Brahms, → Bruckner, César → Franck, → Reger). Es bildete sich die Meinung, die religiöse M. solle lediglich in eine m. gezeugte religiöse Stimmung versenken – »rein m.«: getragen von einer in ihrem Wesen sprachfremden (dadurch aber zugleich religionsfremden) M.

Das Verkümmern der den Werken immanenten Geschichtstiefe ging aber parallel mit dem Aufkommen des Bedürfnisses nach ausdrücklichem Heranziehen des Geschichtlichen, der M. der Vergangenheit. Mendelssohn führte mit Hilfe von Zelter Bachs → Matthäuspassion 1829 zum ersten Mal wieder auf. Etwa zur selben Zeit setzten im kath. und ev. Bereich in Deutschland Restaurationsbestrebungen ein, die bes. auf das 16.Jh. zurückgriffen (→ Ett, → Haberl, → Winterfeld, Cäcilienvereine, gegr. 1868 durch → Witt). Blieb zunächst ein durchgreifender Erfolg dieser Bemühungen aus, so machte die bald auf breiter Basis einsetzende M.geschichtsforschung die Werke der Vergangenheit in wachsendem Umfang zugänglich (→ Musikwissenschaft) und trug dadurch, von der allgemeinen Tendenz begünstigt, wesentlich zur gründlichen Verwandlung der m.en Lage bei: Von jetzt an war »M.« im allgemeinen Empfinden nicht mehr allein die jeweils zeitgenössische, sondern mehr und mehr auch die der Vergangenheit (vgl. auch die Pflege der Bachschen M. durch die Thomaskantoren, → Straube, → Ramin; ferner die Bach- und Schütz-Feste.) Im Rahmen der kath. Kirchen-M. gewann die durch die Benediktiner von Solesmes gegen Ende des 19.Jh.s eingeleitete Restauration des → Gregorianischen Gesangs hervorragende Bedeutung (→ Gesetzgebung, kirchenmusikalische).

R.G.Kiesewetter, Gesch. d. europ.-abendländ. oder unserer heutigen M., (1834) 1846² – A.W.Ambros, Gesch. d. M., 5 Bde, (1862ff) 1887ff³ – F.J.Fétis, Hist. générale de la musique, 5 Bde, 1869ff – R.Schlecht, Gesch. d. Kirchen-M., 1871 – Grove's Dictionary of Music and Musicians, (1878ff) 9 Bde, ed. E.Blom, 1954⁵ – H.Riemann, M.lexikon, (1882) 3 Bde, 1959/60¹² – Ders., Hdb. d. M.-gesch., 2 Bde in 5 Teilen, (1904ff) 1919ff² – H.J.Moser, Gesch. d. dt. M., 2 Bde in 3 Teilen, (1920ff) 1930⁵ – Ders., M.lexikon, (1935) 2 Bde, 1955⁴ – Ders., Die ev. Kirchen-M. in Deutschland, 1954 – G.Adler, Hdb. d. M.gesch., (1924) 2 Bde, 1930² – E.Bücken, Hdb. d. M.wiss., 10 Bde, 1928ff (darin: O.Ursprung, Kath. Kirchen-M., 1931; F.Blume, Ev. Kirchen-M., 1931) – HDEKM, bisher 3 Bde, 1932ff – In: Manuels d'Hist. de l'Art: Th.Gérold, Hist. de la musique des origines à la fin du XIVe siècle, 1936; A.Pirro, Hist. de la musique de la fin du XIVe siècle à la fin du XVIe, 1940 – K.G.Fellerer, Gesch. d. kath. Kirchen-M., (1939) 1949² – M.gesch. in Einzeldarstellungen: C.Sachs, Music in the Ancient World, 1943; G.Reese, Music in the MA, (1940) 1960²; Ders., Music in the Renaissance, 1954; M.Bukofzer, Music in the Baroque Era, 1947; A.Einstein, Music in the Romantic Era, 1947 – J.Handschin, M.gesch. im Überblick, 1948 – MGG, bisher 8 Bde, 1949ff – Hdb. d. kath. Kirchen-M., hg.v. H.Lemacher u. K.G.Fellerer, 1949 – New Oxford Hist. of Music, ed. E.Wellesz, bisher 3 Bde, 1954ff – Thr.Georgiades, M. u. Sprache, 1954 – K.H.Wörner, Gesch. d. M., (1954) 1956² – O.Söhngen, Theol. Grundlagen d. Kirchen-M. (Leiturgia IV, 2–266). – Zs.en s. → Musikwissenschaft.

Thr.Georgiades

VI. Kirchenmusik der Gegenwart

1. Allgemeine Züge – 2. Aufgaben

1. Die im 19.Jh. entstandene neue Lage besteht in der Gegenwart fort: »M.« ist im allgemeinen Empfinden nicht mehr allein die jeweils zeitgenössische, sondern in wachsendem Maß auch die der Vergangenheit. – Im Komponieren herrschte bald die auch soziologisch bedingte Tendenz vor, den übersteigerten Individualismus, die privat-subjektive Einstellung, die bürgerliche Haltung zu überwinden. (Die Wandlung im m.en Satz wurde u.a. durch Mussorgsky und den französischen Impressionismus [Debussy] vorbereitet.) Man betonte nun das Volkhafte, Vitale, Elementare (Bartok, Strawinsky, Orff), man unterstrich die Bedeutung des Handwerklichen, Werkgerechten (→ Hindemith); die Konstruktion, das Kompositionsverfahren rückten in den Mittelpunkt der Aufmerksamkeit (Schönberg, Zwölfton-M.). Man bezeichnete die Einstellung der neuen M. – nicht sehr treffend – als »sachlich« und wollte auch dadurch den Gegensatz zu der früheren, individualistischen, deutlich machen. – Das Komponieren erhielt den Charakter des Suchens nach neuen Wegen. Dies führte zu einer Schmälerung der Basis. Die zeitgenössische M. wurde in wachsendem Maß von einzelnen Kreisen getragen, die das Interesse an jenem Suchen mit den Komponisten teilten. Die zusammenhaltende Überlieferung verlor an Kraft und Selbstverständlichkeit. Anstelle einer allgemeinverbindlichen M. traten stärker als früher disparate Richtungen auf. Den an keine Richtung gebundenen breiteren Schichten mußte aber das zeitgenössische Schaffen als eklektizistisch, mußten die einzelnen Richtungen als nicht bindend erscheinen. Die im 20.Jh. intensivierte Pflege der M. der Vergangenheit, jetzt nach den älteren Epochen zu erweitert, verstärkte den Zug des Eklektizistischen. Jeder konnte »seine« M. aussuchen, sei es innerhalb der modernen Richtungen, sei es in der M. der Vergangenheit. Das eine, für alle verbindliche M.-Bewußtsein, die selbstverständliche, gemeinsame, breite Basis, die im Ganzen der Geschichte geborgene Wurzel, war nicht mehr vorhanden. Für das 19.Jh. konnte eine durch das Einbrechen des Privat-Subjektiven bedingte Isolierung festgestellt werden (→ Musik: V, 8). Im 20.Jh. verlagerte sich die Isolierung auf die einzelnen, jeweils eine bestimmte Art von M. tragenden Kreise, auf die es kennzeichnenden »Bewegungen«. Merkmal übersteigerten Selbstgefühls – des Individuums oder eines Kreises – ist die mangelnde Bereitschaft, das Ganze der Realität zu bejahen, sich darin geborgen zu fühlen und von dorther zu schöpfen. Darin unterscheidet sich die Zeit seit etwa 1830 von den früheren Epochen.

Das – oft von einem sektiererischen Zug nicht freie – Selbstbewußtsein der Kreise und der Bewegungen im 20.Jh. ist aber mit dem positiven Moment verbunden, daß man die Bedeutung der Gemeinschaft neu entdeckt hat. Doch ist diese jetzt nicht, wie in früheren Zeiten, die Voraussetzung, sondern das Ziel. → Jugendbewegung, → Singbewegung, liturgische Erneuerungsbestrebungen (→ Gottesdienst: V B, 1 h; VI, 3) und so auch die mit ihnen zusammenhängenden zeitgenössischen kirchen-m.en Richtungen werden von der Sehnsucht bestimmt, wieder zur Gemeinschaft zurückzufinden. (Man geht also nicht von einer vorgefundenen, gewachsenen Gemeinde aus, sondern den Ausgangspunkt bilden zunächst die sich ad hoc zusammenfindenden Träger der Bewegungen.)

Von dem Bedürfnis her, die Gemeinschaft ins Auge zu fassen, ist auch die heute anzutreffende Verbindung jener zwei Seiten – des freien Komponierens und der Pflege der M. der Vergangenheit – zu verstehen: Die Komponisten, bes. auch im Bereich der Kirchen-M., wenden sich jenen älteren Epochen zu, deren M. auf einem ungebrochenen Gemeinschaftsempfinden beruhte, und richten sich in ihrem Schaffen danach (Einschränken der instrumentalen Komponente, Bevorzugen des Chorkörpers; bes. → Palestrina oder → Schütz als Vorbilder). Diese Bestrebungen, deren Wurzeln im 19.Jh. liegen (Restaurationsbewegung; später, auf ev. Boden, A. → Mendelssohn), führten zu einem beachtlichen Aufschwung des kirchen-m.en Schaffens. (Einige der wichtigsten Komponisten von Kirchen-M. in den letzten Jahrzehnten sind: → Kaminski, J.N. → David, Burkhard, → Pepping, → Micheelsen, H.Spitta, Chemin-Petit, G.Schwarz, Raphael, K.Thomas, Bornefeld, Fortner, → Distler, Hessenberg, Reda, Drießler; auf kath. Seite: → Perosi, → Haas, Knab, Lemacher, Lechthaler, O.Jochum, Ahrens, H.Schröder, Höller, Messiaen. - Mit den Erneuerungsbestrebungen sind u.a. verbunden: Ameln, Blankenburg, Buchholz, → Mahrenholz, → Söhngen.)

Der berechtigte Wunsch nach aktiverer Beteiligung der Gemeinde führt innerhalb beider Konfessionen zu der Bemühung um eine im strengeren Sinn liturgische und zugleich volksnahe M.: den einstimmigen liturgischen Gesang in den Landessprachen. Auf die Problematik, bes. das Deutsche als liturgischen Gesang zu verwenden, wurde hingewiesen (→ Musik: V, 6). Aber das allgemeine, liturgisch-m.e Problem liegt darin, daß in den vergangenen Epochen die primär-liturgische Sprachschicht die *lat.* Prosa war, daß also der liturgische Gesang in den Landessprachen aus keiner geschichtlich gegebenen Überlieferung innerhalb dieser Sprachen abgeleitet werden kann. Man ist auf den lat. Gesang als Vorbild angewiesen. Man sieht sich also auch innerhalb der Einstimmigkeit gezwungen, sich nach vergangenen Zeiten zu richten und mit den im Gottesdienst bisher geltenden Gepflogenheiten zu brechen. Die Gefahr des Künstlichen ist vorhanden. (Nur beim Kirchenlied - jener liturgisch-sekundären Sprachschicht - ist sie leichter abzuwenden.)

Bewegungen werden erst fruchtbar, wenn sie den Bewegungscharakter abstreifen, dh wenn sie von dem Willen getragen werden, sich dem Ganzen unterzuordnen, wenn sie offen der Realität gegenüberstehen. Dazu ist die Einsicht nötig, daß wir trotz Auflehnung gegen das Vorgefundene, gegen das bürgerliche 19.Jh., doch darauf weiterbauen, daß wir also den Gang der Geschichte nicht willkürlich abbrechen können. (So wurde das Zurückgreifen auf weit zurückliegende Epochen erst durch das Erwachen des Sinnes für das Geschichtliche im 19.Jh. ermöglicht; das übersteigerte, isolierende Selbstgefühl, sei es des Individuums oder eines Kreises, ist der Gegenwart und dem 19.Jh. gemeinsam.) Sich dem Ganzen unterordnen bedeutet aber zugleich, sich den Anteil des Kirchlich-Religiösen innerhalb der heutigen Wirklichkeit vergegenwärtigen und das Andersartige vergangener Zeiten wie des 1.Jt.s nChr und der Reformation einsehen. Die Lebensmitte jener Epochen war durch das Religiöse gekennzeichnet; der Gang der Geschichte wurde von dorther bestimmt. Die heutigen liturgischen und kirchen-m.en Bestrebungen können aber keinen ähnlichen Anspruch erheben, er wäre irreal; sie können nicht zu der einzig gültigen Form des Geistes in der Gegenwart werden. Sie müssen vielmehr ihre geschichtlich auferlegten Schranken anerkennen, dh danach streben, sich selbst (das Sektiererisch-Isolierte in ihnen, die Eigenliebe) aufzugeben, im Ganzen der heutigen Realität, es bereichernd, aufzugehen. Dieses Ganze zerfällt aber heute in auseinandergehende Richtungen. In ihm ist sowohl die Tendenz nach liturgischer Erneuerung enthalten als auch das Beharren der Gemeinden auf dem Vorgefundenen; sowohl die Notwendigkeit zu tätigem Bejahen der Werke der Vergangenheit in ihrer Gesamtheit als auch der Sektor des freien Schaffens, wie es die Gegenwart den Berufenen diktiert; und darüber hinaus: sowohl das Bedürfnis nach religiöser Besinnung und Hervorbringung als auch das heute bestimmende weltliche, ja profane Gefüge. - Sich nach diesem Ganzen, es als Ganzes bejahend, handelnd zu richten, scheint eine unmögliche Forderung zu sein. Und trotzdem: die Geschichte mußte stets durch die Unmöglichkeit hindurchgehen.

2. Anhangsweise seien einige Punkte aus dem gegenwärtigen *Aufgabenkreis* der Kirchen-M. angeführt. Wir gehen dabei aus von der festgestellten Tendenz nach mehr liturgischer und zugleich der Gemeinde nahestehender Ausrichtung des Gottesdienstes.

a) Wesentliches Problem ist die m.e Ausgestaltung der → Liturgie (: IV) unter Einbeziehung der Landessprache, und zwar in mehrstimmiger Vertonung sowie bes. als einstimmiger Gesang. Für den letzteren ist es notwendig, zu der Alternative Stellung zu nehmen, entweder die Weisen des → gregorianischen Gesangs beizubehalten oder neue - frei oder in gewisser Anlehnung an die gregorianischen - zu schaffen. Damit ist auch die Frage nach der Verwendung neuer Texte verbunden.

b) Weitere Aufgaben stellt das → Kirchenlied (: II) in seiner Funktion als Einlage bzw. als parallel zur Liturgie verlaufender Gemeindegesang, oder als primärer Bestandteil der Liturgie; auch hiermit ist die Frage nach der Bereicherung durch neue Texte und Weisen verbunden.

c) Die engere Bindung der M. an den → Gottesdienst führt zu einer Einschränkung des instrumentalen Anteils innerhalb der sprachgebundenen M. Die gottesdienstliche Funktion auch der rein instrumentalen M. wird unterstrichen. Damit hängen die Bemühungen um den Orgelbau zusammen (→ Orgelbewegung).

d) Es liegt nahe, daß der heutige Kirchenmusiker (→ Kantor, → Organist) mehr als früher im ganzen theologisch-gottesdienstlichen Bereich verwurzelt ist. - In Anbetracht der heutigen Lage rückt die erzieherische Aufgabe in den Vordergrund, und zwar nicht nur im Hinblick auf die vorhandene Gemeinde, sondern auch auf die zu gewinnenden weiteren Schichten, bes. die Jugend. Die erzieherische Tätigkeit teilt sich in die Ausbildung der die anspruchsvollere M. tragenden Körper (→ Kantorei, → Kirchenchorwesen, → Knabenchor, → Kurrende, → Kirchenmusikschule, → Posaunenchor) und in die Anleitung der Gemeinde. - Weiter fällt dem Kirchenmusiker zu, die geistliche M. auch außerhalb des Gottesdienstes zu pflegen, so durch Veranstaltung der wiederaufgenommenen Abendmusiken, durch Aufführung von → Kantaten, → Passionen, → Oratorien, von Instrumental-M. der Vergangenheit und der Gegenwart (→ Kirchenkonzert).

e) Notwendig erscheint es schließlich, zu den durch die Technisierung ausgelösten Fragen Stellung zu nehmen: Verwendung des Lautsprechers; Rundfunkübertragungen; automatische Wiedergabe von M. (durch Schallplatte oder Tonband) während des Gottesdienstes, zB bei der Begräbnisfeier; elektrisches Glockengeläute. Es ist auch damit zu rechnen, daß der Kirchenmusiker in Zukunft über die Zulassung elektrischer Instrumente (wie Trautonium) und elektronischer M. zu entscheiden haben wird. - Die Frage nach der Einbeziehung des technischen Bereichs bedeutet eine unvergleichlich verschärfte Zuspitzung der einstigen, durch Einbeziehung des instrumental-mehrstimmigen Elements aufgeworfenen Frage nach der Legitimität der Verwendung von außerhalb des Religiösen liegenden Gegebenheiten (→ Musik: I. V).

Lit. s. → Musik: V. Ferner: F. BUCHHOLZ, Vom Wesen d. Gregorianik, 1948 - DERS., M. u. Musiker in d. christl. Gemeinde, 1952 - H. HOFFMANN, Zeitgenöss. Kirchen-M., 1949 - O. SÖHNGEN, Wiedergeburt d. Kirchen-M., 1953.

Thr. Georgiades

VII. Theologische Beurteilung

1. Die Norm - 2. Die Form - 3. Der Ort - 4. Das Wort

1. Die theologische Beurteilung der M. unterwirft die M. demjenigen Kriterium, dem die Theologie selbst unterworfen ist: dem → Wort Gottes. Sie statuiert kein eigenes genus der M., sondern sie prüft, welcher Ort und Dienst der M. in der Bibel zugewiesen wird, um in sinn-

gemäßem Verstehen jener Weisung ihren Auftrag heute zu bestimmen. Hierbei ist die Bibel kein verfügbares Formalprinzip, als lieferte sie invariable Leitsätze. Was von der Bibel her über die M. zu sagen ist, bedarf wie jedes Schriftgebot der Anwendung auf bestimmte Menschen in bestimmter Lage. Allgemeine Voraussetzung ist nur dieses, daß Gottes Werk die gute, wenn auch nicht mehr unverletzte Schöpfung ist, und daß vor ihm nur das gilt, was aus dem Gehorsam des Glaubens kommt. Für das übrige, die Gestalt, die Mittel, die Übung und die Frucht m.en Tuns und Schaffens, nimmt uns die Bibel nicht im Sinne der Kopie, sondern der Analogie in Pflicht. Die künstlerischen Gaben sind dem verantwortungsbewußten, freien Ermessen, im Gotteslob und Nächstendienst, anheimgestellt.

Israel kannte Gesang, Instrumente, Spiel und Tanz (→ Musik: III). Es machte davon beim Lob der Rettungstat Gottes (Ex 15) rechten, in der Gottesvergessenheit (Ex 32) schlechten Gebrauch. Jubel und Klage (Psalmen u.a.) ergießen sich in Gesang und Spiel. Entscheidend ist hierbei das Verhalten und die innerste Meinung des Menschen: der Fromme singt zu Gottes Wohlgefallen (Ps 96; 98); die Lieder der Gottlosen sind Geplärr (Am 5, 23). Die Gemeinde des NT (Eph 5, 19; Kol 3, 16) kennt und erweckt, im Psalm, im Hymnus, in der spontanen Inspiration (1Kor 14, 26) das Gotteslob in Christus. Sie übernimmt Cantica in ihren → Gottesdienst (Lk 1, 46ff; 2, 29ff), schafft Christuslieder (Phil 2, 5ff; Eph 1, 3ff) und ahnt die Vollendung des Kosmos in der Vision der Erlösten und des neuen Liedes (Apk 14, 2f). In alledem sind dichterische Stoffe der Tradition und m.e Mittel der Zeit wirksam, die sich nur im Jesusnamen und in der Beziehung des Heilsgeschehens auf ihn von der Umwelt unterscheiden. Das Neue liegt in der eschatologischen Hoffnung, nicht in neuen Formen; die Gemeinde ist aber, in Gottesdienst und Wandel, bewahrt vor dem orgiastischen und dem dualistischen Irrweg: sie verfällt nicht der Berauschung am Kreatürlichen, sie diabolisiert nicht das Geschaffene. Richtmaß für den gottpreisenden und gemeindebauenden Gebrauch der M. ist, daß das Evangelium Raum gewinne, regiere und durch jedes wortdienliche Kunstmittel gesagt, gesungen, gespielt und so verstanden und im Glauben angeeignet werde. Ausgeschlossen bleibt das Zuchtlose der geistigen Anarchie und die menschliche Selbstherrlichkeit. Geboten ist Sachverpflichtung, Werktreue und Redlichkeit des Handwerks.

2. Grundsätzlich ist der M. zunächst alles freigestellt, aber es ist dem Wachstum des Leibes Christi nicht alles dienlich. Immerhin kennt der Glaube gegenüber dem schöpferischen Impuls weder Ängstlichkeit noch Kleinlichkeit oder gar Dämpfung des Geistes, vielmehr liebt er das kühne Wagnis immer neuer Aussage- und Gestaltungsversuche, nach dem Maß der Begnadung und Erleuchtung, das einem Künstler und seiner Generation zuteil wird. Kunst, auch sog. kirchliche, M., auch gottesdienstliche, ist welthaft ohne Vorbehalt, bedarf keines separaten hl. Stiles oder privilegierten hierarchischen Bereiches geheiligter Funktionen; sie sagt, was sie aus dem Hören des Wortes zu sagen hat, in nüchterner Profanität und tritt mit anderen künstlerischen Schöpfungen und Bemühungen in die Schranken, sorglos vertrauend, daß das Lebendige und Geistgewirkte für sich selber sprechen wird. Alle Begrenzungen erfolgen erst im Ereignis selbst, wobei sich das Kunstwerk der Kritik und dem Wettbewerb stellen muß wie jede Leistung des Menschen sonst auch. Die Bedingungen aber sind keine sachfremden, es sind stets nur die wesensgemäß gegebenen. Es gibt keinen Kirchenstil; es gibt nur guten oder schlechten Stil. Es gibt keinen christlichen Tonsatz; es gibt nur das (allerdings unverbrüchliche) Gesetz des organischen Sachverhältnisses von Inhalt und Gestalt, in der Beweisung des Geistes und der Kraft. Fromme Meinung ist kein Ersatz für mangelhaftes Können.

Allerdings darf kein Künstler und keine Kunst sich selbst absolut setzen, als wäre vor ihnen nichts gewesen. Ehrfurcht vor dem geschichtlich Gewordenen fördert die Erkenntnis eigener Grenzen, doch wird das Gegenwärtige und Kommende sich immer wieder durch Kampf und Kritik gegen das Überlieferte behaupten oder durchsetzen müssen. Das Suchen nach der eigenen, dem Schaffensgesetz entsprechenden Form bleibt das Schwerste, ganz auf Gnade angewiesene; und die Frage nach dem Gelingen übersteigt schon im Ursprung alles menschliche Eigenvermögen. Das Beispiel bedeutender Epochen und Meister gibt zwar Anhaltspunkte und Wegemarken, aber verbindlich zu machen ist zunächst gar nichts, wenngleich eine gewisse Kontinuität der Leitbilder zu respektieren ist. Es ist an die Wandelbarkeit ästhetischer Richtungen zu erinnern, an die sehr relative, immer auf einen bestimmten Kulturkreis beschränkte Gültigkeit entwicklungsbedingter Kunstgesetze wie auch an die oft vergessene Tatsache, daß das Nochniegehörte morgen schon selbstverständlich, daß die heutigen technischen und stilistischen Mittel der Tonsprache und Klangfarbe für dieselben Meister, in deren Erbfolge wir zu stehen glauben, vielleicht verwerflich erscheinen könnten.

Als Äußerstes läßt sich sagen, daß die Höhepunkte der abendländischen, wortgebundenen, gottesdienstlichen M. nicht zufällig in der Nähe der vergeistigten, differenzierten → Polyphonie zu finden sind. Doch sind auch diese Möglichkeiten nicht endlos regenerierbar, und die Revision des gängigen harten Urteils über homophone Epochen könnte noch ausstehen: M.geschichte, auch Geschichte der Kirchen-M. (→ Musik: V), ist dem Rhythmus der Generationen unterworfen, abgesehen davon, daß absolute Stilprinzipien rasch steril werden und, auf das Modell der strengen Einstimmigkeit angewendet, nur scheinbar konsequent praktizierbar sind, denn jeder einzelne Ton ist schon von Natur harmonisch und funktional belastet. Im Werk und in der Praxis überschneiden sich die Regeln: Die röm. Kirche hat offiziell einen »kirchlichen Stil« verbindlich gemacht, in Wirklichkeit sich jedoch den Zeitstilen weder verschließen können noch wollen; die ev. Kirche schuf keinen stilistischen Kanon, blieb aber tatsächlich den großen Tonschöpfern des 16.-18.Jh.s tief verpflichtet. Das Ende des Stilbruches geistlich-weltlich ist evident; die M. der bedeutendsten lebenden Tonsetzer - bei denen allein das Werk zu befragen ist, nicht ihre Konfessionen - zeigt nur im Stoff, in der Textwahl, in der Anlehnung an liturgische Intonationen, an den Choral oder das Kirchenlied (Kirchenjahr), die Nähe zum Kultischen, nicht aber in zweierlei Schaffensweisen oder Aussageformen. Aus der Stoff- und Textwahl auf die sog. Christlichkeit der Autoren zu schließen, wäre allerdings naiv. Bedeutsam ist die Abwendung vom Espressivo der Erlebnis- und Gefühls-M., instruktiv die Hinwendung zu strengen Sachgehalten und überindividueller Wahrheit. Der Fluß der Dinge erlaubt keine abschließenden Urteile. Möglich ist, daß einerseits von der Reihentechnik, andererseits von der rhythmischen Vielfalt des Tanzes, freilich mit kritischer Sichtung, noch ein freierer Austausch erfolgen könnte, wenn die Klärungen im Vorfeld weiter gediehen sein werden: Was taugt für den Gottesdienst? Was kann die Gemeinde sich aneignen?

3. Der Raum, die Dauer, der Verlauf des → Gottesdienstes in seinen verschiedenen Ordnungen - als Wort- und Mahlgottesdienst in der Messe; als Predigtgottes-

dienst; als Gebets- oder Singegottesdienst - gibt der M. einen Spielraum und eine Mitwirkung von unterschiedlicher Breite und Tiefe. Ihre selbständige Partnerschaft zum Wort-Amt kommt in der chorischen und instrumentalen → Alternatimpraxis zum Ausdruck. Die Meinung der Reformatoren ist in alledem, aus ungleich bewerteter Erfahrung des Allzuvielen im röm. Ritual, nicht einheitlich. Calvin begrüßt das Psalmlied der Gemeinde. Zwingli, obwohl selber sehr musikalisch, läßt der M. das wenigste, Luther das meiste, und zwar nicht allein kraft seiner genialen musikalischen und dichterischen Kenntnis und Begabung, sondern auf Grund seiner überlegenen Sorglosigkeit, ev. Freiheit und liturgischen Konservativität. Hierbei ist allerdings nicht von Interesse, in welcher Weise das Evangelische luth., sondern in welcher Weise Luther ev. ist. Der Gottesdienst (das Wort Liturgie gebrauchen die Reformatoren fast gar nicht) ist nicht das Gesetz, sondern einfach der Ort für den Dienst der M. Die unbefangene Profanität der frohen Botschaft bewirkt die Aufgeschlossenheit für alle Gaben und Kräfte, die den Menschen zum Singen, Spielen, Malen, Formen befähigen, und weder die gesetzliche Auslegung des Bilderverbots noch die Furcht vor den Wucherungen ungezügelter Phantasie darf dazu führen, Zäune aufzurichten oder starke Kunstmeisterschaft aus der Kirche auszuschließen. Gewiß ist Wachsamkeit geboten, damit die menschliche Anfälligkeit für das sinnlich Bestechende von Klang oder Bild das majestätisch Distanzierte des unsichtbaren Wortes nicht überwältige. Aber aller Purismus ist ebenso schwachgläubig wie ärmlich. Es geht in der Kirche nicht um Verbannung, sondern um Bändigung der künstlerischen Potenz und der Eigenmacht des Anschaulichen. Sodann muß durch eine beständig kultkritische Verkündigung der Sinn für die Minimal- und Maximal-Tendenz lebendig bleiben. Minimal insofern, als das Zentrale: die Gegenwart Jesu bei seiner Gemeinde, keines Mittels bedarf als des reinen Wortes und Sakramentes; alles Weitere ist notfalls entbehrlich. Maximal insofern, als man der schöpferischen Fülle und Erweckungskraft des Schriftzeugnisses nicht genug Freiheit und Gestaltreichtum zuerkennen kann: so wahr die Berge und die Flüsse jauchzen in der Schöpfung, dürfen zum Evangelium Glocken läuten, Orgeln spielen und alle Stimmen singen. Gut ist, was Gott ehren und die Herrschaft Christi ausrufen will. Falsch ist, zu sagen, dies alles sei in Gestalt der M. geboten, sofern der Gottesdienst richtig sein solle. Geboten ist immer das Mögliche, das Schöne, das Spielerische, das Ehrbare, Liebliche und Wohllautende, das frei und fröhlich aus dem Glauben kommt; sonst nichts. Denn Gott freut sich des dankbaren Echos; er lebt nicht von unserem Opferrauch.

4. Das Bibelwort kann mancherlei Verbindungen eingehen, zumal die Verbindung mit der M., da sie als tönende Bewegung in der Zeit geschieht, wie das Wort in der Sprache. Die Formen der Wort-Ton-Verbindung (Wort-Erhellung, Wort-Deutung, Wort-Auslegung, Wort-Symbolisierung, Wort-Ton-Malerei) haben eine kompositorisch reiche Geschichte der Sprach- und Klang-Verschmelzung, zumal im vertonten Bibelwort aller Gattungen. Da Sprache nie tonlos geschieht, so ist, cum grano salis, überhaupt kein tonloses Sprachwort als Mitteilung denkbar, vom geschriebenen abgesehen (und auch dieses spricht ja); wie überhaupt Wort und Ton in den Anfängen der Sprache wohl viel näher beisammen, wenn nicht sogar in einer gewissen organischen Kadenzierung identisch waren (→ Musik: I). Beide sind unscheidbar, freilich nicht ununterscheidbar. Das Wort hat freien Weg zur M. Es läßt sich mit ihr verbinden, aber nicht von ihr überwältigen. Die Autorität und Souveränität des Verkündigungswortes bleibt singulär, absolut und dominant, sofern von jenem Wort die Rede ist, das alle Dinge trägt, auch die M. (nicht umgekehrt). Gerade in dem Wort, durch das sie getragen und gebändigt wird, hat die M. ihren starken Anwalt. Die Charaktere aber sind nicht vertauschbar, die Sendung des Wortes ist nicht übertragbar. Die höchsten Lobpreisungen der M. bei Luther und anderen rechtfertigen nicht die Meinung, als reiche die Macht der Tonkunst hinein in den Bezirk der Erlösung, der Heiligung, der Vergebung der Sünden. Die M. kann dem Amt der Verkündigung dienstbar sein auf eigenartig tiefe und phänomenale Weise; sie hat - das hängt vom Werk ab - viel oder wenig zu sagen. Aber Aussage im Kunstwerk (auch im wortvertonenden) ist nicht Verkündigung von Leben und Tod. M. überschreitet den Bereich der Schöpfung nicht, es sei denn, man mache aus ihr eine Religion. Ein Verkündigungsamt, einen sog. Verkündigungscharakter hat die M. als solche nicht. Hat sie ihn, so wird mit ihr alle Kunst zur Verkündigung; dh: gar nichts mehr ist Verkündigung. Der Begriff der biblischen Verkündigung duldet solche Generalisierung nicht. Das hat mit etwaiger Konkurrenz von Predigt und Kirchen-M. nichts zu tun, da das Amt, das die Versöhnung zu verkündigen hat, auf einer anderen Ebene steht. Die Frage ist nicht: Kann M. Verkündigung sein? Sondern: Will die Verkündigung primär und stringent als M. geschehen? Nach dem Wort der Schrift keineswegs. Die kirchenstiftenden Mandate des Kyrios und des Apostels (Mt 28, 18ff; 2Kor 5, 18ff) sind zwar nicht gestaltfeindlich, aber gestaltfremd. Sie verweisen alles, was Kunst heißt und ist, in den Bezirk des Vorletzten; ganz abgesehen davon, daß auch empirisch allen Menschen Gehör und Sprache, nicht aber Singen und Musizieren zu eigen sind. Die M. tritt zum Wort hinzu, aber nicht an seine Stelle. Demgemäß ist das Amt der M. in der Gemeinde kein konstitutives, sondern ein kooperatives; ein zum Verkündigungsamt nicht paralleles oder paritätisches, sondern ein komplementäres. Die Beweisführung, daß durch das musikalisch interpretierte Evangelium viele Menschen sehr, wenn nicht gar noch mehr als durch die Wortverkündigung berührt, erbaut, erschüttert würden, entstammt der Psychologie und scheidet hier völlig aus. Durch all dies wird die Bedeutung des Amtes der M., seine Aufgabe, sein ihm eigener Dienst nicht geschmälert, im Gegenteil ästimiert, präzisiert, profiliert: Dem Wort auf jede ihm dienliche Weise Verdeutlichung zu schenken, ohne seine Selbständigkeit anzutasten; seine Sprachmächtigkeit und Sinnfülle intensiv zu erschließen, ohne seine Freiheit zu bedrohen. So, als Antwort auf das Wort, aber nur so, hat die M. nächst der Theologie im Bereich des Verkündigungswortes die höchste Ehre.

Vgl. die Lit. zu → Musik: V. VI sowie die Lehrbücher der → Praktischen Theologie u. → Liturgik (zB Rietschel-Graff § 52, Eisenhofer-Lechner §§ 7. 8. 22). Grundlegend wichtig: O. Söhngen, Theol. Grundlagen der Kirchen-M. (Leiturgia IV, 2-266; dort sämtl. neuere Lit.). Dazu ergänze: M. Mezger, Das Evangelium in Predigt u. Kirchen-M. (MuK 21, 1951, 213-221) - K. Straube, Briefe eines Thomaskantors, 1952 - R. M. Stevenson, Patterns of Protestant Church Music, London 1953 - H. Franz, Kerygma u. Kunst, 1959 - E. L. Brand, The Liturgical Function of Music (Diss. Heidelberg), 1959 - Ad. Brunner, Wesen, Funktion u. Ort der M. im Gottesdienst, 1960. - Vgl. ferner die Diskussion zw. W. Blankenburg, W. Kiefner, G. Harbsmeier, Fr. Buchholz in MuK 1953, 1956, 1959, 1960 u. ThR 1953-55, 1959. *M. Mezger*

Musikwissenschaft (M. = Musik), die jüngste kunstwissenschaftliche Disziplin, ging Ende des 19. Jh.s aus dem Fach M.geschichte hervor. Außer M.geschichte pflegt man auch M.ethnologie, -psychologie, -physiologie, Akustik sowie M.pädagogik zur M.wissenschaft zu rechnen. Die theoretische Auseinandersetzung mit M. ging in der Antike von der Entdeckung der zahlenmäßigen Berechenbarkeit der Intervalle aus (Pythagoras). Das MA lernte Teile der griech. M.theorie aus lat. M.abhandlungen der Spätantike, bes. über → Boethius kennen. Daraus erwuchs die M.theorie des einstimmigen liturgischen Gesangs und, seit dem 9.Jh., der Mehrstimmigkeit (→ Polyphonie). - Die Reihe der M.lehren (Kontrapunkt, → Generalbaß, Harmonie) führt ohne Unterbrechung vom MA zur Gegenwart (zwei der wichtigsten Namen: Zarlino 1558, Rameau 1722). Die Spekulation über M. beschäftigte noch Geister wie Kepler und Leibniz. Im 19.Jh. wurde sie durch die M.ästhetik abgelöst.

Grundlagen zur historischen Erforschung der M. bildeten die ersten Sammelausgaben antiker und mittelalterlicher M.theorie (Meibom 1651, → Gerbert 1774). Im 18.Jh. wandte man sich auch der M.geschichtsschreibung (P.Martini, Burney, Hawkins, Forkel) und der musikalischen Lexikographie (J.G. → Walther, J.J. Rousseau, E.L.Gerber) zu. Das 19.Jh. brachte die entscheidende Wendung. Während die M. noch aus philosophischer Sicht betrachtet wurde (Hegel, Schopenhauer, Kierkegaard), setzte die historische Quellenforschung ein (Fétis), die nach der Jh.mitte stark zunahm (Coussemaker, Eitner; zahlreiche Gesamtausgaben und musikalische Denkmälerreihen) und bes. auch die geistliche M. der Vergangenheit erschloß (→ Winterfeld, J. → Zahn, → Haberl). M.geschichte wurde Lehrfach an der Universität (1869 Ambros in Prag, 1875 Ph. → Spitta in Berlin, weitere Lehrstühle u.a. in Wien, München, Leipzig, mit Adler, Sandberger, → Riemann; wichtige Anregungen verdankt die M.wissenschaft in jüngerer Zeit u.a. Ludwig, → Schering, Handschin, Ficker, Gurlitt), doch stand die M.wissenschaft lange im Schatten des allmächtigen M.lebens und in Abhängigkeit von den älteren geisteswissenschaftlichen Disziplinen. Eine eigene Methode kristallisiert sich erst in den letzten Jahrzehnten heraus.

G.Adler, Umfang, Methode u. Ziel der M.wiss. (VfM 1, 1885, 5-20) - Ders., Methode der M.gesch., 1919 - Ders., Hdb. der M.-gesch., 1924, Kap. 11 - H.Riemann, Gesch. der M.theorie, (1898) 1921² - L.Schiedermair, Einführung in d. Studium der M.gesch., (1918) 1947² - H.Osthoff, Anfänge der M.geschichtsschreibung in Deutschland (AcMus 5, 1933, 97-107). - Zs.en: AcMus - AfMf - AfMw - JbP - KmJb - Mf - MfM - MuK - SIMG - StMw - VfM - ZfM - ZfMw - ZIMG. *Thr.Georgiades*

Musonius (C.Musonius Rufus), stoischer Philosoph (→ Stoa), Lehrer des Dio Chrysostomus und → Epiktet. Da er als »Ritter« politisch tätig war, verbannte ihn Nero wegen Verschwörung; er kam 68 nach Rom zurück, wurde zunächst von Vespasian begünstigt, doch dann wieder verbannt, bis ihn Titus 79 zurückrief. M. lehrte im Stil der Diatribe, hat aber nichts Schriftliches hinterlassen. Exzerpte des Lucius, eines seiner Schüler, sind bes. bei Stobäus erhalten. Bemerkenswert an seiner strengen Ethik sind der Abscheu vor Blutvergießen und Grausamkeit, das Mitgefühl für Sklaven, die Fürsprache für die Gleichberechtigung der Frau und für weibliche Bildung, die Bekämpfung der Kinderaussetzung und die Achtung für die Handarbeit. Er hat → Clemens von Alexandrien stark beeinflußt. Für → Justin und → Origenes steht M. als Märtyrer der Wahrheit und Mann von höchster Tugend mit Sokrates auf derselben Stufe.

Ausg. v. O.Hense, 1905 (veraltet). - R.Cadiou, Commentaires inédits des Psaumes, Paris 1936, 118 - C.E.Lutz, M.Rufus the Roman Socrates (Yale Classical Studies 10, 1947, 1-147). - Vgl. die Lit. zu → Stoa. *H.Chadwick*

Mutakallimūn, arab. wörtl. »die Redenden«, dh: die sich des Kalām bedienen. Kalām, urspr. Rede, nahm im 8.Jh. die Bedeutung »verstandesmäßige Darlegung« an. Er war die Methode, zu welcher sich die Muʿtazila (→ Islam: I, 6) gezwungen sah, um die vom → Koran behauptete Einheit und Gerechtigkeit Gottes namentlich gegen gnostisierende Gruppen, Christen und den → Manichäismus (welcher neben Gott eine gleichewige teuflische Materie annahm und daraus auch die menschliche Sünde erklärte) zu begründen, ferner um die Probleme der göttlichen Vergeltung, der Gläubigkeit des Sünders und der Loyalität des Rechtgläubigen gegenüber der Staatsgewalt zu erörtern. Die durch diese Probleme provozierte, durch hellenistische Logik (kalām = syr. mellᵉṯā = λόγος?) unterstützte Vernunft machte den Kalām als Grund und Methode auch für die → islamische und → jüdische Philosophie geeignet. Nachdem die Ergebnisse der Muʿtazila mit der Orthodoxie der Traditionarier (→ Islam: I, 4) ausgeglichen waren, wurde der aus der ersteren übernommene Kalām auch zur Bezeichnung der resultierenden Vermittlungstheologie; M. sind dann »scholastische Theologen«. Ihre Probleme und deren Lösungen sind denen der christlichen Patristik und Scholastik, bes. in der Gotteslehre (→ Gott: V) und Kosmologie, von vornherein analog und stehen überdies zu ihnen oft in nachweisbaren Beziehungen.

Bibliogr.: B.Spuler-L.Forrer, Der vordere Orient in islam. Zeit, 1954, 27-51. 160-168 - J.D.Pearson-J.F.Ashton, Index Islamicus 1906-1955, Cambridge 1958, Nr. 2255-5442. - Ferner: HIsl - H.A. Wolfson, The Muslim Attributes and the Christian Trinity (HThR 49, 1956, 1-18) - C.Colpe, Anpassung des Manichäismus an den Islam (ZDMG 109, 1959, 82-91) - H.Stieglecker, Die Glaubenslehren des Islam, 1959 - Lit. zu → Islam: I, 6. *C.Colpe*

Muth, *Placidus* (Taufname: *Johann Kaspar;* 1753 bis 1821), kath. Theologe, * in Poppenhausen bei Schweinfurt, † in Erfurt. M. studierte in → Erfurt (: II) Theologie und Rechtswissenschaften, trat 1777 in das 1060 gegründete Benediktinerkloster St. Peter ein, wurde 1788 Prof. der Theologie an der Universität und 1794 Abt seines Klosters. Seine von dem Kurfürsten von Mainz und dessen Statthalter → Dalberg unterstützten Reformpläne für Universität und Stift wurden durch die Säkularisation von 1803 im Keime erstickt. Nach der zweiten preußischen Annexion von Erfurt wurde M. 1816 Regierungsrat und Referent für kath. Kirchen- und Schulwesen in Erfurt.

Vf. u.a.: Disquisitio historica-critica in bigamiam Comitis de Gleichen, 1788; Über den Einfluß des Benediktinerstiftes auf dem Petersberg zu Erfurt, 1798, Forts. 1804. - Über M.: F.K.Felder-F.J. Waitzenegger, Gelehrten- u. Schriftstellerlexikon d. dt. kath. Geistlichen II, 1820, 27 - Cl.A.Baader, Lexikon verst. baierischer Schriftsteller I/2, 1824, 59 - ADB XXIII, 103 - O.Kürsten, Der Petersberg, 1943. *† Ph.Losch (Ernst Wolf)*

Mutian (1470-1526), *Konrad Muth,* * zu Homberg in Hessen, in Deventer Mitschüler des → Erasmus, studierte in → Erfurt (: II). 1493 zog er für zehn Jahre zum Studium nach Italien. In Florenz wurde er für sein Leben durch die neuplatonische Philosophie bestimmt. Seit 1503 lebte er zurückgezogen als Kanonikus in Gotha und betreute von dort aus teils persönlich, teils schriftlich den Erfurter Humanistenkreis. Seinen eigentlichen Beruf sah er in der Erziehung der Jugend. Im Erfurter Kreise führte er den Beinamen *Rufus.* Im Grunde ein aristokratischer Freigeist, kritisierte er die kirchlichen Zustände scharf und wollte von vielen kirchlichen Anschauungen nichts wissen. Göttliche Offenbarung sieht er in jeder Religion. Christus gilt ihm als der allgemeine Geist. Erkenntnis und Weisheit führen zur Liebe Gottes. Als M. 1515 Luther in Gotha hatte predigen hören, war er anfänglich ganz von ihm eingenommen, sprach sich aber später gegen die reformatorische Bewegung aus. Die Mitglieder des Erfurter Humanistenkreises (J. → Jonas, Eoban → Hessus, → Spalatin u.a.) schätzten ihn dennoch und bewahrten ihm ein dankbares Gedenken.

Briefwechsel hg.v. C.KRAUSE (1885) u. K.GILLERT (1890). - L.GEIGER, Humanismus u. Renaissance, 1882, 433ff - P.KALKOFF, Humanismus u. Reformation in Erfurt, 1926 - M.BURGDORF, Der Einfluß der Erfurter Humanisten auf Luthers Entwicklung bis 1510, 1928 - K.BAUER, Die Wittenberger Universitätstheol., 1928, 132 - F.HALBAUER, M.R. u. seine geistesgesch. Stellung, 1929 - L.W.SPITZ, The Conflicts of Ideals in M.R. (Journ. Warburg 16, 1953, 121-143).

R.Stupperich

Mutschelle, *Sebastian,* kath. Theologe, * 18.1.1749 in Allershausen b. Freising, † 28.11.1800 in München, 1763 Novize des Jesuitenordens, 1773 nach dessen Aufhebung Kanonikus in Freising, 1779 Konsistorialrat und Schulkommissar. M. machte sich vor allem um die Hebung der Volksschule und des Lehrerstands verdient. Als Aufklärer mißliebig geworden, zog er sich 1793 auf die Pfarrei Baumkirchen bei München zurück, wo er eine eifrige Predigttätigkeit entwickelte. 1799 übernahm er die Moral- und Pastoralprofessur am Lyceum in München. Erst neuerdings wirklich gewürdigt, vertritt M. den gemäßigten Typ der kath. Aufklärungstheologie, philosophisch im Anschluß an → Kant, dessen Gedanken er in vielen Schriften popularisiert und gegen Ben. → Stattlers »Anti-Kant« verteidigt, theologisch-kirchlich durch Förderung der Katechese und bes. der Bibellektüre im kath. Bereich.

CAJ.WEILLER, M.s Leben, 1803 - C.A.BAADER, Lexikon bair. Schriftsteller I/2, 1824, 61ff (Bibliogr.) - ADB 23, 115f - HN V, 353 - A.F.LUDWIG, S.M. (ThGl 2, 1910, 641-655) - J.DIEBOLT, La théologie morale cath. en Allemagne, 1926, 155ff - W.HUNSCHEIDT, S.M., ein kantianischer Moraltheologe, 1948. *K.G.Steck*

Muttergottheiten

1. In der griechisch-römischen Religion - 2. Im alten Orient. - M. = Muttergottheit. - Vgl. → Mutterrecht

1. Neuere archäologische Entdeckungen stützen die Ansicht, daß während des Jt.s vor dem Auftreten der Indoeuropäer wie der Semiten die alten Mittelmeerländer von → Jägern und Viehzüchtern bewohnt waren, die eine bzw. mehrere M.en verehrten. Sie sollten bes. die → Fruchtbarkeit der → Erde symbolisieren und sichern. Diese M.en wurden offenbar ursprünglich als in der Natur wirkende Kräfte verstanden mit einem → Baum oder Felsen als → Symbol; doch waren kleine fetischähnliche Gestalten schon in früher Zeit verbreitet. Dieser nichtbildliche → Symbolismus wich den Darstellungen in menschlicher Gestalt, zunächst aus Holz und Lehm, dann in Terrakotta oder Stein. Mit der Zeit wurde der Göttin, die nun anthropomorph aufgefaßt wurde, ein jüngerer männlicher Begleiter als Sohn oder als Liebhaber beigegeben. Von dieser M. leitet sich offensichtlich eine Anzahl der weiblichen Gottheiten Griechenlands oder Roms her, zB Demeter, Kore, Artemis, Aphrodite und sogar Athene. Die Magna Mater stellte die Natur als unvergängliches Ganzes dar, der Sohn oder Liebhaber dagegen den jährlichen Wechsel der Vegetation (→ Auferstehung: I). Auch so jungfräuliche Gottheiten wie Artemis und Athene bekamen Züge von den alten M.en, zT durch Übertragung oder Verpersönlichung von Attributen und Epitheta. - In Italien war »Terra Mater« kaum mehr als ein Name, ohne bestimmte Personalität oder Charakter oder besonderen Kult; diese Tatsache beweist ihren vorgeschichtlichen Ursprung. Die Vertreibung der Könige (509 vChr) und die Errichtung der »aedes Iovis Optimi Maximi« auf dem Kapitol bezeichnet auch die Ersetzung der mehr altlatinischen Trias Jupiter, Mars, Quirinus durch die altetruskische: Jupiter, Juno, Minerva. Dieser Schritt zeigt zugleich, daß Züge des M.-Kultes noch lebendig waren. Noch wichtiger war die Einführung des Kybelekults, des Kults der »Magna Mater deum Idaea« aus Pessinus in Phrygien i.J. 205 vChr während einer Krise im zweiten punischen Krieg, obwohl die Teilnahme zunächst streng eingeschränkt war (Römer durften nicht teilnehmen). Aber in der frühen Kaiserzeit wurden diese Einschränkungen schrittweise aufgehoben, und das Aufkommen etwa des Kultes der → Isis bezeichnet das Wiederaufleben der primitiven Elemente in der → römischen Religion. Spuren eines späteren Überlebens des Kults der göttlichen Mutter finden sich sogar in der → Marienverehrung.

R.BRIFFAULT, The Mothers I-III, London 1927 - M.P.NILSSON, Minoan-Mycenaean Religion and its Survival in Greek Religion, Lund (1927) 1950² - ErJb 7, 1938 - A.W.PERSSON, The Religion of Greece in Prehistoric Times, 1942 - PRÜMM, s. Reg. VIII. - Vgl. die Lit. zu → Baltische Religionen, → Erde, → Frau: I, → Fruchtbarkeit, → Geburt, → Jungfrauengeburt. *F.C.Grant*

2. Im *Orient* gehört die M. nach Ausweis der zahllosen Figürchen nackter Frauen mit und ohne Kind zu den schon in grauer Vorzeit verehrten Gottheiten. Ihr ursprünglich chthonischer Charakter (→ Chthonische Gottheiten) blieb auch später noch erkennbar, als man die meisten M.en schon im → Himmel suchte. Da das eigentliche Wesen der Mutterschaft in allen Völkern, auf allen Kulturstufen und in allen sozialen Schichten dasselbe ist, zeigen die M.en viel weniger ausgeprägt individuelle Züge als die männlichen Götter. Von der bis zur Dirnenhaftigkeit geschlechtsbetonten jungfräulichen Liebesgöttin wird die M. oft nicht streng geschieden; das Wesen der → Astarte-Ištar-Gestalten wird dadurch oft in sich so widerspruchsvoll. Die gut bekannte Entwicklung in → Babylonien (: II) ist in manchem paradigmatisch. Die sumerische M. hat keinen Namen, aber viele an Ortskulte gebundene Beinamen (Maḫ »Hehre«, Ninḫursag »Bergherrin«, Ninkarrak, Baba usw). Kosmisch steht sie als → Erde zwischen Luftraum und Grundwasser, die beide männlich (Enlil, Enki) gedacht wurden. Inanna »Himmelsherrin« ist zugleich M. und Liebesgöttin. Eine Sonderform der M. ist die Unterweltsherrin Ereškigal. Bei den Babyloniern erscheint später die M. zT selbständig als »Götterherrin« Bēlet-ilī, Heilgöttin Gula usw, teils in Gestalt der liebevoll-fürbittenden Göttergemahlinnen Ṣarpānītu (von Marduk), Tašmētu (von Nabû), Ajja (von Šamaš), Ningal/Nikkal (von Sin) usw. Die ausgeprägteste M.-Gestalt ist die Ištar der Gebete als mütterliche Herrscherin, während die Ištar der Magie das Massiv-Erotische verkörperte (auch im → Gilgamesch-Epos); beide Gestalten haben später fast nur noch den Namen gemeinsam. Bei den → Phöniziern und in → Ugarit vertritt → Aschera die M. (auch → Baalat?), wird aber auch nicht immer von → Astarte und → Anat geschieden. Bei den Hethitern und Ägyptern gibt es keine so stark erotisch bestimmte Venusgestalt. Die »Sonnengöttin von Arinna« der → Hethiter (: II, 1) hat die chthonische Kubaba(t) aus dem Staatskult verdrängt; die Gebete betonen ihre Güte. Der Charakter der churritischen Šauška wird aus den Quellen noch nicht deutlich. In → Ägypten (: II) ist → Isis die chthonische M. und Verkörperung der treuen Gattin und Mutter; ihr Kult verbreitete sich später über das ganze Römerreich. Die himmlische M. hat viele Namen (Nut, Mut, Neith, Nechbet usw) je nach den Kultorten; am lebensvollsten erscheint sie als Hathor, die Himmelskuh, die wie Isis als Mutter des → Horus gilt und auch Göttin des Tanzes ist.

Lit. s. → Ägypten: II, → Babylonien: II, → Hethiter: II, → Phönizier. W.v.SODEN, Akkadische Gebete an Göttinnen (RA 52, 1958, 131-136; Auszug) - E.O.JAMES, The Cult of the Mother-Goddess, London 1959. *W.v.Soden*

Mutterrecht, bezeichnet a) die *Mutterfolge* (Matrilinearität) und b) (nach → Bachofen) eine *frühgeschichtliche Familienform,* die einer Zeit der Promiskuität folgte. In ihr sollen die → Kinder wegen der Unsicherheit der Vaterschaft der Verwandtschaft der Mutter zugeordnet worden sein, woran sich Regelungen anschlossen, die die uterine Linie im Sachenerbrecht und in der Herrschaftsnachfolge bevorzugten. Die Stufenfolge Promiskuität - Matriarchat - Patriarchat war für die Evolutionisten des 19.Jh.s Dogma. - Gewandelt wurde der Begriff von P.W. → Schmidt verwendet. Wie auch andere Forscher (zB Thurnwald) leitete er das M. aus dem Pflanzenbau der → Frau (: I) her und ließ es auf vorhergehende Stufen mit Gleichberechtigung der Geschlechter und mit Patriarchat folgen. Das volle M. soll nach Schmidt zusammen mit dem Pflanzenbau in Südostasien entstanden sein. - Das »volle M.« ist eine idealtypische Konstruktion; sie in historische Betrachtungen einzubeziehen, ist ein methodischer Fehler. Heute werden die einzelnen Züge des M.s meist getrennt als Matri- (oder Uxori-)Lokalität, Matrilinearität usw dargestellt. Wandel von Matri- zu Patrilinearität und von Uxori- zu Virilokalität ist häufiger beobachtet worden, die umgekehrte Richtung seltener. - Nach dem gegenwärtigen Stand der Forschung muß man die Entstehung des M.s als ungeklärt ansehen. Die Annahme von Schmidt u.a., daß die Frau durch den → Ackerbau (: I) dem Boden erst den Wert verschafft hat, der zu einem - dann ihr zustehenden - Recht am Boden führte, und daß dadurch die Frau den Wohnsitz der → Familie bestimmte (Matrilokalität), ist nicht ausreichend. Auch Wildbeuter haben vererbliche Rechte an den Jagdgründen, oft ist das Eigentum am Boden in Händen des Mannes, der die Rodungsarbeit leistet. Der m.liche → Kulturkreis im Sinne von Schmidt ist überholt, und es ist fraglich, ob der vieldeutige Begriff M. heute andere als wissenschaftshistorische Bedeutung hat. Als Gedankenmodell scheint er keinen Zugang zu den Problemen der modernen Ethnosoziologie zu geben. - Vgl. → Muttergottheiten, → Vaterrecht, → Westermarck.

J.J.BACHOFEN, Das M., (1861) 1948³ - L.H.MORGAN, Ancient Society, 1877; dt.: Die Urgesellschaft 1891 - R.LOWIE, The Matrilineal Complex (Univ. Calif. Publ. Amer. Archeol. and Ethnol. 16), 1919 - B.MALINOWSKI, Mutterrechtliche Familie u. Ödipuskomplex (Imago 10, 1924, 228-277) - R.THURNWALD, Menschl. Gesellschaft II, 1932 - J.HAEKEL, Das M. bei den Indianerstämmen im südwestl. Nordamerika (ZE 68, 1936, 227-249) - DERS., Zum Problem des M.s (Paideuma 5, 1953-54, 298-322. 481-508) - A.E.JENSEN, Gab es eine m.liche Kultur? (Stud. Gener. 3, 1950, 418-433) - S.HELLBUSCH, Zur Frage des M.s (in: Völkerforschung. Vorträge d. Tagung f. Völkerkunde ... 1952, 1954) - W.SCHMIDT, Das M., 1955 - K. SCHLOSSER, Entwicklungstendenzen des M.s bei Naturvölkern (FF 31, 1957, 15-20) - H.BAUMANN, P.W.Schmidt u. das M. (Anthropos 53, 1958, 212-228). *E.W.Müller*

Myconius, 1. *Friedrich* (1490-1546), eigentlich *Mecum,* * in Lichtenfels (Oberfr.), besuchte ab 1504 die Lateinschule in Annaberg, wo er, nachdem ihm → Tetzel den Ablaß »umsonst und um Gottes willen« verweigert hatte, ins Franziskanerkloster eintrat. Über Leipzig kam er nach Weimar, von dort (1516 Priester) wegen ev. Predigt nach Leipzig und 1523 nach Annaberg. 1524 konnte er nach Zwickau fliehen. Nach kurzer Tätigkeit in Buchholz wurde M. 1524 Prediger, 1525 Pfarrer in Gotha, 1529 auch Sup. 1526 visitierte er das Amt Tenneberg und fügte seinem Bericht Vorschläge bei, die weithin verwirklicht wurden, zB die Einsetzung von Superintendenten. An den Visitationen in Thüringen (1528/29, 1533) und im Herzogtum Sachsen (1539) war er maßgeblich beteiligt. Am → Marburger Religionsgespräch (1529), an der → Wittenberger Konkordie (1536), den Verhandlungen in Schmalkalden (1537), Frankfurt, Nürnberg (1539) und Hagenau (1540) nahm er teil, ebenso an den ergebnislosen Verhandlungen mit Heinrich VIII. in England.

F.M., Historia Reformationis, hg.v. E.S.CYPRIAN, 1715, v. O. CLEMEN, 1914. - Über M.: RE XIII, 603ff; XXIV, 191 - P.SCHERFFIG, F.Mekum von Lichtenfels, 1909 (Lit.) - DERS., Briefe des F.M. an Justus Menius (BThKG 4, 1939, 177-254) - RGG³ IV, 324 - R.HERRMANN, Thür. KG II, 1947 (Reg., Lit.) - H.-U.DELIUS, F.M., das Leben u. Werk eines thür. Reformators (Theol. Diss. Münster), 1956 (Masch.) - DERS., Der Briefwechsel des F.M. (1524-46) (Schriften z. Kirchen- u. Rechtsgesch. 18/19), 1960. *R.Jauernig*

2. *Oswald* (1488-1552), ref. Theologe, * in Luzern, lernte und lehrte in Basel, 1516 an die Großmünsterschule nach Zürich berufen. Schon in Basel mit → Zwingli befreundet, betrieb er dessen Wahl nach Zürich. Aus dem Amt an der Stiftsschule seiner Vaterstadt schon 1522 als »luth. Schulmeister« entlassen, wird M. nach kurzer Tätigkeit in Einsiedeln an der Fraumünsterschule in Zürich der getreue Mitarbeiter Zwinglis. Basel berief M. 1531 als Prediger zu St. Alban, nach → Ökolampads Tod zum Antistes und Prof. Nach Ökolampads Entwurf verfaßte M. die erste → Basler Konfession (1534) und wirkte bei der zweiten (sog. Confessio helvetica prior, 1536) mit. Ähnlich den Straßburgern vermittelte M. in den Lehrstreitigkeiten. Er verteidigte auch die von → Bibliander in Basel veröffentlichte Ausgabe des Korans. M. ist der erste Biograph Zwinglis.

K.R.HAGENBACH, J.Oekolampad u. O.M., 1859 - RE XIII, 607ff - P.WERNLE, Calvin u. Basel bis zum Tode des M., 1910 - R.WACKERNAGEL, Gesch. der Stadt Basel III, 1924 - FR.RUDOLF, O.M. (Basler Jb.er 1945, 14-30) - W.BRÄNDLY, Gesch. des Protestantismus in Stadt u. Land Luzern, 1955. *O.E.Straßer*

Mynster, *Jakob Peter* (8.11.1775 bis 30.1.1854), dänischer Bischof, * und † in Kopenhagen. In seiner Jugend war M. von der zeitgenössischen materialistischen Philosophie beeinflußt und schwärmte für Freiheit und die französische Revolution. → Kant riß ihn heraus aus »dem Materialismus, gegen den sich mein Innerstes empörte, den mein Verstand aber nicht abweisen konnte«. Nach einigen Jahren als Hauslehrer wurde M. 1802 Pfarrer in Spjellerup in Südseeland. Hier erlebte er 1803, überwältigt von der absoluten Forderung des Gewissens und der Pflicht, einen inneren Durchbruch und lernte, sich dem Willen Gottes »ganz ohne Vorbehalt« zu beugen. Er las nun intensiv das NT. Das Eigentümliche an dieser Bekehrung ist, daß sie sich fortlaufend entwickelt: von der → Aufklärung ausgehend führt sie über Kant und die → Romantik ohne scharfen Bruch zu einem immer positiveren und umfassenderen Verständnis des Christentums. Daher gewann M. durch seine Predigten und bes. durch das damals meistgelesene Andachtsbuch »Betragtninger over de kristelige Troeslærdomme« (I. II, 1833; dt. v. Th.Schorn, 1871⁴) großen Einfluß auf die gebildete Welt Dänemarks, die er vom Rationalismus und der Aufklärungsfrömmigkeit zu einem positiven, luth. geprägten Christentum führte, unter Einbeziehung der romantischen Philosophie seiner Zeit. - 1811 kam M. nach Kopenhagen, wo er bald in hohem Ansehen stand. 1812 wurde er Dozent und Mitleiter des Pastoralseminars, 1817 Mitglied der Universitätsdirektion, 1826 Hofprediger. Der Kanzlei diente er vielfach als sachkundiger Ratgeber. Als Bischof von Seeland war er 20 Jahre lang (1834-54) mit unermüdlichem Fleiß und Pflichtgefühl tätig. - M.s bedeutendes theologisches Schrifttum befaßt sich mit nt. Fragen, Psychologie und Dogmatik. Zahlreiche Predigtbände zeugen von seinem meisterhaften Vermögen, die Grundgedanken des Christentums in der Sprache seiner Zeit und mit großer Einfühlung in die Probleme seiner Zeitgenossen auszudrücken. Zu → Grundtvig stand er in einem äußerst gespannten Verhältnis. Diese beiden überragenden Gestalten des dänischen Kirchenlebens (→ Dänemark: I, 4) waren seelisch zu verschieden, um einander verstehen zu können. Im Leben → Kierkegaards spielte M. eine große Rolle. Daher erklärt sich auch die Heftigkeit, mit der sich Kierkegaard zuletzt gegen M. als Repräsentanten der offiziellen Kirche wandte.

Vf. u.a.: Kleine theol. Schriften, 1825; Meddelelser om mit Levned, (1854) 1884^{2}; Blandede Skrifter I-VI, 1852-57. - Über M.: H.L. Martensen, Til Erindring om J.P.M., 1855 - H.Schwanenflügel, J.P.M., hans Personlighed og Forfatterskab I. II, 1900/01 - N.M. Plum, J.P.M. som Kristen og Teolog, 1938 - DBL XVI, 322ff - H.Koch, Den danske Kirkes Historie VI, 1954, 141ff. 285ff.

Hal Koch

Myslenta, *Cölestin* (1588-1653), aus polnischem Adelsgeschlecht gebürtig, war Prof. der Theol. (seit 1616), Prediger, Beisitzer des Konsistoriums und Visitator in → Königsberg und das Haupt der »Königsberger Zeloten«. Als einer der schroffsten Vertreter der luth. → Orthodoxie bekämpfte er im → Synkretistischen Streit G. → Calixt in seinen Königsberger Schülern Latermann und → Dreier. Er sammelte Gutachten und veranlaßte das Vorgehen der staatlichen Gerichte gegen sie. Auch in den → Rahtmannschen Streit griff er ein. A. → Calov war sein Schüler und wurde sein geistiger Erbe.

A.Tholuck, Das akadem. Leben des 17.Jh.s, 1854, 76ff - E.Th.L. Henke, G.Calixtus u. seine Zeit II/2, 1860 - Th.Moldaenke, Chr. Dreier, 1909 - Ritschl IV, 163. 365. 428.

F.Lau

Mystagogische Theologie ist eine bes. in der → Orthodoxen Kirche scharf ausgeprägte Form dialektischen Denkens. Theoretisch durch den → Neuplatonismus, → Origenes, → Clemens u.a., praktisch durch die Mönchsmystik vorbereitet (zB → Evagrius Ponticus, → Basilius d. Gr.; → Mystik: V), gab ihr → Dionysius Areopagita gültige Gestalt. Ob sie mystisch ist, bleibt fraglich, denn ihr System bekämpft zumindest die Vulgärmystik, welche mit Hilfe positiver (affirmativer) Formen und Figuren durch → Allegorie und → Symbol Gottes Wesenheit erkennen zu können glaubt. Nach der M.Th. muß im Gegenteil jede affirmative Figur durch eine negative überwunden werden (De cael. hier. 2, § 2; MPG 3, 140f). ZB muß die affirmatio (κατάφασις) »Gott ist Licht« dialektisch negiert werden durch den Satz: »Gott ist überlichtige Finsternis« (ὑπέρφωτος γνόφος, De myst. theol. 1, § 2; MPG 3, 997ff). Diese Konzeption beherrschte Theologie und Ästhetik des MA (vgl. zB das dunkle Zentrum in der Lichtaureole der Ikonographie der Verklärung Christi). Die Vergottung ist mehr intellektuelles Spiel des Nous mit »Wissen« und »Nichtwissen«, eine Selbstentfremdung des Geistes, als echte Mystik. Erst die → Viktoriner haben daraus Erlebnismystik gestaltet. Auf die M.Th. kann der Satz angewandt werden: »Die Ähnlichkeit ist nicht so groß, daß nicht die Unähnlichkeit noch größer wäre.« Im kreisförmigen Auf- und Abstieg des göttlichen Eros (ἐρωτικὴ κίνησις, De div. nom. 4, 14; MPG 3, 712) findet immer nur eine Verähnlichung (ἀφομοίωσις) der unteren zu den oberen Figuren und schließlich zu Gott statt. In diesem dialektischen Funktionalismus wird sowohl die Entscheidung des einzelnen als auch die Menschwerdung Christi zur »Gott nachahmenden Hierurgie« (Präfation der areopagitischen Liturgie; F.E.Brightman, Liturgies Eastern and Western I, 1896, 487ff). So vermag die M.Th. zwar den gesamten sinnlichen und übersinnlichen Kosmos zu durchdringen, voreilige Mystizismen und eine platte theologia naturalis ihrer Dialektik zu akkommodieren, aber um den Preis eines glatten, Wille und Bewußtsein des Einzelmenschen deformierenden Funktionalismus. Die ihr entsprechende Soziologie (hierarchische Ordnung der Welt und Überwelt) ist seit jeher von bestimmten politischen Ideen für deren Gesellschaftsordnungen angewandt worden.

Grabmann I. II - Ders., Mittelalterl. Geistesleben I, (1926) Nachdr. 1956, 429-469 - R.Bultmann in: Philologus 97, 1948, 1-16 - Wach, Relsoz. 123ff. 375ff. 440ff - W.Völker, Kontemplation u. Ekstase bei Pseudo-Dionysius Areopagita, 1958 - Beck 344ff u.ö. (reiche Lit.) - J.Vanneste, Le mystère de Dieu. Essai sur la structure rationnelle de la doctrine mystique du Pseudo-Denys l'Aréopagite, Paris 1959. - Vgl. auch die Lit. zu → Dionysius Areopagita.

K.Onasch

Mysterien

1. Begriff - 2. Eleusis, Samothrake - 3. Dionysos, Orpheus - 4. Fremde M. - 5. Theologie der M.

1. Der Ausdruck M. sagt nicht, daß hier eine Heimstätte der → Mystik sei. Der Begriff μυστικὴ θεολογία wird erst von → Dionysius Areopagita geprägt, und in den M. findet sich echte Mystik nur in der Umgebung des Dionysos (s. 3) und der Kybele (s. 4). Vielmehr weist das Wort M. auf die → Arkandisziplin der betreffenden Kulte hin. Die M.frömmigkeit ist überall zunächst Naturfrömmigkeit; sie widmet sich der freien Natur (Tier und Pflanze, vgl. Dionysos; → Bäume, → Naturmythologie), bes. aber der vom Menschen bestellten Natur. Das damit geschaffene Bild der Gottheit und des Weltgeschehens wird dann durch Analogieschluß auf den Menschen, sein Leben, Sterben und Wiedererwachen in einem Jenseits übertragen; es entsteht der Begriff der Vergottung (ἀποθέωσις). Mitglied einer M.gemeinde wird man durch das unwiederholbare Sakrament der → Initiation (μύησις); es umfaßt mehrere Handlungen, wohl regelmäßig auch eine → Waschung (→ Taufe: I), deren Bedeutung sich nicht immer darin erschöpft, rituell zu reinigen. Ein zweites Sakrament (τελετή im strengen Sprachgebrauche) wird öfters empfangen; es besteht aus verschiedenen Teilen: es werden Worte gesprochen, Sinnbilder gezeigt, Akte durchgeführt, meist zu dem Zwecke, das Schicksal der Gottheit zu erläutern und nachzuahmen und so die Gläubigen zu vergotten. Die M. gehen auf primitive Bräuche zurück, sind aber in klassischer Zeit geachtet (Aischylos, Aristophanes) und erleben eine Nachblüte in spätgriechisch-römischer Zeit (→ Griechische Religion, 3. 4). Sie trieben zT Mission, waren aber duldsam; vielfach war es üblich, sich in mehrere M. einweihen zu lassen. Ein mehr oder minder geheimer → Monotheismus (: I), der alle Götter einander gleichsetzt, war verbreitet. Strittig war schon im Altertum, ob die M. zu einem sittlich reinen Leben erziehen. Der Kyniker Diogenes zB ließ sich nicht weihen, weil nach Lehre der M. auch (geweihte) Verbrecher ins Elysium kommen. Aber die Mehrheit der Gläubigen (zB Aristophanes, Cicero) bezeugt einen sittlichen Einfluß der M.

2. Die ältesten griechischen M., von denen wir uns ein Bild machen können, sind die von *Eleusis*. Ursprünglich ein Familienkult (mit erblichem → Priestertum für Männer und Frauen), gewinnen diese M. immer weitere Bedeutung: die Stadt Athen nimmt sich ihrer an; es kommen Gläubige aus vielen Ländern, auch »Barbaren«, von denen man nur erwartet, daß sie griechisch verstehen. Wurden zunächst nur die eingeheirateten Frauen, die neugeborenen Kinder, die eben gekauften Sklaven einer oder mehrerer Familien aufgenommen, so

fragt man später nicht mehr nach der Familie, weiht aber auch weiterhin Frauen (auch Hetären), Kinder (die man zT mit liturgischen Aufgaben betraut) und Sklaven (die man zT deshalb braucht, weil in dem für Ungeweihte unzugänglichen Telesterion Arbeiten durchzuführen sind). Die Kultsage berichtet, daß Demeter und Kore, die Göttinnen von Eleusis, den Menschen die Kunst der Feldbestellung vermittelt und durch Triptolemos verbreitet hätten. Aber schon der 5. homerische Hymnus, der davon erzählt, fügt hinzu, daß die Geweihten ein günstiges Los in der anderen Welt erwarte. Von den Feiern sind oft schwer zu deutende Einzelheiten bekannt. Die Initiation kann anscheinend im Athener Eleusinion durchgeführt werden (Taufe, als Übergießtaufe dargestellt; → Opfer, Trankspende, Verhüllung des Hauptes, → Reinigung durch Widderfell und Getreidesieb, Anzünden einer Fackel; daher φωτισμός). Die Hauptfeier wird einmal jährlich in Eleusis gehalten, in der Nacht, die dem Prozessionszuge von Athen nach Eleusis folgt. Sie beginnt mit einer öffentlichen Versammlung, bei der die Nichtgeweihten durch Heroldsruf ausgewiesen werden (die liturgisch bemerkenswerte Szene wird erst durch eine spätere Nachahmung anschaulich: Lukian, Alex. 38). Die Feier der Geweihten (im Telesterion) während der Nacht umfaßt wohl als Hauptbestandteil ein Sakrament, eine sinnbildliche Neugeburt, die zur Vergottung führt: man entnimmt dem hl. Korbe (κίστη) ein Nachbild von Demeters Mutterschoß und läßt es über den eigenen Leib gleiten. Für die Schätzung dieser M. ist bezeichnend, daß sie verschiedenfach nachgeahmt werden, zB in Pheneos in Arkadien; hier ist eine hl. Schrift bezeugt, die zwischen zwei Felsen verborgen wird; sie wird bei der »größeren« Feier (alle 2 Jahre) herausgenommen, den Eingeweihten vorgelesen und sofort wieder verwahrt. Genauer kennen wir die M. von Andania bei Messene. Hier ist zB der → Eid überliefert, mit dem die Maßgebenden sich verpflichten müssen, die Überlieferung zu wahren. Bemerkenswert ist ein sozialer Zug, der in Eleusis nicht so deutlich hervortritt: es wird aller Luxus verboten; für die Kleider der teilnehmenden Frauen, Mädchen und Sklavinnen werden Höchstpreise festgesetzt. Auch Alexandrien kennt eleusische Feiern. – Leider ist nur wenig von den M. der → Kabiren von *Samothrake* bekannt, die wohl ebenso alt sind wie die von Eleusis. Sie wurden vor allem von Seefahrern benutzt und sind berühmt durch die große Zahl der Weihungen. Lehrreich ist eine Inschrift, die angibt, wie weit Ungeweihte eindringen dürfen.

3. Eine Welt für sich sind die M. des → *Dionysos*. Dieser gehört, wie Demeter, nicht zu den alten olympischen Göttern; seine ursprüngliche Heimat ist unbestimmt (man denkt an Thrakien, Kleinasien, Kreta). Als Gott der wildwachsenden Natur, der Bergwälder und Wildstiere wird er in freier, bewegter Weise verehrt. Man spricht schon im 5.Jh. von einer Mission des Dionysos-Kultes. Seine Art findet bei Griechen viel Verständnis, nur daß sie die formlose, ungebundene Weise der Frömmigkeit gern auf Vereine oder M.gemeinden beschränken. Im letzteren Falle sind eleusische Einflüsse feststellbar: zu den hl. Geräten gehört auch hier ein Getreidesieb, obwohl es in der wild wachsenden Natur zwecklos ist. Die Initiation wird durch zehntägiges → Fasten vorbereitet und besteht aus einem Mahle, einer Taufe und einer Einführung ins Heiligtum. In manchen Gemeinden heißen die Neulinge »Schweiger«: die Arkandisziplin wird ihnen streng auferlegt. Die Hauptfeier, die wiederholt besucht wird, bringt die dionysische Art scharf zum Ausdruck. Wie in Eleusis nehmen Männer und Frauen in gleicher Weise teil, oft in einem wilden Durcheinander. Man tanzt nachts im Freien. Der → Tanz ist darauf angelegt, den Bewußtseinszustand ungewöhnlich zu gestalten: man dreht sich wirbelnd, läßt den Kopf in den Nacken oder auf die Brust fallen. In der angelegten Kostümierung fühlt man sich als das göttliche Gefolge des Dionysos (die Männer als Satyrn und Silene, die Frauen als Mänaden). Zur → Ekstase hilft der Thyrsosstab, ursprünglich eine hohe Staude: jeder Stab, der am oberen Ende schwerer ist als am unteren, verführt zu exzentrischen Bewegungen. Die Gläubigen sind überzeugt, daß der Gott von dem Besessenen Besitz ergreife (ἐνθουσιασμός »Einwohnung Gottes«; → Besessenheit). Versagen die Kunstmittel, so findet man den Ausweg in der Trunkenheit als einer Form der Ekstase; so wird Dionysos zu einem Gotte des → Weins (oft betrunken dargestellt). In der Ekstase feiern dann die Besessenen ihre Gemeinschaft mit der Natur, dh mit dem Gotte; zB greifen sie Tiere des Waldes, zerschneiden sie und verzehren sie roh. Es ist verständlich, daß gegen derartige Riten frühzeitig Bedenken aufkommen (bes. in Euripides' Bakchen und bei Livius 39, aber auch an den Denkmälern). Es kommt zu Verfolgungen (zB Senatsbeschluß von 186 vChr). Hier und da mag in der Tat Bedenkliches geschehen sein. Aber die Absichten auch dieser M. sind rein. So setzen sich denn die dionysischen M. weithin durch. Dionysos wird immer mehr zu dem meist dargestellten Gotte der Antike. Seine sittliche Wirkung ist dadurch bestimmt, daß er wahllos ergreift (besessen macht), wen er will: Frauen werden bes. schnell ekstatisch, treten also in seiner Gemeinde hervor und können zB als Priesterinnen auch Männer einweihen. Der Glaube an eine Vergottung der Gläubigen ist hier leicht anschaulich zu machen: Dionysos gehört zu den sterbenden und auferstehenden Göttern (→ Auferstehung: I); seine Gläubigen folgen ihm nach; die Ekstase gilt als Vorausnahme der Vergottung. Im ptolemäischen Ägypten wurde einmal versucht, eine dionysische Kirche zu gründen, was gerade bei diesem Gotte begreiflich ist; aber wir hören nichts Genaueres darüber. – Mit den M. des Dionysos sind die der *Orphik* verwandt; beide lassen sich nicht immer trennen. → Orpheus ist ebenfalls ein sterbender und auferstehender Gott. Seine Herrschaft auch über die Tierwelt wird gern betont. In diesem Kreise wird frühzeitig geltend gemacht, daß es eine → Vergeltung (: I) nach dem → Tode gebe; der Glaube an die → Seelenwanderung (: I) hängt daran. Die Strafen, die die bösen Menschen nach ihrem Tode erdulden, werden in der Dichtung wie in der bildenden Kunst gern ausgemalt; die Gestalten eines Sisyphus und Tantalus werden dabei benutzt. Denkmäler bringen entsprechende Szenen seit Polygnots Gemälde in Delphi (nach Wiederholung auf Vasen zT wiederherstellbar). Stärker auf spätere Zeiten, auch auf christliche, wirkt die Dichtkunst (→ Petrusapokalypse, → Dantes Divina Commedia). Der antike Mensch schützt sich durch Zauber: die M. geben den Toten einen »Paß« mit, der die notwendigsten Angaben über die Geographie und das rechte Verhalten im Jenseits enthält; ägyptische Einflüsse (Totenbuch usw; → Ägypten: II, 3) dürften vorliegen.

4. Dem *Morgenlande* sind M. dieser Art zunächst fremd, wie hier auch Sakramente in den Hintergrund treten; man empfindet stärker als in Griechenland die Unnahbarkeit der Gottheit. So gibt es nur (in Ägypten) → Mysterienspiele (im Sinne des MA), Schauspiele auf Grund von Gelübden, ohne Sakramente. Aber als die orientalischen Religionen anfangen, Mission zu treiben, empfinden sie das Bedürfnis, sich an griechische Art anzugleichen. Sie tun das nur in gewissen Grenzen. So behalten die ägyptischen Gottheiten teilweise ägyptische Tempelformen, statten die Heiligtümer mit Hieroglyphen, Sphinxen, Obelisken und lebenden Ibissen aus,

stellen Nubier als Priester an: das Exotische ist Werbung. Aber gleichzeitig übernimmt man bestimmte Elemente griechischer M. Das geschieht etwa vom 2.Jh. vChr an, am frühesten bei den ägyptischen Gottheiten Osiris- → Serapis, → Isis und → Horus. Diese Dreiheit (→ Trinität) wird in der Regel gemeinsam verehrt; dann gewinnt *Isis* ein Übergewicht; die Menschen der Zeit dienen lieber einer göttlichen Mutter als einem göttlichen Vater (→ Muttergottheiten). So wird Isis eine Allgottheit. Sie beginnt, auch das Meer zu beherrschen und kämpferischen Geist zu verlangen, was ihr zunächst fern liegt. Sie übernimmt sogar Aufgaben männlicher Gottheiten, wie des Osiris und des Sonnengottes Rê (Helios). Die M. der Isis kennen wir vor allem aus dem 11.Buche der »Verwandlungen« des Apuleius. Während Dionysos und wohl auch Eleusis zu bestimmten Zeiten einweihen, gibt es bei Isis diese Möglichkeit nur, wenn die Göttin den Betreffenden im Traume auffordert und zugleich den Mystagogen bestimmt: das ist morgenländisches Hofzeremoniell. Die Benutzung eines hl. Korbes deutet auf eleusisch-dionysische Vorbilder. Eine Art Taufe wird, sehr unfeierlich, in einem öffentlichen Bade vollzogen, im Anschluß an einen »Taufunterricht« des Mystagogen. Nach zehntägigem Fasten (so nach dionysischem Vorbild) folgt in einer Nachtfeier der entscheidende Akt. Er wird nur in umschreibenden Wendungen berichtet. Offenbar soll unter allerhand Bildern Tod und → Wiedergeburt anschaulich erlebt werden; dabei hat der Neuling das Empfinden, in die Nähe der Gottheiten zu gelangen. Einem vergottenden Gewande wird besondere Bedeutung beigelegt: in diesem Gewande wird der Neuling, wie ein Götterbild, auf einem hölzernen Schemel stehend, der Gemeinde gezeigt; er trägt in der Rechten eine brennende Fackel, auf dem Haupte einen Strahlennimbus aus Palmblättern; der Geweihte wird als Gott verehrt. In diesen M. scheinen Initiation und Hauptsakrament aufs engste verbunden; möglich bleibt, das Hauptsakrament in einer später folgenden Osirisweihe zu erblicken, die als bes. geheim gilt. Auch diese ägyptischen M. wurden verlästert. Von den klassischen lateinischen Dichtern wird der Vorwurf erhoben, die Fasttage der Isis würden von Frauen ausgenutzt, ihre Männer zu betrügen. - Zeitlich folgen, um nur die wichtigsten zu nennen, im 1.Jh. nChr die M. des → *Mithras*. Zuletzt, etwa vom 2.Jh. an, nehmen auch *Kybele* und → *Attis* M.form an, am stärksten bezeugt im 4.Jh. Hier ist nicht viel Genaueres bekannt. Wichtig ist das sog. taurobolium oder criobolium, eine Art Bluttaufe, aber keine Initiation, sondern eine Sonderleistung für den Feiernden oder zugunsten des Kaiserreichs. Der Betreffende nimmt in einer Grube Platz. Auf dem Holzrost, mit dem man sie zudeckt, wird ein Stier (→ Stierdienst) oder Widder geopfert; das → Blut läuft in die Grube hinunter und bedeckt den Frommen. Das dauert etwa 10 Minuten. Der vom Blut über und über Besudelte wird dann von der Gemeinde angebetet: er gilt als in aeternum renatus; das Blut des Stiers vergottete ihn. Selbst Frauen lassen den scheußlichen Brauch an sich vollziehen. - Auch im *Judentum und Christentum* begegnen uns M.-Elemente. Bei den Juden werden Proselytentaufe und Sabbatmahl in Brauch und Denken immer reicher ausgestaltet, in der Diaspora und in Palästina (bei → Essenern und → Therapeuten ist der Tatbestand am deutlichsten). Bei den Christen kann man beobachten, daß seit Paulus → Taufe (: II) und → Abendmahl (: I) immer stärker betont und immer mehr mit M.-Ausdrücken geschildert werden. Dazu tauchen M.-Fragen auf (Totentaufe 1Kor 15, 29 wie in der Orphik, dh magische Auffassung des Sakraments usw).

5. Eine Art *Theologie* bemächtigt sich frühzeitig der M.; leider hat sich davon nicht sonderlich viel erhalten. Das mag u.a. daher kommen, daß diese Theologie zu keiner Einheitlichkeit gelangt: man deutet den Mythos um, jeder in seiner Weise (→ Plutarch über Isis und Osiris; vgl. die → Hermetica, hinter denen allerdings keine Gemeinde zu stehen scheint). Wichtig ist, daß → Plato (zB im Phädrus) aus der dionysischen Gedankenwelt eine → Inspirations-Lehre ableitet, zunächst um die Entstehung von Dichtungen zu erklären; später werden die Formeln auf hl. → Schriften angewandt, bei den Juden (→ Philo) ebenso wie bei den Christen (zuerst Mk 12, 36). - Vgl. → Reitzenstein.

PW XVI, 1934, 1209ff - Nilsson I. II - Prümm 213ff - J.Leipoldt, Die M. (HRW[M] I/4, 1948, 7-35) - Ders.-S.Morenz, Hl. Schriften, 1953 - C.Schneider, Geistesgesch. des antiken Christentums I. II, 1954 - DBS VI, 1ff (jeweils Lit.). *J.Leipoldt*

Mysterienspiele, *mittelalterliche*. Die großen geistlichen Spiele des späten MA werden in Frankreich im Laufe des 15.Jh.s (zuerst 1374 und 1402) als mistères bezeichnet. Der Ausdruck ist wohl von ministerium (vorschriftsmäßige Leistung) herzuleiten, denn die Ausführenden und Aufnehmenden betrachteten ihr Tun als frommes Werk. Die zahlreichen Darsteller (bis zu 300 Laien) schließen sich zu einer religiösen Bruderschaft unter geistlicher Führung zusammen. Die göttlichen Personen werden stets von Geistlichen verkörpert, die hohen weltlichen von Ratsherren, die übrigen unter die Zünfte aufgeteilt. Die Stadtgemeinde ordnet alles als öffentliche Angelegenheit. Die meist mehrtägigen Vorführungen finden als ein großes Volksfest nach Pfingsten statt, thematisch sind sie ein Rückblick auf die Heilsgeschichte. Man greift dabei über die Lebensgeschichte Jesu hinaus auf die Vorgeschichte, aber auch auf die Nachwirkung. So beginnt der Zyklus mit der Erschaffung der Welt und dem Höllensturz Luzifers, bringt dann Sündenfall, Kain und Abel, Noah mit der Sintflut, schließlich Abrahams Gehorsam mit dem beabsichtigten Opfer Isaaks als Vorausdeutung auf das Erlösungsopfer von Golgatha. Ausführlich wird am zweiten Tag die Geschichte Marias mit Geburt und Flucht ausgemalt (→ Weihnachtsspiele). Dann folgt die Wirksamkeit Jesu mit den Wundern. Erst der dritte Tag bietet Raum für Passion (→ Passionsspiele), Auferstehung, Himmelfahrt. Oft folgt als vierter Teil ein Spiel vom Antichrist mit Weltgericht. Der Text ist in der Volkssprache und in Reimpaaren abgefaßt. Von den alten liturgischen (lat.) Gesängen wird wenig gewahrt, eher neue geistliche, auch weltliche Lieder in der Volkssprache eingefügt. Massenaufzüge in reicher Kostümierung sind beliebt. Jedes Geschehnis erhält seinen besonderen Schauplatz mit dekorativen Andeutungen. Sie bezeichnen häufig Häuser (mansiones), die durchsichtig wie Lauben gebaut und entweder auf dem Markt frei verteilt oder auf ein gemeinsames Podium geordnet sind. Eine dreistöckige Anlage als normale Bühnenform anzunehmen, ist falsch. - Am frühesten und reichsten entfalten sich mistères in *Frankreich*. Seit dem späteren 14.Jh. sind Aufführungen belegt in Aix, Arras, Avignon, Bordeaux, Chartres, Dijon, Grenoble, Lyon, Marseille, Orleans, Paris, Poitiers, Reims, Toulouse, Tours, auch in Belgien (Mons), als letztes Valenciennes (1547). Die Hss. sind oft mit Einzelminiaturen ausgestattet. - In *England* gab es seit dem 15.Jh. große von den Gilden getragene Spiele (zB in Chester, Cornwall, Coventry, Townley, York, Wakefield). - In *Deutschland* zeigen die Wetterauer Spiele das Zunehmen der ausmalenden Verdeutlichung und Verbürgerlichung: Frankfurter Dirigierrolle um 1470, Texte von 1467, 1493; Friedberg 1465, Alsfeld 1501; ebenso die Tiroler Gruppe (Bozen 1495, Sterzing 1486,

Hall 1574, Brixen 1551). Dreitägige Texte stammen auch aus Donaueschingen, Villingen, Eger (1480). Späteste Hs. Luzern 1583.

Dt. Texte (mit Einl.): Das Drama des MA, hg.v. K.FRONING, 3 Tle (Dt. National-Lit. XIV), 1891 - W.WACKERNELL (Hg.), Altdt. Passionsspiele aus Tirol, 1897. - Lit.: PETIT DE JULEVILLE, Les mystères I. II, Paris 1888 - W.CREIZENACH, Gesch. d. neueren Dramas I, (1893) 1911² - E.K.CHAMBERS, The mediaeval Stage I. II, Oxford (1903) 1948 - G.COHEN, Le théâtre français au MA, 1948. *W.Flemming*

Mystik

I. Begriff und Wesen - II. Religionsgeschichtlich - III. Jüdische Mystik - IV. Im NT - V. Altchristliche und byzantinische Mystik - VI. Kath. Mystik des Abendlandes - VII. Prot. Mystik - VIII. Neue Mystik - IX. Christentum und Mystik, grundsätzlich. - Vgl. → Ekstase, → Gelassenheit, → Kontemplation, → Mystagogische Theologie

I. Begriff und Wesen

1. Das m.e Paradox - 2. Wesensbedingungen der M. - 3. Prophetie und M. - 4. Ziel und Weg der M.

1. M. ist ein religiöses Urphänomen, bei dem in unmittelbarer Intuition das Erleben Gottes stattfindet. Sie ist die direkte Bewußtwerdung der Gegenwart des Göttlichen und ein Urphänomen von größter Intensität und lebendigster Innerlichkeit. → Thomas von Aquino definiert M. als cognitio Dei experimentalis, die fundamentale Erfahrung eines unmittelbaren Kontaktes mit Gott oder der metaphysischen Urwirklichkeit. Das *Paradox* der m.en Erfahrung ist die Inadäquatheit irdischer Ausdrucksformen für ein gänzlich außerirdisches, transzendentales Urerlebnis. Das Irdische kann nur zur unzureichenden Chiffre des Überirdischen werden. Daher die Vielfalt der Versuche einer Wesensbestimmung und das Unzureichende einer begrifflichen Fixierung. Der Akt der unio mystica kann mit irdischen Termini immer nur ungenügend umschrieben werden. Darum wird so oft von einem silentium mysticum und einer theologia negativa gesprochen. Gemessen am Rationalen ist das m.e Urerlebnis absurd, sein Ausdruck ist nicht zufällig das Paradox. Sehr oft stößt man auf den Ausdruck des m.en Nichts. Dieses allumfassende Nichts gilt es im m.en Erfahren sowohl im irrationalen Allsinneserlebnis etwa Jakob → Böhmes zu erfühlen, schmecken, hören, schauen, wie andererseits zu erkennen, nachdem alle irdische Erkenntnis in der via purgativa und illuminativa bis zur unio mystica als ein »Entsinken ins Weiselose« (Eckehart) zunichte geworden ist. Der paradoxale Charakter der m.en Urerfahrung bringt es mit sich, daß alles, was von ihr ausgesagt wird, durch eine Gegenaussage aufgehoben werden muß. Die von manchen Mystikern hervorgehobene Aufhebung des persönlichen Gottesbildes zugunsten eines unpersönlichen Urseins (Indien) hat ihr Gegenstück in Formen absoluter personaler Gottes-M.; ja selbst die unio mystica, das Herzstück der M., kann fehlen, wie die frühe jüd. → Mystik (: III) beweist.

2. Eine abstrakte Formel für M. ist unmöglich, weil das Phänomen nur in seinen historischen Erscheinungen als indische, persisch-türkische, hellenistische oder christliche M. existiert. Es gibt immer nur Spielarten von M., die vom extremsten Irrationalismus der theologia negativa bis zur Rationalität eines neuzeitlichen Pantheismus bei → Spinoza, → Leibniz oder den → Cambridge Platonists reichen. Zugleich aber muß man sich hüten, das m.e Urerlebnis mit dem religiösen Urerlebnis (→ Religion) überhaupt in eins zu setzen. M. tritt immer unter bestimmten Bedingungen in oder an den historischen Religionen oder als philosophische M. in der Geistesgeschichte auf. So ist die M. immer an einen bestimmten Zustand des religiösen Bewußtseins gebunden und kann nur zu diesem Zeitpunkt eintreten. Auch das ist entscheidend für eine Wesensbestimmung der M. Erst wenn die unmittelbare Subjekt-Objekt-Einheit des mythischen Stadiums der Religion verloren wurde und nach der klassischen Zeit der ersten religiösen Offenbarung, die den Menschen im Kosmos isoliert und den Abgrund zwischen Gott und Mensch aufreißt, tritt die M. auf und sucht auf einer neuen Ebene des Bewußtseins diesen Abgrund zu überwinden und die Ureinheit von Subjekt und Objekt im Zentrum der Seele (»Seelenfünklein«) wiederherzustellen. Der Weg der Seele aus dem Abgrund der Dinge zur unmittelbaren Erfahrung der göttlichen Realität als der ursprünglichen Einheit aller Dinge ist die Wesensaufgabe des Mystikers. Alle Vielheit wird zur Ureinheit zurückgeführt in Erkenntnis, im m.en Schauen und Hören, in der Auflösung des individuellen Prinzips im indischen → Nirvâna bis zur Erfüllung und Überhöhung der menschlichen Existenz im abendländischen Typus etwa eines Meister → Eckehart. Dies führt mit sich eine Renaissance verinnerlichender religiöser Aneignung altgewordener Religionstraditionen bis zur Grenze ihrer völligen Auflösung in philosophischen Pantheismus. Der Stromkreis zwischen anthropomorpher Gottesvorstellung und philosophischneutraler Seinsvorstellung kennzeichnet das m.e Erleben.

3. Zugleich treten die *Spannungen zwischen prophetischem und m.em Frömmigkeitstypus* hervor. Schöpfung, Offenbarung und Erlösung werden in der M. von der historischen Einmaligkeit der prophetischen Offenbarungsreligion gelöst und zum immerwährenden Besitz individueller religiöser Selbsterziehung und Höhersteigerung. Ohne die → Offenbarung zu leugnen, tritt der direkte Kontakt des Mystikers mit der Gottheit ihr gleichberechtigt zur Seite. Alles in den hl. Offenbarungsschriften exoterisch Gemeinte bekommt seinen geheimen esoterischen Sinn für die eingeweihten m.en Seelen. So ist der Mystiker niemals losgelöst von seiner historischen Religion, er überhöht nur ihren Sinn individuell, ohne äußerlich einen Buchstaben zu ändern. Darum bewegt sich der Mystiker gerade in der verinnerlichten Aneignung der kanonischen Schriften immer hart am Rande der Häresie. Die Hl. Schrift wird zum versiegelten Buche m.er Erkenntnis der göttlichen Ordnung. Das gilt von der kath. → Mystik (: VI) bis zu den → Täufern, von der jüd. M. bis zum → Sufismus. Andererseits liegt es in diesem Wesensverhältnis von M. und Offenbarungsreligion begründet, daß sie sich nie auf die Dauer völlig von ihrem historischen religiösen Hintergrund lösen kann.

4. Alle M. hat immer ein ganz bestimmtes *Ziel* vor Augen: die Einswerdung mit der oder die unmittelbare Relation zur Gottheit oder Transzendenz, und einen ganz bestimmten *Weg*, der dahin führt. Alle religiösen Formen werden in diesen Dienst gezogen (→ Fasten, → Askese, ekstatische → Tänze usw). Immer aber muß dabei das Wesentliche an der M. sichtbar bleiben, ohne das wir nicht von M. sprechen können: Ihr Ziel, wie verschieden der Weg auch sein mag (→ Meditation, → Yoga, Liebe), ist die Befreiung des Menschen, seines innersten Seelenkernes aus der Unheilssituation der Erdgebundenheit und die Hinüberrettung seines ganzen Wesens mit Denken, Fühlen, Wollen in das absolute, reine Ursein. Letztlich müssen auch moderne Erscheinungen wie → Rilke, S. → Weil und → Heideggers Seins-M. in diesem Entwicklungsstrome gesehen werden.

G.WALTHER, Zur Phänomenologie der M., (1923) 1955² - R.OTTO, West-Östliche M., 1926 - RGG³ IV, 334ff - H.W.SCHOMERUS, Meister Eckehart u. Mānikka-Vāšagar, 1936 - D.MAHNKE, Unendliche Sphäre u. Allmittelpunkt, 1937 - DERS., Die Rationalisierung der M.

bei Leibniz u. Kant (Blätter f. Dt. Philos. 13, 1939, 1-73) - R.F. MERKEL, Die M. im Kulturleben der Völker, 1940 - G.SCHOLEM, Major Trends in Jewish Mysticism, New York (1941) 1946²; dt. 1957 - G.MENSCHING, Gott u. Mensch, 1948, bes. Kap. II, 6 - C.ALBRECHT, Psychologie des m.en Bewußtseins, 1951 - DERS., Das m.e Erkennen, 1958 (Lit.) - H.M.ENOMIYA-LASSALLE SJ, Zen - Weg zur Erleuchtung, 1960.

L.Richter

II. Religionsgeschichtlich

1. Die M. hat ihre Wurzeln in der primitiven Religion, in welcher neben den kultischen Stammestraditionen ein individuelles ekstatisches Erlebnis (→ Ekstase) steht, das in der Vereinigung mit einem göttlichen Wesen gipfelt. Dieses wird planmäßig herbeigeführt durch asketische Übungen (Einsamkeit, → Fasten, → Keuschheit [: I]), Erregungsmittel (→ Tanz, → Rausch, Gift) und magisch-schamanistische Konzentration (Atmung [→ Atem], Rezitation von → Zaubersprüchen, → Gebet). In der höheren M. wird die → Askese versittlicht zur inneren Läuterung, die Konzentrationstechnik vergeistigt zur → Meditation und → Kontemplation, die Gotteinigung und Vergottung als → Erlösung aufgefaßt. Auf diese Weise entsteht der dreifache m.e Heilsweg der κάθαρσις, ἔλλαμψις oder ἐπόπτεια, ἕνωσις (via purgativa, illuminativa, unitiva). Die geistige M. tritt um die Mitte des 1.Jt.s vChr in drei hohen Religionen auf: in China, Indien und Griechenland.

2. Auf dem Boden der kosmisch-universistischen Weltanschauung → *Chinas* (: II) schuf → Laotse eine tief innerliche Tao-M. (→ Taoismus), auf deren Prinzip des wu-wei (»Nichtmachen«) er eine Sozial- und Staatsethik aufbaute. Seine M. wurde in der Richtung auf das Ekstatische weitergeführt durch Chuangtse.

3. In → *Indien* (: II) entdeckten die Seher der → Upanishaden, vor allem Yâjnavalkya, den m.en Heilsweg als Erlösung vom leidvollen Geburtenkreislauf. Er führt zur Erkenntnis der Einheit des Seelengrundes (→ âtman) mit der das Weltall durchdringenden göttlichen Macht (brahman). Diese Einheit wird ausgedrückt in den Identitätsformeln brahmâsmi (»ich bin Brahma«), tat tvam asi (»das bist du«, dh das Brahma selbst), yas tvam asi so 'ham asmi (»was du bist, das bin ich«). Der Lehre von der m.en Identität entspricht die Vorstellung von einer Unsterblichkeit, bei der die Einzelseele im Unendlichen sich auflöst wie das Salz im Wasser. Diese Heilslehre verband sich mit der Psychotechnik des → Yoga, die als eine systematische leiblich-geistige Konzentration höhere Erkenntnisse und in die materielle Welt hineinwirkende Geisteskräfte entbindet. Zu der kühlen impersonalen Alleinheits-M. tritt schon in den jüngeren Upanishaden eine affektive personale Gottes-M., deren Zentralbegriff → bhakti ist, die gläubige und liebende Hingabe an den Erlösergott. Diese richtet sich vornehmlich auf → Krishna, zuerst in der → Bhagavadgîtâ, später in der Marâthî- und Hindi-Dichtung, in der sie großenteils eine erotische Färbung annahm, in Südindien auf → Shiva, bes. in der ekstatischen Frömmigkeit des Tamulendichters Mânikka Vâsagar. Durch die Verbindung der Upanishad-Lehre (genannt Vedânta) mit der bhakti entstanden eine Reihe von Systemen einer m.en Theologie, deren wichtigste das impersonalistisch-theopanische des → Shankara und das personalistisch-theistische des → Râmânuja sind.

4. → Buddha lehrte trotz der Ablehnung des vulgären Gottesglaubens und des Brahmabegriffes einen m.en Heilsweg, der von der ethisch-asketischen Zucht (sîla) über eine fein ausgebildete Versenkungstechnik (samâdhi, → Kontemplation) zur Erkenntnis (prajnâ) der erlösenden Wahrheiten und zum → Nirvâna führt. Als m.es Heilsgut hat dieses eine psychologische Seite (tiefster Friede), eine kosmische (Befreiung von der → Wiedergeburt) und eine metaphysische (das »Ungeborene, Ungewordene, nicht aus den Bildekräften Entstandene« als das summum bonum). Im Mahâyâna (→ Buddhismus: I, 7) verband sich diese Heilslehre einerseits mit dem Vedânta (bes. in der m.en Spekulation von shûnya, dem »Leeren«), andererseits mit der bhakti, die sich auf die Buddhas und Bodhisattvas richtet, bes. auf Amitâbha (den »unermeßlichen Lichtglanz«, → Amida) und Avalokiteshvara (den »Herrn des Erbarmens«, in China und Japan verweiblicht zu Kwanyin, Kwannon). Die Meditationstechnik wurde in → Tibet weitergebildet. Sie erreichte einen neuen Höhepunkt in der chinesisch-japanischen »Meditationsschule« (ch'an tsung, Zen-shû). In China hatte die M. des → Taoismus der buddhistischen den Weg bereitet.

5. Die orphische Erlösungslehre (→ Orpheus), die große Ähnlichkeit mit der altindischen aufweist (»Heraustreten aus dem Geburtenkreislauf«), verband sich mit der Vergottungsidee des → Dionysos-Kultes. Auf dieser Grundlage beruht die personalistische M. → Platons, die trotz des enthusiastischen himmlischen → Eros philosophisch abgeklärt ist; ihr Ziel ist nicht die Vergottung, sondern die Gottähnlichkeit. Die ägyptisch-hellenistischen → Hermetica schritten zu einer Identitäts-M. weiter, ebenso → Plotin, der von der Schau des göttlichen Nous zur ekstatischen Einigung mit dem Ur-Einen aufstieg (→ Neuplatonismus).

6. Die M. hat sich mit allen prophetischen Offenbarungsreligionen gekreuzt, wobei die m.e Vergottungsidee meist mehr oder weniger abgeschwächt und die m.e Übungsweise und Vorstellungswelt dem jeweiligen Religionskreis angepaßt wurde. Der Parsismus (→ Iran: III) wurde durch die hinduistische Umgebung erheblich beeinflußt. Das hellenistische → Judentum hat in → Philo die platonische M. aufgenommen und durch die allegorische Auslegung mit dem jüdischen Gesetz zu harmonisieren gesucht. Auch das rabbinische Judentum konnte sich dem Einfluß der M. nicht entziehen (→ Mystik: III). Die M. des → Islam (: I, 8), der → Sufismus, hatte gewisse Voraussetzungen in den asketischen und kontemplativen Tendenzen des Propheten. Bei ihrer Entwicklung waren jedoch auch Einflüsse von seiten der syrischen Mönchs-M., der Schriften des → Dionysius Areopagita und der indischen M. wirksam. Wie die jüdische und christliche → Mystik (: IV-VII) erscheint die islamische teils als spekulative M. (Ibn ʿArabī), teils als emotionale Liebes-M. (Rābiʿa, Ḥusain al-Ḥallāǧ, Ǧelāladdīn). Die Liebe zu Gott kleidet sich nicht nur in die Formen der Brautliebe, sondern auch der männlichen Freundesliebe. Der Ausgleich mit der Gesetzes- und Buchreligion erfolgte auch hier durch die allegorische Schriftauslegung (taʾwīl). In der christlichen Frömmigkeit vollzog sich zunächst eine »relative Rezeption« (Troeltsch) der M. aus der hellenistischen Umwelt; die »absolute Rezeption« erfolgte erst mit dem Einströmen des Neuplatonismus im Osten (→ Dionysius Areopagita) und im Westen (→ Augustin).

Texte: P.TUXEN-AA.MARCUS, Verdensreligionernes Hovedvaerker I-XII, Kopenhagen 1952-54 - S.LEMAITRE, Textes mystiques d'Orient et d'Occident I. II, Paris 1955. - Gesamtdarst.: F.HEILER, Das Gebet, (1918) 1923⁵ - V.GRØNBECH, Mystikere i Europa og Indien I-IV, Kopenhagen 1925-34 - G.MEHLIS, Die M. in der Fülle ihrer Erscheinungsformen in allen Zeiten u. Kulturen, 1926 - M.M.AHMAD, Die Verwirklichung des summum bonum in d. relig. Erfahrung, 1939 - R.F.MERKEL, Die M. im Kulturleben d. Völker, 1940 - SH.CHENEY, Men who have walked with God, being the Story of Mysticism through the Ages . . ., New York 1946; dt. 1949 - L.GARDET, Expériences mystiques en terre non-chrétienne, 1953; dt. 1956. - Zu 1 (vgl. die Lit. zu → Ekstase, → Erlebnis: I): L.LÉVY-BRUHL, L'expérience mystique et les symboles chez les primitifs, Paris 1938, - Zu 2: F.HEILER, Weltabkehr u. Weltrückkehr außerchristl. Mystiker I: Laotse's Tao teh-king u. die Bhagavadgîtâ (Eine hl. Kirche 22, 1940, 181-212). - Zu 3, Texte: R.OTTO, Texte zur ind. Gottes-M. I: Vishnu Nârâyana; II: Siddhânta des Râmânuja, (1917) 1923^{2} - H. u. R.I.GOETZ, Gedichte der ind. Liebes-M. des MA, 1925 - G.W.POPE, The Tiruvâçagam ... of Mânikka Vâçagar, Oxford 1900 - H.W. SCHOMERUS, Die Hymnen des Mânikka Vâsaga übers., 1923 - A. LEHMANN, Die Hymnen des Tâyumânavar. Texte zur Gottes-M. des Hinduismus, 1935. - Darst.: F.HEILER, Die M. der Upanishaden, 1925 - R.OTTO, West-östl. M., (1926) 1929^{2}; franz. 1951 - S.N.DASGUPTA, Hindu Mysticism, New York (1927) 1959^{2} - YUSUF HUSAIN, L'Inde mystique au moyen âge, Hindous et Musulmans, Paris 1929 - M.SIVCAR, Hindu-Mysticism according to the Upanishads, London 1934 - M.ELIADE, Yoga. Essais sur les origines de la mystique indienne (Diss. Bukarest 1936), Paris 1954 - O.LACOMBE, L'Absolu selon le Vedânta. Les notions de Brahman et d'Atman dans les systèmes de Çankara et Râmânuja, Paris 1937 - D.LAUENSTEIN, Das Erwachen der Gottes-M. in Indien, 1943 - W.EIDLITZ, Die ind. Gottesliebe, 1955. - Zu 4 (vgl. Lit. zu → Kontemplation): B.JASINK, Die M. des Buddhismus, 1922 - A.DAVID-NEEL, Mystiques et magiciens du Thibet, Paris (1929) 1931^{18}; dt. 1931 - D.T.SUZUKI, An Introduction to Zen Buddhism, (1934) London 1949; dt. (1939) 1947^{3} - DERS., Manual of Zen-Buddhism, (1935) London 1950 - H.DUMOULIN, Zen, Gesch. u. Gestalt, 1959. - Zu 5: E.ROHDE, Psyche. Seelenkult u. Unsterblichkeitsglaube der Griechen, (1890/94) 1925^{10} - O.SÖHNGEN, Das m.e Erlebnis in Plotins Weltanschauung, 1923 - H.NEUGEBAUER, Platonische M., 1934. - Zu 6 (vgl. Lit. zu → Islam: I, 8, → Sufismus): F.HEILER, Die Bedeutung der M. für die Weltreligionen, 1918 - M.HORTEN, Ind. Strömungen in der islam. M. I. II, 1927/28 - MARG. SMITH, Râbi'a the Mystic, Cambridge 1928 - DIES., Studies in Early Mysticism in the Near and Middle East, London 1931 - A.J.WENSINCK, Oostersche mystiek, christelijke en muhammedansche, Amsterdam 1930 - ZUHURU'D-DIN AHMAD, An Examination of the Mystic Tendencies in Islam in the Light of Qur'an Traditions, Bombay 1932 - T.ANDRAE, I myrtenträdgården, Stockholm 1947; dt.: Islamische Mystiker, 1950 - A.SCHIMMEL, Studien zum Begriff der m.en Liebe in der frühislam. M. (Diss. Marburg), 1951. *F.Heiler*

III. Jüdische Mystik

1. Eigenart - 2. Geschichte - 3. Einfluß auf das Judentum. - Vgl. → Kabbala

1. Die jüd. M. verdankt ihren einzigartigen Charakter der besonderen Art der jüd. Religion, die ein durchgebildetes Gesetzessystem (→ Gesetz: III) und eine scharfumrissene Auffassung von → Gott (: III), von der Schöpfung und der messianischen Zukunft hat. Die jüd. M. hat den Wert dieser Anschauungen nie geleugnet oder sie zu verdrängen versucht. Ihr Ziel war, sie zu vergeistigen und ihnen kosmische Bedeutung zu verleihen. So war die Erfüllung jeden Gebotes eine Unio mystica zwischen Mensch und Gott. Die Größe Gottes wurde dargestellt, indem man immer neue Bilder seiner Herrlichkeit entwarf; seine Beziehung zum Menschen wurde gefestigt, indem man Bande zwischen dem Menschlichen und dem Göttlichen entwickelte. Die Auffassung, daß Gott das Universum durchdringt, wurde durch den Gedanken verstärkt, daß Gott das im Großen ist, was der Mensch im Kleinen (Makrokosmos - Mikrokosmos). - Wegen ihrer Abhängigkeit vom Gesetz und anderen biblischen Lehren haben die jüd. Mystiker den Vorgang der Unio mystica immer sehr männlich und erstaunlich unpersönlich beschrieben. Kaum zehn haben einen Bericht über ihre eigenen Erfahrungen hinterlassen. Statt dessen finden sich - oft phantastisch übertriebene - Beschreibungen der Ausmaße Gottes, der Himmel, der Werke jener Mächte, die zwischen Gott und den Menschen stehen, und des → Messias, ebenso aber Anweisungen darüber, wie man sich in → Ekstase versetzt. Obwohl die m.en Lehren wegen der Gefahren für Seele und Leib, die sich aus ihnen ergeben könnten, oft eingeschränkt wurden, lesen sich die Schriften doch so, als sei es letztlich beabsichtigt gewesen, sie zum Allgemeingut des Volkes zu machen und nicht zu einer esoterischen Lehre.

2. Die jüd. M. ist die Nachfolgerin und Erbin der Gesichte, die die biblischen Propheten hatten (→ Vision: II), sowie der Bilderwelt der apokalyptischen Schriftsteller (→ Apokalyptik: II). Der → Talmud spricht von m.en Gedankengängen wie der Maaseh Merkabah, der Beschreibung des göttlichen Thrones nach Ez 1 und 10, und der Maaseh Bereschit, die von der Schöpfung handelt. Von einigen der berühmtesten Rabbinen des 1. und 2.Jh.s wie → Jochanan ben Zakkai, → Akiba, Ismael ben Elischa und vor allem Simon ben Jochai glaubte man, daß sie m.e Gesichte und Himmelfahrten erlebt hätten. Die ältesten m.en Bücher der Juden, die Hechalot (»Himmelshallen«), die etwa am Ende der talmudischen Zeit entstanden, beschreiben die oberen Regionen und die Mittel, sie zu erreichen; das Schiur Komah geht anthropomorph vor, wenn es den Anspruch erhebt, die Ausmaße der Gottheit auf Grund neuer Zahlwerte des Alphabets zu errechnen. Das Sefer Jezira (»Buch der Schöpfung«, ca 8.Jh.) ist eine m.e Kosmogonie; hier begegnet zum ersten Mal die Vorstellung von den 10 Sefirot oder Emanationen Gottes, die - mit den 22 Buchstaben des Alphabets verschieden kombiniert - die vielerlei Elemente des Weltalls hervorgebracht haben. - Die *zweite Periode* der jüd. M. dauerte vom 9.-16.Jh. Damals ging die Führung in der »geheimen Weisheit« vom Osten auf die Länder Europas über: Italien, die Provence, Spanien, Deutschland und Polen. Bes. die provenzalische Schule brachte eine Reihe bedeutender Werke hervor; eines der ersten war das Sefer Habahir (»Buch des Leuchtens«), das dem Mystiker Isaak dem Blinden zugeschrieben wird. Es erweitert die Vorstellung von den Sefirot durch die Idee einer präexistenten Materie, des »verborgenen Lichtes«, aus dem die Welt erschaffen wurde. Isaak der Blinde und sein Kreis betonten bes. die Lehre von der Seelenwanderung, die seither ein wesentlicher Zug der jüd. M. wurde. Von der Provence gelangten die m.en Lehren nach Spanien, wo sie eine mehr philosophische Form annahmen. Von ihren Führern seien der Talmudist Moses ben Nachman von Gerona (1195-1270), der Philosoph Isaak ibn Latif (1220-90) und der Visionär Abraham Abulafia von Saragossa (1240 bis ca 1292) erwähnt. Am reifsten entwickelt zeigt sich diese Schule in dem Buch »Sohar« (»Glanz«), das aramäisch verfaßt und dem Weisen der → Mischna, Simon ben Jochai, zugeschrieben wurde; wahrscheinlich hat es aber Moses ben Schemtob von Leon (1250-1305) aus seinen eigenen Schriften und einer Anzahl älterer Quellen zusammengestellt. Es besteht aus einem m.en Kommentar zum Pentateuch und mehreren Abhandlungen. Bald wurde es die »Bibel« der → Kabbala, wie man dann die jüd. M. nannte. Die m.e Schule in Deutschland, die zur selben Zeit blühte, verband die esoterischen Gedanken des Sohar mit ethischen und frommen Anschauungen. An die Stelle der Spekulation setzte sie den Geist inniger Hingabe (Kawwana) und enger Verbindung mit der Gottheit (Debekut). Die bedeutendsten Führer der deutschen Schule waren Samuel der Fromme aus Speyer, sein Sohn Juda der Fromme (um 1200 in Regensburg; Verfasser einer Ethik, des Sefer Chassidim [»Buch der Frommen«]) und Eleasar ben Jehuda aus Worms (1160-1237). - Der *dritte Abschnitt* der jüd. M. ist durch die Verlagerung ihres Schwergewichts nach Safed in Galiläa gekennzeichnet; die wichtigsten Repräsentanten waren Moses Kordovero (1522-70), Isaak → Luria (1533-72) und Chajim Vital (1543-1620). Unter Luria nahmen die Sitten und Gebräuche des Judentums eine m.e Färbung an. An die Stelle bloßer Spekulation trat ein System von Beschwörungen, Amuletten usw und die Entwicklung einer Reihe von asketischen Übungen, welche die Menschen reinigen und die Ankunft des Messias beschleunigen sollten. Der Einfluß

dieser Schule reichte bis nach Polen, wo Jesaja Horowitz der hervorragendste Vertreter ihrer Lehre war; er verfaßte das vielgelesene Buch Schene Luchot Haberit (»Die zwei Tafeln des Bundes«). – Der letzte Sproß der jüd. M. war die Bewegung des → Chassidismus, der zwar keine eigenständigen m.en Gedanken beitrug, jedoch die Begriffe und Ideen der jüd. M. übernahm, ihre Bedeutung erweiterte und so das Gottesbewußtsein und das Gebet intensivierte.

3. Der *Einfluß der jüd. M. auf das → Judentum* (: II. III) war doppeldeutig. Einerseits hatte sie eine schädliche Wirkung durch die phantasievolle Weitschweifigkeit, mit der manche ihrer Schüler sie betrieben, durch die messianischen Spekulationen, die zu der Katastrophe der Bewegung des → Sabbatai Zewi führten, und durch den Abstieg ins Magische, der dem Aberglauben das Tor öffnete. Andererseits hatte sie eine tief religiöse Wirkung, die das Judentum bereicherte. Ohne sie würden die rein intellektuellen Elemente dieser Religion zu einem reinen Rationalismus geführt haben, der bis zur Skepsis und sogar zum Säkularismus hätte reichen können. Mit ihrer Bemühung um das Wesen Gottes, die Gegenwart des Göttlichen in der Welt, und mit ihrem Bestreben, jede religiöse Handlung zu einem Bindeglied zu Gott zu machen, gab die jüd. M. der jüd. Religion Wärme und Glut, ja sie förderte Frömmigkeit und Sitte. Ihren Einfluß auf den jüd. Glauben erkennt man noch an vielen Gebeten, die in die Liturgie aufgenommen wurden, zB an dem Lechah Dodi-Lied zum Sabbateingang, den Gedichten, die die Gottesdienste am Neujahrs- und Versöhnungstag bereichern, und auch noch an Werken wie den Schriften des früheren Oberrabbiners von Israel, Abraham Isaak Kook (u.a. Orot Hakodesch, »Heilige Lichter«, Jerusalem 1938).

E. Bischoff, Die Kabbala, 1903 – JewEnc III, 456ff – J. Abelson, Jewish Mysticism, 1913 – G. Scholem, Major Trends in Jewish Mysticism, (1941) 1946²; franz. 1950, dt. 1957 (Lit.) – Ernst Müller, Hist. of Jewish Mysticism, 1946 – UJE II, 614ff; VIII, 73ff – L. Baeck, Jewish Mysticism (JJS 2, 1949/50, 3-16). *S. Cohen*

IV. Im NT

1. Der *Gottesglaube* und die *Frömmigkeit* des NT sind keine M. Die Auffassung freilich, daß der Mensch, so wie er sich hier und jetzt vorfindet, nicht der ist, der er eigentlich sein will und soll, ist dem NT und der M. wie aller Religion gemeinsam; deshalb auch die Vorstellung, daß Gott allem Hiesigen und Jetzigen gegenüber der Jenseitige ist. Aber über die Beziehung von Welt und Mensch zum jenseitigen Gott denkt das NT anders als die → Mystik (: I); denn im Sinne des AT glaubt es an → Gott (: IV) als den Schöpfer der diesseitigen Welt und den Lenker der → Geschichte (: II A). Welt und Geschichte gelten weder im Sinne einer dualistischen M. als das Böse oder eigentlich Nicht-Seiende gegenüber Gott, dem allein wirkliches Sein zukommt; noch gelten sie im Sinne einer pantheistischen M. als Symbol oder Erscheinung der Gottheit, die alles ist, was ist. Von Gott wird im NT nicht geredet hinsichtlich seiner ewigen jenseitigen Seinsweise, sondern hinsichtlich seines Willens und seines Wirkens im Diesseits. Sein Wirken aber gilt nicht als ein spekulativ betrachtbares Weltgeschehen nach ewigen Gesetzen, sondern als das konkrete Handeln des Herrn, das dem Menschen als Gottes Anspruch und Wort begegnet. Und der → Mensch (: III) ist nicht ins Auge gefaßt hinsichtlich seiner Beschaffenheit als kosmisches Wesen, so daß er zu seiner Eigentlichkeit, zur Gemeinschaft mit Gott, durch Abstreifung der diesseitigen Beschaffenheit gelangte; sei es durch eine Methode der Askese oder sei es durch Spekulation oder in ekstatischen Erlebnissen, sondern hinsichtlich seines Wollens und Handelns, das sich zwischen Mensch und Mensch (mir und meinem »Nächsten«) vollzieht. Dieser Mensch ist von Gott berufen, nicht um eine höhere kosmische Seinsweise zu erhalten, sondern um Gott zu gehorchen und ihn zu ehren dadurch, daß er Gottes Willen tut und den Nächsten liebt. Dadurch, daß Gott den Menschen »gerettet« und erlöst hat, gibt er ihm die → Hoffnung (: II) auf ein künftiges Sein in himmlischer Herrlichkeit. Aber diese »Rettung« vollzieht sich schon, und zwar nicht, indem Gott den Menschen aus dem Hier und Jetzt heraushebt, sondern dadurch, daß er ihm seine → Sünde (: IV) vergibt. So erlöst er ihn freilich von sich selbst, aber das bedeutet: von seiner ihn qualifizierenden bösen Vergangenheit und von seinem verkehrten Wollen. Und er erlöst ihn nicht, indem er sich in seinem ewigen Wesen schauen läßt oder dem Menschen psychische Erfahrungen des Einswerdens mit ihm schenkt, sondern durch eine geschichtliche Tat, die Sendung Jesu Christi und das Wort von ihr. Diese → Erlösung (: III) erfaßt der Mensch nicht in Spekulation oder Ekstase, sondern im → »Glauben« (: III), dh in der gehorsamen Anerkennung der Heilstat Gottes, durch die die Welt gerichtet und dem Glaubenden Vergebung geschenkt ist. Die Tat Gottes hat der alten Welt ein Ende gemacht und eine neue Schöpfung, eine neue Menschheit begründet; sie ist also die »eschatologische« Tat Gottes. Schon durch die → Eschatologie (: IV) unterscheidet sich das NT von der M.

2. In der *Aussprache* der Glaubensgedanken und in ihrer Frömmigkeit unterscheiden sich die einzelnen Schriften des NT weit, und in manchen kann man *»m.e« Elemente* finden.

a) Den *Synoptikern* und der in ihnen überlieferten *Predigt Jesu* liegt freilich jede M. fern; sie stehen der at. und jüdischen Sprache und Frömmigkeit am nächsten. In dem Worte Mt 11, 27 = Lk 10, 22 empfindet man »m.en«, besser würde man sagen »mysteriösen« Klang. Es ist in der Tat ein Jesus in den Mund gelegtes Wort hellenistischen Offenbarungsglaubens, wie er in den Mysterien-Religionen erwachsen ist, aber nicht eigentliche M. (vgl. → Jesus Christus, 9 d).

b) Das *hellenistische Christentum*, das in einer Umgebung emporwuchs, in der → Mysterien-Frömmigkeit und M. lebendig waren, ist von diesen beeinflußt worden, wie in höherem Grade schon → Philo. Über den Einfluß der Mysterienreligionen auf die Auffassung von Kult und Sakramenten bei → *Paulus* kann hier nicht gehandelt werden. Nach Boussets Meinung hat sich bei Paulus auf dem Grunde der mysteriösen Gemeindefrömmigkeit eine eigentlich m.e Frömmigkeit entwickelt. In der Tat ist seine Ausdrucksweise manchmal durch die m.e Redeweise von der Vereinigung mit der Gottheit beeinflußt, zB Gal 2, 20; Phil 3, 7-14; aber in beiden Stellen zeigt der Zusammenhang, daß für Paulus das Verhältnis zu Gott durch Christi Heilstat und den Glauben bestimmt ist. Ein eigentlich m.es Empfinden bricht bei Paulus wohl nur 2Kor 12, 1-4 durch, wo er von einer Ekstase berichtet, die für ihn einen Höhepunkt des Lebens bedeutet. Aber daß er nicht meint, erst in solchen Erlebnissen des neuen Lebens teilhaftig zu werden, zeigt außer Phil 3, 7-14 zB 2Kor 4, 7-18: des Auferstehungslebens Jesu ist er gerade in seinem geschichtlichen Wirken hier und jetzt gewiß. Wurde in den Gemeinden der höchste Wert auf ekstatische Erlebnisse gelegt, so schränkt Paulus den Wert der Ekstase ein, ohne sie freilich zu verurteilen (1Kor 14). Denn als übernatürlich erscheint sie ihm auch und deshalb in der Gemeinde als Zeichen des Wirkens des Gottesgeistes; aber freilich nur als ein Zeichen, dessen man sich freuen und trösten kann (Röm 8, 15. 26; Gal 4, 6), nicht als ob sie das eigentliche Sein des Gläubigen charakterisiere. Denn wenn dieses als vom »Geist« gewirkt gilt, so deshalb, weil es ohne Angst vor dem Gericht Gottes ist (Röm 8, 15) und sich in einem sittlichen Wandel, vor allem in der → Liebe (: III), vollzieht (Röm 13, 8; Gal 5, 13-25). Denn so gewiß Paulus als antiker Mensch den → »Geist« (: IV, 2) als ein wunderbares Etwas denkt, das auf den Menschen und in ihm wirkt, so wenig ist seiner eigentlichen Absicht nach durch »Geist« eine neue göttliche Natur des Menschen bezeichnet, sondern ein neues, durch die → »Rechtfertigung« (: I) ermöglichtes, dem Willen Gottes entsprechendes Verhalten. Ebensowenig bedeutet »Fleisch« das diesseitige Wesen des Menschen als seine Natur, sondern seine verkehrte, sündige Weise des Wollens (→ Fleisch und Geist: II). Dem entspricht es, daß Paulus, wo er in Röm und Gal grundsätzlich über das Heil redet, dies als die »Gerechtigkeit« bezeichnet, und daß der »Glaube« für ihn Gehorsam bedeutet (zB Röm 1, 5; 10, 3). Die »Gerechtigkeit« aber ist das eschatologische Heilsgut, das Gott durch das Heilsgeschehen in Christus beschafft hat (Röm 3, 21-26). Deshalb kann Paulus auch das durch den Glauben hergestellte Verhältnis zu Gott als ein Sein »in Christus« bezeichnen (→ Christologie: I, 2 d). Ist die Formel »in Christus« einer m.en oder mysteriösen Formel »im Geist« nachgebildet, die ursprünglich die Ekstase beschreibt, so hat sie für Paulus doch keinen m.en Sinn. Sie bedeutet für ihn die Zugehörigkeit zu Christus, und insofern diese durch die → Taufe (: II) vermittelt wird, bedeutet sie zugleich das Aufgenommensein in die Gemeinde, die der »Leib« Christi ist. Da die Gemeinde aber die eschatologische Gemeinde ist, ist das »in Christus« eine eschatologische Formel und besagt, daß der Glaubende ein »neues Geschöpf« ist (2Kor 5, 17). Sie kann deshalb auch den neuen Wandel charakterisieren.

c) So wenig man den paulinischen Gegensatz von »Fleisch« und »Geist« als einen m.-dualistischen bezeichnen kann, so wenig den Gegensatz von Welt und Gott im → Johannesevangelium (, 3). Denn für Johannes bedeutet »Welt« nicht die schicksalhafte diesseitige Seinsweise, sondern den Inbegriff alles dessen, was die von Gottes Willen abgekehrten Menschen wollen und tun, und was als geschichtliche Macht jeden einzelnen Menschen von vornherein umfängt. Aus dieser Welt wird man befreit nicht durch Spekulation oder in psychischen Erlebnissen, sondern durch Gottes Heilstat, die Sendung Jesu und den Glauben an ihn. Auch für Johannes ist jene Sendung das eschatologische Geschehen, das zugleich das Gericht über die Welt bedeutet (3, 19; 5, 21-27). Und das neue Leben des Glaubenden bewährt sich darin, daß der Glaubende frei zu Gott beten und in der Liebe wandeln kann (14, 13; 15, 7; 16, 24. 26; 13, 34f; 15, 9-12), als ein solcher, der nicht der Welt entnommen ist, sondern in ihr bewahrt bleibt (17, 14-18). Stärker als die anderen nt. Schriftsteller betont Johannes die Gegenwärtigkeit des Heils, des Lebens (5, 24f; 11, 25f), und er gebraucht offenbar bewußt m.e Formeln, um diese Gegenwärtigkeit zu bezeichnen, wenn er vom Erkennen und Schauen Gottes redet oder vom Sein Gottes in Jesus und Jesu in den Gläubigen (14, 7-9; 17, 23; vgl. 14, 23). Aber nicht nur fehlen alle m.en Gottesbezeichnungen, die Gott als den Eigenschafts- und Bestimmungslosen charakterisieren; nicht nur fehlt jedes Bemühen um eine Methode seelischer Haltung und jede Andeutung m.er Erlebnisse, sondern vor allem: Jesus trägt als Offenbarer nicht Spekulationen über Gottes Wesen vor, und »Gott schauen« heißt nicht, ihn in seinem ewigen Wesen anschauen; vielmehr ist Gott nach Johannes nur anschaubar am geschichtlichen Offenbarer, besser: Gott wird nur erkannt im Hören auf das Wort der Verkündigung, das den Menschen auffordert, seinen Willen preiszugeben und Gottes Willen zu tun (7, 17). Diese Möglichkeit hat aber der Mensch nicht beliebig jederzeit, sondern nur angesichts der Offenbarung in Jesu Sendung und der ihn verkündigenden Predigt.

d) Tritt bei Paulus und Johannes schon stark hervor, daß das neue Leben nicht in einem Emporschwung der Seele über das Hier und Jetzt besteht, sondern sich im Glauben an die Predigt und im Wandel in der Liebe hier und jetzt vollzieht, und daß es begründet ist in der Heilstat Gottes, die ein geschichtliches Ereignis ist und in dem geschichtlichen Vollzug der Verkündigung (wie der → Sakramente) immer wieder aktuell wird, so ist den *späteren Schriften des NT* die Anschauung gemeinsam, daß Kirche und Lehre als geschichtliche Größen das Christentum konstituieren und das Heil vermitteln, daß sich also Gottes Heilstat in der Geschichte vollzog und vollzieht, und daß damit die sichtbare → Kirche (: II) das eschatologische Werk Gottes und das Ende der Heilsgeschichte darstellt. Von M. kann hier also keine Rede sein.

Außer den nt. Theologien vgl. W.BOUSSET, Kyrios Christos, (1913) 1921² - K.DEISSNER, Paulus u. die M. seiner Zeit, (1918) 1921² - WILH. WEBER, Christus-M., 1924 - O.SCHMITZ, Die Christus-Gemeinschaft des Paulus im Lichte seines Genetivgebrauchs, 1924 - R.BULTMANN, Die Eschatologie des JohEv (ZZ 6, 1928, 4-22 = BULTMANN I, 134-152) - A.WIKENHAUSER, Die Christus-M. des Apostels Paulus, (1928) 1956² - JOH. SCHNEIDER, Die Passions-M. des Paulus, 1929 - ALB.SCHWEITZER, Die M. des Apostels Paulus, (1930) 1954² - A.OMODEO, La mistica Giovannea, 1930 - M.DIBELIUS, Paulus u. die M., 1941 = Botschaft u. Gesch. II, 1956, 134-159 - Dom J.DUPONT, Gnosis. La connaissance religieuse dans les Epîtres de St. Paul, 1949 - V.WARNACH, Agape. Die Liebe als Grundmotiv der nt. Theol., 1951 - K.STÜRMER, Auferstehung u. Erwählung (BFChTh II, 53), 1953, 58ff - E.LOHMEYER, Urchristl. M., 1956. *R.Bultmann*

V. Altchristliche und byzantinische Mystik

1. a) Die »Gottes-M.«, dh das Streben nach einer Vereinigung des Einzelmenschen mit dem Wesen der Gottheit, wurde in der alten Kirche als häretisch beurteilt, während die »Christus-M.«, dh das Streben nach voller geistlicher Vereinigung mit Christus, als der innerste Lebensgrund des Glaubens betrachtet wurde. Das Ziel der *unio cum Christo* hat in der imitatio (→ Nachfolge) Christi die ihm entsprechende Lebensform gefunden und ist in der Mönchs-M. (→ Mönchtum: II, 2 c) lebendig geblieben.

b) Bereits bei → *Ignatius von Antiochien* erscheint das Einswerden mit Christus als Grundlage einer m.en Theologie, die vom Eikon-Gedanken bestimmt ist: seinen Ehrennamen »Gott-Träger« (θεοφόρος) erläutert er selbst mit »Christus-Träger« (χριστοφόρος), und die Nachahmung Christi wird durch das Gleichwerden mit dem Herrn im Martyrium zur Vollendung geführt. Aus der gleichen Grundstimmung erklärt sich die eigenartige Glut der → *Salomo-Oden;* nicht Christus redet hier, sondern der Christ, der sich mit Christus vereint fühlt. Die dahinter stehende Theologie, die nach der Seite der Welt hin die → Askese voraussetzt, erreicht bei → *Origenes* ihren vollendeten Ausdruck; er hat das Ziel des christlichen Lebens als Erlangung der Christusähnlichkeit formuliert und die einzelnen Stufen der Entwicklung als Grade des geistlichen Aufstiegs verstanden. Daß es sich nicht um eine Sonderlehre handelte, zeigt sich in den Schriften des → *Methodius von Olympus,* der in seinem »Gastmahl« eng verwandte Anschauungen vertreten hat. Auch → Augustin hat dieses Denken mit seiner engen Verbindung von Askese und M. übernommen.

c) Als *biblische Grundlage* werden zumeist folgende Stellen angeführt: Gal 2, 20, da hier das Ich des Christen durch Christus ersetzt scheint, und 1Kor 2, 16, wo das rechte Denken ein Werk Christi selbst ist; Gal 4, 19, wo die Gestaltwerdung Christi in seinen Jüngern als christliches Lebensziel aufgestellt wird, wie es auch Röm 8, 29 als Gottes Wille betont und Hebr 3, 14 sowie 1Joh 2, 6 als geistliche Wirklichkeit des rechten Christen ausgesagt ist. Die Stelle 2Petr 1, 4 tritt erst im 4.Jh. in den Vordergrund.

2. a) Die altchristliche M. war von der Gemeindefrömmigkeit nicht getrennt; sie beschrieb das Ziel jedes Christenlebens. Erst das Eremitentum, bes. der sketischen und nitrischen Wüste, brachte die einsame *Meditation*, die in höhere Stufen der Vollkommenheit führte. → *Basilius d. Gr.* empfing hier die Anregung, das Nachdenken über die geistliche Natur des höchsten Lebenszieles mit dem Gehorsam des frommen Lebens zusammenzuschließen. Auch bei → *Chrysostomus* zeigt sich diese Einheit; er hat zB das Wort Mt 5, 48, das noch Origenes als eschatologische Verheißung verstanden hatte, als Aufruf für das gegenwärtige Leben des Christen ausgelegt: die Mahnung, dem Vater im Himmel ähnlich zu werden, beschreibt die vollkommene Nachfolge Christi.

b) Der Begründer der theoretischen M. im eigentlichen Sinne ist → *Evagrius Ponticus* geworden. Sein System ist ein gereinigter Origenismus, der mit stoischen und neuplatonischen Zügen ausgebaut ist. Auch gnostische Tradition ist festzustellen, während der dualistische → Manichäismus aufs schärfste abgelehnt wird. In mehreren Stufen kehrt der betrachtende, vernünftige Geist zu der ursprünglichen Einheit mit dem göttlichen Logos zurück; dabei vereint sich das intellektuelle Fortschreiten mit dem Tugendleben, bis am Ende die »wesenhafte Erkenntnis« steht, wie sie Christus selbst im Gegenüber zum Vater besitzt, also die Betrachtung der Trinität in intellektualer Schau, so daß der Schauende zum »Ort Gottes« geworden ist. Diese M. läßt sich durchaus im athanasianischen Sinne auslegen und ist mit ihrer Einbeziehung der Kräfte des Seelenlebens in den Weg zur visio beatifica für die Entfaltung der byzantinischen und der mit ihr eng verwandten syrischen M. grundlegend geworden. - Zwar wurde die Anschauung der sog. Isochristoi 553 verurteilt, da sie die Wesensgleichheit der Verklärten mit dem verklärten Christus lehrten; aber die Vorstellung, daß die Seligkeit in der vollen Ausstattung mit den Eigenschaften Christi bestehe, blieb in der Orthodoxie lebendig. → Johannes Klimakus schrieb seine »Paradies-Leiter« als Anleitung zur Erreichung dieses Zieles. → Maximus der Bekenner suchte die Erkenntnisse des Evagrius für seine Zeit zu erneuern, ebenso wie es → Isaak von Ninive in klassischer Form für die syrische Kirche tat. Für sie alle ist die Lehre kennzeichnend, daß die Seele ursprünglich gut sei und ihre Befleckungen allein aus der Vermischung mit dem Körper und der Materie erhalten habe; daher muß die Seele sich von der Sichtbarkeit lösen und den Aufstieg zu dem unsichtbaren Orte Gottes suchen. Die Askese ist das Mittel, durch das der Spiegel der Seele gereinigt wird, so daß sie das göttliche Licht auffangen kann. Die Betrachtung der göttlichen Dinge hat in Schweigen und Abgeschiedenheit zu geschehen, während das Gebet als vermittelnde Stufe zwischen dem seelischen und dem rein geistigen Zustand angesehen wird. Auf diesem Wege sind Erfahrungen der Gnade, zB überströmende Freude oder tiefe Stille des Geistes und die »Gabe der Tränen« zu verzeichnen; sogar Ekstasen sind möglich, aber nicht erforderlich.

c) Mit den Schriften des → *Dionysius Areopagita* ist eine eigenartige M. verknüpft, die oft als pantheistisch mißdeutet wird. Aber mit dem Ausdruck »Vereinigung mit Gott im Dunkel« meint sie wahrscheinlich nichts anderes als das, was → Gregor von Nyssa mit seiner theologia negativa zu umschreiben suchte. Es handelt sich um ein »Erleiden des Göttlichen«, bei dem nicht der Weg des dogmatischen Denkens, sondern die Methode der kosmologisch-theologischen Besinnung über den Kultus und das Wesen des Hierarchischen gewählt ist. Auch in dieser M. war die Vereinigung mit Christus das letzte, während der Weg dorthin in einer → mystagogischen Theologie entfaltet wurde. Die Sakraments-M., wie sie Nikolaus → Kabasilas lehrte, diente der Erreichung des gleichen Zieles; sie ist von der russischen Orthodoxie mit besonderer Wärme aufgenommen worden, wobei das Nacheinander der kultischen Handlungen als Anleitung zum Hinschreiten auf die Vereinigung mit Christus verstanden wurde. - Der Einfluß der areopagitischen Schriften ist im Bereich der syrischen Theologie stärker gewesen als in Byzanz. Bes. → Stephanus bar Ṣūdaile ist mit dem Areopagiten in Verbindung gebracht worden, aber wahrscheinlich ohne sachliche Berechtigung. Die Lehre, die sein Zeitgenosse → Philoxenus von Mabbūg ihm zuschreibt: »Mit Christus vereinigt zu sein ist geringer als in Gott zu sein« und die sich auch in dem »Buch des hl. Hierotheos« findet, ist sowohl von der syrischen als auch von der byzantinischen Kirche verurteilt worden.

d) In dem Lebenswerk → *Symeons des Theologen* hat die byzantinische M. ihren Höhepunkt erreicht. Sein Drängen auf Erfahrung des höchsten Zieles, des Schauens der Trinität in ihrem Lichtkleid, ist kaum auf messalianische Einflüsse (→ Euchiten) zurückzuführen, sondern will nur im Anschluß an Gregor von Nyssa und Evagrius Ponticus das Glaubensziel im diesseitigen Leben verwirklichen. In Lichtvisionen wird Christus als zweite Person der Trinität geschaut; sein Lichtglanz erfüllt die Seele. Aus dieser Erfahrung entspringt das Gefühl der festen Verbundenheit mit Gott, die »unio mystica«. - Auf dieser Grundlage erhob sich das Verlangen, die m.e Erfahrung methodisch als Dauerzustand verfügbar zu machen, und daraus entstand die *hesychastische Gebetstechnik* (→ Hesychasten), die das ältere »Jesusgebet« in bestimmter Körperhaltung und mit vorgeschriebener Atemführung zu rezitieren anwies (→ Byzanz: II, 2). Der Spottname »Nabelseelen«, den die Gegner prägten, weist wohl darauf hin, daß das Zwerchfell dieser Meditation als Konzentrationspunkt diente.

Innerhalb des ostkirchlichen Mönchtums hat die M. eine letzte Blüte in dem *Starzentum* erlangt: der Mönch, der im Kloster alle Grade der m.en Erziehung durchlaufen hat, geht nun zu den Weltmenschen hinaus, um die Botschaft von der Verklärung der Welt selber auszurichten. Mit der Gestalt des Sossima in den »Brüdern Karamasoff« hat → Dostojewski den Staretz → Tychon von Zadonsk nachgezeichnet.

Einen anderen, alle Dogmatik hinter sich lassenden Ausgang nahm die Entwicklung der M. in der syrischen Kirche, wie das »Buch von der Taube« des → *Barhebräus* zeigt. In ihm ist die Tradition nicht nur der großen byzantinischen und syrischen, sondern auch der muslimischen Mystiker, wie zB → Ġazzālīs, vereinigt. Ein endgültiges Urteil wird freilich erst möglich sein, wenn der Kommentar des Barhebräus zu dem »Buch des hl. Hierotheos« herausgegeben ist.

F. Kattenbusch, Lehrbuch der vergl. Confessionskunde I, 1892, 522ff - A. Merz, Idee u. Grundlinien einer allg. Gesch. der M., 1893 - RE XIII, 612ff; XIX, 631ff - A. J. Wensinck, Bar Hebraeus, Book of the Dove, Leiden 1919 - Ders., Mystic Treatises by Isaac of Nineveh (VVA, Afd. Letterk. NR XIII, 1), Amsterdam 1923 - F. S. Marsh, The Book of the Holy Hierotheos (Text and Translation Society),

London 1927 - RGG³ IV, 344ff - K.E.KIRK, The Vision of God, the Christian Doctrine of the Summum Bonum, London (1931) 1932² - W.VÖLKER, Das Vollkommenheitsideal des Origenes, eine Unters. zu ... den Anfängen christlicher M. (BHTh 7), 1931 - DERS., Kontemplation u. Ekstase bei Pseudo-Dionysius Areopagita, 1958 (dazu J.DANIÉLOU, ZKG 70, 1959, 157-159) - K.RAHNER, Die Gottesgeburt, die Lehre der Kirchenväter von der Geburt Christi im Herzen der Gläubigen (ZKTh 59, 1935, 333-418) - LThK VII, 405ff - M.VILLER-K.RAHNER, Aszese u. M. in der Väterzeit, 1939 - G.WUNDERLE, Wesenszüge der byz. M., aufgezeigt an Symeon d. J., dem Theologen (Der Christl. Osten, Geist u. Gestalt, hg.v. H.TYCIAK u.a., 1939, 120-150) - N.v.ARSENIEW, Das Mönchtum u. der asketisch-m.e Weg in der Ostkirche, bes. in Rußland (ebd 151-210) - R.A.KLOSTERMANN, Probleme der Ostkirche, Unters.en zum Wesen u. zur Gesch. der griech.-orth. Kirche (Göteborgs Kungl. Vetensskaps- och Vitterhets-Samhälles Handlingar A/5), Göteborg 1955, 86ff - EKL II, 1482ff - M.HARL, Origène et la fonction révélatrice du verbe incarné (Patristica Sorbonensia 2), Paris 1958 (Lit.) - A.GUILLAUMONT, Les six centuries des »Kephalaia gnostica« d'Evagre le Pontique (PO 28, 1), ebd 1958 - ALTANER 30f (Lit.) - BECK 344ff. 394ff. 449ff. 583ff. 642ff. 691ff. 780ff (Lit.).

A.Adam

VI. Kath. Mystik des Abendlandes

1. Grundsätzliches zur mittelalterlichen M. - 2. Viktorinische und bernhardinische M. - 3. Franziskanische und dominikanische M. - 4. Spätmittelalterliche M. - 5. Kath. M. des 16. und 17.Jh.s (Quietismus)

1. In der abendländischen mittelalterlichen Kirche entwickelt sich die M. im vielfältigen Zusammenhang mit der → Askese (: V, 2), der Liturgie (→ Gottesdienst: V B, 1), der → Schriftauslegung (: IV) und -anwendung, der philosophischen und theologischen Spekulation (→ Scholastik), so daß es oft schwer zu entscheiden ist, ob Erscheinungen in den genannten Gebieten (in Predigt-, → Erbauungsliteratur [, 2], theologischer Spekulation und Systematik usw hervortretend) von *spezifisch* m.en Voraussetzungen her zu erklären sind oder ob solche »m.en Züge« eher aus den Gesetzen der diesen Gebieten eigenen Spiritualität folgen (etwa aus dem Drang, die Beziehung zwischen Urheber und Mittelinstanzen in der jeweils erhofften Aneignung der Gnade aufzuhellen, zu größerer Gottesunmittelbarkeit zu kommen, ohne daß sich immer deren besonderes m.es Verständnis klar geltend macht). Auch in einer anderen Richtung ist die Grenze schwer zu ziehen: Mag in manchen m.en Gedanken und Bewegungen auch ein Protest gegen kirchliche Veräußerlichung oder Überbetonung der Vernunft in der Theologie mitschwingen, so hat sich die eigentliche M. des MA doch durchaus *innerhalb* der Tradition mit ihren Werten und Stufen des geistlichen Lebens um die rechte Bewertung und Ordnung des Natürlichen und Übernatürlichen bemüht. Die polemische Infragestellung oder radikale Umdeutung solcher Werte und Stufen gehört in die Geschichte der mittelalterlichen Häresie, gegebenenfalls des → Pantheismus, → Materialismus oder → Spiritualismus, und je weiter sie darin geht, um so weniger in die Geschichte der mittelalterlichen M. im eigentlichen Sinne (→ Joachim von Fiore, → Spiritualen, → Amalrich von Bena, → Brüder des freien Geistes, → Beginen, → Katharer).

2. Die pseudodionysische Theologie (→ Mystik: V), durch → Johannes Scotus Eriugena dem Abendland vermittelt, verbindet sich bei den → *Viktorinern* mit der traditionellen Kirchenlehre (→ Kirche: III, 2 d. 3) und den augustinischen Ideen vom Aufstieg zu Gott durch die Einkehr in die Seele. → Hugo von St. Viktor benützt die theologia negativa, um die → Kontemplation den anderen Erfahrungs- und Erkennungsweisen gegenüber zu charakterisieren und zu ihnen in Beziehung zu setzen. Seine synthetische Schau aller geistigen und geistlichen Disziplinen in einer Hierarchie stufenförmiger Vollendung vom Vernünftigen zum Übervernünftigen ist der Prototyp mittelalterlicher spekulativer M. Noch deutlicher als er beschreibt Richard von St. Viktor eine besondere m.e experientia, die verschiedene Phasen der Gottesbetrachtung bis zur größten Reinheit und Unmittelbarkeit in der »alienatio mentis« möglich macht. Wie die viktorinische M. sich der kirchlichen Lehre von der → Gnade (: IV) einordnet, so strebt die M. → *Bernhards von Clairvaux* mit großer Energie danach, ein monastisch-aszetisches Gnadenverständnis (aus dem er zB die zwölf Grade der Demut nach → Benedikt von Nursia übernimmt) auf eine persönliche Gotteserfahrung in Christus auszurichten. Sein Verständnis des ekstatischen Höhepunktes der Kontemplation (excessus, raptus) als Gleichförmigwerden mit Gott, Aufgehen in ihm ohne Selbstaufgabe, läßt sich ohne pseudodionysische Einflüsse verstehen. Die Einigung mit Gott im Geiste und im liebenden Willen ist das schwindelerregende Ende eines Weges (mit purificatio, consideratio und contemplatio als Hauptstufen), den Bernhard doch zugleich immer wieder als Betrachtung und Erfahrung des menschgewordenen und gekreuzigten Christus schaut: vom »Kuß seiner Füße« zum »Kuß seiner Hände« und schließlich »seines Mundes«, dh von Reue und Erfahrung der Vergebung zur Betrachtung und imitatio seiner Liebe und schließlich zum Entbrennen in ihr und Überwältigtwerden von ihr. Diese Verschlingung von Einigungs- oder Vergottungs-M. mit → Christusmystik (in der Sprache des Hohenliedes) ist mannigfach von augustinischen Kräften genährt (Idee des »adhaerere Deo«, Voluntarismus, Transformation von Selbstliebe zu Gottesliebe, Wertung der → Demut, Dialektik von ekstatischem Aufstieg zu Gott und geheimnisvollem Abstieg Gottes in die Menschlichkeit Christi), aber zugleich sehr persönlich empfunden und gestaltet (mit starker Betonung des Kreuzes). Sie hat immer wieder die Mystiker des MA fasziniert, gerade weil sie nicht spekulativ systematisiert, sondern immer auf Veranschaulichung (sogar des Paradoxen) geht und Hingabe mit aktivem Heiligungsstreben verbindet. Einflüsse von Bernhard (und der Geist der monastischen Reformbewegungen überhaupt mit seiner Verinnerlichung des liturgischen Lebens) treffen bei *deutschen Mystikerinnen* des 12. und 13.Jh.s (wie → Hildegard von Bingen, → Elisabeth von Schönau, → Mechthild von Magdeburg, → Mechthild von Hackeborn, → Gertrud d. Gr.) mit durchaus persönlicher Erlebnis- und Ausdrucksfähigkeit zusammen. Aus geistlicher und kultureller Prägung wächst hier das Visionäre und Dichterische organisch hervor.

3. → *Franz von Assisi* verbindet das apostolische und das ekstatische Moment in so einmaliger Weise, daß er schwer in die Geschichte der M. einzuordnen ist. Wohl ist seiner Art von Gottesunmittelbarkeit die visionäre Steigerung nicht fremd. Sie ist aber eigentlich nicht das Entscheidende und erscheint nicht als das ersehnte Ziel eines »Weges der Seele zu Gott«. Doch hat seine transparente Weltschau (alle Kreatur ein Gleichnis Gottes) der *franziskanischen M.* (→ Bonaventura, → Angela da Foligno) dazu verholfen, einen solchen Weg in immer neuen Farben und Gleichnissen zu beschreiben, bernhardinische und viktorinische M. zu verbinden und im Sinne der letzteren die Synthese von M. und Scholastik zu unvergleichlicher Höhe zu führen. (Auch → Lullus gehört in diesen Zusammenhang.) Die m.e Orientierung Bonaventuras ist wirksam in seinem und der älteren Franziskanerschule Festhalten an der (durch den Aristotelismus des → Thomas von Aquino bestrittenen) augustinischen Erkenntnislehre (Illuminationstheorie; → Erleuchtung, 3) und ihrem psychologischen Ausbau. Viel m.es Gut wurde von franziskanischen Predigern und Seelenführern wie → David von Augsburg der praktischen Frömmigkeit erschlossen. Die eigentümliche Form der

dominikanischen M. entwickelte sich einerseits aus dem bei → Albert d. Gr. und seiner Sonderschule (→ Ulrich von Straßburg, → Dietrich von Freiberg, → Berthold von Moosburg) mehr als anderswo betonten pseudodionysischen → Neuplatonismus, anderseits durch die diesem Orden in Deutschland übertragene Nonnenseelsorge. → *Eckeharts* Größe besteht darin, daß er die Grundlagen des von ihm beherrschten thomistischen Systems mit selbständiger Verarbeitung älterer, bes. neuplatonischer (auch arabischer und jüdischer) metaphysischer Traditionen modifiziert, ferner eine nur mit den andersartigen Leistungen Bonaventuras und Lullus' vergleichbare (und durch ihre exegetische Ausrichtung mehr als jene in die Zukunft weisende) Verbindung zwischen theologischer Wissenschaft und M. (vgl. sein Opus tripartitum) angestrebt hat, endlich durch seine Predigten von unvergleichlichem Einfluß auf die große Zeit der deutschen und niederländischen M. im 14. und 15.Jh. gewesen ist.

4. Abgeschiedenheit von den Dingen, Meisterung des Lebens von innen heraus, nicht äußerliche Abschließung von der Welt, solche Freiheit und Überlegenheit, wie sie nur die Geburt Gottes im Seelengrund gewährt, wozu der Laie ebenso persönlich gerufen ist wie der Priester und das Ordensglied - dies bleibt die Botschaft der Schüler Eckeharts an jene Hörerkreise, die sich als →*Gottesfreunde* verstehen. Doch vieles von seinen spekulativen Kühnheiten und seiner besonderen Ontologie übernehmen sie nicht: weder → *Tauler,* dessen M. einen kraftvollen, männlichen, willensmäßigen Charakter hat, noch → *Seuse,* der mehr das Gefühlsmäßige betont und - wieder stark von Bernhard beeinflußt - »den erkalteten Namen Jesu in den Herzen neu entzünden will«. Die Verbindung von harter Askese, → Marienverehrung (: I) und Hingabe an den leidenden Christus, den Bräutigam, das Jesuskind, die sich schon in der deutschen Frauen-M. des 13.Jh.s findet (s. 2), macht durch Gesichte ausgezeichnete *Nonnen* des 14.Jh.s wie Christina und Margareta → Ebner und Adelheid Langmann († 1375) zu Mittelpunkten von Gottesfreundkreisen. In der Steigerung des Schwärmerischen und Gesuchten, der Betonung des Allzupersönlichen, in literarischer Betriebsamkeit (→ Heinrich von Nördlingen) und Mystifikation (→ Merswin), in der Selbstbewunderung der Gottesfreunde zeigen sich epigonenhafte Züge. Und doch fehlt es in dieser Flut von m.er Bewegtheit und Erbauungsliteratur nicht nur an schlichten Originalen wie → Nikolaus von der Flüe, sondern auch nicht an neuen Geisteswendungen: Die Eckehartsche Idee der → Gelassenheit wird einerseits bis zur völligen Passivität im »dunkeln, wesenlosen Abgrund Gottes«, bis zur letzten Opferung des Eigenwillens in der resignatio ad infernum ausgebildet *(→ Jan van Ruysbroek),* anderseits als Schule der Selbstbescheidung und der demütigen Nachfolge des menschlichen Christus (wieder mit starken Anklängen an Bernhard) gedeutet (→ *Thomas a Kempis;* → Nachfolge Christi: II). Beide Tendenzen finden sich in der sog. → *Deutschen Theologie:* Gott kommt zum Bewußtsein und zur Liebe seiner selbst in der dazu von ihm hervorgebrachten Schöpfung. Darum muß der Mensch Gott ungehindert in sich wirken lassen und ohne allen Eigenwillen Gottes Organ werden; darin ist die Verbindung der Menschheit Christi mit Gott vorbildlich. Die Bewegung der *Devotio moderna,* der Thomas a Kempis zugehört (→ Groote, Peter → Gerlach, → Zerbolt, → Brüder vom gemeinsamen Leben), schlägt die Brücke von der M. zum → Humanismus. Das gilt auf höherer Ebene auch von → *Nikolaus von Kues,* der wieder auf ursprüngliche Anliegen und Spekulationen Eckeharts zurückgreift. »Moderne« (nominalistische) wie traditionelle Theologen des 15.Jh.s (wie → Petrus von Ailli, → Gerson, → Dionysius der Kartäuser) verbinden in verschiedener Weise Scholastik mit M. Doch die bedeutendsten Erscheinungen visionärer M. außerhalb Deutschlands und der Niederlande sind im 14. und 15.Jh. Frauen aus dem Laienstand (→ Birgitta, → Katharina von Siena, → Katharina von Genua). In der M. → Englands (: II, 1; → Hilton) verbinden sich viktorinische u.a. Traditionen mit den zeitgemäßen Anliegen der Laienfrömmigkeit und Seelenführung.

5. Die spanische M. der → Gegenreformation ist bes. von der niederländischen Gelassenheits-M. beeinflußt. Das gilt auch von → Loyola, dessen Methode der Willensschulung (→ Exerzitien) indes mehr in die Geschichte der Askese gehört. Nicht die → Jesuiten, sondern die reformierten → Karmeliter (vor und neben ihnen auch bes. Franziskaner wie → Petrus von Alcantara und → Ossuna) sind die Träger der neuen Art von M., des → *Quietismus.* In dessen klassischer Ausbildung durch → *Therese von Avila* führen vier Gebetsstufen (»Gebet« ist allgemein jede Zuwendung zu Gott in Denken, Gefühl und Willensrichtung) zu Gott. Zwischen dem »Gebet der Sammlung« (der gewaltsamen Abkehr von jeder Beschäftigung mit der Welt, in Sündenbekenntnis, Betrachtung des Herrenleidens, in allem, was die Seele zu innerer Sammlung führen kann) und dem »Gebet der Entzückung« (dem kurzwährenden Zustand bewußtloser → Ekstase) sind die beiden unter sich kaum verschiedenen Zwischenstufen, auf denen der ganze Nachdruck liegt: das »Gebet der Ruhe« und das der »Vereinigung«, wo Wille oder Wille und Verstand mit Gott in einem Zustand der Erhobenheit verbunden sind, der schon »übernatürlich« ist, dem aber doch Dauer gegeben ist. Wie → *Johannes vom Kreuz,* so beruft sich auch → *Franz von Sales* auf Therese als sein Vorbild. Sein »Traité de l'amour de Dieu« beschreibt die Vollendung des Willens, der vornehmsten seelischen Fähigkeit, durch die affektive, empfangende und die aktive, hervorbringende Liebe zu Gott. Unter seinem Einfluß entsteht neben Wirkungen auf das Ordensleben (→ Salesianerinnen) in den gebildeten Kreisen, am Hof und in den größeren Städten → Frankreichs (: I, 5) eine geschlossene, auf eigenem Erleben beruhende, wenn auch eng an die kirchliche Sakramentsverwaltung angeschlossene und der Leitung geistlicher Seelenführer unterworfene Laienfrömmigkeit. Wie Therese feiert → *Molinos* in der täglichen Kommunion, dem ständig neuen Erleben des Wunders der Inkarnation, den stärksten Halt der Frömmigkeit. Aber wie er selbst lange Jahre nicht zur Beichte gegangen ist, so spürt man auch seinen Einfluß in der Vernachlässigung der Rosenkränze, Heiligenbilder, Reliquien und der sonstigen Devotionalien der bes. durch die Jesuiten betriebenen Kirchlichkeit. Seine Verurteilung (1687; Denz. 1221ff) wirkt sich auch auf das Schicksal des französischen Quietismus aus: → Fénelon setzt sich für den »amour désinteressé« der Mme de → Guyon ein. Doch obwohl er die Unterwerfung der »hl. Indifferenz« unter das bischöfliche Urteil und ihre Gebundenheit an die Mittel der Kirche betont, sieht hier die Gegenpartei die christliche Hoffnung und die Geltung des Bußsakramentes bedroht. Auf Betreiben → Bossuets und Ludwigs XIV. verurteilt die Kurie 1699 23 Sätze Fénelons (Denz. 1327ff). Damit kann der Quietismus nur noch außerhalb der kath. Kirche weiterwirken (→ Labadie, → Tersteegen, → Poiret, → Pietismus).

Texte: F. PFEIFFER, Dt. Mystiker des 14.Jh.s, 2 Bde, 1845/57, Neudr. 1906f - A. SPAMER, Texte aus der dt. M. des 14. u. 15.Jh.s, 1912 - W. OEHL, Dt. Mystikerbriefe des MA, 1931 - S. AXTERS, Mystiek Brevier, Antwerpen 1944ff (niederländ. M.) - W. STAMMLER, Gottsuchende Seelen (Germanist. Bücherei 1), 1948 - Místicos franciscanos españoles, eingel. v. J.B.GOMIS, 3 Bde, Madrid 1948/49 - K.RUH, Altdt. M. (Altdt. Übungstexte 11), 1949 - J.QUINT, Textbuch zur M. des dt. MA (Eckehart, Tauler, Suso), (1952) 1957^2 - R.C.PETRY, Late Medieval Mysticism, Philadelphia 1957 - K.POND, The Spirit of the Spanish Mystics, New York 1958. - Forschungsbericht: K.RUH, Altdt. M. (Wirkendes Wort 7, 1957, 135-146. 211 bis 231). - Lit.: W.PREGER, Gesch. der dt. M. im MA, 3 Bde, 1874-93 - H.HEPPE, Gesch. der quietist. M. in der kath. Kirche, 1875 - H.DELACROIX, Les grands mystiques chrétiens, Paris (1908) 1938^2 - E.VANSTEENBERGHE, Autour de la »Docte Ignorance«; une controverse sur la théol. mystique au XVe siècle (BGPhMA XIV, 2-4), 1915 - H. BRÉMOND, Hist. littéraire du sentiment religieux en France, 11 Bde, Paris 1915-33 - P.POURRAT, La spiritualité chrétienne, 4 Bde, ebd (1918-28) 1947-51^2 - J.BERNHART, Die philos. M. des MA, 1922 - P.GROULT, Les mystiques des Pays-Bas et la littérature espagnole du XVIe siècle, Löwen 1927 - M.D.KNOWLES, The English Mystics, London 1927 (Lit.) - E.A.PEERS, Studies of the Spanish Mystics, 2 Bde, ebd 1927/30 (I, 1951^2) - P.SÁINZ RODRÍGUEZ, Introducción a la historia de la literatura mística en España, Madrid 1927 (Lit.) - E.BUONAIUTI, Il misticismo medioevale, Pinerolo 1928 - DThC X, 2612ff (Lit.) - J.DE GUIBERT, Theologia spiritualis ascetica et mistica, Rom (1929) 1946^2 (Lit.) - RGG^2 IV, 347ff - W.MUSCHG, Die M. in der Schweiz, 1934 - H.GRUNDMANN, Religiöse Bewegungen im MA, 1935 - F.-W.WENTZLAFF-EGGEBERT, Dt. M. zwischen MA u. Neuzeit, (1943) 1947^2 (Lit.) - G.M.BERTIN, I mistici medievali, Mailand 1944 - M.PETROCCHI, Il quietismo italiano del seicento, Rom 1948 - S. AXTERS, Geschiedenis van de vroomheid in de Nederlanden, 3 Bde, Antwerpen 1950-56 (Lit.) - H.S.DENIFLE, Die dt. Mystiker des 14.Jh.s, hg.v. O.SPIESS, 1951 - TH.STEINBÜCHEL, Mensch u. Gott in Frömmigkeit u. Ethos der dt. M., 1952 - H.HATZFELD, Estudios literarios sobre mística española, Madrid 1955 - K.RUH, Bonaventura deutsch, 1956 - I.BEHN, Span. M., 1957 - EKL II, 1484ff (Lit.). - Vgl. auch die Lit. in EC VIII, 1143 u. EF III, 626f. *(H.Dörries) M.A.Schmidt*

VII. Prot. Mystik

1. Reformationszeit - 2. 17.Jh. als Hauptblütezeit. M.er Spiritualismus und Pietismus - 3. Sonderformen: a) Pansophie - b) Erotische M. - 4. Von der Aufklärung bis zur Gegenwart - 5. Theologische Ablehnung von Luther bis zur Gegenwart - 6. Gesamtbeurteilung

1. Die → Reformation war von Anfang an von einer m.en Strömung begleitet, deren genaue Erfassung noch intensiver Forschung bedarf. Es geht dabei ebenso um die Beurteilung, für die → Luthers (: II, 4) Absage an Karlstadt und die »Schwärmer« maßgebend blieb, wie um die genetische Ableitung (Verhältnis zu → Augustin, zum → Neuplatonismus, zur bernhardinischen und viktorinischen → Mystik [: VI], zu → Joachim von Fiore, zur → Devotio moderna). Luther hat für sein eigenes Werden nichts Entscheidendes von den m.en Traditionen empfangen, aber sich → Tauler und der von ihm selbst herausgegebenen → »Deutschen Theologie«, wenn auch in »produktivem Mißverstehen« (E.Seeberg), verwandt gefühlt, bes. im Negativen, in der Ablehnung aller »Eigenheit« (des eigenen »Werks«) und in der Bereitschaft, in Gottes Verdammungsurteil über das eigene Ich einzuwilligen (resignatio ad infernum). Von einer positiven Übernahme des (impersonalen) Gottesbegriffs war er durch sein durch und durch personales, dialogisches Gottesverhältnis geschieden. Kernpunkt der Differenz zwischen reformatorischem Christentum und M. wurde darum die Bedeutung des Wortes Gottes - meist im Gegensatz zu dem von der M. reklamierten Geist, der sich in unmittelbaren Eingebungen und geheimnisvollen Offenbarungen oder auch - neuplatonisch - in der Wiedererweckung eines göttlichen Funkens in der Seele erweisen sollte.

In Luthers unmittelbarer Umgebung war → Karlstadt der M. offen. Für ihn war der entscheidende Gegensatz nicht → Gesetz (: V, 5) und Evangelium, sondern Gesetz und Geist. Der → Geist (: V, 5) als Gestalt der Gnade sollte den Menschen so umwandeln, daß er das Gesetz aus Liebe zu Gott in innerer Freiheit zu erfüllen vermag. Damit war das Gesetz als Stufe überwunden, der für Luther zentrale, auf das Wort bezogene Glaube durch den »Geist« ersetzt. → Müntzer verband eine Kreuzes-M., die die Gleichförmigkeit mit dem leidenden Jesus Christus als Lebensziel forderte, mit der Ergriffenheit vom Worte Gottes, die er von Luther übernahm. Er gelangte so zu einer vom Reformator abweichenden Worttheologie, die den prophetischen Geist des AT für die Gegenwart unmittelbar beschwor und - als Geschichtstheologie - die M. zur Apokalyptik steigerte. Während Karlstadt und Müntzer ohne Nachfolger blieben, wirkte → Schwenckfeld als erster großer Kristallisationspunkt der prot. M. Seine im Anschluß an und im Gegensatz zu Luther entwickelte Theologie stellte, die Christologie anthropologisch interpretierend, die volle Einigung von Gottheit und Menschheit im Fleische Christi ins Zentrum und verfocht von da aus die Teilnahme des Glaubenden an der göttlichen Natur (2Petr 1, 4). Sie wollte durch die Ehrfurcht vor dem Fleisch Christi die Inkarnation ernst nehmen und den Gegensatz von Wort und Geist überbieten. Von da aus erhielten klassische m.e Themen wie die Wiedergeburt Gottes (bzw. Jesu Christi) in der Seele und die Erkenntnis ihre besondere Beleuchtung. S. → Franck bildete die M. zum Spiritualismus fort, indem er das »ewig unsichtbare Wort« aufsuchte und darauf den »vierten Glauben« der unsichtbaren Geistkirche gründete. Die Geschichte bedeutete ihm als Veräußerlichung des Innerlichen Verfall und Verweltlichung, damit Zuspitzung des Gegensatzes zwischen (Christi) geistlichem und dem weltlichen Reich. M. → Hofmann faßte die Bibel in doppeltem Sinne apokalyptisch auf: als geheime Offenbarung, die sich nur durch besondere Geistbegabung verstehen läßt, und als Weissagung auf endzeitliche Katastrophen. Von ihm abhängig, wandte → Joris die Apokalyptik nach innen im Sinne eines m.en Spiritualismus. → Paracelsus bildete die neuplatonische Überlieferung zu einer auf die Geistleiblichkeit gegründeten Gesamtanschauung von Gott, Jesus Christus, Welt, Mensch und Leben um, die im Dienste eines neuen Empirismus (Alchimie) die m.en Elemente mehr und mehr rationalisierte. Als Ausdruck für das geistleibliche Gottesverhältnis erhielten die Sakramente, wie bei Schwenckfeld, besonderes Gewicht. → Weigel scheint einerseits die neuplatonische Linie rein fortzusetzen; andrerseits sind bei ihm paracelsische Elemente (Anthropologie, Sozialethik), Ansätze zum Pietismus (Wiedergeburt, bes. der Erkenntnis, Betonung der göttlichen und menschlichen Liebe), scharfe Kritik an der konkreten Kirche, schließlich der Entwurf einer auf Fichte vorausweisenden Erkenntnis-M. und Ichmetaphysik vorhanden. Unter seinem Namen verbirgt sich im 17.Jh. die prot. M. und liefert damit auch für die Polemik gegen sie das Stichwort.

2. Ob Weigel wirklich eine Schule bildete, muß vorläufig fraglich bleiben. Dagegen geschah dies durch J. → Arnd und J. → Böhme, die eigentlichen Leitgestalten der prot. M. im *17.Jh.* Arnds Hauptgedanke ist die ursprüngliche Ausstattung des Menschen mit dem Ebenbild Gottes, der Verlust und der Wiedergewinn dieses Bildes durch den (m. vorgestellten) persönlichen Anschluß an Jesus Christus (neue Geburt durch Absterben der alten Schöpfung, Teilnahme am Kreuz, Erniedrigung, Absage an die Kreaturen). Böhmes Grundmotiv ist umgekehrt die geheimnisvolle, abgründige Lebensfülle Gottes (»Natur in Gott«), die Gut und Böse, Liebeswillen und Zorneswillen in sich begreift. Durch die → Wiedergeburt (: III) gewinnt der Mensch Anteil an der innergöttlichen Dynamik und am Sieg der positiven Kräfte. Glaube ist nicht mehr Ernstnehmen des göttlichen Wortes, sondern als erfüllte Sehnsucht Eindringen in das göttliche Wesen (zB: Von der Menschwerdung Jesu Christi III, 7). Das Grundanliegen A. → Osianders,

die Einwohnung Jesu Christi und des hl. Geistes im Menschen (im Gegensatz zur bloßen Anrechnung der Gerechtigkeit Christi), war hier in ein m.es Gesamtbild der Wirklichkeit eingefügt, das weitausgreifend Kosmogonie und Soteriologie verband. In der stark betonten Bewertung der Sakramente legte Böhme spiritualistisch den Nachdruck auf den Empfang in innerer Bereitschaft (»geistliche« gegen leibliche Nießung). Außerhalb seiner eigentlichen Schule (A.v.Franckenberg, → Czepko, → Gichtel, → Kuhlmann u.a.) wurden alle diese Gedanken, häufig eklektisch unter Berufung auf Luther, Schwenckfeld, Arnd und Böhme, bei den folgenden m.en → Spiritualisten zu einer anthropologisch orientierten, meist individualistisch zugespitzten Gesamtanschauung verarbeitet. Sie rückte den Christus in uns, dementsprechend die Wiedergeburt als substantielle Umwandlung (zweite Reformation nach der im Institutionellen steckengebliebenen ersten) in den Mittelpunkt und gipfelte in der Teilnahme des Menschen an der göttlichen Natur (2Petr 1, 4). Eine unbarmherzige Verurteilung aller bestehenden Kirchenformen als »Babel« und eine Bewertung des 30jährigen Krieges als des verdienten göttlichen Strafgerichts über das äußerliche Christentum ergaben sich zwangsläufig (Hauptvertreter: → Felgenhauer, → Betke, Gutmann, Seidenbecher, Barthut, → Hoburg, → Breckling).

3. a) Eine selbständige Ausgestaltung der prot. M. war die *Pansophie*, die in Weiterführung von Paracelsus, Weigel, Böhme bes. J.V. → Andreä und J.A. → Comenius samt einem großen Freundeskreise pflegten. Sie ging auf eine himmlische, geistleibliche Erkenntnis, Sprache und Methode im Gegensatz zur irdisch-natürlich-rationalen aus und gipfelte schließlich in → Oetingers Philosophia sacra. Sämtliche Wissenschaften von der Theologie bis zur Linguistik (Sprachgesellschaften mit dem Ziel einer neuen Sprache), Chemie und Medizin sollten vom Geiste Gottes ihre Neugeburt erfahren. Aus solchen Absichten erwuchsen sowohl der pädagogische Reformwille des Comenius als auch der geistige Eroberungsdrang und die Organisationslust von → Leibniz (in den Anfängen der → Akademie der Wissenschaften), schließlich die Liebe zur → Kabbala (→ Knorr von Rosenroth).

b) Ein wesentlicher, wenn auch nicht immer beherrschender Zug der prot. M. wurde die Aufnahme der *erotischen* Vorstellungswelt → Bernhards von Clairvaux bis zum Begriff der → Unio mystica zwischen Gott und Mensch, der in die orthodoxe Dogmatik einzog. Sie begann mit Ph. → Nicolai und gelangte auf die Höhe bei → Angelus Silesius, der als Schüler Böhmes zum röm. Katholizismus übertrat, bei H. → Müller, G. → Arnold, → Zinzendorf, → Tersteegen. Gleichzeitig strömte, vor allem durch Vermittlung → Poirets, eine Fülle röm.-kath. romanischer M. aus Spanien und Frankreich, zT auch Italien ins ev. Christentum ein. Der → Pietismus fand an diesen modernen Heiligenbiographien die Bestätigung für die Erreichbarkeit seiner Forderung nach einem gottseligen Leben und steigerte seinerseits die schon im 17.Jh. erfolgte Übernahme m.en Gutes aus dem röm.-kath. Bereich in die → Erbauungsliteratur (, 3). Unmittelbare röm.-kath. Einflüsse, bes. in den Niederlanden (→ Bourignon, → Schurman, → Labadie), bewirkten eine weitere Hochschätzung der M. als Ausdrucksform für die Liebe Gottes zum Menschen und die menschliche Liebe zu Gott oder Christus.

4. Im Gegenschlag gegen diese Entwicklung verurteilten die → Aufklärung und der → Rationalismus (: II) neben den kirchlichen Dogmen auch die M. Er nannte in seiner Spätzeit die zum paulinischen Christentum zurückkehrenden Vertreter der Erweckungsbewegung herabsetzend »Mystiker«. Dem entspricht es, daß von den Gegnern der Aufklärung vereinzelt Mystiker »entdeckt« wurden, vor allem der von Böhme bestimmte L.C. de → Saint-Martin durch M. → Claudius. Mit der → Erweckungsbewegung, die keine m.e Neuschöpfung hervorbrachte, findet die alte M. wieder Verständnis und Eingang, bes. Böhme, der auf → Schelling, J.Hamberger, → Steffens, → Auberlen, → Lehmus u.a. wirkte. → Fichte vertrat in seiner »Anweisung zum seligen Leben« eine selbständige, in antipaulinischer Weiterbildung johanneischer Aussagen gestaltete ethische M. Möglicherweise sind m.e, aus → Hegels Panlogismus und der Wiederentdeckung → Eckeharts entwickelte pantheistische und atheistische Gedankengänge auch für D.F. → Strauß und → Feuerbach maßgebend geworden. Im 20.Jh. traten bes. K.Leese, R. → Otto und P. → Tillich für das Heimatrecht der M. im Protestantismus ein, jeweils in verschiedenartiger Anknüpfung an Böhme.

5. Vom Grundverständnis des christlichen Glaubens aus hat Luther gegen die Fortführung der mittelalterlichen M. bei Karlstadt und Schwenckfeld Einspruch erhoben, sowohl gegen ihre Geringschätzung des Wortes als auch gegen ihre asketischen Tendenzen. Die → Konkordienformel protestierte im gleichen Sinne gegen Schwenckfeld, die luth. → Orthodoxie durch Nik. → Hunnius, Joh.Müller, E.D.Colberg, J.H.Feustking, die ref. durch Chr.Heim gegen den »Weigelianismus«, Böhme und die m.en Spiritualisten des 30jährigen Krieges. Im 19.Jh. verwarf vor allem A. → Ritschl die M. als heilsegoistisch, individualistisch und erotisch, im 20. die → dialektische Theologie (E. → Brunner) als Aufhebung des Unterschiedes zwischen Gott und Mensch, als Impersonalismus und als Leugnung der Geschichte (mit ähnlicher Begründung auch G.Heinzelmann, H.Stephan u.a.).

6. Blickt man auf die geschichtliche Blütezeit der prot. M. (Ende des 16. und 17.Jh.), so fällt äußerlich die landschaftliche Gebundenheit an Schlesien und die Niederlande (Amsterdam, wegen des dort bestehenden Asylrechts) auf. Die inneren Anliegen lassen sich um die Wiedergeburt als den Entstehungsprozeß des inneren Menschen gruppieren, der durch das innere Wort als Wiedererweckung eines Restes vom göttlichen Ebenbild (Seelenfunken, scintilla) genährt wird. Der Gefahr, ein substantielles, impersonales Gottesverhältnis an die Stelle der personalen Relation zu setzen, wirkt die Betonung der Liebe entgegen, soweit sie nicht zur Verschmelzung von Substanzen wird. In der Überordnung des inneren Wortes über das äußere und im spiritualistischen Weg vom Geist zur Leiblichkeit ist der Unterschied zum reformatorischen Ansatz unaufhebbar.

Gesamtdarst. fehlt. Lit. bei den einzelnen Vertretern. Nachzutragen für Betke: M.Bornemann, Der m.e Spiritualist J.Betke u. seine Theol. (Diss. Kirchl. Hochsch. Berlin), 1959. - Ansätze zu Gesamtdarstellungen: M.Goebel, Gesch. d. christl. Lebens in d. rhein.-westf. Kirche I-III, 1849-60 - R.H.Grützmacher, Wort u. Geist. Eine hist. u. dogmat. Unters. zum Gnadenmittel des Wortes, 1902 - E.Seeberg, Zur Frage der M., 1921 - Ders., G.Arnold, 1923 - H.Bornkamm, M., Spiritualismus u. die Anfänge des Pietismus im Luthertum, 1926 - Ders., Äußerer u. innerer Mensch bei Luther u. den Spiritualisten (Imago Dei, Festg. f. G.Krüger, 1932, 85-109) - Ders., Das Wort Gottes bei Luther, 1933 - R.Windel, M.e Gottsucher der nachreformatorischen Zeit, 1925 - W.-E.Peuckert, Die Rosenkreutzer, 1928 - Ders., Pansophie, (1936) 1956² - K.Reuber, M. in der Heiligungsfrömmigkeit der Gemeinschaftsbewegung, 1938 - F.W.Wentzlaff-Eggebert, Dt. M. zwischen MA u. Neuzeit, (1943) 1947² - C.Damour, Das Fest der Seele, 1947 - Hirsch, passim - M.Schmidt, Teilnahme an der göttl. Natur (in: Dank an P.Althaus, 1958, 171-201) - W.Nigg, Heimliche Weisheit, 1959 - M.Lackner, Geistfrömmigkeit u. Enderwartung. Studien zum preuß. u. schles. Spiritualismus (Chr.Barthut u. Qu.Kuhlmann), 1959. *M.Schmidt*

VIII. Neue Mystik

1. Im Bereich der Kunst - 2. In der Philosophie - 3. Jüdische M. - 4. Kath. M. - 5. Zusammenfassung

Der Durchbruch durch das Gegenstandsdenken des 19.Jh.s und die Bedrängnis durch die Erfahrung der Diesseitigkeit führen den Menschen seit 1900 neu vor das Tor der M. Der Mensch sucht nach dem Ganzen, nach der Tiefe; er sehnt sich nach dem Unvergänglichen. Diese Wendung zum Jenseitigen ist mit Recht vielfach als Disposition zur M. gedeutet worden (P.Blau, Fr.K. Schumann, Russell, Underhill, Scholem). Aber die Beschäftigung mit M. bleibt weithin rein theoretisch, vor allem im Bereich des Protestantismus. Auch im Katholizismus führt sie nur selten weiter. Im weltlichen Bereich vollends ist M. weitgehend das Feld für Schwärmerei der Gebildeten (seit 1914 gute Veröffentlichungen von Quellen der M., vor allem vom Diederichs Verlag, Jena). Ebenso ist die Beschäftigung mit dem Zen oder → Yoga eher Ausdruck der Sehnsucht als Zeichen ernsthafter m.er Erfahrung. Rudolf → Steiner sucht in m.e Tiefen zu loten, ohne sie zu erreichen. → Rittelmeyer entdeckt die → Meditation als einen Weg hinter die Person zurück. Die → Parapsychologie möchte m.e Erfahrungen machen und vermitteln; sie verdeckt aber das Nichts eher, als daß sie es erführe. - Die neuzeitliche Überhöhung des nationalen Selbstbewußtseins kann m.e Formen annehmen. In Rußland konnte → Dostojewskij sein Volk die eigentliche »Gottträgernation« nennen; in Frankreich wurde nach der Niederlage von 1870/71 eine nationale Passionstheologie entwickelt (»Nation-Christ«); in Deutschland treten → Lagarde, J.W.Hauer (→ Deutschgläubige Bewegungen) u.a. für die Entwicklung einer nationalen Religion ein, die m.es Gepräge trägt. Doch sind diese Formen der M. im Grunde kein echter religiöser Aufbruch, sondern tragen als Überhitzung nationalen Gefühls eher Ideologiecharakter. Die in der Tiefenpsychologie C.G. → Jungs geübte Deutung religiöser Phänomene läuft schließlich auf eine Identifizierung der göttlichen mit der seelischen Wirklichkeit hinaus. - Um so wichtiger sind die wenigen Stellen, an denen echte und neue m.e Erfahrung durchbricht.

1. Schon um die Jh.wende schlug in der *Dichtung* der → Naturalismus (: II) in Naturschwärmerei mit m.en Zügen um (W.Bölsche, Gebr. Hart, der späte → Hauptmann). Aber erst im → Expressionismus (: II) zeigte sich echte m.e Erfahrung als Allverbundenheit (→ Werfel, → Trakl, → Barlach). Auch bei Chr. → Morgenstern finden sich echte m.e Töne. Ein wirklicher Durchbruch aber findet erst bei → Rilke statt. Sein »Stundenbuch« wird nur dann richtig verstanden, wenn in ihm der Umschlag von einem ästhetischen Symbolismus, der in m.en Bildern schwelgt (1. Buch 1899), zu einer streng diesseitigen Haltung (3. Buch 1903) gesehen wird. Die neue Haltung will aus einer m.en Grundeinstellung heraus zur Bejahung der ganzen Wirklichkeit mit allen Seligkeiten und Schrecknissen führen. Sie will Gott im Diesseits finden, nicht am Konkreten hängen, den Fernsten lieben, in Einsamkeit leben (Duineser Elegien, Sonette an Orpheus). Die Zusammenfassung der Wirklichkeit gelingt nur dem, der im »größeren Bereich« zuhause ist. Hier hat ein Dichter die ästhetische Haltung hinter sich gelassen und ist zum ekstatischen Mystiker geworden. Das Besondere an dieser M. ist, daß sich dem Durchleiden und Durchhalten der Diesseitigkeit selbst die Tiefe öffnet. Neben der Strenge Rilkes scheint die m.e Komponente bei Hermann → Hesse blaß und künstlich. Seine Liebe zu den »Morgenlandfahrern«, zu Indien ist literarisch, die Meditation als Weg »zum Herzen der Welt« wirkt nicht ursprünglich (Glasperlenspiel). Besser steht es mit dem m.en Unterton bei → Bergengruen (»M.e Rechnung«), bei dem kosmisch-m.es Gefühl mit christlichem Vorzeichen sich ausspricht, und bei Elisabeth → Langgässer (Das unauslöschliche Siegel), deren m.e Erfahrung freilich gnostisch gefährdet ist. Antoine de Saint-Exupéry bildet seine Kulturkritik immer stärker in eine m.e Liebe zu Wüste und Armut um (Die Stadt in der Wüste). Ähnliche Töne klingen auch bei Ernst → Jünger an. - In der → *Malerei* (: V. VI) kann man bei → Rouault und → Nolde m.e Züge finden. Im allgemeinen tendiert die bildende Kunst aber zu abstrakten Formen (→ Picasso) oder Ursymbolen (Paul → Klee) und stößt nur selten zu einer Transzendierung aller Wirklichkeit durch.

2. Im Bereich der *Philosophie* beschäftigt sich vor allem die → Religionsphilosophie mit der M. Rudolf → Otto vergleicht indische und europäisch-idealistische M. (Westöstliche M.). Friedr. → Heiler stellt neben den prophetisch-personalen den m.-impersonalen Typus der Frömmigkeit (Das Gebet). Die Darstellung bleibt freilich konventionell. Am umfassendsten beschreibt Evelyn Underhill das Wesen der M. (M., 1911). Gegen das Leben in der vergänglichen Welt setzt der Mensch die m.e Erfahrung; Vereinigung mit Gott ist das wahre Ziel der Menschheit; M. ist geradezu das Genießen von Gottes Gegenwart. - Wichtiger ist die Beobachtung einer m.en Tendenz in der Philosophie der Gegenwart überhaupt. Für → Heidegger ist das Nichts (das → Sein) der Fluchtpunkt. Das Nichten allen Daseins wird von ihm mit m.en Vokabeln beschrieben (Sein und Zeit). Nach der »Kehre« erscheint das Nichts sogar als eine Art von schöpferischem Urgrund. Der Philosoph bemüht sich, seine Erfahrungen weltlich und nicht religiös zu beschreiben. Anders Gabriel → Marcel; für ihn ist der Seinsgrund Gott; er ist das Sein, das allem Haben widerspricht. Bertrand → Russell kommt von seinem naturphilosophischen Denken her zu der Unterscheidung von Vernunft und Intuition. Jede Pluralität setzt Einheit, jede zeitliche Erfahrung ein Jenseits von Zeit, jede Unterscheidung von Gut und Böse die Identität des Seins voraus. Der m.e Seinsgrund ist die Quelle für die Vielfalt der Welt (M. und Logik, 1952). Wichtiger noch ist der sorgfältige Versuch von Gerda Walther, in Anknüpfung an → Husserl das »Phänomen« in die m.e Grunderfahrung mit hineinzunehmen. So gelingt ihr vor allem eine neue Deutung der Gemeinschaftserfahrungen. Aus lebendiger russischer Tradition schöpft N.Arseniew. Indem er die M. der Ostkirche als Christus-M. beschreibt, die von der westlichen durch ihre größere Zurückhaltung im Persönlichen unterschieden sei, hält er der abendländischen M. einen Spiegel vor.

3. Die im *Judentum* lebendige Gotteserfahrung hat zur Folge, daß wir jüdischem Geist einen wichtigen Beitrag zur Erneuerung der M. verdanken. Hier lebt die m.e Erfahrung nicht vom Symbol, sondern aus der Offenbarung. Mit der → Kabbala versucht die neue jüdische → Mystik (: III) das AT als eine m.e Urkunde zu lesen. → Buber hat in diesem Sinn die Botschaft des → Chassidismus erneuert. Die Weisheit wird nicht als Lehre weitergegeben, sondern verkörpert sich in Personen; darum muß man Legenden von ihnen erzählen (so G.Scholem). - Den wichtigsten Beitrag zur neueren M. hat Simone → Weil gegeben. Diese französische Jüdin verbindet zweierlei miteinander: starke m.e Erfahrung, die diese Nicht-Christin in unmittelbare Begegnung mit Christus brachte, und eine unglaubliche Konsequenz sozialer Askese. Sie sucht als Intellektuelle den niedrigsten Punkt der Existenz auf, lebt das Leben einer Arbeiterin (im Weinberg) und verzehrt sich so. Der Prozeß der

»Entschaffung« der Welt ist für sie der Weg zum Heil. Hier sind drei zukunftweisende Merkmale zu erkennen: M. nicht als Bildungserlebnis, sondern als Praxis, M. als Begegnung mit Christus, M. als soziale Aktion aus der Tiefe.

4. In der *kath. Kirche* ist die Pflege der M. nicht abgerissen. Abgesehen von theologischen Untersuchungen (Jos.Bernhart, Garrigou-Lagrange) sind wichtige Versuche gemacht worden, die Erfahrungen der M. angemessen zu beschreiben (Mager, Poulain, Maréchal, Richtstätter, Merton). Unter ihnen ist der von Gerda Walther der wichtigste. Auch in der Liturgie (Odo → Casel, Romano → Guardini) und im betrachtenden Gebet (H.U.v. → Balthasar) wird ein neuer Zugang zum m.en Element des christlichen Glaubens gesucht. In ihren Anstrengungen greift die Kirche immer auf die m.en Erfahrungen entweder des 19.Jh.s (→ Newman, F.v. → Hügel) oder der großen Heiligen (→ Johannes vom Kreuz, → Therese von Avila) zurück.

5. M. findet in der Gegenwart ein lebhaftes Interesse bei vielen, die die Krise des modernen Geistes empfinden. Die meisten kommen aber über ein Bildungsinteresse nicht hinaus. Neue m.e Erfahrungen finden sich nur an wenigen Stellen. Das Besondere an ihnen scheint zu sein, daß der Mensch zu m.en Tiefen durchbricht, indem er sich der Diesseitigkeit des Lebens stellt (Rilke, Heidegger), und daß der Ort, an dem m.e Erfahrungen gemacht werden, nicht die Abgeschiedenheit, sondern die Wüste des von der Technik bestimmten Alltags ist (Weil, Exupéry). Die M. tritt also in eine Phase der Welthaftigkeit ein.

Qu.: R.Steiner, Die M. im Aufgange des neuzeitl. Geisteslebens u. ihr Verhältnis zur modernen Weltanschauung, (1901) 1924^{2} - F.v. Hügel, The mystical Element of Religion . . ., London (1908) 1923^{2} - Ders., Andacht zur Wirklichkeit (Auswahl), 1952 - M.Buber, Ekstatische Konfessionen, 1921 - Ders., Die chassid. Botschaft, 1952 - S.Weil, La pesanteur et la grâce, Paris (1947) 1948^{2}; dt.: Schwerkraft u. Gnade, 1952 - A.de Saint-Exupéry, Citadelle, Paris 1948; dt.: Die Stadt in der Wüste, 1951 - Russ. M. (Anthologie), übers. v. R.v.Walter, 1957.

Darstellungen: A.Poulain (→ Kontemplation) - E.Underhill, Mysticism, London (1911) Neuausg. 1958; dt. 1928 - Dies., Concerning the inner Life, ebd 1926 - B.Russell, Mysticism and Logic . . ., ebd (1917) 1936^{5}; dt. 1952 - H.Schwarz, Über neuere M., (1920) 1922^{2} - P.Blau, Christentum u. M., 1922 - R.Garrigou-Lagrange, Perfection chrétienne et Contemplation . . . I. II, St. Maximin 1923; dt.: M. u. christl. Vollendung, 1927 - Ders., Traité de théologie ascétique et mystique I. II, Paris 1948; dt. 1953/55 - G.Walther, Zur Phänomenologie der M., (1923) 1955^{2} - U.Altmann, Vom heiml. Leben der Seele, (1925) 1939^{2} - N.Arseniew, Ostkirche u. M., (1925) 1943^{2} - Ders., Die Verklärung der Welt u. des Lebens, 1955 - H.Bremond, Prière et poésie, 1926; dt.: M. u. Poesie, 1929 - Ders., Falsche u. echte M., dt. 1955 (Gegenüberstellung der Mystikerinnen Jeanne des Anges u. Marie de l'Incarnation) - O.Karrer, Textgesch. der M. III: Gott in uns. Die M. der Neuzeit, 1926 - F.K.Schumann, Christl. u. m.er Gottesgedanke (ZSTh 3, 1926, 298-333) - Fr.Rittelmeyer, Meditation, 1929 - L.Schreyer, Die M. der Deutschen, 1933 - A.Stolz, Theol. der M., 1936 - D.Mahnke, Unendliche Sphäre u. Allmittelpunkt. Beitr. z. Genealogie der mathemat. M., 1937 - W. Allen, The timeless Moment, 1946 - A.Mager, M. als seelische Wirklichkeit, 1946 - G.Wunderle, Arzt u. M., 1949 - Edith Stein, Kreuzeswissenschaft, 1950 - K.O.Schmidt, Der Weg zum Gotterleben. Ein Brevier prakt. M., 1954 - G.Scholem, Die jüd. M. in ihren Hauptströmungen, dt. 1957 - C.Albrecht, Das m.e Erkennen, 1958 - W.Nigg, Heimliche Weisheit, 1959. *H.-R.Müller-Schwefe*

IX. Christentum und Mystik, grundsätzlich

1. Religion und M. - 2. Notwendige Richtigstellungen - 3. Das objektive Element der M. - 4. M. im christlichen Ursprung - 5. Das Verhältnis von Christentum und M. - 6. Lebensrecht der M.

1. Religion ist nicht M. und M. nicht → Religion. Nur religiöser Dilettantismus kann die klare begriffliche Grenze zwischen beiden verwischen. M. entsteht in einer vorhandenen Religion zu einem bestimmten Zeitpunkt ihrer Entwicklung, wenn deren priesterliche und prophetische Offenbarungsform zu erstarren beginnt und damit das religiöse Leben in diesen sich sinnentleerenden Formeln keinen Ansatzpunkt mehr findet (→ Mystik: I, 2). M. bedarf also immer auch der Ansatzpunkte an der Offenbarung und kann sich nie ganz von ihrer Mutterreligion lösen, denn selbst die modernste Form der M., die sich seit der Renaissance an eine bestimmte weltanschauliche Bildungsreligion und -philosophie anlehnt, kann nicht unabhängig gedacht werden von den säkularisierten Formen der Religion, aus denen sich diese Bildungsreligion entwickelte. Religion und M. überschneiden sich, sind aber nie kongruent.

2. Daraus sind schon eine Reihe von Gegenargumenten wie aber auch Beweisformeln für eine grundsätzliche Kritik vom Christentum her gegeben. Zunächst ist festzuhalten, daß die M. ein viel zu komplexes Gebilde ist, als daß sie sich einfach in die einseitigen, emotional verzerrten Schemata ihrer Gegner und Verteidiger einpressen ließe. Sie muß verstanden werden aus der Dialektik des Paradox, in der jede Definition in Wesensspannung steht zu ihrer zugehörigen Gegendefinition. So kann man nicht einfach sagen, M. habe keine Offenbarung zur Voraussetzung, kein Geschichtsverständnis, leugne die Distanz zwischen Gott und Seele. Sie geht ja gerade von dieser schmerzlichen Distanz aus, die sie durch vertieftes Schriftverständnis zu überwinden trachtet, und alle Mystiker kannten das bleibende Fernegefühl zur Gottheit. Auch die Weltflucht wurde durch vertiefte Weltdeutung kompensiert. Es gibt auch Formen einer ausgesprochenen Geschichts-M. (→ Augustin, Seb. → Franck, J. → Böhme, → Hegel). Und die → Hermeneutik der Hl. Schrift hat oft gerade durch die Predigt der Mystiker wesentliche Weiterbildung erhalten. Daß immer die latente Gefahr eines Umschlagens ins Gegenteil besteht, gehört zum paradoxalen Charakter dieses Phänomens und soll gar nicht geleugnet werden. Es ist auch nicht richtig, daß die M. die → Ethik und den Dienst an der Welt verleugne. Viele entscheidende Stellen aus → Eckehart, → Tauler, → Fichte (»Anweisung zum seligen Leben«) sprechen dagegen. Man kann auch nicht mit H.Stephan von »christianisierter M.« reden, die ihr Wesen als M. am Christentum gleichsam gebrochen und korrigiert habe. Wenn Stephan nur die indisch-griech. Formen als reine M. ansieht, so ist das eine begriffliche Unschärfe, der schon Scholz in den klaren Unterscheidungen seiner Religionsphilosophie scharf entgegentritt. Auch aus dem Christentum hat sich zu bestimmten Zeitpunkten die M. als legitimes Phänomen entwickelt (→ Mystik: V-VII). Auf keinen Fall darf man andererseits, wie es Titius (121) in wohlgemeinter Absicht tut, »Lebendigkeit der Religion« mit echter M. identisch setzen und die häretischen Abweichungen der M. als Mystizismus bezeichnen. All das verwirrt die klaren begrifflichen und historischen Tatbestände und Ausgangspunkte.

3. Auch der leichtfertigen Behauptung des Subjektivismus der M. tritt Scholz entgegen. Oft mag es so klingen, als hätten die Mystiker nur ihr metaphysisches Ich erlebt. Ich-Erlebnisse aber können niemals ein Schlüssel zum Verständnis religiöser Phänomene sein. Die unio mystica als Zentralbegriff der M. setzt stets den transsubjektiven Charakter des Göttlichen voraus. Der Unterschied von Schöpfer und Geschöpf wird nicht ausgelöscht: »In ipsa unione semper creatura manemus« (→ Jan van Ruysbroek).

4. Trotz des Distanzbewußtseins von Schöpfer und Geschöpf im Christentum zeigt dieses bereits in seinen Ursprüngen bei Johannes und Paulus m.e Ansätze, weil

es ja auch schon eine vorhandene Religion neu interpretiert, umbildet (→ Mystik: IV). Der paulinische »Christus in uns« ist durch → Angelus Silesius leidenschaftlich aufgenommen. Und hier erhebt sich die Frage, ob die radikale Forderung: »Christ sein heißt Gottmensch werden wie Christus« nicht ein enthusiastisches Übersteigern und Auslöschen der wesensmäßigen Distanz zwischen Gott und Mensch ist. Dieses hochmütig übersteigerte Christentum hat Luther als Schwarmgeisterei bekämpft. Aber es kann nicht verschwiegen werden, daß dann auch → Kierkegaard unter dieses Verdikt fallen muß, da er nach Aussagen maßgeblicher Forscher (Søe, Diem u.a.) in seinem radikalen Ernst nicht Christen fordere, sondern Christusse. Man sieht, wie haarscharf man sich hier an der Grenze bewegt und ernste Christen, deren Verinnerlichung die Tiefe der M. erreicht, zu Häretikern stempelt. Man darf wohl die historische Aufgabe nicht vergessen, einer lau gewordenen Zeit die volle Radikalität der christlichen Forderung eben aus m.er Übersteigerung entgegenzuhalten. Das aber war und ist die Aufgabe der Mystiker am Christentum zu jeder Zeit. Auch → Luther schöpft in der Frühzeit seiner Theologie aus → Tauler und der → Deutschen Theologie und gewinnt dadurch seine vertieften reformatorischen Ansätze in Buße, Gnade, Rechtfertigung usw. Auch im Problem der Aktualisierung der Geschichte (J.Böhme: »Glaube ist nicht allein Historienwissen, sondern Tun, Tun, oder es gilt nicht!«) kommt Luther sehr nahe an die M. heran, so in seiner Aussage 1538 über die Weihnachtsgeschichte. Auch sein Naturerlebnis trägt zT m.-pantheistische Züge (»Gott in, außer und über alle Ding«; vgl. L.Richter, Immanenz und Transzendenz im nachreformatorischen Gottesbild, 1954). Daß wir heute nicht mehr wie Scholz einem aus der M. gewonnenen idealistischen Christentum das gleiche Lebensrecht zugestehen können wie dem Offenbarungschristentum, ist im wesentlichen der Wirkung Kierkegaards zu verdanken.

5. Für eine gerechte grundsätzliche *Würdigung des Verhältnisses von Christentum und M.* wäre nunmehr auszugehen von dem Gegensatzpaar prophetischer und m.er Frömmigkeit. Dabei ist zu beachten, daß die M. als paradoxes Lebensgebilde sich weitgehend eindeutiger Typisierung entzieht und daß prophetische Frömmigkeit zu gutem Teile in m.en Urerlebnissen wurzelt, daher ihr reformatorischer Charakter. Prophetische Frömmigkeit ist aktivistisch fordernd, alle ergreifend, gemeindebildend, personalistisches Gottesbild, historisch, dogmatisch, intolerant, in ihrem Geltungsanspruch universal, exoterisch. M.e Frömmigkeit ist passiv, individualistisch, Allheitsgedanke in bezug auf Gott, ahistorisch, undogmatisch, tolerant, sich nur an esoterisch Eingeweihte wendend. Als moderne Beispiele ließen sich etwa für den prophetischen Frömmigkeitstyp Kierkegaard (unter Beachtung seiner m.en Verinnerlichung) und für das m.e Frömmigkeitsideal → Rilke wählen. – Zugleich aber wird deutlich, wie bedenklich diese einseitige Gegenüberstellung der Gegensätze ist. Dennoch ist diesem Arsenal das meiste an theologischen Waffen gegen die M. entnommen: Sie entspringe nicht der Offenbarung, sondern einer Stimmung des Welt- und Lebensüberdrusses; das Motiv der Erlösung würde zur Selbsterlösung, Schöpfung und neue Schöpfung werden übersehen, Gott wird zu einem leeren Nichts; das Erlebnis der Sünde und Schuld wird hintangesetzt, Einheit mit der Gottheit wird durch metaphysische Spekulation und Abstraktion gewonnen, die Wertung des Menschen und Mitmenschen als Persönlichkeit tritt zurück. Das m.e Gebet sei selbstgemachte θεοποίησις, Selbstauflösung des Ich, dem die Praxis des lebenbejahenden christlichen Gebets entgegengehalten wird. Dem ist aber wieder ein Wort Kierkegaards entgegenzuhalten vom Gebet als Kampf zwischen Mensch und Gott, bis der Mensch gänzlich verstummt und nur noch Gott reden hört. – Statt → Kontemplation als Kunst der Selbsterlösung fordert die christliche Theologie das → Gebet (: VI) als Verkehr mit Gott. Vergottung des Seelengrundes wird zur hochmütigen, schwärmerischen Übersteigerung des metaphysischen Ich. Die M. ziehe den Christen ab von der Offenbarung auf die Bahn der → natürlichen Religion. Die Grenzen zwischen M. und philosophischer Bildungsreligion würden dadurch fließend, nur daß diese sich mehr der Weltgestaltung zuneige, die M. mehr der Welt*kritik*. Es fehle in der M. das Verhältnis zum Bruder und zur Gemeinde, sie sei aristokratischer Individualismus.

6. Es ließen sich zu jeder dieser Behauptungen Gegenstellen von christlichen Mystikern anführen. Doch sei sogar zugegeben, daß es namentlich in der Weiterbildung zur modernen Bildungs-M. solche Auswüchse und Bedenklichkeiten gegeben hat und gibt, denen die mahnende Stimme der Offenbarungstheologie entgegengehalten werden muß. Zugleich aber muß über das Lebensrecht und die bleibende Aufgabe der M. im lebendigen Christentum folgendes gesagt werden: a) Es ist die Aufgabe des Christen, sich zur Welt wohl in Verantwortung, aber in kritischer Distanz zu verhalten. Bei dieser Aufgabe hat gerade die herausrufende Stimme des weltkritischen Mystikers ihre bleibende Sendung. – b) In einer Zeit, in der das Christentum von religiöser Vermassung bedroht wird, ist es die Aufgabe des religiösen Individualismus der M., hier »entmassend« zu wirken, mehr Wert auf die religiöse Verinnerlichung des Einzelnen zu legen und »die Begriffe richtigzustellen«. – c) Dies gilt auch für die ethischen Auswirkungen des Absinkens der Massengesellschaft in die Vorhofreligion. Kierkegaard betont mit Recht den ethischen Laxismus des gegenwärtigen Christentums, das sich dabei zu Unrecht auf Luther beruft. Die M. mit ihrer planmäßigen religiösen Selbsterziehung und meditativen Versenkung ist ein notwendiges Heilmittel gegen die zerstreuenden Tendenzen der Zeit. Introversion des Mystikers muß als Korrektiv an die Stelle der hektischen Extraversion der modernen Industriegesellschaft treten. – d) Schließlich ist es ganz allgemein die Aufgabe der M., den Strom christlicher Religiosität vor Erstarrung und Absinken in leeren Formalismus zu bewahren. Es könnte sich zB aus der Überbetonung des unendlichen Abstandes von Gott und Mensch eine Mutlosigkeit und religiöse Indifferenz entwickeln, gerade etwa angesichts des absurden Lebensgefühls gegenüber unserer menschlichen Situation als eines Ausgeliefertseins an eine sinnlos gewordene Natur und Geschichte. Für alle religiös Heimatlosen hat die M. eine tröstende Botschaft und den Auftrag, auf höherer geistiger Ebene erneut die verlorene Einheit von Gott und Mensch persönlich zu erstreben. Der moderne Mensch muß heute erst stufenweise an Gott und seine Offenbarung herangeführt werden. Dazu bedarf es der erzieherischen Erfahrung der christlichen M. Diese hat also mehr denn je eine Mission auch am und im Christentum und ein nicht zu bestreitendes Lebensrecht.

K.JASPERS, Psychologie der Weltanschauungen, (1919) 1925^3 – H.STEPHAN, Glaubenslehre, (1920) 1941^3 – H.SCHOLZ, Religionsphilos., (1921) 1922^2 – E.BRUNNER, Die M. u. das Wort, 1924 – A.TITIUS, Beiträge zur Religionsphilos., 1937, bes. 111ff – G.MENSCHING, Soziologie der Religion, 1947 – L.RICHTER, Schöpferischer Glaube im Zeitalter der Angst, 1954. *L. Richter*

Myth and Ritual-Schule → Kultgeschichtliche Methode: I, → Kultgeschichtliche Schule.

Mythos und Mythologie

I. Mythos, begrifflich und religionspsychologisch - II. Religionsgeschichtlich - III. Im AT - IV. Im NT - V. Evangelium und Mythos in der missionarischen Verkündigung. - M. = Mythos, m. = mythisch, Ml. = Mythologie, ml. = mythologisch. - Ergänzend vgl. bes. → Eschatologie, → Schöpfung, → Theogonie, → Weltbild und Weltanschauung

I. Mythos, begrifflich und religionspsychologisch

1. Form und Funktion des M. - 2. Inhalt des M. - 3. Die Stellung des M. in der Kulturgeschichte - 4. M. und Metaphysik - 5. M. und Religion - 6. M. und Wissenschaft - 7. M. und Ethos - 8. Die wichtigsten neuzeitlichen Auffassungen des M.

1. Seiner *Form* nach ist der M. eine Erzählung; er berichtet über einen Verlauf von Geschehnissen. Formkritisch muß er daher gegen analoge Formen der Erzählung abgegrenzt werden. Im Gegensatz zur → *Sage* liegen den Geschehnissen des M. keine wirklichen geschichtlichen Ereignisse zugrunde. Der M. transzendiert die Grenzen der Geschichte; die Geschehnisse, von denen er berichtet, liegen jenseits der realen Zeit, in der die Geschichte eines Volkes sich entfaltet hat. Der M. hat seine eigene → Zeit, die m.e Vorzeit oder Endzeit. - Nach der anderen Seite hin muß der M. vom → *Märchen* oder der → *Fabel* unterschieden werden. Das Märchen spielt sich in einer eigenen Welt ab, in der alles ebenso gesetz- und vernunftmäßig vor sich geht wie in der realen Welt, nur daß die Geschehnisse nach Regeln ablaufen, die ihre eigene und unverrückbare Struktur haben. Die »Zeit« des Märchens läßt sich zur realen Zeit in kein Verhältnis bringen; seine Zeit ist ein unbestimmtes »Es war einmal«. Anders beim M. Die Verschiedenartigkeit rührt hier nicht von einer Verhältnislosigkeit her, sondern beruht darauf, daß die Welt des M. in ihrem Verhältnis zur realen Welt das Grundlegende ist. Der M. handelt von Ereignissen, aus denen sich das je gegenwärtige Dasein und seine Lage ergibt. Daher ist auch der M. stets Ausdruck einer Anschauung vom Leben. - Weil der M. in dieser Weise seine eigene Zeit hat, läßt er sich auch zur wirklichen Zeit in verschiedenartige Beziehung bringen. Seine Vorzeit kann in dem Sinne zur Urzeit werden, als seine Geschehnisse von neuem vollziehbar sind. Dies geschieht im → *Kultus*. Eine ungeklärte Frage ist, ob der Kult oder der M. das Primäre ist; oft stehen sie in engster Beziehung zueinander und fungieren realiter als eine Einheit. Im Kultfest ereignen sich die Vorgänge, von denen der M. berichtet, von neuem, und die m.e Erzählung erhält als ἱερὸς λόγος im → Ritus des kultischen → Dramas ihren Platz. Der M. bekommt daher *ätiologischen* Charakter; die einzelnen Teile des Kultfestes erhalten ihr αἴτιον in dem Bericht des M., daß gerade dies in den grundlegenden Ereignissen geschah. Weil Demeter bei der Ankunft in Eleusis den Wein zurückwies und Kykeion trank, darum trinkt man Kykeion zum eleusischen Fest. Es ist klar, daß das αἴτιον des M. in der Regel falsch ist. In Wirklichkeit trank man Kykeion, weil dies vor der Einführung des Weinanbaus das übliche Bauerngetränk war. - Wird der M. im Nachvollzug des Kultes wiederholbar, so verliert er den Charakter des Ereignisses als eines Einmaligen und wird »ewig«. Von daher könnte man meinen, daß der M. im Grunde genommen gar nicht von Ereignissen berichten, sondern vielmehr »ewigen« Wahrheiten Ausdruck verleihen, die Struktur des gegebenen Kosmos schildern, die Gesetze des Daseins enthüllen, Zusammenhänge und Wirklichkeit dartun will. Im M. erhalten dann die allgemeinen Begriffe eine geschichtliche Einkleidung, und er selbst wird zur → *Allegorie*. Diese Betrachtungsweise, von der zB auch → Barth ausgeht, ist nur begrenzt richtig, denn genau genommen gilt sie nur für Mythenbildungen, die aus Zeiten stammen, in denen die m.e Denkweise als solche bereits verlassen ist. Der M. ist dann nämlich schon zum Kunstprodukt übergegangen; er wird wesentlich aus ästhetischen Gründen verwendet und endet in den großen allegorischen Dichterwerken, deren m.e Form unecht ist.

2. Eine allgemein akzeptierte Definition des M. ist, daß er *Göttergeschichte* sei. Da der M. in der Regel von Göttern, ihren Handlungen und Leidenschaften, ihren Kämpfen, Leiden und Siegen berichtet, ist sie gewiß sinnvoll. Doch muß sie, um das Wesentliche zu decken, recht verstanden werden. Niemals will der M. lediglich Geschichten über die Götter erzählen. Ist das Kulturstadium eingetreten, wo man an Göttergeschichten Gefallen findet und von der Phantasie ständig neue erdichten läßt, so hat man den M. hinter sich gelassen. Der echte M. berichtet von der grundlegenden und folgenschweren Geschichte der Götter, in deren Nachwirkung man immer noch lebt. Man könnte den M. daher wohl eher als *Ursprungsgeschichte* bezeichnen, sofern er von Ursprünglichem berichtet (Kerényi). Die Geschehnisse des M. sind Gründung eines Zustandes und weiteres Gestaltungsmuster, und der M. als solcher ist die Begründung. Die Art des Grundes, den der M. legt, muß somit eher als ἀρχή denn als αἴτιον betrachtet werden. Dementsprechend sind die Ereignisse des M. Geschehnisse, die man - auch abgesehen von ihren eventuellen Verbindungen mit dem Kult - erlebt und durchlebt, ist man doch in seinem Dasein von ihrer Bedeutung her bestimmt. - Aus dem gleichen Grunde ist der M. keine Götterbiographie, sondern will in der Geschichte, die er über einen Gott berichtet, dessen Wesen und Wirkungsbereich enthüllen und die Beziehungen aufzeigen, die zwischen ihm und dem Kosmos oder dem Menschen bestehen. Wenn der M. zB von einem Götterkind berichtet, so ist dies nicht die Einleitung einer Lebensbeschreibung, denn in der Handlung des Götterkindes ist auch der Gott als »Erwachsener« zugegen. Die Handlung des Götterkindes ist nicht kindlich, sondern göttlich; Hermes als Kind tut das, was Hermes infolge seines Wesens und Wirkungsbereiches tun muß.

Zur Klassifikation der Mythen nach ihrem Inhalt vgl. → Mythos: II, 3.

3. Der M. gehört einer bestimmten Kulturepoche an. Man kann von einem *vor-m.en* Kulturstadium, dem eigentlich *mythenerzeugenden* Zeitraum und der *nach-m.en* Zeit sprechen, und man kann darüber streiten, ob die Vorstellung einer prinzipiell nicht-m.en Kultursituation überhaupt möglich ist. - Mythen können sich erst bilden, wenn das Wirklichkeitsgefühl einer Kultur eine bestimmte Strukturierung erfahren hat. Solange man die Natur noch als das »Wirkliche« und »Göttliche« empfindet (→ Naturmythologie), solange man sich m.a.W. noch im Stadium des → Animismus oder Präanimismus befindet, hat der M. gleichsam keine Entfaltungsmöglichkeiten. Die Erscheinungen und Geschehnisse sind selbst der Sitz der göttlichen und dämonischen Kräfte, die sie hervorbringen (→ Macht: I, → Mana). Man kann sie daher nicht so auf Abstand bringen, daß sich Mythen um sie bilden oder daß sie zum Gegenstand eines Kultes gemacht werden können; man verhält sich direkt zu ihnen durch → *Magie* und → Beschwörung. - Erst wenn sich die Trennung zwischen → heilig und profan eingestellt hat, wenn die Welt als Kosmos betrachtet, der Mensch als ein dem Göttlichen verhältnismäßig selbständig gegenüberstehendes Ich angesehen und das Göttliche transzendent (→ Transzendenz) wird, liegt eine Wirklichkeitsauffassung vor, aus der heraus sich Mythen bilden können. Die Götter sind *Zwischenwesen* zwischen der profanen »Welt« und dem göttlichen

Numen, ihre Handlungen und Beschlüsse sind vermittelnde Ereignisse, durch die die → numinose Macht ihre differenzierende Tätigkeit im Erschaffen, Herrschen und Befreien ausüben kann. Da der → Himmel häufig als Ort der Vermittlung, als die »Mitte« aufgefaßt wird, wird die Tätigkeit der m.en Wesen den Himmelskörpern beigelegt. Die Mythen sind dann wesentlich *Astralmythen* (→ Astralreligion), und die Verschiedenartigkeit solarer und lunarer Gottheiten wird zum Angelpunkt des m.en Verständnisses. - Doch hat die Kultursituation, die zur Mythenbildung veranlaßt, labilen Charakter. Die Vorstellung der Götter als handelnder und vermittelnder Zwischenwesen neigt dazu, die Vorstellung einer Trennung zwischen Immanenz und Transzendenz zu befördern. Die Götter werden zu → Gott, dem ewigen und unerkennbaren Wesen, das wohl Ursprung ist und den immanenten Kosmos trägt, doch nicht in dem Sinne, wie es im M. ausgedrückt werden kann. Das Verhältnis zwischen Gott und Welt läßt sich nicht mehr als eine Handlung und ihre Folgen betrachten, es hat keinen Ereignischarakter, und die alten Mythen werden daher verworfen oder allegorisch gedeutet (→ Allegorie: I). - In der Zeit, in der die Auseinandersetzung mit den überlieferten Mythen in Polemik oder Deutung stattfindet, zeigt sich auch die Neigung, große künstliche Ml.en herzustellen. Der M. hat unter solchen Umständen die Tendenz, sich zu einem philosophischen Theorem zu verwandeln, und das bisweilen aus höchst verschiedenen Bestandteilen zusammengesetzte ml.e System ist möglicherweise nur eine verkleidete → *Metaphysik*.

4. Kulturgeschichtlich betrachtet ist es jedenfalls das *metaphysische* Denken, das die Funktion des M. übernimmt. In der europäischen Geschichte bildet → *Plato* eine merkwürdige Übergangserscheinung. Für ihn kann die eigentliche Wahrheit nicht Gegenstand einer Aussage sein; sie kann nur als das im Prozeß des Dialoges ständig Erstrebte, doch nie endgültig Formulierte auftauchen. Stark beeinflußt von der Orphik (→ Orpheus) und den → Pythagoreern, ergreift Plato den M. als die Form der sprachlichen Aussage, in der die Wahrheit sich kundtut und doch zugleich die Sprache transzendiert. Im platonischen M. werden die Voraussetzungen des Dialoges aufgedeckt, doch wird seiner Form zufolge dem Menschen gleichzeitig die Illusion entrissen, daß er selbst der Herr seines Ursprunges und Zieles sei. - Schon mit → Aristoteles aber verschwindet der M. als philosophische Ausdrucksform, und in den nachfolgenden metaphysischen Spekulationen verwandeln sich die personalen und handelnden Mächte des M. zu abstrakten Begriffen wie τὸ ἕν, summum ens, → Ding an sich usw. Die Anschauung vom Wesen des → Daseins und von der Natur des Menschen sind auf diese Weise unmythologisch geworden; sie entspringen nicht mehr den grundlegenden Geschehnissen, und die Aussagen, in denen sie zum Ausdruck kommen, haben den Charakter der Erzählung eingebüßt.

5. Wie der M. in einer vorwärtsschreitenden philosophischen Selbstbesinnung überwunden wird, wird er auch aus dem *religiösen* Bereich vertrieben. In der prophetischen → *Verkündigung* kann der M. als ein unangemessener Ausdruck der Macht Gottes und seines Anspruches angegriffen werden, der das rechte Verhältnis zwischen Gott und dem Menschen zerstört habe. An die Stelle des M. und seiner Auswirkung im Kult treten nun die prophetische Verkündigung und die ethische *Forderung* als diejenigen Bereiche, in denen sich das Gottesverhältnis auf legitime Weise entfaltet. Dies ist oft mit *monotheistischen* Tendenzen verbunden (→ Monotheismus). Wenn die Gottesvorstellung spiritualisiert wird und die Auffassung vom Menschen und seinem Verpflichtetsein vor der göttlichen Forderung sich von allen primitiven Vorstellungen einer Gebundenheit an kosmische Mächte frei macht, so wird der M. als falsche Objektivierung der Gottheit erkannt, als ein Versuch, das Göttliche in den kosmischen Bereich, in Zeit und Raum, hineinzuziehen, als eine Vermischung von Heiligem und Profanem oder als Versündigung gegen den transzendenten Charakter der Transzendenz. - Zeiten dieser Art lassen vielfach das → *Dogma* anstelle des M. treten. Das Dogma erhält dann Ähnlichkeit mit der metaphysischen Aussage; es wird darin die fundamentale Wahrheit vorgelegt; es wird formuliert, was Gott ist und worauf die Forderung an den Menschen ausgeht. Die fundamentale Anschauung kommt zum Ausdruck, nicht in der Erzählung des M. von den ursprünglichen Ereignissen, sondern in der Beschreibung von Zuständen durch die direkte Aussage. Der Unterschied zwischen dem Dogma und der metaphysischen Aussage beruht weder auf der logischen Form des Sprachlichen noch in erster Linie auf dem Inhalt, sondern auf der Quelle und auf der Begründung. - Dogma und M. haben auch dies gemeinsam, daß sie je in ihrer Form die fundamentalen Wahrheiten entfalten und veranschaulichen wollen. Doch begegnet im religiösen Bereich eine radikalere Überwindung des M.; sie geschieht in der → *Mystik*. Der Mystiker ist bestrebt, jede Anschaulichkeit in einem anschauungslosen Erlebnis der reinen Einheit zu überwinden. Dies bedeutet nicht unbedingt, daß er jeden Gebrauch des M. ablehnen müßte. Er kann sehr wohl den M. als einzig möglichen, wenn auch inadäquaten Ausdruck der absoluten und unterschiedslosen Realität beibehalten, die er in der mystischen → Ekstase als Einheit erlebt hat (so zB im → Neuplatonismus).

6. Anders und radikaler als in der Metaphysik und in der Religiosität wird der M. in der → *Wissenschaft* überwunden. Da der M. vom Ursprünglichen berichtet, enthält er zugleich eine Anschauung des Wesens und der Funktion der gegebenen Phänomene. Man kann in einem gewissen Sinne sagen, daß der M. das Vorstadium der Wissenschaft ist. Die empirische Einsicht in die Funktionsweise der Phänomene muß deshalb in ihrer Weiterentwicklung die m.e Auffassung ablehnen. Diese Einsicht liegt → Bultmanns Programm der → Entmythologisierung zugrunde. Das nt. → Weltbild (: III) war m. (→ Mythos: IV), weil es sein Verständnis von der Zusammensetzung und dem Wesen der Welt aus den Mythen holte. Daran ist nicht nur dies bedenklich, daß sich ein falsches Weltbild einstellt, sondern wichtiger ist, daß man damit dem »Jenseits« falsche Gesichtspunkte zugrunde legt. Der M. behandelt »das Unweltliche weltlich«, und damit erweist er sich auch in religiöser Hinsicht als ein Mißgriff.

7. Wie der M. eine detaillierte Anschauung der gegebenen Welt enthalten kann, ist ihm auch ein nahes Verhältnis zum *Ethischen* möglich. Das ist aber durchaus keine Notwendigkeit. Entsteht der M. etwa aus einem Ackerbaukult (→ Ackerbau: I), wie zB in Eleusis, so kann er eine dichterisch so hochwertige Ausformung finden, wie den Demeter-Hymnus, ohne daß sich damit andere Ansprüche stellen als die rein kultischen Handlungen: Reinigungen, Einweihungen u.ä. Andrerseits wird sich ständig die Neigung zeigen, die Normierung, zu der der M. veranlaßt, auf immer weitere Gebiete zu erstrecken und diese ethisch zu unterbauen. Bei den Orphikern ist der grundlegende anthropogonische M. deutlich darauf ausgerichtet, die Vorstellung eines besonderen orphischen Lebens zu begründen. - Das ethische Element tritt bes. in den späteren Stadien der Mythenbildung stärker in den Vordergrund. Dies wird dadurch bestätigt, daß die metaphysischen Systeme, von denen

die Ml.en abgelöst werden, fast immer eine metaphysisch begründete Ethik ausbilden. Weiterhin zeigt es sich daran, daß die Auseinandersetzung zwischen Metaphysik und Ml. gerade auf ethischem Gebiet bes. stark ist, sowohl was den Inhalt als auch was die Begründung der ethischen → Normen betrifft. Je mehr das m.e Denken an Kraft verliert, desto aufdringlicher tritt die ethische Begründung zutage.

8. Als derjenige, der das Studium des M. in neuerer Zeit in wissenschaftliche Bahnen gelenkt hat, muß → *Hume* genannt werden. Gegen die Vorstellungen des → Deismus (: III) von einer → »natürlichen Religion« behauptete er, die ml.en Vorstellungen seien eine Art primitive Naturerklärung, und ihr Ursprung sei im affektiven Leben zu suchen. Hoffnung und bes. Furcht seien das, was den Menschen dazu treibe, m.-religiöse Vorstellungen auszubilden. - Der deutsche → Idealismus (: II) und die → Romantik entdeckten - als Reaktion gegen die → Aufklärung - die Mythen neu und würdigten sie bes. unter ästhetischem Gesichtspunkt als Dichterwerke. Die m.e Dichtung war für sie ein selbständiges Erzeugnis des geistigen Lebens, ein eigenständiges Produkt der schöpferischen Phantasie. Auf spekulativ-philosophischer Ebene hat bes. → *Schelling* die Mythen zum Zentralen erhoben: Die Prinzipien, die sich bei Gott als Einheit finden, setzen sich in einer Art von metaphysischem Prozeß im menschlichen Bewußtsein durch und spalten sich in Gegensatz und Spannung; der Ausdruck dessen sind die Mythen. - Die → Religionsgeschichtliche Schule der 2. Hälfte des 19.Jh.s knüpfte mit *H.Usener* wieder bei Hume an. Durch *Wilh.* → *Wundt* jedoch kam die Mythenforschung einen Schritt weiter. Er betrachtete die Affekte als Quelle der Mythen; daß aber die Affekte zu m.en Vorstellungen führen konnten, ist auf die Phantasie zurückzuführen. Durch die Apperzeption der Dinge als Personen ist es dem Menschen möglich, seine Gemütszustände sich objektivieren zu lassen. Wundt hatte freilich noch nicht das Spezifische der Gefühle und der Phantasie im Blick, aus dem die Mythen resultieren. Hier trat *R.* → *Otto* ergänzend hinzu. Seine Beschreibung der Affektzustände, von denen der Mensch gegenüber dem → Numinosen ergriffen wird, zeichnen sich u.a. dadurch aus, daß er das religiöse Gefühl als etwas ganz Spezifisches bestimmt. Das Primäre ist der Affektzustand. Die Mythen gesellen sich lediglich als Phantasiebilder hinzu, ja sie sind gleichsam Abfallprodukte, die zudem zu einer Schale erstarren können, die verhindert, daß sich eine echte religiöse Haltung einstellt. - Von einem mehr erkenntnistheoretischen als psychologischen Ausgangspunkt her untersuchte *E.Cassirer* (→ Neukantianismus) die m.en Bildungen. Seiner Auffassung nach hat der M. sein eigenes Wesen und bildet neben Kunst, Sprache und Wissenschaft eine der symbolischen Formen des geistigen Lebens; er baut seine Welt nach eigenen Gesetzen auf und erhält seinen spezifischen Wert von seinem in sich ruhenden Bedeutungszusammenhang her. Andererseits blieb für Cassirer die Symbolik des M. eine Art primitives Lebensverständnis, dem das wissenschaftliche Erkennen entstammte - und entwuchs. - Hier mußte *Paul* → *Tillich* Cassirer entgegentreten. Tillich versteht den M. als Symbol der Unbedingtheit oder des Seins-Jenseitigen, auf das sich der religiöse Akt ausrichtet. Der M. wählt sich seine Gegenstände aus, die er zum Symbol des → Unbedingten erhebt. Insofern das Unbedingte eine Realität ist, ist auch der M. in seiner symbolischen Ausrichtung auf dieses hin real. Tillich betont, daß der M. sich seine Symbole nicht willkürlich auswählt. Die Symbolbildung hat ihre Gesetzmäßigkeit darin, daß das Symbol an dem, was es symbolisieren soll, selbst partizipiert. - Endlich hat in heutiger Zeit die psychoanalytische Forschung wichtige Beiträge zum Verständnis des M. geliefert. Für → *Freud* waren die Mythen Ausdruck verdrängter Wünsche. Er wies eine psychologische Gesetzmäßigkeit nach, wonach sich die Verdrängungen im symbolischen Ausdruck niederschlagen, ein Befund, mit dem die psychoanalytische Traumdeutung arbeitet (→ Psychotherapie: I). Bedeutsam ist ferner Freuds Auffassung von der Entstehung der Kultur aus Urereignissen, vom Urverbrechen, dessen bleibende und unumgängliche Folge der Ödipus-Komplex ist. - Die Symbolbildungen, die noch bei Freud lediglich individualpsychologisch verstanden und ausgewertet werden, werden von *C.G.* → *Jung* als gültiger Ausdruck überindividueller Lebenswahrheiten gedeutet, aus denen heraus das einzelne Ich lebt. Mit Hilfe seiner Begriffe des kollektiv Unbewußten (→ Tiefenpsychologie) und der Archetypen als der Formen, unter denen es in Erscheinung tritt, hat Jung versucht, die Schranken der individuellen Psychologie zu durchbrechen und Träume und Mythen als die Symbole hervortreten zu lassen, in denen sich die geheimnisvolle Transzendenz als solche in der Welt des menschlichen Bewußtseins kundtut. Jungs Gedanken haben sehr fruchtbringend auf die ml.e Forschung der Gegenwart eingewirkt.

H.USENER, Götternamen, (1896) 1929^{2} - W.WUNDT, Grundriß d. Psychologie, (1896) 1922^{15} - DERS., Völkerpsychologie IV-VI: M. u. Religion, (1905-09) $1923/26^{3.4}$ - S.FREUD, Die Traumdeutung, 1900 - DERS., Totem u. Tabu, 1913 - DERS., Das Unbehagen in d. Kultur, 1930 - G.F.LIPPS, Mythenbildung u. Erkenntnis, 1907 - F.LANGER, Intellektual-Ml., 1916 - R.OTTO, Das Heilige, (1917) $1958^{29.30}$ - L.LÉVY-BRUHL, Das Denken d. Naturvölker, dt. (1921) 1926^{2} - TH.-W.DANZEL, Kultur u. Religion d. primitiven Menschen, 1924 - E.CASSIRER, Philos. d. symbol. Formen II: Das m.e Denken, (1925) 1953^{2} - P.TILLICH, Religionsphilos. (in: M.DESSOIR [Hg.], Lehrbuch d. Philos. II, 1925, 769-835) - RGG^{2} IV, 363 ff (DERS., Lit.) - K.TH. PREUSS, Glauben u. Mystik im Schatten d. höchsten Wesens, 1926 - P.PHILIPPSON, Unters.en über d. griech. M., 1944 - C.G.JUNG-K. KERÉNYI, Einführung in d. Wesen d. Ml., 1951 - K.KERÉNYI, Die Ml. d. Griechen, 1951 - DERS., Umgang mit Göttlichem, 1955 - W.F. OTTO, Gesetz, Urbild u. M., 1951 - DERS., Theophaneia, 1956 - CHR. HARTLICH-W.SACHS, Der Ursprung d. M.begriffs in d. modernen Bibelwiss., 1952 - E.BUESS, Die Gesch. d. m.en Erkennens, 1953 - J.L.SEIFERT, Sinndeutung d. M., 1954 - H.KNITTERMEYER, Das Problem d. M., 1955 - T.REIK, Myth and Guilt, 1957 - C.G.JUNG, GesW, 1958 ff (bes. Bd IX. XI). - Vgl. die Lit. zu → Entmythologisierung, → Mythos: II.

J.Sløk

II. Religionsgeschichtlich

1. Psychomentale Grundlagen - 2. Wesensbestimmung - 3. Typen - 4. Funktionen

1. Unerläßliche Voraussetzung für das Verständnis des M. bildet eine möglichst vorurteilsfreie Einschätzung der Mentalität jener Völker, die außerhalb der rationalistisch-technischen Zivilisation stehen. Bei der Beurteilung von Natur und Kosmos beziehen diese eine betont ego- und anthropozentrische Einstellung, gepaart mit einem Gerichtetsein auf das Übersinnliche, dem der Mensch zu allen Zeiten seiner innersten Veranlagung nach stets aufgeschlossen ist. Tiere, → Bäume und Pflanzen, Himmelskörper (→ Sonne, → Mond, → Sterne) und Naturkräfte werden mehr oder weniger menschenähnlich bzw. anthropopsychisch und personhaft betrachtet. Mit dieser → Personifikation verbindet sich oft eine Transzendierung ins Übermenschliche, bes. dann, wenn es sich um Unbegreifliches, Geheimnisvolles, Furchterregendes und Machtvolles handelt. Außerdem werden auf Grund wirklicher oder vermeintlicher Analogien zwischen den Erscheinungen und Vorgängen der Umwelt und des Kosmos (→ Makrokosmos), je nach den jeweiligen kulturellen Interessen, Bezüge hergestellt, die man mit subjektiven Zuständen, Wünschen und

Affekten zu koordinieren sucht. Die Aussagen und Urteile dieser Menschen über ihre Welt sind im allgemeinen anschaulich, bildhaft und unkritisch. Gedankenverbindungen dieser Art mögen zwar oft den Eindruck von Unlogik erwecken (vgl. → Lévy-Bruhl), in Wirklichkeit ist ihnen jedoch unter Berücksichtigung der kulturell bedingten Voraussetzungen eine logische Folgerichtigkeit keineswegs abzusprechen. Bildhafte Ausdrucksformen gelten entweder als → Symbole für unanschauliche oder verstandesmäßig nicht faßbare Realitäten oder als Identifikationen der betreffenden Wesenheiten.

2. In dieser so gearteten Geistes- und Seelenhaltung, wie sie bei den sog. → Naturvölkern und in den archaischen Hochkulturen gegeben ist, wollen manche Autoren Manifestationen eines m.en Bewußtseins oder Denkvorgangs oder gar eines m.en Zeitalters sehen. Sie betrachten dann auch den M. als den Urgrund der → Religion. So definiert P.Tillich (RGG² IV, 364) den M. als »das aus Elementen der Wirklichkeit aufgebaute Symbol für das im religiösen Akt gemeinte Unbedingte oder Seins-Jenseitige«. Andere wieder beschränken den Begriff bloß auf Erzählungsgut spezifischer Art. Die Meinungen sind jedenfalls geteilt, je nach welchen Gesichtspunkten an die Frage herangegangen wird (vgl. J.Henninger in: DBS VI, 225ff).

Um zu entscheiden, was unter M. eigentlich zu verstehen ist, bedarf es eingehender Analysen und Vergleiche des Tatsachenmaterials über die mannigfachen Ausdrucksmöglichkeiten des Glaubenslebens der Völker. Viele bisherige Ansichten über den M. sind deswegen unbefriedigend, weil man sich zu sehr von vorgefaßten Meinungen und einseitigen Standpunkten leiten ließ und keine klare methodische Position bezog. Es ist unerläßlich, die verschiedenen Vorstellungen über die Welt und das Superhumane zuerst vom Gesichtswinkel der betreffenden → Kultur zu beurteilen (Lokalinterpretation). Das angemessene Verfahren zur Gewinnung tieferer Erkenntnisse ist eine Methode, in der strukturale, funktionale, psychologische und historische Gesichtspunkte sinngemäß kombiniert werden. Diese Arbeitsweise hat sich die → Ethnologie heute weitgehend zu eigen gemacht.

Auf Grund neuerer religionsethnologischer Einsichten ist es unzulässig, irgendwelche bildhaften, »phantasievollen«, personifizierenden Einzelaussagen der Völker über Erscheinungen der Natur und des Kosmos oder über übermenschliche Wesen schlechthin als m. zu bezeichnen. Es handelt sich hier lediglich um verbale Äußerungen des Glaubens oder des → Weltbildes. Ebenso besteht keine Berechtigung, im M. die Grundlage der Religion zu sehen. Der Begriff M. muß spezifischer gefaßt werden, dh er ist auf eine bestimmte Kategorie von Erzählungsgut zu beschränken: Er ist ein für wahr gehaltener, aus Elementen der Religion oder/und der Weltanschauung bestehender Bericht, der vor allem den Beginn der Welt, die Vorgänge und Wesen der Vorzeit und ihre Taten, die Entstehung der Naturdinge, Menschen und Kulturgüter bildhaft-anschaulich darstellt. Er erklärt, begründet und beglaubigt. Eine Ml. weist einen mehr oder weniger einheitlichen Handlungsfaden auf, eine Kette von »Motiven«, und ihre Struktur wird jeweils von einem Grundthema bestimmt. Aus mehreren solcher Themen ergeben sich Zyklen von Mythen. Das Phantasievolle und die »dichterische« Gestaltung des M. ist für dessen Beurteilung nur nebensächlicher Art. Im Grunde handelt es sich in erster Linie um eine für die betreffenden Menschen angemessene Darstellungsform für das Wunderbare und Unfaßbare. Gleichzeitig soll beim Erzählen eine gehobene Stimmung, ein dramatischer Effekt erzielt werden. Elemente des Glaubens und der Weltbetrachtung dürfen nur dann als m. bezeichnet werden, wenn sich ihre Herleitung von einem M. erweisen läßt.

M. als »wahre« Erzählung ist natürlich im Sinne von Glaubenswahrheit zu verstehen. Er erhebt keinen Anspruch auf Genauigkeit. Die M.gläubigen sind im allgemeinen tolerant gegenüber Glaubenssätzen von Fremden und auch vielfach bereit, sie in ihre Berichte einzubauen. Widersprüche zwischen M.versionen werden kaum als solche empfunden. Dazu kommt die Vieldeutigkeit der Bildersprache und Symbolik, der sich der M. bedient. – Manche der Bilder wurzeln zweifellos in der Sphäre des Unterbewußten. Die tiefenpsychologische Beurteilung im Sinne der Archetypen C.G. → Jungs hat sicher ihre Berechtigung, doch darf sie nicht verabsolutiert werden. Dies ist zB bei W.Müller in seinem Versuch einer neuen M.deutung der Fall: »Der M. hat mit dem Bewußtseinsvorgang des Denkens überhaupt nichts zu schaffen, sondern geht von einem inneren optischen Akt aus. Er ist eine in Worte gefaßte, ständig neu erlebte Bildentladung. Er setzt Bild neben Bild, ohne sich um die Verknüpfung zu kümmern. Daher auch die Unlogik aller Ml. ... Der M. wird nicht ›gedacht‹ sondern ›geschaut‹« (1956, 48). – Die bildhaften »Archetypen« sind nicht das Wesentliche des M., sie geben nur den Rahmen für seinen Inhalt, Einkleidung und Ausdruck für Gedanken und Vorstellungen. Es ist eine der Hauptaufgaben der M.forschung, aus dem Bildgefüge des m.en Erzählungsgutes den jeweils vorliegenden Ideengehalt zu ergründen. Die Bedeutung der Intuition, von → Träumen und → Visionen für die M.bildung soll keineswegs in Abrede gestellt werden, aber damit wird das Wesen des M. noch nicht voll erfaßt. H.Baumann betont mit Recht (1959, 583), daß im M. Vorzeitgeschehen ins *Bewußtsein* gerufen wird, wodurch auch das »kausal-logische« Bedürfnis befriedigt erscheint. »Dieses zu leugnen, wird kaum einem Ethnologen mehr einfallen.« Einseitig ist auch die von K.Kerényi (1941) vertretene Auffassung, der echte M. erkläre nicht, er begründe vielmehr. Im gegebenen Fall kann entweder das eine oder das andere zutreffen.

Vom M. sind grundsätzlich äußerlich ähnliche Erzählungsarten zu unterscheiden, also → Märchen (: I), Ätiologien, → Sagen und Legenden (: I). Viele Völker treffen auch selbst eine Gliederung ihres Erzählungsstoffes, wobei sie sich von folgenden »Kriterien« leiten lassen: das für wahr zu Haltende (Glaubensgut) und das Falsche (Unterhaltungsgeschichten) oder sakral und profan. – Das *Märchen* bezieht sich in der Regel nicht auf die Urzeit. Die Akteure entstammen letzten Endes zwar weitgehend dem Bereich des M., der Religion und → Magie, die geschilderten Geschehnisse gelten aber als rein fiktiv. – Mythenmärchen (Baumann 1959) zeigen einerseits mehr oder weniger eine Verwurzelung im religiösen und weltanschaulichen Glaubensgut, anderseits gelten Taten der auftretenden Wesen und Helden, die sich meist nicht in der Anfangszeit der Welt abspielen, in variierendem Ausmaß als unwahr und werden bloß der Unterhaltung halber erzählt. ZT kann es sich um eine Degeneration echter Mythen handeln. – *Ätiologische Erzählungen* erklären die Entstehung gewisser Eigentümlichkeiten bei Menschen, Tieren, Pflanzen usw und sagen zumeist nichts wesentlich Entscheidendes für Welt und Menschheit aus. Manchmal jedoch lassen sie sich vom M. schwer abgrenzen, und zwar wenn sie als wahre Berichte aufgefaßt werden. Ätiologien können aber auch Einschübe in echten M. und Mythenmärchen darstellen. – Die *Sage* hat einen betont explanatorischen und historischen Aspekt. Wenn auch das Weltanschauliche stärker zurücktritt, so fehlen jedoch Beziehungen zu Gestalten des M. oder der Religion keineswegs. Mitunter läßt sich auch die Sage vom M. nur schwer trennen. – Die *Legende* bezieht sich meist auf eine verehrte Gestalt des religiösen Glaubens oder eine historische Persönlichkeit an einem genauer festgelegten Ort der näheren oder ferneren Vergangenheit und gehört in die Kategorie der für wahr gehaltenen Erzählungen.

3. Es ist recht schwierig, in die unübersehbare Fülle der m.en Erzählungsstoffe ein Ordnungs- und Einteilungsprinzip zu bringen, das den Gegebenheiten annähernd gerecht wird. Die bisherigen Versuche (zB RGG² IV, 377ff) befriedigen nicht. Am besten klassifiziert man unter eingehender Berücksichtigung der religionsethnologischen Forschung nach dominierenden Generalthemen. Innerhalb dieser Gruppen können dann Subtypen unterschieden werden. Man muß sich aber stets bewußt sein, daß jede noch so gut durchdachte M.typologie nur in begrenztem Ausmaß mit der ml.en Wirklichkeit in Einklang zu bringen ist. Vielfach haben Mythen und Mythenzyklen Anteil an mehreren Typen. Die im folgenden dargelegte Klassifizierung erhebt keinen Anspruch auf Vollständigkeit oder gar Endgültigkeit.

a) *Kosmogonische Mythen* (→ Schöpfung: I) berichten von der Entstehung der Welt durch α) Schöpfungsakte eines Höchsten Wesens (→ Hochgottglaube), β) das schöpferische Zusammenwirken des Hochgottes mit einem (oder mehreren) »Nebenwesen«, wobei der Mitschöpfer den erhöhten ersten Menschen (→ Urmensch) oder sogar den Widersacher (→ Teufel) darstellen kann, γ) das Zusammenspiel personifizierter Naturkräfte, δ) → Emanationen aus einem anthropo- oder zoomorphen Urwesen bzw. aus dessen Körperteilen (→ Chaos). Das Höchste Wesen steht vielfach außerhalb des M. Wird es aber als Schöpfer in die Ml. einbezogen, dann erhält seine an sich unanschauliche Personalität konkretere Gestalt. Der Schöpfergott bringt die Welt entweder durch rein geistige Akte (Denken, Wünschen, Sprechen, Singen) ins Dasein oder bedient sich einer irgendwie vorgegebenen Materie. Manchmal vollführt das Höchste Wesen nur die erste Etappe des Schöpfungswerkes und überläßt dessen Vollendung anderen überirdischen Mächten. – Diese grundsätzlichen Feststellungen sollen durch einige Beispiele illustriert werden. In einer Ml. der Acoma-Indianer in New Mexico heißt es: Das Höchste Wesen Uchtsiti (»Nichts ermangelnd«) warf → »Blut« von seinem Körper in den leeren Raum, und durch seine → Macht wurde es zur Erde. Dann zeugte er zwei weibliche Wesen. Durch einen Mittlergeist gab er ihnen zwei Körbe voll Samen und Tierfiguren mit dem Auftrag, die Schöpfung zu vollenden: »Alles in dem Korb soll auf euer Wort geschaffen werden, denn ihr seid gemacht nach dem Bilde Uchtsitis, und euer Wort wird so mächtig sein wie das seinige. Er hat euch geschaffen, ihm zu helfen, die Welt zu vollenden.« In der esoterischen Schöpfungs-Ml. der Maori auf Neuseeland wird berichtet: Io, der Gestalt- und Elternlose, der Urquell alles Seienden, lebte am Anfang allein in der unendlichen Weite des Raumes. Er sprach: »Finsternis werde vom Licht erfüllt«, und so wurde es Licht. »Licht, werde ein Finsternis enthaltendes Licht«, und damit verteilte er Helle und Dunkelheit in der Welt. Dann rief er durch sein Wort → Himmel (als Vater) und → Erde (als Mutter) hervor, und diese zeugten die Götter, die Schöpfer der materiellen Dinge und Menschen. – Eine bes. bilderreiche und tiefsinnige Weltschöpfungserzählung findet sich bei den Pomo-Indianern Zentralkaliforniens: Zu Anbeginn war Marumda allein in seinem Wolkenhause und sprach zu sich selbst. Dann flog er zu seinem »Bruder« Kuksu in den Wolken des Südhimmels, um ihm seinen Plan für die Weltschöpfung vorzulegen. Beide nahmen etwas von ihrem »Körper« und rollten es zu einem Ball. Marumda rauchte nun eine Pfeife, auf der alle Dinge der kommenden Welt bildhaft dargestellt waren, und blies den Rauch auf den Ball mit dem Wunsche, daß auf Erden alles seinen richtigen Platz einnehmen solle. Während Marumda schlief, wurde der Ball immer größer, glitt aus seiner Hand in den Raum und wurde zur Erde.

b) *Anthropogonische Mythen* bilden vielfach nur eine Weiterführung der Weltschöpfungs-Mythen. Bei verschiedenen Völkern (zB in → Afrika) liegt aber das Hauptinteresse auf der Menschenschöpfung, und das Ins-Dasein-Treten der Welt wird im M. nur kurz erwähnt. Weit verbreitet ist die Vorstellung von der Erschaffung der Menschen aus materiellen Substanzen, doch findet sich auch hier der Gedanke eines geistigen Schöpfungsaktes. So heißt es in einer Ml. der Wiyot in Nordkalifornien: »Gudatrigakwitl (der Hochgott) verwendete keinen Sand, keine Erde, keine Stöcke, um Menschen zu machen, er dachte bloß, und sie existierten.« In einigen anthropogonischen Mythen erscheint die Idee, daß der Schöpfer die erste → Frau aus dem Leib des schlafenden Mannes hervorgehen ließ. Eine betont naturalistische Einstellung macht sich geltend, wenn das Entstehen der Menschen aus Tieren, → Steinen oder Pflanzen berichtet wird.

c) *Göttermythen* finden sich hauptsächlich in polytheistischen Religionssystemen (→ Monotheismus und Polytheismus: I), die fast durchweg für Hochkulturen oder für von solchen beeinflußte Völker charakteristisch sind. Sie schildern Leben, Handlungen und Taten von sehr individualisierten, betont anthropopsychisch gearteten Wesen sowie deren Beziehungen zum Kosmos und dem Menschen. Einen Sondertyp bilden die theogonischen Mythen (→ Theogonie); klassisches Beispiel ist Hesiods Theogonie und die der Orphiker (→ Orpheus). Oft gelten die Götter (→ Gott: I) als Kinder oder Geschöpfe eines Hochgottes (zB bei den Bhil Zentralindiens), ferner als Abkömmlinge eines göttlichen Elternpaares (Azteken: Ome-teotl, Gott der Zweiheit, in seiner männlichen und weiblichen Manifestation als Vater und Mutter der Götter) oder gezeugt von personifizierten Elementen (Babylonier: das zweigeschlechtliche Urwasser; → Geschlechtliches). Über das Ins-Dasein-Treten erhabener überirdischer Wesen, die allerdings nicht als eigentliche Götter bezeichnet werden können, berichten auch Mythen von Naturvölkern. Ein gutes Beispiel dieser Art liefern die Navaho im südwestlichen Nordamerika: Am Anfang fluteten verschiedenfarbige Nebel durch die Luft, sie legten sich aufeinander, und Oberster Heiliger → Wind wurde geschaffen. Er bildete aus den Nebeln den Ersten Mann und die Erste Frau und gab ihnen als »Eltern« das Gelbe Zwielicht (Vater) und die Dämmerung (Mutter). Aus einem aus Nebeln geformten → Ei bildete der Oberste Heilige Wind viele mächtige Wesen als seine Helfer, so den Sprechenden, den Rufenden, die Windleute, das → Feuer u.a.

d) *Urstands-Mythen* erzählen von den Bedingungen, Zuständen und Begebenheiten unmittelbar nach der Schöpfung bzw. Weltentstehung. Existentielle Menschheitsfragen kommen hier zur Behandlung, wie der Ursprung des → Todes, des Geschlechtsverkehrs, des Übels. Mit den beiden ersten M.typen bilden die → Urstands-Erzählungen vielfach einen geschlossenen Komplex. Ein bei Völkern verschiedenster Kulturformen sich findendes Grundthema lautet: Das Höchste Wesen weilte unter den ersten Menschen auf der Erde, es wollte für sie dauerndes Leben, doch beachteten sie eine ihnen auferlegte Vorschrift nicht. Daraufhin zog sich Gott von der Welt zurück, die Menschen, die bis dahin in Leidlosigkeit und Fülle lebten, verloren das ihnen zugedachte höhere Sein, sie wurden sterblich und → Leiden unterworfen. - Eine Ml. der Kongo-Pygmäen berichtet: Masupa, die Gottheit, wohnte verborgen unter den ersten Menschen, redete aber ständig mit ihnen. Er gebot ihnen, sie dürften nicht danach trachten, ihn zu sehen, sonst komme Unheil. Die Menschen lebten glücklich, brauchten nicht zu arbeiten, »denn alles kam zu ihnen«. Die Frau aber wurde neugierig und versuchte, Gott heimlich zu erspähen. So gelang es ihr, seinen Arm zu sehen. Da verfluchte Masupa die Frau, in Schmerzen werde sie Kinder gebären. Dann verließ er die Menschen, und mit ihm gingen auch → Glück und Friede. Der Mensch mußte hart arbeiten, und es folgte der Tod. Das erste Kind der Frau starb nach zwei Tagen. - Andere Mythen erklären den Ursprung des Todes durch ein Mißverständnis, falsche oder verkehrt ausgerichtete Botschaft, ein Versäumnis, Unachtsamkeit u.a. Vielfach wird erzählt, die ersten Menschen kannten noch keinen Geschlechtsverkehr, sondern vermehrten sich auf außergewöhnliche Weise. Überhaupt erscheint ein enger Zusammenhang zwischen Einführung des Sexuallebens und dem ersten Sterben. - In den Urstands-Mythen kann auch der Stammvater eine prominente Rolle spielen, und zwar als Freund und Gefährte des Höchsten Wesens, der nicht dem »Sündenfall« unterlag, als sublime, geradezu deifizierte Gestalt, als erster Gestorbener und Wiedererstandener oder schließlich sogar als Gegenspieler Gottes. Manche Mythen schildern in dramatischer Weise die heimtückische Wirksamkeit eines geheimnisvollen Widersachers, des bösen Prinzips in Menschen- oder Tiergestalt, dessen Treiben mitunter die Gottheit machtlos gegenübersteht.

e) *Vorzeit- und Transformations-Mythen* beziehen sich auf die der gegenwärtigen Weltordnung vorangehende m.e Vergangenheit und behandeln vor allem folgende Hauptthemen: α) → Sintflut (zT als göttliche → Strafe aufgefaßt) mit folgender Neuschöpfung der Welt, zB aus etwas Erde, die tauchende Tiere heraufgebracht haben. β) Gestaltung oder Umwandlung der Erde und Geschöpfe in ihre heutige Erscheinungsform: Personhafte »Prototypen« der Naturdinge oder Vorfahren sozialer Gruppen verwandeln sich in Tiere und Pflanzen; Transformer-Gestalten oder Demiurgen geben der Landschaft ihr endgültiges Gepräge; aus dem Leib getöteter Vorzeitwesen (die »Demas« nach A.E.Jensen) entstehen die Kulturpflanzen. γ) Auftreten eines → Kultur- oder Heilbringers (zT der Stammvater oder ein Gesandter Gottes), eines gegensätzlichen Brüderpaares (vielfach von einer auf geheimnisvolle Weise geschwängerten Jungfrau geboren [→ Jungfrauengeburt]) oder eines Kollektivs von Wesen, auf die die Kulturgüter und Einrichtungen der Menschen zurückgeführt werden, die Ungeheuer bekämpfen (→ Drache) und für das Gute und Schlechte in der Welt als verantwortlich gelten (→ Erlöser: I, → Heiland, → Urheber).

f) *Eschatologische Mythen,* die nur geringe Verbreitung aufweisen, können als Abschluß von Schöpfungs- und Urstandserzählungen eine Verheißung beinhalten: Am Ende der Zeiten werde das Höchste Wesen mit seinem Gesandten (Kulturheros, Mitschöpfer) wiederkommen, um die durch Katastrophen vernichtete Welt zu erneuern und die Toten zum Leben zu bringen (→ Eschatologie: I).

g) *Natur- und kosmologische Mythen* befassen sich mit den personifizierten → Elementen, Naturkräften und Himmelskörpern, die in verschiedenem Ausmaß transzendiert erscheinen und zT als Manifestationen oder Aspekte höherer Wesen oder der Gottheit zu betrachten sind. Eine m.e Verwertung der Himmelsvorgänge ist bes. für archaische Hochkulturen (wie etwa im alten → Mexiko) charakteristisch. Themen aus dem Menschenleben werden in den Wandel der Gestirne projiziert, wie umgekehrt der von Personen erfüllte Kosmos den m.en Hintergrund für irdische Dinge abgibt. Astral-Mythen (→ Astralreligion) nehmen bei verschiedenen Völkern wohl einen breiten Raum ein, ihre Bedeutung darf jedoch nicht überschätzt werden.

4. Die wichtigste *Aufgabe* des M. ist das Bewußtmachen des Sinngehaltes von Glaubensgut religiöser und weltanschaulicher Natur, von Kulten (→ Kultus), Institutionen und Gepflogenheiten. Der M. erklärt, begründet und beglaubigt. Religiöser Glaube bedarf aber nicht unbedingt einer m.en Sanktionierung, wie es zahlreiche Beispiele erweisen. Enge Wechselwirkung besteht zwischen M. und → Ritus. Zu vielen Kulten gehört gewissermaßen als Urkunde ein entsprechender M. Im einzelnen ist jedoch nicht immer zu erkennen, ob eine Ml. die Voraussetzung für eine Zeremonie bildet oder ob das Umgekehrte der Fall ist. Mythen können auch magische Funktionen haben im Sinne der außergewöhnlichen Wirksamkeit des gesprochenen → Wortes. Durch Rezitation einer m.en Erzählung soll das, wovon sie berichtet, stets von neuem Wirklichkeit werden. Das Vortragen von Mythen hat auch erzieherische Bedeutung, zB im Rahmen von → Initiationen; außerdem fördert es die Solidarität der → Gemeinschaft und gibt in den Wechselfällen des Lebens eine feste Stütze. Bezeichnend ist der Ausspruch eines Navaho-Indianers: »Die Kenntnis einer guten Erzählung schützt Heim, Kinder und Eigentum. Eine Ml. ist wie ein großes Steinfundament, es dauert lange Zeit.«

P.Ehrenreich, Die allg. Ml. u. ihre ethnolog. Grundlagen, 1910-UdG - Br.Malinowski, The Myth in Primitive Psychology, New York 1926 - K.Th.Preuss, Der relig. Gehalt der Mythen (SgV 162), 1933 - H.Baumann, Schöpfung u. Urzeit des Menschen im M. der Afrikaner, 1936 - Ders., M. in ethnolog. Sicht (Studium Generale 12, 1959, 1-17. 583-597) - A.H.Krappe, La Genèse des mythes, Paris 1938 - C.G.Jung-K.Kerényi, Einführung in das Wesen der Ml., 1941 - Cl.Kluckhohn, Myths and Rituals: a general Theory (HThR 35, 1942, 45-79) - M.Eliade, Le mythe de l'éternel retour. Archétypes et répétition, Paris 1949; dt. 1953 - Ders., Ml. u. Religionsgesch. (Diogenes 9/10, 1956, 197-216) - ErJb 17, 1949 - R.Pettazzoni, Die Wahrheit des M. (Paideuma 4, 1950, 1-9) - D.Bidney, The Concept of Myth and the Problem of Psychocultural Evolution (AmA 52, 1950, 16-26) - H.Abrahamsson, The Origin of Death (Studia Ethnogr. Upsaliensia 3), 1951 - A.E.Jensen, M. u. Kult bei Naturvölkern, (1951) 1959² - H.Lommel, Betrachtungen über M., bes. in Indien u. Iran (Paideuma 5, 1952, 157-166) - F.M.Th.de Liagre Böhl, M. u. Gesch. in der altbabyl. Dichtung (Opera minora, Groningen 1953, 217-233) - R.Jockel, Götter u. Dämonen. Mythen der Völker, 1953 - L.Seifert, Sinndeutung des M., Wien 1954 - W.F.Otto, Der M. (Studium Generale 8, 1955, 263-268) - Thompson I-VI - F.Buffière, Les mythes d'Homère et la pensée grecque, Paris 1956 - W. Müller, Die Religionen der Waldlandindianer Nordamerikas, 1956 - A.Closs, Mythen (in: F.König, Religionswiss. WB, 1956, 583-590) - W.Bascom, The Myth-Ritual Theory (Journal of Amer. Folklore 70, 1957, 103-114) - E.Fromm, Märchen, Mythen, Träume, 1957 - Th.Sebeok (Hg.), Myth. A Symposium, Bloomington 1958 - DBS VI, 225ff. - Vgl. die Lit. zu → Mythos: I sowie zu → Eschatologie: I, → Feste: I, → Kultgeschichtliche Methode. *J.Haekel*

III. Im AT

1. Mythopoetische Denkweise - 2. Der eigentliche M.: a) Israelitische Kultfestmythen - b) Historisierung des M. - c) Eschatologisierung - 3. Mehr verselbständigte m.e Vorstellungen und Erzählungen - 4. Ätiologisches - 5. Mythisches in Sagen und Legenden - 6. Rationalisierung des M.

1. Die Ansicht, das AT sei dem M. abhold, ließe sich hören, wenn man M., oberflächlich genug, als eine Erzählung von Göttern und somit als seinem Wesen nach

polytheistisch definiert. Solche Definition trifft aber nicht den Kern des eigentlichen M. (s. 2). Auch wenn man M. im weitesten Sinne, die ganze »magische« oder »m.e« Denkweise (→ Kultus, 2) umfassend, nehmen würde, träfe obige Behauptung nicht zu. Denn nach dieser Definition nimmt jede Aussage über göttliche und übersinnliche Dinge »mythopoetische« Form an; in der Tat gilt das nicht nur von der »primitiven« Denk- und Sprechweise, sondern überhaupt von jeder nicht rein philosophischen Aussage aller Zeiten und Religionen über übersinnliche Dinge. Davon zeugen u.a. die → *Anthropomorphismen*, von denen auch das AT voll ist; ein »vergeistigter« Gottesbegriff kann ihnen wohl eine Grenze setzen, kann sie jedoch nie entbehren. Davon zeugen auch die Schilderungen in den prophetischen → *Visionen* (: II; Jes 6; Ez 1; Sach 1-6), alle Schilderungen des *Jenseits* (→ Hölle: II, → Paradies: II), die ganze → *Eschatologie* (: II), jede konkrete Vorstellung des göttlichen Erscheinens (→ Theophanie: II) und Handelns, wo überall Züge aus der empirischen Wirklichkeit und dem religiösen Erlebnis mit Mitteln des → Märchens und der Phantasie überhöht und idealisiert sind. Der M. ist die genuine Sprache der Religion, die sich ohne Schaden weder »entmythologisieren« noch verphilosophieren läßt. Zu beachten ist auch die immer wiederkehrende ml.e Formung der theosophischen Spekulationen der jüdischen → Kabbala.

2. Der *M. im eigentlichen Sinne* erzählt in epischer Form von dem im Kulte (wieder) verwirklichten und erlebten »Heil« (→ Kultus, 15).

a) Im jerusalemischen Festkult (→ Gottesdienst: II, 3 a) wurde das Kommen Jahwes als ein Kommen des siegreichen Königs (→ Königtum Gottes) zur Thronbesteigung erlebt und in dem *Thronbesteigungs-M.* vorgestellt, auf den die Thronbesteigungspsalmen (→ Psalmen: I) anspielen. Der erfochtene Sieg war ein Sieg über die Mächte des → Chaos mit der Weltschöpfung als Ergebnis; das kam in dem *Schöpfungs-M.* zum Ausdruck. Der Kampf wurde nach babylonisch-kanaanäischem Vorbilde als ein Sieg über das chaotische Urmeer (t^ehôm - tiâmat), über den das Urmeer vertretenden → Drachen oder den Drachen im Meere (→ Leviathan, Rahab und ihre Helfer) gesehen; auf diesen *Drachenkampf-M.* und *Urmeer-M.* wird oft in den Psalmen (44, 2; 74, 12-27; 89, 10ff; 93, 5f; 104, 5ff; 65, 7f), im → Hiobbuch (26, 12f; 7, 12; 9, 13; 3, 8) und bei den Propheten (Jes 27, 1; 51, 9; Hab 3, 8 usw) hingedeutet. Gelegentlich hören wir, daß die Thronbesteigung Jahwes zugleich eine Unterwerfung und »Beschämung« der anderen Götter war, die ihm mit Furcht huldigen (Ps 95, 3; 96, 4f; 97, 7; 99, 2 MSS). Hier scheint eine typisch jahwistische Verschiebung des ursprünglichen Musters vorzuliegen: In dem babylonischen M. rufen die anderen Götter Marduk zum König aus und huldigen ihm, weil er als einziger den Kampf mit Tiâmat aufzunehmen wagt (→ Babylonien: II, 14); im israelitischen M. ist Jahwes Kommen zugleich ein Sieg über die Götter - diese haben sozusagen die Rolle der Chaosungeheuer übernehmen müssen. So läßt sich auch von einem *Götterkampf-M.* sprechen. Wenn Jahwe kommt, so kommt er auch, um zu »richten«, dh alles (wieder) in die richtige Ordnung zu setzen; dann fällt er auch über die ungerechte Regierung der Götter sein Todesurteil (Ps 82; → Gericht Gottes: II). So kann man auch von dem *Gerichts-M.* sprechen, der in der jüdisch-rabbinischen Vorstellung von Jahwes »Richten« bei Neujahr noch nachwirkt. Da »wendet er (wieder) das Schicksal« (šub š^ebut) seines Volkes, läßt wieder ein neues »Jahr des Wohlwollens« anfangen. - Jahwes siegreiches Kommen ist zugleich ein »idealer« Sieg über alle seine und Israels wirkliche *und potentielle* Feinde. Dieser im kultischen Erlebnis gewonnene feste Glaube wird in einem rein m.en Bilde ausgedrückt: Alle Königreiche und Völker der Erde versammeln sich, um Jahwes Stadt zu zerstören; im letzten Augenblick erscheint er mit all seinen Schrecken, und schon das Gesicht vernichtet im Nu alle Feinde (Ps 46; 48); als Fest-M. haben wir damit auch einen *Völkerkampf-M.*

b) Damit setzt schon die spezifisch israelitische *Historisierung* des M. ein. Im Fest wird auch die alte *Heilsgeschichte* als neu und aktuell erlebt. Die grundlegenden Heilstaten, die Rettung aus Ägypten mit dem Schilfseewunder und alles, was sich daran anschloß (Bundesschließung, Landnahme, die Gründung des Heiligtums [Ex 15; Ps 93]), werden vergegenwärtigt (Ps 99; 97, 2ff). Der Auszug wird Grundlage der Thronbesteigung und Königsherrschaft Jahwes (Ps 114, 1f; Dtn 33, 1-5). Neben den Schöpfungs-M. stellt sich der *Exodus-M.;* diese beiden werden parallelisiert, ja fast identifiziert; Ägypten wird Rahab (Jes 30, 7; 51, 9f; 87, 4), Pharao der Drache, der kleine Schilfsee (Birket et-timsāḥ) Tehom (Ex 15, 8; Jes 51, 9f). Mit allerlei Märchenzügen werden die Auszugstraditionen als die schöpferische Heilstat ausgeformt, bei der Festfeier erzählt und in den Festpsalmen berührt. Der M. ist die wiedererlebte Heilsgeschichte. Im Begriff M. liegt überhaupt kein notwendiger Gegensatz zu *Geschichte;* wir könnten mit vollem Recht von Weihnachts- und Ostermythen sprechen. Man könnte hier auch von der Exodus-Sage und -Legende reden; die Verbindung mit dem Kult stempelt sie aber zu Mythen. - Zu dem im Kult verwirklichten Heil gehören auch das Heiligtum und seine Ordnungen: demnach kann man von dem *Stiftungs-M. des Heiligtums* reden (zB Gen 22; 28; Ex 15, 1-18). M. und Kultortslegende bzw. -sage gehen ineinander über. - Alle diese Mythen haben sich an das Hauptfest des Jahres, das Herbst- und Laubhüttenfest (→ Feste: II, 4 c), angeschlossen - auch der Komplex des Exodus-M. In ihnen allen spiegelt sich die Vorstellung vom Kampf, Sieg und Königwerden Jahwes, von seiner alljährlich im Kult wiedererlebten Thronbesteigung. Sie können daher unter den Hauptbegriff »Jahwes Thronbesteigungsmythen« gebracht werden (→ Gottesdienst: II, 3 a). In den jüdischen, bis heute mit dem Neujahrstag und dem Laubhüttenfest verbundenen Vorstellungen klingen viele der Vorstellungen dieses M. nach: Schöpfung, Königtum Gottes, »Gericht« = Schicksalbestimmung usw.

c) In der → *Eschatologie* (: II) kehren alle jene Thronbesteigungsmythen wieder. Der konkrete Vorstellungsinhalt der at. und der jüdischen Zukunftshoffnung und der Eschatologie ist überhaupt von diesem M.-Komplex übernommen. Vgl. Züge wie (Königwerden und) Königtum Jahwes als Zentralidee; den eschatologischen Aufruhr der Chaosmächte; den letzten Ansturm der »Völker« gegen Jerusalem und ihre endliche Vernichtung dort; die eschatologische Umdeutung von Termini wie »Tag Jahwes«, »Wendung des Schicksals« usw.

3. Es liegt in der Natur der Sache, daß alles, was irgendwie mit dem schaffenden und heilbringenden Kultgott in Verbindung steht, in den M. hineingezogen, in Übereinstimmung mit der m.en Denkweise gestaltet werden und gelegentlich auch zu m.en Vorstellungen und Erzählungen ausgestaltet werden kann. So entstehen aus den Vorstellungen von der Wohnstätte des Gottes (der Götter) die Mythen vom *Gottesgarten* und → *Paradies*. Von Jahwes *himmlischer Ratsversammlung*, wo die *»Göttersöhne«*, dh die (anderen) göttlichen Wesen, u.a. auch »der Kläger« (→ Teufel: II) von Zeit zu Zeit vor ihm erscheinen und Bericht über ihr Tun ablegen oder wo Jahwe über ihr ungerechtes Walten das Urteil fällt (Ps 82; s. 2), weiß auch das AT zu erzählen (Hi 1f).

Mit astralen Gottheiten verbinden sich mancherlei *Sternmythen*, zB der M. von Helal bæn šaḥăr (Jes 14). An das göttliche Kommen und Erscheinen (Epiphanie) knüpfen sich vielerlei Vorstellungen von der → *Theophanie* (: II); vgl. die Vorstellung von der → »Herrlichkeit« Jahwes, von der Feuer- und Rauchsäule, von dem Thronwagen Jahwes (Ez 1). Hier darf auch die Verselbständigung von *göttlichen Eigenschaften* erwähnt werden, etwa von Jahwes → Gerechtigkeit und Bundestreue (Ps 89, 3) oder seiner Weisheit (Spr 8f; s. → Hypostasen). – Kosmogonische Spekulationen können an die Schöpfungsmythen anknüpfen. So hat die ursprünglich kosmologische Vorstellung vom → *Urmenschen* sowohl die at. Vorstellungen vom ersten Menschen beeinflußt als auch direkt auf das Judentum gewirkt; ebenso haben Vorstellungen von der *Urtiefe*, die das Meer geboren (Hi 38, 8f), und von *»Mutter Erde«*, die sowohl die Berge (Ps 90, 2) als auch die Menschen geboren hat (Hi 1, 21), im AT ihre Spuren hinterlassen. Hier berührt sich der M. mit den → Urheber- und → Kulturbringer-Legenden, die oft eben von der Stiftung der schaffenden Kultordnungen erzählen, vgl. Gen 4, 26 (→ Sagen: II). – Eine m.-kosmologische Vorstellung ist auch die vom → *Weltenbaum* (Dan 4). Ein Stück m.er Kosmographie, die *vier Weltflüsse*, hat sich mit der Schöpfungsgeschichte verbunden. Auch von theogonischen Vorstellungen findet sich ein Rest in der Erzählung von der Verbindung der »Gottessöhne« mit den Töchtern der Menschen (Gen 6, 1-4). Es ist zu beachten, daß die meisten dieser Mythen von außen gekommen sind und oft ihre ursprüngliche Verbindung mit dem Kult eingebüßt haben.

4. Mit dem M. können sich auch *ätiologische* Motive verbinden. So ist der Schöpfungs-M. mit solchen Zügen wie der Namengebung der Tiere, der Schöpfung des Weibes aus der Rippe des Mannes, dem Kriechen und »Staubessen« der Schlange bereichert worden. Ätiologisch sind im Grunde die Kultortstiftungsmythen und andere Mythen über den Ursprung kultischer und ritueller Sitten und Ordnungen (deutliches Beispiel Gen 32, 23ff).

5. Wie die Geschichte Fest-M. werden kann (s. 2 b), so können sich Elemente aus dem M. mit → *Sagen* (: II) verbinden. So klingt in der → Sintflut-Sage die Vorstellung von dem Anstürmen des Chaosmeeres gegen die Erde nach. Eine Sage, kein M., ist die den tatsächlich existierenden Tempelturm als »Kern« enthaltende Erzählung vom Turmbau (Gen 11, 1ff). Der geschichtliche Kern läßt die Exodustraditionen zwischen M. (s. 2 b) und Sage oder Legende gleichsam oszillieren. Mag auch hinter der Figur des → Simson ein Sonnengott stehen, so sind die vorliegenden Erzählungen Sagen oder vielleicht eher → *Märchen* (: II) zu nennen. Ähnliches gilt vom → Jonabuch. Engere Verbindung mit dem wirklichen M. haben viele der *Patriarchenerzählungen*, insofern sie Heiligtums- und Kultgründungs-Aitia sind – auch der M. im eigentlichen Sinne gipfelt nicht selten in der Gründung des Heiligtums (s. 2 b).

6. Auch im at. M. leben naturgemäß oft älteste Züge des Gottesbildes. Jahwe tritt manchmal als wilder, grausamer Held auf, der ohne Mitleid blutige Taten verrichtet (vgl. Jes 63, 1ff; 42, 13ff), den ganzen Kosmos zum Wanken bringt oder in äußerst anthropopathischer Gestalt gezeichnet wird. Andererseits begegnen auch Ansätze zur Rationalisierung und einer sozusagen Verwissenschaftlichung des M. Ohne die poetischen Varianten und die babylonischen Parallelen wäre es nicht leicht, den alten Urmeer-M. hinter Gen 1 zu entdecken. Die »Engelehe« Gen 6, 1ff ist entweder vom → Jahwisten selber oder von späterer Überlieferung verstümmelt worden; der ätiologische Beschneidungs-M. Ex 4, 24ff ist so umgebogen worden, daß seine ursprüngliche Form nur zu vermuten ist. Insofern kann man von einer gewissen, vom AT selber vorgenommenen »Entmythologisierung« des Mythischen im Interesse der größeren Erhabenheit und sittlichen Reinheit des Gottesbildes sprechen.

H. Gunkel, Schöpfung u. Chaos, (1895) 1921² – Ders., Genesis (HK I/1), (1901) 1917⁴, XIIIff – RGG² IV, 38ff (Ders.) – Mowinkkel II – Ders., Religion u. Kultus, 1953 – G.H. Davis, An Approach to the Problem of OT Mythology (PEQ 88, 1956, 183-191) – J. Schildberger, M. – Wunder – Mysterium (Bibel u. Liturgie 24, 1956/57, 99-118. 140-164. 179-198) – J. Gray, The Hebrew Conception of the Kingship of God (VT 6, 1956, 268-285) – DBS VI, 246ff.

S. Mowinckel

IV. Im NT

1. Urchristentum und M. – 2. Das m.e Weltbild – 3. Die Eschatologie – 4. Die Gestalt Jesu Christi und der M.

1. Im Urchristentum begegnet der M. weder als Dichtung, die nur ein Spiel der Phantasie ist, noch als theogonische oder kosmologische Spekulation, die nach dem Woher von Welt und Mensch fragt. Man fragt vielmehr nach dem Wohin und versteht das Jetzt unter der nahen Zukunft des Weltendes und der Ankunft Christi (→ Eschatologie: IV). Aber damit, daß die *Zukunft* nicht als das Ergebnis geschichtlicher Entwicklung, sondern als Gottes wunderbare neue Schöpfung erwartet wird, wird sie ml. verstanden. Das Eigentümliche des urchristlichen Bewußtseins ist jedoch, daß diese Zukunft schon als in geheimnisvoller vorläufiger Weise angebrochen gilt, und so versteht sich die Gemeinde selbst als »eschatologische«, als m.e Größe. Sie verdankt ihre Schöpfung dem Heilsgeschehen, das Gott in Christus gewirkt hat, und wie die Zukunft, so wird deshalb auch das Geschehen der *Gegenwart* und der unmittelbaren *Vergangenheit*, Christi Wirken und Schicksal, ml. verstanden, dh als ein Geschehen, das nicht aus weltlichen Kräften und menschlichem Tun stammt, sondern wunderbar und gottgewirkt ist. In diesem Sinne ist das urchristliche Denken ganz vom M. beherrscht, und darin spricht sich das Jenseitsbewußtsein der Gläubigen in naiver Weise aus. Das Material der ml.en Vorstellungen stammt zum größten Teil aus alter ml.er Tradition, die jetzt mit neuem Sinne belebt wird. Verständlich ist das, weil die selbstverständliche Voraussetzung des urchristlichen Denkens das alte ml.e Weltbild ist.

2. Das allgemeine → *Weltbild* (: III), das im wesentlichen der jüdischen Tradition entnommen ist, aber nicht mit selbständigem Interesse gezeichnet wird, ist nicht ein wissenschaftliches, sondern ein ml.es. Daß Gott die Welt geschaffen hat und ihr das Ende setzt, ist unbezweifelter Glaube; ebenso daß das Weltall in drei Teile zerfällt: Himmel, Erde und Unterwelt. Im Unterschied von jüdischen und griechischen Jenseitsschilderungen fehlen im NT Ausmalungen der *Unterwelt*, der Stätte der Toten und der Örter der Qual; sie dringen erst später wieder ein, so in der → Petrusapokalypse; sonst finden sich nur Andeutungen wie Mk 9, 48; Lk 16, 23ff (→ Hölle: III). Auch Ausmalungen der Herrlichkeit des → *Himmels* (: II, 2) fehlen fast durchweg; doch gilt als selbstverständlich, daß Gott dort oben thront und Christus ihm zur Rechten, umgeben vom Hofstaat der Engel (zB Apg 7, 55; Mk 8, 38; 10, 37; 13, 27; 14, 62). Nur in der Apk finden sich phantastische Ausmalungen des himmlischen Thronsaals und der Himmelsstadt (Apk 4, 21-22; außerdem vgl. Hebr 11, 10; 12, 22; Herm vis III; sim IX). Die *Erde* ist schon weithin der ml.en Betrachtung entzogen; auf die Naturerscheinungen, die früher die ml.e Phantasie erregten, fällt kein Interesse mehr; doch gilt natürlich Gott als der, »der den Himmel, die

Erde und das Meer und alles, was in ihnen ist, gemacht hat« (Apg 4, 24). Auch wird das *irdische Geschehen*, soweit es den Menschen betrifft, vielfach ml. verstanden. Als Gottes Diener bringen *Engel* Botschaft (Mt 1, 20; 2, 13. 19; Lk 1f usw); sie strafen die Bösen (Apg 12, 23) und beschützen die Frommen (zB Mt 18, 10; Apg 12, 7ff; Hebr 13, 2). Einzelne Engelgestalten werden gelegentlich genannt wie → Gabriel und → Michael, bes. in der Apk und im »Hirten« des Hermas. Dieser kennt daneben auch gute »Geister«; doch ist die ursprünglich ml.e Vorstellung stark psychologisiert. Eine größere Rolle spielen die bösen Geister, die *Dämonen* (→ Geister: II, 5), unter ihrem Oberhaupt, dem *Satan* (→ Teufel: II). Auf sie führt man (freilich nicht konsequent) Krankheit und → Sünde (: IV) zurück; sie versuchen und verführen die Menschen; ihnen sind die Sünder und die Ungläubigen verfallen (zB 1Kor 5, 5; 10, 20f; 11, 10; 2Kor 4, 4; 11, 14). Sofern die Vorstellung über einen allgemeinen Geisterglauben hinausgeht und von einem Satansreich redet, das Gott entgegensteht, geht sie auf den ml.en → Dualismus zurück, der aus dem Iranischen schon in das Judentum eingedrungen war. Bezeichnend ist aber, daß das Urchristentum diesen Dualismus nicht konsequent übernommen hat, wie die → Gnosis (: II), sondern den Glauben an die *Weltschöpfung durch Gott* bewahrt und deshalb die Mythen, die von einem Kampf des Lichts und der Finsternis und von der Entstehung der irdischen Welt aus diesem Kampf berichten, ablehnt. Selbstverständlich ist nach urchristlichem Glauben, daß die → *Geschichte* (: II A) durch Gott geleitet wird, der seine Boten, die Propheten, sendet, der beruft und erwählt oder verstockt, wen er will (vgl. Röm 9, 14ff). Das wird im Einzelfall aus dem frommen Bewußtsein heraus gesagt, ohne daß ein zusammenhängendes ml.es Geschichtsbild gezeichnet zu sein brauchte. Indessen ist vom Judentum der Gedanke als selbstverständlich übernommen, daß die ganze Geschichte von Gott zu einem bestimmten Ziele gelenkt wird und unter den Themen Erwählung-Verwerfung, Verheißung-Erfüllung steht (zB Apg 7, 2-53; 13, 17-41). → Paulus hat dieses Geschichtsbild mit dem gnostischen Erlöser-M. (s. 4) verbunden und ein neues ml.es Gesamtbild entworfen von der Heilsgeschichte, die vom Sündenfall über das Gesetz zu Christi Menschwerdung, Tod und Auferstehung führt und weiter bis zum letzten Ende, da Gott alles in allem ist (1Kor 15, 20-28 usw). Auf solchen m.en Geschichtsbildern beruht die allegorische Deutung des AT, bes. in ihrer systematischen Durchführung im → Hebräerbrief und → Barnabasbrief. In der → Johannesapokalypse wird das Geschick, das die Gemeinde in der *Gegenwart* erleidet, in ml.en Bildern dargestellt, ohne daß immer klar zu sehen wäre, wo von der Gegenwart und wo von der Zukunft geredet wird, und wieweit das ml.e Drama reales Geschehen in der Überwelt, wieweit es bildliche Darstellung der irdischen Geschichte ist. Mit den ml.en Gestalten der Hure und des Drachens scheint Rom gemeint zu sein; ebenso ist jedenfalls in 1Joh 2, 18. 22; 4, 3; 2Joh 7 die ml.e Gestalt des → Antichrist (: I) auf die gnostische Irrlehre gedeutet.

3. Das eigentliche Gebiet des M. ist im Urchristentum die → *Eschatologie* (: IV; vgl. → Apokalyptik: III). Denn da das Heil als ein überweltliches gemeint ist, muß gerade der M. einem naiven Denken dazu dienen, das Heilsgeschehen zu beschreiben. Freilich sind im NT Ausmalungen des *künftigen Heils* als eines Zustandes selten. Außer dem phantastischen Bild Apk 21. 22 finden sich nur knappe Andeutungen der traditionellen Vorstellungen vom himmlischen Mahl (zB Mt 8, 11; Lk 14, 15) oder von der Beteiligung der Seligen an der Gottesherrschaft (1Kor 6, 2). Erst später, wie in der → Petrusapokalypse, dringen wieder buntere Vorstellungen ein. Um so mehr aber beschäftigt das Geschehen des Übergangs die Phantasie. Die ursprünglich iranische Vorstellung von der → *Auferstehung* (: V) ist vom Judentum übernommen und wird gelegentlich verteidigt (Mk 12, 18-27; 1Kor 15). Übernommen ist vor allem die ml.e Vorstellung von den beiden *Äonen* und dem großen kosmischen Drama, in dem der alte Äon zu Ende geht und der neue beginnt (→ Aion); damit die Vorstellung von den Vorzeichen des Endes, von der Zeit des Verderbens, die ihm vorangeht, und vom Antichrist. Freilich hat Jesus das apokalyptische Rechnen zurückgewiesen (Lk 17, 20f), und Paulus bringt eschatologische Spekulationen nur aus bestimmten Anlässen (1Thess 4, 13-18; 1Kor 15). Aber diese Vorstellungen waren lebendig. Ihre Übernahme ist zuweilen einfach eine literarische (Mk 13, 5-27; Did 16); in andern Fällen wird der übernommene Stoff selbständig verarbeitet (1Kor 15; 2Thess 2, 1-12). Am großartigsten ist das Drama der Endzeit in der → Johannesapokalypse geschildert in einer Fülle von Bildern, die aus verschiedenen Ml.en stammen. Ihr Ursprung ist zT umstritten: wieviel stammt aus dem Judentum, aus dem iranisch-gnostischen M., aus der hellenistischen Astral-Ml.? Woher stammt die Gestalt des geschlachteten → Lammes (c. 5 usw)? Woher die apokalyptischen Reiter (c. 6)? Woher das gebärende Weib am Himmel (c. 12)? Beruhen die eschatologischen Vorstellungen des Urchristentums im allgemeinen auf orientalischen Ml.en, so macht sich in der Petrusapokalypse orphischer Einfluß (→ Orpheus) geltend, und 2Petr 3, 10 beruht vielleicht auf der stoischen Lehre vom Weltbrand.

4. Hatte → Jesus (, 10 d) das Kommen der Gottesherrschaft als unmittelbar bevorstehend verkündigt, so wurde es bald urchristliche Überzeugung, daß Jesu eigenes Kommen das entscheidende Ereignis war, mit dem die Wende der Äonen begonnen hat. Als die Zeit erfüllt war, sandte Gott seinen Sohn (Gal 4, 4). So wurde *die Gestalt Jesu selbst mythisch verstanden*, zunächst so, daß man ihm eine Rolle in dem eschatologischen Drama der Zukunft zuschrieb: er ist als der → Messias (: IV), als der Menschensohn (→ Jesus Christus, 9 b) eine ml.e Gestalt; die → Christologie (: I) erwächst aus der → Apokalyptik (: III). Die Folge bleibt nicht aus, daß man ihm dann auch eine allgemeine kosmische Bedeutung zuschrieb: er ist ein präexistentes Gottwesen (→ Präexistenz Christi: I), das schon bei der Schöpfung mitgewirkt hat und dem die himmlische Geisterwelt untertan ist (1Kor 8, 6; Kol 1, 16ff; 2, 9ff; Eph 1, 20ff; Joh 1, 1ff; Herm sim V. IX; 2Clem 14), wobei orientalische Spekulationen über kosmische Gestalten eingewirkt haben. Vor allem aber ist die Folge, daß auch Jesu irdisches Schicksal ml. gedeutet wird, so wenn er als »Knecht Gottes« (→ Knecht Jahwes) und als das → »Lamm« bezeichnet wird. Daß seine Person und sein Schicksal mehr als menschliche Bedeutung haben, daß durch sie das Heil beschafft ist, wird dadurch gesagt, ohne daß die Vorstellungen im einzelnen ganz klar sind; denn diese Bezeichnungen sind kultische, und im Kult eignet sich die Gemeinde die Wirkung des Heilswerkes an. Die heilskräftige Begründung der kultischen Haupthandlungen, der → Taufe (: II) und des → Abendmahls (: I), wird dementsprechend im Leben Jesu gesucht, und damit werden die Erzählungen von seiner Taufe und seinem letzten Mahl zu Kultmythen. Die kultische Betrachtung überblickt nun auch das Ganze seines Lebens und Schicksals als eine ml.e Einheit, und die Formulierungen, die in den Leidensweissagungen und in manchen Reden der Apg vorliegen (Mk 8, 31; 9, 31; 10, 33f; Apg 2, 22-36; 3, 13-15; 10, 36-43; 13, 26-39; dazu auch 1Kor 15, 1-7), kann man als kurze Formulierung des Christus-M. bezeichnen. Ein ganz m.es

Gewand hat das Christus-Schicksal in dem Bilde Apk 12 erhalten.

Stärker als andere Motive verschiedener Herkunft hat der *orientalisch-gnostische Erlöser-M.* eingewirkt, der, soweit wir sehen, auf den iranischen → Urmenschen-M. zurückgeht (→ Erlöser: II). Schon für → Paulus ist Christus der ewige Gottessohn, der die Himmelswelt verließ, um, als Mensch verkleidet und so den dämonischen Weltherrschern verborgen, sein Erlösungswerk durch Tod und Auferstehung zu vollbringen und dann zum Herrn erhöht zu werden (1Kor 2, 7f; Phil 2, 6-11). Als der, der den Tod vernichtet und eine neue Menschheit begonnen hat, tritt er so dem ersten Adam gegenüber, durch den der Tod in die Welt gekommen ist (Röm 5, 10ff; 1Kor 15, 21f. 44f). Dieser M. vom himmlischen → Erlöser (: II, 4), der, als Gottes »Wort« schon Mittler der Schöpfung, als Offenbarer im Fleisch von Gott gesandt ist, von der Welt verworfen, aber von Gott erhöht wird und als Erhöhter die Seinen nach sich zieht, bildet auch den Hintergrund der → Christologie (: I, 4. 5 d) des → Johannesevangeliums (, 2 c) und 1. → Johannesbriefes (, 2) sowie des 1Tim 3, 16 zitierten Hymnus. Johannes hat den M. wesentlich als Bild benutzt, um die in Jesus gegebene Offenbarung zu charakterisieren. Formal betrachtet, erhebt er das Leben Jesu ganz in die Sphäre des M. und verfährt dabei mit der geschichtlichen Überlieferung sehr willkürlich. Daß diese Form des Evangeliums eine spätere ist und daß nicht etwa das ganze Leben Jesu eine aus dem M. erwachsene Dichtung ist (→ Christentum: I, 2), zeigt der Vergleich mit den Synoptikern ganz deutlich. Denn wenn diesen auch der Christus-M. ihre formale Einheit gibt, so ist gerade diese Einheit das sekundäre Element; das primäre sind die Einzelstücke älterer Überlieferung (→ Evangelien, formgeschichtlich), und nur in einzelnen Fällen liegen ml.e Motive vor, so in den Vorgeschichten des Mt- und LkEv (→ Jungfrauengeburt, der wegweisende Stern, der Kindermord des Herodes? Geburtsgeschichte des Lukas?), in der Versuchungsgeschichte und in den Geschichten von Ostern (→ Auferstehung Christi: I), zu denen die Geschichte von der → Himmelfahrt Christi (: I; Apg 1, 9ff) kommt. Fast alle diese Geschichten fehlen noch bei Markus, dessen Taufgeschichte aber den Einfluß des Messias-M. zeigt und der das → Abendmahl (: I) als Kultlegende erzählt. Im übrigen ist das Leben Jesu mit manchen wunderbaren Zügen ausgestattet, ohne daß man von M. reden könnte (vgl. bes. die Dämonengeschichten und in der Passion Mk 15, 33. 38f; Mt 27, 51-53). Als ml. kann man vielleicht auch die Verklärungsgeschichte Mk 9, 2-8 bezeichnen, in der Jesu sonst verhüllte Messianität den drei Vertrauten offenbart wird. Und wenn Markus seine Darstellung weithin unter die Theorie des Messiasgeheimnisses stellt (→ Evangelien, synoptische, 2 b), so kann man sagen, daß er ein ml.es Motiv seiner Auffassung vom Leben Jesu dienstbar gemacht hat. Eine ursprünglich ml.e Epiphaniegeschichte liegt auch Joh 2, 1-11 vor, die wahrscheinlich aus dem Dionysos-M. stammt.

Bei *späteren Schriftstellern* finden sich alle genannten Motive wieder, zT neu ausgeschmückt wie die Ostergeschichte im → Petrusevangelium. Der gnostische Erlöser-M. steht vor allem hinter der Theologie des → Ignatius von Antiochien. Neu kommt hinzu die Geschichte von der → Höllenfahrt Christi (: I), zuerst sicher bezeugt 1Petr 3, 19; 4, 6, die auch aus dem gnostischen M. stammt. Dient der M. ursprünglich dazu, Jesu Gestalt ins Göttliche zu steigern, so müssen doch die ml.en Züge verblassen, je konsequenter seine Gottheit gedacht wird, je mehr die Tendenz zur Geltung kommt, »über Jesus Christus zu denken wie über Gott« (2Clem 1, 1). Die älteste Dogmengeschichte versucht deshalb, Christi Gottheit mit philosophischen statt mit ml.en Begriffen zu verstehen (→ Christologie: II).

Vgl. die nt. Theologien u. die Kommentare sowie ThW IV, 769ff (G.Stählin). Ferner: A.Dieterich, Nekyia, 1893 - H.Gunkel, Zum religionsgesch. Verständnis des NT, (1903) 1930³ - M.Dibelius, Die Geisterwelt im Glauben des Paulus, 1909 - Ders., Jungfrauensohn u. Krippenkind (SAH 1932, 4 = Botschaft u. Gesch. I, 1953, 1-78) - W.Bousset, Kyrios Christos, (1913) 1921² - F.Boll, Aus der Offenbarung Joh., 1914 - R.Bultmann, Der religionsgesch. Hintergrund des Prologs zum JohEv (Eucharisterion f. H.Gunkel II, 1923, 3-26) - Ders., Die Bedeutung der neuerschlossenen mandäischen u. manichäischen Qu. für das Verständnis des JohEv (ZNW 24, 1925, 100 bis 146) - E.Lohmeyer, Kyrios Christos, 1928 - H.Gressmann, Der Messias, 1929 - H.Schlier, Religionsgeschichtl. Unters.en zu den Ignatiusbriefen, 1929 - Ders., Christus u. die Kirche im Eph, 1930 - F.C. Burkitt, Church and Gnosis, 1932 - E.Käsemann, Leib u. Leib Christi, 1933 - Ders., Das wandernde Gottesvolk, (1939) 1959³ - Ders., Eine urchristl. Taufliturgie (in: Festschr. f. R.Bultmann, 1949, 135-148) - H.W.Bartsch, Gnostisches Gut u. Gemeindetradition bei Ignatius v. Antiochien, 1940 - G.Bornkamm, Die Häresie des Kol (ThLZ 73, 1948, 11-20 = Das Ende des Gesetzes, [1952] 1958², 139 bis 156) - J.Dupont, Gnosis. La connaissance religieuse dans les épîtres de St. Paul, 1949 - A.N.Wilder, Mythology and the NT (JBL 69, 1950, 113-127) - O.Cullmann, Le mythe dans les écrits du NT (Numen 1, 1954, 120-135) - Ders., Die Christologie des NT, 1957 - P.Bonnard, Les mythes du NT (RThPh 43, 1955, 32-40) - J.Henderson, M. im NT (in: Kerygma u. M. IV, 1955, 133-167) - H.Grass, Ostergeschehen u. Osterberichte, 1956 - W.Schmithals, Die Gnosis in Korinth, 1956 - Ders., Die Häretiker in Galatien (ZNW 47, 1956, 25-67) - Ders., Die Irrlehrer des Phil (ZThK 54, 1957, 297-341) - G.V.Jones, Christology and Myth in the NT, 1956 - R.P.Casey, Gnosis, Gnosticism and the NT (in: Festschr. f. C.H.Dodd, 1956, 52 bis 80) - H.-J.Schoeps, Urgemeinde, Judenchristentum, Gnosis, 1956 - U.Wilckens, Weisheit u. Torheit, 1959. *R.Bultmann*

Zusatz: Bultmanns Darstellung in RGG² soll unverändert stehenbleiben, weil sie klassisch geworden ist und das noch keineswegs erledigte Problem der → Entmythologisierung in dessen die ganze Theologie berührendem Ausmaß erst verständlich macht. Ein Beitrag zur Lösung des Problems ist das zu → Logos (, 2) Gesagte.

Zur Lit. vgl. noch außer der zu → Entmythologisierung angegebenen: Chr.Hartlich-W.Sachs, Der Ursprung des M.begriffes in der modernen Bibelwiss. 1952 - E.Fuchs, Zum hermeneut. Problem in der Theol. (Ges. Aufs. I), 1959 - H.Conzelmann-G.Ebeling-E.Fuchs, Die Frage nach dem hist. Jesus (ZThK 56, 1959, Bh. 1). - Ferner: D.Bonhoeffer, Widerstand u. Ergebung, (1951) 1955⁶.
E.Fuchs

V. Evangelium und Mythos in der missionarischen Verkündigung

1. Das Gegenüber der missionarischen Verkündigung - 2. Das Ev. in der missionarischen Verkündigung - 3. Die missionarische Verkündigung des Ev.s in der Begrifflichkeit der Mythen: a) Das Problem - b) Die Praxis - c) Die Bekehrung der Sprache - d) Der Anknüpfungspunkt. - Ev. = Evangelium

1. Die Missionswissenschaft hat es in der Frage nach der Heidenpredigt (→ Mission: III B) und ihrem Gegenüber nicht in erster Linie mit erstarrten Mythen, sondern mit der Tatsache mythengläubiger Menschen zu tun. Der Missionar (und mit ihm der Ethnologe, Soziologe und Religionswissenschaftler!) begegnet heute dem M. nie als einer abstrakten Größe, sondern immer nur in der Form eines von einem Menschen oder einer menschlichen Gemeinschaft geglaubten und gelebten Seinsverständnisses. Dieser M. hat a) ganzheitlichen Charakter, weil keine Sphäre und keine Funktion der Einzel- oder Gruppenexistenz bei diesem Seinsverständnis ausgeschlossen ist. Das gilt auch von der vormythischen und ebenso von der nachmythischen, meistens synkretistischen, Form des M. Die Namen der alltäglichen Gebrauchsgegenstände und Lebensvorgänge sind oft ebenso ml. wie die Begriffe für geistige und kultische Vorgänge! Der M. ist nur in der Bezogenheit aller Teile aufeinander und ihrer Zuordnung zu einer beherrschenden Mitte richtig zu erfassen. b) Der M. ist als vom Men-

schen geglaubtes Seinsverständnis einem unaufhörlichen Entwicklungs- und Wandlungsvorgang unterworfen. Die geheime Kraft dieser Wandlung ist allemal der Mensch. Seine Erkenntnis und sein Glaube wandeln und gestalten den M., den er glaubt. Solcher Gestaltwandel des M. tritt bes. deutlich in Erscheinung, wo der Mensch anderen Menschen mit anderem Seinsverständnis begegnet und - im Prozeß des → Synkretismus (: II) - selbst als die vergleichende, ordnende und entscheidende Kraft in der Mitte tätig werden muß. c) Der M. beansprucht - in einem unbewußten, aber sehr grundsätzlichen Widerspruch gegen die Abhängigkeit von seiner geheimen Kraft und Mitte, dem Menschen -, mehr zu sein als vom Menschen selbst gesetztes Seinsverständnis: Er will Wirklichkeit oder doch zumindest mystisches Innewerden des eigentlichen Seins oder göttliche Offenbarung sein. Wo dieser Anspruch fehlt, wird der M. zum Märchen. Der Missionar sucht mit seinem Zeugnis den Menschen. Gerade deshalb kann er die Tatsache nicht übersehen, daß dieser Mensch dem M. dreifach verhaftet ist: Er ist völlig vom M. beherrscht, er ist zugleich der den M. gestaltende Herr und er will das Letztere durchaus nicht sein.

2. Der Missionar begegnet dem in einem mythischen Seins- und Weltverständnis lebenden Menschen nicht mit einem besseren oder wahreren M. Er predigt das Ev. von Jesus Christus als eine amythische, ja antimythische Wirklichkeit, als das ganz andere, von Gott gesetzte Seins- und Weltverständnis. Das Ev. beansprucht, dem Menschen zu offenbaren, wie Gott ihn und die Welt sieht und versteht, und es bezeugt, daß es Gott zu seiner eigenen Zeit gefallen hat, dies der Welt in der Sendung Jesu Christi kund zu tun. Der Missionar predigt deshalb, daß der jüdische Mann Jesus von Nazareth, der unter Pontius Pilatus gelitten hat, Herr und Gott ist. Die Geschichte Israels, die auf Jesus hinführt, die Geschichtlichkeit und Leibhaftigkeit Jesu, die Geschichte der großen Taten Gottes in der Kirche und die Wiederkunft Jesu Christi als das Ende der Geschichte gehören zum Kern des Ev.s. M.a.W.: Das Ev. kann nur als das Ende aller Mythen und allen mythischen Seinsverständnisses gepredigt werden. Das Ev. selbst entmythisiert den Menschen und die Welt und entmythologisiert die Sprachen und Begriffe.

3. a) Weil das Ev. dem Menschen gilt, deshalb sieht sich der Missionar bei der Heidenpredigt vor die paradoxe Aufgabe gestellt, das amythische Ev. in einer völlig vom M. beherrschten Sprache und Vorstellungsform zu bezeugen. Zur Menschwerdung Gottes in Jesus von Nazareth gehört auch die Predigt von Jesus in der mythisch geladenen Sprache der Menschen, für die Gott Jesus sandte. Die alltäglichsten Verben und Substantive, wie zB Essen, Trinken, Schlafen, Tag und Nacht, ebenso die Bezeichnungen für Mann und Frau, für den Menschen, für Sonne und Mond haben einen oft deutlich erkennbaren Bezug zum M. In noch viel stärkerem Maße gilt das natürlich von allen Begriffen, die Funktionen und Tatsachen des religiösen Lebens und des Kultus bezeichnen. Unentrinnbar wird die Verflochtenheit mit dem M. beim Gottesnamen. Das bedeutet, daß der Missionar, indem er sich bei der Predigt der Sprache der Menschen bedient, zu denen er ausgesandt ist, mit fast jedem Wort Vorstellungen aus der Welt des M. heraufbeschwört und damit zunächst zwangsläufig ein Mißverständnis des Ev.s herausfordert und befördert. Er entrinnt dieser Konsequenz auch nicht dadurch, daß er in der Welt des M. nach Begriffen und Vorstellungen sucht, die eine Nähe zu biblischen Begriffen und Vorstellungen zu haben scheinen. Was zB Sünde ist, wird in den verschiedenen Mythen jeweils ganz verschieden von der Gesamtheit des M. her bestimmt sein. Es wird leicht sein, die Zustimmung der Hörer zur Feststellung ihres Sünderseins zu erreichen. Damit sind sie aber dem Verständnis des Ev.s keinen Schritt näher gekommen, weil sie in ihrem eigenen mythischen Verständnis solcher Aussagen gefangen bleiben.

b) Die Verkündigung des Ev.s überwindet das mythische Seins- und Weltverständnis dadurch, daß es dem Menschen eine andere, neue Mitte seines Seins und seiner Welt bezeugt: Jesus von Nazareth ist Herr und Gott. Indem alle Begriffe und Vorstellungen der Menschen auf diese neue Mitte bezogen und von daher interpretiert werden, verlieren sie ihren alten mythischen Sinn und bekommen einen neuen Inhalt. Was zB Licht oder Wahrheit ist, läßt sich jetzt nicht mehr aus dem beim Menschen vorhandenen äußeren oder inneren Licht ablesen oder aus den von ihm entwickelten Wahrheitsbegriffen erklären. Jesus ist das Licht, ist die Wahrheit. Nur aus seinem Sterben und Auferstehen, seinem Wort und Werk läßt sich erheben, was Licht, Wahrheit, Leben, Sünde, Gerechtigkeit usw ist. Die Entmythologisierung der Begriffe und Vorstellungen vollzieht sich in dem Augenblick, wo sie zur Bezeugung Jesu und seiner Geschichte verwandt werden. Sie geschieht im Akt der Verkündigung Jesu Christi, nicht vorher und nicht nachher. Sie geschieht nicht, wenn statt der Person und Geschichte Jesu »christliche« Heilsgüter, zB Vergebung, Rechtfertigung, Liebe gepredigt werden. Je menschlicher, je weltlicher das fleischgewordene Wort selbst verkündigt wird, um so größer ist die Aussicht, daß das Ev. den Menschen wirklich erreicht und in seiner die Mythen richtenden Andersartigkeit verstanden wird.

c) Daß das missionarische Bemühen, die Andersartigkeit des Ev.s begreiflich zu machen, sich auch in Einzelheiten der *Sprachgestaltung*, bes. bei → Bibelübersetzungen (: VII) auswirken muß, ist nach dem unter b) Gesagten einsichtig. Der Prediger des Ev.s wird sorgfältig nach Wörtern suchen, die möglichst wenig mythischen Gehalt haben oder die dessen bereits weitgehend verlustig gegangen sind. Er wird zur Bezeugung des Jesusgeschehens am liebsten Begriffe und Bilder verwenden, die den alltäglichen menschlichen Lebensvorgängen möglichst nahe sind. Er wird auch neue Worte schaffen, vor allem in der Gestalt von Komposita. Bisweilen wird sich die Beibehaltung griechischer oder englischer Begriffe als Fremdwort nahelegen (gridja [Oriya] = church; baptisma u.ä.). Ein wichtiges Mittel ist oft die Zusammenordnung von Begriffen, die in der ml.en Redeweise nie einander zugeordnet werden könnten. Die Übersetzung der Bibel in andere Sprachen hat allemal wie eine Neuschaffung der betr. Sprache gewirkt.

d) Das Ev. knüpft bei dem Menschen an (→ Anknüpfung) und nicht beim M. oder bei Teilen des M. Die mythischen Vorstellungen erklären nie das Jesusgeschehen. Es ist umgekehrt so, daß die Jesuspredigt die Begriffe aus der mythischen Dämmerung herausholt und ihnen einen nüchternen, realen Gehalt gibt. Wo das Ev. von Jesus Christus den Menschen nicht wirklich erreicht, sondern wo bestenfalls versachlichte und verdinglichte Teilwahrheiten angenommen werden, da ist ein christlich verbrämter → Synkretismus (: II), meistens nachmythischer Art, die unvermeidliche Folge. Der Mensch des nachchristlichen Synkretismus aber ist der unansprechbarste Adressat des Ev.s, weil bei ihm das Ev. zum M. verfälscht worden ist.

S. Jacob, Das Problem der Anknüpfung für das Wort Gottes in der dt. ev. Missions-Lit. der Nachkriegszeit, 1935 - H. Kraemer, Die christl. Botschaft in einer nichtchristl. Welt, 1940 - H. Meyer, Das Ev. in der Begegnung mit dem M. in Indien (ThLZ 79, 1954, 273-282).

H. Meyer

N

Nabatäer, Volk am Rande Palästinas, dessen Name (nbṭw) mit dem im AT und in assyrischen Inschriften vorkommenden Namen Nebajoth eines ismaelitischen Stammes (→ Ismael) schwerlich identisch ist. Nach ihren Personennamen waren die N. nordarabischer Herkunft; ihre Inschriften (vgl. → Epigraphik: I, 3 d) verfaßten sie in einem aus dem »Reichsaramäischen« (vgl. → Aramäisches in der Bibel: I, 5) hervorgegangenen aramäischen Dialekt, soweit sie sich nicht unter hellenistischem Einfluß des Griechischen bedienten. Ihre spezielle nordarabische Heimat ist nicht bekannt. Im Laufe des 4.Jh.s vChr setzten sie sich in dem alten Gebiet der nach Westen abwandernden → Edomiter fest und gingen mehr oder weniger zur Seßhaftigkeit über. Von ihren Kulturlandnachbarn wurden sie vielfach als »Araber« schlechthin bezeichnet. Geschichtlich werden sie zuerst anläßlich unglücklicher militärischer Unternehmungen des Antigonos gegen sie i.J. 312 vChr erwähnt, über die Diodorus Siculus nach Hieronymus von Kardia berichtet (XIX, 94, 1 - 100, 2; vgl. auch II, 48). Danach beuteten sie schon damals die Mineralschätze des Toten Meeres aus. Sie lebten vorwiegend vom Karawanenhandel bzw. von der Kontrolle der durch ihr Gebiet ziehenden Karawanen; denn sie beherrschten die Karawanenwege von Südarabien einerseits nach dem Mittelmeer (→ Gaza), andererseits nach dem Inneren Syriens (→ Damaskus) und haben zZ ihrer Blüte ihre unmittelbare Herrschaft und auch ihre Siedlung in diesen beiden Richtungen weit ausgedehnt (vgl. 2Kor 11, 32). Ihr Zentrum und ihr Herrschersitz war → Petra. Ein Herrscher der N. wird zuerst für das zweite Viertel des 2.Jh.s vChr erwähnt (2Makk 5, 8: »Aretas, Tyrann der Araber«; derselbe wahrscheinlich in einer nabatäischen Inschrift von Elusa/el-chalaṣa: »Aretas, König der N.«). Ihren Höhepunkt erreichte die Macht der N. im 1.Jh. vChr und 1.Jh. nChr. Mit den Hasmonäern (→ Judentum: I, 2) und den Herodeern (→ Herodes) hatten sie vielfache, je nach Lage freundliche oder feindliche Beziehungen. Trajan ließ 105/106 nChr durch den syrischen Legaten das N.-Reich unterwerfen und machte aus seinem Gebiet die römische Provinz Arabia. Die letzten geschichtlichen Spuren der N. sind die nabatäischen Sinaiinschriften aus dem 2./3.Jh. nChr; sie stammen von nabatäischen Pilgern, die zu dem → Sinai als einem für sie heiligen Berge wallfahrteten.

SCHÜRER I, 726ff - R.BRÜNNOW-A.v.DOMASZEWSKI, Die Provincia Arabia I-III, 1904-09 - N.GLUECK in: AASOR 14, 1934; 15, 1935; 18/19, 1939; 25-28, 1951 - PW, 32. Halb-Bd, 1935, 1453ff (A.GROHMANN) - M.NOTH, ZDPV 67, 1944/45, 65-71 - F.-M.ABEL, Hist. de la Palestine I. II, 1952, bes. I, 34f. 250ff; II, 53ff - J.STARCKY, BA 18, 1955, 84-106. *M.Noth*

Nabel. Der N. (griech. ὀμφαλός, lat. umbilicus) ist religionsgeschichtlich auf den Gebieten der → Wahrsagung, → Magie und → Meditation von Bedeutung; als Erd-N. (ὀμφαλὸς [τῆς] γῆς) bezeichnet er eine mythische und religionsgeographische Mittelpunktsvorstellung. - Die N.-Wahrsagung (Omphalo-, Umbilicomantie) deutet die Linien der Haut in der Nähe des N.s; möglicherweise geht sie auf eine ursprüngliche Deutung der N.schnur zurück. - Der Gedanke, daß die N.schnur in sympathetischer Verbindung mit dem Körper bleibe, ist Grundlage ihrer besonderen Behandlung und Aufbewahrung bei vielen Völkern. Im deutschen → Aberglauben verleiht die unter einem Rosenstock vergrabene N.schnur dem Kind rote Wangen. Bei den Maori werden die N.schnuren aller → Kinder an → Bäume gehängt, die → Fruchtbarkeit verleihen sollen. Die altindische Sitte, daß der Lehrer den N. des Schülers berührt, symbolisiert einen geistigen Zusammenhang analog dem durch die N.schnur hergestellten geburtlichen. - Die meditative Konzentration durch visuelles Fixieren des N.s findet sich im indischen → Yoga und bei den → Hesychasten, die von ihren Gegnern als N.seelen (Ὀμφαλόψυχοι) verspottet wurden. - Die Vorstellung mythischer Mittelpunkte, die oft als »N. der Erde« bezeichnet werden, ist bei vielen Völkern verbreitet; sie betrifft bes. das → Paradies oder den Gipfel des kosmischen Berges. In Palästina galt der → Garizim als »N. der Erde« (ṭăbbûr haaræṣ: Ri 9, 37). → Jerusalem, schon in Ez 5, 5 als Mittelpunkt angesprochen, erscheint bis ins 18.Jh. auf Erdkarten als Zentrum; in der Grabeskirche ist der N. der Erde durch einen Becher dargestellt. Ideeller Mittelpunkt war auf dem röm. Forum der »N. der Stadt Rom« (umbilicus urbis Romae). Das bekannteste Beispiel für → Heilige Stätten, die als N. der Welt angesehen wurden, ist das Heiligtum von Delphi mit dem kultisch verehrten Omphalos-Stein. - Vgl. → Makro- und Mikrokosmos, → Orientation.

K.HOLL, Enthusiasmus u. Bußgewalt im griech. Mönchtum, 1898 - W.H.ROSCHER, Omphalos (AGL 29, 9, 1913) - DERS., Neue Omphalosstudien (ebd 31, 1, 1915) - DERS., Der Omphalosgedanke bei versch. Völkern (Sitz.-Ber. d. sächs. Akad. d. Wiss. 70, 2, 1918) - R.MERINGER, Omphalos, N., Nebel (Wörter u. Sachen 5, 1913, 43 bis 91) - W.GAERTE, Kosmische Vorstellungen im Bilde prähist. Zeit (Anthropos 9, 1914, 956-979) - A.J.WENSINCK, The Ideas of Western Semites concerning the Navel of the Earth (VAA 17, 1, 1916) - J.W. HAUER, Die Anfänge der Yogapraxis im alten Indien, 1922 - HWDA VII, 780; VIII, 1307ff - M.ELIADE, Le mythe de l'éternel retour, Paris 1949; dt. 1953 - ELIADE §§ 81. 143ff - Le symbolisme cosmique des monuments religieux (Serie Orientale Roma 14), 1957 - H.-V.HERRMANN, Omphalos (Orbis antiquus 13), 1959. *G.Lanczkowski*

Nachfolge Christi

I. Im NT - II. Dogmengeschichtlich - III. Theologisch

I. Im NT

1. Der Ruf Jesu in die N. - 2. N.Chr. in der christlichen Gemeinde

1. Wenn die → Evangelien berichten, daß Jesus von einer Menge umgeben ist, die hinter ihm hergeht (Mk 1, 39 par; 3, 7 par; 5, 24 par; Mt 8, 1; 14, 13; Lk 7, 9; 9, 11; Joh 6, 2 u.ö.), und ein Kreis von Schülern um ihn versammelt ist, so unterscheidet sich dieses Bild nicht von dem der jüdischen Schriftgelehrten, die vor ihren Schülern öffentlich ihre Lehre vortrugen. Das Verhältnis aber, in dem die Jünger zu Jesus standen, war ganz anderer Art

als das der Schüler zu ihrem Rabbi. Denn während diese bei ihrem Lehrer darum nachsuchen mußten, in seine Schule aufgenommen zu werden, und nur dann seine Schüler werden konnten, wenn sie für würdig befunden wurden, hat Jesus seine Jünger in die N. gerufen. Er unterweist sie nicht, um einmal aus den Schülern Lehrer zu machen, die die Stelle des Meisters einnehmen könnten, sondern es gilt ein für allemal, daß Jesus der Herr, der Jünger aber der Knecht ist (Mt 10, 24f). Einer ist der Meister, darum sollen die Jünger untereinander Brüder sein und sich niemals wie die jüdischen Gelehrten Rabbi nennen lassen (Mt 23, 8). Jesus beruft nicht Jünger in seine N., um eine Schule oder eine Institution zu begründen. Er erläßt keine Regeln und Vorschriften, die seinem Jüngerkreis als Satzungen und Richtschnur dienten (→ Jesus Christus, 8. 10), sondern sein Ruf steht im Zeichen der kommenden Gottesherrschaft (→ Reich Gottes: I). Allein dieser unbedingte Ruf Jesu begründet die N. (Mk 1, 16ff par; 2, 14 par; Lk 5, 1ff; Joh 1, 35ff), und er wird weder motiviert noch nachträglich begründet, sondern Jesus gibt den knappen Befehl: »Auf, mir nach!« (Mk 1, 17 par; 2, 14 par). Die, denen dieser Ruf gilt, stehen auf, verlassen alles und gehorchen. Anderen freilich erscheint Jesu Ruf als eine unzumutbare Forderung, so daß sie sich ihm versagen (Mk 10, 17ff par; Mt 8, 19-22 par; Lk 9, 57-62). Jesus nachfolgen schließt ein, sich von allen anderen Bindungen zu lösen (Lk 14, 33), auch von den Banden der Familie (Lk 14, 26f; Mt 10, 37f), ja sich selbst zu hassen (Lk 14, 26). Denen, die diesem Ruf gehorsam sind, werden nicht asketische oder zusätzliche ethische Forderungen auferlegt, sondern sie empfangen Auftrag und Verheißung von Jesus: Er macht sie zu Menschenfischern (Mk 1, 17 par u.ö.), die die frohe Kunde von der kommenden Gottesherrschaft ausrufen sollen (Lk 9, 60). Wer um Jesu willen Verwandte und Besitz verlassen hat, der wird vielfältig empfangen und das ewige Leben erben (Mk 10, 28ff par; Mt 19, 29). Freilich muß der Jünger sein Kreuz auf sich nehmen und seinem Herrn in das → Leiden (: I) folgen. Wer aber um Jesu willen sein Leben verliert, der wird es finden (Mk 8, 34ff par; Mt 10, 38 par; Joh 12, 24-26).

2. Nach Karfreitag und Ostern gewinnt die N.Chr. eine veränderte Bedeutung: sie ist nun auf den erhöhten Herrn bezogen. Jesus nachfolgen heißt nun: glauben und bekennen, daß er das Licht der Welt ist (Joh 8, 12). Er ist der gute Hirte, auf dessen Stimme die Schafe hören (Joh 10, 1ff). Die 144000, die das Gottesvolk der Endzeit repräsentieren, folgen dem Lamm bis in das Sterben hinein - durch Leiden zur Herrlichkeit (Apk 14, 4). Christus ist als der Wegbereiter den Seinen vorangegangen (Hebr 2, 9f; 5, 9; 6, 20). Er hat als der große Hohepriester die Himmel durchschritten (Hebr 4, 14-16), ist der Anfänger und Vollender des Glaubens (Hebr 12, 2). Er hat den Weg gebahnt, den die Seinen zur himmlischen Heimat beschreiten sollen. Mit diesen Sätzen macht der Hebr unter Aufnahme der gnostischen Vorstellung vom Führer der Erlösten (→ Erlöser: II) den Gedanken der N. für die hellenistische Gemeinde verständlich.

Die N.Chr. bestimmt somit das ganze Leben des Christen, paulinisch gesprochen: den Wandel in Christus (Röm 6, 4; Phil 1, 27; Kol 2, 6 u.ö.), den Wandel im → Geist (Gal 5, 25; Röm 8, 4 u.ö.). Wer mit Christus gestorben (Röm 6, 4), mit ihm der Welt gekreuzigt ist (Gal 6, 14), der steht unter der Verpflichtung, dem auferstandenen Herrn gehorsam zu sein und im neuen Leben zu wandeln (Röm 6, 4). Zwar wird in den paulinischen Briefen der Begriff N.Chr. nicht gebraucht, wohl aber ist von der »Nachahmung« Christi die Rede (1Kor 11, 1; 1Thess 1, 6). Dabei ist jedoch nicht daran gedacht, daß Christus das Vorbild sei, dem man durch Nachahmung ähnlich oder gleich werden sollte, sondern das Verhältnis des Christen zu seinem Herrn ist durch den Gehorsam bestimmt. Die Gemeinden sollen nicht auf ein hervorragendes sittliches Beispiel hingewiesen werden, sondern der Apostel ermahnt, so zu leben, wie es sich im Herrschaftsbereich Christi gebührt, dem gehorsam zu sein, der selbst gehorsam war und zum Herrn aller Herren eingesetzt ist (Phil 2, 5-11). Die Mahnung zum Gehorsam kann auch dadurch bekräftigt werden, daß der Apostel auf sein eigenes Verhalten hinweist, das die Gemeinden »nachahmen« sollen (1Thess 1, 6; 2Thess 3, 7. 9; 1Kor 4, 16; 11, 1; Phil 3, 17). Diese Hinweise sollen die Autorität des apostolischen Wortes unterstreichen und zu dessen Befolgung anhalten. Wenn schließlich Eph 5, 1 aufgefordert wird, »Nachahmer« Gottes zu sein, so bedeutet das: »Vergebt einander, wie Gott euch in Christus vergeben hat . . ., und wandelt in Liebe, wie Christus euch geliebt hat« (Eph 4, 32; 5, 2).

Der Gedanke, daß Christus ein Vorbild für die Seinen gegeben habe, dem sie ihrerseits nacheifern sollen, taucht nur am Rande des NT auf: Im 1Petr werden die leidenden Christen auf das Beispiel des geduldigen Leidens Jesu hingewiesen, um sich seinem Vorbild entsprechend zu verhalten (1Petr 2, 21ff; 3, 17ff).

E.G.Gulin, Die N. Gottes (StOr 1925, 34-50) - ThW I, 210ff (Lit.); IV, 661ff (Lit.) - F.Tillmann, Die Idee der N.Chr., 1934 - A.Oepke, N. u. Nachahmung Christi im NT (AELKZ 71, 1938, 850 bis 857. 866-872) - E.Dinkler, Jesu Wort vom Kreuztragen (BZNW 21, 1954, 110-129) - E.Schweizer, Erniedrigung u. Erhöhung bei Jesus u. seinen Nachfolgern (AThANT 28), 1955 - Ders., Discipleship and Belief in Jesus as Lord from Jesus to the Hellenistic Church (NTS 2, 1955/56, 87-99) - G.Bornkamm, Jesus von Nazareth, (1956) 1959^3, 133ff - EKL II, 1495f. *E.Lohse*

II. Dogmengeschichtlich

1. Alte Kirche: a) Der Osten - b) Der Westen - 2. Lat. MA - 3. Frühe Neuzeit: a) Zeitalter der Reformation - b) Zeitalter der Orthodoxie und des Pietismus

1. a) Auch die ersten nachapostolischen Aussagen über die N.Chr. fordern sie noch für alle Christen; ihr Hauptvorbild besteht in der Art, wie Christus in die Welt *kam*, gedeutet vor allem durch Jes 53 (so 1Clem 16, ähnlich Polyk 8, 2), oder auch durch die Art, wie er in der Welt *war* (→ Irenäus, adv. haer. 2, 22, 4). Doch gibt es auch andere Beispiele der hl. Geschichte, die der Nachahmung wert sind (1Clem 17; Polyk 9). Der veränderte christologische Akzent bei → Ignatius von Antiochien, demzufolge das Todesleiden Christi in den Mittelpunkt tritt, läßt für ihn N.Chr. in der freiwillig gesuchten Nachahmung des *Leidens* Christi bestehen; damit wird vor allem der → Märtyrer (: II) zum Nachfolger Christi. Er tritt selbständig neben den leidenden Christus; wie dieser sucht er den Weg zu Gott im Martyrium, eine Linie, die sich auch in den folgenden Martyrien niederschlägt (MartPolyk, Märtyrer von Lyon). Offenbar bereits gleichzeitig mit dem Märtyrer als Nachfolger Christi gewinnt der Asket in Syrien diesen Rang: vollkommen geübte N.Chr. macht ihn der göttlichen Natur Christi gleich; er ist wie dieser »einzigartig« (vgl. Joh 1, 14. 18). Entsprechende Gedankengänge bleiben auch bei den älteren Alexandrinern, → Clemens und → Origenes, lebendig. Bes. bei Clemens tritt aber durch das Eindringen platonischer und philonischer Gedanken von der N. Gottes und der Verähnlichung mit Gott eine erneute Gewichtsverschiebung ein. Er stellt eine Stufenfolge der N. auf: wie Christus der Nachfolger Gottes ist, so der wahre Gnostiker der Nachfolger Christi und der Durchschnittschrist der des Gnostikers. Das Ziel ist, den Ebenbildcharakter des Menschen wiederherzustellen. Die Liebeshaltung geht dabei speziell auf Christus als

Vorbild und Urheber zurück. Durch die N. wächst man mit ihm asketisch-moralisch und seinsmäßig zusammen. Zur *Vollendung* kommt es dabei freilich nur gnadenweise. – Dies alles ist bei Origenes erhalten geblieben; doch betont er wieder stärker die N.Chr. selbst, und zwar sowohl als Nachahmung seiner Eigenschaften wie auch als Hineinnahme in sein menschliches Leben (zB Versuchung), vor allem in sein Leiden in der Form des eigentlichen Martyriums, das zugleich Fortsetzung des Sühneleidens Christi wird. Darüber hinaus bewirkt die N.Chr. die Schau des »Eingeborenen« (c. Celsum VI, 68). Dementsprechend erweist sich die → Mystik aller Art als das vornehmliche Gebiet der vollendeten N.Chr., bes. die Mönchsmystik des Ostens, wie überhaupt das → Mönchtum (: II) die klassische Form der N.Chr. wurde, beispielhaft → Antonius d. Gr., den Mt 19, 16ff in die N. rief.

b) Der in der lat. Kirche vorherrschenden Betonung der Menschheit Christi entsprechend, bestand für → Tertullian N.Chr. ausschließlich in der Leidens-N., während die ethische Ermahnung bei ihm an die militia Christi gebunden blieb. Gemäß dem durchgängigen Moralismus, der wie für den Osten auch für den voraugustinischen Westen gilt, wurde hier die N.Chr. wesentlich in der Befolgung des Beispiels seines irdischen Lebens gesehen, → Pelagius ist hierfür typisch. Zunächst hat auch → Augustin Christus als Lehrer verstanden, »durch dessen Nachahmung das Menschengeschlecht zu besseren Sitten gebildet werde«, wobei seine Geduld und sein Gehorsam den Vorrang haben. Auch die Passion wird unter dem Gesichtspunkt der humilitas Christi betrachtet. So steht Christus schlechthin als Beispiel da, zu dessen Nachvollzug es im christlichen Leben kommen muß. Gleichwohl ist von Augustin die erste kräftige Kritik am Moralismus des N.gedankens ausgegangen; im Kampf gegen Pelagius, für den sich die Gnade Christi im Beispiel erschöpfte, entwickelt er seine spezifische Gnadenlehre (→ Gnade: IV, 1 b). So tradierte das komplexe Gesamtwerk Augustins auch hier die heterogensten Elemente.

2. Im *lat. MA* sind die im Raum der Kirche hervortretenden Reformbewegungen stark beherrscht vom Pathos der N.Chr. Die → Pataria in Oberitalien forderte die mönchische Form der N.Chr. vom gesamten Klerus. Bei → Arnold von Brescia wendeten sich diese Gedanken in äußerster Schärfe gegen Hierarchie und Mönchtum in gleicher Weise; radikale Reinigung der Kirche von Besitz und weltlicher Gewalt sollte ein Leben in der N.Chr. ermöglichen. Andere häretische Bewegungen der Zeit wie die → Katharer sind nur zT von der Idee der N.Chr. geprägt. Bei ihnen ist sie Ergänzung, nicht Wurzel ihrer Weltauffassung, die grundsätzlich dualistisch begründet wird. Die ganze Bewegung, die auch im Eremiten- und Mönchtum (→ Robert von Arbrissel, → Heinrich »von Lausanne«) aufbrach, die armen Wanderprediger beseelte und namentlich den → Waldensern scharfe kirchliche Gegenmaßnahmen einbrachte, erfuhr dann eine Verkirchlichung, theologisch bes. durch → Bernhard von Clairvaux, praktisch durch Franz von Assisi. Bernhards Anschauung von der N.Chr. war neben ihrer kirchlichen Brauchbarkeit zugleich eine Vertiefung. Gegen → Abaelard betonte er die Objektivität der sakramental vermittelten Erlösung durch den Tod Christi. Das nahm der N.Chr. stark ihren verdienstlichen Charakter, ließ sie aber als Nachahmung des Gehorsams Christi dennoch das ganze wahre Christenleben beherrschen. Sie erwuchs ihm aus der Betrachtung des zu Krippe und Kreuz Erniedrigten, wie seines im → Kirchenjahr abgebildeten Erlösungsweges überhaupt. Sie vollzieht sich im unblutigen Martyrium der Selbstabtötung des »Fleisches«, zu dem auch geistige Güter, unter ihnen die Theologie, gehören können, sowie in der Einübung der Tugenden Christi. Leben in der N.Chr. ist Voraussetzung für ein Leben in der Liebe Christi. Der Strom einer in solcher Meditation gewonnenen N.Chr., der für das MA und die frühe Neuzeit im Abendland so bezeichnend geworden ist, geht von Bernhard aus.

Den Gipfel mittelalterlicher N.Chr bildete der hl. → Franz. So sehr seine Bewegung Bußbewegung war, trat gleichwohl die charismatische Heiterkeit und Sorglosigkeit noch stärker hervor, in der er das »Leben nach der Form des Evangeliums« annahm; diese bestand vor allem in den zentralen N.worten des NT (Mt 19, 21; 16, 24). Mit der N.Chr. erstrebte Franz auch die Gleichgestaltung, wie vor allem die Vorgänge um seine Stigmatisierung zeigen. Die Franziskuslegenden ließen das Motiv der N.Chr. geradezu manieristisch nachwirken, bes. deutlich im Liber de conformitate vitae b. Francisci ad vitam Domini Jesu des Bartholomäus de Rinonico (vor 1390). Die Bedeutung, die die → Bettelorden für das gesamte Hoch-MA gewannen, zeigt, wie stark die prinzipielle Armut des einzelnen und der geistlichen Gemeinschaft als Kern verwirklichter N.Chr. empfunden wurde. – Sie hat denn auch die äußeren Formen der N. verinnerlicht und Inhalt und Form der deutschen → Mystik (: VI) geprägt. In der Betrachtung des Lebens, zumal des Leidens Christi und der in ihm zutage tretenden Tugenden eignete man sich diese an, womit zugleich äußere Nachahmung Hand in Hand ging. Heinrich → Seuse trug 8 Jahre ein mit 30 Nägeln durchbohrtes Kreuz und vollzog an sich die Geißelung Christi, wußte aber doch zugleich, daß N.Chr. auch in der Annahme, nicht im selbständigen Ergreifen der geistigen Marter liegt. Bei anderen wird die N. des Leidens Christi stark vergeistigt: → Mechthild von Magdeburg fand in ihm den mystischen Aufstieg völlig vorgebildet. Bezeichnenderweise erwachte im Bereich der deutschen »frauenklösterlichen Jesusminne« als ein besonderer Zweig der N.Chr. zuerst die → Herz-Jesu-Verehrung. – Die Frömmigkeit der N.Chr. fand im MA ihre literarisch wirksamste Ausprägung in den Vier Büchern von der N.Chr. (→ Thomas a Kempis), dem verbreitetsten Erbauungsbuch der Welt. Hier heißt N.Chr., seine Demut und Selbstverleugnung nachahmen, bes. seinen königlichen Kreuzesweg, durch den man ihm und den Heiligen gleichgestaltet wird. Diese Frömmigkeit der N.Chr. beherrscht das gesamte religiöse Leben des späten MA, einschließlich seiner Andachtsübungen: Andacht zu den fünf Wunden Jesu, → Kreuzweg-Andacht usw.

Neben solcher quietistischen und kirchlich-kath. bleibenden N.Chr. beseelt sie auch die Oppositionsbewegungen des hohen MA. → Joachim von Fiore erwartet von den »geisterfüllten Männern der dritten Zeit« »die vollkommene Nachahmung« Christi (Benz), worin die Franziskaner- → Spiritualen eine Prophetie auf ihr Wollen sahen. Erst recht entfaltete die N.Chr. ihre revolutionäre Sprengkraft in den großen Reformbewegungen. So war für → Wiclif Christi Leben, seine Menschheit, das Beispiel schlechthin, dem zu folgen heilsnotwendig ist, aber auch – recht verstanden – Maßstab für die Lenkung der Kirche, während er die Träger weltlicher Gewalt als Abbilder der Gottheit Christi ansah und legitimierte. In → Huß und der hussitischen Bewegung gewannen seine Gedanken weltgeschichtliche Wirkung, während die → Brüderunität (: I) ursprünglich → Peter Chelčický näher stand. Chelčický lehnte den staatlichen Rechtsschutz des Verfolgten als Hindernis der N.Chr. ab, sich damit ausdrücklich gegen Wiclif abgrenzend.

3. a) Die zentrale Bedeutung des N.gedankens erweist sich im Zeitalter der *Reformation* in charakteristisch verschiedener Brechung. Für → Luther tritt, kraft seiner Einsicht in die → Rechtfertigung (: II) aus Glauben allein, bei der N.Chr. das Motiv der Nach*ahmung* zurück zugunsten der eigentlichen Nach*folge,* die als geschenkte Hineinnahme in das Leiden Christi verstanden wird. Sie zielt auf den Glauben als Rühmung der Gnade Gottes, die sich in solcher Hineinnahme manifestiert; sie bewirkt aber zugleich auch das Gleichförmigwerden mit Christus in seiner Knechtsgestalt, Frucht und Inhalt neuer Schöpfung im strengen Sinne. → Müntzer ist diesem Gedanken Luthers näher geblieben als die übrigen Schwärmer, unter denen der Aktivismus des N.gedankens wieder stärker Raum gewann. Bei → Calvin erhielt die N.Chr. zentrale Bedeutung für den Ansatz seiner Ethik; sie ist ausgesprochen Ethik der N.Chr. Zu ihr gehört zunächst die Selbstverleugnung; sie soll im Christen Raum schaffen für die völlige Herrschaft Christi; diese vollzieht sich in der geistgewirkten Annahme und Übernahme des Kreuzes, verbunden mit der Hoffnung, am zukünftigen Siege Christi Anteil zu gewinnen. - Auch bei Ignatius von → Loyola spielte die N.Chr. eine zentrale Rolle. Angeleitet durch → Ludolfs von Sachsen methodische Einübung in die Betrachtung des Lebens Christi zur Nachahmung seiner Tugenden, ständig begleitet durch Thomas a Kempis' N.Chr., hat er die Vergegenwärtigung des Weges Christi zum Hauptmittel seiner geistlichen → Exerzitien gemacht.

b) In der luth. → *Orthodoxie* wurde die Leidens-N. aus ihrer »unmittelbaren Verbundenheit mit der Lehre vom Werk Christi gelöst und der Lehre von der Heiligung zugewiesen« (v.Loewenich). Damit war sie wiederum der Gefahr einer stärkeren Ethisierung ausgesetzt, und man versteht, wie gerade dadurch der Gedanke der N.Chr. weiterhin das große überkonfessionelle Thema bis zum Pietismus bleiben konnte, zumal sehr bald die Theologie sich von der → Erbauungsliteratur zu trennen begann (symptomatisch etwa Johann → Gerhards Meditationes sacrae, deren eindringlichem Ruf zur N.Chr. in seinen Loci theologici nichts entspricht). Schon vom Ausgang des 16.Jh.s ab war in der Erbauungsliteratur der Gedanke der Leidens-N. in den Mittelpunkt getreten. Nach → Mollers Soliloquia de passione Christi (1587) sind Joh. → Arnds »Bücher vom wahren Christentum« (1605ff) zu nennen; sie zeigen in verdecktem, aber bezeichnendem Anschluß an → Angela da Foligno im II. Buch Christi Leben als »vollkommenen Spiegel aller Tugenden« auf, unter denen die Demut den Vorrang hat, typenbildend für 3 Jh.e. Hier lebt die mittelalterliche Form der N.Chr. erneut auf, weiter empfohlen auch durch → Spener, bes. in den Pia desideria. Die Frömmigkeit der N.Chr. blieb auch im geistlichen Lied wirksam und hielt sie so noch lange lebendig (Paul → Gerhardt »Auf auf mein Herz mit Freuden«, 1647, daneben freilich auch die »Sieben Lieder an die Gliedmaßen des Herrn Jesu«, 1653; Siegmund v. Birken »Lasset uns mit Jesu ziehen«, 1653; Joh.Scheffler [→ Angelus Silesius] »Mir nach spricht Christus unser Held«, 1668). - Der → *Pietismus* nahm im charakteristischen Bemühen um die Frömmigkeitserfahrungen anderer auch die Anregungen der großen spätromanischen Mystik auf, deren Hauptwerke den deutschen Vorläufern des Pietismus gleichzeitig sind. → Therese von Avila suchte sich dem Leben und Leiden Christi völlig gleichzugestalten; dabei ist freilich die Betrachtung des Leidens Christi nur *Stufe* des mystischen Aufstiegs der Seele. Ähnliches gilt von → Johannes vom Kreuz. Die französische quietistische Mystik sah im Nachvollzug der Menschheit Christi, namentlich seines Leidens, ihre Aufgabe. Ihre Wirkungen vervielfachten sich durch Veröffentlichung und Übersetzung (vgl. → Poiret) ihres zT umfangreichen Schrifttums, zumal der Madame de → Guyon. - Die mystische und moralistische Tendenz im Gedanken der N.Chr. wurde noch einmal unterbrochen durch → Zinzendorf, dem es nicht um die Nachahmung Christi oder gar um deren Nutzung als erste Stufe mystischen Aufstiegs ging, sondern um die »Transformierung« in Christus, Gestaltwerdung des im Glauben ergriffenen neuen Seins in der zeitlichen Gestalt des Menschen. Die natürliche Menschheit Christi hat hier wesentliche Bedeutung als Ermöglichungsgrund. - Die innere Verwandtschaft von mystischem Nachvollzug des Lebens Christi und Rationalismus wird bei → Kant sichtbar: der Mensch kann hoffen, unter ähnlichen Belastungen wie Christus dessen Beispiel in treuer N. ähnlich zu bleiben, sofern er sich einer entsprechenden moralischen Gesinnung bewußt ist (»Religion innerhalb der Grenzen der bloßen Vernunft«).

O.Scheel, Die Anschauung Augustins von Christi Person u. Werk, 1901 - J.v.Walter, Franz v.Assisi u. die Nachahmung Christi (Bibl. Zeit- u. Streitfragen VI, 5), 1910 - RGG² IV, 396ff - W.Völker, Das Vollkommenheitsideal des Origenes (BHTh 7), 1931 - Ders., Der wahre Gnostiker nach Clemens Alexandrinus (TU 57), 1952 - H.Böhmer, Loyola u. die dt. Mystik (BAL 73, 1), 1921, abgedr. in Ders., Ignatius v. Loyola, neu hg.v. H.Leube, 1941, 263ff. 400ff - W.v.Loewenich, Luthers theologia crucis, (1929) 1954⁴ - E.Benz, Ecclesia spiritualis, 1934 - H.v.Campenhausen, Die Idee des Martyriums in der alten Kirche, 1936 - S.Eberhard, Kreuzestheol. Das reformatorische Anliegen in Zinzendorfs Verkündigung, 1937 - A.Heitmann, Imitatio Dei. Die ethische Nachahmung Gottes nach der Väterlehre der ersten 2 Jh.e, Rom 1940 - E.Kleinadam, Die N.Chr. nach Bernhard v. Clairvaux (in: Amt u. Sendung, hg.v. E.Kleinadam u.a., 1950, 432-460) - A.Borst, Die Katharer, 1953 - A.Adam, Grundbegriffe des Mönchtums in sprachlicher Sicht (ZKG 65, 1954, 209-239) - E.Werner, Pauperes Christi, 1956 - EKL II, 1495ff.

E.Kähler

III. Theologisch

Der luth. Christ weiß oft nicht, was er mit der Lehre von der N.Chr. anfangen soll. Er wendet sich gegen die römische Imitatio-Frömmigkeit und gegen die in englisch-amerikanischen Kreisen häufige Rede von einem »Christus-ähnlichen Leben« (Christ-like life) oder gegen die noch um 1900 auch auf dem prot. Kontinent beliebte Interpretation Jesu als eines ethisch-religiösen Ideals. Christus ist aber nicht die vorbildliche Persönlichkeit, die mit der Kraft des Ideals Menschen zu sich heranzieht. Das NT redet sehr wenig von der Gesinnung Jesu und gibt kein Bild seiner menschlichen Persönlichkeit. Und was von seinen Worten oder Taten berichtet wird, ist häufiger so, daß es sich einer Nachahmung entzieht. Er ist der Heilige, wir die Sünder. Wir können ihm nur nachfolgen als diejenigen, die als Erlöste nun im Dienst für den Nächsten leben dürfen. Modernisierungen des → Jesusbildes, wie sie in der liberalen Zeit beliebt waren, werden heute in der Regel entschieden abgelehnt. Das Nein zu einer spezifisch christlichen → Ethik und die Angst davor, daß ein Streben nach Heiligkeit die Rechtfertigungslehre gefährde, spielen dabei eine entscheidende Rolle. Statt von N.Chr. spricht man etwa - existenzphilosophisch beeinflußt - eher von einer conformitas mit Christus: Durch das Wort von der Vergebung zum eigentlichen Dasein befreit, weiß sich der Mensch in die »eschatologische« Situation des jeweiligen Augenblicks der → Entscheidung für oder gegen den Nächsten hineingestellt; er nimmt den → Tod (: IV) als Gottes → Gericht (: IV) ernst und ist im Glauben gewiß, daß das Gericht, weil sich auch hier die conformitas mit Christus bewahrheitet, letztlich doch Gnade ist.

Vor allem durch D. → Bonhoeffer ist aber der Ruf in die N.Chr. wieder hörbar geworden. Das Nein zur N.

ist ihm das tödliche Gift der »billigen Gnade«, der Gnade ohne Kreuz. »Das sollte lutherisch heißen, daß man die N. Jesu den Gesetzlichen, den Reformierten oder den Schwärmern überließ, alles um der Gnade willen.« Zwar ist N. nur ein Leben aus der → Gnade (: V). Ein Leben aus der Gnade ist aber auch wirklich N. Und N. bedeutet nach Bonhoeffer einen »Bruch mit den Unmittelbarkeiten« und somit das Hineingeführtwerden in ein Leiden um Christi willen, ein Leben unter dem Kreuz. Auch K. → Barth spricht davon, daß der moderne Protestantismus die Worte Jesu, die eindeutig von einem Bruch mit den natürlichen Gegebenheiten reden, eingeklammert habe. Aus Angst vor dem Schreckbild des Mönchtums rede man so, als habe Jesus gerade die natürlichen Bindungen proklamiert. – Hinter Bonhoeffer hört man die Stimme → Kierkegaards, vor allem in seiner »Einübung im Christentum« und den Streitschriften seines letzten Lebensjahres. Kierkegaard überspitzt jedoch sein Anliegen so sehr, daß schließlich der einzige »Nachfolger« ein geschmähter, gemarterter »Zeuge der Wahrheit« wird. Die »Gleichzeitigkeit« mit dem erniedrigten Christus meint dann, jeder echte Jünger müsse die Leidensgeschichte Jesu nachvollziehen. Hier begegnet man einer bestimmten Auffassung einer katholisierenden Imitatio-Frömmigkeit, obwohl jeder Gedanke an Verdienstlichkeit abgewiesen wird. Wichtig ist, daß der Bruch mit den Gegebenheiten nicht eigenwillig vollzogen werden darf. Der Herr vollzieht ihn, wie und wo er will. Auch dürfen wir nicht das Außerordentliche eigenmächtig erwählen. Wäre dem Nachfolger »das Außerordentliche als Außerordentliches wichtig, so handelte er schwärmerisch aus eigener Gewalt, aus dem Fleisch heraus« (Bonhoeffer).

Der Sache nach meint N. ganz schlicht: Gehorsam gegen das Gebot des Herrn, Gehorsam im Freiwerden von allen anderen Bindungen. Der Begriff unterstreicht die Andersartigkeit des christlichen Dienstes. Paulinisch ausgedrückt heißt es: »Gestaltet euch nicht diesem Äon gleich, sondern verwandelt euch durch die Erneuerung des Geistes, daß ihr prüfet, was Gottes Wille ist, das Gute, Wohlgefällige und Vollkommene« (Röm 12, 2).

Vgl. außer den erwähnten Schriften von KIERKEGAARD bes. D.BONHOEFFER, N., (1937) 1958⁶ – DERS., Widerstand u. Ergebung, (1951) 1959⁹ – A.DE QUERVAIN, Ethik I: Die Heiligung, 1942 – N.H. SØE, Christl. Ethik, dt. (1949) 1957² – BARTH, KD IV/2, 1955, 603ff. – Ältere Auffassung etwa bei A.D.MÜLLER, Ethik, 1937. – Charakteristisch für die liberal-idealist. Auffassung: CH.M.SHELDON, In His Steps. What would Jesus do?, 1896; dt. (1900) 1922⁵. *N.H.Søe*

Nacht. Das Erlebnis der N. ist ambivalent (→ Ambivalenz): Das Dunkel und die unbestimmten unheimlichen Geräusche der N. wecken das Gefühl des Grauens und der → Furcht, andererseits erwachen angesichts des → Schweigens der N. im Menschen von jeher Gefühle des Feierlichen und Trostvollen (vgl. zB Eichendorff: »Komm, Trost der Welt, du stille N.!«). Diese Ambivalenz des natürlichen Erlebens begegnet auch in den religiösen Erfahrungen und Vorstellungen der N. Drei Grundkonzeptionen lassen sich unterscheiden: 1. Daß unheimliche Machtwesen vorzugsweise in der N. und an unheimlichen Orten ihr Unwesen treiben, → Krankheit und vielerlei Unheil bewirken, ist Volksglaube nahezu aller Religionen (N.mahre, Werwölfe, das »Wilde Heer«, Pestilenz, die in der N. schleicht [Ps 91, 6], Jahwe, der des Nachts die Erstgeburt tötet [Ex 12, 29] usw). – 2. Die N. wird aber auch als → numinose Urwirklichkeit in impersonaler und in personaler Gestalt aufgefaßt: Wie die lichtlose N. die Gestaltenfülle des Tages auslöscht und die Welt gewissermaßen in ihren → Urstand zurückversetzt, so ging in vielen Mythen aus dem undifferenzierten → Chaos der Ur-N. die gestaltete Welt hervor (Gen 1, 2; »aller Wesen Ursprung ist N.«, orph. Hymnen; »der N. entstammen das Licht und die Helle des Tages«, Hesiod). So wird die N. auch zur göttlichen Urmutter aller Wesen. – 3. Die N. ist endlich als eine Form → heiliger Zeit (: I) Rahmen und Raum numinosen Geschehens und Handelns. Vor allem die Universalreligionen kennen hl. N.e, in deren jeder zentrale, mit der Lebensmitte der betreffenden Religion in Beziehung stehende Vorgänge sich ereigneten: die Erleuchtung → Buddhas, die Geburt Christi (→ Weihnachten), die Offenbarung des → Korans und die im → Islam geglaubte Festsetzung der Schicksale des kommenden Jahres (→ Prädestination). Auch die Begegnung mit der Gottheit geschieht oft im nächtlichen Traumgesicht (→ Traum). Kultakte (→ Opfer, → Abendmahl) werden vielfach in der N. vollzogen, und der magische Zauber (→ Magie) findet in der N., oft in besonderen N.en oder zur Mitternacht statt. – Vgl. → Licht und Finsternis.

HWDA VI, 768ff – PW XVII/2, 1663ff – ThW IV, 1117ff – SDF II, 791f – C.J.BLEEKER, Nox revelatrix (in: Festschr. f. G. van der Leeuw, Nijkerk 1950, 47–60) – THOMPSON I–VI (s. Reg. s.v. Night).
G.Mensching

Nacktheit. Hier interessieren Alter, Wesen und Form der *rituellen* N. Die beobachteten Fälle müssen bes. daraufhin überprüft werden, ob die N. ein allgemeines »Bekleidungsmerkmal« der betreffenden Kulturschicht ist. Dann ist die N. der Kultteilnehmer nicht unbedingt auf rituelle Absicht (→ Ritus) zurückzuführen. In vielen Kulturprovinzen des tropischen Wohngebietes mit jägerischer und pflanzerischer Wirtschaftsform findet sich die profane N. bei den Männern, während sie bei den Frauen seltener ist. Aber auch vorübergehende N., wie zB in den Schneehütten der → Eskimo, kann die Beurteilung erschweren. → Kultus, vor allem in seinen archaischen Formen, ist nicht nur eine Communio mit der »Schöpfungskraft«, sondern gleichzeitig in seiner äußeren Form eine Wiederholung wichtiger Einzelzüge aus der → Schöpfungs-Mythologie. So wird man in diesen Kulturen die rituelle N. selten antreffen, da man → Kleidung und → Maske der Priester und Tänzer zur Darstellung der mythisch beglaubigten Inhalte braucht. Nur dann, wenn spezifische, mythisch vorgegebene, Anlässe eine völlige N. geboten erscheinen lassen, wird man rituelle N. konstatieren dürfen. Die Forschungen stehen hier noch am Anfang, und eine über diese allgemeine Formulierung hinausgehende Aussage ist vorläufig noch nicht möglich. Die kurze Entblößung der Geschlechtsteile zur Abwehr von → Geistern oder zum Auferwecken von Toten darf nicht als rituelle N. bezeichnet werden. Es handelt sich hier um Zauberpraktiken. Die Überlegung aber, daß die N. – als ein nur zum Kult völlig entblößter Körper – eine engere Verschmelzung mit dem Weiheakt und der Gottheit ermögliche, ist so stark rationalisierend, daß man sie zeitlich und phaseologisch spät ansetzen darf. Die bisherigen Beobachtungen zeigen auch, daß die Mehrzahl der Belege aus dem Bereich von Herrenkulturen und archaischen Hochkulturen stammt (→ Ägypten, Griechenland, Vorderasien, → Hinduismus, → Polynesien, mittel- und südamerikanische Hochkulturen). – Vgl. → Keuschheit: I.

PW XVI/2, 1541ff – ThW I, 773ff – G.VAN DER LEEUW, Wegen en grenzen, Amsterdam (1932) 1948²; dt.: Vom Heiligen in der Kunst, 1957 – C.SACHS, Eine Weltgesch. des Tanzes, 1933 – HWDA VI, 823ff – K.V.AMIRA-CL.FRHR.V.Schwerin, Rechtsarchäologie, 1943, 66 – SDF II, 803 – THOMPSON VI (Reg.: Naked, Nakedness, Nude, Nudity).
C.A.Schmitz

Nächtlicher Gottesdienst. In Israel gingen nächtliche Feiern den großen Festen voraus (vgl. Jes 30, 29;

Sukkoth 51 b; vgl. Josephus, Contra Apionem I, 22). Paulus wird in durchwachten Nächten für die Gemeinden gebetet haben (2Kor 6, 5; 11, 27), wie die Evangelien das nächtliche Beten Jesu kennen (Mk 14, 32ff). Der n.G. in Troas (Apg 20, 7) ist eine Ausnahme, aber das mitternächtliche Psalmengebet im Kerker (Apg 16, 25) scheint eine Gebetssitte der einzelnen Frommen, nicht der Gemeinde anzudeuten. Hermas (sim 9, 11, 7) läßt n.G.e vermuten (Rom, 2.Jh.). Die Stille ist die Begründung des nächtlichen Gebets (Chrysostomus, hom. 26 in Act.), aber schon früh wird die Christenheit das nächtliche Beten als Angriff und Schutz gegen die Geister der Finsternis verstanden haben (Ambrosius, expos. in Ps 118, sermo 8, 46). Wie schon im Judentum der Messias zur Mitternacht erwartet wird, so wacht auch die Gemeinde Christi nachts ihrem kommenden Herrn entgegen (Mt 25, 6; Hieronymus, in MtEv 4, 5). Das gilt bes. von der Osternacht, die von der ganzen Gemeinde im Gebet durchwacht wurde, während sonst die nächtliche Ruhe nur durch ein- oder mehrmaliges Gebet durchbrochen wurde (Tertullian, ad ux. 2, 5). Konnte zunächst der Jubel am frühen Ostermorgen sich laut und unbefangen äußern, wie etwa heute noch bei den orth. Christen, und gerade darin der Gegensatz zu der oft orgiastischen heidnischen Pannychis der Kulte und → Mysterien empfunden werden, zumal die Taufen in der Osternacht gehalten wurden, so treten doch mehr und mehr Schriftlesung und Gebet in den Vordergrund. Das konnte freilich nicht hindern, daß der n.G. der Christen selbst von heidnischer Zügellosigkeit bedroht wurde: Hieronymus mußte eine Mutter mahnen, ihre Tochter auf dem Wege keinen Fingerbreit von ihrer Seite zu lassen (Ep. 107, 9; CSEL 55, 300). Die n.G.e, die in Analogie zu → Ostern dann ebenso dem → Epiphanienfest, → Pfingsten, → Weihnachten und den Märtyrertagen vorangingen, wurden schon seit dem 5.Jh. immer weiter vorverlegt. Das nächtliche Gebet hat nur das Mönchtum in seinem → Stundengebet bewahrt. Die nächtliche Osterfeier auf dem Herrnhuter Saal (1732), nächtliche Singstunden, eine Neujahrswache (1733/34), Sonntagsfeiern »bis in die späte Nacht« sowie »Christnachtvigilien« (Spangenberg, ca 1740) bezeichnen in der Brüdergemeine den Neuanfang ev. n.G.e. Der n.G. in der letzten Stunde des Jahres, seit 1800 allgemeiner geworden, ist heute am weitesten verbreitet. Anfangs war das Gedenken an die im vergangenen Jahr Verstorbenen ein wesentliches Stück dieser Feier. Im Empfinden vieler Gemeindeglieder gewinnt der Gegensatz zu dem lauten Treiben der Neujahrsnacht besondere Bedeutung. Die nächtliche Weihnachtsfeier bürgert sich ebenfalls ein. Die Feier der Osternacht hat durch einen Entwurf von W. → Stählin (→ Berneuchen) in nicht wenigen Gemeinden Eingang gefunden. Das Formular schließt sich frei den altkirchlichen Vorbildern an (Tauf-Gedächtnis oder Tauffeier, Entzünden der großen Osterkerze und der kleinen Kerzen aller Teilnehmer, Exsultet deutsch). – Vgl. → Vigilie.

Die Hl. Woche, hg.v. W. Stählin u. H. Schumann, 1951 – J. Müller-Bardorff, N.G. im apostolischen Zeitalter (ThLZ 81, 1956, 347 bis 352). – Vgl. die Lit. zu → Vigilie. *H. Urner*

Nägel, *hl.*, sind die N., mit denen Jesus an das Kreuz geheftet wurde (über die Annagelung s. Blinzler 106 Anm. 18). Frühe Legendenbildung läßt sie mit dem Kreuze durch → Helena aufgefunden sein, die sie oder Teile von ihnen als wundertätig in Konstantins Pferdezaum und Standbild verarbeiten ließ (Ambrosius, De obitu Theod. 47; Gregor von Tours, De glor. mart. 6; u.a.). Die nach den Kreuzzügen einsetzende Passionsmystik steigerte den Wunsch, hl. N. zu besitzen. Schließlich gab es 34 hl. N., von denen die in Rom (S.Croce) und Trier (Domschatz) als echt gelten. Der hl. N. wird liturgisch am Speerfest gedacht (→ Heiltum).

F.X. Kraus, Der hl. Nagel in der Domkirche zu Trier, 1868 – LThK VII, 429 (Lit.) – J. Blinzler SJ, Der Prozeß Jesu, 1951.
F. Schmidt-Clausing

Nagel, *Julius* (1809–84), luth. Theol., von → Schleiermacher angeregt, Erweckungsprediger auf Wollin, seit 1842 als Nachfolger Dummerts in Trieglaff. Hier ging N., der von Anfang an gegen die → Union opponierte, mit einem Großteil der Gemeinde, der sich nach längerem Abwarten A.v. → Thadden anschloß, zur »separierten« luth. Kirche (→ Luthertum: III B) in Preußen über. 1852 wurde N. Sup. und Mitglied des altluth. Oberkirchenkollegiums in Breslau. Er bekundete sich zeitlebens betont politisch konservativ und sprach in → Huschkes Sinn vom göttlichen Recht der Kirchenregierung.

Besser in: AELKZ 17, 1884, 247–252 – Joh. Nagel, Der Unionskampf des Pastors J.N., 1891 – Eleonore Fürstin Reuss, A.v. Thadden-Trieglaff, (1890) 1894². *E. Beyreuther*

Naher Osten → Islam: III, → Orient, Vorderer, Mission im.

Nahumbuch

1. Verfasser, Entstehungszeit, Text – 2. Inhalt – 3. Komposition – 4. Theologische Bedeutung. – N. = Nahum, Nb. = Nahumbuch

1. Die Überschrift der an siebenter Stelle im → Zwölfprophetenbuch überlieferten Schrift nennt als *Verfasser* N. aus Elkosch, das dem Inhalt der Sprüche zufolge in Juda gesucht werden muß. – Für die *zeitliche Ansetzung* der Orakel liefert die in 3, 8 erwähnte Eroberung No Ammons (663 vChr) den terminus post quem. Den terminus ante quem stellt die Zerstörung → Ninives i.J. 612 vChr dar, da die Orakel über Ninives Untergang wohl als echte Weissagungen betrachtet werden müssen. Den Zeitpunkt ihrer Entstehung wird man eher näher an 612 als an 663 heranzurücken haben. – Der *Text* hat vor allem am Ende von c. 1 stark gelitten und ist nicht mit Sicherheit wiederherzustellen. Die Sprache hat poetischen, zT archaisierenden Charakter.

2. Das Nb. enthält außer der Überschrift einen akrostichischen Hymnus, Heilsverheißungen an Juda und Orakel über den Untergang Ninives. Der erste Teil der doppelten Überschrift »Ausspruch über Ninive« gehört vermutlich ursprünglich zu einem einzelnen Orakel, während der zweite Teil »Buch der Schauung N.s des Elkoschiten« im Blick auf die Komposition der Sprüche des Propheten verfaßt wurde. – Dem alphabetischen Hymnus (→ Akrostichon) sind die Verse 1, 2–8 (' bis *k*) zuzuweisen. Die mit *l* bis *n (s)* beginnenden Verszeilen lassen sich vielleicht durch Umstellung (9 a und 2 b nach 9 b, 10 a α) gewinnen. Versuche, das akrostichische Gedicht noch weiter zu verfolgen (Gunkel u.a.), können nicht überzeugen, da in 1, 11 ff ohne Zweifel andere Gattungen auftreten. Der Hymnus schildert unter Verwendung von Motiven der altorientalischen Naturmythologie (→ Mythos: II) die Epiphanie Jahwes (→ Theophanie: II), der seinen Feinden als grimmiger Rächer, den Seinen aber als Helfer erscheint. – Aus dem offensichtlich zerstörten Schluß von c. 1 läßt sich ein fragmentarischer Drohspruch gegen Ninive (V. 11. 14) und eine Verheißung an Juda (V. 12. 13) rekonstruieren. Heil für Juda wird auch in dem Spruch 2, 1. 3 angekündigt, wobei der Prophet das Motiv vom Freudenboten benutzt (vgl. Jes 52, 7). – In 2, 2. 4–14 schaut N. die Erstürmung Ninives. Nach abruptem Einsatz wird zunächst in rasch wechselnder Szenenfolge die Eroberung der Stadt geschildert.

Fieberhafte Verteidigungsvorbereitungen, die unheimlich schnellen Krieger des Feindes, der Sturm auf die Stadt, die Öffnung der Flußtore, die Wegführung der Königin (V. 8 text. em.), letzte Versuche standzuhalten und schließlich die Plünderung sind die Bilder, die mit wenigen Strichen gezeichnet werden. Da die innere Erregung des Propheten noch deutlich nachklingt, wird man diese Dichtung als echte Visionsschilderung betrachten können. Die Reflexion des Propheten setzt mit den rhetorischen Fragen in V. 12f ein. Den Abschluß des Kapitels bildet ein Gottesspruch, in dem Jahwe selbst der Hauptstadt → Assyriens den Untergang androht (V. 14). - Visionäres Erleben klingt auch in dem Abschnitt 3, 1-3 nach, der mit einem Weheruf über die Blutstadt beginnt und dann in meisterhafter Kürze die Kämpfe bei ihrer Eroberung schildert. Auch daran schließt sich wieder eine Reflexion des Propheten an (V. 4): er vergleicht Ninives Treiben mit dem einer schönen Buhlerin, der Jahwe schändliche Entehrung androht (V. 5-7). In 3, 8-17 folgt eine Drohung gegen Ninive, vermischt mit ironischen Mahnungen, die zur Stärkung der Verteidigung auffordern und in ein spöttisches Klagelied übergehen (V. 18-19). - Die inhaltlich und formal sehr ähnlichen Orakel über Ninive in 2, 2. 4ff; 3, 1ff liegen zeitlich sicher nicht sehr weit auseinander, ohne daß sich die Priorität des einen oder des anderen mit Sicherheit erweisen ließe. Bei 2, 1. 3; 3, 18f könnte man vermuten, daß sie erst nach der Katastrophe Ninives entstanden sind, aber angesichts der prophetischen Gewohnheit, Zukünftiges als bereits geschehen darzustellen, läßt sich diese Vermutung nicht beweisen.

3. Die Sprüche N.s wurden vermutlich, nachdem sich seine Prophetie i.J. 612 erfüllt hatte, zusammengestellt, möglicherweise zu liturgischem Gebrauch; aber primär handelt es sich ohne Zweifel um echte Prophetie und nicht um eine Liturgie (gegen Humbert, Sellin). - Von dem Hymnus am Anfang des Nb.es abgesehen, besteht wohl kein Grund, an der Echtheit bestimmter Teile desselben zu zweifeln. Angesichts der Tatsache, daß dieses Stück im Gegensatz zum übrigen Bestand des Nb.es keine Anspielungen auf geschichtliche Ereignisse enthält und auch in anderen Prophetenbüchern häufig sekundär hymnische Stücke eingefügt worden sind, könnten die von Gunkel, Duhm u.a. geäußerten Zweifel an der Echtheit als berechtigt erscheinen. Andererseits wird man bedenken müssen, daß in dem alphabetischen Psalm der Gedanke von Jahwes rächender Gerechtigkeit, der allen Sprüchen über Ninive zugrunde liegt, in allgemeingültiger Form zum Ausdruck kommt. Zwingend beweisen läßt sich daher weder die Echtheit noch die Unechtheit des hymnischen Stückes.

4. N.s *theologische Bedeutung* hat man vielfach gering eingeschätzt, weil in seinen Sprüchen im Unterschied zu den großen Gerichtspropheten (→ Propheten: II B. C) nicht von der Schuld Judas die Rede ist. Ob man ihn einfach in die Linie der von → Jeremia bekämpften nationalen Heilspropheten einordnen kann (Marti u.a.), ist fraglich. Bei N. tritt offensichtlich vor dem einen Aspekt des bevorstehenden Untergangs von Ninive alles andere zurück. Entscheidend ist, daß Jahwe dabei selbst am Werke ist. Er hat Juda gedemütigt, aber jetzt will er das Joch, das auf ihm lastet, zerbrechen (1, 12f) und Ninive zerstören. In der Vorstellung, daß Jahwe auch Macht über das assyrische Reich hat, zeigen sich bestimmte universale Ansätze (→ Universalismus: II). Da für N. Jahwes → Gericht (: II) über Ninive ethisch begründet ist (2, 13; 3, 1. 4), entspringt seine Prophetie primär nicht dem Haß gegen den Nationalfeind, sondern dem Wissen um Jahwes Wirken in der → Geschichte (: I) und um den Sieg seiner → Gerechtigkeit (: II), die ihn auch an der fremden Großmacht die begangene Schuld rächen läßt.

Lit. s. → Zwölfprophetenbuch - O.Eissfeldt, EinlAT, (1934) 1956², 506ff - Th.H.Robinson-F.Horst, Die Zwölf Kleinen Propheten (HAT I, 14), (1938) 1954², 153ff (Lit.: VIIIf. 155). - Zu ergänzen ist: J.Halévy, Le Livre de N. (RS 13, 1905, 97-123) - W.C. Graham, The Interpretation of Nah 1, 9 - 2, 3 (AJSL 44, 1927/28, 37-48) - J.S.Jr.Cochrane, Literary Features of N. (Diss. Dallas Theol. Sem.), 1954 - O.T.Allis, N., Niniveh, Elkosch (Ev. Quarterly 27, 1955, 67-80).

E.Oßwald

Zur *Auslegungsgeschichte* (s. auch → Schriftauslegung: IV, → Zwölfprophetenbuch):

11.Jh.: Theophylakt (MPG 126). - 12.Jh.: Richard v. St. Viktor (? Pseudo-Julian v. Toledo; MPL 96; vgl. RepBibl III, Nr. 5325). - 16.Jh.: Theod.Bibliander, Zürich 1534 - Cyprian de la Huerga, Lyon 1558 - David Chyträus, Wittenberg 1565 - Hector Pintus, Köln 1582. - 17.Jh.: Salomo Gesner, Wittenberg 1604 - Ludw.Crocius, Bremen 1620 - Aug. de Quiros, Lyon 1623 - Joh.Quistorp, Rostock 1628 (Predigten) - Gottfr.Cundisius, Leipzig 1636 (Predigten) - Joh.Heinr.Ursinus, Frankfurt 1652 - Matthias Hafenreffer, Stuttgart 1663. - 18.Jh.: Adam Wild, Frankfurt 1712. - Weiteres bei E.F.K.Rosenmüller, Scholia in Vetus Testamentum VII/3, 1814, 245ff.

W.Werbeck

Name Gottes, *dogmatisch.* Das Lied »Dir, dir, Jehova« (EKG 237, vgl. 186) ist im deutschen kirchlichen Bereich einer der wenigen Anlässe, den N.n G. (in entstellter Vokalisation, → Jahwe) zu Gehör zu bringen. Nur das im AT überaus häufige → Tetragramm JHWH ist der N.G. im eigentlichen Sinne. Seine beabsichtigte Umschreibung mit »der Herr« (κύριος) seit dem 4.Jh. vChr wird vor allem auf die sich ausbreitende Gottesvorstellung der hellenistischen Antike zurückzuführen sein, wie man sie auch als Hintergrund des → Hiobbuches vermutet (G.Hölscher). Sie hat offenbar die Übersetzer der LXX (→ Bibelübersetzungen: I, 1) wie → Philo beeinflußt, nach dem Gott keinen N.n hat und haben kann (de vit. Mos. I, 75). Die gleiche Wesensmystik liegt zugrunde, wenn die griech. Väter (→ Eigenschaften Gottes, 1) das ἁπλῶς ἕν der Gottheit als unsagbar, nicht benennbar und unbegreiflich (ἄρρητον, ἀκατονόμαστον, ἀκατάληπτον) auffassen. Die analogen neuplatonischen Meditationen des → Dionysius Areopagita (περὶ θείων ὀνομάτων) über die (apophatische) N.nlosigkeit = Allnamigkeit Gottes münden bei → Thomas von Aquino (S. th. I, 13) in den Strom der westlichen Seinsmetaphysik ein. Sie faßte bes. seit → Hilarius (de trin. I, 5) unter Berufung auf Ex 3, 14 den N.n G. JHWH als ontologisches Grunddogma auf und ersetzte den N.n G. durch das homogene »Sein Gottes«. → Augustin vollzieht bewußt die Synthese zwischen »Plato« und im N.n G. dargelegter »Essentia« Gottes (de trin. 7, 5, 10; de civ. dei 8, 11). Während die Reformation den Begriff »N.G.« als solchen neu würdigte (s.u.), versuchte die altprot. Orthodoxie vielfältig, aus dem Tetragramm wie aus den at. Bezeichnungen Gottes (»De nominibus Dei«) Verkündigungsmotive zu erschließen. Der → Philosemitismus der europäischen Frühaufklärung verursachte eine umfassende Renaissance des N.ns G. - das oben genannte Lied des → Crasselius ist ein Relikt der Bewegung. Als »Jehova« oder als Tetragramm steht der N.G. im Zentrum der unzähligen JHWH-Sonnen, die die neue Erhellung der (im kopernikanischen Schock zerfallenen) Welt darstellen (Enlightenment, Verlichting, Eclairance, Auf-Klärung). Offener oder latenter Pantheismus der → Romantik, Neubarockismus der → Erweckungsbewegung und → Idealismus verdrängen den Gebrauch des N.ns G. Das evolutionistische Dogma des 19.Jh.s (das die echte Vokalisation früh erkannte) behauptete, daß der Inhalt des N.ns G. in höchstem Maße primitiv-religiös sein müsse. Die Annahme von E.Brunner freilich, daß mit der »einzigen Ausnahme« v.Oettingens die nachreformatorische Dogmatik kein Verständnis für das erregende Phänomen eines N.ns G. besessen habe, läßt sich nicht halten (s.u.).

Im Hinblick auf JHWH wird heute wieder ein hochreligiöser Bedeutungsgehalt vorausgesetzt. Die inhaltlichen Erklärungsversuche variieren stark (→ Jahwe). Zu beachten ist, daß sie sich nicht immer gegenseitig auszuschließen brauchen. Der Inhalt der großen at. Verkündigungsbegriffe (vgl. zB → Gerechtigkeit Gottes: II) ist regelhaft transkategorial und durchbricht jede einlinige Metaphysik. Ebenso hat wohl der Glaube Israels (mit wechselnden Akzenten) in »JHWH« ein radikal transkategoriales »Feld« der Selbstoffenbarung Gottes erblickt, in dem sich der Daseinschaffende, Geschichtsmächtige, in Gotteswirklichkeit Andringende in »Lebendigkeit« erwies. Eine gleiche transmetaphysische Verkündigungsspannung besitzt der feststehende at. Begriff šem jǟhwǣ, »N. Jahwes«, der als »N.G.« dem Bibelleser vertraut ist und liturgisch mitunter erklingt. Von den Verwendungsarten des »šem«-Begriffs (→ Namenglaube: II) hat die Dogmatik den deuteronomistischen (transzendenzsteigernden) und hypostatischen Gebrauch bes. beachtet.

Luther handelt im Großen Katechismus ausführlich vom N.n G., der das gesamte Leben umfassen und verwandeln soll. Er ist »unser höchster Schatz und Heiligtum«; wo er ist, »muß Leben und Seligkeit sein«. »Wenn beide, unser Lehre und Leben, göttlich und christlich ist, wird er geheiligt.« »Denn in Gottes N.n getauft werden, ist von Gott selbst getauft werden«; der N.G. ist im Taufwasser. Die Apologie sieht den N.n G. durch Messe und Mönchtum mißbraucht (BSLK 572ff; 670, 38f; 696, 27; 692, 10; 696, 26; 373, 89; 391, 44). Nach Calvin drückt der N.G. sein Wesen aus (Inst. I, 10, 2; 12, 2; II, 8, 13). Neben doxologischen und physikotheologischen Bezügen stellt der → Genfer Katechismus (1542) den anthropologischen Bezug heraus: »Nichts dient der Verherrlichung des N.ns G., das nicht für uns heilsam ist« (Gr. 37, 258). Rom, die »Dirne« und »Kirche der Gottlosen«, kann kein Vernünftiger mit dem N.n G. in Verbindung bringen (Schottisches Bekenntnis 1560, Art. 14). Der N.G. weiht die sakramentalen »Zeichen« (II. Helvetisches Bekenntnis 1566, Art. 19).

Während J. → Coccejus definiert: »N.G. bedeutet in der Schrift alles das, was von Gott erkannt werden kann und was nach Gottes Willen zu seinem höchsten Lobe von uns erkannt wird« (ähnlich schon M. → Chemnitz), differenziert das 17.Jh. meist »nomina Dei« in essentialia, personalia, attributiva u.a. Die theologische und kirchliche Renaissance des N.ns G. seit der Frühaufklärung (s.o.) wird durch die idealistische Theologie dadurch vernichtet, daß *»Jehova«* (vor dem das Individuum in »beständiger Furcht und Angst« sein »unseliges Dasein« verzehrt) zur *Antithese* des antiken Immanenzglaubens herabgesetzt wird. Die *Synthese* ist dann die Einung »des Absoluten mit dem Selbstbewußtsein Jesu« (→ Marheineke, Kasimir Conradi u.a.). Noch v. → Hofmann und Fr. → Nitzsch sehen im N.n G. typischerweise primär die negative Seite der Unbedingtheit, »den sein Selbst Seienden«. H.F. → Kohlbrügge ist wohl der größte Prediger des N.ns G. als N.G. Dieser reißt aus dem Abgrund des Menschentums und zerbricht den entsetzlichen, ausweglos geschlossenen Kerker unserer Immanenz: »Nenne mir den N.n meines Gottes, und du hast mir das ganze Evangelium gepredigt!« »Wer den N.n des Herrn kennt, verfügt über Himmel, Erde und Abgründe.« Nach der »Philosophischen Dogmatik« von Ch.H.Weiß ist N.G. *der* Ausdruck für »die Offenbarungstatsache selbst«; biblischer Glaube und philosophische N.nsscheu werden klar geschieden. A.v. → Oettingen nennt den N.n G. seine »konzentrierte Selbstkundgabe«, »die uns zugekehrte Seite, das offenbar gewordene Wesens des Heilsgottes«. M. → Kähler bekämpft jeden Relativismus in der Gottesbenennung leidenschaftlich. Der N.G. ereignet sich, damit Gott »als lebendige Person über und vor uns stehe«. Er ist aber »kein Ausdruck für die personifizierten Gottesvorstellungen, er ist vielmehr ein Stück Geschichte«. In der Gegenwart ist für E. → Brunner der N.G. zentral wichtig, der »in einfacher... Weise diese entscheidenden Momente der Offenbarungswirklichkeit zusammenfaßt: Gott ist uns, wir sind ihm gegenüber; Gott ist kein Es, sondern ein Du... Der N.G. ist die Einheit des geoffenbarten Wesens und des offenbarenden Handelns Gottes.« »Er enthält den ganzen Sinn des biblischen Zeugnisses, die ganze biblische Lehre von Gott.« Als »Symbol« erscheint der N.G. in P. → Tillichs ontologischen Meditationen. Nach O.Weber ist N.G. zugleich → Offenbarung (: VI) und Verhüllung. Daß Gott im konkreten at. Zeugnis einen N.n hat, zeigt, »daß er eben nicht das oberhalb alles Nennbaren Seiende ist, sondern ›der und der‹, ›dieser und kein anderer‹«. Für H. → Vogel steht die N.nsoffenbarung im Zeichen einer Geschichte; sie ist Selbstoffenbarung, in der Gott sich als Herr und Retter erweist. K. → Barth zeigt auf, daß der N.G. »die Wirklichkeit Jahves selber« ist, seine »Gestalt«, in der er Israel angeht, an ihm handelt, ihm offenbart ist, sein »noch-einmal-ganz-anders«. Der Begriff »Hypostase« für den N.n G. mag so verwandt werden, zumal er theologischen Ursprungs ist. Die Trinitätslehre (→ Trinität: IV) ist eine Explikation des N.ns G. Jesus Christus ist seine ganze Offenbarung: »Genau an die Stelle... des zuletzt in Jerusalem in einem steinernen Hause real wohnenden N.s des Herrn tritt nun die Existenz des Menschen Jesus von Nazareth« (KD I/1, 334ff. 368; II/1, 64ff. 306. 729; II/2, 240; III/3, 307ff; III/4, 647; IV/1, 16ff).

Zusammenfassend ist zu sagen: 1. »JHWH« und »šem jǟhwǣ« werden heute der Gemeinde des Alten und Neuen Bundes in ihrer Wirklichkeit und Bedeutung erst dann wieder sichtbar, wenn die wesensmystischen, seinsmetaphysischen, idealistischen, pantheisierenden, existenztheologischen, personalistischen, neuontologischen *Metaphysizierungen* und damit die Scham und Scheu *fallen*, sich dem konkreten N.n G. zu stellen. – 2. JHWH als mehrdimensionaler N.G. hat demetaphysizierend *transkategorialen* Charakter von Anbeginn. – 3. Der »šem jǟhwǣ« ist der *biblische Begriff* für die *Transzendenz* (der šem, nicht Jahwe an sich erscheint im Tempel usw), die *Kondeszendenz* (der šem jǟhwǣ ist »Gott-für-uns«) und die *Inszendenz* (der šem ist lebenschützende und gemeindeordnende Macht) des El Ḥaj, des »Lebendigen Gottes«, in *einem* und *zugleich*. – 4. Der šem jǟhwǣ ist zugleich *»Wort Gottes«;* N.nsoffenbarung ist Wortoffenbarung – Grund, Inbegriff und Keim aller »Worte (debarîm) Jahwes«. – 5. *Jesus* (»Jahwe hilft!«) ist die Offenbarung des N.ns G. im Sinne von Luther: »Er *heißt* Jesus Christ, der HERR (= Jahwe) Zebaoth, und ist kein andrer Gott.«

Vgl. die Lit. zu → Jahwe, → Namenglaube: II, → Tetragramm; ferner die Bibellexika, Lehrbücher der → Dogmatik u. at. Theologien s.v. N.G. Dazu: O.H.Nebe, Der Gottes-N. im Handeln der Kirche (PBl 80, 1938, 355–359) – S.Beckmann, Begrenztheit der Gottesbezeichnung... (ThGl 24, 1944, 545–551) – H.Bietenhard, Der N.G. in der Bibel (Festschr. f. A.Schädelin, 1950, 39–55) – J.Brinktrine, Der Gottes-N.... (ThGl 42, 1952, 173–179) – Ch. de Moré-Pontgibaud, Sur l'analogie de noms divins (RSR 42, 1954, 321–360) – C.Mazzantini, La questione dei »nomi divini« (Giornale di metafisica 9, Turin 1954, 113–124).

W.Philipp

Namengebung im AT. Die at. N. ist ein Teil der altsemitischen N., wie sie durch das Akkadische, Ostkanaanäische, Kanaanäische, Südarabische und zT durch das Altägyptische dargestellt wird. Zusammen mit der N. dieser Sprachen enthält auch die at. N. Satz- und Bezeichnungsnamen. Die *Satznamen* sind ihrem Ursprung nach Aussprüche, die von Vater oder Mutter bei der Geburt des Benannten getan wurden (vgl. Ruben, d.i. r^{e}'ûben »Sehet ein Sohn!«), oder sie enthalten Bitten, Wünsche und Vertrauensäußerungen, die man dem Namensträger in den Mund legte (vgl. j^{e}räḥm^{e}'el »El möge sich erbarmen«; 'ælîʿæzær »Mein Gott ist Hilfe«). Während in den akkadischen Personennamen seit alters neben dem Vater auch Mutter und Geschwister als Sprecherinnen von Namen auftreten, scheint nach dem AT bei den Hebräern in älterer Zeit vor allem die Mutter und später der Vater den Namen gegeben zu haben. Ob es hier auch von den Geschwistern gesprochene Namen gibt, bleibt noch zu klären. - In den *Bezeichnungsnamen* ist der Namensträger bald nach dem Tage seiner Geburt benannt (vgl. ḥăggăj »Der am Fest Geborene«), bald nach seiner Stellung in der Familie als Erstgeborener usw. Außerdem findet in diesen Namen die Liebe der Eltern zum Kind (vgl. mit jadîd »Liebling« zusammengesetzte Namen) sowie die Freude über dieses Ausdruck (vgl. šimšôn »Kleine Sonne«). Zahlreich sind hier auch die Bezeichnungen nach körperlichen Vorzügen oder Schwächen sowie nach Tieren und Pflanzen. - Eine besondere Gruppe sind ferner die *Verwandtschaftsnamen,* zB abî »Mein Vater« und 'aḥ'ab »Onkel«. Bei diesen handelt es sich um sog. Ersatznamen, dh Namen, nach denen im Neugeborenen die ersetzende Wiederverkörperung eines verstorbenen Familienmitgliedes gesehen wurde.

G.B.GRAY, Studies in Hebrew Proper Names, 1896 - S.HERNER, Athalja (Marti-Festschr. [BZAW 41], 1925, 137-141) - NOTH, Pers - J.J.STAMM, Die akkad. N., 1939 - DERS., Der Name des Königs David (VT Suppl. VII, 1960, 165-183) - DERS., Der Name des Königs Salomo (ThZ 16, 1960, 285-297). *J.J.Stamm*

Namenglaube

I. Religionsgeschichtlich - II. Im AT - III. Im NT. - N. = Name, Ngl. = Namenglaube

I. Religionsgeschichtlich

Man wird der Phänomenologie des Ngl.ns am ehesten gerecht, wenn man davon ausgeht, daß der N. zunächst nicht als Bezeichnung, sondern als Eigenschaftswort konzipiert worden ist. Jedes numinose → Erlebnis (: I) fordert eine rationalisierende Reaktion heraus. Es muß in einem charakterisierenden → Symbol (: I) erfaßt werden, damit es überhaupt mitgeteilt und gedanklich manipuliert werden kann. »Der N. der Dinge ist da, noch bevor sie eine ›Persönlichkeit‹ haben« (v.d.Leeuw). Daher liegt der N. einer Gottheit näher am hl. Kern derselben als ihre Persönlichkeit. Der N. ist heiliger als die Vorstellung von der Gottheit als Person (→ Personifikation). Von dieser grundsätzlichen Konzeption ausgehend erfährt der Ngl. aber noch eine weitere Profilierung im Zusammenhang mit der Vorstellung von der → Seele des Menschen. In allen rein dynamistischen Religionen (→ Naturvölker) hat der Mensch mindestens zwei Seelen, von denen die eine im wesentlichen das → Lebens-Prinzip repräsentiert (vita), während die andere (anima) als individuelle Partikel jener Schöpfungskraft aufgefaßt werden muß, die in ihrer Gesamtheit die Welt, die Menschen und die → Kultur geschaffen hat und zusammenhält. Diese Partikel geht in der einen oder anderen Form (als Geistkind, durch Vermittlung einer → Geburts-Gottheit usw) in den Mutterleib und in den Leib des Kindes ein. Im Verlauf des Lebens lädt sich diese Partikel mit soviel weiterer Kraft auf, wie Lebensleistung und Lebenserfolg dieses Individuums ausweisen. Beim → Tode verläßt sie den Menschen wieder. Die Anima wird zum Ahnengeist, und nach geraumer Zeit versinkt der noch persönlich gedachte Ahnengeist im unpersönlichen Heer der Totengeister, um schließlich wieder als völlig gestaltlose Partikel zum großen Reservoir der Schöpfungskraft zurückzukehren. Von dort kann sie, wie man bei einigen Völkern durch direkte Angaben belegt hat, später wieder als »Geistkind« usw in ein neues Individuum zurückkehren. Alle Vorstellungen vom numinosen Gehalt des N.ns beim Menschen beziehen sich auf diese Anima-Seele, welche in erster Linie und gewissermaßen unabhängig vom Träger des N.ns durch dieses Symbol charakterisiert wird. Die Scheu, den eigenen N.n auszusprechen, ist die gleiche Scheu, die man vor der Nennung des Götter-N.ns empfindet. Denn es ist die gleiche Schöpfungskraft, die durch einen N.n anzurufen man sich scheut. → Zaubersprüche, die in helfender oder zerstörender Weise eine Bewirkung auf Personen und Sachen lenken sollen, benutzen den N.n des Objektes, um sich an den Wesenskern des Opfers wenden zu können. Andererseits zeigen Gebräuche und Vorstellungen bei der → Namengebung, daß sie nur in diesem Zusammenhang zu begreifen sind. So gibt man den Neugeborenen den N.n des Ortes, an welchem die → Geburt stattgefunden hat, oder der zufälligen Begleitumstände der Geburt. Auch wird der N. in Umkehrung der Zusammenhänge häufig als verdeckter Wunsch gemeint. Der N.spate, den man heute nur noch in seiner sekundären Fürsorgefunktion kennt, war ursprünglich ein dynamistisch zu begreifender Kraftgeber. - Vgl. → Macht: I, → Magie, 2.

ERE IX, 130ff - A.BERTHOLET, Dynamismus u. Personalismus in der Seelenauffassung, 1930 - PW XVI/2, 1611ff - HWDA VI, 950ff - ThW V, 242ff - SDF II, 781ff - RÄRG 501ff - VAN DER LEEUW § 17 u. Reg. s.v. Name - THOMPSON VI (Reg.: Name, Names etc) - A.VILKUNA, Die Ausrüstung des Menschen für seinen Lebensweg (FFC 179), 1959, bes. 39ff. *C.A.Schmitz*

II. Im AT

1. Den Glauben an die Wirkung und Macht des göttlichen N.s teilt das AT mit seiner Umwelt (→ Namenglaube: I). Man fragt hier wie dort nach dem N.n der Gottheit, die sich offenbart (s. Gen 32, 30; Ri 13, 6; vgl. Ex 3, 13). Bei allen Gemeinsamkeiten müssen aber auch die Unterschiede gesehen werden. - Der eigentliche Gottes-N. ist für das AT der N. → Jahwe. Andere N.n wie 'el šăddăj (Ex 6, 2f), 'el ʿæljôn (Gen 14, 22) usw sind zu Beinamen geworden. Es gibt keine Geheim-N.n, wie sie in der → Magie der Umwelt eine Rolle spielen. - Durch den N.n ist Israel die Möglichkeit einer personhaften Gemeinschaft mit seinem → Gott (: II) gegeben. Mit dem N.n spricht Gott sein Volk an: »So spricht Jahwe, der Gott Israels« (Jos 24, 2), mit diesem N.n kann Israel ihn anrufen. - Der N. beschreibt nicht das überzeitliche Wesen Gottes, in ihm wird die Wirklichkeit der Erfahrungen Israels mit seinem Gott in der → Geschichte (: I) zusammengefaßt. Deshalb kann der Begriff »N. Gottes« (»um seines N.ns willen«, »Jahwe ist sein N.«) verwandt werden, wenn Israel das ganze ihm zuteil gewordene Heil bekennen will. - Das AT hält mit Leidenschaft daran fest, daß die Mitteilung des N.ns nicht ein Verfügen des Menschen über Gott bedeuten darf, durch das die Freiheit Gottes angetastet werden könnte.

2. Im einzelnen sind für das Verständnis des Ngl.ns folgende Verwendungen des Gottes-N.ns wichtig:

a) Eine Wurzel des Ngl.ns ist in Israel der Kultus. *Der N. Gottes ist heilig* (→ Heilig: II; Lev 20, 3; 22, 2; Ez 20, 39; 36, 22f; 39, 7; 43, 7f; Ps 33, 21; 145, 21). Es bedarf einer Legitimation, ihn zu gebrauchen. Der N. Gottes ist daher bes. dem Priester anvertraut. Die Formel »den

N.n Gottes anrufen« (Gen 4, 26 u.ö.; Zeph 3, 9; vgl. 1Kön 18, 26; Ps 44, 21) ist zu einem term. techn. für den → Gottesdienst (: II) geworden. - Im Altargesetz Ex 20, 24 heißt es: »An jedem Ort, wo ich meines N.ns gedenken lassen werde (oder: »meinen N.n kundmache«, dh »offenbare«), werde ich zu dir kommen und dich segnen.« Hier ist nach Stamm von einem dreifachen Handeln Gottes die Rede. Die Offenbarung des N.ns begründet in der Weise eines ἱερὸς λόγος die Heiligkeit des Ortes. Aus der Heiligkeit des Ortes folgt nicht selbstverständlich das Kommen Gottes und der Segen. Der Segen bleibt jeweils freie Gabe. Ähnlich ist nach Num 6, 27 der durch das »Legen des N.ns auf die Israeliten« Segnende nicht eigentlich der Priester, sondern Jahwe selbst.

b) Im → Dekalog wird das *»Aussprechen des N.ns Gottes zu unerlaubten Zwecken«* untersagt (Ex 20, 7; Dtn 5, 11). Wahrscheinlich ist dieser Satz des apodiktischen Rechtes absichtlich so allgemein formuliert. Es ist immer neu zu interpretieren, worin der Mißbrauch des N.ns Gottes besteht. Jeder Versuch wird abgewehrt, durch den N.n Macht über Gott zu gewinnen und so Gott zur Durchsetzung menschlicher Ziele zu zwingen. Der Mißbrauch des N.ns verleugnet die Wirklichkeit der Offenbarung des N.ns im Grundsatz des Dekaloges: »Ich bin Jahwe, dein Gott, der dich aus Ägypten, aus der Sklaverei herausgeführt hat.« Das Gebot ist die deutlichste Absage an alle Formen der Magie. Gedacht ist ferner an den Mißbrauch des N.ns Gottes beim → Eid (vgl. Hos 4, 2). Nach Lev 19, 12 (vgl. 24, 10-16) »entweiht« der Meineid den N.n Gottes. Interessanterweise steht das Gebot an dieser Stelle im Zusammenhang von Geboten, mit denen die soziale Gemeinschaft innerhalb Israels gesichert werden soll. (Zum Gebrauch des N.ns Gottes beim Eid s. Dtn 6, 13; 1Sam 20, 42; Jer 12, 16.) - Die äußerste Konsequenz des Gebotes zum Schutze des Gottes-N.ns ist die Entwicklung des Ngl.ns zur Scheu, »den N.n« überhaupt auszusprechen (seit 3.Jh. vChr).

c) Im Dtn und der von ihm abhängigen Literatur wird vom *N.n Gottes* gesagt, daß er *am erwählten Ort »wohne«* (Dtn 12, 5. 11; 14, 23f; 16, 2ff; 26, 2; 1Kön 11, 36) oder »niedergelegt« sei (Dtn 12, 21). Dies ist im jetzigen Zusammenhang eine eigentümlich abstrakte theologische Konstruktion. Sie ist ein Korrektiv der Vorstellung, als ob Jahwe selbst im Tempel wohne. Dies kommt bes. im deuteronomistischen Tempelweihgebet Salomos zum Ausdruck (1Kön 8, 14ff; bes. V. 27-29; s. dagegen 8, 12f). Gleichzeitig ist aber der im Tempel anwesende N. Unterpfand der wirklichen Gegenwart Gottes (s. auch 1Kön 9, 3). Der N. wird angerufen im Lobpreis und im Bittgebet des Gottesdienstes.

d) Am häufigsten findet sich der Begriff des N.ns Gottes *als Wechselbegriff für Gott* selbst. Diese Verwendung gehört zur Topik des Hymnus. Ihr kommt der parallelismus membrorum der hebräischen Dichtung entgegen (zB Ps 68, 5: »Singet Gott, musizieret seinem N.n«; vgl. Ps 7, 18; 68, 5; 86, 12; 92, 2; Jes 25, 1). Die »den N.n« kennen (Jes 52, 6; Ps 9, 11; 91, 14), fürchten (Ps 61, 6; 86, 11; vgl. Dtn 28, 58), lieben (Jes 56, 6; Ps 5, 12; 69, 37; 119, 132), anrufen (Ps 75, 2) sind diejenigen, die Jahwe selbst bekennen (vgl. Mal 3, 16).

e) An einigen Stellen des AT hat man den Eindruck, daß vom N.n Gottes als einer fast *selbständigen Wesenheit* gesprochen wird (→ Hypostasen; vgl. zB Ex 23, 21; Jes 30, 27 [Text?], ferner Ps 20, 2; 54, 3. 8f; 89, 25; Spr 18, 10; Mal 1, 11). Im einzelnen läßt sich schwer feststellen, wieweit es sich dabei um dichterische Sprache handelt, und wieweit wirkliche Spekulation vorliegt.

f) Wie im profanen Bereich (2Sam 12, 28; Ps 49, 12) bedeutet die Tatsache, daß der N. Gottes *»über einer Person oder Sache genannt* ist«, eine Besitzerklärung (Am 9, 12; 2Chr 7, 14; von der Lade: 2Sam 6, 2; von Jerusalem: Jer 25, 29; Dan 9, 18; vom Tempel: Jer 7, 10f; s. 34, 15). Es handelt sich um einen Rechtsakt, der gleichzeitig einen Herrschaftsanspruch (Jes 63, 19) und die Zusicherung des Schutzes (Dtn 28, 10; Jer 14, 9; vgl. Jes 43, 1f; 62, 2; Zeph 3, 12) einschließt.

g) *Die Formel »im N.n«* bedeutet eine Beauftragung und Bevollmächtigung (1Sam 25, 9; Est 3, 12). Ein Mensch kann »im N.n Gottes« handeln (1Sam 17, 45; Ps 20, 8; 44, 6) oder sprechen (Ex 5, 22f). Das Reden im N.n Gottes wird damit zur wichtigsten Aufgabe eines Propheten (Dtn 18, 18f; Jer 11, 21). Ist die Legitimation nur angemaßt (Jer 14, 14; 23, 25ff; 29, 9), trifft den falschen Propheten um so härtere Strafe (Dtn 18, 20).

h) Der N. ist Inbegriff *des Ruhmes* der Taten eines Menschen (Gen 6, 4; 2Sam 7, 9; 1Chr 14, 17; Ez 16, 14). Ebenso kann von Gott gesagt werden: »Wie dein N., o Gott, so geht dein Ruhm bis an das Ende der Erde . . .« (Ps 48, 11). Er hat sich »einen N.n gemacht« durch die Taten seiner Macht (Ex 9, 16; Jos 9, 9; 1Kön 8, 42; vgl. Jer 10, 16; Am 4, 13; 5, 8; 9, 6) und Gnade (1Sam 12, 22; Jes 48, 9; 55, 13; Ez 20, 9). Solche Taten sind gemeint, wenn im Psalm aufgefordert wird: »Singet vom Ruhm seines N.ns . . .« (Ps 66, 2ff).

RE XIII, 625ff - O.EISSFELDT, Jahwe-N. u. Zauberwesen (ZMR 42, 1927, 161-186) - NOTH, Pers - RGG² IV, 409f - O.GRETHER, N. u. Wort Gottes im AT (BZAW 64), 1934 - A.R.JOHNSON, The One and the many in the Israelitic Conception of God, 1942 - J.J.STAMM, Zum Altargesetz im Bundesbuch (ThZ 1, 1945, 304-306) - DERS., Der Dekalog, Bern 1958, 38f - E.LOHMEYER, Das Vater-Unser, 1946, 41ff - G.V.RAD, Dtn-Studien (FRLANT 58), (1947) 1948², 25ff - M.SCHMIDT, Prophet u. Tempel, Basel 1948 - ThW V, 242f (Lit.). 251ff - K.GALLING, Die Ausrufung des N.ns als Rechtsakt in Israel (ThLZ 81, 1956, 65-70) - EKL II, 1499ff - F.DUMERMUTH, Zur deuteronomischen Kulttheol. (ZAW 70, 1958, 59-98) - W.ZIMMERLI, Die Weisung des AT zum Geschäft der Sprache (in: W.SCHNEEMELCHER [Hg.], Das Problem der Sprache, 1959, 1-20). - Vgl. ferner die at. Theologien.

K.Baltzer

III. Im NT

1. *Sprachlich* ist zunächst festzustellen, daß im nt. Onomastikon neben hebräischen und aramäischen mehrere griechische und einige römische Personen-N.n vorkommen. Doppel-N.n wie Joseph Barsabbas, Herodes Antipas und Pontius Pilatus entsprechen aramäischem, griechischem bzw. lateinischem Sprachgebrauch. Alternativ-N.n dagegen wie Saulus-Paulus, Joseph Barsabbas-Justus gehen auf die jüd. Sitte zurück, unter Landsleuten einen jüd., unter Fremden einen internationalen N.n zu tragen (vgl. Daniel-Beltsazar). Manchmal wurde bei dieser Anpassung der jüd. N. nur umgeformt oder übersetzt, wie Jesua-Jesus oder Kēphas-Petros. N.nwechsel konnte in der biblischen Welt auch bei Weihungen vorkommen (zB 2Kön 23, 34; 24, 17), indem das Hervortreten einer neuen Person betont werden sollte. Diese Umstände machen verständlich, weshalb → Petrus und → Paulus ihre N.n, die sie als Juden bei der Beschneidung empfangen hatten (vgl. Lk 1, 59; 2, 21), bei der Aufnahme in den Dienst Jesu oder bei deren Bestätigung ändern mußten (Mk 3, 16 vgl. Mt 16, 18; Apg 13, 9). Mit der Verallgemeinerung der Kindertaufe wurde allmählich die N.ngebung auf diesen Akt bezogen. Das NT zeigt auch sonst, daß der N. (griech. ὄνομα) mit dem Begriff der Person verknüpft war (Joh 10, 3; Apg 1, 15; 18, 15; Apk 3, 4; 11, 13). So heißt »im N.n Gottes, Jesu« dasselbe wie »als Gottes, Jesu Vertreter« (Mt 21, 9 usw; Joh 5, 43; Apg 4, 17; 5, 40 usw). Analog der jüd. (auch bei der Proselytentaufe vorkommenden) und griech. Wendung »auf den und den N.n« im Sinne von Rubrizierung, Buchung, Zueignung u.dgl. ist »auf den N.n Jesu taufen« gebildet (Mt 28, 19; Apg 2, 38; 8, 16; 19, 5):

durch die → Taufe (: II) zu Jesu Eigentum machen (vgl. 1Kor 1, 13. 15). – Während ursprünglich theophore Eigen-N.n wie Johannes oder Theophilus im NT keine wörtliche Bedeutung mehr haben, wird bisweilen auf den wirklichen oder vermuteten Sinn eines N.ns Gewicht gelegt: Jesus (Mt 1, 21), Petrus (Mt 16, 18), Boanerges (Mk 3, 17), Hagar (Gal 4, 25), Melchisedek (Hebr 7, 2); bei messianischen Ehren-N.n wie Christus und Kyrios (s. 2 b) ist der wörtliche Sinn immer zu berücksichtigen.

2. *Theologisch* hat der Ngl. im NT wichtige Funktionen. a) Im Blick auf → Gott (: III) wurde im Judentum jeder bestimmte N. vermieden, weshalb man gerne umschreibend »der N.« u.dgl. sagte. Jesus dagegen spricht nach den Evangelien ganz offen von »Gott«, dem »Herrn« oder »Kyrios« (Mt 4, 7 usw); letzterer Titel war LXX-Wiedergabe von Jahwe. Vor allem nennt Jesus zur Empörung der Juden → Gott (: IV) ganz vertraulich »Vater« (Mt 5, 16 usw; → Vatername: III). Bes. im JohEv wird ausgeführt, wie Jesus den N.n Gottes als des liebenden Vaters offenbart und bestätigt (Joh 12, 28; 17, 11f. 26). Die Heiligung des Gottes-N.ns (Mt 6, 9 par) bedeutet somit für Jesus nicht dessen Verschweigung, sondern Offenbarung (vgl. V. 10; Joh 12, 28). – b) Jesus selbst erscheint und handelt im N.n Gottes, dh als Gottes Gesandter und Vertreter (Mt 21, 9 par; 23, 39 par; Joh 5, 43; 10, 25). Gerade deswegen ist sein eigener N. von so großer Bedeutung. Die vor seiner Geburt bestimmten N.n Jesus und Immanuel drücken die sich in ihm vollziehende Erlösungstat bzw. Menschwerdung Gottes aus (Mt 1, 21. 23). Auch werden die Sendung und das Heilswerk Jesu durch die Titel bestätigt, die von ihm oder von anderen auf ihn bezogen werden, wie Menschensohn, → Sohn (Gottes), Christus (→ Messias), → Erlöser, Herr (Kyrios), Hoherpriester, König. Bisweilen wird in Analogie zur N.ngebung bei Weihungen vorausgesetzt, daß Gott beim Beginn oder nach dem Abschluß der irdischen Wirksamkeit Christi ihm einen solchen Würde-N.n verleiht, zB Sohn (Mt 3, 17 par), Herr (Phil 2, 9-11), Priester (Hebr 5, 6); dieser neue N. kann auch ein Geheimnis bilden (Apk 2, 17; 3, 12; 19, 12). – c) Der hl. → Geist (: IV) wird bisweilen ausdrücklich mit dem N.n (Gottes und) Jesu Christi verbunden (Mt 28, 19; Joh 14, 26; 1Kor 6, 11). Aber auch ohne direkte Erwähnung des Geistes werden Dinge, die theologisch zum Bereich desselben gehören, wie das Christenleben, die Kirche usw, sehr oft auf den N.n Jesu bezogen. In diesem N.n gibt es → Hoffnung (Mt 12, 21), → Glauben (Joh 1, 12; 2, 23; 3, 18 usw), → Sündenvergebung (Apg 10, 43; 1Joh 2, 12), Reinigung, → Heiligung, → Rechtfertigung (1Kor 6, 11), Heil (Apg 4, 12), Leben (Joh 20, 31). Wenn in der Verkündigung (Apg 4, 17 usw; 1Kor 1, 10), bei Bekehrung und Taufe (Apg 2, 21. 38 usw; Röm 10, 9. 13; 1Kor 6, 11; Jak 2, 7), im → Bekenntnis (1Kor 1, 2; Hebr 13, 15), im → Gebet (Joh 14, 13 usw; Eph 5, 20), im gemeinsamen → Gottesdienst (Mt 18, 20; Kol 3, 17), bei Heilungen (Apg 3, 6 usw; Jak 5, 14) und bei anderen kirchlichen Akten der N. Jesu feierlich genannt wird, sind die Gegenwart seines Geistes und die Zugehörigkeit zu ihm gesichert. In der Welt sollen die Gläubigen den N.n Jesu verherrlichen (2Thess 1, 12). Das Bekenntnis zu diesem N.n führt andererseits zur Verfolgung durch die Welt und verlangt Standhaftigkeit (Apg 5, 41; 21, 13; 1Petr 4, 14; Apk 2, 3. 13 usw). Auf seine treuen Zeugen aber wird Christus einmal, in himmlischer Erfüllung ihrer kirchlichen → »Versiegelung«, den N.n des Vaters und des Sohnes schreiben (Apk 3, 12; 14, 1; 22, 4), so wie auch ihre N.n ihm bekannt und im Himmel aufgeschrieben sind (Lk 10, 20; Joh 10, 3; Phil 4, 3; Apk 3, 5 vgl. 20, 15).

W. Heitmüller, Im N.n Jesu (FRLANT I/2), 1903 – R. Hirzel, Der N., 1918 – O. Merlier, »Onoma« et »en onomati« dans le Quatr. év. (Rev. des ét. grecques 47, 1934, 180-204) – ThW V, 242f (Lit.). 269ff – V. Taylor, The Names of Jesus, 1953 (Neudr.) – EKL II, 1501f (Lit.) – O. Cullmann, Die Christologie des NT, (1957) 1958².

B. Reicke

Nancy, *Diözese* → Toul.

Naogeorgus, *Thomas* (eigentlich *Kirchmeyer;* ca 1508 bis 1563), Tendenzdramatiker, * bei Straubing, Pfarrer in Mühltroff (1533), Sulza (1535), Kahla (1541), Kaufbeuren (1546), Kempten (1548), Stuttgart (1551), Backnang (1560) und Eßlingen (1561), dort auch Sup., † in Wiesloch. Ein bedeutender Dichter, erregte N. als Pfarrer durch seine Sondermeinungen (Unverlierbarkeit des Hl. Geistes; Abendmahlslehre) und sein persönliches Verhalten überall Anstoß.

Vf. außer einigen theol. u. philologischen Arbeiten (Übers.en aus dem Griechischen ins Lateinische) vor allem Dichtungen: Pammachius, Mercator, Incendia, Hamanus, Hieremias, Judas Iscariotes, Regnum papisticum, Agriculturae sacrae libri 5, Satyrarum libri 5. – Über N.: RE X, 496ff; XXIII, 764f – RGG² IV, 412f (Lit.) – L. Theobald, Zur Lebensgesch. des Th.N. (ZBKG 6, 1931, 143-145).

Matth. Simon

Naphtali → Stämme Israels.

Napoleon I., *Kaiser der Franzosen,* aus der korsischen Familie Bonaparte, * 15.8.1769 in Ajaccio (Korsika), † 5.5.1821 auf St. Helena (1840 im Invalidendom zu Paris beigesetzt). Die Etappen seines Aufstieges und Falls können hier nur in Stichworten angedeutet werden: 1799 erster (1802 lebenslänglicher) Konsul, 1804 erblicher Kaiser. Die Wende brachte der mißlungene Rußlandfeldzug. Von Elba, wohin er nach seiner Abdankung (6.4.1814) geschickt war, unternahm er den vergeblichen Versuch, noch einmal die Macht an sich zu reißen (1.3.-18.6.1815, Niederlage bei Belle-Alliance). Auf Entscheid der Engländer wurde er nach St. Helena verbannt.

Über seine Zeit hinaus hat N. Frankreichs Gesellschaft, Verwaltung und Rechtsprechung (→ Code civil von 1804) entscheidend mitgeprägt. – Obwohl N. als Erwachsener keine persönlichen Bindungen an die kath. Religion besaß, war ihm als Staatsoberhaupt die politische Bedeutung einer kirchlich gebundenen Religion durchaus deutlich. So sah er – nach einer Äußerung im Staatsrat (1806) – in der Religion »nicht das Mysterium der Fleischwerdung, wohl aber das Mysterium der sozialen Ordnung«. Im gleichen Sinne hat er sich auch 1812 gegenüber Caulaincourt geäußert. – Die 1794 erfolgte Trennung von Staat und Kirche (→ Frankreich: I, 7) beendete nicht die Repressalien, unter der der antirevolutionäre Klerus zu leiden hatte. Zwar statuierte N.s Edikt vom 18.12.1799 die volle Kultusfreiheit (1800 Wiederbeginn der Messe in Notre Dame), aber die Opposition der Kirche wurde dadurch nicht aufgefangen. Ihr schlossen sich die aus Kreisen der Aristokratie und des Bürgertums stammenden Gegner der Zivilkonstitution des Staates an. Um den Widerstand der eidverweigernden Priester zu beseitigen, entschloß sich N. trotz Widerspruchs im Staatsrat zu Vorverhandlungen mit Rom. So kam es am 15.7.1801 (Mirbt 558; Lit.) zum → Konkordat mit Papst → Pius VII. Der Katholizismus wurde als »Religion der Mehrheit der Franzosen« anerkannt, ebenso der Papst und der Klerus. Andererseits sicherte sich N. das Nominierungsrecht für Bischöfe. Um die im einzelnen noch vorhandenen Schwierigkeiten zu beseitigen, schlug Talleyrand vor, ohne Befragung des Papstes die → »Organischen Artikel des kath. Kultus« zu erlassen (8.4.1802). Damit deutlich wurde, daß die kath. Religion durch das Konkordat keineswegs Staatsreligion geworden war, folgten für die Reformierten und die Anhänger der Augsburgischen Konfession die »Organischen Artikel der prot. Kulte«. 1808 erhielten auch die in Frankreich lebenden Juden eine Kultusverfassung. Trotz verschiedener Maßnahmen zur Förderung der kath. Kirche (Zulassung karitativer Orden; Konkordat für das von N. geschaffene Königreich Italien) erregten der kaiserliche Einheitskatechismus und die 1804 erfolgte Einführung des Festes St. Napoleon (15.8.) den Widerspruch des Papstes, der der Kaiserkrönung (2.12.1804) nur widerwillig beiwohnte. Als sich 1807 der Papst weigerte, die Ehe N.s und die seines Bruders zu scheiden und in die Koalition gegen England (Kontinentalsperre) einzutreten, antwortete N. mit der Besetzung (1808) und Beseitigung (1809) des → Kirchenstaates. Auf die Exkommunikationsbulle, die ohne Namensnennung natürlich N. meinte, reagierte N. mit der Gefangennahme des Papstes, den er nach Paris bringen ließ. 1811 berief N. ein Nationalkonzil nach Paris ein, nachdem die Gallikanischen Artikel von 1682 zum Reichsgesetz erhoben waren. Die wenig später vom Papst widerrufenen Verhandlungen mit N. (1813) interpretierte N. eigenmächtig als »Konkordat von Fontainebleau«. Auch ohne den Protest des Papstes war es durch den Sturz N.s und die aufkommende Restauration ohne Wirkung, während das Konkordat von 1801 nebst den Organischen Artikeln bis 1905 die Grundlage des franz. Kirchenwesens bildete.

A.FOURNIER, N., 3 Bde, (1886-89) 1922[4] - BOULAQ DE LA MEURTHE, Documents sur la négociation du concordat et sur les autres rapports de la France avec le Saint Siège, 6 Bde, Paris 1891-1905 - DERS., Hist. de la négociation du concordat, ebd 1920 - P.E.LUCIUS, Bonaparte u. die prot. Kirchen, 1903 - R.AUCHEL, N. et les Juifs, Paris 1928 - J.SCHMIDLIN, Papstgesch. der neuesten Zeit I, 1933, 42ff - G.LEFEBVRE, N., (1935) 1953[4] (Lit.); dt. 1955 - M.LÜHRS, Die Stellung N.s zu Religion u. Kirche, 1939 - P.GEYL, N., for and against, (1949) 1957[2] - FR.STÄHLIN, N.s Glanz u. Fall im dt. Urteil, 1952 - HERMELINK I, 95ff - W.ANDREAS, Das Zeitalter N.s u. die Erhebung der Völker, 1955.
H.Hohlwein

Narrenfeste. Die im Zusammenhang mit der Wintersonnenwende schon in der Antike gefeierten »Saturnalien« (17./19. Dez.), auch »Decembria« oder »Parentalia« genannt, mit der Aufhebung der Standesunterschiede von Herren und Sklaven, den Festgelagen und Geschenken, die auch schon einen »rex bibendi« kannten, wurden in der späten Kaiserzeit von der Feier der »Kalendae Januariae« aufgesogen und um typische Formen des Anfangszaubers (Schlag mit der Lebensrute) bereichert. Auch die Christen nahmen seit dem 3.Jh. trotz aller Verbote von Bischöfen und Synoden, auch nachdem das Fest der Beschneidung des Herrn auf den Neujahrstag gelegt worden war, an den heidnischen Feiern teil. Ein zähes Nachleben hatten diese in den schon im 12.Jh. in Frankreich bezeugten N.n der Kleriker. Von dem zuerst bezeugten Fest der Subdiakone an Neujahr (zuweilen auch am 6. oder 11. Jan.) wurden bald die Tage der hl. Stephanus (26.12.) für die Diakone, Johannes (27.12.) für die Priester, Unschuldige Kinder (28.12) für die Chorschüler in Stiften und Klöstern zu N.n. In mehr oder weniger parodistischer Weise wurde an diesen Tagen der Gottesdienst von dem aus dem jeweiligen Stand gewählten »Papst« oder »Bischof« geleitet, und seine Standesgenossen nahmen die ersten Plätze im Chor ein. Eingesetzt und abgesetzt wurde der neue »Herr« gewöhnlich bei dem Magnificat-Vers: Deposuit potentes de sede, et exaltavit humiles. Das älteste erhaltene Officium des Eselsfestes von Sens enthält außer der Einleitung nichts Anstößiges. Aber schon im 13.Jh. beginnen die Klagen über die Auswüchse der N.: Nachäffen des bischöflichen Einzuges und Segens, Tänze und Zechereien im Kirchenraum, Vermummungen der Teilnehmer, alles Dinge, die an die Volksbelustigung des Karnevals (→ Fastnacht) erinnern. Das Verbot der N. auf dem Konzil von Basel 1435 blieb unwirksam, das Verbot des franz. Königs nach einem Gutachten der theologischen Fakultät von Paris 1444 konnte die N. nur allmählich eindämmen. Im 16.Jh. wurden sie dann in Frankreich und Spanien, in England und Deutschland verboten. Nur in der Form des → »Kinderbischofs«, »Schulbischofs« oder »Apfelbischofs«, der meist am Nikolaustag gewählt wurde, hielt sich der Brauch in Köln, Mainz und Reims bis ins 18.Jh.

JOH.BELETH, Rationale divinorum officiorum (MPL 202, 79. 122ff), um 1180, beschreibt die N. - Texte bei G.M.DREVES, Analecta hymnica XX, 217-232 - H.VILLETARD, Office de Pierre de Corbeil, Paris 1907. - Lit.: G.M.DREVES, StML 47, 1894, 571-587 - L.LEFEBRE, L'évêque des fous et la fête des innocents à Lille du XIVe siècle, Lille 1902 - E.SCHOOLMEESTERS, L'Episcopus puerorum (Leodium 10, Lüttich 1911, 13-19) - PW XX, 1919, 1562ff; II/3, 1921, 201ff - P.LEHMANN, Die Parodie im MA, 1922 - HWDA IV, 1341f.
A.Brück

Narrheit, *heilige.* Asketen, die zur Besiegung ihrer Eitelkeit den Verlust des Verstandes vortäuschten, um sich Vereinsamung und Mißhandlungen auszusetzen, wurden kirchlicherseits als *»Narren um Christi willen«* anerkannt; 1Kor 4, 10-13 wurde als asketisches Programm verstanden und buchstäblich verwirklicht. In diesem strengen Sinn ist die hl.N. eine rein *morgenländische* Erscheinung. Sie galt als äußerster asketischer Weg, wenn die Kirche vom Staat geschützt und das Mönchtum im Volke geehrt war. Schon → Palladius berichtet von einer koptischen Nonne, die in hl.N. lebte. Die bedeutendsten hl. Narren in byzantinischer Zeit waren Symeon von Emesa (5./6.Jh.) und Andreas von Konstantinopel († 946), dessen Vita im 13.Jh. in kirchenslawischer Übersetzung vorlag und zur Übertragung der hl.N. nach *Rußland* beitrug. Dort erfuhr sie im 16.Jh. ihre höchste Blüte, der eine schwere Krise folgte, als die Verachtung der Umwelt ausblieb und falsche Narren auftraten. Erst im 19.Jh. gab es Versuche zur Erneuerung der hl.N. Mit belehrenden Gleichnishandlungen schien sie auch bei ihren größten russischen Vertretern verbunden: Prokopij von Ustjug († 1303), Vasilij von Moskau († 1552) und Nikolaj von Pskov († 1576). - Vgl. → Orthodoxe Kirche: II, 8.

I.KOVALEVSKIJ, Narrentum in Christo u. Narren um Christi willen in der östl. u. russ. Kirche, Moskau (1895) 1902[3] (russ.) - ST.HILPISCH OSB, Die Torheit um Christi willen (ZAM 6, 1931, 121-131) - E.BENZ, Hl.N. (Kyrios 3, 1938, 1-55) - P.HAUPTMANN, Die Narren um Christi willen in der Ostkirche (Kirche im Osten II, 1959, 27-49; Lit.).
P.Hauptmann

Narses »der Aussätzige«, nestorianischer Theologe (angeblich 399-502), * in ʿAin Dubhā am mittleren Tigris, Mönch. N. leitete seit 437 die theologische Schule von → Edessa und gründete nach seiner Vertreibung auf Einladung des → Barsumas 457 eine neue Schule in → Nisibis, die zur zentralen Lehranstalt der → Nestorianer wurde. Nach der Behebung eines Zerwürfnisses mit Barsumas und zeitweiliger Verbannung war er 40 Jahre lang ihr Leiter. Von seinen Schriften ist ein Kommentar zum AT verschollen; erhalten sind Wechsellieder, liturgische Gesänge und metrische Predigten (Echtheit zT angefochten; deshalb »Harfe des Geistes«).

Ausg.: A.MINGANA, 2 Bde, Mossul 1905; P.KRÜGER in »Ostkirchl. Studien« I, 1952, 283-296, u. »Orient Syrien« III/3, 1958, 299-316. - Über N.: A.BAUMSTARK, Gesch. d. syr. Lit., 1922, 109ff - I.ORTIZ DE URBINA, Patrologia Syriaca, Rom 1958, 107ff (beide mit Lit.) - ALTANER 312f.
B.Spuler

Nasiräer (hebr. nazîr), bei den Israeliten ein durch → Gelübde (: II) Gott geweihter Mensch. Als Kennzeichen der besonderen Hingabe an Jahwe im Nasiräat begegnen die Enthaltung von → Wein (Am 2, 12; Num 6, 3f), das freie Wachsenlassen des → Haares (Ri 16, 17; Num 6, 5) und die Vermeidung der Berührung von Toten (Num 6, 6f). Die spärlichen Nachrichten des AT vermitteln kein zureichendes Bild von der Geschichte und Bedeutung dieser Institution. Es gab lebenslängliche N. wie → Simson (Ri 13ff) und solche, deren Weihezustand zeitlich befristet war (Num 6, 1ff). Ob diese Formen nebeneinander oder nacheinander existierten, muß offen bleiben. Am 2, 11 stellt die N. mit den Propheten zusammen, die Jahwe aus den Söhnen Israels erstehen ließ, meint also wohl lebenslänglich wirkende Charismatiker. Ob in 1Sam 1, 11 ein eigentliches Nasiräats-Gelübde vorliegt (vgl. LXX und Sir 46, 13, ferner Mischnatraktat Nazir 9, 5), ist umstritten. In bezug auf die positiven Aufgaben dieser Gottesgeweihten denkt man meistens - mit dem Bild Simsons vor Augen - an charismatische Krieger, die unter dem Antrieb des → Geistes (: II) Jahwes zu besonderen Taten befähigt waren (Ri 13, 25; 14, 19; 15, 14). Nach der Staatenbildung, als die Zeit dieser berserkerhaften Vorkämpfer im hl. → Krieg (: II) vorbei war, mochte sich dann die Bedeutung der Institution verschoben haben. Das Schwergewicht liegt aber, soweit wir sehen können, nicht auf der asketischen Leistung (→ Askese: II), sondern auf der zeichenhaften Kraft, mit der das N.tum eine ursprüngliche unbedingte Hingabe an Jahwe verkörperte. Im Kampf gegen die kanaanäische Religion (→ Kanaan: III) waren die N. daher sicher wichtige Exponenten des kompromißlosen Jahweglaubens. Das Wein-Tabu, das an sich wie beim diensttuenden Priester (Lev 10, 9; Ez 44, 21) in den Vorstellungskomplex der → Heiligung gehört, konnte hier wie bei den → Rekabitern eine besondere Spitze als Protest gegen die kanaanäische Kulturland- und Fruchtbarkeitsreligion bekommen. Aus den rituellen Vorschriften der Priesterschrift in Num 6 ist über die Bedeutung des N.gelübdes nichts Näheres zu erfahren. V. 1-8 umschreiben die allgemeinen Bedingungen des (temporären) Nasiräats, V. 9-12 die Maßnahmen bei unabsichtlicher Unterbrechung des Weihezustandes durch Berühren einer Leiche, V. 13-21 die Opfer, die nach Ablauf der Weihezeit darzubringen sind. In jüdischer Zeit begegnen N. erst wieder in 1Makk 3, 49. Der Brauch lebt noch in nt. Zeit, wie Stellen bei Josephus (Bell. Jud. 2, 15, 1; Ant. 19, 6, 1) und in der Apg (18, 18; 21, 23ff) zeigen; vgl. ferner den Mischnatraktat Nazir.

BILL. II, 747ff. 755ff - RGG² IV, 416f - H.SALMANOWITSCH, Das Nasiräat nach Bibel u. Talmud, Wilna 1931 - W.EICHRODT, TheolAT I, (1933) 1957⁵, 200ff - J.PEDERSEN, Israel, its Life and Culture III. IV, 1934, 264ff - J.HENNINGER, Zur Frage des Haaropfers bei den Semiten (Wiener Schule der Völkerkunde 1956, 349-368) - G.v.RAD, TheolAT I, 1957, 71.

E.Jenni

Nassau hat in seiner Hauptstadt Wiesbaden schon aus vorfränkischer Zeit (um 400) christliche Symbole aufzuweisen. Mit den → Franken breitete sich das Christentum aus. Das untere Lahngebiet ist im 7.Jh. missioniert. Die älteste Kirche des Landes, Dietkirchen, wurde im 9.Jh. Sitz des rechtsrheinischen Trierer Archidiakonates. Die weiter ostwärts vorgetragene Missionierung Triers stieß im 8./9.Jh. auf die von Süden vordringende mainzische Einflußsphäre, die sich bis ins Siegerland ausdehnte. Limburg, Weilburg und Wetzlar entwickelten sich als geistliche Stiftungen der Konradiner. Unter den Klöstern gewannen Eberbach (1135), Arnstein (1139) und Marienstatt (1215/27) besondere Bedeutung. N.s einzelne Landschaften sind - abgesehen von den kurmainzischen und kurtrierischen Gebieten - seit 1522 der *Reformation* zugefallen. Der Reichsritter Hartmuth von → Kronberg war seit 1521 ein tatkräftiger Anhänger Luthers. Die wichtigsten Reformatoren N.s sind → Alber, → Schnepf, → Sarcerius und → Gompe. In den oranischen Landesteilen (N. nördl. der Lahn) drang seit 1577/78 unter Graf Johann VI. von N.-Dillenburg das ref. Bekenntnis ein. Die Hohe Schule → Herborn (1584) war nach → Genf und → Leiden die wichtigste Pflanzstätte des Calvinismus. Die Gegenreformation entriß der ev. Kirche die Grafschaften Königstein (1604) und N.-Hadamar (1629). Dem → *Pietismus* öffneten sich unter Franckes Einfluß zuerst Idstein (J.C.Lange) und Wiesbaden (→ Hellmund). Die → Erweckungsbewegung verbreitete sich im Siegerland und Dilltal. Doch war die Verbundenheit der Pfarrer mit ihren Gemeinden stets ein Kennzeichen nassauischer Kirchlichkeit. - Nach der Bildung des *Herzogtums N.* (1806/16 aus 39 Territorien) entstand, vorbereitet durch Pietismus und Aufklärung, begünstigt durch den nicht zur Orthodoxie neigenden Volkscharakter N.s und letztlich veranlaßt durch die Notwendigkeiten des Staates und seiner Schule, die seit 1817 als christliche Simultanschule gestaltet ist, die → *Union* als erste in Deutschland (Synode in Idstein, 5.8.1817). Die Zeit bis zum Übergang N.s an Preußen (1866) ist gekennzeichnet durch das Ringen um Selbständigkeit und eigene Kirchenbehörde; der ev. Landesbischof (→ Heydenreich) war nur Regierungsreferent. Bes. die Innere Mission, aber auch die Äußere wurden in N. eifrig gepflegt. - Für die *kath.* Kirche N.s, der knapp 45% der Einwohner angehörten, wurde 1827 das Bistum → Limburg gegründet, von wo aus Bischof Blum seinen Angriff gegen das Staatskirchentum führte. - Für die Geschichte *nach* 1866 vgl. → Hessen: I, 4. 5; II.

J.H.STEUBING, Kirchen- u. Reformationsgesch. der Oranien-N.ischen Lande, 1804 - F.W.TH.SCHLIEPHAKE-K.MENZEL, Gesch. von N., 7 Bde, 1866-89 - C.G.FIRNHABER, Die N.ische Simultanvolksschule, 2 Bde, 1881/83 - Die Ev. Kirche in N.-Oranien 1530-1930 (Festschr.), 2 Bde, 1931/33 - G.KLEINFELDT-H.WEIRICH, Die kirchl. Organisation Althessens u. N.s, 1932 - A.ADAM, Die nass. Union von 1817 (Jb. d. Hess. Kirchengesch. Vereinigung 1, 1949, 35-408) - H. GERBER, Schrifttumskunde zum nass. Kirchenwesen (ebd 3), 1952.

O.Renkhoff

Nast, *Wilhelm* (1807-99), Vater des deutschen → Methodismus (in den USA; mittelbar des bischöflichen Methodismus in Deutschland), * in Stuttgart. Im Glauben erschüttert, bricht N. sein Theologiestudium in Tübingen nach zwei Jahren ab und wandert 1828 nach den USA aus. Nach seiner Bekehrung (1835) wird er methodistischer Pionierprediger unter den deutschen Einwanderern von Ohio (deutschsprachige Gemeinden). Seit 1839 redigiert N. die einflußreiche Zeitschrift »Der Christliche Apologete«; als Verfasser und Übersetzer begründet er eine deutsch-amerikanische christliche Literatur. 1864-92 ist er Präsident des deutschen Wallace College, Berea. - Gelehrt und bescheiden, vereinigt N. deutsche Innerlichkeit mit amerikanisch-praktischem Glaubensleben.

Vf. u.a.: Kritisch-prakt. Kommentar über das NT, 1860; Der Größere Katechismus, 1868. - Über N.: J.L.NUELSEN, Gesch. des Methodismus, (1920) 1929² - F.WUNDERLICH, Methodists Linking Two Continents, Nashville 1960 (Lit.).

C.E.Sommer

Natalis, *Herveus* (Hervé Nédélec), OP († 1323), 1307 Magister der Theologie in Paris, 1309 Provinzial der franz. Provinz, 1318 Ordensgeneral. Obwohl er → Thomas von Aquino nicht in allem folgt, gilt er doch mit Recht als Führer der franz. Thomistenschule, deren Lehren er gegen → Heinrich von Gent, → Duns Scotus, → Jakob von Metz, → Durandus de S. Porciano und → Petrus Aureoli verteidigt.

Vf. u.a. einen Sentenzenkommentar (Venedig 1505, Paris 1647), Quodlibeta (Venedig 1486, 1513), Quaestiones disputatae (ebd 1513),

Defensio doctrinae fratris Thomae (Auszug in: E.Krebs, Theol. u. Wissenschaft nach d. Lehre d. Hochscholastik [BGPhMA 11, 3-4], 1912), De potestate ecclesiastica et papali (Paris 1500, 1647). - Über H.N.: J.Koch, Durandus de S. Porciano I (BGPhMA 26, 1), 1927, 211ff - Ü II, 530. 536f. 771 - LThK IV, 1010f - A. de Guimarães, Hervé Noël. Étude biographique (AFP 8, 1938, 5-81) - L.Hödl, Die Quodlibeta minora des H.N. (MThZ 6, 1955, 215-229) - Ders., Die Grundfragen d. Sakramentenlehre nach H.N. (MThS II, 10), 1956.

B.Decker

Nathan, Prophet zZ → Davids, Erzieher und Parteigänger → Salomos. Nur über drei Ereignisse aus N.s jahrzehntelanger Wirksamkeit am Hof Davids berichtet das AT: Die Zurückweisung des Tempelbau-Plans, die mit einer Verheißung für die davidische Dynastie verbunden ist (2Sam 7), die Verdammung des Verbrechens Davids an Bathseba und Uria (2Sam 12, 1-25) und das intrigenhafte Eingreifen in die Thronstreitigkeiten zugunsten Salomos (1Kön 1). Während 1Kön 1 stets als historisch zuverlässig angesehen wurde und auch nur unwesentliche literarkritische Beanstandungen erfuhr, ist die Historizität des in 2Sam 7 und 12 Berichteten oft bezweifelt worden: Für 2Sam 7 wurde deuteronomistische oder noch spätere Abfassungszeit angenommen und das Vorhandensein eines älteren Kerns bezweifelt; in 2Sam 12 fand man N. nach dem Bild späterer Propheten dargestellt und glaubte meist an eine nachträgliche Einfügung der Parabel vom reichen und armen Mann (s. die Kommentare von Driver, Budde, Caspari). Neuerdings wird jedoch auch den Berichten von 2Sam 7 und 12 größeres Vertrauen entgegengebracht. Die literarkritische Analyse und Datierung wurde von S.Mowinckel radikal zurückgewiesen; doch ist seine traditionsgeschichtliche Erklärung des Kapitels 2Sam 7 als eines ätiologischen Kulttextes an der geschichtlichen Gestalt und Rolle N.s wenig interessiert: N. sei der »typische« Tempel- und Hofprophet (Natanforjettelsen 2Sam 7 [SEA 12, 1947, 220-229]). Auch in anderen neueren Spezialarbeiten über 2Sam 7 steht das kultgeschichtliche Problem im Vordergrund (J.L.McKenzie, 1947; M.Simon, 1952; M.Noth [s.u.]; vgl. auch H.J.Kraus, Die Königsherrschaft Gottes im AT, 1951, 35ff. 52ff. 66ff; G.Widengren, Sakrales Königtum im AT und im Judentum, 1955, Exkurs I: Zu 2Sam 7, 59-61); nur H. van den Bussche widmet der Frage der historischen Zuverlässigkeit seine ganze Aufmerksamkeit und betont die authentische Überlieferung von 2Sam 7 und 1Chr 17 (Le texte de la prophétie de N. sur la dynastie Davidique [EThL 24, 1948, 354-394]). M. Noth weist die sachliche, formale und literarische Einheit des Kapitels nach und nimmt vorsalomonische Entstehung an (David und Israel in 2Sam 7 [Mélanges bibliques réd. en l'honneur de A.Robert, Paris 1957, 122 bis 130]). Zur Ursprünglichkeit des Berichts von 2Sam 12 s. L.J.D.L.Davies, The Origin and Development of Early Hebrew Prophecy ... (Diss. Bonn), 1959, 114.

Weder die extreme literarkritische Skepsis gegen die N.texte noch die bei ihrer kultgeschichtlichen Deutung oft zu beobachtende Ausklammerung oder Bagatellisierung der historischen Frage lassen sich rechtfertigen. Die Ablehnung des Tempelbaus ist nur vor Salomo denkbar und muß durch eine Jahwe-Tradition aus der Zeit vor der Landnahme bestimmt gewesen sein. N. ist der frühste historisch sicher erreichbare prophetische Zeuge des Jahwe-Glaubens. Dem ekstatischen Nebiismus (1Sam 10, 5f; 19, 20-24; → Propheten: II A) stand dieser Prophet fern; seine Aktionen waren nicht durch kultischen oder zeremoniellen Zwang, sondern durch persönlichen Offenbarungsempfang ausgelöst und geboten. Die sittliche Forderung liegt für N. wesenhaft im Willen Jahwes. Dem König kann dieser Prophet keine göttliche Verehrung gezollt haben, die äußere Ordnung des Kults gehörte nicht zu seinen brennendsten Sorgen; daß er bei den Thronstreitigkeiten für seinen Zögling Salomo eintrat, erklärt sich am besten aus religiösen Motiven.

Außer den Komm., den Darstellungen der Gesch. → Israels (: I) u. der Lit. im Text: L.Rost, Die Überlieferung von der Thronnachfolge Davids (BWANT III, 6), 1926, 47ff - U.Katzenstein, N.s Stellung in der Gesch. der Prophetie (Diss. Berlin), 1960.

F.Maass

Nathanael (= Gottesgabe), Name eines Jüngers Jesu (Joh 1, 45-50). Er bekennt, daß der Rabbi aus Nazareth der Sohn Gottes, der König Israels, ist (Joh 1, 49), und repräsentiert darum das wahre, an Christus glaubende Israel. Nach Joh 21, 2 stammte N. aus → Kana in Galiläa. Da sein Name in den Apostelkatalogen nicht aufgeführt ist, hat man ihn später mit anderen Gliedern des Zwölferkreises zu identifizieren versucht bzw. seinen Namen in die Liste der Zwölf eingetragen (so in den Apostelkatalogen der → Epistula Apostolorum und der → Apostolischen Kirchenordnung).

C.Schmidt, Gespräche Jesu mit seinen Jüngern nach der Auferstehung (TU 43), 1919, 229ff - J.Jeremias, Die Berufung des N. (Angelos 3, 1928, 2-5) - U.Holzmeister, N. fuitne idem ac S. Bartholomaeus apostolos? (Bibl 21, 1940, 28-39) - G.Quispel, N. u. der Menschensohn (ZNW 47, 1956, 281-283) - Bauer, WB⁵ 1053f.

E.Lohse

Nathusius, *Martin Friedrich Engelhard von* (1843 bis 1906), ev. Theologe, * in Althaldensleben, † in Greifswald. Sein Vater *Philipp* N. (1815-72, 1861 geadelt) hatte 1850 das Gut Neinstedt (Harz) erworben; seine Mutter *Marie* geb. Scheele (1817-57), eine bekannte Volksschriftstellerin, gründete dort nach dem Vorbild des Rauhen Hauses den »Lindenhof«. - N. wurde nach Pfarrdienst in Quedlinburg (1873) und Barmen-Wupperfeld (1885-88) Prof. für prakt. Theol. in → Greifswald. Er vertrat eine biblizistische Theologie und gehörte zu den Begründern der Freien → kirchlich-sozialen Konferenz.

Vf. u.a.: Die Mitarbeit der Kirche an der Lösung der sozialen Frage, (1893/94) 1904³; Hdb. des kirchl. Unterrichts, 3 Tle, 1903/04. Begründer u. Mit-Hg. der Allg. konservativen Monatsschrift, 1879ff. - Über N.: D.v.Oertzen in: Das Volk, 1906, Nr. 61 - RE XXIV, 192ff. - Über Ph.v.N. u. M.v.N.: ADB XXIII, 283ff - W. Kosch, Dt. Lit.-Lexikon III, 1956², 1844 (Bibliogr., Lit.).

H.Hohlwein

Nationale Christenräte → Internationaler Missions-Rat.

Nationalismus

I. Grundsätzlich - II. Nationalismus und Religion in Asien und Afrika

I. Grundsätzlich

Nation (= N.) nennen wir einen Verband, dessen Angehörige wegen der Homogenität ihres Denkens und Verhaltens potentiell zur politischen Selbstbestimmung fähig sind und zu ihr den Willen entwickeln. Die politische Dimension des Begriffes hat sich im 19.Jh. im Abendland verbreitet und beginnt im 20. auf alle Länder der Welt Anwendung zu finden.

Die *Vorgeschichte* des Begriffes der N. verweist auf durchaus verschiedene Momente der Daseinsführung, welche die Homogenität einer N. begründen können: 1. auf die politisch unbetonte Zugehörigkeit zu einem sprachlichen Verband, die historisch als erster Gegenstand des N.begriffes im MA auftrat; 2. auf das Zugehörigkeitsbewußtsein zu einem Stamme; 3. erfährt der Begriff der N. geistesgeschichtlich und sozialgeschichtlich begründete Wandlungen des Bewußtseins und Empfindens überhaupt. *N.albewußtsein* als Reflexion auf die Eigenart eines Verbandes, zu dem Einzelne und soziale Gruppen gehören, verbindet sich gewöhnlich mit dem Stolz auf das begründende Element der N. und mit seiner bewußten Pflege, sei es vornehmlich in der Geschichte, der Sprache oder der vorhandenen bzw. angenommenen Blutsverwandtschaft zu suchen. In der abendländischen Geschichte selbst ist zunächst von beherrschender Wirkung das alle abendländischen N.en tragende Fundament des lateinisch-christlichen Daseinsverständnisses und der von ihm her begründeten Daseinsordnung. Aus dieser abendländischen Ökumene, deren hervorragendes Herrschaftsgebilde im frühen MA das an die römische Überlieferung sich anlehnende Imperium ist, lösen sich langsam die N.alverbände heraus. Der französische, der sich von der Ile de France aus über das Territorium des heutigen Frankreich verbreitet, erreicht im Laufe der Geschichte der französischen Monarchie jene nahezu vollständige Identität von Sprachgebiet und Staatsgebiet, die für den Begriff der modernen Staats-N. überhaupt maßgebend geworden ist. Im Daseinsverständnis beginnt seit dem 14.Jh. die kulturelle Bezugnahme auf die N.alität mit der universalen Bezugnahme auf die christlich verstandene Menschlichkeit zu konkurrieren. Diese Bewegung geht Hand in Hand mit dem Vordringen der N.alsprache gegenüber dem mittelalterlichen Latein. Der historische Zweig des europäischen → Humanismus unterstützt die Pflege des Nationalen durch die Erinnerung an seine Vergangenheit (vgl. zB → Wimpfelings »Germania«, 1501).

N.albewußtsein im modernen politischen Sinn setzt ein mit dem Vordringen der Gedankenwelt der Französischen Revolution. Bis dahin ist in Deutschland das politische Bewußtsein dynastisch orientiert. Der Selbstbestimmungswille des französischen Bürgertums, das sich (s. Siéyès) mit der N. identifiziert, ist sozial gegen die Privilegien des Adels und des Priestertums gerichtet. Politisch bringt es ein mit weltmissionarischen Gedanken vermischtes N.albewußtsein hervor, das in der Verschmelzung mit den Grundauffassungen des → Liberalismus und der Demokratie zum Grundschema des europäischen politischen Denkens im 19. und 20.Jh. geworden ist. Dieses Schema wird in Deutschland von der romantischen Seite des Daseinsverständnisses her mit dem Ausbau der Begriffe des Volksgeistes oder der Volksseele gefüllt. In ihnen hatte → Herder noch analytisch die vorbewußte geistig-seelische Form gesehen, welche sich in der N.alsprache wie in den durch das Daseinsvorbild gefestigten und übertragenen Sitten auswirkt. Die bleibende Wahrheit dieses Gedankens wird durch die vorbewußten Erscheinungen des → Volkslieds, des → Märchens, der Legende und schließlich des Traums festgehalten, welche alle jenseits des »Machbaren« liegen. Trotzdem konnte dieser Ursprung einer wesentlichen Komponente des N.albewußtseins nicht verhindern, daß im 19. und 20.Jh. mit zunehmender Intensität der Versuch, N.en und N.albewußtsein »herzustellen«, mit der Konsequenz der Entstehung eines leidenschaftlichen N.alismus gemacht worden ist.

Das französische Schema der Identität von Sprach-, Sitten-, Rechts- und Staatseinheit wurde in der Gegenwehr gegen die Französische Revolution und die Napoleonische Eroberung auf die demokratisch-liberale Bewegung aller Länder in Europa übertragen. Metternich sah in dem nationaldemokratischen Bürgertum die Bewegung, welche die multinationale österreichische Monarchie sowie die aus den Napoleonischen Kriegen in der Restauration »gerettete« ständische Ordnung zerstören müßte. → Bismarck hat mit dem national-liberalen Flügel der Bürgerlichen Bewegung einen Ausgleich zu finden verstanden. Seit der Kontinentalsperre hat sich der nationale Gedanke, in Deutschland unter der Führung Friedrich Lists, auf die Wirtschaftsauffassung und die politische Förderung der wirtschaftlichen Dynamik übertragen. Die nationalen Einigungsbewegungen in Italien und in Deutschland - und in ähnlicher Weise der amerikanische Sezessionskrieg derselben Epoche - haben den Gedanken der N. in der europäisch-amerikanischen Staatenwelt gefestigt. - Zugleich mit dieser Festigung des Begriffes und seiner Verbindung mit demokratischer Repräsentation verschmilzt er mit der Gesinnung des sog. politischen »Realismus«. Daraus entsteht Blindheit gegenüber den N.alinteressen anderer, ja eine Art Pseudoreligion, wie sie in dem Satz »right or wrong, my country« einen adäquaten Ausdruck findet. Diese Haltung ist spezifisch charakteristisch für den modernen N.alismus.

Zu Beginn des 20.Jh.s waren trotzdem in Europa und Amerika N.en sehr verschiedenen Entstehungsgrundes vorhanden. Am nächsten standen dem Postulat der Identität von Sprach-, Staats- und Sitteneinheit Frankreich, England und Italien. Frankreich hat durch seine vom klassischen Absolutismus begründete zentrale Pflege der Sprache und Literatur mit dem Gedanken der Spracheinheit am stärksten Ernst gemacht; das englische Erziehungswesen ist weltweit orientiert und hat konsequent die Bildung eigener, nationähnlicher, wenn auch verwandter Commonwealth-Verbände nicht gehindert. In Deutschland konnte die Übereinstimmung von »Kultur- oder Sprach-N.« mit der »Staats-N.« (Meinecke) im Verlauf der Lösung der deutschen Frage nicht herbeigeführt werden. Die Schweiz hat ein geschichtlich und durch den gemeinsamen Stil der politischen Verfassung begründetes N.albewußtsein herausgearbeitet, das vier Sprach-N.en umfaßt. In der österreichisch-ungarischen Monarchie hatte sich als Fortbestand des in den Türkenkriegen gefestigten Reiches bis zum Ende des 1.Weltkrieges ein multinationaler Staats- und Gesellschaftsverband erhalten. Die USA stellen eine werdende N. dar, deren integrierende Faktoren sich in der wirtschaftlich begründeten Daseinsform, in der englischen, sich in eine eigene amerikanische Sprechweise umbildenden Sprache und in der Staatsverfassung sowie in dem ihr entsprechenden Daseinshabitus finden.

Im 20.Jh. zeichnet sich die Geschichte Europas dadurch aus, daß der aus der Französischen Revolution stammende demokratische N.begriff auf die Staatenpolitik angewandt wird. Im Gefolge des 1.Weltkrieges wird die österreichisch-ungarische Monarchie zerschlagen, Polen, die Tschechoslowakei und Jugoslawien werden als N.alitätenstaaten mit gleichzeitiger Demokratisierung neu begründet, wobei wiederum eine Identität von Sprachgebiet und Staatsgebiet nicht erreicht werden kann, solange man - bis zum Ende des 2.Weltkrieges - sprachliche Minderheiten innerhalb des Staatsterritoriums mit besonderen Rechten beließ. - Im Gegenschlag gegen die Katastrophe des 1.Weltkrieges oder gegen die durch ihn hervorgerufene Enttäuschung (Italien) erfährt der N.alismus eine neue Stärkung. Eine nationalistische Einparteidiktatur entsteht in Italien (→ Faschismus), der Diktaturstaat des deutschen → Nationalsozialismus wird in 14 Jahren der Opposition gegen die demokratisch-liberale Weimarer Republik wie den Kommunismus vorbereitet und 1933/34 errichtet. In der ersten Phase seiner Politik werden die deutschsprachigen Gebiete Europas mit Ausnahme der Schweiz politisch arrondiert. In der 2. Phase wird in unmenschlicher Nichtachtung anderer Völker eine »deutsch-germanische« Suprematie nationalistischen Charakters begründet. Im Gegenschlag gegen diese Expansion wenden die Kriegsgegner den N.begriff des 19.Jh.s auf ganz Europa westlich der neuen russischen Grenzen an, wobei sie die Erreichung der nationalen Homogenität durch die Vertreibung der Deutschen aus jahrhundertealten Siedlungsgebieten dulden oder befördern. Die Sowjetunion hat in ihren eigenen Grenzen das Prinzip der Unterordnung des Nationalen unter das marxistisch-leninistisch gedachte Programm der Gesellschaftspolitik durchgeführt. Dadurch wird die nationale Eigenart zu einem politisch irrelevanten und folkloristischen Faktor. - Im Verlauf und nach dem Ende des 2.Weltkrieges wird das Prinzip der nationalen Selbstbestimmung von den Entwicklungsländern für ihre Loslösung aus der Kolonialherrschaft in Anspruch genommen. Ähnlich wie schon in Irland erstreben westlich geschulte Eliten bei gleichzeitiger Förderung kultureller Eigenarten die Anpassung an westliche Formen der Daseinsordnung und damit auch die Schaffung einer »nationalen Homogenität«. Schwierigkeiten versucht man durch Austausch verschieden-sprachiger und verschieden-religiöser Bevölkerungsteile (zB Indien und Pakistan) oder durch die Schaffung einer neuen Staatssprache zu überwinden. In Südafrika bedeutet die Politik der »Apartheid« den Versuch, eine weiße Vorherrschaft zugleich mit der Begründung einer eigenen Staatssprache, des »Afrikaans«, zu fördern; er steht in Spannung zu dem Bestreben einer fortschreitenden Industrialisierung, welche ohne die Inanspruchnahme schwarzer und farbiger Arbeiter nicht möglich ist.

Der 2.Weltkrieg hat in Europa, der Ursprungsregion des Begriffs der N. und des N.alismus, zur Einsicht in die Begrenztheit beider geführt, welche in den Integrationsbestrebungen des freiheitlichen → Europa einen Ausdruck gefunden hat. Seinem Wesen nach ist das Nationale eines Verbandes nichts anderes als die spezifische, sprachlich-geistige Ausbildung eines Zweiges, der einem umfassenderen Kulturbereich angehört. Wenn das nationale Bewußtsein darauf verzichtet, seinen eigenen Bereich nach dem umfassenderen Kulturganzen, dem es zugehört, zu transzendieren, muß es seine sinnvolle Lebendigkeit einbüßen. Ohne sich kritisch auf seinen gemäßen Ort in einem auch kulturell globalen Horizont der Gegenwart zu besinnen, wird der Nationalist notwendig einem Provinzialismus verfallen, der der heutigen Weltsituation nicht mehr standhalten kann. Dagegen liegt in der Besinnung auf das eigene Vaterland und die eigene Muttersprache die Forderung, sich der qualitativen Postulate bewußt zu werden, welche beide an den einzelnen Angehörigen richten. Ein solches nationales Bewußtsein ist imstande, der Ideologisierung (→ Ideologie) zu widerstehen, die mit egozentrischer Barbarei verbunden das Andersnationale und das Menschliche überhaupt verachtet. Auch das Moment des Nationalen kann keine letzte menschliche Heimat bieten, sondern bedeutet nichts anderes als die Mitgift der geistig-seelischen Überlieferung eines lebendigen Gemeinwesens zur Verwirklichung eines rein Menschlich-Sittlichen.

F.Meinecke, Weltbürgertum u. N.alstaat, 1907 (= Werke I, 1957) - P.Joachimsen, Vom dt. Volk zum dt. Staat, 1920² - Jb. f. Soziologie, ErgBd I: N. u. N.alität, 1927 - R.Michels, Der Patriotismus, 1929 - W.Sulzbach, Nationales Gemeinschaftsgefühl u. wirtschaftl. Interesse, 1929 - C.Hayes, The Historical Evolution of Modern N.alism, New York 1931 - H.O.Ziegler, Die moderne N., 1931 - O.Vossler, Der N.algedanke von Rousseau bis Ranke, 1937 - Fr.Hertz, N.ality in History and Politics, London 1944 - Th.Heuss, Die dt. N.alidee im Wandel der Gesch., 1946 - R. Wittram, N.alismus u. Säkularisation, 1949 - E.Lemberg, Gesch. des N.alismus in Europa, 1950 - G.Decker, Das Selbstbestimmungsrecht der N.en, 1955 - G.Szczesny (Hg.), Der Zeitgenosse u. sein Vaterland, 1957 - W.Sulzbach, Imperialismus u. N.albewußtsein, 1959.

A.Bergsträßer

II. Nationalismus und Religion in Asien und Afrika

1. Ziele des N. - 2. Renaissance und Wandel der R.en - 3. Ansätze neuer Universal-R. - R. = Religion

1. Obwohl eine Reihe typischer Züge des europäischen → Nationalismus (: I) auch am asiatischen und afrikanischen N. zu beobachten sind, unterscheiden sich beide ihrer je anderen geschichtlichen Situation, bes. aber ihrer verschiedenen Ziele wegen. Im Selbstverständnis der vielfältigen n.en Bewegungen in → Asien und → Afrika (: I) ist der Kampf gegen den → Kolonialismus immer ein Kampf um die Würde des Menschen (→ Gandhi, → Tagore u.a.). Fern jeglichem chiliastisch-aggressiven oder isolationistischen N. - Ausnahme ist → China - wird das Streben nach Unabhängigkeit und die Formung eines selbständigen Staates immer unter *sozialem* Aspekt verstanden; Millionen von Menschen satt zu machen und ihnen Schulbildung zu gewährleisten, ist integrierender Bestandteil, ja wichtigstes Moment dieses N. Die politische Intensität der n.en Bewegungen erwächst aus dem sozialen (rassischen) Hunger nach Gerechtigkeit: »Wir gehören zur Bruderschaft derer, die verletzt, die zerbrochenen Herzens und zerstörter Hoffnung sind.« Ziel ist also nicht eine geschichtlich einmalige Nation, sondern die Möglichkeit, in politischer, wirtschaftlicher und kultureller Freiheit einen *eigenen* Weg einzuschlagen.

Wichtigstes Problem ist die eigene Identität. Selbständigkeit in Asien und Afrika kann weder im bloßen Rückgriff auf den vorkolonialen Status noch in reiner Angleichung an den Westen vollzogen werden. Einzige Möglichkeit ist eine »Transkulturation« (B.Malinowski) größten Stils, in der eigene und fremde Elemente die Synthese eines *neuen Dritten* eingehen. Ein solcher Prozeß wird am klarsten in der panafrikanischen Bewegung (W.Du Bois, G.Padmore, K.Nkrumah u.a.) mit dem Ziel der Vereinigten Staaten von Afrika verfolgt. → Ghana nahm den Namen eines frühen westsudanischen Reiches an, mit dem das eigene Fundament einer zukünftigen modernen Föderation symbolisiert werden soll. Kennzeichnend ist das Bestreben der asiatischen und afrikanischen Staaten, sich politisch weder an den Westen noch an den Osten zu binden; es fand seinen Ausdruck mit der Asiatisch-Afrikanischen Konferenz von Bandung 1955.

2. Mit dem Problem der eigenen Identität ist vornehmlich in Asien die *Frage der R.* mitgegeben. Identitätsmoment gegenüber vorkolonialen (Regionalismus) und kolonialen Kräften (→ Säkularismus: II) ist zB im (säkularen) → Indien (: I. II) der → Hinduismus (: I), in → Ceylon (: I) der → Buddhismus (: I), in → Pakistan der → Islam (: I). So konnte es bes. zu Beginn der Staatwerdung heißen: »Burmese sein, heißt Buddhist sein!« Für Extremfälle ist die Mau-Mau-Bewegung (→ Kenya) beispielhaft, in der - freilich in politisch aussichtsloser Lage - die Stammesreligion der Kikuyu revitalisiert wurde (J.Kenyatta). - Unter diesem politischen Aspekt erlangen die R.en neue Bedeutung und Würde. Der Fastenmonat Ramadan hat viel von seiner Geltung zurückgewonnen, hinduistische Tempelfeste sind würdevoll geworden, religiöse Vorschriften werden neu ernst genommen. Selbst in China hat das neue politische Selbstbewußtsein zu einer *Erneuerung* des Buddhismus geführt. Dadurch verlieren die R.en freilich wesentliche traditionelle Züge. So kann der Islam im modernen Pakistan (ähnlich in → Indonesien) nur so Staats-R. sein, daß er auf die gesetzliche Geltung der šarīʿa (islamisches Recht, → Islam: I, 5) verzichtet. Im Hinduismus muß die → Kaste (: I) preisgegeben werden.

Bedeutungsvoller ist der *Wandel* der R.en, wie er sich nach der religiös-kulturellen Begegnung mit dem Christentum, nicht zuletzt mit der → Mission (: III), vollzieht. Auf Grund dieser Begegnung gestaltet sich - natürlich in engem Bezug zur neuen nationalen Wirklichkeit Indiens - der *Neo-Hinduismus*. 1893 erklärte Vivekananda apologetisch, daß der Hinduismus keineswegs ortsgebunden, sondern eine Welt-R. sei. S. → Radhakrishnan formulierte thetisch seine Bedeutung als Konzentrations- und Einigungspunkt aller R.en. Im Blick auf den christlichen Begriff der → Welt und unter der Zwangsläufigkeit, dem traditionell akosmistischen Hinduismus politisch-aufbauende Kraft zu geben, prägte er das Verständnis von mâya = Täuschung in mâya = das Zeitliche um. Ebenso erhielt moksha = Auflösung mit moksha = Freiheit einen neuen Sinn. Der Sozialreformer V.Bhave konnte vollends die zyklische Geschichtsbetrachtung aufbrechen und eine geradlinig-progressive geschichtliche Entwicklung proklamieren. Er gab damit einem für Asien ganz neuen Verständnis der *Zukunft* Ausdruck, daß nämlich überhaupt echte Zukunft möglich und daß sie dem Menschen verfügbar ist. Radhakrishnan: »Wir können gegen den Strom schwimmen, ja, auch die Richtung ändern.« - Im neuen Selbstverständnis des Buddhismus (A.Dharmapala u.a.) wird nichts weniger als seine wesenhaft soziale Bedeutung mit besonderer Zuspitzung für den Frieden der Welt hervorgehoben. Zum *6. Buddhistischen Konzil* von Rangoon 1954 versammelten sich erstmalig Gelehrte des Theravada- und des Mahâyâna-Buddhismus; Versammlungsort war die neue »Pagode zum Weltfrieden«. - Gleicherweise begreift sich der *Islam* neu als umfassendes, den Frieden der Welt sicherndes »fortgeschrittenes System der Sittlichkeit«. - Das neue, oft freilich nur apologetisch gewonnene Selbstbewußtsein führt zum Überlegenheitsbewußtsein über das Christentum und zu einer bisher nicht gekannten *Expansion* der R.en (→ Buddhismus: IV, → Islam: I, 9, → Ramakrishna-»Mission«). Gleichzeitig erwächst mit zunehmendem → Synkretismus (: II) und steigendem Bewußtsein der *Nachchristlichkeit* Immunität, ja Feindschaft gegenüber der christlichen Botschaft (→ Junge Kirchen).

3. Innerhalb der geistig und politisch tragenden Schichten treten die Verschiedenheiten und Gegensätzlichkeiten der asiatischen R.en immer weiter zurück. Wie im politisch-kulturellen Bereich, so zeichnet sich (folgerichtig) auch im religiösen ein neues Drittes ab, in das ebenfalls die Ströme einer *neuen säkularen Religiosität* (→ Kommunismus: IV, »Politik ist R.«) einmünden. Das Verlangen nach Frieden, Freiheit, Toleranz, allgemeiner Menschlichkeit, sozialer Gerechtigkeit, Rassengleichheit und Solidarität, also nach einer neuen Gesellschaft stellt das Einheitsmoment für »so etwas wie eine Welt-R.« dar. »Sie übergreift R.en und Anti-R.en, und deren Verschiedenheiten erscheinen vor dem gemeinsamen Hintergrund nur wie Konfessionsgegensätze in derselben ... Welt-R. der diesseitigen Götter« (W.Freytag). Ihre Möglichkeit gewinnt sie aus dem Asien und Afrika politisch wie religiös vorantreibenden Glauben an eine messianische Zukunft und ihre Verwirklichung durch den neu zu sich selbst findenden Menschen.

H.Kohn, Gesch. der nationalen Bewegung im Orient, 1928 - J.Kenyatta, Facing Mount Kenya, London (1938) 1956[5] - B.Sundkler, Bantu Prophets in South Africa, ebd 1948 - R.B.Manikam, Christianity and the Asian Revolution, Madras 1954 - K.M.Panikkar, Asien u. die Herrschaft des Westens, 1955 - G.Padmore, Pan-Africanism or Communism?, New York 1956 - Th.Hodgkin, N. in Colonial Africa, London 1956 - W.Cantwell Smith, Islam in Modern History, Princeton 1957 - S.Kulandran, Resurgent R.s, London 1957 - W.Freytag, Kirchen im neuen Asien, 1958 - Ders., Nach Ghana: Neue Aspekte der Weltmission (Kirche in der Zeit 13, 1958, 126-128) - G.F.Vicedom, Die Mission der Welt-R.en, 1959 - H.-D. Wendland, Der »konstruktive« N. als oekumenisches Problem (Basileia, hg.v. J.Hermelink u. H.J.Margull, 1959, 454-461) - P.D. Devanandan, The Gospel and Renascent Hinduism, London 1959.

J.Margull

Nationalsozialismus. Die erste Partei, die sich »nationalsozialistisch« (= n.) nannte, war die 1896 gegründete »Tschechische N.e Partei«; sie erklärte nationale Solidarität und demokratische Erneuerung zu Voraussetzungen des → Sozialismus und trennte sich deshalb vom Kurs der Zweiten Internationale. Auf gleicher Linie lag die »Deutsche Arbeiterpartei in Österreich« (1903), in deren Nachfolge im Mai 1918 die »Deutsche N.e Arbeiterpartei« (DNSAP) gegründet wurde; hier verbanden sich mit dem Begriff »n.« zum ersten Male völkische Ideen und antisemitische Forderungen. Unabhängig von den Österreichern gründete der Eisenbahnschlosser Anton Drexler (1884-1942) in München am 5.1.1919 die »Deutsche Arbeiterpartei« (DAP), die im März 1920 - wohl unter dem Einfluß eines der Führer der DNSAP, Rudolf Jung - ebenfalls die Bezeichnung »n.« annahm. Adolf Hitler (20.4.1889 bis 30.4.1945) besuchte am 12.9.1919 zum ersten Male eine Versammlung der DAP und trat dieser wenig später bei. Sein Einfluß entfremdete den Begriff »n.« seiner ursprünglichen Bedeutung endgültig und machte ihn zum Etikett eines vulgären Weltanschauungsgemischs bzw. zur ideologischen Interpretation seiner Ich-Besessenheit; man würde deshalb zutreffender von »Hitlerismus« sprechen.

Hitlers Denken war in seinen Wiener Jahren (1908-12) vom Geiste Richard Wagners und von so extremem → Antisemitismus und verstiegenen Edelrassetheorien geprägt worden, wie sie Lanz von Liebenfels in seiner Zeitschrift »Ostara« verkündete; solche Eindrücke haben seine ganze spätere Politik entscheidend mitbestimmt. Obgleich er sich vorzugsweise des Vokabulars nationalen Denkens bediente, war ihm in Wirklichkeit nur der unhistorische, biologisch verstandene Begriff des Volkstums zugänglich. In seinem sozialrevolutionären Naturalismus, der auf eine Zerstörung der historisch gewordenen Gesellschaft abzielte, liegt der wichtigste Berührungspunkt mit dem gleichfalls sozialrevolutionären Bolschewismus (→ Kommunismus: III) und zugleich das wichtigste Unterscheidungsmerkmal vom zwar syndikalistisch-revolutionären, aber durch die Aufnahme der Rom-Idee mehr historischen italienischen → Faschismus. Dementsprechend entwickelte sich Hitler mit zunehmendem Selbstbewußtsein von einem Nachahmer Mussolinis zu einem Bewunderer Stalins.

Ein wichtiger Bestandteil des n.en Weltanschauungsgemischs war der Ende des 19.Jh.s entwickelte Sozialdarwinismus (Ploetz, Tille u.a.), der offen die Brutalität des Stärkeren im Kampf ums Dasein als Prinzip des Fortschritts hinstellte und politische Reformen durch biologische Manipulationen empfahl. In diese Tradition gehörten u.a. der Reichsbauernführer Walter Darré (»Neuadel aus Blut und Boden«, 1930) und der Reichsführer SS Heinrich Himmler (1900-45). Der Deutschbalte Alfred Rosenberg (1893-1946), der sich 1918 in München der völkischen Loge »Thule-Gesellschaft« und dem Kreis um Dietrich Eckart angeschlossen hatte, steuerte die scharf antiklerikale Idee einer Erneuerung des unverfälschten nordischen Glaubens bei (»Der Mythos des 20.Jh.s«, 1930). Um diesen Kern n.en Denkens breitete sich ein Feld von Vorstellungen und Bestrebungen aus, die - obgleich eigenen Ursprungs - dazu in mehr oder minder starker Affinität standen und so weite Kreise gebildeter Deutscher dem Hitlerismus verfallen ließen: die Gemeinschaftsromantik der → Jugendbewegung, das Fronterlebnis des 1. Weltkrieges, deutscher Idealismus und Vitalismus, unpolitischer Ästhetizismus, »preußischer Sozialismus« sowie alle nationalrevolutionären Strömungen bis hin zur politischen Eschatologie eines Moeller v.d.Bruck.

Das 25-Punkte-Programm der NSDAP gab Hitler,

damals noch Propagandaobmann der Partei, am 24.2.1920 in einer Versammlung im Münchener Hofbräuhaus bekannt; etwa zur gleichen Zeit wurde das Hakenkreuz Parteisymbol. Am 17.11.1920 erwarb Hitler den »Völkischen Beobachter«, der seit Aug. 1918 das Organ der »Thule-Gesellschaft« gewesen war. Nach dem Zusammenbruch des Putsches vom 9.11.1923 führte Hitler seinen Kampf gegen die Weimarer Republik »legal« weiter, dh er suchte die parlamentarische Demokratie durch Mißbrauch ihrer eigenen Institutionen und Mittel zu zerstören. Dabei mied er sachliche Mitarbeit soweit irgend möglich und trieb statt dessen auf Kosten der Substanz des öffentlichen Lebens Opposition um jeden Preis. Den Einfluß der norddeutschen Gaue der NSDAP, die sich ihm in Gefolgschaft der Gebrüder Gregor (1892 bis 1934) und Otto (* 1897) Strasser zunächst nicht bedingungslos unterwerfen wollten und die sozialistischen Programmpunkte ernst nahmen, verstand Hitler auszuschalten. Unter der Parole »Die Sozialisten verlassen die Partei« schied Otto Strasser 1930 aus der NSDAP aus.

Während die NSDAP bei der Reichstagswahl am 22.5.1928 nur 12 Mandate hatte erringen können, gewann sie bei der Wahl vom 14.9.1930 dagegen 107 Sitze, bei der vom 31.7.1932 von 680 Sitzen 230 und fiel am 6.11.1932 auf 196 von 584 Mandaten zurück. Bereits im Juli 1931 hatte ein Nationalsozialist Vorsitzender der »Deutschen Studentenschaft« werden können. In der Parteigenossenschaft lagen Arbeiter und Bauern mit ihrem prozentualen Anteil weit unter, Angestellte, Selbständige und Beamte weit über ihrem Anteil an der Gesamtbevölkerung. Die Zahl der Parteimitglieder betrug Ende 1930 ca 300 000, am 30.1.1933 849 000, Ende 1934 2,5, bei Ende des Krieges etwa 10 Mill.

Seine Ernennung zum Reichskanzler am 30.1.1933 verstand Hitler als seine persönliche »Machtergreifung«, die er nunmehr zu sichern und auszubauen bestrebt war. Dem diente neben offenem Terror (Konzentrationslager, Gestapo als Gesinnungspolizei) bes. die am Morgen nach dem Reichstagsbrand erlassene sog. »Verordnung zum Schutze von Volk und Staat« vom 28.2.1933, die die wesentlichsten politischen Grundrechte der Weimarer Verfassung suspendierte und der Reichsregierung die Polizeigewalt in den deutschen Ländern einräumte. Die Bedeutung des am 23.3.1933 angenommenen »Ermächtigungsgesetzes« liegt darin, daß der Reichstag freiwillig auf sein legislatives Recht verzichtete, statt sich gewaltsam dazu zwingen zu lassen. Angesichts der damals schon offenkundig begangenen Verbrechen hätten sich bis zum Tode des Reichspräsidenten von Hindenburg (2.8.1934) Hitlers bürgerlich-konservative Koalitionspartner sowie Reichswehr, Bürokratie und Wirtschaft seiner vielleicht noch entledigen können; daß das nicht geschehen ist, begründet am greifbarsten die politische Mitschuld der führenden Kreise Deutschlands am n.en Regime.

Angelpunkt des n.en Herrschaftssystems war, daß Hitler nicht kraft der von ihm besetzten höchsten Staatsämter innerhalb der Grenzen einer Verfassung regierte, sondern nach dem sog. »Führerprinzip« persönlich als Repräsentant des politischen Willens des deutschen Volkes galt, für seine Person Souveränität jenseits von Partei und Staat usurpierte und seinen Willen zum Grundgesetz des öffentlichen Lebens erhob. Aus dieser Stellung heraus übertrug er in zunehmendem Maße staatliche Kompetenzen und Hoheitsrechte wie Privilegien auf NS-Organisationen und schuf sich so neben der alten Bürokratie eine neue Exekutive, für die sein Wille einzige Maxime war. Träger dieser Führerexekutive war nach der Entmachtung der SA am 30.6.1934 vor allem die SS, die die entstaatlichte Polizei unter ihre Führung nahm und in der Waffen-SS eine Konkurrenzarmee zur Wehrmacht von ca 30 Divisionen aufbaute. Die NSDAP unter der Leitung des »Stellvertreters des Führers« Rudolf Heß (* 1894) verlor demgegenüber zunächst an Bedeutung, holte aber den Machtvorsprung rasch auf, als Hitler am 12.5.1941 die Führung der Partei wieder selbst übernahm und zur gleichen Zeit Martin Bormann (* 1900, Tod unsicher) Leiter der Parteikanzlei wurde.

Die Perversion und weitgehende Zerstörung der Rechtsordnung erfolgte durch die Verfälschung der Rechtsidee zum unbedingten Vorrecht des Ganzen vor dem Einzelnen (»Recht ist, was dem Volke nützt«) und durch die Relativierung aller Normen zugunsten eines im Prinzip uneingeschränkten Führerwillens. Die einseitig rechtspositivistische Erziehung der deutschen Juristen erleichterte den Gebrauch des positiven Rechts als Instrument der Macht. Mit der im Kriege zunehmenden Radikalisierung des Regimes wuchs dessen Neigung, auf verbindliche gesetzliche Fundierung seiner Maßnahmen überhaupt zu verzichten.

Dem totalitären Charakter des Regimes entsprach sein Anspruch nicht nur auf die politische, sondern auch auf die geistige und sittliche Führung des Volkes, bis hin zum Herrschaftsanspruch über die Gewissen und zu einer kultischen Apotheose der Person des Führers. Der Anspruch auf den ganzen Menschen, die Weigerung, ihn in seiner personalen Eigenständigkeit zu respektieren, bzw. der Versuch, beliebig verfügbares »Menschenmaterial« zu schaffen, begründete den unversöhnlichen Gegensatz des N. nicht nur zur christlichen Kirche (→ Kirchenkampf), sondern auch zu jeder eigenständigen Ethik. Eines der wichtigsten Mittel n.er Sozialtechnik war die Propaganda, die Dr. Joseph Goebbels (1897 bis 1945, seit 13.3.1933 Reichsminister für Volksaufklärung und Propaganda) meisterhaft als »Regie des öffentlichen Lebens« (Schmeer) zu führen verstand, wobei er keine Mittel scheute, Begeisterung, Tatenfreude, Haß usw künstlich zu erzeugen.

Hitlers Außenpolitik ging von der in weiten Kreisen des deutschen Volkes Resonanz findenden Nichtanerkennung der Niederlage von 1918 aus (der Krieg sollte unter günstigeren Bedingungen zu einem siegreichen Ende geführt werden) und zielte auf eine Erweiterung des deutschen »Lebensraumes« nach Osten ab. Seine Erfolge errang Hitler dadurch, daß er jederzeit bedenkenlos den Krieg riskierte und geschickt die Schwächen seiner Gegner ausnutzte. Er war erfolgreich, solange er mit Gewalt drohen konnte, verstand es aber später nicht, sich die militärische Kriegführung durch politische Mittel zu erleichtern. Sein mangelnder Sinn für Partnerschaft ließ ihn in den besetzten Ländern eine reine Unterdrückungspolitik treiben, die dort zahlreiche Ansätze zu loyaler Zusammenarbeit erstickte.

Unter den n.en Verbrechen war das größte und schwerste die Verfolgung und systematische Vernichtung der Juden, die als »der böse Feind der Menschheit« (Mein Kampf 724) hingestellt wurden. Die antisemitische Hetze hatte in der n.en Agitation von Anbeginn an eine zentrale Rolle gespielt und nach 1933 über die Nürnberger Gesetze (15.9.1935) und den Pogrom vom 8.-10.11.1938 zur sog. »Endlösung der Judenfrage« geführt, der mindestens 4,5 Mill. Juden aus allen besetzten Ländern Europas zum Opfer gefallen sein dürften. Dazu kamen u.a. die rassische Verfolgung der Zigeuner, die Tötung von etwa 70 000 Geisteskranken (→ Lebensunwertes Leben), die Germanisierung angeblich deutschstämmiger Polen gegen ihr ausdrückliches nationales Bekenntnis, barbarische medizinische Versuche an Konzentrationslager-Häftlingen und die Verschleppung von Hunderttausenden zur Zwangsarbeit.

Vollst. Lit. für die Jahre 1945-50 bei F.HERRE-H.AUERBACH, Bibliogr. zur Zeitgesch. u. zum 2. Weltkrieg, 1955; seit 1951 in der fortlaufend geführten Bibliogr. zu den »Vierteljahrsheften für Zeitgesch.« 1ff, 1953ff. - Vgl. auch die Lit. bei GEBHARDT-GRUNDMANN IV, 1959 u. zu → Kirchenkampf. Ferner bes.: A.BULLOCK, Hitler. Eine Studie über Tyrannei, 1953 - H.MAU-H.KRAUSNICK, Dt. Gesch. der jüngsten Vergangenheit. 1933-45, 1956 - H.BUCHHEIM, Das Dritte Reich, 1958. *H.Buchheim*

Natorp, *Paul* (1854-1924), * in Düsseldorf, lehrte seit 1881 in → Marburg Philosophie und Pädagogik und ist mit → Cohen Begründer des Marburger → Neukantianismus. Seine *Philosophie* ist ursprünglich eine eigenständige Abwandlung der Methode und des Systems Cohens. Mit diesem hielt er die Gewinnung der transzendentalen Methode an Hand der exakten Wissenschaften für unumgänglich, legte aber von vornherein den Grund für ihre Ablösung von der Orientierung an der Wissenschaft durch ihre autonome Vertiefung zur Methode der Ethik. Beide Gesetzlichkeiten vereinen sich zur Methode der Objektsetzung des Ästhetischen, dessen formaler Charakter in der Versöhnung des Gegensatzes von Sein und Sollen gelegen ist. Diese drei Objektivationsweisen erschöpfen die Gestaltungsmöglichkeiten des → Bewußtseins und stellen in ihrer Verbundenheit die Einheit der Gesetzlichkeit der Idee dar. »Gesetzerkenntnis also ist der ernüchterte Sinn der ›Ideenschau‹« (Sozialpäd. § 28). Damit ist die Möglichkeit des Zusammenblicks des formalen Systemdenkens mit allen geschichtlichen Erscheinungen des philosophischen Gedankens und mit der neuzeitlichen naturwissenschaftlichen Entwicklung erreicht. Außerdem ist die Bestreitung des Rechts der Transzendenz des Religiösen und seine Verweisung in den geklärten Bereich der die Humanität umschließenden Bewußtseinsobjektivationen gegeben. Diese Reduktion soll aber keineswegs die Aufhebung der Religion besagen, sondern dient der Beseitigung jedes Dogmas von Transzendentem, das aus dem fälschlich objektivierten völlig gegenstandslosen Gefühl des Unendlichen als der Grundwurzel aller Religion entspringt. Doch die Problematik des Religiösen, die sich mit N.s Verständnis des Psychologischen und des Subjektiven eng berührt, ebenso mit der in seinem Systemdenken nicht zur Ruhe kommenden Frage des Individuellen, ließ die methodische Einheitstendenz, die der poietischen Grundstruktur N.s den Spielraum für eine wenn auch sachlich unbegründete materiale Auffüllung offenhielt, nicht zur Ruhe kommen und führte ihn in äußerst formaler Abstraktion zur Konzeption einer »Allgemeinen Logik« als streng einheitlicher Grundlegung der Gegenstandssetzung schlechthin, die jeder Spaltung, auch der des Subjektiven und Objektiven noch vorausliegen soll. Er entwarf sie - unter Aufgabe des Schemas der in sich geschlossenen drei Bewußtseinsobjektivationen - als System von Urkategorien. Aber sein Bemühen, die inzwischen in ihm selbst wirksam gewordenen lebens- und existenzphilosophischen Motive sowie die eigenen mystischen Intuitionen von dieser Präkonzeption des Logos her zu bewältigen, um den »Ursinn« alles Seins schlechthin zu erfassen, führte ihn zu einer rückwärts gewandten Koinzidenzmetaphysik, die eine transzendentalphilosophische Existenzphilosophie intendierte, aber nicht zu gewinnen vermochte, dem transzendenten Absoluten jedoch sein Recht zurückgab. - N.s *Pädagogik* gründete von Anfang an in Cohens ethischem Sozialismus, den er als das grundsätzliche Problem des Verhältnisses von Individuum und Gemeinschaft interpretierte. »Nach unseren Begriffen ist überhaupt Pädagogik nur konkrete Philosophie« (Philos. u. Päd. 48). Alle Philosophie gipfelt infolgedessen in der Pädagogik, die N. auf Grund der Einsicht, daß die Bildungsgesetze der Gemeinschaft identisch sind mit denen des Individuums (Platon), in ihrer konkreten Aufgabe sozialpädagogisch verstand (bzw. sozialidealistisch). »Theoretisches Verstehen, praktische Zielbildung und ästhetische Gestaltung« umgreifen die gesamte pädagogische Tätigkeit und entsprechen dem in dieser Dreiheit sich differenzierenden Gesetz der Gestaltung des Bewußtseins, für das N. die Willensbildung als konstitutiv ansah. Seine Pädagogik ist ebenso wie seine Philosophie ein Beispiel für die Diskrepanz von behaupteter formaler Deduktion und intendiertem materialem Gehalt und verdankt ihren Einfluß dem diesen Gehalt verkörpernden ethisch-pädagogischen Pathos ihres Urhebers.

Vf. außer den in N.s »Sozialpädagogik« (1899) 1925⁶ S. IXf angeführten Schriften u.a.: Platos Ideenlehre, (1903) 1921²; Die logischen Grundlagen der exakten Wissenschaften, (1910) 1921²; Allg. Psychologie nach krit. Methode I, 1912; Kant u. d. Marburger Schule (KantSt 17, 1912, 193-221); Über Platos Ideenlehre, (1914) 1925²; H.Cohens philos. Leistung unter dem Gesichtspunkt des Systems, 1918; Dt. Weltberuf I. II, 1918; P.N. (Die dt. Philos. d. Gegenw. in Selbstdarst.en, hg.v. R.SCHMIDT, I, 1921, 151-176); Der Deutsche u. sein Staat, 1924 - Postum: Vorlesungen über Prakt. Philos., 1925; Philos. Systematik, 1958. - Über N.: H.GSCHWIND, Die philos. Grundlagen von N.s Sozialpädagogik, 1920 - W.KINKEL, P.N. u. d. krit. Idealismus (KantSt 28, 1923, 398-418) - E.CASSIRER, Nachruf (ebd 30, 1925, 273-298) - K.BORNHAUSEN, Die Religionsphilos. P.N.s (ZThK NF 6, 1925, 403-417) - H.PRAGER, P.N. u. d. Problem der Religionsphilos. (Logos 13, 1924/25, 186-190) - H.LEVY, P.N.s Prakt. Philos. (KantSt 31, 1926, 311-329) - W.SIEBEL, P.N.s letzter Brief, hg. u. system. gewürdigt (ZSTh 4, 1927, 595-630) - F.TROST, P.N. (Lebensbilder aus Kurhessen u. Waldeck VI, 1958, 233-249). *J.Klein*

Natürliche Religion und Theologie

1. Begriff - 2. Die Konstruktion der Aufklärung - 3. Geschichtliche Hintergründe - 4. Ansätze in der Theologiegeschichte - 5. Der Schriftbeweis - 6. Der Umschwung - 7. Bedeutung für die Mission - 8. Immanente Kritik. - R. = Religion, Th. = Theologie. - Vgl. → Natur und Christentum, → Natur und Übernatur, → Naturalismus: I, → Offenbarung: VI, → Uroffenbarung

1. Die Termini n.R. und Th. sind weitgehend mißverständlich. Gemeint ist weder eine vorläufige, getrübte Erkenntnis aus der »Natur« noch erst recht die R. der → Naturvölker. »Natürlich« betrifft das Subjekt, deutet wesentlich auf die Herkunft, die *Weise des Entstehens* einer Erkenntnis und steht im Gegensatz zu »positiv« oder »historisch«. Die Würde der n.n R. liegt gerade darin, daß sie sich *vor* aller Tradition ereignet und sich dauerhaft erweist *nach* aller Tradition. Sie umgibt ein Glanz von Ursprünglichkeit, Evidenz und Gültigkeit. Dasein Gottes, Allmacht, Vorsehung, Gebot, Gericht formen ein Ganzes, sind das bleibende Substrat aller »positiven«, »historischen« R.en. → Religion ist ein bestimmtes Genus mit Variationen; eine Auffassung, die als solche der organischen Natur entnommen ist. - Wirklich »natürlich« sind - recht besehen - im Gegensatz zur Konzeption der n.n R. allein die konkreten R.en der Völker, da »Stifter« hier nur ausnahmsweise in Frage kommen. R. gibt es überall, ohne daß es gelingt, ihre Herkunft aufzuklären; Forscher wie P. W. → Schmidt und der → Anthropos-Kreis fanden sogar fast überall Ansätze oder Restbestände eines sog. → Urmonotheismus. Nur K. → Barth meint die *Nicht*-Notwendigkeit der R. aus der Kurve ihres jeweiligen Verlaufs nachweisen zu können.

2. Der → *Aufklärung* (: I. III) war es vorbehalten (→ Deismus: III), die n.R. von der geschichtlichen Erscheinung der positiven R.en zu *abstrahieren,* den gefundenen Gehalt zu *isolieren* und dessen Sinn zur absoluten *Norm* dafür zu erheben, was R. sei. Das »Positive« wird

in ihrer Sicht zum Aberglauben, denn der Grund der Gleichheit der R. in aller Verschiedenheit ihrer Erscheinungen liegt einfach darin, daß die R. ein Erzeugnis der *Vernunft* ist; daher ist ihr Anliegen »natürlich«, dh vernunftgemäß, und zielt vor allem auf die Ausscheidung der »anthropomorphen« Gottesvorstellungen. Solche normative Aufklärung verstand sich selbst als die reine Erkenntnis der Gotteswahrheit, als das *wahre* Christentum, als das *Wesen* der R. Demgemäß wollten die führenden Geister die Vernünftigkeit der *»Offenbarung«* dartun, die *»Gnade«* als gefühlsmäßige Umschreibung einer optimistisch verstandenen Fügung des äußeren und inneren Schicksals, die *Wunder* als Symbole des Glaubens an die Güte des Weltalls, die *Auferstehung* als abergläubisch-tiefsinnigen Hinweis auf ein Jenseits, die *Kirche* als Formgebung des öffentlichen Lebens, sofern es sich nach Ideen und durch Ideale führen läßt. Es handelt sich also um ein konsequentes Reduktionsverfahren, das so weit wie möglich in den Formen des Christentums und unter Beachtung der Ehrfurcht vorgetragen wurde, welche die christliche Verkündigung noch weit und breit unter dem Volk hatte. Die Pseudomorphose war nicht leicht zu durchschauen, falls nicht die Geschichte der christlichen R. ausdrücklich als zunehmender Verfälschungs- und Verfallsprozeß dargestellt wurde.

3. Ihren *geschichtlichen Hintergrund* hat die Aufklärung in dem Abscheu vor den eben beendeten *R.skriegen,* in der auch staatsrechtlich vorgedrungenen Idee der → *Toleranz* (: II), in dem ungeheuren Eindruck der Natur als Objekt der *wissenschaftlichen* Wahrnehmung, Ordnung und Deutung sowie in einer tiefen Erweckung des *ethischen* Sinnes in dem Rahmen von Ordnung und Freiheit und deren Harmonie. Auf diesem Hintergrund kommt es in der Aufklärung zur Betonung der → Autonomie der Vernunft (s. 2). Weil die Vernunft Grund, Maß und Ziel der R. ist, erscheint diese selbst ganz auf *Erkenntnis* eingestellt und wird n.R. mit n.rTh. beinahe ganz gleichgesetzt. Selten war R. so offensichtlich lehrbar und lernbar. - *Geistesgeschichtlich* ist die n.R. in ihrer Abstrahierung, Isolierung und Verabsolutierung herzuleiten von den Auswirkungen des Sozinianismus (→ Sozinianer) in den Kreisen der englischen → Dissenters bis hin zu den → Puritanern; daneben ist mit dem Einfluß der Schwärmer (→ Täufer) zu rechnen und darf vor allem die Lehre vom »inneren Licht« bei den → Quäkern nicht unterschätzt werden. Vor dem Wahnsinn der Zeitereignisse sucht der Mensch Zuflucht beim Natürlichen, Vernünftigen, Gemeinsamen und Menschlichen. Damit wird zum ersten Mal in Europa die »Sakralwelt« radikal durchbrochen und entdämonisiert (Fr.Heer). Die moderne Welt tritt ins Dasein; die ersten Wogen des → Säkularismus überfluten das Erbe der Kirche Christi und der christlichen Kultur.

4. Es scheint, daß der theologische Streit für und gegen die n.Th. nichts zu schaffen hat mit der n.nR., die in ihrer Vollgestalt in der Aufklärung auftritt. Die n.Th. hat aber *Ansätze* in der frühesten Theologiegeschichte. Die Theologia naturalis begegnet bereits in der frühkirchlichen → Apologetik (: II; → Antike und Christentum), ist im → Thomismus als Unterbau der übernatürlichen Offenbarung durch die → analogia entis sichergestellt und wird schließlich im → Vatikanum (cap. 2 de revelatione; Denz. 1799) regelrecht dogmatisiert. Obwohl aber → Thomas von Aquino in gewissem Sinne ein Aufklärer genannt werden kann und umgekehrt die »n.R.« eine Konsequenz der Unterscheidung von → Natur und Übernatur, bleibt doch ein entscheidender Unterschied. Denn dem Thomismus geht es nicht so sehr um eine wirkliche Erkenntnis, sondern vielmehr um die Behauptung einer *allgemeinen* Offenbarung; deren Gehalt ist ziemlich beschränkt, führt nicht zur Heilserkenntnis und ist als praeambula fidei nur wahrhaftig und fruchtbar, wenn sie auf die Übernatur hingeordnet ist. Die → Neuscholastik will die tradierte Lehre einer Uroffenbarung und ebenso die Lehre einer unmittelbaren »ontologischen« Intuition aus der Erkenntnistheorie ausschließen; sie bleibt stehen bei einer *doppelten* Erkenntnis, deren erster Teil nur ein möglicher Auftakt ist für die eigentliche Erkenntnis der Wahrheit und des Heils.

Weil die *Reformatoren* vom Wunder des Wortes und der Präsenz des Geistes ergriffen waren, konnte sich bei ihnen die n.Th. noch weniger verselbständigen als in der kath. Lehre. → Luther (vgl. zB WA 19, 206; 40/I, 607; 42, 631) und → Calvin schließen die allgemeine Offenbarung (und erst recht die n.Th.) eindeutig und fast unwirsch von der Teilnahme an der Gnade Gottes und an der Rechtfertigung aus. Nach Calvin (Inst. I, 2-6) besteht folgender Kreislauf: Gott gibt sich zu erkennen in dem auf uns gerichteten Ereignis seiner → Offenbarung (: VI), und er wird von uns erkannt, indem wir dieses Ereignis annehmen. Wenn Calvin von einer duplex apparitio spricht, so meint er damit Schöpfung und Erlösung als zwei Aspekte der *besonderen* Schrift-Offenbarung. Demgegenüber sprechen → Melanchthon und spätere ref. → Bekenntnisschriften (Conf. Gallicana und Belgica, art. 2) unbeschwerter und sogar in komparativer Form von der besonderen, »noch klareren« Offenbarung. Immerhin kann Melanchthon gelegentlich sagen: esse Deum, Dei ira, Dei misericordia spiritualia sunt, non possunt igitur a carne cognosci.

5. In der Folgezeit konnte es den Theologen nicht verborgen bleiben, daß der *Schriftbeweis* für die n.Th. kaum Überzeugungskraft hatte, wenn er nicht durch vorgängige Argumente der Erfahrung und der Vernunft unterstützt wurde. Die → *Gottesbeweise* spielten im Hintergrund noch immer eine Rolle. Aber für das moderne Schriftverständnis ist es klar, daß die *Strukturen* der Schrift implizieren, daß alles, was von Natur und im allgemeinen »Gott« heißt, als Abgott enthüllt wird, daß Glaube sich immer absetzt gegen angeborene R., daß kein Prophet oder Apostel jemals gemeint hat, der religiöse Mensch ginge seinen Weg von einem niedrigen zu einem besseren Glauben; jedes Bekenntnis zu Christus schließt vielmehr das Bekenntnis der Herkunft aus dem Unglauben ein. Die Exklusivität des Namens Jahwe und die Allgenugsamkeit Jesu Christi im Zeugnis des Ganzen der Hl. Schrift können nicht begrenzt werden mit einem hapax legomenon (Röm 1, 18f), das sich zudem immer wieder als eine crux interpretum erweist.

6. *K.* → *Barth* erkannte, daß das ganzheitliche prophetisch-apostolische Zeugnis niemals überzeugend wirken könne als Zeichen der Offenbarung Gottes, wenn man das Spiel mit sog. loca probantia weitertreibt. Diese Erkenntnis trieb ihn zum Angriff auf die »n.R.« (die er meistens praktisch nicht unterscheidet von einer »allgemeinen Offenbarung«). Das Wort Gottes, dh der Sohn, der uns gleich geworden ist, sagt, daß »ein Gott« ist, *indem* er sagt, *wer* und *wie* er ist. Selbstverständlich ist Gott in der Schöpfung gegenwärtig, selbstverständlich ist er der Gott auch der Heiden und gilt seine Versöhnung der ganzen Welt; »selbstverständlich«, wenn nämlich das Evangelium wahrhaftig ist und ewig gilt, aber gerade nicht von Natur aus, auf Grund unserer Erfahrung und Vernunft. → Uroffenbarung, → analogia entis und n.Th. sind für Barth Flucht in eine andere »Selbstverständlichkeit«, nämlich in die des Selbstverständnisses und der Projektion der menschlichen Vernunft; dadurch würde aber das »Licht des Lebens« verdunkelt und die besondere Freude an der Schöpfung, die aus der Freude am Wort wächst, unterbunden wer-

den. Die n.Th. als Vorstufe zur Gotteserkenntnis verdankt nach Barth ihren Bestand »einem radikalen Irrtum«; so scheint es auch mit der Barth-Interpretation seiner Zeitgenossen weithin bestellt zu sein. Denn weder E. → Brunner noch W.Lütgert noch die kath. Interpreten des Vatikanum (zB G.Söhngen und H.Urs von → Balthasar) verteidigen eine n.Th. als eine wahrhafte Erkenntnis Gottes. Sie wollen die Natur von der Übernatur her verstehen und nicht - wie der klassische Thomismus - von einem philosophischen Naturbegriff ausgehen. Darum heben sie die Vorsicht des Vatikanum hervor (»cognosci *posse*«) und machen Röm 1, 18 fast zu einem Irrealis. Man kann vielleicht sagen, daß die Wahrheit, die Barths Opponenten bewegt hat, im späteren Werk Barths selbst zum Ausdruck kommt. Gerade die Exklusivität des Namens impliziert die Universalität Gottes. Christus *ist* das »Licht der Welt«.

7. Entscheidende Bedeutung hat die Frage der n.nTh. in der Besinnung auf die Methodik der → *Mission* (: III B). Es handelt sich dabei um das Problem der → »Anknüpfung«. Der Weg von der Konferenz des → Internationalen Missions-Rates in Jerusalem (1928) zu der von Tambaram (1938) ist durch diese Problematik bestimmt. Die Konferenz von Tambaram sah den Sieg des Synkretismus von Jerusalem als überholt an und leugnete, daß zB die hl. Schriften des → Hinduismus in Indien an die Stelle des AT treten könnten.

8. Allgemein läßt sich feststellen, daß in der Gegenwart und bes. im Lebensgefühl der Jugend die n.R. durch immanente Kritik fast völlig an Boden verloren hat. Von Natur aus kommt ganz anderes aus dem Menschen heraus, und die Natur erfüllt viele mit Entsetzen, Langeweile und sogar »Ekel« (→ Sartre). Der → Nihilismus, die Klage über die Abwesenheit Gottes und der Schrei der Empörung gegen die »vernünftige« Weltordnung sind letztlich aus dem Einstürzen der Konstruktionen der n.nTh. zu verstehen. Abgesehen von ihrer Unwahrheit ist sie in Begegnung und Gespräch denkbar ungeeignet für eine apostolische Kommunikation mit dem modernen Menschen. Zeuge dafür ist die gesamte → Literatur der Gegenwart jeder Gattung und Herkunft.

Zu 1 vgl. die Lit. zu → Gott: I, bes.: UdG - N.Söderblom, Das Werden des Gottesglaubens, (1916) 1926[2] - H.v.Glasenapp, Buddhismus u. Gottesidee, 1954 - van der Leeuw (s. Reg.) - R.Pettazzoni, The allknowing God, London 1956. - Zu 2 vgl. die Werke von → Herbert von Cherbury, J. → Toland u. M. → Tindal. - Zu 3 s. die Lit. zu → Deismus: III (bes. Troeltsch, Willey, Hirsch, Cragg, Philipp). Ferner: W.Dilthey, Ges. Schriften II, (1914) 1921[3], 90ff. 245ff - Fr.Heer, Geistesgesch. Europas, 1956. - Zu 4: J.H.Alsted, Theologia naturalis, 1605 - St.Klotz, Pneumatica sive theologia naturalis, 1640 - H.Engelland, Die Gewißheit um Gott u. der neuere Biblizismus, 1933 - P.Barth, Das Problem der n.nTh. bei Calvin (ThEx 18), 1935 - H.Rommen, Die ewige Wiederkehr des Naturrechts, 1936 - E.A.Dowey, The Knowledge of God in Calvin's Theology, New York 1952 - G.W.Locher, Die Theol. Zwinglis im Lichte seiner Christologie, 1952 - B.Gärtner, The Areopagus Speech and Natural Revelation (ASNU 21), 1955 - C.J. de Vogel, Antike Seinsphilos. u. Christentum im Wandel der Jh.e (in: Festschr. f. J.Lortz I, 1958, 527-548) - W.Pannenberg, Die dogmat. Problematik der Aneignung des philos. Gottesbegriffs in der frühchristl. Theol. (ZKG 70, 1959, 1-45). - Zu 5 vgl. die Komm. zum → Römerbrief zu Röm 1, 18f. Ferner: K.Leese, N.R. u. christl. Glaube, 1936 - M.Lackmann, Vom Geheimnis der Schöpfung, 1952. - Zu 6: A.Schlatter, Das christl. Dogma, (1911) 1923[2] - H.Steubing, Naturrecht u. n.Th. im Protestantismus, 1932 - E.Brunner, Natur u. Gnade, (1934) 1935[2] - Ders., Der Mensch im Widerspruch, (1937) 1941[3] - Ders., Offenbarung u. Vernunft, 1941 - Ders., Dogmatik I, 1946 - Ders., Der neue Barth (ZThK 48, 1951, 89-100) - W.Lütgert, Schöpfung u. Offenbarung, 1934 - P.Althaus, Uroffenbarung (Luthertum 46, 1935, 4-24) - Ders., Die christl. Wahrheit, (I, 1947) 1958[4] - F.Brunstäd, Allg. Offenbarung, 1935 - G.Söhngen, N.Th. u. Heilsgesch. (Catholica 4, 1935, 97-114) - L.Lambinet, Zur Analogia entis-Problematik in K.Barths Theol. (ebd 6, 1937, 89-107) - Barth, KD I/2; II/1; IV/3, 1 - Ders., Gotteserkenntnis u. Gottesdienst nach ref. Lehre, 1938, 42ff - Ders., Dogmatik im Grundriß, 1947 - R.Bultmann, Die Frage der natürl. Offenbarung (in: Ders., Offenbarung u. Heilsgeschehen, 1941, 3-26 = Bultmann II, 79-104) - Ders., Anknüpfung u. Widerspruch (ThZ 2, 1946, 401-418 = ebd 117-132) - J.Ellul, Die theol. Begründung des Rechts (BEvTh 10), 1948 - H.de Lubac, De la connaissance de Dieu, 1948 - R.Hermann, Fragen um den Begriff der n.nTh., 1950 - H.U. v.Balthasar, K.Barth, 1951, 314ff (Die Natur im Vatikanum) - G.C.Berkouwer, De algemene Openbaring, Kampen 1951. - Zu 7: W.Hocking, Living R.s and a World Faith, 1935 - H.Kraemer, The Christian Message in a Non-Christian World, 1938; dt. 1940 - A.G. Wilgery, What is R.?, 1953. - Zu 8 vgl. außer der → Literatur der Gegenwart: F.Werfel, Theologumena (in: Zwischen oben u. unten, Stockholm 1946) - E.Reisner, Der Dämon u. sein Bild, 1947 - K. Leese, Die R.skrisis des Abendlandes u. die relig. Lage der Gegenwart, 1948 - H.Flügel, Zwischen Gott u. Gottlosigkeit, 1957. - Vgl. ferner die Lit. zu → Offenbarung: VI, → Uroffenbarung.

K.H.Miskotte

Natur und Christentum

1. Begriff der N. - 2. »Natürliche Theologie« - 3. Christliche Abwertung der N. - 4. Apologetische Phase - 5. Neue Wege zu einer Theologie der N. - Vgl. → Natürliche Religion und Theologie, → Natur und Übernatur, → Naturalismus: I

1. Der *Begriff der N.* ist vieldeutig, ohne daß doch die verschiedenen Deutungen geistesgeschichtlich festlägen. Wir bezeichnen mit N. oft einfach das »Wesen« eines Menschen oder einer Sache, ebenso aber die uns umgebende organische Welt, je nachdem einschließlich des Menschen oder im Gegensatz zu ihm. Wir meinen mit N. den »exakt« erforschbaren Bereich der N.wissenschaften, aber oft auch im Gegensatz dazu die unverrechenbaren Kräfte der Welt. Nicht einmal die scholastische → Ontologie zeigt hier Eindeutigkeit. Auch die theologische Verwendung des N.begriffes leidet darunter. Bald werden N. und → Schöpfung gleichgesetzt, bald ist die N. Sitz der widergöttlichen Veranlagung des Menschen. Bald wird die N. im antiken Sinne als Norm oder unter Berufung auf Röm 1, 20 und Apg 17, 23ff als Offenbarung verstanden, bald aber als das, was überwunden werden muß. Diese Vieldeutigkeit des Begriffes verbietet es, das Verhältnis von N. und Chr. naiv zu beschreiben. Für ein theologisches Verständnis der N. mag vorläufig genügen: die N. ist die Schöpfung in ihrer gegenwärtigen Befindlichkeit, sie ist die phänomenale lebendige Welt, wie sie sich jetzt unserem vernünftigen Verstehen darbietet und es herausfordert.

2. Die elementarste Form einer positiven Stellung des Chr.s zur N. ist die Dankbarkeit für die in ihr enthaltenen Wohltaten Gottes. Die N. ist für diese Betrachtung Denkmal der Erhaltungsgnade Gottes (→ Schöpfung: IV), auf einen Unterschied von der uns zum Dienst bestellten Schöpfung wird nicht reflektiert (vgl. Luthers Auslegungen zum 1. Glaubensartikel). Die reflektierten Formen eines positiven Verhältnisses von N. und Chr. liegen zunächst alle in der Richtung, die durch die verschiedenen Denkschemata der → *Natürlichen Theologie* vorgezeichnet sind. Sie können, da sie geschichtlich ineinander liegen, leichter systematisch als chronologisch geordnet werden. Es ist zunächst an die → Gottesbeweise zu erinnern, die sämtlich Versuche darstellen, von den Daten einer »vernünftig« begriffenen N. aus auf rationalem Wege des Daseins Gottes gewiß zu werden. Aber auch die möglichen Aussagen über das Wesen Gottes (→ Eigenschaften Gottes) sollen von den analogen Eigenschaften der natürlichen Welt aus entworfen werden (→ Analogia entis). Der Glaube an eine mehr oder weniger deutliche Entsprechung von → Natur und Übernatur bzw. an eine die N. ergänzende und vervollkommnende Wirkung der Gnade kommt der hohen Einschätzung der N. im Chr. zugute. Aus dieser Würdigung ergibt sich dann auch die Zubilligung eines Normcharakters an die N.,

wie sie in geradliniger Fortsetzung antiker Überzeugungen im christlichen → Naturrecht (: II) ausgesprochen ist. Während in der Antike und dann wieder in der → Aufklärung das N.recht weithin als das dem positiven Recht entgegengesetzte Ursprüngliche verstanden wurde, ist das christliche N.recht seit der Scholastik und noch bei → Melanchthon erste Quelle des positiven Rechtes, zugleich aber auch ein auf die sittliche N. des Menschen eingeschränkter Normenkodex. Es sind Normen gemeint, die Gott für alle Menschen bestimmt hat und die dem Menschen auch kraft seiner Vernunft einsichtig sein sollen. Darin kommt zum Ausdruck, daß diese ungebrochene Hochschätzung der N. eine unverderbte Vernunft voraussetzt und daß alles Appellieren an die N. Einsichten im Auge hat, die über den Kreis der Christen hinaus allgemein einsehbar sind. Ob der Mensch nach dem Fall aber noch ein ungebrochenes Vermögen zu solchen Einsichten besitzt und ob ihm die N. zur Gewinnung solcher Einsichten zugänglich ist, das ist das in der Theologie umstrittenste anthropologische Problem, nämlich das der Imago Dei (→ Anthropologie: IV).

3. Neben dieser christlichen Hochbewertung der N., ihrer Gleichsetzung mit der Schöpfung Gottes und der unbekümmerten Bemühung um eine »natürliche« Gotteserkenntnis geht seit alters ein entgegengesetzter Strang des N.verhältnisses durch die Geschichte. Die »Verleugnung der Welt«, bes. in der altkirchlichen → Askese (: IV), läßt kein positives Verhältnis zur N. aufkommen. Die Ablehnung der → Analogie zwischen N. und Über-N. in der Reformation verstärkt sich zu einer grundsätzlichen *Abwertung der N.*, die im Sinne der paulinischen σάρξ als eigentlicher Sitz der Sünde verstanden wird. Die traduzianische → Anthropologie (: III), die das peccatum originale als peccatum originis deutet (CA II, AC II), macht die N. zur Vermittlerin der → Sünde (: V). »Durch Adams Fall ist ganz verderbt menschlich N. und Wesen« (L. → Spengler). Das Motiv der Verderbnis der N. beherrscht dann auch den → Pietismus. Der Weg der Heiligung geht »wider die N.«. »Geht's der N. entgegen, so geht's gerad und fein« (→ Tersteegen). Gelegentlich hoffen die → Spiritualisten aber nicht nur auf »Erlösung von N.« (G. → Arnold in dem Lied »O Durchbrecher aller Bande«), sondern auch auf die »Erstattung« der N. Entkleidet man den Begriff der N. dieses Zusammenhanges mit dem Sündenfall und evtl mit der Eschatologie, so wird er zum ethischen Begriff. Solange die Aufklärung noch nachwirkt, hat zwar der Begriff der N. noch keinen ethischen Akzent. Im Idealismus aber (→ Fichte) wird die N. der Bereich der Determination und zum Inbegriff der Unfreiheit. Die Sittlichkeit aber lebt von der Idee der Freiheit. Der freie Wille ist »über alle N. erhaben«. Wenn auch → Schleiermacher die N. in seine Auffassung vom Menschen als das eigentliche Prinzip der → Individuation einbezogen hat, so ist doch der Gegensatz von N. und Geist ein Urgedanke seiner Ethik, und zwar in der Abwandlung, daß der Geist die Herrschaft über das Fleisch gewinnen soll. So bleibt dann über → Ritschl bis W. → Herrmann die Überwindung der N. ein Zentralgedanke der modernen prot. → Ethik.

4. Demgegenüber führt die Entdeckung der N. in der Neuzeit zu einem verhängnisvollen *Gegensatz* zwischen dem modernen Weltgefühl und dem naturabgewandten Chr. Die neuzeitliche → Naturwissenschaft weiß sich in Ansatz und Ergebnis in diametralem Widerstreit zu der »Weltanschauung« des Chr.s. Der lückenlose (kausale) Zusammenhang der Welt duldet den Glauben an → Wunder nicht mehr: »natura non facit saltum«. Der Gedanke der Weltschöpfung, der Entstehung des Lebens und der Erschaffung des Menschen (→ Abstammungslehre) übersteigt alles, was naturwissenschaftlich verantwortet werden kann; hier gilt »omne vivum ex vivo« und die Unbegrenztheit von Raum und Zeit, vor allem aber liegt die »übernatürliche« Verursachung natürlicher Vorgänge außerhalb des vernünftig Zumutbaren, und das »Jenseits« ist im naturwissenschaftlichen Weltbild nicht mehr unterzubringen. Vor allem dort, wo diese weltanschaulichen Konsequenzen mehr oder weniger deutlich ausgesprochen werden (Ch. → Darwin, L.Büchner, E. → Haeckel), wirkte sich der naturwissenschaftliche Naturalismus als starke Herausforderung der christlichen → Apologetik aus. Aber auch die ästhetische und religiöse Entdeckung der N. in der Neuzeit (→ Naturalismus) brachte in nicht geringerem Maße eine Spannung in dem Verhältnis von N. und Chr. Für den modernen Menschen und sein Weltgefühl wird die N. zum Inbegriff der Reinheit, Gesundheit, Ursprünglichkeit und zur Quelle des unverbildeten Lebens. Das »Buch der N.« liegt offen vor unserem Blick, und sofern N. als Offenbarung verstanden wird, ist sie gegenwärtige Kundgabe Gottes, frei von Trübungen. Die so verstandene N. weiß nichts von einem »Fall« und ist der Notwendigkeit überhoben, »Offenbarungen« aus dem Buch der Geschichte zu beziehen. Die christliche Apologetik des 19. und beginnenden 20.Jh.s hatte es demgegenüber schwer. Sie mußte die Abwertung der N. rückgängig machen. Sie mußte mit unzureichenden Argumenten naturwissenschaftliche Thesen bestreiten, den → Darwinismus bekämpfen, nach »Lücken im Kausalzusammenhang« suchen, christliche Zeugen unter den N.forschern suchen und Bestreiter des biblischen Weltbildes bei Inkonsequenzen betreffen. Diese Epoche, von Gelehrten wie A.Titius mitunter eindrucksvoll vertreten, ist heute abgeschlossen, nachdem W.Elert ihre Geschichte geschrieben hat.

5. Der Wandel in der Auffassung von N. und Chr. heute hat mehrfache Gründe. Die mit M.Planck, N.Bohr und E.Rutherford einsetzende neuzeitliche Kernphysik (→ Atom, 4) hemmt die Zuversicht im Entwurf eines lückenlos geschlossenen und berechenbaren Weltbildes. Mehr aber hat zum Wandel der Dinge die Kritik der Theologie an ihren eigenen Aussagemöglichkeiten beigetragen. Die → Entmythologisierung biblischer Redeweise und die Entdeckung des »kerygmatischen« Sinnes geschichtlicher Berichte verhinderte eine voreilige »weltbildliche« Deutung des biblischen Wortes. Die weithin unbesonnene Gleichsetzung von N. und Schöpfung, wie sie in der älteren Apologetik geübt wurde, bedarf ebenso einer Berichtigung wie die unbesonnene Rede von einem »Fall der Schöpfung«, der die relative, wenn auch sicher nicht schlechthinnige Ursprünglichkeit der N. verdunkelt. Es sind vor allem zwei Theologen zu nennen, denen eine neue (und bis heute noch nicht bewältigte) Sicht der N. verdankt wird: A. → Schlatter (Die christliche Ethik, [1914] 1929[3]; Das christliche Dogma, [1911] 1923[2]) und D. → Bonhoeffer (Ethik, [1949] 1958[4]): »Das Natürliche ist die von Gott der gefallenen Welt erhaltene Gestalt des Lebens.« Bonhoeffer lehrt, das Natürliche einerseits vom Geschöpflichen, andererseits vom Sündhaften zu unterscheiden. Von hier aus muß eine *neue Theologie der N.* ermöglicht werden, welche sie als Erinnerung an das Ursprüngliche verstehen lehrt, ihren relativen Normcharakter (zB als Norm der »Gesundheit«) zeigt, die aber auch unsere an der N.erkenntnis erwachsende Leid- und Schuldverflochtenheit deutet und die N. als Modell des Zukünftigen eschatologisch interpretiert. Eine solche Theologie der N. hätte dann unmittelbare praktische Wirkungen für Predigt und Seelsorge.

A.Titius, N. u. Gott, (1926) 1930^{2} - RGG^{2} IV, 425ff (Lit.) - LThK VII, 450 (Lit.) - V.Rüfner, Die N. u. d. Mensch in ihr (Die Philosophie 10), 1934 (Lit.) - C.F.v.Weizsäcker, Die Gesch. der N., (1948) 1958^{4} - K.Heim, Der christl. Gottesglaube u. d. N.wiss., (1949) 1954^{3} - G.Howe (Hg.), Glaube u. Forschung II, 1950 - Th.v.Uexküll, Der Mensch u. d. N., 1953 - W.Goez, N.wiss. u. Evangelium, 1954 - H.Robbers, N. im Blickfeld d. Philosophie u. Theol. (Studium Generale 7, 1954, 294-298) - W.Trillhaas, In welchem Sinne sprechen wir beim Menschen von N.? (ZThK 52, 1955, 272-296) - Ders., Ethik, 1959, 160ff (Lit.) - L.Landgrebe, Philosophie d. Gegenwart, 1957, 75ff (Lit.) - EKL II, 1527ff (Lit.). - Zum geschichtl. Aspekt des Themas: W.Elert, Der Kampf um das Chr., 1921 - Hirsch I - M. Heidegger, Holzwege, 1950 - F.Gogarten, Der Mensch zwischen Gott u. Welt, (1952) 1956^{2} - Ders., Verhängnis u. Hoffnung der Neuzeit, (1953) 1958^{2} - E.Schrödinger, Die N. u. d. Griechen, 1956.

W.Trillhaas

Natur und Übernatur. Im gegebenen Rahmen können nur Ausschnitte des Themas behandelt werden. Bereits der Begriff »N.« ist so vieldeutig (→ Natur und Christentum), daß zB Calvin ebenso sagen konnte: die Sünde ist Un-N., wie: die Sünde ist Ausdruck der menschlichen N. (Inst. II, 141, 39; 212, 55). Die Verflechtung des Themas reicht weit (→ Gnade, → Naturrecht, → Reich Gottes, → Sakramente, → Weltbild, → Wunder u.a.).

Religionsgeschichtlich ist die Spannung zwischen N. und Ü. allenthalben Ausdruck der Sehnsucht nach einer seligen Überwelt über dem düstern Weltraum, einer nahenden Heilsepoche nach blutiger Weltzeit, einer Durchdringung des todbedrohten Menschen mit Himmelskräften. - Hinsichtlich des *Urchristentums* nehmen viele an, daß es alsbald den Einbruch eines supranaturalen zeitlichen Heils erwartete (A.→Schweitzer, →Eschatologie: IV) und daß erst die Enttäuschung über das Ausbleiben der → Parusie Christi die religiöse Sehnsucht auf Himmelsräume und Vergottungserlebnisse richtete (ein Vorgang, unter dem das Dogma entstand: so M.Werner), während andere diese Motive als ursprünglich betrachten (s.u.). - In den *christlichen Konfessionen* durchdringen sich die kosmologische, eschatologische und anthropologische Hoffnung auf Überführung von N. in Ü. vielfältig:

Kosmologie	Himmlisches Jerusalem	Neuer Himmel und Erde	Supranaturales Paradies
Eschatologie	Präsentische Eschatologie	Futurische Eschatologie	Jenseits-Eschatologie
Anthropologie	Wesensmystische Ekstase	Aktmoralische Verwandlung	Seinsmetaphysische Eingüsse

In senkrechter Betrachtung der Motivtafel steigt im Gottesdienst der *Ostkirche* das Himmlische Jerusalem raumzeitlos nieder, je und je wird es endzeitlich um den Gläubigen, der sich in der Ekstase mit dem »Taborlicht« zu einen trachtet. Der *prot. Personalismus* erwartet die neue Welt nach dem echt zeitlichen Jüngsten Tag und erstrebt das nie abzuschließende ethische Neuwerden. Der *röm. Katholizismus* ersehnt primär die Gottschau mittels des Glorienlichtes im nach Heilsrängen gestuften Paradies, setzt die ruhend-jenseitige Seinsschicht über der N. und die Eingüsse der heiligmachenden »Gnade dinglichen Charakters« (P.Bartmann) voraus.

Die *dogmatische Ausformung* des primären Bezugs zur Ü. erfolgte im *kirchlichen Osten* im 14.Jh., als die Mystik der → Hesychasten die »Trostreligion« unter den Schwertern der Muslime und Römer wurde (→ Gregor Palamas); die → Ikonen sind mystische Spiegel, in denen platonische Urbilder aufleuchten (→ Eigenschaften Gottes, 1). Der *Westen* gewann seine dogmatischen Positionen im 13.Jh. in der Kontroverse gegen Judentum und Islam und unter Aufnahme des neuen → Aristotelismus, der die schon vorhandenen antiken Motive verstärkte. Wie der Goldgrund der mittelalterlichen → Heiligenbilder anzeigt, daß die Dargestellten sich in der Ü. bewegen, wird das »zweidimensionale« Leben in »zwei Schichten«, »zwei Seinsteilen«, »zwei Hemisphären der Wirklichkeit« noch heute verherrlicht: »Und obwohl in dieser Lehre von der Ü. schon eine Art Übermetaphysik begründet wird, gehört doch auch diese ganze Welt ... zu dem vertrauten Bereich, in dem die ... kath. Seele sich ebenso sicher bewegt, als wäre es eine erfahrungsmäßig nahe und vertraute Welt.« Es wird »Übernatürliches unmittelbar zum Gegenstand der Erfahrung«, es ist »die überphysische Wirklichkeit, die in den Bereich unseres naturwissenschaftlichen Erkennens eintritt« (P.Lippert). Der Grad des Einbruchs der Ü. ist meßbar, und im kirchlich anerkannten → Wunder (: VI) beansprucht diese Feststellung den höchsten Grad wissenschaftlicher Autorität. Im einzelnen läßt sich zeigen, daß die mittelalterliche Dogmatik von N. und Ü. (→ Scholastik) weithin eine Funktion des antiken Weltgehäuses ist, gleichsam dessen metaphysische Innentapete darstellt. Ihre Konservierung nach dem kopernikanisch-brunoischen Zerbruch des äußeren Gehäuses führt naturgemäß zu immer neuen Schwierigkeiten. Die weithin aus der spanisch-jesuitischen Scholastik lebende altprot. → Orthodoxie und Schulmetaphysik des 17.Jh.s, der prot. Supranaturalismus des 18. und 19.Jh.s (→ Rationalismus: II), der → Fundamentalismus des 20.Jh.s unterliegen einer analogen Problematik. Teilweise gehen heute auch gebildete Gemeinschaftsfromme bewußt hinter den Kopernikanismus zurück, der als teuflische Versuchung gilt; teilweise propagieren fundamentalistische Naturkundler und Techniker das entschlossene »Leben in zwei Welten« - eine neue, ergriffen missionierende Spielart des Doketismus.

Im *20.Jh.* gewann das Thema »N. und Ü.« eine besondere *anthropologische Zuspitzung*. Die röm.-kath. Dogmatik (→ Katholizismus: I, 4) unterscheidet im Hinblick auf den Menschen 1. den Stand der reinen N., 2. den Stand der unversehrten N. (zur reinen N. treten die praeternaturalen Gaben: Freiheit von Begierde und Leiden, Geschenk leiblicher Unsterblichkeit und eingegossenen Wissens über N. und Ü.), 3. den Stand der Ü. (Hinordnung der N. auf ewiges Leben und selige Gottschau und Ausstattung mit der heiligmachenden Gnade), 4. den Stand der erhobenen N. (Summe von 1 bis 3), 5. den Stand der gefallenen N. (Verlust von 2 und 3), 6. den Stand der wiederhergestellten N. (Rückgabe von 3, nicht aber von 2), 7. den Stand der verklärten N. (Vollendung von 6, nach der Auferstehung des Fleisches auch Rückgabe von 2).

Die Stände 1, 2 und 3 sind an sich nur *mögliche* (nicht historisch-reale) Stände. Trotzdem entzündete sich an der Lehre von den »reinen N.« (natura pura) der große Kampf der *»Neuen Theologie«* (→ Frankreich: II, 1). Ihre Vertreter (de → Lubac, Bouillard, Delaye, Rondet, v. → Balthasar, → Guardini u.a.) machten der herkömmlichen Lehre von N. und Ü. den Vorwurf des *»Extrinsezismus«*. In traditioneller Zweiräumigkeit (s.o.) habe man N. und Ü. des Menschen zu je in sich abgeschlossenen Eigenwelten gemacht; die Ü. sei zu einem bloß aufgesetzten (bewußtseinsjenseitigen) Überbau herabgewürdigt. In serviler Apologetik habe man angesichts des N.denkens des 19.Jh.s die Ü. gedanklich aus der N. abgeleitet, angesichts des faschistischen Naturalismus die Vereinbarkeit von christlichen und humanen Kategorien betont. Dogmatisch seien in N. und Ü. zwei Schichten vorsichtig übereinandergelegt, die sich möglichst wenig durchdringen sollen. Mit diesem reinen Insichkreisen der N. aber habe man gleichsam metaphysischen Wind gesät und den Sturm des Heidentums, des neuzeitlichen → Naturalismus, → Positivismus und → Atheismus (: II) geerntet - ein mit Leidenschaft vorgetragener, (nach kritischer Sichtung) sehr wichtiger Beitrag zur neueren Geistesgeschichte. Unter Einfluß des modernen Existenz-Denkens erklärte man sich ferner uninteressiert an theoretischen Wesens-(Essenz-)Bestimmungen des Menschen (natura pura usw), man wollte den zwischen N. und Ü. real existierenden Menschen treffen. Was soll er für die höchsten Güter der Ü. »übrig haben«, wenn die N. nur die rein negativ verstandene »potentia oboedientialis« besitzt, eine Widerspruchslosigkeit gegen die Ü., deren Zukommen nur durch Wortoffenbarung wißbar werde. Diese Vorstellung sei erst mit → Cajetan in die Theologie eingebrochen. Mit → Thomas von Aquino aber (S.c.g. III, 48-50; S.th. I, 12, 1; I/II, 3, 8; Com. theol. 104) wie mit → Duns Scotus, Dominicus de → Soto, → Bellarmin, → Bonaventura u.a. müsse man erkennen, daß der menschlichen N. an sich und als solcher ein *»desiderium naturale (innatum) visionis beatificae«* eingeschaffen sei. Desungeachtet seien alle Gaben der Ü. selbstverständlich freie und rein akzidentelle, ungeschuldete Geschenke der göttlichen Liebe. Die Ü. sei das Primäre, als ihr Substrat und Organ sei die N. geschaffen. Das Denken in »zwei Bereichen« sei theologisch inferior. - Diese Konzeption der »Neuen Theologie« entfesselte die umfangreichste und wichtigste kath.-theologische Kontroverse der Neuzeit. Ihre von Anbeginn an zu erwartende Maßregelung erfolgte durch die Enzyklika → Humani generis (Denz. 3018). Die Gegner der »Neuen Theologie« (de Blic, Ch.Boyer, Garrigou-Lagrange, A.Michel, de Broglie u.a.) griffen deren Thomasinterpretation wie die geistes-, theologiegeschichtlichen und systematischen Begründungen an. Jedoch ergab die Diskussion, daß das »desiderium naturale« tatsächlich im 14./15.Jh. eine opinio communis aller Theologenschulen war, daß freilich andererseits die Neuerung der natura-pura-Theorie schon vor Cajetan durch Thomas Anglicus, John Bockingham, Gabriel → Biel, → Dionysius den Kartäuser u.a. vertreten worden war (I.Alfaro). Das entscheidende Argument, das auch die Enzyklika hervorhob, war dies: Wenn das »desiderium« nach der Ü. ein Konstitutiv der menschlichen N. ist, dann ist die Ü. *kein* ungeschuldetes, freies Geschenk Gottes mehr - die Ü. muß dann gleichsam zwangsläufig gewährt werden. Das Argument kann nur aus den (hier nicht darstellbaren) Denkzwängen der Potenz-Akt-Metaphysik verstanden werden. Darüber hinaus würde sich das Selbstverständnis der Kirche grundlegend ändern müssen, wenn sie zur totalen Diakonie am auf Gott hingeschaffenen Menschen verpflichtet wäre, anstatt in Stellvertretung gnadenhaft souverän Ü. zu distribuieren. Erscheinung und Schicksal der franz. → Arbeiterpriester sind mit der »Nouvelle Théologie« geistig verbunden. Unabhängig voneinander machten E.Brisbois und K.Rahner den vermittelnden Vorschlag, das fragliche »desiderium« als ein *»übernatürliches Existential«* zwischen N. und Ü. einzuschieben, wie überhaupt die Gesamtfrage weiterhin lebendig ist. Neben der Religionsphilosophie von J.Maréchal (transzendentaler Dynamismus) hatte und hat die reformatorische Theologie (→ Natürliche Religion und Theologie), bes. die Anthropologie K. → Barths (vgl. KD III/2, 158-229), Einfluß auf das neue Denken über N. und Ü. Ihr bedeutendster Vermittler, v.Balthasar (K.Barth, 1951, 136ff. 353ff), vollzog freilich eine Art von Unterwerfung (ZKTh 75, 1953, 452-464).

Vgl. die Lit. zu → Natürliche Religion und Christentum, → Naturalismus: I, → Natur und Christentum, → Humani generis. Ferner: C.Schrader, De triplici ordine naturali, praeternaturali et supernaturali commentarius, Wien 1864 - J.B.Bainvel, Nature et surnaturel, Paris (1904) 1931[5] - E.Brisboir, Désir naturel et vision de Dieu (NRTh 54, 1927, 81-97) - H.deLubac, Surnaturel, Paris 1946 - H. Rondet, Nature et surnaturel (RechSR 33, 1946, 56-91) - Ch. Boyer, Nature pure et surnaturel (Gregorianum 28, 1947, 379-395) - C.Feckes, Das Verhältnis von N. u. Ü., 1947 - G.deBroglie, De fine ultimo humanae vitae, Paris 1948 - Anonymus (»D.«), Ein Weg zur Bestimmung des Verhältnisses von N. u. Gnade (Orientierung 14, 1950, 138-141) - E.Berbuir, Natura humana, 1950 - P.Julien-Eymond d'Angers, Le désir naturel du surnaturel (Etudes franciscaines NS 2, 1950, 211-224) - H.Lais, Die Gnadenlehre des Hl. Thomas (MThS II, 3), 1951 - I.Alfaro, Lo Natural y lo Sobrenatural, Madrid 1952 - Ders., Transcendencia e inmanencia de lo sobrenatural (Gregorianum 38, 1957, 5-50) - L.Malevez, La gratuité du surnaturel (NRTh 75, 1953, 673-689) - J.Ternus, N.-Ü. (Schol. 28, 1953, 399-404) - K.Rahner, Über das Verhältnis von N. u. Gnade (Schriften zur Theol. I, 1954, 323-345) - Ders., N. u. Gnade (Fragen der Theol. heute, hg.v. J.Feiner u.a., 1957, 209-230) - A.Holländer, N. u. Ü. (Christentum u. moderne Geisteshaltung, hg.v. J.Stadelmann, 1954, 449-457) - B.Willaert, Critische beschouwingen by het probleem van de natura pura (Collationes Brugenses et Gadarenses 1, Gent 1955, 478-491). *W.Philipp*

Naturalismus

I. Naturalismus und Supranaturalismus - II. In der Dichtung - III. In der bildenden Kunst. - Vgl. → Natürliche Religion und Theologie, → Natur und Christentum, → Natur und Übernatur, → Rationalismus

I. Naturalismus und Supranaturalismus

1. Begriff - 2. Geschichte: a) Antike - b) Biblisch-christliche Tradition - c) Scholastik - d) 18.Jh. - e) 19. und 20.Jh.

1. Allgemein *philosophisch* kann man als N. eine Verständnisweise des Menschen, der Geschichte, der Kultur und Kunst, der Erkenntnis und der Moral mittels der Kategorien, die für die Naturerklärung ausgebildet worden sind, bezeichnen. Speziell *religionsphilosophisch* ist N. eine kritische Position gegenüber der Offenbarungs- und Gnadenvorstellung; während der → Rationalismus (: I) nur den Vorbehalt der materialen Prüfung einer etwaigen Offenbarung macht, leugnet der N. ihre Möglichkeit oder zumindest die Möglichkeit ihrer Erkennung als einer solchen und betont, daß das dem Menschen zu seinem Heil Notwendige ihm auch natürlich erreichbar sein müsse: »Die Natur vollkommen zu machen, oder wieder in Vollkommenheit zu setzen, wann es nötig ist, kann Gottes Vollkommenheit nicht zuwider sein, es mag den Leib oder die Seele betreffen« (H.S. → Reimarus). Das Zitat zeigt, daß der N. seinen stärksten Rückhalt in einem teleologischen Naturbegriff hatte, der wiederum eng mit dem → Deismus (: III) des 17.Jh.s verbunden war: Ein konsequenter Schöpfungsglaube (Welt als vollkommenstes Uhrwerk) schloß »übernatürliche« Eingriffe als Selbstwidersprüche Gottes aus und machte so eine positiv eingesetzte, nicht »natürliche« Religion nicht nur überflüssig (wie es der Rationalismus tat), sondern aus dem Prinzip unmöglich. Wenn → Kant die rationale Ökonomie so formulierte, daß unser Denken »mit dem kleinst-möglichen Aufwande des Übernatürlichen« auskommen müsse (Kritik der Urteilskraft § 81), so ist das vom Standpunkt des N. schon zu viel zugestanden. Es zeigt sich also, daß der N. seine metaphysischen Implikationen ganz der kritischen Funktion unterordnet; den Inbegriff des dabei kritisch Ausgeschlossenen kann man als S. bezeichnen.

2. a) In dieser, durch das 17. und 18. Jh. zu ihrem Höhepunkt gebrachten, Antithese kommen bis dahin nicht oder nicht voll ausgetragene Differenzen unserer Tradition in ihre akute Auseinandersetzung. Für die *Antike* ist es fast tautologisch zu sagen, alles Seiende sei »von Natur« (φύσει); als solches ist Seiendes, was es ist, aus sich selbst, und Gott ist nur das Seiende, das diesen universalen Zug am reinsten repräsentiert. Erst die Vorstellung einer heterogenen »Wirklichkeit« (→ Transzen-

denz) fundiert den kritischen Sinn eines N. als des Anspruches, das nicht als »Natur« unmittelbar Faßbare dennoch wie »eine« Natur zu begreifen (zB die platonische Ideenwelt als ζῷον νοητόν). Die metaphorischen Projektionen, die dabei im Spiele waren und blieben, entzogen sich dem Wahrhaben. Vom N. der Griechen zu sprechen, etwa weil sie das Wesen von Geschichte noch nicht gesehen hätten, ergibt wenig Sinn, denn sie sahen ja nicht nur die Geschichte als »Natur«, sondern durchaus auch die Natur wie eine universale Geschichte (zB kosmologische Rechtsmetaphorik). Erst die Spannung von Schöpfungs- und Erlösungstheologie – und in ihrer Konsequenz der neuzeitliche → »Historismus« – hat die Differenz von Natur und → Geschichte (: III) so scharf heraustreten lassen, daß es neuestens einen überraschenden Ton hatte, als bewußt von »Geschichte der Natur« (C.F.v.Weizsäcker) gesprochen wurde. Das deutet auf die Erschöpfung des N. in seiner kritischen Funktion und projektiven Kraft; aber die »Historisierung« der Natur ist nicht mehr ihre »Humanisierung«, die sich Marx vorgesetzt hatte, seit die Geschichte nicht mehr als »Werk« des Menschen (G.Vico), sondern als das ihn bis in die Wurzel seiner Existenz durchdringende und präsumierende »Geschick« verstanden wird. Der N. ist nie kritisch aufgelöst oder überwunden worden, sondern die »stärkere« Erfahrung der Geschichte hat die Natur als Vorzeichnung der umfassendsten Seinsstruktur überlagert.

b) Erst in den wechselnden Konstellationen, die sie mit der *biblisch-christlichen Tradition* einging, ist die antike Metaphysik als N. virulent geworden. Die Herausnahme des Menschen aus dem Naturzusammenhang durch seine Sonderstellung im Schöpfungswerk, die Lehre von der besonderen Erschaffung jeder einzelnen Seele (Kreationismus; →Anthropologie: III, 1 c), die Ausbildung der anthropologischen Imago Dei-Spekulation – das alles war eine Provokation der antiken Metaphysik und doch darauf angewiesen, sich mit ihren Begriffen zu formulieren und sich so die Gegenposition zu konservieren. Die ursprünglich Naturbestand und -gesetz radikal in Frage stellende → Eschatologie (: V) wird schon früh einem naturhaft-organischen Weltalterungsprozeß assimiliert (1Clem 23, 4, woneben das »schnell und plötzlich« in 23, 5 heterogen wirkt). Das Supranaturale ist anfänglich das Zukünftige, zeitlich Weltjenseitige; die Depotenzierung der Eschatologie erst macht daraus eine permanente Seins»schicht« *über* der Natur und so das menschliche Leben zu einem Dasein in zwei Wirklichkeiten. Dieses von der Scholastik subtil ausgebaute Schema implizierte schon die Antithese; was sie aktualisiert hat, läßt sich insgesamt auf *ein* theologisches Element reduzieren: auf den *Voluntarismus* im Gottesbegriff. Da das, was man den S. der Gnadentheologie nennen kann, im Grunde nur ein Aspekt des Voluntarismus ist, stehen sich in unserer Tradition letztlich N. und → Voluntarismus gegenüber. → *Augustin*, dessen später Voluntarismus nur das logische Äquivalent seines frühen gnostischen Dualismus war, hat die Gleichsetzung von *voluntas Dei* und *natura rei* nicht nur als Formel für die Schöpfung, sondern als Definition der ständigen Verfügbarkeit des Seienden für Gott gegeben: quomodo est enim contra naturam, quod Dei fit voluntate, cum voluntas tanti utique conditoris conditae rei cuiusque natura sit? (De civ. Dei XXI, 8). Dieser theologische Absolutismus stand vor allem in Gegensatz zu der stoisch geprägten Vorstellung von Gott als dem Gesetzgeber der Natur, der seinen eigenen Willen an das gegebene Gesetz bindet; Widerspruchslosigkeit war das durchgehende Prinzip der stoischen Ethik und Theologie gewesen (→ Stoa). Das hat die *lex naturalis* und den Begriff einer Natur als »Existenz der Dinge unter Gesetzen« zur Gegenposition des Voluntarismus disponiert und dem Neustoizismus der beginnenden Neuzeit seine noch weithin unterschätzte Bedeutung gegeben. Die Appellation an unaufhebbare Gesetze der Natur sucht, in Fortführung der politischen Metaphorik der Stoa, nach dem »konstitutionellen« Element der Schöpfung; der Name »Natur« hat seine unverkennbare emotionale Funktion als Ausdruck für die Verläßlichkeit unserer Welt als Werk eines Gottes, von dessen Vollkommenheit (ens perfectissimum) nur noch die »Konsequenz« in Anspruch genommen wird.

c) In der mittelalterlichen → *Scholastik* war dasselbe Problem mit aristotelischen Mitteln systematisch aufgefangen worden. Ein theologischer Rationalismus, wie der des → Thomas von Aquino, war eben nur durch ein doppelschichtiges Schema möglich, in dem die »Natur« von den Vorgängen der Heilsentscheidung (Gnade, Prädestination usw) überlagert wurde (→ Natur und Übernatur). Gnade war nicht mehr der Begriff einer imputierten Freisprechung, sondern unter dem Einfluß der griechischen Patristik ein »neues Sein«, nicht nur Anwartschaft, sondern Vorwegnahme des Endzustandes seliger Vergottung (consortium naturae divinae). Die »Härte« der aristotelischen → Substanz-Metaphysik erlaubte freilich der Scholastik nicht, dies als eine Umwandlung des Menschen zu denken, sondern eben nur als eine in den Menschen eingesenkte »Übernatur«, deren Bezug zur Natur komplizierte Probleme aufgab. Thomas von Aquino mußte auch für den die Gnade zurückweisenden Menschen eine »natürliche« Vollendung noch erreichbar sein lassen; das gebot Aristoteles. Andererseits mußte die menschliche Seele *naturaliter capax gratiae* sein, wenn die Übernatur nicht als bloße »Zugabe« erscheinen sollte. Eine solche Anlage ist aber – innerhalb einer teleologischen Metaphysik – eine *potentia*, die ihren *actus* fordert: die Übernatur wird zur »Vollendung« der Natur, die antike Metaphysik ist als N. wirksam geworden, hat die Gnade naturalisiert. Was das bedeutet, wird erst an Formeln sichtbar, in denen der Gott der Übernatur den Gott der Natur ins Unrecht zu setzen scheint: bonum gratiae unius maius est quam bonum naturae totius universi (S.Th. II/1 q. 113 a. 9 ad 2). Die Auffassung des Heilswerkes Gottes als bloßer Restitution des Schöpfungswerkes erscheint von diesem Standpunkt aus schon als N. Die inneren Schwierigkeiten der scholastischen Konstruktion führten im spätmittelalterlichen → Nominalismus dazu, daß die *potentia ordinata* Gottes nicht mehr gegenüber seiner *potentia absoluta* glaubhaft und konsequent zur Geltung zu bringen war: die Natur wird geradezu das Medium der Verborgenheit Gottes. Diese Situation ist einerseits die Voraussetzung für den Fideismus der Reformation, aber auch für das Bedürfnis nach einer immanenten Logik der Naturerklärung und die dadurch mögliche Absolutsetzung der Natur; beiden Lösungen der endmittelalterlichen Krise ist gemeinsam, daß sie Systeme immanenter Verläßlichkeit für den Menschen darzustellen suchen.

d) Darin liegt auch die Motivation des *neuzeitlichen* N. Was in diesem an kritischer Potenz steckt, ist durch die Wandlung des Naturbegriffs fundiert. Die Natur wird unendlich, absorbiert die bis dahin theologischen Qualitäten und nimmt so einer »Übernatur« den Spielraum; seit → Montaigne und G. → Bruno erfüllt die Natur alle metaphysischen Bedürfnisse. Die Dynamisierung der Natur als des unendlich sich selbst produzierenden Seins verdrängte die Vorstellung des eidetisch endlichen Kosmos; die *natura naturata* ist immer nur ein faktischer Aspekt der *natura naturans,* und der Vorstellung einer »Übernatur« konnte nur noch der Sinn einer dem natürlichen Prozeß erreichbaren Zukunftsgestalt gegeben werden. Die Formalisierung des Naturbegriffs machte ihn unabhängig von der Faktizität einer bestimmten gestaltlichen Ausprägung; die innere Konsequenz des Prozeßzusammenhanges als Gesetz wurde die neue Ordnungsvorstellung, das Merkmal einer »Natur überhaupt«: natura est semper sibi consona (→ Newton). Die Möglichkeit des Übernatürlichen würde *diese* Natur zur Unnatur machen; darauf beruht das Aufbegehren des N. gegen jede Zumutung transzendenter Eingriffe, ja nur einer transzendenten Sanktion des Naturbestandes. Nur die - bis zu Kant - anders nicht beschaffbare Sanktion des Naturgesetzes selbst wird in einem philosophischen Gottesbegriff (ens perfectissimum) gesucht; aber diese Garantiefunktion für die Konstanz der → Naturgesetze schloß doch zugleich einen »religiösen« Bezug zu diesem Gott aus (Deismus). Die Religion genetisch zu erklären, ihr eine immanente »Geschichte« zu geben, war daher eine zentrale Aufgabe des N., paradigmatisch durchgeführt in → Humes »Natural History of Religion« (1757). Dieser Naturbegriff hat nicht nur theoretische, er hat auch pragmatische Bedeutung. Bei → Rousseau zB ist er nur dem Ausdruck nach ein Seinsbegriff, seiner Funktion nach eine normative Idee: mag der »natürliche« Urmensch auch nie existiert haben, wie Rousseau offen läßt, so ist er doch (im »edlen Wilden« noch als fast greifbar vorgestellt) die destruktiv wirksamste Fiktion der Geschichte geworden. Die vergebliche Suche nach der »natürlichen« Natur ist einer der wesentlichen Antriebe der modernen Kultur, die immer weitere Entstellungen und Überlagerungen abzutragen fand. Der politische N. sucht seit Hobbes die Gesellschaft der Stabilität des Naturgesetzes teilhaftig werden zu lassen. Normierende und emanzipierende Wirkung des N. scheinen sich aufzuheben: Faktum der Natur ist die physische Ungleichheit der Menschen, aber Wille der Natur (d' → Alembert: le cri de la nature) soll ihre Gleichheit sein.

Die unantastbare Gesetzlichkeit der Natur sollte ein neues Weltvertrauen begründen; die entscheidende Konsequenz dieser Idee war aber, daß der Mensch selbst Verzicht auf seine Sonderstellung leisten mußte. Das Pathos des anthropologischen N. der → Aufklärung (: I) beruht auf der Voraussetzung, daß nur diese »Ausnahme« der Integration der Identität von Sein und Natur noch entgegenstand. Die universale Determination durch die mathematisch faßbaren Naturgesetze erschien als die wahre Freiheit. Jetzt gab es eine »Histoire naturelle de l'âme« (→ La Mettrie 1745), und → Voltaire konnte im Artikel »Grace« für die Enzyklopädie schreiben: »Wenn in der ganzen Natur alles Seiende allgemeinen Gesetzen unterworfen ist, sollte da eine einzige Art von Lebewesen ausgenommen sein? Weshalb sollte der absolute Herr des Ganzen mehr damit beschäftigt sein, das Innere eines einzelnen Menschen zu leiten, als damit, die ganze Natur zu lenken?«

e) Der N. des 18.Jh.s war wesentlich *mechanistisch,* der des 19. nimmt *biologistische* Züge an. Der »Homme machine« mußte noch als planvoll konstruiertes Uhrwerk vorgestellt werden. Nach → Darwins »Origin of Species by Means of Natural Selection« (1859) zeigte sich, daß noch ein Schritt weiter getan werden mußte, um den Menschen ganz in der Natur aufgehen zu lassen: er mußte sich als das faktische Produkt des Zusammenwirkens von Zufall und Selektion verstehen lassen. Selbstbehauptung, Kampf ums Dasein, Zuchtwahl wurden die beherrschenden Begriffe des N. als Biologismus, Wachstum, Fruchtbarkeit, Entwicklung die Prinzipien der Wertung und Rechtfertigung. Das Naturgesetz erwies sich hier zuerst als die eine vordergründige Gesetzlosigkeit beherrschende Wahrscheinlichkeit. Dieser N. konnte die heterogensten Ideologien sanktionieren: er lieh dem Liberalismus ebenso seine Evidenz wie dem Klassenkampf des Kommunismus, der nach → Marx (1844) »vollendeter N.« sein sollte. Rassenrangordnungen waren eine unvermeidliche Konsequenz biologistischer Prinzipien, und die daraus sich aufdrängende Praxis enthüllte grausam, was es bedeutete, wenn der Mensch sich selbst als »Naturprodukt« behandelte. Aber schon lange vor dem verhängnisvollen »Zuchtwahlexperiment«, als das Hitler seinen Krieg betrachtete (Aussage Speer in Nürnberg), hatte der Naturbegriff seine Faszination und normierende Funktion eingebüßt. Der Fortschritt der Naturerkenntnis erwies sich als Schwächung des unmittelbar-erlebenden Naturbezuges; der theoretische Schwund der Anschaulichkeit entwertete die Sinnenwelt zum bloßen Prospekt vor einer zwar formulierbaren, aber nicht mehr auf die Existenzsphäre des Menschen »übertragbaren«, höchst abstrakten Substruktur. Die Wissenschaft zeigte, daß die Natur bis in ihre letzten Elemente Material und Potential sein kann; das aber war unvereinbar mit irgendeiner normhaften Idealität. Der Materialisierung der Natur entsprach vielmehr die Idealisierung von Arbeit und Konstruktion als Basis einer »technischen Welt«. Die Wirklichkeit, in der der Mensch lebte, erwies sich mehr und mehr als heterogen gegenüber der Natur, sie war »Welt« in einem Sinne, zu dessen Erfassung naturwissenschaftliche Methoden unfähig waren. Diese Einsicht führte um die Wende zum 20.Jh. zur Dissoziation von → Geistes- und → Naturwissenschaft (→ Rickert, → Dilthey, → Husserl). Die Reaktion auf den ästhetischen N. machte sinnfällig, daß der Mensch zu einer rezeptiven Unmittelbarkeit des Wirklichkeitsbezuges gar nicht fähig ist, ein Resultat, das dem Fazit des wissenschaftstheoretischen Positivismus entsprach. Der neue anthropologische Anaturalismus, für den »Natur« nur noch ein Hintergrund von »Welt« ist, deren Vordergrund durch das exemplarische Sein der künstlerischen und technischen Werke des Menschen beherrscht wird, ist weit von einem S. entfernt. Nur ein homogener Wirklichkeitsbegriff kann noch dem philosophischen Anspruch genügen; anstelle der kritischen Funktion des Naturbegriffs ist die radikalere des Wirklichkeitsbegriffs getreten (→ Wirklichkeit).

R. Otto, Religiöse u. naturalist. Weltansicht, (1904) 1929³ - H. de Lubac, Remarques sur l'hist. du mot »surnaturel« (NRTh 61, 1934, 225-249. 350-370) - E. Husserl, Die Krisis der europ. Wissenschaften, Haag 1954 - H. Blumenberg, »Nachahmung der Natur« (Studium Generale 10, 1957, 266-283) - W. Weischedel, Wirklichkeit u. Wirklichkeiten, 1959 - W. Bröcker-H. Buhr, Zur Theol. des Geistes, 1960.

H. Blumenberg

II. In der Dichtung

1. Allgemeine Charakteristik - 2. Im außerdeutschen Bereich - 3. In Deutschland

1. Der N. prägt sich als bewußt moderne Kunstgesinnung und als literarischer Stil in den letzten Jahrzehnten des 19.Jh.s aus. Fast alle europäischen Literaturen haben Anteil an der Formung dieses Stils, der die realistische Grundtendenz der Epoche weiterbildete und durch eine neue Bestimmung des Verhältnisses von Natur und Kunst revolutionär verschärfte. Kunst wurde nicht mehr begriffen als eine »andere Natur« (Goethe), die ihre eigenen, vom künstlerischen Genie gegebenen Gesetze und Regeln hat, sondern als eine Reproduktion der natürlichen Wirklichkeit, so wie sich diese den Sinnen und dem wissenschaftlichen Erkennen darstellt. Die Überzeugung, daß die Naturwissenschaften die Basis des gesamten modernen Denkens bilden, unterscheidet den N. des späten 19.Jh.s von allen früheren n.en Ten-

denzen, die in der Literatur eine möglichst naturgetreue Wiedergabe ohne jede Idealisierung und Stilisierung erstrebten. In diesem allgemeinen Sinne spricht man schon von einem N. im hohen MA (Neithart von Reuenthal), im 15.Jh. (François Villon), im → Barock (→ Grimmelshausen) und im → Sturm und Drang (Lenz).

Als treibender Impuls, wenn auch vielfältig vermittelt, wirkte im N. der Moderne die 3-Stadien-Theorie A. → Comtes. Im Sinne Comtes wollte der fortschrittlich gesinnte Autor auch in der Kunst das metaphysische Stadium beenden und das positive verwirklichen. Mit diesem Affekt gegen jede Metaphysik verband sich naturgemäß eine oft radikale Ablehnung der christlichen Offenbarungslehre, die als »des MA frommer Köhlerglaube« den Mythen und Sagen oder dem Aberglauben gleichgeachtet wurde. Jetzt erst wurden D.F. → Strauß' Versuch einer historischen Entwertung der christlichen Heilswahrheit und → Feuerbachs Anschauung, daß jede Religion auf Wunschbilder der Phantasie zurückgehe, in der Literatur wirksam. Auch → Nietzsches Einfluß ist schon bald in Ton und Gesinnung überall erkennbar. So verkündet H.Hart, einer der aktivsten und temperamentvollsten Literaten des deutschen N., 1891 in der »Freien Bühne« das Ende der Religion, das für ihn nur noch eine Frage des kulturellen Fortschritts ist.

2. Das künstlerische Programm des N. hat E. → Zola in »le roman expérimental« (1880) und in »le naturalisme au théâtre« (1881) zum ersten Mal formuliert. In Analogie zur naturwissenschaftlichen Methode weist Zola der Dichtung die Aufgabe eines Experiments zu, dessen Versuchsgegenstand der Mensch ist. Balzac war das große Vorbild. Mit dem Studium der Physiologie und Anatomie und durch unermüdliches Beobachten beschaffte er sich Tatsachenmaterial für seine schriftstellerische Arbeit. Seine »Comédie humaine« schildert mit bis dahin ungekannter Lebenstreue eine kaum überschaubare Fülle von Menschen aus allen Lebenskreisen. → Flaubert (Madame Bovary, 1857) und die Brüder E. und J.Goncourt (Germinie Lacerteux, 1864) hatten diesen neuen dichterischen Erzählstil weiterentwickelt, der eine, indem er die kühle Distanz des Beobachters wahrte, die beiden anderen, indem sie den »accent fiévreux« des Lebens in die Kunst zu übertragen suchten. Die entscheidende Wendung zum N. vollzog Zola dadurch, daß er der Dichtung den Erkenntniswert einer wissenschaftlichen Untersuchung zumaß. Nicht mehr die freie Phantasie sollte den Dichter führen, sondern der rechnende und erklärende Verstand. Das letzte Ziel gleicht dem des Naturwissenschaftlers und Technikers: »prévoir et diriger les phénomènes«. Dichtung wird so zur Konstruktion menschlicher Schicksale nach den Faktoren, die Zola unter dem Einfluß von H.Taine (Philosophie de l'art, 1865ff), Ch. → Darwin und Cl.Bernard als formende Grundkräfte des Daseins zu erkennen glaubt: Erbanlage, Anpassung, Milieu und geschichtliche Lage. Zolas Romanzyklus »Les Rougon-Macquart« (20 Bde, 1871-93) mit dem bezeichnenden Untertitel »histoire naturelle et sociale d'une famille sous le second empire« ist schriftstellerisch-wissenschaftliches Experiment, bei dessen Verlauf die Gesetze des Lebens wirksam sind. Der Zyklus schildert die Verfallsgeschichte einer Familie durch fünf Generationen. Breite und Aktualität dieses Zeitbildes forderten die Einbeziehung von Lebensbezirken, die bislang aus der Literatur ausgeschlossen waren: das düstere Milieu der Arbeiterviertel, der Vorstadtstraßen, Kneipen, Bordelle, Markthallen, Hospitäler. Durchaus konsequent übernahm Zola und nach ihm der ganze europäische N. mit dem neuen Stoffbereich die soziale Tendenz des russischen Realismus. In → Gogol, Turgenjew, → Dostojewski und → Tolstoi erkannte die junge n.e Generation ihre Vorbilder. Aus dem skandinavischen Bereich gewannen, zumal durch die Vermittlung des Literarhistorikers G.Brandes, die norwegischen Romanautoren A.Kielland, J.Lie, A.Garborg, H.Jaeger und Chr.Krohg mit gesellschaftskritischen Themen einen bemerkenswerten Einfluß. J.P. → Jacobsen gehört mit »Niels Lyhne« (1880) bis zu einem gewissen Grade dem N. an. H. → Ibsen entwickelte in seinen pessimistisch-ironischen Gesellschaftsstücken (Nora 1879, Gespenster 1881, Wildente 1884) einen neuen Stil des Dramas, diskutierte aktuelle Fragen der Liebe und Ehe, der Vererbung, der Frauenemanzipation und suchte dabei die Lebenslüge zu entlarven. Entschiedener noch prägt sich der N. in einigen Werken A. → Strindbergs aus, so in den Novellen »Die Verheirateten« (1884), die zu einer Anklage wegen Gotteslästerung führten, und in den Dramen »Der Vater« (1887) und »Fräulein Julie« (1888). Die Wendung von realistischer zu n.er Dichtung zeigte sich überall in einer Aktivierung und Politisierung der sozialen und gesellschaftskritischen Tendenzen. Der ästhetischen Forderung: »diriger les phénomènes« folgte die praktisch politische: Veränderung und Verbesserung der Welt im Sinne einer Anpassung an die Situation der Zeit, freilich ohne den Entwurf von Lösungen. An die Stelle des religiösen Glaubens und des moralischen Bewußtseins traten der Glaube an die Ergebnisse der Forschung und ein empfindsam schwärmerischer Sozialismus.

3. In *Deutschland* entwickelte sich der literarische N. unter dem Einfluß der starken ausländischen Anregungen und aus der Opposition gegen die herrschende epigonale Salonkultur der Gründerzeit. Vor allem gegen die falschen romantischen Töne der »Gartenlaube« und gegen die feierlich-dekorative Kulisse im Werk der Modeautoren Scheffel, Dahn, Geibel, Heyse und Ebers richtete sich die Kritik der jungen Revolutionäre in München und Berlin. Mit vielen programmatischen Manifesten, Zeitschriftengründungen und Leitartikeln eröffnete man den Kampf für eine »moderne« Literatur unter dem Banner der »Wahrheit«. Den Auftakt bildeten die »Kritischen Waffengänge« (1882) der Brüder J. und H.Hart. Der Schärfe des kritischen Tons entsprach jedoch keine klare Konzeption. Es folgen die Lyrik-Anthologie »Moderne Dichtercharaktere« (1884, hg.v. W.Arent mit Vorworten von H.Conradi und K.Henckell), die »Berliner Monatshefte für Literatur, Kritik und Theater« (1885, hg.v. H.Hart) und »Die Revolution der Literatur« (1886) von K.Bleibtreu. Wirkungsreicher war M.G.Conrads Zeitschrift mit dem zündenden Titel »Die Gesellschaft, realistische Wochenschrift für Litteratur, Kunst und öffentliches Leben« (1885), in der allmählich, ungeachtet der irreführenden Verwendung des Begriffs »realistisch«, die spezifisch n.e Tendenz zum Durchbruch kam. Bedeutsam war auch die programmatische Untersuchung von W.Bölsche »Die naturwissenschaftlichen Grundlagen der Poesie« (1887). Zusammengefaßt wurden die Bestrebungen der n.en Anfänge in den Leitsätzen des von K.Küster, L.Berg und E.Wolff gegründeten Berliner literarischen Vereins »Durch«, dessen Mitglieder sich in Anlehnung an das »Junge → Deutschland« das »Jüngste Deutschland« nannten.

Im Ausgang von Zola entwickelte A.Holz die Theorie des konsequenten N. in »Die Kunst, ihr Wesen und ihre Gesetze« (1891). Während Zola noch den persönlichen Ausdruck und die eigengeartete Erfindung des Autors zuließ, ging es Holz darum, diesen subjektiven Faktor möglichst auszuschalten. Seine Erörterungen gipfeln in der These: »Die Kunst hat die Tendenz, wieder die Natur zu sein. Sie wird sie nach Maßgabe ihrer jeweiligen Reproduktionsbedingungen und deren Handhabung.« Formelhaft ausgedrückt: Kunst = Natur - x. Unter x ist alles zu verstehen, was eine Abweichung von der Natur unumgänglich macht, also die eigene Wirklichkeit der Sprache und der beschränkte individuelle Standpunkt des Autors. Eine genaue Wiedergabe der Wirklichkeit verlangte die äußerste Präzision der dichterischen Darstellungsmittel. Zusammen mit J.Schlaf gab Holz in drei Skizzen, die unter dem Titel »Papa Hamlet« (1889) und unter dem Pseudonym Bjarne P.Holmsen erschienen, Beispiele der geforderten Technik. Exakt wird hier der zeitliche Ablauf eines Geschehens in einer Folge von literarischen Momentaufnahmen und bes. im Dialog festgehalten. »Sekundenstil« hat A.v.Hanstein diese Technik später genannt. Unverkennbar ist die Verwandtschaft mit dem impressionistischen Verfahren und die Tendenz zum Drama. Milieuschilderung dient der Darstellung der Szene für den Auftritt oder der indirekten Erklärung für Art und Verhalten eines Menschen.

Trotz des eindrucksvollen Vorbildes von Zola kommt es in Deutschland nicht zur Ausprägung eines eigentlich n.en *Erzählstils*. Nur das Interesse an der »Bête humaine« und ihrem ordinären Milieu wird übernommen. M.G. Conrads Münchener Romane »Was die Isar rauscht« (1887), »Die klugen Jungfrauen« (1889) und »Die Beichte des Narren« (1890) sind im blassen Feuilletonstil des 19.Jh.s geschrieben. Bleibtreu mit den Romanen »Schlechte Gesellschaft« (1885) und »Größenwahn« (1888), H.Conradi mit »Phrasen« (1887) und »Adam Mensch« (1889), C.Alberti mit »Die Alten und die Jungen« (1889) vereinen sich in der Anklage gegen die bürgerliche Konvention. Ihr Stil ist nachlässig und zuchtlos. Die soziale Tendenz zeigt sich am stärksten in den Romanen von M.Kretzer. In »Meister Timpe« (1888) schildert er die Verdrängung der Handarbeit durch die maschinelle Produktion. Erst die jüngere Gruppe mit Bölsche, Holz, Schlaf, Hart, G.Hauptmann und dem Schweizer W.Siegfried gab dem n.en Stil größere Prägnanz. Die bedeutendste erzählerische Leistung ist Hauptmanns »Bahnwärter Thiel« (1887), der freilich auch symbolische Elemente aufweist.

Die n.e Theorie und der Sekundenstil von Holz ließen sich am besten im *Drama* verwirklichen. Gegen die bisherige Theatersprache setzten sie den dem Leben abgelauschten Dialog. Der Monolog wird wie schon teilweise bei Ibsen ganz ausgeschaltet. Beispielgebend ist die »Familie Selicke« (1890 Holz/Schlaf), eine Reihung von Szenen in einer der Alltagsrede nachgeformten Sprache mit Jargon, Umgangskürzeln und Dialekt. Alle drei Akte spielen im gleichen Zimmer. Das scheint der alten Forderung nach Einheit des Ortes zu entsprechen, aber der Raum im n.en Drama schließt ab gegen das Draußen, beschränkt, determiniert, während im alten Drama der Ort freier Schauplatz für das Handeln der Personen war. Milieu, Vorgang und Wort sollen nach Holz nur noch der Charakterdarstellung dienen. In den späteren Stücken »Sozialaristokraten« (1896), »Sonnenfinsternis« (1908) und »Ignorabimus« (1913) vervollkommnet Holz diese Technik des Sekundenstils, freilich ohne die starre Konsequenz des Anfangs. Ausbildung und Erfolg des n.en Dramas sind mit dem Unternehmen der »Freien Bühne« und mit dem Frühwerk G. → Hauptmanns verbunden, der die Anregungen des »Papa Hamlet« aufnahm und daraus einen eigenen n.en Dramenstil entwickelte, der das strenge Schema von Holz überall sprengte. Bei Hauptmann entspringt das Wort nicht nur der besonderen Situation des Menschen. Es gewinnt als Bild eine Bedeutung, die über die Situation und den Einzelmenschen hinausweist. Gleiches gilt für die Geste und die Gestaltung des Raumes. Mit »Vor Sonnenaufgang«, das 1889 auf der von O. Brahm geleiteten »Freien Bühne« uraufgeführt wurde, begann eine neue Epoche in der Geschichte des deutschen Dramas. Es folgen »Friedensfest« (1890), »Einsame Menschen« (1891), »Die Weber« (1892), »Der Biberpelz« (1893). Auch noch die späteren Dramen »Fuhrmann Henschel« (1898), »Rose Bernd« (1903), »Die Ratten« (1911) und »Vor Sonnenuntergang« (1932) sind durch n.e Technik und Motivwahl bestimmt. Einflüsse des N. zeigen sich in den Dramen von H.Sudermann, M.Halbe, G.Hirschfeld und O.E.Hartleben.

In der *Lyrik* des N. mußte sich naturgemäß der Bruch mit der Tradition am deutlichsten zeigen. Im Gegensatz zur epigonalen Formkunst und Butzenscheibendichtung fordern die jungen n.en Lyriker einen bedeutenden, aktuellen Gehalt und eine aufrichtige Aussage. Themen bieten die Großstadt, die Technik, das soziale Elend. Die Anthologie »Moderne Dichtercharaktere« gibt jedoch kein einheitliches Bild, keinen eigentlich neuen Ton, keine neue Technik. In den Gedichten von Arent, Henkell, Hart, Mackay und Conrady vereinigen sich revolutionäre und nationale, soziale und individualistische Motive. Durchweg zeigt sich eine Neigung zum → Impressionismus (: II), der sich im Werke Liliencrons mit n.en Zügen verbindet. Holz versuchte auch in der Lyrik einen radikalen Umsturz. Er verzichtet auf strophische Gliederung, auf Vers, Reim und Assonanz, auf jede Musik durch Worte als Selbstzweck. Seine Lyrik, bes. im »Phantasus« (1898; 1. GA 1916; letzte Fassung 1925) vereinigt, gibt zumeist impressionistische Stimmungsbilder in einer rhythmisch gehobenen Prosa, die um eine sichtbare Mittelachse geordnet ist. Man hat diese Technik als lyrischen Telegrammstil bezeichnet. Die Ablehnung der metrischen Bindung und die Absicht, im Rhythmus nur das aufleben zu lassen, »was durch ihn zum Ausdruck ringt«, verbindet Holz mit der Lyrik des → Expressionismus (: II). Theoretisch begründet Holz seinen lyrischen Stil in »Die Revolution der Lyrik« (1899).

Die bis heute weiterwirkende Bedeutung des N. liegt in der Präzision der dichterischen Mittel und in der sprachlichen Erschließung neuer Wirklichkeitsbereiche. Sein Einfluß ist etwa bei H.Mann, Th. → Mann, Hamsun, Dreiser, Faulkner, Dos Passos, Musil, F.Bruckner, → O'Neill, Brecht und → Benn zu erkennen. Zolas Auffassung von der künstlerischen Gestaltung als einer exakten Arbeit und eines immer neuen Experiments ist dem Autor des 20.Jh.s gültiges Vermächtnis.

F.Brunetière, Le roman naturaliste, 1883 - A.v.Hanstein, Das jüngste Deutschland, (1900) 1905^{3} - R.F.Arnold, Das moderne Drama, (1908) 1912^{2} - A.Soergel, Dichtung u. Dichter der Zeit, 1911 - H.Naumann, Die dt. Dichtung der Gegenwart 1885-1923, (1923) 1933^{6} - W.Stammler, Dt. Lit. vom N. bis zur Gegenwart, (1924) 1926^{2} - H.W.Fischer, Arno Holz, 1924 - J.Bab, Der N. (in: Das dt. Drama, hg.v. R.F.Arnold, 1925, 653-708) - RDL II, 450 ff - R.Hartogs, Theorie des Dramas im dt. N., 1931 - L.Niemann, Soziologie des n.en Romans, 1934 - D.Dibelius, Die Exposition im dt. n.en Drama (Diss. Heidelberg), 1934 - W.R.Gaede, Zur geistesgeschichtl. Deutung des Früh-N. (Germanic Review 11, 1936, 196-207) - F.Martini, A.Holz, Papa Hamlet (in: Das Wagnis der Sprache, [1954] 1958^{2}, 99-132) - W.Kayser, Zur Dramaturgie des n.en Dramas (Monatshefte, Madison 48, 1956, 169-181 = Ders., Die Vortragsreise, 1958, 214-231) - W.Rasch, Zur dramat. Dichtung des jungen G.Hauptmann (in: Festschr. f. F.R.Schröder, 1959, 241-253).

P.G.Klussmann

III. In der bildenden Kunst

Die kunstgeschichtliche Begriffsbildung hat sich hinsichtlich der Bedeutung von »N.« nicht gleichzeitig oder gleichartig mit jener der Religionsgeschichte, der Philosophie oder der Literaturgeschichte entwickelt. Selbst innerhalb des eigenen Faches wird das Wort nicht einheitlich angewendet. Daher ist der Gebrauch noch immer den größten Mißverständnissen ausgesetzt. In der älteren kunstgeschichtlichen Literatur wird N. meist mit → Realismus verwechselt oder »der N. als Steigerung des Realismus« angesehen (Kröners Wörterbuch der Kunst, 1940). In jüngster Zeit sind aus weltanschaulich gegensätzlicher Sicht zwei Beiträge zur Klärung der Terminologie erschienen: Für Hamann und Hermand (s. Lit.) bezieht sich der N. »auf ein Dahinterstehendes, das in einen außerkünstlerischen Bereich gehört und daher wiederholt auftreten kann. Man stößt mit diesem Begriff notwendigerweise auf eine revolutionäre Grundsubstanz, die sich einer formal-ästhetischen Betrachtungsweise weitgehend entzieht, da in allen naturalistischen Epochen ein Aktivismus zum Durchbruch kommt, für den die Kunst nur das Mittel einer weiterreichenden gesellschaftlichen und politischen Umwälzung ist ... Der N. entwickelt also keine stilbildenden Funktionen.« Die Begriffe N. und Realismus unterscheiden sich dabei gewissermaßen nur quantitativ, nicht qualitativ. Der N. läßt sich zwar »nicht mit dem Realismus vergleichen«, ist aber andererseits »ein Realismus in Angriffsstellung«.

Demgegenüber sollten nach Schmidt (s. Lit.) beide Begriffe weder synonym noch antithetisch gebraucht werden, da sie verschiedenen Bereichen angehören. Der Realismus und sein Gegenteil - der → Idealismus - sind zeitlos gültige, idealtypische Verhaltensweisen menschlicher »Charaktere« (Friedrich Schiller, Über naive und sentimentalische Dichtung, 1795). Dagegen betreffen der N. und sein Gegenteil - der Anti-N. - nicht die Gesinnung, sondern die künstlerische Sprache: »N. ist die Summe der darstellerischen Mittel, mit denen ein Abbild der gegenständlichen - sichtbaren, meßbaren, tastbaren - Wirklichkeit gegeben wird. Der Maßstab des N. ist die äußere Richtigkeit - der Maßstab des Realismus die innere Wahrheit. Dabei kann sich äußere Richtigkeit mit innerer Wahrheit so gut wie mit innerer Unwahrheit verbinden.« Es gibt also realistischen N. und idealistischen N. und ebenso realistischen Anti-N. und idealistischen Anti-N. Nach Schmidt läßt sich mit diesen Begriffen die gesamte Geschichte der Kunst von der Prähistorie bis zur Gegenwart erfassen. Da »idealistischer N.« eigentlich eine contradictio in adiecto ist, erfährt das Phänomen des → Kitsches im 19.Jh. eine neue Klärung: der mit der Photographie konkurrierende N. der zeitgenössischen Historien- und Genremalerei (→ Malerei und Plastik: V) ist durch seine antirealistische Abkehr von der Wirklichkeit dieser Gefahr in besonderem Maß ausgesetzt. Auch vermag diese Betrachtungsweise dem Wahrheitsgehalt der modernen Kunst (→ Malerei und Plastik: VI) gerecht zu werden.

R.Hamann-J.Hermand, N. (Dt. Kunst u. Kultur von der Gründerzeit bis zum Expressionismus II), 1959 - G.Schmidt, Die Entwicklung der Malerei von Ingres bis Bonnard (Gesch. der modernen Malerei II, hg.v. Verlag Skira, 1950, IX-XIX) - Ders., N. u. Realismus (M.Heidegger zum 70. Geb., 1959, 264-275). *K.Lankheit*

Naturdienst dient als begriffliche Kennzeichnung bestimmter Religionen, zumal aber des Ursprunges der Religionen überhaupt. Die Theorie des N.es ist, daß das Bewegende in aller → Religion bzw. ihr verehrter Gegenstand ein imponierender Teil der Natur sei: Der feuerspeiende → Berg, die lebenspendende → Quelle, die fruchtbare → Erde (→ Fruchtbarkeit), → Bäume und Pflanzen, besondere → Steine, die → Sonne in ihrer Glut und Lebenskraft (→ Macht: I), der → Mond mit seinem geheimnisvollen Kontakt zu → Wasser und Frauendasein (→ Mutterrecht), das → Furcht erregende → Gewitter (vgl. → Elemente) und vieles andere soll als in der Natur Gegebenes die Religionen hervorgebracht und ihren Kult als N. bestimmt haben. Der Begriff Natur taucht in dieser Weise als Kennzeichnung der Religionen in der griechischen Aufklärung von den Vorsokratikern über Demokrit bis hin zur → Stoa auf. Er wurde von der westeuropäischen → Aufklärung (zumal Dupuis) über den → Idealismus (→ Hegel) und die → Romantik (Creuzer) der → Religionswissenschaft des 19. und 20.Jh.s vermittelt. In dem Naturbegriff, der der Erklärung der Religion als N. jeweils zugrunde liegt, können verschiedene Wertungen angelegt sein. Es kann heißen: In den Religionen geht es um bloße Naturdinge, die zu Göttern hypostasiert sind (→ Hypostasen). Es kann auch heißen: In den Religionen hat das Naturhafte als Inbegriff alles Hohen und Reinen seinen vornehmsten Ausdruck. Der Naturbegriff, den der jeweilige Deuter der Religion als N. hat, kommt bei diesem Verfahren zur Aussage, so daß diese Theorien mehr von dem jeweiligen Stande des Denkens über die Natur zeigen als von den Religionen.

Es ist nicht zu leugnen, daß alle Religion es in ihrer Verehrung immer auch mit naturgegebenen Gegenständen zu tun hat. Wenn die → Religion (: IV A) den zentralen Vorgang von Welt- und Selbstbewältigung des Menschen darstellt, der sich aus der gottheitlichen Manifestation in der Welt als Natur und Geschichte verehrend erhoben hat und der des Menschen Dasein in und vor seiner Welt dadurch ermöglicht, daß die manifestierte Gottheit in wiederholbarem → Kultus erneut aufgefunden werden kann, dann ist Religion in den Religionen immer auch im Blick auf Naturdinge da. Ursprungsmythen (→ Mythos: II) und Ätiologien zeigen deutlich, daß in den Religionen die Welt des Naturhaften - aus dem Manifestativen heraus gesehen - verehrt wird. Es kann auch nicht geleugnet werden, daß sich religiöses Bewegtsein und Wissen immer auch an bes. beeindruckenden Naturphänomenen - Vulkan, Sonne, Bär (→ Bärenfest), → Schlange usw (vgl. → Stierdienst, → Tierkult) - ausgelegt hat, die so zu Trägern des numen werden konnten. Aber diese verehrende Beachtung von Naturphänomenen kann nicht dazu herhalten, Religion als N. zu charakterisieren, denn nicht dies Naturding wird verehrt, sondern der → Gott oder seine Äquivalente. Die naturhaften Phänomene können religiöse Eindrücke anregen, vermitteln und wachhalten. Sie sind darin räumliche und zeitliche Träger der Gottheit, manifestativer Sitz des → »Heiligen« u.ä. An dieser Eigenart geht die Kennzeichnung der Religion als N. vorüber. Micklem meint zwar, man könne den Ausdruck N. kaum vermeiden, obwohl er irreführend sei. Jedoch N. hieße, das Naturding sei der, dem Dienst gebühre, und das ist eben nicht der Fall. Das wird sehr deutlich an dem Versuch Max → Müllers. Von ihm ist die Erklärung der Religionen als N. in neuerer Zeit bes. ausgeformt worden. Müller war von der Romantik beeinflußt. Er machte Natur als Erscheinung des Unendlichen zur Offenbarungsgrundlage der Religionen. Wenn Müller in diesem Sinne von natürlicher Religion als N. spricht, so meint er die Religion als Unendlichkeitsdienst, der sich am Substitut des → Himmels (vgl. → Astralreligion), der Berge, der Sonne oder des → Windes angeregt und »ahnend« bestätigt findet. Das Verständnis der Religionen als N. hat in seiner ganzen Einseitigkeit Widerspruch herausgefordert und die Theorien angeregt, die als → Animismus bekannt geworden sind und die die Religionen ausschließlich von Seelen-, Ahnen- oder → Totenverehrung ableiten. Die animistischen Theorien sind nur aus ihrem Gegensatz zu dem Verständnis der Religion als N. voll zu erfassen. Die animistische

These ist ebenso einseitig wie die These des N.es. - Vgl. → Naturgottheiten, → Naturmythologie.

Max Müller, Natürliche Religion, 1890 - Ders., Physische Religion, 1892 - J.J.M.deGroot, Universismus, 1918 - H.Pinard de la Boullaye, L'étude comparée des religions I. II, Paris (1922/25) 1929/31³ - J.G.Frazer, The Worship of Nature I, London 1926 - A. Bertholet, Götterspaltung u. Göttervereinigung, 1933 - N.Micklem, Religion, London 1948; dt. 1952 - Eliade - G.Mensching, Religion, 1959.

C.H.Ratschow

Naturgesetze

1. Bedeutung und Form der N.e; die Gesetze der Physik als Ideal; Theorien - 2. N. und Finalität - 3. Determinismus und Indeterminismus - 4. Das Induktionsprinzip und die Existenz von N.en - 5. N. und Erfahrung - 6. Das Wesen der Physik. - N. = Naturgesetz. - Vgl. → Naturphilosophie, → Naturwissenschaft

1. Konstante Beziehungen zwischen Klassen von Naturphänomenen nennen wir N.e. Als Beispiele gelten zunächst elementare Vorgänge, die das Leben alltäglich bestimmen wie: Feuer bringt Wasser zum Sieden; alle Körper fallen; gewisse pflanzliche und tierische Substrate nähren usw. Solche Gesetze bieten nicht nur den Vorteil, Prognosen machen zu können - ohne den wir sterben müßten -, sondern sie ermöglichen es auch, eine unübersehbare Mannigfaltigkeit von einzelnen Ereignisabläufen in große Klassen einordnen zu können (Ökonomie).

Mit dem Aufkommen der → Naturwissenschaften (: I) in der Neuzeit wurde die Frage, warum dies alles so und nicht anders geschieht, als unfruchtbar abgewiesen. Das tiefere Erfassen der N.e sollte daher nur darin bestehen, daß man immer genauer herausarbeitet, a) *wie* die konstanten Beziehungen zwischen Klassen von Naturphänomenen zu bestimmen sind und b) wie solche Gesetze untereinander so zusammenhängen, daß sie sich aus einer kleineren Gruppe anderer ableiten lassen. Recht verstanden ist aber auch heute noch die Warum-Frage sinnvoll. Warum fällt ein Körper im Medium langsamer als im Vakuum? Weil er durch das Medium einen Widerstand erfährt. Dieses Beispiel verdeutlicht, was man mit einer Erklärung von Naturerscheinungen meint: Es handelt sich hierbei darum, ein Naturphänomen auf ein oder mehrere N.e zurückzuführen.

Die Frage nach dem genauen *Wie* der Ereigniszusammenhänge erfordert zunächst die Auflösung der Phänomene in ihre Elemente und deren Umwandlung in gewisse abstrakte, schematische Formen (Analyse). Das eine ist nötig, um die genaue Zusammensetzung des Vorgangs zu erfassen, das andere, weil es sich ja nicht darum handelt, das Individuell-Besondere, sondern das Typische, das Phänomen als Klasse festzuhalten. Dann erst läßt sich wieder eine Synthese herstellen, indem man den genauen Zusammenhang der beteiligten Elemente konstruiert. In der Physik hat dieses methodische Vorgehen eine bes. exakte Ausprägung erfahren, die heute immer mehr auch für die anderen Zweige der Naturwissenschaften zum Ideal wird. In ihr werden den Elementen, in welche die komplexen Phänomene aufgelöst werden, mathematische Symbole und Größen zugeordnet, und ihre Zustände durch bestimmte Meßmethoden in zahlenmäßigen Werten ausgedrückt. Das N. wird dann durch eine mathematische Funktionsbeziehung formuliert, in der diese mathematischen Symbole zueinander stehen. Das Ideal der Exaktheit der Erfassung der N.e besteht also darin, daß die Exaktheit des Mathematischen in sie eingeht.

Die Suche nach dem größeren Zusammenhang der N.e untereinander führte zur Aufstellung von *Theorien*. Sie bestehen allgemein aus einer kleinen Gruppe von Axiomen, aus der sich eine Anzahl von N.en ableiten läßt. In der Physik haben diese Axiome die Form von durch einen Begleittext zu erläuternden Differentialgleichungen mit den Ableitungen der Zustandssymbole an einem Weltpunkt nach der Zeit. Die aus den Axiomen abgeleiteten N.e werden aber so nicht nur in einen einheitlichen Zusammenhang gefügt, sondern auch untereinander geordnet und klassifiziert. (ZB zeigt sich in der Optik ein Zusammenhang zwischen den Gesetzen des prismatischen Spektrums und des Regenbogens; andererseits lassen sich die Farbenringe Newtons mit den Interferenzstreifen Youngs verbinden.)

Da alle Erscheinungen zunächst der leblosen Natur als chemisch-physikalischen Ursprungs aufgefaßt werden, die Probleme der Chemie aber in letzter Hinsicht nur von der Atomphysik lösbar sind, so müssen die physikalischen N.e als Grundgesetze der leblosen Natur gelten.

2. Im Gegensatz hierzu glaubte man die Prozesse belebter Körper als objektiv nach Zwecken ablaufend betrachten zu müssen. Diese Auffassung ist aber »faule Vernunft« (Kant), wenn sie besagt, daß *Finalursachen* (→ Teleologie) gegen N.e oder unabhängig von ihnen wirksam sind. Denn sie schneidet dogmatisch den Versuch ab, doch noch Erklärungen auf Grund von N.en zu finden, erklärt selbst aber keineswegs, wie eine solche Wirkung nach Zwecken als möglich zu denken ist. In heuristischer Hinsicht ist sie dagegen unentbehrlich und erschließt uns erst die Funktionen der Teile eines Organismus. Es wurde aber auch die Auffassung vertreten, daß naturgesetzliches und finales Bestimmtsein der Erscheinungen zusammenfallen. Sie wurde gestützt durch die sonderbare Tatsache, daß die Lösungen vieler Differentialgleichungen, durch welche physikalische Gesetze formuliert werden, ausgezeichnete Extremaleigenschaften haben, oder - wie man auch sagt - daß sie die Euler-Lagrangeschen Gleichungen gewisser Extremalprobleme sind. Hierdurch wird die erstaunliche und objektive Einfachheit der Gestalt dieser Gesetze überhaupt erst deutlich sichtbar. (Ein Sonderfall ist das Fermatsche Prinzip, daß das Licht bei Brechung den Weg nimmt, der am schnellsten zum Ziele führt.) Man hat dagegen eingewandt, daß es sich hierbei um eine rein mathematische Umformung handle. Da es aber Differentialgleichungen gibt, die eine solche Umformung nicht gestatten, so bleibt es doch bemerkenswert, daß gerade so viele derjenigen, welche N.e ausdrücken, nicht hierzu gehören.

3. Sind die N.e in der angezeigten Weise Differentialgleichungen mit Ableitungen physikalischer Zustandsgrößen nach der Zeit, so müßte, wie → Laplace meinte, der Gesamtzustand der Welt zu irgendeinem Zeitpunkt die Zustände der vorhergehenden bzw. nachfolgenden determinieren. Er erfand daher die Idee einer Weltformel, aus der alle Prozesse aller Zeiten berechenbar sein würden. Diese Formel ist aber prinzipiell unmöglich, weil der Gesamtzustand der Welt nur eine → Idee ist. Bestimmtsein der Natur durch N.e bedeutet daher nicht zugleich die Geltung des → Determinismus. Diese erkenntnistheoretische Tatsache ist aber erst klar erkannt worden, als man in der Thermodynamik und in der Quantenmechanik dazu übergehen mußte, N.e als Wahrscheinlichkeitsaussagen zu formulieren (Entropie, ψ-Funktion). Heute bezweifelt man kaum noch, daß dies nicht nur der Ausdruck unseres prinzipiell behebbaren Mangels an Kenntnis ist. So wurde physikalisch gestützt, was erkenntnistheoretisch apriori klar war: daß der → Indeterminismus einen objektiven Sinn hat. Hiermit ist aber das Kausalprinzip (→ Kausalität: I) durchaus verträglich, sofern es nur bedeutet: »Sind einige Bestimmungsstücke des Zustandes eines Systems bekannt, so können alle diejenigen Bestimmungsstücke früherer oder späterer Zustände berechnet werden, die

mit den bekannten nach der klassischen Physik in einem eindeutigen Zusammenhang stehen« (v.Weizsäcker).

4. Die Behauptung, daß N.e existieren, stützt sich auf das *Induktionsprinzip:* Aus vergangenen Regelmäßigkeiten wird auf zukünftige geschlossen und so ein allgemeines Gesetz gewonnen. → Hume bewies, daß dieses Prinzip weder logisch noch empirisch und folglich, wie er glaubte, überhaupt nicht theoretisch begründbar ist. → Kant versuchte es durch den Nachweis zu rechtfertigen, daß es Bedingung der Möglichkeit objektiver Erkenntnis und der Einheit des Bewußtseins ist. Die Behauptung, daß irgendwelche Vorstellungen zu einem Bewußtsein gehören, bedeutet nach ihm, daß alle diese Vorstellungen der Möglichkeit nach in einem naturgesetzlichen Zusammenhang stehen; und auch nur dann können Vorstellungen für uns objektiv sein. Im Gegensatz zu Kant versucht man heute der Induktion die ontologische Bedeutung zu nehmen und sie methodologisch zu rechtfertigen (Reichenbach, Dingler u.a.): Wer die Prognose und die Beherrschung der Natur zum Ziele hat, der muß auf sie setzen, da es, wenn überhaupt, so nur unter dieser Bedingung erreichbar ist. Einigkeit mit Kant besteht aber darin, daß so die Existenz von N.en nicht als der Natur entnommen, sondern als in sie hineingelegt betrachtet wird; denn es gibt ja keine empirische Rechtfertigung des Induktionsprinzips.

5. Aber nicht nur die Existenz überhaupt, sondern auch der besondere Inhalt von N.en kann nicht allein durch Beobachtung begründet werden, wie das vom → Positivismus angenommen wird. Seit der Entdeckung der nichteuklidischen Geometrien stellte sich heraus, daß es eine Frage der Konvention ist, welche dieser Geometrien man auf den Weltraum anwendet, weil jede von ihnen durch eine entsprechende Änderung der physikalischen Theorien vertretbar ist (Poincaré, Reichenbach). Liefert etwa eine Messung mit einem Theodoliten das nichteuklidische Ergebnis, daß die Winkelsumme eines sehr großen Dreiecks größer ist als 180°, so ließe sich dies auch so interpretieren, daß Lichtstrahlen gekrümmte Bahnen durchlaufen; damit hätte man die Optik korrigiert. Auch die → Relativitätstheorie Einsteins, die einen vierdimensionalen Riemann-Raum voraussetzt, ist nicht »wahrer« als die Newtonsche Physik, die von einem euklidischen Raum ausgeht. Schon ein Vergleich des Aufbaus beider Theorien zeigt, daß → Einstein nur methodische Vorteile verzeichnen kann. Daran ändert auch nichts, daß seine Theorie mehr prognostiziert als die alte. Denn einerseits überlappen sich beide Theorien zT (dasselbe wird erklärt und prognostiziert); wo dies aber nicht der Fall ist, lassen sich mit euklidischen Voraussetzungen gesonderte Hypothesen so bilden, daß das Gleichgewicht der Prognosenkraft (als Kriterium der Geltung) wiederhergestellt ist. Hält man nun dennoch diejenige Theorie für die wahre, die alle hier fraglichen Phänomene einheitlich-harmonisch umfaßt, so läßt sich ein solcher Rückschluß theoretisch so wenig rechtfertigen wie das Induktionsprinzip. Er beruht vielmehr auf der von den meisten Physikern vertretenen These von der »Harmonie der Welt«. Diese ist aber entweder methodisch und hat dann keine ontologische Bedeutung; oder sie ist metaphysisch und ist dann dogmatisch. Aus solchen Gründen ist eine empirische Entscheidung zwischen Einstein und → Newton unmöglich.

Aber auch die experimentellen Ergebnisse selbst und nicht nur die Theorien sind keineswegs allein durch Beobachtung begründet. Da Messungen grundsätzlich stets nur angenähert sein können, bestätigt dasselbe Experiment beliebig viele, theoretisch unvereinbare N.e mit verschiedenen, unterhalb der Fehlergrenze liegenden Werten. Ferner geht in die N.e der definitorische Charakter der Raum- und Zeitmetrik ein. Je nachdem, wie diese festgesetzt wurden, erhalten sie eine ganz verschiedene Gestalt. Ein experimentelles Ergebnis drückt schließlich die Prüfung von Zuständen aus, die erst in eine ideale, abstrakte, schematische Welt übersetzt werden von zugleich symbolischen, erst im Rahmen von Theorien definierten und verstehbaren Begriffen (schwere bzw. träge Masse, Gravitationskraft, elektromotorische Kraft, elektromagnetische Welle, Elektron usw). So ist hier zB nicht die Beobachtung eines Galvanometers als solche, sondern die Behauptung entscheidend, daß etwa Strom fließt. Eine Messung erfolgt daher durch mehr oder weniger komplizierte Instrumente, deren Verwendung selbst schon die Geltung mannigfacher Theorien voraussetzt. Eine physikalische Beobachtung ist also bereits eine Interpretation und nichts unmittelbar Gegebenes. Daraus folgt, daß N.e nur auf Grund von Theorien und Theorien nur auf Grund von N.en bestätigungsfähig sind. Die Physik befindet sich in einem freischwebenden Zirkel und läßt sich nicht empirisch fundamental aufbauen. Werden ein behauptetes Gesetz oder eine Theorie durch ein Experiment widerlegt, so ist daher nicht streng entscheidbar, was falsifiziert wurde: das geprüfte Gesetz oder irgendein Teil der Theorien, die bei dem Experiment beteiligt waren. Jede Falsifikation betrifft daher im Grunde nur die Physik als Ganzes (Duhem). Andererseits kann die experimentelle Bestätigung eines Gesetzes oder einer Theorie nicht bedeuten, daß sie wahr sind; denn sie sind ja durch andere theoretisch ersetzbar, die Prüfung jedes einzelnen mit ihrer Prüfung zusammenhängenden Teils ist unmöglich, und jede Beobachtung ist bereits eine Interpretation. Man kann nicht einmal sagen, sie böten ein »angenähertes Bild von der Wirklichkeit« (transzendentaler Realismus). Denn dies setzt dogmatisch voraus, daß grundsätzlich unerkennbare N.e existieren. Zugleich wird so der Sinn des Wortes »N.« entleert. Denn dann gäbe es N.e, die nicht den Charakter der symbolisch idealen Konstruktion haben und die nicht eine nur mögliche Interpretation sind; sie wären nur erkennbar für ein Wesen, das nicht unseren begrenzenden Bedingungen unterliegt und für das die Natur daher etwas völlig anderes wäre.

6. Die Physik ist also weder wahr noch falsch noch wahrscheinlich - sie ist nur eine für die Beherrschung der Natur höchst praktische, in ihrer historischen Gestalt vermutlich weitgehend die praktischste der möglichen Konstruktionen. Dies allein ist eine rein empirische Tatsache, hinter die als solche nicht weiter zurückgegangen werden kann. Die experimentelle Bestätigung betrifft also nicht die Konstruktion selbst, sondern nur ihren praktischen Erfolg und die Richtigkeit ihrer Prognosen.

P.Duhem, Ziel u. Struktur der physikal. Theorien, (1905/06) 1918[2]; dt. 1908 - H.Weyl, Philosophy of Mathematics and Natural Science, dt. (1927) 1949 (Lit.) - K.R.Popper, The Logic of Scientific Discovery, (1934) 1959[2] - H.Dingler, Die Methode der Physik, 1938 - H.Driesch, Biolog. Probleme höherer Ordnung, 1941 - E.May, Kleiner Grundriß der Naturphilosophie, 1949 (Lit.). - Vgl. die Lit. zu → Naturphilosophie.

K.Hübner

Naturgottheiten. Es ist keine Frage, daß die dämonische Macht in ihrem unvorhersehbaren, vielseitigen Hervortreten mit dem Ort und der Zeit ihres Hervorbrechens identifiziert und so als Dämon dieser → Quelle oder dieses Vulkans verstanden wird. Es ist auch keine Frage, daß der manifeste Gott mit → Himmel oder → Sonne, mit dem Bären oder dem Falken enge Verbindungen eingeht, so daß die Sonnenscheibe oder der Falke als Kultobjekt erscheinen kann. Es ist auch keine

Frage, daß die religiöse Sprache in der Anrufung und Prädikation Gottes zu Charakterisierungen greift, die den Gott an Sonne oder → Licht, am → Stern als Wegweiser oder am Löwen und Stier (→ Stierdienst) metaphorisch auslegen. Die kultische Sprache wie die künstlerische Darstellung sind an die Anschauung und damit an den Eindrucksbereich der Natur gebunden. Wie sollen sie die Gottheit und ihre hilfreiche wie kritische Majestät anders gestalten und bezeichnen als durch den Griff in die »Natur« und ihre Erscheinungen? Dazu findet sich auch noch diejenige Frömmigkeit bewogen, die Gott als ein totaliter aliter gegenüber der Welt statuiert.

Es hat den Anschein, als seien Gottheiten nicht nur an Naturerscheinungen ausgelegt, sondern auf dem Wege der → Personifikation diesen Naturerscheinungen entnommen. Dieser Anschein hat zumal im Zusammenhang mit der Erklärung vieler Urheber-Gestalten zur These des Himmelsgottes geführt (→ Hochgottglaube). K.Th.Preuss erklärte die → Urheber als Himmelsgottheiten, die alle »einem sinnlichen Natureindruck ihre Entstehung verdanken«. Die Urheber-Vorstellung der Ewe-Stämme wurde von ihrem Beobachter J.Spieth ebenfalls in diesem Rahmen erklärt. Die Zurückführung der Gottheiten »auf Selbstbetrachtung und den Anblick des Himmels« hat schon → Cicero von → Aristoteles übernommen (De nat. deorum II, 37). Aber die Berichte der Feldforscher zeigen nun doch, daß die Verbindung von Urheber und Himmelsgott nicht so fest im Bewußtsein ihrer Verehrer verankert ist, wie es für diese Theorie erforderlich wäre. N. → Söderblom hat diese ganze »Naturhypothese« denn auch schlüssig widerlegen können. Die Verbindung der großen Gottheiten mit Himmel, Sonne und → Mond ist nicht zu leugnen - aber sie ist *sekundärer* Natur! Wie auch für den ägyptischen → Horus, so ist für die großen Urheber-Gottheiten (zB für Varuna) der Himmels- oder Sonnencharakter nicht der Anlaß ihrer Verehrung.

Die sog. niederen Gottheiten - Quellnymphen, Dryaden, die japanischen »Herren der Berge« und andere ortsgebundene Wesenheiten - sind den Naturdingen unmittelbar verbunden. Auf ihre Entstehung wird die »personifizierende Apperzeption«, wie W. → Wundt das nannte, einen Einfluß gehabt haben. Ob man eine Entwicklungsgeschichte aufstellen kann, die ihren Ausgang von der fetischartigen Verehrung des Naturobjektes selbst (Sonnenscheibe, Baum, Quelle) genommen haben soll und die dann über eine fortschreitende Personifizierung zum eigenpersönlichen → Gott (: I) führte, ist nicht zu erweisen. Daß zu solcher Entwicklung Ansätze immer wieder auftauchen, läßt sich nicht leugnen. Bei dieser Entwicklung wird die Lebensabhängigkeit von dem verehrten Naturding meistens die Triebfeder gebildet haben. Sie entscheidet über den freundlichen oder tückischen Charakter dieser Gottheiten und bestimmt auch den Stellenwert dieser Gottheiten im → Pantheon. - Vgl. → Naturdienst, → Naturmythologie.

UdG I-XII - A.Wiedemann, Der Tierkult der alten Ägypter, 1912 - A.Titius, Der Ursprung des Gottesglaubens (ZThK 23, 1913, 355 bis 389) - K.Th.Preuss, Die geistige Kultur der Naturvölker, 1914 - N.Söderblom, Das Werden des Gottesglaubens, (1916) 1926² - R. Pettazzoni, Dio I, 1922 - Ders., The All-knowing God, London 1956 - J.G.Frazer, Myths of the Origin of Fire, London 1930 - H.Kees, Der Götterglaube im alten Ägypten, 1941 - Eliade - G. Mensching, Die Religion, 1959.

C.H.Ratschow

Naturmythologie ist eine Mythendeutung (→ Mythos: II), die schon in der → griechisch-römischen Philosophie vorkommt und im 19.Jh. durch die philologisch-religionsgeschichtliche Erforschung der → Indogermanen wiederbelebt wurde (A.Kuhn, M. → Müller). Von den Göttern → Homers wurde behauptet, sie seien eigentlich → Wind, → Wasser, → Erde, → Sonne, → Feuer und → Sterne. Nach Empedokles vertreten die vier → Elemente, die durch ihre Mischung die gesamte Natur ausmachen, verschiedene Gottheiten. - Die Theorie der N. ist so lange als wissenschaftsgeschichtliche Kuriosität aus zweiter oder dritter Hand genommen, daß die Kritik oder das Stillschweigen öfters folgendes übersieht: Müller hat zwischen → Religion und Mythologie unterschieden. Nur auf letztere beziehen sich die sprachwissenschaftlichen Erwägungen bzw. Analogieschlüsse, indem Polyonomie und → Polytheismus, nomina und numina nebeneinandergestellt werden. Wenn aber behauptet wird: »Die elementaren Veranlagungen, diese [Natur-]Erscheinungen zu personifizieren (→ Personifikation), führten letzten Endes zur Religionsbildung«, und: »Dieser mythologischen Religionsform geht also kein seelisch-religiöses → Erlebnis im Menschen selbst voraus, das entweder auf rationaler Überlegung oder auf göttlicher Offenbarung beruhte«, und wenn die Rede ist von einer »vorausgehenden Disposition oder Veranlagung«, die »zur Weitergestaltung der Religion anregt« (ChrRel I, 549), so wird gegen Müller kritisch ins Feld geführt, was er *sinngemäß* selbst gesagt hat: Es gab »in jedem menschlichen Herzen von Anfang an ein Gefühl..., das wir Schwäche, Abhängigkeit, Unbefriedigtheit... nennen mögen..., Verlangen nach einem Etwas, was über unser Ich hinausgeht, ...das übersinnliche Gefühl... So wurde der Name des leuchtenden → Himmels zu einem der frühesten Ausdrücke für den... noch nicht gefaßten Gegenstand der tief-menschlichen Sehnsucht nach dem Unendlichen« (Einl. in die vergl. Religionswiss., 1876², 248f). Sachlich besteht hier eine Nähe zum Gefühl des → Heiligen oder → Numinosen (→ Söderblom bzw. R. → Otto) oder zum Erlebnis der Hierophanien (Eliade). Zeitbedingter ist die Nebeneinanderstellung der drei Sprachklassen (der turanischen, semitischen, arischen) mit den entsprechenden Religionstypen, wo es sich bei den → Semiten um die Verehrung Gottes in der Geschichte handeln sollte, bei den Ariern um die »Verehrung Gottes in der Natur, eine Erkenntnis des Göttlichen, wie es hinter dem prächtigen Schleier der Natur waltet« (Müller, aaO 142). Der Volksgeist als Träger einer arteigenen Religionsform gehört aber auch nicht nur zur Ideengeschichte, wie die Programmschrift von Loorits gezeigt hat. Nur steht dort Uralismus (vgl. → Altaische Religionen) anstatt Turanismus.

H.Pinard de la Boullaye, L'Etude comparée des religions I, Paris (1922) 1929³, 361ff - Eliade - O.Loorits, Zu den Quellen u. zur Methode der Religionsforschung (Charisteria Joh.Köpp octogenario oblata, Holmiae 1954, 181-199) - van der Leeuw 795.

C.-M.Edsman

Naturphilosophie

N. war ursprünglich der Versuch einer mythischen oder spekulativen Naturerklärung (→ Naturmythologie). Seit dem 17.Jh. fiel ihr mehr und mehr die Rolle zu, die Bedingungen der sich von ihr immer deutlicher kontrastierenden → Naturwissenschaft zu untersuchen und deren Ergebnisse hinsichtlich ihrer Bedeutung für das Reich menschlicher oder göttlicher Zwecke zu prüfen. Die griechische und das Abendland bis heute bestimmende Entscheidung, der Natur mit der Kraft kritischer → Vernunft gegenüberzutreten, führte zur Ausbildung zweier sich bis heute mit wechselndem Geschick befehdender Tendenzen: Die eine glaubt die Natur jedes menschlichen Sinns berauben zu müssen und betrachtet sie als das zutiefst Fremde; die andere vermutet in ihr das Wirken von Zwecken oder etwas Lebendiges und dem Geiste Verwandtes. Da der Mensch ein Teil der Natur ist und sie zugleich als Schöpfung Gottes betrachtet wird, wenn er existiert, haben Sieg oder Niederlage einer dieser beiden entgegengesetzten Auffassungen die geistige Gesamtsituation zutiefst beeinflußt.

1. Die frühen Versuche, den Ursprung der Dinge und das Prinzip zu finden, das ihrem ewigen Wandel zugrunde liegt (Thales, Anaximander, → Heraklit usw), nehmen durch die Eleaten (für die aller Wandel Schein ist) und die → Pythagoreer (für die alles Zahl ist) eine besondere Form logischer Abstraktheit und Rationalität an (→ Griechisch-römische Philosophie, 2 a α. β). Darin lag der Keim der wissenschaftlichen Physik, aber auch der Zerstörung des Mythischen: In der Korpuskulartheorie des Demokrit werden alle Gestalten und so auch die Götter auf quantitative Verhältnisse der Atome zurückgeführt (→ Atom, 1). So sind auch die Götter dem allgemeinen Zerfall der Atomkomplexe ausgesetzt, und es kann kein sinnvolles Telos im Weltgeschehen geben. Für → Aristoteles dagegen ist die Natur wesentlich durch Zweckursachen bestimmt; alles hat die Weise des Lebendigen und Organischen. Er entwirft ein Weltbild voll Ordnung, Schönheit und Sinn: Die Menschenerde ist der Mittelpunkt des endlichen Alls, und die Sterne und Kristallsphären umkreisen sie aus Liebe zu Gott, der selbst der Zweck aller Zwecke ist. Diese finale Denkweise ist auch der → Stoa und dem → Neuplatonismus eigen (der den Kosmos für einen Organismus hielt). Sie bleibt auch während des MA vorherrschend, dessen aristotelisch-ptolemäischer Weltschau → Dante monumentalen Ausdruck verlieh.

2. Dies änderte sich, als → Galilei und → Kepler in der geistigen Nachfolge der spätmittelalterlichen Nominalisten → Buridan und Oresme begannen, die Naturerscheinungen in mathematischer Form darzustellen. Das → Naturgesetz als rein funktionaler Zusammenhang quantitativ bestimmbarer Momente verdrängte langsam die Zweckursache als Prinzip der Naturerklärung. Hand in Hand damit setzte sich wieder die demokritische Auffassung durch, daß alles Qualitative subjektiv sei und die Natur an sich als Inbegriff nur raum-zeitlich zu bestimmender Substanzen gedacht werden müsse (Galilei). Diese beginnende Erschütterung der alten lebendigen Naturauffassung wurde insofern durch → Kopernikus unterstützt, als in seinem System die Erde nicht mehr den Mittelpunkt einnahm. Immerhin zeigten sich die alten Denkformen noch als überaus mächtig: So ist Kopernikus für → Bruno der Ausgangspunkt einer neuen mythischen Naturauffassung; Kepler und Galilei widersprechen A. → Osiander, der das kopernikanische System nur für eine andere Art der Beschreibung hält, und erklären es für das wahre, weil es das einfachere und daher mit der göttlichen Zweckmäßigkeit allein vereinbare sei. Daß die Natur nur noch »instar horologii« und nicht mehr »instar divini animalis« betrachtet werden dürfe (Kepler) und daß sie »in mathematischer Sprache geschrieben« sei (Galilei), wirkt auch keineswegs ernüchternd, sondern vertieft zunächst nur die religiöse Inbrunst. Denn indem die Natur nur so dem Geist exakt begreiflich zu sein scheine, erweise sie eben dadurch ihre geistige und göttliche Herkunft.

Die aber immer deutlicher werdende Tendenz, ein geschlossen mechanistisches Naturbild zu entwerfen, erreicht ihren Höhepunkt durch → Descartes und → Gassendi. So lehrt Descartes, daß ein Körper nur durch den Stoß anderer Körper eine Änderung seines Zustandes erleiden könne und daß die Schwerkraft auf der Erde ebenso wie die Planetenbewegungen unter einem einheitlichen mechanischen Gesichtspunkt erklärbar sei (Wirbelhypothese). Nichts verrät den neuen Geist deutlicher als der bekannte cartesianische Satz: »Animalia sunt automata«. Fontenelle sorgte für eine weite Verbreitung Cartesianischer Gedanken.

Mehr und mehr enthüllten sich die Konsequenzen, die sich so ergeben. → Hobbes durchschaute – wohl von → Bacon angeregt –, daß dies alles nur darauf hinauslief, Macht über die Natur zu gewinnen. Denn ihre rationale Konstruktion, in welcher die Mechanik besteht, läßt erst genaue Prognosen und die Beherrschung des Zukünftigen zu. In dieser Absicht, sich durch die Physik zum Herrn über die Welt zu machen, tritt uns etwas gegenüber der Antike und dem MA völlig Neues entgegen; darin spiegelt sich zugleich die Wandlung, die das Verhältnis des Menschen zu Gott seitdem erfahren hat. Auch erkennt man nun, daß → Gott (: V, 15) an den Rand der Schöpfung verbannt ist, wenn er in das mechanische Weltgeschehen nicht mehr eingreifen kann. In ganz Europa verbreitet sich der → Deismus (: III) und lehrt, daß Gott sich zur Natur verhält wie der Uhrmacher zur Uhr. Für → Spinoza ist sogar Gott mit der Weltmaschine identisch. Schließlich vertreten Hartley, Holbach u.a. die Auffassung, daß auch das Seelenleben durch die Physik interpretiert werden müsse.

Dennoch wurde versucht, die alte → Teleologie mit dem neuen Mechanismus zu versöhnen (→ Helmont, → Leibniz, Maupertuis, d' → Alembert u.a.). Untersuchungen über das Problem des Kontinuums überzeugen Leibniz, daß der Raum und mit ihm die Welt der mechanischen Prozesse nur ein Phainomenon sei, das aber durch die Monadenwelt fundiert werde, in der alles voll Leben ist und durch Zweckursachen bestimmt werde. Die → Metaphysik begründet so die Physik, »causae efficientes pendent a finalibus«. Auch → Kant verwendet denselben idealistischen Kunstgriff (→ Idealismus: I), der inzwischen durch → Newton weiter entwickelten Physik die Bedeutung zu nehmen, indem er sie nur für Erscheinungen gelten läßt, für die Welt an sich aber das Wirken nach göttlichen Zwecken, die Freiheit usw wenigstens nicht ausschließt (und sittlich sogar postuliert). Die allgemeinen physikalischen Prinzipien hält er einerseits deswegen für streng gültig, weil sie sich als Bedingungen der Möglichkeit objektiver Erkenntnis und der Einheit des Bewußtseins zu erweisen scheinen; andererseits sind sie aber eben darum → apriori durch das Subjekt in die Natur hineingelegt und nicht aus ihr entnommen.

3. Auf Leibniz, → Shaftesbury, Spinoza stützen sich → Herder, der junge → Schiller und → Goethe (dem Holbachs System »so grau, so totenhaft« vorkam), in denen, weniger bewiesen als dichterisch erschaut, erneut die Auffassung lebendig wurde, daß die Natur ein von einer Weltseele belebter Organismus ist. → Schelling (→ Identitätsphilosophie) hat später versucht, diesen Visionen eine wissenschaftlich-spekulative Grundlage zu geben. → Hegel folgte verwandten Wegen, wenn er die Natur als die Idee in der Form der Entäußerung betrachtet.

4. Die idealistische Spekulation verlor ihre Macht nicht nur wegen ihres Mangels an stringenter Argumentation, sondern vor allem deswegen, weil der Geist des Mechanismus gemäß der Prophezeiung von Hobbes allmählich auch das praktische Leben zu beherrschen begann. Die Umwandlung der Welt durch die Industrialisierung und Technisierung ließ die Naturwissenschaften zu einer Macht ersten Ranges werden. – Mehr in deren Banne, als Philosophen aber Dilettanten, waren die

Materialisten (→ Materialismus: II) Vogt, Büchner, → Haeckel u.a., die sich zT auch durch → Darwin gestützt glaubten. Mit nicht stärkeren Argumenten führte dagegen später Driesch (→ Vitalismus) wieder den Begriff der → Entelechie ein, ohne den er die Eigentümlichkeiten des Organischen für unerklärbar hielt. Aber auch dieser wie jene waren dem naturwissenschaftlich gesinnten Zeitalter zu metaphysisch. Die Auffassung setzte sich durch, daß sinnvolle Aussagen, wenn sie nicht logisch-mathematischen Ursprungs sind, nur den Naturwissenschaften entnommen werden oder deren Grundlagen und Voraussetzungen betreffen können. Die N. wurde so zur → Erkenntnistheorie. Dies erfolgte vor allem zT im Rückgriff auf Kant (→ Neukantianismus), zT auf → Hume (→ Positivismus). Indessen war nur der letzteren Richtung eine weltweite Wirkung beschieden (von Mach und später dem sog. Wiener Kreis ausgehend, verbreitete sie sich vor allem in den angelsächsischen Ländern). Denn da sich mit der erfolgreichen Entwicklung der Naturwissenschaften gezeigt hatte, daß selbst die festesten Fundamente durch neue Erfahrungen in Frage gestellt werden können, entstand der Eindruck, daß jeder und daher auch der kantische Rationalismus widerlegt sei, nach welchem unveränderliche Prinzipien der Naturerkenntnis apriori deduzierbar sind. Echte Wissenschaft glaubte man daher nur auf Erfahrung und die Wahrnehmung stützen zu können. Je weiter indessen die Durchforschung der naturwissenschaftlichen Grundlagenprobleme fortschritt, desto mehr stellte sich heraus, daß der Positivismus unhaltbar ist.

Hierfür war die Entdeckung der nichteuklidischen Geometrien und der Differentialgeometrie von besonderer Bedeutung, welche die dem klassischen Naturbild ungewohnte Frage nach sich zog, ob der Weltraum eine euklidische Struktur hat. Reichenbach zeigte aber in Fortsetzung von Gedanken Poincarés, daß sich grundsätzlich jedes Meßergebnis mit jeder Geometrie vereinbaren läßt, wenn man – was immer möglich zu sein scheint – eine Deformation der Meßinstrumente durch universelle Kräfte anzunehmen bereit ist. Es ist daher erkenntnistheoretisch eine Frage der Konvention, ob man unter apriorischer Voraussetzung einer bestimmten Geometrie ad hoc Hypothesen in die Physik einführen will oder ob man den Bestand an physikalischen Aussagen unverändert läßt und eine andere Geometrie verwendet. So hat sich seit Poincaré die Auffassung verschärft, daß keineswegs alles durch Erfahrung entschieden werden kann, und daß – wie bereits Kant vermutete – apriori vorausgesetzte Konstruktionen in der naturwissenschaftlichen Erkenntnis eine entscheidende Rolle spielen. Allerdings werden diese Konstruktionen jetzt nicht mehr notwendig, wie Kant noch behauptete, durch das Wesen der Subjektivität als einmalig festgelegt betrachtet. So hob Duhem den idealen, abstrakten und symbolischen Charakter der physikalischen Theorienbildung hervor und bestritt, daß physikalische Gesetze wahr seien. Ähnlich behauptet Popper, daß die Wissenschaft weder Wahrheit noch Wahrscheinlichkeit erreichen könne, während Dingler den Prinzipien der Physik nur methodische, nicht »ontologische Bedeutung« zuspricht.

5. Indessen hatten sich tiefgreifende Veränderungen in der Physik vollzogen. Auf Grund der Schwierigkeit, die Probleme der Elektrodynamik mit klassischen Mitteln zu lösen, entwickelte → Einstein seine spezielle → Relativitätstheorie, die er zur allgemeinen erweiterte, als sich zeigte, daß seine Konzeption sonst vor der Gravitationstheorie versagen würde. Die klassische Lehre von der Euklidizität des Raumes und des Wirkens von Gravitationskräften ersetzte er durch diejenige eines vierdimensionalen Riemann-Raumes, in dem die Weltlinien der Körper geodätische Linien sind. Es zeigt sich aber, daß damit nur ein methodischer Vorteil errungen und keineswegs bewiesen wurde – wie Einstein glaubte –, daß der Raum »wirklich« gekrümmt sei. Damit haben sich die von Poincaré ausgehenden Tendenzen weiter verstärkt. – Auch aus der relativistischen Masse- →Energie-Gleichung darf man nicht den beliebten falschen Schluß ziehen, die → Materie sei hierdurch »geistig« geworden.

Die Sensation, die Einstein hervorgerufen hatte, wurde beinahe durch diejenige der Quantenmechanik in den Schatten gestellt. Sie lehrt, daß physikalische Bestimmungsstücke keinen vom jeweiligen Beobachtungszusammenhang unabhängigen Sinn haben, was im Formalismus der Quantenmechanik durch die ψ-Funktion ausgedrückt wird. Wenn daher prinzipiell Ort und Impuls eines Elektrons nicht gleichzeitig feststellbar sind, sondern nur eins von beiden, so sind auch seine zukünftigen Zustände als prinzipiell indeterminiert aufzufassen (Heisenberg). Damit verknüpfte sich die Auffassung, daß nunmehr das Kausalprinzip (→ Kausalität: I) erschüttert sei, und es fehlte auch nicht an Versuchen, so die Möglichkeit der Freiheit zu beweisen. Man wird aber beachten müssen, daß das Kausalprinzip auch heute noch in Strenge gilt, sofern jedes physikalische Experiment überhaupt klassisch interpretiert werden muß, soll es einen objektiven Sinn haben. Auch sollte man die Schwierigkeiten nicht unterschätzen, denen die Quantenphysik immer noch gegenübersteht und die sich noch weiter zu verschärfen scheinen (Paradoxien des Zeitbegriffs u.a.). Die Krisis der modernen Physik als Ganzes zeigt sich aber vor allem darin, daß zwischen Relativitätstheorie und Quantenmechanik noch keine Brücke geschlagen werden konnte.

Damit zusammenhängend tritt trotz aller praktischen Erfolge die Besinnung auf die erkenntnistheoretischen Grundlagen der Physik immer stärker hervor. Es scheint sich, wenn auch im einzelnen gewandelt, die Kantische Grundidee allmählich durchzusetzen, daß wir es in gewissem Sinne selbst sind, welche der Natur die Gesetze vorschreiben. Diese Auffassung erhält jetzt um so mehr Gewicht, als sie sich heute weniger aus freischwebenden Reflexionen über Möglichkeit und Wesen von Bewußtsein und Erfahrung überhaupt, sondern aus einer strengen Analyse des Aufbaus physikalischer Theorien, der Struktur der Naturgesetze und den Bedingungen des Experimentes direkt entwickeln läßt. Dem widerspricht nicht, daß ihre Wegbereiter – Duhem, Poincaré, Dingler, Popper – in Einzelheiten noch stark voneinander abweichen und keineswegs unangreifbar sind. Poincarés Arbeiten in dieser Hinsicht sind kaum mehr als ein Aperçu; Dingler ist nicht frei von Dogmatismus, wenn er über die einzig mögliche physikalische Methode zu verfügen meint und die durch sie gewonnenen generellen Sätze der Physik für unwandelbar hält; nicht überzeugender ist Poppers These, daß das Prinzip der Physik nicht die Induktion, sondern das experimentelle Scheiternkönnen einer Theorie sei, denn es gibt kein Experiment, das nicht mindestens mit dem Gebrauch der hierzu erforderlichen Instrumente das Induktionsprinzip voraussetzt. Trotz vieler noch ausstehender Schwierigkeiten enthüllt sich die Physik aber immer mehr als eine ideal-symbolische Konstruktion von großer praktischer Bedeutung, die nur nicht beanspruchen darf, ein auch nur angenähertes »Bild« von der »wahren Wirklichkeit« zu geben (transzendentaler Realismus). Diese Wirklichkeit könnte auch nicht durch physikalische Gesetze an sich bestimmt sein; denn dieser Ausdruck wird zu einem leeren Wort, wenn wir ihm den uns verständlichen

Sinn nehmen, der physikalische Naturgesetze zugleich untauglich dazu macht, eine Geltung an sich zu besitzen.

Kant hat noch die Welt der Erscheinung mit derjenigen der Physik gleichgesetzt; für ihn waren Newtons Principia und die euklidische Geometrie wahr, wenn auch in eingeschränktem Sinne – aber nicht einmal dies läßt sich mehr behaupten. Es erscheint daher sinnvoll, wenn man heute versucht, der sog. Lebenswelt und dem ihr eigenen Naturbild ihr eigenständiges Recht wiederzugeben. Es ist aber schwierig, aus ihr sowohl mythische Elemente zu eliminieren – die durch die Entmachtung der Physik nicht wiederbelebt werden dürfen – wie auch die Physik selbst, von der diese Lebenswelt doch – als ein historisches Phänomen – heute immer mehr bestimmt wird. So hat mit der Überwindung der ontologischen Auffassung der Physik ein neues Suchen nach dem wahren Bild der Natur überhaupt erst begonnen.

Vgl. die Lit. zu → Naturgesetze. Ferner: H.Poincaré, La science et l'hypothèse, (1902) 1943; dt. 1928^{4} – E.Mach, Erkenntnis u. Irrtum, (1905) 1926^{5} – E.Cassirer, Das Erkenntnisproblem I–III, (1906 bis 1920) 1922/23^{2,3}; IV, 1957 – Ders., Zur modernen Physik, 1957 – P.Duhem, Le système du monde, 5 Bde, 1913–17 – C.F.v. Weizsäcker, Zum Weltbild der Physik, (1943) 1958^{7} – M.Hartmann, Die philos. Grundlagen der Naturwissenschaften, (1948) 1959^{2} – N.Hartmann, Philos. der Natur, 1950 (Lit.) – Th.Litt, Naturwiss. u. Menschenbildung, (1952) 1959^{3} – H.Feigl, Readings in the Philosophy of Science, 1953 (Lit.) – H.Lange, Gesch. der Grundlagen der Physik, 1954 – E.J.Dijksterhuis, Die Mechanisierung des Weltbildes, dt. 1956 – G.Hennemann, N. im 19.Jh., 1959.

K.Hübner

Naturrecht

I. Profanes Naturrecht – II. Christliches Naturrecht. – N. = Naturrecht, n. = naturrechtlich, R. = Recht. – Vgl. → Recht, → Rechtsphilosophie

I. Profanes Naturrecht

1. Unterschied des profanen zum christlichen N.sgedanken – 2. Problematik – 3. Geschichte – 4. Gegenwärtige Diskussion

1. *»Profan«* erscheint der *N.sbegriff* dort, wo er vom Postulat der geistigen und sittlichen → Autonomie des Menschen her gedacht ist; nicht schon da, wo er »wissenschaftlich« (empirisch oder rational) gebildet wird. Sein *Unterschied zum christlichen N.sgedanken* (→ Naturrecht: II) ist also nicht der von gnostischem und szientistischem Denken, vielmehr der von theologischer und philosophischer Daseinsbegründung. Diese zwiefache Begründung von N. wird polemisch, wo profanes N. sich christlichem gegenüber absolutiert oder beide sich für unvereinbar halten. In Wahrheit entsprechen sie sich dialektisch: theologische und philosophische R.sbegründung fordern und ergänzen einander. Kämpferische Entgegensetzung, völlige Auseinandersetzung, verschmelzende Ineinssetzung, verschleifende Harmonisierung, entwesende Neutralisierung dieser Fundamentaldialektik des → Rechts würde deshalb weder dem christlichen noch dem profanen N.sgedanken gerecht. – Historisch erwuchs profanes N. zuerst in kämpferischem Sichabsetzen vom mythologischen Denken zur Zeit der Sophistik, was sich im Ringen der patristisch-scholastischen mit der antiken Philosophie um die Einheit des theologisch-philosophischen Natur- und R.s-Bildes noch spiegelt. In wechselseitiger Abhängigkeit stehen »Moraltheologie« und »Vernunft-R.« im 17., deistisches und atheistisches N. im 18.Jh. Der Gegensatz schwindet im 19.Jh. in gemeinsamer Abwehr des historischen und soziologischen Positivismus. Im 2. Viertel des 20.Jh.s erneut sich das Ringen, wo agnostische Ideologien der Klasse oder der Rasse auftreten. Seit 1945 vermindert sich die Spannung zwischen christlichem und profanem N. mit wachsendem Verständnis für ihre Zusammengehörigkeit in der Einheit von theologischer und philosophischer Existenz.

2. Die *Problematik* des N.sgedankens wird aus folgenden Erwägungen einsichtig:

a) Alles Gespräch über N. geht vom *Gefühl* aus, meint »erlebtes« R. Deshalb kann N. weder durch Erfahrung und Einsicht erschöpfend beschrieben noch durch Argumente existentiell bewiesen werden, auch nicht auf eine Tradition oder Autorität gestützt sein. Selbst wer am N. zweifelt oder es leugnet, spürt seine Forderung. Wir alle sind »geborene N.sjuristen«, gab der eifrigste Verfechter des → Positivismus (Bergbohm) einmal zu. – Darum geht N. alle Menschen an. Es ist kein Fachbereich der Juristen, Philosophen oder Theologen allein. Hierin zeigt sich ein auf N. *Angelegtsein* des Menschen: seine Fähigkeit, »sich immer ins Rechte zu denken«, auch ohne vorherigen Unterricht. Das Problem des N.s ist aber auch für jeden Menschen ein eigenes. Seiner Persönlichkeit soll »ihr« R. werden. Aus seiner individuellen und sozialen Natur leitet er R. ab. Darüber hinaus transzendiert das N. die Ordnung des Selbst, der Art, der Gattung ins Kosmische.

b) Infolge seiner Bezogenheit auf das Ganze des menschlichen Daseins kann und muß *methodisch vielseitig* nach N. gefragt werden. Aber auch das Erfragte ist ein anderes je nach der Tiefenschicht personal-sozialen Seins, dessen natürliche Ordnungsstruktur erforscht werden soll. – Die Frage des *Juristen* nach dem N. geht auf ein praktisch-kritisches Ziel: N. soll positives R. legitimieren, limitieren und dirigieren, ihm Weisung geben. Der Gesetzgeber sucht eine höhere Norm, die seine Zwecke beglaubigen soll. Der Richter sucht eine verbindliche Leitlinie für seine R.sanwendung; bes. dort, wo das Gesetz lückenhaft, fehlerhaft, unzulänglich oder ungerecht sich erweist. Der Verwaltungsbeamte braucht Richtschnuren für sein »pflichtgemäßes Ermessen«, damit der Willkür behördlich-bürokratischer Observanz gewehrt werde. Das »selbstgeschaffene R.« (Grossmann-Doerth) wirtschaftlicher Machtgebilde soll auf Sachgerechtigkeit hin geprüft, verantwortungsloser Kautelarjurisprudenz durch eine rechtsgrundsätzlich erzogene und kontrollierte Anwaltschaft vorgebeugt werden. – Die Frage des *Philosophen* nach dem N. geht auf ein theoretisch-systematisches Ziel: N. soll eine allgemein verbindliche, oberste R.sidee sein, die den Grundwert aller zeitlich-örtlich wechselnden R.sideale erkennen läßt. – Die Frage des *Historikers* nach dem N. geht auf ein wissenschaftskritisches Ziel: N. soll im Zusammenhang der Geistesgeschichte bestimmt, in seiner historischen Bedingtheit erfaßt werden. – Die Frage des *Ethikers* nach dem N. geht auf ein pädagogisches Ziel: N. soll sittliche Kriterien für wahres R. im Unterschied zu bloß scheinbarem Sich-für-Recht-ausgeben aufstellen, was sozialer Erziehung zu gerechtem Verhalten den Grund legt. – Die Frage des *Politikers* nach dem N. geht auf die Rechtfertigung von Verfassungsmodellen und -institutionen: N. soll (konservativ) zur Erhaltung von Machtpositionen dienen, oder es soll (revolutionär) Machtveränderungen begründen.

c) Dieser methodischen Vielseitigkeit der N.sfrage entspricht die *Mehrdeutigkeit des Positivismus,* von dem N. (in der heutigen Diskussion) sich abheben soll. Dem praktisch-juristischen Positivismus gegenüber bedeutet der N.sgedanke die Idee eines übergesetzlichen R.s; N. ist dann gerechtes R. Dem soziologisch-pragmatischen Positivismus gegenüber bedeutet der N.sgedanke die ethische Begründung und Begrenzung des R.s; N. ist dann sittliches R. Dem theoretisch-philosophischen Positivismus gegenüber bedeutet der N.sgedanke die Forderung eines lebensrichtigen, der »Natur der Sache«

gemäßen R.s; N. ist dann zweckentsprechendes R. Dem historisch-psychologischen Positivismus gegenüber bedeutet der N.sgedanke die logische Grundstruktur eines denknotwendigen R.s; N. ist dann richtiges R. Dem politisch-ideologischen Positivismus gegenüber behauptet die N.sidee das von Verfassungskrisen unberührbare Grundrechtsgefüge; N. ist dann identisch mit → Menschenrechten. Dem atheistisch-irreligiösen Positivismus gegenüber verteidigt der N.sgedanke die metaphysische Grundlage des R.s; N. ist dann gerechtfertigtes R.

d) Die größte Problematik des N.s erkennen wir in seiner *Abhängigkeit von den Begriffen »Natur« und »R.«*. Jeweils bedingt von einer der vielen Kombinationsmöglichkeiten, welche die Vieldeutigkeit dieser Begriffe erlaubt oder erzwingt, ergeben sich vielfältige, sich oft überschneidende oder widersprechende *Theorien des N.s:* Wo *Natur* als Individualität im Sinn von Wesenseigenart gedacht ist, folgt daraus N. als Inbegriff individueller rechtlicher Existenz (»Daseins-R.«). Wo Natur als Originalität im Sinn der Ursprünglichkeit gedacht ist, folgt daraus N. als »Urordnung«. Wo Natur als Echtheit im Sinn der Unverdorbenheit gedacht ist, folgt daraus N. als Ordnung des Unschuldsstandes. Wo Natur als Kausalität im Sinn der Wesensnotwendigkeit gedacht ist, folgt daraus N. als Naturgesetzlichkeit empirischer Art. Wo Natur als Rationalität im Sinn von Vernunftnotwendigkeit gedacht ist, folgt daraus N. als Vernunftgesetzlichkeit logischer Art. Wo Natur als Idealität im Sinn von geistiger Natur gedacht ist, folgt daraus N. als absolute R.sidee. Wo Natur als Kreatürlichkeit im Sinn von Schöpfung gedacht ist, folgt daraus N. als Schöpfungsordnung. Wo Natur als Realität im Sinn von Sachnatur gedacht ist, folgt daraus N. als Sachgerechtigkeit. Wo Natur als Vitalität im Sinn von Triebnatur gedacht ist, folgt daraus N. als »R. des Stärkeren« - oder auch der »Schwächeren« (Unterdrückten). Wo Natur als Sozialität gedacht ist, folgt daraus N. im Sinn von Zeitgerechtigkeit.

Wo → *Recht* als Ordnung (objektives R.) verstanden wird, folgt daraus N. als lex naturae, gestaltet zum Lehrsystem oder zum Gesetzgebungsmodell. Wo R. als Anspruch (subjektives R.) verstanden wird, folgt daraus N. als ius naturae im Sinn von angeborenen (primären) oder aus dem objektiven N. entsprungenen (sekundären) R.sgarantien. Wo R. als Volksüberzeugung verstanden wird, folgt daraus N. als Billigkeit (im Sinn volkstümlicher Wertung). Wo R. als R.sgefühl verstanden wird, folgt daraus N. als individual- oder sozialpsychologische Tatsache. Wo R. als objektive Gerechtigkeit verstanden wird, folgt daraus N. entweder als relativ gültiges, materiales R.sideal oder als absolut gültige, formale R.sidee. Wo R. mit Nützlichkeit gleichgesetzt wird, folgt daraus N. als (persönliches oder kollektives) »R. auf Glück«. Wo R. als Sekurität gewertet wird, folgt daraus N. als Inbegriff staatlichen R.schutzes. Wo R. als Traditionsordnung aufgefaßt wird, folgt daraus N. als »gutes altes R.«. Wo R. als Soziabilität (Einordnungsfähigkeit) begriffen wird, folgt daraus N. als soziale Spielregel.

e) *Synoptische Konkordanz* dieser Problemvielfalt ergibt: der Begriff des N.s ist mehrdeutig, jedoch nicht willkürlich. Seine Formung folgt den philosophischen Grundfragen. Ontologisches N. entwickelt die Lehre vom wirklichen R. (Dasein von R.). Ethisches N. entwickelt die Lehre vom guten R. (Gesolltsein von R.). Logisches N. entwickelt die Lehre vom richtigen R. (R.sbewußtsein). Metaphysisches N. entwickelt die Lehre vom wahren R. (Gerechtfertigtsein). - Insofern entfaltet sich ein *dialektischer Grund-Sinn der N.slehre*, der ihre Divergenzen als *Einheit in der Unterschiedenheit* erkennen läßt. In ihr darf und muß N. sich mehrseitig entfalten.

f) Seine *Funktion* dagegen ist eindeutig und immer dieselbe: es dient der Begründung, Begrenzung und Weisung von positiv-historischem, menschlichem R.; es ist seine kritische Richtschnur.

3. Demzufolge kennt die *Geschichte der N.slehre* keinen kontinuierlichen Fortschritt, nur eine Wiederkehr der gleichen Sachprobleme und -fragen. Immerhin lassen sich Epochen zentraler Bedeutung, wo das N. zur vorbildlichen »Gestalt« geworden ist, abheben von Zeiten geringer Wirkungskraft seiner »Idee«.

a) Zuerst hat die *griechische* R.sphilosophie N. als φύσει δίκαιον (natürlich Rechtes) gedacht und es als das im Menschenwesen angelegte, dem νόμῳ δίκαιον (positiv Rechten) den Grund legende und die Grenzen setzende Richtmaß bestimmt. Dichterisch hat schon Homer zu verstehen gelehrt, was einem jeglichen sein Wesen fügt, gründet und bindet (θέμις) und seinem Wesen nach zukommt (δίκη). Hesiod mahnte zur Achtung vor dem gemeinsam Rechten (τὸ δίκαιον), das allen Menschen, im Unterschied zu den Tieren, gebühre. Anaximander und → Heraklit dachten anfänglich den Gedanken: alles Seiende ist (als solches wie im ganzen) im R. und deuteten Δίκη als kosmische Ordnung. Sophokles dichtete das ungeschrieben Verbindliche (νόμος ἄγραφος), und Euripides hat alle Stände oder Völker für naturhaft gleichberechtigt erkannt. Protagoras löste das natürlich-menschliche vom mythisch-göttlichen R. Hippias verlangte, daß der politischen Ordnung (νόμος πολιτικός) nichts Naturwidriges anhafte. Antiphon machte das N. zu einer auch im Krieg verpflichtenden panhellenischen Sitte. Nach Thrasymachos gründet alles N. in der physischen wie sozialen Ungleichheit. Kallikles fand es dementsprechend im »R. des Stärkeren«; so begründet es die Tyrannis. Die Rhetoren suchten es dagegen bei der Masse der sozial Schwächeren und entdeckten in ihm eine Begründung der Demokratie. Die Stoiker (→ Stoa) lehrten den Unterschied von »erstem« N. der Triebe als Naturgesetz und »zweitem« N. der Vernunft als »Sittengesetz«; Kleanthes formulierte daraus eine Ordnungslehre der Weltvernunft und des Kosmopolitismus. In Anlehnung an die über Panaitios und → Cicero ins *lat. Denken und röm. R.* gebrachte Tradition dieser »naturalis ratio« als R.*serkenntnis*quelle gelangte N. zuerst ins spätklassische (Ulpian), dann ins byzantinische R.; Justinian erklärte es zur verpflichtenden R.squelle.

b) Im 16.Jh. begann eine *neue Entwicklung* des profanen N.sgedankens. Mag man die humanistischen R.sdenker rückblickend mit ihren Vorläufern (der »Schule von Salamanca« auf kath., → Oldendorp und → Althusius auf reformatorischer Basis) verbinden oder vorlaufend sie mit → Rationalismus und → Aufklärung verknüpfen; mag man sie periodisch in Systematiker, Analytiker und Synthetiker aufgliedern (Thieme) oder insgesamt dem »Vernunft-R.« eingliedern (Wieacker) - gewiß ist, daß vom 17. bis zum Ende des 18.Jh.s nicht nur die führenden Lehrsysteme des N.s entstanden, die (zwar Traditionen des christlichen N.s übernehmend, zuletzt aber sie doch verdrängend) in den n.en Gesetzgebungswerken in Preußen (Svarez) und Österreich (Zeiller) sich durchgesetzt haben, sondern darüber hinaus das profane N. *die* Philosophie der Zeit geworden ist. Nicht nur das Wesen des R.s dachten die N.ler menschlich - sie faßten den Kern des Menschenwesens im R.: Rechtlichkeit ist für sie Menschlichkeit, Menschsein Imrechtsein. Aus diesem Axiom erwuchs die profane N.slehre zur *sozialen Anthropologie*.

Hugo → Grotius nahm zwei menschliche Grundanlagen als Quellen des N.s an: den appetitus societatis, aus dem das ius naturale strictum der Institutionen der Ehe, des Eigentums, des Vertrags, der Strafe u.a. fließen; ferner die infirmitas (Bedürftigkeit), aus welcher das ius naturale laxius stammt, das nicht unabdingbar ist, sondern sich nach der utilitas richtet. Diese natürlich-vernünftige Soziabilität des Menschen ruht aber bei Grotius noch auf theologischem Grund; auch wenn er den scholastischen Satz, wonach das N. auch gelten würde, wenn kein Gott wäre oder wenn er sich um die Menschen nicht kümmerte, in zugespitzter Form wiederholt hat. Auch → Pufendorf hat das N. noch nicht völlig »entbibelt«, nur vom luth. → Aristotelismus (, 2 e) der Zeit (Alberti) gelöst und mit der Verfassungslehre des Absolutismus verbunden. N. ist bei ihm die soziale Pflichtenlehre, ihre Grundlagen sind die (nicht biologisch, sondern) ontologisch-soziologisch verstandene socialitas und imbecillitas (die Unfähigkeit, nur autonom zu leben). Beeinflußt war er nicht nur von Grotius, sondern auch von → Hobbes, der Furcht und Besitzgier des Urstandes als Entstehungsgründe des status civilis behauptete. Um das bellum omnium contra omnes im chaotischen Ursprung der Menschheit zu überwinden, bedurfte es nach Hobbes der rational geordneten politischen Macht, unumschränkt »like a mortal god«. Alles N. ging durch den Unterwerfungsvertrag in sie ein, doch gewährte dafür der »Leviathan« (Staat) dem einzelnen Schutz seiner Privat-R.e.

c) Nachdem Grotius (von Barbeyrac übersetzt) in Frankreich über Domat zur Wirkung kam, was noch in den Entwürfen zum → Code Civil spürbar ist, entwickelte sich in Italien durch Filangieri eine profane N.slehre. In England gewannen Grotius und Pufendorf erst über Blackstone, über Wise auch in den USA Einfluß. Die deutsche profane N.slehre haben → Thomasius und Chr. → Wolff in abschließende Form gebracht. Beide faßten N. subjektivistisch-voluntaristisch auf als vernünftige Selbstordnung des Menschen, die seiner Vervollkommnung (»Glückseligkeit«) dient. Das objektiv gestaltete System sozialer Pflichten wurde so in den Dienst des individuellen Glücksstrebens gestellt, endlich zum Inbegriff unaufgebbarer politischer Grund-R.e des Bürgers gegen den Staat umgedacht.

d) Als Garant dieser → Menschenrechte und somit als eine äußere Sicherung innerer Selbstgesetzgebung hat → Kant (beeinflußt von den Wegbereitern der französischen Revolution) eine N.slehre der Individualfreiheit *vom* Staat, der so zum R.sstaat wird, entwickelt. → Fichte verwandelte sie in ein N. der Persönlichkeitsfreiheit *zum* Staat, der so zum Erziehungsstaat wird. → Hegel sah wahres N. in der Tatfreiheit *für* den (als objektiv-sittliche Person gedachten) Staat, der so zum Machtstaat wird. → Schelling sublimierte den Grundgedanken des → Idealismus (: II), wonach Natur = Freiheit ist, zur Idee der Geistesfreiheit *durch* den Staat, der so zum Kulturstaat wird.

e) In Frankreich durch → Rousseaus n.e Kritik der Zivilisation revolutionär geworden, verband sich der N.sgedanke in England bei → Bentham und Adam → Smith mit dem ökonomischen → *Liberalismus*, später diente er (vermittelt durch den »Krausismo«) in Spanien dem politischen Liberalismus. Eine noch stärker wirkende politische Sprengkraft entwickelte der profane N.sgedanke, als Babeuf und → Saint-Simon die altüberlieferte n.e Lehre vom »sozialen Entwicklungsgesetz« ins Radikal-Revolutionäre wandten und einen »Endzustand« der Gesellschaftsordnung als natürlich zukommend prophezeiten, den → Marx als Diktatur des → Proletariats proklamierte. Unabhängig von der hiermit beginnenden Geschichte der modernen *sozialistischen* N.slehren hat die von Jhering inaugurierte soziologische R.sschule n.es Denken neu angeregt; es ist über die Freirechtsbewegung und Interessenjurisprudenz bis heute wirksam geblieben.

4. Seit 1920 sprach man von einer »Renaissance du droit naturel« (Charmont). Längst auf ihrem Höhepunkt angelangt, bereits wieder ihrer Antiklimax zueilend, ist diese Erneuerung des profanen N.s (im Unterschied zu der des christlichen N.s) heute in mancher Hinsicht problematisch geworden.

Wenn 1930 (RGG² IV, 451) gesagt werden konnte: die jüngere Generation der deutschen R.swissenschaft stehe »gegen den Historismus und Positivismus in geschlossener Front«, sie entnehme »ihr Rüstzeug n.en Gedankengängen«; wenn damals die Prognose gewagt werden durfte: das N. werde »in der Zukunft eine glorreiche Auferstehung feiern«, so ist gegenwärtig - trotz Thiemes (1947 geschriebenem) Satz: »Wir leben heute erst im Anbruch der Morgenröte, aber ein neuer Tag des N.s wird sicherlich erscheinen« - eher die Voraussage indiziert, daß eine neue Periode der »ewigen Wiederkehr des R.spositivismus« (Lang-Hinrichsen) bevorstehe.

a) Das scheint uns nicht zuletzt bedingt zu sein durch die treibhausartig rasch und künstlich seit 1945 in Europa erblühte und von da nach Übersee verpflanzte N.s-Erneuerung, die man nicht zu Unrecht als »Hochrenaissance« bezeichnet und kritisiert hat (Gutzwiller). Historisch leider weithin noch unzureichend fundiert, philosophisch vielfach ungenügend durchgebildet, manchmal bloß in Gestalt untauglicher Repristinations-Versuche längst unwirksam gewordener N.sideale früherer Zeiten, hat diese unkritisch-naive N.s-Begeisterung (bes. in Deutschland) nicht nur in die → Rechtsphilosophie Eingang gefunden, sondern auch rechtsdogmatische Monographien beeinflußt; mehrfach auch sich in wenig überzeugenden Raisonnements gerichtlicher Urteilsbegründungen ausgewirkt. Politische, wohl auch konfessionalistische Standpunkte eng umgrenzter Art konnten sich daher allzu leicht für allgemein verbindliche N.sgrundsätze ausgeben und bereiteten so einer neopositivistischen Reaktion den Boden, gaben ihr billige Argumente gegen n.es Denken innerhalb der Jurisprudenz überhaupt.

b) Was der profane N.sgedanke in dieser heutigen Lage braucht und was er noch leisten kann, wäre: in konsequentem Vollzug der mit unserer geschichtlichen Situation aufgegebenen und unaufhaltsamen *»Verwissenschaftlichung«* des gesamten R.slebens den ihm wesenseigenen Ansatz zu vollenden. Profanes N. muß sein Programm zu Ende bringen, indem es die neuen, von Psychologie, Soziologie und Anthropologie erarbeiteten Bilder der menschlichen Natur zu einem jeweils entsprechenden R.sbild ausformt. Nur so vermöchte es, seine immer gleiche Funktion: das historisch gegebene positive R. kritisch zu legitimieren, zu limitieren und zu dirigieren, aktuell wahrzunehmen. Mit gutem Grund wird heute in diesem Sinn eine tiefere Verbindung von »N. und Geschichtlichkeit« (Arthur Kaufmann) gefordert.

Der jeweils dem geistigen Leben der Gegenwart existentiell verpflichtenden Ausdruck gebenden *Philosophie* kommt dabei die Aufgabe zu, der N.slehre die Grundworte und Leitgedanken zu geben. Insofern hat das gegenwärtige Bemühen um eine, den Ansätzen der → Existenzphilosophie gemäße, *ontologische Neubegründung des profanen N.s*, mit dem Ziel einer sach- und zeitgerechten Lehre vom *»konkreten N.«* (Maihofer) ein echtes Anliegen. Sie ist aber auch nicht gleichsam »traditionslos«, weil sie dabei an die alte Lehre von der »Natur der Sache« anknüpfen kann. Das ist ein Gedankenzug, der von der »natura rei« als Leitbild im röm. ius gentium über → Isidor von Sevilla zu den spanischen R.sdenkern des »siglo de oro« mit ihrer Lehre von der rechtlich verpflichtenden »natura obiecti« geht. Seine Weiterbildung über Pufendorf und → Leibniz bis zu Savigny, Runde und Dernburg hat dem »Gemeinen R.« des 19.Jh.s laufend Ersatz für das ältere N. geboten. Heute findet er in Deutschland bei jüngeren R.sphilosophen (Stratenwerth), aber auch in Italien und Frankreich, starke Beachtung.

c) *Neubesinnung auf das N.* ist stets ein Zeichen gesunder Reaktion wider den Verfall des R.sglaubens und die damit verbundene Schwächung des öffentlichen wie des privaten R.sgewissens. Wir beobachten sie heute nicht von ungefähr. Das Vertrauen in das Ethos des positiven R.s schwindet, es ist nicht nur in Europa seit der Jahrhundertwende, sondern auch in den von europäischer Kultur geformten Überseeländern gründlich erschüttert. Der Ruf nach übergesetzlich verbindlichen Richtschnuren der Sozialordnung wird dringender und lauter. Will die profane N.slehre ihre alte Aufgabe: wissenschaftlich einsichtige, das intellektuelle Gewissen verpflichtende Grundstrukturen des sozialen Daseins aufzuweisen, wirksam erfüllen, so muß sie diesen Ruf ernst nehmen und ehrlich bereit sein, sich und ihre Geschichte neu in Frage zu stellen.

K.Bergbohm, Jurisprudenz u. R.sphilosophie, 1892 - L.Nelson, Die R.swiss. ohne R., (1917) 1949² - G.delVecchio, Il concetto della natura e il principio del diritto, 1922² - W.Eckstein, Das antike N. in sozialphilos. Beleuchtung, 1926 - H.Kelsen, Die philos. Grundlagen der N.slehre u. des R.spositivismus, 1928 - RGG² IV, 445ff (Erik Wolf) - H.Thieme, Das N. u. die europ. Privatrechtsgesch., (1947) 1955² - E.Reibstein, Die Anfänge des neueren Natur- u. Völker-R.s, 1949 - H.Welzel, N. u. materiale Gerechtigkeit, (1951) 1955² - F.Wieacker, Privatrechtsgesch. der Neuzeit, 1952 - L.Strauss, Natural Right and History, 1953 - W.Maihofer, R. u. Sein, 1954 - A.P.d'Entreves, Natural Law, 1955² - Erik Wolf, Das Problem der N.slehre, (1955) 1959² - G.Stratenwerth, Das rechtstheoret. Problem der Natur der Sache, 1957 - A.Kaufmann, N. u. Geschichtlichkeit, 1957 - R.Marcic, Vom Gesetzesstaat zum R.sstaat, 1957.

Erik Wolf

II. Christliches Naturrecht

1. Anfänge - 2. Augustin - 3. Thomas - 4. Reformation - 5. Kath. und ev. Gegenwart

1. Das christliche N., das seit → Konstantin auf dem Weg über die aequitas des Herrschers in der Stufenfolge: aequitas - iustitia - humanitas - religio mit legitimierender und normierender Funktion, revolutionärer wie konservativer Wirkung auch in die R.spraxis Einzug hält, damit zugleich die Schranken zwischen R., Sittlichkeit und Religion beseitigt, knüpft im wesentlichen an das stoische → Naturrecht (: I, 3 a) an. Seine Quellen sind biblische Überlieferung und spätantike, vorwiegend stoische Lebens- und R.sphilosophie. Die Voraussetzungen seiner Ausbildung sind: a) die Interpretation des spätantiken Verständnisses von Welt bzw. »Natur« in ihrer immanenten Ordnung durch den Gedanken der Schöpfung in Richtung auf einen den Ordnungswillen Gottes abspiegelnden Kosmos; b) die Eintragung der spätantiken Anthropologie, die den Menschen als vernünftiges und auf Sozialität angelegtes Wesen begreift, in die biblische Sicht des Menschen als (gefallenes, aber der Wiederherstellung fähiges) Geschöpf Gottes; c) die drängend werdende Frage nach den bestimmten Inhalten des »neuen Gesetzes« (Joh 13, 34) angesichts der relativen Dürftigkeit des NT an entsprechenden Aussagen; d) im Zusammenhang damit gewisse Ansatzpunkte für die enge Verbindung evangelischer mit vorzugsweise stoischer »natürlicher« Ethik, wie zB die → »Goldene Regel« (Apg 15, 20; Mt 7, 12), zT auch die sog. Haustafeln (→ Formen: II, 2 d), bes. die paulinische Bezugnahme auf ein natürliches Gewissensgesetz (Röm 1f; Apg 17; → Gewissen, 2). Entscheidend ist die stoisch ausgeformte Anthropologie, derzufolge der den Menschen als solchen bestimmende → Logos aus der in der Schönheit und Zweckmäßigkeit des Kosmos sich manifestierenden Weltvernunft stammt, und für den es daher gilt, »in Übereinstimmung mit der Natur«, mit dem inneren logischen Gesetz der Allnatur zu leben. Diese Grundkonzeption begegnet in verschiedenen Variationen, für das Abendland bes. wirksam in der Ciceronischen humanitas als der neuen Deutung des altröm. Virtus-Ideals, und wirkt sich zB in der für das MA maßgeblichen Definition der → Person durch Boethius (persona est naturae rationalis individua substantia) aus. Die grundlegende substantiale Anteilhabe des Menschen am göttlich-kosmischen Logos realisiert sich im Blick auf menschliches Zusammenleben in der Achtung des Nächsten als Menschen (Seneca: homo sacra res homini) in unterschiedsloser Weise, christlich umgedacht: die Nächstenliebe ist deshalb und insofern verbunden mit der Gottesliebe, weil und sofern der Nächste »natürliches« Ebenbild (imago) Gottes ist. Insofern ist sie im Grunde selbst »natürlich«, n. Auf dieser Linie erscheint die nova lex Christi als Enthüllung und Bestätigung des alten, ursprünglichen und allgemeinen Gottesgesetzes, der göttlichen lex naturae, des den Kosmos durchwaltenden, als → Vorsehung begriffenen, religiös gelegentlich als Zeus benannten Weltgesetzes. Es wird in verschiedener Weise in christlicher Rezeption gleichgesetzt mit der lex divina, dem göttlichen Gesetz des Schöpfers, das im Gesetz des AT sich, in Form positiven R.s relativiert, ausspricht und im »Gesetz Christi« (Gal 6, 2) bzw. im »vollkommenen Gesetz der Freiheit« (Jak 4, 25) wieder in seiner reinen Gestalt erscheint und sanktioniert wird. Von daher ist christliches N. in jeglicher Spielart im Grund Schöpfungsordnungsontologie.

Dem rechtsmetaphysischen und anthropologischen Ansatzpunkt des stoischen N.s begegnen zahlreiche Scheinparallelen im Bereich jenes christlichen Denkens, das, wie bei den → Apologeten, bemüht ist, die neue Botschaft zu einer allen anderen überlegenen zeitgemäßen Lebensphilosophie umzuformen und darum den (Logos-)Christus mit dem weltvernünftigen und weltgestaltenden Logos stoischer Theologie gleichzusetzen. Unterschiedlich geschieht das bei → Justin und → Clemens Alexandrinus, aber auch bei → Irenäus und → Tertullian. In verschiedener Weise wird hier der antike Gedanke vom ungeschriebenen R., das ausgleichend das gesetzte ius strictum korrigiert und ergänzt, mit dem »den Heiden ins Herz geschriebenen« Gesetz (Röm 2, 14) identifiziert und zum Gesetz Christi in Beziehung gebracht, in der voraugustinischen Theologie auch bei → Cyprian, → Lactantius und bes. bei → Ambrosius.

2. Die erste entscheidende Systematisierung des christlichen N.s nimmt → *Augustin* vor. Er kennt eine einzige, ewige, mit Gottes Vernunft und Willen identische lex aeterna, die, an Ordnung, Frieden und Schönheit in der Schöpfung ablesbar, zugleich den unauflöslichen Zusammenhang von Sein und Gutsein, von Seins- und Wertordnung bzw. R. und Sittlichkeit trägt, die Schöpfung in Seinsstufen differenziert und dadurch zusammenhält (»absolutes« N.). Logisch und sachlich werden von ihr unterschieden im Begriff der lex temporalis das »relative« N. als a) in paradiso data und b) naturaliter insita und dazu c) die lex in litteris promulgata. Als Ordnung der objektiven Menschennatur (a und b), als lex naturae, N., gehört sie wesenhaft zum Sein des Men-

schen, da dieses durch die Vernunft bestimmt ist. Die lex aeterna ist die Summe der ewigen Ideen, der rationes aeternae, von der sich sowohl die ursächlichen Keimideen der einzelnen Dinge wie das N. im engeren Sinn ableiten. Dieses ist dem Herzen eingeschrieben, bes. als Goldene Regel, zu der Gott durch das geschriebene Gesetz zurückruft. Das Gesetz des AT ist darüber hinaus Ergänzung, die lex veritatis des NT Bestätigung und Vollendung des N.s kraft der ewigen lex divina. So bleibt auf dem Weg über das N. als die notwendige Vermittlung die lex aeterna Quelle und Norm auch der zeitlichen menschlichen Gesetze innerhalb einer durch die Bibel bestätigten Dreigliederung der R.swelt in die göttliche lex Christi, die natürliche lex cordis (Heidenwelt) und die positive lex Mosis (Judenschaft). Erkennbar ist die lex aeterna auf Grund einer intellektualen Erleuchtung der vernünftigen Seele. Das unterstreicht die höhere Rationalität der göttlichen Ordnung. Die Auswirkungen auf den ordo-Gedanken früh- und hochmittelalterlicher Staats- und Gesellschaftsauffassung, Ethik und Politik zeigt die unerhörte Fruchtbarkeit dieses Ansatzes, der dann von der → Scholastik modifiziert und ausgebaut wird, nachdem das N. erstmals in der Summa aurea des → Wilhelm von Auxerre seinen Ort in der Theologie erhalten hatte.

3. → *Thomas von Aquino* verbindet an ihm (Traktate de legibus und de iustitia, S.Th. 1/II, q. 90–108; 2/II, q. 57) das augustinische Erbe mit aristotelischem, römisch-rechtlichem, kanonistischem und biblischem Material zum klassischen Gebäude der bis heute wirksamen kath. N.slehre. An die Stelle der durch den Gedanken der Schöpfung bestimmten Fassung des N.s als ordnender Kraft tritt seine teleologische Bestimmtheit, sein Hingeordnetsein auf Zwecke. Thomas unterscheidet demgemäß 4 Arten von Gesetzen: a) göttliche Gesetze, die auf übernatürliche Zwecke zielen und durch Offenbarung kundgetan werden; b) positive menschliche Gesetze auf Grund c) des N.s aus dem d) Weltgesetz. Das Weltgesetz ist das augustinische Element in der thomistischen R.smetaphysik, das der lex aeterna entsprechende Müssen in der Dingwelt, das nun mit Aristoteles teleologisch interpretiert, dem Menschen gegenüber zu dem im N. gefaßten, rational gegründeten Sollen wird und so den Menschen für Aufgabe und Ziel des Weltgesetzes, die Einhaltung einer vollkommenen Ordnung, beansprucht. N. ist mithin »Teilnahme am ewigen Gesetz in einem vernünftigen Wesen« und gilt nur für die rationale Kreatur. Das N. ist so ontologisch begründetes Vernunft-R. Im menschlichen Geist gewinnt die lex aeterna als Vernunftvorschrift verpflichtende Kraft. Die Inhalte des N.s sind bezogen auf objektive Wesensverhältnisse, ontologische Wertordnung einerseits, auf das natürliche Verlangen (desiderium naturale) nach dem Gut(en), den Seinsvollkommenheiten der eigenen Person ebenso wie anderer Wesen, andererseits. Das N. ist der Inbegriff der natürlichen Sittlichkeit gemäß den Seinsschichten der menschlichen Person in organischer Ordnung. Es handelt sich dabei um die Stufung der Gebote des N.s auf Grund des Triebes zur Selbsterhaltung, auf Grund der animalischen Naturhaftigkeit (Erzeugung und Aufzucht von Nachkommen, hier die n.e Begründung der Monogamie! → Ehe: VI) und auf Grund der Vernunftnatur des Menschen (zB R. auf und Pflicht zur Ausbildung des Geistes; → Familie: IV). Zu dem darin wirkenden N. (ius) verhält sich das »natürliche Gesetz« (lex) als Plan bzw. Norm des R.s. So werden im Rahmen des N.s menschliche Grundrechte auf Leib und Leben, auf → Eigentum (: II, 2), → Arbeit (: III, 6 a), Nachkommenschaft, Gewissensfreiheit (ein N. der physischen Freiheit kennt Thomas nicht) usw aufgebaut; ebenso das N. der Gemeinschaften: Familie, Staat, Kirche. Im Prinzip ist das N. unveränderlich, allerdings nur in seinen obersten Grundsätzen, aber auch in einigen abgeleiteten Schlußfolgerungen wie zB dem Doppelgebot der Liebe und dem Dekalog. Das im AT und NT enthaltene göttliche Gesetz regelt auf dem Hintergrund des N.s die übernatürlichen Lebensordnungen. Seine Moralvorschriften gehören zum N. Das positive menschliche Gesetz ist nach dem Fall notwendig zur Auslegung und Anwendung des N.s. – Das N. dieser R.smetaphysik ist ausgesprochenermaßen Vernunft-R., aber es ist nicht rationalistisch. Es ist das dirigierende Sichaussprechen der Weltvernunft Gottes in der Wesenheit der Dinge gegenüber der vernunftgemäßen Rezeptivität und Aktivität der creatura rationalis und für sie. Die Bibel bestätigt und ergänzt es, es gehört aber nur zu geringem Teil zu ihrer »Offenbarung«. Die Einheit der von Augustin übernommenen Dreigliederung wird bei Thomas durch den Gedanken der Teilhabe der lex naturalis an der lex aeterna und der lex humana an der lex naturalis gewahrt. Dazu kommt das verbindende Schema von → Natur und Übernatur, Vernunft und Offenbarung und das Prinzip der → analogia entis.

In der späteren mittelalterlichen Entwicklung wird dieser Befund nur noch variiert, teils mehr die Seinsordnung betont (→ Duns Scotus), teils mehr der souveräne Wille Gottes, der auch eine andere lex aeterna hätte setzen können (→ Ockham). Im 14.Jh. beginnt die Verlagerung des N.s in die autonom-schöpferisch gefaßte menschliche Vernunft (→ Marsilius von Padua) bzw. die Selbstherrlichkeit des Herrschers; oder der Unterschied von menschlichem und göttlichem R. wird im Selbstbewußtsein des Geistes aufgehoben, in dem Göttliches und Menschliches vereint auch den Urgrund des R.s bilden (→ Nikolaus von Kues).

4. a) Die Frage nach dem N. bei den *Reformatoren* ist lebhaft umstritten und nur zT geklärt. Aber von »christlichem N.« im Sinn eines integrierenden Bestandteils von Verkündigung und Lehre (Moraltheologie) kann nicht mehr gesprochen werden. Trotz manchen Bindungen an und Ähnlichkeiten mit der scholastischen Tradition unterscheidet sich das N.sdenken der Reformatoren von jener durch den Fortfall oder zumindest das starke Zurücktreten ontologischer Begründung, sofern der Wille Gottes exklusiv aus seiner Selbstoffenbarung in Christus begriffen wird, und durch die entsprechende Ablösung der → Anthropologie (: III, 3 a; Freiheitsproblem!) von einer Metaphysik der Gottebenbildlichkeit zugunsten eines christologischen Verständnisses im Sinn der Menschwerdung des Menschen als »neue Kreatur« im Widerfahrnis der Rechtfertigung. Daher kommt dem N. bei den Reformatoren im allgemeinen keine metaphysische Qualität zu, sondern es bedeutet durchschnittlich nur den »Inbegriff von Grundsätzen vernünftiger Billigkeit, gesunden Gerechtigkeitsgefühls, praktischen R.sverstandes« (Erik Wolf). Das N. ist nicht mehr Fundament einer kirchlichen Moraltheologie.

b) Bei *Luther* entfällt die Einheit des N.s als vermittelnder Größe zwischen ius divinum und ius humanum im Sinn der scholastischen Harmonie innerhalb der drei Stufen. Er kennt im Zusammenhang mit seiner Reichs- und Regimentenlehre (→ Luther: II, 4 a. b) ein doppeltes N.: ein göttliches Naturgesetz, das für die ganze Menschheit erlassen doch nur im Reiche Christi gilt und als lex Dei nur durch die lex Christi erkannt wird. Rational ist es als der Recht-schaffende Wille Gottes nicht erfaßbar. Es ist Geist und geistliches Leben wirkend und wird nur im Leben aus Gott für den Menschen existent. Es ist Ordnung der göttlichen Liebe (lex charitatis) und damit der geistlichen Freiheit (lex libertatis), ausschließlich personhaft und schlechthin universal und wird unmittelbar »im Herzen« in der Erwählung des Menschen durch Gott promulgiert. Nach dem Fall tritt diesem göttlichen N. ein weltliches N. entgegen, das zwar noch eine dunkle Kenntnis des göttlichen N.s in einem anerschaffenen R.ssinn hat, aber vom Menschen dennoch soweit verkannt wird, daß er sich im weltlichen N. selbst zum Herrn des R.s macht. Gleichwohl hat Luther den Bestand dieses N.s (Goldene Regel, 2. Tafel des Dekalogs, Liebesgebot) hoch geschätzt. Die lex Christi hingegen zielt als Antwort Gottes auf die menschliche Mißdeutung seines Gesetzes auf die Schaffung des neuen Menschen und auf das Gemeinleben der geistlichen Kirche in der Zugehörigkeit zum Reich der Gnade. Sie ist als lex nova Aufdeckung des göttlichen Sinns des göttlichen Gesetzes, der im Dekalog verborgen lag, und trifft auf den Menschen in der neuen R.slage der Kinder Gottes. Der Dualismus des N.s entspricht einem Dualismus der status-R.e gemäß den beiden Reichen und verwehrt es, den Christen als »Bürger zweier Reiche« anzusehen. Der Christ hat nur *einen* Herrn und hat die Einsicht in die göttliche Grundlegung auch der weltlichen R.sordnung, dazu allein Fähigkeit und Vollmacht, das menschliche R. gemäß dem göttlichen R.swillen zu gebrauchen. Die normative und regulative, als spezifisch »christlich« beurteilte Geltung des N.s im Thomismus ruht auf der wesensmäßigen, dh auch mitschöpferischen Anteilhabe des Menschen an der lex aeterna. Die lex Christi als Glaube meint bei Luther die durch das Rechtfertigungsgeschehen gesetzte Anteilhabe des Christen an der schöpferischen Gerechtigkeit Gottes selbst, in deren Dienst er zugleich gestellt und damit freigegeben wird zu einem jetzt gegen Mißbrauch und Selbstherrlichkeit gesicherten Umgang mit einem weltlichen N., das im wesentlichen Inbegriff der Billigkeit und der rein weltlichen R.svernunft ist, unter Einbeziehung des Liebesgebotes, sofern es um mitmenschliches und nicht um spezifisch christliches Verhalten zum Nächsten geht. Des Näheren gilt: N. als »natürliches Gesetz« ist nicht die Grundformel einer natürlich-christlichen Sittlichkeit, sondern a) als »natürliches R.sbewußtsein« die Voraussetzung dessen, daß der Mensch durch das Wort Gottes bei seinem selbstherrlichen Selbst behaftet wird, b) der nicht schöpfungsordnungstheologisch zu verstehende Hinweis auf das Vorhandensein einer Ordnungsverordnung Gottes, und c) die Rezeptionshilfe für die Gebote des AT als auch für den Christen (und nicht nur als »der Juden Sachsenspiegel«) verbindlich.

c) → *Melanchthon* kehrt mit einer humanistischen Anthropologie in die Nähe zu einem objektiven, aristotelisch-thomistischen N. zurück und sieht im Dekalog das N. als soziale Pflichtenordnung. → *Zwingli* identifiziert wieder das Gottesgesetz mit der vernünftigen Weltordnung und das N. mit der Goldenen Regel als Liebesgebot. → *Calvin* faßt im Zusammenhang mit dem Gedanken von Gottes absoluter Gerechtigkeit das R. als in der Hl. Schrift enthaltenes göttliches R. und als in der kosmischen Ordnung sich ausdrückendes, im Menschen als »Anlage zum Rechtsein« sich auswirkendes natürliches R., das freilich durch den Sündenfall zu vernünftiger Billigkeit relativiert ist. Der Dekalog ist mit dem N. identisch.

d) Von daher haben luth. (→ Oldendorp, → Alberti, → Reinking) und ref. (→ Grotius, → Althusius) R.sdenker im 16. und 17. Jh. mit dem N.sgedanken weitergearbeitet und umfassende Ständespiegel und Sozialtheorien entworfen, bis hin zu den Anfängen eines n.en → Völkerrechts. Für die weitere Entwicklung der Umformung des christlichen N.s zum profanen Vernunft-R. (→ Pufendorf, Chr. → Thomasius, → Locke, Chr. → Wolff), das als säkulares N. gerade im ev. Kirchen-R. Eingang findet, bis es auch hier nach dem Sieg der Historischen R.sschule einem radikalen Positivismus im prot. R.sdenken weicht, vgl. → Naturrecht: I, 3 b. c.

5. a) Während das christliche N. im modernen *Katholizismus* seinen Platz als fundamentales Stück kirchlicher Lehre ohne Einschränkung behält und wesentlich auf der thomistischen Linie immer neu in Anpassung an die veränderten Verhältnisse entfaltet und ausgestaltet wird (Lit.), zeigen sich im neueren *Protestantismus* wieder verschiedene Ansätze zu sowohl positiver wie kritischer Auseinandersetzung mit dem N.sgedanken.

b) Im angelsächsischen Protestantismus, der geistesgeschichtlich sowohl durch humanistisch-apologetische (Anglikanismus) wie calvinistische Traditionen und durch einen entsprechenden Rationalismus bestimmt ist, gewinnt die N.slehre des neueren Calvinismus breitere Wirkung, die sich stark auf die → Ökumenische Bewegung und ihre Theologie erstreckt, hier aber neuerdings wachsender Kritik gegenüber den aufklärerischen Elementen begegnet. Entscheidend ist das Ziel einer Basis von möglichst auch für Nichtchristen einleuchtenden verbindlichen Grundsätzen sozialethischer Entscheidung und Weisung oder - noch vorsichtiger, da universale Prinzipien zu leicht als christliche Ordnung schlechthin ausgegeben werden können - sog. Mittelaxiome (J.H. → Oldham). Sie sind »provisorische Definitionen der Art des Verhaltens, das von Christus zu einer gegebenen Zeit und unter gegebenen Umständen gefordert ist«.

c) Eine radikalere Erneuerung des N.s wesentlich auf aristotelischer Grundlage unternahm E. → Brunner, um in ihm theologisches Gebot und n.e Ordnungen zu verbinden. Um eine an N.straditionen anknüpfende Umsetzung des christlichen Ethos in einen allgemeinverbindlichen christlich-sozialen Humanismus unter Vermeidung jedes sozialethischen Utopismus bemühen sich auch Reinh. → Niebuhr und P. → Tillich.

d) Im deutschen Luthertum, zT auch im skandinavischen, erfolgt unter Einwirkung des Spätidealismus und einer durch die romantisch-idealistische Idee des Volkes bestimmten politischen Theologie um 1930 eine als spezifisch luth. ausgegebene Erneuerung des N.s in den Lehren von den Schöpfungsordnungen, zT auf dem Hintergrund des Gedankens der → Uroffenbarung (P. → Althaus; in anderer Form W. → Elert, W. Künneth u.a.; wieder anders Fr. → Gogarten), die auch ein positives Verhältnis zur nationalsozialistischen Pseudorevolution ermöglichte.

e) Der Protest der → dialektischen Theologie (K. → Barth) dagegen wie gegen jede »natürliche Theologie« führte positiv zu Entwürfen einer christologischen R.sbegründung (→ Recht: I). Zu ihnen trat das Bemühen, den Ansatz dazu beim R.sbegriff der Rechtfertigungslehre historisch zu ermitteln (J. Heckel, Ernst Wolf) oder rechtstheologisch aus der Schrift zu gewinnen (Erik Wolf), aber zugleich auch die starke Neubelebung des N.sdenkens in der Gegenwart aufzufangen im Suchen nach einer theologischen Begründung des praktikablen Umgangs mit den Elementen eines profanen, soziologisch und rational begründeten N.s unter Abweisung jeder Überhöhung zu einem wie immer gearteten christlichen N. (S. Grundmann, Ernst Wolf), auch in der Gestalt des wiederholt geforderten ev. N.s. Das weist darauf hin, daß die Sachproblematik des → Naturrechts (: I, 2) auch für die theologische → Ethik im Protestantismus gegenüber der lange Zeit üblichen, auch durch antiröm. Polemik bestimmten Ablehnung des N.s neue und zur Auseinandersetzung zwingende Bedeutung gewinnt, die sich sowohl in der → Sozialethik im allgemeinen wie auch bei der vielverhandelten Frage theologischer R.sbegründung mannigfach auswirkt. Auch bei ev. R.sphilosophen und Juristen, die teils kritisch (J.Ellul, H.Dombois, H.Simon, Kl.Ritter, Erik Wolf, S.Grundmann), teils positiv (W.Schönfeld, H.Weinkauff u.a.) zur Forderung eines ev. N.s stehen. Eine besondere Spielart zeigt sich bei holländischen Theologen zT im Gefolge von A. → Kuyper.

Allg.: E.Troeltsch, Die Soziallehren d. christl. Kirchen u. Gruppen (Ges. Schr. I), (1912) 1923³ - Ders., Aufs. z. Geistesgesch. u. Religionssoz. (ebd IV), 1925, 156ff - O.Schilling, Die christl. Soziallehren, 1926 - H.M.Müller, Das christl. Liebesgebot u. die lex naturae (ZThK 9, 1928, 161-183) - Elert, ML II - Erik Wolf, Das Problem der N.slehre, (1955) 1959². - *Alte Kirche:* O.Schilling, N. u. Staat nach der Lehre der alten Kirche, 1914 - M.Huebner, Unters. über das N. in d. altchristl. Lit., bes. d. Abendlandes, vom Ausgang d. 2.Jh.s bis Augustin (Diss. Köln), 1918 - A.Schubert, Augustins lex aeterna-Lehre (BGPhMA 24, 2), 1924 - A.Beck, Röm. R. bei Tertullian u. Cyprian, 1930 - F.Pringsheim, Röm. aequitas der christl. Kaiser (Acti Congr. Juridici Internat. 1934 I), Rom 1935, 119ff - J.Klein, Tertullian. Christl. Bewußtsein u. sittl. Forderung, 1940 - M.Pohlenz, Klemens von Alex. u. sein hellenist. Christentum, 1943 - H.Reiner, Die Goldene Regel (ZPhF 3, 1948/49, 74-105) - Ders., Antike u. christl. N.slehre (ARSP 41, 1955, 528-561) - F.Flückiger, Gesch. des N.s I, 1954, 284ff. - *MA:* M.Grabmann, Das N. der Scholastik von Gratian bis Thomas v. Aquin (Ma. Geistesleben I, 1926, 65-103) - H.Meyer, Thomas v. Aquin, 1938, 519ff - G.Stratenwerth, Die N.slehre des Joh. Duns Scotus, 1951. - *Reformation:* H.Steubing, N. u. natürl. Theol. im Protestantismus, 1932 - F.Lau, »Äußerlich Ordnung« u. »natürlich Ding« in Luthers Theol., 1933 - J.Bohatec, Calvin u. das R., 1934 - A.Grobmann, Das N. bei Luther u. Calvin (Phil. Diss. Hamburg), 1935 - F.X.Arnold, Zur Frage des N.s bei M.Luther, 1937 - R.Nürnberger, Die lex naturae als Problem der vita christiana bei Luther (ARG 37, 1940, 1-12) - Cl.Bauer, Die N.svorstellungen des jüngeren Melanchthon (Festschr. G.Ritter, 1950, 244-255) - Ders., Melanchthons N.slehre (ARG 42, 1951, 64-98) - H.Liermann, Zur Gesch. d. N.s in d. ev. Kirche (Bertholet-Festschr., 1950, 294-324) - Erik Wolf, Theol. u. Sozialordnung bei Calvin (ARG 42, 1951, 11-31) - Ders., Die Sozialtheol. Zwinglis (Festschr. G.Kisch, 1955, 167-188) - J.Heckel, Lex charitatis (AAM 1953, 36) - Ernst Wolf, Zur Frage des N.s bei Thomas von Aquin u. bei Luther (Peregrinatio, 1954, 183-213) - G.Hillerdal, Gehorsam gegen Gott u. Menschen, Lund 1954. - *Neuzeit, kath.:* H.Rommen, Die ewige Wiederkehr des N.s, (1936) 1947² - G.Küchenhoff, N. u. Christentum, 1948 - J.Messner, Das N., (1950) 1959³ - J.Funk, Primat des N.s, 1952 - J.Fuchs, Lex naturae, 1955. - *Ev.:* G.Kuhlmann, Brunstäd u. Tillich zum Problem einer Theonomie d. Kultur, 1928 - P.Althaus, Theol. der Ordnungen, 1934 - W.Wiesner, Die Lehre von der Schöpfungsordnung, 1934 - E.Brunner, Gerechtigkeit, 1943 - J.Ellul, Le fondement théol. du droit, Neuchâtel 1946; dt.: BEvTh 10, 1948 - A.R.Vidley-W.A.Whitehouse, Natural Law, London 1946 - J.C.Bennett, Christian Ethics and Social Policy, New York 1946; dt. in: Bennet, Christentum u. Gemeinschaft, ebd 1949 - Ernst Wolf, N. u. Gerechtigkeit (EvTh 7, 1947/48, 233-253) - Ders., N. oder Christus-R. (unterwegs 11), 1960, 3-35 (Lit.) - Erik Wolf, R.sgedanke u. bibl. Weisung, 1948 - Ders., R. des Nächsten, 1958 - H.Weinkauff, Das N. in ev. Sicht (ZW 23, 1951, 95-102) - H.-H.Schrey, Die Wiedergeburt des N.s (ThR NF 19, 1951, 21-75. 154-186. 193-221) - H.Simon, Der R.sgedanke in d. gegenw. dt. ev. Theol. (Jur. Diss. Bonn), 1952 - H.Dombois, N. u. christl. Existenz, 1952 - W.Schönfeld, Über die Gerechtigkeit, 1952 - K.H.Miskotte, N. u. Theokratie (BEvTh 15, 1952, 29-72) - E.J.F.Arndt, Auf dem Wege zu einer ev. Sozialethik (ebd 73-85; Mittelaxiome) - P.Tillich, Liebe, Macht, Gerechtigkeit, 1955 - Kl.Ritter, Zwischen N. u. R.spositivismus, 1956 - H.-D.Wendland, Die Kirche in d. modernen Gesellschaft, 1956. - Weiteres bei → Recht: I.

Ernst Wolf

Naturvölker

1. Allgemein - 2. Religionsgeschichtlich. - Zum missionswissenschaftlichen Aspekt vgl. → Primitive Religion im Verhältnis zur biblischen Botschaft

1. N. nennen wir diejenigen Gesellschaften der Menschheit, die in den Randzonen der Oikumene, oft in »Rückzugsgebieten« leben. Ihre Erforschung ist Sache der → Ethnologie. Der von der Romantik geprägte Begriff N. wird heute so gedeutet, daß man darunter eine stärkere Preisgegebenheit an die Mächte der Naturumwelt versteht, und zwar als Folge geringerer Mittel zu deren Beherrschung (»Menschen mit armer Technik«, Thurnwald). Diese Charakteristik bezieht sich also auf das geringere Maß an zivilisatorischen Lebenserleichterungen. Doch gibt es innerhalb dieser Kategorie zahlreiche Abstufungen: In ungünstige Lebensräume abgedrängte »Restvölker« wie die Buschmänner der Kalahari (→ Afrikanistik), viele kalifornische → Indianer oder die Eingeborenen → Australiens (: I) stehen in ihrer technisch-zivilisatorischen Ausrüstung niedriger als → Polynesier, Sudan- → Neger, Nordwestküsten-Indianer u.a. - Man unterscheidet also nach dem Stande der zivilisatorischen Ausrüstung »niedere«, »mittlere« und »höhere« N.; die letzteren stehen den Hochkulturen nahe, in vielen Fällen bestehen zu diesen fluktuierende Übergangszustände. - Mitunter werden die N. auch als »schriftlose Völker« bezeichnet, das Merkmal der Schriftlosigkeit trifft in der Tat auf die meisten zu. Das Fehlen einer Schrift, zunächst wieder ein technisches Defizit, bedeutet praktisch die Herrschaft einer rein mündlichen → Tradition (: II), verbunden mit deren Schwächen und Unsicherheiten. Synonym mit N. wird oft auch »die Primitiven« gelegentlich und außerfachlich gebraucht. Dieser Ausdruck ist als Kollektivbegriff abzulehnen. »Primitiv« sollte nur zur Kennzeichnung gewisser entwicklungspsychologisch »älterer« Züge der Geistesverfassung gebraucht werden. Diese Züge stehen gewiß in Korrelation zum starken Umweltdruck bzw. zu dem geringen Grade der Naturbeherrschung, berechtigen aber nicht dazu, sich die N. summarisch als »Primitive« vorzustellen.

Soziologisch sind die N. nicht »Völker« im Sinne des europäischen Volksbegriffes, sondern räumlich und demographisch anders geartete und kleinere Einheiten: → Stämme, Sippen und Sippenverbände, Klans, Klientel, lose gegliederte Horden usw. Pauschal, aber problematisch bezeichnen wir diese Einheiten als »Ethnien«. Ob es Verbände sind, die durch Sitten und Bräuche, Sprache, → Kultus oder politische Bande zusammengehalten werden, ist jeweils durch ethnographische Einzelforschung zu klären. Demographisch zählen diese Einheiten nach Hunderten, Tausenden, höchstenfalls Zehntausenden. Der prozentuale Anteil der N. an der Gesamtmenschheit ist gering, er beträgt vielleicht $^{1}/_{10}$; eine genaue Schätzung ist aber nicht möglich, weil die Abgrenzung gegen die »Hochkulturen« an sich schon fließend ist und die N. sich zudem heute fast durchweg im Stadium der »Zivilisierung« befinden. Sie haben also demographisch Abgänge zu verzeichnen. Dieser Prozeß seinerseits ist nicht bloß modern - obwohl er heute beschleunigt vonstatten geht -, sondern ein strukturelles Kennzeichen der Existenz der N.: Diese bilden immer den von den *großen* Geschichtsprozessen jeweils ausgesparten Rest; dieser Rest war zu Herodots und Tacitus' Zeiten größer als im MA, im MA größer als in der Neuzeit und noch vor fünfzig, erst recht vor hundert Jahren größer als heute. Die großen Völkerwanderungen, Expansionen und Reichsgründungen haben mehr und mehr N. in Rand- und Binnenzonen absorbiert, aber auch der intakt gelassene Rest der N. wurde vielfach durch Hochkultureinflüsse infiltriert und oft gerade dadurch resistenzfest gegen völlige Absorption gemacht (sog. »Horstbildung« durch »dosierte« Hochkultur-Infiltration).

2. Zu den großen geschichtlichen Mächten, die bei diesen Vorgängen am Werke sind, gehören auch die führenden geistlichen »Eliten« und die von diesen getragenen theologisch durchgebildeten Hochreligionen: das

→ Christentum, der → Islam, der → Buddhismus, zT auch der → Hinduismus und - als Religionsäquivalent - die konfuzianische Sittenlehre (→ Konfuzius). Diese Mächte haben vom Beginne ihres Wirkens an auch die N. überlagert und assimiliert: Die Prozesse der Islamisierung, Buddhisierung, Hinduisierung, (konfuzianischen) Sinisierung sind in den einschlägigen Rand- und Vorfeldgebieten → Afrikas, Vorder-, Zentral-, Süd- und Ost- → Asiens so alt wie die → Mission der betr. Hochreligionen. Hinsichtlich der Frage, wie zu diesen Ausdehnungs- und Überlagerungsprozessen die »eigenen« und »ursprünglichen« Religionen der N. selbst sich verhalten, ist folgendes zu beachten:

a) Die Hoffnung des evolutionistisch gestimmten 19.Jh.s (→ Entwicklung: II), durch die Erforschung der N. zur → »Urreligion« der Menschheit vorzudringen, ist heute begraben. Die N. sind keine »Urvölker« oder Vertreter einer »Urkultur« der Menschheit, sondern Zeitgenossen, deren Geschichte anders und im Vergleich zu den Hochkulturen verzögert verlaufen, inhaltlich im übrigen uns (mit Ausnahme der rezenten Perioden) meist unbekannt, jedenfalls aber als historischer Wandel e silentio in Rechnung zu stellen ist. Die Anfänge der Menschheit sind der Religionshistorie überhaupt verschlossen, sie können nur Gegenstand anthropologisch-prähistorischer Erörterungen sein, deren Aussagekraft über das religiöse Leben aber sehr begrenzt ist (→ Ausgrabungen, → Dolmen, → Felszeichnungen, → Prähistorie).

b) Demgemäß muß auch die Hypothese eines einstmals reineren Gottesglaubens der »Urvölker« (→ Urmonotheismus) abgelehnt werden, ebenso alle älteren evolutionistischen Konstruktionen über Präanimismus, → Animismus, Manismus usw.

c) Die überlagernden Hochreligionen sind als Buchreligionen dogmatisch im Vorteil gegenüber den »schriftlosen Religionen« der N. (→ Schriften, heilige). Die mündliche Überlieferung der N. und ihr oftmals gerühmtes hervorragendes Gedächtnis für die exakte Reproduktion von Ritualen usw sind in Wahrheit unzuverlässig und trügerisch. Es besteht also ein geistiges Machtgefälle der Hochreligionen, die zudem meist noch im Bunde mit der politischen Macht sind. Dem können die Religionen der N. nicht widerstehen.

d) Trotzdem ist die Frage nach dem religiös Eigenen der N. in vielen Fällen nicht hoffnungslos. Denn die N. geben unter dem Machtgefälle dieses Eigene oft nicht einfach auf, sie gehen nur damit »unter Grund«. Gerade dadurch aber eröffnet sich einer feinfühligen religionshistorischen Strukturforschung mitunter die Möglichkeit, Glaubensgut aus älteren Schichten fast »unverletzt« abzuheben. Mit diesem schichtenspezifisch älteren Gut, auf dessen Numina der Ausdruck »religiöse Halbwelt« (R. → Otto) paßt, gelangt man zwar nicht in die »Urzeit« zurück, aber doch in historisch beglaubbare Perioden, ins Neolithikum, vielleicht sogar, wie die Forschungen über das Unter-Grund-Fortleben der Geisteshaltungen der → Jäger zeigen, in das Jungpaläolithikum. Allerdings sind diese Forschungen noch in den Anfängen. - Vgl. ergänzend die verschiedenen Weltteile (zB → Afrika usw), die besonderen Religionen der N. (zB → Altaische Religion, → Schamanismus usw), die N., die eigene Artikel haben (→ Eskimo, → Indianer usw) sowie die speziellen Religionsphänomene, zB → Animismus, → Eschatologie, → Feste und Feiern, → Heilig, → Heilige Stätten, → Heilige Zeiten, → Kultus, → Magie, → Macht, → Musik: II, 2, → Mythos, → Naturdienst, → Tabu, → Totemismus, → Totenverehrung.

F.Boas, The Mind of Primitive Man, New York (1911) 1948²; dt.: Das Geschöpf des 6. Tages, 1955 - Frazer - UdG - R.H.Lowie, Primitive Religion, New York (1924) 1952² - W.D.Wilson, Religion in Primitive Society, ebd 1939 - D.Westermann (Hg.), Die heutigen N. im Ausgleich mit der neuen Zeit, 1940 - K.Birket-Smith, Gesch. der Kultur, (1941) 1956² - W.E.Mühlmann, Der heutige Bestand der N., 1943 - Ders., Die Völker der Erde, 1945 - Ders., N. (Psychologie), in: WB der Soziologie, 1955, 351ff - W.Howells, The Heathens: Primitive Man and his Religions, New York 1948 - E.A.Hoebel, Man in the Primitive World, ebd (1949) 1958² - G.P. Murdock, Our Primitive Contemporaries, ebd 1949 - A.G.Price, White Settlers and Native Peoples, Melbourne-Cambridge 1950 - W.J.Goode, Religion among the Primitives, Glencoe/Ill. 1951 - ChrRel I - P.Radin, Die relig. Erfahrung der N., 1951 - Ders., The World of Primitive Man, New York 1953; dt.: Gott u. Mensch in der primitiven Welt, 1953 - A.E.Jensen, Mythos u. Kult bei N.n, (1951) 1959² (Lit.) - R.Redfield, The Primitive World and its Transformations, Ithaca/N.Y. 1957. - Weitere Lit. s. → Ethnologie u. bei den Spezialartikeln.

W.E.Mühlmann

Naturwissenschaft

I. Geschichtlich - II. Systematisch - III. Naturwissenschaft und Christentum. - Vgl. → Abstammung des Menschen, → Anthropologie: I, → Atom und Atomtheorien, → Biologie, → Darwinismus, → Deszendenztheorie, → Entwicklung: I, → Kausalität: I, → Naturgesetze, → Naturphilosophie, → Relativitätstheorie, → Vererbungslehre

I. Geschichtlich

1. Griechisch-römische Antike - 2. MA - 3. 16. und 17.Jh. - 4. 18.Jh. - 5. 19.Jh. - 6. 20.Jh.

1. Die Ursprünge des europäischen n.en Denkens führen auf die *Griechen* zurück (milesische Hylozoisten, jüngere Naturphilosophen; → Griechisch-römische Philosophie, 2 a; → Atom, 1; → Naturphilosophie, 1). Fast alle griechischen Philosophen haben sich, wenn auch in verschiedenem Ausmaß, mit n.en Fragen beschäftigt. Der Rang eines »princeps philosophorum« kommt auch in der N. → *Aristoteles* zu. Bes. suchte er die Biologie als Teil der Allgemeinwissenschaft einzugliedern und sie als Ganzes aus den Erscheinungen systematisch aufzubauen. In der *Diadochenzeit* entfalteten sich in Alexandria die Fachwissenschaften. Euklid schuf den Kanon der Geometrie, Eratosthenes führte eine Erdmessung durch, Apollonios von Perge begründete die Kegelschnittlehre. Von Hipparch stammt der erste Fixsternkatalog, Aristarch von Samos (ca 310-250) suchte die Entfernungen von Mond und Sonne zu bestimmen und entwarf das erste heliozentrische System. Archimedes (287-212) war nicht nur der überragende Mathematiker des Altertums, sondern auch als Physiker bedeutend (Statik und Hydrostatik). - Die *Atomistik* (→ Atom, 1), die für die neuere N. eine entscheidende Bedeutung gewann, geht auf Leukipp von Milet und dessen Schüler Demokrit (ca 460 bis ca 370) zurück. Charakteristisch für sie ist neben der Annahme von massiven Atomen die von der Existenz eines Vakuums. → Epikur übernahm diese Lehren, änderte sie in Einzelheiten ab und bediente sich ihrer in antireligiösem Sinne. Erneuert wurde die Atomistik im 17.Jh. durch Sennert, → Jungius und → Gassendi, die sich ihrer nun zu rein n.en Zwecken bedienten. - Der Mitte des 2.Jh.s nChr gehören Ptolemaios und Galenos an. In seiner »Großen Zusammenfassung« (Μεγάλη σύνταξις) entwickelte Ptolemaios die theoretischen Grundlagen für die Berechnung der Planetenbewegungen und der Finsternisse. Sein Weltbild beeinflußte 1400 Jahre lang das astronomisch-kosmologische Denken im Orient und Abendland und wurde erst im 16.Jh. durch das Kopernikanische abgelöst. - Das zeitgenössische biologische und medizinische Wissen faßt Galenos zusammen. Seine Schriften stellten - bes. in der Gestalt, die ihnen → Avicenna gab - bis auf → Paracelsus den Kanon ärztlichen Wissens dar.

2. Nach der Schließung der Schule von Athen durch Justinian (529) und nach dem Untergang des Ostgoten-

reiches (552) fanden die Reste antiker Wissenschaft im Westen Zuflucht in England und Irland, im Osten in Syrien, Armenien und Persien. Nach Westeuropa kamen sie durch irische und englische Mönche. – Früher und erfolgreicher als hier erfuhr im Kalifenreich das antike Wissen eine Renaissance (→ Islamische Philosophie). Etwa seit dem 10.Jh. wurde von arabisch schreibenden Gelehrten die Theorie von der Zusammensetzung der Metalle aus »philosophischem« Quecksilber und Schwefel aufgestellt und damit dem sich entfaltenden Hüttenwesen eine geeignete theoretische Grundlage geliefert. Nachhaltigen Einfluß übte auf die abendländische Philosophie und N. → Averroes (→ Averroismus) aus. Seit dem 12.Jh. wurden die → Universitäten zu den Pflegestätten der Wissenschaft. Die Erfindung von Kompaß und Brille, die Entdeckung der Mineralsäuren, die impetus-Theorie und die Lehre von den »minima naturalia« stellen Glanzleistungen der → Scholastik dar. Die großen Entdeckungsreisen machten Europa mit einem neuen Weltteil, mit neuen Tieren, Pflanzen und Mineralen bekannt.

3. → Kopernikus schuf das heliozentrische Weltbild neu, und zwar unter Festhalten an der Kreisgestalt der Planetenbahnen. → Kepler fand unter Benutzung der Marsbeobachtungen Tycho Brahes und geduldig rechnend die Ellipsengestalt der Planetenbahnen und seine 3 berühmten Gesetze über die Planetenbewegung. – → Paracelsus, der Reformator der *Medizin* und *Chemie,* fügte den alchemistischen Prinzipien Mercurius und Sulfur als drittes das Sal bei, gab der vorwiegend metallurgischen → Alchemie eine biochemische Richtung und leitete damit das Zeitalter der Iatrochemie ein. – In der *Physik* hat → Descartes an Stelle des aristotelisch-scholastischen ein mechanizistisches System gesetzt. Als einer der ersten sprach er das Trägheitsprinzip aus und suchte durch Einführung der »quantitas motus« den Kraftbegriff zu definieren. → Galilei erfaßte spekulativ die – nachher experimentell bestätigten – Gesetze der Fallbewegung, war aber nicht Begründer der seit Mitte des 17.Jh.s für die Physik charakteristischen Methode, die durch eine enge Verknüpfung von Induktion, Deduktion und Experiment gekennzeichnet ist. Unter Benutzung des in Holland erfundenen Fernrohrs entdeckte er u.a. die Phasen der Venus und die Jupitermonde. Christiaan Huygens (1629–95) erkannte den Ring um den Planeten Saturn und stellte die Gesetze für die Zentralbewegung, den Stoß und das physische Pendel auf. Wesentlich für die Entwicklung der physikalischen Meßtechnik war seine Erfindung der Pendeluhr und der Uhr mit Unruh. Er entwarf eine Art Wellentheorie des Lichtes. Isaac → Newton, der Schöpfer der neueren theoretischen Mechanik, stellte das Gesetz der allgemeinen Massenanziehung auf und leitete daraus die Keplerschen Gesetze ab. Er entwickelte – gleichzeitig und unabhängig auch → Leibniz – die Differential- und Integralrechnung, die seitdem zum unentbehrlichen Werkzeug der Physik gehört. Das zweite große Arbeitsgebiet Newtons war die *Optik*. Er stellte Versuche über die Dispersion des Lichtes an und entwarf eine eigenartige Emissionstheorie des Lichtes, die erst zu Anfang des 19.Jh.s durch die Young-Fresnelsche Wellentheorie verdrängt wurde. Die Fortpflanzungsgeschwindigkeit des Lichtes wurde 1676 von Ole Roemer aus den Verfinsterungen der Jupitermonde errechnet, 1727 von Bradley aus der Aberration der Fixsterne bestimmt. – Die mit der des Teleskops etwa gleichzeitige Erfindung des Mikroskops erschloß den Ärzten und Biologen die Welt des Kleinen. William Harvey machte 1628 eine der wichtigsten Entdeckungen des 17.Jh.s, die des doppelten Blutkreislaufes, O.v.Guericke erfand um 1650 die Luftpumpe.

4. Während des *18.Jh.s* entwickelte sich die *Physik* weiter zu einer auf den methodischen, quantitativ durchgeführten Versuch sich stützenden Experimentalwissenschaft. Black, Deluc und Wilcke experimentierten auf dem Gebiet der Wärmelehre, Sauveur und Chladni über Akustik. Franklin behauptete und bewies die elektrische Natur des Gewitters, Coulomb stellte das Gesetz der elektrischen Anziehung auf. Mit Galvanis Entdeckung der tierischen Elektrizität, mit der Umdeutung, die Volta dieser Erscheinung gab, und mit der Erfindung der Voltaschen Säule lenkte die Entwicklung der Elektrizitätslehre um 1800 in neue Bahnen ein. – Die Theorie des Arztes G.E.Stahl, nach der bei der Verbrennung ein besonderer Stoff, das Phlogiston, aus der Substanz entweicht, gab eine erste einheitliche Deutung chemischer Vorgänge und beherrschte die *Chemie* des 18.Jh.s. Die analytische Chemie nahm einen starken Aufschwung. Priestley und Scheele entdeckten den Sauerstoff. J.Watt und H.Cavendish zeigten, daß sich Wasser aus Wasserstoff und Sauerstoff bildet. Lavoisier stellte neben seiner Verbrennungstheorie gemeinsam mit anderen eine neue chemische Nomenklatur auf und wies der Chemie neue Bahnen. – Genaue Gradmessungen gaben Aufschluß über Größe und Gestalt der Erde und lieferten im letzten Jahrzehnt des 18.Jh.s die Grundlagen für das metrische Maßsystem, das 1799 in Frankreich eingeführt wurde. – In den *beschreibenden N.en* herrschte im 18.Jh. der Wunsch nach Aufstellung von Einteilungssystemen vor. Die Einteilung der Tier- und Pflanzenwelt in Klassen, Gattungen, Arten und Varietäten geht auf C.v.Linné (1707–78) zurück, ebenso die Einordnung des Menschen in die Klasse der Säugetiere (1735). Als Sondergebiet der Zoologie wurde 1775 durch Friedr.Blumenbach die → Anthropologie (: I) geschaffen. Der von Harvey ausgesprochenen, von A.v. → Haller noch vertretenen Präformationslehre, nach der im Ei bereits das daraus hervorgehende Lebewesen vorgebildet ist, stellte 1759 Kasp.Friedr.Wolff in seiner »Theoria generationis« eine epigenetische Auffassung entgegen. In der Paläontologie standen sich die Katastrophentheorie von Cuvier (Naturkatastrophen vernichten die Lebewesen, worauf sich gänzlich neuartige Pflanzen und Tiere bilden) und der Lamarckismus gegenüber (Lamarck, Buffon, St. Hilaire: Die heute bestehenden Pflanzen- und Tierarten sind Abkömmlinge früherer Formen, sie sind also veränderlich). – Die Auffassung, daß dieselben geodynamischen Kräfte wie heute auch in der Vergangenheit in langsamem Wandel die Erde formten (Aktualismus), vertraten u.a. James Hutton (1785) und Ch.Lyell (1832). Die Kristallographie wurde im letzten Viertel des 18.Jh.s von Romé de l'Isle und R.J.Haüy geschaffen, durch Einführung des kristallographischen Achsenkreuzes von Chr.S.Weiß 1813 geometrisiert und 1824 von L.A.Seeber mit der neuen chemischen Atomtheorie in Verbindung gebracht.

5. In der *Astronomie* schloß sich an die Entdeckung der Ceres, des ersten der kleinen Planeten, durch Piazzi (1801) die Auffindung einiger weiterer an, und damit wurde die Berechnung ihrer Bahnen nunmehr zu einer vordringlichen, alsbald von W.Olbers und C.F.Gauss gelösten Aufgabe. Die Himmelsmechanik feierte einen Triumph, als Adams und Leverrier aus Störungen der Bahn des Saturn und des von W.Herschel 1781 entdeckten Uranus die Existenz eines weiteren Planeten voraussagten, der kurz darauf (1846) durch Galle an der errechneten Stelle gefunden wurde. Er erhielt den Namen Neptun. 1930 wurde Pluto als sonnenfernster Planet entdeckt. 1838 maßen F.W.Bessel und W.Struve die ersten Fixsternparallaxen und damit die Entfernung der Sterne von der Erde. Das 1842 durch Ch.Doppler aufgestellte

Prinzip, wonach die Frequenz des Lichtes in gesetzmäßiger Weise von der Geschwindigkeit der Lichtquelle abhängt, ermöglichte es, aus den Spektren der Sterne ihre Radialgeschwindigkeit festzustellen (neben ihrer chemischen Zusammensetzung). Die nach 1945 aufkommenden radioastronomischen Beobachtungen brachten den Astronomen eine wichtige neue Informationsquelle. – Die *Physik* bediente sich im 19.Jh. dreier Grundannahmen, nämlich, daß alle Kräfte dem Typus unvermittelt wirkender Newtonscher Fernkräfte entsprechen, daß es die imponderablen Fluida des Lichtes, des Magnetismus und der Elektrizität gibt und daß die wägbare Materie atomistisch konstituiert ist, eine Annahme, die nur in Deutschland unter der Herrschaft der Kantischen und Schelling-Hegelschen dynamischen → Naturphilosophie nicht allgemein geteilt wurde. – In der *Optik* erregten zunächst die Erscheinungen der von Malus 1808 entdeckten Polarisation des Lichtes Aufmerksamkeit. Zu ihrer Erklärung stellten Th.Young und A.Fresnel die Transversalwellentheorie des Lichtes auf, bei deren Weiterbildung A.Cauchy und F.Neumann zugleich die theoretischen Grundlagen für eine Elastizitätstheorie kontinuierlicher Medien entwickelten. Aus den Entdeckungen von H.Chr.Oersted, A.Ampère u.a. gingen die Lehre vom Elektromagnetismus und die Elektrodynamik hervor. Der wichtigste Fortschritt dieses Zeitabschnitts war die Entdeckung der Induktionserscheinungen durch M.Faraday (1831). G.S.Ohm stellte 1826 die nach ihm benannte Beziehung zwischen Spannung, Strom und Widerstand, J.P.Joule 1840 das Gesetz für die Wärmewirkung des Stromes auf. – Zur wesentlichen theoretischen Grundlage der *Chemie* wurde die Daltonsche Atomtheorie, um deren Fortbildung sich Gay Lussac, Avogadro und vor allem Berzelius verdient machten. Gemäß dieser Hypothese bestehen alle Körper aus Atomen, die durch ihr Atomgewicht charakterisiert sind und von denen es soviel verschiedene Arten gibt, wie chemische Grundstoffe (Elemente) vorhanden sind. Um die Mitte des 19.Jh.s wurden die von Berzelius vorgeschlagenen chemischen Symbole zur Schreibung von Strukturformeln benutzt, der Valenzbegriff wurde eingeführt und zwischen Atomen und Molekülen unterschieden. 1828 erhielt Wöhler aus Ammoniumcyanat durch Umlagerung Harnstoff. Später gelangen wirkliche Synthesen organischer Stoffe aus den anorganischen Elementen, und damit wurde die von Wöhler schon stark erschütterte Hypothese vom Wirken einer besonderen »Lebenskraft« nun endgültig widerlegt. 1953 konnte Miller aus einfachen Gasen komplizierte Aminosäuren herstellen. – Die Vervollkommnung der anorganischen Analyse führte zur Auffindung zahlreicher neuer chemischer Elemente, bes. nachdem R.W.Bunsen und G.Kirchhoff 1859/60 die Spektralanalyse erfunden hatten. Ein Jahrzehnt später gewährte das gleichzeitig von J.A.Newlands, D.Mendelejeff und L.Meyer aufgestellte periodische System einen Überblick über die Zusammengehörigkeit und die charakteristischen Eigenschaften der chemischen Elemente. Nach 1875 bildete sich neben der anorganischen und organischen eine besondere physikalische Chemie heraus. – Sehr wichtig für den Fortschritt der N.en wurde die Erfindung der *Photographie*. Sie gestattete eine Fixierung optischer Bilder, und zwar auch äußerst lichtschwacher. Spezialplatten ermöglichten eine Ultrarot-, Ultraviolett-, Farben- und Röntgenphotographie.

Zu den für die gesamte N. folgenreichsten Fortschritten gehörte die Aufstellung der beiden *Hauptsätze der Wärmetheorie*, des → Energie-Prinzips durch J.R.Mayer (1842/45), J.P.Joule (1843) und H.Helmholtz (1847) und des Entropie-Prinzips durch R.Clausius und W.Thomson, des späteren Lord Kelvin (1850/1851). 1906 fügte W.Nernst sein Wärmetheorem als dritten Hauptsatz der Thermodynamik hinzu. Nach der Aufstellung des mechanischen Wärmeäquivalents und nach Einführung der kinetischen Theorie der Gase wurde die Wärme nicht mehr als ein imponderabler Stoff, sondern als ein durch den Energieinhalt der Materie bedingtes Phänomen betrachtet. Die durch Faraday entwickelte Kraftlinienvorstellung wurde durch J.C. Maxwell seit 1855 mathematisiert, zur Theorie des elektromagnetischen »Feldes« und zehn Jahre später zu einer elektromagnetischen Lichttheorie ausgestaltet. Der Träger aller in einem elektromagnetischen Felde auftretenden Zustände und Zustandsänderungen ist der sog. »Lichtäther«, in dem sich Störungen, von Punkt zu Punkt fortschreitend, wellenartig mit endlicher Geschwindigkeit ausbreiten. Die Maxwellsche Theorie vermag von allen elektromagnetischen Vorgängen Rechenschaft zu geben, ausgenommen die elektrochemischen Erscheinungen und die der spektralen Zerlegung bei der Lichtbrechung. Hier griffen die von Arrhenius 1887 entwickelte Theorie der elektrolytischen Dissoziation und die wenig später von H.A.Lorentz aufgestellte Elektronentheorie ein. Beide Theorien benutzen die Vorstellung eines elektrischen Elementarquantums, dessen Träger, das Elektron, in freiem Zustande durch W.Wien, J.J. Thomson und Ph.Lenard in den sog. »Kathodenstrahlen« (1897/98) aufgefunden wurde. Angeregt durch diese Forschungen entdeckte 1895 C.W.Röntgen die nach ihm benannten Strahlen, deren Wellencharakter 1912 Max v.Laue nachwies. Dadurch wurden die Grundlagen für die nun mit den Arbeiten von W.H. und W.L.Bragg einsetzende Strukturanalyse der Kristalle und für die Bestimmung des Feinbaus aller Arten von chemischen Verbindungen und von Werkstoffen geschaffen. – Von ähnlich großer Bedeutung wurde für die Wandlung der Begriffe Atom und Element die Entdeckung der Strahlung des Urans durch H.Becquerel (1896), an die sich alsbald die Isolierung des Poloniums und Radiums durch P. und M.Curie und die Ausbildung einer Atomzerfallshypothese durch Rutherford und Soddy anschlossen.

Zum Fortschritt der *Biologie* im 19.Jh. vgl. → Biologie, 2; vgl. auch → Abstammung des Menschen, → Darwinismus, → Deszendenztheorie, → Vererbungslehre. – Ergänzend sind in solchem Zusammenhange noch zu erwähnen die von J.Sachs begründete, durch W.Pfeffer, K.v.Goebel u.a. geförderte *Pflanzenphysiologie* und die von W.His und W.Roux inaugurierte *Entwicklungsmechanik*. Pflanzenökologische Betrachtungen begegnen schon bei A.v. → Humboldt, tierökologische stellten erst K.Möbius (1877) und der Lehrer Friedr.Junge an, der 1885 den »Dorfteich als Lebensgemeinschaft« behandelte. Von ihm aus führt der weitere Weg über Fr.Dahl und G.Enderlein zur Umweltforschung von J.v.Uexküll, A.Thienemann und A.Remané (→ Milieu), zu der u.a. von K.v.Frisch, P.P.Grassé, E.v.Holst, K.Lorenz, A.Remané betriebenen Verhaltensforschung und zur Tierpsychologie. Mit einem gewissen Recht hat man die Arbeiten von Fritz Schaudinn über Protozoen als Krankheitserreger in Parallele gestellt zu R.Kochs ähnlichen Arbeiten über die entsprechende Rolle der Bakterien. Schließlich sei die Entdeckung der Viren – die des Tabakmosaikvirus erfolgte durch A.Mayer in den 80er Jahren – und die der Vitamine und Hormone hervorgehoben. Den Vitaminen kam erstmals C.Eijkman 1896 auf die Spur, C.Funk gab ihnen 1912 den Namen. 1902, ein Jahr nach der Entdeckung der Blutgruppen durch K.Landauer, fanden W.M.Bayliss und E.H.Starling im Sekretin das erste Hormon, eine Bezeichnung, die sie 1906 einführten. Die Aufklärung der Konstitution dieser Stoffe und ihre Reindarstellung gehören den ersten Jahrzehnten des 20.Jh.s an.

6. Kennzeichnend für das *20.Jh.* ist ein unübersehbares Anschwellen der wissenschaftlichen Literatur und der Umstand, daß neben die Universitätsinstitute neue Forschungsstätten treten: staatliche Institute (zB die Physikalisch-Technische Bundesanstalt in Berlin und Braunschweig, 1887 als Reichsanstalt gegründet, zugleich oberste Bundesbehörde für das Prüfungs-, Eich- und Zulassungswesen), Industrie-Forschungslaboratorien der großen Werke und vor allem die zahlreichen Institute der Max-Planck-Gesellschaft zur Förderung der Wissenschaften (seit 1948 Nachfolgerin der 1911 in Berlin gegründeten Kaiser-Wilhelm-Gesellschaft). – Im 20.Jh. wendet sich das Hauptinteresse der *Physik* der Untersuchung von (elektromagnetischen und akustischen) Wellen aller Frequenzen (einschließlich kosmische Strahlung) und vor allem den kleinsten Teilchen (Elementarteilchen) und dem Aufbau der Materie aus ihnen zu. Experiment und Theorie haben sich hier in stärkster Weise gegenseitig angeregt und gefördert. Grundlegend für das theoretische Verständnis waren die → Relativitätstheorie und die Quantentheorie (→Atom, 3. 4). – Auf *biologischem* Gebiet haben sich vor allem die Genetik (Mendelsche Gesetze; Erforschung der Chromosomen und der Gene) und die Biochemie (Wirkstoffe verschiedener Art) sehr stark und schnell entwickelt (→ Biologie).

Es gibt keine dem heutigen Stand d. wissenschaftshist. Kenntnisse gerecht werdende Darst. d. Gesch. der N.en, bes. der physiko-chemischen. Die wichtigste Lit. (u.a. die grundlegenden Werke von G.Sarton, L.Thorndike, P.Duhem, Anneliese Maier) bei E.J. Dijksterhuis, Die Mechanisierung d. Weltbildes, dt. 1956. Für die Darst. d. älteren Zeit mit äußerster Vorsicht zu benutzen ist: W.C. Dampier, Gesch. d. N., Wien 1952. – Schnelle u. zT ausgezeichnete Überblicke (jeweils mit Lit.): F.Becker, Gesch. d. Astronomie, 1947 – H.Balls, Antike Astronomie, 1949 – G.Lockemann, Gesch. d. Chemie, 1950/55 – E.Zinner, Astronomie. Gesch. ihrer Probleme, 1951 – P.Walden, Chronolog. Übersichtstabellen zur Gesch. d. Chemie, 1952 – A.Barthelmess, Vererbungswiss., 1952 – W.Zimmermann, Evolution, 1953 – J.E.Hofmann, Gesch. d. Mathematik I-III, 1953-57 – Th.Ballauff, Die Wiss. vom Leben I, 1954 – A.G.M.van Melsen, Atom – gestern u. heute, 1957 – M.v.Laue, Gesch. d. Physik, 1959 – W.Heisenberg, Physik u. Philos., 1959. – Ältere, zT mit Vorsicht zu benutzende Werke: F.Rosenberger, Gesch. d. Physik I-III, 1882-90 – S.Günther, Gesch. d. N.en, 2 Tle, 1910 – E.Gerland, Gesch. d. Physik (bis zum Ausgang d. 18.Jh.s), 1913 – E.Färber, Die geschichtl. Entwicklung d. Chemie, 1921 – R.Burckhardt-H.Erhard, Gesch. d. Zoologie I. II, 1921 – E.Hoppe, Gesch. d. Physik, 1926 – E.Nordenskjöld, Die Gesch. d. Biologie, 1926 – G.Bugge, Das Buch d. Großen Chemiker I. II, 1929/30 – E.Zinner, Gesch. d. Sternkunde, 1931 – M.Möbius, Gesch. d. Botanik, 1937 – J.Anker-Sv.Dahl, Werdegang der Biologie, 1938. – Vgl. die Lit. zu den eingangs genannten Artikeln. *H.Schimank*

II. Systematisch

1. Begriff – 2. Einteilung und Methode – 3. Grundbegriffe – 4. Probleme

1. Unter N. versteht man den Inbegriff von Physik, Chemie und Biologie, ihren Anwendungsgebieten, Hilfswissenschaften und Teildisziplinen. Nur in dem Umfang, in dem sie von deren Ergebnissen und Methoden Gebrauch machen, zählen auch andere Wissenschaften (zB → Psychologie und Medizin) zur N. – Nach *inhaltlichen Kriterien* läßt sich der Begriff der N. nur schwer bestimmen. Eine früher beliebte Abgrenzung, nach der der Gegenstand der N., im Gegensatz zu den → Geisteswissenschaften, in der vom Menschen unabhängigen realen, sinnlich wahrnehmbaren Welt zu sehen ist, ist durch die Ergebnisse der modernen Physik (s. 4) überholt. Auch im Hinblick auf die *Methode* läßt sich die N. nicht eindeutig abgrenzen, nachdem die ursprünglich n.en Methoden mehr und mehr auf anderen Gebieten, bes. in den Sozialwissenschaften, Anwendung gefunden haben. Dazu kommt, daß sich der Gegenstandsbereich der N. sowohl ständig erweitert als auch differenziert. Die Einheit der N. wird daher weniger durch sachhaltige Merkmale als vielmehr durch ihre Entstehungsgeschichte (→ Naturwissenschaft: I) und die Unterrichtstradition gestiftet.

2. Die wichtigste Einteilung der N.en ist die in *exakte* und *nichtexakte* Wissenschaften. Für die exakten N.en ist es charakteristisch, daß sie in größerem Umfang von den Denkformen der Mathematik Gebrauch machen. Ihr Ziel ist dabei die *quantitative* Analyse *funktionaler* Beziehungen und Gesetzmäßigkeiten. Die nichtexakten N.en dagegen erschöpfen sich in Sammlung, Vergleich und qualitativer Deskription von Tatsachen; zu ihnen gehören auch die *morphologischen* N.en. Es handelt sich nicht um eine starre Grenze: die Anzahl der Gegenstandsbereiche, die mit Hilfe von mathematischen Methoden erforscht werden, nimmt ständig zu. Daß sich die N. im ganzen mathematisieren läßt, ist allerdings bis jetzt nur eine gut begründete Hoffnung. – N. ist ihrem Wesen nach *Erfahrungswissenschaft.* Das bedeutet nicht, daß Erfahrung die einzige Quelle n.er Erkenntnis wäre, wohl aber, daß sie das oberste Wahrheitskriterium für jede Aussage innerhalb der N. ist. Erfahrung wird gewonnen durch gewöhnliche *Beobachtung* (die indes auch technische Hilfsmittel benützen kann) oder durch das *Experiment,* das die Bedingungen, unter denen bestimmte Beobachtungen von Vorgängen möglich sind, planmäßig herstellt, isoliert und unabhängig voneinander variiert. Auf diese Weise kann ein Vorgang in Komponenten zerlegt und die Natur des funktionalen Zusammenhangs zwischen seinen Bedingungen festgestellt werden. Die durch die experimentelle Methode ermöglichte strenge und beliebig oft wiederholbare *Nachprüfbarkeit* jeder Aussage gehört zu den Grundforderungen der modernen N. Nur in Fällen, in denen experimentelle Methoden technisch unmöglich sind (wie in der Astronomie), treten an ihre Stelle äußerst verfeinerte Beobachtungsmethoden. – Jedes Experiment steht in einem planmäßigen Zusammenhang, der durch eine *Hypothese* hergestellt wird; es handelt sich hierbei um eine Voraussetzung, die in sich selbst widerspruchsfrei sein und die Annahme einer bestimmten Gesetzlichkeit im Ablauf natürlicher Vorgänge zum Inhalt haben muß; sie wird zur *Theorie,* wenn sie experimentell bestätigt wird und fähig ist, den Ausfall von Experimenten *vorherzusagen.* (Dieser Zusammenhang ist der Grund dafür, daß sich einzelne N.en in je eine theoretische und experimentelle Disziplin aufgliedern.) Sind mehrere Theorien der Erklärung eines bestimmten experimentellen Sachverhaltes fähig, so ist de facto die »Schönheit« und »Einfachheit« einer Theorie für den N.ler ein bisher nicht weiter begründbares Wahrheitskriterium. – Das Experiment als wichtigste Methode der N. erklärt deren enge Beziehungen zur → *Technik.* Technik ist »angewandte« N.; umgekehrt läßt sich die N. selbst bei der ständigen Verfeinerung der Experimentier- und Beobachtungsmethoden nur mehr unter der Voraussetzung der modernen Technik weiter entwickeln. Dies und die rasch fortschreitende Spezialisierung haben zur Folge, daß die heute schon fast ausschließlich an den Institutsbetrieb gebundene n.e Forschung mehr und mehr eine Sache der Gemeinschaftsarbeit (team-work) gleichberechtigter Partner wird, von denen oft keiner mehr das jeweilige Forschungsvorhaben in allen seinen Einzelheiten zu überblicken vermag. Der Begriff von →Wissenschaft überhaupt erfährt damit eine Wandlung, deren Konsequenzen noch nicht zu übersehen sind.

3. Erklärung im n.en Sinne heißt Zurückführung einer Vielfalt von Erscheinungen auf wenige einfache Begriffe und Prinzipien. Diese selbst werden nicht weiter begründet. Welche Begriffe und Prinzipien für fundamental gelten, hängt vom Stand der n.en Erkenntnis ab. Mit zunehmender Erkenntnis zeigt sich ein Fortschreiten zu immer größerer Abstraktion vom unmittelbar Gegebenen. Während im 19.Jh. zB in der Physik der Begriff des Massenpunktes im Sinne der Newtonschen Mechanik für grundlegend galt, wird in der modernen Physik der Begriff der *Invarianz* gegenüber mathematischen *Gruppen* als fundamental angesehen. - Jeder Begriff hat seinen Gültigkeitsbereich. Innerhalb dieses Bereiches kann er sinnvoll angewendet werden (ebenso die Prinzipien). Die Grenzen solcher Bereiche sind nicht immer genau bekannt. Für grundlegend gelten gegenwärtig bes. folgende Begriffe: a) *Raum*. Seine *Struktur* wird in der *Geometrie* untersucht. Diese Struktur wird auch als Geometrie des Raumes bezeichnet. Der euklidische Raum (für ihn gilt das Parallelenaxiom), lange Zeit für die einzig mögliche Struktur unseres Raumes gehalten, ist von Gauß, Riemann u.a. mit deren Entdeckung der *nichteuklidischen* (gekrümmten) *Räume* als ein Spezialfall dieser allgemeineren Raumstrukturen (in denen das Parallelenaxiom nicht notwendig gilt) erkannt worden. Nach der *allgemeinen* → *Relativitätstheorie* ist die Raumstruktur abhängig von der Materie- und Energieverteilung im Raum, der somit nicht nur physikalische Wirkungen auszuüben, sondern solche auch zu erfahren vermag. Für Raumbereiche von der Größe der Erde oder kleiner ist die euklidische Geometrie eine gute Näherung. Die Raumstruktur des Universums im Großen dagegen ist wahrscheinlich wesentlich nichteuklidisch. Unser Raum ist 3-dimensional, auch wenn er nicht euklidisch ist. - b) Die → *Zeit* liegt jedem Naturvorgang zugrunde. Sie wird mathematisch beschrieben durch eine eindimensionale Mannigfaltigkeit. Die Relativitätstheorie verbindet die eindimensionale Zeit mit dem 3-dimensionalen Raum zu einer 4-dimensionalen mathematischen Mannigfaltigkeit, »Welt« genannt, ohne jedoch den Unterschied zwischen Raum und Zeit ganz aufzuheben. Der Begriff der *Gleichzeitigkeit* von Ereignissen erhält durch sie eine neue Bedeutung. Welche Ereignisse gleichzeitig sind, ist davon abhängig, in welchem Bewegungszustand in bezug auf diese Ereignisse sich der Beobachter befindet. - c) → *Materie*, Bezeichnung für alle Elementarteilchen und daraus zusammengesetzte Gebilde, zB → Atome und Moleküle. *Quantenmechanik, Relativitätstheorie* und die noch in der Entstehung begriffene *Theorie der Elementarteilchen* beschreiben ihre Struktur und ihr Verhalten in bezug auf *mögliche Messungen*. Die Elementarteilchen sind zT ineinander oder in *Strahlungsquanten* (Licht) umwandelbar. Es gibt daher keine Erhaltung der *Masse* (Materiemenge). Für → *Energie* und *Impuls* dagegen gelten strenge Erhaltungssätze, solange nicht Dimensionen von der Größe des gesamten Universums ins Spiel kommen. Die Masse ist nach der Relativitätstheorie als eine Form der Energie anzusehen. Sie kann in andere Energieformen übergehen (Atomenergie), und umgekehrt können andere Energieformen die Form der Materie annehmen (zB Erzeugung von Elektronenpaaren aus Strahlungsquanten). Der Grundbegriff für die Theorie der Elementarteilchen ist der des »gequantelten *Feldes*«. - Mit der Entdeckung der Quantenmechanik hat die klassische Mechanik ihre Bedeutung als fundamentale Theorie verloren. Die klassische Mechanik ist als eine Näherung aufzufassen, die in bestimmten Erfahrungsbereichen (zB Planetensystem) anwendbar, in anderen (zB Atome) dagegen unanwendbar ist. - d) → *Kausalität* (: I). - e) *ψ-Funktion*, Begriff aus der Quantenmechanik. Sie stellt auf mathematische Weise die vollständige Information über den *Zustand* eines physikalischen Systems dar. Aus ihr kann die *Wahrscheinlichkeit* (im Sinne der mathematischen Statistik) für den Ausfall jeder am System ausführbaren Messung berechnet werden. - f) → *Komplementarität*. - g) *Leben* ist die Fähigkeit von bestimmten (sehr komplexen) Molekülen oder aus ihnen aufgebauten Gebilden (zB Gene und Zellen), sich selbständig zu *reproduzieren*. Die heutige → Biologie ist nicht gezwungen, eine Vitalkraft anzunehmen, sondern kann die »Leben« genannte Fähigkeit als eine sich aus den Gesetzen der Quantenphysik ergebende verstehen: Wird eine bestimmte, komplexe Molekülstruktur realisiert, so tritt mit ihr die Fähigkeit der *Selbst-Abbildung* (Weitergabe an Information) auf; sie ist mit dieser Struktur gegeben. Mit steigender Komplexität der Struktur treten weitere Fähigkeiten neben der der Selbst-Reproduktion auf. - h) *Mutation* (unvollständige Selbst-Reproduktion) tritt wegen der Kompliziertheit des Prozesses der Selbst-Abbildung auf. Weitere Ursachen sind bes. Strahlung verschiedener Art, zB Röntgen- und kosmische Strahlung sowie Strahlung radioaktiver Stoffe. Es werden meist die Gene in ihrer Molekülstruktur geändert (Gen-Mutation). - i) *Natürliche Auslese* findet im Laufe der immer neuen Entstehung von Lebewesen statt, indem durch Fortpflanzung und Mutation bedingt Lebewesen mit veränderten oder neuen Eigenschaften und Fähigkeiten auftauchen, von denen dann diejenigen eine größere Chance zum Leben und zur Fortpflanzung haben, die *biologisch vollkommener* sind. - k) *Evolution*, einheitliche, fortlaufende, nicht umkehrbare → Entwicklung (: I). Drei Hauptphasen lassen sich unterscheiden: die anorganische oder kosmologische, die organische oder biologische und die menschliche oder psychisch-soziale. Die Entstehung des Menschen kann durch den Prozeß der Evolution wahrscheinlich in den Grundzügen verstanden werden (→ Abstammung des Menschen, → Anthropologie: I). - l) *Kosmologie und Kosmogonie* versuchen die Struktur sowie die Entwicklung und Entstehung der Welt als Ganzes (im Großen) zu beschreiben. Ausgangspunkt der modernen Kosmologie ist → Einsteins allgemeine → Relativitätstheorie. Es gibt viele verschiedene kosmologische Modelle, u.a. das eines expandierenden, *endlichen* aber *unbegrenzten* Kosmos, welches die bisherigen astronomischen Beobachtungen am besten zu vereinen scheint. Ein eindeutiger Entscheid ist jedoch bis jetzt unmöglich. - m) Die *Chemie* untersucht die Struktur und das Verhalten der Moleküle. Im Prinzip zumindest sind alle Ergebnisse der Chemie auf die der Physik zurückführbar. Praktisch jedoch ist dies wegen des komplizierten Baus der meisten Moleküle undurchführbar.

4. Der prinzipielle (nicht durch Verfeinerung der Meßmethoden aufzuhebende) Zusammenhang von Meßanordnung und »Objekt«, wie er im Phänomen der → Komplementarität zutage tritt, läßt die für die klassische Physik wesentliche vollständige Trennung von Beobachter und an sich seiender, so und so beschaffener Natur sehr fragwürdig werden. Der ihr zugrunde liegende Entwurf des Seienden (→ Subjekt-Objekt-Schema) hat sich im Bereich der Atomphysik als nicht angemessen erwiesen. Damit ist die Frage nach der *physikalischen Realität* neu gestellt. - Der Begriff der *Möglichkeit* erhält durch die Quantenmechanik eine grundlegende Bedeutung. Dadurch stellt sich auch innerhalb der N. die Frage, was → *Geschichte* ist.

H.RICKERT, Die Grenzen der n.en Begriffsbildung, (1896-1902) 1629^{5} - B.BAVINK, Ergebnisse u. Probleme der N.en, (1914) 1954^{10} - H.WEYL, Raum, Zeit, Materie, (1918) 1923^{5} - DERS., Philos. der

Mathematik u. N., 1927; engl. 1949 - A.N.WHITEHEAD, The Concept of Nature, 1922 - DERS., Science and the Modern World, 1926; dt. 1949 - W.HEISENBERG, Wandlungen in den Grundlagen der N., (1935) 1949[8] - C.F.v.WEIZSÄCKER, Zum Weltbild der Physik, (1943) 1958[7] - DERS., Die Gesch. der Natur, (1948) 1958[4] - DERS. (mit J.JUILFS), Physik der Gegenwart, (1952) 1959[2] - R.G.COLLINGWOOD, The Idea of Nature, 1946 - A.Einstein, Philosopher - Scientist, hg.v. P.A.SCHILPP, 1949; dt. 1955 - TH.LITT, N. u. Menschenbildung, (1952) 1959[2] - A.PORTMANN, Zoologie u. das neue Bild vom Menschen, 1956 - DERS., Biologie u. Geist, 1956 - F.DESSAUER, N.es Erkennen, 1958. - Vgl. die Lit. zu den im Text genannten Artikeln.

W.Wieland-R.Ebert

III. Naturwissenschaft und Christentum

1. Geschichtlicher Überblick - 2. Die Weltlichkeit der N. - 3. Der geistliche Charakter des Chr.s - 4. Die Naturgesetzlichkeit und das Wirken Gottes - 5. Entwicklung und Schöpfung - 6. Technik und Ethik. - Chr. = Christentum

1. In der Bibel wird das im wesentlichen noch vorwissenschaftliche → Weltbild (: I C) des Alten Orients weitgehend als selbstverständlich vorausgesetzt. Um so auffälliger ist es, daß der mythologische und magische Untergrund jenes Weltbildes fehlt (→ Mythos: II). Diese biblische »Verweltlichung« des Naturbildes beruht darauf, daß hier alle Dinge als Geschöpfe gedeutet werden (→ Schöpfung: II). Aufbauend auf altorientalischen Ansätzen zu einer planmäßigen Erforschung der Natur, bes. auf astronomischem Gebiet (→ Chronologie: II), erreichten die Griechen eine neue, wesentlich höhere Stufe der N. (→ Griechisch-römische Philosophie, → Naturphilosophie). Doch blieb die wissenschaftliche Entwicklung bald wieder stecken; das geschah noch vor dem Sieg des Chr.s. Die Ursachen sind nur zT durchsichtig. Vermutlich spielte die enge Verflechtung der antiken N. mit der griechischen → Metaphysik und anderen weltanschaulichen oder halbreligiösen Vorstellungen eine wichtige Rolle. Diese Verbindung lockerte sich allmählich im Laufe des MA (→ Nominalismus, → Universalien). In der → Renaissance kamen → Astrologie, → Alchemie und verwandte Künste vorübergehend (und äußerlich) wieder zu Ehren. Der entscheidende Durchbruch zur methodenbewußten mathematisch-experimentellen N. gelang im 17.Jh. Es ist kaum Zufall, daß dies in einer christianisierten Kultur geschah, in der die Natur durch den Glauben entgöttert und entdämonisiert worden war. Unsere N. ist eine charakteristisch europäisch-neuzeitliche Erscheinung und ohne die Vorarbeit des MA nicht denkbar (zB → Universitäten, Erfindung der Buchdruckerkunst, der Räderuhr, Entdeckungsreisen). Die meisten Begründer der neuzeitlichen N. hatten ein ausgesprochen positives Verhältnis zum Chr.: → Kopernikus war ebenso wie → Gassendi rechtgläubiger kath. Kleriker; → Kepler war überzeugter ev. Christ, der um des Glaubens willen seine Heimatstadt Graz verließ; → Pascals leidenschaftliches und kluges Chr. hat literarischen Ruhm erlangt; → Newton hat sich während seines Lebens längere Zeit mit theologischen Fragen beschäftigt als mit n.en; → Boyle, der Begründer der neuzeitlichen Chemie, war ein bekannter christlicher Apologet. Um 1700 war die Auffassung weit verbreitet, die n.e Forschung sei ähnlich wie die Schriftauslegung Gottesdienst: die N. studiert in der »biblia naturae« die → Offenbarung Gottes in der Schöpfung, wie die Theologie in der Hl. Schrift die Offenbarung Gottes in der Geschichte studiert (Physikotheologie, → Natürliche Religion). Im 18.Jh. wurde viel Fleiß darauf verwandt, die Existenz, Weisheit und Güte Gottes n. zu beweisen (→ Theodizee: II, → Optimismus: II). Demgegenüber hat → Kant aufgezeigt, daß die theoretische Vernunft nicht imstande ist, → Gottesbeweise zu führen, und er meinte so, »zum Glauben Platz« gemacht zu haben. In der Zwischenzeit hatte sich der → Deismus (: III) und der → Atheismus (: II) der N. bemächtigt und benutzte sie als Argument gegen das kirchliche Chr. und die biblische Botschaft (vor allem gegen die Wunderberichte). Die Auffassung von der Unvereinbarkeit der neueren N. mit dem christlichen Glauben breitete sich bes. im 18. und 19.Jh. weit aus (→ Naturalismus: I). Sie wurde scheinbar bestätigt durch den Kampf starker kirchlicher Kreise gegen die Kopernikanische Astronomie (→ Galilei) und gegen die Entwicklungslehre (Kant, → Darwin). Diese auf einer äußerlichen Interpretation der Bibel beruhende Opposition gegen das neuzeitliche → Weltbild (: IV) radikalisierte sich schließlich im amerikanischen → Fundamentalismus. Anderseits trat für viele Menschen die N. an die Stelle (ohne sie aber wirklich ausfüllen zu können), die vorher die Religion bzw. der Glaube innegehabt hatte. Dieser intellektuellen Revolution gegenüber mußten die Restaurationsversuche der → Romantik unterliegen. Die schnelle Entwicklung der neueren N. und → Technik schien den Glauben der → Aufklärung an den → Fortschritt der Menschheit zu bestätigen. Im 20.Jh. macht sich allmählich eine Wandlung zu einem positiveren, sachlicheren Verhältnis zwischen N. und Chr. bemerkbar. Sie hat verschiedene Ursachen: tiefgehende Wandlungen in den Grundlagen der N.; Erschütterung des Fortschrittsglaubens durch die Weltkriege; Distanzierung der → Theologie (: III) von antiken Weltvorstellungen und von der griechischen Metaphysik; wachsende Verantwortung der N. für die von Menschenhand drohenden Gefahren.

2. Die neuzeitliche → Naturwissenschaft (: I) hat sich erstaunlich rasch entwickelt und gehört heute zu den führenden geistigen Mächten. Im Unterschied zu anderen geistigen Kräften (künstlerischer, religiöser, philosophischer oder politischer Art) hängt sie *nicht* unmittelbar mit der Selbsterkenntnis oder einem Selbstverständnis des Menschen und der entsprechenden Deutung der Welt zusammen. Ihre Macht beruht vielmehr auf genauer Kenntnis zahlreicher Gesetzmäßigkeiten des Geschehens, die eine verläßliche Voraussage vieler Ereignisse und ein wirksames Eingreifen in den Lauf der Dinge ermöglicht. In der N. fragt man nicht - wie es sonst meist geschieht - nach der Bedeutung, dem existentiellen »Vorzeichen« der Ereignisse, oder nach dem Symbolgehalt, dem (guten oder bösen) Charakter der Dinge; sondern man beschränkt sich hier durchaus auf die äußerlichen, aber eindeutiger und sicherer zu beantwortenden Fragen nach Zahl, Zeit, Ort, Gestalt. Dieser Unterschied zwischen der bewertenden *Deutung* auf der einen Seite und der wertfreien, aber genauen *Kenntnis* auf der anderen ist für das Verständnis der neuzeitlichen N. grundlegend (Beispiel: Astrologie = Sterndeutung, Astronomie = Sternkunde). Die n.e Denkweise entsteht aus dem natürlichen Weltverständnis des Menschen durch eine bestimmte Abstraktion: Um die Fragen nach der raum-zeitlichen Struktur präzise beantworten zu können, wird von allen Fragen nach Wesen, Ursprung, Grund, Geheimnis, Sinn und Ziel konsequent abgesehen. Die N. lehrt nicht, was die Dinge sind, warum und wozu sie sind, sondern nur, wie sie sind, und auch das nur in rein raum-zeitlicher Hinsicht. (Beispiele aus der → Anthropologie [: I]: Anatomie, Embryologie, Physiologie, → Abstammungslehre usw.) Sie will und kann die eigentlichen Warum-Fragen nicht beantworten. Die n.e »Kausalanalyse« bleibt im Rahmen der raum-zeitlichen Morphologie und ist daher nichts anderes als (detaillierte) Strukturanalyse. In dem allen entspricht die N. dem Schöpfungsbefehl Gottes an die Menschheit: »Macht euch die Erde untertan!« (Gen 1, 28). Dieser Befehl ist zugleich ein Segen, weil er das Anbefohlene

innerlich ermöglicht: Der Verzicht auf symbolische Erklärungen setzt eine innere Distanz von der Natur voraus, die eine Folge des Glaubens an ihre Geschöpflichkeit und Weltlichkeit ist. Die Geborgenheit im Glauben macht jede menschliche Religion, Metaphysik oder Ideologie überflüssig und gibt Mut zu der Abstraktheit, dem Realismus und der Objektivität der N.

3. Der christliche Glaube läßt n.e Fragen grundsätzlich offen. Im recht verstandenen → Christentum (: V) geht es um *Geistliches,* also um Wirklichkeiten, die der N. auf Grund ihrer Methode und Zielsetzung nicht zugänglich sind. Die christliche Wahrheit gibt keine Beschreibung, sondern eine *Deutung* der Welt, vor allem des Menschen (→ Anthropologie: IV): Sie erklärt sie von dem unsichtbaren und unvorstellbaren, aber im → Gewissen hörbaren Gott her, der zu uns geredet hat (und es noch tut). Dementsprechend will und kann die Bibel nirgends als ein naturkundliches Lehrbuch verstanden werden. Bes. ist und enthält die Lehre von der Erschaffung der Welt oder des Menschen keine n.e Aussage; denn es geht in ihr nicht um Fragen des Wissens, sondern um *letzte* Fragen des menschlichen Lebens (→ Schöpfung: IV). Erst recht gilt das für die Botschaft von der Verurteilung und → Versöhnung des Menschen durch das Kreuz und die Auferweckung Jesu Christi. - Mit der Feststellung des streng innerweltlichen (nichtreligiösen) Charakters der N. sowie des rein geistlichen Charakters der christlichen Wahrheit ist die erkenntnistheoretische Frage nach dem Verhältnis von N. und Chr. grundsätzlich beantwortet. Es bleibt die Aufgabe, diese Antwort im einzelnen zu entfalten.

4. Die Gestalt und der Lauf der Dinge sind zu einem beträchtlichen Teil naturgesetzlich festgelegt. Hierin wird häufig eine Schwierigkeit für den biblischen Glauben an das gegenwärtige Wirken Gottes empfunden. Aber diese vermeintliche Schwierigkeit beruht auf Mißverständnissen.

Zunächst legt das Wort *»Naturgesetz«* das quasi-juristische Mißverständnis nahe, die Natur sei ein mächtiges Wesen mit starker → Eigengesetzlichkeit, ähnlich wie der Staat. Es widerspricht aber der abstrakten Denkweise der neuzeitlichen N., die sog. → Naturgesetze als Ursachen oder Kräfte aufzufassen, die vielleicht (in sog. Wundern) durch stärkere (sog. übernatürliche) Mächte aufgehoben oder durchbrochen werden können. Die »Naturgesetze« sind nichts anderes als menschliche Versuche, die raum-zeitlichen Strukturen oder Ordnungen zu formulieren. Manche dieser Strukturen sind so beschaffen, daß sie wohl als »Kausalverhältnisse« gelesen werden können; aber es wäre ungereimt, sie selbst als Ursachen aufzufassen. - Sodann erweckt die N. oft den Eindruck vollkommener logischer Gewißheit und mathematischer Exaktheit. Dieser Eindruck trifft aber nur zT zu, nämlich für die innere Folgerichtigkeit der Gesetze (für die Richtigkeit der Schlüsse), nicht aber für deren Geltung (für die Wahrheit der Aussagen). Während es in der Mathematik - wo das Denken bei sich selbst bleibt - absolute Gewißheit gibt, gewährt die N. in jeder ihrer Voraussagen nur eine relative Gewißheit oder Wahrscheinlichkeit. Kein Naturgesetz ist denknotwendig; sie sind alle Hypothesen. Wir haben uns an viele Naturgesetze so gewöhnt, daß wir sie für selbstverständlich halten und uns ihr Nichtbestehen nicht vorstellen können. Aber Gewöhnung ist etwas anderes als Gewißheit; und das Nichtvorstellenkönnen ist nur eine biographische Tatsache, aus der sachlich nichts folgt. (Sehr vieles, was wir uns nicht vorstellen können, ist dennoch wirklich und wahr; dafür gibt gerade die N. Beispiele.) Die beständige Geltung auch des kleinsten Naturgesetzes kann letztlich nicht abgeleitet werden und ist ein Wunder. Wir haben keinen Grund zu der Annahme, die Naturgesetze drückten so etwas wie eine »Naturnotwendigkeit« aus. Es ist ein unberechtigtes Vorurteil, die Naturgesetze oder die Zufälle blind zu nennen; man kann sie ja als Ordnungen und Fügungen verstehen (→ Kontingenz).

Nach biblischem Zeugnis geht alles natürliche Geschehen unmittelbar aus der Hand des Schöpfers und Erhalters hervor. Moderner ausgedrückt: Gott bestimmt jederzeit über jedes Atom, und die Welt beruht nicht einen Augenblick in sich selbst. Die Naturgesetze können dem Wirken dessen, der »Wolken, Luft und Winden gibt Wege, Lauf und Bahn« (Paul Gerhardt), keinen Raum streitig machen. Im Gegenteil: Durch die N. gewährt uns der Schöpfer, in den sog. Naturgesetzen seine Schöpfungsgedanken nachzudenken (Kepler). Eine intellektuelle Schwierigkeit für die Lehre von der Allwirksamkeit Gottes stellt die Naturgesetzlichkeit gerade nicht dar; eher noch tut es der Eigenwille des Menschen (vgl. Jer 8, 7).

Die N. hat in dem Sinne Grenzen, daß sie nicht alle Fragen beantworten kann, die man an sie - zu Unrecht - gerichtet hat. Sie stellt und beantwortet nur solche Fragen, die sich rein auf die raum-zeitlichen Verhältnisse beziehen. Innerhalb dieses Aspekts aber stößt sie in dem Sinn an keine Grenze, als sie nichts finden kann, das sich nicht irgendwie wertfrei einordnen ließe, und sei es unter den Begriff des (bisher) Einmaligen. Es hat keinen Sinn, von »Durchbrechung eines Naturgesetzes« zu reden; denn es kann sich immer nur um ein Ereignis handeln, das außerhalb des Geltungsbereichs des betreffenden Naturgesetzes liegt. In vielen Fällen wird man es einem übergeordneten Naturgesetz mit erweitertem Geltungsbereich einfügen können. Ob sich *alles* Geschehen schließlich dem Gesichtspunkt der Naturgesetzlichkeit (der Beständigkeit und Wiederholung) fügt, oder ob es letztlich Singuläres, Unvergleichbares gibt, ist eine Frage, die in der n.en Ebene offen bleibt. Der biblische Begriff des (göttlichen oder widergöttlichen) → Wunders hat damit nichts zu tun. Er kommt in der N. überhaupt nicht vor (so wenig wie etwa der Begriff der Farbe in der rein physikalischen Optik vorkommt). Wunder heißen diejenigen Ereignisse, die so unerwartet sind, daß sie die Menschen zum neuen Nachdenken über die letzten Fragen nötigen. Doch kann man sich jedem solchen Ereignis gegenüber auf die distanzierte, objektivierende Haltung der Wissenschaft zurückziehen (Lk 16, 31). Diese abstrakte, rein wissenschaftliche Haltung ist logisch stets möglich; daß sie menschlich unzulänglich ist, liegt außerhalb n.er Kategorien.

Im Gegensatz zum → Determinismus der klassischen Mechanik kann die moderne Atomphysik, die sog. Quantenmechanik, die meisten Ereignisse grundsätzlich nur mit Wahrscheinlichkeit vorausberechnen (→ Kausalität: I). Diese Tatsache ist für die Ontologie von Bedeutung (→ Atom, 4; → Komplementarität), trägt aber zur Wunderfrage nichts bei, ebensowenig wie zum Problem der menschlichen → Willensfreiheit. Die Eigengesetzlichkeit der bewußten Entscheidungen, Willensfreiheit genannt, ist auf einen Indeterminismus der Gehirnfunktionen nicht angewiesen. (Das wird verständlich, wenn man bedenkt, daß die Motive stets zT unbewußt sind.)

Der Gegenstand der N. ist nicht irgendein Ausschnitt, sondern die ganze Welt einschließlich des Menschen. Aber die N. betrachtet ihren Gegenstand nur unter einem sehr bestimmten Aspekt. Ein charakteristisches Beispiel für die Universalität und innere Geschlossenheit der n.en Betrachtungsweise wie auch für ihre außerordentliche Einseitigkeit und Abstraktheit stellt die physikalische Akustik dar: Tonbänder lassen sich mechanisch vervielfältigen, obwohl sie viele Feinheiten auch des persönlichen musikalischen Ausdrucks enthalten können. Das zeigt, daß der künstlerische Gehalt nicht auf Lücken in der Physik angewiesen ist. Dabei kommt der Begriff des Klanges in der reinen Physik gar nicht vor, denn sie betrachtet den Schall nur in *einer* Hinsicht, nämlich in der Gestalt der raum-zeitlichen »stummen« Gebilde, die man Schallwellen nennt. Die Menschen können sich über den physikalischen Aspekt der Dinge bes. leicht einigen. Es wäre aber ein Fehler zu meinen, nur das so Feststellbare sei real. Was sich uns im ästhetischen, ethischen oder theologischen Aspekt zeigt, ist nicht deshalb weniger wirklich, weil es stärker auf den jeweiligen Menschen Bezug nimmt. (Relationen sind ebenso real wie Prädikate oder Subjekte.)

5. Entsprechendes gilt für die kosmologischen Fragen. Die astrophysikalische und biologische Entwicklungslehre (→ Entwicklung: I) widerspricht dem biblischen Schöpfungsglauben nicht. Sie kann als eine Entfaltung dieses Glaubens innerhalb der n.en Fragestellung verstanden werden. *Daß* Gott die Welt durch sein Wort geschaffen hat, wird auf dem ersten Blatt der Bibel bezeugt. Wie es bei der Erschaffung in raum-zeitlicher Hinsicht zuging (und noch zugeht), zeigt Gott uns heute durch die N. Die Theorie von der → Abstammung des Menschen aus dem Tierreich kann längst als gesichert gelten. Daß die »naturhistorischen« Sätze der Hl. Schrift nicht deskriptiv, sondern »poetisch« (doxologisch, prophetisch) zu verstehen sind, ergibt sich bereits aus ihrer mangelnden Einhelligkeit. Eindeutig ist nur die Aussage, daß die ganze Welt von Gott geschaffen und von ihm unbedingt abhängig ist.

Wir müssen damit rechnen, daß es möglich sein wird, die Entstehung der Planetenordnung mit physikalischen, die Urzeugung des organischen Lebens mit chemischen, die Herausbildung der Menschheit mit biologischen und die Entwicklung des Menschenkindes mit medizinischen Begriffen lückenlos aufzuklären. Das Chr. ist keineswegs am Gegenteil interessiert. Denn »erklären« heißt in der N. eigentlich nichts anderes als die Dinge in ihren allgemeinen Strukturen detailliert *beschreiben*. Solche Analyse nimmt den Geschöpfen - den belebten wie den »unbelebten« - nichts von ihrer Würde und ihrem Geheimnis. Die christliche Wahrheit verträgt sich allerdings nicht mit einer religiösen oder quasireligiösen Hochschätzung der Gestirne, des Lebens oder des (bedeutenden) Menschen, und die übliche Geringschätzung der sog. Materie ist nicht christlich, sondern gnostisch oder neuplatonisch. Wir können den Atomen und den Sternen, der Erde, dem Wind, dem Wasser und dem Feuer nicht Leben und Geist einfach gänzlich absprechen. Daß die Pflanzen, die Tiere, die Menschen in einem immer neuen und höheren Sinn lebendig und geistbegabt sind, ist unbestreitbar. Es ist aber kein Beweis für eine Schichtenlehre, nach der die jeweils höhere Seinsschicht aus der niedrigeren nicht abgeleitet werden kann (→ Schichtentheorie). Eine solche Ansicht übersieht den rein deskriptiven Charakter unserer N. und ihrer sog. Ableitungen.

Die Unvollständigkeit unserer n.en Kenntnisse enthält keinen Hinweis auf Göttliches. Gerade die Tatsache, daß es uns in so erstaunlichem Ausmaß gegeben ist, die Naturordnungen gedanklich abzubilden, bestätigt die Weisheit des *einen* Herren, dem Natur *und* Vernunft ihr Dasein verdanken. Da die N. die letzten Fragen nicht berührt, kann sie keinen Gottesbeweis liefern. Das widerspricht nicht dem bekannten Wort des Apostels, wonach Gottes unsichtbare Kraft und Gottheit an den Werken der Schöpfung ersehen werden kann (Röm 1, 20). Dieser »Beweis« ist selbst ein göttliches Werk und geht weit über die menschlichen Möglichkeiten hinaus. Die wissenschaftlichen → Gottesbeweise dagegen versuchen vergeblich, sich auf *menschliche* Weise des Göttlichen zu versichern. Sie unternehmen es, den Zweifel mit intellektueller Gewalt zum Schweigen zu bringen und den Gegner zur Zustimmung zu zwingen. Das widerspricht dem Geist und dem Wesen des christlichen Glaubens. Ein unbefangener Mensch wird aus der Naturordnung des unsichtbaren Schöpfergeistes Macht und Weisheit ersehen, so wie man an den Zweigen und Blättern den Wind erkennen kann. Doch hat das mit dem kosmologischen Gottesbeweis so wenig zu tun wie mit den Grenzen der Geltungsbereiche der n.en Begriffssysteme oder mit den modernen Theorien, nach denen die Welt in Raum und Zeit endlich ist. Eine »Hypothese Gott« kommt in der N. nicht vor (Laplace). Das entspricht den drei ersten Geboten (Ex 20, 2-7), nach denen Gott nicht zu einer Kraft oder Hypothese neben anderen gemacht werden darf.

6. Rechtes Chr. steht aller rein weltlichen N. positiv gegenüber, ohne jeden Vorbehalt. Alles Geschaffene ist gut (Gen 1, 31), und nichts hindert uns, es zu erforschen. Die Christenheit freut sich grundsätzlich über alle Ergebnisse der reinen N.; sie machen es den Menschen möglich, vernünftig zu planen und mancherlei Nöten zu begegnen. Der Verzicht der N. auf jegliche weltanschauliche Fragestellung wie auf »Erkenntnis des Guten und Bösen« (Gen 2, 17) folgt nicht aus einem ihr fremden Gesetz, sondern entspricht ihrem eigenen Wesen. - Dies gilt nicht für die *Anwendungen* der N.; denn es ist seit jeher eines der Hauptprobleme des Menschen, daß er mehr tun kann als er tun darf. Das trifft auch für die Christen zu, trotz ihrer grundsätzlichen Freiheit: »Alles ist erlaubt, aber nicht alles baut auf« (1Kor 10, 23). Die Erfolge der modernen N. und Technik haben die von Menschenhand drohenden Gefahren in ungeahnter Weise erhöht. Der Mensch ist im Begriff, die Erde zu verlassen. Es ist damit zu rechnen, daß es ihm gelingen wird, kleine Lebewesen künstlich zu erzeugen. (Nichts spricht heute gegen diese Möglichkeit; für sie spricht die Tatsache, daß die Menschheit schon seit Jt.en neue Tier- und Pflanzenrassen zu züchten vermag.) Künstliche Befruchtung gibt es bereits seit einiger Zeit. Durch chemischen oder physikalischen Eingriff kann die Persönlichkeit des Menschen tiefgehend verändert werden. Mit alle dem ergeben sich neuartige ethische Probleme, für deren Bewältigung das Chr. sich verantwortlich wissen muß; denn »wem viel anvertraut ist, von dem wird viel verlangt werden« (Lk 12, 48). Ein neuer Geist tut not unter den Christen angesichts der besonderen Gefahren des n.en Zeitalters. Dazu gehört eine möglichst genaue Kenntnis der Tatsachen und die unermüdliche Arbeit an ihrer Bewältigung. Hier hat die Kirche wohl manches versäumt. In regelmäßiger Zusammenarbeit zwischen Menschen verschiedener Berufe (Theologen, N.lern, Politikern usw) sind neue Wege zur Bewältigung der Probleme zu gehen.

R. Boyle, Works V, 1722 - I. Kant, Allg. Naturgesch. u. Theorie d. Himmels, Vorrede, 1755 - A. Titius, Natur u. Gott, 1931 - M. Planck, Vorträge u. Erinnerungen, (1933) 1949[5] - C.F.v. Weizsäcker, Zum Weltbild d. Physik, (1943) 1957[7] - Ders., Die Gesch. d. Natur, (1948) 1954[2] - J. Seiler, Philos. d. unbelebten Natur, 1948 - Hirsch I-V, passim - K. Heim, Der ev. Glaube u. das Denken der Gegenwart IV-VI, (1949-52) 1953-58[2.3] - Pius XII, Enzyklika Humani Generis, 1950 - Ders., Discorso alla Pontifica Accademia delle scienze 22. nov. 1951, Rom 1953 - Ders., Discorso all' 8. Assembla generale dell' unione astronomica internazionale 7. sett. 1952, Rom 1955 - E.J. Dijksterhuis, De Mechanisering van het Wereldbeeld, 1950; dt. 1956 - Barth, KD III, Vorwort, 1952 - H.-H. Schrey, Weltbild u. Glaube im 20. Jh., 1955 - G. Howe, Zu den Äußerungen von Nils Bohr über relig. Fragen (KuD 4, 1958, 20-46).

G. Süßmann

Naudé *(Naudaeus), Philipp* (1654-1729), * in Metz. N. gehörte zu den → Hugenotten, die 1685 nach Brandenburg-Preußen zogen. 1687 Lehrer der Mathematik am Joachimsthaler Gymnasium, 1696 Hofmathematiker, wurde er 1701 Mitglied der Berliner Akademie, 1704 an ihr Prof. der Mathematik. Er verteidigte in zahlreichen theologischen Schriften im Geist der ref. Orthodoxie die souveräne Gnade Gottes auf der Grundlage des Supralapsarismus und polemisierte gegen → Bayle, → Ostervald, → Jacquelot, die universalistisch gerichteten Theologen der Universität Frankfurt/Oder, gegen → Poiret, die → Arminianer und die → Einigungsbestrebungen (: II, 2 c) seiner Zeit.

Vf. u.a.: Méditations saintes sur la paix de l'âme, 1690; Morale évangélique I. II, 1699; La souveraine perfection de Dieu I. II, 1708; Entretiens solitaires, 1717; Réfutation du Commentaire philos. sur ces paroles de Jésus Christ: Contrains les d'entrer, 1718 (gegen → Bayles Commentaire etc); Traité de la Justification, 1736. - Über N.: ALEX.SCHWEIZER, Gesch. der Centraldogmen der ref. Kirche II, 1856, 765f. 820f - RE XIII, 659ff. *E.Beyreuther*

Nauklerus, *Johannes* (1430-1510; eigentlich *Vergenhans*), Dr. decretorum, Erzieher und Rat Graf Eberhards im Bart. N. wirkte bei der Gründung der Universität → Tübingen entscheidend mit, war ihr 1. Rektor (1477-78) und, als Stiftspropst, 2. Kanzler (1482-1509), als Freund H. → Bebels und → Reuchlins Förderer des Tübinger Humanismus, der die große von N. bis 1504 verfaßte letzte Weltchronik des MA (bis 1501) beeinflußte.

Tractatus de symonia, 1500; Memorabilium omnis aetatis et omnium gentium chronici commentarii, 1516 u.ö. - Über N.: J.HALLER, Die Anfänge der Univ. Tübingen, 1927-29, bes. 14ff. 251ff (Lit.; dazu P.JOACHIMSEN ZKG 48, 1929, 408. 414 f) - F.ERNST, Eberhard im Bart, 1933 - E.STOLZ, Das Epitaph des Tübinger Propsts u. Kanzlers J.V. (ThQ 114, 1933, 86-96) - LThK VII, 455f - H.HAERING, J.Vergenhans, gen. N. (Schwäb. Lebensbilder V, 1950, 1-21) - E. LEMKE, Tradition u. humanist. Einflüsse in der dt. Gesch.schreibung des Spät-MA (Diss. Göttingen), 1953. *J.Leuschner*

Naumann, *Friedrich* (1860-1919), ev. Theologe und Politiker. Der sächsische Pfarrerssohn wuchs in konservativer Umgebung auf. Die Tätigkeit als Oberhelfer im Rauhen Haus und die frühe Begegnung mit Ad. → Stoecker lagen noch im Bereich dieser Tradition und führten bereits über sie hinaus. Deshalb war die Wendung zur liberalen Theologie sogleich verbunden mit dem sozialen Bezug (→ Christlich-sozial, → Evangelisch-sozial). Diese »christlich-soziale« Haltung suchte das kirchenferne → Proletariat in Bejahung seines Kampfes um die → Emanzipation »von unten« zu erreichen und die Kirche für diese Begegnung zu gewinnen. »Jesus der Volksmann« erschien dabei als Garant einer Gesinnung, welche sich zwischen den Polen einer gleichsam franziskanischen Liebesbezeugung und eines an → Tolstoi gemahnenden Rigorismus bewegte. Der äußere Weg führte N. über eine sächsische Gemeinde in das Pfarramt der Inneren Mission in Frankfurt/M. - Der Versuch einer eigenständigen ev. → Arbeiterbewegung (, 2) mißlang. Angesichts des vorherrschenden Typs der »kümmerlich politischen Kleinmeister« in der → Sozialdemokratie (: I) scheiterte die Begegnung mit ihr. Der Einfluß des unerbittlichen Realismus der Soziologie Max → Webers zwang, die Gestaltungsfragen der Industriegesellschaft in neuer Weise zu verstehen. Wurde »das barmherzige Staatsgesetz« schon früher als Beispiel der »Liebe im größten Stil« bezeichnet, so wurde Gott nun in der Natur, im Sausen der Maschinen oder in der Geschichte gesehen. Machtpolitik ist notwendig, aber sie ist nicht »Dienst des Reiches Jesu«. »Die Idee christlich-sozial ist bis ans Ende verfolgt worden und sie läuft ins Leere aus.« Die neue Parole hieß »national-sozial«. Sie führte N. aus dem kirchlichen Amt unmittelbar in die Politik. Sozialismus und Weltgeltung, »Demokratie und Kaisertum«, »Mitteleuropa« als Block europäischer Kernländer bezeichnen Etappen eines Weges, auf dem in unbestechlicher Wahrhaftigkeit jeder Irrtum, jede Korrektur vermerkt wurde. Mehr und mehr wurden alle Dimensionen der technisch-industriellen Gesellschaft - bis hin zum Lob von Stahl und Eisen als Bauelemente - durchdrungen. Nach 1918 rief politische Verantwortung N. zur Mitarbeit an der Weimarer Verfassung und in den Vorsitz der Deutschen Demokratischen Partei. - Die äußere direkte Wirkung N.s war immer begrenzt, die Kontaktwirkung über Parteischranken hinweg dagegen erheblich. So überholt viele der Formulierungen bei N. erscheinen: der mit ihnen gegebene Hinweis auf verantwortliche Gesellschaftsgestaltung ist unverjährt.

Ausgew. Schriften hg.v. H.VOGT, 1949 (Bibliogr.). - M.WENCK, Gesch. der Nationalsozialen, 1905 - MARG.NAUMANN, F.N.s Kindheit u. Jugend, 1925 - G.BÄUMER, Lebensweg durch eine Zeitenwende, 1933 - TH.HEUSS, F.N., (1937) 1949² (Lit.) - E.THIER, Die Kirche u. die soz. Frage. Von Wichern bis F.N., 1950 - R.NÜRNBERGER, Imperialismus, Sozialismus u. Christentum bei F.N. (HZ 170, 1950, 525-548). *E.Thier*

Naumburg, *Bistum,* 968 in → Zeitz als Suffragan von → Magdeburg gegründet, 1028-32 nach N. verlegt. Der Sprengel erstreckte sich von der oberen Saale bis zur Zwickauer Mulde und bis zum Erzgebirge, die Landesherrschaft beschränkte sich auf Gebiete um N., Zeitz und Crossen (Elster). Erst im 12./13.Jh. blühte das Bistum auf: unter Bischof Udo (1125-48) Gründung des Zisterzienserklosters Pforta (1138-40); im 13.Jh. Dombau mit Stifterfiguren. Trotz seiner reichsunmittelbaren Stellung geriet N. unter die Schirmvogtei der Wettiner. 1542 setzte Kurfürst Johann Friedrich in N. Nik. → Amsdorf als ev. Bischof ein. Nach dessen Vertreibung 1547 setzte sich der Kandidat des Kapitels Jul. → Pflug durch, konnte jedoch die Reformation nicht aufhalten. Nach seinem Tode 1564 wurde eine luth.-kursächsische (Albertiner) Administration für die Stiftslande eingerichtet, die von 1656-1718 der Nebenlinie Sachsen-Zeitz unterstand und 1815 an Preußen überging. Das seit 1580 rein ev. Domkapitel blieb bestehen.

RGG² IV, 471 (Lit.) - R.HERRMANN, Die mittelalterl. Bistumsgrenze im reußischen Oberland (ZVThG NF 30, 1932, 1-24) - DERS., Die Dekanatsgrenzen im N.er Bistumssprengel Thüringer Anteils (ebd 31, 1935, 43-84) - W.SCHLESINGER, Meißener Dom u. N.er Westchor. Ihre Bildwerke in geschichtl. Betrachtung, 1952. - Weiteres bei DAHLMANN-WAITZ 2048. 6292. 7171. *H.Ludat*

Nausea *(Grau), Friedrich* (1480-1552), * in Waischenfeld (Oberfranken), 1511/14 Lehrer an der Sebaldusschule in Nürnberg, dann Student in Leipzig und Padua, wurde 1524 von → Campegio als Sekretär nach Deutschland mitgenommen und u.a. beauftragt, den in Bretten weilenden → Melanchthon in die kath. Kirche zurückzulocken. Anfang 1526 übernahm N. die Pfarrei St. Bartholomäus in Frankfurt/M., wurde aber von der luth. gesinnten Gemeinde zur Flucht genötigt. Als Domprediger in Mainz entwickelte er sich zu einem der bedeutendsten Prediger und Apologeten. 1529 war er auf dem Speyerer Reichstag Rat König Ferdinands, der ihn 1534 als Hofprediger nach Wien zog. 1538 zum Koadjutor des Wiener Bischofs Joh. → Fabri ernannt, wurde er 1541 dessen Nachfolger. N. beteiligte sich auch an den Vergleichsverhandlungen auf den Religionsgesprächen zu Hagenau und Worms (1540/41), wo er mit Melanchthon und → Bucer zusammentraf, ebenso an den Arbeiten des → Tridentinums, wo er die Gestattung des Laienkelches und die Aufhebung des Zölibatszwanges empfahl.

J.METZNER, F.N., 1884 - ADB XXIII, 321 ff - G.KAWERAU, Die Versuche, Melanchthon zur kath. Kirche zurückzuführen, 1902, 41 ff. 68 ff - RE XIII, 669 ff; XXIV, 232 - L.CARDAUNS, Zur Gesch. d. kirchl. Unions- u. Reformbestrebungen 1538-42, 1918, 39 ff. 150 ff - H.JEDIN, Das konziliare Reformprogramm F.N.s (HJ 77, 1958, 229-253). *G.Biundo*

Nazaräer bzw. *Nazoräer* ist älteste Bezeichnung der Christen (vgl. Apg 24, 5, Kairo-Hs. des → Schmone ʿEsre u.ö.). Von dem nt. Beinamen Jesu (»der Nazoräer«) abgeleitet, hat sie sich nur im syr.-arab. Sprachgebiet erhalten, wo sie alsbald zur Bezeichnung der syr. Judenchristen geworden ist, während sie im Westen ganz durch die griech. Wortbildung »Christen« verdrängt wurde. Über diese judenchristlichen N. sind nur spärliche Nachrichten bei → Epiphanius und → Hieronymus erhalten, deren historischer Wert gering ist (Schmidtke, Vielhauer). Die N. wohnten in Beröa, ihr Christentum mag etwa dem des MtEv entsprochen haben (→ Judenchristentum: I, → Nazaräerevangelium).

Jesus wird im NT häufig der Nazoräer genannt; nur Mk hat dafür Nazaräner (Lk 4, 34 = Mk 1, 24 und Lk 24, 19 entstammt einer Sonderquelle). Mit Ausnahme von Apg 24, 5, wo von der »Häresie der Nazoräer« die Rede ist, ist die Bezeichnung Nazoräer im NT allein Jesus vorbehalten und hat titularischen, fast messianischen Charakter (vgl. Mt 2, 23, wo das »er soll Nazoräer heißen« als Erfüllung prophetischer Weissagungen eingeführt wird, und Mk 1, 24, wo Nazaräner in synonymem Parallelismus mit »der Heilige Gottes« exorzistisch gebraucht wird). Gegen Dornseiff wird man die erfüllten Weissagungen von Mt 2, 23 nicht im nasir (→ Nasiräer) von Ri 13 suchen dürfen (etymologische und sachliche Schwierigkeiten!), sondern an den neṣær von Jes 11, 1 und die in Jes 42 und 49 gebrauchte Wurzel nṣr im Sinne von »bewahren«, »behüten« denken müssen (vgl. Gärtner).

Wenngleich die ältere These, daß der Ort → Nazareth von Nazoräer hergeleitete Fiktion sei, preiszugeben ist, so bleibt doch nicht nur die etymologische Herleitung des Nazoräer von Nazareth schwierig (anders Schaeder), sondern erst recht die sachliche (mit Lidzbarski, Kennard). Daß Nazoräer gängige Selbstbezeichnung der → Mandäer ist (→ Johannes der Täufer), und daß Epiphanius von einer vorchristlichen Sekte der Nasaräer (haer. 18; 29, 6) wissen will, bekräftigt die Vermutung, daß die Verbindung Nazareth - Nazoräer sekundär ist. Deshalb hat schon Lidzbarski vermutet, daß Nazoräer der Name einer vorchristlichen Sekte ist, deren Angehörige damit als »Observanten« (von Taufriten) bezeichnet werden (Talmud: nōṣri = part. von nāṣār; mandäisch: nāṣōrājā = Nomen agentis von nāṣōr + ājā = aram. Herkunftsendung). Daß mit dem »Nazoräer« ursprünglich Jesu Zugehörigkeit zu dieser Gruppe ausgedrückt war, ist im NT schon vergessen (oder weiß es Mt noch? Kennard; vgl. οἱ τηροῦντες Apk 1, 3 und Lohmeyer zSt).

Außer den Kommentaren zu Mt 2, 23: A.SCHMIDTKE, Neue Fragmente (TU 37, 1), 1911, 95 ff - M.LIDZBARSKI, Mandäische Liturgien, 1920 - DERS., Ginza, 1925 - F.DORNSEIFF, ZNW 35, 1936, 131 - ThW IV, 879 ff (H.H.SCHAEDER) - J.S.KENNARD, Nazorean and Nazareth (JBL 66, 1947, 79-81) - E.LOHMEYER, Die Offenbarung des Johannes (HNT 16), 1953[2] - B.GÄRTNER, Die rätselhaften Termini Nazoräer u. Iskariot, 1957 - R.MACUCH (→ Mandäer) - EKL II 1537 f (Lit.) - P.VIELHAUER in: HENNECKE[3] I, 75 ff. *H.Thyen*

Nazaräerevangelium. Nachrichten über ein Evangelium, das die → Nazaräer benutzt haben, sind durch die Kirchenväter, vor allem durch Hieronymus, erhalten. Fragmente aus dem N. finden sich auch in mittelalterlichen Evangelien-Hss., die zum MtEv Lesarten aus einer als »das Jüdische (Evangelium)« bezeichneten Quelle notieren. Nach dem Bericht der Kirchenväter war das N. in syrischer bzw. aramäischer Sprache abgefaßt. Ob diese Fassung die Urform oder eine Übersetzung aus dem Griechischen darstellte, kann nicht mehr sicher entschieden werden. Wohl aber erweisen sich die erhaltenen Fragmente des N.s im Vergleich zu den Perikopen des MtEv als jüngere Weiterbildungen. So sind aus dem reichen Jüngling (Mt 19, 16-30) zwei Reiche geworden, und die Frage nach der dem Bruder zu gewährenden Vergebung (Mt 18, 21 f) wird im N. auf mit der Zunge begangene Sünden beschränkt. Man wird daher das N. als eine jüngere, targumartige Wiedergabe des MtEv anzusehen haben. Da es einerseits nach dem MtEv abgefaßt sein muß, andererseits bereits → Hegesipp (um 180 nChr) bekannt war, wird es in der ersten Hälfte des 2.Jh.s nChr in judenchristlichen Kreisen entstanden sein.

E.KLOSTERMANN, Apocrypha II (KlT 8), (1904) 1929[3], 5 ff - RGG[3] IV, 473 - W.MICHAELIS, Die apokryphen Schriften zum NT, 1956, 115 ff. 123 ff - P.VIELHAUER in: HENNECKE[3] I, 75 ff. 90 ff (Lit.) - J.B. BAUER, Sermo peccati, Hieronymus u. das N. (BZ NF 4, 1960, 122 bis 128). *E.Lohse*

Nazarener, 1. *Brüder von der Buße (Ordo Poenitentiae Jesu, OPoen),* Orden der Buße von Jesus von Nazareth *(Nazareni),* zu den → Bettelorden gehörig, gegr. 1752 zu Salamanca durch den Spanier Juan Alonso Varella y Losada (1723-69), 1784 durch Pius VI. bestätigt. Die Konstitutionen sind der → Franziskaner-Regel genähert, ebenso Organisation und Ordenshabit. Außer den drei klösterlichen → Gelübden (: IV) wurde bis 1854 als viertes abgelegt: die Unbefleckte Empfängnis Marias zu verteidigen. Die N. arbeiten namentlich in der Volksmission und im Dienst an den Armen, bes. in Italien. Die vier in Ungarn (→ Josephinismus), zunächst auch die in Spanien und Portugal errichteten Klöster wurden wieder aufgehoben oder in Revolutionen vernichtet. 1922 erhielt der Orden in Spanien wieder ein Kloster in Chantada b. Brihuega. In Rom besitzt er das Kloster S. Maria delle Grazie (Sitz des Generalsuperiors).

HEIMBUCHER II, 52. 664. *W.Göbell*

2. *Täufersekte* → Fröhlichianer.

3. *Württembergische Pietisten,* auch *Neukirchler* genannt, eine von dem Basler Seidenweber Joh.Jak.*Wirz* (1778 bis 1858) gegründete Sekte. Neben der Hl. Schrift gründet sie ihre Lehre auf die Offenbarungen, die Wirz empfangen haben wollte. Er behauptete, 1826 durch Jesus als sein Priester bestätigt zu sein. Die N. leben in der Erwartung des bevorstehenden Anbruches der dritten Periode der drei »Haushaltungen Gottes« (→ Joachim von Fiore), der des Hl. Geistes. Sie verstehen den Menschen als einen Extrakt aus der ganzen Welt, Jesu Blut als den Wiedergebärungsstoff für die Welt. Für die »heiligende Rechtfertigung« ist von besonderer Bedeutung die Fürsprache der hl. Muttergemeinde im Himmel (Gal 4, 26), von der die N. unmittelbar abstammen. Die Sekte ist kirchenfeindlich und fordert von ihren Mitgliedern geschlechtliche Enthaltung. Sie ist zahlenmäßig wohl gering, aber in Süd- und Südwestdeutschland neuerlich verbreitet.

RE XIII, 474 ff - HUTTEN 423 ff (Lit.). *H.Hohlwein*

4. *Church of the Nazarene* → Pfingstbewegung: I, 5.

5. Spottname für die Vertreter einer um 1800 einsetzenden und weit in das 19.Jh. reichenden *Richtung der → Romantik* (: II). Sie stand nicht nur im Gegensatz zum antikisierenden → Klassizismus, sondern lenkte gegenüber der revolutionären Frühromantik in Weltanschauung und künstlerischem Stil bewußt in die Bahnen

christlicher Tradition zurück (→ Malerei und Plastik: V, 2 b). - Die Bezeichnung »N.« scheint in Rom entstanden zu sein. Noch 1816 unterschied man unter den dortigen Malern die »Carraccisten« (Anhänger des Klassizismus) und die »Düreristen« (Anhänger der altdeutschen Schule). 1817 findet sich im Briefwechsel Goethes mit Heinrich Meyer bereits das Wort »N.«. Aus dem Kreise Goethes, der von der »neuen frömmelnden Unkunst« sprach, ging auch eine erste - freilich polemisch gefärbte - Geschichte dieser Richtung hervor: »Neudeutsche religios-patriotische Kunst« (in: Über Kunst und Alterthum, 2. Heft, 1817).

Die Kunst der N. läßt sich mit ihren Anfängen einer allgemein-europäischen archaisierenden Bewegung zuordnen, dennoch trägt sie ausgesprochen deutsche Züge. Die frühesten theoretischen Manifeste sind W.H. →Wakkenroders und L.Tiecks »Herzensergießungen eines kunstliebenden Klosterbruders« (1791) und »Phantasien über die Kunst« (1799), vor allem F. → Schlegels »Gemäldebeschreibungen aus Paris und den Niederlanden in den Jahren 1802-1804«. 1808/09 schlossen sich einige junge Maler in Wien zur *»Lukasbruderschaft«* zusammen. Unbefriedigt von der akademischen Lehre siedelte der Bund 1810 nach Rom über. Hier richteten die »Brüder« sich in dem verlassenen Kloster San Isidoro ein und schufen ihre Werke in enger Lebens- und Arbeitsgemeinschaft. Von den ursprünglichen Begründern blieb F. → Overbeck bis in sein hohes Alter die exemplarische Gestalt der N. schlechthin; an künstlerischer Kraft war ihm der jung verstorbene F.Pforr noch überlegen. Für Deutschland wurde der 1811 hinzugekommene P. → Cornelius von größter Bedeutung (seit 1819 Direktor der Münchner Akademie). Zahlreiche andere Künstler waren den N.n mehr oder weniger eng verbunden (J. → Schnorr von Carolsfeld, Ph.Veit, L. → Richter, J.Führich, E.Steinle u.a.). Der Lukasbund ist die bekannteste nazarenische Gemeinschaft, jedoch zeigten sich ähnliche Bestrebungen allenthalben. Unabhängig von der römischen Bruderschaft hatten etwa die Brüder Olivier schon seit 1808/09 in neugotischer Manier gemalt (s. auch Taf. 62 Abb. 3).

Für die N. bedeutete die Rückkehr zu den Formprinzipien der altdeutschen Schule (bes. A. → Dürers) und der frühen Italiener eine sittliche Entscheidung: »Wahrheit« war der Hauptgrundsatz des Lukasbundes. Der gotisierenden und renaissancistischen Formengebung entsprach in zahlreichen Fällen die religiöse Konversion: allein bis 1819 sind in Rom 13 deutsche Maler zum Katholizismus übergetreten. Die künstlerisch reinsten Leistungen liegen in der Frühzeit; sie zeichnen sich durch die Musikalität ihrer Linie und die Klarheit heller Flächenfarben aus. Durch die immer stärker werdende Abwendung von den entwicklungsfähigen Kräften der Zeit und durch das Bündnis mit den restaurativen Tendenzen der Epoche blieben die Versuche zur Erneuerung der Kunst - bes. der Monumentalmalerei - ohne nachhaltigen Erfolg; durch mißverstandene Bevorzugung der Linienschönheit → Raffaels gerieten die späteren N. in einen süßlichen Stil (s. Taf. 62 Abb. 5), der den Geschmack breiter kirchlicher Kreise bis zur Gegenwart bestimmt hat. Wenngleich die Kunst der N. auf England (→ Präraffaeliten), Frankreich und Italien gewirkt hat (Howitt II, 115 ff), erfuhren selbst Meister von bedeutender Formkraft wie Overbeck und Cornelius nach anfänglich großem Widerhall zunehmende Ablehnung.

M.Howitt, F.Overbeck, 1882 - F.H.Lehr, Die Blütezeit romant. Bildkunst, 1924 - K.K.Eberlein, Nazarenische Kunst (Pempelfort H. 19), 1926 - W.Neuss, Das Wesen der N.-Kunst (Kunstwiss. Jb. der Görres-Ges. 1, 1928, 62-86) - Overbeck u. sein Kreis, hg.v. C.G. Heise, 1928 - K.Gerstenberg-P.O.Rave, Die Wandgemälde der dt. Romantiker im Casino Massimo zu Rom, 1934 - L.Grote, Die Brüder Olivier u. die dt. Romantik, 1938 - H.Geller, Die Bildnisse der dt. Künstler in Rom, Einf. v. H.v.Einem, 1952.

K.Lankheit

Nazareth wird im NT genannt (Mk 1, 9 par; Mt 2, 23; Lk 1, 26; Joh 1, 46 u.ö.) als Heimat der Eltern Jesu und der Ort, an dem → Jesus aufgewachsen ist. Im AT und in der älteren jüd. Literatur wird N. nicht erwähnt. Das kleine, im Bergland → Galiläas gelegene Dorf (350 bis 400 m über dem Meeresspiegel) gehörte zum rein jüd. Siedlungsgebiet, in das die hellenistischen Einflüsse, die in der Ebene wirksam waren, nicht eingedrungen sind (Alt). N. wurde unter Konstantin d. Gr. christianisiert, hat dann eine wechselvolle Geschichte durchlaufen und ist seit dem 18.Jh. wieder christlich besiedelt. Heute gehört N. zum Staat Israel. Die arabisch-christliche Bevölkerung ist im Ort geblieben und gibt der Stadt, die 23 000 Einwohner zählt und in ständigem Wachsen begriffen ist (abgesonderter Bezirk einer jüdischen Neustadt), nach wie vor das Gepräge.

RE XIII, 676ff - G.Dalman, Orte u. Wege Jesu, (1919) 1924³, 61 ff - Th.Soiron, Das Evangelium u. die hl. Stätten, 1929, 17ff - A.Alt, Die Stätten des Wirkens Jesu in Galiläa (BBLAK 68, 1949, 51-72 = Alt II, 436-455) - C.Kopp, N. u. seine Heiligtümer, 1950 - Ders., Die hl. Stätten der Evangelien, 1959, 86 ff. - Reiseführer von Israel: Nagel, 1953, 184 ff - Guide bleu, 1955, 200 ff.

E.Lohse

Nazoräer → Nazaräer.

Neander, 1. *August,* Kirchenhistoriker, * 17.1.1789 als David Mendel in Göttingen, † 14.7.1850 in Berlin; nahm nach seinem Übertritt zur ev. Kirche (1806) den Namen Johann August Wilhelm N. an. - In der Jugend durch Plato und einen romantischen Freundeskreis beeinflußt, entschloß er sich unter dem Eindruck →Schleiermachers zum Theologiestudium. Daneben wurde G.J. → Planck sein wichtigster Lehrer. N. habilitierte sich 1811 in Heidelberg und lehrte seit 1813 in → Berlin (, 2). Seine persönliche Lauterkeit und seine tiefe Frömmigkeit sind vielfach und eindrucksvoll bezeugt. - N. gilt mit Recht als Begründer der neueren ev. Kirchengeschichtsschreibung (→ Kirchengeschichte: I, 2 g). Den pragmatischen Darstellungen des Rationalismus setzte er eine romantisch-dialektische Auffassung der KG entgegen. Danach ist das Thema der KG die dialektisch verstandene Auseinandersetzung zwischen dem Geist Christi und dem Geist der Welt. Die KG wird zur Frömmigkeitsgeschichte. Absolut falsche Positionen gibt es nicht: alles muß schließlich dazu dienen, den Glauben in immer größerer Reinheit zur Erscheinung zu bringen. Entsprechend ist die Absicht der Kirchengeschichtsschreibung eine praktische und erbauliche: Sie soll den »Glauben an die weltüberwindende Kraft des göttlichen Wortes... beleben« und uns mit »herzerhebenden Empfindungen« erfüllen. In diesem Sinne ist das vielzitierte Losungswort der N.schen Theologie zu verstehen (aus der Widmung im 1. Bd seiner KG): »Pectus est, quod theologum facit« (danach der Begriff der »Pectoraltheologie«). - N.s bedeutende Monographien und seine »Allgemeine Geschichte der christlichen Religion und Kirche« zeichnen sich durch umfassende Quellenkenntnis und liebevolle Einzeldarstellungen aus. Ihre Schwäche liegt darin, daß N., im Gegensatz etwa zu F.Chr.→ Baur, die Begrifflichkeit und Systematik fehlte, die klare Abgrenzungen erlaubt hätte. - Kirchenpolitisch ursprünglich zur Partei → Hengstenbergs gerechnet, distanzierte sich N. im Zusammenhang mit der Auseinandersetzung um → Gesenius und → Wegscheider von der Ev. Kirchen-Zeitung (1830). Ebenso widerriet er in einem Gutachten trotz seiner theologischen Gegnerschaft, das »Leben Jesu« von → Strauß (1836) zu verbieten.

Vf. u.a. Monographien über Kaiser Julian, (1812) 1867²; Bernhard v. Clairvaux, (1813) 1889²; Die Gnosis, 1818; Joh.Chrysostomus, (1822) 1848³; Tertullian, (1824) 1849²; Das apostolische Zeitalter, 1832; Leben Jesu, (1837) 1873⁷; Pascal, 1847. Allg. Gesch. d. christl. Rel. u. Kirche, 10 Abt.en (bis z. Tode Bonifatius VIII.), 1825 bis 1845 u.ö., 11. Abt. (bis z. Basler Konzil) hg.v. K.TH.SCHNEIDER, 1852. - GA der Werke, 14 Bde, 1862-75. - Über N.: K.R.HAGENBACH, N.s Verdienste um die KG (ThStKr 24, 1851, 543-594) - F.C. BAUR, Die Epochen d. kirchl. Geschichtsschreibung, 1852, 201ff - PH.SCHAFF, A.N., Erinnerungen, 1886 (Lit.) - A.v.HARNACK, Rede zum 100. Geb. v. A.N., 1889 (= Reden u. Aufs. I, 1904, 193-218) - K.H.SCHNEIDER, A.N., 1894 - RE XIII, 679ff - K.v.HÖVEL, W.v. Humboldt u. A.N. Die N.sche KGschreibung in ihren Beziehungen zu W.v.Humboldts Ideenlehre (Diss. Köln), 1923 (Masch.) - R.KAYSER, N. u. Hengstenberg (JBrKG 26, 1931, 79-99) - W.NIGG, Die KGschreibung, 1934, 157ff - H.HÜTTMANN, A.N. in seiner Jugendentwicklung (Diss. Heidelberg), 1936 - HIRSCH V, 115ff.

K.Scholder

2. *Joachim* (1650-80), * und † in Bremen. Sein Vater unterrichtete dort am Gymnasium illustre, wo N. ref. Theologie studierte. 1670 wurde er durch Predigten → Untereycks an der Bremer Martinikirche erweckt. Die Begegnung mit → Spener und J.J. → Schütz in Frankfurt/M. vertiefte N.s pietistische Haltung. 1674 wurde er Rektor der ref. Lateinschule in Düsseldorf, wo er auch in Predigt und Seelsorge auszuhelfen hatte. Spannungen mit dem Prediger Lürßen brachten ihm den Vorwurf des Separatismus. So ging er 1679 als Frühprediger an die Bremer Martinikirche. Seine Herkunft aus der ref. Föderaltheologie (→ Bund: IV) zeigen die kurz vor seinem Tode erschienenen »Bundeslieder«, 57 geistliche Gedichte mit etwa 30 wohl von N. geschaffenen Melodien, vielfach im Versbau des Genfer Psalters, zunächst für Hausandachten bestimmt, ein Buch von großer Wirkung. 9 Texte (u.a. EKG 234. 235. 365) und 3 Melodien (EKG 129. 235) sind noch heute in Gebrauch. Der ehrfürchtige Blick auf Gottes Königtum führt N. zur Erkenntnis eigener Sünde und Nichtigkeit wie zum jubelnden Lobpsalm. Seine Sprache ist bibelgebunden, doch verrät sich Einfluß von → Angelus Silesius. Eine musikwissenschaftliche Würdigung N.s steht noch aus. - Vgl. → Kirchenlied: I, 3 c.

J.F.IKEN, J.N., sein Leben u. seine Lieder, 1880 - Hdb. zum EKG II/1, 1957, 251ff; Sonder-Bd, 1959², 69. 359ff. 408. 554f.

S.Fornaçon

3. *Michael* (urspr. Neumann; 1525-95), Pädagoge, * in Sorau, † in Ilfeld (Harz); Schüler → Melanchthons, seit 1550 Lehrer, dann Rektor der Klosterschule Ilfeld, gehört mit → Trotzendorf und Joh. → Sturm zu den großen ev. Schulmännern des 16.Jh.s. N.s kleine Schule, in der er meistens einziger Lehrer war, wurde durch seine überragende Gelehrsamkeit, seine Meisterschaft im Gebrauch der alten Sprachen, seine zündende Lehrweise und Hingabe eine bedeutende humanistische Pflanzstätte, ja »das beste Seminar im Lande« (Melanchthon). Seine Lehr-, bes. Sprachlehrbücher, Klassikerausgaben usw waren weithin anerkannt (ca 40 gedruckte Werke). Die Vorrede (340 S.) zu den »Erotemata Linguae Graecae« ist der Versuch einer umfassenden Literaturgeschichte. Seine pädagogischen Grundsätze enthält die Schrift »Bedenken an einen guten Herrn und Freund, wie ein Knabe zu leiten und zu unterweisen...« (1580; abgedr. bei R.Vormbaum, Die ev. Schulordnungen d. 16.Jh.s, 1860, 746ff). Im Sinne des Humanismus und speziell Melanchthons betont N. das Studium der Grammatik, der alten Sprachen, der Ethik und der Glaubenslehre, ist aber aufgeschlossen auch für die Realien, sowohl für Naturkunde, Erdkunde, Geschichte wie auch für die unmittelbare Umwelt (Exkursionen!).

F.MEISTER, M.N. (Neue Jb.er f. Philologie u. Pädagogik 124, 1881, 180-186. 225-232. 309-315. 357-366. 390-400; 126, 1882, 188 bis 196; vollst. Bibliogr.) - G.BAUR in: Encykl. des gesamten Erz.- u. Unterrichtswesens, hg.v. K.A.SCHMID, V, 1883², 199-213 - M. KLEMM, M.N. u. seine Stellung im Unterrichtswesen des 16.Jh.s, 1884 - H.HEINECK, Aus dem Leben M.N.s, 1925.

A.Reble

Neapel. Die Anfänge des Christentums in N. reichen bis in vorkonstantinische Zeit zurück, wie die Katakomben (S. Gennaro, später S. Gaudioso und S. Eufebio) und die Nähe der Gemeinde Puteoli (vgl. Apg 28, 13f) vermuten lassen. Nach der Bischofschronik (10.Jh.) hätte Petrus den ersten Bischof Asprenas geweiht. Da N. keine eigenen Märtyrer hat, verehrt es als Patron den hl. → Januarius aus Benevent (seit 1389 jährliches Blutwunder im Dom, Kapelle S. Gennaro). Im 10.Jh. wurde N. zum Erzbistum erhoben. 1224 gründete Friedrich II. die Universität, wo auch →Thomas von Aquino lehrte. Im 16.Jh. bildete sich um J.de → Valdés ein ev. interessierter Humanistenkreis, der stark auf die kath. und prot. Reformation in → Italien (, 3) wirkte. Das Erzbistum mit den Suffraganen Acerra, Ischia, Nola, Pozzuoli zählt heute 1 448 000 Katholiken mit 1179 Kirchen und 248 Pfarreien. Die erste ev. Gemeinde wurde 1826 von A. → Monod gegründet. Die Zahl der Protestanten beträgt zZ ca 4600.

DACL XII/1, 691ff - P.F.KEHR, Italia Pontificia VIII, 1935 - H. ACHELIS, Die Katakomben von N., 1936 (dazu E.WEIGAND, ByZ 37, 1937, 460-474) - D.MALLARDO, Storia antica della chiesa di N., N. 1943 - DERS., Il Calendario marmoreo di N., Rom 1947 - R. TRIFONE, L'Università degli studi di N., N. 1954 (Lit.).

V.Vinay

Nebengottesdienst

1. Name - 2. Abgrenzung - 3. Formen. - Vgl. → Gottesdienst: V B. VI, → Kantatengottesdienst

1. Die ev. → Liturgik unterscheidet zwar den N. und den »Hauptgottesdienst« am Sonntagvormittag; aber der Begriff ist nicht theologisch gefüllt und auch nicht klar umrissen, da er in sich verschiedene Gottesdienste umfaßt und darin nicht zum Ausdruck kommt, daß zB die → Kasualien nicht gemeint sind. Theologisch sind Hauptgottesdienst und N. nur dann zu unterscheiden, wenn feststeht, daß der Hauptgottesdienst grundsätzlich Predigt und Abendmahlsfeier umfaßt; dann wäre N. ein Gottesdienst ohne Abendmahl. Auch dann wäre der Name unberechtigt. Nach Luthers Definition des Gottesdienstes in der Torgauer Weihepredigt (WA 49, 588) kann ein Gottesdienst, der »nur« Wortverkündigung enthält, nicht durch den Zusatz »Neben-« gegenüber einem anderen abgewertet werden, der mit der Sakramentsfeier ein »Mehr« bringt. So kann der Name nur festgehalten werden, wenn er lediglich formal jene Gottesdienste meint, die außerhalb der sonntäglichen Vormittagszeit gehalten werden und nicht nur einem Gemeindeteil gelten, der durch einen persönlichen Anlaß (casus) zusammengeführt wird.

2. Gottesdienst ist der N. dadurch, daß sein zentraler Gegenstand die Wortverkündigung ist; sie geschieht nach ev. Auffassung dem Anredecharakter des → Wortes Gottes gemäß in seiner Auslegung, sei es auch in der für den Prediger allerdings sehr anspruchsvollen Form der kurzen Ansprache. Auch im N. dürfen also biblische Texte nicht nur als Lesungen Gemeindegesängen und kirchenmusikalischen Stücken zugeordnet werden, soll der N. nicht Gefahr laufen, in der bloßen Rezitation sakraler Texte zu erstarren; schon Luther hat diese Gefahr gesehen und davor gewarnt (WA 12, 35, 19ff; 37, 26ff). Hier ist eine Abgrenzung gegenüber den sonst begrüßenswerten Bemühungen der Liturgischen Bewegung (→ Gottesdienst: VI, 3) nötig, das → Stundengebet (: I, 3) für die ev. Kirche wiederzugewinnen. In der römischen Kirche stehen die Horen erklärtermaßen im festen Zusammenhang mit der → Messe und

dem Meßopfer; sie werden von daher verstanden und bedürfen deshalb keiner Predigt. Darum können sie im ev. Raum ebensowenig direkt übernommen werden wie die auf das Meßopfer ausgerichtete Meßordnung. Die Horenordnung kann mithin für den N. nicht als einzige Form verordnet und mit pseudotheologischen und restaurativen Gründen verbindlich gemacht werden; sie kann lediglich um der Ordnung willen angeraten werden und ist von allen ev. nicht nachvollziehbaren Bestandteilen zu reinigen. Dann freilich könnte sie für geschlossene Gemeindekreise (Jugendkreise, Studentengemeinde) hilfreich sein, wofern nur die Gefahr der Gewöhnung gesehen wird. Daneben sollten um der Aufnahmefähigkeit der Gemeinde willen auch schlichtere Formen zugelassen, zugleich aber auch neue entwickelt und erprobt werden; dabei wäre die Liturgik lernende Mitarbeiterin zB der Soziologie, ohne zu vergessen, daß sie *theologische* Disziplin ist.

3. Die N.e stehen nicht nur in der Tradition der von Luther beibehaltenen Wochengottesdienste der → Mette und → Vesper, wobei die geschichtliche Entwicklung Zutaten und Abstriche erbrachte und jeweils einzelne Motive bes. in den Vordergrund stellte; die sonntäglichen Früh- und Nachmittags- wie die Wochengottesdienste und die Bibelstunde führen vielmehr auch die von der Reformation (Luther: WA 19, 78ff; Zwinglis → »Prophezei« in Zürich, Calvins »congrégation« in Genf) bes. ernst genommene Aufgabe der Bibelerklärung fort; die »Liturgie« tritt zurück. - Die liturgische Ausgestaltung ist stärker betont in den Liturgischen Andachten. Ihre Bedeutung beruht u.a. darauf, daß die Gemeindeglieder mehr als sonst aktiv beteiligt werden können, bes. wenn nach der Ordnung der Horen verfahren und der Dienst des → Kantors, Succentors oder → Lektors eingerichtet wird; auch können hier Gemeindeglieder die Auslegung halten. Wird nicht die Form der Hore gewählt, so folgen in mehrfachem Wechsel Lesungen und Gesänge aufeinander - ein Verfahren, das ebenso möglich und sachgerecht ist. Diese N.e haben sich vor allem für den Wochenschluß, die Vorabende der Feste, den Reformationstag, Silvester, die Advents- und Passionszeit eingebürgert. Bedenklich ist in *dieser* Zeit die weitgehende Harmonisierung der Evangelientexte, die in der »Begehung der Karwoche« nach der Agende der VELKD vermieden ist. Hierher gehören auch Bet- und Bittgottesdienste aus besonderem Anlaß oder an den → Buß- und Bettagen. - Eine Weiterentwicklung der reformatorischen Katechismusgottesdienste (→ Katechismus: III, 1) stellen → Kindergottesdienste, → Christenlehre, Schulandachten u.ä. dar. - Neben einer Reihe von Privatarbeiten liegen für N.e jetzt auch amtliche Agenden vor oder sind für die nächste Zeit vorgesehen.

Außer den Lehrbüchern der → Praktischen Theologie bes.: RGG² IV, 478ff - RIETSCHEL-GRAFF - Leiturgia III, 1-96 (E.WEISMANN). 100-294 (H.GOLTZEN) - W.BUCHHOLZ, Der tägl. Gottesdienst (Luth. Nachrichten 6, 1957, 21f) - O.HAMMELSBECK, Krit. Bemerkungen zum Andachthalten (Der ev. Erzieher 9, 1957, 125-127) - W.ZIFREUND, Der Schulgottesdienst in der Spannung zwischen Predigt u. Gebet, Passivität u. Vollzug (ebd 117-124) - K.F.MÜLLER, Die Agendenarbeit in den Landeskirchen der EKD 1945-56 (JLH 3, 1957, 79-100) - W.HAHN, Die Mitte der Gemeinde, 1959. *H.W.Surkau*

Nebo → Kanaan: I, 2.

Nebukadnezar II. (ältere Form Nebukadrezzar, LXX Ναβουχοδονοσορ, bab. Nabû-kudurrī-uṣur), der 2. und bedeutendste König der Chaldäerdynastie Babyloniens (605-562 vChr). Seine zahlreichen Bauinschriften berichten fast nichts über seine Außen- und Innenpolitik; 2 Chroniken, häufige Nennungen im AT und sagenhafte griechische Nachrichten bieten dafür nur einen ungenügenden Ersatz. Die von seinem Vater Nabupolassar übernommene Südhälfte des früheren Assyrerreichs mußte er vor allem gegen Ägypten sichern (→ Babylonien: I, 4). Als Verbündeter Ägyptens wurde Juda sein Opfer (1. Eroberung Jerusalems am 16.3.597; 2. Eroberung und Zerstörung im Sommer 587, vgl. 2Kön 24f). Seine Bautätigkeit in → Babylon (, 2. 3) und anderen Städten Babyloniens übertraf die aller früheren Könige des Landes bei weitem. Neben den Tempelbauten (u.a. der »Turm von Babel«) standen riesige Paläste und Befestigungsanlagen. Die »medische Mauer« nördlich von Babylon reichte vom Tigris bis zum Euphrat. Obwohl N. hierfür die Arbeitskraft des Reiches durch Fronarbeit stärkstens beanspruchen mußte, führte er für sein in Jh.en voll Kriegen heruntergekommenes Land eine wirtschaftliche Blütezeit herauf durch Förderung von Handel und Gewerbe weithin auf privatwirtschaftlicher Grundlage (aber auch großer Tempelbesitz). Seine fast immer mit einem Gebet endenden Inschriften erweisen ihn als sehr fromm und demgemäß in der traditionellen Selbstüberhebung gemäßigt. Für die so notwendige geistige Erneuerung Babyloniens ließ sein Traditionalismus allerdings wenig Raum. Das AT, vor allem Jer und Ez, sieht in ihm die Zuchtrute Gottes für Israel und andere Völker und übt an ihm keinerlei Kritik (Jer 25, 9; 27, 6; »mein Knecht« 43, 10; Ez 26, 7; 29, 18f; 30, 10). Erst die Legenden des → Danielbuches, die ihn wie Herodot mit dem letzten König von Babylon Nabonid zusammenwerfen, zeichnen das bekannte Zerrbild eines Tyrannen (ein Spiegelbild → Antiochus' IV.); gleichwohl hat diese Sicht das christliche Geschichtsbild von N. bestimmt.

VAB IV, 1912 - A.FALKENSTEIN-W.v.SODEN, Sum. u. akkad. Hymnen u. Gebete, 1953, 283ff - W.v.SODEN, Herrscher im Alten Orient, 1954, 140ff - D.WISEMAN, Chronicles of Chaldaean Kings, 1956 - DBS VI, 286ff. *W.v.Soden*

Neff, *Felix* (1797-1829), ref. Erweckungsprediger, * in Genf, war zunächst in der französischen Schweiz, dann im Gebiet von Grenoble tätig. 1823 wurde er in London ordiniert und begab sich darauf in die französischen Hochalpen, wo er eine überaus fruchtbare Tätigkeit als Prediger und Lehrer entfaltete.

RGG² IV, 481 (ältere Lit.) - S.LORTSCH, F.N., Dieulefit (Drôme) 1933 (dt. Bearb. v. INGE STERN, Basel 1944) - B.VALLOTTON, F.N., porteur de feu, Genf (1946) 1950². *H.R.Guggisberg*

Neger, *ethnologisch*

1. Rasse - 2. Sprache - 3. Kulturen - 4. N. in Amerika. - Vgl. → Afrika: I. II, → Afrikanistik

1. Biologische Überlegungen verlegen die Ursprungsheimat des afrikanischen N.s in das tropische Steppengebiet der letzten Pluvialzeit. Eine ungewöhnlich dunkle Haut, sehr dunkle Augen, ausgeprägtes Wollhaar und andere Rasseneigenschaften des N.s zeigen sich dem tropischen Steppenklima als bestmöglich angepaßt. In dieser Landschaftszone ist der N. biologisch allen anderen → Rassen überlegen. Landschaftliche Besonderheiten, wie Urwald und Savanne, Wanderungen und Fremdeinflüsse von hamitischer und semitischer Seite sowie auch das Nachwirken eines uralten Jägersubstrats khoisanider Völker erklären u.a. den ungeheuren Typenreichtum des N.s. - Die relativ reinsten N. finden sich im Westen zwischen der Senegalmündung und Nigerien, während der Osten und Südosten → Afrikas bes. dem Einfluß hamitischer Viehzüchter ausgesetzt war. - Als urtümliche Abspaltungen vom negriden Ast erweisen sich die Pygmäen in der Hyläa. Der lange Aufenthalt in dieser Umwelt hat ihre heutigen, dem Leben im

Urwald angepaßten Rassenmerkmale (Kleinwuchs, hellere Haut u.a.m.) zur Folge gehabt. Die Pygmäen sind *heute* rassisch verschieden vom N. Auch wirtschaftlich nehmen sie als Jäger und Sammler eine Sonderstellung ein. – Der Versuch einer Rassengliederung der N. in einen sudaniden, nilotiden, kafriden (bantuiden) und palänegriden Rassentypus (so Frhr.v.Eickstedt) ist zwar im einzelnen anfechtbar, doch wird diese Rassengliederung häufig verwendet. Diese gilt für die rezente Bevölkerung. Der N. erscheint erst relativ spät in der Geschichte.

2. Dem Typenreichtum des N.s entspricht eine ungeheure Sprachenzersplitterung. Als wichtigste *Sprachgruppen* negrider Völker wären die Bantu- und die Sudansprachen (Semi-Bantu, Nigritische Sprachen, Mande-Sprachen, Sara-Bongo-Gruppe, Innersudanische Sprachen und die Hausa-Kotoko-Gruppe) zu nennen, außerdem die nilotischen Sprachen und die Sprachen in Dar-Fung. Die Pygmäen sprechen heute die Sprache ihrer Wirtsvölker; ob sie eine eigene Sprache besaßen, ist noch umstritten.

3. Als eigentlich *nigritische Kulturen* werden von H.Baumann die mutterrechtliche Mittelbantukultur zusammen mit ihrer stammverwandten, im Urwald aber abgewandelten und mit pygmäischen und altnigritischen Elementen durchsetzten Urwaldkultur genannt, ferner die vaterrechtliche altnigritische Kultur, die sich bes. gut in den Bergländern des Sudans herausarbeiten läßt. Der *mutterrechtlichen Mittelbantukultur* werden mutterrechtliche Tendenzen (→ Mutterrecht), eine gut entwickelte Voll- und Rundplastik, → Masken-Tänze und Mädchenweihen, Erdgötter und Erdgöttinnen, manistische und animistische Gedankengänge (→ Animismus) u.a.m. zugeschrieben, während sich in der hyläischen oder Urwald-Kultur bes. auf wirtschaftlichem Gebiet der Einfluß der Umwelt (Urwald!) bemerkbar macht. Charakteristisch für die Mittelbantukultur und ihre Urwaldvariante sind auch die Giebeldachhütte aus Palmmaterial, Straßendorf und der meist in den Händen der Frauen liegende Anbau von Bananen und Knollengewächsen. Die Kleinviehzucht beschränkt sich dagegen im wesentlichen auf Ziege und Huhn. – Rekonstruktiven Charakter wie die Mittelbantukultur hat auch die *altnigritische* oder *altsudanische Kultur,* die schon von L.Frobenius und B.Ankermann im wesentlichen erkannt und von H.Baumann weiter ausgebaut wurde (→ Kulturkreislehre). Hier sind die Großfamilialorganisation mit dem Ältesten als natürlichem Führer, entwickelter Ahnenkult chthonischer Prägung und ein intensiv betriebener Feldbau hauptsächlich auf Hirse wichtige Kennzeichen der Kultur. Der starke Anteil der Männer an der Feldarbeit ist charakteristisch. Ursprüngliche Männernacktheit und Penisfutteral sowie die Blätterbüscheltracht bei den Frauen bilden die Kleidung, dazu kommen Ohr- und Nasendurchbohrung mit entsprechendem → Schmuck und das Ausschlagen der vier unteren Schneidezähne als Ritus bei der → Initiation, wie auch bestimmte Narbenzeichnungen (→ Tätowierung). Als altnigritische Hausform tritt die Kegeldachhütte in Erscheinung. Als Handwerker sind die »Altsudaner« tüchtige Schmiede, auch nimmt der Schmied bei ihnen – im Gegensatz zu den hamitischen Völkern – eine sehr geachtete Stellung ein. – Die N. werden bei den verschiedenen Rekonstruktionsversuchen ihrer Kulturgeschichte stets als Pflanzer in die Geschichte eingeführt, sei es als Hirse-, sei es als Knollenpflanzer. In der Eigenschaft als → Jäger wurde ihnen bezeichnenderweise kein eigener Kulturkreis zugedacht. Tatsächlich haben die afrikanischen Negriden als Pflanzer Hervorragendes geleistet. Nach G.P.Murdock wäre etwa zu gleicher Zeit, als in Ägypten ein Frühbauerntum (Badari-Kultur, 5000–4500 vChr) herrschte, im Westsudan mit der selbständigen und erstmaligen Kultivierung von Hunger-Reis, Binsen-Hirse und Sorghum zu rechnen, außerdem mit einer Reihe anderer Kulturpflanzen. Von da aus wurde die Kenntnis dieser Nutzgewächse nach dem Osten verbreitet. Westindien verdankt den Großteil seiner Nutzpflanzen Neger- oder Schwarzafrika (G.P.Murdock). – Der N. ist in erster Linie Pflanzer. Sein Sinnen und Trachten ist der → Erde zugewandt. Dort ruhen oder leben seine Ahnen. Ausdruck dessen ist ein intensiver Ahnenkult (Manismus; → Totenverehrung: I). Der → Hochgottglaube ist vom Totenkult überschattet, und von den Gestirnen hat eigentlich nur der → Mond in Verbindung mit Erde und Ahne Bedeutung. Der Häuptling oder Älteste ist Ahnenpriester und lebender Ahne. Er ist auch der Regenmacher, der den Ahnen die erwünschten Opfer darbringt, um sie gnädig zu stimmen. Die Ahnen gebieten über den → Regen und über die → Fruchtbarkeit. Auch der Erde werden → Opfer dargebracht. Ferner ist für die Negriden die Idee einer → Wiedergeburt des Menschen bezeichnend, und die Mythen bewegen sich meist um die Erde als Unterwelt und den Ursprung allen Lebens. – Ethnologisch sind als Träger der Jagd- und Sammelstufe heute noch die Khoisaniden (Buschmänner) faßbar, nicht aber die Negriden, abgesehen von den Pygmäen. Urgeschichtlich ist jedoch auch bei den Negriden mit einer Jagd- und Sammelstufe zu rechnen. Die Großviehzucht (Rinder, Kamele) war den Negriden ursprünglich fremd. Sie blieb dem Lebenskreis hamitischer und semitischer Viehzüchtervölker vorbehalten. Nur dem Einfluß hamitischer Völker ist es zuzuschreiben, daß Negride in Ost- und Südafrika (zB Niloten, Südostbantu, Herero) zu leidenschaftlichen Viehliebhabern wurden. – Die heutige Akkulturation der N. (weitgehende Annahme der »weißen« Kultur) hat in gewisser Hinsicht ihre Vorläufer gehabt. Zahlreiche Reiche und Staaten, wie Kordofan, Darfor, Wadai, Bagirmi, Kanem und Bornu im Osten, ferner die vielen Hausa- und Mandingostaaten im zentralen und westlichen Sudan, schließlich Benin, Joruba, Aschanti, Dahome, die Staaten im Zwischenseengebiet (Himastaaten), in Südrhodesien (Simbabwe) und im Kongogebiet (Kuba-, Luba-, Lundaländer und das alte Königreich Kongo) zeigen sämtlich Beziehungen zu älteren orientalischen Kulturen, zB → Arabiens, → Syriens, → Mesopotamiens und → Indiens, abgesehen von den europäischen Einflüssen in jüngster Zeit. Dazu kommen noch die indirekten Einflüsse Altägyptens auf dem Wege seiner Kolonialkultur (Meroë und Napata) sowie die vielen Infiltrationen des mediterranen Raumes. »Äthiopide« und »orientalide« Zuwanderer haben nicht nur zum Typenreichtum der N. beigetragen, sondern auch ihre Kultur wesentlich bereichert. → Handel und Verkehr begünstigten den Austausch von Ideen, und ein unerhörtes Aufblühen der Künste (→ Kunst: II A, 1) und des Handwerks im negriden Raum war die Folge dieser ost-westlichen und nord-südlichen Kulturbeziehungen. Durch den Einbruch Europas wurden dem N. völlig neue Perspektiven eröffnet.

4. Die Zahl der im Zuge des Sklavenhandels nach *Amerika* verschifften N. war sehr hoch (auf 12 Mill. geschätzt). In den USA leben heute etwa 15 460 000 N., in Brasilien ca 5 720 000 N. Auch auf den mittelamerikanischen Inseln (Kuba, Antillen, Bahama usw) ist die Zahl der N. sehr hoch. Vieles in der Kultur der amerikanischen N. erinnert an ihre alte Heimat. Im großen und ganzen lassen sich drei Kulturräume erkennen: a) Auf Jamaica und den Bahama-Inseln und früher auch an der Ostküste der USA (Virginia) die N.kultur der Gold-

küste; b) auf den Antillen, bes. auf Haiti, die N.kultur von Dahome; c) bei den N.n Kubas und Brasiliens die Kulturen der Joruben, vermischt mit Bantu-Elementen. Am bekanntesten wurde der Vodu-Kult der N. auf Haiti, ein Kompromiß der Dahome-, Sudan- und anderer Kulte mit den Religionen europäischer Weißer und dem Islam (A.Ramos).

C.G.SELIGMAN, Races of Africa, London (1930) 1957³ - H.BAUMANN-R.THURNWALD-D.WESTERMANN, Völkerkunde von Afrika, 1940 - H.A.BERNATZIK, Afrika. Hdb. der angewandten Völkerkunde I. II, Innsbruck 1947 - A.RAMOS, Die N.kulturen in der Neuen Welt, 1947 - D.WESTERMANN, Gesch. Afrikas, 1952 - W.HIRSCHBERG, Die Völker Afrikas (in: Die Neue Große Völkerkunde, hg.v. H.A. BERNATZIK, 1954, 279-564) - G.P.MURDOCK, Africa. Its Peoples and their Culture History, New York-Toronto-London 1959. - Vgl. die Lit. zu → Afrika: I. II, → Afrikanistik. *W.Hirschberg*

Nehemia. Daß sich über N., den Statthalter der Provinz Juda (445 bis ca 425) Einzelheiten, wenn auch nicht aus allen Amtsjahren, berichten lassen, hängt damit zusammen, daß die Denkschrift N.s dem chronistischen Gesamtwerk als Schlußstück zugeordnet wurde (→ Nehemiabuch). Der babylonische Diasporajude N. war als Mundschenk Artaxerxes' I. am Hofe tätig (wahrscheinlich dann ein Eunuch, was im Lichte von Jes 56, 3ff zu sehen ist). Er erhielt auf Vortrag hin die Erlaubnis, nach Jerusalem zu reisen (zum Geleitbrief vgl. die Analogie der → Arsames-Urkunde, Nr. 6) und die teilzerstörten Mauern der Stadt wieder aufzubauen. Voraussetzung dieser Entsendung war die - nach dem Aufstand des Megabyzos (→ Judentum: I, 2) verständliche - Entscheidung des Hofes, daß man, um der Sonderstellung des Tempels willen, der Verselbständigung Judas (Herauslösung aus Samarien!) nicht länger entgegenstehen dürfe. Dergestalt ist N. auch bald nach seiner Ankunft zum - ersten (anders H.H.Grosheide) - Statthalter von Juda ernannt worden. Der Mauerbau ging - nicht ohne gewisse Widerstände in Juda - rasch vonstatten. Dank der Wachsamkeit und der Maßnahmen N.s konnten die Gegner in den Nachbarprovinzen nichts ausrichten. Das waren: der Samarier Sanballat, der jüdische Statthalter von Ammon, Tobia, der das westpalästinische »Edom« regierende Geschem (BASOR 119, 1950, 15; BA 18, 1955, 46f) und die Leute der - früher assyrischen - Provinz Asdod (unter Führung eines Persers? PJ 34, 1938, 77). Daß sie auch in Juda Parteigänger hatten, zeigt Neh 6, 10ff. Zur wirtschaftlichen Konsolidierung der Provinz ruft N. - nach Neh 5, 1ff beim Mauerbau - zu einem allgemeinen Schulderlaß auf, bei dem er selbst vorangeht. Er verzichtet auch auf die ihm aus Steuergeldern zustehenden Diäten. Hatte N. Grundbesitz in Babylonien oder Anteil an dem seiner Brüder in Juda? Grundlegend für die Provinz war neben der Bezirksordnung (vgl. Neh 3) der von N. verfügte Synoikismos: in erster Linie wird die Aristokratie nach Jerusalem beordert und die Landbevölkerung diesem Gremium unterstellt. 445 findet die Mauerweihe statt (Neh 12, 27ff). Aus kompositorischen Gründen hat der Chronist die Verpflichtungsurkunde des Volkes (Sorge für das Heiligtum, Absonderung von allem Heidnischen, in Zukunft [!] keine Mischehen mehr) *vor* die Mauerweihe verlegt (Neh 10, 1ff). Der Akt dürfte *nach* den in Neh 13 geschilderten Ereignissen stattgefunden haben. - I.J. 433 geht N. an den Hof des Großkönigs (Neh 13, 6). Das war ebensowenig eine Privatreise wie die urkundlich belegte des Satrapen → Arsames nach Susa. Man darf vermuten, daß sich Artaxerxes I. über die durch die Abkapselungstendenzen in Juda entstandenen Spannungen selbst unterrichten wollte. Er wird zum Frieden ermahnt haben, hat aber, wie man Neh 13 entnehmen kann, die Religionspolitik N.s nicht grundsätzlich verworfen. N. hat nach seiner Rückkehr innerhalb eines nicht genauer bestimmten Zeitraumes mit allerlei Mißständen aufgeräumt, zuletzt auch einen Hohenpriestersohn, der eine Sanballat-Tochter zur Frau hatte, des Landes verwiesen. Wenn auch die Schwergewichte zunächst mehr politisch, später mehr »kirchlich« innerhalb der Denkschrift verteilt sind, so ist keineswegs erweislich, daß die 2. Amtsperiode N.s (nach 432) unter einem Einfluß von → Esra stand. Daß N., der all sein Tun als Glaubensgehorsam ansah (vgl. Neh 5, 19 mit 13, 14. 22. 31), nach 430 stärker durchgreift, wird situationsbedingt sein. Wann N. starb, wissen wir nicht. Da aber allem Anschein nach sein Nachfolger Bagoas beim Regierungswechsel 425 oder 424 (Darius II.) eingesetzt wurde - dieser sollte als Nichtjude zum Frieden wirken (doch vgl. dazu → Judentum: I, 2) -, wird man das Ausscheiden bzw. den Tod N.s in etwa diese Zeit zu setzen haben.

Außer den Komm. (→ Nehemiabuch) u. Darstellungen der Gesch. → Israels (: I): S.MOWINCKEL, Stadtholderen N., Oslo 1916 - DERS., Die vorderasiat. Königs- u. Fürsteninschriften (FRLANT 36, 1923, I, 278-322) - K.GALLING, Königl. u. nichtkönigl. Stifter beim Tempel von Jerusalem (BBLAK 68, 1951, 134-142) - ALT II, 316-362 - H.H.GROSHEIDE, Juda als onderdeel van het perzisch rijk (Geref. Theol. Tijdschrift 54, 1954, 65-76) - H.H.ROWLEY, N.s Mission and its Background (BJRL 37, 1955, 528-561) - B.MAZAR, The Tobiads (IEJ 7, 1957, 137-145. 229-238). *K.Galling*

Nehemiabuch

1. Stil der D. - 2. Einordnung in das chronistische Werk - 3. Umfang der D. - 4. Eingefügte Listen - 5. Chronistische Eintragungen. - D. = Denkschrift; N. = Nehemia

1. Gegenüber dem uneinheitlichen Bericht über das Wirken → Esras ist Neh - von bestimmten Einfügungen abgesehen - einheitlich als Selbstbericht → Nehemias von diesem gestaltet: ein Bericht der res gestae in seinem Amt als Statthalter von Juda (2Makk 2, 13 spricht von ὑπομνηματισμοί, Denkwürdigkeiten). Den Typus derartiger D.en kennt man aus Assyrien und von den Königen Neubabyloniens. Solche D.en wurden, sofern mit Bauberichten verbunden, im Heiligtum deponiert (vergleichbar ist auch die große Inschrift des Darius in Behistun). N.s D. ist nicht identisch mit den offiziellen in Jerusalem geführten Annalen (so die Mauerbauliste; s. 3), sondern stellt eine Auswahl dessen dar, was N. zur Erhaltung seines Namens genannt wissen wollte. Die Anrufungen Gottes (5, 19; 13, 14. 22. 31) machen es wahrscheinlich, daß N. die wohl in einer Lederrolle aufgezeichnete D. im Tempelarchiv deponieren ließ (vgl. Jes 56, 4).

2. Im Anschluß an Mowinckel hat Hölscher (HSAT) von der erst später erfolgten Verzahnung von Esr und Neh (s. 5) aus geschlossen, daß der ursprünglichen Fassung des chronistischen Werkes (→ Chronikbücher) das Neh fehlte. Völlig unberührt von Überarbeitung ist die D. nicht geblieben. Nach Galling hat der sog. zweite Chronist, nach Mowinckel ein nachchronistischer Autor Neh 8f eingeschaltet. Unleugbar besitzt die »Kirchengeschichte von Jerusalem« (Reuss) mit Tempelbau unter Serubbabel und Gemeindeneubau unter Esra einen sinngemäßeren Abschluß, als sie ihn jetzt durch die angehängte D. N.s hat. Daß in Sir 49, 13 *nur* N. (nicht aber Esra) genannt wird, erklärt sich vom Skopus 50, 1ff: Serubbabel-Josua erbauen den Tempel, N. die Stadt; sie sind Vorläufer des Hohenpriesters Simon, dessen Baufreudigkeit zu rühmen ist. Ist Sir 49, 13 mithin kein Beweis für die Gesondertheit des Neh, so beweist Josephus (Ant. XI, 5, 5 zu 6ff), daß in der ihm zur Verfügung stehenden Überlieferung (vgl. 3Esr) die beiden Bücher noch nicht verzahnt waren.

3. Was den *Umfang* der durch 1, 1 und 13, 31 umgriffenen D. angeht, so besteht darüber Einigkeit, daß 1, 1 bis

7, 5 a (aber wohl unter Ausklammerung des im Datum nicht passenden Gebetes 1, 5-11) zu ihr gehören. Die sog. Mauerbauliste (3, 1-32) sprengt den Zusammenhang zwischen 2, 19 und 4, 1; so bleibt fraglich, ob N. selbst den Einschub vorgenommen hat. Das chronologische Schema wird nur in 5, 14-19 verlassen: hier schaut N. auf die erste Periode seines Amtes zurück (sekundäre Datierung in 5, 14 b). Die Vollendung des Mauerbaus und die Einsetzung eines Stadtkommandanten bilden den Inhalt von 6, 1 - 7, 3. Mit 7, 4-5 a beginnt eine neue Aktion, die Beorderung von Landfamilien nach Jerusalem (Synoikismos); dem Entschluß folgt die Durchführung jedoch erst in 11, 1f. Dazwischen sind eingeschoben: die (Esr 2 entsprechende) Liste der Heimkehrer, die Toralesung Esras mit Laubhüttenfest (8, 1ff), ein Bußtag mit Gebet (9, 1ff) und die Verpflichtungsurkunde des Volkes (10, 1-41). Dem Synoikismos (11, 1f) ist in 11, 3-36 eine Liste der Gemeinde von Jerusalem angefügt (s. 4). Im Bericht über die Mauerweihe (12, 27ff) taucht wieder das Ich der D. auf; in seinen wesentlichen Teilen (12, 27. 31f. 37-40) geht er auf N. zurück. Am Schluß der D. (13, 4ff) berichtet N. über Maßnahmen nach seinem Zwischenaufenthalt am Königshof. Mit einem: »Gedenke es mir, Gott, zum Guten!« schließt die Gott gewidmete D. N.s.

4. Neh enthält mehrere *eingefügte Listen:* a) die Heimkehrerliste von 518 vChr (7, 5 b-72), in der die zZ N.s längst eingegliederten Alt-Judäer fehlen; sie wird hier als Vorbild für den Synoikismos verstanden. - b) Die Verpflichtungsurkunde Neh 10 (jetzt im Kontext mit 9) umfaßt 10, 1 a + 30-40. Die Bindung an Gottes Gebot wird in konkreten Themen der Stunde - vgl. Neh 13, 4ff - entfaltet. Die Unterzeichner werden in 2-28 (sek. 29) aufgeführt (Jepsen verbindet Neh 10 mit der Aktion Esras und datiert diese auf 458). Hat Neh 10 einmal einen Anhang zur D. N.s gebildet? - c) Die Einwohnerliste (11, 3ff) wird mit Ausnahme von 21-24 aus der Zeit N.s stammen. Für 25-35 (36) hat Alt (II, 289-305) die These aufgestellt, es handle sich um Priester und Leviten, die damals zT aus den Nachbarprovinzen mithereingenommen wurden. - Sekundär sind die Listen in 12, 1-26 über Priester- und Levitenfamilien aus der Zeit der Hohenpriester Josua, Jojakim und Eljaschib (Weiterführung der Reihe in 10f. 22).

5. Um der D. N.s den Charakter eines Anhanges zu nehmen, hat man ausgehend von der historisch allerdings fragwürdigen Datierung Esras unter Artaxerxes I., der N. beorderte, Esra zum Zeitgenossen N.s in Jerusalem gemacht und die Toralesung Esras (ursprüngliche Stelle entweder nach Esr 8, 34 oder - so auch Josephus - nach Esr 10, 44) in die Situation des Synoikismos (Neh 8) verlegt. In Neh 8, 1-12 finden sich Erweiterungen, die aus dem Aspekt eines Synagogengottesdienstes mit mündlichem Targum stammen (Galling), Laubhütten dagegen könnte zum ursprünglichen »Kirchentag« gehören (Neh 8, 13-19). Der Kompilator, der Neh 10 (u.a. Verbot zukünftiger Mischehen) als eine Art Bundeserneuerung verstanden wissen wollte, schaltete als Überleitung einen Bußtag ein (Neh 9, 1ff); das übernommene große Gebet (5-37) wird so zum Vorwort der Bundesverpflichtung. Um die Verzahnung sicherzustellen, ist N. (sekundär!) in Neh 8, 9 neben Esra postiert, während umgekehrt der eine der Dankchöre bei der Mauerweihe von Esra geführt wird, wie der andere von N. (Neh 12, 36). Auch das ist Konstruktion.

Außer den at. Einl.en u. der Lit. zu → Nehemia: W.Rudolph, Esra u. N. (HAT I, 20), 1949 - K.Galling, Die Bücher der Chronik, Esra u. N. (ATD 12), 1954 - H.Schneider, Die Bücher Esra u. N. (HSchAT IV, 2), 1959 (Lit.). - Einzelnes: E.Johannesen, Studier over Esras og N.s historie, Kopenhagen 1946 - K.Galling, The Gola-List (JBL 70, 1951, 149-158) - A.Ibanez Arama, Sobre la colocación original de Neh 10 (Estudios Biblicos 10, Madrid 1951, 379-402) - A.Jepsen, Neh 10 (ZAW 66, 1954, 87-106) - O.Plöger, Reden u. Gebete im deuteronomist. u. chronist. Geschichtswerk (Festschr. f. G.Dehn, 1957, 35-49). *K.Galling*

Zur *Auslegungsgeschichte* s. → Schriftauslegung: IV u. → Esrabücher: I. Ferner: Joh.Wolf, Zürich 1570 - Guil.Pembelius, London 1650. *W.Werbeck*

Neid der Götter → Hybris.

Neill, *Stephen Charles,* anglikanischer Theologe, * 31.12.1900 in Irland, studierte in Cambridge, 1924-44 Missionar in Indien, 1938-44 Bischof von Tinnevelly, 1934-44 Mitglied des Verbindungsausschusses für die Kirchenunion in → Südindien, 1944-47 theologischer Lehrer in Cambridge. Nach 1948 war N. für einige Jahre Beigeordneter Generalsekretär des Ökumenischen Rates der Kirchen und 1947-50 Leiter von missionarischen und evangelisatorischen Unternehmungen an Universitäten in England, Kanada und den USA. 1951 bis 1954 arbeitete er als Hg. eines Sammelbandes der Geschichte der → Ökumenischen Bewegung; zZ ist N. vor allem als Hg. der Buchreihe »World Christian Books« tätig, die in mehr als 30 Sprachen erscheint.

Vf. außer zahlreichen Beiträgen in Enzyklopädien u. Zs.en u.a.: Christ, His Church and His World, 1948; The Christian Society, 1952; Towards Church Union 1937-1952, 1952; Christian Faith Today, 1955; The Unfinished Task, 1957; Anglicanism, 1958; A Genuinely Human Existence, 1959. Hg. (mit Ruth Rouse): A Hist. of the Ecumenical Movement 1517-1948, 1954 (dt. 2 Bde, 1957/58).
H.H.Harms

Nekrologien sind Totenbücher (vgl. → Kirchenbücher, 1) mit den Namen von Abgeschiedenen, die an ihrem Todestage in die gottesdienstliche Fürbitte eingeschlossen werden sollen: Gemeindeglieder, Klosterbrüder, aber auch Heilige, Päpste, Fürsten, Landesherren und Wohltäter. Eines der ältesten N. ist das der Abtei Lorch (8.Jh.). Die N. sind bald kalendermäßig angelegt, bald auch chronologisch in Annalenform geordnet und dann für die Geschichtsforschung bes. wichtig, so zB die N. von Fulda (779-1065; MG SS XIII, 161-215).

Syst. Quellensammlung: MG Necrol., seit 1888. - Potthast B 807ff - Wattenbach I, 1952, 64f - LThK VII, 481f. *A.Erler*

Nektarius, 1. *von Jerusalem* (1602 - ca 1675), * auf Kreta, † in Jerusalem. N. trat früh in das Kloster Sinai ein und erwarb sich während des Studiums in Athen eine gründliche philosophische Bildung und umfassende Sprachkenntnisse. 1660-69 war er Abt des Klosters Sinai und zugleich Patriarch von Jerusalem. N. wurde bekannt durch seine Bemühungen um das Hl. Grab und als Vorkämpfer der Orthodoxie (u.a. war er Gegner des → Lukaris und polemisierte gegen den Primatsanspruch des Papstes). Der Confessio orthodoxa des Petrus → Mogilas hat er ein Empfehlungsschreiben beigegeben.

Vf. u.a.: Ἀντίρρησις περὶ τῆς ἀρχῆς τοῦ πάπα, hg. 1682 v. Dositheos v. Jerusalem; Ἐπιτομὴ τῆς ἱεροκοσμικῆς ἱστορίας. - Bibliogr. bei K.Sathas, Neoelliniki filologia (griech.), 1868, 320f. - Das Empfehlungsschreiben bei Kimmel, Monumenta fidei eccl. orient. I, 1850², 45ff. - Über N.: RE XIII, 705f - Chr. Papadopoulos, Die Gesch. der Kirche Jerusalems (griech.), Jerusalem u. Alexandrien 1910, 531ff - Megali Elliniki Enkyklopaidia XVIII, 182 - Neoteron Enkyklopaidikon Lexikon »Iliou« XIV, 364.
G.Möckel

2. *von Konstantinopel* († 397). Der Prätor N. wurde 381 nach dem Wunsch von Kaiser (→ Theodosius I.) und Volk auf den durch die Resignation → Gregors von Nazianz vakanten Bischofsstuhl von → Konstantinopel berufen; unter seinem Vorsitz fand das 2. ökumenische Konzil und damit der trinitarische Streit seinen Abschluß.

Von seinem nicht weiter bedeutenden Episkopat ist erwähnenswert, daß er 391 aus aktuellem Anlaß das Institut der »Bußpresbyter« abschaffte, und daß ihm die Arianer 388 sein Haus ansteckten. → Chrysostomus trat an seine Stelle.

RE XIII, 706ff. *H.Kraft*

Nell-Breuning, *Oswald v.*, * 8.3.1890 in Trier, kath. Theologe, SJ, Prof. der Moraltheologie an der Hochschule St. Georgen und Honorar-Prof. an der Universität Frankfurt/M. N. bemüht sich, die von H.Pesch begründete kath. Gesellschaftslehre des Solidarismus auf der Grundlage der Soziallehren des kirchlichen Lehramtes weiterzuentwickeln und zu realisieren. Der Solidarismus ist wesentlich Sozialmetaphysik. Die berufsständisch gegliederte Leistungsgemeinschaft ist die natürliche Gesellschaftsordnung, die in dem bonum commune das einigende, in den Grundsätzen der → Subsidiarität und → Solidarität das ordnende und in der Kirche das Leben spendende Prinzip findet. N. übte großen Einfluß auf die → katholisch-soziale Bewegung der Gegenwart aus.

Vf. u.a.: Grundzüge der Börsenmoral, 1928; Die soziale Enzyklika, (1932) 1950³; WB der Politik, hg. mit H.Sacher, 5 Tle, (1947 bis 1952) 1954²; Wirtschaft u. Gesellschaft (Ges. Aufs.) I: Grundsatzfragen, 1956, II: Zeitfragen, 1957; Kapitalismus u. gerechter Lohn, 1960. *G.Bormann*

Nelle, *Wilhelm* (1849-1918), * in Schwöbber bei Hameln, † in Münster (Westf.), 1861-67 Organist in Godesberg, studierte Theologie in Halle und Tübingen, zugleich Musik bei Robert Franz und Otto Scherzer, war seit 1886 Pfarrer zu Hamm, seit 1916 Prof. für Prakt. Theol. in Münster. Durch hymnologische Studien, Gesang- und Choralbucheditionen sowie Chorgründungen half er Rationalismus und Verwilderung im → Kirchenlied (: II, 5) überwinden. - Vgl. → Gesangbuch: I, 3 c.

Vf. u.a.: Gesch. d. dt. ev. Kirchenliedes, (1904) 1928³; Schlüssel zum Ev. Gesangbuch für Rheinland u. Westf., (1915) 1924³. - Über N.: H.Riemann's Musiklexikon, 1922¹⁰, 885 - RGG² IV, 489 (Lit.). *S.Fornaçon*

Nemesius, Bischof von Emesa, schrieb um 400 »Über die Natur des Menschen«. Dieses erste Lehrbuch der Anthropologie behandelt die Stellung des Menschen im Kosmos, die Seele (deren Präexistenz gelehrt wird) und ihre Verbindung mit dem Leib, die einzelnen Probleme der Psychologie und Physiologie, Willensfreiheit und Vorsehung. Zu den ausgiebig und unbefangen, aber oft indirekt benutzten Quellen gehören Plato und die Neuplatoniker, Aristoteles, → Posidonius, Galen, → Origenes. N. vertritt einen christlichen → Platonismus und ist mehr philosophisch als theologisch interessiert. Er steht der → Antiochenischen Theologie nahe und polemisiert gelegentlich gegen → Apollinaris von Laodicea und → Eunomius. Das Werk hat im MA stark nachgewirkt, zT unter dem Namen Gregors von Nyssa.

MPG 40, 503ff - Übers. v. E.Orth, 1925. - RE XIII, 708f - D.Bender, Unters.en zu N., 1898 - W.Jaeger, N.v.E., 1914 - Bardenhewer IV, 275ff - PW Suppl. VII, 562ff - Altaner 212 (Lit.). *K.Treu*

Neocalvinismus. Der herrschende Sprachgebrauch versteht den N. nicht als Zusammenfassung der mancherlei Versuche zu einer Neuorientierung innerhalb des ref. Protestantismus - wie zB Ramismus (→ Ramus), Amyraldismus (→ Amyraut), Coccejanismus (→ Coccejus) -, sondern sehr bestimmt als die Neugestaltung, die der Calvinismus im 20.Jh. durch das Auftreten A. → Kuypers (1837-1920) erlebte. Kuyper fand einen versandeten, praktisch wirkungslosen Calvinismus vor. Er lebte, mit stark sektiererischer Einstellung, nur unter den »kleinen Leuten« und besaß keinerlei kulturschaffende Kraft mehr. Kuyper wollte ihn aus dieser Verödung herausführen, indem er einerseits auf die Notlage und auf die Möglichkeit einer Weiterbildung der ref. Theologie hinwies und anderseits zeigte, wie diese recht verstandene ref. Theologie mit dem Zeitbewußtsein in lebendigen Kontakt zu bringen sei. Er meinte also keine einfache Repristination, sondern dachte in dynamisch-biologischen Kategorien: Was Paulus, Augustin, Calvin kernhaft verstanden, aber nicht genügend verarbeitet hatten, sollte jetzt zur vollen Geltung gebracht werden. Der Terminus N., der nicht von Kuyper stammt und bei den Kritikern meist tadelnden Sinn hat, braucht nach Kuypers Ansicht diesen Unterton nicht zu haben: er meint damit ja nur eine neue Art, die alte Wahrheit zu lehren. Diese Weiterentwicklung oder Neuentdeckung der alten ref. Theologie macht merkwürdigerweise einen stark rückwärtsgewandten Eindruck: Die Lehren der Rechtfertigung von Ewigkeit her, des Supralapsarismus (→ Prädestination: III), der bei den getauften Kindern vorauszusetzenden Wiedergeburt und der allgemeinen neben der speziellen Gnade tragen ein ziemlich stark scholastisches Gepräge. Mit dieser dogmatischen Einstellung rief der N. in den Kreisen der »Afscheiding« (→ Niederlande: I) Kritik hervor. Man beanstandete seinen philosophischen Charakter und meinte feststellen zu müssen, daß sich der N. stark vom alten Calvinismus unterscheide. Anderseits zeigte der N. aber einen sehr modernen, aufgeschlossenen Sinn. Die Frage nach der Bedeutung des Calvinismus für die moderne Kultur wurde mit Nachdruck gestellt und eine Anpassung des »alten Glaubens« an die veränderten Zustände des 20.Jh.s versucht. Die Lehren von der Vielgestaltigkeit der Kirche, die Lösung der Verbindung von Kirche und Staat und die Absage an die Theokratie verdanken diesem Versuch das Entstehen. - In fast allen Kreisen des niederländischen Protestantismus sah man darin eine tiefgreifende Modifikation des alten Calvinismus und protestierte. Auf freisinniger Seite konstatierte Hylkema eine sehr veränderte Atmosphäre. Die Anhänger → Hoedemakers stellten fest, Kuypers Betonung der Souveränität Gottes und der allumfassenden Königsherrschaft Christi stimme wenig zu seiner Anerkennung des neutralen Staates und der Verleugnung des theokratischen Ideals. Die Anhänger der dialektischen Theologie (Haitjema) warfen Kuyper eine Antizipation vor: Die versuchte Kultursynthese sei unvereinbar mit einer theologia viatorum, sie sei reich an (christlich gefärbten) humanistischen Elementen und arm an wirklicher Theologie; die verselbständigte allgemeine Gnade tue der Einheit des Werkes Christi Abbruch. Eine verwandte Kritik kommt aus den Kreisen der »Afscheiding« (Schilder) und der »Philosophie der Gesetzesidee« (de Graaf): die Loslösung der allgemeinen Gnade von Christus sei unbiblisch und so nicht statthaft. - Diese mannigfache Kritik ist für die Ausgestaltung des N. nicht ohne Folgen geblieben. Der N. fiel nie ganz mit den Gedanken Kuypers zusammen. Heute, wo sein Einfluß sehr gesunken ist, muß mit einer Entwicklung des N. über Kuyper hinaus gerechnet werden. Kritiker des Kuyperschen N. dürfen aber nicht vergessen, daß auch sie, wenn sie etwas Tieferes als nur Repristination beabsichtigen, notwendig irgendeiner Form eines »N.« verfallen. - Vgl. → Niederlande: II, 2f.

A.Kuyper, Calvinism, 1898; dt. 1904 - C.B.Hylkema, Oud- en Nieuw-Calvinisme, 1911 - E.Troeltsch, Die Soziallehren der christl. Kirchen u. Gruppen, 1912 - L.J.Huist-G.K.Hemkes, Oud- en Nieuw-Calvinisme, Grand Rapids 1913 - Th.L.Haitjema, Kuyper u. die Theol. des holländ. N. (ZZ 9, 1931, 331-354) - S.J.Ridderbos, De theol. cultuurbeschouwing van A.Kuyper, 1947 (Lit.). - Vgl. die Lit. zu → Kuyper. *S. van der Linde*

Neodarwinismus → Darwinismus.

Neophyten (Neugetaufte) sind nach kanonischem Sprachgebrauch die erwachsenen, erst vor kurzem getauften Ungläubigen (also nicht auch Christen, die sich zur kath. Kirche bekehrt haben). Sie sollten nach 1Tim 3, 6 vom Bischofsamt ausgeschlossen sein, was schon die alte Kirche (Nicäa 325, c. 2; Serdika 343, c. 13; Toledo IV 633, c. 19) auf alle höheren Weihegrade (so auch Gratian), die kirchliche Praxis bis zur 1. Tonsur ausgedehnt hat (»defectus fidei«, Mangel hinlänglich gefestigten Glaubens). Nach CIC c. 987, 6 sind sie am Empfang der Weihen »simpliciter impediti, ... donec, iudicio Ordinarii, sufficienter probati fuerint«.

J.B.Sägmüller, Lehrbuch des kath. Kirchenrechts I, 1914³, 218 - Eichmann-Mörsdorf II, 119. *H.E.Feine*

Nepomuk, *Johann von* (ca 1350-93), Brückenheiliger, Schutzpatron u.a. von Böhmen, der Flößer, Schiffer, Müller, Verteidiger des guten Rufes, Schützer des Beichtgeheimnisses. Die Verbreitung seiner Verehrung im süddeutschen Raum, in den Ländern der ehem. österreichisch-ungarischen Monarchie, in Belgien, Spanien, Portugal, Brasilien verdankt er bes. dem Jesuitenorden (2. Patron), Fürsten (Karl VI. und VII.) und adligen Familien. Mit seinem Kult verbindet sich viel auf uralten Mythen beruhendes Brauchtum (Lichterschwimmen, Feuer an Brücken und Seen am Vorabend des Festes). - * in Pomuk (Südböhmen) als Sohn des Wölflin, Kleriker von Prag, Notar, später Pfarrer von St. Gallus. Nach juristischen Studien in Prag und Padua (1386 Doctor decretorum) Kanonikus von Wyschehrad und Archidiakon von Saaz, Generalvikar des Erzbischofs Joh. von Jenzenstein. In den Konflikt des Königs Wenzel mit dem Erzbischof verwickelt, wird N. wegen seines Eintretens für die Freiheit der Kirche gegen Übergriffe der Staatsgewalt gemartert und am 20.3.1393 in die Moldau gestürzt. Die Tradition, dies sei wegen Wahrung des Beichtgeheimnisses geschehen, ist historisch nicht gesichert. Am 19.3.1729 kanonisiert; Fest: 16.5.

Qu.: Annales Boemiae; Goldenkroner Hs. 1393; Leipziger Chronik 1393; Vita Joanis de Jenzenstein; Luddolf v.Sagan, Tractatus de longaevo schismate; Ordo commendarum, 1416; Chronicon Pragense bis 1419; Thomas Ebendorfers Kaiserchronik. - Über N. (in Prag Erschienenes tschech.): V.Hájek, Tschech. Chronik, Prag 1541 - AS Maii III, 1680, 688ff - B.Balbin, Vita s. Ioanis Nep., 1725 - Acta canonizationis B. Ioan. Nep., Rom 1729 - W.Tomek, Gesch. d. Univ. Prag, Prag 1849 - K.v.Höfler, Geschichtsschreiber der hussit. Bewegung, Wien 1856/66 - A.Frind, Die Frage über den hl. J.v.N. (Katholik 62/I, 1882, 273-300. 390-414) - A.Podlaha, Album svatojansky, Prag 1896 - RE IX, 306ff (Lit.) - F.M.Bartos, Jan Nepomucky, ebd 1921 - J.Pekár, Drei Kapitel aus dem Kampfe des hl. J.v.N., ebd 1921 - F.Stejskal, Der hl. J.v.N., ebd 1921/22 - J.Weisskopf, J.v.N., Wien 1931. *B.Menzel*

Nepos *von Arsinoë* (→ 1 B 3), Bischof daselbst in der ersten Hälfte des 3.Jh.s, vertrat mit wörtlicher und realistischer Auslegung der Apk die Lehre vom tausendjährigen Reich (→ Chiliasmus). Gegen seine (verlorene) Schrift »Widerlegung der allegorischen Ausleger« schrieb → Dionysius von Alexandrien seine 2 Bücher »Über die Verheißungen«. Daraus geht hervor, daß N. wegen seines Chiliasmus viele Anhänger gefunden hatte, die sich nach seinem Tode unter Führung eines Presbyters Korakion von der Mutterkirche in Alexandrien lossagten. In persönlicher Aussprache gelang es Dionysius, die Abgefallenen zurückzuführen. - N. wird auch wegen seiner wirkungsvollen geistlichen Lieder gerühmt.

A.Harnack, Gesch. der altchristl. Lit. I, 1893, 427f - Ders., Chronologie II, 1904, 60 - RE XIII, 710f. *† P.Glaue (H.Kraft)*

Nepotismus (lat. nepos = Enkel, Neffe), übermäßige Begünstigung von Verwandten, bes. durch die Päpste. → Dante hat dafür → Nikolaus III. in die unterste Hölle versetzt, aber die von Nikolaus im Kirchenstaat verwendeten Verwandten waren tüchtige Helfer gegen die Anjous. → Bonifatius VIII. hat Mitglieder seines Hauses im Kampf gegen die Colonna eingesetzt. Politisch mißbraucht wurde der N. in Avignon bereits von → Clemens V., bes. aber von → Clemens VI. Noch schlimmer wurde es unter den Borja-Päpsten, vor allem unter → Alexander VI., später auch unter → Paul III. und IV. → Pius V. hat den N. verboten (1567). Der N. ist zeitgeschichtlich bedingt, hat aber der Kurie in der Öffentlichkeit geschadet, wozu auch manche übertreibende Darstellung beigetragen hat.

I.v.Döllinger, Kirche u. Kirchen, Papsttum u. Kirchenstaat, 1861, 520ff - EC VIII, 1762f (Lit.). - Vgl. die Lit. zu den einzelnen Päpsten. *F.Bock*

Nereus und Achilleus, zwei in der Domitilla-Katakombe als Märtyrer verehrte Soldaten (Tag: 12.5.). Die griech. und lat. Märtyrerakten sind ganz märchenhaft (N. und A. sollen Eunuchen der Domitilla, der Schwester → Domitians gewesen sein). Verläßlicher ist das Elogium des → Damasus (ed. Ihm Nr. 8). Die Zeit des Martyriums läßt sich nur vermuten (unter → Diokletian ?).

Lat. Text: AS III, 6ff - Griech.: A.Wirth. 1890, 17-39: H.Achelis, TU XI/2, 1893, 1-23. - Lit.: F.Schäfer, RQ 8, 1894, 89-112 - P.Franchi de'Cavalieri, StT 22, 1909, 41-67 - P.Stygfr, Die röm. Katakomben, 1933, 63. *H.Dörrie*

Neri, *Filippo* (1515-95), kath. Heiliger, Gründer der → Oratorianer, * in Florenz, † in Rom, war 1533-51 Hauslehrer in Rom und studierte 1534-37 Philosophie und Theologie. Als Laie nahm N. an volksmissionarischen und karitativen Aktionen teil und gründete 1548 die Bruderschaft der Hl. Dreifaltigkeit, einen Pilgerpflegeverein. Nach der Priesterweihe 1551 trat er dem Klerikerverband vom hl. Hieronymus bei. In einem Betsaal (»Oratorium«) veranstaltete er Zusammenkünfte von Weltklerikern und Laien. Er stellte Bibelstudium, Unterhaltung und sakrale Musik (→ Oratorium), Ernst und Scherz in den Dienst einer erneuerten Spiritualität. Ihr Stil entsprach den kulturellen und seelsorgerlichen Bedürfnissen und dem Geschmack der frühbarocken Gesellschaft Roms. Daraus entstand die Weltpriesterkongregation der → Oratorianer, der → Baronius, → Raynaldus u.a. angehörten. Sie wurde bald ein wichtiger Träger der → Gegenreformation (, 2 d) in → Italien (, 4). → Gregor XIII. hat sie gutgeheißen, → Paul V. 1612 bestätigt. N. war Freund und Ratgeber von Kardinälen und Päpsten (bes. → Sixtus V.). Er wurde 1622 heiliggesprochen und gilt als Patron der Humoristen.

LThK VIII, 231f - Heimbucher II, 562f (Lit.) - EC V, 1327ff (Lit.). *H.Liebing*

Nero (* 37 nChr), *röm. Kaiser* 54-69, letzter des julischen Hauses. N. kam 54 zur Herrschaft, als seine Mutter seinen Stief- und Schwiegervater Claudius vergiften ließ. Acht Jahre lang übten der Prätorianer-Präfekt Burrus und der Philosoph → Seneca einen gewissen Einfluß auf N. aus, konnten aber nicht verhindern, daß N. 55 seinen Stiefbruder Britannicus, 59 seine Mutter, 62 seine Stiefschwester und Gattin Octavia töten ließ. Seit 62 entfiel jede Kontrolle; N. trat als Schauspieler, Wagenlenker und Sänger auf und unterdrückte zugleich durch Majestätsprozesse jede vermutete Opposition. Den Verdacht, den Brand Roms (64) verschuldet zu haben, lenkte N. gegen die Christen (→ Christenverfolgungen,

2). 68 empörte sich C. Julius Vindex in Gallien; nach dessen Besiegung marschierte C. Sulpicius Galba mit den spanischen Legionen nach Rom. Vom Senat geächtet, ließ sich N. von einem Sklaven töten.

Texte: Tacitus, ann. 13-16; Sueton, N.; Cassius Dio 61-63 - M.P. Carlesworth, Documents illustrating the Reigns of Claudius and N., 1939. - Über N.: Cambridge Ancient History X, 702ff - G. Schumann, Hellenist. u. griech. Elemente in der Regierung N.s, 1930 - M.A.Levi, Nerone e i suoi tempi, 1949. *H.Dörrie*

Nerses IV. (1102-73), Katholikos von → Armenien (: II; 1166-73), wegen der Eleganz seiner Sprache der »Anmutige« *(Schnorhali)* genannt, aus altköniglichem Geblüt. N. wurde von seinem Bruder, dem Katholikos Gregor III. zum Priester und Hilfsbischof geweiht und nahm an der antiochenischen Synode von 1139 teil, auf der unter dem Vorsitz Alberichs von Ostia über die Union verhandelt wurde. Als Katholikos trat er in Unionsverhandlungen mit Byzanz, das den Philosophen Theorianos als Unterhändler entsandte. N. nahm die dyophysitische Lehre an, doch wurde die Union durch seinen Tod verhindert. Damals verfaßte er eine Darlegung der armenischen Dogmen und Riten. Er schrieb auch Kirchenlieder und Gedichte über den Fall von Edessa (1144), ferner die Geschichte Armeniens, Briefe und Synodalschreiben, Kommentare zu den Kath. Briefen und zum MtEv sowie Stundengebete.

Prosawerke lat. ed. G.Cappelletti, Venedig 1833; Gedicht auf Christus dt. v. P.Vetter, ThQ 80, 1898, 89-111. - Über N.: L.Alischan, Schnorhali u. seine Zeit, Venedig 1873 (armen.) - Fr.N. Finck in: Die Lit.en des Ostens VII/2, 1907, 113ff. - Bericht des Theorianos: MPG 133, 113ff, vgl. DThC XV/1, 538ff. *H.-G.Beck*

Nesmelov, *Viktor Ivanovič* (1863-1920), russ. Religionsphilosoph, Prof. für Philosophie an der Geistlichen Akademie Kazan. Die Religionskritik → Feuerbachs aufnehmend und vertiefend versucht N. die Gewißheit von der Existenz Gottes neu zu begründen. Ausgangspunkt und einzige Quelle der Gotteserkenntnis sind für N. der unaufhebbare Widerspruch im Bewußtsein des Menschen, der sich seiner selbst als Persönlichkeit, als freier Ursache und echten Ziels bewußt ist und sich gleichzeitig den Bedingungen der physischen Natur unterworfen sieht. Er erkennt in seinem unmittelbaren Bewußtsein die Realität des unbedingten Seins, aber er erkennt gleichzeitig, daß es nicht aus ihm selbst kommt, nicht sein Wesen ist, daß es also eigene Realität haben muß. Von der so gewonnenen Gottesgewißheit aus werden die Lehren von Schöpfung, Sündenfall und Erlösung in tiefer Weise neu interpretiert.

Hauptwerk: Die Wiss. vom Menschen, Kazan 1905/06 (russ.). Dt. Auswahl bei N.v.Bubnoff, Russ. Religionsphilosophen, 1956. - Über N.: V.Zenkovskij, Hist. of the Russian Philosophy II, London 1953. *L.Müller*

Nestle, *Eberhard* (1851-1913), ev. Theol., * in Stuttgart, 1883 Prof. in Ulm, 1890 stellvertretender Prof. für Semitistik in Tübingen, 1893 wieder in Ulm, 1898 Prof., 1912 Ephorus am theologischen Seminar in Maulbronn. Neben Arbeiten zur Orientalistik, zum LXX- und zum Luthertext und einer ausgedehnten Rezensionstätigkeit wurde die Arbeit am griech. → Text (: II) des NT immer mehr zu N.s Lebenswerk. Die »Einführung« (s.u.) und bes. das NT Graece haben seinen Namen weltbekannt gemacht. Der »N.«, 1904 auch von der British and Foreign Bible Society übernommen, setzte der bis dahin unbestrittenen Herrschaft des Textus receptus ein Ende. N.s Text ist eine genaue Wiedergabe der jeweiligen Majorität unter den Rezensionen von → Tischendorf, → Westcott- → Hort und B. → Weiß. Von der 10.Aufl. ab wird das NT Graece vom Sohn *Erwin N.* (* 1883) bearbeitet.

Vf. u.a. (vollst. Bibliogr.: »Württ. Nekrolog für 1913«, 1916, 50ff): Die israelit. Eigennamen, 1876; Syr. Grammatik, (1881, lat.) 1888² (dt.), 1889 engl.; Septuagintastudien I-VI, 1886-1911; Einführung in das griech. NT, (1897) 1909³ (1923⁴ von E.v.Dobschütz), 1901 engl.; NT Graece, (1898) 1912⁹ (1960²⁴, Mit-Hg. K.Aland). - Über N.: Erwin Nestle, E.N. Zu s. 100. Geburtstag (Für Arbeit u. Besinnung 5, 1951, 194-198) - Ders., Aus Briefen von E.N. (Blätter f. württ. KG 51, 1951, 143-150) - J.Herrmann, Der »N.« (ELKZ 5, 1951, 301f). *H.Greeven*

Nestorianer

1. Kirchengeschichtlich - 2. N.mission

1. Die Entstehung einer von der byzantinischen Kirche unabhängigen, in ihrer → Christologie (: II, 4 c) von → Nestorius, seinen Lehrern und Schülern ausgehenden Kirche seit 484 (zur Vorgeschichte s. → Syrien: III, → Assyrische Kirche, → Edessa) löste das Christentum des persischen Reiches aus der großkirchlichen Entwicklung heraus und setzte zusammen mit dem Monophysitismus der orthodoxen Mission nach Innerasien hin endgültige Schranken. Anders als die fast allseits von christlichen Völkern umgebenen → Jakobiten waren die N. nach Osten hin in ihrer Mission frei und wirkten alsbald weit nach Asien hinein (s. 2). Sogar das Dogma des werdenden → Islams hat ihren Einfluß erfahren. - In Lehre und Symbolik (Ersatz des Kruzifixes durch das bildlose »Siegeskreuz« u.a.m.; → Syrien: III) zT eigenständig entwickelt, konnte sich bei den N.n auch das Mönchtum nach schweren Kämpfen (auch mit den → Euchiten) von der Hierarchie weitgehend lösen, blieb aber fast ganz auf das Zweistromland beschränkt. Die N. waren auf Jh.e hinaus die räumlich bei weitem ausgedehnteste christliche Konfession, wurden aber (ähnlich den Jakobiten) nirgends wirklich Landeskirche und blieben wohl überall stets nur Minderheit. Kulturell hoch entwickelt, waren sie Mittler des spätantiken Erbes an die Muslime (→ Syrische Literatur). Ihre Minderheitsstellung zwang sie offenbar zu Anpassungen an → Buddhismus, → Taoismus, → Manichäismus; das Bekenntnis auf der Säule von Singanfu (China; 781) übergeht wichtige christliche Wahrheiten. Wie weit dies bewußt geschah, ist unklar. Die abendländischen Missionare des 13.Jh.s sahen in den N.n, die sie bes. unter den → Türken und → Mongolen fanden, vollgültige Christen. - Obwohl von den Chalifen zeitweise als Sprecher aller Christen ihres Reiches anerkannt (da ihre Christologie den Muslimen am erträglichsten erschien) und obschon später von den Mongolen zeitweise sogar gefördert (13.Jh.), konnten die N. deren Übergang zum Islam (im Westen) und zum Buddhismus (im Osten) nicht aufhalten und erlitten dadurch und um 1400 durch Tīmūrs Metzeleien schwerste Verluste, die sie außer im nördlichen Zweistromlande (und in Süd-Indien) ausrotteten. Weiteres s. → Assyrische Kirche.

B.Spuler in HO VIII/2, 1960; vgl. die Lit. zu → Assyrische Kirche, → Syrien: III. - Einzelheiten: A.Vööbus, Hist. of Ascetism ... I: ... in Persia, Löwen 1958 - J.Dauvillier, Les provinces chaldéennes »de l'Extérieur« (in: Mélanges F.Cavallera, Toulouse 1948, 261-316; Karte, Lit.) - Ders., Les croix triomphales ... (in: »Eléona«, Okt. 1956, 11-17) - W.de Vries, Die Sakramenten-Theol. bei den N.n, Rom 1947 (jeweils Lit.) - P.Kawerau, Die nestorianischen Patriarchate in der neueren Zeit (ZKG 67, 1955/56, 119-131). *B.Spuler*

2. Um 530 schrieb der Alexandriner → Kosmas Indicopleustes von Christen auf Ceylon, in Burma, Thailand, Cochin-China und Tongking, die mit der N.kirche in Persien Verbindung hatten. Auch die Syrische Kirche in → Indien (: IV, 1 b) unterstand damals dem Patriarchen von Seleukia-Ktesiphon, und in Nordarabien gab

es in vorislamischer Zeit nestorianische Gemeinden. Bes. lebhaft war die N.mission in Zentralasien (Hunnen, Türken, Uiguren, Tibeter) und → China (: IV A). Sie erlosch im 9.Jh., lebte im 13.Jh. erfolgreich, bes. unter den Mongolen und in China, auf und erlag endgültig Anfang des 14.Jh.s. »Von West nach Ost, von Nord nach Süd, praktisch durch ganz Asien, zogen die Boten des Evangeliums, Vertreter der eifrigsten Missionskirche, die die Welt je gesehen hat. Sie lebten von ihrer Hände Arbeit oder wurden von denen versorgt, unter denen sie wirkten« (J.Stewart). Im 13.Jh. zählte die N.mission in Asien 200 Diözesen mit 27 Metropolen. Ihr Leiter war der Katholikos in Bagdad. - Oft durch Verfolgungen aus Persien vertrieben, verkündeten die N., peregrinatores in der Nachahmung Christi, das Evangelium. Händler und Handwerker wurden auf immer weiteren Wegen, Schreiber und Ärzte an fremden Höfen Träger der N.mission. Dazu wanderten Scharen von Mönchen und jungen, in den Klöstern ausgebildeten Männern, getrieben von den Missionsworten des NT, wohin Gott sie führte. Gründe des Niedergangs der N.mission waren ihre zu große Bereitschaft, sich ihrer religiösen und politischen Umwelt anzupassen, ohne im fremden Boden Wurzel zu schlagen, das Vordringen des → Islam und die Sturmflut der → Mongolen. Entscheidend war das Versiegen der geistlich-missionarischen Kraft der sich zersplitternden Kirche selbst.

E.SACHAU, Zur Ausbreitung des Christentums in Asien (AAB 1919) - A.MINGANA, The Early Spread of Christianity in Central Asia and the Far East: A New Document, Manchester 1925 - J.STEWART, Nestorian Missionary Enterprise, Edinburgh 1928 - F.HEILER, Urkirche u. Ostkirche, 1937, 421ff - LATOURETTE II, 263ff. 330ff. 463f. 467f - G.FR.S.GRAY, The Spread of Christianity in Asia (IMR 42, 1953, 266-274) - DERS., The Decline and Survival of Christianity in Asia (ebd 398-405) - P.KRÜGER, Ein Missionsdokument aus frühchristl. Zeit (ZM 42, 1958, 271-291). - Weitere Lit. s. → Indien: IV, → China: IV A.

G.Rosenkranz

Nestorius, * nach 381, † um 451, 428-431 Erzbischof von Konstantinopel. Aus Antiochien stammend und dort Presbyter, wurde N. von Theodosius II. wegen seiner rednerischen Gaben nach Konstantinopel gerufen, als sich der dortige Klerus bei einer Sedisvakanz nicht einigen konnte. Er bekämpfte streng die Häretiker. Als Prediger vertrat er die antiochenische Christologie (→ Antiochenische Theologie; → Christologie: II, 4 c) in zugespitzten Formulierungen (Maria »Christotokos«). Beim Kaiser beliebt, fiel er wohl bei der Kaiserschwester Pulcheria in Ungnade. Die latente Rivalität zwischen Alexandria und Konstantinopel brach aus, als von → Cyrill von Alexandria gemaßregelte Kleriker sich an N. wandten, während Cyrill von seinem Beobachter über die Predigten des N. unterrichtet wurde, gegen die in der Hauptstadt sich bereits die Contestatio → Eusebs von Doryläum gewandt hatte. Cyrill spannte → Cölestin I. von Rom in die Auseinandersetzung ein, der N. durch Cyrill zum Widerruf auffordern ließ. N. dagegen veranlaßte den Kaiser zur Einberufung eines Konzils, das die Anklagen gegen Cyrill behandeln sollte. Die Synode tagte im Sommer 431 in → Ephesus. Die Verspätung des Metropoliten Johannes von Antiochien und seiner Suffragane ermöglichte es Cyrill, die Leitung an sich zu reißen und die Synode unter Gewaltanwendung bis zur Absetzung des N. zu führen. Die Gegensynode der Antiochener setzte Cyrill ab. Die beiden Erzbischöfe wurden in Ephesus arrestiert, die Verhandlungen durch Delegationen beim Kaiser geführt, wo die Anhänger Cyrills schließlich siegten. Inzwischen war Cyrill heimlich nach Alexandria entwichen und nahm seine Amtsgeschäfte auf, N. durfte ehrenvoll in sein antiochenisches Kloster zurückkehren. 436 verwies ihn jedoch ein kaiserliches Edikt ins oberägyptische Exil. Dort hörte er noch von der Einberufung zum Konzil von 451 (→ Chalcedon) und faßte das als Sieg des rechten Glaubens auf; mit seiner eigenen Rehabilitierung rechnete er nicht.

F.LOOFS, Nestoriana, 1905 (Briefe, Predigten usw, meist vor 431); Apologie (beendet zwischen 436 u. 439) in Exzerpten u.a. in einer syr. KG; »Liber Heraclidis« (beendet um 451, erhalten in syr. Übers., beträchtl. Partien unecht), hg.v. P.BEDJAN, Paris 1910; franz. Übers. v. F.NAU, 1910; engl. Übers. v. G.R.DRIVER u. L.HODGSON, Oxford 1926; für Ergänzungen vgl. die versch. Auflagen von ALTANER. - Über N.: DThC XI/1, 76ff - I.RUCKER, Das Dogma von der Persönlichkeit Christi u. das Problem der Häresie des N. (Stud. z. Conc. Eph. IV), 1934 - TH.CAMELOT, De N. à Eutyches (GRILLMEIER-BACHT I, 213-241) - H.CHADWICK, Eucharist and Christology in the Nestorian Controversy (JThS NS 2, 1951, 145-164) - L.ABRAMOWSKI, Unters.en zum literarischen Nachlaß des N. (Diss. Bonn), 1956 - L.SCIPIONI, Ricerche sulla Cristologia del »Libro di Eraclide« di N. (Paradosis 10), 1956.

L.Abramowski

Nethenus, 1. *Matthias* (1618-86), ref. Theologe, * in Suchteln (Jülich), studierte in Harderwijk, Deventer und Utrecht, 1646 Pastor und Rektor in Cleve, 1654 als Nachfolger von → Hoornbeek Prof. in Utrecht, 1662 abgesetzt wegen einer Schmähschrift gegen → Maresius im Streit über die ref. Kapitelgüter (→ Essenius). 1669 wurde er Prof. und Pastor in Herborn und zugleich Inspektor der Kirche und Schule in Nassau-Dillenburg. - N. war ein maßloser Polemiker, dessen pietistisch-ref. Auffassungen sich unter dem Einfluß des → Amesius (Ausgabe seiner Werke) und → Voetius gebildet haben. Er bekämpfte die → Arminianer und Cartesianer (→ Descartes) nicht weniger als den röm. Katholizismus; er verteidigte dagegen den Pietisten W. → Teellinck.

JÖCHER III, 869f - A.C.DUKER, G.Voetius, 3 Bde, Leiden 1897 bis 1915 - W.GOETERS, Die Vorbereitung des Pietismus in der ref. Kirche der Niederlande bis zur labadistischen Krisis 1670, 1911 - NNBW X, Leiden 1937, 665f (Bibliogr.).

2. *Samuel* (1628 bis etwa 1700), ref. Theologe, Bruder von 1, * in Rees, 1648 Rektor in Batenburg (Gelderland), 1651 Pastor in Baerl (Moers), nach seiner Absetzung 1683 Pastor in Gulpen bei Maastricht, 1691 Hofprediger und Inspektor in Birstein. 1696 seines Amtes enthoben, zog er sich nach Amsterdam zurück. Durch puritanische Schriften und durch Verkehr mit den Voetianern (→ Voetius) für die Kirchenreform gewonnen, erwarb sich N. durch die Einführung von öffentlichen Katechisationen und Erbauungskonventikeln große Verdienste um die Hebung des kirchlichen Lebens in Moers. Unter dem Einfluß → Labadies kam er aber schließlich zur Ablehnung der Volkskirche, ohne daß er dies selbst klar erkannte. In Birstein bestritt er die Episkopalrechte des Landesfürsten. Wichtig für die Kirchenreform war seine Schrift »Lux in tenebris« (1657/71).

M.GOEBEL, Gesch. des christl. Lebens in der rhein.-westfäl. ev. Kirche II, 1852 (Leben, Schriften u. ältere Lit.; vgl. dazu H.FORSTHOFF in: Monatshefte für Rhein. KG 10, 1916, 247ff) - A.RITSCHL, Gesch. des Pietismus I, 1880.

J.N.Bakhuizen van den Brink

Netter, *Thomas* (Waldensis; ca 1375-1430), * in Saffron Walden (Essex), † in Rouen als Begleiter des englischen Königs Heinrich VI. auf der Reise zur Krönung. N. trat jung in London in den Karmeliterorden ein, studierte in Oxford (»Doctor praestantissimus«), nahm an den → Reformkonzilen von Pisa und Basel teil, war erklärter Konziliarist, wurde 1413 Beichtvater Heinrichs V. und suchte 1419 in Graudenz mit dem Hochmeister des Deutschen Ordens den polnischen König Wladyslaw II. für die Unterstützung Kaiser Sigismunds im Kampf gegen die Hussiten zu gewinnen. Seit 1423 stellte er in seinem »Doctrinale« (s.u.) die klassische

Widerlegungsschrift gegen → Wyclifs Theologie zusammen, dem Typus nach eine Vorarbeit zum → Tridentinum.

Vf.: Doctrinale antiquitatum fidei ecclesiae catholicae contra Wiclevistas et Hussitas, gedr. I-III, Paris 1521-32, Venedig 1571; beste Ausg. von T.B.Blanciotti, Venedig 1757-59 (mit Biogr., diese auch in: Analecta OCarm 1, 1909, 298-303. 329-335. 361-365). - Über N.: G.V.Lechler, J.v.Wiclif II, 1873, 327 ff - DNB XL, 231 ff - RE XIII, 749 ff - H.B.Workman, J.Wyclif, Oxford 1926 - R.McCaffrey, The White Friars, Dublin 1936, 143 ff - EC VIII, 1787 f (Lit.).

M.Schmidt

Neuapostolische Gemeinde

1. Geschichte - 2. Lehre - 3. Beurteilung. - A. = Apostel

1. Die N.G. ist aus der → Katholisch-Apostolischen Gemeinde entstanden. Deren A. lehnten um 1860 Neuernennungen für verstorbene A. ab. Da ein Prophet Geyer aus Berlin trotzdem weitere A. berief, kam es zu Wirren, Exkommunikationen und zur Gründung der »Allgemeinen Christlichen Apostolischen Mission«. Der Name N.G. wurde 1907 angenommen; seit kurzem gilt als Selbstbezeichnung auch N.Kirche. Bis 1895 war bes. der von Prophet Geyer berufene A.Schwartz in Amsterdam bestimmend. Er vereinfachte den Gottesdienst (dieser umfaßt heute Gesänge, Gebete, predigtähnliche Ansprachen und sonntägliches Abendmahl). Der Nachfolger, Krebs, schloß die Gemeinden enger zusammen und war erster Stamm-A. Unter Niehaus (1905 bis 1930 Stamm-A.) wuchs die Zahl der Gemeinden in Holland, Deutschland und der Schweiz von 488 auf 1528. Seit 1930 wurde die N.G. in zentralistischer Weise von Stamm-A. Joh.Gottfried Bischoff (Frankfurt/M.; 2.1.1871 bis 6.7.1960) geleitet. Am 7.7.1960 wurde Walter Schmidt mit Sitz in Dortmund zum Stamm-A. gewählt. Die Zahl der A. beträgt zZ ca vier Dutzend, die der Mitglieder 4-500 000. Gemeinden bestehen in vielen Ländern, bes. im deutschen Sprachgebiet (Deutschland rd 320 000, Schweiz 32 000). - Den Kirchen gegenüber verhalten sich die Neuapostolischen eindeutig ablehnend. Finanziell wird die N.G. getragen durch die Mittel der Mitglieder. Hauptamtliche Funktionäre sind gut besoldet. - Im Laufe der Geschichte kam es, oft aus Widerspruch zum autoritär ausgestalteten Amt des Stamm-A.s, zu verschiedenen *Abspaltungen*. So haben sich getrennt: 1897 die *Hersteld Apostolische Zendingkerk* mit heute rd 2000 Mitgliedern in Holland; ca 1902 das Apostelamt Juda, jetzt (seit 1947) *A.amt Jesu Christi;* 1921 die *Ref.-Apostolische Gemeinde* mit vorhergehenden kleineren Absplitterungen von 1906 und 1912; ca 1940 die *Apostolische Genootschap* mit 27 000 Anhängern in Holland (deren jetziger A., Slok, bezeichnet sich als der »lebendige Christus von heute«); 1949 die *Christen unserer Zeit* mit rd 1000 Anhängern; 1951 ff eine Gruppe mit verschiedenen ausgestoßenen A.n (Güttinger [† 1960] u.a.), die sich zuerst Apostolische Gemeinde nannte, dann infolge Klage und durch Entscheid des schweizerischen Bundesgerichtes gezwungen, 1957 den Namen *Vereinigung Apostolischer Christen* annahm; in Südafrika und Australien besteht je eine *Apostolic Church*.

2. Die *Lehre* der N.G. ist durch den Glauben an das nach göttlichem Willen für die Endzeit neu aufgerichtete A.amt geprägt. Diese von der Katholisch-Apostolischen Gemeinde übernommene Anschauung fand aber in der N.G. eine ganz andere Ausprägung. Der A. ist der Gesandte des Herrn. Dadurch besitzt er besondere Macht. Als Haushalter an Christi Statt verwaltet er das Erbe des Heilandes und setzt dessen Menschenerlösung fort. Jesus Christus selbst wirkt im A. Heute wird diese Behauptung etwas weniger massiv als früher gebraucht. Aber immer noch wird der Gläubige ermahnt: »Ergreife Jesu Hand, die er uns streckt entgegen im A.amt« (Lied 322). Diese Bedeutung des A.s steigert sich noch im Amt des Stamm-A.s. Die A. und bes. der Stamm-A. sind auch Offenbarer der Lehre Gottes. Die Bibel wird eifrig benützt, ist aber letztlich Wort Gottes aus *alter* Zeit, während im A. der lebendig gegenwärtige Christus spricht. Das Stamm-A.amt und das A.amt sind der Weg, auf dem der Herr den Hl. Geist verleiht. Die N.G. hat dazu ein besonderes, neben Taufe und Abendmahl drittes Sakrament: die Versiegelung durch Handauflegung des A.s. Diese bewirkt »die völlige Wiedergeburt ... und macht zu Kindern Gottes«, und der so empfangene Hl. Geist ist das »Unterpfand zur ewigen Herrlichkeit«. Die Taufe ist nur Wiedergeburt aus dem Wasser und fordert die Versiegelung, die → »Geistestaufe« als Ergänzung. Durch besonderen Ritus können auch vor kurzer oder längerer Zeit Verstorbene versiegelt werden. Die Zukunftshoffnung rechnet mit einer Entrückung der N.G., und zwar zu Beginn der Parusie und unter Bewahrung vor dem letzten Gericht. Dies geschieht, wenn die Gemeinde den richtigen Grad der Vollendung erreicht hat. Seit 1951 ist die Enderwartung neu angefacht worden. Der Stamm-A. Bischoff erklärte als Offenbarung Gottes, daß Christus die Gemeinde als Braut noch zu seiner Lebzeit heimholen werde. Die Neuapostolischen glaubten dies felsenfest. Offener Zweifel daran wäre Abfall gewesen. »Trennung vom Stamm-A. ist Tod. Bleiben im Stamm-A. ist die Errettung.« Bischoffs Tod bewirkte eine gewisse Erschütterung. Die weitere Entwicklung ist zZ noch nicht abzusehen. Jedenfalls wird die Nähe der Wiederkunft Christi weiter betont. So versteht sich die N.G. als auserwählte Schar, als die wahre Gottesgemeinde, das Gotteswerk, dem gegenüber die anderen Kirchen und christlichen Gemeinden vor Gott nur beschränkten Wert besitzen. Bestätigung dafür sind der Stamm-A. und die A. Der Stamm-A. leitet auch die äußeren Geschäfte und ernennt die A., diese die weiteren zahlreichen Amtsträger wie Bischof, Ältester, Evangelist, Hirte, Priester, Diakon. Das Prophetenamt ist seit ca 15 Jahren abgeschafft. Die Satzungen sehen vor, daß der Stamm-A. im Einvernehmen mit der A.versammlung seinen Nachfolger bestimmen kann.

3. Die N.G. ist ein zentralistisch geleiteter, hierarchisch gegliederter Glaubensverband. Nicht die Gemeinde, sondern die Ämter sind wichtig. Amt, bes. A.amt gilt im Gegensatz zum NT nicht als Dienst (διακονία), sondern als von Gott gesetzte Machtstellung. Die Legitimation der A. im biblischen Sinne fehlt (vgl. Apg 1, 21; 2, 32; 9, 1; 1Kor 15, 8). Die Aussagen der Hl. Schrift werden nicht in ihrem Zusammenhang gehört; Worte wie »apostolisch«, »Heil«, »Rettung« werden in äußerlicher Art und in gewisser Ausschließlichkeit als auf die N.G. und ihre A. gemünzt betrachtet. Aus diesem Grund wird auch 4Esr 2 hochgeschätzt. Durch die Versiegelung will der neuapostolische A. über den Hl. Geist verfügen. Aus der biblischen Verheißung, daß die Gabe des Geistes verliehen werden kann (Apg 2, 38), wird ein Anspruch und ein Besitztum gemacht. Durch Verleihung oder Vorenthaltung des Hl. Geistes und damit des Heils mittels der Versiegelung wird über das ewige Geschick des Gläubigen bestimmt. Der Zugang zu Gottes Reich wird weitgehend vom A., bes. vom Stamm-A., also im Gegensatz zu Apg 4, 12 und 1Kor 3, 11 von einem Menschen abhängig gemacht. Der Stamm-A. ist Glaubensautorität und geglaubte Autorität neben Jesus Christus. Damit wird die N.G. zur Sekte.

Qu.: SALUS, Alte u. neue Wege, (1912) 1913² - Lehrbuch über Fragen u. Antworten für den Religionsunterricht in der N.G., (1916) 1933 - Richtlinien über die Amtshandlungen der Amtsträger der N. Kirche, 1933 - J.G.Bischoff, Die Vollendung des Heilsplanes

Gottes nach den Worten Jesu, 1935 - Fragen u. Antworten über den Glauben, (1938) 1952. - Zs.en, in Deutschland: Unsere Familie, Wächterstimme; in der Schweiz: Brot des Lebens, Christi Jugend; Ich sende Euch (alle halbmonatlich). - Kritisch: K.HANDTMANN, Die Neu-Irvingianer oder Apostol. Gemeinde, (1903) 1907² - F.W. BAUTZ, Die N., 1949 - O.EGGENBERGER, Die N.G., Gesch., Lehre u. Beurteilung, 1953 (Lit.) - F.BOERWINKEL, Kerk en Secte, 1953, 153ff - H.CH.CHÉRY, L'offensive des Sectes, 1954, 77ff - HUTTEN³ 590ff. *O.Eggenberger*

Neuchâtel, *Universität.* Beim Übergang der Grafschaft N. als »Principauté« an Preußen 1707 versprach Friedrich Wilhelm I., eine Akademie nach dem Muster von → Genf und → Lausanne zu stiften. Doch erst unter Friedrich Wilhelm IV. wurde im Nov. 1840 die Akademie mit zwei Fakultäten, einer literarischen und einer naturwissenschaftlichen, eröffnet. 1848 wurde sie von der republikanischen Regierung aufgehoben, aber 1866 wiederhergestellt. Die Gesetzgebung von 1872 bot ihr eine selbständige Grundlage und erweiterte sie um eine Rechtsfakultät. Nach Reorganisationen (1896) erhob der einstimmige Beschluß des Großen Rates 1909 die Akademie in den Rang einer Universität mit vier Fakultäten (Lettres, Sciences, Droit, Théologie; ohne selbständige medizinische Fakultät). Die verhältnismäßig kleine Universität (1959: 90 Dozenten und Lehrbeauftragte, 570 Studenten) hat für das selbständige geistige Leben der französischsprechenden Schweiz hohe Bedeutung und genießt auch durch ihre Ferienkurse internationales Ansehen. - Eine theol. Fakultät besteht erst seit 1873. Die wissenschaftliche Ausbildung der Theologen lag vorher ganz bei den kirchlichen Behörden. Die Kämpfe der kirchlichen Richtungen, die im selben Jahr zur Bildung der Eglise indépendante führten, hatten auch die Entstehung einer Freien theol. Fakultät zur Folge (bedeutendster Theologe Fr. → Godet). Seit 1943 sind die Freikirche und die Eglise nationale wieder vereinigt; damit wurde die Freie theol. Fakultät aufgehoben. Die theol. Fakultät bildet einen integrierenden Bestandteil der Universitätsorganisation, untersteht aber finanziell und im Berufungsrecht der landeskirchlichen Synode. 1959 umfaßte sie 5 ordentliche Professuren: AT (Robert Martin-Achard), NT (Philippe Menoud), syst. Theol. (Jean-Louis Leuba), KG (Jean-Daniel Burger), prakt. Theol. (Jean-Jacques v.Allmen).

EDDY BAUER, Nos origines universitaires, 1959. *E.G.Rüsch*

Neue Kirche → Swedenborgianer.

Neue Sachlichkeit → Malerei und Plastik: VI, 1g.

Neuendettelsau. Nach dem Grundsatz: Bringe das Evangelium den Fernen, so erhältst du es den Nahen, bildete W. → Löhe von 1841 ab mit Freunden »Nothelfer« zur kirchlichen Versorgung der Deutschen in Nordamerika aus (→ Neuendettelsauer Missionsgesellschaft). Um die Liebestätigkeit zu entfachen und ledigen Mädchen einen kirchlichen Beruf zu geben, gründete Löhe 1854 ein Diakonissen-Mutterhaus. Er wollte, daß jede Diakonisse in *ihrer* Gemeinde arbeite. Der Gedanke ließ sich nicht durchführen. Aus der Mutterhausarbeit kam es zur Gemeinde-, Kranken-, Alten-, Kinder- und Blödenpflege mit 45 eigenen Häusern, ca 1200 Diakonissen, über 400 Verbandsschwestern und einem großen Mädchenschulwesen. Rektoren: Fr.Meyer 1872-91, H.v. → Bezzel 1891-1909, W.Eichhorn 1909-18, H.Lauerer 1918-53, H.Dietzfelbinger 1953-55, zZ Th.Schober. N. ist Zentrum kirchlichen luth. und gottesdienstlichen Lebens. - Zur Kirchlichen Hochschule vgl. → Hochschulen: I.

H.LAUERER, Die Diakonissenanstalt N. 1854-1954, 1954 - EKL II, 1550f. *G.F.Vicedom*

Neuendettelsauer Missionsgesellschaft. Die N.M. verdankt ihre Entstehung Pfarrer W. → Löhe. Um den Auswanderern in Nordamerika in ihrer kirchlichen Not zu helfen, begann er »Nothelfer«, dann Pastoren auszubilden, seit 1853 in einem eigenen Seminar. Trägerin dieser Arbeit wurde die von Löhe und seinen Freunden gegründete »Gesellschaft für Innere und Äußere Mission im Sinne der luth. Kirche«, die auch zur Erneuerung und bekenntnismäßigen Ausrichtung ihrer Heimatkirche beizutragen suchte. Bis heute gingen insgesamt 667 Sendboten in die verschiedenen Länder. - Ab 1875 wurden in die Immanuelsynode, heute »Vereinigte ev.-luth. Kirche Australiens«, Pastoren entsandt. - Ihr Hauptarbeitsgebiet fand die N.M. mit dem Beginn der Papuamission 1886 auf Ost- → Neuguinea. Nach mühevoller Anfangszeit blühte die Arbeit nach dem 1. Weltkrieg mächtig auf. Im Zusammenwirken mit australischen und amerikanischen Lutheranern entstand dort eine vorbildliche luth.-ökumenische Missionsarbeit. - 1897 wandte man sich den Lutheranern in → Brasilien durch Entsendung von Pastoren zu, die ihre Gemeinden zur luth. Kirche zusammenschlossen. 1949 erfolgte ein weiterer Zusammenschluß mit 3 anderen Synoden zu einem Synodalbund, der jetzt den Namen »Ev. Kirche luth. Konfession« trägt. - In der Volksmission versucht die N.M. der Heimat zu dienen und den von den Arbeitsfeldern empfangenen Segen fruchtbar zu machen.

FR.EPPELEIN, Das N. Missionswerk u. seine 4 Arbeitsgebiete, 1933. *Hans Neumeyer*

Neues Testament → Bibel: II.

Neufichteanismus, Bezeichnung für die Erneuerung des → Fichte'schen Denkens innerhalb der allgemeinen Idealismusrezeption um 1900. Diese ist als Gegenbewegung gegen die Selbstbeschränkung der Philosophie auf wissenschaftstheoretische Fragen zu deuten, wie sie für den → Neukantianismus charakteristisch ist: der deutsche → Idealismus (: II) sollte neu aufbrechende metaphysisch-weltanschauliche und religiöse Fragen beantworten. - Den sachlichen Ausgangspunkt für eine Fichte-Erneuerung bot vor allem H. → Rickerts Lehre, daß »Wahrheit« und »Wirklichkeit« »Werte« seien, daß dem Sollen eine logische Priorität vor dem → Sein zukomme, daß also die → Wirklichkeit sich erst in einem praktischen Akt des Subjekts für dieses konstituiere. Von hier aus ging H.Münsterberg ausdrücklich auf Fichte zurück, indem er dessen Lehre von der »Tathandlung« seiner Psychologie als metaphysischen Grund substituierte. - Als Neofichteaner in der → Kulturphilosophie bekannte sich J.Cohn: Fichtes Vereinigung des kritischen Geistes mit dem religiösen wird vorbildlich. - Fichteanisch ist auch die kulturkritische Aufbruchs- und Tatmetaphysik von J.M.Verweyen und H.Schwarz, zT die R.Euckens. Weiter knüpften R.Falckenberg, F.Münch, E.Franz, G. Mehlis und W.Metzger an Fichte an. - F.Medicus erneuerte Fichte als dessen Biograph und Herausgeber seiner Werke und entdeckte Fichtes Religionsphilosophie, indem er sie zugleich in die Tradition der deutschen Mystik einstellte. Diese aktualisiert F. → Gogarten: »Fichte als religiöser Denker« (»Arthur Bonus gewidmet«) - Zeugnis und Angebot der Möglichkeit des Religiösen unter der Bedingung der geistigen Dürre des Liberalismus, zumal des theologischen. - 1914 wurde Fichte als Künder deutscher Tat- und Willensphilosophie in ungezählten Broschüren und Ausgaben, zumal seiner »Reden an die deutsche Nation«, erneuert. Seinen jakobinischen Demokratismus verschwieg man darüber. Die Fichte-Gesellschaft e.V. (gegr. 1916) wollte der Erneuerung eines einheitlichen deutschen »Kulturwillens« auf allen Gebieten dienen (Monatsschrift: »Deutsches Volkstum«).

E.LASK, Fichtes (= F.s) Idealismus u. die Gesch., 1902 - F.MEDICUS, J.G.F., 1905 - E.KÜHNEMANN, F.s Reden an die dt. Nation, 1906 - H.MÜNSTERBERG, Philosophie der Werte, 1908 - J.M.VERWEYEN, Die Tat im Ganzen der Philos., 1908 - FR.GOGARTEN, F. als relig. Denker, 1914 - E.HIRSCH, F.s Religionsphilos. im Rahmen der philos. Gesamtentwicklung F.s, 1914 - DERS., Christentum u. Gesch. in F.s Philos., 1920 - W.MOOG, F. über den Krieg, 1917 - H.SCHWARZ, F. u. wir, 1917 - R.KRONER, Der soziale u. nationale Gedanke bei F., 1920.

H.Lübbe

Neufriesianismus. Der Göttinger Philosoph Leonard Nelson (1882-1927) erweckte die in Vergessenheit geratene Lehre des Jakob Fr. → Fries seit 1904 zu neuem Leben, beginnend mit seiner Dissertation »J.F.Fries und seine jüngsten Kritiker« und durch die Herausgabe einer »Neuen Folge« der »Abhandlungen der Fries'schen Schule« (gemeinsam mit G.Hessenberg und K.Kaiser), deren 1. Folge 1848 in nur zwei Heften erschienen war, dann durch die entsprechende Weiterführung der wissenschaftlichen Arbeit und Gewinnung eines Schülerkreises. Nelson übernahm von Fries die psychologische Interpretation der Vernunftkritik, setzte dieses Verständnis gegen alle → Erkenntnistheorie und griff damit im Gegensatz zu dem von ihm als »widerwärtige Rabulistik« bekämpften → Neukantianismus hinter → Kant auf die Fragestellung → Humes zurück. Die Kritik als »Wissenschaft aus innerer Erfahrung« führte ihn zu dem Versuch, mit einer psychologischen Deduktion metaphysischer Grundsätze die inhaltliche Bestimmung des Sittengesetzes im Nachweis eines reinen, unmittelbaren Vernunftinteresses zu gewinnen. Die in Modifikation des Kantischen → kategorischen Imperativs formulierte Forderung nach Bereitschaft, dem als Pflicht Erkannten zu folgen, sowie die Differenzierung der naturrechtlich verstandenen Rechtsidee zu den Postulaten der Grundformen menschlicher Beziehungen ließen ihn nach den Bedingungen der Anwendbarkeit moralischer Grundsätze fragen. So deduzierte er aus der Tugendlehre eine sokratische Pädagogik, aus der Rechtslehre den politischen Ordnungswillen eines liberalen Sozialismus, ja sogar die vegetarische Lebensweise. Da sich die Fries-Gesellschaft Nelsons leidenschaftlicher Absicht, philosophische Einsichten in politisch-gesellschaftliche Aktionen münden zu lassen, widersetzte, gründete er nach dem 1. Weltkrieg den »Internationalen Jugendbund«, später den »Internationalen Sozialistischen Kampfbund«, aus dem eine Reihe namhafter Politiker und Wissenschaftler, bes. auch Pädagogen (Grete Henry-Hermann) hervorgegangen sind. Unter den Theologen standen dem N. nahe W. → Bousset, vor allem aber Rud. → Otto, der mit dem Fries'schen Begriff der »Ahndung« das Vermögen religiöser Realitätserkenntnis bestimmte und den damit als irrational gefaßten, ungeschichtlichen Kern des »Heiligen« als das → »Numinose« bezeichnete.

L.NELSON, Über das sog. Erkenntnisproblem, (1908) 1930² - DERS., Kritik der prakt. Vernunft, 1917 - DERS., System der philos. Rechtslehre u. Politik, 1924 - DERS., System der Ethik u. Pädagogik, (1932) 1949² - E.CASSIRER, Der krit. Idealismus u. die Philos. des »gesunden Menschenverstandes«, 1906 - R.OTTO, Die Kantisch-Fries'sche Religionsphilos. u. ihre Anwendung auf die Theol., 1909 - DERS., Das Heilige, (1917) 1947²⁸ - TH.SIEGFRIED, Grundfragen der Theol. bei R.Otto, 1931 - Philosophenlexikon von W.ZIEGENFUSS, II, 1950, 194f (L.Nelson; Lit.) - M.SPECHT-W.EICHLER (Hg.), L.N. zum Gedächtnis, 1953 (Bibliogr.).

H.Blankertz

Neugeboren, *Daniel Georg* (1759-1822), * in Hermannstadt, Schüler und Mitarbeiter J.A. → Müllers, nach Pfarrdienst in Reußmarkt und Mühlbach als Bischof dessen Nachfolger (1806). Mit hervorragenden Organisations- und Führungsgaben trat N. schon als Gymnasiallehrer und Rektor in Hermannstadt (1794 bis 1799) mit pädagogischen Reformen hervor, die sich 1821 zum wegweisenden, an → Rousseau, → Basedow, → Salzmann orientierten »Plan zur Verbesserung des Schulwesens ... in → Siebenbürgen« ausformten. Vereinheitlichende Neuordnungen im ganzen Kirchenwesen (Lehrerbildung, Verwaltung, Visitation usw) im Rahmen vom Staat eingeengter Möglichkeiten bahnten »fortschrittliche« nationale Entwicklungen an, deren rationalistischer Zug wissenschaftlichen Eifer förderte (Quartalschrift), aber kirchliche Substanz gefährdete (Gesangbuch 1793).

Bibliogr.: TRAUSCH-SCHULLER III. IV (s. Reg.) - ADB 23, 494 - Monumenta Germaniae Paedagogica XIII, 1892, Nr. 87, 94f - AVSL NF 15, 1879, 296-393 - F.TEUTSCH, Gesch. der ev. Kirche in Siebenbürgen II, Hermannstadt 1922 (s. Reg.) - H.JEKELI, Unsere Bischöfe, ebd 1933, 226ff.

P.Philippi

Neugeistbewegung, deutscher Zweig des amerikanischen *New Thought Movement* (N.Th.), das auf *Phineas Parkhurst Quimby* (1802-66, Uhrmacher aus Belfast, Me.) zurückgeht. Nach langjähriger öffentlicher Ausübung des → Mesmerismus (von dem er sich 1847 jedoch völlig löste) wurde Quimby ein höchst erfolgreicher geistiger Heiler und schuf in seiner »Science of Health and Life« eine Lehre, deren große Wirksamkeit auf 4 Hauptgedanken beruht: 1. Gott, als Geist und »Weisheit«, ist unpersönlich; er wirkt nicht willkürlich, sondern gesetzmäßig. 2. Gott ist das Gute; die »göttliche Wirklichkeit« (Welt und Mensch) ist vollkommen und harmonisch. 3. Die Übel und Unvollkommenheiten unseres Lebens rühren allein von der Nicht-Erkenntnis des wahren, göttlichen Lebens her. 4. Die Erkenntnis der Wahrheit gibt uns die Kraft, sie in unserem Leben zu realisieren (Krankenheilung; vgl. → Christian Science, 2). Diese *praktische Anwendbarkeit der Lehre* war ausschlaggebend für den Erfolg der »Wissenschaft« Quimbys. Seine bedeutendsten Schüler waren der → Swedenborgianer *W.F.Evans,* der erste literarische Verkünder dieser »Mental Science« (The Mental Cure, 1869; Divine Law of Cure, 1881), Mrs. → *Eddy* und das Ehepaar *Dresser* in Boston. - Quimbys Lehre und Praxis kamen dem Streben der Zeit entgegen, die sich sowohl vom orthodoxen Glauben wie auch von einer materialistischen Lebensanschauung und Medizin abwandte und nach den geistigen Gründen und Kräften des Lebens suchte. So gewann der Quimbyismus bald weiteren Horizont und wandelte sich zum N.Th., einer idealistischen und zugleich pragmatischen, höchst optimistischen Lebenslehre (die populäre Fortsetzung des neuenglischen → Transzendentalismus). Neben dem kirchlichen Christentum entstanden, verkündet sie die *»Lebensbemeisterung aus der Kraft des Geistes durch richtiges Denken«*. Die »innere Gegenwart Gottes« als unerschöpfliche heilende Kraft im Menschen, ferner »die Macht des Gedankens« und die »positive Lebenshaltung«, dh die entschiedene Bejahung des Guten und Verneinung alles Üblen, sind die zentralen Punkte dieser Verkündigung. - Der entscheidende Aufschwung kam durch die Gründung der → Christian Science (die jedoch gesondert für sich blieb). Seit 1895 rasche Ausbreitung der N.Th.-Bewegung, zuerst im Westen der USA (»Divine Science«), später nach England (»The Higher Thought«), Brasilien, Australien, Indien, Japan (»Oomoto«) und anderen Ländern. 1899 vereinigten sich mehrere Kreise: seit 1915 *The International New Thought Alliance,* die heute ca 600 Gruppen umfaßt, außer Christian Science und der 1889 von dem Ehepaar Fillmore gegründeten, auch in Deutschland vertretenen, sehr aktiven *Unity School of Christianity* (Kansas City, Mo.). Das Ziel der »Alliance« ist, »alle lebendigen geistigen und metaphysischen Strömungen unserer Zeit zu einer weltumspannenden Bewegung zu vereinen«. - Doch ist N.Th. vor allem auch eine weitreichende literarische Bewegung. Prentice → Mulfords »Your forces, and how to use them« (1888ff), O.S.Mardens »Success« (Zeitschr., 1897ff), R.W.Trines »In Harmonie mit dem Unendlichen« (1897), »Der Geist in dir sei dein Berater« (1907), »Higher Powers of Mind and Spirit« (1917) und E.S.Holmes' »Science of Mind« (1926) sind bezeichnende Titel von Werken der berühmtesten N.Th.-Autoren (ferner Henry Wood, H.W.Dresser). - Nach *Deutschland* kam dieses »Neue Denken« nach 1900, zuerst auf literarischem Wege (Übers.en aus dem Amerikanischen). 1922 übernahm Dr.V.Schweitzer den *Baum-Verlag* (Pfullingen, Württ.), machte ihn zur Zentrale des »Deutschen Neugeistbundes« (als überkonfessionelle, »geist-religiöse Tatgemeinschaft«) und gründete *»Die weiße Fahne«* als »Monatsschrift für Heil- und Lebenserneuerung, Wegweiser zur erfolgreichen Lebensführung, Zeitblätter für Verinnerlichung und Vergeistigung«, die das verknüpfende Band der verschiedensten Gruppen darstellt, zu denen auch → Rosenkreuzer, theosophische Kreise, Anhänger von → Yoga, → Okkultismus, → Spiritismus u.ä. gehörten. Schriftleiter ist *K.O. Schmidt,* bis heute der Hauptautor und geistige Führer der Bewegung (Neue Lebensschule, 1959³; Religion der Bergpredigt, 1959³). Bis zum Verbot i.J. 1935 breitete sich die N. in Deutschland und den Nachbarländern stark aus; über 3500 Kreise wurden gegründet, in denen seelisch-geistige Selbstschulung und Verinnerlichung geübt wurden. Seit 1950 wird die Arbeit wieder aufgenommen, doch offenbar nicht mehr mit voller Kraft. Man kann daher kaum noch von einer eigentlichen Neugeist-*Bewegung* sprechen, obwohl viele ihrer Gedanken auch heute noch große Wirkung haben.

Weitere Lit.: H.W.Dresser, Hist. of the New Thought Movement, New York 1919 - H.-D.Reimer, Die Qu. der Christian Science (Diss. Erlangen), 1959 (über Quimby; s. auch Lit. zu → Christian Science) - H.E.Cady, Lessons in Truth, Kansas City (1894) rev. 1958⁴⁰; dt.: Wahrheitslehre, 1953 - J.D.Freeman, Household of Faith, ebd 1951; dt. 1954 (beides: Unity School) - Ferner die Schriften des Baum-Verl. - RGG³ IV, 500f - Ch.S.Braden, These also believe, 1949, 128ff - Hutten⁵ 240. 243ff. *H.-D.Reimer*

Neuguinea, zweitgrößte Insel der Erde (→ 4 C/D 1/2), 1526 von Jorge de Meneses entdeckt, war bis 1940 im Innern nahezu unerschlossen. Die Hauptmasse ist von hohen, sehr zerklüfteten Gebirgen bedeckt, hat aber, von den Küstengebieten abgesehen, ein gutes Klima. Die Bewohner (ca 2,4 Mill.) gehören den melanesischen und austronesischen Sprachfamilien an und sind in kleine Stämme aufgespalten, die sich dauernd bekämpften. Sie lebten bei ihrer Entdeckung noch in der Steinzeitkultur, hatten die »animistische« Religion und waren zT dem → Kannibalismus verfallen. Im Westen liegt malaiischer Einfluß vor. Dort konnte auch der → Islam etwas Fuß fassen. Politisch gehört der Westen seit 1828 zu Holland, der Südosten seit 1884 zu Australien (Papua); der Nordosten war von 1884-1914 deutsche Kolonie, 1920 wurde die Verwaltung Australien übertragen. Heute erhebt Indonesien Anspruch auf (Niederländisch-) N. - Die *röm.-kath. Mission* kam bereits 1546 durch Franz → Xavier mit dem Westen in Berührung. Heute arbeiten dort und in Papua die Väter vom Hl. Herzen Jesu, im nordöstlichen Teil die Väter vom Hl. Geist und die Franziskaner. Die Katholiken haben ca 200 000 Christen in N.

Die *ev. Mission* setzte 1855 durch zwei Goßner-Missionare in Niederländisch-N. ein. Die Arbeit wurde 1862 von der Utrechtse Zendings Vereeniging übernommen, welche 1955 eine Kirche mit 150 000 Gliedern gründen konnte. Eine kleine Arbeit hatte die prot. Kirche von Niederländisch-Indien (→ Indonesien: IV). In letzter Zeit hat sich die Christian and Missionary Alliance sehr ausgebreitet. In Papua arbeiten seit 1872 die → Londoner Mission, seit 1891 die → Methodisten und Anglikaner. Bekannt wurde die Pioniergestalt James Chalmers († 1901). Im Nordosten begannen 1886 die → Neuendettelsauer Mission mit Joh.Flierl († 1947) und die → Rheinische Mission mit ihren Pionieren Eich und Thomas. Letztere hat 1932 ihr Gebiet an die American Lutheran Church abgegeben. In allen Gebieten finden sich heute auch Glaubensmissionen und die → Adventisten. In Ost-N. gibt es ca 400 000 ev. Christen.

Obwohl die Methoden der einzelnen Missionen sehr verschieden waren, weist die Arbeit doch einige gleiche Grundzüge auf. Die Mission stieß überall auf ein wildes Heidentum mit unerschütterter Tradition. Erst nach 10-15 Jahren kam es zu Gemeindegründungen. Oft setzten dann → Gruppenbekehrungen ein, die zu einer kontinuierlichen Ausbreitung führten. Hier wurde Chr. → Keyßer bahnbrechend. Er erkannte, daß die Stämme geschlossen gewonnen werden müssen. Bei der Taufe fand aber eine strenge Auslese statt. So erhielten die Gemeinden Heimatrecht im → Volk. Durch Stammesbeschlüsse konnte das Heidentum außer Kraft gesetzt und christliche Sitte eingeführt werden. Die Gemeinden übernahmen die Verantwortung für den einzelnen. Dadurch bekam das Christentum einen volkstümlichen Zug. In allen Gebieten zeichnen sich die Gemeinden durch besondere Missionsfreude aus. Während andere Missionen die Evangelisten selbst anstellten, machte Keyßer die Gemeinden für die Ausbreitung verantwortlich. So wurde Stamm um Stamm erfaßt. Die Schularbeit lag bis in die neueste Zeit ganz in den Händen der Missionen, die wegen der Sprachzersplitterung Einheitssprachen einführten. Auf diese Weise wurden die einzelnen Gemeinden miteinander verbunden. Durch die Missionen wurde eine Volkwerdung eingeleitet. - Heute versucht in Ost-N. die Regierung, die Schulen zu übernehmen und Englisch als offizielle Sprache durchzuführen. Da N. seit 1946 tatkräftig erschlossen wird, breitet sich die Zivilisation sehr schnell aus. Allein in Ost-N. stehen heute 70 000 Arbeiter im Dienst der Weißen. Die Gemeinden haben einen Zweifrontenkrieg gegen die zersetzenden Einflüsse der Zivilisation und das wiederaufkommende Heidentum zu führen. Letzteres äußert sich in synkretistischen Kulten, welche mit Hilfe der Religion die Verwirklichung des westlichen Leitbildes erstreben und damit die Erlösung im Diesseits suchen (Cargo-Kult, → Synkretismus: II). Diese Kulte werden durch einen wachsenden → Nationalismus (: II) gefördert. Die Bewegung ist durch intensive Gemeindearbeit und durch soziale Hebung des Volkes in vielen Gebieten aufgefangen worden. - Einigungsbestrebungen brachten im Nordosten N.s eine neue Entwicklung. Um Neuendettelsau die Mitarbeit zu ermöglichen und die Einheit der Kirche zu fördern, schlossen sich 1951 die Missionen der American Lutheran Church, der United Evangelical Lutheran Church of Australia und von Neuendettelsau zur selbständigen Lutheran Mission New Guinea zusammen. Den Heimatkirchen fällt nur noch eine unterstützende Tätigkeit zu. Dieser Vereinigung trat auch die → Leipziger Mission bei. 1956 erfolgte die Gründung der Evangelical Lutheran Church of New Guinea (zZ 200 000 Christen). In den übrigen Gebieten kam es noch nicht zu solchen Einigungen.

R.Neuhaus, Deutsch-N., 3 Bde, 1911 - Ed.Kriele, Das Kreuz unter Palmen, 1927 - J.Richter, Die ev. Mission in Niederländisch-Indien usw, 1932 - G.F.Vicedom-H.Tischner, Die Mbowamb,

3 Bde, 1943-48 - J.W.BURTON, Modern Missions in the South Pacific, 1949 - I.SHEVILL, Pacific Conquest, 1949 - J.W.DOVEY, The Gospel in the South Pacific, 1950 - R.W.ROBSON, Pacific Islands Yearbook, 1956 - A.C.FRERICHS, Anutu conquers in New Guinea, 1957. - Ferner das Schrifttum von → KEYSSER. *G.F.Vicedom*

Neuhegelianismus ist der Sammelbegriff für eine Anzahl von Denkern im ersten Drittel des 20.Jh.s, die von einer neuen Hinwendung zu der lange Zeit geringgeschätzten Philosophie → Hegels Hilfe für die Bewältigung ihrer eigenen philosophischen Probleme erhofften. Der N. hat im Gegensatz zum → Neukantianismus, mit dem er in der Sache manche Berührungspunkte hat, niemals eine eigentliche Schule bilden können. Das hängt damit zusammen, daß der volle systematische Anspruch der Philosophie Hegels von keinem Vertreter des N. anerkannt wurde (man orientierte sich bewußt immer nur an einzelnen Aspekten von Hegels Philosophie); außerdem hatte die Mehrzahl der Neuhegelianer keine wirklich gründliche Kenntnis von Hegels Hauptwerken. - Für den N. ist seine Frontstellung gegen die Marburger Schule des Neukantianismus charakteristisch, weil sie angeblich wegen der hervorragenden Stellung, die sie den exakten Wissenschaften einräumte, den durch Gesellschaft, Kultur und bes. die Geschichte gestellten philosophischen Problemen nicht angemessen gerecht werden konnte. Solche Probleme stehen jedoch beim N. im Mittelpunkt des Interesses; insofern hat er enge Beziehung zur südwestdeutschen Schule des Neukantianismus (der mehrere seiner Vertreter entstammen) und zur → Lebensphilosophie, die ebenfalls wichtige Anregungen für die erneute Beschäftigung mit Hegel gegeben hatte. Es sind im wesentlichen zwei Seiten der Philosophie Hegels, auf die die Neuhegelianer ihren Blick richten: die Lehre vom *objektiven Geist* und die *dialektische Methode*. Der Begriff des objektiven → Geistes (: VII, 4) ist die Grundkategorie für eine ganzheitliche Auffassung von Geschichte und Kultur (→ Kulturphilosophie), um die sich der N. bemüht; die → Dialektik Hegels ist das Vorbild einer philosophischen Methode, die einer erkenntnistheoretischen Grundlegung alles Wissens, wie sie vor allem für den Marburger Neukantianismus unabdingbar war, nicht bedarf und auf diese Weise die Schwierigkeiten umgeht, in die sich jede → Erkenntnistheorie verstrickt. In dieser Hinsicht wiederholt der N. noch einmal den Weg von Kant zu Hegel, wenn auch unter anderen historischen Voraussetzungen.

Der N. wird angeregt durch → Dilthey und K.Fischer. Fischer läßt 1900/01 seine große Hegeldarstellung erscheinen; Dilthey, der schon vorher die Begründung einer Hegelphilologie gefordert hatte, legt 1905 seine Darstellung der Jugendgeschichte Hegels vor. W.Windelband hält 1910 die berühmt gewordene Programmrede des N.: »Die Erneuerung des Hegelianismus«. Im selben Jahre erscheint das erste Heft der Zeitschrift »Logos«, die bald die meisten Vertreter des N. in ihrem Mitarbeiterkreis vereinigt. Eine kritische Hegelausgabe beginnt 1905 zu erscheinen (ed. G.Lasson, später J.Hoffmeister, noch nicht abgeschlossen); H. → Nohl gibt 1907 aus dem Nachlaß Hegels die für die Einsicht in die Entstehung seines Denkens wichtigen sog. theologischen Jugendschriften heraus. In den folgenden Jahrzehnten erscheint eine Vielzahl von Monographien, die sich entweder historisch mit Hegel befassen (Kroner, Glockner, Haering) oder in mehr systematischer Weise Ansätze Hegels produktiv weiterzuentwickeln versuchen (Ebbinghaus, Kroner, Cohn, Freyer, Litt, Spann). - Manche Vertreter findet der N. auch in der → Rechtsphilosophie (Binder, Larenz, Holstein, Dulckeit, Spann u.a.); man versucht - allerdings mit wenig Erfolg - von der Grundlage der Staats- und Geschichtsphilosophie Hegels aus den modernen juristischen Positivismus zu bekämpfen und stellt den Gemeinschaftsgedanken in den Vordergrund. - In den philosophischen Diskussionen der Gegenwart ist der N. außerhalb der Rechtsphilosophie kaum noch von Bedeutung. Das Interesse an Hegel ist zwar gegenüber der Zeit des N. fast noch gestiegen, man ist jedoch heute im Blick auf Hegel weniger an produktiver Aneignung und Weiterentwicklung seiner Ansätze (wie beim N.), sondern mehr an Interpretation oder aber an grundsätzlicher Kritik interessiert. - Auch in außerdeutschen Ländern bestand zeitweilig Interesse an Hegel: Die Hegelnachfolge in England (seit 1860: Bradley, Bosanquet, McTaggart) und Holland (Bolland) gab dem deutschen N. Impulse; das Land mit der breitesten Hegeltradition ist Italien (Gentile, → Croce). Diese Bemühungen außerhalb des deutschen Sprachgebietes gehören jedoch nicht mehr zum N. im engeren Sinn.

K.FISCHER, Hegels Leben, Werke u. Lehre I. II, (1900/01) 1911² - W.DILTHEY, Die Jugendgesch. Hegels, 1905 (= Ges. Schr. IV, 1921, 1-284) - W.WINDELBAND, Die Erneuerung des Hegelianismus, 1910 (= Präludien, 1921⁷·⁸, 273-289) - J.EBBINGHAUS, Relativer u. absoluter Idealismus, 1910 - G.LASSON, Was heißt Hegelianismus?, 1916 - TH.LITT, Individuum u. Gemeinschaft, (1919) 1926³ - H.FREYER, Theorie des objektiven Geistes, 1923 - O.SPANN, Gesellschaftslehre, 1923 - J.COHN, Theorie der Dialektik, 1923 - Ü IV, 209ff. 239. 562ff; V, 135ff. 190ff - J.BINDER, Philos. des Rechts, 1925 - H.LEVY, Die Hegelrenaissance, 1927 - R.KRONER, Die Selbstverwirklichung des Geistes, 1928 - H.GLOCKNER, Hegelrenaissance u. N. (Logos 20, 1931, 169-195) - K.LARENZ, Die Rechts- u. Staatsphilos. des dt. Idealismus u. ihre Gegenwartsbedeutung (HPh IV D, 1933, 89-188) - H. HÖHNE, Der Hegelianismus in der engl. Philos., 1936. - Vgl. die Lit. zu den im Text genannten Artikeln. *W.Wieland*

Neuhumanismus

I. Philosophisch - II. Pädagogisch

I. Philosophisch

Der N. ist eine von den klassischen deutschen Dichtern und Schriftstellern hervorgerufene Bildungsbewegung, deren Ziele sich an einer bestimmten Deutung der Antike orientierten (→ Klassik). Seine auf vielfältige Weise mit dem damaligen Geistesleben verflochtene Programmatik entfaltete sich vornehmlich in den kunsttheoretischen und geschichtsphilosophischen Werken von → Winckelmann (, 2), → Herder, → Schiller, Fr. → Schlegel und W.v. → Humboldt; Altertumswissenschaftler (F.A. → Wolf), Kunstschriftsteller (H.Meyer) und Übersetzer (Fr.L. → Stolberg; Voß) suchten seine Bestrebungen zu unterstützen. Sein Mittelpunkt war, bes. während der 90er Jahre des 18.Jh.s, der aus Italien zurückgekehrte »klassische« → Goethe, der Schöpfer der »Iphigenie«.

Die Lebensauffassung des N. und der ihm verwandten Strömungen entzündete sich an dem Protest gegen Kunst, Sitte, Gesellschaft und Staat des Vernunftzeitalters (→ Aufklärung). Indessen hat der N. während seiner schöpferischen Epoche eine konsequent ausgebildete und in sich geschlossene Theorie nicht hervorgebracht; seine Tendenzen kamen vielmehr in mannigfachen, durch die Individualität des jeweiligen Verfassers erheblich modifizierten Entwürfen zum Ausdruck. Nur mit dieser Maßgabe ist es möglich, die humanistischen Ideale der deutschen Klassiker auf einige ihnen allen gemeinsame Prinzipien zu reduzieren.

Man pflegt mit Recht die individualistische und ästhetizistische Grundhaltung des N. hervorzuheben. Die deutschen Klassiker revoltierten gegen das in der Praxis der Zeit gültige Leitbild des durch sein Spezialistentum legitimierten nützlichen Gliedes der Gesellschaft; an seiner Statt forderten sie die → »Persönlichkeit« als höchstes Ideal des zur Selbstvervollkommnung berufenen Menschen, das sich nur durch die harmonische Entfaltung aller Anlagen und Kräfte verwirklichen lasse. Der N. maß keinem Bereich der Kultur eine so große Bedeutung zu wie der Kunst. Die rationalistische Lehre von der doppelten Aufgabe des ästhetischen Wertes, seiner sei es belehrenden, sei es ergötzenden Funktion, erschien ihm unbefriedigend. Demgemäß postulierte er die Autonomie der Kunst und deutete sie als Wesenserfüllung des schöpferischen Menschen. Andererseits aber behauptete er eine enge Wechselbeziehung zwischen dem ästhetischen und dem ethischen Wert und folgerte hieraus die bildende, sittlich läuternde Kraft des schönen Kunstwerkes. Hinsichtlich der Religion übernahm der N. die Position der Aufklärung; seine Repräsentanten standen also, im Gegensatz zu den Humanisten der Renaissance (→ Humanismus: I), im allgemeinen außerhalb des christlichen Glaubens. Immerhin bemühten sie sich, die Religion nicht lediglich zu dulden, sondern zu verstehen: sie begriffen sie teils als notwendige Entwicklungsphase des menschlichen Geistes, teils dienten ihnen heidnischer Mythos und christliche Offenbarung als Symbol zur Veranschaulichung der eigenen pantheistischen Weltauffassung.

Das Menschenbild des N. wurde beherrscht von einem neuen Verhältnis zur Antike. Das Unbehagen an der utilitaristisch-rationalistischen Umwelt und die Sehnsucht nach einem vollkommeneren Dasein ließen das klassische Griechenland als Inbegriff höchster → Humanität erscheinen. Man lehnte jedoch eine bloße Nachahmung ab; die Antike diente vielmehr teils als Modell, an dem man die eigenen Bestrebungen zu veranschaulichen suchte, teils war sie Quelle der Zuversicht, daß sich unter den veränderten Bedingungen der Neuzeit durch die Kraft der Vernunft verwirklichen lasse, was einst auf gleichsam natürliche Weise zustande gekommen sei. Das Griechenbild und das Humanitätsideal der deutschen Klassiker stimmen im wesentlichen miteinander überein; die hervorstechendsten Züge des ersteren enthielten stets Forderungen an die eigene Zeit. Als wichtigstes Merkmal des griechischen Menschentums galt die von ihm verwirklichte *Totalität*. Hierunter verstand man eine Existenz, die in gleicher Weise Leib und Seele, Sinn und Geist, Natur und Vernunft zu bilden und zu gebrauchen wisse und überhaupt bestrebt sei, bei jedem einzelnen Individuum alle Möglichkeiten der menschlichen Gattung in wechselseitiger Begrenzung und Mäßigung zu entfalten. Demgegenüber habe die moderne Kultur die Ganzheit menschlichen Daseins durch einen fortschreitenden Differenzierungsprozeß auf künstlerisch-wissenschaftlichem, politisch-sozialem und ökonomischem Gebiete zerstört; das Individuum müsse die Ausbildung einer einzigen Fähigkeit mit der Verkümmerung aller übrigen büßen. – Eine weitere Lehre des N. behauptete die *Originalität* der griechischen Kultur und die von allen Zufälligkeiten äußerer Einwirkung freie Konsequenz ihres Entwicklungsganges. Auch hiermit wandte man sich gegen die moderne Kultur, die man als ein kompliziertes Gemisch verschiedenster Strömungen auffaßte; die Lehre richtete sich vor allem gegen die Überfremdung des deutschen Wesens durch romanische Einflüsse.

Der N. war Ausdruck des im Aufstieg begriffenen deutschen Bürgertums. Seine Griechenverehrung löste die höfische Kultur des → Barock ab, die sich vornehmlich im römischen Altertum gespiegelt hatte, und ersetzte eine zu Pomp und Phrase veräußerlichte Auffassung der Antike durch ein Idealbild der Schlichtheit und Innerlichkeit. Der N. machte auf mannigfache Weise die Philosophie des vorangehenden Jh.s für seine Griechendeutung fruchtbar; neben → Spinoza, → Leibniz und → Shaftesbury übte bes. die Kulturkritik → Rousseaus eine nachhaltige Wirkung aus. Vor allem war der N. in vielfacher Hinsicht der Aufklärung verpflichtet: von ihr übernahmen die deutschen Klassiker die literarischen Formen (Geschichtswerk, literarischer und kulturphilosophischer Essay) sowie die Grundbegriffe ihres Denkens (Natur, Vernunft, Kultur usw); an ihr schulten sie ihr theoretisches Bewußtsein, das sie zur Umdeutung und Anverwandlung der mannigfachen Voraussetzungen ihrer Lebensauffassung befähigte.

Der N. war auf das Engste mit der Hochblüte der deutschen Literatur verknüpft; andererseits förderte er im Bereich der bildenden Künste und der Architektur einen oft kühlen und akademischen → Klassizismus. Sein Griechenbild war ein erstes Beispiel für ein von intuitiven Kräften beseeltes Verhältnis zur Vergangenheit; in dieser Hinsicht hat er sowohl der → Romantik als auch dem → Historismus den Weg bereitet. Schließlich befruchteten das aus der griechischen Kultur abgeleitete Prinzip der → Entwicklung und die an dem Vergleich von Antike und Moderne geschulte kulturphilosophische Betrachtungsweise die Denker des deutschen → Idealismus (: II).

G. Billeter, Die Anschauungen vom Wesen d. Griechentums, 1911 – H.A. Korff, Geist der Goethezeit I. II, (1923ff) 1957⁴ – H. Kuhn, Die Entstehung d. dt. Ästhetik aus dem Geist des Humanismus (Antike 5, 1929, 128–160) – W. Rehm, Griechentum u. Goethezeit, (1936) 1952³ – Ders., Götterstille u. Göttertrauer (Aufsätze zur dt.-antiken Begegnung), 1951 – W. Jaeger, Humanist. Reden u. Vorträge, (1937) 1960² – A. Beck, Griech.-dt. Begegnung, 1947 – E. Grumach, Goethe u. d. Antike, 2 Bde, 1949 (Quellensammlg. m. Nachwort v. W. Schadewaldt; Lit.) – M. Fuhrmann, F.A. Wolf (DVfLG 33, 1959, 187–236) – P.B. Stadler, W.v. Humboldts Bild d. Antike, 1959.

M. Fuhrmann

II. Pädagogisch

Als Bildungsbewegung war der N. in besonderer Weise der pädagogischen Thematik zugewandt. Er hat sie vielfältig dichterisch, aphoristisch wie auch systematisch behandelt; durch W.v. → Humboldt und F.A. → Wolf hat er sich nachhaltig auch im deutschen Schulwesen ausgewirkt, bes. im → Gymnasium (: I).

Der N. hat den Ausdruck → Bildung geweitet und vergeistigt, ihm überhaupt erst den spezifisch pädagogischen Inhalt und zugleich eine bestimmte ästhetisch-literarische Färbung gegeben und ihn zum pädagogischen Leitbegriff seiner ganzen Epoche gemacht. Er meinte damit die allseitig ausgeformte, harmonisch durchgestaltete → Persönlichkeit, mit geistiger Weite, aber auch mit individuellem Gepräge, vor allem mit Ausgewogenheit der inneren Kräfte. Die Seele, deren Grundkräfte er auf Harmonie angelegt glaubte, sollte dabei gleichsam selbst zu einem Kunstwerk werden. So galten ihm die Kunst und die (von ihm im Sinne der Ausgewogenheit idealisierte) Antike als die hervorragendsten Bildungsmächte auch für die Jugend. Hatte die → Aufklärung die Würde des Menschen in der jedem einzelnen einwohnenden Vernunft gefunden und hatte sie deshalb die ganze Erziehungs- und Schularbeit darauf angelegt, das selbständige Denken zu entwickeln und ihm zur praktischen Bewährung im Handeln zu verhelfen, so lagen für den N. Wert und Würde des Menschen nun in der gerundeten, in sich ruhenden Persönlichkeit. Durch einseitige Ausbildung des Verstandes, auch durch die Ansprüche des wirtschaftlich-beruflichen Lebens und durch den politischen Bereich, bes. durch dessen alte absolutistische Herrschaftsform, schien sie in hohem Grade gefährdet. So betonte der N. nachdrücklich den Gesichtspunkt der »allgemeinen« Menschenbildung, drängte alle Standes-, Berufs- und andere Spezialbildung in der allgemeinen Wertung und auch im

Schulwesen entschieden zurück und war geneigt, Bildung als eine Sphäre der privaten Existenz und der Selbstformung oberhalb des öffentlich-politischen und des beruflichen Lebens anzusehen, mehr auf Kontemplation, speziell auf Literatur und Kunst, ausgerichtet als auf unmittelbar-praktisches Handeln. Dadurch verengte sich aber die Bildungsauffassung, zumal bei der engen Bindung an die gründliche Kenntnis der Antike, in Wahrheit von neuem personal und sozial.

Im Kampf gegen den alten Verbalismus hatten sich im Gymnasium und in der Universität schon ab 1750 unter Führung von → Ernesti (Leipzig), Gesner und Heyne (Göttingen) die Altertumsstudien modernisiert und neu belebt. Man erstrebte gründlichere sachliche Interpretation der Texte und ihrer Gehalte und ein tieferes Verständnis der antiken Kultur, wobei bes. die Griechen als Führer zum vollen Menschentum erschienen. F.A. Wolf schuf in diesem Sinne dann eine umfassende → Klassische Altertumswissenschaft und baute an der Universität das Philologische Seminar als Stätte spezieller, eigenständiger und wissenschaftlich-gründlicher Ausbildung für die »Philologen« auf. Durch ihn und Humboldt verschmolzen jene älteren Schulbestrebungen ganz mit der allgemeinen Bildungsbewegung des N. Humboldt und seine Mitarbeiter, bes. → Süvern, haben in Preußen, → Niethammer und Thiersch in Bayern um 1810 dem Gymnasium seine profilierte neuhumanistische Gestalt mit der starken Hervorhebung der beiden alten Sprachen und mit der radikalen Ausschaltung aller realistisch-praktischen Zielsetzungen gegeben.

FR.PAULSEN, Gesch. des gelehrten Unterrichts I. II, (1885) 1919/1921[3], Nachdr. 1960 - E.SPRANGER, W.v.Humboldt u. die Humanitätsidee, (1909) 1928[2] - DERS., W.v.Humboldt u. die Reform des Bildungswesens, 1910 - DERS., Das humanist. u. das polit. Bildungsideal im heutigen Deutschland (Volk, Staat, Erziehung, 1932, 1-33) - H.LESER, Das pädag. Problem in der Geistesgesch. der Neuzeit II, 1928 - K.BROTBECK, Die Idee der humanist. Bildung bei Louis Meylan u. im N. der Goethezeit, 1954 (Lit.) - TH.LITT, Das Bildungsideal der dt. Klassik u. die moderne Arbeitswelt, 1955. *A. Reble*

Neujahr, *religionsgeschichtlich.* In den meisten primitiven Gemeinschaften kommt N. der Aufhebung des → Tabu auf der neuen Ernte gleich, die damit zum allgemeinen Verbrauch freigegeben wird. Die Zeiteinschnitte sind hier durch Rituale bestimmt, die die Erneuerung der Nahrungsreserven regeln und damit den Fortbestand der ganzen Gemeinschaft sichern. Das Sonnenjahr als Zeiteinheit kommt aus Ägypten (→ Chronologie: II, 2 a). Jedoch hat weder die Beweglichkeit des N.sdatums noch die Verschiedenheit der Jahreslänge die grundsätzliche Bedeutung des *Endes* einer alten und des *Beginns* einer neuen Zeitperiode bei den verschiedenen Völkern abzuschwächen vermocht. Die Vorstellung vom Ende und Anfang eines Zeitabschnitts gehörte in den weiteren Rahmen der den Gedanken einer *Neuschöpfung,* dh einer symbolischen Wiederholung der Kosmogonie implizierenden periodischen Regeneration alles Lebens. Der Gedanke der periodischen → Schöpfung (: I) ist seinerseits mit dem Begriff einer zyklischen Erneuerung der Zeit solidarisch.

Das Jahresende ist von bestimmten Ritualen begleitet: → Fasten, → Waschungen und kollektive → Reinigungs-Zeremonien, Auslöschen und zeremonielles Wiederanzünden des → Feuers während des zweiten Festteils, Austreiben der »Dämonen« durch Lärmen, Schreien, Schlagen, Aussenden eines Tieres (der israelitische → Sündenbock) oder eines Menschen (Mamurius Veturius in Rom), wodurch die Sünden der Gemeinschaft aus dem Wohngebiet fortgeschafft werden sollen. Oft gibt es zeremonielle Kämpfe zwischen zwei Darstellergruppen, kollektive Orgien oder Maskenzüge, bei denen die → Masken Ahnen oder Götter symbolisieren. Vielfach hat sich der Glaube erhalten, daß zum Jahresende die Seelen der Toten auf die Erde zurückkehren und die Lebenden besuchen (→ Tod: I); sie werden einige Tage mit Aufmerksamkeiten umgeben und danach in feierlicher → Prozession zur Dorfgrenze geleitet oder verjagt. Auch die → Initiations-Riten der Jungmannschaft haben zeitlich hier ihren Platz. Natürlich trifft man nur selten alle diese Elemente zusammen an. Immerhin ist die Bedeutung der weltweiten Zeremonie als solcher wie die ihrer einzelnen Elemente hinreichend klar. An dem durch das »Jahr« markierten Zeiteinschnitt erlebt man nicht nur das Ende einer bestimmten Zeitspanne und den Anfang einer neuen, sondern darüber hinaus die »Erledigung« des alten Jahres und der vergangenen Zeit. Dies ist auch der Sinn der Reinigungsriten: Verbrennung, Annullierung der Verfehlungen des einzelnen wie der gesamten Gemeinschaft. Die »Regeneration« meint dem Wortsinn nach → Wiedergeburt. Die jährliche Austreibung der → Sünden, → Krankheiten und Dämonen ist im Grunde ein Versuch zur Wiederherstellung der Urzeit, der »reinen« Zeit der Schöpfung. Die rituellen Kämpfe der zwei Figurantengruppen, die Rückkehr der Toten, die Saturnalien, Orgien usw besagen, daß sich zum Jahresende in der Erwartung des N.s der mythische Übergang vom → Chaos zur Kosmogonie wiederholt. - Vgl. → Auferstehung: I, → Feste: I, → Heilige Zeiten: I; ferner bes. zum babylonischen und israelitischen N.sfest → Babylonien: II, 11, → Feste: II, 8, → Gottesdienst: II, 3 a, → Königtum Gottes im AT, → Kultgeschichtliche Methode: I. II, → Kultgeschichtliche Schule. - Vgl. auch → Neujahrsfest.

M.ELIADE, Le mythe de l'éternel retour, Paris 1949; dt. 1953 (Lit.) - W.EILERS, Der alte Name des pers. N.sfestes (AAMz 1953, 2) - M. CANARD, La procession du Nouvel An chez les Fatimides (Annales de l'Institut Oriental de l'Univ. d'Alger 10, 1954, 364-398) - DBS VI, 555ff (Lit.). - Weitere Lit. bei den oben genannten Artikeln.

M. Eliade

Neujahrsfest, *christliches.* Von den sechs in der Kirche des MA festzustellenden Neujahrstagen (1. I., 1. III., 25. III., Ostern, 1. IX., Weihnachten; → Chronologie: IV, 2) wurde nur der 1. I. festlich begangen, aber mit Maskenzügen, Ausschweifungen und abergläubischen Bräuchen, wogegen die Kirche durch Predigten und Konzilsbeschlüsse (zB Tours 567) kämpfte; noch im 13./14.Jh. wurde in Frankreich der 1. I. als → »Narrenfest« mit parodierten Messen »gefeiert«. Die Kirche, die zuerst den 1. I. zum Buß- und Fasttag zu machen versuchte, beging die »Weihnachtsoktav« vom 6.Jh. an in Gallien als »Beschneidungsfest« und in Rom als Marienfest. Luther ließ das Jahr mit dem 25. XII. beginnen (EKG 16, 15) und wollte den 1. I. nur als »Tag der Beschneidung und Namensgebung des Herrn« gefeiert haben (WA 10/I, 1, 504f). Andere Reformatoren (Melanchthon, Brenz) machten ihn (nach 1550) zum christlichen N.: Rückblick und Ausblick geben dem Tag in der ev. Kirche den Charakter eines ernsten Dank- und Bittfestes, ebenso dem »Altjahrsabend« (→ Nächtlicher Gottesdienst). Es entstehen Neujahrslieder, als erstes EKG 36 von Joh. → Zwick (1540). N. und »Tag der Namensgebung« vereinigend, beginnt man das neue Jahr »in Jesu Namen« (EKG 39; 41; 43). Wie die röm. Kirche in ihrer Liturgie weder das Ende des alten noch den Beginn des neuen Jahres berücksichtigt, so versuchen die ev. Agenden in neuester Zeit (K.B.Ritter, Gebete für das Jahr der Kirche, 1948[2], 71; Kirchagende I/1, 1949, 75; Luth. Agende, 1955, 31), aus dem volkstümlichen christlichen N. wieder ausschließlich den »Tag der Beschneidung und Namensgebung des Herrn« zu machen.

Fr.Bünger, Gesch. der Neujahrsfeier in d. Kirche, 1910 - Unters.en z. Kirchenagende I/1, 1949, 139ff - EKL II, 1556f (Lit.).

E.Hertzsch

Neukantianismus

1. Allgemein - 2. Wissenschaftstheoretisch - 3. Sozialphilosophisch - 4. Religionsphilosophisch

1. Der N. ist eine der bedeutsamsten Schulbildungen der neueren Philosophiegeschichte. Er ist die stärkste Kraft in der deutschen akademischen Philosophie zwischen 1870 und 1920. Theologie, Pädagogik, Soziologie und Jurisprudenz jener Jahre sind von ihm stark beeinflußt. Seine Wirkungen reichen über die Grenzen Deutschlands weit hinaus. - Historisch steht der N. unter der Bedingung dessen, was im philosophiegeschichtlichen Bewußtsein seit der Mitte des 19.Jh.s als sog. »Zusammenbruch« der Metaphysik des Deutschen → Idealismus (: II) lebendig war. Diese Metaphysik, bes. diejenige → Hegels, galt als ein letzter Versuch, den Primat einer inhaltlichen, spekulativen Metaphysik den positiven Wissenschaften gegenüber zu behaupten. Letztere jedoch hatten durch ihre außerordentliche Entwicklung diesen Versuch ad absurdum geführt. Das zwang die Philosophie zur Anerkenntnis des Faktums einer von der Philosophie unabhängigen Wissenschaft. Unter dem Eindruck der Erfahrung, daß die positive Wissenschaft ihrer antimetaphysischen Tendenz zum Trotz von kryptometaphysischen Behauptungen nicht frei blieb, fand sie jedoch ein neues Selbstverständnis. Solche Kryptometaphysik trat in den 50er Jahren des 19.Jh.s, zumal in den Arbeiten der naturforschenden Materialisten C.Vogt, J.Moleschott, L.Büchner (→ Materialismus: II), unübersehbar hervor. Demgegenüber machte es sich die Philosophie als kritische Wissenschaftstheorie zur Aufgabe, jene wissenschaftsimmanente Kryptometaphysik zu destruieren. H.v.Helmholtz (1821-94), selber Naturforscher von Rang, verwies in diesem Zusammenhang als einer der ersten auf → Kant als auf den Begründer einer kritischen, von der → Metaphysik freien, an der Methode der empirischen Wissenschaft orientierten Erkenntnislehre, die neu anzueignen sei. Ähnliches forderte F.A.Lange (1828-75) in seiner kritischen Geschichte des Materialismus ([1866] 1921^{10}). O.Liebmann bezichtigte → Fichte, → Schelling und Hegel der epigonalen Verfälschung der kantischen Lehre (Kant und die Epigonen, 1865; Neudr. 1912). K.Fischer förderte die Neuaneignung Kants durch seine Gesamtdarstellung des kantischen Werkes (1860). Mit H. → Cohens (1842-1918) Arbeit »Kants Theorie der Erfahrung« ([1871] 1918^{3}) setzte sich dann die Philosophie als »N.« endgültig durch.

2. Die Philosophie des N. ist also primär *Wissenschaftstheorie*. Sie geht aus vom »Faktum« der modernen Wissenschaft und analysiert deren Methode. Sie zeigt: wissenschaftliches Erkennen ist nicht einfach Abbildung dessen, was ist, ist nicht eine Wiederholung der Sache im Urteil. Vielmehr wird umgekehrt der »Gegenstand« der Wissenschaft in der methodischen Fragestellung des Subjekts gleichsam erst »erzeugt«: Wissenschaftliches Erkennen ist also »Tätigkeit«, die, zB in der Praxis des Experimentierens, als methodische Gegenstandskonstitution zu beschreiben ist. Die objektive Realität wissenschaftlicher Urteile läßt sich nicht als deren Übereinstimmung mit der Sache definieren (denn diese Sache ist ja einzig im Urteil selber gegenwärtig). Für die Objektivität der Urteile bürgt vielmehr die Einheit der Methode der Erzeugung, vermöge derer sie in der widerspruchsfreien Einheit der Wissenschaft Zusammenhang haben. Die Natur der → Naturwissenschaft ist kein → »Ding an sich«, das eine vom Subjekt der Wissenschaft unabhängige Realität hätte. Der Ort der Realität dieser Natur ist vielmehr die Naturwissenschaft selbst, aus deren nach apriorischen Grundsätzen methodisch verfahrenden Erkenntnispraxis sie resultiert. In der sog. »Marburger Schule« des N. wurde diese Naturwissenschaftstheorie neben Cohen bes. von P. → Natorp (1854 bis 1924) und E.Cassirer (1874-1945) vertreten. Unabhängig davon vertraten A.Riehl (1844-1924) und seine Schule einen »kritischen Realismus« in der Wissenschaftstheorie. Natorp und Cassirer haben zugleich als Historiker des modernen Erkenntnisbegriffs Bedeutung. Cassirer hat schließlich, sich auf Hegels Phänomenologie des Geistes berufend, in seiner »Philosophie der symbolischen Formen« (I-III, 1923-29; Neudr. 1953/54) die → Erkenntnistheorie über die Analyse wissenschaftlicher Urteilsbildung hinaus zu einer allgemeinen Theorie der Formen des bewußtseinsmäßigen Weltverhältnisses überhaupt fortentwickelt, zu denen zB das »mythische Denken« gehört. - Dem Faktum der bedeutsamen Entfaltung der historischen Disziplinen im 19.Jh. trug die Geschichtswissenschaftstheorie der »badischen Schule« des N. Rechnung. Nach W.Windelband (1848-1915) ist der Unterschied zwischen Natur- und Geschichtswissenschaft nicht ontologisch, sondern methodologisch begründet: die Naturwissenschaft verfährt »nomothetisch«, die Geschichtswissenschaft »idiographisch«. Die erste abstrahiert aus dem besonderen Fall das allgemeine Gesetz; der zweiten kommt es gerade auf das individuelle Ereignis als solches an. Wie jedoch ist Wissenschaft vom Individuellen möglich? Wie bewältigt die Geschichtswissenschaft die Fülle des Individuellen, so daß »Historie« entsteht? Nach H. → Rickert (1863-1934) ist es die Beziehung auf einen »Wert«, die ein individuelles Faktum geschichtlich bedeutsam macht. Die Mannigfaltigkeit dessen, was passiert, gewinnt »Einheit« unter dem Gesichtspunkt der »Geltung« der Werte, die sich in ihnen bezeugt. Indem der Historiker seinen geschichtlich-individuellen Gegenstand als solche Wertgeltungseinheit konstituiert und thematisiert, wertet er jedoch selber nicht. Werte gelten »an sich«. Ihre Geltungskraft gründet nicht in der → Geschichte (: III). Vielmehr kann man umgekehrt von Geschichte (»Kultur«) nur dort sinnvoll reden, wo Handeln sich auf geltende Werte bezieht. - Rickerts Geschichtswissenschaftsmethodologie kam dem Bedürfnis der historischen Wissenschaften nach einer methodologischen Legitimation ihrer faktischen Selbständigkeit den Naturwissenschaften gegenüber entgegen. Ihre Wirkung war beträchtlich. So ist vor allem die historische Soziologie Max → Webers von Rickert abhängig, zunächst in ihrer differenzierten Erörterung methodologischer Kategorien (zB des »Idealtypus«), nicht minder in ihrem rigorosen Postulat der Wertfreiheit sozialwissenschaftlicher Forschung. E. → Troeltsch hat Rickerts Theorie für seine Diskussion des → Historismus-Problems fruchtbar gemacht. Wie die liberale Theologie überhaupt (→ Liberalismus: III) steht Troeltsch vor dem Dilemma, das sich aus dem Absolutheitsanspruch des Christentums einerseits und aus der Einsicht der Kultur- und Religionsgeschichte in die historisch-genetische Relativität dieses Anspruchs andererseits ergibt. Troeltsch verweist zur Lösung dieses Dilemmas auf den Weg fortschreitender Historisierung des religiösen Bewußtseins in der Zuversicht, daß sich diesem im Prozeß der Freilegung historisch-faktischer Wertgeltungen und in der Zusammenschau aller erfahrenen Werte zur »Kultursynthese« (Rickert) eines normativen Wertsystems die christlichen Werte als die höchsten, zu deren Erkenntnis und Erfahrung die Menschheit gelangt ist, erweisen werden.

3. *Geistesgeschichtlich* bedeutet die Wissenschaftstheorie des N. zunächst den Rückzug rationaler Philosophie

auf eine Minimalposition. Die Realität der →Vernunft – für Hegel noch die geschichtliche Wirklichkeit in der Fülle ihrer gesellschaftlichen, rechtlichen und politischen Momente – schrumpft hier zusammen zum Faktum der →Wissenschaft. Gegenüber der zunehmenden Irrationalisierung des philosophischen Bewußtseins, gegenüber → Lebensphilosophie und dem Aufbruch des Willens zur Macht (→ Nietzsche) behauptet der philosophische → Rationalismus (: I) in der Form der Wissenschaftstheorie das Faktum der Wissenschaft als uneinnehmbare Festung. Dieser Vorgang hat eine für das Deutschland zwischen 1871 und 1918 bezeichnende Parallele im Bereich der politisch-praktischen Philosophie. Das Scheitern der Revolution von 1848 hatte den Elan der politischen Philosophie des vormärzlichen Liberalismus (hegelianischer Provenienz) gebrochen. Nach 1871 verfiel sie auf der einen Seite zur Theorie eines manchesterlichen Wirtschaftsliberalismus (H.B.Oppenheim), auf der anderen zur Apologie einer nationalen Machtstaatspolitik (K.Rössler). Beides schien der praktischen Philosophie des Marburger N. nicht der Vernunft gemäß zu sein. Für »vernünftig« hielt diese Philosophie nicht die wirtschaftsliberale, machtstaatliche Wirklichkeit, sondern das Verlangen der Arbeitermassen nach konkreter, nicht bloß rechtlich-formaler Gerechtigkeit. Das »Sollen« solcher Gerechtigkeit stellten die Marburger dem »Sein« der politisch-sozialgeschichtlichen Wirklichkeit gegenüber. So wurde der N. zur politischen Philosophie des → Sozialismus (: I). Bereits F.A.Lange beschritt mit seiner Abhandlung zur »Arbeiterfrage« (1865) diesen Weg. Cohen folgte ihm. In seiner Ethik, die er als »Prinzipienlehre von Recht und Staat« definiert, postuliert er die allseitige Realisierung des Daseins des Menschen als »Selbstzweck« in der »societas« des Staates. Dieses Postulat sei nicht erfüllt, indem zB (in Preußen) der Wehrpflicht nicht eo ipso ein Wahlrecht allgemeiner und gleicher Art entspreche; es sei vor allem nicht erfüllt in der faktischen Abhängigkeit der Arbeiter vom → Kapital, die sie im Verkauf ihrer Arbeitskraft sich zur Ware zu degradieren zwinge und ihnen ein menschenwürdiges Dasein zu führen unmöglich mache. Cohen forderte die »Regeneration« der Nation »aus dem ethischen Ideal des Sozialismus«. Dabei erwartete er, daß der Staat selber zum Subjekt der Verwirklichung dieses Ideals werde, zB durch gesetzliche Beschränkung des Rechts am Eigentum, durch Förderung der → Genossenschaften und der allgemeinen Volksbildung. Cohen hoffte weiterhin, daß umgekehrt die Arbeiterschaft sich aus ihrer marxistischen, revolutionären Klassenkampfideologie lösen und mit dem herrschenden Staat zum Ausgleich kommen möchte. Der neukantianische Sozialismus Cohens, F.Staudingers (1849–1921) und K. Vorländers (1860–1928) ist ein idealistischer Sozialismus der Überwindung der Klassengegensätze im gemeinsamen Staat. Von daher muß man die große Wirkung verstehen, die bes. Lange und Cohen auf das sozialdemokratische Schisma des Revisionismus auszuüben vermochten. E.Bernstein, C.Schmidt und L.Woltmann repräsentieren diese kritisch-idealistische Umwandlung der marxistischen Orthodoxie um 1900 in Deutschland, N. → Berdjajew, P.Struve, Tugan-Baranowski in Rußland, in modifizierter Weise M.Adler als führender Theoretiker der Wiener Jung-Marxisten in Österreich, um nur die wichtigsten Namen zu nennen. In Deutschland wurde dieser Einfluß des N. auf das theoretische Selbstverständnis der deutschen → Arbeiterbewegung (, I) mit dem Siege von → Kautskys Marx-Orthodoxie über den Revisionismus entscheidend zurückgedrängt. – Im Werke Natorps entfaltet sich das sozialphilosophische Denken des N. zu einer umfassenden Theorie der → Sozialpädagogik. In konsequenter Aneignung des pädagogischen Absolutismus Platons und Fichtes entwirft Natorp die Idee eines politischen Gemeinwesens als einer universalen pädagogischen Institution. Der Staat hat keinen höheren Zweck als den der pädagogischen »Versittlichung« seiner Bürger, die sie zugleich zu jener Gemeinschaft verschmelzen läßt, die dann der Staat selber ist. Aus solchen Denkzusammenhängen heraus wird Natorp zum Programmatiker des idealistischen Aufbruchs der → Jugendbewegung (Programmrede auf dem Hohen Meißner 1913); im Weltkrieg entdeckt er den »Sozialidealismus« (1920) als eine spezifisch deutsche Form des Sozialismus, aus der er zugleich die Überzeugung von einer höheren, weltgeschichtlichen Berufung des Deutschtums gewinnt. – Methodisch ganz neukantianisch bestimmt ist die Wirtschafts- und Rechtsphilosophie R.Stammlers (1856–1938), weiterhin auch die »reine Rechtslehre« Hans Kelsens.

4. *Religionsphilosophisch* folgt bes. der Marburger N. zunächst der kantischen Tendenz, das religiöse Verhältnis in ein moralisches zu transformieren. Im philosophischen System Cohens hatte die Religion anfänglich keinen systematisch eigenständigen Platz. Natorp versucht ausdrücklich, die »Religion innerhalb der Grenzen der Humanität« zu begründen. Diese Humanitätsreligion kennt keinen dogmatischen Inhalt außer den normativen Geboten der sittlichen Pflicht. An die Stelle der Kirche tritt die soziale Gemeinschaft. Das religiöse Gefühl schlechthinniger Abhängigkeit von der Transzendenz verwandelt sich in ein emphatisches Gemeinschaftsbewußtsein. Pädagogisch fordert Natorp die Ersetzung der positiven Religionslehre durch einen humanitären → »Moralunterricht«. Cohen, tief geprägt durch seine jüdisch-theologische Bildung, hat als Lehrer an der jüdisch-theologischen Lehranstalt zu Berlin (ab 1913) die Eigenständigkeit der Religion gegenüber der Ethik auf das → Ich-Du-Verhältnis begründet, auf die personale, zwischenmenschliche Beziehung, die nicht moralischen Respekt (»Achtung«) vor dem Dasein des anderen als Selbstzweck, sondern Liebe zu ihrem Prinzip hat. Die Liebe ist Inhalt eines Verhaltens, in dem der Mensch den Mitmenschen auch in jenem Leiden umgreift, das nicht verschwindet, wieweit auch immer soziale Gerechtigkeit herrschen und Moralität geübt werden mag. Der philosophische und theologische Personalismus der 20er Jahre, vor allem M. → Bubers, F. → Rosenzweigs und E.Rosenstocks, hat an diese späte Religionslehre Cohens angeknüpft. – Von Rickert beeinflußt ist die Erneuerung eines mystischen Religionsverständnisses im sog. →Neufichteanismus. – Anfänglich unabhängig vom N. vollzieht sich die Kant-Rezeption in der ev. Theologie bei A. → Ritschl und seiner Schule (W. → Herrmann, J. → Kaftan u.a.). Kantianisierend verfährt diese Theologie in ihrer These, daß die Wahrheit des christlichen Glaubens keinen dogmatisch-theoretischen Sinn habe, vielmehr einzig auf ihrem »Wert« für die Gewinnung und Behauptung der geistig-moralischen Autonomie des Menschen »gegen die Hemmungen der Natur« beruhe. Das religiös-theologische Urteil ist nicht ein Seins-, sondern ein Werturteil.

Vgl. die im Text genannten Werke, ferner die Werke von → Cohen, → Natorp, → Rickert sowie die Lit. zu diesen Artikeln. Ferner zu 1 u. 2: A.Riehl, Der philos. Kritizismus I–III, (1876–87) 1924 bis 1926$^{2.3}$ – W.Windelband, Präludien I. II, (1884) 1924^{9} – E.Cassirer, Substanzbegriff u. Funktionsbegriff, 1910 – P.Natorp, Kant u. die Marburger Schule, 1912 – E.Troeltsch, Moderne Geschichtsphilos. (in: Ges. Schriften II, [1913] 1922^{2}, 673–728) – Ders., Der Historismus u. seine Probleme (Ges. Schriften III), 1922 – M.Weber, Ges. Aufsätze zur Wissenschaftslehre, (1922) 1951^{2} – Ü IV, §§ 36–43 – E.Spranger, Rickerts System (Logos 12, 1924, 183–198). – Zu 3: F.Staudinger, Ethik u. Politik, 1899 – R.Stammler, Die Lehre vom

richtigen Recht, 1902 - DERS., Lehrbuch der Rechtsphilos., (1922) 1928³ - K.VORLÄNDER, Kant u. Marx, (1911) 1926² - E.KAUFMANN, Kritik der neukant. Rechtsphilos., 1921 - H.KELSEN, Die philos. Grundlagen der Naturrechtslehre u. des Positivismus, 1928 - DERS., Reine Rechtslehre, 1934 - E.CASSIRER, Vom Mythus des Staates, 1949 - H.LÜBBE, Die polit. Theorie des N. u. der Marxismus (ARSP 54, 1958, 333-350) - H.BLANKERTZ, Der Begriff der Pädagogik im N., 1959. - Zu 4: J.KAFTAN, Das Wesen der christl. Religion, (1881) 1887² - A.RITSCHL, Theol. u. Metaphysik, (1881) 1887² - W.HERRMANN, Ethik, (1901) 1921⁶ - B.BAUCH, Luther u. Kant, 1904 - J.HESSEN, Die Religionsphilos. des N., (1919) 1924² - H.SCHOLZ, Zur Philos. des Protestantismus (KantSt 25, 1920, 24-49) - F.KATTENBUSCH, Die dt. ev. Theol. seit Schleiermacher, (1924⁴) 1934⁶ - H. RUST, Kant u. das Erbe des Protestantismus, 1928 - F.ROSENZWEIG, H.Cohens Nachlaßwerk (in: Kleinere Schriften, 1937, 294-299).
H.Lübbe

Neukirchen, *Waisen- und Missionsanstalt,* gegr. 1878 von Pfr. Ludwig Doll († 1883) in Erfüllung eines Gelübdes. Begonnen wurde mit der Waisenarbeit; Vorbild war G. → Müller, Bristol. 1882 wurde das Missionshaus eingeweiht. Unter Inspektor J.Stursberg († 1909) erhielt das Werk eine umfassende Zielsetzung. 1884 erfolgten erste Aussendungen nach Java, 1887 nach Ostafrika (Tana-Gebiet); 1928 begann eine Arbeit in Uha (→ Tanganyika). 1939 bestanden insgesamt 20 Haupt- und ca 150 Nebenstationen. 1956 wurde die Arbeit in Ostafrika in Verbindung mit der Afrika-Inland-Mission neubegonnen. - Die Mission, die eine Allianz- und Glaubensmission ist, hat Freundeskreise am Niederrhein, im Siegerland, im Wittgensteinschen und in Hessen.

Organ: Missionsbote aus N. - W.NITSCH, Unter dem offenen Himmel, 1928 - K.RAHN, Dennoch getrost (75 Jahre W. u. M.), 1953.
K.Rahn

Neumann, *Kaspar* (1648-1715),* und † in Breslau, ev. Theologe, studiert seit 1667 in Jena, von Joh. → Musäus und mehr noch von dem Naturwissenschaftler Erhard Weigel (1625-99) aufs stärkste beeinflußt. Mit einem Sohn → Ernsts des Frommen macht er eine Bildungsreise in ref. Gebiete. 1678 beruft ihn der Breslauer Rat in den Kirchendienst; 1697 wird er Inspektor des Breslauer Schulwesens und wichtigster theologischer Dozent der beiden Gymnasien. - N.s Denken ist cartesianisch; er steht zwischen magischer und mathematisch-naturwissenschaftlicher Weltschau. Dogmatisches und Konfessionelles sind bei ihm unbetont, allem Enthusiasmus und Pietismus steht er fremd gegenüber. »Die Natur ist ihm die Hauptoffenbarung Gottes« (Schöffler). Sein »Kern aller Gebeter« (1680) ist überkonfessionell und darum weitverbreitet. Von seinen 39 Kirchenliedern sind noch 4 im Gebrauch, am bekanntesten »O Gott, von dem wir alles haben« und »Großer Gott von alten Zeiten«. Dem sich entfaltenden Versicherungswesen lieferte N. aus Breslauer Kirchenbüchern wichtige Unterlagen über das Durchschnittsalter der Bevölkerung.

KOCH V, 456; VIII, 80. 203 - RE XIII, 770f - RGG² IV, 510 - H.SCHÖFFLER, Dt. Geistesleben zwischen Reformation u. Aufklärung, 1956², 162ff.
S.Fornaçon

Neumark, *Georg* (1621-81), * in Langensalza, † in Weimar, Lyriker. Nach Schulbesuch in Schleusingen und Gotha kam N. in mehrjähriger Wanderung über Kiel (hier 1641 »Wer nur den lieben Gott läßt walten« samt Melodie) nach Königsberg zum Jura-, Literatur- und Musikstudium unter Simon → Dach und Heinr. → Albert. N. war ein tüchtiger Gamben- und Cembalospieler. Obwohl ihm der Osten vertraut geworden war, wurde N. Bibliothekar bei Herzog Wilhelm IV. in Weimar, bald auch als »der Sprossende« Mitglied der »Fruchtbringenden Gesellschaft« sowie deren Schriftführer und Chronist. Oft versah er seine Gedichte selbst mit Melodie und Instrumentalsatz. 16 Lieder kamen in Gesangbücher, zusammen mit den 13 bisher von ihm bekannten geistlichen Weisen. Seine Werke sind erst unzureichend erforscht.

Thränendes Haus-Kreutz (Autobiogr.), 1681. - Über N.: E. PASQUÉ, G.N., der Poet u. Gambenspieler (Allg. Musikalische Zeitung, NF 2, 1864, 409-414. 425-429) - ZAHN VI, 202, außerdem Nr. 2778. 2930. 3822. 4636. 5455. 6233. 6428. 6565. 6789 - G.CLAUSSNITZER, G.N. (Diss. Leipzig), 1924 - R.JAUERNIG, Aus welchem Anlaß u. wann entstand G.N.s Lied »Wer nur den lieben Gott läßt walten«? (MuK 21, 1951, 89-91) - Hdb. zum EKG II/1, 1957, 169ff; Sonder-Bd, 1959², 267. 365. 466f.
S.Fornaçon

Neumeister, *Erdmann* (1671-1756), * in Uichteritz bei Weißenfels, † in Hamburg, Kirchenlieddichter. N. wurde in Schulpforta und Leipzig ausgebildet, war erst in Thüringen, seit 1706 in Sorau Prediger, wo er beim Grafen Promnitz → Telemann kennenlernte. Seit 1715 war er Pastor an der Jakobikirche. Als Theologe war N. ein Verfechter des Luthertums gegen Pietisten und Reformierte, kam aber in manchen seiner Lieder dem Pietismus nahe, zumal er auch bei A.H. → Francke studiert hatte. Zeitweilig Dozent für Poesie, hinterließ er 722 Kirchenlieder; 9 davon stehen noch in heutigen Gesangbüchern (EKG 268 »Jesus nimmt die Sünder an«; daneben weitverbreitet »So ist die Woche nun geschlossen« und das prächtige Tauflied »Lasset mich voll Freuden sprechen«). N. schrieb 7 Jahrgänge Kantatentexte, wobei er als Neuerung Secco-Rezitative aus der Oper übernahm; seine Musiker waren u.a. J.Ph. → Krieger, Telemann und J.S. → Bach.

KOCH V, 37ff - Hdb. zum EKG II/1, 1957, 226f; Sonder-Bd, 1959², 26. 419ff. 434.
S.Fornaçon

Neumen (griech. Neuma = Wink, Geste) sind die den liturgischen Gesängen des 1.Jt.s nChr zugehörigen Musikzeichen. Sie gehen zurück auf die Prosodiezeichen der alexandrinischen Grammatiker und die Dirigierbewegungen (Cheironomie) der Kantoren. Man unterscheidet Lektionszeichen (→ Lektionston), die die Formeln des Vortrages anzeigen, und die eigentlichen N. für die Tonbewegungen im einzelnen. Da die Gesänge nur der Aussprache der Texte dienen sollen, geben die N. in der Regel nicht die genaue Höhe und Dauer der Töne an, sondern nur die Bewegungsrichtung, die die Singstimme zu nehmen hat. Sind auf einer Silbe mehrere Töne zu singen, so entstehen zusammengesetzte Zeichen. Die N. erlauben einerseits eine größere Freiheit bei der Ausführung der Gesänge als die heutigen Noten, andererseits setzen sie die Kenntnis der mündlich überlieferten Weisen voraus und dienen zunächst nur als Gedächtnisstütze. Sie erhielten eine größere Bedeutung, als zwei Fassungen der Gregorianik entstanden, diese in das Gebiet des → gallikanischen Gesanges verpflanzt und die mündliche Tradition unsicher wurde, als ferner die abendländische Mehrstimmigkeit und damit eine Musik aufkam, die sich von der Herrschaft des Textes befreite und eine genaue Fixierung der Töne verlangte. Dieses Verlangen verursachte dann schließlich die Umwandlung der N. in die abendländische → Notenschrift, vor allem durch die Einführung der Notenlinien. - Die Auswahl, Bedeutung und Formung der N. war in den einzelnen Liturgien verschieden. Man unterscheidet u.a. armenische, byzantinische, gregorianische, mozarabische (= spanische), gallikanische N. Die letztgenannten geben abweichend von der Regel bereits Tonhöhe und -dauer genauer an. Aus ihrer Vermischung mit der gregorianischen Schrift sind eine Reihe weiterer N.-schriften hervorgegangen.

P. WAGNER, Einführung in die gregor. Melodien II: N.kunde, (1905) 1912² - GR. SUÑOL, Introduction à la paléographie musicale grégorienne, 1935 - E. JAMMERS, Die materiellen u. geistigen Voraussetzungen für die Entstehung der N.schrift (DVfLG 32, 1958, 554 bis 575).

E. Jammers

Neuplatonismus

1. Geschichtliches - 2. Geistige Haltung - 3. System der Lehre - 4. Gegensätzlichkeit zum Christentum: a) Methode - b) Theologisches - c) Anthropologisches. - Vgl. → Platon, → Platonismus, → Plotin, → Porphyrius

1. Der N. ist eine zugleich philosophische wie religiöse Bewegung, die um 70 vChr als Platon-Renaissance begann, dann aber ins Theologische hinüberwuchs. Die Epoche, in der sich der eigentliche N. vorbereitete (ca 70 vChr bis 240 nChr), wird heute allgemein als Mittelplatonismus bezeichnet (→ Platonismus, 2); ältere Autoren rechnen diese Epoche in den N. mit ein. Der eigentliche N. beginnt mit → Plotin († 270); seitdem wurde der N. zu einem Gefäß, in das alles philosophische Denken, aber auch alles religiöse Empfinden der Spätantike zusammenfloß. Vor allem durch → Porphyrius († 305), dann auch durch Kaiser → Julian erhielt der N. das Gepräge unversöhnlicher Gegnerschaft gegen das Christentum; tatsächlich war das theologische Dogma des N. in wichtigen Punkten mit dem christlichen unvereinbar (s. 4). Da der N. die Gottesvorstellung der Spätantike tiefgreifend geprägt hatte (→ Gott: VII, 2), befand sich das Christentum jahrhundertelang in kämpferischer Auseinandersetzung mit dem N., in dem sich, bes. in der östlichen Reichshälfte, der Widerstand gegen das Christentum sammelte. Wohl konnte der N. nicht mehr öffentlich gelehrt werden, nachdem → Justinian 529 die wichtigste Schule des N., die Akademie in Athen, geschlossen hatte; die Auswirkungen des N. reichen indes durch das MA (die → Katharer waren vom N. beeinflußt) bis zu den Neubegründern des N. im 15. Jh.: → Gemistos Plethon, Marsilio → Ficino, → Pico della Mirandola, G. → Bruno. - Im lat. Westen stellte → Augustin, der um 385/86 dem N. angehörte, eine fruchtbare Synthese zwischen N. und Christentum her. Vom 9. Jh. an übten die Schriften des sog. → Dionysius Areopagita teils direkt, teils durch → Johannes Scotus Eriugena großen Einfluß im lat. Westen aus.

2. Der N. hat nie die gesamte Philosophie → Platons in historisch-kritischer Rekonstruktion wieder erweckt. Vor allem blieben Platons dialektische und politische Gedankengänge fast unbeachtet. Der N. entzündete sich in der Stufe des Mittelplatonismus an der Frage: Welches ist die Ursache der Welt? Die Antwort darauf entnahm man Platons Timaios, der im N. eine sehr wichtige Rolle spielte. Da die Ursache keineswegs materiell sein konnte, war die Frage nach der transzendenten Ursache unausweichlich. Hierzu waren (und sind) aus Platon nur verhüllte Andeutungen zu gewinnen; die aber trug man mit großer Findigkeit zusammen und verband sie zu einer theologischen Axiomatik. In der ersten Phase des N. überwiegt die kausale Betrachtungsweise (Gott als Grund) durchaus; seit Porphyrius lenkt der N. zur finalen Betrachtungsweise hinüber und verbindet beide: Gott ist zugleich Grund und Ziel. Wichtige Impulse gerade für die Theologie des N. kamen aus der Metaphysik des → Aristoteles; im ganzen sah man Platon und Aristoteles als Zeugen einer und derselben Wahrheit an. Im N. ist zum ersten Mal in der Geistesgeschichte ein theologisches System entworfen worden; die Gleichsetzung des höchsten Begriffes mit dem Göttlichen führte dazu, daß nun alles philosophische Bemühen im Dienste einer Theologie, dh ganz wörtlich einer Gott-Kunde zu stehen hatte. In seinem Selbstverständnis ist der N. theologische Wissenschaft, wobei man dies Wissen vom Glauben zu trennen weder gewillt noch imstande war. Ungeachtet aller späteren Gegensätzlichkeit ist die christliche Theologie von der Methode des N. tiefgehend beeinflußt (→ Antike und Christentum, 1 d). In den christologischen Streitigkeiten vor und nach dem Nicänum (→ Christologie: II) haben sich beide Seiten eng an Formulierungen angelehnt, die im N. gefunden worden waren.

3. Nach dem *Lehrsystem* des N. begründet der höchste, allgemeinste Grund alles; nichts kann seinen Grund außerhalb haben, denn außerhalb ist nichts (Postulat der Ausschließlichkeit). Der höchste Grund ist nicht darum allgemein, weil er sinnentleerte Abstraktion ist, sondern weil er höchste Sinnfülle birgt oder begründet. Der höchste Grund ist somit zugleich allgemein, transzendent und einer. Und wie das Eine dem Vielen entgegengesetzt ist, so ist seine Transzendenz dem Diesseits entgegengesetzt. Doch klafft im N. dieser Gegensatz nicht zum Dualismus auseinander: Hier wurde die Lehre von der Mittelstellung der Weltseele, die Platon im Timaios begründet hatte, wieder aufgenommen, aber durch den Ansatz vieler Stufungen innerhalb der Bereiche νοῦς und Seele stark differenziert. Hier sind Einflüsse der → Gnosis und der → Hermetica spürbar. - Im Bereich des Grundes, des νοῦς, wird folgende Stufung entwickelt (Ansätze zu ihr gibt es schon im Mittelplatonismus; durch Plotin wurde dieser Aspekt der Stufungslehre zentraler Bestandteil des N.): Der Weltschöpfer kann nicht höchster Grund sein, denn er hat, indem er schafft, als Modell der Schöpfung, des κόσμος νοητός, das Reich der → Ideen vor sich. Aber auch dieses ist noch nicht der höchste Grund: vor ihm steht als Zweck das Gute, das zugleich das Eine sein muß. - Dies ist nur zum kleinsten Teil eine physikalische Konstruktion (auch mathematische Überlegungen spielen herein), sondern diese Ätiologie der Welt ist erfüllt von theologischen Wertungen: Entfernung vom Einen, Vielfalt, Teilung und Zersplitterung sind ausgesprochen wertwidrig. Dem Einen sich zuzuwenden, die Erkenntnis auf es zu richten, ja schließlich mit dem Einen eins zu werden, ist dagegen werthaft. Vor Plotin hatte man (im ganzen) auf das Eine hin spekuliert; man hatte denjenigen Begriff gesucht, der unter Negierung jedes Moments des Diesseitigen nichts sei als eins. Plotin krönte dies Bemühen, indem er das Eine noch über das Sein hinaushob. Im übrigen kehrte er die bisherige Methode um: Seither wird von dieser Grunderkenntnis her deduziert. Alles, was man über Metaphysik und Physik zu sagen weiß, wird zur Aussage darüber, wie sich das Eine in den Wesen (Hypostasen) unter ihm verwirklicht: In einer Kreisbewegung, deren beide Hälften nachmals πρόοδος und ἐπιστροφή (processus und conversio) benannt wurden, tritt das Eine ebenso wie jede vollkommene Hypostase (νοῦς und Weltseele) aus sich heraus (πρόοδος) und wird damit zum agens; sie kehrt aber zugleich in sich zurück (ἐπιστροφή); denn sie erleidet von dem, was unter ihr ist (das ja in höherem Grade »vieles« ist), keine Rückwirkung, sondern sie behält unverändert ihren werthaften Rang, ohne zur Vielheit abzusteigen.

Was nun den Menschen anlangt, so ist seine Seele mit der Weltseele identisch; diese konnte ja keine Zerteilung erleiden, als die Seele in den neugeborenen Menschen einging. Darum ist die Seele für den N. nicht Trägerin des Individuellen. Vielmehr ist die → Individuation (wenn man so sagen darf) der Sündenfall und die Erbsünde im N. Insofern der einzelne Mensch etwas Besonderes ist, hat er sich vom Allgemeinen und vom Einen entfernt. Alles Individuelle an den seelischen Äußerungen (bes. die Triebe) wird seit Porphyrius einem seelischen Unterbau (ψυχικὸν ὄχημα, wörtlich »Seelen-Wagen«) zugeordnet, der vergänglich ist. Die Seele selbst ist transzendent, unsterblich, unberührt von Körperlichem, von Unvernunft und Affekt; sie ist ἀπαθής. Sie hat zwei Tätigkeiten: rechnerisches Denken und Philosophieren, und darin besteht ihre Identität mit der Weltseele. Bei Plotin kommt ein Moment des Ekstatischen hinzu: ihm gelang es – wobei er die dazwischen liegenden → Hypostasen übersprang –, sich unmittelbar mit dem Höchsten zu einen. Dies Moment überrationaler Einung (unio mystica) spielte indes im weiteren N. nicht die große Rolle, die man ihm oft zuschrieb. In den beiden wichtigsten Schulen des N. (Alexandria und Athen) beruhte die philosophisch-theologische Forschung durchweg auf rationaler Durchforschung der skizzierten Fragen. Die syrische Schule des → Iamblichus freilich neigte zu magischen und theurgischen Praktiken; mit ihrer Hilfe suchte man Erkenntnisstufen zu erreichen, die dem Praktizierenden aus eigener Kraft nicht zugänglich waren. Der N. forderte von seinen Anhängern enthaltsames, ja asketisches Leben; die Lebensweise des Pythagoras gilt als Vorbild (vgl. → Neupythagoreer). Die Erkenntnisfähigkeit der Seele könnte gemindert werden, wenn sie einem unreinen Körper beiwohnt; und wenn der N. in der Prägung des Porphyrius auch jede Rückwirkung auf die Seele von der Körperlichkeit her leugnete, so ist in diesem Punkte die Tradition der Schule stärker gewesen: Die Lebensweise des N. meidet alle Unreinheit; sie meidet unnötige Verflechtung mit der Umwelt. Ein Tätigwerden im Diesseits ist irrelevant, ja der Erkenntnis und dem Erkenntniserwerb schädlich. Nur die vita contemplativa vermag zur beglückenden Erkenntnis des Höchsten zu führen.

4. In der *Auseinandersetzung mit dem Christentum*, die durch → Celsus und Porphyrius eingeleitet wurde, traten folgende Punkte als bes. kontrovers hervor:

a) Im N. gibt es nur einen legitimen Weg, sich dem Höchsten zu nähern: die Erkenntnis. Gleiches wird durch Gleiches erkannt, und der Erkennende stellt (soweit möglich) eine Gleichheit mit dem Objekt seiner Erkenntnis her. Da dieser Gegenstand gestuft ist, ist auch seine Erkenntnis gestuft, und es gibt keine Gewähr dafür, daß jeder sie erreicht, mithin keine Heilsgewißheit. Legitime Denkwege sind nur λογισμός und διάνοια, also die Denkwege der Philosophie. Denn das Höchste verwirklicht sich nur in νοῦς und λόγος, also niemals außerlogisch (dies Axiom hängt zusammen mit dem Postulat der Ausschließlichkeit: Nicht-Logisches ist nicht begründet, mithin nicht seiend; das Höchste verwirklicht sich aber nur im Seienden). Darum wird jede Art von Offenbarung scharf, ja mit Spott abgelehnt; Offenbarungen (wie die der Juden und der Christen) haben nicht (was man den Orakeln zugestand) den mindesten Zusammenhang mit dem Weltlogos, sie sind also kein ἀληθὴς λόγος (s. → Celsus). Eine Haltung des Glaubens oder der Gläubigkeit wird (wiewohl unbewußt oft eingenommen) abgelehnt; im Widerstreit zwischen fides und intellectus war der N. mit Schärfe Parteigänger des letzteren! Sehr wichtig wurde der Ausgleich, den Augustin in diesem Bereich fand; in seinen Überlegungen hierzu ist intellectus oft ganz im Sinne des N. zu verstehen.

b) Es erschien im N. als unfromm, sich einen Weltschöpfer zu denken, der nur einmal aktuell schuf, sonst aber nur potentiell (δυνάμει) Weltschöpfer ist. Die → Schöpfung ist darum nicht als einmaliger und nicht als historischer Akt aufzufassen. Vielmehr ist der Demiurgos, der Schöpfer, ständig wirksam (ἐνεργεῖ), den Weltplan in der Welt zu verwirklichen (in engem Zusammenhang damit steht, daß Mani [→ Manichäismus] die zweite Schöpfung, die Erlösungstat Christi, gleichfalls der Einmaligkeit und der Historizität entkleidete und die Kreuzigung in etwas Dauerndes, ἐνεργείᾳ Wirkendes umsetzte). Ein Bekenntnis zum »Schöpfer Himmels und der Erden« hätte ein Anhänger des N. nur in symbolischem Verstand ablegen können; zudem hätte er den Schöpfer – als die unterste Hypostase des νοῦς – niemals Vater, sondern nur Sohn oder Enkel nennen können. – Unvorstellbar war dem N. ein Nebeneinander wesensgleicher göttlicher Personen (= ὑποστάσεις), von denen keine die andere begründet oder an ontologischem Wert übertrifft. Das »wesensgleich« des athanasischen Dogmas (→ Christologie: II, 3) lief dem N. stracks zuwider, und alle Modifikationen an der Bestimmung »wesensgleich«, die wieder und wieder versucht wurden, liefen darauf hinaus, doch etwas von dem neuplatonisch verstandenen, gestuften Gottesbegriff einzuführen (auch die Tilgung des »filioque« in der Ostkirche ist dazu angetan, den Vater über die beiden anderen Personen zu erheben). Der N., der sich ohnehin nicht personae, wohl aber ὑποστάσεις des Göttlichen vorstellen konnte, hätte notwendig einer noch höheren Stufe bedurft, die die Trinität übergipfelt hätte.

c) Die Seele ist unsterblich; sie bedarf keiner Auferstehung, sondern gibt – selbst unverändert – nach längerer oder kürzerer Zeit einem neuen Menschenleib Beseelung und Leben. Daß aber ein Leib, den die Seele verlassen hat, fleischlich auferstehen könne, ja werde, läuft den Denkgewohnheiten des N. ganz zuwider. Das Körperlich-Individuelle ist ja gerade das Wertwidrige; in der Trennung von ihm erfährt die Seele so etwas wie Erlösung. Wie kann der Weltenherrscher gerade das auferstehen lassen wollen, das die Seele an ihrem Heil hindert? – Der ältere N. hatte nichts Seelsorgerliches an sich; es war einem jeden überlassen, ob und wie er zur Hinwendung zum Einen kam. Erst Porphyrius untersuchte die Hindernisse, die das Fleischlich-Diesseitige der heilbringenden Erkenntnis bereitet. So schuf er eine Art Erlösungslehre, die auf Augustin großen Eindruck machte. Trotzdem kann im strengen Sinne nicht von der Erlösung des ganzen Menschen gesprochen werden: Weder die Seele noch der Körper sind ja einer Erlösung fähig (s.o.). Wohl aber wird nach zwei Richtungen hin ein System entworfen, das die Seele soweit nur möglich aus den Verstrickungen der Körperlichkeit befreit. Asketische Vorschriften sollen den Einfluß des Körpers so gering wie möglich halten; psychagogische Vorschriften halten die Seele dazu an, bei Gegenständen zu verweilen, die ihr heilsam sind, dh ihrer Befreiung von der Körperlichkeit dienen; die Trennung und Befreiung der Seele vom Körper, die mit dem Tode eintreten wird, soll also virtuell möglichst schon auf Erden verwirklicht werden. Hierbei sind dem N. Begriffe oder Vorstellungen von Sünde, Erlösung und Gnade völlig fremd.

Qu.: Die Schriften des → Plotin, → Porphyrius u. → Proklos sowie Augustin, De vera religione. – Lit.: K.PRAECHTER, Richtungen u. Schulen im N. (Festschr. f. C.Robert, 1910, 103–156) – J.BIDEZ, Vie de Porphyre, Gent 1913 – E.R.DODDS, Select Passages illustrating Neoplatonism, London 1923 – DERS., The Parmenides of Plato and the Origin of the neoplatonic One (Class. Quarterly 22, 1928, 129 bis 143) – Ü I, 590ff. 186*ff (Lit.) – W.THEILER, Die Vorbereitung des N., 1930 – DERS., Porphyrios u. Augustin (SGK 10, 1, 1933) – PH. MERLAN, From Platonism to Neoplatonism, Den Haag 1953 (dazu H.DÖRRIE, PhR 3, 1955, 14–25) – H.DÖRRIE, Zum Ursprung der neuplat. Hypostasenlehre (Hermes 82, 1954, 331–342) – C.J.DE VOGEL, A la recherche des étapes précises entre Platon et le Néoplatonisme (Mnemosyne 4. sér., Bd 7, 1954, 99–112).

H.Dörrie

Neupositivismus → Positivismus.

Neuprotestantismus (P. = Protestantismus) nennt man die Gesamtheit der Erscheinungsformen des reformatorischen Christentums, die von der → Aufklärung und den ihr verwandten Strömungen der Neuzeit entscheidend geprägt sind und sich etwa seit der Mitte des 17.Jh.s (1648 oder 1689) entfaltet haben. Hatten die älteren Vertreter der Kirchengeschichtsschreibung (F. Chr. → Baur, → Hase, → Tholuck, → Kurtz) für diese Zeit neue Gesichtspunkte wie etwa »die Vorherrschaft des Subjektivismus« herausgestellt, so fehlte ihnen mit der Erkenntnis ihrer Eigentümlichkeit doch noch das Streben nach einer Gesamtauffassung dieser Periode. Dem Hegelschen Geschichtsschema folgend, sprach Baur lediglich von einem »allgemeinen Umschwung des prot. Bewußtseins«. Erst Rothe sah die folgenschwere Wandlung dieser Zeit, wenn er sie unter den Aspekt stellte: »Der allmähliche Verfall des prot. Christentums und die allmähliche Erstarkung desselben als sittlichen und politischen Prinzips.« Nachdem K.Sell, Rothes Gedanken fortführend, von einer über das Kirchentum hinausweisenden Art des Christentums mit dem Ziel der »Weltherrschaft der ev. christlichen Zivilisation« gesprochen hatte, prägte Troeltsch den Begriff des N., indem er auf den seiner Überzeugung nach grundlegenden Unterschied der mit dem Alt-P. dem MA zugehörigen → Reformation gegenüber dem auf die moderne Welt bezogenen N. hinwies. Er sah in ihm den durch Aufklärung und → Pietismus ausgelösten Drang zum Individualismus innerhalb des modernen geistigen Lebens mit dem Ziel der »Umsetzung des P. in eine philosophische Bildungsreligion«. Er wies darum der Theologie die Aufgabe zu, zwischen allgemeinem Geistesleben und Kirche zu vermitteln, und sah in der Kirche wesentlich das organisatorische Rückgrat der notwendigen religiösen Gemeinschaft.

Das *Wesen* des N. ist ungemein vielschichtig, in seinen einzelnen Phasen (Aufklärungstheologie, Neologie [→ Aufklärung: III], Deutscher → Idealismus [: II], → Liberalismus [: II. III], Kultur-P.) unterschiedlich und am ehesten an typischen Vertretern (u.a. → Semler, → Schleiermacher, → Lagarde, → Ritschl, → Rothe, → Troeltsch, A.v. → Harnack) zu erkennen. Doch lassen sich auch *gemeinsame* Züge herausstellen: 1. Der N. ist ein lebendiges Glied in der geschichtlichen Entwicklung des → Protestantismus (: I. II). Nach dem Zerbröckeln des Alt-P. griff er die durch die Reformation gestellte Aufgabe auf, indem er, aus dessen Erfahrungen und Erkenntnissen lernend und Folgerungen ziehend, nach neuen Mitteln zur Bewältigung seiner Aufgabe suchte. Sie boten sich ihm in der Vernunft als kritischem Erkenntnisgrund und Maßstab theologischer Aussage und kirchlichen Handelns. Damit aber löste sich der N. von Buchoffenbarung und kirchlichem Lehramt als den überkommenen Autoritäten des Alt-P. Indem er die Glaubenssätze dem Urteil der Vernunft unterwarf, forderte er ein selbständiges Ringen um religiöse Wahrheitserkenntnis und gab damit individuell verschiedenen Glaubensausprägungen Raum (Subjektivismus, Individualismus, → Toleranz). An die Stelle des Glaubens trat die Religion, an die der Glaubensartikel traten »leitende Ideen«, in denen der N. in freier menschlicher Besinnung auf den Gehalt des Evangeliums, nach dem Wesen des → Christentums (: V) fragend, es neu zu bestimmen suchte. Das führte zur Entfaltung einer historisch-kritischen → Bibelwissenschaft und zum leidenschaftlichen Bemühen um eine der modernen Weltanschauung entsprechende → Leben-Jesu-Theologie (→ Christologie: II, 8) sowie um eine Neuerfassung des Wesens der → Kirche (: III, 4 e; IV). – 2. Der N. ist ferner gekennzeichnet durch sein Offensein für die Gedanken und Werte der modernen → Kultur (: III, 5) und das »Erleben der Gottheit in anderen als biblischen Wirklichkeiten, vor allem das im positiven Verständnis der Welt« (Stephan). Ähnlich dem Verhalten der alten Kirche dem Hellenismus gegenüber (→ Antike und Christentum) hat er Lebensströmungen, die sich in der Reformation nur schwach oder gar nicht entfalten konnten (zB den kritischen → Humanismus und den mystischen Spiritualismus) in sich aufgenommen und damit zugleich wesensfremde Züge in den P. hineingetragen. Auch neue religiöse Anknüpfungspunkte wie das von der → Romantik gepflegte Vaterlands- und Naturgefühl und das vom Idealismus betonte Streben nach der Bewährung des Sittlichen wurden von ihm aufgenommen und führten mit der Freude an der Herrlichkeit des Universums und der ihm innewohnenden Gesetze und dem durch die Entwicklung der → Naturwissenschaften begünstigten Stolz auf den menschlichen Geist zu einer höheren Bewertung des Diesseits, der irdischen Kulturwerte und einer stark gefühlsbetonten Frömmigkeit. Sie lebte nicht mehr unmittelbar aus der Bibel, sondern war gleichsam eine Frömmigkeit zweiter Hand, abgeleitet, angewandt, darum verfließend und wenig konkret. Das führte bis hin zu einer allgemeinen Kulturschwärmerei und der Prägung des Begriffs eines »unbewußten Christentums«. Es ging um Gestaltung einer »prot. Kultur«, in der im Sinne → Hegels die Versöhnung von Glauben und Wissen vollzogen schien, und andererseits um Behauptung der Selbständigkeit der Religion gegenüber Kultur und Wissenschaft. – 3. Zur Wesenserfassung des N. gehören schließlich auch die *Gegenkräfte und -strömungen*, die durch ihn ausgelöst wurden. In seinem ursprünglichen Bemühen um Auflockerung und allmähliche ev. Neugestaltung des Kirchentums nicht nur von der Aufklärung, sondern auch vom Pietismus bestimmt, hat diese doppelte Bezogenheit fördernd und hemmend auf sein Wesen eingewirkt. → Erweckungsbewegung, → Biblizismus, → Konfessionalismus, die restaurative Theologie (→ Restauration), → Kierkegaard und vor allem die → dialektische Theologie sind in ihrem Widerspruch und ihrer scharfen Kritik am N. Ausdruck dafür, daß zur Bewältigung der von ihm übernommenen Aufgabe neue Wege beschritten werden mußten. Sie führten zu einer tieferen Besinnung auf die Theologie → Luthers (→ Holl, E. → Seeberg, → Gogarten) und das Wesen der Reformation.

A.v.Harnack, Das Wesen d. Christentums, 1900 (neu hg.v. R. Bultmann, 1950) – RE XVI, 173 ff; XXIV, 367 ff – F.Kattenbusch, Reformation u. Aufklärung in ihrer Bedeutung für d. Gegenwart (ZThK 16, 1906, 506–510) – E.Troeltsch, Prot. Christentum u. Kirche in d. Neuzeit (Die Kultur d. Gegenwart, hg.v. P.Hinneberg, I/4, 1, [1906] 1909^2, 431–792) – Ders., Die Bedeutung d. P. für d. Entstehung d. modernen Welt, (1911) 1925^4 – Ders., Die Soziallehren d. christl. Kirchen u. Gruppen, 1912, bes. 427–964 – H.Stephan, Die heutigen Auffassungen vom N., 1911 – Ders., Gesch. d. ev. Theol., 1938 – K.Sapper, N., 1914 – H.Hoffmann, Der neuere P. u. die Reformation, 1919 – R.H.Grützmacher, Alt- u. N., 1920 – E.Brunner, Die Mystik u. d. Wort, (1924) 1928^2 – K.Holl, Die Kulturbedeutung d. Reformation (Holl I, 468–543) – Ders., Der P. in seiner Kulturbedeutung (Holl III, 514–519) – P.Tillich (Hg.), P. als Kritik u. Gestaltung, 1929 – Ders., Der P., Prinzip u. Wirklichkeit, 1950 – C.Damour, Die Epochen des P., 1935 – K.Leese, Die Religion d. prot. Menschen, 1938 – Ders., Der P. im Wandel d. neueren Zeit, 1941 (Texte u. Lit) – Barth, PrTh – Hirsch III–V – M.Werner, Der prot. Weg d. Glaubens I, 1955 – H.-J.Birkner, Spekulation u. Heilsgesch. Die Geschichtsauffassung R.Rothes, 1959 – R.Prenter, Der P. in unserer Zeit, 1959. *H.Hohlwein*

Neupythagoreer. Seit ca 50 vChr lebte das Pythagoreertum (→ Pythagoreer) wieder auf; vor allem im 1. und 2.Jh. nChr gewannen einzelne N. großen Einfluß; im 3.Jh. tritt der → Neuplatonismus die Nachfolge der N. an. Höchstes Ziel der N. war, zur Erkenntnis absoluter Wahrheit zu kommen; dies hielten sie aber nur erreichbar bei völliger Reinheit der Lebensführung, denn jede Unreinheit an Leib und Seele trübt oder verhindert die Erkenntnis. So ist der dominierende Aspekt beim Auftreten der N. die philosophisch begründete Besonderheit ihrer Lebensweise. - Die N. sind - anders als die Pythagoreer des 5./4.Jh.s vChr - nicht dazu gekommen, sich ein Zentrum zu schaffen; sie haben auch auf die einst bezeichnende Form des Gemeinschaftslebens verzichten müssen; endlich gab es keine verbindliche Ausprägung ihrer Lehre. So sind sie meist Wanderprediger gewesen, die hier und da sektenartig kleine Gruppen um sich sammelten. Hier wurde, in angeblich ungebrochener Überlieferung, die Weisheit des Pythagoras als Geheimlehre tradiert (s. Lit., Texte), bes. die angeblich von ihm überkommenen magischen und astrologischen Praktiken. Im Philosophischen wurde die Geheimhaltung aber nicht beachtet. Es war unvermeidbar, daß sich den ernsthaften N.n Schwindler und Scharlatane beigesellten, was ihrem Ansehen schadete.

Da Pythagoras keine schriftlich fixierte Lehre hinterlassen hatte, spielt die Dogmatik bei den N.n nur eine untergeordnete Rolle. Da der Haupt-Unterredner im platonischen Dialog Timaios Pythagoreer war, nahmen die N. die darin vorgetragenen Lehren durchweg als pythagoreisches Gut in Anspruch. Der Dualismus, den Pythagoras gelehrt hatte, wurde durch eine Eins-Lehre überwunden, die schon um 35 vChr in Alexandria ausgebildet war. Von hier ging ein wichtiger Impuls für die Vorbereitung des Neuplatonismus aus. - Als wichtigste Aufgabe stellten sich die N., das Leben des Pythagoras nachzuahmen; dh sie entnahmen die als gültig anerkannten Richtlinien der in verschiedenen Brechungen umlaufenden Biographie des Pythagoras. In diese waren (während der latenten Periode des Pythagoreertums, ca 300-50 vChr) manche Pythagoras-feindliche Züge eingearbeitet worden. Die N. legten auch das spöttisch Gemeinte zugunsten des Pythagoras aus. - Die Vorschriften für körperliche und seelische Reinheit sind seltsam uneinheitlich. Neben urtümlichen → Tabu-Vorschriften (Bohnenverbot, Enthaltung von jeglichem Fleisch, Keuschheit, Leinenkleidung) stehen seelen-therapeutische Vorschriften, so die Verpflichtung zu täglicher Gewissenserforschung. - Aus dem philosophischen Gedankengut (bes. aus → Stoa und → Platonismus) und aus den religiösen Strömungen ihrer Zeit entnahmen die N. vielerlei Detail (→ Synkretismus). Da Pythagoras Wunder getan hatte, suchten sich manche N., vor allem → Apollonius von Tyana, das Ansehen von Wundertätern zu geben; nicht selten wurden magische Operationen versucht.

Wichtige Vertreter der N. sind: P.Nigidius Figulus (Praetor 58 vChr), Apollonius von Tyana, → Numenius, Moderatos von Gades.

Texte: Wichtigste Brechungen der vita Pythagorae: Diogenes Laertius, Buch 8 (ed. A.Westermann, 1850); Porphyrius, De vita Pythagorica (ed. A.Nauck, 1886). - Lehrschriften, auf die Namen alter Pythagoreer gefälscht: Okellos Lucanus (ed. R.Harder, 1926); Pythagoras, Carmen aureum (ed. E.Diehl, Anthol. lyrica, 1923); Archytas, Fragmente (meist bei Stobaios) ges. v. J.Nolle (Phil. Diss. Münster), 1914. - Lit.: Ed.Zeller, Philos. d. Griechen III/2, 1903⁴, 92ff. 124ff. 165ff. 234ff - A.Delatte, Etudes sur la litt. pythagoricienne, 1915 - Ü I, 513ff - H.Dörrie, Art. Pythagoreer (kaiserzeitliche), in PW XXIV. *H.Dörrie*

Neu-Salems-Gesellschaft → Lorber-Gesellschaft.

Neuscholastik

1. Vorgeschichte - 2. Von Leo XIII. bis Pius XII. - 3. Bilanz. - Vgl. ergänzend → Neuthomismus

N. ist die Rückkehr zu den Theologen der mittelalterlichen → Scholastik, bes. zu → Thomas von Aquino. Als systematisch-theologische Bewegung hat sie die rationale Begründung des Dogmas zum Ziel, als philosophische Richtung will sie das scholastische Denken bis in die Neuzeit fortsetzen oder die Schulthesen mit denen der modernen Philosophie konfrontieren.

1. In Deutschland durch die → Aufklärung, in Frankreich durch den Idealismus und bes. Cartesianismus (→ Descartes) diskreditiert, fristete die Scholastik als philosophisches System und theologische Methode im 18.Jh. nur ein kümmerliches Dasein. Auch die ersten päpstlichen Interventionen (vgl. die Verurteilung Bonnettys [Denz. 1652] mit ihrer Verherrlichung der »Methode, deren sich St. Thomas, St. Bonaventura und die anderen Scholastiker bedient haben«; ferner ebd 1680. 1713 [Syllabus]) hatten weniger eine Renaissance der Scholastik als vielmehr ihre Verteidigung gegen die Anwürfe und Verdächtigungen des Rationalismus im Auge. Spanien war freilich unter dominikanischem Einfluß der thomistischen Tradition treu geblieben, und in Frankreich hatte sich trotz des Verfalls der kirchlichen Studien zu Beginn des 19.Jh.s die Scholastik in den Handbüchern von Bourret, Bailly und Thomas von Charmes behauptet. → Liebermann brachte sie wieder nach Deutschland und verschaffte ihr in Mainz mit seinen »Institutiones theologiae dogmaticae« und dem 1821 von seinen Schülern Räss und Weis gegründeten »Katholik« Anerkennung. → Kleutgen gelang ähnliches bei den Jesuiten. In Italien wurde der Thomismus um 1810 von Buzzetti, Prof. am Seminar von Piacenza, unter dem Einfluß des spanischen Exjesuiten Masdeu erneuert. In der »Civiltà Cattolica« (1850) gewann der → Neuthomismus einen festen Stützpunkt. 1850 begann ein Verleger in Parma mit dem Druck einer neuen GA der Werke des Thomas (vgl. R.Aubert, Le pontificat de Pie IX, Paris 1952, 188f).

2. In den Traditionen der Scholastik erzogen, hatte J.Pecci als Bischof von Perugia, wo sein Bruder scholastische Philosophie lehrte, den Thomismus durchgesetzt. Als Papst → Leo XIII. verlangte er schon in seiner Antrittsenzyklika, daß, »um den geraden Weg zur göttlichen Offenbarung zu bahnen und sie gegen ihre Feinde zu verteidigen, das Beispiel des Doctor angelicus befolgt werde«. Kaum ein Jahr später erschien die Enzyklika → Aeterni Patris (1879) mit dem Untertitel: »De philosophia christiana ad mentem sancti Thomae Aquinatis doctoris angelici in scholis catholicis instauranda«. Wenn Leo hier auch das Denken der älteren Väter, wie es von den Theologen des MA gesammelt worden sei, empfiehlt und den Beitrag → Bonaventuras voll anerkennt, so faßt er die Scholastik doch im wesentlichen als das Denken des hl. Thomas als des verläßlichsten Meisters, in dem die christliche Philosophie ihren vollkommensten Ausdruck gefunden habe. Ein Dreifaches rühmt der Papst als Verdienst des → Thomismus: er gibt dem Glauben die rationale Grundlage, verleiht der Theologie in ihren Darlegungen und Beweisen ihren wissenschaftlichen Charakter und hilft bei der Lösung lehrmäßiger Schwierigkeiten. Einige Einschränkungen bleiben allerdings: »Sofern sich bei den scholastischen Lehrern allzu subtile Fragen, unüberlegte Behauptungen und sonst Dinge finden, die nicht mit den bewährten Lehren der Vorzeit in Einklang stehen, kurz, die aller Wahrscheinlichkeit entbehren, möchten wir dies auf keinen Fall zur Nachahmung in unserem Jh. empfehlen.« Welche Tragweite hatte die Enzyklika? Handelte es sich in ihr einfach um eine Rückkehr zur alten Scholastik? Oder mußte diese nicht viel mehr als Wegweiser denn als Zaun betrachtet werden, insofern sie in methodischer Hinsicht wie durch die Kraft ihrer Synthese die Forschung anregen und die Synthese der Zukunft vorbereiten sollte? Die verschiedenen Zentren des geistigen

Lebens entschieden sich nach und nach für die eine oder die andere Interpretation (vgl. → Neuthomismus, 3). Inzwischen wurde Thomas zum Schutzpatron aller kath. Universitäten und Akademien erhoben. Eine Kommission wurde mit der Herausgabe einer luxuriösen Thomasausgabe betraut (Editio Leonina), deren kritische Qualität freilich zu wünschen übrig läßt. In Rom entstand ein Institut speziell zur Verteidigung und Erklärung der thomistischen Lehre. Des Cartesianismus oder Rosminismus (→ Rosmini) verdächtige römische Professoren wie Palmieri und Ceretti wurden suspendiert. → Pius X. nahm die Ansätze Leos XIII. auf, verschärfte sie sogar und gab ihnen offizielle Form (CIC c. 1366 § 2). Die 24 Thesen der Studienkongregation (1914) präzisieren die wesentlichen Grundsätze des hl. Thomas, wie sie »in allen philosophischen Schulen« anzuwenden sind. Gemildert wurden diese Direktiven erst von → Pius XI., der die Treue zum hl. Thomas mit einer »vernünftigen Freiheit, die im Interesse der Kirche selbst liegt und die eine Grundbedingung wissenschaftlicher Forschung ist« (F.Ehrle), zu verbinden wußte.

3. Skizziert man die verschiedenen Strömungen der scholastischen Arbeit in den einzelnen Zentren und Ländern, so lassen sich zwei Haupttendenzen unterscheiden: einmal die Arbeit der römischen und spanischen Theologen, denen es vor allem um treue Bewahrung des scholastischen und thomistischen Erbes geht, zum andern die der weltlichen und geistlichen Universitätsgelehrten, die ihre scholastischen Studien mit den gleichen wissenschaftlichen Methoden betreiben, wie sie für jeden Autor oder Denker gelten. In der *traditionalistischen* Richtung geben die päpstlichen Institute (→ Rom: III) mit ihrem anerkannt internationalen Charakter den Ton an. Am Collegium Romanum ist der Thomismus (außer in der Frage der gratia efficax und der decreta praedeterminata) durch Billot meisterhaft vertreten. Ähnliches gilt vom Propaganda-Kolleg und stärker noch vom Collegium Angelicum (Lepidi und Garrigou-Lagrange). Bei den Benediktinern von San Anselmo vertrat L.Janssens einen klaren, aber durchaus eigenständigen Thomismus. Die Franziskaner sind ihren Konstitutionen gemäß den Theologen der Franziskanerschule (→ Bonaventura, → Duns Scotus, → Alexander von Hales) treu geblieben. Durch ihre Schüler haben alle diese römischen Universitäten beträchtlichen Einfluß auf die kath. Welt, wie sich an den theologischen Fakultäten und Seminaren in Spanien (Gonzales), Kanada, USA (Washington: »The New Scholasticism«, seit 1927), Holland und der Schweiz erkennen läßt. Bei den deutschen Jesuiten wird Thomismus im Sinne Kleutgens gelehrt; Theologen wie → Gutberlet, Diekamp u.a. vertreten ihn. Allen diesen Bestrebungen ist ein Doppeltes gemeinsam: die Treue zur Schule, die oft bis ins Formale geht (Bewahrung des Lateinischen), und der Gegensatz zu den »modernen Irrtümern«. – Im Bereich der *akademischen* Richtung hatte schon → Mercier und sein Kreis in → Löwen es verstanden, die Philosophie zur »Wissenschaft schlechthin« zu machen. Leo XIII. beglückwünschte ihn mehrfach zu diesem weitreichenden Verständnis seiner eigenen Intentionen, sofern hier der Neuthomismus zu einem System wurde, dem die Philosophen mit Interesse folgten. Die »Ecole de philosophie de Saint Thomas« wurde zum »Institut supérieur de philosophie«, die »Revue néoscolastique« zur »Revue philosophique de Louvain« (1946). Diese Entwicklung ist bezeichnend: die Löwener theologische Tradition erlaubte die Aufnahme des uneingeschränkten Studiums der scholastischen Lehrer im gleichen historisch-kritischen Geist, der von aller Wissenschaft gefordert ist. Mercier selbst hatte bereits den Beitrag der positiven und experimentellen Wissenschaften für die Philosophie fruchtbar gemacht. In aller Schärfe hatte er das kritische Erkenntnisproblem und damit die Frage nach der Begründung unserer Wissenschaft (Epistemologie) gestellt. Um seine Gedanken weiteren Kreisen zugänglich zu machen, bediente er sich statt des Lateinischen bereits des Französischen. – Im gleichen Sinne wurde die 1909 von A.Gemelli begründete Mailänder Schule (»Rivista di filosofia neo-scolastica«), die sich durch das philosophische Institut an der kath. Universität S. Cuore weiterentwickelte, zum Zentrum der scholastischen Renaissance. Über den römischen Standpunkt hinaus forderte Gemelli nicht nur die Berücksichtigung der modernen Naturwissenschaft, sondern auch der philosophischen Bemühungen der letzten Jh.e: »Wenn die Scholastik den aktuellen Forderungen des philosophischen Denkens entsprechen und lebendig bleiben will, muß sie den gleichen Weg durchlaufen wie die moderne Philosophie: sie muß sich die assimilierbaren Elemente aneignen, um die früheren Systeme durch kritischen Fortschritt zu überwinden.«

Die Einordnung des theologischen und philosophischen Unterrichts in den Rahmen der Universitätsstudien, die Berührung mit den vielgestaltigen Denkstrukturen außerhalb des eigenen Bereichs und das Hervortreten bedeutender Lehrer aus dem Laienstand haben in Deutschland wie in Frankreich zur Aufnahme der Theologen des MA wie der Forderungen der modernen Wissenschaft geführt. Neben Löwen ist hier vor allem München zu nennen, das bes. durch M. → Grabmann zum Zentrum mittelalterlicher Studien geworden ist; ferner Männer wie F. → Ehrle, F.Pelster, B. → Geyer, J.Koch, A.M. → Landgraf, P.Minges u.a. Hauptorgan ist das »Philosophische Jahrbuch« (seit 1888). In Frankreich stammt ein so eigenständiger Denker wie J. → Maritain aus dem akademischen Kreis. Kennzeichen dieser Renaissance ist die Verbindung von Scholastik mit historisch-kritischen Studien. P.Rousselot SJ und A.D.Sertillanges OP haben als selbständige Denker im Rahmen der scholastischen Erneuerung »die gesamte in den dazwischenliegenden Jh.en erarbeitete Nährsubstanz« zu assimilieren versucht. Selbst in die Staatsuniversitäten ist das Interesse an den scholastischen Theologen eingedrungen. Beispielhaft für das, was möglich und nötig ist, stehen hier die Arbeiten E. → Gilsons. Nacheinander hat er Augustin, Bernhard, Bonaventura, Duns Scotus und Thomas behandelt und in die Forschung auf diesem Gebiet jene historische Dimension eingeführt, die den inneren Zusammenhang der Kirchenlehren in der Gleichartigkeit und Verschiedenheit der mittelalterlichen Schulen und Richtungen aufzeigt.

Natürlich läßt sich der Begriff der scholastischen Renaissance nicht auf den Thomismus beschränken. Schulunterschiede und temperierte Polemik waren ja von jeher für die → Scholastik charakteristisch. Leo XIII. selbst pries in Bonaventura den »Fürsten der Mystik« und machte den Franziskanern das Studium ihrer eigenen Meister zur Pflicht. Der Franziskanerorden schuf das Studienzentrum Quaracchi b. Florenz, dessen Textausgaben sich durch ihre Qualität auszeichnen und viel zur Kenntnis des MA beigetragen haben. Die kritische Bonaventura-Ausgabe darf, abgesehen von den auf Verlangen Leos XIII. beigegebenen »konformistischen« Scholien, als beispielhaft gelten. Das »Institut de recherches médiévales« in Quebec (Kanada) und das »Franciscan Institute St. Bonaventure« (USA) widmen sich der gleichen Aufgabe.

Für eine *Neu*scholastik, die nicht nur *Nach*scholastik sein will, stellen sich drei Aufgaben: eingehendes Studium der Theologen des MA auf Grund der Hss.; Einbeziehung der Fortschritte in den Naturwissenschaften; Vertiefung des kritischen Problems der Epistemologie. Theologisch bleibt die ständige Rückbeziehung auf das Wort Gottes, um dessen Dienst es geht.

J.L.Perrier, The Revival of Scholastic Philosophy in the 19th Century, New York 1909 - M.Grabmann, Der Gegenwartswert der geschichtl. Erforschung der ma. Philos., 1913 - J.S.Zybura, Present Day Thinkers in the New Scholasticism, St. Louis 1920 - A.Gemelli, Il mio contributo alla filosofia neoscolastica, Mailand 1926 - F.Ehrle-F.Pelster, Die Scholastik u. ihre Aufgaben in unserer Zeit, 1933² (Dokumente) - Répertoire bibliographique der »Revue philosophique de Louvain«, seit 1934 - F.van Steenberghen, Le mouvement des études médiévales, Löwen 1934 - U.Smeets, Lineamenta bibliographiae scotisticae, Rom 1942 (Lit.) - P.Dezza, I neotomisti italiani del sec. XIX, 2 Bde, Mailand 1942 - E.Bettoni, Vent'anni di studi scotistici, ebd 1943 - Ders., La situation actuelle de la philos. parmi les catholiques dans les divers pays, Utrecht-Brüssel 1948 (Lit.) - E.Hocedez, Hist. de la théol. au XIXe siècle, Paris 1949ff - L.de Raeymaeker, Le cardinal Mercier et l'Institut supérieur de philos. de Louvain, Löwen 1952 - C.Piana, Le fonti medioevali della storia e del pensiero francescano nell'ultimo settantennio (in: Le fonti del Medioevo Europeo, Rom 1954, 283-312) - EKL II, 1569ff (Lit.). - Vgl. ferner die Arbeiten der im Text genannten Theologen sowie die Lit. zu → Neuthomismus, bes. die dort zitierten Zs.en.

A.Hamman

Neuseeland. Am Seeweg nach dem 1788 gegründeten New South Wales (→ Australien: II, 1) gelegen, wurde N. von dem Holländer Tasman entdeckt und benannt, seit 1769 von Cook bereist. 1814 begann der Anglikaner S.Marsden von Sydney in Verbindung mit der Church Missionary Society die Mission unter den Maori, einem begabten und kriegerischen Volk, das nach eigener Überlieferung 21 Generationen vor Cook aus → Polynesien eingewandert war. Die → Methodisten folgten und arbeiteten mit den Anglikanern in freundschaftlichem Einvernehmen. Ein kath. Pfarramt wurde 1835 von Sydney aus begründet in Zusammenhang mit der Errichtung des Apostolischen Vikariats West-Ozeanien, das mit dem Franzosen Pompellier besetzt wurde (1838 erster Bischof in N.). Als N. 1840 britische Kolonie geworden war, wurde 1841 ein anglikanisches Bistum N. (heute Auckland) begründet und mit dem bedeutenden Missionsmann G.A.Selwyn besetzt. Auf Verlangen der Missionen wurde die Annexion von einem Vertrag begleitet, in dem die Maori die Oberhoheit der britischen Krone anerkannten. Schon damals sprach man von *einem* Volk, in dem Maori und Pakeha (Fremde) zusammenleben sollten. Die in den europäischen »Hungerjahren« nach 1840 rasch einsetzende Einwanderung ließ die Maori zur Minderheit werden. Die Missionskirchen, welche nebenbei die Siedler betreuten, wurden zu Kirchen der Weißen, in denen die Maori ihren Platz fanden. Daß die Rassenfrage in N. trotz schwerer Konflikte (Maorikriege 1860-71) eine volle Lösung gefunden hat, ist mit ein Verdienst der Kirchen. Das moderne N. (seit 1907 Dominion, seit 1947 autonomer »monarchischer Staat« unter der britischen Krone und Glied des Commonwealth) gewährt den Maori, deren Zahl sich seit 1900 auf ca 140 000 verdoppelt hat, volle Gleichberechtigung mit den über 2 Mill. Neuseeländern weißer Rasse.

Die *Religionsstatistik* (s. Sp. 1438; die Zahlen sind die der Volkszählung; das Verhältnis zwischen nomineller und wirklicher Kirchenzugehörigkeit entspricht etwa dem Australiens) zeigt, daß 80% des Volkes sich zu vier großen Kirchen bekennen, welche die britischen Einwanderer - anglikanische und methodistische Engländer, presbyterianische Schotten, irische und englische Katholiken - nach N. gebracht haben. Die Anglikaner bilden »The Province of New Zealand« unter dem Erzbischof von Wellington als Primas mit den Suffraganbistümern Auckland, Christchurch, Nelson, Waiapu, Dunedin, Melanesia (Solomon Islands), Polynesia (Fiji). Die röm.-kath. Kirche mit dem Erzbistum Wellington und den Bistümern Auckland, Christchurch und Dunedin untersteht mit Australien und Ozeanien der Apostolischen Delegatur in Sydney. Die Presbyterianer haben ihr Zentrum in Dunedin, einer Ansiedlung hauptsächlich freikirchlicher Schotten seit 1848. Von den anderen Gruppen erreichen nur Baptisten und »Brethren« 1%. Die wenigen Lutheraner, deren Anfänge auf Missionare der → Norddeutschen und der → Hermannsburger Mission zurückgehen, bilden einen Distrikt der Ev. Luth. Church of Australia, wie auch andere Kirchen mit den australischen eng verbunden sind. Ratana und Ringatu sind heidnisch-christliche Mischreligionen der Maori. Rom und die Sekten nehmen zu auf Kosten der traditionellen englischen Kirchen. Die Einwanderung nach dem Kriege hat den britischen Charakter des Volkes und seiner Kirchen nicht verändert. Kirche und Staat sind wie in Australien getrennt. N. hat nie eine Erweckung erlebt. Presbyterianer, Methodisten, Kongregationalisten und Church of Christ stehen in Einigungsverhandlungen. Das Interesse am Ökumenischen Rat der Kirchen und an den → Einigungsbestrebungen (: VII) in Südostasien ist groß.

Religionsstatistik Neuseelands

	Zensus 1951	Zensus 1956
Anglikaner	726 626	780 999
Presbyterianer	446 333	483 884
Röm. Katholiken	264 555	310 723
Methodisten	156 077	161 823
Baptisten	31 518	33 910
Brethren	21 398	22 444
Ratana	17 414	19 570
Heilsarmee	13 607	14 122
Mormonen	10 008	13 133
Church of Christ	11 937	10 852
Kongregationalisten	6 824	7 448
Adventisten	6 159	7 219
Ringatu	4 970	5 092
Lutheraner	3 309	5 092
Zeugen Jehovas	1 756	3 844
Juden	3 661	3 823
Orthodoxe	1 007	2 728

H.W.Tucker, Life of Bishop Selwyn, Wells 1879 - H.T.Purchas, A Hist. of the English Church in New Zealand, Christchurch 1917 - A.H.Reed, Marsden of Maoriland, Dunedin u. Wellington 1938 - Ders., The Story of New Zealand, Wellington 1946 (ältere Lit.) - W.P.Morrell-F.L.W.Wood, A Hist. of New Zealand Life, Christchurch u. London 1957 (ausführl. Lit. zur Gesch. N.s) - F.L.W.Wood, This New Zealand, London 1958 (neuere Lit.). - Für Katholiken u. Lutheraner s. die Werke von Moran u. Brauer bei → Australien: II. - Statistik: Official Handbook of New Zealand, seit 1875 (Wellington).

H.Sasse

Neuser, *Adam* († 1576), * in Gunzenhausen (Ansbach), luth., seit 1560 in Heidelberg 2. Prediger an St. Peter. Mit → Erastus und → Sylvan wehrt sich N. gegen die bes. von → Olevian und → Ursinus verlangte Kirchenzucht nach Genfer Vorbild. In Speyer übergibt er auf dem Reichstag 1570 dem siebenbürgischen Gesandten Briefe für den Sultan mit der Bitte um Aufnahme in die Türkei und Übertritt zum Islam. Vor der Verhaftung wegen Landesverrats und Unitarismus flieht er nach Preßburg, kehrt freiwillig zurück und wird in Heidelberg eingesperrt. Nach erneuter Flucht versucht er in London, Paris, Polen und Siebenbürgen als Pfarrer unterzukommen, tritt in Konstantinopel zum Islam über und dient dort in der Leibwache des Sultans.

B.G.Struve, Ausführl. Bericht von der churpfälzischen Kirchenhistorie, 1721, 214ff - H.Rott, Neue Quellen für eine Aktenrevision des Prozesses gegen Sylvan u. seine Genossen (Neues Archiv für die Gesch. der Stadt Heidelberg 8, 1910, 184-259; 9, 1911, 1-70; Lit.) -

C.Horn, Joh.Sylvan u. die Anfänge des Heidelberger Antitrinitarismus (Neue Heidelberger Jb.er 17, 1913, 219-310; Lit.) - Schl. II, 1935, Nr. 93 - H.Neu, Pfarrbuch der ev. Kirche Badens II, 1939, 437 - R.Wesel-Roth, Th.Erastus, 1954, 30 u.ö. - M.Kriebel, Stephan Gerlach, dt. Botschaftsprediger in Konstantinopel 1573-78 (Die ev. Diaspora 29, 1958, 86). *F.Hauss*

Neuthomismus

1. Begriff, Entstehung, bedeutende Vertreter - 2. Philosophische Problemwelt des N. - 3. Gliederung des N. - 4. Der N. strenger Observanz - 5. Kritik. - Vgl. → Thomas von Aquino, → Thomismus, → Neuscholastik

1. Der N. ist als mächtigste unter den kath. geistigen Bewegungen der Gegenwart eine sich selbst als überzeitliche »philosophia perennis« verstehende, seit 80 Jahren von den Päpsten approbierte Renaissance der Gedankenwelt des → Thomas von Aquino (→ Thomismus). Nur im steten Rückbezug auf sie ist der N. eigentlich darstellbar. In der Approbation des N. bejaht die kath. Kirche bedingungslos ihr eigenes Gewordensein und entnimmt die vielschichtige philosophisch-theologische Synthese des 13.Jh.s im Grundsätzlichen den Bedingungen der → Geschichtlichkeit. Auch für die Kritiker in seinen eigenen Reihen bleibt damit die Approbation des N. ein »providentieller Akt« (A.Mitterer) und das Festhalten in Lehre und Forschung an dem von Thomas Erarbeiteten um der Reinheit von Wissenschaft und Offenbarungswissenschaft willen ein »Muß« (G.Söhngen). Da die kath. Dogmenbildung (Seinsmetaphysik, Übernatur, Sakramente, Gnadenlehre usw; → Dogma: II, 3) und Ethik (Seinsethik, Naturrecht usw) mit dem System des 13.Jh.s in einem unlöslichen Zusammenhang stehen, ergaben sich notwendig Erneuerungen des Thomismus in den kirchlichen Restaurationen nach der Reformation, im 19.Jh. und nach dem Modernismus (→ Reformkatholizismus). Unter dem Einfluß von Exjesuiten aus Spanien, wo hervorragende Geister den Thomismus lebendig erhalten hatten, wurden Vinzenzo Buzzetti († 1824) und seine Lieblingsschüler, die Brüder Dominik und Seraphim Sordi SJ, die Begründer des modernen N. in Italien. L.Taparelli d'Azeglio SJ († 1862, Mitbegründer der »Civiltà cattolica«) und M.Liberatore SJ († 1892) brachten den N. nach Rom. Neben solch glänzenden Geistern wie G.Sanseverino († 1865, Ztschr. »Scienza e Fede«) und J.M.Cornoldi († 1892) schlossen sich die Brüder Grafen Joseph und Joachim Pecci der Bewegung an. Joachim nahm als Papst → Leo XIII. die Führung des N. (den schon → Pius IX. gefördert hatte) selbst in die Hand. Leo glaubte, die Quelle aller Übel seien philosophische Irrtümer. Seine Enzyklika → »Aeterni patris« (4.8.1879) sagt deshalb: »Wir wünschen, daß ihr alle aus dem reinen Wasser des Weisheitsstromes, der von dem engelgleichen Lehrer ausgeht, der studierenden Jugend in vollem und freigebigstem Maße mitteilt.« Mitverfasser dieser »Magna Charta des N.« war J. → Kleutgen SJ, der aus der deutschen romantisch-historischen Bewegung des N. kam. Romantische Strömungen förderten den N. auch in anderen Ländern. Leo gründete durch seinen Bruder 1880 die Thomas-Akademie in Rom und den Lehrstuhl für N. in Löwen. Nach verwickelten Kämpfen wurde → Löwen unter (Kardinal) → Mercier zu einem bis heute bedeutenden Zentrum des N. Weitere wichtige Approbationen des N. erfolgten u.a. im Motu proprio »Doctoris angelici« → Pius' X. (1914), in den 24 Thomas-Thesen der Studienkongregation (1914), in c. 1366 § 2 CIC (Philosophie und Theologie sind »gemäß der Methode, Lehre und den Prinzipien des engelgleichen Lehrers« zu betreiben), in → Pius' XI. Enzyklika »Studiorum Ducem« (1923; seid alle »amatores S. Thomae«) und in → Pius' XII. Enzyklika → »Humani generis« (1950; die thomistische Philosophie »ist von der Kirche angenommen und anerkannt«). Leo XIII. hatte Thomas zum Patron aller theologischen Lehranstalten erklärt und die »Editio Leonina« befohlen. Eine deutsch-lat. Ausgabe der Summa Theologica (mit ausführlichem Kommentar) erscheint seit 1933. Die literarische Produktion des N. ist groß: die »Bibliographie thomiste« (P.Mandonnet und J.Destrez) 1800-1920 hat 2219, die »Thomistic Bibliography« (V.J.Bourke) 1920-40 bereits 4764 Titel; zZ sind es sicher weit über 10 000 Titel. Allgemeiner bekannt geworden sind von den Vorkämpfern des modernen N. u.a.: J.Destrez, F.Diekamp, F. → Ehrle, A.Gardeil, C. → Baeumker, R.Garrigou-Lagrange, J. → Mausbach, M. → Grabmann, B.Geyer, J.A.Gredt, K. → Gutberlet, A.Hufnagel, A.Lemonnyer, G.M. Manser, N. del Prado, J.Ramirez, P.Rousselot, B. Schwalm, A.D.Sertillanges, A.Silva-Tarouca, K.Thieme sowie bes. J. → Maritain, J.Maréchal und E. → Gilson.

2. Im Hinblick auf die *philosophische Problemwelt* des N. können nur einige der bewegenden Fragen angedeutet werden: a) Während das kirchliche → Lehramt die *Philosophie* des Thomas als Norm ansetzt und manche meinen, Thomas sei mehr Philosoph als Theologe (zB H.Urs v. → Balthasar), bestreiten andere, daß Thomas überhaupt Philosoph im eigentlichen Sinne war (A. Hayen, J.Pieper, P.Chenu, G.Söhngen) und rügen die Fiktion, das kirchliche MA sei von Philosophen bevölkert (Gilson). Nach P.E.Persson und anderen prot. Forschern erscheint die »philosophia perennis« als reine Theologie. - b) Die Rolle des (neu-)platonischen Erbes bei Thomas und sein Verhältnis zu dessen Aristotelismus ist kontrovers (J.Hommes u.a.). - c) Die systematische Struktur des → Aristotelismus *an sich* ist ein Kontroversproblem. - d) In seiner Relation zum Christentum wird der Aristotelismus als Fast-Offenbarung wie als dezidiertes Heidentum (H.V.Jaffa u.a.) betrachtet. - e) Der Meinung, Thomas sei ein getaufter Aristoteles oder gehe durchweg mit ihm (E.Kurz), steht der Nachweis gegenüber, daß Thomas Aristoteles ständig Dinge sagen ließ, die dieser nie gemeint hatte (H.Oehler, A.Hayen, Jaffa u.a.). - f) Das gleiche gilt im Hinblick auf die Kirchenväter, bes. Augustin, den man bei Thomas »nachsitzen« läßt, weil er historisch gar nicht sagen konnte, was er bei Thomas dauernd sagen muß (Söhngen, J.Hessen, J.Bernhart u.a.). - g) Während u.a. E.Przywara Thomas so stilisiert, daß er mit allen großen Denkern in Kommunikation steht, stellen andere scharfe Differentialdiagnosen gegenüber → Bergson, → Kant, → Hegel, → Heidegger, → Husserl usw auf (Sertillanges, Maritain, Maréchal, J.Schilling, K.Rahner u.a.). - h) Manche Vertreter des N. werten bei Thomas primär seine »Phänomenologie«, die auf dem Hintergrund einer axiologischen Seinsmetaphysik stehe (P.Morandini); er lieferte »Kabinettstücke phänomenologischer Analyse« (E. Stein). - i) Andere (zu denen Vertreter der »Théologie Nouvelle« stoßen; → Natur und Übernatur) halten ihn (nach Grabmann u.a. unkritisch) für einen programmatischen axiologischen »Personalisten« (A.Reatz, W.Stolz, P.N.Engelhardt, A.Lang). - k) Nicht wenige sehen Heideggers (sog.) »Fundamentalontologie« (wie auch N. → Hartmanns Ontologie) als thomistischen Ausfluß, wollen diese im N. in ihre »eigentliche Dimension« bringen oder doch dem N. »assimilieren« (J.M.Hollenbach, J.Möller, J.B.Lotz, v.Balthasar u.a.). - l) Viel Anteilnahme findet das Thema »N. und Existentialismus« (B.Thum, M.Uebelhör, C.Morón Arroyo, M.Müller). - m) Während die (französischen und deutschen) »Hegelianer« innerhalb des N. im »absoluten Sein« Analogien zwischen Thomas und Hegel finden (bes. J.Möller), möchten andere Hegel durch Thomas vernichten (B.

Lakewitz). – n) Der Meinung, → Marx und Thomas seien absolut unversöhnbar (J.M.Bocheński, H.Falk, J.Lenz, M.Autunes), steht die andere gegenüber, die Forderungen des → Marxismus seien aus dem Thomismus zu entwickeln (G.A.Wetter, A.Well) oder Marx und Thomas seien beide konsequente Schüler des Aristoteles und deshalb ins Gespräch zu bringen (M.Reding). – o) Nach Thomas sollen essentia und existentia des *kontingenten* Seienden *real* verschieden sein. Aus dieser Maxime des N. (These 3 der von vielen perhorreszierten Thesen vom 27.7.1914 [s. 1]) ergibt sich eine reiche Problematik (vgl. A.Krempel); eben hier aber sah die älteste Thomas-Schule keine Fundamentallehre (Grabmann). – p) Das Problem, ob es bei Thomas eine wirkliche Frage nach dem Sein und nicht nur nach dem Seienden gibt, ist ein bewegendes Motiv. Die Entwicklung einer thomistischen Ontologie beschäftigt(e) hervorragende Geister (Sertillanges [heute kritisiert], Gilson, K.Nink, F.M. Sladczek, K.Rahner, M.D.Roland-Gosselin, R.P.Marc, B.Geiger, C.Fabro, A.Hufnagel u.a.).

3. Der Versuch, das *Feld des N. zu gliedern*, entspricht etwa dem Versuch, das Verhältnis des Protestantismus zur Hl. Schrift darzustellen. Auch im N. gibt es massiven (begrifflich, idiomatisch »verbalinspiratorischen«) Thomas-Fundamentalismus wie (relative, s.o.) radikale Kritik. Erfahrungsgemäß erregt jede Klassifikation den Widerstand der Klassifizierten, die die Prinzipien strenger Wissenschaftlichkeit wie der Loyalität gleichermaßen beanspruchen. A.Mitterer gliedert in den *integralen N.* (strenge Observanz, Eid, Schulkult, Übergebühr) und dessen Mißform, den *totalitären N.* (Unkirchlichkeit, Unwissenschaftlichkeit, Unehrenhaftigkeit); in den *eklektischen N.* (Stückelungen, wie sie die Päpste [zB in »Mystici Corporis«] vorbildlich vornehmen) und dessen Mißform, den *opportunistischen N.* (Konjunktur oder Paravent gegen Einschüchterungen); in den *kritischen N.* (Dogmen- und Weltbildvergleich, s.u.) und dessen Mißform, den *pseudokritischen N.* (überkritisch-apriorische Verurteilung des Thomas oder unterkritische Feigheit). Sein Schüler R.Markovics unterschied in der *Wahrheitsfrage* eine dogmatisch-maximale von einer kritisch-selektiven und einer dogmatisch-selektiven Auffassung; in der *Autoritätsfrage* eine rigorose von einer toleranten und einer kompromißhaften Auffassung; in der *Synthesenfrage* zwischen immanenter, transzendenter und ambivalenter Synthese von Thomismus und neuer Wissenschaft. Er versuchte zu erweisen, daß Pius XII. sich in allen Bereichen zu einer toleranten, wissenschaftsoffenen Haltung bekannt habe.

4. Der *N. strenger Observanz* hält das Denken des Thomas für ein überzeitlich antimodern-ultramodern universales Denken (J.Maritain), für die »philosophia christiana« (M.S.Gillet), das »Menschheitsdenken« schlechthin (H.Woroniecki), für eine immerdauernde Methode (C.J.Jellouschek); nicht der Katholizismus werde thomistisch, sondern der Thomismus ist kath. Falsches kann es bei Thomas in glaubenswichtigen Fragen nicht geben (J.Ude und viele), seine Begriffssprache, mit der die kath. Kirche dogmatisiert, muß »unfehlbar treffend« sein (K.Thieme). Wenn Thomas und Naturwissenschaft sich widersprechen, versagt im Subatomaren nicht die thomistische Kausalität, sondern die Quantenphysik (A.Breuer gegen C.de Koninck). Der wissenschaftliche Psychologe hat sich »vor Beginn seiner Forschungsarbeit« dafür zu entscheiden, daß die Seele dichotomisch-dualistisch (gegen die Franziskaner zB) die *eine* substantiale Form des Körpers ist (R.E.Brennan). Die Offenbarungswahrheiten sind Prinzipien, aus denen die theologischen Konklusionen streng abzuleiten sind (gegen die 1942 indizierten Bedenken von P.Charlier u.a.). In der dogmatisierten leiblichen Himmelfahrt Marias (1950, → Mariologie) wurde aus dieser Konvenienztheologie zum ersten Mal ein historisches Faktum deduziert. Wenn eingewendet wurde, das ratiocinium deductivum sei unmöglich, weil die Termini im Obersatz vom Glauben, die im Untersatz von der Vernunft abhängen, so ist das im Hinblick auf die Analogie des Seins ein Irrtum. Die Situationsethik ist zugunsten der Seins- und Gesetzesethik zu verwerfen. Vor dem Hintergrund der unfehlbar definierten rationalen Erweisbarkeit Gottes drängen die im Ontologischen verwurzelten Normen allenthalben zur Objektivierung im universal verpflichtenden Recht.

5. Die (relative) *Kritik inner- und außerhalb des N.* verweist auf die Geschichtlichkeit des Thomismus und auf die Anerkennung aller anderen Strömungen der → Neuscholastik durch die Päpste. Sie nimmt die alte Kontroverse gegen den Aristotelismus auf, den schon Tertullian, Augustin, Bernhard von Clairvaux u.a. durchschaut hatten (J.Hessen), und bekämpft die Genealogie: »Aristoteles genuit Thomam, Thomas genuit Cajetanum, Cajetanus genuit Joannem a Sancto Thoma«. N. ist primär eine Sache für Schulen (v.Balthasar); Thomas selbst hätte uns verurteilt, würden wir uns von ihm abhängig machen (Mercier) und an allen anderen Denkern vorübergehen (F. van Steenberghen u.a.). Er war nur ein Mensch (J. Bernhart). »Wesenhaft unwandelbar und von absoluter Gültigkeit zu sein, ist das Vorrecht Gottes allein« (J.P. Steffes). Der kranke N. flüchtet in eine dem modernen Denken fremde Sprechweise (Th.Peters). Er steht in ernster Krise: Kant bekämpfend wurde er durch den Neuzeitgeist überrumpelt (F.Sassen). Sein Programm *muß* scheitern: es ist unmöglich, ihn zu erneuern und seine Grundlagen festzuhalten (J.Hessen). Andererseits werden 80 Jahre N. als Episode angesichts der Gesamtkirchengeschichte betrachtet. Mystiker, Charismatiker und Liturgiker (u.a. A.Stolz, O. → Casel, Th.Soiron) lehnen die ihnen fremde Struktur des N. ab. – Die Arbeitsbereiche der (vielfach angefochtenen) Schule A. Mitterers können nur angedeutet werden. Sie möchte im Weltbildvergleich die Grenzen des → Hylemorphismus in der Kosmologie (notwendige Gestirnbewegung durch Geister), der Geschlechterlehre (die Frau als »mas occasionatus«, als verunglückter Mann), der Embryologie, Entwicklungslehre usw aufzeigen. Sie zieht die Konsequenzen daraus, daß Thomas Geschichtswissenschaft nicht kannte. Sie sucht nachzuweisen, daß die kirchliche Lehrentwicklung in der Mariologie, Ekklesiologie, Ethik, Sakramentslehre usw weithin *gegen* Thomas verlief, und stellt die »Theologi maiores« (Bischöfe und Papst) dem »Kleintheologen« Thomas gegenüber. Sie versteht die »thomasische« Lehre als Produkt aus einem unantastbaren Multiplikanden und einem überholten Multiplikator und will dies Produkt durch den zeitbedingten Multiplikator dividieren, um einen echten, zukunftswirksamen Quotienten des N. zu erhalten. – Ähnlich gerichtet sind Grabmanns »historisch-genetische Methode«, die Quellenforschungen von M.Wittman und Dom Lottin, die geisteswissenschaftlichen Übersichten von Gilson und die Einzelinterpretationen von J.Pieper.

Gesamtdarstellungen fehlen. Neben den Bibliographien u. dem Schrifttum der im Text genannten Verfasser vgl. bes. die Periodica: Divus Thomas, Piacenza 1880ff; Jb. f. Philos. u. spek. Theol., 1887ff (seit 1922: Divus Thomas; seit 1954: Freiburger Zs. f. Theol. u. Philos.); PhJ, 1888ff; RThom, Paris 1893ff; Revue néo-scolastique de philosophie, Löwen 1894ff; RSPhTh, Paris 1907ff; Rivista di filosofia neo-scolastica, Florenz-Mailand 1909ff; Ciencia Tomista, Salamanca 1909ff; Gregorianum, Rom 1920ff; Bulletin Thomiste, Paris 1924ff; EThL, Brügge 1924ff; Schol., 1926ff; RThAM, Löwen 1929ff; AFP, Rom 1931ff; Acta Pont. Academiae Romanae S. Thomae Aqu. et Religionis Catholicae, NS, Rom 1934ff. - Prot. Lit.: K.E.Skydsgaard, Metafysik og Tro, Kopenhagen 1937 - H.Lyttkens, The Analogy between God and the World, Uppsala 1952 - R.Prenter, Thomismen, Kopenhagen 1953 - P.E.Persson, Sacra Doctrina, Lund 1957. - Prot. Aufsätze: E.Ellwein, Die neuthomist. Theol. (ELKZ 3, 1949, 306-309) - P.M.Bretscher, Der Neo-Thomismus (ebd 309-312. 332-334) - A.Ortenburger, Die kulturgesch.-sympt. Bedeutung des N. (ebd 4, 1950, 203-206) - K.Oehler, Thomas v. A. als Interpret (PhR 5, 1957, 135-152) - J.Klein, Ursprung u. Ziel d. N. (EvTh 17, 1957, 337-365 = J.K., Skandalon, 1958, 422 bis 464) - G.Hornig, Zur neueren Thomas-Lit. (LR 8, 1958/59, 41-56). - Vgl. ergänzend EKL II, 1569ff. *W.Philipp*

Neuwerk → Jugendbewegung: II, 2.

Neuzeit, *kirchengeschichtlich*

1. Grundsätzliches: Reformation oder Aufklärung als Beginn der N. - 2. Die allgemeinen Umwandlungen des Denkens und Lebens - 3. Die Reaktion der Kirche: a) die ev., b) die röm.-kath., c) die anglikanische Theologie - 4. Die eigentümlich n.en Züge des kirchengeschichtlichen Ablaufs. - n. = neuzeitlich

1. Die N. in der abendländischen KG beginnt insofern mit der → *Reformation*, als die Wiederentdeckung der evangelischen Botschaft durch Luther im strengen Sinne eine Epoche bedeutet, gekennzeichnet durch Tiefe der Problemstellung, Kraft der Gestaltung, Reichtum der entbundenen Energien, Unerbittlichkeit der Polemik, dh Klarheit des Gedankens und Entschiedenheit der Überzeugung. Der Wiedergewinn der ursprünglichen Wahrheit als bleibende, für jede Generation neue Aufgabe hat seitdem stärker als zuvor die KG bestimmt, so daß sie weit weniger Geschichte der Institutionen und des Rechts als Geschichte der geistigen Auseinandersetzungen geworden ist. Die vor allem von → Troeltsch unter seiner Fragestellung nach dem Wesen und Ursprung der modernen Kultur verfochtene Zuordnung der Reformation zum supranatural bestimmten → Mittelalter als der dogmatisch gebundenen Denk- und Lebensform der Menschheit und die entsprechende Entscheidung für die → *Aufklärung* als Anfang der N. verkennt die eigentliche Dynamik der → Kirchengeschichte (: I, 1), deren Bewegungsgesetz das Evangelium ist - nicht die umgebenden religionsgeschichtlichen, philosophischen und kulturellen Einflüsse. Trotzdem ist es sowohl aus technischen (Stoffülle) als auch aus sachlichen Gründen ratsam, den Ausdruck »N.« demjenigen Zeitabschnitt vorzubehalten, der mit dem Ende des kirchlich-konfessionellen Zeitalters (Reformation und → Gegenreformation) 1650/1700 beginnt und bis zur Gegenwart reicht. Er ist weitgehend durch die Säkularisierung des öffentlichen Lebens, der die Privatisierung des Christentums entspricht, juristisch durch die Tendenz zur Trennung von → Kirche und Staat und zur Gewährung unbeschränkter → Religionsfreiheit gekennzeichnet. Die häufig als primäre Eigentümlichkeiten des n.en Christentums angesprochenen Züge des Individualismus und Subjektivismus sind folgerichtige Symptome dieser Privatisierung und wurden durch ihr Fortschreiten begünstigt. Sie haben aber ihren letzten Grund in der personalen Struktur des Gottesverhältnisses, die die Reformation wieder ans Licht brachte. Dieser tiefliegende, zugleich aktuelle Zusammenhang veranlaßte R. → Rothe, die KG als ganze in der radikalen Gegenüberstellung zu begreifen: KG des Altertums und des MA als kath. oder kirchliche Zeit, KG der N. seit der Reformation als prot. oder kirchenlose Zeit.

2. Hat somit die gesamte N. ihren Ursprung in der Reformation, so ist an der kulturgeschichtlichen Auffassung Troeltschs doch soviel richtig, daß die entscheidenden Anstöße zur Veränderung des kirchlichen Gesamtbildes seit 1650/1700 von außen kamen und daß die Kirche mehr reagierte als selbständig gestaltete. Immerhin bleibt durch künftige Forschung noch festzustellen, inwieweit ausgesprochen n.e Prinzipien (Herrschaft der Vernunft, Mittelpunktstellung des Menschen, Trennung von Kirche und Staat, → Toleranz, Ablehnung des Institutionalismus zugunsten des Individualismus, des Traditionalismus zugunsten des Aktualismus) schon *vor* ihrer Durchsetzung im weltlichen Raum von christlichen Einzeldenkern und Gruppen (→ Täufern, mystischen → Spiritualisten, → Puritanern) vertreten worden sind. Die von außerhalb wirkenden Umwandlungen bestimmten bes. drei Gebiete: die Wissenschaft, die Philosophie und die Politik. In der Wissenschaft gestaltete die empirische Forschungsmethodik mit dem Ziel exakter Tatsachenfeststellung sowohl die Naturerkenntnis (weitgehend durch Entdeckungen) als auch die Geschichtserkenntnis (durch Betrachtungsweise und Urteilsbildung) entscheidend um. Die → Philosophie leitete aus der heuristischen Skepsis als ihrem methodischen Prinzip den Anspruch auf unbestechliche Wahrheitsfindung und Gesamtdeutung der Wirklichkeit ab. Sie übernahm damit - ausgesprochen oder stillschweigend - die bisherige Rolle der Theologie. Die → Politik begründete mit der Staatsräson das gesamte staatliche Handeln theoretisch aus eigener, sachgemäßer Logik und verstand sich praktisch als dadurch gerechtfertigte Selbstbehauptung. Überall wurde die bisherige Theonomie durch → Autonomie, die Offenbarung durch → Vernunft, das geglaubte Handeln Gottes durch das wahrgenommene, postulierte oder organisierte Handeln des Menschen abgelöst. Auf solcher Grundlage erhob sich als umfassende neue Größe der Aufbau der modernen → Kultur (: III, 5; → Kulturphilosophie) mit dem eigentümlichen Pathos dieses Begriffes.

Da es sich um geistige Entscheidungen handelte, mußten die Folgen für das Christentum zuerst und hauptsächlich in der *Theologie* zutage treten. Sie zeigten sich beispielhaft im englischen → Deismus (: III), wo Bibel-, Dogmen-, Kirchen- und Religionskritik bis zur Konstruktion einer »natürlichen« Religion, zum Skeptizismus und - vereinzelt - zum → Atheismus (: II) entwickelt wurden. Die Auswirkungen auf die *Kirche* traten dagegen viel langsamer und bruchstückhaft ein, zudem in den einzelnen Ländern verschieden stark. Während das Ursprungsland, → England (: II, 3), den Deismus überwand und weitgehend ausschied, erlebte er in → Frankreich (: I, 7-9) eine willige Aufnahme und Radikalisierung. Diese wandte sich mit zunehmender Schärfe gegen den jesuitisch geleiteten röm. Katholizismus der Staatskirche, entlud sich in der destruktiven Kirchenpolitik der Französischen Revolution und steigerte sich bis zur Abschaffung des Christentums und zu seinem Ersatz durch den Kultus der Vernunft. Sie ging im atheistischen → Laizismus des 19. und 20.Jh.s als bleibender Bestandteil in das französische Kulturleben und politische Bewußtsein ein. In Deutschland und der Schweiz fand zwar der Deismus zunächst Widerstand und mußte eine Zeitlang Geheimreligion der Gebildeten bleiben, bis ihn → Lessing im Fragmentenstreit mit → Goeze in Hamburg zur öffentlichen Angelegenheit machte. Als dann die Theologie der → Aufklärung (: III) in raschem Siegeszuge durch → Semler, J.D. → Michaelis, → Ernesti u.a. das Feld eroberte, vermochte das Christentum bis weit in den → Rationalismus (: II) des frühen 19.Jh.s hinein einen volkskirchlichen Zustand aufrechtzuerhalten, der erst durch den militanten Atheismus des Jungen → Deutschland und der Linkshegelianer (→ Feuerbach, → Marx, Br. → Bauer, → Ruge), durch den Spott H. → Heines und Herweghs, schließlich durch die populärwissenschaftliche Auswertung der Naturforschung → Darwins, → Haeckels und Ostwalds aufgelöst wurde.

3. a) Die *Reaktion der Kirche* auf diese von außen kommenden Wandlungen war mannigfaltig. Da der Geist der N. weitgehend als Neuaufnahme der durch die Reformation und Gegenreformation zurückgedrängten → Renaissance erschien, mußte zuerst der → *Humanismus* in der Theologie als stärkste Brücke zur Vergangenheit wirksam werden. Folgerichtig zeigen späthumanistisch geprägte Denker wie → Grotius, → Leibniz, → Mosheim, → Pufendorf am deutlichsten die Kontinuität und erhalten die Verbindung mit dem kirchlichen Christentum beinahe problemlos aufrecht (ähnlich wie in England → Newton und → Boyle). Erst nach der Aufklärung und ihrer Radikalisierung zu Skepsis und Atheismus, dh nach der Erfahrung ihrer extremen Möglichkeiten und der Wiedererweckung der griechischen Antike durch → Winckelmann und die literarische → Klassik von Lessing bis W.v. → Humboldt bildete sich ein kirchenkritischer → Neuhumanismus und Kulturprotestantismus aus. Der → *Pietismus* beschritt, entgegengesetzt zum Humanismus, den Weg der Diastase. Er machte das reformatorische Ringen um die Heilsfrage zu seinem einzigen Inhalt und leistete damit ungewollt der Säkularisierung des Lebens Vorschub, weil er dem Schöpfungsglauben kein Interesse entgegenbrachte. Indem er auf Apologetik verzichtete, vielmehr vom mystischen Spiritualismus das Bemühen um den inneren, neuen Menschen übernahm, vermochte er eine eindrucksvolle Gestaltung des christlichen Individualismus und Subjektivismus zu schaffen, die sich im Besitz der Heilsgewißheit als innerer Erfahrung von den Erschütterungen durch Aporien des wissenschaftlichen Denkens unabhängig wußte, zugleich aber durch das Moment der Erfahrung positiv der N. Rechnung trug, schließlich durch die Betonung des frommen Lebens die für die ganze N. charakteristische Ethisierung einleitete (bes. G. → Arnold, Theologia experimentalis, 1714). Selbständige Denker, die über den Rahmen der Bewegung hinauswuchsen und zT in Gegensatz zu ihr gerieten, wie → Zinzendorf (durch seine Wendung zu Luther) und → Oetinger, öffneten sich noch stärker den geistigen Tendenzen der N., so Zinzendorf dem Skeptizismus → Bayles, um dagegen die christliche Glaubensgewißheit zu entwickeln, Oetinger dem naturwissenschaftlich-experimentellen Sinn, um ihn in einer philosophia sacra zu überbieten. Ähnlich vermochte eine Generation später → Jung-Stilling die kantische Erkenntniskritik als »die einzig mögliche Philosophie« zu begrüßen. Die *Aufklärungstheologie* suchte - im Gegenschlag zum Pietismus - soweit wie möglich auf den Geist der N. einzugehen und ihn als Norm anzuerkennen, der sich die theologische und kirchliche Überlieferung unterordnen sollte. Das Ergebnis war eine Reduktion der christlichen Lehraussagen auf einen rational einsichtigen Gedankenzusammenhang, der entweder als → *Rationalismus* (: II) im Christentum die Bestätigung der »natürlichen« Religion erblickte oder als *rationaler Supranaturalismus* die christlichen Offenbarungssätze vernunftgemäß zu begründen unternahm - wofür die antideistische Apologetik Englands das große Vorbild geliefert hatte. Auf die hier unvermeidliche Preisgabe christlicher Grundaussagen und auf das ganze Bestreben der Anpassung reagierte die → *Erweckungsbewegung* in mehrfacher Form: Der → Methodismus (: I) stellte wie der Pietismus dem Deismus unmittelbar das biblische Zeugnis und die Glaubenserfahrung entgegen (J. → Wesley gegen C. → Middleton 1749) und erkannte zuerst, daß die Aufgabe der Christenheit in der N. Mission heißt, was im 19. und 20.Jh. durch das Wachstum der Ersatzreligionen (→ Ideologien) bestätigt wurde. Das frühe 19.Jh. entdeckte mit der → Romantik (: III) Geheimnis und Wunder als Urelemente religiöser und christlicher Wirklichkeit gegen Intellektualismus und Moralismus neu (Schleiermachers »Reden«; → Novalis, Die Christenheit oder Europa; → Chateaubriand, Génie du Christianisme; → Löhe, Drei Bücher von der Kirche; → Blumhardt). Im weiteren Verlauf der Erweckungsbewegung verband sich pietistische Innerlichkeit mit orthodoxem Dogmatismus zu einer vorwiegend restaurativen Theologie (→ Hengstenberg, Philippi; → Restauration). Schließlich begründete sie mit Hilfe spätromantischer Denkmittel (wie dem Moment des Organischen, Wachstümlichen, Geschichtlichen, Konservativen) einen kirchlichen Institutionalismus neu (→ Vilmar, → Kliefoth, → Stahl, Th. → Harnack in Deutschland, verwandt die Oxfordbewegung in England). In der neuluth. Theologie (→ Luthertum: II), der bedeutendsten Frucht der Erweckungsbewegung, wechselten objektivistische Orientierung an Schrift und Dogma (→ Frank) mit subjektivistischer an der Glaubensgewißheit als Wahrheitsgewißheit ab (L.Ihmels). Die → Gemeinschaftsbewegung des 19. und 20.Jh.s lenkte zur pietistischen Haltung zurück, im Unterschied zum alten Pietismus nicht selten unter grundsätzlicher Verwerfung theologischer Denkarbeit. Der *Deutsche* → *Idealismus* und der an ihn anschließende neuhumanistische *Kulturprotestantismus* vertieften die Fragestellungen und Antworten der Aufklärungstheologie, indem sie die Vernunft als lebendigen »Geist« mit einer Fülle individueller Spielarten faßten und in ihm den Einheitsgrund zwischen Gott und Mensch erblickten (Identitätsspekulationen), zugleich aus der literarischen Klassik und Romantik das künstlerische Moment übernahmen (Kunst als Offenbarung, Begriff des religiösen Genies). Daraus erwuchs eine intellektuell-ästhetisch-ethische Mystik als religiös-sittliche Grundhaltung des modernen Menschen ohne ausgeprägte Konturen, jedoch in erheblichem Abstand zum nt. Christentum. Diese Geheimreligion der → Gebildeten fand einen einseitigen radikalen Ausläufer in J.W.Hauers Deutscher Glaubensbewegung (→ Deutschgläubige Bewegungen). Mit den fast inquisitorisch angewandten Denkmitteln → Hegels bekämpfte der Einzelgänger → *Kierkegaard* den Hegelianismus in der Theologie, um eine Vergegenwärtigung des Urchristentums im asketischen und individualistischen Sinne zu erreichen. Seine Theologie stellte neben → Hamanns Protest gegen die Aufklärung den schärfsten Widerspruch des Christentums gegen die N. dar. Die von Anfang an heftig umstrittene Theologie → *Schleiermachers* versuchte der Eigenständigkeit des christlichen Glaubens innerhalb des idealistischen Koordinatensystems Raum zu schaffen, verfiel ihm jedoch in wesentlichen Punkten. Sie ist in ihrer enzyklopädischen Anlage, in ihrem Bemühen, das Widerstrebende zur höheren Einheit zu zwingen und den ganzen Reichtum christlicher Möglichkeiten widerzuspiegeln, vielleicht der am meisten angemessene Ausdruck für die inneren Spannungen und die Gespanntheit der N. in der KG. Der Neuansatz → *Ritschls,* auf dem Boden des nach- und antiidealistischen Positivismus erwachsen, bemühte sich um eine stärkere Konzentration auf die wesentlichen Glaubensaussagen und suchte dem im 19.Jh. erwachten Sinn für die Geschichte gerecht zu werden. In seiner Schule (→ Ritschlianer) wurde je länger, desto entschiedener der ethische Grundzug seiner Theologie gepflegt und im ganzen stark an → Kant angeknüpft. Das Gegenüber zu ihm stellte nicht so sehr die neuluth. → Erlanger Schule dar als vielmehr der von → Tholuck herkommende *»biblische Realismus«* → Kählers und seiner Nachfolger,

der das Anliegen des Pietismus in wissenschaftlicher Gestalt zur Geltung bringen wollte. Vielfach verzichtete man jedoch im Zeitalter des → Positivismus überhaupt auf eine Gesamtanschauung, so daß in der Theologie wie in der Philosophie der → Historismus galt, bis Nietzsche, → Dilthey und Troeltsch den ihm innewohnenden Relativismus als tödliche Gefahr erkannten. Aber die revolutionär vorgetragene neuromantische Lebensphilosophie → *Nietzsches* fand keine eigentlich theologische Antwort, wie schon die Auseinandersetzung mit der Romantik (Novalis, F. → Schlegel) seit Schleiermachers »Reden« liegen geblieben war. Die Theologie befand sich vor dem Geist der N. eindeutig im Rückzug, am deutlichsten in der → Religionsgeschichtlichen Schule. → *Troeltsch* hatte als einziger Denker den Mut, durch Preisgabe des Offenbarungsbegriffs prinzipiell den Bankrott der Theologie zugunsten eines teils rationalen, teils historischen Vernunftbegriffs zu erklären, während → Overbeck sich aus der gleichen Erkenntnis einem müden Nihilismus ergab. - In diese Lage stieß der 1. Weltkrieg als praktisch-politischer Beginn der europäischen Selbstzerstörung hinein. Auf seinem Boden vermochten bes. die → dialektische Theologie (K. → Barth, E. → Brunner, F. → Gogarten), der Neuromantiker R. → Otto, der Lutherforscher K. → Holl, die Neulutheraner P. → Althaus und W. → Elert, der Neupietist K. → Heim, trotz aller Verschiedenheiten in Ansatz und Ausführung erstaunlich einheitlich, das theologische Thema von Offenbarung, Wort Gottes und Glaube im Gegensatz zur säkularisierten N. zur Geltung zu bringen. Sie leiteten damit die letzte, seitdem durch die kerygmatische Theologie → Bultmanns und seiner Schule gesteigerte Phase der theologischen Bewältigung der N. ein, zu der auch die Wiederaufnahme des Gesprächs mit dem röm. Katholizismus gehört.

b) Ist die ev. Theologie, bes. auf deutschem Boden, der eigentliche Spiegel für die N. der KG in ihrer Bewegtheit von Schlag und Gegenschlag, so ist etwas von dieser auch in der Entwicklung der *röm.-kath. Theologie* zu spüren (trotz ihres Autoritätsprinzips und ihrer grundsätzlich ablehnenden Einstellung zur N.). Hier bedeuten → *Jansenismus* und → *Quietismus* die ersten Erschütterungen des sakramentalen, institutionellen und dogmatischen Gefüges, das das → Tridentinische Konzil als zusammengefaßtes Ergebnis der antireformatorischen Polemik errichtet hatte. Beide wiesen in die Richtung des Subjektivismus. Der Aufklärungsgeist, bes. die Forderung freier Bibel- und Dogmenforschung, wurde nach dem bedeutsamen Vorspiel R. → Simons (1678) im *Hermesianismus* (G. → Hermes), dann wieder im französischen und deutschen *Modernismus* (→ Reformkatholizismus) wirksam; er führte jeweils in der Methode und in den Ergebnissen zur Annäherung an die ev. Theologie. → Rosmini vertrat einen christlichen Idealismus mit einer eigenen Erkenntnislehre (→ Ontologismus). → Möhler und die sich an ihn anschließende Tübinger kath. Schule nahmen, → Bossuet weiterbildend, den organischen Entwicklungsgedanken der Romantik für die Dogmengeschichte auf, ebenso → Newman vor und nach seiner Konversion. Auch die Erweckungsbewegung hatte im deutschen Katholizismus ihre Parallele und führte in Gestalten wie → Boos, → Henhöfer, → Lutz, → Goßner zur Annäherung an das ev. Christentum bis hin zu Übertritten. Umgekehrt traten entschiedene Gegner der Aufklärung dem röm. Katholizismus nahe (→ Hamann und F.v. → Stolberg in → Overbergs Kreise in Münster, H. → Leo sowie die romantischen → Konvertiten zur röm.-kath. Kirche), und der → *Ultramontanismus* erwuchs als Gegenbewegung gegen Säkularismus und Liberalismus gerade auf dem dafür klassischen Boden Frankreichs.

c) In der *anglikanischen Theologie* des 19. Jh.s herrschte - nach Überwindung des Deismus - lange eine traditionalistisch konservative Absage an den wissenschaftlich-kritischen Geist der N., die sich in der Ignorierung der historisch-religionsgeschichtlichen Bibelforschung, in der Polemik gegen Lyells Principles of Geology (1830) und → Darwins Origin of Species (1859), schließlich bes. in der Entstehung und Ausbildung der → Hochkirchlichen (Oxford-)Bewegung aussprach. Erst → Gore brach 1889 den Bann mit der Herausgabe des Sammelwerks Lux Mundi.

4. Im allgemeinen Verlauf der KG heben sich *folgende Züge als eigentümlich* n. heraus: Seit dem Ende des 30jährigen Krieges in Mitteleuropa (1648), der Restauration der Stuarts und des Anglikanismus in Großbritannien (1660), dem Sieg der staatskirchlichen Zwangskultur in Frankreich durch die Aufhebung des Edikts von Nantes (1685) wuchs die Abneigung gegen den konfessionellen Hader beständig. Ihre ersten Wortführer waren seit der Reformation die mystischen → Spiritualisten, zuletzt → Hoburg. Diese Abneigung brachte seit dem Toleranzedikt des britischen Parlaments unter Wilhelm III. 1689 im Verlauf des 18. Jh.s überall Gesetze mit dem Inhalt der (begrenzten) → *Religionsfreiheit* hervor. Auf dem Boden kirchlicher Indifferenz erwuchsen Skeptizismus (→ Bayle) und radikaler Individualismus im Religiösen (→ Dippel), die beide auf die Aufklärung vorauswiesen. In → Edelmann vollzog sich der in Dippel angekündigte Übergang vom Pietismus zur Aufklärung. - Mittelbar hing mit der Vorherrschaft des Politischen in der N. die Preisgabe des Lateinischen als Gelehrtensprache zugunsten der Nationalsprachen zusammen. Damit wurde die bereits durch die Reformation eingeleitete *nationale Differenzierung* der KG auf die Höhe geführt und der bes. das 19. Jh. bestimmende Bund von Kirche und Nationalbewußtsein geschlossen. Die Einheit der Kirche mußte mehr denn je, namentlich in nationalen Krisenzeiten (Kriegen, Antikolonialismus), zum Problem und zur Aufgabe werden. Andererseits blieb das Wissen um sie immer lebendig. Schon die erste große Bewegung der N., der → Pietismus, zeigt übernationale Einheit und nationale Besonderheit zugleich. Gemeinsam war die Betonung der Wiedergeburt mit dem Ziel des neuen Menschen, die Ethisierung; verschieden gestaltete sich die Bewertung des Gesetzes, der Liebe, der Anteil der Mystik, das Verständnis der Vollkommenheit, verschieden auch die praktische Stellungnahme zur bestehenden Kirche und weltlichen Obrigkeit. Während der deutsche Pietismus politisch unfruchtbar blieb, begründete der englische Puritanismus von der Gewissenslehre und -freiheit aus die allgemeinen → Menschenrechte und verwirklichte sie in den nordamerikanischen Kolonien. Der niederländische Präzisismus bewirkte eine Steigerung der altref. patriarchalischen Lebensordnung. - Den gleichen Widerstreit von Nationalismus und Universalismus offenbarte die → Aufklärung. Der auf britischem Boden stärker als in Frankreich und Deutschland von der italienischen platonischen Renaissance bestimmte Vernunftbegriff hatte einen religiösen Klang als gottgewollte Ordnung des Kosmos, in West- und Mitteleuropa nahm er die Bedeutung des gleichmachenden Maßstabs an und erstarrte leicht zum Schematismus. Die Erweckungsbewegung in der Welschschweiz (→ Réveil) hatte eine stärker ästhetisch-emotionale Prägung als in Deutschland. Das gleiche gilt von der romantisch bestimmten Oxfordbewegung Englands und der neuluth. Kirchentheologie, die auf Wort, Sakrament, Institution und Geschichte (»Bekenntnis«) als die Säulen der Kirche zu-

ging. So nahm der seit dem Pietismus beständig wachsende kirchliche Unionswille vorwiegend nationale Gestalt an. Neben den territorial verschiedenen → Unionen (: I) in Deutschland gilt dies für die → Unionen (: III) auf den britischen Missionsfeldern (Indien, Afrika) und denjenigen in Nordamerika - ebenso wie umgekehrt von den vielfach aus politisch-nationalen Gründen erfolgten Spaltungen innerhalb der angelsächsischen Kirchen. Auch die Behandlung der technischen, wirtschaftlichen und sozialen Umgestaltung des Alltags und der durch sie hervorgerufenen Nöte verläuft in den einzelnen Kirchen jeweils national verschieden (→ Innere Mission), und der sich überall bildende *christliche* → *Sozialismus* hat in jedem Lande eine andere Gestalt. Erst in der Gegenwart erfolgt ein wirklicher Austausch der unter nationalem Aspekt gesammelten christlichen Erfahrungen, nachdem der Ansatz des 19.Jh.s mit der Ev. Allianz (→ Allianzbewegungen) nicht die erhofften Früchte getragen hat. Das Werkzeug dafür ist die → *Ökumenische Bewegung*, die aus der *Weltmission* des 19.Jh.s erwuchs und 1948 in der Gründung des Ökumenischen Rates gipfelte. Neben ihr stehen die konfessionellen Zusammenschlüsse auf transnationaler Basis: die Anglican Communion (→ Anglikanische Kirche: I, 8), die World Methodist Conference (→ Methodismus: I, 11), der → Lutherische Weltbund, der → Reformierte Weltbund und kleinere Gruppen (→ Einigungsbestrebungen: IV-VII). - Zu den eigentümlich n.en Erfahrungen der KG gehören schließlich die Zusammenstöße mit der *politischen Weltanschauung* in totalitären Staaten, die sich aus dem in dieser Form neuen Ideologiebedürfnis der politischen Größen, vor allem der → Parteien als Trägern der politischen Willensbildung, nach dem Ende des christlichen Staatsverständnisses ergaben. Obwohl Ansätze dazu seit der Aufklärung vorhanden waren, wurde erst im deutschen → *Kirchenkampf* das Problem scharf gestellt und unter Einsatz aller Mittel der Kirche beispielhaft für die ganze Christenheit gelöst. Das Ergebnis war eine neue Freudigkeit zum Gottesdienst, zur Theologie, die Gefahr eine Vereinfachung der theologischen Denkaufgaben zu handhabbaren Schlagworten. Das Verdienst K. → Barths, des theologischen Führers der → Bekennenden Kirche, lag darin, daß er von Anfang an den Kirchenkampf als Angebot einer umfassenden Behandlung der Häresie verstand.

Allgemein: Das Schrifttum v. → DILTHEY, zT auch von → MEINECKE - R.ROTHE, Vorlesungen über KG, 1875 - E.TROELTSCH, Prot. Christentum u. Kirche in d. N. (in: Die Kultur d. Gegenwart I/4, 1, [1906] 1909², 431-755) - H.STEPHAN (→ Neuprotestantismus) - DERS. (u. H.LEUBE), Die N. (HKG IV), (1911) 1931² - DERS., Gesch. d. dt. ev. Theol. seit dem Dt. Idealismus, (1938) 1960² (NB v. M.SCHMIDT) - W.ELERT, Der Kampf um d. Christentum seit Schleiermacher, 1921 - W.LÜTGERT, Die Religion d. Dt. Idealismus u. ihr Ende I-IV, 1923-30 - DERS., Die theol. Krisis d. Gegenw. u. ihr geistesgesch. Ursprung, 1936 - F.SCHNABEL, Dt. Gesch. im 19.Jh. I-IV, (1929-36) 1948-54² - K.LÖWITH, Von Hegel zu Nietzsche, (1941) 1953³ - BARTH, PrTh - A.MÜLLER-ARMACK, Das Jh. ohne Gott, 1948 - H.ULLMANN, Der Weg d. 19.Jh.s, 1949 - HIRSCH I-V - R.GUARDINI, Das Ende d. N., 1950 - K.KUPISCH, Von Luther zu Bismarck, 1950 - DERS., Zwischen Idealismus u. Massendemokratie. Eine Gesch. d. ev. Kirche in Deutschl. v. 1815-1945, 1955 - HERMELINK I-III - F.GOGARTEN, Verhängnis u. Hoffnung d. N., 1953 - K.D. SCHMIDT, Gesch. d. Kirche im Zeitalter des Individualismus u. Säkularismus (Grundriß d. KG IV), 1954 - M.SCHMIDT, Ev. KG Deutschlands von der Reformation bis zur Gegenw. (in: Dt. Philologie im Aufriß, hg.v. W.STAMMLER, III, 1956, 1569-1684) - DERS., Die Interpretation d. n.en KG (ZThK 54, 1957, 174-212) - K.S.LATOURETTE, Christianity in a revolutionary Age (19. u. 20.Jh.), 2 Bde, 1958/59 - EKL II, 1573 ff. - Zu 1 noch: F.LOOFS, Luthers Stellung zum MA u. zur N., 1907 - K.HEUSSI, Altertum, MA, N. in d. KG, 1921. - Zu 4: E.HIRSCH, Die Reich-Gottes-Begriffe des neueren europ. Denkens, 1921 - DERS., Staat u. Kirche im 19. u. 20.Jh., 1930 - H.-H.SCHREY, Die Generation d. Entscheidung. Staat u. Kirche in Europa u. im europ. Rußland 1918-53, 1955. *M.Schmidt*

New Deal bezeichnet den Inbegriff der Maßnahmen, die Präsident Roosevelt seit seinem Amtsantritt im Frühjahr 1933 zur Bekämpfung der Wirtschaftskrise (→ Wirtschaftsphasen) in den USA einleitete. Die seit Okt. 1929 einsetzenden Notstände hatten sich als die tiefste wirtschaftliche und soziale Erschütterung in der Geschichte der USA erwiesen. Die »unbegrenzten Möglichkeiten« einer ungeplanten wirtschaftlichen Dynamik (→ Kapitalismus), welche die bisherige → Wirtschaftsgeschichte Amerikas ausgezeichnet hatten, schienen grundsätzlich beendet zu sein. Die Politik des »N.D.« wurde in einer drei Monate dauernden Sondersession des Kongresses als epochale Wendung zu einer neuen Auffassung der Verantwortlichkeiten der Bundesregierung präsentiert. Sie wurde durch eine Reihe gesetzgeberischer Akte verwirklicht, deren wichtigste zugleich zur Gründung von Bundesorganen führten, die mit der Durchführung beauftragt wurden. Das Grundprinzip der gesellschaftspolitischen Verpflichtung der obersten Bundesgewalt und die meisten der neuen Institutionen blieben über die Krisenperiode und den 2. Weltkrieg hinaus erhalten und waren schließlich unumstritten. Der »N.D.« leitete also unter Bewahrung des freiheitlichen Rechtsstaats die Verwandlung der USA in einen Sozialstaat (→ Wohlfahrtsstaat) ein.

Der Eingriff der Bundesregierung betraf zunächst das Bankwesen und die Währung. Die Währungsstabilität wurde durch Abgehen vom Goldstandard, Aufsicht über die Goldbestände und begrenzte Erhöhung des Notenumlaufs, das Vertrauen in die Banken durch Bundesaufsicht über Banken und Börsen, Garantie kleinerer Bankeinlagen durch die »Federal Deposit Insurance Company« und Liquidation geschlossen gehaltener Banken hergestellt. Das (in den USA in Privathand befindliche) Eisenbahnwesen wurde durch die öffentliche Hand saniert. Die Staatsausgaben wurden durch gleichzeitige Herabsetzung der Gehälter und Pensionen und Erweiterung der Kreditermächtigung der Regierung umgestaltet. Auf dieser Grundlage wurde ein Arbeitsbeschaffungsprogramm durch öffentliche Arbeiten eingeführt, das prinzipiell in Zusammenhang stand mit der Bewirtschaftung der nationalen Rohstoff- und Energiequellen; das »Tennessee Valley Project«, als Muster des planvollen Aufbaus einer bisher unterentwickelten Wirtschaftsregion gedacht, führte zu Flußregulierung, Energieerschließung, Industrieansiedlung, Rationalisierung der Landwirtschaft, wobei gleichzeitig das Schulwesen gehoben wurde. Die Agrarkrise wurde generell durch eine Umschuldungsaktion der »Reconstruction Finance Corporation« sowie durch Regulierung der landwirtschaftlichen Preise auf dem Wege der Anbaubeschränkung und der staatlichen Vorratskäufe bekämpft. Im industriellen Bereich wurde der »National Industrial Recovery Agency« die Kontrolle von Produktion, → Arbeitszeit und Lohnhöhe (→ Lohn: I) übertragen, wobei die wegen der Überproduktion dringliche Herabsetzung der Arbeitszeit und die sozial, aber wegen der Kaufkraftvermehrung auch wirtschaftlich gleichzeitig nötige Erhöhung des Lohnniveaus maßgebend waren. Die Grundlagen eines → Schlichtungswesens für Arbeitsstreitigkeiten wurden geschaffen. Für jeden Industriezweig wurden Preis- und Lohnmodelle (Codes) eingeführt, die notfalls erzwungen werden konnten. Der im Juli 1933 bestellte »Recovery Council« war eine Art Wirtschaftskabinett, das die ökonomisch und sozial bessere Verteilung des Volkseinkommens zur zentralen Aufgabe hatte. Dem Präsidenten wurden weitgehende wirtschaftspolitische Kontrollrechte eingeräumt, die sich auch auf die Außenhandelspolitik erstreckten.

Das Prinzip der sozialen Gerechtigkeit und der gesellschaftspolitischen Solidarverantwortung, das der Präsident in seinen »Kamingesprächen« den Rundfunkhörern unmittelbar zu erklären verstand, hat sich durchgesetzt und mit ihm auch die Überzeugung, daß erst ein Lohnniveau, welches eine »angemessene« Lebenshaltung sichert, freie wirtschaftliche Unternehmungen rechtfertigen könne. Der N.D. hat die → Arbeitslosigkeit wesentlich eingeschränkt, welche durch die Konjunktur des 2. Weltkrieges und die ihm folgende Politik der → Vollbeschäftigung weiter erfolgreich bekämpft wurde. Die 1933 eingeleitete Politik hat bis zur Errichtung eines universalen Systems der sozialen → Sicherheit (Social Security) fortgewirkt. Die Einflußsteigerung der Präsidialgewalt durch ihr unterstellte Sonderbehörden war zugleich eine Voraussetzung der späteren Weltpolitik der USA. - Vgl. → Sozialpolitik, → Wirtschaftspolitik.

S.E.MORISON-H.ST.COMMAGER, The Growth of the American Republic II, New York 1942 (dt. 1950), Kap. 24. 25 - D.PERKINS, The new Age of F.D.Roosevelt, Chicago 1957 - A.M.SCHLESINGER, The Crisis of the Old Order, New York 1957 - DERS., Coming of the N.D., ebd 1959 (jeweils Lit.). *A.Bergsträßer*

Newman, *John Henry*, anglikanischer, später kath. Theologe, * 21.2.1801 in London, † 11.8.1890 in Edgbaston b. Birmingham. Von Kind auf einsam, führte N. ein besinnliches Innenleben im »ev.«, dh calvinistisch-methodistischen Geiste (→ England: I, 6). Seine Bekehrung (1816) gab ihm Erwählungsgewißheit und legte den Grund zum Heiligungsstreben, das später die Ehelosigkeit (im Blick auf die innere Berufung zum Heidenmissionar) einschloß. Ursprünglich in Oxford Jurist, ging N. zur Theologie über und wurde 1822 Fellow, 1826 Tutor am Oriel College, 1828 Universitätsprediger in St. Mary. Seit 1833 entwickelte er sich als Hauptverfasser der »Tracts for the Times« zum leitenden Geist der Oxfordbewegung (→ Hochkirchliche Bewegung: I) und schritt stufenweise von der Entdeckung der Kirche als göttlicher Stiftung zur Auffassung des Anglikanismus als via media zwischen Rom und der Reformation im Sinne der → Caroline Divines, schließlich zu Offenheit für den röm. Katholizismus fort (→ Anglokatholizismus). Der Wendepunkt wurde Traktat 90 (1841), der die 39 Artikel (→ Anglikanische Kirche: I, 1) gegen ihren Wortlaut romanisierend interpretierte, aber den kirchenrechtlichen Primatsanspruch Roms noch verwarf. Die öffentliche Entrüstung und der ihm vom Oxforder Bischof abgenötigte Abbruch der Flugschriftenreihe zeigten ihm ebenso wie die gleichzeitige Kirchengemeinschaft mit der altpreußischen Union in der Begründung und Besetzung des ev. Bistums → Jerusalem (: IV, 3) die völlige Fremdheit seiner Zeit gegenüber dem altchristlichen Kirchenbegriff. → Wisemans grundsätzliche Bestimmung des Anglikanismus als eines bloßen Schismas und die auf Joh 16, 13 gegründete röm.-kath. Lehre von der »Dogmenreife«, die die christliche Wahrheit erst im Laufe der geschichtlichen Entwicklung erreicht, taten das Übrige, um ihm den Weg nach Rom zu bahnen (Übertritt am 9.10.1845). 1847 empfing N. in Rom die Priesterweihe und trat ins Oratorium F. → Neris ein, das er 1848 nach England in Edgbaston b. Birmingham übertrug. 1851-58 wurde er Rektor einer neugegründeten röm.-kath. Universität in Dublin (vgl. seine Discourses on the Idea of a University, 1852), ging aber dann (infolge getrübten Verhältnisses zum Erzbischof von Dublin) wieder nach Edgbaston. Ursprünglich Gegner der päpstlichen Unfehlbarkeit, wurde er nach 1870 ihr eifriger Befürworter. 1879 ernannte ihn → Leo XIII. zum Kardinal. In zahlreichen Schriften entwarf N. ein Gesamtbild röm.-kath. Denkens und Lebens auf dem Boden der Neuzeit - sowohl im Widerspruch zu ihr (Dogma) als in Bejahung mancher ihrer Kategorien (Entwicklung). Seine Erkenntnislehre (Grammar of Assent, 1870) suchte das begrenzte Recht des Relativismus in einen grundsätzlichen Dogmatismus aufzunehmen. Seine von → Kingsley provozierte »Apologia pro vita sua« (1864) wurde zum Muster moderner → Konvertiten-Rechenschaftsberichte. - Im röm. Katholizismus des 20.Jh.s erlebt N. eine fortlaufende Renaissance und Auswertung bis hin zur Gründung eines Kardinal N.-Kuratoriums (in Nürnberg) und Veranstaltung von N.-Konferenzen zur Erforschung und Aneignung seines Werkes. Andrerseits ging die Oxfordbewegung ihren Weg innerhalb des Anglikanismus ungeschwächt weiter.

Works, 40 Bde, 1870-1921; dt.: viele Auswahlausgaben, zB v. E.PRZYWARA, 1922, v. M.LAROS, (1922ff) 1951ff; Predigten hg.v. den Benediktinern in Weingarten, 1949ff. - Über N.: R.H.HUTTON, Card. N., London 1891 - DNB XL, 340ff - RE XIV, 1ff; XXIV, 260 - H.BRÉMOND, N., Paris (1906) 1932[8] - W.WARD, Life of J.H.N., 2 Bde, London 1912 - E.PRZYWARA, N.s Christentum, 1922 - B.NEWMAN, Card. N., London 1925 - DThC XI, 327ff - J.L.MAY, Card. N., 1945; dt. 1948 - J.A.LUTZ, Kard. N., 1948 - L.BOUYER, N., sa vie, sa spiritualité, Paris 1952 - EKL II, 1582ff - EC VIII, 1800ff - DBS VI, 427ff. - Einzelnes: E.A.ABBOT, The Anglican Career of Card. N., London 1892 - D.JOYE, La théorie de N. sur le développement du dogme chrétien, Paris 1896 - J.J.REILLY, N. as a Man of Letters, New York 1925 - F.J.FRIEDEL, The Mariology of Card. N., ebd 1928 - S.P.JUERGENS, N. on the Psychology of Faith, ebd 1928 - J.GUITTON, La philos. de N., Paris 1933 - G.H.HARPER, Card. N. and W.Froude, Baltimore 1933 - D.GORCE, N. et les Pères. Sources de conversion et de sa vie intérieure, Brügge (1934) 1948[2] - J.H.N. Centenary Essays, London 1945 - F.EBY, N., the Church Historian, Nashville 1946 - M.NÉDONCELLE, La philos. religieuse de N., Straßburg 1946 - H. WALGRAVE, N.s verantwoording van het geloof in de kerk, Antwerpen 1946 - M.WARD, Young Mr. N., 1948 - N.-Studien, hg.v. H. FRIES u. W.BECKER, I-III, 1948-57 - R.D.MIDDLETON, N. at Oxford, London 1950 - F.MCGRATH SJ, N.s University, Idea and Reality, ebd 1951 - HIRSCH III, 291ff - W.F.J.SEYNAEVE, Card. N.s Doctrine on Holy Scripture (Diss. Löwen), 1953 - O.CHADWICK, From Bossuet to N. The Idea of Doctrinal Development, 1957. *M.Schmidt*

Newton, *Isaac* (1643-1727), * als Sohn eines Landwirts in Woolsthorpe (Lincolnshire). 1661 trat er in das Trinity College in Cambridge ein und war dort 1669 bis 1703 Prof. für Mathematik. Als N. das selbstgefertigte Modell eines Hohlspiegel-Teleskops der Royal Society vorlegte, wurde er 1672 zum Mitglied ernannt (seit 1703 Präsident). Er lebte in dürftigen Verhältnissen, bis ihm 1695 leitende Stellungen an der Königlichen Münze übertragen wurden. Er wurde Parlamentsmitglied und 1705 geadelt. - Für den Fortschritt der → Naturwissenschaften (: I, 3) am wichtigsten sind die »Philosophiae naturalis principia mathematica« (1687). Die ersten beiden Bücher des Werkes sind eine Lehre von den Bewegungen der Körper in einem geradlinigen Kraftfeld mit Zentrum, bes. auch in widerstehenden Medien. Mit den neuen mathematischen Methoden der von N. begründeten Differential- und Integralrechnung leitete er hier die → Kepler'schen Gesetze der Planetenbewegung aus einer zentripetalen Kraft ab, die mit dem umgekehrten Quadrat des Abstandes abnimmt (→ Entwicklung: I, 6). Im dritten Buch wendet er diese *mathematischen* Ergebnisse zur Bestimmung der Planetenbahnen aus der *Schwerkraft* an. Dabei wird den Körpern neben Ausdehnung, Beweglichkeit und Undurchdringlichkeit eine neue von der Art des Stoffes unabhängige Eigenschaft, die Masse, zugeordnet und mit der Schwerkraft verknüpft. N. begründet diesen Ansatz durch Induktion, deren Berechtigung er aus der Einfachheit der Natur folgert. Seine Theorie der Bewegungen beruht auf Voraussetzungen (dem absoluten euklidischen Raum, der absoluten Zeit, den Prinzipien der Trägheit, der Wirkung und der Gegenwirkung), welche - dem »Hypotheses non fingo« entgegen - nach dem heutigen Stand der Physik als Hypothesen anzusehen sind. - In seinen Untersuchungen zur Optik wies N. einen eindeutigen Zusammenhang zwischen Strahlenablenkung und Lichtfarbe bei der Berechnung im Prisma nach. Von den Beiträgen zur reinen Mathematik sei nur die Fluxionsrechnung als frühe Stufe der Differential- und Integralrechnung erwähnt. Seine theologischen Studien über Daniel und die Apk zeigen ihn als einen gelehrten Ausleger der Weissagungen. Im ganzen bahnt jedoch sein Werk den Weg zur religiösen → Aufklärung.

Opera I-V, ed. S.Horsley, 1779-85 - Prinzipien, dt. v. J.Ph.Wolfers, 1872. - Über N.: Dav.Brewster, Memoirs ... of Sir I.N., 2 Bde, Edinburgh (1855) 1860² - F.Rosenberger, I.N. u. seine physik. Prinzipien, 1895 - L.T.More, I.N., New York 1934 - F.Dessauer, Weltfahrt der Erkenntnis. Leben u. Werk I.N.s, 1945 - Hirsch, s. Reg., bes. I, 148ff - K.-D.Buchholtz, Die Stellung der Theol. im Lebenswerk I.N.s (Theol. Diss. Tübingen), 1954 (Masch.).

K.Reidemeister

Nicäa, *Konzile von 325 und 787*

1. Die *nicänische Synode vom Sommer 325* war die erste Reichssynode. Nicht die Kirche gab ihrer synodalen Verfassung diese Spitze, sondern der christenfreundliche Kaiser, der die eben gewonnene Einheit des Reiches und die der wahren Gottesverehrer nicht durch den → arianischen Streit gefährden lassen wollte. Er berief das Konzil, war an seiner Leitung beteiligt und bestätigte die Beschlüsse. Die Lage N.s (→ 14 F 4) unweit von Byzanz ermöglichte einen zahlreichen Besuch (nur 7 Abendländer) und den persönlichen Einfluß des Kaisers. Man bestätigte den Anfang 325 in Antiochia gefällten Vorentscheid gegen die → Christologie (: II, 3) des → Arius. Neu war der Versuch, die gültige Lehre auf einer Synode auch positiv zu bestimmen. In das vorgelegte Bekenntnis (→ Nicänisches Symbol) brachte → Konstantin selber das Stichwort »homousios« (als eine nicht genau bestimmte Unionsformel) hinein. Obwohl das Wort in der Bedeutung »wesenseins« für Lucianisten und Origenisten kaum annehmbar war, unterzeichneten alle (bis auf zwei). Erst die nächste Generation erzwang das Recht, die Formel theologisch auszulegen, und machte sie so zu einer wirklich kirchlichen Entscheidung. - Die Synode ordnete ferner die Osterberechnung (→ Chronologie: IV, 4) und die milde Behandlung der Melitianer (→ Melitius). 20 Kanones regelten Fragen der Disziplin (→ Bußwesen: II, 1), zB der Ketzertaufe, und der Organisation, zB Bischofswahl, Synoden, Vorrechte der Bischöfe von Alexandria, Rom, Antiochia und Jerusalem (→ Kirchenverfassung: II, 4 a). Als Grundlage aller weiteren Lehrentscheidungen und als Muster der kaiserlichen Synodalgewalt gewann die »große Synode« von 325 in der alten Kirche eine überragende Autorität.

2. Das *Konzil von* 787 fiel in den Streit um die → Bilder und Bilderverehrung (: III, 2). Es mußte ein ökumenisches sein, um das Bilderverbot von 754 aufheben zu können. In N. tagte es, weil 786 die Truppen und ein Teil der Bischöfe eine Synode in der nahen Hauptstadt vereitelt hatten und weil man so die Bedeutung des Konzils unterstreichen konnte. Das Konzil erklärte die Verehrung der Bilder Christi, der Maria, der → Engel (: I) und der Heiligen vor allem durch die Inkarnation für gerechtfertigt, ja für nötig. Aber es schied diese »ehrende Proskynesis« mit Weihrauch und Lichtern klar von der Gott vorbehaltenen »wahren Latreia«. Diese Unterscheidung war auch bei geringer praktischer Wirkung ein Fortschritt. In der Wiederherstellung der Bilderverehrung behaupteten sich die - für die Entscheidung maßgebende - Tradition, das Selbstbestimmungsrecht der Kirche in inneren Angelegenheiten und das bilderfreundliche Mönchtum. Daher verbot man die Einziehung der Klöster und die Einmischung weltlicher Gewalten in die kirchlichen Wahlen, bestätigte aber die »Symphonie« von Kaisertum und Priestertum. Auch traf man Maßnahmen zur Hebung des kirchlichen Lebens. Die sechs ersten ökumenischen → Konzile samt ihren dem Westen zT anstößigen Kanones wurden bestätigt. Als die Bilderverehrung 843 gesichert war, betrachtete sich die byzantinische Kirche als abgeschlossen (→ Byzanz: II, 2). Sie zählt daher das Konzil von 787 als letztes allgemeines, während das nur durch 2 päpstliche Gesandte vertretene Abendland es erst spät anerkannte und die Reihe der ökumenischen Konzile fortsetzte.

Vgl. außer den Lehrbüchern der KG u. DG zu 1: Mansi II, 636ff (Akten hat es wahrscheinlich nie gegeben) - Hefele² I, 282ff - SQS I, 12, 37ff (Kanones) - RE XIV, 9ff - Beck 44. - Zu 2: Die vollst. Akten: Mansi XII, 951ff; XIII, 1ff - Hefele² III, 441ff - SQS I, 12, 139ff (Kanones) - RE XIV. 18ff - Beck 47 - P.van den Ven, La patristique et l'hagiographie au concile de Nicée de 787 (Byzantion 25 bis 27, 1955-57, 325-362).

H.Karpp

Nicänisches Symbol, Glaubensbekenntnis des Konzils zu → Nicäa 325, nicht eindeutig bestimmbarer Herkunft.

Der → arianische Streit nötigte zu einem Bekenntnis. Das auf Verlangen → Konstantins eingefügte, ihm wohl durch → Hosius von Cordoba vorgeschlagene ὁμοούσιος samt dem (nach der Nennung des → Geistes [: V, 1]) abschließenden Anathem hat die Wesenseinheit des Sohnes mit dem Vater durchgesetzt. Das entsprach westlichem Denken, aber auch dem alexandrinischen Theologumenon der Zeugung des Sohnes aus dem Vater. Vgl. → Christologie: II, 3; → Nicäno-Konstantinopolitanum.

F.Loofs, Der authentische Sinn des N.S.s, 1908 - H.Lietzmann, Symbolstudien XIII (ZNW 24, 1925, 193-202) - J.Ortiz de Urbina, El Simbolo Niceno, Madrid 1947 - H.Kraft, ΟΜΟΟΥΣΙΟΣ (ZKG 66, 1954/55, 1-24).

E.Kähler

Nicäno-Konstantinopolitanum, das zweite der im Westen sog. ökumenischen Symbole,

tatsächlich das einzige wirklich ökumenische → Bekenntnis (: VI, 4; → Kirchenrecht: I B, 3 b), im kirchlichen Sprachgebrauch vielfach als nicänisches Symbol bezeichnet. Die Herleitung dieses Symbols von dem Konzil zu → Konstantinopel 381 geht auf das Konzil von → Chalcedon 451 zurück, in dessen Akten es aufgenommen wurde; dadurch gewann es seine bis heute dauernde Autorität (→ Dogma: II, 2). Es birgt, freilich stark erweitert, fast wörtlich die Formel von Nicäa (→ Nicänisches Symbol) in sich; damit nimmt es deren antiarianische Polemik auf und zieht darüber hinaus die Konsequenzen für das Bekenntnis zur vollen Gottheit des Hl. → Geistes (: V; → Trinität: III). - Zuerst als Taufsymbol verwendet, wird das N.-K. seit Beginn des 6.Jh.s in Konstantinopel auch für die Eucharistie vorgeschrieben (→ Credo). Dieser Brauch erobert sich fast den gesamten Osten; im Westen ist er zuerst im gleichen Jh. in Spanien nachweisbar, 589 Vorschrift. Die entsprechende Verwendung im Frankenreich, durch → Karl d. Gr. veranlaßt, geht möglicherweise auf irische Vermittlung des östlichen Brauchs zurück. - Spanien kannte bereits vor 589 das vor allem durch → Augustin begründete Theologumenon des Ausgangs des Geistes vom Vater und vom Sohne (filioque; → Geist: V, 3). Rom (→ Leo III.) widerstand dieser von Karl 809 bestätigten Neuerung aus Prestigegründen, bis sie bei der Aufnahme des N.-K. in die dortige Meßliturgie 1014 auch dort Geltung gewann; die »Griechen« lehnen sie bis heute ab (→ Einigungsbestrebungen: III, 2).

RE XI, 12ff - E.SCHWARTZ, Das Nicaenum u. das Constantinopolitanum auf der Synode von Chalkedon (ZNW 25, 1926, 38-88) - J.N.D.KELLY, Early Christian Creeds, London 1950 - J.A.JUNGMANN, Missarum sollemnia I, (1948) 1958⁴ - A.H.MALTHA, Het Filioque in het Latijnse Credo en de Grieken (Het christelijk Oosten en hereniging 9, 1956/57, 4-21). *E.Kähler*

Niclaes, *Heinrich* (1501/02-80), * in Münster, † in Köln, Schüler von D. → Joris, hatte schon als 8jähriger Visionen, die sich 1539 zu dem Willen steigerten, als Prophet aufzutreten und Gottes Offenbarungen in Mose, deren Inhalt die Hoffnung war, und in Jesus Christus, die auf den Glauben zielten, durch die Botschaft von der Liebe als völliger Gesetzesfreiheit zu überbieten. N., der als Kaufmann 1530-40 in Amsterdam, 1540-60 in Emden lebte, gründete demgemäß die »Familie der Liebe« (Familia Caritatis, *Familisten*) als Gemeinschaft der wahren Kinder Gottes, die die Sünde überwunden haben und keiner Liturgie, keines Bekenntnisses, keiner Regel bedürfen, und leistete damit sexuellem Libertinismus Vorschub. Eine Reise nach England 1552/53 schuf dort einen Schülerkreis, der 1574/80 verboten wurde und 1604 sowie während der Cromwellschen Revolution wieder hervortrat (→ Brerely).

Vf. bes.: Den Spegel der Gherechticheit, dorch den Gheest der Lieffden unde den vergodeden Mensch H.N. (vielleicht: Homo Novus?), 1570. - Über N.: F.NIPPOLD, H.N. u. das Haus der Liebe (ZHTh 32, 1862, 323-402. 473-563) - DNB XL, 427ff - RE V, 750ff; XXIII, 447 - DThC V/2, 2070ff. *M.Schmidt*

Nicolai, 1. Christoph *Friedrich,* Buchhändler und Schriftsteller, * 18.3.1733, † 8.1.1811 zu Berlin. N. trat 1752 in die väterliche Buchhandlung ein, die er 1758 übernahm und seitdem mit wachsendem Erfolg führte. Befreundet mit → Lessing und → Mendelssohn griff er zunächst bes. in die literarisch-ästhetischen Streitigkeiten der Zeit ein. Etwa ab 1770 wandte er sich mehr und mehr theologischen und philosophischen Fragen zu und wurde bald zum wichtigsten Vertreter der populären → Aufklärung (: II, 8) im friderizianischen Berlin. Theologisch vertrat er weniger originell als wirksam eine unreflektierte Neologie (→ Aufklärung: III, 3 b), ein freies und vernünftiges Christentum und eine religiös begründete Moral. Mit zunehmender Schärfe bekämpfte er alle Formen von Orthodoxie und Pietismus, Schwärmerei, → Empfindsamkeit und Geniewesen. - Wichtigste Waffe in diesem Kampf war die 1765 von ihm begründete *»Allgemeine Deutsche Bibliothek«,* mit ihren (bis 1806) 268 Bänden und ihren zahlreichen Mitarbeitern (Reg. von G.S.E.Parthey, 1842; u.a. die Theologen J.S. → Semler, W.A. → Teller, J.A.Eberhard) wohl das einflußreichste Organ der deutschen Aufklärung überhaupt. In Auszügen und Rezensionen vermittelte sie ein umfassendes Bild von den geistigen Auseinandersetzungen der Zeit. - Der Verteidigung der Neologie und der Bestreitung ihrer Gegner diente auch der vielgelesene Roman »Das Leben und die Meinungen des Herrn Magister Sebaldus Nothanker« (3 Bde, [1773-76] 1799⁴, Neudruck 1960), die abenteuerliche Lebensgeschichte eines Landgeistlichen. - N.s Grenzen wurden sichtbar, als er - ohne Verständnis für den Geist einer neuen Zeit - sich nacheinander mit allen bedeutenden Vertretern der neuen Richtungen verfeindete: mit → Hamann, → Herder und → Goethe ebenso wie mit → Jung-Stilling, → Lavater, → Kant, → Fichte und den Romantikern. Die vernichtenden Angriffe, die ihm diese Feindschaften eintrugen, haben das Bild des persönlich achtbaren Mannes zu Unrecht allzusehr beeinflußt.

Vf. ferner u.a.: Beschreibung der Kgl. Residenzstädte Berlin u. Potsdam I. II, (1769) 1827⁶; Beschreib. einer Reise durch Deutschland u. d. Schweiz i.J. 1781, 12 Bde, 1783-96 (beide mit reichem Tatsachenmaterial); Leben u. Meinungen Sempronius Gundiberts, 1798 (gegen Kant); Vertraute Briefe von Adelheid B. an ihre Freundin Julie S., 1799 (gegen Schleiermacher u. d. Romantik). - Über N.: ADB XXIII, 580ff - GG IV/1, 496ff (Lit.) - RGG² IV, 533 (Lit.) - P.A.GRABER, Religious Types in some representative German Novels of the Age of Enlightment (Diss. Univ. of Iowa), 1953 (Diss. abstracts 14, 1954, 125) - TH.C. VAN STOCKUM, Die kirchl.-relig. Lage in d. Niederlanden um 1700 im Spiegel eines dt. Aufklärers d. 18.Jh.s (DVfLG 29, 1955, 214-226) - E.KAEBER, F.N.s Reise d. Deutschland i.J. 1781 (Der Bär v. Berlin, Jb. 1956, 29-76). *K.Scholder*

2. *Johann David* (1742-1826), * in Hamburg, wirkte als Lehrer und seit 1781 als Domprediger in → Bremen, geistig bestimmt durch die im theologischen Denken des 18.Jh.s wurzelnde Synthese von Rationalismus und supranaturalistischem Offenbarungsglauben. Bei der Eingemeindung des luth. Domes in die ref. Stadt Bremen (1803) kämpfte N. um die Eigenrechte seiner Gemeinde, stand dabei aber theologisch jenseits des Konfessionalismus.

Vf. u.a.: Das NT mit genauem Inhalt, Sinn u. Zusammenhang, Anm.en, Anwendungen, Gebeten versehen, nebst einer Einl. in das ganze NT u. jedes Buch besonders, 5 Bde, 1775/76; Ein teutsches Programm von dem Werte öffentlicher Schulen, 1780. - Über N.: H.W.ROTERMUNDT, Lexikon aller Bremischen Gelehrten II, 1818, 64ff - A.KÜHTMANN, Der N.sche Kirchenstreit (Bremisches Jb. 11, 1880, 58 ff) - Bremische Biogr. des 19.Jh.s, 1921, 356. *G.Huntemann*

3. *Philipp* (1556-1608), ursprünglich Rafflenboel, luth. Theologe und Kirchenliederdichter, * in Mengeringhausen (Waldeck), 1583 Pfarrer in Herdecke (Ruhr), wie 1550 der Vater von den Katholiken vertrieben, 1587 durch Margareta Gräfin von Waldeck nach Wildungen zugleich als Erzieher ihres Sohnes berufen, 1596 Pfarrer von Unna, wo während der Pestzeit 1597 der »Freudenspiegel des ewigen Lebens« (dort EKG 48, der »Morgenstern«, und EKG 121, das »Wächterlied«) entstand; 1601 Hauptpastor an St. Katharinen in Hamburg (dort 1606 die »Theoria vitae aeternae«). N.s Freund, Diakonus Dedeken, gab 1617 die lat. und deutschen Werke heraus (6 Bde). - Den breitesten Raum nehmen hier die gelehrten, in der Form zT sehr massiven Streitschriften gegen die »Calvinianer« ein; das Hauptwerk (Sacrosanctum omnipraesentiae Jesu Christi mysterium, 1602) zeigt N. der schwäbischen Ubiquitätslehre eng verwandt. Über sie hinaus führt die folgerichtig durchdachte, mit einer originalen spekulativ-mystischen Liebes-Theologie verbundene Lehre von der → Unio mystica. - Lebendig geblieben ist N., von dem nur vier Lieder überliefert sind, mit dem Morgenstern- und dem Wächterlied, deren Melodien (die erste einer Straßburger Psalmweise von 1538, die zweite eingangs einem gregorianischen Magnificat, im übrigen der sog. Silberweise von H. → Sachs nachgebildet) seither nur allzu häufig auch als Strophenmodell übernommen wurden. Mit dem Morgenstern-Lied zieht der Ton der individuellen Christusminne, im ev. Lied zuvor nur gelegentlich anklingend (E. → Cruciger, J. → Walter, N. → Herman), gleichzeitig mit dem durch M. → Moller vermittelten augustinisch-bernhardinischen Traditionsgut in die luth. Frömmigkeit und Asketik ein. Beide Liedtexte, wohl schon vor 1596 gedichtet, sind zugleich Zeugnisse der meisterlichen Aneignung von bestimmten Formen deutschen Volks- wie Kunstgesanges aus dem späten MA. - Vgl. → Missionen: I, 1.

Qu.: WACKERNAGEL V, Nr. 393ff. - Über N.: L.CURTZE, D.Ph.N.s Leben u. Lieder, 1859 - KOCH II, 324ff - RE XIV, 28ff; XXIV, 260f - RGG¹ III, 769f; RGG² IV, 534 - NELLE 87ff - Hdb. zum EKG II/1, 1957, 109ff; II/2, 1957, 92ff; Sonder-Bd, 1958, 83ff. 197f - EKL II,

1588f. - Zu N.s Theol.: I.A.DORNER, Entwicklungsgesch. der Lehre von der Person Christi, 1845 ff², II, 779ff - G.THOMASIUS, Christi Person u. Werk II, 1855, 451ff - P.ALTHAUS, Der Friedhof unserer Väter, (1915) 1948⁴, 119ff. 134f - ELERT, ML I, 140ff. 341ff - M.LINDSTRÖM, Ph.N.s Verständnis d. Christentums (BFChTh II, 40), 1939; schwed. 1937. *M.Doerne*

Nicole, *Pierre* (1625-95), mit A. → Arnauld, aber in dessen Schatten stehend, ein geistiger Führer von → Port-Royal. Seine Schriften (bes. die »Essais de Morale«, 1671ff) finden sich zum größten Teil in der Sammlung der Werke Arnaulds (43 Bde, Lausanne 1775ff), mit dem zusammen er die berühmte »Logique de Port-Royal« (1659) verfaßte. Dank seiner umfassenden Bildung war N. der gegebene Informator im Abwehrkampf des → Jansenismus gegen die Jesuiten. Er lieferte auch → Pascal das Material für die »Lettres à un provincial«. Im ganzen wirkte er im Sinne der Mäßigung, glich sich in seinem »Traité de la grâce« stark dem üblichen → Thomismus an und polemisierte, nicht zuletzt aus taktischen Gründen, in betont schroffer Weise gegen die Calvinisten. 1679 folgte N. Arnauld ins Exil, zog sich aber bald darauf nach Paris zurück und unterwarf sich dem Erzbischof.

Abbé GOUJET, Vie de M. N. et l'hist. de ses ouvrages (in: Essais de Morale XIV, Luxembourg 1732) - SAINTE BEUVE, Hist. de Port-Royal IV, Paris 1859, 302ff - H.BRÉMOND, Hist. littéraire du sentiment religieux en France IV, ebd 1925, 419ff; X, ebd 1932, 18ff - E. THOUVEREZ, P.N., ebd 1926 - LE BRETON-GRANDMAISON, P.N. ou la civilité chrétienne, ebd 1945 - R.A.KNOX, Christl. Schwärmertum, 1957, 181ff. *A.Rich*

Nicolovius, *Georg Heinrich Ludwig*, preuß. Ministerialbeamter, * 13.1.1767 in Königsberg i. Pr., † 2.11.1839 in Berlin. Während des Studiums in → Königsberg (bes. Theologie und klassische Philologie) gewann N. die Freundschaft J.G. → Hamanns, dem er sich zeitlebens verpflichtet fühlte. Später trat er auch mit F.H. → Jacobi und H. → Pestalozzi in enge Verbindung. - Bedeutung erlangte N., als er im Zuge der Neuordnung der preuß. Verwaltung nach 1807 im Ministerium Dohna in die Sektion für Kultus und Unterricht berufen wurde, wo er als Leiter der Kultusabteilung unter W.v. → Humboldt an den Reformen des preuß. Kirchenwesens im Steinschen Sinne mitwirkte (→ Preußen). Auch nach Humboldts Rücktritt 1810 und nach der Errichtung eines selbständigen Kultusministeriums unter → Altenstein 1817 blieb N. Leiter der Kultusabteilung, der er bis 1839 vorstand. In dieser Zeit gewann er steigenden Einfluß, vor allem in Personal- und Berufungsfragen. Seit 1817 eng mit der Politik Altensteins verbunden, vertrat er in den Auseinandersetzungen der Zeit (Einführung der → Union, → Agendenstreit) im wesentlichen den Standpunkt der Regierung (→ Preußen, Friedrich Wilhelm III.), widerriet allerdings allen Gewaltmaßnahmen. In der Diskussion um die Agendenreform (→ Agende, 2) trat er mit eigenen Vorschlägen hervor, die auf eine Neubelebung alten liturgischen Gutes abzielten.

A.NICOLOVIUS, Denkschrift auf G.H.L.N., 1841 - Briefe v. W.v. Humboldt an G.H.L.N., hg.v. R.HAYM, 1894 - B.GEBHARDT, W.v. Humboldt u. N. (PrJ 80, 1896, 126-139) - ADB XXIII, 635ff - E.MÜSEBECK, Das preuß. Kultusministerium vor hundert Jahren, 1918 - F.FISCHER, L.N., Rokoko, Reform, Restauration (FKGG 19), 1939 (Lit.). *K.Scholder*

Niebergall, *Friedrich* (1866-1932), ev. Theologe, * in Kirn/Nahe, nach Pfarrer- und Privatdozentenzeit seit 1908 ao. Prof. für Prakt. Theol. in Heidelberg, seit 1922 o.Prof. in Marburg. N. war ein bes. einflußreicher Vertreter der → religionsgeschichtlichen Schule innerhalb seines Arbeitsgebietes und lebhaft um die Auswertung der zu seiner Zeit »modernen« Exegese für die Predigt bemüht. Zu den mancherlei von ihm gegebenen und auch praktisch durchgeführten Anregungen gehört sein Versuch einer Evangelisation im Sinne der »modernen Theologie«.

Vf. u.a.: Wie predigen wir dem modernen Menschen? I, (1902) 1920⁴; II, (1906) 1917³; III, 1921; Die Kasualrede, (1904) 1917³; Prakt. Auslegung des NT, (1909) 1923³; Jesus im Unterricht, (1910) 1932⁵; Prakt. Auslegung des AT I, 1912; II, (1915) 1925²; III, 1922; Prakt. Theol. I. II, 1918/19; Der neue Religionsunterricht I. III. IV, 1922-30 (II v.R.EMLEIN, 1926, 1929⁴); Gesch. des ev. Gottesdienstes, 1925; Im Kampf um den Geist, 1927; Die moderne Predigt, 1929; Pfarrerspiegel, 1930. - Hg. der Prakt.-theol. Handbibliothek, seit 1904. *W.Jannasch*

Niebuhr, 1. *Barthold Georg*, preuß. Staatsmann und Historiker, * 27.8.1776 in Kopenhagen, † 2.1.1831 in Bonn. Seit 1806 in preuß. Diensten zunächst in der Finanzverwaltung tätig, begründete N. seinen Ruf als Historiker durch seine Vorlesungen über Römische Geschichte, die er 1810-12 an der Universität → Berlin hielt. Sein Hauptwerk, die »Römische Geschichte«, wurde durch die darin geübte Quellenkritik zum Ausgangspunkt der kritischen Geschichtsschreibung. - Von 1816-23 war N. preuß. Gesandter in Rom und schloß in dieser Eigenschaft mit dem päpstlichen Stuhl ein Konkordat, das die Organisation der kath. Kirche in Preußen regelte (1821). Das Ergebnis der Verhandlungen fand seinen Niederschlag in der Bulle »De salute animarum«. In N.s Haus hielt die prot. Gemeinde in Rom 1819 ihren ersten Gottesdienst ab. - Seit 1823 lebte N. in Bonn, wo er sich erneut vor allem den Problemen der römischen Geschichte zuwandte.

Vf. u.a.: Röm. Gesch. I. II, 1811/12 (NB 1828-30), III, 1832, neu hg.v. M.ISLER, 1873/74; Die Briefe B.G.N.s, hg.v. D.GERHARD u. W.NORVIN, 3 Bde, 1926-29. - Über N.: GG VI³, 1898, 333ff (die gesamte ältere Lit.) - J.SPARWALD, Die Grundlagen der Geschichtsforschung B.G.N.s (Diss. Leipzig), 1925 (Masch.) - U.WILCKEN, Eine Gedächtnisrede auf B.G.N., 1931 - F.SCHNABEL, B.G.N., 1931. *K.Scholder*

2. *Reinhold* (Bruder von 3), ev. Theologe, * 21.6.1892 in Wright City/Mo. (USA) als Sohn deutscher Einwanderer, 1915-28 Pfarrer einer Arbeitergemeinde in Detroit. Seine dortigen Erfahrungen regten ihn zur Besinnung über die Zusammenhänge von christlicher Ethik und Politik an. Seit 1928 ist N. Prof. für angewandtes Christentum in Union Theological Seminary in New York. N. ist verantwortlich für den theologischen Umbruch in den → Vereinigten Staaten (: II), welcher der → Dialektischen Theologie in Europa entspricht. Seine Theologie ist zunächst polemisch gegen den Optimismus der liberalen Theologie (→ Social Gospel) mit seiner Gleichsetzung von kulturellem Fortschritt und → Reich Gottes (: III) gerichtet, aber auch gegen den Quietismus der Orthodoxie, die sich im Rückzug auf absolute transzendente Positionen von den Nöten der Zeit unbewegt zeigt. Seine mit marxistischen Gedanken arbeitende Kritik macht ihn aber nicht unkritisch gegen den Illusionismus und die Brutalität des Kommunismus. Zum christlichen Realismus N.s gehört die Einsicht, daß die menschliche Sünde die Verwirklichung des Reiches Gottes auf Erden unmöglich macht. Von der Anthropologie her kommt N. zu einem neuen positiven Verständnis des christlichen Dogmas. Wenn er die christlichen Dogmen als Mythen bezeichnet, die den Paradoxien der Wirklichkeit besser gerecht werden als jede Philosophie, so vertritt er damit nicht einen »skeptischen Irrationalismus« oder Fiktionalismus (so Macintosh), sondern meint damit die dialektische Beziehung zwischen Ewigkeit und Geschichte. Im Anschluß an → Tillich entwickelt N. eine christliche Philosophie der Geschichte, in deren

Mittelpunkt der Satz steht, daß der letzte Sinn des Lebens in der Geschichte sowohl offenbart wie zerstört wird. So wird für N.s spätere Theologie der Gedanke der Rechtfertigung allein aus Glauben bes. wichtig. Trotz der immer stärker werdenden Hinwendung zu einer biblischen Theologie bleibt der ethische und apologetische Gegenwartsbezug für N.s Theologie bezeichnend, so daß die Kennzeichnung seiner Theologie als »Neuorthodoxie« kaum gerechtfertigt erscheint.

Vf. u.a. (jeweils New York): Does Civilization need Religion? 1928; Leaves from the Notebook of a Tamed Cynic, (1929) 1956²; Moral Man and Immoral Society, (1932) 1949²; Reflections on the End of an Era, 1934; An Interpretation of Christian Ethics, (1935) 1956²; Beyond Tragedy, 1938 (dt. 1947); Europe's Catastrophe and the Christian Faith, 1940; Christianity and Power Politics, (1940) 1952²; The Nature and Destiny of Man (Gifford Lectures), (1941) 1947²; The Children of Light and the Children of Darkness, 1944 (dt. 1947); Discerning the Signs of the Times, 1946 (dt. 1948); Faith and History, (1949) 1951² (dt. 1951); The Irony of American History, 1952; Christian Realism and Political Problems, 1953 (dt. 1956); The Self and the Dramas of History, 1955; The Godly and the Ungodly, London 1958. - Hg.: Christianity and Crisis (Halbmonatsschr.), seit 1941. - Bibliogr.: D.B.ROBERTSON, R.N.s Works, Berea/Ky. 1954. - Über N.: G.HAMMAR, Christian Realism in Contemporary American Theology, Uppsala 1940 - D.R.DAVIES, R.N., London 1948 - E.J.CARNELL, The Theology of R.N., Grand Rapids/Mich. 1951 - H.HOFMANN, Die Theol. R.N.s im Lichte seiner Lehre von d. Sünde (SDGSTh 4), 1954 (engl. 1956) - CH.W.KEGLEY-R.W. BRETALL (Hg.), R.N., his Religious, Social and Political Thought (Library of living theol. 2), New York 1956 - H.P.ODEGARD, Sin and Science. R.N. as Political Theologian, Yellow Springs/O. 1956 (pragmat. Kritik an N.) - G.P.VIGNAUX, La théol. de l'hist. chez R.N., Neuchâtel-Paris 1957 - E.J.BEKER, Libertas. Een onderzoek naar de leer van de vrijheid bij R.N. en bij K.Barth, Nijkerk 1958 - SH.C.GUTHRIE, The Theological Character of R.N.s Social Ethic, Winterthur 1959.

3. Helmut *Richard* (Bruder von 2), ev. Theologe, * 3.9.1894 in Wright City/Mo. (USA), 1916-18 Pastor in St. Louis/Mo., 1919-31 Prof. in Eden Theological Seminary und Elmhurst College, seit 1931 Prof. für christliche Ethik in Yale Divinity School. N. sucht eine Synthese zwischen der Theologie von E. → Troeltsch und K. → Barth. Von Troeltsch her kommt er zur Untersuchung der soziologischen Faktoren in der amerikanischen KG. In seinem Verständnis von Offenbarung und Geschichte wirken Elemente der Existenzphilosophie (S. → Kierkegaard, M. → Buber).

Vf. u.a. (alles in New York ersch.): The Social Sources of Denominationalism, (1929) 1957³; The Kingdom of God in America, (1937) 1956³ (dt. 1948); The Meaning of Revelation, (1941) 1946²; Christ and Culture, (1951) 1956²; (mit D.D.WILLIAMS u. J.M.GUSTAFSON:) The Purpose of the Church and its Ministry, 1956; The Ministry in Historical Perspective, 1956; The Advancement of Theological Education, 1957. - Über N.: P.RAMSEY (Hg.), Faith and Ethics, the Theology of H.R.N., 1957 (Bibliogr.). *H.-H.Schrey*

Niederbronner Schwestern, eine Kongregation, die 1849 von dem frommen, durch ein schweres Nervenleiden geläuterten Mädchen Elisabeth Eppinger († 1866) zu Niederbronn im Elsaß gegründet wurde. Bischof Andreas Reiß von Straßburg begünstigte das Vorhaben. Spaltungen führten zu eigenen Kongregationen in Würzburg 1866, Wien 1866, Ödenburg 1867. 1880 wurde das Mutterhaus nach Oberbronn verlegt. Die päpstliche Anerkennung erhielt das Institut 1863/66 mit dem Titel »Genossenschaft der Schwestern vom Allerheiligsten Heiland«. Die Konstitutionen wurden 1877 und 1924 vom Hl. Stuhl gutgeheißen. Die Schwestern fügen den üblichen 3 Gelübden noch das Versprechen hinzu, den Armen und Kranken zu dienen. Sie bewährten sich bes. bei Cholera- und Typhusepidemien. Die Kongregation hat 6 Provinzen mit 5436 Schwestern.

Die Kongregation der Schwestern vom Allerheiligsten Heiland 1849-1949, 1949 - Mutter Alfons-Maria, 1949. *Ph.Hofmeister*

Niederlande

I. Kirchengeschichte - II. Theologie - III. Niederländische Missionen

I. Kirchengeschichte

1. Vor der Reformation - 2. Reformation - 3. Gründung der ref. Kirche - 4. Lehrstreitigkeiten des 17.Jh.s - 5. 18.Jh. - 6. 19.Jh. - 7. Gegenwart - 8. Statistik. - Vgl. → Kirchenlied: I, 7

1. Die älteste christliche Kirche in den N.n südlich von Maas und Waal datiert aus der spätrömischen Kaiserzeit. Um 350 missioniert Bischof → Servatius in Tongern; der Sitz des Bischofs wird später nach → Maastricht, dann nach → Lüttich verlegt. Zur Zeit der Völkerwanderung geht diese Kirche fast restlos verloren. Seit ca 500 werden dann die → Franken für das Christentum gewonnen (496 oder 498 Taufe Chlodwigs); die folgenschwere Verbindung von Kirche und Staat setzt ein. Eine fränkische Mission nimmt sich der südlichen Gebiete an (Bischöfe → Amandus und Lambertus); um 800 sind die heutigen Provinzen Nord-Brabant und Limburg christianisiert. Die Merowinger und Karolinger (→ Karl d.Gr.) fördern das Unternehmen. Gleichzeitig beginnt die Missionierung des Gebietes der → Friesen, nördlich von Maas und Waal (→ Willibrord); 697 wird das Bistum → Utrecht gegründet; → Bonifatius wird zum Märtyrer. Die Periode der → Normannen bedeutet eine Schreckenszeit; zeitweilig residiert der Bischof in Deventer. Die N. gehören im MA zu den Bistümern Utrecht und Lüttich; kleinere Teile werden zu → Köln, → Osnabrück und → Münster gerechnet, bis Philipp II. 1559 jeden ausländischen Einfluß ausschaltet. - Im Laufe dieser Entwicklung werden die Bischöfe zu erwünschten Helfern der Kaiser im Kampfe mit aufstrebenden Vasallen. Sie werden so zu weltlichen Fürsten, geraten aber in Abhängigkeit. Die geistliche Arbeit droht in den Hintergrund zu treten. Sie wird den Archidiakonen, Weihbischöfen usw überlassen, die aber die Klagen über fehlende Seelsorge nicht verhindern können. Der Ruf nach Reformation wird laut. Bes. die Devotio moderna (→ Brüder vom gemeinsamen Leben) nimmt sich der Seelsorge an und bedeutet darin eine Kritik der Kirche. Die »Imitatio Christi« des → Thomas a Kempis, die reifste Frucht dieser Bewegung, bedeutet einen Protest gegen die Verweltlichung der Kirche; es kommt zur Klosterreform (→ Windesheimer Kongregation). Die Bewegungen der → Katharer, → Brüder des freien Geistes u.dgl. sind als spiritualistische Reaktionen zu beurteilen. Als die Kirche selbst zur Reform schreitet (→ Tridentinisches Konzil), kommt ihr Programm für die N. zu spät. Es hat die prot. Reformation nicht aufhalten können, wenn es auch eine radikale Protestantisierung weithin verhindert hat.

2. Trotz ihrer scharfen Kritik an den Mißständen bleibt die Devotio moderna im Rahmen der alten Kirche, ebenso → Pupper von Goch, → Gansfort und ihre Geistverwandten. Um 1500 ist die Autorität der Kirche noch groß. - An der *Reformation* haben sich mehrere Gruppen beteiligt. Der *biblische* → *Humanismus* (: I, → Erasmus) hat vorbereitend gewirkt. Er befürwortet eine gereinigte, einfache biblische Frömmigkeit, die er innerhalb der alten Kirche für möglich hält. Seine Bedeutung ist aber im Negativen größer als im Positiven; der in ihm herrschende Einheitsdrang hat keine durchgreifende Reform aufkommen lassen. Als Geisteshaltung ist er im niederl. Protestantismus wirksam geblieben (Remonstranten, Groninger Richtung, Moderne). - *Luther* ist früh in den N.n bekannt geworden. Sein Vorbild begeisterte, seine Lieder waren beliebt. Dennoch hat

er den Verlauf der Reformation in den N.n nicht tiefgehend beeinflußt. Seine radikale Rechtfertigungslehre mag für die stark humanistisch und täuferisch durchsetzten N. nicht annehmbar gewesen sein; der ihm eigene kirchliche Konservatismus und politische Loyalismus war manchen nicht genehm. Der täuferische und calvinistische Radikalismus haben ihm den Rang abgelaufen; die luth. Kirche in den N.n war nie groß oder einflußreich. – Die *»Sakramentierer«* bilden eine aggressivere Gruppe, die sich an die biblischen Humanisten (symbolische Abendmahlslehre) und an → Zwingli anlehnt. Ihr Programm ist auf Kritik am Altarsakrament beschränkt. Es kam zu Gewalttätigkeiten bei Prozessionen und so zum Martyrium. Auch von den Sakramentierern muß gesagt werden, daß sie negativ stärker als positiv sind. Später nennt man sie niederländisch (oder: national) reformatorisch. Ausländische Einflüsse sind bei ihnen nicht ausschlaggebend. Auch diese Gruppe ist im niederl. Protestantismus wirksam geblieben (»Rekkelijken« [Gemäßigte] oder »Politische«). Anastasius Veluanus kann für sie als typisch gelten; → Hoen kommt aus diesem Kreise hervor; Einfluß von → Bullinger ist nachweisbar. – Das Auftreten des *Täufertums* bedeutet eine scharfe Kritik an der röm. Kirche, zugleich aber an den bisherigen Reformversuchen. Den bisher genannten Gruppen war etwas Aristokratisches eigen. Die → Täufer dagegen bringen das Volk in Gärung und machen die Reformation zur Volkssache. Man ist der Vorsicht und der Kompromisse müde, es soll zur Tat kommen. Man zielt auf eine totale Reformation ab, hat sie aber keineswegs erreicht. – Die Täufer der N. sind von Deutschland her beeinflußt (M. → Hofmann). Der Boden war sehr fruchtbar, so daß die Regierung lange eine Machtübernahme befürchtete, die aber mißlang (Amsterdam). Der Anteil der N. an den Münsterschen Wirren (→ Münster: I) ist groß und unheilvoll gewesen (Jan van Leiden). Als die ersten Führer über die Bewegung in ihrer revolutionären Phase eine Katastrophe gebracht haben, fällt die Führung neuen Vertrauensmännern zu: → Menno Simons sammelt die stillen Täufer (→ Mennoniten oder Taufgesinnte). David → Joris und Vresp. Batenburg verfolgen mystische und gewalttätige Ziele. Begreiflicherweise hat man die Täufer von allen Seiten grausam verfolgt. Erst allmählich gelang es M. Simons, den Unterschied zwischen Münster und seiner Gruppe deutlich zu machen. Bes. Wilhelm von Oranien stand dabei auf seiner Seite; es paßte in seine versöhnliche Religionspolitik. Später haben sich die Taufgesinnten zur ziemlich »independentistisch« organisierten »Algemene Doopsgezinde Societeit« vereinigt. Wie die Lutheraner haben die Taufgesinnten den niederl. Protestantismus nicht tiefgehend beeinflußt. – Die → Inquisition hat alle an der Reformation Beteiligten hart angegriffen und dezimiert. Bes. die Neuordnung der Bistümer durch Philipp II. (1559) bezweckte eine energische Bekämpfung der Ketzerei. Es kann kaum zufällig sein, daß diese Maßnahmen gerade in die Zeit fallen, als die *Calvinisten* auf dem Plan erscheinen. Sie werden in vieler Hinsicht zu Erben der Vergangenheit, entnehmen dem Luthertum, biblischen Humanismus und Täufertum das ihrer Meinung nach Beste und werden so zur kräftigsten Phase der Reformation. Ihre Kirchenorganisation, verbunden mit einer sehr positiven Stellung zur Politik, hat ihnen gelingen lassen, was ihren Vorläufern versagt blieb.

3. Das brachte wieder harte Verfolgung (1567–73 Statthalterschaft Albas; → Märtyrer: III, 1), die ihren Geist aber nicht hat brechen können. In den rings entstehenden Flüchtlingsgemeinden wurde die *Gründung der ref. Kirche* vorbereitet. Der Freiheitskampf unter Führung der radikalen Calvinisten wurde religiös gestärkt. Der Kampf hat große Opfer gefordert, aber die Utrechter Union (1579), die zur Abschwörung Philipps II. und so zur Gründung der Republik der Vereinigten N. (1588) überleitete, war den Preis des 80jährigen Krieges (1568–1648) wert. – Schon auf dem Konvent von Wesel (1568), dann auf der Synode von Emden (1571) trat das ref. Interesse an Bekenntnis und KO an den Tag. Man erstrebte eine »nach Gottes Wort ref. Kirche«, die mit dem Staate verbunden, nicht aber von ihm abhängig sein sollte. Sie ist presbyterial-synodal organisiert (lokale Gemeinde, Klasse, provinziale Synode, nationale Synode). Dieses Ideal blieb ein Zankapfel: Der Staat wünschte eine KO, die ihm großen Einfluß auf die Kirche gewähren sollte; die in den Regentenkreisen stark vertretenen biblischen Humanisten und »Rekkelijken« aber widersetzten sich kräftig einer Bindung an das ref. Bekenntnis. Dieser doppelte Kampf gibt den kommenden Jh.en weithin ihr Gepräge. Die Regierung (Wilhelm von Oranien, 1533–84) erhoffte eine religiöse Verständigung, die für den Kampf mit Spanien unerläßlich schien. Die junge ref. Kirche war aber keineswegs eine Einheit. Der Name »reformiert« ist von Anfang an nicht eindeutig; die Calvinisten sahen sich einer Opposition gegenüber, die man als »Libertiner« zu bezeichnen pflegte, dh Befürworter einer weitgehenden Toleranz und Lehrfreiheit. Als symptomatisch kann das Wort des militanten Calvinisten P. → Dathenus gelten, der Wilhelm von Oranien einen gottlosen Libertiner nannte. Dessen idealistischer, zugleich politisch sehr realistischer Plan, eine friedliche Koexistenz der Konfessionen zu erreichen, hat damals wenig Zustimmung gefunden und konnte erst später verwirklicht werden. – Der Calvinismus hatte in Dathenus, de → Brès, van der Heyden, → Junius, → Marnix von St. Aldegonde u.a. tüchtige Leiter. Maßgebende → Bekenntnisschrift (, 3) wurde die Confessio Belgica; der → Heidelberger Katechismus diente dem katechetischen Unterricht, die Dordrechter Kanones vervollständigten die »3 formulieren van enigheid«. Zu einer allgemein anerkannten KO kam es nicht; sogar der Dordrechter KO blieb allgemeine Anerkennung versagt. – Im Verlauf des 80jährigen Krieges gingen die südlichen N. für den Protestantismus verloren; Reste haben sich bis heute erhalten. Das Schwergewicht des Protestantismus geht so nach den nördlichen N.n über, wo sich das französische Element in den wallonischen Gemeinden zusammenfand. Sein Einfluß ist heute gering, wiewohl es durch viele Refugiés (1685; → Hugenotten) verstärkt wurde.

4. Der politische Kampf mit Spanien verlief glücklich. Das von der Obrigkeit so gefürchtete Ereignis trat aber ein: die schon politisch nicht allzu große Einheit zerbrach vollends im Religiösen. Die Opposition gegen den Calvinismus organisierte sich, fest entschlossen, ihm die Führung nicht zu überlassen und die calvinische Prädestinationslehre durch eine mehr humanistische, tolerante Lehre zu ersetzen. Ansätze dazu waren früh vorhanden (D.V. → Coornhert und Geistesverwandte). Dieser Kreis sieht Persönlichkeit und Verantwortlichkeit des Menschen bedroht; die Calvinisten halten ihre Gegner für nicht weniger gefährlich: alles ist reif für den Konflikt. Dieser bricht aus, als die Professoren → Arminius und → Gomarus sehr verschieden über die → Prädestination (: III) lehren und die Sache in Kirche und Volk durchdringt. Kirche und Obrigkeit versuchen vergeblich, die Kluft in vielen Konferenzen zu überbrücken. Die Remonstranten (→ Arminianer) erkennen die Autorität der Obrigkeit in Glaubenssachen weitgehend an (→ Uytenbogaert). Die Calvinisten drängen auf eine kirchliche Behandlung der Angelegenheit. Das Eingrei-

fen des Statthalters Moritz von Oranien bricht dann den Widerstand der Staaten (namentlich Hollands) und öffnet den Weg zur Nationalen Synode von → Dordrecht (1617/18), auf der Vertreter fast aller ref. Kirchen Europas anwesend sind. Nach langen Verhandlungen werden die Remonstranten unter Billigung der anwesenden »politischen Kommissare« verurteilt. Eine Säuberung der Kirche folgte; die remonstrantische Bedrohung schien überwunden. Die Gebannten gründeten die *Remonstrantse Broederschap;* unter Friedrich Heinrich von Oranien (1584-1647) wurde ihnen weitgehende Duldung gewährt. - Die Dordrechter Synode hat auch eine neue → Bibelübersetzung (: V, 2 h) beschlossen (»Statenvertaling«, 1637) und u.a. auf dem Gebiete des Unterrichtes Bedeutendes geleistet.

Die Synode kann theologisch als Sieg der ref. Kirche betrachtet werden, politisch ist sie eher eine Niederlage zu nennen. Das Recht der Obrigkeit, sich auf kirchlichen Versammlungen durch politische Kommissare vertreten zu lassen, wurde anerkannt und von der Obrigkeit ausgiebig benützt. Das kirchliche Leben der kommenden Zeiten wird durch die so hervorgerufenen Konflikte beunruhigt. - Nach Dordrecht hat es die ref. Kirche unternommen, den Einfluß des Evangeliums auf das ganze Volksleben auszudehnen. Die Protestantisierung war weithin in oberflächlicher Weise geschehen; es gab viele Halbe und innerlich Widerstrebende. Der Umfang der Kirche war noch bescheiden; die kath. Kirche behielt großen Anhang. Wenn es auch nicht zur Gegenreformation in großem Stile kam, so bildeten sich doch infolge der Trienter Reformen Widerstandszentren, die große Gebiete für den Protestantismus verschlossen. Den anderen Denominationen gegenüber war die ref. Kirche keine Staatskirche, wohl aber die herrschende und privilegierte. Nicht zu ihr Gehörige konnten nicht in den Staatsdienst treten. Mehrere »Plakate« versuchten, die nicht anerkannten Gruppen in Schranken zu halten, die Obrigkeit sabotierte aber weithin die Ausführung. Bestechungen (»Rekognitionen«) waren in beschämendem Umfang an der Tagesordnung. Gewissensfreiheit war allen gewährt, auch den vielen Juden, die in den N.n Asyl fanden; die Kultusstätten durften aber nicht auffallen. Die röm.-kath. Kirche hatte es am schwersten, immerhin besser als zB in → England (: I). Für sie war die Revolution am Ende des 18.Jh.s eine Befreiung.

Der ref. Kirche fiel es nicht leicht, das Volksleben auf eine höhere Stufe zu heben. Die dazu unternommenen Versuche tragen vielfach ein radikales, puritanisches Gepräge. So kommt es zur Bewegung der *Nadere Reformatie* (»Zweite Reformation«), zum niederl. Puritanismus oder Pietismus (→ Teellinck, → Voetius, → Amesius, v. → Lodenstein). Sie will die rezipierte Lehre im Volk zu Leben und Wahrheit bringen. Sie bekämpft die staatliche Bevormundung. Der Kampf um Sabbat und Sonntag mag oft in kleinlicher Weise geführt worden sein; die Bewegung ist aber ursprünglich nicht gesetzlich, sondern ev. orientiert. Der starke Widerstand und die mancherlei Niederlagen, die sie zu ertragen hatte, brechen jedoch den prophetischen Charakter und führen zur Weltflucht, bes. im 18.Jh. - Diese Konstellation wird noch dadurch kompliziert, daß neue dogmatische Kämpfe ausbrechen. → Coccejus und seine Anhänger meinen bei den Voetianern einen unheilvollen Einfluß der Philosophie (Aristoteles) und des Konfessionalismus feststellen zu müssen. Im Gegensatz dazu wollen sie eine freie Exegese und eine nicht scholastisch orientierte Dogmatik, die am biblischen Bundes- und Reich Gottes-Gedanken orientiert sein sollte. So wurde die Föderaltheologie zum Problem (→ Bund: IV). Der Bundesgedanke war an sich im ref. Protestantismus rezipiert; seine besondere Behandlung durch Coccejus rief aber Widerspruch hervor. Der Kampf war hart und oft kleinlich; beide Parteien waren jedoch überzeugt, daß Großes auf dem Spiele stand. Die Frage nach dem christlichen Lebensstil, ein gewisser Protest wider allzu straffen Puritanismus, schließlich das merkwürdige Bündnis, das manche Coccejaner mit der Philosophie des → Descartes schlossen, haben die Sache kompliziert. Der Kampf zwischen »altem und neuem Licht« lief auf eine Synthese hinaus: die »ernsten« Coccejaner akzeptierten die voetianische Praxis pietatis; die Voetianer ließen den von ihnen verkannten Bundesgedanken mehr gelten (→ Lampe, W. à → Brakel). - Neben dem Cartesianismus machte auch der Spinozismus (→ Spinoza) der Kirche zu schaffen; er drang aber wenig ins Volk durch und war mehr bei den → Rijnsburgern und ihren Verwandten wirksam. - In den genannten Philosophien kündet sich das Nahen einer neuen Zeit an: die der ratio, des mündigen Menschen, der Natürlichkeit und Naturwissenschaft. Dem damit gestellten Problem hat die Kirche zunächst ausweichen wollen; das 17.Jh. bedeutet in dieser Beziehung noch ein Kompromiß; im 18. und 19.Jh. wird es jedoch akut. Die → Dissenters stehen noch am Rande der Kirche, sind aber Vorboten einer rationellen und kulturellen Religion, die von Natur und Fortschritt mehr weiß als von Sünde und Gnade. - Statt von einem »goldenen« Jh. sollte man besser von einem »vergoldeten« Jh. sprechen; denn an manchen Stellen scheint eine weniger edle Unterlage durch. Der große Respekt, den man jener Zeit gegenüber empfindet, ist vor allem dem blühenden (künstlerischen und) wissenschaftlichen Leben zu verdanken, das damals an den niederl. Universitäten aufkeimt (1575 → Leiden, 1585 → Franeker, 1612 → Groningen, 1636 → Utrecht, 1648 → Harderwijk).

5. Im *18.Jh.* wirkt das Alte kräftig nach und hat sich in weitem Umfang behaupten können. Der Umstand, daß die Aufklärung in den N.n nicht sehr tief greift, zeigt, daß die Arbeit der Kirche das Volksgewissen nicht unberührt gelassen hat. Im 18.Jh. wirkt sich aus, was vorher schon keimhaft lebte. Die durch den Bund vieler ref. Theologen mit der aristotelischen Philosophie schon lange am Rande anerkannte → natürliche Theologie macht sich nun breit und droht die Offenbarung zu verdrängen. Der im puritanischen Calvinismus latent vorhandene Individualismus, der aber in einem kräftigen kirchlichen Leben sein Gegengewicht hatte, läßt die Entfremdung von der Kirche wachsen; der Abstand zwischen »offizieller Kirche« und Leben wird größer. Ein abgeflachter Föderalismus dient der Säkularisation und leitet zur Aufklärung über (Stolzenburg). - In dieser Zeit erwacht die historisch-kritische Schriftforschung; die Dogmengeschichte wird gepflegt; die Kritik wird zur Methode. Vornehmste Vertreter dieser Richtung sind H.Venema (1697-1787), A.Schultens (1686-1750), J.Alberti (1698-1762), P.Bosveld (1731 bis 1809) und Y.v.Hamelsveld (1743-1812); P. → Bayle steht für sich. Diese Richtung, die etwas vom Geiste des → Erasmus aufleben läßt, teilt dessen Liebe zur Toleranz. Die Orthodoxen sehen in ihr eine große Gefahr: die früheren »Rekkelijken« (Gemäßigte, s. 2) werden jetzt als »Tolerante« bezeichnet. Der Protest des puritanischen Calvinismus wacht wieder auf, bes. scharf im »Examen van het ontwerp van tolerantie« der Pastoren Comrie und Holtius, die zu den letzten militanten Voetianern zu rechnen sind. Zwischen P. → Hofstede und dem remonstrantischen Prediger Nozeman kommt es in der Frage nach der Seligkeit tugendhafter Heiden zum »sokratischen Krieg«. Wer die Kirche für zu liberal hält,

sucht Erbauung in den Konventikeln, die, ehemals streng-kirchlich (Voetius), nun oft sektiererisch und separatistisch werden. Die Erweckung in Nijkerk und an vielen anderen Orten läßt in ihrer Überschwenglichkeit vermuten, daß sie u.a. eine Kritik des Zeitgeistes bedeutet. In den freisinnigen »Konventikeln« der → Rijnsburger Kollegianten weicht das Zeugnis der Auseinandersetzung; bald erfolgt die Wiederaufnahme in die gleich orientierten Kirchen. 1735 erregt die Ankunft der Herrnhuter die Gemüter lebhaft, aber nicht lange. Als Protest gegen den Modernismus kommt es 1791 bei den Lutheranern zur Separation *(Hersteld Evangelisch Luthersche Kerk)*; dieser Bruch ist erst 1952 geheilt worden. In der kath. Kirche verursacht der Konflikt um P. → Codde ein Schisma, das später zur Entstehung der altkath. Kirche in den N.n führte (→ Altkatholiken, 1 b). – Die dargestellte Uneinheitlichkeit macht offenbar, wie wenig diese Zeit eine organische war; die Kritik der französischen Revolution hat das in drastischer Weise bestätigt. Die Trennung von Staat und Kirche in der Revolutionszeit bedeutete für die privilegierte Kirche eine harte Probe. Erleichternd war es, daß die Konstitution von 1801 alle Kirchen in gleicher Weise zu beschützen versprach und auch die wohlerworbenen Rechte und bisherigen Einkünfte weiterhin garantierte; 1805 wurde dies bestätigt. Für die anderen Denominationen bedeutete die Umwälzung eine Erlösung aus ihrer Unfreiheit. Bes. für die kath. Kirche war dies der Anfang eines Aufstieges, der bis heute fortdauert. 1853 kam es zur Wiedererrichtung der Bistümer. Seitdem wird der Rückstand auf allen Gebieten eingeholt; die Gründung der Universität → Nymwegen (1923) hat dabei kräftig mitgeholfen.

6. König Wilhelm I., der 1815 die Regierung über das vereinigte »Königreich der N.« antrat, meinte der entwurzelten Kirche einen Dienst zu erweisen, indem er ihr eine neue Organisation aufzwang. 1816 kam es zum *Algemeen Reglement der Nederlandsche Hervormde Kerk;* diese ist eine Fortsetzung der alten ref. Kirche, trägt aber nicht mehr deren Namen. An die Stelle der presbyterial-synodalen Organisation trat nun eine von Behörden gelenkte Kirche. An der Spitze der hierarchischen Pyramide steht die vom König ernannte »Algemeene Synode«, eine nur administrative Instanz. Provinzialsynoden und Klassenversammlungen sind entrechtet; ihre Rechte fallen den Provinzial- und Klassenbehörden zu. Das bedeutet einen radikalen Bruch mit der Vergangenheit. Das alte ref. Bekenntnis wird nicht abgetan; eine Abweichung von ihm hat aber keine Folgen, weil sich die Synode in dieser Sache für nicht zuständig erklärt. Proteste gegen diese unkirchliche Situation blieben nicht aus, waren aber nicht energisch genug, um den »erleuchteten Despoten« eines Besseren zu belehren. Sein Eingreifen hat das 19.Jh. tief beeinflußt; es rief eine Reformbewegung auf den Plan, die den Kampf um Bekenntnis und KO aufnahm. So ist das 19.Jh. wie das 16. und 17. für die niederl. Protestanten zum »Jh. der Kirche« geworden.

Der angedeutete Vorgang läßt verstehen, daß das ref. Bewußtsein sehr verflacht war. Die bis zur Mitte des Jh.s dauernde Erweckungsbewegung (→ *Réveil*, → Erweckung: I, 4) machte deutlich, daß auch das allgemein-christliche Bewußtsein sehr gesunken war. Sie arbeitete daran, es wieder aufleben zu lassen. Positiv bekannte sie sich zur alten Lehre von Sünde und Gnade; negativ sagte sie dem »Geiste des Jh.s« den Kampf an (→ Bilderdijk, I. → da Costa, de Clercq). Sie machte den Fehler, die Frage nach der Kirche zu unterschätzen und zu umgehen, und verstand so ihre Zeit nicht. Sie bekämpfte die → Groninger Schule und den Modernismus, ließ es dabei aber zu sehr bewenden. Auch die in calvinistischen Kreisen brennende Frage nach der christlichen Politik hat sie – mit Ausnahme → Groen van Prinsterers – vernachlässigt. Ebensowenig hat sie die früher kaum beachtete und daher sehr aktuelle Frage nach einer christlichen Kultur positiv zu beantworten vermocht. So blieb ihr Einfluß heilsam, aber beschränkt. Alle Denominationen dieser Periode, orthodox oder freisinnig, setzten sich in dieser Hinsicht von ihr ab. Die Frage nach einer Reorganisation oder Reformation der Kirche lag dabei den Orthodoxen am Herzen. Bei diesen handelt es sich, soweit sie einen Bruch mit der bestehenden Kirche vermeiden wollen, um die *Ethischen* (→ Gunning, D. → Chantepie de la Saussaye) und die *Confessionelen* (→ Hoedemaker). Die zeitweilig sehr einflußreiche, biblisch-humanistisch gesinnte *Groninger* oder *»Ev.« Richtung* ist zum größten Teil in der → *Modernen Richtung* aufgegangen. Auch diese zielt auf eine Synthese von Christentum und Kultur in freisinnigem Geiste; sie war in einigen Phasen (→ Scholten, C.W. Opzoomer, → Hoekstra) recht einflußreich, hat sich aber in dieser Stellung nicht behaupten können.

Die *Afscheiding* (de Cock) und die *Doleantie* (A. → Kuyper) meinten, nur außerhalb der Ned. Herv. Kerk die alte ref. Kirche wiederherstellen zu können. Bei Kuyper geht dieser Versuch zusammen mit dem Kampf um die christliche Schule (so schon Groen van Prinsterer) sowie überhaupt um christliche Politik und Wissenschaft (Freie Universität von → Amsterdam). 1892 haben sich die Hauptgruppen der »Afscheiding« und »Doleantie« als *Gereformeerde Kerken van Nederland* zusammengeschlossen. Die *Christelijk Gereformeerden* machten diese Entwicklung nicht mit. Als isolierte Splittergruppen blieben daneben die *Gereformeerde* und *Oud-Gereformeerde Gemeenten* bestehen. – Eine so tief gespaltene Kirche konnte natürlich zu keiner kräftigen Missionsarbeit kommen; eine Reihe von Missionsgesellschaften hat diese Lücke ausgefüllt (→ Niederlande: III).

7. Die Versuche zu einer Neuorganisation der Ned. Herv. Kerk scheiterten lange an der Ohnmacht und Interesselosigkeit der Synode. Erst der 2. Weltkrieg hat hier Wandlung geschaffen. Der Solidaritätsgedanke erwachte neu; man begann, die alten Richtungsunterschiede zu durchbrechen. Durch einen »Gemeindeaufbau« und ein »Gespräch der Richtungen« hoffte man, dieses Ziel zu erreichen. Nach dem Kriege kam es zu einer Einigung. Die neue KO von 1951 ist wieder presbyterial-synodal, aber an die modernen Verhältnisse angepaßt. Sie kennt keine Richtungen mehr, sondern rechnet nur noch mit »Modalitäten«. Als Ideal gilt eine Volkskirche, die Christus bekennt, am Bekenntnis der Väter festhält, aber im modernen Leben stehen will und so die Wiederkunft Christi erwartet. Der Einfluß der Theologie K. → Barths ist dabei nicht zu verkennen, die aber bes. vom → Neocalvinismus und verwandten Gruppen abgelehnt wird. Innerhalb der Ned. Herv. Kerk haben die alten Richtungen viel von ihrer Bedeutung verloren. Als neue Gruppe bildete sich zu Beginn des 20.Jh.s der *Gereformeerde Bond tot vrijmaking der* (später: *tot verbreiding der Waarheid in de*) *Ned. Herv. Kerk.* Er ist ein Ausläufer der »Nadere Reformatie« (s. 4) und verfolgt analoge Ziele. Die seit Ende des 19.Jh.s bestehenden »Freunde Kohlbrügges« bilden eine besondere Gruppe. In neuester Zeit hat man diejenigen, die zwischen Freisinnigen und Geref. Bond stehen, nicht sehr glücklich als »Orthodoxie der Mitte« bezeichnet. Unter den Freisinnigen besteht die Gruppe der *Rechtsmodernen* (→ Roessingh, Heering); die Grenzen zwischen den »Modalitäten« sind fließend geworden. – Die »Gereformeerde Kerken van Nederland« hatten zwei Krisen zu bestehen: 1926 führten Lehrunterschiede über die Verbalinspira-

tion zur Gründung der *Gereformeerde Kerken in Hersteld Verband*, die später mit der Ned. Herv. Kerk verschmolzen. Im 2. Weltkrieg entstanden ferner wegen Meinungsverschiedenheiten über Bund, Kindertaufe und Umfang der Synodalbefugnisse die *Gereformeerde Kerken onderhoudende Art. 31* (der Dordrechter KO; Prof. K.Schilder). Dagegen verschmolzen wieder die seit 1791 geschiedenen Luth. Kirchen (1952); 1956 traten sie in Abendmahlsgemeinschaft mit der Ned. Herv. Kerk. Auffällig ist schließlich das Auftreten vieler Sekten, die trotz aller »ökumenischen« Gesinnung immer noch Anhänger gewinnen.

8. *Statistik* (auf Grund der Volkszählung von 1947):

Röm.-kath. Kirche	3 703 572
Ned. Herv. Kerk (und Wallon. Gemeinden)	2 992 926
Geref. Kerken	673 670
Geref. Gemeente (und Oud Geref. Gemeenten)	105 297
Geref. Kerk (Art. 31)	89 040
Ev.-Lutherisch	69 526
Christlich Reformierte	67 949
Taufgesinnte	67 420
Remonstranten	40 044
Apostolische	42 064
Freie Ev. Gemeinden	18 862
Baptisten	15 584
Heilsarmee	15 185
Altkatholiken	11 360
Andere Gruppen	57 440
Israeliten	14 346
Ohne Kirchenzugehörigkeit	1 641 214

W.P.C.Knuttel, De toestand der Nederlandsche Katholieken tijdens de Republiek, 2 Bde, 1892/94 - J.Reitsma, Geschiedenis van de Hervorming en de Hervormde Kerk der N., (1893) 1945^{5} (Lit.) - A.A.v.Schelven, De Nederduitsche vluchtelingenkerken der XVIe eeuw in Engeland en Duitschland, 1900 - S.Cramer-F.Pijper, Bibliotheca Reformatoria Neerlandica, 10 Bde, 1903-14 - W.Goeters, Die Vorbereitung des Pietismus in der ref. Kirche der N. bis zur labadist. Krisis 1670, 1911 - NNBW, 1911ff - J.Lindeboom, Het bijbelsch Humanisme in N., 1913 - Ders., Geschiedenis van het vrijzinnig Protestantisme, 3 Bde, 1929-35 - Ders., De confessioneele ontwikkeling der reformatie in de N., 1946 - BWGN, 1919ff - J.Loosjes, Geschiedenis der Luthersche Kerken der N., 1921 (Lit.) - W.J.Kühler, Geschiedenis der Doopsgezinden in de 16. eeuw (Bd 2 u. 3 unter dem Titel: Geschiedenis der Doopsgezinden in N.), 1932 bis 1950 - Die ev. Kirchen der N. (Ekklesia III), 1934 - M.E.Kluit, Het Réveil in N., 1936 - L.J.Rogier, Geschiedenis van het Katholicisme in Noord N. in de 16e en 17e eeuw, 3 Bde, (1946) 1947^{2} - L.J. N.K.v.Aken, De Remonstrantsche Broederschap in verleden en heden, 1947 - L.Praamsma, Het dwaze Gods. Geschiedenis der Gereformeerde Kerken in N. sinds het begin der 19^{e} eeuw, (1950) 2. Aufl. o.J. - S.Axters, Geschiedenis van de vroomheid in de N., 3 Bde, 1950ff - I.A.Diepenhorst, De verhouding tusschen Kerk en staat in N., o.J. - F.Boerwinkel, Kerk en secte, (1953) 1956^{2} - R.R.Post, Kerkelijke verhoudingen in N. voor de Reformatie, 1954 - Ders., Kerkgeschiedenis van N. in de Middeleeuwen, 2 Bde, 1957 (Lit.). - Zs.: NAKG (unter wechselnden Namen seit 1829), 1885ff.

S. van der Linde

II. Theologie

1. Die Auswirkungen der Aufklärung in Holland - 2. Theologische Richtungen des 19.Jh.s: a) Alt-Liberalismus - b) Groninger Schule - c) Réveil - d) Apologetische Schule von Utrecht - e) Moderne Richtung - f) Ethische Theologie - g) Neocalvinismus - h) Kohlbrügge und Hoedemaker - 3. Ausblick ins 20.Jh.

1. Die *Auswirkungen der → Aufklärung* (: I. III) waren in Holland weniger radikal als total, mehr repräsentativ und nur zT von vehementer Konsequenz. Dieses das innere und äußere Leben rational bestimmende Gedankenklima entstammt u.a. einer geistigen Tradition von → Erasmus über → Descartes und → Grotius. Auch → Voetius und → Coccejus haben diese verstandesgemäße Ruhe und dieses moralische Gleichmaß, freilich mit mehr Tiefe. Im 18.Jh. bleibt vor allem das klassische Erbe und das Vermeiden aller Extreme. Es hat etwas Weltmännisches, zugleich etwas Querköpfiges, das sich zB ganz typisch in der lange währenden Abweisung der deutschen Philosophie äußert. Ferner bleibt eine Kultur der Predigt, wie sie nirgendwo in solcher Qualität bestehen dürfte; die »leerrede« wird eine besondere Literaturgattung von monumentaler, fast epischer Art. Schließlich bleiben der Ernst der philologischen Arbeit in den Spuren → Vitringas und die geistlichen Folgen der sog. »Nadere Reformatie« (→ Niederlande: I, 4), die sich, obwohl nur in kleinen Kreisen lebendig, als einzige Gegenbewegung gegen den vorherrschenden Rationalismus bis in den »Réveil« (s. 2 c), sogar bis in die ersten Anfänge der »kontrarevolutionären« Politik hinein durchsetzte; denn in den N.n hat sich der Pietismus durchgehend die Sorge für das Gemeinwohl angelegen sein lassen (zB Smytegelt und de Cock).

2. a) Der *Alt-Liberalismus* empfand sich selbst als Synthese; er ist nahe verwandt mit dem rationalen Supranaturalismus (→ Rationalismus: II) oder geht in diesen über. Dogmatisch überwiegt dort die notitia; zentrale Wahrheiten sind anfänglich übernatürlich offenbart, werden aber aposteriori durch die Vernunft als evident erfaßt; es bleiben jedoch Verborgenheiten, die aber auch nicht suprarational sind. Sie sind Ergänzungen, eine Dämmerung wird durch das hinzukommende Licht der »Offenbarung« aufgehellt. - Die Alt-Liberalen begründen 1785 die → Haager Gesellschaft. In Sachen der Schrift lehren sie deren Glaubwürdigkeit, in der Christologie den summus doctor (mit oder ohne arianische Präexistenz). Zugleich wenden sich ihre Führer scharf gegen die »Apostel des Unglaubens« (so H.Muntinghe, S.D.de Keyzer, H.H.Donker Curtius).

b) Die → *Groninger Schule* hat Erasmus und in gewissem Sinne Wessel → Gansfort wieder entdeckt. Neben dem Einfluß des Philosophen → Hemsterhuis ist bes. der von Ph.W.van Heusde († 1839) und seinem Hauptwerk »De socratische school« (1834) entscheidend. Die Groninger (→ Hofstede de Groot) haben wieder die Christologie und die fiducia zentral gesetzt. Der Rationalismus bleibt aber dominierend, insoweit Offenbarung als eine göttliche Erziehung erfaßt wird. Die spätere → Vermittlungstheologie in Deutschland geht vielfach mit dem Anliegen und der Methodik der Groninger parallel. - Es bleibt im allgemeinen bei der Negation der deutschen Philosophie; höchstens bahnt sich die Anerkennung einer Unterscheidung von Vernunft und Verstand an.

c) Der → *Réveil* war von Haus aus nicht theologisch im engeren Sinn, dh an keiner der theologischen Disziplinen bes. interessiert. Er begann aber schon sehr bald, sich in stärkerem Maße Rechenschaft über die Glaubensinhalte zu geben als der Pietismus. Bei → Bilderdijk, dem »Vater des Réveil«, sind die denkerischen, fast allumfassenden Versuche in voller Blüte. Hier ist die »Orthodoxie des Herzens«, wie Allard Pierson sagte; die »gesunde Lehre« stand gegenüber den »Neologismen«. Verschiedene genialische Einzelgänger fanden sich zusammen (W.de Clercq, I. → Da Costa, → Capadose); aber auch soziale Anreger (zB → Heldring) und große Politiker wie → Groen van Prinsterer gingen von dort aus. Die Orientierung war französisch, zB auf Prediger wie → Merle d'Aubigny und → Malan gerichtet; aber auch viel altref. Geistesgut wurde neu entdeckt und gepflegt. Das Programm einer bekennenden Kirche wurde damals in seinen ersten Konturen theologisch, juristisch, geistesgeschichtlich und praktisch sichtbar.

d) Einen bemerkenswerten Versuch, den Rationalismus zu widerlegen, unternahm die *»Apologetische Schule«* von → Utrecht (J.J.van → Oosterzee, J.I.Doedes [1817-97], die in der Evangelienkritik bzw. in der Gotteslehre neue Prinzipien aufstellten). Die Offenbarung ist in *Tatsachen* eingegangen. Die historische Überlieferung wird im einzelnen und im ganzen geprüft und wahrhaftig befunden. Der letzte Grund im Subjekt wurde bisweilen in der »Erfahrung« gefunden; damit waren Ansätze zu einer vielfach großartigen, aber mühsamen intellektuellen Redlichkeit verbunden. Die Utrechter Schule stand der alten Orthodoxie sehr frei gegenüber; so schrieb Doedes kritische Kommentare zur Confessio Belgica und zum → Heidelberger Katechismus. Das Aufkommen des »Modernismus« ließ jedoch die Utrechter durch die notwendige Auseinandersetzung in einer rationalistischen Denkart verharren, die aber durch einen besonderen Biblizismus gemildert war.

e) Die → *Moderne Richtung* ist sicher das Charakteristikum des 19.Jh.s, doch sind ihre Erscheinungsformen sehr komplex, und ihr Fazit erscheint schließlich sehr unklar und verwirrend. Der holländische Geist beginnt endlich, die Philosophie der Deutschen ernster zu nehmen; der Übergang war etwas plötzlich und erregend; aber was Groen van Prinsterer die »atmosphärische Betäubung« nannte, trat auch jetzt nicht ein. Denn entscheidend ist hier der Eindruck der exakten Naturwissenschaft. So wird → Hegel, kaum entdeckt, schon wieder verdrängt durch eine Art Positivismus. Auch den Modernismus kann man als Apologetik werten: Wie kann der moderne Mensch in redlicher Weise glauben? Dabei versteht man Glaube nicht als Glauben an den Christus »des Dogmas« oder an die Schrift, sondern an Gott, dh an den Kausalzusammenhang als an einen geistlichen Sinn der Welt. Hier dämmert schon etwas auf von der Entleerung des Lebens, obschon der Tenor des Ganzen noch optimistisch ist. Mit großer Wahrhaftigkeit haben die Modernen weniger nach dem Inhalt als bes. nach dem Grund der Religion überhaupt gefragt. – Als Führer der Modernen Richtung gelten der Jurist-Philosoph C.W. Opzoomer (Utrecht), der Determinist und Wiederentdecker des Alt-Calvinismus J.H. → Scholten (Leiden) und der ethisierende Theologe S. → Hoekstra (Amsterdam). Die beiden Erstgenannten haben typisch abwechselnd der Empirie-an-sich und der Spekulation-an-sich den Vorrang gegeben. Hoekstra ist der Stifter des »ethischen« Modernismus; ihn kennzeichnet, daß er aufs neue den Mut hatte, Gegensätze (zB zwischen »Vorsehung« und »Schuld«) stehen zu lassen. Er wählt sich einen → Indeterminismus im psychologischen Sinn (mit Außerachtlassen des kantischen → a priori: der »intelligiblen Freiheit«). Immerhin kommen mit ihm »die menschlichen Bedürfnisse und Ideale« wieder zu ihrem Recht. – Der Modernismus ist letztlich an der Möglichkeit zerbrochen, die geschlossene Kausalität »Vater« zu nennen, sowie an der Inkonsequenz, ein Gebet um Gesundheit für supranaturalistischen Aberglauben, das um ein reines Herz aber für »gut modern« zu halten (so Opzoomers Schüler A.Pierson [1831-96] in der Zeit seiner späteren Skepsis, 1867). Schon früh hatten die Modernen Mühe, sich die »Freidenker« des Vereins »de Dageraad« (Morgenröte) als Brüder im Kampf gegen den Aberglauben vom Leibe zu halten und deren Vorwurf der Halbheit zu begegnen. A.Pierson und C.B. Huet (1826-86) wurden dem Spruch ihres Gewissens gehorsam und traten aus dem kirchlichen Amt. – Der Ruhm des Modernismus liegt in den großen Gelehrtengestalten von Leiden wie → Kuenen, → Tiele und etwas später der Alttestamentler B.D.Eerdmans (1865-1948). Der größte Effekt der neuen Richtung war die von ihr hervorgerufene Reaktion, die mit Kuyper auf den Plan trat und das geistige Antlitz der N. änderte.

f) Die in vieler Hinsicht originelle und zukunftsreiche *Ethische Theologie,* die sowohl von »Ethischer Kultur« wie vom »Ethischen Modernismus« (Hoekstra, s. 2 e) zu unterscheiden ist, brachte die erste Anerkennung des deutschen → Idealismus. D. → Chantepie de la Saussaye und → Gunning verstanden unter »ethisch« (sittlich) etwa das, was später »existentiell« hieß. Ihr Anliegen war mehr eine Konfrontation von Evangelium und Kultur als von Christentum und (Natur-)Wissenschaft (so im Modernismus und Neocalvinismus). Die »Ethischen« waren dank ihrem Vermögen, den modernen Menschen in seiner aufkommenden Einsamkeit zu verstehen, die Pioniere der Synthese. »Glaube der Gemeinde«, Wiederherstellung der Humanität im gefallenen Menschen, Glaube als Vernunft des neuen Menschen, die Kunst als Prophetie des Glaubens, die Erwartung der Parusie – das sind ihr wichtige Themen. »Ethisch« steht im Gegensatz zu »empirisch« wie auch zu »rational«. Die sog. jüngeren »Ethischen« haben fast ein halbes Jh. die Universitäten beherrscht, von J.J.P.Valeton (1848-1912), P.D. → Chantepie de la Saussaye, I.van Dyk (1847-1922), Joh. de Zwaan († 1957) u.a. bis zu van der → Leeuw.

g) Der → *Neocalvinismus* hat eine neue Kirchengründung (»Doleantie«, 1886; → Niederlande: I, 6) und die Freie Universität in → Amsterdam (1880) hervorgebracht (frei = unabhängig vom Staat). Seit seiner Entdeckung des Schrifttums von → Laski wird → Kuyper von der Tiefe und universellen Weite des klassisch-ref. Lebens überwältigt, jedoch ohne repristinativ zu werden. Wie der jüngere H. → Bavinck ist Kuyper ein Architekt des dogmatischen Systems nach dem Vorbilde der früheren »Orthodoxen«. Die Lehre des Bundes rückt wieder in die Mitte. Das Ganze ist stark modernisiert; die Kultur wird theologisch integriert durch die allseitig durchgeführte Lehre von der »Gemeene gratie«. – Diese Bewegung, die nicht nur die seltsame Gestalt einer theologischen Volksbewegung besaß, hatte auch starken politischen Einfluß (Kuyper wurde 1901 Ministerpräsident). Von großer Bedeutung für das nationale Leben wurde der Kampf um die Gleichberechtigung der christlichen Schule. Die Neocalvinisten gehen von der faktischen Gültigkeit des »neutralen« Staates aus; daher kommt es gerade an ihren freien Stiftungen zu manchen theologischen Errungenschaften, die auch außerhalb der akademischen Mauern popularisiert wurden und nicht nur Enthusiasmus erweckten, sondern auch gediegene Erkenntnis unter den »Laien«.

h) Eine ganz einsame Figur war anfänglich → *Kohlbrügge.* Er hat dann aber erheblichen Einfluß ausgeübt, obschon seine Lehre von einer sanctificatio forensis meist abgelehnt wurde. Allein stand auch → *Hoedemaker.* Er wollte die Katholizität der ref. Kirche erhärten, die Volkskirche zusammenhalten und mit dem Staat unter dem heilsamen Wort Gottes zusammenbringen. Er meint, daß die Demokratie die Wahrheitsfrage vernachlässigt, und möchte die Kontinuität der Christenheit durch eine Entneutralisierung des Staates bewähren (Theokratie). Hoedemaker und Kohlbrügge haben ihre Schüler und Nachfolger unter den Gliedern der »Confessioneele Vereeniging« gefunden, die die Autorität der Schrift, die Weisung des Bekenntnisses und die Wiederherstellung einer geistlichen (statt bürgerlich-administrativen) KO auf ihre Fahnen schrieb. Die neue, im Mai 1951 eingeführte Ordnung bedeutet auf eine ebenso prinzipielle wie großzügige Art die Krönung dieses Bestrebens und hat weithin neue Hoffnungen erweckt.

3. Über die Grenze des 19.Jh.s hinausgreifend kann man sagen, daß sich in der niederländischen Theologie die Dogmatik behauptet hat, daß innerhalb der »Richtungen« eine allgemeine Verschiebung nach »rechts« stattgefunden hat, daß das intensive Miterleben des

deutschen → Kirchenkampfes eine Konzentration auf das Wesentliche des Bekenntnisses förderte, daß »Apostolat« und »Theokratie« Chiffren geworden sind für eine umfassende Erneuerung und daß die exegetischen Disziplinen in wachsendem Einverständnis mit der systematischen Theologie blühen und Frucht tragen. Der Einfluß Karl → Barths ist in allen Disziplinen bemerkbar; dies ist bes. auffallend, weil in den Jahren 1925-35 der Widerstand gegen ihn, vor allem von seiten der Führer des Neocalvinismus, sehr stark war.

CHR.SEPP, Proeve eener pragmatische gesch. der theol. in Nederland 1787-1858, Leiden 1860 - A.W.BRONSVELD, Oorzaken der verbreiding van het rationalisme in ons land, Rotterdam 1862 - G.v.ANTAL, Die holl. Philos. im 19.Jh., Utrecht 1888 - M.A.GOOSZEN, De soteriologisch-bijbelse richting in het Ger. Prot. (Geloof en Vrijheid 1891, 133-179) - L.KNAPPERT, Gesch. der Ned. Herv. Kerk gedurende de 18e en 19e eeuw, Amsterdam 1912 - W.J.KÜHLER, Het Socinianisme in Nederland, Leiden 1912 - K.H.ROESSINGH, De moderne theol. in Nederland, 1925 - O.NOORDENBOS, De ontwikkeling van het atheisme in Nederland, 1930 - TH.L.HAITJEMA, De richtingen in de Ned. Herv. Kerk, Wageningen (1934) 1953² - A.F.N. LEKKERKERKER, De Reformatie in de crisis, ebd 1949 - EKL III, 1389ff. - Vgl. ferner die Lit. zu → Niederlande: I sowie zum einzelnen die Werke der im Text genannten Theologen u. die Lit. zu den Einzelartikeln. *K.H.Miskotte*

III. Niederländische Missionen

Im 17. und 18.Jh. wurden von der Vereinigten Ost-Indischen Kompagnie Pfarrer nach Asien entsandt, u.a. für Missionszwecke. Dieser Anfang der niederländ. Missionen entsprach nach der damaligen Auffassung der Aufgabe der Obrigkeit; die aus der geistigen Arbeit der Kompagnie hervorgegangene ev. Kirche wurde aber bis zur Übertragung der Souveränität an → Indonesien (1949) von der Kolonialverwaltung zT auch für Missionszwecke unterstützt. - Weit umfangreicher als dieser älteste Zweig der niederländ. Missionen wurde die seit der Gründung der »Nederlandsch Zendeling Genootschap« (1797, unter englischem Einfluß) von Gesellschaften und Kirchen betriebene Missionsarbeit. Im 19. und 20.Jh. ist die Entwicklung gekennzeichnet sowohl durch die Zersplitterung und die wachsende Zusammenarbeit der so gespaltenen Missionsgesellschaften als auch durch eine langsam sich entwickelnde Konfessionalisierung und Integration der Arbeit der Gesellschaften in den Kirchen. Die wichtigsten niederländ. Missionen sind zZ: die Missionen der »Nederlandse Hervormde Kerk«, der »Gereformeerde Kerken«, des »Gereformeerden Zendingsbond«, des »Luthersen Zendingsraad«, des »Doopsgezinden Zendingsraad« (Mennoniten) und der »Zeister Zendingsgenootschap« (Herrnhuter). Fast alle niederländ. Missionen arbeiten in dem »Nederlandse Zendingsraad« zusammen, der Mitglied des → Internationalen Missions-Rates ist. - Bis vor kurzem hatten die niederländ. Missionen ihre einzigen Arbeitsfelder in dem großen ehemaligen niederländ. Kolonialreich.

Nachdem die zukünftigen Arbeitsmöglichkeiten in → Indonesien (: IV) sehr unsicher geworden sind, beabsichtigen einige von ihnen, in anderen Teilen der Welt eine neue Arbeit anzufangen. So liegen bereits konkrete Pläne für Afrika und Südamerika vor.

Mededeelingen. Tijdschrift voor Zendingswetenschap, Oegstgeest 1857-1943 - Heerbaan. Algemeen Zendingstijdschrift, Amsterdam 1945ff. *S.C. van Randwijck*

Niedner, *Christian Wilhelm* (1797-1865), Kirchenhistoriker. Nach dem Studium in → Leipzig (u.a. bei Keil, → Tzschirner, G.B.Winer und dem klassischen Philologen G.Hermann) wurde N. dort 1829 Prof., legte 1850 sein Amt nieder und lebte in Wittenberg; 1859 wurde er nach → Berlin berufen. N. verband »Quellentreue« und »Vollständigkeit der Erforschung« mit philosophischer Durchdringung, blieb aber von → Baurs Hegelianismus ebenso wie von → Hases ästhetischem Verständnis der KG unbeeindruckt. N.s »spröde scholastische Form« (Hase) war Ausdruck der Bemühung um historische Objektivität und gewann durch den Lehrvortrag (KG, DG, Philosophiegeschichte), dessen Tiefe u.a. I.A.Dorner und der junge → Dilthey rühmten, an Lebendigkeit.

Vf. u.a.: Gesch. d. christl. Kirche, (1846) 1866². - Hg.: ZHTh (begründet v. CHR.F.ILLGEN) 1845-65; H.G.TZSCHIRNER, Der Fall des Heidentums I, 1829. - Über N.: F.CHR.BAUR, Die Epochen d. kirchl. Geschichtschreibung, 1852, 244f - ADB XXIII, 666f - RE XIV, 51ff - C.NIEDNER, BSKG 34/35, 1924/25, 53-111 - DERS., ebd 43, 1934, 30-47 - Sächs. Lebensbilder I, 1930, 262-276.

E.H.Pältz

Niellius, *Carolus d. J.* (1576-1652), Sohn eines wallonischen Predigers, war Prediger in Köln und Utrecht. Er war mit → Uyttenbogaert und → Episcopius befreundet und wurde 1619 wegen seiner remonstrantischen Gesinnung von der → Dordrechter Synode verbannt; er entwich nach Waalwijk und Antwerpen. N. war Mitarbeiter an der Organisation, der Konfession und den Formularen der Remonstrantischen Bruderschaft. 1623 wurde er verhaftet, entfloh 1631, wurde 1632 remonstrantischer Pfarrer in Amsterdam und war seit 1643 Prof. am dortigen Remonstrantenseminar.

C.D.SAX, C.N., 1896 - NNBW I, 1373ff. *W.F.Dankbaar*

Nielsen, *Nicolaus Johann Ernst* (19.4.1806 bis 26.1. 1883), ev. Theologe, * in Rendsburg, † in Oldenburg. Nach dem Studium bei → Schleiermacher und A. → Neander wurde N. 1831 Hauslehrer bei Cl. → Harms, 1832 Pfarrer in Sarau/Holst., 1840 in Schleswig. Wie die gesamte Pfarrerschaft Schleswig-Holsteins und die theologische Fakultät in Kiel vertrat er in dem Streit um → Schleswig-Holstein zwischen Dänemark und Preußen das Landesrecht, auch in seinen Predigten. Nach der Erhebung Schleswigs wurde er General-Sup. für die deutschsprachigen Gemeinden in Schleswig. Durch seine »Materialien zu einer Appellation für Schleswig-Holstein und seine Geistlichkeit« (1849) geriet er in Konflikt mit den dänischen Behörden und seinem Vetter → Martensen. Von → Hengstenberg deswegen »Rebell« gescholten, fand er in Cl.Harms und in C.F.v.Hofmann theologischen Beistand. Nach dem auf Grund der Vereinbarung von Olmütz geschlossenen Frieden wurde N. von der dänischen Regierung seiner Ämter enthoben. Nach kurzem Aufenthalt in Kiel, wo er »Betstunden mit Vorträgen in bezug auf die Schleswig-Holsteinische Landeskirche« hielt (1851 veröffentlicht), ging er als Pfarrer und Sup. des Fürstentums nach Eutin. Von den das Gebiet umschließenden Dänen bedroht, folgte er 1853 dem Ruf als Oberhofprediger und Kirchenrat nach Oldenburg; 1879 wurde er Geheimer Oberkirchenrat. - In herrnhutischem Geiste erzogen, wirkt N. als bedeutender Prediger, der seine politische Haltung mit religiösen Motiven begründete. Dabei war er um die Entfaltung eines Gemeindebewußtseins bemüht, für das christliches Leben zugleich kirchliches Leben sein sollte. Auch an der Erneuerung der liturgischen Formen in seiner Landeskirche wirkte er mit.

Vf. ferner: Liturg. Studien u. Stimmen, 1842; Gesch. des Oldenburger Gustav-Adolf-Vereins, 1881. - Über N.: ADB 23, 669ff - C.E.CARSTENS in: Zs. der Ges. für Schleswig-Holstein-Lauenburgische Gesch. 19, 1889, 76ff; 22, 1892, 220f - Mitteilungen des Vereins für schleswig-holst. KG 1898, 19ff. 36-46. 54-63. 107. 122ff - DBL XVII, 152f - HERMELINK II, 431f. *H.Hohlwein*

Niemeyer, *August Hermann,* Theologe und Pädagoge, * 1.9.1754 in Halle/Saale als Urenkel A.H. → Franckes, † 7.7.1828 ebd, seit 1779 Prof. der Theologie in → Halle, wo er neben theologischen auch philologische und pädagogische Vorlesungen hielt und 1787 das pädagogische Seminar für künftige Lehrer einrichtete. 1784 wurde er Inspektor des Pädagogiums, 1785 Mitdirektor und 1799 Direktor der Franckeschen Stiftungen, die er schnell zu neuer Blüte führte. Ebenso große Verdienste hat er um Erhaltung und Ausbau der halleschen Universität in den Wirren der Napoleonzeit und dann nach 1815 (1808-16 Kanzler und Rektor). Seit 1804 war er auch Oberkonsistorial- und Oberschulrat. - Sein damals weit verbreitetes Schrifttum umfaßt theologische Arbeiten (Hauptwerk: Charakteristik der Bibel, 5 Bde, 1775-82), geistliche Lieder und Gedichte, Oratorientexte, erbauliche Bücher, Schulbücher (bes. Religions- und Gesangbücher), philologische Ausgaben griechischer Klassiker und pädagogische Schriften (Hauptwerk: Grundsätze der Erziehung und des Unterrichts, 3 Bde, 1796ff). N. vertritt einen gefühlswarmen Rationalismus; in seiner Theologie ist er bes. von → Semler beeinflußt, literarisch von → Klopstock mitbestimmt. Auf pädagogischem Gebiet zeigt er weiten Blick und besonnenes Streben nach Ausgleich und gibt zugleich gründliche historische und bibliographische Orientierung.

Neuausg. der »Grundsätze« v.W.REIN, (1878/79) 1882/84². - Über N.: W.SCHRADER, Gesch. der Friedrichs-Univ. zu Halle, 1894 - W.FRIES, Die Franckeschen Stiftungen in ihrem zweiten Jh., 1898 - K.MENNE, A.H.N., 1928 (Lit.). *A.Reble*

Niemöller, *Martin,* ev. Theologe, * 14.1.1892 in Lippstadt i.W. als Pfarrerssohn, war im 1.Weltkrieg U-Boot-Kommandant, 1924-30 Geschäftsführer der Inneren Mission in Münster/Westf. und wurde 1931 Pfarrer der Ev. Gemeinde Berlin-Dahlem. Zu Beginn des → Kirchenkampfes gehörte er zur »Jungreformatorischen Bewegung« und auf der altpreußischen Generalsynode vom 9.9.1933 zur Gruppe »Evangelium und Kirche«. Das Ergebnis dieser Synode veranlaßte ihn zur Gründung des → Pfarrernotbundes. N. wurde in der Welt wegen seines unerschrockenen Zeugnisses als der Führer der Opposition gegen Hitler angesehen. Dieser veranlaßte 1934 die Entfernung N.s aus dem Pfarramt. N. blieb trotzdem ein entscheidendes Mitglied der Bekenntnissynoden, des altpreußischen → Bruderrates und des → Reichsbruderrates. Mit seiner radikalen Haltung gegenüber der Kirchenpolitik des Staates und der Partei stand er durchweg in Spannung zu dem vermittelnden Kurs der »intakten Kirchen«. Am 1.7.1937 wurde N. verhaftet und kam trotz des verhältnismäßig milden Urteils des Landgerichts Berlin als »Privatgefangener« Hitlers auf dessen Befehl in das KZ Sachsenhausen, 1941 nach Dachau, zuletzt nach Südtirol, wo ihn deutsche Soldaten im Frühjahr 1945 befreiten. Am 1.8.1945 wurde N. in Treysa zum Mitglied des Rates der → Evangelischen Kirche in Deutschland (: I) und zum Leiter des Kirchlichen Außenamts berufen, 1947 zum Kirchenpräsidenten von → Hessen und Nassau gewählt. Er sah seine Aufgabe darin, in Deutschland die Erkenntnis der Schuld zu wecken und Umkehr zu predigen sowie die ökumenische Verbundenheit zu vertiefen. In der EKD führte der Gegensatz N.s zu den Vertretern des luth. Konfessionsprinzips dazu, daß ihm die Leitung des Kirchlichen Außenamts genommen wurde und er aus dem Rat der EKD austrat. In der Auseinandersetzung über die → Atomwaffen wurde N. 1954 zum überzeugten Pazifisten. N.s eindrucksvollste Wirksamkeit ist seine Verkündigung, die Gottes Wort in lebendigem Zeugnis den Menschen von heute zu sagen vermag.

Vf. u.a.: Vom U-Boot zur Kanzel, 1934; Predigten: Alles u. in allen Christus, 1935; ....daß wir an ihm bleiben, 1935; Dennoch getrost, 1939; Ach Gott vom Himmel sieh darein, 1946; ...zu verkündigen ein gnädiges Jahr des Herrn!, 1946; Wir predigen den gekreuzigten Christus, 1949; Herr, wohin sollen wir gehen, 1956; Reden 1955-57, 1957; Reden 1945-54, 1958. - Über N.: M.N. u. sein Bekenntnis, 1938 - Bekennende Kirche (Festschr. z. 60. Geb.), 1952 - D.SCHMIDT, M.N., 1959. *J.Beckmann*

Nieremberg, *Juan Eusebio* (ca 1595-1658), span. Jesuit (1614) deutscher Herkunft, * in Madrid, Asketiker in Schrifttum, Lehre und Leben; Prof. der Naturgeschichte, dann der Exegese am SJ-Kolleg in Madrid. Der philosophisch und theologisch gebildete Gelehrte war ein begehrter Leiter der → Exerzitien und mit 73 (zT asketisch-mystischen) Werken ein noch heute gelesener Schriftsteller.

Vf. u.a.: Vida de San Ignacio, (1631, indiziert) 1646 u.ö.; Aprecio y estima de la divina gracia, 1638 u.ö. (dt. v. M.J.SCHEEBEN, 1925¹⁴); Diferencia entre lo temporal y lo eterno, 1640 (ed. E.DE OCHOA in: Tesoro de escritores misticos españoles III, Paris 1847; dt. 1695 u.ö.); De la hermosura de Dios, 1641; Doctrinae asceticae, 1643 u.ö.; Tratados espirituales, 1647; Opera parthenica, 1659 (mariolog. Schriften mit Biogr.); ferner Übers. der Imitatio Christi des → Thomas a Kempis, Gebetssammlungen u. Briefsammlung: Epistolario, ed. N.A.CORTÉS (Clásicos castellanos 30), 1915. - Über N.: BACKER-SOMMERVOGEL V, 1725ff; IX, 720 f - L.PFANDL, Gesch. d. span. National-Lit., 1929, 525ff - DThC XI, 658f - EC VIII, 1872. - Vgl. die span. Lit. zu → Jesuiten. *W.Göbell*

Nieren. Bei australischen Stämmen (→ Australien: I) gelten N. und N.fett als Kraftträger (→ Macht: I) und werden im Aneignungszauber durch → Salbung mit dem N.fett des erschlagenen Gegners oder der Opfertiere verwendet. - Im vedischen → Indien (: II) wurden dem Toten bei der → Leichenverbrennung als Schutzmittel gegen die Hunde des Totengottes die beiden N. einer → Kuh in die Hände gelegt. - Im alten Israel bestand das Verbot, N. und N.fett, die Jahwe als → Opfer vorbehalten waren, zu essen (Ex 29, 13; Lev 3, 4. 10. 15; 4, 9). Außerdem galten die N. als Sitz seelischer Empfindungen und Gedanken; der Ausdruck: »Auf Herz und N. prüfen« hat dort seinen Ursprung (Jer 11, 20; 17, 10; 20, 12; Ps 7, 10; 16, 7; 26, 2; 73, 21). - Auch im deutschen Volksglauben gelten die N. als Kraftzentren und als Sitz der → Seele. - Bei den alten Preußen wurden gebratene Bären-N. als Aphrodisiakum verwendet; zugrunde liegt vielleicht eine Vorstellung von den N. als inneren Geschlechtsorganen.

H.OLDENBERG, Die Religion des Veda, (1894) 1917³, 577 - W. WUNDT, Mythus u. Religion, 1920³, 88ff u.ö. (s. Reg.) - A.BERTHOLET, Das Dynamistische im AT. 1926, 11 - HWDA I, 525; II, 1602; III, 730; VII, 1082 - RGL 8, 4 - ThW IV, 912f - M.LEENHARDT, Do Kamo, Paris 1947, 26. *G.Lanczkowski*

Niesen ist je nach den damit verbundenen Vorstellungen ein gutes oder schlechtes Vorzeichen. Grundlegend scheint die Meinung zu sein, daß durch die Nase oder den Mund (→ Gähnen) gute oder böse → Geister (: I) oder auch die eigene → Seele selbst aus- und eingehen können. Das N. gilt nun als ein solcher Akt des Durchganges. Gut ist es demnach, wenn ein böser Geist austritt bzw. ein guter Geist einkehrt, oder wenn die aus irgendwelchen Gründen abwesende Seele zurückkommt (so 2Kön 4, 35). Nichts Gutes bringt das N. im umgekehrten Fall. Ursprünglich dürften die diversen Auffassungen noch meist getrennt vorgekommen sein; so ist zB bei Jägerstämmen in Sibirien nur das Heraustreten der Seele vorherrschend. Später kam es sicherlich zu Vermischungen und auch zu Derivationen. So wurde in Griechenland das N. zunächst als gutes → Omen, sicherlich in Ableitung davon dann als »Segen« aufgefaßt. Andererseits galt das N. als ein Akt, der das Austreiben (Ausstoßen) der Seele veranlassen konnte. Immer aber steht die Gesundheit, das Wohlbefinden im Blickpunkt der Betrachtung. Daraus erklären sich die verschiedensten Zurufe beim N., zB bei den Hindus: »Lebe«, den Römern »Salve«, den Juden »Gesundheit«, in Europa seit dem MA »Gott helfe dir« u.a. Dieselbe Erscheinung findet sich bei → Naturvölkern: Die Zulus sagen, wenn ein Kind niest, »Wachse«, die Samoaner »Leben für dich« (Life to you). Ableitungen, die nur den guten oder schlechten Charakter des N.s behalten haben, sind u.a., wenn es die Wahrheitsprobe für das eben Gesagte oder Gedachte ist, wenn es bedeutet, daß bald jemand stirbt u.a.m.

ERE IX, 398f - P.SAINTYVES, L'Eternuement et le Bâillement, Paris 1921 - HWDA VI, 1072ff - SDF II, 1031 - THOMPSON I-VI (s. Reg. s.v. Sneeze).
E.Stiglmayr

Niethammer, *Friedrich Immanuel (von),* ev. Theologe, * 26.3.1766 in Beilstein, † 1.4.1848 in München, Sproß einer württembergischen Gelehrtenfamilie, Tübinger Stiftler, 1792 PDoz., 1793 Prof. der Philosophie, 1798 der Theologie in Jena, Freund → Fichtes, → Schillers und → Schellings. 1804 wurde er von Montgelas als Prof. der Theologie an der für beide Konfessionen bestimmten Theologischen Sektion und als Konsistorialrat und Oberpfarrer an der neugegründeten ev. Gemeinde in Würzburg berufen, 1805 auch prot. Oberschulkommissär für Franken, 1806 in Bamberg, 1807 Zentralschulrat der prot. Konfession in München, 1808 auch Oberkirchenrat, 1818 Oberkonsistorialrat. - Als Bannerträger des → Neuhumanismus veranlaßte N. zur Reinhaltung seines Bildungsideals die Gründung von Realinstituten und berief G.H. → Schubert, Fr.W. → Hegel und Fr.Thiersch nach Bayern. N. war durch Fr.Roth über → Hamann aus einem Denker des deutschen → Idealismus zu einem Mann der → Erweckungsbewegung geworden. Der bayerischen ev. Kirche verhalf er nicht nur zu ihrer verwaltungsmäßigen Form, sondern als der führende Theologe ihres Kirchenregiments auch zu ihrer damaligen inneren Gestalt.

Neuer Nekrolog der Deutschen XXVI, 291ff - J.DÖDERLEIN, Unsere Väter, 1891, 18-37 - ADB XXIII, 689ff - K.KÜFFNER, Die bayer. Oberrealschule vor 100 Jahren, 1908 - G.DAMMKÖHLER, Schellings Beziehungen zu N. vor seiner Berufung nach Jena (Diss. Erlangen), 1913 - H.LÖWE, Die Entwicklung des Schulkampfs in Bayern bis zum vollständigen Sieg des Neuhumanismus, 1917 - M.SCHWARZMAIER, F.I.N., ein bayer. Schulreformator [bis 1807] (Schriftenreihe zur bayer. Landesgesch. 25), 1937 - H.GÜRSCHING, F.I.N. u. das bayer. Generalkonsistorium 1808 (ZBKG 21, 1952, 165-180).
Matth.Simon

Nietzsche, *Friedrich* Wilhelm (15.10.1844 bis 25.8. 1900), * in Röcken bei Lützen. N. entstammt väterlicher- und mütterlicherseits einem Pfarrergeschlecht; sein Vater starb bereits 1849. Ein Jahr darauf übersiedelte die Mutter nach Naumburg. An der Landesschule Pforta (1858-64) erhält N. eine strenge Ausbildung in den alten Sprachen - mit einer frühen Betonung der wissenschaftlich-philologischen Seite. N. war ein ernster, ungewöhnlich begabter Schüler, ausgezeichnet durch einen unruhigen Drang nach allumfassender Erkenntnis, durch leidenschaftliche Anteilnahme an allem Poetischen, durch überaus kritische Ansprüche an sich selbst und nicht zuletzt durch die Fähigkeit, sein Inneres in freien Klavierphantasien und vielfach durchaus eigenartigen Kompositionen der verschiedensten Art auszusprechen. Im Winter 1864/65 bezieht N. die Universität Bonn, ursprünglich mit der Absicht, Theologie zu studieren; jedoch bereits Anfang 1865 ist die Wendung zur klassischen Philologie vollzogen. In den Briefen aus dieser Zeit dominiert wieder das musikalische Moment. - Im Herbst 1865 folgt N. seinem Lehrer F.W.Ritschl nach Leipzig. Das ganz ungewöhnlich positive Urteil Ritschls über N.s erste philologische Arbeit bestimmte zuletzt die Berufswahl des jungen Studenten. Wie wenig diese jedoch trotz aller raschen und begründeten Erfolge dem eigentlichen Wesen N.s entsprach, zeigen die Entwürfe zu einem curriculum vitae für Basel; beweist ferner die Tatsache, daß er sich 1868 mit dem Plan einer naturphilosophischen Dissertation trug und sich noch kurz vor seiner Berufung nach Basel überlegte, ob er nicht Chemie studieren solle. Viel entscheidender als alle Philologie waren für N. zwei literarische und eine persönliche Begegnung: im Spätherbst 1865 entdeckt er → Schopenhauer, im Sommer 1868 F.A.Langes »Geschichte des Materialismus«; am 8.11.1868 steht er zum ersten Mal Richard Wagner gegenüber. Die extremen ethischen Anforderungen der Philosophie Schopenhauers erwiesen sich nach einer kurzen und energischen Erprobung als unrealisierbar; als Magnetpol für die glühend ersehnte Gesamtorientierung blieb nicht »der Heilige«, sondern der weltliche Genius, der große Künstler; als vorzüglichstes Ausdruckmittel des Genius die Musik. Die Bekanntschaft mit Wagner und die daraus sich entwickelnde Freundschaft mußten für N. die Erfüllung seiner kühnsten Hoffnungen bedeuten. Was aber ließ im Rahmen dieses nicht selten rauschhaft anmutenden Glücks plötzlich die hier nur befremdlich wirkenden Fragen nach Wissenschaft, Erkenntnis und Wahrheit akut werden? Vorbereitet ist es durch Schopenhauers Naturphilosophie und Erkenntnistheorie und für N. bis zum Unentrinnbaren dann verschärft in F.A.Langes historisch-kritischen Untersuchungen. Die Keime zur eigenen Philosophie sind in dieser auch sonst so reichen Zeit gelegt; die ersten, nur im Nachlaß erhaltenen Früchte zeitigt der Beginn der Siebzigerjahre. - Am 13.2.1869 erhält N. einen Ruf auf den Lehrstuhl für griechische Sprache und Literatur an der Universität → Basel. Unter seinen Vorlesungen ist diejenige über »Vorplatonische Philosophen« von besonderem Interesse wegen der naturphilosophisch-erkenntnistheoretischen Interpolationen und Anmerkungen. In diesem Lebensabschnitt erscheinen die philosophischen bzw. kulturkritischen Schriften: »Die Geburt der Tragödie aus dem Geiste der Musik« und die vier »Unzeitgemäßen Betrachtungen«. An der radikalen Wendung, welche N. dann mit den Aufzeichnungen zu »Menschliches, Allzumenschliches« vollzogen zu haben schien, haben die Zeitgenossen und Späteren viel herumgerätselt. Den Schlüssel zum dennoch vorhandenen Zusammenhang liefert der Philosoph selbst in der 1886 geschriebenen »Vorrede« zur »Neuen Ausgabe« des 2. Bandes von dem soeben genannten Werk. Hier heißt es: »...alle meine Schriften (sind)... zurück zu datieren..., einige sogar, wie die drei ersten Unzeitgemäßen Betrachtungen, noch zurück hinter die Entstehungs- und Erlebniszeit... der ›Geburt der Tragödie‹... Als ich sodann, in der dritten Unzeitgemäßen Betrachtung, meine Ehrfurcht... vor dem großen Arthur Schopenhauer zum Ausdruck brachte..., war ich für meine eigene Person schon mitten in der moralistischen Skepsis und Auflösung drin, *das heißt ebensosehr in der Kritik als der Vertiefung alles bisherigen Pessimismus* -, und glaubte bereits ›an gar nichts mehr‹, wie das Volk sagt, auch an Schopenhauer nicht: eben in jener Zeit entstand ein geheimgehaltenes Schriftstück ›über Wahrheit und Lüge im außermoralischen Sinne‹.« Der hierhergehörige handschriftliche Nachlaß bestätigt diesen Rückblick N.s uneingeschränkt. Die erwähnten kulturkritischen Arbeiten spiegeln also nur einen Teil seiner damaligen Reflexionen wider; das zentrale Anliegen - es ist mit allen dazugehörigen Konsequenzen dasjenige der mit »Menschliches, Allzumenschliches« beginnenden Schriftenreihe – blieb weitgehend im Verborgenen. Zu der kleinen Schrift über »Wahrheit und Lüge« ist noch ein von N. gleichfalls nicht veröffentlichter Vorläufer erhalten: »Über das Pathos der Wahrheit«. Beide Arbeiten gehören zusammen; in beiden hat N. sein Thema und damit seinen Sprachton und Stil gefunden. Die einleitenden Sätze zu »Wahrheit und Lüge« stehen schon im Schlußteil vom »Pathos der Wahrheit«; eben hier ist auch schon zusammengefaßt, was »Wahrheit und Lüge« nur eingehender erläutert: »Die Kunst ist mächtiger als die Erkenntnis, denn *sie* will das Leben, und jene erreicht als letztes Ziel nur – die Vernichtung.« Der nihilistische Grundcharakter der Erkenntnis ist N. damals aufgegangen. Es kann freilich kein Zweifel darüber bestehen, daß die Welt der Kunst, ja der Kultur überhaupt, schon für den damaligen N. eine solche metaphorischer Täuschungen gewesen ist. Der Unterschied besteht nur in der geheimnisvoll beglückenden Unmittelbarkeit dieser intuitiven und der befremdend kalten Mittelbarkeit jener abstrakten Anthropomorphismen. Die Situation des Menschen als solche erscheint eindeutig: »auf dem Rücken eines Tigers in Träumen hängend. ›Laß ihn hängen‹, ruft die Kunst. ›Weckt ihn auf‹, ruft der Philosoph im Pathos der Wahrheit.« In den kulturkritischen Schriften dieser Zeit ruft N. – bei allem stillen Wissen als Philosoph – noch für die Kunst, noch für das »zum Schein und zur Schönheit verstellte Leben«. Von »Menschliches, Allzumenschliches« ab ist sein ganzes Denken und Sagen ein einziger Schrei: »Weckt ihn auf!« Auch die damals ebenso unmittelbare wie intensive Beschäftigung mit den »Vorsokratikern« steht mit dem offenbar problematischen Charakter von Erkenntnis, Wissenschaft, Philosophie und Wahrheit in Zusammenhang; sie ist gleichfalls für N. nicht zur Publikationsreife gediehen. Aber die hinterlassenen Notizen geben auch über diesen Konnex klare Auskunft. – In diese Jahre fällt der vertrauliche Umgang mit Richard und Cosima Wagner in Tribschen und ein zeitweise zweifellos näherer Verkehr mit J. → Burckhardt. Was N.s Befinden betrifft, so ist er »seit 1873 dauernd irgendwie krank« (Jaspers). Seit diesem Jahre leidet er unter heftigen, wie schwere Migräne anmutenden Anfällen und wird darum im Frühjahr 1879 mit Bewilligung eines Ruhegehaltes entlassen. Von 1883-88 verbringt er die Sommer im Engadin, die Winter an der Riviera. Am 3.1.1898 erfolgt der Zusammenbruch in Turin. Die Diagnose lautete: Paralysis progressiva. – Das eigentliche philosophische Werk N.s umfaßt die nachfolgenden Schriften: Menschliches, Allzumenschliches I. II (1878/79, 1886²); Morgenröte (1881, 1887²); Die fröhliche Wissenschaft (1882, 1887²); Also sprach Zarathustra I-IV (1883/85, I-III 1887²); Jenseits von Gut und Böse (1886); Zur Genealogie der Moral (1887); Der Fall Wagner (1888); Der Antichrist (1888, später erschienen); Dionysos-Dithyramben (1888, später erschienen); Götzen-Dämmerung (1889); Nietzsche contra Wagner (1889, später erschienen); Ecce homo (1889, erst 1908 erschienen). Obwohl nun gerade die aphoristische Form Gegenteiliges erwarten läßt, erweist sich bei einer durchgehenden Lektüre die Gesamtaussage des Philosophen als merkwürdig monoton. Schon in »Menschliches, Allzumenschliches« finden sich methodisch und sachlich bedeutsame Hauptgedanken, welche durch nichts Späteres mehr eigentlich übertroffen werden. Dies gilt auch im Hinblick auf den sonst schwer lesbaren »Zarathustra«, sofern man davon abzieht, was at. Prophetenton und nt. Entlehnung oder Anspielung ist. Selbst die Schriften aus dem Jahre 1888 kreisen um die gleichen Grundkonzeptionen: neu ist vom »Fall Wagner« ab nur das vielfach Hybride in der Diktion. Der sog. »Wille zur Macht« zählt nicht; er ist kein Werk N.s, sondern nur eine unhaltbare Kompilation der ersten Herausgeber aus der handschriftlichen Nachlaßmasse der Achtzigerjahre. – Was ist dieses Gleichbleibende, welches das ganze Philosophieren N.s so vehement durchzieht, daß jeder Teil dieses Ganzen nur wie die Variationen eines und desselben Grundthemas anmutet? Das Gesamtwerk wird von etwas bestimmt, was N. den »Grundwillen« seiner Erkenntnis genannt hat. Dieser Grundwille ist gewissermaßen die Mutterlauge, aus welcher bei Übersättigung die einzelnen Aphorismen in einer Art Kristallisationsprozeß ausscheiden. Es sei versucht, diesen Erkenntnis-Willen N.s in nachfolgenden Thesen zu verdeutlichen. Für N. steht fest: 1. Die Welt – den Menschen mit eingeschlossen – ist in Wahrheit *ohne jeden Sinn;* sie *ist* Un-Sinn. »Der Gesamtcharakter der Welt ist... in alle Ewigkeit Chaos«; »über der ganzen Menschheit waltete bisher noch der Unsinn, der Ohne-Sinn«, sagt Zarathustra. – 2. Die Welt, wie sie der Mensch – sich selbst mit eingeschlossen – bisher verstanden hat, kam dadurch zustande, daß der Mensch ihr in irgendeiner Weise irgendeinen Sinn unterlegte: alle solche Sinngebung ist also nichts anderes denn eine allzumenschliche Zwischenleistung, wobei jeder »Sinn« jeweils »objektiv« verstanden worden ist. Es versteht sich für N. aber ebensosehr von selbst, daß die jeweilige Erscheinungsform Mensch *jenen* Sinn in der Welt fand, dessen Rangordnung der Werte genau ihrem Wesen entsprach. N. wurde nicht müde, diese moralische Grundsituation, gleichsam als eine Art moralischen Urphänomens, bes. am Christentum aufzuzeigen. Aus diesem Gesichtspunkt hat er mit einem »psychologischen« Spürsinn ohnegleichen die Geschichte der Moral behandelt, das Phänomen »Moral« in allen seinen Wandlungen und Abarten analysiert, entlarvt – wie er sagte. Entlarvung in *dem* Verstande gemeint, daß hinter jedem »objektiven« Sinn das subjektive Interesse dessen sichtbar gemacht wird, der diesen Sinn nötig hat. Entlarvung ist aber auch propädeutisch zu verstehen: daß der Mensch bis ins letzte um sein »gutes Gewissen« gebracht werden soll. – 3. Wenn der Mensch weiß, was die Welt – den Menschen mit eingeschlossen – ist, in »Wahrheit« ist: objektiv sinnlos, dann ist der Mensch, im vollen Zustande dieses Wissens um den wahren Charakter der Welt, uneingeschränkt sich selbst in die Hand gegeben. Er ist im extremsten Sinne frei; *wirklich* frei, weil jeder Sinn sich nur als Pseudosinn eines großen Unsinns herausgestellt hat. In das Gebiet dieser für N. unausweichlich erscheinenden Freiheit gehören die Begriffe: Übermensch, Großer Mittag, Stunde der Entscheidung, Wille zur Macht, Erd-Herrschaft, Zwang zur großen Politik u.a.m. – Welches sind aber die Wege, auf welchen dieser (nihilistische) Erkenntniswille zu seinen Einsichten kommt? Von der tradierten Philosophie, ja von Philosophie überhaupt erwartet er sich nichts: sie ist für ihn eine Mustersammlung unerlaubter, weil allzumenschlicher Sinngebungen. N. wird nicht müde, auch sie auf allen ihren sinn-unterschiebenden Schleichwegen aufzuspüren und zu verfolgen. Erwiesen sich nicht sogar die Grundbegriffe der Vorsokratiker, der unabhängigsten aller Philosophen, nur als grandiose und darum paradigmatische Anthropomorphismen, als gigantische Projektionen eines allzumenschlichen Selbst in ein immer Unfaßbares? Als Leistung eines Pathos, also eines moralischen Phänomens; also Sinngebung eines, der Sinn braucht, weil er anders nicht leben kann! Was hat das mit »Wahrheit« zu tun? Der Weg, den N. beschritt, war ein anderer, nicht einmal ein ungewöhnlicher; aber er ging ihn offenen Auges und unbeirrbar. Er kam zu seiner nihilistischen Grundeinsicht primär auf dem Wege der zeitgenössischen Naturwissenschaft und der Historie. »Physik und Historie« sind für ihn die beiden mächtigen Hebel, um die bisherige Welt aus den Angeln zu heben. Sie sind es, weil sie ihrem Charakter, ihrer Methode nach sinnfrei sein *müssen* und darum nur wertzerstörend sein *können*. – *Warum* N.s Erkenntniswille dies, warum er den → Nihilismus *will*, ist eine andere, neue Frage. N. hatte da und dort ein Bewußtsein auch für diese hintergründigste aller Wissenschaftsfragen. Und wie sollte es nicht so sein, da es offenbar eine »moralische« Frage ist! – Aber für uns selbst scheint es wichtiger, daß N. vor diesem letzten und bislang verborgenen Hintergrund dasjenige redlich und konsequent will, was wir unredlich, weil nur dumpf wollen und tun, obwohl man bei N. hätte lernen können, wohin solches führt. Diese Art Erkenntniswille ist ein Wille zum Nichts, der sein fahles Licht auch auf alle Erfolge seiner selbst wirft. N.s Wort ist gewiß oft verführerisch; aber wer sich von ihm nur verführen läßt, kennt es nicht.

Wichtigste Ausg.n: GA in Großoktav, 19 Bde, 1894ff; Bd 1-8: von N. selbst hg. Schriften; Bd 9-16: Schriften des Nachlasses; Bd 17-19: Philologica (nach den Erstdrucken u. nachgelassenen Hss.; in bezug auf d. Nachlaß vielfach problematisch). - Hist.-krit. GA der Werke u. Briefe, 1933ff; Werke, Bd 1-5, 1854-69; Briefe, Bd 1-4, 1850-77. - Werke in 3 Bden. 1954ff; Bd 1 u. 2: alle von N. selbst hg. philos. Schriften; Bd 3: Nachlaß- u. Briefauswahl (zu d. Brieffälschungen, Brieflücken u. zum sog. »Willen zur Macht« vgl. ebd den »Philologischen Nachbericht«). - Ges. Briefe, 5 Bde, 1900ff (enthält Lücken im Text u. in Bd 5 mehrere gefälschte Briefe). - Briefwechsel mit Erwin Rohde, 1923; mit Franz Overbeck, 1916 (enthalten Lücken im Text). - Wichtigste Biographien: Elisabeth Förster-Nietzsche, Das Leben F.N.s, 2 Bde, 1895/1904 (auch im Biographischen vielfach unzuverlässig) - R.Blunck, F.N., Kindheit u. Jugend, 1953 (absolut zuverlässig; weitere Bde in Vorb.). - Lit. über N. vollst. bei: H.W.Reichert-K.Schlechta, International N.-Bibliogr., University of North Carolina 1960. *K.Schlechta*

Nigeria in Westafrika (→ 2 C/D 2), 1914-60 britische Kolonie mit zZ ca 34 Mill. Einwohnern. Die eingesessenen Herrscher Nord-N.s sind Muslim; dies hat zu der irrigen Annahme geführt, Nord-N. sei ein mohammedanisches Land. In Wirklichkeit besteht die Mehrheit der Bewohner aus mehr oder weniger ausgeprägten Anhängern der verschiedenen ethnischen Religionen mit → Hochgottglauben und verbreiteter Ausübung von → Magie. Andererseits hat der orthodoxe Islam, seit er aus dem Sudan kommend in Nord-N. Eingang fand, tatsächlich starke Wurzeln geschlagen und sich in verschieden starker Ausprägung von dort nach Süden ausgebreitet. – Nach Anfängen *christlicher Mission* durch portugiesische und spanische Missionare (zwischen 1485 und 1655) brachten 1841 die in Sierra Leone befreiten Sklaven das Christentum erneut nach N. Der erste Missionar, Thomas Birch Freeman, wurde im Sept. 1842 als Folge einer von diesen Sklaven nach England geleiteten Bitte von dort nach N. gesandt. Ihm folgten u.a. Missionare der → Methodisten, der Church Missionary Society, der → Baptisten, der → Presbyterianer, der Heilsarmee, der Qua Ibo, der Sudan Interior und der Sudan United Missions. Die kirchliche Arbeit geschieht vor allem durch Evangelisation, Schulwesen und → ärztliche Mission. In vieler Beziehung hat die Kirche den Bewohnern N.s großen Nutzen gebracht: sie hat den Gesichtskreis der Menschen erweitert, ihren Sinn von den Fesseln des Aberglaubens und unnötiger Furcht befreit, ihnen die Ehrfurcht vor der menschlichen Persönlichkeit eingeprägt und ihre Beziehungen untereinander verbessert. – Die Kirche hat beachtliche Fortschritte in ihren → Einigungsbestrebungen (: VII, 8) gemacht; doch steht sie im unabhängigen N. vor großen Aufgaben. Das Problem des christlichen Lebens, das zur Bildung der sog. »Afrikanischen Kirche« führte, muß jetzt umfassend in Angriff genommen werden. Vordringlich ist die Aufgabe, einheimische Kräfte heranzubilden, damit die schädliche Ansicht korrigiert werden kann, das Christentum sei die Religion des weißen Mannes, die dieser N. aufgezwungen habe; diese Ansicht ist zT schuld an dem Entstehen verschiedener, über das ganze Land verstreuter synkretistischer Sekten. – Vgl. → Afrika: IV B. C.

A.Burns, Hist. of N., London (1929) 1955[5] - G.Parrinder, Religion in an African City, ebd 1953 - Proposed Scheme of Union (N.), Calabar 1955 - H.Kaufmann, N., 1958 - J.S.Coleman, N., Berkeley 1958 - WChH. *B.Idowu*

Nightingale, *Florence* (1820-1910), * in London, wurde nach einer Ausbildung in → Kaiserswerth und Paris gegen den Willen ihrer Familie auf Grund innerer Berufung zu einer Bahnbrecherin moderner → Krankenpflege. Durch ihr bewundernswertes Vorbild im Krimkrieg nahm sie Bestrebungen des → Roten Kreuzes vorweg. Von Offizieren und Beamten verlangte sie eine »christliche Behandlung« der Verwundeten. Durch die von ihr begründete Londoner Schwesternschule hat Fl.N. die Krankenpflege in England zu einem geachteten Frauenberuf erhoben und so auch zur Emanzipation der → Frau (: III B, 3 b) beigetragen.

Vf. u.a.: Notes on Nursing, 1858 (dt. 1861). - Über Fl.N.: RE XIV, 59ff - DNB 2. Suppl., Bd III, 15ff - E.F.Dodd, Fl.N., London 1958. *F.Schlingensiepen*

Nihil obstat (ital. nulla osta), eine neuartige Konkordatsbestimmung, die zuerst in Art. 5 des italienischen Konkordats vom 11.2.1929 auftauchte, dann in Art. 7 des Reichskonkordats vom 20.7.1933 wiederkehrte und sonst nur noch in die Konkordate mit Spanien vom 27.8.1953 (Art. 14 Abs. 2) und mit der Dominikanischen Republik vom 16.6.1954 (Art. 11 Nr. 3 Abs. 2) Aufnahme gefunden hat. Die Fassung der Klausel variiert; in Art. 7 des Reichskonkordats hat sie folgenden Wortlaut: »Zur Annahme einer Anstellung oder eines Amtes im Staat oder bei einer von ihm abhängigen Körperschaft des öffentlichen Rechts bedürfen Geistliche des N.o. ihres Diözesanordinarius sowie des Ordinarius des Sitzes der öffentlich-rechtlichen Körperschaft. Das N.o. ist jederzeit aus wichtigen Gründen kirchlichen Interesses widerrufbar.« – Wichtig ist, daß die Klausel, jedenfalls im deutschen Staatskirchenrecht, nur subsidiäre Bedeutung hat: Die Sonderbestimmungen der → Konkordate über die Anstellung von Theologieprofessoren an den staatlichen Theologischen Fakultäten und von Religionsdozenten an Lehrerbildungsanstalten, ferner über die Beschäftigung von Religionslehrern an öffentlichen Schulen und über die Anstellung von Militär- und Anstaltsgeistlichen haben als leges speciales vor ihr den Vorrang. – Die Aufnahme der Bestimmung in die Konkordate ist vor allem durch das Interesse der Kirche motiviert. Die Kirche möchte verhindern, daß Geistliche ihr durch Übernahme in weltliche öffentliche Ämter und die darin beschlossene Stärkung ihrer Unabhängigkeit entfremdet werden. Im übrigen enthält die Klausel manche Zweifelsfragen. Insbesondere werden die staatlichen Konkordatspartner die Einholung des N.o. als ein Internum des Verhältnisses des Geistlichen zu seinen Kirchenbehörden auffassen, während die Kirche die Verpflichtung des Staates anerkannt sehen möchte, Geistliche, die das N.o. nicht erlangt haben oder denen es wieder entzogen wurde, überhaupt nicht in einer Funktion des weltlichen Ämtersystems zu beschäftigen.

W.Weber, Das N.o. (ZgesStW 99, 1939, 193-244). *W.Weber*

Nihilismus

1. Philosophische Bedeutungen - 2. Der moralische N. (Nietzsche) - 3. Der politische N. (Rußlands)

1. Der N. ist eine Lehre, welche - sei es die theoretische, sei es die praktische - Erkenntnis prinzipiell negiert oder auch die Existenz von Seiendem überhaupt leugnet. Der einzige historische Fall eines N. umfassender Art ist der des Sophisten Gorgias (ca 483-375 vChr). Er behauptet: »Es ist nichts; wenn etwas wäre, könnten wir es doch nicht erkennen; könnten wir es erkennen, so doch nicht mitteilen.« → Augustin bezeichnet die an nichts Glaubenden als »nihilisti«. In der frühscholastischen → Christologie (: II, 6 b) galt als »Nihilianismus« die Ansicht, daß Christus, sofern seine menschliche Natur keine Selbständigkeit besitzt, kein Individuum, also ein Nichts sei (vgl. Landgraf II, Reg. s.v. Christus). In den deutschen philosophischen Sprachgebrauch soll F.H. → Jacobi in seinem Sendschreiben an Fichte (1799) das Wort eingeführt haben. Um die Mitte des 19.Jh.s taucht es auch in politischer Bedeutung auf (vgl. K. Gutzkow, Die Nihilisten, 1853, und s. 3). Heute versteht man unter N. bes. den von Nietzsche beschriebenen moralischen N., der in einer vollkommenen Ratlosigkeit vor der Frage nach Sinn und Ziel des Lebens und nach den höchsten Werten des Verhaltens besteht.

2. Die ausführlichste zusammenhängende Darstellung von → *Nietzsches* N. findet sich in seinem nachgelassenen Werk »Der Wille zur Macht« (1908), dessen 1. Buch »Der europäische N.« überschrieben ist. »Was ich erzähle, ist die Geschichte der nächsten zwei Jh.e. Ich beschreibe, was nicht mehr anders kommen kann: die Heraufkunft des N.« Mit diesen prophetischen Worten beginnt Nietzsche seine Darstellung, die in den 80er Jahren des 19.Jh.s geschrieben wurde. Eine solche Voraussage hält er für möglich, weil der N. nur die »zu Ende gedachte Logik unserer großen Werte und Ideale« sei. Um den Prozeß, der zum N. führt, darstellen zu können, muß man »selbst der erste vollkommene Nihilist Europas« sein, »der aber den N. selbst schon in sich zu Ende gelebt hat, der ihn *hinter sich, unter sich, außer sich hat*«. Nietzsche glaubt in seiner Lehre vom Willen zur Macht den festen Punkt gefunden zu haben, von dem die Erkenntnis der Relativität aller Werte und Sinndeutungen überwunden werden kann, allerdings nur unter Verzicht auf eine die bisherige Art von Sinnbedürfnis befriedigende Lösung. N. bedeutet für ihn, »daß die obersten Werte sich entwerten«, daß »das Ziel fehlt, die Antwort auf das ›Warum?‹«. In diesem Selbstzersetzungsprozeß der tradierten europäischen Werte sieht Nietzsche insofern einen positiven Aspekt, als es der Wert der Wahrhaftigkeit ist, der, vom Christentum selbst propagiert, sich nun gegen die »Falschheit und Verlogenheit aller christlichen Welt- und Geschichtsdeutung« durchsetzt. Er ist ihm daher einerseits ein »Zeichen der gesteigerten Macht des Geistes«, der sich souverän von allen hemmenden Bedingtheiten überkommener Wertsysteme emanzipiert. Zugleich erscheint er ihm jedoch auch als »Niedergang der Macht des Geistes«, als die Ohnmacht, selbst unbedingte Werte zu setzen und ihre Befolgung zu fordern. Die christliche Weltauslegung habe ihre Glaubwürdigkeit verloren, und mit ihr seien auch alle säkularisierten Moralen und Weltanschauungen ästhetischer, philosophischer und politischer Art antiquiert. Das durchschnittliche Bewußtsein täusche sich über die Situation hinweg, indem es in → Positivismus, → Sozialismus oder traditionalistischer Heuchelei an einigen christlichen Überzeugungen festzuhalten versuche. Auch »erlaube man der *Kirche* noch immer, sich in alle wesentlichen Erlebnisse und Hauptpunkte des Einzellebens einzudrängen, um ihnen Weihe, höheren Sinn zu geben«. Gegenüber dieser verbreiteten Selbsttäuschung ruft Nietzsche zum Mut auf, der Situation ins Gesicht zu sehen, das Faktum des N. anzuerkennen und auf Überwindung des N. zu sinnen. Neben seinen zT hellsichtigen Zeit-Diagnosen finden sich bei Nietzsche aber auch primitive biologistische Deutungen der dem N. zugrunde liegenden »décadence« als eines physiologischen Phänomens. Die Überwindung des N. besteht nach manchen seiner Äußerungen in der Bildung einer selbstbewußten Elite von »Übermenschen«, die souverän neue Werte setzend, heroisch auf sich allein gestellt, das Schicksal des N. ertragen, um es der Masse abzunehmen. Halbverstandene Fetzen dieser Lehre haben namentlich auf den → Faschismus und → Nationalsozialismus einen verhängnisvollen Einfluß ausgeübt (vgl. bes. Rauschning). - In der → Existenzphilosophie - bes. auch der französischen von J.P. → Sartre - wird Nietzsches Ausgangspunkt akzeptiert, aber die Lehre vom Übermenschen abgelehnt. Der »ins Nichts hineingehaltene« Mensch hat sich je und je selbst für die Werte zu entscheiden, unter die er sein Leben stellen will. Es gibt keine allgemein verbindliche Hierarchie dieser Werte, jeder ist prinzipiell dem anderen gleichwertig. Als sittliche Qualität wird lediglich die Entschlossenheit und Entschiedenheit gewürdigt, mit der sich der einzelne seine Werte wählt, im Gegensatz zu der dumpfen »Verfallenheit an das man«, an die gängigen Überzeugungen der sozialen Umwelt. Sartre bemüht sich um einen Ausweg aus der Asozialität dieser Ethik und sucht dabei Anschluß an Lehren des → Marxismus.

3. Durch Iwan Turgenjews Roman »Väter und Söhne« (1863) ist N. als herabsetzende Bezeichnung für eine weltanschaulich-politische Bewegung der Jh.mitte in *Rußland* bekannt geworden. Die Vertreter dieser Bewegung hatten eine individualistische, naturalistische und pessimistische Weltanschauung und lehnten alle Formen staatlichen Zwanges ab (→ Anarchismus). Eine terroristische Gruppe, die sich 1875 von dieser Bewegung loslöste, wurde fälschlich weiterhin N. genannt. → Lenins Bruder, der einem Geheimbund dieser Richtung angehörte, wurde 1887 wegen Teilnahme an einem Attentat auf den Zaren hingerichtet. Die russ. Marxisten haben im allgemeinen diese Richtung wegen ihrer elitären Ideologie und ihrer mangelhaften sozialökonomischen Konzeptionen abgelehnt, wenn sie auch einzelnen Vertretern ihres Mutes wegen die Bewunderung nicht versagten. Einflüsse der nihilistisch-terroristischen Tradition auf den Bolschewismus sind umstritten.

Außer der im Text genannten Lit.: K.JASPERS, Psychologie der Weltanschauungen, (1919) 1954[4] - M.HEIDEGGER, Sein u. Zeit I, (1927) 1953[7] - DERS., Holzwege, 1950 - H.RAUSCHNING, Die Revolution des N., 1938 - DERS., Masken u. Metamorphosen des N., 1955 - J.-P.SARTRE, L'être et le néant, 1943 - A.V.MARTIN, Der heroische N. u. seine Überwindung, 1948 - G.GLOEGE, N.? (ThLZ 74, 1949, 723 bis 730; Lit.) - H.KUHN, Begegnung mit dem Nichts, 1950 - H. THIELICKE, Der N. Entstehung, Wesen, Überwindung, 1950 - W. BRÖCKER, Im Strudel des N., 1951 - TH.SÜSS, Der N. bei F.H.Jacobi (ThLZ 76, 1951, 193-200).

I.Fetscher

Nikephorus, 1. *Blemmydes* (1197-1272), * in Konstantinopel, byzantinischer Theologe. Er wirkte zuerst als gesuchter Lehrer in Nicäa, wurde um 1235 Mönch und gründete 1248 ein Eigenkloster bei Ephesus. N. nahm regen Anteil an den Unionsverhandlungen am Hof von Nicäa, bes. 1232 und 1234. Sein theologischer Standpunkt näherte sich gelegentlich (in der Formel »per filium«) sehr dem lateinischen. Neben einer interessanten Selbstbiographie (ed. A.Heisenberg, 1896) sind Briefe und Traktate zur Filioque-Frage zu nennen. Dazu kommen praktisch-theologische Traktate, Schriften über Logik und Physik und eine Abhandlung über Geographie.

B.J.BARVINOK, N.B., Kiev 1911 (russ.) - DThC XI, 441ff - BECK 671ff (Ausg.n der theol. Werke, Lit.).

2. *Gregoras* (ca 1295-1359/60), byzantinischer Historiker und Polyhistor, Schüler des Theodor Metochites. N. übernahm ca 1349 im → Hesychasten-Streit die Führung der Antipalamiten. 1351 wurde er gebannt und in ein Kloster verwiesen, 1354 wieder freigelassen. Sein Geschichtswerk (ed. L.Schopen-I.Bekker, 1829-55) behandelt die Jahre 1204-1359. In den letzten Büchern nehmen die hesychastischen Kontroversen breitesten Raum ein. Seine übrige Schriftstellerei gilt der Hagiographie und der Rhetorik sowie der Grammatik und Astronomie. Der hesychastischen Kontroverse sind zwei Reihen von Antirrhetikoi gegen → Gregor Palamas gewidmet.

Ausg.n der profanen Werke bei K.KRUMBACHER, Gesch. der byz. Litt., 1897², 296f; der theol. Werke bei BECK 719ff. - Lit. bei G.MORAVCSIK, Byzantinoturcica I, 1958², 453 - BECK, aaO. *H.-G.Beck*

3. *Kallistus Xanthopulus* († 1335?), Kirchenhistoriker in Konstantinopel, veröffentlichte um 1320 eine KG, die in 18 Büchern bis 610 führt; für weitere 5 Bücher (bis 911) ist nur das Inhaltsverzeichnis überliefert. Das Werk stellt nicht, wie früher angenommen, ein Plagiat aus einer anonymen KG des 10.Jh.s, sondern eine selbständige Leistung dar, ist allerdings nur eine Zusammenarbeitung der älteren Darstellungen (→ Eusebius [, 2], → Sozomenus, → Sokrates, → Theodoret, → Evagrius, Theodorus Lector usw). - N. hat ferner eine ganze Reihe anderer Werke verfaßt (Predigten, hagiographische, liturgische Arbeiten, Dichtungen, Patriarchenkatalog usw), die im einzelnen noch nicht genügend untersucht sind. Seit N. 1555 in einer lat. Übersetzung auch dem Abendland bekannt wurde, ist er hier viel kritisiert worden. Der Osten hat ihn, bes. um seiner erbaulichen Erzählungen willen, gern gelesen.

Ausg.: MPG 145-147. - RE XIV, 20ff; XXIV, 260 - DThC XI, 446ff - G.GENTZ-K.ALAND, Die Qu. der KG des N. u. ihre Bedeutung für die Konstituierung des Textes der älteren Kirchenhistoriker (ZNW 42, 1949, 104-141; Lit.) - BECK 705ff (Lit.). *K.Aland*

4. Patriarch *von Konstantinopel* (ca 750-828). * als Sohn eines später wegen Bilderverehrung verbannten Hofbeamten, wird auch N. - wohl unter Leo IV. - kaiserlicher Sekretär und nimmt 787 am Konzil von → Nicäa teil. Später zieht er sich vom Hofleben zurück und wird Klostergründer und Mönch. Ohne vorherige geistliche Weihen 806 zum Patriarchen erhoben, steht er zunächst wegen des moicheanischen Streits gegen → Theodor von Studion, tritt aber mit diesem unter Leo V. lebhaft für die Bilderverehrung ein (→ Bilder: III). So muß er 815 in die Verbannung. Dort schreibt er u.a. sein theologisches Hauptwerk, die die Bilder verteidigenden »Antirrheseis«. 820 begnadigt, bleibt er freiwillig bis zum Tod im Exil. Von seinen Schriften sind noch zu erwähnen eine Historia der Jahre 602-769 mit hohem Quellenwert und eine Chronographie von Adam an. Gedenktage: 2.6. und 13.3. (Translation).

N.s Werke u.a. in MPG 100 u. bei C.DE BOOR, N.i opuscula historica, 1880. - Über N.: G.MORAVCSIK, Byzantinoturcica I, 1958², 456ff - P.J.ALEXANDER, The Patriarch N., Oxford 1958 - BECK 489ff. *K.Junack*

Niketas, 1. aus Chonai (*Choniates,* seit der Neuzeit fälschlich »Akominatos« genannt; ca 1150 bis ca 1212), byzantinischer Theologe und Historiker, Bruder Michaels, des Erzbischofs von Athen, hoher Staatsbeamter, floh nach 1204 nach Nicäa. Hier schrieb er sein großes Geschichtswerk, das die Jahre 1118-1206 behandelt. In Nicäa veranstaltete er auch eine Neuausgabe der Panoplia des → Euthymius Zigabenus unter dem Titel Θησαυρὸς τῆς ὀρθοδοξίας. Sie ist bes. wichtig für die DG des 12.Jh.s und umfaßt 25 Bücher, von denen jedoch einige von Theodor Skutariotes sein dürften. Kleinere theologische Abhandlungen haben sich als Teile des Thesaurus herausgestellt, andere Traktate dürften seinem gleichnamigen Onkel zugehören.

Teilausg. des Thesaurus: MPG 139. 140; das Geschichtswerk: Bonner Corpus, rec. I.BEKKER, 1835. - Über N.: DThC I, 316ff - F.CAVALLERA, Le trésor de la foi orthodoxe de Nicétas (Bull. Littér. Ecclés. 1913, 124-137) - BECK 664f (Lit.). *H.-G.Beck*

2. Bischof *von Remesiana* (= Bela Palanka, Jugoslawien), ca 340 bis nach 414. Mehrfach erwähnt, vor allem durch seinen Freund → Paulinus von Nola, ist N. bes. durch Reste seines Schrifttums bedeutsam: De symbolo für die Geschichte der Katechetik und des Apostolikums (→ Gemeinschaft der Heiligen), De ratione fidei und De spiritu sancto für eine pastoral geschickte Abweisung des Arianismus und der Pneumatomachen (→ Trinität: III), De vigiliis u.a. für die Geschichte des Gottesdienstes. Daß N. der Verfasser des sog. → Ambrosianischen Lobgesangs sei (→ Altchristliche Dichtung, 2a), ist unerweisbar.

De vigiliis, ed. in JThS 22, 1920/21, 305-320 - De utilitate hymnorum, ebd 24, 1922/23, 225-252. - A.E.BURN, N. of R., his Life and Works, Cambridge 1905 - J.G.COMAN, 'Aria misionara' a sf. N. de R. (Biserica Ortodoxă Romînă 66, 1948, 337-356) - DERS., Operele literare ale Sf. N. de R. (Studii teologice 9, București 1957, 200-232) - ALTANER § 84, 2 (Lit.) - E.KÄHLER, Studien zum Te Deum, 1958. *E.Kähler*

Nikodemus, als Name im Hellenismus, auch im Judentum nicht selten, nach Joh 3, 1ff Name eines angesehenen Rabbi pharisäischer Herkunft, der Mitglied des Synhedriums ist, gelegentlich für Jesus eintritt (Joh 7, 50ff) und ihn zusammen mit Joseph von Arimathia begräbt (Joh 19, 38ff). Ob hinter dieser Gestalt historische Erinnerung (Reflex späterer Bedeutsamkeit in der Gemeinde?) steht, ist umstritten. Mit dem aus dem Talmud bekannten, sehr reichen, nach 70 verarmten Naq'dom ben Gorion ist N. sicher nicht identisch. Ebenso ist unwahrscheinlich, daß seine Gestalt im JohEv zwar gut gesinnte, aber zuletzt sich versagende Juden repräsentieren soll. Eher dokumentiert sich in ihr der missionarische Wille des Evangeliums. Im übrigen ist sein Interesse an N. durch seinen Hang zu pseudohistorisch-legendärer Genauigkeit und Novellistik bedingt, ohne jedoch dem eigentlichen kerygmatischen Anliegen - vgl. das allmähliche Zurücktreten des N. Joh 3, 1ff - Abbruch zu tun.

Lit. s. → Johannesevangelium. Ferner bes.: BILL. II, 412ff. *J.Müller-Bardorff*

Nikodemus *von Naxos* (1748-1809), griech.-orth. Mönch und Theologe, bekannter unter dem Namen *N. Agioritis* nach seinem Aufenthalt als Sekretär des Klosters Dionysiou auf dem Berg Athos (Agion Oros), wo er seit 1775 lebte. Er gab der strengen asketischen Ethik auf dem Athos starken Auftrieb und suchte die Mystik der → Hesychasten neu zu beleben. Von nachhaltiger Bedeutung ist N. als Vermittler alten orth. Glaubensgutes (aus den Gebieten der Hagiographie, Liturgik, Aszetik, Kirchenrecht, praktischen Exegese u.a.), das er in die neugriech. Volkssprache übersetzte. Seine Hauptwerke sind noch heute im Gebrauch der griech.-orth. Kirche.

Vf. bes.: Ἐξομολογητάριον (Beichtanleitung), 1793; Ἀόρατος πόλεμος, 1796 (engl.: The Unseen Warfare, London 1952); Πηδάλιον (Corpus des griech.-orth. Kirchenrechts mit Kommen-

tar); Συναξαριστής (liturg. Heiligenviten für die zwölf Monate, hg.v. Athosmönch Onuphrios 1819 mit kurzer Lebensbeschreibung des N.). - Über N.: RE XIV, 62f - D.KYRIAKOS, Gesch. der orient. Kirchen, dt. v. E.RAUSCH, 1902, 80. 155 - I.KOLITSARA, N.A. (»Aktines«, 1953, 401; griech., Bibliogr.) - TH.DIONYSIATIS, N.A., Athen 1959 (griech., Bibliogr.) - N.VALLINDRAS, N.A. u. das liturg. Leben unserer orth. Kirche (»Ekklesia« 37, 1960, 34-37. 50-52; griech.).
G.Möckel

Nikodemusevangelium, auch *Pilatusakten* genannt, liegt in zwei Versionen vor, die auf älteres, sicher schon von Epiphanius (haer. 50, 1) benutztes Gut zurückgehen. Die ältere Version, ursprünglich griechisch, auch in lateinischen, koptischen, syrischen und armenischen Übersetzungen, nach Angabe des Prologs 425 entstanden, berichtet unter Mitbenutzung kanonischen Überlieferungsgutes (bes. - aber nicht ausschließlich - in Anlehnung an das MtEv) apologetisch-novellistisch über Jesu Prozeß und Hinrichtung. Der Stoff zeigt bezüglich der Vorstellungen von Jesu Himmelfahrt und der Verleumdung Mariä altertümliche Züge und könnte in einer Urform darum schon Justin (apol. 35; 48) bekannt gewesen sein. - Die zweite uns bekannte Version, ursprünglich ebenfalls griechisch, nach dem Konzil von → Ephesus entstanden (Maria theotokos!), ist durch eine ursprünglich selbständige, religionsgeschichtlich interessante Schrift unbestimmten Alters über Jesu → Höllenfahrt (: I) erweitert, die zwei vom Tode erstandene, vorübergehend zum Zwecke des Zeugnisses zu den Juden gesandte Söhne Simeons (Lk 2, 25ff) berichten. Die lateinischen Übersetzungen dieser Version glätten die Einfügung, indem sie die Wirkung dieses Berichtes auf die Juden schildern, und fügen den anderweits bekannten Pilatusbrief hinzu.

Textausgaben u. Lit. bei HENNECKE³ I, 330ff (dt. Übers.), ALTANER 54. 58 u. → Apokryphen: II. Ferner die Darstellungen der → Altchristlichen Literaturgeschichte, die Lit. zu → Höllenfahrt Christi: I sowie E.J.GOODSPEED, A Hist. of Early Christian Lit., 1942 - W.MICHAELIS, Die apokryphen Schriften zum NT, 1956. - Spezielles: H.v.SCHUBERT, Die Komposition des pseudopetr. Evangelienfragments, 1893 - J.RENDEL HARRIS, The Homeric Centones and the Acts of Pilate, 1898 (dagegen E.v.DOBSCHÜTZ, ThLZ 24, 1899, 333ff) - A.MINGANA in: BJRL 12, 1928, 411-580. *J.Müller-Bardorff*

Nikolaj (Boris Dorofejewitsch Jaruschewitsch), russ. *Metropolit,* * 13.1.1892 in Kowno als Sohn eines Geistlichen. Er absolvierte 1914 die Geistliche Akademie Petersburg, wurde Mönch und nach Lehrtätigkeit am dortigen Priesterseminar 1922 Bischof von Peterhof bei Leningrad, 1935 Erzbischof von Nowgorod und Pskow, 1939 Exarch der Westukraine und Weißrußlands, 1941 Metropolit von Kiew, am 28.1.1944 Metropolit von Krutizy und Kolomna und Stellvertreter des Patriarchen. 1944 bis Juli 1960 leitete er das Außenamt des Patriarchats Moskau. N. ist Präsident des Allslawischen Komitees und Mitglied des Stockholmer Weltfriedensrates. Seit 1945 suchte er durch zahlreiche Auslandsreisen die Beziehungen zu den Kirchen des Westens zu festigen und führte 1958 das erste offizielle Gespräch der russ.-orth. Kirche mit Vertretern des Ökumenischen Rates der Kirchen in Utrecht.

Vf. u.a.: Der Weg zur Rettung nach Gregor von Nyssa, Petersburg 1916; Die kirchl. Gerichtsbarkeit in Rußland vor 1649, ebd 1917; Predigten, Reden u. Sendschreiben I-IV (1941-57), Moskau 1947-57 (franz. Übers. der Predigten, Paris 1956); Reden über den Frieden I-III, offiz. Übers. in westl. Sprachen, Moskau 1952-58; Die russ. orth. theol. Wiss. im letzten Jh. (ThLZ 82, 1957, 881-890). - Über N.: Patriarch Sergius u. sein geistl. Erbe, Moskau 1947; dt. 1952 - H.SCHAEDER, Die Orth. Kirche des Ostens (KJ 1949, 298-356; 1956. 256-331) - K.ROSE, Die Predigt der russ.-orth. Kirche, 1952 - Biogr. von W.NIKONOW in ZMP 1952, H. 4 9-21.
Hildegard Schaeder

Nikolaiten, in den Sendschreiben der Apk nach Ephesus und Pergamon (2, 6. 15) Bezeichnung für eine Gruppe von Irrlehrern (→ Häretiker, 3), wohl dieselben, die nach 2, 2 falsche Apostel sind und nach 2, 14. 20 lehren »Götzenopfer zu essen« und zu »huren«. Als ihre at. Vorbilder gelten → Bileam und → Isebel. An sich könnte πορνεῦσαι at. Bildwort für Abfall von Gott sein, hier also allgemein synkretistische Neigungen meinen (so Lohmeyer, Amann u.a.). Wahrscheinlich wird aber doch eine - vom Standpunkt des Sehers - libertinistische Gruppe bekämpft, Wanderpropheten, bei denen auch eine prophetische Frau eine führende Rolle spielte (2, 20f), also wohl eine frühe Form der → Gnosis (: II, 10; III, 2 d). Der Ursprung des Namens N. ist ungeklärt; griech. Übersetzung von Bileam, jüd. volksetymologisch balā' 'ām = Volksverschlinger, ist er kaum. Vielleicht bewahrt die patristische Deutung, die ihn mit Nikolaos von Antiochien, einem der Jerusalemer Sieben (Apg 6, 5) zusammenbringt, einen historischen Kern; denn auch von einem anderen dieses Kreises, → Philippus, hören wir, daß er später in Kleinasien lebte und prophetische Frauen, seine Töchter, um sich hatte (vgl. Apg 21, 8).

Man gewinnt den Eindruck, daß für die meisten Kirchenväter des ausgehenden 2. und des 3.Jh.s die N. bereits der Vergangenheit angehören. Man schreibt ihnen außer dem aus Apk 2 erschlossenen Libertinismus nun die verschiedensten gnostischen Theologumena zu (Irenäus, adv. haer. III, 11, 1 vgl. I, 26, 3: Weltschöpfung durch den Demiurgen; Hippolyt, de res.: Auferstehung in der Taufe; im Syntagma vermutlich: Äonenspekulation; Tertullian hält sich an Apk 2). Nur Clemens Alex. (strom. II, 118, 3f; III, 25, 7) berichtet von Leuten, die sich für ihre libertinistische Haltung auf ein angebliches Wort des Nikolaos beriefen; er selbst gibt diesem Wort und legendären Traditionen über ihn einen asketischen Sinn. Epiphanius, dem offenbar Hieronymus folgte, las schließlich aus derartigen Legenden heraus, daß Nikolaos ein Enthaltsamkeitsgelübde gebrochen habe; damit hätten Unzucht und Irrlehre bei ihm ihren Anfang genommen.

Danach beurteilte im lat. MA die kirchliche Reformpartei des 11.Jh.s, wie die Laieninvestitur als → Simonie, so nicht-zölibatär lebende Priester als N. In diese Kategorie fiel für → Humbert von Silva Candida 1054 auch die griech. Kirche, weil sie die Priesterehe gestattet.

Außer den Kommentaren zur → Johannesapokalypse: E.DE FAYE, Gnostiques et Gnosticisme, (1913) 1925², 419ff - A.v.HARNACK, The Sect of the Nicolaitans and Nicolaus (JR 3, 1923, 413-422) - DThC XI/1, 499ff (E.AMANN, Lit.) - ThW I, 522. *G.Kretschmar*

Nikolaus I., *Papst* 24.4.858 bis 13.11.867, aus röm. Adel. Seit → Sergius II. im Dienst der röm. Kirche, wurde er unter Mitwirkung Kaiser Ludwigs II. gewählt. Sein Pontifikat ist der entscheidende der Karolingerzeit und wirkte geradezu vorbereitend für die Kirchenreform des 11.Jh.s (→ Papsttum: II). N. stärkte den Gedanken des päpstlichen Primats und bewährte ihn vor allem in der Praxis. 861 setzte er den widerspenstigen Metropoliten Johannes von Ravenna ab. Im Ehehandel Lothars II. griff er den König als einen den Kirchengesetzen unterworfenen Laien an und setzte 863 dessen Mithelfer, die Metropoliten Gunthar von Köln und Thietgaud von Trier, ab. Erzbischof → Hinkmar von Reims zwang er, den von einer Provinzialsynode verurteilten Bischof → Rothad von Soissons nach den Grundsätzen der → Pseudoisidorischen Dekretalen wiedereinzusetzen. Den unkanonisch zum Patriarchen von Konstantinopel erhobenen → Photius erklärte er für abgesetzt, worauf Photius, zugleich aus dogmatischen Gründen (→ Byzanz: II, 2), auch über N. Absetzung und Exkommunikation aussprach. Eine Anfrage des Bulgarenzaren Boris griff N. auf, um die Mission in diesem Gebiet vorzubereiten.

Briefe: MG Epp VI, 257-690. - RE XIV, 68ff - E.PERELS, Papst N. I. u. Anastasius Bibl., 1922 - DThC XI, 506ff - LThK VII, 584f - J.HALLER, N. I. u. Pseudoisidor, 1936 - F.A.NORVOOD, The Political Pretension of Pope N. I. (ChH 15, 1946, 271-285) - E.AMANN, Hist. de l'Eglise, hg.v. A.FLICHE u. V.MARTIN, VI, 1947, 367ff - EC VIII, 1823f (neue ital. Lit.) - F.DVORNIK, Le schisme de Photius, 1950 - SEPPELT II, 241ff - H.FUHRMANN, Papst N. I. u. die Absetzung des Erzb. Joh. v.Ravenna (ZSavRG Kan. Abt. 44, 1958, 353 bis 358) - DERS., Eine im Original erhaltene Propagandaschrift des Erzb. Gunthar v. Köln (Arch. f. Diplomatik 4, 1958, 1-51).

H.Fuhrmann

II., *Papst* 24.1.1059 bis 27.7.1061, Bischof Gerhard von Florenz, wurde auf Betreiben Hildebrands (→ Gregor VII.) im Einverständnis mit dem Kaiserhof in Siena gegen den vom röm. Adel erhobenen → Benedikt X. gewählt und in Rom geweiht. Auf dem Laterankonzil April 1059 wurden entscheidende Fragen ohne den Kaiserhof geregelt: Verbot der Teilnahme an Messen verheirateter Priester, Verbot der Laieninvestitur, Abgaben und Zehnten, Eherecht und Gericht über Kleriker. → Berengar von Tours mußte abschwören, die → Papstwahl wurde nach dem Muster der Wahl des N. geregelt. Das Dekret ist in einer »päpstlichen« und einer »kaiserlichen« Form erhalten, beide schlecht überliefert, ohne daß man an Fälschung zu denken braucht. Als erster stützte sich N. auf die → Normannen; er gab Robert Guiscard und Richard von Aversa ihre Eroberungen als päpstliche Lehen. Er näherte sich Heinrich I. von Frankreich und der → Pataria in Mailand. Die Reformen wurden auf der Ostersynode 1060 nochmals eingeschärft.

MPL 143, 1301ff - JAFFÉ I, 557ff - WATTERICH I, 206ff - DUCHESNE, LP II, 280. 335f. 357 - MG Const. I, 537 Nr. 382ff. - P.SCHEFFER-BOICHORST, Die Neuordnung d. Papstwahl, 1879 - HAUCK III, 679ff - J.GAY, Les papes du XIe siècle, Paris 1926 - P.F.KEHR, Die Belehnung d. süditał. Normannenfürsten (AAB 1934, 1) - A.MICHEL, Papstwahl u. Königsrecht, 1936 - DERS., Das Papstwahlpaktum v. 1059 (HJ 59, 1939, 291-351).

III., *Papst* 25.11.1277 bis 22.8.1280, Johann Gaetani Orsini, 1244 Kardinal von S. Nicolai in Carcere, bereits unter → Urban IV. in politischen Missionen verwendet, auch bei der Erhebung Karls I. von Anjou, dessen Gefährlichkeit er bald erkannte. So unterstützte er Wahl und Politik → Gregors X., der Rudolf von Habsburg zum Leiter eines Kreuzzugs machen wollte. Selbst Papst geworden, entzog N. Karl I. das Reichsvikariat in Tuscien und die Senatorie in Rom und verlangte dessen Einigung mit Rudolf von Habsburg, der die Romagna der Kirche überlassen mußte. Man hat N. einen Reichsteilungsplan zugeschrieben, aber dafür gibt es keinen Beweis. Den Kreuzzugsplan seines Vorgängers verfolgte er in Verhandlungen mit Ungarn, Byzanz und den Mongolen weiter. Als röm. Aristokrat liebte er wie → Bonifatius VIII. die Pracht. Er baute den Vatikan mit den Gärten aus sowie einen Sommersitz in Soriano. N. kümmerte sich um die Verwaltung, erließ eine Kanzleiordnung und sorgte für Sammlung der Akten. → Dante hat ihm Begünstigung seiner Verwandten vorgeworfen (→ Nepotismus).

POTTHAST R II, 1719ff - Les registres de N. III, ed. J.GAY (Bibl. des écoles franç. d'Athènes et de Rome, 2. sér. XIV), Paris 1898-1916 - J.F.BÖHMER-O.REDLICH, Regesta Imperii VI/1, 1898. - A.DEMSKI, Papst N. III., 1903 - G.BARACLOUGH, The chancery Ordinance (QFIAB 25, 1933, 192-250) - F.BOCK, Il registrum super senatoria Urbis (Bull. Ist. Stor. Ital. 66, 1954, 79-95).

IV., *Papst* 22.2.1288 bis 4.4.1292, Hieronymus von Ascoli, 1274 Ordensgeneral der Franziskaner, 1278 Kardinal, konzipierte die Bulle Exiit qui seminat. Als Papst unterstützte er Karl II. von Anjou und versuchte vergeblich, die Lage im Hl. Lande zu meistern.

POTTHAST R II, 1826ff - Les registres de N. IV, ed. E.LANGLOIS (Bibl. des écoles... [s.o.], 2. sér. V), Paris 1886-93 - DUCHESNE, LP II, 466 - L.WADDING, Annales Minorum IV. V, ed. 1931 (Reg. s.v. Hieronymus v.Ascoli) - O.SCHIFF, Studien z. Gesch. Papst N. IV., 1897.

(V.), *Gegenpapst* 12.5.1328 bis 25.7.1330 († 1333), Petrus Rainalducci aus Corvara, wurde nach 5jähriger Ehe Franziskaner. Wohl auf Veranlassung der Colonna nach Absetzung → Johannes XXII. vom röm. Volke zum Papst gewählt und von Ludwig IV. bestätigt, folgte er dem Kaiser nach Pisa, unterwarf sich aber nach dessen Abzug und starb als Gefangener in Avignon. Sein Einfluß war gering, sein Register umfaßt ca 700 Nummern.

M.v.BERGMANN, Beurkundete Gesch. d. Residenzstadt München, 1783, Nr. 17f. 85ff - K.EUBEL, HJ 12, 1891, 207-308 - DERS., Der Register-Bd des Gegenpapstes N. V. (Archival. Zs. 4, 1893, 123-212) - G.MOLLAT, Jean XXII, Lettres communes, Paris 1904ff, Nr. 42 499-42 714. 46 324-46 507 - ST.BALUZIUS, Vitae Paparum Avenionensium, ed. G.MOLLAT, I, Paris 1914, 141ff - G.BISCARO, Archivio della Soc. Romana 42, 1919, 308-310 - A.MERCATI, AFrH 20, 1927, 260 - DERS., StT 134, 1947, 59-82.

V., *Papst* 6.3.1447 bis 24.3.1455, Tommaso Parentucelli aus Sarzana. Beim Studium in Bologna vom dortigen Bischof Albergati gefördert, wurde er 1444 dessen Nachfolger, für seine erfolgreiche Tätigkeit in Deutschland 1446 Kardinal. Als Freund der Studien - der erste Renaissancepapst - gründete er die Vatikanische Bibliothek und machte sie öffentlich zugänglich. Durch kluge Verhandlungen beendigte er die Wirren des Basler Konzils (→ Reformkonzile) und das Schisma (→ Felix V.), nachdem er 1448 das Wiener Konkordat geschlossen hatte. 1452 krönte er Friedrich III. (letzte Kaiserkrönung in Rom). In → Nikolaus von Kues und → Johannes von Capestrano sowie in den Kardinälen Estouteville und → Bessarion hatte N. tüchtige Helfer. Seine Bemühungen zur Rettung von → Byzanz (gefallen 1453) scheiterten. N. stärkte seinen Einfluß im Kirchenstaat und unterdrückte den Aufstand Stephan Porcaros.

W.MARTENS, Die letzte Kaiserkrönung in Rom, 1900 - v.PASTOR I, 1925$^{5-7}$, 371ff - K.PLEYER, Die Politik N. V., 1927 (übertriebene Kritik an Pastor).

Zu II.-V.: RE XIV, 72ff - DThC XI, 526ff - LThK VII, 585ff - EC VIII, 1824ff.

F.Bock

Nikolaus, 1. *von Amiens*, Theologe der 2. Hälfte des 12.Jh.s, schrieb das apologetische Werk Ars catholicae fidei (früher dem → Alanus ab insulis zugeschrieben) über die Glaubenslehren nach streng mathematisch-logischer Methode. Er ist vielleicht identisch mit einem Schüler des → Gilbert Porreta (Verfasser der Defensio orthodoxae fidei Gilberti Porretae), doch nicht mit dem Chronisten (vgl. MG SS VI, 473f) gleichen Namens.

MPL 210, 595ff. - Über N.: GRABMANN II, 431ff. 452ff - E.GILSON, La philosophie au moyen âge, Paris (1922) 1947^{2}, 316ff - Ü II, 247f. 706 - DThC XI, 555ff - P.GLORIEUX, Répertoire des Maîtres en Théol. de Paris au XIIIe siècle I, Paris 1933, 263f.

M.A.Schmidt

2. *von Autrecourt* († nach 1350), extremer Ockhamist an der Pariser Universität, wurde 1346 von → Clemens VI. verurteilt (vgl. Denz. 553-70). Seine 9 Briefe an Bernhard von Arezzo OFM und sein Hauptwerk »Satis exigit ordo executionis« (ed. J.R.O'Donnell, MS 1, 1939, 179-267) mußte er 1347 öffentlich verbrennen und die verurteilten Thesen widerrufen. N., der »mittelalterliche → Hume«, unterzieht das Kausalprinzip und den Substanzbegriff einer radikalen Kritik. In der Physik vertritt er den Atomismus Demokrits.

J.LAPPE, N.v.A. (BGPhMA 6, 2), 1908 - Ü II, 591ff. 783 - DThC XI, 561ff - LThK VII, 573 - R.J.WEINBERG, N. of A., Princeton 1948 - M.DAL PRA, N. di A., Mailand 1951 - EC VIII, 1843f - EF III, 892f.

B.Decker

3. *von Basel,* um 1395 in Wien wegen Verbreitung ketzerischer Lehren (von der Art der → Brüder des freien Geistes) verbrannt. N. hielt sich für inspiriert und berechtigt, Ordinationen vorzunehmen.

K.SCHMIDT (N.v.B., Lehren u. ausgew. Schriften, 1866; N.v.B., Bericht von der Bekehrung Taulers. 1875) identifizierte ihn fälschlich mit dem »großen Gottesfreund aus dem Oberland« (→ Merswin). - Über N.: W.MUSCHG, Die Mystik in der Schweiz, 1935, 334f - LThK VII, 573 (Lit.) - VerfLex III, 572f (Lit.).

4. Poillevillain *de Clémanges* (Clamanges [Marne], * ca 1363, † 1473 zu Paris), Schüler von → Petrus von Ailli und → Gerson an der Pariser Universität, wo er dann selber (als Magister artium und Baccalaureus theologiae) lehrte, bis er 1397 Sekretär des avignonesischen Papstes → Benedikt (XIII.) wurde. Dessen Anhänger blieb er, auch nachdem er sich 1408 von der Kurie zurückgezogen hatte. Seit 1425 lehrte er wieder in Paris. N.' theologische und kirchenpolitische Schriften (zB De studio theologico, De fructu eremi; vielleicht ist auch die scharfe Reformschrift De corrupto ecclesiae statu von ihm) und Briefe (bes. wichtig die mit der Beseitigung des abendländischen Schismas sich befassenden) zeigen ihn als einen kirchlich gesinnten Vertreter des frühen → Humanismus. Den Mißständen und Auswüchsen im hierarchischen System, im Ordensleben und in der Scholastik trat er mit der Aufforderung entgegen, die Bibel (deren Autorität er gelegentlich über die von Papst und Konzil stellte) mehr zu studieren.

Opera omnia, ed. J.M.LYDIUS, 2 Bde, Leyden 1613 (unvollst.) - L. D'ACHERY, Spicilegium I, Paris 1723. 472ff (De studio theologico) - A.COVILLE, Le traité de la Ruine de l'Eglise de Nicolas de Clamanges, ebd 1936. - Über N.: P.HEMMERLE, Das religiöse u. kirchenpolit. System des ... N.P., genannt N.v.C. (Diss. Tübingen), 1912 - A.SIMON, Studien zu N.v.C., 1931 - LThK II, 983f - DThC XI, 597ff (Bibliogr., Lit.) - Catholicisme II, 1165 - EC VIII, 1844 (Bibliogr., Lit.).

5. *von der Flüe* (* 1417 auf der Flüe oberhalb Sachseln [Obwalden], † 1487 in der nahegelegenen Ranftschlucht), aus wohlhabender Bauernfamilie. N. diente seinen Mitbürgern als Soldat, Ratsherr und Richter (1459) und Tagsatzungsgesandter (1462), verließ aber 1467, durch den Stanser Pfarrer Haimo im Grund mit der Mystik der → Gottesfreunde bekannt gemacht, seine Frau und seine zehn Kinder. Eine Vision bei Liestal bestimmte ihn, wieder in die Heimat zurückzukehren, wo er in der Ranft in strengster Askese lebte und weitere Visionen hatte. Sein Rat wurde von vielen gesucht, so daß er als Mahner zum Frieden auch politisch auf Kanton und Eidgenossenschaft wirken konnte: Die »ewige Richtung« mit Österreich (1473) und bes. das »Verkommnis von Stans« (1481) kamen unter dem dankbar anerkannten Einfluß des »Bruders Klaus« zustande. 1947 wurde N. heiliggesprochen.

R.DURRER, Bruder Klaus; die ältesten Qu. über den sel. N.v.F., 2 Bde, 1917/21 (Lit.) - W.MUSCHG (s. 3) 383ff - LThK VII, 577 - J.VAN REUSEL, Nikolaas von Flue, de eenzame broeder in God, Tongerloo 1947 - L.v.MATT, Der hl. Bruder Klaus, 1948 - AAS 40, 1948, 49-63 - F.BLANKE, Bruder Klaus v.F., 1948 - EC VIII, 1846f - VerfLex III, 578ff; V, 728 (Lit.) - M.-L.v.FRANZ, Die Visionen des N.v.F., 1959.

M.A.Schmidt

6. *der Heilige* (Tag: 6.12.), angeblich ein Bischof von Myra (→ 18 B 4), der zZ des Konzils von → Nicäa wirkte und um 350 hingerichtet wurde. Seine Vita enthält fast nur legendäre Züge. Seine Attribute, meist Bischofstracht und Stab, häufig Buch mit drei Goldklumpen (seltener mit Broten) oder einem Anker, werden durch die Sage begründet: N. habe der Stadt Myra bei großer Hungersnot dadurch geholfen, daß er einem reichen Handelsmann im Traum erschienen sei und ihn veranlaßt habe, mit seinen Getreideschiffen nach Myra zu segeln. Die verbreitete Verehrung als Kinderfreund (Rest eines germanischen Ritus? → Aberglaube, 3) knüpft an die Sage an, daß N. drei armen Mädchen Geld spendete, so daß sie heiraten konnten. Sein Kult ist im 6.Jh. im Osten, im 9.Jh. im Westen (Rom und Süditalien) nachweisbar. In Deutschland wird die Verehrung im 11.Jh. beliebt, bes. bei Rodungsorten in der Nähe reißender Gewässer des Alpengebiets. In Oberbayern haben sich die sog. »Niklasreime« der Kinder erhalten sowie der Brauch, dem Geistlichen am N.-Vorabend ein N.-Schiffchen vor die Türe zu legen (zB Mühldorf a. I.). Älteste Darstellung im deutschen Sprachgebiet, die von den sonst üblichen byzantinischen Einflüssen frei ist, ist eine Holzstatue des ausgehenden 12.Jh.s in der ehemaligen Abteikirche zu Brauweiler. Nachdem 1087 der angebliche Leib des Heiligen von Myra nach Bari verbracht war, wird diese Stadt der Hauptwallfahrtsort des N. im Abendland. Er ist Patron der genannten Städte sowie der Schiffer und Bäcker, mit dem Aufschwung des → Nothelfer-Kultes Beschützer gegen alle Gefahren des Wassers; in Amerika gilt er auch als Patron der Bankleute. Als Vorbote des Christkindes ist N. mit anderen Lieblingsgestalten des Volksglaubens verschmolzen (Knecht Ruprecht, Pelzmärtel u.a.).

Vita bei L.SURIUS, De probatis sanctorum historiis VI, Köln 1575, 795ff. - H.DETZEL, Christl. Ikonographie II, 1896, 548ff - G.ANRICH. Hagios Nikolaos I. II, 1913/17 - DOYÉ II, 77f - K.MEISEN, N.kult, 1931 - P.PFLANZ, Die Nikolaikirchen der Altmark, 1941 - BRAUN, TA 546ff - Westfalia sacra I: Liudger u. sein Erbe, 1. Tl, 1948 - L. KRETZENBACHER, Das N.schiff (Blätter f. Heimatkunde 25, Graz 1951, 81-92) - D.TSCHIŽEWSKY, Der Hl.N., 1957.

H.Paulus

7. *von Kues* (1401-64), * in Kues an der Mosel (daher *Cusanus*), † in Rom, erzogen bei den → Brüdern vom gemeinsamen Leben in Deventer. N. studierte in Heidelberg und Padua Rechtswissenschaften, Mathematik und Philosophie. 1427 Dekan an St. Florin in Koblenz. 1432 kam er, zunächst als Vertreter des Grafen Ulrich von Manderscheid in einem Rechtsstreit, auf das Konzil von Basel (→ Reformkonzile), stieg aber dort schnell zu einem der bedeutendsten Mitglieder der konziliaren Reformpartei auf, wirkte dabei u.a. auch für den Ausgleich des Konzils mit den gemäßigten Hussiten (→ Huß, 2) in Prag. Bes. unter dem Eindruck der (zunächst) erfolgreichen päpstlichen Unionsverhandlungen mit Byzanz (→ Einigungsbestrebungen: I, 3) ging er 1436/37 zu → Eugen IV. über, reiste im päpstlichen Auftrag selbst nach Konstantinopel und vertrat dann die päpstliche Sache gegenüber der kurfürstlichen Neutralität mit Erfolg auf mehreren deutschen Reichstagen 1441/47. 1448 wurde er dafür Kardinal, 1450 Bischof von → Brixen. Als Kardinallegat (1451/52) betrieb er - ohne nachhaltigere Erfolge - die Reform der Kirche in Österreich, Norddeutschland und den Niederlanden. Im Kampf gegen praktisch längst verfallene landesherrliche Rechte im Bistum Brixen wurde N. durch den Herzog Sigismund von Tirol 1460 zum Verlassen seiner Diözese gezwungen.

Mit seiner für jene Zeit typischen Kirchenpolitik ist N. wesentlich gescheitert, mit seiner alle Schultraditionen durchbrechenden philosophisch-theologischen Spekulation aber erhebt er sich zum universalsten und tiefsten Denker des MA. Im → Neuplatonismus und in der philosophischen → Mystik selbständig wurzelnd, zielte er auf nichts weniger ab, als »alle Denkweisen aller

Philosophen« und bes. die rational-begriffliche der → Scholastik (der »Aristotelica secta«) in einer wohl intellektualen, aber transrationalen, Gott, Kosmos und Mensch in einer großen Einheit erfassenden »prima seu mentalis philosophia« zu überwinden. Zwei Grundgedanken bestimmen seine Spekulation: a) die *»Coincidentia oppositorum«*: Alle Verschiedenheiten und Gegensätze fallen, weil nur durch die Endlichkeit der kreatürlichen Dinge bedingt, in der Unendlichkeit Gottes ineins, gehen in die Identität über. Die Einsicht, daß eben deswegen auch der »tiefgründigste *Verstandes*geist« mit seinen Denkgesetzen scheitern muß, macht den Kern der cusanischen »Docta Ignorantia« aus. Dagegen leisten mathematische und geometrische Abstraktionen für die Einsicht in das begrifflich Unsagbare wichtige Hilfsdienste; Kreis und Gerade, Mittelpunkt und Peripherie zB fallen im Unendlichen ineins zusammen. b) Nur die andere Seite der Coincidentia bezeichnet der zweite Grundgedanke: → Gott (: V, 11 d; VII, 3) ist die »Complicatio« (das Eingefaltetsein) aller Dinge, diese aber sind die »Explicatio« (Ausfaltung) Gottes und »partizipieren« an ihm in ihrer jeweils einmaligen »Verschiedenheit des Andersseins«. So wird die Welt zum »Deus creatus« oder »Deus visibilis«, der Mensch zum »humanatus Deus« und zugleich zum »humanus mundus«, weil er in seinem Geist schon die ganze außermenschliche Welt in sich trägt. Je stärker er diese kraft seiner »intellektualen Natur«, die »nach Gott der höchste Wert ist«, in sich entfaltet, »um so reicher wird er innerhalb seiner selbst befruchtet«. Zugleich wird das Erkennen der Welt zum schöpferischen Tun an ihr. Mit beidem zusammen wirkt der Mensch an der Sinnerfüllung der schöpferischen Tätigkeit Gottes selber mit; er erwirbt sich erst damit die wahre »Gottessohnschaft« (Filiatio). Also nur durch die Kreatürlichkeit des Universums hindurch – nicht in ihrer asketischen Verneinung – vermag der Mensch seine Teilhabe (und mit ihr die des Universums) an Gott zu realisieren. Unbeschadet ihrer individuellen Begrenztheit und Unzulänglichkeit und im Gegensatz zu ihrer in Neuplatonismus und Mystik sonst üblichen Abwertung werden somit die kreatürlichen Dinge ebenso wie der (geistige) Einzelmensch auf eine höchste Wertstufe hinaufgehoben. – Auf den gleichen spekulativen Wegen gelangt N. – lange vor → Kopernikus – auch in der *Kosmologie* zu umstürzenden Erkenntnissen. Da das »Mittelpunkt-sein« nur einem Absoluten zukommt, kann die Erde (oder ein anderer Stern) nicht feststehendes Zentrum des Universums sein. Sie ist vielmehr ein sich bewegender Stern wie die anderen auch, und auch diese sind wohl von Lebewesen bevölkert. Ebenso wird die Kugelform (als absolut vollkommene Form) von der Erde nur *annähernd* erreicht. »Die sich selbst und alle Dinge bewegende Kraft der Welt ist ewig« (perpetua). Das Universum ist eine konstante Größe ewig sich ineinander verwandelnder Stoffe und Kräfte, denn »nichts ist wohl gänzlich zerstörbar«, vielmehr »scheint der Tod nichts anderes zu sein als die Auflösung des Zusammengesetzten in die zusammensetzenden Elemente« und deren Übergang in eine neue Zusammensetzung. Das statische Weltbild des MA wird damit in ein dynamisches und zugleich »natürliches«, dem Welt*geschehen* zugewandtes Weltbild verwandelt. – Auf dem Boden der »Complicatio-Explicatio«-Lehre entfaltet N. schließlich auch seine Religionsauffassung sowie seine Lehre von der Kirche. Alle *Religionen* sind nur »quaedam loqutiones verbi Dei sive rationis aeternae«; daher hält N. auch einen allgemeinen »Religionsfrieden« für möglich. Der Rang der einzelnen Religionen bestimmt sich nach dem Maß ihrer »Participatio« am Verbum Dei; daß die christliche die höchstmöglich vollkommene ist, ist für das cusanische Denken selbstverständliches Fundament. Auch »in der unerschöpflichen Fruchtbarkeit und Mannigfaltigkeit der Hl. Schrift, die von verschiedenen auf verschiedene Weise ausgelegt wird, leuchtet nur die Unendlichkeit des *einen* göttlichen Wortes auf« (womit die Abneigung des N. gegen eine allzu spezialisierte »fides quae creditur« angedeutet ist). Die Wesensform der *Kirche* ist »Einheit in der Vielheit«. Der *Papst* steht – wie gerade der *nach*konziliare N. lehrt – nicht *über* der Kirche, er ist »complicative« *in* der bereits von Petrus gültig »explizierten« Kirche (und in gleicher Weise diese in ihm). Er bleibt also zuletzt an die »universalis ecclesia« gebunden, dh seine Pflicht, für die »Auferbauung« (aedificatio) der Kirche zu wirken, umschreibt sowohl seine Machtfülle wie deren Grenzen.

Von der Scholastik mißachtet, ja bitter bekämpft, vom → Humanismus – trotz wesentlicher Gemeinsamkeiten – unverstanden, blieb das spekulative Werk des N. bis heute philosophisch-theologisch nahezu ohne Wirkung. Nur Giordano → Bruno hat es stärker ausgewertet, aber zugleich auch in einen popularisierenden Pantheismus umgebogen.

Opera, Basel 1565 – Opera omnia (1932ff), Cusanus-Texte (1928ff), Schriften in dt. Übers. (1936ff), hg.v. der Heidelberger Akad. d. Wiss. (alles noch sehr unvollständig; Übersicht über den Stand bis 1954 bei SEIDLMAYER [s.u.] 206f). – E.ZELLINGER, Cusanus-Konkordanz, 1960. – E.VANSTEENBERGHE, Autour de la docte ignorance. Une controverse sur la théologie mystique au XVe siècle, Münster 1915 – DERS., Le cardinal N. de Cuse, Paris 1921 – J.HOMMES, Die philos. Grundlehren des N. über Gott, 1926 – J.RITTER, Docta Ignorantia. Die Theorie des Nichtwissens bei N., 1927 – E.CASSIRER, Individuum u. Kosmos in der Philos. d. Renaissance, 1927 – M.LOSACCO, La dialettica del Cusano (Rendiconti d. R.Academia nazionale dei Lincei, 6. Serie 4, 1928, 16–38) – A.POSCH, Die Concordantia catholica des N., 1930 – E.HOFFMANN, N., Zwei Vorträge, 1947 – M.DE GANDILLAC, N., Stud. zu s. Philos. u. philos. Weltanschauung, 1953 (Lit.) – M.SEIDLMAYER, »Una religio in rituum varietate«. Zur Religionsauffassung des N. (AKultG 36, 1954, 145–207) – R.HAUBST, Die Christologie des N., 1956 – K.H.VOLKMANN-SCHLUCK, N. Cusanus. Die Philos. im Übergang vom MA zur Neuzeit, 1957 – G.HEINZ-MOHR, Unitas christiana. Stud. z. Gesellschaftsidee des N., hg.v. J.LENZ, 1958 – E.MEUTHEN, Die letzten Jahre des N.v.K., 1958.

M.Seidlmayer

8. *von Lyra* (Lyre bei Evreux [Normandie], * ca 1270, † nicht vor 1349), OFM, Prof. in Paris (1308–19 und wieder seit ca 1326), Ordensprovinzial von Frankreich (1319–24) und von Burgund (um 1325), hervorragender Vertreter der mittelalterlichen → Schriftauslegung (: IV), Kenner nicht nur der älteren lateinischen, sondern auch der jüdischen Exegeten (des Griechischen hingegen unkundig), betonte den sensus litteralis. N. war bis ins 16.Jh. sehr einflußreich, bes. durch seine Postillae perpetuae in Vetus et Novum Testamentum (Postilla litteralis) und deren Ergänzung, die Moralitates (Moralia, Postilla moralis). – Vgl. → Geist und Buchstabe, 2 c; → Hermeneutik, 2 d; → Johannesapokalypse, 3 b.

Zahlreiche Drucke des 15./16.Jh.s (zuerst Rom 1471/72), oft zusammen mit der → Glossa ordinaria u. den Additiones des → Paulus v.Burgos. – DThC IX, 1410ff (Lit.) – P.GLORIEUX (s. 1) II, 215ff – LThK VII, 580f – EJud X, 1263f – C.SPICQ, Esquisse d'une hist. de l'exégèse latine au moyen âge (BiblThom 26), Paris 1944. 335ff – EC VIII, 1822 – I.OSANA, Doctrina apologetica magistri Nicolai de Lyra (Diss. Univ. Gregoriana), Rom 1953 – EF III, 893f.

M.A.Schmidt

9. Bischof *von Methone* (Peloponnes), † ca 1165, byzantinischer Kontroverstheologe, Parteigänger und Hoftheologe Kaiser Manuels I. In starker Abhängigkeit von → Photios polemisierte N. in mindestens zwei Schriften gegen das Filioque (→ Geist: V, 3), stellte sich im Streit über den Empfänger des eucharistischen Opfers gegen Soterichos Panteugenes und schrieb drei Abhandlungen über die Prädestination des Todesdatums. Daß eine die-

ser Abhandlungen ein Plagiat aus → Germanos I. sei, ist unerwiesen. Umstritten ist die Authentizität einer Abhandlung gegen → Proklos (von → Prokop von Gaza?).

Gegen Proklos: ed. J.Vömel, 1825. Die wichtigsten übrigen Schriften bei A.Demetrakopulos, 'Ἐκκλησιαστικὴ Βιβλιοθήκη I, 1866. - Über N.: DThC X, 620f - Beck 624f (Lit.).
H.-G.Beck

10. *Metropolit* von Krutizy und Kolomna → Nikolaj.

11. *von Straßburg*, OP, ca 1330 Prof. am Generalstudium in Köln, war vorher (1326f) als Visitator der deutschen Ordensprovinz in den Lehrprozeß → Eckeharts verwickelt, von dessen Einfluß in der mehr praktisch gerichteten Mystik seiner deutschen Predigten jedoch nicht viel zu spüren ist. N. verfaßte auch eine philosophische Summa.

Predigten: Pfeiffer (→ Mystik: VI) I, 259ff. - M.Grabmann, Mittelalterl. Geistesleben I, 1926 (Neudr. 1956), 392. 401ff - DThC XI, 633 - LThK VII, 589 - VerfLex III, 620ff; V, 733 (Lit.).
M.A.Schmidt

Nikon (1605-81), 1652-66 Patriarch von → Moskau, eine der markantesten Persönlichkeiten der Kirchengeschichte → Rußlands (: I). Ein russ. Kirchenfürst mit der röm. Tiara auf einem Relief im Museum des Donskoj-Klosters in Moskau wird von manchen Forschern als Darstellung N.s angesehen. N. setzte eine Reform des Kultus durch, in der er die griech. Kirche zum Vorbild nahm. Zugleich trat er für die Vorherrschaft der Kirche gegenüber dem Staat, also des Patriarchen gegenüber dem Zaren ein. Die Kultusreform war bereits von seinen Vorgängern vorsichtig und zögernd begonnen worden. N.s Rücksichtslosigkeit in der Durchführung seiner Maßnahmen (Korrektur der Texte in den Kultusbüchern, Kreuzschlagen mit 3 statt 2 Fingern, 5 statt 7 Prosphoren u.a.) führte zum Raskol (→ Russische Sekten). Seine Ideen über das Verhältnis von Staat und Kirche gehen zT auf eine Novgoroder Erzählung von der weißen Mitra (Anlehnung an die → Konstantinische Schenkung) aus dem 15.Jh., zT auf → Photius zurück, der den Staat mit dem Körper verglich und ihn damit der Kirche als der Seele unterordnete. Wie weit dabei röm.-kath. Einflüsse unmittelbar wirksam gewesen sind, ist noch nicht geklärt. Eine Synode russ., griech. und orientalischer Bischöfe setzte N. 1666 ab und schickte ihn in den hohen Norden in die Verbannung. 1681 wurde er mit den Ehren eines Patriarchen in Moskau beigesetzt. N.s Stellung zum Zaren war einer der Gründe, der → Peter I. bewog, den Patriarchat abzuschaffen.

RE XIV, 86ff - N.Kapterev, Patriarch N. u. Zar Aleksej Michaijlowitsch, 2 Bde, Moskau 1909-13 (russ.) - Ders., Patriarch N. u. seine Gegner in der Frage der Verbesserung kirchl. Bücher u. Riten I, ebd 1913² (russ.) - M.Zyzykin, Patriarch N. Seine staats- u. kirchenrechtl. Ideen, 3 Bde, Warschau 1931-38 (russ.) - A.M.Ammann, Abriß der ostslaw. KG, 1950, 258ff - I.Smolitsch, Russ. Mönchtum, 1953, 362ff u.ö. - Abriß der Gesch. der UdSSR. Die Periode des Feudalismus im 17.Jh., Moskau 1955, 312ff. 321f. 354ff. 561f (russ.) - N.K.Gudzij, Gesch. der russ. Lit., 1959, 357 u.ö.
K.Onasch

Nil (bei Homer Αἴγυπτος: Od. IV, 477), seit Hesiod (Theogonie 338) bezeugte griechische Bezeichnung (Νεῖλος) für den → Ägypten durchziehenden und befruchtenden Strom. Die Herkunft des Namens ist noch nicht geklärt (berberisch lil »Wasser«? Vycichl; akkadisch na'ilu »Anwachsen«? Dossin). Die Ägypter sprachen von *itr.w* »Strom« (kopt. ịoor), wenn sie den Strom als solchen, von *ḥ'pj* (Hapi), wenn sie die Überschwemmung meinten (de Buck). Hebräisch jeôr gibt ägypt. *itr.w* wieder bzw. entspricht ihm. Der N. galt dem Ägypter als urzeitlich (vgl. → Chaos, → Schöpfung: I); seine → Wasser seien dieselben wie die des Urozeans Nun (Stricker); tatsächlich berichtet Diodor (I, 19), der älteste Name des N.s habe ὠκεανός gelautet. Die lebenspendende Nilüberschwemmung (Herodot II, 5: Ägypten ist ein Geschenk des Stromes) wird mythisch auf die Tränen der um Osiris klagenden → Isis bzw. auf den → Wind zurückgeführt (Stricker). Dem Grundsatz der Dualität entsprechend scheute der Ägypter nicht davor zurück, den »oberägyptischen« N. bei Assuan, den »unterägyptischen« bei Heliopolis entspringen zu lassen und Mythos gegen Empirie zu stellen. Ob die menschlich dargestellte, fette Gestalt des N.s mit Hängebrüsten auf eine mann-weibliche Zwitternatur schließen läßt oder nur die reiche Fülle des Nahrungsspenders bezeichnen soll, ist kaum zu entscheiden (RÄRG). Seine kultische Verehrung scheint sich im Hellenismus zu verdichten; die Stadt Babylon (*pr ḥ'pj n Iwnw* »Nilhaus von Heliopolis«), von den Griechen Νείλου πόλις genannt, war der Ort, an dem der N. voller Gott (also nicht → Personifikation) gewesen ist (Morenz). Bedeutung erlangte die Gleichung des N.s mit Osiris, dem Gott der Vegetation und des Lebenskreislaufes überhaupt. Sie ist sehr alt (Pyr. 589), und ihre Heilsbedeutung führte in der Spätzeit dazu, daß Ertrinken im N. Vergottung bewirkte (u.a. Fall des Antinous). - Das AT weiß um die Rolle des N.s für Ägypten. Als schlimmste Strafe oder Bedrohung des Landes gilt ihm Verderben oder Versiegen der Wasser des N.s (Ex 7, 17ff; Ps 78, 44 bzw. Jes 19, 5f; Ez 30, 12). Das Steigen und Fallen der N.flut ist in die Bildreden der Propheten eingegangen (Am 8, 8; Jer 46, 7f). Das ältere Christentum trug der N.schwelle durch einen eigenen Weiheritus Rechnung, der wohl in die Zeit vor der Abtrennung der Monophysiten hinaufreicht (Engberding).

A.de Buck, On the Meaning of the Name *Ḥ'pj* (Orientalia Neerlandica, Leiden 1948, 1-22) - S.Morenz, Die Gesch. von Joseph dem Zimmermann (TU 56), 1951. 29ff - RÄRG 525ff - H.Engberding, Der N. in der liturg. Frömmigkeit des Christl. Ostens (OrChr 37, 1953, 56-88) - B.H.Stricker, De overstroming van de Nijl (Ex Oriente Lux 11), 1956 - W.Vycichl, Neilos, Nilus, Baḥr en-Nīl. Woher kommt die Bezeichnung »N.«? (Revista degli Studi Orientali 32, 1957, 279-281) - A.Hermann, Der N. u. die Christen (JAC 2, 1959, 30-69).
S.Morenz

Nilssön, *Jens* (1538-1600), norweg. Theologe, * in Oslo, studiert in Kopenhagen, ist 1563-71 Rektor der Kathedralschule in Oslo und wird 1573 seinem Schwiegervater Bischof Frants Berg († 1591) beigeordnet. Seit 1580 dessen Nachfolger, festigt er bes. als Visitator (Tagebücher) und Prediger in seinem Stift die Reformation und vertritt mit dem Lektor Hallvard Gunnarssøn († 1608) den Humanismus in Oslo.

J.N.s Visitasbøger og Reiseoptegnelser 1579-97, ed. Y.Nielsen, Kristiania 1885 - J.N., To og Tredive Predikener, ed. O.Kolsrud (mit Biogr. v. A.Brandrud), 1917 - H.Ehrencron-Müller, Forfatterleksikon VI, Kopenhagen 1929, 87ff - NBL VI, 611ff - S.Steen, Det norske folks liv og historie IV, Oslo 1935, 281f. 312f - Oslo gjennom tusen år, Bergen 1944, 63-74.
W.Göbell

Nilsson, *Martin Persson,* schwedischer Altphilologe und Religionshistoriker, * 12.7.1874 in Ballingslöv, 1909-39 Prof. für klassische Archäologie und alte Geschichte in Lund. N.s Forschungen gelten fast allen Gebieten der → klassischen Altertumswissenschaft, bes. der → griechischen Religion. Auch in der → Ethnologie hat er Wichtiges geleistet und der → Volkskunde, zumal der schwedischen, stets ein lebhaftes Interesse gewidmet.

Vf. u.a.: Studia de Dionysiis Atticis, 1900; Griech. Feste, 1906 (Neudr. 1957); Volkstümliche Feste des Jahres (RV III, 17/18), 1914, schwed.: Årets folkliga fester, 1936²; Primitive Time-Reckoning, 1920; Hist. of Greek Religion, (1925) 1949²; Die Griechen (in: Chant II, 280-417); The Minoan-Mycenaean Religion and its Survival in Greek Religion, (1927) 1950²; The Mycenaean Origin of Greek Mythology, 1932; Homer and Mycenae, 1933; Greek Popular Religion, 1940; Greek Piety, 1948; Gesch. der griech. Religion I, (1941) 1955², II, 1950; Opuscula Selecta I. II, 1951/52; Cults, Myths, Oracles and Politics in Ancient Greece, 1951; The Dionysiac Mysteries of the Hellenistic and Roman Age, 1957. - Bibliogr. 1897-1939 in: ΔΡΑΓΜΑ, M.P.N. 1939 dedicatum (Acta Instit. Romani Regni Sueciae, Ser. II/1, Lund 1939, 569-656); bis 1951 in Lunds Univ. Matrikel 1949-50, Lund 1951, 377-384.

E.Ehnmark

Nilus, 1. *der Asket.* Die romanhaft ausgestaltete Überlieferung erzählt von dem Konstantinopler Eparchen N., der sein Amt aufgab, sich von Frau und Kind trennte und mit seinem Sohne Theodulos in das Sinaigebiet zurückzog, um dort der Askese zu leben (daher gelegentlich »der Sinaite« genannt). In Wirklichkeit muß N. offenbar als Klostervorsteher um die Wende des 4./5.Jh.s in Ancyra (→ 18 C 2) gelebt haben; † ca 430. Unter seinem Namen sind eine Reihe aszetischer Traktate und zahlreiche Briefe erhalten, die mancherlei Einblick in die kirchliche Lage der Zeit gewähren. Der Verfasser erweist sich als menschen- und lebenskundiger Mann, der aus reicher geistlicher Erfahrung heraus den verschiedensten Menschen mit Rat und Mahnung seelsorgerlich beisteht und für jeden den rechten Ton zu finden weiß. Als Asket verkündigt er eindrücklich die »pneumatische Philosophie« des → Mönchtumes (: II), die mit Dämonen und Weltsinn im Streite liegt. Der literarische Nachlaß bedarf noch sehr der Untersuchung; mehrfach konnten angebliche N.schriften ihren wahren Eigentümern bereits zurückerstattet werden, vor allem dem → Evagrius Ponticus. Mögen so noch weitere Texte N. abgesprochen werden müssen: ihr Wert für die Kenntnis des Geistes östlichen Asketentums wird dadurch nicht gemindert.

MPG 79 - K.Heussi, Unters.en zu N. dem Asketen (TU 42, 2), 1917 - J.Muyldermans, Evagriana syriaca (Bibliothèque du Muséon 31), 1952 - Altaner 300. *H.D.Altendorf*

2. *von Rossano* (ca 910-1005), * in Rossano (Kalabrien), † im Kloster Sant' Agata bei Frascati, Mönch und Klostergründer. Aus vornehmer griechischer Familie stammend, zunächst wohl verheiratet, wurde er Mönch in Merkurion und Eremit. Er gründete dann das Kloster S. Adriano bei Rossano und restaurierte ebendort das Kloster S. Anastasia. Zum Bischof von Rossano ausersehen, floh er nach Norden und fand Aufnahme in Monte Cassino, wo ihm das Kloster Vallelucio übergeben wurde. Nach 15 Jahren gründete er das Kloster Serperi bei Gaeta. Von hier aus intervenierte er bei Kaiser und Papst vergeblich für seinen Landsmann, den in Gefangenschaft geratenen Gegenpapst → Johannes XVI. Doch war das Ansehen des N. bei Kaiser Otto III. gestiegen, und dieser wollte ihm ein Kloster in Rom anbieten. Aber erst nach Ottos Tod verließ N. Serperi und ließ sich im griechischen Kloster St. Agata bei Tusculum nieder. Der Graf von Tusculum stiftete den Grund für ein neues Kloster (Grottaferrata), vor dessen Vollendung N. starb - Anläßlich seines Besuches auf Monte Cassino verfaßte er eine Akoluthie auf den hl. Benedikt (OrChr 5, 1905, 26ff); weitere griechische Dichtungen sind zT noch ungedruckt. Die anonyme Vita des Heiligen (Tag: 26.9.), der einen Höhepunkt des griechischen Mönchtums in Italien darstellt, findet sich in MPG 120, 15-165.

G.Minasi, San Nilo di Calabria, Neapel 1892 - Beck 607.

H.-G.Beck

Nimbus (wörtl.: Nebelhülle, Wolke) bezeichnet das von einer Person ausstrahlende geistige Licht. Das Wort N. für diese Lichtform in der Kunst ist erst im 3./4.Jh. nachweisbar, die Sache selbst ist viel älter. Der *kleine N.*, eine lichte Scheibe hinter dem Haupt des Dargestellten, entwickelt sich aus dem Strahlenkranz. Dieser wurde in der griech. Kunst für die Darstellung des erscheinenden Gottes verwandt, in der röm. auch für die der Herrscher, als diese den Anspruch auf Göttlichkeit erhoben und sich mit Apollon-Helios gleichsetzten; bei Vollplastiken begegnet auch die Strahlenkrone. Der N. tritt im Westen seit dem 3.Jh. vereinzelt, seit dem 4.Jh. häufiger auf, zunächst für den thronenden Herrscher, dann auch für andere Triumphdarstellungen bei Frontalansichten in Malerei und Münzprägung als Zeichen der Vergöttlichung und der Herrscherwürde. Die christliche Kunst knüpft hier an und übernimmt ihn Mitte des 4.Jh.s für die Darstellung des erhöhten Christus als Lehrer und Gesetzgeber (S. Costanza, Rom; s. auch → Malerei: I, 2c). Ende des 4.Jh.s bildet sich der Monogramm-N. (S. Aquilino, Mailand), Anfang des 5.Jh.s der Kreuz-N. Dieser bleibt den drei göttlichen Personen (auch → Lamm und → Taube) vorbehalten, während der einfache N. seit dem 5.Jh. auch → Engeln (: II), Märtyrern und Aposteln, seit dem 6.Jh. regelmäßig Maria (→ Marienbild), ferner den Heiligen beigegeben wird. Seine Bedeutung hat sich zu einem → Heiligenattribut gewandelt. Die Farbe ist je nach Grund blau, weiß, gelb, gold, auch mit andersfarbigem Rand, Gold setzt sich durch. Der Muschel-N. wird in der Plastik bevorzugt, der rechteckige N., ursprünglich eine Nachahmung der Porträttabula, für noch lebende oder noch nicht hl. gesprochene Personen. Im späten MA variieren die Formen; mit der Erschließung der Dreidimensionalität in der Malerei treten allmählich ein feiner über dem Haupt schwebender Goldreif oder Strahlen an die Stelle des Scheiben-N., der eine ausgesprochene Flächenform ist. Zur Geschichte des N. vgl. auch → Malerei und Plastik: III. - Der *große N.* (Aureole), der die ganze Gestalt umgibt, übernimmt die ursprüngliche Bedeutung des N. als Lichtform und ist Sinnbild der himmlischen Sphäre. Abgesehen von der Kallistkatakombe (Rom, 3./4.Jh.) tritt er in Kreis- und Ovalform am deutlichsten in der palästinensischen (Ölampullen, 6.Jh., Motive 4.Jh.) und syrischen Kunst (Rabulakodex 586) hervor für den Christus der → Himmelfahrt und der at. Gottesvisionen, die, als Christusoffenbarungen verstanden, inhaltlich der Ausgangspunkt des großen N. sein dürften. Im Osten wird meist die Kreisform, im Westen die mandelähnliche Ovalform (Mandorla) als Ausdruck des göttlichen Seins für den erhöhten Christus und seine Symbole verwandt, im Osten auch für Maria, im Westen höchst selten; im Spät-MA erhält sie, nach Apk 12, die Strahlenglorie. Das *Medaillon* geht auf den Rundschild zurück und ist daher keine N.form. - Vgl. die Abbildungen der Bildtafeln 5-8. 11-16. 18 und zu → Malerei und Plastik.

A.Krücke, Der N. u. verwandte Attribute in der frühchristl. Kunst, 1905 - Ders., Randbemerkungen zum frühchristl. N. (ZNW 30, 1931, 263-271) - Künstle I, 26ff - PW XVII/1, 591ff - O.Doering-M.Hartig, Christl. Symbole, 1940, 156ff - W.Braunfels, N. u. Goldgrund (Das Münster 3, 1950, 321-334). *G.Schiller*

Nimrod, nach der → Völkertafel in Gen 10, 8-12 Sohn des Kusch, Gewaltherrscher auf Erden (so auch 1Chr 1, 10) und ein gewaltiger Jäger vor Jahwe; als solcher wurde er sprichwörtlich in Israel und noch bei uns. Sein Reich soll von Babel, Erech/Uruk, Akkad und Kalne (hier Schreibfehler für Kullaba?) ausgehend auf Assyrien übergegriffen haben (das in Mi 5, 5 N.s Land heißt). Er habe dort die Städte Ninive, Rehobot-ʿIr (wohl Dūr-Šarrukīn, das Sargon II. als ina rebīt Ninua »im Weichbild Ninives« gelegen beschreibt), Kalach und Resen (aus Raṣappa, eine Provinzstadt Assyriens, entstellt?) gegründet. Ob in N. eine Erinnerung an den sagenberühmten Eroberer Sargon von Akkade (→ Babylonien: I, 2) fortlebte, ist nicht mehr auszumachen.

Der Name N. ist sicher der des sumerisch-babylonischen Kriegs- und Jagdgottes Ninurta von Nippur, von dessen Heldentaten bes. im Kampf gegen die Steine sumerisch-akkadische Mythen erzählen (s. S.Geller in Altor. Texte und Unters. I/4, 1917, 259ff). Astral Gott des Sirius, war N. als Gott von Kalach Schirmherr der Assyrerkönige auf der Jagd und im Krieg und wurde oft angerufen (→ Babylonien: II, 7 b). Aus N. verschrieben ist gewiß der Gottesname des AT Nisroch. In seinem Tempel wurde nach 2Kön 19, 37 und Jes 37, 38 Sanherib ermordet, der in seinen Inschriften Ninurta ähnlich Marduk nur selten nannte und dessen Stadt Kalach (heute Nimrūd!) ganz vernachlässigte.

Gebete an Ninurta s. A.FALKENSTEIN-W.v.SODEN, Sumer. u. akkad. Hymnen u. Gebete, 1953, 59ff. 275ff. 314ff. - W.F.ALBRIGHT liest in JNES 3, 1944, 254 statt Kalneh ohne Änderung des Konsonantentextes kullānāh »sie alle«, vielleicht mit Recht. *W.v.Soden*

Ninive, alte Siedlung auf dem östlichen Ufer des Tigris gegenüber dem heutigen Mossul (→ 3 D 2). Ihre religiöse Bedeutung verdankt sie der Stadtgöttin Ištar (→ Babylonien: II, 6 c), die dort in ihrem Tempel E-mismis verehrt wurde. Politisch gewann N. erst in spätassyrischer Zeit besondere Bedeutung als weitaus größte Siedlung des alten Zweistromlandes neben → Babylon und als Regierungszentrale → Assyriens unter Sanherib und Assurbanipal. Auch nach der Zerstörung N.s (612 vChr) durch Meder und Babylonier (vgl. Jes 37, 37; Zeph 2, 13; Nah 1, 1ff) blieb der Name N. mit dem Ort der Ruine verbunden. Deshalb auch trägt der zweitgrößte Ruinenhügel innerhalb des gesamten Stadtgebietes den Namen Nebi Yunus nach dem Propheten Jona (→ Jonabuch). - Die Siedlung N. kann auf Grund von Grabungen bis ins 4.Jt. zurückverfolgt werden. Die Hauptfundstelle innerhalb der Gesamtruine N. (nach Jon 3, 3 eine über alle Maßen große Stadt) ist der Hügel Kujundschik, einst die Zitadelle der Stadt, deren Zentrum die Tempel der Ištar und des Nabu einnahmen, umgeben von den Palästen der assyrischen Könige. Die beiden bekanntesten Bauten N.s, die in der Mitte des 19.Jh.s neben Dur-Sarrukin und Kalach die ersten großartigen Proben assyrischer Reliefkunst lieferten (→ Kunst: II F) und in denen auch die Keilschriftbibliothek des Assurbanipal wiederentdeckt wurde, sind der Südwest-Palast des Sanherib und der Nordpalast des Assurbanipal auf Kujundschik (A.H. Layard, H.Rassam, G.Smith; → Ausgrabungen: II, 4). Doch müssen schon vorher Könige in N. gebaut haben, wie aus neuen englischen Funden (R.C.Thompson) seit 1927 hervorgeht (Salmanassar I., 1280-61 vChr). - Der Haupttempel E-mismis soll nach Meinung der Ausgräber eine altakkadische Gründung des Manistusu sein. Die altakkadischen Herrscher müssen sich in der Tat in N. betätigt haben, wie ein in N. gefundenes Prachtstück altvorderasiatischer Bildhauerkunst, ein lebensgroßer hervorragend gearbeiteter Bronzekopf (s. Taf. 3 Abb. 3), beweist. - In den Jahren 1931-34 führte M.E.L.Mallowan eine Tiefgrabung auf dem Hügel Kujundschik durch, bei der auch die vorakkadischen Schichten bis zum gewachsenen Boden freigelegt wurden. Der Ausgräber teilte diese viele Meter dicken Ablagerungen in 5 Unterabteilungen, deren jüngste (5) der Epoche des Ausgangs sumerischer Vorherrschaft (Ur I-Dynastie) zeitlich entspricht und bis in die Akkad-Zeit hinabreicht, deren früheste (1 und 2) jedoch der frühchalkolithischen Periode des 4.Jt.s vChr angehört (Samarra- und Tell Halaf-Keramik).

A.H.LAYARD, N. and its Remains, London 1848 - DERS., The Monuments of N., ebd 1849-53 - DERS., Discoveries in the Ruins of N. and Babylon, ebd 1853 - R.ZEHNPFUND, Die Wiederentdeckung N.s (AO 5, 3), 1903 - A.PATERSON, Palace of Senacherib, 1915 - R.BUKA, Die Topographie N.s (Diss. Berlin), 1917 - R.C.THOMPSON-R.W.HUTCHINSON, A Century of Exploration at N., London 1929 - DIES., Archaeologia 79, 1929, 103-148 - DIES., AAA 18, 1931, 79-112 - R.C.THOMPSON-R.W.HAMILTON, ebd 19, 1932, 55-116 - R.C.THOMPSON-M.E.L.MALLOWAN, ebd 20, 1932, 71-186 - R.C. THOMPSON. Iraq 1, 1934. 95-104 - M.E.L.MALLOWAN, ebd 3, 1936, 104ff - C.J.GADD, The Stones of Assyria, 1936 - BRL 396f. - Vgl. die Lit. zu → Assyrien. *A.Moortgat*

Nippold, *Friedrich,* Kirchenhistoriker, * 15.9.1838 in Emmerich, † 3.8.1918 in Oberursel. Als Prof. in Heidelberg und Bern und seit 1884 als Nachfolger von K.v. → Hase in → Jena arbeitete N. vor allem auf dem Gebiet der neueren KG. Auch zu kirchenpolitischen Fragen nahm er vielfach im Sinne einer nationalbewußten und liberalen Theologie Stellung. Er war ein ebenso scharfer Gegner des → Ultramontanismus wie entschiedener Freund der → Altkatholiken. N. gehörte zu den Gründern des → Evangelischen Bundes. Sein Hauptwerk, das »Handbuch der neuesten KG« (1867; 5 Bde, 1880-1906[3]), ist wegen seines reichen Materials für die KG des 19.Jh.s noch heute von Bedeutung.

Vf. u.a.: Ursprung, Umfang, Hemmnisse u. Aussichten der altkath. Bewegung, 1873; R.Rothe, 2 Bde, (1873/74) 1877/78[2]; Ziele u. Vorgesch. d. Ev. Bundes, 1889; Kl. Schriften z. inneren Gesch. d. Katholizismus, 2 Bde, 1899; Die Wege nach Rom u. d. Los von Rom-Bewegungen, 1909. - Über N.: RGG[1] IV, 816f; RGG[2] IV, 572 (Bibliogr.) - KJ 46, 1919, 570f (Lit.). *K.Scholder*

Nirvâna (von der Sanskrit-Wurzel »vâ«, dh »wehen«) bedeutet das »Verwehen«, »Erlöschen«, zB des Feuers, wenn der Brennstoff ausgegangen ist. Als Terminus der Heilslehre des → Buddhismus (: I) bezeichnet N. a) das Erlöschen der Begierden, welches schon bei Lebzeiten die vollkommene Gemütsruhe zur Folge hat, b) das Erlöschen der Möglichkeiten einer → karma-bedingten → Wiedergeburt beim → Tode. Der alte Buddhismus unterscheidet deshalb zwischen dem noch mit »körperlichen Beilegungen« versehenen N. (Pâli: Nibbâna) des durch Gewinnung der Erleuchtung erlösten lebenden → Buddha und dem »vollkommenen« N. (pari-N.) des dahingeschiedenen Buddha. Der Zustand des letzteren wird meistens als eine nicht mit Worten und Begriffen beschreibbare Seligkeit verstanden. Für die pluralistische Philosophie des »Kleinen Fahrzeugs« war das N. das diametrale Gegenteil des »Sansâra«, des leidvollen Lebens in der empirischen Welt. Für das »Große Fahrzeug« sind entsprechend seiner monistischen Einstellung Sansâra und N. nur verschiedene Aspekte des *einen* Absoluten, der »Leerheit«. Niemand erkämpft das N., sondern er besitzt es bereits; nur bleibt es ihm solange verborgen, als ihm noch nicht die volle Erkenntnis aufgegangen ist. Die Anhänger der »Nur-Bewußtseins-Lehre« sehen in dem N. des Kleinen Fahrzeugs, das »dem Verlöschen einer Lampe gleicht«, nur ein unvollkommenes N. Das wahre N. ist »nicht statisch« (apratishthita), sondern dynamisch: es ist der endgültige Zustand eines Erlösten, der frei von allen karmischen Fesseln ungebunden an den Raum für immer für das Wohl aller Lebewesen tätig ist. - Schon im Pâli-Kanon (Dîgha-Nikâya 1, 3, 19f) wurden die N.-Vorstellungen nichtbuddhistischer Schulen behandelt. Die *Jainas* (→ Jinismus) verwenden den Ausdruck N. für die Seligkeit des in reiner Geistigkeit auf dem Gipfel der Welt verharrenden Erlösten. Im → *Hinduismus* (: I) wird vom »Brahma-N.« gesprochen (Bhagavadgîtâ 2, 72; 5, 24ff), dem Aufgehen der Seele im All-Einen. In die *deutsche Philosophie* ist der Ausdruck N. von → Schopenhauer eingeführt worden.

Die Lit. ist sehr umfangreich, da fast jedes Buch über den → Buddhismus (: I) sich mit dem Problem beschäftigt. Auswahl in ERE

IX, 379 - H.OLDENBERG, Buddha, 1958[13], 283. 438ff. Vgl. ferner TH.STCHERBATSKY, The Conception of Buddhist N., Leningrad 1927 - R.L.SLATER, Paradox and N., Chicago 1951. - Laufende Jahrgänge der Bibliogr. Bouddhique, Paris. *H.v.Glasenapp*

Nísibis, syr. Nĕsībhīn (»Säulen«), uralte Stadt im Zweistromlande (→ 3 C 2), seit etwa 900 vChr in assyrischen Quellen belegt, später zwischen Seleukiden (damals »Antióchcia en Mygdonía«), Armeniern, Römern, Parthern und Sassaniden umstritten und seit 300 alleiniger Umschlagplatz des röm.-pers. Handels, gehörte seit 363 endgültig zum pers. Reiche. Vielleicht schon um 300 entstand hier eine theologische Schule, die 363 von → Ephraem nach → Edessa verlegt wurde, 457/59 aber nach N. zurückkehrte. Sie bildete seitdem als »Mutter der Wissenschaften« den geistigen Mittelpunkt der → Nestorianer mit zeitweise angeblich 800 Schülern, die (nach der erhaltenen Satzung) in Konvikten zusammenlebten und sich mit dem Syrischen, Liturgie und Bibelauslegung, zT auch Medizin und Philosophie, beschäftigten. Die meisten nestorianischen Gelehrten, Hierarchen und Äbte gingen durch diese Schule, in der auch viele griech. Schriften zur → Christologie, aber auch Philosophisches ins Syrische übersetzt wurde, das dann später an die Muslime weitergegeben wurde (→ Syrische Literatur). - 639 in die Hand der Muslime geraten, behielt N. seine theologische Bedeutung trotz vieler innerislamischer Kämpfe um die Stadt (seit dem 10.Jh.) über eine rohe Plünderung und Zerstörung der Bibliothek 1171 hinaus bis zur Brandschatzung durch Tīmūr 1395 und einen Kurdenüberfall 1403. Seitdem weithin Ruine, gehört N. seit 1516 zur Türkei (Nusaybin) mit (1950) 2600 Einwohnern.

E.HONIGMANN in: EI III, 926ff (Lit.) - DERS., Die Ostgrenze des Byz. Reiches, 1935 (s. Reg.) - H.R.NELZ, Die theol. Studien der morgenländ. Kirchen (Diss. Bonn), 1916 - TH.HERMANN in: ZNW 25, 1926, 89-122. - Vgl. → Nestorianer, → Assyrische Kirche, → Syrien: III, → Iran: V. *B.Spuler*

Nitschmann, *David.* Die älteste Geschichte der → Brüderunität (: II) kennt mehrere Träger dieses Namens, mährische Auswanderer, die sich ihres Zusammenhanges mit der alten → Brüderunität (: I) noch bewußt waren: 1. D.N., der »Wagner« oder *»Altvater«,* 1725 aus Kunwald (Mähren) nach Herrnhut gekommen, † 1758 in Bethlehem in Pennsylvanien, wurde 1738 aus symbolischen Gründen gelegentlich der Weihe → Zinzendorfs zum mährischen Bischof dessen »Adoptivvater«. Seine Tochter *Anna,* eine der hervorragendsten Mitarbeiterinnen Zinzendorfs auf dem Gebiet der weiblichen Seelsorge, wurde 1757 Zinzendorfs zweite Gemahlin; ihr Bruder, *Johann* N. der Jüngere, war Zinzendorfs ständiger Begleiter in seinen letzten Lebensjahren. - 2. D.N. I., *»der Bekenner«,* starb 1729 fast gleichzeitig mit Melchior N. in mährischer Gefangenschaft. - 3. D.N. II., *»der Bischof«* († 1772), machte viele Seereisen im Dienste der Brüder, wurde 1735 ihr erster Bischof (von → Jablonski in Berlin ordiniert), traf 1735/36 auf einer Reise nach Amerika mit den Brüdern → Wesley zusammen. - 4. D.N. III., *»der Syndikus«* († 1779), unternahm einen Missionsversuch in Ceylon (1739/40), war nach Zinzendorfs Tod in der Leitung der Unität und erwarb sich besondere Verdienste um das Archiv der Brüdergemeine.

E.W.CRÖGER, Gesch. der erneuerten Brüderkirche I-III, 1851-54 - W.BICKERICH, Lissa u. Herrnhut (ZBG 2, 1908, 1-74) - J.TH. MÜLLER, Pfarrer Annonis Besuch in Herrnhut 1736 (ebd 5, 1911, 50-92). *W.Jannasch (M.Schmidt)*

Nitzsch, 1. *Friedrich,* ev. Theologe, Sohn von 2, * 19.2.1832 in Bonn, † 21.12.1898 in Kiel, 1868 o. Prof. in Gießen, seit 1872 in → Kiel. Seine Bedeutung liegt vor allem auf dem Gebiet der DG, wo er von der traditionellen Darstellung nach Loci zur Entwicklungsgeschichte überging. Seine Dogmatik enthält wenig Eigenes, gibt aber einen guten Überblick über die theologischen Richtungen des 19.Jh.s.

Vf. u.a.: Das System des Boethius, 1860; Grundriß d. christl. DG (nur I ersch., bis zum Ende d. patrist. Zeit), 1870; Lehrbuch der ev. Dogmatik, (1889-92) 3. Aufl. bearb. v. H.STEPHAN, 1912. - Über N.: O.BAUMGARTEN, DEBl 24, 1898, 116-133 - ADB LII, 785ff - KJ 1892, 661; 1893, 181 (Lit.) - RE XIV. 125ff.

2. *Karl Immanuel,* ev. Theologe, * 21.9.1787 in Borna als Sohn des späteren Wittenberger Prof. und General-Sup. *Karl Ludwig N.* (1751-1831), † 21.8.1868 in Berlin. - Nach mehrjähriger Predigt- und Lehrtätigkeit in → Wittenberg wurde N. 1822 nach → Bonn berufen, wo er für über zwei Jahrzehnte zur führenden Gestalt in Fakultät und Kirche wurde. Sein systematisches Hauptwerk (System der christlichen Lehre, [1829] 1851[6]) verbindet → Schleiermachers Glaubenslehre mit Elementen der spekulativen Theologie und gilt mit Recht als klassische Dogmatik der → Vermittlungstheologie. Im Hauptorgan dieser Richtung, den 1828 von N. mitbegründeten ThStKr, ist er mit einer Fülle von Beiträgen vertreten (als Gesammelte Abhandlungen 1870 in 2 Bden erschienen). Sein starkes praktisch-kirchliches Interesse ließ ihn schon im Rheinland, wo er seit 1838 als Vizepräsident der Provinzialsynode amtierte, zum überzeugten Vertreter der positiven → Union und Befürworter einer Presbyterialverfassung werden. Diese Ansicht vertrat er auch auf der Berliner Generalsynode von 1846, für die er ein unionistisches Ordinationsformular entwarf, das die biblischen Hauptpunkte der apostolisch-reformatorischen Verkündigung zur Bekenntnisgrundlage zu machen versuchte (→ Apostolikum: II, 2). Dieser als »Nitzschenum« heftig umstrittene Versuch blieb infolge der ablehnenden Haltung Friedrich Wilhelms IV. ohne praktische Auswirkung. - 1847 wurde N. als Nachfolger → Marheinekes nach → Berlin berufen. Hier entfaltete er eine ausgebreitete Tätigkeit im Sinne der Union, beteiligte sich an den → Kirchentagen, gründete 1850 gegen den neuluth. Konfessionalismus zusammen mit Jul. → Müller und A. → Neander die »Deutsche Zeitschrift für Christliche Wissenschaft und Christliches Leben« und widersetzte sich mit Erfolg der 1852 vom König verfügten → »Itio in partes«, obwohl er gerade erst Mitglied des Oberkirchenrats geworden war. Das wissenschaftliche Hauptwerk seiner Berliner Zeit ist das »System der praktischen Theologie« (3 Bde, [1847 bis 1867] 1859-62[2]), die erste umfassende Grundlegung der jungen Disziplin. Vermittlungstheologie und Unionsgedanke haben in dem persönlich irenischen Mann, dem das Prinzip der ev. Freiheit vor allem wichtig erschien, ihren entschiedenen Führer gehabt.

Vf. ferner u.a.: Eine prot. Beantwortung der Symbolik Möhlers, 1835; Urkundenbuch d. ev. Union, 1853; Akad. Vortr. über d. christl. Glaubenslehre, 1858; Predigten, neue GA 1867. - Über N.: W.BEYSCHLAG, K.I.N., (1872) 1882[2] - O.HERMENS, K.I.N., 1886 - ADB XXIII, 725ff - RE XIV, 128ff - HIRSCH V, 375ff. *K.Scholder*

Nitzschenum → Nitzsch, 2.

Noachische Gebote. Im Anschluß an Gen 9, 4-6 unterscheidet die *rabbinische Lehre* von der dem Volk Israel gegebenen Tora (→ Gesetz: III) eine Reihe von Anordnungen, auf die Noah und seine Nachkommen verpflichtet wurden: 1. das Gebot der Rechtspflege, 2. das Verbot der Gotteslästerung, 3. des Götzendienstes, 4. des Blutvergießens, 5. der Unzucht, 6. des Raubes, 7. das Verbot, ein Stück von einem noch lebenden Tier bzw. Blut zu genießen. Die Überlieferung ist nicht einheitlich; eine völlig andersartige Aufzählung findet sich zB Jub 7, 20; auch 30 N.G. werden genannt. Wahrscheinlich handelt es sich nicht um tatsächliche Forderungen, etwa gegenüber dem in Palästina wohnenden → Fremden (: II) oder dem Proselyten, sondern um nur theoretische Aussagen. Ihre Bedeutung ergibt sich aus der Tradition, die ersten sechs der N.G. seien schon Adam auferlegt worden, wie aus Gen 2, 16 deduziert wird. Damit erscheinen die N.G. als erweitertes Urrecht der Menschheit. Jedoch versteht der Rabbinismus sie nicht im Sinn einer profanen Naturrechtstheorie, sondern demonstriert an ihnen die Verantwortlichkeit und Schuld der gesamten Völkerwelt und begründet so die Verwerfung der Heiden im Endgericht. Diese Argumentation stützt den israelitischen Erwählungsglauben; denn daß die Völker die N.G. nicht beobachteten, machte die spätere Sinaioffenbarung notwendig, die sich nun ausschließlich an Israel richtet, zahlreichere und schärfere Forderungen enthält und daran die Verheißung des Lohnes der zukünftigen Welt knüpft.

Scheinbare Parallelen weist das sog. *Aposteldekret* auf, das den Genuß von Götzenopferfleisch, von Blut, von Ersticktem, außerdem Unzucht (wohl = Verwandtenehen) verbietet (Apg 15, 20. 28f; 21, 25). Lukas führt es nicht auf die vormosaischen N.G., sondern auf das Gesetz Moses zurück (Apg 15, 21). Überdies steht seine praktische Aufgabe, die Begründung der beschneidungsfreien Heidenmission, im Gegensatz zu der grundsätzlichen Bedeutung, die den N.G. in der rabbinischen Theorie zugedacht ist. Und daß die N.G. vorwiegend ethische Forderungen enthalten und von Gen 9 abgeleitet werden, widerspricht der zeremonialgesetzlichen, wahrscheinlich von Lev 17f abhängigen Aufstellung des Aposteldekrets. Dies schließt auch für die vorlukanische Tradition einen ursprünglichen Zusammenhang aus.

In der *jüdischen Theologie* ist die Unterscheidung zwischen N.G. und mosaischem Gesetz bis in die Neuzeit lebendig geblieben und hat noch auf die Entwicklung des naturrechtlichen Denkens der Aufklärung erheblichen Einfluß ausgeübt (zB H. → Grotius, De jure belli ac pacis I, 1, 16; II, 5, 13).

SCHÜRER III, 178ff - ERE IX, 379f - BILL. II, 729ff; III, 36ff - I.HUSIK, The Law of Nature, Hugo Grotius and the Bible (HUCA 2, 1925, 381-417) - UJE VIII, 227f (Lit.) - J.BONSIRVEN, Textes rabbiniques des deux premiers siècles chrétiens, 1955 (Index) - Komm. zur → Apostelgeschichte. *G.Strecker*

Noah, dessen Name in altbabylonischen Texten als theophores Element von Personennamen verwendet worden ist (in Gen 5, 29 aus nḥm »trösten« erklärt), ist ursprünglich wohl eine nichtisraelitische Gestalt. Erzählungen über ihn können mit der zweiten semitischen Wanderungswelle (um 2000 vChr) nach Mesopotamien und Syrien-Palästina gelangt und von Israel übernommen worden sein. In Gen 9, 18-27 sind zwei Überlieferungen vereint. Die eine kennt N. als den ersten Weinbauern, der den schamlosen Kanaan dazu verflucht, der Knecht Sems zu werden (später um Japhet erweitert), und hat unter Verwendung einer Entdeckersage einmal von den Herrschaftsansprüchen der aramäisch-israelitischen Einwanderer über die eingesessenen Kanaanäer gehandelt. Die andere kennt N. als Bauern und Ahnherrn von Sem, Ham und Japhet und hat die → Völkertafel des → Jahwisten eingeleitet. Vor allem ist N. bei diesem und der → Priesterschrift in Gen 6, 5 - 9, 17 zur zentralen Gestalt der → Sintflut-Erzählung geworden. J hebt seine Frömmigkeit hervor, derentwegen er mit den Seinen gerettet wird, für P ist er der Ahnherr der Menschheit nach der Katastrophe, mit dem ein neues Bundesverhältnis zwischen Gott und Mensch beginnt. In der Liste Gen 5, 28ff (P) steht er als zehntes Glied und wie in der babylonischen Urkönigsliste als Sintflutheld (→ Babylonien: III, 3). Auf andere N.-Überlieferungen wird nirgends angespielt. Ez 14, 12-23 meint den Frommen der jahwistischen Sintfluterzählung entsprechend Gen 9, 25; ebenso verbinden Jes 54, 9; Sir 44, 17f; Mt 24, 37ff par; Hebr 11, 7; 1Petr 3, 20; 2Petr 2, 5 N. mit der Flut.

SCHÜRER III, 281. 405f - BOUSSET, Rel. (s. Reg.; N. im Judentum) - E.BURROWS, Notes on Ḫarrian (JRAS 1925, 277-284) - P.JOÜON, Trois noms de personnages bibliques à la lumière des Textes d'Ugarit (Bibl 19, 1938, 280-285) - J.LEWY, Nāḫ et Rušpān (Mélanges Syriens off. à M.R.Dussaud I, Paris 1939, 273-275) - S.SPIEGEL, N., Danel and Job (L.Ginsberg Jubilee Vol. I, New York 1945, 305-355) - M.NOTH, N., Daniel u. Hiob in Ez 14 (VT 1, 1951, 251 bis 260) - L.ROST, N. der Weinbauer (Gesch. u. AT [BHTh 16], 1953, 169-178). - Vgl. die Komm. zur → Genesis. *G.Fohrer*

Noailles, *Louis Antoine de* (1651-1727), 1680 Bischof von Châlons, 1695 Erzbischof von Paris, 1700 Kardinal. Ein Mann von echter Frömmigkeit, doch theologisch unsicher, war er direkt oder indirekt in alle religiösen Kontroversen des damaligen Frankreich verwickelt. Im Streit um den → Quietismus stand er zunächst zwischen → Fénelon und → Bossuet, unter dessen Einfluß er dann mehr und mehr geriet. Für den → Jansenismus hegte N. starke Sympathien. Er approbierte → Quesnels »Réflexions morales sur le livres du NT«, verurteilte aber einige Jahre später die »Exposition de la foi« des Abbé de Barcos und nahm 1710 sogar die Zerstörung → Port-Royals hin. Dann schloß er sich wieder der dem Jansenismus dienenden Appellation der Bischöfe gegen die Bulle Unigenitus von 1713 an (→ Clemens XI.), gab jedoch 1720 den Widerstand auf und unterwarf sich kurz vor seinem Tode auch formell (ob mit oder ohne Vorbehalt, ist umstritten) dem Papst.

E.DEBARTHÉLEMY, Le cardinal de N., Paris 1886 - ALBERT LE ROY, La France et Rome de 1700-15, ebd 1892 - A.SALOMON, La Catholicité du monde chrétien d'après la correspondance inédite du comte Louis de Zinzendorf avec le cardinal de N. et les évêques appelants 1719-28, ebd 1929 - J.F.THOMAS, La querelle de L'Unigenitus, ebd 1950. *A.Rich*

Noa-Namen → Euphemismus.

Nock, *Arthur Darby,* amerikanischer Religionshistoriker und klassischer Philologe, * 21.2.1902 in Portsmouth (England), 1923 Fellow von Clare College (Cambridge), seit 1930 Prof. der Religionsgeschichte in Harvard University. Das Hauptgebiet seiner Forschung ist die Religion der Spätantike zwischen Alexander und Julian.

Vf. u.a.: Sallustius, 1926; Early Gentile Christianity and its Hellenistic Background (in: Essays on the Trinity and the Incarnation, ed. A.E.J.RAWLINSON, 1928, 51-156); Conversion, 1933; St. Paul, 1938 (dt. 1940); (mit A.J.FESTUGIÈRE:) Corpus Hermeticum I-IV, 1945-54. - Seit 1933 Hg. der Zeitschr. HThR. Mit-Hg. des Oxford Classical Dictionary, 1949. *K.Grobel*

Nösselt, *Johann August* (1734-1807), * in → Halle, wo er studierte und 1757 Dozent, 1760 ao., 1764 o. Prof. der Theologie wurde. Als Exeget legte er in den Bahnen → Ernestis Wert auf strenge historisch-philologische Interpretation. Im Sinne einer maßvollen Neologie (→ Aufklärung: III, 3 b) behauptete er die Freiheit, »das wahre, schriftgemäße praktische Christentum von unnützen Spitzfindigkeiten, die ... weder Trost noch Besserung geben, absondern zu dürfen«. Seine theologische Entwicklung (Einfluß von S.J. → Baumgarten, → Semler, → Spalding) führte erst allmählich zu entschiedeneren dogmatischen Reduktionen. Trotz Abneigung gegen Radikalismus verfocht er unbeugsam die Freiheit der gelehrten Forschung gegen staatliche Reglementierung (→ Wöllner). Die Urteile über N. sind bezeichnend für den Wandel in der Theologie: Hatte → Lessing N. für einen »Theologen wie er sein sollte« gehalten, so vermißte → Schleiermacher an N. »religiösen Sinn«.

Vf. u.a.: Verteidigung der Wahrheit u. Göttlichkeit d. christl. Religion, (1766) 1783[5]; Opuscula ad interpret. sacrarum scripturarum, 3 Bde, 1771-1817; Anweisung z. Bildung angehender Theologen, (1786-89) 1818/19[3] hg.v. A.H.NIEMEYER. - Über N.: A.H.NIEMEYER, Leben, Charakter u. Verdienste J.A.N.s, 2 Tle, 1809 (Bibliogr.) - ADB XXIV, 25ff - RE XIV, 149f - K.ANER, Die Theol. d. Lessingzeit, 1929. *E.H.Pältz*

Noet von Smyrna (Ende 2.Jh.), Begründer des modalistischen Monarchianismus (→ Christologie: II, 2 c). Mit den Mitteln stoischer Logik, doch ohne direkt auf Heraklit zu fußen (so Macchioro, nach Hippolyt), behauptet er in Rom gegenüber der als ditheistisch empfundenen Logoslehre in soteriologischem Interesse die Identität von Vater und Sohn. Daraufhin exkommuniziert, scheint er noch länger in Kleinasien als Schulhaupt gewirkt zu haben. → Epigonus.

Qu.: Hippolyt, c. Noet. (ed. P.NAUTIN, Hippolyte Contre les hérésies, 1949); ref. IX, 7ff; X, 27 - Epiphanius, haer. 57. - Lit.: HARNACK, DG I, 734ff - V.MACCHIORO, L'eresia noetiana, Neapel 1921 - M.WERNER, Die Entstehung d. christl. Dogmas, (1941) 1954[2], 558ff. *M.Elze*

Nohl, *Herman* (7.10.1879 bis 27.9.1960), * in Berlin, studierte ebd bei → Dilthey und Fr.Paulsen; 1908 Habilitation in Jena, 1920 o. Prof. für Pädagogik und Philosophie in Göttingen, 1937-45 zwangsweise entpflichtet, 1949 emeritiert. - Die pädagogische Theorie (→ Pädagogik: II) erscheint bei N. als Hermeneutik der Erziehungswirklichkeit, also als grundsätzlich offenes System, gebunden an die vorgegebene Inhaltlichkeit des erzieherischen Daseins. Das Verständnis der Wirklichkeitsbezüge wird damit selber eine wirkende Kraft im Lebenszusammenhang. Über Dilthey hinaus werden aus der Mehrseitigkeit des Lebens, überhaupt aus der → Geschichtlichkeit des Daseins und seiner Dialektik Folgerungen gezogen, die den → Historismus und den rezeptiven Humanismus überwinden. Der Entscheidungscharakter gilt wie für das erzieherische Handeln auch für die pädagogische Theorie. Die erzieherischen Anforderungen werden zusammengenommen in der Einheit der Person, die nur in der Bildung eines Lebenskerns vor der Auflösung in ihre wechselnden Funktionen bewahrt werden kann. Indem N. die Selbständigkeit der erzieherischen Aufgabe und des Erziehers als »Autonomie der Pädagogik« formulierte, die auch gegenüber Theologie und Kirche zu verteidigen sei, setzte er sich Mißverständnissen aus, die heute durch das »Wort der Generalsynode« (Berlin, April 1958) überwunden sind. N. erweiterte die pädagogische Theorie über den überlieferten Ansatz bei Schule und Bildung hinaus in den Bereich der → Sozialpädagogik, in dem er zu starker Wirkung kam.

Vf. bes.: Stil u. Weltanschauung, 1920; Jugendwohlfahrt, Sozialpädag. Aufsätze, 1927; Pädag. Aufsätze, 1929; Einführung in die Philos., 1935; Die ästhetische Wirklichkeit, 1935; Die pädag. Bewegung in Deutschland u. ihre Theorie, 1935; Charakter u. Schicksal, eine pädag. Menschenkunde, 1938; Die sittl. Grunderfahrungen, 1939; Pädagogik aus Dreißig Jahren, 1949; Fr.Schiller, 1954; Erziehergestalten, 1958. - Hg. der »Sammlung«, seit 1945; Mit-Hg. des HPäd. *E.Weniger*

Nolde (eigentlich *Hansen*), *Emil* (7.8.1867 bis 13.4. 1956), Maler und Graphiker, * und † in Nord-Schleswig, von friesisch-dänischer Abkunft. In Dresden (1905 bis 1907) stand N. zeitweilig dem Künstlerkreise der »Brücke« nahe, also jungen Malern wie Kirchner, Otto Müller, Pechstein, Heckel; er blieb jedoch ein Einsamer. N. begann in der Weise eines derben, gleichsam bäuerlichen → Impressionismus (: I), schlug aber bald zu einem ausgeprägt heftigen, mehr »expressionistischen« Ausdruck um (→ Expressionismus: I), wobei seine Kunst stets viel von dem besonderen »Dialekt« seiner niederdeutschen Heimat beibehielt. Die stärkste, heute bereits internationale Anerkennung haben seine Aquarelle (Blumen!) gefunden. Auch seine graphischen Arbeiten, die Radierungen, Holzschnitte und Lithographien mit ihrer ursprünglichen, jeweils den technischen Mitteln neuartig angepaßten Intensität setzten sich schnell bei den Sammlern durch. Seine zahlreichen Gemälde (Landschaften, Stilleben, Figurenbilder, Köpfe) begegneten dagegen wegen ihres massigen, herausfordernden Farbenauftrags, einer betonten Kraßheit in Malweise, Farbigkeit und Auffassung stärkerem Widerstande. Bes. traf das auf seine großen christlich-religiösen Kompositionen zu, mit denen N. um 1909 begann und die er noch bis Ende der 20er Jahre fortsetzte. Trotz aller barbaresken »Häßlichkeit«, ja »Rohheit« und trotz Verachtung jeder herkömmlichen Malkultur offenbarte N. jedoch in auf den ersten Blick so schockierenden Werken wie dem Triptychon der »Maria von Ägypten«, der großen Kreuzigung (einem neunteiligen Altarbild mit Szenen aus dem Leben Christi), der Grablegung und anderen Darstellungen ähnlichen Charakters eine episch-dramatische Kraft unmittelbarer Einfühlung und eine religiös-mystische Phantasie, die in der Gegenwart (vielleicht mit einziger Ausnahme von G. → Rouault) allein steht und als ein Phänomen bewertet werden muß. - Vgl. → Malerei und Plastik: VI, 1 a (s. Taf. 64 Abb. 3 »Der Zinsgroschen«, 1915).

Vf. u.a.: Das eigene Leben, (1931) 1949[2]; Jahre der Kämpfe, (1934) 1958[2]; Briefe, 1927. - Über N.: G.SCHIEFLER, Das graph. Werk E.N.s I. II, 1911/27 - Festschr. f. N. zum 60. Geb., 1927 - H.FEHR, E.N., ein Buch der Freundschaft, 1957 - W.HAFTMANN, E.N., 1958. *G.F.Hartlaub*

Nomaden. Das N.tum ist durch eine relativ lose Beziehung zu Grund und Boden charakterisiert. In sozialer Hinsicht ist die patriarchalische Großfamilie kennzeichnend. Herrentum, Organisationstalent und weiträumiges Planen entspringen der Aufgabe der Betreuung großer Viehherden. Die religiösen Charakteristika des N.-tums sind zumindest teilweise bedingt durch religionsgeographische Faktoren (→ Religionsgeographie) der von den N. bewohnten Landschaften der Wüste, der Steppe und des trockenen Hochplateaus. Der weite Horizont dieser Gebiete lenkt den Blick zum → Himmel, von dem die N. auch wirtschaftlich abhängig sind; denn von dort kommt der → Regen für die Weiden der Herden. Der Gottesglaube ist daher gekennzeichnet durch die Vorstellung eines höchsten Himmelsgottes (→ Hochgottglaube), der als allwissend gedacht wird. Er straft die Vergehen der Menschen mit Trockenzeiten wie durch Unwetter. Oft wird er als »Vater« verehrt (→ Vatername Gottes: I). Die vorwiegend nomadisch-patriarchalische Tradition der → Indogermanen hat diese Vorstellung in den Namen des indischen Dyaus pitar, des griechischen Zeus patēr und des lateinischen Ju-piter bewahrt. Auch der → Jahwe der nomadisierenden Hebräer ist ein Himmelsgott. Als allwissendes himmlisches Wesen verehren die hamitischen Galla den Gott Waq. Bei den → Mongolen ist Tengri sowohl »Gott« als auch »Himmel«. Unter den polytheistischen Naturgottheiten der N. tritt bes. der → Mond hervor. Sammler- und Jägervölker verehren oft einen → Herrn der Tiere, der, wie Num bei den Samojeden, Aspekte des allwissenden Himmelsgottes besitzen kann. - Der → Kultus der N. entspricht dem unsteten Wanderleben und ist auf einfachste Mittel angewiesen. Als Kultstätten werden amphiktyonische Heiligtümer bevorzugt (zB Karakorum in der äußeren Mongolei) oder solche, die transportabel sind (→ Lade Jahwes). - Religiöse Motive können die Ansiedlung von N. erstreben; die Botschaft → Zarathustras ist hierfür bezeichnend. Umgekehrt kann die nomadische Zeit eines später seßhaften Volkes als religiöses Ideal angesehen werden. Der Protest gegen die Seßhaftigkeit verbindet sich oft mit dem Verbot des → Weins als des typischen Produktes der Ansäßigkeitskultur (→ Nasiräer, → Rekabiter). Auch die religiöse Sprache gebraucht oft Bilder, die der Zeit des N.tums entnommen sind, vgl. zB die Auffassung des Lebens als eines »Weges«.

ERE IX, 661ff - C.Meinhof, Die Religionen der Afrikaner in ihrem Zusammenhang mit dem Wirtschaftsleben, Oslo 1926 - A.Titius, Die Anfänge der Religion bei Ariern u. Israeliten (Studien zur syst. Theol. 16), 1934 - E.Dhorme, La religion des Hébreux nomades, Paris 1937 - R.Grousset, L'empire des steppes, (1939) Paris 1960[4] - UdG VII-XI - W.Schmidt, Zu den Anfängen der Herdentierzucht (ZE 76, 1951, 1-41) - F.Kussmaul, Frühe N.kulturen in Innerasien (Tribus 2/3, 1953, 305-360) - R.Pettazzoni, L'onniscienza di Dio, Turin 1955; dt. 1960 - DBS VI, 541ff.

G.Lanczkowski

Nominalismus

1. Begriffliches - 2. Geschichtliches - 3. Grundsätzliches

1. Eine allgemeingültige Definition des N. zu geben ist deshalb unmöglich, weil der als Gegensatz zum mittelalterlichen →Realismus entstandene Begriff ursprünglich vom Standpunkt seiner Gegner aus geprägt wurde und daher nur von dessen Voraussetzungen aus zu verstehen ist. Doch hat das Wort eine von seinem geschichtlichen Ursprung losgelöste allgemeine, aber unbestimmte Bedeutung angenommen und wird vielfach zur Bezeichnung aller von metaphysischen und spekulativen Voraussetzungen freien Lösungsversuche des Problems der Erkenntnis und infolgedessen zur Charakterisierung aller möglichen geschichtlich vorliegenden erkenntnistheoretischen Systeme benutzt. Die Bedeutung des Begriffs ist infolgedessen wechselnd und unscharf, zumal das hauptsächlich von Gegnern des N. gebrauchte Wort seinen oppositionellen Ursprungsgehalt als ständig negativ wirkende Komponente in sich trägt und somit da, wo es eingeführt wird, die erkenntnistheoretische Sachproblematik von vornherein belastet. Einen geschichtlichen Abriß dessen bieten, was unter N. subsumiert wird, hieße, einen Überblick über die Entwicklung des philosophischen Gedankens unter dem Gesichtspunkt der → Erkenntnistheorie geben. - N. im ursprünglichen und eigentlichen Sinne bezeichnet die philosophische Richtung der → Scholastik, die dem Allgemeinbegriff keinerlei objektive Realität zuerkennt, sondern ihn als ein bloß konventionelles Zeichen versteht. Damit ist der N. auf den Grenzbegriff des in vielfachem Sinne gebrauchten Wortes festgelegt. So verstanden ist N. zB nicht anwendbar auf die Erkenntnislehre → Ockhams, da in dieser die Realitätsbezogenheit der Allgemeinbegriffe als unumgänglich festgehalten ist (Konzeptualismus), auch nicht auf den → Sensualismus und Empirismus (→ Apriorismus) als solche, ebensowenig auf gewisse Formen des → Rationalismus.

2. Der ursprüngliche Gegner des N., der mittelalterliche Realismus, war teils von platonischen, stärker aber noch von aristotelischen Vorstellungen gespeist. → Aristoteles ging von der Realität der Einzeldinge aus und bildete einen Begriff des Allgemeinen (Universale) für die Zusammenfassung einer Vielfalt von einzelnen Dingen. Die damit aufgeworfene Frage des Verhältnisses des Allgemeinen zu den von ihm umgriffenen Einzeldingen ist das Thema des mittelalterlichen → Universalienstreites. Die realistische Position erkennt auch den Universalien Realität zu und bestimmt dementsprechend das gesuchte Verhältnis des Universale zum Individuellen im Sinne eines objektiven Verhältnisses im Bereich des singulär Gegebenen, wobei sie jedoch dem so verstandenen Allgemeinen Singularität und Pluralität abspricht (vgl. Thomas von Aquino, De ente et essentia, c. 4). Diese Lösung besagt also nicht Einbeziehung des Allgemeinen in die raumzeitliche kausal determinierte Realwelt, sondern Erweiterung der Realwelt und ihre platonische Überhöhung. Die Realität (Aktualität) des Singulären wird als in diesem eidetischen Sein des Allgemeinen gründend angesetzt. Realität wird demnach relativiert, das Einzelne als wirkliches Sein ist zugleich ein Allgemeines, wobei diesem als realem der Vorrang gebührt. - Dieser Konzeption, die vom Interesse an einem ontischen Fundament der → Logik bestimmt, letztlich aber von der Frage nach der Bedeutung der Realität selber geleitet ist, entspricht die dem sog. gemäßigten Realismus nahestehende Wesensphilosophie in ihren sämtlichen Variationen. Sie läßt im → Wesen (essentia) als eidetischem Sein das Allgemeine für alles konkret bestehende Seiende vorgegeben sein. Die essentiae treten dabei in verschiedenen Fassungen auf, zB als ideales Sein, generell als die Seinsgründe, die in und mit dem Seienden *sind* und die als real verstanden werden, aber in einem nicht-zeitlichen, begrifflichen Vorausgehen. Das Wesen, das den eigentlichen Seinsgehalt des konkret Seienden zum Ausdruck bringt, wird als identisch mit dessen Definition und Begriff verstanden (ἄτομον εἶδος). Dadurch sind → Ontologie und Logik unlöslich miteinander verkettet und voneinander abhängig. Klassischer Vertreter dieser Auffassung ist → Thomas von Aquino. Nach ihm ergreift der Intellekt im ens die essentia. Aber auch bei ihm finden sich nominalistische Anknüpfungspunkte, wenn er zB mit → Averroes formuliert: intellectus agit universalitatem in rebus (aaO).

3. Gegen diese letztlich theologisch begründete Erkenntnismetaphysik und das mit ihr gegebene Verständnis der → Wahrheit als einer adaequatio rei et intellectus wendet sich der N. jeder Form. Er spricht dem Allgemeinen jegliche Art von Existenz ab, die Realität in rerum natura und in intellectu ebenso wie eine solche im eidetischen Sinne. Die Realität des Allgemeinen verflüchtigt sich ihm zum bloßen Namen. Das Universale verliert seine konstitutive eidetische Funktion für das real Seiende. Solches gibt es nur in der Sphäre der Singularität: was existiert, existiert als ein Individuelles. Wenn demnach schon in den ursprünglich als Gegensatz zum mittelalterlichen Realismus verstandenen Begriff des N. notwendig das dabei vorausgesetzte ambivalente Realitätsverständnis des gemäßigten Realismus mit einging, so ist bei den häufigen abwertenden Beurteilungen des N. außerdem noch zu beachten, daß oft auf Grund eines vorausgesetzten Wirklichkeitsverständnisses, das in einem philosophisch verbrämten naiven Realitätsbewußtsein gründet, die vom N. gestellte philosophische Frage gar nicht gesehen wird. Der N. erscheint daher dem Realismus jeder Form allzu voreilig als der Inbegriff aller philosophischen Häresien. Tatsächlich besagt er nur den Verzicht auf die Realität des Eidos und darin auf alle spekulative Metaphysik, soweit sie hier ihre Wurzel hat. Infolgedessen bedingte er die Revolutionierung des mittelalterlichen Verständnisses des Erkenntnisprozesses, soweit dieser von platonischem und aristotelischem ontologischem Denken her bestimmt war. Der N. erblickt in aller Wesensphilosophie eine Hypostasierung von Abstraktionen und lehnt jede Ontologie ab, die das Schwergewicht des Gegebenen in das Allgemeine verlegt. Allgemeinbegriffe sind »nomina«,

nicht res, wie immer diese definiert wird. Doch ist es polemische Zuspitzung, wenn das Universale als ein bloßer »flatus vocis« hingestellt wird, und es steht daneben allerwärts alsbald die Auffassung, daß mit der vox als sermo sich eine natürliche oder doch konventionelle Bedeutung verbindet. Der N. strebt aus innerer Notwendigkeit zum Konzeptualismus, wie das Beispiel → Abaelards zeigt und die Philosophie Ockhams beweist. Darin offenbart sich, versteckt sich aber auch die letztlich im N. enthaltene eigentliche Problematik, nämlich die des Verhältnisses von → Denken und → Sein, der Namengebung und Begriffsbildung sowie deren Leistung. Sie kommt in Erneuerung des Anliegens der mittelalterlichen Sprachlogik erst in der modernen → Sprachphilosophie und → Semantik in ihrer ganzen Tragweite zur Geltung, zumal nachdem in der transzendentalen Fragestellung → Kants und der → Neukantianer das Problem des N. sich in der Frage nach der Konstitution der Gegenständlichkeit der letzten in ihm liegenden Möglichkeiten bewußt geworden war. Der traditionellen Auseinandersetzung zwischen N. und Realismus im entwickelten Sinne ist durch die verfeinerten Methoden in der Behandlung vornehmlich des Existenzbegriffs in der neueren → Logik viel von ihrer ursprünglichen Schärfe genommen worden. Jedoch ist auch auf der inzwischen erreichten Diskussionsebene ein isomorphes Problem aufgetreten, das wesentlich in der Frage nach Zulässigkeit der Quantifikation über Prädikat- und Klassenvariablen besteht. Auch in dieser Frage gibt es in der modernen Logik zwei Lehrmeinungen, deren Vertreter sich Nominalisten und Realisten nennen, weil sie die Isomorphie der Problematik mit dem älteren Universalienproblem empfinden. Dementsprechend spielt der N. auch in den Diskussionen um den Gegenstand der Mathematik eine bedeutsame Rolle. So ist gelegentlich die Trias der Hauptpositionen in der mathematischen Grundlagenforschung: Logizismus, Formalismus, Intuitionismus mit dem mittelalterlichen Realismus, N. und Konzeptualismus in Korrespondenz gesetzt worden. – In der → Psychologie wandte der N. sich vor allem gegen die Lehre von den Seelenvermögen. Doch beweist das ebenso wie die Rede von sensualistischem und empiristischem, ja sogar rationalistischem N. (→ Hobbes, → Locke, → Berkeley, → Hume, Condillac), daß es sich dabei nur um Teilprobleme der nominalistischen Fragestellung handelt, die als solche das erkenntnistheoretische Problem in seiner Wurzel zu verstehen und zu beantworten versucht, unabhängig von einer bestimmten Ontologie, um es ohne metaphysische Vorentscheidungen zur Basis für die gesuchte Lösung zu machen. Das erklärt die Omnipräsenz der Problematik des N. im gesamten Bereich der Philosophie.

Für den geschichtlichen Ursprung und den mittelalterlichen N. vgl. → Universalienstreit; für die sog. nominalistische Bewegung des 14. und 15.Jh.s. → Ockham; für die theologische Bedeutung des N. → Theologie und Philosophie. – Vgl. ferner → Apriorismus und Empirismus, → Erkenntnistheorie, → Individuation und Individualität.

Außer der Lit. zu → Universalienstreit u. → Ockham: H.SPITZER, N. u. Realismus in der neuesten dt. Philos., 1876 – A.v.MEINONG, Hume-Studien I, Gesch. u. Kritik des modernen N. (SAW 87, 1877, 185-260) – C.GRUBE, Über den N. in der neueren engl. u. franz. Philos. (Diss. Halle), 1889 – E.HUSSERL, Logische Unters.en II/1, (1900) 1913² – E.v.ASTER, Prinzipien der Erkenntnislehre. Versuch einer Neubegründung des N., 1913 – E.CASSIRER, Philos. der symbol. Formen I-III, (1923-29) 1953/54² – F.MAUTHNER, WB d. Philos. II, 1924², 416-432 – DThC XI/1, 717ff (P.VIGNAUX) – N. HARTMANN, Aristoteles u. das Problem des Begriffs (AAB 1939, 5) – L.KATTSOFF, Conceptualisme, Réalisme ou N. en logic (Les Etudes philos., N.S. 5, 1950, 312-327) – G.RYLE, Systematically Misleading Expressions, Logic and Language, Bd 1, ed. A.FLEW, Oxford (1951) 1952², 12-36 – F.BARONE, Il Neopositivismo logico, Turin 1953 – H.VEATCH, Realism and N. Revisited, Milwaukee 1954 – W.STEGMÜLLER, Das Universalienproblem einst u. jetzt (APh 6, 1956, 192 bis 225; 7, 1957, 45-81) – W.VAN ORMAN QUINE, From a Logical Point of View, Cambridge/Mass. 1953, 105ff – R.HALLER, Das »Zeichen« u. d. »Zeichenlehre« in der Philos. d. Neuzeit (Archiv f. Begriffsgesch. 4, 1959, 113-157) – R.HÖNIGSWALD, Analysen u. Probleme, 1959, 69-97 – K.O.APEL, Sprache u. Wahrheit in d. gegenw. Situation der Philos. (PhR 7, 1959, 161-184). *J.Klein*

Nommensen, *Ludwig Ingwer* (1834-1918), »Apostel der Batak«, * als armer Leute Sohn auf der Marschinsel Nordstrand. 12jährig verunglückte er; auf dem Krankenlager gelobte er, Missionar zu werden. Zunächst Knecht, wurde er später Hilfslehrer in Risum und in Elberfeld. 1857 trat er ins Seminar der → Rheinischen Mission ein. Am 24.12.1861 reiste er nach Sumatra aus. In Barus hatte er die erste Begegnung mit Muslim. Alle seine Verkündigung war frei von verletzender Polemik. Über Sibolga (→ 4 A 1), Aek Sarulla, Sipirok kam er nach Prausorat. Schon früh zeigte er sich als der »volkstümliche Meister der Bataksprache«. Er übersetzte at. Geschichten und das NT. 1863 ließ er sich in Silindung nieder. Bedürfnislosigkeit und Furchtlosigkeit kennzeichneten ihn, Geduld war seine Haupttugend. Mit strategischer Klugheit forderte er zur Abwehr des heranrückenden Islam schnellen Einsatz vieler Kräfte: Missionare, Laienbrüder, Diakonissen. 1875 begann er mit der Lehrerausbildung, 1882 folgte die Ausbildung batakscher Pastoren, für die er bewährte Lehrer wählte. N. wurde 1881 Ephorus der → Batakkirche. Er entwarf die erste Kirchenordnung, die der asiatischen Situation angepaßt war.

JOH.WARNECK, L.I.N., (1919) 1928³ – G.MUNDLE, Der Gänsejunge von Nordstrand, 1950 – E.VERWIEBE, Ein Pfadfinder Gottes, 1955. *H.F. de Kleine*

Nomokanon, Sammlung kirchenrechtlicher Bestimmungen der → Orthodoxen Kirche aus dem 11.Jh., bei der das in Byzanz herrschende Staatskirchenrecht (νόμος) und das kanonische Recht der Synoden (κανών) zusammengestellt werden. Zu den ältesten Sammlungen dieser Art gehört der *N. 50 titulorum,* dessen Verfasser unbekannt ist. Er ist eine Kompilation der *Collectio 50 titulorum* des Johannes Scholasticus (s.u.) und anderer Rechtsquellen. Noch wichtiger ist der *N. 14 titulorum.* Er ist wahrscheinlich ein Werk des Juristen Enantiophanes unter Kaiser Heraclius (629). Er ist die Grundlage der dem Patriarchen → Photius (883) zugeschriebenen Sammlung, die heute die größte Bedeutung in der Ostkirche erlangt hat. An sie schloß die kanonistische Interpretationsarbeit von J. → Zonaras und Th. → Balsamon im 12.Jh. und von M. → Blastares im 14.Jh. an. – Den N.es liegen ältere Rechtsquellen zugrunde, die sich aus der staatskirchlichen Gesetzgebung der Synoden (→ Konzile, 3. 4), den kanonischen Briefen der Kirchenväter und den Gesetzen der Patriarchen von Konstantinopel herleiten. Zu ihnen gehört als älteste Sammlung das *Syntagma Canonum* oder *Corpus Canonum orientale,* eine Sammlung konziliarer Rechtsbestimmungen vom Konzil von Ancyra (314) bis zum Konzil von Chalcedon (451). Eine systematisch geordnete Sammlung aus dem Jahre 535, *Collectio 60 titulorum,* ist verloren. Die *Collectio 50 titulorum* (Συναγωγὴ κανόνων ἐκκλησιαστικῶν εἰς ν' τίτλους διηρημένη) des Konstantinopler Patriarchen Johannes Scholasticus von 550 enthält 85 Canones Apostolorum, 224 Canones aus früheren Sammlungen und Rechtsmaterien aus Briefen → Basilius' d. Gr. – Neben diesen kirchlichen Rechtsquellen stehen die staatskirchenrechtlichen Sammlungen, wie sie im Codex Theodosianus (438), im Codex Justinianeus (534) und in den justinianeischen Compilationes (529–534) enthalten sind. Johannes Scholasticus stellte aus den justinianeischen Novellen die *87 Capitula* zusammen, die auch ins Slawische übersetzt wurden. Ihm werden auch die *23 alia capitula ecclesiastica* zugeschrieben. Die *Collectio 21*, später *25 capitulorum* stammt vom Ende des 6.Jh.s; Verfasser ist unbekannt. Wichtig ist die *Collectio tripartita* vom Ende des 6.Jh.s, die kaiserliche Gesetze von Konstantin d. Gr. bis zu den Novellen Justinians enthält und später noch durch die Novellen des Kaisers Heraclius II. (610 bis 642) vermehrt wurde.

Ausg.n vgl. RGG³ IV, 581. - K.E.ZACHARIAE V. LINGENTHAL, Die griech. N.es, St. Petersburg 1877 - N.SUWOROFF, Kurs des Kirchenrechts, Jaroslawl 1889 (russ.) - N.MILAŠ, Das Kirchenrecht d. morgenländ. Kirche, dt. (1897) 1902² - PLÖCHL I - BECK 145ff (Lit.).
St.Zankow (H.-H.Schrey)

Non-Jurors, eine Gruppe von Anglikanern, die 1689 den Treueid für Wilhelm III. und Maria verweigert hatten (→ England: I, 6). Überzeugt von dem göttlichen Erbrecht auf den Thron und von der Pflicht zur Widerstandslosigkeit und zum »passiven Gehorsam« verweigerten Erzbischof Sancroft von Canterbury, weitere 8 Bischöfe und etwa 400 Geistliche, die sich noch durch ihren Eid auf den freiwillig verbannten König Jakob II. gebunden fühlten, den Eid und wurden im Febr. 1690 ihrer Ämter durch Parlamentsbeschluß enthoben. Sie hatten Anhänger unter der Laienschaft. Eine separatistische Organisation wurde begründet, und die abgesetzten Geistlichen setzten ihren Dienst zuerst heimlich, später aber fast öffentlich fort. Nach einiger Zeit hatten sie allein in London 50 Kapellen. Sie behaupteten, der orthodoxe Rest der anglikanischen Kirche zu sein. Die Bewegung erhielt sich durch Begründung einer bischöflichen Sukzession, indem 1693 G. → Hickes und T.Wagstaffe heimlich zu Bischöfen geweiht wurden. – Nach dem Tode ihres Führers Hickes teilte ein heftiger liturgischer Streit die Anhänger in »Usagers« und »Non-Usagers«. Die ersteren (so benannt, weil sie vier liturgische Bräuche [»usages«] forderten: Gebrauch des »gemischten Kelches«, Gebete für die Toten, → Epiklese und Oblationsgebet beim Abendmahl) bestanden auf Wiedereinführung des Kommunionsrituals aus dem ersten → Common Prayer Book von 1549 und veröffentlichten 1718 eine Ausgabe davon mit Zusätzen aus frühkirchlichen Liturgien. Von 1719 an waren die beiden Parteien so voneinander geschieden, daß jede ihren eigenen Bischof weihte. Eine Vereinigung (1732) blieb unvollständig. Während die bischöfliche Sukzession 1779 aufhörte, bestand eine kleine Gruppe, die sich der Union nicht angeschlossen hatte, bis zum Tode ihres Bischofs (1805).

1716 wandten sich die N. unter Vermittlung → Peters d. Gr. an 4 Patriarchen der Ostkirche mit Vorschlägen für eine Union. Die folgenden Verhandlungen brachten unüberwindliche Lehrunterschiede zutage. Jede Hoffnung auf eine Annäherung schwand, als Erzbischof Wake den Patriarchen mitteilte, daß die N. keine offiziellen Vertreter der anglikanischen Kirche seien. Obwohl der hl. Synod die N. wohlwollend anhörte, wurden auch diese Verhandlungen 1725 erfolglos beendet.

Die Sezession der N. raubte der Staatskirche eine Gruppe von Männern, die sich durch Reinheit der Gesinnung, Frömmigkeit, Gelehrsamkeit, kirchliches Bewußtsein und Leidenswilligkeit auszeichneten und deren Bedeutung und Einfluß ihre geringe Zahl weit überwog. Sie waren die Nachfolger der → Caroline Divines, deren Theologie sie fortsetzten und entwickelten, und können als Vorläufer der Oxford-Bewegung (→ Hochkirchliche Bewegung: I) angesehen werden. Zu ihnen gehörten u.a. Th.Brett (1667–1744), Verfasser der wertvollen »Dissertation on the Ancient Liturgies«, 1720; der Historiker Th.Carte (1686–1754); J.Collier (1650–1726), Verfasser der »Ecclesiastical History of Great Britain«, 2 Bde, 1708–14; der Liturgiker Th.Deacon (1697–1753); H. → Dodwell d. Ä.; der Antiquar Th.Hearne (1678 bis 1735); G. → Hickes; Th. → Ken; der geistliche Schriftsteller J.Kettlewell (1653–95); W. → Law; Ch.Leslie (1650–1722); R.Nelson (1656–1715), der später zur Staatskirche zurückkehrte und dessen »Companion to the Festivals and Fasts« (1704) die anglikanische Frömmigkeit des 18.Jh.s formte.

T.LATHBURY, A History of the N., 1845 - J.H.OVERTON, The N., 1902 - Dict. of English Church Hist., 1912, 410ff - H.BROXAP, The later N., (1924) 1926² - ODCC 963f. - Über die besondere eucharist. Theol. der N.: D.STONE, Hist. of the Doctrine of the Holy Eucharist II, 1909, 474f. - Über die Verhandlungen mit der Ostkirche: G.WILLIAMS, The Orthodox and the N., 1868 - J.DOWDEN, JThS 1, 1900, 562f - J.B.MARTIN-L.PETIT, Collectio Conciliorum Recentiorum, Paris 1905, 369ff.
D.Carter

Nonnus aus Panopolis in Oberägypten, ein heidnisch-griechischer Epiker, lebte um 400 nChr; bekannt als Verfasser der Dionysiaca, einer phantastischen Beschreibung der Geschichten des dionysischen Sagenkreises (hg.v. A.Ludwich, 2 Bde, 1909–11; dt. v.Th.v.Schaeffer, 1953²). Allgemein gilt N. auch als Schöpfer einer breiten, den Text umschreibenden Erklärung des JohEv in Hexametern (hg.v. A.Scheindler, 1881). Diese Annahme, die ihre stärkste Stütze in der weitgehenden Verwandtschaft von Wortschatz und Stil der beiden Werke besitzt, läßt sich nur aufrechterhalten, wenn man ohne ein positives Zeugnis den Übertritt des N. zum Christentum voraussetzt und darüber hinwegsieht, daß die metrische Form in der Paraphrase weit weniger streng gehandhabt wird.

RE XIV, 156ff - K.KUIPER, De Nonno evangelii Johannei interprete (Mnemosyne N.S. 46, 1918, 225–270) - STÄHLIN 965ff (Lit.). - R.JANSSEN (TU 23, 4, 1903) hat den von N. gebrauchten Johannestext wiederherzustellen gesucht in einer freilich völlig methodelosen Arbeit (vgl. W.BOUSSET, ThLZ 28, 1903, 587ff).
W.Bauer

Norbert *von Xanten* (ca 1080–1134), Gründer des → Prämonstratenser-Ordens. N. stammt aus dem niederrheinischen Adelsgeschlecht von Gennep, wurde Kanoniker in Xanten und begleitete Kaiser Heinrich V. als Kaplan auf den Romzug 1111. Das ihm angebotene Bistum Cambrai schlug er aus und wurde Einsiedler und Wanderprediger, um evangeliengemäß zu leben und apostelgleich zu wirken. 1119 gründete er in Prémontré bei Laon einen Kanonikerorden nach der Regel Augustins, der sich auch in Deutschland rasch ausbreitete, zumal als N. 1126 Erzbischof von → Magdeburg und Kanzler Kaiser Lothars III. wurde. Seine Wirkung blieb wenig hinter der → Bernhards von Clairvaux zurück; erst 1582 wurde er heiliggesprochen.

Viten in AS Juni I, 791ff; MG SS XII, 670ff. - G.MADELAINE, Hist. de s. N., 2 Bde, (Lille 1876) Tongerloo 1928³ - J.GREVEN, Die Bekehrung N.s (Annalen d. Hist. Vereins f. d. Niederrhein 117, 1930, 151–159) - A.ZÁK, Der hl. N., Wien 1930 - J.BAUERMANN in: Sachsen u. Anhalt 11, 1935, 1–15 - P.E.VALVEKENS, N. van Gennep, Brügge 1944 - D.SANTA, La spiritualità di s. N. (AnPraem 35, 1959, 198–226).
H.Grundmann

Nordafrika

I. Altkirchlich - II. Religionsgeschichtlich - III. Mission in Nordafrika. - Vgl. → Afrika (südlich der Sahara)

I. Altkirchlich

1. Land und Volk - 2. Geschichte - 3. Eigenart. - A. = Afrika

1. *Geographisch* bezeichnet A. im Altertum meistens den südlichen Küstenstreifen des Mittelmeeres vom Atlantik bis zur Großen Syrte einschließlich. Obwohl

Meer und Wüste das Land scharf nach außen abschließen, verwehrte ihm das unwegsame Faltengebirge die politische und kulturelle Einigung. Erst die Neuzeit faßt die Stämme der Mauren, Numider, Afrer und Libyer als »Berber« zusammen. Politisch bedeutet der lat. Begriff A. zunächst die römische Provinz um → Karthago (A. proconsularis); mit ihr war Numidien zwar lange vereinigt, konnte aber dank seiner Abgeschlossenheit recht selbständig bleiben. Selbst die von Diokletian geschaffene Diözese A. ließ Marokko (A.Tingitana) bei Spanien. Dagegen fühlten sich die Christen des gesamten N. seit frühester Zeit als Einheit. Die staatliche Zusammenfassung A.s erfolgte erst durch Justinian. - Auch *sprachlich* bildete N. keine Einheit. Zu den berberischen (hamitischen) Dialekten, die im Landesinnern noch zZ Augustins lebendig waren, brachten die Eroberer das Punische und Lateinische als Umgangssprachen; Griechisch blieb auf die Küstenstädte und sonst auf die Gebildeten beschränkt. Die namentlich im 1. und 2.Jh. nChr einwandernden Römer schufen ein brauchbares Straßennetz, sehr viele Städte und ausgedehnte, Getreide und Öl ausführende Grundherrschaften. Sie hoben in den Städten die Kultur, ließen aber die allmählich seßhaft gemachten Berber, bes. in den südlichen Gebirgen, doch außerhalb der Bildung und in der Armut, die durch den Verfall des Mittelstandes gerade während der Blüte des n.en Christentums noch drückender wurde. Die romanisierten, zumal rhetorisch begabten Afrikaner wurden unter den Antoninen die Hauptträger der lat. Bildung und Literatur mit manchen sprachlichen, zT vom Osten stammenden Eigenheiten. Die christlichen Schriftsteller wußten diese literarische Bedeutung N.s noch zu steigern und bis ins 5.Jh. zu erhalten (→ Altchristliche Literaturgeschichte, 3. 4).

2. Über die Anfänge des → Christentums (: III, 1) in N. ist nichts Sicheres bekannt. Erst sehr späte Nachrichten behaupten Missionierung durch Apostel und Apostelschüler. Die lebhaften Beziehungen zum Osten mögen die ersten Christen ins Land geführt haben (vgl. Augustin, Ep. 43, 7), und zwar so früh, daß sie noch mit den Juden gemeinsame Friedhöfe benutzen konnten. Wahrscheinlich hat Rom zur Ausbreitung und Organisation der n.en Kirche beigetragen. Nach unsicheren Anspielungen bei Apulejus bilden die Akten der → Scilitanischen Märtyrer v.J. 180 das erste sichere literarische Zeugnis; die Namen weisen auf niedere Herkunft. → Tertullian bezeugt um 200 starke Verbreitung und feste Organisation der n.en Kirche. Die griech. Sprache ist in ihr von der lateinischen noch nicht ganz verdrängt. Zwar hat die lat.-christliche Literatur (mit der Übersetzung von 1Clem) wahrscheinlich früher in Rom als in N. begonnen, aber unter den lat. → Bibelübersetzungen (: II) des NT ist die »Afra« wohl die älteste. Sicher hielt zuerst N. seine Liturgie lateinisch und beeinflußte wahrscheinlich bis zum 4.Jh. die andern lat. Liturgien. Aus A. stammt der Kaiser, der 202/03 die allgemeinen staatlichen → Christenverfolgungen eröffnete (→ Perpetua und Felicitas). Um 220 ist die erste n.e Synode mit 70 Teilnehmern bezeugt. Akten der von → Cyprian geleiteten, zT aus ganz N. beschickten Synoden lassen zusammen mit seinen Briefen die kirchliche Lage N.s um 250 gut erkennen. Damals überstand die Kirche den heftigen Druck der Decianischen Verfolgung durch Leidensbereitschaft und mehr noch durch seelsorgerliche Maßnahmen. Denn sie behandelte die dem Opferzwang Erlegenen (lapsi) nicht, wie der Staat erwarten konnte, endgültig als Nichtchristen, sondern ermöglichte durch Ausbau des → Bußwesens (: II) ihre vorläufige Zugehörigkeit und spätere Wiederaufnahme in die Kirche. Zu Cyprians Zeit besaß N. mindestens 150 Bischöfe. Ihre Zahl wuchs in der folgenden Friedenszeit auf mehr als 500. Die Christianisierung war nach Süden und bes. nach Westen hin schwächer, dh sie blieb wie anderwärts auf den Bereich der kulturellen Romanisierung, wenn auch nicht auf den der Stadtkultur, beschränkt. Denn auch die im 3.Jh. aufblühenden berberisch-römischen Ortschaften nahmen das Christentum weithin an. Gerade in ihnen scheint die letzte große Verfolgung, die in N. milder als im Osten verlief und schon 306 endete, viele Opfer gefordert zu haben. Über der Behandlung derer, die in der Verfolgung hl. Schriften und kultische Geräte ausgeliefert hatten (traditores), kam es auch anderwärts zu Auseinandersetzungen, in N. aber zu dem bleibenden Schisma des → Donatismus. Den über ihn errungenen geistigen Sieg → Augustins konnte die kath. Kirche nicht ausnutzen. Man hört zwar seitdem wenig von Donatisten, aber noch Gregor I. erbat gegen sie kaiserliche Hilfe. Die Katholiken gerieten selbst seit 429 unter den Druck der eindringenden arianischen → Vandalen, denen sie wegen ihrer Trinitätslehre ärgerlich und wegen ihrer Gemeinschaft mit der Reichskirche politisch verdächtig waren. Viktor von Vita hat anschaulich geschildert, wie die Vandalenkönige als Leiter ihrer Staatskirche mit einer bei germanischen Arianern ungewohnten Härte gegen die kath. »Ketzer« vorgingen. Um 460 soll es in A. proconsularis, dem Wohngebiet der Vandalen, statt 164 nur noch 3 kath. Bischöfe gegeben haben. Die byzantinische Eroberung (533) verschaffte der Kirche N.s noch einmal eine kurze Blüte. Es ist wie ein Symbol für die bevorstehende Verlagerung des Schwerpunktes der Kirchengeschichte, daß gegen 600 der n.e Abt Hadrian mit → Theodor von Canterbury das Erbe antiker und altchristlicher Bildung nach England übertrug. Wie vorher die maurischen Nomaden, so begannen 643 die Araber in N. einzufallen, wo der dogmatische Gegensatz gegen den Kaiser gerade zu einem politischen zu werden drohte. Seit 698 hatten die Araber N. endgültig in ihrer Hand; nur der Brückenkopf Ceuta erlag ihnen erst 711. Ein Teil der Christen, bes. die römischen, wanderte aus; die Masse der Berber schloß sich dem Islam an. Anfang des 8.Jh.s zählte man in N. noch etwa 40 Bistümer, im 11.Jh. noch 5. Die Reste der n.en Christen mußten im 12.Jh. zwischen Übertritt und Tod wählen. Nur in Tunis hielten sich einige wenige bis ins 15.Jh.

3. Die n.e Kirche ging vor allem deshalb so rasch unter, weil die Christianisierung der verschiedenen Bevölkerungsteile ebenso ungleichmäßig und zT oberflächlich blieb wie ihre Romanisierung. Bibel und Liturgie waren nicht in die berberische und punische Sprache eingegangen (in letzterer hat man wohl zuweilen gepredigt); daher entstand in N. nicht eine Nationalkirche wie unter den benachbarten → Kopten (: I). Aber in ihrer eigentümlichen Verfassung hat sich die Kirche N.s, abgesehen vom donatistischen Schisma, unter der Leitung des primae sedis episcopus von → Karthago als *Einheit* gefühlt und ihre Autonomie gegen Rom energisch verteidigt, bes. im → Ketzertaufstreit und in der Beschränkung des Appellationsrechtes (Anfang des 5.Jh.s). Ihre geistige Eigenart gewann sie in der ständigen *Auseinandersetzung* mit den allgemeinen kirchlichen Bewegungen und mit dem ihr eigentümlichen großen Schisma des Donatismus. Tertullian muß → Marcion, die → Gnosis (: III) und den Modalisten → Praxeas bekämpfen. Ihnen gegenüber formuliert er einerseits die Lehrnormen des apostolischen Kanons, der Glaubensregel und des Altersbeweises der kirchlich-bischöflichen → Tradition (: VI), anderseits die späteren Dogmen der → Trinität und der → Christologie. Zugleich prägt er ein juristisches und moralisches Verständnis des Chri-

stentums. Er schließt sich selber dem → Montanismus an, der im Westen vor allem die sittlichen Forderungen betonte und dessen puritanische Strenge und visionäre Frömmigkeit in N. einen günstigen Boden fanden. Doch scheinen die Montanisten, von den Tertullianisten abgesehen, noch vor Augustins Zeit im Katholizismus und Donatismus aufgegangen zu sein. Cyprian trägt zur Ausbildung des Kirchen- und Amtsbegriffs bei (→ Kirche: III, 2 d); jedoch macht er im Ketzertaufstreit die Wirkung des Sakramentes in altertümlicher, auch den Kleinasiaten geläufiger Weise von der Heiligkeit des Spenders statt von der Richtigkeit der Spendeformel abhängig und fordert deshalb die Wiedertaufe von Schismatikern und Häretikern. Diese Praxis vertritt eine Synode aus ganz N. auch gegenüber dem Bischof von Rom. Aber als der Donatismus nach demselben Grundsatz die Weihe durch einen Traditor für unwirksam erklärt, geben die n.en Katholiken 314 in → Arles ohne Widerspruch das heimatliche Verfahren auf. Das donatistische Schisma konnte nicht beigelegt werden, weil sich der disziplinäre und bald auch theologisch gewordene Gegensatz mit ernsten wirtschaftlichen, sozialen und nationalen Gegensätzen sowie mit einem heftigen Mißtrauen gegen Staat, Kultur und Staatskirche verband. So wenig das Abendland in Arles auf das theologische Anliegen der Donatisten einging, so wenig verstand es auch die in den besonderen Verhältnissen N.s liegenden Streitpunkte. Diese gaben dem Donatismus seine Stoßkraft und Dauer, beschränkten ihn aber auch auf N. und eine kleine, wohl n.e Gruppe in Rom. In sehr vielen Städten standen sich im 4.Jh. zwei Gemeinden feindlich gegenüber. Der oft gewaltsame, nicht bloß geistige Kampf verschärfte sich durch den zeitweiligen Bund der Donatisten mit der religiös-asketischen und sozialrevolutionären Bewegung der Circumcellionen. Eine gewisse theologische Annäherung gebildeter Theologen an die Kirche erfolgte durch → Parmenian und → Ticonius. Die theologische Überwindung des Donatismus gelang erst Augustin. – Auch der → Manichäismus war ein gefährlicher Gegner. Auf ihn war N. wohl durch gnostische Strömungen mit ihrer Kritik am AT und ihrer Bevorzugung des Paulus vorbereitet. Das manichäische System empfing in N. eine besondere Ausprägung (zB in der Vorstellung vom Iesus patibilis), aber es bediente sich der christlichen Gedanken nicht zur Tarnung, sondern aus seinem universalen Missionswillen heraus. Augustins Abwehr verhinderte nicht, daß manichäische Elemente, die man freilich nicht überschätzen darf, in seine und damit zT in die abendländische Theologie eindrangen. Ob die alte n.e Religion (→ Nordafrika: II) für die rasche Annahme des Christentums, der Gnosis und des Donatismus bessere Voraussetzungen bot als andere Religionen, ist ungewiß. – Im 5.Jh. mußte die Kirche N.s auch den Arianismus ihrer germanischen Eroberer abwehren (→ Vigilius von Thapsus). Danach erwies sie sich in den Kämpfen um die Gnadenlehre (→ Fulgentius von Ruspe, → Pelagianismus) und die Christologie, namentlich in der Verteidigung der sog. Drei Kapitel und der Zweiwillenlehre (→ Facundus von Hermiane), als Bollwerk der Orthodoxie. – Überragende Gelehrte und Exegeten wie → Origenes hat die n.e Kirche nicht aufzuweisen, aber in der Ausbildung der lat.-christlichen Sprache und Literatur, in der Ordnung des christlichen Lebens sowie in der Bildung und Formulierung der kirchlichen Lehre hat sie stellvertretende und grundlegende Leistungen für die ganze → altchristliche Kirche oder wenigstens die des Westens vollbracht.

DACL I, 576ff – A.v.Harnack, Die Mission u. Ausbreitung des Christentums, (1902) 1924⁴, 887ff – DHGE I, 705ff – RGG² I, 126ff (ältere Lit.) – E.Buonaiuti, Il cristianesimo nell'Africa romana, Bari 1928 – F.Heiler, Altkirchl. Autonomie u. päpstl. Zentralismus (Die kath. Kirche des Ostens u. Westens II), 1941, 3ff – RAC I, 173ff – Ch.-A.Julien, Histoire de l'Afrique du Nord I (Bibliothèque Historique, 2. Aufl. v. Ch.Courtois), Paris (1931) 1951 (ausführl. Lit.) – W.H.C.Frend, The Donatist Church, Oxford 1952 – Ders., The Gnostic-Manichaean Tradition in Roman North Africa (JEH 4, 1953, 13-26) – C.Schneider, Geistesgesch. des antiken Christentums I, 1954, 635ff – W.Freytag, Die Lehre der KG N.s für die heutige Mission (LR 4, 1954, 319-327) – L.H.Grondijs, Analyse du manichéisme numidien au IVe siècle (Augustinus Magister III, Paris 1954, 391-410) – Ch.Courtois, Les Vandales et l'Afrique, ebd 1955 – J.-P. Brisson, Autonomisme et christianisme dans l'Afrique romaine de Septime-Sévère à l'invasion vandale, ebd 1958. *H.Karpp*

II. Religionsgeschichtlich

N. als Teil des geschlossenen Islamgebietes besitzt die arab. Schriftsprache als nationales Band für die Staaten Ägypten, Libyen, Tunis, Algerien, Marokko und Mauretanien. Zwei Zonen unterscheiden sich deutlich: Ägypten im Niltal und die Landmasse westlich davon, wo die maghribinischen arab. Dialekte und die Berbersprachen Volksidiom sind. Außerdem weisen Tracht, Sitten, Speisen usw auf verschiedene vorislamische Substrate hin. Die Bevölkerung beider Zonen beträgt je ca 25 Mill. Christliche Minderheiten sind in Ägypten meist → Kopten (: I), im Westen romanische Siedler.

In → *Ägypten* erschien der → Islam (: I) mit dem Eroberer ʿAmr ibn ʿĀṣ (641), und verhältnismäßig rasch erfolgte die Arabisierung des christlichen Niltales. Während der Kalifate der Omajjaden und Abbasiden blieb es unbedeutend. Unter den schiitischen Fatimiden (969 bis 1171) wurde die Azharmoschee 975 zur Hochschule erhoben und 1266 unter dem Mamluk Baibars erneuert. So wurde nach dem Sturz Bagdads (1258) und Verlust Spaniens Kairo zum Mittelpunkt der islamischen Theologie. Man folgt meist der Rechtsschule des Schāfiʿī († 820; → Islam: I, 5). Die Blütezeit der griech. → islamischen Philosophie war bereits vorüber, doch hatte der → Sufismus schon im 9.Jh. Eingang gefunden (Dhū en-Nūn, † 859). ʿOmar ibn el-Fāriḍ († 1235) war der größte arab. Dichter der Mystik, während der Andalusier Muḥjī ed-dīn ibn (el) ʿArabī († 1240) für den Gesamtislam ihr maßgebendster Vertreter wurde (→ Islam: I, 8). El-Būṣīrī († 1235) schuf die bedeutendsten Lobgedichte auf → Muhammed. Ihnen folgt Ibn Taimīja, der große Kritiker von Sufitum und Heiligenkult († 1328). Unter der Osmanenherrschaft (seit 1517) lebte Schaʿrānī als letzter bedeutender Literat der Mystik († 1565). – Der Beginn der *Neuzeit* nach der Expedition Napoleons (1798) blieb zunächst ohne Einfluß auf die Religion. Ein später Dogmatiker alter Art war el-Bāǧūrī († 1861). Von den → Wahhabiten angeregt beginnt jedoch Ǧamāl ed-dīn el-Afghānī († 1897) eine innere Erneuerung. Sein Schüler Muhammed ʿAbdūh († 1905) war Hauptvertreter eines → Islam (: I, 9), für den nur → Koran und Hadith Glaubensquellen sind, die lediglich mit Hilfe der Vernunft, also unter Umgehung theologischer Autoritäten, interpretiert werden. So wurde Auseinandersetzung wie Anschluß an die Moderne erleichtert. M. Rāschīd Riḍā († 1935) setzte den Korankommentar M.ʿAbdūhs fort. In seinem Banne stehen der Biograph Muhammeds und dessen erster Nachfolger Haikal, ferner starke Gruppen theologischer Schriftsteller mit apologetischer, nationaler und sozialer Tendenz. Für den Gesamtislam ist heute somit Ägypten mit der internationalen Azharschule und seiner Buchproduktion das bedeutendste Land.

Die *volkstümliche Religiosität* lebt großenteils noch von der gemütstiefen Poesie und den erregenden Riten der Sufi-Orden. In Ṭanṭā liegt das Grab des stark legendarischen Heiligen Ahmed el-Bedāwi († 1276), Stifter des Ahmedījaordens und seiner Zweige. Stifter der Burhānīja ist Ed-Dāsūqī († 1277), ferner sind die Qādirīja- und Chalwatīja-Orden beliebt. Die Patronatsfeste sind große Volksfeiern und ersetzen zuweilen vorislamische Festtage (mūlid). Die Ethik und Theologie des Sufitums finden neuerdings unter den Gebildeten wieder Beachtung und Verteidigung. Eine Eigenart Ägyptens sind die ausgedehnten Friedhofsviertel (Qarāfa), in denen Familien Häuser und Grabstätten besitzen. - Nichtislamischen Ursprungs sind zahlreiche Volksbräuche, wie Feste zu bestimmten Jahreszeiten, → Besessenheit mit Hellsehen verbunden, Abwehrzauber animistischen und magischen Charakters. Die → Beschwörung von → Krankheits-Dämonen durch den »Zār« mit → Musik, Gesang und → Tanz ist rezenter sudanischer Herkunft, wie Name und Riten bezeugen.

Der *Westen* N.s mit berberischem Substrat hat sich schon seit dem 8.Jh. dem ostislamischen Einfluß entzogen und Sonderzüge bewahrt. - Die vorislamische Religion der Berber kann nur aus knappen Nachrichten und wenigen Monumenten erschlossen werden. Das Viehzucht und Bodenbau treibende Volk im Trockenklima ähnelt den übrigen mediterranen Kulturen. Großgestirne (→ Astralreligion, → Sterne), → Berge, → Bäume, bes. → Steine waren nebst → Stier, Widder und → Schlange Objekte der Verehrung. Hinzu kommen das Brauchtum des Agrarjahres (→ Ackerbau: I, → Fruchtbarkeit), → Orakel und sakrale → Prostitution (evtl phönikischer Herkunft). - Der Islam hielt seinen Einzug unter ʿOqba, der 645 Qairawān einnahm. Die Dynastiengeschichte ist sehr wechselvoll und Jh.e hindurch mit der des islamischen Spanien verbunden. Immer von neuem erhob sich das berberische Element gegen den rücksichtslosen arab. Eroberer. Da außer den Städten das Land bis ins 8.Jh. noch nicht bes. islamisiert war, zeigen sich viele Anlehnungen an Sekten und Schismen. Ribāṭ als Fluchtburg und Hort der Religion, die Zāwija als halbmonastische Siedlung sowie Halt an Herrschern aus Prophetenstamm (Scherifen) sind Eigenart des Westens (el Maghrib). Die Chāriǧīten (→ Islam: I, 6) als Reste einer altislamischen puritanischen Sekte finden sich noch im Mzāb (Nordsahara) und im Ǧebel Nfūs (Tripolis). Die Schia (→ Islam: I, 7) nahm unter den Fatimiden (seit 969) von Tunis aus ihren Weg nach dem Osten. Die Almoraviden wie die Almohaden beginnen als Sektierer und werden zu Reichsgründern (11. und 12.Jh.). Gründer der letzteren war Ibn Tūmart († 1130), der seine Wiederherstellung echten islamischen Glaubens berberisch predigte. Im allgemeinen ist im Westen die Rechtsschule des Mālik (→ Islam: I, 5) herrschend. Ihre Gesetzesauffassung ist zwar starr und schriftgebunden, gewährt jedoch durch einen gewissen Opportunismus dem vorislamischen Gewohnheitsrecht weitgehend Geltung. Die Hauptschulen sind in Tunis (seit ca 1250) und Fes. Das wichtigste Textbuch stammt von Chalīl ibn Isḥāq († 1370). Im Westen lebten die Philosophen Ibn Ṭofail († 1185) und der für das Abendland wichtige Ibn Ruschd (→ Averroes, † 1198). Das Sufitum stellte den Andalusier Ibn ʿArabī, der nach dem Osten ging, aber Abū Madjan († 1193 in Tlemsān) als Lehrer verehrte. Ein anderer seiner Jünger, esch-Schādhilī, wirkte in Tunis als Stifter eines weitverzweigten Ordens († 1258). Die Einwanderung der Hilālī-Araber im 12.Jh. führte zur Zweisprachigkeit der meisten Berber, äußere Bedrängnis durch iberische Christen wie Osmanen zu starker Isolation. Im 15.Jh. triumphierte dann das Sufitum, welches dem Volksleben eine besondere Note gibt. Heiligengräber mit großen Opferfesten, Verehrung lebender Charismatiker, die als Träger der »Baraka« (Segenskraft) angesehen sind, und durch ihre Nachkommen als Priester angerufene Ahnen verleihen dem Maghrib seine Sondernote. Heute erhält das Programm des Reformislam natürlich seine Bedeutung. - Vgl. → Äthiopien: II, → Afrika: II.

Außer der Lit. zu → Islam: I u. den einschlägigen Artikeln in EI[1], EI[2]: H.Winkler, Ägypt. Volkskunde, 1936 - A.Bel, La religion musulmane en Berberie, Paris 1938 - H.A.Bernatzik (Hg.), Afrika I. II, 1947 - L.Gardet-M.M.Anawati, Introduction à la théol. musulmane, Paris 1948 - A.Basset u.a., Initiation à la Tunisie, ebd 1950 - G.Drague, Esquisse d'hist. religieuse du Maroc, ebd 1951 - G.Ch. Picard, Les religions de l'Afrique antique, ebd 1954 - G.H.Bousquet, Les Berbères, ebd 1957 - P.Bourdieu, Sociologie de l'Algérie, ebd 1958 - E.Bannerth, Islam, heute - morgen, Wien 1958 - H. Tischner (Hg.), Völkerkunde, 1959, 11ff. 340. *E.Bannerth*

III. Mission in Nordafrika

George Pearse, ein pensionierter Londoner Börsenmakler, gründete 1880 eine *ev.* Missionsstation in Djemaa Sahridj (Kabylien); 1881 wurde er der Hauptgründer der Kabylenmission, die seit 1888 N.-Mission heißt. Bis 1899 folgten ein Dutzend kleine Gesellschaften, bei denen es sich ebenfalls um konfessionell nicht gebundene ev. Glaubensmissionen handelte. Es war keine Schwäche gegenüber den Muslim, daß die Missionare Laien waren. Die Schwäche lag vielmehr in der Zerrissenheit der Arbeit, mangelnder Organisation, mangelnder kirchlicher Grundkonzeption und dem fast völligen Fehlen zB der schulischen und ärztlichen Tätigkeit. Das erste Krankenhaus Marokkos war jedoch ein Missionskrankenhaus in Tanger. Die meisten Stationen bestanden aus bloßen mit ein oder zwei Missionaren besetzten Evangelisationsstellen. 1927 waren von 14 Stationen der Algerischen Missionsgesellschaft 13 solche Stellen, 11 davon nur mit Frauen besetzt. - Lange Zeit war die → Methodisten-Mission die einzige *Mission einer Kirche:* die französische wurde 1886 von Th.Hocart, die amerikanische 1908 von Bischof J.C.Hartzell begründet. Ihr Ziel war die Errichtung von zentralen Stationen mit einheimischen Predigern, die ihr Hauptaugenmerk auf die Kinderarbeit, bes. in Kinderheimen, richten sollten. 1927 hatten sie in 7 zentralen Stationen in Algerien und Tunesien 76 Mitarbeiter aus 8 Nationen. 1930 begann eine kleine anglikanische Gesellschaft in Marokko zu arbeiten (1959: 10 Missionare und 4 Stationen), 1951 eine Gruppe amerikanischer Regular Baptists in Algerien (1959: 6 Missionare und 3 Stationen). - 1959 waren mehr als 20 verschiedene Gruppen vertreten, jedoch arbeitet nur die N.-Mission in allen vier Ländern. Die nichtkonfessionellen Gruppen sind vorherrschend, widersetzen sich im allgemeinen der ökumenischen Zusammenarbeit und tragen so zur Schwächung der Mission bei. Ein Ev. Rat in Algerien ohne internationale Bindungen hat sich bisher der ökumenischen Notwendigkeit gewidmet, befindet sich jedoch unter dem Druck jener Gruppen, die selbst dieses kleine Maß an ökumenischer Arbeit fürchten. - Viele früher besetzte Stationen stehen jetzt leer, davon allein 25, die zu drei nichtkonfessionellen Gruppen gehören. Weite Gebiete sind überhaupt nie besetzt gewesen. Alle älteren Gesellschaften haben Mitarbeiter verloren mit Ausnahme der N.-Mission, die durch internationale (amerikanische) Verbindungen Verstärkung erhalten hat. Mehrere kleine Gruppen versuchen, unter den Tuaregs in der Sahara zu arbeiten. - Es finden jährliche Zusammenkünfte bekehrter Muslim statt, von denen es in Algerien und Marokko nur einige Hundert gibt. Die verschiedenen Missionen benützen dieselben arabischen und kabylischen Gesangbücher und arbeiten in Ausschüssen für Bibelübersetzungen zusammen.

Die → *Judenmissionen* sind älter als die Muslimmissionen. Bekehrte Juden waren oft erfolgreiche Missionare, zB F.Chr.Ewald in Algerien und Tunis (1832-40) und J.B.Ginsburg in Constantine, Algerien und Mogador (1857-86). Die bedeutendste Judenmission ist die Anglican Church Mission to the Jews.

Die → Weißen Väter vertreten die *röm.-kath. Mission* in Tunesien und Algerien, die von Kardinal → Lavigerie gegründet wurde. Diese Mission dient über 1000 Christen, bes. unter den Kabylen. Wenig Erfolg hatte sie in Marokko und in Libyen.

J.RUTHERFORD-E.H.GLENNY, The Gospel in North Africa, London 1900 - J.J.COOKSEY, The Land of the Vanished Church, ebd 1926 - T.J.P.WARREN, North Africa To-Day, ebd 1947 - LATOURETTE VI, 6ff; VII, 255ff - E.F.BISHOP, With Methodism from Tunis to Algeria (IRM 42, 1953, 162-171). *W.N.Heggoy*

Nordau *(Südfeld), Max* (1849-1923), * in Pest als Sohn eines Rabbiners, verfiel positivistischem Aufklärungsdenken und radikaler Assimilation. Als Arzt, Schriftsteller und Dichter, zumeist in Paris lebend, wurde er bes. durch sein Werk »Die konventionellen Lügen der Kulturmenschheit« (1883) bekannt, in dem er auch »die religiöse Lüge«, Religion als eine »durch die Unvollkommenheit unseres Denkorgans bedingte funktionelle Schwäche« behandelt. Seine Wendung zum → Zionismus bedeutet keinen eigentlichen Bruch mit dieser Haltung. N. wendet sich nicht zum jüdischen Glauben zurück und vertritt im Widerspruch zum kulturellen einen rein politischen Zionismus in der Überzeugung, daß einzig ein jüdischer Staat den Tod des jüdischen Volkes und die Flucht aus dem Judentum verhindern kann, die er im Verlust der Selbstachtung begründet sieht. N. versteht die nationale Wiedergeburt nicht als Widerspruch zur internationalen Solidarität, sondern als deren spezielle Applikation. Neben Th. → Herzl hatte er lange Zeit stärksten Einfluß auf die zionistische Bewegung, konnte aber nicht verhindern, daß der politische Zionismus vor dem praktischen und kulturellen den Rückzug antrat.

RGG² IV, 582 - MEIR BEN-HORIN, M.N., Philosopher of Human Solidarity, New York 1956 (Lit.). *W.Holsten*

Norddeutsche Missions-Gesellschaft. Seit 1819 in Bremen und anderen Orten Norddeutschlands entstandene Missionsvereine schlossen sich 1836 in Hamburg zur NMG zusammen; die Leitung befindet sich seit 1850 in Bremen. Aussendungen erfolgten 1842 nach → Indien (Telugu; die Arbeit ging 1850 an amerikanische Lutheraner über), 1843 nach → Neuseeland (Maori; 1894 starb der letzte Missionar), 1847 nach Westafrika (Ewe). Aus vielen Rückschlägen entstand dort 1922 die selbständige Ewe Presbyterian Church (→ Ghana) mit heute ca 75 000 Gliedern, 50 Pastoren sowie deutschen Kräften in der → ärztlichen Mission und in der Eglise Evangélique (Republik Togo). 1960 erfolgt eine Neuaussendung zu ökumenischer Mitarbeit. Die NMG war bes. auf dem Schul- und Sprachsektor wirksam (J. → Spieth, D.Westermann). Seit 1953 arbeitet sie auch in Japan (Lehrtätigkeit, Sozialarbeit, Diakonie).

Monatsblatt, 1841-1939; Mitteilungen, 1948ff; Japan ruft, 1952ff. - G.MÜLLER, Gesch. der Ewe-Mission - M.SCHLUNK, Die NMG in Togo I. II, 1910/12 - A.W.SCHREIBER, Bausteine, 1936. *E.Ramsauer*

Nordische Missionen, ursprünglich Bezeichnung für das der röm.-kath. Kirche durch die → Reformation verlorengegangene Gebiet im Norden. Deshalb war Norddeutschland von 1622-1929 (Preußenkonkordat) großenteils und ist Skandinavien noch heute der → Propaganda-Kongregation unterstellt (wie die Heidenmission!). Bes. bedeutsam für die gegenreformatorischen Versuche in diesen Gebieten waren zunächst die päpstlichen Nuntiaturen in Köln, Brüssel und in Polen, auf die die Gebiete aufgeteilt wurden. Die Arbeit richtete sich von Anfang an nicht so sehr auf die bewahrende Pflege einer übriggebliebenen kath. Minderheit als vielmehr auf Missionierung der Evangelischen. So bemühte man sich u.a. um Konversionen prot. Fürsten zum Katholizismus. Man vermied es, die verlorengegangenen Bistümer zu Titularbistümern → in partibus infidelium zu machen - mit Ausnahme des dänischen Roskilde und des isländischen Hólar. Seit Errichtung des Apostolischen Vikariats Island (1929) ist dessen Inhaber jeweils Titularbischof von Hólar, während das Titularbistum Roskilde nicht mehr vergeben wird, seitdem das Apostolische Vikariat Dänemark zum Missionsbistum erhoben wurde (1953). - Der erste → Apostolische Vikar in einem ev. bestimmten deutschen Territorium war Valerio Maccioni, der geistliche Berater des konvertierten Herzogs Johann Friedrich von Braunschweig-Lüneburg, der 1665 in dem Fürstentum Kalenberg-Göttingen und Grubenhagen zur Regierung kam. 1669 wurde Maccioni zum Titularbischof von Marokko geweiht. Aus seiner Tätigkeit entwickelte sich das Apostolische Vikariat des Nordens. Unter seinem Nachfolger, dem dänischen Konvertiten Niels Stensen, wurde das Vikariat auf Dänemark ausgedehnt. Schließlich mußte die Arbeit zwischen ihm und dem Fürstbischof von Münster geteilt werden. Der nächste Vikar, der Konvertit Friedrich von Tietzen, gen. Schlütter, zugleich Weihbischof von Hildesheim, erhielt mit Dänemark auch noch Schweden zugewiesen. 1783 wurde hier ein eigenes Apostolisches Vikariat errichtet; 1869 wurden Dänemark und Norwegen als Apostolische Präfekturen ausgegliedert. Schließlich bestand es als Vicariatus Apostolicus Germaniae septentrionalis allein auf deutschem Boden fort, aber auch hier durch die neuen Zirkumskriptionen der Bistümer im 19. und 20.Jh. stark verkleinert und schließlich ganz ausgelöscht (Preußenkonkordat). Dagegen unterstehen die Apostolischen Vikariate in Island (1929) und Nordnorwegen (1955) wie die Bistümer Kopenhagen (1953), Stockholm (1953), Oslo (1953) und Helsinki (1955) nach wie vor der Propaganda-Kongregation. Die gegenwärtigen Anstrengungen der röm.-kath. Kirche in den N.M. (bes. durch Aufbau von Schulen, Krankenhäusern und religiösen Bildungszentren und einem großen Personalaufwand) treffen auf große Schwierigkeiten, weil es sich, außer in Dänemark, meist um Ausländer- und Flüchtlingsgemeinden handelt. Aus der Geschichte der N.M. heraus weiß sich der deutsche Katholizismus dem Norden bes. verpflichtet und hat im Bonifatius-Verein und im St. Ansgarwerk Kräfte, die seiner Verantwortung gerecht werden wollen.

J.METZLER, Die Apostol. Vikariate des Nordens, 1919 - C.STREIT, Atlas Hierarchicus, 1929² - RGG² IV, 583f (Lit.) - FEINE 448. 451 (Lit.) - Bilan du monde 1958/59 - HerKorr (Reg. s.v. Dänemark, Finnland, Island, Norwegen, Schweden). *W.Sucker*

Normannen. Die seit dem ausgehenden 8.Jh. immer wieder zunächst an der englischen, bald auch an der fränkischen Küste auftretenden Piraten werden dort in den Quellen mit verschiedenen Namen bezeichnet. Ihre *Züge nach Westen* beginnen - von vereinzelten älteren Vorstößen abgesehen - mit dem Angriff norwegischer Seeräuber auf das Inselkloster Lindisfarne am 8.6.793. In den folgenden Jahren werden England, Schottland, Irland und Man, 799 erstmalig das Frankenreich in Aquitanien betroffen. Seit 821 tritt vorübergehend Ruhe ein, bis der Machtverfall Ludwigs des Frommen seit 833 neue, sich jährlich wiederholende und in ihrer Heftigkeit steigernde Züge auslöst. Seit 841 dringen Skandinavier über die großen Ströme ins Hinterland ein und beginnen an den Küsten Westeuropas zu überwintern. Ins Mittelmeer brechen die N. 859-62 ein. Seit 850 etwa steigern sich die Einfälle auf den britischen Inseln und ins Frankenreich und erreichen zwischen 880 und 891 den Höhepunkt. Gleichzeitig werden im Siege Alfreds d. Gr. von Edington (878), Ludwigs des Deutschen von Saucourt (881) und Arnulfs von Kärnten bei Löwen a. d. D. (891) die sich regenden Abwehrkräfte im Westen spürbar. Nach den Herrschaftsbildungen in Irland und Friesland lassen sich um 866 die Skandinavier im »Danelag« (Nordostengland) nieder, und mit dem Vertrag von St. Claire-sur-Epte (911) entsteht ein selbständiges normannisches Herrschaftsgebiet an der Seinemündung. Damit tritt im Westen für fast 1 Jh. Ruhe ein. - Die *Züge nach Osteuropa* entsprechen ihrer Art nach ganz den Unternehmungen im Westen. Bald nach 800 siedeln Schweden am Südufer des Ladoga, kurz darauf entsteht in Nowgorod das erste bedeutendere Zentrum einer skandinavischen Herrschaft. Dem Dnjeprweg folgend wird bald Kiew erreicht und um 882 Zentrum einer größeren Herrschaftsbildung im Gebiet ostslawischer Stämme. - Nach längerer Ruhe flammen 988 im Westen die bes. gegen → England (: I, 2) gerichteten Züge erneut auf. Bald beginnen organisierte Eroberungszüge des Dänenkönigs Sven (Gabelbart), der bei seinem Tode (1014) ganz England außer London beherrscht. Sein Sohn Knut wird 1016 zum König von England ausgerufen. Nachdem ihm 1018 → Dänemark zugefallen und 1028 → Norwegen erobert war, beherrschte er ein beiderseits der Nordsee gelegenes Reich, das allerdings nach seinem Tode (1035) auseinanderfiel. Im Osten führte das Erstarken des Reiches von Kiew um 1000 zu einer Eindämmung der N.flut. In Irland setzte die Schlacht von Clontarf (23.4.1014) der Norwegerherrschaft ein Ende. In der Normandie entstand ein selbständiges Herzogtum. Angeblich von einer Fahrt nach Jerusalem zurückkehrende N. wurden in die internen Auseinandersetzungen in Süditalien hineingezogen (1016). 1030 erfolgte unter Rainulf die Begründung einer sich zunächst auf die Burg Aversa stützenden Herrschaft, die sich bald durch Zuzug aus der Normandie verstärkte, später auf weitere Gebiete Süditaliens (zB 1058 Capua) und unter Robert Guiscard und seinem Bruder Robert I. auch auf Sizilien ausdehnte (1091). Ein zweiter Vorstoß der N. aus der Normandie richtete sich nach dem Tode Eduards des Bekenners (1066) gegen England. - *Die Begründung skandinavischer Kolonisationsgebiete* ging neben den N.-zügen einher. Von großer Bedeutung wurde die Erforschung und Besiedlung der großen Inseln im Nordatlantik (→ Island, → Grönland). Um 1000 wurde Amerika entdeckt. Mehrfache Versuche, dort skandinavische Siedlungen anzulegen, scheiterten am Widerstand der Eingeborenen. - *Der Handel Skandinaviens* mit Westeuropa war schon seit etwa 600 lebhafter geworden. Ihm folgte seit der Zeit → Willibrords und → Ansgars die Mission. Es entstanden stadtartige Handelsplätze wie Haithabu (b. Schleswig) und Birka (im Mälar). Im Osten öffneten Schweden bald nach 800 über den Wolgaweg die Verbindungen zum Orient und wenig später auf dem Dnjepr die Beziehungen zu Byzanz. - *Die Ursachen der N.züge* sind ebenso unbekannt wie die der großen Völkerwanderung. Eine relative Übervölkerung der norwegischen Westküste auf dem Hintergrund einer wenig steigerungsfähigen extensiven Weidewirtschaft sprach sicherlich mit. Abenteuerlust und Streben nach schnell zu gewinnendem Reichtum kamen hinzu. Die Landnahmezüge nach Island wurden von den mit der politischen Einigung Norwegens durch Harald unzufriedenen Großbauern getragen, wie das Aufsteigen eines zentralen Königtums offenbar auch in Dänemark Mitglieder entmachteter Königssippen zu »Seekönigen« werden ließ. - Auf *geistigem* Gebiet stellt die Christianisierung des Nordens die wesentlichste Folge dar. Dänemark wurde durch Harald (Blauzahn) um 965, → Rußland durch Olga 957 und endgültig durch Wladimir 988, Schweden, Norwegen, Island und Grönland um 1000 christlich. - Von bleibender Bedeutung für das außernordische Gebiet war - wenn man von den großen Verwüstungen absieht - die Kolonisation der nordatlantischen Inselwelt, die bleibende, großräumige politische Organisation des östlichen Slawentums und die Schaffung eines neuartigen Staatsgebildes in der Normandie.

J. Steenstrup, Normannerne I-IV, Kopenhagen 1876-82 - W. Vogel, Die N. u. das Fränkische Reich bis zur Gründung der Normandie (799-911), 1906 - T.J. Arne, La Suède et l'orient, Uppsala 1914 - T.D. Kendrick, A Hist. of the Vikings, London 1930 - H. Arbman, Schweden u. das karol. Reich, Stockholm 1937 - Ders., Svear i Österviking, ebd 1955 - O. Scheel, Die Wikinger, Aufbruch des Nordens, 1938 - U. Noack, Nordische Frühgesch. u. Wikingerzeit, 1941.

H. Jankuhn

Normen

1. Allgemein - 2. N. und Theologie. - Vgl. → Werturteil

Von N. (lat. norma = Winkelmaß des Zimmermanns) spricht man in Philosophie und Theologie bei Prinzipien, Phänomenen, Werten oder Situationen, die als endgültig oder autoritativ in bezug auf ein System, eine Haltung oder ein Verhalten anerkannt werden.

1. Von jeher hat man zwischen »normativen« (Logik, Ästhetik, Ethik, Theologie) und »deskriptiven« oder »theoretischen« Wissenschaften (Psychologie, Naturwissenschaften) unterschieden. Doch hat diese Unterscheidung keine letzte Gültigkeit; jede → Wissenschaft ist mindestens insoweit »normativ«, als sie eine charakteristische Struktur aufweist, die der Wissenschaftler erweitern möchte und durch die (so behauptet er) Fehler verbessert und Mißverständnisse geklärt werden können. Man spricht also besser von einer Unterscheidung zwischen zwei Arten von N.: einer theoretischen, die für ein bestimmtes Sachgebiet bezeichnend ist, jedoch nur für dieses Geltung hat, ohne seinen praktischen Nutzen überhaupt zu beachten; und einer Weisungsnorm, die praktische Bedeutung hat, einem Imperativ, der vom einzelnen in einer Art Intuition anerkannt wird, von dem aus man dann ein System oder eine Verhaltensvorschrift entwickelt, deren Forderungen aber (wie auch die sich überkreuzenden Ansprüche mehrerer »N.«) immer Gegenstand kritischer Besinnung sein können. Natürlich kann eine Norm der ersten Art später zu einer Norm der zweiten Art werden. Die Bedeutung → Husserls (und der Phänomenologen) liegt in dem Versuch, die philosophischen, psychologischen und logischen Beziehungen zwischen diesen beiden Norm-Arten zu erhellen. Wechselt man innerhalb eines bestimmten Sachgebiets von N. der ersten zu N. der zweiten Art über, so ändert sich der logische Charakter des Sachgebietes völlig. Dies übersahen sogar klassische Logiker, die die Logik des → Aristoteles einfach als »normativ« nahmen, da sie alle für verläßliches Erkennen erforderlichen N. enthalte. Doch sollten im Bereich der → Logik drei Verfahrensweisen unterschieden werden: a) die Entdeckung der verschiedenen Strukturen, die zu verschiedenen Arten des Schlusses gehören; b) die willkürliche Konstruktion symbolischer Systeme, deren Fähigkeit, besondere Gebiete des Schlusses zu erhellen, bis jetzt noch unbekannt sein mag; c) die mögliche Verwendung solcher Strukturen und Systeme als N. oder Weisungen, denen gemäß ein verläßlicher Schluß durchgeführt werden kann. Der Unterschied zwischen der theoretischen und praktischen Art von N. wird oft über-

sehen, wenn Psychologen und Soziologen von »normalem Verhalten« sprechen. Das kann eine *theoretische* Norm sein, wie sie für bestimmte statistische Untersuchungen bezeichnend ist und sich aus deren Auswertung ergibt. Aber nur zu oft ist daraus eine *praktische* Norm geworden, indem »normales Verhalten« zu einem Befehl gemacht und »Konformität« zum Ideal erhoben wurde. Das muß nicht notwendig ein Fehler sein. Aber ein Fehler entsteht bei der (häufigen) Annahme, der »wissenschaftliche« Charakter der ersten Art von Aussage komme auch der zweiten zu. Ebenso zweideutig liegen die Dinge beim Recht, doch kompliziert sich hier die Sache noch weiter. Die Gesetze eines Staates können rein deskriptiv das für den betreffenden Staat typische Verhalten beschreiben, aber sie werden wegweisend normativ, wenn sie das einheitliche Verhalten sichern sollen. Dabei können sich die Gesetze auch auf die zwischenstaatlichen Verhältnisse erstrecken. Doch kann man das Staatsgesetz auch so betrachten, daß es zwar eine Verhaltensvorschrift gibt, die zu bestimmter Zeit in einem bestimmten Staat gilt, jedoch von einem Imperativ ausgeht, den man zB → »Naturrecht« nennt, einer sittlichen Forderung, die für alle Staaten zu allen Zeiten als gültig angesehen werden kann. Die konkreten Gesetze würden dann ein gewisses Maß an Relativität aufweisen (insofern sie für eine besondere Zeit gelten), ihr Anspruch dagegen wäre absolut. Kurz, weisunggebende N. unterscheiden sich nach der Art ihrer Vorschriften. - Man kann also zwischen einer Norm unterscheiden, die als transzendente Forderung *absolut* ist, und einer Beschreibung dieser N., die *relativ* sein kann. Manche meinen auch, daß es N. geben könne, die als absolute Prinzipien die axiomatischen Voraussetzungen für deduktive ethische Systeme bilden können. Die Weisung für den Einzelfall würde dann der Mathematik entsprechen. Andere möchten die Diskussion des Einzelfalles (→ Kasuistik: IV) als die Erhellung des Verhaltens in besonderen Umständen verstehen, damit es den Forderungen einer absoluten Norm entspricht. Ferner können die - absoluten oder relativen - N. nach ihrem Geltungsbereich unterschieden werden. Die Lehre von den → Adiaphora begegnet in der Ethik oder politischen Philosophie, wenn - auch bei Anerkennung der Ethik oder Politik als normativ - ihre N. insofern relativ sind, als sie sich nicht auf den ganzen Bereich menschlichen Verhaltens beziehen. Manche Verhaltensweisen sind dann sittlich oder politisch »indifferent«. Zweifellos ist jede → Ethik das beste Beispiel dafür, was unter einer Normuntersuchung zu verstehen ist. Denn in der Ethik müssen verschiedene Wertordnungen kritisch verglichen werden, und in bezug auf einen anerkannten Wertmaßstab wird das Verhalten im Einzelfall bestimmt.

2. Man kann zumindest vier verschiedene Ansichten über den *Ursprung der Norm* unterscheiden, nach deren Weisung sich die Theologie entfaltet: Sie hat ihren Ursprung a) in der zeitgenössischen Philosophie, wenn zB der Begriff des → Logos oder die Hegelsche Dialektik u.dgl. als autoritativ angenommen wird; b) in der Ethik, zB bei → Kant, dessen Norm für die Deutung der Theologie und christlichen Lehre ein durch das Sittengesetz bestimmter Wille war (vgl. → Fichte, → Herrmann); c) in der Geschichte, zB bei → Troeltsch, der behauptete, N. seien nicht durch besondere Offenbarung gegeben, sondern durch den Fortschritt der Geschichte enthüllt (vgl. → Hegel und → Schleiermacher); d) in der Offenbarung, zB bei → Ritschl, der den Tatbestand der menschlichen Sünde und der Erlösung als Norm annahm und alle Lehren mit Hilfe des Werturteils deutete, das aus der Offenbarung Jesu Christi entsteht. Ähnlich entwickelt K. → Barth, wie groß auch der Unterschied sein mag, seine Theologie unter dem »Wort Gottes« als Norm. - Für Tillich ist die Norm immer die Begegnung der Kirche mit der biblischen Botschaft. Doch erkennt er an, daß es verschiedene Ausdrucksweisen dieser Norm geben kann, je nach der Lage, dem besseren Verständnis der Bibel usw. Er unterscheidet auch zwischen dem, was er »materiale« (zB Glaubensbekenntnisse) und »formale« (zB Kirchenordnungen) N. nennt, deren Zweck nach ihm die Bewahrung der materialen N. ist. - H.H.Farmer behauptet, daß die christliche Offenbarung eine normative Auffassung von Religion ergibt, einen Normbegriff (»persönliche Erfahrung eines unbedingten Wertes«), im Vergleich zu dem die anderen Religionen verschiedene Grade der Unvollständigkeit und Entstellung zeigen. So verteidigt er die Einzigartigkeit und den radikal andersartigen Charakter des Christentums, gibt jedoch damit zu, daß es unter die andern Menschheitsreligionen eingeordnet werden kann.

J.Rastan, Sollen u. Sein, 1872 - W.Herrmann, Ethik, (1901) 1921[6] - E.Troeltsch, Der Historismus u. seine Probleme, 1922 - H.H.Farmer, The World and God, London (1935) 1948[3], bes. Kap. II - Ders., Revelation and Religion, ebd 1954, Kap. II-IV - K.R. Popper, The Open Society and its Enemies I. II, ebd 1952[2] - A.N. Prior, Logic and the Basis of Ethics, Oxford 1952, Kap. VII - P.Tillich, Systematic Theology, London 1953, bes. I, 53ff; dt. (1955) 1956[3] - E.G.Maynez in: ARSP 44, 1958, 1-25 - K.E.Løgstrup, Die ethische Forderung, 1959, bes. Kap. III u. IV.
I.T.Ramsey

Norwegen

I. Kirchengeschichte - II. Theologie - III. Norwegische Missionen

I. Kirchengeschichte

1. MA - 2. Reformation - 3. 17. und 18.Jh. - 4. Neueste Zeit - 5. Statistik

1. Die Christianisierung N.s war durch die Kontakte der Wikingerzüge mit dem christlichen Europa vorbereitet. Die älteste Mission in Südost-N. um die Mitte des 10.Jh.s scheint von Bremen ausgegangen zu sein, wurde aber durch eine heidnische Reaktion vernichtet. Auch der erste Missionskönig, Håkon Adalsteinsfostre (935 bis 961), in England am Hofe Aethelstans erzogen, hatte wenig Erfolg. Olav Tryggvason (995-1000) brachte angelsächsische Priester nach N., christianisierte die Küste und sandte auch Missionare nach den Kolonien im Westen (Island, Färöer, Orkneys, Grönland). Olav Haraldsson (1015-30), in England bekehrt, in Rouen getauft, führte sowohl die Sammlung des Reichs wie die Christianisierung durch. Mit Hilfe angelsächsischer Geistlicher (Bischof Grimkell u.a.) legte er nach angelsächsischem Muster den Grund zu einer kirchlichen Gesetzgebung und Organisation. Er wurde später als Urheber des »Christengesetzes« betrachtet. Seine Gewaltanwendung und die Unterdrückung der Aristokratie machten ihn verhaßt; er mußte nach Rußland fliehen, suchte 1030 sein Land wiederzugewinnen, fiel aber in der Schlacht bei Stiklestad. Sein Ruf als Märtyrer beförderte den Sieg des nationalen Königtums und der Kirche. - Seit Mitte des 11.Jh.s ist das Land christianisiert. Gesetzgebung, Dichtung und Monumente geben Zeugnis vom neuen Glauben. Für Rom gehörte N. zum Metropolitansitz von → Hamburg-Bremen (bezeugt durch Papstbrief 1053); aber die Verhältnisse waren rein nationalkirchlich. Die Bischöfe waren königliche Beamte, das Eigenkirchentum war vorherrschend. Harald Hardråde (1047-66) erklärte → Adalbert von Bremen, er kenne keinen anderen Erzbischof oder Herrn im Lande als den König. Unter Olav Kyrre (1066 bis 1093) wurden in → Drontheim, Selja (ein Jh. später nach Bergen verlegt) und → Oslo feste Bischofssitze errichtet. Ein viertes Bistum wurde kurz nach 1100 in Stavanger (→ 5 A 7) gegründet. Durch die Einführung des

→ Zehnten unter Sigurd Jorsalafarer (1103-30) erhielt die Kirche eine neue wirtschaftliche Basis. Die stets wiederholten Gesetze betr. Fasten, kirchliche Feiertage und Beichte bezeugen den Kampf um die christliche Sitte und Kirchenzucht. Die ersten dauernden Klostergründungen fanden nach 1100 statt. Seit 1104 gehörte N. zum Erzbistum → Lund.

Eine neue Epoche beginnt mit der Legation des Kardinals Nik.Breakspear (→ Hadrian IV.) nach N. (1152). Sie war durch die gregorianische Partei in N. und durch norweg. Wünsche veranlaßt, die Inseln im Westen unter die kirchliche und politische Obergewalt N.s zu stellen. Der Kardinal gründete einen Metropolitansitz in Drontheim 1153 und ein Bistum in Hamar. Außer den 5 Bistümern in N. umfaßte die norweg. Kirchenprovinz auch → Island, → Grönland, Färöer, Orkneys, Suderöer und Man. Domkapitel wurden organisiert. Die Kirche erhielt das Recht, testamentarische Gaben zu empfangen. Der → Peterspfennig wurde eingeführt. Kanonische Bischofswahl, Reduktion der Rechte der Kirchenbesitzer, ein gewisses Maß von → Privilegium fori für den Klerus und Befreiung von militärischen Leistungen bedeuteten den Sieg des gregorianischen Programms. - Unter Erzbischof Eystein (1157-88) wurde die Stellung der Kirche weiter verstärkt. Als Magnus Erlingsson 1164 gekrönt wurde, mußte er die Zustimmung der Kirche dadurch erkaufen, daß er sein Reich als Lehen von St. Olav empfing und der Kirche bedeutende Privilegien versprach. 1177 tauchte Sverre, nach eigener Angabe unehelicher Königssohn, als Thronprätendent auf. Als Alleinherrscher (seit 1184) versuchte er den alten nationalkirchlichen Zustand der Zeit vor 1152 wiederaufzurichten. Erzbischof Eirik ging 1190 ins Exil nach Dänemark, wo er mit päpstlicher Erlaubnis den Bann über Sverre verkündigte. Auch die übrigen Bischöfe verließen das Land und schlossen sich dem Erzbischof an. 1198 belegte Innozenz III. N. mit dem Interdikt. Håkon Sverreson (1202-04) schloß Frieden mit den Bischöfen. Unter Håkon Håkonsson (1217-63) kam der hundertjährige Streit zwischen verschiedenen Thronprätendenten zu einem Ende. Håkon wurde 1247 von einem päpstlichen Legaten gekrönt, der die kirchlichen Verhältnisse in N. befriedigend fand. Die Kodifikation der Reichsgesetze unter Magnus Lagaböter (1263-80) führte zu einem neuen Streit über das »Christenrecht«. Er wurde durch das Konkordat von Tunsberg 1277 beigelegt: Die Befugnisse des Königs und der Hierarchie wurden zum Vorteil der Kirche abgegrenzt, indem die kanonische Gerichtsbarkeit eingeräumt wurde und der König seine Patronatsrechte abgab; bei Bischofswahlen sollte er jedoch das Vetorecht haben. Ein neuer Streit unter Eirik Magnusson »dem Priesterhasser« endete 1290, und unter Håkon V. Magnusson (1299-1319) wurden die Verhältnisse reguliert; u.a. wurde das Patronatsrecht des Königs für 14 königliche Kapellen anerkannt, wodurch er eine Anzahl königstreuer Prälaten gewinnen konnte. - 1150-1300 ist die Blütezeit der kath. Kirche. Um 1300 hatte N. ca 1300 Kirchengebäude, über 2000 Kleriker und 28 Klöster. Unter Håkon Håkonsson kamen die Bettelorden ins Land. Die kirchliche Literatur blühte (Passio Olavi, Bibelübersetzung). - Die Zeit der politischen Union Skandinaviens ab 1319 war eine Zeit des kulturellen und kirchlichen Verfalls, beschleunigt durch die Pest (Mitte des 14.Jh.s), die ökonomische Ausbeutung des Landes durch die Hansa und stetige Streitigkeiten in der Kirche. Eine edle Gestalt ist der dänisch geborene Erzbischof Erik Valkendorf (1510-22); er edierte das Missale Nidrosiense und das Breviarium Nidrosiense und arbeitete am Wiederaufbau seines niedergebrannten Domes.

2. Die *Reformation* erreichte N. gerade zZ der tiefsten Ohnmacht des Volkes in politischer, kultureller und religiöser Hinsicht. Sie wurde kraft königlichen Befehls eingeführt, indem die dänisch-norweg. KO von 1537 (→ Dänemark: I, 2) auch für N. gelten sollte; sie wurde von norweg. Notabelnversammlungen in Bergen und Oslo 1539 approbiert. Erzbischof Olav Engelbrektson, der letzte Verteidiger der alten Religion und der nationalen Selbständigkeit, war schon 1537 nach den Niederlanden geflüchtet. Die anderen Bischöfe wurden abgesetzt und durch ev. Superintendenten ersetzt, die bald Bischöfe genannt wurden. Als erster wurde Geble → Pederssön 1537 in Kopenhagen von → Bugenhagen ordiniert; er war schon vor seinem Übertritt zum neuen Glauben vom Domkapitel in Bergen zum Bischof gewählt worden. In vielen Gemeinden gingen die Pfarrer zur neuen Lehre über. - Die Reformation stieß im Volke auf beträchtlichen Widerstand, wurde jedoch im Laufe einiger Generationen durchgeführt. Kath. Neigungen bei den Pfarrern und in den Gemeinden sind noch am Anfang des 17.Jh.s spürbar; auch calvinisierende Tendenzen kommen vor. Eine unbedeutende Renaissance-Bewegung entstand am Ende des 16.Jh.s. N. ist das einzige luth. Land, in dem die Bibel nicht in die Volkssprache übersetzt wurde. Man mußte sich mehrere Jh.e mit den dänischen Übersetzungen begnügen.

3. Von der Reformation bis 1814 war die kirchliche Gesetzgebung mit der dänischen fast identisch. Eine KO für N. (1607) zeigt wenig Sondermerkmale, ebenso die Kodifikation des Kirchenrechts im Norweg. Gesetz von 1687 verglichen mit dem Dänischen Gesetz von 1683. Die Kirche wurde in steigendem Maß von Kopenhagen aus verwaltet, bes. als nach dem Sieg des königlichen Absolutismus 1660 die Pfarrwahl durch die Gemeinden verschwand. Gesangbücher, liturgische Bücher (bes. wichtig das dänisch-norweg. Kirchenritual 1685), Katechismen und Bibelübersetzungen waren beiden Ländern gemeinsam. - Im 17.Jh. war das kirchliche Leben von der luth. *Orthodoxie* beherrscht. Arbeiten historischer Art (Jonas Ramus), Erbauungsschriften und Katechismuserklärungen, kulminierend in Christen Staffensön Bangs »Postilla catechetica« (8 Bde, 1650-65; im Barockstil), bezeugen die Gelehrsamkeit und luth. Rechtgläubigkeit der literarisch tätigen Geistlichen. Die bedeutende Liederdichtung des Barocks (bes. des volkstümlichen Nordlands-Pfarrers Petter Dass [1647-1707] und der Pfarrwitwe Dorothea Engelbretsdatter [1634-1716]) wurde erst im 19.Jh. in die offiziellen Gesangbücher aufgenommen. - *Pietistisch* beeinflußt war eine Erweckung, die kurz nach 1700 von 7 jungen Pfarrern in Romsdal ausging (»der Siebenstern«). Führende Gestalt war Thomas von Westen (1682-1727), seit 1716 Leiter der Lappenmission im nördlichsten N. Zur selben Zeit missionierte der nicht-pietistische Pfarrer Hans → Egede bei den → Eskimos. - Von größter Bedeutung für das religiöse Leben N.s war die Einführung der Konfirmation (1736) und der Volksschule (1739), die bis 1860 hauptsächlich Religionsschule war. Erik → Pontoppidan (Bischof in Bergen 1747-64) verfaßte eine Katechismuserklärung (Wahrheit zur Gottesfurcht, 1737), die in N. 150 Jahre lang als Lehrbuch in der Volksschule und im Konfirmandenunterricht benutzt wurde und dem Pietismus einen dauernden Einfluß auf das Volk gesichert hat. - Mit der *Aufklärung* kam ein kultureller Aufschwung und auch ein neues Nationalbewußtsein ins Land. Der Einsatz der Pfarrer für die Volkserziehung war bedeutend. Mehrere Geistliche waren literarisch und wissenschaftlich tätig. Neben dem vielseitig gelehrten Bischof Joh. Ernst Gunnerus (1718-73; supranaturalistischer Theologe, Rechtsphilosoph, Botaniker, 1760

Mitbegründer der noch existierenden Gesellschaft der Wissenschaften zu Drontheim) sind der Naturforscher, Topograph und Verfasser von Erbauungsliteratur Hans Ström (1726-97) sowie der Liederdichter, patriotische Poet und Gegner der Aufklärungstheologie Bischof Johan Nordal Brun (1745-1816) zu erwähnen. Radikale Angriffe auf die Kirche fehlten in N.; reinen Rationalismus gab es wenig.

4. Seit der Auflösung der Union mit Dänemark (1814) beginnt für N. politisch, kulturell und kirchlich ein neues Zeitalter. Die Union mit Schweden (bis 1905) brachte N. weitgehende Selbständigkeit und berührte nicht die kirchlichen Verhältnisse. Die Kontakte mit dem schwedischen Kirchenleben waren das 19.Jh. hindurch gering, während die geistigen Verbindungen mit Dänemark weiterhin eng blieben. - Die Verfassung vom Jahre 1814 behielt die Staatskirche bei. Die Nationalversammlung (das Storting) wurde die Instanz für kirchliche Gesetzgebung (außer der rein liturgischen), die Krone für geistliche Ernennungen sowie für liturgische Fragen, während das Reichsgericht der höchste Gerichtshof auch für kirchliche Fragen blieb. Ein geplanter Paragraph über Religionsfreiheit für Andersgläubige kam nicht zustande; öffentliche Religionsübung für Dissenters und Austritt aus der Nationalkirche waren deshalb bis zur Einführung der Religionsfreiheit durch ein liberales Dissentergesetz (1845) nicht gestattet. Den Juden war der Zutritt zum Lande bis 1851 verboten. 1897 wurde das Verbot gegen Mönchsorden, 1956 auch gegen die Jesuiten abgeschafft. Seit 1878 brauchen Staatsbeamte nicht mehr der Nationalkirche anzugehören. - Die Einführung der Religionsfreiheit ermöglichte seit Mitte des 19.Jh.s zugleich eine freikirchliche Propaganda in diesem bisher rein luth. Lande. Sowohl die ev. Freikirchen (→ Methodisten, → Baptisten, → Adventisten) und die → Mormonen wie die röm.-kath. Kirche gewannen jedoch nur wenige Anhänger. Größere numerische Stärke gewann die → Pfingstbewegung, die der norweg. Methodistenprediger T.B.Barratt 1905 von Amerika nach Europa brachte. Nach 100 Jahren Religionsfreiheit stehen zZ nur 4% des Volkes außerhalb der Staatskirche (s. 5). - Dieser Sachverhalt erklärt sich daraus, daß das Volk dank jahrhundertelanger Erziehung im Luthertum für freikirchliche Propaganda wenig empfänglich ist. Diese mußte zudem mit starken innerkirchlichen Erweckungsbewegungen (→ Erweckung: I, 3) konkurrieren, die mit der Verkündigung des Laienpredigers H.N. → Hauge um 1800 anfingen. Seit 1850 kam es zu einer neuen Erweckung, die von dem Theologie-Prof. Gisle Johnson (1822-94) geprägt und bes. durch die Pfarrerschaft vermittelt wurde; hier verband sich streng luth. Orthodoxie mit pietistischer Lebenshaltung. Das kirchliche Leben wurde in der 2. Hälfte des 19.Jh.s vom Gegensatz zwischen dieser Geistesrichtung und dem kulturoffenen → Grundtvigianismus beherrscht. Der Einfluß → Grundtvigs auf die Volksschule und seit 1864 auf die Volkshochschule war bedeutend; auch unter den Pfarrern hatte Grundtvig Anhänger. Diese Bewegung wurde aber von der theologischen Fakultät und von der Kirchenleitung bewußt und erfolgreich bekämpft. Erst 1905 erhielt der Grundtvigianismus einen Vertreter im Episkopat.

Seit 1853 entstanden eine Reihe von lokalen Vereinen für innere Mission, wodurch die bisher nicht organisierte Erweckungsbewegung in das organisierte Stadium überging. 1868 wurde als landesumfassende Organisation »Die Lutherstiftung« geschaffen, die sich 1891 als »Det norske lutherske Indremisjonsselskap« reorganisierte. Neue Erweckungen am Ende des Jh.s führten zur Gründung von »Norsk luthersk Misjonssamband« (1891) und »Vestlandske Indremisjonsforbund« (1898), beide extrem »low church« und sogar kirchenkritisch, eine Art Freikirchen innerhalb der Volkskirche. Zusammen mit der älteren »Norsk Misjonsselskap« (gegr. 1842; → Norwegen: III) und den vielen innerkirchlichen Vereinigungen für karitative Arbeit, Jugendarbeit, Seemannsmission usw haben diese Organisationen dem kirchlichen Leben ein Gepräge von Vereinschristentum gegeben, das in anderen Ländern kaum ein Gegenstück hat. Die landesumfassenden Organisationen haben in fast allen Gemeinden lokale Vereine, und die Zahl der von ihnen besoldeten Theologen und Laienprediger übersteigt die der Pfarrerschaft.

Bis gegen 1870 war das intellektuelle Leben N.s weitgehend von der luth. Orthodoxie beherrscht. Der Durchbruch des modernen positivistischen Geistes (→ Darwinismus, → Bibelkritik, liberale europäische Politik, Angriffe auf die Kirche) kam mit fast explosiver Gewalt im Laufe eines Jahrzehnts. Die großen Dichter → Ibsen, → Björnson, Kielland, Garborg gingen zur positivistischen Front über und wandten sich gegen die Kirche. Auch das wissenschaftliche und politische Leben wurde durchgehend von einer kirchenfeindlichen Stimmung geprägt. Die Kluft zwischen Kirche und Kultur wuchs. - Diese Geisteslage bildet den Hintergrund für die apologetische Einstellung der norweg. Theologie (→ Norwegen: II) seit etwa 1880. Eine sehr gemäßigt liberale Theologie, die der modernen Naturwissenschaft und den Ergebnissen der kritischen Bibelforschung Rechnung tragen wollte, stieß im Kirchenvolk und bei den von der luth. Orthodoxie beherrschten Pfarrern auf leidenschaftlichen Widerstand und veranlaßte einen noch andauernden innerkirchlichen Streit. 1908 entstand in einer akuten Lage als Protest gegen die Ernennung eines liberalen Theologen zum Professor an der Universität eine private theologische Fakultät, »Die Gemeindefakultät«, die 1913 vom Staat das Examensrecht erhielt (→ Oslo). Durch dieses institutionelle Schisma ist der Gegensatz zwischen liberaler und konservativer Theologie gewissermaßen permanent geworden. Die Mehrzahl der Studenten geht seit einigen Jahrzehnten zur Gemeindefakultät, wo jetzt etwas mehr als die Hälfte der Geistlichkeit ausgebildet worden ist. Seit 1930 gibt es in N. zwei wissenschaftliche theologische Zeitschriften, »Norsk teologisk tidsskrift« (Universitätsfakultät) und »Tidsskrift for teologi og kirke« (Gemeindefakultät). Seit 1925 besitzt die Gemeindefakultät auch ihr eigenes Predigerseminar. Ein Schisma in der christlichen Studentenbewegung entstand 1924 und ist nie beigelegt worden.

Heute geht der Kampf nicht mehr um die Berechtigung der historischen Bibelwissenschaft. »Bekenntnistreue« ist in steigendem Maß das Schlagwort geworden. Nach 1930 trat der »Kirchenstreit« angesichts neuer theologischer Strömungen in den Hintergrund. Als N. 1940 besetzt wurde und die winzige nationalsozialistische Partei N.s mit Hilfe der deutschen Waffen zur Macht kam, bildete die Kirche eine einige Front in der Widerstandsbewegung. Ein durch die Rechtsübergriffe des neuen Regimes veranlaßter Hirtenbrief des Episkopats (Febr. 1941) wurde von der ganzen Nation als befreiendes Wort aufgefaßt. Im Febr. 1942 legten die Bischöfe ihre Staatsämter nieder, zu Ostern auch fast alle Pfarrer. Von den Kanzeln wurden Erklärungen der neu errichteten Kirchenleitung verlesen, die über die Judenverfolgung in N. und über völkerrechtswidrige Maßnahmen der Okkupationsmacht das Urteil der Kirche aussprachen. Bei der Befreiung des Landes 1945 traten augenblicklich die alten staatskirchlichen Ordnungen wieder in Kraft. Die Nachkriegszeit hat gezeigt, daß die innere Einigkeit der Kirche nicht so groß ist, wie sie während des Krieges zu sein schien. Ein Lehrstreit über die ewigen Höllenstrafen erschütterte 1953-54 die ganze Kirche und erweckte auch in kirchlichen Kreisen Kritik an der staatskirchlichen Verfassung; denn die Frage, ob ein Bischof, der die ewigen Höllenstrafen verneinte, in seinem Amt bleiben könne, wurde von der Regierung entschieden. - Die kirchliche Initiative der Nachkriegszeit hat sich u.a. durch die Gründung christlicher Tageszeitungen, einer kirchlichen Akademie für die Kulturfragen und eines »Gemeinde-Instituts« für die Begegnung mit den Kirchenfremden bemerkbar gemacht.

1840 wurde zum ersten Mal die Einführung einer kirchlichen Vertretung durch Gemeinderäte und Synoden vorgeschlagen. Aber erst 1920 wurden Gemeinderäte eingeführt, die meist nur beratende Stimme haben. Eine Art Domkapitel mit beratender Funktion mit 3 Laienrepräsentanten und einem Vertreter der Pfarrerschaft neben dem Bischof wurde 1933 für jedes Bistum eingeführt. Die Begründung eines Kirchenrats für die Landeskirche wurde 1953 vom Storting verworfen. Einflußreiche Politiker haben in den letzten hundert Jahren den Kirchenverfassungsplänen stets entgegengearbeitet, weil sie die Herrschaft einer pietistischen Minorität in der Volkskirche fürchteten; die Kirche ist infolgedessen Staatskirche geblieben.

Im gottesdienstlichen Leben brachten das 19. und 20.Jh. große Veränderungen. Agendenreformen von 1889 und 1920 machten den Gottesdienst liturgisch reicher. Der bedeutende Liederdichter M.B. → Landstad arbeitete das Kirchengesangbuch von 1869 aus (→ Gesangbuch: I, 4; → Kirchenlied: I, 4). Die alten Gesangbücher blieben aber an vielen Orten im Gebrauch; 1872 wurde auch eine konkurrierende Privatarbeit vom König autorisiert. Ebenso ging es bei der Revision von 1924 (»Nynorsk Salmebok«), wobei sprachpolitische, nicht theologische Differenzen den Hintergrund bildeten.

5. *Statistik:* 1950 waren 123 314 Einwohner nicht Mitglieder der Nationalkirche (3,8% des Volkes). Davon gehörten 21 985 zu keiner Kirche, 32 685 gehörten den Pfingstgemeinden, 19 561 verschiedenen luth. Freikirchen, 11 570 der Methodistenkirche, 8964 den Baptisten, 5440 den Adventisten, 4753 der röm.-kath. Kirche an. Zur mosaischen Gemeinde zählten nur 836 (vor dem Krieg 1359). N. hat 9 Bistümer, 92 Propsteien, 535 Kirchspiele (oft aus mehreren Gemeinden bestehend), ca 1300 Kirchengebäude und ca 900 Geistliche in aktivem Dienst.

A.Chr.Bang, Den norske kirkes historie, Oslo 1912 - Die Kirche von N. (Ekklesia, eine Selbstdarst. d. christl. Kirchen, II), 1936 - P.G.Lindhardt, Den nordiske kirkes historie, Kopenhagen 1945. - Zu 1: R.Keyser, Den norske Kirkes Historie under Katholicismen I. II, Oslo 1856-58 - O.Kolsrud, Noregs kyrkjesoga I, ebd 1958. - Zu 2: A.Chr.Bang, Den norske kirkes historie i reformationsaarhundredet, ebd 1895. - Zu 4: H.C.Christie, Den norske kirke i kamp, ebd 1945 - E.Molland, Fra H.N.Hauge til E.Berggrav, ebd 1951; engl.: Church Life in Norway 1800-1950, Minneapolis 1957 - Ders., L'état présent de l'Eglise de Norvège et les tendances actuelles de la théologie norvégienne (Positions luthériennes 5, 1957, 37 bis 48) - H.Günther, Der norweg. Kirchenkampf (EvTh 17, 1957, 305-323).

E.Molland

II. Theologie

Von einer norweg. Theologie kann eigentlich erst seit Gründung der Universität → Oslo (1811) die Rede sein. Die ersten Inhaber der theologischen Lehrstühle, → Hersleb (1784-1836) und → Stenersen (1789-1835), standen in Abwehr gegen die Aufklärungstheologie. Sie waren in ihrer Jugend vom jungen → Grundtvig beeinflußt, vertraten aber vornehmlich einen maßvollen Biblizismus und Konfessionalismus. Grundtvigs Ideen kamen während der 1. Hälfte des 19.Jh.s bes. in der Theologie des Pfarrers W.A. → Wexels (1797-1866) zur Geltung. - Eine neue Periode der norweg. Theologie begann mit G.Johnson (1822-94) und C.P.Caspari (1814-92). Johnson, der viele Jahre syst. Theol. las, vereinigte luth. Orthodoxie und pietistische Frömmigkeit. Er war von der → Erlanger Schule beeinflußt und versuchte, den christlichen Lehrinhalt aus dem Bewußtsein des Christen zu deduzieren, stimmte aber in seinen dogmatischen Ergebnissen mit dem konservativen Luthertum überein. Auch als praktischer Kirchenmann und Erweckungsleiter wirksam, übte er auf die Studenten einen tiefen Einfluß aus. Wissenschaftlich bedeutender war der Alttestamentler Caspari, ein deutscher Jude, der 1838 getauft und 1847, als Bibelwissenschaftler und Orientalist schon bekannt, von Johnson nach Oslo berufen wurde. Er prüfte u.a. die Behauptung der Grundtvigianer, das → Apostolikum gehe auf Jesus selbst zurück, und hat durch seine Widerlegung dieser These für die Symbolforschung erhebliche Bedeutung gehabt (Ungedruckte ... Quellen zur Gesch. des Taufsymbols I-III, 1866-75). - Seit Anfang der 70er Jahre stellten → Positivismus und → Darwinismus auch die norweg. Theologie vor neue Probleme. Weil er sich diesen Aufgaben nicht gewachsen fühlte, überließ Johnson 1875 den Lehrstuhl für syst. Theol. dem jüngeren Fr.Petersen (1839-1903) und übernahm selbst die KG. Petersen empfand sehr lebendig das Gewicht der neuen Probleme und war in erster Linie nicht dogmatisch, sondern apologetisch tätig. Obgleich er theologisch recht konservativ dachte, hielt er einen Konflikt des Glaubens mit der Wissenschaft für gefährlich. In jüngeren Jahren war er von → Kierkegaard beeindruckt; im Anschluß an ihn hob er auch später die Unabhängigkeit des Glaubens und das paradoxe Verhältnis von Glauben und Wissen hervor, lehnte aber das absolute Paradox ab, das er bei Kierkegaard befürwortet zu finden meinte. Teilweise vom → Neukantianismus beeinflußt suchte er die Lösung der Spannung vornehmlich darin, daß er der Wissenschaft und dem Glauben verschiedene Problemgebiete zuwies. Für viele junge Theologen sprach er dadurch das erlösende Wort. Eine bleibende Antwort auf die neuen Fragen vermochte er jedoch nicht zu geben, und es war kein Zufall, daß sich die theologischen Wege gerade nach seinem Tode schieden. - Gegen Ende des Jahrhunderts kam eine neue theologische Generation in die Universität hinein. Diese Theologen, S.Michelet (1863-1942), L.Brun (1870 bis 1950) und A.Brandrud (1868-1958), vertraten eine gemäßigt liberale Theologie. Als 1906 der radikale Ritschlianer J.Ording (1869-1929) Petersens Nachfolger wurde, legte der konservative Neutestamentler S.Odland (1857-1937) sein Amt nieder und gründete mit anderen 1908 eine freie theologische Fakultät, die für eine entschieden bibel- und bekenntnisgebundene Theologie wirken sollte (→ Oslo).

Die Fragestellung »liberal oder konservativ?« hat auch nach 1918 die theologische Problematik in N. weithin beherrscht. Im Streit über die Höllenlehre 1953-54 (→ Norwegen: I, 4) trat das deutlich hervor. Die neueren theologischen Bewegungen haben in N. weniger Einfluß gehabt als anderswo. Man kann aber die beiden Fakultäten nicht mit zwei Theologien identifizieren. Als Gegengewicht gegen J.Ording wurde der gemäßigt konservative Chr.Ihlen (1868-1958) als zweiter Prof. für syst. Theol. ernannt. Der langjährige Neutestamentler der Gemeindefakultät, O.Moe (* 1876), obgleich sehr konservativ, hat in historischen Fragen grundsätzlich immer eine offene Haltung eingenommen, während sein Fachkollege an der Universitätsfakultät, L.Brun, zwar die Freiheit der Forschung sehr entschieden betonte, in seinen Ergebnissen aber gar nicht radikal war.

Außerdem hat sich die theologische Lage während der letzten 50 Jahre auch in N. geändert. Die liberale Theologie im alten Sinne spielt keine Rolle mehr. Jüngere Universitätstheologen haben einem subjektivistischen und spiritualistischen Liberalismus gegenüber die Autorität der Kirche und ihrer Dogmen betont. Bes. charakteristisch für diese Wendung ist Bischof Bj.Skard (* 1896). Aber auch in der Theologie der Gemeindefakultät sind Verschiebungen zu erkennen. Während der als Erweckungsprediger sehr wirksame und in Gemeinschaftskreisen einflußreiche frühere Systematiker O.Hallesby (* 1879) für eine Synthese von → Erfahrungstheologie und → Biblizismus eintrat, rücken die jetzigen Theologen der Gemeindefakultät zT von Erfahrungstheologie und Pietismus entschieden ab, betonen aber um so mehr den konfessionellen Charakter der Theologie und machen die Bedeutung der Sakramente stärker geltend.

Während die syst. Theologie N.s in starkem Maße von den kirchenpolitischen Gegensätzen und Verwicklungen in Anspruch genommen wurde, hat es die biblische und historische Theologie besser vermocht, ruhige Arbeit zu leisten. Der bekannteste norweg. Theologe der Gegenwart, S. → Mowinckel (* 1884), hat durch sein kultisches Verständnis der Psalmen internationales Ansehen gewonnen. Von den jüngeren Alttestamentlern haben A.S.Kapelrud (* 1912) u.a. über die Qumrantexte und I.Seierstad (* 1901) über die Propheten geschrieben. E.Molland (* 1908) trat bes. durch patristische Studien hervor, N.A.Dahl (* 1911) durch seine Arbeit über den nt. Kirchengedanken (Das Volk Gottes, 1941), Sv.Aalen (* 1909) durch seine Untersuchungen zum antiken Judentum (→ Licht und Finsternis). R.Leivestad (* 1916) ist dem urchristlichen Kampfes- und Siegesmotiv, J.Jervell (* 1925) der Interpretation von Gen 1, 26f bis Paulus nachgegangen (Imago Dei, dt. 1960). In der syst. Theol. ist J.B.Hygen (* 1911) vornehmlich ethischen und kulturphilosophischen Fragen zugewandt, andere Systematiker haben sich überwiegend mit ideengeschichtlichen Fragen beschäftigt. L.Aalen (* 1906) ist als Zinzendorf-Forscher hervorgetreten, J.Nome (* 1904) hat Bücher über Simmel und Troeltsch publiziert. Einen Beitrag zur Luther-Forschung gab C.Fr.Wisløff (* 1909) durch eine Arbeit über Abendmahl und Messe, und der junge Per Lønning (* 1928) hat sich an der Kierkegaard- und Pascal-Forschung beteiligt. Der Pfarrer Th.Boman (* 1894) hat mit seinem Buch über »Das hebräische Denken im Vergleich mit dem griechischen« (dt. [1952] 1959³) auch außerhalb Skandinaviens Beachtung gefunden.

Vgl. die Lit. zu → Norwegen: I (bes. Ekklesia II u. E.Molland, L'état présent ...). *R.Hauge*

III. Norwegische Missionen

Die norweg. Mission (= M.) begann 1716 unter den Lappen in Nord-N. (Thomas von Westen) und auf → Grönland (H. → Egede). - Seit 1842 sind viele M.en und Hilfsorganisationen entstanden. Bei den folgenden statistischen Angaben, alle für 1958, ist die erste Zahl die der aktiven Missionare, die zweite - soweit vorhanden - die der Gemeindeglieder. - 1. *Luth. M.en:* a) *Det Norske Misjonsselskap* (1842) wirkt in Zululand und Natal (1844; 44/28 342; luth. Kirche wird vorbereitet), → Madagaskar (1867; 136/197 905; Ev.-luth. Kirche mit 6 Synoden), Nord- → Kamerun (1924; 57/3188), → Hongkong (1950; 6), → Japan (1951; 20/332), → Taiwan (1951; 10) und → Tanganyika (7). - b) *Den norske Israelsmisjon* (1844), früher in Ungarn und Rumänien tätig, arbeitet seit 1950 in Israel (8). - c) Die norwegisch-dänisch-amerikanische *Nordiske Santalmisjon* (1867) ist in → Indien unter den Santal, Boroe und Bengalen tätig (43/33 000). - d) *Den Norske Kirkes Misjon ved Schreuder* (1873; offiziell: Evangelical Lutheran M. [Evangelical Lutheran Church of USA]) arbeitet mit 6 Missionaren. - e) *Det Norsk-Luthersk Misjonssamband* (1891; früher: Det Norsk-lutherske Chinamisjonsforbund), bis 1947 in Zentral-China tätig, wirkt jetzt in → Äthiopien (58/2706), Japan (20/600), Taiwan (5), Hongkong (6), Tanganyika (21) und Sumatra (2). - f) *Den nordiske kristne Buddhistmisjon* (1925, gemeinsam von N., Schweden und Dänemark aus betrieben) arbeitet in Hongkong und Japan (3), g) *Den norske Tibetmisjon* (1938) in Nepal (5), h) *Den norske Muhammedanermisjon* (1940) in Indien und Pakistan (5/25), i) *Den evangelisk-lutherske Frikirkes Misjon* (1889) in Taiwan (1) und in enger Zusammenarbeit mit der luth. M. in Japan (7). Ein Zusammenschluß mit Gemeinden der Norske Misjonsselskap ist als ein Distrikt in der ev.-luth. Kirche Japans geplant. - 2. *Andere M.en:* a) *Methodistkirken* (33), b) *Det Norske Baptistsamfunn* (21); beide M.en wirken in Gemeinschaft mit europäischen und amerikanischen Methodisten- bzw. Baptisten-Kirchen. - 3. *Interkonfessionelle M.en:* a) *Det Norske Misjonsforbund* (1899) arbeitet in Französisch-Kongo, Natal, Hongkong und Taiwan; b) *Frelsesarmeen* (Heilsarmee) in Afrika, Indien und Ceylon; c) *Pinsevennenes ytremisjon* (Pfingstfreunde) in Afrika, Indonesien, Südamerika, Israel, Grönland und Indien; d) *Norsk-evangelisk Orientmisjon* (1890) in Formosa (1), Japan (10/83) sowie unter Chinesen in den USA (1); e) *Den norske Misjonsallianse* (1900) in Japan (11), Taiwan (17) und Korea (4); f) *Bandamisjonen* im Banda-Distrikt, Indien (4). - 4. Neun *Hilfsorganisationen* unterstützen mehrere M.en mit M.sarbeitern und Gaben. - Die M.sgesellschaften und Hilfsorganisationen arbeiten im Norweg. M.srat (1920) zusammen.

Santalmisjonens 50-årsjubileum, 1917 - Det Norsk-lutherske Kinamisjonsforbund gjennom 50 år, 1941 - J.Nome, Demringstid, 1942 - Det Norske Misjonsselskap 1842-1942, 4 Bde, 1943-49 - E.Danbolt, Misjonstankens gjennombrudd i Norge, 1947 - E.Birkeli, Fra Norsk Misjonsliv (in: Nordisk Misjonshistorie, 1950, 27 bis 131). *E.Amdahl*

Notenschrift. Im Vergleich mit anderen Tonschriften (zB der byzantinischen, griechischen, indischen Musik) zeigt die abendländische N. einen hohen Grad der Vollkommenheit; sie ist allmählich selbst zu einem wesentlich-sinndeutenden Bestandteil des musikalischen Kunstwerks geworden. Erstmals wandte → Guido von Arezzo um 1030 in einem → Antiphonar ein Vierliniensystem mit Schlüsselvorzeichnung zur Tonhöhenfixierung der → Neumen an. Er schuf damit die Grundform der quadratischen *Choralnoten,* die bis heute der Aufzeichnung der Gregorianik dienen. Mehrstimmige Musik bes. der Notre-Dame-Schule (→ Organum) wurde seit dem 12./13.Jh. in *Modal-N.* notiert, die durch bestimmte Reihung von *Ligaturen* (Zusammenziehung mehrerer Noten in eine Figur) den Grundrhythmus *(Modus)* der Stimmen andeutet. Doch erst die *Mensural-N.,* in der die kontrapunktische Vokalmusik des 13.-16.Jh.s überliefert ist, teilte der Einzelnote eine je nach Gestalt unterschiedlich bestimmte Zeitdauer zu: *Maxima* ▬ ▭, *Longa* ▮ ▯, *Brevis* ■ □, *Semibrevis* ◆ ◇, später auch *Minima* ◆ ◇ und *Semiminima* ◆ ◆ (hohle Formen seit etwa 1450); dazu traten vielgestaltige Ligaturen sowie entsprechende Pausenzeichen. Mensurzeichen (Vorläufer unserer Taktvorzeichnung) zeigen das Verhältnis der Zeitwerte untereinander an (zB Kreis ○ für drei-, Halbkreis ☾ für zweizeitige Unterteilung der Brevis). Rhythmische Besonderheiten (zB *Hemiolen*) wurden durch Färbung der

Noten angedeutet. Die Ausbildung der N. fand im 16. und 17.Jh. mit der allmählichen Verdrängung der Ligaturen, dem Eindringen von Elementen aus dem Instrumentalbereich (zB Zusammenbalkung kleiner Notenwerte) und der Einführung von Takt- und Tonartvorzeichnung ihren Abschluß. In den Gesangbüchern der Reformationszeit begegnet neben Mensural- und Choral-N. auch eine gotische Abart der letzteren, die sog. *Hufnagelschrift* (zB Straßburg 1541; → Kirchenlied: II).

J.WOLF, Hdb. der Notationskunde I. II, 1913/19 - DERS., Die Tonschriften, 1924 - W.APEL, The Notation of Polyphonic Music 900 bis 1600. 1949[4] - THR.GEORGIADES, Sprache, Musik, schriftl. Musikdarstellung (AfMw 14, 1957, 223-229). *S.Hermelink*

Noth, *Martin,* Alttestamentler, * 3.8.1902 in Dresden, 1927 Dozent in Greifswald, 1928 in Leipzig, 1930-44 Prof. in Königsberg i. Pr., seit 1945 in Bonn, Schüler von A. → Alt. Die Geschichte Israels, das Hauptthema seiner Forschungen, stellt N. in den Zusammenhang mit der Umwelt, u.a. auch durch sprachliche (Namenbildung im AT; Mari) und historisch-topographische Untersuchungen (Palästinalisten der Pharaonen; → Josuabuch). Weithin anerkannt ist seine These von der Sonderexistenz eines → Deuteronomistischen Geschichtswerkes, sehr beachtet die Herausstellung der Themenkreise innerhalb der → Pentateuch-Überlieferung (allmähliche Ausweitung der Grundaussage des amphiktyonischen Credo; vgl. → Stämme Israels). Von wegweisender Bedeutung für die at.-theologische Arbeit ist N.s Untersuchung über »Die Gesetze im Pentateuch«.

Vf. außer zahlreichen Aufsätzen in PJ u. ZDPV: Die israelit. Personennamen im Rahmen der gemeinsemit. Namengebung (BWANT III, 10), 1928; Das System der zwölf Stämme Israels (ebd IV, 1), 1930; Das Buch Josua (HAT I, 7), (1938) 1953[2]; Die Welt des AT, (1940) 1957[3]; Die Gesetze im Pentateuch (SGK 17, 2), 1940 (= Ges. Studien [s.u.] 9-141); Überlieferungsgeschichtl. Studien I (SGK 18, 2), 1943 (Neudr. 1957); Überlieferungsgesch. des Pentateuch, 1948 (Neudr. 1960); Gesch. Israels, (1950) 1959[4] (franz. 1954, engl. 1958); Ges. Studien zum AT (ThB 6), (1957) 1960[2]; Das zweite Buch Mose (ATD 5), 1959. *K.Galling*

Nothelfer sind die 14 Heiligen, die einzeln und als Gruppe in der röm. Kirche als die vornehmsten Fürbitter bei Gott gelten (Tag: 8. 7.; → Heiligenverehrung: II, 2). Ihre Namen sind: Achatius (Märtyrer, † angeblich 306 in Byzanz), → Ägidius, → Barbara, → Blasius, → Christophorus, → Cyriakus, → Dionysius (, 8), Erasmus (nach der Legende Bischof in Kampanien und Märtyrer vom Jahre 303), → Eustachius, → Georg (, 3), → Katharina, Margaretha (nach der Tradition Märtyrerin unter Diokletian), → Pantaleon, → Vitus. Es sind Heilige, die bei allen Nöten angerufen wurden, da sie einst selbst die Zusage Gottes erhalten hatten, daß alle, die sie um Fürbitte anrufen würden, die Hilfe Gottes empfangen sollten. Erstmals werden sie in einem Ablaßbrief des Bischofs Konrad von Passau für die Frauenkirche zu Krems erwähnt (1284), wo ein Altar der 14 N. stand (A.Kerschbaum, Gesch. d. Stadt Krems, 1885, 166). Zusammenhänge mit einer früher zu datierenden Verehrung der sog. 14 Auferstehungszeugen (Uhrig, Detzel) oder der merowingischen Wallfahrtskirche mit ihren 14 Altären sind noch nicht erarbeitet. Der Aufschwung des N.kultes erfolgt um die Mitte des 15.Jh.s, unmittelbar nachdem die Heiligen am Vorabend von Peter und Paul 1446 dem seine Schafe weidenden Hirten Hermann Leicht am Ort der später dort errichteten Wallfahrtskirche »Vierzehnheiligen« des Klosters Langheim zu Frankenthal/Oberfranken erschienen waren. Bei der Ausbreitung nach Mittel- und Süddeutschland wird die Ordnung oft durchbrochen: So werden zB statt Cyriakus und Dionysius oft → Leonhard und → Nikolaus unter die Heiligen aufgenommen; mitunter wird → Maria an ihre Spitze gestellt, so daß man auch von 15 Heiligen sprechen kann (in Italien und im Allgäu ist es üblich, als 15. Heiligen den Magnus zu verehren). Die bes. im Rheinland verbreitete Bezeichnung der N. als »Pestheilige« (vgl. Christophorus und Ägidius) ist jedoch für die Heiligen der süddeutschen Vierzehnheiligenverehrung kaum vertretbar, da es hier seitdem keine Pestepidemien mehr gab. Ihre älteste Darstellung fanden die N. in einem Fresko in der Dominikanerkirche zu Regensburg 1331, das in Fragmenten erhalten ist (vgl. Inv. Bayern, Oberpfalz, Bd 22, II, 79). Hauptwallfahrtsort ist die Kirche Vierzehnheiligen, daneben gibt es noch berühmte N.kirchen wie Gößweinstein oder die »Wies« (s. Taf. 27 Abb. 7). - Unter Bezugnahme auf den Kult der N. schrieb → Luther seine Trostschrift »Tesseradecas consolatoria pro laborantibus et oneratis« (1520), worin er dem erkrankten Kurfürsten Friedrich d. W. zwei Tafeln mit je 7 Trostgründen vorhält.

H.WEBER, Die Verehrung der hl. 14 N., 1886 - N.UHRIG, Die hl. 14 N. (ThQ 70, 1888, 72-128) - H.DETZEL, Christl. Ikonographie II, 1896, 560ff - H.GÜNTER, Legendenstudien, 1906, 111ff - BRAUN, TA 561ff - F.GELDNER, N.verehrung vor, neben u. gegen Vierzehnheiligen (89. Bericht d. Hist. Ver. Bamberg, 1949, 36-47) - Die 14 N. in Volksfrömmigkeit u. Sakralkultur (Schlern-Schriften 168), 1959. *H.Paulus*

Notker, 1. *Balbulus* (der Stammler, der Dichter; ca 840-912), Mönch, Lehrer, Bibliothekar und Hospitarius im Kloster → St. Gallen, einer der bedeutendsten Dichter und Gelehrten seiner Zeit, berühmt durch seine → Sequenzen, eine von ihm erfundene Gattung (Liber Ymnorum, Rekonstruktionsversuch bei W.v.d.Steinen, s.u.), setzte als Geschichtsschreiber Erchanberts Breviarium regum Francorum für die Jahre 840-881 fort und schrieb die Gesta Karoli Magni (ed. H.F.Haefele, MG SS rer. Germ. N.S. 12, 1959). Seine Notacio de viris illustribus ist »das erste kritische Handbuch der lat. Patristik« (Manitius). Fragen der musikalischen Notation behandelt sein Brief an Lantbert, als Kenner des Urkundenwesens erweisen ihn das Formelbuch sowie 9 sicher von ihm stammende Urkunden.

RGG[2] IV, 597 - LThK VII, 633f - W.V.D.STEINEN, N. d. Dichter u. seine geistige Welt I. II, 1948 (Lit.) - VerfLex V, 1955, 735ff (Werke, Ausg.n, Lit.) - H.F.HAEFELE, Studien z. N.s Gesta Karoli (DA 15, 1959, 358-392).

2. *Labeo* (= mit der großen Lippe; *Teutonicus* = der Deutsche; ca 950-1022), Mönch und Leiter der Klosterschule in → St. Gallen, hat für den Unterricht in den → Artes liberales lat. Schriften ins Deutsche übersetzt, deutsch interpretiert und kommentiert. Die Bewältigung der hochentwickelten lat. Wissenschaftssprache mit den Mitteln der heimischen Mundart war eine ungewöhnliche sprachschöpferische Leistung, für die Geschichte der deutschen Sprache ebenso aufschlußreich wie für das frühmittelalterliche Verständnis des Lateinischen (Übersetzungsproblem).

Erhalten sind u.a. N.s Übers.en von → Boethius, De consolatione philosophiae; von Aristoteles, De categoriis u. De interpretatione, beide nach der Bearbeitung des Boethius; De arte rhetorica; De partibus logicae; De syllogismis; De musica; Computus; Der Psalter; Martianus Capella, De nuptiis Philologiae et Mercurii. - Ausg.n: P.PIPER, Die Schriften N.s u. seiner Schule I-III, (1882-83) 1895[2]; E.H.SEHRT-T.STARCK, N.s des Deutschen Werke, 1933ff (noch nicht abgeschlossen). - Über N.: RGG[2] IV, 597f - LThK VII, 633f - VerfLex V, 1955, 775ff (Lit.) - H.PENZL, Zur Erklärung von N.s Anlautgesetz (Zs. f. dt. Altert. 86, 1955/56, 196-210). - Zum Übersetzungsproblem: W.STACH, Wort u. Bedeutung im ma.lichen Lat. (DA 9, 1952, 332-352, bes. 342ff). *H.Beumann*

3. *von Lüttich* († 1008), Neffe → Ottos I., Lehrer an der Schule zu → Stablo, kaiserlicher Kaplan in Italien, seit

972 Bischof von → Lüttich, hervorragender Verwalter seines Bistums, einflußreicher Förderer der Klosterreform und bes. des Schulwesens.

Vita: MG SS 25, 57ff. - Über N.: G.KURTH, Notger de Liège et la civilisation au Xe siècle, 2 Bde, Paris 1905 - HAUCK III, 323f. 326. 336f - MANITIUS II, 219ff; III, 104. 340ff - E.DEMOREAU (→ Gerhard, 1) 25ff u.ö. *M.A.Schmidt*

Notrecht, *kirchliches*

1. Das übergesetzliche N. der Erklärung von Dahlem - 2. Das positive N. nach den Kirchenverfassungen

1. a) Auf N. mußte sich die ev. Kirche in Deutschland erstmals im Kirchenkampf berufen. Nachdem der vom Reichsbischof eingesetzte Kommissar im Sommer 1934 die Kirchenleitungen in Bayern und Württemberg widerrechtlich verdrängt und diese Landeskirchen gewaltsam der DEK »eingegliedert« hatte, entschloß sich der Bruderrat der → Bekennenden Kirche (BK), zum 19.10.1934 die Bekenntnissynode nach → Dahlem einzuberufen (→ Kirchenkampf, 6). Auf Grund eines Referats von Pfr. Friedrich Müller über das »Recht der kirchlichen Selbsthilfe« stellte die Synode fest, daß die Verfassung der DEK vom Mai 1933 »zerschlagen war und ihre rechtmäßigen Organe nicht mehr bestanden«. In einer am 22.10. beschlossenen Botschaft begründete sie ihren Anspruch, als legitime Vertretung der DEK zu handeln, auf »das *kirchliche N.* der an Schrift und Bekenntnis gebundenen Kirchen, Gemeinden und Träger des geistlichen Amtes«. Dieses Dokument wurde auch der Reichsregierung offiziell übergeben, erhielt aber keine Antwort. Gleichzeitig berief die Bekenntnissynode neue Organe der Leitung, aus denen Ende Nov. die »Vorläufige Kirchenleitung« hervorging. Obwohl sie, wie zu erwarten war, von der illegitimen Reichskirchenregierung nicht anerkannt wurde, legte die N.s-Erklärung mit ihren Auswirkungen den Rechtsboden für die nun beginnende reguläre Funktion von Notorganen der BK in allen vom Reichskirchenregiment zerstörten Landeskirchen und kirchlichen Anstalten. Zu dieser Entwicklung wirkten nicht nur unierte und ref., sondern auch die »intakt« gebliebenen Luth. Kirchen Bayerns, Hannovers und Württembergs mit, denn sie stand »in voller Übereinstimmung mit dem luth. Bekenntnis« (Stoll).

b) Von Anfang an verstand sich die N.s-Erklärung *kirchen*rechtlich. Sie wurde weder dem staatsrechtlichen Notverordnungsrecht noch dem zivilrechtlichen Selbsthilferecht, auch nicht dem strafrechtlichen Notstandsrecht (→ Notstand) analog gebildet; »denn das kirchliche N. unterscheidet sich wesentlich dadurch von andern, daß es keinen Verstoß gegen die geltende, formale Rechtsordnung bedeutet« (Fiedler). Alles Bekenntniswidrige in der Kirche ist nicht nur materiell, sondern auch formell rechtswidrig. Das lehren nicht nur ref., sondern auch luth. → Bekenntnisschriften; insbesondere Art. 28 der CA, die »das göttliche Recht« bezeugt, in der Kirche »alle Lehr zu verwerfen, so dem Evangelium entgegen ist«, und darüber hinaus dieses Tun den »Bischöfen« (den zur Ordnung bestellten Leitern im nt. Sinn) zur Pflicht macht. Diese *positive Pflichtseite* des kirchlichen N.s schärfen auch die → Schmalkaldischen Artikel ein, wo es heißt: »Wenn die Bischöfe entweder Ketzer sind oder tüchtige Personen nicht wollen ordinieren, sind die Kirchen vor Gott nach göttlichem Recht schuldig, ihnen selbst Pfarrer und Kirchendiener zu ordinieren.« In der Pfalz ist ähnliches (unter Berufung auf das ref. Bekenntnisrecht) einmal (1777) geschehen. - In diesem Sinn sprach man auch 1934 von einem Recht oder einer Pflicht der kirchlichen *»Selbsthilfe«*, meinte aber damit nichts Revolutionäres; denn die BK war *die* legitime »Deutsche Ev. Kirche«, wollte nicht Freikirche sein. Sie blieb in der verfassungsmäßigen Rechtskontinuität, deshalb »wurde durch die Verkündung des N.s an den rechtlichen Grundlagen der BK nichts geändert« (Sello).

c) Obwohl sich auf der dritten Bekenntnissynode in Augsburg erwies, daß infolge der verschiedenen Rechtslage in den zerstörten und in den intakt gebliebenen Kirchengebieten »eine gewisse Doppelheit in der Durchführung des kirchlichen N.s« unvermeidbar war, verstand man es nach wie vor als eine vorübergehende *»Notordnung«* (F.Müller) und betonte, es sei nicht Aufgabe des N.s, »einen Unruhezustand zum Prinzip zu erheben« (Ehlers). - Um die immer wieder vorgebrachte Mißdeutung des N.s entweder als »revolutionäres« Recht (das es in der Kirche nicht geben kann) oder als (ebenso unzulässiges) Analogon zum staatlichen Recht auszuschließen, wurde das *Wort* in den seit 1934 ausgegangenen Verlautbarungen der BK nicht mehr betont. In der *Sache* kann aber kein Zweifel sein, daß es sich beim kirchlichen N. um »einen auf Grund der Hl. Schrift und in den Bekenntnissen verankerten Grundsatz« (Stoll) handelt, der dem → »ius divinum« (im ev. Sinn) angehört und als ungeschriebenes Kirchenrecht gültig ist, »weil er aus dem innersten Wesen der Kirche kommt« (Fr.Müller).

d) Manche der seit 1945 beschlossenen Grundordnungen von Gliedkirchen der EKD haben versucht, daraus praktische Folgerungen zu ziehen und das N. behutsam zu »positivieren« (zB Berlin-Brandenburg, Grundsätze über Amt und Gemeinde, 4).

E.FIEDLER, Kirchl. N. (JK 2, 1934, 885-887) - SELLO, Die rechtl. Grundlage der BK in Deutschland (ebd 932-942, bes. 940ff) - E. MICHAEL, Kirchl. N.? (Ev.Wahrheitsfront, H. 4), 1935 - CHR.STOLL, Dokumente zum Kirchenstreit IV. VI, 1935 - CKL I, 184 (Bekenntnisrecht) - ERIK WOLF, Im Reiche dieses Königs hat man das Recht lieb. Zeugnisse der BK II, 1946 (darin die Ausführungen von H. EHLERS, S. 16ff) - W.NIEMÖLLER, Die zweite Bekenntnissynode der DEK zu Dahlem. Text, Dokumente, Berichte, 1958. *Erik Wolf*

2. *Das positive N. nach den Kirchenverfassungen* ist das vor 1933 regelmäßig, aber auch noch in den meisten neueren Grundordnungen vorgesehene Recht der Kirchenleitung (Kirchenregierung), dringende Angelegenheiten, die eigentlich einen Beschluß der Landessynode erfordern oder im Wege der Kirchengesetzgebung zu erledigen sind, durch »Notverordnung«, »Verordnung mit Gesetzeskraft«, »vorläufiges kirchliches Gesetz« u.dgl. zu regeln, wenn die Landessynode nicht versammelt ist. Die Notverordnung ist der Landessynode auf ihrer nächsten Tagung vorzulegen und, wenn sie nicht genehmigt wird, wieder aufzuheben. Die zur Kirchengesetzgebung berufenen Organe sind seltener und dann auch kürzere Zeit versammelt als staatliche Gesetzgebungsorgane. Daher wird in einzelnen Verfassungsbestimmungen nicht nur auf die Dringlichkeit, sondern auch auf die Erheblichkeit der Sache abgestellt. Die Grundordnung der EKD Art. 29 Abs. 2 spricht zB davon, daß die Einberufung der Synode »der Bedeutung der Sache nicht entsprechend ist«. Vor allem sind aber auch eigentliche Notsituationen ins Auge gefaßt, die sogar die Frage der Änderung der Kirchenverfassung nahelegen können. Eine Änderung ist entweder ausdrücklich ausgeschlossen (zB EKD Art. 29 Abs. 2; Schleswig-Holstein) oder nur mit qualifizierter Mehrheit (zB Berlin-Brandenburg) oder auch nur für bestimmte Artikel (zB Rheinland) zugelassen. Gerade der Gedanke an Notsituationen dürfte auch nach 1945 zur Beibehaltung des kirchlichen Notverordnungsrechts geführt haben. Er kann es ermöglichen, in solcher Lage auch das für den Verkehr mit der Umwelt wichtige äußere Rechtsleben der Kirche ent-

sprechend ihrem Wesen und ihrem Auftrag zu gestalten. In der ev. Kirche gibt es zwar eine Unterscheidung von kirchlichen Funktionen, aber kein Prinzip der Trennung der gesetzgebenden und vollziehenden Gewalt. In dem Organ der Kirchenleitung sind auch Amt und Gemeinde, denen in polarer Zuordnung die Leitung der Kirche anvertraut ist, vereinigt. Soweit nach den → Kirchenverträgen kirchliche Gesetze vor der Inkraftsetzung der Landesregierung vorzulegen sind, ist diese Vereinbarung regelmäßig auch ausdrücklich auf »Notverordnungen« erstreckt.

A. Friedmann, Gesch. u. Struktur d. Notstandsverordnung unter bes. Berücksichtigung d. Kirchenrechts (KRA 5), 1903 - O. Rebitzki, Das Verordnungsrecht des Königs nach preuß. Landeskirchenrecht (DZKR 22, 1912, 60-103) - P. Schoen, Das neue Verfassungsrecht der ev. Landeskirchen in Preußen, 1929 - H. Brunotte, Die Grundordnung der EKD, 1954. *E. Ruppel*

Notstand im weiteren Sinne liegt vor, wenn Güter des einzelnen oder der Allgemeinheit auf eine Weise gefährdet sind, daß besondere Mittel zur Abwendung der Gefahr eingesetzt werden müssen. Besonderes ethisches und rechtliches Interesse gewinnt der N., wenn zur Gefahrabwendung fremde Rechte verletzt oder mit Strafe bedrohte Handlungen begangen werden müssen. Der N. ist schon in der Antike philosophisch erörtert worden (Aristoteles, Karneades). Heute gibt es eine fein ausgebildete rechtliche N.slehre. Wesentlich ist die Einsicht, daß der N. verschiedene rechtliche und moralische Bedeutung haben kann (»Differenzierungstheorie«). Der N. wirkt nämlich bald rechtfertigend, bald entschuldigend. *Rechtfertigend* wirkt er - abgesehen von den Fällen der → Notwehr -, wenn höhere Güter oder Pflichten auf Kosten geringerer aus Gefahr gerettet werden, wobei auch der Grad der Gefährdung sowie die Erforderlichkeit und Eignung der N.shandlung zu berücksichtigen und zu prüfen sind (→ Schwangerschaftsunterbrechung, → Pflichtenkollision). Der rechtfertigende N. ist teils gesetzlich geregelt (zB in § 904 BGB), teils als »übergesetzlicher N.« von der Rechtslehre und Rechtsprechung herausgearbeitet worden (grundlegend das Urteil des Reichsgerichts in Strafsachen vom 11.3.1927). - Bloß *entschuldigender* N. unter Aufrechterhaltung der »objektiven« rechtlichen Mißbilligung der N.shandlung liegt vor, wenn diese auf Nötigung durch Gewalt oder durch gefährliche Drohung beruht (»Nötigungs-N.«; dazu näher § 52 RStGB) oder wenn sie sonstwie zur Rettung aus einer unverschuldeten, auf andere Weise nicht zu beseitigenden gegenwärtigen Gefahr für Leib oder Leben des Handelnden oder eines Angehörigen erfolgt (§ 54 RStBG). Auch durch Befehl eines Vorgesetzten kann eine Art von N. begründet werden (Befehls-N.).

Lit. s. → Notwehr. *K. Engisch*

Nottrott, *Alfred* (1837-1924), seit 1867 Missionar der → Goßnerschen Missionsgesellschaft in Chota Nagpur (Indien), 1887-1913 Präses der Mission. N. verfaßte eine Grammatik des noch unerforschten Mundari; 1910 vollendete er seine Übersetzung der Bibel ins Mundari. Vor allem durch seine Übersetzung des Herforder (luth.) Katechismus mit Fragen und Antworten ins Hindi (1913), die trotz mangelnder Volkstümlichkeit weite Verbreitung fand, und durch sein Buch »Die Unterscheidungslehren«, das aus Rüstkursen für seine einheimischen Helfer zur Auseinandersetzung mit dem Katholizismus erwuchs, verhalf N. seiner Mission und der späteren Kirche in Chota Nagpur zu einem klaren luth. Gepräge.

Die Biene auf dem Missionsfelde 104, 1937, 42-44; 105, 1938, 79f. 91. *W. Holsten*

Notwehr ist ein Sonderfall des → Notstandes. Güter des einzelnen oder der Allgemeinheit werden gefährdet durch einen rechtswidrigen Angriff. Einen solchen Angriff abzuwehren, ist von alters her erlaubt, auch wenn dabei der Angreifer selbst verletzt, womöglich getötet wird (»vim vi repellere licet«). Früher dachte man bei N. häufig nur an die Abwehr von Angriffen auf Leib oder Leben. Heute ist Verteidigung gegen jeden gegenwärtigen rechtswidrigen Angriff rechtmäßig (§ 227 BGB, § 53 StGB), also auch gegen Angriffe auf Eigentum, Vermögen, Freiheit, Ehre, ferner auch gegen Angriffe auf dritte Personen (»Nothilfe«), u.U. sogar gegen Angriffe auf den Staat (»Staats-N.«). Der Angriff muß nach überwiegender Ansicht von einem Menschen ausgehen (Tierangriffe begründen nur einen Notstand; dazu § 228 BGB). Der Angriff muß jedoch nur »objektiv« rechtswidrig, er muß nicht schuldhaft sein: auch die Angriffe von Kindern, Geisteskranken und Gutgläubigen können abgewehrt werden. Eine Güterabwägung ist grundsätzlich nicht erforderlich. Das Recht braucht dem Unrecht nicht zu weichen. Aber die Verteidigung muß als Mittel der Abwehr »geboten« sein. Daher liegt keine rechtmäßige N. vor, wenn man sich auf harmlosere Weise vor dem Angriff hätte schützen können. Werden die Grenzen der gebotenen Verteidigung überschritten, so liegt rechtswidriger »N.exzeß« vor. Dieser kann entschuldigt sein durch »Bestürzung, Furcht oder Schrecken« (§ 53 Abs. 3 StGB). Ebenso kann die irrige Annahme einer N.lage (»Putativ-N.«) entschuldbar sein.

H. Mayer, Strafrecht, 1953, §§ 26-30 - R. Maurach, Dt. Strafrecht, Allgem. Teil, (1954) 1958², §§ 26f. 33f. *K. Engisch*

Novalis (*Friedrich von Hardenberg;* 1772-1801), Dichter und Denker der deutschen Frühromantik. Mit seinem Namen verbindet sich noch heute vielerorts die Vorstellung von einem weltflüchtigen Poeten, der den Tod zum zentralen Erlebnis erhöht, um sich in romantischer Nachtbegeisterung ganz dem Irrationalen zu überlassen. Als eine fast unirdische Erscheinung lebt er im Gedächtnis der Nachwelt fort - »die reinste und lieblichste Verkörperung eines hohen, unsterblichen Geistes« (L. Tieck). So hat sich denn eine Art von Legende gebildet. Der Dichter N. ist zum Gegenstand der Dichtung geworden, zum dichterischen Motiv. - Doch gibt es Wirkungen anderer Art. Sie gehen aus vom überlieferten Werk selbst; und dabei handelt es sich um Züge, die N. in überraschender Weise mit der Literatur der Moderne verbinden. Sie sind mittelbar oder unmittelbar bei Keats und Poe, bei Nerval und Maeterlinck zu verfolgen. Der junge → Hofmannsthal war vom Wesen dieser Dichtung tief berührt, und G. → Benn hat mehrfach mit Hochschätzung von ihr gesprochen. Aber mit der romantischen Stimmungslyrik hat diese Wirkungsgeschichte wenig zu tun. Weit mehr sind die Ursachen solcher Wirkung in der hohen Bewußtheit zu vermuten, die das gesamte Schaffen des Dichters begleitet. Sie macht erforderlich, daß man den Anteil des Denkens genauer bestimmt.

Geboren wurde N. in Oberwiederstedt (Grafschaft Mansfeld). Sein Vater Erasmus von Hardenberg, später Salinendirektor in Weißenfels, hatte sich der Herrnhuter Brüdergemeine angeschlossen; seine Frömmigkeit steht in deutlichem Kontrast zur weltläufigen Lebensweise eines Bruders, der in Locklum bei Braunschweig lebte. Hier verbringt N. einen Teil seiner Jugendzeit, bis er 1789 ins Elternhaus zurückkehrt, um ein Jahr später das Studium der Jurisprudenz in Jena aufzunehmen. Noch bestimmt die damals längst veraltete Anakreontik die Anfänge des dichterischen Schaffens. Der Siebzehnjährige steht alsbald im Banne Bürgers. Nachhaltiger wirkt das

Vorbild → Schillers ein, zu dem N. auch in persönliche Beziehungen tritt. In Leipzig wird das Studium fortgesetzt. Die für die → Romantik (: II) so folgenreiche Begegnung mit Friedrich → Schlegel vollzieht sich hier. Seine Studien schließt N. in Wittenberg ab; er erhält danach seine praktisch-berufliche Ausbildung. Sie verbindet sich mit eingehenden philosophischen Studien. Vor allem → Fichtes »Grundlage der gesamten Wissenschaftslehre« (1794) erregt sein Interesse. In diese Zeit fällt auch seine Bekanntschaft mit Sophie von Kühn, seiner späteren Braut. Sie stirbt schon 1797, im Alter von 15 Jahren. Die ohne Zweifel entscheidende Wendung seines Geistes ist mit diesem Ereignis verknüpft. Dem Gedächtnis der Braut gilt hinfort alles Sinnen und Dichten. N. spricht von dem Plan, der Geliebten nachzusterben. Doch sind damit Weltflucht und Weltabkehr nicht verbunden. Vielmehr begibt er sich noch Ende 1797 nach Freiberg, um sich naturwissenschaftlichen Studien an der Bergakademie zu widmen. Eine reiche literarische Produktion begleitet den erfolgreichen beruflichen Weg. Er lernt Julie von Charpentier, die Tochter eines Vorgesetzten, kennen und verlobt sich mit ihr. Aus einer fast beunruhigend weit gespannten Tätigkeit reißt ihn eine Krankheit jäh heraus, von der er sich nicht mehr erholen sollte. – Das Werk selbst, von dem zu Lebzeiten nur weniges veröffentlicht wurde, scheint sich mühelos zu gliedern. Es gibt zum einen die »reine« Dichtung mit den »Hymnen an die Nacht«, den »Geistlichen Liedern« und den epischen Fragmenten der »Lehrlinge zu Sais« und des »Heinrich von Ofterdingen«. Auch den Essay »Die Christenheit oder Europa« mag man zu dieser Gruppe rechnen. Dem stünde dann das umfangreiche Opus der Fragmente gegenüber – bloße Notizen, wie man gesagt hat, die mit der »reinen« Dichtung wenig oder nichts zu tun haben. Doch scheitern dergleichen Trennungen an der Einsicht, daß es sich um eine »reine«, ausschließlich dem »Erlebnis« entsprungene Poesie gar nicht handelt.

Man hat sich angewöhnt, das Erlebnis des Todes zur Geburtsstunde des Dichters N. zu erklären. Aber der Weg zur Dichtung war von Anfang an vorgezeichnet, wie vor allem die Fülle der überlieferten Jugendgedichte beweist. Daß dieser Weg durch die intensive Beschäftigung mit der Philosophie Fichtes unterbrochen wurde, ist nicht zu bestreiten. Nur sollte man diese Beschäftigung nicht radikal von der späteren Dichtung isolieren. Man mag sie als Umweg bezeichnen; um Abwege handelt es sich nicht. In jedem Fall besteht Anlaß, diese Beschäftigung ernst zu nehmen (Th.Haering). Ob in der eigenen Philosophie des N. ein System vorliegt und wieweit in ihr die Dialektik der Hegelschen Philosophie vorweggenommen wird, ist von untergeordneter Bedeutung gegenüber der Erhellung dieser Denkform selbst. Diese Denkform basiert auf dem dialektischen Widerstreit der Gegensätze bei → Kant und Fichte, die N. aufnimmt, um sie in jene eigentümliche Schwebe zu bringen, von der eines der Fragmente andeutend spricht: »Sollte es noch eine höhere Sphäre geben, so wäre es die zwischen Sein und Nicht-Sein – das Schweben zwischen beiden – ein Unaussprechliches...« Noch vor dem Todeserlebnis des Jahres 1797 wird in den Fragmenten Sterben als ein echt philosophischer Akt bezeichnet. Mit Recht ist daher die Frage aufgeworfen worden, ob der Tod der Braut nicht auch deshalb in diesem Ausmaß erfahren werden konnte, weil er dergestalt vom Denken vorbereitet war (J.Striedter). In jedem Fall geht die Denkform des N. verwandelt in die Dichtung ein. Die »Hymnen an die Nacht« werden mißverstanden, wenn man sie in erster Linie auf das Erlebnis einer biographischen Situation reduziert. Sie werden nicht minder mißverstanden, wenn man Nachtbegeisterung und Todessehnsucht als Zeichen einer eindeutig christlichen Weltanschauung deutet. Licht und Nacht unterliegen der Methode der Vertauschbarkeit. Die Hymnen führen vom Licht durch die Nacht zur »Sonne der Nacht«, und also zu einem höheren Licht. Die in Bild und Klang der Dichtung sich bezeugende Denkform gelangt zu einer Stufe, von der nunmehr, wie im ersten geistlichen Lied, auf die »bodenlose Finsternis« herabgesehen werden kann. Es sind Stufen des Wissens, und die Zyklen beschreiben den Aufstieg und Aufschwung zu diesen Stufen hin. Mit Recht hat man daher von dem wissenden Dichtertum der Hymnen gesprochen (Kommerell); es gilt erst recht für die »Geistlichen Lieder«, unter denen einige (»Wenn alle untreu werden...«, »Wenn ich ihn nur habe...«, »Ich sag es jedem, daß er lebt...«) in die Gesangbücher eingegangen sind. Dennoch ist der Abstand etwa zum geistlichen Lied Paul → Gerhardts nicht weit genug zu denken. Das hängt mit der sehr individuellen Religiosität des N. zusammen, die auch seine Christusanschauung bestimmt.

Die Entfaltung dieser Religiosität schließt die Aneignung eines sehr unterschiedlichen religiösen Schrifttums ein. Daß sich in der Hinwendung zur »unsichtbaren Welt« immer zugleich Berührungen mit der Mystik ergeben, ist stets gesehen worden. Und mystisches Gedankengut lebte überdies in den Schriften der → Böhme, Eckartshausen, → Zinzendorf, → Baader, → Schleiermacher u.a. fort, die N. in jenen Jahren nachweislich las. Berücksichtigt man ferner, daß er sich eingehend auch mit der Philosophie → Spinozas beschäftigt und den Namen dieses Philosophen mit Zinzendorf in unmittelbare Verbindung bringt, so ermißt man das undogmatische Verfahren seiner religiösen Spekulation. Im Bemühen, derart Gegensätzliches zu vereinen, gewinnt die Mittlergestalt erhöhte Bedeutung. In wechselnden Gestalten begegnet sie in seiner Dichtung. Sie bezieht sich auf Christus ebenso wie auf die Geliebte oder den König als Repräsentanten des Volkes. Erst recht ist die Dichtergestalt der Mittler kat' exochen. Die Poetisierung der Welt geht mit der »Theologisierung« des Dichterberufs zusammen. Und der Dichter seinerseits hat es, als »Messias der Natur«, mit dem Ganzen der Natur zu tun.

Die Hinwendung zur Naturwissenschaft und → Naturphilosophie, wie sie N. in den Schriften von → Schelling, Baader, Ritter oder → Hemsterhuis begegnete, ist vorab ein Ausdruck des Ungenügens an der Fichteschen Philosophie. Bei N. steht die dichterische Deutung der Natur im Mittelpunkt vor allem der unvollendeten Romane. Charakteristisch für die so unmittelbar an der Naturwissenschaft orientierte Deutung ist der geistesgeschichtliche Aspekt. An die Geschichte der Natur wird erinnert, und die gegenwärtige ist nicht die wirkliche Natur. Sie wird es erst durch ihre »Moralisierung«. Ihr Wesen ist Werden, Entwicklung und Verwandlung. Nicht in ihrem Sosein, sondern in den Möglichkeiten ihrer Verwandlung wird sie für N. zum dichterischen Motiv. Diese auch die Natur einbeziehende Verwandlung nennt N. Magie. Damit ist die Unabhängigkeit des Geistes gegenüber der Sinnenwelt gemeint, das Vermögen, sie »willkürlich zu gebrauchen«. Und Magie ist nur ein anderer Ausdruck für die universale Romantisierung, für die allseitige »Poetik«, die in immer neuen Figuren den wunderbaren Vorgang des Dichtens beschreibt. Ziel aller Magie ist die Erhebung über die Welt, die Überwindung von Schmerz, Tod und Zeit. Immer ausschließlicher wird der Vorgang des Dichtens zum Gegenstand der Dichtung selbst. Davon sollte vor allem der »Heinrich von Ofterdingen« handeln, der als eine »Apotheose der Dichtung« gedacht war. Das ist die ins Religiöse ausgreifende Verklärung, die der Dichtkunst zuteil wird. Sie ist eins mit dem dichterischen Bild der goldenen Zeit, wie es N. vor allem in den Dialogen von Hemsterhuis begegnet war. Sie bedeutet zugleich, daß die Natur in ihre alte Einheit und Harmonie zurückkehrt, womit sich die Romanform notwendigerweise ins Märchen verwandelt: »Poetisierung der Welt - Herstellung der Märchenwelt - das ganze Menschengeschlecht wird am Ende poetisch. Neue goldne Zeit.« Aber das Märchen bezeugt nur abermals die hohe Gedanklichkeit, die dieser Dichtung innewohnt. Das scheinbar Schlichte des sprachlichen Stils ist der höchst bewußte Versuch, in die Einheit des Naiven zurückzugelangen. In der Spannung zwischen dem Bewußten und Unbewußten, die dadurch entsteht, beruht die spezifische »Modernität« der Romantik, wie sie sich im Werk des N. bezeugt und bis in die Gegenwart fortwirkt.

Schriften, im Verein mit R.Samuel hg.v. P.Kluckhohn, 4 Bde, 1929; erw. u. verb. Aufl. von R.Samuel, 1960ff. - Über N.: W.Dilthey, N. (PrJ 15, 1865, 596-650 = Das Erlebnis u. die Dichtung, [1905] 1957[13], 170-220) - H.Simon, Der magische Idealismus, Studien zur Philos. des N., 1906 - J.R.Thierstein, N. u. der Pietismus (Diss. Bern), 1910 - L.Kleeberg, Studien zu N. (N. u. Eckartshausen) (Euphorion 23, 1921, 603-639) - W.Feilchenfeld, Der Einfluß J.Böhmes auf N., 1922 - R.Unger, Herder, N. u. Kleist, 1922 - R.Samuel, Die poetische Staats- u. Geschichtsauffassung F.v.H.s, 1925 - H.Oberbeck, Die relig. Weltanschauung des N. (Diss. Berlin), 1928 - H.Pixberg, N. als Naturphilosoph, 1928 - H.Ritter, N.' Hymnen an die Nacht (Diss. Heidelberg), 1930 - E.Hederer, F.v.H.s Christenheit oder Europa (Diss. München), 1936 - A.Carlsson, Die Fragmente des N., 1939 - H.Fauteck, Die Sprachtheorie F.v.H.s, 1940 - I.v.Minnigerode, Die Christusanschauung des N. (Diss. Tübingen), 1941 - M.Kommerell, N.' Hymnen an die Nacht (in: Gedicht u. Gedanke, hg.v. H.O.Burger, 1942, 202-236) - H.Kamla, N.' Hymnen an die Nacht, Kopenhagen 1945 - W.Rehm, Orpheus. Der Dichter u. die Toten, 1950, 15-148 - H.Kuhn, Poetische Synthesis (ZPhF 5, 1950, 162-178. 358-384) - J.Striedter, Die Fragmente des N. als »Praefigurationen« seiner Dichtung (Diss. Heidelberg), 1953 (Masch.) - W.Müller-Seidel, Probleme neuerer N.-Forschung (Germ.-roman. Monatsschr. NF 3, 1953, 274-292) - Th.Haering, N. als Philosoph, 1954 - Hirsch IV, 432ff - P.Küpper, Die Zeit als Erlebnis des N., 1959 - B.Haywood, The Veil of Imagery, Cambridge/Mass. 1959. *W.Müller-Seidel*

Novatian, im 3.Jh. Presbyter und führender Theologe in Rom. Sein Hauptwerk De trinitate (um 250) ist die bedeutendste theologische Abhandlung in der lateinischen Kirche jener Zeit. N. stellt darin als Ertrag der Auseinandersetzung mit dem Monarchianismus (→ Christologie: II, 2 c) in den Begriffen → Tertullians und in Weiterführung von dessen Gedanken die Trinitätslehre und Christologie des Westens zusammenfassend dar. Er vertritt wie Tertullian eine ökonomische Trinitätslehre (→ Trinität: III), die nicht zuletzt durch seine Schrift für die westliche Theologie bestimmend wurde. - Während der durch den Märtyrertod → Fabians (250) entstandenen Sedisvakanz spielte N. auch eine maßgebliche Rolle in der Leitung der römischen Kirche. U.a. führte er die offizielle Korrespondenz des Klerus (2 Briefe an → Cyprian von Karthago). Überraschenderweise erhielt dann aber bei der Wahl im März 251 → Cornelius den Bischofsstuhl. Einige Presbyter und Konfessoren erhoben daraufhin N. zum Gegenbischof. Dabei ging es offenbar zunächst um einen persönlichen Gegensatz zwischen N. und Cornelius, der sich jedoch bald zu einem sachlichen vertiefte: N. verwarf die von Cornelius zugelassene Wiederaufnahme der während der decischen → Christenverfolgung Abgefallenen (Lapsi), weil er der Kirche die Vollmacht zur Vergebung dieser Todsünde absprach. Das bedeutete eine rigorose Bußpraxis, wie sie vielleicht bis zu → Calixt I. in der Kirche üblich gewesen war, nun aber nicht mehr dem veränderten Kirchenverständnis entsprach (→ Bußwesen: II, 1 d). Diese Praxis wurde später von der novatianischen Kirche auf alle Todsünden ausgedehnt. - Der Gegensatz in Rom führte zur schwerwiegendsten Kirchenspaltung des 3.Jh.s. Denn obwohl Cyprian und → Dionysius von Alexandrien eindeutig für Cornelius Partei ergriffen, gewann N. in der ganzen Ökumene, vor allem aber in den Gebieten des Ostens, zahlreiche Anhänger. Sie nannten sich »Katharoi« (»die Reinen«) und bildeten eine eigene Kirchengemeinschaft. Im → arianischen Streit des 4.Jh.s stand die novatianische Kirche auf seiten der nicänischen Orthodoxie. Unter Kaiser Honorius (412) begann ihre gewaltsame Unterdrückung. Teile der Kirche haben sich im Osten bis ins 7.Jh. hinein erhalten.

De trinitate ed. W.Yorke-Fausset (Cambridge Patristic Texts 7), 1909 - 2 Briefe: CSEL 3, 2, 549ff. 572ff; dt.: BKV² 60, 90ff. 114ff. Weitere Schriften s. Altaner 152. Umstrittene Schriften s. RE XIV, 224. - Über N.: RE XIV, 223ff - Bardenhewer II, 626ff - RGG² IV, 602 (Lit.) - F.Scheidweiler, N. u. die Engelchristologie (ZKG 66, 1954/55, 126-139) - Altaner 151f (Lit.). *P.Löffler*

Novgorod am Ilmensee, neben und nach → Kiew die wichtigste Stadt des altrussischen (Kiewer) Reiches. Noch unter → Vladimir d. Hl., aber offenbar erst nach Überwindung erheblichen Widerstandes christianisiert, wurde sie schon vor 1030 Sitz eines Bischofs (seit 1165 mit dem Titel Erzbischof). N. war bis zum Aufstieg → Moskaus das wichtigste Zentrum des kirchlichen und kulturellen Lebens in Nordrußland (→ Ikone, 5; s. Taf. 33 Abb. 3), aber - vielleicht durch seine Beziehungen zu Westeuropa - auch Ausgangspunkt verschiedener häretischer Strömungen (→ Russische Sekten). Seit der gewaltsamen Eingliederung in das Großfürstentum Moskau (1478) und vollends seit der Gründung von St. Petersburg in der Nähe N.s (1703) verlor N. auch in kirchlicher Hinsicht seine alte Bedeutung.

V.N.Lazarev, Die Kunst N.s, Moskau-Leningrad 1947 (russ.) - K.Onasch, Die Kunst N.s u. Feofan d. Grieche (Ostkirchl. Studien 3, 1954, 179-192. 287-306) - D.S.Lichačev, N., Moskau-Leningrad 1959 (russ.). - Vgl. die Lit. zu → Rußland: I. *L.Müller*

Noviziat ist die vom kath. Kirchenrecht geforderte Zeit der Erprobung zum Eintritt in den Ordensstand (→ Orden). Es dauert in der Regel ein Jahr; doch sehen neuere Verbände vielfach zwei Jahre vor; das orientalische Recht kennt für die Mönchsklöster sogar ein dreijähriges N. Ohne apostolische Vollmacht dürfen keine Personen aufgenommen werden, die sich einer akath. Sekte angeschlossen, die noch nicht das 15. Lebensjahr vollendet haben, Eheleute, solange das Eheband fortbesteht, solche, die früher durch das Band der Profeß gebunden waren u.a. Die Novizen tragen heute in der Regel das Ordenskleid, das von dem der Professen etwas verschieden ist. Die Leitung der Novizen obliegt einem Novizenmeister, dessen Bestellung durch Wahl oder Ernennung erfolgt. Das N. bildet eine kleine Welt für sich innerhalb des → Klosters (: III). Während des N.s dürfen die Novizen nur den N.sübungen, nicht aber berufsmäßig dem Studium obliegen. Die Novizen genießen die Vorrechte des geistlichen Standes und nehmen an allen Privilegien des Verbandes teil, in Todesgefahr dürfen sie Profeß ablegen. Für die verstorbenen Novizen sind dieselben Fürbitten wie für die Professen zu verrichten.

CIC cc. 542ff - DDC VI, 1024ff - V.Hermans, De novitiatu in Ordine Benedictino-Cisterciensi et in iure communi usque ad a. 1335 (Analecta S. O. Cisterciensis 3, 1947, 1-110) - J.Chmiel, De magistro novitiorum, 1953. *Ph.Hofmeister*

Nubien

1. Geschichte - 2. Religion. - Vgl. → Äthiopien

1. Die ältesten Quellen über N., das im Altertum mit dem später auf Abessinien eingeschränkten Namen der

oberen Nilländer »Aethiopia« bezeichnete nilotische Gebiet zwischen Assuan (→ 1 C 7) im Norden und dem 4. Katarakt im Süden, verdanken wir den Ägyptern. Diese zeigen im Alten Reich wirtschaftliche Interessen für N. und treiben seit dem Mittleren Reich eine bewußte Expansionspolitik, die das Land bis zum Ende der Ramessidenzeit (1085 vChr) zum ägyptischen Besitz macht. Ein selbständiges nubisches Reich mit den Hauptstädten Napata und Meroë, dessen Könige zeitweise als 25. Dynastie (751-656) →Ägypten (: I, 7) beherrschen, ist vom 8.Jh. vChr bis zur Mitte des 4.Jh.s nChr nachweisbar. Um 350 nChr zerstört der äthiopische König 'Ēzānā von Aksūm dieses meroïtische Reich. Aksumitischer und ägyptischer Einfluß wechseln in den folgenden Jh.en; nur der nördliche Teil Unter-N.s gehört in griech.-röm. Zeit zum Ptolemäer- bzw. zum röm. Reich. Zu Beginn des 19.Jh.s kommt N. unter türkische Oberhoheit. Die Niederwerfung der Freiheitsbewegung des → Mahdi (1883-96) führt zur Aufteilung N.s zwischen Ägypten und dem anglo-ägyptischen Sudan; seit dessen Selbständigkeitserklärung am 1.1.1956 gehört der südliche, größere Teil N.s zur Republik Sudan.

2. Als Landesgott N.s erscheint in den Pyramidentexten (→ Ägypten: II, 2) der Gott Dedun. Mit der zunehmenden Ägyptisierung N.s gelangten die Kulte ägyptischer Götter, vor allem des thebanischen →Amon, der Hathor und → Isis, ins Land; an deren zT afrikanisierter Verehrung hielten die ethnologisch heterogenen Bewohner N.s noch fest, als im Ursprungslande bereits das Christentum gesiegt hatte. Als ersten nubischen Christen kennt das NT den Kämmerer einer Königin Kandake (Apg 8, 26-39); Kandake ist die im Griechischen durchweg gebräuchliche Bezeichnung nubischer Königinnen. Offiziell christlich wird N. seit der Schließung der Isis-Tempel auf der Nilinsel Philae, die Justinian I. ca 535 veranlaßte. Die Christianisierung N.s erfolgte von Byzanz aus; der monophysitische Presbyter Julian († 566) wirkte mit Unterstützung der Kaiserin Theodora zwei Jahre in N.; außerdem entsandte Justinian dyophysitische Missionare. In der Folgezeit hielt die nubische Kirche am monophysitischen Bekenntnis (→ Christologie: II, 5 a) fest und unterstand kirchenrechtlich dem Patriarchen von Alexandrien. Bedeutsam war der Einfluß koptischer Mönche in den Klöstern N.s. Der → Kirchenbau (: II, 3 b) begann mit christlichen Einbauten in ägyptische Tempel. In nubischer Sprache sind nur Reste christlicher Literatur überliefert, deren umfangreichstes Stück die Erzählung vom Wunder des → Menas ist. Die wichtigsten epigraphischen Denkmäler sind Grabinschriften in koptischer und griech. Sprache. – Neben einer zunehmenden arabischen Durchdringung N.s förderten Kriegszüge die ca 1272 offiziell abgeschlossene Islamisierung. Seit dem 19.Jh. wirken christliche Missionen in N. (→ Äthiopien: V). - Vgl. → Afrikanistik, → Kopten, → Nordafrika: II.

G.Roeder, Die christl. Zeit N.s u. des Sudans (ZKG 33, 1912, 364-398) - UdG VII-VIII - T.Säve-Söderbergh, Ägypten u. N., Lund 1941 - G.Lanczkowski, Aethiopia (JAC 1, 1958, 134-153; Lit.).

G.Lanczkowski

Nuelsen, *John Louis* (1867-1946), Bischof der Methodistenkirche, Sohn des deutsch-amerikanischen Predigers Heinrich N., * in Zürich, † in Madison, N.J. Nach dem Theologiestudium in USA und Deutschland (Berlin, Halle) war N. Prof. für exegetische Theologie in Berea (Ohio), seit 1912 Bischof des europäischen (nach Dreiteilung: des mitteleuropäischen) Sprengels (seit 1936 ohne Deutschland) mit Sitz in Zürich. Nach dem 1. Weltkrieg begründete er ein großzügiges Hilfswerk. Als »Brückenbauer zwischen Deutschland und Amerika« und als »ein echter Oekumene« (A.Keller) wurde er weithin geachtet und geschätzt. N. war ein beachtlicher Theologe, eine vornehme Führerpersönlichkeit und unermüdlich als Seelsorger.

Vf. u.a.: Some Recent Phases of German Theol., 1908; Gesch. des Methodismus, (1920) 1929²; J.W.Fletcher, 1929; Der Methodismus als relig. Bewegung u. als Kirche, 1924; Die Ordination im Methodismus, 1935; J.Wesley u. das dt. Kirchenlied, 1938. - Über N.: F. Wunderlich, Methodists Linking two Continents, Nashville 1960.

C.E.Sommer

Numenius aus Apamea am Orontes (zwischen 150 und 200 nChr), mittlerer Platoniker, schrieb außer einem Kommentar zum letzten Buch des Staates u.a. »Über das Gute«, »Die Abweichungen der Akademiker von Platon«, »Die Unsterblichkeit der Seele«, »Über Zahlen«, »Die Natur des Menschen«. Sein System ist rein griech. Doch nennt er als Vorgänger → Platons die Chaldäer, Brahmanen, → Magier und ägyptische Priester, vom Judentum nur Moses, → Iannes und Iambres; Kenntnis des Christentums ist nicht nachzuweisen. Metaphysische Erkenntnis will N. durch Loslösen von den Sinneswahrnehmungen und durch allegorische Exegese bes. Homers, aber auch der Zahlen gewinnen. Die Gottheit ist dreifach: der erste, ungezeugte, unteilbare und bewegungslose Gott zeugt den zweiten Gott, der nach den Ideen des Vaters als dritten den Kosmos bildet. Der dreifachen guten Gottheit steht als Ursache des Bösen der Stoff gegenüber. Jeder der beiden Wirklichkeiten entspricht eine Seele; im Empirischen sind beide Welten vermischt, die Philosophie vermag sie zu trennen. - N. hat auf den mittleren → Platonismus und den → Neuplatonismus, auf die chaldäischen Orakel, auf → Origenes und → Eusebius (, 2) eingewirkt.

Fragmente: E.A.Leemans, Studie over den Wijsgeer N.v.A. (Mém. Acad. roy. de Belg. 37, 1937). - Über N.: F.Thedinga, De N. philosopho Plat., 1875 - K.S.Guthrie, N. of A., 1917 - W.Theiler, Die Vorbereitung des Neuplatonismus, 1930 - Ders., Plotin u. die antike Philosophie (Mus. Helv. I, 1944, 209-225) - H.-Ch.Puech, N. d'A. (Mélanges J.Bidez, 1934, 745-778) - PW Suppl. VII, 664ff - J.Carcopino, De Pythagore aux Apôtres, 1956, 201ff.

C.Schneider

Numeri ist der (wissenschaftlich gebräuchliche) lat. Name für das vierte Buch Moses; er leitet sich vom älteren griech. Namen 'Αριθμοί her, den es erhalten hat, weil es mit einer Volkszählung beginnt. Im MT heißt es nach dem Schauplatz der meisten Erzählungen bămmidbar »In der Wüste«, später nach seinem ersten Wort auch wăjjᵉdăbber »Und er (Jahwe) redete«. In großen Zügen wechseln Gesetze und Erzählungen regelmäßig miteinander ab.

Die *Erzählungen,* an denen alle Quellenschichten des → Pentateuchs beteiligt sind, bringen in Fortsetzung des Buches → Exodus Überlieferungen der Wüstenzeit, die bes. durch das »Murren« des Volkes gegen seine Führer bzw. Jahwe bestimmt sind, und Überlieferungen über die beginnende Landnahme. Sie stehen ziemlich geschlossen in 10, 11 - 14, 45 (u.a. die Auflehnung → Mirjams und → Aarons und die Kundschaftergeschichte); 16-17 (die Empörung von Datan-Abiram bzw. → Korach); 20-25 (u.a. Unglaube und Bestrafung Moses, → Eherne Schlange, → Bileam); 31, 1 - 33, 49 (u.a. Wohnsitze und Eroberungen im Ostjordanland). Im einzelnen sind sie, die mehrfach Parallelen (zT widersprechender Art) in anderen Büchern besitzen, von verschiedener Form. Einige sind Orts- oder Kultätiologien (11, 1-3; 20, 1-13; 21, 4-9). In anderen spiegeln sich geschichtliche Erinnerungen an den Aufenthalt von Israeliten in → Kadesch mit dem vergeblichen Versuch des Eindringens nach Palästina (13f) und an die Rechtfertigung des Bodenbesitzes von Kalibbitern (14, 24; → Kaleb), aber auch Auseinandersetzungen um Führungsansprüche aus viel späterer Zeit wider (12; 16f). Hinzu treten als Sonderüberlieferungen die Bileamgeschichten (22-24), die → Lade-Sprüche (10, 35ff) und einige Liedfragmente (21, 14f. 17f. 27ff). - Überwiegend *gesetzliche Bestimmungen,* die sämtlich der → Priesterschrift angehören, liegen vor in 1, 1 - 10, 10 (Volkszählung, Lagerordnung, Rechts- und Kultvorschriften, darin 6, 22ff → aaronitischer Segen); 15; 18-19; 26-30 (u.a. zweite Volkszählung 26; Gesetze über Erbfragen 27, Opfer 28f und Gelübde 30) und 33, 50 - 36, 10 (u.a. Leviten- und Zufluchtsstädte [→ Asylrecht, 2]). Es handelt sich zT um Nachträge zu oder Weiterführung von Bestimmungen in den Büchern → Exodus und → Leviticus (bes. 5, 5-10; 8, 1-4; 15; 28f; 30).

Kommentare: B.Baentsch (HK), 1903 - H.Holzinger (KHC), 1903 - G.B.Gray (ICC), (1903) 1912² (1955) - L.E.Binns (WC), 1927 - P.Heinisch (HSchAT), 1936 - H.Cazelles (JerB), (1952) 1958² - H.Schneider (Echter-Bibel), (1952) 1955²·³ - J.Marsh (IntB), 1953. - A.Kuschke, Die Lagervorstellung der priesterschriftl. Erzählung (ZAW 63, 1951, 74-105) - E.Arden, How Moses failed God (JBL 76, 1957, 50-52). - Vgl. die Lit. zu → Elohist, → Jahwist, → Mose, → Pentateuch, → Priesterschrift. *G.Fohrer*

Zur *Auslegungsgeschichte* (s. auch → Schriftauslegung: IV, → Pentateuch):

Qu.: 3.Jh.: Hippolyt, arab. Fragmente ed. H.Achelis, GCS I/2, 1897 - Origenes (MPG 12; ed. W.A.Baehrens, GCS VII, 1921; ed. A.Méhat, SC 29, 1951). - 16.Jh.: Luther (WA 25; Predigten) - David Chyträus, Wittenberg 1572. - 17.Jh.: Franciscus Junius, Lyon 1600 - Chr.Pelargus, Magdeburg 1606 - William Attersol, London 1618 - Joh. Lorinus SJ, Lyon 1622.

Lit.: A.J.Michalski (→ Leviticus). *W.Werbeck*

Numinos. Das adjektivisch von »numen« (Gottheit, göttliche Präsenz) abgeleitete Wort wurde durch R. → Otto in die → Religionsphilosophie eingeführt. Es hat auch in dem allgemeinen Denken über die → Religion, ihren besonderen Gehalt und ihre eigene Symbolsprache umwälzend gewirkt. Wie → Schleiermacher erhebt Otto gegen einen verflachenden Rationalismus die Religion als selbständige Größe, die im Gefühl, in der Divination, als ein reines Widerfahrnis erlebt wird. Otto hatte aber viel konkretere Erkenntnisse der Religionsgeschichte als Schleiermacher. Indem er das N.e mit dem »Heiligen« gleichsetzte (→ Heilig: I), traf er mitten ins Kraftfeld der Fragen, welche die Zeit nach 1918 bewegten, vor allem weil das Übermächtige, Schreckliche, Dämonische und Vernichtende durch Otto nicht vom Gottesbilde ausgeschlossen, sondern geradezu als das primär Bestimmende enthüllt wurden. Das Heilige ist eine Kategorie →a priori; neben die rationellen Ideen der Absolutheit, Wesenheit, Notwendigkeit, auch neben die des Guten und des Wertes, wird das »Heilige« gestellt als unabhängig von aller Wahrnehmung, gegeben in reiner Vernunft, im menschlichen Geiste selber als sein Ursprünglichstes angelegt, wobei aber die Transzendentalkritik → Kants umgebogen wird auf den »Seelengrund« der → Mystik. - Gegenüber dem »Heiligen« enthüllt sich die Welt als schlechthinnige *Profanität,* und im Menschen vollzieht sich das *Kreaturgefühl:* das Erleben des Vergehens, des Versinkens, des Zunichtewerdens als reines Widerfahrnis der Übermächtigkeit des »Ganz-Andern«.

Das Heilige ist - abgesehen von seinem Verhältnis zum Rationalen - in sich schon ambivalent (→ Ambivalenz), nämlich als Mysterium *tremendum* ac *fascinosum.* Schon phänomenologisch (also abgesehen von jeder Bezugnahme auf eine philosophische Totalverantwortung) sind daher das Paradox und die Antinomie kennzeichnend für das Ungeheure. Die Begriffe für »heilig« (kadôš, ἅγιος, sacer, sanctus usw) sind an sich keine sittlichen Begriffe; sie bezeichnen das *Überweltliche,* und zwar nicht nur als Seins-bezüglich, sondern auch als Wert-bezüglich, als energicum, Lebendigkeit, Leidenschaft, Zorn ausstrahlend jenseits von allem menschlichen Maß von Gut und Böse. - Nach Otto gibt es aber nicht nur die zweisame Einheit von tremendum und fascinosum; das fascinosum begegnet in der religiösen Erfahrung auch selbständig. Der Mensch sucht ja die *Nähe* des Heiligen, als hätte er vergessen, daß sie vernichtend ist; er findet sich selbst schon hingegeben. Die Selbstabwertung, als Reflex des N.en im Selbstgefühl, erhält ein gewisses Gegengewicht im Wunder der *Erwählung.*

Aus dem weiten Bereich der Religionen bringt Otto ein reiches Anschauungsmaterial bei. Vor allem das Verständnis des AT ist im Lichte des N.en gereift. Das Befremdlich-Primitive wird da das Großartige, das Ärgerlich-Anthropomorphe der Widerschein des echten Mysteriums; das Verborgene in Natur und Geschichte wird als Siegel der Gegenwart Gottes erkannt, der Zorn Gottes, der unfreie Wille, die Erbschuld, die Prädestination, das ex-lex-Sein Gottes, - das alles bekommt Gestalt, feste Kontur und quellende Fülle. Die Durchleuchtung der Gottesnamen im AT, die Erfassung der Sünde als rein religiöser Begriff, die Übersteigung alles moralischen Vorverständnisses von »Fleisch«, »Geist«, »Rache«, »Strafe«, »Sühne« wird daher innerhalb des neuen hermeneutischen Horizontes, eben des »N.en«, notwendig und von entscheidender Bedeutung. Auch die iustificatio bei Paulus und Luther ist in dieser Phänomenologie neu gesehen. Schließlich kommt das Sakrament als sakrale Anamnese ins Blickfeld. - Die Tiefe der Einfühlung in fast alles, was Otto beigebracht hat, die Erfahrung der Befindlichkeit und die künstlerische Identifikation sind hoch zu rühmen.

Nun erheben sich aber folgende Fragen: Wenn die → Magie nur im Raum des Dämonischen möglich ist und das Heilige - wenigstens latent - Züge des Dämonischen hat, muß dann die hier gesichtete Religion nicht irgendwie der Magie verhaftet bleiben? Kommt nicht in dieser Lehre das *Ethische* zu kurz? Läuft nicht die Frage nach dem Wesen der → Religion auf die Antwort hinaus: letztes Ziel der Religion sei das N.e und nicht der Mensch? Haben nicht die erörterten Erlebnisse eine Tendenz zur → Mystik hin? Wird die »Verbundenheit von Gott und Sollen« (W.Hellpach) als psychologisches Faktum recht gewertet, wenn das Sollen nur als Akzidens, als Frucht der Erfahrung des »augustum« verstanden wird? G.Mensching verteidigt Ottos Scheidung, weil sonst ein objektives Reich der Werte als rationelle Voraussetzung des N.en gedacht werden müsse. W. Schilling verteidigt Ottos Auffassung und tritt bes. der Anklage entgegen, Otto habe die Objektbezogenheit der Religion ins Subjektive verflüchtigt. A.E.Loen bestritt schon früher die Gültigkeit von Ottos Kategorien, sobald es um das Phänomen *»Glaube«* gehe. Die Bedingungen der Möglichkeit, kraft deren sich der Glaube existentiell zur Wirklichkeit verhält, seien in der Phänomenologie des N.en übergangen. - Vgl. → Ambivalenz, → Anbetung: I, religiöse → Erfahrung, 2, → Erlebnis: I, → Furcht.

R.Otto, Das Heilige, (1917) 1958³⁰ - Ders., Aufsätze, das N.e betr., (1923) 1929⁴ (1932⁵·⁶: Das Gefühl des Überweltlichen; Sünde u. Urschuld) - Ders., West-Östl. Mystik, (1925) 1929² - Ders., Zur Erneuerung... des Gottesdienstes, 1925 - P.Volz, Das Dämonische in Jahwe (SgV 110), 1924 - W.Brede Kristensen, Het boven-ethische in de godsdienst, 1928 (auch in: Symbool en Werkelijkheid, Arnhem 1954) - F.K.Feigel, »Das Heilige«. Krit. Abh. über R.Ottos... Buch, Haarlem (1929) 1948² - A.E.Loen, Wijsbegeerte en Werkelijkheid, Utrecht 1929 - G.Mensching, Gut u. Böse im Glauben der Völker, (1941) 1950² - G.Gusdorf, Mythe et métaphysique, Paris 1949 - W.Schilling, Das Phänomen des Heiligen (ZRGG 2,

1949/50, 206-222) - W.Hellpach, Grundriß der Religionspsychologie, 1951 - C.G.Jung, Symbole der Wandlung, 1952 - H.Duméry, Critique et religion, 1954 - Eliade. - Vgl. die Lit. zu → Heilig: I. *K.H.Miskotte*

Numismatik → Münzkunde.

Nuntiaturstreit, *Münchener*. Den bayerischen Wünschen nach einem eigenen Landesbistum kam → Pius VI. 1785 durch Errichtung einer ständigen Nuntiatur für die wittelsbachischen Länder in München entgegen. Die Fakultäten gaben dem → Nuntius die Bedeutung eines Erzbischofs und verletzten, bedingt durch die Streuung der wittelsbachischen Länder, die Rechte fast aller deutschen Bischöfe, bes. die der vier Erzbischöfe. Gegen die reichsverfassungswidrige Maßnahme schlossen sich 1786 die vier Erzbischöfe in Ems zusammen (→ Emser Kongreß). Trotz eingehender Bemühungen gelang es den Erzbischöfen nicht, → Joseph II. auf ihre Seite zu ziehen. Die Zusammenarbeit mit den Bischöfen wurde versäumt, die sich 1786/87 gegen die Erzbischöfe stellten. Die entscheidende Wendung kam 1787, als es dem Vatikan gelang, über Preußen das mit diesem im Fürstenbund verbündete Mainz aus der Front der Erzbischöfe herauszubrechen. Darauf übernahm Kurfürst Max Franz von Köln die Führung. Er erreichte zwar 1790 die Vorlage des N.s vor den Reichstag, doch ging der Streit in den Wirren der französischen Revolution unter. Seine eigentliche Bedeutung liegt in der Abwendung Roms von der Institution der geistlichen Fürsten. Diese hatten sich das Gedankengut des → Febronianismus zu eigen gemacht und den Streit um die Münchner Nuntiatur zu einem grundsätzlichen Kampf gegen den päpstlichen Einfluß in Deutschland erweitert. Dadurch wurde der Vatikan der Säkularisation geneigter.

F.Endres, Die Errichtung der Münchner Nuntiatur u. der N. bis zum Emser Kongreß, 1909 - K.Habenschaden, Der M.N. in der Publizistik, 1933 - G.J.Jansen, Kurfürst Max Franz von Köln u. die episkopalist. Strömungen seiner Zeit (Phil. Diss. Bonn), 1933 - K.O.v.Aretin, Die Konfessionen als polit. Kräfte am Ausgang des alten Reichs (Festg. J.Lortz II, 1957, 181-241). - Vgl. die Lit. zu → Emser Kongreß. *K.O.Frhr.v.Aretin*

Nuntien *(Inter-N.)* sind, im Gegensatz zu den mit gelegentlichen Vertretungen des Papstes als dessen »alter ego« betrauten → Kardinälen als »legati a latere« (CIC c. 266), die ständigen diplomatischen Vertreter der → Kurie bei weltlichen Regierungen (c. 267). Gleichzeitig mit dem modernen Gesandtschaftswesen zu Beginn der Neuzeit entstanden (1500 in Venedig, bald darauf am Kaiserhof, in Madrid, Paris und Lissabon), erhielten die Nuntiaturen unter Gregor XIII. (1572-85) im Dienst der → Gegenreformation ihre volle Durchbildung. Für Oberdeutschland wurden wichtig die von Luzern (1578/86), von Graz und Wien (1580/81), für den niederrheinischen Katholizismus die Kölner (1584, »Kampf um Köln«) und die Brüsseler (1597), für den Nordosten die polnische Nuntiatur (1555). Den N. kamen von vornherein zwei Aufgabenbereiche zu: a) eine allgemein politisch-diplomatische Sendung im Dienst des Papsttums und der Kirche, im 16./17.Jh. vor allem der Gegenreformation, später wichtig bes. beim Abschluß von → Konkordaten und deren Durchführung. b) Ferner waren sie Organe des wachsenden päpstlichen Zentralismus gegenüber Metropoliten und Bischöfen, in Ausübung päpstlicher Jurisdiktion im Sinn des strengen Kurialismus, wozu sie mit weitgehenden delegierten Fakultäten ausgerüstet waren. Das führte zu vielfachen Eingriffen in die ordentliche → Jurisdiktion der Bischöfe und Metropoliten, wogegen sich diese, mitunter sogar mit weltlicher Unterstützung, zur Wehr setzten (vgl. → Nuntiaturstreit). - Auch nach dem CIC (c. 267) sind diese beiden Aufgabenbereiche bestehen geblieben. Doch sind die N. in ihrem Bezirk auf Überwachung der kirchlichen Zustände und Berichterstattung nach Rom beschränkt. Eingriffe in die Jurisdiktion der Ordinarien sind ihnen untersagt (c. 269 § 1). Die N. sind stets Titularbischöfe oder -Erzbischöfe, in der Regel Italiener. Nach Verleihung des Purpurs werden sie meist an die Kurie abberufen und können nur noch kurze Zeit als »Pro-N.« ihres Amtes walten. Das AnnPont 1959 verzeichnet 49 Nuntiaturen; 8 sind unbesetzt. Statt ihrer gibt es in manchen Ländern (zB Großbritannien, USA, Kanada, Mexiko, Australien) »Apostolische Delegaturen« ohne diplomatischen Charakter, nur mit Aufsichtsrechten (zZ 19, davon 4 unbesetzt). Seit dem → Wiener Kongreß haben die N. als Doyens des diplomatischen Korps den ersten Rang. - Für die Geschichtsforschung von großer Bedeutung sind die Nuntiaturberichte (im Vatikanischen Archiv), die von Deutschland, Österreich und der Schweiz, auch von Polen, Belgien und der Tschechoslowakei herausgegeben werden (Übersicht 1955 bei Feine 495f).

RE XI, 340ff - A.Wynen, Die päpstl. Diplomatie, 1922 - RGG[2] IV, 609ff - Feine 493ff. 503ff (Lit.). *H.E.Feine*

Nygren, *Anders*, * 15.11.1890 in Göteborg, 1924-58 Prof. der syst. Theol., 1949-58 Bischof in → Lund. Als Religionsphilosoph hat N. die Theologie in Beziehung zum wissenschaftlichen Denken im allgemeinen gesetzt und dabei eine sichere und wissenschaftlich unanfechtbare theologische Methode schaffen wollen. In kritischer Auseinandersetzung mit einer bei → Kant und → Schleiermacher vorliegenden Fragestellung entwickelte er eine transzendentalkritische Methode, durch welche er die apriorische Gültigkeit der religiösen → Erfahrung aufweisen kann (→ A priori, 2). Im Anschluß daran hat N. innerhalb der → systematischen Theologie die Methode der → Motivforschung ausgearbeitet und sie bes. in seiner großen Untersuchung über → Eros und Agape angewandt. - Neben seiner umfassenden Forschungsarbeit, durch die N. in der gegenwärtigen internationalen Theologie eine führende Rolle spielt, hat er bedeutungsvolle Beiträge zur kirchlichen Arbeit innerhalb und außerhalb der schwedischen Kirche gegeben. An der ökumenischen Arbeit lebhaft beteiligt, trat er bes. bei den Konferenzen in Edinburgh 1937 und Amsterdam 1948 hervor. 1947-52 war er der erste Präsident des → Lutherischen Weltbundes. Der Stellung des Luthertums zu anderen Konfessionen hat er besondere Aufmerksamkeit gewidmet. - Vgl. → Religionsphilosophie, → Schweden: II.

Vf. bes.: Religiöst apriori, 1921; Die Gültigkeit der relig. Erfahrung, 1922; Filosofisk och kristen etik, 1923; Etiska grundfrågor, 1926; Eros u. Agape. Gestaltwandlungen der christl. Liebe I. II, (schwed. 1930/36) 1930/37; Die Versöhnung als Gottestat, 1932; Der Röm, (schwed. 1944) 1951; Das lebendige Wort Gottes, (schwed. 1949) 1952; Christus u. seine Kirche, 1956; Augustin u. Luther, 1958. - Über N.: E.Tegen, Är en transcendental deduktion av religionen möjlig? (in: Bibelforskaren, 1922, 300-319; 1923, 1-24; N.s Antwort: ebd 273-293) - I.Hedenius Tro och vetande, Stockh. 1949, 163ff - World Lutheranism of Today. A Tribute to A.N., ebd 1950 - H.Nystedt, Plikt och kärlek. Studier i A.N.s etik, ebd 1951 - S. Holm, Religionsfilosofien i det 20. årh. II, Kopenhagen 1952, 127ff - V.Vajta, Bischof A.N. (Ökumen. Profile 5, 2), 1952 - G.Wingren, Die Methodenfrage der Theol., (schwed. 1954) 1957 (anschließende Diskussion zw. N. u. Wingren in SvTK 1956) - H.Lindroth, A.N. u. der Kritizismus (StTh 10, 1956, 89-188) - R.Arendt, Religiöst apriori hos A.N. (SvTK 33, 1957, 89-108) - G.Lundgren, A.N. och psykologien (ebd 34, 1958, 281-298) - G.Hillerdal, Teologisk och filosofisk etik, Stockh. 1958, Kap. 6 u. 11. *V.Lindström*

Nymwegen *(Nijmegen), Universität*. Von 1655-79 besaß die alte Kaiserstadt eine »Illustris Tetrarchiae Noviomagensis Universitas«, die vergeblich versuchte, → Harderwijk den Rang abzulaufen. Zu ihren namhaften Professoren gehörten u.a. die Theologen Chr. → Wittich und Joh. → Braun. Die Kriegszeiten bereiteten ihr ein frühes Ende. Versuche, sie im 18.Jh. neu zu errichten, schlugen fehl. 1923 wurde die kath. »Universitas Carolina« (nach Karl d. Gr.) gegründet. Die Gründung war seit 1905 durch die St. Radboudstiftung vorbereitet worden. Mit den 8 niederländischen Bischöfen bilden 8 Laien den Vorstand, der das Kuratorium ernennt. Die theologischen Grade werden im Namen des Papstes verliehen; die theologische Fakultät (aber nur sie) untersteht der Jurisdiktion des Episkopates. Die »Carolina«, ein Gegenstück zu der ref. Freien Universität in → Amsterdam, umfaßt zZ 5 Fakultäten; die naturwissenschaftliche befindet sich noch im Aufbau. Die kath. Christen der Niederlande geben ihren Beitrag zu den Kosten (alljährlicher »Universitätssonntag«). Die besonderen kath. Lehrstühle an den Universitäten Utrecht und Amsterdam blieben bestehen, da nur ein Teil der kath. Studenten in N. studiert. Die theologische Fakultät hat zZ 10 Professoren und 2 Lektoren; sie steht nur denjenigen offen, die durch einen »cursus maior« den an Seminaren absolvierten »cursus minor« vertiefen wollen.

Y.H.Rogge, De academie te Nijmegen (Oud Holland 18, 1900, 153-180) - Jaarboek, seit 1923 - G.Brom, Dies natalis. De stichting van de katholieke Universiteit, 1955. *S. van der Linde*

O

Obadjabuch. Das O. ist das kleinste im → Zwölfprophetenbuch; obwohl es nur 21 Verse enthält, sind die Fragen nach seiner literarischen Komposition und seiner Entstehungszeit problematisch. Das O. wird von Robinson als eine Sammlung herrenloser Fragmente verstanden, von Rudolph und Weiser als ein Buch (V. 1-18) *eines* Verfassers. Zwischen diesen Extremen bewegen sich andere Meinungen (Sellin, Eißfeldt). Auch die Entstehungszeit des O.es ist umstritten: Der Kern des Buches (V. 2-10) stamme aus dem 9.Jh. (so Sellin, Theis), oder er spiegele - perfektisch verstanden - das 5.Jh. vChr wider (so Wellhausen). Den Grundstock des O.es bilden u.E. V. 1-7. Die Frage, ob in ihnen auf Vergangenes zurückgeschaut wird (Wellhausen u.a.) oder ob in ihnen Weissagung vorliegt (Rudolph u.a.), wird im zweiten Sinne zu entscheiden sein; denn die hier auch vorkommenden perfektischen Formen sind als Perfecta prophetica zu begreifen, und auch die Aufforderung an die Völker, zum Kampf gegen Edom anzutreten (V. 1), spricht für eine Drohung. Begründet ist dieses kommende Vernichtungsgericht an Edom nicht in dem Verhalten Edoms, das 10f geschildert wird, wie man zumeist annimmt, sondern in der hochmütigen und selbstsicheren Haltung Edoms, die V. 3 schildert; dieser Vers ist Begründung, nicht nur Kontrastierung zu dem gedemütigten Edom in 5ff. In welche Zeit führt solche Haltung Edoms? Die Vorwürfe, die nach 587 gegen Edom erhoben wurden, waren nicht sein Hochmut, sondern ganz konkrete Vergehungen, die Edom beim Fall Jerusalems begangen hatte (10ff; Ez 25, 12; 35, 5ff; Ps 137, 7). Für Hochmut könnte das Ereignis in 2Kön 8, 20-22 in Frage kommen, der Abfall der → Edomiter von Juda. Ist diese Annahme richtig, dann würden als Entstehungszeit für 1-7 die Jahre nach 852 angesehen werden können. - V. 8-11 sind das zweite Gedicht. Der eschatologische Terminus »an jenem Tage«, der in 1-7 nicht vorkommt, und auch die Einleitungsformel »Ist es nicht so?« lassen vermuten, daß diese Verse ein selbständiges Stück sind. Ein Augenzeuge der Ereignisse von 587 fügte seine Drohung über Edom mit Begründung dem ersten Gedicht V. 1-7 hinzu. 8-11 werden kurz nach 587 entstanden sein. - V. 12-16 sind das dritte Gedicht. Es fällt auf durch seinen formalen Aufbau und durch seine gedankliche Gliederung: Freude Edoms am Unglück Jerusalems (12-13 a) - 13 b ist Glosse - und zusätzlich noch aktives Eingreifen gegen die Bedrängten (13 c. 14). Durch diesen Aufbau unterscheidet sich dieses Gedicht von dem zweiten. Diese Verschiedenheit spricht entweder für einen anderen Verfasser als den von 8-11, oder aber der Verfasser von 8-11 hat das Verhalten Edoms i.J. 587 geraume Zeit später reflektiert und dann in die stilistisch und gedanklich geordnete Form des 3. Gedichtes gebracht. 15a ist nicht hinter 15b umzustellen und als Beginn eines neuen Gedichtes V. 16ff zu verstehen (so die meisten Exegeten), sondern 15a zeigt, daß der Verfasser das kommende Geschick Edoms nur begreift als ein partielles Ereignis innerhalb des eschatologischen Handelns Jahwes an der Völkerwelt und diesen Gedanken vom Völkergericht dann in 16 weiterführt. - V. 17-18 könnten mit 12-16 zusammengehören; denn die Heilsaussage in 17 ist als Kontrast zu 16a denkbar, wo auf den Zornesbecher angespielt ist, den Juda-Jerusalem 587 zu trinken hatte. Ist aber der Gedanke des Verfassers von 12-18 an dem kommenden Heil über Juda-Jerusalem orientiert, dann ist es verständlich, daß er in Kontrast dazu heraushebt, wie Edom im Feuer des Gottesvolkes verbrennen wird. - V. 19-20 heben sich von dem Vorhergehenden schon dadurch ab, daß sie in Prosa geschrieben sind. Sie sind Glosse, die 17b kommentiert. - V. 21 kann von dem Glossator der Verse 19-20 stammen. Er hebt die Heilsaussage von V. 17 noch einmal hervor mit Akzent gegen Edom und sieht in dem allen die Realisierung der Königsherrschaft Gottes. - Das O. hat in V. 4. 7. 13. 19-20 Einfügungen erfahren. Die Parallelstelle zum O. in Jer 49, 7-22 besagt für die Komposition und Entstehungszeit des O.es nichts, da Jer 49, 7-22 in seinem jetzigen Bestand nicht jeremianisch ist, sondern später vom O. her angefüllt ist. - Obadja heißt »Knecht Jahwes«. Über die Person des Obadja ist nichts bekannt; der Name als solcher ist im AT belegt (1Kön 18, 3-6). Die Verfasser des O.es sind Heilspropheten. Sie erwarten im eschatologischen → Gericht (: II) das nationale Heil ihres Volkes und das Unheil der Völkerwelt, bes. Edoms. Darin zeigt sich ihre national gebundene Enge, die nichts weiß von der Predigt der klassischen → Propheten, die immer auch gegen das eigene Volk gerichtet ist, und die auch nicht die ökumenische Weite des Heils kennt wie Dtjes (→ Jesajabuch, 2). Aber auch hinter der Verkündigung des O.es steht der Glaube an die gerechte Vergeltung Jahwes gegen das Unrecht und der Glaube an die kommende Königsherrschaft Gottes.

Komm. u. Lit. s. → Zwölfprophetenbuch. Ferner: J.Theis, Die Weissagung des Abdias, 1917 - W.Rudolph, Obadja (ZAW 49, 1931, 222-231) - A.J.Freeman, The Obadjah Problem (Diss. Southern Baptist, Louisville), 1950 - O.Eissfeldt, EinlAT, 1956², 490ff (Lit.). *W.Vollborn*

Zur *Auslegungsgeschichte* (s. auch → Schriftauslegung: IV, → Zwölfprophetenbuch):

Qu., 12.Jh.: Hugo(?) v. St. Viktor (MPL 175). - 16.Jh.: Urbanus Rhegius, Celle 1537 - Joh.Draconites, Rostock 1548 - Martin del Castillo OFM, Antwerpen 1556 - Joh.Jak.Grynäus, Basel 1584 - Ludwig de Leon OESA, Salamanca 1589. - 17.Jh.: Heinrich Leuchter, Darmstadt 1606 - Quirinus Reuter, Heidelberg 1617 - Salomo Gesner, Hamburg 1618 - Edward Marbury, London 1639 - Joh.Ellisius, ebd 1641 - Aug.Pfeiffer, Wittenberg 1666 - L.M.Crocius, Bremen 1673 - Y.P.Pezron OCist, Paris 1693 - Cornelius de Hase, Bremen 1695 - G.F.Heupelius, Straßburg 1699. - 18.Jh.: G.Outhof, (Groningen 1700) Dordrecht 1730 - J.W.Zierold, Frankfurt-Leipzig 1719.

W.Werbeck

Obendiek, *Harmannus* (19.9.1894 bis 14.9.1954), * in Weener (Ostfr.), † in Rapid City (USA), 1922-31 Pastor in Hinte, Nüttermoor und Ihrhove (Ostfr.), 1931-54 an der ref. Gemeinde Barmen-Gemarke. 1934-46 war O. Mitglied des Moderamens des → Reformierten Bundes (zeitweise stellv. Moderator), 1932-41 Dozent an der Theologischen Schule in Elberfeld, 1945 Mitbegründer der Kirchlichen Hochschule Wuppertal, 1945-54 ebd Prof. für prakt. Theol. - O. kam aus dem durch das ref. Bekenntnis geprägten Pietismus Ostfrieslands. Seine Theologie war vor allem durch Luther und Calvin bestimmt. Mit K. → Barth war er eng verbunden. Persönliche Erfahrungen nötigten ihn, sich mit den dämonischen Hintergründen des Lebens von der Schrift her zu beschäftigen. Als Pastor wirkte er durch Predigt und Seelsorge über den Rahmen seiner eigenen Gemeinde, bes. unter Studenten und Pfarrern. Während des → Kirchenkampfes lieferte er auf Synoden und Tagungen der Bekennenden Kirche das biblische und theologische Rüstzeug. Nach dem Krieg entfaltete er eine fruchtbare Tätigkeit als theologischer Lehrer und übernahm neben synodalen auch ökumenische Aufgaben für die EKD.

Vf. u.a.: Satanismus u. Dämonie, 1928; Der alt böse Feind, 1930; Der Teufel bei M.Luther, 1932; Glauben oder Schauen, 1932; Die Obrigkeit nach dem Bekenntnis der ref. Kirche, 1936; Unser Dienst in Predigt u. Seelsorge, 1947; Paul Humburg, (1947) 1949²; Das Zeugnis der Wahrheit nach dem Heidelberger Katechismus, 1951; Deine Zeugnisse sind meine Rede (Predigten), 1955. - Über O.: R. Steiner, H.O., 1955 (Bibliogr.). *R.Steiner*

Oberkirchenrat heißen die obersten Verwaltungsbehörden einiger deutscher Landeskirchen: der O. in Schwerin, der Ev.O. in Karlsruhe und Stuttgart und der Ev.-luth.O. in Oldenburg. In allen 4 Kirchen setzt sich die Behörde aus theologischen und juristischen Mitgliedern zusammen. Den Vorsitz führt überall der erste geistliche Würdenträger der Kirche.

1850-1951 hat auch die oberste Verwaltungsbehörde der ev. Landeskirche der älteren Provinzen → Preußens (ab 1924 Ev. Kirche der altpreußischen Union) die Bezeichnung Ev.O. geführt und unter diesem Namen besondere kirchengeschichtliche Bedeutung erlangt. An seiner Spitze standen ein juristischer Präsident und ein geistlicher Vizepräsident. Seine Gründung war der erste Ansatz zur Durchführung des neuen Verfassungsgrundsatzes der kirchlichen Selbstverwaltung (→ Kirchenverfassung: VI, 5). Nur langsam gelang es, diesen Grundsatz in den Synodalordnungen von 1873 und 1876 zu verwirklichen. Auf allen Gebieten der kirchlichen Verwaltung hat der O. umfassende Arbeit geleistet, die zT auch für die anderen deutschen Landeskirchen von Bedeutung wurde. Seine Haltung in der sozialen Frage und in den Streitfragen um das Bekenntnis ist umstritten. In den Bestrebungen um einen engeren Zusammenschluß der deutschen Landeskirchen übernahm der O. bald nach 1900 die Führung. Die dem Präsidenten des O.s zufallende Leitung im Deutschen Ev. → Kirchenausschuß (1903) und im → Kirchenbunde (1922) brachte Bindungen für das Kollegium mit sich und ersetzte zT eigene Maßnahmen. So ging die Fürsorge, die der O. großzügig für die ev. → Auslandsgemeinden (: I) aufgebaut hatte, 1924ff auf den Kirchenbund über. Nach dem Versailler Vertrag trat er nachdrücklich für den Grundsatz ein: »Staatsgrenzen sind keine Kirchengrenzen« und sicherte u.a. die Zugehörigkeit des Memelgebietes zur altpreußischen Kirche durch einen Vertrag mit Litauen. - Der Sturz der Monarchie 1918 band den O. stärker an die Generalsynode und deren Vorstand. Die 1924 zunächst durch Staatsgesetze geregelte veränderte Stellung der Kirche gegenüber dem Staat wurde 1931 durch einen → Kirchenvertrag gesichert. Gegenüber dem Ansturm der NSDAP versagte diese Sicherung, so daß es der bisherigen Kirchenleitung nicht gelang, die vakanten Posten des Präsidenten und des geistlichen Vizepräsidenten neu zu besetzen. Nachdem die 1933 unter staatlichem Druck durchgeführten kirchlichen Neuwahlen eine starke Mehrheit für die Deutschen Christen ergeben hatten (→ Kirchenkampf, 5), wurden 7 Mitglieder des O.s zwangsweise in den Ruhestand versetzt. Seitdem stand der O. im Gegensatz zur → Bekennenden Kirche, bis er durch die Beschlüsse der altpreußischen Bekennenden Kirche und einiger Provinzialkirchen (Treysa 31.8.1945) zu einer Verwaltungsstelle der umgestalteten altpreußischen Kirche wurde, die gegenüber den verselbständigten Provinzialkirchen keine Weisungsbefugnis mehr besaß. Mit der Neuordnung der Verfassung der altpreußischen Kirche 1951 wurde das auch in der neuen Bezeichnung der Behörde als »Kirchenkanzlei« deutlich (→ Evangelische Kirche in Deutschland: I, 5).

Die Entwickelung der ev. Landeskirche der älteren Preuß. Provinzen seit der Errichtung des Ev. O.s, 1900 - W.Beyschlag, Die Jubiläumsschrift des Ev. O.s (DEBl 1900, 497-508. 745-756) - J.V.Bredt, Neues ev. Kirchenrecht für Preußen I-III, 1921-27 - E.Foerster, Adalbert Falk, 1927 - G.Holstein, Grundlagen des ev. Kirchenrechts, 1928 - O.Söhngen (Hg.), 100 Jahre Ev.O. der altpreuß. Union, 1950. *B.Karnatz*

Oberlin, *Johann Friedrich* (31.8.1740 bis 2.6.1826), ev. Theologe, * in Straßburg, † in Waldersbach im Steintal (Ban de la Roche, Vogesen), wo er seit 1767 Pfarrer war. Es gelang ihm, die infolge der Abgelegenheit und der wechselnden Herrschaft sittlich und religiös tiefstehende Gemeinde zu heben. Dem dienten die Entwicklung des vernachlässigten Schulwesens und die Sorge für die noch nicht schulpflichtigen Kinder durch Einrichtung von Strickschulen (→ Kinderfürsorge, 1). Hierin wurde er bes. unterstützt von Luise Scheppler (1763 bis 1837). Die wirtschaftliche Entwicklung des Steintales förderte O. durch Straßen- und Brückenbau, Gründung von Warenlagern, Leih- und Sparkassen und landwirtschaftlichen Vereinen. Mit Hilfe von J.L.Legrand, dem Typ eines christlich-sozialen Unternehmers, führte er auch Industrien in das Tal ein. In allem handelte O. nach seinem Grundsatz: »Nichts ohne Gott, alles für den Heiland.« Als Seelsorger war er jedem Gemeindeglied durch persönliche Fürbitte verbunden. Reformierten und Katholiken diente er in gleicher Weise und nannte sich gern einen kath.-ev. Pfarrer. Aufgeschlossen für die Bestrebungen der → Philanthropinisten, über Fragen des Jenseits spekulierend, darin → Swedenborg, → Urlsperger, → Jung-Stilling und Frau v. → Krüdener verbunden, begrüßte er auch begeistert und aktiv die französische Revolution als den »kleinen Stein« (Dan 2, 34. 45), der das Reich des Antichristen zerschmettern werde. Damals legte O. seinen Talar ab und verwandelte den Gottesdienst in Klubversammlungen, verstand es jedoch, die Dekadenfeier mit einem christlichen Gottesdienst zu verbinden. 1794 wurde er vorübergehend verhaftet, 1819 aber mit dem Kreuz der Ehrenlegion ausgezeichnet. Sein Name lebt fort unter den »Erweckten« als der eines Patriarchen, im → Oberlinhaus, im Staate Ohio/USA als Name einer kleinen Stadt und eines College.

J.F.O.s vollst. Lebensgesch. u. ges. Schriften, hg.v. Dr.HILPERT, E.STÖBER u.a., ... zusammengest. u. übertr. v. W.BURCKHARDT, 4 Tle, 1843 - ADB XXIV, 99ff - RE XIV, 249ff - A.STUCKI, J.F.O., 1945[3] - A.KATTERFELD, Der Steintalpfarrer, (1949) 1955[3] - J.-P.BENOIT, Brücke der Barmherzigkeit. Das Leben J.F.O.s, 1956 - W. HEINSIUS, J.F.O. u. das Steintal, 1956 - W.KOSCH, Dt. Lit.-Lex. III, 1956[2], 1918 (O. in der Dichtung). *H.Hohlwein*

Oberlinhaus, eine im Geiste J.F. → Oberlins in Nowawes (heute Potsdam-Babelsberg) am 30.11.1874 auf Veranlassung des Freiherrn v.Bissing-Beerberg (1800 bis 1880) gegründete diakonische Anstalt. Sie diente unter ihrem ersten in → Kaiserswerth geschulten Direktor F.Ranke (1821-92) dem Gedanken der Kleinkinderschule. Th.Hoppe (1846-1934), der das O. von 1879 bis 1929 leitete und es in ein Diakonissenmutterhaus umwandelte, errichtete 1886 das erste deutsche Vollkrüppelheim und entwickelte die Methoden zur Betreuung von Taubstummenblinden. Von dieser Arbeit berichtet der Film »Sprechende Hände«. Das O. umfaßt heute eine orthopädisch-chirurgische Klinik, poliklinische Ambulanz, ein Heim für schwerstbehinderte junge Männer, Kindergarten und Taubblindenheim. Die O.-Schwestern betreuen ferner auf 32 Außenstationen Gemeinden, Altersheime und eine Nervenklinik.

TH.HOPPE, Das O., 1930 - R.KLEINAU, 75 Jahre O., 1949. *H.Hohlwein*

Oberprokurator (russ. *Oberprokuror*), weltlicher Beamter, der in → Rußland seit Abschaffung des Patriarchats durch → Peter den Großen (1721) den Zaren im Hl. Synod vertrat. Er hatte den Rang eines Staatsministers und führte als Kontrollamt die Aufsicht über die ganze Kirchenverwaltung, indem er bei Unrechtmäßigkeit seitens kirchlicher Stellen die Rechte und Interessen der Kirche verteidigte. Bei Uneinigkeit zwischen Hl. Synod und O. entschied der Zar (→ Cäsaropapismus). Das Amt wurde durch die russische Revolution 1917 abgeschafft, jedoch besteht seit 1943 beim Ministerrat der Sowjetregierung ein Rat für Angelegenheiten der orth. Kirche. In den übrigen orth. Kirchen gibt es dieses Amt nicht; in → Griechenland stellt ein königlicher Epitropos die Verbindung zwischen Staat und Kirche her. In → Rumänien nimmt seit 1872 (auch nach dem Kirchengesetz von 1925) der Kultusminister an den Sitzungen der Hl. Synode der rumänischen orth. Kirche teil, freilich nur mit beratender Stimme.

N.SUWOROFF, Kurs des Kirchenrechts, Jaroslawl 1889 (russ.) - Die Akten der (russ.) Vorkonzilskommission, Petersburg 1909 (russ.). *St.Zankow*

Oberthür, *Franz* (1745-1831), kath. Theologe, * und † in → Würzburg, wo er 1771 Kaplan, 1773 Vikariats- und Konsistorialrat sowie Prof. der Dogmatik wurde, seit 1780 auch Direktor sämtlicher Stadtschulen. Im Zuge der Säkularisation vorübergehend entlassen - ein Angebot des Fürstbischofs F.L.v. → Erthal, der ihn wegen seines Rationalismus aus dem Lehramt entfernen wollte, Präsident des Armeninstituts zu werden, hatte er abgelehnt -, wurde er auf Grund der restaurativen Kulturpolitik 1809 in den Ruhestand versetzt und 1821 Domkapitular. - O. war Rationalist und sah das Wesen des Christentums vornehmlich in Humanität und Nächstenliebe. Ein ungemein geschäftiger Mann mit vielseitigen, auch heimatgeschichtlichen und schöngeistigen Neigungen, pflegte er viele persönliche Verbindungen, bes. auch zu Protestanten. Sein kirchliches Streben galt der Aussöhnung der Konfessionen in der Form der Nationalkirche, sein wissenschaftliches Bemühen der Erschließung der Quellen und der Begründung einer biblischen Theologie.

Vf. u.a.: Dogmaticae et Polemicae pars una, Theologia revelata, 1776; Opera omnia polemica ss. Patrum de veritate religionis christianae contra Gentiles et Judaeos. Opera Patrum graecorum graece et latine, 21 Bde, 1777-94; Opera omnia ss. Patrum latinorum, 13 Bde, 1780-91; Flavii Josephi opera omnia, 3 Bde, 1782-85; Idea biblica ecclesiae Dei, 6 Bde, 1798-1821; Michael Ignaz Schmidt's, des Geschichtsschreibers der Deutschen, Lebensgesch., 1802; Bibl. Anthropologie, 4 Bde, 1807-10; Meine Ansichten von der Bestimmung der Domkapitel u. von dem Gottesdienst in den Kathedralkirchen, 1826; Theol. Encyclopädie oder der theol. Wissenschaften Umfang u. Zusammenhang, 2 Bde, 1828. - Hg. (mit P.SPRANGER u. J.SCHWARZ): Lit. des kath. Deutschland, 1775-83. - Über O.: ADB XXIV, 107ff - KL IX, 612ff - R.STÖLZLE, Lebensläufe aus Franken I, 1919, 336-357 (vollst. Bibliogr.) - L.FAULHABER, O. als Pädagoge, 1921 - A.BIGLMAIR, Die Patrologie an der Univ. Würzburg im Zeitalter der Aufklärung, 1932 - LThK VII, 656 - W.KOCH, Das kath. Deutschland II, 1937, 3311 (Lit.) - W.KOSCH, Dt. Lit.-Lex. III, 1956[2], 1921 (Bibliogr. der schöngeistigen Werke O.s). *H.Hohlwein*

Oblaten (lat. oblatus = dargebracht; vgl. → Hostie). 1. *Pueri oblati* sind Kinder, die von ihren Eltern einem Kloster geweiht und hier zu Mönchen erzogen wurden. Im Anschluß an das Vorbild im Nasiräat der Juden finden sich solche O. bereits in den ägyptischen und koptischen Lauren bei → Antonius und → Pachomius (Regula c. 166. 172f), bes. aber bei → Basilius (Regula fusius tractata c. 15). Nach Basilius sollten die O. erst im Reifealter die Gelübde frei ablegen. Die Trullanische Synode 692 c. 40 ließ nur 10jährige zu. Für das Abendland bestätigen sie die Regel des → Cäsarius von Arles für die Nonnen (n. 5) und die → Benediktinerregel (c. 59), die einen eigenen Ritus für die Oblation kennt. Nach den meisten Autoren legt die Oblation eine absolute Verpflichtung zum Ordensstande auf; doch meinen manche, die O. hätten, zur »intelligibilis aetas« (Benediktinerregel c. 63) gekommen, die Oblation erneuern müssen. Das Konzil von Toledo 633 c. 49 erklärte: »Zum Mönch macht entweder die Weihung durch den Vater oder die eigene Profeß.« Die Äbte in Aachen 817 c. 36 verlangten aber, daß die O. nach Erreichung der Unterscheidungsjahre die Oblation erneuern; so auch c. 11, 12, 14 X, 3, 31. Die Erziehung der O. geschah nach pädagogischen Grundsätzen unter Absonderung von den Mönchen. Die Reformen des 10. und 11.Jh.s verschoben die Gelübdeablegung bis zum gesetzlichen Alter von 15 Jahren. Die Hirsauer Benediktiner ließen mit Rücksicht auf die großen Nachteile des Instituts überhaupt keine O. zu; ihnen folgten die späteren Orden. Das Konzil von Trient (Sess. 25 de regularibus c. 15) verlangte zur Gelübdeablegung das vollendete 16. Lebensjahr; dadurch war das O.institut beseitigt.

LThK VII, 658f - R.RIEPPENHOFF, Zur Frage des Ursprungs der Verbindlichkeit des O.instituts, 1939.

2. Schon seit dem 7.Jh. begegnen als O. auch *Erwachsene,* von denen die einen im Kloster lebten (Fructuosus von Braga, Regula communis c. 6), die anderen in der Welt blieben (oblati saeculares, zuerst bei den → Kamaldulensern). Sie nahmen nicht nur an den Gebeten und guten Werken teil, sondern auch an manchen Rechten und Privilegien des Ordens (c. 3, 4, 5, 33); zZ des → Interdikts erfreuten sie sich des kirchlichen Begräbnisses (Laterankonzil 1215 c. 57). Früher trugen sie ein dem klösterlichen Gewande ähnliches Kleid, zB Kaiser Lothar I. in Prüm, die hl. Hedwig in Trebnitz. Den Welt-O. wurde dies aber verboten (Rouen 1231 c. 19, Béziers 1233 c. 24). Der Hl. Stuhl erteilte auch Privilegien, daß Kranke nach der hl. Ölung ad monachatum zugelassen werden. Die O. heißen bisweilen auch Do-

nati (bes. bei den → Ritterorden, → Trinitariern) oder Redditi (bei den → Kartäusern). Die Erneuerung des Mönchtums im 19.Jh. kam auch den O. zugute. Sie sind wie → Tertiarier anderer Orden zu betrachten (S.C. Indulg. 15.1.1895). Leo XIII. verlieh ihnen besondere Ablässe. Die Verhältnisse der Regular-O. sind durch die Konstitutionen der einzelnen Verbände geregelt, die der benediktinischen Welt-O. durch besondere Statuten von 1904 bzw. 1927. Priester dürfen auch das monastische Brevier beten. Patrone sind der hl. Heinrich II. und die hl. Franziska Romana.

Les Oblats dans les Ordres religieux (Analecta iuris pontificii 8, 1866, 2191-2235) - E.MUNDING, Die Welt-O. des hl. Benedikt, 1952².

3. *Oblateninstitute.* Die O. leben bisweilen auch gemeinsam und legen Gelübde ab. Eine solche Gemeinschaft gründete die hl. Franziska Romana in Rom (O. di Tor de' Specchi 1425). Regulierte Oblatinnen des Benediktinerordens sind heute die Schwestern von Ofteringen 1862, die Missionsschwestern von Tutzing 1885, die Schwestern der hl. Lioba in Freiburg i. Br. 1920, die von der ewigen Anbetung in Bellemagny 1851, vom Montmartre in Paris 1898 u.a. - Die Bezeichnung O. führen aber auch zahlreiche im 19.Jh. entstandene Kongregationen, die sich mehr der Seelsorge und Jugenderziehung widmen, zB die O. der Unbefleckten Jungfrau Maria (OMI) 1816, die O. des hl. Franz von Sales 1875. An Oblatinnenverbänden sind zu nennen die von den Sieben Schmerzen der seligsten Jungfrau in Rom 1659, von der Himmelfahrt Mariens (Assumptionistinnen) 1864, vom hl. Philipp Neri 1620 (gelübdefreie Gemeinschaft).

LThK VII, 659ff. *Ph.Hofmeister*

Obrecht *(Hobrecht), Jacob,* * ca 1450 in Bergen-op-Zoom, † 1505 in Ferrara, 1484/85 Singmeister an der Kathedrale von Cambrai, 1485-91 Succentor an St. Donatien in Brügge, 1487/88 in Italien (Ferrara), 1494-96 und 1501-03 in Antwerpen, seit 1504 am estensischen Hof in Ferrara. Mit 25 Messen und 22 Motetten gehört O. zu den bedeutendsten niederländischen Komponisten seiner Generation. H.Glarean (1547) rühmt seiner Musik Maß und Erhabenheit nach, damit auf die Klarheit von Form und Stimmenführung sowie auf die Ausdruckshaftigkeit seiner Werke zielend. Die Messen zeichnen sich in der Cantus firmus-Technik und Themenkombination durch große Phantasie aus. Der voll entwickelte imitatorische Satz wird durch die für O. charakteristischen → Sequenzen gestrafft und gesteigert. In der Tendenz zum Schönklang prägt sich stark italienischer Einfluß aus. Umstritten ist O.s Autorschaft für eine ihm früher zugeschriebene, in Deutschland einst sehr geschätzte → Matthäus-Passion.

GA (JOH.WOLF), Amsterdam u. Leipzig 1908-21 (30 H.e); Neue GA von A.SMIJERS, Amsterdam 1953ff (bisher 7 H.e). - O.GOMBOSI, J.O., 1925 - CH. VAN DEN BORREN, Gesch. van de muziek in de Nederlanden I, Antwerpen 1948 - B.MEIER, Studien zur Meßkomposition J.O.s (Diss. Freiburg/Br.), 1952. *H.Osthoff*

Observanten, Bezeichnung jenes Zweiges der → Franziskaner, der sich im 14.Jh. von den bei den → Konventualen eingeführten Milderungen abwandte und die von Honorius III. 1223 bestätigte Regel des hl. → Franz von Assisi wie auch die zu ihr von Gregor IX., Nikolaus III. und Clemens V. ergangenen Erklärungen streng beobachtet wissen wollte. Unter Führung des Paul von Trinci entstand die »Observanz« 1368 in Italien, bald hernach in Frankreich und Spanien, 1426 auch in Süddeutschland. Ihre Hauptvertreter waren → Bernhardin von Siena († 1444) und → Johannes von Capistrano († 1456). Im Vertrauen auf diese Reform berief → Martin V. 1430 ein Generalkapitel nach Assisi ein, um hier eine gründliche Reform des ganzen Ordens anzubahnen und so die Spaltung zu beheben (Constitutiones Martinianae). Die sog. Martinianer hielten sich ebenfalls an diese Statuten, aber Martin V. dispensierte noch 1430 teilweise vom Armutsgelübde. Die O. lehnten einige Privilegien ab, blieben aber stets der Kirche treu. Sie erhielten eigene Generalvikare. In Italien führten sie den Orden zu neuer Blüte. Doch bildeten sich auch innerhalb der O. kleine Reformverbände. Leo X. trennte 1517 die »Fratres Minores regularis Observantiae« von den Konventualen und überließ jenen das Generalat und das Ordenssiegel. Bald aber bildeten sich im eigenen Schoß wieder neue Reformen (→ Kapuziner 1528, Reformaten 1532, Discalceaten 1541, Rekollekten 1601), die aber dann (mit Ausnahme der 1619 unabhängig gewordenen Kapuziner) durch Leo XIII. 1897 zum »Ordo Fratrum Minorum« vereinigt wurden und einheitliche Konstitutionen erhielten. - Auch bei den → Karmeliten und → Augustiner-Eremiten bildeten sich um 1400 Observantenzweige, die aber heute nicht mehr bestehen.

LThK I, 820; IV, 126f; V, 841; VI, 992; VII, 202. 664 - ESCOBAR I, 159ff. - Ferner die Lit. zu → Franziskaner. *Ph.Hofmeister*

Observanz, begrifflich unbestimmter Ausdruck, der gelegentlich vor allem auf das Verhalten in *gesetzlichen Formen der Religion* und in einem rechtlich geprägten Religionsverständnis angewandt wird. Im Lateinischen steht er semantisch dem ursprünglichen »religio« nahe; der Gedanke des → Gehorsams, der Loyalität fließt ein (vgl. Forcellini, Du Cange s.v.; ähnlich observatio) und weist schon im spätantiken Latein auf religiöse Bindungen und Kulttreue hin. In der theologisch-kirchenrechtlichen Fachsprache hat er als Bezeichnung der strengen Richtungen einzelner Orden (→ Observanten) und der (begrenzten, lokalen) gewohnheitsrechtlichen Überlieferung Bedeutung erlangt, kann er aber auch gleichbedeutend mit »Gesetz, Vorschrift« sein, ist also mehr juristischer Natur, wie er denn auch als juristische Bezeichnung für gewohnheitsrechtliche Verhältnisse verwendet wird. Am weitesten verbreitet ist er wohl in der Mönchssprache, wo er in die Nähe des Begriffs der »consuetudines« gehört und damit auf Regeln und Satzungen Bezug nimmt. Im Französischen bedeutet noch heute »observance« soviel wie »Ordensregel«. Andererseits bezeichnet O. nicht nur bestimmte Inhalte, Gedankengut, sondern auch Verhaltensweisen, eine beflissene Haltung des Mönchs gegenüber der Regel sowie ganz allgemein Lebensgewohnheiten und Gepflogenheiten. Hier dürfte die Herkunft der religionsgeschichtlichen Benutzung des Begriffs zu suchen sein.

In der → *Religionswissenschaft,* bes. in der → *Religionsphänomenologie,* hat »O.« in den letzten Jahrzehnten in gewissem Umfange Aufnahme gefunden, meist jedoch als zufällig verwendeter und wenig geprägter Gelegenheitsbegriff, nur selten in systematischer Anwendung. Im Unterschied zur positiven Bedeutung in der Jurisprudenz und in der kirchlichen Rechts- und Mönchssprache wird er nun gern mit abwertendem Akzent versehen. Aber auch hier ist er - von Beths Versuch in RGG² (IV, 625f) abgesehen - undefiniert geblieben. Generell kann man als O.en religiöse Verhaltensweisen bezeichnen, die Reaktionen auf das → Offenbarungs-Erlebnis und auf das »Objekt« der → Religion im weitesten Sinne sind. Es sind Gewohnheiten, Gebräuche, Verpflichtungen in ihren Differenzierungen organisatorischer, moralischer und ritueller Art, dh eigentlich alles, was in einer Religion nach allgemeiner oder lokal begrenzter Überlieferung praktiziert wird, nach außen hin den Charakter des Technischen, der Usance, des Komments angenommen hat, dabei aber mit einem gewissen Anspruch, vor allem in ethischer Richtung, auftritt: Schicklichkeit, Wohlverhalten, das dem Ausübenden Wohlgefälligkeit sichert. Praktisch werden alle Gebiete der Religion außer dem Mythus davon betroffen: → Kultus, → Riten, private Lebensgewohnheiten, → Sittlichkeit, Sitte und Brauchtum. Beth hat allerdings die O.en vom Kult trennen wollen und in ihnen eine Art von Ersatzfunktion gesehen. Es wäre dann der entleerte, konventionalisierte und technisierte Ritus, der einen negativen Beigeschmack erhalten hat. Gemessen an der ursprünglichen Bedeutung des Wortes im Christentum und seiner Beziehung zur Haltung der altrömischen Religion ist diese Akzentverlagerung aber nicht glücklich. Es wird dabei nicht berücksichtigt, daß in den O.en ein - allenfalls theologisch zu bewertendes - Urdatum der Religiosität (Frömmigkeit) zum Ausdruck kommt, das van der Leeuw an verschiedenen Stellen seiner »Phänomenologie« zu konkretisieren versucht hat. Er hat als erster diesen Begriff ausgebaut, wenngleich er auch hier noch unscharf blieb und definitorisch nicht geklärt ist. Nach ihm wird die sich festsetzende »Scheu« oder »der Schauder« zur »reinen O.« und zum »Formalismus« (§ 4, 4). Er sieht richtig den Zusammenhang mit dem römischen religio-Begriff, mit dem → Tabu (ebd und § 68, 3) und mit der Gesetzesreligiosität (§§ 64, 5; 89, 1). In seinem Gefolge hat Mensching von der »O.-religion« der Masse als Gegenstück zur »Gnaden- und Glaubensreligion« gesprochen (Die Religion, 1959, 315. 347). Man kann danach vielleicht allgemein sagen, daß O.en religiöse Verhaltensweisen und Handlungen von mehr peripherer Art sind, die nicht den Kern der Religion treffen, in der Meinung des sie Ausübenden sich allerdings auf diesen Kern beziehen und als eine wichtige religiöse Lebenshilfe gelten. Sie können somit in der Tat zu Ersatzhandlungen werden.

R.PETERSEN, Die O. (Jur. Diss. Leipzig), 1948 (Masch.) - K. GOLDAMMER, Die Formenwelt des Religiösen, 1960, 8. 122. 146ff. 411f. *K.Goldammer*

Occam, *Wilhelm von* → Ockham.

Ochino, *Bernardino* (1487-1564), ca 1503 Franziskaner, bei denen er mehrere Ämter erhielt. Zwistigkeiten im Orden und das Verlangen nach strengerer Askese ließen ihn 1534 zu den → Kapuzinern übertreten. Als angesehener Prediger (»der → Savonarola des 16.Jh.s«, Bainton) kam O. schnell zu großem Ansehen. 1538 und 1541 wurde er zum Generalvikar gewählt. Geschätzt wurde er u.a. von → Bembo, → Contarini, V. → Colonna. Juan de → Valdes vermittelte ihm reformatorisches Gedankengut. 1542 wurde er vor die zentrale Inquisitionskommission zitiert. Er wollte nach Rom reisen, floh aber, von → Vermigli gewarnt, in die Schweiz. 1542-45 fand er in Genf eine neue Wirkungsstätte. Es folgten Augsburg (1545-47), London (1547-53) und Zürich. Auf Grund seiner »Dialogi XXX« (gedr. 1563 in einer lat. Übersetzung → Castellios) wurde O. als Befürworter der Polygamie und → Antitrinitarier aus der Stadt gewiesen, in Basel gar nicht und in Nürnberg nur kurz aufgenommen. Auch in Polen durfte er nicht bleiben. Der Hochbetagte fand einen Zufluchtsort in Mähren, wo er bald starb. - Die gegen ihn erhobenen Vorwürfe bestehen kaum zu Recht: Seine Ausführungen über die Polygamie waren Plagiat einer 1541 erschienenen Schrift des hessischen Pfarrers Johannes Lening und kein Angriff auf die bürgerliche Lebensordnung; seine Trinitätslehre richtete sich lediglich gegen eine erstarrende Orthodoxie. O. trat für eine Duldung anderer Meinungen ein. Er ist »vielleicht der wichtigste der italienischen Reformatoren« (Cantimori).

R.H.BAINTON, B.O., Florenz 1940 (Bibliogr., Lit.) - B.NICOLINI, B.O. e la Riforma in Polonia (Atti della Accademia pontaniana NS 1, 1947-48, 191-197) - DERS., B.O. frate dell'Osservanza di San Francesco (ebd 2, 1948-49, 87-100) - DERS., B.O. Cappuccino (ebd 6, 1956-57, 1-19) - DERS., Sui rapporti de B.O. con le città di Bologna e di Lucca (ebd 87-97) - DERS., B.O. esule a Ginevra (Ginevra e l'Italia, Florenz 1959, 137-147) - G.G.WILLIAMS, The Theology of B.O. (Theol. Diss. Tübingen), 1955 (Masch.). *Gerh. Müller*

Ockeghem, *Johannes,* * um 1420 in Flandern, † um 1495 in Tours, 1443/44 Chorsänger an der Kathedrale von Antwerpen, seit 1453 Sänger am französischen Hofe, wo er zum Kapellmeister und Schatzmeister von St. Martin de Tours aufstieg. O. ist die führende Gestalt in der altniederländischen Musik der zwei Jahrzehnte nach G. → Dufay. Bes. bedeutsam sind seine 16 Messen zu 3 bis 5 Stimmen, in welchen der kleingliedrig-liedhafte burgundische Stil bald durch eine weit ausströmende → Polyphonie abgelöst wird. Die imitatorische Satztechnik gewinnt zunehmende, wenngleich noch nicht systematische Bedeutung wie bei den Meistern der nächsten Generation. Mit der »Missa cuiusvis toni« und »Missa prolationum« eröffnete O. die Reihe jener Werke, in denen eine musikalische Artistik strengster Art herrscht. In den Messen mit cantus firmus verwendet O. hauptsächlich Chansonweisen, seltener choralische Melodien. Unter den wenigen überlieferten Motetten sind bes. die Marienmotetten Kunstwerke von hohem Rang.

GA (D.PLAMENAC) I, 1927 (Messen 1-8); II, Cambridge/Mass. 1947 (Messen 9-16). - W.STEPHAN, Die burgundisch-niederländ. Motette zZ O.s, 1937 - A.PIRRO, Hist. de la musique du XIVe siècle à la fin du XVIe, Paris 1940. *H.Osthoff*

Ockham, *Wilhelm von* (ca 1285-1349)

1. Geistesgeschichtliche Einordnung - 2. Leben - 3. Lehre: a) Philosophie und Theologie - b) Gott - c) Seele - d) Erkenntnis - e) Ethik - 4. Kirchenpolitische Anschauungen - 5. Ockhamismus

1. Gegenüber dem radikalen → Aristotelismus und → Averroismus gegen Ende des 13. und zu Beginn des 14.Jh.s hatte → Duns Scotus eine Position bezogen, von der aus er die Ontologie eines Systems der Konkordanz von Philosophie und Theologie in höchst abstrakter und formaler Weise zu retten versuchte. Doch gefährdete er seine Synthese durch die subtile Annahme von Wesensgraden und seine Lehre von der zur spezifischen Natur hinzukommenden individuierenden Differenz (haecceitas). Die Variationsmöglichkeiten innerhalb der überkommenen ontologischen Position schienen erschöpft, und so rückte die Kritik am → Realismus notwendig die Bedeutung des konkret Gegebenen in das Zentrum philosophischen Denkens. Im Individuellen und nicht im Allgemeinen erblickte man nunmehr den eigentlichen Gegenstand der Erkenntnis (→ Individuation), und dementsprechend wurde die Erfahrung nicht nur zu ihrem Ausgangspunkt, sondern zu ihrer Grundlage. Diese längst vorbereitete, von religiösen Impulsen getragene Revolution innerhalb des abendländischen Denkens vollzog als erster mit unbeirrbarer Entschiedenheit und Konsequenz O. - Die Grundlagen der O.-Forschung (Quellen-, Echtheits- und textkritische Fragen) sind bis heute unsicher, was eine gerechte Beurteilung seiner Anschauungen um so schwieriger macht, als O. manche Fragen zwar erörtert, aber unbewältigt stehen gelassen hat. Da aber in erster Linie O.s Kritik aufgenommen wurde, ging er zu Unrecht als ein destruktiver Geist in die Geschichte ein und ist bis heute der umstrittenste Denker der mittelalterlichen Geistesgeschichte. Eine Revision des Geschichtsbildes O.s und der

Philosophie und Theologie seiner Zeit wurde durch die bahnbrechenden »Studien zur Metaphysik und Erkenntnislehre W.s von O.« (1927) von E.Hochstetter eingeleitet und vor allem durch die Arbeiten von Ph. Böhner fortgeführt.

2. O. (* in England [zu Ockham in Surrey?], † in München) war Franziskaner, studierte in Oxford, durchlief die Laufbahn des baccalaureus biblicus und sententiarius, lehrte jedoch nie als Magister - daher sein Titel »Inceptor« -, sondern blieb zeitlebens baccalaureus formatus. Die Gründe dafür hängen wohl mit der Denunziation des von seinem Bischof abgesetzten Kanzlers J.Lutterell von Oxford zusammen. Dieser klagte 1323 O. bei dem mit ihm befreundeten Papst → Johannes XXII. verdächtiger Lehren an. O. wurde nach Avignon zitiert, aber das Ergebnis der Untersuchungskommission, der die zwischen 1318 und 1323 verfaßte Ordinatio (Kommentar zum 1. Buch der Sentenzen des → Petrus Lombardus) vorlag, fand keine Approbation und wurde durch ein schärferes Gutachten ersetzt. Indes floh vor Beendigung des Prozesses der Ordensgeneral → Michael von Cesena, in dessen Auftrag O. sich mit den Armutsstreitigkeiten (→ Franziskaner) befaßt hatte, mit ihm und dem Ordensprokurator Bonagratia 1328 nach Pisa zu Ludwig dem Bayern. Der Papst bannte die Flüchtlinge, und diese begaben sich mit Ludwig nach München (1330). Von nun an unterstützte O. Ludwigs Politik durch eine rege kirchenpolitische schriftstellerische Tätigkeit. Nach dem Tode Ludwigs (1347) suchte O. die Versöhnung mit seinem Orden und dem Papst. Es existiert eine für ihn bestimmte Unterwerfungsformel, die sich auf kirchenpolitische Ansichten, nicht dagegen auf philosophische und theologische Lehren bezieht. Ob sie von O. unterzeichnet wurde und formell in Kraft trat, ist unbekannt. O. starb, wenn nicht versöhnt mit seiner Kirche, so doch versöhnungsbereit, wahrscheinlich als Opfer der Pest.

3. a) O.s *Philosophie* fußt auf der Annahme der Existenz bloß singulärer realer Gegebenheiten und ihrer kausal bedingten intuitiven Erkenntnis; alles Denken unterstellt er der strengen Norm des Prinzips der Ökonomie (O.s »Rasiermesser«). Er durchschaute die Irreführung des philosophischen Gedankens durch die Sprache und entnahm den Maßstab für philosophische Beweise der Logik. So erklärt sich seine Begrenzung der Philosophie und die Verweisung vieler ihrer traditionellen Probleme in die *Theologie*. Diese geht nicht spekulativ vor, untersucht vielmehr unter kritischem Aspekt die theologische Verwendbarkeit philosophischer Begriffe. Infolgedessen zerstörte O. die bisherige Form der Synthese beider Disziplinen, obwohl er ihre Verbindung auf reduzierter Basis festhielt. → Theologie und Philosophie schließen nach ihm einander nicht aus und lassen sich nicht voneinander trennen. In der Theologie als solcher gelten Glaube und Autorität, die die Intelligibilisierung begrenzen. O. wendet sich gegen die naturalistische aristotelische Notwendigkeit und eine wesensmäßig bedingte Stufenordnung zwischen Gott und Welt. Gottes Omnipotenz und absolute Freiheit sind zu wahren, sie bedingen einen radikalen Unterschied von Schöpfer und Geschöpf und erklären die durchgängige → Kontingenz und den relativen Positivismus im Bereich alles Geschaffenen. Sein Grundanliegen ist daher, die Wissenschaftslehre des → Aristoteles mit dem eigenen Gottesbegriff in Einklang zu setzen. Sein Denken ist von tiefer augustinisch ausgerichteter franziskanischer Religiosität getragen, die sich von der Problematik der praeambula fidei in keiner Weise bedroht fühlt.

b) O.s Verständnis der kontingenten Schöpfung als einer gesetzten Ordnung mit einer innerhalb dieser geltenden Kausalität forderte die Kritik der traditionellen → Gottesbeweise. Für den Erweis der Existenz Gottes ging er zumal wegen der Schwierigkeiten des regressus in infinitum von der Notwendigkeit der *Erhaltung* der Welt aus. Nicht zu beweisen ist nach ihm die Einzigkeit des Erhalters und damit auch nicht die Einzigkeit Gottes (→ Gott: V, 11 b). Sie ist Sache des Glaubens. In Gott darf keine reale Distinktion hineingetragen werden, Essenz, Intellekt, Wille und Attribute sind in ihm identisch. Auch besteht keinerlei Möglichkeit, von Ideen in Gott und ihrer Exemplarität zu sprechen. Das Geschöpf selbst als erkanntes ist die → Idee. O.s Versuch, dem überkommenen Ideenverständnis einen Sinn zu belassen, war ein Tribut an → Augustin. Sein alles beherrschendes Ziel ist, jede Einschränkung von Gottes Allmacht fernzuhalten. Ihre Begrenzung findet diese lediglich durch das Gesetz des Widerspruchs. Gott allein bindet sich, nichts vermag ihn vorgängig zu binden; indem er schafft, setzt er kontingente Ordnungen. In Schöpfung und Offenbarung tritt die potentia Dei absoluta als potentia ordinata in die Erscheinung. Für Verständnis und Tragweite von Philosophie und Wissenschaft setzt O. der traditionellen Auffassung infolgedessen neue Grenzen. Das Omnipotenzprinzip als solches gehört jedoch nicht in die Philosophie, sondern in die Theologie. Wenn er es für möglich hält, daß Gott in übernatürlicher Weise die intuitive Erkenntnis von nicht existierenden Dingen bewirken kann, so sind die erkenntnistheoretischen Konsequenzen dieser Position für ihn als gläubigen Menschen so selbstverständlich wie für den Philosophen belanglos.

c) In einer Linie mit der Kritik der traditionellen Gottesbeweise steht O.s ablehnende Haltung gegenüber den überkommenen philosophischen Argumenten für die Natur der menschlichen *Seele*. Ihre direkte Erschaffung durch Gott kann ebensowenig bewiesen werden wie ihre Unsterblichkeit. Beides sind Wahrheiten, die der Glaube vermittelt. Das gilt auch von der intellektiven Seele als Form des Körpers. O. setzt die franziskanische Tradition fort, wenn er eine intellektive und eine sensitive Form im Menschen unterscheidet; außerdem nimmt er eine forma corporeitatis an. Die intellektive Form ist das eigentliche unsterbliche Konstitutiv des Menschen, für das er jede Aufspaltung in verschiedene Vermögen um ihrer einheitlichen Funktion willen zurückweist. Aber der ganze Mensch ist als Person, deren Wesenskern O. in der Freiheit erkennt, mehr als die bloß intellektive Form. Die beiden anderen Formen gehen mit dem Leben des Leibes zugrunde. Form ist für O. das individuelle Gestaltungsprinzip konkreter Materie. Sein → Hylemorphismus ist von einer metaphysischen zu einer physischen Theorie geworden. Aber trotz des Gegensatzes zur Seelenlehre des → Thomas von Aquino stand O.s Lehre nicht im Widerspruch mit der Entscheidung des Konzils von Vienne (1311/12).

d) O. läßt keinerlei Realität der Allgemeinbegriffe (→ Universalienstreit) gelten, auch nicht eine solche im eidetischen Sinne oder als Akzidens im Subjekt, essentia und natura communis lehnt er ab. Allgemeinheit gibt es nur in der begrifflichen Welt. Das ist eine Konsequenz seiner Überzeugung, es sei sinnlos, nach einem Prinzip der Individualität zu fragen, sowie seiner Ablehnung der Auffassung, daß das Erkennen des Seienden im Ergreifen der essentia bestehe. Keineswegs aber bestreitet er, daß den Begriffen ein Wirkliches entspricht. Worte sind Zeichen, werden jedoch grundsätzlich nicht willkürlich den Dingen beigelegt. Die sog. species jeder Art scheidet er als Erkenntnismittel aus, ebenso die Annahme eines vom intellectus agens verschiedenen intellectus possibilis. Grundlegend für alle Erkenntnis ist die cognitio intuitiva, die sensitive und die intellektive, von wirklich existierenden Dingen und deren Attributen, während die abstractiva ein bloßes Wissen um einen Gegenstand unter Absehen von seiner Existenz ist. Alle Wissenschaft hat von den existierenden individuellen Dingen auszugehen und zielt auf sie hin. Nur zwischen diesen gibt es Distinktionen. Alle nicht realen Distinktionen fallen hin. Auch Relationen bestehen allein zwischen realen Dingen. Reale Relationen gibt es nur in der Trinität, aber philosophisch läßt sich das nicht erweisen. O.s *Erkenntnislehre* geht von dem für ihn selbstverständlichen unmittelbaren Kontakt der erkennenden Subjekte mit der Wirklichkeit aus. Dadurch, daß der Intellekt dem Objekt gegenübersteht, wird im intuitus die Erkenntnis kausal hervorgerufen und kommt der conceptus zustande. Neben diesen das Einzelding bezeichnenden Begriff (terminus conceptus im Gegensatz zu terminus prolatus und scriptus), die intentio prima, tritt der terminus conceptus der intentio secunda, der eine Klasse bezeichnende Allgemeinbegriff. Auf Grund des Faktums der mannigfachen abgestuften Übereinstimmung (similitudo) von existenten Dingen entsteht er ebenso natürlich wie der conceptus primae intentionis. Er steht jedoch nicht für ein Ding, sondern für den terminus intentionis primae. Aber auch das Universale ist ein terminus conceptus, der in einer Aussage für Einzeldinge steht. In dieser Funktion erschöpft sich sein Sein. Es verbleibt ganz außerhalb der Einzeldinge. Ob man es näherhin als eine vom Erkenntnisakt verschiedene Qualität auffaßt oder ob man es als diesen selbst versteht, hält O. für unwichtig. Entscheidend ist, daß das Universale keinerlei Existenz hat und nur in der Verstandestätigkeit gegeben ist. Damit ist die traditionelle Wesensmetaphysik abgetan. Doch bleibt die Möglichkeit der Realwissenschaften, die von den rationalen Wissenschaften wohl zu unterscheiden sind. Die Logik setzt als scientia rationalis die Realwissenschaften ebenso voraus wie die termini der zweiten die der ersten Intention. In den Realwissenschaften zielen alle Aussagen mit Hilfe von Begriffen auf individuelle Dinge. Die nähere Begründung ergibt sich aus der Suppositionslogik. De Wulf spricht von O.s konzeptualistischem Terminismus, Ph. Böhner mit mehr Recht von realistischem Konzeptualismus. Mit dieser Erkenntnislehre wuchs die Bedeutung der Zeichen- und Suppositionstheorie. Die naturnotwendige kausale Beziehung zwischen Zeichen und realem Gegenstand ermöglicht die personale Suppositionsfähigkeit und tritt an die Stelle der im Seienden zu ergreifenden essentia der traditionellen Erkenntnismetaphysik. O. hat in Anknüpfung an Petrus Hispanus (→ Johannes XXI.) für die Weiterentwicklung der terministischen Logik, speziell für die Theorie der Konsequenzen und dadurch für die Gewinnung des Begriffs der formalen → Logik Bedeutendes geleistet. Seine Anschauung von der durchgängigen Singularität alles Existenten und seine Einschätzung und Verwertung der Logik erklären, daß er sowohl als Empirist wie als Rationalist abgetan wurde.

e) Es ist ein Charakteristikum des geschaffenen im Gegensatz zum ungeschaffenen freien Willen, ethischen Verpflichtungen unterstellt zu sein. Die totale Abhängigkeit des Geschöpfs vom Schöpfer kommt darin zum Ausdruck, und in ihr gründet die ontologische Basis der Ethik sowie deren letztlich personalistischer Charakter. *Ethik* kann nur als göttliches Gebot begriffen werden. Wesen und Art der ethischen Verpflichtungen entstammen Gottes absolut freiem und allmächtigem Willen. In sich böse und deshalb verbotene Akte gibt es ebensowenig wie Universalien. Auch Gottes Wille als Norm des Ethischen findet nur am logischen Widerspruch seine Grenzen. Dem hat der junge O. die anstößige Formulierung gegeben, Gott könne auch den Haß gegen sich selbst gebieten. Darin spricht sich am stärksten sein Protest gegenüber einer Gott *und* den Menschen bindenden Seinsethik aus. Später erkannte O. die Unmöglichkeit eines solchen Gebotes wegen des Widerspruchs mit der für einen sittlich wertvollen Akt unerläßlichen Voraussetzung der Gottesliebe, des einzigen absoluten Wertes. Die systematische Begründung seiner ethischen Anschauung versucht O., gestützt auf die Tatsachen der Offenbarung, mit Hilfe der Unterscheidung von Gottes potentia absoluta und ordinata. Während die erstere sich auf alles an sich willentlich Mögliche erstreckt, begründet die zweite die tatsächlich von Gott in der Schöpfung statuierte verpflichtende Ordnung. O. bindet den Menschen somit unmittelbar an Gottes Autorität, aber in der recta ratio ist die dem faktisch Gebotenen immanente Ordnung zu greifen. Insofern kann auch O. von einem unveränderlichen ethischen Naturgesetz sprechen. Seine Ethik ändert nichts am überkommenen Moralverständnis, außer daß sie dieses vertieft: es wird personalistisch aufgehoben. Das erklärt O.s Überschreitung der traditionellen Gerechtigkeitsethik durch die Einbeziehung des actus caritatis in die natürliche Ethik. Der eigentlich sittliche Wert liegt nach ihm in der Gesinnung auf Grund freien Gehorsams. Dem natürlichen Menschen erkannte O. die Freiheit zum Guten wie zum Bösen zu. Meritorisch aber wird sittliches Handeln nur durch die göttliche Gnade in der acceptatio. Hinsichtlich der Möglichkeit der Erkenntnis der ethischen Gebote steht es wie mit der Möglichkeit des Beweises der Existenz Gottes. Die Offenbarung suppliert die mehr oder weniger wahrscheinlichen Theorien des philosophierenden Menschen.

4. Die Klageerhebung gegen O. (s. 2) verwickelte ihn in die innerkirchlichen und kirchenpolitischen Streitigkeiten der Epoche. Seine zahlreichen diesbezüglichen Veröffentlichungen sind Gelegenheitsschriften, in denen er sich gegen die übersteigerten päpstlichen Machtansprüche wendet. Die bedeutendste ist der »Dialogus inter magistrum et discipulum de imperatorum et pontificum potestate«. Im Widerspruch zur Entscheidung Johannes XXII. gegen die Franziskaner- → Spiritualen vertrat er, daß die wahre evangelische Armut auch mit der als usus iuris bezeichneten Rechtsvollmacht unvereinbar sei. Seine Stellungnahme im Streit des Papstes mit Ludwig dem Bayern geht von dem Prinzip der Verwerfung jeder päpstlichen Einmischung in weltliche Angelegenheiten aus, die staatliche Souveränität besteht unabhängig von der Kirche. Der Papst hat die höchste Autorität innerhalb der geistlichen Sphäre, aber er ist nicht die Quelle der kaiserlichen Gewalt, seine Bestätigung für die Gültigkeit der Kaiserwahl ist nicht erforderlich. Auch hat niemand die Befugnis, dem freien Mann sein Recht der freien Wahl seiner weltlichen Obrigkeit zu beschneiden. O.s Kampf gegen den päpstlichen Absolutismus liegt in der Linie einer Tendenz seiner Zeit (→ Reformkonzile). Eine endgültige Bestimmung seines kirchenpolitischen Standpunktes steht noch aus.

5. O.s Name ist engstens verbunden mit dem sog. → Nominalismus des 14. und 15. Jh.s. Mit dem frühmittelalterlichen ist dieser Nominalismus keineswegs identisch, noch weniger mit dem etwa eines → Hobbes oder des 19. Jh.s. Die nicht überwundene Globalbeurteilung der Lehre O.s und seiner Anhänger als Nominalismus hängt mit der beklagenswerten Lage der Erforschung des 14. Jh.s zusammen, einer »praktisch noch unerforschten Periode« (Böhner). Die ursprüngliche Bezeichnung für die Lehre O.s und seiner Schule ist *Ock-*

hamismus, wobei aber wohl zu beachten ist, daß O. der Initiator einer Bewegung ist, deren tatsächlicher Einfluß im einzelnen schwer zu bestimmen ist. Diese einer geistigen Situation entgegenkommende Bewegung wendet sich gegen die Via antiqua des Realismus im Sinne des Thomas von Aquino und des Duns Scotus, erst recht gegen den radikalen Aristotelismus und Averroismus. O.s rigorose logische Konsequenz und seine unerbittliche Kritik jeder Form des traditionellen Realismus brachte alle Ockhamisten als Antirealisten in den diskriminierenden Ruf von Nominalisten. Diese im 15.Jh. für eine bestimmte Lehrrichtung aufgekommene Bezeichnung wurde auf alle Gegner platonisch-aristotelischer Wesensphilosophie übertragen, und der Titel Venerabilis Inceptor nahm den Sinn an: Princeps Nominalium. Doch ist inzwischen nachgewiesen, wie unzutreffend es ist, den geschichtlich *nach* O. aufgekommenen Nominalismus der ockhamistischen Bewegung als solcher zuzuordnen. So war → Nikolaus von Autrecourt ein Gegner des O., das wahrscheinlich gegen ihn gerichtete Dekret der Pariser Universität von 1340 trat für O.s Lehre ein, und der Dominikaner Crathorn aus Oxford, ein ausgesprochener Nominalist, wandte sich ausdrücklich gegen O.

Trotz der Bildung von festen Schulen der Thomisten und Scotisten (→ Scholastik) und trotz der Verbote der Universität von Paris und des päpstlichen Hofes war die Gesamtwirkung O.s außerordentlich groß, zuerst in Oxford, dann trotz großer Widerstände in Paris und späterhin bes. an den meisten deutschen Universitäten. Seine Lehre entsprach der Situation der Zeit, wiewohl sie als Ganzes kaum übernommen wurde, abgesehen von seinem direkten Schüler Adam Wodham († 1358) und später von Gabriel → Biel. Sie blieb auch durchaus nicht auf seinen Orden beschränkt, sondern wurde am stärksten von Professoren aus dem Weltklerus vertreten. Die Infragestellung der traditionellen Wesensphilosophie und der damit gegebene Verlust an philosophisch begründeter Sicherung der menschlichen Existenz hoben den Glauben und die Allmacht Gottes stärker ins Bewußtsein und ließen eine Philosophie auf der Basis des Widerspruchsprinzips und der totalen Kontingenz der Einzeldinge als das Gebotene erscheinen. Daher stützte sich die Via moderna um der Sicherung der Fundamente der Wissenschaft willen auf die Logik in ihrer neuen Form. Zu diesem logischen Impuls trat die durch die Anschauung von der Singularität alles Gegebenen bedingte Methode der auf Erfahrung aufbauenden kausal forschenden Naturwissenschaften. Aus dem Ockhamismus kommen die Wegbereiter der modernen Naturwissenschaft, und er übte auf die verschiedensten späteren philosophischen Richtungen einen entscheidenden Einfluß aus.

Wegen der Schwierigkeiten der Echtheitsfrage u. Quellenlage vgl. für die Werke O.s das der Ausgabe des O. zugeschriebenen »Tractatus de Successivis« (St. Bonaventure/N.Y. 1944) entnommene Verzeichnis der unpolemischen Schriften O.s von PH.BÖHNER in: W.O. 1349 bis 1949, Aufsätze zu seiner Philos. u. Theol. (FS 32, 1950, 156-163) - V.HEYNCK, O.-Lit. 1919-1949 (ebd 164-183; mit Angabe d. neueren Textausg.n). Ergänzend: PH.BÖHNER, Der Stand der O.-Forschung (ebd 34, 1952, 12-31). - Ältere Lit.: Ü II, 781f.

Werke: Super IV libros sententiarum subtilissimae quaestiones, Straßburg 1483, Lyon 1495; Teilausg.: Quaestio prima principalis Prologi in primum librum sententiarum cum interpretatione G.Biel, ed. PH.BÖHNER, 1939 (weitere quaestiones in FS 1942/48); Quodlibeta septem, Paris 1487, Straßburg 1491; Summa Logicae, Paris 1498, Oxford 1675 (ed. PH.BÖHNER p. I 1951, p. III/1 1954); Tractatus de Sacramento Altaris ed. T.B.BIRCH (lat. u. engl.), Burlington/Iowa 1930; Tractatus de praedestinatione etc ed. PH.BÖHNER, St. Bonaventure/N.Y. 1945; Philosophical Writings, a selection ed. and transl. by PH.BÖHNER, Edinburgh u. London 1957; Breviloquium de potestate papae ed. L.BAUDRY, Paris 1937; Opera politica I ed. J.O. SIKES, Manchester 1940, III ed. H.S.OFFLER, ebd 1956.

Über O.: R.SCHOLZ, W.v.O. als polit. Denker u. sein Breviloquium de principatu tyrannico, (1944) 1952² - R.GUELLUY, Philos. et Théol. chez G.d'O., Louvain-Paris 1947 - L.BAUDRY, G.d'O., Sa vie, ses oeuvres, ses idées sociales et politiques, I: L' homme et les oeuvres, Paris 1949 - DERS., Lexique philosophique de G. d'O., Etudes des notions fondamentales, ebd 1958 - G.BUESCHER, The Eucharistic Teaching of W.O., St. Bonaventure/N.Y. 1950 - T.BARTH, W.O. u. d. Philos. d. Ordnungen (PhJ 60, 1950, 323-354) - DERS., Nuove interpretazioni della filosofia di O. (Studi Francescani 52, 1955, 187-204) - R.MESSNER, Die Logik O.s u. d. Erleuchtungslehre Bonaventuras (Wissensch. u. Weish. 14, 1951, 226-236) - DERS., Über d. Gegenwartsbedeutung d. Erkenntnishaltung Bonaventuras u. O.s (Antonianum 28, 1953, 131-147) - M.A.SCHMIDT, Kirche u. Staat bei W.v.O. (ThZ 1, 1951, 265-284) - M.MENGES, The Concept of Univocity Regarding the Predication of God and Creature according to W.O., St. Bonaventure/N.Y. 1952 - O.FUCHS, The Psychology of Habit according to O., ebd 1952 - C.VASOLI, G. d'O., Florenz 1953 - DERS., Il pensiero politico di G.d'O. (Rivista critica di storia della filosofia 9, 1954, 232-253) - A.MAIER, Zu einigen Problemen der O.-Forschung (AFrH 46, 1953, 161-194) - DIES., Handschriftliches zu W.O. u. Walter Burley (ebd 48, 1955, 225-251) - F.PELSTER, Die indirekte Gewalt d. Kirche über den Staat nach O. u. Petrus de Palude (Schol. 28, 1953, 78-82) - D.WEBERING, Theory of Demonstration according to W.O., St. Bonaventure/N.Y. 1953 - W.KÖLMEL, Das Naturrecht bei W.O. (FS 35, 1953, 39-85) - DERS., Von O. zu Gabriel Biel (ebd 37, 1955, 218-259) - B.HÄGGLUND, Theol. u. Philos. bei Luther u. in d. occamist. Tradition, Lund 1955 - E.ISERLOH, Gnade u. Eucharistie in d. philos. Theol. des W.v.O., 1956 - C.KOSER, Die älteste bekannte Deutung theol. Noten: W.O.s »Dialogus« P. I, Lib. II (FS 38, 1956, 66-77) - H.SHAPIRO, Motion, Time and Place according to W.O., St. Bonaventure/N.Y. 1957 - R.O.KAPP, O.s Razor and the Unification of Physical Science (British Journal for the Philosophy of Science 8, 1957/58, 265-280) - A.MAURER, O.s Conception of the Unity of Science (MS 20, 1958, 98-112) - PH.BÖHNER, Collected Articles on O., ed. E.BUYTAERT, St. Bonaventure/N.Y. 1958 - F. HOFFMANN, Die Schriften d. Oxforder Kanzlers Johannes Lutterell, 1959 - F.HOFMANN, Der Anteil der Minoriten am Kampf Ludwigs d. Bayern gegen Johann XXII. unter bes. Berücksichtigung des W.v.O. (Diss. Münster), 1959. - Für die Lit. zu 5 vgl. A.MAIER, Studien zur Naturphilos. der Spätschol. I-V, Rom 1949-58 - F.COPLESTON SJ, A Hist. of Philosophy, Westminster/Maryland (1953) 1959² (beste zusammenfassende Darstellg. von O. u. d. ockham. Bewegung), 431ff.

J.Klein

Ode (ᾠδή), in vielfältiger Bedeutung verwendetes, deshalb oft nur schwer festlegbares Wort für Gesang im allgemeinen und für einzelne Gesangsgattungen im besonderen. Der schon in der Antike geläufige und in der LXX bes. bei den Psalmen (zB Ps 65 ᾠδὴ ψαλμοῦ, Ps 66 ψαλμὸς ᾠδῆς) und bei den meist im Zusammenhang mit den Psalmen überlieferten sog. 9 biblischen O.n (→ Cantica) erscheinende Begriff findet sich im NT (Eph 5, 19; Kol 3, 16) innerhalb der Dreiheit von Psalmen, Hymnen und ᾠδαὶ πνευματικαί. Ob hier eine Unterscheidung verschiedener Gattungen des Kirchengesangs (auch in musikalischer Hinsicht, zB melismatischer oder syllabischer Gesang), oder aber nur eine rhetorische Umschreibung vorliegt, ist umstritten. In der → byzantinischen Kirchenmusik bezeichnet O. einen geschlossenen Abschnitt des → Kanons (: I, 6). Im deutschen Sprachbereich ist O. als Gattungsbegriff in Dichtung (zB → Klopstock) und Lied (17./18.Jh.) bekannt.

R.SCHLÖTTERER, Die kirchenmusikal. Terminologie der griech. Kirchenväter (Diss. München), 1954 (Masch.). - Weitere Lit. → Hymnus, 2 sowie in MGG VIII, 757ff. *R.Schlötterer*

Odilo, 5. Abt von → Cluny (ca 962-1048), Kanoniker in Brioude, 991 Mönch in Cluny, 994 Abt. Er breitete die cluniazensische Reform in Frankreich, Burgund, Italien, auch in Spanien, weiter aus und verfestigte sie zum Klosterverbande unter Leitung des »Erzabtes« von Cluny. O. verkehrte auf zahlreichen Reisen mit Päpsten und Fürsten, pflegte auch zu den Kaisern Heinrich II. und III. Beziehungen und war eine der angesehensten Persönlichkeiten des Zeitalters. Er wirkte für den → Gottesfrieden und die Einführung des → Allerseelentages. Von O.s Schriften sind nur die Viten des → Majolus und Adelheids sowie einige Briefe und Predigten erhalten.

Schriften in MPL 142, 831ff, Epitaphium Adelheidae auch MG SS IV, 633ff; vgl. MANITIUS II, 138ff. - E.SACKUR, Die Cluniacenser I, 1892, 300ff; II, 1894, passim - C.ERDMANN, Die Entstehung des Kreuzzugsgedankens, 1935, passim - DERS., DA 6, 1943, 433-441 - A Cluny, Dijon 1950 - DHGE XIII, 44ff - Neue Forschungen über Cluny, hg.v. G.TELLENBACH, 1959, passim. *Th.Schieffer*

Odo, 2. Abt von → Cluny (878/79-942), Kanoniker in Tours, dann Mönch in Baume, dort Schüler und ca 924 Nachfolger des Abtes Berno, 927 Abt des endgültig von Baume getrennten Cluny, das erst durch ihn zu einem Reformzentrum von ausgeprägter Eigenart und überregionaler Bedeutung wurde. Ermächtigt durch ein Privileg Johannes' XI. von 931, reformierte O. zahlreiche Klöster in Burgund und Aquitanien, aber auch in Rom, wohin er wiederholt von den Päpsten gerufen wurde, und im übrigen Italien. Unter seinen homiletischen und hagiographischen Schriften ragen die Collationes, die Occupatio und die Vita s. Geraldi hervor.

Werke in MPL 133, 1ff; Occupatio ed. A.SWOBODA, 1900; vgl. MANITIUS II, 20ff. 130ff. - E.SACKUR (→ Odilo) I, 43ff - A.HESSEL, O. u. das franz. Kulturproblem im frühen MA (HZ 128, 1923, 1-25) - C.ERDMANN (→ Odilo) 78ff - A Cluny, Dijon 1950 - DHGE XIII, 42f. 162 - Neue Forschungen (→ Odilo). *Th.Schieffer*

Öffentliche Meinung, *allgemein*

1. Historische Prägung des Begriffs - 2. Ö.M. in der modernen Gesellschaft. - Vgl. → Sozialforschung, empirische

1. Ö.M. ist ursprünglich ein politischer Begriff. Auffassungen von Inhalt und Funktion der ö.n M. folgen den historischen Veränderungen der gesellschaftlich-politischen Verhältnisse und werden überdies durch den je unterschiedlichen gesellschaftlichen Standort des Betrachters geprägt. Was ö.M. sei, wessen Ansichten ö.M. konstituieren und welches Gewicht ihr politisch beizumessen sei, wird in den älteren sozial-philosophischen Lehren (→ Rousseau, → Montesquieu, Condorcet, → Hobbes), in den staatsrechtlichen Theorien (→ Bentham, → Bluntschli, von Holtzendorff) und bei den Historikern (Oncken, → Ranke, W.Bauer) und Soziologen (Schäffle, Tönnies) verschieden dargestellt.

Der Ausdruck ö.M. wird formuliert im vorrevolutionären Frankreich; er bezeichnet den politischen Anspruch des ökonomisch emanzipierenden → Bürgertums (: I) gegenüber den herrschenden Mächten des Regimes. Von Necker stammt das Wort, daß Höflinge und Minister es eher riskierten, dem Souverän zu mißfallen als ihre Stellung in den Salons zu gefährden; er prägt die Unterscheidung zwischen »opinion publique« und »opinion du peuple« - verwandt, aber nicht gleichzusetzen, mit Rousseaus Trennung zwischen »volonté générale« und »volonté de tous«. Das 19.Jh., geistesgeschichtlich noch bestimmt von der → Aufklärung - von der Kant sagt, sie sei die Freiheit, von seiner Vernunft in allen Stücken öffentlichen Gebrauch zu machen -, gilt als die klassische Zeit der ö.n M. und der Ausprägung der Meinungsfreiheit. Der Kampf der demokratischen Kräfte jener Zeit gegen die restaurative Obrigkeit findet ihren Ausdruck im Wechsel von Ausbreitung und Unterdrückung der Presse, von Toleranz und Zensurverschärfung. In der Lehrauffassung wird ö.M. verstanden als höhere Realisierung der Idee des Staates (→ Stahl) oder als demokratisches Tribunal, das alle Weisheit und Gerechtigkeit der Nation vereint und legitimiert sei, die herrschenden politischen Gewalten zu kontrollieren (Bentham). Meint → Hegel, daß Wahrheit und endloser Irrtum in ö.r M. unmittelbar vereint seien, daß sie verdiene, ebenso geachtet wie verachtet zu werden, so heben andere ihre Mittelmäßigkeit und Unbeständigkeit hervor (Ranke). In vielen Bestimmungen des Begriffs der ö.n M. läßt sich unmittelbar der ideologische Hintergrund erkennen, so wenn in der 2. Hälfte des 19.Jh.s ö.M. mit den Ansichten der bürgerlichen Mittelklasse gleichgesetzt (Bluntschli) oder ihre Vertretung nur privilegierten Schichten zugeschrieben wird. - Nach der älteren Staatstheorie muß ö.M. als Machtfaktor (→ Macht: IV) von bestimmten Personen oder Institutionen vertreten sein: die Klarheit der ö.n M verlange ein persönlich verantwortliches Organ (Holtzendorff); von ö.r M. lasse sich ein aristokratisches Element kaum trennen (Ziegler). Den von manchen Vertretern der Staatslehre (→ Staat) verfochtenen elitären Vorstellungen schließt sich auch Tönnies an, der eine Unterscheidung zwischen ö.r M. als äußerer Gesamtheit widersprechender mannigfacher Meinungen und »der« ö.n M. als einheitlich wirksamer Kraft und Macht fordert; »die« ö.M. ist nach ihm das gemeinsame Urteil des gebildeten, insbesondere des politisch denkenden Publikums, der Vertreter von Besitz und Bildung.

2. Während sich in den älteren Auffassungen ö.M. als vorherrschende Meinung des Besitz- und Bildungsbürgertums darstellt, das seine Interessen gegenüber der Obrigkeit anmeldet, an der es selbst politisch noch nicht oder nur in eingeschränktem Maße partizipiert, kann in der modernen pluralistischen → Gesellschaft von ö.r M. in diesem Sinne nicht mehr gesprochen werden. Vielmehr ist sie heute aufzufassen als Totalität - häufig divergierender - öffentlicher Stellungnahmen, als die Gesamtheit der öffentlich vertretenen und in der Öffentlichkeit zur Wirksamkeit gelangenden Meinungen. Ansatzpunkte für die Betrachtung der ö.n M. in der modernen Gesellschaft bieten die neueren Untersuchungen zum Prozeß der Meinungsbildung, der Rolle der Kommunikationsmedien und des Verhältnisses zwischen ö.r M. und Herrschaft. - Mitwirkung an der Bildung der ö.n M. in der Demokratie bietet die Möglichkeit, ständig und über den Wahlakt hinaus auf relevante politische Entscheidungen Einfluß zu nehmen. Die Möglichkeiten des einzelnen sind beschränkt, weil es der Kenntnis der Kanäle und des Zugangs zu diesen Kanälen bedarf, über welche Meinungen zur Wirksamkeit gelangen. Zwar spielt sich individuelle Meinungsbildung auch in der modernen Gesellschaft zT noch auf dem Wege der personellen Kommunikation ab. Aber im Prozeß der Bildung der ö.n M. dominieren die Massenmedien (→ Fernsehen, → Film, → Presse, → Rundfunk), die von Interessengruppen und Organisationen kontrolliert werden. Welche Ansichten sich in der Öffentlichkeit als vorherrschende durchsetzen, hängt entscheidend ab von der Verfügungsgewalt ihrer Vertreter über die Organe der Massenkommunikation.

Die Frage, wieweit der einzelne an der Bildung der ö.n M. mitwirken kann, gewinnt neue Aspekte, nachdem es möglich ist, nach der *Methode der Umfrage* die in der Bevölkerung verbreiteten Meinungen quantitativ festzustellen. Umfrageergebnisse können die Ansprüche der weder an politischer Herrschaft noch an der Meinungsbildung auf dem Wege über die Massenmedien Beteiligten anmelden; sie können Politiker veranlassen, Wünschen der Bevölkerung Rechnung zu tragen. Die Summe der unter der Bevölkerung vorhandenen Meinungen ist allerdings nicht identisch mit ö.r M. Meinungsumfragen liefern Ersatz für plebiszitäre Abstimmung; aber ö.M. unterscheidet sich in Wesen und Funktion auch in der modernen Gesellschaft grundsätzlich vom Volkswillen, wie er bei Gleichheit aller Stimmen in Wahl und Plesbiszit zum Ausdruck kommt.

Ö.M. ist wesentlicher Bestandteil der politischen

Kräfte in der parlamentarischen Demokratie. Sie übt Einfluß und Kontrolle aus; die Berücksichtigung der ö.n M. in der politischen Entscheidung gehört zu den Grundregeln des Systems. Umstritten bleibt die Frage, wieweit der verantwortliche Politiker dem eigenen Gewissen und wieweit dem Druck der ö.n M. folgen soll.

F.v.HOLTZENDORFF, Wesen u. Werth der ö.n M., 1879 - F.TÖNNIES, Kritik der ö.n M., 1922 - W.LIPPMAN, Public Opinion, New York (1922) 1949 - W.BAUER, Die ö.M. in der Weltgesch., 1930 - B.BERELSON-M.JANOWITZ, Reader in Public Opinion and Communication, Glencoe/Ill. 1953 - F.LENZ, Wert u. Wesen der ö.n M., 1956 - W.HENNIS, Meinungsforschung u. repräsentative Demokratie, 1957 - G. SCHMIDTCHEN, Die befragte Nation, 1959 - S.v.KORTZFLEISCH, Verkündigung u. ö.M.sbildung, 1960. - Weitere Lit. s. → Propaganda.

G. Baumert-W. Mangold

Öffentlichkeitsauftrag der Ev. Kirche

1. Kerygmatische Gestalt - 2. Krise - 3. Neubesinnung

1. Die Verkündigung des Wortes Gottes betrifft die Botschaft von Jesus Christus als dem Herrn und Erlöser der Welt. Auf Grund der von ihm geleisteten Versöhnung gibt es wie zwischen Israel und Heidentum, so auch zwischen Kirche und Welt keine Trennung mehr (Eph 2, 14-16): er ist der Herr, der in sein Eigentum gekommen ist und über alles Fleisch regiert. So begegnen wir in ihm der wahren Öffentlichkeit; hier sind keine Grenzen gesetzt, seinen Augen ist nichts verborgen, von einer exoterischen und esoterischen Spaltung kann keine Rede sein. So ist ebenfalls die Verkündigung dieser Herrschaft öffentlich, nicht weil sie die Behörden erlauben, sondern weil Christus der Herr ist. Der Ö. ist in erster Linie Erwählung, Ausgrenzung anderer Möglichkeiten absoluter Zugehörigkeit, Erweckung zu einem neuen Sein. Diese Erweckung ist Auftrag, ein ontisch-personales Geschehen, das zum neuen Leben aufruft, indem es hineinstellt und befähigt. Der Auftrag macht den Gläubigen zum Beauftragten Gottes. Insofern schließt er einen *Anspruch* an die Welt ein, sich zum einen Herrn zu bekehren, ihm zu gehören und alle Eigengesetzlichkeit, die ihre Eigengerechtigkeit aufrichtet, aufzugeben. Dieser Auftrag kann als Anspruch immer nur prophetisch-priesterlich vollzogen werden: prophetisch-kritisch, weil das Wort die Welt von Sünde, Gerechtigkeit und Gericht (Joh 16, 8ff) zu überführen hat, priesterlich-solidarisch jedoch vom Wissen um das eigene Begnadetsein her und aus dem Bekenntnis der eigenen weltverhafteten Situation. So werden Gesetz und Evangelium als Komponenten des Auftrags in allen Bereichen der Begegnung mit der Welt ihre Güte walten lassen. Das Handeln in diesem Auftrag ist die Zeugenschaft des Herrn als des »Christus praesens«, der in der Einwohnung des Hl. Geistes in der Gemeinde diese auf seine Zukunft hin erhält, sie zu konkreten Entscheidungen in der Welt befähigt und umgekehrt die Welt auf seine Herrschaft und Zukunft hin bewahrt und in Stand hält (der Geist als Paraklet).

2. Indem das Handeln im Auftrag ein Handeln in der → Verantwortung ist, sieht sich die Gemeinde jeweils nach zwei Richtungen verpflichtet: Sie hat im Anbruch des Reiches unter dem Ereignis der Neuschöpfung hic et nunc bereit zu sein (eschatologische Erwartung), sie muß aber auch die Stunde dieser Welt beachten, als ob alles auf die Gegenwart ankäme. - Nach der Christianisierung des Staates unter Konstantin schien sich im frühen MA ein einheitliches → Corpus christianum herauszubilden. Aber mancherlei Krankheitserscheinungen, zB die Spannungen zwischen → Kaisertum und Papsttum, ferner die Wiederentdeckung der Antike usw, drängten die Einheitsschau bald zurück und schufen Raum für eine → Zwei-Reiche-Lehre. Bes. → Luther hat in seinen seelsorgerlichen und sozialpolitischen Bemühungen versucht, dieser Dualität Rechnung zu tragen, während → Calvin sie in einer umfassenden dogmatischen Synthese im Aufruf aller weltlichen Ordnungen für die Gottesherrschaft zu überbrücken trachtete. Je nach der Einstellung differenziert sich das Verständnis des Ö.s in der Geschichte des Protestantismus erheblich: In den luth. Kirchen fallen die Bereiche des Glaubens und der sozialpolitischen Gesetzlichkeit auseinander, der Ö. wird kaum mehr vernehmbar, er ist davon bedroht, vom Kulturpathos, Volksmythos, Säkularismus und Nihilismus überrannt zu werden. In den vom Calvinismus und Neucalvinismus beeinflußten angelsächsischen Kirchen verblaßt der Anspruch bei Betonung sportlicher Toleranz, Mangel an theologischer Besinnung, Anfälligkeit für sektiererische Bewegungen und Vorherrschen humanistischer Vereinerleiung. So gelangt der Ö. in beiden ev. Konfessionen in eine schwere *Krise*. Es entsteht der Eindruck, die ev. Kirche habe bloß eine Botschaft für das Jenseits, sie sei jedoch weltflüchtig und wirklichkeitsscheu; außerdem sei die Diskrepanz zwischen Theologie (Verkündigung) und dem faktischen christlichen Leben groß. Man sehe nicht, daß die Welt erlöst sei (Buber).

3. Bes. nach dem 1. Weltkrieg beginnt eine theologische und praktisch-soziale Neuorientierung hinsichtlich des Ö.s.

a) Die reformatorischen Anliegen werden neu durchdacht (Luther-Renaissance). Der Christ wird im Glauben erst recht frei *für* die Welt, nicht *von* ihr. In der → Rechtfertigung durch Gnade wird »Freidigkeit« (Luther) zu einer weltoffenen Haltung geschenkt, die gerade für den Prozeß der Säkularisierung frei macht. Zahlreiche Versuche theologischer → Anthropologie (: IV) und christlicher → Ethik bahnen ein neues Verständnis des Ö.s an. Angeregt vom Personalismus und Existentialismus überbrücken neue Kategorien wie Verantwortlichkeit, → Entscheidung, → Ich-Du-Verhältnis, → Geschichte (: II C), Zukunft (Endgeschichte) den Graben zwischen Kirche und Welt. Die dazu begangenen Wege sind verschieden: Zurückgreifend auf primitiv-religiöse und urgemeindliche Ansätze gibt es ein sakramentalistisches Verständnis, das die Wirklichkeit als »Gestalt der Gnade« transformieren möchte; alles Handeln sei ein kultisches Tun, Christus der »Sinn« des Seins. Daneben gibt es den kritisch-dialektischen Weg, der im Ja der Gemeinde zur Welt zugleich das Nein vernehmbar machen will; Gnade und Zorn Gottes sollen offenbar werden an der geschichtlich zentralen Gestalt Jesu Christi (concretissimum der Geschichte). Kommt es in diesen Versuchen in erster Linie auf das Bewahren der Einheit an, in der auf die → Existenzphilosophie zurückgehenden Sicht scharf Historie und → Geschichtlichkeit zu trennen, so wird die alte Kluft wieder sichtbar: Sünde als Verfallenheit an das Sichtbare und Verfügbare (Historie) wird nur überwunden durch das Hören auf die Botschaft, die im »Jetzt« des Vernehmens vom Verfügbaren entrückt und der »Auferstehung« teilhaftig werden läßt. Im Blick auf die »mündig« gewordene → Welt wird versucht, in einer totalen Solidarität mit dem Religionslosen alle »religiöse Verpackung« abzutun, um Christus in grenzenloser Mitmenschlichkeit namenlos Herr sein zu lassen.

b) Die *praktisch-soziale* Neuorientierung hat bes. mit der → Ökumenischen Bewegung eingesetzt. Die Konferenzen von Stockholm, Edinburgh u.a. verstanden den Ö. als elementare Aufgabe der in sich gespaltenen Christenheit. »Praktisches Christentum« sollte die Weltbezogenheit des Evangeliums dartun. Neben einer neuen theologischen Besinnung (Lausanne, Lund) bleibt die

Aufmerksamkeit der Ökumene auf den Ö. zentriert, beispielhaft am Generalthema von Amsterdam (1948): Die Unordnung der Welt und Gottes Heilsplan. Das Aufkommen sozialpolitischer Ideologien (→ Nationalsozialismus, → Kommunismus) zwingt zu neuer Besinnung auf die Grundlagen des Rechtes (→ Naturrecht, Macht und Recht, Gerechtigkeit). Diktaturstaat und Totalitarismus bilden eine kräftige Herausforderung an die Kirche, sich auf ihren Ö. zu besinnen (→ Barmen, → Kirchenkampf). Zugleich werden damit die nationalen Konfessionalismen auf eine weltweite Aufgabe der Verkündigung hin transzendiert (→ Christentum: II, 3 c). Mit diesen Gegebenheiten sind neue Aspekte des Ö.s bes. gegenüber dem → Staat (: IV), der Kirche als Institution und der Verantwortung für das gesellschaftliche Leben gegeben. In der sich überstürzenden Entwicklung der politischen und sozialtechnischen Ereignisse muß allerdings eine ihnen entsprechende Erfüllung des Ö.s im Rückstand bleiben, weil in den Kirchen viele hemmende, konservative Kräfte vorhanden sind, wobei der Ö. als Wagnis zur Versöhnung und Neuwerdung im Ansatz stecken bleibt (kirchliche Debatte über die → Atomwaffen). Daß der Ö. Mission ist und im Taufbefehl »alle Völker« einbegriffen sind, wurde seit kurzem auch innermissionarisch verstanden und bekam in den → Kirchentagen beachtliche Auswirkung. Hinzu gesellt sich eine weltumfassende Jugendmission in CVJM, CVWJ, in den → »Jungen« Kirchen, Ev. → Akademien (: II) usw, wobei auch → Rundfunk und → Fernsehen wichtige Dienste leisten. Der Ö. wird mehr und mehr als ev. Erziehungsarbeit verstanden. Ausreifung zur politischen, sozialen und mitmenschlichen Verantwortung (Rassenproblem, Antisemitismus) gehört dabei zu den entscheidenden Ansätzen für eine neue Gemeindebildung über nationalkirchlich-institutionelle Grenzen hinaus. - Vgl. → Gebildete und Kirche.

A. DE QUERVAIN, Der Öffentlichkeitsanspruch des Evangeliums, 1939 - J. ELLUL, Présence au monde moderne, Genf 1948 - Ökumen. Dokumente der Vollversammlungen von 1948 u. 1954 - D. BONHOEFFER, Widerstand u. Ergebung, (1951) 1955[6] - H.R. NIEBUHR, Christ and Culture, New York 1951 - F. GOGARTEN, Der Mensch zwischen Gott u. Welt, (1952) 1956[2] - H.-D. WENDLAND, Die Kirche in der modernen Gesellschaft, (1956) 1958[2] - Der Auftrag der Kirche in der modernen Welt. Festschr. f. E. Brunner, 1959 - WKL. - Vgl. die Lit. zu → Gebildete und Kirche. *H. van Oyen*

Oekolampad, *Johannes* (1482-1531), Reformator Basels, * in Weinsberg, studierte seit 1499 in Heidelberg, wo er in den Bannkreis der mystisch-humanistischen Reformbewegung → Wimpfelings geriet. Nach einem Aufenthalt in Bologna und einigen Jahren der Wirksamkeit als kurpfälzischer Prinzenerzieher in Mainz beendete Oe. das theologische Studium in Heidelberg, empfing die Priesterweihe und versah von 1510 an eine eigens für ihn geschaffene Prädikatur an der Weinsberger Pfarrkirche. Hier vollendete sich seine Hinwendung zum → Humanismus (: I). Von seinem Amte mehrfach beurlaubt, studierte er 1513-15 in Tübingen, aber auch bei → Reuchlin in Stuttgart Griechisch und Hebräisch. Im Winter 1515/16 arbeitete er zusammen mit → Erasmus in Basel an der Edition des griech. NT. Nach einem weiteren Aufenthalt in Weinsberg wurde Oe. 1518 auf Veranlassung → Capitos zum Poenitentiar an das Basler Münster berufen. Noch im selben Jahre erhielt er die Domprädikatur in Augsburg. Hier geriet er mitten in die leidenschaftliche Auseinandersetzung, die sich um die Schriften → Luthers erhoben hatte (im Okt. 1518 hatte in Augsburg das Verhör Luthers vor Kardinal → Cajetan stattgefunden). Allmählich reifte in diesem Kampf seine reformatorische Erkenntnis. Vom Wunsche nach Klarheit beseelt, verließ er im April 1520 seine exponierte Stelle und trat in das Brigittenkloster Altomünster ein. Hier verfaßte er 1521 seine erste und entscheidende Reformationsschrift über die Beichte, das »Paradoxon«. Das Büchlein empörte die Altgesinnten und führte zu Spannungen innerhalb der Klostergemeinde. Deshalb entfloh Oe. im Jan. 1522 aus dem Kloster und wurde zunächst Schloßkaplan Franz von → Sickingens auf der Ebernburg. Bereits im Nov. 1522 ging er wiederum nach Basel, wo er als Mitarbeiter des Buchdruckers Andreas Cratander seine schon früher begonnenen Übersetzungen der Kirchenväter fortsetzte. Nach und nach entwickelte er sich zum Führer der ev. Bewegung in → Basel. Nach Ostern 1523 begann er seine biblischen Vorlesungen an der Universität, zu denen zahlreiche Hörer aus dem Kreis der Bürgerschaft herbeiströmten. Bald darauf wurde er vom Rat zum ordentlichen Prof. ernannt. 1525 erfolgte seine Einsetzung als Leutpriester zu St. Martin. Seit 1529 wirkte er als Pfarrer am Münster. In dieser Doppelstellung als theologischer Lehrer und Prediger führte er die Reformation in Basel zum Durchbruch. Aber auch auf dem Boden der Eidgenossenschaft hat Oe. Entscheidendes zur Verbreitung der Kirchenerneuerung beigetragen. Auf der Disputation von Baden (1526) stand er an der Spitze der neugesinnten Partei, beim Berner Glaubensgespräch (1528) vertrat er ihre Sache zusammen mit → Zwingli. Auf dessen Seite nahm er auch am → Marburger Religionsgespräch (1529) teil. Gegen die luth. Abendmahlslehre äußerte er sich in zwei Schriften (De genuina verborum Domini: hoc est Corpus meum etc expositione, 1525; Antisyngramma, 1525/26, gegen → Brenz; → Abendmahl: II, 3 a). Oe. war auch maßgebend beteiligt an der Durchführung der Reformation in Ulm, Memmingen und Biberach. Als Schöpfer der Basler Kirchen- und Gottesdienstordnung ist er in mehr als einer Hinsicht zum Vorläufer → Calvins geworden. So bestand er auf der Forderung nach einer auf dem Evangelium gegründeten → Kirchenzucht und schuf zu ihrer Handhabung das Amt der Laienpresbyter. Als Prof. der Theologie ist Oe. bes. als Exeget hervorgetreten. Zu seinen bedeutendsten Werken gehören neben den Väterübersetzungen die Prophetenkommentare, vor allem zu Jesaja. Oe. starb kurz nach der Niederlage der ref. Eidgenossen in der Schlacht bei Kappel (→ Zwingli).

RE XIV, 286ff (ältere Lit.) - RGG[2] IV, 633f - E. STAEHELIN, Briefe u. Akten zum Leben Oe.s, 2 Bde, 1927/34 - DERS., Das Buch der Basler Reformation, 1929 - DERS., Das theol. Lebenswerk J. Oe.s, 1939 - EKL II, 1667f - E. BONJOUR, Die Univ. Basel von den Anfängen bis zur Gegenwart, 1960 (Lit.). *H.R. Guggisberg*

Oekonomos, *Konstantin* (1780-1857), griech.-orth. Theologe und Kirchenpolitiker, eine der bedeutendsten Gestalten der neueren griech. Kirchengeschichte. * in Tsaritsani (Thessalien), wurde O., wie auch sein Vater, »Oikonomos« des Bistums Elasson, danach Gymnasialdirektor in Smyrna. Hier erwarb er sich den Ruf eines ausgezeichneten Lehrers, Predigers und Redners, der ihm zunächst eine ehrenvolle Berufung nach Konstantinopel als »Prediger und Lehrer des ökumenischen Stuhles« und nach seiner Flucht nach Odessa und Petersburg die Protektion des russischen Zaren und akademische Ehrungen in Rußland und Preußen eintrug. 1834 in das befreite → Griechenland zurückgekehrt, bekämpfte er in der Zeitschrift »Ev. Posaune« die Loslösung der griech. Kirche vom ökumenischen Patriarchat (Autokephalie) und den damit erstarkten Einfluß des Staates (Königs) auf die Kirche. Doch konnte er diese Entwicklung, deren Wortführer sein kirchenpolitischer Gegner Th. → Pharmakidis war, nicht verhindern.

Vf. zahlreiche kirchlich-theol. Werke theoretischer u. praktischer Natur, dazu philos., hist. Schriften u.a. Die Hauptwerke gab sein Sohn Sophokles O. unter dem Titel »Die erhaltenen kirchl. Schriften des K.O.« (3 Bde, Athen 1862-66) u. »Die erhaltenen philolog. Schriften des K.O.« (ebd 1871) heraus. - Über O.: Chr.Papadopoulos, Gesch. der Kirche Griechenlands, Athen 1920, 145ff - D.Balanos, K.O., ebd 1932 - Megali Ellin. Enkyklopaidia 18, 759ff (Bibliogr.) - Neoteron Enkykl. Lexikon Iliou 14, 789 - »Ekklesia«, Athen 1957, 477-536 (Sonderheft über O.) (alles griech.) - RE XIV, 299ff.

G.Möckel

Ökumenisch. Oikoumene (von οἶκος = Haus) bedeutet ursprünglich 1. die ganze bewohnte Erde (so auch in der LXX und im NT, zB Mt 24, 14). Schon die älteren Kirchenväter meinen, daß »die Lehre des Heilands die ganze Oikoumene erleuchtet habe«. Aus dieser Grundbedeutung haben sich folgende weitere Auffassungen entwickelt: 2. Zum Römischen Reiche gehörig oder es vertretend. Das Imperium wird grundsätzlich als Weltreich verstanden. Die Kaiser sind »Wohltäter der Oikoumene« (vgl. auch Lk 2, 1). - 3. Zur Kirche als ganzer gehörend oder sie vertretend. Die ö.en → Konzile sind Reichskonzile und vertreten als solche die ganze Kirche. Seit Justinian wird für den Patriarchen von Konstantinopel der Titel »oikumenikos« gebraucht, entsprechend dem päpstlichen »universalis« (Mansi VIII, 1038). - 4. Allgemeine kirchliche Gültigkeit besitzend. Die ö.en Konzile haben letzte kirchliche Autorität. Die drei Glaubensbekenntnisse (→ Apostolikum, → Nicäno-Konstantinopolitanum, → Athanasianisches Symbol) sind ö., weil sie (grundsätzlich) universale Geltung haben (so zuerst 1575 Nik. → Selnecker). - 5. Die weltweite missionarische Aufgabe der Kirche betreffend. Die Ö.e Missionskonferenz in New York 1900 nannte sich ö., weil der von ihr geplante Vorstoß den ganzen Kreis der Erde umspannen sollte. - 6. Die Beziehungen zwischen den Kirchen oder zwischen Christen verschiedener Konfession betreffend. Im 19.Jh., bes. im Kreis der Ev. Allianz, bezeichnet »ö.« die Versuche, die kirchliche und konfessionelle Isolierung zu durchbrechen und engere Beziehungen zwischen den Kirchen und ihren Mitgliedern zu schaffen. - 7. Das Wissen um die Zugehörigkeit zur weltweiten christlichen Gemeinschaft der Kirchen und Christen und die Bereitschaft, für die Einheit der Kirche Christi zu arbeiten. Henri Dunant spricht in den 50er Jahren des 19.Jh.s von der »ö.en Gesinnung« im CVJM.

Bes. Erzbischof → Söderblom hat dem Wort seine moderne Bedeutung gegeben. 1919 schlug er vor, einen »ö.en Rat« zu gründen. Dieser Vorschlag wurde damals nicht angenommen. Auch die Konferenz in Stockholm 1925 wurde als »Allgemeine christliche Konferenz für Praktisches Christentum« bezeichnet; bei der Vorbereitung dieser Konferenz wurde jedoch im deutschen und französischen Sprachgebiet der Ausdruck »ö.« viel benützt. 1929 beschloß man, den »Allgemeinen Christlichen Rat für Praktisches Christentum« offiziell »Ö.en Rat für Praktisches Christentum« zu nennen. In der englisch sprechenden Welt wurde das im Englischen mißverständliche Wort nicht so bereitwillig aufgenommen, weil »Council« sowohl »Konzil« wie »Rat« bedeutet. Daher heißt der 1948 offiziell gebildete Rat der Kirchen (→ Ökumenische Bewegung, 3) auf englisch: »World Council of Churches«, auf deutsch: »Rat der Kirchen«.

Die wichtigsten Definitionen, die von ö.en Gremien gegeben wurden, sind die folgenden. Die Oxford-Konferenz von 1937 sagt: »Denken und Handeln der Kirche sind ö., sofern sie die → Una Sancta, die Gemeinschaft der Christen, die den einen Herrn anerkennen, zu verwirklichen bestrebt sind.« Der Zentralausschuß des Ö.en Rates sagte 1951: »Ö. kennzeichnet alles das, was sich auf die ganze Aufgabe der ganzen Kirche in der Verkündigung des Evangeliums für die ganze Welt bezieht.« Werden diese Definitionen ernst genommen, so bedeutet das, a) daß »ö.« nur benützt werden sollte, wo es wirklich um die Sache der ganzen Kirche geht, b) daß »ö.« immer eine missionarische Dimension haben muß.

M.Paeslack, Die »Oikoumene« im NT (ThViat 2, 1950, 33-47) - ThW V, 157ff - W.A.Visser 't Hooft, The Meaning of Ecumenical, London 1953; dt. 1954 - E.Kinder, Der Gebrauch des Begriffs »Ö.« im älteren Luthertum (KuD 1, 1955, 180-207) - H.J.Margull, Theol. der missionarischen Verkündigung, 1959, 247ff - E.Fascher, Ö. u. katholisch (ThLZ 85, 1960, 7-20).

W.A.Visser 't Hooft

Ökumenische Arbeitsorgane und Verbände in Deutschland. Den → Einigungsbestrebungen (: IV bis VII) der Kirchen in der → Ökumenischen Bewegung entsprechen eine Anzahl ö.er Arbeitsstellen und Zusammenschlüsse innerhalb Deutschlands, die in ihrer Struktur und Tätigkeit die Vielfalt ö.er Wirkungsweisen widerspiegeln. Die mit der Zugehörigkeit der EKD zum Ö.en Rat der Kirchen und den Beziehungen zu ausländischen Kirchen verbundenen praktischen Verantwortlichkeiten werden vom *Kirchlichen Außenamt* in Frankfurt/M. wahrgenommen. Als koordinierende Vermittlungs- und Arbeitsstelle für ö.e Studienaufgaben der deutschen Landes- und Freikirchen besteht seit 1947 in Frankfurt/M. die *Ö.e Centrale,* die seit 1948 unter der Verantwortung der → Arbeitsgemeinschaft christlicher Kirchen in Deutschland arbeitet und die Geschäftsstelle des von der Arbeitsgemeinschaft 1950 ins Leben gerufenen *Deutschen Ö.en Studienausschusses* bildet. Parallel dazu ist aus der Zusammenarbeit landes- und freikirchlicher Jugendverbände 1949 die *Arbeitsgemeinschaft der Ev. Jugend Deutschlands* entstanden; seit 1951 unterhält sie einen »Ö.en Arbeitskreis«, der auch den »Internationalen christlichen Jugendaustausch« sowie die von der »Deutschen Arbeitsgemeinschaft Christlicher Aufbaulager« (DACA) durchgeführten ö.en Aufbaulager betreut. Regionale Zusammenschlüsse sind zB der von Bischof Dibelius geleitete *Ö.e Ausschuß für den mittleren und östlichen Raum Deutschlands* (1948) und das von Prälat Hartenstein begründete *Ö.e Komitee für Baden und Württemberg* (1950). Ähnliche Arbeitsgemeinschaften lokaler oder regionaler Art haben sich auch anderwärts gebildet (Kurhessen, Kirchenprovinz Sachsen, Berlin, Lübeck). Auf konfessioneller Ebene haben die *VELKD* und die *EKU* 1952 bzw. 1956 eigene ö.e Ausschüsse berufen. Auch dem Präsidium des → *Kirchentags* ist seit 1955 ein ö.er Ausschuß angegliedert. In den Landes- und Freikirchen bestehen zZ (1960) insgesamt fast 60 ö.e Studien- und Arbeitskreise, zu denen noch etwa 20 weitere in den → *Studentengemeinden* kommen. Der erste Ansatz einer archivarischen Erfassung insbesondere älteren ö.en Dokumentenmaterials liegt in dem von Prof. → Siegmund-Schultze 1958 in Soest/Westf. errichteten *Ö.en Archiv* vor. - Im Dienste der zwischenkirchlichen Verständigung stehen der *Nordisch-Deutsche Konvent* (1949), der *Deutsch-Französische Bruderrat* (1950) und die diesem verwandte Vereinigung → *Evangelisch-christliche Einheit,* der *Britisch-Deutsche Konvent* (1954) und die *Deutsch-Holländische Ö.e Konferenz* (1955), von der die ersten Anregungen zur Bildung einer »Konferenz Europäischer Kirchen« ausgingen (→ Einigungsbestrebungen: V, 3). - Auch im Bereich der *ö.en Diakonie* (→ Ökumenische Bewegung, 5) haben sich zahlreiche Arbeitsbeziehungen ergeben. Der vom Ö.en Rat der Kirchen inaugurierte *Stipendiatenaustausch* läuft über das Studentenreferat in der Ö.en Abteilung der Hauptgeschäftsstelle der Inneren Mission und des Hilfswerks der EKD in Stuttgart. Ebendort unterhalten der *Ö.e Rat der Kir-*

chen und der → *Lutherische Weltbund* zentrale Dienststellen für zwischenkirchliche Hilfe und Flüchtlingsdienst, denen regionale Betreuungsstellen angeschlossen sind. Auch das *Schwedische IM-Hilfswerk* (Innereuropäische Mission), die *Deutsch-Schwedische Flüchtlingshilfe*, die *Brüderkirche* (→ Church of the Brethren), die → *Quäker* und die → *Mennoniten* haben in Deutschland ähnliche Hilfseinrichtungen.

W.MENN, Berichte über die ö.e Bewegung in: KJ 1945-48, 239 bis 320; 1949, 261-297; 1951, 222-334; 1954, 229-286; fortgesetzt durch H.KRÜGER, ebd 1958, 310-377 - O.v.HARLING, Die Arbeitsgemeinschaft christl. Kirchen in Deutschland, ebd 1955, 357-381 - CHR. BERG (Hg.), Ö.e Diakonie, 1959. *H.Krüger*

Ökumenische Bewegung

1. Die Bewegungen für Freundschaftsarbeit der Kirchen und für Praktisches Christentum (Life and Work) - 2. Bewegung für Glauben und Kirchenverfassung (Faith and Order) - 3. Ö.e Konferenzen und Ö.er Rat der Kirchen - 4. Ö.e Lebensäußerungen - 5. Ö.e Diakonie - 6. Ökumene, rechtlich - 7. Stellung der röm.-kath. Kirche zur ö.en B. - Ö. = ökumenisch, ö.e B. = ökumenische Bewegung. - Vgl. ergänzend → Ökumenisch, → Ökumenische Arbeitsorgane und Verbände in Deutschland, → Einigungsbestrebungen: IV-VII

1. In der ö.en B. fließen mehrere Ströme neben- und ineinander. Zwei dieser Ströme sind sich durch die Sache und die sie tragenden Persönlichkeiten bes. nahe und doch deutlich zu unterscheiden: der *»Weltbund für (internationale) Freundschaftsarbeit der Kirchen« (World Alliance for Promoting International Friendship through the Churches)* und die *»Bewegung für Praktisches Christentum« (Life and Work)*.

a) Der Weltbund (= W.) wurde am 1.8.1914 in Konstanz gegründet. Er wollte durch Förderung der Freundschaft zwischen den Kirchen zur Versöhnung der Völker beitragen und im Sinne der Verständigung und des guten Willens auf die Völker, Parlamente und Regierungen einwirken. Die Gründung des W.es war vorbereitet worden durch christliche Bestrebungen zur Erhaltung und Sicherung des Friedens in Großbritannien, Deutschland (Vereinigtes Kirchliches Komitee zur Pflege freundschaftlicher Beziehungen zwischen Großbritannien und Deutschland) und vor allem in den USA (Kirchliche Friedensunion [Church Peace Union], finanziell bes. von A.Carnegie gefördert; → Friedensbewegung, 2). - Als der 1. Weltkrieg der Arbeit des W.es schnell Grenzen setzte, gründeten zwei seiner Vertreter, Fr. → Siegmund-Schultze und der englische Quäker H.Hodgkin, noch 1914 den Internationalen → Versöhnungsbund. Aber auch der W. war nicht müßig. 1915 wurde in Bern seine Verfassung angenommen und ein Internationaler Ausschuß aus Vertretern von 9 europäischen Ländern und den USA eingesetzt, der während des Krieges durch Denkschriften und Interventionen für die Kriegsgefangenen seine Ziele verfolgte. 1919 arbeiteten bereits 15 nationale Verbände, zu denen bis 1921 acht weitere kamen, bes. in orth. Ländern. Die Mitarbeit der Orthodoxen war um so leichter zu erreichen, als der W. keine Zustimmung zu einem formellen Bekenntnis voraussetzte, sondern mit Nachdruck darauf hinwies, daß sein Ziel ausschließlich die Förderung des Friedens, und diese Arbeit allen Konfessionen aufgetragen sei. Gerade an diesem Punkt, der eine besondere Stärke des W.es zu sein schien, zerbrach er später. - Im Herbst 1919 wurde auf einer Tagung des W.es in Oud Wassenaar/Holland, vor allem unter dem Eindruck von Plänen Erzbischof → Söderbloms, die Gründung der Bewegung für »Praktisches Christentum« (= Pr.Chr.) beschlossen mit dem Ziel, eine Weltkirchenkonferenz durchzuführen. In der Folgezeit arbeiteten beide Bewegungen eng zusammen, zunächst in der Vorbereitung der für 1925 nach Stockholm einberufenen Konferenz und danach im Verfolg ihrer Beschlüsse. Die Ernennung H.L.Henriods zum gemeinsamen Sekretär (1933-38) brachte die enge Verbundenheit sinnfällig zum Ausdruck. Dennoch zerbrach sie schnell. Der W. konnte sich nicht entschließen, seine theologischen Grundlagen zu ändern und mit der Stockholmer Bewegung und der »Bewegung für Glauben und Kirchenverfassung« (s. 2) eine »Ehe zu Dritt« im Ö.en Rat der Kirchen einzugehen. Er wollte seinen bekenntnisfreien Charakter nicht aufgeben und nicht »verkirchlichen«. Als sich die Kommission der Kirchen für Internationale Angelegenheiten, eine gemeinsame Kommission des Ö.en Rates und des → Internationalen Missions-Rates, der Aufgaben des W.es annahm, zogen dessen Mitglieder die Konsequenzen: am 30.6.1948 wurde der W. formell aufgelöst. Schon während des Krieges hatten sich Aufsplitterungstendenzen verstärkt, und Versuche des amerikanischen Unitariers R.Dexter, den W. auf allgemeiner religiöser Grundlage neu zu beleben, waren gescheitert. Angehörige des W.es traten mit Anhängern nichtchristlicher Religionen im Juni 1948 in New York zum »Kongreß der Religionen für den Frieden und die Vereinten Nationen« zusammen und gründeten den »W. für (internationale) Freundschaft der Religionen« (World Alliance for International Friendship through Religion; → Religionskongresse).

b) Der Beschluß von Oud Wassenaar (1919) führte zunächst zu einer Vorbereitenden Konferenz in Genf (1920), die die Grundzüge für Vorbereitung und Durchführung einer »Allgemeinen Konferenz der Kirche Christi für Pr.Chr.« festlegte. Im Aug. 1925, 1600 Jahre nach dem Konzil von → Nicäa, trafen sich 661 Delegierte aus 37 Ländern in *Stockholm*. Die Konferenz wurde gelegentlich das »Nicäa der Ethik« genannt, denn nicht dogmatische Fragen sollten erörtert werden, sondern Grundsätze für gemeinsames Handeln der Kirchen im öffentlichen Leben. In der Einladung, die an alle Kirchen, auch die orthodoxen und die römische, ergangen waren, hieß es: »Wir planen nicht, Fragen des Glaubens und der Kirchenverfassung zu erörtern, obwohl wir uns ihrer Bedeutung keineswegs verschließen... Aber die Notlage der Welt ist so brennend..., daß wir es uns nicht leisten können, die Erfüllung dieser großen Hoffnung auf eine wiedervereinigte Christenheit abzuwarten, ehe wir unsere Herzen und Hände an das gemeinsame Bemühen wenden, daß Gottes Wille auf Erden ebenso geschehen möge wie im Himmel.« Die Konferenz, auf der zum ersten Mal offizielle Abordnungen der Kirchen zusammenkamen, erörterte »die Verpflichtung der Kirche gegenüber Gottes Weltplan« und die Stellung der Kirche zu den wirtschaftlichen, industriellen, sozialen und sittlichen Fragen, zu den Beziehungen der Völker zueinander, zur christlichen Erziehung sowie Fragen der Fortführung ö.er Arbeit. Sie wandte sich an die gesamte Christenheit mit einer Botschaft, in der das Bußbekenntnis für die heillose Zerrissenheit der Christenheit nicht fehlte und die die Kirchen aufrief, das »Evangelium auf allen Gebieten des menschlichen Lebens zu der entscheidenden Macht zu machen«. Die Konferenz setzte einen Fortsetzungsausschuß ein, der schon nach wenigen Jahren unter dem Namen »Ö.er Rat für Pr. Chr.« zu einer ständigen Einrichtung wurde mit der Aufgabe, »die Gemeinschaft der Kirchen in der Betätigung christlicher Ethik bei den sozialen Problemen des modernen Lebens zu pflegen und zu fördern«. Seit 1928 arbeitete das Internationale Sozialwissenschaftliche Institut unter Adolf → Keller in Genf; als Forschungsabteilung des Rates tat es später unter H.Schönfeld und N.Ehrenström den Kirchen einen wesentlichen Dienst. Neben Keller wurde der Sekretär der Kirchlichen Friedensunion, H.A. → Atkinson, erster Generalsekretär des Ö.en Rates für Pr.Chr. Darin dokumentierte sich die enge Verbindung zum W. für Freundschaftsarbeit der Kirchen (s. 1 a). – Eine Fülle von Aufgaben wurde in Angriff genommen durch eine Theologenkommission unter A. → Deißmann und M. → Dibelius, durch das 1933 von A.Keller gegründete Ö.e Seminar, durch die Ö.e Jugendkommission, den Ö.en Presse- und Nachrichtendienst (seit 1933), durch Besuchsdienst und Hilfsaktionen verschiedenster Art. Die → Bekennende Kirche in Deutschland fand im Ö.en Rat treue Freunde, bes. in G.K.A. → Bell, Bischof von Chichester, der durch sein Verständnis und seine weise Leitung die geistlichen Erkenntnisse des deutschen → Kirchenkampfes für die ö.e B. zu nutzen verstand. – Der Ö.e Rat für Pr.Chr. hielt im Juli 1937 eine zweite Weltkonferenz in *Oxford* ab. Sie stand unter dem Thema »Kirche, Volk und Staat« und wurde weithin von J.H. → Oldham vorbereitet. Das Vordringen der Volkstumsideologie und der totalitären Tendenzen legte diese Thematik nahe und machte die Frage nach der Freiheit der Kirche und ihrer Glieder dringlich. Die Arbeit der 425 offiziellen Delegierten von 120 prot. und orth. Kirchen aus 40 Ländern – die Vertreter der DEK durften nicht nach Oxford reisen – hat man mit dem aus dem deutschen Kirchenkampf bekannten Wort gekennzeichnet: Kirche muß Kirche bleiben! – In den 12 Jahren ihres offiziellen Bestehens hatte die Bewegung für Pr.Chr. erkannt, daß sie ihr hohes Ziel, die Einheit der Kirche zu fördern, nicht ohne enge Zusammenarbeit mit der Bewegung für Glauben und Kirchenverfassung (s. 2) erreichen würde. In Oxford wurde daher beschlossen, mit dieser Bewegung den Ö.en Rat der Kirchen zu gründen (s. 3).

Umfassende Lit. in ROUSE-NEILL II, Kap. XI u. XII – WKL 1166ff.

2. Fragen des Glaubens und der Kirchenverfassung waren bei der Weltmissionskonferenz von Edinburgh 1910 (→ Internationaler Missions-Rat, 2) von der Diskussion ausgeschlossen, weil sie die Konferenz gesprengt hätten. Demgegenüber erkannte Bischof Ch. → Brent, daß es um der Einheit der Kirche willen unmöglich sei, solche Fragen aus dem interkonfessionellen Gespräch auszuklammern. Es gelang ihm noch im selben Jahr, den Generalkonvent seiner → Protestantischen Episkopalkirche zur Bildung einer Kommission zu bewegen »zum Zweck der Herbeiführung einer Konferenz zur Beratung von Fragen, die den Glauben und die Kirchenverfassung betreffen«. Bereits ein halbes Jahr später hatten 18 amerikanische Kirchen entsprechende Ausschüsse gebildet. Auch Kirchen in Europa zeigten ihren Willen zur Mitarbeit. Der Plan, i.J. 1914 Vertreter der American Episcopal Commission zum Besuch »der Kirchen auf dem europäischen Kontinent und im Nahen Osten sowie der röm.-kath. Kirche« zu entsenden, um für den Gedanken der Konferenz zu werben, konnte wegen des Weltkrieges erst 1919 ausgeführt werden. Daß er so bald nach Kriegsende verwirklicht wurde, kennzeichnet die große Hingabe der Väter der Bewegung an ihre Aufgabe und die tiefe Sorge um die Einheit der Kirche Christi. In diesen ersten Jahren der Bewegung war der Sekretär der American Episcopal Commission, der Jurist R.H. → Gardiner, der unermüdliche Mahner und Organisator. Er erinnerte immer wieder an die Grundsätze, wie sie etwa 1913 von einer Konferenz seiner Kirche in New York angenommen worden waren: »Obwohl die organische Einheit das Ideal ist, das alle Christen in ihre Gedanken und Gebete einschließen sollten, so ist es doch nicht Aufgabe der Kommissionen, einen bestimmten Plan für die Einheit durchzusetzen, vielmehr sollten sie die Veranstaltung einer Konferenz ... fördern.« Unter diesen Voraussetzungen trat 1920 in Genf eine Vorkonferenz zusammen, an der 133 Vertreter von mehr als 80 Kirchen aus 40 Ländern teilnahmen. Alle Kirchenfamilien mit Ausnahme Roms waren vertreten. Verschiedene Versuche, auch die röm. Kirche zur Teilnahme zu bewegen, waren abgelehnt worden. Die Frage der kirchlichen Einigung stand in Genf im Mittelpunkt. Bes. wichtig war die Erklärung der orth. Kirchen, daß sie zur Mitarbeit in einem »Kirchenbunde« (κοινωνία τῶν ἐκκλησιῶν) bereit seien. Man setzte einen Fortsetzungsausschuß ein, der seinerseits einen Themenausschuß ernannte, um die für den August 1927 in *Lausanne* geplante erste *Weltkonferenz für Glauben und Kirchenverfassung* (= G.u.K.) vorzubereiten. 394 Delegierte aus 108 Kirchen berieten unter dem Vorsitz von Bischof Brent die 7 Hauptpunkte: 1. Der Ruf zur Einheit; 2. Die Botschaft der Kirche an die Welt – das Evangelium; 3. Das Wesen der Kirche; 4. Das gemeinsame Glaubensbekenntnis der Kirche; 5. Das geistliche Amt der Kirche; 6. Die Sakramente; 7. Die Einheit der Christenheit und das Verhältnis der verschiedenen Kirchen zu ihr. Die Konferenz wich also den eigentlichen Fragen nicht aus. Sie wandte sich an die Christenheit mit dem Ruf: »Gott will die Einheit! Unsere Anwesenheit auf dieser Konferenz legt Zeugnis dafür ab, daß wir begehren, unseren Willen unter Seinen Willen zu beugen. Wie immer wir die Anfänge der Entzweiungen rechtfertigen mögen, wir beklagen ihre Fortdauer und erkennen unsere Pflicht, fortan bußfertig und gläubig dafür zu wirken, daß die zerstörten Mauern der Christenheit wieder aufgebaut werden.« Die Konferenz legte ihre Ergebnisse den Kirchen vor. Der Fortsetzungsausschuß, dessen Vorsitzender nach dem Tode von Brent (1929) Erzbischof → Temple wurde, verarbeitete die Antworten der Kirchen, erörterte mit dem Ö.en Rat für Praktisches Christentum (s. 1 b) Möglichkeiten einer engeren Zusammenarbeit und bereitete die nächste Weltkonferenz vor, die 1937 in *Edinburgh* 504 Teilnehmer aus 123 Kirchen zusammenführte (ohne die Delegation der DEK). Die Vorbereitung lag wesentlich in den Händen des Theologischen Sekretärs L.Hodgson und der Beigeordneten Sekretäre F.Tomkins und H.Clavier. Die Konferenzthemen waren: 1. Die Gnade unseres Herrn Jesus Christus; 2. Die Kirche Christi und das Wort Gottes; 3. Die Kirche Christi – Amt und Sakrament; 4. Die Einheit der Kirche in Leben und Gottesdienst; 5. Die Gemeinschaft der Heiligen. – Eine der spannungsvollsten Debatten brachte der Plan, durch Verschmelzung mit dem Ö.en Rat für Praktisches Christentum einen Ö.en Rat der Kirchen zu schaffen. Schließlich stimmte die Konferenz diesem Plan zu, freilich in anderer Weise, als es die Oxforder Konferenz getan hatte. Auch nach der Gründung des Vorläufigen Ausschusses des Ö.en Rates der Kirchen, dem der Ö.e Rat für Praktisches Christentum Vollmachten und Aufgaben übertrug, blieb der Fortsetzungsausschuß der Bewegung für G.u.K. bestehen. Er trat im August 1948, unmittelbar vor der Konstituierung des Ö.en Rates der Kirchen, noch einmal zusammen. Nachdem eine neue Verfassung für die »Kommission für G.u.K. im Ö.en Rat« erarbeitet und angenommen worden war, verwandelte sich der Fortsetzungsausschuß in die neue Kommission, die nunmehr innerhalb des Ö.en Rates der Kirchen die Arbeit der Bewegung für G.u.K. fortführt.

Die beiden bisherigen Vollversammlungen des Ö.en Rates (s. 3) haben intensiv Fragen aus dem Bereich von G.u.K. erörtert. Darüber hinaus fand 1952 eine Dritte Weltkonferenz für G.u.K. in → Lund (: III) statt. Lund brachte für die gesamte ö.e Arbeit eine intensive Hinwendung zur Christologie und die Erkenntnis, daß die Methode vergleichender Kirchenkunde allein nicht ausreicht. Ferner wies die Konferenz nachdrücklich auf die sog. »nicht-theologischen Faktoren« der Kirchentrennung hin. – Eine weitere Weltkonferenz für G.u.K. ist für 1963 geplant. Man darf erwarten, daß sie gewisse Überlegungen über die Auslegung des der Kommission für G.u.K gegebenen Auftrages zum Abschluß bringen wird. Nach ihrer Verfassung hat die Kommission u.a. die Aufgabe, »das wesenhafte Einssein der Kirche Christi zu verkünden und dem Ö.en Rat und den Kirchen ihre Verpflichtung zur Sichtbarmachung dieser Einheit und ihre dringende Notwendigkeit um des Werkes der evangelistischen Verkündigung willen vor Augen zu halten«. Ohne dem Grundsatz untreu zu werden, daß die Bewegung für G.u.K. selber keine Pläne für die Einheit der Kirche anzubieten habe, hat sich in ihr doch die Erkenntnis durchgesetzt, daß »Einheit« mehr sein muß als bloße Kooperation. Eines der wichtigsten Dokumente aus der gegenwärtigen Diskussion formuliert diese Erkenntnis folgendermaßen: »Die Einheit, die sowohl Gottes Wille als auch sein Geschenk an die Kirche ist, hat als Kennzeichen, daß sie alle Menschen an jedem Ort, die Christus als Herrn bekennen, durch die eine Taufe in ihn zu einer ihm völlig verschriebenen Gemeinschaft miteinander verbindet. Diese Gemeinschaft hat ihre Mitte in der Predigt des einen Evangeliums und im Brechen des einen Brotes, und durch ihr gemeinsames Leben streckt sie sich in Zeugnis und Dienst nach allen aus. Diese Gemeinschaft vereinigt sie gleichzeitig mit der gesamten Bruderschaft der Christen aller Orte und Zeiten auf eine solche Art und Weise, daß sowohl Amt wie Glieder von allen anerkannt werden und alle miteinander handeln und arbeiten können, wie es die Gelegenheit zur Durchführung der Aufgaben, zu denen Gott die Kirche ruft, fordert.«

Umfassende Lit. in ROUSE-NEILL II, 447ff. – Ferner: K. BRIDSTON, The Future of Faith and Order (ER 11, 1959, 249–258) – WKL 492ff.

H.H.Harms

3. Im Jahre 1919 beschloß die Synode des Ö.en Patriarchats in Konstantinopel, den Kirchen in der ganzen Welt einen Vorschlag zu unterbreiten, um einen Bund (Koinonia) der Kirchen zu gründen. Gleichzeitig formulierte Erzbischof → Söderblom den Plan, einen »ö.en Rat« zu bilden. Man meinte damals, diese Pläne gingen zu weit. Erst nach den Konferenzen von Stockholm (1925) und Lausanne (1927) wurde deutlich, daß die beiden Bewegungen für »Praktisches Christentum« (s. 1) und für »Glauben und Kirchenverfassung« (s. 2) einander ergänzen müßten und daß die Kirchen als solche die Verantwortung für die ö.e Aufgabe übernehmen sollten. So wurde 1937 der Plan eines Ö.en Rates der Kirchen ausgearbeitet. Der Plan wurde von den Konferenzen in Oxford und Edinburgh (1937) grundsätzlich gebilligt, und 1938 wurde in Utrecht die Verfassung entworfen. Gleichzeitig wurde der Vorläufige Ausschuß des Ö.en Rates (im Aufbau begriffen) geschaffen. Dieser Ausschuß trug die Verantwortung bis 1948, da es in der Kriegszeit unmöglich war, die erste Vollversammlung des neuen Rates zu halten. – Der Krieg schien zunächst eine Krise der ö.en Arbeit herbeizuführen. Dennoch konnten manche Beziehungen aufrechterhalten werden, bes. diejenigen zwischen der → Bekennenden Kirche in Deutschland und den Kirchen in Norwegen, Holland, Frankreich einerseits und den Kirchen in Großbritannien, Amerika usw andererseits. Gleichzeitig entstanden neue Aufgaben, die im ö.en Sinn erfüllt werden mußten, wie die Arbeit für Flüchtlinge und die geistliche Betreuung der Kriegsgefangenen, später auch der Wiederaufbau der zerstörten Kirchen (→ Kirchenbau: V, 3. 4). Da 1945 durch das → Stuttgarter Schuldbekenntnis der Weg zur vollen Gemeinschaft zwischen den deutschen Kirchen und den Kirchen in anderen Ländern geöffnet wurde, konnte der Rat seine Arbeit auf vielen Gebieten entfalten und die Vorbereitungen für die Erste Vollversammlung treffen.

An dieser Vollversammlung in *Amsterdam* (1948) nahmen Delegierte von 147 Kirchen aus 44 Nationen teil. Das Generalthema war: »Die Unordnung der Welt und Gottes Heilsplan«. Die Unterthemen waren: »Die Kirche in Gottes Heilsplan«; »Das Zeugnis der Kirche von Gottes Heilsplan«; »Die Kirche und die gesellschaftliche Ordnung«; »Die Kirche und die internationalen Fragen«. Über diese vier Themen wurden Sektionsberichte ausgearbeitet. Bes. wichtig war der Bericht der ersten Sektion, worin die (im weitesten Sinne) kath. und reformatorischen Kirchenbegriffe in ihrer Verschiedenheit definiert wurden, worin aber zugleich festgestellt wurde, daß diese Verschiedenheit umrahmt wird von der gemeinsamen Anerkennung der → Kirche (: III, 4f) als Gabe Gottes, begründet durch die Heilstaten Gottes in Christus. – Über die Bedeutung der Schaffung des Ö.en Rates heißt es in der Botschaft der Vollversammlung: »Wir sind voneinander getrennt, nicht nur in Fragen der Lehre, der Ordnung und der Überlieferung, sondern auch durch unseren sündigen Stolz: Nationalstolz, Klassenstolz, Rassenstolz. Aber Christus hat uns zu Seinem Eigentum gemacht, und in Ihm ist keine Zerstreuung. Wo wir Ihn suchen, finden wir einander. Hier in Amsterdam haben wir uns von Ihm und damit voneinander aufs neue in Pflicht nehmen lassen, und deshalb haben wir diesen Ö.en Rat der Kirchen gebildet. Wir haben den festen Willen, beieinander zu bleiben.«

1954 wurde in *Evanston* (USA) die Zweite Vollversammlung gehalten. Das Generalthema: »Christus – die Hoffnung für die Welt« (→ Hoffnung: III) war von einer aus bekannten Theologen und Laien bestehenden Kommission vorbereitet worden. Deren drei Berichte gaben Anlaß zu einer Auseinandersetzung über die aktuelle Bedeutung der biblischen → Eschatologie. Die Vollversammlung erklärte zu dem letzten Bericht: »Wir sind uns über die Beziehung zwischen der Hoffnung des Christen hier und jetzt und seiner letzten Hoffnung nicht einig... Es ist unser sehnlicher Wunsch, daß alle, die ihn (den Bericht) lesen, dazu veranlaßt werden, der christlichen Hoffnung mit eigenen Worten und mit dem Mehr, das ihr Nachdenken und Beten entdeckt, Ausdruck zu geben... Dann werden wir mit Seiner Hilfe und unter der Führung des Hl. Geistes miteinander von dem lebendigen Christus sprechen, der Hoffnung für die Welt.« – Die Themen der Sektionen waren: »Unser Einssein in Christus und unsere Uneinigkeit als Kirchen«; »Die Sendung der Kirche an die ihr Fernstehenden«; »Die verantwortliche Gesellschaft in weltweiter Sicht«; »Christen im Ringen um die rechte Ordnung der Welt« und »Die Kirche inmitten rassischer und völkischer Spannungen«; »Die Laienfrage – Der Christ in seinem Beruf«. – Über den Ö.en Rat sagt die Botschaft der Vollversammlung: »Wir danken Gott für den Segen, den Er in diesen sechs Jahren auf unsere Arbeit und unsere Gemeinschaft gelegt hat. Jetzt treten wir in einen zweiten Abschnitt ein. Es genügt nicht, beieinander zu bleiben. Wir müssen vorwärts. Je mehr wir unsere Einheit in Christus erkennen, um so schwerer ist es zu ertragen, wenn wir vor der Welt im Widerspruch zu dieser Einheit leben.«

Mitglieder des Ö.en Rates sind zZ (Sept. 1960) 178 Kirchen in mehr als 50 Ländern. Mit wenigen Ausnahmen sind die größeren Kirchen, die direkt oder indirekt aus der Reformation hervorgegangen sind, Mitglieder; außerdem die altkath. Kirchen (→ Altkatholiken), eine Anzahl orth. Kirchen und andere alte Kirchen des Ostens. Die orth. Kirche von Rußland ist bisher nicht Mitglied, aber seit 1954 sind mit ihr Beziehungen angeknüpft worden, die dazu geführt haben, daß die russische Kirche 1959 Beobachter zur Sitzung des Zentralausschusses gesandt und im Dez. 1959 eine Delegation des Rates auf Einladung des Moskauer Patriarchats die Kirchen in Rußland besucht hat. Die röm.-kath. Kirche hat zum Ö.en Rat keine Beziehungen. Wohl aber sind bei mehreren Konferenzen einzelne Katholiken mit Erlaubnis ihrer kirchlichen Oberen anwesend gewesen. Auch gibt es einen theologischen Austausch zwischen dem Ö.en Rat und der kath. Konferenz für ö.e Fragen (s. 7). – Mitglieder des Rates können nur solche Kirchen werden, die die Basis (s.u.) des Rates annehmen, die autonom sind, deren Zulassung von der Vollversammlung mit einer Mehrheit von zwei Dritteln der in ihr vertretenen Kirchen oder – zwischen den Tagungen der Vollversammlung – vom Zentralausschuß mit Zweidrittel-Mehrheit beschlossen wird und gegen deren Zulassung dann nicht innerhalb von sechs Monaten von mehr als einem Drittel der Mitgliedskirchen Einwände erhoben werden.

Der Rat ist so *aufgebaut,* daß die Vollversammlung die letzte Verantwortung trägt. Diese Vollversammlung, die einmal in sechs Jahren zusammentritt und in der alle Mitgliedskirchen vertreten sind, wählt das Präsidium (jetzt 6 Präsidenten) und den Zentralausschuß, der aus 90 Mitgliedern besteht und einmal jährlich zusammentritt. Ein Exekutivausschuß von 20 Mitgliedern tagt zweimal im Jahr. – Das Generalsekretariat hat seinen Sitz in Genf. Dort haben drei Beigeordnete Generalsekretäre die Leitung der Abteilung für Zwischenkirchliche Hilfe und Flüchtlingsdienst, der Studienabteilung (Glauben und Kirchenverfassung, Kirche und Gesellschaft, Evangelisation und Missionarische Studien) und der Abteilung für Ö.e Aktivität (Ö.es Institut, Laienreferat, Jugend, Zusammenarbeit von Mann und Frau in Kirche und Gesellschaft). Der vierte Beigeordnete Generalsekretär (mit Sitz in New York) leitet die Kommission der Kirchen für Internationale Angelegenheiten (gleichzeitig auch Kommission des Internationalen Missions-Rates). Ein Büro in New York steht unter der Leitung des Exekutivsekretärs in den USA. Die drei Sekretäre der →Ostasiatischen Christlichen Konferenz sind gleichzeitig Sekretäre des Ö.en Rates und des Missions-Rates für Ostasien.

Mit dem → Internationalen Missions-Rat ist der Ö.e Rat eng verbunden. 1939 wurde ein Verbindungsausschuß der beiden Organisationen geschaffen, 1948 wurde beschlossen, daß die beiden Räte sich als »Räte in Verbindung miteinander« bezeichnen würden. 1956 kam man überein, einen Entwurf für die Verschmelzung beider Räte auszuarbeiten. Dieser Entwurf ist den Kirchen und den dem Internationalen Missions-Rat angeschlossenen Räten zur Stellungnahme unterbreitet worden. Die Hauptargumente für die Verschmelzung sind, daß die beiden Räte schon auf sehr vielen Gebieten zusammenarbeiten, daß es, bes. für die Kirchen in Asien und Afrika, Schwierigkeiten bereitet, mit zwei verschiedenen ö.en Organisationen zu arbeiten, und daß es keine gesunde ö.e B. geben kann, wenn das Ringen um die Einheit nicht zugleich eine Neuentdeckung der missionarischen Aufgabe der Kirche mit sich bringt.

Nach der *Verfassung* ist der Ö.e Rat »eine Gemeinschaft von Kirchen, die unseren Herrn Jesus Christus als Gott und Heiland anerkennen«. Diese Formulierung wurde 1938 (Utrecht) aus der Verfassung der Bewegung für »Glauben und Kirchenverfassung« übernommen. In einer von der Zweiten Vollversammlung in Evanston angenommenen Erklärung heißt es über die Bedeutung dieses Satzes: »Diese Basis leistet einen dreifachen Dienst: Sie kennzeichnet das *Wesen* der Gemeinschaft, die die Kirchen im Rat untereinander zu schaffen bestrebt sind... Sie bietet den *Orientierungspunkt* für die Arbeit, die der Ö.e Rat selbst unternimmt... Sie kennzeichnet die *Reichweite* der Gemeinschaft, die die Kirchen im Rat zu schaffen bemüht sind... Indem sie sich zusammenschließen, suchen die Kirchen auf den Ruf und das Tun ihres göttlichen Herrn Antwort zu geben. Der Ö.e Rat muß deshalb aus Kirchen bestehen, die den Herrn als die zweite Person der Dreieinigkeit anerkennen... Jede Kirche, die dem Ö.en Rat beitritt, muß deshalb ernstlich darüber nachdenken, ob sie an einer Gemeinschaft mit dieser ganz bestimmten Basis beteiligt zu sein wünscht...« – Auf seiner Tagung in St. Andrews (Sept. 1960) hat der Zentralausschuß einmütig folgende erweiterte Fassung der Basis angenommen: »Der Ö.e Rat der Kirchen ist eine Gemeinschaft von Kirchen, die den Herrn Jesus Christus gemäß der Hl. Schrift als Gott und Heiland bekennen und darum zu erfüllen trachten, wozu sie gemeinsam berufen sind, zur Ehre Gottes, des Vaters, des Sohnes und des Hl. Geistes.« Diese neue Fassung erfolgte hauptsächlich auf Wunsch der orth. Kirchen, denen die bisherige Form der Basis nicht genügte.

Über *Ziel und Wesen* des Ö.en Rates ist 1950 (Toronto) vom Zentralausschuß eine Erklärung veröffentlicht worden unter dem Titel: »Die Kirche, die Kirchen und der Ö.e Rat der Kirchen«, die bis heute die wichtigste Äußerung zu diesem Thema geblieben ist. Darin wird zunächst unterstrichen, daß der Rat keine »Über-Kirche« ist und werden darf, daß er nicht geschaffen wurde, um Unionsverhandlungen zwischen den Kirchen in die Wege zu leiten (was eine Sache der Kirchen selber ist), daß er sich nicht auf den Boden einer bestimmten Auffassung der Kirche oder der kirchlichen Einheit stellt. Die Voraussetzungen des Rates sind, daß auf Grund des NT die Kirche eine ist, und daß für jede Kirche die Frage nach dem Verhältnis anderer Kirchen zur→»Una Sancta« eine Frage sein soll, worüber ein Gespräch zwischen den Kirchen notwendig ist. Die Kirchen im Rat erkennen einander an als solche, die dem Einen Herrn dienen. Das heißt aber nicht notwendig, daß jede Kirche die anderen Mitgliedskirchen als Kirchen im wahren und vollen Sinne des Wortes ansehen muß. Die Kirchen wollen ihre Unterschiede in gegenseitiger Achtung erforschen, darauf vertrauend, daß sie so durch den Hl. Geist dazu geführt werden, ihre Einheit in Christus sichtbar zu machen. Sie sind weiter bereit, sich im Gespräch miteinander zu bemühen, ein allgemeines Zeugnis für ihren gemeinsamen Herrn vor der Welt zu geben. Mitgliedschaft im Rat bedeutet auch, daß sie sich miteinander solidarisch wissen, einander in der Not beistehen und sich solcher Handlungen enthalten, die zu ihren brüderlichen Beziehungen im Widerspruch stehen. Sie wollen schließlich einander helfen, damit der Leib Christi auferbaut und das Leben der Kirche erneuert werde. Der Rat will den Kirchen behilflich sein, sich auf die Begegnung mit ihrem Herrn vorzubereiten, der nur *eine* Herde kennt. Diese Erklärung macht deutlich, daß der Rat sich selbst als ein Werkzeug, nicht als Selbstzweck versteht. Sein Ziel ist, den Kirchen in der Weise zu dienen, daß die Kirche Christi in ihrer wahren Einheit erscheint. Wahre Einheit bedeutet aber Einheit in der Erfüllung der gemeinsamen Berufung. Diese Berufung umfaßt Diakonia, Martyria und Koinonia. Darum muß der Rat den Kirchen die Möglichkeit geben, ihre Solidarität miteinander zum Ausdruck zu bringen und ihre Verantwortung auf sozialem und internationalem Gebiet gemeinsam zu erfüllen. Darum muß er auch ein Werkzeug sein, das den Kirchen hilft, ihren evangelisatorischen und missionarischen Auftrag zusammen durchzuführen. Er muß Zeichen der Gemeinschaft aufrichten und dafür sorgen, daß es zwischen den Kirchen zum echten Gespräch und zum Austausch der geistlichen Gaben kommt. Wenn also der Rat keine *leere* Einheit, sondern die Einheit zu verwirklichen sucht, die in der Erneuerung des Gehorsams besteht, so muß er vermeiden, daß bei seinen vielen Aufgaben die Hauptaufgabe – die wesentliche Einheit der Kirche Christi deutlicher in Erscheinung treten zu lassen – vergessen wird. Es könnte leicht so gehen, daß die Kirchen die Zusammenarbeit im Rate als genügende Antwort auf die Frage nach der Einheit verstehen. Das wäre aber ein ernstes Mißverständnis, denn Einheit im Sinne des NT heißt sehr viel mehr als nur Zusammenarbeit. Die Einheit, die den Kirchen in der ö.en B. gegeben ist, ist eine wirkliche Einheit, aber sie ist weit entfernt von der vollen Einheit im Glauben, im Zeugnis, im Leben, die die Kirche ihrem Wesen nach der Welt zeigen soll. Darum hat die Arbeit auf dem Gebiete von »Glauben und Kirchenverfassung« (s. 2) ein bes. großes Gewicht. Die Kommission dieses Namens hat den Auftrag, »das wesenhafte Einssein der Kirche Christi zu verkündigen und dem Ö.en Rat und den Kirchen ihre Verpflichtung zur Sichtbarmachung dieser Einheit und ihre dringende Notwendigkeit um des Werkes der ev. Verkündigung willen vor Augen zu halten«.

Ausführl. Lit. in Rouse-Neill II, 447ff. – Allg. Einführung: E. Hornig, Der Weg der Weltchristenheit, (1950) 1958². – Über die Entstehung des Ö.en Rates: W.A.Brown, Towards a United Church, New York 1946 – W.Menn, Die ö.e B. 1932-48 (KJ 1945 bis 1948, 239-320) – W.A.Visser 't Hooft in: Rouse-Neill II, 385-423. – Übersicht über den Aufbau des Rates in: Christus, die Hoffnung der Welt, hg.v. H.Grüber u. G.Brennecke, 1955 (dort auch Text der Erklärung von Toronto). – Über Amsterdam 1948: Die erste Vollversammlung des Ö.en Rates der Kirchen, 1948. – Über Evanston 1954: The Evanston Report, London-New York 1955 – Einerlei Hoffnung Eurer Berufung. Sammelband der Studienhefte zur 2. Vollversammlung des Ö.en Rates der Kirchen, 1954 – Evanston Dokumente. Berichte u. Reden auf der Weltkirchenkonferenz in Evanston, hg.v. F.Lüpsen, 1954 – Evanston spricht! Botschaft u. Berichte der 2. Vollversammlung des Ö.en Rates der Kirchen, 1955. – Über die ekklesiologische Bedeutung des Ö.en Rates: W.A.Visser 't Hooft in: ÖR 5, 1956, 2-12 – Ders., The Pressure of our Common Calling, London 1959. – Zur Sozialethik: E.Duff, The Social Thought of the World Council of Churches, London 1956.

4. *Ö.e Lebensäußerungen* gibt es überall, wo Gemeinden oder einzelne Christen in Gebet und Handeln beweisen, daß sie wissen um das Vorrecht und die Verantwortung der Gliedschaft in dem vom Herrn der Kirche in und aus der ganzen Welt versammelten Volk Gottes. Zukunft und Kraft der ö.en B. hängen davon ab, ob die Gemeinden in diesem Sinne die Bewegung tragen. Damit ist auch gesagt, daß die ö.en Lebensäußerungen eine große Vielfalt haben. Hier werden nur wichtige Beispiele genannt.

Lokale, nationale, regionale Zusammenarbeit: Am Anfang des 20.Jh.s wurden die ersten zwischenkirchlichen Organe geschaffen, worin Kirchen auf nationaler Ebene zusammenarbeiten (→ Einigungsbestrebungen: IV, 3). Heute bestehen solche Räte in den meisten Ländern. Die Mehrheit sind Räte von Kirchen, andere haben in ihrer Mitgliedschaft sowohl Kirchen wie christliche Vereinigungen. Die Räte in Afrika, Asien und Latein-Amerika sind größtenteils Mitglieder des → Internationalen Missions-Rates, arbeiten aber auch mit dem Ö.en Rat zusammen. In manchen Ländern gibt es auch lokale Kirchenräte, worin die Kirchen eines Ortes zusammenarbeiten. – Einen regionalen Rat hat Ost-Asien (seit 1959). In Europa wurde 1959 die Konferenz Europäischer Kirchen mit ständigem Sekretariat geschaffen. In Afrika hat eine ähnliche Entwicklung stattgefunden.

Konfessionelle Verbände: Die konfessionellen Weltorganisationen haben Verbindung mit dem Ö.en Rat und untereinander. Sitzungen von Vertretern dieser Verbände finden regelmäßig statt.

Die unabhängigen christlichen Weltbünde: Der Weltbund der CVJM, der CVJF und der Christliche Studentenweltbund haben wichtige Pionierarbeit für die ö.e B. geleistet und tun das auch heute noch. Zwischen diesen, dem Weltbund für christliche Erziehung und dem Ö.en Rat gibt es mancherlei Beziehungen.

Ö.e Theologie: Es ist unbestritten, daß in den letzten Jahrzehnten die theologische Arbeit insofern ökumenischer geworden ist, als die Theologen ihre Arbeit weniger im individuellen oder konfessionellen Monolog, sondern im zwischenkirchlichen Dialog tun. Die vielen Gelegenheiten zum ö.en Gespräch haben ihre Wirkung gehabt.

In manchen theologischen Fakultäten oder Seminaren sind besondere *Lehrstühle für ö.e Fragen* geschaffen worden. Es geht dabei nicht nur um vergleichende → Konfessionskunde, sondern bes. um eine theologische Bearbeitung der grundsätzlichen Fragen, die im Gespräch der Kirchen und im Leben der ö.en B. aufkommen. Alle größeren Seminare in den USA haben solche Lehrstühle; in Deutschland und Griechenland wurden solche an mehreren theologischen Fakultäten gegründet; die Genfer theologische Fakultät hat (in Verbindung mit der Ö.en Hochschule in Bossey) einen Doktorgrad »ès science oecuménique« eingeführt. Auch die Päpstliche Universität Gregoriana in Rom sowie die röm.-kath. theologische Fakultät in Löwen bieten Vorlesungen über die ö.e B.

Institute für ö.e Erziehung: Das Ö.e Institut im Château de Bossey bei Genf ist 1946 vom Ö.en Rat gegründet worden, um sowohl Laien wie Theologiestudenten und Pfarrern die Möglichkeit zu geben, persönliche und unmittelbare Berührung mit der ö.en B. zu haben. Von Oktober bis Februar wird im Institut der Lehrgang der Ö.en Hochschule durchgeführt, wobei Professoren aus verschiedenen Kirchen und Ländern mitwirken. – Besondere Kurse für ö.e Erziehung werden auch von Ev. → Akademien (: II) in Deutschland, von der → CIMADE in Frankreich und von verschiedenen Organisationen in den USA gehalten. Die Arbeitslager, die von der Jugendabteilung des Ö.en Rates in allen Teilen der Welt organisiert werden, haben den doppelten Zweck, nützliche Arbeit zu leisten und den jugendlichen Teilnehmern eine unmittelbare Erfahrung ö.er Gemeinschaft zu geben. – Auch die → Kirchentage (Church-weeks, Rassemblements) haben die ö.e Erziehung in ihr Arbeitsprogramm aufgenommen.

1922 wurde in Kopenhagen die europäische Zentralstelle für *Zwischenkirchliche Hilfe* begründet. Als die Flüchtlingsfrage 1933 akut wurde, wurde die Internationale Christliche Kommission für Flüchtlinge geschaffen. Die Arbeit dieser beiden Organisationen wurde in den Kriegsjahren vom Ö.en Rat übernommen. Seine Abteilung für Zwischenkirchliche Hilfe und Flüchtlingsdienst hat in den Nachkriegsjahren entscheidend beim kirchlichen Wiederaufbau in Europa mitgearbeitet (s. 5).

Die *Gebetswoche* der Ev. Allianz (→ Allianzbewegungen) ist die älteste und hat seit mehr als 100 Jahren Christen aus verschiedenen prot. Konfessionen zusammengebracht. Da um 1930 der kath. Abbé Couturier (Lyon) die schon bestehende Gebetswoche vom 18.–25. Jan. so umgestaltete, daß sowohl Protestanten und Orthodoxe als auch Katholiken sich daran beteiligen konnten, wurde 1941 beschlossen, auch die Gebetswoche von »Glauben und Kirchenverfassung« (jetzt ein Arbeitszweig des Ö.en Rates der Kirchen) in der gleichen

Periode zu halten. Außerdem gibt es die Gebetswoche der Weltbünde der CVJM und CVJF, den Gebetstag des Christlichen Studentenweltbundes und den Weltgebetstag für Frauen. Die Präsidenten des Ö.en Rates der Kirchen veröffentlichen jährlich eine Pfingstbotschaft, die in manchen Kirchen verlesen und vom Gebet für die → Una Sancta begleitet wird.

Gesangbücher: Viel benützt wird das vom Christlichen Studentenweltbund herausgegebene »Cantate Domino«, das Lieder aus den Kirchen in aller Welt enthält. Daneben gibt es »Laudamus« (Weltbund CVJM) und »Communio« (Stockholm 1925).

Wichtigste Pionierarbeit auf dem Gebiet des *Zeitschriftenwesens* wurde getan von: »Evangelical Christendom« (seit 1847), RITh (seit 1893; 1911ff: IKZ), »Review of the Churches« (1891-96 und 1924-30), »Constructive Quarterly« (1913-28), »Christian Union Quarterly« (1911-34) und »Die Eiche« (1913-33). Aus späterer Zeit seien genannt »The Student World« (hg.v. Christlichen Studentenweltbund, 1908ff), die IRM (hg.v. Internationalen Missions-Rat, 1912ff) sowie »Christendom« (USA, 1935-48). Der Ö.e Rat gibt seit 1948 die ER heraus, womit die ÖR in Deutschland zusammenarbeitet (1952ff). Wichtige kath. Zeitschriften s. Lit. zu 7. - Der Ö.e Pressedienst (wöchentlich) wird von einer Anzahl größerer ö.er Organisationen getragen.

ROUSE-NEILL II, 257-316. - W.A.VISSER 'T HOOFT, Unter dem einen Ruf. Eine Theol. d. ö.en B., 1960. *W.A.Visser 't Hooft*

5. *Ö.e Diakonie* ist grenzenüberwindende Hilfs- und Schutztätigkeit, die vom Ö.en Rat der Kirchen sowie von ihm angeschlossenen Kirchenbünden und Kirchen, freien christlichen Organisationen (zB CVJM) und einzelnen Christen ausgeht. Ihre gegenwärtige - hinsichtlich Umfang, Planmäßigkeit und Einheitlichkeit kirchengeschichtlich erstmalige - Form gewann sie unter den Umwälzungen und Katastrophen der letzten 50 Jahre zusammen mit dem Werden der heutigen Ökumene. Ihre drei großen Aufgabengebiete sind: a) als *karitative Nothilfe* die Sorge für Hungernde und Frierende, Heimat- und Obdachlose, Kranke, Gefangene und andere Notleidende; b) als *Sozialdiakonie* das gemeinsame Ringen von Kirchen und Christen vieler Bekenntnisse und Nationalitäten um eine möglichst gerechte Ordnung der sozialen und internationalen Verhältnisse und damit vorbeugende Hilfe gegen vielerlei Massennöte; c) als *kirchliche Aufbauhilfe* der zwischenkirchliche Lastenausgleich materieller und personeller Art zur Stärkung und Erhaltung des kirchlichen Lebens.

Als karitative Nothilfe kennt die ö.e Diakonie im allgemeinen hinsichtlich der Empfänger ihrer Hilfe ebensowenig Konfessions- wie Nationalitäts- und Rassengrenzen, sondern geht rein von der Dringlichkeit der Not aus. Die akute Notstandshilfe (Speisung, Kleidung, Gesundheitsfürsorge usw) sucht sie baldmöglichst durch Hilfe zur Selbsthilfe (Arbeitsbeschaffung, → Rehabilitation, Entwicklungshilfe) zu ergänzen und überflüssig zu machen. - Als Sozialdiakonie bemüht sie sich um allgemeine Schärfung des öffentlichen Gewissens gegenüber schweren Notständen und Ungerechtigkeiten in aller Welt. Als solche kann sie aber auch soziale Anwaltschaft in Einzelfällen üben und sich als Fürsprecherin für das verletzte Recht bestimmter unterprivilegierter oder unterdrückter Menschen oder Menschengruppen einsetzen. - Als kirchliche Aufbauhilfe berührt sie sich in der gemeinsamen Verantwortung der älteren abendländischen Kirchen gegenüber den neuen Kirchen in Afrika und Asien mit der weltmissionarischen Arbeit. In der Sorge für kirchliche → Minderheiten trifft sie sich mit der ev. Diasporapflege (→ Diaspora: II).

Die zweimalige ö.e Nachkriegshilfe *für Europa* wurde unter Beteiligung vieler anderer vor allem von den nordamerikanischen, schweizerischen und skandinavischen Kirchen getragen. Sie vollzog sich zunehmend im Rahmen konfessioneller Kirchenbünde - für Deutschland vor allem in dem des → Lutherischen Weltbundes und seiner Vorgänger unter besonderer Initiative von Dr. Morehead 1918 und Dr. Michelfelder 1945 - und gesamt-ö.er Organisationen. - In überkonfessioneller Form schloß sich die vielfach zersplitterte Hilfstätigkeit nach 1918 zuerst 1922 (Bethesda-Konferenz in Kopenhagen) in der von dem Schweizer Reformierten D. Adolf → Keller veranlaßten und geleiteten »Europäischen Zentralstelle für kirchliche Hilfsaktionen« zusammen. Deren Arbeit mündete während des 2. Weltkrieges in die der »Abteilung für Wiederaufbau und zwischenkirchliche Hilfe« des damals noch provisorischen Ö.en Rats (Genf) ein, die bes. allen Kriegs- und Nachkriegsopfern und kriegsgeschädigten Kirchen in Europa galt (s. 4). Innerdeutsches Organ der großen 1945 einsetzenden ö.en Hilfsaktion für Deutschland wurde das → Hilfswerk der EKD.

Aus der Hilfe für Europa wurde seit 1950/55 mehr und mehr die Hilfe aus Nordamerika und Europa *für die Entwicklungsländer Afrikas, Asiens und Lateinamerikas* und die dortigen Kirchen. Hinter ihr steht das Wissen, daß heute in den Ländern des rapiden sozialen Umbruchs vom Agrarzeitalter zum industriellen Zeitalter zwei Drittel der Menschheit nicht ohne Schuld der weißen Christenheit unterernährt und ein Fünftel am Rande des Verhungerns sind. Sie ist neben unmittelbarer Flüchtlings- und Katastrophenhilfe für die hungernden Millionen vor allem Entwicklungshilfe, bes. auf dem Gebiet der allgemeinen und der technischen Erziehung. Untrennbar verbunden mit dem allen ist wieder die brüderliche Handreichung für die selbständig werdenden Kirchen jener Gebiete. Sie bedürfen angesichts ihrer relativen Kleinheit und der ihnen durch den gärenden Umbruch ihrer Umwelt gestellten großen Aufgaben besonders sorgfältiger Aufbauhilfe.

Ö.e Diakonie wirkt niemals nur in einer Richtung, sondern löst deutlich spürbar immer auch »rückwärts fließende Ströme« (Bodelschwingh) des Segens für die helfenden Kirchen aus.

R.SOLBERG, As Between Brothers. The Story of Lutheran Response to World Need, Minneapolis 1957; dt. 1960 - H.-D.WENDLAND, Die soziale Verantwortung der ö.en B. (ÖR 7, 1958, 105-117) - CHR.BERG (Hg.), Ö.e Diakonie, 1959 (92ff: statist. Angaben, bes. über Geld- u. Sachspenden) - B.OHSE, Brot für die Welt, 1959 - E. HOFFMANN, Die Teilung des Brots in der Welt, 1959 - K.H.PFEFFER, Die Kirche u. der soziale Umbruch außerhalb Europas (ÖR 8, 1959, 184-196) - W.PANK, Der Hunger in der Welt, 1959 (kath.) - W.A. VISSER 'T HOOFT, Unter dem einen Ruf, 1960, 43 ff. *G.Noske*

6. Die *Kirchenrechtswissenschaft* ist erst im Begriff, sich zögernd der Ökumene (= Ö.) zuzuwenden. Sie beweist daher in der Erfassung des rechtlichen Wesens der Ö. noch eine große Unsicherheit. Diese zeigt sich zB in dem - später gestrichenen - Satz des Entwurfs für die Toronto-Erklärung, der Ö.e Rat der Kirchen habe »genau genommen überhaupt keine kirchenrechtliche Existenz«. Aber auch der wiederholt gemachte Versuch, rechtsvergleichend durch Übertragung von staats- und insbesondere völkerrechtlichen Begriffen dem Problem gerecht zu werden, ist ungeeignet, soweit er mehr als ein äußere Erscheinungen veranschaulichendes Hilfsmittel sein will. Das Verständnis für das rechtliche Wesen der Ö. eröffnet sich erst dann, wenn man die Wiederentdeckung des »geistlichen Rechts« (→ Kirchenrecht: I B) und des → ius divinum durch die ev. Kirchenrechtswissenschaft berücksichtigt und dieses zur Grund-

lage des menschlichen Kirchenrechts macht. Nur zur rechtstechnisch-formalen Durchgestaltung des letzteren darf - stets unter der Prärogative des ersteren, wodurch das Kirchenrecht seine Eigenart und Eigenständigkeit empfängt - subsidiär das säkulare Recht herangezogen werden, womit zugleich dem gemeinsamen soziologisch-historischen Substrat von Kirche und Staat als in gleicher Weise aus Menschen bestehenden Gemeinwesen Rechnung getragen wird.

In diesem Rechtssystem haben Ö. und Ö.er Rat der Kirchen ihren Platz. Wenn die »Mitgliedskirchen des Ö.en Rates glauben, daß die Kirche Christi eine ist« (s. 3), so bekennen sie sich damit zur Realität der auf göttlichem Recht beruhenden ecclesia spiritualis (→ Kirche: VI B). Wenn sie »die Kirche in ihrer Einheit sichtbar« machen wollen, so bekunden sie ihr Wissen darum, daß jene nur in der Gesamtheit der getauften Christen (ecclesia universalis) rechtlich in der Welt existent sein kann. Wenn sie die Entwicklung des Rats zu einer »Überkirche« oder »Weltkirche« ablehnen, so darum, weil es das Schicksal der Kirche Christi ist, in verfaßter Form sich stets in Partikularkirchen (ecclesiae particulares) aufzugliedern. Zu jeder dieser drei Erscheinungsformen der Kirche Christi steht der Ö.e Rat in einem rechtlichen Bezug. Sein Bezug zur ecclesia spiritualis besteht darin, daß die für diese maßgebliche lex Christi spiritualis und das dieser eingestiftete ius divinum positivum auch für ihn bestimmend sind, wodurch er zu einer geistlichen Institution wird. Sein Bezug zur ecclesia universalis besteht darin, daß er und die Ö. auf die Sammlung aller Christen hin angelegt sind, worin sie ihren Richt- und Zielpunkt haben. Sein Bezug zu den ecclesiae particulares besteht darin, daß er wie diese nur einen Teil der Christenheit umfaßt, daß er wie diese nach menschlichem Recht verfaßt ist und daß für ihn wie diese als Gemeinschaften von Menschen das soziologische Substrat Parallelen zum weltlichen Recht erlaubt. Andererseits *ist* der Ö.e Rat und *ist* die Ö. weder die ecclesia spiritualis noch die ecclesia universalis noch eine ecclesia particularis. Sie sind ihrem Selbstverständnis nach überhaupt nicht Kirche und sie haben nicht einmal einen verbindlichen Kirchenbegriff; die rein formalen Kriterien des Abschnitts I Ziff. 3 der Geschäftsordnung des Rats (Autonomie, Stabilität, Größe, Beziehungen zu anderen Kirchen) reichen dafür nicht aus. Die rechtliche Bezogenheit auf die verschiedenen Erscheinungsformen der Kirche einerseits und die rechtliche Andersartigkeit im Vergleich mit diesen andererseits sind somit die den rechtlichen Standort und die rechtliche Natur der Ö. und des Ö.en Rats bestimmenden Koordinaten, deren gegenseitiges Verhältnis sich laufend verschiebt, so daß die Wesensbestimmung der Ö. in der Gegenwart anders ausfallen kann als in der Zukunft.

Im Augenblick ist der Ö.e Rat als Hauptträger der Ö. ein Bund. Die Prärogative des für die Kirche maßgeblichen ius divinum erlaubt es, den auch im säkularen Recht gebrauchten, wertneutralen Begriff »Bund« durch das Adjektiv »geistlich« näher zu bestimmen. Da die Mitgliedskirchen des Ö.en Rates oder manche von ihnen sich zwar untereinander nicht »als Kirchen im vollen und wahren Sinne des Wortes« anerkennen, einander aber doch zuerkennen, daß sie alle wenigstens »Elemente der wahren Kirche« besitzen, wodurch sie in ein »geistliches Verhältnis miteinander« eintreten, und da sie übereinstimmend diese »Elemente« oder »vestigia ecclesiae« in den auf göttlichem Recht beruhenden Institutionen der ecclesia spiritualis und damit auch der ecclesia universalis und der ecclesiae particulares erblicken (»Verkündigung des Wortes, Auslegung der Hl. Schrift und Verwaltung der Sakramente«), erscheint es gerechtfertigt, den Ö.en Rat heute als Kirchenbund zu bezeichnen. Der Begriff »Bund« ist einerseits über seinen soziologischen Ausgangsgehalt hinaus durch seine Verwendung im weltlichen (Staatenbund) wie im kirchlichen (zB Luth. Weltbund) Bereich rechtlich so weit vorgeprägt, wie er andererseits für die konkrete Verfassungsgestaltung genügend Variationsraum läßt, daß er der durch die Bildung des Ö.en Rates eingetretenen rechtlichen Verfestigung des Verhältnisses der Mitgliedskirchen untereinander und zum Rat ebenso gerecht werden kann, wie er der von einem Zuwachsen von kirchenregimentlichen Befugnissen an den Rat befürchteten Entwicklung zur »Überkirche« entgegensteht. - Wenn in Zukunft der Ö.e Rat und die Ö. sich nach der aufgezeigten, ihnen immanenten Eigengesetzlichkeit weiterentwickeln, so werden die fortschreitende ekklesiologische Verdichtung und die im Sinne der Überzeugung, »daß es nur eine Kirche Christi geben kann«, verlaufende Integration dazu führen, daß einige oder viele oder im günstigsten, aber nicht wahrscheinlichen Falle alle Mitgliedskirchen durch die gegenseitige Eröffnung der Kirchengemeinschaft (Bekenntnis-, Amts- und Sakramentsgemeinschaft) zu größeren ecclesiae particulares oder zu einer großen ecclesia particularis werden. Diese Entwicklung würde auch die rechtliche Beurteilung der Ö. und des Ö.en Rates grundlegend ändern. (Zitate sämtlich aus der Toronto-Erklärung.)

Außer der Lit. zu → Kirche: VI B, → Kirchenrecht: I B sowie zu 1-3: W.Menn (s. → Ökumenische Arbeitsorgane) - R.Smend, Dt. ev. Kirchenrecht u. Ö. (Verantwortung u. Zuversicht, Festg. f. O.Dibelius, 1950, 179-187) - H.Liermann, Ö. als rechtl. Erscheinung (ELKZ 5, 1951, 117-120; dagegen: W.Menn, ebd 191 f) - Ders., Grundfragen des ö.en Kirchenrechts (ZSavRG Kan. Abt. 45, 1959, 278-300) - H.Dombois, Das institutionelle Problem in der Ö. (ÖR 7, 1958, 12-20) - S.Grundmann, Das ev. Kirchenrecht u. die ö.e B. der Gegenwart (AÖR 84, 1959, 1-54). *S.Grundmann*

7. Die mehrfachen Bemühungen der ö.en B. um die offizielle Teilnahme der *röm.-kath. Kirche* haben kaum sichtbaren Erfolg gehabt. Ein Dekret des hl. Offiziums vom 8.7.1927 (AAS 19, 1927, 278) verbot den röm. Katholiken die Teilnahme an der Lausanner Konferenz. Eine erstmalige Begründung dieser Haltung gab die Enzyklika »Mortalium Animos« (6.1.1928; AAS 20, 1928, 5-16; dt. bei Ohlemüller). Angesichts der ö.en Versammlung von Amsterdam wies das hl. Offizium in einem Monitum vom 5.6.1948 (AAS 40, 1948, 25; dt.: HerKorr 2, 1948, 443 f) auf CIC c. 1325 § 3 hin, nach dem die Teilnahme an Kongressen, auf denen Glaubensfragen von Katholiken und Nichtkatholiken verhandelt werden, ohne vorherige Erlaubnis nicht zulässig sei. Diese Klauseln des CIC wurden erläutert durch die Instructio vom 20.12.1949 (AAS 42, 1950, 142-147; dt.: HerKorr 4, 1949/50, 318 ff). - Doch entstand gleichzeitig mit der ö.en B. ein kath. »Ökumenismus«, der sich zunächst auf einzelne Gruppen außerhalb der röm.-kath. Kirche, bes. auf die Ostkirchen richtete. Aus ihm gingen an Neugründungen u.a. hervor: das Orientalische Institut in Rom (gegr. 1917), das Collegium Russicum (gegr. 1929), die Benediktinerabtei von Chevetogne in Belgien (gegr. 1925). Durch die kath.-orth. Begegnungen zT angeregt, kam es zu den Mechelner Gesprächen zwischen Katholiken und Anglikanern (1921-27), bei denen 1925 der Gedanke »einer anglikanischen Unionskirche mit einem weitgehend autonomen Patriarchat in Canterbury« (Brandreth) auftauchte. Die Enzyklika »Mortalium Animos« setzte diesen Gesprächen 1928 ein Ende. - In die gleiche Zeit geht die Gründung des Pariser Istina-Instituts zurück (Leiter C.J.Dumont OP). Für eine Verständigung mit deutschen Protestanten begründete J. → Metzger die → Una-Sancta-Bewegung. Nur

Katholiken gehören zu dem Kreis, der hinter der Zeitschrift »Unitas« steht (hg.v. Ch.Boyer, Rom). Weitere Stätten ö.en Gesprächs sind die Kath. Ö.e Konferenz (seit 1952; Sekretär J.S.M.Willebrands vom Philosophicum in Warmond, Holland) und das Johann Adam Möhler-Institut in Paderborn (Zeitschrift »Catholica«, hg.v. A.Brandenburg). – In Deutschland entstanden 1945 durch das Wirken von Paul Simon (einst Prof. für Philosophie und Religionsgeschichte an der kath.-theol. Fakultät in Tübingen, später Dompropst in Paderborn) mit Unterstützung von Erzbischof Lorenz Jaeger (Paderborn) einerseits, und auf Initiative von Bischof W. → Stählin und Prof. E.Schlink andererseits ein röm.-kath. und ein ev. ö.er Arbeitskreis, die sich unter dem Vorsitz der Genannten jährlich (anfangs zweimal im Jahre) zur Behandlung kontroverstheologischer Fragen trafen. Mitglieder dieses Kreises sind auf ev. Seite u.a. G.Bornkamm, P.Brunner, H.v.Campenhausen, G. Friedrich, W.Joest, E.Kinder, W.Maurer, W.Pannenberg, K.E.Skydsgaard, H.-D.Wendland, H.H.Wolf; auf kath. Seite H.Gewieß, R.Grosche, J.Höfer, O.Kuß, K.Mörsdorf, J.Lortz, J.Pieper, K.Rahner, M.Schmaus, G.Söhngen, H.Volk, V.Warnach. Zu den Veröffentlichungen, die aus diesem Kreis hervorgegangen sind, s. R.Mumm in Roesle-Cullmann 627 Anm. 19.

Besondere Erwähnung verdient der Franziskanerorden der Friars of the Atonement (= Versöhnung, bzw. at-one-ment = Vereinigung), der nach seiner Übernahme in die kath. Kirche (1909) die Aufgabe hat, das Gebet der Einheit zu pflegen (besondere Oktav, 18.–25. Jan.). – Anläßlich der Vorbereitung des 2. Vatikanischen Konzils errichtete Papst Johannes XXIII. 1960 eine Kommission zur Information und zum Studium der nichtkath. Christen, die der Kurienkardinal A.Bea SJ leitet.

Es wäre falsch, diesen kath. Ökumenismus so zu verstehen, als hätte er »keine Grundlage in der Kirche selber« (Skydsgaard). Vielmehr kann offenbar katholischerseits die »Ökumene« noch nicht »als rechter Gesprächspartner der röm.-kath. Kirche angesehen werden« (Sartory). Dementsprechend sind seine Partner vorwiegend bestimmte Kirchen oder einzelne Theologen. Wo man sich der ö.en B. als ganzer zuwendet, geschieht das vorwiegend unter der Frage, wie weit in den verschiedenen Verlautbarungen des Ö.en Rates eine Entwicklung zu einer Verbindlichkeit in Recht und Lehre sichtbar wird. Gerade dadurch aber ist das Gespräch mit Rom heute ein wesentliches Element der ö.en Arbeit.

Qu.: dt. bei G.Ohlemüller (Hg.), Amtl. röm.-kath. Kundgebungen zur Einigungsfrage der christl. Kirchen, 1928, u. bei Th. Sartory, Die Kath. Kirche u. die getrennten Christen, 1957. – Bibliogr.: G.K.A.Bell, Documents on Christian Unity II–IV, London 1930–57 – H.R.T.Brandreth, Unity and Reunion, ebd 1948² – Eléments de Bibliogr. sur l'Oecuménisme, Lyon 1958. – Ferner: R.Aubert, Le saint-siège et l'union des églises, Brüssel 1947 – K.E.Skydsgaard, Die röm.-kath. Kirche u. die Ö.e B. (in: Die Unordnung der Welt u. Gottes Heilsplan, dt. 1948, I, 171–186; kath. Erg. v. M.Villain, ebd 186–195) – W.H.van de Pol, Het Christelijk Dilemma. Katholieke Kerk en Reformatie, Roermund 1948; engl. N. Y. 1952 – Ch.Boyer SJ, Unus Pastor, Rom 1950 – G.Tavard, A la Rencontre du Protestantisme, Paris 1954; engl. N. Y. 1955 – Th.Sartory OSB, Die Ö.e B. u. die Einheit der Kirche, 1955 – J.M.Todd, Catholicism and the Ecumenical Movement, London 1955 – G.Thils, Hist. doctrinale du mouvement oecuménique, Löwen 1955 – E.Duff SJ, The Social Thought of the World Council of Churches, N. Y. 1956 – G. Weigel SJ, A Catholic Primer on the Ecumenical Movement, Westminster/Ma. 1957 – J.P.Michael, Christen suchen Eine Kirche, 1958 – Rouse-Neill II, 359–384 (O.S.Tomkins) – M.Roesle-O.Cullmann, Begegnung der Christen, 1959 – H.Küng, Konzil u. Wiedervereinigung, 1960. – Zs.en: Irénikon, Chevetogne 1926ff; Catholica, 1932ff, 1950/51, 1958ff; Eastern Churches Quarterly, London 1936ff; Una Sancta, 1945ff; Unitas, Rom 1946ff; HerKorr, 1946/1947ff; Vers l'unité chrétienne, Paris 1948ff; Lumière et vie, Brügge 1951ff; Istina, Boulogne-sur-Seine 1954ff. *H.Bolewski*

Ökumenius, Philosoph und Rhetor, dann Comes von Isaurien, Zeitgenosse und Anhänger des → Severus von Antiochien (1. Hälfte des 6.Jh.s), verfaßte einen Kommentar zur Apk (ed. H.C.Hoskier, Ann Arbor 1928; dazu P.Heseler, Phil. Wochenschrift 50, 1930, 772–777; E.Benz, Gn 6, 1930, 341–345). Der durch Donatus von Verona 1532 hg. Ö.-Kommentar zur Apg, den Kath. und Paulus-Briefen (auch MPG 118/19) ist dagegen eine frühestens gegen Ende des 8.Jh.s geschaffene Katene. – Von ihm zu unterscheiden ist der als Heiliger und Wundertäter verehrte (Fest: 3. 5.) Bischof Ö. von Trikka in Thessalien (ca 10.Jh.).

F.Diekamp, SAB 43, 1901, 1046–1056 – Ders., Bibl 10, 1929, 81 bis 84 – S.Petridès, Échos d'Orient 6, 1913, 307–310 – K.Staab, Pauluskatenen, Rom 1926, 93–212 – Ders., Pauluskommentare aus der griech. Kirche, 1933, XXXVII–XL. 423–469 – J.Schmid, BZ 19, 1931, 228–256 – A.Ehrhard, Überlieferung u. Bestand..., Tl I, Bd III/1, 1943, 687ff (Lit.). *J.Schmid*

Öl, *heiliges* → Salbung.

Ölberg → Jerusalem: I.

Ölung, *letzte*, in der lat. Kirche anfangs sacrum oleum chrismatis (Innozenz I. 416), später extrema unctio (630) oder unctio infirmorum (789), heute meist Hl. Ö. oder Krankensalbung genannt (in der griech.-orth. Kirche Öl des Gebetes, oleum orationis). Die Sakramentalität ist Dogma (→ Tridentinum Sess. XIV; → Sakramente: I). Dadurch wird Jak 5, 14f als dogmatischer Text authentisch erklärt und seinem Hauptgedanken nach der Diskussion entzogen. Die Jak-Stelle zeigt einen sichtbaren Ritus (Ö. und Gebet), mit dem auch übernatürliche Gnade verbunden ist (geistige Aufrichtung und Sündenvergebung). Die Materie des Sakramentes ist Olivenöl, in der lat. Kirche vom Bischof, in der orientalischen unierten Kirche auch vom einfachen Priester geweiht (AAS 1933, 335ff). Spender ist stets ein Priester, allein oder zu mehreren (so in der griech. Kirche). Empfänger ist »der Kranke in Todesgefahr« (Decretum pro Armenis). Spendung der l.Ö. an soeben Verstorbene ist wegen der Fortdauer der Lebensfunktionen sicher bis 2 Stunden nach dem Verscheiden bedingungsweise möglich. – Die Krankensalbung ist die Weihe des Todes eines Menschen in den Tod Christi hinein. Jak 5, 14f bezeugt als Wirkung der Gebetssalbung das »Heil«, sei es dadurch, daß dem Kranken die leibliche Gesundheit wiedergeschenkt wird, sei es, daß er die Krankheit zum Tode in christlicher Haltung auf sich nimmt und so den → Tod (: IV) als Christ besteht. – Da für die Reformatoren zum Sakrament die Einsetzung durch Jesus selbst gehört, diese aber bei der l.Ö. nicht nachzuweisen ist, lehnen sie diese als Sakrament ab (vgl. Luther, De capt. Babyl., WA 6, 567ff; Calvin, Inst. IV, 13, 5) und verstehen Jak 5, 14f als Salbung und Glaubensgebet bei Kranken und nicht nur den Sterbenden. – Vgl. → Salbung: IV.

B.Poschmann, Buße u. l.Ö. (HDG IV/3), 1951 – J.Hild, Der Tod – ein christl. Geheimnis (in: Das Mysterium des Todes, übers. v. A.Kraus, 1955, 187–220) – K.Rahner, Zur Theol. des Todes, 1958. – Vgl. die Lit. zu → Salbung. *R.Mayer*

Oemeken (Omeken, Omken, Oemichen), *Gerdt* (ca 1500–62), * in Kamen (Westf.), 1522 in Rostock immatrikuliert, durch → Slüter für die luth. Reformation gewonnen. 1529–39 kampfreiche, oft mit Vertreibung endende Wirksamkeit im rheinisch-westfälisch-lippischen Raum: 1529 Büderich bei Kleve, 1530 Lippstadt, 1532 Soest, 1533–35 Lemgo, 1535–40 Minden, von wo er 1537 als Sup. an der Schmalkaldener Tagung teilnimmt und die → Schmalkaldischen Artikel unterschreibt. Oe. steht dabei auch immer in scharfer Auseinandersetzung mit täuferisch-radikalen Gruppen (in Büderich mit → Klopriss, in Soest mit Aldegrever, in Minden mit Nik.Krage). 1540 wird Oe. von Urbanus → Rhegius nach Gifhorn im Braunschweig-Lüneburgischen geholt, 1547-62 wirkt er als Dompropst in Güstrow (Mecklenburg), wo er an den grundlegenden Visitationen, am Neubau des Schulwesens und der KO von 1552 beteiligt ist.

Vf.: Soester »Ordinanz« (KO), 1532; Über Aufgaben der Kirchenvisitation, 1547; Ein christl. Trost..., 1551. - Über Oe.: AD.HOFMEISTER, Matrikel der Univ. Rostock II, 1890 - C.KRAFFT, Zs. des Berg. Geschichtsvereins 30, 1894, 267-273 - E.KNODT, G.Oe., 1898 - HÖLSCHER, ZGNKG 9, 1904, 192-202 - H.ROTHERT, Die Minden-Ravensbergische KG II, 1928 - HUB.SCHWARTZ, Gesch. der Reformation in Soest, 1932 - K.SCHMALTZ, KG Mecklenburgs II, 1936.
E.Mülhaupt

Oepke, *Albrecht* (1881-1955), ev. Theologe, * in Arle (Ostfriesland), † in Leipzig, 1909 Pfarrer in Völlen (Kr. Leer), 1914 Dozent am Missionsseminar in Leipzig, seit 1922 an der dortigen Universität Prof. für NT und hellenistische Religionsgeschichte. Konfessionell in der luth. Kirche wurzelnd (langjähriges Mitglied der sächsischen Synode), war Oe. als Exeget bewußt maßvoll auch kritischen Fragen offen. Er bemühte sich um die religionsgeschichtliche Erforschung der nt. Umwelt, bes. der jüdischen Hintergründe und Bedingtheiten des Urchristentums.

Bibliogr.: ThLZ 76, 1951, 693-698; 81, 1956, 188-190. Vf. außer Komm. zu 1.2Thess (NTD 8, [1933] 1959⁸) u. zu Gal (ThHK 9, [1937] 1957²) bes.: Die Missionspredigt des Apostels Paulus, 1920; Karl Barth u. die Mystik, 1928; Der Mythos. Rosenbergbetrachtungen, 1935; Das neue Gottesvolk, 1950. - Nachruf: ThLZ 81, 1956, 185 bis 188 (H.BARDTKE).
J.Müller-Bardorff

Oertzen, *Jasper von* (1833-93), * in Rostock, † in Hamburg. Ursprünglich Offizier und Rittergutsbesitzer, wurde Oe. 1870 Mitarbeiter J.H. → Wicherns im Rauhen Hause und war 1875-84 Vorsteher der Hamburger → Stadtmission. Seit 1880 war Oe. auch Präses der norddeutschen Männer- und Jünglingsvereine, seit 1885 Leiter des CVJM in Hamburg. Nach 1884 galt seine stark sozialpolitisch ausgerichtete Arbeit bes. der Pflege des Gemeinschaftslebens in Schleswig-Holstein. An der Gründung des Deutschen Evangelisationsvereins (1884) wirkte er führend mit (→ Gemeinschaftsbewegung, 2).

D.V.OERTZEN, J.v.Oe., 1904 - P.FLEISCH, Die moderne Gemeinschaftsbewegung in Deutschland I, 1912³, 58ff u.ö. - HERMELINK III, 610ff.
H.Hohlwein

Oesel-Wiek, *Bistum,* als Bistum Estland oder Leal bereits 1211 gegr., nach Eroberung der Insel Oe. zum Reichslehen (1228) erklärt und 1234 mit der gegenüberliegenden Festlandküste (Wiek, Maritima) zu einer neuen Diözese vereinigt. Die Kathedralkirche wurde von Leal nach Alt-Pernau, 1279 nach Hapsal (W.) überführt; Residenz des Bischofs war seit Mitte des 14.Jh.s Arensburg (Oe.). Seit 1254 kirchlich der Metropole → Riga unterstellt, zählte das Bistum auch die Könige von Dänemark und Schweden zu seinen weltlichen Schutzherren. Obwohl bereits Bischof Reinhold von Buxhövden (seit 1532) reformationsfreundlich war und sein Nachfolger Joh. von Münchhausen das Bistum 1559 dem dänischen König und dessen Bruder, Herzog Magnus von Holstein, gegen Geld abtrat, wurde der kath. Gottesdienst erst 1563 abgeschafft, als die Schweden Hapsal eroberten. Oe. kam 1645 an Schweden, 1710/21 an Rußland, 1919 zum Freistaat Estland, seit 1940 zur Estnischen SSR (UdSSR). - Vgl. → Baltische Länder.

N.BUSCH, Gesch. u. Verfassung des Bistums Ö., Riga 1934 - FR.V. STACKELBERG, Die Verwaltung des Bistums Oe.-W. im 16.Jh. (Sitz.-Ber. Riga 1934, 36-51).
P.Johansen

Österreich

1. Allgemeines - 2. Territoriale Entwicklung - 3. Die mittelalterliche Kirche - 4. Reformation und Gegenreformation - 5. Die Kirche seit 1781

1. Die Republik Ö. entstand in ihrem heutigen Umfang 1918 aus der Vereinigung der durch den Friedensvertrag von St-Germain (1919) zT verkleinerten deutschen Kronländer (Nieder-Ö., Ober-Ö., Steiermark, Kärnten, Tirol, Vorarlberg und Salzburg) der ehem. ö.-ungarischen Monarchie sowie des 1921 von Ungarn abgetrennten Burgenlandes (deutsche Gebiete der Komitate Wieselburg, Ödenburg, Eisenburg) zu einem Bundesstaat (Verfassung von 1920) mit der seit 1922 ein eigenes Bundesland bildenden Hauptstadt Wien. - Der Name Ostarrîchi taucht erstmals 996 in einer Urkunde Kaiser Ottos III. als Bezeichnung für Gebiete in Nieder-Ö. auf. Von den (laut Volkszählung 1951) 6933905 Einwohnern sind 89% röm.-kath., 6,2% ev. In der »Ev. Kirche Augsburgischen und Helvetischen Bekenntnisses in Ö.« (A. und H.B.) sind die luth. und ref. Kirche zu gemeinsamer Verwaltung und Dienst zusammengeschlossen. Die ev. Kirche A.B. zählt 6 Superintendenzen (Wien, Nieder-Ö., Steiermark, Kärnten, Burgenland und Ober-Ö.-Salzburg-Tirol). Die Landessuperintendenz H.B. umfaßt 8 Gemeinden. Die röm.-kath. Kirche gliedert sich in die Kirchenprovinz → Wien mit den Suffraganen → St. Pölten, → Linz und Eisenstadt (Burgenland, seit 1960), die Kirchenprovinz → Salzburg mit den Suffraganen → Gurk und → Sekkau. Innsbruck (Tirol) ist seit 1925 Apostolische Administratur, Feldkirch (Vorarlberg) seit 1818 Sitz eines Generalvikars. Staatlich anerkannte Religionsgesellschaften sind ferner seit 1781 die griech.-orth. Kirche (zZ 4 Gemeinden, Bistum für Ö. und Deutschland in Wien), seit 1781 die israelitischen Kultusgemeinden (zZ 5), seit 1877 die altkath. Kirche (zZ 12 Gemeinden, Bistum in Wien), seit 1951 die → Methodisten (zZ 10 Gemeinden, Superintendentur in Wien), seit 1955 die → Mormonen. Außerdem wurden 1880 die Herrnhuter Brüder und 1912 die Anhänger des Islams nach hanefitischem Ritus anerkannt, die zZ in Ö. keine Gemeinden haben. Art. 63 des Friedens von St-Germain und Art. 6 des Staatsvertrages von 1955 garantieren allen Einwohnern Ö.s freie Religionsausübung.

2. Ö. war zZ Christi von Kelten und Illyrern besiedelt und fast gänzlich den röm. Provinzen Raetia, Noricum und Pannonia eingegliedert. Nach der Völkerwanderung ließen sich hier dauernd → Bayern und → Alemannen, im Osten später germanisierte Slawen nieder. Die von → Karl d. Gr. errichteten Marken gehörten mit Bayern und Schwaben bis zum Ungarneinfall zum Frankenreich. Nach 955 wurde die ottonische Ostmark gegründet, die 976 an das Geschlecht der Babenberger kam. Ebenso wurde damals Kärnten als Herzogtum von Bayern getrennt. 1156 erhob Kaiser → Friedrich I. die Mark Ö. unter Heinrich II. zum Herzogtum (Privilegium minus). 1192 erwarben die Babenberger die ehemals zu Kärnten gehörige Steiermark, die seit 1180 Herzogtum war und auch Gebiete in Ober-Ö. umfaßte. Nach dem Aussterben der Babenberger (1246) kamen deren Länder 1282 an die Habsburger. Diese wurden 1335 auch mit Kärnten belehnt, erwarben 1363 die Grafschaft Tirol und seit dem 14.Jh. allmählich die Herrschaften in Vorarlberg. Das ehemalige geistliche Fürstentum Salzburg kam erst 1815 endgültig zu Ö. Seit dem 14.Jh. führten die Habsburger den Titel Erzherzoge und beanspruchten größtmögliche Souveränität (Privilegium maius). Nach 1438 wurden mit einer Ausnahme nur Habsburger zu deutschen Königen und röm. Kaisern gewählt, da diese durch den Erwerb der

burgundischen (1477) und der böhmischen Länder (1526) sowie durch ihre Herrschaft in Spanien (1516) und Ungarn (1527) zu den mächtigsten Dynastien Europas zählten. Franz II. aus dem Hause Habsburg-Lothringen nannte sich seit 1804 Kaiser von Ö. und verzichtete 1806 auf die Kaiserwürde des von Napoleon zerschlagenen Röm.-Deutschen Reiches. 1815-66 war Ö. für seine ehemaligen deutschen Reichslehen Mitglied des Deutschen Bundes. Der ö.-preußische Krieg (1866) führte zu dessen Auflösung und 1867 zur Bildung der dualistischen ö.-ungarischen Monarchie, die 1918 zerfiel. Die 1945 gegründete 2. Republik erhielt 1955 durch den Staatsvertrag Freiheit und Neutralitätsstatus.

3. Über die Anfänge des Christentums in den heute zu Ö. gehörigen Ländern ist nur wenig bekannt. Vermutlich ging die christliche Mission in Noricum von → Aquileja aus und wurde wohl auch durch christliche Legionäre verbreitet. Unter → Diokletian starb der röm. Beamte Florian aus Cetium (St. Pölten) den Märtyrertod. An der Synode von Serdika (342) nahm ein norischer Bischof teil. Durch Bodenfunde und andere Quellen sind zB Lauriacum (Lorch, Ober-Ö.), Ovilava (Wels, Ober-Ö.), Salzburg, Brigantium (Bregenz, Vorarlberg), Aguntum (Lienz, Tirol), Teurnia (Kärnten) und Carnuntum (Nieder-Ö.) als Sitze christlicher Gemeinden erwiesen. Ende des 5.Jh.s wirkte in Ufernoricum → Severin. 488 mußte die Donaugrenze von den Römern geräumt werden; Binnen-Noricum wurde ein Jh. später durch → Awaren und Slawen verheert. Erst das 8.Jh. brachte der Kirche eine dauerhafte Organisation. Christliche Mission und Kolonisation gingen in der Folgezeit Hand in Hand. Um 700 gründete → Rupert das Bistum → Salzburg, zu dessen ersten Bischöfen → Virgil gehörte. Unter Arno wurde 798 Salzburg zur kirchlichen Metropole Bayerns. Ihr wurden u.a. die sich über Ober- und Nieder-Ö. erstreckende Diözese → Passau sowie das Tiroler Bistum Säben unterstellt, während in Kärnten nördlich der Drau von Salzburg abhängige Chorbischöfe wirkten. Die Christianisierung erstreckte sich im 9.Jh. auch auf Böhmen und das Großmährische Reich und stieß hier mit der Slawenmission des → Konstantin und Methodius zusammen. Bischof → Pilgrim von Passau († 991) beanspruchte Metropolitanrechte über das östliche Missionsgebiet. Eine Verkleinerung der großen Salzburger Diözese brachte erst die Gründung der Kärntner Bistümer → Gurk (1072) und → Lavant (1226) sowie → Seckau (1218) in der Steiermark. Die Bemühungen der Babenberger, Nieder-Ö. im 13.Jh. kirchlich von Passau zu lösen, blieben erfolglos. Erst 1469 gelang die Errichtung kleiner Diözesen in → Wiener Neustadt und → Wien. In Wien hatte Rudolph IV. († 1365) bereits ein exemtes Kollegiatkapitel gegründet und den gotischen Umbau des Stephansdomes intensiviert. - Die großen religiösen und politischen Bewegungen des MA zogen auch Ö. in ihren Bann. Tirol war für die Italienzüge der deutschen Könige wichtig, die Kreuzritter nahmen ihren Weg zT entlang der Donau. Beides brachte Ö. in Beziehungen zu Ost und West, zu Nord und Süd. Herzog Leopold V. nahm an der Erstürmung Akkons (1191) teil. Leopold VI. vermittelte 1230 zwischen Kaiser → Friedrich II. und dem Papst. Während des Investiturstreites (→ Kaisertum und Papsttum, 5) war Erzbischof Gebhard von Salzburg († 1088) ein unerschütterlicher Anhänger der kirchlichen Reformpartei, ebenso → Altmann von Passau, der bei dem gleichgesinnten Markgrafen Leopold II. († 1095) Zuflucht fand. - Besondere Beachtung als religiös-kultureller Faktor verdient das reiche Klosterwesen. Die Äbte des von Rupert in Salzburg gegründeten Petersklosters waren nach iroschottischem Beispiel bis 987 zugleich Bischöfe bzw. Erzbischöfe. Das erste Frauenkloster in Ö. entstand unter Ruperts Nichte Erentrudis am Nonnberg in Salzburg. Die Bayernherzöge errichteten u.a. die Benediktinerklöster Mondsee (748) und Kremsmünster (777) in Ober-Ö. sowie Innichen (769) in Tirol. Zu den Reformklöstern zählen die Stiftungen Gebhards von Salzburg in Admont (1074, Steiermark) und Altmanns von Passau in Göttweig (1083, Nieder-Ö.) sowie das durch Propst → Gerhoch berühmte Reichersberg (1084, Ober-Ö.). Die Konvente Gurk und Seckau wurden später Sitz von Bistümern. In den Babenbergerresidenzen → Melk, Klosterneuburg (1133 Augustiner-Chorherren) und Wien (1158 Schotten) entstanden Monasterien. → Maria Zell entwickelte sich zum Wallfahrtsort. Der 1485 kanonisierte Markgraf Leopold III. († 1136), der Vater → Ottos von Freising, wird als Förderer der Klöster gerühmt. Die → Prämonstratenser hatten ihre erste Niederlassung in Wilten (Tirol, um 1128), die → Zisterzienser in Reun (Steiermark, 1129), Heiligenkreuz bei Wien (1135) und Viktring (Kärnten, 1142), von wo jeweils mehrere Filialen gegründet wurden. Die erste Kartause (→ Kartäuser) auf deutschem Boden entstand 1151 in Seiz (Steiermark), das erste Kloster der → Dominikaner, die sich als Inquisitoren betätigten, 1217 in Friesach (Kärnten). 1235 war bereits die Minoritenprovinz Ö. organisiert. Melk wurde im 15.Jh. Zentrum einer monastischen Reform, die von → Subiaco ausging. Auch → Ritterorden (Johanniter, Deutschherren) fehlten nicht. Eine Gründung Kaiser Friedrichs III. war der zur Bekämpfung der Türken bestimmte Georgsritterorden (1467). Die klösterliche Wissenschaft hat ihren Vertreter etwa in → Engelbert von Admont. - Im Spät-MA verstärkte sich der Einfluß der Landesfürsten auf die Kirche in wirtschaftlicher und rechtlicher Hinsicht (Vogtei, Besteuerung, Visitation, Güteramortisation, Benefizien), wozu die Lage des → Papsttums während des Schismas beitrug. Die habsburgischen Länder gehörten damals verschiedenen kirchlichen Obedienzen an. Ein Höhepunkt der Auseinandersetzung zwischen Fürstentum und Episkopat war 1455-64 der Streit Sigmunds von Tirol mit → Nikolaus von Kues, wobei → Gregor von Heimburg die Rechte des Herzogs verfocht. Friedrich III. konnte sich im Zuge der Verhandlungen über das Wiener Konkordat (1448) einige Sonderrechte vom Papst erwirken. Zentren der Bildung und des kulturellen Lebens waren am Ende des MA der Hof, wo zB Äneas Silvius Piccolomini (→ Pius II.) wirkte, und die 1365 gegründete Universität in → Wien (: II).

4. Von den vorreformatorischen Bewegungen hatten bes. die → Waldenser in Ö. Verbreitung gefunden, aber auch sonst fehlte es im Spät-MA nicht an einer Kritik der bestehenden kirchlichen Verhältnisse. Die *Reformation* fand daher, durch Prediger (u.a. → Speratus, M. → Stiefel, → Bünderlin, Jakob Strauß, Georg Schärer) sowie durch Druckschriften und Briefe gefördert (Luther schrieb zB an den Humanisten Cuspinian in Wien, die Adeligen Jörger und Starhemberg, die Bergleute Lodinger in Gastein und Baumgartner in Kufstein), rasch viele Anhänger. Zum Nachteil Wiens übten Wittenberg und später andere ev. Universitäten auf die Studenten große Anziehungskraft aus. Die Klöster entvölkerten sich, im → Bauernkrieg (1525) wurden manche Religionsbeschwerden laut, Visitationen (1528 u.ö.) enthüllten eine katastrophale Lage der kath. Kirche. Seit 1527 wurde auch immer häufiger auf den Landtagen die Forderung nach reiner Predigt des Evangeliums erhoben. Man bekannte sich zur Augsburger Konfession und erhoffte später auf Grund der Bestimmungen des

→ Augsburger Religionsfriedens (1555) freie Religionsausübung zu erlangen. Neben der luth. Reformation verbreiteten sich die → Täufer bes. in Tirol, Ober- und Nieder-Ö. (→ Hut, → Huter). Vorarlberg stand unter dem Einfluß der Schweiz, in Westungarn (Burgenland) gewannen beide Hauptzweige der Reformation Anhänger. Das Wachstum der Reformbewegung forderte Gegenmaßnahmen des Katholizismus heraus. 1524 wurde der Wiener Bürger Kaspar Tauber enthauptet, 1527 der in Wittenberg bekehrte ober-ö.e Priester Leonhard Kaiser und 1528 → Hubmaier verbrannt. 1523 erging ein Verbot luth. Schriften, seit 1524 bemühte sich Ferdinand I. gemeinsam mit dem Episkopat (zB J. → Fabri, → Nausea) um Reformen auf Grund der Beschlüsse des Regensburger Bundes; 1527 erließ er in Ofen Strafbestimmungen gegen Häresie. Visitationen und Religionsmandate sollten der kath. Kirche helfen. Die letzten Jahre Ferdinands zeitigten jedoch, auch durch die Notwendigkeit bedingt, aus politischen Gründen (Türkenhilfe) mit den prot. Ständen zu verhandeln, ein allmähliches Einlenken (1562 Vorlage des Reformationslibells am → Tridentinischen Konzil, 1564 Gestattung des Laienkelches, Beratungen mit prot. und kath. Vermittlungstheologen). Nach Ferdinands Tod (1564) und der damals erfolgten Herrschaftsteilung schuf der selbst zum Protestantismus neigende Maximilian II. († 1576) als landesfürstliche Aufsichtsbehörde 1568 den Klosterrat und gewährte in seinen Ländern Ober- und Nieder-Ö. beschränkte → Toleranz (1568 Religionskonzession und -resolution, 1571 Assekuration). Zu ähnlichen Zugeständnissen mußte sich Erzherzog Karl († 1590) in Inner-Ö. (Steiermark, Kärnten, Krain) bequemen (1572 Religionspazifikation, 1578 Brucker Libell). Anders als in Vorder-Ö. (bes. Tirol) war damals in beiden Gebieten die Mehrheit der Bevölkerung prot. Die Religionsprivilegien galten dem Adel und für dessen Besitzungen, das ev. Religionsexerzitium in Städten und Märkten war umstritten. Der prot. Adel (u.a. die Jörger, Starhemberg, Losenstein, Hoffmann, Stubenberg, Khevenhüller, Nádasdy, Batthyány) wurde eine wesentliche Stütze des Protestantismus, versuchte aber auch die Treue zu Land und Fürst zu wahren (Reichard Streun von Schwarzenau, Job Hartmann Enenkel u.a.). Im Hofdienst finden sich ev. Gelehrte wie → Crato und der Bibliothekar Hugo Blotius. Zur Organisation der ev. Kirche wurde → Chyträus 1568 nach Nieder-Ö., 1574 nach Inner-Ö. berufen. Die Agende für Nieder-Ö. verfaßte er zusammen mit dem Prädikanten Christoph Reuter. 1580 hielt der Rostocker Prof. Backmeister Visitation in Nieder-Ö. Die Bestellung eines Sup.en, wozu etwa → Leyser geeignet gewesen wäre, scheiterte hier, dagegen konnte in Graz ein Kirchenministerium für Inner-Ö. eingerichtet werden, dem Jeremias Homberger und dann Wilhelm Zimmermann vorstanden. Schwierig war die Bekämpfung des verbreiteten Flacianismus, der in Regensburg (→ Gallus) und → Altdorf Rückhalt fand. Bes. beachtenswert sind das ev. Schulwesen (die adeligen Landschaftsschulen in Wien, Loosdorf, → Graz, Klagenfurt, Laibach u.a.) und die dort wirkenden Prof. (u.a. → Kepler, → Frischlin, der Historiker Megiser, der Poet Calaminus). Landschaftliche Druckereien standen im Dienst der Reformation. Für die Verbreitung des Evangeliums unter den Slowenen war das Wirken des steirischen Landeshauptmanns Hans Ungnad von Sonneck und die Bibelübersetzung des → Trubar bedeutsam. Im 16.Jh. gebaute ev. Kirchen sind noch heute ein Zeugnis für die Größe des Protestantismus im damaligen Ö.

Die → *Gegenreformation* ist in Ö. zugleich eine Auseinandersetzung zwischen den auf die Bewahrung ihrer Privilegien bedachten Ständen und dem zum Absolutismus strebenden Landesfürstentum. Jede Erbhuldigung anläßlich eines Regierungswechsels führte zum Kampf um die Religionsfreiheit. Die Bekämpfung des Protestantismus begann fast überall in den landesfürstlichen Städten (1578 Ausweisung des Wiener Prädikanten Josua Opitz). Die ev. Bürger halfen sich durch »Auslaufen« zu den Gottesdiensten der benachbarten Adelsschlösser. Kanzelkontroversen verschärften die Situation. Auf dem Höhepunkt des Kampfes bereisten »Reformationskommissionen« das Land und betrieben mit Waffengewalt die Rekatholisierung. Die gegenreformatorischen Bemühungen der Landesfürsten und des Episkopates (zB Urban von Trenbach 1561–98 in → Passau, Martin Brenner 1585–1615 in → Seckau, Georg Stobäus 1584–1618 in Kärnten, Wolf Dietrich von Raitenau 1587–1612 in → Salzburg) wurden durch die → Jesuiten (seit 1551 in Wien, 1561 in Innsbruck, 1570 in Graz), die auch an den Universitäten Bedeutung erlangten, und durch die → Kapuziner (zuerst seit 1593 in Tirol) wirksam unterstützt. → Canisius wirkte in Wien, → Klesl bemühte sich um die Rekatholisierung Nieder-Ö.s. Einer der erfolgreichsten kath. Prediger war Georg Scherer SJ († 1605), unter den kath. Laien ragt der Reichshofrat Georg Eder († 1586) hervor. Bes. energisch waren zunächst die gegenreformatorischen Maßnahmen in Inner-Ö. unter der Regierung des späteren Kaisers Ferdinand II. (seit 1595), während die ev. Stände Nieder- und Ober-Ö.s noch 1609 von Matthias eine Religionskapitulation erlangen konnten und der nach dem Aufstand → Bocskays abgeschlossene Wiener Friede (1606) auch → Ungarn Religionsfreiheit brachte. Im Gegensatz zum (luth.) Prinzip des leidenden Gehorsams scharte sich der radikale Teil des ev. Adels Nieder- und Ober-Ö.s um den calvinistisch gesinnten Georg Erasmus von → Tschernembl († 1626 in Genf) und hatte sein Hauptquartier in Horn (Nieder-Ö.). Die Beteiligung am böhmischen Aufstand (1619) verstrickte den ö.en Protestantismus in die Wirren des 30jährigen Krieges und führte zur Vernichtung der ev. Kirche (1624ff Ausweisung prot. Prediger und Lehrer, 1628 Verbot ev. Gottesdienste). Es kam zu Auswanderungen, aber auch zu Konversionen bei Bürgern und Adeligen. Die prot. Reichsterritorien (zB Regensburg, Nürnberg, Sachsen, Württemberg) und Ungarn nahmen die Flüchtlinge auf. Der Widerstand der Bauern gegen die Rekatholisierung machte sich in Aufständen Luft, die freilich auch soziale und politische Motive hatten, so bes. 1625ff der ober-ö.e Bauernkrieg unter Stefan Fadinger gegen die bayrische Pfandherrschaft. Der → Westfälische Friede (1648) sicherte nur dem luth. Adel Nieder-Ö.s Toleranz, verwehrte jedoch ein Religionsexerzitium. Die Gegenreformation in → Ungarn (→ Pázmány) beendete der Ödenburger Landtag (1681). In jedem Komitat wurden etliche prot. »Artikularkirchen« toleriert (zB Oberwart im Burgenland), die ebenso wie Ortenburg (Bayern) von den ö.en Protestanten besucht wurden. Vor allem bewahrte sich der »Geheimprotestantismus« reformatorisches Glaubensgut durch die Lektüre der Bibel und ev. Andachtsbücher. Die Entdeckung dieser Verhältnisse führte 1684ff zur Austreibung der → Defferegger und Dürrnberger (zB → Schaitberger) sowie unter Erzbischof Firmian der → Salzburger (1731ff). Interventionen des → Corpus Evangelicorum blieben erfolglos. Die Exulanten wanderten nach Preußen (bes. Ostpreußen), zT nach Nordamerika aus. Viele Emigranten aus Ö. erlangten in ihrer neuen Heimat geachtete Positionen. In den habsburgischen Erbländern vermied man später aus wirtschaftlichen Gründen die Ausweisung und zwang aufgespürte Protestanten zur Transmigration nach Ungarn und → Siebenbürgen, wo Toleranz herrschte. Die Unionsversuche → Spinolas blieben ohne Einfluß auf die Behandlung der Protestanten, jedoch war in Wien dem ev. Reichsadel, dem prot. Gesandtschaftspersonal und ev. Kaufleuten (Niederlägern) prot. Religionsausübung gestattet. Ebenso wurde beim Militär nicht nach dem Religionsbekenntnis gefragt. - Das späte 17. und das 18.Jh. tragen in Ö. äußerlich betont kath. Charakter. Der im Lande verbliebene Adel wurde zum Hofadel und kath. Die Klöster erlebten eine wissenschaftliche (→ Pez) und künstlerische (Barockbauten; → Kirchenbau: IV, 1f) Blütezeit. In den von der Gegenreformation gewonnenen Gebieten nahm kath. Volksfrömmigkeit zu (Prozessionen, → Kalvarienberge, Wallfahrten, Barockheilige). Als Volksprediger verdient → Abraham a Sancta Clara genannt zu werden. Die kirchliche Organisation wurde 1722 durch die Erhebung → Wiens zum Erzbistum ausgestaltet. Das Verhältnis von Staat und Kirche wandelte sich allmählich zum → Josephinismus.

5. Die Regierung → Josephs II. (1780-90, seit 1765 Mitregent Maria Theresias) leitete eine neue Epoche der Kirchengeschichte Ö.s ein. Zahlreiche Reformen brachten eine weitgehende Umgestaltung der kath. Kirche (1773 Auflösung des Jesuitenordens, seit 1782 der kontemplativen Klöster, Studien- und Religionsfonds, Pfarr- und Diözesanregulierung, Sorge um die Kongrua des Klerus u.a.). Die theologische Ausbildung übernahmen vorübergehend die nach den Plänen von → Rautenstrauch eingerichteten staatlichen Generalseminare. Das Toleranzedikt (13.10.1781) und nachfolgende Gesetze gewährten den »Akatholiken« (Evangelische A. und H.B., nichtunierte Griechen) private Religionsausübung (Gemeindegründung für je 100 Familien, Bau von »Bethäusern« und Schulen, Anstellung von Pastoren und Lehrern), jedoch blieb der dominante Charakter der kath. Kirche gewahrt (Übertrittsunterricht, Verbot des Proselytenmachens, Regelung der Mischehen, allgemeine Stolpflicht, bis 1829 alleinige Matrikelführung). Eine Reise → Pius VI. nach Wien (1782), um den Kaiser zur Zurücknahme seiner Reformen zu bewegen, hatte ebensowenig Erfolg wie die Vorstellungen des Wiener Erzbischofs Migazzi († 1803). Die Wirkung des Toleranzediktes war unerwartet groß. Bis 1790 entstanden 50 ev. »Toleranzgemeinden« im Gebiet des heutigen Ö., die freilich Unterstützung vom Ausland sehr nötig hatten (→ Kießling). In Gallneukirchen (Ober-Ö.) verursachte → Boos eine ev. Erweckungsbewegung. Aus dem Zillertal (Tirol) wurden allerdings noch 1837 Bekenner der Augsburger Konfession vertrieben (→ Zillertaler Emigranten). - Die Heranbildung der »Pastoren« besorgte seit 1821 die in Wien gegründete theologische Lehranstalt. Das durch die Altranstädter Konvention (1707) wiederhergestellte schlesische Konsistorium (seit 1749 in Teschen) wurde 1784 nach Wien verlegt und unter dem Präsidium eines kath. Juristen (bis 1859) zur obersten ev. Kirchenbehörde erklärt. Die Beratungen erfolgten getrennt nach Konfessionen. Gelegentlich auftauchende Unionsbestrebungen (bes. um 1848) scheiterten. - Die Toleranz wandelte sich unter Franz Joseph I. (1848-1916) zur Gleichberechtigung. Durch die Verfassung von 1848 wurde allen Staatsbürgern volle Glaubens- und Gewissensfreiheit versprochen. Am Reichstag von Kremsier (1849) trat Pastor Karl Sam. → Schneider aus Bielitz (Oberschlesien) für Aufhebung aller Beschränkungen ein, die bisher eine freie Entwicklung der ev. Kirche gehindert hatten. Freilich ersetzte erst das Protestantenpatent vom 8.4.1861 das Toleranzedikt von 1781. Aus dem Konsistorium wurde der dem Kultusministerium unterstellte ev. Oberkirchenrat A. und H.B.; dessen erster ev. Präsident war Joseph Andr. Zimmermann († 1897) aus → Siebenbürgen. 1864 tagte die 1. Generalsynode, 1866 wurde die neue presbyterial-synodale Kirchenverfassung genehmigt. - Die Regelung der Protestantenfrage hatte eine Zeitlang das Konkordat von 1855 verhindert, das auf Betreiben des → Hofbauer-Schülers → Rauscher abgeschlossen wurde, die Grundsätze des Josephinismus aufgab und der kath. Kirche maßgeblichen Einfluß auf das Schulwesen und die Ehegesetzgebung einräumte. Es wurde jedoch schon durch die Gesetze von 1867/68 (Ehe- und Schulgesetz, interkonfessionelle Gesetze) trotz des Widerstandes des Episkopates (zB Bischof Rudigier von Linz, † 1884) in seiner Gültigkeit beschränkt und nach Verkündigung des Unfehlbarkeitsdogmas 1870 (→ Vatikanum) gekündigt. Die → Altkatholiken begannen ihre Arbeit in Ö. bereits 1871, im selben Jahr setzte auch die Mission der → Methodisten in Wien ein. Seit 1861 entfaltete die ev. Kirche eine gesteigerte Aktivität und war dazu auch durch Übertritte (→ Los-von-Rom-Bewegung) veranlaßt. Bei der Gründung von Gemeinden, Kirchbauten und Anstellung von Pfarrern halfen das → Gustav-Adolf-Werk (seit 1861) und der → Evangelische Bund (seit 1903). Die Arbeit beider Werke ist bis heute von größter Bedeutung für die ev. Diaspora. Für die Bibelverbreitung war die Britische und Ausländische → Bibelgesellschaft tätig. Edward Millard († 1906), der erste Leiter des 1864 in Wien gegründeten Bibeldepots, veranlaßte 1869 die Gründung einer Baptistengemeinde. Von den ev. Vereinen verdient bes. die die Forschung befruchtende Gesellschaft für die Geschichte des Protestantismus in Ö. (gegr. 1879; → Loesche, Prof. Karl Völker [1886-1937]) erwähnt zu werden. Die karitative Arbeit der ev. Kirche fand in vielen Anstalten (zB Gallneukirchen) eine Heimstätte und wurde 1912 im Zentralverein für Innere Mission in Ö. organisatorisch zusammengefaßt. In Oberschützen (Burgenland) bestehen seit 1842 durch die Initiative des Pfarrers Gottlieb Aug. Wimmer († 1863) bedeutende ev. Lehrerbildungsanstalten. - Der Ausgang des 1. Weltkrieges machte die ev. Kirche Ö.s zu einer kleinen und mit vielen Schwierigkeiten ringenden Gemeinschaft, die noch mehr als früher von der Hilfe des prot. Auslandes abhängig war. Bes. die ref. Kirche verlor ihre meisten Gemeinden an die Nachfolgestaaten der ö.-ungarischen Monarchie. Ebenso war es bei der altkath. Kirche, die 1920 ihre 1. Synode hielt und 1924 Adalbert Schindelar († 1926) zu ihrem ersten Bischof wählte. 1919 wurde in Wien der 1. deutsch-ö.e ev. Kirchentag gehalten, 1926 der Anschluß an den Deutschen Ev. → Kirchenbund vollzogen. 1925 traten erstmals die Synoden A.B. und H.B. zu gemeinsamen Sitzungen zusammen. Die autoritäre Regierung Ö.s, die 1933 ein neues Konkordat mit dem röm. Stuhl abgeschlossen hatte und betont kath. war, brachte die ev. Kirche in neue Schwierigkeiten und ließ viele auf wirksame Hilfe des prot. Deutschland hoffen. Die Haltung der Regierung führte allerdings auch zu einer neuen Übertrittsbewegung aus dem Katholizismus. In jenen Jahren wurde Sup. Joh. Heinzelmann († 1946) zum »Notbischof«, der die Belange des Protestantismus gegenüber dem Staat mutig und geschickt vertrat. - Der Anschluß Ö.s an das Deutsche Reich (1938) stellte die Kirchen auf völlig neue gesetzliche Grundlagen. Nachdem die Trennung von → Kirche und Staat durchgeführt worden war, wurde der Oberkirchenrat zu einer rein kirchlichen Behörde. Der Nationalsozialismus und der Krieg legten den Kirchen manche Beschränkungen auf. Das Verbot der Jugendorganisationen zwang zur Gründung eines ev. Landesjugendpfarramtes, das die Aufgaben der seit 1934

zum Ev. Jugendwerk in Ö. vereinigten prot. Jugendverbände auf kirchlicher Ebene fortsetzen sollte. 1939 wählte man Sup. Hans Eder († 1944) zum ersten »Bischof der ev. Kirche A. und H.B. in Ö.«. - Die Nachkriegszeit brachte der ev. Kirche eine Fülle wichtiger Aufgaben, jedoch auch ein gebessertes Verhältnis zum Staat und zur kath. Kirche. Neben dem Wiederaufbau des kirchlichen Lebens stand die Sorge um die Eingliederung der Flüchtlinge. Seit 1945 bemüht sich das Ev. Hilfswerk in Verbindung mit ausländischen Hilfsstellen um Linderung der materiellen Not. Die jahrzehntelangen Bemühungen um eine neue Kirchenverfassung kamen 1949 zum Abschluß; der presbyterial-synodale Aufbau der Kirche blieb gewahrt. Die geistliche Leitung der luth. Kirche übt der Bischof (seit 1944 Gerhard May) aus, die ref. Kirche wählt auf je 6 Jahre einen Landessuperintendenten. Über ein neues Protestantengesetz, das an die Stelle des Patentes von 1861 treten soll, wird noch verhandelt. Seit 1948 ist die ev. Kirche A. und H.B. in Ö. Mitglied des Ökumenischen Rates der Kirchen. 1958 wurde ein ökumenischer Rat in Ö. gegründet, dem außer der ev. Kirche A. und H.B. die altkath. Kirche und die Methodistenkirche angehören, mit dem aber auch die orth. Kirche, die Baptisten und die seit 1946 in Ö. wirkenden → Mennoniten in Verbindung stehen.

JGPrÖ, seit 1880 (Lit.) - MIÖG, seit 1880 (Lit.) - Ö.es Archiv für Kirchenrecht, seit 1950.

T.WIEDEMANN, Gesch. der Reformation u. Gegenreformation im Lande unter der Enns, 5 Bde, 1879-86 - G.FRANK, Das Toleranzpatent Kaiser Josephs II., 1882 - A.HUBER-O.REDLICH, Gesch. Ö.s, 6 Bde, 1885-1921 - J.LOSERTH, Die Reformation u. Gegenreformation in den inner-ö.en Ländern im 16.Jh., 1898 - DERS., Die prot. Schulen der Steiermark im 16.Jh., 1916 - C.F.ARNOLD, Die Ausrottung des Prot. in Salzburg, 2 Bde, 1900/01 - E.BÖHL, Beiträge zur Gesch. der Reformation in Ö., 1902 - G.LOESCHE, Gesch. des Prot. im vormaligen u. im neuen Ö., (1902) 1930³ - DERS., Luther, Melanchthon u. Calvin in Ö.-Ungarn, 1909 - DERS., Inneres Leben der ö.en Toleranzkirche, 1916 - F.STIEVE, Der ober-ö.e Bauernaufstand i.J. 1626, 2 Bde, 1904² - H.SRBIK, Die Beziehungen v. Staat u. Kirche in Ö. während des MA, 1904 (Neudr. 1938) - G.EDER, Die Reformvorschläge Kaiser Ferdinands I. auf dem Konzil v. Trient, 1911 - A.BRACKMANN, Germania Pontificia I, 1911 - E.STÖKL, 50 Jahre ö.er Hauptverein der Gustav-Adolf-Stiftung, 1912 - H.J.DEMMEL, Gesch. des Altkatholizismus in Ö., 1914 - F.ZIMMERMANN, Das Ministerium Thun für die Evangelischen in Ö., 1926 - DERS., Rechtsurkunden der Evangelischen in Ö., 1929 - K. u. M.UHLIRZ, Hdb. der Gesch. Ö.s u. seiner Nachbarländer Böhmen u. Ungarn, 4 Bde, 1927-44 (Lit.) - F.SEILE, Schicksalsbuch der ev. Kirche in Ö., 1928 - P.DEDIC, Der Prot. in Steiermark im Zeitalter der Reformation u. Gegenreformation, 1930 - DERS., Kärntner Exulanten des 17.Jh.s (in: Carinthia 136 bis 145, 1948-55) - E.NOWOTNY, Die Transmigration ober- u. inner-ö.er Protestanten nach Siebenbürgen im 18.Jh., 1931 - J.K.MAYR, Die Emigration der Salzburger Protestanten, 1931 - K.EDER, Studien zur Reformationsgesch. Ober-Ö.s, 2 Bde, 1932/36 - DERS., Ö.s Kampf um ein Landesbistum, 1935 - E.TOMEK, KG Ö.s, 3 Bde, 1935-59 - Ö. Erbe u. Sendung im dt. Raum, hg.v. J.NADLER u. H.SRBIK, 1936 - H. HANTSCH, Gesch. Ö.s, 2 Bde (1957/50) 1959⁴ u. 1953² - H.EDER, Die ev. Kirche in Ö., 1940 - O.BRUNNER, Adeliges Landleben u. europ. Geist, 1949 - H.ZIMMERMANN, Der ö.e Prot. im Spiegel landesherrlicher Erlässe (Ev.-theol. Diss. Wien), 1950 (Masch.) - A.MAIER, KG v. Kärnten, 3 Bde, 1951-56 - H.JAQUEMAR, Innere Mission in Ö., 1951 - L.SANTIFALLER, Forschungen u. Vorarbeiten zur Austria Sacra I/1: Gesch. u. Plan des Unternehmens, 1951 - B.H.ZIMMERMANN, Evangelisch in Ö., 1952 - H.STURMBERGER, Georg Erasmus v.Tschernembl, 1953 - R.NOLL, Frühes Christentum in Ö., 1954 - W.KÜHNERT, Konfessionalismus u. Unionismus in der ö.en ev. Kirche der Toleranzzeit (Ö.es Archiv für Kirchenrecht 5, 1954, 195-206) - H. WURM, Die Jörger v. Tollet, 1955 - G.MECENSEFFY, Gesch. des Prot. in Ö., 1956 - A.SPARBER, KG Tirols, 1957 - A.LHOTSKY, Privilegium maius, 1957 - Ö.es biogr. Lexikon, 1957ff (bisher 2 Bde, A-H) - H.FICHTENAU, Von der Mark zum Herzogtum, 1958 - H.KLECATSKY-H.WEILER, Ö.es Staatskirchenrecht, 1958 - E.SAUSER, Die Zillertaler Inklinanten u. ihre Ausweisung i.J. 1837, 1959 - K.FIEDLER, Pfarrer, Lehrer u. Förderer der ev. Kirche A. u. H.B. im Burgenland, 1959 - J.A.WODKA, Kirche in Ö. Wegweiser durch ihre Gesch., 1959.

H.Zimmermann

Oetinger, *Friedrich Christoph,* * 6.5.1702 in Göppingen, † 10.2.1782 in Murrhardt (Württ.). Sohn eines Stadtschreibers, wandte sich Oe. aus eigenem Entschluß der Theologie zu, weil »Gott dienen Freiheit ist«. Er studierte 1722-27 in Tübingen, wurde 1731 Repetent, 1738 Pfarrer in Hirsau, 1743 in Schnaitheim, 1746 in Walddorf, 1752 Dekan in Weinsberg, 1759 in Herrenberg, 1766 Prälat in Murrhardt. Dem ursprünglich von → Leibniz ergriffenen Studenten vermittelte ein Tübinger Pulvermüller die Kenntnis Jakob → Böhmes. Bereits als Gymnasiast hatte sich Oe. mit den Inspirierten, und zwar den Anhängern J.F. → Rocks, auseinandergesetzt und empfing nun die Grundrichtung seines Lebens: die organische Vereinigung himmlischen und irdischen Wissens in einer philosophia sacra (gegen → Bayle). Sie sollte - in Fortführung der Pansophie J.V. → Andreäs, des → Comenius und ihrer Freunde - das Ganze der Wirklichkeit umspannen und sowohl praktische Frömmigkeit und Sittlichkeit als auch theoretische Erkenntnis der Prinzipien wie empirische Naturforschung (Chemie, Medizin) einschließen. Das Einheitsband fand Oe. in einer gläubigen, der Rationalisierung wie der Ethisierung fähigen → Mystik (: VII, 3 a), die er »Theosophie« nannte. Ihre Vorbilder erblickte er in der altkirchlichen Mystik (→ Makarius, 2; → Augustin), in der christlich gedeuteten → Kabbala, in J.Böhme und dem mystischen Spiritualismus. Indem er dessen auf das Prinzipielle gehenden Erkenntniswillen aufnahm, verlieh er dem → Pietismus eine eigene Note. Von besonderer Bedeutung wurden in seiner Jugend zwei Reisen (1727/31 zu den mystischen → Spiritualisten in Berleburg, bes. → Dippel, → Marsay, zu den Herrnhutern nach Jena und Herrnhut, zu G.A. → Francke und → Freylinghausen nach Halle; 1733/37 nach Herrnhut und Halle), in seiner Reifezeit die Begegnung mit → Bengel, der ihn gegen → Zinzendorf kritisch werden ließ, in seinem Alter diejenige mit → Swedenborg. Sein Grundanliegen, die pneumatische, unzerstörbare Leiblichkeit der Werke Gottes, wurde vom schwäbischen Pietismus (→ Hahn, 3. 4; → Auberlen; → Blumhardt, 1. 2), von → Hegel und R. → Rothe sowie der → Anthroposophie übernommen.

Hauptwerk: Theologia ex idea vitae deducta, 1765 (dt. v. J.HAMBERGER, 1852); Vorstudie: Sylloge theologiae ex idea vitae deductae, 1753. - Sämtl. Schriften hg.v. K.CHR.E.EHMANN, 11 Bde, 1852-64 (I-V homil., VI-XI theosoph.); Neuausg. 1960ff - Oe.s Leben u. Briefe hg.v. DEMS., 1859 - Selbstbiogr. hg.v. J.HAMBERGER, 1845 - Auswahl: Die hl. Philos., hg.v. O.HERPEL, 1923. - Über Oe.: K.A. AUBERLEN, Die Theosophie F.C.Oe.s (mit Vorwort v. R.ROTHE), (1847) 1859² - O.WÄCHTER, Bengel u. Oe., 1886 - J.HERZOG, F.C.Oe., (1902) 1935² - RE XIV, 332ff - E.ZINN, Die Theol. d. F.C.Oe., 1932 - R.SCHNEIDER, Hegels u. Schellings schwäb. Geistesahnen, 1938 - W.-A.HAUCK, Oe.s Naturphilos. (Diss. Heidelberg), 1943 - DERS., Das Geheimnis des Lebens, 1947 - HIRSCH IV, 167ff - F.SEEBASS, F.C.Oe., 1953 - W.A.SCHULZE, Oe.s Beitrag zur Schellingschen Freiheitslehre (ZThK 54, 1957, 213-225) - EKL II, 1781ff. *M.Schmidt*

Oettingen, *Alexander von* (1827-1906), luth. Theologe, seit 1856 Prof. für Syst. Theol. in → Dorpat, 1890 emeritiert. Hauptwerk: Moralstatistik. Versuch einer Sozialethik auf empirischer Grundlage, (1868) 1882³ (Titel der 3. Aufl.: Die Moralstatistik in ihrer Bedeutung für eine Sozialethik). Seine These, die er durch umfangreiche statistische Untersuchungen zu erhärten versuchte, lautet: Alle individuelle Schuld muß gesehen werden auf dem Hintergrund der Gesellschaftsschuld. Zu ethischem Urteil und ethischer Tatkraft gelangt der einzelne nur im Zusammenhang mit einer Tradition, die ihn geistig großgezogen und sein ethisches Urteil gebildet hat. Alle wahre Ethik ist also → Sozialethik. - Die sonstigen Schriften Oe.s (u.a.: Luth. Dogmatik I-III, 1897-1902) sind weniger original.

Festg. zum 70.Geb., 1898 - RGG³ IV, 654 (Lit.). *E.Schott*

Offenbarung

I. Religionsgeschichtlich - II. Im AT - III. Im Judentum - IV. Im NT - V. Religionsphilosophisch - VI. Christliche Offenbarung, dogmatisch

I. Religionsgeschichtlich

1. O. gehört zum Selbstverständnis jeder → Religion, eine Schöpfung göttlicher und nicht menschlicher Art zu sein. Die Exklusivität der O. wird von K. → Barth zwar so zugespitzt, daß er »Gottes O. als Aufhebung der Religion« bezeichnet. Das hängt mit Barths Religionsbegriff zusammen, indem die Selbstmitteilung Gottes gegen Religion als das menschliche Suchen nach Gott, also eine Selbstbehauptung des Menschen, aufgestellt wird: »O. ist souveränes göttliches Handeln am Menschen oder sie ist nicht O.« In der O. gehe es nicht um Gott als Handelnden und den Menschen als Empfänger, sondern beides - die O. (a parte Dei) und deren Empfang (a parte hominis) - sei eine Wirkung Gottes. Aber auch die O. habe eine menschliche Seite, weil sie ein religiöses → Erlebnis wird und zur Wirksamkeit in der Geschichte anregt. Das psychologische und geschichtliche Gebilde des Christentums könne mit dem anderer Religionen verglichen werden, es ist »nicht einzigartig, sondern eigenartig«. - Obgleich es immer gewagt ist, Begriffe aus einem Religionskreis auf einen anderen zu übertragen - die Problematik aller → Phänomenologie der Religion kommt hier bes. zum Vorschein -, dürfte die Charakterisierung der christlichen O. durch Barth rein phänomenologisch auch auf entsprechende Erlebnisse, Wirkungen und Vorstellungen nichtchristlicher Religionen zutreffen. Die Geschichte der → Religionswissenschaft zeigt ja zur Genüge, wie schwierig es ist, eine theologische bzw. geschichtsphilosophische Betrachtungsweise der O. von der phänomenologischen zu unterscheiden. Bisweilen wird der Begriff der O. auch so allgemein gefaßt, daß er ganz entleert und inhaltlos erscheint.

2. Der letzte größere Versuch, die O. religionsphänomenologisch zu beschreiben (van Baaren) rechnet mit folgenden fünf Elementen als Merkmalen der O.: a) *Urheber* (→ Gott, → Geister, → Macht [→ Mana, → Pantheismus], die alle das ganz Andere oder → Numinose vertreten); b) *Instrument* (→ Bäume und Pflanzen, → Steine, → Heilige Stätten, → Heilige Zeiten, → Kultus, Natur [→ Naturdienst], Tiere [→ Bärenfest, → Tierkult], → Traum [vgl. → Pubertät], → Vision, → Wort); c) *Inhalt* (Existenz, Handlungen, Wille oder Wesen der Gottheit [→ Mythos], wenn es sich nicht um eine Sondermitteilung derselben handelt); d) *Empfänger* (→ Medizinmann, → Mittler, → Propheten, → Schamanismus, → Wahrsager); e) *Wirkung auf den Empfänger* in seinem Verhältnis zum Urheber der O. oder zur Gesellschaft. Dazu kommen verschiedene Formen der O., zB → Inkarnation, → Inspiration, → Orakel. Um eine O.stypologie zu konstruieren, unterscheidet van Baaren zwischen einem unpersönlichen und einem persönlichen Urheber, wobei letzterer entweder einer unter vielen oder einzigartig ist. Weiter führt er ein neues Kriterium ein: zufällige oder absichtliche O., und gewinnt durch die Kombination dieser verschiedenen Komponenten ein 13-gliedriges Schema: Die drei ersten Typen gehören zur dynamistischen Gruppe, die fünf nächsten zur polytheistischen oder polydämonistischen Gruppe und die fünf letzten zur monotheistischen Gruppe. Sachlich unterscheidet sich diese Typologisierung wenig von der in RGG[2] gebrauchten (IV, 654ff; van der Leeuw), wo auch der Gesichtspunkt der → Entwicklung mit der Gipfelung der O. im Christentum stark hervortritt.

3. Wenn die O. in → Heiligen Schriften niedergelegt worden ist, dürfte es leichter sein, Gemeinsames oder Eigenartiges festzustellen. Die Erleuchtung → Buddhas ist andersartig als die → Berufung (: I), die → Zarathustra erfuhr. Aber auch diese ist sehr verschieden beurteilt worden: Söderblom rückt sie zB in die Nähe der Erlebnisse der at. Propheten, während H.S.Nyberg sie zu den schamanistischen Erscheinungen rechnet. Typologisch oder psychologisch braucht der Unterschied nicht allzu groß zu sein, aber es ist unvermeidlich, daß solche verschiedenen Bezeichnungen auch unterschiedliche Werturteile mit sich bringen. Leichter ist es, den ähnlichen O.scharakter der → Veden und des → Koran zu erkennen. Auch die hinduistischen hl. Schriften sollen seit Ewigkeit existieren, sind übernatürlichen Ursprungs und durch hl. Seher den Gläubigen offenbart. Denn es handelt sich um eine wirkliche O., indem *Shruti* (»das Hören«) von *Smriti* (»die Erinnerung«) deutlich unterschieden wird. Smriti ist, obgleich altehrwürdig, nur Menschenwerk. Nur eine genaue Untersuchung des Sprachgebrauches und Ideengehaltes innerhalb einer bestimmten Religion kann den dort spezifischen O.sbegriff richtig herleiten. Für den → Islam liegt in der Tat eine solche vor (HIsl 784ff). In dieser Tochterreligion des Judentums und des Christentums, wo man also ähnliche Vorstellungen und Phänomene erwarten kann, ist der terminus technicus der O. *waḥy*. Dieser »unterscheidet sich von der Inspiration *(ilhām)* der Heiligen, Künstler u.a., von *tanzīl*, das hauptsächlich den Inhalt einer O. bezeichnet, und von *inzāl*, welches das Herabsenden einer O. vom Himmel und aus ihrer himmlischen Urschrift bedeutet, insofern als Waḥy die den Propheten übermittelte O. ist«. Dem Koran zufolge kommt Waḥy direkt von Allāh oder indirekt durch seine Engel, unterscheidet sich von teuflischer Einflüsterung und ist nicht nur → Muhammed vorbehalten, obgleich dieser der am meisten Betroffene ist. Er folgt nur dem, was ihm offenbart wird. Die O.en Allāhs dürfen nicht verändert werden, und ihre Göttlichkeit wird eingeschärft. Zweck der O.en des Koran ist Warnung, der Inhalt ist Wissen, Weisheit, Leitung, Arznei. Von den Formen der O.en Muhammeds erzählen seine Biographen, daß sie in Träumen, Visionen und Auditionen bestanden haben. Die Traditionsliteratur berichtet auch sowohl von persönlichen Wahrnehmungen Muhammeds als auch von Beobachtungen seiner Gefährten, wenn der Gesandte Gottes eine O. erhält. »Manchmal kommt es wie das Klingeln einer Schelle; das ist die schmerzhafteste Art... Manchmal ist es ein Engel, der wie ein Mensch zu mir spricht.« Bisweilen hört Muhammed ein Geräusch wie Bienensummen. Seine Freunde sehen, daß der Prophet schwitzt oder erbleicht, daß er in Lethargie oder Bewußtlosigkeit verfällt, was auch so ausgedrückt wird, daß er errötet, wie ein Schlafender schnarcht oder wie ein junges Kamel rasselt. Vor dem Empfang der O. bedeckt Muhammed seinen Kopf mit seinem Hemd (vgl. → Gesten), durch den Druck der O. wird er buchstäblich schwer. O.en kommen ihm zT als Antwort auf verschiedene Fragen, und sie können bei allerhand äußerlichen Betätigungen empfangen werden: beim Reiten, bei Tisch, auf der Kanzel. - Die Wirklichkeit der O. ist auch im Islam psychologisiert, rationalisiert oder bestritten worden: »So erklären die Philosophen O. als eine Vorstellung von etwas, was keine reale Basis hat, ebensowenig wie das, was aus dem Munde kranker und verrückter Leute kommt.« - Vgl. weiter → Islam : I, → Koran, → Muhammed, → Urmonotheismus, → Urreligion.

Th.P.van Baaren, Voorstellingen van Openbaring, phaenomenologisch beschouwd (Diss. Utrecht), 1951 (engl. Zusammenfassung) - H.H.Farmer, Revelation and Reason. Studies in the Theological

Interpretation of Religious Types, London-New York 1954 - H. Kraemer, Religion and the Christian Faith, London 1956 - van der Leeuw - A.J. Arberry, Revelation and Reason in Islam, 1957 - K.S. Murty, Revelation and Reason in Advaita Vedānta, Waltair 1959.

C.-M. Edsman

II. Im AT

O. als Kundgabe eines Verborgenen wird im AT durch eine Reihe von Verben nach verschiedener Richtung beschrieben: Sich enthüllen, Sich sehen lassen, Sich zu erkennen geben zielen auf Gottes Hervortreten aus der Verborgenheit; Sehen lassen, Zu erkennen geben, Enthüllen oder einfach Sagen weisen auf einen sachlichen Aufschluß, den der Mensch sieht, schaut, hört oder erkennt. Trotz der zahlreichen Ausdrücke für das O.sgeschehen besitzt das AT kein Begriffswort dafür, sondern bezeichnet die O. nach ihrem Hergang als Schauung, Gesicht, Gehörtes oder nach ihrem Inhalt als Weisung oder Wort. Nicht als ob ihm Gottes offenbarendes Handeln in lauter zusammenhanglose Manifestationen auseinanderfiele; wohl aber erscheint ihm das Ereignishafte der O. als das eigentlich Wichtige, das nicht auf eine Einheitsformel gebracht werden kann.

In der Tat macht es die *Vielgestaltigkeit* der O. unmöglich, durch ihre Beschreibung das Wesen der Sache zu erfassen. Nicht nur durch innere Wahrnehmung in → Traum, → Vision, Audition, → Ekstase, deren schwere Formen als Begabung mit dem → Geist (: II) oder Gepacktwerden von der Hand Jahwes beschrieben werden, oder in unmittelbarer Eingebung tut sich Gott dem Menschen kund (→ Inspiration); auch in äußeren Vorgängen, im Gewittersturm (Ex 19, 16; Ps 18, 9ff), in der Wolken- und Feuersäule (Ex 14, 24; Num 9, 17ff), im Rauschen der Baka-Bäume (2Sam 5, 24) und im Flüstern des Windes (1Kön 19, 12) wird man seiner gewahr (→Theophanie: II), in erschütternden Geschichtsereignissen wie in der Majestät der Schöpfungswerke (Ps 8, 4; 19, 2; Hi 38ff) enthüllt sich seine Größe, in menschlicher Gestalt, als Wanderer oder Bote (Engel) kann er erscheinen (Gen 16, 7; 18, 2; 48, 16 usw), im hl. Losorakel seinen Willen kundtun (Dtn 33, 8; 1Sam 14, 41). Alle diese O.smittel sind aus der allgemeinen Religionsgeschichte bekannt genug und lassen die at. Vorstellung von O. der heidnischen gleichartig erscheinen. Ebenso ist es mit den Unterpfändern der göttlichen Gegenwart in Kultgegenständen wie → Tempel, hl. → Lade, hl. → Zelt, Gottesstab, → Opfer. Das Zurücktreten mancher dieser O.smittel und hl. Gegenstände im Lauf der israelitischen Geschichte und die ausdrückliche Kritik an ihrem Wert (Jes 28, 7; 29, 9f; 30, 10; Jer 23, 16. 25; Ez 13, 6; 1Kön 18, 29; Sach 13, 4) lassen zwar ebenso wie das Fehlen von Opfermantik (→ Magie, 7), Astrologie und mystischem Erleben gewisse Unterschiede von der heidnischen Umwelt hervortreten, genügen aber nicht, um die Eigenart des at. O.sverständnisses zu begründen. Es gilt vielmehr auf die Abzweckung der O. und das Wesen des sich offenbarenden Gottes zu achten.

Der *Zweck* des O.sgeschehens liegt nach der einhelligen Überzeugung des AT in der → Erwählung (: I) Israels zum Bundesvolk, das zu besonderer Gemeinschaft mit Gott berufen ist. Die grundlegende O.stat, die für alles O.sgeschehen paradigmatische Bedeutung besitzt, ist darum die Ausführung Israels aus Ägypten und die Bundschließung am Sinai (→ Bund: II). Die gesamte religiöse Praxis und Tradition, wie sie sich in den kultischen Hymnen und in der Liturgie und Unterweisung der Priester (→ Priestertum: II), in den Festlegenden und in der Zurückführung aller Gesetzgebung auf das Bundesgesetz des → Mose, in den Mahnreden der → Propheten wie in der elterlichen Unterweisung der Kinder Ausdruck verschafft, bezeugt die entscheidende Bedeutung jener ersten Gottesbegegnung für die Grundauffassung der O. in Israel. Durch sie weiß sich der Mensch zu einem Zwiegespräch mit Gott berufen, zur Antwort auf seinen Ruf, zur Entscheidung gegenüber seiner Forderung, zum Dank für seine Hilfe, zur Bereitschaft für seinen Dienst. Damit wird die Geschichte zum Ort der menschlichen Entscheidung, die die angebotene Gemeinschaft mit Gott bejaht oder von sich stößt, zugleich aber zum Schauplatz eines nie abreißenden göttlichen O.shandelns mit seinem Volk, das durch Seher und Propheten gedeutet, durch priesterliche Unterweisung als lebengestaltende Macht erfahren, durch die verantwortliche Ausgestaltung des Bundesrechts als offenbarte Norm des Volkslebens zu dauernder Geltung erhoben und durch die großen Geschichtserzähler in jeder Epoche wieder neu beschrieben und dem Volksbewußtsein nahegebracht wird. Als Verwirklichung des Verkehrs zwischen Gott und Volk bekommt die → Geschichte (: I) einen einheitlichen Sinn, indem ihre Einzelereignisse sich unter Gottes planvoller Leitung zu einem zweckbestimmten Werden zusammenschließen. Hier werden Erfolge wie Katastrophen als Zeichen göttlicher →Vergeltung (: II) für das Tun seines Volkes begriffen, durch die er sein Königsregiment gegen alle Widerstände durchsetzt. Durch Tage des Heils (Jes 9, 1; 49, 8; 61, 1; 63, 4) und der Heimsuchung (Jes 10, 3; 17, 11; 34, 8; 61, 2; 63, 4; Jer 46, 10; 27, 22; 50, 27) führt er die Geschichte dem einen großen »Tag Jahwes« zu (Am 5, 18; Jes 2, 17; Jer 30, 7; Ez 7, 10; 30, 3; Zeph 1, 14; Jo 3, 9), der in der endgültigen Aufrichtung der Gottesherrschaft das Ziel aller Zeiten verwirklicht (→ Eschatologie: II, 3). Diesem Ziele sind auch die Schicksale der Völker mit ihren verschiedenen »Tagen« untergeordnet (Jes 9, 3; Jer 50, 27. 31; 46, 10; Ez 30, 3); die O. zielt auf Weltgeschichte (→ Universalismus: II) zur Heimholung der Menschheit in die vollkommene Gottesgemeinschaft (vgl. die Zielrichtung der Urgeschichte, die Segenssprüche an die Patriarchen, die prophetischen Ausblicke auf die Begnadung der Völker und ihr Echo in den Kultliedern). Damit gewinnt die Zeit eine sonst unbekannte Bedeutung als einmalige, auf Entscheidung drängende Wirklichkeit. Hier tut sich eine Einheit und Kontinuität der O. auf, die die Mannigfaltigkeit der O.smittel in ihren Dienst nimmt und sie als die freie Verfügung des offenbarten Gottes über die Kräfte der Erscheinungswelt versteht. Auch die →Schöpfung (: II) bildet keinen selbständigen O.sbereich, sondern wird in die Reihe der Gottestaten hineingenommen, durch die der Herr der Geschichte seine Herrschaft aufrichtet. Ihre Bezeugung ist keine naturwissenschaftliche, sondern eine geschichtliche und, durch ihre Einbeziehung in die Geschichtsvollendung, eine eschatologische Aussage.

Wie in dieser *Willens*-O., so tun sich auch in der *Wesens*-O. Gottes grundlegende Unterschiede vom heidnischen O.sverständnis auf. Wo Gott als frei erwählender Personwille in die Geschichte eintritt, da läßt er keinen Zweifel darüber, daß seine Einzigkeit, Erhabenheit und Heiligkeit jedes menschliche Eindringen in sein Geheimnis ausschließt, soweit er nicht selbst sein verborgenes Wesen offenbar machen will. Diesen Charakter der O. als Mitteilung des schlechthin nicht Wißbaren unterstreicht die zentrale Stellung, die die Kundgabe seines Namens im O.sgeschehen einnimmt (→ Namenglaube: II). Die Enthüllung von Jahwes Persongeheimnis ist nach dem at. Zeugnis von Anfang an das zentrale Ziel der göttlichen Selbstmitteilung. »Auf daß sie erkennen, daß ich Jahwe bin« bezeichnet in verschiedenen Variationen von der älteren Moseüberlieferung bis herunter auf die → Priesterschrift, → Ezechiel und Dtjes (→ Jesajabuch, 2) die O.serkenntnis der göttlichen Person, die als konkretes Du dem Menschen gegenübertritt, und zugleich die gehorsame Anerkennung seiner überlegenen Macht in Gericht und Rettung (Ps 46, 11; 100, 3), seiner Gegenwart in seinen Propheten (1Kön 18, 36; Num 16, 28 usw), seines Anspruchs auf → Bekenntnis (: II) und Anbetung (1Sam 12, 17; 1Kön 18, 37; Dtn 4, 35; 6, 9; Jes 45, 6 usw). Wie Gott in der → Theophanie (: II) seinen Namen bekannt gibt (Ex 3, 14; 6, 2; 20, 2; Ez 20, 5), so wird der Hinweis auf die Person des Offenbarers unermüdlich mit seiner Willens-O. im → Gesetz (: II) verknüpft (Ex 20, 2; 6, 29; Lev 20, 7 usw), bezeichnet den Sinn seiner hl. Ordnungen (Ex 31, 3; Ez 20, 11) und der Weitergabe des Zeugnisses von seinen Taten (Ex 10, 1f; Dtn passim). Unüberhörbar wird damit als der eigentliche Inhalt der O. nicht irgendeine Sache, sondern → Gott (: II) selbst hervorgehoben, in dessen vollkommener Erkenntnis sich alle O. vollendet (Jer 31, 34; Ez 36, 38; 37, 28; Jes 43, 10; 45, 23f).

Weil demnach die at. O. in Gottes Wesen und Willen ihr Zentrum hat, gewinnt unter allen O.smitteln das *Wort* beherrschende Bedeutung (→ Wort Gottes: I). Auch die Gesichte haben ihr Ziel in der Wort-O. → Herrlichkeit (Kabod), Name (Schem) und Antlitz (Panim) werden aus Bezeichnungen des in die Sichtbarkeit tretenden Gottes zu theologischen Begriffswörtern für die Gegenwart des transzendenten Gottes. Dabar (Wort) kann zur Zusammenfassung der O. überhaupt werden (Dtn 30, 11ff; 32, 47; Jes 40, 8). In der Mitteilung durch das Wort kommen Klarheit und Verborgenheit der O., Transzendenz und Gegenwärtigkeit Gottes, dynamische Unmittelbarkeit der göttlichen Selbstmitteilung und Bindung ihrer Annahme an den ohne Schauen vertrauenden Glauben gleichzeitig zum Ausdruck und bringen damit die paradoxe Einheit von Heiligkeit (→ Heilig: II) und → Liebe (: II) Gottes in der at. O. zu dauernder Geltung.

RGG[2] IV, 657ff - J.HEMPEL, AT u. Gesch., 1930 - A.WEISER, Glaube u. Gesch., 1931 - O.GRETHER, Name u. Wort Gottes, 1934 - ThW III, 573ff - H.WH.ROBINSON, Inspiration and Revelation in the OT, Oxford (1946) 1956[4] - W.EICHRODT, O. u. Gesch. im AT (ThZ 4, 1948, 321-331) - DERS., Heilserfahrung u. Zeitverständnis im AT (ebd 12, 1956, 103-125) - W.ZIMMERLI, Erkenntnis Gottes nach dem Buch Ezechiel, 1954 - E.VÖGELIN, Israel and Revelation (Order and History I), Louisiana 1956. - Vgl. ferner die Lehrbücher der TheolAT.

W.Eichrodt

III. Im Judentum

Da sich der ältere Rabbinismus mehr für die Gebote selbst als für ihr Zustandekommen interessiert, kennt er nur ein Nebeneinander volkstümlicher Vorstellungen über O.; doch steht dabei die Überlegenheit des Gotteswillens über die Natur und seine Unableitbarkeit fest. O. erging schon stufenweise an Adam, Noah, die Erzväter (bes. Abraham), als Theophanie (Jalqut S. zu Ps 60), dh Vision eines Engels (zB Ri 13), oder Traum (zB Hi 33, 16). Zu ihrer Durchführung bedient sich Gott der größten wie der kleinsten Mittel (Gen Rabba 4, 4). Der höchste O.sträger ist Mose (nach Num 12, 8): ihm offenbarte sich Gott unmittelbar, wie durch einen reinen Spiegel, mit der Stimme seines Vaters (Lev Rabba 1 zu Dtn 34, 10; Hhld Rabba 3). In geringerem Grade als Mose empfingen die Propheten O. Sie stehen selbstverständlich auf der Tora des Mose (Sabb. 114 a); den einzelnen unter ihnen zeigt sich Gott verschieden (Jalqut S. zu Hos 2, 1), und oft wußten sie selbst nicht, was sie prophezeiten (Midraš Šôḥêr Ṭôb 90). Auch an die Nichtisraeliten erging Gottes O., zB durch Noah an die Noachiden, dann durch heidnische Propheten (zB → Bileam); aber ihre O. bleibt zweideutig (Gen Rabba 52). Nach der Zerstörung des Tempels ging die O. an die Gelehrten über, die zuweilen die Propheten an Ansehen übertreffen (Baba Batra 12 a zu Ps 90, 2; R.Amemar, um 400 nChr). Einige ältere Rabbinen besitzen die Gabe der Weissagung (Berak. 34 b, 55 b). An der Spitze aller O.en steht die O. der Tora (→ Gesetz: III) vom Sinai an ganz Israel mit ihren rituellen und ethischen Vorschriften. Zwar ist das Element der Spannung im Bunde zwischen Gott und Volk, wie es die Propheten kannten, den Rabbinen weithin verlorengegangen; doch enthüllt sich auch für sie die Tora erst vollkommen in der Zeit des Messias. - Hat sich, wie es gewöhnlich heißt, Gott dem Mose von Angesicht zu Angesicht enthüllt (wobei er zuerst seinen Namen → Jahwe kundtat, nachdem er sich den Patriarchen nur als → Elohim oder šăddăj geoffenbart hatte), so treten häufiger → Hypostasen als O.smittler auf: Der von Gott abhängige und durchaus von ihm verschiedene *hl.* → *Geist* (: III) wird manchmal mit dem Geist der Prophetie identifiziert (Abot R.Natan 34), aber dann auch wieder von diesem verschieden und geringer gewertet (Joma 9 b; Targ. Onq. zu Gen 45, 27); er wird als Verfasser der dritten Abteilung der hl. Schrift (der Hagiographen) angesehen, wodurch diese gegen die beiden ersten Abteilungen (Gesetz und Propheten) abgewertet erscheint (Meg. 7 a u.ö.), obschon schließlich wieder die *ganze* hl. Schrift als von Gott inspiriert, dh durch und durch als Tora gilt. Neben dieser schriftlichen O. gibt es noch die mündliche (→ Halacha), die von den → Karäern geleugnet wird. - Als Ersatz für den verschwundenen hl. Geist gilt die *Băt-Qôl*, eigentlich »Schall«, »Echo«, speziell »Himmelsstimme«, die Personen und Ereignisse als eine Art göttlicher Kommentar begleitet, sie rechtfertigt oder kritisiert, ja, strittige Gesetzesfragen im Sinne eines göttlichen Konsensus entscheidet (vgl. Sanh. 11 a; Roš Haš. 21 b; Klgl Rabba zu Ps 103, 9; Mo'ed Q. 25 a; jBerak. I, 1; Makkot 23 b; auch im NT: Mk 1, 11; Joh 12, 28 u.ö.), aber weithin schon zu einer bloß literarischen Größe abgeblaßt erscheint. Seltener tritt die *Šekînā*, die Gegenwart Gottes im Tempel, als O.smittlerin auf (Ned. 38 a; Sabb. 30 a. 92 a; neben dem hl. Geiste Ber. 21 a, aber meist an Palästina gebunden). - Im späteren → Judentum (: II. III) führen die Umwelteinflüsse (Hellenismus, Islam u.a.) zu einer systematischen O.slehre: → Saadja (10.Jh.) sieht in der O. die höchste Vernunft, die gleich einer Waage dem Menschen unmittelbar anzeigt, was die natürliche Vernunft mühsam errechnen muß. → Jehuda hal-Lewi betont, daß die O. sich nicht auf die Schöpfung, sondern auf die Tora vom Sinai gründet, wodurch Israel zur Höhe der Prophetie erhoben wird (Kusari I, 87). Nach Josef Albo (15.Jh.) bedarf der Mensch der O. über die philosophische Erkenntnis hinaus. In der jüdischen → Mystik (: III) und in der → Kabbala tritt neben den einmaligen geschichtlichen Akt am Sinai die sich wiederholende mystische Erfahrung, ihm gleichwertig und ihn erst entfaltend. Bes. der → Chassidismus grübelt gerne über die Art, wie sich Gott dem Geschöpf mitteilt. Moderne → jüdische Theologie lehrt in Anlehnung an die prot. → Religionsgeschichtliche Schule (R. → Otto) oder die → Dialektische Theologie (E. → Brunner) die Heiligkeit Gottes als Ausgangspunkt der O., ohne die es keine menschliche Heilung und Freiheit gibt, die aber dem Menschen auch seine Ohnmacht kundtut. Selbst die Arbeit der biblischen Redaktoren ist O. (Rosenzweig), denn die Bibel ist als Ganzes ebenso Gottes Wort wie Menschenwerk.

L.BAECK, Das Wesen des Judentums, 1926 - F.ROSENZWEIG, Briefe, 1935, 582f - M.BUBER, The Man of Today and the Jewish Bible, 1948 - W.HERBERG, Judaism and Modern Man, 1952[2] - L.EPSTEIN, The Faith of Judaism, 1954 - A.J.HESCHEL in: Essays presented to L.Baeck, 1954, 28-35 - DERS., God in Search of Man, 1956. - Vgl. auch die Lit. zu → Gott: III. *E.L.Dietrich*

IV. Im NT

1. Gegenstand und Akt der O. - 2. Das Verstehen der O.

Das NT hat keine ausgearbeitete und allgemein anerkannte Theorie der O., obschon es von der der jüdischen → Apokalyptik (: II) eine Reihe von Zügen übernommen hat. Umgekehrt muß man sich hüten, die spätere kirchliche Lehre in das NT hineinzulesen, da diese sich erst in der Auseinandersetzung mit der griechischen Philosophie und der → Gnosis (: II. III) bildete.

1. O. ist im NT ein Geschehen, in dem Gott als Handelnder in das Bewußtsein der Menschen eintritt. Sowohl als Ganzes wie in jeder ihrer Phasen ist O. erst dann voll oder »erfüllt«, wenn Gottes Plan eine Wirklichkeit in dieser Welt geworden ist. Man kann deshalb von O. sowohl im Hinblick auf Geschehenes wie auf Kommendes sprechen.

Der *Gegenstand* der O. wird umfassend als der geheime Plan oder der → Heilsratschluß Gottes (μυστήριον) bezeichnet (Mk 4, 11 par; Röm 16, 25-27; 1Kor 2, 7; Eph 3, 4 - 5, 9; Kol 1, 25f), ein Begriff, der von der jüdischen Apokalyptik übernommen ist (hebr. raz). Daneben finden sich allerlei formale Bezeichnungen des zu Offenbarenden, zB Gottes → Herrlichkeit, Wahrheit, → Gerechtigkeit, → Gnade oder Name. Gottes Plan ist von Ewigkeit und ändert sich nicht. Daher hebt kein O.sakt die vorhergehenden auf. Das Ziel des geoffenbarten Ratschlusses Gottes ist das Kommen Jesu Christi, bes. seine Herrlichkeit oder Verherrlichung, die bei seiner → Parusie stattfinden wird. Ihr wird die Bloßstellung des Menschen der Sünde und die Enthüllung des satanischen Hintergrundes des gegenwärtigen Weltgeschehens (zB Lk 10, 18; 12, 2-5) vorangehen (2Thess 2). Die O. des Heilsplanes Gottes schließt die Bekanntgabe der Folgen mit ein, die Jesu Werk für die Menschen hat (1Kor 2, 12). Es wird Errettung oder volle Wiederherstellung (1Petr 1, 5) und Leben (zB Kol 3, 4; 1Tim 4, 8; 2Tim 1, 10; 1Joh 1, 2) bringen (→ Erlösung: III). Zugleich wird in ihm die Heilsbedeutung des → Glaubens (Gal 3, 23; Hebr 9, 8; vgl. Röm 3, 21), die Zugehörigkeit der Jünger zum → Reich Gottes (zB Lk 12, 2; Röm 8, 18; Kol 3, 4) und die Einheit von Juden und Heiden in der → Kirche Christi (Kol 1, 25-27; vgl. Eph 3, 4-9) kundgetan. Alle diese offenbarten Einzelheiten empfangen ihren Sinn von dem Heilsratschluß Gottes (1Kor 2, 16; vgl. Röm 11, 25). Es sind nicht abstrakte Attribute Gottes oder geschichtliche Ereignisse, die in der O. kundgetan werden, sondern Züge des heilsgeschichtlichen Vorgangs (Kol 1, 25), in dem sich der gleichbleibende Heilswille Gottes in dieser Welt verwirklicht. So ist die O. für diejenigen, die sie im Glauben annehmen, ein freudenreiches Ereignis (1Petr 5, 1) oder Frohbotschaft.

Die in Jesus gegebene O. ist für die Urkirche von entscheidender Wichtigkeit (Mk 16, 12. 19; Joh 1, 18; Apg 13, 16-41; vgl. Joh 1, 4; 21, 14; Hebr 11, 4-38), wie das auch der breite Raum bezeugt, den die → Evangelien im nt. Kanon einnehmen. Neben Jesus als O.sbringer steht das AT, zwar auch echte O., aber in untergeordneter Stellung als die in Jesus und der Kirche erfüllte Verheißung oder als Typus, in dem sich das endgültige Heil andeutet (→ Wort Gottes: II). Zwar wird die Inspiration des AT nicht angezweifelt (Mt 5, 17-19; Röm 3, 31; 2Kor 3, 7ff; 1Joh 2, 7), aber die volle O. liegt erst da vor, wo der Heilswille Gottes in der Geschichte Jesu (zB Röm 16, 25-26; 1Kor 10, 6; Eph 1, 9) bzw. im Leben der Gläubigen volle Wirklichkeit geworden ist (zB Gal 4, 4 und bes. im → Johannesevangelium [, 3]). Im Hinblick auf die Endzeit, in der sich der Heilswille Gottes vollenden wird, kann deshalb auch von einer zukünftigen O. Christi und seiner Kirche gesprochen werden (→ Eschatologie: IV).

2. Der Ereignischarakter der O. erstreckt sich aber auch auf das *Bewußtwerden* der O. und ihre Verkündigung (zB Mt 16, 17; vgl. 11, 25-27; 1Kor 2, 10-13). Im Unterschied zu geschöpflichen Gedanken über Gott ist O. eine Mitteilung, die Gott über sich selbst macht. Selbst die »natürliche O.« der heidnischen Welt ist echte O. (Apg 14, 17; Röm 1, 19-20; 1Thess 4, 5; vgl. 1Kor 1, 21). Gott hat die Dinge dieser Welt so gemacht, daß in ihnen die Art seines Wirkens deutlich werden soll, und er hat den Menschen ausgestattet mit der Fähigkeit, ihn auf diese Weise zu erkennen. Das NT betont die in der O. liegende Paradoxie, daß Gott zwar unsichtbar und so seinem Wesen nach unerkennbar ist (zB Joh 1, 18; Röm 1, 20; Kol 1, 15; 1Tim 1, 17; 6, 16; Hebr 11, 27), gleichwohl aber in seinem Wirken und dessen Wirkungen sich offenbart. Erkennbar wird er durch den Geist (zB 1Kor 2, 7-16), der den Menschen bewegt, sich von seiner Verhaftetheit an die Welt weg- und zum Heilswirken Gottes in der Welt hinzuwenden (zB Apk 14, 13; 22, 17). Der → Geist (: IV) wird nicht, wie im Hellenismus, als eine inhaltlose Kraft verstanden, die die Intensität des menschlichen Erkenntnisvermögens verstärkt, sondern als das O.sgeschehen selbst, insofern es sich mitteilt: der Herr ist der Geist (2Kor 3, 17; vgl. Apk 2, 7. 11. 17; 3, 6. 13. 22). Da der menschliche Geist fähig ist, dieser göttlichen Mitteilung bewußt zu werden, können → Apostel, → Propheten (: III A) und andere Gottesmänner die O. an Gottes Volk vermitteln. Sie sind gleichzeitig Boten und Zeugen der O. (zB 1Joh 1, 2). Von allen anderen O.sbringern im NT unterscheidet sich Jesus darin, daß er nicht nur die umfassendste und unmittelbarste Erkenntnis des Heilswillens Gottes zu geben für sich beansprucht (Mt 11, 27; Lk 10, 22; vgl. Joh 15, 15), sondern durch sein messianisches Werk selbst als die abschließende O. Gottes (Joh 1, 18; 3, 31-34), als sein Wort (Joh 1, 1-5; → Logos, 2) oder Bild (Kol 1, 15; vgl. 3, 4) erscheint. Daher verlangt seine O. unbedingte Entscheidung (Mt 4, 20; 8, 22; 10, 37-39 par; 19, 21 par; Mk 1, 18 usw). Da Gott die Menschen nicht im Dunkeln lassen will, (Mt 11, 25-27 par; Mk 4, 22 par), wird im Fortgang des O.sgeschehens schließlich der Sinn und Wert alles Geschaffenen ans Licht gebracht werden (zB Mk 4, 22 par; 1Kor 9, 5; 2Kor 5, 10; Apk 3, 18). Durch seine O. heiligt Gott die Empfänger, dh er macht sie durch die Ansprache zur Gemeinschaft mit sich fähig (Joh 13, 10; 17, 17. 19; Röm 15, 16; Eph 5, 26; vgl. 1Tim 4, 5), um sie zum Glauben zu rufen (zB Joh 2, 11; 7, 4; 12, 46; 2Kor 2, 14) und sie zu Lichtern, dh O.strägern, zu machen (2Kor 5, 11 u.ö.; vgl. Mt 5, 14). Weil so allein Teilnahme an der Gottesherrschaft möglich ist, darf der O.sempfänger die ihm gegebene O. nicht für sich behalten, sondern ist verpflichtet, sie weiterzugeben (zB Mk 1, 38; Lk 4, 43; Joh 17, 8. 12; Röm 1, 11-16; 1Kor 9, 16; Apk 1, 1). Aus dem Erlösungszweck der O. wird deutlich, daß sie ein Beweis der rettenden Gnade (2Tim 1, 9-10; Tit 2, 11), der Freundlichkeit (Tit 3, 4) und der Liebe Gottes ist (1Joh 3, 8; 4, 9).

Der Gott der O. kann nicht mit den Kategorien wissenschaftlichen und philosophischen Erkennens gemessen und beurteilt werden (1Kor 2, 14-16), sondern nur mittels des → Glaubens (: III), dh der vom Geist gewirkten Bereitschaft, seine O. entgegenzunehmen. Solcher Glaube bewährt sich in Gehorsam und Liebe gegenüber allen satanischen Täuschungen (zB Mt 24, 4 par; 2Thess 2, 3-12; 1Joh 1, 8; 2, 18). Der Glaube erzeugt Wissen oder Verstehen (1Kor 2, 10; 2Kor 5, 4; Eph 3,

9–10), während ohne ihn alle Heilstatsachen unverstanden bleiben (1Kor 2, 8; 2Kor 3, 12–16; 1Joh 3, 1). Dieses verstehende Innewerden der göttlichen Heilswirksamkeit ist weder ekstatische Schau noch unmittelbares Selbstverständnis. Es ist vielmehr ein gegenständliches Wissen, das auf dem Erlebnis der Beziehung des Selbst zum Heilswirken Gottes beruht. Die O. bewährt sich in dem geschichtlichen Fortgang des Heilsgeschehens (2Petr 1, 19), vor allem in den Machterweisen Jesu (zB Mk 16, 20; Joh 20, 30f), seinem überlegenen Schriftverständnis (Mt 7, 29; Mk 1, 22; Lk 4, 32), seiner Auferstehung (Mt 12, 39; 16, 4 par; 1Kor 15, 5–8; 1Petr 1, 20–21; 1Joh 1, 2) und seinem Wirken im Leben der Kirche. Man kann daher von einer fortgesetzten O. reden, insofern aus dem unerschöpflichen O.sgehalt Christi (Eph 3, 8) der Kirche ständig neue Erweise des sich verwirklichenden Heilsplanes gegeben werden (zB Apk 15, 4; vgl. Joh 14, 25f; 16, 14).

In ihrer Auffassung der O. weisen die nt. Schriftsteller keine grundlegenden Unterschiede auf. Dagegen grenzen sie sich alle deutlich gegen Gnosis und hellenistische Theosophie ab. Während O. dort zur Kundmachung der übernatürlichen Welt dient, erschließt sich in der biblischen O. Gott selbst als der heilschaffende Gott.

H. Ewald, Die Lehre der Bibel von Gott I: Die Lehre vom Worte Gottes, 1871 – R. Liechtenhan, O. im Gnostizismus, 1901 – Jas. Orr, Revelation and Inspiration, New York 1910 – E.C. Selwyn, Oracles in the NT, London 1911 – B.B. Warfield, Revelation and Inspiration, ebd 1927, 77ff – C.H. Dodd, Authority of the Bible, ebd 1928 – R. Bultmann, Der Begriff der O. im NT (SgV 135), 1929 (= Bultmann III, 1–34) – H.H. Huber, Der Begriff der O. im JohEv, 1934 – E.F. Scott, The NT Idea of Revelation, New York 1935 – ThW III, 565ff – O. Dilschneider, Ev. O., 1939 – H. Niebecker, Wesen u. Wirklichkeit der übernatürlichen O., 1940, 112ff – M. Albertz, Die Botschaft des NT, Bd I/1, 1947, 16ff – H. Schulte, Der Begriff der O. im NT (BEvTh 13), 1949 – F.C. Grant, Introduction to NT Thought, New York 1950, 63ff – W. Schmauch, Orte der O. u. der O.sort im NT, 1956. *O. A. Piper*

V. Religionsphilosophisch

1. Religionsphilosophische Notwendigkeit der O. – 2. »Offenbar« und »verborgen« – 3. Subjekt-Objekt-Polarität der O. – 4. Intuitive und logische Evidenz – 5. O. als dynamischer Prozeß – 6. Religionspsychologische Analogie der O. – 7. O. und Offenbaren

1. Das religiöse Verhältnis zwischen Mensch und Gott ist nicht ohne weiteres von Natur gegeben, sondern muß auf eine bestimmte Weise etabliert werden, da → Gott (: VI. VII) nicht wie die Natur immanent, sondern transzendent und Geist ist. Gottes Wille soll in der endlichen Welt zum Ausdruck gebracht werden, und dies kann nur unter endlichen Formen geschehen. Der Mensch ist das Medium, durch das Gottes Wille und Absicht mit dem Dasein zur Wirklichkeit gebracht wird. Nur der Mensch hat ein Verhältnis zum Geist und kann geistige Werte im psychophysischen Dasein verwirklichen. Der Mensch kann nicht von sich aus Gottes Willen erkennen, sondern dieser muß von Gott kundgemacht werden in der O. Diese hat also zwei Seiten, eine unendliche ihres Ursprungs und eine endliche ihrer Form, die auch das Unendliche noch andeuten muß. Religiöse und ethische Werte müssen apriori gegeben sein im Verhältnis zu den Menschen, die sie verwirklichen sollen. Wir können nicht von uns aus wertsetzend, sondern nur wertgläubig sein. Werte und der Sinn des Daseins sind etwas, das uns in der Transzendenz begegnet, sonst würden sie reine Willkür sein, und sie müssen als transzendente O. im Werterlebnis ergriffen und bejaht werden. Da wir Gottes Willen und Wesen nicht rational erreichen können, müssen wir im Glauben Gottes Willen als seine Wertsetzungen aus der O. entgegennehmen. Dadurch allein bekommen sie ihre überindividuelle Verbindlichkeit. So ist Gott Ursprung und Inhalt der O.: Ohne Gott können wir nicht Gott erkennen. Gäbe es keine O., so würden wir niemals die Relativität immanenter Erkenntnis in Psychologismus, Soziologismus und Historismus überwinden können und würden niemals die allverbindliche Gültigkeit der Werte erreichen. Der Gedanke einer solchen O. kann nur im → Theismus (: II) Realität gewinnen, denn nur dort und nicht im → Deismus (: II) ist mit der → Transzendenz Gottes zugleich sein Hineinwirken in die Immanenz eben durch die O. gegeben.

2. Das Hören der O. geht dem Reden immer voraus. Auch jedem religiösen Schweigen muß das O.swort vorhergehen. Aber O. ist kein eindeutiger Begriff. Am besten ist er zunächst abzuleiten aus dem Gegenbegriff zu O.: verborgen. Schon bei den griechischen Philosophen begegnet man der Auffassung der göttlichen O., einer offenbaren Wahrheit im Gegensatz zur verborgenen und latenten Wahrheit. Das zeigt vor allem die Geschichte des Begriffs → Logos (, 1): Etwas Transzendentes offenbart sich der Immanenz mit immanenten Mitteln und setzt damit einen Uranfang alles Endlichen, ohne den Welt, Reden, Verstehen, Hören usw nicht da ist (Plato, Augustin). Dieses lebensnotwendige Göttlich-Transzendente, das → Unbedingte, das alles Endliche und Immanente erst definiert und bedingend ermöglicht, ist verborgen immer schon da und bleibt verborgen dem Ungläubigen. Auch bei → Heraklit ist die ἀπιστία das *Hindernis* höheren Einsehens und Verstehens. O. kann als Gottesbegegnung nur dem Gläubigen geschehen, der sich der Transzendenz öffnet. Fehlt dieses Sich-Öffnen, zB in Zeiten niedergehender → Kultur (: II), so gerät auch die Religion als Trägerin der O. in eine Krise. Die O. bedarf also eines empfangenden Divinationsübermittlers, um in die Erscheinung zu treten, obgleich sie verborgen immer anwesend ist. So gehört es zum Wesen der → Transzendenz, daß sie zugleich Deus absconditus und revelatus ist. Gott bleibt trotz aller O. in einem unzugänglichen Geheimnis (Dtn 29, 29; Ps 25, 14; Mt 13, 12; 1Tim 6, 16; Luther: Gott hat seine decreta und mysteria und behält sie trotz aller O.). O. und Verborgenheit der Transzendenz schließen also einander nicht aus, so die Moira im Griechentum, die Geheimnisse der Götter in der ägyptischen, indischen, germanischen Religion. Und dennoch wird dieses Geheimnis vom endlichen Menschen durch O. zu lüften gestrebt. »Wir sehnen uns nach O.« (Goethe). Analog dazu sieht Kierkegaard die Pflicht des Menschen, »offenbar« zu werden: »Die Schrift lehrt, daß jeder Mensch sterben muß und danach vor das Gericht kommt, wo alles offenbar werden soll.« Es besteht also eine Korrelation zwischen dem Offenbarwerden Gottes und des Menschen, die dem O.sbegriff sein Gepräge gibt.

3. Die Subjektseite der O. ist das Empfangen im Glauben. Zwar kann O. an sich immer schon verborgen vorhanden sein, erfüllt aber ihr Wesen doch erst in der *Subjekt-Objekt-Korrelation* des Sich-Offenbarens. Über die Immanenz in Natur und Geschichte hinaus sehnt sich der Glaube zur Transzendenz der göttlichen O. Das Empfangen der O. beruht auf einer besonderen Form religiöser Intuition, die sich ihrerseits, je nach der geistigen Entwicklungsstufe des Zeitalters, verschieden manifestiert. Immer ist in der Subjekt-Objekt-Relation auf den verschiedenen Stufen sowohl die Objektseite des O.*sinhaltes* wie die Subjektseite des O.*sverstehens* eine spezifisch andere. Niemals ist O. ohne weiteres O. für jedermann, sondern nur für den sich der Transzendenz Öffnenden. Zur O. gehört immer ein spezifischer O.sinhalt und eine bestimmte Geistes- und Seelenanlage des Subjekts, das diese O. als an sich gerichtete O. aufnimmt.

Schon die O. an sich geschieht ja durch einen Menschen hindurch. Auch die Deutung der Natur als Gottes O. geschah durch bestimmte Priester wie die O. des Kommenden durch → Propheten und die Verkündigung des Heils durch Stifter. Diesen Stufen entsprechen bestimmte Grade der Rezeptionsfähigkeit der Menschen verschiedener Zeitalter.

4. Der Überzeugungscharakter der O. beruht also auf einer *intuitiven* Evidenz, die sich erst allmählich, im Laufe einer immer stärkeren Verweltlichung der argumentierenden Rezeption in *logische* Evidenz umwandelt, dadurch aber den Charakter der O. umwandelt in rational ausgelegte, gedeutete, interpretierte O. Die Gradstufen zwischen reiner O. und im Verlaufe des Aneignungsprozesses rationalisierter O. sind also unterschiedlich, wie auch die die O. empfangenden Menschen unterschiedlich in ihrer Bewußtseinshaltung sind. Man muß hier etwa an die mittelalterliche Unterscheidung der → Viktoriner vom regnum gloriae, dem reinen Empfangen und Anbeten der der Vernunft schlechthin nicht mehr zugänglichen O. in der contemplatio der göttlichen Geheimnisse, denken bis zur Mittelhaltung der meditatio des regnum gratiae der gläubig gewordenen Vernunft, bis herab zur cogitatio der rationalen Erkenntnis des regnum naturae, die dann als letzte Stufe der Aneignung den absoluten Transzendenzcharakter der O. aufgelöst und damit neue O. notwendig gemacht hat.

5. O. ist also immer als *dynamischer Prozeß* zu denken: ausgehend von der objektiven Seite der reinen transzendenten O. an sich über die verschiedenen Stufen der empfangenden und ausdeutenden Aneignung der subjektiven Seite. Immer verhalten sich Objekt- und Subjektseite als Korrektiv, nicht als Regulativ zueinander. Schlechthin unartikulierte und unverständliche O., etwa des Delphischen Orakels oder der Glossolalie, bedarf der Auslegung, um überhaupt Mitteilung der Transzendenz zu sein. Die Auslegungsstufen gehen über allegorische, spirituelle, mystische Deutungen immer mehr in rational-philosophische über und verfallen damit der Immanenz. Auf dieser Stufe bedarf der Mensch der Erinnerung an den rein transzendenten Charakter der O. Gottes als des Deus absconditus, der nur im Ausnahmefall dieser spezifischen O. Deus revelatus wird. Allzu starre Orthodoxie (Barth) im Sinne der Überbetonung der objektiven Seite ist dem rechten Verstehen von O. genauso abträglich wie die rationale einseitige Überbetonung der subjektiven Seite. Der Schwebezustand zwischen beiden extremen Objekt- oder Subjekteinseitigkeiten ist das Geheimnis der O.

6. Hier kann die → *Religionspsychologie* viel helfen zum richtigen Verstehen durch die Analogie ihrer Feststellungen zum religiösen Erlebnis im Spannungsfeld der Subjekt-Objekt-Relation: Die objektive Seite: das Gotteswort, die subjektive Seite: das religiös erlebende Individuum und die geheimnisvolle Funktion der schöpferischen Synthese im Aneignungsprozeß des religiösen Aufnehmens von O. Zur O. gehört auch der *Empfänger*, die innerste Hingabe, das Sich-Versenken in die Botschaft der O. Der Aneignungsakt, durch den das Gesamt-Ich die innigste Verbindung mit der O. eingeht, macht erst die Verwirklichung der O. aus. Die Realität, die in der O. gesetzt ist, die Transzendenz, wird völlig in ihrem Wesen als Transzendenz bejaht und in einem Bindungsverhältnis eigener Art in unsere *immanente* Wirklichkeit übergeführt. Der O.scharakter bleibt erhalten, und zugleich wird er als das, was sich der Empfangende zu eigen gemacht hat und bejaht, ausgesprochen. Dadurch wird das Ich in die Transzendenz erweitert und die transzendente O. zugleich in der Sprache der Immanenz, aber als transzendent, aussprechbar gemacht, nicht nur für den übermittelnden Empfangenden selbst, sondern auch für alle Gläubigen. Die gläubige Zustimmung wird zur völligen Identifikation mit O. und Hervorbringung der O. in eigenen Worten, und damit wird O. erst zur O. für uns. Das »Erkanntwerden« der Gläubigen durch die transzendente O.swahrheit wird zu ihrem Erkennen und Ergreifen für uns.

7. Das Wesen der O. kann also nur erlebt werden im Akte des Offenbarens, der Subjekt-Objekt-Relation, so daß das Neue, Unerwartete, Ungeahnte, das den Propheten, Sehern, Evangelisten durch intuitive Erleuchtung oder Inspiration sich offenbarte, nun in dem die O. empfangenden Einzelnen zündet, weil es mit intuitiver Evidenz den Glauben erfaßt und sogleich überzeugt. Daher ist der religiös-ethische Satz niemals ein bloß logischer Schluß, sondern es liegt ihm immer als Obersatz ein Glaubensentschluß zugrunde; denn O. will immer den ganzen Menschen, sein Wollen, Lieben, sittliches Handeln und nicht bloß den Intellekt. In diesem Sinne der plötzlichen intuitiven Evidenz ist etwa auch → Heidegger zu verstehen, wenn er von »Offenbarwerden« als einem »in die Lichtung des Seins Treten« redet. Man kann gerade von der suchenden Ausdrucksweise der → Existenzphilosophie in Analogie manches für ein theologisches Verstehen der O. lernen. So redet zB G. → Marcel in »Etre et Avoir« von der perméabilité, der wechselseitigen Durchdringung von Subjekt und Objekt im Akte der intuitiven Erkenntnis, die man als eine solche der O. verstehen muß, da seine Beispiele an der Ich-Du-Relation der Beziehung des Menschen zu Gott gewonnen sind. Diese wechselseitige Durchdringung von neuem O.sgehalt und den durch die O. erneuerten Empfangenden macht das Leben und Wesen der O. als eines Offenbarwerdens, dh Sich-Mitteilens transzendenter Wahrheiten, aus. In diesem Sinne muß auch → Pascals Wort von der logique du coeur verstanden werden gegenüber der logique de la raison. So kann Kultur-, dh Glaubenskrise nur überwunden werden, wenn sich die rationalisierten O.sgehalte (und nur um solche handelt es sich seit den Tagen der Vorsokratiker bei unserer Erkenntnis, die immer ihre Impulse im Religiösen, der O., empfing) aus der echten Begegnung mit der O. erneuern. O. darf nie dämonisiert verstanden werden als starrer Besitz objektiv festgelegter Orakelsprüche und magischer Worte, sondern stets dynamisch aus der Subjekt-Objekt-Relation des Offenbarwerdens bzw. O. Empfangens, Aneignens und wieder an der O. Rektifizierens und Korrigierens. Dies ist die ewige Mission der Religion und Theologie für die jeweils von neuen Krisen bedrohte immanente Kultur und Geschichte, den Horizont der Transzendenz aufzureißen in der echten Begegnung mit absoluter O. Der Einwand der rein immanenten modernen Logistik gegen ethische und religiöse Wertphilosophie, die nichts anderes als Summe sinnloser Sätze sei, ist nur ein Argument mehr für ihren transzendenten O.scharakter und dessen Notwendigkeit.

H.Stephan, Glaubenslehre, (1920) 1941³ - K.Girgensohn, Der seelische Aufbau des relig. Erlebens, (1921) 1930² - W.Gruehn, Das Werterlebnis, 1924 - Ders., Religionspsychologie, 1926 - Ders., Die Frömmigkeit der Gegenwart, 1956 - RGG² IV, 664ff - L.Richter, Der Begriff der Subjektivität bei Kierkegaard, 1934 - Dies., Existenz im Glauben, (1955) 1956² - V.Grønbaek, Om Beskrivelsen af religiøse Oplevelser, Kopenhagen 1935 - Ders., Det Religiøse i Alderdommen, ebd 1954 - Ders., Religionspsykologi, ebd 1958 - G.Marcel, Etre et Avoir, Paris 1935 - Ders., Du Refus à l'Invocation, ebd 1940 - G.Mensching, Das hl. Wort, 1937 - Ders., Gott u. Mensch, 1948 - E.Frank, Philosophisches Erkennen u. relig. Wahrheit, 1950 - S.Holm, Religionsfilosofi, Kopenhagen 1955 - N.H.Søe, Religionsfilosofi, ebd 1955 - K.E.Løgstrup, Den ethiske Fordring, ebd 1956; dt. 1959 - O.Samuel, Die relig. u. nichtrelig. O.sbegriffe, 1958 -

H.D.Lewis, Our Experience of God, 1959 - S.Kierkegaard, Der Begriff Angst, ed. L.Richter, 1960. *L.Richter*

VI. Christliche Offenbarung, dogmatisch

1. Problematik des Begriffs O. - 2. Orth. und röm.-kath. Lehre - 3. Ev. Lehre - 4. Neufassung des Begriffs: a) O. als Akt - b) O. als Inhalt - c) O. als Erkenntnis. - Vgl. → Uroffenbarung

1. O. ist weder ein spezifisch christlicher noch ein theologischer *Begriff*. Er entstammt teils der spätgriechischen Philosophie, teils der jüdischen → Apokalyptik (Tillich). Innerhalb des Kanons ist er indifferent gegen seine Inhalte (Subjekt, Objekt, Weisen der Verwirklichung). Daß man im AT Gottes Handeln, im NT die in Jesus Christus geschehene Versöhnung als O. bezeichnete, ist Ergebnis ordnender Reflexion. Bestimmend wurde der O.sgedanke je im Zuge der Tendenz, die Wahrheit des biblischen Zeugnisses mit dem Denken der Umwelt auszugleichen. Seine Vorherrschaft kennzeichnet bzw. erzeugt die Rationalisierung des Kerygmas. Lähmend wirkte er in der alten Kirche seit den → Apologeten und der → Alexandrinischen Theologie, im MA seit Rezeption des → Aristotelismus, in der Neuzeit seit → Orthodoxie, → Aufklärung und → Idealismus.

2. Nach der Lehre der → *Orthodoxen Kirche* (: II) hat sich die in Jesus Christus gipfelnde übernatürliche O. in Schrift und Dogma niedergeschlagen. Ihre Quellen sind NT und apostolische Überlieferung. O. geschieht im Leben der Kirche, im Kultus, im Mysteriendrama der Eucharistie, die Gestalten der Theophanie sind. Bes. in den → Ikonen strahlt die Epiphanie des Überweltlichen auf: O. ist Selbstdarstellung des himmlischen Urbildes im materiellen Abbild zwecks Vereinigung mit der Gemeinde, Heiligung der Kreatur, Weihe des Kosmos. - Der *röm.* → *Katholizismus* (: I, 2) macht, unter Beibehaltung der zwei O.squellen, das Phänomen O. zum tragenden Prinzip des Lehrgebäudes. O. ist Mitteilung bisher unbekannter Wahrheiten oder Tatsachen, die auf Grund göttlicher Autorität im Akt verstandesmäßiger Zustimmung angenommen werden. a) O. gliedert sich auf in den Stufen »Natur - Gnade - Herrlichkeit«, denen drei Grade der Einsicht entsprechen. Die auf der mittleren Stufe der »positiven«, Gnaden-O. enthüllten Mysterien bilden einen Wahrheitskosmos. b) O. entfaltet sich phänomenologisch innerhalb einer Heilshistorie, die die O. durch Stadien (paradiesische O., at.O.) zur Vollendung durch Christus und den hl. Geist fortschreiten läßt. O. entwickelt sich im sukzessiven Prozeß der Lehrverkündigung und seiner drei Hauptmomente (apostolisches Depositum, Überlieferung, Glaubensregel [Scheeben]). O. ist Selbsterschließung Gottes, Theologie ihre »geistige Durchdringung«. Zwischen (natürlicher) Werk-O. und (übernatürlicher) Wort-O. besteht die → Analogia entis, die die analogia fidei begründet (Schmaus). O. bedeutet Akt und Inhalt zugleich. Sie ist ein »Gesamtzusammenhang«, in welchem Gegenstand, sehendes Auge, Sehkraft und Bezugsraum »miteinander gegeben sind« (Guardini).

3. Indem die *Reformatoren* das Evangelium als rechtfertigenden Gottesspruch neu verstehen, der in der einmaligen Geschichte Jesu Christi geschieht, durch die Verkündigung vergegenwärtigt und im Glauben verwirklicht wird, brechen sie den Bann des abstrakten O.sbegriffs. Korrelat zum Glauben ist für → Luther (: II) nicht die O., sondern Gottes in der Schrift erklingende Verheißung. Jedoch wird in Beantwortung der Frage nach Gottes Erkenntnis und Verehrung früh der Begriff O. rehabilitiert (bes. → Melanchthon, → Calvin). Die werdende Orthodoxie erhebt die O. zum Thema der Prolegomena. Ihre Formalisierung drängt zur Unterscheidung von natürlicher und »offenbarter« Theologie, Vernunft und O. Die Vergegenständlichung der O. in der inspirierten Schrift treibt beide in die Krise. Die → Sozinianer setzen O. gegen Versöhnung. Der → Rationalismus (: II) radikalisiert die Problematik. - → *Schleiermacher*, für den anfangs jede unmittelbare Mitteilung des Universums an den Menschen O. war (2. Rede, 1799), bestimmte sie als »die Ursprünglichkeit der einer religiösen Gemeinschaft zugrunde liegenden Tatsache«, »göttliche Kausalität«, »auf das Heil des Menschen abzweckende und es fördernde Wirksamkeit« (Glaubenslehre, § 10, Zusatz). An die Stelle der doktrinären Elemente orthodoxer wie rationalistischer Herkunft (O. als Lehre bzw. als → Natürliche Religion) treten die Bezüge auf die konkrete Gemeinschaft und das (transzendentale) Selbstbewußtsein, das unter dem Totaleindruck des Geistes Christi steht (§§ 123ff). Freilich konnte seine bis heute aktuelle Kritik des O.sbegriffs weder den spekulativen Ansatz → Hegels im 19.Jh. unwirksam machen noch die »Inflation« (Althaus) des Begriffs im 20. verhindern. Der Begriff O. als *Selbst*mitteilung Gottes, von → Marheineke und Biedermann verschieden ausgelegt, wurde zum Gemeingut der neueren prot. Theologie. Schleiermacher benachbart, suchen → De Wette »innere« und »äußere O.« und → Rothe die Momente der »Manifestation« und »Inspiration« der einen O. zu bestimmen. - Während in der → Erlanger Schule v. → Hofmann die O. heilsgeschichtlich versteht und → Frank sie in der Wiedergeburt aufgehen läßt (→ Erfahrungstheologie), ist für J.T. → Beck die in der Schrift enthaltene O. ein einheitlich fortschreitender »Wahrheitsorganismus«. Erst bei → Cremer und → Kähler wird der Begriff durch den Rechtfertigungs-Glauben gefüllt und auf das geschichtliche Heil bezogen. Ihmels ergänzt die Tat-O. durch die Wort-O., während E. → Schaeder die theozentrische O. in der Geisterfahrung aktualisiert sieht. Entgegen jeder christologischen Verengung versteht → Schlatter die Natur als »die O. der göttlichen Macht«. Auch für Lütgert ist die Schöpfung »Ur-O.«. - *A.* → *Ritschl* und seine Schule postulieren, der Metaphysik absagend (→ Kant), die Verknüpfung der O. mit der Geschichte (als Erhebung des Menschen über die Natur) und dem Sittlichen. J. → Kaftan orientiert den Begriff O. als »Kundmachung des göttlichen Wirkens und Wesens« an der »Befriedigung des praktischen Verlangens«. Tiefer bestimmt W. → Herrmann, gegen Traditionalismus, Rationalismus und Mystik, O. als Vorgang, der »uns selbst« vor Gottes Wirklichkeit stellt: Die geschichtlich erlebbare Erscheinung Jesu, die Gewalt seines »inneren Lebens«, ist die allein überzeugende O., die Ehrfurcht und Vertrauen wirkt. Von der Religionsgeschichte her gewinnt → Troeltsch die dreifach »progressive« O.: grundlegend in der von der Bibel bezeugten Geschichte; fortschreitend in der kirchengeschichtlichen Tradition; gegenwärtig in der individuellen Religiosität. - Für die anfängliche → *Dialektische Theologie* ist O. Gegensatz-Einheit von Ewigkeit und Zeit. Gott ist *in* seiner O. unbekannt. O. ist die Krisis aller Religion. Die lineare Historie wird durch O. im »Augenblick« je und je punktualisiert (→ Geschichtlichkeit). Nur ihr »Daß« (→ Kierkegaards »welthistorisches NB«) wird bedeutsam. Während → Gogarten den Begriff am konkreten Anspruch des Nächsten ausrichtet (→ Ich-Du-Verhältnis), ordnet → Barth O. zunächst (Christl. Dogmatik I, 1927) dem Oberbegriff »Wort Gottes« als eine seiner drei Gestalten ein: O. ist das Ereignis des »Deus dixit«, die geschichtsindifferente »Urgeschichte«, die in Schrift und Verkündigung fortgesetzt geschieht. Das abstrakte Wort-Prinzip zehrt die Greifbarkeit der O., auch der Person Jesu, auf. Später sucht Barth Wort und O. im Rahmen der

Trinitätslehre (KD I/1, §§ 8-12) zu re-konkretisieren: Gott offenbart sich als Herr, dh als »Offenbarer, O., Offenbarsein«. Indem fast sämtliche dogmatischen Aussagen die christozentrisch verstandene O. auffüllen, entsteht ein »O.spositivismus« (Bonhoeffer), der die Unterscheidung des ontischen Aspekts (Ur-O.) vom noetischen (Natürliche Theologie) verwehrt. Nach E. → Brunner ist O. personal »Wahrheit als Begegnung«: in ihren verschiedenen Gestalten christologisch zentriert, verleugnet sie nie die Bezüge zum vernünftigen → Erkennen. - *Gegenwärtig* unterscheiden innerhalb der Prolegomena → Althaus (material) → Uroffenbarung und Heils-O.; Buri (formal) die Gegenständlichkeit der O. für Wissen und Glauben Für → Tillich verhalten sich Vernunft und O. (korrelativ) zueinander wie Ontologie und Theologie, für Prenter (dialektisch) wie → Gesetz (: VI) und Evangelium.

4. Der Begriff O. bedarf theologischer Neufassung. Formal blaß und mehrdeutig, hat er oft verwirrend und trübend gewirkt, differenziertere Tatbestände vergröbert, echte Gegensätze verdeckt und Scheinprobleme erzeugt. Sofern der Begriff O., unkritisch verwendet, die → Dogmatik in → Religionsphilosophie zu verwandeln droht, ist er nach seinen Strukturen - Akt, Inhalt, Erkenntnis - schärfer zu bestimmen.

a) O. als *Akt:* α) Der Begriff O. gehört der → Eschatologie (: VI) zu. *Gottes* O. ereignet sich am Ende der Geschichte. O. bedeutet Kundgabe eines »neuen Tatbestandes« (Althaus), den → Gott (: VI) durch seinen Beauftragten, im Horizont des sich entladenden Gerichtes, zwischen sich und der Welt setzt. Wo Gott offenbarend handelt und redet, ist die Zeit befristet. O. trägt *Endzeit*-Charakter. - β) O. bedeutet als Gotteshandeln ein Geschehen. Sie ist wesenhaft geschichtliche O.: dh die → Geschichte (: II C) ist nicht nur Ort bzw. Medium der O.; vielmehr wirkt O. selbst Geschichte (R.Hermann). O. trägt *Ereignis*-Charakter. - γ) O. bedeutet Gottes Angriff auf die Menschheit. »O. ist Manifestation dessen, was unbedingt angeht« (Tillich). O. stellt den Menschen in je bestimmter Lage unter Gottes Anspruch und Zuspruch. O. trägt *Entscheidungs*-Charakter.

b) O. als *Inhalt:* Gottes O. ist *mittelbar*. - α) Sie geschieht verhüllt im geschichtlichen Dasein. Ihre größte Dichte erreicht sie *im Geschick des Sohnes*, der im Fluch des Gesetzes den Zorn des Vaters erleidet (→ Christologie, → Versöhnung). Vom Kreuz her wird O. als O. *in* der Verborgenheit verständlich. Luthers Deus revelatus *ist* Deus absconditus: Gott offenbart seine → Gnade (: V), indem er sie unter dem → Gericht (: IV) verbirgt (WA 18, 633, 7ff). - β) Der Begriff »Selbst-O. Gottes« (W.Herrmann), der weithin das theologische Denken formt (Barth), ist dem NT (trotz ThW III, 596, 7) fremd (Elert, H.Schulte). Er verkennt die *Gebrochenheit* der O. Zwar offenbart »Gott selbst« sich wohl als handelndes Subjekt (αὐτός), teilt aber nie »sich selbst« (ἑαυτόν) mit (diese Formel erst IgnMagn 8, 2). Gott offenbart stets »etwas« oder »jemanden«, zB: *von jeher* seine unsichtbare Wesenheit, Macht, Gottheit (Röm 1, 19ff); *gegenwärtig* seinen → Heilsratschluß (→ Offenbarung: IV, 1), seine → Gerechtigkeit (Röm 1, 17; 3, 21), seinen → Zorn (Röm 1, 18f), Jesu Lebendigkeit (2Kor 4, 10f), die → Sünde (Röm 7, 13), die fruchtlosen Werke der Finsternis (Eph 5, 11ff); *künftig* seine Majestät (Röm 8, 18), seine Rettung (1Petr 1, 4f), den Christus (2Thess 1, 6f) und Antichrist (ebd 2, 3ff), die Glaubenden als seine Kinder (Röm 8, 19; 2Kor 5, 10), die Werke der Menschen am Gerichtstage (Röm 2, 5f; 1Kor 3, 13). Selbst-O. wird nur einmal, von Jesus, ausgesagt (Joh 21, 1). Sonst offenbart im JohEv auch er »anderes«: seine Herrlichkeit (2, 11), Gott (1, 18), den Vater (14, 9), Gottes Namen (17, 6. 26) und Werke (9, 3). Der Vater aber offenbart mit dem Sohne (1Joh 3, 5. 8) sein Leben (ebd 1, 2) und seine Liebe (ebd 4, 9f). - γ) Diese O. ist stets rückbezogen auf *vorgängige Gottesgeschichte*. Die O. Jesu Christi ist kein isoliertes Ereignis (Schleiermacher, W. Herrmann), sondern → Telos der O. Gottes an Israel (und die Welt). Der Zusammenhang mit der Verheißungsgeschichte Israels (→ Weissagung und Erfüllung) ist »für die O.sbedeutung Jesu grundlegend« (Pannenberg). O. stiftet Gemeinschaft.

c) O. als *Erkenntnis:* Die Mittelbarkeit der O. begründet und verdeutlicht die Notwendigkeit ihrer Weitergabe in der Zeit (→ Tradition: VII): der *hl.* → *Geist* (: VI) aktualisiert mittels der Schrift (α) durch die Verkündigung (β) die O. für Glauben und Wissen (γ). - α) Die Indirektheit der O. spiegelt sich in der *hl. Schrift* (→ Bibel: III) als dem historischen Zeugnis *von* O. Als Urkunde geschehener O. (→ Schriftprinzip) enthält sie »das Wort in den Wörtern« (Barth), in Knechtsgestalt (M.Noth). Ihre → Inspiration (: III) meint nicht die Wunderhaftigkeit des Ursprungs und Inhalts, sondern ihren steten Rückbezug auf die in ihr bezeugte O., der sie befähigt, Gottes → Gemeinde (: I) aus aller Welt zu sammeln (→ Kirche: IV). - β) Die Gebrochenheit der O. bewährt ihre Kraft in der lebendigen *Verkündigung* (→ Wort Gottes: III). Ist O. Gottes Bekenntnis zur Welt, so ist das → Bekenntnis (: V) der Kirche Antwort auf Gottes O. Ihre Botschaft (→ Kerygma) ist universaler Zugriff der O. auf die Welt (→ Mission: III). Ihre → Sakramente (: II) verbürgen die empfangene O. und schaffen → Gewißheit im Horizont der → Anfechtung. Wieweit ihr Leben in Gottesdienst, Lehre und Ordnung (→ Kirchenrecht: I B. III) an O. zu normieren ist, bedarf der Klärung. - γ) Die Mittelbarkeit der O. wehrt jeder religiösen Eigenmächtigkeit und betont den Geschenkcharakter der Gnade. »Gott wird nur durch Gott erkannt« (E.Brunner). O. begründet → Erfahrung *im* Menschen (Gal 1, 16), läßt sich aber *nicht aus* Erfahrung (→ Erlebnis: II) gewinnen (1Kor 2, 9ff). Gescheh*ene* O. *(perf.)* ereignet sich als gescheh*ende* O. *(praes.)* im → *Glauben* (: V). In der → Erleuchtung sich integrierend, erweckt sie zugleich die ursprüngliche Funktion der → Vernunft: Gottes Willen zu erkennen. Die Verbindung des Begriffs O. mit dem des → Wunders (: VI), den fast die gesamte Dogmatik vornimmt (bei Tillich auch: Ekstase), scheint weniger dringlich als die kritische Aufnahme des vernachlässigten Problems der → Metaphysik als »einer notwendigen Funktion des Menschengeistes« (Prenter). Jedenfalls verpflichten historische Herkunft (s. 1) wie universaler Inhalt des Begriffs O. (→ Absolutheit des Christentums) die Theologie zur Überprüfung der Frage, wieweit Begriffe und Formen des allgemeinen Denkens in Anspruch zu nehmen sind (Pannenberg).

Außer den Lehrbüchern der DG, Theol.-Gesch. u. Dogmatik: R.Rothe, Zur Dogmatik, (1863) 1869², 54ff - W.Herrmann, Der Begriff der O., (1887) 1908² (= O. u. Wunder, 3ff) - RE XIV, 399ff (Kähler) - K.Girgensohn, Die geschichtl. O., 1910 - RGG¹ III, 918ff (Troeltsch) - R.Hermann, Prolegomena zum Begriff der O. (ZSTh 2, 1924, 19-36; zu Schleiermacher) - Ders., O., Wort u. Texte (EvTh 19, 1959, 99-116) - E.W.Schmidt, Zum Problem der O. (ThBl 4, 1925, 109-113) - C.Stange, Der Begriff der O. (ZSTh 3, 1926, 353-377) - P.Tillich, Die Idee der O. (ZThK 8, 1927, 403-412) - T.Bohlin, Glaube u. O., 1928 - E.Thurneysen, O. in Religionsgesch. u. Bibel (ZZ 6, 1928, 453-477) - W.Wiesner, Das O.sproblem in der dial. Theol. (FGLP III, 2), 1930 - H.Asmussen, Die O. u. das Amt, 1932 - F.Brunstäd, Allg. O., 1935 (= Ges. Aufs., 1957, 111ff) - H.Thielicke, O., Vernunft u. Existenz, (1936) 1959⁴ (zu Lessing) - H.E.Weber, Reformation, Orthod. u. Rational. I/1. 2. II, 1937-51 - M.Schmaus, Kath. Dogmatik I, (1937) 1960⁶ (Lit.) - W.v.Loewenich, Was heißt O.?, 1938 - A.Köberle, Vernunft u. O. (ZSTh 15, 1938, 29-45) - Edw.Lewis, A Philosophy of the Christ. Revelation,

New York 1940 - R.GUARDINI, Die O., 1940 (kath.) - TH.STEINMANN, O. u. reine Lehre (ZSTh 17, 1940, 3-28) - P.ALTHAUS, Die Inflation des Begriffs der O. in der gegenw. Theol. (ebd 18, 1941, 134-149) - E.BRUNNER, O. u. Vernunft, 1941 - H.RICH.NIEBUHR, The Meaning of Revelation, New York 1946 - K.BARTH, Das christl. Verständnis der O. (ThEx NF 12), 1948 - G.GLOEGE, O. u. Überlieferung (ThF 6), 1954 (= ThLZ 79, 1954, 213-236) - H.VAN OYEN, Theol. Erkenntnislehre (SDGSTh 6), 1955, 117ff - H.BEINTKER, Luthers O.sverständnis u. die gegenw. Theol. (ZSTh 24, 1955, 241-264) - H.KRAEMER, Religion and Christ. Faith, London 1956; dt. 1959 - H.BANDT, Luthers Lehre vom verborgenen Gott (ThA 8), 1958 - EKL II, 1655ff - H.HAUG, O.stheol. u. philos. Daseinsanalyse bei R.Bultmann (ZThK 55, 1958, 201-253) - O.SAMUEL (→ Offenbarung: V) - W.PHILIPP, Die Absolutheit des Christentums u. die Summe der Anthropol., 1959 - W.PANNENBERG, Heilsgeschehen u. Gesch. (KuD 5, 1959, 218-237. 259-288). - Vgl. die Lit. zu → Uroffenbarung. *G.Gloege*

Offene Schuld, ein seit dem 10.Jh. nachweisbares öffentliches Sündenbekenntnis in deutscher Sprache, wie es mit oder ohne → Absolution häufig am Schluß des Predigtgottesdienstes oder Predigtauftritts gebraucht wurde, zT in Zusammenordnung mit Katechismusstücken und Gebeten. Ursprung und kirchlich-theologische Bedeutung sind nicht eindeutig geklärt; das Verlangen nach einer allgemeinen → Beichte (: II) wie der Wunsch nach einem Rüstgebet der Gemeinde vor der Kommunion können zur O.Sch. geführt haben. Luther übernimmt sie in der Form einer Gemeinde-Vermahnung (→ Bußwesen: II, 3 c). In luth. → Gottesdienst-Ordnungen findet sie sich vor oder auch nach der Predigt, bei Zwingli nach der Predigt. Calvin folgt der Straßburger Ordnung und stellt die O.Sch. an den Beginn des Gottesdienstes. Während die O.Sch. in mannigfaltigen Formulierungen aus vor- und nachreformatorischer Zeit überliefert wurde, behielten sie viele ref. Kirchen bis heute unverändert in der Straßburg-Genfer Fassung bei; so ist sie für viele ref. Gottesdienstordnungen geradezu charakteristisch. Im 19.Jh. fand die O.Sch. als Sündenbekenntnis mit nachfolgender Gnadenverkündigung, verbunden mit Kyrie und Gloria, Aufnahme in zahlreiche deutsche Agenden.

G.RIETSCHEL, Die O.Sch. im Gottesdienste u. ihre Stellung nach der Predigt (MGkK 1, 1896/97, 396-402) - RIETSCHEL-GRAFF 317f u.ö. - Leiturgia II. 533ff. 551ff u.ö.; III, 20f u.ö. *K.Halaski*

Offenhalten der Kirchen zum Gebet des einzelnen war in der ev. Kirche meist nur üblich, wo tägliche Gottesdienste stattfanden (zB Nürnberg 16.Jh.). Mit ihrem Verfall vorwiegend im Rationalismus kam es häufig auch zur Schließung der Kirchen außerhalb der Gottesdienstzeiten. Ende des 19.Jh.s wurde das O. wieder gefordert (Smend, Spitta). Heute legen Versuche zur Wiedergewinnung des täglichen Gottesdienstes (→ Stundengebet), das Fehlen des »stillen Kämmerleins« in vielen Familien und ein neues Verständnis des Kirchenraumes das O. nahe (wichtig: Hilfen für das Beten des einzelnen!). Die Synode der VELKD Lübeck 1959 forderte es allgemein.

P.GRAFF, Gesch. d. Auflösung d. alten gottesdienstl. Formen ... I, (1921) 1937², 87; II, 1939, 63. 162 - DERS. in: Wartburg 39, 1940, 206f - RIETSCHEL-GRAFF 381f. 480 (Lit.) - Leiturgia I, 369ff; III, 114f. *K.Dienst*

Offertorium. Wie die anderen großen Gänge der Gemeinde beim Meßgottesdienst (→ Messe: II, 5) - der Einzug (→ Introitus) und der → Communio-Gang - wurde die Überreichung der Opfergaben durch die Gläubigen vom Psalmengesang begleitet. Er erfolgte anfangs in der üblichen Weise, eingerahmt und unterbrochen von → Antiphonen; daher der ursprüngliche Name des Gesanges: Antiphona ad O. oder Offerenda. Später wurde der antiphonale Vortrag dem responsorialen (→ Responsorium) angeglichen; es wurden also nur mehr ein oder zwei Psalmverse gesungen, diese aber in sehr melismatischer Form, dh mit so ausgedehnten Melodien, daß die Worte mehrfach wiederholt werden mußten. Diese sozusagen barocke Art weist das jüngere O. der Spätzeit der Gregorianik (7./8.Jh.?) zu. Vom 9.Jh. ab wurde dann das O. noch durch → Tropen bereichert, entweder wie ein antiphonaler Gesang durch Tropen vor und zwischen den Sätzen, oder nach responsaler Art durch einen Einschub unmittelbar am Schluß. Im Spät-MA hat man dann - mit dem Opfergang - auch auf den Vortrag der Psalmverse verzichtet. Geblieben ist allein der Rahmen- oder Kehrvers.

P.WAGNER, Einführung in die gregor. Melodien III, 1921 - W. APEL, The Gregorian Chant, 1958. *E.Jammers*

Officium → Stundengebet.

Ohrdruf (Orthorpf), dh Dorf an der Ohra, thüringisches Benediktinerkloster, 725 durch → Bonifatius gegründet, vom heimischen Adel dotiert, Bildungsstätte des → Lullus; später Kollegiatstift, dann Karmeliterkloster, aufgehoben in der Reformationszeit.

O.DOBENECKER, Regesta diplomatica, 3 Bde, 1896-1925 - Vitae s. Bonifatii, ed. W.LEVISON, 1905 - Bonifatii et Lulli epistolae, ed. M.TANGL, 1916 - Bau- u. Kunstdenkmäler Thüringens H. 26: Sachsen-Gotha II, 1898, 56ff - P.WEBER, O., 1916. *F.Flaskamp*

Ohtrich († 981), Leiter der Magdeburger Domschule bis ca 978, dann Hofkapellan, berühmter Philosoph, Lehrer bedeutender Bischöfe, hatte Jan. 981 zu Ravenna vor Kaiser Otto II. ein Streitgespräch mit Gerbert von Reims (→ Silvester II.).

Streitgespräch: Richer, Historiarum libri, III c. 55-65 (hg.v. G.WAITZ, 1877 [MG]; hg.v. R.LATOUCHE, 1937). - WATTENBACH-HOLTZMANN I/1, 66; I/2, 295 - R.HOLTZMANN, Gesch. d. sächs. Kaiserzeit, (1940) 1955³, 232. 251. 276ff. 287. *H.Beumann*

Okkasionalismus heißt die Lehre, daß die Wirkursachen (causae efficientes) alles Geschehens in Wahrheit nur Gelegenheitsursachen (causae occasionales) für das alleinige Wirken Gottes seien und daß bes. die Wechselwirkung zwischen → Leib und Seele jeweils von Gott als der causa vera herbeigeführt werde. - Erste Ausprägungen des O. finden sich in der → islamischen Philosophie des MA (Aš'arī, → Ġazzālī). Problematischer O. begegnet bei → Ockham (Sent. II, q. 5 R), partieller O. in der ockhamistischen Kausalitätskritik (→ Nikolaus von Autrecourt, → Petrus von Ailly, G. → Biel) und in naturphilosophischen Spekulationen der Renaissance (Th. → Campanella, S.Basso). Elemente des O. enthalten auch die scholastischen Lehren von der Mitwirkung Gottes (concursus divinus, → Schöpfung: IV). Bestimmend für den O. der Neuzeit wird die dualistische Scheidung von denkender und ausgedehnter → Substanz durch → Descartes. Konsequenzen im Sinne des O. ziehen die Cartesianer J.Clauberg, P.S.Régis, L. de la Forge, G. de Cordemoy. Seine systematische Ausbildung erhält der O. durch A. → Geulincx (Eth. I, cap. 2, sect. 2, § 2) und bes. durch N. → Malebranche (Rech. vér. VI/2, 3: la force de chaque chose n'est que la volonté de Dieu... les causes naturelles ne sont point de véritables causes mais seulement des causes occasionnelles). Durch → Leibniz wird die Theorie des O. zum System der prästabilierten Harmonie fortentwickelt.

Ü III, § 28 (Lit.) - M.HORTEN, Die Philos. des Islam, 1924 - C. GIACON, La causalità nel razionalismo moderno, Mailand 1954 - EF III, 974ff. *H.U.Asemissen*

Okkultismus

1. Die Phänomene des O. - 2. Zur Geschichte des O. - 3. Die theologische Stellungnahme gegenüber dem O.

1. O. ist das Sammelwort für die Fülle der geheimnisvollen Kräfte und Beziehungen, die im Bereich der Seele, im Haushalt der Natur und zwischen diesen beiden Größen wirken. Die experimentelle Physik und Psychologie wollte nur gelten lassen, was dem naturgesetzlich-berechenbaren Ablauf faßbar ist. Die okkultistische (= o.e) Forschung weist darauf hin, daß es darüber hinaus noch zahllose andere Möglichkeiten gibt.

Die materialistische Weltanschauung hatte die Wirklichkeit der Seele völlig geleugnet. Was man so nannte, sollte nur ein aus physiologischen Gehirnabläufen hervorgegangenes Nebenprodukt sein. Demgegenüber haben → Tiefenpsychologie und → Psychosomatik den überzeugenden Beweis erbracht, daß die menschliche Seele eine Größe durchaus eigener Art ist. Nach der Schau der → Psychotherapie gleicht die Seele einem Haus mit vielen Stockwerken und Kellerräumen, wo alles aufbewahrt bleibt, was wir jemals erlebt haben. Noch umfassender spricht die Schule von C.G. → Jung von dem Ozean der Seele, dessen Tiefen niemand ausloten kann, weil darin nicht nur unsere eigene Vergangenheit ruht, sondern auch der Niederschlag vieler Geschlechter und Jahrtausende. Der O. führt über diese Einsichten der Tiefenpsychologie noch ein wesentliches Stück hinaus. In seiner Sicht gleicht die menschliche Seele sowohl einer Sendestation wie einem Empfangsgerät. Die menschliche Seele kann im Vorgang der Telepathie Botschaften aussenden und Nachrichten empfangen, wobei zeitliche und räumliche Entfernungen keine wesentliche Rolle zu spielen scheinen. Man spricht dann von Fernfühlen, Fernsehen, Gedankenlesen und Gedankenübertragung. Die Kundmachungen der Seele gehen im Tagesbewußtsein und noch stärker im Traum nicht nur herüber und hinüber in der Form von Mitteilungen, Warnungen und Winken. Die menschliche Seele besitzt, parapsychische Begabung vorausgesetzt, auch die Fähigkeit, in der Vergangenheit und in der Zukunft zu lesen. Es ist, als würfen große Ereignisse ihren Schatten voraus, der von einem feinfühligen Sensorium wahrgenommen und gedeutet werden kann. Und es ist, als würde sich alles bereits Vollzogene in einer geheimnisvollen Weltenschrift niederschlagen (die indische Religion gebraucht dafür den Namen Akasha-Chronik), die von einer dafür ausgerüsteten Seele gelesen werden kann. Der nicht glücklich gewählte Ausdruck »Psychometrie« weist ferner darauf hin, daß Gegenstände, mit denen wir ein Leben lang Umgang gehalten haben, etwas von den Eigenschaften ihrer Träger annehmen, so daß der hellseherisch Begabte an Hand solcher Gegenstände erstaunlich zutreffende Aussagen über den einstmaligen Besitzer zu machen vermag.

Der O. achtet nicht nur auf die Geheimnisse der menschlichen Seele, er ist überzeugt, daß auch die Natur in einem weiteren Sinn des Wortes beseelt ist und daß darum innige Wechselwirkungen zwischen Natur und Seele des Menschen möglich sind. Das moderne Bewußtsein ist ein Denken im Abstandhalten. Wir empfinden die Diastase nicht nur in der → Ich-Du-Beziehung, sondern erst recht im Gegenüber-Verhältnis von Mensch und Natur. Wir sind überzeugt, daß man der Natur nur auf technische Weise, durch Druck, Kraft, Stoß u.dgl. beikommen kann. Der O. geht aus von der magischen Überzeugung der Allbeseeltheit und Allverbundenheit aller Dinge. Auf Grund dieser »Sympathie«, dieser »participation mystique« hält man es für möglich, daß bei dem Vorgang der Telekinese die stoffliche Substanz auch auf geistige Weise beeinflußt und bewegt werden kann. Dem O. wird vielfach auch der Fragenkreis zugeordnet, ob es ein Hereinragen von Geistern und abgeschiedenen Seelen in die empirische Welt gibt, woraus sich die Phänomene der → Besessenheit und der Spukvorkommnisse deuten lassen sollen. Es empfiehlt sich aber, diesen Problembereich vom O. abzutrennen und ihn unter dem Sammelbegriff des → Spiritismus besonders zu behandeln.

2. In der religionswissenschaftlichen Forschung der Gegenwart setzt sich immer mehr die Überzeugung durch, daß die o.e Begabung zu der ursprünglichen Ausrüstung des Menschengeschlechts gehört hat. Nach der Schau des Paläontologen E.Dacqué besaß der prähistorische Mensch ungewöhnliche parapsychische und magische Fähigkeiten, die ihn nicht nur auf der → Jagd und bei der Krankenheilung (→ Krankheit: I) unterstützten, sondern auch befähigten, Bauwerke von gigantischer Größe zu errichten. Unter den → Naturvölkern ist die o.e Anlage heute noch allenthalben wahrnehmbar. Was → Zauberer und → Medizinmänner in Äquatorialafrika und auf den Inseln der Südsee an hellseherischer Entlarvung, an → Regen-Zauber und heilender → Beschwörung zustande bringen, kann nicht einfach in das Reich des Betrugs verwiesen werden. Missionare warnen daher mit Recht vor der illusionistischen Interpretation. Ebenso sind Assyrien, → Babylonien (: II) und das alte → Ägypten, das taoistische → China, → Indien und → Tibet, das Reich der Azteken und Inkas im archaischen → Mexiko (: I) von o.en Einflüssen durchtränkt. Man kann die Kulturgeschichte dieser Völker nicht verstehen, wenn man die Rolle der astralen, magischen und parapsychischen Wirkungskräfte in ihrem Leben übersieht.

Die erste Abkehr vom o.en Weltbild geschieht im Griechentum in der sokratischen und aristotelischen Philosophie. Dort vollzieht sich der bedeutsame Umschlag vom »Mythos zum Logos«, vom intuitiven Wissen um die Allverwandtschaft aller Dinge zu der abstrakt-kritischen Reflexion und der daraus resultierenden neuen Art der technischen Weltbemeisterung. Gleichwohl wirkt die o.e Betrachtung auch in Hellas noch lange weiter, bei den → Neupythagoreern und im → Neuplatonismus, in den → Mysterien-Religionen und den gnostischen Sekten (→ Gnosis). Im AT und NT wird wohl von Propheten und Aposteln ein hl. Kampf geführt gegen den Mißbrauch o.er Kräfte im Dienst eigensüchtiger und dämonischer Herrschaftsansprüche, doch wäre es völlig abwegig, darin eine Leugnung der o.en Kräfte zu sehen. Es wird vielmehr auch hier mit der Möglichkeit gerechnet, daß diese Kräfte in den Dienst des Heiligen gestellt werden können. – Die reichhaltige Materialsammlung von K.Seligmann: »Das Weltreich der Magie. 5000 Jahre Geheime Kunst« (1958) hat erneut den Beweis erbracht, daß auch im christlichen MA und ebenso im 16. und 17.Jh. o.e Phänomene lebendig waren, und zwar sowohl im fragwürdig zerstörerischen wie im aufbauenden Sinn. Hierher gehört bes. der Einfluß der → Alchemie und der → Kabbala, die keineswegs auf das jüdische Denken beschränkt blieb (Spuren bei → Albert d. Gr., → Hildegard von Bingen, → Pico della Mirandola, → Agrippa von Nettesheim und vor allem bei den → Rosenkreuzern). Schaurige Auswirkungen zeitigte die o.e Überzeugung im Bereich des Hexenwahns (→ Hexen: II).

Mit dem Siegeszug der → Aufklärung und dem Aufkommen der modernen → Naturwissenschaft (: I) verliert das Weltbild des O. mehr und mehr an Ansehen und Glaubwürdigkeit. Er hat gleichwohl auch im 18. und 19.Jh. seine Anhänger behalten in → Novalis und → Swedenborg, in → Oetinger und → Jung-Stilling, bei Justinus → Kerner und G.H.v. → Schubert, bei → Schopenhauer, → Görres und E.v. → Hartmann. Zu Ausgang des 19.Jh.s zeigen sich erneute Ansätze zur Wiederbelebung des O. 1882 erfolgt in England die Gründung einer »Society for Psychical Research«. Diese Gesellschaft legt hohen Wert auf streng wissenschaftliche Forschung. 1906 entsteht in Amerika eine Society mit gleicher Zielsetzung. 1920 wird in Paris ein »Institut Metapsychique International« ins Leben gerufen. In Deutschland haben sich vor 1914 vor allem die Professoren Max Dessoir, Hans Driesch und T.K.Oesterreich um eine sorgfältige Erforschung der o.en Phänomene verdient gemacht. Für die Gegenwart müssen bes. der Augenarzt Rudolf Tischner und Prof. Hans Bender genannt werden, der nach dem 2. Weltkrieg in Freiburg im Anschluß an die Universität ein Institut für Grenzgebiete der Psychologie ins Leben gerufen hat. All die Genannten arbeiten mit kritischer Schärfe, sie weisen darauf hin, wie leicht dieses schwer durchschaubare Gebiet von unsauberen, unredlichen und krankhaft schwärmerischen Gestalten mißbraucht werden kann, wie sehr darum vorsichtige Zurückhaltung und Skepsis am Platz sind. Dennoch ergaben die strengsten Überprüfungsmethoden, daß die o.en Phänomene in ihrer Gültigkeit nicht bestritten werden können. Abgesehen von diesen ernsthaften Bemühungen ist festzustellen, daß gegenwärtig eine neue o.e Sturzwelle hereinzubrechen scheint. Die der Dogmen der materialistischen Weltanschauung überdrüssige Menschheit öffnet sich mit kritikloser Wundersucht den o.en Möglichkeiten. Der O. ist heute weithin zu einer Ersatzreligion geworden im Leben des säkularen Menschen, der vielleicht auf Grund irgendeiner Enttäuschung mit seiner Kirche zerfallen ist und den Weg dorthin nicht mehr zurückfindet.

3. Bedauerlicherweise versucht die Theologie der Gegenwart die *Auseinandersetzung mit dem O.* überwiegend noch immer in der Weise zu führen, daß sie sich an die Seite des → Agnostizismus stellt und von diesem Kampfpartner alle Hilfe erhofft. Es soll alles unbewiesen und verlogen, Betrug und Schwindel sein, was im Bereich des Parapsychischen und des Magischen geschieht. Allein auf diese Weise wird der Vormarsch des O. bestimmt nicht aufzuhalten sein. Es ist gefährlich, wenn sich die Theologie in dieser Sache zu vertrauensvoll mit dem → Rationalismus der Aufklärungszeit verbindet. Das Gespräch über die Mysterien der Seele und des Kosmos muß anders geführt werden. Nicht so, daß wir diese Vorkommnisse und Zusammenhänge in beschränkter Abneigung leugnen, sondern so, daß wir das alles sehr ernstnehmen, um es vom christlichen Gottesglauben her an den rechten Platz zu stellen. Das bedeutet, daß über den O. unter den Vorzeichen von Schöpfung, Fall und Erlösung nachgedacht werden muß.

Auch bei den o.en Kräften handelt es sich um eine schöpfungsmäßige Begabung, die sogar vererbt werden kann. Frauen haben davon im allgemeinen mehr als die Männer. Menschen auf dem Land werden häufiger damit beschenkt als der Großstädter. Pykniker finden sich zahlreicher darunter als leptosome Typen. Frühere Generationen besaßen eine reichere o.e Erfahrung als der heutige Mensch, der bei allem neu erwachten Interesse überwiegend doch nur ein theoretisches Wissen davon hat. Jedenfalls geht es nicht an, die Ausrüstung mit o.en Kräften von vornherein für satanisch zu erklären, so gewiß auch dämonischer Mißbrauch an dieser Stelle häufig wahrzunehmen ist. Kritische Wachsamkeit ist sicherlich vonnöten, und was das Vordergründig-Sinnliche überschreitet, darf nicht schnellfertig mit dem Göttlich-Absoluten gleichgesetzt werden; denn auch das Übersinnliche gehört mit hinein in den Bereich des Kreatürlichen und darf mit dem Schöpfer aller Dinge keinesfalls verwechselt werden. Andererseits ist die in christlichen Kreisen weitverbreitete Überzeugung, wer eine o.e Begabung sein eigen nennt, könne diese nur von dem »Fürsten dieser Welt« bekommen haben, in dieser Verallgemeinerung nicht haltbar. Gott hat ungezählte Schöpfungswunder und -geheimnisse in Natur und Seele eingesenkt. Das schulphysikalische und schulpsychologische Weltbild leugnet diese Mysterien zwar noch immer, die christliche Kirche jedoch hat keinen Anlaß, sich auf die Seite dieser Skepsis zu stellen.

Was hat es nun im Blick auf diese Schöpfungsgeheimnisse zu bedeuten, daß die Welt im argen liegt? Man muß sich klarmachen: Je mächtiger und großartiger eine Schöpfungskraft ist, um so furchtbarer und unheimlicher erweist sie sich bei widergöttlicher Verwendung. Bei den o.en Phänomenen handelt es sich zweifellos um starke, gewaltige Kräfte. Darum gilt es, im Besitz einer solchen Ausrüstung mit Wachen und Beten auf der Hut zu sein. Es scheint so, als würde die o.e Begabung eine gewisse Durchlässigkeit für den Einbruch finsterer Mächte und Gewalten begünstigen. Ferner läßt sich nicht bestreiten, daß o.e Kräfte bes. häufig von Menschen erstrebt, gebraucht und weitergereicht werden, von denen man den Eindruck hat, daß sie seelisch und sittlich ganz und gar nicht in Ordnung sind. Viele fragwürdige Gestalten gehen darauf aus, skrupellosen Gewinn aus ihrem noch dazu dilettantisch betriebenen Gewerbe zu ziehen, und genießen es, mit Hilfe der geheimnisvollen Kräfte über andere zu herrschen, gelegentlich bis hin zum sexualmagischen Mißbrauch. Man kann es darum wohl verstehen, wenn vor allem die im evangelistischen Beruf tätigen Männer nur noch das Negative in dem allen zu sehen vermögen. – Dennoch gilt, daß auch die o.en Kräfte geheiligt werden können, wenn das Herz eines Menschen in Hingabe, Vertrauen und hl. Furcht mit dem Du Gottes lebendig verbunden bleibt. Je mehr der Mensch heute die Mächtigkeit des Okkulten wieder entdeckt, um so brennender wird die Aufgabe, ihm zu helfen, auch diese Fähigkeiten in das christliche Menschen- und Naturbild zu integrieren. Wird diese Aufgabe nicht gesehen und nicht realisiert, dann wird die Verwilderung auf dem Gebiet des Okkulten in großem Ausmaß zunehmen. – Wenn der Mensch ein viel größeres Schöpfungsgeheimnis ist, als es der moderne Empirismus wahrzunehmen vermochte, dann muß sich daraus eine größere Ehrfurcht ergeben vor den irrationalen Wirkungen, die unablässig von uns ausgehen. Wir wirken nicht nur durch das, was wir reden und tun, sondern vor allem durch das, was wir sind. Unsere Gedanken, Wünsche und Stimmungen bauen mit an der Atmosphäre, die wir um uns her schaffen. Wir können einander auch schaden durch neidische Blicke und heimliche tödliche Absicht. – Wenn es sich bei den Fähigkeiten der Seele um so außerordentlich weitreichende Kräfte handelt, dann legt sich die Frage nahe, was von ihrer planmäßigen Aktualisierung und Steigerung zu halten ist. Die Möglichkeit eines solchen Seelentrainings kann nicht bestritten werden. Eine andere Frage ist, ob es ratsam ist, solche Exerzitien zielstrebig zu unternehmen. Die christliche Seelsorge vertritt hier den Grundsatz: Wer im Besitz übersinnlicher Gaben ist, möge sie mit hl. Händen verwalten, zur Ehre Gottes und zu Schutz und Nutz des Mitmenschen. Wer nicht damit beladen ist, hüte sich davor, aus Neugierwissensdrang oder Herrschsuchtsverlangen ein solches Vermögen gewaltsam an sich zu reißen, denn die Seele des Menschen kann daran auch zerbrechen und in die Umnachtung stürzen.

Weit gehen die Meinungen in der Kirche der Gegenwart auseinander über der Frage, ob das Vertrautsein mit dem Material des O. eine Hilfe auf dem Weg zum Glauben bedeuten kann. Die meisten Theologen lehnen eine apologetische Stützung der christlichen Wahrheit von da her entschieden ab. Dagegen vertritt Karl → Heim in seiner Altersbiographie (Ich gedenke der vorigen Zeiten, 1954) die Überzeugung, die Kirche sollte sich einer solchen Möglichkeit nicht von vornherein entschlagen. Es gibt heute Millionen von Menschen, die zu den Zeugnissen der Bibel keinerlei Zugang mehr finden, weil sie das säkulare Denken völlig ungläubig gemacht hat im Blick auf die dort berichteten Inhalte. Es gibt zwei Wege, mit diesen Denknöten fertig zu werden. Der eine ist die → Entmythologisierung, die alles als legendären Ballast entfernt, was dem neuzeitlichen → Weltbild widerspricht. Die andere Bemühung möchte aufzeigen, daß die Kritik an der Bibel von einem falschen Vorverständnis ausgeht, daß es neben dem positivistischen auch einen o.en Empirismus gibt, in dessen Licht sich viele biblische Aussagen ganz neu erhellen. Man wird jedenfalls nicht leugnen können, daß auch über das o.e Erleben nicht wenige Menschen einen entscheidenden Anstoß zu einer ewigen Bewegung empfangen haben.

I.KANT, Träume eines Geistersehers, 1766 (Reclam-Ausg., o.J.) - I.C.PASSAVANT, Unters.en über den Lebensmagnetismus u. das Hellsehen, 1837 - C.v.REICHENBACH, Odisch-magnetische Briefe, 1852 - DERS., Der sensible Mensch I. II, 1854/55 - C.KIESEWETTER, Der O. des Altertums, 1896 - DERS., Gesch. des neueren O., 1909 - C.DU PREL, Studien aus dem Gebiet der Geheimwissenschaft, 1905 - G. WARNECK, Die Lebenskräfte des Evangeliums, 1908 - DERS., Die Religion der Batak, 1909 - C.FLAMMARION, Rätsel des Seelenlebens, 1909 - M.DESSOIR, Vom Jenseits der Seele, 1920 - DERS., Der O. in Urkunden I-III, 1925 - T.K.OESTERREICH, Der O. im modernen Weltbild, (1920) 1923[3] - E.NIELSEN, Das Unerkannte auf seinem Weg durch die Jt.e, 1922 - DERS., Das große Geheimnis. 1923 - TH. DANZEL, Magie u. Geheimwissenschaft, 1924 - DERS., Der magische Mensch, 1928 - E.MATTIESEN, Der jenseitige Mensch, 1925 - C.G. JUNG, Seelenprobleme der Gegenwart, 1931 - ST.ZWEIG, Die Heilung durch den Geist, 1931 - F.MOSER, Der O., Täuschungen u. Tatsachen I. II, 1935 - W.-E.PEUCKERT, Pansophie, (1936) 1959[2] - H. DRIESCH, Alltagsrätsel des Seelenlebens, 1938 - E.BENZ, Swedenborg in Deutschland, 1947 - A.WIESINGER, O.e Phänomene im Licht der Theol., 1947 - J.B.RHINE, The Reach of Mind, 1947; dt. 1950 - E. BOZZANO, Übersinnliche Erscheinungen bei Naturvölkern, 1948 - E.SPRANGER, Die Magie der Seele, 1949 - R.TISCHNER, Ergebnisse o.er Forschung, 1950 - A.HÜBSCHER, Die große Weissagung, 1952 - G.KRÖNERT, Parapsychologie u. Religion, 1952 - H.BENDER, Parapsychologie, ihre Ergebnisse u. Probleme, 1953 - E.DACQUÉ, Das verlorene Paradies, 1953 - J.BJORKHELM, Die verborgene Kraft, 1954 - K.KOCH, Seelsorge u. O., (1954) 1959[6] - C.H.RATSCHOW, Magie u. Religion, 1955 - L.LÉVY-BRUHL, Die Seele der Primitiven, 1956 - W.H.C.TENHAEFF, Außergewöhnliche Heilkräfte, 1957 - P.RINGGER, Das Weltbild der Parapsychologie, 1959 - H.SCHÄFER, Der Okkulttäter, 1959. - Zs.en: Proceedings of the Society for Psychical Research, London, seit 1886; Journal of the American Society for Psychical Research, New York, seit 1907; Neue Wissenschaft, Zs. f. Parapsychologie, Zürich, seit 1950; Zs. f. Parapsychologie u. Grenzgebiete der Psychologie, seit 1955. *A.Köberle*

Októechos (Ὀκτώηχος = Achttonbuch), auch Parakletiké, enthält das nach den 8 → Kirchentönen (ἦχοι) geordnete Hymnenmaterial für den orth. → Gottesdienst (: V A, 2 a) am Sonntag, wobei 8 einander folgende Sonntage mit ihren Wochen je einen Zyklus bilden. Die Sonntagszyklen umfassen die Zeit vom 2. Sonntag nach Pfingsten bis zum 5. Sonntag der großen Fastenzeit. Diese nach ihren Perikopen in Matthäus- und Lukassonntage eingeteilte Zeit heißt ebenfalls O. Ihre Herkunft ist in Syrien zu suchen (→ Severus von Antiochien, → Andreas von Kreta, → Johannes von Damaskus, Joseph der Hymnograph) und spiegelt die frühchristliche Sitte wider, jeden Sonntag als ein Ostern im Kleinen zu feiern.

A.MALTZEW, O., 2 Bde, 1903/04 - J.JEANNIN-J.PUYADE, L' O. Syrien (OrChr 3, 1913, 82-104. 277-298) - K.WEBER, O.-Forschungen I, 1937 - H.J.W.TILLYARD, The Hymns of the O., 2 Bde, 1940/49 - E.WELLESZ, A Hist. of Byzantine Music and Hymnography, 1949, 115f - E.WERNER, New Studies in the Hist. of early O. (Kongr.-Ber. der Intern. Ges. für Musikwissenschaften Utrecht 1952, 1953, 428 bis 437). *K.Onasch*

Oldenbarnevelt, *Johan van* (1574-1619), niederländischer Staatsmann, * in Amersfoort, † im Haag. O. studierte in Löwen, Bourges, Köln und Heidelberg und wurde 1569 Advokat am Hof van Holland. 1572 entschied er sich für Wilhelm von Oranien und stand ihm in allen Angelegenheiten des Staates zur Seite (→ Niederlande: I). Als Gesandter in Frankreich und England vertrat er die völlige Selbständigkeit der holländischen Regenten. 1586 wurde er Landesadvokat und neben Moritz von Oranien der vornehmste Leiter der Regierung. Er brachte den 12jährigen Waffenstillstand mit Spanien zustande (1609-21), aus dem die Republik als europäische Großmacht hervorging. Wegen seiner liberalen, weniger kirchlichen und religiösen als staatsmännischen Überzeugung geriet O. in Gegensatz zu Moritz. Er trat für den Einfluß des Staates auf die Kirchenordnung ein, unterstützte die → Arminianer und ihre »Remonstrantie« (1610) und arbeitete einer nationalen Synode entgegen (→ Dordrechter Synode). Er wünschte, daß Moritz die Armee gegen die Prädikanten und das calvinistische Volk einsetzen sollte, und ließ eigene Truppen in den Provinzen zu, die Moritz aber entließ. O. wurde verhaftet und wegen Hochverrats zum Schafott verurteilt. Er war ein großer Staatsmann, aber unbiegsam und stolz.

J.L.MOTLEY, The Life and Death of J. of Barnevelt, 1874 (holl. mit Einl. von R.C.BAKKUIZEN VAN DEN BRINK, 2 Bde, Haag 1881); dagegen vom calvinist. Standpunkt G.GROEN VAN PRINSTERER, Maurice et Barnevelt, Utrecht 1875 - NNBW V, 384ff - E.WIERSUM, O. als pensionaris van Rotterdam, Rotterdam 1954 - W.J.M. VAN EYSINGA, De wording van het Twaalfjarig Bestand (VAA 66, 3), 1959. *J.N.Bakhuizen van den Brink*

Oldenberg, *Hermann* (1854-1920), Indologe, * in Hamburg, 1878 PDoz. in Berlin, 1889 o. Prof. in Kiel, 1908 in Göttingen. Seine Lebensarbeit galt der älteren indischen Religionsgeschichte, vom Rigveda (→ Veden) bis zur Zeit des Pâli-Buddhismus; durch Textausgaben, Übersetzungen und bahnbrechende Untersuchungen hat er die Forschung hervorragend gefördert und durch formvollendete Darstellungen auch weiteren Kreisen nahegebracht.

Außer den Textausgaben des Dîpavamsa (1879), Vinaya Pitaka (5 Bde, 1879-83), Theragâthâ (1883) u. den Übers.en in SBE von Vinaya Pitaka (13. 17. 20), 1881-85, Grihya-Sûtras (29. 30), 1886-92, Vedic Hymns (46), 1897 sowie der »Reden des Buddha« (1922) sind an philolog. Arbeiten bes. zu nennen: Rigveda, textkrit. u. exeget. Noten, 2 Tle, 1909/12; Zur Gesch. der altind. Prosa, 1919. Eine Entwicklungsgesch. der ind. Religionen von der Mitte des 2. bis zur Mitte des 1.Jt.s vChr geben die vier klassischen Werke: Die Religion des Veda, (1894) 1923[4]; Vorwissenschaftl. Wissenschaft: Die Weltanschauung der Brâhmana-Texte, 1919; Die Lehre der Upanishaden u. die Anfänge des Buddhismus, (1915) 1923[2]; Buddha: sein Leben, seine Lehre, seine Gemeinde, (1881) 1958[13]. Vf. ferner u.a.: Die Lit. des alten Indien, (1903) 1923[3]; Das Mahâbhârata, 1922. - Über O.: A.BERTHOLET in: NGW 1920, 53ff - H.v.GLASENAPP im Nachwort zu »Buddha«, 1958[13], 455ff. *H.v.Glasenapp*

Oldenburg, *Bistum.* Durch → Otto d. Gr. (eher 958/68 als 948) am Zentrum der slawischen Wagrier (Ostholstein) errichtet, übernahm O. als Suffragan von → Hamburg-Bremen in schwierigem Kreuzungsgebiet sächsischer und dänischer Interessen die Mission unter den widerstrebenden Ostsee- → Wenden bis zur Peene. Mehrfach, bes. 1018, mußten die Bischöfe aus dem Lande weichen. Nach Neuansatz unter dem Wendenfürsten Gottschalk († 1066) trennte Erzbischof → Adalbert die Bistümer → Mecklenburg und → Ratzeburg ab und beschränkte O. auf Wagrien. Ein neuer Aufstand vernichtete 1066 alle drei. Erst der Wendenkreuzzug 1147 ermöglichte den definitiven Neubeginn. Bischof →Wizelin (1149-54) kam zwischen Bremen, Herzog Heinrich dem Löwen und Graf Adolf II. von Holstein nicht zur Entfaltung. Die Zerstörung des wagrischen Landesheiligtums bei O. selbst wagte erst 1156 der Nachfolger Gerold (1155-63). Auf sein Betreiben wurde das Bistum 1160 nach → Lübeck verlegt.

RE XI, 670f - RGG² IV, 688 - LThK VII, 702 (jeweils Lit.) - F.Lammert, Die älteste Gesch. d. Landes Lauenburg, 1933 - K. Schmaltz, KG Mecklenburgs I, 1935 - K.Jordan, Die Bistumsgründungen Heinrichs d. Löwen, (1939) 1952 - A.Dieck, Die Errichtung d. Slawenbistümer unter Otto d. Gr. (Diss. Heidelberg), 1944 (Masch.) - H.-D.Kahl, Zum Ergebnis d. Wendenkreuzzugs (Wichmann-Jb. 11/12, 1957/58, 99-120). *H.-D.Kahl*

Oldenburg, *Land*

1. MA - 2. Reformation - 3. Pietismus und Gegenreformation - 4. Rationalismus, Katholizismus - 5. Kirchenverfassung (1849-1918) - 6. Landeskirche seit 1918

1. Die Christianisierung im »Confinium Saxoniae et Frisiae« begann um 780. Im friesischen Gau Rüstringen wirkte → Willehad († 789); in den Geestlandschaften predigten vermutlich Corveyer Mönche. Die Missionsabtei des edlen Castus zu Visbeck im Lerigau verlor an Bedeutung, seitdem Graf Waltbert, Enkel des Sachsenherzogs Widukind, die Gebeine des hl. Alexander von Rom nach Wildeshausen überführt (851) und dort ein geistliches Stift gegründet hatte. Durch dänische Wikinger wurden die Christengemeinden des Küstenlandes noch im 10.Jh. bedroht. Nach 1000 festigte sich die kirchliche Organisation (Erzbistum → Hamburg-Bremen, Bistum → Osnabrück), und nach 1050 entstand im Gebiet der Hase, Hunte und Jade die Grafschaft O. - In dem damals noch friesisch besiedelten Ammerland gründete → Adalbert von Bremen die Kirche zu Wiefelstede (1057). 1091 wurde das Benediktinerkloster Rastede geweiht, dessen Abt zweithöchster Würdenträger der Bremer Kirche war. Rastede war Hauskloster der Grafen von O., während das 1232 gegründete Zisterzienserkloster Hude bei den Grafen von O.-Delmenhorst als Ruhestätte beliebt war. Als Zentralkirche der Grafschaft O. gewann St. Lamberti zu O. seit 1374 (Erhebung zum Kollegiatstift) Bedeutung. Der Einfluß der o.en Grafen auf das von ihnen 1246 gegründete Kloster Menslage (-Börstel) ging verloren, aber das o.e Patronat in Brokel und Willstedt (Wümmegau) blieb bis 1918 erhalten. Geistliche Lehen vergaben die Grafen von O. um 1440 in Aurich, Esens, Elsfleth, Hatten, Edewecht, Lindern und O. Damals gehörten im Bereich des späteren Landes O. 67 Kirchen zur Diözese Bremen und 32 zur Diözese Osnabrück. Zur Wallfahrtskirche entwickelte sich um 1475 die Liebfrauenkirche in Wardenburg. - Wie in Friesland allgemein, setzte sich im Nachbarraum O. der Zölibat nicht durch. Schärfere Gegensätze entstanden in Stedingen durch das Festhalten der Bauern am alten Brauchtum und durch Verweigerung von Zins und Zehnt. Dem von Gerhard II. von Bremen organisierten Kreuzfahrerheer erlagen die → Stedinger 1234 bei Altenesch.

2. Nach der sehr dürftigen Quellenüberlieferung wurde die *Reformation* in O. durch ev. Predigten von Walter Renzelmann eröffnet (1528), etwas früher auf dem Lande wohl durch Edo Boling-Esenshamm u.a. Graf Anton berief 1531 den Umme U.Ilksen von Wittenberg, der 7 flämische Prädikanten, dabei Mathias Alardus aus Brügge, nachzog. Anton betrieb die Reformation aus fiskalischen Gründen. Sein Bruder Christoph (Christoffer), Domherr zu Bremen und Köln, ließ sich 1531 zum Abt des Klosters Rastede wählen, um es zu privatisieren. Im Schmalkaldischen Krieg entriß Anton 1547 dem Bistum Münster die 1482 verlorene Herrschaft Delmenhorst. Christoph schlug als ev. Feldherr die kath. Truppen bei Drakenburg, focht aber später für Kaiser Karl V. Dem Bremer Domprediger → Hardenberg gab er in Rastede ein Asyl. Graf Anton machte bis 1564 alle Kirchen zu Lehnskirchen. Sein Nachfolger Johann berief 1573 Herm. → Hamelmann, der zusammen mit Nik. → Selnecker die von Mecklenburg und Braunschweig beeinflußte o.e KO herausgab und für Kirchenvisitationen sorgte. Erst 1599 wurde sein niederdeutscher Katechismus gedruckt. Das o.e Konsistorium bestand als Kirchen- und Schulbehörde bis 1849. - In der friesischen Herrschaft Jever predigte Heinrich Cramer 1524 lutherisch. Fräulein Marias Kanzler Remmer von Seediek verfaßte 1548 eine jeversche KO, die - durch Peter Rotbart überarbeitet - 1562 zu Wittenberg erschien. (Das → Interim war von 21 jeverschen Pfarrern abgelehnt worden.) Als das Jeverland 1575 an O. vererbt wurde, bemühte sich Hamelmann alsbald, die Bekenntnisgleichheit in O. und Jever herzustellen. Bei dem Religionsgespräch zu Jever (1576) hielten 2 Pfarrer zum Calvinismus, 55 verpflichteten sich auf die o.e KO. Seit 1580 war für O. und Jever die luth. → Konkordienformel gültig. Die selbständige Herrlichkeit In- und Knyphausen wurde 1555 durch ihren Besitzer Tido dem ref. Bekenntnis zugeführt; seit ihrem Heimfall an O. (1626) blieb von den 3 Gemeinden nur Accum beim ref. Bekenntnis. - Graf Anton hatte aus Haß gegen Münster dem Heinr. Krefting und anderen Täufern 1534-47 Asyl gewährt. Später im 17.Jh. werden gelegentlich Mennoniten in der Grafschaft O. erwähnt. Während der münsterschen Herrschaft über Delmenhorst verweltlichte das Kloster Hude und wurde auf Befehl des Bischofs Franz (von Waldeck) 1536 zerstört. Durch H. → Bonnus ließ er die Reformation in Vechta, Cloppenburg und Delmenhorst durchführen. In Delmenhorst wirkte der Flame Oliver Marsmann als erster luth. Prediger, in Varel der einheimische Tilemann Hanneken. Das Alexanderstift Wildeshausen blieb beim kath. Glauben.

3. Anton Günther, letzter Graf von O. (1603-67), der luth. Mystik Joh. → Arnds zugeneigt, vermochte seinem Lande Glaubenskrieg und Gegenreformation zu ersparen. - Unter dänisch-gottorpischem Kondominium (1667-76) und unter dänischen Statthaltern (1676 bis 1773) vollzog die Grafschaft O. eine Wandlung von luth. Orthodoxie zum *Pietismus*. Hamelmanns Bücher wurden durch des Schleswigers Nik. Alardus o.en Katechismus (1689) und das o.e Gesangbuch (1690) ersetzt. Wichtiger war die Neue o.e KO des Spener-Anhängers Kaspar Büssing von 1725. - In der für den unebenbürtigen Grafen Anton von Aldenburg geschaffenen Herrschaft Varel, die mit der reichsunmittelbaren Herrlichkeit Knyphausen vereinigt wurde, fand bes. seit Einheirat des Holländers Wilh. von Bentinck (1733) der ref. Glaube Zustrom. In der 1667 an Anhalt-Zerbst vererbten Herrschaft Jever wurde 1776 allen Bekenntnissen freie Religionsausübung gewährt. - Der konfessionelle Schwebezustand im Niederstift Münster nahm infolge planmäßiger Rekatholisierung unter dem Kölner Kurfürst Ferdinand von Bayern seit 1613 allmählich ein Ende, doch widersetzte sich der Adel tapfer. Im → Westfälischen Frieden erhielt Schweden das Amt Wildeshausen; die Stiftsherren von St. Alexander mußten 1651 abwandern. Nach langem Streit um die geistliche Jurisdiktion im Niederstift, das seit 1400 (Vechta seit 1252) politisch zu Münster gehörte, erwarb Fürstbischof Chr.B. von → Galen 1667 die Osnabrücker Diözesanrechte käuflich und machte das Gebiet mit Hilfe von Jesuiten zu einem kath. Bollwerk.

4. Die Grafschaft O. wurde 1773 an das Haus Holstein-Gottorp abgetreten, das gottorpsche Fürstbistum Lübeck (= Eutin) mit O. zum Herzogtum Holstein-O. vereinigt. Herzog Peter Fr. Ludw. (1785-1829), ein aufgeklärt-patriarchalischer Regent, berief 1789 den rationalistischen Hamburger Esdras H.Mutzenbecher als General-Sup. Dessen im Bunde mit G.A.v.Halem herausgegebenes o.es Gesangbuch (1791) verdrängte das pietistische von 1753. Seine Agende (1795) löste die alte liturgische Ordnung auf, und sein »Unterricht in der christlichen Lehre« bestimmte in O. den »vernünftigen Gottesglauben« vieler Geschlechter. - Durch den Reichsdeputationshauptschluß (1803) erwarb O. aus dem aufgeteilten Fürstbistum → Münster die Ämter Cloppenburg und Vechta, von Kurhannover das 1700 von Schweden abgetretene Amt Wildeshausen. Die o.e Regierung hob Alexanderstift und Franziskanerkloster zu Vechta auf, dotierte jedoch aus Erträgen des Alexanderfonds und der Johanniterkommende Bokelesch kath. Kirchen und Schulen. Unter Großherzog Paul Friedr. August (1829-53) wurden die Diözesanverhältnisse der o.en Katholiken durch Konvention mit dem Apostolischen Delegaten Josef von Hohenzollern geregelt (Oliva, 5.1.1830). Die bischöfliche Amtsgewalt wurde dem 1831 zu Vechta errichteten Offizialat übertragen, dessen Offizial dem Bischof von Münster unmittelbar untersteht. - Die luth. Diasporagemeinden des o.en Münsterlandes schlossen sich der o.en Landeskirche an; zu ihrer Unterstützung bildete sich 1844 zu O. ein Gustav-Adolf-Verein.

5. Nachdem das o.e Staatsgrundgesetz (18.2.1849) gemäß den deutschen »Grundrechten« (21.12.1848) die Selbständigkeit der Religionsgesellschaften verkündet hatte, schuf die o.e Generalsynode das sehr liberale Kirchenverfassungsgesetz (15.8.1849), welches völlige »Glaubens- und Gewissensfreiheit« proklamierte und die Bekenntnisschriften ignorierte. Unabhängig vom Landesherrn und Staat übernahm ein gewählter Oberkirchenrat die Kirchenleitung. Jedoch zwang das Revidierte o.e Staatsgrundgesetz (22.11.1852) die Synode zur Wiederherstellung des landesherrlichen Kirchenregiments, was eine Rückwandlung des Oberkirchenrats zur Staatsbehörde nach sich zog. Die Revidierte o.e Kirchenverfassung (11.4.1853) stellte sich wieder auf den Grund der Hl. Schrift und der reformatorischen Bekenntnisse, bes. der CA. - Neue Gemeindebildungen durch Baptisten, Methodisten (sog. »Quäker«) u.a. veranlaßten das o.e Gesetz betr. Regulierung einiger Verhältnisse der verschiedenen Religionsgesellschaften (14.1.1851). Es hob den bisherigen Parochialzwang auf; damit endete die uralte Identität von Kirchengemeinde und politischer Gemeinde. Seit 1870 zahlte der o.e Staat beiden Kirchen eine jährliche »Bauschsumme« (ev. Kirche 48 600 M., kath. Kirche 22 635 M.; 1924 festgesetzt auf Goldmark).

6. Nach Abdankung des Großherzogs (11.11.1918) beschloß die Landeskirchenversammlung eine neue Verfassung (12.11.1920), die an der Bekenntnisgrundlage von 1853 festhielt. Von 1920-34 war Heinr. Tilemann Oberkirchenratspräsident. Sein Nachfolger Joh. Volkers gehörte zum gemäßigten Flügel der Deutschen Christen und erhielt den Titel »Landesbischof«. Unter Führung von Heinz Kloppenburg entstand im Kirchenkampf ein o.er Pfarrernotbund mit eigener Bekenntnissynode. Nach dem Zusammenbruch wurde im Einvernehmen mit der Militärregierung Wilh. → Stählin in den neuen Oberkirchenrat berufen. Er förderte als Bischof von O. die Erneuerung der Liturgie. Die wesentlich von seinem juristischen Mitarbeiter H. → Ehlers geschaffene o.e KO (20.2.1950, Neufassung vom 28.1.1957) erweitert die früheren Bekenntnisgrundlagen. Der VELKD trat die o.e Kirche nicht bei, wohl aber dem Luth. Weltbund (1957). Unter Bischof Gerhard Jacobi (seit 1954) schloß sie zusammen mit den übrigen niedersächsischen Landeskirchen einen Staatsvertrag mit dem 1946 gebildeten Land Niedersachsen, in dem das Land O. mit anderen aufgegangen war. Die im Verwaltungsbezirk O. selbständig gebliebene o.e Landeskirche umfaßt 105 Kirchengemeinden mit 530 000 ev. Einwohnern in 13 Kirchenkreisen (165 Pfarrstellen). Von den ca 760 000 Einwohnern im Verwaltungsbezirk O. sind 67% ev., 27% kath.

K.Meinardus, Der o.e General-Sup. C.Bussingius, GPr O. 1875 - L.Schauenburg, Hundert Jahre o.e KG, 5 Bde, 1894-1908 - Die Bau- u. Kunstdenkmäler des Herzogtums O., 5 H.e, 1896-1909 - K.Willoh, Gesch. der kath. Pfarreien im Herzogt. O., 5 Bde, 1898 ff - G.Rüthning, O.e Gesch., (1911) 1937² - G.Sello, Die territor. Entwicklung des Herzogt. O., 1917 - Die Hand am Pfluge, hg.v. Ev.-luth. Oberkirchenrat in O., 1949 - H.Lübbing, O.e Landesgesch., 1953 - H.v. Seggern, O.e KG (JGNKG 56, 1958, 25-34) - K.Hartong, Beiträge zur Gesch. des o.en Staatsrechts, 1958 - Hdb. der hist. Stätten Deutschlands II, hg.v. K.Brüning, 1958 - J.L.Brockmann, E.H. Mutzenbecher, 1959.

H.Lübbing

Oldendorp, *Johannes* (ca 1488/89-1567), * in Hamburg, schloß 1515 seine juristischen Studien in Bologna ab und war 1516-20, 1521-26 Prof. der Rechte in Greifswald (dazwischen in Frankfurt/O.), 1526-33 Stadtsyndikus (seit 1531 auch Prof.) in Rostock, 1534-36 in Lübeck als Berater Wullenwebers, 1536-38 wieder Prof. in Frankfurt/O., 1538-40 unter Erzbischof → Hermann von Wied in Köln, zuletzt - mit kurzem Zwischenspiel 1543 in Köln - in → Marburg. Seine Lebensleistung, die ihn an → Melanchthons Seite stellt, ist die Entwicklung eines luth. → Naturrechts, das er als Vorkämpfer der ev. Bewegung in den norddeutschen Städten aus der Kraft eigenen religiösen Lebens gestaltete, dabei von der humanistischen Reformfrömmigkeit und ihren römischrechtlichen Ausprägungen bei Budaeus und Cantiuncula bis in die Einzelheiten hinein bestimmt. Nachwirkungen des mittelalterlichen Aristotelismus und Einwirkungen der Naturrechtslehre Melanchthons machen O. - ebenso als »bewahrenden Vermittler und Kenner« des kanonischen Rechtes - zum bedeutendsten luth. Juristen des 16.Jh.s.

C.v.Kaltenborn, Die Vorläufer des Hugo Grotius, 1848 - H.-H. Dietze, J.O. als Rechtsphilosoph u. Protestant, 1933 - Erik Wolf, Große Rechtsdenker, (1939) 1951³, 134-175 (Bibliogr., Lit.) - H. Reincke, Große Hamburger Juristen aus 5 Jh.en, 1954, 14-19 - Fr.Merzbacher, J.O. u. das kanonische Recht (Festschr. f. Joh. Heckel, 1959, 222-249) - G.Kisch, Erasmus u. die Jurisprudenz seiner Zeit, 1960, 227-259.

W.Maurer

Oldham, *Joseph Houldsworth,* ev. Theologe, * 20.10. 1874 in Schottland, nach dem Studium in Edinburgh und Oxford 1896-97 Sekretär der Christlichen Studentenbewegung in England und 1897-1900 des CVJM in Lahore, Indien. Zusammen mit → Mott bereitete er die Weltmissionskonferenz von Edinburgh 1910 vor, wurde Sekretär des Fortsetzungsausschusses bis zur Gründung des → Internationalen Missions-Rates (, 3. 4) und war dessen erster Generalsekretär (1921-38). 1931-38 war O. Verwaltungsdirektor des Internationalen Instituts für afrikanische Sprachen und Kulturen, 1934-38 Vorsitzender der Forschungsabteilung des Allgemeinen Christenrates für Leben und Arbeit (→ Ökumenische Bewegung, 1), 1942-47 Leiter des Christian Frontier Council. O. gehört zu den aktivsten Förderern der Mission und des ökumenischen Gedankens auf englischem Boden.

Vf. u.a.: Christianity and the Race Problem, London 1924; The Remaking of Man in Africa, ebd 1931; Church, Community and State, ebd 1935 (dt. 1936); (mit W.A.Visser't Hooft:) The Church as an Oecumenical Society, New York 1937 (dt. 1937); The Resurrection of Christendom, London-New York 1940; Real Life is Meeting, ebd 1942; Work in Modern Society, 1950 (dt. 1950); Life is Commitment, New York 1953; New Hope in Africa, London 1955. - Hg.: IRM 1912-27; Christian News Letter 1939-45. - Über O.: ROUSE-NEILL, s. Reg. *E.H.Robertson*

Olearius, 1. *Johannes* (1546-1623), eigtl. Coppermann (Kupfermann), aus Wesel gebürtiger Stammvater einer luth. Theologenfamilie, 1574 Gymnasialrektor in Königsberg, 1578 Theologie-Prof. in Helmstedt, 1581 Sup. in Halle. O. war enger Mitarbeiter und Schwiegersohn von T. → Heßhus und wie dieser ein unerbittlicher Streiter für das reine Luthertum und die → Konkordienformel. Vor allem trat er dem in → Anhalt durchgedrungenen Calvinismus entgegen. Verdienste hat er um die Ordnung des Kirchenwesens im Erzstift Magdeburg und in der Stadt Halle. Seine theologischen Arbeiten sind ohne Bedeutung.

RE XIV, 354 - ADB XXIV, 278f.

2. *Johannes* (1611-84), * in Halle, Sohn von 1, 1637 Sup. in Querfurt, 1643 Hofprediger, dann auch Kirchenrat und General-Sup. in Halle, 1680 Hofprediger und General-Sup. in Weißenfels. O. gehört zu den orth. Theologen, die die Schäden der Kirche sahen, → Speners Auftreten begrüßten und Beziehungen zu ihm aufnahmen. Außer Erbauungsbüchern (Geistliche Gedenkkunst, Betschule, Sterbensschule usw) schrieb er eine Methodus studii theologici (1664) und Oratoria sacra (1665). In dem von ihm herausgegebenen Gesangbuch (Geistliche Singekunst, 1671) bringt er 240 von ihm selbst verfaßte Lieder. Der Stammteil des EKG enthält noch 3 Lieder von ihm (u.a. »Gelobet sei der Herr, mein Gott, mein Licht, mein Leben«; »Herr, öffne mir die Herzenstür«). O. hat auch eine gewisse Bedeutung für die beginnende hymnologische Forschung.

J.B.LIEBLER, Hymnopoeographia Oleariana, Naumburg 1727 - KOCH III, 344ff - RE XIV, 355f - Hdb. z. EKG II/1, 1957, 159f.

3. *Johannes* (1639-1713), Enkel von 1 und Neffe von 2, 1664 Prof. für alte Sprachen und 1667 der Theologie in → Leipzig. O. schrieb u.a. Exercitationes philologicae ad epistolas dominicales (1674) und De stylo Novi Testamenti (1678), stand in den Leipziger Pietistenkämpfen (1690ff) auf → Franckes Seite und wandte sich trotz seiner sonstigen Zurückhaltung gegen das allzu hemmungslose und eigenmächtige Vorgehen seines Kollegen J.B. → Carpzov (II.). Sein Sohn und (seit 1708) Kollege *Gottfried* (1672-1715) hätte, wäre er nicht früh verstorben, die nt. Wissenschaft in Leipzig noch stärker als der Vater gefördert.

RE XIV, 357 - O.KIRN, Die Leipziger Theol. Fak., 1909 (passim) - H.LEUBE, Die Gesch. der pietist. Bewegung in Leipzig, 1921. *F.Lau*

4. *Johann Christoph* (1669-1747), * in Halle, † in Arnstadt, Sohn von 5, folgte 1694 in Arnstadt seinem Vater im Kirchendienst. Die Berliner Sozietät der Wissenschaften nahm den als Polyhistor gerühmten O. 1714 als Mitglied auf. Hymnologisch wichtig sind sein »Entwurf einer Lieder-Bibliothek« (1702), sein »Ev. Liederschatz« (1704) mit historischen Notizen zu vielen Liedern und der Nachdruck dreier Gesangbücher von 1524 und 1525 (»Jubilirende Lieder-Freude«, 1717).

RGG² IV, 692f - K.AMELN. Nachdrucke alter Gesangbücher, Agenden u. Liederblätter I (JLH 2, 1956, 141).

5. *Johann Gottfried* (1635-1711), * in Halle, † in Arnstadt, Neffe von 2, ev. Kirchenlieddichter. Nach Studien bes. in Leipzig und Jena wurde O. 1658 Prediger in Halle, 1685 Inspektor der 2. Saale-Diözese und 1688 Sup. zu Arnstadt. 1709 erblindete er. Neben patristischen Arbeiten (Abacus patrologicus, 1673) schrieb er Kirchenlieder (Primitiae poeticae, 1664; 2. Aufl.: Geistliche Singe-Lust, 1697, 70 Lieder), von denen aber keines mehr in Gebrauch ist.

KOCH III, 350f - ADB XXIV, 280 - RE XIV, 356. *S.Fornaçon*

Olevian, *Caspar* (1536-87), * in Trier. Nach Jurastudium in Paris, Orleans und Bourges wendet er sich in Genf und Zürich zur Theologie. 1559 steht er als vom Rat angestellter Lateinlehrer im Mittelpunkt des Trierer Reformationsversuchs, nach dessen Fehlschlagen er nach → Heidelberg berufen wird (1560-62 Ephorus der Sapienz, 1561-62 Prof. für Dogmatik). Als Pfarrer an Hl. Geist und Kirchenrat (seit 1562) ist er an der Einführung - weniger an der Abfassung - des → Heidelberger Katechismus, der KO von 1563 und der Kirchenzucht 1570 maßgeblich beteiligt. Bei der Restauration des Luthertums entlassen, wirkt er als Prinzenerzieher in Berleburg, seit 1584 als Pfarrer und Dogmatik-Prof. in → Herborn und vollendet den Sieg des Calvinismus in den Wetterauer Grafschaften (Herborner Synode 1586). O. kombiniert eine durch juristische Begriffe präzisierte Bundestheologie (→ Bund: IV) im Stile → Bullingers mit der Reichgottestheologie, Prädestinationslehre und Christusgemeinschaft → Calvins. In der Logik folgt er P. → Ramus. Als Haupt der Herborner Schule wird O. neben → Ursinus der wichtigste Vater der deutsch-ref. Theologie.

Vf. u.a.: De substantia foederis gratuiti inter Deum et electos, 1585. - Über O.: JÖCHER-ROTERMUND V, 1069 (Bibliogr.) - J.H. STEUBING, Lebensnachrichten von den Herborner Theologen I (ZHTh 11, 1841, 77-98) - K.SUDHOFF, C.O. u. Z.Ursinus, 1857 - ADB XXIV, 286ff - RE XIV, 358ff - J.NEY, Die Reformation in Trier 1559, 1906/07 - J.M.REU, Qu. z. Gesch. d. kirchl. Unterrichts, Tl I, Bd III/2, 3, 1924, 1307ff - RITSCHL III, 417ff - H.SCHLOSSER, C.O. (Nassauische Lebensbilder I, 1940, 67-73; Lit.) - R.LAUFNER, Der Trierer Reformationsversuch vor 400 Jahren (Trier. Jb. 1960, 18-41). *J.F.G.Goeters*

Olier, *Jean Jacques* (1608-57), Gründer der Kongregation und des Seminars St. Sulpice in Paris (→ Sulpizianer), * in Paris. 1633 Priester, stand O. unter dem Einfluß des → Vincentius a Paulo und später des Paters Ch. de Condren. Als volkstümlicher Prediger wirkte er bes. in der Auvergne und Bretagne. Nach einem erfolglosen Versuch in Chartres gründete er ein Priesterseminar in Vaugirard, das 1645 nach St. Sulpice übersiedelte, wo O. seit 1642 Pfarrer war. Er gründete katechetische Zentren zur Bekämpfung des Calvinismus und → Jansenismus sowie Frauenheime und arbeitete tatkräftig an der Linderung des sozialen Elends. Das Sulpizianerseminar wurde beispielhaft für andere Diözesen; es sandte seine Priester bis nach Kanada.

Vf. u.a.: Catéchisme chrétien pour la vie intérieure, 1650 u. 1656; La Journée chrétienne, 1655; Introduction à la vie et aux vertus chrétiennes, 1657; Lettres spirituelles, 1672; Traité des saints ordres, 1675. - Über O.: H.ICHARD, Doctrine de M.O. expliquée par sa vie et ses écrits, (1889) 1891² - G.M.DE FRUGES, J.J.O., 1904 - G.LETOURNEAU, La mission de J.J.O. et la fondation des grands séminaires de France, (1905) 1906² - L.A.F.MONIER, Vie de J.J.O., Bd 1, 1914 - H.BRÉMOND, Hist. litt. du sentiment religieux en France III, (1921) 1924² - DThC XI/1, 963ff (Bibliogr., Lit.) - P.POURRAT, La spiritualité chrétienne III, 1935 - ODCC 982. *R.Voeltzel*

Olivetaner, *O.S.B. Montis Oliveti*, strenge → Benediktiner-Kongregation, entstanden aus einer Einsiedlerkolonie und benannt nach ihrem 1319 von Bernhard Tolomei (1272-1348) gegründeten Hauptkloster U.L.F. vom Monte Oliveto bei Siena; 1344 durch Clemens VI. bestätigt. Die O. haben heute noch 22 Klöster mit ca 350 Mönchen in Italien, Frankreich, Belgien, England,

Österreich und im Libanon; in den USA Oblate Sisters of St. Benedict (O.s). Das Generalkapitel mit zentralistischer Ordensverfassung (neueste Konstitutionen von 1886 und 1932) wählt den Generalabt auf 12 Jahre. In der klösterlichen Selbstverwaltung wie auf der Ordensebene besteht ein Mitbestimmungsrecht der Untergebenen.

S. Lancellotti, Historiae Olivetanae, Venedig 1623 - Heimbucher I, 214ff - M. Scarpini, I Monaci benedettini di Monte Oliveto, 1952 - J. Jassmeier, Das Mitbestimmungsrecht der Untergebenen in den älteren Männerordensverbänden, 1954, 80ff. - Über Bernhard Tolomei: DHGE VIII, 728ff - EC II, 1248f - LThK² II, 249. *W. Göbell*

Olivetanus, *Pierre Robert* (franz. Name: Louis Olivier; ca 1506-38), * in Noyon (Picardie). Die Familie gehörte zu Calvins Verwandtschaft. O.s Lebensgang ist nur wenig bekannt. Als Präzeptor und Schulmeister war er in Genf, Neuenburg und den waadtländischen Tälern (Piemont) an den Anfängen der Reformation beteiligt. Sein Lebenswerk ist die mit Calvins Vorrede von Pierre de Vingle gedruckte franz. → Bibelübersetzung (: V, 2 i α), die für das AT auf dem hebr. Text, für das NT auf der Übersetzung von → Faber Stapulensis beruht. Seine Arbeit hat wegen O.s unzureichender Sprachkenntnisse manche Kritik erfahren; dennoch war sie sZ von grundlegender Bedeutung.

E. Doumergue, Jean Calvin I, 1901 - RE XIV, 363f - J. Le Coultre, Maturin Cordier, Neuchâtel 1926 - H. Kunze, Die Bibelübers.en von Lefèvre d'Etaples u. P.R.O., verglichen in ihrem Wortschatz, 1935 - H. Meylan, Silhouettes du XVIe siècle, Lausanne 1943 - H. Delarue, Olivétan et Pierre de Vingle à Genève, Genf 1946.

J. Courvoisier

Olivi, *Petrus Johannis* (1248/49-98), Franziskaner-Theologe, * in Sérignan (Languedoc), † in Narbonne. Er lehrte seit 1287 in Florenz, seit 1290 in Montpellier. Seine Lehre über Leib und Seele hatte schon 1282 Widerspruch erregt. Stärker als seine scharfsinnige Theologie (Hauptwerk: Quaestiones in 2. librum Sententiarum, hg.v. B. Jansen, 3 Bde, 1922-26) wirkte sein entschiedenes Eintreten für das strenge Armutsprinzip. O. erwartete die von → Joachim von Fiore verheißene Geistkirche (bes. in seiner Postilla in Apocalypsim; → Kirche: III, 3 b). Dadurch wurde O. zum Führer der → Spiritualen der Provence, auch von vielen Laien und Frauen (→ Beginen) nach seinem Tod wie ein Heiliger schwärmerisch verehrt. Sie wurden deshalb verfolgt. O.s Lehren wurden auf dem Konzil von Vienne 1311/12, dann 1317 und nochmals 1326 als häretisch verurteilt.

F. Ehrle, ALKGMA 3, 1887, 409-552 - B. Jansen, Die Erkenntnislehre O.s, 1921 - J. Koch, Der Prozeß gegen die Postille O.s (RThAM 5, 1933, 303-315) - E. Benz, Ecclesia Spiritualis, 1934 - R. Manselli, La »Lectura super Apocalipsim« di Pietro di Giov. O., Rom 1955 - Ders., Spirituali e Beghini in Provenza, 1959 - L. Hödl, Die Lehre des P.J.O. von der Universalgewalt des Papstes, 1958 - E. Pásztor in: Bull. dell'Ist. Stor. Ital. 70, 1958, 365-424. *H. Grundmann*

Olmütz (Olomouc), *Erzbistum.* Für das großmährische Reich Rastislavs wurde Methodius († 885) vom Papst zum Bischof, später zum Erzbischof ernannt (→ Konstantin und Methodius). Wiching wurde als Bischof von Neutra (Nitra) sein Suffragan und Gegner, der auch den Fall von Methodius' Nachfolger Gorazd mitverursachte. Mit dem Untergang Großmährens um 905 ging das mährisch-pannonische Erzbistum zugrunde. Seit 973 war Mähren der Diözese → Prag einverleibt. Erst 1063 wurde vom böhmischen Herzog Vratislav II. in O. das Bistum errichtet und mit Prag → Mainz unterstellt. Der eifrige Bischof Heinrich Zdik (1126-50), in mancher Hinsicht → Adalbert von Prag ähnlich, spielte eine Rolle in der europäischen Diplomatie seiner Zeit. Bruno von Schauenburg (1245-81) erhob sich zu einem kräftigen Kirchenfürsten, leistete viel zum wirtschaftlichen Fortschritt des Landes und unterstützte den König Přemysl Otakar II. in dem Aufschwung seiner Macht. Johann XII. der Eiserne (1418-30) bemühte sich, den Fortgang des Hussitismus (→ Huß, 2) zu bremsen. Protasius von Boskovice (1459-82) ließ sich vom Papst zum Kampf gegen den Hussitenkönig Georg aufstacheln. Die O.er Bischöfe blieben im Besitz ausgedehnter Güter und beanspruchten seit dem 14. Jh. den Fürstentitel. Stanislav Pavlovský (1579-98) und Kardinal Franz von Dietrichstein (1599-1636) förderten die Gegenreformation. Obwohl in der 2. Hälfte des 16. Jh.s in O. das Luthertum mächtig angewachsen war, wurde die Mehrheit des Volkes im Laufe des 18. Jh.s für einen strengen Katholizismus gewonnen. Am 5.12.1777 wurde O. zur Metropole mit dem Suffraganbistum → Brünn erhoben. Die verbleibenden Evangelischen, die sich gerade in der mährischen Walachei als solche erklärt hatten, sollten nun mit größerem Erfolg für die röm. Kirche gewonnen werden. Anton Cyril Stojan (1921-23) belebte die Tradition des Cyrill und Methodius und unterstützte auf dieser Grundlage den Gedanken einer Union mit slawischen Orthodoxen. Auch die theologische Fakultät in O. trug den Namen der Slawenapostel. Seit 1945 wurde sie der erneuerten (Palacký-)Universität eingegliedert, 1950 wurde das gesamte Studium der röm.-kath. Theologie auf die Cyrill-Methodius Fakultät in Prag konzentriert und 1953 nach → Leitmeritz übertragen. Die Erzdiözese hatte 1949 auf dem Boden der → Tschechoslowakei 1089 Priester. Sie zählt 7 Archipresbyterate mit 48 Dekanaten, das Dekanat in Hultschin (Hlučín) und den Archipresbyterat in Katscher (Kietrz) in Polen (Schlesien). In O. befinden sich Gemeinden aller Kirchen, die in Mähren vertreten sind.

G. Wolny, Kirchl. Topographie von Mähren I: O.er Erzdiözese, 5 Bde, 1855-68 - Chr. d'Elvert, Zur Gesch. d. Erzbistums O., 1895 - B. Navrátil, Das B. von O. 1576-79, 1909 (tsch.) - RGG² IV, 695f (Lit.) - S. Zela, Die relig. Verhältnisse in O. unter dem Bischof M. Kuen (1553-65), 1931 (tsch.) - P. Dedic, Die Gesch. des Prot. in O. (in: JGPrÖ 1931-35) - V. Nešpor, Die Gesch. v. O., 1936 (tsch.) - Katalog der Klerisei der Erzdiözese O., 1949 (tsch.). *R. Říčan*

Omen (lat.) ist das gute oder schlimme Vorzeichen, das auf ein in der Zukunft liegendes Geschehnis weist und dessen Ablauf vorherdeutet. Es ist ein Zeichen von gleichnishaftem Wert, dessen Bedeutung im Volksglauben festliegt. Heute gilt allgemein die Regel, daß ein O. von selbst, ohne menschliches Zutun und ungesucht sich zeigen müsse, im Gegensatz zum absichtlich herbeigeführten → Orakel, zu augurium und auspicium, dh den systematisch geordneten Vorzeichenlehren, bei denen der Mensch bewußt die Zukunft aufdecken will.

Zu den ungesuchten Omina gehören vor allem außergewöhnliche Naturerscheinungen wie Erdbeben, → Sonnen- und → Mond-Finsternisse, → Kometen, Sternschnuppen (→ Sterne), Blutregen, Zeichen am → Himmel und in den Wolken (zB Kreuze und Schwerter, → Regenbogen, → Gewitter und Blitze). Weitere Omina sind auffallende Begegnungen (Angang), vorherdeutende → Träume, auffällige Erscheinungen am menschlichen Körper (Mißgeburten, zusammengewachsene Augenbrauen, Hasenscharte), Nasenbluten, ein Jucken oder Klingen des Ohres, → Niesen. In der Tierwelt gelten als O. der nächtliche Schrei des Käuzchens, der Ruf des Kuckucks, das Auftauchen eines weißen oder schwarzen Tieres (schwarze Katze, »Unglücksrabe«), das Heulen eines Hundes, das plötzliche Erscheinen von Ungeziefer (Spinne am Morgen - Kummer und Sorgen, Spinne am Abend - erquickend und labend). Auch eine ganze Reihe von Pflanzen gilt als ominös (weiße Blumen, Efeu als Grabespflanzen). Zum O. wird alles, was irgendwie auffällt, oder auch alles, was der täglichen Übung und Sitte zuwiderläuft: Das Fehlen des Brotes auf dem Tisch, das Verschütten von Salz, das Zusammenläuten der → Glocken zweier Dörfer oder das Von-selbst-läuten einer Kirchenglocke. Auch das scheinbar Harmloseste kann bald Heil-, bald Unheilvolles bedeuten (unvermutetes Aufspringen der Tür, Herabfallen eines Bildes u.dgl.). Auch bestimmte Worte können Schlimmes andeuten. Das meist falsch zitierte geflügelte Wort »nomen est o.« heißt richtig »nomen atque o.« und stammt aus Plautus (Persa 4, 4, 73). Inhaltlich betreffen die Vorzeichen alle entscheidenden Ereignisse sowohl des Einzel- wie des öffentlichen Lebens: das Gedeihen der Ernte und des Viehs, Mißwachs, Teuerung, Hungersnot, Seuchen, Wassersgefahr, Feuersbrunst, Krieg. Andere Vorzeichen betreffen eine Reise, einen bevorstehenden Besuch, einen Brief wie überhaupt Neuigkeiten, Geschenke, Geld. Die Omina mit Bezug auf den → Tod sind die häufigsten; hierher gehört: ein Klopfen ans Fenster, das Pochen des Holzwurms, das Stehenbleiben der Uhr, das Verlöschen eines Lichtes, das Verlieren des Trauringes, das Klappern der Bretter beim Sargtischler und der Handwerkszeuge beim Totengräber. Das Gespenst der Ahnfrau oder des Ahnherrn kündigt den Tod des nächsten Familienangehörigen an.

Der Glaube an die Vorbedeutung des O.s ist über die ganze Welt bei Hoch- und Primitivkulturen verbreitet und gehört zu den Grundelementen des religiösen Denkens; hinter diesem Glauben stehen assoziative, symbiotisch-sympathetische Vorstellungen, der Glaube an eine magische Korrelation aller Dinge (→ Magie) und der Grundsatz »similia similibus«. Eine religiöse → Ordnung, die das O. schickt, wird im allgemeinen vorausgesetzt. Wer Omina verhöhnt, begeht einen Frevel; jeder bloße Zufall wird im Volksglauben von vornherein ausgeschlossen. Wer ein Vorzeichen bewußt oder unbewußt sucht, dem kann jedes Ding und jedes Geschehen zum O. werden; man muß es nur bemerken und richtig deuten. Zum O. gehört freilich nicht nur ein äußerer sichtbarer oder hörbarer Vorgang, sondern auch eine psychische, meist depressive Disposition. Es gibt Menschen mit besonderer Gabe, ein O. wahrzunehmen (Zweites Gesicht, Hellsehen). Gegen das üble O. gibt es als Abwehrmaßnahme die reiectio ominis mittels einer abwehrenden Gebärde oder → Beschwörungs-Formel; man klopft dreimal gegen Holz oder man verjagt das ominöse Tier.

Omina finden in den einzelnen Kulturen jeweils ihre spezifischen Ausformungen, zT sind es in der Neuzeit aber noch dieselben Omina, die schon in der Antike als solche galten (zB→Niesen). Babylonien ist das klassische Land des Glaubens an astrologische Omina (→ Astrologie). Für die Mittelmeerwelt bieten Cicero (De divinatione), Plinius und Plutarch zahlreiche Zeugnisse. Was neben den literarischen Bezeugungen an primitivem Gemeinschaftsgut lebendig war, ist kaum zu erahnen, geschweige denn zu erschließen. - Vgl. → Mantik.

A.Bouché-Leclerq, Hist. de la divination dans l'antiquité I-IV, 1879-81 - J.Hunger, Babyl. Tieromina nebst griech.-röm. Parallelen, 1909 - PW VI/2, 2233ff; XVIII/1, 1, 350ff - HWDA I, 409ff; VI, 1251; VIII, 1684ff. 1730ff - J.v.Negelein, Die Wahrzeichen des Himmels in der indischen Mantik (ARW 26, 1928, 241-295) - RGG² IV, 697ff - F.B.Krauss, An Interpretation of the Omens, Portents and Prodigies recorded by Livy, Tacitus and Suetonius (Diss. Univ. of Pennsylvania), 1930 - P.Hermant, Omina ou présages (Le Folklore Brabançon 11, Brüssel 1931-32, 111-170) - E.Stemplinger, Antiker Volksglaube, 1948, 55ff - F.Wehrli, Antike Gedanken über Voraussagung der Zukunft (Schweizer. Arch. f. Volkskunde 47, 1951, 225 bis 232) - K.Schmeing, Seher u. Seherglaube, 1954 - A.Jaffé, Geistererscheinungen u. Vorzeichen, 1958. - Weitere Lit. s. → Aberglaube, → Mantik, → Orakel, →Wahrsager. *L.Röhrich*

Omnebene, Magister, ein Schüler → Abaelards, schrieb Mitte des 12.Jh.s ein noch unediertes Sentenzenbuch. Hauptquellen, von O. oft nur exzerpiert, sind: Abaelards Theologia »Scholarium«, ein verschollener Liber sententiarum aus Abaelards Schule, die Sentenzen des Magisters Roland (später Papst → Alexander III.), → Hugo von St. Viktor und die Summa sententiarum. O. ist wohl identisch mit dem gleichzeitigen Bologneser Kanonisten Omnibonus, der die erste Abbreviatio decreti (→ Gratians) schrieb.

H.Denifle in ALKGMA I, 1885, 461ff - A.M.Gietl, Die Sentenzen Rolands, 1891 (Exzerpte aus O.) - Ü II, 225f - H.Ostlender, Sententiae Florianenses, 1929 - Ders. in ThQ 117, 1936, 208-252 - A.M.Landgraf, Einführung in d. Gesch. der theol. Lit. der Frühscholastik, 1948, 66f. *H.Ostlender*

Omphalos → Nabel.

Omri, *König von →Israel* (: I, 10), etwa 882 (bzw. 878) bis 871 vChr, unbekannter Herkunft. Der israelitische Heerbann, dessen Führer er war, hob ihn nach der Ermordung des Königs Ela durch den Usurpator Simri auf den Thron. Er machte Simris Herrschaft schnell ein Ende (1Kön 16, 17f), hatte damit aber noch nicht die Alleinherrschaft in Händen, da ein Teil der Bevölkerung Israels einen Gegenkönig (Tibni) aufstellte. Die Differenz zwischen der O. zugeschriebenen Regierungszeit (1Kön 16, 23 a β) und den Synchronismen mit dem gleichzeitigen judäischen Könige (1Kön 16, 23 a α. 29) zeigt, daß die Thronwirren etwa 4 Jahre andauerten, ehe O. sich gegen Tibni durchsetzen konnte. Bald nachdem er die Alleinherrschaft erlangt hatte, verlegte er die Residenz von → Tirza nach → Samaria, einem seit dem 10.Jh. geringfügig besiedelten Hügel, den er (nach Alt vom kanaanäischen Vorbesitzer) käuflich erwarb und mit einer großzügig angelegten Stadt versah (1Kön 16, 24). Damit leitete er eine Entwicklung ein, die erst sein Sohn → Ahab ihrem Höhepunkt entgegenführte: Das → Königtum (, 2) sollte nach dem Willen O.s und seiner Nachfolger dem Dualismus zwischen den israelitischen und kanaanäischen Bevölkerungsteilen entnommen sein und beiden Seiten gerecht werden. Dadurch löste O. das Königtum von seinen charismatischen Wurzeln, so daß es zur Bildung einer Dynastie kommen konnte, die allerdings schon nach knapp 40 Jahren von der Dynastie → Jehus abgelöst wurde. - Außenpolitisch konnte O. nach dem Zeugnis der → Mesa-Inschrift Erfolge gegen die → Moabiter erringen. Ob schon zu seiner Zeit die Auseinandersetzung mit dem → Aramäer-Reich von → Damaskus begann, ist umstritten (1Kön 20, 34, vielleicht erst in die Zeit der Dynastie Jehus gehörig).

Vgl. die Darstellungen der Gesch. → Israels u. die Kommentare zu den → Königsbüchern. - C.F.Whitley, The Deuteronomic Presentation of the House of O. (VT 2, 1952, 137-152) - A.Alt, Der Stadtstaat Samaria (BAL 101, 5), 1954 = Alt III, 258-302. *R.Bach*

On (ägypt. *Iwnw;* → 1 B 2), der Name der Hauptstadt des 13. unterägypt. Gaues, etwa 9 km nordöstl. von Kairo. In On wurde im 3.Jt. ein tiefsinniges System vorwiegend kosmischer Gottheiten ausgebildet, das in sich eine Kosmogonie und Kosmologie enthält. Hier wird zuerst ein → Henotheismus, der sich an den Namen des Gottes Atum knüpft (→ Ägypten: II, 1), durchdacht und findet seine hymnische Prägung. On wird das Kult- und Theologie-Zentrum des Sonnengottes (Symbol ist der Obelisk) und hat den Monotheismus → Amenophis' IV. stark beeinflußt. Der Sonnentempel hieß »Haus der Sonne«, danach dann die ganze Stadt: Bêtšæmæš (Jer 43, 13), Heliopolis (seit Herodot, auch LXX). Wenn irgendwo, so sind hier ägypt. Einflüsse auf die israelitische Religion zu lokalisieren, zumal die

→ Josephs-Novelle sagt, daß Asnath, die Stammutter von Ephraim und Manasse, eine Tochter des Hohenpriesters von On gewesen sei (Gen 41, 45. 50; 46, 20). Die Stadt, die niemals politisches, aber stets großes religiöses Gewicht hatte, scheint von Kambyses zerstört worden zu sein (Strabo XVII, 805), doch haben noch Herodot, Platon und Eudoxos dort Anregungen empfangen.

ERE, Index s.v. Heliopolis, On (Egypt) - A.H.Gardiner, Ancient Egyptian Onomastica II, London 1947, 144ff - RÄRG s.v. On. - Zur Archäologie: B.Porter-R.Moss, Topographical Bibliography IV, Oxford 1934, 59ff - H.Ricke in ZÄS 71, 1935, 107-133. *H.Brunner*

Oncken, *Johann Gerhard* (1800-84), Begründer des neueren Baptismus im deutschen Sprachgebiet (→ Baptisten: I, 2 c), * in Varel (Wetterau). Seit dem 14.Altersjahr in Leith b. Edinburgh, dann in London, empfing O. entscheidende Eindrücke presbyterianischer und methodistischer Frömmigkeit. Eine methodistische Predigt über Röm 8, 1 bestärkte ihn in seinem Plan, Menschen zu Gott zu führen. 1819 regten sich die ersten Bedenken im Blick auf die Kindertaufe. Nach Hamburg zurückgekehrt, schloß er sich der independenten englisch-deutschen Gemeinde an und missionierte ab 1823 im Dienste der Continental Society (Bibelgesellschaft). 1824 gründete O. eine Sonntagsschule (sein Nachfolger in dieser Arbeit war → Wichern). 1828 wurde er Agent der Schottischen National Bible Society. Seit 1829 bekannte sich O. als Taufgesinnter und ließ sich mit sechs Gesinnungsgenossen von Barnas Sears, dem nachmaligen Präsidenten der American Baptist Missionary Union durch Untertauchen in der Elbe taufen. Bald entstand die Gemeinde gläubig getaufter Christen, die sich zuerst in O.s Hause versammelte. Bis 1842/43 hatte O. als ihr Ältester von den staatlichen Stellen verschiedentlich Verhöre und Gefängnis zu erdulden; dann verschaffte er sich durch seine Hilfeleistung beim Hamburger Brande die Achtung der Behörden. O. gründete außer in Deutschland auch in Holland, Skandinavien und Osteuropa Baptistengemeinden und wirkte als Verleger (Hamburger Traktatverein 1836). Er bekannte sich zur ref. Bundestheologie und zur geschlossenen Feier des Abendmahles.

H.Luckey, J.G.O., (1934) 1958³ (Lit.). *O.Eggenberger*

O'Neill, *Eugene Gladstone* (1888-1953), amerik. Dramatiker, * in New York, † in Boston, verschaffte dem amerik. Drama Weltgeltung (Nobelpreis 1936). Von irisch-kath. Eltern abstammend, fühlte sich O'N. als Außenseiter der puritanisch bestimmten amerik. Erfolgsgesellschaft. In verschiedenen Berufen lernte er die niederen Sphären des menschlichen Lebens kennen, die er als Material seiner Dramen benutzte. Seine frühen Stücke wurden von den avantgardistischen Provincetown Players aufgeführt. In expressionistischen Aussagen (→ Expressionismus: II) verkündet O'N. mit einer stringent deterministischen Welterfassung, daß das Schicksal des Menschen Unglück und Vernichtung sei. In religiösem Ringen leugnet er Gott und macht ihn trotzdem für das Unglück des Menschen und die Unsinnigkeit der Weltordnung verantwortlich. O'N.s Dramatik ist kaum verstandesmäßig durchdrungen, und der Dialog trägt nicht mehr allein die Aussage seiner Dramen. Von der griech. Tragödie, mittelalterlichen Mirakelspielen, → Shakespeare, → Ibsen, → Shaw, → Strindberg, Wedekind u.a. beeinflußt, gelingt O'N. eine bühnenwirksame Vereinigung von Mitteln der Theatertradition mit den technischen Möglichkeiten der modernen Bühne. Zwischen 1927 und 1934 (in Lazarus Laughed und Days without End) ist eine Aussöhnung mit dem Schicksal zu erkennen, die in der Lehre vom »ewigen Leben im Ja« (Eternal Life in Yes) gipfelt. Spätere Dramen, ebenso wie die postum veröffentlichten, kehren wieder zu der psychologisch determinierten Weltauffassung der Frühzeit zurück.

Vf. bes.: Bound East for Cardiff, 1916; Beyond the Horizon, 1920; The Emperor Jones, 1921; Anna Christie, 1922; The Hairy Ape, 1922; All God's Chillun Got Wings, 1924; Desire under the Elms, 1924; The Great God Brown, 1926; Strange Interlude, 1928; Mourning Becomes Electra, 1931; The Iceman Cometh, 1946; A Moon for the Misbegotten, 1952; Long Day's Journey into the Night, 1956; A Touch of the Poet, 1957; Hughie, 1959. - The Plays of E.O'N., 12 Bde. N. Y. 1934/35; L.Gellert (Hg.), Lost Plays of E.O'N., ebd 1958; Einzelausgaben fortlaufend durch Verlage Random House N.Y. u. Jonathan Cape London. - Über O'N.: B.H.Clark, E.O'N., The Man and His Plays, N. Y. (1929) 1957 - S.K.Winther, E.O'N., A Critical Study, ebd 1934 - R.D.Skinner, E.O'N., A Poet's Quest, ebd 1935 - E.Bentley, The Playwright as Thinker, N. Y. (1945) 1955² (gegen die allg. Anerkennung O'N.s) - E.A.Engel, The Haunted Heroes of E.O'N., Cambridge/Mass. 1953 - D.V.Falk, E.O'N. and the Tragic Tension, New Brunswick 1958 - R.Stamm, Das Spätwerk O'N.s (DVfLG 34, 1960, 66-83). *P.G.Buchloh*

Onias (hebr. Choni), jüdischer Personenname der hellenistischen Zeit. O., Hoherpriester in Jerusalem und Enkel des gleichnamigen Hohenpriesters, wurde 175 vChr auf Betreiben der hellenistisch gesonnenen Kreise in der Stadt durch den syrischen König → Antiochus IV. Epiphanes abgesetzt (→ Judentum: I, 2) und 171 vChr in Antiochia ermordet. Mit ihm endete nach Dan 9, 26; 11, 22 die legitime Folge der rechtmäßig amtierenden Hohenpriester. Sein Sohn, der ebenfalls O. hieß, mußte infolge der in Jerusalem entstandenen Wirren fliehen und gründete in → Leontopolis einen jüdischen Tempel. Ein jüdischer Feldherr namens O., der im Dienste des Königs Ptolemäus VI. gestanden hat, wird von Josephus (gegen Apion II, 50ff) erwähnt. Als Beter war O. (= Choni, der Kreiszieher) um 100 vChr weit berühmt; mehrfach sei infolge seiner Fürbitte Regen vom Himmel gefallen.

Schürer I, 182. 194ff. 215. 237; III, 42. 131. 144ff - JewEnc IX, 403f - P.Fiebig, Jüd. Wundergeschichten, 1911, 14ff - J.Jeremias, Jerusalem zZ Jesu II B, (1937) 1958², 41ff - Noth, GI 325ff. *E.Lohse*

Ontologie

1. Wort und Begriff - 2. Altertum - 3. MA und Neuzeit - 4. Gegenwart

1. Das *Wort* O. erscheint erstmals im Lexicon philosophicum (1613) von R.Goclenius (1547-1628) und bedeutet hier etwa dasselbe wie → Metaphysik. Über den Cartesianer J.Clauberg (1625-65), der auch von Ontosophie spricht, gelangt das Wort zu Chr. → Wolff, für den die O. den ersten und grundlegenden Teil der Metaphysik bildet und sich mit den Bestimmungen beschäftigt, die dem Seienden als solchem zukommen. Durch Wolff und seine Schule wird das Wort im allgemeinen philosophischen Sprachgebrauch heimisch. - Wir fassen heute unter dem Namen O. alle Überlegungen zusammen, die sich entweder mit den Bestimmungen befassen, die dem Seienden nur auf Grund dessen zukommen, daß es ein Seiendes ist; oder mit den Arten, Momenten, Stufen des Seienden und ihren wechselseitigen Beziehungen; oder mit dem Bedeutungsgehalt von Wörtern wie → Sein, Seiendes, → Wesen, Existenz u.dgl. Voraussetzung ist jedoch, daß damit eine *Letztbegründung* alles philosophischen Wissens ermöglicht werden soll. Umgekehrt kann nach heutigem Sprachgebrauch jede Lehre, die philosophische Grunddisziplin zu sein beansprucht, als O. interpretiert werden. Die Natur ihrer Problemstellung bringt es mit sich, daß die Grenzen der O. zu → Logik, → Sprachphilosophie, → Erkenntnistheorie und → Theologie oft fließend sind.

2. Die frühen griechischen Denker (→ Griechisch-römische Philosophie, 2 a) kämpfen gemeinsam gegen die nichtphilosophische und mythische Weltdeutung. → Parmenides zieht als erster die o.en Konsequenzen aus den Ansätzen dieser ersten Denker. Sein Lehrgedicht spricht den Grundsatz aus, daß dem Sein der Dinge kein Nichts gegenüberstehen kann, aus dem sie entstünden: das Nichts ist nicht, denn es ist undenkbar; denkbar ist nur das eine, ewig sich gleichbleibende Sein. Dieser *Wahrheit* von der Einzigkeit und Ewigkeit des Seins steht gegenüber die sich auf den Augenschein berufende *Meinung*, die auch dem Nichts ein Sein zuspricht und an Entstehen, Vergehen und Veränderung glaubt. Dadurch, daß die Menschen Namen geben (B 8 Diels), entsteht der Schein des Vielen und der Gegensätze, die alle - wie zB Licht und Dunkel - in Wahrheit nichts für sich, sondern untrennbar voneinander sind. Auch Wahrheit und Schein gehören in diesem Sinne als Gegensätze immer schon zusammen. - Die weitere Entwicklung der O. ist durch die Tendenz gekennzeichnet, die einseitige Position des Parmenides mit der Erfahrung zu vermitteln. Grundüberzeugung bleibt jedoch für die ganze Tradition der O., daß das Seiende im eigentlichen Sinn durch *Immersein* gekennzeichnet ist. → Platons O. geht aus vom Gegensatz zwischen dem Bereich der dem Wechsel unterworfenen sinnlichen Dinge und der Einheit und Ständigkeit der im eigentlichen Sinne seienden → *Idee*, die die Verstehbarkeit des Seienden garantiert; Idee und Seele gehören für Platon ursprünglich zusammen. So wird der Begriff des Seins bei Platon steigerungsfähig: es gibt Dinge, die mehr seiend sind (μᾶλλον ὄν) als andere; Nichtsein ist immer nur als Anderssein möglich. Der Seinsbegriff selbst bezeichnet (neben Ruhe, Bewegung, Selbigkeit, Anderssein) eine der fünf obersten untereinander verflochtenen *Gattungen*. → Aristoteles kritisiert Platon vor allem an dieser Stelle: das Sein ist für die Dinge niemals eine oberste Gattung, sondern kommt ihnen jeweils unmittelbar, aber nur in analoger Weise zu (→ Analogie); denn es wird in vielfacher Bedeutung ausgesagt (τὸ ὄν πολλαχῶς λέγεται; Met. V, 7). Aristoteles gewinnt die verschiedenen Bedeutungen durch eine Betrachtung der verschiedenartigen sprachlichen Zusammenhänge, in denen der Seinsbegriff vorkommt. Diese Bedeutungsunterscheidungen sollen zugleich mithelfen, Fehlschlüsse, wie sie in der schulmäßigen Diskussionspraxis leicht vorkommen, zu vermeiden. Auf dieser Basis unterscheidet Aristoteles vor allem dasjenige, was an sich selbst ist (Dinge, Substanzen), von dem, was an einem anderen ist (Eigenschaften, Akzidentien), sowie das der Möglichkeit (δυνάμει) von dem der Wirklichkeit (ἐντελεχείᾳ) nach Seienden. Die *Selbständigkeit* ist in der aristotelischen O. das Kriterium dafür, was im eigentlichen Sinne als Seiendes zu gelten hat, nämlich das *Wesen* des Dings (οὐσία, φύσις, τί ἦν εἶναι). - Für die nacharistotelische hellenistische Philosophie ist es bezeichnend, daß in ihr o.e Fragestellungen zurücktreten. Eine Ausnahme bilden lediglich die Neuplatoniker, neben → Proklus bes. → Plotin, der sich die platonische und aristotelische O. produktiv aneignet und in sein System einbaut. Über den → Neuplatonismus sind manche Stücke der antiken O. in die Werke der Kirchenväter, vor allem → Augustins eingegangen.

3. *Das MA* übernimmt weitgehend die Begriffe der aristotelischen O. Sie dienen nun aber nicht mehr nur dem Zweck, die Grundtatsachen der natürlichen Erfahrung in allgemeiner Weise zu formulieren, sondern werden auch zur begrifflichen Darstellung christlicher Glaubensinhalte herangezogen (zB Schöpfung, Trinität, Inkarnation). Dadurch erfahren die antiken Begriffe einen im einzelnen meist nur schwer nachprüfbaren Bedeutungswandel. Neue Fragen tauchen auf, und zur Bewältigung des Problems der Schöpfung einer zeitlichen Welt aus freiem Willensentschluß Gottes wird es notwendig, das in der Antike unbefragt hingenommene pure Daßsein einer Sache (im Gegensatz zu ihrer inhaltlichen Bestimmtheit) begrifflich auszudrücken. Das Verhältnis von *Wesen* (Sosein) und *Dasein* wird so zu einem Kernproblem der O.: der mit diesem Verhältnis operierende o.e → Gottesbeweis wird erstmals von → Anselm von Canterbury formuliert; im → Universalien-Streit geht es um die Frage, ob dem das Wesen bezeichnenden Allgemeinbegriff etwas in der Wirklichkeit entspricht. - Für die mittelalterliche o.e Diskussion ist auch die → islamische und → jüdische Philosophie von Bedeutung. Für → Avicenna gehört das Dasein (esse) zu den Akzidentien des Dings, weil es nicht in seiner Definition eingeschlossen ist. Das Wesen (essentia) ist als solches indifferent zwischen Universellem und Individuellem; universell ist es nur, insofern es vom Intellekt gedacht wird, individuell nur in den konkreten Dingen. → Averroes geht dagegen von einem einheitlichen Sinn des Seinsbegriffs aus; für ihn fallen Dasein und Wesen zusammen. → Thomas von Aquino versteht das Dasein (esse) als *actus essentiae;* nur bei → Gott (: VII, 2) fallen Dasein und Wesen zusammen; der Begriff Gottes als actus purus und ipsum esse bildet den Kernpunkt seiner O. Den Dingen wird ihr Dasein durch die Schöpfung verliehen, alles Sein ist in Gott, und Gott ist in allen Dingen in derselben Weise, in der ein Bewirkendes im Bewirkten ist. → Duns Scotus macht keinen realen Unterschied zwischen Wesen und Dasein. Das Dasein (Existenz) ist nur eine Modalität des Seienden; die Ursache eines Seienden verleiht Existenz und Essenz zugleich. Zwar ist Gott letztlich der einzig wahre Schöpfer, doch in der Welt können auch geschaffene Ursachen Existenz hervorbringen. Für den mittelalterlichen → Nominalismus lösen sich auf Grund seiner Voraussetzungen die Probleme der O. in logische und grammatische Fragen auf. Für → Suarez ist die Existenz das Prinzip, das Wirkliches von Möglichem unterscheidet; Existenz geht immer auf den *freien* Schöpferwillen Gottes zurück und ist im Hinblick auf die Essenz *kontingent* (→ Kontingenz) und daher kein möglicher Gegenstand der Wissenschaft. Die O. hat es für Suarez nur noch mit dem Möglichen zu tun und wird daher bei ihm zur reinen Wesenswissenschaft. Seine Lehre übt großen Einfluß auf die Philosophie der beginnenden Neuzeit aus (→ Descartes, → Leibniz), bes. auf Wolff, der die o.en Konsequenzen der Philosophie dieser Epoche zieht. O. (bei ihm auch metaphysica generalis genannt) ist eine apriorische Wissenschaft und betrachtet das Seiende als solches, wie es durch seine bloße Möglichkeit (= Widerspruchslosigkeit) bestimmt ist; die metaphysica specialis (Psychologie, Kosmologie, Theologie) beschäftigt sich demgegenüber mit den Gründen für die Existenz der Dinge: Welt und Seele, die ihrerseits Gott zum Existenzgrund haben. Den inneren Zusammenhang dieses Systems stiftet der o.e Gottesbeweis. → Kant kritisiert Wolff und mit ihm die ganze traditionelle O. Existenz ist für ihn keine begriffliche Bestimmung einer Sache, sondern meint das Gegebensein von *Erfahrung;* allein in bezug auf sie haben unsere Begriffe objektive Gültigkeit. Die Aufgabe der → *Transzendentalphilosophie* (von Kant gelegentlich auch als O. bezeichnet) liegt in der Analyse aller Begriffe und Grundsätze des Verstandes, die zwar → a priori gelten, aber ihren Gebrauch nur in der Erfahrung haben. Über Kants Nachwirkung vgl. → Idealismus: II, → Neukantianismus.

4. In der *Gegenwart* ist O. zum Programmwort derjenigen Denker geworden, die - meist in Abgrenzung

gegenüber Kant und seiner Tradition - die → Erkenntnistheorie nicht als Grunddisziplin der Philosophie anerkennen, so → Husserl (O. als reine Wesenswissenschaft von den intentionalen Bewußtseinskorrelaten, die die Tatsachenwissenschaften begründet), N. → Hartmann (Lehre vom Schichtenbau der realen Welt), G.Jacoby und bes. → Heidegger. Seine »Fundamental-O.« nimmt zum Leitfaden das vorwissenschaftliche, alltägliche Seinsverständnis des → Daseins und behandelt so erstmals die Probleme von → Geschichte und → Geschichtlichkeit ausdrücklich als Problem der O.; die Frage nach dem Sinn von Sein läßt sich für ihn immer nur zugleich mit der Frage nach dem Wesen des menschlichen Daseins beantworten. - Daneben wird in der Gegenwart die Tradition der mittelalterlichen O. durch die → Neuscholastik vertreten; O. ist die Grunddisziplin desjenigen philosophischen Systems, auf das sich die kath. Theologie stützt. Die ev. Theologie steht aus verschiedenen Gründen dem Gedanken einer O. meist kritisch gegenüber. Gleichwohl ist das Problem der O. in letzter Zeit vor allem im Anschluß an → Bonhoeffer diskutiert worden. - Für die weitere Entwicklung der O. scheint die Arbeit an den Problemen der Geschichtlichkeit, der Logik und der → Sprache sowie, wenn die Anzeichen nicht trügen, auch die Beschäftigung mit den Grundlagen und Ergebnissen der Einzelwissenschaften, bes. von Mathematik und Physik, entscheidend wichtig zu werden.

CHR.WOLFF, Philosophia prima sive Ontologia, 1729 - K.REINHARDT, Parmenides u. die Gesch. d. griech. Philos., (1916) 1960^{2} - G.JACOBY, Allg. O. d. Wirklichkeit I. II, 1925/55 - P.BRASCH, Die O. des Joh.Clauberg (Diss. Greifswald), 1926 - M.HEIDEGGER, Sein u. Zeit, (1927) 1953^{7} - EISLER II, 344ff - D.BONHOEFFER, Akt u. Sein. Transzendentalphilos. u. O. in d. syst.Theol., (1931) 1956^{2} - H.MARCUSE, Hegels O. u. d. Grundlegung einer Theorie d. Geschichtlichkeit, 1932 - K.RIEZLER, Parmenides, 1934 - N.HARTMANN, Zur Grundlegung d. O., (1935) 1948^{3} - DERS., Neue Wege d. O., (1942) 1949^{3} - R.SCHNEIDER, Das wandelbare Sein. Die Hauptthemen d. O. Augustins, 1938 - K.-H.VOLKMANN-SCHLUCK, Plotin als Interpret d. O. Platos, (1941) 1958^{2} - E.GILSON, L'Etre et l'Essence, Paris 1948 - G.PATZIG, Die Entwicklung d. οὐσία-Begriffs in d. Philos. d. Aristoteles (Diss. Göttingen), 1950 (Masch.) - DERS., Theol. u. O. in d. »Metaphysik« des Aristoteles (KantSt 52, 1960, 185-205) - EF III, 1023ff (Lit.) - W.BRÖCKER, Platons o.er Komperativ (Hermes 87, 1959, 415-425) - D.HENRICH, Der o.e Gottesbeweis, 1960. - Vgl. die Lit. zu den im Text genannten Artikeln. *W.Wieland*

Ontologismus ist der Versuch kath. Philosophen zur Stützung der Theologie in der Zeit vor der Verbindlichkeitserklärung des → Neuthomismus durch → Leo XIII. Im Hintergrund steht die Philosophie → Malebranches, nach der die menschliche Vernunft im Hören des göttlichen Wortes alle Dinge »in Gott schaut« und die Kausalität alles Handelns im menschlichen Willensakt allein Gott zukommt. Diese Tradition blieb durch Kardinal Gerdil (1718-1802) lebendig (»Défense du sentiment du P.Malebranche«, 1748) und beeinflußte die beiden Begründer des O., Gioberti und Rosmini, die → Italien (, 4), der »ontologischen Nation«, die ihr mangelnde Philosophie geben wollten. Der italienische Priester A. → Rosmini-Serbati veröffentlichte 1830 seinen »Nuovo Saggio sull' origine delle idee« und 1845 die »Teodicea«. Er leugnete die Gottesschau, glaubte jedoch an den intellektuellen Zugang zu einem göttlichen Wesen, das freilich nicht Gott ist. V. → Gioberti lebte lange im Exil in Brüssel und schrieb dort 1840 seine »Considerazioni sulle dottrine religiose di V.Cousin«. In Abwehr des »Psychologismus« → Descartes', dessen Philosophie in der Reflexion über die innere Erfahrung gründet und ihre Ontologie aus der Psychologie gewinnt, gebraucht er dort zum ersten Mal den Ausdruck O. Gegen Descartes macht Gioberti geltend, daß der Mensch eine unmittelbare Intuition des wirklichen, schöpferischen Gottwesens besitze. Das Mysterium sucht er durch Setzung eines »Übersinnlichen« zu sichern, das nur durch eine suprarationale Anlage erreicht und auch durch die Sätze der Kirchenlehre nie erschöpfend beschrieben werde. - Trotz der Indizierung der beiden Philosophen (1849; Rosmini wurde 1887/88 verurteilt) entstand im kath. Lehrbetrieb bald eine ontologistische Bewegung. Sie verbreitete sich in → Frankreich (: III, 1) und in Löwen speziell als Kampfmittel gegen → Lamennais' Romantik und → Bonalds Traditionalismus. Hauptvertreter waren Louis Branchereau (1819-1913), der mit seinen »Praelectiones philosophicae« (1849) dem kantischen Relativismus entgegentrat, Flavien Hugonin (1823-98), dessen großes Werk »Ontologie ou étude des lois de la pensée« 1856-57 erschien, und der Löwener Prof. Ubaghs mit seinem »Essai d'idéologie ontologiste« (1860). 1861 wurde die Bewegung vom Hl. Offizium verurteilt, weil sie Rationalismus und Pantheismus Vorschub leiste. - Der O. weiß sich in der Nachfolge Platons, Augustins (»Gott ist das begreifbare Licht«), Bonaventuras und Malebranches. Sein Prinzip besagt, daß das vom generellen → Sein verschiedene absolute Sein »stets für unsere Einsicht offen ist und von ihr wahrgenommen wird«, und daß alle intellektuell erkennbare Wahrheit mit dem unbegrenzten Sein identisch sein muß. Die am 18.9.1861 verurteilten 7 »Errores Ontologistarum« lauteten (vgl. Denz. 1659-65): 1. Gotteserkenntnis ist dem menschlichen Intellekt wesentlich; 2. das Wesen, in dem alles erkannt wird, ist das göttliche Wesen; 3. die Universalien sind von Gott nicht verschieden; 4. Gotteserkenntnis umgreift alle andere Erkenntnis; 5. alle Gedanken sind Modifikationen des einen Gedankens, in dem Gott erkannt wird; 6. die geschaffenen Dinge sind in Gott wie der Teil im Ganzen; 7. die Schöpfung ist der Akt, durch den Gott sich selbst erkennt und als unabhängig von der Schöpfung will.

DThC XI/1, 1000ff (Lit.) - EC IX, 146ff - L.FOUCHER, La philosophie catholique en France au XIXe siècle, Paris 1955. - Vgl. die Lit. zu → Gioberti, → Rosmini. *P.Burgelin*

Onus ecclesiae, eine 1519 geschriebene, zuerst 1524 (dann öfter) anonym erschienene Schrift, die wahrscheinlich *Berthold Pürstinger* (Pirstinger), gewöhnlich Berthold von Chiemsee genannt, zum Verfasser hat, bekannt durch seine antiluth. »Tewtsche Theologey« von 1527. Seit 1549 indiziert, unter Benedikt XIV. wieder freigegeben, enthält die Schrift ihrem Titel entsprechend (onus = das drohende Orakel, die der Christenheit drohende Strafe für ihre Sünden) eine düstere Schilderung der kirchlichen und sittlichen Zustände des 16.Jh.s, die das Ende der Welt herbeiführen werden. In dem neuen → Karl (V.) erblickt der Verfasser bereits den Endkaiser. Döllinger hat die Schrift deshalb als das letzte Stück der Kaiserprophetie des MA bezeichnet. Sie ist daneben als zeitgeschichtliche Quelle bedeutsam.

H.WERNER, Die Flugschrift »O.e.« (1519), 1901 (vgl. W.KÖHLER in ThR 5, 1902, 18ff) - RE XVI, 307ff (Pürstinger) - J.v.DÖLLINGER. Der Weissagungsglaube u. das Prophetentum in der christl. Zeit (Hist. Taschenbuch 5. Folge, Jahrg. 1, 1871, 360). - Zur Verfasserfrage vgl. noch O.CLEMEN, HZ 88, 1902, 362 - v.PASTOR IV/1, 1906, 200 Anm. 2. *K.D.Schmidt*

Oosterzee, *Johannes Jacobus van* (1817-82), niederländischer ref. Theologe, * in Rotterdam, † in Wiesbaden, 1863 in → Utrecht Prof. für biblische Theologie, Dogmatik und praktische Theologie, 1877 für Religionsgeschichte. In seinen Predigten drängte er auf Bekehrung und Heiligung. In strenger Bindung an die Hl. Schrift vertrat O. eine supranaturalistisch-historische

Theologie, die er selbst ev.- (oder christlich-)orthodox nannte.

Vf. u.a.: Het leven van Jezus I-III, (1846-51) 1863-65²; Leerredenen (zahlreiche Predigtbände), 1846-81; Christelijke Dogmatiek I. II, (1870/72) 1876²; Prakt. Theol. I. II, (1877/78) 1895/98² (engl., dt., dän. Übers.); Uit mijn Levensboek, Voor mijne vrienden, 1883 (Selbstbiogr., 192ff vollst. Bibliogr.). Mitbegr. der »Jaarboeken voor Wetenschappelijke Theol.«, seit 1845. - Über O.: F. VAN GHEEL GILDEMEESTER, J.J.v.O. als homileet en evangelienprediker (Theol. Studiën 1883, 371 ff) - RE XIV, 379ff - W.A. JOUBERT, De verhouding van gelooven en weten in de Nederl. theol. in het bijzonder bij Doedes en v.O. (Diss. Amsterdam), 1910 - M.v. RHIJN, Gemeenschap en vereenzaming, een studie over J.J.v.O., 1940. *H. Hohlwein*

Opfer

I. Religionsgeschichtlich - II. Im AT - III. Im NT - IV. Dogmengeschichtlich - V. Dogmatisch-ethisch

I. Religionsgeschichtlich

1. Begriff - 2. O. als Macht - 3. O. als Stiftung von Gemeinschaft - 4. O. als Gabe - 5. Ersatz-O. - 6. Ethische O.anschauung

1. O. ist »die hl. Handlung par excellence, der Akt, in dem der Mensch die höchste Bestätigung seines Glaubens leistet und seine Religion aufs deutlichste realisiert«. So → Loisy, der mit Recht feststellt, eine vollständige Geschichte des O.s sei fast eine Geschichte des religiösen → Kultus. Allgemein gesprochen ist das O. eine rituelle Handlung, in der ein lebens- bzw. machthaltiges Wesen zerstört wird, um unsichtbare Kräfte zu beeinflussen, mit ihnen in Kontakt, ja in Kommunion zu treten, ihr Werk zu beflügeln, ihnen Genugtuung zu bieten, sie zu ehren oder ihre schädlichen Einflüsse zu neutralisieren. Das O. ist nicht nur einfache → Gabe, sondern wird durch einen bestimmten → Ritus geheiligt. Seine angenommene Wirksamkeit steht in keinem logischen Verhältnis zu den angewandten Mitteln.

2. Die Entstehung des O.s kann nicht aus einer einzigen Wurzel erklärt werden; zweifellos ist der Glaube an *Machtwirkung* bes. bedeutsam gewesen. Man sucht den Numina → Macht (: I) zuzuführen, indem man ihnen machthaltige Stoffe opfert. So opferten die Azteken (→ Mexiko: I) der → Sonne Menschenherzen, um sie zu neuem Lauf zu stärken; O. an den Jahresfixpunkten, bei der Saat (→ Ackerbau: I), bei → Jagd- und Fischfang-Riten dienen zur Hervorbringung der gewünschten Phänomene. Man geht nach Analogiemethode vor: beim → Regen-Zauber der Azteken gilt das Weinen der zu opfernden → Kinder als gutes Vorzeichen. Die gleichen Vorstellungen liegen den → Reinigungs-O.n zugrunde: das Töten rötlicher Hunde an den römischen Robigalia sollte den Getreiderost unschädlich machen. Ein Tier oder Mensch kann, als pars pro toto, die → Sünden der Gemeinschaft auf sich nehmen und sie so vernichten oder vertreiben (→ Menschenopfer). Bei den O.n gelegentlich eines Vertragsabschlusses oder eines → Eides wird das O.tier magisch (→ Magie) mit den opfernden Parteien verbunden gedacht: sein Schicksal wird den Vertragsbrüchigen treffen. - Aus der Wichtigkeit des Machtfaktors ergibt sich auch die des *O.blutes* (→ Blut); es bildet den Anteil der Götter (ursprünglich, um ihre Macht zu stärken); der → Fetisch oder Ahnenschädel wird mit O.blut bestrichen; der Mensch reibt sich oder seine Waffen zur Stärkung mit O.blut ein. - Auch der *O.spruch* - als Verdichtung des machthaltigen → Atems aufgefaßt - kann besondere Heiligkeit gewinnen, zB in Indien, wo das »brahman« schließlich vom O.-wort zum schöpferischen Weltprinzip erhoben wurde. Andere O.mittel, wie der persische »haoma«-Trank, das indische »soma« oder bei vielen Völkern das O.feuer (→ Feuer), wurden vergöttlicht und selbst Sinnbilder schöpferischer Macht. O. ist in dieser bes. in → Indien (: II) entwickelten Auffassung der eigentliche Weltschöpfungsprozeß. - Da die einzelnen Teile des O.s und der O.stätte mit besonderer Macht geladen bzw. den Numina aufs engste verbunden sind, können sie selber als Vorzeichen wirken (Divinations-O.; → Mantik). Von daher erklärt sich die O.schau (→ Omen): Das Benehmen des Tieres auf dem Weg zur O.stätte, Form und Musterung seiner Eingeweide, vor allem der Leber (→ Leberschau), das Flackern des O.feuers zeigen zunächst, ob das O. den Göttern angenehm ist, und weisen - in späterer Entwicklung - auf zukünftige Ereignisse hin. - Es versteht sich von selbst, daß die im O. verkörperte Macht nur bestimmten Eingeweihten zugänglich ist: O. darf nicht unbefugt verzehrt, oftmals auch nicht aus dem O.bezirk hinausgenommen werden. Vielfach dürfen nur Männer die O.zeremonien ausführen, und dies nur nach langer sorgfältiger Vorbereitung; daraus hat sich der spezielle Stand des mit allen → tabu-Vorschriften vertrauten O.-priesters entwickelt (→ Priestertum: I). In vielen Religionen wird das Recht, am O. teilzunehmen, als besonderes Privileg angesehen; so galt bei den → Kelten Ausschluß von der O.handlung als schwerste Strafe. - Der *Ort* des O.s, dem eine besondere Heiligkeit anhaftete (→ Heilig: I, → Heilige Stätten: I), war bestimmt (→ Altar: I); doch wurden bei O.n an Wassermächte wohl auch die lebenden Tiere in den Fluß oder ins Meer geworfen (Skämandros-O. bei den Griechen). - Auch der *Zeitpunkt* des O.s (→ Heilige Zeiten: I) und die Art der Tiere (vgl. → Rein und unrein: I) richteten sich nach den Eigenheiten der betreffenden Gottheit. Denn zwischen O.gabe und Empfänger wurde immer eine innige Beziehung angenommen, die sich manchmal bis zum Glauben an das Einwohnen der Gottheit im O.tier steigerte: dunkle Tiere werden für → chthonische, hellfarbige für himmlische Gottheiten geopfert (→ Farben); männliche Tiere standen den Göttern, weibliche den Göttinnen zu; zur Nachtzeit opferte man den dunklen Mächten, denen in Griechenland auch kein → Wein dargebracht wurde. Bestimmte Handlungen - Wiederholungen der ersten mythischen O.riten - werden im Ritus beibehalten und sind für die Wirksamkeit des O.s notwendig. Denn O. ist oft die Wiederholung dessen, was die Götter selbst in mythischer Vorzeit leisteten: Sie warfen sich ins Feuer, um → Sonne und → Mond zu schaffen (→ Schöpfung: I); der Azteke erhält diese Gestirne deshalb durch Verbrennung von Menschen, in denen gleichsam die Götter verkörpert sind (vgl. → Feste: I).

3. Andererseits hat W.R. Smith als Zentralgedanken des O.s die *Stiftung einer Gemeinschaft* angesehen (→ Bund: I). Durch die → Mahlzeit (: I), die Teilhabe an der machtgeladenen O.speise, werden die Teilnehmer in mystischer Weise miteinander verbunden. Bes. wenn die → Inkarnation des göttlichen Prinzips im O.tier angenommen wird, wie zB im → Totemismus, wird die O.-mahlzeit zur Kommunion: Der bei der Getreideaussaat dem Zeus Sosipolis zu Magnesia geweihte Stier wurde bei der Ernte geopfert und gemeinsam verzehrt; so hatten alle an dem Geist der → Fruchtbarkeit teil. Typisch sind die dionysischen Orgien (→ Dionysos), in denen das Tier lebendig zerrissen und roh verzehrt wird. Auch der »soma«-Trank ist von den Indern als das geopferte göttliche Wesen angesehen worden, das denen, die davon trinken, Unsterblichkeit verleiht. Die gleiche Auffassung liegt den → Initiations-O.n in den → Mysterien-Kulten zugrunde. - Oft tritt der Gedanke der gemeinsamen Mahlzeit von »unsterblichen Göttern und sterblichen Menschen« in den Vordergrund. Der Gott erhält das Blut, bestimmte Teile oder ein Stückchen aus jedem Körperteil des Tieres, während die als Gäste auftreten-

den Opferer das übrige verzehren: gemeinsames Essen und Trinken stiftet ja innige Gemeinschaft (vgl. die O.schmäuse in der → germanischen Religion [, 6]). Bes. Loisy hat auf die Wichtigkeit des O.kultes als Ausdruck des nationalen Lebensgefühles hingewiesen.

4. Der Ursprung des O.s ist von anderen Forschern (Tylor, Spencer, Westermarck) in der → *Gabe* gesehen worden. Vor allem werden die den Toten ins → Grab begleitenden Menschen und Tiere und die ihm mitgegebenen Gaben als eine Urform des O.s betrachtet. Man erwartet Hilfe von den einst im Stamme Mächtigen und naht sich ihnen, wie man es gegenüber lebenden Fürsten tut, mit Geschenken (→ Totenverehrung: I). Jedoch ist auch das einfache Geschenk nie nur eine Form der Bestechung, sondern enthält eine Machtsubstanz, die vom Geber zum Empfänger fließt und diesen zum Wiedergeben veranlaßt: »Hier ist die Butter - wo sind deine Gaben?« ist der drastischste Ausdruck dieser »do-ut-des«-Auffassung im vedischen Ritual, die aber eher magischen als händlerischen Charakter trägt. Das Handelsmoment ist jedoch klar ausgedrückt im → Gelübde (: I), wenn das O. erst nach der Erhörung geleistet werden soll. Das → *Erstlings-O.* mag hierher oder stärker in die erstgenannte Gruppe gehören: Der Mensch wagt nicht, die Früchte des Feldes anzutasten, um nicht einem Höheren sein Besitzrecht streitig zu machen; darum bringt er das Erste jeder Ernte und Lese dar, sei es um das auf der Ernte liegende tabu aufzuheben, die → Erde in ihrer Spendekraft zu stärken oder um göttliche Lenker des Landbaus günstig zu stimmen. Das → Kinder-O. ist wohl ebenfalls häufig dem Wunsch nach möglichster Fruchtbarkeit entsprungen, sofern es nicht ein Ersatz für wertvolleres Leben war (zB das des Vaters). Ernte- und andere Dank-O. dürften mehr oder minder aus einer ähnlichen Anschauung - Hoffnung auf Fortsetzung der günstigen Strömung - entstanden sein. - Man schenkt den Göttern, ganz wie den Fürsten, was sie brauchen oder was sie erfreut. *Speise-* und *Trank-O.* bilden deshalb den weitaus größten Teil der O. überhaupt; denn häufig glaubt man, die Götter lebten vom O. In → Babylonien (: II, 12) kochte man das O.fleisch und richtete, wie auch in → Ägypten und anderswo, ganze Mahlzeiten für sie an. Man glaubte, daß die Götter das Geopferte selber verzehren, indem sie sich auf dem O.platz versammeln (»von den Bäumen herabkommend wie Affen« [Bantu] oder »wie die Fliegen« [→ Gilgamesch-Epos]), daß sie die Speise durch Götterboten - zB das → Feuer - abholen lassen oder auch sich nur am Duft erlaben. Daher ist das Brand-O. das meistgebräuchliche Speise-O. - Da »Geschenke Götter und Könige zu bewegen vermögen« (Hesiod), schickt man den Numina auch → Kleidung oder → Schmuck und → Waffen (bes. im → Shintoismus), erfreut sie durch Wohlgerüche (→ Weihrauch) oder erheitert sie durch → Musik und → Tanz (Hinduismus, Shinto u.a.). - Neben dem Gedanken des Erfreuens spielt auch der des *Beschwichtigens* eine bedeutsame Rolle beim O.: Zu Beginn jeder wichtigen Arbeit wird ein O. gebracht, → Tempel (: I), Altäre, Idole und Grenzsteine (→ Grenze) werden durch O. geweiht (→Weihen: I); sehr charakteristisch sind → Bau- und → Brücken-O. (Beschwichtigung der Erd- und Wassernumina), die oftmals → Menschenopfer waren. Noch heute schlachtet der wohlhabende Muslim beim Hausbau einen Hammel und läßt das Blut auf den Bauplatz fließen. Auch wenn man glaubt, durch Erlegung eines Tieres die Tiergruppe beleidigt zu haben, opfert man dem Gejagten (so die Ainu bei der Bärenjagd; → Bärenfest, → Jäger). - So kann das O. auch bei anderen Sünden und Fehlern zum *Sühn-* oder *Versöhnungs-O.* werden (→ Sühne, → Versöhnung: I). Im vedischen O. mußte jede den normalen Gang störende Handlung durch ein eigenes Sühn-O. ausgelöscht werden. Die zahlreichen Hymnen aus dem Alten Orient zeigen die Wichtigkeit des Sühn-O.s bei kultischen und ethischen Vergehen, auch bei → Krankheiten. Besondere Kraft hat das freiwillige Sühn-O.: die Hingabe des Lebens für die Sünden der Gemeinschaft, oder auch um die Gemeinschaft aus einer äußeren Gefahr zu befreien (→ Stellvertretung). - Der Gedanke, die Numina durch O. zu erfreuen, kann dazu führen, das O. als *verdienstlich* zu betrachten. Selbst im → Islam, der den echten O.begriff gar nicht kennt, klingt der → Verdienst-Gedanke an. Hier ist das Schlachten der Schafe am O.fest in Mekka und in jedem muslimischen Hause ohne magische Kraft, nur Erinnerung an das Abrahams-O.; jedoch schimmert der Gedanke der gemeinsamen Mahlzeit ein wenig hindurch: das Fleisch wird an die Armen verteilt, und je mehr der Mensch opfert, desto reicher wird sein himmlischer Lohn sein. Doch vergesse man nicht, daß im Islam jedes Schlachten »im Namen Gottes« geschieht und eine O.erinnerung ist.

5. Die Vorstellung, daß die Götter nicht das O. selbst, sondern nur dessen Seele verzehren, hat in manchen Religionen zum Brauch des *Ersatz-O.s* geführt (→ Ersatzgaben). Sehr früh begegnet man O.kuchen in Form von Tieren. Da der gesamte Besitz des Opfernden in gleichem Maße an seiner Macht teilhat, konnte auch ohne Schwierigkeit ein kostbares O. durch ein weniger wertvolles Objekt ersetzt werden; galt es doch nur, Macht von hier nach dort zu führen. - In vielen Fällen ist das Menschen-O. durch Tier-O. abgelöst worden (Isaaks Widder, Iphigenias Hirschkuh, → Sündenbock), doch niemals dort, wo das Tier-O. in einer gemeinsamen Mahlzeit endet. Durch symbolische Tötung konnte das Menschen-O. ebenfalls umgangen werden: Man ritzte dem O. die Haut, damit etwas Blut floß, oder schnitt sein → Haar, um es den Göttern oder Toten zu opfern. Dem Toten werden nicht mehr seine lebenden Verwandten und Diener, sondern deren tönerne Figürchen mitgegeben (Japan); doch hat sich das Selbst-O. beim Tode Nahestehender mancherorts bis heute gehalten (Japan, Indien; → Witwenverbrennung). - Wie weit bei den Ersatz-O.n Humanität, Bequemlichkeit oder Habsucht mitspielte, läßt sich schwer sagen; wenn die Wirkung eines geopferten Huhns ebenso groß zu sein schien wie die eines Rindes, würde wohl jeder vom großen O. absehen. - Der magische Charakter des O.s führte zu einem starren Festhalten an der einmal geprägten, wirksamen - da mythisch begründeten - O.formel (→ Formeln: I) und aller Einzelheiten des O.s, zB bestimmter Vorbereitungsarten des O.materials. Das Ritual ist daher schon früh kodifiziert worden (→ Priesterschrift, das Engishiki im Shinto, vedische Sutren).

6. Auf der anderen Seite setzte sich langsam eine mehr *ethische Anschauung des O.s* durch. Euripides erklärt, daß einer, der Gott in Frömmigkeit opfert, Heil gewinnt, ob sein O. auch gering sei. Er steht damit den at. → Propheten (: II C) nahe. → Jamblich sieht im O. ein Symbol der → Freundschaft zwischen Gott und Mensch, keinen menschlichen Bestechungsversuch. Damit nähern wir uns der vergeistigten Auffassung des O.s, das in vielen Religionen mehr und mehr von der Gesinnung des Opfernden abhängig gemacht wird. Ein sündiger Mensch kann Gott keine genehmen O. bringen (ARW 19, 1916/19, 490). Auch Mitleid mit den O.tieren beginnt eine Rolle zu spielen und läßt die unblutigen O. als die wertvolleren ansehen (Theophrast). Typisch für den Zusammenstoß konservativer und ethisierender Richtung ist die Erzählung, → Konfuzius habe gegen den Vorschlag, das O. des Winterlamms abzuschaffen, gesagt: »Dir tut es um das Lamm leid, mir um die

Riten.« Der → Buddhismus (: I) lehnt jedes O. ab. Zwar ist das Cerealien-O. immerhin noch besser als das Tier-O., doch ein höheres O. ist, »wenn man frommen Mönchen Gaben spendet... Und noch höheres O. gibt es, wenn man gläubigen Sinnes seine Zuflucht nimmt beim Buddha, bei der Lehre und bei der Gemeinde... Das höchste O. aber ist, wenn man die Erlösung erringt und Gewißheit erlangt: Ich werde nie wieder zu dieser Welt zurückkehren« (Oldenberg 195). Damit ist der alte O.gedanke völlig aufgehoben, denn das Ziel des Buddhismus ist ja die Aufhebung der Zirkulation der Lebens-Mächte. – Andere Religionen haben den Akt der absoluten Hingabe des Herzens an Gott als wohlgefälligstes O. angesehen – so das prophetische Judentum, das von ihm beeinflußte Christentum und der Islam – oder haben das → Gebet, das Loblied, das → Bekenntnis als eigentliches O. empfunden (vgl. Ǧelāladdīn Rūmīs Schilderung der im Gebet Versunkenen, die sich bei Rezitierung der Formel »Gott ist groß«, welche O. und Pflichtgebet einleitet, gewissermaßen betend Gott zum O. bringen; Methnewi III, 3967). Außerdem ist den höheren Religionen der Gedanke geläufig, daß alle Gabe von Gott kommt und der Mensch ihm nur opfern kann, was er zunächst von ihm empfangen hat (vgl. Paul → Gerhardts »Ich steh an deiner Krippe hier«). – Gelegentlich sind auch alte O.bräuche durch äußere Umstände verdrängt oder aufgehoben worden; höhere Religionen haben die blutigen O. modifiziert (so der japanische Buddhismus die O. im Shinto). Der jüdische O.kult verschwand mit der Zerstörung des Tempels, obgleich seine Wiedereinführung noch heute das Ziel der jüdischen Gebete ist. – Die Wichtigkeit des O.s ist aber zu keiner Zeit geleugnet worden und der O.gedanke selbst auch in den höchsten Religionen nie erloschen. Der Glaube und die Gewißheit, daß nur durch Zerstörung eines Wertes Wege zur Neuschöpfung, nur durch den Tod neue Möglichkeiten des Lebens gegeben sind, daß die schaffende Macht immer im Fluß sein muß und nicht selbstsüchtig bewahrt werden darf, läßt keine Religion ohne den Gedanken des O.s – von seiner rohesten bis zur höchst vergeistigten Form – bestehen.

H.Oldenberg, Buddha, (1881) 1958[13] – W.R.Smith, The Religion of the Semites, London (1889) 1927[3]; dt. 1899 – ERE XI, 1ff – A.Loisy, Essai hist. sur le sacrifice, Paris 1920 – G.van der Leeuw, Die do-ut-des-Formel in der O.theorie (ARW 20, 1920/21, 241–253) – UdG – RGG[2] IV, 704ff (Lit.) – B.Goetz, Die Bedeutung des O.s bei den Völkern, 1933 – E.O.James, Origins of Sacrifice, London (1933) 1937 – HWDA (s.Reg.) – PW XVIII/1, 597ff – A.Bertholet, Der Sinn des kult. O.s (AAB 1942, 2) – J.Henninger, Das O. in den altsüdarab. Hochkulturen (Anthropos 37/40, 1942/45, 779–810) – Ders., Ist der sog. Nilusbericht eine brauchbare religionsgesch. Quelle? (ebd 50, 1955, 81–148) – A.Stemper, O. u. O.begriffe in der frühchristl. Kunst in ihrem Verhältnis zur Antike (Diss. Heidelberg), 1943 – K.Meuli, Griech. O.bräuche (Phyllobolia f. P.v.d.Mühll, 1946, 185–288) – E.Forster, Die antiken Ansichten über das O.wesen (Diss. Innsbruck), 1952 – R.K.Yerkes, Sacrifice in Greek and Roman Religions and Early Judaism, New York 1952; franz. 1955 – RÄRG 547ff – S.Mowinckel, Religion u. Kultus, 1953, 98ff – K.R. Potdar, Sacrifice in Rigveda, Bombay 1953 – J.Chelhod, Le sacrifice chez les Arabes, Paris 1955 – A.A.de Guglielmo, Sacrifice in the Ugaritic Texts (CBQ 17, 1955, 196–216) – A.Vorbichler, Das O. auf den uns heute noch erreichbaren ältesten Stufen der Menschheitsgesch., 1956 – van der Leeuw (s. Reg.). – Vgl. die Lit. zu den Einzelartikeln.

A.Schimmel

II. Im AT

1. Quellen – 2. Sinn: a) Gemeinschaft – b) Gabe – c) Speisung der Gottheit – d) Sühne und Reinigung – 3. Bedeutung – 4. Material – 5. O.vollzug: a) Arten der Darbringung – b) Orte und Personen – 6. O.arten: a) Allgemeine O.termini – b) Tierische O. – c) Vegetabilische O. – d) Räucher-O. – e) Weihgaben und Kultsteuern – 7. Anlässe – 8. O. an fremde Götter und Dämonen

1. Die ältesten *Quellen* für das at. O.wesen, der »kultische → Dekalog« (Ex 34) und das → Bundesbuch (Ex 20, 22 – 23, 33), greifen nur ordnend und umgestaltend in die bereits längst bestehende O.praxis ein, versuchen jedoch nicht, ein neues O.system zu entwerfen. Diese Intention ist erst in den spätvorexilischen bzw. exilisch-nachexilischen Kultprogrammen des → Deuteronomiums, der → Priesterschrift sowie des → Ezechielbuches (40–48) festzustellen. Aber auch diese verwenden ältere Traditionen und stellen das Ergebnis einer komplizierten geschichtlichen Entwicklung dar. Auch in den prophetischen Büchern und den Psalmen werden O. nicht selten erwähnt. Hinzu kommt das reiche religionsgeschichtliche Vergleichsmaterial aus dem O.wesen der vorislamischen Araber (→ Arabien: I), der vor dem Eindringen der Israeliten ins Kulturland in Syrien-Palästina ansässigen Kanaanäer (→ Kanaan: III) und → Phönizier, schließlich auch der Ägypter und der Völker Mesopotamiens. Die bewegte Geschichte des israelitischen O.wesens läßt sich freilich nicht in allen Einzelheiten rekonstruieren; dazu sind die genannten Quellen doch zu lückenhaft, und ihre Deutung ist zT immer noch unsicher.

2. Die Erhellung des *Sinnes* des O.s ist dadurch erschwert, daß sich im AT keine ausdrückliche Erklärung zum O.verständnis findet und die zum O. gehörenden Gebete, Lieder und Rezitationen meist nicht mehr in ihrem ursprünglichen kultischen Zusammenhang überliefert sind (vgl. 2Chr 29). – Will man eine gemeinsame Erklärungsbasis für alle O.arten finden, so scheint die von van der Leeuw vorgeschlagene weite Interpretation der do-ut-des-Formel (→Opfer: I) am besten dafür geeignet zu sein. Freilich muß sie im Hinblick auf die at. O.auffassung dahingehend modifiziert werden, daß das O. – ganz gleich, ob als Gemeinschaftsmahl, Gabe oder Sühnemittel verstanden – im Rahmen des bereits bestehenden Bundesverhältnisses (→ Bund: II) die Aufgabe hat, die Gemeinschaft zwischen Gott und Mensch zu bekräftigen und von Störungen freizuhalten. – Für das Verständnis der im AT vorkommenden O.arten sind folgende Vorstellungen wichtig:

a) Die Auffassung, daß ein hl. Mahl (→ Mahlzeiten: II) die *Gemeinschaft* zwischen Gott und den Opfernden sowie zwischen den O.teilnehmern untereinander begründet und erneuert, geht auf die vorkanaanäische Zeit zurück. Sie dürfte damals die vorherrschende gewesen sein. Die halbnomadischen Israeliten haben fast ausschließlich Tiere geopfert, deren Fleisch und vermutlich auch Blut sie verzehrten, um dadurch Anteil an der im O.tier enthaltenen Lebenskraft zu bekommen. Das → Blut ist wohl bald dem menschlichen Genuß entzogen worden. Man gab es der Gottheit zurück, indem man es auf den Altarstein oder den Boden laufen ließ (Lev 17, 10ff), zT wurde es auch zu apotropäischen Zwecken verwendet (Ex 12, 7). Die Erwähnung dieses der sonstigen O.praxis widersprechenden Verfahrens in 1Sam 14, 33ff (keine Verbrennung des Fettes!) zeigt, daß die Israeliten an dem alten O.brauch auch im Kulturland festgehalten haben. Von der einst hervorragenden Bedeutung des Mahl-O.s zeugt außerdem die im AT übliche Bezeichnung des → Altars (: I. II) als »Schlachtstätte« (mizbeaḥ), denn sie stammt aus einer Zeit, in der der Altar vor allem zum Schlachten der für das hl. Mahl bestimmten O.tiere benutzt wurde. Der communio-Gedanke hat sich, trotz späterer Überlagerung mit andersartigen Ideen, im Zusammenhang mit dem Schlacht- oder Mahl-O. behauptet. Die magisch-mystische Vorstellung des Essens des Kraftstoffes ist zu der dem Wesen des Bundesgottes gemäßeren des »Essens vor Jahwe« (Ex 24, 9–11; Dtn 12, 7 u.ö.) abgeschwächt worden.

b) Das Verständnis des O.s als einer Gott dargebrachten *Gabe* ist - jedenfalls soweit es die Tier-O. betrifft - in Israel unter kanaanäischem Einfluß aufgekommen, genauso wie die ihm entsprechende Sitte der Verbrennung des O.tieres oder seiner Teile. Bei dem als Gabe verstandenen O. spielt der Wert des Dargebrachten eine wichtige Rolle, entweder als der Wert, den der Gegenstand für Gott darstellt, oder als der Wert, auf den der Mensch zu seinen Gunsten verzichtet. Im ersten Fall verbindet sich das Gabemotiv häufig mit der Vorstellung von der Speisung der Gottheit (Ps 50, 8-13 - polemisch) und der Beschwichtigung ihres Zornes, im zweiten mit einer ganzen Reihe von Nebenmotiven wie Huldigung, Unterwerfung, Buße, Dank, Bitte u.a., je nach der Situation und Gesinnung des Opfernden.

c) Die Ansicht, daß der Gottheit Nahrung zugeführt werden muß, spiegelt sich deutlich in dem Brauch der Auslegung der Schaubrote im Tempel und in der Zubereitung der O. analog zu menschlichen Mahlzeiten (Kochen: Ri 6, 17-21; und Salzen des O.s: Lev 2, 13). Wie lange die reale Vorstellung von der *Speisung* der Gottheit in Israel lebendig geblieben ist, läßt sich nicht sagen, denn die auf sie zurückgehenden O.termini wie »Beschwichtigungsgeruch« (rêaḥ nîḥoaḥ) und »Gottesspeise« (læḥæm 'ælohîm) werden noch zu einer Zeit weiter verwendet, deren Gottesauffassung es längst nicht mehr zuließ, an eine Abhängigkeit Gottes von menschlichen Gaben zu denken.

d) Eine sehr wichtige Funktion des O.s ist es, alle Störungen des Bundesverhältnisses zu beseitigen, die durch sittliche oder rituelle Vergehen des Menschen - in älterer Zeit wohl auch durch unmotivierte Ausbrüche des göttlichen → Zornes (1Sam 26, 19) - verursacht werden. Die Beruhigung des erzürnten Gottes bringt der Terminus »Beschwichtigungsgeruch« (Lev 1, 9; 3, 5 u.ö.; zur Bedeutung vgl. Ez 5, 13; mit dem Gabemotiv verknüpft Gen 8, 20f; 1Sam 26, 19) zum Ausdruck. Ferner beseitigt das O. die dem Menschen anhaftende Unreinheit und macht ihn dadurch wieder fähig zur vollen Gemeinschaft mit Gott und dem Bundesvolk (Lev 4f; 16; Num 6, 9-11; Ez 44, 25-27). In den entsprechenden O.ritualen spielt das Blut eine entscheidende Rolle, dessen sühnende, reinigende und weihende Wirkung eher mit seiner besonderen Heiligkeit als mit der Idee der Stellvertretung des Tieres für den schuldig gewordenen Menschen zusammenhängt, wie überhaupt dieser Gedanke nur selten und nicht in Verbindung mit dem O. im eigentlichen Sinn auftaucht (Lev 16, 21f, → Sündenbock; Jes 53, 10). Aufschlußreich für die *Sühneauffassung* ist die Tatsache, daß die Kultgesetze den Wert der Sühnemittel nicht in ein rechnerisches Verhältnis zur Schuld bringen (doch vgl. Mi 6, 6-8), sondern einen sozialen Zug an den Tag legen (Lev 4, 32-35; 5, 7-13 u.a.).

3. Die *Bedeutung* des O.s für die israelitisch-jüdische Religion während des ganzen quellenmäßig erfaßbaren Zeitraums, dh von der Landnahme bis zum Ende des Tempelkultus 70 nChr, kann kaum überschätzt werden (→ Gottesdienst: II). Allerdings zeigt die heftige Polemik der → Propheten (zB Am 5, 21ff; Hos 6, 6; Jes 1, 10ff) und die Relativierung des Wertes der O. in den → Psalmen (zB 40, 7; 50, 8-13; 51, 17-19) das Aufkommen einer Frömmigkeit an, für die die Wirksamkeit des O.s nicht mehr selbstverständlich war, sondern zum Gegenstand kritischer Reflexion wurde. Diese im Grunde das O. abwertenden Tendenzen kamen jedoch noch lange nicht voll zum Zug. Vielmehr geht die kurz vor dem Exil einsetzende theologische Arbeit an der kultischen Überlieferung (Dtn) im Exil weiter. Die Priesterschrift (auch Ez) und der gemäß ihren Bestimmungen nach dem Exil wiedererrichtete Kultus räumen dem O. einen noch bedeutenderen Platz ein als früher. Die Neuinterpretierung des O.wesens kann jedoch an der Tatsache nichts mehr ändern, daß die Kräfte, die es hervorgebracht haben, abgestorben waren. Die einseitige Unterordnung aller O.arten unter den Gesichtspunkt der → Sühne und die dadurch bedingte Nivellierung leisteten u.a. der Auffassung des O.s als einer bloßen Gehorsamsübung Vorschub. Dies bedeutete eine Sinnentleerung, die das O. letzten Endes entbehrlich machte. Sein Aufhören gefährdete deshalb das Judentum nicht in seiner religiösen Existenz. Die entsprechende Überlieferung wurde theoretisch weitertradiert.

4. Die Auswahl des *O.materials* hängt mit der kulturgeschichtlichen Entwicklung Israels zusammen. Von den üblichen O.tieren - Schaf, Ziege, Rind und Taube - sind die beiden ersten sicher schon von den halbnomadischen Israeliten dargebracht worden. Bezeichnenderweise werden bei dem auf die Zeit des Wüstenaufenthaltes zurückgehenden Passamahl (→ Feste: II, 3) nur Schaf- und Ziegenlämmer verwendet (Ex 12, 1ff); der Versuch, auch Kälber einzuführen (Dtn 16, 2), vermochte sich nicht durchzusetzen. Das Rind ist erst in Kanaan im israelitischen Kult heimisch geworden. Vegetabilien wie Mehl, Öl und Wein sind typische Produkte der Ackerbaukultur und können deshalb in nennenswertem Umfang nur seit der Seßhaftwerdung geopfert worden sein. Aromata - den Nomaden nicht unbekannt - mögen schon früher gelegentlich zu O.zwecken gedient haben, aber ihre regelmäßige Verwendung im Kultus ist doch wohl erst im Zug der allgemeinen Verfeinerung der Kultur während der Königszeit aufgekommen; noch Jer 6, 20 scheint sie als tadelnswerten Luxus zu betrachten. Die → Menschenopfer (, 2) wurden schon sehr früh durch Tier-O. ersetzt (Gen 22) und strengstens verboten (Dtn 18, 10; Lev 18, 21; 20, 2ff).

5. a) Die einfachste Art der *O.darbringung*, die Deponierung der zur Speisung der Gottheit bestimmten Gaben an der hl. Stätte, war anscheinend in der Richterzeit bekannt (→ Gideon), ist aber später nur bei den Schaubroten üblich (Ex 25, 30; Lev 24, 5-9; 1Sam 21, 7). Das Verbrennen der tierischen O. haben die Israeliten erst im Kulturland kennengelernt, denn diese Sitte war nur bei den Westkanaanäern, Phöniziern, Griechen und - nach Ausweis des AT - bei den Ammonitern, Moabitern und Edomitern (?) verbreitet. Daraus ergibt sich, daß die Israeliten in der Wüste wahrscheinlich nur das einfache Mahl-O. nach Art des Passa ausgeübt haben und daß die Beschlagnahme der Fetteile aller O.tiere für Jahwe (Lev 3, 17; 7, 23ff) vermutlich erst in Kanaan und unter kanaanäischem Einfluß erfolgt ist.

b) Bis zu der von → Josia 621 vChr durchgeführten Zentralisation des Kultus war jede Schlachtung ein O. und jeder Hausvater (→ Familie: II) zu seinem Vollzug berechtigt. Geopfert wurde in der Regel an den Ortsheiligtümern (1Sam 2, 13-17; 9, 13ff; → Heilige Stätten: II). Ihre Beseitigung und die Verlegung aller O.handlungen an den Jerusalemer Tempel (Dtn 12) hat das O. dem Alltagsleben entrückt und zu einer vorwiegend priesterlichen Angelegenheit gemacht. Das Ergebnis der langdauernden Einwirkung des → Priestertums auf die Gestaltung des O.wesens liegt in den Ritualen und Gesetzen der Priesterschrift vor (Lev 1-7 u.a.; vgl. Ez 42, 13f; 44): den Laien wird im wesentlichen nur noch das Schlachten des Tieres überlassen. Unter den priesterlichen Funktionen ist das Aussprechen des Votums über den rituell korrekten Vollzug des O.s wichtig. Damit stellt der Priester fest, daß es dem Darbringenden »angerechnet wird« und daß es ihn vor Jahwe »wohlgefällig« macht (zB Lev 7, 18; 22, 17ff). Die Propheten scheinen gegen das sich darauf gründende Vertrauen zu polemisieren (Am 5, 21ff).

6. a) Als *Gesamtbezeichnung* für O. kommt im AT gelegentlich der auch im profanen Sprachgebrauch in der Bedeutung »Huldigungsgabe« verwendete Ausdruck minḥā vor (Gen 4, 3-5; 1Sam 26, 19; Ps 96, 8). In recht allgemeinem Sinne wird auch das Wort »Feuer-O.« (ʼiššæ) gebraucht (1Sam 2, 28; Dtn 18, 1; Lev 2, 10; 7, 35). Die Priesterschrift bezeichnet alle O.arten als qårban = »Darbringung« (sonst nur noch Ez 20, 28; 40, 43). Alle übrigen O.bezeichnungen haben spezielle Bedeutungen.

b) Das *Schlacht-O.* (zæbăḥ, wörtl. »Schlachtung«) ist zutreffender als Mahl-O. zu bezeichnen, denn es wird, abgesehen von dem Anteil Jahwes (Blut, Fett) und des Priesters (1Sam 2, 13-17; Dtn 18, 3; Lev 7, 31ff), in einem fröhlichen Kultmahl von den O.teilnehmern verzehrt. Der in Lev 3 vorgeschriebene Blutritus ist bei dieser O.art wohl sekundär. Es ist das am häufigsten dargebrachte Privat-O. (Gen 31, 54), doch daneben auch als öffentliches O. bezeugt (Ex 18, 12; 1Kön 8, 62). In jüngeren Texten wird es immer als zæbăḥ šelamîm (Plural, Singular nur Am 5, 22?) bezeichnet. Mit dem letzten dieser beiden Ausdrücke ist wahrscheinlich das *Schluß-O.* gemeint (oder Heils-, Gemeinschafts-O., so vermutlich auch in → Ugarit), das eine Kultfeier, bei der auch andere O. dargebracht werden, beendet (Ex 20, 24; Ri 20, 26; 2Sam 6, 17f). Welcher Unterschied zwischen ihm und dem Schlacht-O. ursprünglich bestand, ist nicht zu ermitteln. Das *Brand-O.* (ʻolā = »was man im Rauch aufsteigen läßt«, wie auch in Ugarit, eher als »das auf den Altar Hinaufgebrachte«) wurde vollständig verbrannt, nur die Haut erhielt der Priester (Lev 7, 8; vgl. 2Chr 29, 34). Es ist das Gabe- oder Huldigungs-O. schlechthin. Die ältesten Erwähnungen im AT scheinen auf einen Zusammenhang mit dem Menschen-O. hinzudeuten (Gen 22; 2Kön 3, 26f). Mit dem *Sünd-O.* (ḥăṭṭaʼt) sind besondere mit dem Blut zu vollziehende Riten verbunden (Lev 4). Das Fett wird wie bei allen O.arten verbrannt, das Fleisch darf (oder muß?) von den Priestern unter Beachtung besonderer Vorsichtsmaßregeln verzehrt werden, oder man soll es an einem reinen Ort außerhalb des Heiligtums verbrennen, denn es ist heiligkeitsgeladen (Lev 4; 6, 17-22). Dieses O. spielt wegen seiner Sühne schaffenden Wirkung in der Priesterschrift und bei Ez (40, 39; 42, 13; 43, 18ff) eine sehr wichtige Rolle. Die Eigenart des dem Sünd-O. ähnlichen *Schuld-O.s* (ʼašam) ist nicht mehr deutlich erkennbar (Lev 5, 14-26; 7, 1-7).

c) Die ursprünglich ganz allgemeine O.bezeichnung minḥā (Huldigungsgabe) hat im späteren priesterlichen Sprachgebrauch die spezielle Bedeutung *»Speis-O.«*. Es besteht aus Mehl bzw. Backwerk, dem Salz, gewöhnlich auch Öl und → Weihrauch beigegeben werden. Nur wenn es als Sünd-O. dargebracht wird, enthält es die beiden letzten Zutaten nicht (Lev 5, 11-13). In jedem Fall wird eine Handvoll vom O.material und der ganze Weihrauch verbrannt als »Gedächtnis« (ʼăzkarā, wohl besser »Geltendmachen«) oder »Beschwichtigungsgeruch« für Jahwe. Der größte Teil fällt den Priestern zu (Lev 2, 3). Selbständig wurde das Speis-O. in älterer Zeit als tägliches öffentliches Abend-O. dargebracht (1Kön 18, 29; 2Kön 16, 15), später immer als Beigabe zu tierischen O.n. *Trank-O.* (nesæk oder næsæk, besser: Guß-O., Libation) von Öl (Gen 28, 18; 35, 14), Wein (Gen 35, 14) und Wasser (1Sam 7, 6; 2Sam 23, 13-17) kommen nur in älterer Zeit vor; spätere Texte kennen nur noch Weinlibationen als Zusatz-O. (Num 15, 5; 28, 7 u.ö.).

d) Das aus Weihrauch (lebonā) bestehende öffentliche *Räucher-O.* (qetoræt) wurde auf Hand-Räucherpfannen (Lev 10, 1; Num 16, 5f. 16-35; 17, 1-13) oder auf dem Räucheraltar (Ex 30, 1-10) verbrannt (zu den ḥămmanîm genannten Räucherkästchen vgl. → Altar: II, 1). Zuweilen wird dem Räucher-O. sühnende Wirkung zugeschrieben (Num 17, 11-13).

e) O. mit Gabecharakter im weiteren Sinne sind Weihgeschenke wie Waffen (1Sam 21, 10) und sonstige Kriegsbeute (Jos 6, 24; 2Sam 8, 10f; 2Kön 12, 19), Stiftungen von Edelmetallen und Stoffen (Ri 17, 3; Ex 25, 1-7; 35, 5-9. 20-29) für Kultzwecke sowie Kultsteuern in Geld (Ex 30, 11-16; Neh 10, 33) und Naturalien (2Chr 31).

7. Für manche *O.anlässe* gibt es im Hebräischen besondere Ausdrücke, die aber streng von den Bezeichnungen für O.arten zu unterscheiden sind, weil mehrere O.arten aus ein und demselben Anlaß dargebracht werden können. Als Dank-O. (tôdā) kann ein Schlacht- und Speis-O. (Lev 7, 12) oder ein bloßes Speis-O. (Am 4, 5; vgl. Jer 17, 26) dienen. Ein Gelübde- oder freiwilliges O. (nædær oder nedær bzw. nedabā) kann aus einem Schlacht-O. (Lev 7, 16; 22, 21), einem Brand- und Schlacht-O. (Num 15, 8), aber auch aus dem Zehnten vom gesamten Besitz (Gen 28, 22) bestehen. Beim →Nasiräer begegnen O. verschiedener Art (Num 6, 1-21). Außer diesen aus freiem Willen dargebrachten gab es in Israel auch bei bestimmten Anlässen übliche O. Dazu gehören vor allem die im Rahmen der Ackerbaufeste dargebrachten → Erstlinge und → Zehnten, die infolge der Kultuszentralisation zT in bloße Priesterdeputate umgewandelt wurden. Ihren ursprünglichen O.charakter haben auch die Ablieferungen der Erstgeburten des Viehs (→ Erstlinge) und der Schafschur-Erstlinge (Gen 38, 12ff; 1Sam 25, 2ff; 2Sam 13, 23ff; Dtn 18, 4) eingebüßt. Anlaß zum Opfern gaben schließlich auch geschichtliche Ereignisse wie der Beginn einer Schlacht (1Sam 13, 8ff), die Einweihung des Tempels (1Kön 8, 62ff), Königsproklamation (2Sam 15, 10ff; 1Kön 1, 9ff. 18ff. 25ff), Bundesschluß (Ex 24, 5-8; Gen 14, 17-20), ferner Volksplagen wie Pest (2Sam 24, 21ff), Dürre (1Kön 18, 23ff) und andere Katastrophen (Jer 41, 4f).

8. Obwohl der Eintritt in den Jahwebund von Anfang an mit einer feierlichen Abschwörung anderer Götter (Gen 35, 2-5; Jos 24, 14) verbunden war und ihre Verehrung immer verboten blieb (→ Götzendienst im AT), kamen O. an fremde Götter (Ri 2, 13; 6, 25; 8, 33; 1Kön 11, 7; 16, 31f; 18, 20ff; Hos 2, 13 u.ö.) und Dämonen (Lev 17, 7; Dtn 32, 17; Ps 106, 37ff) immer wieder vor.

J.Wellhausen, Reste arabischen Heidentums, (1887) 1927², 101ff - Ders., Prolegomena zur Gesch. Israels, 1927⁷ - W.R.Smith, Die Religion der Semiten, dt. (1889) 1927³ - S.I.Curtiss, Ursemitische Religion im Volksleben d. heutigen Orients, dt. 1903, 188ff - J.C.Matthes, Der Sühnegedanke bei d. Sünd-O.n (ZAW 23, 1903, 97-119) - J.Herrmann, Die Idee d. Sühne im AT, 1905 - A.Loisy (→ Opfer: I) - R.Dussaud, Les origines cananéennes du sacrifice israélite, (1921) 1941² - G.B.Gray, Sacrifice in the OT: its Theory and Practice, 1925 - A.Wendel, Das O. in d. altisraelit. Religion, 1927 - M.Löhr, Das Räucher-O. im AT, 1927 - A.Bertholet, Zum Verständnis des at. O.gedankens (JBL 49, 1930, 218-233) - Ders. (→ Opfer: I) - D.Schötz, Schuld- u. Sünd-O. im AT, 1930 - A.Lods, Israelit. O.vorstellungen und -bräuche (ThR NF 3, 1931. 347-366; Lit.) - F.Blome, Die O.materie in Israel u. Babylonien I (Kath. Diss. Tübingen), 1934 - Ch.R.North, Sacrifice in the OT (ET 47, 1935/36, 250-254) - W.O.E.Oesterley, Sacrifices in Ancient Israel, 1937 - O.E.James, Aspects of Sacrifice in the OT (ET 50, 1938/39, 151-155) - T.H.Gaster, The Service of the Sanctuary (Mélanges syriens... II, 1939, 577-582; ugarit.-phöniz. Par.) - A.Vincent, Les Rites du Balancement (Tenoûphâh) et du Prélèvement (Teroûmâh) dans le Sacrifice de Communion de l'AT (ebd I, 1939, 267-272) - A.Metzinger, Die Substitutionstheorie u. das at. O. (Bibl 21, 1940, 159-187. 247 bis 272. 353-377) - P.Humbert, La Terouʻa, Neuchâtel 1946 - D.M.L. Urie, Sacrifice among the Western Semites (PEQ 81, 1949, 67-82;

hebr. O.termini u. Parallelen) - H.H.Rowley, The Meaning of Sacrifice in the OT (BJRL 33, 1, 1950; Lit.) - J.Gray, Cultic Affinities between Israel and Ras Šamra (ZAW 62, 1950, 207-220) - Ders., The Legacy of Canaan (VT Suppl. 5, 1957, 140-152) - W.B.Stevenson, Hebrew 'olah and Zebach Sacrifices (Bertholet-Festschr., 1950, 488 bis 497) - S.Mowinckel, Offersang og sangoffer, Oslo 1951 - G.v. Rad, Die Anrechnung des Glaubens zur Gerechtigkeit (ThLZ 76, 1951, 129-132) - S.H.Hooke, The Theory and Practice of Substitution (VT 2, 1952, 2-17) - R.Rendtorff, Studien zur Gesch. d. O.s im alten Israel (Habil. Schr. Göttingen), 1953 - G.R.Driver, Three Technical Terms in the Pentateuch (JSS 1, 1956, 95-115) - V.Maag, Erwägungen zur deuteronomischen Kultzentralisation (VT 6, 1956, 14-18) - N.H.Snaith, Sacrifices in OT (VT 7, 1957, 308-317) - R. Knierim, Studien zur israelit. Rechts- u. Kultusgesch.: chṭ' u. chms, zwei Begriffe für Sünde in Israel u. ihr Sitz im Leben (Diss. Heidelberg), 1957 - L.Rost, Zu den Festvorschriften von Num 28 u. 29 (ThLZ 83, 1958, 329-334) - Ders., Erwägungen zum israelit. Brand-O. (BZAW 77, 1958, 177-183) - J.E.Steinmueller, Sacrificial Blood in the Bible (Bibl 40, 1959, 556-567) - R.Dobbie, Sacrifice and Morality in the OT (ET 70, 1958/59, 297-300; dazu H.H.Rowley, ebd 341f) - M.Haran, The Uses of Incense in the Ancient Israelite Ritual (VT 10, 1960, 113-129) - R. de Vaux, Les institutions de l'AT II, Paris 1960, 291 ff. - Vgl. ferner die at. Theologien.

R.Hentschke

III. Im NT

1. Situation - 2. Jesustradition - 3. Urgemeinde, Paulus, 1Petr - 4. Hebr - 5. Johanneische Schriften - 6. Neuer O.kult?

1. Im Gegensatz zum Judentum und zur heidnischen Welt (→ Opfer: I) kennt die urchristliche Kirche überhaupt keinen O.kultus mehr. Diese erstaunliche Tatsache beruht aber weder auf rationaler Religionskritik noch auf mystischer Erhebung aus der Sphäre der kultischen O., sondern allein auf der Wirklichkeit und der Wirkung Christi, welche mit der eschatologischen Aufhebung des vorchristlichen O.kultus zugleich eine vollständige Wandlung der O.vorstellungen verbindet. Gemeinsam ist den nt. Texten die Gewißheit, daß die Kirche Christi aus dem O. Christi für die Welt lebt und daher von ihr das wahre O. an Gott dargebracht wird. Man könnte drei Typen von nt. O.begriffen unterscheiden, den christologischen, den sakramentalen und den ethischen; doch dürfte es richtiger sein, im Blick auf die beiden letzteren nur von verschiedenen Zuspitzungen zu sprechen, da die sakramentale und die ethische O.vorstellung nur Auswirkungen des O.s Christi im Handeln der Kirche darstellen.

2. In der *Jesustradition* der synoptischen → Evangelien werden zunächst Tempel und O.dienst vorausgesetzt, ohne daß sie direkt angegriffen würden (Mt 5, 23f; 15, 3ff; 23, 18ff). Doch macht die eschatologische Predigt Jesu vom → Reich Gottes (: I; → Jesus Christus, 10 d) sichtbar, daß allein der Gehorsam gegen Gottes Gebot und also die Liebe zum Nächsten der wahre Gottesdienst sind, der das Kultusgesetz und den O.dienst aufhebt. Damit ist die prophetische Kritik am pervertierten Kultus wieder aufgenommen (vgl. Mt 9, 13; 12, 7). Darüber hinaus führt die Aussage, daß der Träger der Gottesherrschaft mehr sei als der Tempel (Mt 12, 6). Der kommende Menschensohn-Messias ist das Ende aller O.leistungen an Gott, weil mit ihm der Heils-Aion Gegenwart wird. Hier ist bereits das entscheidende, christologische Motiv angeschlagen, von dem das ganze Kerygma des NT lebt. Um so bemerkenswerter ist es, daß sich die *Abendmahlsberichte* (hierin übereinstimmend; → Abendmahl: I) der O.terminologie bedienen und das → Blut Christi (: I) als das O. verstehen, das die eschatologische Heilsstiftung begründet und damit → Sündenvergebung schafft (»mein Blut des Bundes« Mk 14, 24; Mt 26, 28; »der neue Bund in meinem Blut« Lk 22, 20, vgl. 1Kor 11, 25). Wie der »alte« Sinaibund durch O.-blut geschlossen wurde (Ex 24, 8), so stiftet das O.blut Jesu den neuen, eschatologischen → Bund (: II), der die prophetische Verheißung Jer 31, 31ff realisiert. In der Formel »mein Blut« tritt schon hervor, was Paulus und der Hebr theologisch expliziert haben (s. 2. 3), daß es sich um das *Selbst*-O., die personale Selbsthingabe Jesu handelt und damit um ein völlig einzigartiges O., das die alten O.vorstellungen sprengt und wandelt. Auch in der johanneischen Interpretation der Abendmahlstradition ist Jesu Tod als Sühn-O. verstanden (Joh 6, 51). Wenn auch die Formel »Lösegeld« nicht aus der Sprache des Kultus, sondern aus derjenigen des Rechts stammt, so liegt doch in Mk 10, 45 eine den Abendmahlstexten verwandte Aussage vor: die Wendung »sein Leben hingeben ... für viele« redet vom O. des Menschensohnes, in dem sich sein Dienen vollendet. Was hier von uns O. genannt wird, läßt sich freilich nicht an vorgegebenen jüdischen oder heidnischen O.begriffen ablesen, sondern allein aus dem im Glauben ergriffenen Ereignis des Leidens und Sterbens Jesu entfalten.

3. So geschieht es in den → Formeln (: II, 5), welche den Tod Jesu als Sühn-O. deuten und vermutlich in die palästinensische *Urkirche* zurückreichen (Bultmann). Jedenfalls aber hat sie Paulus aus der hellenistischen Gemeinde übernommen und von ihnen her seine »Theologie des Kreuzes« entwickelt. Vor allem handelt es sich um die Formel ὑπὲρ ὑμῶν bzw. πολλῶν oder ἁμαρτιῶν, deren ursprünglicher »Sitz im Leben« die Herrenmahlfeier gewesen sein dürfte (vgl. Mk 14, 24 par; 1Kor 11, 24). Auch kann der Tod Christi direkt als θυσία oder προσφορά bezeichnet werden (Eph 5, 2; Hebr 7, 27; 9, 26. 28; 10, 10). Weit häufiger ist vom → Blut Christi die Rede (Röm 3, 25; 5, 9; Kol 1, 20; Eph 1, 7; 2, 13; 1Petr 1, 2. 19 u.ö.); einige Male - in Anlehnung an at. Sprachgebrauch - von der »Besprengung« mit dem Blute Christi (1Petr 1, 2; Hebr 9, 13; 10, 22; 12, 24). Die Aussage, daß Christus sich »dahingibt« für unsere Sünden (Röm 4, 25; 8, 32; Gal 2, 20; Eph 5, 2. 25), bringt ebenso die nt. O.vorstellung zum Ausdruck. In alledem handelt es sich um Formeln des *gemein*christlichen Kerygmas.

Daß → *Paulus* mit der theologischen Explikation solcher Formeln (zB Röm 3, 25; 4, 25; 5, 12ff; 8, 1ff) nicht eine Anpassung an zeitgenössische Vorstellungen vollzogen hat, zeigt die scharfe Entgegensetzung des »Tisches des Herrn« und des »Tisches der Dämonen« (1Kor 10, 14ff). Das Anteilhaben an Leib und Blut des Herrn schließt die Gemeinschaft mit den Dämonen aus (vgl. 2Kor 6, 16). In den heidnischen O.mahlzeiten ist keine göttliche Wirklichkeit, wohl aber die dämonische präsent. Die Kirche aber wird durch die Partizipation am O. Christi konstituiert (1Kor 10, 16f). Dies ereignet sich im Herrenmahl. Eine andere Vorstellung begegnet in 1Kor 5, 7: Christus ist das als O. geschlachtete Passalamm, im Gegensatz zum Passalamm der Juden. Der Gedanke steht im Dienst der Paränese: Christus hat durch seinen O.tod die Bahn zu einem neuen Leben der Christen in »Reinheit und Wahrheit« (1Kor 5, 8) freigemacht. Damit ist die »ethische«, besser *paränetische* Wendung und Verwendung des O.gedankens in Sicht gekommen. Das wahre, Gott wohlgefällige O. der Christen besteht darin, daß sie ihre Leiber Gott darbringen als ein »lebendiges« und Gott wohlgefälliges O. (Röm 12, 1). Dieses O. ist weder Leistung noch Darbringung einer Sache oder Gabe außerhalb der Person, sondern Hingabe der ganzen, menschlichen Existenz, und ist möglich gemacht durch die dem Sünder erwiesene, ihn in die neue → Freiheit (: I) setzende Barmherzigkeit Gottes. Das Selbst-O. der Person ist das wahre O., das dem Willen Gottes entspricht. Beispiel hierfür ist das Leben und Werk des Paulus. Phil 2, 17 stellt er sich als den O.priester dar, der sein Blut vielleicht als Trank-O. vergießen muß »beim O.dienst an eurem Glauben«.

Das priesterliche Werk des Apostels hat den Sinn, die »O.gabe der Heiden« Gott wohlgefällig zu machen, nämlich dadurch, daß sie durch den Hl. → Geist (: IV) geheiligt wird (Röm 15, 16). Ein neues, die Heiden zu Gott bringendes Priestertum des Apostolats ist am Werke. Es reicht nicht aus, angesichts solcher Aussagen von »Vergleich« mit dem O. zu sprechen. Denn es handelt sich um die *Erfüllung* dessen, wonach Heidentum und Judentum verlangen, nämlich Gott das rechte O. darbringen zu können. – Der »ethische« O.begriff ist christologisch begründet, und der »praktische« O.dienst der Lebenshingabe wird konstituiert durch das Sakrament des Herrenmahls. Die Weisung Eph 5, 2 folgt dieser Spur: »Wandelt in Liebe, da Christus sich als Gabe und O. für euch dahingegeben hat.« Hier wird wie in Röm 8, 32 (vgl. Joh 3, 16) deutlich: Die *göttliche Agape* ist der Inhalt dessen, was hier O. heißt; als die von der sich selbst opfernden Liebe Christi Ergriffenen können die Christen ihr Leben in → Liebe (: III) führen. – Zwar wird man nach alledem nicht sagen können, daß der O.gedanke »im Mittelpunkt der paulinischen Theologie« gestanden habe, jedoch ist er neben anderen Bildern ein entscheidendes Mittel zur Auslegung der Sendung und Tat Christi »für uns«.

Der 1. → *Petrusbrief* bewegt sich im ganzen auf der Linie des Paulus. Der Ausdruck »Besprengung mit dem Blute Jesu Christi« (1, 2) redet von der Sühnekraft dieses Blutes. In 1, 18 ist das Bild vom Loskauf mit der Vorstellung des unbefleckten O.lamms und seines sündesühnenden Blutes verbunden. Der Gegensatz zu den irdischen Werten (Silber und Gold) verdeutlicht den göttlichen Rang und Wert dieses O.s. Der eschatologische Charakter der Erlösung und des Erlösers wird ausdrücklich betont (1, 20). Darum existiert jetzt die Gemeinde als »hl. Priesterschaft, um geistliche O. darzubringen« (2, 5); diese sind gewiß nicht nur im »kultischen« Sinne von dem zu verstehen, was im christlichen Gottesdienst geschieht. Vielleicht sind die Worte »durch Jesum Christum« auf »darbringen« zu beziehen; dann wäre Christus der himmlische Hohepriester, der die O.-gaben der irdischen Priester, dh der Gemeinde, Gott darbringt (vgl. Hebr 13, 15; Windisch zSt). Die Priesterschaft, die diesen O.dienst vollzieht, besteht aus den »lebendigen« Steinen des neuen geistlichen Hauses oder Tempels. Ihre Heiligkeit hat sie durch das O. Christi empfangen, aber sie soll durch eigenes Tun realisiert werden, im Wandel der Gemeinde (1, 15; 2, 11ff). Wie für Paulus oder den → Epheserbrief, so gilt auch für 1Petr die Einheit von »Kultus« und »Ethos«. Die neuen, pneumatischen O. sind Lob Gottes so gut wie → Heiligung (: II) der Gemeinde für Gott.

4. Einzig der → *Hebräerbrief* hat sich in umfassender Weise mit dem at. Kultus und seinen O.n auseinandergesetzt. Er gewinnt einen neuen O.begriff, indem er von Christi Tod und Erhöhung ausgeht und diese mit Hilfe seiner Konzeption vom ewigen und vollkommenen Hohenpriester interpretiert, welcher heilig und ohne Sünde »ein für allemal sich selbst dargebracht hat« (7, 27), zugleich aber ein unvergängliches Priesteramt hat und ewig lebt, um für die Sünder einzutreten (7, 25). Die O. vor Christus konnten die Sünde nicht fortschaffen, da sie nur das Blut von O.tieren zur Verfügung hatten; Christus aber hat sich selbst durch den göttlichen Geist Gott dargebracht (9, 11-15). Immer wieder tritt dieser *personale* Charakter des Selbst-O.s Christi im Hebr klar hervor (vgl. auch 7, 27). So sind der Opfernde und das O. in der Person Christi miteinander identisch. Das O. ist totale Selbsthingabe aus göttlicher Liebe und so, als das O. des ewigen Sohnes, Ende aller fruchtlosen, vergänglichen und Anfang aller geistlichen, wahren Liebes-O. – Von den Wirkungen des O.s Christi her gesehen besagt dies – in Übereinstimmung mit Paulus und 1Petr –, daß allein das Blut Christi die → Sünde (: III) beseitigt (9, 26. 28), Vergebung der Sünde bewirkt (9, 22; 10, 18, vgl. 8, 12f), die Gewissen reinigt (9, 14) und heiligt (9, 13f; 10, 10). Nun ist der wahre → Gottesdienst (: IV) des Lobopfers und Bekenntnisses ermöglicht (9, 14; 13, 15), der auch hier die »Diakonie« des Wohltuns und Mitteilens in sich einschließt (13, 16). Was die Theologie der → Rechtfertigung (: I) und → Versöhnung (: IV) mit Bildern aus dem Rechtsvollzug oder des Gemeinschaftslebens ausdrückt, dasselbe sagen hier die kultischen Gleichnisse des Hohenpriesters und seines Selbst-O.s. Die bewegende Mitte dieses Vorstellungskreises ist der Gedanke, daß der wahre Hohepriester Christus durch seinen Tod in das ewige Heiligtum im Himmel eingegangen ist und so die Christen fähig gemacht hat, ihm als dem Vorläufer (6, 20) zu folgen. So hat er den neuen, »besseren« Bund verwirklicht (8, 6-13). Durch diesen sind die alten »fleischlichen Satzungen« (9, 10) abgetan. Während der irdische Hohepriester mit fremdem Blut das Heiligtum betritt, bringt Christus sich selbst als O. dar und erscheint unmittelbar vor dem Angesicht Gottes, nicht in dem irdischen Allerheiligsten. Sein O. geschieht nur einmal und damit endgültig, während die alten O. ständig und fruchtlos wiederholt werden mußten (10, 1ff) und nur Schattenbilder des Zukünftigen sind (8, 1-6). Ein neues, anderes Sühn-O. gibt es nun nicht mehr, da die Sünden vergeben sind (10, 18).

5. Anders als im Hebr steht es in den *johanneischen* Schriften. In der → Johannesapokalypse (, 8) herrscht das Bild des »Lammes« vor, das »geschlachtet« und dessen Blut zur Sühne der Sünden geflossen ist (5, 6. 9. 12; 7, 14; 12, 11; 13, 8). Dieses O.lamm ist zugleich der eschatologische Sieger, durch dessen O.tat die endzeitliche Gemeinde der Erlösten aus allen Völkern entsteht (5, 9f, vgl. 1, 5f; 7, 14). Das Lamm hat sein erlösendes O. für die ganze Welt dargebracht, und der ganze Kosmos vereinigt sich im hymnischen Lobpreis des Lammes (5, 13). Es hat den Tod überwunden und empfängt die Vollmacht zur Niederwerfung der gottfeindlichen Mächte und zur Aufrichtung der Gottesherrschaft über die Welt (11, 15; 17, 14; 19, 11ff). – Im → Johannesevangelium ist der Wortgebrauch zwar ein anderer (ἀμνός statt ἀρνίον), aber die Konzeption nahe verwandt; denn der Täufer verkündigt hier Jesus als das → Lamm Gottes, das die Sünde der Welt wegnimmt (Joh 1, 29. 36). Ob an dieser Stelle das Passalamm als Typos des O.todes Jesu zur Erklärung heranzuziehen ist, ist trotz 19, 36 sehr fraglich; vielmehr dürfte eine zusammenraffende Deutung von Jes 53 auf Christus vorliegen, da dort die Wegnahme der Sündenschuld und das stellvertretende Leiden des Gottesknechts im Mittelpunkt stehen und der → Knecht Jahwes mit einem Lamm verglichen wird, das zur Schlachtbank geführt wird (Jes 53, 7). Der O.gedanke ist zwar in die Vorstellung vom leidenden Gottesknecht miteingeschlossen, beherrschend aber ist das Motiv des freiwilligen, stellvertretenden Leidens. Die Vorstellung von der reinigenden Macht des Blutes Jesu findet sich auch 1Joh 2, 7. – In solchen Aussagen ist immer die *Einmaligkeit* des O.todes und seine *gegenwärtige* Wirkung in der Gemeinde vorausgesetzt bzw. eingeschlossen. Beides ist auch in Joh 17, 19 enthalten: Durch seine freie Dahingabe in den Tod heiligt sich Christus selbst, damit seine Gemeinde geheiligt werde. Bleibt der O.gedanke hier ganz im Hintergrunde, so tritt er deutlicher hervor in der Rede vom Essen und Trinken seines Fleisches und Blutes (Joh 6, 51ff), bes. in der johanneischen Umschreibung der Abendmahlsfor-

mel in V. 51 c. Christus ist das himmlische Lebensbrot, indem er »sein Fleisch«, dh sich selbst (am Kreuz) dahingibt für das Leben der Welt (vgl. Hebr 10, 10: »Das O. des Leibes Jesu Christi«). Im Handeln Jesu aber verwirklicht sich die Liebe Gottes, die den Sohn gesandt und in den Tod dahingegeben hat, damit die Welt das Leben gewinne (3, 16; 1Joh 4, 9). In dieser letzten Erkenntnis schließen sich Paulus, Hebr und Johannes zusammen: Das Gottes-O. verwirklicht das Heil der trotz all ihrer O. bisher durch die Sünde von Gott geschiedenen Welt.

6. Die von Bultmann an das Kerygma der hellenistischen Gemeinde gerichtete Frage, »ob sich in der christlichen Gemeinde wieder ein O.kult ... entwickeln« werde (NT 153), ist je nach dem verwendeten Begriff des O.s zu beantworten: Bejahend insofern, als heidnisches und jüdisches O.denken faktisch die werdende Kirche beeinflußt und gefährdet haben (→ Opfer: IV); mit einem ganz anders basierten Ja insofern, als im Herrenmahl das Christus-O. gegenwärtig wird, um Vergebung der Sünde und ewiges Leben zu schaffen, und sodann, insofern das O. Christi die Gemeinde bevollmächtigt, das wahre geistliche O. des Gottlobes, des Gehorsams und der Liebe darzubringen. In diesem doppelten Sinne ist der neue → Gottesdienst (: IV) des eschatologischen Gottesvolkes (→ Kirche: II) der wahre, legitime O.kult, der freilich immer zugleich die Aufhebung aller menschlichen O.versuche darstellt. Die letzte Tiefe des nt. O.begriffes ist aber diese, daß *Gott selbst* seinen eigenen Sohn opfert (Röm 8, 32) und so seine Liebe zur Welt verwirklicht (Joh 3, 16). Das Selbst-O. Christi ist das Selbst-O. Gottes in seinem Sohn. Das ist die »Revolution« gegenüber dem at.-jüdischen O.kultus, die doch an dessen Stelle nicht die mystische Illusion einer Einung mit der Gottheit setzt oder durch Spiritualisierung den O.begriff auflöst, wie es → Philo tut, wenn er die Hingabe der Seele an Gott mit Hilfe des O.bildes symbolisiert (O.Schmitz).

RGG[3] IV, 717ff (Lit.) - H.WINDISCH, Der Hebr (HNT 14), 1931[2], 90ff - W.v.LOEWENICH, Zum Verständnis des O.gedankens im Hebr (ThBl 12, 1933, 167-172) - H.WENSCHKEWITZ, Die Spiritualisierung der Kultusbegriffe Tempel, Priester u. O. im NT (Angelos, Bh. 4), 1932 - ThW III, 183ff (Lit.) - M.DIBELIUS, Der himml. Kultus nach dem Hebr (ThBl 21, 1942, 1-11 = Botschaft u. Gesch. II, 1956, 160 bis 176) - O.CULLMANN, Die Christologie des NT, 1957 - BULTMANN, NT (s.Reg.) - EKL II, 1694ff. *H.-D.Wendland*

IV. Dogmengeschichtlich

1. Die Entstehung im 2.Jh. - 2. Die Fixierung bis zum MA - 3. Die reformatorische Kritik - 4. Im Katholizismus seit dem Tridentinum - 5. Im modernen Protestantismus

1. Das frühe Christentum läßt für Christen das O. nur im übertragenen Sinn gelten (→ Opfer: III): es besteht in der Lebenshingabe an Gott und äußert sich als Gebet, Gehorsam gegen Gott, hl. Wandel, Liebestätigkeit, Askese, Martyrium u.a. Diese O.anschauung, die die allgemeinchristliche blieb, überwog das 2.Jh. hindurch auch hinsichtlich des Gottesdienstes. Gleichwohl bildete sich, schon seit der Mitte des 2.Jh.s erkennbar, die Vorstellung des *Herrenmahls* als einer spezifischen O.handlung in einer anscheinend bruchlosen Entwicklung. Ansatzpunkte dafür lagen einmal darin, daß die Heilstat Christi am Kreuz, auf die sich das Abendmahl bezieht, im NT als O. angesehen wurde, ferner darin, daß die Darbringung der Dank- und Lobgebete (»Eucharistie«) sowie der Liebesgaben (→ Agapen) beim Abendmahl als O. galten, schließlich darin, daß dem → Abendmahl (: I) von Anfang an der Charakter eines O.mahles (1Kor 10, 14ff; Hebr 13, 10ff) eignete. Bei → Ignatius ist nur von dem O. *Christi* im Abendmahl die Rede (Sm 7, 1). In der Did wird schon die Abendmahlsfeier selbst ein O. genannt (14, 1f), wohl im Blick auf die Dankgebete und Liebesgaben als Gott dargebrachte Lob-O. Scheinbar nur geringe Akzentverlagerungen (Verdienstlichkeit der dargebrachten Gebete und Gaben, sühnende Einwirkung des Gottesdienstes auf Gott, das Abendmahl als eine Art Wiederholung des Kreuzes-O.s Christi) führten dahin, daß im Vollzug des Abendmahls als solchem ein eigentliches O. erblickt wurde. Der Einfluß der religiösen Umwelt, die Abtrennung der Eucharistie von der gemeinsamen Mahlzeit (→ Abendmahl: IV, 1 c) und die Bindung ihrer Gültigkeit an den Gemeindeleiter (zB IgnSm 8; IgnPhld 4), der bald als Priester im spezifischen Sinn betrachtet wurde, werden dies befördert haben. → Justin bezeichnet Dial. 116f die Abendmahlsgebete als O., Dial. 41 jedoch auch die Darbringung von Brot und Wein, die Fleisch und Blut Christi sind und zum Gedächtnis des Leidens Christi auf seinen Befehl geopfert werden. Nach Dial. 116 nimmt Gott nur durch seine Priester O. an. Noch betonter nennt → Irenäus (Adv. haer. IV, 17, 5) Leib und Blut Christi im Abendmahl »novi testamenti oblatio« und »purum sacrificium« als Erfüllung von Mal 1, 11. Auch → Clemens Alexandrinus, der zwar meist von Gebeten, Almosen u.dgl. als den Christen geziemenden O.n spricht, kennt daneben die besondere προσφορά in der Eucharistie (Strom. I, 19), womit er anscheinend den Vollzug der Feier selbst meint. So auch → Tertullian, der manchmal die Abendmahlsfeier schlechthin sacrificium oder oblatio nennt (De cultu fem. II, 11; Ad ux. II, 8 u.ö.) und dies (nach De or. 19) anscheinend nicht auf die Danksagungen und Almosendarbringungen beschränkt.

2. a) *Vom 3.Jh. an* finden sich genauere Definitionen des O.charakters der Eucharistie (→ Abendmahl: II, 1 c). Der erste in dieser Reihe ist → Cyprian. In Ep. 63 bezeichnet er die Eucharistie öfter als sacrificium und ein offerre, dessen auctor Christus ist. In seinem Kreuzestod hat er als der Hohepriester sich dem Vater dargebracht. Die Abendmahlsfeiern in der Kirche sind von ihm befohlene »memoriae« dessen und als solche selbst O. »Der Priester waltet wahrhaft an Christi Statt; denn was Christus getan hat, ahmt er nach und bringt Gott Vater in der Kirche ein wahres und volles O. dar« (Ep. 63, 14). Vorher heißt es, daß sich Christus in der Eucharistie mit der Kirche vermähle und der Priester die mit Christus geeinte Gemeinde Gott als wohlgefälliges O. darbringe, um ihr die erflehten Gaben zu erwirken (Ep. 63, 12f). Diese »memoria« der Passion Christi unterstütze Bitten an Gott, vor allem *Fürbitten,* etwa für die lapsi, deren Gewissen durch dieses O. gereinigt werden (De laps. 16), auch für die Entschlafenen (Ep. 1, 2). - → Ambrosius (Enarr. in Ps. 38, 25f) und → Augustin (De Civ. X, 6. 20; C.Faustum XX, 15ff), die den O.charakter der Eucharistie als selbstverständlich voraussetzen, interpretieren ihn stark im Sinn der urchristlichen Auffassung des O.s als Lebenshingabe. Das einzig wirkliche O. ist das einmalige Kreuzes-O. Christi. Das vom Priester in der Eucharistie dargebrachte O. »demonstriert« dieses für die Gemeinde und nimmt sie als den »Leib« Christi in es hinein. Opferung und O.mahl werden eng zusammengezogen; in der Eucharistie wird »in Wahrheit« die Gemeinde vom Hohenpriester Christus Gott als O. dargebracht und dadurch zur eigenen O.existenz befähigt und aufgerufen. (Augustin verbindet dies mit der Lehre vom → Fegfeuer: die Aufopferung der Gemeinde wirkt sich bis hin zu ihren Gliedern im purgatorium helfend aus.) - Bei → Gregor d. Gr. ist der Gedanke des Versöhnungs-O.s im Abendmahl beherrschend geworden. Er bringt ihn in pastoraler und volkstümlicher Weise zum Ausdruck (Dial. IV, 55. 58f; Hom. in Ev. II, 37) und hat dadurch stark auf die mittelalterliche Praxis

und Frömmigkeit gewirkt. Der unsterbliche Christus wird in der → Messe immer wieder geopfert, dadurch wird sein Leiden mit seinen Früchten stets wirksam erneuert. Dieses O. wirkt sühnend auf Gott ein (→ Versöhnung: V), befreit von Sünden und sonstigen Nöten und hilft auch den Seelen im Fegfeuer. Nun bürgern sich immer mehr Votiv- und → Seelenmessen ein, bei denen niemand außer dem Priester kommuniziert.

b) In der *Ostkirche* verlief die Entwicklung ähnlich. Auch hier wird in der Gesamtauffassung des → Abendmahls (: II, 1 a) der O.gedanke fixiert, doch im einzelnen verschieden interpretiert. Nur verselbständigt er sich hier nie so wie im Westen, sondern ist nur *ein* Moment im *Ganzen* der »Liturgie«. Daneben bleibt der Mahlcharakter der Eucharistie stärker erhalten. - Am Anfang steht hier → Origenes. Er redet realistisch von der Eucharistie als versöhnendem O. (Hom. in Num. 13, 3). Dabei muß man seinen Spiritualismus in Rechnung stellen, mit dem er in allen Einrichtungen der Kirche einen »höheren« Sinn sehen kann. Christi O. hat kontinuierlich reinigende Kraft, immer opfert und bittet Christus für die Gläubigen und bringt ihren Glauben und ihre Werke Gott als O. dar (Hom. in Lev. 9, 8). Doch in der Eucharistie vollzieht sich ein besonderes O. des Leibes Christi, durch das die, die ihn mit reinem Vorsatz *genießen*, geheiligt werden (C.Cels. VIII, 33). Der Priester spielt hierbei nicht die Rolle wie nach Cyprian. (Ähnlich →Euseb von Cäsarea, Dem. evang. I, 10: Die Eucharistie ist ein propritiatorischer O.akt. Das O. Christi selbst ist unwiederholbar, doch hat er befohlen, die Erinnerung daran anstelle eines O.s [ἀντὶ ϑυσίας] darzubringen.) - Realistischer denkt → Cyrill von Jerusalem (Cat. Myst. 4f): In den geweihten Elementen wird der für die Sünden der Welt geschlachtete Christus Gott geopfert, wodurch Gott in bezug auf die Kirche, die Obrigkeit und die Abgeschiedenen versöhnt wird. Im übrigen überwiegt die Auffassung der Eucharistie als Speise. - Bei → Gregor von Nazianz tritt der O.gedanke mehr hervor. Daß bei ihm die Elemente erstmalig »Antitypa« des Leibes und Blutes Christi genannt werden, kann freilich an einen symbolischen O.akt denken lassen. Für → Theodor von Mopsuestia ist das vom Priester dargebrachte eucharistische O. Gedächtnis des geschichtlichen O.s und »Typos« des himmlischen Priesterdienstes Christi. - → Chrysostomus (Hom. in MtEv 82, 5) spricht von der für Lebende und Tote wirksamen Gegenwart des Kreuzes-O.s Christi in der Eucharistie. Es scheint für ihn jedoch ein mehr symbolisches Verhältnis zwischen geschichtlichem und eucharistischem O. zu bestehen. Im allgemeinen reflektiert auch er mehr auf die Speisung als auf das O. in der Eucharistie. - In der ostkirchlichen Liturgie hat das O. für Lebende und Tote seinen festen Platz im gesamten Mysteriengeschehen bekommen (→ Gottesdienst: V A, 2). Die → Mystagogische Theologie interpretiert es verschiedenartig.

c) In der *Westkirche* gab es *im MA* zunächst keine festen Lehren über das O. im Abendmahl, das in kirchlicher Praxis und Volksfrömmigkeit eine bedeutende Rolle spielte. Ausgeprägter als im Osten wird hier das → Abendmahl (: II, 2) *in erster Linie* als satisfaktorischer Nachvollzug des Kreuzes-O.s Christi verstanden. Neben der Sündentilgung werden auch Hilfen für sonstige Anliegen vom Meß-O. erwartet. Durch diese Verselbständigung des O.s trat der Speisecharakter des Abendmahls zurück; es vermehrten sich die Privatmessen, und die Kommunion nahm ab (→ Abendmahl: IV, 2 b). - Die → Scholastik dachte vor allem über das Verhältnis von Kreuzes-O. und Meß-O. nach und suchte die grundsätzliche Identität bei modaler Verschiedenheit begrifflich zu bestimmen. → Petrus Lombardus (Lib. sent. IV, 12f) sagt, daß in der Eucharistie wohl »proprie« ein O. sei und Aufopferung geschehe, daß Christus jedoch auf dem Altar »anders« als am Kreuz geopfert werde: Dies tägliche O. ist »memoria et repraesentatio« jenes einmal dargebrachten »wahren« O.s mit den Wirkungen der »remissio peccatorum venialium« und der »perfectio virtutis«. - → Albert d. Gr. sagt in seinem Kommentar zu jener Stelle des Lombarden, daß »immolatio nostra non tantum est repraesentatio, sed immolatio *vera*«, wobei er jedoch zwischen Opfer*ung* (immolatio) und dem O. selbst (sacrificium) unterscheidet und letzterem allein den »effectus« zuschreibt. - → Thomas von Aquino (S.Th. III, 73-83) führt die Unterscheidung der Eucharistie als »sacramentum« und »sacrificium« ein, die seit dem Tridentinum allgemein üblich ist. In erster Hinsicht ist sie Speisung, durch die wir Gnade, Vergebung der läßlichen Sünden und Stärkung des geistlichen Lebens empfangen, in zweiter wirksames Abbild des O.s Christi und zugleich wirkliche Opfer*ung*, durch die »fit aliquid circa Christum« und Gott etwas »offeriert« wird. »In quantum est sacrificium, habet vim satisfactionis.« Hat Christi Kreuzes-O. die Erbsünde getilgt, so tilgt das Meß-O. die täglichen Sünden. Diese Wirkung kommt zunächst den gläubigen Teilnehmern zugute, dann auch anderen, sofern sie an das für ihr Heil dargebrachte O. glauben, auch den Seelen im Fegfeuer.

3. Die *Reformation*, die beim → Abendmahl (: II, 3) vor allem den Empfangscharakter betonte, wodurch die Kommunion wieder in den Vordergrund und der O.gedanke zurück trat, bekämpfte entschieden die Privatmessen (s. Luther, De abroganda missa privata, 1521), dann die Auffassung der Messe als O. überhaupt (Luther seit 1520: Sermon von dem Neuen Testament; De capt. Babyl.). Hauptmotiv war die Wahrung des einmaligen O.s Christi am Kreuz als allein versöhnend und keine Ergänzung duldend. Für Calvin war die Ablehnung des O.charakters des Abendmahls selbstverständlich; er verwarf ihn noch radikaler als Aberglauben und direkten Götzendienst. Einzig legitimes christliches O. ist für ihn wie für Luther die Selbsthingabe im Dienst Gottes. So sind in allen reformatorischen Gottesdienstordnungen die das O. betreffenden Abschnitte entfernt (→ Gottesdienst: V B, 2) und in allen reformatorischen → Bekenntnisschriften Verwerfungen der Lehre vom Meß-O. aufgenommen worden (CA und AC XXIV; ASm II; Heidelb. Kat. 80 u.a.). Nur als vom O. Christi ermögliches Lob- und Dank-O. zu Gott und Liebes-O. zum Nächsten ließ die Reformation den O.gedanken als christlich gelten.

4. a) Die reformatorische Ausscheidung des O.gedankens vom Abendmahl rief im *nachreformatorischen Katholizismus* eine um so größere Schätzung des Meß-O.s hervor. Im → Tridentinum wurde, getrennt vom Sakrament der Eucharistie (Sess. XIII), die Lehre vom Meß-O. festgelegt (Sess. XXII): Christus hat das erste Abendmahl als O. gefeiert und in den Elementen seinen Leib den Aposteln, die er damit als Priester einsetzte, und ihren Nachfolgern im Priesteramt übergeben, »ut sumerent« *und* »ut offerent«. Durch dieses von Christus hinterlassene O. wird sein einmaliges Kreuzes-O. in der Kirche wirkend vergegenwärtigt (»repraesentaretur«). Es ist ein »verum et proprium sacrificium«, »vere propritiatorium« für lebende Gläubige und in Christus Verstorbene, weil es dasselbe O. ist wie das auf Golgatha dargebrachte und weil *derselbe* Christus Subjekt beider ist, einmal unmittelbar und dann durch den Dienst des Priesters. Im Meß-O. wirkt das Hohepriestertum Christi weiter und eignet die Frucht seines Kreuzes-O.s zu. Dabei wird die Kommunion des Laien wohl gewünscht, aber Messen ohne sie werden doch als »rite« gebilligt, da

hier der Priester stellvertretend für die Gemeinde kommuniziert und die Gemeinde auch »geistlich« kommunizieren kann. - Nach dem → Römischen Katechismus (II, 4, 52ff) wird das Kreuzes-O. durch das Meß-O. nicht nur repräsentiert, sondern repetiert (»instauraretur«). - → Bellarmin (Disput. III, 5f) sucht die tridentinischen Bestimmungen biblisch, historisch und systematisch zu rechtfertigen. Dabei betont er die unlösliche Verbindung von Realpräsenz und O. im Abendmahl. Andererseits unterscheidet er streng »sacramentum« und »sacrificium«. Prinzipiell ist das O. dem »Sakrament« übergeordnet: letzteres nützt »nur« dem »sumens«, das O. jedoch »ex opere operato« allen, »für die es dargebracht wird«. Zum Verhältnis von Kreuzes-O. und Meß-O. heißt es, daß dieses seine »vis« allein von jenem hat. Da jenes aber gegenwärtig nicht mehr »in re«, sondern allein »in mente Dei« existiert, wirkt es nicht mehr unmittelbar, sondern nur noch durch das Meß-O. Allerdings bleibt die Kraft des Meß-O.s wegen dieses Abstandes begrenzt, so daß es ständig neu vollzogen werden muß.

b) Im *17. und beginnenden 18.Jh.* setzt die eigentliche Blüte theologischer Spekulationen über das Meß-O. ein. Die Literatur darüber schwillt ins Ungemessene an (genaue Übersicht bei Renz). Vor allem sucht man nun in der Messe reale Erneuerung und Fortsetzung des Leidens Christi und seine reale mortificatio, die durch immer neue Trennung seines Leibes und Blutes geschieht. - Von diesen bes. von spanischen Theologen des 17.Jh.s vertretenen Mortifikationstheorien ist die kath. Theologie des 19.Jh.s (zB → Möhler, Probst, → Döllinger, → Scheeben u.a.) wieder abgerückt. Die alles begründende und überragende Einmaligkeit des Kreuzes-O.s wurde wieder betont; alle Theorien, das Verhältnis des Meß-O.s zu ihm durch zeitliche o.ä. Kategorien wie »Erneuerung«, »Wiederholung« oder »Ergänzung« zu bestimmen, ließ man fallen. Der »repraesentatio«-Gedanke lebt, bes. durch die spätere »Mysterien«-Theologie → Casels, neu auf: das Meß-O. steht für die den Zeitfluß überragende Wirkkraft des Kreuzes-O.s. Das Subjektsein Christi im Meß-O. wird - in inniger Verbindung mit dem Gedanken der → Kirche (: III, 5) als Leib Christi - stark hervorgehoben, und die Kommunionsfreudigkeit ist im Wachsen. - Alle diese neuen zentraleren und tieferen Interpretationen des Meß-O.s kommen klassisch in der Enzyklika »Mediator Dei« (1947) zum Ausdruck. Dabei wird an der Feststellung des Tridentinums, das Meß-O. sei ein *wirkliches* und *versöhnendes* O., entschieden festgehalten.

5. In *reformatorischen und anglikanischen Kirchen* suchen in neuerer Zeit »hochkirchliche« Strömungen (→ Hochkirchliche Bewegung: I. II) dem Abendmahl mit Hilfe des »Vergegenwärtigungs«gedankens im legitimen Sinn einen O.charakter abzugewinnen. Daneben wird gefragt, ob der Protest der Reformation gegen das Meß-O. nach dem Tridentinum und angesichts der neueren Entwicklung so noch aufrechterhalten werden könne. Als prinzipieller Gegensatz bleibt in jedem Fall, daß man evangelischerseits im Abendmahl keinerlei versöhnende Beeinflussung Gottes und priesterliche *Darbringung* eines O.s anzuerkennen vermag.

Kath. Lit.: J.A.Möhler, Symbolik, (1832) 1884⁹, § 34 - J.Schwane, Die eucharist. O.handlung, 1889 - J.Wilpert, Fractio panis, 1895 - F.S.Renz, Die Gesch. des Meß-O.-Begriffs I. II, 1901/02 - W.Götzmann, Das eucharist. O. nach der Lehre der älteren Scholastik, 1902 - F.Wieland, Der vorirenäische O.begriff, 1909 - O.Casel (→ Abendmahl: II, Sp. 33) - J.A.Jungmann, Missarum Sollemnia I. II, (1948) 1958⁴ - M.J.Scheeben, Die Mysterien des Christentums, Neuausg. 1951, 385-441 (Lit.) - M.Schmaus, Kath. Dogmatik IV/1, 1952³·⁴, §§ 245-262 u. S. 662. 766ff (Lit.) - Algermissen⁷ 247 (Lit.). 253ff - V.Warnach, Das Meß-O. als ökumenisches Anliegen (Die Kirche u. der heutige Mensch [LuM III, 17], 1955, 65-90; neuere kontroverstheol. Lit.) - R.Schulte, Die Messe als O. der Kirche. Die Lehre frühma. Autoren über das eucharist. O., 1959. - Weitere kath. Lit.: RE XII, 655; DThC X, 864ff; Mulert-Schott 294f; → Abendmahl: II.

Prot. Lit.: Die DGn von R.Seeberg, Loofs, Harnack, W.Koehler - J.W.Höfling, Die Lehre der ältesten Kirche vom O. im Leben u. Kultus der Christen, 1851 - F.Loofs, Symbolik, 1902 (passim) - RE XII, 664ff (Lit.) - G.P.Wetter, Altchristl. Liturgien II: Das christl. O., 1922 - RGG² IV, 723ff (Lit.) - L.Fendt, Die kath. Lehre von Messe u. Abendmahl (QKK H. 3), 1954 - E.Kinder, Christus als Hoherpriester nach Luther u. den luth. Bek.schr. (Dank an P.Althaus, Festschr., 1958, 99-120) - → Abendmahl: II (Lit.). - Zu 5: K.Plachte, Das Sakrament des Altars, 1954 - R.Prenter, Das Augsburgische Bekenntnis u. die röm.-kath. Meß-O.-Lehre (KuD 1, 1955, 42-58) - Ders., Schöpfung u. Erlösung. Dogmatik, 1960, § 38 - E.Kinder, »Realpräsenz« u. »Repräsentation« (ThLZ 84, 1959, 881-894; Lit.) - P.Meinhold-E.Iserloh, Abendmahl u. O., 1960.

E.Kinder

V. Dogmatisch-ethisch

1. Grundlegendes - 2. Christi Werk als O. - 3. Christi O. und Gottesdienst - 4. Der O.gedanke in der Ethik

1. Zu den Grundformen, in denen der Gottesglaube sich vollzieht, gehört außer → Gebet, → Anbetung und Lobpreis von alters her sowie in Verbindung damit zumeist das O. (→ Opfer: I. II) und neben dem O. die O.mahlzeit (→ Mahlzeiten: I. II). In der Darbringung von O.n liegt daher sowohl der Ausdruck der Verehrung Gottes sowie des Dankes für Errettung und Erhörung als auch die Absicht einer → Reinigung von Unreinheit, bes. der Entsühnung des Menschen von → Sünde und Schuld. Schließlich tritt zu allem der das Ganze bestimmende Gedanke von Herstellung und Wiederherstellung der Gemeinschaft mit → Gott selbst. Nicht nur durch das Wort, sondern erst recht durch die *Handlung* sucht der Glaube in Huldigung und ehrfürchtiger Beugung unter Gottes Allmacht als Schöpfer und Erlöser die Gemeinschaft mit ihm. Diese grundlegenden O.vorstellungen behalten im christlichen Glauben ihre Bedeutung, allerdings in völliger Ablösung und zugleich »Erfüllung« des at. O.kultus. Als die abschließende und letztgültige → Offenbarung (: III. VI) ist Jesus Christus, der ins Fleisch gekommene → Sohn Gottes, das endgültige, an die Stelle aller O. tretende, wirklich Entsühnung und → Versöhnung bringende O. (→ Opfer: III).

2. Die Aufhebung der Darbringung stellvertretender O. verbindet sich mit einer Radikalisierung: nur im Blut eines sündlosen Menschen kann Gott ein O. erhalten, um hinreichend versöhnt zu werden. Die fehlende Reinheit des Menschengeschlechts vertritt Gott durch sich selbst. Diese Stellvertretung hat aber eine mögliche → Heiligung (: III) des Menschen erwirkt. Durch den → *Glauben* wird das ganze Leben des Christen zu einem lebendigen O. im Gehorsam gegen Gottes Willen sowie in der Liebe zu ihm und zu seinem Geschöpf. Das ist die Frucht und der Sinn des Werkes Christi (→ Christologie: III, 2). In seinem O. ist aller eigenmächtige O.wille des Menschen ad absurdum geführt. Christi O.tod ist fern von Heroismus oder selbstgewähltem Martyrium. In Jesus ist der Anführer und Vollender des Glaubens (Hebr 12, 2) in dem Sinne unter uns getreten, daß einzig in ihm *nur* die Liebe und der völlige Gehorsam gegen Gottes Willen lebendig sind und Gottes Herrlichkeit über die Macht der Sünde und des Todes triumphiert. Wie sein ganzes Leben als O. der Liebe verstanden werden darf, ist sein Kreuzestod die Vollendung des Liebes-O.s durch freie Hingabe für die Seinen. Damit ist der neue Bund begründet, in den der Christus alle an ihn und Gottes Wirken durch ihn Glaubenden hineinnimmt. Wenn Luther Christi Werk als einmaliges O. (→ Opfer: IV, 3) zur Grundlage seiner Rechtfertigungslehre macht, dann

wird dadurch das »sola fide« der Reformation zur Fortsetzung der altkirchlichen Lehre von Christi Leiden, Sterben und Auferstehen (s. CA IV; AC IV; ASm II, 1; BSLK, Catalogus testimoniorum). Die ev. Theologie der Gegenwart stellt dieses Bleiben im neuen Bund durch den Glauben an die Vergebung in Jesus Christus in besonderem Maße ins Zentrum ihrer Aussagen.

3. Dem entspricht die Neubesinnung auf das *Verhältnis von O. Christi und Gottesdienst,* nicht nur in Fragen des → Abendmahls und der → Abendmahlsgemeinschaft, sondern überhaupt. Verkündigung, Taufe und Herrenmahlfeier sind von Anfang an Bestandteile des christlichen → Gottesdienstes (: IV) und auf die → Erlösung (: III) und Errettung durch das Selbst-O. Jesu Christi bezogen (vgl. Apg 2; Röm 3, 26; 4, 25; Joh 1, 29; 3, 16). Das Wort verkündigt die Bedeutung des O.todes Christi, und die → Sakramente (: II) wollen den ganzen Menschen als empfangenden in das Sein in Christus hineinstellen. Die Teilhabe an Christi Kreuzigung und Auferstehung (Röm 6; 1Kor 10, 16; 11, 23ff) erfolgt dabei keinesfalls ex opere operato oder auf Grund einer priesterlichen oder kirchlichen repraesentatio des O.todes Christi im → Abendmahl (: II, 1 c. 2 a. e; → Opfer: IV, 4 a). Die Gegenwärtigkeit des Heilsgeschehens beruht auf der ewigen Gültigkeit des durch Gott in Christus vollbrachten O.s. Der Kreuzestod und die Auferstehung Jesu Christi *selbst* sind in Wort und Sakrament gegenwärtig. Die Kirche vergegenwärtigt an dem O. nichts; sie *bezeugt* Christi O. Darin ist sie wie der einzelne Zeuge ausschließlich Instrument ihres Herrn. Christus bringt seine Gegenwart selbst durch sein Wort in Gottesdienst, → Bekenntnis und Einzelzeugnis, am tiefsten und tröstlichsten in der Darbietung seiner Gemeinschaft im Abendmahl. Die Anamnese, dh das Gedächtnis des Erlösungswerkes Christi, meint nicht ein Herbeirufen der Gegenwart Christi, sondern ein Gedenken der *vor* aller Erinnerung oder kultischen Vergegenwärtigung stets gegenwärtigen Heilsgabe des O.s Christi, das uns wegen seiner Gegenwärtigkeit selbst in Anspruch nimmt. Die Gegenwart Christi weckt durch das Wort den Glauben. Sie ist dem Glauben gewiß. Der Glaube hat die mit der Nähe Gottes erfahrene Liebe und Vergebungsgewißheit zum Inhalt und lebt in der Freiheit der Kinder Gottes zur Liebe gegen jedermann (Röm 8; Gal 5, 6. 13; 6, 10; 1Joh 3, 1; 4, 19).

4. Zumeist in übertragenem Sinne begegnet heute der Begriff des O.s im Bereich der → *Ethik,* etwa als Forderung der O.bereitschaft, des persönlichen Einsatzes für die gerechte und gute Sache, der Hingabe an eine Sache um ihrer selbst willen mit O.n von Zeit, Kraft und eigenen Mitteln oder mit Aufrufen zu konkreten Hilfen, Spenden und freiwilligen Gaben. Ausgehend von Reinigungs- und Heiligungsvorstellungen hat das kultische O. jedoch sehr früh eine Verinnerlichung erfahren; schon in den Naturreligionen hat es neben der kultischen eine ethische Bedeutung. Im AT steht der *sittliche* Wert des O.s, ohne den O.kult aufzuheben, obenan: »Gehorsam ist besser denn O.« (1Sam 15, 22; vgl. Ps 15; 24; 40; 50; 51). »Die O., die Gott gefallen, sind ein reuiges und demütiges Herz« (Ps 51, 19). Die Ablösung des at. O.kultes durch den personalen Bezug des Glaubens auf Jesus Christus, den lebendigen Herrn der Gemeinde, hebt den sittlich verinnerlichten O.gedanken *nicht* auf, sondern vollendet ihn im Verständnis des Glaubens als Gebets- und Tathingabe des Herzens und des ganzen Lebens (Röm 12, 1; 1Petr 2, 5; Mt 9, 13; 16, 25; Joh 12, 24; 15, 13). Mit dieser Aufforderung kann sich durchaus die moderne Einsicht in die Solidarität des Gemeinschaftslebens und der Schuldverhaftung berühren, wenn sie auf die Tatsache stößt, daß kein Leben ohne O. ist. Die Beobachtung, daß alles Leben von anderem Leben und der Hingabe eines Lebendigen – auch übertragen geistig und seelisch – lebt, läßt vom O. als Urtatsache und Grunderfahrung des Lebens reden. Mag darin eine Säkularisierung religiöser Gedanken vorliegen: ihre Wichtigkeit ist für die Situation der christlichen Botschaft unübersehbar. *Christus* bringt der Welt das Heil, dh aus einer bloß postulierten säkularen O.forderung kann die immer wieder anstehende Heilung des Gemeinschaftslebens nicht erfolgen. Es gibt viel spontane O.bereitschaft; aber menschliches Erbarmen ist unstet und ungewiß. Das »Gesetz Christi« (»Einer trage des andern Last«, Gal 6, 2) verlangt einen *neuen* Menschen, in dem der dem Wesen dieser Welt verhaftete alte Mensch durch den → Geist (: IV. VI) mehr und mehr getötet wird. Der totale Unterschied zu allem noch so heroischen, aber bloß menschlichen O.sinn besteht darin, daß nur durch das erbarmende Wirken Gottes aus der Vergebungsgewalt des O.s Christi die Hingabe des ganzen Menschen zu einem »lebendigen, heiligen und Gott wohlgefälligen O.« (Röm 12, 1) zum Dienst am Nächsten wirklich selbstlos ermöglicht wird. Diese → Liebe (: IV) lebt in der Liebe Christi durch den Glauben.

Allgemein: Lehrbücher der → Dogmatik von P. Althaus, K. Barth (KD IV/1, 269. 305ff), W. Elert, A. Schlatter, H. Vogel – Leiturgia I, 83–364 (P. Brunner; Lit., bes. 97) – BThH 428ff – EKL II, 1696ff. – Einzelnes: C.E. Luthardt, Gesch. der Ethik I–III, 1887–93 (s. Reg.) – F. Gerstung, Das O., das Grundgesetz der Welt, 1910 – L. Stählin, Christus praesens (BEvTh 3), o.J. (1940) – O. Tiililä, Das Strafleiden Christi, Helsinki 1941 – K.B. Ritter, Die Liturgie als Lebensform der Kirche, 1946 – W. Stählin, »Solches tut zu meinem Gedächtnis« (Ev. Jahresbriefe 14, 1949/50, 42–46) – Ders., Liturg. Erneuerung als ökum. Frage u. Aufgabe (ZdZ 4, 1950, 65–74. 126–129 = Symbolon, 1958, 294–313) – Ders., Das christl. O. in Gottesdienst u. Leben (Symbolon, 1958, 345–354) – W. Hahn, Gottesdienst u. O. Christi, 1951 – R. Prenter, Skabelse og Genløsning, Kopenhagen (1951/53) 1955²; dt. 1958/60, bes. 347ff. 464ff. 509ff – Ders., Das Augsburgische Bekenntnis u. die röm. Meßopferlehre (KuD 1, 1955, 42–58) – C.F. Wislöff, Gottesdienst u. O. (LR 5, 1956, 373–384) – W. Nagel, Das O. im ev. Gottesdienst (MPTh 45, 1956, 397–412) – O. Koch, Das Problem der repraesentatio in der Theol. der Gegenwart (Diss. Jena), 1957 (Masch.; vgl. ThLZ 84, 1959, 139f) – G. Aulén, Eucharist and Sacrifice, Philadelphia 1958. – Weitere Lit. s. → Abendmahl, → Christologie: II. III, → Opfer: IV. *H. Beintker*

Ophir, im AT mehrfach genanntes *Goldland,* aus dem das »O.-Gold« stammt (Jes 13, 12 u.ö., jetzt auch auf einem Ostrakon des 8.Jh.s vChr vom tell ḳasīle). → Salomo unternahm von Ezion-Geber (am Golf von Akaba) aus eine Expedition nach O., die große Mengen Gold heimbrachte (1Kön 9, 28; 10, 11). Ein entsprechender Versuch → Josaphats mißlang (1Kön 22, 49). Die *Lokalisierung* ist umstritten. Die maßgebenden Gesichtspunkte sind: a) O. ist zu Schiff von Ezion-Geber aus zu erreichen. b) Die Seefahrt über Bab el-Mandeb hinaus beginnt erst in hellenistischer Zeit, daher ist O. weder in Indien (so Josephus u.a.) noch in Südafrika, sondern am Roten Meer zu suchen. c) 1Kön 10, 22 kann für die Lokalisierung von O. nicht herangezogen werden (O. ist dort nicht genannt und auch nicht sicher gemeint; die Waren können zudem aus Zwischenhandel stammen; die – umstrittene [ägyptisch? Sanskrit?] – Ableitung der Waren-Namen kann ohnehin nichts entscheiden). d) Die → Völkertafel nennt O. Gen 10, 29 zwischen Saba und Chawila, sucht es also in Arabien. Das alles spricht für die Lokalisierung von O. an der südlichen Westküste der arabischen Halbinsel, wo nach klassischen und arabischen Autoren in der Tat Gold gefunden wurde. Da diese Gegend zur Not auf dem Landwege erreichbar ist, käme allenfalls noch die gegenüberliegende afrikanische Küste in Betracht (so Albright u.a.).

B.Moritz, Arabien, 1923, 63ff - A.Herrmann, Die Erdkarte der Urbibel, 1931, 75ff - Ders., PW XVIII/1, 647ff - J.A.Montgomery, Arabia and the Bible, 1934, 176ff - G.Hölscher, Drei Erdkarten (SAH 1944/48, 3), 1949, 15ff - J.Schreiden, Les entreprises navales du roi Salomon (AIPh 13, 1953, 587-590) - W.F.Albright, Die Religion Israels im Lichte der archäol. Ausgrabungen, 1956, 150ff - Älteres bei GB s.v. - Das Ostrakon vom tell ḳasîle: JNES 10, 1951, 266f u. Plate XI B - IEJ 1, 1950/51, 209f u. Plate 38 A. *R.Bach*

Ophiten und Naassener, vulgär-gnostische Schulen, deren Namen von ὄφις bzw. hebr. naḥaš, Schlange (= Sch.) abgeleitet sind. Ursprünglich der Umwertung von Gen 3 entstammend ist in der → Gnosis (: III) das Motiv der Erkenntnis lehrenden und damit erlösenden → Schlange weit verbreitet. Vermutlich beeinflußt von paganen Mysterien- und Sch.nkulten ist bei verschiedenen Gruppen des 2.Jh.s die Sch. auch kosmisches Symbol. → Epiphanius (haer. 37) berichtet im 4.Jh. von Gnostikern, bei denen die Eucharistie durch eine lebende Sch. konsekriert würde, offenbar als Symbol des Logos. Der Name O. ist vermutlich schon bei → Irenäus (adv. haer. I, 30) belegt, sicher bei → Clemens von Alex. und → Hippolyt. → Origenes (c. Cels. VI, 24ff) schrieb ihnen überzeugend ein von → Celsus um 170 geschildertes kosmisches Diagramm zu. In den Philosophumena Hippolyts sind ohne dies Wort verschiedene gnostische Gruppen zusammengestellt, in deren Mythos die Sch. eine besondere Rolle spiele: N. (V. 6-11), Peraten (V. 12-18), → Sethianer, Anhänger eines Justin (V. 23-28). Den N.n wird der Ursprung der Selbstbezeichnung Gnostiker zugeschrieben. In der modernen Forschungsgeschichte wurden O. und N. oft als bes. ursprüngliche Formen der Gnosis angesehen, bisweilen geradezu als eine Sammelbezeichnung für alle Spielarten der vulgären Gnosis. Tatsächlich sind aber die verschiedenen Schulen nur schwer auf einen Nenner zu bringen. Gerade das Motiv der Sch. wird von ihnen ganz verschieden verwertet (rettend, verführend, ambivalent), und meist spiegeln Fragmente und Berichte ein schon recht fortgeschrittenes Stadium der Spekulation wider. In der sog. N.-Predigt liegt die gelehrte gnostische Deutung eines → Attis-Hymnus vor: in allen Kulten und Mythen finden die N. des 2.Jh.s ihre Heilslehre wieder. Nur das Baruch-Buch des Gnostikers Justin gibt einen eigentümlich archaischen Mythos (Haenchen), auch der oft herangezogene N.-Psalm (V. 10) läßt die gnostische Daseinshaltung und Soteriologie bes. eindrücklich erkennen. Die von Hippolyt beschriebenen Systeme stehen im allgemeinen in der Tradition des Anthropos-Mythos (→ Gnosis: III, 4) und kennen drei kosmische und soteriologische Grundprinzipien: Mensch-Menschensohn-Chaos (N.); Vater-Sohn-Materie (Peraten) u.ä.; bei den O. des Irenäus, Celsus und Origenes ist diese Trias um Elemente des Sophia-Mythos erweitert (→ Barbelo-Gnostiker).

Lit. s. → Gnosis: III, Ergänzungen s. → Valentin, 1. - DThC XI, 1063ff (Lit.). - O.: PW XVIII/1, 654ff (Lit.). - Sog. N.-Predigt: R.Reitzenstein, Poimandres, 1904 - Ders.-H.H.Schaeder, Studien zum antiken Synkretismus, 1926, 161ff. - Justin: E.Haenchen, Das Buch Baruch (ZThK 50, 1953, 123-158). - Archäologisches: H.Leisegang, Das Mysterium der Sch. (ErJb 1939, 1940, 151-250) - A.Dupont-Sommer, La doctrine gnostique de la lettre »wâw« d'après une lamelle araméenne inédite, Paris 1946 - J.Carcopino, De Pythagore aux Apôtres, ebd 1956. *G.Kretschmar*

Ophra, 1. Sitz der manassitischen Sippe Abieser und Ort eines Heiligtums, dessen Kultlegende sich um die Gestalt → Gideons rankt (Ri 6, 11 a. 19-24). Auch Abimelech (→ Israel: I, 8) stammt aus O. Eine überzeugende Lokalisierung des Ortes ist noch nicht gelungen. - 2. Das sog. »benjaminitische« O., durch seine beherrschende Lage am Südostrand des Gebirges Ephraim bedeutender Bezirksvorort, heute eṭ-ṭaijibe, 7 km nordöstl. von → Bethel. Dieses O. wird in Jos 18, 21-24, einer Ortsliste der südöstl. Randprovinz des Reiches Israel (Aharoni), aufgeführt und wohl auch in 1Sam 13, 17. Es ist außerdem identisch mit dem Ephron von 2Sam 13, 23 und 2Chr 13, 19 und dem Aphairema von 1Makk 11, 34.

Zu 1: s. Lit. zu → Gideon - A.Alt, PJ 28, 1932, 22-27 - F.M. Abel, JPOS 17, 1937, 31-44 - J.Simons, The Geographical and Topographical Texts of the OT, Leiden 1959, § 561. - Zu 2: A.Alt, PJ 24, 1928, 32-38 - F.M.Abel, Géographie de la Palestine II, Paris 1938, 402 - M.Noth, ZDPV 73, 1957, 16-18 - E.Täubler. Biblische Studien, 1958, 177-181 - J.Simons, aaO §§ 327 Nr. I/9. 676. 774/5. 986 - Y.Aharoni, VT 9, 1959, 237f. *A.Kuschke*

Optatus, Bischof *von Mileve* (Numidien), schrieb 365 ein Werk gegen → Parmenian in 6 Büchern, dem er bei der Neuausgabe 385 ein 7. Buch und eine wichtige Urkundensammlung hinzufügte. Es erweist das historische Unrecht der → Donatisten und die Wahrheit der kath. Kirche: sie ist die mit der cathedra Petri verbundene Weltkirche. → Sakramente (: I) sind für den Glauben unabhängig von der Würdigkeit des Spenders wirksam. Es gibt sie auch bei Schismatikern (nicht Häretikern). Überall sind Sünder, nirgends Vollkommene. Der institutionelle, staatsfreundliche Kirchenbegriff des O. bildet den Ausgangspunkt für die antidonatistischen Lehren → Augustins.

Ausg.n: MPL 11; CSEL 26, 1893 (Ziwsa); die Echtheit einiger Predigten ist umstritten. - P.Monceaux, Hist. littéraire de l'Afrique chrétienne V, 1920, 241ff - E.Altendorf, Einheit u. Heiligkeit der Kirche, 1932, 153ff - E.Dinkler, PW XVIII/1, 1939, 765ff (Lit.) - L.Vischer, Basilius d. Gr. (Diss. Basel), 1953, 72ff - S.Blomgren, Eine Echtheitsfrage bei O.v.M., Stockholm 1959. - Vgl. Lit. zu → Donatismus. *H.v.Campenhausen*

Optimismus und Pessimismus

I. Religionsgeschichtlich - II. Philosophisch

I. Religionsgeschichtlich

Das dem 18.Jh. entstammende Begriffspaar (→ Optimismus: II) ist dem Vokabular und der Gedankenwelt der Religion von Haus aus fremd. Seine Anwendung bedeutet das Hineintragen von für den neuzeitlichen Menschen typischen Stimmungslagen und Spannungsverhältnissen in Fragestellungen, denen diese Alternativen und die dahinter stehenden Wertbegriffe noch nicht bewußt sind. Der Sache nach verwandte Haltungen kann man jedoch in weiten Gebieten der Religionsgeschichte antreffen.

O. und P. finden sich im Zusammenhang mit der *Stellung zur Welt und zum Leben,* wobei das Komplexe dieser Begriffe in der → Religion zu bedenken ist. Das Problem des → *Dualismus* und seiner Entstehung mischt sich ein, obwohl er sich keineswegs etwa mit dem P. deckt, da auch dualistische Religionssysteme (zB → Iran [: II], → Manichäismus, → Gnosis) hinsichtlich des Geschehensverlaufs letztlich »optimistisch« sein können. Die für die Religion typischen und dem von O. und P. analogen, sich jedoch nicht ausschließenden Gegensätze sind *Weltbejahung* und *Weltverneinung*. Kosmologisch-mythologische Parallelen dazu sind Weltbestand und → Weltende. Im Grunde handelt es sich für den religiösen Menschen aber stets um die Frage der *Weltbewältigung,* die gegenüber den Gefühlslagen von O. und P. indifferent ist. In Verbindung damit steht die die Stellung zur Welt stärker ins Existentielle wendende Frage der *Lebensbejahung* und der *Lebensverneinung*. Auch hier gestattet die Doppelheit der religiösen Erfahrung oft keine Alternativen. Denn es geht in Wirklichkeit um *Lebenserhaltung* und *Lebensgestaltung*. Eine dem O. verwandte Haltung kennzeichnet frühe Formen der Religiosität bei den → Naturvölkern, bes. dort, wo sie magischen Charakter trägt. Das Grundprinzip der → Magie geht vom naiven Glauben an Weltbemächtigung und Weltveränderung durch rituelle Akte aus. Man glaubt an den Gewinn und an die Sicherung von Lebensgütern. Insofern kann man hier einen magisch-rational und eudämonistisch gestimmten O. voraussetzen. → Furcht-Motive wird man nicht als P. werten dürfen. Auch die höheren Kulturreligionen zeigen in der Einstellung zu Welt und Leben vorwiegend einen heiteren O., so etwa die altjapanische und altchinesische, die altindische, altiranische und altgriechische sowie die ägyptische Religion. Der P. ist offensichtlich ein Produkt der Spätentwicklung und Differenzierung des religiösen Selbstverständnisses des zum Individualbewußtsein gelangten Menschen in einer Welt, die ihm fremd wird und in der er sich isoliert fühlt, weil ihm ehedem selbstverständliche Zusammenhänge verloren gehen. Umweltverhältnisse (politische, soziale und wirtschaftliche Krisen) mögen dabei ebenso einen Einfluß nehmen wie Zweifel an den Möglichkeiten der rituellen Weltbemächtigung und am Sinn des Lebens, vor allem aber das Nachdenken über → Krankheit, → Leid, → Tod und das → Böse, bes. dort, wo keine Hoffnungen auf einen Ausgleich in der Fortexistenz bestanden. So sind die sporadischen Frühformen des P., etwa in → Ägypten (das berühmte Gespräch eines Lebensmüden mit seinem Ba [AOT 25-28]), in der vorderasiatischen → Weisheitsdichtung und bei einzelnen griechischen Denkern und die Entwicklungsformen in → Indien, dort im Zusammenhang mit der Kreislauftheorie, zu erklären, die in Systemen wie dem → Buddhismus, seinen Vorläufern und Parallelen gipfeln. Eine andere Linie hängt mit den → *Eschatologien* zusammen: Der P. als Folge von Weltuntergangsstimmungen, wie in der spätgermanischen Mythologie oder in der aztekischen religiösen Kosmologie. - Vgl. →Weltbild: I.

E.v.Hartmann, Zur Gesch. u. Begründung des P., (1880) 1891^2 - H.Diels, Der antike P., 1921 - RGG^2 IV, 734f - P.Krieger, Weltbild u. Idee d. Buches Hiob (Phil. Diss. Erlangen), 1930 - F.Stenderhoff, Zur Psychologie des P. (Zs. f. angew. Psych. 62, 1942, 257-327) - H.Stäglich, Zur Gesch. d. Begriffs P. (XXXIV. Schopenhauer-Jb. 1951-52, 27-37) - K.Goldammer (→ Observanz) 438 ff.

K.Goldammer

II. Philosophisch

Soweit es sich nicht um subjektiv-psychisch bedingte Stimmungen und Wertungen handelt, sondern um geschichtlich relevante Differenzen der Weltdeutung und Daseinshaltung, sind O. und P. Ausdrücke für die metaphysischen Explikationen elementarer »Vorurteile« über die Welt, den Menschen, seine Geschichte, Kultur und Gesittung. Jede Metaphysik ist nicht nur ein theoretisches System, sondern auch ein Leitfaden für Wertungen, Zielsetzungen und Askesen. Bei historischen Zuordnungen im epochalen Maßstab ist Vorsicht geboten; eher wird man sagen dürfen, daß jede Epoche *ihren* Spielraum für O. und P. eröffnet, und zwar so, daß O. und P. als regionale, funktional auf einander bezogene Korrelate auftreten. Ein kosmologischer O., wie der der → Stoa, in dem sich die geschichtliche Situation der Flucht aus der korrumpierten Polis in den unversehrten Kosmos manifestiert, hat einen ethischen Rigorismus und - daraus folgend - P. zur Entsprechung. Jeden O. und P. wird man spezifizieren, auf Sinnkomplexe beziehen müssen. Der Ausdruck O. tritt zuerst 1737 in den »Mémoires de Trévoux« auf und wird 1762 von der französischen Akademie kanonisiert, der Ausdruck P. erst 116 Jahre später. Wegen des kaum vermeidbaren Mißbrauchs dieser »Etiketten« zu globalen Klassifikationen sind die beiden Ausdrücke heute mit Recht »unmodern« geworden. Es zeigt sich, daß die großen philosophischen Konzeptionen in ihrer Ursprünglichkeit ambivalent zu dieser Alternative sind. Platos Metaphysik der Trennung des normativen und des wirklichen Seienden hat sowohl positiven wie negativen Weltwertungen ihre Orientierung geliefert, je nachdem ob das Verhältnis von Idealität und Realität primär als Defizienz oder als Partizipation akzentuiert wurde; beides ist bei Plato angelegt. Aufs Ganze der Traditionswirkung gesehen, hat die → Plato und → Aristoteles letztlich gemeinsame Identifizierung von Sein und Wert einen metaphysischen O. eingeleitet, der fundierend an jenen Überforderungen der Realität beteiligt war, die in unserer geistigen Geschichte zu den tiefen Enttäuschungen führten, welche sich jeweils als → Skeptizismus, P. oder → Nihilismus formulierten. Versuche zur Neutralisierung des Wertungsmoments in der Welterklärung, die sich etwa von Demokrit, → Epikur und Lukrez herleiten ließen, gerieten demgegenüber von vornherein »auf die andere Seite«. Das Bündnis von Wissenschaft und Nihilismus, das schließlich Nietzsche vor sich sehen sollte, ist aus dem »Pyrrhussieg« des O. (Huizinga) in der ersten Hälfte des 18.Jh.s hervorgegangen.

Die Totalwertung der Welt wird aktualisiert durch die Forcierung der → Transzendenz. In der Spätantike haben Gnosis und → *Neuplatonismus* von der Steigerung der Transzendenz her den Wertgehalt des Kosmos »ausgelaugt« und so den Vorstellungen der → Eschatologie jeder Provenienz die Basis bereitet. Als sich die Erwartungen der jüdisch-christlichen → Apokalyptik (: II. III) nicht erfüllten, wandelte sich die eschatologisch-destruktive Welthaltung in eine kritisch-konstruktive: das für unsere Tradition so folgenreiche Ineinander von Zustands-P. und Zukunfts-O. setzte ein, nicht mehr auf den Kosmos bezog sich die Totalwertung, sondern auf die Geschichte. Das Christentum begann sich als welterhaltende und weltbessernde Potenz zu verstehen: si pristinas clades comparemus, leviora nunc accidunt, ex quo christianos a Deo orbis accepit (Tertullian, Apol. 40, 13); universus iamdudum orbis mitiora in opera conversus (Arnobius, Adv. gent. I, 6). Die Umwandlung der Enderwartung in einen Geschichts-O. ist also nicht erst ein Vorgang der vielberufenen »Säkularisierung«. Die Selbstbehauptung gegen den Kosmos-P. der →*Gnosis* drängte aber noch weiter: gegen → Marcion mußte selbst → *Tertullian* die Welt einen mundus Deo dignus nennen (Adv. Marc. I, 14). Bei → *Augustin* wird vollends deutlich, daß sich der Weltschöpfer nur zugleich mit seinem Werk gegen den manichäischen Dualismus verteidigen ließ. Damit die unverkennbaren Übel der Welt nicht Gott zur Last gelegt werden konnten, mußten sie als Strafverhängnisse für eine Schuld des Menschen gesehen werden, die um der gerechten Relation willen selbst kosmische Dimension haben mußte. Der von der Gnosis erzwungene erneuerte kosmische O. der contrariorum oppositione pulchritudo wird schließlich beim späten Augustin mit dem soteriologischen P. der → Prädestination (: III) der Wenigsten aufgewogen.

Das MA suchte in dieser Frage zu Formeln zu kommen, die weder die Welt zum befriedigenden Aufenthalt des Menschen noch zum Vorwurf gegen ihren Schöpfer werden ließen. Im Zusammenhang mit dem theologischen Attribut der Omnipotenz stellte sich die Frage: Konnte Gott eine bessere Welt als diese schaffen? Hier lag für den scholastischen Rationalismus der Konflikt mit der Idee der → Kontingenz nahe. → *Thomas von Aquino* hat die nachhaltigste Formel gegeben: universum, suppositis istis rebus, non potest esse melius. ... posset tamen Deus alias res facere ... et esset aliud universum melius (S. th. I q. 25 a. 6). → *Ockhams* These von der Unendlichkeit möglicher Welten sollte dem O.-P.-Problem erst seine Virulenz verschaffen, die zunächst noch durch den theologischen Voluntarismus hintangehalten war; dieser nahm der Frage nach der Dignität der Welt alle Prämissen ihrer Beantwortung. Was aber im ausgehenden MA noch als quälende Not der Frage empfunden wurde und in die Zuflucht des Glaubensvertrauens drängte, wird der beginnenden Neuzeit zum Schutz vor einer unnötigen, metaphysisch zudringlichen Frage, die den Menschen an der entschlossenen Selbstgestaltung der für ihn wesentlichen Realitätsregion hindern würde. So kommentiert → *Hobbes* das göttliche Gutbefinden der Welt im Schöpfungsbericht als oratio relativa: quia ipsi opera sua omnia placuere (De hom. 11, 4). Das ganze Gewicht der Wertkonstitution der Realität fällt damit auf die »Leistung« des Menschen im umfassendsten Sinne.

Dieser Zusammenhang erfährt seine äußerste Verschärfung mit dem Rückschlag des metaphysischen O. in der Mitte des 18.Jh.s. → *Leibniz* stellte die letzte und radikalste Frage, zu der ein Rationalismus kommen kann - aber auch schließlich kommen muß: warum überhaupt etwas und nicht vielmehr nichts sei. Auf diese Frage gibt es nur *eine* konsequente Antwort: die faktische Welt ist die beste aller möglichen Welten. Mit der systematisch-immanenten Konsequenz trat nun aber die Überforderung des Wirklichen so offen zutage, daß es nur eines manifesten »Anstoßes« bedurfte, um diese Position mit ihrem ganzen Traditionshintergrund zu erschüttern. → *Voltaire* nahm diesen Anstoß an dem Erdbeben von Lissabon (1755), um mit seinem philosophischen Roman »Candide ou l'optimisme« (1759) den überwältigenden Befund der Faktizität des Menschen in der Welt gegen den O. zu kontrastieren. Candide gibt hier dem O. die zynischste Definition: c'est la rage de soutenir que tout est bien quand on est mal. Am Ende steht die »Lösung« der Flucht in die Weltlosigkeit des »cultiver notre jardin« und die antiphilosophische Legitimation der Arbeit: travaillons sans raisonner. Das nimmt, obwohl noch ganz in biblischer Topik gedacht, schon Nietzsches Aussage vorweg: »Die Wahrheit im System des P. Das Denken ist etwas, was besser nicht wäre.« Wie das neue Mißtrauen gegen die Welteinrichtung sich detaillierte und in Programme technischer Prävention umsetzte, dafür ist ein eindrucksvolles Beispiel die tiefe Wirkung von → *Malthus*' »Essay on the Principle of Population« (1798), der noch vor dem faktischen Anspringen der Populationen ein Gefühl der Weltbeengung und Seinsdürftigkeit auslöste.

→ *Kant*, der noch 1759 seinen »Versuch einiger Betrachtungen über den O.« mit dem Jubelruf der Geschöpfe »Heil uns, wir sind!« gekrönt hatte, entzog mit seiner Vernunftkritik der O.-P.-Alternative die Bedingungen ihrer Möglichkeit, indem fortan Totalurteile über die Welt gegenstandslos wurden und die Vorstellung »möglicher Welten« ihre objektive Relevanz verlor. Freilich hat der nachkantische Idealismus, der »von der Welt mehr verlangte, als sie sein kann« (F.Th.Vischer), neue Formen des Gegenspiels von O. und P. ausgelöst, so vor allem die der Antithese ihren Anteil an der geistigen Essenz des 19.Jh.s sichernde Reaktion → *Schopenhauers*. Schließlich stellte → *Nietzsche* seine »Kosmodizee« (von E.Rohde in Analogie zu Leibniz' »Theodizee« geprägt) gegen den Nihilismus, den er als Apokalypse der platonisch-christlichen Tradition heraufkommen sah. In der Vision von der »ewigen Wiederkehr des Gleichen« ist dem Menschen erneut die absolute Verantwortung für den Kosmos aufgebürdet. Doch das 19.Jh. hat sein Lebensgefühl weniger in philosophischen Aussagen als vielmehr in der Metapher ausgedrückt gefunden, die ihm → *Darwins* Evolutionsschema lieferte. Solche »Anlehnungen« spielen bei der Formulierung der elementaren »Vorurteile« fast immer eine Rolle; aber es ist bedenklich, die ins Universale projizierten Leitstrukturen zu Kausalitäten der mit ihrer Hilfe artikulierten Wertungen und Selbstverständnisse zu machen. In Darwins Diagramm erkannte sich das 19.Jh., während der universalere zweite Hauptsatz der Thermodynamik von Clausius (Entropie) erst das 20.Jh. »affizieren« konnte. Immer noch aber waren es Aussagen über die Natur, die solche Leitfäden gaben; es liegt jedoch in der inneren Konsequenz des hier umrissenen Prozesses, daß sich der Mensch solche Orientierungen mehr und mehr aus der Sphäre seiner eigenen »Leistungen« holt. So wird es verständlich, daß die »Stimmung« ganzer Kontinente oder Hemisphären sich an einem Vorsprung oder Rückschlag im technischen Progress kritisch zu reflektieren vermag, was dann zB als allgemeiner »Kultur-P.« ausstrahlen kann. Die Kurzatmigkeit solcher Schübe entzieht sie philosophischer Klärung und Moderation. Der ganze Problembereich von O. und P. ist heute ehestens noch als ein Phänomen der journalistisch gespiegelten Konjunkturpegelstände zu beschreiben; die »Börsentendenz« ist längst sehr viel mehr als ein ökonomisches Signal. Die Frage, die sich in diesen Zusammenhängen dem gegenwärtigen Menschen stellt, ist nicht, ob die Welt schlecht oder gut sei, sondern wieweit ihr Zustand überhaupt seinem Können, Wollen und Handeln »erreichbar« sei. Eine »freie Welt« wird nicht möglich sein, ohne wenigstens ein Minimum von Glauben an diese »Erreichbarkeit« festzuhalten.

H.Diels, Der antike P., 1921 - V.Rüfner, Der Kampf ums Dasein, 1929 - A.O.Lovejoy, The Great Chain of Being, 1936 - B.Willey, The Eighteenth Century Background, 1950, 43ff (Cosmic Toryism) - H.J.Schoeps, Vorläufer Spenglers. Studien z. Geschichts-P. im 19.Jh., 1953 - L.Marcuse, P., 1953 - H.Blumenberg, Kritik u. Rezeption antiker Philos. in der Patristik (Studium Generale 12, 1959, 485-497).

H.Blumenberg

Optina Pustyn', russisches *Kloster* bei Kozel'sk im Gouvernement Kaluga, gegründet im 15.Jh. Zunächst ohne größere Bedeutung, wurde es gegen Ende des 18.Jh.s von Schülern des Neubegründers des Starzentums (→ Mystik: V), P. →Veličkovskij, im Geiste dieser Bewegung nach koinobitischer Regel reformiert. Eine Reihe von Starzen, die in der Nähe des Klosters in einer Einsiedlerkolonie (Skit) lebten, machten es von 1828 an zu einem Wallfahrtsziel zahlloser Menschen aus allen Schichten des russischen Volkes. → Kirejewskij empfing hier entscheidende Anregungen zu seiner Hinwendung zur russisch-orth. Kultur. Er beteiligte sich an der hier veranstalteten Ausgabe patristischer asketischer Schriften in russischer Sprache. Auch → Dostojewskij, → Tolstoj und → Solowjew haben die Starzen von O.P. besucht. Für Dostojewskij war O.P. das Urbild des Klosters, das er in »Die Brüder Karamasow« beschrieben hat. → Leontjev ließ sich hier zum Mönch scheren. Bes. bezeichnend für das Starzentum von O.P. ist, daß es sich nicht auf die Erziehung der jungen Mönche beschränkte, wie das Starzentum sonst meist, sondern daß es über die Klostermauern hinaus in die Welt hinein wirkte.

I.Smolitsch, Leben u. Lehre der Starzen, (1936) 1952² - Ders., Russ. Mönchtum, 1953 (Lit.).

L.Müller

Orakel. Das lat. Wort oraculum bedeutet ebenso wie seine griech. Äquivalente μαντεῖον und χρηστήριον sowohl die in Worte, Zeichen, Handlungen o.ä. gefaßte Antwort auf eine nur mit den Mitteln der Mantik zu beantwortende Frage als auch die Institution, die zur Erteilung solcher Antworten befähigt und befugt ist. (Zu den verschiedenen Möglichkeiten und Formen der O.-erteilung vgl. → Mantik.)

Im griech.-röm. Bereich gibt es seit frühester Zeit feste O.stätten, an denen Mantik, in den Zusammenhang des lokalen Kultes eingefügt, auf verschiedenste Weise betrieben wurde: → Traum-O. beim Amphiaraos in der Nähe von Oropos, → Inspirations-Mantik in Delphi, → Los-O. bei der Fortuna von Praeneste in Latium usw. An dem berühmtesten unter allen O.n der Antike, an Delphi, läßt sich am besten die Entwicklung ablesen, welche eine institutionalisierte, in wohlgeordneten Kultzentren angesiedelte Mantik nehmen konnte. Der Mythos (→ Python) bewahrt die Erinnerung an eine ältere Periode der delphischen Kultgeschichte, in der eine → chthonische Gottheit Los-O. erteilte. Mit dem Eindringen Apollons erfolgte vermutlich der Übergang zur Inspirationsmantik. Die erklärende Formulierung der von der Pythia in → Ekstase hervorgestoßenen Laute oblag den Vertretern einer organisierten Priesterschaft und bot diesen die Möglichkeit, orakelsuchenden Gemeinden oder Privatleuten detaillierte Anweisungen, grundsätzliche Belehrungen und in dubiosen Fällen auch entsprechend unklare Antworten zu geben. Das führte weit hinaus über die in primitiveren Formen der Mantik vermittelte Offenbarung der magisch-sympathetischen Situationsverkettung, die der Betroffene nach Kenntnisnahme des Spruches annehmen oder auch durchbrechen konnte, ohne daß dabei die Frage nach Gut und Böse aufgeworfen zu werden brauchte. Die delphische Priesterschaft hat mit Hilfe des O.s, das vor bedeutsamen politischen und privaten Entscheidungen konsultiert zu werden pflegte, vor allem im 6.Jh. vChr einen starken Einfluß auf die religiöse, moralische und politische Vorstellungswelt der Griechen ausgeübt. So ist zB die bei Herodot VI, 86 erzählte delphische Geschichte von der versuchten Pfandunterschlagung des Glaukos eines der frühsten Beispiele für die Konzeption einer reinen Gesinnungsethik. Seit dem 5.Jh., als man zunehmend nach rational begründeten Lösungen ethischer und politischer Probleme verlangte, schwand der Einfluß großen Stiles, den Delphi gehabt hatte, obwohl sich noch lange zahllose Einzelne und traditionsbewußte kleine Poleis mit ihren Alltagssorgen an das delphische und die anderen O. wendeten.

Die Intensivierung des O.betriebes in Delphi steht in ursächlichem Zusammenhang mit der großen religiösen Bewegung des 7. und 6.Jh.s, in deren Verlauf wandernde → Propheten und Prophetinnen (Bakis, Sibylle) auftraten, deren zukunftsdeutende, kathartische oder sonstwie übersinnliche → Offenbarung vermittelnde Sprüche schon früh aufgezeichnet, gesammelt und verbreitet wurden. Es sei nur an die Überlieferung von der Einführung der sibyllinischen Bücher in Rom erinnert. Diese O.bücher (es hat auch Sammlungen delphischer O.sprüche gegeben) waren in der bereits vorhandenen Form gnomisch-paränetischer Dichtung verfaßt. Der so entstandenen Literaturgattung bediente sich seit hellenistischer Zeit die religiöse und politische Publizistik, um ihre Deutung geschichtlicher Ereignisse, ihre Ziele und Wünsche mit der Autorität des für die griech.-röm. Bildungstradition ehrwürdigen Namens der Sibylle ausstatten zu können. → Vergils vierte Ekloge gehört ebenso in diesen Zusammenhang wie das umfangreiche erhaltene Corpus der Oracula Sibyllina, das heidnische, jüdische und christliche Bestandteile verschiedenster Entstehungszeit enthält (→ Sibyllinen). Auch philosophisch-religiöse Lehren konnten in der Form des O.-buches vermittelt werden wie im Fall der sog. Chaldäischen O.

H.Diels, Sibyllinische Blätter, 1890 - PW 2. R. II, 2117ff; XVIII/1, 829ff - HWDA VI, 1255ff - K.Latte, HThR 33, 1940, 9-18 - Nilsson I, 164ff. 544ff. 626ff - Prümm 413ff - E.Stemplinger, Antiker Volksglaube, 1948, 29ff (Lit.) - van der Leeuw 247ff. 428ff. 642ff - A.W.Parke-D.E.W.Wormell, The Delphic Oracle I. II, Oxford 1956 - DBS VI, 752ff. - Vgl. die Lit. zu → Mantik, → Omen, → Wahrsager.

A.Dihle

Orangeois. Im Fürstentum Orange, das durch Erbschaft an das Haus → Nassau-Oranien gekommen war (1544), hatte der Calvinismus Eingang gefunden. 1673 bis 1678 und 1685-89, als Frankreich sich das Fürstentum angeeignet hatte, mußten die Reformierten schwere Bedrückungen erleiden. Wilhelm III. von Oranien erzwang als englischer König im Frieden von Ryswick (1697) die Rückgabe des Fürstentums von Frankreich. Nach seinem Tod (1702) nahm Frankreich das Land endgültig in Besitz. Den Reformierten wurde die Möglichkeit gegeben, binnen drei Monaten auszuwandern. In König Friedrich I. von Preußen, der Erbansprüche auf das Fürstentum erhob, sahen sie ihren Landesvater und wurden daher in Preußen angesiedelt. König Friedrich I. und Königin Anna von England veranstalteten Sammlungen für die O., die sich in Berlin, → Brandenburg (: II), Burg, Halberstadt, Magdeburg und Halle niederließen (→ Hugenotten, 2f). In Berlin kam es i.J. 1705 zur Gründung der Maison d'Orange, eines Stiftshauses für die Vertriebenen. Das Haus besteht nicht mehr. Die Stiftung, die dem französisch-ref. Konsistorium eingegliedert war und von einem Direktorium unter der Aufsicht der englischen Königin verwaltet wurde, ruht infolge der Geldentwertung und wird auch nicht wieder aufleben können.

Ed.Muret, Gesch. der Franz. Kolonie in Brandenburg-Preußen, 1885 - Akten der Maison d'Orange, hg.v. Saunier, Berlin 1905.

W.Delius

Oranten sind männliche oder weibliche Gestalten in der Kunst der Spätantike, die ihre Arme im antiken Gebetsgestus erheben und meist stehend vorkommen. Sie spielen in der frühen Katakombenmalerei und Reliefplastik eine große Rolle (→ Malerei und Plastik: I, 2 a. 3; vgl. Taf. 52 Abb. 1). Ihr mehrfaches Vorkommen auf einer Fläche (Lucinadecke) könnte auf rein dekorative Verwendung schließen lassen, aber näher liegt dem Geist des alten Christentums die symbolische Bedeutung. Wahrscheinlich sind die O. Personifikationen des Gebetes für die Verstorbenen (nicht der Seele, der Kirche oder des Friedens). Vielleicht sind aber auch - unter Einwirkung heidnischer Vorstellungen - ganz allgemein die Seligen im Paradiese gemeint. Die häufige Zusammenordnung der O. mit dem → Guten Hirten würde in diese Richtung weisen. Die nächste Stufe der Entwicklung ist die, daß die O. die Abbilder der in dem Raum oder Sarkophag Beigesetzten sind. Inschriften und individuelle Züge weisen sie als solche aus. Daneben werden biblische Gestalten und (später) Heilige als O. wiedergegeben, vor allem diejenigen, die sich in Todesnot befinden: Noah, Daniel u.a. Nur Maria orans erlebt in der → byzantinischen Kunst den Höhepunkt der Entwicklung, im übrigen verschwindet das O.-Motiv aus der Kunst. Es ist charakteristisch für die Frühzeit der Entwicklung, die sich nur langsam aus dem Bann heidnischer Tradition löst, der die O. als Symbolfigur (pietas) wie auch als Abbild der Verstorbenen geläufig waren.

F.X.Kraus, Real-Enzykl. der christl. Altertümer II, 1886, 538ff - W.Neuss, Die O. in der altchristl. Kunst (Festschr. Paul Clemen, 1926, 130-149) - DACL XII/2, 2291ff (H.Leclercq) - Th.Klauser, Studien zur Entstehungsgesch. der christl. Kunst II (JAC 2, 1959, 115-145).

H.Jursch

Orationston. Wie die Lektionen (→ Lektionston), so wurden auch die Gebete (Orationen) des Priesters, wenn er beim öffentlichen Gottesdienst im Namen der Kirche betete, von Anbeginn laut und also mit der Singstimme vorgetragen, wiederum auf einem gleichbleibenden Ton, aber unter Beachtung der Interpunktion. Im Gegensatz zur Lectio aber, deren Sätze naturgemäß ungleich gestaltet sind, ist bei den geformten Orationen die Ordnung der Interpunktionen geregelter. Eine besondere Feierlichkeit des Vortrages wurde dem Vaterunser der Messe und der Praefatio, dh dem Beginn der sakramentalen Handlung zuteil. Die einzelnen Liturgien gehen hierbei verschiedene Wege; auch werden je nach dem liturgischen Grade des Tages verschiedene Formeln benutzt. Als wichtigstes Mittel der Intensivierung des Gebetes mit Hilfe der Musik hat sich die Höherlegung des Rezitationstones erwiesen, die dann zu mehreren, in sich natürlich gleichbleibenden Tönen für Vordersätze und Nachsatz geführt hat.

P.WAGNER, Einführung in die gregor. Melodien III, 1921.

E.Jammers

Oratorianer, kath. Kongregationen von Priestern und Laienbrüdern für Seelsorge, Ausbildung des Klerus, Erziehung und Wissenschaft mit zwei Gründungen:

1. *Institutum Oratorii S. Philippi Neri (Or), Filippini,* geistliche Genossenschaft vom → Oratorium mit kollegialer Verfassung und dezentralistisch (im Unterschied zum jesuitischen Typus), von Filippo → Neri gestiftet; die Niederlassung an der Kirche S. Maria in Vallicella in Rom (Congregatio Mater) wurde durch Gregor XIII. 1575 kanonisch bestätigt. Die von Paul V. 1612 approbierten Statuten wurden im Anschluß an den CIC neu gefaßt und am 12.4.1943 bestätigt. Die Mitglieder der selbständigen O.-Kongregationen sind durch kein Gelübde oder Versprechen gebunden und leben in Vita communis. Die Generalkongregation wählt den Oberen (Praepositus) auf 3 Jahre (mit Wiederwahl) und den Rat der Deputierten (4). Unter den heute ca 50 Häusern wurde 1943 eine confoederatio quaedam gebildet, die den obigen Titel Inst. Or. S. Ph. Neri führt. Der Generalkongreß (alle 10 Jahre) repräsentiert das ganze Institut, die ständige Deputation nimmt Gesamtaufgaben wahr. Das Collegium internationale Philippianum Pii XII in Rom dient der Ausbildung von Alumnen aus O.-Kongregationen in Italien, Spanien, England, USA, Mexiko, Kolumbien. Hervorragende O. waren u.a. → Baronius, → Raynaldus, → Newman. Die deutschen Niederlassungen in Kevelaer 1646, Aufhausen 1692 und München 1707 hatten keinen Bestand; neue entstanden 1930 in Leipzig-Lindenau, 1954 in München, 1956 in Frankfurt/M. und Aachen, 1958 in Dortmund, 1959 in Essen.

2. *L'Oratoire de France,* 1611 nach dem ital. Vorbild und nach den tridentinischen Bestimmungen über Klerusausbildung von Pierre de Bérulle (1575-1629) gegründet und 1613 von Paul V. genehmigt; in der franz. Revolution 1792 aufgehoben, 1852 neuerrichtet und 1864 als *Congregatio Oratorii Jesu et Mariae Immaculatae (OrJMI)* bezeichnet (O. von Paris). Bedeutende O. waren → Malebranche, → Massillon, → Morinus, R. → Simon, → Thomassin.

Bibliothèque oratorienne, 13 Bde, Paris 1880-92 - A.M.P.INGOLD, L'Oratoire et la Révolution, ebd 1883 - DERS., L'Oratoire et le Jansénisme, ebd 1887 - RE XIII, 712ff - DThC XI, 1104ff - HEIMBUCHER II, 562ff - EC II, 1483ff; VII, 358 - ESCOBAR II, 901ff. 939ff - LThK² II, 285f - C.GASBARRI, L'oratorio filippino (1552-1952), Rom 1957 - PH.HOFMEISTER, Die Verfassung des Oratoriums des hl. Ph.Neri (Festschr. Joh.Heckel, 1959, 195-221; Lit.). *W.Göbell*

Oratorium (O. = Oratorium, Oratorien), mehrteilige, in Aufbau und Gliederung der Oper ähnliche Komposition für Chor, Einzelstimmen und Orchester, meist nicht für szenische Aufführung bestimmt. Das O. enthält dramatische, epische und lyrische Züge; die Abgrenzung gegen verwandte Gattungen der Vokalmusik (→ Kantate, → Passion) schwankt. Der Name O. geht wahrscheinlich auf die musikalischen Andachtsübungen der → Oratorianer in Rom (seit 1575) zurück, bei denen volkstümliche hymnenartige Gesänge (laudi) moralisierenden Inhalts, häufig in Dialogform, vorgetragen oder dramatische Vorstellungen (rappresentazioni) gegeben wurden. Hierbei traten allegorische Begriffe als Personen auf (E.Cavalieri, Rappresentazione di anima e di corpo, 1600). Der neu entstehenden, mythologisch weltlichen Oper stellte man bald das geistliche musikalische Drama gegenüber (azione sacra), das biblische Stoffe behandelt. Der Verzicht auf szenische Ausgestaltung forderte die Einführung eines Erzählers (testo, historicus), der anfänglich vom Chor, später von einem Einzelsänger dargestellt wurde. In diesen frühen O. (zB von G.F.Capello und G.F.Anerio) hatten ausdrucksvoll deklamierte Sologesänge den Hauptanteil. Im klassisch-ital. O. des 17.Jh.s traten dramatisch aufgebaute Chöre und Doppelchöre hinzu. Die Dichtungen sind vornehmlich aus dem AT (Vulgatatext) und freier Poesie gemischt und wirkten durch ihren Bilderreichtum anregend auf die Phantasie der Komponisten. Unter diesen ragt bes. G. → Carissimi hervor (Jonas, Jephta, Iudicium Salomonis, Iudicium extremum, Baltazar, Historia divitis, Diluvium universale u.a.). Carissimi verwendete auch ital. Texte (O. volgare; vollständig freie Dichtung). Neben und nach ihm pflegten zahlreiche Meister das O., so D.Mazzochi, A.Stradella, G.Legrenzi, A.Scarlatti, F.Feo, G.B.Pergolesi, N.Porpora, N.Jomelli, in Frankreich M.A.Charpentier, in Deutschland Chr.Bernhard. Das ital. O. volgare näherte sich nach 1650 der Oper; der testo verschwand, die biblischen Stoffgebiete wurden durch die Heiligengeschichte verdrängt. - Unabhängig hiervon entstanden die O. *(Historien)* von H. → Schütz, deren Wurzeln auf die Lektionsgottesdienste und die → Mysterienspiele des MA zurückreichen und damit mehr im innerkirchlichen Bereich liegen. Im Weihnachts-O. (1664) greift Schütz erstmals auch die neuen ital. Gattungen des Rezitativs und der Arie auf, jedoch erfahren diese bei ihm in der Verbindung mit der Sprache der Lutherbibel eine wesentliche Umprägung; »der Geist des Werkes mit all seiner Sinnigkeit und Poesie ist völlig deutsch« (Schering). Die Passions-O. des späteren 17.Jh.s (zB von J.Sebastiani und J.Theile, um 1672), die zu → Bachs → Johannes- und → Matthäuspassion hinführen, zeigen dagegen stärkere Anlehnung an ital. Vorbilder. Den Anstoß zur Pflege des O.s auf breiter Basis im 18. und 19.Jh. gab G.F. → Händel. Seine großen Chor-O., deren zunächst vorgesehene szenische Aufführung (Saul) am Widerstand der Kirche scheiterte, ersetzen die antik-mythologisierenden Stoffe seiner Opern durch die dem englischen Volke so vertrauten biblischen und bes. at. Themen (Esther, Judas Makkabäus, Jephta). Unterstützt von begabten Dichtern erreichte er eine gewaltige ethische Vertiefung des biblischen Vorgangs. In besonderem Maße gilt dies für den »Messias« (1742). Einen Höhepunkt, zugleich auch die Wendung zum weltlichen O. brachten die beiden Spätwerke »Schöpfung« (1799) und »Jahreszeiten« (1801) von J. → Haydn, der bewußt an Händel anknüpft. Im 19.Jh. wurde das biblische O. u.a. von Fr.Schneider (Höllenfahrt Christi, Weltgericht), L.Spohr (Die letzten Dinge) und bes. von F. → Mendelssohn (Paulus, 1836; Elias, 1846), das weltliche von R.Schumann, N.W.Gade und Fr. → Liszt gepflegt, doch erstarrte das O.-Schaffen gegen die Jh.-Wende allmählich in der Atmosphäre des organisierten Musikbetriebs. In der Gegenwart zeigen J. → Haas, P. → Hindemith, P.Höffer, H.Reutter, I.Strawinsky

A.Honegger (König David), W.Burkhard (Das Gesicht des Jesaias) und J.Drießler (Dein Reich komme, De profundis) Ansätze zur Neubelebung der Gattung.

H.Kretzschmar, Führer durch den Konzertsaal II/2, (1890) 1939[5] (NB von H.Schnoor) - R.Schwartz in: JbP 5, 1898, 59-65 - G. Pasquetti, L'oratorio musicale in Italia, 1906 - A.Schering, Gesch. des O.s, 1911 (grundlegend) - Ders. in RGG² IV, 741ff - H.Vogl, Zur Gesch. des O.s in Wien von 1725-40 (StMw 14, 1927, 241-264) - C.Schneider, Die O. u. Schuldramen A.C.Adlgassers (StMw 18, 1931, 36-65). *S.Hermelink*

Ordal → Gottesurteil.

Ordass, *Lajos,* ungarischer Bischof, * 7.2.1901 in Torzsa, nach Studien in Budapest, Halle, Lund und Uppsala Gemeindepfarrer, 1945 Bischof der Budapester Diözese der Luth. Kirche → Ungarns. O. wandte sich gegen die Konfiskation der kirchlichen Schulen. 1948 wurde er wegen »Devisenvergehens« zu 2 Jahren Gefängnis verurteilt, Anfang Oktober 1956 rehabilitiert, 1958 aber erneut aus seinem Amt entfernt. Von den ökumenischen Bestrebungen N. → Söderbloms stark beeindruckt, nahm O. an der zwischenkirchlichen Arbeit lebhaft teil. 1948-54 war er Mitglied des Zentralkomitees des Ökumenischen Rates der Kirchen, 1947-52 und seit 1957 Vizepräsident des Luth. Weltbundes. Er übersetzte skandinavische kirchliche Literatur (Bo Giertz, Kaj → Munk u.a.) ins Ungarische. *L.G.Terray*

Orden, im *kath. Klosterrecht* (→ Kloster: III) eine → regulierte (, 1), dh eine Klostergenossenschaft mit feierlichen → Gelübden. Dem Rang nach stehen an der Spitze der O. die regulierten Chorherren (→ reguliert, 2), geschichtlich sind die Mönche (→ Mönchtum: II) älter. Jünger als beide Gruppen sind die → Bettelorden und die → Regularkleriker. Die → Augustiner-Chorherren, die → Prämonstratenser und die alten Mönchs-O. sind klosterrechtlich in selbständigen Einzelklöstern mit Äbten an der Spitze verfaßt. Bei den Augustiner-Chorherren und den Mönchs-O. bestehen daneben Zusammenschlüsse von Einzelklöstern unter einem leitenden Abt (Generalabt, Abtpräses, Erzabt); das Maß, in dem die Selbständigkeit der Einzelklöster in einer solchen Congregatio monastica (in der unierten Orientalischen Kirche: Confoederatio monastica) zugunsten der Kongregationsorgane beschränkt wird, ist verschieden. Bei den Augustiner-Chorherren und den → Benediktinern sind ferner die einzelnen Kongregationen zu einer Confoederatio unter einem Abtprimas vereinigt. Die Oberleitung der Prämonstratenser hat ein Generalabt. Die Bettel-O. und die Regularkleriker sind zentralistisch organisiert. - Als → *Zweite Orden* bezeichnet man die weiblichen Zweige der eigentlichen O., soweit sie feierliche Gelübde ablegen. Die *Dritten O.* (→ Tertiarier) sind ebenfalls nur dann O. im rechtlichen Sinne, wenn sie reguliert sind, dh wenn die betreffende Gemeinschaft Klostergenossenschaft mit feierlichen Gelübden ist; die meisten Dritten O. sind entweder bloße → Kongregationen (, 2 a) oder nicht zu einem Stande der → Vollkommenheit gehörende fromme Zusammenschlüsse (→ Vereinswesen: II).

Über O. und Kommunitäten in den *ev. Kirchen* vgl. → Bruderschaften: III, 2.

Qu. u. Lit. zu → Kloster: III - DDC IV, 177ff; VI, 1166f. - Ferner für die weibl. O.: Constitutio Apostolica »Sponsa Christi« nebst den Instructiones der Religiosenkongregation (AAS 43, 1951, 5-24. 37-44; 48, 1956, 512-526). *H.Barion*

Ordenstracht ist die durch Statut oder Gewohnheit vorgeschriebene Kleidung der kath. religiösen Genossenschaften (→ Kloster: III). Gegen Ende des 3.Jh.s taucht ein Eigen- oder Standeskleid, der »habitus monachalis« bei den heiligen → Hilarion, → Antonius, → Pachomius auf. Dieser sollte nur den Leib bedecken und nicht durch Neuerung der Farben und des Schnittes auffallen, einfach und rein sein; die Kapuze (»cucullus«) war schon bei den ägyptischen Mönchen üblich; sie sollte zum Stillschweigen mahnen. Im Osten war die O. vielfach aus Ziegenfellen, Leinwand oder Wolle, die Farbe weiß oder dunkel. Die Kleidung der geistlichen Jungfrauen nennt schon → Tertullian »ein Gott geweihtes Gewand«; sie sollte Verachtung der Welt, Reinheit und Demut des Herzens anzeigen (Rom 731 c. 17, Cloveshov 747 c. 28). Alter bürgerlicher Hochzeitssitte und der Vorschrift 1Kor 10, 5 entsprechend trugen die Jungfrauen einen Schleier, der die Haare ganz bedecken sollte (Augustin, Epistola 211, 10); dieser Grundsatz gilt heute noch für alle Schwestern mit Gelübden. → Benedikt von Nursia bestimmt in c. 55 seiner Regel, die Kleidung solle der Landessitte und dem Klima angepaßt sein; als Kleidungsstücke nennt er Tunika, → Gürtel, → Skapulier, Kukulle, Strümpfe, Schuhe. Die schwarze Farbe des Habits schrieb erst Papst Paul III. 1550 für alle → Benediktiner vor. Die → Zisterzienser trugen von Anfang an weiße O. In etwas veränderter Form gingen diese Kleidungsstücke auch in andere Orden über. Die → Dominikaner haben weiße, die → Franziskaner und → Karmeliten braune, die → Augustiner-Eremiten und → Serviten schwarze O. Seit dem 13.Jh. haben die Ordensstifter für ihre Genossenschaften oft auch eine nach Schnitt und Farbe besimmte Kleidung vorgeschrieben; eine Ausnahme machen hier Ignatius von → Loyola, Filippo → Neri und → Vincentius von Paul, die für ihre Jünger nur die Weltpriesterkleidung vorsahen. Schon früh riß auch Luxus ein, der aber von den Synoden (Orléans 511 c. 20, Calchut 787 c. 4, Aachen 817 c. 20ff) und den Päpsten Innozenz III. und Clemens V. bekämpft wurde. Das Konzil von Trient verbot das heimliche Tragen des Habits und die Ablegung desselben wegen angeblicher Nichtigkeit der Profeß. Nach geltendem Recht (CIC cc. 553. 596) sind die Ordensleute verpflichtet, die O. vom Beginn des → Noviziats an in- und außerhalb des Klosters zu tragen. Aus einem gerechten Grunde dürfen aber die Oberen das Ablegen der O. gestatten, zB bei Unruhen, in Missionsgebieten, zur Ausbildung als Hebammen. Es gilt der Grundsatz »Servate habitum et habitus vos servabit«. Kardinäle und Bischöfe aus den Mönchs- und Bettelorden tragen die O. (Konstantinopel 869 c. 27, Laterankonzil 1215 c. 16), nicht aber solche der Regularkanoniker kraft einer von Leo X. 1519 anerkannten Gewohnheit. Das Ablegen der O. ohne Grund wurde von Bonifatius VIII. mit dem von selbst eintretenden Kirchenbann bestraft; heute sehen die Ordenssatzungen bisweilen eine Sanktion vor. Nach mehreren Konkordaten (Österreich, Deutsches Reich) ist die O. staatlich geschützt. Änderung der O. ist nur mit Erlaubnis des Hl. Stuhles zulässig. Den Weltoblaten und -terziaren ist es gestattet, sich in der O. begraben zu lassen.

F.Doyé, Die alten Trachten der Orden, 1930 - Ph.Oppenheim, Das Mönchskleid im christl. Altertum, 1931 - Ders., Symbolik u. rel. Wertung des Mönchskleides im christl. Altertum, 1932 - E.Krem, Die Trachten der kath. Ordensleute, 1932 - LThK VII, 759ff - E.Jombart, L'habit religieux (Revue des communautés religieuses 1939, 84ff). *Ph.Hofmeister*

Ordericus Vitalis (1075-1143), Geschichtsschreiber, * und aufgewachsen in England, 1085 Oblate im Benediktinerkloster St. Evroul in der Normandie, 1093 Diakon, 1107 Priester. Um 1109 erhielt er den Auftrag, die Geschichte seines Klosters zu schreiben; sie weitete sich aus zu einer universalen Historia ecclesiastica, die in

13 Büchern die Ereignisse von Christi Geburt bis zum Jahr 1141 schildert und Ansätze zu einem abendländischen Geschichtsbewußtsein zeigt. Auf gutem Quellenmaterial und zT auf Augenzeugenberichten fußend, ist die H.e. bes. ergiebig für die Geschichte der → Normannen (3.-5.Buch) und des 1. → Kreuzzugs (9.Buch).

Erstausg. der H. e. von A.Duchesne in: Historiae Normannorum scriptores antiqui, Paris 1619 (Nachdr. in MPL 188) - Derzeit beste Ausg. von A.Leprévost u. L.Delisle, 5 Bde, Paris 1838-55. - H. Wolter SJ, O.V. Ein Beitrag zur kluniazensischen Geschichtsschreibung, 1955 (umfassende Lit.). *O.Rühle*

Ordinarius, im lateinischen Kirchenrecht der Träger ordentlicher kirchlicher → Jurisdiktion (dort auch Übersicht über die einzelnen Gruppen der O.). In dem mit dem lateinischen grundsätzlich übereinstimmenden und nur hinsichtlich der einzelnen Gruppen von O. entsprechend der orientalischen Kirchenverfassung variierten Recht der unierten Orientalischen Kirche heißt der O. Hierarcha, der Orts-O. Hierarcha loci.

Qu. u. Lit. zu → Jurisdiktion - De Religiosis, de bonis Ecclesiae temporalibus, de verborum significatione pro Ecclesiis Orientalibus c. 306 § 2 (AAS 44, 1952, 145). *H.Barion*

Ordination

I. Im AT und Judentum - II. Im NT - III. Rechtsgeschichtlich und rechtlich - IV. Dogmatisch - V. Liturgiegeschichtlich und liturgisch. - Vgl. → Handauflegung sowie zur O. in den jungen Kirchen → Amt: IV, 2

I. Im AT und Judentum

Die älteren Überlieferungen des *AT* kennen noch keine Amtseinsetzung, die durch → Handauflegung (: II) vollzogen wurde und O. genannt werden könnte. Die 70 Ältesten, die → Mose auf Jahwes Befehl versammelte, wurden von Jahwe selbst mit dem göttlichen → Geist (: II) ausgestattet, der auf Mose ruhte (Num 11, 16ff). Erst in der → Priesterschrift, die von der Amtsnachfolge des Mose erzählt, ist von der Handauflegung als Ritus zur Übertragung des Amtscharismas die Rede: Indem Mose dem → Josua die Hände auflegte, empfing dieser den Geist, dessen er zur Führung seines Amtes bedurfte. Nach Dtn 34, 9 wurde er mit dem Geist der Weisheit erfüllt, nach Num 27, 18-20 wurde ihm die Hoheit des Mose zuteil. Die Übertragung dieser Gabe geschah vor versammelter Gemeinde, um die Legitimität der Nachfolge öffentlich zu bestätigen (Num 27, 21-23).

Nach dem Vorbild der Amtseinsetzung des Josua durch Mose haben im *nachbiblischen Judentum* die Schriftgelehrten die von ihnen geübte O. gestaltet. Als sich im 2./1.Jh. vChr ein fester Stand von Schriftgelehrten herausbildete, wurde es üblich, durch einen öffentlichen Akt die Bevollmächtigung eines Kandidaten zur Wahrnehmung der Rechte und Pflichten eines Rabbi vorzunehmen. Hatte der Student in jahrelangem Studium die notwendigen Kenntnisse in der → Schriftauslegung (: II) und dem Verständnis und der Anwendung der → Tradition (: IV) erworben, so wurde er von seinem Meister unter Mitwirkung von zwei Assistenten durch Handauflegung ordiniert. Dabei war das vor Zeugen vorgenommene Aufstützen der Hände die entscheidende Handlung: dadurch wurde zugleich die von Mose bis auf die Gegenwart reichende Traditionskette fortgesetzt. Die jüdische O. stellte also nicht nur einen Rechtsakt dar, durch den einem Gelehrten die ihn legitimierende Autorisation erteilt wurde, sondern durch sie wurde ihm auch von seinem Lehrer die Gabe der Weisheit übereignet. Nur auf dem Boden Palästinas durfte die einmalige, unwiederholbare Handlung der O. vorgenommen werden, durch die der Lehrer seinen Schüler für mündig und zu selbständigem Handeln befugt erklärte. Auf Grund dieser Bevollmächtigung durfte er verbindliche Lehr- und Rechtsentscheidungen treffen, den Titel Rabbi führen und die ihm gebührende Ehre und Achtung entgegennehmen. - In nt. Zeit war der schlichte und einfache Ritus gebräuchlich: der Lehrer ordinierte den Schüler durch Auflegung der Hände. Zwar sind O.en unter Angabe der Namen der ordinierten Gelehrten erst von der zweiten Hälfte des 1.Jh.s nChr an bezeugt. Mit Sicherheit ist aber anzunehmen, daß die jüdische O. älteren Ursprungs sein muß. Der christliche Brauch konnte daher an den jüdischen anknüpfen (→ Ordination: II). - Seit Ende des 2.Jh.s nChr wandelte sich der Vollzug der jüdischen O. Von nun an lag das Recht, O.en vorzunehmen, allein beim → Synhedrium und dem Patriarchen. Diese Zentralisation sollte wahrscheinlich verhindern, daß untüchtige Schüler ordiniert würden. Weil nun die O. nicht mehr vom Verhältnis des Lehrers zum Schüler bestimmt war, verlor die Handauflegung mehr und mehr an Bedeutung und fiel schließlich im 5.Jh. nChr ganz fort.

J.Behm, Die Handauflegung im Urchristentum, 1911 - J.Newman, Semikhah, 1950 - E.Lohse, Die O. im Spätjudentum u. im NT, 1951 (Lit.) - ThW VI, 962ff. *E.Lohse*

II. Im NT

Während in den paulinischen Briefen nirgendwo ein Ritus erwähnt wird, der bei Übertragung eines Amtes geübt worden wäre, ist in der Apg (6, 6; 13, 3) und in den Past (1Tim 4, 14; 2Tim 1, 6; wohl auch 1Tim 5, 22) mehrfach von einer durch → Handauflegung (: II) erteilten O. die Rede. Als sich in den christlichen Gemeinden festere Formen der Gemeindeordnung auszubilden begannen (→ Kirchenverfassung: I), knüpfte man vielfach an jüdische Vorbilder an und übernahm aus dem Judentum auch die → Ordination (: I), die zum Dienst der Wortverkündigung bevollmächtigte. Apg 13, 1-3 wird nicht von einer Amtseinsetzung berichtet, sondern von der Erteilung eines bestimmten Auftrages und der dazu erfolgten Aussendung. Wohl aber wird Apg 6, 1-6 von einer O. gesprochen. Der Kreis der sieben Hellenisten, die die Apostel vor der ganzen Gemeinde in ihr Amt einsetzen, ist damit durch die höchste kirchliche Autorität bestätigt worden. Während von der jüdischen O. nicht bekannt ist, ob bei ihr gebetet wurde, geschah in der christlichen Gemeinde die Handauflegung unter fürbittendem Gebet (Apg 6, 6): Gott allein kann seinen Diener ausrüsten und tüchtig machen. Die lukanische Darstellung, die zumindest eine entsprechende O.spraxis zZ der Abfassung der Apg voraussetzt, zeigt, daß die O. in der judenchristlichen Kirche Palästinas vom Judentum übernommen worden ist. Von da aus hat die O. auch in anderen Kirchengebieten Eingang gefunden.

Die → Pastoralbriefe zeichnen ein hinreichend deutliches Bild von der frühchristlichen O., wie sie später auch in den paulinischen Gemeinden geübt worden ist. Charisma (→ Geist: IV, 3) und → Amt (: II) sind eng miteinander verknüpft. Prophetenstimmen haben auf den auszuwählenden Amtsträger hingewiesen (1Tim 1, 18; 4, 14). Das von Gott gewährte Charisma aber wird dem Ordinanden durch Auflegung der Hände zuteil. Diese stellt also nicht nur ein begleitendes Zeichen dar, sondern dient zur Übermittlung der Gabe, mit der Gott den Amtsträger ausstattet. Sowohl das Presbyterium (1Tim 4, 14) als auch der Apostel (2Tim 1, 6) werden als Ordinanden genannt. Entscheidend ist nicht die Person des Ordinators, denn von einer auf bestimmte Amtsträger beschränkten Weihegehalt wird nirgendwo gesprochen. Sondern Gottes berufender und sendender Wille bestimmt den Gehalt der O. Sie dient zur öffentlichen Legitimation des Amtsträgers vor der Gemeinde und zu seiner Ausrüstung mit dem Amtscharisma. Der Amtsträger wird später in der Paränese an das Charisma erinnert, das ihm in der O. gegeben wurde.

Außer der Lit. zu → Ordination: I: H.v.CAMPENHAUSEN, Kirchl. Amt u. geistl. Vollmacht (BHTh 14), 1953 - E.KÄSEMANN, Das Formular einer nt. O.sparänese (in: Nt. Studien für R.Bultmann [BZNW 21], 1954, 261-268) - H.SCHLIER, Die Zeit der Kirche, 1956, 135ff - EKL II, 1716f - E.SCHWEIZER, Gemeinde u. Gemeindeordnung im NT (AThANT 35), 1959, 187ff. *E.Lohse*

III. Rechtsgeschichtlich und rechtlich

1. Röm.-kath. Kirche - 2. Reformatorische Kirchen

1. In der *röm.-kath. Kirche* ist die O. oder Weihe der liturgische Akt, durch den jemand einer bestimmten Stufe der Weihe- → Hierarchie eingegliedert und so zum Empfang kirchlicher → Jurisdiktions-Gewalt und zur Ausübung der mit dieser Weihestufe verbundenen Weiherechte, bes. der sakramentalen, befähigt wird. Die Weihestufen sind: Ostiariatus, Lectoratus, Exorcistatus, Acolythatus (Ordines minores); Subdiaconatus, Diaconatus, Presbyteratus (Ordines maiores). Der O. vorauf geht die erste → Tonsur, ihre sakramentale und rechtliche Vollendung ist die → Bischofsweihe. Die im Tridentinum Sess. XXIII (Denz. 956a-968) formulierte Lehre vom Sacramentum ordinis ist kirchenrechtlich im CIC (cc. 948-1011) festgelegt. - Ordentlicher Spender der O. ist allein der konsekrierte → Bischof (: II), außerordentlicher Spender der nichtbischöfliche Kleriker, der von Rechts wegen oder durch päpstliches Indult die O.sgewalt erhalten hat (cc. 951. 957. 964). Die O. wird grundsätzlich von dem zuständigen Diözesanbischof vorgenommen (c. 956), andernfalls ist ein → Dimissoriale auszustellen (cc. 958-967). Zum gültigen Empfang der O. bedarf es folgender Voraussetzungen (cc. 968 bis 991): männliches Geschlecht, freier Entschluß, Taufe, Firmung, sittliche Unbescholtenheit, kanonisches → Alter, erforderliches Wissen, Empfang der vorangehenden Weihen unter Einhalt der Weiheinterstitien (Zeiträume); bei den Ordines maiores Nachweis eines ausreichenden Lebensunterhaltes, des sog. O.stitels (cc. 979-982) und Freisein von Weihehindernissen (cc. 983-991: Irregularitäten ex defectu et ex delicto bzw. einfache Weihehindernisse). Der O. geht voraus die Feststellung der Eignung durch Einholung von Zeugnissen (cc. 993-995), bei den höheren Weihen das Aufgebot (cc. 998-1000), die Prüfung (cc. 996-997), Eidesleistungen (Freiwilligkeitseid, Glaubensbekenntnis und → Antimodernisteneid) und geistliche → Exerzitien (c. 1001). Der jeweilige O.sritus ist genau einzuhalten (c. 1002). Durch die Apostolische Konstitution → Pius' XII. vom 30.11.1947 (AAS 40, 1948, 5-7) ist bestimmt, daß der wesentliche Ritus der sakramentalen O. in der → Handauflegung (materia) und dem O.sgebet (forma) besteht. Die höheren Weihen sind innerhalb der Messe (cc. 1003. 1005. 1006) zu spenden. Die Kommunion des Ordinierten ist dabei Pflicht (c. 1005). Die Weihestufen vom Diakonat an verleihen dem Geweihten einen unauslöschlichen → Character sacramentalis (Tridentinum Sess. XXIII, c. 4; Denz. 964; CIC c. 732). - Als bestimmte O.szeiten (cc. 1006. 1007) gelten für Bischofs-O.en der Sonntag oder ein Aposteltag, für die übrigen Ordines maiores möglichst die Quatembersamstage, der Samstag vor Judika (Passionssonntag) oder der Karsamstag, in Ausnahmen jeder Sonntag oder gebotene Festtag. Die Ordines minores können an Sonntagen oder Duplexfesten auch außerhalb der Messe gespendet werden. - Als O.sort gilt bes. für die Ordines maiores allgemein die Bischofskirche (c. 1009). - Die erfolgte O. wird in eine O.smatrikel eingetragen (c. 1011) und dem Ordinierten eine O.surkunde ausgehändigt. - Zu den besonderen Rechtswirkungen der O. zählen schon mit dem Empfang der ersten Tonsur die Zugehörigkeit zum → Klerus (, 2) und damit die Verleihung der klerikalen Standesrechte (→ Privilegien der Geistlichen) und die Bindung an die klerikalen Standespflichten, darunter für die Majoristen bes. an → Zölibat und → Stundengebet.

2. Die *luth. Kirche* kennt grundsätzlich nur *ein* Amt de iure divino (→ Amt: III), das ministerium ecclesiasticum oder ministerium verbi divini (CA V), während nach *ref.* Lehre verschiedene Ämter (officia) nach der Hl. Schrift eingesetzt sind. Die Bestellung zum Amt, das ius vocationis, ist de iure divino Recht und Pflicht der ganzen Kirche (AC XIII, 12). Beim vocare, eligere und ordinare legten die Reformatoren den Akzent auf das rite vocatus (CA XIV). Das Verfahren der Vokation bzw. der O. im engeren und weiteren Sinne ist ius humanum. Hierbei handeln Amt (bzw. → Kirchenregiment) und → Gemeinde (: II) zusammen. - Ursprünglich rückten O. und Introduktion zusammen, ja waren - bes. bei → Bugenhagen - identisch; die O. wurde daher beim Antritt einer neuen Pfarrstelle wiederholt. Demgegenüber hat Luther mindestens seit 1535 die O. in Wittenberg auch für andere luth. Gemeinden vorgenommen oder durchführen lassen, ohne daß die O. bei der Introduktion oder einem späteren Amtswechsel wiederholt worden wäre. Erst langsam klärte sich in den luth. Landeskirchen das O.srecht (vgl. den O.sstreit zwischen → Freder und → Knipstro sowie die O.sdebatte im 19.Jh.). - Rechtlich gelten heute als O.svoraussetzungen - in Anlehnung an das kanonische Recht -: theologisch-wissenschaftliche und praktische Vorbildung und Prüfung (→Pfarrervorbildung, 2), sittliche Unbescholtenheit, geistige und körperliche Gesundheit, bestimmtes Alter, männliches Geschlecht (wogegen die O. von → Frauen [: IV] heute in verschiedenen deutschen und außerdeutschen ev. Kirchen gesetzlich erlaubt ist und auch vorgenommen wird). - Die ev. O. schafft keinen habituellen Unterschied zwischen → Klerus und Laien, obwohl im ev. Kirchenrecht vom »geistlichen Stand« bzw. von den »Rechten des geistlichen Standes« gesprochen wird. Sie verleiht keinen Character indelebilis. Sie wird einmal, vor Antritt des ersten Pfarramtes durch den → Bischof (: III) oder einen von der Kirchenleitung dazu beauftragten Geistlichen unter Assistenz von durchweg zwei Ordinierten in einem Gemeindegottesdienst vorgenommen. Mit der O. werden die Rechte (und Pflichten) des Amtes (ministerium ecclesiasticum) übertragen (öffentliche Wortverkündigung, Sakramentsverwaltung und Schlüsselamt), die durch ein Disziplinarurteil (→ Disziplinarrecht, 2), ein → Lehrzuchtverfahren oder auch auf eigenen Antrag hin aberkannt werden können. In den meisten ev. Landeskirchen Deutschlands hat der Ordinand vor der O. eine → Lehrverpflichtung auf die Hl. Schrift und auf die jeweils geltenden Bekenntnisschriften abzulegen. Nach erfolgter O. wird eine O.surkunde ausgehändigt. - Die O. von Frauen und die Bestellung zu anderen kirchlichen Diensten (oder »Ämtern«) ist in den einzelnen ev. Landeskirchen Deutschlands rechtlich weithin noch ungeklärt und sehr unterschiedlich geregelt. - Die → *anglikanische Kirche* (: I) erkennt die Pfarrer- und Bischofs-O. nur dann als gültig an, wenn sie von einem in Apostolischer → Sukzession stehenden Bischof vollzogen worden ist. In der → ökumenischen Bewegung, bei der Frage der Interkommunion und bei verschiedenen Unionsversuchen (zB in der Kirche von → Südindien) ist durch entsprechende Forderungen bes. von seiten der anglikanischen Kirche die rechtmäßig vollzogene O. ein Problem gewesen.

Lehrbücher des Kirchenrechts, bes. EICHMANN-MÖRSDORF II. - Ferner: RE VI, 471ff - LThK VII, 763ff (Lit.) - H.BERNAU, Die Bedeutung der O. nach den luth. Bekenntnisschriften (BEvTh 2, 1940, 47-88) - W.O.MÜNTER, Begriff u. Wirklichkeit des geistl. Amts (ebd 21), 1955 - J.HEUBACH, Die O. zum Amt der Kirche, 1956 (Lit.) - H.-F.PFLUGK, Zum Verständnis von Amt u. O. im Pfarrergesetz der VELKD (ELKZ 11 1957, 221f) - Erklärung des Ökum. Ausschusses der VELKD zur Frage der Apostol. Sukzession v. 26. Nov. 1957 (ebd 12, 1958, 72-74; vgl. auch FR.HÜBNER, ebd 67f) - H.LIEBERG, Amt u. O. bei Luther u. Melanchthon (Diss. Erlangen), 1960.

J.Heubach

IV. Dogmatisch

Die Aufgabe, die dogmatischen Meinungen zur O. enzyklopädisch darzulegen, ist nur bedingt erfüllbar: 1. Schon die Angaben des *NT* zur → Ordination (: II) verändern jeweils ihr Aussehen, wenn sie unter der *historischen* (Rabbinen-O. usw), *phänomenologischen* (»Mannigfaltigkeit des Verfahrens«; W.Elert) oder *systematischen Methode* (konvenienztheologische Kettenschlüsse) betrachtet werden. - 2. Die Berufung auf *Reformatoren* und *Bekenntnisse* ferner erfolgt oft unter auswählender Zitierung oder gegensätzlicher Interpretation: So wird Luthers bekanntes »Ordinieren soll heißen und sein berufen und befehlen das Pfarramt« (WA 38, 238, 7f) von Personalisten (»berufen«) wie von Institutionalisten (»Pfarramt«) gleichermaßen als Stütze benutzt. - 3. Die *Begrifflichkeit* ist verworren; als Wechselbegriffe für O. erscheinen im prot. Feld: benedictio, cheirothesia, commendatio, comprobatio, confirmatio, consecratio, declaratio, decorum, electio, initiatio, installatio, institutum, introductio, mandatum, missio, potestas, ritus, sacramentum, separatio, segregatio, signum, testificatio, traditio, translatio, vocatio. Der Inhalt dieser Begriffe wird jeweils verschieden aufgefaßt; so erscheint die »vocatio« (vgl. CA XIV) in mystischem, kollektivistischem oder hierarchischem Sinne. Auch im röm. CIC hat O. mitunter in demselben Kanon mehrere Bedeutungen (vgl. c. 408). - 4. In der Kontroverse treten die typischen (anthropologisch überall nachweisbaren) *metaphysischen Strukturen* der menschlichen Ergriffenheit mit Konsequenz auf. Als Extremfälle erweisen sich in der *metaphysischen Analyse* die Identifizierungen der O. mit der gottheitlichen *electio* oder dem gemeindlichen *mandatum* oder der hierarchischen *potestas:*

Metaphysik des

	spontan-kausalen *Selbst*	final-kausalen *Aktes*	wirk-kausalen *Seins*
Ordinator	Deitas	Communio religiosorum	Sacerdotium supremum
Ordinandus	Vox Deitatis	Vicarius praedicans communionis	Gubernator gregis
Ordinare	Segregatio divina	Introductio inter fideles	Translatio potentiarum per contactum
Ordinatio	Electio divina	Mandatum fidelium	Potestas hierarchica

Wird die *1. Struktur* isoliert und absolut gesetzt, so entsteht die Vorstellung von der immediaten, punktualen Aussonderung des erwählten Priesters (Verkünders), in der spontan-kausal, je und je das Ereignis der gottheitlichen Gegenwart (Kundgebung) Ereignis wird. Die mystische Welt der *Ostkirche* besitzt von Origenes' sog. »charismatischer« Auffassung der O. bis zu den Wanderbischöfen der (aus östlicher Tradition stammenden) Iro-schottischen Kirche (→ Irland: I) und bis zu den russischen Starzen eine relative Neigung zu dieser Struktur. Sie ist (trotz Assimilation an Rom) noch in der spezifischen Auffassung des Mysteriums der »cheirotonia« spürbar. Die luth. Orthodoxie wollte eine »vocatio immediata« mit der Apostelzeit beendet wissen. - Wird die *2. Struktur* isoliert und absolut gesetzt, so entsteht ein Extrem, das der *prot. Personalismus* immer wieder aktualisieren wollte. Der Prädikant ist nichts als Mandatar des religiösen Sozialgebildes, dessen geistliche Dynamik er *final-kausal* in Bewegung setzen soll. Sein Mandat ist der *Zeit* unterworfen, deshalb muß er für jede neue Gemeinde neu ordiniert werden. Nur im *Akt* ist er Sprecher der religiösen Demokratie; als Nichtpraktizierendem oder Emeritiertem werden ihm ein »geistlicher Stand« und dessen »Rechte« konsequent abgesprochen. - Im Banne der Seinsmetaphysik denkt die *3. Struktur* dagegen unter den Kategorien des institutionellen numinosen *Raums* und der statischen hierarchischen Pyramide. Durch sie hindurch fließt in der *röm.-kath. Kirche* (die relativ nach diesem metaphysischen Pol hin tendiert) die Weihegewalt, die sich in der Kette der hierarchischen Sukzession objektiviert. Diese Kette ist eine Kette der *Wirk-Kausalität:* Das Sakrament des Ordo transferiert wirk-kausal (»ex opere operato«) Weihegnade, -charakter und -gewalt, die wiederum wirk-kausal die Potestäten des Bischofs, Priesters und Diakons ermöglichen. Die O. umfaßt *alle drei* genannten Weihestufen, die *ein* Sakrament darstellen (obwohl bisher nur der Sakramentscharakter des Presbyterats unfehlbar dogmatisiert wurde). Nur das Episkopat hat die Fülle der Priestergewalt, Priester und Diakon geringere Quantitäten. Die sakramentale *Materie* des (dreifachen) Ordo ist allein die → *Handauflegung;* die *Form* stellen bestimmte »wesentliche« Formeln der »Weihepräfation« dar, die die Übermittlung von Kräften umschreiben (beides unfehlbar definiert). Die Meinung mancher prot. Theologen, die röm. O. bedeute eine »personale« Bereicherung des Geweihten, die prot. O. dagegen eine »funktionale« Indienstnahme, ist eine unangemessene Alternative. Auch die röm. O. verleiht die gratia infusa »dinglichen Charakters«; die potestas des Ordo verbleibt dem Priester auch als Verbrecher oder Apostaten (→ Ordination: V). Die »hundsungeweihete Bischofenweihe« (J.→Cochläus) des Luthertums wie die apostolische → Sukzession der schwedischen (successio doctrinae et conservatio ministerii) und dänischen (successio pastorum) Lutheraner wird ebenso verdammt wie die der Anglikaner, deren Quelle (Weihe des Erzbischofs M. → Parker 1559) man als illegitim zu erweisen sucht.

In der konfessionellen Kontroverse muß die Neigung, den Gegner mit einer affinen metaphysischen Struktur zu überblenden, durch historische und phänomenologische Kritik überwunden werden. Dies gilt bes. für die geschichtliche Ebene der *prot. Konfessionen* und theologischen Schulen. So sagt man, eine eigentliche O. zum kirchlichen Amt könne es in der *ref.* Christenheit nicht geben, da sie nur »Ämter« kenne, für die Gott Menschen je spontan-kausal prädestiniert habe. In der Tat scheint sich die *1. Struktur* abzuzeichnen, wenn die ref. Orthodoxie O. nur als feierliche Beurkundung jener »O.« auffassen will, die der einzelne durch seine »electio« schon besitzt (J.H.Heidegger, G.Sohnius u.a.). In dieser electio ist ja der eigene Wille der Wählenden ebenso ausgeschaltet wie der Wille dessen, der die O. begehrt (W.Niesel). Trotzdem erscheinen u.a. in der betenden finalen Hinordnung der O. auf den Gemeindedienst und in der Rolle der ordinierenden Ordinierten, die wissen müssen, »daß sie für alle Lebenszeit zu Predigern gewählt« sind (Hugenottische Artikel 1559), Strukturmotive der anderen Konfessionen. - Die »teuflischen *Anabaptisten*« der AC (XIII, 9), die die O. »verachten und lästern«, werden heute samt ihren unmittelbaren und mittelbaren Nachfahren verwandter Prägung (Freikirchen, Pietismus, Erweckungs-, Gemeinschaftsbewegungen) als spezifische Konfession der Reformationsgeschichte aufgefaßt. Die Neigung dieser Bewegungen, »O.« radikal im Sinne der *2. Struktur* aufzufassen, da Amt und liturgische Form geistlichen Tod verbreiten sollen, ist bekannt. Trotzdem tritt hier oft die Spontanberufung in Erscheinung, und ein spezifisches geistliches Sendungsbewußtsein der Prediger trotzt dem Vorwurf der unbrüderlichen Überhebung. - Von der AC (»so hätte es keine Beschwerung, die O. ein Sakrament zu nennen«) bis zum Neuluthertum des 19.Jh.s (→ Luthertum: II) ist die *luth.* Lehre von der O. immer wieder von ihren Gegnern im Sinne der *3. Struktur* metaphysiziert worden. Neuere Erhebungen zeigen jedoch, daß auch → Löhe, → Kliefoth und → Vilmar (, 1) anders aufzufassen sind. Ihre kritische und korrektive Funktion wird zunehmend deutlich. Sie ist in einem ökumenischen Sich-gegenseitig-Zurechtstellen der prot. Konfessionen ebensowenig entbehrlich wie die Warnung der evangelistischen Reformation und des theologischen Personalismus (A. → Ritschl, → Höfling, → Rietschel, O.Kirn, E.Chr. → Achelis, G.Wehrung u.a.m.) vor einer hierarchisch-sazerdotal-magischen Auffassung der O. und der impositio manuum oder wie die Mahnung der ref. (dialektischen) Theologie, daß Gott auch heute noch die Freiheit habe, sich seine Gesandten spontan erwählen zu können (so schon das Hugenottische Bekenntnis 31). - In der Gegenwart befindet sich das ökumenische *Luthertum* auf dem Wege zu einer entschlossenen Durchbrechung der Metaphysizierungen der O. Unter christozentrischer Ausrichtung wird die O. zum Amt der Kirche als logisch unauflösliche Kontrastharmonie zwischen allgemeinem → Priestertum und göttlicher Stiftung des öffentlichen Predigtamtes gelehrt (E.Schlink unter Verweis auf → Harleß und Th. → Harnack) oder die dreifache Wirklichkeit der O. als Berufen, Senden und Segnen durch den in, mit und unter dem hör- und sichtbaren Wort präsenten Christus entfaltet (J.Heubach).

Durchbricht man bewußt die isolierten Zwangsstrukturen der menschlichen Metaphysik, so erweisen sich die reformatorischen Interpretationen der O. als Tangenten *einer* transkategorialen Wirklichkeit, die nur doxologisch recht auszusagen ist. Als gnadenvolles vestigium der unter dem Wort *erwählenden, abordnenden* und *bevollmächtigenden Trinität* ist die O. Inbegriff der biblischen Zusage und Verheißung Röm 1, 16; Jes 55, 11; Lk 10, 16; Joh 20, 21ff usw (vgl. CA V). Von der trinitarischen und doxologischen Fülle aus gewinnen auch die Fragen der ordinierenden Handauflegung und der apostolischen Sukzession (zB Bekenntnis-, Funktions-, Auftragssukzession; J.Heubach) neue, wirklich theologische (weil transmetaphysische) Bedeutung für den Glauben. Von hier aus ist es möglich, Methodenmonismen in der nt. Exegese zu überwinden und die *nicht* metaphysizierbare Ganzheit der Schriftaussagen zu Amt und O. sichtbar zu machen.

Lit. bei E.LOHSE (→ Ordination: I) u. J.HEUBACH (→ Ordination: V). Zur metaphys. Analyse: W.PHILIPP, Die Absolutheit des Christentums u. die Summe der Anthropologie, 1959. *W.Philipp*

V. Liturgiegeschichtlich und liturgisch

1. Alte Kirche und MA - 2. Röm.-kath. Ritus - 3. Die O. in der ev. Kirche

1. In der *alten Kirche* wurde die O. der Bischöfe, Presbyter und Diakonen durch die mit Gebet verbundene → Handauflegung (: III) vollzogen. → Hippolyts »Apostolische Überlieferung« (um 200) bietet ältestes liturgisches Gut. Weitere Formulare finden sich im »Euchologion« des → Serapion von Thmuis († 362) und in den → Apostolischen Konstitutionen (VIII, 4, 16-22). Im Abendland fand bei den niederen Weihegraden keine Handauflegung, sondern nur Vorstellung der Amtsobliegenheiten, Gebet und evtl Übergabe der Insignien statt. Der ursprünglich sehr einfache altröm. O.sritus wurde im *frühen MA* gallikanisch erweitert (zB → Salbung des Hauptes und der Hände bei der O. des Bischofs, Salbung der Hände bei der des Priesters; vgl. bes. die um 500 entstandenen sog. »Statuta ecclesiae antiqua«, MPL 56, 879ff). Verschmelzung altröm. und gallikanischen Gutes zeigen dann die → Sakramentare (Leonianum 119ff, Gelasianum 22ff im Unterschied von 144ff, Gregorianum 5ff und die Ordines Romani XXXIV. XXXVI. XXXVII, ed. M.Andrieu). Hinzu kommen jetzt die Bekleidung mit den liturgischen Gewändern (→ Amtstracht) und die Übergabe der Geräte, bis im 12.Jh. die O.sformulare weithin festgelegt sind, wie sie sich heute im Pontificale Romanum finden (zum MA vgl. bes. E.Martène).

2. Nach heutigem *röm.-kath. Ritus* umfaßt die O. bei den Ordines minores nur Ermahnung und Übergabe der Geräte. Die Subdiakonatsweihe hat bereits Zusätze. Von der Diakonatsweihe ab erfolgt die O. mit Handauflegung und Gebet. Die Hauptteile der Presbyter- (= Priester-) O. sind: Handauflegung des Bischofs (und anderer Presbyter) und großes Weihegebet, Bekleidung mit Stola und Meßgewand, Salbung der Hände, Übergabe der Patene und des Kelches, Konzelebration, Credo, Erteilung der Löse- und Bindegewalt (mit Handauflegung), Treuegelöbnis gegenüber dem Bischof und Friedenskuß. - Die → Bischofsweihe ist dem Amt entsprechend liturgisch umfangreicher (neueste Entscheidungen in AAS 40, 1948, 5f; 42, 1950, 448ff).

3. Die *Reformatoren* haben auf Grund ihrer Neubesinnung auf die → Kirche (: III, 4) und das → Amt (: III) auch die Liturgie des O.sgottesdienstes erneuert. Bugenhagen hat die O. im Sinne der Introduktion verstanden, so daß sie wiederholt werden konnte (vgl. KO Hamburg 1529, Pommern 1535). - Luther hat 1535 (WA 38, 401-433) den O.sverlauf folgendermaßen geordnet: Chor: »Veni sancte spiritus«; Versikel: »Emitte« oder »Cor mundum«; Kollekte: »Deus, qui corda«; Ansprache des Ordinators; Lektionen: 1Tim 3, 1-7 und Apg 20, 28-31; Handauflegung mit Vaterunser und O.sgebet; Sendungswort: 1Petr 5, 2-4; Kommunion. Dieses O.sformular ist mit Veränderungen und Zusätzen (zB Verpflichtungsfragen, Handschlag, Überreichung der Bibel) weithin üblich geworden. - Die VELKD hat in der Agende IV (1951) ein auf Luther zurückgehendes O.sformular. Hier wird das liturgische Grundschema auch für die Einsegnungs- und Einführungs-(Introduktions-)Handlungen verwandt. Dabei wird die Bezeichnung O. ausschließlich für die O. eines Pfarrers gebraucht, während Pfarrhelfer, → Vikarin, → Diakon, Diakonisse, Katechet und → Gemeindehelferin »eingesegnet« werden (hier Handauflegung nicht beim Vaterunser und anschließenden O.sgebet, sondern erst bei der → Einsegnung am Schluß der Handlung). - Die ref. Kirche Deutschlands hat 1951 die O. und Introduktion der Prediger, Ältesten und Diakonen liturgisch neu geordnet und dabei verschiedene Formulare und außerdem verschiedene O.sfragen zur Wahl gestellt (Kirchenbuch, hg.v. Moderamen des Ref. Bundes, 1951, 181ff). - Zum Bischofsamt wird in der VELKD introduziert, nicht ordiniert, anders im luth. Skandinavien und in der → anglikanischen Kirche (: I, 2). In der → Brüderunität (: I, 1; II, 1) gibt es besondere O.en zum Diakonus, Presbyter und Bischof.

Kath.: E.MARTÈNE, De antiquis ecclesiae ritibus II, Antwerpen 1763, lib. I, cap. VIII - LThK VII, 763ff; VIII, 473ff (Lit.) - DThC XI, 1193ff - L.EISENHOFER-J.LECHNER, Liturgik des röm. Ritus, 1953⁶, 303ff (Lit.). - *Ostkirchl.:* Euchologium sive Rituale Graecorum, ed. J.GOAR, (Paris 1647) Venedig 1730² - Εὐχολόγιον τὸ μέγα, Venedig 1851, 160ff - FR.HEILER, Urkirche u. Ostkirche, 1937, 274ff (Lit.). - *Ev.* (vgl. die Lit. zu → Ordination: III): G.RIETSCHEL, Luther u. die O., (1883) 1889² - RIETSCHEL-GRAFF 836ff - V.VAJTA, Die Theol. des Gottesdienstes bei Luther, 1952, bes. 202ff - J.HEUBACH, Die O. zum Amt der Kirche, 1956 (Lit.) - W.BRUNOTTE, Das geistl. Amt bei Luther, 1959, bes. 174ff - G.v.D.LEEUW, Sakramentales Denken, 1959, 103ff - Leiturgia V, Abschn. 6. *J.Heubach*

Ordnung. Die Idee von einem den → Makro- und Mikrokosmos lenkenden Weltgesetz (→ Gesetz: I) wird in verschiedenen Religionen durch »numinose O.sbegriffe« (Landsberger) zum Ausdruck gebracht. Sie bezeichnen das Prinzip einer kosmisch-ethisch-rituellen O. der Welt und sind, da der Kreis, den sie begrifflich umschließen, umfassender ist als unsere auf die O.en der Naturkräfte, des sozialen Lebens und des Kultus bezogenen Termini, schwer durch ein einziges Wort übersetzbar. Als Zentralbegriffe einer Weltanschauung des »Universismus« (de Groot) stellen sie das eigentliche Agens dar, kraft dessen die Götter wirken. Auf Erden ist der Herrscher Vertreter und Beschützer dieser höchsten Normen. Beim Zerfall des universistischen Weltbildes sterben die numinosen O.sbegriffe entweder aus oder sie werden auf bestimmte, meist ethische und rechtliche Qualifikationen eingeschränkt. - Eine bereits in indoiranischer Zeit ausgebildete Konzeption einer numinosen O. erscheint in der vedischen Periode → Indiens (: II; → Veden) als das ṛta, das niemals personifiziert, aber Göttergestalten, vor allem dem Varuna, assoziiert wurde. In nachvedischer Zeit wird ṛta durch satya, den Begriff rein ethisch zu fassender »Wahrheit«, ersetzt. Dem ṛta entsprechen avestisch asha (→ Amesha Spenta) und altpersisch arta. Im → Jinismus und → Buddhismus (: I) wird die das Weltgeschehen beherrschende O. mit dharma (Pâli: dhamma) ausgedrückt; auch die Lehrverkündigung des → Buddha ist dharma. - Diesen indoiranischen Begriffen entspricht die tao-Vorstellung (→ Taoismus) des alten → China (: II); bei → Laotse wird das tao als mystisches Weltprinzip (→ Mystik: II) verstanden; → Konfuzius betont die vom tao auferlegten sozialethischen Verpflichtungen. - Im alten → Ägypten (: II) ist die maat ein O.sbegriff, den im Staatsleben der König realisiert und dessen makrokosmisches Wirken der Sonnengott Re garantiert; die maat gilt auch als Tochter des Re und wird als sitzende Göttin mit einer Straußenfeder auf dem Kopf, der Hieroglyphe für maat, dargestellt. Im Totengericht wird das Herz des Toten gegen das Zeichen der maat gewogen (→ Gericht: I, 1). - Die → Sumerer bezeichneten eine O. von ewiger, unveränderlicher Geltung mit me. - Der russische Begriff der prawda drückt ein in der Welt-O. objektiv enthaltenes ethisches Urbild aus. - Vgl. → Recht: II.

J.DARMESTETER, Ormazd et Ahriman, Paris 1877 - H.OLDENBERG, Die Religion des Veda, (1894) 1923³, 194ff - J.J.M.DE GROOT, Universismus, 1918 - J.v.NEGELEIN, Weltanschauung des indogerman. Asiens, 1924, Anm. 97 - B.LANDSBERGER, Die Eigenbegrifflichkeit der babyl. Welt (Islamica 2, 1926, 355-372) - C.J.BLEEKER, De Beteekenis van de Egyptische Godin Ma-a-t, Leiden 1929 - H.S.NYBERG, Die Religionen des alten Iran (MVÄG 43), 1938, 129ff - H.LÜDERS, Die magische Kraft der Wahrheit im alten Indien (ZDMG 98, 1944, 1-14) - DERS., Varuna II: Varuna u. das Ṛta, 1959 - R.ANTHES, Die Maat des Echnaton von Amarna (Suppl. to the JAOS 14), 1952 - E.SARKISYANZ, Rußland u. der Messianismus des Orients, 1955, 25ff - W.SCHILLING, Religion u. Recht, 1957, 97ff. *G.Lanczkowski*

Organische Artikel *(Articles organiques)*, zwei Reihen von staatlichen Zusätzen zu dem zwischen → Napoleon und → Pius VII. geschlossenen Konkordat, das am 8.4.1802 in Kraft trat. Sie betrafen als dessen Ergänzung und Auslegung 1. den kath. Kultus: außer gewissen Vorschriften über kirchliche Prozessionen und Gewänder sahen sie eine Staatskontrolle des Klerus und seiner Ausbildungsstätten vor und machten die Behandlung der gallikanischen Erklärung von 1682 (→ Gallikanismus) zur Pflicht; 2. die prot. Kultusgemeinschaften: für die gesamte ref. Kirche wurde die Errichtung von »Konsistorialkirchen« mit mindestens 6000 Gliedern angeordnet, die jeweils mehrere Gemeinden zusammenfaßten und damit die Einzelgemeinde ihrer legalen Existenz beraubten. Wesentliches Organ war das »Konsistorium« (Bürger der höchsten Steuerklassen); eine Nationalsynode gab es nicht mehr. Die Kirchen Augsburgischer Konfession erhielten ein etwas unterschiedliches Kirchenregiment mit Inspektionen, Generalkonsistorien und einem Direktorium. Gewisse Änderungen brachte bes. das Dekret vom 26.3.1852. Die O.A. wurden erst durch das Gesetz vom 9.12.1905 (→ Frankreich: I, 8) abgelöst. In den drei elsaß-lothringischen Departements sind sie zusammen mit dem Konkordatsregime bis heute in Geltung geblieben.

Text: MIRBT Nr. 559 (Lit.). - J.C.L.GIESELER, Die prot. Kirche Frankreichs von 1787 bis 1846, 2 Bde, 1848 - A.LODS, La législation des cultes protestants, 1887 - P.E.LUCIUS, Bonaparte u. die prot. Kirchen Frankreichs, 1903 - H.STROHL, Le protestantisme en Alsace, 1950 - A.DANSETTE, Hist. relig. de la France contemporaine I, 1952 - J.C.GROSHENS, Les institutions et le régime juridique des cultes protestants, 1957. *R.Voeltzel*

Organist. Den O.en im kirchlichen Dienst gibt es zunächst vereinzelt seit der karolingischen Zeit und auch im Laufe des MA nur an größeren Kirchen. Mit zunehmendem gottesdienstlichem Einsatz der → Orgel treten etwa vom 14.Jh. ab namhafte O.en mehr und mehr hervor, so Fr.Landino († 1497), K.Paumann († 1473), A.Schlick († nach 1517) und P.Hofheimer († 1537). Dadurch daß im luth. → Gottesdienst (: V B, 2) in Weiterführung eines spätmittelalterlichen Brauchs die Orgel Anteil an der in größeren Kirchen geübten → Alternatimpraxis hat, gehört auch in ihm der O. zu den gottesdienstlichen Amtspersonen. Gegen das anfängliche Verbot des Orgelspiels im ref. Gottesdienst setzten sich die O.en bes. in den Niederlanden zur Wehr. Wenn diese in Holland vor allem zZ J.P. → Sweelincks († 1621) europäischen Ruf genossen, dann aus außergottesdienstlichem Grund um der Beliebtheit der Orgelmusik als solcher willen. Die O.en waren dort vornehmlich städtische Bedienstete, die mancherorts zu u.U. täglichen, besonderen Orgelstunden verpflichtet waren. Trotz der bedeutenden Zahl von O.en in Deutschland während des 17.Jh.s ist doch der aus dem zunftmäßigen Musikantenstand hervorgehende O. weiterhin gegenüber dem akademischen → Kantor ein kirchlicher Bediensteter niederen Ranges. Erst die seit Mitte des 17.Jh.s aufkommende Gemeindegesangbegleitung und die Blüte der Orgelmusik rückten den O.en mehr und mehr an die Seite des Kantors. Jedoch erst zZ des Niedergangs der Kirchenmusik (→ Musik: V) im Zeitalter des Rationalismus wurde der O. um der Begleitung des Gemeindegesangs und der stimmungsvollen Umrahmung des Gottesdienstes willen unentbehrlich, ja sogar als »Prediger in Tönen« (D.G.Türk, 1789) bezeichnet. Gleichzeitig führte die frühere Verbindung von Kantoren- und Schulamt zum Stand des Lehrer-O.en. Daneben trat im 19.Jh. eine kleine Schicht von akademisch ausgebildeten O.en. Seit der Trennung von Kirche und Staat nach 1918 gibt es den Lehrer-O.en nur noch auf freiwilliger Basis. Diese Ämterkombination wurde erst nach 1933 in größerem Umfang aufgegeben. Nach einer gewissen rückläufigen Bewegung seit 1945 geht heute die Zahl der Lehrer-O.en infolge sehr geringen Nachwuchses weiter zurück. Seit den 30er Jahren haben die Landeskirchen mit der Heranbildung eines neuen O.enstandes in Verbindung mit dem Kantorendienst begonnen. - Vgl. → Kirchenmusikschulen.

G.PIETZSCH, Orgelbauer, O.en u. Orgelspiel in Deutschland bis zum Ende des 16.Jh.s (in: Mf 11 ff, 1958 ff) - Art. »Musiker« u. »Orgel« in MGG IX. *W.Blankenburg*

Organum war eine auf Zusammenklängen beruhende Aufführungsweise liturgischer Gesänge, an der auch Instrumente teilnehmen konnten. Das O. begegnet vom 9.Jh. an nördlich der Alpen, mit ihm beginnt die abendländische Mehrstimmigkeit (→ Musica Enchiriadis, →Guido, →Musik: V, 3). Seit 1100 sind zahlreiche zweistimmige O. und mehrere O.-Lehren überliefert, zumal aus Frankreich. Höhepunkt sind um 1200 die O. der Pariser Notre-Dame-Schule. Vereinzelt findet sich das O. bis ins 15.Jh.

F.LUDWIG in: G.ADLER, Hdb. d. Musikgesch., 1924 - R.v.FICKER (Hg.), Perotinus »Sederunt principes«, 1930 - H.HUSMANN, Die 3- u. 4-stimmigen Notre-Dame-Organa, 1940 - J.HANDSCHIN, Musikgesch. im Überblick, 1948 - F.ZAMINER, Der Vatikan. O.-Traktat, 1959. *Thr.Georgiades*

Orgel

1. Bau - 2. Geschichte - 3. O.musik. - Vgl. → Organist, → Orgelbewegung, → Orgelmesse

1. Die O., ein hochausgebildetes mechanisches Blasinstrument, besteht aus einer großen Anzahl von Metall- und Holzpfeifen *(Pfeifenwerk)*, Vorrichtungen, um die Pfeifen durch einen Luftstrom zum Erklingen zu bringen *(Regierwerk)*, einem Gehäuse mit zumeist verzierter Vorderseite *(Prospekt)* und der oft außerhalb des Gehäuses befindlichen Gebläseanlage *(Windwerk)*, die verdichtete Luft *(Wind)* erzeugt, aufspeichert und sie dem Herzstück der O., der *Windlade*, zuleitet. Diese steht in Verbindung mit den Tasten und trägt die Pfeifen, auf die sie den Wind entsprechend den Fingerbewegungen des Organisten verteilt. In das *Gehäuse* eingebaut ist der *Spielschrank*, der die Klaviaturen, Registerzüge, Koppeln und sonstigen Spielhilfen enthält. Bei neueren O.n ist er oft durch einen freistehenden *Spieltisch* ersetzt.

Die *Pfeifen* bestehen aus Zinn, Kupfer oder einer Legierung aus Zinn und Blei *(O.metall)*, Holzpfeifen überwiegend aus Fichte. Man unterscheidet Lippenpfeifen *(Labiale)* und Zungenpfeifen *(Rohr- oder Schnarrwerke)*. Lippenpfeifen erzeugen den Ton nach Art der Flöten durch einen Luftstrom, der der Kernspalte entströmt, sich am Oberlabium bricht und in periodische Schwingung gerät; die Frequenz - und damit die Tonhöhe - ist von der Länge des Pfeifenkörpers abhängig. Gedeckte Pfeifen klingen eine Oktave tiefer als offene gleicher Länge. Die Klangfarbe wird durch Material und Mensur (Maßverhältnisse des Pfeifenkörpers und des Aufschnitts) bestimmt. Bei Zungenpfeifen setzt der Wind eine freischwingende oder aufschlagende Metallzunge in Bewegung. Der so erzeugte Ton wird durch Schallbecher verstärkt und veredelt. *Register* sind Reihen von Pfeifen gleichen Klangcharakters, die sich über den Umfang einer Klaviatur erstrecken. Die Tonhöhe (Lage) der einzelnen Register wird in der in Fuß gemessenen Länge der jeweils tiefsten Pfeife (C) ausgedrückt *(Fußton)*. Bei den *Grundstimmen*, bei denen sich Tonbezeichnung und Tonhöhe entsprechen, mißt diese Pfeife acht Fuß (ca 2,40 m). Man nennt diese Register also achtfüßig. Daneben sind (jeweils eine oder mehrere Oktaven) tieferklingende dunklere zu 16 und 32 Fuß und höhere aufhellende zu 4, 2 und 1 Fuß sowie klangfärbende Register *(Aliquote)* zu $10^2/_3$, $5^1/_3$, $2^2/_3$, $1^1/_3$ Fuß (Quinten), $3^1/_5$, $1^3/_5$ Fuß (Terzen) und $1^1/_7$ Fuß (Septimen) gebräuchlich. Eine dritte Gruppe bilden die zusammengesetzten Register *(Mixturen)*; sie verleihen dem O.klang Glanz und Fülle. Der Bauart nach unterscheidet man Registerfamilien: Prinzipale, Flöten, Gedeckte, Streicher, Rohrwerke. Oft ist die Zugehörigkeit am Registernamen erkennbar. Mit ruhig fließendem Ton bilden die Prinzipale das Rückgrat der O.; ihre Mensur gilt als Normalmaß. In höheren Lagen heißen sie Oktave, Doublette, Prästant; Abarten sind Flöten- oder Geigenprinzipal. Flötenstimmen sind weiter, weicher, fülliger: Hohl-, Konzert-, Spitz-, Waldflöte, Nachthorn, Gemshorn (konisch). Dunkler klingen Gedeckte, zB Lieblich-, Grobgedeckt, Bordun, Subbaß, Quintatön; Rohrflöte (halbgedeckt). Eng gebaut sind die Streicher: Gamba, Violon, Cello, sanfter Salizional und Dolce. Die Zungenstimmen geben der O. Kraft, Adel, Würde; Posaune, Trompete, Klarine klingen stark; feiner, oft leicht nasal die bes. als Solostimme geeigneten Oboe, Rohrschalmei, Krummhorn, Rankett, Regal, Vox humana. Bei schwebenden Stimmen wie Unda maris wird durch leichte Verstimmung zweier gleicher Pfeifen je Ton ein Vibrato erzeugt. Mixturen sind mehrchörig, dh je Ton 2-6fach mit Oktaven und Quinten besetzt, zB Zimbel, Rauschpfeife, Scharf; andere wie Sesquialtera, Terzian und Kornett enthalten Terzen. Es gibt zahllose Registernamen. Jede O. setzt sich aus mehreren Teilwerken mit eigener Klaviatur zusammen: Hauptwerk, Oberwerk, Rückpositiv, Schwellwerk u.a. und Pedalwerk; abgekürzt werden erstere oft als I., II., III. Manual usw bezeichnet. Kleine O.n besitzen nur Hauptwerk und Pedal. Wichtig ist die *Disposition*, dh die Registerzusammenstellung. Die Teilwerke sollen, auch bei kleinen O.n, selbständigen Aufbau und reiche Kombinationsmöglichkeit der Register aufweisen, gleichzeitig sich aber auch zu einem einheitlichen Gesamtklang ergänzen. Das vorwiegend für den Baß bestimmte Pedalwerk ist auf Sechzehnfußton aufgebaut; die Manuale stehen gewöhnlich auf Achtfußton.

Das *Windwerk* besteht aus einem Magazinbalg, der Wind von 50-100 mm Wassersäule abgibt. Bei älteren O.n finden sich Kasten- oder Spanbälge, Faltenbälge oder Widerbläser. Der Bälgetreter *(Kalkant)* ist heute meist durch eine elektrisch angetriebene Windturbine ersetzt. - In Windkanälen strömt der Wind zu den flachen rechteckigen, aus Hartholz gefertigten *Windladen*. Man unterscheidet Schleif- und Kegelladen. Schleifladen haben Tonkanzellen, auf denen jeweils die zu einer Taste gehörigen Pfeifen stehen und die beim Öffnen des Spielventils (durch Tastendruck) Wind erhalten. Das gleichzeitige Erklingen aller zugehöriger Pfeifen verhindern dabei quer zu den Tonkanzellen verlaufende verschiebbare Lochleisten, die Schleifen, deren Öffnungen genau auf die Bohrungen passen, durch die der Wind aus den Kanzellen in die Pfeifen gelangt. Durch Verschieben der Schleifen können die Register einzeln abgestoßen oder gezogen werden. Bei Kegelladen dagegen stehen die einzelnen Register auf Registerkanzellen, und jede Pfeife besitzt ein eigenes, als Kegel ausgebildetes Ventil. Beim Niederdrücken einer Taste werden alle Ventile des betreffenden Tons gleichzeitig geöffnet; es erklingen jedoch nur die Pfeifen, deren Kanzellen durch ein geöffnetes Registerventil Wind erhalten. Verbreitete Abarten der Kegellade sind Membran- und Taschenlade. Der Vorteil der Kegellade ist ihr konstanter Winddruck: bei Schleifladen verursacht das Zuziehen von Registern leicht Druckabfall, wodurch die Stimmung leidet. Dagegen spricht bei Schleifladen der Ton edler an. Bis etwa 1700 baute man die Springlade, die Elemente der Schleiflade (Tonkanzellen) und der Kegellade (Pfeifenventile) aufweist.

Der Tastendruck wird vom Spieltisch mittels feiner Holzleisten, sog. *Abstrakten*, über Hebel, Winkel und *Wellenbrett* zur Windlade weitergeleitet *(mechanische Traktur)*. Um die Spielart großer Werke zu erleichtern, hat man Arbeitsbälge zwischengeschaltet *(Barkerhebel)*, die Abstrakten durch Druckluft in Bleiröhren ersetzt *(pneumatische Traktur)*, seit der Jh.-Wende zunehmend auch Schwachstrom *(elektrische Traktur)* angewandt. Letzteres ermöglicht eine beliebige räumliche Trennung von Spieltisch und O.werk, fahrbaren Spieltisch u.dgl.

Im *Spieltisch* sind die Klaviaturen (Tastenreihen, Manuale) gestaffelt übereinander angeordnet. Gleichzeitiges Spiel auf zwei Manualen und dem Pedal dient der plastischen Darstellung kontrapunktischer Musik oder zB der Hervorhebung einer einzelnen Stimme. Die Manuale haben einen Umfang von C bis g''' (4½ Oktaven), das Pedal von C bis f' (2½ Oktaven). Dieser Umfang wird aber durch die verschiedenen Lagen der Register nach der Höhe und Tiefe um etwa vier Oktaven erweitert. Neben oder über den Manualen befinden sich die Registerzüge, auch für mechanische Register (Tremulant, Zimbelstern u.a.), und die Koppeln. Mit Hilfe der letzteren lassen sich die Register eines Manuals auch von einem andern oder vom Pedal aus spielen. Pneumatische und elektrische Traktur brachten eine Reihe von Spielhilfen, die als Fußtritte oder Druckknöpfe u.ä. in Erscheinung treten: Registerzusammenstellungen in dynamischer Abstufung oder nach eigener Wahl (feste oder freie Kombinationen), den Registerschweller, mit dem sich die Register sukzessiv in gleitender Dynamik ein- und ausschalten lassen u.ä.; älter (schon um 1700 nachweisbar) ist der Schwelltritt, mittels dessen die Türen eines um das Schwellwerk gebauten Holzkastens in Bewegung gesetzt werden können; dadurch werden dynamische Veränderungen bewirkt. Im Prospekt stehen in durchbrochenen Feldern künstlerisch angeordnet die meist zum Hauptprinzipal der O. gehörigen Prospektpfeifen, unter ihnen nicht selten stumme, die nur der Dekoration, zur Herstellung der Symmetrie dienen. Große Pedalpfeifen bilden zuweilen als Pedaltürme die seitliche Begrenzung. Auf Schnitz- und Holzwerk hat man seit ca 1930 oft zugunsten einer freistehenden Anordnung der Pfeifen verzichtet. Doch kehrt man neuerdings u.a. auch aus klanglichen Gründen allgemein zum Gehäusebau zurück. Auch baut man oft wieder ein Rückpositiv (→ Positiv), dessen selbständige Aufstellung sich musikalisch vorteilhaft auswirkt und den Prospekt reizvoll gliedert.

2. Bereits im Altertum war die O. bekannt. Als Hydraulis (Wasser-O.), bei der Wasser zum Druckausgleich des durch eine Luftpumpe erzeugten Windes dient, ist sie mehrfach bezeugt. Nach Vitruv soll sie von Ktesibios aus Alexandria (3.Jh. vChr) erfunden worden sein. In das Abendland kam die O. im 8.Jh. über Byzanz (Schenkung einer O. von Kaiser Kopronymos an Pippin d. J. 757). Die Mönche des fränkischen Reiches widmeten sich von da an dem O.bau. 953 wird eine O. im Kölner Dom, 980 ein Werk mit 400 Pfeifen im Kloster Winchester erwähnt. Um 1300 hatten fast alle größeren Kirchen O.n. Außerhalb der Kirche war das Instrument bes. als → Positiv und als tragbares Portativ verbreitet. Die Erfindung des Pedals wird dem Brabanter Louis van Valbecke († 1318) zugeschrieben; gegen Ende des 13.Jh.s ermöglichte die Einführung der Springlade eine Scheidung des Pfeifenwerks in Register. Schleifladen und Zungenstimmen sind vom 15.Jh. an nachzuweisen. Während der Blütezeit des O.baus im 17. und 18.Jh. lassen sich hinsichtlich des verwirklichten Klangideals mehrere Typen unterscheiden. Niederländische und norddeutsche Meister wie der O.bauer E.Compenius und M. → Prätorius (um 1600) bevorzugten harte gegeneinandergesetzte, wenig verschmelzende Registerfarben. Werke ihrer Disposition eignen sich bes. für die Wiedergabe kontrapunktischer Musik. Die O.n der Bachzeit (zB der Brüder Silbermann) zeigen dagegen einen mehr einheitlichen, weicheren Klangfarbenkomplex. In spanischen und französischen O.n wurden solistische Rohrwerke, in Italien und Süddeutschland die Prinzipale und der Vollklang obertöniger Dispositionen gepflegt. Das 19.Jh. brachte die Kegellade (1842 von E. Walcker erfunden), die pneumatische und die elektrische Traktur und suchte die O. klanglich dem Orchesterideal der Romantik anzunähern. Dieser Entwicklung trat seit etwa 1920 die → Orgelbewegung mit dem Hinweis auf die Eigenständigkeit der O. und auf ihre große Tradition entgegen. Unter ihrem Einfluß werden heute wieder viele gut disponierte Werke, vorwiegend mit mechanischer Traktur und Schleifladen, gebaut. – Bedeutende *O.bauer* der älteren Zeit waren die Familie Antegnati, Antonius Wilde, Hans Scherer, Esajas Compenius, Arp Schnitger, Eugen Casparini, Michael Engler, Joseph Gabler, Gottfried und Andreas Silbermann, Henri Clicquot, Aristide Cavaillé-Coll. Größere deutsche O.bauanstalten der Gegenwart sind v.Beckerath, Förster und Nicolaus, Furtwängler und Hammer, Kemper, Klais, Ott, Späth, Steinmeyer, Walcker, Weigle.

3. Die Verwendung der O. im christlichen Gottesdienst setzt Zulassung der Instrumentalmusik voraus (Grundsätzliches hierzu s. → Liturgie: IV, 1, → Musik: I) und reicht sicher ins 1.Jt. zurück. Zwar sind die zweifellos bestehenden Beziehungen zwischen O. als Instrument und dem → Organum noch nicht aufgehellt, doch lassen die bisher frühesten Belege gottesdienstlichen O.spiels um 1300 (u.a. auch Dante, Purg. IX, 139-145) auf einen schon lange bestehenden Brauch schließen. So ist zB in Hamburg 1336 der Gebrauch der O. zum gregorianischen Choral bereits in vier Arten vorgeschrieben: 1. »in organis« (O. allein); 2. »in organis et per chorum cantando« (O. mit Chor); 3. »in organis et per chorum alternatim« (O. und Chor im Wechsel); 4. »sic quod ipsi [Einzelne] unum versum, chorus secundum et organa tertium versum alternatim decantant« (Solisten, Chor und O. im Wechsel [s. Pietzsch]). Die Überlieferung von O.musik setzt in Tabulaturbüchern (Griffschrift) mit Bearbeitungen vokaler Vorlagen durch C.Paumann (1410-73), P.Hofhaimer (1459-1537) und A.Schlick (um 1500) ein. Selbständige Stücke (→ Intonationen, Präambeln, Toccaten, Ricercare) schrieben seit ca 1550 u.a. A. → Gabrieli, Merulo und Cabezon. Im 17.Jh. fiel der O. im prot. Bereich mit der Begleitung des Gemeindegesangs eine Aufgabe von hoher Bedeutung zu, die ihr bis zur Gegenwart verblieben ist und deren in ältester Tradition wurzelnde Eigenart es heute zu erkennen und zu wahren gilt (→ Kirchenlied: II, 1. 4, → Kantional, → Choralbuch). Die innige Berührung der → Organisten mit dem ev. → Choral bewirkte alsbald eine Blütezeit der → Choralbearbeitung (O.choral, Choralvorspiel und -variation), bes. bei den Meistern der norddeutschen Schule wie → Scheidt, → Weckmann, → Tunder, → Buxtehude, → Pachelbel und → Bruhns. Ausgehend von → Sweelinck bildeten diese aber auch die freien, als Vor- oder Nachspiel dienenden oder zum → Kirchenkonzert bestimmten Gattungen (Phantasie, Präludium, Fuge) weiter. Gleichzeitig wirkten im kath. Süden Frescobaldi (Rom), Froberger, Kerll (Wien), in Frankreich Couperin, Titelouze, Le Bègue, Raison u.a.; ihrem Schaffen liegt weithin noch die → Orgelmesse zugrunde. Den Höhepunkt bilden die Werke von J.S. → Bach. In ihrer unbegreiflichen Vielgestalt blieben sie das Vor-

bild für das Schaffen der nachfolgenden Generationen, die für die O. nur wenig Beständiges hervorgebracht haben. Erst nach der Zeit der Wiener Klassik gaben F. → Mendelssohn, → Liszt, Schumann und → Brahms, in Frankreich etwa C. → Franck neue Anregungen. Nachdrückliche Wirkung hatten nach 1900 → Reger und, bes. als O.spieler und -lehrer, K. → Straube. Die zeitgenössische O.musik (→ Kaminski, J.N. → David, → Pepping, Raphael, Bornefeld, Reda; → Musik: VI) sucht die Satzart früherer Epochen mit den Klangvorstellungen des 20.Jh.s zu verbinden und neue Kräfte aus der Ursubstanz des Chorals zu schöpfen.

Quellenschriften: A.SCHLICK, Spiegel der O.macher u. Organisten, 1511 (Neudr. 1959) - M.PRÄTORIUS, De organographia, 1619 (Neudr. 1929) - M.MERSENNE, Harmonie universelle, 1636 - A.WERCKMEISTER, Erweiterte u. verbesserte O.probe, 1698 (Neudr. 1927) - J.ADLUNG, Musica mechanica organoedi I. II, 1768 (Neudr. 1931). - *O.-baulehren:* Dom F.BÉDOS DE CELLES, L'art du facteur d'orgues I-IV, 1766-78 (Neudr. 1934-36) - J.G.TÖPFER, Theorie u. Praxis des O.-baues I-IV, (1856) 1955ff [4–5]. - *Neuere Lit.:* E.J.HOPKINS-E.F.RIMBAULT, The Organ, (1855) 1887[5] - A.SCHWEITZER, Dt. u. franz. O.-baukunst, (1906) 1927[2] - L.BURGEMEISTER, Der O.bau in Schlesien, 1925 - E.FLADE. Der O.bauer G.Silbermann, (1926) 1953[2] - G. FROTSCHER, Die O., 1927 - DERS., Dt. O.dispositionen aus fünf Jh.en, 1939 - E.RUPP, Die Entwicklung der O.baukunst, 1929 - CHR.MAHRENHOLZ, Die O.register, (1930) 1942[2] - H.KLOTZ, Über die O.kunst der Gotik, der Renaissance u. des Barock, 1934 - DERS., Das Buch von der O., (1938) 1955[5] - W.KAUFMANN, Der O.prospekt, (1935) 1949[3] - N.DUFOURCQ, Esquisse d'une hist. de l'orgue en France, du XIIIe à la fin du XVIIIe siècle, 1935 - W. ELLERHORST, Hdb. der O.kunde, 1936 - A.MERKLIN, Aus Spaniens altem O.bau, 1939 - W.SUPPER-H.MEYER, Barock-O.n in Oberschwaben, 1941 - W.L.SUMNER, The Organ, (1952) 1955[2] - O. EBERSTALLER, O.n u. O.bauer in Österreich, 1955 - R.LUNELLI, Der O.bau in Italien in seinen Meisterwerken, 1956 - M.A.VENTE, Die Brabanter O., 1958. - *O.musik:* G.RIETSCHEL, Die Aufgabe der O. im Gottesdienst bis ins 18.Jh., 1893 - O.KINKELDEY, O. u. Klavier in der Musik des 16.Jh.s, 1910 - B.WEIGL, Hdb. der O.literatur, 1931 - G.WEHLE, Die O.improvisation, (1932) 1953[5] - G.FROTSCHER, Gesch. des O.spiels u. der O.komposition I. II, (1935/36) 1959[2] - G.PIETZSCH, O.spiel u. O.bauer in Speyer vor der Reformation (AfMw 14, 1957, 201-222). *S.Hermelink*

Orgelbewegung, Sammelbegriff für vielfältige Bestrebungen, die seit etwa 50 Jahren auf die Erneuerung der → Orgel-Baukunst nach den als vorbildlich erkannten Grundsätzen der Meister des 16.-18.Jh.s hinzielen. Eine erste Welle ging von A. → Schweitzer und E.Rupp aus, die um 1910 - in Abkehr von den Serieninstrumenten und Riesenorgeln der Jh.-Wende - die wertvollen Orgeln bes. aus dem 18.Jh. (Andreas Silbermann) zu erhalten suchten (Elsässische Orgelreform). Nachhaltigere Wirkung hatte die Entdeckung der norddeutschen Meisterwerke des Orgelbaus (zB von Arp Schnitger, Esajas Compenius, Gottfried Silbermann) durch H.H.Jahn, Chr. → Mahrenholz u.a. (seit 1920) und die Rekonstruktion einer Orgel nach Angaben von M. → Prätorius durch W.Gurlitt im Musikinstitut der Universität Freiburg. Unter Gurlitts Führung wurden auf mehreren Tagungen für deutsche Orgelkunst u.a. in Freiburg (1926) und Freiberg (1927) die Hauptanliegen und Richtlinien der O. ausgearbeitet, die sich heute weithin durchgesetzt haben, so bes. die Rückkehr zur Schleiflade mit mechanischer Traktur und die Bevorzugung mittelgroßer Werke mit klarem Registeraufbau. Nach 1945 hat die O. verschiedentlich auch im Ausland (Niederlande, Dänemark, zT auch USA) Widerhall gefunden und zur Gründung einer »Gesellschaft der Orgelfreunde« (Sitz Eßlingen) geführt.

A.SCHWEITZER, Dt. u. franz. Orgelbaukunst, 1906 - Bericht über die Freiburger Tagung für dt. Orgelkunst, hg.v. W.GURLITT, 1926 - Bericht über die 3. Tagung für dt. Orgelkunst in Freiberg, hg.v. CHR.MAHRENHOLZ, 1927 - Der Barock, seine Orgeln u. seine Musik in Oberschwaben. Zugleich der Bericht über die Tagung in Ochsenhausen 1951, hg.v. W.SUPPER, 1952. *S.Hermelink*

Orgelmesse nannte A.Schering (s. Lit.) den seit dem 14.Jh. belegten Gebrauch, im Gottesdienst die für die Sängerkapelle bestimmten mehrstimmigen Messevertonungen vorwiegend auf der → Orgel auszuführen, wobei nur der Cantus firmus (die gregorianische oder auch weltliche Weise mit dem liturgischen Text; → Messe: IV) vom Chor oder von Solisten vokal vorgetragen, oft genug aber auch ein ganzer Messesatz vom Organisten allein gespielt wurde. Die Verbreitung der O. spiegelt sich in den überlieferten Sammelwerken mit Orgelmusik, die häufig, in romanischen Ländern bis ins 18.Jh., nach den Hauptstücken des Ordinariums gegliedert sind. - Nicht sehr glücklich hat man neuerdings auch J.S. → Bachs große Choralbearbeitungen über sechs »Katechismusgesänge« Luthers (gedr. 1739 als »III. Teil der Klavierübung«) mit O. bezeichnet: Die einleitenden monumentalen Kompositionen über Kyrie- und Gloriaweisen wahren zwar den Zusammenhang des Werks mit der Tradition; dieses ist aber nicht mehr als liturgische Gebrauchsmusik, sondern »den Liebhabern und bes. den Kennern von dergleichen Arbeit zur Gemütsergötzung verfertigt«.

A.SCHERING, Die niederländ. O. im Zeitalter des Josquin, 1912. *S.Hermelink*

Orient, Vorderer, *Mission im V.O.* (M. = Mission; vgl. auch → Islam: II. III, → Orthodoxe Kirche: IV, → Mission und Evangelisation, → Proselytismus). Im folgenden wird nur die Entwicklung nach dem 1.Weltkrieg (vgl. RGG² IV, 761ff) berücksichtigt. - Nach der Dezimierung der Armenier durch Tod oder Auswanderung (→ Armenien: II. III) erhob sich für den American Board (→ Vereinigte Staaten: V) die Frage, ob seine intensive Arbeit in der → Türkei (: II) überhaupt fortgeführt werden sollte. 1923 wurde entschieden, dort zu bleiben und unter den Muslim weiter zu arbeiten. - 1914 wurde die Organisation Near Eastern Relief für armenische Flüchtlinge gegründet. Die Fürsorge wurde allmählich auch auf andere Flüchtlinge ausgedehnt. Wenn diese Organisation auch nicht von M.sgesellschaften gegründet worden war, so war sie doch zweifellos von diesen angeregt. Neben ihr arbeitete u.a. die Dr. → Lepsius-Deutsche-Orient-Mission.

In den 20er Jahren begannen eine Reihe von Gemeinschaftsunternehmungen. 1924 wurde der *Near East Christian Council* gegründet. Seine Aufgabe bestand in der Förderung engerer missionarischer Zusammenarbeit. Leider wurde in den ersten Jahren kein Versuch unternommen, mit den orth. Kirchen zusammenzukommen. Die Mitgliedsgruppen des Rates erstrecken sich von Marokko bis zum Iran und von der Türkei bis zum → Sudan. Im und nach dem 2. Weltkrieg war die Verbindung zwischen den einzelnen Gebieten schwierig. Nach der Gründung des Staates Israel wurde die Zusammenarbeit zwischen den Kirchen und M.en in den arabischen Ländern und in Israel unmöglich. - Seit 1945 sind die Arbeitsgebiete des Rates gewachsen, und er hat in vielen Gebieten die Führung übernommen. 1958 wurde er umorganisiert mit dem Ziel, die Mitarbeit der Orthodoxen zu gewinnen. Gegenwärtig gehören ihm elf Kirchen an, u.a. das Syrisch-Orth. Patriarchat. Dazu gehören ebenfalls vier regionale Räte: United Christian Council of South West Asia (früher United Missionary Council of Syria and Palestine, der heute den Libanon, Syrien und Jordanien umfaßt), Egypt Inter-M. Council, North Sudan Christian Council und Church Council of Iran. In → Nordafrika (: III), → Äthiopien (: V), Griechenland, Irak, → Arabien (: II) und in der Türkei bestehen keine Regionalräte; die Mitgliedsräte des Near East Christian Council können allerdings für diese Gebiete je einen Delegierten wählen. Eine wichtige Entwicklung zeichnet sich im 1920 gebildeten Egypt Inter-M. Council ab; er befindet sich auf dem Wege zu einem Kirchenrat. - 1924 wurde die United M. in Mesopotamia gegründet (heute United M. in Iraq). Sie entstand aus dem Zusammenschluß der M.en der Ref. Kirche in Amerika, der (Vereinigten) Presbyterianischen Kirche in den USA und der ev. und ref. Kirche (USA). Diese M. arbeitet in Bagdad und dem nördlichen Irak. 1956 trat ihr die M. der (südlichen) Presbyterianischen Kirche (US) bei.

1917 schuf die röm.-kath. Kirche die Kongregation für orientalische Kirchen, um ihre Tätigkeit im V.O. zu beleben. Dadurch wurde das Gefühl der Zusammengehörigkeit zwischen den mit Rom → Unierten Kirchen und den Lateinern gestärkt.

Die Sorge um die Ausbildung von M.aren im V.O. kam in der Gründung der Newman-M.sschule in Jerusalem (1928) zum Ausdruck. Sie bestand bis 1948, als im Waffenstillstand ihr Grundstück an Israel fiel. Augenblicklich benützen die Schweden die Gebäude der Schule als judaistisches Institut. - 1933 wurde in Beirut die Near East School of Theology eröffnet. Hier arbeiten die Armenische Ev. Kirche, die Ev. Synode Syriens und des Libanon, der Arab Evangelical Episcopal Council, der American Board und die Vereinigten Presbyterianer (USA) zusammen.

1924 fanden Regionalkonferenzen in Ägypten, Syrien und Algerien statt, auf denen die Arbeit unter Muslim neu angelegt wurde. 1924 folgte in Jerusalem eine allgemeine Konferenz für die gesamte islamische Welt, 1928 die Weltmissionskonferenz des → Internationalen Missions-Rates (, 6). - Gleichzeitig fanden im kirchlichen Leben einige wichtige Ereignisse statt. 1924 wurde die Syrische Ev. Kirche synodal geordnet, 1925 die Episcopal Church in Egypt gegründet. 1926 erlangte die ev. Kirche in Ägypten (heute Koptische Ev. Kirche genannt) ihre Selbstverwaltung und die Möglichkeit des Selbstunterhalts.

Nach dem 2. Weltkrieg kam es zu ständig wachsenden Spannungen zwischen Arabern und Juden, schließlich 1947 zur Teilung → Palästinas (: II) durch die UN und 1948 zur Gründung des Staates → Israel (: III). Diese Ereignisse brachten neue Probleme mit sich, und zwar nicht nur für die in diesem Gebiet arbeitenden M.sgruppen, sondern auch für die alten Kirchen. Die orth., röm.-kath. und prot. Kirchen erlitten Eigentumsverluste, viele ihrer Mitglieder wurden Flüchtlinge, die Gemeinden zerstreuten sich. Gesellschaften, die unter den Arabern arbeiteten, stellten plötzlich fest, daß sich ihre Mitarbeiter und ihr Besitz in Israel befanden, andere, die unter den Juden arbeiteten, hatten ihre Mitarbeiter und ihren Besitz jetzt auf arabischem Gebiet. Während des 2. Weltkrieges übernahm der Bischof im Iran die Aufsicht über die → Christoffel Blindenmission in Isfahan, unterstützt vom Fonds für die verwaisten M.en des Internationalen M.s-Rates.

Nach 1945 war die Church Missionary Society (CMS) aus finanziellen Gründen zur Aufgabe eines Teiles ihrer Arbeit gezwungen. Während der Suez-Krise (1957) mußten M.are der CMS, der Egypt General M., der Nile M. Press und der Church M. to the Jews Ägypten verlassen. Die Egypt General M. wurde in die Middle East General M. umgewandelt. Einige ihrer Mitarbeiter dienen jetzt bei der Ev. M. im Libanon (früher Britisch-Syrische M.), andere arbeiten in Eritrea. Die Nile M. Press ging nach Beirut. Britische M.are der Jerusalem und der East M. wurden vorübergehend aus Jordanien abgezogen, konnten jedoch bald zurückkehren. 1955 wurde in Beirut eine bedeutsame Konferenz der arabischen Kirchenführer abgehalten. Sie stand unter dem Thema: »Christus ruft die Kirchen des V.O.s zu M. und Einheit.« Seit 1956 leitet Dr. Kenneth Cragg ein Institut für islamische Studien im V.O., das vom Near East Christian Council gefördert wird. - 1951 und 1956 hielten der Ökumenische Rat der Kirchen und der Internationale M.s-Rat in Beirut Konferenzen zur Minderung und Lösung der arabischen Flüchtlingsprobleme ab. Der Near East Christian Council schuf einen Ausschuß für arabische Flüchtlinge, der gute Arbeit leistete und von der Abteilung für zwischenkirchliche Hilfe und Flüchtlingsdienst im Ökumenischen Rat sowie von Kirchen in Europa, England und Amerika unterstützt wird. - Der CVJM in Jordanien richtete in Jericho die erste Lagerschule ein und hat auch in anderen Lagern Berufsschulen geschaffen und für Freizeitgestaltung Mittel bereitgestellt. Der CVJF organisiert hilfreiche Programme für Mädchen. Der → Lutherische Weltbund hat großen Anteil an der Flüchtlingsarbeit; er unterhielt u.a. das Auguste-Viktoria-Krankenhaus auf dem Ölberg.

Nach der Gründung des Staates Israel begannen viele Gruppen, die sich bes. den Juden verpflichtet wissen, dort eine neue Arbeit. Darunter sind einige sehr kleine M.en mit manchmal nur einem Mitarbeiter. M.are, die unter europäischen Juden arbeiteten, folgten diesen nach Israel. Es wird unter den verschiedensten Sprachgruppen gearbeitet. 1957 wurde der United Christian Council in Israel gegründet, in dem sich etwa 18 Gruppen, die unter Juden und Arabern arbeiteten, zusammenschlossen. Die Aussichten für die künftige Stärke der israelischen und arabischen Christen liegen wahrscheinlich in ihrer Fähigkeit, in diesem Rat zusammenzuarbeiten. - Die Koptische Ev. Kirche in → Ägypten (: V) ist die kräftigste und größte unter den prot. Gemeinschaften. 1957 sandte sie die erste arabische M.sfamilie nach dem südlichen Sudan. - 1958 wurde Najib Atallah Cub'ain als erster arabischer Bischof der Episcopal Church in the Middle East in Jerusalem geweiht. Er ist Bischof von Jordanien, Libanon und Syrien. Ein Jahr vorher wurde A.Campbell MacInnes zum Erzbischof von Jerusalem geweiht; gleichzeitig wurde das erste Erzbistum der anglikanischen Kirche im V.O. errichtet. - Die der Vereinigten Presbyterianischen Kirche in den USA angehörenden M.are machen die Hälfte des gesamten M.spersonals im V.O. aus. Sie konzentrieren sich immer mehr auf die Arbeit unter Muslim und wollen eine bessere Zusammenarbeit mit den Orthodoxen erreichen. An einer 1959 auf Initiative der Vereinigten Presbyterianischen Kirche (USA) einberufenen Studientagung in Asmara (Äthiopien) nahmen Einheimische und M.are der christlichen Kirchen im islamischen Gebiet von Algerien bis zu den Philippinen teil. Mehrere maßgebliche Orthodoxe gehörten zu den Gästen.

Trotz dieser vergleichsweise günstigen Entwicklungen muß man sagen, daß die wichtigsten kirchlichen und missionarischen Aufgaben im V.O. überhaupt erst noch in Angriff genommen werden müssen.

LATOURETTE VII, 255ff - S.A.MORRISON, The Churches of the Near East and the World Council of Churches (ER 1, 1948, 277-284) - DERS., Working together: Near East, London 1955 - R.FOLEY, Song of the Arab, New York 1953 - P.KAWERAU, Amerika u. die oriental. Kirchen, 1958 (Lit.) - WChH. - Vgl. die Lit. zu den im Text genannten Artikeln.

G.M.Wysner

Orientalische Nationalkirchen *(morgenländische N.)* nennt man im Gegensatz zur → Orthodoxen Kirche diejenigen kirchlichen Gemeinschaften, die sich von der byzantinischen »Reichskirche« (→ Byzanz: II) lösten, weil sie die Entscheidung der Konzile von → Ephesus 431, von → Chalcedon 451 oder des Trullanums 680/92 nicht anerkannten (→ Christologie: II, 5). Freilich war ihre theologische Überzeugung nicht der alleinige Grund der Trennung: dazu kamen nationale Gegensätze zu den Griechen, gelegentlich auch verletzter Stolz darüber, daß man auf einem Konzil nicht durchgedrungen war (zB die ägypt. Kirche in Chalcedon 451). Über weitere besondere Voraussetzungen s. → Syrien: III. IV. Es gelang der oström. Kirche nicht, den Gegensatz, der sich hier auftat, zu überbrücken. Der antibyzantinische Affekt des 5. und 6.Jh.s hat dem → Islam seinen Sieg erleichtert und die eigene Position verhärtet. Natürlich sah man sich selbst als »rechtgläubig« (also »orthodox«) an. Noch heute nennen sich viele monophysitische Kirchen »orthodox«. Nur die Nestorianer waren, auf persischem Staatsgebiet lebend, byzantinischen Einigungsversuchen dauernd entzogen. – Zu den O.n N. gehören: die → *Nestorianer* (s. auch → Assyrische Kirche); weiter die *Monophysiten:* Armenier (→ Armenien: II), Syrer (→ Jakobiten), Ägypter (→ Kopten) und Äthiopier (→ Äthiopien: III), ferner seit 1665 ein großer Teil der Thomaschristen (zum Patriarchat Antiochien; → Indien: IV, 1); endlich die aus dem *Monotheletismus* hervorgegangenen → Maroniten. Von all diesen Kirchen haben sich größere oder kleinere Gruppen der Union mit Rom zugewandt (→ Unierte Kirchen); die Maroniten sind restlos uniert. Daneben hat auch der Protestantismus (verschiedener Denominationen) vielfach Einfluß gewonnen. – Die Gesamtseelenzahl der O.n N. wird bei 15 Mill. liegen. Für alle Einzelheiten vgl. die Sonderartikel.

M. Le Quien, Oriens Christianus, (Paris 1740) Graz 1958² (dazu E.Honigmann in: Traditio 5, 1947, 135-161) – A.Fortescue, The lesser Eastern Churches, London 1913 – F.Heiler, Urkirche u. Ostkirche, 1937 – B.Spuler, Die Gegenwartslage der Ostkirchen, 1948 – Ders. in: HO VIII/2, 1960 – D.Attwater, The Christian Churches of the East II, 1948 – H.Musset, Hist. du Christianisme spécialement en Orient I-III, Harissa-Liban 1948-49 – W.de Vries SJ, Der christl. Osten, 1951 – R.Janin, Les églises orientales ..., Paris 1955⁴ – A. Fattal, Le statut légal des non-musulmans en pays d'Islam, Beirut 1958. – *Dogmatik:* M.Jugie SJ, Theologia dogmatica christianorum orientalium V: ...Nestoriani et Monophysitae, Paris 1935 – M.Gordillo SJ, Compendium Theologiae Orientalis, Rom (1936) 1950³ – N.Ladomerszky, Theologia Orientalis, Rom 1953 – B.Emmi, Introduzione alla teologia Orientale, Rom 1958. – *Laufende Berichterstattung:* B.Spuler in IKZ (halbjährlich seit 1939); Het Christelijke Oosten en Hereniging (Nimwegen, seit 1948); Le Proche-Orient Chrétien (Jerusalem, seit 1951); L'Orient Syrien (Paris, seit 1956). – Vgl. ferner die Lit. zu den genannten Kirchen u. zu →Unierte Kirchen.

B.Spuler

Orientation

1. Im außerchristlichen Bereich – 2. In der christlichen Kirche

1. O. wird in doppelter Bedeutung benutzt: a) spezifisch und wörtlich als *Richtung nach Osten* (Sonnenaufgang) oder anderen bestimmten Himmelsgegenden bei Leichen oder Gräbern (→ Begräbnis: I, → Grab), Kultbauten (→ Tempel: I) und Kulthandlungen (→ Gebet: I, 6 a); b) allgemein als *Ausdruck der kosmischen → Ordnung,* wonach alles in der Welt seine bestimmte Stellung und Richtung im Kosmos hat (→ Weltbild) und die irdischen und menschlichen Dinge Entsprechungen oder Widerspiegelungen der himmlischen oder göttlichen, ebenso orientierten Vorbilder sind (→ Makrokosmos). Belege für diese beiden Betrachtungsweisen, die von der Bedeutung des → Symbolismus zeugen, lassen sich unschwer sowohl bei → Natur- und alten Kulturvölkern wie auch im vorgeschichtlichen Bereich finden. Ein Zwischenglied zwischen O. in der ersten und zweiten Bedeutung schon unter a) wie zwischen a) und b) ist die Bedeutung des Westens (Sonnenuntergang) als Gegenpol des Ostens.

a) Schon für die vorgeschichtliche Zeit wurde durch → Ausgrabungen (: I) O. festgestellt. In einem so begrenzten Gebiet wie dem zwischen Saale und mittlerer Elbe haben ca 600 Gräber aus Neolithikum und früher Bronzezeit eine genaue O., weitere 300 eine ungefähre. Die O.sregeln wechseln hier so regelmäßig bei verschiedenen Kulturen, daß die O. ein wichtiges Kriterium für deren Unterscheidung ist. Der Unterschied zwischen Achsen- und Blickrichtung ist nicht zu übersehen; letztere ist für die O. maßgebend. Nord, Ost und Süd kommen in dem erwähnten Gebiet gleich häufig vor, Blickrichtung nach Westen ist dagegen sehr selten. In der Schnurkeramik u.a. ist die O. auch geschlechtlich (→ Geschlechtliches) bedingt: die Männer liegen rechts, die Frauen links, beide nach Süden blickend. Die Deutung des vorgeschichtlichen Materials ist von althistorischen und ethnologischen Analogien abhängig. Allgemeine Schlußfolgerungen sind jedoch gefährlich, weil die lokalen Verhältnisse, Sitten und Vorstellungen auch auf diesen Gebieten sehr wechselhaft sind. In der ägyptischen Vorzeit (→ Ägypten: II) liegt der Leichnam meist auf der linken Seite mit dem Kopf nach Süden, so daß der Tote nach Westen blickt, wo sich das Totenland (→ Tod: I) befindet. Mit Beibehaltung der Achsenrichtung Nord-Süd, aber mit dem Haupt nach Norden, haben die Toten des Alten Reiches ihr Antlitz nach Osten. Da diese Umlagerung vor der Umgestaltung des Jenseitsglaubens (→ Eschatologie: I) durch den Sonnenkultus stattfand, bestreitet Junker ihren Zusammenhang mit der → Sonne. Er meint statt dessen, die Blickrichtung hänge mit dem Wunsch zusammen, den Toten in Richtung auf die das Totenopfer (→ Totenverehrung: I) darbietenden Nachlebenden blicken zu lassen. Weil die Nekropolen im Alten Reich vom Ost- auf das Westufer des → Nils verlegt werden, kommen jetzt die Opfernden vom Tal im Osten. Unbestreitbar ist aber, daß später der Re-Glaube dieser O. nach Osten einen tieferen Sinn gegeben hat. Seit der Verwendung von menschenähnlichen Särgen werden die Mumien im Neueren Reich auf den Rücken gelegt; die Ostung geht mit der Achsenrichtung Nord-Süd verloren, wird aber durch Bettung des Toten in der Richtung West-Ost mit dem Kopf im Westen wiederhergestellt.

b) Für die Bedeutung der O. im allgemeinen Sinne haben verschiedene universal eingestellte Forscher (zB M.Mauss) und Spezialisten (vgl. etwa → Amerikanistik) reiches Material geliefert. In seiner letzten Vorlesungsreihe »Jeux et cosmologie dans l'Amérique Indienne: les Pueblos« (1940) hob Mauss hervor, bei diesen → Indianern sei alles orientiert, hierarchisiert und klassifiziert in Götter, Totems, Gebiete, → Gemeinschaften, → Geheimbünde und priesterliche Bruderschaften. Ein weiteres Beispiel aus der Geschichte der → Mongolen: In der Verfassung der nomadischen Imperien spielten »die O., der Anspruch auf die universelle Weltherrschaft sowie die Doppelteilung des Territoriums und der darin nomadisierenden Stämme eine grundlegende Rolle« (Pritsak 376). Im Gegensatz zu den Chinesen, die eine Süd-O. hatten, entwickelten die ihnen feindlichen Nomaden die entgegengesetzte O. Die → Farben-Symbole blieben aber dieselben: Norden = schwarz, Osten = blau, Westen = weiß, Süden = rot. Schwarz (türkisch qara) ist demgemäß ein von selbstbewußten Stämmen angeeignetes Herrscherattribut und ein Ehrentitel (= »Groß-, Haupt-«); die Untertanen sind »die Weißen«, weil – bei Blickrichtung nach Norden – östlich = rechts im Range höher ist als westlich = links (→ Links und rechts). Wie überall, wenn es sich um O.

handelt, können aber auch hier das System und die Regeln wechseln oder verschoben werden. - Vgl. → Kreis, → Kreuz: I, → Labyrinth, → Nabel.

RGG^2 IV, 778ff - M.Eliade, Le mythe de l'éternel retour, Paris 1949; dt. 1953 - Ders., Das Heilige u. das Profane, 1957 - G.A.Reichard, Navaho Religion (Bollingen Series XVIII), New York 1950 (s. Reg.) - RAC II, 429ff - B.Polak, A-t-on réussi à résoudre le problème de l'O. des bâtiments religieux de l'Ancienne Egypte? (ArOr 20, 1952, 620-625) - RÄRG 564 - U.Fischer, Die O. der Toten in den neolithischen Kulturen des Saalegebietes (Jahresschrift f. mitteldt. Vorgesch. 37, 1953, 49-66) - O.Pritsak, O. u. Farbensymbolik (Saeculum 5, 1954, 376-383). *C.-M.Edsman*

2. Die alte Kirche nahm die in fremden Religionen (s. 1) weitverbreitete *Gebetswendung* nach der Sonne bzw. nach dem Osten auf. Begründet wird dies damit, daß Christus gegen Osten (Ölberg) in den Himmel gefahren sei und von dort wiederkommen werde (zB Tertullian, Adv. nat. I, 13; Clemens von Alex., Strom. VII, 7 n. 43). Im Osten lokalisierte man ferner das Paradies, aus dem der Mensch vertrieben wurde und wonach er sich im Gebet sehnend ausstreckt (zB Apost. Konstitutionen II, 57; Gregor von Nyssa, De orat. Domin., orat. 5). Auch wurde Christus als Sol Invictus, Sonne der Auferstehung (Clemens von Alex., Protrep. VIII, 84, 1f) und als Sol Salutis bezeichnet (vgl. Dölger). - Von hier aus ergibt sich die *Orientierung der Kirchengebäude*. Zahlreiche → Basiliken sind nach Osten gerichtet, entweder so, daß der → Altar (: III A, 4) im Osten dem Eingang gegenüber liegt, oder in umgekehrter Anordnung (zB viele Kirchen in Rom), wo der Priester hinter dem Altar stehend gegen Osten blickt. Tatsächlich sind häufig die Richtungsachsen verschoben, was außer auf geländemäßigen Bedingtheiten auf dem im Jahreswechsel verschiedenen Sonnenstand beruhen mag. - Im *Eisenacher Regulativ* von 1861 (→ Kirchenbau: V, 1) wird die Idee der O. wieder aufgenommen in dem Sinn, daß der Altarraum gegen Sonnenaufgang liegen soll. Neuerdings wird die Gebets- wie Gebäude-O. wieder gefordert, aber in theologisch kaum ernst zu nehmender Weise.

H.Nissen, O., 3 Tle, 1906-10 - F.Heiler, Das Gebet, (1918) 1923^5, 135ff - F.Dölger, Sol Salutis, (1920) 1925^2 - E.Peterson, Zur Gebetsostung (JLW 4, 1924, 168-169) - LThK VII, 826ff - G.Kunze, Lehre, Gottesdienst, Kirchenbau in ihrer gegenseitigen Beziehung, 1949. *F.Merkel*

Orient-Rom-Frage, *kunstgeschichtlich*. Das mit der → Romantik vermehrte Interesse, bes. aber die in der 2. Hälfte des 19.Jh.s einsetzende Begegnung Europas mit dem Nahen Osten förderte zunehmend die Erforschung der Kunstdenkmäler des O.s (→Ausgrabungen: IV). Diese Erweiterung des Horizonts hatte für das Verständnis der spätantik-frühchristlichen und mittelalterlichen Kunst entscheidende Bedeutung. Schon 1879 hatte Bayet den O. als den gebenden Teil bezeichnet, bis schließlich Strzygowski die völlige Überlegenheit des Ostens zu erweisen versuchte. Nach anfänglicher Wertung des östlichen Mittelmeergebietes und seiner Hinterländer als der schöpferischen Zentren verschob sich Strzygowskis Wertung in betontem Antihumanismus immer weiter nach Osten zugunsten eines »reinen O.s«, der nicht durch »Rom« oder den »Hellenismus« in seinem Ausdruck gehindert war, über Armenien und Iran nach Zentralasien, als der Wiege der Kultur. Dagegen war für Riegl noch in der spätrömischen Kunst das griechische als das schöpferische Element lebendig. Andere Forscher sahen im östlichen »Hellenismus« eine kontinuierliche, schöpferische Kraft, die vor allem von den Metropolen Alexandria und Antiochia aus wirkte und schließlich, bis tief in das MA, in Byzanz wirksam und lebendig wurde und von dort aus wiederum auf die abendländisch-mittelalterliche Kunst einwirkte (»byzantinische Frage«). - Eine extrem entgegengesetzte Richtung vertrat bes. Wilpert, der mit jedem Mittel einen Primat Roms über den Osten zu verteidigen suchte; doch wurde sein Standpunkt keineswegs von allen kath. Forschern geteilt. In der Architekturforschung nahm Rivoira einen ähnlichen Standpunkt ein. - Die heute noch nicht ganz verstummte Polemik hat nicht immer die objektive Erkenntnis gefördert, zumal sie häufig durch weltanschauliche, konfessionelle oder nationale Standpunkte bestimmt war. Die außerordentliche Vermehrung des Materials aus der Spätantike in Ost und West und die systematische Erforschung der künstlerischen Hinterlassenschaft in den letzten Jahrzehnten haben zu einem ruhigeren Abwägen der Fakten erheblich beigetragen, so daß die extremen Hypothesen (zB von Bettini und Swift) beträchtlich an Rückhalt verloren. Gegenüber den vermeintlichen oder wirklichen Prioritäten hat sich das Interesse eher für die strukturellen Unterschiede zwischen einer östlichen und westlichen Kunst vermehrt, andererseits wird die Rolle Konstantinopels als Kunstzentrum (→ Byzantinische Kunst) immer deutlicher.

Ch.Bayet, Recherches pour servir à l'hist. de la peinture et de la sculpture en O., 1879 - D.Ainalov, Hellenist. Grundlagen der byz. Kunst (russ.), 1900 - J.Strzygowski, O. oder Rom, 1901 - Ders., Baukunst d. Armenier u. Europa I. II, 1918 - Ders., Asiens bildende Kunst in Stichproben, 1930 - A.Riegl, Spätröm. Kunstindustrie, 1901 - G.T.Rivoira, Origini dell' Architettura lombarda I. II, Rom 1901/07 - O.M.Dalton, Byz. Art and Archaeology, 1911 - Ders., East Christian Art, 1925 - O.Wulff, Altchristl. u. byz. Kunst I. II, 1914/24 - Ch.Diehl, Manuel d'art byzantin, (1918) 1925/26^2 - J.Wilpert, Erlebnisse u. Ergebnisse im Dienste der christl. Archäologie, 1930 - E.Wiegand, Bull. Inst. Bulg. 10, 1936, 145ff - J.Kollwitz, Oströmn. Plastik d. theodosian. Zeit, 1941 - G.Rodenwaldt, RM 58, 1943, 1ff - Ch.R.Morey, Early Christian Art, 1943 - A.Grabar, Martyrium I. II, 1946 - S.Bettini, L'architettura di S. Marco, 1946 - J.B.Ward-Perkins, The Italian Element in Late Roman Architecture, 1948 - O.Demus, Mosaics of Norman Sicily, 1949 - E.H.Swift, Roman Sources of Christian Art, 1951 - F.W.Deichmann, Studien z. Architektur Konstantinopels, 1956 - E.Kitzinger in: Berichte zum XI. Int. Byzantinisten-Kongr. (1958) IV/1, 1958, bes. 33ff - O.Demus, ebd IV/2, 33ff. *F.W.Deichmann*

Origenes (185-254)

1. Leben und Schriften - 2. Theologie. - Vgl. → Origenistische Streitigkeiten

1. Die meisten Nachrichten über das Leben des O. finden sich im 6. Buch der KG des → Eusebius. O. (= Sohn des Horus), außerdem Adamantius geheißen, ist 185, wohl in Alexandria, geboren. Sein Vater, der Elementarlehrer Leonides, gab ihm den ersten wissenschaftlichen und biblischen Unterricht; später soll O. auch Schüler des → Clemens gewesen sein. 202 wurde Leonides Märtyrer; der 17jährige O. ließ sich kaum vom Martyrium zurückhalten. Da die Familie in Not geriet, wurde er von einer vermögenden Dame aufgenommen, die er bald wieder verließ, weil sie einen Gnostiker protegierte. Er schlug den Beruf des Vaters ein und verdiente sich selbst sein Brot, nahm sich aber außerdem seit 203 (noch während der Verfolgung) der seit dem Fortgang des Clemens brachliegenden Unterweisung der Gebildeten im Christentum mutig und erfolgreich an, kaum im Auftrag des Bischofs → Demetrius, da die offizielle Katechetenschule wohl noch gar nicht bestand (vgl. M.Hornschuh, ZKG 71, 1960, 1-25). Jugendlicher Übereifer und situationsbedingte Kampfstimmung mögen ihn in einen Radikalismus hineingetrieben haben. Bibelstudium und Pflege der heidnischen Bildung erschienen ihm nicht mehr miteinander vereinbar. O. gab den grammatischen Unterricht auf, verkaufte seine Bibliothek gegen eine Rente, die ihm das Existenzminimum sichern sollte, und

begann ein Leben schärfster Askese, mit der auch seine später von ihm als Irrweg beurteilte Selbstkastration (nach Mt 19, 12) gewiß zusammenhängt. Die asketische Grundhaltung hat er später gemildert und zur heidnischen Bildung wieder ein positiveres Verhältnis eingenommen. Da O. einsah, daß er mit seinem bisherigen Rüstzeug weder den Gnostikern noch den heidnischen Philosophen wirklich gewachsen sei, entschloß er sich um 210/12, die gnostischen Systeme genauer zu studieren und sich vor allem eine gründliche philosophische Ausbildung bei dem platonisierenden Pythagoreer → Ammonius zu verschaffen. O. lernte hier seinen künftigen Mitarbeiter und Rivalen Heraklas kennen (Hugo Koch, ZNW 27, 1926, 278ff) und stieg selbst in den Kreis der engsten Schüler auf, denen Ammonius Einblick in die sonst geheimgehaltenen Teile seiner esoterischen Lehre gewährte. Außer O. scheint diese Ehre nur Erennius und später → Plotin widerfahren zu sein (vgl. Porphyrius, Vita Plotini 3, 24ff; 14, 20ff Henry. Die von Hal Koch, Cadiou und Hanson vertretene Identität des Christen O. mit dem Platoniker O. ist neuerdings wieder von H.Dörrie [Hermes 83, 1955, 468ff] bestritten worden, obwohl sie eindeutig aus den Worten des Porphyrius bei Eus. h. e. VI, 19, 5-8 hervorgeht). Dem Heraklas überließ O. etwa 212 die Anfänger seiner theologischen Kurse; er selbst behielt sich die Fortgeschrittenen vor.

Zwischen 212 und 222 muß O. sich die Grundzüge seines theologischen Systems erarbeitet haben, das sich dann nur noch in Einzelheiten verändert hat. Auch mit der Hexapla hat er damals begonnen; durch diese kritische Ausgabe des AT (→ Bibelübersetzungen: I, 3) wollte er eine gesicherte Grundlage für die Auseinandersetzungen mit den jüdischen Exegeten herstellen. Seit etwa 222 sind die zahlreichen Schriften des O. entstanden, von denen nur ein Bruchteil (zT auch nur in Übersetzungen oder kürzeren Fragmenten) erhalten ist. Ursprünglich sollen etwa 2000 »Bücher« vorhanden gewesen sein; bei Hieronymus (ep. 33) ist ein Teilkatalog überliefert (abgedr. bei A.Harnack, Gesch. der altchristl. Lit. II/2, 1904, 37ff). O. wurde von seinem Mäzen Ambrosius (einem von ihm bekehrten Valentinianer) mit einer ganzen Schar von Tachygraphen und Kopisten ausgestattet, die seine Vorträge und Diktate aufzunehmen hatten, und bes. zur Veröffentlichung seiner Schriftkommentare gedrängt. Bis zu seinem Fortgang aus Alexandria hat er u.a. Stromateis (Erstlingsschrift), »Über die Auferstehung« und sein Hauptwerk Περὶ ἀρχῶν (lat.: De principiis) geschrieben. Zwischendurch begann er mit der Abfassung seiner großen, in Cäsarea fortgesetzten Kommentare zu Pss, Gen und Joh. O. bevorzugt die allegorische → Schriftauslegung (: IV) und wendet sie auch auf das NT an. Vom Johannes-Kommentar, der sich fortlaufend mit der Erklärung des Valentinianers → Herakleon auseinandersetzt, sind große Teile (im Urtext) erhalten. Die Hauptschrift, die man als erste christliche Dogmatik anzusehen pflegt, enthält den Aufriß seines Systems. Ihr Titel (»Von den ersten Dingen«) ist analogen Werken heidnischer Platoniker nachgebildet. Als Ganzes ist dieses kühnste Werk des O. nur in der lat. Übersetzung des → Rufinus überliefert, der alle Heterodoxien zu tilgen sucht. Als Korrektur dienen einige auch im Urtext erhaltene Abschnitte und ein lat. Florileg der anstößigsten Stellen aus der Feder des → Hieronymus.

O. war viel auf Reisen, die sich mit seiner wachsenden Berühmtheit mehrten und immer ausgedehnter wurden. Daran nahm Bischof Demetrius Anstoß, der sich als kirchlichen Vorgesetzten des O. betrachtete und dem es wohl bes. mißfiel, daß dessen Ruf sich auch in anderen Kirchenprovinzen verbreitete und daß man O. dort als eine Lehrautorität zu betrachten begann. Die erste Maßregelung erfolgte 215, als O. nach → Cäsarea (, 1) reiste und ihn der dortige Bischof Theoktistus im Gemeindegottesdienst predigen ließ, was Demetrius monierte, weil O. nicht Presbyter sei. Als dieser 230/31 in Cäsarea zum Presbyter geweiht wurde (hinter dieser Weihe scheint auch der bes. angesehene Bischof → Alexander von Jerusalem gestanden zu haben), drückte Demetrius in der ägyptischen Kirche die Ausweisung des O. und die Aberkennung seiner Presbyterwürde durch, offenbar mit der Begründung, daß ein Eunuch (nach den at. Kultvorschriften) nicht zum Priester geweiht werden könne. Das Urteil, das wohl auch die Lehre des O. angriff, wurde den übrigen Kirchenprovinzen mitgeteilt, deren Bischöfe dem Demetrius bis auf Palästina, Phönizien, Arabien und Achaja zustimmten. Heraklas, der zunächst die Position des O. übernahm und bald darauf Amtsnachfolger des Demetrius wurde, wiederholte als Bischof die Verbannung und Absetzung des O.

O. siedelte 231/32 nach Cäsarea über, wo seine Lehrtätigkeit zur größten Entfaltung kam. Eine ganze Generation von Theologen ist hier durch seine Schule gegangen. Die faszinierende Wirkung des gefeierten Lehrers auf seine Schüler und der Gang seines Unterrichts werden von → Gregorius Thaumaturgus, der 5 Jahre bei O. studierte, in einer beim Abschied (243 ?) gehaltenen Dankrede geschildert. Der Zyklus begann mit einer Werbung für die (christliche) Philosophie, führte über die Logik, Dialektik, Physik (= Kosmologie und Anthropologie), Geometrie, Arithmetik, Astronomie und Ethik zur Theologie (= Gotteslehre im engeren Sinn) und mündete in die Schriftexegese aus. Auch die Schriften der Dichter und Philosophen wurden (abgesehen von den Skeptikern und Epikureern) eingehend herangezogen. O. ist der erste uns bekannte Christ, der den kompletten heidnisch-philosophischen Studienbetrieb auf die theologische Ausbildung anwandte. - Auch in Cäsarea wurde seine Lehrtätigkeit durch Reisen und auswärtige Aufenthalte unterbrochen. Mehrfach holte man O. zur Widerlegung von Häretikern, die sich seinen Argumenten meistens beugten (zB der Adoptianer → Beryllus von Bostra). Das Protokoll einer derartigen Disputation, aus dem seine souveräne Überlegenheit eindrucksvoll hervorgeht, befindet sich unter den Papyrusfunden von Tura (Dialog mit Heraklides). Bei weitem die meisten Werke des O. sind in dieser 2. Lebensperiode verfaßt. Ganz in der Ursprache erhalten sind die Schriften »Über das Gebet« (232/34), »Ermunterung zum Martyrium« (235 während der Verfolgung unter Maximinus Thrax geschrieben) und die umfangreiche Apologie »Gegen → Celsus« (248). Von den nur fragmentarisch oder nicht griechisch erhaltenen Schriften sind die zwischen 240 und 249 verfaßten Kommentare zum Hhld (zT von Rufin übers.), Röm (von Rufin übers., ein Teil des Urtextes in den Tura-Funden) und MtEv (griech. und lat. Teile) bes. erwähnenswert. Das → Hohelied (: II) scheint O. als erster auf das Verhältnis der Einzelseele zum Logos bezogen zu haben. Seit etwa 246 hat man auch seine Predigten nachgeschrieben, von den erhaltenen sind relativ wenige griechisch (bes. die Jer-Homilien) überliefert. Sie enthalten in erbaulicher Form die gleiche Theologie wie die gelehrten Schriften (Hal Koch).

Nach dem Zeugnis von → Porphyrius und Longinus hat O. zwei philosophische Schriften, angeblich als einzige Werke, verfaßt (Vita Plot. 3, 24ff; 20, 36ff Henry), die von christlicher Seite nicht bezeugt sind. Aber es ist begreiflich, daß die christlichen Schriften des O. von den heidnischen Platonikern und die rein philosophischen Werke von den Christen nicht gerechnet wurden (Hanson). Die Themen der beiden (verlorenen) Schriften sind uns auch aus seinen christlichen Werken als Lieblingsthemen des O. bekannt. Die erste (244/49 geschrieben) handelte »Von den Dämonen« (dh vom Kampf der guten und bösen Mächte, wie man aus Proclus, in Tim. Bd 1 S. 76, 30ff Diehl ersieht; auch die anderen, im Timäuskommentar des Proclus gebrachten Scholien hängen vielleicht mit dieser Schrift zusammen). Die zweite (frühestens 253 geschrieben) behandelte das Thema »Daß der König« (dh der oberste Gott) »allein Schöpfer ist«. Auch das, was → Proclus (in Plat. theol. 2, 1 S. 90f Portus) über die Abweichungen des O. von der Gotteslehre Plotins sagt und was offenbar aus dieser Schrift entnommen ist, fügt sich sehr gut mit allem zusammen, was wir aus den christlichen Schriften über die Gotteslehre des O. wissen. – Während der Decischen Verfolgung (249/50) wurde O. gefangengesetzt und tagelang grausam gefoltert, ohne daß man seinen Widerstand brechen konnte. † 254, wahrscheinlich in Tyrus.

2. Eine zuverlässige Rekonstruktion der *Theologie* des O. ist nur auf Grund der griechisch überlieferten Schriften möglich, wird aber abgesehen von der Lückenhaftigkeit der Überlieferung auch durch O. selbst erschwert, der seine kühnsten Lehren zu verschleiern pflegt.

Gott (→ Gott: V, 5) ist nicht anthropomorph, sondern ganz körperloser »Geist«, womöglich noch vollkommener als »Geist« und »Sein«, aber persönlich und begrenzt (sonst könnte er sich nicht erkennen und nicht Schöpfer sein); dem Vielen gegenüber ist er »in jeder Hinsicht einfach und eins«, dem Gewordenen gegenüber der einzige »Ungewordene« (ἀγένητος) oder »Ungezeugte« (ἀγέννητος), wegen seiner absoluten Vollkommenheit »der Gute« (oder »das Gute«), aber als solcher auch gütig und trotz seiner völligen Autarkie »Vater« und »Schöpfer«, um andere an seiner Vollkommenheit teilhaben zu lassen. Gott muß schon von jeher Geschöpfe gehabt haben, weil es mit seiner Vollkommenheit unvereinbar wäre, wenn er erst später Vater und Schöpfer geworden wäre. Gottes Allmacht ist durch seine Vollkommenheit begrenzt. Es gibt zwei grundsätzlich verschiedene Bereiche der → *Schöpfung:* a) Die geistige Welt (νοητὸς κόσμος) ist ursprünglich, von ewiger Dauer und gliedert sich in den Sohn, den hl. Geist und die übrigen Vernunftwesen. b) Die körperliche Welt (αἰσθητὸς κόσμος) ist aus dem Nichts geschaffen und von zeitlich begrenzter Dauer; ihre Entstehung ist durch den Fall der Logika veranlaßt.

»Rangältester von allen Geschöpfen« (vgl. Spr 8, 22) ist der ewig »aus dem Willen« (nicht »aus dem Wesen«) des Vaters gezeugte *Sohn* (→ Sohn Gottes: III), das Urbild aller weiteren Gottessöhne und daher »von Natur Sohn Gottes«, aber dem Vater nur »gleich« im Sinne von ähnlich (ὅμοιος, vgl. Princ. IV, 4, 1; die bei Rufin und in den Katenen überlieferten ὁμοούσιος-Stellen sind gefälscht). Vater und Sohn verhalten sich zueinander wie Licht und Schein oder Quelle und Fluß, aber der Sohn ist als das »Abbild« (Kol 1, 15) geringer (vgl. Joh 14, 28) als »Gott selbst«, an dessen Gottheit er nur teilhat und dem er als »der zweite Gott« in jeder Hinsicht subordiniert ist. Als Mittler aller weiteren Geschöpfe bildet er den Übergang von der Ureinheit zur Vielheit. In ihm entfaltet sich die widergespiegelte Einheit Gottes zur Mannigfaltigkeit der Ideenwelt und damit zur Grundlage für die Schöpfung, Erleuchtung und Erlösung der weiteren Kreaturen, nämlich einerseits zum Urbild aller einzelnen Tugenden und Fähigkeiten (der Sohn als »die Weisheit«, »die Wahrheit«, »die Gerechtigkeit«, »der Logos«, »das Leben«, »die Erlösung« usw), anderseits zum System der theoretischen Ideen, einer Universalwissenschaft, die zugleich als gedankliche Grundlage der körperlichen Weltschöpfung dient. Unter den Eigenschaften des Sohnes dominieren »Weisheit« und »Logos«; als Weisheit ist er der Schau des Vaters hingegeben, die ihm als geistige Nahrung dient, als Logos das Organ der weiteren Schöpfertätigkeit und der erlösenden Wirksamkeit Gottes: durch den Sohn und nach dem Muster des Sohnes wird alles weitere gestaltet.

Der *hl.* → *Geist* (: V, 1) geht (offenbar ewig) aus dem Sohn hervor, dem er an Fähigkeiten unterlegen ist. Seine Funktionen erstrecken sich auch nur auf die Heiligung und Erleuchtung, so daß nur »die Heiligen« (die Glieder der Kirche im Himmel und auf Erden) an ihm Anteil haben (am Logos dagegen alle Vernunftwesen); ausnahmsweise hat der hl. Geist auch einige heidnische Philosophen (zB Plato) inspiriert, aber nur vorübergehend. Er verbindet die Heiligen mit dem Sohn und untereinander zur Einheit und bietet ihnen gleichsam den »Grundstoff« (ὕλη), also das (völlig immaterielle) geistige Fluidum dar, aus dem die von Gott durch den Logos verliehenen Charismen bestehen (Joh.-Komm. II, 10 S. 65, 26ff Preuschen, vgl. 1Kor 12, 4-6), den Gegenpol zur irdischen Stofflichkeit.

Die → *Trinität* (: III) besteht also aus »3 Hypostasen« (= 3 wirklich existierenden Wesen), die auch hinsichtlich ihres »Seins« (οὐσία) oder ihrer »Natur« (φύσις) verschieden (weil einander subordiniert) sind. Vater und Sohn sind »2 Götter« (von der Gottheit des hl. Geistes pflegt der echte O. nicht zu sprechen, obgleich er sie vorauszusetzen scheint), können aber, da sie »eines Willens« sind, auch als »*ein* Gott« betrachtet werden, ähnlich wie der Sohn und die Gerechten (nach 1Kor 6, 17) trotz ihrer verschiedenen Natur »*ein* Geist« sind. Sohn und hl. Geist werden von O. mit den obersten Engelwesen (Seraphim Jes 6, 2 oder Cherubim Ez 1 und 10) gleichgesetzt. Eigentlicher Gegenstand der Anbetung soll nur der Vater sein, alle Gebete sind aber »durch den Sohn« (als Hohenpriester) an ihn zu richten.

Auch die *übrigen Vernunftwesen* (λογικά) gehen (offenbar ewig) aus dem Logos hervor, werden mit der Trinität zu den »ersten Dingen« (ἀρχαί) gerechnet und sind »mit Gott verwandt«, aber dem hl. Geist wegen ihrer Vielzahl subordiniert. Nach dem Vorbild des Logos (der selbst das »Bild Gottes« Gen 1, 26f ist) hat Gott so viele Logika erschaffen, wie er mit seiner (notwendig begrenzten) Vorsehung regieren kann. Alle Logika (Engel, Menschen und Dämonen) sind von gleicher Natur, ihre Unterschiede sind erst durch den Fall entstanden. Während Sohn und hl. Geist nicht sündigen können, konnte Gott die erst an zweiter Stelle aus dem Logos hervorgehende Vielzahl der Logika nicht so vollkommen schaffen. Er stand vor der Wahl, ihnen entweder gar keinen freien Willen zu geben oder die Möglichkeit ihres Falls in Kauf zu nehmen, und zog das letztere vor, wird sie aber schließlich (nach vielen Rückschlägen und beinahe unübersehbaren Zeitläuften) durch die Kunst seiner Pädagogik doch noch dahin bringen, daß sie dem Guten beständig anhängen. Gottes Pädagogik und der freie Wille der Logika, den Gott nur durch Erziehung fördern und nicht durch Zwang vergewaltigen darf, sind (nach Hal Koch) die eigentlichen Pole des origenistischen Systems.

Im *Urstand* waren alle Logika körperlose Geister (λόγοι oder νόες) und als solche »Götter«, die dem Logos als Trabanten anhingen, mit ihm durch den hl. Geist zur Einheit (ἑνάς oder μονάς) verbunden waren und sich mit ihm der unmittelbaren Schau des Vaters hingaben. Erlahmung der geistigen Schwungkraft und Überdruß an der Gottschau führten zum Sündenfall (dh zur Abkehr der Logika von Gott), zur Verwandlung der abgekühlten Geister in Seelen (ψυχαί, von ἀποψύχειν abgeleitet) und zum Zerfall der ursprünglichen Einheit mit dem Logos in eine ungleichmäßige Vielheit. Um die Auseinanderstrebenden wenigstens äußerlich zusammenzuhalten, in eine gewisse Ordnung zu bringen und ihnen die Möglichkeit einer Läuterung zu geben, schuf Gott (durch den Logos) mit einem Schlage (die 6 Schöpfungstage werden als Weltperioden verstanden) aus dem Nichts das *körperliche*, aus wandelbarem Stoff (ὕλη) bestehende *Weltall*, in dessen Stockwerken die Abgefallenen nach ihrer Würdigkeit untergebracht und inkorporiert werden: die nur wenig Gefallenen als Engel in den oberen, ätherischen Himmelssphären, die am tiefsten Gefallenen als Dämonen in der finsteren Luft und die mittlere Klasse als Menschen auf der grobmateriellen Erde, wo sie den Versuchungen der Dämonen bes. ausgesetzt sind und sich entweder bewähren oder nach Herzenslust sündigen können. Engel und Dämonen ringen hier um ihre Seele. Zu den Engeln, die ätherische, nicht anthropomorphe Körper tragen, gehören auch die Gestirne; die Dämonen haben finstere, luftartige Leiber und werden vom → Teufel (: III), dem zuerst abgefallenen Logikon, angeführt. Die Weltstimmung des O. schwankt zwischen gnostischer Weltverneinung (→ Gnosis: I, 2 c; III, 2 b) und griechischer bzw. kirchlicher Weltbejahung (der Kosmos ein Abbild der Ideenwelt, seine Harmonie und Ordnung ein Zeichen der Vorsehung, Übel und Böses sind der Bewährung dienlich).

Weil der vernünftige Kern der Seele unzerstörbar, die Sehnsucht nach Gott unverlierbar und die → Sünde (: V) als »Nichtseiendes« keine eigene Existenz hat, muß das Gute sich schließlich in allen Logika, sogar im Teufel, wieder durchsetzen. Auch das Sich-Austoben muß schließlich zum Überdruß und zur Umkehr führen, so daß eine *»Wiederherstellung aller«* (ἀποκατάστασις [πάντων], vgl. Apg 3, 21; → Wiederbringung) eintreten muß. Wenn alle geläutert sind, wird die sichtbare Welt wieder aufgelöst und die körperlose, göttliche Existenz des Urstandes wiederhergestellt werden. Freilich würde die vollkommene Läuterung der Logika kaum jemals bei allen gleichzeitig eintreten oder doch unendlich lange auf sich warten lassen, wenn Gottes Pädagogik nicht nachhelfen würde: a) durch das *Läuterungsfeuer* im Hades, das die Bibel aus pädagogischen Gründen als ewige Verdammung erscheinen läßt, das aber tatsächlich in einer zeitlich begrenzten, qualvollen Gewissenspein besteht. b) Alle Logika werden am Ende jeder Weltperiode einem ähnlich gearteten *Weltgericht* unterworfen, wobei einem jeden alle begangenen Sünden schlagartig ins Bewußtsein gerufen werden. c) Der Logos führt zu Beginn jeder neuen Weltperiode eine Neugestaltung des ganzen Kosmos durch, eingeleitet durch eine Flut- oder Brandkatastrophe (Plato und 2Petr 3, 5-7). Dabei findet eine Neuverteilung der Logika auf Grund ihrer bisherigen Führung statt. O. scheint 6 Weltperioden (περίοδοι, αἰῶνες oder κόσμοι) bis zur Apokatastasis anzunehmen. Den 7. Tag des Schöpfungsberichts bezieht er auf den Heilsstand nach der Apokatastasis.

Bei jeder Versetzung der Seele in eine neue Sphäre wird auch der Leib der neuen Sphäre angepaßt. Von der pythagoreischen → *Seelenwanderungs-Lehre* (μετενσωμάτωσις) grenzt sich O. einmal dadurch ab, daß er nur *eine* Inkorporation (ἐνσωμάτωσις) nach dem Fall und bloße Verwandlungen eines wenigstens im Grunde gleichbleibenden Leibes lehrt. Dabei unterscheidet er aristotelisch zwischen der bleibenden individuellen »Form« (εἶδος) und dem wechselnden »Stoff« und biblisch zwischen dem Saatkorn und der daraus wachsenden Ähre (1Kor 15, 35 ff) oder dem »Zelt« und dessen Überkleidung mit verschiedenen »Häusern« (2Kor 5, 1 ff). Ferner bestreitet O., daß Vernunftseelen sich in Tier- oder Pflanzenseelen verwandeln. Doch scheint er trotzdem nicht nur anfänglich (Princ. I, 8, 4?), sondern auch später (vgl. c. Cels. I, 33 Anf.) vorauszusetzen, daß moralisch vertierte Seelen in Tierleiber geraten können. Mit Hilfe seiner Seelenwanderungslehre kann O. die scheinbaren Ungerechtigkeiten der Vorsehung als Vergeltung für das frühere Verhalten der Seele erklären, also eine recht glatte Lösung der in der damaligen Philosophie bes. lebhaft diskutierten → *Theodizee-Probleme* geben (Hal Koch). Auch die *Auferstehungslehre* begründet er von seiner Seelenwanderungslehre aus, indem er unter »Auferstehung« primär die innere, in der Apokatastasis gipfelnde Umkehr und erst in zweiter Linie die leibliche Auferstehung begreift, diese der inneren parallel gehen und in Etappen (Heiligung des irdischen Leibes, Neuüberkleidung mit einem ätherischen Leib am Ende der Weltperiode bei der Versetzung unter die Engel) erfolgen läßt, die mit der gänzlichen Wiederauflösung des stofflichen Leibes bei der Apokatastasis endigen.

Als Peripetie des Läuterungswerkes sieht O. die *Inkarnation und Wiederauffahrt des Logos* an. Dieser kann sich nur indirekt über den präexistenten Jesus inkarnieren, der als einziger von allen Logika ungefallen, immer als »Gott« und körperloser Geist (λόγος) im Urstand verblieben und daher mit dem Logos selbst in einzigartiger Weise geeint ist. Seiner Natur nach den übrigen Logika völlig gleich, aber nach seiner Haltung von allen verschieden ist er von Ewigkeit her schon das, wozu die übrigen erst erzogen werden müssen. Erst wenn ihm alle gleichgestaltet sind, vollendet sich Christus nach seiner menschlichen Natur, die eigentlich nicht nur aus Jesus, sondern aus allen Logika bestehen soll. (Die → *Christologie* [: II, 2 d] des O. ist dyophysitisch, aber in ihrem Anliegen monophysitisch.) - Der mit dem Logos geeinte Jesus steigt freiwillig aus seiner göttlichen Allgegenwart in die psychische und leibliche Beschränkung herab, bis zur Überkleidung mit einem reinen Fleischesleib aus der Jungfrau, der aber doketische Züge trägt. Jesus ist leidens- und sterbensfähig, aber dem Tode nicht unterworfen, muß sich daher selbst den Tod geben, indem er seinen Leib am Kreuz verläßt, nimmt nach der Hadesfahrt wieder von diesem Besitz und fährt, von Engelscharen und den befreiten Hadesbewohnern begleitet, im Triumph durch die Tore der Himmelssphären auf (Ps 24!), den Rückweg nach oben wieder öffnend und seinen Leib von Stufe zu Stufe verklärend, bis zum Wiedereintritt in die körperlose Allgegenwart. Seine Auferstehung setzt sich in derjenigen der → Kirche (: III, 2 c), seines eigentlichen Leibes, fort, so daß sie erst mit der Apokatastasis endet. Christi Wiederkunft ist ein inneres, nur für Geist und Gewissen spürbares Ereignis und mit den Weltgerichten am Ende dieser und der nächsten Weltperiode identisch. Das letztere fällt mit der Apokatastasis zusammen. - Jesus hat sein Erlösungswerk in allen Sphären vollbracht und ist den Menschen ein Mensch, den Verstorbenen (im Hades) ein Verstorbener und den Engeln (bei der Wiederauffahrt) ein Engel geworden. Dabei hat er alle durch Lehre und Vorbild in der für sie passenden Weise über Gott und den Rückweg zu Gott unterwiesen. Bei den Menschen geschah dies exoterisch für die breite Menge und esoterisch für den engeren Kreis der Jünger. Jesu exoterische Lehre setzt sich in der kirchlichen Predigt fort, hat sich in einem Siegeszug ohnegleichen über den Erdkreis verbreitet und die Völker moralisch gebessert. (Die Ethik Jesu ist mit dem richtig verstandenen Naturrecht identisch.) Jesu esoterische Lehre setzt sich in der Lehre des O. und seinesgleichen fort und nimmt die himmlische Form des Christentums so weit wie möglich voraus. – Jesus hat ferner die Macht der Dämonen in allen Sphären erschüttert, ihre Herrschaft auf Erden durch die Berufung der Heidenvölker ins Wanken gebracht, durch seinen (von O. in erster Linie als Prototyp des Märtyrertodes verstandenen) Kreuzestod die Entscheidungsschlacht gegen den Teufel geschlagen und nachher das besiegte Dämonenheer in den Hades eingeschlossen, aber auch bei den Engeln ein analoges Reinigungswerk vollbracht, indem er die verkappten Dämonen aus dem Himmel heraustrieb.

Auch in der *hl. Schrift* (→ Hermeneutik, 2 c) hat sich der Logos gleichsam inkarniert. Ihr buchstäblicher Sinn entspricht der menschlichen, ihr pneumatisch-anagogischer der göttlichen Natur Christi (→ Geist und Buchstabe, 2 a). Der pneumatische Ausleger hat die Aufgabe, das durch den Buchstaben verhüllte, aber vom Logos gemeinte System der Wahrheit zu entdecken, das mit dem Logos selbst identisch ist. AT und NT sind völlig gleichrangig, die Apostel haben an esoterischer Erkenntnis nichts vor Moses und den anderen Propheten vorausgehabt.

Den Abschluß der Inkarnation des Logos bildet dessen *Einwohnung in der Seele der einzelnen Logika,* wo er zuerst nach seiner menschlichen und dann nach seiner göttlichen Natur einzieht; nur nach der ersteren in den »Unmündigen« oder »Einfältigeren«, die beim »bloßen Glauben« stehenbleiben, sich an die exoterische Lehre klammern und als »Knechte« Gottes nur aus Furcht vor Strafe handeln; nach seiner göttlichen Natur in den wenigen »Vollkommeneren« oder »Vollkommenen«, die O. auch wohl »Pneumatiker« (ganz selten »Gnostiker«) nennt. Sie bedürfen des Inkarnierten und Gekreuzigten eigentlich nicht mehr, sondern halten sich an den Logos selbst. Sie sind die »eigentlichen Söhne Gottes«, leben »engelgleich« als Asketen und streben danach, Gott ähnlich zu werden (ὁμοίωσις θεῷ). Im *inneren Aufschwung* nehmen sie den Weg bis zur Apokatastasis schon voraus, lassen dann (zB beim Gebet) ihren Leib hinter sich und streifen sogar das Psychische ab, weil sie sich von Gottes Herrlichkeit überströmt und in dieselbe verwandelt fühlen. Völker nimmt wohl mit Recht *mystische Erfahrungen* bei O. an, übersieht jedoch, daß O. Gegner der Ekstase ist (Puech) und daß diese »Mystik« mit der theologischen Spekulation des O. zusammenhängt, der in der spekulativen oder exegetischen Erleuchtung (2Kor 3, 18) ganz ähnliche Erlebnisse hat (vgl. Joh.-Komm. XIII, 42 S. 268, 15ff Preuschen). Seine Lehre hat in manchen Einzelheiten (zB Christus als Seelenbräutigam, seine Geburt in der Seele, die 5 geistlichen Sinne) auf die spätere → Mystik (: V. VI) eingewirkt. Für die Mystik und Mönchsfrömmigkeit der Ostkirche sind seine spiritualistische → Anthropologie (: III, 1) und seine Lehre vom inneren Wiederaufstieg (hauptsächlich vermittelt durch die 3 Kappadozier und → Evagrius Ponticus) grundlegend geworden.

Die *Gnadenlehre* des O. ist synergistisch. Zwar sind alle Geschöpfe ganz auf Gott angewiesen, eigene Anstrengungen werden durch seine Gnade weit überwogen. Aber die Vorsehung hat alle Regungen des freien Willens von Ewigkeit her vorausgesehen und eingeplant, und sie werden gerecht vergolten. Die → *Sakramente* stehen bei O. nicht im Vordergrund des Interesses. Er bestreitet ihre sakramentale Wirkung nicht (was zB aus der Anerkennung der Kindertaufe hervorgeht), obwohl er zur symbolischen Auffassung neigt. Aber er sieht in ihnen nur eine Vorstufe höherer, unmittelbarer Wirkungen des Logos und des hl. Geistes. Die Wassertaufe wird nur als Anfang der Reinigung aufgefaßt, ihr folgen die mit ihr nicht unbedingt verknüpfte, hauptsächlich in der Heiligung bestehende Geistestaufe und noch höhere »Taufen« im Jenseits (→ Taufe: III). In der Eucharistie sieht O. eine Vorstufe der geistigen, nicht an den äußeren Sakramentsempfang gebundenen Speisung durch den Logos selbst (→ Abendmahl: II, 1 a).

Da Gott dem freien Willen immer Spielraum läßt, rechnet O. mit *Wiederholungen des Falls,* die natürlich auch Wiederholungen der körperlichen Weltschöpfung und des ganzen Läuterungswerkes zur Folge haben. Vermutlich soll sich auch die Inkarnation Jesu dabei in irgendeiner Form wiederholen. Trotz seiner Beeinflussung durch die antike Kreislauftheorie nimmt O. aber keine endlosen Wiederholungen von Fall und Apokatastasis an. Denn 1. ist es Einzelnen möglich, endgültig über die Sünde zu triumphieren und überhaupt nicht wieder zu fallen (Joh.-Komm. X, 42 S. 220, 32ff Preuschen). Das Logikon kann sogar die Fähigkeit zum Sündigen verlieren (Dial. S. 170. 172 Scherer). O. scheint zu erwarten, daß schon beim nächsten Fall nicht mehr alle abfallen (Joh.-Komm., ebd S. 219f) und daß die Zahl der Abfallenden bei jedem Fall geringer wird. – 2. würde der ewige Kreislauf eine endlose (wenn auch durch Zwischenräume unterbrochene) Dauer der veränderlichen Körperwelt bedeuten, die nach O. unmöglich ist, weil sie von der Vorsehung nicht überblickt werden könnte (Mt.-Komm. XIII, 1 Bd 1, 176 Klostermann). Die Reihe der Apokatastaseis muß also in eine endgültige Apokatastasis ausmünden. Nicht der Kreislauf, sondern die → Eschatologie (: V, 2 c γ) behält das letzte Wort.

O. hat vielerlei mit dem *Mittleren* → *Platonismus* (weniger mit dem → Neuplatonismus) gemeinsam, hält aber die heidnische Philosophie für »menschliche Weisheit«, die nur zur Schulung des Denkens unentbehrlich ist und deren richtige Lehren viel vollständiger in der Bibel enthalten sind. Ebenso breit sind seine *Berührungen mit der* → *Gnosis* (: III), obwohl O. alle außerkirchlichen Gnostiker als »Häretiker« betrachtet, weil sie den höchsten Gott nicht für den Weltschöpfer und Gott des AT halten. Er will also auf dem Boden der Kirche stehen, die er gegen alle Angriffe der Heiden, Juden und Häretiker verteidigt. Zu den *kirchlichen Zügen* seiner Theologie gehört sein Schöpferglaube und das Bewußtsein der Geborgenheit bei dem Lenker und Erhalter aller Dinge, der strafend erzieht, aber auch rettet und trägt und selbst den Verlorenen nachgeht. Im Zentrum seiner Frömmigkeit ist O. durch den Psalter mitgeprägt. Freilich sieht er das »kirchliche Kerygma« als bloße Elementarlehre (στοιχεῖα) an, über die der Tieferdringende hinauskommen muß. Darum läßt sich O. weder als Vertreter des Mittleren Platonismus (Hal Koch) noch als Gnostiker (Jonas) noch als Vertreter der kirchlichen Lehre (zB Lieske, Crouzel) begreifen, noch als ein Exponent all dieser Größen zusammen (wobei die kirchliche Schicht wohl als tragend anzusehen ist: Urs v. Balthasar, Daniélou), sondern nur als ein eigenständiger christlicher Denker, der alles Empfangene in die Geschlossenheit seines Systems überführt. Als Denker von Rang, den führenden Geistern seiner Zeit ebenbürtig, konnte O. seinen Schülern die Überzeugung einpflanzen, daß das Christentum wirklich jeder anderen Philosophie überlegen sei. Die von ihm geleistete Denkarbeit und die in seinen Kommentaren aufgespeicherte Gelehrsamkeit waren so außergewöhnlich, daß die wenigsten kirchlichen Theologen der nächsten Generationen, sofern sie etwas auf ihre Bildung hielten, ganz ohne O. auskamen, obwohl auch die größten Verehrer seine Lehre nicht ohne Abstriche übernehmen konnten. Von besonderer Bedeutung für die weitere Theologiegeschichte ist sein Einfluß auf die 3 Kappadozier im Osten (→ Basilius d. Gr., → Gregor von Nazianz und von Nyssa) und auf → Ambrosius und → Hieronymus im Westen geworden.

Werke: GAn: CH. DE LA RUE, 4 Bde, 1733-59; MPG 11-17; C.H.E.LOMMATZSCH, 25 Bde, 1831-48; GCS, bisher 12 Bde, 1899ff. - Hexapla: F.FIELD, 2 Bde, 1871/75. - Philocalia: J.A.ROBINSON, 1893. - Papyrusfund v. Tura: J.SCHERER, Entretien d'O. avec Héraclide, Kairo 1949 - DERS., Extraits des livres 1 et 2 du »Contre Celse«, ebd 1956 - DERS., Le commentaire d'O. sur Rom. 3, 5 - 5, 7, ebd 1957. Zur allg. Orientierung: H.C.PUECH, RHPhR 31, 1951, 293-329. Zum Disput m. Heraklides: L.FRÜCHTEL, ThLZ 75, 1950, 504-506; B.CAPELLE, JEH 2, 1951, 143-157; G.KRETSCHMAR, ZThK 50, 1953, 258-279. - *Übers.:* BKV², 3 Bde, 1926/27; SC, bisher 5 Bde, 1944ff; H.U.v.BALTHASAR, Geist u. Feuer (Anthologie), 1951²; L.OULTON-H.CHADWICK, Alexandrian Christianity (Exhort., De orat., Disp. c. Heraclide m. Komm.), 1954; G.W.BUTTERWORTH (De princ.), 1936; H.CHADWICK (c. Cels. m. Komm.), 1953. - *Gesamtdarst.:* E.R.REDEPENNING, 2 Bde, 1841/46 - E.DE FAYE, 3 Bde, 1923-28 - R.CADIOU, La jeunesse d'O., 1935 - W.R.INGE, 1946 - J.DANIÉLOU, 1948. - *Artikel:* RGG² IV, 780ff (A.v.HARNACK) - DThC XI/2, 1489ff (G.BARDY) - PW XVIII/1, 1036ff (HAL KOCH). 1033ff (der Neuplatoniker O.; R.BEUTLER). - *Monogr.:* P.D.HUET, Origeniana, 1668 (abgedr. in MPG 17, 633ff) - A.v.HARNACK, Der kirchengeschichtl. Ertrag der exeget. Arbeiten des O., 1920 - A.MIURA-STANGE, Celsus u. O., 1926 - C.VERFAILLIE, Doctrine de la justification dans O., Thèse 1926 - J.RIVIÈRE, Dogme de la rédemption, 1931, 165ff - W.VÖLKER, Das Vollkommenheitsideal des O., 1931 - HAL KOCH, Pronoia u. Paideusis. Studien über O. u. sein Verhältnis z. Platonismus, 1932 - E.MERSCH, Corps mystique du Christ I, 1936², 282ff - J.GROSS, Divinisation du chrétien d'après les pères grecs, 1938 - A.LIESKE, Die Theol. der Logosmystik bei O., 1938 - E.MOLLAND, The Conception of the Gospel in Alexandrian Theology, 1938, 85ff - L.GRIMMELT, Die Eucharistiefeier nach O. (Diss. Münster), 1942 - E.T.BETTENCOURT, Doctrina ascetica Origenis, 1945 - E.F.LATKO, O.'s Concept of Penance (Diss. Univ. Laval-Quebec), 1949 - H. KARPP, Probleme altkirchl. Anthropologie, 1950, 186ff - H.DE LUBAC, Hist. et esprit. L'intelligence de l'écriture d'après O., 1950 - F.BERTRAND, Mystique de Jésus chez O., 1951 - C.V.HARRIS, O.'s Interpretation of the Teacher's Function (Diss. Duke-Univ.), 1952 - H.MERKI, Homoiosis theo, 1952 - V.E.HASLER, Gesetz u. Evangelium in d. alten Kirche bis O., 1953 - H.JONAS, Gnosis u. spätantiker Geist II/1, 1954, 171ff - R.P.C.HANSON, O.'s Doctrine of Tradition, 1954 - DERS., Allegory and Event. O.'s Interpretation of Scripture, 1959 - C.ANDRESEN, Logos u. Nomos, 1955 - H.CROUZEL, Théologie de l'image de Dieu chez O., 1956 - G.KRETSCHMAR, Studien z. frühchristl. Trinitätstheol., 1956, 62ff - H.U.v.BALTHASAR, Parole et mystère chez O., 1957 - E.FITZGERALD, Christ and the Prophets. O.'s Teaching on the Economy, 1957 - R.M.GRANT, The Letter and the Spirit, 1957, 90ff - H.T.KERR, The first systematic Theologian O., 1958 - G.TEICHTWEIER, Die Sündenlehre des O., 1958 - F.FAESSLER, Der Hagiosbegriff bei O., 1958. - Für weitere Lit., bes. in Zs.en, vgl. QUASTEN II, 37ff - ALTANER § 40 - BPatr Iff. *F.H.Kettler*

Origenistische Streitigkeiten. Bis gegen Ende des 4.Jh.s war → Origenes (O.) bei den geistig führenden Theologen hoch angesehen. Auch in Alexandria, wo nacheinander → Dionysius (, 2), → Theognost, → Pierius und → Didymus als seine Schüler lehrten und → Athanasius sich auf ihn berief, war sein Ansehen wiederhergestellt. Mit der fortschreitenden Verfestigung der kirchlichen Lehre mußten aber die Grenzen seiner dogmatischen Zuverlässigkeit immer fühlbarer werden. Schon gegen Ende des 3.Jh.s schrieben → Petrus von Alexandria und → Methodius, wenn auch noch respektvoll, gegen die spiritualisierende Präexistenz- und Auferstehungslehre des O., was den → Pamphilus zu einer von → Eusebius (, 2) vollendeten Apologie des O. veranlaßte. Um 358 ehrten → Basilius und → Gregor von Nazianz das Andenken des O. durch die Philokalie, eine Blütenlese aus seinen Werken. Nach dem Sieg des Homoousios (→ Arianischer Streit, → Christologie: II, 3) mußte auch seine subordinierende Trinitätslehre häretisch erscheinen. Die Kampagne gegen ihn wurde durch → Epiphanius eröffnet, der um 375 im Panarion (haer. 64) eine lange Liste von Irrtümern des O. zusammenstellte und diesen als Erzketzer stempelte. Seit 393 agitierte er gegen alle origenistisch Gesinnten in Palästina, bes. gegen → Rufinus und Johannes von Jerusalem, während → Hieronymus gleich umschwenkte und sich dadurch mit seinem Freund Rufin verfeindete. Eine 397 durch Timotheus von Alexandria gestiftete Versöhnung hielt nicht lange, weil der in den Westen zurückgekehrte Rufin 398 Peri archōn übersetzte, dabei alle Irrtümer des O. (als vermeintliche Interpolationen von Häretikern) zu emendieren suchte und in der Vorrede auf die frühere O.-Verehrung des Hieronymus anspielte, der im Übersetzen und Emendieren von O. sein Meister sei. Hieronymus antwortete mit einer (verlorenen) wortgetreuen Gegenübersetzung und intrigierte heftig, woraus sich ein erbitterter literarischer Zweikampf entwickelte (401/02). Außerdem überwarf sich Timotheus mit Origenisten in Ägypten. Um gegen diese einschreiten zu können und von antiorigenistischen Mönchsscharen gedrängt, ließ er die Schriften des O. auf einer Synode verdammen (400). Papst → Anastasius I. tat auf sein Betreiben das gleiche, ein kaiserliches Edikt verbot die Lektüre des O. Aber Rufin, dem die politischen Wirren zu Hilfe kamen, ließ sich in der Übersetzung weiterer Schriften des O. nicht stören. Die aus Ägypten verjagten Gegner des Timotheus flüchteten sich zu → Chrysostomus, was dessen Sturz (404) mitverursachte. Eine origenistische Bewegung in den Sabas-Klöstern südl. von Jerusalem, die in → Leontius von Byzanz und Theodorus Askidas Exponenten am Hofe hatte, führte 543 (auf Betreiben des Patriarchen → Menas von Konstantinopel, der Theodorus stürzen wollte) zum sog. zweiten origenistischen Streit und zur Verdammung des O. durch Kaiser → Justinian (Brief an Menas), die nachträglich von allen Patriarchen und deren Bischöfen unterzeichnet wurde. Auf dem 5. ökumenischen Konzil (553; → Konstantinopel) wurde die Verdammung wiederholt und auf → Evagrius Ponticus und Didymus ausgedehnt. Aber der Origenismus lebte trotzdem, zB in → Maximus Confessor, fort.

Allgemein: C.W.F.WALCH, Entwurf einer vollst. Historie der Ketzereien VII, 1776, 362-760 - DAFC III, 1229ff - DThC XI, 1565ff. - 1. Phase: B.STAURIDOU, ThAthen 28, 1957, 550-577 - L. CHAVOUTIER, VigChr 14, 1960, 9-14. - 2. Phase: K.HOLL-A.JÜLICHER, SAB 1916, 226-275 = HOLL II, 310-350 - F.CAVALLERA, Jérôme I. II, Löwen 1922 - E.SCHWARTZ, ZNW 36, 1937, 161-204 - M.VILLAIN, RechSR 27, 1937, 5-37. 165-195 - F.X.MURPHY, Rufinus, Washington 1945. - 3. Phase: F.DIEKAMP, Die origenist. Streitigkeiten im 6.Jh., 1899 - C.C.RICHARDSON, ChH 6, 1937, 50-64 - J.LECLERCQ, Irénikon 24, 1951, 425-439 - P.SHERWOOD, Berichte z. 11. internat. Byzantinistenkongr. 3, 1, 1958. *F.H.Kettler*

Orléans (Aurelianum), franz. *Diözese* der Metropole → Sens, seit 1622 von → Paris, in der Revolution 1793 unterdrückt, 1801/02 (Konkordat und → Organische Artikel) als Sprengel der Départements Loiret und Loir-et-Cher erneuert, seit Gründung der Diözese Blois (1822) nur noch für Loiret zuständig. Von den seit Diklopit (um 350) bezeugten Bischöfen waren Eucherius (bis 732) im Streit mit Karl Martell, der Westgote → Theodulf (bis etwa 821) als Dichter, in der Neuzeit → Dupanloup als pädagogischer Schriftsteller und Kirchenpolitiker bedeutsam. Berühmt sind in O. die Domkirche zum hl. Kreuz (13.Jh.) sowie unterirdische Kapellen der hll. Avitus (6.Jh.) und Anianus (9.Jh.). Bischof (seit 1951) ist Robert Picard de la Vacquerie (* 22.7.1893 in Charenton). - Vgl. → Jeanne d'Arc.

E.DUCHÂTEAU, Hist. du diocèse d' O., 1888 - L.DUCHESNE, Fastes épiscopaux II, 1899, 453ff - CH.CUISSARD-GAUCHERON, Les chanoines et dignitaires de la cathédrale d'O., 1900 - G.CHENESSEAU, Sainte-Croix d'O., 2 Bde, Paris 1921 - EC IX, 354ff - AnnPont 1960, 368. *F.Flaskamp*

Ormazd, auch (H)Ormuzd, jüngere Namensform des altiranischen Hochgottes Ahuramazdāh, Schöpfers der Welt und Inbegriff aller sittlichen Güter. Der Name ist zuerst in den Gathas des Zoroaster belegt (→ Avesta, → Zarathustra), dort noch getrennt als Mazdāh Ahura »Herr Mazdāh«, wobei ahura wie altind. ásura Titel ist gegenüber dem eigentlichen Gottesnamen Mazdāh »weise« oder »Weisheit«. Während Mazdāh allein schon in westiranischen Personennamen des 8.Jh.s keilschriftlich bezeugt ist (→ Mazdak), erscheint in den Inschriften der Achämeniden stets die Zusammenschreibung A(h)uramazdāh. Die von Zoroaster betriebene Läuterung des Gottesbegriffes (etwa Yasna 44) sinkt später wieder ab, indem der dem hl. Geiste Ahuramazdāhs (spəntō mainyuš) entgegengesetzte arge Geist (→ Ahriman) zum Schöpfer der Welt des Bösen und damit geradezu zum Gegengotte wird (→ Dualismus: I, 1), den allerdings O. in der Endzeit besiegt. Während Ahuramazdāh in den Achämenideninschriften auch als »größter der Götter« und neben anderen Göttern existiert, erscheint er im Avesta vom Hofstaat der 7 → Amesha Spentas umgeben. Die fast kultlose Verehrung im echten Zoroastrismus ist in den Händen der → Magier zu einem ausgeklügelten Ritual mit Opfern, Haomagüssen und Schriftrezitation vor dem hl. Altarfeuer zurückgekehrt (→ Iran: II. III. VII).

J. DARMESTETER, O. et Ahriman, Paris 1877 - ERE IX, 566ff (mit Vorsicht zu benutzen) - PW Suppl. V, 1931, 679ff - Encicl. Italiana XXV, 1935, 599 - G. WIDENGREN, Hochgottglaube im alten Iran (UUÅ 1938, 6) - ST. WIKANDER, Vayu, 1941 - A. UNGNAD in OLZ 46, 1943, 193-199 (gegen assyr. Assara Mazaš = Ahura Mazdāh) - EC I, 591f - M.N. DHALLA, O. et Ahriman, Paris 1953 - U. BIANCHI, Zamān i Ōhrmazd, Turin 1958, bes. 41ff (letzte Diskussion über das Verhältnis O.s zu Varuna u. Mithra) - H. HUMBACH in: Wiener Zs. f. die Kunde Süd- u. Ostasiens 1, 1957, 81-94 (zur Namensform Mazdāh).

W. Eilers

Orosius, *Paulus,* Presbyter, aus Bracara (→ Braga, Portugal). Geburts- und Todesjahr sind unbekannt. 414 kommt er, noch jung, zu → Augustin, um sich gegen die Priscillianisten Rat zu holen (Commonitorium de errore Priscillianistarum et Origenistarum; → Priscillianus). Augustin sendet ihn nach Palästina zu → Hieronymus, damit er sich dort weiter informiere. Hier wird O. in die Streitigkeiten um den → Pelagianismus verwickelt (415 Synode zu Jerusalem). Gegen die Beschuldigung falscher Lehre durch Johannes von Jerusalem verteidigt er sich in seinem Liber apologeticus contra Pelagianos. 416 kehrt er zu Augustin zurück und verfaßt auf dessen Anregung die Historiarum adversum paganos libri VII als Ergänzung zu Augustins De civitate Dei. Das 417 vollendete Werk verwendet mannigfache heidnische und christliche Literatur und war im MA als Geschichtslehrbuch sehr geschätzt (→ Geschichte: II B, 2).

Ausg.n: Historia: CSEL V, 1-600 (ed. minor in Bibl. Teubn. 1889); I.W. RAYMOND, New York 1936 (mit engl. Übers.) - Liber apolog.: CSEL V, 603-664 - Commonitorium: CSEL XVIII, 151 bis 157 - Eine wahrscheinlich unechte epistula bei J. SVENNUNG, Orosiana, Uppsala 1922, 188-192. - Über O.: DThC XI/2, 1602ff - C.T. RODRÍGUEZ, Cuadernos de Estudios Gallegos 3, 1948, 23-48 - K.A. SCHÖNDORF, Die Geschichtstheol. des O. (Diss. München), 1952 - G. FINK, Recherches bibliographiques sur Paul Orose (Revista de Archivos, Bibliotecas y Museos 58, 1952, 271-322) - M. DE CASTRO, Cuadernos de Estudios Gallegos 9, 1954, 193-250 - J. VAZ DE CARVALHO, Revista portuguesa de filosofia 9, 1955, 142-153 - ALTANER § 49, 6 (Lit.).

F. Winkelmann

Orpheus und die Orphiker. O. war in der griechischen Mythologie ein → Heros der vorhomerischen Zeit, ein Leierspieler von magischem Zauber. Er verehrte den hellenischen Apoll unter den wilden Thrakern und wurde von deren Frauen in Stücke gerissen, weil ihr angestammter Gott → Dionysos, den er geringschätzig behandelt hatte, sie dazu aufstachelte, oder weil O. ihre Männer dazu gebracht hatte, sie zu verlassen und ihm zu folgen. Wohl im 6.Jh. vChr wählten ihn Sektierer, die die Verehrung des Dionysos mit apollinischen Gedanken der Reinheit (Katharsis) verbanden, zum Schutzheiligen. Sie sind bes. in Attika und Süditalien nachgewiesen und waren Dogmatiker, die ihre Lehren auf hl. → Schriften gründeten, die unter dem Namen des O. gingen. Dem Euripides, Aristophanes, → Plato und → Aristoteles waren diese Schriften bekannt, und manche ihrer Lehren können aus diesen und anderen klassischen Schriftstellern (Pindar, Empedokles) erschlossen werden. In Italien, auf Kreta und in Thessalien sind in Gräbern dünne Goldtafeln gefunden worden (4.Jh. vChr bis 2.Jh. nChr), auf denen Verse aus verwandten Schriften stehen. Sie erzählen von dem Anspruch der → Seele, von den Göttern der Unterwelt (→ Hölle: I) angenommen zu werden, und geben ein genaues Bild von der jenseitigen Welt.

Die orphische → Theogonie machte reichlich Anleihen bei Homer und Hesiod, hatte aber ihren besonderen Charakter. Der Urgott der → Liebe und des → Lichtes (Eros-Phanes) entsteht aus einem → Ei, das Chronos im Äther gestaltet hat, und erschafft eine Welt, die Götter und sterbliche Wesen enthält (→ Schöpfung: I). Da aber jeder Grieche Zeus als Herrscher der gegenwärtigen Weltordnung anerkennen mußte, so wird erzählt, daß Zeus Phanes mit seiner Schöpfung verschlang und eine neue Welt schuf. Dionysos, der Sohn des Zeus, wurde von den Titanen, den Söhnen der Erde und Feinden des Zeus, getötet und verzehrt. Dafür verbrannte sie Zeus mit seinem Blitz, und aus dem Ruß entstand die gegenwärtige Menschheit, während Dionysos aus seinem von Athena geretteten Herzen wiedergeboren wurde. (Der ganze Bericht nur bei Clemens von Alexandrien, doch vgl. Pausanias 8, 37, 3 und Plato, Leges 701c.) Deshalb müssen die Menschen versuchen, das → Böse (Irdische, Titanische) in ihrer Natur zu unterdrücken und das Gute (Himmlische, Dionysische) zu fördern. Das geschieht sowohl durch periodische, im einzelnen unbekannte Riten als auch dadurch, daß man ein »orphisches Leben« führt (Plato, Leges 782 c), das die Reinheit gewähren soll und Enthaltung von Fleisch (eine Folge des Glaubens an die → Seelenwanderung) und wollener → Kleidung fordert. Plato hielt sittliches Gutsein für das Beste am orphischen Leben. Es gab jedoch auch Wanderpriester, die die abergläubische Furcht ausnützten und gegen eine Gebühr rein rituelle → Reinigungen (: I) verschafften. - Wichtig war der Gedanke an Lohn und → Strafe (: I) nach dem → Tode (→ Vergeltung: I), wobei Hölle und Himmel lebhaft ausgemalt wurden. Echte orphische Lehre scheint gewesen zu sein, daß die Seele ihrem Wesen nach göttlich und der → Leib ihr fremd sei (vgl. → Pythagoreer). Die Seele muß eine Anzahl von → Wiedergeburten durchmachen, je nach ihren Verdiensten in einer niedrigeren oder höheren Lebensform. Ein Leben nach den orphischen Vorschriften kann diese Zeit der Reinigung in dem »beschwerlichen → Rad« abkürzen, und der Orphiker, »der Sohn der Erde und des Sternenhimmels«, wird in seinem wahren Wesen als »von himmlischer Art« erscheinen und für immer von dem leiblichen »Gefängnis« oder »Grab« befreit sein.

Die orphische Dogmatik stand im Gegensatz zu dem vorherrschenden griechischen Lebensgefühl und wurde daher niemals volkstümlich. Ihre Bedeutung liegt in dem Einfluß, den sie auf einige führende Denker wie Plato und durch sie auf christliche Schriftsteller ausübte. Gedichte unter dem Namen des O. wurden bis weit in die christliche Zeit hinein verfaßt. Eines, das sich das Testament (διαθήκη) nennt, läßt ihn sich zum → Monotheismus bekehren und seine heidnischen Anschauungen widerrufen. Aus der römischen Zeit sind eine Argonautica, eine Lithica und eine Sammlung von Hymnen an verschiedene Götter, u.a. 7 an Dionysos, erhalten (die genaue Datierung ist unsicher). Mehrere erhaltene Fragmente der Theogonien stammen von den Neuplatonikern; ihr Alter ist heftig umstritten. - Vgl. → Griechische Religion, → Mysterien, → Orpheus-Christus.

Texte bei C.A.LOBECK, Aglaophamus, 2 Bde, 1829 - E.ABEL, Orphica, 1885 - O.KERN, Orphicorum Fragmenta, 1922 - G.DOTTIN, Les Argonautiques d'Orphée, Paris 1930 - W.QUANDT, Orphei Hymni, (1941) 1955². - Lit.: PW XVIII/1, 1200ff; XVIII/2, 1, 1321 - W.K.C.GUTHRIE, O. and Greek Religion, London (1935) 1952²; franz. 1956 - I.M.LINFORTH, The Arts of O., California 1941 - NILSSON I, 678ff - L.MOULINIER, Orphée et l'orphisme à l'époque classique, Paris 1955 - K.PRÜMM, Die Orphik im Spiegel der neueren Forschung (ZKTh 78, 1956, 1-40) - DBS VI, 55ff - G.FREDÉN, O. and the Goddess of Nature (Göteborgs Univ. Årsskrift 64, 6), 1958. - Ferner die Jahrgänge der L'Année Philologique (Reg. s.v. O.).

W.K.C.Guthrie

Orpheus-Christus. Gegenüber der bei einigen → Apologeten bezeugten Tendenz, → Orpheus als einen sonderlich verantwortlichen Lehrer des Heidentums abzulehnen, war man in anderen christlichen Kreisen dank der auf pseudo-orphische Verse gestützten These von seiner späteren Sinnesänderung geneigt, ihn als einen der vorchristlichen Weisen anzusehen, die, vom Logos begabt, schon den »einen und einzigen Gott« und seinen Christus verkündet hätten. In solchem positiv neutralen Verständnis setzte man auch die alle Lebewesen bannende Wirkung des mythischen Sängers gelegentlich in Analogie zu der in höherer Weise die menschlichen Seelen unwiderstehlich bezwingenden Gewalt der Worte Jesu Christi. Die frühchristliche Sepulkralkunst (→ Malerei: I) nahm den der antiken Bildnerei geläufigen Vorwurf des seine Hörer beseligenden Kitharoiden (s. Taf. 69 Abb. 1) als eines der wenigen heidnisch-mythologischen Sujets fast unverändert in ihren Motivenschatz auf. Daß inhaltliche Elemente »orphischen Glaubens« die Aneignung gerade dieser Szene durch die christliche Grabeskunst begünstigten und mehr als nur die komparative Auswertung eines formelhaften Gleichnisses bei der Übernahme mit im Spiele war, kommt wohl in der umwertenden Annäherung an das Motiv des → Guten Hirten zum Ausdruck, durch die, unter thematischer Einbeziehung von Jes 11, die Figur des O. nahezu den Wert eines → Christussymbols zu gewinnen vermochte, das dann auch sonst in der Kunst der alten Kirche Eingang fand.

A.BOULANGER, Orphée, Paris 1925 - GUTHRIE (→ Orpheus) - DACL XII/2, 1935, 2735ff - M.J.LAGRANGE, L'Orphisme, Paris 1937.

W.Elliger

Orthodoxe Kirche

I. Kirchengeschichtlich - II. Konfessionskundlich - III. In der Emigration - IV. Mission der Orth. Kirche. - Vgl. ergänzend die betr. Länderartikel, ferner → Altar: III D, → Autokephale Kirchen, → Byzantinische Kunst, → Einigungsbestrebungen: I. III, → Gottesdienst: V A, 2, → Ikone, → Kirchenbau: VI, → Kirchenverfassung: III, → Klerus und Laien, 1, → Marienverehrung: II, → Mystagogische Theologie, → Mystik: V, → Nomokanon, → Ssobornost

I. Kirchengeschichtlich

1. Forschungsgrundlage - 2. Die byz. Reichskirche - 3. Die O.K.n - 4. Die O.K. als geschichtliche Größe

1. Orthodoxie (ὀρθοδοξία, russ. pravoslavie) bedeutet Rechtgläubigkeit, die sich vom → Protestantismus, → Katholizismus und den Häresien der alten Kirche abgrenzt. Der Begriff O.K. ist arbeitshypothetisch, da sie in zahlreiche nationale Kirchen aufgegliedert ist (s. 3). Unter ihrer formalen Einheit in Dogma, Kirchenrecht und Liturgie verbergen sich oft tiefe Wesensunterschiede. - Im Gegensatz zu ideengeschichtlichen (O.K. als Hüterin urchristlicher Integrität gegenüber der angeblich zerfallenden prot. und kath. Kirche, als 3. Kraft zwischen Protestantismus und Katholizismus, als johanneisches Christentum u.ä.) oder zweckbestimmten (ökumenischen oder unionspolitischen) Vorstellungen ist die KG und Konfessionskunde der O.K. Tatsachenforschung. Sie erstreckt sich auf Einzelgebiete wie → Liturgie (: III), → Heortologie, → Hagiographie (→ Heiligenverehrung: II), → Konfessionskunde, Kirchenrecht (→ Kirchenverfassung: III), Kunstgeschichte (→ Byzantinische Kunst, → Ikone, → Kirchenbau: VI). Die Ketzergeschichte (→ Bogomilen, → Katharer, → Paulizianer) und → Byzantinische Kirchenmusik sind ebenfalls von Bedeutung. Fachdisziplinen wie die → Byzantinistik, → Slawistik und der »Oriens Christianus« sind um ihre Forschungsergebnisse zu befragen. Vorbildlich in Methode und Beherrschung des ausgedehnten Materials ist jetzt die Darstellung von Beck (s. Lit.). Sie bietet eine Neuorientierung für eine noch zu schreibende KG und Konfessionskunde der O.K. als kritische Zusammenfassung der Tatsachenforschung. Bis dahin wird man sich unter Beachtung der angeführten Kriterien u.a. den Arbeiten von Heiler (prot.) und Janin (kath., s. Lit.) anvertrauen dürfen. Orth. Darstellungen wie die von Zankow, v. Arseniew, Seraphim (von Gewinn nur die Abschnitte der genuin orth. Mitarbeiter) und Evdokimov (s. Lit.) sowie die Sammlungen »Ekklesia« und »Die Kirchen der Welt« (Bd I) haben vor allem als Selbstzeugnisse Wert. Nur eine ebenso sachkundige wie wissenschaftlich-methodische Forschung kann den westlichen Kirchen das Material liefern, das sie in zunehmendem Maße für das Gespräch mit der O.K. brauchen.

2. Die O.K. ist aus der *byz. Reichskirche* (→ Byzanz: II) hervorgegangen, ohne daß sie mit jener völlig zu identifizieren wäre. Die Grundzüge der Kirche des »neuen Roms« haben sich unter → Justinian I., nicht schon unter → Konstantin d. Gr. entwickelt. Justinian legte in der 6. Novelle zum Corpus Iuris das Verhältnis von Staat und Kirche fest (→ Kirchenverfassung: III, 1, → Orthodoxe Kirche: II, 5): Imperium und Sacerdotium sind dona Dei. Ihre Harmonie ist nützlich für das Menschengeschlecht. Reich und Kirche verdanken Justinian eine das öffentliche und private Leben durchdringende und formende Sakralkultur. Ihr wird auch der Kultus zunehmend dienstbar gemacht. Die Theologie (→ Orthodoxe Kirche: II, 1) erhält durch → Leontius von Byzanz klare Begriffe. → Dionysius Areopagita entwickelt eine sowohl für die byz. als überhaupt für die O.K. grundlegende Weltanschauung (→ Mystagogische Theologie). Durch → Johannes von Skythopolis und → Maximus Confessor genießt sie über Byzanz hinaus Heimatrecht in der Kirche. Was an der restaurativen Kulturpolitik Justinians von Wert war, rettete sich durch die Völkerstürme der folgenden Jh.e. Nach dem Verlust der → orientalischen Nationalkirchen im Arabersturm des 7.Jh.s, bei dem nur einige Christen in Ägypten, Palästina und Syrien Byzanz die Treue hielten (sog. Melchiten, syr. malka, »Kaiser«; vgl. → Unierte Kirchen des Orients), entstand die eigentliche byz. Reichskirche. Bestandsaufnahme und Selbstbesinnung auf das Wesen des Byzantinischen im Unterschied zum Orientalischen und Abendländischen kennzeichnet die weitere Entwicklung. An ihrem Anfang steht das 2. Trullanum von 692 (→ Konzile, 3; Zananiri 152-157). Mit ihm beginnt die Aussonderung national-orientalischer Elemente, bes. der syropalästinensischen Lokaltraditionen, im Kultus (→ Gottesdienst: V A, 2), im Fest- und Heiligenkalender (→ Feste: IV, → Kirchenjahr 1) und in der immer

typischer werdenden byz. Ikonographie (→ Ikone, 4. 5). Die auf vielen Gebieten bleibende Anregung des Orients (→ Oktoechos, → Romanos, → Syrien: IV, → Typikon) verliert ihre nationalen Züge und geht im Byzantinischen auf. Wieweit die Arbeit des → Johannes von Damaskus von diesem Prozeß erfaßt wird, muß die Forschung noch klären. Stand die Epoche Justinians noch unter dem Einfluß von → Chalcedon, so kommt jetzt eine Bewegung zum Durchbruch, die bis 1453 andauert. Die Epistola dogmatica → Leos I. hat zwar die Kirchen des Ostens vor einem Zerfall in die Ketzereien der Monophysiten (→ Christologie: II, 5 a) und → Nestorianer bewahrt, hat aber zugleich die dem Osten eigentümliche Weise des theologischen Denkens gehemmt. Schon der Areopagite hatte sich - aus welchen Gründen auch immer - von Chalcedon unabhängig gemacht. Auf der von ihm geschaffenen Basis werden Theologie und Christologie im 8./9.Jh. durch den Bilderstreit (→ Bilder: III, 2) und im 14.Jh. durch die → Hesychasten (→ Gregor Palamas; vgl. Beck 663ff. 712ff) zum Abschluß gebracht. Dabei spielen die Begriffskategorien des → Aristoteles eine wichtige Rolle. Der Anteil → Platos muß noch genauer erforscht werden (vgl. F.Dölger-A.M.Schneider, Byzanz, 1952; 197f). → Konstantinopel wird ideologisches Zentrum mit dem Apostel → Andreas als Schutzpatron und Städtegründer, nicht zuletzt auch gegenüber Rom, und strahlt tief in den slawischen Raum aus. Die Auseinandersetzung mit den → Franken (→ Karl d. Gr., 1) und dem → Papsttum (: II) lassen den Patriarchen → Photios im 9.Jh. die Konsequenz ziehen: Die gesamte Kraft der Reichskirche wird auf Südost- und Osteuropa konzentriert (→ Kiew, → Konstantin und Methodius, → Rußland: I). Über das vom Patriarchen → Michael Kerullarios 1054 vollzogene Schisma mit dem Westen können auch die späteren → Einigungsbestrebungen (: I. III) nicht hinwegtäuschen. Praktisch sind sie nie zur Wirkung gekommen (→ Orthodoxe Kirche: II, 9). Schon vor dem Fall von Konstantinopel (1453) hatten sich slawische Nachfolgekirchen entwickelt, unter denen die russische eine weltgeschichtliche Rolle spielen sollte.

3. Damit hatte die *Geschichte der O.K.en* bereits begonnen. Theologie und Frömmigkeit der slawischen Völker hatten außerhalb des byz.-europäischen Reichsgebietes, in den Provinzen des Ostens, oder durch unmittelbare frühchristliche und orientalische Traditionen wichtige Impulse empfangen. Dabei spielte der → Athos eine wichtige Rolle. Das → Kirchenslawische gab diesen Völkern die Möglichkeit kultureller Eigenentwicklung, wie sie sich bereits im 10.Jh. in → Bulgarien durch Bibelübersetzungen mit antibyz. Tendenz Ausdruck verschaffte. Die jungen slawischen Kirchen hatten auch zunächst den Bruch mit dem Westen nicht sofort so stark empfunden wie die byz. Mutterkirche selbst. Bei ihnen kreuzen sich deshalb noch einige Zeit byz. und westliche Kultureinflüsse. Auf der anderen Seite standen sie unter byz. Jurisdiktion und übernahmen damit byz. Hierarchie und Kultus. Für die KG ergeben sich daraus eine ganze Reihe von Forschungsaufgaben, die eine lebendige geschichtliche Entwicklung und Auseinandersetzung mit dem byz. Erbe zeigen. Keine dieser Kirchen auf dem Balkan (→ Albanien, → Bulgarien, → Jugoslawien, → Rumänien) und in Osteuropa (→ Polen, → Tschechoslowakei, → Ukraine, → Ungarn), auch nicht in → Griechenland, ist nur eine schablonenhafte Wiederholung der byz. Reichskirche. Es wäre zB verfehlt, die russische Theologie und Frömmigkeit als byz. zu bezeichnen. Sie stellen vielmehr einen eigenen, eben russisch-orth. Typus dar.

4. Die O.K. ist deshalb keine bis in die Neuzeit hinein verlängerte byz. Reichskirche, kein europafremdes Petrefakt, kein zurückgebliebenes Glied der Kirche Christi (etwa als »Kirche der Mystik« gegenüber der »Kirche des Denkens« im Westen), sondern eine *geschichtliche Größe eigener Art*. Ihre Kompliziertheit in KG und Konfessionskunde sollte nicht durch ungeschichtliche Vorstellungen vereinfacht werden. Liturgie und Frömmigkeit (→ Orthodoxe Kirche: II, 8) besitzen Elemente einer echten Reintegration und Reform. So kommt zB der → Predigt (: I, 2) mit ihrer reichen Geschichte neben der reinen Mysterienfeier der Liturgie wieder große Bedeutung zu. Dem Laien werden heute neue Rechte und Pflichten eingeräumt (→ Klerus und Laien, 1). Für die immer deutlicher werdende Auseinandersetzung mit dem → Islam bringen die O.K.n des Orients eine reiche Erfahrung mit, die von den westlichen Missionen kaum beachtet worden ist. Schließlich hat die russische Kirche als erste einen modus vivendi mit einem atheistischen Staat gefunden.

Allgemein u. zu 1: R.JANIN, Les églises orientales et les rites orientaux, Paris (1922) 1955[4] - F.HEILER, Urkirche u. Ostkirche, 1937 (126f ältere Lit.: V.ARSENIEW, ZANKOW u.a.) - Ekklesia X, Lfg. 45.46, 1939/41 - J.TYCIAK, Wege östlicher Theol., 1946 - K.ONASCH, Geist u. Gesch. d. russ. Ostkirche, 1947 - SERAPHIM (Lade), Die Ostkirche, 1950 - W.DE VRIES, Der christl. Osten in Gesch. u. Gegenwart, 1951 - G.ZANANIRI, Hist. de l'église byz., Paris 1954 - R.A.KLOSTERMANN, Probleme der Ostkirche, Göteborg 1955 - MULERT-SCHOTT (72-174 von K.ONASCH) - ALGERMISSEN[7] 412ff (Lit.) - E.BENZ, Geist u. Leben der Ostkirche, 1957 - EKL I, 639ff; II, 1738ff - Die russ.-orth. Kirche, Moskau 1958 - BECK - Die Kirchen der Welt I: Die O.K. in griech. Sicht, hg.v. P.BRATSIOTIS, 2 Tle, 1959/60 - P.EVDOKIMOV, L'Orthodoxie, Neuchâtel-Paris 1959. - Hilfsmittel: 1. Forschungsberichte von H.SCHAEDER in EvTh. - 2. Zs.en, Periodica (Auswahl!): AlPh, AnOr, ByZ, Byzantion, Byzantinoslavica, Eastern Churches Quarterly, Irénikon, Kirche im Osten, Νέα Σιών, Or, OrChr, OrChrP, Ὀρθοδοξία, Ostkirchl. Studien, Put', St.Vladimir's Seminary Quarterly, ThAthen, Vizantiskij Vremennik, ZMP (Regesten in ThLZ), ZSlPh. - 3. Lexika: Pravoslavnaja Bogoslovnaja Enciklopedija I-XII, 1900-11 (Orth. theol. Enzykl., russ.). - Slaw. Nomenklatur: FR.MIKLOSICH, Lexikon Palaeoslovenico-Graeco-Latinum, 1862-65 - I.I.SREZNEVSKIJ, Materialien für ein WB der altruss. Sprache I-III, (1893) 1958 (russ.) - M.VASMER, Russ. Etymolog. WB I-III, 1955-58 - Lexicon Linguae Palaeoslovenicae, Prag 1958 ff. - Zu 2 (vgl. auch die Lit. zu → Byzanz: II): CH.DIEHL, Justinien et la civilisation byz. au VIe siècle, Paris 1901 - H.U.V.BALTHASAR, Kosmische Liturgie, 1941 - W.SCHUBART, Justinian u. Theodora, 1943 - E.V. IVÁNKA, Hellenisches u. Christliches im frühbyz. Geistesleben, 1948 - R.JANIN, La prise de Constantinople (NRTh 75, 1953, 511-519) - M.SESAN, La chute de Constantinople (Byzantinoslavica 14, 1953, 271-282) - ST.RUNCIMAN, The Eastern Schism, 1955 - J.BUJNOCH, Zwischen Rom u. Byzanz, 1958 - W.OHNSORGE, Abendland u. Byzanz, 1958 - FR.DVORNIK, The Idea of Apostolicity in Byzantium and the Legend of the Apostle Andrew, Cambridge/Mass. 1958. - Zu 3: JANIN 75ff - HEILER 149ff. 153ff - FR.DVORNIK, The Making of Central and Eastern Europe, 1949 - ZANANIRI 251f - BECK 148ff. - Zu 4: B.SPULER, Die Gegenwartslage der Ostkirchen, 1948 - W.DE VRIES (s.o.) - DERS., Zur neuesten Entwicklung der Ostkirche, 1953 - G. MASTRANTONIS, What is the Eastern Orth. Church?, 1956 - J.PERRIDON, Proche-Orient Chrétien 7, 1957, 250-260. 305-309 (Reform der Liturgie) - H.SCHAEDER, Aus d. Leben der O.K. des Ostens (MPTh 47, 1958, 126-128). - Weiteres bei → Orthodoxe Kirche: II.

K.Onasch

II. Konfessionskundlich

1. Theologie - 2. Dogma, Tradition, Neoterismós - 3. Autokephalie und Phyletismus - 4. Kanonisches Recht - 5. Kaiser, Volk, Kirche - 6. Hierarchie, Liturgie, Sakramente - 7. Mönchtum - 8. Frömmigkeit - 9. O.K. und Abendland

1. Aus Gründen, deren Geschichte hier nicht nachgewiesen werden kann (→ Aristotelismus, 2 b. c; → Hellenismus, 4; → Platonismus), fehlt der orth. *Theologie* fast völlig Begriff und Vorstellung der forensischen → Rechtfertigung (: II). An ihre Stelle tritt der *Vergottungsgedanke*, wie ihn → Athanasius (De incarn. Verbi, c. 54) klassisch formuliert hat. Die → *Erlösung* (: IV, 2) ist weniger ein Akt als ein Prozeß, den Gott von Ewigkeit

her beschloß und in der Inkarnation, in dem in der Teilhabe des menschlichen Leibes durch den Logos für alle geleisteten Leiden und Sterben (De incarn. Verbi, c. 9), in Auferstehung und Wiederkunft des Gottmenschen ablaufen läßt. Der Mensch hat durch die Ursünde, das Mysterium iniquitatis (eine Erbsündenlehre [→ Sünde: V. VI] fehlt), seinen freien Willen nicht verloren. Er bleibt αὐτεξούσιος und wirkt an dem den Kosmos umfassenden Heilsprozeß mit (→ Anthropologie: III, 1 b). Diese Vorstellungen begegnen bereits sehr früh in den Präfationen (→ Gottesdienst: V A, 2 a β). Mit der Inkarnation des Gottmenschen beginnt keimhaft die Seinsmetamorphose (dt. »Verklärung« ist vieldeutig!) der Menschheit, soweit sie an diesen Gottmenschen glaubt. Der → *Gnade* (: IV, 1 a) muß sich der Mensch durch seine Werke würdig erweisen. Dabei ist es die Gnade, die auch als Energie Gottes verstanden wird (→ Gregor Palamas), und nicht die Natur, welche den Menschen zum Heil zieht. Die → *Christologie* (: II) ist ebenfalls seinstheologisch (→ Ontologie) zu verstehen. Durch das Sein des Gottmenschen wird das Sein des Menschen gerechtfertigt. Mystiker wie → Symeon der neue Theologe oder → Kabasilas können deshalb die Inkarnation in ihrem Herzen wiederholen (s. 8). Voraussetzung ist die Enhypostasie der menschlichen Natur Christi im göttlichen Logos, wie sie seit → Leontius als dogmatisch einwandfrei gilt. Der Christologie folgt die *Ekklesiologie:* Die → Kirche (: III, 2 b. c) ist die Fortsetzung des soteriologischen Heilsprozesses, sowohl was ihren hierarchisch-liturgischen Status (s. 6) als auch was ihre → Ssobornost betrifft. Ihre Integrität wird durch das Dogma (s. 2) garantiert. Ausgesprochene notae ecclesiae außer »eine, hl., kath. und apostolische Kirche« gibt es nicht (vgl. 9). Zwar ist die Kirche beim Areopagiten ἔνθεος πολιτεία (Ep. 9) mit eigener Ordnung (Ep. 8), aber es fehlt ihr die Geschichtskonzeption des → Augustin. Aus diesem Grunde besitzt die O.K., von ein paar Einzelgängern abgesehen, auch keine ausgeführte → *Eschatologie* (: V, 2). Die → Wiederbringung aller als Konsequenz des durch den Gottmenschen gerechtfertigten menschlichen Seins ist seit → Maximus dem Bekenner ein latentes und oft mit paganen Vorstellungen vermischtes Problem. In der Dogmatik wird sie seit Justinian I. als origenistische Ketzerei verschwiegen. Bestimmte Lehrauffassungen von den letzten Dingen finden sich im Kultus (Begräbnisriten, → Höllenfahrt Christi, Bußkanon des → Andreas von Kreta, Liturgie der 4 Vorfastensonntage, u.a.). - Eine Kritik der orth. Theologie wird bei der ontologischen Grundlegung anzusetzen haben. Dabei wird man den Begriff der Vergottung nicht überinterpretieren dürfen. Er ist ein echtes Äquivalent zur westlichen Rechtfertigungslehre. Ebenso ist zu warnen, die Christologie oder Ekklesiologie der → russischen Religionsphilosophen als legitime Auslegung des orth. Dogmas anzusehen. Die »Entgrenzung« der Kirche zB zu einem umfassenden Kulturphänomen oder die Rechtfertigung der Geschichte durch das Gottmenschentum Christi sind aus einer oft schwer zu analysierenden Synthese von genuin orth. und liberal-prot. Vorstellungen (s. 9) zu verstehen. Dagegen bietet das ekklesiologische Selbstverständnis der O.K., wie es in Theologie und Dogma niedergelegt ist, echte Ansatzpunkte zu einem ökumenischen Gespräch.

2. Das → *Dogma* (: II, 2) hat zum Mittelpunkt die Menschwerdung Gottes, die für die O.K. ein mysterium bleibt und ein sacrificium intellectus (Opfer des Verstandes) fordert. Darüber hinaus werden theologische Lehrmeinungen durch die 7 ökumenischen → Konzile (, 3) zum Dogma erhoben. Neben ihnen haben auch die Liturgien des Chrysostomus und Basilius (→ Gottesdienst: V A, 2, → Liturgie: III, 3. 4) dogmatische Gültigkeit. Hymnen und Gebetsstücke finden sich in Konzilsakten und anderen Lehrentscheidungen als dogmatische Loci wieder. Dogma und hl. Schrift werden durch schriftliche und mündliche → *Tradition* (: VI) ausgelegt. Sie schützt das Corpus dogmaticum vor *Neuerungen* (Neoterismói). Ihre Aufnahme steht nur ökumenischen Konzilen durch den »Instinkt der Ssobornost« zu. Diese Praxis ist durch das Schisma von 1054 unmöglich gemacht. Bereits die Aufnahme des Filioque (→ Geist: V, 3) in das Dogma durch die röm. Kirche ohne Befragen der byz. galt und gilt der O.K. als ein Neoterismós. Auch der Protestantismus erscheint ihr als solcher (s. 9). Die Orthodoxie steht hier vor einem schwierigen Problem: Die Abwehr eines wirklichen Neoterismós kann sich zu einer ungeschichtlichen Fiktion ausweiten und einer geschichtlich notwendigen sowie durch eine legitime Auslegung durch die Tradition gerechtfertigten »Neuerung« den Weg versperren. Je mehr sich die O.K. geschichtlich verstehen lernt, um so mehr wird sie dieser Frage gegenüber aufgeschlossen werden. Dabei werden von prot. Seite (auf röm.-kath. Seite liegen die Dinge einfacher) weniger ideengeschichtliche Perspektiven als vielmehr ein sachliches Durchdenken von Tradition und Neoterismós (vgl. Müller, s. Lit.) ein Gespräch mit dem orth. Partner an diesem wichtigen Thema fruchtbar machen können. - Vgl. → Bekenntnisschriften, 7.

3. Einheit und Integrität von Dogma und Tradition werden von den → autokephalen Kirchen verwaltet. Über ihren Aufbau und Bestand, ihre politischen, sozialen und soziologischen Verhältnisse unterrichten die Notitiae episcopatuum (s. Beck 148 ff). Die *Autokephalie* ist selbst ein unaufgebbarer Bestandteil der Tradition, da sie über mancherlei Entwicklungen auf die altkirchlichen Bischofskirchen mit ihren apostolischen Traditionen zurückgeht. Kennzeichnend für sie ist die Ablehnung eines Primates und die Formel von der Pentarchie (Beck 34). Diese sollte die Patriarchate von → Konstantinopel, → Alexandrien, → Antiochien, → Jerusalem und → Rom umfassen. Da Rom praktisch ausfiel, blieb es bei einer Tetrarchie, bei der sich allerdings der Primat Konstantinopels geltend machte. Es hatte seine Position gegenüber dem Westen und dem Osten in can. 3 des Konzils von 381 als Ehrenprimat hinter Rom vorbereitet und in can. 28 (de iure-Primat hinter Rom) und 17 (Appellationsinstanz) von → Chalcedon gefestigt (→ Kirchenverfassung: II, 4 b). Den Titel eines ökumenischen Patriarchen hatte bereits → Dioskur von Alexandrien als Konkurrent des Patriarchen von Konstantinopel geführt. Im 6. Jh. üblich, wird er erst von → Photios protokollarisch verwandt. → Michael Kerullarios übernimmt ihn in das Patriarchatssiegel. Der Neuerrichtung autokephaler Kirchen, vor allem bei den slawischen Völkern, ist der ökumenische Patriarch immer nur sehr zögernd nachgekommen. Man befürchtete und befürchtet eine Zersplitterung der jurisdiktionellen und dogmatisch-traditionellen Einheit der O.K. Überbetontes Selbständigkeitsstreben wird als *Phyletismus* (der dem Neoterismós [s. 2] entspricht) bezeichnet und oft als Ketzerei angesehen.

4. Das Leben von → Klerus und Laien (, 1) in der O.K. wird durch das *kanonische Recht* geregelt (→ Kirchenverfassung: III). Auch dieses ist ein Stück der Tradition. So hat das Trullanum (→ Orthodoxe Kirche: I, 2) die → Apostolischen Konstitutionen verworfen, aber die → Apostolischen Canones rezipiert und ihnen damit kanonische Geltung verschafft. Auf diesem Grundstock baute Johannes Scholastikus (Beck 422 f) auf und sammelte dazu die kirchlichen und die Kaisergesetze, unter den letzteren bes. die Novellen → Justinians I. Schließ-

lich wurden alle die Kirche betreffenden Materien im → Nomokanon gesammelt, in den auch das Laienrecht verarbeitet wurde. Er wurde als kormčaja kniga (»Steuermannsbuch«) mit dem Zakon sudnyj ljudem (Nomos im Laienprozeß) vielleicht schon von → Konstantin und Methodius zu den Slawen gebracht. Theoretisch, wenn auch nur selten praktisch (s. 5), unterschied sich das Recht der Kirche als Körperschaft sui iuris durch strengere Verbindlichkeit vom Kaisergesetz. So wurde das Profanrecht (νόμος) zwar formal vom Kirchenrecht (κάνονες) abgegrenzt, aber beide bildeten praktisch eine das öffentliche und private Leben beherrschende Einheit. Zu Überschneidungen kam es allerdings wiederholt beim Eherecht (s. Dölger-Schneider, Byzanz 227). Das kanonische Recht ist die Leistung der byz. Reichskirche, auf dem spätere Sammlungen der O.K. wie das Syntagma des → Blastares von 1355 und das Pedalion des → Nikodemus von Naxos († 1808) aufbauen. Sie bilden bis heute die Richtschnur für Seelsorge und kirchliche Verwaltung in den O.K.n.

5. Das Phänomen des byz. *Sakralstaates*, das »Corpus politicum mysticum«, steht, so interessant es für die Geistes- und Kulturgeschichte sein mag, außerhalb der kirchlichen Tradition. Die 6. Novelle Justinians beschreibt das Verhältnis von → Kirche und Staat (, 2 b) nur allgemein. Die Umschreibung als → Cäsaropapismus trifft nicht zu, da es sich nicht um die »Konkurrenz zweier perfekter Sozietäten« (Beck 36) handelt. Es geht im Grunde um das »Volk der Rhomäer«, wie es sich als Kirchenvolk zugleich im Kaiser repräsentiert. Nach Beck ist die byz. Kirche nie eine »Hochkirche« gewesen. Als Vorbild dienten die Vorstellungen vom antiken → Herrscherkult und vom sakralen → Königtum (→ Hellenismus, 5). Für diese heidnischen Leitbilder konnte es keine kirchliche oder gar apostolische Tradition geben. Sie wurde ersetzt durch theologische Notkonstruktionen, wie sie bereits bei → Euseb von Cäsarea im Gedanken vom Reich als Nachahmung (μίμησις) des Reiches Gottes vorliegen. Im späteren Kaiserzeremoniell wird der byz. Basileus zum Apostelgleichen (ἰσαπόστολος) und Vicarius Dei, der das Throntabernakel nur stellvertretend einnimmt. Wieweit dieser Sakralstaat, wie es oft von der kath. Forschung (zB A. Michel) behauptet wird, eine Ketzerei der byz. Kirche ist, bleibt nach allem Gesagten fraglich. Die von orth. und prot. Seite vorgetragene These vom »konstantinischen Zeitalter« (Kartaschow-Wolf) vereinfacht zwar stark die geschichtlichen Fragen, hat aber das tiefer gehende Problem der »Volkskirche« richtig erkannt.

6. Die O.K. konstituiert sich in der *Hierarchie* (→ Kirchenverfassung: III). Seit frühchristlicher Zeit bis heute ist der → Bischof (: I) der eigentliche Liturg. Er »delegiert« den Priester für die Liturgie. Im areopagitischen System ist der Bischof der Mittler zwischen himmlischer Hierarchie, ihrem Gottesdienst und ihren irdischen Abbildern. In der apostolischen → Sukzession stehend ist der Episkopat Träger der Tradition, deren Dogma er zugleich in der *Liturgie* (→ Gottesdienst: V A, 2) darstellt. Es gibt folgende kirchliche Ämter (in Klammern die slawische Bezeichnung): 1. Bischof, ἐπίσκοπος, ἀρχιερεύς (Epískop, Archieréj); 2. Priester, πρεσβύτερος, ἱερεύς (Ieréj, Svjaščénnik; Pop = ursprünglich Priester [vgl. EKL III, 259] ist heute geringschätzig); 3. Diakon, διάκονος (Diákon); 4 a Subdiakon, ὑποδιάκονος (Ipodiákon); 4 b Vorleser, ἀναγνώστης (Čtec); 4 c Sänger, ψάλτης (Pevéc); oft noch 4 d Türhüter, παραμονάριος (Paramonár). Die → Ordination (: V) durch einen einer autokephalen Kirche unterstehenden Bischof wird bei 1-3 mit Handausstreckung (χειροτονία, Rukopoložénie), bei 4 a. b mit → Handauflegung (χειροθεσία, Rukovozložénie) vollzogen. Die Einführung von 4 geschieht außerhalb der Liturgie. Die kanonisch einwandfreie Ordination berechtigt zur Spendung der → *Sakramente* (μυστήρια, Taínstva). Von gelegentlichen Abweichungen abgesehen, zählt die O.K. seit dem Unionskonzil von Florenz (1439) 7 Sakramente: 1. Taufe, βάπτισμα (Kreščénie); 2. die ihr unmittelbar angeschlossene Salbung, μύρωμα (Miropomázanie); 3. Eucharistie, Abendmahl, λειτουργία (Liturgíja); 4. Buße, ἐξομολόγησις (Ispovédanie); 5. Ordination (s.o.); 6. Ehe, bestehend aus dem Verlöbnis, ἀρραβῶν (Obručénie), und der Krönung, στεφάνωμα (Venčánie); 7. Krankenölung, ἅγιον ἔλαιον (Svjatój Eléj). Die Formulare für diese Riten und Offizien finden sich im Euchologion (→ Gottesdienst V A, 2 b). Das liturgische und sakramentale Leben ist der Kraftquell der O.K. Es steht unter dem Schutz des kanonischen Rechts (s. 4). Als Träger göttlicher Realitäten begründen die Sakramente das neue Sein des Menschen. Byz. Mystiker (s. 1. 8) haben um die Erneuerung der sakramentalen Gnadengaben inmitten einer verflachten Massenkirche gerungen. Aus dem neuen, durch die Mysterien geschenkten Leben erwächst die wesensmäßige Angleichung an Christus, welche die Sittlichkeit und damit die guten Werke miteinschließt. So wird sakramentales Denken und Leben der »Ort im Leben« für die Theologie der O.K. Der Konfessionskunde bietet sich das Bild einer eindrucksvollen Geschlossenheit (keiner undifferenzierten Uniformität!) von Theologie, Dogma, Tradition, Hierarchie und liturgisch-sakramentalem Leben.

7. Das → *Mönchtum* (: II), ohne es idealisieren zu wollen, war und bleibt der Hort dieses geistlichen Lebens der O.K. Aus ihm rekrutiert sich der hohe Klerus (in Rußland: Schwarze Geistlichkeit, Černoe Duchovénstvo), der im Unterschied zum niederen Klerus (oben 2-4; in Rußland: Weiße Geistlichkeit, Béloe Duchovénstvo) unverheiratet ist. Abgesehen von den unierten → Basilianern gibt es in der O.K. keine Orden. Das einzelne → Kloster (: III) hat sein → Typikon, welches das Zusammenleben der Brüder disziplinär und liturgisch (→ Stundengebet: I, 1) regelt. An der Spitze steht der Hegúmen, ἡγούμενος (Igúmen), der etwa dem röm.-kath. → Abt entspricht. Archimandrit ist ein Ehrentitel. Der Hegúmen wird vom Bischof geweiht, der die jurisdiktionelle und sittliche Oberaufsicht führt. Exemt im Sinne der röm. → Exemtion sind die sog. Stauropegialklöster (→ Stauropegion), die einem Metropoliten oder Patriarchen unterstehen. Dem Hegúmen steht oft ein Rat von Altmönchen zur Seite (Geronten, γερόντες; slaw. Starcy, Starzen, → Mystik: V). Denselben Namen führen auch charismatisch bes. begabte Seelsorgermönche. Sie brauchen nicht unbedingt Priestermönche (Hieromonach) zu sein. Ein solcher Geront (Starze) wird nicht selten zum geistlichen Vater (πατὴρ πνευματικός) eines Klosters. Die Einkleidung (röm. Profeß; → Kloster: III, 4) unterscheidet das kleine und das große Schima (μικρόν bzw. μέγα σχῆμα). Mit der Übernahme des Schima ist Namenswechsel verbunden. Das Noviziat umfaßt in der Regel 3 Jahre. Der Novize (ἀρχάριος, εἰσαγωγικός, slaw. Poslúšnik) erhält die → Tonsur (ἀπόκαρσις, slaw. Postriženie), die beim Schima wiederholt wird. Die von Stiftern (κτίτορες) gegründeten Ktitorklöster unterscheidet man gerne von solchen, die nur durch die Haupttugenden der Mönche (Wachen, → Fasten [: II, 2], Beten, Tränen) gestiftet und erhalten werden. → Armut (: II), → Gehorsam und → Keuschheit haben nicht dieselbe kanonische Geltung wie in der röm. Kirche. – Die O.K. kennt 3 Formen des monastischen Lebens: a) die alte Anachorese des Eremiten (slaw. Pustýnja, Skit), von dem

das Trullanum (692) einen 3jährigen Probeaufenthalt im Kloster verlangte; b) die Koinobia (slaw. Obščežitiė) mit streng geregeltem Gemeinschaftsleben und Eigentumsverbot; c) die Idiorrhythmie (ursprünglich ein Schimpfwort; slaw. Osoboživitiė), die sich vom 14.Jh. ab vom Athos ausbreitet. Bei ihr ist Eigentum gestattet. Sie ist vorzugsweise die Form des Eremitenlebens in Verbindung mit einem Kloster. - Die offenbar unausrottbare Meinung des Westens, das orth. Mönchtum sei weltfremd und kulturfeindlich, entspricht nicht den Tatsachen. Byz. Mönchtum ist auf dem Balkan und in Kleinasien kolonisatorisch tätig gewesen. Dasselbe gilt für das russ. Mönchtum (→ Rußland: I). Geistliches Zentrum war für Jh.e in der O.K. der → Athos. Der dort gepflegte Hesychasmus (→ Hesychasten, → Mystik: V) wurde zu einer Trostreligion für die von den → Türken unterjochten slawischen Völker. Die → Philokalia des Athosmönchs → Nikodemus von Naxos verbreitete in allen O.K.n die Ideale der → Askese und → Kontemplation unter den Laien. - In der Sowjetunion unterstehen die Klöster jurisdiktionell und verwaltungsmäßig dem Patriarchat. Auf Wunsch erfolgt die Klosterbewirtschaftung in Form von Eigenkolchosen. Über abgabefreie Naturalien verfügt dann das Kloster selbst.

8. Die *Frömmigkeit* der O.K. ist ein bes. schwieriges Forschungsgebiet. Grundsätzlich muß vor einer Mystifizierung oder Hypostasierung irgendeiner Volksseele gewarnt werden. Sie ist überdies auch theologisch nicht zu vertreten. Die wissenschaftlich-methodische Untersuchung umfaßt alle in → Orthodoxe Kirche: I, 1 erwähnten Spezialgebiete und Disziplinen, zu denen noch die Folklore (→ Kirchenkunde) zu rechnen ist. Unter Beachtung der oben ausgesprochenen Warnung ist bei dieser Arbeit auch die → Religionspsychologie (→ Frömmigkeit) heranzuziehen. Für den Bereich der byz. und O.K. sind von kath. Seite die Arbeiten von H. → Delehaye und P. Peeters vorbildlich (s. Lit.). Für die russ.-orth. Frömmigkeit sei auf die Untersuchung von Mansikka (s. Lit.) verwiesen. In den meisten Fällen ist es sehr schwierig, orth. Elemente vom → Aberglauben und der → Häresie zu trennen (s. Lit.: Onasch). Außerdem ist das Material bei den einzelnen orth. Völkern verschieden. Alle diese Voraussetzungen gelten auch für die im engeren Sinne orth. Frömmigkeit, wie die → Marien-, Christus- (→ Christusbild, → Christusmystik) und → Heiligenverehrung (: II). Dabei sind die Formen der *privaten Frömmigkeit* von derselben Bedeutung wie die der offiziell-kirchlichen. So hat zB die → Ikone ihren Ort nicht nur im Gottesdienst und an der → Bilderwand, sondern ebenso in der »schönen Ecke« (wie sie in Rußland heißt) des Privathauses. Oft ist eine starke Verdinglichung oder Personifizierung festzustellen, wenn etwa die Ikone bei einer unmoralischen Handlung umgedreht wird. Wie die Ikone hat das → Gebet (: V) nicht nur im Gottesdienst, sondern auch im Privatleben seinen festen Platz. Es hat sich eine tief in der Geschichte des Mönchtums (s. 7) verwurzelte Gebetspraxis entwickelt, die mit dem Vergottungsgedanken (s. 1) eng zusammenhängt. Das ältere, aber vom Hesychasmus wieder bewußter gepflegte Jesus-Gebet (»Jesus Christus, du Sohn Gottes, erbarme dich meiner«) ermöglichte und ermöglicht noch heute dem Frommen, auch außerhalb des Gottesdienstes zu beten. Die Gebetstechnik kann er soweit vollenden, daß er beim Aus- und Einatmen das Jesus-Gebet im Herzen spricht. Dabei erlangt er die Schau (θεωρία, slaw. Vidénie) der Herrlichkeit Gottes und wird selbst verherrlicht, dh dem Außenstehenden erscheint er mit verklärtem Angesicht. Geistlichem Hochmut wird durch eine strenge Praxis (πρᾶξις) gewehrt, die vor allem in unbedingtem Gehorsam einem geistlichen Vater (s. 7) gegenüber besteht. Für dieses geistliche Gebet (νοερὰ προσευχή) gibt es eine umfangreiche, bis auf → Barsanuphius u.a. zurückgehende Literatur, die in der → Philokalia gesammelt ist. So entstand, durch das Mönchtum gefördert, eine mystisch-enthusiastische Kirche des frommen Herzens neben dem offiziellen gottesdienstlichen und sakramentalen Leben. Die Gefahr ihrer Übertreibung (Liturgie und Sakrament nebensächlich, ja unnötig, daraus folgend Ablehnung von Hierarchie und Liturgie) ist sowohl von der Kirche als auch von besonnenen Vertretern dieses Enthusiasmus erkannt worden. - Eine eigenartige und nur in der O.K. anzutreffende Form persönlicher asketischer Frömmigkeit muß noch erwähnt werden: der Narr in Christo, der σαλός (slaw. Juródivyj; → Narrheit). Dieser Typus hat wohl zT den spätantiken Kyniker zum Vorbilde gehabt. Aber die Opferung der eigenen Intelligenz und des moralischen Rufes zum Heil einer religiös oberflächlichen Menschheit konnte seine Wurzel auch im Prophetentum des AT und in der praktischen Anwendung von Worten des NT wie 1Kor 4, 10; 3, 18 haben. Mit närrischen Symbolhandlungen (zB Werfen von Nüssen auf die Gemeinde vom Ambo [→ Kanzel] aus) wollte der Salos den Gläubigen die Würde von Liturgie und Sakrament ins Bewußtsein zurückrufen. Er mußte solche mutigen Taten mit Schlägen und Entehrungen bezahlen. Dafür war er aber fast der einzige, der mit der Botschaft der Sündenvergebung in die Slums der spätantiken Großstädte vordrang. Die berühmtesten Gottesnarren sind in Byzanz Symeon und Andreas im 6. und 10., in Rußland Vasilij im 16.Jh. Nach dem letzteren ist die berühmte Kathedrale auf dem »Roten Platz« in Moskau benannt. Der hagiographische Typus des Salos hat auch auf die schöne Literatur eingewirkt (Myschkin im »Idioten« von → Dostojewskij). - Auf die Verehrung bestimmter Gegenstände wie des → Kreuzes (: II) oder der → Reliquien kann hier nur hingewiesen werden.

9. Die antibyz. Politik der → Kreuzzüge, die barbarische Einnahme Konstantinopels durch die Kreuzfahrer 1204 und das Ausbleiben abendländischer Hilfe i.J. 1453 (trotz der Union mit Rom!) hat die *Stellung der O.K. zum Westen* bis ins 19.Jh. hinein mitgeprägt. Sie befand sich in der Türkei wie in Rußland in ausgesprochener Abwehrstellung zur röm.-kath. wie zur prot. Kirche. Das konfessionelle »Zwischenreich« der → Unierten Kirchen in Polen-Litauen und auf dem Balkan hat sie in dieser Haltung nur bestärkt. Das Verhältnis zu Rom läßt sich weithin an den Schicksalen der Unierten Kirchen ablesen. Etwas differenzierter gestaltete es sich zum Protestantismus. Dabei spielte Böhmen eine wichtige Rolle. 1452 nahmen hussitische Kreise Kontakt mit Konstantinopel wegen Unionsverhandlungen auf, die aber durch die Katastrophe von 1453 gegenstandslos wurden. Dagegen mußten die Bemühungen → Melanchthons und der Tübinger Theologen um ein fruchtbares Gespräch mit dem ökumenischen Patriarchen fehlschlagen, weil → Jeremias II. in allen seinen Antwortschreiben die reformatorische Lehre als Neoteropoiía (Neoterismós, s. 2) ablehnte. In dieser Auffassung wurde die O.K. noch bestärkt, als → Lukaris calvinistischen Gedanken in das orth. Dogma Eingang zu verschaffen suchte. Sie wurden durch → Mogilas und → Dositheus abgewehrt. Diese Auseinandersetzungen mit Polemiken gegen die kath. Kirche hat aber der Ekklesiologie der O.K. (s. 1) deutlichere Umrisse gegeben (vgl. Heiler 213f). Der Protestantismus hat auf anderen Wegen Einfluß auf die orth. Kulturgeschichte nehmen können. Die von A.H. → Francke erhofften Missionserfolge seiner Rußlandbeziehungen blieben zwar aus, dafür hat aber die prot. → Aufklärung auf die

russische Kirche des petrinischen Zeitalters, vor allem unter Theophan → Prokopowič, stark eingewirkt. Auch der Beziehungen eines → Buddeus und → Mosheim zu Rußland sei hier gedacht. Johann → Arnd ist ebenfalls dort viel gelesen worden (→ Tychon Sadonski). Weniger zweckbestimmt als bei Francke war die ökumenische Gesinnung → Zinzendorfs. Durch seine Verbindung mit den böhmischen Brüdern (→ Brüderunität: I. II) wurde er mit Traditionen bekannt, die nach Konstantinopel wiesen. Wie einst die Hussiten trat auch Zinzendorf in Unionsverhandlungen mit dem Patriarchen Neophyt. Eine 1743 angetretene Reise nach Rußland schlug fehl, wie auch die Verhandlungen mit Neophyt zu keinem Ergebnis führten. Zinzendorf übernahm zahlreiche Hymnen und Gebete der O.K. in den Gottesdienst der Brüdergemeine, ja er entdeckte eigentlich die orth. Liturgie neu für den Protestantismus. Das entkonfessionalisierte Christentum der → Romantik (→ Baader) hatte während der Zeit Zar → Alexanders I. nur vorübergehenden Einfluß auf die russische Orthodoxie. Dagegen wird immer deutlicher, wie stark der prot. → Liberalismus (: II. III) auf Männer wie zB → Chomjakow, → Solowjow, → Dostojewskij eingewirkt hat (vgl. L.Müller, Atti del Congr. Intern. Scienze Storiche Roma 1955, o.J., 706ff). Es gab und gibt zwar zahlreiche orth. Schüler namhafter prot. und kath. Fachgelehrter des 19. und 20.Jh.s, aber außerhalb der wissenschaftlichen Zusammenarbeit ist es bisher zu keiner wirklichen Annäherung der Kirchen des Ostens und Westens gekommen. Wieweit das Verhältnis zwischen prot. und O.K.n gegenwärtig in ein neues Stadium getreten ist, wird erst eine spätere Generation historisch voll ermessen können (→ Einigungsbestrebungen: III).

Vgl. die Lit. zu → O thodoxe Kirche: I. Zu 1: C.Neuhaus, IKZ 23, 1933, 99-118 (Gnadenlehre) - P.Dumont in: Irénikon 10ff, 1933ff (Ekklesiologie) - Heiler 186ff - Ekklesia, 1939, 55ff - T.Tschipke, Die Menschheit Christi als Heilsorgan der Gottheit, 1940 - V.Zenkowsky, Das Bild vom Menschen in der Ostkirche, 1951 - S.Bulgakoff, IKZ 47, 1957, 168-200 (Kirche) - V.Lossky, The Mystical Theol. of the Eastern Church, London 1957 - C.Englert, Eastern Churches Quarterly 12, 1958, 173-181 (westl. u. östl. Theol.) - M.J.Congar, Istina 6, 1959, 187-236 - M.J.Guillou, ebd 33-82 (Ekklesiologie) - Beck 277ff (279ff reiche Lit.) - Die Kirchen der Welt I/1, 15ff. 121ff; I/2, 7ff. - Zu 2: J.Michalcescu, Θησαυρὸς τῆς ὀρθοδοξίας, Leipzig 1904 (Zusammenstellung der orth. »Bekenntnisschriften«; Lit.) - Chr.Androutsos, Dogmatik der orth. Ostkirche, (1907) 1956 (griech.) - L.Müller, Die Bedeutung der Tradition usw (Kirche u. Kosmos, 1950, 77-97) - J.Karmiris, Die dogmat. u. symbol. Denkmäler der orth. kath. Kirche I. II, Athen 1952/53 (griech.). - Zu 3: Janin 259ff - Heiler 153ff - Ekklesia, 1941 - D.H.Marot, Irénikon 32, 1959, 436-472 (Pentarchie) - Beck 60ff (Lit.). - Zu 4 (vgl. die Lit. zu → Kirchenverfassung: III): N.Milasch, Das Kirchenrecht der Morgenländ. Kirche, Mostar (1897) 1905² - Heiler 179ff - Ekklesia, 1939, 75ff - J.Vašica, Byzantinoslavica 12, 1951, 154-174 (Nomos im Laienprozeß) - K.Mörsdorf, MThZ 8, 1957, 235-254 (Kirchenrecht heute) - Beck 140ff (Lit.). 422ff. 598ff. 655ff. 786ff - Die Kirchen der Welt I/1, 169ff; I/2, 92ff. - Zu 5: A.Kartaschow-E.Wolf, Die Entstehung der kaiserl. Synodalgewalt usw (Kirche u. Kosmos, 1950, 137-168) - F.Dölger-A.M.Schneider, Byzanz, 1952, 93ff (Lit.) - A.Michel, Die Kaisermacht in der Ostkirche, 1959 - Beck 36f (Lit.) - Die Kirchen der Welt I/2, 38ff. - Zu 6: J.Goar, Euchologion, (Paris 1647) Venedig 1730 - DACL III, 2515f (Salbung) - DThC IX, 2317f (Ehe); XII, 1127f (Buße) - Fr.Dunkel, ThPQ 80, 1927, 446f. 676f (Sakramentenspendung) - Fr.Paris, Irénikon 7, 1930, 276-308 (Bischofsweihe) - R.P.E.Mercenier-Fr.Paris, La prière des églises de rite byz. I-II/2, (1937) 1948-53² - Heiler 239ff (Sakramente) - B.Welte, Die postbaptismale Salbung, 1939 - S.Brückmann, Das Sakrament der Ehe usw, 1940 - J.Rabau, L'évêque, grand-prêtre du culte liturgique (Collect. Mechlinensia 32, 1947, 16-27) - C.-J.Dumont, Vie spirituelle 32, 1950, 584-594 (Taufe) - M.Siotis in: ThAthen 20-22, 1949-51 (Verhältnis von klass. u. christl. Cheirotonie) - E.D.Theodoros, ebd 25, 1954, 430-469. 576-601; 26, 1955, 57-76 (Cheirotonie u. -thesie) - DDC V, 725ff (letzte Ölung) - K. Winogradow, IKZ 44, 1954, 158-172 (Buße) - B.Schultze, Eucharistie u. Kirche in der russ. Theol. der Gegenwart (ZKTh 77, 1955, 257-300) - A.Raes, Mélanges Mgr. Andrieu, 1956, 365-372 (Buße) - Ders., Le mariage usw (Coll. Irénikon), 1958 - I.-H.Dalmais, Maison-Dieu 50. 1957, 58-69 (Ehe) - Beck 67f. 98f. 246ff. 282f u.ö. (Lit.) - Die Kirchen der Welt I/1, 157ff. - Zu 7 (vgl. die Lit. zu → Mönchtum: II, → Rußland: I): Heiler 365ff - Ekklesia, 1939, 100ff - Mulert-Schott 125ff - Beck 120ff (Lit.) - Die Kirchen der Welt I/2, 70ff. - Zu 8: H.Delehaye, Les légendes hagiographiques, Brüssel (1905) 1955⁴ - V.J.Mansikka, Die Religion der Ostslawen I, 1922 - I.Hausherr, Les grands courants de la spiritualité orientale (OrChrP 1, 1935, 114-138) - E.Benz, Hl. Narrheit (Kyrios 3, 1938, 1-55) - P.Peeters, Orient et Byzance. Le tréfonds oriental de l'hagiographie byz., Brüssel 1950 - La prière de Jésus (Coll. Irénikon, NS 4), (1951) 1959³ - Dölger-Schneider (s. 5) 163ff (Lit.) - F. Schultze, Unters.en über das Jesusgebet (OrChrP 18, 1952, 319-343) - K.Onasch, Paraskeva-Studien (Ostkirchl. Studien 6, 1957, 121 bis 141) - Beck 140 Anm. 2 (Lit. zum Salos). 364f (Gebet, Lit.) - Die Kirchen der Welt I/1, 175ff; I/2, 49ff. - Zu 9: I.Salomies, Der hallesche Pietismus in Rußland zZ Peters d. Gr., 1936 - J.Karmiris, Orthodoxie u. Protestantismus I, Athen 1937 (griech.) - Ekklesia, 1939, 114ff - E.Benz, Wittenberg u. Byzanz, 1949 - Ders., Die Ostkirche im Lichte der prot. Geschichtsschreibung, 1952 - Ders. in: Festschr. f. D.Čiževskij, 1954, 76-99 (Franckekreis u. die Ostslawen) - W.Delius, Der Protestantismus u. die russ.-orth. Kirche, 1949 - L. Müller, Russ. Geist u. ev. Christentum, 1951 - Ders., Die Kritik des Protestantismus in der russ. Theol. vom 16.-18.Jh. (AAMz 1951, 1) - Ev. u. orth. Christentum in Begegnung u. Auseinandersetzung, hg.v. E.Benz u. L.Zander, 1952 - E.Winter, Halle als Ausgangspunkt der dt. Rußlandkunde, 1953 - Zananiri 272ff - M.Vinogradov, Die Verhandlungen der Altkatholiken mit der russ. O.K. zur Frage der Vereinigung (ZMP 1954, H. 5, 47-53; russ.) - L'Eglise et les Eglises I. II, Chevetogne 1954/55 (Lit.) - Janin 504ff - M.Kriebel, Jb.er für Gesch. Osteuropas NF 3, 1955, 50-70 (Halle u. Konstantinopel 1700-30) - Ders., ebd 225-244 (Brüdergemeine u. Konstantinopel) - L.Zander, Aus dem Leben des gegenw. Protestantismus (Pravoslavnaja Mysl' 10, 1955, 33-44; russ.) - Mulert-Schott 174ff (K.Minkner) - ZMP 1956, H. 6, 62-66; H. 9, 24-37; H. 10, 38-43 (russ.; zur Konferenz mit den Anglikanern) - W.Schnurla, St. Vladimir's Seminary Quarterly 1, 1957, 7-22 (über dies. Konferenz) - Eastern Churches Quarterly 12, 1958, 203-207 (desgl.) - E.Schlink, Wandlungen im prot. Verständnis der Ostkirche (ÖR 6, 1957, 153 bis 164) - H.Schaeder, Grundprobleme des ev.-orth. Gespräches (ebd 23-43) - Dies., Ökumenische Zerreißproben (ZdZ 12, 1958, 52-57) - A.Salač, Constantinople et Prague 1452 (Českeslov. Akad. Věd., Ročnik 68), 1958 (vgl. Berliner Byzantinist. Arbeiten 9, 1957, 48-53) - Wort u. Mysterium, hg.v. Außenamt der EKD, 1958 - W. Kahle, Die Begegnung d. balt. Protestantismus mit d. russ.-orth. Kirche, 1959 - L.A.Zander, Einheit ohne Vereinigung, 1959 - Die Kirchen der Welt I/2, 117ff.

K.Onasch

III. In der Emigration

Nach dem 1. wie in und nach dem 2. Weltkrieg sind mehrere Millionen osteuropäischer, insbesondere russ. und ukrainischer Emigranten durch Westeuropa gezogen. Ein großer Teil fand in den USA, Kanada, Australien und sonst in Übersee eine neue Heimat. Einige Millionen sind teils freiwillig, teils auf Grund der Alliierten-Beschlüsse von Jalta (Jan. 1945) in die Sowjetunion zurückgekehrt. Einige Zehntausende blieben in der BRD oder in Frankreich, kleinere Gruppen in den umliegenden Ländern. Während sich die ältere Emigration um die russ. Kapellen in den Residenzen, Kurorten, Handels- und Universitätsstädten sammelte, lebte die Mehrzahl der zweiten Emigration in den DP-Lagern (»Displaced Persons«) Westdeutschlands, wo sie bis 1950 mit Einschluß ihrer Geistlichen durch die von der UNO finanzierte »Internationale Flüchtlings-Organisation« (IRO) erhalten wurden. 1958 übernahm der international zusammengesetzte Ökumenische Ausschuß für orth. Priester die Besoldung und Unterstützung der orth. Exilgeistlichkeit. Neben den großen russ. und ukrainischen Gruppen stehen die zahlenmäßig kleinen orth. Gemeinden der Serben, Rumänen, Georgier, Polen, Letten, Esten.

Die meisten orth. Christen der älteren Emigration waren schon in den 20er Jahren je nach ihrer Einstellung zur Russ. Orth. Heimatkirche (ROK) in der Sowjetunion in kirchliche Gruppen zerfallen. Bischof → Eulogius war von der südruss. Kirchenleitung bereits im Okt. 1920 zum Leiter der ROK in Westeuropa bestimmt und wurde 1921 von Patriarch → Tychon bestätigt. Die seit 1917 betriebene ukrainische kirchliche Unabhängigkeitsbewegung wurde von der ROK nicht anerkannt. - Eine in Karlowitz (Serbien) im Nov. 1921 konstituierte *»Bischofssynode der Russ. Auslandskirche«* wurde, da sie an dem antibolschewistischen, zaristischen Prinzip grundsätzlich festhielt, vom Patriarchen suspendiert (5.5.1922). Er beauftragte Metropolit Eulogius von Paris aufs neue mit dem Aufbau der russ. Auslandskirche; dieser wurde aber von der »Karlowitzer« Synodalkirche nicht anerkannt. 1944 übersiedelte das Haupt der »Karlowitzer«, Metropolit Anastasius, aus Serbien nach München, 1950 nach Kloster Jordanville bei New York. Der New Yorker Bischofssynode sind angeschlossen die Eparchien (d.i. Diözesen) von Deutschland, Österreich, Westeuropa-Paris, Nordamerika-Kanada und Südamerika (in Amerika 55 000 Glieder in 81 Gemeinden), Australien, ferner Einzelgemeinden in Afrika und Vorderasien. - Während die Bischöfliche oder »Anastasius«-Kirche zwar die »Orth. Patriarchen« in ihrer Fürbitte erwähnt, ohne einem von ihnen zu unterstehen, unterstellte sich die sog. *Eulogius-Kirche,* der bes. die russ. liberale Intelligenz angehört, mit 75 Gemeinden in Frankreich, Belgien und Deutschland 1931 der Jurisdiktion des Ökumenischen Patriarchen von Konstantinopel. - Die Diözese des russ. orth. Bischofs »von Berlin und Deutschland (Anastasiuskirche)« erlangte durch Verordnung des Preußischen Staatsministeriums vom 14.3.1936 die Rechte einer Körperschaft des öffentlichen Rechts. - Nach 1945 wurden von den meisten Ländern der BRD die Körperschaftsrechte der Münchner russ. orth. Diözese anerkannt; die Zugehörigkeit einiger westdeutscher Gemeinden zur Pariser Kirchenleitung war praktisch erloschen. Die Gemeinden von Groß-Berlin und der DDR unterstellten sich dem Patriarchat → Moskau. - Zentrum der russ.-orth. Emigration wurde das auf Initiative des Metropoliten Eulogius 1925 gegründete *St.Sergius-Institut* in Paris, das in 25 Jahren über 100 orth. Priester ausgebildet hat. Das Institut hat große Verdienste um die zwischenkirchliche Verständigung und stellte der ökumenischen Bewegung einige führende Köpfe: S.N. → Bulgakow, → Florovsky, → Zander und A.W.Kartaschow († 1960; vgl. WKL 655). Eine innermissionarische Sammlungsarbeit leistete die Anfang des 20.Jh.s gegründete und 1923 in Prag neu konstituierte Russ. Christliche Studentenbewegung (vgl. WKL 1277). Sie wurde 1935 korrespondierendes Mitglied des Christlichen Studentenweltbundes (→ Studentenverbände, 2) und arbeitet in der ökumenischen Bewegung mit. Dagegen hat die Bischöfliche Anastasius-Kirche 1938 und 1954 eine solche Mitarbeit abgelehnt.

Von den Emigrantenkirchen sind als orth. *Diasporakirchen* die große Griechische sowie die Russ. Orth. Kirche von Nordamerika (je etwa 1 Mill.) und die als zweite Staatskirche anerkannte Finnische Orth. Kirche (80 000; 2% der finnischen Staatsbürger) zu unterscheiden. Sie stehen sämtlich in liturgischer Gebetsgemeinschaft mit allen Patriarchaten einschließlich des Patriarchats Moskau. Dieses hat seinerseits nach 1945 Exarchate in der Tschechoslowakei (später autonom geworden - mit Anschluß der dortigen Emigrantengemeinden), Westeuropa-Paris, Amerika und (1960) Mitteleuropa-Berlin eingerichtet.

J.Lagowsky, Die ROK seit 1917 (Evangelium u. Osten 9, 1938, H. 6ff) - W.Haugg, Materialien zur Gesch. d. östlich-orth. Kirche in Deutschland (Kyrios 5, 1940/41, 288-305) - Metropolit Eulogius, Mein Lebensweg, hg.v. T.Manuchina, Paris 1947 (russ.; wertvolle zeitgesch. Quelle) - Patriarch Sergius u. sein geistl. Erbe, Moskau 1947 (russ.; dt. verkürzte Übers. 1952) - H.Schaeder, Die Orth. Kirche d. Ostens (KJ 76, 1949, 198-356; 83, 1956, 256-331) - D.H. Lowrie, St. Sergius in Paris, London 1954 - H.M.Biedermann OESA, Die ostkirchl. Gemeinschaften in USA u. Kanada, 1954.

Hildegard Schaeder

IV. Mission der Orthodoxen Kirche (M. = Mission)

Die Orthodoxie des Oströmischen Reiches, durch Perser, Araber und die römischen Jurisdiktionsgrenzen von M.smöglichkeiten abgeschnitten, leitete im 9.Jh. die Slawen-M. ein (→ Konstantin und Methodius), die über Korsun und → Kiew ins neuentwickelte russ. Staatswesen getragen wurde. Diese M.sbewegung setzte sich zu den karelischen Finnen (Valamo 992, eine Legende?), den Wotjaken und Tscheremissen (Mönch Abraham, 12.Jh.) und den Tschuden (23 Mönche im 13.Jh.) fort und nahm mit der Belebung des Klosterwesens Mitte des 14.Jh.s neuen Aufschwung (Stefan von Perm unter den Syrjanen, Bekehrung der Lappen am Onega-See). Erst als → Rußland (: I) nach der Vernichtung Ostroms (1453) das tolerante Verhältnis zum Islam aufgab und den Geschichtsauftrag von → Byzanz (: II) übernahm, zeigte sich eine organisierte M.stätigkeit. Der Kriegszug Iwans IV. gegen das Tatarenkhanat Kasan 1542 stand im Zeichen des Hl. Krieges. Seit der Christianisierung dieses Gebietes war die Beimischung staatlichen Zwangs in der orth. M.sarbeit bemerkbar. Nachdem der Kosakenhetman Ermak Timofejev 1582 den sibirischen Raum bewältigt hatte, war hier eine M.saufgabe gestellt, die → Peter d. Gr., von → Leibniz beraten, mit dem Ukas vom 18.7.1700 aufgriff. Metropolit Filofej Leščinskij, der »Apostel Sibiriens«, bekehrte in 20 Jahren 40 000 Ostjaken, Wogulen, Tataren und Tungusen und errichtete 1727 das Bistum Irkutsk.

1794 folgten Mönche aus Valamo als erste M.are den russ. Pelzhändlern in das russisch besetzte Alaska. 1823 brach Innokentij Venjaminov (1797-1879), der größte russ. M.ar, von Irkutsk zu den Aleuten auf. Sein dortiger Erfolg trieb ihn, 1829 das amerikanische Festland aufzusuchen.

Die China-M., seit 1858 durch Staatsvertrag von der politischen M. getrennt, baute seit 1896 unter Innokentij Figurovskij Kapellen und Schulen. Im Dez. 1945 erkannte Bischof Viktor von Peking den Moskauer Patriarchen an. Symeon Du wurde als erster Chinese zum Bischof geweiht. Nach Vertreibung der westlichen M.are aus China gewann die Moskauer M., sich der Nationalisierung anpassend, erhöhte Bedeutung. Die M. in → Japan (: IV, 2 c), die unter Bischof Nikolaj und dem späteren Patriarchen Sergij Stragorodskij aufgeblüht war, erhielt 1946 auf Antrag McArthurs einen russ. Hierarchen aus USA, Bischof Venjamin aus Pittsburg. In ihren 200 Gemeinden dienen Japaner.

In den → Vorderen Orient wurde die russ. M. durch den Hilferuf der von der kath. Unionsinitiative bedrängten nonchalcedonensischen Kirchen gezogen. 1847 trat die Russ. Geistliche M. in Jerusalem rivalisierend auf den Plan. Hilfsersuchen, die jakobitische Hierarchen in der Russ. Gesandtschaft Konstantinopel vortrugen (1844 Patriarch Jakob II., 1851 Metropolit Peter von Damaskus), führten zu dem Auftrag an Archimandrit Sofonij (seit 1858 Geistliche M. Jerusalem), die Vereinigung der → Jakobiten mit der Orthodoxie vorzubereiten. 1859 wurden die nestorianisch-russ. Beziehungen aufgenommen. Die russ. M. am Urmiah-See inmitten der nestorianischen Dörfer Persiens führte 1898 zu einem Einigungsakt in St. Petersburg. Auch in Siam und Indien wirkten russ. M.are. 1923 gingen Valamomönche aus Finnland nach Marokko und begründeten eine so erfolgreiche M., daß man heute an die Stiftung einer finnisch-russ. M.sgesellschaft denkt.

Die Pflege der M.swissenschaft oblag im Zarenreich der Geistlichen Akademie Kasan. Durch Venjaminov war 1870 eine orth. M.sgesellschaft in Moskau gegründet worden (M.sfeste am Sonntag der Orthodoxie). In Spannung dazu faßte der Hl. Dirigierende Synod in Petersburg in der Abteilung »M.« die verschiedensten politischen Tätigkeiten zusammen: den Kampf mit Sekten, Altgläubigen und atheistischer Intelligenz, die Abwehr der Polonisierung und Katholisierung in Weißrußland, die Konversion und Russifizierung der Baltenvölker ebenso wie die Durchdringung des heidnischen sibirischen Raums und die »Äußere« M. Auslandsmaßnahmen wurden durchs Außenministerium veranlaßt. Die M.skonferenz 1911 in Kiew offenbarte Kräfte, die die staatliche Lenkung sprengen wollten.

Eine neue Bewegung geht von Griechenland aus. 1958 rief die internationale orth. Jugendbewegung »Syndesmos« ein Exekutivkomitee für Welt-M. (Athen) ins Leben. Ziel ist die Gründung einer pan-orth. M.sgesellschaft unter Mitarbeit zB der orth. Kirche in → Uganda.

K.Lübeck, Die russ. M.en, 1922 - J.Georgijevskij, Der Weg meines Lebens, 1947, 202ff (russ.) - J.Glazik, Die russ.-orth. Heiden-M. seit Peter d. Gr., 1954 (russ. Lit.) - Ders., Die Islam-M. der russ.-orth. Kirche, 1959 - I.Smolitsch, Zur Gesch. der Beziehungen zw. der russ. Kirche u. dem orth. Osten (Ostkirchl. Studien 5, 1956, 33 bis 51. 89-136) - F.Heyer, Die Beziehungen der russ. Orthodoxie zu den »häretischen« Kirchen des Vorderen Orients (Jb.er für Gesch. Osteuropas NF 4, 1956, 387-397) - E.Benz, Geist u. Leben der Ostkirche, 1957, 89ff.

F.Heyer

Orthodoxie, *altprotestantische*

1. Umgrenzung und Aufgliederung - 2. Voraussetzungen: a) theologisch, b) allgemeingeschichtlich - 3. Geschichte der a.O.: a) luth. O., b) ref. O. - 4. Inneres Leben - 5. Bedeutung und Bewertung

1. A.O. nennt man herkömmlich die nachreformatorische ev. Theologie, sowohl die luth. als auch die ref. Unter der Kirche der a.O. versteht man die Kirche der nachreformatorischen Zeit. Zweckmäßigerweise sieht man das Jahr des → Augsburger Religionsfriedens 1555 als das Anfangsjahr der orth. Zeit an. Mit dem Jahre 1675, in dem → Speners »Pia desideria« und die »Formula consensus Helvetica« erschienen sind, kann das orth. Zeitalter als beendigt gelten. Spätestens um 1700 ist die Herrschaft der O. gebrochen. Für das Luthertum darf man allerdings orth. Theologen des 18.Jh.s wie → Löscher, → Cyprian, → Goeze oder J.B. → Carpzov (V.) nicht übersehen. Diese Vertreter einer luth. Spät-O. reichen fast an die Zeit der Männer heran, die im 19.Jh. wieder ein rechtgläubiges → Luthertum (: II) proklamieren. So läßt sich nur sagen, daß seit dem → Pietismus und der Aufklärungstheologie (→ Aufklärung: III) die *Herrschaft* der O. auch in den luth. Kirchen zu Ende ist. - Als Früh-O. betrachtet man vielfach die O. bis zu Joh. → Gerhard (seit 1616 Prof. in Jena) oder bis 1630; man läßt dann die Hoch-O. folgen und nennt die O. etwa seit → Calovs Tod (1686) oder seit 1680 Spät-O. Die Aufgliederung weist hin auf die analoge Unterscheidung von Früh-, Hoch- und Spätbarock (s. 2).

2. a) Ohne Kenntnis ihrer *theologischen Voraussetzungen* ist die a.O. nicht zu verstehen. Deren wichtigste ist die Kanonisierung der Reformatoren und ihrer Theologie. → *Luther* ist allen luth. Orthodoxen der deutsche Prophet oder der Prophet Gottes für alle Zeiten. Daß er selbst etwas anderes lehren könne oder dürfe als Luther, kommt keinem luth. Theologen in den Sinn. Ganz analog dazu bezieht sich die ref. O. eindeutig und fast ausschließlich auf → *Calvin* und seine »Institutio«. Freilich darf man von ref. Kirche erst seit dem Consensus Tigurinus sprechen, der 1549 zwischen Zürich und Genf, »*Zwingli*« (→ Bullinger!) und Calvin geschlossen wurde. Trotz der ursprünglich stärkeren Hinneigung Calvins zu Luther ist im Consensus Tigurinus den deutschschweizerischen Anliegen sehr stark Rechnung getragen; und in den 1552 einsetzenden Abendmahlskämpfen (→ Abendmahl: II, 3 b. c; → Westphal) entscheidet sich schon, daß es keine einheitliche a.O., sondern nur eine luth. und eine ref. O. geben wird und letztere nicht nur auf Calvin, sondern auch auf Zwingli bezogen ist. Nicht weniger folgenschwer ist der Ausgleich, der in der luth. Welt zwischen den Einflüssen von Luther und von → Melanchthon hergestellt werden muß. Es kommt zunächst zu einer Kette von Lehrkämpfen - um die → Adiaphora, um das Gesetz (→ Antinomistische Streitigkeiten), die → Guten Werke (→ Major), den Anteil des menschlichen Willens am Heilsvorgang (→ Synergismus), die Erbsünde (→ Sünde: V, → Flacius) -, in denen Gnesiolutheraner und Philippisten gegeneinander stehen. Am Ende setzen sich in der → Konkordienformel der Sache nach gnesioluth. Motive durch, ohne daß extreme Thesen und Formulierungen akzeptiert werden. Die Kämpfe um den → Kryptocalvinismus (1566-74; 1586-91) bringen sogar einen Flügel der Melanchthonschüler ins ref. Lager, so daß die »Deutschreformierten« als ein eigener Zweig des Reformiertentums in Erscheinung treten (s. 3 b) und der Schein entsteht, als ob die luth. O. wirklich eine betonte Abkehr von Melanchthon zugunsten klarerer Anlehnung an Luther vollzöge. Tatsächlich bewirkt die Auseinandersetzung mit → Osiander (1549-66) eine starke Festlegung der luth. O. auf das melanchthonische, betont und einseitig forensische Verständnis der → Rechtfertigung (: II). Auch in der Zuordnung von → Gesetz (: V, 6) und Evangelium setzen sich kräftig melanchthonische Motive durch. Die Entwicklung auf eine → Natürliche Theologie hin, die schon bei Melanchthon zu beobachten ist, geht weiter. Gegen Luthers Absage an »Narristoteles« gehört Melanchthons Wertschätzung des Stagiriten die Zukunft. Die Prädestinationslehre der FC (XI) ist nicht die Luthers, sondern knüpft viel eher an die Kritik Melanchthons an Luthers »De servo arbitrio« an. Das Verhältnis zwischen → Theologie und Philosophie ist in der luth. O. nicht kritisch im Sinne Luthers, sondern viel positiver bestimmt. Auf der anderen Seite distanziert sich die Masse der luth. Orthodoxen von Weiterbildungen melanchthonisch-humanistischer Theologie, die u.a. das Bekenntnis zur altkirchlichen Tradition aufnehmen und weiterführen (→ Calixt, → Hornejus). M.a.W.: Hinter dem pathetischen Bekenntnis zu dem einzigartigen Luther verbirgt sich eine sehr komplizierte Verbindung luth. und melanchthonischer Motive. Es ist zwar keinesfalls möglich, Melanchthon etwa alleinverantwortlich für das Absinken der Reformation in die O. zu machen. Aber die mächtige Einwirkung Melanchthons auf die luth. und ref. O. darf nicht verkannt werden. Der Kompromiß zwischen Luther und Melanchthon wird auch kenntlich an der Geschichte der luth. → Bekenntnisbildung, die Bedeutung Melanchthons für die gesamte a.O. an dem Auftauchen von Schriften Melanchthons als ref. Bekenntnisse.

b) Die a.O. hat nicht nur innerkirchliche, sondern auch *allgemeingeschichtliche Voraussetzungen*. Sie entsteht in einer Zeit, in der sich der (in Deutschland landesfürstliche) Absolutismus vorbereitet, und vollendet sich im absolutistischen Zeitalter. Der Landesfürst wird der absolute Herr seines Territoriums und beansprucht den Einfluß auf alle Lebensäußerungen seiner Untertanen, in erster Linie deren Religionsübung. Die Gefahr, daß sich die a.O. rein landesrechtlich und landeskirchlich entwickelte, hat (bis 1580) ernsthaft bestanden: jedes Territorium schien sein »Corpus doctrinae« (→ Bekenntnisschriften) und sein konfessionelles Gesicht zu bekommen. Andererseits war mit dem → Augsburger Religionsfrieden 1555 eine reichsrechtliche Religionsregelung erfolgt, die die Landesfürsten und ihre Theologen - Lutheraner und Reformierte - zueinanderzwang, weil neben den Anhängern des alten Glaubens nur die Verwandten der Augsburgischen Konfession unter reichsrechtlichen Schutz gestellt waren. So mußte alle Bekenntnisbildung als Interpretation des → Augsburgischen Bekenntnisses vor sich gehen. Daß sich von dieser her keine Möglichkeit ergab, die Gegensätze innerhalb der a.O. wenigstens in Deutschland zu überwinden, war dadurch bedingt, daß es neben der unveränderten CA von 1530 noch die Augustana variata von 1540 gab, die von Luther und Calvin anerkannt war und auf die sich berufend die deutschen Reformierten in ihrem Gegensatz zu den Lutheranern bleiben und sich dennoch als Augsburgische Konfessionsverwandte behaupten konnten (H. → Alting, Exegesis Augustanae confessionis, 1652).

Das Landeskirchentum der Zeit der a.O. (→ Kirchenverfassung: VI, 4 b) besaß keine geistliche Leitung analog der, die die kath. Kirche trotz aller Verweltlichung noch in ihren Bischöfen hatte; aber es erhielt eine geistliche Führung ganz neuer Art in seinen theologischen Fakultäten. Die Geschichte der a.O. ist in einer bisher unbekannten Weise die Geschichte des Einflusses der Fakultäten. Sie verläuft so, daß sich → Wittenberg gegen → Jena durchsetzt und Jena gegen Wittenberg, daß eine Auseinandersetzung zwischen Wittenberg und → Helmstedt das ganze Luthertum erregt, daß der große Einfluß von → Genf durch den der im 17.Jh. neu gegründeten holländischen Universitäten abgelöst wird, die Schule von → Saumur sich schließlich stark durchsetzt usw.

Die a.O. fällt zeitlich mit dem → Barock (: I. II) zusammen; sogar die Periodisierung von O. und Barock zeigt Beziehungen zueinander. Enge sachliche Beziehungen sind wahrscheinlich, im Formalen sogar offenkundig. Die Beziehungen zwischen Barockkunst, -literatur, -musik, -metaphysik, -theologie usw klar aufzuweisen, ist um so schwieriger, als das Zeitalter des Barock nicht nur mit der a.O., sondern auch mit der → Gegenreformation zusammengehört und ein eindeutiger und ausschließlicher Bezug von a.O. und Barock natürlich nicht behauptet werden kann. Bei dem Aufweis formaler Bezüge - Weitschweifigkeit und gedankliche Verstiegenheit des Barock und der altorth. Dogmatik, Intellektualismus im Barock und im altprot. Denken usw - darf man es nicht bewenden lassen. Charakteristisch für das Barock sind die gewaltigen Spannungen zwischen Jenseits und Diesseits, Todesbedrängnis und Lebenswille, kosmischer Weite und Ichbewußtsein, Traditionsgebundenheit und Vorwärtsdrängen. Auch die a.O. steht in stärksten Spannungen. In engstem Bezug zu ihr erfolgt das Selbständigwerden der Philosophie. Die philosophischen Probleme sind nicht mehr Präliminarien der Dogmatik, sondern werden in einer eigenen philosophischen Wissenschaft erörtert, die die erklärte Königin aller anderen Wissenschaften und die heimliche Beherrscherin auch der Theologie wird (M.Wundt). Die Tuchfühlung zwischen → Theologie und Philosophie bleibt freilich eng. In der Regel übernehmen dieselben Männer zunächst Professuren der Philosophie (der Logik, der Ethik) und rücken dann in eine theologische Professur auf. Einzelne aber wie C. → Martini, → Timpler, → Keckermann bleiben lebenslang auf ihren philosophischen Lehrstühlen und erörtern philosophische Probleme unabhängig von theologischen Prämissen. Die Philosophie arbeitet der Theologie vor, ist aber bestrebt, sich unabhängig von ihr zu halten. Mit dieser ihrer Philosophie arbeiten die Männer der a.O. der → Aufklärung vor. Aus dem ersten selbständigen Einsatz der Philosophie »wuchs gerade in Deutschland ohne tieferen und dauernden Bruch die Aufklärung hervor, an die wieder Kant anknüpfte« (M.Wundt). Die Unterschiede zwischen luth. und ref. O. in der Philosophie beziehen sich nicht auf den Ansatz bei → Aristoteles - der wird beiderseits gleichmäßig vorgenommen -, sondern liegen darin, daß die Reformierten stärker bereit sind, etwa Ethik und Politik der Ratio ganz freizugeben, und rascher (Clauberg in Duisburg) den Anschluß an die neue westeuropäische Aufklärungsphilosophie (→ Descartes) finden.

Dieselbe a.O., die philosophisch so stark zukunftsbezogen ist, ist gleichzeitig erstaunlich rückwärtsgewandt. In ihr setzt sich eine in Italien einsetzende Aristoteles-Renaissance fort (→ Aristotelismus, 2 e). Das bedeutet zugleich eine neue → Ontologie und ein Bekenntnis zu der conformitas rei et intellectus, die es ermöglicht, Aussagen über das Seiende als Seiendes zu machen, Abwendung vom spätmittelalterlichen und reformatorischen → Nominalismus und Anknüpfung an den hochmittelalterlichen Realismus und an → Thomas von Aquino. Daß Einflüsse hochmittelalterlichen Denkens über die spanische Spätscholastik in die a.O. eindringen, wird an J. → Martini kenntlich, dessen Disputationes bzw. Partitiones metaphysicae (1611 bzw. 1615) sich ganz an die Metaphysicae disputationes des → Suarez anlehnen. Wie stark und unmittelbar die Einflüsse sind, ist kontrovers (Lewalter gegen Eschweiler). Nimmt man hinzu, daß bes. seit J. → Arnd Einflüsse der mittelalterlichen → Mystik (: VI) auf die → Erbauungsliteratur (, 3 b) der a.O. wirksam werden (s. 4), vielfach jesuitisch vermittelt (vgl. P.Althaus d. Ä.), so ist schwerlich dem Urteil auszuweichen, daß die a.O. in auffälligem Maße Rekatholisierung bedeutet, so sehr sie wiederum mit ihrem Schriftprinzip und ihrem Kampf gegen eine neue Würdigung der altkirchlichen Tradition (→ Calixt) gegen den Katholizismus Stellung nimmt und vollends in ihrer Polemik antikath. ist. - Daß die Rückwendung zu Aristoteles nicht ohne Widerstand erfolgt ist, wird an den Auseinandersetzungen der Reformierten mit P. → Ramus und im Luthertum an dem Kampf um D. → Hoffmann kenntlich, schließlich auch an der Polemik verspäteter Schüler Hoffmanns gegen »Arschtoteles« und an den pietistischen Reaktionen gegen die natürliche Theologie der O. (→ Zinzendorf).

3. *Die Geschichte der a.O.* ist zugleich die Geschichte des konfessionellen Zeitalters. Voraussetzung für Denken und Lebensgefühl der a.O. ist das unbedingte Zutrauen zur absoluten Wahrheitserkenntnis. Wie auf philosophischem Gebiet keinerlei Zweifel in die Möglichkeit der Erkenntnis des Seienden gesetzt werden, hat man in der Theologie ein unbedingtes Zutrauen zu der einmal als solche klar erkannten Offenbarungswahrheit. Die Kehrseite dieser Sicherheit hinsichtlich des eigenen Erkenntnisvermögens ist die Entschlossenheit, den dogmatischen Gegner zu verdammen und damit moralisch zu vernichten. Daher blüht in der a.O. neben der Dogmatik die Polemik (→ Konfessionskunde). Zahllose Streitschriften von Lutheranern und Reformierten gegen die Papisten und namentlich die Jesuiten, von Lutheranern gegen die Reformierten und von Reformierten gegen die Lutheraner sind von den altorth. Theologen geschrieben worden. - Das schließt nicht aus, daß man auch wieder ein Gefühl der Zusammengehörigkeit empfindet und daß das sogar in der Polemik kenntlich wird. Der Kampf gegen → Sozinianer und → Arminianer oder am Ende

auch gegen die Anfänge des → Deismus (: III) wird von allen geführt, die sich zum altkirchlichen Dogma bekennen. Gegen Rom streiten Lutheraner wie Reformierte, wenn auch bei Lutheranern (→ Höe von Höenegg, → Leyser) u.U. der Gegensatz zu den Calvinisten stärker als der zu den Papisten herausgestellt wird. Der Dreißigjährige Krieg zwingt demgegenüber zur Neubesinnung (s. 4; sog. Irenik). - Über solchen Gemeinsamkeiten in der Frontstellung nach außen hin dürfen auch die echten sachlichen Gemeinsamkeiten zwischen luth. und ref. O. nicht übersehen werden; denn völlig gegensätzlich zueinander stehen luth. und ref. O. nicht. Das Bekenntnis zur Hl. Schrift als alleiniger Offenbarungsquelle ist gemeinsam, und eine detaillierte Inspirationslehre wird bei Lutheranern wie Reformierten entwickelt, bis dahin, daß auch um die → Inspiration (: II, 4) der hebräischen Vokalzeichen gestritten wird (→ Buxtorf). In den Lehren von der → Sünde (: V), der → Rechtfertigung (: II), den → Sakramenten (: I) sind viele Gemeinsamkeiten vorhanden. Gottes Gnade wird auch in der Nachfolge Calvins nicht auf unsere Werke, sondern auf unser Elend gegründet. Weder Lutheraner noch Reformierte entwickeln ihren Kirchenbegriff so, daß sie ihre Konfessionskirche mit der Kirche Christi identifizieren. Die Reformierten, bei denen die Prädestinationslehre zum Ansatz bei einem Bild von der unsichtbaren Kirche als communio praedestinatorum zwingt, ohne daß über diese theologisch stark reflektiert würde, sehen in der Reformation Luthers auf halbem Wege steckengebliebene Reformation und sind grundsätzlich unionsbereit. Im Luthertum wird die Unterscheidung zwischen sichtbarer und unsichtbarer Kirche vollzogen (→ Hütter, Aeg. → Hunn) und werden keiner Kirche die vestigia ecclesiae von vornherein abgesprochen, so daß die dogmatischen Verdammungen dem einzelnen Glied der anderen Konfession die mögliche Zugehörigkeit zur Kirche Christi nicht absprechen. Die Unterscheidung zwischen fundamentalen und nichtfundamentalen Glaubensartikeln ist zunächst als eine Art Ersatz für die kath. → fides implicita nötig (N. → Hunn) und hat nicht allein einen Bezug auf die Frage nach dem Verhältnis der Konfessionskirchen zueinander; aber sie bietet sich von vornherein an, wenn um gegenseitige Verständigung gerungen wird. Bemühungen in dieser Richtung bleiben freilich ergebnislos und führen nur dazu, den Umfang der fundamentalen Artikel wieder zu erweitern. Daß die Auseinandersetzungen um das Prädestinationsverständnis in der ref. (s. 3 b) und in der luth. Kirche (S. → Huber) in Analogie zueinander stehen, daß einzelne neue Lehren etwa von den Reformierten zu den Lutheranern hinüberwandern (→ Unio mystica), daß schließlich bestimmte Grenzen in der luth. wie in der ref. O. gleichmäßig sichtbar werden - Verwischung des Unterschiedes zwischen AT und NT, am krassesten in der Theologia Adami sive paradisiaca (→Deutschmann); nicht einmal die Föderaltheologie (→ Bund: IV) des → Coccejus wird den biblisch-theologischen Einsichten gerecht, die viel später selbstverständlich werden -, zeigt ebenfalls, daß luth. und ref. O. nicht völlig voneinander unabhängige Gebilde sind und daß die irenischen Bemühungen der Helmstedter und Heidelberger und die Religionsgespräche, zu denen schon der Dreißigjährige Krieg veranlaßt (Leipzig 1631, Kassel 1661, Berlin 1662-63), nicht von vornherein nur in vollkommener Hoffnungslosigkeit geführt werden können (→Einigungsbestrebungen: II, 2).

a) Die *luth. O.* hatte abgesehen von der Zeit, in der sie sich erst vorbereitete und die strengsten Lutheraner in Jena lehrten, ihr Zentrum an der cathedra Lutheri, in Wittenberg. Jena behielt schon wegen J. → Gerhard hohen Rang, und seine O. bekam seit J. → Musäus ihr besonderes Gesicht. Andere luth.-orthodoxe Fakultäten waren → Tübingen, → Straßburg, → Leipzig, → Gießen, → Greifswald, → Rostock, auch → Helmstedt und → Königsberg. Das Luthertum war hier und dort je etwas verschieden geprägt, Lehrgegensätze zwischen einzelnen Fakultäten sind zu beobachten (Gießener Kenotiker gegen Tübinger Kryptiker; →Kenosis, 2; →Hafenreffer; → Mentzer, 1). Daß einige luth. Gebiete die FC nicht annahmen - neben Dänemark, Holstein, Pommern, Nürnberg auch Braunschweig -, wirkt sich u.a. in den Auseinandersetzungen der luth. Orthodoxen mit den Helmstedtern aus (→ Synkretistischer Streit; → Calixt). Trotz dieser und anderer Streitsachen bestanden keine schweren Gegensätze zwischen einzelnen Fakultäten oder Flügeln im orth. Luthertum, nachdem einmal die Abgrenzung gegenüber der → Reformierten Kirche vollzogen war. - Wichtigste Vertreter der Früh-O. vor J.Gerhard sind → Hütter, Aeg. und Nik. → Hunn, → Hafenreffer, B. → Mentzer I. Die führenden Gestalten im Luthertum der Hoch-O. sind etwa → Gerhard, J.F. → König, → Hülsemann, → Calov, → Quenstedt, die bedeutendsten Männer der Spät-O. J. → Musäus und V.E. → Löscher. Die letzte luth.-orth. Lehrdarstellung hat J.B. → Carpzov V. in seinem »Liber doctrinalis theologiae purioris« (1767) gegeben (vgl. ferner die Neuauflagen altorth. Lehrbücher im 18. und 19.Jh.). Eine Sonderstellung unter den luth. Theologen in orth. Zeit nimmt → Calixt ein. In der Auseinandersetzung mit ihm und seiner Schule (→ Synkretistischer Streit) erschöpft sich die Kraft der luth. O. und geht deren große Zeit zu Ende. - Nicht ganz übersehen werden sollte die a.O. luth. Gestalt im skandinavischen Kirchentum (→ Dänemark: I, → Finnland: I, → Norwegen: I, → Schweden: I).

Die methodische Wandlung, die sich innerhalb der luth. O. vollzieht, besteht darin, daß die Loci-Methode seit Gerhard durch die analytische Methode ersetzt wird. Während zuerst die einzelnen Lehrstücke lose aneinandergefügt wurden und sich der innere Zusammenhang nur dadurch ergab, daß der Darsteller von den Ursachen zu den Wirkungen, a priori ad posterius fortschritt, wird dann das Heilsgeschehen etwa unter den Gesichtspunkten Heilsziel, Heilsobjekt und Heilsmittel entfaltet. Eine inhaltliche Wandlung geht insofern vor sich, als im Anfang kaum Hinneigung zu einer Natürlichen Theologie besteht (→ Hütter) - was nicht ausschließt, daß es der Metaphysik überlassen bleibt, Sätze auch über das summum ens aufzustellen -, während schon Gerhard in Anknüpfung an Melanchthon sich wieder stärker der Natürlichen Theologie zuwendet und Musäus oder → Baier vollends die spezielle Dogmatik philosophisch unterbauen. Zu inhaltlichen Wandlungen im einzelnen vgl. → Prädestination: III (auch S. → Huber) und → Unio mystica.

Die große dogmatische Leistung und zugleich das eine große Problem der luth. O. ist die Schaffung einer Lehre von der Hl. Schrift (→ Bibel: III) und ihrer → Inspiration (: II, 4), die an die Spitze des Systems tritt. Die Fragwürdigkeit der orth. Inspirationslehre wird fast schon daran kenntlich, daß zunächst der theologische Lehrbetrieb tatsächlich vom Schriftstudium beherrscht wird, dann aber die in der → Dogmatik systematisch vorgetragene, aus der Schrift gezogene (dicta probantia) Lehre die Exegese stark überwuchert, so daß am Ende der unmittelbare Umgang mit der Schrift so gut wie ganz verdrängt ist. Die Frage, wodurch denn die Theopneustie der Schrift dem Leser gewiß werde, kann die luth. O. natürlich nicht ohne Erörterung der Frage nach Schrift und Geist beantworten, und sie begründet die Inspirationsgewißheit auf das → testimonium spiritus sancti internum. Aber → Rahtmann, der, von J. → Arnd beeinflußt, die lebendige Christusgemeinschaft nicht durch bloßen Umgang mit einem Buche verdrängt wissen will, bezichtigten die Orthodoxen des Mystizismus und der Schwenckfelderei (→ Schwenckfeld). Um nun nicht die Wahrheitsgewißheit an das Vorhandensein des lebendigen Heilsglaubens binden oder den Schwankungen desselben unterwerfen zu müssen, postuliert man eine illuminatio (→ Erleuchtung), die der den Glauben verleihenden Rechtfertigung vorangeht und daher auch beim persönlich Ungläubigen da sein und wirksam werden kann. Das führt zu der hart umstrittenen theologia irregenitorum. Obwohl Luthers Unterscheidung von claritas externa und interna der Hl. Schrift (De servo arbitrio) nachwirkt, ist das Postulat einer vom lebendigen Heilsglauben unabhängigen Wahrheitsgewißheit einer der wundesten Punkte des luth.-orth. Systems. Dazu kommt noch, daß die Behauptung der Perspikuität und Suffizienz nur deshalb möglich ist, weil heimlicher-, aber eindeutigerweise die Bekenntnisschriften vor die Hl. Schrift treten und ihre Auslegung bestimmen.

So verdienstvoll es bleibt, daß das orth. Luthertum unerbittlich daran festgehalten hat, daß das Heil Gottes nicht auf menschliche Werke gegründet ist, sondern ausschließlich auf Gottes freie → Gnade, so sehr ist gerade sein Rechtfertigungsverständnis mit Fragen und Schwierigkeiten belastet und angetan, kritische Einwände herauszufordern. Nicht nur die theologia irregenitorum, zu der das doktrinaristische Offenbarungsverständnis nötigt, sondern auch schon die allzu einlinig melanchthonische und antiosiandrische Festlegung auf ein rein forensisches Rechtfertigungsverständnis, auch die letztlich doch nicht zureichend geklärte Frage nach den → Guten Werken zwingt dazu, die Rechtfertigung in eine Lehre von der gratia applicatrix einzubauen, die iustificatio in eine Reihe mit vocatio, illuminatio, regeneratio, vivificatio zu stellen und eine Lehre vom ordo salutis zu entwickeln, wobei das vollendete Heil in der mystischen Einigung mit Gott besteht (→ Unio mystica). So droht die reformatorische Grundentdeckung von der Rechtfertigung als dem einen neuen Schöpfungswerk Gottes an dem gänzlich verlorenen, aber damit geretteten Sünder dahinzuschwinden. – Nicht nur hinsichtlich ihrer Treue gegenüber dem reformatorischen Anliegen und ihrer Übereinstimmung mit der Theologie Luthers, die heute am stärksten in der Lunder Lutherschule (Bring, Haikola) in Abrede gestellt wird, sondern auch hinsichtlich einzelner luth.-orth. Lehren wie der von → Gesetz (: V, 6) und Evangelium (tertius usus legis) sind Fragen zu stellen. Vgl. dazu die Einzelartikel, zB → Christologie: II, 7 d. e, → Gott: V, 14, → Rechtfertigung: II, → Heilsordnung, → Eschatologie: V, 4.

b) Die Geschichte der *ref. O.* ist im Gegensatz zu der der luth. O., die nur in ihrer Werde- und Vorbereitungszeit (bis 1580) eine Geschichte fundamentaler Lehrgegensätze war, in ihrer Gänze durch einen fundamentalen Lehrgegensatz bestimmt. Es geht vor allem um das ref. Zentraldogma der → Prädestination (: III). Andere Lehrgegensätze treten hinzu. Die im Anglikanismus durchbrochenen und gegen ihn von den → Puritanern wieder geltend gemachten Verfassungsprinzipien stehen im Streite oder kommen wie in den ref. Kirchen Deutschlands, die Landeskirchen sind wie die luth., überhaupt nur gebrochen zum Zuge. Die Grundsätze → Calvins und der alten Genfer Gemeinde zur → Kirchenzucht (: I, 3 b) werden wohl in Schottland und anderswo aufgenommen, aber dann wieder so scharf angefochten (Niederlande), daß man von neuen Inquisitionstribunalen spricht. Außerdem kommt es schon im 16. bzw. beginnenden 17.Jh. im Reformiertentum zu radikalen Ausbrüchen aus dem reformatorischen Christentum überhaupt: Die Reformierten → Siebenbürgens gehen, humanistisches Erbe aktivierend, zu den → Antitrinitariern über und brechen mit dem altkirchlichen und nach klassisch-reformatorischer Meinung gemeinchristlichen Dogma. Der Arminianismus (→ Arminianer), der zunächst und mit seinen Einflüssen auf England Bruch mit der Prädestinationslehre bedeutet, wird schließlich mit seiner Amsterdamer Theologenschule (→ Episcopius, → Curcelläus, → Limborch) zum neuerasmischen Vernunftchristentum. – Die Entstehung eines geschlossenen ref.-orth. Systems ist auch dadurch erschwert, wenn nicht unmöglich gemacht, daß die Bekenntnisbildung von vornherein keinen Zug zu einem ref. Gemeinbekenntnis oder Bekenntnisbuch hat, sondern bei Partikularbekenntnissen stehen bleibt (→ Bekenntnisschriften, 3).

Zentrum ref. O. ist in ihrer ersten Phase die theolodische Akademie in → *Genf* (: II) mit ihren weitwirkengen Lehrern → Beza, → Daneau, → Chandieu. Auch anderwärts hat diese erste ref. O. ihre wirksamen Vertreter, zB in Südwestdeutschland in → Zanchi, in England in → Perkins und → Cartwright, in den Niederlanden in → Gomarus. Die Lehre von der Prädestination wird in ihrer schroffsten, von Calvin vertretenen supralapsarischen Gestalt gelehrt. Die gesamte Theologie ist stark an Calvins Institutio ausgerichtet. Die Ethik ist anders als im gleichzeitigen Luthertum entwickelt; der dort inkriminierte Satz von der Heilsnotwendigkeit der guten Werke ist hier anerkannt, wobei freilich die guten Werke nicht als Voraussetzung des Glaubens, sondern als Zeichen desselben angesehen werden, die aber da sein müssen (syllogismus practicus). Das gegenüber dem Luthertum andersartige Verständnis von Gesetz und Evangelium läßt es zu der auch weiterhin charakteristischen Gesetzlichkeit kommen, bes. auf britischem Boden. Das verbreitetste Lehrbuch der alten schweizerischen ref. O. war → Wollebs »Compendium theologiae christianae« (1626).

Zu Beginn des 17.Jh.s verlagert sich der Schwerpunkt der ref. O. in die befreiten → *Niederlande*. Die dort entstehenden Universitäten (→ Leiden 1575, → Franeker 1585, → Groningen 1614, → Utrecht 1634, → Harderwijk 1648) werden zu den neuen Lehrstätten ref. Theologie. Die ref. Lehrer dieser zweiten Phase sind etwa → Maccovius, → Maresius und → Voëtius. Nicht erst durch → Arminius und seine Schule wird die einseitige Geltung des supralapsarischen Prädestinatianismus zum Problem. Schon das 16.Jh. kennt Vertreter einer eingeschränkten Prädestinationslehre wie Martenson, → Coornhert oder A.Cornelis. Die Auseinandersetzung zwischen Remonstranten und Contra-Remonstranten, gnadenuniversalistischen Arminianern und partikularistischen Gomaristen (1604–19) führen zur Einberufung der → Dordrechter Synode (1618–19). In ihren Canones bekennt sie eine mildere, infralapsarische Prädestinationslehre, die immer schon, unter Berufung auf Augustin, im Reformiertentum neben dem Supralapsarismus vertreten worden war. Gleichzeitig grenzt man sich in Dordrecht gegen den Sozinianismus, gegen pelagianische und gegen gewisse deutschref. Tendenzen ab. Zusammengefaßt ist die Theologie der »Dordrechter Orthodoxie« auch in der Leidener »Synopsis purioris Theologiae« von 1624. In aller Form angenommen werden die Dordrechter Canones nur von den ref. Kirchen der Niederlande, Frankreichs und der Schweiz. Für die nächste Zeit steht aber die ref. O. unter dem Vorzeichen der Lehre von Dordrecht.

Die sog. *Deutschreformierten* standen weniger unter unmittelbarem Genfer Einfluß, sondern waren stärker durch → Bucer, Melanchthon, → Laski, → Erasmus, auch Zwingli geprägt. Über den Kryptocalvinismus wurde Melanchthon (s. 2 a) zu einem der Väter auch der deutschref. Kirche. In diesem besonderen Sinne gingen im 16. oder beginnenden 17.Jh. u.a. die → Pfalz, das nördliche → Hessen, → Anhalt, → Bremen zum ref. Bekenntnis über. Die Universität → Heidelberg, die Hohe Schule von → Herborn und die übrigen → Reformierten Hohen Schulen wurden geistige Mittelpunkte der deutschen ref. O., die durch Männer wie Chr. → Pezel, R. → Egli, C. → Olevianus, J. → Piscator, M. → Martini repräsentiert war. Der → Heidelberger Katechismus von 1563, das Bekenntnis des deutschen Reformiertentums, kennt eine Erwählung der Gemeinde, umgeht aber das eigentliche Prädestinationsproblem. - Ein Gebilde besonderer Art innerhalb der deutschref. O. und bis zu einem gewissen Grade schon Überwinder der ref. O. ist die sog. Föderaltheologie des → Coccejus (→ Bund: IV), die von der Dogmatik zur Exegese zurückzukehren sucht und durch Unterscheidung verschiedener Bundesschlüsse in heilsökonomischer Folge wieder AT und NT besser voneinander zu unterscheiden lehrt. Der Coccejanismus, der stark auch in die Niederlande wirkt und in harten Gegensatz zum Präzisismus gerät, bedeutet insofern Gefährdung für den strengen Prädestinatianismus, als die Bundesökonomie in dem unermüdlichen Suchen Gottes nach neuen Mitteln zur Gewinnung und Rettung der Menschen ihren inneren Sinn hat (→ Poiret).

Am offensten nach der Aufklärung hin ist die *französisch-ref.* O. des 17.Jh.s mit ihrem Zentrum in der Akademie von → Saumur und ihren Theologen → Camero, → Amyraut, → Pajon, → Cappellus und P.Testard. Amyraut versucht Partikularismus und Gnadenuniversalismus zu verbinden (hypothetischer Universalismus). Pajon bestreitet die Unwiderstehlichkeit des Gnadenwirkens Gottes, La Place (→ Placaeus) läßt nur die von Adam her uns eigen gewordene, nicht die um Adams willen uns angerechnete Sünde als strafwürdig gelten, unterhöhlt also (wie auch Pajon) die Erbsündenlehre. Die Bibelkritik von Saumur (→ Cappellus) läuft auf einen Bruch mit der orth. Inspirationslehre hinaus. Durch die »Formula consensus Helvetica« von 1675 (Hauptverfasser J.H. → Heidegger und F. → Turrettini) ist die Saumursche Theologie abgewiesen, aber mit ihr ist auch die Zeit der ref. O. beschlossen worden.

Wissenschaftlich-theologisch ist von der a.O. insofern redlich und fleißig gearbeitet worden, als nicht nur reformierter-, sondern auch lutherischerseits (J.B. → Carpzov II. in Leipzig) die Hebraistik und Orientalistik kräftig gefördert wurde. Auf dem Gebiet der → Kirchengeschichte (: I, 2 d), bes. der → Patristik, auf dem lutherischerseits Calixt wichtige Anstöße gegeben hat, ist aufs Ganze gesehen die ref. Theologie (einschließlich der anglikanischen O.) der luth. vorangewesen (→ Vossius, → Blondel).

4. Die schärfsten Kritiker der a.O., bes. G. → Arnold mit seiner »Unparteiischen Kirchen- und Ketzerhistorie«, bestreiten ein *inneres Leben* der ev. Kirche der altprot. Zeit und stellen die a.O. so dar, als sei sie nur Buchstabengläubigkeit, Lehrerstarrung, Rechthaberei, leidenschaftliche Polemik vor einer Gemeinde, die die Angegriffenen gar nicht kennt und damit Steine statt des Brotes des göttlichen Wortes und des Trostes des Evangeliums erhält. Vor einer Auseinandersetzung mit der Kritik an der a.O. und dem Versuch, die über sie gefällten harten Urteile verständlich zu machen, bedarf es der ausdrücklichen Feststellung, daß ein inneres Leben in der Kirche der a.O. vorhanden gewesen ist und daß reiche Zeugnisse dafür vorliegen. Ja, diese beweisen gerade heute eine eigenartige Lebenskraft - Kirchenmusik der Barockzeit usw! -, so daß die pauschale und hemmungslose Kritik an der a.O. als unfromm recht fragwürdig wird.

Lebendiger Besitz der Gemeinde ist heute in erster Linie das → Kirchenlied (: I, 3 b. c) der a.O., sowohl aus der Zeit vor dem als auch im Dreißigjährigen Krieg. Die Lieder von N. → Selnecker und Ph. → Nicolai, M. → Rinckart, P. → Gerhardt, J. → Heermann, J. → Rist oder des ref. J. → Neander werden noch heute gesungen. An ihnen schon wird freilich kenntlich, daß in starkem Maße die Mystik des MA oder des neuzeitlichen Katholizismus in die a.O. eingedrungen ist, nicht nur in ihre Theologie (→ Unio mystica), sondern auch und gerade in ihre Frömmigkeit. Dasselbe gilt für die altorth. Gebetsliteratur und wird am augenfälligsten an den viel gelesenen und oft aufgelegten Erbauungsbüchern (→ Erbauungsliteratur, 3 b; vgl. C.Große, Die alten Tröster, 1900). Das mystische Gut wird bes. durch J. → Arnd vermittelt; aber auch Einfluß von England her macht sich im 17.Jh. geltend. Die Katechismusliteratur des 17.Jh.s zeigt reges Leben, wenn auch an ihr wieder der intellektualistisch-doktrinäre Zug der Zeit kenntlich wird. Dasselbe gilt für die → Predigt (: I), die lehrhaft, weitschweifig und gekünstelt aufgebaut ist. Die formale Homiletik dominiert in der Predigtlehre (J.B. → Carpzov I.).

Die Verfasser der bedeutendsten Erbauungsbücher wie → Lütkemann, H. → Müller, → Schupp, → Scriver u.a. bilden eine Gruppe innerhalb der O., die neuerdings als *Reform-O.* bezeichnet wird. Sie sehen und bekämpfen die Schäden des Kirchentums ihrer Zeit. Einzelne Theologen wie B. → Meisner weisen sogar auf die im allgemeinen völlig vergessene Missionspflicht der Kirche hin (→ Luthertum: IV, 1). Dafür, daß am inneren Leben der Kirche schwere Schäden vorhanden sind, bieten freilich auch die sog. Reformorthodoxen reiche Zeugnisse. Um diese richtig einzuschätzen, ist es nötig zu sehen, daß das ganze Kirchentum Obrigkeits- und Zwangskirchentum ist. Auch das liederlichste Volk lebt unter Gottes Wort und empfängt regelmäßig die Sakramente der Kirche. Die Klagen beziehen sich darauf, daß die Obrigkeit nicht straff genug gegen die vorgeht, die sich dem Gottesdienst zu entziehen trachten und praktisch gottlos leben, daß das gepredigte Wort so wenige wirklich fromm macht, daß die zu Beichte und Abendmahl Genötigten auf ein Lippenbekenntnis hin absolviert werden und als offensichtlich Unwürdige Leib und Blut des Herrn sich zum Verderben empfangen. Sie beweisen aber gerade nicht, daß das kirchliche Leben, an heutigen Maßstäben gemessen, schwer verfallen war, im Gegenteil. Ein anderer Schaden ergibt sich von daher, daß die Kirche der a.O. der Ständetrennung der Zeit allzu starken Tribut zollt. Die vornehmen Stände sitzen in verglasten Balkons und in Schwalbennestern im Gotteshaus, und Gottes Wort wird weniger nach dem Maß des Glaubens als nach dem des Geldbeutels ausgeteilt. Schließlich darf nicht vergessen werden, daß der Dreißigjährige Krieg mit seinen äußerlich und innerlich verwüstenden Folgen in die Zeit der a.O. fällt. Aber *daß* nun die Kirche der a.O. ihre Schäden sieht und deren Behebung in Angriff nimmt, daß eine ganze Reformliteratur entsteht und ein Reformwille weithin mächtig wird, daß der → Pietismus bei seinen Angriffen auf die a.O. und seiner Abrechnung mit ihr auf deren eigenes Reformprogramm zurückgreifen muß, so daß → Spener für seine »Pia desideria« kein anderer und besserer Titel einfällt als der einer orth. Reformschrift (B. → Meisner), die zwar erst 1642 anonym bzw. pseudonym und 1679 unter dem Namen ihres Verfassers erschienen ist, aber bereits vor 1626 verfaßt war, dürfte das stärkste Zeugnis für echtes geistliches Leben der Kirche der a.O. sein, die die Buße nicht nur in ihren ordo salutis eingeordnet, sondern auch geübt hat. Daß der Reformwille der a.O. nicht nur einzelne Theologen beseelte, sondern auch politisch bedeutsam werden wollte, zeigt → Ernst der Fromme.

5. Eine positive *Bedeutung* der a.O. kann nach dem Gesagten nicht in Abrede gestellt werden, und die *Bewertung* der a.O. darf nicht einfach negativ ausfallen. Solange noch J.S. → Bach gespielt und gesungen wird, der gewiß über die a.O. hinausweist, aber ihr im Innersten verhaftet ist, läßt sich die a.O. redlicherweise nicht unter Verdikt stellen. Zunächst muß sie in ihrem geschichtlichen Zusammenhang gesehen und muß die notwendige Übergangsfunktion gewürdigt werden, die sie ausgeübt hat. Daß ihre Denkart heute so schwer verständlich ist, ist wesentlich bedingt durch ihre naive Seinsphilosophie, ihren Ansatz (philosophisch) beim Sein statt beim Denken, beim Glaubensgegenstand, der angeblich sogar für den Ungläubigen greifbar ist, statt beim Glauben. Die ganze weitere philosophische (→ Descartes, → Kant usw) und theologische (→ Schleiermacher, Bewußtseinstheologie) Entwicklung führt so grundlegend weg von der a.O, daß die Neu-O. des 19.Jh.s nur unter grundlegenden Einschränkungen als Wiederanknüpfung an die a.O. oder gar als ihre Wiederholung angesehen werden kann. Ob eine Wendung in der Philosophie oder in einer Theologie des Wortes Gottes den Zugang zur naiven Seinsphilosophie oder zur Theologie des geschriebenen und in seiner Schriftform uns überwindenden Gotteswortes wieder erleichtern wird, bleibt abzuwarten. In der Treue gegen das biblische Zeugnis, das auch unter intellektualistischen Verzeichnungen die Quelle des lebendigen Gotteswortes offen hält, in der Ernsthaftigkeit im Bekenntnis des Glaubens, in der standhaften Verteidigung auch der von der Kirche erkannten Glaubenswahrheit (fides quae creditur) und nicht zuletzt im Bekenntnis zu der Gnade sub contrario, das die a.O. in schwersten Katastrophenzeiten in Wort und Tat abgelegt hat (und das das Geheimnis der Lieder der a.O. sein dürfte), wird doch wohl eine bleibende Bedeutung der a.O. sichtbar.

Texte: J.WOLLEB, Compendium theologiae christianae, 1626; Neudr. 1935 - B.MENTZER, Handbüchlein, 1691; Neudr. 1938 - H.SCHMID, Die Dogmatik der ev.-luth. Kirche, (1860) 1893[7] - H. HEPPE, Die Dogmatik der ev.-ref. Kirche, 1861; Neuausg. v. E. BIZER, (1935) 1958[2] - CHR.E.LUTHARDT, Kompendium der Dogmatik, (1865) 1948[16] (bearb. v. R.JELKE) - E.HIRSCH, Hilfsbuch z. Studium der Dogmatik, (1937) 1951[2]. - Lit.: W.GASS, Gesch. d. prot. Dogmatik I-IV, 1854-67 - I.A.DORNER, Gesch. d. prot. Theol., 1867 - RITSCHL I-IV - SEEBERG, DG IV/2 - P.PETERSEN, Gesch. der aristotel. Philos. im prot. Deutschland, 1921 - H.LEUBE, Die Reformideen in der dt. luth. Kirche zZ d. O., 1924 - DERS., Kalvinismus u. Luthertum im Zeitalter der O. I, 1928 - DERS., Die altluth. O. Ein Forschungsbericht (ChuW 9, 1933, 321-337) - P.ALTHAUS d. Ä., Forschungen zur ev. Gebetslit., 1927 - K.ESCHWEILER, Die Philos. d. span. Spätscholastik auf den Universitäten d. 17.Jh.s, 1928 - RGG[2] IV, 803ff (Lit.) - ELERT, ML I. II - R.BRING, Das Verhältnis v. Glauben u. Werken in der luth. Theol., schwed. 1933; dt.: FGLP X, 7, 1955 - R.WEDDIGE, Zur Entwicklung der dt.-luth. Lehre von Luthers Tode bis zur Konkordienformel, 1933 - E.LEWALTER, Spanisch-jesuit. u. dt.-luth. Metaphysik des 17.Jh.s, 1935 - H.E.WEBER, Reformation, O. u. Rationalismus I/1. 2; II, 1937-51 - A.SCHLEIFF, Selbstkritik der luth. Kirchen im 17.Jh., 1937 - DERS., Sprachphilos. u. Inspirationstheorie im Denken d. 17.Jh.s (ZKG 57, 1938, 133-152) - O.SCHAUDIG, Aufbau u. Handeln der Kirche in d. luth. O. des 17.Jh.s, 1939 - M.WUNDT, Die dt. Schulmetaphysik des 17.Jh.s, 1939 - HIRSCH I. II - B.HÄGGLUND, Die Hl. Schrift u. ihre Deutung in d. Theol. Joh. Gerhards, Lund 1951 - M.GEIGER, Die Basler Kirche u. Theol. im Zeitalter d. Hoch-O., 1952 - W.PHILIPP, Das Werden der Aufklärung in theol. Sicht, 1957 - F.W.KANTZENBACH, Das Ringen um die Einheit der Kirche im Jh. der Reformation, 1957 - EKL II, 1753ff - L.HAIKOLA, Studien zu Luther u. zum Luthertum (UUÅ 1958, 2) - F.KALB, Die Lehre vom Kultus der luth. Kirche zZ der O., 1959 - H.-M. ROTERMUND, O. u. Pietismus, 1959 - J.WALLMANN, Der Theologiebegriff bei Johann Gerhard u. Georg Calixt (Diss. Zürich), 1960.

F.Lau

Ortlieb *von Straßburg*, Anführer einer Ketzergruppe (Ortlieber), die zu Beginn des 13.Jh.s in Straßburg auftrat und von Innozenz III. verurteilt wurde. Ihr asketischer Spiritualismus ist wohl von → Amalrich und den → Katharern angeregt, aber (soweit erkennbar) eigenständig. Der historische Wortsinn der Bibel wird verworfen; die Arche Noah, die Passion Christi, auch die Trinität werden symbolisch-moralisch auf die Sektierer selbst gedeutet, die sich der weltlichen Dinge enthalten, äußeres Tun mißachten und allein den Weisungen des inneren Geistes gehorchen. Über Nachwirkungen (etwa bei den → Brüdern des freien Geistes oder gar bei → Gottfried von Straßburg) ist nichts bekannt.

Quelle: Pseudo-Rainer (Maxima Bibliotheca Veterum Patrum XXV, Lyon 1677, 262-277). - HAUCK IV, 907ff - H.GRUNDMANN, Studien über Joachim v. Floris, 1927, 170f. *A.Borst*

Osiander, 1. *Andreas* (1498-1552), luth. Theologe, * in Gunzenhausen, † in Königsberg. Nach dem Studium in Ingolstadt wurde er als Priester an St. Lorenz der für die Reformation Nürnbergs maßgebende Theologe. Er war beteiligt am → Marburger Religionsgespräch 1529, beim Augsburger Reichstag 1530, an den Einigungsverhandlungen in Hagenau und Worms 1540 wie an der Brandenburg-Nürnbergischen KO von 1533; 1544 reformierte er Pfalz-Neuburg. O. galt als Kenner des Hebräischen und zeigte sich als eigenartiger Denker durch ein apokalyptisches Buch (Coniecturae de ultimis temporibus, 1544) wie durch die Vorrede zu dem in Nürnberg gedruckten Hauptwerk des → Kopernikus. Nach dem → Interim ging O. nach → Königsberg, wo ihn Herzog → Albrecht, der ihn seit langem verehrte, zum Pfarrer und zum ersten Prof. der theologischen Fakultät ernannte. Hier löste O. die große Auseinandersetzung über die Rechtfertigungslehre aus, die noch lange nach seinem Tod den ganzen Protestantismus erregte (→ Rechtfertigung: II). Schon in den »Fränkischen Bekenntnissen« hatte O. die Anschauungen → Luthers (: II, 4 e) selbständig verarbeitet und die Worttheologie auf spekulative Weise (Einfluß der → Kabbala und → Reuchlins) begründet. In Augsburg wehrte er sich gegen die Aufnahme der forensischen Rechtfertigungslehre → Melanchthons in die CA. Nach seiner (2.) Königsberger Antrittsdisputation (24.10.1550, Opponent M. → Chemnitz) stellten sich seine Kollegen gegen ihn, während der Herzog, selbst Osiandrist, ihn schützte. Als dieser Gutachten von auswärts anforderte, wurde der Streit ins Reich getragen und durch Maßlosigkeiten auf beiden Seiten verschärft. Die Philippisten und die Gnesiolutheraner, in der Rechtfertigungslehre einig, standen gegen O.; nur → Brenz suchte zu vermitteln. - Von der Gleichsetzung Christi mit dem Wort ausgehend, begründete O. die Gerechtigkeit des Menschen auf die Einwohnung der göttlichen Natur Christi. Das Erlösungswerk und die Sündenvergebung erschienen nur als Voraussetzung der »wesentlichen Gerechtmachung«; die effektive Gerechtmachung wurde betont. O. hat damit luth. Motive aufgenommen und dachte weder mystisch noch katholisch, sondern sah die wirksame Einwohnung Christi im Wort und Glauben begründet. Doch ließ er, in ontischem Denken befangen, die Vergebung zurücktreten und machte das Wort zu einer metaphysischen Größe; die Glaubensspekulation wurde zur Gnosis. Die → Konkordienformel (FC III) verwirft O.s Lehre vom Boden der forensischen Rechtfertigungslehre aus, die er hatte überwinden wollen.

GA fehlt. Über O.: W.Möller, A.O. (Leben u. ausgew. Schriften der Väter d. luth. Kirche V), 1870 - RE XIV, 501 ff - Ritschl II, 456ff - E.Hirsch, Die Theol. des A.O., 1919 - Wolf, QK II/2, 136ff - H.E.Weber, Reformation, Orthodoxie u. Rationalismus I/1, 1937, 257ff - E.Roth (→ Albrecht von Preußen) - E.Bizer, Analecta Brentiana (Blätter f. württ. KG 1957/58, 253-373) - W.Hubatsch, Albrecht v. Brandenburg-Ansbach (Studien z. Gesch. Preußens 8), 1960, 167ff. *E.Bizer*

2. *Lukas I.* (1534-1604), württembergischer Theologe, Sohn von 1, * in Nürnberg, 1562 Sup., seit 1567 Hofprediger Herzog Ludwigs in Stuttgart. Von Herzog Friedrich wird er 1599 aus dem Land verwiesen, nach kurzer Tätigkeit als Oberprediger in Eßlingen aber wieder zurückberufen. In zahlreichen Schriften wendet sich O. gegen die Jesuiten (gemeinsam mit dem Schwager Jak. → Andreä), gegen → Calvin, → Zwingli und → Flacius (Erbsündenstreit). Er verteidigt die → Konkordienformel wider Joh. → Sturm, verfaßt zahlreiche Gutachten (zB für Rothenburg über das Zinsnehmen), ist kirchlicher Sendbote (zB 1591 nach Regensburg betr. abgesetzter Prediger und KO), Teilnehmer an vielen Verhandlungen, theologischer Gegner → Melanchthons, befreundet mit → Heßhus und → Wigand; dessen Zenturien setzt er fort. In seiner Institutio religionis christianae (1576/80) erörtert er ethische und kirchenrechtliche Fragen. Auch um die → Schriftauslegung (Biblia latina, 1573-86) und um das → Kirchenlied (: II, 4) hat er sich verdient gemacht und als erster die Besonderheit der → Dorfpredigt wahrgenommen (Bawren-Postilla I-V, 1597-1600).

Vf. ferner u.a.: Gründl. Unterricht ... von allen Artikeln unserer christl. Religion, 1582; De ratione concionandi, 1582; Epitomes historiae eccles. centuriae XVI, 1592-1604. - Über O.: RE XIV, 509ff.

3. *Lukas II.* (1571-1638), württembergischer Theologe, Sohn von 2, 1601 Sup. zu Leonberg, 1612 Abt in Bebenhausen, 1616 in Maulbronn, 1619 Prof. zu Tübingen und Sup. des Stifts, 1620 Kanzler der Universität. Als eifriger Lutheraner und begabter Polemiker setzt O. die württembergische Linie in vielen Schriften gegen die Päpstlichen, Anabaptisten, Calvinisten, → Schwenckfelder und Schwärmer theologisch fort; den Streit gegen die → Kenosis-Lehre soll er begonnen haben. Bei Joh. → Arnd fand er alle erdenklichen Ketzereien und verwarf dessen Christentum als »Taulertum«.

Vf. u.a.: Enchiridia controversiarum 1. cum Pontificiis, 1602; 2. cum Calvinianis, 1603; 3. cum Anabaptistis, 1605; 4. cum Schwenckfeldianis, 1607; Admonitio de quorundam ... vaticiniorum in publicum sparsis corruptelis de Antichristi Romani interitu, 1621. - Über O.: RE XIV, 512f. *R.Dollinger*

Osiris → Isis.

Oslo

1. Staatsfakultät - 2. Gemeindefakultät

1. Solange → Norwegen (: I) keine Universität hatte, wurden die norwegischen Theologen in → Kopenhagen ausgebildet. Erst die 1811 in Christiania errichtete Universität erhielt 1813 eine *theologische Fakultät*. Ihre ersten Dozenten, → Hersleb und → Stenersen, vertraten einen besonnenen und warmherzigen Biblizismus, waren aber vom Unterricht und von den organisatorischen Aufgaben zu sehr in Anspruch genommen, um sich der wissenschaftlichen Arbeit ernstlich widmen zu können. Eine wissenschaftliche Theologie im strengeren Sinne begann erst um die Mitte des 19.Jh.s mit G.Johnson und C.P.Caspari (→ Norwegen: II) als Theologie des konfessionellen Luthertums. Der Systematiker Johnson vereinigte dabei luth. Orthodoxie mit pietistischer Innerlichkeit und war der Leiter einer großen Erweckung pietistischen und haugianischen (→ Hauge) Gepräges. Seine dogmatischen Anschauungen machte er u.a. im Kampf gegen den → Grundtvigianismus geltend. Als Gelehrter war der Alttestamentler Caspari Johnson weit überlegen, als at. Theologe ging er in den Spuren → Hengstenbergs. Er wurde bes. durch seine Symbolstudien bekannt, zu denen er sich durch den Grundtvigianismus aufgefordert fand. Die konservative Linie wurde von Johnsons und Casparis Schülern fortgesetzt. 1875 wechselte Johnson zur KG über. Seine Professur für syst. Theol. wurde von Fr.Petersen übernommen, der in den folgenden Jahrzehnten die einflußreichste Persönlichkeit der Fakultät wurde. Er wandte sich vor allem den apologetischen Fragen zu, die durch → Positivismus und → Darwinismus gestellt wurden; der Glaube galt ihm mit der neuen Naturwissenschaft nicht als unvereinbar. In seiner Jugend wurde er von → Kierkegaard ergriffen, später versuchte er, in Anlehnung an den → Neukantianismus zwischen den verschiedenen Gebieten und Fragestellungen des Glaubens und des Wissens zu unterscheiden. Das wirkte auf viele Studenten befreiend; eine durchgreifende theologische Lösung gab er aber nicht. In seinen dogmatischen Anschauungen (zB in der Versöhnungslehre) war er konservativ; andererseits waren seine Schüler in der Fakultät von der neuen kritischen Theologie beeinflußt. Als dann 1906 der ziemlich radikale Ritschlianer J.Ording nach heftigem Streit zum Nachfolger Petersens ernannt wurde, trat der konservative Neutestamentler S.Odland von seinem Amt zurück. Um die Spannung zu mildern, wurde seine Professur zu einer zweiten Professur für syst. Theol. umgebildet und mit dem gemäßigt konservativen C.Ihlen besetzt. Die Krisis war aber eingetreten und führte zur Bildung der Gemeindefakultät (s. 2). Die folgenden Dezennien standen im Zeichen der Spannung zwischen beiden Fakultäten. An der theologischen Fakultät der Universität herrschte im ersten Drittel des 20.Jh.s eine allerdings sehr gemäßigte liberale Theologie (L.Brun) vor. Erst etwa 1940 machten sich mit einer neuen Generation andere Strömungen geltend. Heute ist die Fakultät von keiner besonderen theologischen oder kirchlichen Richtung geprägt. Der bekannteste Theologe der Fakultät im 20.Jh. ist S. → Mowinckel. Die jetzigen Ordinarien sind: E.Molland (KG), N.A. Dahl (NT), R.Hauge (syst. Theol.), J.B.Hygen (Religionsphilosophie und Ethik), A.S.Kapelrud (AT), J.Jervell (NT), dazu der Dozent K.Valkner (norwegische KG). Der praktisch-theologische Unterricht wird in Norwegen von einem eigenen Predigerseminar besorgt.

2. Als S.Odland sein Amt niedergelegt hatte, wurde unter seiner Leitung eine freie theologische Fakultät auf streng konservativer Basis gegründet. Diese *Gemeindefakultät* begann 1908 mit 3 Dozenten, darunter Odland. In den ersten Jahren mußten ihre Studenten an der Staatsfakultät ihr Examen machen, 1913 erhielt sie aber vom Reichstag Examensrecht; seit 1926 hat sie auch ein eigenes praktisch-theologisches Seminar. Aus Protest gegen ein Gesetz über die Stellung der Frauen in der Kirche trat Odland 1916 überraschend auch von der Gemeindefakultät zurück. Es gelang aber, den damaligen Universitätsdozenten O.Moe zu bewegen, den Lehrstuhl Odlands zu übernehmen. Moe hat durch seine solide theologische Arbeit für die Gemeindefakultät große Bedeutung gehabt. Die Studentenzahl war anfangs gering, wuchs aber seit den 20er Jahren sehr schnell; in den letzten Jahrzehnten hat die Gemeindefakultät die weitaus größte Zahl der norwegischen Theologen ausgebildet. Sie ist vom Staat nie geldlich unter-

stützt worden, sondern erhält sich durch freiwillige Gaben, die zu einem großen Teil aus Gemeinschaftskreisen kommen. Der langjährige Systematiker O.Hallesby, der einen erfahrungstheologischen Ausgangspunkt mit einem strengen Biblizismus verbindet, steht in diesen Kreisen in hohem Ansehen. Auf wissenschaftlich-theologischem Gebiet ist die Gemeindefakultät immer mehr hervorgetreten. Trotz eines sehr bestimmten theologischen Programms ist ihre Theologie nicht uniform gewesen. Zwischen der strengen und polemischen Orthodoxie Hallesbys und dem mehr offenen und irenischen Konservatismus Moes sind die Unterschiede deutlich. Außerdem sind mit der zweiten Generation gewisse Veränderungen eingetreten. Erfahrungstheologie und Pietismus werden heute zT zugunsten eines kirchlich-sakramentalen Realismus abgelehnt, und das Gewicht wird in höherem Grade nicht nur auf das Biblische, sondern auch auf das Lutherisch-Konfessionelle gelegt. Professoren sind zZ: A.Seierstad (KG), I.Seierstad (AT), J.Nome (Religionsphilosophie und Ethik), S.Aalen (NT), L.Aalen (Dogmatik), dazu die Dozenten O.G.Myklebust (Missionswissenschaft) und T.Osnes (NT).

Zu 1: A.Brandrud in: Det kongelige Frederiks universitet 1811 til 1911 II, 3-62. - Zu 2: J.Nome, Brytningstid, 1958. *R.Hauge*

Osnabrück, *Bistum,* zur Kirchenprovinz → Köln gehörig, ging Anfang des 9.Jh.s aus Missionszentren des Sachsenlandes hervor. Der bedeutendste Bischof im MA war Benno II. (1068-88). - Die *Reformation* zog schon 1521 mit dem Augustiner Gerhard Hecker, einem Lehrer Luthers, in die Stadt ein. Zu seinen Gesinnungsgenossen gehörte der Domkaplan und spätere Sup. Johann Pollius. Der eigentliche Reformator war H. → Bonnus, Sup. in Lübeck, der selbst aus dem O.er Lande stammte. Mit Zustimmung des Bischofs Franz von Waldeck (1533-53) gab er 1543 nach dem Vorbild der lübischen KO der Stadt und den Landgemeinden Ordnungen. Nach der Niederlage des Schmalkaldischen Bundes nahm Franz von Waldeck 1548 die Reformation von O. zurück. Bes. die Bischöfe Eitel Friedrich von Hohenzollern-Sigmaringen (1623-25) und Franz Wilhelm von Wartenberg (1625-61) förderten die *Gegenreformation,* die sich aber nur zT durchsetzte. Nach den Bestimmungen des →Westfälischen Friedens sollten die Bischöfe abwechselnd ev. Prinzen des Hauses Braunschweig-Lüneburg und kath. Suffragane von Köln sein (Capitulatio perpetua Osnabrugensis). Die Kirchspiele wurden in luth. und kath. aufgeteilt; nur ein Drittel der Pfarrstellen blieb den Evangelischen. Die ev. Gemeinden leitete ein Konsistorium. Das rekatholisierte Niederstift Münster, das zur Diözese O. gehörte, wurde 1667 auch kirchlich mit → Münster verbunden. Der *Reichsdeputationshauptschluß* (1803) hob das Stift O. auf und teilte es dem Kurfürstentum Hannover zu. Die Zirkumskription von 1824 überwies der neuerrichteten exemten Diözese O. den links der Weser gelegenen Teil des Königreichs. Das preußische Konkordat 1929 unterstellte das Bistum wieder Köln. Die → Nordischen Missionen und die Präfektur Schleswig-Holstein wurden dem Bischof endgültig übertragen. - Prediger der → Erweckung (: I, 5 c) war in der Stadt O. der Pfarrer und Konsistorialrat →Weibezahn († 1844). Das Ev. Konsistorium O. wurde 1885 aufgehoben und dem Konsistorium Hannover angegliedert. Die Ev.-luth. Landeskirche Hannovers schuf 1936 für O.-Diepholz eine Landessuperintendentur, die 6 Kirchenkreise und 73 Gemeinden umfaßt. - Zur Statistik s. → Hannover, 5 c. - In der Stadt O. waren 1958 55,5% der Bevölkerung ev. (73 698 Evangelische) und 40,4% kath.

O.er Geschichtsquellen, hg.v. Histor. Verein zu O., 4 Bde, 1891 bis 1927 - O.er Urkundenbuch, hg.v. F.Philippi u. M.Bär, 4 Bde, 1892-1902 - Hauck I-V - E.Rolffs, Ev. Kirchenkunde Niedersachsens, (1917) 1938² - RGG² IV, 821f (Lit.) - J.Prinz, Das Territorium des Bistums O., 1934 - H.Rothert, Gesch. der Stadt O. im MA, 1938 - Ders., Westfäl. Gesch., 3 Bde, 1949-51 - Ders., H.Bonnus, der Reformator des O.er Landes (Jb. des Vereins f. Westf. KG 1958/59, 161-175) - I.Meyer, KG Niedersachsens, 1939 - Das Bistum O., hg.v. J.Vincke, 3 Bde, 1939-40 - F.Groner, Kirchl. Hdb. XXIV: 1952-1956, 1956 - F.Flaskamp, Reformation u. Gegenreformation im Hochstift O. (Westf. Forschungen 11, 1958, 68-74) - Ders., Ein Zwischenbericht der O.er Reformationsgesch. (JGNKG 58, 1960, 1-22). *W.Rahe*

Ossuar (lat. = Knochenkästchen) ist die Bezeichnung für Miniatursarkophage, die man in jüdischen Gräbern Palästinas vom 2.Jh. vChr bis zum 2.Jh. nChr antrifft. Der Erstbestattung in Bogenbank- oder Schiebegräbern (→ Begräbnis: II) folgte etwa nach einem Jahr, wenn die Gebeine inzwischen vom Fleisch entblößt waren, eine Zweitbestattung in einem O., dessen Ausmaße durch die Länge des Oberschenkelknochens bestimmt waren (Durchschnittsmaße eines O.s: 75 × 35 × 40 cm). Die O.e wurden zumeist aus Kalkstein (selten Ton und Holz) gefertigt und durch einen eingeschobenen Deckel verschlossen. Einfache O.e waren ohne Schmuck; die (Kerbschnitt-)Ornamente der wertvolleren zeigen auch jüdische → Symbole (: II). Gute Übersicht bei Goodenough III, 105-231 (173 ist ein Kindersarg aus Blei: 3./4.Jh. nChr!). Die O.e tragen oft Namen, evtl auch mit Angabe von Beruf und Heimat des Bestatteten; die Inschriften sind großenteils aramäisch, daneben griechisch, selten zweisprachig (so das [der Söhne?] »des Nikanor aus Alexandrien, der die Türen gemacht hat«). - Zu den angeblich frühchristlichen O.en aus einem Grab bei Jerusalem s. → Kreuz: II.

BRL 404ff - Goodenough I, 110ff (Text); III, 105 ff (Abb.) - CIJ II, 1173-1388 - DBS VI, 940 ff. *K.Galling*

Ossuna → Osuna.

Ostasiatische Christliche Konferenz. Die auf der Konferenz des → Internationalen Missions-Rates (IMC) 1938 in Tambaram als notwendig erkannte Zusammenarbeit der Kirchen und Missionen Ostasiens führte zu vorbereitenden Konferenzen, die in Verbindung mit dem Ökumenischen Rat der Kirchen (WCC; → Ökumenische Bewegung, 3) 1949 in Bangkok und 1957 in Prapat (Sumatra) stattfanden. Seit 1949 war R.B.Manikam gemeinsamer Sekretär des IMC und des WCC für Asien. 1959 fand in Kuala Lumpur (Malaya) die konstituierende Vollversammlung der O.Ch.K. statt; ihr Generalsekretär ist zZ D.T.Niles (Ceylon).

Papers and Minutes of the East Asia Christian Conference (EACC) Bangkok 1949, New York 1950 - Ecumenical Study Conference for East Asia at Lucknow (India), Madras 1952 - Papers and Minutes of the EACC, Prapat 1957 - Report of the Inaugural Assembly of the EACC at Kuala Lumpur, Rangoon 1959 - W.Freytag, Die neueste Entwicklung der Christenheit in Asien (EMZ 16, 1959, 126-136) - WKL 1090f. *H.Bürkle*

Ostasien-Mission, *Deutsche,* gegr. am 5.6.1884 in Weimar als Allgemeiner Ev.-prot. Missionsverein. Anstoß gab die Schrift des Schweizer Pfarrers E.Buß »Die christliche Mission« (1876) mit ihren Reformideen, denen Erkenntnisse der historisch-kritischen Theologie und der religionsgeschichtlichen Forschung zugrunde lagen. Die theologische Stellung der DOAM wandelte sich nach 1930, behielt aber innerhalb der deutschen ev. Mission ihre Besonderheit. Ihr Arbeitsgebiet war in → China (: IV C, 1 e) bis 1952 die Provinz Shantung. In → Japan (: IV, 2 a) arbeitet sie in Tokyo und Kyoto bes. unter Gebildeten. Nach Verselbständigung des Schweizer

Zweiges nach 1945 ist Mannheim Sitz der DOAM. Organ: »Christus in Fernost«.

ZMR 1886-1939 - G.ROSENKRANZ, Die Stellung der DOAM im dt. ev. Missionsleben, 1956 - DERS., O. - unveränderter Auftrag in einer veränderten Welt (ZThK 57, 1960, 109-139).

W.Kersten-Thiele

Osterfestbriefe sind Hirtenbriefe, in denen die alexandrinischen Bischöfe - bis Ende des 9.Jh.s - den ägyptischen Kirchen alljährlich das Datum des Osterfestes (→ Ostern, 1) und den Beginn der voraufgehenden → Fastenzeit anzugeben pflegten. Auch andere aktuelle Fragen wurden behandelt, so daß die O., die schließlich die Form von Homilien annehmen, wertvolle Quellen für das Glauben und Leben ihrer Zeit bilden. Der erste, der nachweislich O. verfaßt hat, ist → Dionysius d. Gr. (s. Euseb, h.e. VII, 20); von ihnen liegen nur Bruchstücke vor. Von → Athanasius sind vollständig 13 O. aus den Jahren 329-348 in syr. Übersetzung erhalten. Der 39. O. von 367 hat besondere Bedeutung für die Geschichte des biblischen Kanons (→ Bibel: II B, 3 c). Neben O.n des → Theophilus, in denen dieser verschiedene Häresien bekämpft, besitzen wir von → Cyrill 29 O. für die Jahre 414-442.

LThK VII, 807 - QUASTEN II, 108f (Lit.) - ALTANER §§ 41, 3. 7; 54, 19; 55, 3; 56, 4 (Lit.). - Vgl. die Lit. zu → Ostern, 1. *W.Müller*

Ostergroschen, die Geldgabe des Beichtkindes an den Beichtvater nach der Osterbeichte, als Beichtgeld usw seit dem 8.Jh. bekannt. Nach 1215 als → Stolgebühr üblich, wurde der O. in neuester Zeit fast überall in der kath. Kirche abgeschafft. - Obwohl ihn die Reformatoren ablehnten, ist der O. in luth. Landeskirchen vielerorts dennoch ein Teil der → Pfarrbesoldung geblieben; für die ref. Kirchen hat ihn Calvin beseitigt.

RE II, 535 (Beichte) - LThK² II, 131 (Beichtpfennig; Lit.).

G.Raudnitzky

Ostern

1. Kirchengeschichtlich - 2. Liturgisch und homiletisch: a) Name und Termin - b) Bedeutung für das Kirchenjahr - c) Die O.feier der Kirche - d) Die O.predigt - 3. Ikonographisch. - O. = Oster(n). - Vgl. Bildtafel 16 (Bd III, vor Sp. 337)

1. O. ist anfangs in der christlichen Kirche an jedem → Sonntag gefeiert worden. Schon 1Kor 16, 2 und Apg 20, 7 heben den »1. Tag der Woche« heraus. Die erstmalig Apk 1, 10; IgnMagn 9, 1; Did 14, 1 begegnende Bezeichnung »Herrentag« zeigt, daß der Sonntag als Tag der Auferstehung Jesu gefeiert wurde.

Wie es zu einer Jahresfeier von O. kam, ist bis heute in vielem dunkel. Gleichwohl dürften die neueren Forschungen gezeigt haben, daß das Passafest der → Quartadezimaner (= Q.) sehr viel älteren Datums ist als O. und in manchem für die Ausgestaltung des O.festes bestimmend geworden ist. Alle wesentlichen Momente des quartadezimanischen Passafestes begegnen auch beim O.fest, freilich zT unter Umgestaltung oder neuer Sinngebung. Über die Einführung des O.festes darf daher folgende Vermutung gewagt werden. Nach → Irenäus (Euseb, h. e. V, 24, 14) ist O. seit der Zeit → Sixtus' I. (um 115) in Rom gefeiert worden. Es gibt kein Zeugnis, daß O. anderswo früher gefeiert wäre. Demnach ist das O.fest wahrscheinlich Anfang des 2.Jh.s in Rom geschaffen worden. Der Grund dafür dürfte gewesen sein, daß man sich stärker, als die Q. es taten, von der Verbindung mit dem Judentum lösen und ein rein heidenchristliches Fest feiern wollte, zumal es in Rom selbst eine Gemeinde der Q. gab.

Wegen der verschiedenen Praxis des Passa- bzw. O.-festes kam es bald zu *Streitigkeiten*. Erstmalig verhandelten → Anicet von Rom und → Polykarp von Smyrna um 155 darüber, doch ohne Ergebnis; beide Seiten blieben bei ihrer Praxis. → Viktor von Rom (189-198) versuchte, einen einheitlichen Brauch herzustellen. Zwar hat er nicht die kleinasiatischen Q. exkommuniziert (gegen Euseb), wohl aber wollte er die römische Gemeinde der Q. seiner Autorität unterstellen. Trotz einiger Proteste, u.a. auch von Irenäus, konnte Viktor sich in Rom durchsetzen. Die Folge war, daß das quartadezimanische Passafest mehr und mehr zurückging und das heidenchristliche O. weiter vordrang. Gleichwohl mußten sich noch die Synoden von → Arles 314 und → Nicäa 325 mit der Frage des O.festes befassen. Nunmehr wurden die Q. exkommuniziert und dem O.fest zur alleinigen Anerkennung innerhalb des röm. Reiches verholfen. - Freilich war damit noch kein einheitlicher *O.termin* erreicht. Während die Q. wie die Juden den 14. Nisan einhielten, beobachtete man bei dem heidenchristlichen O. den auf diesen folgenden Sonntag. Da jedoch Rom und Alexandrien einen verschiedenen O.-zyklus zugrunde legten, kam es auch nach Nicäa wiederholt zu Differenzen wegen des Datums für O. Sie wurden erst durch → Dionysius Exiguus († ca 545) beigelegt, der dem 19jährigen alexandrinischen Zyklus in Rom Eingang verschaffte, wodurch der 84jährige röm. Zyklus verdrängt wurde. Im 7.Jh. kam es noch zwischen Rom und → Irland (: I, 2) zu einem O.streit. Die Iren, die ursprünglich wohl Q. gewesen waren, später aber einem älteren röm. Zyklus folgten, unterwarfen sich auf der Synode zu Whitby 664 dem röm. Ritus.

Was den *Festinhalt* betrifft, so bedeutete O. eine neue Sinngebung des urchristlichen Passa. Während bei den Q.n stellvertretendes Fasten für die Juden und die Erwartung der Parusie im Mittelpunkt ihres Festes standen, galt O. dem Gedächtnis der Auferstehung. Schon im 2.Jh. ging ein allerdings verschieden langes → Fasten (: II, 2) O. vorauf. Es wurde durch die nächtliche Feier der Eucharistie beendigt. Auch ein Lichtritus in der O.-nacht ist bereits für das 2.Jh. belegt (Euseb, h.e. VI, 9, 2f). Ebenfalls schon im 2.Jh. wurden die Katechumenen zu O. getauft (Tertullian, de bapt. 19, 1; → Taufe: V). Im Laufe der Zeit wurde das Ritual der O.nacht ständig angereichert (→ Aetheria, → Testamentum domini nostri); die Zahl der Schriftlesungen und Gebete nahm zu. Augustin nennt die O.nacht mater omnium sanctarum vigiliarum (Sermo 219). In späteren Jh.en wurden die → Vigilien, um Mißbräuchen zu begegnen, auf den Nachmittag vorverlegt und die O.feier auf die folgenden Tage ausgedehnt.

A.BAUMSTARK, Liturgie comparée, (1933) ed. B.BOTTE, 1953³ - DERS., Nocturna Laus (Liturgiewissenschaftl. Quellen u. Forschungen 32), 1957 - O.CASEL, Art u. Sinn der ältesten christl. O.feier (JLW 14, 1938, 1-78) - DACL XIII/2, 1938, 1521ff - B.LOHSE, Das Passafest der Q. (BFChTh 54), 1953 - Leiturgia I, 443ff (G.KUNZE) - E.KÄHLER, Studien zum Te Deum u. zur Gesch. des 24.Psalms in der Alten Kirche, 1958 - A.W.WATTS, Easter, its Story and Meaning, London-New York 1959 - B.FISCHER-J.WAGNER (Hg.), Paschatis Sollemnia - Studien zur O.feier u. O.frömmigkeit, 1959. *B.Lohse*

2. a) Das Fest der Auferstehung Christi führt in der Christenheit einen Namen jüdischer und einen heidnischer Herkunft. Der ältere ist Pascha (πάσχα; kirchenlat.: pasca, franz.: pâques, niederdeutsch: Paschen), nach dem jüdischen Passafest (14. Nisan) genannt. Der jüngere Name »O.« (ahd. ôstarâ, mhd. ôstern) geht auf das germanische Austro zurück. Die seit Beda behauptete Ableitung dieses Namens von einer angelsächsischen Göttin des Frühlings (Eostre) ist nicht sicher; möglicherweise ist das altgermanische Austro von aust = ost abzuleiten. In der russ.-orth. Kirche heißt O.fest: wahrhaftige Auferstehung (wernoje woskresenje). - Der nach langen und heftigen Auseinandersetzungen durch das Konzil von

Nicäa 325 festgelegte *Termin* des O.festes (s. 1) ist der erste Sonntag nach dem Vollmond, der dem Frühlingsäquinoktium folgt. Daraus ergibt sich, daß O. frühestens am 22. März, spätestens am 25. April gefeiert wird (→ Chronologie: IV, 4).

b) Ursprünglich feierte die Kirche O. an jedem → Sonntag (s. 1). Aber der Ausgangspunkt des heutigen O.festes war das christliche Passafest, in welchem ein jährlich wiederkehrendes Gedächtnis von Kreuz und Auferstehung Christi begangen wurde. Die hieraus erwachsene O.feier mit der → Karwoche ist als der *Ursprung des → Kirchenjahres* anzusehen. O. wurde für die Kirche der erste Mittelpunkt eines festen liturgischen Gefüges von Zeiten und Festen des Kirchenjahres vom Sonntag Septuagesimae bis zur Pfingstoktav (Trinitatis): drei Wochen Vorfasten, vier Fastenwochen (→ Fastenzeit), die Karwoche, die Woche des O.festes, fünf Wochen der Freudenzeit, darin das → Himmelfahrtsfest und → Pfingsten (eine Woche). Dieser mehr als ein Vierteljahr umspannende Block ist durch die jährliche Verschiebung des O.termins für die Veränderlichkeit des Kirchenjahres bestimmend.

c) O. wird bis heute in der *orth. Kirche* als das Hauptfest der Christenheit begangen. Der O.nachtgottesdienst gehört zu den feierlichsten und glanzvollsten Gottesdiensten der Orthodoxie. O. ist im Bewußtsein der orth. Christen das christliche Fest schlechthin geblieben, wie auch ihre zahlreichen O.bräuche zeigen, zB der für die Ostkirche charakteristische O.gruß: Der Herr ist auferstanden, Er ist wahrhaftig auferstanden. Im Westen ist O. hinter → Weihnachten mehr und mehr zurückgetreten. – Nachdem die Karwoche in ihren drei letzten Tagen (→ Gründonnerstag, → Karfreitag, Karsamstag; sacrum triduum) zu ihrem Höhepunkt gekommen ist, beginnt auch *im Abendland* O. mit der O.nachtfeier (O.vigil). In dieser Feier geschieht die große Wende von der Trauer zur Freude, vom Fasten zum Feiern, vom knienden Beten zum aufrechten Gebet, vom Bußpsalm zum Halleluja, von at. zu nt. Lesungen und von der Taufe in Christi Tod und Grab zur Eucharistie mit dem auferstandenen und gegenwärtigen Herrn. Die uralte römische O.nachtfeier mit ihrer weitgesponnenen und eindrucksvollen Liturgie ist in jüngster Zeit wieder in der röm.-kath. Kirche zu Ehren gekommen, nachdem sie durch Vorverlegung auf den Karsamstag lange Zeit hindurch ihren eigentlichen Charakter eingebüßt hatte. In dieser Feier erfolgt die Entzündung der O.kerze, die die Freudenzeit hindurch am Brennen bleibt, sodann die Taufwasserweihe. Im Mittelpunkt stand früher die Taufe der Katechumenen (s. 1). Nach der allgemeinen Einführung der Kindertaufe (→ Taufe: III) wurden zur Erinnerung an die alte Sitte eine oder mehrere Taufen gefeiert; heute ist an deren Stelle ein feierliches Taufgedächtnis der Gemeinde getreten. In der ev. Kirche dagegen ist bis jetzt noch nicht viel von einer Wiedererweckung der O.nachtfeier zu spüren; nur die Michaelsbruderschaft begeht sie seit längerer Zeit. – Die O.feier der *ev. Kirche* ist seit der Reformation an charakteristischen Besonderheiten nie reich gewesen. Sie hat sogar noch viel an den → Karfreitag, den man als den höchsten Festtag der Protestanten verstand, abgeben müssen, zB die Abendmahlsfeier, die sich zu O. im Unterschied von Karfreitag und anderen Tagen der → Passionszeit weithin nur einer bescheidenen Anteilnahme der Gemeinde erfreut. Der charakteristische Beitrag der ev. Kirche zur christlichen O.feier besteht in der Fülle der eindrucksvollen O.lieder (vor allem Luthers »Christ lag in Todesbanden«), ferner in der österlichen Kirchenmusik, wobei die früher häufiger als heute gesungenen O.evangelien bes. erwähnt seien.

d) Die besondere Botschaft des O.festes ist: Jesus von Nazareth, der gekreuzigte Heiland, ist auferweckt. Gott hat sein Opfer für die Welt angenommen. Der Herr ist auferstanden, er ist Sieger über Sünde und Tod. – Diese Botschaft ist der Ursprung der christlichen Kirche und ihrer Weltmission. Erst in der Neuzeit beginnt in der Kirche selbst der Zweifel an der Wahrheit der O.botschaft lebendig zu werden. Man versucht, sich die Entstehung dieser Botschaft rational, psychologisch und historisch verständlich zu machen. Dabei wurde sie entweder gänzlich preisgegeben oder umgedeutet. Die *O.predigt* der Kirche ist diesem Zweifel nicht immer in der rechten Weise des O.glaubens begegnet, sondern sie hat ihn auf mannigfache Weise zu beschwichtigen getrachtet. Die prot. Theologie hat sich seit dem 19.Jh. (→ Leben-Jesu-Theologie) bes. intensiv mit dem Sinn und Recht der O.botschaft befaßt, was sich in der O.-predigt des modernen Protestantismus spiegelt. Auch in der Gegenwart ist die theologische Deutung des O.geschehens ein Hauptpunkt der Auseinandersetzung (→ Entmythologisierung), die ihre Auswirkungen in der Gestalt der O.predigt von heute hat. Dabei ist die Botschaft von der Auferstehung des Gekreuzigten als solche heute nicht mehr fraglich, wohl aber das Verständnis des O.geschehens, zB die Bedeutung des leeren Grabes nach den O.geschichten der Evangelien. So bemüht sich die gegenwärtige O.predigt der ev. Kirche um eine Interpretation der nt. Botschaft von der Auferweckung Jesu als Erhöhung, Sieg, Leben, Gegenwart des Gekreuzigten. Dabei soll eine Eliminierung der O.botschaft ebenso ausgeschlossen bleiben wie eine Verwandlung dieser Botschaft in eine historische Dokumentation zum Beweis der Wahrheit des göttlichen Anspruchs Jesu Christi.

Außer der Lit. zu 1: Rietschel-Graff 142ff – H. Grass, O.geschehen u. O.berichte, 1956, bes. 257ff. 281ff – EKL II, 1770ff – G. Gloege, Aller Tage Tag, 1960, 262ff.

J. Beckmann

3. Die Szene der Auferstehung (= A.) Christi, die in den Evangelien nur als abgeschlossenes Ereignis berichtet (Mk 16, 6 par), keineswegs aber beschrieben ist, wird in der → altchristlichen Kunst nur selten dargestellt (→ Malerei und Plastik: I, 2 a). Nur ein symbolischer Typus, in der Sarkophagplastik häufig, ist bekannt: das → Monogramm Christi, umrahmt von einem Kranz über einem Kreuz, das die 12 Apostel und/oder zwei bewaffnete Grabeswächter flankieren (s. Taf. 52 Abb. 3). Die Worte Mk 16, 6 werden vom Engel zu den Frauen gesprochen; so ersetzt in frühchristlicher Zeit die Szene der »Frauen am Grabe« das eigentliche A.sbild, zB auf dem bekannten Münchener Elfenbein (s. Taf. 11 Abb. 1; hier verknüpft mit der → Himmelfahrt Christi) und auf einigen → Ampullen von Monza (s. Taf. 16 Abb. 1), wo die Szene unterhalb der symbolischen Kreuzigung erscheint (→ Kreuz: II). Der Bildtypus des Engels, der am Grabe sitzend mit erhobener Hand die Frauen anredet, lebt jahrhundertelang fort (vgl. Taf. 16 Abb. 2, eine Hs. des 13.Jh.s aus Weingarten); doch wird das kunstvolle Hl. → Grab durch einen einfachen Sarg mit geöffnetem Deckel ersetzt. Zur Zeit der erwähnten Hs. aus Weingarten – vermutlich schon um die Mitte des 12.Jh.s – hatte sich ein Bildtypus der A. im eigentlichen Sinne ausgebildet. – Zuvor hatte bereits die → Byzantinische Kunst einen ihr eigenen A.styp geschaffen, vertreten in Psalterien des 9.Jh.s wie Moskau, Histor. Museum, Ms. gr. 129 (Chludoff Psalter) und Athos, Pantokrator-Kloster, Ms. 61. Sie zeigen Christus neben dem Hl. Grab stehend. Der Typus hat anscheinend auf den Westen nicht eingewirkt. Hier zeigen die ersten Beispiele – handelt es sich wirklich um A.sbilder? – Christus noch im Sarko-

phag (Psalter, Stuttgart, Landesbibl., Ms. 23, fol. 157 ro., 9./10.Jh.; Evangeliar, München, Staatsbibl., Clm. 4454, fol. 86 vo., 11.Jh.). Im 12.Jh., wo die A. zum festen Bestand der Leben-Jesu-Szenen in der Kunst des Westens wird - in der Byzantinischen Kunst kommt es dazu nie -, hält sich die Tradition dieses Typus »Christus im Sarg« (Lektionar, Hildesheim, Dombibl., Ms. 688 c, fol. 57 ro.; Evangeliar, Paris, Bibl. Nat., Ms. lat. 17 325, fol. 30 vo.; Orationale von St. Erentrud, München, Staatsbibl., Clm. 15 902, fol. 27 vo.; Missale, St. Florian, Stiftsbibl., Ms. III. 208, fol. 162 ro.; bei den meisten Beispielen dieser wichtigen Gruppe hält Christus schon - wie in der → Höllenfahrt-Szene - den bannerartigen Kreuzstab, das Symbol seines Sieges). Dieser Typus wird bald durch einen neuen verdrängt: Christus steigt nach vorne aus dem Sarg heraus; so zB im Berthold-Missale (s. Taf. 16 Abb. 2, verbunden mit der Szene des »Noli me tangere«). Zahlreiche, meist deutsche oder ostfranzösische Beispiele des 12.Jh.s zeigen Christus, das linke Bein auf den Sargrand setzend, den Körper nach links gewandt, den rechten Arm erhoben und in der Linken das Banner haltend. Möglicherweise ist dieser Typ beeinflußt von dem viel älteren der »aufwärtsschreitenden« Himmelfahrt (vgl. zB Taf. 11 Abb. 1). Wie hartnäckig sich dieser Typus hält, zeigt sein Auftreten in einer Hs. der Morgan Library, dem »Cursus S. Mariae« aus dem 13.Jh. (s. Taf. 15 Abb. 2). Gebräuchlicher ist für die A. seit dem 13.Jh. der frontal gegebene Christus (vgl. ebenfalls Taf. 15 Abb. 2, obere Zone). In der strikten Frontalität liegt die monumentale Wirkung von Piero della Francescos eindrucksvollem Fresko der A. in Borgo San Sepolcro. Für gewöhnlich jedoch zeigt die italienische Kunst des 14./15.Jh.s Christus in voller Größe *über* dem Sarg, entweder auf dem Deckel stehend oder darüber in der Luft schwebend. → Grünewalds theophaner Erlöser (s. Taf. 16 Abb. 4) ist dieser Fassung verwandt, aber eigen in der Sicht: er hält nicht Banner noch Stab, sondern zeigt die Wunden - wie beim Zweiten Advent.

KÜNSTLE I, 500 ff - H.SCHRADE, Ikonographie der christl. Kunst I: Die A. Christi, 1932 - RDK I, 1230 ff - W.BRAUNFELS, Die A. (dazu J.KOLLWITZ, ThLZ 78, 1953, 300 f) - LThK² I, 1041 (Lit.).

R.B.Green

Ostervald, *Jean Frédéric* (1663-1747), ref. Theologe, * und † in Neuenburg (Neuchâtel), wo er 1686 Diakon, 1699 Pfarrer an der für ihn wegen seiner eindrucksvollen Predigten gebauten Kirche Temple du Bas wurde. Mit J.A. → Turretini in Genf und S. → Werenfels in Basel bildete er das »theologische Triumvirat der Schweiz«, das im Gegensatz zur calvinischen Orthodoxie den Gedanken der → Aufklärung wie des → Pietismus Raum schuf. Es vertrat eine »vernünftige Orthodoxie«, die sich nicht um Dogmen und dogmatische Streitigkeiten, sondern um die Bibel und persönliche Frömmigkeit mühte. O. gilt als der zweite Reformator seiner Heimatkirche, der ihr die dogmatische Freiheit bewahrte. Seinem Bemühen um die Weckung lebendiger Frömmigkeit und der Reformation der Sitten dienten sein Katechismus (1702, gekürzt 1734), eine den ref. Gottesdienst durch christliche Hymnen erweiternde Liturgie (1703) und seine → Bibelübersetzung (: V, 2 i α; 1744) und -erklärung (Arguments et réflexions sur l'écriture sainte, 1709-15).

Vf. ferner u.a.: Traité des sources de la corruption, qui règne aujourd'hui parmi les chrétiens, 1700; Traité contre l'impureté, 1707; Douze sermons sur divers textes de l'écriture sainte, 1722 ff; De l'exercice du ministère sacré, 1737. - Briefwechsel mit Turretini hg.v. M.DE BUDÉ, 1887. - Über O.: J.M.QUÉRARD, La France littéraire VII, 1834, 507 f (Bibliogr.) - L.G.MICHAUD, Biogr. universelle XXXI, 462 ff (Bibliogr.) - ALEX. SCHWEIZER, Die prot. Centraldogmen II, 1856, 759 ff - RE XIV, 516 ff - R.GRETILLAT, J.F.O., 1904 - P.WERNLE, Der schweiz. Protestantismus I, 1923 (s. Reg.). *H.Hohlwein*

Ostfriesische Missionsgesellschaft, gegr. 1834 in Aurich »als eine beiden ev. Konfessionen angehörige Gesellschaft mit dem Zwecke, die Verkündigung des Evangeliums unter nichtchristlichen Völkern zu fördern, bes. aussendende ev. Gesellschaften zu unterstützen, ohne einen grundsätzlichen Unterschied zu machen, ob diese luth. oder ref. Konfession sind, sowie in der eigenen Heimat die Teilnahme an der Missionsarbeit zu wecken«. Das Jahrbuch der O.M. bringt u.a. den Jahresbericht und die Arbeitsberichte der unterstützten Werke. *A.Cramer*

Ostpreußen

1. Politische Geschichte - 2. Im MA - 3. Entwicklung seit der Reformation - 4. Statistisches

1. Die ehem. preuß. Provinz O. (36 996 qkm, vor 1939: 2 488 122 Einwohner) wurde so zuerst 1773 als Zusammenfassung der beiden Kammerdepartements Königsberg und Gumbinnen bezeichnet, das Kammerdepartement Marienwerder als *Westpreußen.* Königsberg war 1791-1810 Sitz eines gemeinsamen Oberpräsidenten. Nach der Wiederherstellung des preußischen Staates auf dem → Wiener Kongreß wurden 1816 die beiden Provinzen Ost- und Westpreußen mit den Hauptstädten Königsberg und Danzig wieder zu Verwaltungseinheiten unter je einem Oberpräsidenten, 1824 aber unter einem Oberpräsidenten in Königsberg zusammengelegt und 1829 »Provinz Preußen« genannt. Diese wurde 1878 wieder in die Provinzen O. mit den Regierungsbezirken Königsberg, Gumbinnen und (seit 1905) Allenstein und Westpreußen mit den Regierungsbezirken Danzig und Marienwerder geteilt. - Durch den Versailler Vertrag (1919) ging der größte Teil Westpreußens an Polen verloren, Danzig wurde Freie Stadt, die restlichen Teile Westpreußens westlich der Weichsel wurden mit den Resten der preuß. Provinz Posen zur Provinz Grenzmark Posen-Westpreußen vereinigt (bis 1938), die östlichen Restgebiete mit Elbing, Marienburg und Marienwerder kamen als Regierungsbezirk Marienwerder zur Provinz O. Letztere verlor den Kreis Soldau an Polen sowie das Memelgebiet, das zunächst unter alliierter Kontrolle stand, seit 1923/24 mit Autonomierechten zu Litauen gehörte und März 1939 wieder zu O. kam. Während die genannten Gebiete nach dem Versailler Vertrag ohne Abstimmung an Polen fielen, sollte eine Volksabstimmung über die Zugehörigkeit der 4 rechts der Weichsel und Nogat gelegenen westpreuß. Kreise und des südlichen O. erfolgen. Diese ergab (11.7.1920) im südlichen O. 97,9% für Deutschland, 2,1% für Polen, in den westpreuß. Kreisen 92,4% für Deutschland, 7,6% für Polen. - Im 2. Weltkriege erlaubten zunächst die militärischen Erfolge und der Vertrag mit der Sowjetunion eine Expansion des nationalsozialistischen Deutschland nach Osten, in deren Zuge das Gebiet um Suwalki und ein großer Teil der Wojewodschaft Warschau zu O. geschlagen wurden. 1944/45 setzte die Fluchtbewegung der ostpreuß. Bevölkerung ein, der nach dem Zusammenbruch die Vertreibung der Verbliebenen folgte. Bis 1950 mußten fast 2 Mill. O. ihre Heimat verlassen, die Toten und Vermißten ungerechnet. Das Potsdamer Abkommen (2.8.1945) wies den nördlichen Teil O.s der sowjetischen, den südlichen der polnischen Verwaltung zu. Das Memelgebiet wurde der Litauischen Sowjetrepublik eingegliedert.

2. Der Name der Provinz O. führt über das königliche (seit 1701) und das herzogliche → Preußen (seit 1525) zurück auf den Ordensstaat Preußen, der den Namen der vom Deutschen Orden (→ Ritterorden) unterworfenen preuß. Stämme übernahm. Im Weichsel-Mündungsgebiet gab es lebhafte Völkerbewegungen, in

deren Verlauf germanische Stämme beiderseits der unteren Weichsel und südlich davon siedelten und seit ca 200 nChr abwanderten. Dagegen herrschte in O. östlich der Passarge eine langdauernde Siedlungskontinuität, in der sich die preuß. Stämme bildeten; diese schoben sich nach dem Abzug der Germanen bis an die Weichsel und zT noch über diese nach Westen. Diese Stämme gehörten der baltischen Völkergruppe an. In den Quellen des MA lat. Pruteni, mhd. Pruzzen genannt, werden sie am besten als »Prußen« bezeichnet. Von den Stammeslandschaften Pomesanien, Pogesanien, Warmien oder Ermland, Natangen, Samland, Barten, Nadrauen, Schalauen, Galindien und Sudauen haben sich verschiedene als Namen von Bistümern oder Landschaften erhalten. Im nordöstlichsten O. siedelten Kuren. Die Religion der Prußen war ursprünglich Naturreligion, aus der sich dann einige persönliche Gottheiten heraushoben (→ Baltische Religion). Reste dieser Kulte haben sich bis in die Reformationszeit erhalten.

Den ersten Versuch einer *christlichen Mission* in Preußen unternahm → Adalbert von Prag, der dabei den Tod fand. Das gleiche Schicksal erlitt nach ersten Erfolgen → Brun von Querfurt 1009. Erst zwei Jh.e später setzten neue Missionsversuche von Polen aus ein, hinter denen zugleich ein politisches Streben nach der Ostseeküste stand. Das Zisterzienserkloster Lekno, das vorwiegend mit deutschen Mönchen besetzt war, begann mit der Mission, 1210 wurden dem Erzbischof von → Gnesen vom Papste die bischöflichen Pflichten in Preußen übertragen, 1215 der Mönch Christian aus Lekno zum Bischof in Preußen ernannt. Durch die erfolgreichen Kämpfe der Prußen mit den polnischen Teilfürstentümern Masowien und Kujawien, wobei das polnische Kulmerland verloren ging, wurde diese friedliche Mission in Frage gestellt. Sie schlug daher in die Schwertmission um. 1225/26 rief Herzog Konrad von Masowien den Deutschen Orden unter Zusage des erst zu erobernden Kulmerlandes zu Hilfe. Der Hochmeister des Ordens, → Hermann von Salza, ließ sich von Kaiser → Friedrich II. 1226 den Besitz des Kulmerlandes und die Hoheitsrechte in dem zu erobernden Gebiet zusichern. Der Orden verhandelte mit Konrad von Masowien, bis 1230 seine künftige Rechtsstellung gesichert war. Bischof Christian wurde auf seine bischöfliche Stellung und bestimmte Einnahmen beschränkt und ganz ausgeschaltet, als er 1233 für einige Jahre in die Hand der Preußen fiel. Als der Papst 1234 den werdenden Ordensstaat gegen einen Zins in das Eigen St. Peters nahm, war das Ordensland rechtlich mit Kaiser und Papst verbunden.

Bis 1283 wurde, nachdem mehrere Aufstände schwere Rückschläge gebracht hatten, das Gebiet der preuß. Stämme in der Form von → Kreuzzügen unterworfen. Da die Mission durch das Schwert auch Herrschaft begründete, erlaubte die Unterwerfung und gewaltsame Christianisierung der Prußen die Errichtung des Deutschordens-Staates. Andererseits forderte die päpstliche Missionsauffassung, daß die persönliche Freiheit der Neugetauften gewahrt blieb. Daher sicherte nach dem ersten Aufstande der Prußen der unter Vermittlung eines päpstlichen Legaten 1249 abgeschlossene Vertrag von Christburg die persönliche Freiheit und günstige Rechtsstellung der als gleichberechtigte Vertragspartner erscheinenden Prußen unter der Bedingung des Festhaltens am Christentum. Der große Abfall der Prußen 1260 löste den Orden aus den Bindungen dieses Vertrages. Die treuen prußischen Edelinge, später die prußischen »Freien« genannt, erhielten günstige Rechtsbedingungen und traten mit dem Orden wie der deutschen Bevölkerung in engere Kontakte, die übrige prußische Bevölkerung geriet mehr oder minder in den Stand der Halb- oder Unfreiheit bzw. blieb darin, da der Orden die überkommene Sozialstruktur der Prußen im ganzen nicht antastete.

Durch die Gründung von deutschen Städten (Kulmer Handfeste 1233), die Anlage von ca 1000 deutschen Dörfern bis 1400 im Ordenslande östlich der Weichsel und durch die Ansetzung deutscher Gutsbesitzer kam in einem langsamen Siedlungsvorgang mit dem Höhepunkt zwischen 1300 und 1350 eine sehr beträchtliche deutsche Bevölkerung ostmitteldeutscher und niederdeutscher Herkunft ins Land. Neben der wirtschaftlichen Nutzbarmachung war bes. in den Anfangszeiten die Stärkung des Christentums durch den Einzug christlich-deutscher Siedler ein Motiv der Kolonisation. Die prußische Bevölkerung wurde aus ihren Sitzen nicht vertrieben; die deutsche Siedlung beruhte auf Rodung und Neugründung. Eine Eindeutschung der prußischen Bevölkerung wurde weder erstrebt, schon gar nicht mit Gewalt, noch kam sie automatisch durch Vermischung der beiden Bevölkerungsgruppen in gemeinsamer Siedlung zustande. Nur die prußischen Freien waren im 15.Jh. weithin angeglichen. Nach Einführung der Reformation wurde in der Wortverkündigung durch Dolmetscher, die »Tolken«, und durch Übersetzungen des Katechismus ins Prußische (1545 und 1561) auf diese Volkstums- und Sprachverhältnisse Rücksicht genommen. Erst die rechtliche Schlechterstellung der deutschen Bauern durch die Gutsherrschaft im Laufe des 16.Jh.s brachte in den unteren Bevölkerungsschichten den Ausgleich auf der Grundlage der deutschen Sprache und Kultur. Im 17.Jh. starb die prußische Sprache aus. – Diese Respektierung der prußischen Volkstums- und Siedlungsgrenzen war der intensiveren Christianisierung der unterworfenen Prußen nicht günstig. Es ist nicht bekannt, daß hierfür nach der Unterwerfung besondere Maßnahmen über den Aufbau der Pfarrorganisation hinaus getroffen wurden, während der Orden vor 1260 junge Prußen in deutsche Dom- und Klosterschulen geschickt und bes. die Dominikaner, aber auch die Franziskaner zur Mission herangezogen hatte. Für das 15.Jh. ist in zahlreichen Verordnungen eine kirchliche Fürsorge für die prußische Bevölkerung überliefert; es dürfte sie auch vorher gegeben haben. Da die Pfarrkirchen in den unmittelbar dem Orden unterstehenden Gebieten infolge des Patronatsrechtes desselben mit Priesterbrüdern (→ Ritterorden) besetzt wurden, konnte hier kein niederer Klerus prußischer Herkunft entstehen. Nur im Ermland gab es eine bischöfliche Schule für prußische Knaben und prußische Kleriker in größerer Zahl.

Die kirchliche Gesamtordnung erfolgte 1243 durch die Schaffung der 4 Diözesen → Kulm, → Pomesanien, → Samland und → Ermland, die 1245 (bestätigt 1255) dem Erzbischof von → Riga unterstellt wurden. Mit Ausnahme des Bistums Kulm erhielt jeder Bischof ein Drittel des eroberten Landes als Territorium und gab hiervon nach Gründung der Domkapitel (Kulm 1251, Ermland 1260, Pomesanien 1284, Samland 1285) ein Drittel an diese zu gleichen Rechten weiter. Die Inkorporierung der Domkapitel von Kulm, Pomesanien und Samland in den Deutschen Orden, die zur Besetzung derselben wie der Bischofsstühle mit Priesterbrüdern führte, schuf dieser Zersplitterung ein Gegengewicht. Daß das Domkapitel von Ermland nicht inkorporiert wurde, gab diesem Bistum eine gewisse Sonderstellung.

Der Orden bot weiteren Mönchsorden nur geringe Entwicklungsmöglichkeiten. Er förderte, zunächst im Interesse der Mission, die Dominikaner (Kulm 1233/38, Elbing 1238, Thorn 1263, Nordenburg-Gerdauen 1407, dazu nach dem Erwerb Pommerellens 1309 das 1227 gegründete Kloster in Danzig und das in Dirschau von 1289), die zur polnischen Ordensprovinz gehörten, sowie die Franziskaner (Thorn 1239, Kulm 1258, Braunsberg 1296, Wehlau 1349, Wartenburg 1364, Danzig 1419, ferner Neuenburg in Pommerellen von 1282). Zunächst zT der polnisch-böhmischen Ordensprovinz zugerechnet, gehörten diese Klöster als preuß. Kustodie zur sächsischen Franziskanerordens-Provinz. Ferner gab es Augustiner-Eremiten (Rössel 1347, Konitz 1356, Heiligenbeil 1372), Kartäuser (Karthaus 1381), Karmeliter (Danzig vor 1399), Brigitten-Mönche und -Nonnen (Danzig 1396/1400, Elbing 1458), Benediktiner-Nonnen (Kulm vor 1266, Thorn 1311, Königsberg 1349).

Nachdem der Orden 1309 das zwischen Polen und Brandenburg strittige Herzogtum → Pommerellen von letzterem gekauft hatte, dehnte sich der Ordensstaat auch nach Westen über die Weichsel aus. Die kirchliche Organisation blieb unverändert.

Vom 14.Jh. an setzte der Orden seine Missionsaufgabe im Kampf gegen die Litauer fort. Die polnisch-litauische Union (1386) veränderte die außenpolitische Lage des Ordensstaates grundlegend. Die Schlacht bei Tannenberg (1410) wurde zu einer Niederlage des Ordens. Die politischen und wirtschaftlichen Schwierigkeiten seit dem 1. Thorner Frieden (1411) führten zu wachsenden Spannungen mit den Ständen, deren Tendenz zu ständestaatlichen Formen bis zum offenen Abfall und zum Bündnis mit Polen verschärft wurde (1454). Nach dreizehnjährigem Kriege ging dem Orden 1466 im 2. Thorner Frieden das westliche Ordensland verloren, ebenso das Territorium des Bischofs von Ermland.

3. Mit dem Übertritt zur Lehre Luthers und der Umwandlung des restlichen Ordensstaates in ein von Polen abhängiges Herzogtum Preußen durch → Albrecht von Hohenzollern-Ansbach wurde eine neue Entwicklung eingeleitet. Nachdem die ev. Lehre schon in verschiedenen Städten Herzoglich Preußens wie Königlich Preußens, dh des an die Krone Polen gefallenen westlichen Teils des Ordenslandes, u.a. 1523 von Joh. → Brießmann in Königsberg verkündet worden war, stellten sich die Bischöfe des Herzogtums, Georg → Polentz († 1550) von Samland und Erhard → Queiß († 1530) sowie Paul → Speratus (1551) von Pomesanien mit an die Spitze der reformatorischen Bewegung. Daher blieb das Bischofsamt zunächst erhalten. Das Bistum Samland umfaßte den nördlichen, Pomesanien den südlichen Teil des Herzogtums (seit 1529). Herzog Albrecht hatte nach dem Tode der ersten ev. Bischöfe das Amt aufgehoben und die Bistümer durch fürstliche Beamte, die »Präsidenten«, verwalten lassen. Im Zuge der innerpolitischen und kirchlichen Wirren in der Spätzeit des Herzogs erzwangen die Stände 1566 die Wiederherstellung der Bischofsämter und ihre Besetzung zumeist durch Landesfremde (u.a. T. → Heßhus), die sich zum Unheil für das Land in den Streitigkeiten zwischen strengem und gemäßigtem Luthertum hervortaten. Erst Markgraf Georg Friedrich setzte 1587 an die Stelle der Bistümer zwei landesherrliche Konsistorien in Königsberg und Saalfeld. Sie wurden 1751 von Friedrich d. Gr. zu einem Konsistorium in Königsberg zusammengelegt.

Die KOen, die den Aufbau der preuß. Landeskirche begründeten, setzten mit den »Artikeln der Zeremonien und anderer KO« (1526) ein und wurden 1540, 1544, 1558 und 1567 durch weitere Ordnungen ergänzt. Der Gottesdienst wurde in deutscher Sprache durchgeführt, die Verkündigung des Wortes für Prußen, Litauer (die im 15. und 16.Jh. in das nordöstliche O. einwanderten), Kuren und → Masuren durch Dolmetscher sichergestellt, der Katechismus ins Prußische, Polnische und Litauische übersetzt. Somit begann für die nichtdeutschen Bevölkerungsteile O.s von der Reformation her die einheitliche geistige Prägung, die sie mit der deutschen Bevölkerung bis zur Gegenwart verband.

Die Gründung der Universität → Königsberg (1544) und der Schloßbibliothek (1540), die Pflege des Schulwesens unter besonderer Beteiligung von J. → Gramann, die Förderung der Kirchenmusik und bes. des → Kirchenliedes dienten der Verwirklichung der Lehre Luthers. Doch die Duldung spiritualistischer Richtungen, die Ansiedlung Böhmischer Brüder (→ Brüderunität: I) und der Osiandersche Streit (A. → Osiander) brachten Herzog Albrecht in schwere Konflikte mit dem strengen Luthertum und dessen Anhängern unter den Ständen. Diese, in deren Händen die tatsächliche Regierungsgewalt lag, setzten 1567 die Repetitio corporis doctrinae Prutenicae als Bekenntnisschrift fest, und Georg Wilhelm erkannte die luth. Orthodoxie 1579 durch die → Konkordienformel an.

In der Lubliner Union (1569) hatte König Sigismund II. August von → Polen die → Augsburgische Konfession als Lehrgrundlage für das Herzogtum anerkannt, alle späteren Bekenntnisse, nicht aber die Katholiken von der Duldung ausgeschlossen. Daher brachte der Übertritt des Kurfürsten Johann Sigismund (→ Brandenburg: II, 3) zum Calvinismus (1613) schwere Spannungen zum orthodoxen Luthertum Preußens, während der Herzog gleichzeitig die Gleichberechtigung der Katholiken im Herzogtum anerkannte. Um die Mitte des 17.Jh.s flammten die kirchlichen Streitigkeiten wieder auf durch die Auseinandersetzungen zwischen dem Synkretismus Chr. → Dreiers, welcher der toleranten Haltung des Kurfürsten Friedrich Wilhelm entsprach, und der Orthodoxie, hinter der die Stände standen. Etwa zur gleichen Zeit brachte der Königsberger Dichterkreis mit Simon → Dach und R. Roberthin als Dichtern und H. → Albert als Komponisten auch dem preuß. Kirchenlied wertvolle Bereicherung.

Dann drang der → Pietismus nach Preußen ein (→ Rogall). → Lysius und F.A. → Schultz, Professoren an der Universität und die ersten Direktoren des Friedrichskollegs, Schüler A.H. → Franckes, bauten in dessen Sinne nach der Einführung der allgemeinen Schulpflicht (1717) das Schulwesen vom Gymnasium bis zur ländlichen Volksschule auf. Die Ansiedlung von Schweizern, Nassauern, Pfälzern (→ Hugenotten, 2f), bes. von 15 000 → Salzburgern, durch welche die Bevölkerungsverluste infolge der Pest geschlossen werden sollten, brachte ein südwestdeutsches Element in die Bevölkerung O.s.

Nachdem sich noch vor der Mitte des 18.Jh.s der → Rationalismus durchgesetzt hatte, dessen wichtigster Vertreter J.J. → Quandt sich durch sein Gesangbuch verdient machte, war O. an der großen Wende der deutschen Philosophie durch → Kant, → Hamann und → Herder entscheidend beteiligt. Die Zeit der preuß. Reformen nach dem Tilsiter Frieden (1807) stellte einen Höhepunkt der geistigen und politischen Geschichte O.s dar. Während die → Erweckungsbewegung in O. nur wenig Fuß faßte, übte der gemäßigte Supranaturalismus, vor allem von E.L.v. → Borowski vertreten, starken und nachhaltigen Einfluß aus. Die Innere Mission entfaltete sich in zahlreichen Anstalten, zunächst dem Diakonissen-Mutterhaus zur Barmherzigkeit in Königsberg (1850).

Im Bistum → Ermland, dessen Territorium 1466 unter die Krone Polen gestellt worden war, hatte sich die Reformation zunächst wie im übrigen Preußen ausgebreitet, doch hatte der Kardinal St. → Hosius, seit 1551 Bischof von Ermland, der Gegenreformation zum Siege verholfen. 1772 fiel das Fürstbistum an Preußen. Seit

1919 umfaßte die Diözese Ermland die kath. Bevölkerung O.s als exemtes Bistum; 1929 wurde sie der Kirchenprovinz Breslau eingeordnet.

4. Von einer Gesamtbevölkerung von 2 064 175 Personen waren 1910: 1 740 822 (84,3%) ev., 290 877 (14,1%) kath.; 1925 von 2 256 349: 1 889 975 (83,3%) ev., 339 540 (15%) kath.; 1933 von 2 333 301: 1 941 589 (83,2%) ev., 364 653 (15,6%) kath. Bes. unter der litauisch und masurisch sprechenden Bevölkerung gab es zahlreiche Gemeinschaften und Sekten. 1925 gab es zB 3902 Mennoniten, 15 200 Baptisten, 1761 Methodisten, 14 337 Neuapostolische, 1986 Adventisten.

E.WERMKE, Bibliogr. zur Gesch. v. Ost- u. Westpreußen, 1933; Forts. in Altpreuß. Forschungen bis Bd 16, 1939 - DERS., Bibliogr. der Gesch. v. Ost- u. Westpreußen für die J. 1939-1951 (Wissenschaftl. Beiträge zur Gesch. u. Landeskunde Ost-Mitteleuropas 11), 1953 - DERS., Bibliogr. ... für die J. 1952-1956 (Wissenschaftl. Beiträge... 37), 1958 - DERS., Schrifttum zur Gesch. von Ost- u. Westpreußen 1957ff (Zs. für Ostforschung 8ff, 1959ff) - B.SCHUMACHER, Gesch. Ost- u. Westpreußens, (1937) 1957² (Lit.) - H.MARZIAN, Ostdt. Bibliogr. (Jb. der Albertus-Univ. zu Königsberg/Pr. 2ff, 1952ff).
E.Maschke

Osuna, *Francisco de* (ca 1492-1540/41), Franziskaner, * in Osuna, leitete die bis Mitte des 16.Jh.s dauernde asketische Epoche in der span. Literatur ein, die der span. → Mystik (: VI, 5) vorherging. Nachhaltig wirkte er durch sein »Abecedario espiritual de las circonstancias de la passion de Christo« (6Tle, 1527-54), eine sich an ältere mystische Literatur anschließende und diese zusammenfassende Lehre der Meditation, der asketischen Selbstzucht und der Anweisung zur geistlichen Sammlung, zum »Herzensgebet« (oratio recollectionis). Der 3. Teil des Abecedario führte die hl. →Therese von Ávila in die asketische Gebetspraxis ein (c. 22 ihrer vida). In den lat. und span. Schriften des bis nach Köln und Aachen reisenden Andalusiers klingt das von den span. Mystikern gepredigte Hohe Lied der Liebe (zu Gott und zum Nächsten) an. Der »Norte de los estados« (1541) will den Ständen der Ledigen, Verehelichten und Verwitweten ein Leitstern sein.

Abecedario espiritual, tercera parte, ed. M.MIR (Nueva biblioteca de autores españoles 16), Madrid 1911. - Über O.: E.A.PEERS, Studies of the Spanish Mystics I, London (1927) 1951² - L.PFANDL, Gesch. der span. Nationallit., 1929, 154ff - FIDÈLE DE ROS, Un Maître de Ste Thérèse. Le Père F.d'O. Sa vie, son œuvre, sa doctrine spirituelle, Paris 1936 - J.SANCHIS ALVENTOSA, La escuela mistica alemana y sus relaciones con nuestros misticos del siglo de oro, Madrid 1946 - Misticos Franciscanos I: Fray A. de Madrid y Fray F. de O., ebd 1948 - J.CHUZEVILLE, Les mystiques espagnols, Paris 1952, 50ff - LThK² IV, 241.
W.Göbell

Otfrid *von Weißenburg,* Mönch, Priester und (wohl) Schulmeister des unterelsässischen Klosters Weißenburg, der erste namentlich bekannte Dichter deutscher Sprache (→ Mittelalterliche Literatur: II, 1). Aus religiöspädagogischen und fränkisch-nationalen Motiven verfaßte er den Liber Evangeliorum, eine (um 870 vollendete) → Evangelienharmonie. Die Überlieferung dieses bedeutendsten Denkmals der althochdeutschen Literatur ist einzigartig: in dem Wiener Codex V besitzen wir des Autors durchkorrigiertes Handexemplar. Fünf Bücher geben nach der → Perikopen-Ordnung den Stoff der vier Evangelien wieder. Quellen sind die Vulgata und Kommentare → Alkuins, → Bedas und des → Hrabanus Maurus, der in Fulda O.s Lehrer gewesen war. Die darstellenden Partien werden durch »moraliter«, »spiritaliter« oder »mystice« überschriebene Abschnitte verbunden, in denen es um die tropologisch-allegorische und geistlich-nutzanwendende Auslegung geht. Das Ziel dieser dem noch spröden und ungelenken Deutsch mühsam abgerungenen, aber durch Zartheit des Gefühls und Innigkeit der Empfindung veredelten Arbeit ist die Verdrängung des »obscenus cantus laicorum« durch den Preis des Herrn und seines Heils in der Sprache des stolzen Frankenvolkes. Als gliedernder Sammler und lehrender Ordner nicht im modernen, wohl aber im mittelalterlichen Sinne ein Dichter, hat O. auch formal die Abwendung von der germanischen Erinnerung vollzogen: An die Stelle des Stabreims, wie ihn noch der → Heliand verwendet (den O. kannte wie den → Tatian), setzt er den aus dem Ambrosianischen Hymnus übernommenen vierhebigen Endreimvers und weist damit der Form der deutschen epischen Kunstdichtung des MA ihren Weg.

Letzte Ausg.: O.ERDMANN, (1882) 1957³ (hg.v. EDW.SCHRÖDER u. L.WOLFF; Lit.). - Letzte Behandlung: H.DE BOOR, Die dt. Lit. v. Karl d. Gr. bis zum Beginn der höf. Dichtung, (1949) 1960 (Lit.) - RDL² I, 410ff (Lit.).
P.Wapnewski

Othlo → Otloh.

Othrich → Ohtrich.

Otloh (Otloch; ca 1010-70), als Knabe in Tegernsee und Hersfeld gebildet, wurde nach innerer Krise ca 1032 Mönch in *St. Emmeram* zu Regensburg, Leiter der Klosterschule und Dekan. Im Konflikt mit dem Abt, weilte er vorübergehend in Fulda (1062 bis ca 1066) und Amorbach (1067). O. verfaßte Heiligenviten und wandte sich in theologischen Schriften zT autobiographischen Charakters gegen Dialektik und profane Wissenschaft.

Werke in MPL 146. - RGG³ IV, 837 - LThK VII, 832f - WATTENBACH-HOLTZMANN I/2, 270ff (Lit.) - VerfLex III, 1943, 658ff; V, 1955, 831 (Lit.) - Ü II, 189f. 697 - I.SCHRÖBLER, O.v.St.E. u. Hieronymus (Paul u. Braunes Beiträge, 1957, 355-362) - G.MISCH, Gesch. d. Autobiogr. III/1, 1959, 57ff.
H.Beumann

Otter, *Jakob* (ca 1485-1547), oberdeutscher Reformator, * in Lauterburg (Elsaß), seit 1505 Student in Heidelberg und Freiburg und Sekretär → Geilers von Kaysersberg, Bearbeiter und Herausgeber einiger seiner Schriften. Als Pfarrer in Wolfenweiler bei Freiburg ist er früh Anhänger der Reformation. Später amtiert er in Kenzingen, Neckarsteinach, Solothurn, Aarau. Schließlich wird O. seit 1532 der Reformator der Reichsstadt Eßlingen, deren Kirchenwesen er als Seelsorger und Organisator neugestaltet. In Vorbereitung und Durchführung der → Wittenberger Konkordie unterstützt er → Bucer. Seine tiefste, dauerhafte Wirkung hat er als geistlicher Schriftsteller ausgeübt, bes. durch sein vielbenutztes, schlicht-warmherziges → Gebetbuch (→ Gebet: V, 4), eines der schönsten der Reformation.

O.s Katechismus bei J.M.REU, Qu. z. Gesch. d. Kat.-Unterr. I/1, 1904, 360ff - P.ALTHAUS d. Ä., Forsch. z. ev. Gebetslit., 1927, 46ff - SCHL. Nr. 16776ff. 17004 - O.SCHUSTER, KG v. Stadt u. Bezirk Eßlingen, 1946, 159ff - Leiturgia II, 410.
B.Moeller

Otterbein, *Philipp Wilhelm* (1726-1813), organisierte mit dem Mennoniten Martin Boehm i.J. 1800 die amerikanische Kirchengemeinschaft »Die Vereinigten Brüder in Christo«. Seit deren Vereinigung mit der Evangelical Church (1946) heißt die Kirche → Evangelical United Brethren Church. O. entstammte einer ref. Pfarrerfamilie in Dillenburg, wurde auf der »Hohen Schule« zu Herborn ausgebildet und wirkte hier als Pfarrer. 1752 folgte er dem Ruf des ref. Pfarrers Michael Schlatter, der von Amerika nach Deutschland gekommen war, um Geistliche für die unversorgten deutschsprechenden ref. Gemeinden in Pennsylvanien anzuwerben. In Lancaster, seiner ersten Pfarrstelle, erlebte O. eine tiefgreifende religiöse Wendung, die ihn zu einem warmherzigen Evangelisten machte. Er bediente mehrere ref. Gemeinden in Pennsylvanien und Maryland und widmete sich daneben der Evangelisation unter den kirchenlosen deutschsprechenden Leuten in den ländlichen Bezirken. Seit 1774 war O. Pfarrer an der freistehenden Deutschen Ev.-Ref. Gemeinde in Baltimore. O. pflegte rege Bruderschaft mit Geistlichen und Gliedern vieler anderer Kirchen. Eine seit 1847 in Westerville, Ohio, bestehende kirchliche Universität trägt seinen Namen; in seinem Sinn steht dieses O.-College Studenten jeder Rasse und Konfession offen.

Lit. s. → Evangelical United Brethren Church. *R.Kücklich*

Otterbeinleute → Evangelical United Brethren Church.

Otto I., *der Große*, 936–73 deutscher König und (962) Kaiser, * 23.10.912, Sohn König Heinrichs I. und der Mathilde, wurde am 7.8.936 zu Aachen von Vertretern aller deutschen Stämme gewählt. Salbung, Krönung und Thronsetzung auf dem Stuhle → Karls d. Gr. kamen hinzu. In seiner Designation durch den Vater siegte das Unteilbarkeitsprinzip; die einmütige Wahl ist ein Markstein auf dem Wege vom ostfränkischen zum deutschen Reich (→ Deutschland: I, 1 a). – Die Durchsetzung der Zentralgewalt gegenüber der gentilen Formation der Stämme kostete allerdings noch harte Kämpfe. Zunächst hatte O. Widerstand im eigenen Hause (seines Halbbruders Thankmar und Bruders Heinrich) niederzuringen (937–41). 938 wurde die bisherige Sonderstellung Bayerns beseitigt. O.s Versuch, die eigene Familie durch Einsetzung naher Angehöriger als Amtsherzöge zum Instrument der Integration zu machen, scheiterte in einer zweiten Krise (953–55) mit dem Aufstand seines Sohnes Liudolf von Schwaben und seines Schwagers Konrad von Lothringen. Unter dem Druck einer neuen Ungarnnot wurde sie überwunden: An der Spitze eines Aufgebotes aus nahezu allen Stämmen bannte O. 955 durch seinen Sieg auf dem Lechfeld bei Augsburg die Ungarngefahr endgültig. – Aus den Erfahrungen der letzten inneren Krise ergab sich als neue Konzeption das *»Reichskirchensystem«*. O. baute sowohl die bereits von den fränkischen Königen geübte Herrschaft über die Kirche als auch die Herrschaftsbefugnisse der Bischöfe und Reichsäbte (→ Immunität) weiter aus und schuf in zielbewußter Handhabung des königlichen Besetzungsrechts (→ Investitur) in der zu umfangreichen Leistungen für das Reich verpflichteten und befähigten Reichskirche eine zuverlässige Stütze der Zentralgewalt (→ Kirchenverfassung: IV, 2 a). Es entsprach diesem System, wenn O. seinen Bruder → Bruno zum Erzbischof von Köln machte und ihm außerdem das Herzogtum Lothringen unterstellte (953). Die von → Gorze ausgehende und über St. Maximin (Trier) ins Reich sich ausbreitende lothringische Klosterreform wurde von Bruno und O. gefördert. Aus St. Maximin waren die ersten Mönche des von O. 937 zu Magdeburg gegründeten Mauritiusklosters gekommen. Hier lag der Keim einer weitausgreifenden missionspolitischen Konzeption, die in ihrer Realisierung mit der Gründung des Erzbistums → Magdeburg (mit Suffraganen, 968) hinter weitergehenden Plänen O.s noch zurückblieb. Die Missionspolitik fand ihren Rückhalt in einem System von Grenzmarken. In Dänemark entstanden mit den → Hamburg unterstellten Bistümern → Schleswig, → Ripen und → Aarhus (948) Reichskirchen außerhalb der politischen Grenzen des Regnums. O.s Bistumsplan in → Prag (973) wurde von O. II. vollendet (976). – Karolingische Tradition, O.s Waffen- und Missionserfolge gegenüber den Heiden, sein Einfluß auf Burgund sowie seine erfolgreiche Interventionspolitik im westfränkischen Reich gehörten zu den politischen und ideellen Voraussetzungen seiner *Kaiserpolitik*. Schon sein Königtum hatte zumal nach dem Ungarnsieg imperiale Geltung gewonnen. 951 hatte er zugleich mit der Hand der Königswitwe Adelheid die Herrschaft über das → Langobarden-Reich erworben. 961 folgte er einem Hilferuf Papst → Johannes XII., der sich von langobardischen (Berengar II.) und röm. Gegnern bedrängt sah, und empfing am 2.2.962 zu Rom die Kaiserkrone aus seiner Hand. Damit hatte er gegen eine nichtröm. Lösung der Kaiserfrage entschieden (→ Kaisertum und Papsttum, 4). O. nahm den Titel »Imperator augustus« an und erteilte der röm. Kirche nach dem Vorbild seiner karolingischen Vorgänger ein Privileg (»Ottonianum«, Mirbt Nr. 256), das den territorialen Bestand des »Kirchenstaates« garantierte und die → Papstwahl vom Kaiser abhängig machte. Diese Ausdehnung der Kirchenherrschaft auf die röm. Kirche krönte das Reichskirchensystem. – Die Stabilität des Königtums sicherte O., indem er seinen Sohn O. II. 961 zum Mitkönig, 967 nach karolingischem und byzantinischem Vorbild zum Mitkaiser machte. Die Vermählung des Thronfolgers mit der byzantinischen Prinzessin Theophanu (972) schloß die Anerkennung des westlichen Kaisertums durch das östliche in sich. O. stand am Höhepunkt seiner Weltgeltung (Quedlinburger Hoftag, Ostern 973), als er am 7.5.973 zu Memleben verschied. Im Dom zu Magdeburg wurde er beigesetzt.

RGG² IV, 838ff – LThK VII. 838f – R.Holtzmann, Kaiser O. d. Gr., 1936 – Ders., Gesch. d. sächs. Kaiserzeit, (1941) 1955³ (Lit.) – H.Günter, Kaiser O. d. Gr., (1941) 1943² – M.Lintzel, Die Kaiserpolitik O.s d. Gr., 1943 – H.Beumann in: Dt. Gesch. im Überblick, hg.v. P.Rassow, 1953, 107–117. 782–784 (Lit.) – Gebhardt-Grundmann I, 174ff (Lit.) – Hdb. d. dt. Gesch., hg.v. L.Just, I/3, 1956, 14ff (Lit.) – G.Tellenbach, O. d. Gr. (Die großen Deutschen I, 1956, 35 bis 51). *H.Beumann*

Otto, 1. *von Bamberg* († 1139), ca 1080/90 Hofkaplan in Gnesen, dann Kanzler → Heinrichs IV. in Speyer, seit 1102 Bischof von → Bamberg. 1122/23 vom Polenherzog Boleslaw gebeten, die Christianisierung → Pommerns zu übernehmen, missionierte O. dort 1124/25 und 1128 und gründete 14 Kirchen. Bis zu seinem Tode leitete er die pommersche Kirche von Bamberg aus. O. wurde 1189 kanonisiert, 1190 werden die ersten Reliquien erwähnt. 1346 gründete Herzog Barnim III. von Pommern in Stettin das St. Ottenkollegiat. In dessen Hofkirche (später Schloßkirche) wurden jährlich vom St. Ottentage (1. Okt.) bis zur Oktave (8. Okt.) Messen zu Ehren des Pommernapostels gelesen.

Die Prüfeninger Vita d. Bischofs O.v.B., hg.v. A.Hofmeister, 1924; dt. v. Dems., 1928. Weitere Viten: MG SS XII, 1856, 746ff. 822ff; XX, 1868, 704ff. – R.Klempin, Die Biographien d. Bischofs O. (Baltische Studien 9, 1842, 1–246) – Ph.Jaffé, Monumenta Bambergensia, in: Bibliotheca rer. German. V, 1869 – A.Hofmeister, Zur Chronologie u. Topographie der 1. Pommernfahrt d. Bischofs O.v.B. (Pomm. Jb.er 22, 1924, 3–25) – M.Wehrmann, Die Lehr- u. Predigttätigkeit d. Bischofs O.v.B. in Pommern (Balt. Studien NF 26, 1924, 157–190) – H.Fredrichs, Missa sancti Ottonis (ebd 33, 1931, 47–64) – D.Andernacht, Die Biographien Bischof O.s v. B. (Diss. Frankfurt/M.), 1950 (Masch.) – W.Berges, Reform der Ostmission im 12.Jh. (Wichmann-Jb. 1955/56, 31–44). *H.Heyden*

2. *von Freising* (ca 1111/12–58), Bischof und Geschichtsschreiber, Sohn des Markgrafen Leopold III. von Österreich und der Agnes, Tochter Heinrichs IV., trat nach dem Studium in Paris 1132/33 in das Zisterzienserkloster Morimund (Diözese Langres) ein und wurde 1138 Abt. Im selben Jahr wurde er Bischof von → Freising und war unter Konrad III. und → Friedrich I. wiederholt – so als Befehlshaber eines Heeresteiles auf dem 2. Kreuzzug (1147/49) – an der Reichspolitik beteiligt. Seine 1143–46 abgefaßte Weltchronik (Historia de duabus civitatibus;

bis 1146), in der er alle → Geschichte (: II B, 2) im Sinne der Zweistaatenlehre → Augustins deutet und auch das Ende der Welt darstellt, ist der bedeutendste geschichtsphilosophische Versuch des MA. Seine Gesta Friderici I. imperatoris (bis 1156), nach seinem Tod von seinem Notar Rahewin weitergeführt (bis 1158), sind die wichtigste Quelle für die Anfänge Barbarossas.

Ausg.n: Chronica v. A.HOFMEISTER in: MG SS in us. schol. 45, 1912²; dt. (nur Buch 6 u. 7) v. H.KOHL in: Geschichtschreiber d. dt. Vorzeit, 1894² - Gesta v. G.WAITZ u. B.v.SIMSON in: MG SS in us. schol. 46, 1912³; dt. v. H.KOHL in: Geschichtschreiber ..., 1894². - Über O.: J.SPÖRL, Grundformen hochmittelalterl. Geschichtsanschauung, 1935, 31-50 - P.BREZZI, O. di F. (Bull. dell' ist. stor. ital. 54, 1939, 128-328) - VerfLex III, 679ff; V, 832 (Lit.) - O.v.F., Gedenkgabe zu seinem 800. Todesjahr (23. Sammelblatt des hist. Vereins Freising), 1958 - A.WEISSTHANNER, Regesten des Freisinger Bischofs O.I. (Anal. s. ord. Cisterc. 14, 1958, 151-222; Lit.) - L.GRILL, Bildung u. Wissenschaft im Leben O.s v.F. (ebd 281-333). *K.Jordan*

Otto, 1. *Berthold.* Die pädagogischen Grundgedanken B.O.s (* 6.8.1859 auf dem Rittergut Bienowitz in Schlesien, † 29.6.1933) sind weitgehend das Ergebnis einer bewußt gestalteten erzieherischen Praxis als Hauslehrer und im Umgang mit den eigenen Kindern. Nach dem Studium in Kiel und in Berlin bei Paulsen, Lazarus, Steinthal und v. Treitschke wurde er 1890 Schriftleiter am Brockhaus-Lexikon. Die Herausgabe der ersten sozialpolitischen und pädagogischen Schriften sowie der Zeitschrift »Der Hauslehrer« wurde 1906 durch die Gründung der Hauslehrerschule in Berlin-Lichterfelde gekrönt. - Im Mittelpunkt der Pädagogik O.s steht der »natürliche Unterricht«, dessen Vorbild der geistig-gesellige Verkehr des Hausvaters im Kreise der Familie mit seinen Angehörigen ist und dessen praktische Ausgestaltung in den Kursen und im »Gesamtunterricht« liegt. Anschließend an die Ethnologie von Lazarus und Steinthal gründet O. den Gesamtunterricht auf die Theorie des volksorganischen Denkens. Das Ziel ist die Aktivierung der schon vorhandenen Vorstellungen im Gespräch, das Lehrende und Lernende in einer philosophischen Denkgemeinschaft eint. Offenheit der Verhältnisse, Straffreiheit sowie Schülermitverwaltung (Schülergericht) kennzeichnen eine erzieherische Haltung, die sich am Lebensraum des Kindes orientiert; sie spiegelt sich im methodischen Bereich in der Pflege der »Altersmundart«, im Anknüpfen an spontane Interessen sowie im Bestreben, die Begriffe von der Anschauung bestimmen zu lassen.

Vf. u.a.: Geistiger Verkehr mit Schülern im Gesamtunterricht, 1907; Die Reformation der Schule, 1912; Volksorganische Einrichtungen der Zukunftsschule, 1914. - Über O.: G.FERBER, B.O.s pädag. Wollen u. Wirken, 1925 - A.ROEDL, B.O. Leben u. Werk, o.J. (Lit.). *H.Röhrs*

2. *Rudolf* (25.9.1869 bis 6.3.1937), syst. Theologe, * in Peine (Hann.), lehrte in → Göttingen (1897), → Breslau (1914) und → Marburg (1917, em. 1929). - O.s Arbeit ist von der *einen Frage* beherrscht, wie Wesen und Wahrheit der → Religion (: IV) wissenschaftlich und begrifflich erfaßt werden könne. Von → Kants Erkenntnistheorie aus suchte er die Grenzen zum → »Ding an sich« zu überschreiten: auf Luther verweisend, mit Hilfe von → Fries, → De Wette und → Schleiermacher (die Erkenntnismacht des »Gefühls« bzw. »Gemüts«). Das ist die Methode, durch Selbstbesinnung zur Sachgesinnung zu gelangen (→ Erfahrung, 2). Das Verhältnis zum Göttlichen ist nicht selbst-, sondern gottbezogen; es ist Religion. Diese ist nicht aus materiellen Gegebenheiten (gegen W. → Wundt) oder ideellen Funktionen des Geistes (gegen → Idealismus) abzuleiten; sie »fängt mit sich selber an« und ist in allen Religionsstufen als das »ganz Andere« (→ Dialektische Theologie, 2), das → »Numinose«, das → Heilige (: I, 1; IV, 1) vorhanden. Die Unaussprechbarkeit (ineffabile) des Heiligen als religiöse »Kategorie apriori« gefaßt, das »Irrationale in der Idee des Göttlichen und sein Verhältnis zum Rationalen« dargestellt zu haben, darin besteht O.s Leistung. Diese Erkenntnisse wurden durch Beispiele aus der → Religionsgeschichte (Studien zur indischen Scholastik und Mystik) und den christlichen Konfessionen (bes. Luther und → Zinzendorf) begründet. - O.s Ethik wird stark von Begriffen Kants bestimmt, die O. realistisch unterbaut: »Axiologische Urteile implizieren ontologische Urteile.« Dabei wird das Verhältnis von profanem und Heiligkeitsethos beachtet. - Tief bewegt wurde O. durch die Konfrontierung des → Christentums (: V) mit der mannigfaltigen Welt der Religionen, bes. mit Indiens Gnadenreligion (→ Bhakti-Frömmigkeit). Die religionsgeschichtliche Behandlung der Begriffe → »Reich Gottes« und »Menschensohn« (→ Jesus Christus, 1. 9 b) zeugt von O.s persönlichem Interesse an der Erforschung der Wahrheit des christlichen Glaubens. - Beachtenswert sind O.s praktische Anregungen (zB Religiöser → Menschheitsbund; Religionskundliche Sammlung in Marburg). - Aus pädagogischen Erwägungen gab er Schriften Kants (Grundlegung zur Metaphysik der Sitten, 1930) und Schleiermachers (Reden über die Religion, [1899] 1926⁶) heraus. Liturgische Veröffentlichungen (→ Liturgik: I, 2) suchen O.s Erkenntnisse für den christlichen → Gottesdienst (: VI, 3) zu verwirklichen. - Vgl. → Mystik: VIII.

Vf. u.a.: Die Anschauung vom Hl. Geiste bei Luther, 1898; Naturalist. u. relig. Weltansicht, (1904) 1929³; Kant-Fries'sche Religionsphilos., (1909) 1921²; Das Heilige, (1917) 1958²⁹·³⁰ (übers. in mehrere Sprachen); Aufsätze das Numinose betreffend, (1923) 1929⁴; Chorgebete, 1925 (mit G.MENSCHING); Zur Erneuerung u. Ausgestaltung des Gottesdienstes, 1925; Westöstl. Mystik, (1926) 1929²; Die Gnadenreligion Indiens u. das Christentum, 1930; Das Gefühl des Überweltlichen, 1932; Sünde u. Urschuld, 1932; Reich Gottes u. Menschensohn, (1934) 1954³ (dazu H.FRICK, ZThK 43, 1935, 1-20; R.BULTMANN, ThR NF 9, 1937, 1-35). - Mit-Hg.: »Aus der Welt der Religion«; »Liturg. Blätter«; »Logos«. - Über O.: TH.SIEGFRIED, Grundfragen der Theol. bei R.O., 1931 - H.FRICK, Gedächtnisrede für R.O., 1937 - E.BENZ, R.O. in seiner Bedeutung für die Erforsch. der KG (ZKG 56, 1937, 375-398) - ZThK NF 19, 1938, 1-162 (Beiträge versch. Verfasser; 120ff: O.s Übers.en ind. Texte) - W. HAUBOLD, Die Bedeutung d. Religionsgesch. f. d. Theol. R.O.s (Diss. Marburg), 1940 (vollst. Bibliogr.) - K.KÜSSNER, Verantwortl. Lebensgestaltung. Gespräche mit R.O. über Fragen der Ethik, (1941) 1958³ - R.F.DAVIDSON, R.O.s Interpretation of Religion, Princeton 1947 - J.W.E.SOMMER, Der hl. Gott u. d. Gott d. Gnade bei R.O., 1950 - EKL II, 1784f (Lit.). - R.O.-Archiv in der UB Marburg. *G.Wünsch*

Overbeck, 1. *Franz Camille,* ev. Theologe, * 16.11. 1837 in Petersburg, 1864 PDoz. in Jena, 1870-97 Prof. für NT und ältere KG in → Basel (: II), † 26.6.1905 ebd, Freund → Nietzsches, hat als Fachgelehrter wie als Kritiker der Theologie und des Christentums erst postume Wirkung erlangt. Von F.Chr. → Baur, als dessen Schüler er sich verstand, übernahm er (unter Ablehnung seines Hegelianismus und mit Skepsis gegen seine Geschichtskonstruktion) das Programm einer »rein historischen Betrachtung des Christentums«, das er in einer großangelegten »profanen Kirchengeschichte« durchzuführen plante. Baurs Einfluß wirkt am stärksten in O.s Neubearbeitung von → De Wettes Kommentar zur Apg (1870) nach, indirekt in der Auswertung der Tendenzkritik für literarische Formprobleme. In der Programmschrift über die Christlichkeit der Theologie (1873) tritt O.s ganze Selbständigkeit zutage (Nietzsches Einfluß ist nur katalysatorisch). O.s wissenschaftliches Interesse galt vor allem dem Grenzgebiet zwischen Urchristentum und alter Kirche; hier liegen seine großen Leistungen und der Ursprung seiner Kritik am Christentum. - Zwei grundlegende Erkenntnisse – Bedeutung der *literarischen Formen* und der *urchristlichen Eschatologie* – sichern ihm bleibende Geltung. Er hat mit der ersten (»Ihre Geschichte hat eine Literatur in ihren Formen, eine Formengeschichte wird also jede wirkliche Literaturgeschichte sein«) entscheidende Erkenntnisse der Formgeschichte (→ Evangelien, formgeschichtlich) vorweggenommen und die Fruchtbarkeit dieser Betrachtung für das NT wie für die altkirchliche Literatur (bes. für Eusebs KG) überzeugend nachgewiesen. Er zeigt den absoluten Gegensatz zwischen christlicher *»Urliteratur«* (NT und Apostolische Väter) und dem patristischen Schrifttum, das die Formen der profanen Weltliteratur benutzt, während jene ein literarhistorisch isoliertes Phänomen darstellt: sie hat keine profanen Vorgänger und bildet, da ihre Formen mit der Kanonsbildung abstarben, auch nicht den Anfang der patristischen Literatur. Der Begriff »christliche Urliteratur« soll die betr. Schriften nicht zeitlich, sondern qualitativ als »ausschließlich auf dem Boden und den Interessen der urchristlichen Gemeinde gewachsen« kennzeichnen und ihre Formen, die Bedingungen ihrer Existenz und Überlieferung als Probleme eigener Art (einer »Paläontologie«) charakterisieren. – Diese Diskontinuität im Literarischen ist für O. Indiz eines Bruches zwischen dem ursprünglichen Christentum und dem der Kirche. O. hat als erster (1873) die Bedeutung der → Eschatologie (: IV) für das Urchristentum erkannt und damit eine der wesentlichsten Einsichten der religionsgeschichtlichen Forschung vorweggenommen. Er sieht in der Naherwartung des Weltendes sowie in der entsprechenden Haltung (Weltverneinung) die konstitutiven Elemente des ursprünglichen Christentums; dies impliziert die Negation einer geschichtlichen Dauer in der Welt. Als infolge des Ausbleibens der → Parusie die Kirche sich auf solche Dauer einrichtete, die Weltbildung übernahm und eine geschichtliche Größe wurde, war das ursprüngliche Christentum tot. Dessen Entstehungsgeschichte reiht O. in die Kategorie der *»Urgeschichte«* ein (die kein spezifisch christliches Phänomen ist), um sie von der Geschichte des Christentums in der Welt zu unterscheiden: »historisches, dh der Zeit unterworfenes Christentum ist etwas Absurdes«. – Von hier aus führt O. seine historische Analyse des ursprünglichen und des vergehenden Christentums und seine kritische Auseinandersetzung mit diesem durch; deren »letzte Absicht« ist »der wissenschaftliche Nachweis des ›finis Christianismi‹ am modernen Christentum« (Löwith). Das Christentum ist seit den → Apologeten eine Selbsttäuschung, die Theologie ein Selbstbetrug. O. urteilt so vom Standpunkt strenger Neutralität gegenüber Christentum und Kultur. Sein erwiesener Agnostizismus mindert nicht das sachliche Gewicht der von ihm aufgezeigten Problematik. Er hat, indem er das Urchristentum zum Maßstab der Christlichkeit machte, das Problem der → *Geschichtlichkeit des Christentums* in umfassender Weise gestellt und, indem er die Historie radikal ernst nahm, die Unlösbarkeit jenes Problems – durch → Rationalismus (Unterscheidung von Geschichtlichem und Übergeschichtlichem), → Idealismus (Selbstverwirklichung des Geistes), → Historismus (Relativierung) oder → Kierkegaard (Gleichzeitigkeit) – demonstriert. Das Ernstnehmen der Historie ist die unerledigte Anfrage dieses Aporetikers an die Theologie.

Bibliogr. bei C.A.Bernoulli, F.O. u. Fr.Nietzsche I. II, 1908; W.Nigg, F.O., 1931. Seither: Tit. Flav. Clemens v. Alexandrien, Die Teppiche (Übers.), 1936; Selbstbekenntnisse (hg. u. eingel. v. Eb.Vischer), 1941. – Vf. bes.: De Wette, Kurze Erklärung der Apg, 1870[4]; Über die Christlichkeit unserer heutigen Theol., (1873) 1903[2]; Studien z. Gesch. der alten Kirche, 1875; Zur Gesch. des Kanons, 1880; Über die Anfänge der patrist. Lit., 1882 (Neudr. 1954); Über die Anfänge der Kirchengeschichtsschreibung, 1892. Aus d. Nachl. hg.v. C.A.Bernoulli: Das JohEv, 1911; Christentum u. Kultur, 1919. – Über O.: RE XXIV, 295ff – K.Barth, Unerledigte Anfragen an die heutige Theol. (Die Theol. u. die Kirche, 1928, 1–25) – RGG[2] IV, 843f – H.Schindler, Barth u. O., 1936 – Ed.His, F.O. (Basler Gelehrte d. 19.Jh.s, 1941, 285–301) – K.Löwith, Von Hegel zu Nietzsche, 1950[2], 402ff – P.Vielhauer, F.O. u. die nt. Wissenschaft (EvTh 10, 1950/51, 193–207) – W.Kamlah, Christentum u. Geschichtlichkeit, 1951 – R.Bultmann, Gesch. u. Eschatologie, 1958.

P.Vielhauer

2. *Johann Friedrich* (1789–1869), * in Lübeck. Maler, Mitbegründer der Lukasbruderschaft in Wien, Haupt der → Nazarener. Seit 1810 lebte O. in Rom, zuerst gemeinsam mit anderen »Brüdern« im ehemaligen Kloster S. Isidoro. Werke: Fresken in der Casa Bartholdy (Rom, später Berlin) und im Casino Massimo (Rom); Tafelbilder »Italia und Germania« (München) und »Triumph der Religion in den Künsten« (Frankfurt; s. Taf. 62 Abb. 5); Kartons der »Sieben Sakramente« (Vatikan). – O. hat Ideen der → Romantik (W.H. → Wackenroders, L.Tiecks und F. → Schlegels) zur Erneuerung der christlichen Kunst entschieden, jedoch einseitig verwirklicht. In bemerkenswerter Einheit von Leben und Kunst suchte er statt der »Ausgeburten eigener Phantasie« oder »subjektiver Sentimentalität« das »Objekt des Glaubens« (Geller-Einem 27). Er trat 1813 zum Katholizismus über (→ Konvertiten, 2 b) und stellte seine Malerei immer mehr in den Dienst der Religion. Wie im Glauben, so vollzog er auch im künstlerischen Stil die Rückwendung zur Tradition. Zeichnen sich seine frühen Werke durch eine zarte Poesie der Linie und durch reine Farbklänge aus, so verfiel er später in eine mitunter fatale Nachahmung → Raffaels. Doch war gerade die Wirkung dieser Werke groß (→ Malerei und Plastik: V, 2 b).

M.Howitt, F.O., 1886 – O. u. sein Kreis, hg.v. C.G.Heise, 1928 – H.Geller, Die Bildnisse der dt. Künstler in Rom. Einf. H.v.Einem, 1952.

K.Lankheit

Overberg, *Bernhard Heinrich* (1754–1826), kath. Pädagoge und Theologe, * in Höckel (Osnabrück). 1783 bis 1789 Leiter der Normalschule in Münster, übte O. durch seine Religionspädagogik neben dem Generalvikar Franz von → Fürstenberg weitreichenden Einfluß aus. 1789 wurde O. Hausgeistlicher der Fürstin von → Gallitzin und Mittelpunkt des Münsterschen Kreises, bekannt durch Vorträge, Schriften und Briefe wie durch die von ihm mit vorbereitete Konversion → Stolbergs. 1809 wurde er Regens des bischöflichen Seminars in Münster, 1816 Konsistorialrat und Mitglied der Regierung für Schulangelegenheiten. Der biblische Unterricht in der Elementarschule blieb bis zuletzt sein Hauptanliegen.

Vf. u.a.: Anweisung zum zweckmäß. Schulunterricht, 1793; Bibl. Gesch. des AT u. NT, (1799) 1888[33]; Christkath. Religions-Hdb., (1804) 1854[7]; Katechismus der christkath. Lehre, (1804) 1900[104]. GA seiner Werke 1861–68. – Über O.: RE XIV, 539ff – O.-Festschr. hg.v. R.Stapper, 1926 – H.Heuveldop, Leben u. Wirken B.O.s, 1933 – J.Lohmüller, B.O., 1934 – Ders., O. u. unsere Zeit, 1954 – A.Schröder, O. u. Fürstenberg in ihrer Bedeutung für die geist. u. kult. Hebung der ländlichen Bevölkerung, 1937 – W.Sahner, O. als Pädagoge u. Katechet u. das Arbeitsschulprinzip, 1948 – H.Hoffmann, B.O., 1949 – G.Kuchen, Die Bibel B.O.s. Ein Beitrag zur Gesch. der Religionspäd. im Bistum Münster (Diss. Münster), 1956.

E.Beyreuther

Owen, 1. *John* (1616–83), führender Vertreter des Puritanismus (→ Puritaner). Nach dem Studium in Oxford 1643 Pfarrer in Fordham (Essex), 1646 in Coggeshall (Essex), wo er die Gemeinde ganz kongregationalistisch aufbaute (Rechtfertigungsschrift: Eshcol; or Rules of Direction for the Walking of the Saints in Fellowship, 1648), 1651 als Parteigänger Cromwells Dean von

Christ Church in Oxford, 1652 Vizekanzler der Universität, seit der Restauration (1660) Privatmann, 1673 Pfarrer einer kongregationalistischen Gemeinde in London. O. galt als Führer der antianglikanischen Kräfte; der Premierminister Graf Clarendon bot ihm eine hohe Pfarrstelle an, falls er auf seine Polemik verzichtete.

Works (unvollst.) 2 Bde, 1721; vollst.: 28 Bde, hg.v. T.RUSSELL, 1826; 24 Bde, hg.v. W.H.GOOLD, 1850-55. Hauptwerke: Πνευματολογία, 1674; The Doctrine of Justification by Faith, 1677; Χριστολογία, 1679. - Über O.: DNB (Neudr. 1949/50) XIV, 1318ff. *M.Schmidt*

2. *Robert* (1771-1858), Unternehmer und Sozialreformer. O. wird den »utopischen Sozialisten« zugerechnet (→ Sozialismus: I), weil er trotz hervorragender praktischer Unternehmereigenschaften und großer Geschäftserfolge im → Kapitalismus die Ursache aller sozialen Mißstände sah und umfassende Reformpläne auf der Überzeugung aufbaute, daß es lediglich planmäßiger Erziehungsarbeit und der Abschaffung von Privateigentum, → Konkurrenz sowie irrationaler Religion bedürfe, um eine vernünftige Ordnung bei gehobenem materiellem und moralischem Lebensstandard zu verwirklichen. Von der Arbeitsordnung in O.s Musterbetrieb (New Lanark) und von O.s Agitation gingen wichtige Anstöße für die erste staatliche Arbeiterschutzgesetzgebung Englands (1819: Einschränkung der Kinderarbeit, Arbeitszeitregelung, Fabrikinspektion) und für die betriebliche → Sozialpolitik aus. Aber der Versuch einer amerikanischen Mustersiedlung auf produktionsgenossenschaftlicher Grundlage mißlang ebenso wie andere Projekte, zB die Einführung einer »Arbeitswährung« an Stelle des Geldes (1832/34) und - nach bedeutenden Anfangserfolgen - die Organisation einer britischen Einheitsgewerkschaft. Die Altersschriften O.s enthalten stark spiritualistische Züge, die O. der wirtschaftlichen und politischen Wirklichkeit zunehmend entfremdeten. Aber die Tätigkeit der früheren Jahre hatte auf die Entwicklung der britischen Arbeiterbewegung entscheidenden Einfluß gehabt; O.s Gedanken leben bes. in der → Genossenschafts-Bewegung fort.

Vf. bes.: A New View of Society or Essays on the Principle of the Formation of the Human Character and the Application of the Principle to Practice, 1812/13 (dt. 1900); Debate on the Evidence of Christianity Containing an Examination of the Social System, 1829. - Über O.: H.SIMON, R.O., sein Leben u. s. Bedeutung f. d. Gegenw., (1905) 1925² - G.D.H.COLE, R.O. (Boston 1925) New York 1930³. *H.W.Gerhard*

Oxford, *Universität,* steht an Rang und Bedeutung (mit →Cambridge) an der Spitze aller Universitäten der englisch-sprechenden Welt. Als Anfang ihrer Entwicklung gilt die Lehrtätigkeit von R.→ Pulleyn, der 1133 aus Paris kam. Möglicherweise ist die Schule von Winchester eine einheimische Vorstufe. Die Abgeordneten der Stadt nannten die Universität 1233 »schola secunda ecclesiae« (nach → Paris). 1248 erhielt sie besondere Freiheiten, die 1354/55 nach den Streitigkeiten mit der Bürgerschaft (town and gown riots) erweitert wurden. Unter → Elisabeth I. erfolgte 1571 die Umgestaltung im anglikanischen Sinne. 1636 ließ W. → Laud als Kanzler die Universitätsrechte zusammenfassen. Dadurch entstand der offizielle Codex, der bis 1858 galt und das Universitätsbewußtsein im juristisch-institutionellen Sinne schuf, während bis dahin das Eigenleben der einzelnen Colleges dominiert hatte. Durch die Reform von 1858, die Nicht-Anglikanern eine Studienmöglichkeit eröffnete, ging der betont anglikanische Charakter zwar nicht verloren, wurde aber in Richtung auf den europäischen Säkularismus geschwächt. Naturwissenschaftliche Institute entstanden nach 1877. Die von Lord Curzon 1912 (Principles and Methods of University Reform, 1909) durchgesetzte Reform beseitigte die Pflichtmäßigkeit des Griechischen und schmälerte damit den klassisch-philologischen Unterbau der britischen Universitätsbildung. Seit 1919 baut die Universität O. die selbständige Forschung (research work) in sog. postgraduate Colleges, dh in Studienhäusern für Studenten mit abgeschlossener akademischer Grundausbildung, immer mehr aus. Grundprinzip ist bis heute die - freilich stark erweichte - Unabhängigkeit der einzelnen Studienhäuser. Die Universität schwebt nicht über ihnen, sondern besteht in (bzw. aus) ihnen. - Die weltberühmte Bibliothek in O. wurde von Sir Thomas Bodley 1598 bis 1612 reorganisiert (Bodleiana) und weithin neugeschaffen; ihre Anfänge gehen auf den Herzog Humphrey von Gloucester (1439) zurück. Seit dem 16.Jh. wurde in O. nach dem Tutorsystem (persönliche Studienberatung und Führung durch den Lehrer) unterrichtet, jedoch hat die moderne Umwandlung zur Massenuniversität diesen Charakter zwangsläufig weithin aufgelöst. - Unter den 35 *Colleges* ragen hervor: University College (gegr. 1249), Balliol (ca 1263), Merton (1264), Oriel (1326; Ausgangspunkt der Oxfordbewegung und des modernen → Anglokatholizismus), New College (1379), All Souls (1437; Zentrum der Rechtswissenschaft), Magdalen (1458), Corpus Christi (1516), Christ Church (1525), Trinity (1555), St. John's (1555), Jesus (1571), Pembroke (1624). - Seit dem 13.Jh. wurde O. der Sitz bedeutender Schulen (Roger → Bacon, → Duns Scotus, → Ockham, → Wyclif). Den Humanismus brachten seit dem 15.Jh. William Grocyn, Thomas Linacre, John → Colet, Thomas →Morus zur Blüte, an der durch 6 Besuche →Erasmus von Rotterdam teilnahm. In der Cromwell-Pymschen Revolution stand die Universität auf der Seite des Königs, die Stadt auf der des Parlaments. Der → Methodismus (: I, 1) begann als Studentenbewegung mit Mitgliedern aus verschiedenen Studienhäusern, vermochte jedoch nicht, Leben und Studienform der Universität zu durchdringen. Dies gelang weit mehr seit 1833 der → Hochkirchlichen (Oxford-)Bewegung. - Bedeutende theologische Universitätslehrer in O. waren Th. →Cartwright, W. → Laud, H.Prideaux (1648-1724), H.P. → Liddon, K.E.Kirk (1881-1954).

Urkundl. Publikationen: The Dean's Register of Oriel 1446-1661, 1926 - Oriel College Records, 1926 - Statuta Antiqua Universitatis Oxoniensis, 1931 - Registrum Cancellarii Oxoniensis 1434-69, 2 Bde, 1932 - The Great Charter of Charles I. to the Univ. of O. 1636, 1933 - A Biographical Register of the Univ. of O. to A.D. 1500, 1958. - Lit.: J.WELLS, O. and its Colleges, 1923 - C.E.MALLET, Hist. of the Univ. of O., 3 Bde, 1924-27 - A.B.EMDEN, An O. Hall in Medieval Times (St. Edmund's Hall), 1927 - A.C.DELACOUR DE BRISAY, L'Univ. d'O. et la vie universitaire en Angleterre, 1928 - T.L.GREENIDGE, Degenerate O.? A Critical Study of Modern University Life, 1930 - D.E. SHARP, Franciscan Philosophy at O. in the 13th Cent., 1930 - P.E. THOMAS, O., 1932 - W.R.WARD, Georgian O.: University Politics in the 18th Cent., 1958 - M.DAVIDSON, Memoirs of a Golden Age, 1958 (O. im 19./20.Jh.) - M.H.CURTIS, O. and Cambridge in Transition 1558-1642, 1959. - Unter den College-Geschichten sind hervorzuheben: W.H.STEVENSON, The Early Hist. of St. John's College, 1939 - W.C.COSTIN, The Hist. of St. John's College 1598-1860, 1958. - Jährlich erscheinen: O. Univ. Calendar; Handbook to the Univ. of O.; Statuta Universitatis Oxoniensis. *M.Schmidt*

Oxford-Bewegung → Hochkirchliche Bewegung: I, → Moralische Aufrüstung.

Oxnam, *G. Bromley,* methodistischer Theologe, * 14.8.1891 in Sonora (Kalifornien), 1916-17 Pastor in Poplar Church (Kalifornien), 1916-27 Pastor der von ihm begründeten Church of all Nations, Los Angeles; 1919-23 theologischer Lehrer an der Universität von Südkalifornien, 1927-28 an der Boston University

School of Theology; 1928-36 Präsident der De Pauw Universität, Greencastle (Indiana), seit 1936 Bischof verschiedener Sprengel der Methodistenkirche (Omaha, Boston, New York, Washington, D.C.). O. war 1948-54 einer der Präsidenten des Ökumenischen Rates der Kirchen und gehört noch jetzt dessen Zentral- und Exekutivausschuß an.

Vf. u.a.: The Mexican in Los Angeles, 1920; Social Principles of Jesus, 1923; Russian Impressions, 1927; Youth and the New America, 1928; The Ethical Ideals of Jesus in a Changing World, 1941; Preaching in a Revolutionary Age, 1944; Labor and Tomorrow's World, 1945; The Church and Contemporary Change, 1950; Personalities in Social Reform, 1950; On this Rock. An Appeal for Christian Unity, 1951. *H.H.Harms*

Ozanam, *Antoine Frédéric* (1813-53), franz. Historiker und Sozialapostel, lehrte an der Lyoner Handelsschule, am Collège Stanislas in Paris und seit 1840 als Prof. für ausländische Literatur an der Sorbonne. Er beschäftigte sich bes. mit Dante, den franziskanischen Quellen und dem deutschen MA. Die Initiative zu sozialer und karitativer Aktion ergriff O. in der Gründung der »Conférences de St. Vincent de Paul«. Mit → Lacordaire gründete er 1848 die »Ère Nouvelle«, das Blatt des demokratischen Katholizismus. Es vertrat ein Sozialprogramm zugunsten der unterdrückten Klassen, wurde jedoch von der Mehrzahl der Katholiken, bes. dem mehr politisch als sozial orientierten »Univers« L.Veuillots, als »revolutionär« abgelehnt. - Vgl. → Frankreich: II, 1, → Katholisch-sozial, 2.

GA hg.v. J.J.Ampère, 8 Bde, (1855) 1925⁸; vollst. Bibliogr. bei E.Galopin, Essai de bibliogr. chronologique sur A.F.O., Paris 1933. - Über O.: L'œuvre d'O. à travers le monde, 1933 - DThC XI/2, 1706ff - LThK VII, 855f - J.B.Duroselle, Les débuts du catholicisme social en France, Paris 1951 - EC IX, 487ff (jeweils Lit.). *A.Hamman*

Ozeanien. *Ethnologisch* unterscheidet man im ozeanischen Raum meist 5 große Kulturbereiche: → Indonesien (: II), → Australien (: I), → Melanesien, → Mikronesien und → Polynesien. Das Hauptproblem ist die Frage, ob sich, wenn es auch keine einheitliche »ozeanische Zivilisation« gibt, in jenem gewaltigen Raum doch gewisse kulturelle »Konstanten« feststellen lassen. Die Elemente, die man früher als für die ozeanische Zivilisation charakteristisch ansah (tapa, kawa, der ozeanische Backofen) finden sich auch in Indien und Amerika. Die starke Überlagerung völkischer und kultureller Schichten auf den Archipelen ergab recht komplizierte Strukturen. - Die neuen archäologischen Forschungen und modernen Datierungsmethoden geben ein klareres Bild von den ursprünglichen Besiedlungsverhältnissen. Hier lassen sich 3 Bereiche unterscheiden: Mikronesien, Australien/Melanesien und Polynesien. Im ganzen Umkreis des asiatischen Kontinents geht die Besiedlung ins Paläolithikum zurück. Die Indonesier stellen eine aus der Kreuzung kaukasischer und mongolischer Elemente (→ Indogermanen, → Mongolen) entstandene ethnische Einheit dar, wobei die größere Nähe zur zweiten Gruppe unverkennbar bleibt. Andere Volksgruppen (die sog. Negritos, dh Pygmäen) sind ins Innere bestimmter Inseln zurückgedrängt. Die Polynesier müssen als eine Spezialform dieser aus den indonesisch-asiatischen Gebieten weiterziehenden kaukasisch-mongoloiden Mestizenschicht gelten. Der Beginn ihrer Wanderungen von West nach Ost kann mit Hilfe der Radiokarbonmethoden in die ersten Jh.e vChr datiert werden. Im Gegensatz dazu begann die Ansiedlung der melanesischen Bevölkerung im Paläolithikum. Die Melanesier gehören zur großen Gruppe der Negroiden; von den afrikanischen → Neger-Rassen unterscheiden sie sich durch Einsenkung der Nasenwurzel, vorgewölbte Augenbrauenbogen, krauses, aber langes Haar. - Die Verwandtschaft der ozeanischen Kulturen zeigt sich am deutlichsten im *sprachlichen* Bereich. Die indonesischen, melanesischen und polynesischen Dialekte dürften auf eine gemeinsame Wurzel zurückgehen, die sich bes. aus dem Vokabular eruieren läßt. Die Unterschiede resultieren aus langsamen Entwicklungen innerhalb der mehr oder weniger isolierten Archipele. In den melanesischen Sprachen finden sich Pronominalsuffixe; in den polynesischen Dialekten, die einander sehr nahe stehen, fällt die große Armut des phonologischen Systems neben dem Verlust der Elementarlaute und Flexionen auf. In der Syntax weisen Melanesien und Polynesien interessante gemeinsame Züge auf: Dual, eingeschränkte Plurale, Unterscheidung des inklusiven »Wir« (redende und angeredete Person) vom exklusiven (redende und dritte Person, über die gesprochen wird), Verb am Satzanfang. - Vgl. → Messianismus, 2h.

Zur christlichen *Mission* s. → Australien: III, → Indonesien: IV, → Südsee.

R.B.Dixon, Oceanic Mythology (MAR IX), 1916 - H.Nevermann, Götter der Südsee, 1947 (Lit.) - F.M.Keesing, Native Peoples of the Pacific World, New York 1947 - L.-N.Malclès, Les sources du travail bibliographique II/1, Genf-Lille 1952, 212. 221 - G.Koch, Südsee - gestern u. heute, 1955 - H.R.Klieneberger, Bibliogr. of Oceanic Linguistics (London Oriental Bibliographies 1), 1957 - H. Tischner, Völkerkunde, 1959, 247ff. 348ff (Lit.). - Zs.en u. Publikationsreihen: Bulletins, Memoirs u. Occasional Papers of the B.P. Bishop Museum, Honolulu; Bulletins u. Monographs of the Dominion Museum, Wellington/Neuseeland; Publications u. Journal de la Société des Océanistes, Paris; Journal of the Polynesian Society, Wellington; Mankind, Sydney; Oceania, ebd; Pacific Affairs; Pacific Historical Review; Transactions and Proceedings of the New Zealand Institute, Wellington. - Vgl. die Lit. zu den im Text genannten Artikeln. *P.O'Reilly*

UTB FÜR WISSEN SCHAFT

Eine Arbeitsgemeinschaft der Verlage

Wilhelm Fink Verlag München
Gustav Fischer Verlag Stuttgart
Francke Verlag Tübingen
Harper & Row New York
Paul Haupt Verlag Bern und Stuttgart
Dr. Alfred Hüthig Verlag Heidelberg
Leske Verlag + Budrich GmbH Opladen
J. C. B. Mohr (Paul Siebeck) Tübingen
R. v. Decker & C. F. Müller Verlagsgesellschaft m. b. H. Heidelberg
Quelle & Meyer Heidelberg · Wiesbaden
Ernst Reinhardt Verlag München und Basel
K. G. Saur München · New York · London · Paris
F. K. Schattauer Verlag Stuttgart · New York
Ferdinand Schöningh Verlag Paderborn · München · Wien · Zürich
Eugen Ulmer Verlag Stuttgart
Vandenhoeck & Ruprecht in Göttingen und Zürich

Die Religion in Geschichte und Gegenwart

Handwörterbuch für Theologie und Religionswissenschaft

Dritte, völlig neu bearbeitete Auflage

in Gemeinschaft mit Hans Frhr. v. Campenhausen,
Erich Dinkler, Gerhard Gloege und Knut E. Løgstrup
herausgegeben von Kurt Galling

Ungekürzte Studienausgabe

Fünfter Band: P–Se

Mit 3 Karten

J. C. B. Mohr (Paul Siebeck) Tübingen

Redaktion des fünften Bandes: Dr. Wilfrid Werbeck

CIP-Kurztitelaufnahme der Deutschen Bibliothek

Die Religion in Geschichte und Gegenwart:
Handwörterbuch für Theologie u. Religionswiss. / in Gemeinschaft mit Hans Frhr. v. Campenhausen . . . hrsg. von Kurt Galling. – 3., völlig neu bearb. Aufl., ungekürzte Studienausg. – Tübingen: Mohr
(UTB für Wissenschaft: Große Reihe)
ISBN 3-16-145098-1

NE: Galling, Kurt [Hrsg.]

Bd. 5. P–Se. – 1986.

Ungekürzte Studienausgabe 1986

Satz: H. Laupp jr, Tübingen. Druck und Bindung: C. H. Beck'sche Buchdruckerei, Nördlingen.

Printed in Germany.

INHALTSVERZEICHNIS

VERZEICHNIS DER FÄCHER UND FACHBERATER

Religionswissenschaft	Prof. Dr. Dr. *C.-M. Edsman*, Uppsala-Schweden
Altes Testament	Prof. D. Dr. *K. Galling*, Göttingen
Neues Testament	Prof. D. *Erich Dinkler*, Bonn
Biblische Archäologie	Prof. D. Dr. *K. Galling*, Göttingen
Kirchengeschichte:	Prof. D. Dr. *H. Frhr. v. Campenhausen*, Heidelberg
Alte Kirche	Prof. D. *K. Aland*, Münster
Mittelalter	Prof. Dr. *L. Petry*, Mainz
Reformationszeit	Prof. D. *W. Maurer*, Erlangen
Neuzeit	Prof. D. *E. Wolf*, Göttingen
Konfessionskunde, Kirchenkunde, Ökumene und religiöse Lage der Gegenwart	Prof. D. *H.-H. Schrey*, Karlsruhe
Dogmatik	Prof. D. *G. Gloege*, Bonn
Religionsphilosophie	Prof. Dr. *K. E. Løgstrup*, Aarhus-Dänemark
Philosophie	Prof. Dr. *J. Klein*, Göttingen
Ethik	Prof. Dr. *K. E. Løgstrup*, Aarhus-Dänemark
Sozialwissenschaft	Dr. *F. Fürstenberg*, Erlangen
Praktische Theologie	Prof. D. *W. Jannasch*, Mainz
Missionswissenschaft	Privatdozent Dr. *J. Margull*, Hamburg/Genf
Kirchenrecht	Prof. Dr. *K. Hesse*, Freiburg
Kirchenmusik	Prof. Dr. *Thr. Georgiades*, München
Pädagogik	Prof. Dr. *H. Scheuerl*, Erlangen
Christliche Archäologie	Prof. D. *Erich Dinkler*, Bonn
Christliche Kunst	Dr. *Erika Dinkler-v. Schubert*, Bonn
Literaturgeschichte	Prof. Dr. *P. Requadt*, Mainz

VERZEICHNIS DER MITARBEITER AM V. BAND

† Pfarrer Lic. *R. Abramowski*
† Professor D. Dr. *H. Achelis*
R. Ackermann, Tübingen
Professor Dr. *A. Adam*, Bethel
Professor Dr. *S. E. Ahlstrom*, New Haven-USA
Professor D. *K. Aland*, Münster
† Professor D. Dr. *A. Alt*
Dr. *H. D. Altendorf*, Tübingen
Professor D. Dr. *P. Althaus*, Erlangen
Pastor *E. Amdahl*, Stavanger-Norwegen
Professor D. *C. Andresen*, Göttingen
Dr. *O. Anweiler*, Reinbek b. Hamburg
† Professor Dr. *L. Arbusow*
Dr. *K. O. Frhr. v. Aretin*, Göttingen
G. Aronson, New York-USA
Professor D. *N. v. Arseniew*, Long Island-USA
Dr. *A. Arvastson*, Eslöv-Schweden
Professor Dr. *H. U. Asemissen*, Göttingen
Dr. *H. Auhofer*, Freiburg
Dr. *L. v. Auw*, L'Auberson-Schweiz
Dozent Dr. *R. Bach*, Duisdorf/Bonn
Professor Dr. *R. Bäumlin*, Bern-Schweiz
Professor D. Dr. *R. H. Bainton*, New Haven-USA
Professor Dr. *J. N. Bakhuizen van den Brink*, Leiden-Niederlande
Professor Dr. *G. Bally*, Zürich-Schweiz
Privatdozent Dr. Dr. *E. Bammel*, Cambridge-England
Professor D. *H. Bardtke*, Leipzig
Professor *H. Barion*, Bonn
Professor D. Dr. *E. Barnikol*, Halle
† Professor D. *K. Bauer*
Dr. *G. Baumert*, Frankfurt/M.
Professor D. Dr. *W. Baumgartner*, Basel-Schweiz
Professor Dr. *A. Beck*, Hamburg
Professor Dr. *H.-G. Beck*, München
† Hauptpastor *H. Beckmann*
Präses Professor D. Dr. *J. Beckmann*, Düsseldorf
Staatssekretär a. D. *B. Bergmann*, Düsseldorf
Missionsdirektor i. R. *H. Berner*, Düsseldorf
Professor Dr. *J. Bernhart*, Türkheim
Dr. *W. Bernsdorf*, Berlin
Dr. *H. Berthold*, Halle
† Professor D. *A. Bertholet*
Professor Dr. *G. Bertram*, Gießen
Dozent Dr. *E. Beyreuther*, München
Dr. *L. Bieler*, Dublin-Irland
Professor Dr. *G. Biundo*, Roxheim
Professor Dr. *M. Black*, St. Andrews-Schottland
Professor Dr. *F. Blättner*, Kiel
Direktor Dr. *W. Blankenburg*, Schlüchtern
Dozent Dr. *H. Blankertz*, Hamburg
Dr. *J. Blauw*, Amsterdam-Niederlande
Dr. *F. Bloemhof*, Rijperkerk-Niederlande
Professor Dr. *F. Bock*, Darrigsdorf
Professor Dr. Dr. *A. Böhlig*, Halle
Privatdozent Dr. *L. Boehm*, München
G. Bormann, Tübingen
Professor D. *G. Bornkamm*, Heidelberg
Professor D. Dr. *H. Bornkamm*, Heidelberg
Professor Dr. *A. Borst*, Münster
Dr. *C. A. Bouman*, Utrecht-Niederlande
Lic. *H. Brandenburg*, Korntal
Professor D. *H. Braun*, Mainz
Professor Dr. *A. Brelich*, Rom-Italien
Missionsdirektor D. *G. Brennecke*, Berlin
Professor Dr. *J. Bright*, Richmond-USA
Professor Dr. *H. Brunner*, Tübingen
Dozent Dr. *V. Buchheit*, Scheidt
Professor Dr. *A. Buck*, Marburg
Professor D. Dr. *M. Bucsay*, Budapest-Ungarn
Pastor Dr. *H. Bürkle*, Hamburg
Professor Dr. *H. Büttner*, Bad Nauheim
Professor Dr. *M. Burrows*, New Haven-USA
Professor D. Dr. *H. Frhr. v. Campenhausen*, Heidelberg
Dr. *A. F. Carillo de Albornoz*, Genf-Schweiz
Reverend *D. Carter*, Hull-England
Professor *H. Chadwick* DD, Oxford-England
Dozent Dr. *M. Chibnall*, Cambridge-England

Privatdozent Dr. *P. Classen*, Mainz
Dr. *S. Cohen*, Cincinnati-USA
Privatdozent Dr. Dr. *C. Colpe*, Hamburg
Professor D. *H. Conzelmann*, Göttingen
Professor Dr. *J. Courvoisier*, Genf-Schweiz
Professor D. *O. Cullmann*, Basel-Schweiz
Pastor *K.-W. Dahm*, Mettmann
Professor Dr. *E. Dammann*, Berlin
Professor Dr. *W. F. Dankbaar*, Groningen-Niederlande
Professor Dr. *C. David*, Paris-Frankreich
† Professor Dr. *B. Decker*
Privatdozent Dr. *H. Delius*, Göttingen
Professor D. Dr. *W. Delius*, Berlin
Professor D. *G. Delling*, Halle
† Professor D. Dr. *M. Dibelius*
Pastor *W. Dicke*, Hannover
Pfarrer Dr. *K. Dienst*, Gießen
Professor Dr. *A. Dietrich*, Göttingen
Pfarrer Dr. Dr. *E. L. Dietrich*, Wiesbaden
Professor Dr. *A. Dihle*, Köln
Professor D. *Erich Dinkler*, Bonn
Dr. *Erika Dinkler-v. Schubert*, Bonn
Professor D. Dr. *M. Doerne*, Göttingen
Professor Dr. *H. Dörrie*, Saarbrücken
Professor D. *H. Dörries*, Göttingen
Dr. *L. Graf zu Dohna*, Göttingen
Pfarrer Dr. *R. Dollinger*, Neustadt/Aisch
Staatsanwalt a. D. Dr. *H. Dombois*, Heidelberg
Privatdozent Dr. Dr. *H. Donner*, Göttingen
Dozent Dr. *F. G. Dreyfus*, Straßburg-Frankreich
Staatsarchivdirektor Dr. *R. Drögereit*, Stade
Professor Dr. *H. Dürr*, Muri-Schweiz
Dipl. Phil. *J. Dummer*, Berlin
Professor Dr. *K. A. Eckhardt*, Witzenhausen
Professor Dr. Dr. *C.-M. Edsman*, Uppsala-Schweden
Pfarrer Dr. *O. Eggenberger*, Richterswil-Schweiz
Professor Dr. *W. Ehmann*, Herford
Professor Dr. Dr. *A. Ehrhardt*, Heywood-England
Professor D. Dr. Dr. *O. Eißfeldt*, Halle
Professor Dr. *M. Eliade*, Chicago-USA
Professor D. *K. Elliger*, Tübingen
Professor D. *W. Elliger*, Berlin
Professor D. *W. Eltester*, Tübingen
Dr. *L. v. Eltz-Hoffmann*, Salzburg-Österreich
Dr. *M. Elze*, Tübingen
Professor Dr. Dr. *L. Englert*, München
Professor Dr. *M. Enzinger*, Wien-Österreich
† *E. (Eoll-) Wieter*
Professor Dr. *A. Erler*, Frankfurt/M.
Pastor Dr. *H. H. Eßer*, Berlin
Pfarrer Dr. *U. Fabricius*, Marburg
Professor D. *E. Fascher*, Berlin
Pastor Dr. *H. Fast*, Emden
Professor Dr. *H. E. Feine*, Tübingen
Professor Dr. *H. Fichtenau*, Wien-Österreich
Professor D. *J. Fichtner*, Bethel
Pfarrer *U. Fick*, Stuttgart
Dr. *J. Fijalkowski*, Berlin
Rektor Dr. *F. Flaskamp*, Wiedenbrück
Professor Dr. *O. K. Flechtheim*, Berlin
Vizepräsident i. R. D. *P. Fleisch*, Loccum
Professor Dr. *W. Flemming*, Mainz
Assessor *H. Flitner*, Köln
Professor Dr. *W. Flitner*, Hamburg
† Professor D. Dr. *E. Foerster*
Professor D. *W. Foerster*, Münster
Professor D. Dr. *G. Fohrer*, Wien-Österreich
S. Fornaçon, Berlin
Professor Dr. *G. Franz*, Stuttgart
Direktor Dr. *M. H. v. Freeden*, Würzburg
Pastor D. *R. Frick*, Düsseldorf-Kaiserswerth
Professor D. *G. Friedrich*, Erlangen
Professor D. *K. Frör*, Erlangen
Professor Dr. *W. P. Fuchs*, Heidelberg
Kirchenrätin Lic. *R. Fuehrer*, Ludwigshafen/Rhein
Dr. *U. Fülleborn*, Hamburg
Dr. *F. Fürstenberg*, Erlangen
Dozent Dr. *H. Fuhrmann*, Kiel
Professor D. Dr. *K. Galling*, Göttingen
Dozent Dr. *H.-J. Gamm*, Hamburg
Dr. *G. Gawlick*, Gießen
Studienrat Pfarrer Dr. *P. Geiger*, Heidelberg
Professor D. *H.-W. Gensichen*, New York-USA
Professor Dr. *Thr. Georgiades*, München
Professor Dr. *H. W. Gerhard*, Durham-USA
Professor Dr. *H. Gese*, Hamburg
Professor Dr. *G. Gieraths* OP, Walberberg b. Bonn
Professor Dr. *H. v. Glasenapp*, Tübingen
G. Glockmann, Berlin

Professor D. *G. Gloege*, Bonn
Professor Dr. *W. Göbell*, Kiel
Professor Dr. *S. Göransson*, Uppsala-Schweden
Dr. *J. F. G. Goeters*, Bonn
Dr. *H. Goetz*, Rom-Italien
Professor Dr. *K. Goldammer*, Marburg
Dr. *N. Goodall*, London-England
Pfarrer Dr. *R. Grabs*, Leipzig
Professor Dr. *W. Grohmann*, Berlin
Studienrat a.D. Dr. *E. Große-Brauckmann*, Göttingen
Professor Dr. *H. Grundmann*, München
Professor Dr. *H. G. Güterbock*, Chicago-USA
Dr. *H. R. Guggisberg*, Nashville-USA
Pater Dr. *R. Haacke* OSB, Siegburg
Direktor Pastor *H. Haarbeck*, Wuppertal-Barmen
Professor Dr. *J. Haekel*, Wien-Österreich
Professor D. Dr. *O. Haendler*, Berlin
Pfarrer *K. Halaski*, Gruiten
Professor Dr. *A. Hamman* OFM, Besançon-Frankreich
Professor Dr. *E. Hammershaimb*, Aarhus-Dänemark
Professor D. *R. Hanslik*, Wien-Österreich
Professor Dr. *G. F. Hartlaub*, Heidelberg
Professor Dr. *F. Hartmann*, Wehrda
Professor Dr. Dr. *K. J. Hartmann*, Göttingen
Professor Dr. *G. Hausmann*, Hamburg
Professor D. *F. Hauss*, Heidelberg
Professor Dr. *M. Heckel*, Tübingen
† Pfarrer *H. Heidkämper*
Professor D. Dr. *F. Heiler*, Marburg
Professor Dr. *W. Heinemeyer*, Marburg
Pfarrer *H. Heinrici*, Stuttgart
Pfarrer Lic. *P. Held*, Stein-Säckingen-Schweiz
Professor D. Dr. *J. Hempel*, Göttingen
Professor Dr. *D. Henrich*, Berlin
Professor D. *R. Hermann*, Berlin
† Pastor Dr. *J. Hermelink*
Universitätsmusikdirektor Dr. *S. Hermelink*, Heidelberg
Professor D. *H. W. Hertzberg*, Kiel
Professor D. *E. Hertzsch*, Jena
Professor D. *F. Hesse*, Münster
Dozent Dr. *J. Heubach*, Kiel
E. G. K. Hewat, Edinburgh-Schottland
Dr. *P. Heyde*, Bad Godesberg
Superintendent D. *H. Heyden*, Stralsund
Dozent Dr. *F. Heyer*, Schleswig
Professor Dr. Dr. *A. Hilckman*, Mainz
Dr. *R. Hink*, Traiskirchen-Österreich
Professor Dr. *M. Höfner*, Tübingen
Professor Dr. *J. C. Hoekendijk*, Utrecht-Niederlande
Professor Dr. *I. Höß*, Nürnberg
Professor Dr. *Ph. Hofmeister* OSB, Neresheim
Oberkonsistorialrat a.D. Lic. Dr. *H. Hohlwein*, Solingen
Professor D. *W. Holsten*, Mainz
Dr. *P. Holtermann*, Köln
Dr. *W. Holtmann*, Mülheim/Ruhr
Professor D. *G. Holtz*, Rostock
Professor Dr. *P. Honigsheim*, East Lansing-USA
Professor D. Dr. *F. Horst*, Mainz
Pfarrer *E. Hotz*, Oftersheim
Oberkirchenrat Dr. *F. Hübner*, Hannover
Professor Dr. *A. R. Hulst*, Baarn-Niederlande
Professor Dr. *Å. Hultkrantz*, Stockholm-Schweden
Studienrat Dr. Dr. *G. Hultsch*, Bingen
Dozent Dr. *C.-H. Hunzinger*, Göttingen
Kirchenrat D. Dr. *K. Hutten*, Stuttgart
Professor Dr. *E. Jacob*, Straßburg-Frankreich
Dr. *W. Jacobs*, Hamburg
Professor Dr. *E. Jammers*, Heidelberg
Professor D. *W. Jannasch*, Mainz
Professor Lic. *K. Janssen*, Hannover
Professor Dr. *C. Jantke*, Hamburg
Abbé Professor Dr. *E. Jarry*, Paris-Frankreich
Kirchenrat a.D. D. Dr. *R. Jauernig*, Neu-Isenburg
Studentenpfarrer Dr. *G. Iber*, Mannheim
Professor Dr. *H. Jedin*, Bonn
Professor Dr. *E. Jenni*, Basel-Schweiz
Professor D. Dr. *A. Jepsen*, Greifswald
Dr. *R. Joerden*, Hamburg
Professor D. *W. Joest*, Erlangen
Professor Dr. *P. Johansen*, Hamburg
Professor Dr. *K. Jordan*, Kiel
Professor Dr. *J. Irmscher*, Berlin
F. Jürß, Berlin
Dipl.theol. *K. Junack*, Münster
Professor D. *E. Kähler*, Greifswald
Dr. *M. Käsbauer*, München

Professor Dr. *J.H.Kaiser,* Freiburg
Pastor *E.Kampermann,* Meinsen
Professor Dr. *F.W.Kantzenbach,* Neuendettelsau
Professor Dr. *A.S.Kapelrud,* Oslo-Norwegen
Professor Lic. Dr. *H.Karpp,* Bad Godesberg
Dr. *O.Karrer,* Luzern-Schweiz
P.Katz (The Rev. D. Dr. *W.P.M.Walters,* Cambridge-England)
Professor Dr. *F.H.Kettler,* Münster
Professor D. *E.Kinder,* Münster
Professor Dr. *S.Kjöllerström,* Lund-Schweden
Dr. *D.Kitagawa,* Genf-Schweiz
Privatdozent Dr. *G.Klein,* Bonn
Professor Dr. *J.Klein,* Göttingen
Pfarrer *P.Klemm,* Stuttgart-Bad Cannstatt
Professor Dr. *H.M.Klinkenberg,* Köln
Professor Dr. *O.Klöden,* Reutlingen
Professor Dr. *H.Kluth,* Hamburg
Professor Dr. *Hal Koch,* Kopenhagen-Dänemark
Professor Dr. Dr. *J.Koch,* Köln
Professor Dr. *K.Koch,* Wuppertal-Barmen
Professor Dr. *H.Köster,* Cambridge-USA
Pastor Dr. *R.Köster,* Bremerhaven
Professor Dr. *R.Konetzke,* Köln
Professor D. Dr. *J.Konrad,* Bonn
Professor D. *H.Kraft,* Kiel
Professor D. *W.Kreck,* Bonn
Professor Dr. *G.Kretschmar,* Hamburg
Dr. *Chr. Graf v.Krockow,* Göttingen
Dr. *O.Kübler,* Tübingen
Dr. *W.Küchenhoff,* Hannover
Professor Dr. *Herbert Kühn,* Mainz
Professor D. *W.G.Kümmel,* Marburg
Professor Dr. *W.Küppers,* Bonn
Professor D. Dr. *K.G.Kuhn,* Heidelberg
Dr. *J.S.Kunstreich,* Kiel
Professor Dr. *K.Kupisch,* Berlin
Professor D. *A.Kuschke,* Mainz
Privatdozent Dr. *E.Kutsch,* Mainz
Professor D. *H.Laag,* Marburg
Privatdozent Dr. *G.Lanczkowski,* Wabern
Dr. Dr. *E.R.Lange,* Rostock
Pfarrer *B.H.Lankamp,* Uelsen
Professor Dr. *K.Lankheit,* Karlsruhe
Professor Dr. Dr. *K.Latte,* Göttingen
Professor D. *F.Lau,* Leipzig
Dozent Dr. *D.Laugwitz,* Darmstadt
Professor Dr. *A.Lauha,* Helsinki-Finnland
Professor D. *A.Lehmann,* Halle
Professor D. Dr. *J.Leipoldt,* Ahrenshoop
Pfarrer *J.Lell,* Bensheim
Dr. *W.Lenz,* Otterndorf
Dr. *J.Leuschner,* Göttingen
Professor D. Dr. *F.M.Th. de Liagre Böhl,* Milsbeek-Niederlande
Professor D. *F.Lieb,* Basel-Schweiz
Dozent Dr. *H.Liebing,* Tübingen
Professor D. Dr. *H.Liermann,* Erlangen
Professor Dr. *S. van der Linde,* Utrecht-Niederlande
Pastor *M.Linz,* Hamburg
Dr. *P.Löffler,* London-England
Professor Dr. *K.E.Løgstrup,* Aarhus-Dänemark
Professor Dr. *H.Löwe,* Erlangen
Professor Dr. Dr. *W.Lohff,* München
Privatdozent Dr. *B.Lohse,* Hamburg
Professor D. *E.Lohse,* Kiel
Professor Lic. *R.Lorenz,* Berlin
Professor Dr. *H.Losch,* Bonn
Dozent Dr. *U.Luck,* Bethel
Professor Dr. *M.Luckow,* Berlin
Dozent Dr. *I.Ludolphy,* Leipzig
Dozent Dr. *H.Lübbe,* Münster
Dr. *F.Lüpsen,* Bethel
Dozent Dr. *H.Lyttkens,* Uppsala-Schweden
Professor Dr. *F.Maass,* Berlin
Dr. *W.Mangold,* Frankfurt/M.
Professor Dr. *O.Mann,* Heidelberg
Professor Dr. *R.Manselli,* Rom-Italien
Privatdozent Dr. *J.Margull,* Hamburg/Genf
Dr. *G.Maron,* Bensheim
Professor Dr. *E.Maschke,* Heidelberg
Vikar *B.Maurer,* Tübingen
Pfarrer *H.Maurer,* Stuttgart
Professor D. *W.Maurer,* Erlangen
Professor Dr. *H.Maus,* Marburg
Rabbi Dr. *I.Maybaum,* Edgware-England
Oberkirchenrat Dr. *R.Mayer,* Stuttgart
Professor Dr. Dr. *Th.Mayer,* Konstanz
Professor Dr. *G.Mecenseffy,* Wien-Österreich
Professor D. *R.Mehl,* Straßburg-Frankreich
Studienrat Dr. Dr. *F.Melzer,* Geislingen
Professor Dr. Dr. *G.Mensching,* Bonn

Pastor *G. Menzel,* Wuppertal-Barmen
Dozent Pfarrer Dr. *F. Merkel,* Mandel
† Professor D. *G. Merz*
Staatsarchivar Dr. *B. Meyer,* Frauenfeld-Schweiz
Professor Dr. *E. Meyer,* Saarbrücken
Professor Dr. *O. Meyer,* Bamberg
Oberkirchenrat D. *Ph. Meyer,* Göttingen
Professor D. *R. Meyer,* Jena
Professor Dr. *H. Meylan,* Lausanne-Schweiz
Professor Dr. *F. Michaeli,* Paris-Frankreich
Professor D. *O. Michel,* Tübingen
Pfarrer *G. Möckel,* Athen-Griechenland
Privatdozent Dr. *B. Moeller,* Heidelberg
Professor Dr. *J. Moltmann,* Wuppertal-Barmen
Dr. *H. Mommsen,* Tübingen
Dr. *W. J. Mommsen,* Köln
Professor D. Dr. *S. Morenz,* Basel-Schweiz
Dr. *H. Motel,* Bad Boll
Professor Dr. *W. E. Mühlmann,* Wiesbaden
Dozent Dr. *Gerh. Müller,* Marburg
Pfarrer Dr. *Gotth. Müller,* Tübingen
Professor Dr. Dr. *L. Müller,* Tübingen
Dr. *S. Müller,* Bethel
Dr. *W. Müller,* Bonn
Professor Dr. *J. Müller-Bardorff,* Hamburg
Professor Dr. *G. Müller-Schwefe,* Tübingen
Professor Dr. *H. Müller-Suur,* Göttingen
Pfarrer *F. Mybes,* Bad Godesberg
Dr. *I. Neander,* Tübingen
Professor Dr. *F. Neubert,* Berlin
Dr. *Heinz Neumeyer,* Lübeck
Professor D. *A. Niebergall,* Marburg
Oberkirchenrat Dr. Dr. *G. Niemeier,* Hannover
Pastor D. *W. Niemöller,* Bielefeld
Dr. *A. Niethammer,* Münster
Dr. *K. Nitzschke,* Bensheim
Reverend *C. Northcott,* London-England
Professor D. *M. Noth,* Bonn
Professor Dr. *R. Nürnberger,* Göttingen
Dozent Dr. *H. Nyman,* Åbo-Finnland
Professor D. *R. Obermüller,* Buenos Aires-Argentinien
Privatdozent Dr. *K. Oehler,* Hamburg
Professor Dr. *R. Oertel,* Stockdorf b. München
Dr. *H. Ohl,* Heidelberg
Professor Dr. *Th. Ohm* OSB, Münster
Professor Dr. *K. Onasch,* Halle
Reverend *R. K. Orchard,* London-England
Pater *P. O'Reilly,* Paris-Frankreich
Dr. *W. Osthoff,* München
Professor Dr. *J. Oswald,* Passau
Professor Dr. *L. Ott,* Eichstätt
Professor Dr. *H. van Oyen,* Basel-Schweiz
Dr. *E. H. Pältz,* Jena
Professor Dr. *W. Pannenberg,* Mainz
Dipl. Phil. *F. Paschke,* Berlin
Professor Dr. *G. Patzig,* Hamburg
Dr. Dr. *H. Paulus,* Erlangen
Professor Dr. *M. Pellegrino,* Turin-Italien
Dr. *G. Perl,* Berlin
Professor D. *E. Peschke,* Halle
Professor Dr. *W.-E. Peuckert,* Darmstadt
Professor Dr. *K. H. Pfeffer,* Lahore-Pakistan
Professor Dr. *G. Pfeiffer,* Nürnberg
Dr. *J. Pfeiffer,* Hamburg
Professor Dr. *R. Pfister,* Zürich-Schweiz
Dr. *P. Philippi,* Heidelberg
Professor Dr. *A. C. Piepkorn,* Clayton-USA
Professor Dr. *L. Pinomaa,* Helsinki-Finnland
Reverend D. *J. du Plessis,* Dallas-USA
Professor D. *O. Plöger,* Bad Godesberg
Missionsdirektor D. Dr. *M. Pörksen,* Hamburg
Professor Dr. *H. Pongs,* Gerlingen
Pastor D. *M. Pradervand,* Genf-Schweiz
† Pfarrer Dr. *F. Preger*
Professor Dr. *R. Prenter,* Aarhus-Dänemark
Professor Dr. *G. Quispel,* Bilthoven-Niederlande
Dr. *S. Raeder,* Mössingen b. Tübingen
Professor Dr. *K. Ranke,* Göttingen
Professor D. *E. L. Rapp,* Mainz
Professor D. Dr. *C. H. Ratschow,* Münster
Professor Dr. *J. Ratzinger,* Bad Godesberg
Pfarrer *G. Raudnitzky,* Frankfurt/M.
Sir *H. Read,* York-England
Professor Dr. *A. Reble,* Bielefeld
Professor Dr. *B. Rehfeldt,* Köln
Oberstudienrat *W. Reichel,* Eisenach
Professor Dr. *S. Reicke,* Heidelberg
Professor Dr. *R. Rendtorff,* Berlin
Dr. *T. Rendtorff,* Münster
Dr. *G. Rentner,* Hamburg
Superintendent i. R. D. *A. Rhode,* Berlin
Professor Dr. *G. Rhode,* Mainz
Professor Dr. *R. Říčan,* Prag-Tschechoslowakei

Professor Dr. *A. Rich*, Zürich-Schweiz
Pfarrer *K. Richert*, Asunción-Paraguay
Dr. *E. Richter*, Hamburg
Professor Dr. Dr. *L. Richter*, Berlin
Dozent Dr. *H. Ringgren*, Evanston-USA
Professor Dr. *H. Ritschl*, Hamburg
Kirchenrat D. Dr. *K. B. Ritter*, Marburg
Professor Dr. *B. J. Roberts*, Bangor-England
Professor Dr. *L. Röhrich*, Mainz
Professor Dr. *H. Röhrs*, Heidelberg
Privatdozent Dr. Dr. *D. Rössler*, Göttingen
Professor Dr. Dr. *H. Rößler*, Darmstadt
Professor D. Dr. *G. Rosenkranz*, Tübingen
Dr. *H.-M. Rotermund*, Göttingen
Dr. *G. Roth*, Tübingen
Pasteur *J. Roth*, Sainte-Marie-aux-Mines-Frankreich
Professor Dr. *E. Rothacker*, Bonn
Superintendent *W. Rott*, Koblenz
Dr. *O. Rühle*, Stuttgart
Privatdozent Dr. *E. G. Rüsch*, St. Margrethen-Schweiz
Oberlandeskirchenrat Dr. *E. Ruppel*, Hannover
Dr. *W. St. Rycroft*, New York-USA
Pfarrer *H. Saenger*, Köln
Professor Dr. *R. Samuel*, Brighton-Australien
Dr. *Hildegard Schaeder*, Frankfurt/M.
Professor Dr. *E. Schäfer*, Göttingen
Dr. *K. Schäferdiek*, Siegburg
Professor Dr. *H. Scheuerl*, Erlangen
Professor Dr. *U. Scheuner*, Bad Godesberg
Kirchenrat *E. Schieber*, Stuttgart
Pfarrer Dr. *W. Schilling*, Hof
Professor Dr. Dr. *A. Schimmel*, Bonn
Superintendent Lic. *S. Schlauck*, Garz
Professor Dr. *W. Schlesinger*, Marburg
Konsistorialrat Dr. *F. Schlingensiepen*, Berlin
Hauptpastor Dr. *H. Schlyter*, Malmö-Schweden
Professor Dr. *J. Schmid*, München
Pfarrer *L. Schmidt*, Frankfurt/M.
Professor Dr. *M. Schmidt*, Mainz
Professor Dr. *M. A. Schmidt*, San Anselmo-USA
Pfarrer Dr. *W. Schmithals*, Raumland
Professor D. *W. Schneemelcher*, Bonn
Professor Dr. *H. Schönebaum*, Leipzig
Professor Dr. *H. J. Schoeps*, Erlangen
Repetent Dr. *K. Scholder*, Tübingen
Privatdozent Dr. *P. M. Schon*, Mainz
Professor D. *E. Schott*, Halle
Professor D. *H.-H. Schrey*, Karlsruhe
H. J. Schultz, Stuttgart
Privatdozent Dr. *G. Schulz*, Berlin
Dozent Dr. *S. Schulz*, Zürich-Schweiz
Professor Dr. *W. Schulz*, Tübingen
Pfarrer Dr. *K. Schuster*, Schlangenbad
Dr. *K. Schwager*, Baltimore-USA
Dr. *R. Schwarz*, Tübingen
Professor Dr. *J. M. Schweigl* SJ, Rom-Italien
Professor Dr. *W. Schweitzer*, Bethel
† Professor Dr. *M. Seidlmayer*
† Professor Dr. *F. X. Seppelt*
Dr. *M. Sieber*, Basel-Schweiz
Kirchenrat D. *Matth. Simon*, Nürnberg
† Professor Dr. *Th. Sippell*
Professor Dr. *W. Frhr. v. Soden*, Münster
Professor Dr. *N. H. Søe*, Gentofte-Dänemark
Professor Dr. *J. Sólyom*, Budapest-Ungarn
Professor D. *E. Sommerlath*, Leipzig
Professor Dr. *B. Spuler*, Hamburg
Kirchenrat *W. Staats*, Braunschweig
Professor Dr. Dr. *J. Staber*, Regensburg
Professor D. *M. Stallmann*, Lüneburg
Dozent Dr. Dr. *B. Stasiewski*, Bonn
Professor D. *K. G. Steck*, Frankfurt/M.
Professor Dr. *F. Stegmüller*, Freiburg
Pastor *R. Steiner*, Wuppertal-Barmen
Pfarrer Dr. Dr. *H. Steitz*, Mainz
Pfarrer Dr. *K. v. Stieglitz*, Dortmund
Professor Dr. *H. E. Stier*, Münster
Dr. *E. Stiglmayr*, Wien-Österreich
† Pfarrer *H. Stocks*
Professor Dr. *P. Stöcklein*, Hofheim
Professor Dr. *O. E. Straßer*, Bern-Schweiz
Dozent Dr. *G. Strecker*, Bonn
T. G. H. Strehlow, Adelaide-Australien
Dozent Dr. *A. Strobel*, Erlangen
Professor D. Dr. *R. Stupperich*, Münster
Oberkirchenrat Professor D. *W. Sucker*, Darmstadt
Bischof Dr. *B. Sundkler*, Bukoba-Tanganyika
Professor Dr. *H. W. Surkau*, Köln
Professor Dr. *J. Szeruda*, Warschau-Polen
Privatdozent Dr. *M. Tetz*, Bonn
Dr. *R. v. Thadden*, Grone b. Göttingen

Superintendent *W. Thiel*, Berlin
Professor Dr. *A. Thomas*, Trier
Professor D. *D. W. Thomas*, Cambridge-England
Pastor Dr. *H. Thyen*, Oldenburg
Professor Dr. *I. Török*, Debrecen-Ungarn
Rektor G. *Tolderlund-Hansen*, Roskilde-Dänemark
Dr. *K. Treu*, Berlin
Dr. *U. Treu*, Berlin
Professor D. Dr. *W. Trillhaas*, Göttingen
Professor Dr. *C. A. Trypanis*, Oxford-England
Professor D. Dr. *W. Uhsadel*, Tübingen
Professor Dr. *K. Ujszászy*, Sárospatak-Ungarn
Professor Dr. *W. C. van Unnik*, Bilthoven-Niederlande
Professor D. *H. Urner*, Halle
Privatdozent Dr. *H. W. Vasterling*, Göttingen
Professor Dr. *R. de Vaux* OP, Jerusalem-Jordanien
Professor D. *P. Vielhauer*, Bonn
Professor Dr. *V. Vinay*, Rom-Italien
† Professor D. Dr. *K. Völker*
Professor Dr. Dr. *R. Voeltzel*, Straßburg-Frankreich
D. Dr. *H. Volz*, Göttingen
Vizepräsidentin *E. Gräfin Waldersee*, Kiel
Professor Dr. *P. Wapnewski*, Heidelberg
Dr. *V. Waschnitius*, Gentofte-Dänemark
Professor D. *O. Weber*, Göttingen
Professor Dr. *W. Weber*, Göttingen
Vizepräsident Dr. *R. Weeber*, Stuttgart
Professor D. *J. Weerda*, Erlangen
† Kirchenrat *O. Wehr*
Professor Dr. *H. K. Weinert*, Tübingen
Dr. *G. Weiß-Stählin*, Erlangen
Professor Dr. *W. Weizsäcker*, Heidelberg
Oberkirchenrat Professor Dr. *G. Wendt*, Karlsruhe
† Professor Dr. *E. Weniger*
Konsistorialarchivar Dr. *E. Wenisch*, Salzburg-Österreich

Professor Dr. *F. W. Wentzlaff-Eggebert*, Mainz
Dr. *W. Werbeck*, Tübingen
Professor Lic. Dr. *K. Wessel*, Gauting b. München
Dr. *R. Wiehl*, Heidelberg
Professor Dr. *U. Wilckens*, Berlin
Professor Dr. *H. Wildberger*, Zürich-Schweiz
Dr. *F. Winkelmann*, Berlin
Professor Dr. *R. Wittram*, Göttingen
Professor D. Dr. *Erik Wolf*, Oberrotweil
Professor D. *Ernst Wolf*, Göttingen
Dr. *F. Wolf*, Adelberg
Professor Dr. *R. C. Wolf*, Oberlin-USA
Professor Dr. *H. Wolter* SJ, Frankfurt/M.
Professor Dr. *G. E. Wright*, Chicago-USA
Pfarrer *E. Wunderlich*, Seelbach
Professor Dr. *M. Wundt*, Tübingen
Professor Dr. *St. Zankow*, Sofia-Bulgarien
Professor Dr. *W. Zeller*, Marburg
Professor Dr. *K. Ziegler*, Göttingen
Dr. *G. Zimmermann*, Würzburg
Dr. Dr. *H. Zimmermann*, Wien-Österreich
Professor Dr. *E. Zöllner*, Wien-Österreich
† Professor D. *L. Zscharnack*
Pater Dr. Dr. *A. Zumkeller* OESA, München

Als Übersetzer:

Dr. *Erika Dinkler-v. Schubert*, Bonn
Professor Dr. Dr. *A. Ehrhardt*, Heywood-England
E.-M. Fabian, Tübingen
Dr. *K. Fröhlich*, Madison-USA
G. Gröbe, Tübingen
Dr. *E. Kümmerer*, Tübingen
R. Løgstrup, Skødstrup-Dänemark
Professor D. *H.-H. Schrey*, Karlsruhe
Dr. *H. Schulte*, Heidelberg
Dozent Dr. *R. Zeitler*, Uppsala-Schweden

Als Zeichner:

Privatdozent Dr. *A. Gerlich*, Mainz

VERZEICHNIS DER ABKÜRZUNGEN

I. BIBLISCHE BÜCHER UND AUSSERKANONISCHE SCHRIFTEN

A. Altes Testament

Gen	Genesis
Ex	Exodus
Lev	Leviticus
Num	Numeri
Dtn	Deuteronomium
Jos	Josua
Ri	Richter
1Sam	1. Samuelbuch
2Sam	2. Samuelbuch
1Kön	1. Königsbuch
2Kön	2. Königsbuch
Jes	Jesaja
Dtjes	Deuterojesaja
Jer	Jeremia
Ez	Ezechiel
Hos	Hosea
Jo	Joel
Am	Amos
Ob	Obadja
Jon	Jona
Mi	Micha
Nah	Nahum
Hab	Habakuk
Zeph	Zephanja
Hag	Haggai
Sach	Sacharja
Mal	Maleachi
Ps(s)	Psalm(en)
Spr	Sprüche
Hi	Hiob
Hhld	Hoheslied
Ruth	
Klgl	Klagelieder
Pred	Prediger
Est	Esther
Dan	Daniel
Esr	Esra
Neh	Nehemia
1Chr	1. Buch der Chronik
2Chr	2. Buch der Chronik

B. Außerkanonische Schriften neben dem Alten Testament

ApkBar(gr)	griech. Baruch-Apokalypse
ApkBar(syr)	syrische Baruch-Apokalypse
Arist	Aristeasbrief
AssMos	Assumptio Mosis
Bar	Baruch
Dam	Damaskusschrift (Zadokitisches Fragment)
EpJer	Epistula Jeremiae
3Esr	3. Esra
4Esr	4. Esra
äthHen	äthiop. Henochbuch
grHen	griech. Henochbuch
hebrHen	hebr. Henochbuch
slHen	slaw. Henochbuch
Jdt	Judith
Jub	Jubiläenbuch
LebAd	Leben Adams und Evas
1Makk	1. Makkabäerbuch
2Makk	2. Makkabäerbuch
3Makk	3. Makkabäerbuch
4Makk	4. Makkabäerbuch
MartJes	Martyrium des Jesaja
OrMan	Oratio Manassis
PsSal	Psalmen Salomos
Sib	Sibyllinen
Sir	Jesus Sirach
TestAbr	Testament Abrahams
TestXII	Testamente der 12 Patriarchen
TestRub	(Sim, Lev, Jud, Iss, Seb, Dan, Naph, Gad, Ass, Jos, Benj)
Tob	Tobit
Weish	Weisheit Salomos
ZusDan	Zusätze zu Daniel
ZusEst	Zusätze zu Esther

Die Funde aus dem Raum westlich des Toten Meeres werden nach dem Vorschlag von R. de Vaux in RB 60, 1953, 88 zitiert:

1QH	hôdajôt = Dankpsalmen aus der ersten Höhle von Qumran (Sukenik, DSS Tafel 35-58)
1QIs^a	erste Jesaja-Handschrift aus der ersten Höhle von Qumran (Burrows, QMss I. Tafel 1-54)
1QIs^b	zweite Jesaja-Handschrift aus der ersten Höhle von Qumran (Sukenik, DSS Tafel 1-15)
1QM	milḥæmæt b^{e}nê 'ôr bib^{e}nê ḥošæk = »Kampf der Söhne des Lichts gegen die Söhne der Finsternis« (= »Kriegsrolle«, »War«, »Guerre« o.ä.); Handschrift aus der ersten Höhle von Qumran (Sukenik, DSS Tafel 16-34. 47)
1QpHab	pæšær ḥ^{a}baqûq = Habakuk-Kommentar; Handschrift aus der ersten Höhle von Qumran (Burrows, QMss I. Tafel 55-61)
1QS	særæk hájjāḥād = »Sektenregel«, »Manual of Discipline« o.ä.; Handschrift aus der ersten Höhle von Qumran (Burrows, QMss II. fasc. 2)

C. Neues Testament

Mt	Matthäus	1Thess	1. Thessalonicherbrief
Mk	Markus	2Thess	2. Thessalonicherbrief
Lk	Lukas	1Tim	1. Timotheusbrief
Joh	Johannes	2Tim	2. Timotheusbrief
MtEv, MkEv, LkEv, JohEv	im Text ohne Stellenangaben	Tit	Titusbrief
		Past	Pastoralbriefe
		Phlm	Philemonbrief
		Hebr	Hebräerbrief
Apg	Apostelgeschichte	Jak	Jakobusbrief
Röm	Römerbrief	1Petr	1. Petrusbrief
1Kor	1. Korintherbrief	2Petr	2. Petrusbrief
2Kor	2. Korintherbrief	1Joh	1. Johannesbrief
Gal	Galaterbrief	2Joh	2. Johannesbrief
Eph	Epheserbrief	3Joh	3. Johannesbrief
Phil	Philipperbrief	Jud	Judasbrief
Kol	Kolosserbrief	Apk	Johannes-Apokalypse

D. Außerkanonische Schriften neben dem Neuen Testament und Apostolische Väter

ActAndr	Andreasakten	Herm mand	Hermas, mandata
ActJoh	Johannesakten	Herm sim	Hermas, similitudines
ActPaul	Paulusakten	Herm vis	Hermas, visiones
ActPetr	Petrusakten	IgnEph	Brief des Ignatius an die Epheser
ActThom	Thomasakten	IgnMagn	Brief des Ignatius an die Magnesier
ÄgEv	Ägypterevangelium	IgnTrall	Brief des Ignatius an die Trallianer
ApkAbr	Abraham-Apokalypse	IgnRöm	Brief des Ignatius an die Römer
ApkEl	Elias-Apokalypse	IgnPhld	Brief des Ignatius an die Philadelphier
ApkMos	Moses-Apokalypse	IgnSm	Brief des Ignatius an die Smyrnäer
ApkPetr	Petrus-Apokalypse	IgnPol	Brief des Ignatius an Polykarp
AscJes	Ascensio Jesaiae	Laod	Laodicenerbrief
Barn	Barnabasbrief	MartPol	Martyrium des Polykarp
1Clem	1. Clemensbrief	OdSal	Oden Salomos
2Clem	2. Clemensbrief	PetrEv	Petrusevangelium
Did	Didache (Lehre der 12 Apostel)	Polyk	Brief des Polykarp
EbEv	Ebionitenevangelium	Protev	Protevangelium des Jakobus
HebrEv	Hebräerevangelium		

II. SAMMELWERKE, ZEITSCHRIFTEN, MONOGRAPHIENREIHEN u.a.

AA	Archäologischer Anzeiger. Beiblatt zum Jahrbuch des Archäologischen Instituts
AAA	Annual of Archaeology and Anthropology
AAB	Abhandlungen der Deutschen (bis 1944: Preußischen) Akademie der Wissenschaften zu Berlin
AAG	Abhandlungen der Akademie der Wissenschaften in Göttingen (bis Folge III, 26, 1940: AGG)
AAH	Abhandlungen der Heidelberger Akademie der Wissenschaften. Heidelberg
AAL	Abhandlungen der Sächsischen Akademie der Wissenschaften in Leipzig (bis 30, 1920: AGL)
AAM	Abhandlungen der Bayerischen Akademie der Wissenschaften. München
AAMz	Abhandlungen (der geistes- und sozialwissenschaftlichen Klasse) der Akademie der Wissenschaften und der Literatur. Mainz
AAS	Acta Apostolicae Sedis
AASOR	The Annual of the American Schools of Oriental Research
AC	Apologia Confessionis
AcMus	Acta Musicologica
ACO	Acta Conciliorum Oecumenicorum, ed. E. Schwartz
AcOr(B)	Acta Orientalia (Budapest)
AcOr(H)	Acta Orientalia (Hawniae)
AcOr(L)	Acta Orientalia (Leiden)
ACW	Ancient Christian Writers, Westminster (Maryland) 1946ff
ADB	Allgemeine Deutsche Biographie
ÄF	Ägyptologische Forschungen
AELKZ	Allgemeine evangelisch-lutherische Kirchenzeitung
AevKR	Archiv für evangelisches Kirchenrecht
AfMf	Archiv für Musikforschung
AfMw	Archiv für Musikwissenschaft
AfO	Archiv für Orientforschung
AFP	Archivum Fratrum Praedicatorum
AFrH	Archivum Franciscanum Historicum
AGG	Abhandlungen der Gesellschaft der Wissenschaften zu Göttingen (ab Folge III, 27, 1942: AAG)
AGL	Abhandlungen der Sächsischen Gesellschaft der Wissenschaften. Leipzig (ab 31, 1921: AAL)
AGPh	Archiv für (1889-1894 und 1931. 1932: Geschichte der) Philosophie, Berlin 1889-1932 (vgl. APh)
AHDL	Archives d'Histoire Doctrinale et Littéraire du Moyen-Âge
AHSJ	Archivum Historicum Societatis Jesu
AJA	American Journal of Archaeology
AJC	American Jewish Committee. Annual Report

AIPh	Annuaire de l'Institut de Philologie et d'Histoire Orientales et Slaves
AJS	American Journal of Sociology
AJSL	American Journal of Semitic Languages and Literatures
AkathKR	Archiv für katholisches Kirchenrecht
AKG	Arbeiten zur Kirchengeschichte
AKultG	Archiv für Kulturgeschichte
AKM	Abhandlungen für die Kunde des Morgenlandes
Algermissen	K. Algermissen, Konfessionskunde, 6. Aufl. 1950; Algermissen^7: 7. Aufl. 1957
ALKGMA	Archiv für Literatur- und Kirchengeschichte des Mittelalters
Alt I-III	A. Alt, Kleine Schriften zur Geschichte des Volkes Israel, Bd 1-3 1953/59
Altaner	B. Altaner, Patrologie. Leben, Schriften und Lehre der Kirchenväter. 5. Aufl. 1958
ALW	Archiv für Liturgiewissenschaft
AmA	American Anthropologist
AMG	Annales du Musée Guimet
AMN	Allgemeine Missionsnachrichten
AMZ	Allgemeine Missionszeitschrift
AnBibl	Analecta Biblica
AnBoll	Analecta Bollandiana
AnCO	Analecta Christiana Orientalia
ANEP	The Ancient Near East in Pictures relating to the Old Testament, ed. J. B. Pritchard, 1954
ANET	Ancient Near Eastern Texts relating to the Old Testament, ed. J. B. Pritchard, 1950 (ANET^2: 2. ed. corrected and enlarged 1955)
Angelos	Angelos. Archiv für neutestamentliche Zeitgeschichte und Kulturkunde
AnGreg	Analecta Gregoriana
AnLov	Analecta Lovaniensia Biblica et Orientalia
AnnPont	Annuario Pontificio
AnOr	Analecta Orientalia
AnPraem	Analecta Praemonstratensia
Anthropos	Anthropos. Internationale Zeitschrift für Völker- und Sprachenkunde
ANVAO	Avhandlinger utgitt av Det Norske Videnskaps-Akademi i Oslo
AnzAW	Anzeiger der (ab 48, 1947: Österreichischen) Akademie der Wissenschaften. Wien
AO	Der Alte Orient
AOB	Altorientalische Bilder, hg. v. H. Greßmann, 2. Aufl. 1927
AÖR	Archiv des öffentlichen Rechts
AOS	American Oriental Series
AOT	Altorientalische Texte, hg. v. H. Greßmann, 2. Aufl. 1926
APh	Archiv für Philosophie, Stuttgart 1947ff (vgl. AGPh)
ARG	Archiv für Reformationsgeschichte
ARM	Archives Royales de Mari
ArOr	Archiv Orientální
ARPs	Archiv für Religionspsychologie
ARSP	Archiv für Rechts- und Sozialphilosophie
ArtB	The Art Bulletin
ARW	Archiv für Religionswissenschaft
AS	Acta Sanctorum
ASAE	Annales du Service des Antiquités de l'Egypte
ASm	Schmalkaldische Artikel
ASNU	Acta Seminarii Neotestamentici Upsaliensis (1, 1936 - 8, 1937 unter dem Titel: Arbeiten und Mitteilungen aus dem Neutestamentlichen Seminar zu Uppsala)
ASR	American Sociological Review
ASRStP	Archivio della Società Romana di Storia Patria
ASS	Acta Sanctae Sedis
ATA	Alttestamentliche Abhandlungen
ATAO	A. Jeremias, Das Alte Testament im Lichte des Alten Orients, 4. Aufl. 1930
ATD	Das Alte Testament Deutsch, hg. v. V. Herntrich und A. Weiser
ATG	Archivo Teológico Granadino
AThANT	Abhandlungen zur Theologie des Alten und Neuen Testaments
AThR	Anglican Theological Review
AuC	Antike und Christentum
AUF	Archiv für Urkundenforschung
AVK	Archiv für Völkerkunde
AVR	Archiv für Völkerrecht
AVSL	Archiv des Vereins für Siebenbürgische Landeskunde
BA	The Biblical Archaeologist
Backer-Sommervogel	A. de Backer - C. Sommervogel, Bibliothèque de la Compagnie de Jésu, nouv. éd. 1890ff
BAE	Bureau of American Ethnology
BAKultG	Beihefte zum Archiv für Kulturgeschichte
BAL	Berichte über die Verhandlungen der Sächsischen Akademie der Wissenschaften zu Leipzig (bis 71, 1, 1919: BGL)
BAO	Beihefte zum Alten Orient
Bardenhewer	O. Bardenhewer, Geschichte der altkirchlichen Literatur, 2. Aufl. 1913-1932
Barrois I. II	A. G. Barrois, Manuel d'Archéologie Biblique, t. I. II 1939. 1953
Barth, KD	K. Barth, Die Kirchliche Dogmatik, 1932ff
Barth, PrTh	K. Barth, Die protestantische Theologie im 19. Jh. Ihre Vorgeschichte und Geschichte, 2. Aufl. 1952
BASOR	The Bulletin of the American Schools of Oriental Research
Bauer, WB	W. Bauer, Griechisch-Deutsches Wörterbuch zu den Schriften des Neuen Testaments und der übrigen urchristlichen Literatur, 4. Aufl. 1952; Bauer, WB^5: 5. Aufl. 1958
BBB	Bonner Biblische Beiträge
BBKG	Beiträge zur bayerischen Kirchengeschichte
BBLAK	Beiträge zur biblischen Landes- und Altertumskunde (= ZDPV 68, 1949/51)
BC	Biblischer Commentar über das AT, hg. v. C. F. Keil u. F. Delitzsch
Beck	H.-G. Beck, Kirche und theologische Literatur im byzantinischen Reich (HAW XII/2, 1), 1959
BEFEO	Bulletin de l'Ecole Française de l'Extrême Orient
BEStPh	Bibliographische Einführungen in das Studium der Philosophie, hg. v. I. M. Bochenski, 1948ff
BEThL	Bibliotheca Ephemeridum Theologicarum Lovaniensium
BEvTh	Beiträge zur Evangelischen Theologie
BFChTh	Beiträge zur Förderung christlicher Theologie
BGB	Bürgerliches Gesetzbuch
BGDSL	Beiträge zur Geschichte der deutschen Sprache und Literatur
BGE	Beiträge zur Geschichte der bibl. Exegese

BGH	Beiträge zur Geschichte der biblischen Hermeneutik
BGL	Berichte über die Verhandlungen der Sächsischen Gesellschaft der Wissenschaften zu Leipzig (ab 71, 2, 1919: BAL)
BGPhMA	Beiträge zur Geschichte der Philosophie (ab 27, 1928/30: und Theologie) des Mittelalters
BGU	Ägyptische Urkunden in griechischer Sprache aus den Museen zu Berlin
BhEvTh	Beihefte zur Evangelischen Theologie
BHG	Bibliotheca Hagiographica Graeca
BHK	Biblia Hebraica, ed. R. Kittel, 7. Aufl. 1951
BHL	Bibliotheca Hagiographica Latina
BHO	Bibliotheca Hagiographica Orientalis
BHTh	Beiträge zur historischen Theologie
Bibl	Biblica
BiblThom	Bibliothèque Thomiste
BiblMiss	R. Streit - J. Dillinger, Bibliotheca Missionum
BIES	The Bulletin of the Israel Exploration Society
BIFAO	Bulletin de l'Institut Français d'Archéologie Orientale
Bill. I-V	(H. L. Strack-) P. Billerbeck, Kommentar zum Neuen Testament aus Talmud und Midrasch, Bd 1-4 1922-1928, Bd 5 1955
BIMG	Publikationen der Internationalen Musikgesellschaft, Beihefte
BiOr	Bibliotheca Orientalis
BJPES	Bulletin of the Jewish Palestine Exploration Society
BJRL	The Bulletin of the John Rylands Library
BK	Biblischer Kommentar. Altes Testament, hg. v. M. Noth, 1955 ff
BKV$^{1.2}$	Bibliothek der Kirchenväter (»Kemptener Ausgabe«); BKV^1: 1869-1888, BKV^2: 1911 ff
BL	Bibel-Lexikon, hg. v. H. Haag, 1951 bis 1956
Bl-Debr	F. Blaß-A. Debrunner, Grammatik des neutestamentlichen Griechisch, 9. Aufl. 1954
BMevR	Beiträge zur Missionswissenschaft und ev. Religionskunde
BoA	Luthers Werke in Auswahl, hg. v. O. Clemen (»Bonner Ausgabe«), Bd 1-8 1912 bis 1933 (Bd 1-4. 7. 8 Neudr. 1950); BoA^2 = 2. Aufl.: Bd 5. 6 1955
BOT	De Boeken van het Oude Testament, hg. v. A. van den Born
Bousset, Rel.	W. Bousset, Die Religion des Judentums, 3. Aufl. hg. v. H. Greßmann, 1926
BPatr	Bibliographia Patristica, hg. v. W. Schneemelcher, 1959 ff (für die Jahre 1956 ff)
BPhil	Bibliographia Philosophica 1934-1945, ed. G. A. de Brie, Bd 1. 2 1950. 1954
Braun, Altar	J. Braun, Der christliche Altar in seiner geschichtlichen Entwicklung, 2 Bde 1924
Braun, LH	J. Braun, Liturgisches Handlexikon, 2. Aufl. 1924
Braun, TA	J. Braun, Tracht und Attribute der Heiligen in der deutschen Kunst, 1943
BRL	K. Galling, Biblisches Reallexikon (HAT I, 1, 1937)
BRThAM	Bulletin des Recherches de Théologie Ancienne et Médiévale
BS	Bibliotheca Sacra
BSHPF	Bulletin de la Société de l'Histoire du Protestantisme Français
BSKG	Beiträge zur sächsischen Kirchengeschichte
BSLK	Die Bekenntnisschriften der lutherischen Kirche, hg. v. Deutschen Evangelischen Kirchenausschuß, 3. Aufl. 1956
BSO(A)S	Bulletin of the School of Oriental (Vol. 10ff: and African) Studies
BSRK	Die Bekenntnisschriften der reformierten Kirche, hg. v. E. F. K. Müller, 1903
BSt	Biblische Studien
BThH	Biblisch-Theologisches Handwörterbuch zur Lutherbibel und zu neueren Übersetzungen, hg. v. E. Osterloh u. H. Engelland, 1954
BThKG	Beiträge zur thüringischen Kirchengeschichte
Bultmann I-III	R. Bultmann, Glauben und Verstehen. Gesammelte Aufsätze, Bd 1, 2. unv. Aufl. 1954, Bd 2. 3 1952. 1959
Bultmann, NT	R. Bultmann, Theologie des Neuen Testaments, 3. Aufl. 1958
Burrows, DSS	M. Burrows, The Dead Sea Scrolls (with translations by the author), 1955
Burrows, QMss	M. Burrows, The Dead Sea Scrolls of St. Mark's Monastery: Vol. I. The Isaiah Manuscript and the Habakuk Commentary, 1950; Vol. II. Fascicle 2. Plates and transcription of the Manual of Discipline, 1951
BWA(N)T	Beiträge zur Wissenschaft vom Alten (und Neuen) Testament
BWGN	Biographisch Woordenboek van Protestantsche Godgeleerden in Nederland, 1919 ff
ByZ	Byzantinische Zeitschrift
BZ	Biblische Zeitschrift
BZAW	Beihefte zur Zeitschrift für die alttestamentliche Wissenschaft
BZNW	Beihefte zur Zeitschrift für die neutestamentliche Wissenschaft
BZRGG	Beihefte der Zeitschrift für Religions- und Geistesgeschichte
CA	Confessio Augustana
CAD	The Assyrian Dictionary of the University of Chicago, 1956 ff
CahArch	Cahiers Archéologiques. Fin de l'Antiquité et Moyen Âge
Caspar I. II	E. Caspar, Geschichte des Papsttums von den Anfängen bis zur Höhe der Weltherrschaft, Bd 1. 2 1930. 1933
CathEnc	The Catholic Encyclopedia, 1907-1922
Catholicisme	Catholicisme hier, aujourd'hui, demain. Encyclopédie dirigée par G. Jacquanet, 1948 ff
CBL	Calwer Bibellexikon, 4. Aufl. 1924
CBQ	The Catholic Biblical Quarterly
CCath	Corpus Catholicorum
CCHMA	Corpus Codicum Hebraicorum Medii Aevi
CChr	Corpus Christianorum
CConf	Corpus Confessionum. Die Bekenntnisse der Christenheit
CcW	Chronik der christlichen Welt
Chant	P. D. Chantepie de la Saussaye, Lehrbuch der Religionsgeschichte, 4. Aufl. hg. v. A. Bertholet u. E. Lehmann, 1925
Charles, AP	The Apocrypha and Pseudepigrapha of the Old Testament in English, ed. R. H. Charles, 1913
Chevalier	U. Chevalier, Repertoire des sources historiques du Moyen Âge (BB: Bio-Bibliographie, 2. Aufl. 1905-1907; TB: Topo-Bibliographie, 1894-1903)

ChH Church History
ChQR The Church Quarterly Review
Chr. d'Ég. Chronique d'Égypte
ChrRel Christus und die Religionen der Erde, 3 Bde, hg. v. F. König, 1951; ChrRel²: 2. Aufl. 1956
ChuW Christentum und Wissenschaft
ChW Christliche Welt
CIC Codex Iuris Canonici (c. [cc.] = canon[es])
CIG Corpus Inscriptionum Graecarum
CIJ J. B. Frey, Corpus Inscriptionum Judaicarum, Bd 1. 2 1936. 1948
CIL Corpus Inscriptionum Latinarum
CIS Corpus Inscriptionum Semiticarum
CKL Calwer Kirchenlexikon, 1937. 1941
CN Coniectanea Neotestamentica
COT Commentaar op het Oude Testament, hg. v. G. Ch. Aalders
CorpIC Corpus Iuris Canonici
CPL Clavis Patrum Latinorum, ed. E. Dekkers, Steenbrugge 1951 (= SE 3)
CR Corpus Reformatorum
CRAI Comptes Rendus de l'Académie des Inscriptions et Belles-Lettres, Paris
CSCO Corpus scriptorum Christianorum orientalium
CSEL Corpus scriptorum ecclesiasticorum Latinorum
CSS Cursus Scripturae Sacrae
DA Deutsches Archiv für Geschichte des Mittelalters (1937–1943; seit 1950: für Erforschung des Mittelalters)
DAB Dictionary of American Biography
DACL F. Cabrol-H. Leclercq, Dictionnaire d'Archéologie Chrétienne et de Liturgie, 1907ff
DAFC Dictionnaire Apologétique de la Foi Catholique, 1914–1931
Dahlmann-Waitz F. C. Dahlmann-G. Waitz, Quellenkunde der Deutschen Geschichte, 9. Aufl. hg. v. H. Haering, 1931/32
Dalman, AuS G. Dalman, Arbeit und Sitte in Palästina, 1928–1942
DB A Dictionary of the Bible, ed. J. Hastings with assistance of J. A. Selbie, 1898–1904 (= 8.–13. Aufl. 1942–1951)
DBF Dictionnaire de Biographie Française, 1933ff
DBL Dansk Biografisk Leksikon, Bd 1–27 1933–1944
DBS Dictionnaire de la Bible, Supplément, Bd 1ff, 1928ff
DCB Dictionary of Christian Biography, Literature, Sects and Doctrines, 1877–1887
DDC Dictionnaire de Droit Canonique, 1935ff
DdS Dictionnaire de Sociologie, 1933ff
DDT Denkmäler deutscher Tonkunst
DE Deutsch-Evangelisch
DEBl Deutsch-evangelische Blätter
DEG Deutsches Evangelisches Gesangbuch
Deißmann, LvO A. Deißmann, Licht vom Osten, 4. Aufl. 1923
Denz. H. Denzinger, Enchiridion symbolorum et definitionum, 29. Aufl. 1954
DHC P. Bayle, Dictionnaire Historique et Critique, 6. Aufl. Bd 1–4 1741
DHGE Dictionnaire d'Histoire et de Géographie Ecclésiastiques, 1912ff
DJD Discoveries in the Judaean Desert, Oxford 1955ff
DJZ Deutsche Juristenzeitung
DLZ Deutsche Literaturzeitung
DMM Dictionary of Modern Music and Musicians, 1924
DNB The Dictionary of National Biography, 1885ff
DOP Dumbarton Oaks Papers
Doyé F. v. Sales Doyé, Heilige und Selige der römisch-katholischen Kirche, deren Erkennungszeichen, Patronate und lebensgeschichtliche Bemerkungen, 2 Bde 1930
DSp Dictionnaire de Spiritualité, Ascétique et Mystique, 1937ff
DTB Denkmäler der Tonkunst in Bayern (= 2. Folge der Denkmäler deutscher Tonkunst)
DTh Deutsche Theologie. Monatsschrift für die deutsche evangelische Kirche
DThC Dictionnaire de Théologie Catholique, 1903ff
DTÖ Denkmäler der Tonkunst in Österreich
DtPfrBl Deutsches Pfarrerblatt
DTT Dansk Teologisk Tidsskrift
Duchesne, LP Liber Pontificalis, ed. L. Duchesne, Bd 1. 2 Paris 1886/92; anastatischer Neudr. ebd 1955; Bd 3 ed. C. Vogel, ebd 1957
DVfLG Deutsche Vierteljahrsschrift für Literaturwissenschaft und Geistesgeschichte
DZKR Deutsche Zeitschrift für Kirchenrecht
DZPh Deutsche Zeitschrift für Philosophie
EAW Einleitung in die Altertumswissenschaft, 3. Aufl. 1927ff
EB Encyclopaedia Biblica, ed. T. K. Cheyne and J. Black, 1899–1903
EBrit Encyclopaedia Britannica*)
EC Enciclopedia Cattolica, Bd 1–12 1949–1954
EF Enciclopedia Filosofica, Bd 1–4 1957
EHP Encyklopädisches Handbuch der Pädagogik, hg. v. W. Rein, 1895–1910
EI¹ Enzyklopädie des Islam, Leiden. Leipzig 1913–1938
EI² Encyclopédie de l'Islam, nouv. éd., Leiden. Paris 1954ff
Eichmann-Mörsdorf E. Eichmann-K. Mörsdorf, Lehrbuch des Kirchenrechts auf Grund des CIC, Bd 1–3 9. Aufl. 1958–1960
Eisler R. Eisler, Wörterbuch der philosophischen Begriffe, 4. Aufl. 1927–1930
EItal Enciclopedia Italiana, Bd 1–36 u. 3 Erg-Bde, 1929–1949
EitnerQ R. Eitner, Biographisch-bibliographisches Quellenlexikon der Musiker und Musikgelehrten der christlichen Zeitrechnung bis zur Mitte des 19. Jh.s, 1900–1904
EJud Encyclopaedia Judaica. Das Judentum in Geschichte und Gegenwart, Bd 1–10 1928–1934 (nicht vollständig)
EKG Evangelisches Kirchengesangbuch
EKL Evangelisches Kirchenlexikon. Kirchlich-theologisches Handwörterbuch, hg. v. H. Brunotte und O. Weber, 1955ff
Elert, ML W. Elert, Morphologie des Luthertums, verb. Nachdr. 1952f
Eliade M. Eliade, Die Religionen und das Heilige. Elemente der Religionsgeschichte, 1954 (Übers. von: Traité d'Histoire des Religions, 1949)
ELKZ Evangelisch-lutherische Kirchenzeitung
EMM Evangelisches Missionsmagazin

EMZ	Evangelische Missionszeitschrift
EphLiturg	Ephemerides Liturgicae
EphLov	Ephemerides Lovanienses
EPhM	Etudes de Philosophie Médiévale
Epit.	Epitome
ER	Ecumenical Review
Eranos	Eranos. Acta philologica suecana
ERE	Encyclopedia of Religion and Ethics, ed. J. Hastings, 1908-1926 (Nachdr. 1951)
ErJb	Eranos-Jahrbuch
Erman-Horn	Bibliographie der deutschen Universitäten, bearbeitet von W. Erman und E. Horn, Bd 1.2 1904, Register und Nachträge 1905
Escobar	Ordini e Congregazioni religiose, hg. v. M. Escobar, Bd 1. 2 1951. 1953
ESL	Evangelisches Soziallexikon, hg. v. F. Karrenberg, 1954
ESS	Encyclopedia of the Social Sciences, Bd 1-15 1930-1935
ET	The Expository Times
EThL	Ephemerides Theologicae Lovanienses
EThR	Etudes Théologiques et Religieuses
EuG	J. S. Ersch u. J. G. Gruber, Allgemeine Enzyklopädie der Wissenschaften und Künste, 1818-1889
EUI	Enciclopedia Universal Ilustrada Europeo-Americana, 1908-1933
EvFr	Evangelische Freiheit
EvTh	Evangelische Theologie
Exp	The Expositor
FA	Finanzarchiv
FBPG	Forschungen zur brandenburg-preußischen Geschichte
FC	Formula Concordiae
FChLDG	Forschungen zur christlichen Literatur- und Dogmengeschichte
Feine	H. E. Feine, Kirchliche Rechtsgeschichte, Bd 1, 3. Aufl. 1955
FF	Forschungen und Fortschritte
FFC	Folklore Fellows Communications
FGH	Fragmente der griechischen Historiker, hg. v. F. Jacoby, 1923 ff
FGLP	Forschungen zur Geschichte und Lehre des Protestantismus
FGNK	Forschungen zur Geschichte des neutestamentlichen Kanons
FHG	Fragmenta historicorum Graecorum, 1841-1870
FHR	Fontes historiae religionum, ed. C. Clemen
FKDG	Forschungen zur Kirchen- und Dogmengeschichte
FKGG	Forschungen zur Kirchen- und Geistesgeschichte
Frazer	J. G. Frazer, The Golden Bough, Vols 1 to 12, 3. ed. 1911-1927
Friedberg	E. Friedberg, Lehrbuch des katholischen und evangelischen Kirchenrechts, 6. Aufl. 1909
FRLANT	Forschungen zur Religion und Literatur des Alten und Neuen Testaments
Fromm	H. Fromm, Bibliographie deutscher Übersetzungen aus dem Französischen 1700 bis 1948, Bd 1-6, 1950-1953
FS	Franziskanische Studien
FSThR	Forschungen zur systematischen Theologie und Religionsphilosophie
F-T	A. Fischer - W. Tümpel, Das deutsche evangelische Kirchenlied des 17. Jh.s, Bd 1-6 1902-1916
GAL	C. Brockelmann, Geschichte der arabischen Literatur, 2. Aufl. 1943 f
GALS	Supplement zu GAL (1. Aufl.), 1937-1942
GB	W. Gesenius - F. Buhl, Hebräisches und Aramäisches Handwörterbuch. 17. Aufl. 1921 (unv. Nachdr. 1949)
GCAL	G. Graf, Geschichte der christlichen arabischen Literatur, Bd 1-5 1944-1953 (= StT 118. 133. 146f. 172)
GCS	Die griechischen christlichen Schriftsteller der ersten Jahrhunderte
GdG	Grundriß der Geschichtswissenschaft*)
GdS	Grundriß der Sozialökonomik
Gebhardt-Grundmann	B. Gebhardt, Handbuch der deutschen Geschichte, 8. Aufl. hg. v. H. Grundmann, 1954 ff
GG	Grundgesetz für die Bundesrepublik Deutschland vom 23. 5. 1949
GG	Grundriß zur Geschichte der deutschen Dichtung. Aus den Quellen von K. Goedeke*)
GGA	Göttingische Gelehrte Anzeigen
GM	Godsdiensten der Mensheid
Gn	Gnomon. Kritische Zeitschrift für die gesamte klassische Altertumswissenschaft
Goodenough	E. R. Goodenough, Jewish Symbols in the Greco-Roman Period (Bollingen Series 37), Bd 1-8, 1953-1958
GPr	Gymnasialprogramm
Grabmann	M. Grabmann, Geschichte der scholastischen Methode, Bd 1. 2 1909. 1911 (unv. Nachdr. 1956)
Grillmeier-Bacht	A. Grillmeier - H. Bacht, Das Konzil von Chalkedon, Bd 1-3 1951-1954
GrKat	Großer Katechismus
GThT	Gereformeerd Theologisch Tijdschrift
GWU	Geschichte in Wissenschaft und Unterricht
Haller	J. Haller, Das Papsttum. In 5 Bden verb. u. erg. Aufl. 1950-1953
HAOG	A. Jeremias, Handbuch der altorientalischen Geisteskultur, 2. Aufl. 1929
Harnack, DG	A. v. Harnack, Lehrbuch der Dogmengeschichte, 4. Aufl. 1909 f (= 5. Aufl. 1931 f)
HAT	Handbuch zum Alten Testament, hg. v. O. Eißfeldt
Hauck	A. Hauck, Kirchengeschichte Deutschlands, Bd 1-4 3./4. Aufl., Bd 5, 1. 2 1./2. Aufl. 1904-1920 (= Bd 1 7. Aufl., Bd 2-4 6. Aufl., Bd 5, 1. 2 5. Aufl. 1952)
HAW	Handbuch der Altertumswissenschaft, begr. v. I. v. Müller, neu hg. v. W. Otto, 1929 ff
HB	E. Hübner, Bibliographie der klassischen Altertumswissenschaft, 2. Aufl. 1889
HBK	Herders Bibelkommentar, hg. v. E. Kalt u. W. Lauck
HBLS	Historisch-biographisches Lexicon der Schweiz, Bd 1-7 und Suppl., 1921-1934
HC	Hand-Commentar zum Neuen Testament
HDEKM	Handbuch der deutschen evangelischen Kirchenmusik, 1935 ff
HDG	Handbuch der Dogmengeschichte, hg. v. M. Schmaus, J. Geiselmann und H. Rahner, 1951 ff
HdR	Handwörterbuch der Rechtswissenschaft, hg. v. F. Stier-Somlo u. A. Elster, 1925 bis 1931
Hefele	C. J. Hefele, Conciliengeschichte, Bd 1-7, fortgesetzt v. J. Hergenröther, Bd 8. 9

1855-1874. 1887. 1890; Hefele²: 2. Aufl. Bd 1-4 1873-1879; Bd 5. 6 besorgt v. A. Knöpfler, 1886. 1890

Heimbucher — M. Heimbucher, Die Orden und Kongregationen der katholischen Kirche, 3. Aufl. 1933 f

Helyot — P. Helyot, Dictionnaire des Ordres Religieux, publ. par J. P. Migne, 1847-1859

Hennecke² — Neutestamentliche Apokryphen in deutscher Übersetzung, hg. v. E. Hennecke, 2. Aufl. 1924; Hennecke³: 3. Aufl., hg. v. W. Schneemelcher, 1959 ff

Hennecke, Hdb. — Handbuch zu den neutestamentlichen Apokryphen, hg. v. E. Hennecke, 1904

HerKorr — Herder-Korrespondenz

Hermelink I-III — H. Hermelink, Das Christentum in der Menschheitsgeschichte von der französischen Revolution bis zur Gegenwart, Bd 1-3 1951-1955

Hermes — Hermes. Zeitschrift für klassische Philologie

HGR — Histoire Générale des Religions, Bd 1-5 1948-1952

HJ — Historisches Jahrbuch der Görres-Gesellschaft

HibJ — The Hibbert Journal. A quarterly review of religion, theology and philosophy

HIM — Handbuch der Inneren Mission, 1925 ff

Hirsch I-V — E. Hirsch, Geschichte der neuern evangelischen Theologie im Zusammenhang mit den allgemeinen Bewegungen des europäischen Denkens, Bd 1-5 1949 bis 1954

HIsl — Handwörterbuch des Islam, hg. v. A.J. Wensinck u. J. H. Kramers, 1941

HK — Handkommentar zum Alten Testament, hg. v. W. Nowack

HKG — Handbuch der Kirchengeschichte, hg. v. G. Krüger, 2. Aufl. 1923-1931

HKultG — Handbuch der Kulturgeschichte

HLW — Handbuch der Literaturwissenschaft, hg. v. O. Walzel, 1923 ff

HM — Hallische Monographien

HN — H. Hurter, Nomenclator literarius theologiae catholicae, ed. 3. 1903-1913

HNT — Handbuch zum Neuen Testament, begr. v. H. Lietzmann, hg. v. G. Bornkamm

HO — Handbuch der Orientalistik, hg. v. B. Spuler, 1948 ff

Holl I-III — K. Holl, Gesammelte Aufsätze zur Kirchengeschichte, Bd 1 6. Aufl. 1932 (= 7. Aufl. 1948), Bd. 2. 3 1928

Holweck — F. G. Holweck, A Biographical Dictionary of the Saints, 1924

HPäd — Handbuch der Pädagogik, hg. v. H. Nohl u. L. Pallat, 1928-1933

HPBl — Historisch-politische Blätter für das katholische Deutschland

HPh — Handbuch der Philosophie, hg. v. A. Baeumler u. M. Schröter, 1927 ff

HRW (L) — Handbuch der Religionswissenschaft, hg. v. J. Leipoldt, 1922

HRW (M) — Handbuch der Religionswissenschaft, hg. v. G. Mensching, 1948 ff

HS — Horae Soederblomianae

HSAT — Die Heilige Schrift des Alten Testaments, ... übers. v. E. Kautzsch, 4. Aufl. hg. v. A. Bertholet, 1922 f

HSchAT — Die Heilige Schrift des Alten Testaments, hg. v. F. Feldmann u. H. Herkenne

HThK — Herders Theologischer Kommentar, hg. v. A. Wikenhauser

HThR — The Harvard Theological Review

HUCA — Hebrew Union College Annual

Hutten — K. Hutten, Seher-Grübler-Enthusiasten. Sekten und religiöse Sondergemeinschaften der Gegenwart, 5. Aufl. 1958

HV — Historische Vierteljahrsschrift

HWBW — Handwörterbuch der Betriebswirtschaft*)

HWDA — Handwörterbuch des deutschen Aberglaubens, hg. v. H. Bächtold-Stäubli, 1927-1942

HWS — Handwörterbuch der Soziologie, hg. v. A. Vierkandt, 1931

HWSt — Handwörterbuch der Staatswissenschaften, hg. v. L. Elster, 4. Aufl. 1923-1929 (vgl. HWSW)

HWSW — Handwörterbuch der Sozialwissenschaften, hg. v. E. v. Beckerath u. a., 1952 ff (Neuaufl. des HWSt)

HZ — Historische Zeitschrift

JA — Journal Asiatique

JAA — Jaarboek der koninklijke nederlands(ch)e Akademie van Wetenschappen. Amsterdam

JAC — Jahrbuch für Antike und Christentum

Jaffé — Ph. Jaffé, Regesta pontificum Romanorum ab condita ecclesia ad annum 1198, Bd 1. 2 2. Aufl. 1885-1888

JAOS — The Journal of the American Oriental Society

JB — Theologischer Jahresbericht

JBL — Journal of Biblical Literature and Exegesis

JbNSt — Jahrbücher für Nationalökonomie und Statistik

JbP — Jahrbuch der Musikbibliothek Peters

JBR — The Journal of Bible and Religion

JBrKG — Jahrbuch für brandenburgische Kirchengeschichte

ICC — The International Critical Commentary of the Holy Scriptures of the Old and New Testament

JCS — Journal of Cuneiform Studies

JdI — Jahrbuch des Deutschen Archäologischen Instituts

JDTh — Jahrbücher für deutsche Theologie

JEA — The Journal of Egyptian Archaeology

Jedin — H. Jedin, Geschichte des Konzils von Trient I, 1951²; II, 1957

JEGPh — Journal of English and Germanic Philology

JEH — The Journal of Ecclesiastical History

IEJ — Israel Exploration Journal

JEOL — Jaarbericht ... Ex Oriente Lux

JerB — Bible de Jérusalem

JewEnc — The Jewish Encyclopedia, 1901-1906

JGNKG — Jahrbuch der Gesellschaft für niedersächsische Kirchengeschichte (bis 45, 1940: ZGNKG)

JGPrÖ — Jahrbuch der Gesellschaft für die Geschichte des Protestantismus in Österreich

JHS — The Journal of Hellenic Studies

JJS — The Journal of Jewish Studies

JK — Junge Kirche

JKlF — Jahrbuch für Kleinasiatische Forschung

IKZ — Internationale Kirchliche Zeitschrift

ILCV — Inscriptiones Latinae Christianae Veteres, ed. Diehl, Bd 1-3 1925-1931

JLH — Jahrbuch für Liturgik und Hymnologie

ILN — Illustrated London News

JLW	Jahrbuch für Liturgiewissenschaft
IMWT	Internationale Monatsschrift für Wissenschaft und Technik
JNES	Journal of Near Eastern Studies
Inst.	J. Calvin, Christianae Religionis Institutio
IntB	The Interpreter's Bible, ed. N. B. Harmon
Jöcher	Allgemeines Gelehrten-Lexicon, hg. v. Chr. G. Jöcher, Bd 1-4 1750f; Forts. u. Ergänzung v. J. Chr. v. Adelung, fortges. v. W. Rotermund Bd 1-6 1784 bis 1819; Bd 7, hg. v. O. Günther, 1897
JPOS	Journal of the Palestine Oriental Society
JpTh	Jahrbücher für protestantische Theologie
JQR	The Jewish Quarterly Review
JR	Journal of Religion
JRAS	Journal of the Royal Asiatic Society of Great Britain
IRM	The International Review of Missions
JRomS	Journal of Roman Studies
JSOR	Journal of the Society of Oriental Research
JSS	Journal of Semitic Studies
JThS	The Journal of Theological Studies
Judaica	Judaica. Beiträge zum Verständnis des jüdischen Schicksals in Vergangenheit und Gegenwart
JüdLex	Jüdisches Lexikon, 1927-1930
IZBG	Internationale Zeitschriftenschau für Bibelwissenschaft und Grenzgebiete
KÅ	Kyrkohistorisk Årsskrift
KantSt	Kant-Studien. Philosophische Zeitschrift
KAT	Kommentar zum Alten Testament, hg. v. E. Sellin
KAT^3	E. Schrader, Die Keilinschriften und das Alte Testament, 3. Aufl. 1903
Kautzsch, AP	Die Apokryphen und Pseudepigraphen des Alten Testaments, (in deutscher Übersetzung) hg. v. E. Kautzsch, 1900 (= 1921)
KB	Keilinschriftliche Bibliothek
KBL	L. Koehler - W. Baumgartner, Lexicon in Veteris Testamenti libros, 1953
KeH	Kurzgefaßtes exegetisches Handbuch zum Alten Testament
KfS	Kölner Zeitschrift für Soziologie und Sozialpsychologie
KH	Kirchliches Handbuch für das katholische Deutschland
KHC	Kurzer Hand-Commentar zum Alten Testament, hg. v. K. Marti
KJ	Kirchliches Jahrbuch für die evangelische Kirche in Deutschland
Kittel, GVI	R. Kittel, Geschichte des Volkes Israel, Bd 1 5./6. Aufl. 1923, Bd 2 6. Aufl. 1925, Bd 3, 1.2 2. Aufl. 1927. 1929
KL	Wetzer u. Welte's Kirchenlexikon, 2. Aufl. 1882-1899
KLNM	Kulturhistoriskt Lexikon för Nordisk Medeltid, 1956ff
KlT	Kleine Texte für theologische und philologische Vorlesungen und Übungen, begr. v. H. Lietzmann, hg. v. K. Aland
KmJb	Kirchenmusikalisches Jahrbuch
KNT	Kommentar zum Neuen Testament, hg. v. Th. Zahn
KO	Kirchenordnung
Koch	E. E. Koch, Geschichte des Kirchenliedes, 3. Aufl. 1866-1887
KRA	Kirchenrechtliche Abhandlungen
Kraus	H.-J. Kraus, Geschichte der historisch-kritischen Erforschung des AT von der Reformation bis zur Gegenwart, 1956
KuD	Kerygma und Dogma
Kümmerle	Encyclopädie der evangelischen Kirchenmusik, bearb. u. hg. v. S. Kümmerle, Bd 1-4 1888-1895
Künstle I.II	K. Künstle, Ikonographie der christlichen Kunst, Bd 1. 2 1926. 1928
KVR	Kleine Vandenhoeck-Reihe
Landgraf	A. M. Landgraf, Dogmengeschichte der Frühscholastik, 1952ff
Latourette I-VII	K. S. Latourette, A History of the Expansion of Christianity, Bd 1-7 1937 bis 1945
Latourette, Gesch.	K. S. Latourette, Geschichte der Ausbreitung des Christentums, 1956 (gekürzte dt. Ausg. von Latourette I-VII)
LChW	The Lutheran Churches of the World, ed. A. R. Wentz, 1952
LD	Das Erbe deutscher Musik, hg. im Auftrag des Staatlichen Instituts für Musikforschung, 1935ff. Reihe II: Landschaftsdenkmale (vgl. RD)
van der Leeuw	G. van der Leeuw, Phänomenologie der Religion, 2. Aufl. 1956
Leiturgia	Leiturgia. Handbuch des evangelischen Gottesdienstes, 1954ff
LJ	Liturgisches Jahrbuch
Liermann	H. Liermann, Deutsches evangelisches Kirchenrecht, 1933
Lietzmann I-IV	H. Lietzmann, Geschichte der alten Kirche, Bd 1 2. Aufl. 1937 (= 3. Aufl. 1953), Bd 2-4 1936-1944 (= 2. Aufl. 1953)
LML	Luther. Mitteilungen der Luthergesellschaft
Loofs$^{4.5}$	F. Loofs, Leitfaden zum Studium der Dogmengeschichte, 4. Aufl. 1906; 5. Aufl. hg. v. K. Aland, 1950ff
Loorits	O. Loorits, Grundzüge des estnischen Volksglaubens I-III/1.2, Uppsala 1949 bis 1960
LPäd(B)	Lexikon der Pädagogik, Bern 1950-1952
LPäd(F)	Lexikon der Pädagogik, Freiburg 1952ff
LQF	Liturgiegeschichtliche Quellen und Forschungen
LR	Lutherische Rundschau
LThK	Lexikon für Theologie und Kirche, hg. v. M. Buchberger, Bd 1-10 1930-1938; LThK^2: 2. Aufl. 1957ff
LUÅ	Lunds Universitets Årsskrift
Lübker	F. Lübker, Reallexikon des klassischen Altertums. 8. Aufl. 1914
LuJ	Luther-Jahrbuch
LuM	Liturgie und Mönchtum
Luthertum	Luthertum (= NF der Neuen kirchlichen Zeitschrift; 45-53, 1934-1942)
Luthertum	Luthertum. Eine Schriftenreihe, 1951ff
LZ	Literarisches Zentralblatt
MAA	Medede(e)lingen der koninklijke nederlands(ch)e Akademie van Wetenschappen. Amsterdam
MAB	Mémoires de l'Académie Royale de Langue et de Littérature Française de Belgique. Bruxelles
MAMA	Monumenta Asiae Minoris Antiqua
Manitius	M. Manitius, Geschichte der lateinischen Literatur des Mittelalters, 1911-1931
Mansi	J. D. Mansi, Sacrorum conciliorum nova

et amplissima collectio, Bd 1–31 1759 bis 1798, Neudr. u. Forts. 1900ff
MAOG Mitteilungen der Altorientalischen Gesellschaft
MAR The Mythology of All Races, ed. L. H. Gray, Bd 1–12 1916–1931
MDAI Mitteilungen des Deutschen Archäologischen Instituts
MdKI Materialdienst des Konfessionskundlichen Instituts
MDOG Mitteilungen der Deutschen Orientgesellschaft
MeyerG E. Meyer, Geschichte des Altertums*)
MeyerK Kritisch-exegetischer Kommentar über das Neue Testament, begr. v. H. A. W. Meyer
Mf Die Musikforschung
MfM Monatshefte für Musikgeschichte
MG Monumenta Germaniae historica
MG AA MG Auctores antiquissimi
MG DD MG Diplomata
MG Epp MG Epistulae
MG SS MG Scriptores
MG PL MG Poetae Latinae
MGG Die Musik in Geschichte und Gegenwart, 1949ff
MGkK Monatsschrift für Gottesdienst und kirchliche Kunst
MGWJ Monatsschrift für Geschichte und Wissenschaft des Judentums
MIÖG Mitteilungen des Instituts für österreichische Geschichtsforschung
MIOr Mitteilungen des Instituts für Orientforschung
Mirbt C. Mirbt, Quellen zur Geschichte des Papsttums und des römischen Katholizismus, 4. Aufl. 1924 (= 5. Aufl. 1934)
MkPr Monatsschrift für kirchliche Praxis
MNDPV Mitteilungen und Nachrichten des Deutschen Palästinavereins
MO Le Monde Oriental
Moffatt, NTC The Moffatt New Testament Commentary
Moser H. J. Moser, Musiklexikon, 1951[3]
Mowinckel I–VI S. Mowinckel, Psalmenstudien I–VI, 1921 bis 1924
MPG J. P. Migne, Patrologiae cursus completus, series Graeca
MPL J. P. Migne, Patrologiae cursus completus, series Latina
MPTh Monatsschrift für Pastoraltheologie
MR Mythes et Religions
MS Mediaeval Studies
MSR Mélanges de Science Religieuse
MThS Münchener Theologische Studien
MThZ Münchener Theologische Zeitschrift
MuK Musik und Kirche
Mulert-Schott H. Mulert – E. Schott, Konfessionskunde. Die christlichen Kirchen und Sekten heute, 3. Aufl. 1956
Muséon Le Muséon. Revue d'Études Orientales
MV(Ä)G Mitteilungen der Vorderasiatisch(-Ägyptisch)en Gesellschaft
NA Neues Archiv der Gesellschaft für ältere deutsche Geschichtskunde
NAG Nachrichten von der (ab 1945: der) Akademie der Wissenschaften in Göttingen (bis 1940: NGG)
NAKG Nederlandsch Archief voor Kerkgeschiedenis
NAMZ Neue Allgemeine Missionszeitschrift
NBD Nuntiaturberichte aus Deutschland, ed. W. Friedensburg
NBL Norsk Biografisk Leksikon, bisher 13 Bde, 1921/23ff
NC La Nouvelle Clio
NDB Neue Deutsche Biographie, 1953ff
NedThT Nederlands Theologisch Tijdschrift
Nelle W. Nelle, Geschichte des deutschen evangelischen Kirchenliedes, 3. Aufl. 1928
NGG Nachrichten von der Gesellschaft der Wissenschaften zu Göttingen (ab 1941: NAG)
Niesel, BS Bekenntnisschriften und Kirchenordnungen der nach Gottes Wort reformierten Kirche, hg. v. W. Niesel, 1938 (= 3. Aufl. o. J.)
Niesel, Symb W. Niesel, Das Evangelium und die Kirchen. Ein Lehrbuch der Symbolik, 2. Aufl. 1960
Nilsson M. P. Nilsson, Geschichte der griechischen Religion (HAW V/2), Bd I. II, 1955/1961[2]
NKZ Neue kirchliche Zeitschrift
NNBW Nieuw Nederlandsch Biographisch Woordenboek, uitg. door P. C. Molhuysen e. a., 10 Bde 1911–1933
Noth, GI M. Noth, Geschichte Israels, 3. Aufl. 1956 (= 2. Aufl. 1954)
Noth, Pers M. Noth, Die israelitischen Personennamen im Rahmen der gemein-semitischen Namengebung (BWANT III, 10), 1928
Noth, ÜPent M. Noth, Überlieferungsgeschichte des Pentateuch, 1948
Noth, ÜSt M. Noth, Überlieferungsgeschichtliche Studien I. Die sammelnden und bearbeitenden Geschichtswerke im Alten Testament (SGK 18, 2), 1943
Noth, WAT M. Noth, Die Welt des Alten Testamentes, 2. Aufl. 1953; Noth, WAT[3]: 3. Aufl. 1957
NovTest Novum Testamentum. An international quarterly for New Testament and related studies
NRTh Nouvelle Revue Théologique
NSNU Nuntius Sodalicii Neotestamentici Upsaliensis
NSR Neue Schweizer Rundschau
NTA Neutestamentliche Abhandlungen
NTD Das Neue Testament Deutsch (Neues Göttinger Bibelwerk), hg. v. P. Althaus u. J. Behm
NThS Nieuwe Theologische Studiën
NThT Nieuw Theologisch Tijdschrift
NTL Norsk Teologisk Leksikon
NTS New Testament Studies
NTT Norsk Teologisk Tidsskrift
NTU Nordisk Teologisk Uppslagsbok, 1948 bis 1956
Numen Numen. International Review for the History of Religions
NZM Neue Zeitschrift für Missionswissenschaft
NZSTh Neue Zeitschrift für systematische Theologie
ODCC Oxford Dictionary of the Christian Church, ed. F. L. Cross, 1957
ÖP Ökumenische Profile
ÖR Ökumenische Rundschau
OLZ Orientalistische Literaturzeitung

Or	Orientalia. Commentarii periodici Pontificii Instituti Biblici
OrChr	Oriens Christianus
OrChrP	Orientalia Christiana periodica
OTS	Oudtestamentische Studiën
PädLex	Pädagogisches Lexikon, hg. v. H. Schwartz, 1928–1931
PäM	Publikationen älterer Musik
Paideuma	Paideuma. Mitteilungen zur Kulturkunde
PalMus	Paléographie Musicale
v. Pastor	L. v. Pastor, Geschichte der Päpste*)
PBl	Pastoralblätter
PEFQSt	Palestine Exploration Fund Quarterly Statement
PEQ	Palestine Exploration Quarterly
PGfM	Publikation älterer praktischer und theoretischer Musikwerke, hg. v. der Gesellschaft für Musikforschung, Bd 1–29 1873–1905
PhG	Philosophie und Geschichte. Eine Sammlung von Vorträgen und Schriften aus dem Gebiet der Philosophie und Geschichte
PhJ	Philosophisches Jahrbuch
Philologus	Philologus. Zeitschrift für das klassische Altertum
PhLA	Philosophischer Literaturanzeiger
PhR	Philosophische Rundschau
PJ	Palästinajahrbuch
Plöchl	W. Plöchl, Geschichte des Kirchenrechts, Bd 1–3 1953–1959
PO	Patrologia Orientalis
Potthast B	A. Potthast, Bibliotheca historica medii aevi, 2. Aufl. 1896
Potthast R	A. Potthast, Regesta Pontificum Romanorum inde ab a. 1198 ad a. 1304, Bd 1. 2 1873/75; seit 1911 in Paris
PrBl	Protestantenblatt
PrJ	Preußische Jahrbücher
PrM	Protestantische Monatshefte
Proph.	Prophezei. Schweizerisches Bibelwerk für die Gemeinde
Prümm	K. Prümm, Religionsgeschichtliches Handbuch für den Raum der altchristlichen Welt, 1943 (Neudr. 1954)
PS	Patrologia Syriaca
PsR	Psychologische Rundschau
PW	A. Pauly - G. Wissowa, Real-Encyclopädie der klassischen Altertumswissenschaft, NB 1894ff
QDAJ	The Quarterly of the Department of Antiquities in Jordanie
QDAP	The Quarterly of the Department of Antiquities in Palestine
QFIAB	Quellen und Forschungen aus italienischen Archiven und Bibliotheken
QFRG	Quellen und Forschungen zur Reformationsgeschichte
QKK	Quellen zur Konfessionskunde
QRG	Quellen zur Religionsgeschichte
Quasten	J. Quasten, Patrology, Vol. 1–3 1950–60
RA	Revue d'Assyriologie et d'Archéologie Orientale
RAC	Reallexikon für Antike und Christentum, hg. v. Th. Klauser, 1941ff
RÄRG	H. Bonnet, Reallexikon der ägyptischen Religionsgeschichte, 1953
RB	Revue Biblique
RBén	Revue Bénédictine
RD	Das Erbe deutscher Musik, hg. im Auftrag des Staatlichen Instituts für Musikforschung, 1935ff. Reihe I: Reichsdenkmale (vgl. LD)
RdE	Revue d'Égyptologie
RDK	Reallexikon zur deutschen Kunstgeschichte, begonnen v. O. Schmitt, hg. v. E. Gall u. L. H. Heydenreich, 1937ff
RDL	Reallexikon der deutschen Literaturgeschichte, hg. v. P. Merker u. W. Stammler, 1925–1931 (RDL^2: 2. Aufl. neu bearb. u. hg. v. W. Kohlschmidt u. W. Mohr, 1955ff)
RE	Realencyklopädie für protestantische Theologie und Kirche, 3. Aufl. 1896 bis 1913
REByz	Revue des Études Byzantines
RechSR	Recherches de Science Religieuse
REG	Revue des Études Grecques
REI	Revue des Études Islamiques
REJ	Revue des Études Juives
RepBibl	F. Stegmüller, Repertorium Biblicum Medii Aevi, Bd 1–5 1950–1955
RepGerm	Repertorium Germanicum, 1916–1943
RES	Revue des Études Sémitiques
RevArch	Revue Archéologique
RevHist	Revue Historique
RevSR	Revue des Sciences Religieuses
RG	Religion und Geisteskultur
RGA	Reallexikon der germanischen Altertumskunde, hg. v. J. Hoops, 1911–1919
RGG$^{1.2}$	Die Religion in Geschichte und Gegenwart, 1. Aufl. 1909–1913, 2. Aufl. 1927 bis 1932
RGL	Religionsgeschichtliches Lesebuch, hg. v. A. Bertholet, 2. Aufl. 1926ff
RGST	Reformationsgeschichtliche Studien und Texte
RHE	Revue d'Histoire Ecclésiastique
RheinMus	Rheinisches Museum für Philologie
RHPhR	Revue d'Histoire et de Philosophie Religieuses
RHR	Revue de l'Histoire des Religions
RIA	O. Schrader, Reallexikon der indogermanischen Altertumskunde, 2. Aufl. hg. v. A. Nehring, 1917–1923
Richter-Dove-Kahl	E. L. Richter - R. W. Dove - W. Kahl, Lehrbuch des katholischen und evangelischen Kirchenrechts, 8. Aufl. 1886
Rießler	P. Rießler, Altjüdisches Schrifttum außerhalb der Bibel, 1928
Rietschel-Graff	G. Rietschel, Lehrbuch der Liturgik, 2. Aufl. hg. v. O. Graff, 1951f
RIPh	Revue Internationale de Philosophie
RITh	Revue Internationale de Théologie
RitRom	Rituale Romanum
Ritschl I–IV	O. Ritschl, Dogmengeschichte des Protestantismus, Bd 1–4 1908–1924
RivAC	Rivista di Archeologia Cristiana
RKZ	Reformierte Kirchenzeitung
RLA	Reallexikon der Assyriologie, hg. v. E. Ebeling u. B. Meißner, 1932ff
RLV	Reallexikon der Vorgeschichte, hg. v. M. Ebert, 1924–1932
RM	Römische Mitteilungen des Deutschen Archäologischen Instituts
RMAL	Revue du Moyen-Âge Latin
RoB	Religion och Bibel, Nathan Söderblom-sällskapets årsbok
ROC	Revue de l'Orient Chrétien
Roscher	Ausführliches Lexikon der griechischen

	und römischen Mythologie, hg. v. H.W. Roscher, 1884-1937
Rouse-Neill	R.Rouse-S.C.Neill, Geschichte der Ökumenischen Bewegung 1517-1948, Bd 1. 2 1957/58
RQ	Römische Quartalschrift für christliche Altertumskunde und für Kirchengeschichte
RQuH	Revue des Questions Historiques
RR	Review of Religion
RSF	Rivista di Storia della Filosofia
RSPhTh	Revue des Sciences Philosophiques et Théologiques
RThAM	Recherches de Théologie Ancienne et Médiévale
RThom	Revue Thomiste
RThPh	Revue de Théologie et de Philosophie
RV	Religionsgeschichtliche Volksbücher
RVV	Religionsgeschichtliche Versuche und Vorarbeiten
SAB	Sitzungsberichte der Deutschen (bis 1944: Preußischen) Akademie der Wissenschaften zu Berlin
Saeculum	Saeculum. Jahrb. für Universalgeschichte
SAH	Sitzungsberichte der Heidelberger Akademie der Wissenschaften. Heidelberg
SAM	Sitzungsberichte der Bayerischen Akademie der Wissenschaften. München
SAT	Die Schriften des Alten Testaments in Auswahl übers. u. erkl. v. H.Gunkel u. a., 2.Aufl. 1920-1925
SAW	Sitzungsberichte der (ab 225, 1, 1947: Österreichischen) Akademie der Wissenschaften in Wien
SBB	Soncino Books of the Bible, ed. A.Cohen
SBE	The Sacred Books of the East, ed. F. M. Müller, 1879-1910
SBOT	The Sacred Books of the Old Testament, ed. P. Haupt
SBU	Svenskt Bibliskt Uppslagsverk, hg. v. I.Engnell u. A.Fridrichsen, 1948-1952
SC	Sources Chrétiennes. Collection dirigée par H.Lubac et J.Daniélou, 1943ff
Schl.	Bibliographie zur deutschen Geschichte im Zeitalter der Glaubensspaltung 1517-1585, hg. v. K. Schottenloher, 1933-1940 (= 2., unv. Aufl. 1956ff)
SchmJb	Schmollers Jahrbuch für Gesetzgebung, Verwaltung und Volkswirtschaft
Schol.	Scholastik. Vierteljahresschrift für Theologie und Philosophie
Schürer	E.Schürer, Geschichte des jüdischen Volkes im Zeitalter Jesu Christi, Bd 1 3./4.Aufl. 1901, Bd 2.3 4.Aufl. 1907.1909
SD	Solida Declaratio
SDF	Funk & Wagnalls Standard Dictionary of Folklore, Mythology and Legend, 2 Bde 1949f
SDGSTh	Studien zur Dogmengeschichte und systematischen Theologie
SE	Sacris Erudiri. Jaarboek voor Godsdienstwetenschapen
SEÅ	Svensk Exegetisk Årsbok
Seeberg, DG	R.Seeberg, Lehrbuch der Dogmengeschichte, Bd 1.2 3.Aufl. 1922f, Bd 3. 4,1 4.Aufl. 1930. 1933, Bd 4,2 2.Aufl. 1920 (Bd 1-4 Neudr. 1953)
Sehling	E.Sehling, Die evangelischen Kirchenordnungen der Reformationszeit, Bd 1 bis 5 1902-1913, Bd 6,1ff 1955ff
Semitica	Semitica. Cahiers publiées par l'Institut d'Études Sémitiques de l'Université de Paris
Seppelt	F.X.Seppelt, Geschichte der Päpste von den Anfängen bis zur Mitte des 20.Jh.s*)
SFThL	Schriften der Finnischen Theologischen Literaturgesellschaft
SG	Sammlung Göschen
SGK	Schriften der Königsberger Gelehrten Gesellschaft. Königsberg
SgV	Sammlung gemeinverständlicher Vorträge und Schriften aus dem Gebiet der Theologie und Religionsgeschichte
SHVL	Skrifter utgivna av Kungl. Humanistiska Vetenskapssamfundet i Lund
SIMG	Sammelbände der Internationalen Musikgesellschaft
SJTh	The Scottish Journal of Theology
SKZ	Schweizerische Kirchenzeitung
SMSR	Studi e Materiali di Storia delle Religioni
SNT	Die Schriften des Neuen Testaments übers. u. erkl. v. J.Weiß u.a., 3.Aufl. 1917
SNVAO	Skrifter utgitt av Det Norske Videnskaps-Akademie i Oslo
SO	Symbolae Osloenses
SQS	Sammlung ausgewählter kirchen- und dogmengeschichtlicher Quellenschriften
ST	Sammlung Töpelmann (Die Theologie im Abriß)
Stählin	O.Stählin, Die altchristliche griechische Literatur (= Geschichte der griechischen Literatur, hg. v. W. v. Christ, Bd II, 2 6.Aufl. 1924)
StC	Studia Catholica
StD	Studies and Documents
Stephan-Schmidt	H. Stephan, Geschichte der deutschen evangelischen Theologie seit dem deutschen Idealismus, 2. Aufl. von M. Schmidt, 1960
StGB	Strafgesetzbuch
SThKAB	Schriften des Theologischen Konvents Augsburgischen Bekenntnisses
SThZ	Schweizerische Theologische Zeitschrift
StL	Staatslexikon, hg. v. H.Sacher, 5. Aufl. 1926-1932; StL^{6}: 6.Aufl. 1957ff
StML	Stimmen aus Maria-Laach
StMw	Studien zur Musikwissenschaft. Beihefte der Denkmäler der Tonkunst in Österreich
StOr	Studia Orientalia
StPO	Strafprozeßordnung
Strack, Einl.	H.L.Strack, Einleitung in Talmud und Midraš, 5.Aufl. 1921
Strieder	F.W. Strieder, Grundlage zu einer hessischen Gelehrten- und Schriftstellergeschichte, Bd 1-21 1781-1861
StRo	Studi Romani
StrThS	Straßburger Theologische Studien
StT	Studi e Testi
StTh	Studia Theologica
Stutz	U.Stutz, Kirchenrecht (Enzyklopädie der Rechtswissenschaft Bd 5), 1914
StZ	Stimen der Zeit
Sukenik, DSS	E.L.Sukenik, The Dead Sea Scrolls of the Hebrew University, Jerusalem 1955 (engl. Ausg. von ʿÔṣār hämm^{e}gîllôt hägg^{e}nûzôt šæbbîdê ha'ûnîbersîṭā ha-ʿibrît [Der Schatz der verborgenen Handschriften im Besitz der hebräischen Universität], 1954)

SVRG	Schriften des Vereins für Reformationsgeschichte
SVSL	Skrifter utgivna av Vetenskaps-Societeten i Lund
SvTK	Svensk Teologisk Kvartalskrift
SyBU	Symbolae Biblicae Upsalienses
Syria	Syria. Revue d'art orientale et d'archéologie
TCERK	Twentieth Century Encyclopedia of Religious Knowledge, 2 Bde 1955
TeU	Tekst en Uitleg
TGI	K. Galling, Textbuch zur Geschichte Israels, 1950
ThA	Theologische Arbeiten
ThAthen	ΘΕΟΛΟΓΙΑ (Theologia), Athen
ThB	Theologische Bücherei
ThBl	Theologische Blätter
Theophaneia	Theophaneia. Beiträge zur Religions- und Kirchengeschichte des Altertums
ThEx	Theologische Existenz heute
ThF	Theologische Forschung. Wissenschaftliche Beiträge zur kirchlich-evangelischen Lehre
ThFenn	Theologia Fennica
ThGl	Theologie und Glaube
ThHK	Theologischer Handkommentar zum Neuen Testament
Thielicke, ThE	H. Thielicke, Theologische Ethik, Bd 1 2. Aufl. 1958, Bd 2, 1.2 1955/58
ThLBl	Theologisches Literaturblatt
ThLZ	Theologische Literaturzeitung
Thompson	S. Thompson, Motif-Index of Folk-Literature, Bd 1-6 1955-1958
ThPQ	Theologisch-praktische Quartalschrift
ThQ	Theologische Quartalschrift
ThR	Theologische Rundschau
ThRv	Theologische Revue
ThSt	Theological Studies
ThSt(B)	Theologische Studien, hg. v. K. Barth
ThStKr	Theologische Studien und Kritiken
ThT	Theologisch Tijdschrift
ThToday	Theology Today
ThViat	Theologia Viatorum. Jahrbuch der Kirchlichen Hochschule Berlin
ThW	Theologisches Wörterbuch zum Neuen Testament, begr. v. G. Kittel, hg. v. G. Friedrich, 1933ff
ThZ	Theologische Zeitschrift
TPh	Tijdschrift voor Philosophie
Trausch-Schuller	J. Trausch - F. Schuller, Schriftsteller-Lexikon der Siebenbürger Deutschen, Bd 1-4 1868-1902
TSt	Texts and Studies
TT	Teologisk Tidsskrift
TThS	Trierer Theologische Studien
TThZ	Trierer Theologische Zeitschrift
TU	Texte und Untersuchungen zur Geschichte der altchristlichen Literatur
UdG	W. Schmidt, Der Ursprung der Gottesidee, Bd 1-12 1912-1955; Bd 1 2. Aufl. 1926
Ü	F. Überweg, Grundriß der Geschichte der Philosophie, 12. Aufl. 1923-1951
UJE	The Universal Jewish Encyclopedia, ed. L. Landman, 1948
UNT	Untersuchungen zum Neuen Testament
UUÅ	Uppsala Universitets Årsskrift
VAA	Verhandelingen der koninklijke (ab NR 40, 1938: nederlands[ch]e) Akademie van Wetenschappen. Amsterdam
VAB	Vorderasiatische Bibliothek
VC	Verbum Caro
VD	Verbum Domini
VEGL	Veröffentlichungen der Evangelischen Gesellschaft für Liturgieforschung
VerfLex	Die deutsche Literatur des Mittelalters. Verfasserlexikon. Begr. v. W. Stammler, hg. v. K. Langosch
VF	Verkündigung und Forschung
VfM	Vierteljahresschrift für Musikwissenschaft
VigChr	Vigiliae Christianae
VSB	Vies des Saints et des Bienheureux selon d'ordre du Calendrier avec l'historique des Fêtes, Bd 1-11 1935-1954 (Bd 12 folgt)
VSWG	Vierteljahrsschrift für Sozial- und Wirtschaftsgeschichte
VT	Vetus Testamentum
WA	M. Luther, Werke. Kritische Gesamtausgabe (»Weimarer Ausgabe«), 1883ff
WAB	M. Luther, Werke. Kritische Gesamtausgabe. Briefwechsel, 1930ff
Wach, Relsoz.	J. Wach, Religionssoziologie (nach der 4. [engl.] Aufl. übers.), 1951
Wach, Types	J. Wach, Types of religious experience, Christian and non-Christian, 1951
Wackernagel	Ph. Wackernagel, Das deutsche Kirchenlied von der ältesten Zeit bis zu Anfang des 17. Jh.s, Bd 1-5 1864-1877
WADB	M. Luther, Werke. Kritische Gesamtausgabe. Die Deutsche Bibel, 1906ff
WATR	M. Luther, Werke. Kritische Gesamtausgabe. Tischreden, 1912ff
Wattenbach	W. Wattenbach, Deutschlands Geschichtsquellen im Mittelalter bis zur Mitte des 13. Jh.s, Bd I 7. Aufl. 1904, Bd II 6. Aufl. 1894
Wattenbach-Holtzmann	W. Wattenbach, Deutschlands Geschichtsquellen im Mittelalter. Deutsche Kaiserzeit, hg. v. R. Holtzmann, Bd I, 1-4 2. Aufl. 1938-1943 (3., unv. Aufl. 1948)
Wattenbach-Levison	W. Wattenbach, Deutschlands Geschichtsquellen im Mittelalter. Vorzeit und Karolinger, bearb. v. W. Levison. H. 1 Die Vorzeit von den Anfängen bis zur Herrschaft der Karolinger, 1952; H. 2 Die Karolinger vom Anfang des 8. Jh.s bis zum Tode Karls d. Gr., bearb. v. W. Levison u. H. Löwe, 1953; H. 3 Die Karolinger nach dem Tode Karls d. Gr., bearb. v. H. Löwe, 1957; Beiheft: R. Buchner, Die Rechtsquellen, 1953
Watterich	J. M. Watterich, Pontificum Romanorum qui fuerunt inde ab exeunte saec. IX usque ad finem saec. XIII vitae, Bd 1. 2 1862
WBKL	Wiener Beiträge zur Kulturgeschichte und Linguistik
WC	Westminster Commentaries
WChH	World Christian Handbook, ed. E. J. Bingle and K. G. Grubb, 1952
WES	The Wisdom of the East Series
WI	Welt des Islams
Will	G. A. Will, Nürnbergisches Gelehrten-Lexikon, fortges. v. Chr. C. Nopitsch, Bd 1-4 1802-1808
v. Winterfeld	K. v. Winterfeld, Der evangelische Kirchengesang und sein Verhältnis zur Kunst des Tonsatzes, 1843-1847
WKL	Weltkirchenlexikon. Handbuch der Öku-

	mene, hg. v. F.H.Littell u. H.H.Walz, 1960
WM	U.v.Wilamowitz-Moellendorf, Der Glaube der Hellenen, 1931f (2., unv. Aufl. 1955)
WO	Die Welt des Orients
Wolf, QK	G. Wolf, Quellenkunde der deutschen Reformationsgeschichte, Bd 1-3 1915-1923
WRV	Weimarer Reichsverfassung
WuD	Wort und Dienst. Jahrbuch der Theologischen Schule Bethel
WUNT	Wissenschaftliche Untersuchungen zum Neuen Testament
WuT	Wort und Tat
WVDOG	Wissenschaftliche Veröffentlichungen der Deutschen Orientgesellschaft
WZ	Wissenschaftliche Zeitschrift (folgt jeweils der Name der Stadt einer mitteldeutschen Universität)
WZKM	Wiener Zeitschrift für die Kunde des Morgenlandes
YJS	Yale Judaica Series
ZA	Zeitschrift für Assyriologie und verwandte Gebiete
ZÄS	Zeitschrift für Ägyptische Sprache und Altertumskunde
ZAGV	Zeitschrift des Aachener Geschichtsvereins
Zahn	J. Zahn, Die Melodien der deutschen evangelischen Kirchenlieder, Bd 1-6 1889-1893
ZAM	Zeitschrift für Aszese und Mystik
ZAW	Zeitschrift für die alttestamentliche Wissenschaft
ZBG	Zeitschrift für Brüdergeschichte
ZBKG	Zeitschrift für bayerische Kirchengeschichte
ZDMG	Zeitschrift der deutschen Morgenländischen Gesellschaft
ZDPV	Zeitschrift des Deutschen Palästinavereins
ZdZ	Zeichen der Zeit
ZE	Zeitschrift für Ethnologie
ZEE	Zeitschrift für evangelische Ethik
ZevKM	Zeitschrift für evangelische Kirchenmusik
ZevKR	Zeitschrift für evangelisches Kirchenrecht
ZfM	Zeitschrift für Musik
ZfMw	Zeitschrift für Musikwissenschaft
ZgesStW	Zeitschrift für die gesamte Staatswissenschaft
ZGNKG	Zeitschrift der Gesellschaft für niedersächsische Kirchengeschichte (seit 46, 1941: JGNKG)
ZHTh	Zeitschrift für historische Theologie
ZIMG	Zeitschrift der Internationalen Musikgesellschaft
ZKG	Zeitschrift für Kirchengeschichte
ZKGPrSa	Zeitschrift des Vereins für Kirchengeschichte der Provinz Sachsen (ab 25, 1929: und des Freistaates Anhalt)
ZKTh	Zeitschrift für katholische Theologie
ZLThK	Zeitschrift für lutherische Theologie und Kirche
ZM	Zeitschrift für Missionswissenschaft (ab 34, 1950:) und Religionswissenschaft (28 bis 32, 1938-1941 und 1947/48 unter dem Titel: Missionswissenschaft und Religionswissenschaft)
ZMP	Zeitschrift des Moskauer Patriarchats
ZMR	Zeitschrift für Missionskunde und Religionswissenschaft
ZNW	Zeitschrift für die neutestamentliche Wissenschaft und die Kunde der älteren Kirche
ZP	Zeitschrift für Pädagogik
ZPhF	Zeitschrift für philosophische Forschung
ZprTh	Zeitschrift für praktische Theologie
ZRGG	Zeitschrift für Religions- und Geistesgeschichte
ZS	Zeitschrift für Semitistik
ZSavRG	Zeitschrift der Savigny-Stiftung für Rechtsgeschichte
ZSKG	Zeitschrift für Schweizerische Kirchengeschichte
ZSlPh	Zeitschrift für slavische Philologie
ZSTh	Zeitschrift für systematische Theologie
ZThK	Zeitschrift für Theologie und Kirche
ZvSp	Zeitschrift für vergleichende Sprachforschung
ZVK	Zeitschrift für Volkskunde
ZVThG	Zeitschrift des Vereins für thüringische Geschichte und Altertumskunde
ZW	Zeitwende
ZWL	Zeitschrift für kirchliche Wissenschaft und kirchliches Leben
ZWTh	Zeitschrift für wissenschaftliche Theologie
ZZ	Zwischen den Zeiten

Bemerkungen:

1. Die einzelnen Bände der mit *) bezeichneten Werke sind jeweils nach der neuesten Auflage zitiert, wobei diese, sofern es nicht die erste ist, durch eine kleine, hochgestellte Zahl hinter der Bandnummer angegeben ist.
2. Von den Veröffentlichungen der Akademien usw ist, wenn nichts anderes angegeben ist, jeweils die philosophisch-historische oder eine entsprechende Klasse zitiert.

III. ALLGEMEINE ABKÜRZUNGEN

aaO	am angegebenen Ort
Abb.	Abbildung
Abdr.	Abdruck
abgedr.	abgedruckt
Abh.	Abhandlung(en)
Abk.	Abkürzung
Abs.	Absatz
Abt.	Abteilung
ägypt.	ägyptisch
äthiop.	äthiopisch
akkad.	akkadisch
allg.	allgemein
Ang.	Angabe
Anm.	Anmerkung
Art.	Artikel
arab.	arabisch
aram.	aramäisch
armen.	armenisch
AT	Altes Testament (Ancient Testament)
at.	alttestamentlich
Aufl.	Auflage
Ausg.	Ausgabe

Ausw.	Auswahl
Bd, Bde	Band, Bände
bearb.	bearbeitet
begr.	begründet
Beitr.	Beitrag (Beiträge)
bes.	besonders
betr.	betreffend
Bh.	Beiheft
Bibliogr.	Bibliographie
BRD	Bundesrepublik Deutschland
Bull.	Bulletin
bzw.	beziehungsweise
c.	Kapitel
ca	circa
cf.	confer
d.Ä.	der Ältere
DDR	Deutsche Demokratische Republik
DEK	Deutsche Evangelische Kirche
ders.	derselbe
DG	Dogmengeschichte
DGB	Deutscher Gewerkschaftsbund
dgl.	dergleichen
d.Gr.	der Große
dh	das heißt
d.i.	das ist
d.J.	der Jüngere
Dict.	Dictionary, Dictionnaire
dies.	dieselbe(n)
Diss.	Dissertation
Doz.	Dozent
dt.	deutsch
ebd	ebenda
ed.	edito, edidit, ediert von, edited by
ehem.	ehemalig usw
Einl.	Einleitung
EinlAT	Einleitung in das AT
EinlNT	Einleitung in das NT
EKD	Evangelische Kirche in Deutschland
EKU	Evangelische Kirche der Union
erg.	ergänzt
ErgBd	Ergänzungsband
ErgH.	Ergänzungsheft
erkl.	erklärt
etc	etcetera
ev.	evangelisch
evtl	eventuell
Expl.	Exemplar
f	folgende(s) Seite, Jahr
ff	folgende Seiten, Jahre
Festg.	Festgabe
Festschr.	Festschrift
Forts.	Fortsetzung
GA	Gesamtausgabe
*	geboren
gedr.	gedruckt
gef.	gefallen
gegr.	gegründet
GesW	Gesammelte Werke
Gesch.	Geschichte
†	gestorben
griech.	griechisch
H.	Heft
Hbd	Halbband
Hdb.	Handbuch
hebr.	hebräisch
hl.	heilig
hg.v.	herausgegeben von
Hg.	Herausgeber
Hs., Hss.	Handschrift(en)
HWB	Handwörterbuch
i.J.	im Jahr
Jb.	Jahrbuch
Jh.	Jahrhundert
Jt.	Jahrtausend
jüd.	jüdisch
kath.	katholisch
KG	Kirchengeschichte
kopt.	koptisch
lat.	lateinisch
Lfg.	Lieferung
Lit.	Literatur
luth.	lutherisch
LXX	Septuaginta
MA	Mittelalter (Middle Ages, Moyen Âge)
Masch.	Maschinenschrift
m.a.W.	mit anderen Worten
Mikr.	Mikrokopie
Mitt.	Mitteilung(en)
Ms., Mss.	Manuskript(e)
Mon. Ser.	Monograph Series
MT	Masoretischer Text
Nachdr.	Nachdruck
NB (in Literaturangaben)	Neue Bearbeitung
nChr	nach Christus
Neudr.	Neudruck
NF	Neue Folge
nouv. éd.	nouvelle édition
NR	Neue Reihe
NS	New Series (Nuova Serie)
NT	Neues Testament (New Testament, Nouveau Testament)
nt.	neutestamentlich
o.ä.	oder ähnlich(es)
o.J.	ohne Jahr(esangabe)
o.O.	ohne Ort(sangabe)
orth.	orthodox
OT	Old Testament (Oude Testament)
par	und Parallelstellen
PDoz.	Privatdozent
Prof.	Professor
prot.	protestantisch
publ.	publié
Qu.	Quellen
rd	rund
rabb.	rabbinisch
ref.	reformiert
RAG	Reichsarbeitsgericht
Reg.	Register
RegBd	Registerband
röm.	römisch
s.	siehe
S.	Seite
sc.	scilicet
sel.	selig
slaw.	slawisch
s.o.	siehe oben
s.u.	siehe unten
sog.	sogenannt
Sp.	Spalte
Sup.	Superintendent
ss	sequentes
Suppl.	Supplement
s.v.	sub voce
syr.	syrisch
sZ	seiner Zeit
t.	tome
Theol.	Theologe, Theologie
TheolAT	Theologie des AT
TheolNT	Theologie des NT

transl.	translated
u.a.	und andere, unter anderem
u.ä.	und ähnliche(s)
u.a.m.	und andere(s) mehr
u.dgl.	und dergleichen
u.E.	unseres Erachtens
übers.	übersetzt
Übers.	Übersetzung
Unters.(en)	Untersuchung(en)
unv.	unverändert
u.ö.	und öfters
usw	und so weiter
u.U.	unter Umständen
v.	von
V.	Vers
vChr	vor Christus
VELKD	Vereinigte Evangelisch-Lutherische Kirche Deutschlands
verb.	verbessert
Verz.	Verzeichnis
vgl.	vergleiche
Vol.	Volume
Vulg.	Vulgata
WB	Wörterbuch
Z.	Zeile
zB	zum Beispiel
Zs.,Zeitschr.	Zeitschrift
zSt	zur Stelle
zT	zum Teil
zZ	zur Zeit

VERZEICHNIS DER KARTEN ZUM FÜNFTEN BAND

ES WURDEN AUSGEGEBEN:

86./87. Lieferung am 31. Januar 1961
88./89. Lieferung am 17. März 1961
90./91. Lieferung am 25. April 1961
92./94. Lieferung am 31. Mai 1961
95./96. Lieferung am 29. Juni 1961
97./98. Lieferung am 27. Juli 1961
99./100. Lieferung am 31. Oktober 1961
101./104. Lieferung am 29. November 1961

V. Band am 11. Dezember 1961

BENUTZUNGSHINWEISE

Alphabetische Ordnung der Stichwörter:

Die Stichwörter sind in alphabetischer Reihenfolge geordnet. Dabei ist

j = i; ä = ae; ö = oe; ü = ue; ß = ss.

Mittelalterliche Personennamen, die außer dem Vornamen nur eine Herkunftsbezeichnung oder einen Beinamen enthalten, stehen unter dem jeweiligen Vornamen: zB »Petrus von Ailli« unter »Petrus«. Eine Ausnahme bilden die Personennamen mit Familiennamen: zB »Bartholomäus Arnoldi von Usingen« unter »Arnoldi«. Bei Ausnahmen und in Zweifelsfällen, insbesondere dort, wo von der alphabetischen Einordnung der vorigen Auflage der RGG abgewichen wurde, erleichtert ein Verweisstichwort das Auffinden des Artikels: »Capistrano, Johann von → Johannes von Capistrano«.

Der Artikel von Familiennamen germanischer Sprachen wird nicht berücksichtigt, bei Namen aus romanischen Sprachen dagegen zum Familiennamen gezogen: »Antoine de la Faye« unter »La Faye, Antoine de«.

Die Abkürzung »St.« wird wie das ausgeschriebene Wort eingeordnet:

St. Andrews unter Saint Andrews
St. Gallen unter Sankt Gallen.

Durch Bindestrich verbundene Wörter zählen als *ein* Wort:
Evangelisch-Johannische Kirche nach Evangelischer Bund.

Lateinische Präpositionen und das nachfolgende Substantiv werden als *ein* Wort gewertet:

a priori nach Apringius
de tempore nach Deszendenztheorie
in partibus infidelium nach Innungen.

Verweise:

Verweise auf einen anderen Artikel (Verweiszeichen: →) weisen darauf hin, daß dort der betr. Stoff behandelt ist oder daß sich dort ergänzendes Material findet.

Sofern Verwechslungen ausgeschlossen sind, wird bei Verweisen das Stichwort, auf das hingewiesen werden soll, gekürzt; zB: → Apriorismus (statt: → Apriorismus und Empirismus).

Wichtigen geographischen Namen wird ein Hinweis auf eine Karte beigefügt, auf der sich der Name findet: »...Memphis (→ 1 C 2)« verweist auf das Planquadrat C 2 der Karte 1: Ägypten (s. u.: Karten).

Abkürzungen:

Innerhalb eines Artikels wird das jeweilige Stichwort abgekürzt, häufig auch das dazugehörige Adjektiv. Notfalls ist die jeweilige Abkürzung am Anfang des Artikels erklärt. – Im übrigen sind die verwendeten Abkürzungen in dem »Abkürzungsverzeichnis« aufgelöst (s. S. XIVff).

Abkürzungen aus dem kirchlichen Sprachgebrauch, von Namen katholischer Orden und von Würdetiteln sind (in Auswahl) in dem Artikel »Abbreviaturen« zusammengestellt.

Transkriptionen:

1. Biblische Namen werden in der im Deutschen üblichen Form gebraucht.
2. Wichtige griechische Termini sind nicht transkribiert, sondern in griechischen Buchstaben gedruckt und, wenn notwendig, mit Übersetzung versehen.
3. Hebräische Wörter sind – sofern sie ausnahmsweise der Übersetzung beigefügt werden – nach folgendem System transkribiert:
   Konsonanten: ', b, g, d, h (mit Mäppîq: ḫ), w, z, ḥ, ṭ, j, k, l, m, n, s, ʿ, p, ṣ, q, r, ś, š, t (Dageš lene wird nicht berücksichtigt).
   Vokale: —ָ = a (als Qamæṣ ḥaṭûf: å), —ַ = ă, —ֶ = æ, —ֵ = e, —ִ = i, —ֹ = o, —ֻ = u; יו—ָ = âw;
   mit mater lectionis: י—ֶ = æ̂, י—ֵ = ê, י—ִ = î, וֹ = ô, וּ = û, ה—ָ = ā, ה—ֶ = ǣ, ה—ֵ = ē, ה—ֹ = ō;
   als Ḥatef-Laute: —ֳ = ᵒ̊, —ֲ = ᵃ, —ֱ = ᵆ; —ְ(Šᵉwa mobile) = ᵉ; —ַ (Pătăḥ furtivum) = ᵃ.
4. Für die gelegentlichen Transkriptionen aus dem Arabischen, Persischen usw gilt das in der Zeitschrift der Deutschen Morgenländischen Gesellschaft verwendete System.

5. Für Transkriptionen aus dem Russischen und aus anderen slawischen Sprachen ist das »Schema zur Transkription fremder Schriftarten« in den »Instruktionen für die alphabetischen Kataloge der preußischen Bibliotheken«, 2. Ausgabe in der Fassung vom 10. August 1908, Berlin 1909 (unveränderter Nachdruck unter dem Titel: »Regeln für die alphabetische Katalogisierung in wissenschaftlichen Bibliotheken«, Leipzig 1952) S. 142f maßgebend. Haben sich Namen in einer nicht der wissenschaftlichen Transkription entsprechenden Form im Deutschen eingebürgert, so werden sie auch in dieser Schreibweise in die RGG aufgenommen. Jedoch wird der ersten Nennung solch eines Namens innerhalb eines Artikels die korrekte Transkription in Klammern beigefügt.
6. Transkriptionen aus dem Sanskrit richten sich nach dem in der Zeitschrift der Deutschen Morgenländischen Gesellschaft üblichen Schema, jedoch mit folgenden Einschränkungen:
   statt ṣ und ś wird sh geschrieben;
   die diakritischen Zeichen ṅ, ñ, ṇ, ḥ, ḍh, ṭ fallen weg; dagegen sind die Längezeichen über â, î, û beibehalten.
7. Zitate von Martin Luther u.a. werden dem heutigen Sprachgebrauch angepaßt.

Literaturangaben:

Quellen sowie in biographischen Artikeln die Werke der behandelten Personen stehen am Anfang der Literaturangabe. Im übrigen ist die Literatur *zeitlich* geordnet, dabei notfalls parallel zu dem Artikel oder - in Ausnahmefällen - sachlich gegliedert.

Alle Artikel über biblische Bücher und Büchergruppen (Pentateuch; Evangelien, synoptische usw) enthalten darüber hinaus *Literatur zur Auslegungsgeschichte*, und zwar 1. Quellen, gegliedert nach Jahrhunderten, und 2. auslegungsgeschichtliche Untersuchungen. Auslegungsgeschichtliche Literatur, die sich auf das *ganze* AT und NT bzw. auf die ganze Bibel bezieht, wird in dem Artikel »Schriftauslegung« aufgeführt.

Verfasser:

Die Artikel sind mit den Namen der Verfasser gezeichnet. Ist ein Artikel der zweiten Auflage der RGG überarbeitet worden, so steht der Name des Bearbeiters an zweiter Stelle. Der Name dessen, der an dem neuen Artikel den geringeren Anteil trägt, ist in Klammern gesetzt. Dasselbe gilt bei neuverfaßten Artikeln, für die zwei Verfasser verantwortlich zeichnen.

Karten:

Die vorgesehenen 26 Karten werden den in der folgenden Übersicht in *Kursivdruck* aufgeführten Artikeln beigefügt.

1. Ägypten (Altertum) - *Ägypten*
2. Afrika (Gegenwart; Mission) - *Afrika südlich der Sahara*
3. Babylonien-Assyrien (Altertum); Nebenkarte: Babylon - *Assyrien*
4. Australien einschl. Indonesien (Gegenwart; Mission) - *Australien*
5. Dänemark, Norwegen, Schweden (im 6.-17. Jh.) - *Dänemark*
6. Deutschland (bis 1250) - *Deutschland*
7. Deutschland zur Zeit der Reformation (bis 1550) - *Deutschland*
8. Deutschland im 19. Jh. - *Deutschland*
9. Deutschland (Evangelische Landeskirchen und katholische Bistümer in der Gegenwart) - *Deutschland*
10. England (im 6.-17. Jh.) - *England*
11. Westeuropa (bis 900) - *Frankreich*
12. Ausbreitung der Hugenotten in Deutschland im 16./17. Jh. - *Hugenotten*
13. China, Japan, Korea (Gegenwart; Mission) - *Japan*
14. Mittelmeergebiet (Ausbreitung des Christentums bis 325 nChr) - *Imperium Romanum*
15. Vorder- und Hinterindien (Gegenwart; Mission und junge Kirchen) - *Indien*
16. Der Islam (im 7./8. Jh.) - *Islam*
17. Italien einschl. Sizilien (im 6.-16. Jh.); Nebenkarte: Rom - *Italien*
18. Kleinasien (im 4. Jh. nChr) - *Kleinasien*
19. Die Kreuzzüge - *Kreuzzüge*
20. Mittelamerika einschl. Mexiko - *Mittelamerika*
21. Palästina-Syrien (römisch-byzantinische Zeit) - *Palästina*
22. Karte der Religionen und Missionen der Erde - *Religionsstatistik*
23. Rußland und Balkan (im 19. Jh.) - *Rußland*
24. Südamerika - *Südamerika*
25. Nordamerika (im 18. Jh.) - *Vereinigte Staaten*
26. Vereinigte Staaten von Nordamerika (Gegenwart; Konfessionen) - *Vereinigte Staaten*

Auf diese Karten wird ebenso wie auf Artikel verwiesen (s. o.: Verweise).

Bildtafeln:

Über die Einordnung der Bildtafeln in den einzelnen Bänden unterrichtet die Übersicht am Anfang jedes Bandes.

P

Pacca, *Bartolomeo* (25.12.1756 bis 19.4.1844), 1786 mit dem Titel eines Erzbischofs von Damiette Nuntius in Köln. Erzbischof Max Franz von Köln, der sich im → Nuntiaturstreit an die Spitze der deutschen Erzbischöfe gestellt hatte, verweigerte ihm zunächst die Anerkennung. P.s kompromißlose Haltung verschärfte den Gegensatz, brachte ihm aber die Anerkennung Roms ein. 1795-1802 war P. Nuntius in Lissabon. 1801 zum Kardinal erhoben, wurde er als Kardinalstaatssekretär (seit 1806) die Seele des kirchlichen Widerstands gegen → Napoleon. Auf seinen Rat wurde 1809 dessen Exkommunikation wegen der Aufhebung des Kirchenstaates ausgesprochen. Mit → Pius VII. 1809 verhaftet, wurde P. von diesem getrennt und 2½ Jahre in Frankreich gefangen gehalten. Nach seiner Freilassung drängte er 1813 Pius VII. zur Zurücknahme des eben unterschriebenen Konkordats mit Napoleon. 1814 in seine alten Ämter eingesetzt, erwies sich P. als scharfer Vertreter der Restauration; u.a. veranlaßte er die Wiederherstellung des → Jesuiten-Ordens. In Vertretung von → Consalvi war er während des → Wiener Kongresses Kardinalstaatssekretär. 1820 führte er im Kirchenstaat den Denkmalschutz ein. 1824 trat er als Camerlengo zurück, behielt aber bis zu seinem Tode hohe kirchliche Ämter. Seine Erinnerungen sind bei aller Einseitigkeit eine wichtige Quelle (dt. 6 Bde, 1830-36).

P.J.Pinieri, Correspondenza inedita dei Cardinali Consalvi e P., Turin 1903 - G.Brigante-Colonna, B.P., Bologna 1931 - A.Durante, Tre Papi e un cardinale, Rom 1940 - v.Pastor XVI/3 - EC IX, 493f. - Weitere Lit. s. → Nuntiaturstreit. *K.O.Frhr.v. Aretin*

Pachelbel, *Johann* (1653-1706), Komponist und Orgelmeister der Generation vor J.S. → Bach, auf den er auch gewirkt hat, * in Nürnberg, † ebd, war Organist in Wien (1674), Eisenach, Erfurt, Stuttgart, Gotha und seit 1695 in Nürnberg. Seine Orgelwerke zeichnen sich durch Einfallsreichtum und natürliche Frische aus; die Choralbearbeitungen mit zeilenweise vorimitierter Durchführung der Melodie *(P.scher Orgelchoral)* haben als Typus Bedeutung erlangt. P.s Vokalmusik ist schwächer, doch werden seine doppelchörigen Motetten gern gesungen. Als Kirchenmusiker sind auch P.s Söhne *Wilhelm Hieronymus* (1685-1764) und (in Amerika) *Karl Theodor* (1690-1750) hervorgetreten.

Neudr. der Werke in DDT II/1 (Klaviervariationen, mit Biogr. P.s von A.Sandberger), IV/1 (Toccaten, Fugen, Chaconnen, Choralbearb. f. Orgel), VI/1 (Kantaten) u. DTÖ VIII/2 (Magnificatfugen). GA der Vokalwerke (Motetten, Kantaten, Magnificat, Messen) hg.v. H.H.Eggebrecht, 1954ff; Orgel- u. Cembalowerke hg.v. K.Matthaei, 4 Bde, 1928ff. - H.J.Moser, J.P. (MuK 23, 1953, 82-90). *S.Hermelink*

Pachomius († 348), dessen ägyptischer Name p-aḥōm (auch p-aḥōme) »der Adler« bedeutet, verstand nur die koptische Sprache. Nach kurzer Militärzeit wurde er in Chēnoboskīōn (Schenesit, heute el-Qaṣr wes-Sajjad in der Nähe von Nagʿ Ḥammādi) Christ und trat in die Asketengruppe des Palämon ein. Seine eigene Klostergründung in Tabennisi und danach in Pboū bei Chenoboskion hat die Form der Eremitenkolonie des → Antonius weiterentwickelt und mit dem Koinobion die klassische Form des Klostermönchtums geschaffen (→ Mönchtum: II, 1 d). Am Ende seines Lebens waren 5000 Mönche in 7 Klöstern unter seiner Leitung. Seine Schwester Maria stand 2 Nonnenklöstern vor.

MPL 73, 65ff. 231ff - PO 4, 405ff - CSCO 89 (107); 99 (100) - A.Boon, Pachomiana latina (Bibliothèque de la RHE 7), Louvain 1932. - RE XIV, 548ff - RGG² III, 1251; IV, 853 - A.Adam, Grundbegriffe des Mönchtums in sprachl. Sicht (ZKG 65, 1953/54, 229) - H.Bacht, Antonius u. P. Von d. Anachorese zum Cönobitentum (Studia Anselmiana 38), Rom 1956, 66ff (Lit.). *A.Adam*

Pachomius Rhusanus (1510-53), griech.-orth. Mönch von der Insel Zakynthos, später auf dem Athos. P. gilt als einer der gebildetsten Griechen seiner Zeit. Er betätigte sich als Lehrer, Volkskundler (Dialektforscher) und Theologe (dies meist in Schriften polemischen Inhalts; u.a. verfaßte er die erste griech. Streitschrift gegen Luther).

Werke in MPG 98, 1333ff; außerdem P.Karmiris, P.R. u. seine unveröffentlichten dogmat. u. anderen Werke (Texte u. Forschungen zur byz. neugr. Philologie 14), Athen 1935 (griech., Bibliogr.). - Über P.: K.Krumbacher, Gesch. der byz. Lit., 1897², 593 - Ph. Meyer, Die theol. Lit. der griech. Kirche im 16.Jh., 1899, 38ff - Megali Elliniki Enkyklopädia XIX, Athen 1932, 828 (Bibliogr.). *G.Möckel*

Pacian, Bischof von Barcelona († vor 392). Tag: 9.3. Seine Schriften - drei Briefe gegen den Novatianer Sympronianus (mit dem berühmten Ausspruch: »Christianus mihi nomen est, catholicus cognomen« in I, 4), »Paraenesis sive exhortatorius libellus ad poenitentiam« und die Predigt »De baptismo« - geben Einblick in die Entwicklung des kath. Kirchenbegriffs, der Bußlehre und Bußpraxis sowie der Erbsündenlehre.

RE XIV, 551f; XXIV, 302 - LThK VII, 882f - EC IX, 504f (Lit.) - L.Rubio, El texto de S. Paciano (Emerita 25, 1957, 327-367) - Altaner § 81, 10 (Lit.) - L.Rubio Fernández, San Paciano. Obras. Edición crítica y traducción, Barcelona 1958 - U.Domínguez-del Val, La teología de S. Paciano de Barcelona (La Ciudad de Dios 171, 1958, 5-28) - Ders., Doctrina eclesiológica de S.P. de B. (HJ 77, 1958, 83-90). *W.Müller*

Packsche Händel, eine politische Krisensituation, die *Otto v. Pack* (* um 1480), Vizekanzler Herzog → Georgs von Sachsen, 1528 auslöste. Landgraf → Philipp von Hessen, in langjährigem Prozeß mit Nassau um die katzenelnbogische Erbschaft, betrieb die Auflösung des Schwäbischen Bundes und die Wiedereinsetzung des 1519 vertriebenen Herzogs Ulrich von Württemberg. Seit 1527 befürchtete Philipp breit angelegte Maßnahmen der kath. Länder zur Unterdrückung der ev. Lehre. Daher schenkte er dem in Geldnöte und Ränke verstrickten Pack Glauben, als dieser ihm im Jan. 1528 von einer angeblich im Mai 1527 in Breslau zwischen Ferdinand von Österreich, den Kurfürsten von Mainz und Brandenburg, dem Erzbischof von Salzburg, den Bischöfen von Würzburg und Bamberg, Herzog Georg von Sachsen und den Bayernherzögen Wilhelm und Ludwig geschlossenen Verschwörung zur Ausrottung der Ketzerei und Aufteilung der ev. Länder Mitteilung machte. Im März 1528 vereinbarten Hessen und Kursachsen einen Schutzvertrag und führten mit Dänemark, Siebenbürgen, Frankreich und zahlreichen Fürsten und Städten in Nord- und Süddeutschland Verhandlungen zur Auslösung eines Präventivkrieges. Luther, Melanchthon und Bugenhagen verwarfen in ihren Ratschlägen jedes offensive Vorgehen. Die weitgesteckten Pläne brachen zusammen, als sich das kath. Bündnis als Fälschung Packs erwies. Philipp gelang es, die fränkischen Bistümer zur Entschädigung seiner Rüstungsausgaben heranzuziehen und Mainz zum Verzicht auf die geistliche Gerichtsbarkeit über Hessen zu bewegen. Pack wurde am 8.2.1537 auf Anfordern Herzog Georgs in Brüssel hingerichtet.

Erschöpfend: K.Dülfer, Die P.H. Darstellung u. Qu., 1958.

W.P.Fuchs

Paderborn, nach den Paderquellen der Bischofsstadt benannte, gegen Ende der → Sachsen-Kriege gegründete *engerische Diözese* für das Gebiet der oberen Weser, der Metropole → Mainz angeschlossen. Unter den früheren Bischöfen trat Meinwerk (1009-36), unter den Klöstern → Korvey (822), Böddeken (837) und Abdinghof (1015) hervor. Nach starker Einwirkung der Reformation war die → Gegenreformation der Jesuiten, bes. unter dem tatkräftigen Dietrich von Fürstenberg (1585 bis 1618) und dem gelehrten Ferdinand von Fürstenberg (1661-83), nur im Bereich weltlicher Landeshoheit (Hochstift) erfolgreich; Stützpunkte der Jesuiten waren das Gymnasium (1612) und die Universität (1614) zu P. sowie (seit 1661) die Niederlassung zu Büren. Die Säkularisation (1803) beseitigte das Hochstift P. samt dem 1792 abgesonderten Hochstift Korvey. - Die Bischöfe Franz Egon von Fürstenberg zu P. und Ferdinand von Lüning zu Korvey wahrten die kirchliche Ordnung für die *neue* Diözese P. in der Kirchenprovinz → Köln, 1821 durch die Bulle »De salute animarum« umschrieben. Diese hat dann außer den westfälischen Regierungsbezirken Minden und Arnsberg auch die ganze Provinz Sachsen, die Fürstentümer Lippe-Detmold und Waldeck-Pyrmont, die Herzogtümer Gotha und Anhalt, dazu zeitweilig Sachsen-Altenburg, die beiden Schwarzburg und die beiden Reuß betreut, bis → Meißen und → Fulda nach Thüringen ausgedehnt wurden. Unter den neuzeitlichen Bischöfen ragten Konrad Martin (1856 bis 1879) und Wilhelm Schneider (1900-09) durch theologisches Wissen und seelsorglichen Weitblick hervor. - In der »Mitteldeutschen Kirchenprovinz« (mit den Sprengeln P., Fulda, → Hildesheim), dem Preußen-Konkordat vom 14.6.1929 zufolge durch die Bulle »Pastoralis officii« vom 13.8.1930 errichtet, umfaßt die *jetzige* Diözese P. seit 1.9.1930 nur noch die Regierungsbezirke Minden-Detmold und Arnsberg (doch südwestliche Dekanate zum 1.1.1958 an die neue Diözese → Essen abgetreten) sowie das alte Waldeck-Pyrmont und die im Kommissariat Magdeburg zusammengeschlossenen Regierungsbezirke Magdeburg und Merseburg samt dem einstigen Herzogtum Anhalt. Die Universität wurde 1803 aufgelöst. Seit 1844 besteht in P. eine Philosophisch-theologische Fakultät (1917 Akademie) mit dem P.er Priesterseminar, auf der Huysburg bei Halberstadt daneben noch eine behelfsmäßige Priesterbildungsanstalt. Seit 1909 erscheint die wissenschaftliche Zeitschrift »Theologie und Glaube«. *Bestand* (1.1.1960): 2 126 000 Katholiken (neben 6 789 700 Nichtkatholiken) in 594 Pfarreien, 291 Pfarrvikarien und 78 Kuratien in 61 Dekanaten (davon 12 im mitteldeutschen Raum), 1743 Weltgeistliche und 121 seelsorglich tätige Ordenspriester. Erzbischof ist seit 1941 Lorenz Jäger (* 23.9.1892 in Halle/S.); Weihbischöfe: Friedrich Rintelen (seit 1952, für Kommissariat Magdeburg) und Wilhelm Tuschen (seit 1958, für westlichen Anteil). - Vgl. → Westfalen.

J.Evelt, Die Weihbischöfe von P., 1869 (mit Nachtrag 1879) - Hauck I-V (Reg., Bischofs- u. Klosterlisten) - J.Simon, Stand u. Herkunft der Bischöfe der Mainzer Kirchenprovinz im MA, 1908 - L.Leineweber, Die P.er Fürstbischöfe im Zeitalter der Glaubensneuerung (Westf. Zs. 66, 1908, II, 77-158; 67, 1909, II, 115-200) - L.Schmitz-Kallenberg, Monasticon Westfaliae, 1909 - Fr.Schröder, Die P.er Bischöfe des MA (Westf. Zs. 74, 1916, II, 169-205; 75, 1917, II, 62-104) - Joh.Schäfers, Gesch. des Priesterseminars zu P., 1927 - Festschr.: Die Erzdiözese P., 1930 - Real-Schematismus der Erzdiözese P., 1931 - J.Freisen, Matrikel der Univ. P., 2 Bde (dazu Reg.), 1931/32 - W.Liese, Necrologium Paderbornense, 1934 - A. Fuchs, Der Dom zu P., 1936 - P.Simon, St. Liborius, sein Dom u. sein Bistum, 1936 - P.Michels, P.er Inschriften, 1957.

F.Flaskamp

Pädagogik

I. Geschichtlich - II. Systematisch - III. Theologisch. - Vgl. ergänzend → Bildung, → Bildungswesen, → Erziehung, → Heilpädagogik, → Industriepädagogik, → Psychologie: II, → Religionspädagogik, → Sexualpädagogik, → Sozialpädagogik, → Soziologie: II

I. Geschichtlich

1. Altertum - 2. MA - 3. Neuzeit

1. In der abendländischen Geschichte waren es zuerst die Dichter, welche die Gedanken über die Erziehung aussprachen. → Homer, Hesiod und Pindar lebten noch in festen aristokratischen oder bäuerlichen Ordnungen. Bei Pindar ist die Tüchtigkeit (ἀρετή) des Mannes dem Adeligen angeboren, ein Vorrecht des Blutes. In den Dichtungen Solons ist die Tüchtigkeit der Größe der Polis geweiht. Die Erziehung durch Gymnastik und Musik, die sich im Chorreigen vereinten, war körperliche und geistige Bildung zugleich: Gesang und Tanz der Dichtung und frühe Wehrerziehung. Erst bei den Sophisten (→ Griechisch-römische Philosophie, 2 b α) wird uralte Übung fragwürdig, sie erst sind *Lehrer* der ἀρετή und denken über ihre Aufgabe nach. Sie haben die erste p.e Theorie entwickelt: Nicht mehr durch die Geburt, sondern durch die Entwicklung (Übung) der Anlagen und durch Unterweisung erlangt der Mensch Tüchtigkeit. → Bildung und → Erziehung werden durch Unterricht gewonnen, den die Sophisten kunstmäßig erteilten. Sie haben eine Kunstlehre des Unterrichtens und eine Theorie der Lehrgehalte, der Wissenschaften entwickelt. Die alten selbstverständlichen Normen, die Macht der Polis weichen vor der Subjektivität, dem Durchsetzungswillen des einzelnen zurück, der durch die Redekunst (Rhetorik) sein Recht und seinen Vorteil erstrebt. - Dieser auflösenden Aufklärung stellt sich → Sokrates entgegen, der (mit Denkmitteln der Sophistik) die Wahrheit, das Geltende begründen und sichern will. Er ist ein Kind des sophistischen Zeitalters: auch er will die Anlagen entbinden, auch er strebt nach Wissen. Aber er setzte der sophistischen Wissenschaftsgläubigkeit sein Nichtwissen, ihrer Unterrichtstechnik die vorsichtige und lebensfördernde Hebammenkunst seiner

Mutter, die Mäeutik, entgegen und brachte damit ein p.es Denken in Bewegung, das bis heute nicht zur Ruhe gekommen ist. → Plato hat den Gedanken vertieft und verändert. Während Sokrates den wahren Sinn der Sprachbegriffe gesprächsweise zu entwickeln strebte, leiten sich die Begriffe bei Plato von den → Ideen als von reinen Wesenheiten her, die der lebende Mensch einstmals geschaut hat; darum ist er fähig, sich ihrer zu erinnern (anamnesis), sich zu ihnen in der Begeisterung (enthousiasmos) und im planmäßigen Denken (Dialektik) zu erheben. Dies alles aber vervollkommnet im platonischen Denken nicht mehr den einzelnen, sondern durch ihn den Staat. Damit wird die neue Geisteskultur mit Gymnastik und Musik zu einer neuen Einheit zusammengefaßt und in die Paideia eingefügt. - Mit Isokrates beginnt - unendlich folgenreich - sich ein »System« rhetorischer Bildung zu gestalten, die ἐγκύκλιος παιδεία (→ Bildung, 1) bekommt die schulmäßige Form eines Lehrkanons, die → Artes liberales werden in Umrissen erkennbar. In → Aristoteles treten die Wissenschaften in ihrem Eigenrecht auf und gehören nicht mehr zum Organismus der Paideia. - Die Römer haben später von den Griechen gelernt, aber sie haben die Gedanken in ihr tätig zupackendes Denken übersetzt und eine übertragbare Praxis entwickelt. Quintilian hat die rhetorische Bildung zusammenfassend und für 1½ Jt.e gültig dargestellt (Institutio oratoria).

Das *Christentum* eröffnet eine bis dahin unbekannte Dimension der Wirklichkeit. Die Ideen Platos hatten an der Erscheinungswelt teil (μέθεξις), der Gott der Bibel ist jenseitiger Gott, ist Person, der seinen Kindern im Kreuzestod des Sohnes seine Liebe, Gnade und Erlösung verheißen hat. Damit tritt das Schicksal der Einzelseele aus der Sippe wie aus der Polis heraus und durch die Taufe in die Gemeinschaft mit Gott. Die Gnade Gottes aber ist in der Kirche Welt geworden, in der Kirche, die die Gnadenmittel der Sakramente durch den geweihten Priester austeilen läßt. Die Kirchenväter haben zuerst um den Sieg des Evangeliums über die griechische Paideia gekämpft, haben sie aber dann, als der Sieg errungen war, als Natur der Übernatur untergeordnet und in das eigene Denken in mannigfachen Brechungen hineingenommen. Niemand wurde mehr in der Entfaltung seiner Anlagen und durch artes zum vollendeten Menschen, da er vor Gott immer ein Sünder blieb. Aber im Taufunterricht und in der Bildung der Kleriker entstand im Dienste der Kirche aus den Elementen des Ererbten ein Neues.

2. Als die jungen Völker in die Kirche - und das hieß in die Mittelmeerkultur - eintraten, erlernten die Kleriker die hl. Sprache der (lat.) Schrift, des Gebets und des Kultus und die 7 → Artes liberales, die → Augustin, Martianus Cappella und → Boethius überliefert hatten. Sie blieben bis in die Neuzeit hinein die »7 Säulen der Theologie«, die irdischen Vorstufen zur Erkenntnis Gottes. → Hrabanus Maurus (De institutione clericorum) hat Augustins De doctrina christiana den neuen Bedingungen angepaßt. Die → Scholastik schließt die p.en Gesichtspunkte in die Theologie ein. Mit dem Niedergang der Scholastik entsteht ein Streit mit p.er Tendenz: Das bisher der kirchlich-theologischen Bildung dienend eingefügte sprachlich-ästhetische Element strebt im 14.Jh. nach Selbständigkeit; die Rhetorik, zu der die Poesie gehört, bekämpft die Dialektik, die in der scholastischen Epoche in »barbarischem« Latein die Bildung beherrscht hat. Das von Quintilian schon kanonisierte ciceronische Latein und die Poesie in dieser Sprache wurden die Domäne der poetae, eines neu entstehenden weltlichen Gelehrtenstandes, der die studia humanitatis neben die studia divinitatis stellte.

3. Während im MA Bauern und Ritter illiterati waren (→ Bildungswesen, 3), beginnt nun in Italien, dann auch in Frankreich eine *aristokratisch-höfische Bildung* sich durchzusetzen, die in Vittorino da Feltre (1378 bis 1446; casa giocasa in Mantua), in Castiglione (1478 bis 1529) und in Maffeo Vegio (1407-58) ihre Wortführer hat. Der Franzose → Montaigne verarbeitet den gelehrten Traditionsstoff in adeliger, skeptisch überlegener Freiheit und bleibt, wie alle Romanen, im ordo der ererbten Kirche. - Die nordischen Völker aber erleben ihre erschütternde Erneuerung in der → *Reformation,* die zuerst den »ruhigen Gang der Bildung« stört, sich dann aber die Tendenzen des → Humanismus (: I) dienstbar macht. Die Sprachen führen ad fontes, zum griechischen und hebräischen Text der Schrift. Luther verdeutscht die Bibel (→ Bibelübersetzungen: IV, 2) und lenkt damit auch den einfachen Menschen zum Glauben hin. Indem Luther jedem Hausvater für sich und die Seinen den → *Katechismus* (: II, 3), das Hilfsbuch zum Verständnis der Schrift, in die Hand gibt, schafft er eine Laientheologie und eine neue Erziehungsaufgabe: Bildung für alle in der Muttersprache im Dienste des Glaubens. Auch in den lat. Schulen → Melanchthons und → Zwinglis (→ Bildungswesen, 5) tritt nun der Religionsunterricht in die Mitte. Die kath. Kirche nimmt in ihren p.en Wortführern → Vives, → Borromäus, → Canisius den Kampf auf und findet in den → Jesuiten den Orden, der die Jugend der führenden Schicht dem kath. Glauben erhält oder zurückgewinnt.

Zu der humanistisch-gelehrten, der aristokratisch-höfischen und der kirchlich-religiösen Tendenz tritt im 17.Jh. ein Neues hinzu: die *Bildung in den natürlichen Wissenschaften,* die seit 1600 die geistige Welt umwandelten. Der persönliche Gott Luthers wird zur Allvernunft, die von der menschlichen Vernunft ermessen wird. Der Natur ist Mathematik, der Geschichte ist Vernunft immanent. Die Menschheit geht nicht ihrem Ende im Gericht, sondern ihrer Vollendung in der Naturbeherrschung entgegen. Die *»Neuzeit«* geht in eine unendliche Zukunft vorwärts und schafft (objektiv) Kultur und (subjektiv) Bildung. Diese Erwartungen stehen noch 2 Jh.e lang im religiösen Denkzusammenhang, auch die Philosophie des → Idealismus (: II) begreift Kultur und Bildung als providentiellen Auftrag. Man sucht nach der Methode der Natur, die in der Erziehung nachzuahmen und zu vollenden sei. Das taten zuerst die »großen Didaktiker« → Ratke und → Comenius. Dieser tastet der Natur nach und glaubt, die Wege gefunden zu haben, wie man den Menschen zum rechten Handeln, zur rechten Kenntnis aller Dinge und zu wahrer Frömmigkeit, also zur Seligkeit führen könne. Jeder Mensch ist ihm ein Ebenbild Gottes und ein Mikrokosmos; daher müssen alle den Kosmos des Wissens, »Alles«, erkennen, beherrschen und seinen Schöpfer tätig verehren. - Der → Pietismus erzeugt die p.en Gedanken und Gründungen A.H. → Franckes: individuelles Ergriffensein von der Gnade Gottes im Herzen bewegt zur helfenden Liebestat für den Bruder. Die Pietisten sind aufgeschlossen für tätiges Wirken in der Welt, für die realistischen Bedürfnisse der entstehenden Industrie. Sie schufen die ersten Realschulen.

Im 18.Jh. entsteht unter dem Einfluß → Lockes der Gedanke einer vernünftigen Erziehung für die fortschritts- und kulturgläubige Welt. Aber → Rousseaus »Emile« erklärt die Kultur als Verderbnis der ursprünglichen Menschennatur und entwirft eine Erziehung, die von der Natur selbst, von den Entwicklungstendenzen im Menschen, geführt wird. Damit ist der p.e Gedankengang aus den theologischen Zusammenhängen wie aus dem platten Nützlichkeits- und Erfolgskalkül der

Weltleute herausgenommen und entfaltet sich nun – nach Analogie der natürlichen Wissenschaften – als die *Wissenschaft* der P. E.Chr.Trapp (1745–1818) versuchte als erster, diese Wissenschaft literarisch zu fassen und akademisch zu lehren. Das geschah noch ganz im Geiste der Aufklärung, den die → Philanthropinisten → Basedow, → Salzmann und → Campe praktisch zu erproben versuchten. Die großen kulturkritischen, auf Vertiefung des Lebens zielenden Impulse Rousseaus verbinden sich in Deutschland mit der *Entdeckung des Griechentums* durch J.J. →Winckelmann (bis dahin war die Gelehrsamkeit lateinisch gewesen). Mit → Herder, → Wolf, → Schiller, → Goethe, → Humboldt, → Hegel und → Schleiermacher entstehen p.e Bestrebungen, die eine nach dem Vorbild der Griechen erneuerte Menschheit ersehnen und durch die Jugendbildung verwirklichen wollen (→ Neuhumanismus). Die Begeisterung für Menschheit und Griechentum erhält Zucht und Tiefe von der Philosophie → Kants, die in den Gedankengängen Schillers, Humboldts, → Fichtes, vor allem aber Schleiermachers und → Herbarts, die P. zu hoher Form sich erheben läßt. Die humanistischen Rousseau-Jünger setzen an den Anfang nicht das Idealbild der Natur, sondern das Wunder der vollendeten harmonisch-naiven Menschheit, von deren Höhe die Neueren abgefallen sind, zu der wir aber jetzt mit Bewußtsein und bereichert durch die Erfahrungen der Vereinzelung streben müssen. – Der größte p.e Genius der Zeit ist J.H. → Pestalozzi. Er ist wenig von der zeitgenössischen Philosophie, aber stark von Rousseau beeinflußt worden. Er bedient sich wie dieser naturrechtlicher Kategorien, in denen die Begriffe der Rechtfertigungstheologie durchscheinen, aber er läßt in seinem Grübeln über den Gang der Natur in der Entwicklung des Menschengeschlechts den Menschen sich weder in der Zivilisation noch auch in der erneuerten Natur vollenden, sondern führt ihn durch den mittleren Zustand der gesetzlichen Regel zur menschlichen Erfüllung in der Liebe. Schleiermacher und Herbart schaffen gleichzeitig umfassende p.e Theorien. Während die p.en Vorlesungen Schleiermachers, die spät und unzulänglich ediert worden sind, erst von → Dilthey und seinen Schülern ausgewertet wurden, ist die Herbartsche P. von den »Herbartianern« Ziller, Stoy, Waitz und → Rein (→ Herbart, 2) etwa von 1860–1910 zur »wissenschaftlichen P.« schlechthin erhoben worden.

Die *Erneuerung der P.*, die sich im Gedankenwerk Diltheys und von ihm ausgehend im p.en Denken von → Nohl, → Spranger, → Litt und W.Flitner (→ Pädagogik: II) vollzieht, erhält ihre Substanz aus den mannigfachen Reformbewegungen, die seit 1890 als Arbeiter- und Frauenbewegung, als Bewegung für → Kunsterziehung, → Arbeitsschule und → Einheitsschule eine fruchtbare Unruhe unter den am Erziehungswerk Tätigen erzeugten, und bemüht sich, die Kulturkritik von Hildebrand, → Nietzsche, → Lagarde und Langbehn ins Produktive zu wenden. Positivistische und naturalistische Ansätze, die von angelsächsischen Pädagogen (Spencer, Dewey) angeregt und von der → Psychologie und → Soziologie ermutigt wurden, kamen nicht zur Entfaltung. Dagegen wurde in dem p.en Denken der genannten deutschen Pädagogen und ihrer Schüler ein Denkstil entwickelt, in dem Historie und Philosophie zu p.en Erkenntnismedien wurden, durch die die Erfahrungen der bewegten Gegenwart in das Licht der dreitausendjährigen Tradition traten und damit das p.e Denken in höchster Bewußtheit zur Verantwortung vor den Aufgaben der Zeit befähigt und aufgerufen wurde. – Zu dem Einfluß, den die *Theologie* seit den 20er Jahren auf die P. ausgeübt hat, vgl. → Erziehung: II, → Pädagogik: III.

Außer der Lit. zu → Bildung u. → Bildungswesen: W.Jaeger, Paideia. Die Formung des griech. Menschen I–III, (1933–47) 1954[3] – J.Stenzel, Die griech.-röm. Bildungswelt (HPäd I, 1933, 122–162) – S.Behn, Die Gesch. d. kath. Bildung (ebd 163–202) – F.Delekat, Das erzieherische Ethos prot. Christentums (ebd 203–246) – J.Cohn, Die P. d. Aufklärung u. des dt. Idealismus (ebd 247–301) – H.Nohl, Die p.e Bewegung in Deutschland (ebd 302–374) – W.Wühr, Das abendländ. Bildungswesen im MA, 1950 – F.Blättner, Gesch. d. P., (1951) 1959[6] (Lit.) – A.Reble, Gesch. d. P., (1951) 1959[4] (Lit.).

F.Blättner

II. Systematisch

1. P. als Kunstlehre – 2. Wissenschaftliche Ergänzungen der Kunstlehren – 3. P. als wissenschaftliche Theorie – 4. Geschichte der P. als Wissenschaft – 5. Logische Struktur der Erziehungswissenschaft – 6. Verhältnis der P. zur Theologie

1. Die P. ist die Lehre von der → Erziehung (: I) und → Bildung in allen ihren Formen; gelegentlich wird das Wort auch für die Kunst des Erziehens und Bildens selber gebraucht. → Schleiermacher unterschied zwischen der P. als Kunstlehre und als wissenschaftlicher Theorie. Die Kunstlehren sind die älteren Formen, und die wissenschaftliche Theorie kann sich erst aus ihnen entwikkeln, ohne sie zu ersetzen; vielmehr will sie auf jene kritisch klärend und helfend einwirken, ist aber darüber hinaus auch durch ein rein spekulatives Interesse bestimmt. – Die *Kunst des Erziehens* findet sich auf allen Stufen der Gesellschaft und zu allen Zeiten; sie ist auch immer mit einem Wissen gepaart und wird von einem Geschlecht zum andern als Lehre weitergegeben. In diesem Sinne läßt sich von einer P. bei den archaischen Völkern sprechen, ebenso bei den sog. → »Naturvölkern« (in Wahrheit geschichtlichen Völkern alten Gepräges). Freilich ist diese archaische Form der P. in religiöse, rituelle und ethische Vorschriften eingebettet und aus den allgemeinen Lebens- und Weisheitslehren nicht ausgesondert. Auch die biblische → Weisheitsdichtung enthält p.e Regeln und Ratschläge, wie sie auch Ermahnungen an die Jugend festhält. Anders auf der Stufe, die Alfred Weber als die der Hochkulturen beschreibt. Für diese sind kennzeichnend: größere Arbeitsteilung, gegliederte Gesellschaft, staatsähnliche Organisation mit Heer- und Beamtenwesen und einer hierarchisch geordneten Priesterschaft. In solchen Verhältnissen gibt es nicht nur besondere Verhaltensregeln für die einzelnen »Stände« und Funktionen, sondern besondere »Kunstformen« des Erziehens (Aloys Fischer), denen je eigene Kunstlehren entsprechen. Es entstehen »Berufserzieher«, die ein besonderes Können besitzen und überliefern. Solche sind etwa im alten Griechenland die »Knabenführer« (Paidagogoi) in den Häusern der Aristokratie, die Grammatik- und Gymnastiklehrer und später die »Sophisten«. In Griechenland und im Römischen Reich entsteht eine Literatur über die Ausbildung zum Redner (→ Pädagogik: I, 1). Den antiken Überlieferungen von Weisheit und Wissen für bestimmte Lebensfunktionen ist zugleich eine Anweisung über das Lehren dieser Inhalte beigefügt, somit ein Stück P. als Kunstlehre. So entsteht eine Literatur über die Staatsleitung, in die eine Theorie der Regentenerziehung eingefügt ist, wie in → Platons »Politeia«; mit der Haushaltung befassen sich Schriftsteller wie Xenophon; in den mittelalterlichen Nachfolgekulturen werden diese Gattungen fortgeführt in den »Fürstenspiegeln«, den Anweisungen über ritterliches und höfisches Betragen, in Hof- und Tischzuchten, in den Hauszuchtbüchern, den Schriften über den Hofmann, über den Gentleman, in den Ehzuchtbüchlein. In der christlichen Kirche entsteht eine Literatur de disciplina clericorum und de magistro, für welche → Augustin das Muster wird. P.en Inhalt haben auch die Ordensregeln der Mönchsorden. Anweisungen für die Lehrtätigkeit im Anschluß an die Überlieferung der

Lehrinhalte selber entstehen zahlreich, seit ein allgemeinbildendes Schulwesen vom 17.Jh. an gefordert und eingerichtet wurde, das im neueren Europa, auch in den kath. Ländern, auf das gesamte Staatsvolk ausgedehnt wurde. Für die Entwicklung der lat. Schulen wurden Regeln im Anschluß an Quintilians und Ciceros Ratschläge für die Bildung zum Redner von den Humanisten entwickelt; in neuhumanistischer Fortbildung gehören in diese Tradition F.A. → Wolfs »Colloquia«. Daraus entstand im 19.Jh. eine P. für die Lateinschulen und Gymnasien (bis hin zu O.Jägers »Lehrkunst und Lehrhandwerk«, W.Münchs »Geist des Lehramts«, O.Fricks »Lehrproben und Lehrgänge«, A.Matthias' »Prakt. P.«). Für das breit entwickelte und spezialisierte Lehr- und Schulwesen des 19. und 20.Jh.s sind Kunstlehren des Unterrichts aller Schul- und Ausbildungsformen entstanden. Unter ihnen ragen durch Genauigkeit der Ausführung und erzieherisches Ethos die des → Volksschulwesens hervor; sie stehen unter dem Einfluß allgemeiner p.er Ideen, die bes. von → Ratke und → Comenius, von → Rousseau und den → Philanthropinisten (→ Basedow, → Campe, → Salzmann), von → Pestalozzi und → Herbart, in jüngerer Zeit von → Kerschensteiner entwickelt worden sind. Das im 19.Jh. von Deutschland aus verbreitete → Kindergarten-Wesen erzeugte eine P. für die → Kleinkindererziehung, für welche → Fröbel die philosophische und anthropologische Grundlage bot und Methoden ausbildete; im 20.Jh. kamen die Anregungen Maria → Montessoris hinzu. Ebenso entstand eine P. für die Unterweisung von Sinnesgeschädigten, für die Erziehung von Verwahrlosten und Straffälligen, für die → Fürsorgeerziehung, für die Theraphie seelisch Erkrankter und für andere Aufgaben der → Sozial- und → Heilpädagogik.

2. Der Sinn solcher p.er Kunstlehren ist unbestreitbar. Der Umgang mit der Jugend und das Unterrichten können nicht improvisiert werden; sie folgen einem Brauch und haben je ihren Stil, und je kunstvoller eine Praxis wird, weil sich die Schwierigkeiten häufen und viele Erzieher und Lehrer in ihrem Wirken ineinandergreifen, desto zahlreicher und verwickelter müssen auch die Ratschläge und Regeln werden. Dabei wird der Schritt zu *wissenschaftlichen Untersuchungen* getan. Erziehungsverfahren können sich um so weniger auf Brauch und Gewohnheit verlassen, je mehr sie mit Störungen zu tun bekommen, die sich nur durch eine psychologische oder soziologische Analyse aufklären lassen oder bei denen medizinisch-diagnostische Hilfen nötig sind. Beim Unterrichten genügt es in vielen Fällen nicht, daß der Lehrende im Besitz seiner Lehrgegenstände ist; er muß u.U. die Schwierigkeiten kennen, die dem Lernen und Verstehen im Weg stehen, und muß die Mitarbeit der Jugend zu wecken wissen. Hier wollen die wissenschaftlich ergänzten Kunstlehren helfen. Sie sind im 19.Jh. bes. gepflegt worden. Die Pädagogen machten sich Resultate der → Biologie und → Psychologie, der → Soziologie und Medizin zunutze. Einzelwissenschaftliche Erkenntnisse wurden auf die p.e Praxis angewendet. Das Verhältnis der P. als Kunstlehre zu den Wissenschaften ist in solchen Fällen pragmatisch; sie selber steht noch außerhalb des wissenschaftlichen Verfahrens.

3. Von der einfachen wie von der wissenschaftlich ergänzten Kunstlehre bestimmter Erziehungsbereiche unterscheidet sich die *P. als wissenschaftliche Theorie*. Als eigenständige Disziplin mit universeller Fragestellung hat sie ein allgemeines Phänomen der sittlichen Welt zum Gegenstand: nach Schleiermacher gehört dazu alles, was sich auf das Verhältnis der Generationenfolge in der Gesellschaft bezieht, mit der Einschränkung, daß die Vorgänge, unter einem Wertgedanken aufgefaßt, auf die »Idee des Guten« hin beurteilbar sind. Ziel p.er Anleitung ist, daß der Aufwachsende bzw. Nachwuchs zur Lebenstüchtigkeit gelange, zum mündigen Glied seiner Gemeinschaften werde, die persönliche Lebenserfüllung und menschliche Bestimmung erreiche und zu seinem »Heil« beeinflußt werde. Beide Vorgänge bilden ein Ganzes: die Aufzucht und gesellschaftliche Eingliederung des Nachwuchses einerseits und die Entfaltung des einzelnen zur mündigen und lebenstüchtigen Person anderseits. Im Mittelpunkt solcher Betrachtungen und Analysen der Wirklichkeit steht der Gedanke, daß der Mensch zu seinem Ziel gelangen soll. Die »Bestimmung des Menschen«, die Weckung und Behauptung des personalen Kerns ist aber ein Tatbestand, der einerseits die bloße Erfahrung übersteigt, anderseits nur zugänglich wird, wenn eine p.e Verantwortung im individuellen Fall oder in universellen und gemeinsamen Lebensaufgaben als real erfahren vorausgesetzt werden kann. Verantwortlich sind die Betrachtenden in zweierlei Hinsicht: für den anderen, dem die Sorge der Erziehung gilt, und für sich selbst, die als Erziehende von den anderen aus beansprucht werden. Wegen dieser Bezüge auf die p.e Verantwortung haben auch noch die allgemeinsten Untersuchungen und theoretischen Betrachtungen Zusammenhang mit den konkreten Situationen, die ihren Ursprung bilden. Schleiermacher konnte daher erklären, daß die Theorie des Erziehens und Bildens ein Bestandteil der → Ethik sei, wie entsprechend auch die Theorie der Politik. Anderseits dürfe die wissenschaftliche P. nicht als »Anwendung« ethischer Einsichten oder als bloßer Anhang zur Ethik betrachtet werden. Sie kann mit ihren Untersuchungen nicht erst beginnen, wenn die Ethik abgeschlossen ist; vielmehr soll sie unmittelbar an die Fragen anknüpfen. welche in der p.en Realität aufgeworfen werden. Sie sucht Tatbestände aufzuklären, die ihrerseits Voraussetzung ethischer Reflexion sind, worauf M.Frischeisen-Köhler bes. hingewiesen hat. So ist ein Kind anthropologisch (nach M.J.Langeveld) nur dadurch bestimmt, daß es als homo educandus einen Erziehungsanspruch stellt: auch die → Kinder- und → Jugendpsychologie setzt dabei bereits den p.en Sachverhalt voraus (→ Kindheit, → Jugend, → Psychologie: II). Die P. darf auch nicht als eine technische Theorie verstanden werden, welche Regeln an die Hand gibt, um bestimmte Zwecke und Resultate zu erreichen. Sie ist (nach Th.Litt) keine Technologie und (nach Langeveld) auch nicht eine »Theorie des p.en Handelns«. Sie hat vielmehr außer der Reflexion über die p.e Tätigkeit auch das umgebende Feld dieses Handelns aufzuklären und die Antwort des Kindes oder Jugendlichen, des Lehrlings oder Schülers auf die p.e Tätigkeit mit zu betrachten und den geistigen Gehalt, die soziale Ordnung auf ihre p.e Wirksamkeit hin zu analysieren. Aus allen methodischen Erwägungen ergibt sich, daß die P. eine philosophische Disziplin ist, welche die Erziehungsphänomene in ihrem ganzen Umfang auf anthropologische Gegebenheiten bezieht, sich auf die p.e Verantwortung gründet und das Wirkungsfeld dieser Verantwortung nach allen Seiten analysiert und aufklärt.

4. Den p.en Grundgedankengang in seinem umfassenden philosophischen Zusammenhang hat zuerst → Platon in der »Politeia« entwickelt. Ausgangspunkt der Erörterungen des Dialogs ist das ethische Problem der »Gerechtigkeit«; die Erörterung wird auf das politische Problem eingegrenzt; der Fragenkreis des Staatsaufbaus wird mit dem der staatlich geleiteten Erziehung verknüpft und die besonderen Bezirke der Krieger- und der Regentenbildung ausgeführt; zu ihrer Klärung werden eine Anthropologie und Psychologie entwickelt und

mit der Metaphysik verknüpft. Diese Verbindung einzelner Theorien, die alle zu wissenschaftlichen Disziplinen ausgebaut werden können, ist für die *Stellung der P. im Gefüge der Wissenschaften* kennzeichnend. Die P. wird bei Platon noch ganz aus der Metaphysik und Anthropologie auf spekulative Weise hergeleitet und gelangt zu rationalen Normen für die Erziehung. – Die erste umfassende Darstellung des p.en Grundgedankenganges der Neuzeit ist in der »Großen Didaktik« des → Comenius (1657) enthalten. Auch sie ist überwiegend spekulativ und setzt rationale Normen, nimmt aber bereits p.e Erfahrungen auf, die in der humanistischen Literatur überliefert waren. Comenius fand Kategorien, mit denen sich die Entwicklungsschritte des Menschen in den aufeinanderfolgenden Lebensstufen typisch erfassen und Entwicklungshilfen bestimmen lassen. So ergibt sich eine innere Ordnung der p.en Untersuchungen und Reflexionen: Die Bestimmung des universalen Ziels der Erziehung und der Teilziele bildet den Anfang; es folgt die anthropologische Analyse der menschlichen Natur als eines bildsamen, der Liebe und Autorität, der Disziplinierung und Unterweisung bedürftigen Gefüges; dann die Untersuchung des Weges und der Methoden, durch welche Einfluß auf den Zögling genommen wird. – Im 18. und 19. Jh. wird das Studium der menschlichen Natur stetig erweitert; die p.en Erfahrungen werden in die wissenschaftliche Theorie eingearbeitet. Neben die Erfahrungen des Schullehrers treten die des Pfarrers, des Hofmeisters adeliger Familien, der Ammen und Gouvernanten, der Internatserzieher und Ärzte. Die P. von → Locke, → Rousseau und → Herbart stützt sich noch vorwiegend auf die Hofmeistererfahrung; → Pestalozzi jedoch stößt zur universellen Erfahrung in allen Feldern gegenwärtiger Erziehung durch und überblickt einen Umkreis, der von der häuslichen zur Waisenerziehung, über die Elementarschulen zum Internat reichte und in dem auch die Grenzsituationen der sozialen Notlage, der Verwahrlosung, des Verbrechens und Irreseins mit berücksichtigt wurden; die Fragen der Volkserziehung ganzer Sozialschichten, der → Industriepädagogik, der Regentenbildung beschäftigten ihn prinzipiell. War hier schon das p.e Problem nicht nur von der Seite des einzelnen, sondern auch der erziehenden Gemeinschaften aus gesehen, so wurde in der P. der Deutschen → Klassik die erziehende Bedeutung der objektiv-geistigen Gebilde – von Sprache, Mythos, Kultus, Wissenschaft und Kunst – sowie der objektiv-geistig geformten, im historischen Leben sich verwandelnden Sozialordnungen erfaßt (der Kirchen, des Rechts, der politischen und ökonomischen Verfassungen, der Nationen, der geistig geformten Landschaften, des Volkstums). Im Zeitalter der wissenschaftlichen Einzelforschung, etwa seit Mitte des 19. Jh.s, wurde auch die P. zu breiter empirischer Forschung veranlaßt. Die Wirksamkeit erziehender Mittel und Methoden sowie die Bildsamkeit der menschlichen Natur bei den verschiedenen Individuen und Typen wurde im einzelnen beschrieben; die Wirksamkeit erziehender Hilfen versuchte man auch experimentell zu kontrollieren. Jedoch ist die Verwendung des Experiments nicht nur ethisch stark begrenzt, sondern es widerstrebt auch die experimentelle Fragestellung dem Wesen des Erzieherischen, das keine wiederholbaren Reaktionen des Zöglings kennt und das den Forscher niemals zum bloßen Betrachter des Zöglings als eines »Objekts« werden läßt, ohne daß die p.e Situation bereits zerstört würde. Dagegen erwies sich die Statistik als wertvolles Hilfsmittel für die Aufklärung konkreter p.er Verhältnisse. Als diagnostisch hilfreich zeigten sich ferner die analytischen Methoden der → Tiefenpsychologie, bes., wenn sie durch eine »daseinsanalytische«, anthropologische Auslegung p. bewältigt werden.

5. Die Entwicklung der P. zur wissenschaftlichen Theorie hat bisher in der internationalen Gelehrtenwelt zu keinem eindeutigen Ergebnis geführt. Weitgehend begnügt man sich noch mit wissenschaftlich ergänzten Kunstlehren: Ausgesprochene oder unausgesprochene Bildungsideale mehr humanistischer (vorwiegend in romanischen Ländern) oder mehr pragmatistischer Art (vorwiegend in angelsächsischen Ländern) werden dabei unkritisch vorausgesetzt, und man sucht das p.e Problem wissenschaftlich von seinen psychologischen oder soziologischen Teilaspekten her zu bewältigen, was zur Auflösung der P. in Psychologie, Soziologie usw führt. Viele international bedeutende Reformer des Erziehungswesens (Decroly, Dewey, Dottrens u.a.) sind von solchen produktiven, aber einseitigen theoretischen Ansätzen ausgegangen, während Deutschland der Boden blieb für Bemühungen um eine eigenständige philosophisch-wissenschaftliche Bearbeitung des p.en Gesamtphänomens: Herbart wollte die P. aus der Zusammenstellung bloßer Erfahrung herausheben, ihr einerseits in Ethik und Psychologie ein wissenschaftlich strenges Fundament geben, sie anderseits aus ihren »einheimischen Begriffen« entwickeln. Schleiermacher hat diese ihre *logische Struktur* zuerst bemeistert, doch ist in der Folge davon immer wieder abgewichen worden: Entweder wurde versucht, rein spekulativ die Ziele der Erziehung festzustellen, oder man begnügte sich, die anthropologischen Voraussetzungen der Erziehung rein empirisch zu klären. Erst durch die methodischen Untersuchungen von Frischeisen-Köhler und Th. → Litt wurde die logische Struktur der P. wieder aufgedeckt. Die Entfaltung der wissenschaftlichen P. zur Erziehungswissenschaft im Sinne einer positiven Einzelwissenschaft von der Entwicklung des Kindes und Jugendlichen, von der Psychologie des Lernens, der Soziologie der Bildung wird seit 1900 vielfältig angestrebt. Die Untersuchungen gehen in zwei Richtungen: einmal gilt es festzustellen, was ist und typischerweise geschieht, zum zweiten, welche Gesetzlichkeiten psychologischer oder soziologischer Natur bestehen und die Möglichkeiten des Erziehens und Bildens begrenzen oder erweitern. Solche Gesetzmäßigkeiten kehren unter allen sozialen und geschichtlichen Bedingungen wieder. Dahin gehören die biologischen Grundbedürfnisse des Kindes, die Wachstumsstufen, die Entdeckung der sozialen Welt, beginnend mit dem ersten Lächeln des Kindes bis hin zum Erwachen der Geschlechtlichkeit und der »beruflichen« und »politischen« Mitwirkung im Gemeinleben, die Entdeckung der Sprachwelt und der Bilder, Symbole und des Kultus, die Entdeckung der Außenwelt durch Bewegung, Sinneserfahrung, Nachahmung, Werkzeugbenutzung, der Aufbau der Erinnerung und einer in Symbolen fixierten geistigen Welt, die den Aufwachsenden mit dem Gehalt des Gemeinwesens und dem Mitmenschen sowie mit der Vergangenheit der Gemeinschaft verbindet. Gesetzmäßigkeit zeigt sich auch in gewissen Lernprozessen und im Erwerb eines personalen Gleichgewichts, der seelisch-geistigen Gesundheit und Ordnung, wie sie in den Theorien über die Schichten der → Persönlichkeit (Nohl, Lersch, Rothacker) beschrieben wird. Aber alle Gesetzmäßigkeiten in den menschlichen Verhaltensweisen sind notwendig unscharf, da der Mensch von unabsehbarer Plastizität ist und ein produktives Moment in sich trägt: seine Freiheit und Weltoffenheit. Daher haben alle Sätze der empirischen Untersuchungen nur eine bedingte Gültigkeit, weil zu ihrem Verständnis immer die Auslegung der Geschichtlichkeit des Verhaltens hinzugehört.

An dieser Stelle setzt die historische P. mit ihrer Arbeit an, die daher eine notwendige Seite der wissenschaftlichen P. bildet. Ihre Aufgabe ist, die Tatbestände der sittlichen Welt, die mit der Erziehung und Bildung zu tun haben, historisch aufzuklären. Sie begann mit der Erforschung des bestehenden europäischen Unterrichtswesens und seiner antiken Vorläufer; sie dehnte sich aus auf das → Bildungswesen auch der außereuropäischen Kulturen und auf die Erziehung als allgemeine völkerkundliche Erscheinung, auch auf die volkskundlich anzutreffenden Reste archaischer Erziehungsstufen. Ihre Hauptaufgabe ist aber die historische Analyse der bestehenden Erziehungsformen und -einrichtungen sowie der bildenden Gehalte in der gegenwärtigen Welt.

Als logische Struktur der P. als Wissenschaft ergibt sich somit: Ihrem Ausgangspunkt nach ist sie pragmatisch, insofern sie mit einem »Engagement« des Denkenden beginnt. Dieses liegt in einer erfahrenen, konkreten Verantwortung geschichtlich bestimmter Lebenskreise. Die wissenschaftliche Forschung dient der Aufklärung eines Feldes der sittlichen Welt, in dem ethische und p.e Entscheidungen fallen müssen. Aber die P. ist weder pragmatisch noch normativ zu verstehen; die Entscheidungen selbst können nicht wissenschaftlich abgeleitet werden; die Wissenschaft kann die Praxis nicht leiten. »Die Dignität der Praxis ist unabhängig von der Theorie« (Schleiermacher). In der Entwicklung ihrer Kategorien ist die P. selbständig, doch nicht »autonom«, insofern sie im Zusammenhang der Philosophie, Ethik und Anthropologie bleibt. Sie ist aber auch nicht »heteronom«, nicht eine bloße »Anwendung« ethischer Normen oder psychologischer Befunde auf die Erziehungstätigkeit. Weil das p.e Phänomen sowohl den ethischen wie den anthropologischen Befunden schon eigen ist, so ist bei den Untersuchungen dieser Disziplinen die P. immer schon mit vorausgesetzt. Da sie die Entscheidungen selber nicht normiert, hat sie lediglich die Strukturen der Sachverhalte aufzuklären, in denen die Entscheidungen gesucht werden müssen, und da diese Strukturen immer historischen Charakter haben, so ist das Verfahren der P. von daher hermeneutisch; sie legt den Sinngehalt dieser Gebilde aus.

6. Umstritten wie der normative oder empirische, abhängige oder eigenständige Charakter der P. ist auch ihr *Verhältnis zur Theologie*. Comenius begründete seine Erziehungstheorie theologisch, Rousseau, Fichte, Fröbel leiteten sie aus der Metaphysik bzw. aus der nachkantischen kritischen Bewußtseinsphilosophie ab. Pestalozzi erst entwickelte seine Gedanken unmittelbar aus der p.en Situation. Dabei wurde ihm die Bedeutung der Glaubensbindung für die Erziehung bewußt, und er setzte seine eigene Glaubensüberzeugung in die Erziehungstätigkeit ein; sie war sein eigentliches p.es Engagement. Aber die Kategorien seines p.en Denkens gewann er nicht aus theologischen Auslegungen dieses Glaubens, sondern aus der Sache selbst, die sich ihm, gewiß auf Grund pietistischer und allgemein christlicher Erfahrungen, von ihr selbst her darstellte. Vollends das strukturanalytische Verfahren der wissenschaftlichen P. kann nicht in Abhängigkeit von der Theologie verwendet werden. Anderseits wird innerhalb der Theologie außer der Ethik auch die Theorie der → Erziehung (: II) entwickelt werden können, die sich dann ihrerseits auf die wissenschaftliche P. stützen muß. Zwischen den aus theologischer Glaubensauslegung hergeleiteten Sätzen und den Einsichten der Wissenschaft kann weitgehende Übereinstimmung in der Sache bestehen, auch wenn die Denkform und Sprache unterschiedlich bleiben. Der logischen Struktur nach sind beide Arten des Nachdenkens und Forschens über Erziehung und Bildung jedoch verschieden. Ihr Verhältnis zueinander kann nicht eines der Über- oder Unterordnung, sondern nur das dialogische sein. Analoges gilt für das Verhältnis der p.en zur politischen Theorie.

J.F.HERBART, Allg. P., 1806 - DERS., Umriß p.er Vorlesungen, 1835 - F.SCHLEIERMACHER, P.e Vorlesungen von 1826, (1849) 1957 - O.WILLMANN, Didaktik als Bildungslehre, (1882-89) 1957^6 - J.DEWEY, School and Society, Chicago 1899; dt. 1930 - DERS., Democracy and Education, New York 1916; dt. (1930) 1949^2 - DERS., Experience and Education, ebd 1938 - P.HÄBERLIN, Das Ziel der Erziehung, (1917) 1925^2 - DERS., Möglichkeit u. Grenzen der Erziehung, 1935 - M.FRISCHEISEN-KÖHLER, Philosophie u. P., o.J. - DERS., Bildung u. Weltanschauung, 1921 - TH.LITT, Die Methodik des p.en Denkens (KantSt 26, 1921, 17-51 = Führen oder Wachsenlassen, 1958^7, 83 bis 109) - A.FISCHER, Erziehung als Beruf, 1922 (= A.F., Leben u. Werk II, 1950, 31-71) - E.STERN, Einl. in die P., 1922 - G.KERSCHENSTEINER, Theorie der Bildung, (1926) 1931^3 - H.NOHL, (Die Theorie der Bildung [HPäd I, 1933, 3-80]) Die p.e Bewegung in Deutschland u. ihre Theorie, 1957^4 - DERS., Charakter u. Schicksal, (1938) 1949^4 - W.FLITNER, Systemat. P., 1933 - DERS., Allg. P., (1950) 1957^4 - DERS., Das Selbstverständnis der Erziehungswiss. in der Gegenwart, (1957) 1958^2 - R.DOTTRENS, Qu'est-ce que la pédagogie expérimentale?, Neuchâtel 1945 - E.SPRANGER, Pestalozzis Denkformen, (1947) 1959^2 - O.F.BOLLNOW, Das Verstehen, 1949 - DERS., Existenzphilos. u. P., 1959 - M.J.LANGEVELD, Einführung in die P., 1951 - DERS., Studien zur Anthropologie des Kindes, 1956 - E.WENIGER, Die Eigenständigkeit der Erziehung in Theorie u. Praxis, 1952.

W.Flitner

III. Theologisch

1. Theologie und Erziehungswirklichkeit - 2. Kontroverse Entwürfe einer theol. P. - 3. Theol. P. und allgemeine P. - 4. Grundlegung einer theol. P.

1. Das Bedenken p.er Sachverhalte einschließlich einer praktischen Erziehungslehre war in der Geschichte immer mit der theol. Arbeit verbunden. Das ist nicht nur ein historischer Tatbestand, der sich bis zu der Frage nach dem »urchristlichen Erziehungsdenken« (W. Jentsch) zurückverfolgen läßt. Vielmehr ist die Bemühung um die Interpretation der p.en Wirklichkeit in der Theologie ursprünglich und sachnotwendig enthalten. Eine theol. Lehre von der → Erziehung (: II) gibt es mit der gleichen Notwendigkeit wie eine Theologie der Geschlechter, des Rechts, der Politik, der Wirtschaft und des sozialen Lebens. Die Existenz des Christen in den weltlichen Ordnungen und mitmenschlichen Bezügen bedarf der verstehenden Auslegung und des beratenden Geleites. Indem die Theologie diesen Dienst ausrichtet, wird sie notwendig zur dialogischen Begegnung mit der allgemeinen P. geführt, wie sie auch anderswo in der Auslegung von Strukturen menschlichen Lebens das Gespräch mit den einzelnen Wissenschaften aufnimmt. - Seit Mitte der 20er Jahre des 20.Jh.s wurde die Arbeit von größeren freien Gesellschaften getragen: »Reichsbund für Religionsunterricht und religiöse Erziehung«, 1924 durch Zusammenschluß älterer Vereinigungen entstanden (»Monatsblätter für den ev. Religionsunterricht«; vgl. RGG² IV, 1827); »Gesellschaft für ev. P.«, seit 1925 (»Die ev. P.«, seit 1926; P.es Lexikon, hg.v. H.Schwartz, 1928-31). Der Kreis um M.v. → Tiling sammelte sich um die Zeitschrift »Schule und Evangelium« (seit 1926). Nach 1933 bzw. 1945 gründeten die ev. Lehrerverbände zusammen mit den Kirchenleitungen 1954 das Comenius-Institut (Münster/Westf.) als zentrale Arbeitsstätte für Erziehungswissenschaft.

2. In den Versuchen, eine theol. P. zu entwerfen, wirken sich die grundlegenden Vorentscheidungen mit voller Stärke aus, die die → systematische Theologie heute bestimmen. Sie sind darum schon im systematischen Ansatz kontrovers. Sie können auf einige wenige Grundgedankengänge zurückgeführt werden, die in entsprechenden Abwandlungen bei den verschiedenen Autoren wiederkehren.

a) Wo die biblische Botschaft als Mitteilung gegenständlicher (supranaturaler) Wahrheiten verstanden wird, kann eine Theorie der Erziehung auf der Grundlage des Offenbarungswissens aufgebaut und entfaltet werden, die das profane Wissen vom Menschen als ein vorläufiges und vorbereitendes in sich aufnimmt. Die Grenzen zwischen humaner Bildung und Heilserfahrung werden fließend, was bis zur Verschmelzung beider führen kann. Erziehung und Erlösung bilden eine Einheit als das »Bildungswerk Gottes« (A.Fankhauser), das allein vollkommene Menschenbildung gewährleistet. Der Glaube ist Ursprung und Ziel aller Erziehung.

b) Die christologische Begründung der Theologie betont die Unverfügbarkeit des Heilsgeschehens gegenüber allem menschlichen Bilden nach Normen und Idealen. Der neue Mensch des Glaubens ist allein Gottes Schöpfungswerk. Das Evangelium liefert kein Menschenbild, das als Erziehungsideal verwendet werden könnte. Da aber Christus das »Menschenbild Gottes« ist, gewinnt das Gleichgestaltetwerden mit ihm auch p.e Relevanz. In jeweiliger menschlicher Konkretion geschieht in seiner Nachfolge »Bildung durch Verkündigung« (H.Diem). Das Humanum als die kreatürliche Wirklichkeit des Menschen kann von hier aus zugleich eine eminent positive Würdigung erfahren.

c) In der von der Existenzdialektik bestimmten Theologie bleibt das neue Selbstverständnis des Glaubens im weltlichen Handeln unanschaulich. Der Wandel der Existenz verändert das Motiv des Tuns, aber nicht seinen Inhalt. Der Glaube befreit zum Handeln in absoluter Profanität und bewahrt dieses in seiner Weltlichkeit. In der Erziehung vom Evangelium her wird die p.e Verantwortung als Verantwortung vor Gott erkannt und wachgehalten. Erziehung ist dann nichts anderes als Hilfe zum Menschsein in der weltlichen Wirklichkeit. Wie alles weltliche Handeln ist auch die Erziehung allein dem Gebrauch der Vernunft unterworfen. Es ist unmöglich, innerhalb der profanen Welt einen gesonderten Bereich »christlicher Erziehung« abzugrenzen. Sachgemäße P. schließt jede Gegenüberstellung von »christlicher« und »weltlicher« P. aus. Wo der Erzieher als Person vom Evangelium getroffen wird und dadurch zu einem Verstehen der p.en Situation kommt, das über die allgemeine P. hinausführt, ist dieses nirgends von der konkreten Situation ablösbar und grundsätzlich nicht systematisierbar (G.Otto). Eine theol. P., verbindliche Weisungen und verpflichtende Maßstäbe lassen sich daraus nicht ableiten.

d) Die notwendige Unterscheidung und Zuordnung von Erziehung und Heilsgeschehen wird interpretiert durch eine sachgemäße Erneuerung der Lehre vom geistlichen und weltlichen Regiment Gottes. Dabei wird das verhängnisvolle statische Mißverständnis dieser Lehre korrigiert und ihr Verhältnis zu der → Zwei-Reiche-Lehre (regnum diaboli-regnum Christi) geklärt. Die Unterscheidung von → Gesetz (: V. VI) und Evangelium dagegen gehört der Existenz des Glaubenden an und wird in der p.en Wirklichkeit nur in einem »vorletzten« Sinne (Bonhoeffer) wirksam. Die Erziehung gehört als weltlicher Dienst zu den erhaltenden Ordnungen, die Gott dem kreatürlichen Leben gibt. Diese Ordnungen sind immer in ihrem eschatologischen Gefälle, dh in ihrer Beziehung zur eschatologischen Neuschöpfung zu sehen. Indem die kirchliche Verkündigung als Appell zur Selbstauslegung des Menschen von Gottes Anrede her verstanden wird, tritt sie in strukturelle Analogie zur Erziehung als Hilfe zur Selbstauslegung, ohne daß damit der Unterschied zwischen dem natürlichen und dem eschatologischen Geschehen verwischt würde. Aus der Bereitschaft zur Stellvertretung, die in der christlichen Gemeinde geübt wird, entspringt der Erziehungsauftrag der Kirche (W.Lohff).

3. Zwischen P. und Theologie ist in der Gegenwart ein neues und fruchtbares *Gespräch* in Gang gekommen. Die geisteswissenschaftliche → Pädagogik (: II) hat die Alternative von positivistischer Tatsachenforschung und normativer Systematik überwunden und versteht sich als hermeneutische Wissenschaft. In diesem hermeneutischen Selbstverständnis der P. ist der entscheidende Ausgangspunkt für die Zusammenarbeit von P. und Theologie gegeben. Die dialogische Begegnung beider Wissenschaften vollzieht sich innerhalb des hermeneutischen Zirkels von Erfahrung und Deutung, von Vorfindlichkeit und verstehender Interpretation. Das Gespräch zwischen P. und Theologie ist nur ein konkreter Modellfall der Begegnung der → Theologie (: III) mit den Wissenschaften überhaupt. Die Theologie hat es überall mit der vorgegebenen Struktur eines Sachgebietes und der sachgemäßen Methode seiner Erforschung zu tun, die weder einer Ableitung aus der Theologie noch einer Begründung durch sie bedürfen. So kann es auch nicht die Aufgabe der Theologie sein, aus sich heraus eine apokryphe P. zu entwickeln, die abseits von der allgemeinen P. ein Ghettodasein führt. Ebensowenig kann es die Aufgabe der P. als Erziehungsphilosophie sein, aus ideologischen Vorentscheidungen heraus eine Pseudotheologie zu entwickeln, die dem Gespräch mit der Theologie grundsätzlich aus dem Wege geht.

Die Zusammenarbeit in gegenseitiger Anregung, Befragung und Hilfe zur Selbstkritik kann nur fruchtbar werden, wenn die jeweils eigentümliche Aussagestruktur und der »Stellenwert« einer Aussage in diesem Gefüge berücksichtigt wird. Soll eine Aussage in eine andere Disziplin übertragen werden, muß ihre Bedeutung innerhalb des jeweiligen hermeneutischen Zirkels geklärt werden. Wenn zB theol. Aussagen in die allgemeine P. überführt werden, müssen sie auch p. verifizierbar und vernünftig einsichtig gemacht werden können. Auf diese Weise können P. und Theologie sich gegenseitig zu Nachbarwissenschaften oder zu »Hilfswissenschaften« werden, ganz bes. auf dem Gebiet der sittlichen und religiösen Erziehung. Die Kirche hat heute nicht nur die Aufgabe, ihre eigene Pädagogie verantwortlich zu klären und eine neue theol. P. zu entwickeln. Sie kann sich nicht, wie es zeitweise der Fall war, auf die → Katechetik oder → Religionspädagogik als Theorie des kirchlichen Unterrichts oder des → Katechumenats zurückziehen. Sie ist aufgerufen und verpflichtet zur Mitarbeit an der p.en Gesamtaufgabe.

Die von der existenzphilosophischen → Anthropologie (: II, 2) herkommende P. ergänzt die klassische P. der stetigen Vorgänge durch eine Theorie der unstetigen Erziehungsformen (O.F.Bollnow). Der stetige Bildungsvorgang kann dann sogar als ein Teilaspekt der wesentlich unverfügbaren und unstetigen p.en Wirklichkeit verstanden werden (K.Schaller). Die formale Strukturanalogie und die weitgehende Übereinstimmung mit den Phänomenen der kirchlichen Verkündigung (Erweckung, Ermahnung, Appell, Begegnung, Wagnis und Scheitern) eröffnet neue Perspektiven für das Gespräch zwischen P. und Theologie. Doch bleibt die phänomenologische Analyse notwendig auf die immanente Deutung und Beschreibung beschränkt (W.Loch). Wenn auch die Kategorie der Unverfügbarkeit hier innerhalb der P. eine Bedeutsamkeit erlangt, die sie in der klassischen Theorie der stetigen Bildungsvorgänge nicht haben konnte, so bedeutet doch das Unverfügbare in der Theologie noch etwas anderes als in der P., nämlich das Wirken des Hl. Geistes und die Neuschöpfung des Menschen. Auch die appellierende P. führt nicht über den

Bereich des natürlichen Seins und damit über das Gesetz der Sachlichkeit, Mitmenschlichkeit und Aufgabenbereitschaft hinaus. In der Verkündigung aber wird das Gebot nicht aus der kreatürlichen Wirklichkeit, sondern aus der Absolution heraus wirksam.

4. Die Interpretation der anthropologischen Grundbefindlichkeit ist auch in der Theologie ein hermeneutischer Vorgang. Die mit der Existenz des Menschen gegebene Urwirklichkeit des Erzieherischen kann nicht anders ausgelegt werden als die Existenz des Menschen in ihrer Ganzheit. Das bedeutet, daß der Mensch auch als Partner des erzieherischen Bezuges nicht aus sich selbst, sondern nur aus dem Angesprochensein durch Gott heraus verstanden werden kann. Dies gilt ebenso für den Erzieher und die erziehende Gemeinschaft wie für das Kind als animal educandum et educabile. Die Ergebnisse der theol. Interpretation der p.en Phänomene sind darum immanent nicht restlos verrechenbar. Es ist anzustreben und in gewissem Maße auch möglich, sie dem immanenten Verstehen einsichtig zu machen. Aber diese Einsichtigkeit ist nicht die gleiche wie die einer philosophischen Daseinsauslegung.

Die theol. Interpretation der p.en Strukturen kann nicht aus einem System dogmatischer Normen oder biblischer Wahrheiten abgeleitet werden. Sie kann immer nur in dauerndem Bezogensein auf die irreduzible menschliche Wirklichkeit, dh auf die p.en Urphänomene und ihre konkreten Erscheinungsformen, gewonnen werden. Zur theol. Daseinsauslegung wird sie durch ihr Vorverständnis. Damit wird die phänomenale Wirklichkeit als die in ihrer Profanität dem eschatologischen Handeln des dreieinigen Gottes unterworfene und ausgesetzte Schöpfung verstanden. Im Vollzug dieser Auslegung besteht der eigentliche Auftrag einer theol. P. Er reicht über das kirchliche Bedürfnis nach einer praktischen Erziehungslehre hinaus und kann nicht auf diese reduziert werden.

Die besondere Sichtweise des gläubigen Erziehers wird auch seine wissenschaftliche Arbeit mitbestimmen. Die Auslegung der p.en Situationen vom Christsein des Erziehers her ist wohl in ihrem Ursprung durch die personale Existenz des Glaubenden bestimmt. Sie kann aber nicht punktuell darauf beschränkt bleiben. Sie ist vielmehr konkret nur realisierbar, wenn sie offen ist für die Kommunikation mit anderen und für sie fruchtbar wird, indem sie sich in zusammenhängenden und der Überlieferung zugänglichen Verstehens- und Verhaltensweisen niederschlägt. Es ist darum eine wesentliche Aufgabe der theol. P., Maßstäbe auszuarbeiten, die als verpflichtende und hilfreiche Weisung für die Erziehung dienen können. Die theol. P. kann diese Aufgabe nur lösen, indem sie einen Weg geht, der über die Alternative einer prinzipiellen »Situations-P.« und einer dogmatischen Normen-P. hinausführt.

Vgl. die Lit. zu → Erziehung: II, → Kirchliche Unterweisung: II. - H.ELLIOT, Can Religious Education be Christian?, New York 1940 - H.S.SMITH, Faith and Nurture, ebd 1941 - P.H.VIETH, The Church and Christian Education, St. Louis 1947 - DERS., The Church School, Philadelphia 1957 - F.DELEKAT, Das theol. Problem in d. P. u. das p.e Problem in d. Theol. (Ev. Erziehung 1, 1948, 9-26) - DERS., Theol. u. P. (ThEx NF 53), 1956 - H.STOCK, Autonomie der P. u. christl. Glaube (Der ev. Erzieher 1, 1949, 2-14) - O.HAMMELSBECK, Ev. Lehre von der Erziehung, (1950) 1958² - R.C.MILLER, The Clue to Christian Education, New York 1950 - DERS., Biblical Theology and Christian Education, ebd 1956 - DERS., Education for Christian Living, Englewood Cliffs/N.J. 1956 - G.BOHNE, Grundlagen der Erziehung I. II, (1951/53) 1958/60² - Glauben u. Erziehen, Festg. f. G.Bohne, hg.v. H.HEEGER, 1960 - W.FLITNER, Erziehungswiss. u. kirchl. P. (Die Sammlung 6, 1951, 631-645 = Grund- u. Zeitfragen der Erziehung u. Bildung, 1954, 113-125) - DERS., Stellung u. Methode der Erziehungswiss. (ZP 2, 1956, 65-73) - DERS., Das Selbstverständnis der Erziehungswiss. in d. Gegenwart, 1957 - K.FRÖR, Erziehung u. Kerygma, 1952 - DERS., Die theol. Lehre von Gesetz u. Evangelium u. ihre Bedeutung f. d. P. (Glauben u. Erziehen, Festg. f. G.Bohne, 1960, 97-106) - R.L.HOWE, Man's Need and God's Action, Greenwich/Conn. 1953 - W.UHSADEL, Ev. Erziehungs- u. Unterrichtslehre, 1954 - DERS., Die Voraussetzungen des Gespräches zw. Theol. u. P. (G.NIEMEIER-W.UHSADEL, Kirche u. Schule, 1956, 5-24) - DERS., Evangelium u. Erziehung (Die Leibhaftigkeit des Wortes, Festschr. f. A.Köberle, 1958, 394-409) - E.WENIGER, Zum Gespräch zw. ev. Theol. u. P. (Die Sammlung 9, 1954, 126-137. 180 bis 193) - J.D.SMART, The Teaching Ministry of the Church, Philadelphia 1954 - D.C.WYCKOFF, The Task of Christian Education, ebd 1955 - DERS., The Gospel and Christian Education, ebd 1959 - L.J. SHERRILL, The Gift of Power, New York 1955 - G.OTTO, Verkündigung u. Erziehung, 1957 - DERS.-H.SCHEUERL-I.RÖBBELEN, Neue Beiträge zum Thema Erziehung u. Verkündigung, 1960 - I.RÖBBELEN, Diskussionsbericht (O.F.BOLLNOW u.a., Der Mensch in Theol. u. P., 1957, 58-79) - A.FANKHAUSER, Das Wort Gottes als Kriterium der P. (ThSt [B] 52), 1957 - A.BURKERT, P. in ev. Sicht, 1957 - M.STALLMANN, Christentum u. Schule, 1958 - E.REIMERS, Recht u. Grenzen einer Berufung auf Luther in d. Bemühungen um die ev. Erziehung, 1958 (Lit.) - A.FLITNER, Die Kirche vor den Aufgaben der Erziehung, 1958 - O.F.BOLLNOW, Existenzphilos. u. P., 1959 (Lit.) - H.DIEM-W.LOCH, Erziehung durch Verkündigung, 1959 - H.SCHREINER, Ev. P. u. Katechetik, 1959 - I.V.CULLY, The Dynamics of Christian Education, Philadelphia o.J. - A.H.JASSMANN, What's Lutheran in Education?, St. Louis 1960 - R.PADBERG, Glaube u. Erziehung, 1960 (kath.) - W.LOHFF, Der Erziehungsauftrag der Kirche, 1960 (Masch. d. Comenius-Instituts) - U.CILLIEN, Das Erziehungsverständnis in P. u. ev. Theol. (Diss. Bonn), 1960 (Masch., im Erscheinen) - K.SCHALLER, Die Krise der humanist. P. u. der kirchl. Unterricht, 1961 - J.ASHEIM, Glaube u. Erziehung bei Luther, 1961. - Weitere Aufsätze in: Der ev. Erzieher; EvTh; Ev. Unterweisung; MPTh; Die Sammlung; Schule u. Leben; ZP. *K.Frör*

Pädagogische Hochschule → Hochschulen, pädagogische.

Paenitentiarie, Hl. oder Apostolische P., ein auf das → Forum internum beschränktes Gericht der Römischen → Kurie, das für Gnadenbewilligungen (Absolutionen, Dispensationen usw), für die Prüfung und Entscheidung von Gewissensfragen und für die → Ablaß-Praxis und die Bewilligung von Ablässen zuständig ist. Leiter der P. ist der *Kardinal-Großpaenitentiar,* der von einem kleinen Stab von Prälaten beraten wird. Die an den römischen Patriarchal-Basiliken und einigen anderen dem Hl. Stuhl unmittelbar unterstellten italienischen Basiliken amtierenden Hilfs-Paenitentiare *(Paenitentiarii minores)* werden von ihm delegiert, gehören aber nicht zur P. Sie führen wie der Großpaenitentiar noch die früher bei der Beichtabsolution allgemein übliche Bußrute und können durch Berührung mit ihr einen Ablaß von 100 (Großpaenitentiar: 300) Tagen erteilen. Amt und Vollmachten des Großpaenitentiars dauern auch bei Sedisvakanz des Hl. Stuhles weiter; sollte er während ihrer sterben, muß das Kardinalskollegium für die Zeit bis zu ihrer Beendigung einen Stellvertreter wählen. - Die P. geht bis ins 13.Jh. zurück und wurde mehrfach neu organisiert, zuletzt unter Pius XI. 1935 (seitdem der jetzige Name, bis dahin Poenitentiarie).

c. 258 CIC - c. 204 De ritibus orientalibus... (AAS 49, 1957, 494) - Apostol. Konstitution De Paenitentiaria Apostolica (AAS 27, 1935, 97-113) - Lehrbücher des → Kirchenrechts - U.STUTZ, Zur Neuordnung der Sacra Paenitentiaria Apostolica (SAB 17, 1935, 291-319) - DDC VI, 1327ff. - Gesch.: FEINE (Reg. s.v. Römische Kurie) - PLÖCHL II. III. *H.Barion*

Päpstlicher Segen (benedictio apostolica, b. papalis), ein → Sakramentale (b. invocativa) der kath. Kirche, umfaßt Pontifikal- und Sterbesegen. Die bis 1870 öffentlich-feierliche Erteilung des P.S.s ist seit den Lateranverträgen 1929 wieder möglich. Spender ist der Papst in Person (zB nach Wahl und Krönung, bei Audienzen, an Abwesende durch Vermittlung) oder, durch befugte Organe, generell der Hl. Stuhl, der nach cc. 100. 1495

§ 1 CIC juristische Person ist. Die kuriale Formel »Urbi et Orbi« bezeichnet die Geltung des Segens für die ganze Kirche. Der P.S. ist mit vollkommenem → Ablaß verbunden, der unter den gewöhnlichen Bedingungen (würdige Beichte und Kommunion) auch bei Radioempfang gewonnen wird. Die Bischöfe können ihn (im Wortlaut abweichend) dreimal im Jahr, hierarchisch ihnen nachstehende Dignitäre zweimal oder einmal erteilen, ähnlich manche Orden, bevollmächtigte einfache Priester zum Abschluß von Exerzitien und Missionen. - Der von einem Priester erteilte P.S. mit vollkommenem Ablaß für *Sterbende* (in articulo mortis) ist die außersakramentale, nicht schuldvergebende, sondern von zeitlichen Sündenstrafen lösende »Generalabsolution«. *J.Bernhart*

Pagi, *Antoine* (1624-99), * in Rognes (Provence), † in Aix-en-Provence, kath. Kirchenhistoriker, 1641 in Arles Minorit, war viermal Provinzialminister. P. edierte die Predigten des → Antonius von Padua. Er kritisierte die »Annalen« des → Baronius in seinem Hauptwerk: »Critica historico-chronologica in Annales Baronii« (I, Paris 1689; I-IV, Genf [1705] 1727², hg.v. seinem Neffen *François* P.). Die Kritik hat Mansi in die Baronius-Ausgabe aufgenommen.

HN IV, 506ff - DThC XI, 1728f (Lit.) - A.CHIAPPINI, Annales Minorum XXX, Quaracchi 1951, 88. 383 - EC IX, 556. *H.Liebing*

Pagninus, *Santes* (1470-1541), * in Lucca, Dominikaner (in Lyon seit 1524) und bedeutender Hebraist. In 25jähriger Arbeit schuf er als erster seit Hieronymus nach den beiden Grundtexten eine sehr wörtliche, auch von Luther anerkannte und öfters aufgelegte lat. Bibelübersetzung mit den Apokryphen als besonderer Abteilung (Lyon 1528/27). Wichtig ist auch sein die rabbinische Sprachforschung benutzendes hebräisches Lexikon »Thesaurus Linguae Sanctae« (Lyon 1529).

RE III, 51f - HN II, 1515ff - CCath 13, 1928, XXXIII. XXXVI - RGG² IV, 867f - LThK VII, 873 - T.M.CENTI in: AFP 15, 1945, 5-51. *H.Volz*

Paine, *Thomas* (1737-1809), politischer Publizist. Aus einer armen, englischen Quäkerfamilie stammend (* in Thetford), kam P. nach unsteter Jugendzeit 1774 nach Philadelphia und geriet sofort in den Strom der nordamerikanischen Unabhängigkeitsbewegung, die er als »die Sache Gottes und der Menschheit« bezeichnete. Seine politische Publizistik erreichte ihren ersten Höhepunkt durch die Schrift »Common Sense« (1776), die in ihrer populären Wirkung etwa der des Romans Onkel Toms Hütte im 19.Jh. für den Sezessionskrieg gleichzusetzen ist. P. wurde der journalistische Trommler Amerikas, nahm auch zeitweilig am Feldzug teil, sein Kampfmittel blieb jedoch die Feder. Dem politischen Intrigenspiel war P. gar nicht gewachsen, wie seine kurze Tätigkeit als Sekretär des Kongresses zeigte (1779 wurde er Sekretär der pennsylvanischen Nationalversammlung). Seine lautere, rational-ethische Gesinnung trat in seinem Hauptwerk »The Rights of Man« (1791/92) zutage. Dieses Buch sollte auch eine Entgegnung auf die »Betrachtungen über die Revolution in Frankreich« des einst liberalen, jetzt konservativ-realistischen Edm.Burke sein, dessen Wirkung auf die englische Urteilsbildung es jedoch nicht beeinträchtigte. Aber auch in Amerika stieß P., der sich seit 1789 zwischen Paris und London bewegte, mit seiner Begeisterung für die franz. Revolution auf kühle Zurückhaltung. Washington, dem das Buch gewidmet war, dankte nur mit einer Höflichkeitsantwort. P.s naturrechtliches Grundsatzdenken widersprach dem an die Situation gewiesenen Handeln der Politiker. So widmete er den 2. Bd der »Menschenrechte«, der vornehmlich eine Kritik des englischen Systems darstellte, Lafayette. Noch bevor ein englisches Sondergericht seine Ächtung ausgesprochen, befand sich P. in Frankreich, dessen Ehrenbürger er war und dessen Konventsmitglied er jetzt wurde. Mit Condorcet wurde er Schöpfer des neuen republikanischen Verfassungsentwurfs der Gironde, kämpfte jedoch vergeblich gegen die Todesstrafe für Ludwig XVI. Als die Herrschaft des Terrors begann, wurde auch P. verhaftet. Bereits zur Hinrichtung bestimmt, verdankte er nur einem Zufall seine Rettung. In dieser Zeit entstand sein letztes Hauptwerk (»The Age of Reason«, 1794ff), das eine radikale Absage an das biblische Christentum enthielt und eine naturrechtliche Vernunftreligion zu entwickeln suchte. Es war ein radikaler, popularisierter Deismus, den er auch noch in einer Reihe weiterer Schriften verfolgte. - 1802 kehrte P. nach Amerika zurück, anfangs noch voller Hoffnungen, bald bitter enttäuscht. Einsam ist er 72jährig in New York gestorben.

Writings, 4 Bde, New York 1894-96 - Die theol. Werke, Philadelphia 1866 - Die polit. Werke, 2 Bde, ebd 1870. - Über P.: R. BLUNCK, Th.P., 1936 (Lit.) - W.E.WOODWARD, Th.P., 1948. *K.Kupisch*

Pajon, *Claude* (1626-85), 1666-68 als Schüler von → Camero und → Amyraut letzter Vertreter des philanthropischen Calvinismus an der Akademie → Saumur. Unter Aufnahme des → Okkasionalismus von → Malebranche erklärte er das Geheimnis der Bekehrung: die moralische Evidenz des Evangeliums wirkt über den Verstand auf den Willen, der zwangsläufig der Erkenntnis folgt (vgl. die Bekehrungspsychologie Cameros). In Anlehnung an den zeitgenössischen → Deismus (: III) deutete er auch die doppelte Prädestination: die Wirksamkeit des Wortes ergibt sich aus der Situation, auf die es beim Menschen trifft; denn dieser ist durch die der Schöpfung mitgegebenen Urimpressionen determiniert, so daß ein steter concursus Dei nicht angenommen werden muß. P.s Darstellung der ref. Theologie mit den Mitteln des aufklärerischen Weltbildes ist in seiner Zeit singulär. Die hugenottische Kirche hat ihn nicht verurteilt, sich aber seinen Lehren verschlossen. Seine Schüler gingen teils zum Katholizismus, teils zum Sozinianismus über. Spuren seiner Lehre finden sich bei → Leibniz und → Schleiermacher.

A.SCHWEIZER, Die prot. Centraldogmen II, 1856, 570ff - E.HAAG, La France Protestante VIII, 1857, 67ff - E.A.MAILHET, C.P., 1883 - RE XIV, 553ff - HIRSCH I, 169ff. *J.Moltmann*

Pakistan, rd 845 000 qkm mit (1960) rd 90 Mill. Einwohnern (über 500 000 im kleineren, durch 1800 km von West-P. getrennten Ost-P.; s. Karte 13), wurde 1947 selbständiges Dominion, 1956 Republik im Commonwealth. 1958 löste eine Militärherrschaft den Parlamentarismus ab, eine indirekte Präsidialdemokratie wird entwickelt. Der Staat ist islamisch, doch nicht theokratisch. 86% der Einwohner sind Muslim (davon 10% Schiiten). Die Minderheiten genießen Schutz (1951: 13% Hindus, dazu Christen, Buddhisten, Parsen, Juden). - Die Geschichte der *christlichen Mission* nennt die Hll. Thomas und Bartholomäus (→ Indien: IV, 1 a), im 16.Jh. Missionare aus Goa und Persien. Unter der britischen Herrschaft entstanden seit dem 18.Jh. dauerhafte Gemeinden, im 19. und 20.Jh. durch → Gruppenbekehrungen der aus dem Kastensystem ausgeschlossenen Dorfarmen, die heute in den Kirchen die Mehrheit bilden. Die schmale Mittel- und Oberschicht (Aufgestiegene oder Christen aus höheren Kasten und dem Islam) nahm nach 1947 durch Abwanderung ab. Die Nachkommen europäisch-einheimischer Verbindungen (Anglo-Pakistanis) und die Ausländer bilden isolierte christliche Gruppen. - 1960 wurde die Zahl der Katholiken auf 300 000 geschätzt. Die Hierarchie ist seit 1886 selbständig. 1958 wurde ein Pakistani Erzbischof von Karachi. Die Kirchenprovinz Dacca hat zZ (1960) 4, die Kirchenprovinz Karachi 6 Diözesen (der Teil der Diözese Rawalpindi jenseits der Kaschmir-Demarkationslinie wird durch einen zur indischen Hierarchie gehörenden Apostolischen Präfekten verwaltet). - Rd 400 000 Christen (100 000 in Ost-P.) gehören zu Kirchen, deren Zusammenschluß 1961 erfolgen soll. Sie arbeiten seit 1954 im All Pakistan Christian Council zusammen. Örtlich betätigen sich überkonfessionelle Missionsgesellschaften wie The Evangelical Alliance Mission (TEAM). Die Missionare aus Europa und Amerika (seit neuestem auch die der United Presbyterians) ordnen sich den einheimischen Kirchen ein. Die United Presbyterians haben seit 1854 von Sialkot aus 130 000 Gemeindeglieder gewonnen. Ihre amerikanische Mutterkirche vereinigte sich 1958 mit der Presbyterian Church in the USA, die seit 1849 über 50 000 Glieder gewonnen hat (Lahore Church Council) und wie die seit 1855 von schottischen Missionaren gegründeten Gemeinden des Sialkot Church Council (18 000 Glieder) formal zur United Church of Northern India gehört. Die Gemeinden der Associate Reformed Presbyterian Church bei Montgomery zählen ca 17 000 Glieder. Zur anglikanischen Church of P. gehören die Diözese Lahore mit einem Suffragan in Karachi (80 000 Glieder) und die Diözese Dacca. Die Indus River Conference der Methodist Church in Southern Asia erfaßt rd 44 000 Methodisten in West-P. In Sind und (mit amerikanischer, australischer und neuseeländischer Hilfe) in Ost-P. arbeiten Baptisten, in Ost-P. und der ehemaligen Nordwest-Grenzprovinz (Mardan) skandinavische Lutheraner, in beiden Landesteilen Pfingstler und Adventisten. Heilsarmee, YMCA, YWCA, Krankenhäuser, Schulen und Colleges genießen hohes Ansehen (Forman Christian und Kinnaird College in Lahore, Murray College in Sialkot, Gordon College in Rawalpindi, sämtlich presbyterianisch mit methodistischer Unterstützung).

Rob.Stewart, Life and Work in India, Philadelphia 1899 - A.J. Brown, One Hundred Years, New York 1936 - National Catholic Directory for P., Karachi 1956 - Plan of Church Union in North India and P., Mysore 1957³ - R.O.Comfort, The Village Church in West P., Lahore 1957 - Directory of Christian Work in East P., Dacca 1960. *K.H.Pfeffer*

Paläographie

1. Wissenschaftsgeschichtliches - 2. Schriftgeschichte

1. Die P. als eine der Hilfswissenschaften der Geschichtsforschung und der Philologie hat die Aufgabe, die Geschichte der Schrift, des Schreibens, der Schreibstoffe und -werkzeuge (→ Brief und Buch im Altertum; → Papyrusforschung) zu erforschen und die Fähigkeit zu vermitteln, alte Schriften richtig zu lesen, das Alter, die zeitlichen und landschaftlichen Besonderheiten solcher Schriften zu erkennen und die aus dem handschriftlichen Befund sich ergebenden Anhaltspunkte für die Kritik der Überlieferung mit zu verwerten. Die Entwicklung der lat. Schrifr, von der hier allein die Rede ist, in ihren Hauptanwendungsgebieten als Monumental-, Bücher- und Geschäftsschrift ist nicht gleichmäßig, und ihre Untersuchung erfordert verschiedenartige Arbeitsmethoden. So hat sich das erste Gebiet, die → Epigraphik, schon lange als eine Sonderwissenschaft von der eigentlichen P. getrennt, während das letzte Gebiet in engem Zusammenhang mit der Urkundenforschung (→ Diplomatik) geblieben ist. Von dieser hat die wissenschaftliche P. seit dem letzten Viertel des 17.Jh.s ihren Ausgang genommen im Anschluß an die Quellenkritik der → Bollandisten und der → Mauriner, vor allem von → Mabillon (1681) und → Montfaucon (1708), im 18.Jh. bes. von Sc. → Maffei und den Maurinern Ch.F.Toustain und R.P.Tassin. Im 19.Jh. hat die lat. P. vor allem durch die Arbeit der französischen (École des Chartes gegr. 1821; L.Delisle, † 1910), deutschen (MG gegr. 1819, Institut für österr. Geschichtsforschung gegr. 1854, Monumenta palaeographica begr. 1899; W.Wattenbach, † 1897; L.Traube, † 1907; Th.v. Sickel, † 1908), englischen (Palaeographical Society begr. 1873 bzw. 1902; Codices latini antiquiores, seit 1934) und italienischen (Archivio paleografico italiano, seit 1883) Forschung große Fortschritte gemacht. Der Ausbau der photographischen Technik, bes. die Einführung der Photokopierungsverfahren seit etwa 1920 haben dabei wesentliche Hilfe geleistet.

2. Handschriftliche Denkmäler der abendländischen Vergangenheit liegen seit der ausgehenden Antike in zunächst spärlicher, dann seit dem MA zunehmend umfangreicher werdenden Überlieferung vor. Ihre Schrift geht immer und überall auf die von den Römern übernommenen Zeichen des griech. Alphabets zurück, das die Griechen ihrerseits wahrscheinlich vor Ende des 13.Jh.s vChr von den Phönikern erhielten und in die für das Abendland gültige Gestalt brachten. Dieses Alphabet, das in den Formen, den Namen, dem Lautwert und der Reihenfolge seiner Buchstaben bei den Semiten bereits in der 1. Hälfte des 2.Jt.s vChr im wesentlichen festlag und von den Griechen den Bedürfnissen ihrer eigenen Sprache angepaßt wurde, ist die Grundlage nicht nur für die lat. Schrift der Italiker und des ganzen Abendlandes, sondern auch (seit der 2. Hälfte des 9.Jh.s durch Kyrillos [→ Konstantin]) für die Schrift der slawischen Völker geworden. Bei den Römern wurden für sie je nach den Anwendungsgebieten verschiedene Gebrauchsformen entwickelt: die Kapitale, die heute noch in den Großbuchstaben der lat. Druckschrift fortlebt, für Inschriften und Pracht-Hss., die Kursive als schnelle Geschäftsschrift (seit Beginn des 4.Jh.s in eine Minuskelschrift verwandelt) und die gerundete Unziale, die im 3./4.Jh. aus Elementen der Kapitale und Kursive sich entwickelt und in verschiedenen Abwandlungen bis ins 8.Jh. als Bücherschrift gebraucht wird, gleichzeitig mit ihr seit dem 4.Jh. die Halbunziale, die von der Minuskelkursive das Vierlinienschema (Ober- und Unterlängen) und von der Unziale die gerundeten Formen übernimmt. - Dieses antike Erbe ist von den Nachfolgevölkern des röm. Reiches in verschiedenartiger Weise weiterentwickelt worden, so daß man früher fälschlich von selbständig entstandenen »Nationalschriften« gesprochen hat. Auf den britischen Inseln hat sich die irische und später auch die angelsächsische Schrift aus der Bücherschrift der Halbunziale ausgebildet, und diese Schrift ist mit der insularen Mission auch auf das Festland gebracht worden. Auf dem Festland, wo das röm. Geschäftsleben auch nach der germanischen Eroberung weiterbestand, war vor allem die Geschäftsschrift, dh die Minuskelkursive, eine Grundlage für die Weiterentwicklung zu landschaftlich in Einzelheiten verschiedenen Minuskelschriften bei den Goten, Wandalen, Franken und Langobarden. In fränkischen Skriptorien wird schließlich am Ende des 8.Jh.s unter maßgebendem Einfluß des Hofes und der Akademie → Karls d. Gr. und in deutlichem Zusammenhang mit der gleichzeitigen, aus kirchlichem Geiste geborenen Reinigung der lat. Sprache und der kirchlichen Bücher eine reformierte kalligraphische Bücherschrift, die »karolingische Minuskel« ausgebildet, die sich über das ganze karolingische Reich ausbreitet,

im 11./12.Jh. auch in England und Spanien eindringt, seit Mitte des 9.Jh.s auch die Urkundenschrift umbildet und bes. aus dem 9.Jh. Hss. von ungewöhnlicher Schönheit hinterlassen hat. Diese Schrift, die in ihrer kalligraphischen Standardisierung freilich zunächst eine gewisse Erstarrung der lebendigen Entwicklung im Gefolge hatte, wird im 12.Jh. zur gotischen Bücherschrift (Textura) weitergebildet und bringt im Zusammenhang mit der wieder zunehmenden Schriftlichkeit im Geschäftsleben auch eine Kursivschrift (Notula) hervor. Textura und Notula sind in ihren verschiedenen Abwandlungen (Rotunda, Bastarda, Gotico-Antiqua u.a.) die Grundlagen für die noch heute gebrauchte »deutsche« Druck- und Schreibschrift geworden, während die heutigen Antiquaschriften dem Zurückgreifen der italienischen Humanisten des 14./15.Jh.s auf die kalligraphischen Hss. in alter karolingischer Minuskel, die sie für antik hielten, ihre Entwicklung verdanken.

W.WATTENBACH, Das Schriftwesen im MA, (1871) 1958^4 - H.JENSEN, Die Schrift in Vergangenheit u. Gegenwart, (1935) 1958^2 - G.BATTELLI, Lezioni di paleografia, Vatikanstadt (1936) 1949^3 - D.DIRINGER, L'alfabeto nella storia della civiltà, Florenz 1937; engl.: New York 1948 - DERS., The Story of the Aleph Beth, London 1958 - J.G.FÉVRIER, Hist. de l'écriture, Paris 1948 - H.FOERSTER, Abriß der lat. P., 1949 - B.BISCHOFF, P. (in: Dt. Philologie im Aufriß, hg.v. W.STAMMLER, I, [1952] 1957^2, 379-452). - Weitere Lit. in den genannten Werken. *E.Meyer*

Paläologus, *Jakob* (ca 1520-85), → Antitrinitarier, * auf der Insel Chios, angeblich aus dem byzantinischen Kaisergeschlecht der Paläologen, studierte in Italien, wurde 1569 Leiter der unitarischen Schule in Klausenburg (Siebenbürgen) und kam 1575 nach Polen. Seine Auffassung, ein Christ dürfe am Waffendienst, am gerechten Krieg und an öffentlichen Ämtern teilnehmen, sowie seine Lehre, Christus gebühre keine Anbetung, fanden auf den Synoden der → Sozinianer starke Beachtung, wurden aber von Faustus → Sozzini und den Vertretern der Rakower Richtung zurückgewiesen. P. wurde als Ketzer in Rom verbrannt.

K.LANDSTEINER, J.P., 1873 - KL IX, 1274f - K.ESTREICHER, Bibliografia Polska III, Bd 13, 1912, 32f - K.VÖLKER, KG Polens, 1930, 249 - LThK VII, 876. - Vgl. zur Gesch. der poln. Antitrinitarier: A.STARKE, Zur Reformationsgesch. Polens (ThLZ 79, 1954, 595-602) - K.KREJČÍ, Gesch. d. poln. Lit., 1958, 539ff. *E.Peschke*

Palästina

I. Altkirchlich - II. In Mittelalter und Neuzeit. - Karte 21 »Palästina-Syrien (römisch-byzantinische Zeit)« s. Sp. 25 f. - Für die früheren Perioden vgl. → Kanaan: II, → Israel: I, → Judentum: I. - Zur Geographie P.s vgl. → Kanaan: I

I. Altkirchlich

1. P. (= Land der → Philister) meint das südl. von Phönikien gelegene Gebiet (Herodot), dann die röm. Provinz, im kirchlichen Sprachgebrauch das »hl. Land« (vgl. Noth). In der Zeit Jesu und des → Urchristentums, dh nach dem Tode des → Herodes, unterstand das dem Legaten von Syrien (u.a. → Quirinius) unterstellte P. den in → Cäsarea (, 1) residierenden Prokuratoren (u.a. → Pilatus). Nach dem jüdischen Krieg (→ Judentum: I, 3) wurde P. von Statthaltern regiert. 106 nChr wurde das Reich der → Nabatäer unterworfen. Aus dem 4.Jh. stammt die Gliederung in P. prima, secunda und tertia (vgl. Karte 21), die jedoch auf die einheitliche Militärverwaltung ohne Einfluß blieb. Vor 106 sicherte ein durch Kastelle gebildeter Limes die Südgrenze, später gab es dann Kastelle bis zum Golf von Akaba und im Ostjordanland. Die primär Militärzwecken dienenden »Römerstraßen« (mit Meilensteinen) förderten den Verkehr an der Küste und im Binnenland. Der zunächst durch reguläre Miliz und Auxiliartruppen durchgeführte Grenzschutz ging in byzantinischer Zeit auf »befreundete«, aber nicht immer freundwillige Araber über (Konflikt mit den Ghassaniden 583). - Die Kultur des → Hellenismus mit der Einheitssprache der Koine fand naturgemäß bes. in den von den Römern privilegierten Städten wie → Gaza, Askalon, → Joppe, Ptolemais-Akko Eingang, sowie in den jüngeren (Neu-)Gründungen wie → Cäsarea, → Samaria-Sebaste, → Tiberias und Flavia Neapolis bei → Sichem und den zumeist ostjordanischen Städten der → Dekapolis. Auch in bestimmten jüdischen Kreisen, den »Griechenfreunden« Jerusalems, das sicher seit dem 1.Jh. vChr zweisprachig war, war man dem Hellenismus geöffnet. Der Hauptteil → Judäas, Samarias und → Galiläas war ein Land der vom Hellenismus unberührten Dörfer und Bauern (Umgangssprache aramäisch), was auch für die Wirkungsstätten Jesu in Galiläa Beachtung verdient.

2. Verbreitung und Personenzahlen der frühchristlichen Gemeinden darf man sich keineswegs so ausgedehnt vorstellen, wie es die lukanische Darstellung von Pfingsten und der Mission (Apg 9, 31: »in ganz Judäa, Galiläa und Samaria«) vermuten läßt. Die relativ große judenchristliche Gemeinde in Jerusalem (→ Judenchristentum: I), für deren finanzielle Unterstützung sich → Paulus einsetzte, distanzierte sich trotz der »Einigung« im Apostelkonzil (→ Heidenchristentum, 8) von der Heidenmission und hatte ihre Rolle längst ausgespielt, als sie 66 nChr kurz vor Ausbruch des jüdischen Aufstandes nach dem ostjordanischen → Pella auswanderte, wo ihre Nachfahren ein Winkeldasein führten (→ Ebioniten). Soweit sich nach 70 noch judenchristliche Gemeinden in Judäa bildeten, sind sie nach Niederwerfung des Barkochba-Aufstandes (135; → Simon bæn Kosba) endgültig verschwunden. Die bes. in den hellenistischen Städten bestehenden heidenchristlichen Gemeinden muß man sich relativ klein vorstellen; bemerkenswert sind die durch → Porphyrius von Gaza (um 400) gebotenen sehr niedrigen Zahlen für das Anwachsen der dortigen Gemeinde. - Im Rahmen der Synodalordnung hatte der Bischof von Cäsarea den Vorsitz, um der Tradition willen war ihm der von Jerusalem beigeordnet, wie in den Passastreitigkeiten um 190 (→ Ostern, 1) erkennbar wird; die Ehrenstellung wurde ihm in can. 7 von Nicäa bestätigt (→ Kirchenverfassung: II, 4a). Erst im 5.Jh. erhielt → Jerusalem (: II, 5) das Patriarchat; wie Antiochia und Alexandria besaß es dann auch eine »Bischofsliste«, die mit → Jakobus (, 3) begann. Geistig führend blieb nach wie vor Cäsarea; hier lebten → Origenes und → Eusebius. Auf der antiochenischen Synode von 268 (→ Paulus von Samosata) vertraten die palästinischen Bischöfe eine origenistisch-alexandrinische Position (→ Alexandrinische Theologie).

3. Innerhalb der Großkirche gewann das ansonsten unwichtige P. als Land der → Heiligen Stätten (: III) steigende Bedeutung, zumal durch → Konstantin, der der Großkirche durch die unmittelbar oder mittelbar auf ihn zurückgehenden Kirchen (Rotunde über dem hl. → Grab, Basilika und → Helena-Kirche [→ Kreuzesfest], Ölbergkirche, Geburtskirche in → Bethlehem, Basilika in Mamre bei → Hebron; → Kirchenbau: II, 3b) ein einheitliches Wallfahrtsziel geben wollte (Gegengewicht gegen die Petrus- und Paulusstätten in Rom?). Die Kirchenbauten sollten zugleich die »heidnische« Vorzeit P.s (Tempel) überdecken. »Die (ehemalige) Herberge der Dämonen ist Gottes Haus geworden... Wo Götzenopfer stattfanden, sind nun die Chöre der Engel...« heißt es in einer Kircheninschrift im Hauran (515 nChr). Von den Pilgern des 2./4.Jh.s, wie

A I B I
CILICIA
EUPHRATENSIS
Cyrrhus
Antiochia
Daphne
Beroea
Seleucia -Pieria
Karte 21
PALÄSTINA - SYRIEN
(römische und byzantinische Zeit)
COELESYRIA
PRIMA
SECUNDA
Laodicaea
Apamea
Gabala
Balanea
Aradus
Arethusa
Emesa
Laodicaea
Tripolis
Byblus
Heliopolis
Berytus
PHOENICE
PRIMA
SECUNDA (LIBANENSIS)
Chalcis
Abila
Damascus
Sidon
Sarepta
Tyrus
Paneas
Ptolemais
Zora
Sycaminum
Diocaesarea
Canatha
Dora
Tiberias
Caesarea Palaestinae
SECUNDA
Scythopolis
Bostra
Samaria
Neapolis
Gerasa
Antipatris
Joppe
Diospolis
Philadelphia
Jamnia
Azotus
Aelia
Esbus
Ascalon
Madeba
Nicopolis
Gaza
Areopolis
Raphia
PALAESTINA
PRIMA
TERTIA
MITTELMEER
ARABIA
1
2
3
4
0 50 100 150 200
km
Bistum Erzbistum Patriarchat

→ Melito von Sardes, dem Märtyrer → Pionius und → Alexander von Jerusalem (212), ist neben dem Pilger von Bordeaux bes. die (aus Gallien oder Spanien kommende) → Ätheria zu nennen, die auch den → Sinai besuchte und der wir wertvolle Nachrichten über den reich ausgebauten Jerusalemer Kult verdanken. Hier feierte man neben → Epiphanien (erst im 5.Jh. wurde → Weihnachten akzeptiert) Palmsonntag und Himmelfahrt. Das zentrale Interesse an den loca sancta (vgl. das Onomasticon des Eusebius und die Mosaikkarte von → Madeba) war bei den Gelehrten wie Alexander, Clemens, Origenes und Eusebius wissenschaftlich-theologischer Art; für die Pilger war die Wirksamkeit der Gebete an Märtyrergräbern (Nachhall jüdischer Gräberverehrung) - und so natürlich bes. am Grab Christi - bestimmend. Im Laufe des 5. und 6.Jh.s wuchs die Zahl der Kirchen erheblich an; neben einfachen Dorfkirchen gab es Basiliken großen Ausmaßes (u.a. in → Gerasa und Madeba; daneben auch die Oktogonkirche auf dem → Garizim). Die Fußböden waren vielfach mit Mosaiken (→ Mosaik-Kunst) geschmückt wie die gleichzeitigen → Synagogen. - Das »Hl. Land« zog aus Ägypten *Eremiten* an (→ Hilarion, → Epiphanius), später entstanden auch Klöster, deren Traditionen zT nach Westen wirkten (→ Hieronymus, → Rufin). Unter Beratung Rufins gründete eine römische Aristokratin ein Frauenkloster in Jerusalem und eine andere Frauen- und Männerklöster in Bethlehem, deren Leitung Hieronymus innehatte. Spezielle Eremitengemeinschaften gab es im 5./6.Jh., so die Klöster des Euthymius († 473), des Theodosius bei Jerusalem und des hl. → Sabas mit 7 → Lauren (gegr. 478). - Eine Zeitlang spielte bes. in den Klöstern die monophysitische Lehre eine Rolle (→ Christologie: II, 5 a), doch trat man später für das Chalcedonense ein. Auch die → Origenistischen Streitigkeiten des 6.Jh.s berührten P. Den von Byzanz propagierten Monotheletismus bekämpfte → Sophronius (Sophistes) und wurde gleichwohl 634 Patriarch von Jerusalem. Die Isolierung, in die P. dadurch geriet, hätte wie in → Ägypten (: IV; → Kopten: I) oder in → Syrien (: III. IV) zur Separation führen können, doch wurden derartige Möglichkeiten durch die politische Wende (→ Palästina: II) aufgefangen.

A.v.Harnack, Die Mission u. Ausbreitung des Christentums in den ersten 3 Jh.en, (1902) 1924[4] - RGG[2] IV, 870f - A.Alt, Limes Palaestinae (PJ 26, 1930, 43-82; 27, 1931, 75-84) - Alt II, 436-456 (Die Stätten des Wirkens Jesu in Galiläa); III, 382-472 (Beiträge zur hist. Geographie u. Topographie des Negeb) - E.Burger, Die Anfänge des Pilgerwesens in P. (PJ 27, 1931, 84-111) - M.Noth, Zur Gesch. d. Namens P. (ZDPV 62, 1939, 125-144) - F.M.Abel, Hist. de la Palestine II, Paris 1952 - J.Jeremias, Heiligengräber in Jesu Umwelt, 1958. - Ferner: P.Thomsen, Die P.-Lit. I-VI, 1908-56. *K.Galling*

II. In Mittelalter und Neuzeit

1. Nachdem Kaiser Heraklius die Perser, die unter Chosrau Parwez P. seit 614 besetzt hielten, in raschem Siegeszug vertrieben hatte (628), vermochte das durch die ungeheuren Anstrengungen geschwächte Reich dem 634 einsetzenden Ansturm der *muslimischen Araber* kaum noch Widerstand entgegenzusetzen (→ Islam: I, 2). Unter dem Namen Urdunn (= Jordan) wurde P. arabische Provinz. Aus praktischen Gründen wurden die Formen der einheimischen Verwaltung grundsätzlich beibehalten, Christen, Juden und Samaritaner in der Ausübung ihres Bekenntnisses nicht behindert. Übertritte größeren Stils erfolgten erst später, aber nicht unter religiösem Zwang, sondern um des sozialen Aufstiegs und besserer Lebensbedingungen willen, nachdem sich herausgestellt hatte, daß die zwar religiös tolerante, aber wirtschaftlich ausbeuterische Herrschaft der exklusiven arabischen Kriegerkaste auf die Dauer nicht leicht zu ertragen war. Jerusalem blieb stets ein wichtiger Wallfahrtsort auch für die Muslime; der Kalif Abd el-Malik verbot sogar vorübergehend aus politischen Gründen den Besuch Mekkas und befahl statt dessen die Pilgerfahrt nach → Jerusalem (: III, 3; Bau der ḳubbet eṣ-ṣaḫra). Hatte P. unter den *Omajjaden* nahezu das Zentrum des Reiches gebildet, so sank es unter den *Abbasiden* zur bedeutungslosen Provinz herab. Mit der im 9.Jh. beginnenden Auflösung des Kalifates wurde P., wie im Altertum, zum ständigen Kampfplatz und Streitobjekt zwischen Ägypten und den vorderasiatischen Teilreichen: 878 kam es unter die Tuluniden, dann unter die Karmaten, Ichschiden, Ḥamdaniden und schließlich *Fatimiden,* unter deren geistesgestörtem Kalifen al-Ḥākim die palästinensischen Christen die einzige offizielle Verfolgung unter muslimischer Herrschaft erlitten. Das als Ergebnis des 1. → *Kreuzzuges* 1099 entstandene Königreich Jerusalem konnte sich, weil unverwurzelt, lediglich dank der Uneinigkeit der muslimischen Machthaber einige Jahrzehnte halten, bis es nach der Schlacht bei Hittin in Galiläa 1187 dem Kurden Saladin erlag. Dessen Nachkommen, die Aijubiden, verloren P. 1252 an die *Mamluken,* die es 1516 den vordringenden *Osmanen* überlassen mußten. Die durch die Kreuzzüge bewirkte Versteifung des Gegensatzes zwischen Muslimen und Christen hat seit dem Fall Jerusalems die Stellung der letzteren sehr gedrückt. Das Bestreben der Kreuzfahrer, die orientalische Hierarchie der ihrigen zu unterwerfen und einige lat. Patriarchen aufzustellen, führte zu verhängnisvoller Entfremdung bes. zwischen Griechen und Lateinern. Infolge der Vernichtung der letzten Stützpunkte der Kreuzfahrer durch den Mamlukensultan Baibars wurden die Orientchristen vom Westen völlig isoliert und waren bes. im 14.Jh. schweren Verfolgungen ausgesetzt. Unter der *osmanischen Herrschaft* entstanden durch den zähen Einsatz der lat. Missionare, vor allem der Kapuziner, Karmeliter und Jesuiten, in P. verhältnismäßig zahlreiche unierte Gemeinschaften unter den verschiedenen christlichen Gruppen. Nach dem Ende der Besetzung P.s durch Mehmed Ali (1831-40) hob sich die Lage der Bevölkerung dank einer Reihe türkischer Reformen und einer ausgedehnten prot. Missionstätigkeit, vor allem der Amerikaner, Deutschen und Engländer.

2. Während des 1. *Weltkrieges* hatten die Briten a) den Arabern, die für die Befreiung P.s von der Türkenherrschaft an der Seite Englands große Opfer gebracht hatten, die Unabhängigkeit des Landes versprochen, b) den Juden in der Form der Balfour Declaration vom 2.11. 1917 die Schaffung einer »nationalen Heimstätte« in P. zugesichert, c) im Sykes-Picot-Abkommen vom Mai 1916 mit Frankreich eine internationale Verwaltung P.s vereinbart, d) P. 1918 unter eigene Militärverwaltung genommen und sich auf der Konferenz von San Remo 1920 das Mandat übertragen lassen. Aus der Unvereinbarkeit dieser Versprechungen resultieren alle Erschütterungen, denen P. seit dem 1. Weltkrieg ausgesetzt ist. 1923 wurde das Ostjordanland abgetrennt und dem Emir Abdallah aus dem Geschlecht der Scherifen von Mekka anvertraut. Um die gleiche Zeit steigerte sich die *Einwanderung der Juden* (→ Zionismus) und rief den erbitterten Widerstand der Araber hervor, was schließlich zur Beendigung der Mandatsherrschaft und am 14.5. 1948 zur Ausrufung des Staates → *Israel* (: III) führte.

3. Heute bilden die Christen eine schwache Minderheit; bedeutsam ist, daß sie mit den Mohammedanern zum ersten Mal in der Geschichte ein gemeinsames nationales Anliegen haben, nämlich den Kampf gegen die jüdische Einwanderung. Unter den mehr als 850 000 aus

Israel geflüchteten bzw. vertriebenen Arabern befinden sich etwa 70 000 Christen; nach Angaben der israelischen Regierung vom Dez. 1950 gibt es im Lande noch 40 000. Allgemein sind in P., wie seit alters, die *Orthodoxen* vorherrschend (etwa 40 000). Unter den *Katholiken* ist die größtenteils aus Einheimischen bestehende Gruppe der Lateiner die stärkste; sie wurden während der Türkenherrschaft vor allem durch die franziskanische → Kustodie des Hl. Grabes sowie durch das lat. Patriarchat in Jerusalem gewonnen. Etwa halb so stark und in ihren Mitteln wesentlich bescheidener sind die dem Bistum Ptolemais (Sitz in Haifa) unterstehenden kath. Griechen (Melkiten). Die deutschen ev. Templer wurden aus Israel vertrieben, die Kaiserswerther Anstalten und das → Syrische Waisenhaus mußten nach 1948 im jordanischen Teil P.s neu beginnen (→ Palästinawerk); die übrigen prot. Missionen arbeiten mit reichen Mitteln, aber wenig Erfolg weiter (→ Orient). Die andern Gruppen sind, abgesehen von den → Maroniten und den in Jerusalem durch ein eigenes Patriarchat vertretenen nichtkath. Armeniern, bedeutungslos.

R.RÖHRICHT, Bibliotheca geogr. Palaestinae, 1890 - G.LE STRANGE, Palestine under the Moslems, London 1890 - N.A.MEDNIKOV, P. von seiner Eroberung durch die Araber bis zu den Kreuzzügen nach arab. Quellen, St. Petersburg 1897-1903 (russ.) - EI[1] II, 113f (Filasṭīn) - R.HARTMANN, P. unter den Arabern, 1915 - H.LAMMENS, La Syrie, Beyrouth 1921 - Islam in Syria and Egypt (The Cambridge Medieval History V), 1929 - S.ERSKINE, Palestine of the Arabs, 1935 - B.SPULER, Die Gegenwartslage der Ostkirchen, 1948 - W.DE VRIES, Recente vicende e nuovi problemi delle comunità cristiane nel prossimo Oriente (La Civiltà Cattolica 101/II, 1950, 35-43) - DERS., Der christl. Osten in Gesch. u. Gegenw., 1951 - G.JASPER, Missionarische Arbeit in Israel (Kirche u. Zeit, 1954) - S.D.GOITEIN, Jews and Arabs, New York 1955. - Vgl. ferner THOMSEN (→ Palästina: I) u. die Lit. zu → Kreuzzüge. *A.Dietrich*

Palästinawerk, eine Arbeitsgemeinschaft der deutschen missionarischen und kirchlichen Unternehmungen im Bereich des früheren → Palästina. Es entstand 1951 als deutscher Partner des → Lutherischen Weltbundes (: II), der nach dem 2. Weltkrieg und der Gründung des Staates → Israel (: III) sich dieser Arbeit treuhänderisch annahm und auch Entschädigungsverhandlungen mit Israel führte; denn der Gesamtbesitz des → Syrischen Waisenhauses (Hauptanstalt Jerusalem, Zweiganstalten Bir Salem, Nazareth, Cheeme) und von → Kaiserswerth (Mädchenanstalt Talitha Kumi und Krankenhaus, Jerusalem), ferner die kirchlichen Bauten in Haifa-Waldheim, Jaffa und Nord-Jerusalem gingen durch jene Staatsgründung verloren. - Glieder des P.s sind: 1. die Ev. → Jerusalem-Stiftung (Erhaltung des Dienstes an der Erlöserkirche Jerusalem und der Baulichkeiten); 2. der → Jerusalemsverein (Gemeinde- und Schularbeit an Arabern in und um Jerusalem, jetzt zusammengefaßt in der ev.-luth. Kirche von Jordanien); 3. die Ölberg-Stiftung (Kaiserin-Auguste-Viktoria-Stiftung, deren großes Hospiz zZ als Krankenhaus dient, vom Luth. Weltbund mit Hilfe der UNO betrieben); 4. die Diakonissenanstalt Kaiserswerth (provisorisches »Talitha Kumi« im Pfarr- und Schulhaus des Jerusalemsvereins in Bethdschala, seit 1960 im eigenen Neubau ebd); 5. das → Syrische Waisenhaus. Außerdem nehmen an den Sitzungen des P.s (jährlich 1-2mal) teil: die Ev. → Karmelmission (jetzt im Libanon), die Mission der → Brüderunität (das Aussätzigenasyl Jesushilfe, im israelischen Jerusalem gelegen, wurde aufgegeben; 1960 neues Heim bei Ramalla, Jordanien), das Kirchliche Außenamt der EKD und der Deutsche Ev. Missions-Rat (→ Missions-Tag).

E.RHEIN, Das P. (Im Lande der Bibel, Juli 1957, 3-6) - H.W. HERTZBERG, Die Besonderheit der dt. Palästinamission (Basileia, Festschr. f. W.Freytag, 1959, 91-97). *H.W.Hertzberg*

Palamas → Gregor, 7.

Paleario, *Aonio* (1503-70), verband als Humanist reformatorische Gedanken mit antiklerikalen und ethisch-politischen. Wegen seiner Überzeugungen in Siena abgelehnt, wurde er erst 1546 in Lucca Professor, 1555 in Mailand. Unter den Humanisten und ev. gesinnten Christen → Italiens (, 3) hatte er viele Freunde. Eines seiner Bücher wurde auf Veranlassung → Sadoletos gedruckt und war → Vergerio gewidmet. 1542, 1559-60 und 1567-70 stand P. vor der Inquisition. Der letzte Prozeß endete mit seiner Hinrichtung.

Ausgaben v. P.s Werken, Briefen, Prozeßakten usw s. RE XIV, 601f (Lit.) - G.MORPURGO, Un umanista martyre. A.P..., Città di Castello 1912 - E.MATTONE-VEZZI, A.P. e la Riforma religiosa in Italia (Miscellanea storica della Valdelsa 51, 1943, 5-36; 52, 1946, 7-29; 54, 1948, 26-56; 56, 1949/50, 90-113; 57/58, 1952, 6-40; 59/60, 1955, 82-101). *Gerh.Müller*

Paléographie musicale → Gregorianischer Gesang: I.

Palermo, *Erzbistum.* Sichere Nachrichten stammen erst aus der Zeit Leos I. Unter Gregor I. wurde P. Sitz der Kirchengüterverwaltung West-Siziliens. Während der arabischen Herrschaft (seit 831) wurde die Diözese zerstört und erhielt, wie es scheint, einige Bischöfe und Erzbischöfe von der griech. Kirche. Aus der Normannenzeit (seit 1072) stammen die ältesten Kirchen, u.a. der Dom (1185) der hl. Rosalia (Schutzheilige erst seit dem 17.Jh.); unter den Hohenstaufen blühte die Stadt als kosmopolitisches Kulturzentrum auf. 1083 bestätigte Gregor VII. dem Erzbischof Alcherius die Metropolitanrechte, 1156 schloß Hadrian IV. Girgenti (heute Agrigento), Mazara und Malta als Suffragandiözesen an. 1775-1802 war Monreale mit P. vereint. Seit 1844 sind Cefalù, Mazara del Vallo und Trapani Suffraganstühle von P. 1702 schaffte der Vizekönig die Inquisition ab, 1779 wurde die Universität gegründet. P. besitzt ein erzbischöfliches Seminar. Der Erzbischof ist apostolischer Administrator der sizilianischen Eparchie der unierten Griechen. Bestand: 775 475 Einwohner (773 495 Katholiken), 532 Kirchen, 120 Pfarreien, 579 Welt- und Ordensgeistliche.

R.PIRRI, Sicilia Sacra I, P. 1733[3], 1ff - P.F.KEHR, NGG 1899, 285 bis 297 - CHEVALIER, TB II, 2330ff - F.LANZONI, Le diocesi d'Italia, Faenza 1927, 644ff - QFIAB 24, 1933/34, 131 - EC IX, 601ff - AnnPont 1960, 375. *V.Vinay*

Palestrina (1525-94), eigentlich *Giovanni Pierluigi da P.*, * in Palestrina, dem antiken Praeneste (daher auch *il Prenestino* oder *Praenestinus*), † in Rom, Komponist, einer der größten Meister des 16.Jh.s und der Musik überhaupt. P. war Chorknabe an S. Maria Maggiore, 1544-51 Organist in Palestrina, wurde von Papst Julius II. 1551 als Kapellmeister an die Cappella Giulia der Peterskirche und 1555 in das Kollegium der päpstlichen Kapellsänger berufen. Da P. nicht dem geistlichen Stand angehörte und verheiratet war, wurde er von Paul IV. entlassen, wirkte dann am Lateran, seit 1561 an S. Maria Maggiore und von 1571 an wieder an der Cappella Guilia, nachdem er schon 1565 zum Komponisten der päpstlichen Kapelle ernannt worden war.

Zusammen mit O. di → Lasso und kleineren Meistern hat P. einen Höhepunkt der abendländischen Musik heraufgeführt. Als reine → A-cappella-Kunst faßt sein Werk die Errungenschaften der durch die Niederländer eingeleiteten Epoche des vokalen Kontrapunkts in abgeklärter Reife und birgt zugleich Ansätze für die Weiterbildung der → Musik (: V, 5. 6) im → Generalbaß-Zeitalter. P.s Musik ist von überwältigendem

Wohlklang. Ihre klassische Ausgewogenheit schließt oft verwickelte satztechnische Künste ein. Ihr scheinbar natürlicher Ablauf begünstigt außerordentlich eine sprachgerechte Vertonung lateinischer Prosa (zB im Messetext): mit den rhythmischen Mitteln der Mensuralmusik wird deren prosodisches Gefälle musikalisch interpretiert. Lebendig wirkt dabei das plastische Nebeneinander von Stimmen oder Stimmgruppen, die jede für sich sinngemäß deklamieren, deren Akzente sich aber beim Zusammenklingen gegenseitig bisweilen abschwächen, bisweilen verstärken. - Der Adel und die Reinheit des Klangs hängen mit der besonderen Art der Dissonanzbehandlung zusammen, die auch jede scheinbar unbedeutende Nebennote erfaßt. Doch ist die Schönheit der Dreiklangsfolgen noch als das mehr zufällige Ergebnis von Melodiebildung und Stimmführung zu werten. Sorgfältig wählt P. die Tonarten und erreicht damit, zB in den Hoheliedmotetten oder den geistlichen Madrigalen, bes. feine Wirkungen. Das Themenmaterial stammt meist aus dem → gregorianischen Gesang, der als cantus firmus durchgeführt oder (häufiger) in Imitationen frei weitergeführt wird. Bes. vielfältig, geistreich und unerschöpflich ist die → Choralbearbeitung in den Spätwerken, zB den Hymnenvertonungen (1589). Die tiefgründigsten Schöpfungen P.s finden sich in den Messen (→ Messe: IV), von denen viele nach dem → Parodie-Verfahren gearbeitet sind.

Der Wirksamkeit an den größten Kirchen Roms entsprechend hat P. überwiegend Kirchenwerke geschrieben; doch stehen seine weltlichen und geistlichen Madrigale jenen an Adel der Haltung nicht nach. Entscheidend beeinflußte P. offenbar musikfeindliche Bestrebungen des Trienter Konzils; die Aufführung der Missa Papae Marcelli (1562/63) soll ein Kardinalskollegium davon überzeugt haben, daß solche Musik die Forderung des Konzils nach Würde des kirchlichen Stils und Textverständlichkeit in hohem Grade erfüllt. - Nach dem Tode P.s lebte der P.-Stil als Inbegriff kontrapunktischer Satzkunst in der Römischen Schule fort; er wirkt in der Kontrapunktlehre (→ Polyphonie) bis heute nach. P.s Schaffen wurde auch in ev. Kantoreien bis weit ins 18.Jh. gepflegt. Der von der Romantik getragenen P.-Renaissance des 19.Jh.s ist u.a. die GA der Werke des Meisters zu danken.

Werke: Etwa 100 Messen u. 380 Motetten, davon 45 auf Hymnen- u. 68 auf Offertorientexte (je 1 Jahrgang); Stabat Mater; Lamentationen, Litaneien, Magnificatvertonungen; über 180 Madrigale. GA von TH.DE WITT, S.ESPAGNE, F.COMMER, F.X.HABERL, 33 Bde, 1862 bis 1903; neue GA von C.CASIMIRI, Rom 1939ff (bisher 22 Bde). - Über P.: E.SCHMITZ, P., 1914 - O.URSPRUNG, Restauration u. P.-Renaissance, 1924 - K.JEPPESEN, Der P.-Stil u. die Dissonanz, 1925 - DERS. in: AcMus 22, 1950, 36-47; 25, 1953, 132-179 (über zehn neugefundene Messen P.s) - K.G.FELLERER, Der P.-Stil und seine Bedeutung in der vokalen Kirchenmusik des 18.Jh.s, 1929 - DERS., P., 1930 - S.HERMELINK, Dispositiones Modorum. Die Tonarten in der Musik P.s u. seiner Zeitgenossen, 1960. *S.Hermelink*

Paley, *William* (1743-1805), * in Peterborough, † in Lincoln. Sohn eines anglikanischen Theologen im Schulamt, mathematisch begabt und mechanisch-physikalisch interessiert, wurde P. der klassische theologische Schulmeister der englischen (gemäßigten) Aufklärung (→ England: II, 3), bes. der Verfasser vielbenutzter systematisch-theologischer Lehrbücher. Nach dem Studium in Cambridge (Christ's College) 1759-66 wurde er Fellow und erhielt schon 1768 ein volles Universitätslehramt für Metaphysik, Moral und NT. 1775-82 wirkte er in verschiedenen Landpfarren in Cumberland. Die Sinekure des Archidiakonats von Carlisle (seit 1782) bot ihm solche Möglichkeiten stiller Arbeit, daß er 1792 die Leitung des Jesus College in Cambridge ausschlug. 1795 wurde ihm außerdem das einträgliche Subdekanat von Lincoln zuteil, wo er jährlich 3 Monate lebte. In seinen Werken »Principles of Morals and Political Philosophy« (1785), das → Bentham als Vorläufer seines modernen → Utilitarismus anerkannte, und »Natural Theology or Evidence of Existence and Attributes of the Deity collected from the Appearances of Nature« ([1802] 1820^{20}) traf er genau die Bedürfnisse der Zeit, weniger selbständig als → Butler, dafür einfacher und einprägsam. P.s Hauptwerk »The Evidences of Christianity« ([1794] 1811^{15}) wurde die abschließende kirchliche Apologie gegen den → Deismus (: III). Seine »Horae Paulinae« (1790, dt. 1797) wollten die Glaubwürdigkeit der nt. Überlieferung über das Leben des Paulus erweisen. Mit seinen »Reasons for Contentment« (1792) suchte er dem um sich greifenden revolutionären Geist entgegenzutreten. Unter den deutschen Theologen schenkte ihm → Tholuck Beachtung.

Works, 8 Bde, 1805-08; 5 Bde, ed. A.CHALMERS, 1819; 4 Bde, ed. R.LYMAN, 1825; 7 Bde, ed. E.PALEY, (1825) 1838^2 (mit Biogr.); 5 Bde, ed. D.L.WAYLAND, 1835. - Über P.: G.W.MEADLEY, Life of W.P., (1809) 1810^2 - G.ST.HILAIRE, P. refuted in his own Works 1850 - L.STEPHEN, Hist. of English Thought in the 18th Century 1876, I, 405ff; II, 121ff - DNB XLIII, 101ff - RE XIV, 605ff - HIRSCH III, 246ff. *M.Schmidt*

Palimpsest, Schabtext, eine »wieder abgeschabte« und erneut beschriebene Hs. (codex rescriptus). Unlesbar oder unwichtig gewordener Text wurde abgewaschen oder -geschabt, um das wertvolle Material wiederzugewinnen, im Altertum Papyrus, im MA Pergament (→ Brief und Buch). Für uns ist die getilgte Schrift meist die wichtigere. Durch Ultraviolett- und Infrarot-Kontrast-Photographie wird sie lesbar gemacht (P.-Institut → Beuron). Wir haben P.e in verschiedenen Sprachen, profanen und christlichen Inhalts, zB Cicero, Livius, den griech. Bibelcodex C, den Sinaisyrer (→ Bibelübersetzungen: III, 2 a), Teile der gotischen Bibel des → Wulfila sowie Vetus-Latina-Hss., die nach dem Sieg der Vulgata veraltet waren.

PW 36, 2, 1949, 123f - P.RUF, Hdb. d. Bibl.wiss. I, 1952^2, 149ff. *K.Treu*

Palladius, 1. *Bischof von Helenopolis* (Bithynien), * ca 364 in Galatien, † vor dem Konzil von Ephesus (431). Seit 388 Mönch in Ägypten, Schüler des → Evagrius Ponticus. 400 von → Chrysostomus zum Bischof geweiht, wurde P. (wohl 406) im Zuge der gegen diesen gerichteten Intrigen nach Syene (Oberägypten) verbannt; zuletzt Bischof von Aspona in Galatien. P. verfaßte eine für die Geschichte des alten → Mönchtums (: II) wichtige Sammlung von Mönchsbiographien, die Historia Lausiaca (419/20; benannt nach dem Kammerherrn Lausos, dem Adressaten der Schrift), sowie einen historisch wertvollen Dialogus de vita S. Io.Chrysostomi (ca 407/08). Ferner stammt von ihm der 1. Teil einer Schrift Περὶ τῶν τῆς ᾿Ινδίας ἐθνῶν καὶ τῶν Βραχμάνων, die in eine jüngere Rezension des Alexanderromans des Ps.-Callisthenes eingearbeitet ist.

Historia Lausiaca ed. C.BUTLER, I. II, Cambridge 1898/1904; dort der relativ älteste Text, während MPG 34, 997ff eine aus der HL u. der Historia monachorum in Aegypto (um 400 entstanden; lat. von Rufin in MPL 21, 387ff) später kombinierte jüngere Textform bietet - Vita Chrysost.: MPG 47, 1ff; P.R.COLEMAN-NORTON, Cambridge (1928) 1958^2 - Indienschr. in: Ps.-Callisthenes ed. C.MÜLLER, 102ff (angehängt an Opera Arriani ed. F.DÜBNER, Paris 1846). - Über P.: RE XIV, 609ff - BARDENHEWER IV, 148ff (Lit.) - DThC XI, 1823ff - DACL XIII, 912ff - PW XVIII/2, 203ff (bes. zur Indienschrift) - ALTANER § 46/I, 1 (Lit.). *J.Dummer*

2. der *Keltenbischof*, nach → Prospers Chronik 431 von Papst → Cölestin als erster Bischof zu den »an Christus

glaubenden Schotten« (= Iren) geschickt, dh zur Organisierung einer irischen Diözese, vielleicht um ein Übergreifen des um 429 in → Britannien neu auflebenden → Pelagianismus zu verhindern. Nach erfolgreich beendetem Auftrag (vgl. Prosper, c. collat. 21) scheint P. heimgekehrt zu sein. Irische Tradition macht P. zum Gründer dreier Kirchen in der Grafschaft Wicklow und läßt ihm 432 → Patrick als Bischof nachfolgen.

J.F.KENNEY, The Sources for the Early History of Ireland I, 1929, 164f. *L.Bieler*

Palladius, *Peder* (1503-60), dänischer Reformator, * in Ripen, ca 1530 Rektor in Odensee, studierte 1531 bis 1537 in Wittenberg, wurde am 2.9.1537 von → Bugenhagen in Kopenhagen als erster luth. Bischof (Sup.) von Seeland geweiht und zugleich mit Bugenhagen und von → Hussen Prof. an der neueröffneten Universität → Kopenhagen. Sein »Visitatsbog« (ed. H.Haar, Kopenhagen 1940) ist eine wertvolle Quelle für das kirchliche Leben in den Landgemeinden auf Seeland. P. war von entscheidender Bedeutung für die Befestigung der luth. Kirche in → Dänemark (: I, 2) unter Christian III.

Danske Skrifter hg.v. LIS JACOBSEN, 5 Bde, 1911-26. - Über P.: DBL XVII, 583ff - N.K.ANDERSEN, P.P. i Wittenberg (DTT 8, 1945, 1-30) - NTL III, 10ff - HAL KOCH-B.KORNERUP, Den Danske Kirkes Historie IV, 1959, 29. 49ff. 68f. *W.Göbell*

Pallavicino, *Pietro Sforza* (1607-67), SJ, Kardinal (1659), * und † in Rom. Nach der Priesterweihe war P. Referendar der beiden Gerichtshöfe der Kurie und Mitglied mehrerer Kongregationen, dann (1632) Gouverneur von Jesi, Orvieto und Camerino. Als Jesuit (21.6. 1637) dozierte er Philosophie (1639) und Theologie (1643) am Röm. Kolleg. Berühmt wurde seine »Istoria del Concilio di Trento«. Im Auftrag des Ordensgenerals G.Nickel bearbeitete P. als ergänzende und korrigierende Antwort auf → Sarpis Geschichte das von T. → Alciati gesammelte Material zu einer Geschichte des → Trienter Konzils (2 Folio-Bde, 1656; als Ausgabe »letzter Hand« in 3 Quartbänden, 1663/64; lat. Übers. 1670; dt. v. Th.F. Klitsche, 8 Bde, 1835/36). P. war nicht zuerst Geschichtsschreiber (E.Fueter, H.Jedin), sondern Anwalt der Kurie gegen Sarpi. Nach eigener Auffassung wurde sein Werk eine mit Historie unterbaute Apologie. Mit Alciati hat P. als erster die Widerlegung Sarpis nicht mehr polemisch, sondern historisch angelegt. Die von Jedin wiederentdeckten rd 80 Bände des Quellenapparates erweisen die »Istoria« als wichtigstes Forschungsinstrumentar der Trienter Konzilsgeschichte.

GA 33 Bde, Rom 1844-48; Briefe, Rom 1848. Bibliogr.: BAKKER-SOMMERVOGEL VI, 120ff; HN IV, 192ff. Moderne Biogr. fehlt, immer noch am besten I.AFFÒ in der Einl. zur Ausg. der »Istoria« v. F.A.ZACCARIA, Faenza 1792, I, 17-52. Heute L.PALLAVICINO MOSSI, S.P., Bologna 1933. - Über P.: H.JEDIN, Der Quellenapparat der Konzilsgesch. P.s (Misc. Hist. Pont. IV, 6), Rom 1940 - DERS., Das Konzil von Trient, Rom 1948 - JEDIN II, 443f (Wertung). *H.Wolter*

Pallium, liturgischer Schulterschmuck des Papstes und der Erzbischöfe (→ Amtstracht, 1 a). Es besteht heute aus einem etwa 5 cm breiten, aus weißer Wolle gefertigten und mit 6 schwarzen Kreuzchen versehenen Band, das ringförmig um die Schultern gelegt und von Nadeln gehalten wird, wobei die Enden des Bandes auf die Brust herabfallen. Mit der Verleihung des P.s (→ Kirchenverfassung: IV, 1 a. 4 [Palliengelder]; V, 5 a) erhält der Erzbischof Titel und Rechte seines Amtes. Als persönliche Insignie trägt er es nur innerhalb seines Metropolitanbezirks an bestimmten Festen beim Pontifikalamt.

cc. 275-279 CIC - H.GRISAR, Das röm. P. u. die ältesten liturg. Schärpen, 1897 - J.BRAUN, Die pontifikalen Gewänder, 1898, 132ff - DERS., Die liturg. Gewandung, 1907, 620ff - RE XIV, 613f - L.EISENHOFER, Hdb. der kath. Liturgik I, 1932, 457ff - LThK VII, 898f. *F.Merkel*

Pallottiner, *Societas Apostolatus Catholici (SAC; 1854-1947: Pia Societas Missionum, PSM)*, kath. Missionsgesellschaft, 1835 von Vincenzo Pallotti (1795-1850) in Rom gegründet, dann in London (1863), USA (1884), Argentinien, Uruguay und Brasilien (1886), in Polen (1907) und Irland (1909) verbreitet, um 1909 in 4 Provinzen geteilt (Italien, Deutschland, Irland, Amerika). Die Arbeit in der Slowakei (Preßburg, Krickerhau) brach im 2. Weltkrieg ab. In Deutschland entstand 1896 das Missionshaus der P. in Limburg/Lahn, zugleich das Mutterhaus der Limburger P.-Provinz mit dem Provinzialat, dem Bischof-Vietor-Kolleg (Spätberufenen-Seminar für den Priesternachwuchs), dem Brüder-Noviziat und den Ausbildungswerkstätten für den Brüdernachwuchs. Patres der Limburger P.-Provinz wirken in Valparaiso und Temuco (Chile); in Südafrika betreuen sie 2 Missionsgebiete, in Nord- und Südamerika sind sie auch in der Indianermission tätig. P. der süddeutschen Provinz sind für die indische Mission Raipur verantwortlich. Die P. sind eine universale laienapostolische Bewegung; jeder soll an seinem Platz ein Apostel sein. Neben der Heranbildung von Laienaposteln, der Heidenmission (Kamerun, Australien) und Betreuung der Katholiken im Ausland widmen sich die P. der Volksmission, den Exerzitien, den Auswanderern (Raphaelsverein) und der Jugend. - Die 1843 von Pallotti begründeten *P.innen (Congregatio Missionum Pallottinarum, CMP)*, eine Kongregation mit einfachen Gelübden, sind ebenfalls missionarisch tätig. Seit 1895 besteht eine selbständige deutsche Missionskongregation mit Mutterhaus in Limburg (heute 22 Niederlassungen, 200 Schwestern, im Ausland 243 Schwestern). - Im Geiste Pallottis arbeiten der Verband der *St.-Hildegardis-Schwestern vom Kath. Apostolat* in Boßweiler (Rheinpfalz), 1921 von P.A.Panzer PSM und Generaloberin Christine Mehn gestiftet, sowie die *Marienschwestern vom Kath. Apostolat* mit Mutterhaus in Vallendar-Schönstatt (→ Schönstatt-Bewegung).

HEIMBUCHER II, 614ff. 646 - J.HETTENKOFER, Historia Piae Societatis Missionum, Rom 1935 - DERS., Historia Societatis Apostolatus Catholici, ebd 1950 - D.PISTELLA, V.Pallotti, ebd 1950 - J.FRANK, V.Pallotti, 1952 - Studia Pallottiana, Meitingen 1952 - ESCOBAR II, 1243ff - EC IX, 648f; XI, 858 - Das Wirken der Orden u. Klöster in Deutschland I, 1957, 135. 339ff. *W.Göbell*

Palmer, *Christian* (1811-75), ev. Theologe, seit 1852 Prof. in Tübingen. Der → Vermittlungstheologie nahestehend, trat er bes. in der Praktischen Theologie und ev. Pädagogik hervor.

Vf. u.a.: Ev. Homiletik, (1842) 1887⁶; Ev. Katechetik, (1844) 1875⁶; Ev. Pädagogik, (1852/53) 1882⁵; Ev. Pastoraltheol., (1860) 1863²; Die Moral des Christentums, 1863; Ev. Hymnologie, 1865. - Mit-Hg. der JDTh (seit 1856) u. der SCHMIDschen Enzyklopädie d. ges. Erziehungs- u. Unterrichtswesens (seit 1859). - Über P.: RE XIV, 616ff - H.FRANZEN, P. als Theoretiker der Erziehung (Diss. Bonn), 1937 (Lit.) - LPäd(F) III, 789 - Leiturgia II, 329. *K.Dienst*

Paltz, *Johann (Jeuser) von* (ca 1445-1511), Augustiner-Eremit, 1505/06 Lehrer → Luthers, * in Pfalzel (b. Trier) als Sohn eines Büchsenmachers. P. studierte seit 1462 in → Erfurt (: II), 1467 Augustiner, seit 1483 Theologie-Prof. an der Universität. 1490 und 1502 predigte er in Thüringen, Sachsen und der Mark den Türkenablaß. Eifrig war er für die Reform der Augustinerklöster tätig, seit 1507 Prior des Konvents von Mühlheim (heute Ehrenbreitstein). Als Prediger durch Volkstümlichkeit, Originalität und religiöse Innigkeit ausgezeichnet, stellt P. in den Mittelpunkt der Verkündigung

Christi Kreuz und die hl. Eucharistie, deren häufigen Empfang er eindringlich anrät. Er schätzt die Hl. Schrift und empfiehlt ihre Lesung. Seine Lehre über Ablaß, Marien- und Heiligenverehrung hält sich frei von Übertreibungen. Zu Unrecht hat man ihm den Vorwurf des »Laxismus« gemacht (vgl. R.Weijenborg in: Acta Congr. Mar. 1954, XIV, Rom 1957, 178ff).

Gedruckte Werke: Die himml. Fundgrube, Leipzig 1490 u.ö.; deren lat. Erweiterung: Celifodina, Erfurt 1502 u.ö.; Supplementum celifodine, ebd 1504; De septem foribus seu festis b. Marie virg., Leipzig 1491 u.ö.; De cautelis servandis in absolutione sacramentali (anonym: Erfurt um 1486/90, vgl. Ges.Kat. d. Wiegendrucke Nr. 6395); Univ.-Sermo von 1482, ed. TH.KOLDE, Das rel. Leben in Erfurt, 1898, 54-68. - Über P.: O.SCHEEL, Martin Luther II, $1930^{3\cdot4}$, 128ff - LThK VII, 909f (Lit.) - J.J.WAGNER, Das ehem. Kloster der Augustiner-Eremiten in Ehrenbreitstein, 1932, 81ff - C.BALIĆ, Testimonia de assumptione B.V.M. I, Rom 1948, 321 - R.LAUFNER in: Vierteljahrbll. d. Trier. Ges. f. nützl. Forsch. 1, 1955, 59-62 (zur Abstammung) - L.MEIER in: RHE 50, 1955, 858f - WEIJENBORG (s.o.) 160-183 (Lehre über Immaculata) - A.ZUMKELLER in: S.Augustinus vitae spir. Magister II, Rom 1959, 314-323 (Lehre vom geistl. Leben).

A.Zumkeller

Pamphilus († 309), Märtyrer und Gelehrter, * in Berytus, studierte in Alexandrien unter → Pierius, wurde Leiter der Katechetenschule und Presbyter in → Cäsarea (, 1). Mit seinem Schüler → Eusebius von Cäsarea sammelte er eine Bücherei christlicher Literatur und versuchte, zuverlässige → Bibelhandschriften zu beschaffen. Randbemerkungen in vielen erhaltenen Hss. zeigen seine Tätigkeit als Korrektor und Textkritiker. Im Gefängnis (seit 307) schrieb er fünf Bücher zur Verteidigung des → Origenes, denen Euseb später ein sechstes hinzufügte. Das erste Buch ist in der lateinischen Übersetzung des → Rufinus erhalten.

A.HARNACK, Gesch. der altchristl. Lit. I, 1893, 543ff - DThC XI, 1839ff - ALTANER 189.

H.Chadwick

Panbabylonismus (P.n = Panbabylonisten), Schul- oder »Trutzname«, der 1907 von H.Winckler und A.Jeremias (→ Babylonien: III, 1) in ihren Verteidigungsschriften aufgenommen wurde. Das sumerisch-babylonische → Weltbild (: I C) mit seiner → Astralreligion (, 3), → Makro- und Mikrokosmos-Idee und der in dieser einbegriffenen → Ordnung (vgl. → Gesetz: I) ist den P.n zufolge so eigenartig, »daß diese astrale Weltanschauung allen Kulturen und Religionen der Welt ihr Gepräge gegeben hat, daß insbesondere auch die biblische Weltanschauung ihre Symbolsprache dieser Weltanschauung verdankt« (A.Jeremias in RGG^2 IV, 879). Wissenschaftsgeschichtlich ist der P. ein extremer »Diffusionismus«, der in der Entdeckerfreude neuerschlossener Quellen (→ Assyriologie) nur mit *einer* gegebenen alten Hochkultur rechnet (vgl. Panägyptizismus, Panindianismus u.dgl.), ohne entsprechende Erscheinungen unter den → Naturvölkern genügend zu berücksichtigen (vgl. → Kulturkreislehre), obgleich gerade die Erkenntnisse der → Ethnologie (, 2) anfänglich die Betrachtungsweise der P.n mitbestimmt haben dürften. Exegeten und Orientalisten haben im allgemeinen die Übertreibungen der P.n fallen gelassen (→ Auferstehung: I, → Bibelwissenschaft: I, 2 d, → Biblische Theologie: I, 2). Im Hinblick auf H.Zimmern (→ Assyriologie, 3) sagt A.Moortgat: »Die Zeiten sind vorbei, in denen eine übersteigerte Entdeckerfreude manchen Gelehrten dazu verführte, im alten Zweistromland den Urquell aller geistigen Dinge, vor allem auch des Christentums zu suchen. Niemand wird heute mehr Christus-Religion und Marduk-Kult bis in Einzelzüge der Passion in Parallele stellen« (148). - Durch die Vertreter der → Kultgeschichtlichen Methode und der → Kultgeschichtlichen Schule hat der P. jedoch eine Art Renaissance erlebt, wobei aber die Texte von → Ugarit als ein wichtiges Bindeglied zwischen Mesopotamien und Israel hinzugekommen sind. Bes. das »Handbuch« von Jeremias hat unter Religionsphänomenologen (Eliade) und auch außerhalb der eigentlichen Fachkreise nachhaltigen Einfluß ausgeübt, indem zB sowohl Volkskundler als auch Profanhistoriker davon indirekt oder direkt abhängig sind. - Wie gewöhnlich haben auch die Kritiker des P. die Ansichten ihrer Gegner vereinfacht und verdreht. Dagegen richtet sich Jeremias schon 1907. Die Astralmythologie (vgl. → Naturmythologie) sei mißverstanden, weil die Gestirne nicht wie im Volksglauben Götter sind, sondern »die vornehmlichste Offenbarungsform (Materialisierung, Manifestation) des göttlichen Gedankens« (30). Jeremias ist Antievolutionist und betont den Zusammenhang zwischen → Mythos und → Kultus, die Rolle des Königs (→ Königtum, sakrales) am → Neujahrs-Fest und überhaupt die kultische Darstellung »der Lehre«. - Die P.n haben die Religionsgeschichtler auf wesentliche Dinge der → Phänomenologie der Religion aufmerksam gemacht (vgl. die zahlreichen obigen Verweisungen). Diese Tatsache wird von zeitbedingten Doktrinen, Übertreibungen und modernen Nachahmungen nicht beeinträchtigt, sondern von der heutigen Religionsethnologie bestätigt.

A.JEREMIAS, Die P.n, (1907) 1907^2 - DERS., HAOG - DERS., RGG^2 IV, 879ff - Chant I, 496ff - W.LIUNGMAN, Traditionswanderungen Euphrat-Rhein I. II (FFC 118/19), 1937/38 - ChrRel(s.Reg.) - ELIADE (Autorenreg. s.v. A.Jeremias) - A.MOORTGAT, Tammuz, 1949 - A.RUNEBERG, Jesu korsfästelse i religionshistorisk belysning, Stockholm 1952 - C.-M.EDSMAN, Zum sakralen Königtum in der Forschung der letzten 100 Jahre (Suppl. IV to Numen, Leiden 1959, 3-17).

C.-M.Edsman

Panentheismus (πᾶν ἐν θεῷ) nannte K.C.F.Krause (1781-1832) seine All-in-Gott-Lehre, in der er die Versöhnung von → Theismus und → Pantheismus erstrebte und die er als Verbindung des Subjektivismus → Kants und → Fichtes mit dem Absolutismus → Schellings und → Hegels verstanden wissen wollte. Er versuchte die pantheistische Weltanschauung mit einem Gottesbegriff zu vereinen, nach dem Gott nicht im Sein der Welt aufgeht und ihm personales Selbstbewußtsein zukommen soll. Der P., dessen Betrachtungsweise durch ein intuitiv erschautes Verhältnis des Ineinander von Gott und Natur charakterisiert ist, steht dem romantischen Gottverständnis nahe (dem »Entheismus« des C.G.Carus) und hat zahlreiche Anhänger. Viele Spielarten des geschichtlichen Pantheismus sind ihm zuzurechnen. Eine ansprechende Darstellung gab ihm → Fechner. Für die Abgrenzung des P. s. → Pantheismus: II, → Theismus: II.

K.C.F.KRAUSE, Vorlesungen über das System der Philos., 1828 - DERS., Geist der Gesch. der Menschheit, 1843.

J.Klein

Pankratius, ein legendärer *Heiliger,* der als 14jähriger Märtyrer unter Diokletian (304) enthauptet und dann im Cömeterium gleichen Namens in Rom an der Porta S. Pancrazio bestattet worden sein soll. Um 500 restaurierte Papst Symmachus eine über dem Grab errichtete Kirche, die heute vollständig umgebaut ist. Seit → Gregor von Tours gilt P. als der »Patron für die Heilighaltung der Eide«. Nach der gregorianischen Kalenderreform von 1582 wurde P. - neben Mamertus (Bischof von Vienne 463-475) und → Servatius - einer der drei Eismänner oder Wetterheiligen in Süddeutschland (Alpengebiet). Seine Attribute sind das Schwert und die Märtyrerkrone oder die Palme. Ein Mosaik des 6.Jh.s zeigt ihn mit der Märtyrerkrone in den Händen (Ciampini, Vetera monumenta II, Taf. 25). Die älteste deutsche Darstellung befindet sich auf einer Miniatur des 12.Jh.s der sog. Hammerslebener Bibel (Bibliothek des Gymnasiums Halberstadt). Tag: 12.5. - P. gehört auch zu den 14 → Nothelfern.

Versionen der Passio: AnBoll 2, 1883, 289ff; 10, 1891, 53ff. - L.v.HÖRMANN, Wetterherren u. Wetterfrauen in den Alpen (Zs. des Dt. u. Österr. Alpenvereins 38, 1907, 93-114) - O.MARUCCHI-F.SEGMÜLLER, Hdb. der christl. Archäologie, 1912, 166 - KÜNSTLE II, 484 - DOYÉ II, 109f - BRAUN, TA 583f. *H.Paulus*

Pantänus († vor 200), bekehrte sich von der → Stoa zum Christentum. Nach Missionsreisen nach Indien wurde er Leiter der Katechetenschule in → Alexandrien. → Clemens von Alexandrien spricht von seinem Unterricht mit großer Achtung und nennt ihn »die sizilische Biene« (der beste Honig kam aus Sizilien). Es sind keine Schriften von ihm erhalten, und der Versuch zu erweisen, daß Clemens seine Vorlesungen sklavisch nachgeahmt habe, ist fehlgeschlagen. Wahrscheinlich verdankte ihm Clemens bes. die Methode der Schriftauslegung, daß nämlich die Bibel esoterische Symbole himmlischer Wirklichkeiten enthalte. Reizvoll ist die Vermutung, daß P. der Verfasser des → Diognetbriefes sei.

ALTANER 168f (Lit.). *H.Chadwick*

Pantaleon, der *Heilige,* Märtyrer, angeblich unter Diokletian (305) in Nikomedien als kaiserlicher Leibarzt Maximians enthauptet. Nach seiner Bekehrung zum Christentum verteilte er sein Vermögen und half mit seiner Heilkunst vor allem den Armen und Verlassenen. Im MA gilt P. als Hauptpatron der Ärzte und als Erzmärtyrer der griech. Kirche, in Deutschland wird er seit dem 15./16.Jh. unter die → Nothelfer eingeordnet. Die älteste deutsche Darstellung (Miniatur eines Evangeliars des späten 12.Jh.s im Kloster St. Pantaleon zu Köln) zeigt P. mit langem Gewand und einem Schwert in den Händen. Weitere Attribute sind auch ein Nagel oder eine Salbbüchse. - Tag: 28.7.

AS Jul. VI, 397ff - H.DETZEL, Christl. Ikonographie II, 1896, 572 - KÜNSTLE II, 485 - DOYÉ II, 110 - A.PAZZINI, I santi nella storia della medicina, Rom 1937, 178ff - BRAUN, TA 584f. *H.Paulus*

Pantheismus

I. Religionsgeschichtlich - II. Philosophisch

I. Religionsgeschichtlich

1. P. in den naturalistischen (sog. primitiven und Kultur-)Religionen - 2. P. in polytheistischen und dualistischen Religionen - 3. P. in den (monotheistischen) prophetischen Offenbarungsreligionen

Der P. ist mit dem → Monismus verbunden, aber nicht mit ihm identisch. Wenn dieser nur *ein* Prinzip der Wirklichkeit gelten läßt, so betont der P. dies Eine als das Allumfassende, außer dem es kein wirkliches Sein gibt. Er ist nicht nur am Ende einer langen Entwicklung, sondern in allen Stadien der → Religionsgeschichte möglich. Der P. ist nicht mit der Personalität eines Gottes (und des Menschen), wohl aber mit dem Polytheismus wie mit dem → Monotheismus verträglich. Zwar schwächt er die Individualität der Götter (→ Gott: I, 3), aber diese finden ohne Schwierigkeit in dem Allumfassenden Platz. Ähnlich wandelt er den einen Gott des Monotheismus zum ἕν und πᾶν, indem er ihm seine bestimmten Züge nimmt. Hinsichtlich der Welt ist der P. entweder akosmistisch, wenn die Gottheit die einzige Realität ist, so daß man von Theopantismus sprechen kann, oder pankosmistisch, wenn die als Einheit gefaßte Welt das Prädikat des Göttlichen erhält.

1. Da das → Mana in der sog. *primitiven Religion* auch einen unpersönlichen Charakter hat und Seelen oder Geister nicht erfordert, sondern alles Bemerkenswerte, Merkwürdige und Wirksame bezeichnen kann, ist die Voraussetzung zu der Vorstellung einer Allkraft gegeben. Diese Allkraft heißt in → *Indien* Brahman und ist im Menschen als → Atman, der seit den → Upanishaden mit dem Brahman identisch gesetzt wird. Hier handelt es sich um akosmistischen Theopantismus. Er ist dennoch P., weil Brahman = Atman letztlich eine naturhafte Größe ist. Nicht nur die Welt wird in diesem P. unwirklich, sondern das Ich hat die Aufgabe, im All aufzugehen. Weil der → *Buddhismus* ebenfalls weder die Welt noch ein Ich oder Du bejaht, kann auch er, obwohl ursprünglich atheistisch, als eine Art P. verstanden werden. Dieser p.e Charakter des Buddhismus wird in buddhistischen Sekten → *Japans* deutlich, in denen der ewige Buddha allein wahres Sein, alles andere nur relatives Sein hat, so zB in der Shingon-shû und der Nichiren-shû. Nicht ohne Einfluß des Buddhismus, von dem er sich schließlich löste, und des → Taoismus bildete der Hauptträger der philosophischen Erneuerung → *Chinas* im 11. und 12.Jh. nChr, Tshuh Hsi, eine p.e Lehre aus. Von dem T'ai tshi, das sein Vorgänger Tschou tse auf Grund einer Stelle des I tshing als höchstes Weltprinzip gelehrt hatte, sagte er: »Es ist die Gesamtheit der Wesen und ist in der Gesamtheit der Wesen.«

2. Der grundsätzlich polytheistischen Religion → *Ägyptens* (: II) ist gleichwohl ein sehr deutlicher P. nicht fremd. Nach einem altägyptischen Text wird der tote Mensch mit dem Gott Atum (= alle Götter) vereinigt, wird selbst zum Allgott. P. findet sich außerdem als Ergebnis des Identifikationsprozesses. In der → *griechischen Religion* ist im Zusammenhang mit der schon bei den frühen griechischen Denkern wirksamen monistischen Tendenz die Vorstellung einer Allkraft zu beobachten. Mit dem Polytheismus den P. zu vereinigen, versteht bes. die → Stoa durch eine relative Anerkennung der Götter als Äußerungen der einen göttlichen Kraft. Dieser P. bekommt bei den Hermetikern (→ Hermetica) eine stärker mystische Färbung. P.en Ursprung hat der *iranische* Hochgottglaube; Ahura Mazdâh (→ Ormazd), der später monotheistischer Schöpfergott wird, ist ursprünglich das Weltall, wie im Zerwanismus Zerwan Allgott ist und unter den verschiedenen → Urmensch- bzw. → Erlöser-Gestalten, die jeweils Söhne und Abbilder des Allgottes sind, bes. der → Amesha Spenta Vohu Manah.

3. Die sog. *monotheistischen Religionen,* in denen Gott, Welt und Mensch prinzipiell geschieden sind, sind immer wieder durch p.e Tendenzen gefährdet. In den mystischen Strömungen des Judentums (→ Mystik: III) standen häufig theistische und p.e Tendenzen in Spannung miteinander; Ansatz für den P. war die starke Betonung der Allgegenwart Gottes im Sinne einer Immanenz Gottes in der Schöpfung als Weltkraft und Weltgrund. Doch wurden dem P. fast immer durch die im AT betonte Distanz zwischen Schöpfer und Geschöpf und seinem Akosmismus durch den Schöpfungsglauben Grenzen gesetzt. Im christlichen Bereich kann die Allgegenwart Gottes oder aber die Allgegenwart Christi Ansatzpunkt für den P. sein. Gehemmt ist dieser P. durch die Fleischwerdung des Wortes in Jesus. In der Mystik des → Islam (: I, 8) wird das Bekenntnis zu dem einen Gott zum Verständnis des einen Gottes als des Einen und einzig Seienden, aus dem die Welt der Vielheit durch → Emanation hervorgeht. - Vgl. → Christian Science.

ERE IX, 609ff - CHANT (s. Reg.) - H.HACKMANN, Chinesische Philos., 1927 - H.W.SCHOMERUS, Indien u. das Christentum I, 1931 - G.VAN DER LEEUW, Altägypt. P. (in: Quellenstudien zur Religionsgesch. Aus der Welt der Religion, NF I, 1940, 16-38). - Vgl. die Lit. zu → Monismus: I, → Pantheon. *W.Holsten*

II. Philosophisch

1. Begriff - 2. Geschichte - 3. Beurteilung. - p. = pantheistisch

1. P. (πᾶν θεός) besagt Alleinheitslehre im Sinne der Einheit von allem mit Gott: alles, was ist, ist Gott, Gott ist identisch mit dem All. Gott und Welt sind untrennbar, sind von *einer* Wesenheit. Das Wort Pantheist prägte John → Toland (im Titel der Schrift: Socianism Truly Stated etc, 1705). Je nach dem Vorrang von Gott (Gott ist alles) oder der Welt (Alles ist Gott) kann man begrifflich zwei Grundformen des P. unterscheiden. R. → Otto prägte für die Anschauung, »daß Gott alles sei und in sich begreife«, den Ausdruck Theopantismus, der den größten Gegensatz zum P. bezeichnen und dem Sinn der p.en Mystik gerecht werden soll, was aber nur in abstracto zutrifft. Zum P. ist auch der → Panentheismus zu rechnen, der nicht das All der Dinge mit Gott identifiziert, sondern in einem zum Akosmismus hinneigenden Denken die Welt der Dinge als Manifestation und Symbol des Göttlichen versteht. Das spezifische Verhältnis von Gott und Kosmos bedingt einen Emanations- oder Evolutions-P. Auch diese unterscheiden sich wiederum nach der Art des vorausgesetzten → Prinzips. Man spricht von panpsychistischen, panlogistischen, panthelistischen, naturalistischen, materialistischen Systemen. Eine andere den P. bestimmende Grundstruktur ist der Hylozoismus, der Gott als die allen Stoff belebende Weltseele versteht. Faßbar ist der P. nur in seinen konkreten geschichtlichen Erscheinungsformen, es gibt für diese aber kein Klassifikationsprinzip. Für den generellen Begriff des P. ist entscheidend, daß das All als identisch *mit* oder wesensnotwendig *für* Gott verstanden wird, also Gott und Welt untrennbar sind. Aller P. tendiert zum → Monismus des ihn begründenden Prinzips. Aber nicht die wie immer zu verstehende Einheit als Urgrund macht eine Alleinheitslehre zum P., vielmehr gehört zu seinem Wesen die Setzung einer einzigen Substanz für Welt und Gott, dh die Erhebung des metaphysischen Einheitsprinzips zum religiösen Prinzip. Man hat den P. die religiöse Form des Monismus und die Mystik seine Frömmigkeit genannt.

2. a) Mit Recht nennt man → Xenophanes den ersten abendländischen Pantheisten. → Aristoteles berichtet von ihm, er habe im Hinblick auf das gesamte Weltgebäude gesagt, das Eine sei Gott (Metaph. 986 b). In einer kosmologischen Intuition schaut Xenophanes die Fülle der Erscheinungen als eine Einheit, die er im Sein des Ursprungs aufgehoben sein läßt. Diese Intuition ist der Urtyp des philosophischen P. Entscheidend im Denken des Xenophanes ist, daß die Einheiten von Gott und Welt nicht nebeneinander stehen, sondern die Einheit der Welt in die Einheit Gottes übergeht. Für das Erfassen der Eigenart des P. ist bezeichnend, daß Xenophanes nicht nur als Schöpfer des abendländischen P., sondern auch als Vorläufer des Monotheismus zitiert wird. Philosophisches Denken über Gott reicht von der Betonung seiner absoluten → Transzendenz bis zu seiner ausschließlichen Immanenz, und wenn auch nicht jedes sich religiös verstehende Einheitsdenken schon P. ist, so nimmt doch jedes die Korrelation von Schöpfer und Geschöpf spekulativ auseinanderlegende Denken leicht p.e Züge an. Exemplarisch dafür wurde das neuplatonische Denken (→ Neuplatonismus). - b) Die Emanationslehre → Plotins, zumal als Illumination oder Theophanie gefaßt, diente in der christlichen Spekulation zur Veranschaulichung der Weltschöpfung. Die damit gegebene p.e Gefahr zeigt sich bes. in der Spekulation des → Dionysius Areopagita, die im 9.Jh. in seinem genialen Übersetzer → Johannes Scotus Eriugena wiederauflebte. Von diesem war die Schule von Chartres beeinflußt, mehr aber noch → Amalrich von Bena, der Gott als die Form und Essenz alles Seienden verstand. → David von Dinant dagegen setzte die materia prima mit Gott in eins. Die mittelalterliche p.e Welle und die von ihr getragene Mystik erhielten von einem neuplatonisch interpretierten → Aristotelismus Verstärkung (Theologie des Aristoteles, Liber de causis; → Islamische Philosophie, 1). In der → Mystik (: VI) finden sich unzweideutige p.e Formulierungen, vor allem bei → Eckehart, und trotz aller Verschärfung der Transzendenz Gottes sowohl in ihr wie durch → Nikolaus von Kues ist die gefährliche Nähe zum P. nicht nur orthodoxes Mißverständnis. Auch bei Nikolaus finden sich echt p.e Formulierungen, doch bleibt die theistische Deutung immer offen. Der in der → Renaissance und im → Humanismus erstarkende Einfluß des Neuplatonismus erhielt Zustrom von auch schon vorher nachwirkenden hermetischen (→ Hermetica) und neupythagoreischen (→ Neupythagoreer), von islamischen und jüdischen Schriften, bes. der → Kabbala. - c) In G. → Bruno kamen die p.en Vorstellungen, die schon seit dem Aufbrechen des geschlossenen Kosmos der aristotelisch bestimmten → Scholastik ihre Wirkung taten, zu vollem Selbstbewußtsein. Bruno zog die Konsequenzen aus dem Explikationssystem des Nikolaus von Kues. Aber trotz der ausgesprochen monistischen Tendenz seines Denkens hielt er den Glauben an den transzendenten Gott fest. Gott ist natura naturans im Unterschied zu seiner Manifestation in der Welt, er ist natura naturata als diese seine Manifestation. Die Liebe zum Universum in seiner Göttlichkeit ist das höchste den Menschen verpflichtende Gesetz. - d) → Spinozas vollendeter und konsequenter Monismus signalisiert alle Aporien des P., die sein System zur Identität zwingt. In ihm verbindet sich das um der metaphysischen Einheit willen radikalisierte Substanzverständnis des → Descartes mit einem deduktiven mathematisch-mechanischen Denken. Die endlichen Dinge sind modi der unendlichen Substanz. So ergibt sich die unverbrüchliche Identität und Notwendigkeit alles überhaupt Seienden. Die Macht der Seele über die Gemütsbewegungen beruht auf dieser Erkenntnis, tugendhaftes Handeln heißt, mit dieser Einsicht handeln und erzeugt den Grundaffekt der vernünftigen Gottesliebe, in der auch aller Widerstreit der Seele dahinschwindet. Die → Ontologie wird zur Ethik, ein Paradigma der Festhaltung systembedingter Identität. Spinoza nimmt die lebendige All-Erfahrung des Bruno in seine Rationalität hinein, und das ermöglichte dem Spinozismus sein Wiederaufleben. - e) Das noch stark theologisch bestimmte geistige Klima in den Anfängen der modernen → Naturwissenschaften war mit der Erkenntnis der Eliminierbarkeit des Gottesgedankens aus der Wissenschaft mehr und mehr der Gefährdung der Annahme eines persönlichen Gottes durch die exakten Wissenschaften gewichen. Eine die geisteswissenschaftliche Entwicklung nicht mehr tragende Theologie vermochte die hier entstandene Diskrepanz nicht zu bewältigen. Diese Situation wurde der Nährboden für den P. als Bildungsreligion. Sie entsprach dem an die Stelle des anthropozentrischen getretenen kosmischen Bewußtsein, das für das Verhältnis von Mensch und Natur seinen Ausdruck suchte und die dualistische und deistische Weltauffassung (→ Deismus) zu überwinden schien. Das wurde offenkundig im P.-streit, durch den → Lessing, der Spinoza als Künder eines neuen religiösen Weltverständnisses empfand, einem lebenszugewandten dynamischen P. die Tore öffnete. Sein → Jacobi gegenüber geäußertes Glaubensbekenntnis des ἓν καὶ πᾶν eröffnete die Auseinandersetzung um Spinozas Atheismus, den Jacobi verfocht, M. → Mendelssohn abschwächte. Aufgeklärte Bildung, die in wei-

ten Kreisen zum Verzicht auf konfessionelle Bindung geführt hatte, verursachte bald die Hinwendung zu einem panentheistisch gedeuteten Spinozismus. → Herders, → Goethes und → Schleiermachers religiöse Anschauungen, auf die auch → Shaftesbury stark eingewirkt hatte, halten sich auf dieser Linie, → Hegels System dagegen ist echter, wenn auch dialektischer P.: Welt und Geschichte sind das Absolute in seiner stufenweisen Entfaltung (vgl. → Historismus, 1). Hegel sucht der Konsequenz vergebens dadurch auszuweichen, daß er das Wesen des P. in die abstrakte Identität verlegt und die Substanz der Idee unterordnet. Ebenso ist der junge → Schelling, weniger jedoch → Fichte dem P. zuzurechnen. Diese idealistischen Formen des P. sind spekulative Konsequenzen aus → Kants Vernunfttheorie. Mit ihnen ist die Religiosität der → Romantik engstens verbunden. Ein weltfrommer Gefühls-P. hat seitdem das deutsche Geistesleben weithin und zugleich als Ersatz für entschieden christliche Religiosität bestimmt. Neben die das moderne Denken tragende Gesetzlichkeit der Evolution auf allen Gebieten trat als Ausgleich ein mystisches oder ästhetisches p.es Weltverständnis, wie immer man auch das Substrat der Entwicklung (voluntaristisch, als Unbewußtes, biologistisch, naturalistisch) versteht. Daher die große Zahl der p.en und pantheisierenden Denker im 19.Jh. Als repräsentativ für die geschichtliche Tragweite des idealistisch-p.en Denkens mag die mystisch-fundierte formale Koinzidenzspekulation des späten → Natorp genannt sein, der neben den Begründern der modernen Naturwissenschaft die neuplatonischen Ahnen für seine Philosophie anführt, in seiner Religionsphilosophie von Schleiermacher ausging und verständnislos dem ihm begegnenden existentiell-theistischen Denken gegenüberstand.

3. Begrifflich gesehen ist der konsequente P. ebenso wie der Panentheismus → Atheismus (: II), wenn man den von der Geschichte dem Worte Gott gegebenen Sinn festhält. Wenn Welt und Gott identisch sind, ist das, was *da* ist, die Welt, und außer ihr ist nichts, mag auch die Allnatur weit über alles dem Menschen Faßbare hinausreichen. Ebensowenig kommt man mit der Bezeichnung Akosmismus hinaus über das, was Welt heißt. So gesehen ist der P. als Religion eine Fiktion. Wird aber der Gehalt des Personalen in Gott mitgesetzt und hat Gott die Geschöpfe nicht aus nichts ins Dasein gerufen, sondern aus seinem eigenen Wesen gebildet, so besteht zwischen diesem P. und dem → Theismus anscheinend kein wesentlicher Unterschied. Denn eine Erklärung des Wie der Schöpfung übersteigt in theistischer und p.er Interpretation alles menschliche Denken. Von der Explikation dieses undurchdringlichen Geheimnisses aus erweist sich daher die Frage der definitorischen Abgrenzung des P. als eine unerfüllbare Forderung. Da aber der P. selbst, auch wo er sich gegen den personalen Gottesbegriff wendet, mit einem analogen Personbegriff arbeitet, führt vom vollendeten P. über den Panentheismus zum Theismus anscheinend eine stetige Linie. So erklärt sich die weite Verbreitung der p.en Weltfrömmigkeit auch innerhalb des Christentums und die immer wieder versuchte Synthese von P. und Theismus (H.Scholz) bis zur Deklaration ihrer Identität: »*P. ist echter Monotheismus,* ist die konsequente Form, die der Eingottglaube annehmen kann, indem er zum ausschließlichen Allgottglauben wird« (W.Hellpach). Das ist nichts anderes als die Verkennung des entscheidenden Gegensatzes von P. und Theismus. Er liegt nicht in der Sphäre der Ontologie, sondern im Bereich des Ethischen und Religiösen, dh im Verständnis der personalen Korrelation von Gott und Mensch. Diese gründet in der absoluten Freiheit Gottes gegenüber allem Geschöpflichen. Wo man Gott und Welt in Identität, Emanation, Evolution, Korrelativität oder Dialektik setzt, ist die Ethik gefährdet und Religion im theistischen Sinn nicht gegeben.

Außer den Werken der im Text genannten Autoren u. der Lit. zu → Theismus (: II): G.B.Jäsche, Der P. nach seinen versch. Hauptformen usw, 3 Bde, 1826-32 - E.Boehmer, De p.i nominis origine, usu et notione, 1851 - G.Weissenborn, Vorlesungen über P. u. Theismus, 1859 - G.E.Plumptree, General Sketch of the Hist. of P., London 1881 - G.M.Schuler, Der P., 1884 - W.Dilthey, Der entwicklungsgeschichtl. P. nach seinem geschichtl. Zusammenhang mit den älteren p.en Systemen (AGPh 13, 1900, 307-360. 445-482 = Ges. Schriften II, 312-390) - J.A.Picton, P., its Story and Significance, London 1905 - F.Paulsen, Der moderne P. u. die christl. Weltanschauung, 1906 - A.Drews, Die Religion als Selbstbewußtsein Gottes, 1906 - H.Scholz, Der P. in seinem Verhältnis zum Gottesglauben des Christentums (PrJ 141, 1910, 439-464) - Ders., Zur ältesten Begriffsgesch. von Deismus u. P. (ebd 142, 1910, 318-325) - Ders. (Hg.), Die Hauptschriften zum P.-Streit zwischen Jacobi u. Mendelssohn, 1916 - J.Engert, Der Gottesgedanke im modernen Denken, 1932 - Th.Steinbüchel, Das Grundproblem der Hegelschen Philos. I, 1933 (Abwehr u. Durchbruch des Neuspinozismus, 30-102) - P.Siwek SJ, Spinoza et le p. religieux, Paris (1937) 1950² - H.Hölters, Der spinozist. Gottesbegriff bei M.Mendelssohn u. F.H.Jacobi u. der Gottesbegriff Spinozas (Diss. Bonn), 1938 - E. Spranger, Weltfrömmigkeit, 1941 - W.Hellpach, Tedeum, Laienbrevier einer Pantheol., 1947. *J.Klein*

Pantheon, eigentlich Pantheion, bezeichnet ein allen Göttern geweihtes Heiligtum (πάνθειον ἱερόν), und zwar speziell den 25 vChr von Agrippa erbauten großen Rundtempel auf dem campus Martius in Rom (neu errichtet und überkuppelt unter Hadrian, ca 120/25 nChr; vgl. Taf. 48 Abb. 4). Von Haus aus bedeutet P. im Griechischen jedoch die Gesamtheit aller Götter, wie der bildliche und an den Gestirnen exemplifizierte Gebrauch bei Aristoteles lehrt (frgm. 18: »Das Pantheion der Planeten und Fixsterne«). Dementsprechend wird πάνθεος im → Hellenismus zum Beiwort vieler Allgottheiten, die die Eigenschaften der übrigen Götter in sich vereinigt haben (Wissowa 91f). Im allgemeinen steht hinter dem Wort religionsgeschichtlich offenbar auch außerhalb der griech.-röm. Welt die Zusammenfassung aller Götter. In → Ägypten zB war die Fügung »alle Götter« geläufig, und dort werden sie auch alle kultisch (am Jubiläumsfest des Königs, dem sog. Sed-Fest) und theologisch (etwa in der Formel, daß Amuns »Gestalt in jedem Gott ist«) zusammengefaßt. Es wird also dort die empirische Vielzahl der Götter einerseits im Fest vereinigt, anderseits auf eine Gottesmacht reduziert. Insofern spricht man sachlich mit Recht von dem »P.« einer Religion, wenn man ihre Göttergestalten als Gesamtheit meint. - Vgl. → Babylonien: II, 3; → Buddhismus: I, 7; → Hethiter: II, 1; → Hinduismus: I, 1f.

G.Wissowa, Religion u. Kultus der Römer, (1902) 1912², bes. 77f - F.Jacobi, Πάντες θεοί (Diss. Halle), 1930 - PW XVIII/2, 697ff - M.Rosenbach, Galliena Augusta. Einzelgötter u. Allgott im gallianischen P., 1958. - Zum Sed-Fest als Versammlung aller Götter: Sir Alan Gardiner, JEA 30, 1944, 27f. *S.Morenz*

Pantokrator → Byzantinische Kunst.

Papa. Die Anrede »Vater« (*'abbā,* πάτερ und πάπα, *pater*) kam in altkirchlicher Zeit den Bischöfen zu, hat im Mönchtum des Abendlandes eine breitere Anwendung erlangt (pater spiritualis) und ist in den orth. Kirchen jedem Priester beigelegt (vgl. russ. *pop*). In Ägypten wurde πάπας (→ Kirchenverfassung: II, 4a) frühzeitig, vielleicht auf Grund der sprachlichen Ähnlichkeit mit dem koptischen *papé* »das Oberhaupt«, zum Würdetitel des Bischofs von Alexandrien, der in seinen patriarchalischen Vollmachten das Bild eines »Gottes auf Erden« (Constit. Apost. II, 26) am klarsten verkörperte. Konstantin d. Gr. gebrauchte allein ihm gegenüber die

Anrede »hochwürdiger Vater« (Gelasius, h.e. III, 15, 5). Von Beginn des 6.Jh.s an setzte sich allmählich die Beschränkung des Titels auf den Bischof von Rom durch; Gregor VII. erhob auf der röm. Synode von 1073 diesen Brauch zum gültigen Recht.

Du Cange, Glossarium mediae et infimae latinitatis (Neudr. 1954) VI, 143. - B.Labanca, Del nome P. nelle chiese cristiane di Oriente ed Occidente (Actes du XII. Congrès International des Orientalistes Rome 1899, III/2, Florenz 1902, 47-101) - RGG² IV, 888 (Lit.) - G.Kittel, Die Religionsgesch. u. das Urchristentum, 1932, 92ff - L.Dürr, Hl. Vaterschaft im antiken Orient. Ein Beitrag zur Gesch. der Idee des »Abbas« (Hl. Überlieferung, Festschr. I.Herwegen, 1938, 1-20). *A.Adam*

Papa angelicus *(Engelpapst)*, soll - so lauten Prophezeiungen im 13.Jh. - die Kirche in ihrer ursprünglichen Reinheit wiederherstellen. Eschatologische Vorstellungen mischen sich mit der Unzufriedenheit weiter Kreise, die der Kampf zwischen → Kaisertum und Papsttum auslöste. So gleicht diese Prophetie in manchem der vom Endkaiser in der Hoffnung auf eine bessere Zukunft. Anhänger → Joachims von Fiore, → Spirituale und Jünger Fra Dolcinos sahen im P.a. die Verkörperung ihres Mönchsideals, andere hielten → Gregor X. für seine Verkörperung (Kreuzzug, Heidenbekehrung, Reform und Union der Kirchen). Bei Fra Dolcino und den → Apostolikern (, 3) kam aber auch ein kirchenfeindlicher Zug in das Bild. Scharfe Angriffe wurden gegen → Bonifatius VIII. gerichtet, weil er den hl. Eremiten → Cölestin V. verdrängt habe und unrechtmäßig Papst sei. Diese Anklagen machte sich die Colonnapartei zu eigen; sie werden in Sciarra Colonna lebendig gewesen sein, als der Minorit Petrus de Corbaro gegen → Johannes XXII. erhoben wurde. Auch die Papstvatizinien, der Liber de Flore und die Anschauungen des Einsiedlers Telesphorus von Cosenza gehören in diese Vorstellungswelt, die geistige und politische Ziele vermischt.

F.Baethgen, Der Engelpapst, 1943 - A.Frugoni, Celestiniana (Istituto Stor. Ital., Studi Storici, fasc. 6/7), Rom 1954. *F.Bock*

Papadopoulos, *Chrysostomos* (1868-1938), griech.-orth. Theologe und Kirchenführer, * in Madyton (Thrazien). P. erhielt eine gediegene Schulbildung in Konstantinopel und Jerusalem, studierte in Athen, Kiew und Petersburg und wurde 1895 Theologie-Prof. an der Schule des Kreuzes in Jerusalem, später auch deren Direktor. 1909 übernahm er als Archimandrit die Leitung der griech. Gemeinde in Alexandrien, kam dann 1911 als Direktor des Rizarion-Seminars nach Athen, wo er bald Prof. für KG und 1923 Erzbischof von Athen und Griechenland wurde. 1926 war er unter den ersten Mitgliedern der neugegründeten griech. Akademie. P. gilt als der bedeutendste Historiker der neueren griech. Kirchengeschichte. Seine Hauptwerke zeigen ihn als profunden Kenner der Geschichte der orth. Patriarchate Konstantinopel, Jerusalem, Alexandrien, Antiochien, aber auch der autokephalen orth. Kirchen.

Vf. bes.: KG Jerusalems, 1910; Die Bistümer Zyperns, 1919; Gesch. der Kirche Griechenlands, 1920; Das Symbol der 2. ökum. Synode, 1924 (serb. u. rumän. Übers.); KG Athens, 1928. Mitbegründer u. -arbeiter vieler Zeitschriften, u.a. »Nea Zion«, Jerusalem; »Theologia«, »Anaplasis« u. »Ekklesiastikos Keryx«, Athen. - Über P. (alles griech.): Enaisima (Festschr.), hg.v. G.Papamichail, Athen 1931 (Bibliogr.) - Megali Ellin. Enkyklopaidia 24, 756 - Neoteron Enkykl. Lexikon Iliou 18, 775f (Bibliogr.) - »Ekklesia« 1938, 345 bis 360; 1948, 340f - ThAthen 1938, 369-408; 1939, 257-272 (Gedenkreden). *G.Möckel*

Papamichail, *Grigorios* (1874-1956), griech.-orth. Theologe, * auf Lesbos. P. studierte in Jerusalem, Chalki und Petersburg und wurde 1905 Lehrer an der theologischen Schule des Kreuzes in Jerusalem, danach Leiter einer Druckerei in Alexandrien und seit 1918 Prof. für Apologetik und Enzyklopädie der Theologie in Athen. P. war ein äußerst fruchtbarer und aufgeschlossener Schriftsteller und Publizist (u.a. Hg. der Zeitschriften »Ekklesiastikos Keryx«, »Theologia«, »Ekklesia«).

Vf. u.a.: Sozialismus u. Christentum, 1910; Der hl. Grigorios Palamas, 1912; Apologetik I. 1928; dazu Arbeiten über Renan, Pascal, Maximus Graikos u.a. - Über P.: Megali elliniki Enkyklopaidia XIX, 571 (Bibliogr.) - Neoteron enkykl. Lexikon »Iliou« XV, 453 - ThAthen 1956, 148-163 - Wissenschaftl. Jb. der Theol. Fakultät f. d. J. 1954/55, Athen 1956. *G.Möckel*

Papat und Primat

1. Titulaturen des P.es - 2. Das Dogma vom Pr. - 3. Ämterrechtliche Stellung des P.es. - P. = Papst, Pr. = Primat

P., im kath. Kirchenrecht der Bischof von → Rom als Träger der gesamtkirchlichen Gewalt, des Pr.s.

1. Die Bezeichnung P. steht seit → Gregor VII. (Dictatus Papae Satz 11 = Mirbt Nr. 278) der lehramtlichen Geltendmachung nach an der Spitze der päpstlichen Titel, ist aber kirchenrechtlich weder die einzige noch die bevorrechtigte. Sie ist zwar Selbstbezeichnung in der Intitulation und, soweit die Nennung des P.es üblich ist, in der Subskription der meisten Arten päpstlicher Erlasse, ist aber im CIC durch die Bezeichnung als Romanus oder Summus Pontifex ersetzt. Auch das AnnPont gebraucht die letztere Bezeichnung statt des Terminus P. Daneben findet sich in der Subskription der → Dekretalen (, 1) die Selbstbezeichnung Catholicae Ecclesiae Episcopus und in der Intitulation der Apostolischen → Konstitutionen die andere des Episcopus, Servus servorum Dei. Im Kurialstil gebräuchliche Bezeichnungen bzw. Anreden sind: Sanctitas Sua (Vestra), Sanctissimus (Pater; ...me Pater), Beatissimus (...me) Pater.

2. Die dogmatische Umschreibung der kath. Lehre vom Pr. ist das Werk des → Vatikanums von 1870, das in seiner Constitutio I de Ecclesia Christi (Denz. 1821ff) das Vorhandensein einer gesamtkirchlichen Vollgewalt, ihre erste Übertragung an den hl. → Petrus und ihre Fortdauer in den Bischöfen von Rom als seinen Nachfolgern definiert hat. Als biblische Grundlage für diese Pr.slehre dient bes. die Verheißung des Pr.s an Petrus (Mt 16, 16ff), neben ihr sodann die Übertragung des Pr.s an ihn (Joh 21, 15ff).

Das *Dogma vom Pr.* schließt kirchenrechtlich betrachtet dreierlei in sich: das Bestehen einer gesamtkirchlichen Vollgewalt; deren Bindung an den Bischof von Rom; die Eigenständigkeit dieser Gesamtgewalt gegenüber dem weltlichen Recht und seinen Trägern.

a) Die gesamtkirchliche Vollgewalt, der *Primatus iurisdictionis*, ist entsprechend ihrer Bindung an einen Einzelbischof wahre bischöfliche Gewalt. Das besagt für die formelle Zuständigkeit wiederum dreierlei: sie ist ordentliche Gewalt, also grundsätzlich vorhanden und nicht nur subsidiär, zur Ergänzung unzureichender oder zur Ersetzung versagender teilkirchlicher Gewalt gegeben; sie ist unmittelbare Gewalt, die nicht auf den Umweg über die Träger teilkirchlicher Gewalt angewiesen ist, um die Verpflichteten zu ergreifen; sie ist gegenüber der Gesamtkirche so allgemein, wie die einzelbischöfliche gegenüber der Teilkirche, erstreckt sich also auf alle Teilkirchen und auf jede einzelne, auf alle Kleriker und Laien und auf jeden einzelnen. - Der inhaltlichen Zuständigkeit nach schließt dieser Pr. volle Jurisdiktionsgewalt (Gesetzgebung, Verwaltung, Rechtsprechung) über die Gesamtkirche in sich, und zwar sowohl was die Glaubens- und Sittenlehre wie was die rechtliche Ordnung und die Leitung der Gesamtkirche angeht. Schranken hierfür sind nur das auch dem Jurisdiktions-Pr. vorgegebene göttliche → Kirchenrecht (: I, 4 a) und die durch das kirchliche → Lehramt (→ Lehrgewalt) schon festgestellten und daher nicht mehr widerruf- oder abänderbaren Dogmen (→ Dogma: II, 3; → Infallibilität). Innerhalb dieser Grenzen ist der P. rechtlich frei. Jedoch wird er jurisdiktionell durchweg nur bei den wichtigeren Angelegenheiten tätig, die ihm ihrer Natur nach (vor allem die nichtkollegiale Definition von Dogmen: c. 1323 § 2; → Infallibilität) oder durch positives Gesetz vorbehalten sind (Causae maiores; → Reservationen). Die teilkirchliche Gesetzgebung, Verwaltung und Rechtsprechung übertrifft daher die gesamtkirchliche quantitativ bei weitem, ungeachtet der im CIC bes. für die Verleihung der Benefizien (c. 1431), für das Obereigentum an allem Kirchenvermögen, für seine Verwaltung und für die Verfügung darüber (cc. 1499 § 2. 1518) sowie für die Stellung des P.es als obersten Richters, der alle Rechtsfälle annehmen (c. 1569 § 1) oder an sich ziehen (c. 1557 § 3) kann, betonten primatialen Rechte. Inhaltlich freilich ist die teilkirchliche Jurisdiktionshandhabung durch die Bindung an die gesamtkirchliche, wie sie mit dem gemeinen Kirchenrecht, mit der verwaltungsmäßigen Leitung der Gesamtkirche durch die röm. → Kurie und mit der richtungweisenden Kraft der kurialen Rechtsprechung gegeben ist, durchaus einheitlich. Diese Einheitlichkeit wird zusätzlich durch die Tätigkeit der Apostolischen → Nuntien und Delegaten sowie dadurch gesichert, daß die hierarchischen Zwischenstufen des Patriarchen, Primas, → Metropoliten und der Partikular- → Konzile (, 9 b) ihre über mehrere Teilkirchen sich erstreckende Gewalt nicht als eigenständige besitzen, sondern nur als bloß kirchenrechtlich begründete Teilhabe an der gesamtkirchlichen des P.es. In dieser primatialen Vollgewalt gehen daher auch die Rechte auf, die dem P. insoweit zustehen, als er in bestimmten kirchlichen Teilgebieten die entsprechenden hierarchischen Mittelstufen absorbiert hat. Es handelt sich dabei um die Ämter des Erzbischofs und Metropoliten der röm. Kirchenprovinz (diese umfaßt im eigentlichen Sinne die → suburbikarischen Bistümer und die keiner anderen Kirchenprovinz angehörenden, dem P. unmittelbar unterstellten Bistümer »zwischen den Kirchenprovinzen Capua und Pisa«), des Primas von Italien und des Patriarchen des »Abendlandes«. Diese Ämter werden daher nur im AnnPont und nur als Titulaturen geführt. – Wenn diese primatiale Vollgewalt zugleich als höchste Gewalt in der Kirche bezeichnet wird, so ist das insofern eine gewisse Tautologie, als die gesamtkirchliche Gewalt schon ihrem Begriff nach über der teilkirchlichen steht und in sich, als Vollgewalt, weder gesteigert noch beschränkt werden kann. Anderseits ist der Ausdruck Potestas suprema insofern unklar, als dem Allgemeinen → Konzil (, 9 a) diese gleichfalls zugesprochen wird. Da jedoch das Allgemeine Konzil bei der Ausübung dieser Gewalt unauflöslich an das Zusammenwirken mit dem regierenden P. gebunden ist, kann man abschließend den P. als den höchsten und eigentlichen Träger der gesamtkirchlichen Vollgewalt und diese demgemäß als eine im Kern persönliche, nicht kollegiale Gewalt bezeichnen. Damit ist zugleich festgestellt, daß der P. von keiner anderen kirchlichen Stelle gerichtet werden kann (c. 1556). – Neben dem Jurisdiktions-Pr. des P.es hat sein geschichtlich weitaus früher in Erscheinung getretener *Primatus honoris* mehr repräsentative als rechtliche Bedeutung. Dieser Ehren-Pr. wirkt sich aus in einer Reihe von Ehrenrechten: besondere Kleidung (Farben rot und weiß), Insignien (Tiara, Pedum rectum) und Titulaturen, dem byzantinischen nachgebildetes Hofzeremoniell (Kniefall, Fußkuß, Handkuß), Kommemoration in der Meßliturgie aller Riten. Hierhin kann auch der besondere strafrechtliche Schutz des P.es gegen Realinjurien (c. 2343 § 1) gerechnet werden.

b) Die Bindung des Pr.s an den Bischof von Rom wird zwar gelegentlich als bloß faktische gedeutet, ist aber nach dem Wortlaut des Vatikanums dogmatischer Natur, schließt also die göttlich-rechtliche Unmöglichkeit in sich, ihn auf einen anderen Bischofssitz zu übertragen. Da der Bischof von Rom den Pr. als Nachfolger des Petrus ausübt, ergibt sich daraus ferner einmal der Charakter der Thesen, daß Petrus (monarchischer) Bischof von Rom war und als solcher gestorben ist, als Formulierung dogmatischer Tatsachen, zum anderen die göttlich-rechtliche Verankerung des Bistums → Rom, das damit als einziges Bistum über die grundsätzliche göttlich-rechtliche Garantie der Diözesanverfassung (→ Bischof: II, 1) hinaus auch als Einzelbistum göttlich-rechtlich unaufhebbar ist. Schließlich ist die Residenz des P.es außerhalb Roms mit dieser Koppelung zwischen Pr. und röm. Bischofsamt zwar nicht absolut unvereinbar, solange er die bischöfliche Leitung der Diözese Rom nicht formell aufgibt, ist aber dem Sinn dieser Koppelung zuwider und wäre ein Mißbrauch, so wie es die avignonesische Residenz der Päpste im 14.Jh. war. De facto übt der P. seine einzelbischöflichen Rechte nicht selbst, sondern durch einen Stellvertreter, den Kardinalvikar, aus.

c) Über die außerkirchliche Eigenständigkeit des P.es vgl. → Kirche und Staat, 6 b.

3. Die *ämterrechtliche Ausgestaltung* des päpstlichen Amtes umfaßt wie bei allen anderen Kirchenämtern Rechtsregeln für die Besetzung, Erledigung und Vakanz. Auch in diese Rechtsregeln greift jedoch das göttliche Kirchenrecht entscheidend ein.

a) Hinsichtlich der *Besetzung* gilt für das päpstliche Amt als einziges, daß es nicht durch die → Missio canonica, sondern »ipsomet iure divino« (c. 109) übertragen wird. Dieser unmittelbare göttliche Rechtsakt ist an die kanonisch rechtmäßige Berufung des zum P. Ausersehenen durch die Kirche und an dessen Zustimmung gebunden, und zwar so, daß der Berufene kraft göttlichen Rechtes mit der Annahme der Berufung zugleich auch die primatiale Vollgewalt erhält. – Aus dieser Besetzungsordnung ergeben sich, zT in Verbindung mit dem sonstigen göttlichen Kirchenrecht, folgende weitere Rechtssätze: α) Von den kirchenrechtlich möglichen Formen der Berufung zum höchsten Kirchenamt scheidet die Designation des Nachfolgers durch den regierenden P. göttlich-rechtlich aus, weil der Designierte ihre Annahme wegen des damit verbundenen sofortigen Übergangs der primatialen Vollgewalt auf ihn erst nach eingetretener Sedisvakanz aussprechen könnte und weil die deswegen notwendige Fortwirkung der Designation über die Beendigung der Rechtsgewalt des Designierenden hinaus ebensowenig noch eine reale Rechtsgrundlage hätte wie die gesamtkirchliche Vollgewalt eines kanonisch zusammengetretenen Konzils, wenn während desselben der päpstliche Stuhl frei wird. Somit bleibt bloß die Berufung durch die Kirche, die seit 1179 in der Form der Wahl durch das Kardinalskollegium ausgeübt wird (→ Papstwahl). – β) Die vorangehende Zugehörigkeit des zu Wählenden zur Weihe-Hierarchie ist göttlich-rechtlich nicht vorgeschrieben; unabdingbar sind jedoch seine Zugehörigkeit zum Klerikalstand wenigstens kraft der ersten Tonsur (c. 118 in Verbindung mit c. 108 § 1) bzw. die Rechtswirkung, daß bei Wahl eines Laien die Annahme der Wahl zugleich auch seine Zugehörigkeit zum Klerikalstand bewirkt, und (wegen c. 948) die Verpflichtung des Gewählten, die fehlenden Weihen einschließlich der Bischofsweihe nachzuholen. Positiv-rechtlich werden im geltenden Recht (→ Papstwahl) die Zugehörigkeit zu den Kardinälen und der Besitz der Diakonatsweihe vorausgesetzt.

b) Die *Erledigung* des päpstlichen Amtes erfolgt in aller Regel nur durch den Tod des P.es. Daneben ist rechtlich noch die bisher erst zweimal (→ Cölestin V., → Gregor XII.) vorgekommene Erledigung durch Verzicht möglich, der als Verzicht des höchsten Amtsträgers einer Annahme weder bedarf noch begrifflich fähig ist. In den Lehrbüchern werden als weitere Erledigungsmöglichkeiten genannt der Fall der Häresie eines P.es und der seiner sicheren und sicher unheilbaren »amentia«. Jedoch schließt die göttlich-rechtliche Ordnung des Pr.s die Möglichkeit eines häretischen P.es aus, und der Nachweis einer sicheren, sicher unheilbaren und regierungsunfähig machenden seelischen Krankheit bietet so große Schwierigkeiten tatsächlicher Art, daß Spekulationen über ihre Rechtswirkungen als müßig erscheinen müssen, wie sie denn auch im positiven bzw. positivierten Kirchenrecht keine Grundlage finden.

c) Während der *Sedisvakanz* ruht die primatiale Vollgewalt, auch die gesamtkirchliche Vollgewalt eines etwa tagenden Allgemeinen Konzils. Von den an der gesamtkirchlichen Gewalt des P.es teilhabenden Amtsträgern bleiben jedoch im Amt der Kardinal-Großpaenitentiar (→ Paenitentiarie), der Kardinal-Kämmerer (→ Kurie, 4), die Apostolischen → Legaten und, mit eingeschränkten Vollmachten, der Kanzler der Röm. Kirche (→ Kurie, 4); ferner behalten eingeschränkte Vollmachten die Kardinalskongregationen und Gerichtshöfe der Röm. → Kurie (, 4). Ebenso bleibt der Kardinalvikar im Amt.

Zur Geschichte des päpstlichen Amtes vgl. → Kirchenverfassung: II, 4 c; IV, 4; V, 2. 5; → Papsttum; über den P. als weltlichen Souverän s. → Vatikan.

Qu.: cc. 218-221 CIC - cc. 14. 16 § 2. 32 § 1 De Iudiciis pro Ecclesia Orientali (AAS 42, 1950, 9. 12) - cc. 236 § 2. 257 De religiosis... pro Ecclesiis Orientalibus (AAS 44, 1952, 127. 131) - cc. 39. 162-166 De ritibus orientalibus... pro Ecclesiis Orientalibus (AAS 49, 1957, 448. 479ff) - Const. Apostolica »Vacantis Apostolicae Sedis« (AAS 38, 1946, 65ff). - Lehrbücher des → Kirchenrechts, der Fundamentaltheol. (→ Apologetik: V, → Theologie: IV), der → Dogmatik - M.SCHMAUS, Kath. Dogmatik III/1, (1940) 1958^{3-5}, 474ff. 860ff (Lit.) - DDC VII, 23ff.
H.Barion

Papebroch, *Daniel* (17.3.1628 bis 28.6.1714), Hagiograph und Kritiker, * und † in Antwerpen. Nach jesuitischer Erziehung selbst Mitglied des Ordens, arbeitete er mit Bolland und Henskens an der Redaktion der AS (→ Bollandisten). Auf zwei Bibliotheksreisen durch Europa, bes. nach Rom, brachte P. reiches Material zusammen. 1668 veröffentlichte er mit Henskens 3 Bde über die Heiligen des Monats März. Bis zu P.s Erblindung i.J. 1709 folgten weitere 15 Bde (bis Juni). P. führte mit ihnen die kritische Methode ein, als deren eigentlicher Vater er zu gelten hat. Seine zu wenig differenzierten kritischen Regeln der → Diplomatik (Propylaeum des 2. Aprilbandes) berichtigte → Mabillon in »De re diplomatica«. Daß er die Gründung der → Karmeliter durch Elia zunächst überging und später leugnete, führte schließlich zur Verurteilung durch die spanische Inquisition. Bis 1900 blieb das Propylaeum Maii auf dem röm. Index.

DACL XIII, 1345ff (Lit.) - AS Junii VI, 1-22 - P.PEETERS, L'oeuvre des Bollandistes, Brüssel 1942, 27ff.
A.Hamman

Papias, Bischof in seiner Vaterstadt Hierapolis in Phrygien, schrieb um 130/40 nChr die Λογίων κυριακῶν ἐξηγήσεως συγγράμματα πέντε. Das im Altertum (u.a. auf → Irenäus, → Hippolyt bis hin zu → Viktorin von Pettau) einflußreiche Werk ist verloren bis auf 13 Zitate und Exzerpte, unter denen die des Irenäus und → Eusebius (, 2) die wichtigsten sind (die Zugehörigkeit weiterer Irenäusabschnitte zur P.-Überlieferung hat Loofs wahrscheinlich gemacht). Das Buch enthielt kommentierte Nachrichten über Worte und Taten Jesu. Echtes Überlieferungsgut ist nicht feststellbar, obwohl P. im Vorwort behauptet, besondere Traditionen aufgespürt zu haben. Diese Angabe erweist sich damit als bloßes literarisches Schema. P. gibt als mittelbare Zeugen 7 Herrenjünger, als direkte Gewährsmänner Aristion und den Presbyter → Johannes (, 22), die Täuferjünger (so ist die wahrscheinliche Konjektur Larfelds zu verstehen) an. Auch diese Liste steht jedoch in dem Verdacht eines literarischen Aufputzes. Nur die beiden letzten Namen können auf persönliche Beziehungen hinweisen. Anscheinend hat P. die Tradenten so deutlich bezeichnet, um überhaupt eine Basis zu haben. Denn das Mk- und MtEv gelten ihm als literarisch unzureichend; Markus verteidigt er mit seiner Abhängigkeit dem Petrus gegenüber, Matthäus mit seiner Verhaftung an hebräische (= jüd.) Darstellungsweise (→ Evangelien, synoptische, 2 a-c). Zu wertvollen Einzelnachrichten gehören die über → Markus als Hermeneut des Petrus und die wichtige, wenn auch überlieferungsgeschichtlich nicht ganz unanfechtbare über den Tod der Zebedäussöhne (→ Johannesevangelium, 4). - Merkwürdig ist, daß P. über das LkEv nichts sagt und auch Paulus nicht erwähnt. Antimarcionitische Reaktion mag hier, wie ein antignostisches Motiv bei der Hervorkehrung der massiven Eschatologie mitgespielt haben, wenn auch für beides das judenchristliche Erbe entscheidend gewesen ist. Die kirchliche Haltung des P., die die Schätzung des 1Petr und des antignostischen 1Joh bedingte, schließt nicht aus, daß weniger genuin apostolische als judenchristliche Anschauungen bei ihm aufleben.

Text der Fragmente bei E.PREUSCHEN, Antilegomena, 1905^{2}, 91ff. 195ff - F.X.FUNK-K.BIHLMEYER, Die apostol. Väter (SQS II/1), 1956^{2}, 133ff. - TH.ZAHN, Gesch. d. nt. Kanons I, 1888, 849ff; II, 1892, 791ff - DERS., FGNK VI, 1900, 109ff - A.HARNACK, Gesch. d. altchristl. Lit. I, 1893, 65ff; II/1, 1897, 333ff - W.LARFELD, Ein verhängnisvoller Schreibfehler bei Eusebius (Byz.-neugriech. Jb.er 3, 1922, 282-285) - FR.LOOFS, Theophilus v. Antiochien... (TU 46, 2), 1930, 310ff - W.BAUER, Rechtgläubigkeit u. Ketzerei im ältesten Christentum, 1934, 187ff - E.GUTWENGER, P. Eine chronolog. Studie (ZKTh 69, 1947, 385-416) - PW XVIII/2, 1, 1949, 966ff - J.F.BLIGH, The Prologue of P. (ThSt 13, 1952, 234-240) - J.MUNCK, Presbyters and Disciples of the Lord in P. (HThR 52, 1959, 223-243) - J.KÜRZINGER, Das P.zeugnis u. d. Erstgestalt des MtEv (BZ NF 4, 1960, 19-38).
E.Bammel

Papini, *Giovanni,* ital. Schriftsteller und Philosoph, * 9.1.1881 in Florenz als Sohn eines Tischlers, Autodidakt, setzt sich mit dem Ziel einer nationalen literarischen Wiedergeburt mit mannigfachen Geistesströmungen (→ Nietzsche, → Tolstoi, James) auseinander, bewegt vom Glaubensverlangen, das ihn, den individualistischen Atheisten, schließlich zur kath. Kirche führte (Un uomo finito, 1912, dt. 1925; selbstbiogr.). 1935 wurde P. Prof. in Bologna, 1937 Mitglied der Italienischen Akademie. Am wirksamsten wurde seine vielfach übersetzte »Storia di Christo« (1921, dt. 1924), die im Rahmen eines psychographisch-historischen Lebens Jesu Christus »gegen unseren ständigen Verrat« verteidigt. Ähnlich wirkte später sein Ruf an das Weltgewissen, »Lettere di Celestino VI agli uomini« (1947), im Sinn eines christlichen Humanismus.

Vf. u.a. Gedichte: Pane e vino, 1926; Novellen: Parole e sangue, 1912; Gog, 1930 (gegen Amerikanismus); Il libro nero, 1952; wissenschaftl. Werke: Sant' Agostino, 1929; Gli Operai della vigna, 1930; Storia della letteratura italiana, 1937; Opere, 1932. - Über P.: G.PREZZOLINI, Discorsi su G.P., 1915 - M.PUCCINI, G.P., 1920 - R.FONDI, Un Costruttore: G.P., 1920 - P.ARCARI, G.P.s religiöse Entwicklung (Hochland 20, 1923, 599-615) - E.PALMIERI, G.P., 1927

- A.VIVIANI, Origini del nuovo spirito italiano, 1942 - M.APOLLONIO, G.P., 1944 - P.anni settanta, 1951 - Die Weltlit. III, 1954, 1314 (Bibliogr.). *Ernst Wolf*

Pappus, *Johannes* (1549-1610), * in Lindau, nahm den gleichen Weg wie J. → Marbach. P. studierte in Straßburg und Tübingen. Als Lehrer des Hebräischen in Straßburg wurde er dort von M. → Flacius stark beeindruckt und 1578 Prof. an der Akademie. Als Herzog Ludwig von Württemberg Straßburg aufforderte, die FC anzunehmen, hielt P. zur Rechtfertigung der Annahme Disputationen, die erweisen sollten, daß das »Damnamus« der christlichen Liebe nicht widerstreite. Der Rektor Joh. → Sturm trat mit Streitschriften (Antipappi part. I-IV) gegen ihn auf. P. und L. → Osiander antworteten ebenso heftig. Da der Herzog Genugtuung verlangte, wurde Sturm abgesetzt und die Fortsetzung des Streites verboten. Als Marbach starb, wurde P. Präsident des Kirchenkonventes. Unter ihm wurde die KO von 1598 angenommen, die die FC einschloß und die alleinige Geltung der luth. Lehre festlegte (→ Elsaß, 1 a).

W.HORNING, J.P., Straßburg 1891 - DERS., Hdb. d. Gesch. d. ev.-luth. Kirche in Straßburg unter Marbach u. P., ebd 1903 - RE XIV, 654ff - W.SOHM, Die Schule J.Sturms u. die Kirche Straßburgs, 1915, 274ff - J.ADAM, Ev. KG der Stadt Straßburg, Straßburg 1922, 339ff - H.STROHL, Le protestantisme en Alsace, ebd 1950, 87ff - H.-W.GENSICHEN, Damnamus, 1955, 134ff. *R.Stupperich*

Papstnamen. Schon in früher Zeit änderten die Päpste ihre Namen nach der Wahl, zuerst wohl 533, als ein Römer mit dem heidnischen Namen Merkurius diesen in → Johannes (II.) änderte. Seinem Beispiel folgte Alberichs Sohn, der als Herr von Rom und Graf von Tusculum Oktavian hieß, sich aber als Papst ebenfalls → Johannes (XII.) nannte. Bischof Petrus von Pavia scheute sich vor diesem Namen und nannte sich → Johannes (XIV). Dieser Name war weiterhin beliebt, und als man begann, Ordnungszahlen einzuführen, traten in dieser Reihe Irrtümer auf. → Johannes XVI. (997/98) war Gegenpapst, und → Johannes XIX. (1024-32) ist eigentlich Johannes XVIII. Einen → Johannes XX. hat es nie gegeben, und so stimmt → Johannes XXI. nicht für Petrus Hispanus (1276/77), sowenig wie → Johannes XXII. für Jakob von Cahors (1316-34). → Johannes XXIII. (1410 bis 1415) wird seit Ehrles Liste (AnnPont 1904) als Gegenpapst gezählt; das hat A.Mercati 1947 wieder aufgenommen. So war die Ziffer XXIII frei, als sich Kardinal Roncalli aus persönlichen Gründen (nach dem Vornamen seines Vaters) für Johannes entschloß (Osservatore Romano vom 30.10.1958, Nr. 253; AAS 50, 1958, 878). Aber Schwierigkeiten bleiben, wenn auch heute im amtlichen Verzeichnis der Päpste die durchgehende Reihenfolge fortgefallen ist; denn Rodrigo Borgia hat, als er sich → Alexander VI. nannte, die Pisaner Obedienz (→ Alexander V.) für legitim gehalten, ebenso Platina in seiner Papstgeschichte. Die Serie der Papstbilder in S. Paolo fuori le mura greift zu merkwürdigen Hilfen, wie Johannes XVI. oder XVII., Johannes XVII. oder XVIII., Johannes XVIII. oder XIX. oder XX. usw. - Allgemeine Sitte wurde der Namenswechsel seit Beginn des 11.Jh.s, offenbar seit → Sergius IV., der vorher Petrus hieß und dazu noch den Beinamen Schweinemaul (Os porci) hatte. Ähnliche Gründe hatten schon vorher mitgespielt: → Gregor V. hatte seinen deutschen Namen Brun, → Silvester II. seinen Namen Gerbert abgelegt. Es ist nicht immer leicht, den Grund für eine Namenswahl herauszufinden. In der Familie der Tusculanergrafen war Benedikt sehr beliebt (→ Benedikt VIII. und IX., Gegenpapst → Benedikt X.), den vorher 7 geborene Römer getragen hatten. Dagegen hat sich → Benedikt XI. wohl nach seinem Vorgänger → Bonifatius VIII. (Benedikt Gaetani) genannt. Mit der einsetzenden Reformbewegung des 11.Jh.s (→ Papsttum: II, 2 a) kehrte man sich von den Namen der adligen Stadtherrn-Päpste ab und wählte solche aus der Frühzeit: Clemens, Damasus, Gelasius, Gregor, Paschalis, Viktor, Urban, wobei der letztere Name wohl den Anspruch auf die Urbs (Rom als päpstliche Stadt) unterstreichen sollte. Der Franzose → Urban IV. wird sich bewußt nach → Urban II. genannt haben, → Gregor VII. wohl nach → Gregor VI., den er ins Exil begleitet hatte. → Clemens VI. und der Gegenpapst → Clemens VII. werden den Namen nach → Clemens V., dem 1. avignonesischen Papst, der wiederum an → Clemens IV. anknüpfte, gewählt haben. Im übrigen sind die Motive »so verschieden und so unberechenbar wie alle menschlichen Willensentschlüsse«. Vor → Martin IV. hat es nur → Martin I. gegeben, aber man zählte wohl → Marinus II. und III. mit in dieser Reihe. In der Renaissance-Zeit behielten die Päpste zT ihre ursprünglichen Namen bei, wie → Julius II. (1503-13), → Hadrian VI. (1522/23), → Marcellus II. (1555). Seitdem wird der Namenswechsel bis in die neueste Zeit immer angewandt. Seit dem 14.Jh. sind Signierungen von Originalsuppliken durch die Päpste vorhanden. Merkwürdigerweise wird aber dabei nicht der Papstname verwendet (Johannes XXII. zeichnet zB mit der Sigle B). In feierlichen Privilegien wird nicht die Ordnungszahl zum Namen gesetzt.

Gerachia Catholica 1873 u. 1904/05 - AnnPont, seit 1947 - FR. KRÄMER, Über die Anfänge u. Beweggründe der P.änderung (RQ 51, 1956, 148-188) - K.A.FINK, P. u. Papstkrönung (in: Schwäbisches Tagblatt vom 11.2.1959). *F.Bock*

Papstregister, die wichtigste Quelle für die europäische Geschichte des Spät-MA, sind erst seit Öffnung des Vatikanischen Archivs durch → Leo XIII. und der gleichzeitig beginnenden Publikation der Register bis 1378 (durch die Ecoles françaises d'Athènes et de Rome), danach des Repertorium Germanicum zugänglich geworden. Man kannte zwar die Auszüge der Annales ecclesiastici (→ Baronius, Bzovius, → Raynaldus, Aug. → Theiner), aber die Theorie über Wesen und Entstehung der P. formte sich nach abschriftlich erhaltenen P.n der ältesten Zeit (→ Gregor I.) und Auszügen in kanonischen Sammlungen. Pertz waren zwar Register des 13.Jh.s vorgelegt worden; er hat diese Kenntnis aber nicht ausgewertet. Die erste Übersicht über einen Teil der Pergamentbände gab auf Grund originaler Kenntnis H. → Denifle (ALKGMA 2, 1886, 1-105). Anschließende Kontroversen über Einzelprobleme und kurialen Geschäftsgang litten an mangelnder Quellenkenntnis. - Die P. bestehen aus 5 großen Serien: 1. *Registra Vaticana* (Reg. Vat.), deren kontinuierliche Reihe mit → Innozenz III. beginnt, aber auch einen Band → Johannes VIII. und → Gregors VII. enthält. Die ältesten Bände sind Abschriften von Konzepten auf fehlerfreien Pergamentlagen, die zu starken Bänden zusammengebunden sind, seit → Innozenz VI. nur in willkürlicher Auswahl; diese Gruppe reicht bis 1378. Die späteren Bände sind zusammengebundene Konzepte. Seit → Johannes XXII. teilt sich diese Serie in eine Commun- und eine Sekretgruppe, wobei eine saubere Trennung der Gratial- und Justizsachen der ersteren von den Verwaltungs- und politischen Akten der letzteren nicht durchgeführt ist. Die Reihe umfaßt 2041 Foliobände und reicht bis zum Ende des 16.Jh.s. - 2. *Registra Avenionensia* (Reg. Av.), die Konzeptfaszikel der Communserie während der Zeit des avignonesischen → Papsttums (: II, 2 d). Aus der Zeit → Clemens V. sind nur Trümmer erhalten, die Masse beginnt mit Johannes XXII. Die Faszikel, die oft Lücken und Wasserschäden aufweisen, sind zu dicken Bänden zusammengebunden. Der schlechte Erhaltungszustand erschwert die Sichtung des Materials; sie kann nur im Vergleich mit den Reg. Vat., den Abschriften davon, durchgeführt werden. - 3. *Registra Lateranensia* (Reg. Lat.), Fortsetzungen der vorigen nach 1378, also auch Konzepte von Gratial- und Justizsachen von → Bonifatius IX. bis → Leo XIII., 2467 dicke Bände mit einem guten handschriftlichen Repertorium. Bei der Fortführung des Archivs nach Paris durch Napoleon I. und Verschleuderung vor dem Rücktransport sind große Verluste eingetreten. - 4. *Registra Supplicationum* (Reg. Suppl.), enthalten die Abschriften der genehmigten Originalsuppliken, die die Vorlage für die ausgehenden Privilegien sind. Eingeführt sind sie von → Benedikt XII., erhalten seit → Clemens VI. Die großen, in weißes Pergament gebundenen Bände (je ca 300 Blätter), sind wenig erforscht, viele sind verloren. Sie enthalten mehr Einträge, als sich in der Communserie finden. - 5. Eigentliche *Kammerregister* (so werden auch einige Bände der Reg. Vat. bezeichnet): Rechnungsbücher wie Introitus und Exitus, Collectorie und Obligationes, »Hauptbücher der kurialen Finanzverwaltung« (Fink), die nicht immer sauber geschiedene Abteilungen bilden. Auch Faszikel summarisch geführter Auslaufregister sind darunter.

Vat. Quellen z. Gesch. d. päpstl. Hof- u. Finanzverwaltung, ed. Görresgesellschaft, I-VII, 1910-57 - F. Bock, Einführung in das Registerwesen des avignonesischen Papsttums (QFIAB 31, 1941, 76-85) - Ders., Kodifizierung u. Registrierung in der spätmittelalterl. kurialen Verwaltung (Archival. Zs. 56, 1960, 11-75; Lit.) - K.A. Fink, Das Vat. Archiv, Rom (1943) 1951² - M. Giusti, I Registri Vaticani (StT 165, 1952, 383-459). - Weitere Lit., auch über die franz. P., bei Fink u. den Artikeln über die einzelnen Päpste.

F. Bock

Papsttum, *geschichtlich*

I. Bis 604 - II. Im Mittelalter - III. In der Neuzeit - IV. Chronologisches Verzeichnis der Päpste. - Ergänzend vgl. die Artikel über die einzelnen Päpste, ferner bes. → Infallibilität, → Kaisertum und Papsttum, → Katholizismus: I. II, → Kirchenverfassung: II. IV. V, → Kurie, → Lehramt, 1, → Papat und Primat, → Papstnamen, → Papstregister, → Papstwahl, → Petrustradition

I. Bis 604

1. Die Anfänge des P.s - 2. Der Geltungsanspruch des P.s und seine Durchsetzung - 3. Das P. und die Konkurrenz der Metropolitansitze des Ostens - 4. Die Stellung des P.s im Westen - 5. Spaltungen im P. - 6. Herkunft der Päpste

1. Die Auseinandersetzungen über den Aufenthalt des → Petrus in Rom und seinen Märtyrertod dort (→ Petrustradition) haben in der Gegenwart trotz vereinzelten scharfen Widerspruchs (zB → Heussi) auch auf prot. Seite in zunehmendem Maße zu einer positiven Beantwortung der Frage geführt; doch gibt es in den ältesten Quellen keinen zuverlässigen Hinweis auf die Dauer und die Art der Wirksamkeit des Petrus in Rom (sicher ist lediglich, daß er sich nicht 25 Jahre in Rom aufgehalten haben kann). Als Begründer der Gemeinde scheidet er (ebenso wie → Paulus) von vornherein aus. Mit Sicherheit läßt sich ferner aus 1Clem (um 96) erschließen, daß damals der monarchische Episkopat in Rom ebenso wie in Korinth noch nicht existiert hat (→ Kirchenverfassung: II, 3). Die Einsetzung monarchischer Bischöfe durch Petrus ist also ausgeschlossen. Alle Nachrichten über Nachfolger des Petrus, wie sie die Bischofslisten bei → Irenäus usw bieten, sind Rekonstruktionen des 2.Jh.s, welches die Linie der apostolischen Tradition bis in die Anfänge der Gemeinden auszieht (dabei können bei den angegebenen Namen Erinnerungen an bedeutende Männer der röm. Gemeinde durchaus eine Rolle gespielt haben). Bis kurz vor die Mitte des 3.Jh.s sind unsere Nachrichten über die Gemeinde in → Rom und ihre Bischöfe außerordentlich fragmentarisch. Erst um diese Zeit erhalten wir zB Angaben über die Chronologie der Bischöfe (erstes genaues Datum: Abdankung Pontians 28.9.235) und Mitteilungen über ihre Regierung. Für die Zeit davor bedarf es einer kunstvollen Zusammensetzung der verschiedenartigen Nachrichten. Danach scheint es, als ob die Gemeinde sehr bald eine stattliche Größe erreichte. Unter → Cornelius (um 250) zählt sie 1500 »Witwen und Hilfsbedürftige«, woraus man auf 30 000 Glieder der Gemeinde geschlossen hat. In diesem Zusammenhang (Eus. h.e. VI, 43, 11) erfahren wir auch etwas über die Gliederung des Klerus: unter dem Bischof stehen 46 Presbyter, 7 Diakone, 7 Subdiakone, 42 Akoluthen, 52 Lektoren, Exorzisten und Ostiarier. Dabei ist die Zahl der (dem Bischof unmittelbar zugeordneten) Diakone nach dem Vorbild von Apg 6 (anders als in anderen Kirchengemeinden) fest begrenzt - die Zahl der Subdiakone ist aus ihnen abgeleitet -, während die Zahl der Presbyter entsprechend der von ihnen versorgten Gottesdienststätten (Titelkirchen) fluktuiert. Die Einrichtung des Subdiakonats wird vom → Liber Pontificalis auf → Fabian zurückgeführt, ebenso die Einteilung der Stadt in 7 kirchliche Bezirke. Die Institution der 7 Diakone ist danach älter, ihr Beginn ist sicher in die Frühzeit zu verlegen. Wann sich aus der Gemeinschaft der → Presbyter und → Diakone der → Bischof (: I) zu einer monarchischen Stellung erhoben hat, ist mit Sicherheit nicht festzulegen; der erste Bischof, der mit einem andere Auffassungen ausschließenden Autoritätsanspruch auftritt, ist → Viktor. Die erste erhaltene Urkunde jedoch, welche das absolute Vorgesetztenverhältnis des Bischofs gegenüber Presbytern und Diakonen ausdrücklich festsetzt, ist die Kirchenordnung → Hippolyts (→ Kirchenverfassung: II, 2 b). Sicher ist dieses Verhältnis älter, wahrscheinlich beginnt es jedoch erst am Ausgang der 1. Hälfte des 2.Jh.s. → Marcion jedenfalls verhandelt 144 mit den πρεσβύτεροι καὶ διδάσκαλοι (Epiphanius, Pan. 42, 2, 2), nicht mit dem Bischof, der gar nicht in Erscheinung tritt, wahrscheinlich aber unter den πρεσβύτεροι eingeschlossen ist. - Eine feste Residenz der Bischöfe wie die Einzelheiten ihrer Amtsführung (Kanzlei, Archiv usw) sind für die Anfangszeit ebenfalls nicht auszumachen. Lediglich die Gräber der Päpste des 3.Jh.s sind seit der Ausgrabung der Kallistkatakombe 1854 bekannt (→ Katakomben: I). Hier ruhen die Bischöfe von → Pontianus bis → Miltiades; von den Grabinschriften des Pontianus, → Anteros, Fabianus, → Lucius und → Eutychianus sind Bruchstücke gefunden worden. Nach dem Liber Pontificalis sind die Bischöfe bis Viktor »iuxta corpus beati Petri Apostoli in Vaticano« beigesetzt worden; die Ausgrabungen haben jedoch keinen Anhaltspunkt dafür ergeben. Die Papstgruft wurde unter Calixt angelegt, das Grundstück diente offensichtlich schon längere Zeit vorher der Beisetzung des röm. Klerus (also auch der früheren Bischöfe?).

2. Offenbar hat die röm. Gemeinde von früh an zu anderen in engen Beziehungen gestanden. Der 1. → Clemensbrief läßt sich nur unter der Voraussetzung einer alten, engen Verbindung zur korinthischen Gemeinde erklären. Gewiß wird hier ein nicht geringes Selbstbewußtsein Roms sichtbar. Es erklärt sich aus der Wirksamkeit des Petrus und Paulus dort, der Bewährung der Gemeinde im Martyrium, ihrer Größe, ihrem Charakter als Hauptstadtgemeinde, vielleicht auch aus den von ihr verteilten Spenden (vgl. den Brief des → Dionysius von Korinth, Eus. h. e. IV, 23, 9ff), jedoch nicht aus dem Bewußtsein einer Sonderfunktion oder dem Anspruch auf eine irgendwie geartete Primatsstellung. Diese

offensichtlich große und nicht einflußlose Gemeinde (vgl. IgnRöm 1, 2ff) übte eine starke Anziehungskraft aus: → Marcion, → Justin, → Hegesipp, → Tatian, die Monarchianer u.a.m. mit ihren Reisen nach Rom, ihrem Aufenthalt und dem Versuch, sich hier durchzusetzen, sind ein Beweis dafür. Durch die Ausbildung der frühkath. Kirche mit ihrer Lehre von der apostolischen Tradition mußte diese Stellung der röm. Gemeinde eine erhebliche Stärkung erfahren (der Anspruch auf Petrus wurde ihr von nirgendwo bestritten). Auf dieses Ansehen der *Gemeinde* (das ihres Bischofs leitet sich daraus ab, nicht umgekehrt) gestützt, kann Viktor im 1. Passastreit (→ Ostern, 1) seine Ansprüche gegenüber Kleinasien erheben. Hier wie in der späteren Zeit (vgl. → Calixt I.) sind es praktisch-kirchliche Fragen, in denen Rom seine Autorität geltend macht, theologische Beiträge im eigentlichen Sinne haben seine Bischöfe nicht geleistet. Es ist kein Zufall, daß → Hippolyt wie → Novatian, die einzigen Theologen unter den Bischöfen der Frühzeit, in der röm. Gemeinde mit ihrem Streben Schiffbruch erlitten haben. Mag der Bericht Hippolyts über Calixt noch so sehr verzerrt sein, es geht aus ihm doch wohl deutlich hervor, daß auch Calixt (wenn auch nicht in dem Maße wie seine Vorgänger) dem Monarchianismus sowohl wie der sich ausbildenden Logos-Christologie gegenüber (→ Christologie: II, 2) theologisch hilflos war. Daß sein »Bußedikt« nicht nur für das → Bußwesen (: II, 1 d), sondern auch für die Fortentwicklung des Bischofsamtes und der Kirchenverfassung überhaupt von maßgeblicher Bedeutung war, also auch erhebliche theologische Konsequenzen besaß, ist eine andere Sache. Trotz des Widerspruchs, den Viktor wie Calixt mit ihren Maßnahmen in der Gesamtkirche erfuhren, bedeutet ihr Handeln eine wesentliche Stärkung der Stellung der röm. Gemeinde und ihres Bischofs. Eine maßgebliche Mitwirkung Roms an der Ausbildung des Glaubensbekenntnisses wie des Kanons läßt sich ebenfalls annehmen. → Stephan I., der im → Ketzertaufstreit von → Cyprian und den Afrikanern die Befolgung der röm. Sitte verlangt, hat dafür genauso wenig eine theologische Begründung wie einst Viktor gegenüber den Kleinasiaten (über sie verfügt nur die Gegenseite). Er kann jedoch trotz starken Widerspruchs, auf das inzwischen erheblich gewachsene Ansehen Roms gestützt, die Ansprüche des röm. Bischofs wesentlich vorantreiben (erstmalige Berufung auf den Vorrang Petri). Auch in den späteren theologischen Auseinandersetzungen bleibt es so (hierher gehört der Streit der beiden Dionyse, in welchem → Dionysius von Rom zwar eine bestimmte Meinung, aber keine theologische Argumentation vorträgt), daß Rom und seine Bischöfe keine produktive Rolle in den Auseinandersetzungen spielen, selbst wenn sie (wie Leo I.) einen erheblichen, auch theologisch formulierten, Anteil nehmen. Im → arianischen wie im christologischen Streit ist es → Tertullian, im pelagianischen bzw. semipelagianischen Streit → Augustin, welche die Denkvoraussetzungen liefern. Dennoch nehmen die röm. Bischöfe an der Durchsetzung der von anderen gewonnenen Erkenntnisse im Rahmen der Kirche maßgeblichen Anteil und bauen dadurch ihre eigene Stellung wie die der röm. Kirche zielbewußt aus. Dabei kann es vorkommen, daß sie wie → Zosimus beim Versuch einer eigenen Position Niederlagen einstecken müssen, oder daß sie wie → Cölestin I. beim voreiligen Eingehen auf die Wünsche → Cyrills von Alexandrien im nestorianischen Streit (→ Christologie: II, 4 c) die Wahrnehmung ihrer traditionellen theologischen Anliegen versäumen. Aber alsbald gelingt es, die Niederlagen zu verdecken oder das Versäumte wieder einzuholen, so daß ernsthafte und dauernde Einbußen an Ansehen nicht eintreten. Die bewußte und auch unbewußte Zielstrebigkeit der Päpste beim Ausbau ihrer Stellung und Herrschaft ist von bewundernswerter Konsequenz, auch auf Gebieten, bei denen die Voraussetzungen dafür recht ungünstig sind. Der Ausbau des päpstlichen Anspruches vollzieht sich stufenweise. Auf Päpste, die ihn mit aller Schärfe vortragen (wie Stephan I. und → Gelasius I.), folgen Epochen scheinbaren Stillstands, bis dann wieder, scheinbar plötzlich, ein weiterer Ausbau des Primatsanspruches und der Theorie der päpstlichen Stellung erfolgt (zB bei → Nikolaus I.). In Wirklichkeit schaffen die Generationen dazwischen, soweit sie nicht in politischer oder menschlicher Schwäche versinken, die Voraussetzungen dafür. Generell ist zu sagen, daß Anspruch und Theorie der Wirklichkeit durchaus voraus sind und es auch im MA noch lange dauert, bis die beanspruchte Stellung des P.s sich mit der deckt, die es tatsächlich innehat. Auch bei den großen Päpsten (zB → Leo I.) ist bes. die praktische Vorrangstellung des → Kaisertums und der staatlichen Gewalt unbestritten.

3. Als Rom unter → Konstantin d. Gr. seine Funktion als Zentrale des → Imperium Romanum endgültig verliert und → Konstantinopel Hauptstadt wird, haben die Päpste gegen die diesem zugewiesene zweite Stellung in der kirchlichen Rangordnung (die sich später zum Anspruch auf Gleichstellung entwickelte; vgl. den sog. can. 28 von Chalcedon, → Kirchenverfassung: II, 4 b) stets protestiert und für → Alexandrien, das in alter Verbindung mit Rom gestanden zu haben scheint, diesen zweiten Platz in Anspruch genommen. Tatsächlich aber ist → Ägypten (: IV), das schon im 3.Jh. (→ Clemens, → Origenes, alexandrinische Katechetenschule) eine theologisch bedeutsame Stellung gewinnt und im 4.Jh. durch das → Mönchtum diese Stellung als Zentrum exemplarischer christlicher Frömmigkeit noch ausbauen kann, für die Position Roms zunächst gefährlicher. Diese Gefahr wird dadurch verdeckt, daß → Athanasius infolge der kaiserlichen Kirchenpolitik (→ arianischer Streit) nicht zur vollen Auswirkung seiner Persönlichkeit wie seiner Ansprüche kommt und immer wieder der Hilfe des Westens bedarf. Aber unter Cyrill, in dessen Schlepptau Rom segelt, wird die Gefahr bereits deutlich; unter → Dioskur tritt sie mit aller Schärfe in Erscheinung. Dieser verzichtet auf das traditionelle Bündnis mit Rom und unternimmt den Versuch, nicht nur die ägyptische, monophysitisch geprägte, Theologie im Reiche durchzusetzen, was in → Ephesus 449 auch gelingt, sondern auf den Spuren seines Onkels → Theophilus auch die Herrschaft über die Kirche des Ostens in seine Hand zu bringen. Im Bündnis mit dem Kaisertum und den dyophysitischen Kräften des Ostens gelingt es zwar, die Gefahr 451 in → Chalcedon abzuwehren; aber noch lange Zeit bleibt es unsicher, ob der von Ägypten geführte Monophysitismus nicht doch die Oberhand behalten wird. Eine neue Gefahr entsteht dann im 6.Jh., als unter → Justinian Konstantinopel seine politische Herrschaft nach der Zerschlagung der Germanenreiche auch über den Westen ausdehnt. Die in Abhängigkeit von → Byzanz (: II, 1) stehenden Päpste, welche zur kirchenpolitischen Unterwerfung unter den Osten und zur Verleugnung uralter westlicher theologischer Konzeptionen genötigt werden, machen diese Gefahr deutlich (→ Vigilius und → Pelagius I. unterwerfen sich dem kaiserlichen Willen im → Dreikapitelstreit genauso, wie einst → Liberius im arianischen Streit). Aus ihr wird Rom nur dadurch gerettet, daß der Osten durch die Persergefahr und innere Schwierigkeiten abgelenkt wird und → Langobarden wie → Franken Italien und den Westen politisch in ihre Hand bringen. Es bleibt bei

einer Teilung der Einflußsphären, zumal die Kirche des Ostens inzwischen eine so selbständige Entwicklung durchgemacht hat, daß sie theologisch, aber auch strukturell eine von der Kirche des Westens gesonderte Größe darstellt. Alle Versuche, die ursprüngliche Einheit wiederherzustellen oder auch nur durch demonstrative Akte zu betonen, wie sie immer wieder gemacht worden sind, bleiben deshalb vergeblich und werden von Epochen gegenseitiger Feindseligkeit abgelöst bis hin zum offenen Bruch, wie unter → Innozenz I. wegen → Chrysostomus und unter → Felix III. und → Gelasius I. wegen → Acacius.

Die anderen Bischofssitze mit alter Tradition konnten den Ansprüchen Roms nicht ernsthaft gefährlich werden. Dafür sorgte die historische Entwicklung. Jerusalems Position wird schon im 2.Jh. dadurch eingeschränkt, daß nach der Abdrängung des → Judenchristentums (: I, 2) in die Sekte die dortige Gemeinde neu beginnen muß; es ist ihr nicht möglich, an eine ungebrochene Tradition anknüpfend eine Führungsposition in Anspruch zu nehmen (zumal Jerusalem unter der Konkurrenz von → Cäsarea leidet). Auch → Antiochien tritt bald zurück; seine Stellung wird schon in Nicäa entscheidend eingeschränkt. Das noch im 2.Jh. theologisch führende → Kleinasien hat unter den Kämpfen jener Zeit (→ Montanismus, → Gnosis, → Marcion) zu sehr gelitten, als daß es die maßgebliche Stellung im 3.Jh. hätte behaupten können. Als ihm im 4.Jh. mit den großen Kappadoziern (→ Basilius d. Gr., → Gregor von Nazianz und von Nyssa) wieder führende Theologen erwachsen, ist es zu spät, um Roms (und Konstantinopels) Vorrangstellung auch nur gefährden zu können.

4. Auch bei der Beiseitedrängung von Ansprüchen, welche Roms Stellung zwar nicht gefährden, aber ihre Geltendmachung einschränken konnten, hat die Gunst der geschichtlichen Entwicklung geholfen. Die Korrespondenz Cyprians mit → Cornelius zeigt das Selbstbewußtsein des karthagischen Bischofs, seine Auseinandersetzung mit Stephan I. im → Ketzertaufstreit den wenigstens grundsätzlichen Anspruch der afrikanischen Kirchen (→ Nordafrika: I) auf Gleichberechtigung mit der römischen, wenn auch die Defensivstellung Cyprians wie der afrikanischen Synoden (gegenüber der faktischen Vorrangstellung Roms) nicht zu verkennen ist. Trotz des die afrikanische Kirche innerlich aushöhlenden donatistischen Streites (→ Donatismus) beweisen noch am Anfang des 5.Jh.s die Auseinandersetzungen zwischen Afrika und Rom die Kraft jener Kirche, welche mit → Augustin die erste theologische Autorität des Abendlandes in ihrem Besitz weiß. Es gelingt ihr, Zosimus zu einem Rückzug in seiner Parteinahme für den → Pelagianismus zu nötigen. Die päpstliche Autorität wurde dabei jedoch dadurch geschont, daß die Afrikaner sich auf die Entscheidung Innozenz' I. berufen konnten. In dem Streit um die Appellation des Presbyters Apiarius an den röm. Stuhl erfahren die röm. Bischöfe (Zosimus, Bonifatius I. und Cölestin) eine eindeutige Niederlage. Nachdem bereits 418 eine karthagische Synode auf eine Appellation »ad transmarina« die Strafe der Exkommunikation gelegt hatte, endet diese Auseinandersetzung 426 nicht nur mit einer völligen Niederlage des päpstlichen Legaten, sondern auch mit der Zurückweisung der Sendung von Legaten nach Afrika überhaupt. Das Appellationsrecht nach Rom wird bestritten, und zwar unter Berufung auf die Kanones von Nicäa (die Rom fälschlich dafür in Anspruch genommen hatte), und Entscheidung aller Streitfälle durch die afrikanische Kirche beansprucht. Über die Provinzialsynode wird nur das Urteil eines Universalkonzils gestellt, während das eines einzelnen (dh des Papstes) in Frage gestellt wird (niemand könne annehmen, daß Gott ihm die rechte Entscheidung geben, während er es der großen Zahl der zum Konzil versammelten Bischöfe versagen werde), ganz abgesehen davon, daß die Entfernung aus Mangel an Information von vornherein Fehlentscheidungen nahelege. Trotzdem sendet → Leo I. 20 Jahre später nicht nur einen apostolischen Vikar nach Afrika, sondern trifft dort auch Anordnungen über Bischofswahlen, als ob es sich um eine italienische Kirchenprovinz handle. Denn inzwischen sind die → Vandalen nach Afrika eingebrochen, die stolze afrikanische Kirche kämpft um ihre Existenz und ist dankbar für jede Hilfe, die ihr aus Rom erwiesen wird, unter dessen unmittelbare Oberhoheit sie sich jetzt ohne Widerspruch beugt.

In → Italien (, 1) hat Rom offensichtlich schon von früh an oberhirtliche Gewalt besessen, soweit es hier christliche Gemeinden gab. Kanon 6 von Nicäa sagt über die Reichweite oberhirtlicher Gewalt nichts aus; bezeichnend ist, daß → Rufin in seiner erweiternden Wiedergabe (h.e. X, 6) die Amtsgewalt auf die Kirchen der suburbikarischen Provinzen beschränkt. Tatsächlich spielt → Mailand um die Wende vom 4. zum 5.Jh. eine Rom durchaus ebenbürtige Rolle - dank seiner Stellung als kaiserlicher Residenz wie der Größe des → Ambrosius - und macht seinen Einfluß nicht nur auf Norditalien, sondern auch in außeritalienischen Angelegenheiten (Gallien) geltend. Diese Sonderstellung Norditaliens dauert an, auch nachdem → Ravenna zur Residenz geworden ist und Ravenna und → Aquileja sich zu besonderen Metropolitansitzen fortentwickelt haben (wobei Ravenna enger an Rom angeschlossen bleibt). Im 6.Jh. ist es unter → Pelagius I. sogar zum Schisma zwischen Mailand (und Aquileja) und Rom gekommen, als Vitalis von Mailand nach des Papstes und seines Vorgängers Versagen im → Dreikapitelstreit selbständig → Paulinus zum Bischof von Aquileja weihte. Auch in Ravenna gab es ähnliche Tendenzen - ein Vorspiel zu den Ereignissen im MA, in dem nicht nur hier, sondern auch anderswo kräftige Selbständigkeitsbestrebungen auftreten.

Damals hat das P. die Krise der arianischen Nationalkirchen der verschiedenen Germanenstämme auf röm. Boden bereits hinter sich. Diese Zeit hat der Kirche mancherlei Schwierigkeiten bis hin zu drückenden Verfolgungen (→ Vandalen, → Nordafrika: I) gebracht, aber auch die Stellung der Kirche wie des P.s unter der nichtgermanischen Bevölkerung des Westreiches wesentlich gestärkt, der beide als Hort und echte Zuflucht röm. Tradition erscheinen mußten. Andererseits hat der Übertritt der → Franken in → Gallien und der Westgoten (→ Goten, 2) in → Spanien zum Katholizismus für diesen Zeitabschnitt nicht die Besserung der Stellung und des Einflusses des P.s gebracht, die daraus hätte erwartet werden können. Die Beziehungen nach Spanien bleiben (im Gegensatz zu früheren Zeiten) locker, in Gallien tritt sogar ein Rückschritt ein, wenn man die engen Beziehungen des 3. und 4.Jh.s dorthin berücksichtigt. Die Ehrenstellung des P.s bleibt zwar unangetastet, aber sie ist rein theoretisch, da sich die Kirche im Frankenreich selbständig und nach eigenen Gesetzen entwickelt. Erst die durch → Gregor I. eingeleitete Entwicklung (Mission unter den → Angelsachsen und die von diesen ausgehenden Wirkungen auf die Kirche des Festlandes) bereitet den allerdings erst Generationen später eintretenden Wandel vor.

5. In unserem Zeitabschnitt, der 64 Päpste zählt (in den nächsten 6 Jh.en ist die Zahl fast doppelt so groß), ist das P. siebenmal durch eine *Spaltung* heimgesucht worden (in derselben Zeitspanne danach über 3 mal so häufig): durch → Hippolyt, → Novatian, → Felix (II.), → Ursinus, → Eulalius, → Laurentius, → Dioskur. In

den ersten beiden Fällen hat der Ehrgeiz der bei der Wahl Unterlegenen eine offensichtliche Rolle gespielt: das Schisma des Hippolyt erledigte sich durch die Verfolgung, die ihn nach Sardinien verbannte; das des Novatian löste eine schwere Krise für die Gesamtkirche aus, welche keine spezielle Beeinträchtigung für das persönliche Ansehen seines erfolgreichen Konkurrenten → Cornelius bedeutet. Anders steht es mit Felix II. Seine auf Befehl des Konstantius erfolgte Wahl brachte Rom schließlich das neuartige Schauspiel zweier, wieder auf kaiserliche Anordnung gleichberechtigt nebeneinander regierender Päpste und blutiger Kämpfe der Parteien miteinander. Die nächste Papstwahl des → Damasus gegen Ursinus beginnt mit dem Sturm auf die Basilica Liberiana und einem Blutbad unter den Anhängern des Ursinus und löst gegen Damasus einen Prozeß aus, während unerfreuliche Händel mit den Ursinus-Anhängern noch darüber hinaus andauern. Das Schisma des Eulalius, in welchem das Diakonenkollegium mit dem der Presbyter ringt, dauert nur kurze Zeit, ebenso das des Dioskur, der nach 28tägiger Regierung bereits stirbt. Um so eindrücklicher war für die Zeitgenossen der Streit zwischen → Symmachus und Laurentius, in welchem beide Parteien das Urteil des Arianers Theoderich anrufen, dessen Entscheidung für den Kandidaten der Mehrheitspartei und Erstordinierten Symmachus die Spaltung beendet. Alles in allem wird man jedoch urteilen müssen, daß diese Vorgänge gegenüber dem verblassen, was sich in späteren Zeiten bei solchen Anlässen zu ereignen pflegt.

6. Der Geburt nach stammen von den 64 Päpsten etwas über die Hälfte aus Rom; rechnet man die Päpste italienischer Herkunft dazu, ergeben sich über zwei Drittel. Neben ihnen fallen, der Struktur der frühen röm. Gemeinde entsprechend, zahlenmäßig nur noch die Griechen (8) ins Gewicht; in die nachkonstantinische Zeit gehört jedoch nur noch einer von ihnen (Zosimus). Afrikaner ist im nachkonstantinischen Zeitalter Gelasius I. Damasus ist Spanier, Sarden sind Hilarus und Symmachus. Über die soziale Herkunft der Päpste sind wir oft nicht unterrichtet: die Spanne reicht vom Sklaven (Calixt I.) bis zum Angehörigen des senatorischen Hochadels (Felix III., Gregor I., wahrscheinlich auch Agapet I.).

Vgl. die Angaben über Qu. u. Lit. bei den einzelnen Papstartikeln sowie bes. zu folgenden Sachartikeln: → Altchristliche Kirche, → Gegenreformation, → Infallibilität, → Kaisertum und Papsttum, → Karl d. Gr., → Katholizismus: I. II, → Kirche und Staat, → Kirchenstaat, → Kirchenverfassung: II. IV. V, → Konzile, → Kreuzzüge, → Liber censuum, → Liber diurnus, → Liber pontificalis, → Mittelalter, → Papat und Primat, → Papstnamen, → Papstregister, → Papstwahl, → Reformation, → Reformkonzile, → Vatikan.

Qu.: Zur Orientierung: K.A.Fink, Das Vatikanische Archiv, Rom (1943) 1951^{2} - L.Santifaller, Neuere Editionen mittelalterl. Königs- u. Papsturkunden, Graz 1958. - Publikationsreihen aus d. Vatik. Archiv (Papstregister, Repertorium Germanicum, Publikationen zum päpstl. Finanzwesen, Nuntiaturberichte aus Deutschland, aus der Schweiz, aus Polen, aus Flandern). - Magnum Bullarium Romanum, hg.v. H.Mainardi u. C.Cocquelines, 18 Bde, Rom 1733-62 (für die Jahre 440-1758); 2 Forts.en, hg.v. A.Barbieri u.a.: 19 Bde, Rom 1835-57 (bis 1834); 9 Bde, Prato 1840-56 (für die Jahre 1740-1830) - Mansi - MPL - Watterich - S.Wenslowsky, Die Briefe der Päpste (bis 498), 7 Bde, 1875-80 - J.v.Pflugk-Hartung, Acta Pontificum Romanorum inedita (bis 1197), 3 Bde, 1881-84 - C.Rodenberg, Epistolae saec. XIII (MG Epp 1-3), 1883-94 - S.Loewenfeld, Epistolae Pontificum Romanorum ineditae (bis 1197), 1885 - Jaffé - Potthast R - Duchesne, LP - P.F.Kehr, Regesta Pontificum Romanorum: Italia Pontificia, bisher 8 Bde, 1906-35; Germania Pontificia, hg.v. A.Brackmann, bisher 4 Bde, 1911ff - RepGerm - Mirbt - F.Delorme-A.Tartu, Acta Romanorum Pontificum 1276-1304, 1954. - Papstregister des 13. u. 14.Jh.s werden hg. in der Bibliothèque des écoles d'Athènes et de Rome, bisher ca 50 Bde, Paris 1884ff.

Allg. Lit. zur Gesch. d. P.s: Die Darstellungen der → Dogmen- u. → Kirchengeschichte (bes. von K. → Müller, H. → Lietzmann, A. → Hauck, A.Fliche-V.Martin [Hg.], K.Bihlmeyer-H.Tüchle) sowie des Kirchenrechts (bes. Feine, Plöchl) - Caspar I. II - Haller I-V (zu I. II vgl. die Kritik von E.Seeberg, ZKG 53, 1934, 571-584) - Seppelt I-V (umfassende Lit.) - v.Pastor - Gebhardt-Grundmann I-IV - J.J.I.v. Döllinger, Das P., 1892^{2} - G.Krüger, Das P., (1907) 1932^{2} - RGG^{2} IV, 896ff - F.Heiler, Altkirchl. Autonomie u. päpstl. Zentralismus, 1941.

Lit. zu I: H.Lietzmann, Petrus u. Paulus in Rom, (1915) 1927^{2} - E.Caspar, Die älteste röm. Bischofsliste, 1926 - Hugo Koch, Cathedra Petri (BZNW 11), 1930 - K.D.Schmidt, Papa Petrus ipse (ZKG 54, 1935, 267-275) - B.J.Kidd, The Roman Primacy to A.D. 461, 1936 - K.Voigt, Staat u. Kirche von Konstantin d. Gr. bis zum Ende der Karolingerzeit, 1936 - U.Gmelin, Auctoritas, röm. Princeps u. päpstl. Primat (in: Geistige Grundlagen röm. Kirchenpolitik [FKGG 11], 1937, H. 1) - G.Roethe, Zur Gesch. d. röm. Synoden im 3. u. 4.Jh. (ebd H. 2) - H.A.Moreton, Rome et l'Eglise primitive, 1938 - V.Gluschke, Die Unfehlbarkeit des Papstes bei Leo d. Gr., Rom 1938 - O.Cullmann, Petrus, (1952) 1960^{2} - J.Ludwig, Die Primatworte Mt 16, 18. 19 in der altkirchl. Exegese (NTA XIX, 4), 1952 - V.Seumois, La papauté et les missions au cours de six premiers siècles, 1953 - Altaner 28f (Lit.) - K.Aland, Der Tod des Petrus in Rom (Kirchengeschichtl. Entwürfe, 1960, 35-104). - Vgl. die Lit. zu → Petrustradition.

K.Aland

II. Im Mittelalter

1. Das P. im früheren MA (604-1046): a) Byzantinische Epoche - b) Karolingische Zeit - c) Adelsherrschaft und Niedergang - 2. Das P. von Leo IX. bis Julius II. (1049-1513): a) Das Reform-P. - b) Beginnendes Erstarken im 12.Jh. - c) Die Zeit der päpstlichen Weltherrschaft (Innozenz III. bis Bonifatius VIII.) - d) Das avignonesische P. (1309-77) - e) Die Zeit des Schismas, der Reformkonzile und der Renaissance

1. a) Papst → Gregor I. (590-604) hatte es nicht vermocht, der röm. Kirche in dem Verband der Reichskirche eine von Ostrom unabhängige Stellung, geschweige denn einen Vorrang zu verschaffen. Rom blieb eines der 5 Patriarchate (→ Kirchenverfassung: II, 4), deren gleichrangige hierarchische Verklammerung vor allem durch die kirchliche Gesetzgebung Kaiser → Justinians I. (527-565) erreicht worden war. Päpstliche Urkunden wurden nach kaiserlichen Regierungsjahren datiert. Wohl erlangte Papst → Bonifatius III. 607 von dem Usurpator Phokas die Anerkennung Roms als caput omnium ecclesiarum, aber angesichts der erdrückenden *Abhängigkeit Roms von Byzanz*, bes. auf dogmatischem Gebiet, war der Titel nur eine leere Geste. Jeder neugewählte Papst hatte das Protokoll seiner Wahl über den Exarchen von Ravenna dem byzantinischen Kaiser vorzulegen; erst nach dessen Ratifizierung durfte der Gewählte geweiht werden. Nach Regierungsantritt reiste der Papst zu einem dogmatischen Gespräch nach Konstantinopel, zum letzten Male → Konstantin I. (708-715). Während der christologischen Streitigkeiten des 7.Jh.s wurde die zum Monotheletismus (→ Christologie: II, 5 c) hinneigende Formel → Honorius' I. verworfen und → Martin I. in die Verbannung geschickt; doch übernahm schließlich 680/81 die Synode von → Konstantinopel den röm. Standpunkt des Papstes → Agatho. Das Ergänzungskonzil von 692 (Quinisextum; → Konzile, 3), das von Rom nicht anerkannt wurde (→ Sergius I.), brachte jedoch wieder starke und in der Folgezeit nicht mehr behobene Differenzen in kultischen und kirchenrechtlichen Fragen (→ Byzanz: II, 1). Zum Bruch mit dem oström. Kaisertum führte der Bilderstreit (→ Bilder: III, 2). Kaiser Leo III. hatte den Widerstand der bilderfreundlichen Päpste → Gregor II. und III. damit beantwortet, daß er Illyrien und Süditalien mit Sizilien der röm. Obedienz entzog und dem Patriarchen von Konstantinopel unterstellte und die päpstlichen Patrimonien in Süditalien konfiszierte. Das auf Grundbesitz angewiesene P., das im Kleinkrieg und in der materiellen Not des 7.Jh.s zu

einem karitativen und administrativen Mittelpunkt des röm. → Italien geworden war, sah sich auf Mittelitalien beschränkt, zumal die → Langobarden auch als Katholiken an ihrer Okkupationspolitik festhielten. Von Byzanz und den Langobarden bedroht, suchte das P. in dem Wunsch nach einer unabhängigen Territorialpolitik das weltgeschichtliche Bündnis mit den → Franken.

In der durch die Abhängigkeit der röm. Kirche von Byzanz charakterisierten Periode hatten sich die Verbindungen der einzelnen Landeskirchen zum P. sehr gelockert. Die selbstbewußte spanische Kirche, die im Westgotenreich (→ Goten, 2) über starken politischen Einfluß verfügte und wiederholt zentralistische Eingriffe Roms zurückwies, war im Arabersturm 711 ebenso untergegangen (→ Islam: I, 2; → Spanien), wie kurz vorher die ohnehin unter byzantinischen Einfluß geratene Kirche von → Nordafrika (: I; vgl. Karte 16). Im Frankenreich der Merowinger hatte sich während des politischen Verfalls im 7.Jh. die kirchliche Verwaltungsorganisation großenteils aufgelöst. Lediglich der noch von Gregor I. eingeleiteten germanisch-angelsächsischen Mission (→ Angelsachsen, → England: I, 2) war im Kontakt mit dem P. (→ Bonifatius IV. und V., → Honorius I., → Agatho, → Sergius I., → Gregor II., → Theodor von Canterbury) ein nachhaltiger Erfolg beschieden. Die Figur des Petrus als des mannhaften Apostelfürsten und Himmelspförtners hatte bei den Germanen starken Widerhall gefunden, wenn auch die These gewiß überspitzt ist, daß der päpstliche Primat (→ Papat) erst eigentlich aus der religiösen Einstellung der Germanen zu Petrus und seinem röm. Nachfolger entstanden sei (Haller).

b) Die iroschottische (→ Irland: I, 2) und die angelsächsisch-röm. Mission (→ Angelsachsen) schufen auf dem Festland die Voraussetzungen für die neue kirchliche Entwicklung. → Bonifatius begann auf päpstliche Anweisung hin mit dem Wiederaufbau der Diözesanverfassung bei den Franken; erst nach dem Tode Karl Martells (→ Gregor III.) erhielt er von dessen Sohn Pippin (741-768) politische Unterstützung. Als Papst → Zacharias den Sturz des Merowingerhauses und die Begründung des karolingischen Königtums befürwortete und damit moralisch legitimierte (751), konnte das P. eine Gegenleistung erwarten. Pippin versprach → Stephan II. in Quierzy 754 die Befreiung einiger vorher byzantinischer Gebiete von den Langobarden, erzwang auch wenig später die Räumung; doch erhielt er eine fränkische Schutzherrschaft aufrecht. Diese Gebiete bildeten den Kern des späteren → Kirchenstaates. Vermutlich entstand in dieser Situation in der päpstlichen Kanzlei die einem Wunschdenken entsprungene → Konstantinische Schenkung, nach der Kaiser Konstantin an Papst → Silvester eine kaisergleiche Rangstellung und außer Italien die westlichen Provinzen des Reiches abtrat. Das realpolitische, zunächst auf eine Erweiterung des Territoriums abzielende Programm konnte das P. mit fränkischer Hilfe zu einem Teil erfüllen: Unter → Hadrian I. (772-795) umfaßte der aus den Schenkungen Pippins und Karls d. Gr. hervorgegangene Kirchenstaat Rom mit seinem Dukat, die Herrschaft im Exarchat von Ravenna, in der Pentapolis und in der Sabina. Gleichzeitig entzog sich das P. endgültig der Herrschaft des oström. Kaisers, dessen Regierungsjahre in den päpstlichen Urkunden nun nicht mehr erscheinen (→ Hadrian I.). Die Vorrechte des griechischen Basileus nahm vorübergehend der Papst selbst wahr (→ Kaisertum und Papsttum, 2), bis sie bei der Erneuerung des abendländischen Kaisertums → Karl d. Gr. übertragen wurden. Die von → Leo III. nach dem Bericht → Einhards für Karl überraschend vollzogene Kaiserkrönung (800) schuf die Situation eines westlichen, mit dem byzantinischen konkurrierenden Kaisertums (→ Byzanz: II, 2). Der Papst war zunächst nur der vornehmste Reichsbischof (→ Karl d. Gr., 3). Karl griff sogar in dogmatischen Fragen ein und betrachtete auch den Kirchenstaat lediglich als eine bevorrechtete Immunität innerhalb seines Herrschaftsgebietes.

Unter Karls schwächeren Nachfolgern begann sich das Verhältnis zwischen → Kaisertum und Papsttum (, 3) zu verschieben. Kennzeichen des Wandels sind die verschiedenen Absprachen der Karolinger mit den Päpsten und die einzelnen Fassungen der Kaiserprivilegien. So verzichtete bereits Ludwig d. Fr. (814-840) in dem sog. Pactum Ludovicianum von 817 (→ Paschalis I.) auf eine Bestätigung der → Papstwahl durch das Kaisertum und gab dessen Rechte auf den Kirchenstaat weitgehend preis. Dagegen legte Kaiser Lothar I. 824 in einer von den Römern beschworenen Constitutio fest (→ Eugen II.), daß ein ständiger Missus in Rom die kaiserlichen Rechte wahren sollte, vor dem jeder neugewählte Papst den Treueid zu leisten hatte. Doch die folgenden politischen Wirren im Karolingerreich verschafften dem P. weitere Unabhängigkeit. Es versuchte 833 zum ersten Mal durch Intervention eine politische Entscheidung herbeizuführen (→ Gregor IV.) und bewährte sich als italienisches Verteidigungszentrum gegen die Angriffe der Sarazenen (→ Leo IV.). Den Höhepunkt des P.s in karolingischer Zeit bedeutete die Regierung → Nikolaus' I.; mehr als eine zum Abschluß drängende Entwicklung war seine Persönlichkeit die Ursache des Erfolgs. Er stellte den weltlichen Herrscher als sündhaften Christen in den Kirchenverband und damit unter das Richteramt des Papstes; zugleich forderte er, im Sinne der Zweigewaltenlehre → Gelasius' I. (→ Kirche und Staat, 2b; → Kaisertum und Papsttum, 2), die Freiheit kirchlicher Entscheidung von jeder staatlichen Beeinflussung. In seinem Streben nach einem innerkirchlichen Primat gelang es ihm, den zur Selbständigkeit neigenden fränkischen Episkopat durch eine geschickte Rechtsprechung enger an Rom zu binden (→ Rothad von Soissons; → Hinkmar, 2). Zu Hilfe kamen ihm, ohne zunächst die röm. Gedankengänge entscheidend zu beeinflussen, die um die Jh.-Mitte entstandenen → pseudoisidorischen Dekretalen. – Einen ständigen Machtzuwachs hatte dem P. das seit Karl d. Gr. konsequent wahrgenommene Recht der Kaiserkrönung gebracht (→ Stephan IV., → Paschalis I., → Leo IV.). In Erinnerung an Karls Krönung leitete sich daraus später die Vorstellung ab, das P. habe das Kaisertum von den Griechen auf die Franken übertragen (Translatio imperii; → Kaisertum und Papsttum, 3). Bei der Schwäche der Prätendenten gewann das P. allmählich eine gewisse Verfügungsgewalt über die Kaiserwürde. → Johannes VIII. vergab nach seinem Gutdünken die Kaiserkrone an Karl d. Kahlen (875).

c) Aber das Bündnis mit machtlosen italienischen Kleinkaisern brachte dem P. den *Niedergang*, denn ihm fehlte der notwendige politische und militärische Schutz (→ Formosus, → Benedikt IV., → Johannes IX.-X.). Es geriet zu Beginn des 9.Jh.s völlig unter die Herrschaft röm. Adelsparteien. Alberich I. († vor 925), Herzog von Spoleto, verlieh seine Macht dem röm. Stadtherrn Theophylakt und dessen Frau, der älteren Theodora (→ Lando, → Johannes X.), mit deren Tochter Marozia er sich verband. Von ihnen und von ihrem Sohn Alberich II. wurde das P. bis zur Mitte des 10.Jh.s beherrscht (→ Sergius III., → Johannes XI., → Marinus II.). Den auch moralisch tiefsten Punkt bezeichnete die Regierung → Johannes XII. (955-964), eines Sohnes Alberichs II. In politischer Bedrängnis rief er → Otto I. zu Hilfe und krönte ihn 962 zum Kaiser, wobei er sich als Gegendienst den päpstlichen Besitz bestätigen ließ. Das Kaisertum der Ottonen änderte nur wenig an dem Stil, wie die Papstwürde vergeben und wahrgenommen wurde; immerhin sind auf kaiserliches Betreiben Männer wie → Gregor V. und → Silvester II. erhoben worden; erdrückend aber blieb der Einfluß der Adelsgeschlechter Roms. Die Crescentier, mit Alberich II. verwandt, hatten nach dessen Tod die führende stadtröm. Rolle übernommen und häufig eine gegen den Willen der deutschen Kaiser und mit Byzanz sympathisierende Politik zu führen gesucht (→ Gregor V., → Johannes XV. bis XVII.). Zu Beginn des 11. Jh.s gewannen die Grafen von Tusculum das Übergewicht und verteilten die päpstliche Würde innerhalb ihres Familienklans (→ Benedikt VIII., → Johannes XIX., → Benedikt IX.). Das Ende der Adelsherrschaft sah drei Päpste im Streit: den Tuskulaner Benedikt IX., den Kandidaten des stadtröm. Volkes → Silvester (III.) und den von röm. Reformkreisen gestellten → Gregor VI. Sie wurden 1046 auf den Synoden von Pavia, Sutri und Rom für abgesetzt erklärt, die Heinrich III. noch in dem Gedanken an eine von Kaisertum und P. gemeinsam durchgeführte Kirchenreform anberaumt hatte. Erhoben wurde der Deutsche Suidger von Bamberg (→ Clemens II.), dessen kurzes Pontifikat zur Epoche des Reform-P.s überleitete. – Das frühere MA bedeutete für das P. nicht eine Periode äußerer Entfaltung, sondern inneren Wandels; in ihr wurden die Grundlagen zur späteren folgenschweren Entwicklung ausgebildet.

Lit. s. 2. *H. Fuhrmann*

2. a) → Otto I. hatte, gestützt auf die solide bäuerliche Kraft seines sächsischen Herzogtums, das P. zeitweise aus der Sphäre niederer Parteipolitik herausgehoben und ihm die Stellung gegeben, die ihm bei der Einordnung der östlichen Nachbarvölker Sachsens in die christliche Welt die nötige geistliche Autorität verschaffen konnte und dem hohen geistlichen Amte entsprach. Er behielt dafür auch in Rom die nötige Autorität (Ottonianum, 962; Mirbt Nr. 256), die bei Otto III. ungesund überstiegert wurde. Rückschläge bei den Adelsfaktionen blieben unter Ottos Nachfolgern nicht aus. Das Verdienst → Silvesters II., → Clemens' II. und → Leos IX. um die Reform ist eindeutig; aber des Anteils der Kaiser (Ottos I., Heinrichs II. und III.) wird dabei zu wenig gedacht. Daß sich die innere Reform der Kirche, der Kampf um die → Libertas ecclesiae gegen → Simonie und Priesterehe, *gegen* das Kaisertum richtete, war weder vorauszusehen noch notwendig. Zeugen des noch in der Kampfzeit nachwirkenden religiösen Wollens in der Gesamtheit von Oberitalien bis nach Sachsen sind die romanischen Dome in Ferrara und Modena über Speyer bis nach Königslutter. – Der frühe Tod → Viktors II. und Heinrichs III. wirkte sich verhängnisvoll aus. Heinrichs Tod machte den Thron frei für eine schwache Frau, einen maßlosen Knaben und unverantwortlich schlechte Ratgeber. → Heinrich IV. verscherzte sich die Hilfe des sächsischen Herzogtums. So wurde es möglich, daß → Humberts (, 2) revolutionäres Programm »Contra Simoniacos« unter Hildebrands (→ Gregor VII.) Leitung bei der Wahl → Nikolaus II. in die Tat umgesetzt wurde, ja daß man das willkürliche Vorgehen 1059 zum Gesetz erhob (→ Papstwahl). Die Erwähnung König Heinrichs darin war Formsache, die Wahl Hildebrands selbst 1073 kümmerte sich nicht darum. Bei der Herstellung der Libertas ecclesiae hatte der Kaiser keinen Platz mehr, die bislang so heilsame Ordnung wurde aufgegeben, der Kaiser abgesetzt, die Treueide gelöst. Die planlose Politik des Kaiserhofes begünstigte Gregors VII. Programm des »Dictatus papae«, das sich die radikal-revolutionären Forderungen Humberts zu eigen machte: absolute Suprematie in der Kirche und Überordnung über jede laikale Gewalt. Den machtpolitischen Rückhalt sollte der süditalienische → Normannen-Staat geben. Aber Robert Guiscard brachte kein Glück. Rom wurde zerstört, der Papst mußte in die Verbannung gehen. Er ist einsam als politisch Gescheiterter in Salerno gestorben. Die Ideen seiner dynamischen Persönlichkeit wurden jedoch von dem geschickteren Politiker → Urban II. aufgenommen. Revolutionäre Vorgänge haben ihre eigenen Gesetze; trotzdem muß gesagt werden, daß Heinrich IV. viel Schuld an dieser Entwicklung gehabt hat, an der Zerstörung materieller und geistiger Werte während des ersten Zusammenstoßes zwischen → Kaisertum und Papsttum (, 5). Schlimm für die Kirche war, daß sich → Byzanz (: II, 2) in dieser Zeit von Rom trennte. Im staatlichen Leben wirkte der Kampf gegen die Laieninvestitur verhängnisvoll, wenn auch der geschmeidige Urban die Frage in Frankreich und England verhältnismäßig leicht zu lösen wußte, um seine ganze Kraft gegen Heinrich IV. wenden zu können. Sein Hauptmittel entnahm er der Rüstkammer Gregors VII.: die Idee des → Kreuzzugs. Er wußte Vornehme und Geringe seiner Landsleute auf den Kampf gegen die Feinde der Christenheit, auf die Befreiung des hl. Grabes zu lenken, umherreisend, predigend und Synoden haltend wie einst Leo IX. Er war ein begeisternder Redner, der in seinen Zuhörern wunderlich religiösen Fanatismus mit materieller Begehrlichkeit zu entfachen wußte, wofür die französische Ritterschaft bes. empfänglich war. Der Erfolg des 1. Kreuzzugs kam Frankreich zugute. Die staatlichen Neugründungen in Kleinasien wurden französisch, das P. und Frankreich standen eng zusammen. Urban II. hat die Einnahme Antiochiens noch erlebt, den Höhepunkt des Triumphes erst sein Nachfolger → Paschalis II. Aber dieses Prestige hat ihm im Streit mit Heinrich V., der sich zwar ebenso wie sein Vater in Mitteln vergriff, aber härter war, nichts geholfen; er konnte die Investiturfrage nicht mit Gewalt lösen. Im Wormser Konkordat (1122) ist kein tragfähiger Ausgleich erreicht, aber das Prestige → Calixts II. gestärkt worden: er hat den Abschluß mit dem Kaiser im 1. Laterankonzil (1123) ausgenutzt. Zum ersten Mal gab der Papst vor einem allgemeinen Konzil seine Befehle in Nachbildung der jährlichen Synoden Gregors VII. Ihm zur Seite stand das Kardinalskollegium, dessen 3 ordines jetzt ausgebildet waren. Daran hatten auch die Gegenpäpste (→ Clemens [III.]) Anteil. Aus dem Kreise der → Kardinäle wurden die Legaten genommen, die starken Anteil an der Unterordnung der Landeskirchen hatten, aber sich wegen ihrer Begehrlichkeit den Tadel → Bernhards von Clairvaux zuzogen.

b) Bernhards Bedeutung für die Entwicklung des P.s in seiner Stellung zu Frankreich ist kaum zu überschätzen. Es scheint, daß seine Mahnungen selbst noch in → Cölestins III. Widerstand gegen Heinrich VI. weiterwirkten; denn Hyacinth Bobbo hatte an der Auseinandersetzung Bernhards mit → Abaelard und → Arnold von Brescia teilgenommen. Während der Epoche des Hl. Bernhard wurde geistig vorbereitet, was politisch unter → Hadrian IV. (→ Johannes von Salisbury und Boso), → Alexander III. und → Innozenz III. wirksam wurde. Neben Bernhard sind zu nennen → Petrus Lombardus, → Hugo von St. Viktor, Abaelard und → Gilbert Porreta. Bernhard hat solchen Einfluß auf → Eugen III. gehabt, daß zeitweilig die geistige Leitung der Kirche in seiner Hand war. Dabei zeigte er weise Mäßigung (»praesis ut prosis, non ut imperes«). Aber er war kein Politiker, und der 2. Kreuzzug, sein Werk, war ein Fehlschlag, bes. für Konrad III. Für Frankreich hat sich das nicht so ausgewirkt, dafür sorgte Suger von S. Denis, Minister und Statthalter des Königs und Freund Bernhards wie des → Petrus Venerabilis. Reges geistiges Leben wie in → Frankreich (: I, 2) herrschte auch in → Italien (, 2). In → Bologna wurde das kirchliche Recht kodifiziert (→ Gratians Dekret 1139). Alles das wirkte sich für das Kaisertum negativ aus. Es schien, als ob in Rom eine autonom-kommunale Bewegung das Kaisertum begünstige; auch die Normannen wurden dem Papst unbequem. Aber weder Lothar von Supplinburg noch Konrad III. konnten entscheidend helfen. Die röm. Nöte des Papstes haben aber → Friedrichs I. Anfänge erleichtert, als er → Arnold von Brescia auslieferte, der trotz seiner religiösen Ziele die Autonomie Roms befürwortete. Erstaunlich ist, daß diese Periode in → Deutschland (: I, 1 b) so wenig geistigen Ertrag gebracht hat. Abgesehen von dürftigen amtlichen Verlautbarungen über den Investiturstreit begegnen nur die Namen → Manegold und → Gerhoch von Reichersberg; beide Männer waren wenig originell, aber recht parteiisch. Die Katastrophe unter Heinrich IV. hat nur in Italien ein Echo gefunden. Petrus Crassus weist auf die antike Rechtsgrundlage des Imperiums hin und betont die Nebenordnung der geistlichen und weltlichen Gewalt, die Unabhängigkeit des Kaisers vom Papst. Diese Reichstheorie übernimmt Friedrich I., und Bologneser Juristen helfen ihm dabei. Sein Verwandter → Otto von Freising wird sein fähiger Hofhistoriograph. Das wirkte günstig auf das staatliche Gefüge Deutschlands: eine wesentliche Opposition der Prälaten hat es hier nicht gegeben. Um so stärker wurde sie in den theologisch-juristischen Zentren Frankreichs, am schärfsten formuliert von → Johannes von Salisbury, der dem Kaiser Weltherrschaftspläne unterstellte und ihm Tyrannei vorwarf, also sein Kaisertum nicht anerkannte. Offener Konflikt brach auf dem Reichstag von Besançon aus (1157). → Hadrian IV. hatte vertragswidrig mit den Normannen angeknüpft. Sein Kanzler Roland aus Siena führte als Papst (→ Alexander III.) die kuriale Theorie durch. Dabei kam es zum Schisma, als der Kaiser die Reichsgewalt in Italien wiederherstellen wollte und der Papst sich mit den lombardischen Kommunen verbündete. Alexander hat Frankreich und England auf seine Seite gebracht und schließlich den Kaiser zum Verhandeln und Nachgeben gezwungen. Im Frieden von Venedig (1177) haben sich beide Mächte gefunden. Formal mußte Friedrich nachgeben, hat aber manche Rechte in Italien wahren können. Alexander hielt nach Venedig ein Laterankonzil (1179), erließ das → Papstwahl-Dekret nach dem Muster der eigenen Wahl und betätigte sich auch sonst als Gesetzgeber. Dadurch und durch die an die Kurie gezogenen Appellationen hat er die Zentralgewalt gestärkt, konnte aber das Einverständnis des Kaisers mit den Städten nicht hindern. Die Hochzeit des Kaisersohnes Heinrich mit der Normannenerbin wurde in Mailand glanzvoll gefeiert. Angeblich hat → Lucius III. die Verbindung vermittelt, denn er konnte nicht ahnen, daß dadurch eine Einschnürung des → Kirchenstaates drohte. → Cölestin III. hat allen Lockungen Heinrichs VI. auf einen Ausgleich widerstanden und gesiegt, weil er den Kaiser überlebte. Dessen Tod gab der Kirche Gelegenheit, die Pläne der territorialen Unabhängigkeit ihres mit der Pippinschen Schenkung begründeten, aber umstrittenen Gebiets und der Prävalenz geistlicher Gewalt vor jeglicher Institution - wobei man in erster Linie an das Kaisertum dachte - weitgehend durchzusetzen. Man braucht dabei nicht an Weltherrschaft zu denken. Für die Konsolidierung des Kirchenstaats haben die Nachfolger Alexanders III. die verwaltungsmäßig-finanzielle Grundlage geschaffen. Dabei ging es um Rom als Hauptstadt des P.s. Der röm. Senat und das Volk ersehnten schon wegen der finanziellen Vorteile einen Ausgleich. Die Mittel für diese Politik konnte Italien allein nicht beschaffen, man mußte an Einnahmen aus der Gesamtkirche denken, auf alte Rechte sinnen, Anziehungspunkte für Rompilger schaffen. Belege dafür sammelte Cencius Camerarius im → Liber Censuum. So ergaben sich Mittel für eine weitergreifende Rom- und Italien-Politik, und in Innozenz III. fand sich der rechte Mann zur Durchführung des großen Programms.

c) Zu den Fähigkeiten Papst → Innozenz' III. (1198 bis 1216), das von Gregor VII. begonnene Werk mit neuen Mitteln fortzusetzen, trat das Glück: Auch jetzt war der Kaiserthron leer, und wiederum half das Versagen der deutschen Fürsten dem Papst zu einem Schiedsrichteramt über die Besetzung. Dahinter stand der Kampf um Italien. Innozenz hat bewußt in diesen ein nationales Element hineingetragen, wenn er sagte, ganz Italien leide unter der Tyrannei der Deutschen, die den Italienern fremd seien und ihre Sprache nicht verständen (QFIAB 33, 1944, 7). Diese Befreiung versuchte der Papst mit Hilfe der Franzosen zu erreichen. So erklärt sich seine Nachsicht gegenüber Philipp II. August, dem er zubilligte, was er dem Reich vorenthielt: Imperator in regno suo zu sein. Man hat eine »Ehrenrettung« des Papstes versucht, indem man seine Rolle als Politiker der des Kirchenhauptes entgegenstellt. Aber seine Tätigkeit war weitgehend politischer Natur. Er zeigte dabei »energisches, anspruchsvolles Handeln, das aus einem herrscherlichen, eroberungsbereiten Willen hervorgeht« (F.Kempf, P. und Kaisertum bei Innozenz III., 1954, 134). Dem ordnen sich auch Deduktionen des großen Juristen ein; auch sie haben politischen Akzent (vgl. favor apostolicus). So hat Innozenz seine großen Erfolge erzielt, das Schiedsrichteramt über 2 Thronbewerber ausgeübt, einen Kaiser absetzen und einen Imperator futurus designieren können; er hat den Kirchenstaat aufgebaut, Sizilien in seine Verwaltung genommen und die Leitung der Kirche monarchisch ausgeübt. Aber mit Philipp II. August ist er nicht fertig geworden. Er hat zwar Aragon als Lehen vergeben, hat aber in Toulouse durch den → Albigenser-Kreuzzug staatliche Verwirrung gestiftet und sich mitschuldig gemacht an parteiischen Gewalttaten. Er hat seinen Willen beim 4. → Kreuzzug nicht durchsetzen können, sondern sich von Venedig überspielen lassen. So trägt er die Mitverantwortung für die Schädigung der Union und des politischen Einvernehmens mit Byzanz, das die Voraussetzung für einen erfolgreichen Kreuzzug gewesen wäre, sowie für das Hineinziehen der Kreuzzugsidee in die politischen Wirren seiner Zeit. Das letztere gilt auch von → Friedrich II., auch für ihn war der Kreuzzug nur noch politisches Kalkül. Damit hat er → Honorius III., der es ehrlich meinte, so enttäuscht, daß am Ende dieses Pontifikats (1227) die extreme Richtung, zu der der künftige Papst Gregor IX. gehörte, die Oberhand gewann. Der nun einsetzende Kampf führte zunächst zu einer Niederlage der Kurie. Aber → Gregor IX. hat sein Ziel der Vernichtung der Staufer nie aus dem Auge verloren und den Kampf seit 1239 mit den gehässigsten Mitteln geführt. Wiederum war es ein Kampf um Italien, und die zuweilen auf beiden Seiten geschmacklosen großen Manifeste sind Propaganda, deren Schärfe wohl dienstbeflissenen Helfern zufällt. Die Größe Gregors IX. liegt auf anderem Gebiet: Er sammelte die Dekretalen (→ Corpus Iuris Canonici) und fügte durch Bestätigung der Ordensregeln der → Franziskaner und → Dominikaner die große Bewegung der »Armen in Christo« als Stütze in das Gebäude der Kirche ein. → Innozenz IV. hat den Vernichtungskampf mit denselben Mitteln und denselben Leuten fortgesetzt, aber unter dem Schutz französischer Waffen. In Lyon hat er 1245 als »Papa iudex omnium« die Absetzung des Kaisers ausgesprochen. Er setzte sich für den Kreuzzug ein und schickte in Zusammenarbeit mit dem französischen König Gesandtschaften zu den → Mongolen, alles als Teil imperialer Aufgaben gedacht. Die Einbeziehung der Mongolen in den Kampf der Christenheit ist ebenso wie die Politik gegen Ägypten und der Feldzug → Ludwigs IX. gescheitert. Innozenz IV. wollte nicht etwa die imperiale Gewalt aufheben, sondern selbst lenken, und gerade gegenüber den Mongolen hatte Friedrich II. versagt. Jetzt designierte der Papst den »Imperator futurus« durch seine Legaten. Sie hatten die letzte Entscheidung auf den deutschen Fürstentagen (zB 1252 in Braunschweig). Sie sollten auch die imperiale Aufgabe der Einordnung baltischer Länder in die christliche Zivilisation mit Hilfe norddeutscher Fürsten durchführen und die nordischen Kirchen lenken. Immer blieb die Hauptaufgabe der Kampf gegen die Staufer in Italien: dh dauernder Bürgerkrieg, der unter dem Ruf »Guelfen und → Ghibellinen« geführt wurde. Das konnte der Papst auch nach seiner Rückkehr nach Italien nicht ändern. Er hat selbst Sizilien nach dem Tode Friedrichs II. nicht halten können und es vergeblich den Westmächten angeboten; es blieb Schicksalsland der Kurie. Das zeigte sich bes., als → Urban IV. als erster französischer Papst den Stuhl Petri bestieg. → Alexander IV. hatte versucht, Sizilien mit Hilfe Englands zu halten. Urban IV. annullierte diesen Vertrag unter finanziellen Opfern und bot Sizilien Karl von Anjou an. Karl stellte harte Bedingungen, aber Urban beseitigte alle Hindernisse, auch die aus kirchlichen Kreisen, die im Erzbischof von Tyrus, Egidius, ihren Führer hatten. Urban hat die feierliche Belehnung Karls nicht mehr erlebt. Sie fand erst unter → Clemens IV. statt, der einst Karls Justitiar, dann, als Kardinal, sein eifrigster Förderer gewesen war. Er hat ihm den Senat in Rom und das Vikariat in Tuscien überlassen und so die Ausrottung der Staufer erreicht, aber nicht den Frieden für Italien. Als nach langem Interregnum → Gregor X. Papst wurde (1271), hat er das Steuer herumgeworfen, eine Renovatio imperii geplant und dazu einen Ausgleich zwischen Karl I. und Rudolf von Habsburg erstrebt, damit dieser nach Empfang der Kaiserkrone einen Kreuzzug durchführen und das Prestige der Kirche wiederherstellen könne. Zur Regelung dieser Fragen wurde das 2. Konzil von Lyon einberufen (1274). Dort sollte auch die für einen Erfolg im Orient so wichtige Union mit der griech. Kirche geschlossen werden (→ Einigungsbestrebungen: I, 3). Nach dem zu frühen Tode Gregors X. hat → Nikolaus III. diesen Plan wieder aufgenommen, Karls I. Macht auf Sizilien beschränkt, die Senatorenwürde in Rom sich selbst übertragen lassen und fähige Verwandte seines Hauses für die Verwaltung des Kirchenstaates eingesetzt, dem Rudolf von Habsburg auch die Romagna abtreten mußte. Er hat an der Union mit der griech. Kirche gearbeitet; aber alles vereitelte wiederum der Tod, diesmal endgültig, da sich der Nachfolger, → Martin IV., auf Gedeih und Verderb mit Karl I. verband und ihm auch freie Hand gegen Byzanz ließ. Die Zeitgenossen haben aufgemerkt, als Martins Krönung in Orvieto ein französisches Nationalfest wurde. Ein Jahr später brach auf Sizilien die Revolution aus, eine schwere Gefahr auch für die Kirche. Schon Manfred war im April 1258 gegen den Willen der Kirche, aber unterstützt von seinen Baronen und Prälaten, zum König gewählt worden. Er hatte sich zwar noch von einem Bischof krönen lassen, aber aus der sizilianischen Vesper entstand ein rein laikales Königtum des Aragonesen Friedrich III., Nachkommen Friedrichs II., das erste dieser Art nach Innozenz' IV. oberherrlichem Spruch über den Kaiser, die extreme Durchführung ghibellinischer Staatsdoktrin. Von hier aus geht eine sachliche und persönliche Linie zum Volkskaisertum Ludwigs IV. in Rom 1328. Durch die Aragonesen wurden aber auch die politischen Verhältnisse im Mittelmeerraum völlig umgestaltet. Der erfolglose Kampf um Sizilien beherrschte die nächsten Jahrzehnte und schadete dem Ansehen der Kurie schwer. → Martin IV. hat alles daran gewandt, indem er den französischen König zu einem »Kreuzzug« gegen Aragon veranlaßte, der völlig scheiterte. Mitten in dieser Entwicklung sind 1285 der Papst und Karl gestorben. Dessen Sohn und Erbe Karl II. war bereits in Gefangenschaft, und Martins Nachfolger → Honorius IV., gerecht denkend wie sein älterer Verwandter Honorius III., konnte die Lage nicht meistern. Er hatte zwar eine Vermittlung Eduards I. zwischen Frankreich und Alfons III. begünstigt, erkannte aber den Verzicht Karls II. auf Sizilien nicht an und entband ihn von dem Eid, den er bei der Entlassung aus der Gefangenschaft geschworen hatte. →Nikolaus IV. geriet ganz in angiovinisches Fahrwasser. Er lieferte Rom und den Kirchenstaat den Colonna aus. Wohin es unter diesen Aspekten mit dem P. kam, zeigt der Pontifikat → Cölestins V., des frommen Einsiedlers. Das seiner Wahl vorausgehende Konklave stand im Zeichen des Parteikampfes zwischen Colonna und Orsini. Wieweit Cölestins Wahl auf phantastisch-eschatologische Ideen (→ Papa angelicus) oder auf politische Umtriebe Karls II. zurückgeht, läßt sich nicht klären; sicher ist, daß der Anjou den Einsiedlerpapst politisch mißbrauchte. Es ist ein Verdienst Bonifatius VIII., daß er den mutlos gewordenen Cölestin im Entschluß zu seiner Abdankung bestärkte. → Bonifatius VIII. ist als geschäftskundiger Kardinal durch die französische Partei hochgekommen, hat aber als Legat bereits das Mißtrauen der Pariser Universität erregt, wie auch sonst sein herrisches Wesen vielfach Anstoß gab. Sicher hat er beim ersten Zusammenstoß mit Frankreich, beim Erlaß der Bulle »Clericis laicos« (1296), keinen Konflikt gesucht; denn er ließ sich durch die Drohung des Franzosen Flotte mit einem Anschluß an die Colonna erpressen, unterstützte die Eroberung Flanderns und sprach Ludwig IX. heilig. Versöhnt hat er Frankreich nicht, und wenn er den Zugriff auf den Bischof von Pamiers mit der Bulle »Unam sanctam« beantwortete (1302), so geht sie in der Betonung der päpstlichen Jurisdiktion nicht über die Worte früherer päpstlicher Erlasse hinaus. Trotzdem löste diese Bulle die schärfste Reaktion in Frankreich aus. Jetzt machte man sich die Anklagen der Colonna zu eigen: Bonifatius sei mit Unrecht Papst geworden und der Ketzerei verdächtig, er müsse sich vor einem Konzil rechtfertigen (konziliare Idee). Der französische Beauftragte Nogaret ging mit reichen Geldmitteln nach Italien und sammelte Colonna-Anhänger und sonstige begehrliche Papstgegner. So kam es zu der Gewalttat von Anagni (Sept. 1303). Vergebens wartete Bonifatius auf die Hilfe des deutschen Königs Albrecht; auch der war mattgesetzt, und die Worte des Vertrages zwischen König und Papst, daß die Franzosen »nach Recht unter dem Imperium ständen«, waren leere Worte. Die Katastrophe des P.s war endgültig.

d) Der Druck der Franzosen auf Bonifatius' Nachfolger → Benedikt XI. war so stark, daß er nach Perugia ausweichen mußte. Sein Nachfolger → Clemens V. fand den Weg nach Italien nicht mehr, und so folgte auf *Anagni* das schlimmere *Avignon*, bei dem Napoleon

Orsini eine seltsame Rolle gespielt hat. Clemens V. war bereits 1308 in Poitiers Männern wie Nogaret, Flotte, Plaisian, Pierre Dubois an kaltblütiger Entschlossenheit unterlegen. Er mußte das Kardinalskollegium durch Ernennungen von neuen Mitgliedern im französischen Sinne umgestalten. Aber die Forderungen Philipps IV., »von Gottes Gnaden Statthalter der Kirche in weltlichen Dingen, dessen Großvater für den hl. Glauben, dessen Vater im Dienst der Kirche gestorben war«, gingen weiter. Man mutete dem Papst zu, einen Ketzerprozeß gegen Bonifatius VIII. zu eröffnen, um die Anklage gegen die Attentäter von Anagni unmöglich zu machen. Man gab das erst auf, als Clemens Frankreichs Vorgehen gegen die Templer (→ Ritterorden), das aus wirtschaftlichen Motiven entsprang, sowie die Unterjochung Flanderns unterstützte. Als Clemens im März 1309 nach Avignon übersiedelte, wurde er zwar freier und hat heimlich die Kandidatur Heinrichs VII. in Deutschland begünstigt gegenüber den französischen Plänen auf die Kaiserkrone, auch seinen Romzug unterstützt, wohl in Erwartung einer Hilfe, wie Bonifatius sie von Albrecht gewünscht hatte. Aber dazu bedurfte es eines Ausgleichs mit den Anjous, dem Frankreich nicht zustimmte. Als nun Robert von Neapel die Krönung Heinrichs in Rom mit Waffengewalt zu hindern suchte, verriet der Papst den Kaiser, nachdem er vorher bereits Robert die Romagna übertragen hatte. Heinrich VII. hat sich darauf mit Friedrich von Sizilien verbündet und von ihm die römisch-rechtlichen Theorien über das Kaisertum in seine Erlasse aufgenommen, die ihm den Vorwurf des Strebens nach Weltherrschaft eingebracht haben. Nach dem frühen Tod des Kaisers war die Auslieferung der Kurie an die französischen Mächte endgültig. Sie zeigte sich auf dem Konzil von Vienne (1311/12). Zwar wurde auf die Verurteilung Bonifatius VIII. verzichtet und Peter von Morrone (nicht Papst Cölestin) heiliggesprochen, aber die Schuldigen von Anagni gingen straflos aus, und der französische König wurde wegen seiner Wachsamkeit über den rechten Glauben sogar gelobt! Der Templerorden wurde aufgelöst, seine Güter blieben in französischer Verwaltung. Ein Kreuzzug wurde ausgeschrieben, aber er war nur ein Grund zur Erhebung von Zehnten und Legaten, und ungestraft hat Frankreich den Justizmord an Jakob von Molay und seinen Gefährten begehen können. Mit Recht schrieb damals ein Unbekannter: »Seit alle Gläubigen erfahren haben, der Gesalbte des Herrn sei gefangen, die Bundeslade beraubt und geplündert, ohne daß man von einer Sühne gehört hätte, sei die Kirche und ihre Hirten verachtet!« Das war der Anfang des *avignonesischen P.s* (1309-77). → Johannes XXII. war zwar unter den Söhnen Philipps IV. nicht solchem Druck ausgesetzt wie sein Vorgänger; dazu war er Staatsmann und Kanzler Karls II. von Anjou gewesen und verdankte alles diesem Hause. So unterstützte er bedingungslos und unbedenklich die Italien-Politik Roberts von Neapel. Dieser haßte das Kaisertum und bestritt dessen Existenzberechtigung, unterstützt von Publizisten wie Ptolemäus von Lucca und Bernhard Gui. Robert suchte sogar - freilich vergeblich (Bulle »Ne praetereat«) - ein päpstliches Dokument zu erhalten, das ihm die Lombardei übertragen sollte. Der Papst ging anders vor, indem er selbst vacante imperio die Verwaltung des Reiches in Anspruch nahm und Reichsvikariate übertrug. Er erkannte keinen der beiden Thronbewerber an und sprach den von Heinrich VII. eingesetzten Reichsvikaren ihre Rechte ab. Die Visconti und andere Ghibellinen riefen darauf Ludwig IV. zur Hilfe, mit dem auch Friedrich von Sizilien ein Bündnis schloß. Der Papst antwortete mit Prozeß und Absetzungsbulle. Ludwig fand literarische Unterstützung bei den Minoriten und → Marsilius von Padua, der in seinem »Defensor pacis« die These von der Unabhängigkeit des Staates und die Absetzbarkeit eines ketzerischen Papstes durch ein allgemeines Konzil vertrat. Ludwig IV. wurde von italienischen Herren zum Romzug aufgefordert mit dem Versprechen, diesen zu finanzieren. Der Zug ging ohne größere Kämpfe vonstatten. Ludwigs Kaiserkrönung nahm Sciarra Colonna nach sizilianischem Muster vor, und dieser fand wohl auch den Gegenpapst → Nikolaus V., der sich aber bald Johannes XXII. unterwarf. Aus Mangel an Mitteln mußte Ludwig Ende 1329 Italien verlassen, aber Johannes XXII. bekam Schwierigkeiten im eigenen Lager. 1328 hatte Philipp VI. von Valois den französischen Thron bestiegen. Mit seinen deutschen Vertrauten, den Luxemburgern, verfolgte er in der Lombardei andere Ziele als Robert von Neapel und der Papst. Dieser gab ihm auch in der Kreuzzugsfrage nicht nach, die Philipp rein vom finanziellen Standpunkt aus betrachtete. Da griff Philipp anläßlich einer Predigt des Papstes über die Visio beatifica zu dem bewährten Mittel der Drohung mit einem Ketzerprozeß. Nur der Tod rettete Johannes vor einem Prozeß. → Benedikt XII. vermochte in kluger Nachgiebigkeit den Konflikt beizulegen. Er hat Philipp die Leitung des Kreuzzugs übertragen, große finanzielle Vorteile gewährt und nie gewagt, eine eigene Politik zu betreiben. Er unterstützte den König im Krieg mit England und riet ihm dabei wohl die erfolgreiche Defensivstellung Frankreichs an, die zu Eduards III. Niederlage von 1341 und zu Ludwigs IV. Abkehr vom englischen Bündnis führte. Ludwig hatte auf eine Vermittlung Frankreichs gehofft. Diese Hoffnung war mit der Erhebung → Clemens VI. zerronnen, der sich schon unter Johannes XXII. als extremer, aber sehr geschickter Parteigänger Philipps VI. erwiesen hatte. Damit war eine Stärkung der deutschen Zentralgewalt im Sinne des Gesetzes »Licet iuris« (Mirbt Nr. 384) gescheitert. Der Kurverein zu Rhense (1338; Mirbt Nr. 383) hatte nach → Karls IV. Annahme aller ihm bei seiner Designation durch Clemens VI. gestellten Bedingungen und der Ernennung Balduins von Trier zum »Reichsvikar« gesiegt. Die Goldene Bulle (1356) hat diesen Sieg reichsrechtlich verankert. War die Verschleuderung von Rechten durch Friedrich II. dem P. zugute gekommen, so nützte die Erhebung Karls IV. allein dem Landesfürstentum. Das P. profitierte nur mittelbar, als es in der konziliaren Periode in Deutschland nur mit dem Landesfürstentum zu tun hatte. Es war rein französisch geworden. Clemens VI. war zwar Benediktiner, gab sich aber ganz als weltlicher Fürst. Die Zentralisation und der mit → Annaten, → Provisionen, → Zehnten und Sporteln einer straff geordneten Kanzlei- und Gerichtsordnung (Audientia) von Johannes XXII. erfolgreich begonnene Fiskalismus waren unter Clemens VI. voll wirksam. Die drückenden Abgaben lösten in allen Ländern Rufe nach Reformen aus. Die so angehäuften Mittel kamen dem französischen König in seinem Krieg gegen England zugute. Dabei hat sich die Kurie finanziell erschöpft. Der politische Umschwung, der sie schließlich zur Rückkehr nach Italien bestimmte, setzte schon mit dem Tode Roberts von Neapel (1343) und der Schlacht von Crécy (1346) ein. Der sittenstrenge → Innozenz VI. begann mit Reformen und sandte den Kardinal → Albornoz nach Italien zur Rückgewinnung des Kirchenstaates. Nach der französischen Niederlage bei Poitiers (1356) wurde auch die materielle Sicherheit von Avignon fraglich. Das mag den Entschluß → Urbans V. zur Übersiedlung nach Rom mitbestimmt haben. Aber nach dem Tode von Albornoz kehrte er an die Rhone zurück, um im Kriege mit England vermitteln zu können. Erst → Gregor XI. hat Avignon endgültig aufgegeben. Der Palast bei St. Peter wurde jetzt ständiger Wohnsitz der Päpste.

e) In Italien hatte das inzwischen herausgebildete politische System ein Eingreifen des Kardinals Albornoz als störend empfunden. Bernabò Visconti war sein gefährlichster Feind, und Gregor XI. erlebte sogar den Aufstand der Guelfenzentrale Florenz. Rom war höchst unsicher, wollte aber Papststadt bleiben. So kam es bei der Wahl → Urbans VI. zu erregten Szenen. Aber erst nach Monaten sprach man von Wahlbeeinflussung, als der Papst gegen Machenschaften von Kardinälen Einspruch erhob und Maßnahmen gegen das Übergewicht der französischen Partei erwog. Diese revoltierte und erhob 1378 in Fondi → Clemens (VII.) als Gegenpapst. Selbstverständlich fand dieser die volle Unterstützung Frankreichs, das aber jetzt mehr Lasten als politische Hilfe von seinem P. hatte. Später brachten das französische Vertreter beim Konstanzer Konzil klagend zum Ausdruck. Die persönliche Stellung Clemens (VII.) als »Knecht der Knechte französischer Prinzen« war nicht beneidenswert, auch seine sizilianische Politik mißglückte. So erhob sich der Ruf nach einem allgemeinen Konzil als Heilmittel des Schismas (→ Reformkonzile). Stimmführend dabei war die Pariser Universität, der die Konzilstheorie seit Bonifatius VIII. vertraut war. Auch → Marsilius von Padua und → Ockham, die in ihren Streitschriften ausgiebig darüber gehandelt hatten, nahmen ihre Theorie wohl ebenfalls daher, als sie die Überordnung des Konzils über einen irrenden Papst vertraten (vgl. Defensor pacis, ed. Scholz 383-385). Daß eine Sentenz des Papstes gegen ein Konzil nicht gültig sei, beweist Marsilius ganz im französischen Sinne am Beispiel Bonifatius' VIII. Um die damals berührte Frage der plenitudo potestatis des Papstes geht es auch jetzt wieder in mancherlei Abwandlung; aber dahinter steht das Streben nach Befreiung der Landeskirchen von den hohen päpstlichen Auflagen, die man mit Hilfe des Konzils abschaffen will. In → England (: I, 2) war die Kirche bereits weitgehend selbständig, in → Frankreich (: I, 3) galt es noch, dem König die entscheidende Rolle bei der Besetzung hoher Kirchenstellen zu verschaffen. Das ist durch die Pragmatische Sanktion von Bourges erreicht worden (1438), die aus den Basler Reformdekreten zusammengestellt, jedoch von der Kurie nie anerkannt wurde. Das Streben nach Selbstbestimmung in Frankreich ging mit den oligarchischen Tendenzen der Kardinäle bereits bei der Wahl Clemens (VII.) zusammen, ebenso wieder bei der Berufung des ersten Reformkonzils (Pisa 1409). Während Deutschland keine einheitliche Linie hatte, hat Frankreich nochmals wieder 1511/12 einen politischen Druck durch ein Konzil gegen → Julius II. versucht. Das Hauptziel jedoch, die Beseitigung des Schismas, hat das Konzil von Pisa nicht erreicht. Diese Frage gelöst zu haben, ist das Verdienst König → Sigismunds. Er wußte das Anliegen des → Petrus d'Ailly, wie es in den Dekreten des Konstanzer Konzils (1414-18) zum Ausdruck kam (Betonung der Überordnung desselben über den Papst »im Notstand«), dafür auszunutzen. → Martin V. hat nach seiner Wahl wegen der Formulierung Bedenken gehabt, und → Eugen IV. ist mit dem Basler Konzil (1431-49) darüber in Streit geraten. Dabei ist es nochmals zur Wahl eines Gegenpapstes (→ Felix [V.]) gekommen, bis → Pius II. die Appellation vom Papst an ein Konzil verbot (Bulle »Execrabilis«, 18.1.1460). Kein Konzil jedoch hat die Hauptschäden des avignonesischen P.s, die einseitige Politisierung der Kurie, deren Finanzsystem und den Druck auf die Landeskirchen beseitigen können, die so oft zitierte via reformationis wurde nicht beschritten. In → Deutschland (: I, 1 c) war auf allen Gebieten am wenigsten erreicht (→ Gravamina); das hat sich später gerächt. Friedrichs III. Wiener Konkordat von 1448 stärkte die Fürstenmacht, nicht das Reich, das die Last der Hussiten- und Türkenkriege zu tragen hatte. Sigismund hatte gegen die andrängenden Scharen unglücklich gekämpft. Verhandlungen mit den Griechen über eine Union waren vergeblich geblieben (→ Einigungsbestrebungen: I, 3), und unter → Nikolaus V. ging 1453 Konstantinopel an die Türken verloren. → Calixt III. und Pius II. bemühten sich vergeblich, einen Kreuzzug gegen die Türken zustande zu bringen. Nach dem Fall Griechenlands suchten Vertreter der dortigen hochentwickelten Wissenschaft Zuflucht im Westen und belebten das Studium des klassischen Altertums in Italien. Der neuen Lebensauffassung des →Humanismus und der →Renaissance konnten sich auch die Päpste nicht entziehen. Nikolaus V., selbst ein tüchtiger Gelehrter, gründete die Vatikanische Bibliothek. War zunächst Florenz der Sitz der klassischen Studien gewesen, so wurde unter → Sixtus IV., Julius II., → Leo X. Rom das Zentrum des neuen Lebensstils. Davon blieb das Staatsleben nicht unberührt. Das neue Ziel - Ausbildung aller menschlichen Fähigkeiten - erweckte das Bestreben, Menschen und Dinge nach der menschlichen ratio zu lenken, ohne daß religiöse Ethik richtunggebend dabei war. Wohl stand bei den Besten die Einheit Italiens als Ziel dahinter. Da die Päpste seit Martin V. wieder Landesherren waren, mußten sie sich diesem neuen Geiste anpassen. Die Kardinäle konnten nicht zurückbleiben. Sie stammten vielfach aus den adeligen Familien Roms oder wuchsen als päpstliche Nepoten (→ Nepotismus) in diesen Kreis hinein. Machtkämpfe waren ihnen nie fremd gewesen, wie die Geschichte der Colonna, Orsini und Gaetani zeigt. Jetzt traten die weltlichen Glieder dieser Familien als Staatsmänner und Feldherren in die Dienste der auswärtigen Mächte, die um die Vorherrschaft in Italien kämpften. 1435 folgte der Spanier Alfons V. den Anjou in Neapel. Deren Erbe aber nahm Karl VIII. von Frankreich in Anspruch und brach über Mailand in Italien ein. Der Papst konnte nicht neutral bleiben; der Borgia → Alexander VI. wandte die Renaissance-Politik unbedenklich an und stützte sich auf die Franzosen, wie → Savonarola es in Florenz versuchte. Cesare Borgia, umschmeichelt von → Machiavelli, hat seinem großen Gegner → Julius II. vorgearbeitet, der dann alle inneren Widerstände im Kirchenstaat beseitigte und zwischen äußeren Feinden so klug lavierte, daß er Frankreich aus Italien herausmanövrierte. Was sich bei diesen Kämpfen in den Kardinalsfamilien abspielte, erinnert an die Zeit Bonifatius VIII. Wie dieser hat → Clemens VII. beim Sacco di Roma durch das Heer → Karls V. sein Anagni erlebt; theoretische Schriften vom Verhältnis des Kaisers zum Papst greifen alte Argumente wieder auf. In diesem erbitterten äußeren und inneren Ringen entwickelt sich in Rom ein einzigartiges geistiges und künstlerisches Leben. Der Vatikan war seit Sixtus IV. erweitert und umgebaut, und diese Tätigkeit machte bald vor der alten Konstantinbasilika nicht mehr Halt. Neue Räume, wie die Sixtinische Kapelle, die Apartamenti Borgia, die Stanzen und die Loggien gaben den Künstlern reiche Anregungen und Möglichkeiten (→ Kirchenbau: IV, 1 a; → Malerei und Plastik: III, 7. 8). Dieser Abschluß des mittelalterlichen P.s nach all den Kämpfen, nach Zerstörung und Leid, das in oft ermüdender Wiederholung über die Menschen kam, ist das »Wunder« Rom. Erst die Öffnung des Vatikanischen Archivs durch → Leo XIII. (1881) und die seitdem begonnene, noch lange nicht abgeschlossene Auswertung der → Papstregister hat der Forschung gezeigt, welche Quellenfülle für die europäische Geschichte des Spät-MA sich in den Jh.en aufgespeichert hat. Mit 1881 bahnt sich ein Wendepunkt in der spätmittelalterlichen Geschichtsforschung an. *F.Bock*

Qu. u. Lit. vgl. bei den einzelnen Papstartikeln sowie zu → Papsttum: I u. den dort genannten weiteren Artikeln. Ferner: L.Duchesne, Les premiers temps de l'état pontifical, Paris (1898) 1911[3] - A.Werminghoff, Verfassungsgesch. d. dt. Kirche im MA, (1905) 1913[2] - H.v.Schubert, Gesch. d. christl. Kirche im Früh-MA, 1921 - A. Dempf, Sacrum Imperium, (1929) 1954[2] - R.Macaigne, L'église mérovingienne et l'état pontifical, 1929 - P.Fournier-G.Le Bras, Hist. des collections canoniques en Occident depuis les Fausses Décrétales jusqu'au Décret de Gratien I. II, Paris 1931/32 - A.Cartellieri, Der Aufstieg d. P.s im Rahmen der Weltgesch. (1047-95), 1936 - Ders., Der Vorrang d. P.s zZ der ersten Kreuzzüge (1095-1150), 1941 - M.Andrieu, Le pontifical Romain au moyen âge (StT 86-88. 99), Rom 1938-41 - Ders., La carrière ecclésiastique des papes et les documents liturgiques du moyen âge (RevSR 21, 1947, 89-120) - O.Bertolini, Roma di fronte a Bisanzio e ai Longobardi, Bologna 1941 - W.Levison, England and the Continent in the 8th Cent., 1946 - Ders., Die mittelalterl. Lehre von den beiden Schwertern (DA 9, 1951, 14-42) - P.Brezzi, Roma e l'impero medioevale (774-1252), Bologna 1947 - Studi Gregoriani per la storia di Gregorio VII e della riforma gregoriana I-V, ed. G.B.Borino, Rom 1947-55 - T.G.Jalland, The Church and the Papacy, 1949 - W.Ullmann, Medieval Papalism, London 1949 - Ders., The Growth of Papal Government in the MA, ebd 1955; dt. 1960 (dazu F.Kempf in: Misc. Hist. Pont. 21, 1959, 117-169) - M.Maccarrone, Vicarius Christi. Storia del titolo papale (Lateranum 18), Rom 1952 - Sacerdozio e regno da Gregorio VII a Bonifazio VIII (Misc. Hist. Pont. 18), Rom 1954 - H.M. Klinkenberg, Der röm. Primat im 10.Jh. (ZSavRG Kan. Abt. 41, 1955, 1-57) - S.Runciman, The Eastern Schism. A Study of the Papacy and the Eastern Churches during 11./12.Cent., Cambridge 1955 - Ders., The Sicilian Vesper, ebd 1958; dt. 1959 - E.Caspar, Das P. unter fränk. Herrschaft, 1956 - J.Deér, Die Vorrechte des Kaisers in Rom (772-800) (Schweizer Beiträge z. allg. Gesch. 15, 1957, 5-63) - H.-W.Klewitz, Reform-P. u. Kardinalkolleg, 1957 - L.Buisson, Potestas u. Caritas. Die päpstl. Gewalt im Spät-MA, 1958 - A. Michel, Die Kaisermacht in der Ostkirche, 1959. - Weitere Lit. bes. bei Seppelt II-IV. *H.Fuhrmann - F.Bock*

III. In der Neuzeit

1. Bis zum Tridentinum - 2. Die Durchführung der tridentinischen Reform und der Gegenreformation - 3. Der Kampf mit dem politischen Absolutismus und nationalkirchlichen Ideen - 4. Revolution, Restauration und Ultramontanismus - 5. Vom Vatikanum bis zum 1. Weltkrieg: a) Das neue Bild der staatlichen und gesellschaftlichen Wirklichkeit - b) Der Antimodernismus - 6. Seit dem 1. Weltkrieg: a) Die Bewahrung der politischen Unabhängigkeit - b) Ökumenische Tendenzen und Unionen - 7. Seit dem 2. Weltkrieg

1. Die reformatorische Kritik am P. wurde in Luthers Schrift »Von dem P. zu Rom wider den hochberühmten Romanisten zu Leipzig« 1520 zuerst formuliert. Luther zog die behauptete göttliche Institution in Zweifel, indem er die Schlußfolgerung ironisierte, daß alle Christen trotz Teilhabe an Sakrament, Evangelium und Credo Ketzer seien, wenn das eine fehle, nämlich die Bestätigung ihrer Bischöfe durch den Papst. Da Rom sonst die göttliche Ordnung mißachte, sei es merkwürdig, wenn man ausgerechnet in der Frage der Geltung des P.s auf der divina institutio bestehe. Christi Reich sei nicht von dieser Welt, und auch das weltliche Regiment laufe nicht in einen einzigen Oberherrn aus. Exegetisch machte Luther geltend, daß Christus im Felsenwort keinesfalls einen Primat Petri über die anderen Apostel errichtet habe. In der Schrift »An den christlichen Adel« 1520 erkannte Luther das P. als ein System, in dem die einzelnen Rechtssätze und Theologumena untereinander so verstrebt sind, daß diese Institution unreformierbar wird.

Von den neuen kritischen Fragen unberührt, setzte → Leo X., der im Juni 1518 das Verfahren gegen → Luther (: I, 2) eröffnete, das Renaissance-P. fort. → Hadrian VI., der letzte Nichtitaliener auf dem Röm. Stuhl, starb früh, enttäuscht, daß sich niederländische und spanische Reformideen auf die Kurie nicht anwenden ließen. → Clemens VII., allein an der weltlichen Macht des P.s und des Hauses Medici interessiert und darum im Bündnis mit Frankreich, mußte im Mai 1527 den Sacco di Roma hinnehmen und hinterließ den Röm. Stuhl »in Reputation unendlich herabgekommen, ohne geistliche, ohne weltliche Autorität« (Ranke). Die Kräfte, die der kath. Kirche Fortbestand gaben, nämlich die neuen Orden (→ Theatiner, → Barnabiten, → Kapuziner, → Jesuiten), wurden weder vom P. erweckt noch in ihrer Bedeutung erkannt. → Paul III., einst zum Kardinal erhoben, weil → Alexander VI. in ehebrecherischen Beziehungen zu seiner Schwester Giulia stand, löste 1545 Parma und Piacenza aus dem Kirchenstaat heraus, um einen Farnese-Nepoten als Herzog in die europäischen Fürstenhäuser einzureihen. - Dennoch bildete der Pontifikat Pauls III. insofern einen Wendepunkt, als bei ihm als einem Manne des Übergangs neue Züge innerer Teilnahme an der Kirchenreform erkennbar wurden. Seit 1535 erneuerte der Papst das Kardinalskollegium und sammelte hier mit John → Fisher, → Contarini, Caraffa (→ Paul IV.), → Sadoleto, → Pole und Cervini (→ Marcellus II.) geistvolle Zeitgenossen als Mitarbeiter für die Reform. Die neunköpfige Kommission, die er 1536 berief, erstattete das »Gutachten der beauftragten Kardinäle über die Kirchenreform«. Dieser Erneuerungsversuch - schon vor Beginn des Konzils und aus milderem Geiste als die tridentinische Reform - wurde aber durch eine oppositionelle Kardinalsgruppe und eine indiskrete Druckveröffentlichung um seine Wirkung gebracht. Die Reform des Bistums Verona fand 1542 die päpstliche Bestätigung und konnte als Modell für die Trienter Reform dienen. Erschreckt durch das Eindringen des ev. Bekenntnisses in den Augustiner- und Kapuzinerorden, entschloß sich Paul III. 1542 unter dem Einfluß der mit der spanischen Inquisition wohlvertrauten Kardinäle Caraffa und Juan de Toledo in der Bulle »Licet ab initio« zur Neugestaltung der röm. → Inquisition. Die Leitung wurde einer sechsköpfigen Kardinalskommission anvertraut, dem »Hl. Officium«. Am 13.12.1545 wurde das → Tridentinische Konzil eröffnet; dessen Leitung im Sinne der Kurie war durch drei päpstliche Legaten gesichert, die in Kurierverbindung mit Rom standen. - Papst → Julius III. nahm gemäß der Wahlkapitulation das an der hemmungslosen Nepotenpolitik Pauls III. gescheiterte Trienter Konzil wieder auf und förderte die Reformansätze des Jesuitenordens (Gründung des Collegium Germanicum 1552). Doch erst mit → Marcellus II. konnte die kirchliche Reformpartei einem Mann ihres Vertrauens die Tiara verschaffen. → Paul IV., dessen Kardinalat von der Mühe um die Kirchenreform gekennzeichnet war, enttäuschte als Papst, weil er dem in seiner Familie erblichen Spanienhaß nachgab. Erst nach politischen Mißerfolgen traten die Reformaufgaben wieder in den Vordergrund. Er vermied jedoch die Neuberufung des Konzils, dessen erste Sitzungsperioden mit allen Reformdiskussionen an den tatsächlichen Zuständen doch nichts geändert hatten. Der Weg der Konzilsberatungen dünkte dem aktionsgewohnten Papst zu langwierig, die dabei nötige Rücksichtnahme auf die kath. Fürsten wenig verträglich mit der Erhabenheit der päpstlichen Würde. Er setzte die Reformdekrete mit schonungsloser Härte durch, bestrafte die umherschweifenden Mönche, griff in die Mißstände des Benefizialwesens ein, erzwang die Residenzpflicht der Bischöfe, visitierte ganze Landstriche, reinigte die Ewige Stadt mit einem drakonischen Strafsystem, ließ 1559 den ersten im Auftrag eines Papstes veröffentlichten röm. → Index aufstellen, verwies die

Juden des Kirchenstaates in das Ghetto und schrieb ihnen gelbe Hüte vor. Beim Tode Pauls IV. entlud sich der Haß gegen sein Regiment in der Niederbrennung des Inquisitionsgebäudes. – Erst → Pius IV. vollendete das Trienter Konzilswerk mit der 1562 eröffneten 3. Periode. Daß die Trienter Beschlüsse erst durch die »Apostolische Bestätigung« des Papstes ihre Gültigkeit gewannen, ihre Auslegung Aufgabe einer Kardinalskongregation und die → Professio fidei Tridentinae zu einem päpstlichen Gehorsamseid ausgeformt wurde, sicherte die Entwicklung des Papalismus im absolutistischen Sinne.

2. Die Einführung des Trienter Reformwerkes in die kirchliche Praxis und die Lösung der zahlreichen Aufgaben, die das Konzil der Kurie überwiesen hatte, wurde von den drei großen Päpsten der → Gegenreformation Pius V., Gregor XIII. und Sixtus V. durchgesetzt. Als einfacher Ordensmann, der → Pius V. zeit seines Lebens blieb, verringerte er den päpstlichen Hofstaat, reformierte die Kurialbehörden (Ende der Käuflichkeit der kurialen Ämter), stritt gegen den Luxus der Ewigen Stadt und verhinderte die Darstellung des Nackten in der Kunst. Der Papst vollendete 1568 die vom Tridentinum in Angriff genommene Brevierreform, welche die Schriftlesungen gegenüber den bisher überwuchernden Heiligenviten zur Geltung brachte. Die der offiziellen Brevierausgabe vorangestellte Bulle verbot die bisher benutzten Breviere bis auf diejenigen, deren ununterbrochener Gebrauch für 200 Jahre nachgewiesen werden konnte. Die gleiche Bestimmung wurde 1570 für die revidierte Ausgabe des Meßbuches erlassen. Die Visitationen, die der Papst selbst in den Kirchen Roms durchführte, wurden Vorbild für eine Welle weiterer Visitationen, mit denen die tridentinische Reform verwirklicht wurde. Auf dem Augsburger Reichstag 1566 setzte Pius V. die Annahme der Konzilsbeschlüsse durch die kath. Stände durch. Er war überzeugt, daß er durch seine Gewaltmaßnahmen gegen den italienischen Protestantismus (→ Italien, 4) das Land vor dem Bürgerkrieg bewahre, trieb zum Vorgehen gegen die → Hugenotten und drängte Philipp II. zum Eingreifen in den → Niederlanden. 1570 erklärte er → Elisabeth I. von England des Thrones für verlustig und entband ihre Untertanen von der Gehorsamspflicht – das letzte päpstliche Absetzungsurteil gegen ein regierendes Haupt. – → Gregor XIII. schuf 1582 die Kalenderreform (→ Chronologie: IV, 5 a), die Trient der Kurie übertragen hatte. Die deutschen ev. Fürsten lehnten freilich für ihre Territorien den neuen Kalender ähnlich wie die Orthodoxen ab, bis die Aufklärung den Widerstand überwand. – Um die Unabhängigkeit des P.s gegenüber den Mächten zu erlangen, ordnete → Sixtus V. die röm. Staatsfinanzen durch eine steuerliche Überforderung der Bevölkerung, die bisher fast abgabenfrei gelebt hatte. Er gab der kath. Restauration in der architektonischen Neugestaltung Roms ihren sinnenfälligen Ausdruck (→ Kirchenbau: IV, 1 a). Durchbrüche durch das mittelalterliche Straßengewirr legten den Zugang zu den 7 Hauptkirchen frei. Rom wurde als Wallfahrtsort der ganzen Christenheit gestaltet. Um der ev. Geschichtsschreibung die Deutung der Historie zu entreißen, ermöglichte der Papst als Antwort auf die Magdeburger Zenturien (→ Kirchengeschichte: I, 2 d) die Drucklegung des → Baronius. Bei der Neuausgabe der Vulgata 1590 griff er so eigenwillig in den Text ein, daß noch vor der Wahl des Nachfolgers der Verkauf eingestellt werden mußte. Erst der 3. Druck Clemens VIII. (1598) stellte den maßgebenden Text der Trienter Reform dar (→ Bibelübersetzungen: II, 2). 1614 rundete das Rituale Romanum Pauls V. die tridentinische Uniformität ab. Mit der Bulle »Immensa aeternis« (1588) errichtete Sixtus V. 15 Kardinalskongregationen. Diese systematische Neuordnung der → Kurie ging der Errichtung der Ministerien in den absolutistischen Staaten zeitlich voraus und hatte bis 1908 Bestand. Das absolutistische Verständnis der päpstlichen Gewalt war bei Sixtus V. so ausgeprägt, daß er selbst → Bellarmin auf den Index setzen ließ, als sich dieser für eine nur indirekte Gewalt des Papstes auf politischem Gebiet aussprach.

3. Nach einer Reihe kurzer Pontifikate suchte man nach einer kraftvollen Persönlichkeit und fand sie in → Clemens VIII. 1595 sprach er gegen den Wunsch der Liga die Absolution des konvertierten Heinrich IV. von Navarra aus und gab damit Anstoß zur Auflösung der Liga. Den Streit über das Verhältnis von Gnadenwirkung und freiem Willen, der zwischen Jesuiten (→ Molina) und Dominikanern (→ Báñez) ausgebrochen war, zog Clemens VIII. an die Kurie und ließ die berühmte Disputation vor dem Papstthron stattfinden. 1607 wurden auf Anraten des → Franz von Sales beide Lehrweisen freigegeben, jedoch ein Verbot polemischer Veröffentlichungen ausgesprochen.

Hatte schon Paul III. den Kaiser 1546 in dem Augenblick im Stich gelassen, wo ihm die Niederwerfung der prot. Stände zu gelingen schien, so zeigte die päpstliche Politik während des 30jährigen Krieges erneut, daß die Überwindung der prot. Spaltung keineswegs ihr leitender Gesichtspunkt war: Um der habsburgischen Umklammerung zu entgehen, spielte → Paul V. und wieder → Urban VIII. mit dem Frankreich → Richelieus zusammen, eine Verhaltensweise, die zugunsten der Protestanten ausschlug.

Der Triumph des politischen Absolutismus mußte die Stellung des P.s schwächen. Die absolutistische Staatstheorie, am klarsten seit 1606 bei dem gallikanischen Syndikus der Pariser Fakultät Edmond → Richer ausgebildet, zerbrach mit der Behauptung der Gottunmittelbarkeit der Krone das mittelalterliche Verständnis der päpstlichen Potestas endgültig. 1614 erwogen die Etats Généraux ein »Grundgesetz des Königreichs«, wonach der König seine Krone von Gott allein habe und keine geistliche oder weltliche Macht der Welt irgendein Recht über das Königreich besitze. Kardinal → Duperron konnte damals die Beschlußfassung noch abfangen. → Morinus förderte die Lehre der Gottunmittelbarkeit der Krone 1631 mit historischen Argumenten: keineswegs habe der Befehl des Papstes → Zacharias die Ablösung Hilderichs durch Pippin bewirkt. Im Konflikt Pauls V. mit der Republik Venedig 1606 erwiesen sich Bann und Interdikt als politisch wirkungslos. Der venezianische Polemiker → Sarpi argumentierte mit der Gottunmittelbarkeit aller Gewalt des Staates über alle Untertanen. 1648 erschütterte Combéfis Beweis, daß in → Honorius ein Häretiker in der Papstreihe anzutreffen sei, die von den Jesuiten vertretene Unfehlbarkeitstheorie. – Dem Absolutismus galt die Bischofsnominierung als grundlegendes Königsrecht. In Trient hatte man diese Frage unter dem Einspruch der Gesandten Spaniens und Frankreichs nicht einmal anrühren können. 1639 dachte Richelieu im Blick auf die Patriarchenrechte der Ostkirchen an eine Lösung durch einen gallikanischen Patriarchen. Als Ludwig XIV. seine politischen Regalien erweiterte, widersprachen ihm die Bischöfe Pavillon und Caulet und warnten Innozenz XI. 1680 annullierte der Papst daraufhin die ersten königlichen Nominationen. Die Formulierung der vier Artikel des gallikanischen Klerus 1682 (→ Frankreich: I, 5), von → Bossuet verfaßt und durch die Klerusversammlung einstimmig angenommen, wirkten auf den Papst wie eine Repressalie. Er verweigerte allen neunominierten Prälaten, sofern sie die vier Artikel unterschrieben, die kanonische Institution. 1688 waren 35 französische Bischofsstühle unbesetzt. Erst 1693 nötigte die außenpolitische Lage den französischen König zu dem Verzicht, die vier Artikel der Kirche Frankreichs aufzuerlegen. Jeder der französischen Unterzeichner hatte einen Entschuldigungsbrief an den Papst zu richten. Günstigstes Feld für die absolutistische Anwendung der Regalien war Sizilien, dessen Herrschern in der Zeit der normannischen Eroberung die Legazia Apostolica zugesprochen war, kraft deren sie die geistliche Gewalt über die Kirche der Insel als legati nati des Papstes ausübten.

Der Widerspruch gegen die zentralistisch-jurisdiktionelle Wirksamkeit des sich entfaltenden Nuntiatursystems wurde zuerst bei den rheinischen Metropoliten laut. Im Zuge dieser Auseinandersetzungen veröffentlichte der Trierer Weihbischof von → Hontheim unter dem Pseudonym Febronius 1763 sein Buch »De statu ecclesiae« (→ Febronianismus). Es wurde zwar 1764 indiziert. Dadurch aber, daß die Wiener Bücherzensur es freigab, gewann es seine Auswirkung im → Josephinismus. Dem Kaiser (→ Joseph II.) ging es um die Schaffung eines kath. Landeskirchentums, das zur Umbildung Österreichs aus einem Nebeneinander von Erb- und Kronländern zu einem bürokratisch-zentralistischen Staatswesen beitragen sollte. Das bedeutete Ausschaltung Roms durch Unterbindung des Verkehrs der Orden mit ihren Generalen und durch das Verbot, sich wegen der Ehedispense an Rom zu wenden. Der persönliche Kontakt, den → Pius VI. 1782 bei einer Reise nach Wien aufnahm, erreichte nicht mehr als ein Konkordat, das die von Joseph bisher einseitig verfügte Diözesangliederung sanktionierte.

Der Kampf mit dem Absolutismus setzte sich auch in den spanischen und portugiesischen Kolonien fort. Hier gerieten die Missionen in die Hand der regalistisch konzipierten spanischen und portugiesischen Patronate. Als Kolonialrecht wurde Pereiras »De indianarum iure« angewandt, das die Leitung der Kolonialkirche dem König zuschrieb, ein Straf- und Ausweisungsrecht gegenüber Weltklerus und Ordensleuten, die Unterwerfung aller Patentbriefe der Ordensbeauftragten unter den Visumszwang und das königliche Privileg zur Gründung neuer Missionen selbst ohne bischöfliche Zustimmung stipulierte. Die Lage komplizierte sich noch dadurch, daß die neuen Missionsorden auf dem Missionsfeld miteinander rivalisierten. Demgegenüber sollte die 1622 errichtete → Propaganda-Kongregation die Äußere Mission in Rom zentralisieren. Dadurch wurde der Partikularismus der Missionsorden gebrochen und der Patronat Spaniens und Portugals ersetzt. Die Leitung der Missionen übernahmen → Apostolische Vikare mit bischöflichem Rang, die ausschließlich von der Propaganda abhängig waren. 1670/74 wurden die letzten Spuren der Zuordnung der Vikare zu den Bischöfen der Patronatsmächte ausgelöscht. Ein Breve Innozenz' XI. 1678 ging so weit, für alle Missionare den Gehorsamseid gegenüber den Vikaren vorzuschreiben.

Die absolutistischen Mächte suchten die röm. Kurie ihrer Politik dienstbar zu machen. Als Inhaber weltlicher Gewalt im Kirchenstaat geriet der Papst zwischen die Fronten, bes. des rivalisierenden Spanien und Frankreich. Durch die → Exklusive nahmen die Mächte Einfluß auf das Konklave (→ Papstwahl). Noch über den Pyrrhenäischen Frieden von 1659 hinaus, der das Ende der spanischen Weltmachtstellung besiegelte, herrschte in Frankreich das Empfinden, daß Rom die spanische Karte gegen Frankreich ausspiele. Bei der Wahl → Clemens' XI. konnte der französische Gesandte in Rom, Herzog von Chaulnes, zum ersten Mal mit der französischen Wahlbeeinflussung durchdringen.

→ Innozenz XI. war die einzige Papstgestalt von bedeutendem Profil im Zeitalter des Absolutismus. Durch Verzicht auf Nepotismus und Mäzenatentum und durch ausgeglichene Bilanzen unabhängig genug, bahnte der Papst Entscheidungen für die Probleme der Zeit an. Sein Pontifikat ist durch die Verurteilung der vier Häresien des → Quietismus, → Jansenismus, → Gallikanismus und → Probabilismus gekennzeichnet. Seit 1699 drohte die spanische Linie der Habsburger auszusterben; an der spanischen Erbfolge entschied sich die künftige Gestalt Europas. Kaiser Leopold I. war ebenso wie Ludwig XIV. mit einer Schwester des spanischen Königs vermählt. Als der spanische Primas eine gutachtliche Äußerung des Papstes zugunsten des französischen Thronfolgers provozierte, wurde eine Teilbesetzung des Kirchenstaats durch die Truppen Kaiser Josephs I. heraufbeschworen und der Papst gegen den französischen Thronbewerber, der längst im Besitz der tatsächlichen Macht war, zur Anerkennung des Kaiserbruders als spanischen Königs gezwungen. Für Spanien war dies ein Anlaß, die Beziehungen zur Kurie abzubrechen und die päpstlichen Einkünfte zu sperren. Damit waren die letzten Grenzen der Respektierung des P.s durch die Mächte durchbrochen.

4. a) Die Französische *Revolution* (→ Frankreich: I, 7) schien mit der gallikanisch inspirierten → Constitution civile du clergé die Ausschaltung des Papstes zu vollenden. Die → Missio canonica der französischen Bischöfe sollte künftig vom Metropoliten erteilt werden. Der französische Episkopat, bisher mißtrauisch gegen Einmischungen Roms, wandte sich nun, wo Gefahr heraufstieg, an → Pius VI. Dies war der erste in seiner Substanz ultramontane Akt der neueren Kirchengeschichte. Im Okt. 1790 bat Msgr. Boisgelin den Papst, die kanonischen Schwierigkeiten aufzuheben. Im entscheidenden Augenblick jedoch blieb eine Weisung von seiten des Papstes aus. So zerfiel der französische Katholizismus in die Gruppe derer, die die Konstitution beschworen, und die Eidverweigerer. Pius VI. selber, durch seine Erfolge gegenüber den josephinischen Reformen in Österreich und Toskana blind gegenüber der Notwendigkeit, auf die Ideen der Französischen Revolution einzugehen, beschwor den harten Frieden von Tolentino (1797), die Ausrufung der Röm. Republik und seine Verschleppung in französische Gefangenschaft herauf. Kaum hatte → Pius VII. mit österreichischer und neapolitanischer Hilfe seinen Sitz in Rom zurückgewonnen, da erfolgte das überraschende Angebot → Napoleons vom 5.6.1800: »Ich bin entschlossen, alle brauchbaren Mittel anzuwenden, um die kath. Religion zu garantieren... Wenn ich mich mit dem neuen Papst verabreden könnte!« Nach Napoleons Rechnung konnte allein der Papst den eidverweigernden Emigrations-Episkopat und den schismatischen konstitutionellen Episkopat Frankreichs zur Resignation veranlassen und die kath. Einheit wiederherstellen. Das Konkordat von 1801, das die revolutionäre Nationalisierung des Kirchenguts bestätigte, den Gemeindepfarrern jedoch Beamtengehalt sicherte, in der Kammer zur Beruhigung der revolutionären Kreise nur in Verbindung mit den → Organischen Artikeln zur Abstimmung gestellt, wurde Modell für eine neue Reihe von Konkordaten. Da auf dem → Wiener Kongreß ein deutsches Reichskonkordat scheiterte, wurde die deutsche Kirchenpolitik auf die Linie der Länderkonkordate abgedrängt. 1817 folgte in → Bayern der erste Konkordatsabschluß. 1855 wurde als letztes das österreichische Konkordat abgeschlossen, das die Epoche des Spätjosephinismus beendete.

b) In der Staatsphilosophie der französischen *Restauration* sprach sich bei den Grafen de → Maistre und de

→ Bonald auf den Schock der Französischen Revolution das Verlangen des 19.Jh.s nach begründeter Autorität aus. Die für die Gesellschaft notwendige Autorität sollte innerhalb des neuen Entwurfs durch den Papst gesichert werden. In der Programmschrift des → Ultramontanismus (de Maistres »Du Pape«, 1819) wurde angesichts der globalen Weite der Kirche die monarchische Regierungsform gefordert. Die Entscheidungen des Papstes müßten unanfechtbar sein. Die päpstliche Unfehlbarkeit war hier aus politischer Psychologie postuliert. Als nach der Thronbesteigung → Gregors XVI. dessen frühere Schrift von 1799 »Il trionfo della Santa Sede« in einer italienischen und deutschen Ausgabe neu herauskam, schlug diese Publikation in Deutschland Bresche für den Ultramontanismus. Aber die Verurteilung → Lamennais' verhinderte, daß sich die Synthese von Ultramontanismus und Liberalismus im 19.Jh. vollzog. - Die schicksalhafte Begegnung des P.s mit dem Risorgimento (→ Italien, 4) wurde 1831/32 durch Aufstände in verschiedenen Orten des Kirchenstaates (Garibaldi in Ravenna) eingeleitet. Es fehlte in der Regierungszeit Gregors XVI. nicht an maßvollen liberalen Patrioten wie → Gioberti, → Rosmini, Balbo und d'Azeglio, die an eine Lösung der italienischen Frage durch einen Staatenbund dachten, dessen Vorsitz der Papst, dessen Waffenschutz Piemont übernehmen sollte. - Als der neue Papst Pius IX. 1846 eine Amnestie für die Staatsgefangenen der Engelsburg verkündigte, waren die italienischen Nationalisten überzeugt, der Papst werde ihre Bestrebungen unterstützen. Die inneren Reformen des Kirchenstaats brachten aber nur halbe Maßnahmen. Dem Papst wäre eine Übergabe von konstitutionellen Rechten an Laien als eine Einschränkung der päpstlichen Unabhängigkeit erschienen. Dem Risorgimento hoffte Pius durch engere Verknüpfung der italienischen Staaten untereinander zu nützen. Aber diese päpstliche Politik wurde von den Ereignissen schnell überflügelt. Sizilien erhob sich gegen die absolutistischen Bourbonen, der Norden gegen Österreich. Agitatoren überzeugten die Untertanen des Papstes, daß ein präventives Mittun die beste Abwehr gegen die Gefahr eines österreichischen Eingriffs sei. Der Papst aber entschied sich gegen eine Kriegserklärung an das kath. Österreich. Jetzt wurden Stimmen laut, die erklärten, wenn die Pflichten eines italienischen Souveräns sich nicht mit denen eines geistlichen Oberhaupts der Kirche vereinigen ließen, dann müsse eben der Papst auf das Stück zeitlicher Herrschaft verzichten. Die röm. Frage war gestellt. Vor dem Aufstande nach Gaëta geflohen, berief Pius IX. → Antonelli zum Staatssekretär. Dessen reaktionäre Politik heiligte stets die etablierte Ordnung, löste aber keine Probleme. Inzwischen entwickelte sich Piemont unter der liberalen Verfassung von 1848 zum blühenden Staatswesen. Als → Cavour eine Koalition mit der antiklerikalen Linken eingehen mußte, wurde 1855 das Klostergesetz verabschiedet, das alle nichtkaritativen und nichtpädagogischen Konvente aufhob. Damit war die säkularisierende italienische Gesetzgebung eingeleitet, die sich 1867 im Florentiner Parlament fortsetzte. Der Deutsch-Französische Krieg gab mit der Abberufung der französischen Garnison den Piemontesen die Gelegenheit, am 20.9.1870 dem → Kirchenstaat durch die Besetzung Roms ein Ende zu bereiten.

c) Die *ultramontane Bewegung* hatte sich in der ersten Hälfte des 19.Jh.s aus der Situation Frankreichs und Deutschlands entwickelt, wo der Klerus die Anlehnungsmöglichkeit an den eigenen nationalen Staat verloren hatte und bei der Kurie Rückendeckung suchte. Der 1843-50 in Paris akkreditierte Nuntius Fornari entwickelte dann römischerseits die ultramontane Offensive. Ihm gelang es, den Zusammentritt eines französischen Nationalkonzils zu hintertreiben, das ohne päpstliche Autorisation getagt hätte. Durch seinen Einfluß auf Kultusminister → Falloux wurde im Zuge der Bischofsernennungen eine Vermehrung der ultramontanen Vertreter im Episkopat erreicht. Nach Rom zurückgekehrt, verteidigte Fornari diejenigen französischen Priester vor den römischen Kongregationen, die sich gegen Entscheidungen ihrer noch antikurialen Bischöfe aufgelehnt hatten und in Rom verklagt waren. Als Msgr. Sibour einen antiultramontanen Vorstoß unternahm und 1853 den »Univers« verbot, griff der Papst mit der Enzyklika »Inter multiplices« ein. Von diesem Augenblick an war Rom entschlossen, die ultramontane Bewegung selbst in die Hand zu nehmen. Die Methode Fornaris wurde systematisiert. Die moderne Mobilität, die Monstre-Audienzen von 1000 Menschen im Vatikan ermöglichte, vermehrte in der Welt das Bewußtsein personalen Kontaktes mit dem Papste. - Das Vatikanische Konzil 1869/70 (→ Vatikanum) sollte mit seiner → Infallibilitäts-Erklärung den Ultramontanismus zum Triumph führen. Die Konstitution »Pastor aeternus« vom 18.7.1870 (Mirbt Nr. 606) ist als typisches Gebilde des autoritätssüchtigen 19.Jh.s zu werten. Was bisher »Tradition« hieß, war an einen bestimmten institutionellen Ort verschoben, das leibhafte Verständnis der → Kirche (: III, 5) durch die einseitige Herausarbeitung der Möglichkeit, daß das Oberhaupt ohne den Gesamtleib entschied, verletzt worden. Das vatikanische Dekret bestätigte jedoch nicht die Neoultramontanen wie Ward und Veuillot. Im Blick darauf konnte der Bischof von Augsburg an Kardinal Schwarzenberg schreiben, hier sei die Unfehlbarkeit in so enge Grenzen reduziert worden, daß das Dekret eher als ein Sieg der Minorität als einer der Majorität gewertet werden müsse. »Allem Anscheine nach wünschte Pius IX. ein gutes Stück mehr zu sagen. Aber eine größere Macht verhinderte es« (Newman).

d) Die päpstliche Weiterentwicklung der → *Mariologie* war durch eine Marienvision der Cathérine Labouré angeregt, die seit 1840 Anträge französischer Prälaten in Rom auf eine Lehrdefinition über die Immaculata conceptio Marias im Leibe der hl. Anna auslöste (Bulle »Ineffabilis Deus«, 8.12.1854). Dieses Mariendogma stört, durch die Definition der Assumptio Mariae 1950 ergänzt, die ökumenische Einigung sowohl mit der orth. als auch mit der ev. Christenheit. Die → Marienerscheinungen der Bernadette Soubirous in → Lourdes (1858) wertete die kath. Kirche als eine Bestätigung der Dogmatisierung von 1854. Der Jesuit Cros schrieb: »Niemand konnte ahnen, daß Maria selbst von ihrem Thron steigen... und allen Christen sagen würde: Dies Wort des römischen Papstes ist ein Orakel der göttlichen Wahrheit. Ich bin in der Tat, genau wie es der Papst definiert hat, die Unbefleckte Empfängnis, und bis zum Ende der Zeiten werden hier an diesem Orte... unzählbare Wunder sowohl die Tatsächlichkeit meiner Erscheinung wie auch meine Unbefleckte Empfängnis und die Unfehlbarkeit des Papstes bezeugen.«

5. Das Konklave von 1878, in welchem → Leo XIII. gewählt wurde, war das erste der *neuen Zeit*. Zum ersten Mal war nach Aufhebung des Kirchenstaates nicht mehr der Fürst eines Territoriums, sondern nur noch das geistliche Oberhaupt der kath. Kirche zu wählen. Indem der italienische Staat den Einfluß fremder Höfe ausschloß und selbst die Wahlfreiheit der Kirche respektierte, erschien der Wahlakt freier und kirchlicher als in früheren Zeiten. Mit der Auslöschung des Kirchenstaates konnte sich eine Spiritualisierung des → Kirchenrechts (: I A) anbahnen (→ Kirchenverfassung: V).

a) Ein neues Bild der staatlichen und gesellschaftlichen Wirklichkeit wurde lebendig. Leos Programm war es, den verlorenen Vorrang des Sacerdotium gegenüber dem Imperium durch die Geltung des Röm. Stuhls als moralischer Autorität zu ersetzen. Die Kirche sollte ihre Einwirkungssphäre erweitern und dadurch ihre wahre Natur den Nationen enthüllen. Nach der Enzyklika »Immortale Dei« (1885) soll der Staat kath. sein, die Kirche aber »die Regierungen nicht tadeln, die, um ein großes Gut zu bewirken oder ein großes Übel zu vermeiden, geduldig ertragen, daß jeder Kult seinen Platz im Staate findet«. Die päpstlichen Texte zielten bes. auf Frankreich, wo es galt, in der Politik des Ralliément den Konflikt zwischen einer Kirche, die sich monarchistisch orientiert hatte, und den regierenden Republikanern, die die Welle des → Laizismus durch das Land fluten ließen, zu beschwichtigen. Als der Papst mit »Au milieu des sollicitudes« das entscheidende Wort sprach, geriet die Frage nach der Reichweite der päpstlichen Gewalt in die französische Diskussion. Es ereignete sich ein Umsturz in der kath. Welt. Wer mehr Royalist als Katholik war, blieb unbewegt, die guten Katholiken aber zogen sich aus der Politik zurück. – Die von → Ketteler angeregte und von La Tour du Pin nach Frankreich übertragene → katholisch-soziale Bewegung wurde von Leo XIII. zur Sache des Papstes erhoben. Internationale Studiensitzungen, die der Genfer Bischof → Mermillod 1885–91 in Fribourg organisierte, leisteten eine theoretische Vorarbeit, die der Papst in → »Rerum novarum« (1891) für den Weltkatholizismus fruchtbar machte. Zu einem Zeitpunkt, da die sozialen Fronten schon geklärt waren, lehnte Rom die Sozialisierung ab und trat statt dessen für Lohngerechtigkeit und Koalitionsrecht ein, das jedoch mehr von den kath. Arbeitervereinen praktiziert als gewerkschaftlich wirksam wurde. Der Klerus wurde an die soziale Front geworfen, die Staatsgewalt zum Leidwesen der Liberalen, die jedem Staatseingriff abhold waren, in Pflicht genommen. Am 40. Jahrestag der Enzyklika Leos XIII. weitete Pius XI. in »Quadragesimo anno« (1931) die sozialkath. Betrachtungsweise auf die Gesellschaftsverfassung überhaupt aus. Für die Fragen des Eigentums, des Kapitals, der Arbeit, des Lohnes wurde die »Norm« des evangelischen Gesetzes in Geltung gesetzt. Als Ziel wurde die »natürlich wesensgerecht erneuerte, übernatürlich vollendete Gesellschaft« in den Blick gefaßt. Das Experiment der französischen → Arbeiterpriester, das 1941 in Paris begann, wurde freilich 1954 und 1959 von päpstlichen Verboten betroffen.

»Ignis ardens« lautete die auf → Pius X. fallende Devise der Papstweissagung des → Malachias, die sofort auf diesen Pontifikat ausgedeutet wurde. In der Formel seiner Antrittsenzyklika »Instaurare omnia in Christo« verkündete Pius X. sein Programm: Der Weg zu Christus führe notwendig durch die von ihm gegründete und ausgestattete Heilsanstalt; darum müsse die abgeirrte Gesellschaft zur Kirche und von dieser zum göttlichen Gehorsam hingeleitet werden. Vom Beginn der Regierung Pius' X. an war eine Reformatmosphäre spürbar (→ Kurie, → Codex Iuris Canonici), die sich in einer Vielzahl von Broschüren äußerte. Die liturgische Erneuerungsbewegung (→ Gottesdienst: V B, 1 h), 1833 durch Abt → Guéranger in Solesmes mit jenen Romantikern begonnen, die durch die Verurteilung Lamennais' an der Aufgabe einer kath. Neugestaltung der Gesellschaft verzweifelten, wurde durch das Motu proprio Pius' X. vom 22.11.1903 vom päpstlichen Stuhl aufgegriffen. Daß das 1909 auf dem Kongreß in Mecheln von Lambert Beauduin proklamierte liturgische Programm schnelle Verwirklichung fand, war durch die päpstliche Stellungnahme ermöglicht. Die → Eucharistischen Kongresse wurden aus dem französischen Winkeldasein herausgeholt und zur repräsentativen Darstellung der Weltkirche gemacht.

b) Den vorwärtstreibenden Kräften des 19.Jh.s – dem politischen Liberalismus und der wissenschaftlichen Weltdeutung – stellte sich das P. entgegen. Nachdem sich in Belgien usw kath. Parteien gebildet hatten, mußte der Augenblick kommen, wo der Papst Prinzipien für das politische Handeln der Katholiken festlegte. Als Pius IX. 1864 zu diesem Zweck 60 moderne Irrtümer listenhaft im → Syllabus aufreihte, zielte er zugleich auf das junge Italien, das den Kirchenstaat umschnürte, auf die liberalen Katholiken in → Belgien, die sich von → Montalembert begeistern ließen, auf Lord → Acton in England und den Theologenkreis um → Döllinger. Als Bundesgenosse bot sich hier der → *Neuthomismus* an, der durch Vermittlung der Mainzer Germaniker in Deutschland Fuß faßte und von Leo XIII. zur kath. Normaltheologie erhoben wurde (→ Aeterni Patris, 1879). Hier lag die Möglichkeit, die Dimension des Übernatürlichen besser aufzuschließen, als es von einem kritizistischen oder psychologistischen Ausgangspunkt her möglich war. Auch konnte die ratio besser gewürdigt werden als im Fideismus. – Als der antimodernistische Papst zog Pius X. der notwendigen Bemühung, Wissenschaft und Glaube zu versöhnen, eine Grenze. Der Ausgleich des Glaubens mit der Wissenschaft war schon → Newmans Anliegen gewesen. Der französische Klerus jedoch hatte erst, als sich mit der Gründung der Instituts catholiques 1875 eine Elite junger Gelehrter einfand, erfahren, daß dieses Problem gestellt war. → Duchesne wandte nun die Methoden der historischen Wissenschaft unbekümmert darum an, ob seine Ergebnisse mit der Theologie zusammenpaßten. Da bisher »Tradition« im dogmatischen Sinne und traditionelles Geschichtsbild nicht unterschieden und beide mit der gleichen Autorität bekleidet waren, erregte er Ärgernis. → Loisy war von der Frage umgetrieben, wie sich das naturwissenschaftliche Bild von der Entstehung der Welt und des Menschen mit den biblischen Vorstellungen ausgleichen und die Authentizität und Inspiration der biblischen Texte klären lasse. Seit 1892 verbot Msgr. Icard, Oberer von St. Sulpice, seinen Seminaristen Loisys Vorlesungen. Daß der Rektor des Institut Catholique (→ Paris: II), d'Hulst, um Loisy beizustehen, die Inspiration auf solche Texte beschränkte, die sich auf den Glauben und die Sitten beziehen, verschärfte nur die Diskussion. Wenn Leo XIII. mit der Enzyklika »Providentissimus Deus« vom Nov. 1893 der traditionalistischen Bibelschule recht gab und die Irrtumslosigkeit der Schrift in allen Teilen erneut feststellte, so tat er das unter Ableugnung des bestehenden Konflikts. Das von ihm gestiftete Bibelinstitut in Rom suchte den notwendigen Ausgleich zwischen der traditionalistischen und wissenschaftlich orientierten Exegese zu schaffen. (Später verstärkte Benedikt XV. in »Spiritus Paraclitus« [15.9.1920] durch Empfehlung täglicher Schriftlesungen die ev. Tendenzen, die sich hier ergeben konnten, und »Divino afflante Spiritu« [1943] trieb die biblischen Studien voran.) – Auch Folgerungen aus dem neuthomistischen Ansatz führten zu einer kritischen Frage: Wenn der ratio natürliche und übernatürliche Wahrheiten zugänglich sind – diese freilich der Bestätigung durch die Offenbarung bedürftig –, dann mußte es doch möglich sein, sich bei der apologetischen Auseinandersetzung mit den Ungläubigen auf den Boden der Immanenz zu stellen und hier aufzuzeigen, wie die transzendentale (übernatürliche) Wahrheit postuliert ist. Als M. → Blondel seit 1893, darin mit Ollé-Laprune verbunden, diesen Weg beschritt, wurde er als Immanentist mißverstanden (→ Frankreich: II, 1; III, 2). – Der Kontakt mit der Wissenschaft enthielt in der Tat Gefahren. Das Dogma wurde in Relation zu den jeweiligen Zeitverhältnissen gesehen, uminterpretiert und für anpassungsfähig an den Fortschritt der Wissenschaft erklärt. Daß Abbé Hébert eine kantianisch beeinflußte Philosophie vertrat, bewies, daß die jungen kath. Gelehrten keine einheitliche Gruppe bildeten. Im Dez. 1903 schaltete sich das Hl. Offizium durch die Verurteilung von fünf Büchern Loisys ein. Am 4.6.1907 stellte das Dekret »Lamentabili sane exitu« nach Art des Syllabus 65 verurteilungswürdige modernistische Propositionen zusammen. Am 8.12. gab Pius X. die Enzyklika »Pascendi« heraus, die aus den Ideen der modernistischen Schriftsteller ein Einheitssystem konstruierte, das der Papst als »Sammelbecken aller Häresien« bezeichnete. In den Jahren bis 1913 schlossen sich disziplinare Maßnahmen gegen die Modernisten an. Im Motu proprio vom 1.9.1910 verlangte der Papst von allen Klerikern und Dozenten die alljährliche Ablegung eines → Antimodernisteneides. Diese Maßregel wurde nicht einheitlich durchgeführt. Die deutschen Bischöfe erreichten die Ausnahme der Theologieprofessoren der staatlichen Hochschulen. Es war eine Enttäuschung für Pius X., daß sie sich nicht freiwillig zur Abschwörung bereit fanden.

6. a) Einen Monat nach Beginn des 1. Weltkrieges wählte das Konklave den → Rampolla-Schüler → Benedikt XV. zum Papst. Um zwischen den kämpfenden Völkern zu vermitteln, gründete er im Vatikan eine Auskunftsagentur über Kriegsgefangene, sandte päpstliche Abgesandte zum Besuch der Lager und begann seit dem 6.12.1915 für einen gerechten Frieden zu werben. Rom wurde darüber zum Treffpunkt der Diplomaten. Die Zahl der Nuntiaturen verdoppelte sich. Mit der Botschaft vom 1.8.1917 bot der Papst ohne Erfolg seine guten Dienste als Friedensmittler an. Beim Friedensschluß selbst war er ausgeschaltet. Damit wurde eine der Bedingungen Italiens für seinen Kriegseintritt auf seiten der Entente erfüllt. Italien hätte sonst befürchten müssen, daß die »römische Frage«, dh die Forderung nach Wiederherstellung des Kirchenstaates, wieder aufgeworfen würde. Nach dem Waffenstillstand protestierte der Papst gegen die Fortsetzung der Blockade, trat für die Heimkehr der Kriegsgefangenen ein, ließ juristische Gutachten gegen die Auslieferung der deutschen Heerführer erstatten und forderte zur Beurteilung der Kriegsschuldfrage die Öffnung *aller* Archive. Um den Konflikt mit → Frankreich (: I, 8) auszugleichen, der 1905/06 zur Kündigung des napoleonischen Konkordats, zur Trennung von Staat und Kirche und zum Abbruch der diplomatischen Beziehungen geführt hatte, vollzog Benedikt XV. die Heiligsprechung der → Jeanne d'Arc als französischer Nationalheiliger (16.5.1920). Nach heftigen Kämpfen in der französischen Kammer konnten die diplomatischen Beziehungen zwischen dem Vatikan und Paris wiederaufgenommen werden.

Indem → Pius XI. am 6.2.1922 der Menge auf dem Petersplatz den Segen Urbi et Orbi entgegen der seit 1870 gewohnten Übung vom äußeren Balkon der Peterskirche erteilte, zeigte er in einem ersten Akte an, daß er die »vatikanische Gefangenschaft« durchbrechen wollte. Der sichtbarste Erfolg seines Pontifikats war dann die Lösung der röm. Frage durch den Abschluß der Lateranverträge vom 11.2.1929 mit dem faschistischen → Italien (, 5). Die kirchenfreundliche Note, welche die faschistische Politik mit der Wiederherstellung der kath. Volksschule, der Anerkennung der Unauflöslichkeit der Ehe, der Einführung der Militärseelsorge, der Anerkennung der kath. Universität Mailand und der Rückgabe von Kirchengütern hatte erkennen lassen, förderte die Einsicht, daß die Zeit für die Lösung der röm. Frage ohne Herbeiziehung fremder Mächte reif sei. 1926 hatten Geheimverhandlungen auf der Basis einer staatlichen Anerkennung der päpstlichen Souveränität auf einem, wenn auch kleinen Territorium (Città del Vaticano; → Vatikan) und eines päpstlichen Verzichtes auf das Garantiegesetz und das Temporale begonnen. Die größte Schwierigkeit bildete die Weigerung der Jugendverbände der Kath. Aktion, sich in die faschistische Staatsjugend eingliedern zu lassen. – Die Devise des Papstes »Pax Christi in regno Christi« ließ sich innerhalb der modernen Gesellschaft nur durch Erweckung eines → Laienapostolats verwirklichen. Die Katholiken aller Länder sollten in so nahe Beziehungen zueinander gerückt werden, daß eine Katastrophe wie die des 1. Weltkrieges ausgeschlossen würde. Schon in seiner ersten Enzyklika proklamierte Pius XI. die »Mitarbeit der Laien im Apostolat der Hierarchie«. Als nach der Machtergreifung Mussolinis 1922 die kath. Popolari aufgelöst werden mußten, gründete Pius XI. am 2.10. 1923 die Actio catholica Italiens. Seitdem wurde der Papst nicht müde, diese → Katholische Aktion sämtlichen Diözesen als Modell hinzustellen.

b) Die päpstliche Kirchenpolitik ließ eine erste Reaktion auf die → *Ökumenische Bewegung* (, 7) der Gegenwart erkennen, als Pius XI. am 6.1.1928 mit »Mortalium animos« im Blick auf die Weltkirchenkonferenzen von Stockholm und Lausanne den kath. Gläubigen die Teilnahme »an Konferenzen, die in allen Farben schillern«, verbot. Ebenso wie der Apostel keinen Verkehr mit den Irrlehrern (2Joh 10) gewollt habe, müsse der Papst jetzt vor den »Panchristen« warnen. Der Papst sah in der Ökumenischen Bewegung eine Übertragung der politischen Methoden des Völkerbundes. Die heutige kath. Interpretation stellt diese negativen Äußerungen als zeitbedingt hin, nur gültig in bezug auf den dogmatischen Relativismus von Stockholm und Lausanne. – Pius XII. unternahm in »Mystici corporis« (29.6.1943) den ersten Versuch, den von Rom getrennten Christen die Gliedschaft am Leibe der Kirche zuzusprechen. »Durch ein unbewußtes Sehnen und Wünschen stehen sie in einer gewissen Beziehung zum mystischen Leibe des Erlösers.« Zur »Heimkehr ins eigene Vaterhaus« kann keinerlei Nötigung helfen. »Sollte jemand wider seinen Willen zum kath. Glauben gezwungen werden, so müßten wir das im Bewußtsein unserer Amtspflicht unbedingt mißbilligen.« Diese Enzyklika ermöglichte eine viel fruchtbarere ev.-kath. Gesprächsmethodik als auf der früheren Basis der Enzyklika »Satis cognitum« Leos XIII. (29.6.1898) über die Einheit der Kirche, in der es hieß, wer einen einzigen Lehrsatz der Kirche verwerfe, verwerfe die ganze christliche Lehre, weil der Glaube sich seiner Natur nach auf die Autorität des offenbarenden Gottes selbst stütze. – Während der Vorbereitung der Weltkonferenz von Amsterdam rief ein Monitum des Hl. Offiziums (5.6.1948) c. 1325 § 3 des CIC in Erinnerung, nach dem es Laien und Klerikern verboten ist, ohne Erlaubnis des Hl. Stuhles an offiziellen Religionsgesprächen mit Nichtkatholiken teilzunehmen. Daß dahinter die Absicht Roms stand, die Ökumenische Bewegung »hierarchisch zu überformen« und die Fäden in der Hand zu behalten, wurde durch die Instructio des Hl. Offiziums an die Ortsordinarien vom 20.12.1949 deutlich. Dieser Erlaß hatte zwei Tendenzen: Nichtkatholiken sollten bei ökumenischen Begegnungen nicht den Eindruck haben, daß die göttliche Wahrheit erst durch gemeinsame Bemühung entdeckt werden müsse und in einer Synthese von kath. und ev. Lehrweise zu finden sei. Außerdem sollte das Bewußtsein erweckt werden, daß die Trennung der Christenheit ein Zustand der Unordnung sei. Infolge äußerer Ereignisse und einer seelischen Umstellung sei unter dem gnadenvollen Wehen des Hl. Geistes ein von Tag zu Tag wachsendes Verlangen entstanden, unter allen, die an Christus glauben, die Einheit wiederherzustellen. Um den aufrichtig Suchenden behilflich zu sein, aber auch von den Gläubigen die Gefahren der Ökumenischen Bewegung fernzuhalten, müßten die Bischöfe diese ganze Arbeit wirksam überwachen. Man dürfe den Andersgläubigen sagen, daß sie bei der Rückkehr zur kath. Kirche nichts von dem einbüßen würden, was Gottes Gnade an Gutem bisher in ihrer Seele gewirkt habe. Nur dürfe man nicht den Eindruck aufkommen lassen, als brächten sie bei ihrem Übertritt der Kirche etwas Wesentliches, was ihr bisher gefehlt hätte. Die Unionsgespräche bedürfen nach der Instructio der vorherigen Billigung durch die kirchliche Obrigkeit.

Die päpstliche Einigungspolitik gegenüber der *orth. Kirche des Ostens* (→ Unierte Kirchen) hatte 1596 in der Brester Union mit der Aufrichtung eines unierten Episkopates für die orth. Ruthenen und Weißrussen innerhalb der litauisch-polnischen Adelsrepublik ihren ersten Erfolg. Die Weiterwirkung auf die Orthodoxen Ungarns und Rumäniens blieb nicht aus und wurde durch Unionsgewinne innerhalb der nonchalcedonensischen Kirchengemeinschaften des Vorderen Orients, bes. infolge der kapuzinischen und jesuitischen, später auch der lazaristischen Missionen ergänzt. Der Röm. Stuhl hatte schon 1720 die Latinisierung der Uniaten gefördert (Synode von Zamošč), das Filioque (→ Geist: V, 3) und die Kommemoration des Papstes in die Liturgie eingefügt und die Zitation orientalischen Kirchenrechts verschwinden lassen, um die tridentinischen Reformen auch auf dem Felde der Union durchzusetzen. Dadurch wurde die röm. Unionspraxis den Ostkirchen unglaubwürdig. Als nach 1860 die Ukrainer Galiziens unter dem polnischen Druck ihr Heil in Rußland sahen und zu östlichen Kirchenformen zurückstrebten, verurteilte Pius IX. mit der Enzyklika vom 13.5.1874 den »Purismus«, der die Annäherung an die östlichen Schismatiker suchte. Schon bei der Bestätigung der basilianischen Ordensregel durch Benedikt XIV. 1743, mit der das unierte Mönchtum nach dem Modell einer lat. Priesterkongregation umgebildet wurde, hatte der Papst einen Schritt von großer Tragweite getan: Er hatte verlangt, daß in die endgültige Fassung der Statuten eine Bezugnahme auf die apostolische Konstitution aufgenommen werde, die er eben für die unierten Melkiten Syriens erlassen hatte. Von diesem Augenblick an war die kirchenrechtliche Argumentation möglich, daß päpstliche Konstitutionen, die für einen Ritus erlassen waren, auf eigene Hand auch für Einzelfälle in anderen unierten Riten anwendbar seien. Unierte Kirchen byzantinischen, westsyrischen, ostsyrischen, maronitischen, koptischen, äthiopischen und armenischen Ursprungs waren damit in eine Beziehung gebracht. Der weltweite Zusammenhang in der Entwicklung des unierten Kirchenrechts wurde vollends dadurch hergestellt, daß der Papst mit der Konstitution »Allatae sunt« den Übergang von Laien eines unierten Ritus zum lateinischen ohne apostolische Sondererlaubnis ganz allgemein verbot. – Zwar flammten unter dem Pontifikat Pius IX. in den unierten Kirchengemeinschaften des Vorderen Orients noch einmal Widerstände gegen die Einordnung in westliche kirchenrechtliche Konzeptionen auf. Mit dem melkitischen Patriarchen Mazlum, der armenischen Oppositionsgruppe gegen den Primas Hassun von Konstantinopel und dem chaldäischen Audo kam es zum Konflikt. Aber mit der Herausgabe des Corpus des orientalischen Kirchenrechts gelang eine Sichtung des historischen Materials, die Vollendung der juridischen Uniformität der Vielzahl der Riten und die feste Einfügung unter den Primat Roms. Schon 1935 hatte Pius XI. eine päpstliche Kommission zur Kodifizierung des Ostkirchenrechtes eingesetzt. Febr. 1949 konnte das Eherecht veröffentlicht werden, Jan. 1950 das Prozeßrecht, Febr. 1952 die Ordnung des Mönchswesens. Mit dem Motu proprio vom 2.7.1957 wurde die jurisdiktionelle Organisation geklärt. Jetzt war das östliche Patriarchenrecht damit gebrochen, daß im Konfliktsfall eine Berufung an den Hl. Stuhl vorgesehen wurde. Daß den Laien die Beteiligung an der Bischofswahl und die Intervention im Kirchenregiment genommen war, wurde als einschneidende Änderung empfunden. – Dem von seiner Warschauer Nuntiatur her mit Ostproblemen vertrauten Pius XI. verdankte die röm. Unionspolitik ihre letzten Impulse. Um für den Fall gerüstet zu sein, daß bei einem Zusammenbruch der Sowjetherrschaft die röm. Kirche das religiöse Vakuum Rußlands wieder füllen müsse, berief der Papst die Pro Russia-Kommission und stiftete 1929 das Russicum. 1923 ließ Pius XI. das Gedächtnis des unierten Märtyrerbischofs Josaphat von Polock feiern. 1924 rief er den Benediktinerorden in dem Breve »Equidem verba« zur Nutzung der unionspolitischen Chance auf, die darin lag, daß der Orden einen Frömmigkeitstyp verkörpert, der dem ostkirchlichen verwandt ist (Gründung des Klosters Amay, das in der Einübung der östlichen Liturgie den Weg nach innen beschritt). Pius XII. konnte mit dem Protest von »Omnes orientales« 1946 die gewaltsame Rückgliederung der unierten Kirche Galiziens in das orth. Moskauer Patriarchat nicht aufhalten. Mit der Enzyklika »Sempiternus rex« zum 1500jährigen Jubiläum von Chalcedon 1951 vollzog Pius XII. eine neue Zuwendung zu den nicht-chalcedonensischen Kirchen des Vorderen Orients, indem er die vorhandenen Unterschiede als bloße terminologische Abweichungen erklärte.

7. Mit → Pius XII. bestieg ein Papst von weltweiter Orientierung den Röm. Stuhl. Jetzt fand auch der amerikanische Katholizismus, mit der Industrie reich geworden und in den Millionenstädten in unangreifbarer Stellung, vermehrte Berücksichtigung. Der politische Zwiespalt zwischen Ost und West brachte unlösbare Schwierigkeiten in den osteuropäischen Staaten (Ungarn, Kroatien, Tschechoslowakei, Polen, hier infolge der Haltung des polnischen Episkopats seit 1956 gebessert). Aber die Stellung des Papstes gegenüber dem Weltkommunismus war unbeugsam. Ein Dekret des Hl. Offiziums vom 1.7.1949 verneinte die Frage, ob es erlaubt sei, den kommunistischen Parteien beizutreten oder diese zu fördern. Zuwiderhandelnden wurden die Sakramente verweigert und ihnen die Exkommunikation angedroht. Die sowjetische Enzyklopädie von 1952 stellte im Blick auf dieses Dekret fest, das P., monarchisches Zentrum der kath. Kirche, das alle reaktionäre Tätigkeit der Kirche lenkt, sei schon dem Sieg der sowjetischen Oktoberrevolution mit Haß begegnet und habe alle Mittel zur Unterstützung der Interventionisten eingesetzt. Nach dem 2. Weltkrieg stelle sich das P. in den Dienst der aggressiven Kräfte der USA. – Eine so universal angelegte Persönlichkeit wie Pius XII. konnte auf die Gewissensfragen, die sich in der differenzierten modernen Welt stellten und Wegweisung erheischten, autoritäre Antwort erteilen. Kath. Ärzte, Filmleute, Künstler usw erfuhren in Rundfunkreden und Kongreßempfängen: der Papst spricht. Aber auch die theologische Führung der kath. Kirche nahm Pius XII. wahr, indem er in der Enzyklika »Mystici corporis« 1943 die kath. Ekklesiologie inkarnationstheologisch entfaltete, in »Mediator

Dei« 1947 die Liturgische Bewegung eingrenzte und in → »Humani generis« 1950 die Zeitströmungen, bes. Materialismus, Existentialismus, Historismus und »Irenismus«, kritisch beleuchtete.

Weniger auf äußere Repräsentanz zielend als Pius XII. prägt → Johannes XXIII. der Kurie einen neuen Stil auf. Am 25.1.1959 kündigte er »im Gehorsam gegen eine Inspiration« vor dem Kardinalskollegium ein Ökumenisches Konzil (2. Vatikanisches Konzil) an, das in der orth. und ev. Christenheit Hoffnung auf eine ökumenische Einigung erweckte. Daß die Verhältnisbestimmung zwischen päpstlichem Universalepiskopat und lokalem Episkopat im Vatikanum noch ungeklärt blieb, bietet in der Tat eine gute Möglichkeit für das 2. Konzil, durch innerkath. Lösungen neues ökumenisches Vertrauen zu stiften.

Qu. u. Lit. vgl. bei den einzelnen Papstartikeln sowie zu → Papsttum: I u. den dort genannten Artikeln. Ferner: L.v.Ranke, Die röm. Päpste in den letzten 4 Jh.en, (1834-36) 1874^6, Neuausg. v. W.Andreas, 1957 - v.Pastor, 16 Bde, 1886-1933 (zT in Neuaufl.) - E.A.Adamov, Die Diplomatie des Vatikans zZ des Imperialismus, dt. v.G.v.Lambsdorff, 1932 - J.Schmidlin, Papstgesch. der neuesten Zeit I-IV, 1933-39 - E.Marmy (Hg.), Mensch u. Gemeinschaft in christl. Schau. Dokumente, päpstl. Lehrschriften, 1945 - H.Hermelink, Die kath. Kirche unter den Pius-Päpsten des 20.Jh.s, 1949 - Hermelink I-III - P.Cattin-H.Th.Conus, Dokumente von Pius IX. bis Pius XII. Heilslehre der Kirche, (franz. 1951) dt. Ausg. v. A.Rohrbasser, 1953 - W.v.Loewenich, Der moderne Katholizismus, (1955) $1956^{2,3}$ - K.Bihlmeyer-H.Tüchle, KG III: Die Neuzeit u. die neueste Zeit, 1956^{14} - Seppelt IV^2, 1957, 408ff; V^2, 1959 (umfassende Lit.).

F.Heyer

IV. Chronologisches Verzeichnis der Päpste

[1. S. Petrus	-64?]
[2. S. Linus	?67-?79]
[3. S. Anacletus (Cletus) (Anenkletos)	?79-?90(76-88?)]
[4. S. Clemens I.	?88-?97(92-101?)]
5. S. Evaristus (Euaristos)	?97-?105(99-107?)
6. S. Alexander I.	?105-?115(107-116?)
7. S. Sixtus (Xystus) I.	?115-?125
8. S. Telesphorus	?125-?136
9. S. Hyginus	?136-?140(138-142?)
10. S. Pius I.	?140-?155
11. S. Anicetus	?155-?166
12. S. Soter	?166-?175
13. S. Eleutherus	?175-?189
14. S. Viktor I.	?189-?199
15. S. Zephyrinus	?199-?217
16. S. Calixtus I.	?217-222
S. Hippolytus	?217-235
17. S. Urbanus I.	222-230
18. S. Pontianus	21.7.230-28.9.235
19. S. Anterus	21.11.235-3.1.236
20. S. Fabianus	10.(?)1.236-20.1.250
21. S. Cornelius	März 251-Juni(?)253
Novatianus	251-?258
22. S. Lucius I.	25.6.253-5.3.254
23. S. Stephanus I.	12.5.254-2.8.257
24. S. Sixtus II.	30.8.257-6.8.258
25. S. Dionysius	22.7.260(259?)-26.12.267(268?)
26. S. Felix I.	5.1.268(269?)-30.12.273(274?)
27. S. Eutychianus	4.1.274(275?)-7.12.282(283?)
28. S. Caius	17.12.282(283?)-22.4.296
29. S. Marcellinus	30.6.296-25.10.304
30. S. Marcellus I.	(?27.5.)308-16.1.309
31. S. Eusebius	18.4.309(?)-17.8.309(?)
32. S. Miltiades (Melchiades)	2.7.311-11.1.314
33. S. Silvester I.	31.1.314-31.12.335
34. S. Marcus	18.1.-7.10.336
35. S. Julius I.	6.2.337-12.4.352
36. S. Liberius	17.5.352-24.9.366
Felix II.	355-22.11.365
37. S. Damasus I.	1.10.366-11.12.384
Ursinus	366-367
38. S. Siricius	15.(?)12.384-26.11.399
39. S. Anastasius I.	27.11.399-19.12.402(401?)
40. S. Innocentius I.	21.12.402(401?)-12.3.417
41. S. Zosimus	18.3.417-26.12.418
42. S. Bonifatius I.	28.12.418-4.9.422
Eulalius	27.(?)12.418-April 419
43. S. Coelestinus I.	10.9.422-27.7.432
44. S. Sixtus III.	31.7.432-19.8.440
45. S. Leo I.	29.9.440-10.11.461
46. S. Hilarus	19.11.461-29.2.468
47. S. Simplicius	3.3.468-10.3.483
48. S. Felix II. (III.)	13.3.483-1.3.492
49. S. Gelasius I.	1.3.492-21.11.496
50. S. Anastasius II.	24.11.496-19.11.498
51. S. Symmachus	22.11.498-19.7.514
Laurentius	498.501-505
52. S. Hormisdas	20.7.514-6.8.523
53. S. Johannes I.	13.8.523-18.5.526
54. S. Felix III. (IV.)	12.7.526-22.(?)9.530
55. Bonifatius II.	22.9.530-17.10.532
Dioscorus	17.9.-14.10.530
56. Johannes II. (Mercurius)	2.1.533-8.5.535
57. S. Agapetus I.	13.5.535-22.4.536
58. S. Silverius	1.(?)6.536-11.11.537
59. Vigilius	29.3.537-7.6.555
Mareas	555
60. Pelagius I.	16.4.556-4.3.561
61. Johannes III.	17.7.561-13.7.574
62. Benedictus I.	2.6.575-30.7.579
63. Pelagius II.	26.11.579-7.2.590
64. S. Gregorius I. (Magnus)	3.9.590-12.3.604
65. Sabinianus	13.9.604-22.2.606
66. Bonifatius III.	19.2.-12.11.607
67. S. Bonifatius IV.	25.8.(15.9.)608-8.5.615
68. S. Deusdedit (Adeodatus I.)	19.10.615-8.11.618
69. Bonifatius V.	23.12.619-25.10.625
70. Honorius I.	27.10.625-12.10.638
71. Severinus	28.5.-2.8.640
72. Johannes IV.	24.12.640-12.10.642
73. Theodorus I.	24.11.642-14.5.649
74. S. Martinus I.	Juli 649-16.9.655(653?)
75. S. Eugenius I.	10.8.654-2.6.657
76. S. Vitalianus	30.7.657-27.1.672
77. Adeodatus II. (Deusdedit)	11.4.672-17.6.676
78. Donus	2.11.676-11.4.678
79. S. Agatho	27.6.678-10.1.681
80. S. Leo II.	17.8.682-3.7.683
81. S. Benedictus II.	26.6.684-8.5.685
82. Johannes V.	23.7.685-2.8.686
83. Konon	21.10.686-21.9.687
Theodorus	687
Paschalis	687-?692
84. S.Sergius I.	15.12.687-8.9.701
85. Johannes VI.	30.10.701-11.1.705
86. Johannes VII.	1.3.705-18.10.707
87. Sisinnius	15.1.-4.2.708
88. Constantinus I.	25.3.708-9.4.715
89. S. Gregorius II.	19.5.715-11.2.731
90. S. Gregorius III.	18.3.731-23.11.(10.12.?)741
91. S. Zacharias	10.12.741-22.3.752
Stephanus (II.)	23.-25.3.752
92. Stephanus II.	26.3.752-26.4.757
93. S. Paulus I.	26.4.757-28.6.767
Theophylactus	757
Constantinus II.	28.6.767-6.8.768
Philippus	31.7.768
94. Stephanus III.	1.8.768-24.1.772
95. Hadrianus I.	1.2.772-25.12.795
96. S. Leo III.	26.12.795-12.6.816
97. Stephanus IV.	22.6.816-24.1.817
98. S. Paschalis I.	25.1.817-11.2.824
99. Eugenius II.	Febr.(Juni?)824-Aug. 827
100. Valentinus	Aug.-Sept. 827
101. Gregorius IV.	Okt.(?)827-Jan. 844
Johannes	Jan. 844
102. Sergius II.	Jan. 844-27.1.847
103. S. Leo IV.	10.4.847-17.7.855
104. Benedictus III.	29.9.855-17.4.858
Anastasius	Aug.-Sept. 855
105. S. Nikolaus I. (Magnus)	24.4.858-13.11.867
106. Hadrianus II.	14.12.867-14.12.872

107. Johannes VIII.	14.12.872-16.12.882
108. Marinus I. (= Martinus II.)	16.12.882-15.5.884
109. S. Hadrianus III.	17.5.884-Sept. 885
110. Stephanus V.	Sept. 885-14.9.891
111. Formosus	6.10.891-4.4.896
112. Bonifatius VI.	April/Mai 896
113. Stephanus VI.	Mai 896-Aug. 897
114. Romanus	Aug.-Nov. 897
115. Theodorus II.	Dez. 897
116. Johannes IX.	Jan. 898-Jan. 900
117. Benedictus IV.	Frühj. 900-Juli/Aug. 903
118. Leo V.	Juli-Sept. 903
119. Christophorus	Juni/Sept. 903-Jan. 904
120. Sergius III.	29.1.904-14.4.911
121. Anastasius III.	April 911-Juni 913
122. Lando	Juli 913-Febr. 914
123. Johannes X.	März 914-Mai 928
124. Leo VI.	Mai-Dez. 928
125. Stephanus VII.	Dez. 928-Febr. 931
126. Johannes XI.	Febr./März 931-Dez. 935
127. Leo VII.	3.1.936-13.7.939
128. Stephanus VIII.	14.7.939-Okt. 942
129. Marinus II. (= Martinus III.)	30.10.942-Mai 946
130. Agapetus II.	10.5.946-Dez. 955
131. Johannes XII.	16.12.955-14.5.964
132. Leo VIII.	4.12.963-1.3.965
133. Benedictus V.	22.(?)5.-23.6.964 († 4.7.966)
134. Johannes XIII.	1.10.965-6.9.972
135. Benedictus VI.	19.1.973-Juli 974
136. Bonifatius VII.	Juni/Juli 974, April (Aug.) 984 bis Juli 985
137. Benedictus VII.	Okt. 974-10.7.983
138. Johannes XIV.	Dez. 983-20.8.984
139. Johannes XV.	Aug. 985-März 996
140. Gregorius V.	3.5.996-18.(?)2.999
Johannes XVI.	April 997-Febr. 998
141. Silvester II.	2.4.999-12.5.1003
142. Johannes XVII.	Juni-Dez. 1003
143. Johannes XVIII.	Jan. 1004 (Dez. 1003?)-Juli 1009
144. Sergius IV.	31.7.1009-12.5.1012
145. Benedictus VIII.	Mai 1012-9.4.1024
Gregorius (VI.)	Juni-Dez. 1012
146. Johannes XIX.	April/Mai 1024- 1032
147. Benedictus IX.	Aug.(?)1032-Sept. 1044 10.4.-1.5.1045 8.11.1047-17.7.1048 († 1055)
148. Silvester III.	20.1.1045-20.12.(10.2.)1046
149. Gregorius VI.	1.5.1045-20.12.1046
150. Clemens II.	24.12.1046-9.10.1047
151. Damasus II.	17.7.-9.8.1048
152. S. Leo IX.	12.2.1049-19.4.1054
153. Viktor II.	13.4.1055-28.7.1057
154. Stephanus IX.	3.8.1057-29.3.1058
155. Benedictus X.	5.4.1058-24.1.1059
156. Nikolaus II.	24.1.1059-27.7.1061
157. Alexander II.	1.10.1061-21.4.1073
Honorius II.	28.10.1061-1072(1064)
158. S. Gregorius VII.	22.4.1073-25.5.1085
Clemens III. (Wibertus)	25.6.1080-8.9.1100
159. Viktor III.	24.5.1086-16.9.1087
160. Urbanus II.	12.3.1088-29.7.1099
161. Paschalis II.	13.8.1099-21.1.1118
Theodericus	Sept. 1100-(Jan.?)1102
Albertus	1102
Silvester IV. (Maginulfus)	18.11.1105-1111
162. Gelasius II.	24.1.1118-28.1.1119
Gregorius VIII.	8.3.1118-April 1121
163. Calixtus II.	2.2.1119-13./14.12.1124
164. Honorius II.	15.12.1124-13.2.1130
Coelestinus (II.)	16.12.1124
165. Innocentius II.	14.2.1130-24.9.1143
Anacletus II.	14.2.1130-25.1.1138
Viktor IV.	März-29.5.1138
166. Coelestinus II.	26.9.1143-8.3.1144
167. Lucius II.	12.3.1144-15.2.1145
168. Eugenius III.	15.2.1145-8.7.1153
169. Anastasius IV.	12.7.1153-3.12.1154
170. Hadrianus IV.	4.12.1154-1.9.1159
171. Alexander III.	7.9.1159-30.8.1181
Viktor IV.	7.9.1159-20.4.1164
Paschalis III.	22.4.1164-20.9.1168
Calixtus III.	20.11.1168-29.8.1178
Innocentius III.	29.9.1179-Jan. 1180
172. Lucius III.	1.9.1181-25.9.1185
173. Urbanus III.	25.11.1185-20.10.1187
174. Gregorius VIII.	21.10.-17.12.1187
175. Clemens III.	19.12.1187-März 1191
176. Coelestinus III.	30.3.1191-8.1.1198
177. Innocentius III.	8.1.1198-16.7.1216
178. Honorius III.	18.7.1216-18.3.1227
179. Gregorius IX.	19.3.1227-22.8.1241
180. Coelestinus IV.	25.10.-10.11.1241
181. Innocentius IV.	25.6.1243-7.12.1254
182. Alexander IV.	12.12.1254-25.5.1261
183. Urbanus IV.	29.8.1261-2.10.1264
184. Clemens IV.	5.2.1265-29.11.1268
185. S. Gregorius X.	1.9.1271-10.1.1276
186. Innocentius V.	21.1.-22.6.1276
187. Hadrianus V.	11.7.-18.8.1276
188. Johannes XXI.	8.9.1276-20.5.1277
189. Nikolaus III.	25.11.1277-22.8.1280
190. Martinus IV.	22.2.1281-28.3.1285
191. Honorius IV.	2.4.1285-3.4.1287
192. Nikolaus IV.	22.2.1288-4.4.1292
193. S. Coelestinus V.	5.7.-13.12.1294
194. Bonifatius VIII.	24.12.1294-11.10.1303
195. Benedictus XI.	22.10.1303-7.7.1304
196. Clemens V.	5.6.1305-20.4.1314
197. Johannes XXII.	7.8.1316-4.12.1334
Nikolaus V.	12.5.1328-25.8.1330
198. Benedictus XII.	20.12.1334-25.4.1342
199. Clemens VI.	7.5.1342-6.12.1352
200. Innocentius VI.	18.12.1352-12.9.1362
201. Urbanus V.	28.9.1362-19.12.1370
202. Gregorius XI.	30.12.1370-27.3.1378
203. Urbanus VI.	8.4.1378-15.10.1389
Clemens VII.	20.9.1378-16.9.1394
204. Bonifatius IX.	2.11.1389-1.10.1404
Benedictus XIII.	28.9.1394-26.7.1417 († 23.5.1423)
205. Innocentius VII.	17.10.1404-6.11.1406
206. Gregorius XII.	30.11.1406-4.7.1415
207. Alexander V.	26.6.1409-3.5.1410
208. Johannes XXIII.	17.5.1410-29.5.1415
209. Martinus V.	11.11.1417-20.2.1431
Clemens VIII.	10.6.1423-26.7.1429
Benedictus XIV.	12.11.1424-1430(?)
210. Eugenius IV.	3.3.1431-23.2.1447
Felix V.	5.11.1439-7.4.1449
211. Nikolaus V.	6.3.1447-24.3.1455
212. Calixtus III.	8.4.1455-6.8.1458
213. Pius II.	19.8.1458-15.8.1464
214. Paulus II.	30.8.1464-26.7.1471
215. Sixtus IV.	9.8.1471-12.8.1484
216. Innocentius VIII.	29.8.1484-25.7.1492
217. Alexander VI.	10.8.1492-18.8.1503
218. Pius III.	22.9.-18.10.1503
219. Julius II.	31.10.1503-21.2.1513
220. Leo X.	9.3.1513-1.12.1521
221. Hadrianus VI.	9.1.1522-14.9.1523
222. Clemens VII.	19.11.1523-25.9.1534
223. Paulus III.	13.10.1534-10.11.1549
224. Julius III.	7.2.1550-23.3.1555
225. Marcellus II.	9.4.-1.5.1555
226. Paulus IV.	23.5.1555-18.8.1559
227. Pius IV.	25.12.1559-9.12.1565
228. S. Pius V.	7.1.1566-1.5.1572
229. Gregorius XIII.	13.5.1572-10.4.1585
230. Sixtus V.	24.4.1585-27.8.1590
231. Urbanus VII.	15.-27.9.1590
232. Gregorius XIV.	5.12.1590-16.10.1591
233. Innocentius IX.	29.10.-30.12.1591
234. Clemens VIII.	30.1.1592-3.3.1605
235. Leo XI.	1.-27.4.1605
236. Paulus V.	16.5.1605-28.1.1621
237. Gregorius XV.	9.2.1621-8.7.1623
238. Urbanus VIII.	6.8.1623-29.7.1644
239. Innocentius X.	15.9.1644-7.1.1655
240. Alexander VII.	7.4.1655-22.5.1667

241. Clemens IX.	20.6.1667-9.12.1669
242. Clemens X.	29.4.1670-22.7.1676
243. Innocentius XI.	21.9.1676-12.8.1689
244. Alexander VIII.	6.10.1689-1.2.1691
245. Innocentius XII.	12.7.1691-27.9.1700
246. Clemens XI.	23.11.1700-19.3.1721
247. Innocentius XIII.	8.5.1721-7.3.1724
248. Benedictus XIII.	29.5.1724-21.2.1730
249. Clemens XII.	12.7.1730-8.2.1740
250. Benedictus XIV.	17.8.1740-3.5.1758
251. Clemens XIII.	6.7.1758-2.2.1769
252. Clemens XIV.	28.5.1769-22.9.1774
253. Pius VI.	15.2.1775-29.8.1799
254. Pius VII.	14.3.1800-20.8.1823
255. Leo XII.	28.9.1823-10.2.1829
256. Pius VIII.	31.3.1829-30.11.1830
257. Gregorius XVI.	2.2.1831-1.6.1846
258. Pius IX.	16.6.1846-7.2.1878
259. Leo XIII.	20.2.1878-20.7.1903
260. S. Pius X.	4.8.1903-20.8.1914
261. Benedictus XV.	3.9.1914-22.1.1922
262. Pius XI.	6.2.1922-10.2.1939
263. Pius XII.	2.3.1939-9.10.1958
264. Johannes XXIII.	28.10.1958-

Zugrunde gelegt ist die offizielle Papstliste im AnnPont 1960 unter ständiger Vergleichung der betr. Artikel in RGG³ u. LThK bzw. LThK² sowie in DThC. Ebenso ist die einschlägige Lit. benutzt (vgl. die Einzelartikel). Daß die Anfänge der Bischofsliste legendär und auch die Daten der folgenden Bischöfe bis ins 3.Jh. unsicher sind, braucht hier nicht begründet zu werden (voran stehen in Zweifelsfällen im allgemeinen die Angaben des AnnPont, in Klammern folgen die gegenwärtig angenommenen anderen Zahlen, kontroverse oder unsichere Daten sind mit Fragezeichen versehen). Das erste Datum gibt den Wahltermin, das zweite den Tag des Todes (bzw. der Abdankung oder Absetzung) an. Der Übersichtlichkeit halber ist die Zählung der Liste von RGG² beibehalten, ohne Zahl stehen die Gegenpäpste. Die lat. Namensformen sind auch da beibehalten, wo noch die dt. Form gebräuchlich ist. *K.Aland*

Papstwahl, die kanonische Berufung eines neuen Papstes (→ Papat, 3 a). Das *geltende Recht* der P. ist enthalten in der P.bulle → Pius' XII. von 1945, die ihrerseits wieder eine in einzelnen Punkten geänderte und durch Einbeziehung späterer Vorschriften erweiterte Neufassung der P.bulle → Pius' X. ist (Apostol. Konstitution »Vacante Sede Apostolica« vom 25.12.1904). Ort der P. ist in der Regel Rom; aus schwerwiegenden Gründen kann der zum Konklave einladende Kardinaldekan oder der bei seiner Behinderung statt seiner handelnde Kardinal auch einen anderen Ort bezeichnen. Wählbar ist jeder rechtgläubige männliche Katholik, der die Voraussetzung zum Empfang der Priester- und Bischofsweihe hat. Wahlgremium ist das Kardinalskollegium (→ Kardinal), das am 15., spätestens am 18. Tage nach dem Tode des Papstes ins Konklave gehen, dh völlig abgeschlossen der Wahl obliegen muß. Dafür erhält jeder Kardinal 2 Räume und einen Diener zugewiesen und darf keinerlei Verbindung mit der Außenwelt unterhalten. Wahlraum ist die Sixtinische Kapelle. Dreierlei Wahlmodi sind möglich: a) Inspiration, wenn einstimmig eine Person als gewählt ausgerufen wird; b) Kompromißwahl, wenn ein Ausschuß von 3, 5 oder gar 7 Kardinälen die Wahl tätigt (Wahl → Gregors X.); c) das Skrutinium, die übliche Art. Dabei gilt geheime Abstimmung mit vorbereiteten Wahlzetteln, die versiegelt in eine Urne geworfen werden. Als gewählt gilt, wer zwei Drittel der Stimmen (seit → Alexander III.) und eine (seit Pius XII.) erlangt. Nach der Auszählung werden die Stimmzettel verbrannt. Der Rauch gibt der auf dem Petersplatz wartenden Menge jeweils das Zeichen: ist er schwarz, so war die Abstimmung erfolglos, weißer Rauch zeigt Erfolg an. Die Wahlhandlung kann bis 4mal an einem Tage wiederholt werden. Der Kardinaldekan fragt den Gewählten, ob er die Wahl annehme. Bei Bejahung erhält er sofort das weiße Papstgewand, das in 3 Größen bereithängt. Darauf erweisen ihm die Kardinäle die erste Huldigung (Adoration). Mit der Annahme erlangt der Papst volle → Jurisdiktion. Der älteste Kardinaldiakon verkündigt vom Balkon der Peterskirche: Habemus papam!, wonach der Papst Urbi et Orbi den Segen erteilt. Dem an einem der folgenden Tage vollzogenen Akt der feierlichen Krönung mit der Tiara kommt keine Rechtsbedeutung zu; ihm geht die Krönungsmesse mit uralter Krönungslitanei und Überreichung des → Palliums voraus. Fehlen dem neuen Papst noch Weihen, so werden sie vom Kardinaldekan gespendet. Das Ganze ist ein Akt, dessen Gebräuche von allen in Europa geübten Zeremonien am weitesten in die Vergangenheit zurückreichen.

Ursprünglich wählten Klerus und Volk von Rom aus den städtischen Priestern und Diakonen ihren Bischof, der danach von den Bischöfen der Nachbarstädte konsekriert wurde. Später scheint zeitweilig ein Designationsrecht bestanden zu haben: → Symmachus bestimmte (499; Mirbt Nr. 192), daß, wenn beim plötzlichen Tode des Papstes dieser noch keinen Nachfolger designiert habe und die Wahl des ecclesiasticus ordo einstimmig sei, der Gewählte geweiht werden könne; bei Streitigkeiten gebe die Mehrheit den Ausschlag. Seit der byzantinischen Restauration in Italien bis zur Mitte des 8.Jh.s bestätigten der griech. Kaiser und der Exarch von Ravenna die Wahl; der Gewählte mußte sein Glaubensbekenntnis ablegen. → Karl d. Gr. hat den Papst als einen mit besonderer Stellung versehenen Reichsbischof behandelt. Sein Nachfolger Ludwig d. Fr. hat im Ludovicianum (817; Mirbt Nr. 244) auf ein Bestätigungsrecht verzichtet, was sich aber Lothar I. in seiner Konstitution von 824 (Mirbt Nr. 246) wiederum vorbehielt. Ihm sind die späteren Kaiser von → Otto I. bis Heinrich III. gefolgt. Während der Reformbewegung (→ Papsttum: II, 2 a) gelang es Hildebrand (→ Gregor VII.), die kaiserliche Bestätigung zu beseitigen. Nach dem Modellfall seiner eigenen Wahl erließ → Nikolaus II. das P.dekret von 1059 (Mirbt Nr. 270): Nach dem Tode des Papstes treten die Kardinalbischöfe zusammen, die Kardinalpriester werden hinzugezogen; der übrige Klerus und das Volk haben nur ein formelles Zustimmungsrecht. Neben dieser päpstlichen Fassung ist ein Konzept der kaiserlichen Partei erhalten (das aber keine Fälschung zu sein braucht). Sie wollte stärkeren Schutz des kaiserlichen Rechtes statt des vagen Satzes: »unbeschadet der schuldigen Ehre und Achtung vor unserm Sohn Heinrich« (IV.). Das Gesetz hat zur Konsolidierung des Kardinalskollegiums beigetragen, aber die Unabhängigkeit der Wahl hat unter → Friedrich I. einen Rückschlag erlitten, er ließ 4 Gegenpäpste aufstellen. → Alexander III. bestimmte nach dem Frieden von Venedig auf dem 3. Laterankonzil 1179, daß das Kardinalskollegium die Wahl vorzunehmen habe, wobei ⅔-Mehrheit den Ausschlag gebe (Mirbt Nr. 316). Der Kaiser, Klerus und Volk von Rom werden nicht mehr erwähnt. Auch bei dieser Dekretale ist die Wahl Alexanders selbst Vorbild gewesen. Die Konklave-Vorschrift ist nach dem Muster italienischer Kommunalwahlen eingeführt und zum ersten Mal durch Matheus Orsini bei der Wahl → Cölestins IV. sehr rigoros angewandt worden. → Gregor X. legte sie gesetzlich fest, um eine ähnlich lange Vakanz wie vor seiner Wahl zu verhindern (Mirbt Nr. 367). Diese Ordnung von 1274 ist vorübergehend aufgehoben (→ Johannes XXI., → Nikolaus IV.), von → Clemens VI. modifiziert, aber im wesentlichen auch in der avignonesischen Zeit nicht mehr geändert worden. Zwar betont → Marsilius von Padua, Wahl und Absetzung des Papstes stehe dem allgemeinen Konzil zu, da in dieser Zeit die französischen Mächte Wege der Wahlbeeinflussung fanden (Defensor pacis, ed. Scholz 611). Auch das Machtstreben der Kardinäle drohte die Freiheit der Wahl zu behindern. → Innozenz VI. und → Paul II. mußten eine förmliche Wahlkapitulation unterschreiben, erklärten sie aber nach ihrer Inthronisierung für ungültig. → Pius IV. hat solche Abmachungen 1562 ausdrücklich verboten. Später haben sich die großen Mächte durch die → Exklusive einen gewissen Einfluß verschafft: der französische und spanische König und der österreichische Kaiser konnten gegen einen gewissen Kandidaten Einspruch erheben (zuletzt Österreich 1903 gegen Kardinal → Rampolla). → Pius X. verbot solche Einmischung durch die Konstitution »Commissum nobis« (20.1.1904). Durch Art. 21 des Staatsvertrags zwischen dem Hl. Stuhl und → Italien (, 5) vom 11.2.1929 ist die ungestörte Abhaltung des Konklaves und der freie Zugang dazu garantiert.

Geltendes Recht, Qu.: cc. 160. 241 CIC - cc. 102. 187 De ritibus orientalibus ... (AAS 49, 1957, 465. 487) - Apostol. Konstitution »Vacantis Apostolicae Sedis« vom 8.12.1945 (AAS 38, 1946, 65-99). - Lehrbücher des → Kirchenrechts - DDC III, 1319ff. 1342ff; VII, 25ff - PH.HOFMEISTER, Die P.bulle Pius' XII. (TThZ 63, 1954, 289-297). - *Zur Gesch. der P.:* J.B.SÄGMÜLLER, Die P.bullen u. das staatl. Recht der Exklusive, 1892 - H.J.WURM, Die P.en, ihre Gesch. u. Gebräuche, 1902 - A.EISLER, Das Veto der kath. Staaten bei den P.en seit dem Ende des 16.Jh.s, 1907 - J.LULVÈS, Päpstl. Wahlkapitulationen (QFIAB 12, 1909, 212-236) - DERS., Die Machtbestrebungen des Kardinalats bis zur Aufstellung der ersten päpstl. Wahlkapitulationen (ebd 13, 1910, 73-102) - F.GIESE, Die geltenden P.gesetze, 1912 - J.A.MILLER, Die P. nach geltendem kath. Recht (Diss. Greifswald), 1913 - E.RUFFINI, Le origini del conclave (Atti della Accad. di Torino 62, 1927, 409-431) - O.JOELSON, Die P.en des 13.Jh.s, 1928 - RGG^2 IV, 939ff (Lit.) - LThK VII, 939ff - EC IX, 753ff - FEINE (s. Reg., Lit.) - H.FUHRMANN, Die Wahl des Papstes - ein hist. Rückblick (GWU 9, 1958, 762-780) - T.KUPPER, Das P.recht der Kardinalbischöfe u. die P.en in der Zeit von 1059-1179 (Phil. Diss. Innsbruck), 1960 (Masch.).

F.Bock

Papyrusforschung

Vgl. auch → Brief und Buch im Altertum, → Ägypten, → Ägyptologie, → Bibliothekswesen, → Bibelhandschriften: II. - P. = Papyrus, Papyri

P. (ὁ und ἡ πάπυρος, dt. gewöhnlich *der* P., Mz. Papyri) ist das gewöhnliche Schreibmaterial des Altertums, das aus dem Mark der P.staude (Cyperus papyrus L.) hergestellt wurde. Seit dem 3.Jt. in Ägypten im Gebrauch, wird es später in den ganzen Mittelmeerraum exportiert und neben Leder zu Aufzeichnungen verwendet. In der Spätantike wird P. für literarische Texte durch bes. geglättetes Leder, das sog. Pergament ersetzt, bis beide vom Papier verdrängt werden. Im trockenen Sande Ägyptens haben sich große Mengen von P. erhalten, die zuerst durch Zufallsfunde, dann durch sporadische, seit Ende des 19.Jh.s durch systematische Grabungen ans Licht traten. Abfallhaufen, Gräber und Mumienkartonagen, Hausruinen, in Glücksfällen Tonkrüge mit sorgfältig verwahrten P. lieferten reiche Ausbeute. Zu den ergiebigsten Fundorten zählen Oxyrhynchus und der Fajjum (→ 1 A 4, A/B 3). Große P.sammlungen entstanden u.a. in London, Oxford, Paris, Wien, Berlin (im wesentlichen wieder verfügbar), Florenz, Kairo, später auch in Amerika (New York, Ann Arbor). Mit der Erforschung der zuströmenden Schätze erwuchs als Hilfsdisziplin der → klassischen Altertumswissenschaft die P.kunde oder Papyrologie. Die P.forscher haben sich zur Association Internationale de Papyrologues zusammengeschlossen (periodische Kongresse seit 1930, zuletzt Wien 1955, Oslo 1958). Das Arbeitsgebiet der P.kunde ist mehr praktisch als logisch umgrenzt. In erster Linie erforscht sie die griechischen P.urkunden aus Ägypten. Daneben kommen die literarischen P. zumindest nach ihrer technischen Seite in Betracht (Konservierung, Entzifferung, Datierung), während ihr Inhalt zur Literaturgeschichte gehört. P. im weiteren Sinne sind auch die Pergamente, ferner bes. die zahlreichen Urkunden auf Tonscherben (Ostraka) sowie Kalkstein, Holz- und Wachstafeln. Neben den P. in griechischer Sprache, die sich auf ein rundes Jt. erstrecken (330 vChr bis 640 nChr, gegliedert in die ptolemäische, römische und byzantinische Periode, der sich die arabische anschließt), gibt es aramäische (→Elephantine-Urkunden), hebräische, lateinische, persische, arabische P. Wichtig sind vor allem die ägyptischen (demotischen und koptischen) Texte, die nach Form und Inhalt genaue Parallelen zu den griechischen bieten. Zweisprachige P. sind oft bes. lehrreich. In Ausnahmefällen haben sich P. auch außerhalb Ägyptens erhalten, so unter der Vesuvlava in Herkulaneum. In neuerer Zeit sind P. in Mesopotamien, Palästina, Arabien, sogar am Schwarzen Meer gefunden worden.

Die *literarischen* P. haben neben bereits bekannten Schriftstellern, unter denen Homer als Schulautor an der Spitze steht, zahlreiche Werke ganz neu erbracht, zB die Komödien Menanders, dessen »Menschenfeind« den wichtigsten Fund der letzten Jahre darstellt. Die *P.urkunden* umfassen amtliche und private Schriftstücke jeder Art: Erlasse und Verordnungen, Berichte, Eingaben und Beschwerden, Steuer- und Gerichtsakten, Kauf-, Pacht-, Miet-, Ehe-, Lehrverträge, Rechnungen und Quittungen, Testamente, vor allem Privatbriefe auch sehr persönlichen Inhalts. Aus all dem ergibt sich eine Fülle von Einzelheiten zu Verwaltung, Wirtschaft, Recht (womit sich im besonderen die juristische P.kunde befaßt), Bevölkerungs- und sozialen Fragen sowie höchst lebendiges Illustrationsmaterial zum täglichen Leben, den Gewohnheiten und Anschauungen der einfachen Menschen. Religionsgeschichtlich wichtig sind einerseits die Urkunden über Tempel, Kulte und Priester, bes. über den → Herrscherkult, anderseits die Orakelfragen, Horoskope, → Amulette, → Zauberbücher, die Licht auf die Volksfrömmigkeit auch der christlichen Zeit werfen. Hinzuweisen ist auf die Urkunden, die über die jüdische → Diaspora (: I) in Ägypten Aufschluß geben.

Seit dem 3.Jh. gibt es Briefe von Christen, kenntlich zB an den Gruß- und Segensformeln und der Anrede »Bruder«. Die → Christenverfolgung (, 2) des Decius spiegelt sich in den zahlreich gefundenen Opferbescheinigungen (libelli). Aus der christlichen Zeit haben wir → Osterbriefe, Kircheninventare, Schreiben von und an Bischöfe und andere Geistliche, aus denen u.a. die wirtschaftliche Bedeutung der Kirchen und Klöster erhellt. Sprache und Stil der unliterarischen Texte liefern Parallelen zur → Bibel (: II C), wie überhaupt erst auf Grund der P. die Koine, in der auch das NT geschrieben ist, richtig eingeschätzt werden konnte. Aus den christlichen literarischen P. sind vor allem die biblischen hervorzuheben. Noch in RGG^2 waren nur Fragmente zu nennen. Bald darauf wurden die 12 biblischen P. von Chester Beatty bekannt (u.a. $\mathfrak{P}^{45-47}$ zum NT), dann das bisher älteste NT-Fragment ($\mathfrak{P}^{52}$) mit einem Stück aus dem JohEv aus der Zeit um 125. 1956-58 erschien der um 200 geschriebene, vorzüglich erhaltene P.Bodmer II ($\mathfrak{P}^{66}$) mit dem fast vollständigen JohEv. ZZ (1960) sind vom NT nur 2.3Joh und 1.2Tim auf P. noch nicht belegt. Nach bisheriger Erfahrung bestätigen die P. im ganzen die Qualität des Textes der großen Unzialen (→ Text: II). - Von außerbiblischen P. seien als markante neuere Beispiele erwähnt der Fund von Tura 1941 mit Hss. zu Origenes und Didymus und ein 1958ff veröffentlichter Bodmer-Codex des 3./4.Jh.s mit einer interessanten Zusammenstellung von Texten, von denen einige bisher im griechischen Original, andere überhaupt unbekannt waren (Protev, Briefwechsel des Paulus mit den Korinthern, 11. Ode Salomos, Jud, Osterhomilie des → Melito, ein Hymnenfragment, Apologie des Phileas, Ps 33-34, 1.2Petr).

Die meist aus dem Griechischen übersetzte koptische Literatur (→ Kopten: II) ist aus P.funden ganz neu erstanden, sowohl in biblischen und patristischen Texten als auch in der ca 1945 entdeckten, erst zT veröffentlichten Bibliothek von Nag' Hammadi, die fast 50 altgnostische Schriften umfaßt (u.a. → Thomasevangelium, sog. Evangelium Veritatis) und die seit 1933 bekannten, aber noch nicht voll ausgewerteten manichäischen Werke (→ Manichäismus) noch übertrifft.

P.veröffentlichungen in Zs.en, Sammel-Bden sowie größeren Serien wie: BGU, 1895ff - Oxyrhynchus Papyri, 1898ff, 24 Bde - Berliner Klassikertexte (BKT), 1904ff - Papiri della Società Italiana (PSI), 1912ff, 14 Bde - Michigan Papyri, 1931ff, 8 Bde. - Spezialsammlungen: P. Graecae magicae (PGM) v.K.Preisendanz, 2 Bde, 1928/31 - Corpus papyrorum Iudaicarum I. II, ed. V.A.Tcherikover u. A.Fuks, Cambridge/Mass. 1957/60 - Corpus papyrorum Latinarum, ed. R.Cavenaile, 1956ff. - Auswahlen: H.Lietzmann, Griech. P. (KIT 14), 1934[4] - A.S.Hunt-C.C.Edgar-D.L.Page, Select Papyri (Loeb Class. Library), bisher 3 Bde, London etc 1932-41. - Fach-Zs.en: Archiv f. P.forschung, 1901ff - Aegyptus, Mailand 1920ff (viel Christliches, mit aktueller Bibliogr.) - Chr. d'Ég., Brüssel 1926ff - Journal of Juristic Papyrology, Warschau 1946ff - Gute P.referate auch in JEA, Revue des Études Grecques. - Hdb.er, Einführungen: L.Mitteis-U.Wilcken, Grundzüge u. Chrestomathie der P.kunde, 4 Bde, 1912 - W.Schubart, Einf. in die P.kunde, 1918 - Ders., P.-kunde (EAW I), 1927 - K.Preisendanz, P.kunde u. P.forschung, 1933 - Ders., P.kunde (Hdb. f. Bibliothekswiss. I), 1952[2] - W.Peremans-J.Vergote, Papyrologisch Handboek, Leuven 1942 - A.Bataille, Les papyrus, Paris 1955 (byzant. P.). - Schriftproben: W. Schubart, P. Graecae Berolinenses, 1911. - Ostraka: U.Wilcken, Griech. Ostraka aus Ägypten u. Nubien, 2 Bde, 1899. - Hilfsmittel: E.Mayser, Grammatik d. griech. P. aus der Ptolemäerzeit, 1923-38 - F.Preisigke-E.Kiessling, WB d. griech. P.urkunden, 1925ff - R.A. Pack, The Greek and Latin Literary Texts from Greco-Roman Egypt, Ann Arbor 1952 (neueste Liste, ohne christl. P.). - Christliches: C.Wessely, Les plus anciens monuments du christianisme écrits sur papyrus (PO IV/2, XVIII/3), 1907/24 - Deissmann, LvO - F.G.Kenyon, The Chester Beatty Biblical P., 8 Bde, London 1933-41 - DACL XIII/1, 1370ff - H.Musurillo, The Acts of the Pagan Martyrs, Oxford 1954 - M.T.Cavassini, Lettere cristiane nei papiri greci d'Egitto (Aegyptus 34, 1954, 266-282) - O.Montevecchi, Progetto per una serie di ricerche di Papirologia cristiana (ebd 36, 1956, 3-13) - F.Pedretti, Papiri Cristiani Liturgici (ebd 247-253; 37, 1957, 23-31) - Hennecke[3] - W.C.van Unnik, Evangelien aus dem Nilsand, 1960. - Vgl. ferner die Lit. zu den Verweisartikeln. *K.Treu*

Parabalani (παραβαλανεῖς, »Badgehilfen«), eine kirchliche Krankenpfleger-Korporation in Alexandrien, die sich zu einer Leibwache des Bischofs entwickelte und in den politischen und kirchlichen Streitigkeiten des 5.Jh.s eine Rolle spielte, so bei der Ermordung der → Hypatia und auf der »Räubersynode« zu Ephesus 449. Die 500-600 Mitglieder zählten zum niederen Klerus, unterlagen aber auch staatlicher Aufsicht, die in den Gesetzen Cod. Theod. XVI, 42f zum Ausdruck kommt.

DACL XIII/2, 1574ff - W.Schubart, P. (JEA 40, 1954, 97-101). *K.Treu*

Paracelsus, eigentlich *Theophrast Bombast von Hohenheim* (1493/94-1541), Arzt, Naturforscher und -philosoph und Laientheologe, * in Einsiedeln (Schweiz), † in Salzburg. Nach Jugend- und Schulzeit in Kärnten Studien- (Promotion in Ferrara ?) und Wanderjahre in weiten Teilen Europas. 1524 versuchte sich P. in Salzburg niederzulassen, von wo ihn schon 1525 die Bauernunruhen (öffentliches theologisches Auftreten?) wieder vertrieben. Einem kurzen Asyl in Straßburg folgte 1527 unter maßgeblicher Beteiligung → Oekolampads und der dortigen Humanisten (Froben, → Erasmus) eine Berufung als Stadtarzt und Medizin-Prof. nach Basel, wo er aber 1528 scheiterte. Dann war er im Elsaß und in Süddeutschland (in dieser Zeit taucht der Gelehrtenname »P.« auf), schließlich auf Wanderungen durch die Schweiz und Tirol, die weitere Berührungen mit Kreisen der Evangelischen, der → Täufer und der sozialen Revolution brachten. Nach Aufenthalten in Süddeutschland, Österreich, Mähren und Kärnten 1535-40 beendete in Salzburg der frühe Tod seine Wirksamkeit. - *Medizingeschichtlich* trat P. hervor durch reformerisch-programmatische und standesethische Schriften, durch Einführung der Methode der »Erfahrenheit« (»experimenta ac ratio«) gegen die → Scholastik, eine stark chemotherapeutisch bestimmte Heilmittellehre, Untersuchung und Beschreibung einzelner Krankheiten und physiologische und pathologische Theorien. Er würdigt die Bedeutung des Lebens und der Lebensprinzipien. Als *Naturphilosoph* war er am Aufbau und Funktionieren des Kosmos und dessen »Concordanz« mit dem Menschen und seinen Leibesorganen interessiert. P. erfand neue Kunstwörter und fachliche Begriffe, von denen viele in dem Systematisierungsversuch der »Astronomia Magna« oder »Philosophia Sagax der großen und kleinen Welt« (1537) niedergelegt sind. Hier entstand ein auf den Schultern von → Neuplatonismus und Hermetik stehendes, aber doch selbständiges und völlig neuartiges kosmosophisches System. Interessant ist die Erkenntnislehre (Scheidung zwischen »Licht der Natur« und »Licht des Geistes«). Die steuernde Funktion des Menschen, bes. des Arztes, im Gang der Natur (zwischen Creaz und Prädestinaz als Anfangs- und Endzustand der Dinge) unter Gottes Bestimmung ist erkannt. - *Theologisch* war P. ein biblizistischer Laienchrist, weder mit den Altgläubigen noch mit der Reformation übereinstimmend. Seine zahlreichen, noch in der Erstedition befindlichen theologischen Schriften (weithin biblische Kommentare) sind meist voll von rauher Polemik gegen jede Art von »Mauerkirche«. Eigentümlich sind seine (innerlich zusammenhängenden) christologischen, mariologischen und sakramentalen Theorien, letztere aus dem Geiste eines spiritualistischen Realismus konzipiert. Sakramente, bes. die Eucharistie, vollenden den »inneren Menschen« und verklären seine Leiblichkeit. Der trägen Kirche wird → Mission (: III C, 1) empfohlen. Aus der Idee des »Leibes Christi« ist eine ausgebreitete, oft scharfe soziale und politische Kritik und Theorie zu erklären. Verwandtschaft zu Seb. → Franck und → Agrippa von Nettesheim ist deutlich, noch größer ist der Einfluß auf medizinische und naturphilosophische »Paracelsisten« der Folgezeit und auf Verehrer wie → Weigel, J. → Böhme, die → Rosenkreuzer (sog. Theologia fanatica), den frühen → Pietismus und die frühe → Aufklärung, dann wieder auf die → Romantik.

Sämtl. Werke, mediz., naturwissensch. u. philos. Schriften hg.v. K.Sudhoff, Bd 1-14, 1922-33; RegBd Einsiedeln 1960 - Theol. u. religionsphilos. Schriften hg.v. K.Goldammer, Bd 4-6, 1955-59 (im Erscheinen) - Sozialethische u. sozialpolit. Schriften hg.v. Dems., 1952 - Die Kärntner Schriften hg.v. Dems., Klagenfurt 1955. - Über P.: K.Sudhoff, Versuch einer Kritik der Echtheit der paracelsischen Schriften, 1894-99 - Ders., P., 1936 - R.J.Hartmann, Theophrast v. Hohenheim, 1904 - A.Koyré, P. (RHPhR 13, 1933, 46-75. 145-163) - B.Sartorius v.Waltershausen, P. am Eingang d. dt. Bildungsgesch., 1935 - F.Strunz, Th. P., 1937 - R.Blaser, Neue Erkenntnisse zur Basler Zeit des P., Einsiedeln 1953 - K.Goldammer, P. - Natur u. Offenbarung, 1953 - Ders., P.-Studien, Klagenfurt 1954 - Ders., Friedensidee u. Toleranzgedanke bei P. u. den Spiritualisten (ARW 46, 1955, 20-46; 47, 1956, 180-211) - W.Pagel, P., Basel 1958 - K.H. Weimann, Die P.-Lit. seit Kriegsende (DVfLG 34, 1960, 290-305).
K.Goldammer

Paradies

I. Religionsgeschichtlich - II. Im AT - III. Paradieserzählung

I. Religionsgeschichtlich

1. Begriff und Einteilung - 2. Zweistromland, Ägypten, Mittelmeerraum - 3. Iran, Judentum, Islam - 4. Andere Kulturkreise

1. P. ist ein Lehnwort aus dem Altiranischen (avestisch »pairi-daēza« = Umwallung, [umzäunter] Park). Hiervon sind abgeleitet spätbabyl. »pardīsu« und hebr. »părdes« (Hhld 4, 13; Pred 2, 5 »Lustgarten«, Neh 2, 8 »Forst«) sowie griech. παράδεισος, das zunächst (so bei Xenophon) den Park der persischen Könige bezeichnet, aber durch die LXX (Gen 2, 8. 15) in die religiöse Sphäre erhoben wurde (Vulg. »paradisus«). Diese Bedeutung als jenseitiger oder himmlischer Sitz der Seligen hat der Ausdruck auch im NT (Lk 23, 43; 2Kor 12, 4; Apk 2, 7). Im weiteren Sinn bezeichnet er dann auch den Göttersitz sowie den Glückszustand der Ruhe und des Friedens am Anfang und Ende der Zeiten (→ Schöpfung: I, → Eschatologie: I). Als *Einteilung* läßt sich vorschlagen: a) Göttersitz (Heiligtum), mit Beschränkung auf Gottesgarten und → Himmelsberg; b) »Insel der Seligen« (dh dorthin entrückter Halbgötter oder → Heroen); c) »Gefilde der Seligen«, als Verbleib selig Verstorbener; d) der durch Verschuldung der Urmenschen verlorene Wonnegarten (→ Paradies: II). Diese Vorstellungsreihe wird e) historisiert in der Sage vom → goldenen Zeitalter und f) säkularisiert im Märchen vom Schlaraffenland. Jedenfalls empfiehlt sich die Begriffsbeschränkung auf einen überirdischen Wonnegarten in Urzeit oder Endzeit. Diese Vorstellung beruht auf dem *Nomaden*ideal von der Oase in der Steppe und dem Ideal des wohlgepflegten Parks (mit einem Wächter oder Gärtner), welches der *städtischen* Kulturstufe angehört, wobei von gegenseitiger Abhängigkeit beider Vorstellungskreise keine Rede sein kann.

2. In →*Mesopotamien* war das Heiligtum als Göttersitz oft von einem Park (Gottesgarten) umgeben *(a)*, und die Terrassen des Stufenturms (s. Taf. 44 Abb. 4) waren als Abbild des Himmelsberges mit grünen Sträuchern (?) bepflanzt *(a)*. Auf Siegelzylindern und Reliefs findet sich häufig die Abbildung des Gottkönigs oder Heroenpaares beim → Lebensbaum *(a, b)*. Die sumerische Mythe von Enki und Ninchursag (ANET 37-41) schildert am Anfang das Glücks- und Friedensreich auf Dilmun (der großen Bahrein-Insel?). Dilmun erscheint auch sonst in sumerischen Liedern als das »Land des Lebenden«, wohin der Held der → Sintflut gerettet wurde *(b)*. Im akkadischen → Gilgamesch-Epos (Taf. XI) ist zwar diese »Insel der Seligen« nicht näher geschildert, wohl aber (Taf. V) der schattenreiche Park mit den gebahnten Wegen als Zugang zur hl. Zeder und am Ende von Taf. IX der Garten mit den Edelstein-Bäumen, aus deren Früchten die Schenkin den Göttertrank bereitet. - In der Mythologie → *Ägyptens* galt das fruchtbare »Feld Iaru« als das Land der Verklärten *(c)*. - Eine Anspielung auf eine *phönizische* P.mythe findet sich wohl Ez 28, 12ff: die Schilderung des Gottesgartens mit den Edelstein-Bäumen, aus welchem der König von Tyrus seines Hochmuts wegen verstoßen wurde *(b, d)*. Dagegen findet sich in den Epen von → *Ugarit* nur einmal eine Anspielung auf das irdische Friedensreich (vgl. ANET 137, Z. 65-70). - In *Hellas* findet sich die Vorstellung von den elysäischen Gefilden oder der »elysischen Flur« *(b, c)* zuerst in der Weissagung des Proteus an Menelaus (Odyssee IV, 561ff) und die von den Inseln der Seligen bei Hesiod (»Werke und Tage« 170ff) sowie bei Pindar (Threnoi, Frgm. 129 usw), während diese Vorstellung bei den *Römern* (vgl. Horaz, Epoden XVII, 41ff) kaum je heimisch war.

3. In → *Iran* (: II) ist die auffallendste Parallele die avestische Erzählung (Yašt 19, 30ff, vgl. ATAO 82) vom P. des Yima und dessen Fall *(b, d)*, mit Einfluß bei den → Mandäern und wohl auch auf die jüdische → Apokalyptik (: II). - Im *Judentum* der nt. Zeit galt der »Garten Eden« als der verborgene Aufenthaltsort der Seelen verstorbener Erzväter, Erwählter und Entrückter (zB → Henoch, → Elia). Das urzeitliche und jetzt verborgene P. wird in der Endzeit wiederkehren und sichtbar sein. - Diese Vorstellungen finden sich dann auch im NT, wo der Ausdruck nur dreimal (s. 1), die Sache aber häufiger vorkommt und wo Jesus als Wiederbringer des P.es gilt. - Diese Vorstellungsgruppe erstreckt sich weiter auf den →*Islam*, vgl. →Koran, Sure 9, 73 (Ullmann 154f): »Den gläubigen Männern und Frauen hat Gott versprochen Gärten, von Wasserquellen durchströmt, worin sie ewig wohnen. Eine köstliche Wohnung ist's in Edens Gärten, doch noch köstlicher für sie ist das Wohlgefallen Gottes.«

4. Die reichste Sammlung solcher Vorstellungen und Motive auch aus *anderen Kulturkreisen* (u.a. → Naturvölker, → Hinduismus, → Japan [: III, 2], → Kelten, → germanische und → slawische Religion) findet sich ERE II, 680-710, wo das Material ethnographisch und geographisch geordnet ist. In der Tat ist das Gesamtbild nicht einheitlich, als wären alle Anschauungen - selbst beim P. im engeren Sinn - nur Varianten desselben Themas. Wichtiger ist die Gliederung des Stoffes und die Erkenntnis seiner Zugehörigkeit zu bestimmten Kulturstufen, auch im Hinblick auf Klima, Milieu und auf die Entwicklung des Welt- und Naturbildes. Daher konnte zB bei den Germanen der Ort der gefallenen und von Odin erkürten Helden *(b)* keine Insel, Oase und kein Garten sein, sondern nur ein geschlossener und überdachter Festsaal (Walhalla). - Vgl. auch → Himmel: I, → Jungbrunnen, → Lebenswasser, → Tod.

Allgemein: ERE II, 680ff. - Zu 1: ATAO 81-98 - Th.C.Vriezen, Unters. der P.vorstellung bei den altsemit. Völkern, Wageningen 1937 (holl., vgl. die Einteilung S. 4) - A.Brock-Utne, Der Gottesgarten (ANVAO 1935, 2) - C.-M.Edsman, Le baptême de feu (ASNU 9, 1940; s. Reg.) - Ders., Ignis divinus (SVSL 34, 1949) - J.G.MacCaffrey, »Paradise Lost as Myth«, Cambridge/Mass. 1959. - Zu 2: H.Th.Obbink, Die bibl. P.erzählung u. die babyl. Qu., Utrecht 1917 (holl.) - H.Kees, Totenglauben u. Jenseitsvorstellungen der alten Ägypter, (1926) 1956², 73ff - E.Burrows, Tilmun, Bahrein, Paradise (Or 30), 1928 - PW XVIII/2, 1131ff - J.Kroll, Elysium (Arbeitsgemeinsch. f. Forschung d. Landes Nordrhein-Westf., 1952/2, 7-35) - R.du Mesnil du Buisson, Les barques de la grande pyramide et le voyage au Paradis (L'Ethnographie 49, 1954, 37-48). - Zu 3: ThW V, 763ff. - Zu 4: Fr.König, Rel.wiss. WB, 1956, 642f (Naturvölker). - Weitere Lit. bei → Eschatologie: I.

F.M.Th.de Liagre Böhl

II. Im AT

1. Das Wort părdes, ein Lehnwort aus dem Iranischen pairi-daēza, erscheint im AT nur Neh 2, 8; Pred 2, 5; Hhld 4, 13, und zwar als »Baumgarten, Forst«. LXX gebraucht an diesen Stellen παράδεισος, das den Sinn des Baumgartens besser wiederzugeben schien als κῆπος; aber Num 24, 6; Jes 51, 3 u.ö. übersetzt sie auch găn (»Garten«) mit παράδεισος. Bedeutungsvoll wurde, daß das auch für den Gottesgarten von Gen 2, 3 und an weiteren Stellen (Gen 13, 10; Jes 51, 3; Ez 28, 13; 31, 8f) geschah, wo vom Gottesgarten die Rede war. Von hier aus hat Hieronymus das Wort in die Vulgata übernommen; seitdem ist P. Bezeichnung für den Gottesgarten des AT.

2. Von den mancherlei Motiven der P.mythen (→Paradies: I), die doch auch in Israel bekannt gewesen sein dürften, klingen im AT nur wenige an, und diese kaum im Zusammenhang; denn auch diese Mythen (→ Mythos: III) wurden vom Jahweglauben ausgeschieden. a) Wohl spricht man vom »Jahwegarten« (Gen 13, 10;

Jes 51, 3) oder auch vom Gottesgarten (Ez 28, 13; 31, 8f). Ob »Eden« Eigenname dieses mythischen Gartens ist oder nur die Landschaft bezeichnet, in der er liegt, oder Appellativ ist (»Lustgarten«), ist umstritten. Wahrscheinlich hat der Name eine Geschichte gehabt, die alle drei Bedeutungen umschließt. – b) Es ist den wenigen Andeutungen auch nicht genau zu entnehmen, wo das P. lag. Nach Gen 2, 8 scheint es irgendwo im Osten zu liegen. Die in Gen 2, 10–14 eingefügte P.-Geographie, die unter den vier Flüssen, die dem P.strom entspringen, auch Tigris und Euphrat nennt, geht von der Annahme aus, das P. habe im Norden gelegen. Dort hat man wohl auch den Gottesberg gesucht, auf dem nach Ez 28, 13 das P. liegt. Später wird es dann an den Rand der Erde oder des Himmels oder gar in den Himmel selbst verlegt. – c) Dem Namen ist wohl zu entnehmen, daß das P. als Wohnsitz Gottes angesehen wurde, obgleich das nirgends ausdrücklich gesagt wird. Es bestand in einem schönen Garten mit bes. hohen Bäumen (Ez 31, 8f), unter ihnen wohl auch der → Lebensbaum, der ebenso wie das dort fließende → Lebenswasser → ewiges Leben (: I) vermittelt. – d) Nach Ez 28, 12ff in Verbindung mit Hi 15, 7f gehört zum P.mythos auch die Vorstellung, der erste Mensch habe entweder im P. gelebt oder doch zu ihm Zutritt gehabt, bis ihm wegen einer Verschuldung (Aneignung göttlicher Weisheit?) der Zutritt verwehrt oder er ausgestoßen wurde. – Es bleibt aber fraglich, ob es in Israel eine einheitliche Vorstellung vom P. gegeben hat, die alle Züge gleichzeitig in sich vereinigte.

3. Das hängt damit zusammen, daß vom P. im AT jetzt fast nur bildlich gesprochen wird: Die Wüste von heute war einst (Gen 13, 10; Jo 2, 3) oder wird wieder sein (Jes 51, 3; Ez 36, 25) wie ein Gottesgarten. Eine andere Seite des P.mythos klingt an, wenn die Könige von Tyrus und Ägypten dem ersten Menschen im Gottesgarten verglichen und wie dieser aus dem P. gestürzt werden (Ez 28, 13ff; 31, 8f). Die einzige zusammenhängende P.erzählung, die des → Jahwisten (→ Paradies: III), hat die mythischen Züge bis auf einige Reste (zB das Wandeln Gottes im Garten, den Lebensbaum, vielleicht die Schlange) abgestreift. Der in Eden gelegene Garten ist nach der Erschaffung des Menschen für diesen gepflanzt, daß er ihn bearbeite und bewache. Der Erzähler hat offensichtlich von den alten Motiven nur das übernommen, was er für seine Deutung des Menschenschicksals brauchte.

4. Obgleich die Erzählung vom P. nur in dieser »entmythologisierten« Form Aufnahme in das AT gefunden hat, haben die P.motive weitergewirkt, vor allem in der → Eschatologie (: II. III). Je mehr in ihr die Motive der → Schöpfung (: II) hervortreten, um so mehr wurde die Endzeit mit den Zügen des P.mythos ausgemalt. Schon Stellen wie Jes 41, 18f und Ez 47 gehören hierher mit der Vorstellung des Leben spendenden Stromes. Noch deutlicher sprechen Stellen aus der apokalyptischen Literatur. Hier wird das P. in Palästina erwartet oder am Ende der Erde, im Norden oder Osten, oder im Himmel. Es wird als schöner Garten von riesiger Ausdehnung vorgestellt, mit Blumen und Bäumen, vor allem dem Lebensbaum und der Lebensquelle als Ort, wo Gott wohnt mit den Gerechten, der aber in der Endzeit, nach dem Gericht, den Seligen geöffnet wird. Das P. wird so der Ort, an dem die Frommen wie einst in der Urzeit in der Gemeinschaft mit Gott leben werden. Diese Vorstellungen klingen dann auch im NT an (Apk 2, 7; 22, 1) und sind von daher auch in die alte Kirche eingedrungen. Ob diese Vorstellungen der Spätzeit Nachklänge alter Überlieferungen oder aus den Andeutungen des AT herausgesponnen oder unter fremdem Einfluß (Babylon? Iran?) neu im Judentum entstanden sind, bleibt eine offene Frage.

J. Feldmann, P. u. Sündenfall, 1913 – A. Brock-Utne (→ Paradies: I) – Th. C. Vriezen (→ Paradies: I) – G. Hölscher, Drei Erdkarten (SAH 1944/48, 3), 1949. – Für die Spätzeit: P. Volz, Die Eschatologie der jüd. Gemeinde im nt. Zeitalter, (1903) 1934², 413ff – Bousset, Rel. 282ff – Bill. IV, 1118ff – ThW V, 763ff. *A. Jepsen*

III. Paradieserzählung

1. Unter der Bezeichnung »Paradieserzählung« (= P.) fassen wir zusammen den sog. *zweiten Schöpfungsbericht* der Bibel und die Erzählung über den *Sündenfall* der beiden ersten Menschen, der die Austreibung aus dem Garten Eden (→ Paradies: II) zur Folge hat. Verfasser dieser beiden Erzählungen (Gen 2, 4b–9. 15–25; 3), die jetzt ein kunstvoll aufgebautes geschlossenes Ganzes (mit Vor- und Rückverweisen) bilden, ist der → *Jahwist*, der mit ihnen seine »Urgeschichte« beginnt.

2. Die *Geschlossenheit, Schönheit und Tiefe* dieser Erzählung ist schon immer gerühmt worden; sie hat in der Weltliteratur kaum ihresgleichen (vgl. die liebevolle Nachzeichnung der Grundgedanken durch Gunkel in RGG² IV, 950ff). Wenn sie auch etwas beschreibt, was sich so niemals ereignet hat, so stellt sie doch in einmaliger Weise die »Grund-Geschichte« des dem Menschen gnädig zugewandten, ihm aber zugleich mit seiner unabdingbaren Forderung begegnenden Gottes mit dem dieser Forderung gegenüber immer wieder versagenden Menschen heraus. Mit Recht hat sie darum für den Christenglauben fundamentale Bedeutung gewonnen (vgl. die Gegenüberstellung von Adam und Christus durch Paulus Röm 5, 12ff sowie die Auslegungsgeschichte der P. [Metzger]); in Israel selbst hat sie allerdings merkwürdig wenig nachgewirkt.

3. Trotz des Eindrucks, den diese Erzählungskomposition als geschlossene Einheit auf uns macht, ist nicht zu verkennen, daß es manche *Unebenheiten und Widersprüche* in ihr gibt. Nach 2, 8 liegt der Garten Eden im Osten, nach 3, 24 (vgl. auch 4, 16) dagegen im Westen. Der Baum des Lebens hat neben dem Baum der Erkenntnis keinen rechten Platz; im jetzigen Zusammenhang, der von beiden Bäumen spricht, bleibt unklar, ob der Mensch als unsterblich geschaffen gedacht ist oder nicht. Die Verfluchung des Erdbodens hat offenbar einmal das mühsame Wirken des Bauern (3, 17. 19a. b), sodann aber das kärgliche Leben der Beduinen in der Steppe (3, 18. 19c) im Auge. Die Tatsache der Austreibung wird zweimal erzählt (3, 23. 24), ebenso fällt die doppelte Wache am Ausgang des Gartens auf. Schließlich ist auch auf die nur hier vorkommende doppelte Gottesbenennung »Jahwe Elohim« hinzuweisen.

4. Man hat versucht, diese Unebenheiten durch *literarkritische Operationen* zu beseitigen. Thesen, nach denen ein J¹ von einem J² – oder auch ein L von einem J (Eißfeldt) – unterschieden werden müsse, fanden hier bereits einen ersten Beweisgrund. Im einzelnen versuchte man der Schwierigkeiten auf verschiedene Art und Weise Herr zu werden: man dachte an eine Haupterzählung, die dann verschiedene Erweiterungen erfahren hat (Budde); man nahm eine durchlaufende Doppelerzählung an, von der die zweite, die »Lebensbaum-Variante«, allerdings nur fragmentarisch erhalten sei (Gunkel, Procksch); man schied eine ältere, bruchstückhaft erhaltene Variante mit stark mythischem Gut von einer jüngeren, vollständigeren, in deren Mittelpunkt die Gehorsamsprobe steht (Begrich; ähnlich neuestens Dus mit der Scheidung einer »kanaanäischen« von einer »jahwistischen« Erzählung); oder man dachte gar an drei Erzählungen, die hier nebeneinander herlaufen (Meinhold, Hans Schmidt). Aber alle diese Erklärungs-

versuche wollen nicht recht befriedigen. Wahrscheinlich waren die Unebenheiten schon in dem von dem Jahwisten verarbeiteten Stoff vorgegeben, so daß man sie nicht auf literar-, sondern auf traditionskritische Weise zu erklären hätte. Zu einer solchen Erklärung haben Gunkel und Begrich schon weitreichende Ansätze geliefert.

5. Die *Traditionskritik* der P. geht davon aus, daß schon im Stadium der mündlichen Überlieferung diese Stoffe mannigfachen Wandlungen ausgesetzt gewesen sind; insbesondere hat man mit Anreicherungen verschiedenster Art zu rechnen, die sich keineswegs immer organisch, in überzeugender Logik, an das schon Gegebene anschließen mußten. Mit diesen Wandlungen der Tradition hängt es wohl auch zusammen, daß sich keine für die ganze P. gültige Gattungsbezeichnung finden läßt. Mag man sie auch mit Gunkel als einen »Mythos« bezeichnen, so ist doch ohne weiteres deutlich, daß in ihr auch märchen- und vor allem sagenhafte Züge begegnen; in diesem Zusammenhang sind bes. die mannigfachen Ätiologien zu erwähnen, die zur → Sage (: II), nicht aber zum → Mythos (: III) gehören. Gattungsmäßig ist die P. also durchaus ein mixtum compositum. Der Jahwist freilich wollte die Erzählung ohne Zweifel als Beschreibung der frühesten Geschichte der Menschheit verstanden wissen.

6. Wir werden die P. als ganze - von Einzelzügen abgesehen - kaum für *urisraelitisches* Gut halten können; wahrscheinlich haben die Israeliten die Vorstellungen vom Paradiese - wobei vielleicht noch eine Erzählung über den »Garten« von einer anderen über das »Land Eden« zu unterscheiden ist - erst im Kulturlande bei den *Kanaanäern* kennengelernt. Im Unterschied zur → Sintflut-Erzählung ist aber eine unmittelbare außerbiblische Parallele bisher nicht entdeckt worden. Immerhin wissen wir von altorientalischen Vorstellungen mannigfacher Art über den → Himmelsberg und den Gottesgarten, den → Lebensbaum und das → Lebenswasser, die Keruben und das göttliche Wesen des Blitzes, das das zuckende Flammenschwert (3, 24) zweifellos repräsentiert. Gemein-orientalisch ist der Mythos vom → Urmenschen (oft als eine Art Halbgott gedacht), der im → Urstand ohne Sünde ist. Die entscheidende Umprägung erhielten die Stoffe dann allerdings erst auf israelitischem Boden, und durch den Jahwisten hat die P. ihre jetzige eindrückliche Gestalt bekommen.

7. Später hinzugekommen ist die gelehrte Notiz 2, 10-14, die bereits eine Art *antiker Erdkarte* entwirft; der Verfasser weiß von vier gewaltigen Strömen mit einem gemeinsamen Quellfluß, der im - hoch im Norden gelegenen - Paradiese entspringt. Die Vorstellungen sind jedoch im einzelnen recht unklar; vielleicht entstammen sie dem babylonischen Kulturkreise (Hölscher).

8. Der Vers 3, 15 hat in der christlichen Auslegungsgeschichte (s. Lit. zu → Genesis) als das sog. *»Protevangelium«* eine wichtige Rolle gespielt: man sah darin eine Weissagung des Sieges Christi über den durch die → Schlange symbolisierten Satan, eines freilich mit dem Tode des Erlösers erkauften Sieges. Mit dieser christologischen Deutung ist in der röm.-kath. Kirche eine mariologische verbunden, die sich auf die (unrichtige) Übersetzung der Vulgata (»ipsa conteret caput tuum« statt »ipse...«) stützt und in Maria die neue Eva sieht, so wie Christus der neue Adam ist. Vom Wortsinn der Stelle her lassen sich solche Auffassungen keinesfalls halten; 3, 15 meint nichts anderes als die für alle Zeiten bestehende, sich in einem ständigen Kampfe ohne Entscheidung manifestierende Todfeindschaft zwischen Schlange und Mensch.

Außer den Komm. zur → Genesis u. Abhandlungen zur Urgeschichte: J.MEINHOLD, Die Erzählungen vom Paradies u. Sündenfall (Festschr. K.Budde [BZAW 34], 1920, 122-131) - H.GRESSMANN, Die Paradiessage (Festg. A.v.Harnack, 1921, 24-42) - DERS., Der Eingang ins Paradies (AfO 3, 1926, 12) - H.TH.OBBINK, The Tree of Life in Eden (ZAW 46, 1928, 105-112) - A.HERRMANN, Die Erdkarte der Urbibel, 1931 - HANS SCHMIDT, Die Erzählung von Paradies u. Sündenfall (SgV 154), 1931 - J.BEGRICH, Die P. Eine literargeschichtl. Studie (ZAW 50, 1932, 93-116) - K.BUDDE, Die bibl. Paradiesesgesch. (BZAW 60), 1932 - DERS., Neuestes zur Paradiesesgesch. (ChW 46, 1932, 198-208) - H.BERGEMA, De boom des levens in Schrift en historie, 1938 - P.HUMBERT, Études sur le récit du paradis et de la chute dans la Genèse, 1940 - P.A.H.DE BOER, Genesis 2 en 3: het verhaal van den hof in Eden, 1941 - J.COPPENS, De Kennis van God en Kwaad in het Paradijsverhaal, 1944; franz. 1948 - G. HÖLSCHER, Drei Erdkarten, 1949 - H.J.STOEBE, Gut u. Böse in der jahwist. Quelle des Pentateuch (ZAW 65, 1953, 188-204) - G.PIDOUX, Encore les deux arbres de Genèse 3 (ebd 66, 1954, 37-43) - J.PEDERSEN, The Fall of Man (Interpretationes ad VT pertinentes S.Mowinckel septuagenario missae, 1955, 162-172) - J.DUS, Zwei Schichten der bibl. Paradiesgesch. (ZAW 71, 1959, 97-113) - M. METZGER, Die P. Die Gesch. ihrer Auslegung von J.Clericus bis W.M.L.de Wette, 1959 - H.RENCKENS, Urgesch. u. Heilsgesch. Israels Schau in die Vergangenheit nach Gen 1-3, 1959. *F.Hesse*

Paradoxie. Eine P. (im weiteren Sinn) ist ein Satz, der παρὰ δόξαν ist, der also einer verbreiteten δόξα widerspricht, wobei δόξα hier mehr eine *Erwartung* als eine *Meinung* bezeichnet. P.n haben also einen Überraschungseffekt wie etwa musikalische Erwartungstäuschungen. → Cicero definierte P.n als »mirabilia contraque opinionem omnium« (Parad. Stoic., Prooem. § 4). Nun ist dem common sense entgegen sowohl das offensichtlich Falsche wie das tiefliegende Wahre. Eben darum geraten neue Einsichten, die der gewöhnlichen Weltansicht nicht bloßes Zulernen, sondern Umlernen abfordern, in das Zwielicht der P. Prägnant spricht → Schopenhauer von dem »kurzen Siegesfest der Wahrheit zwischen den langen Zeiträumen, wo sie als paradox verdammt und als trivial geringgeschätzt wird« (Vorr. zur 1. Aufl. von »Welt als Wille und Vorstellung«, 1819). Es liegt in der Natur der Philosophie, daß sie sich auch ungesucht das Odium der P. zuziehen muß. Fast alle wirksamen Lehrsätze der Philosophie seit den Vorsokratikern, bes. wo sie in Kurzformeln auftreten, haben als P.n gewirkt, zB die Sprüche → Heraklits, der Homomensurasatz des Protagoras, → Sokrates' These, es sei besser Unrecht zu leiden als zu tun, → Platons Vindikation der eigentlichen Realität für die → Ideen, → Aristoteles' Satz, die Wirklichkeit sei früher als die Möglichkeit. Sprichwörtlich wurden die P.n der → Stoa, zB der Satz, alle sittlichen Verfehlungen seien gleichwertig. Entsprechendes gilt für gewisse Theoreme in der Neuzeit, zB bei → Rousseau, → Mandeville, → Hegel, Proudhon, → Nietzsche.

In der modernen Philosophie der → Logik hat der Ausdruck P. eine terminologische Verengung erfahren: Während eine → Antinomie dort vorliegt, wo sich (anscheinend) ein Satz p und sein kontradiktorisches Gegenteil *non-p* beide stringent *beweisen* lassen, spricht man von einer P., wenn aus der Wahrheit eines Satzes p selbst die Wahrheit von *non-p* logisch zu folgen scheint. Man unterscheidet *semantische* und *logisch-mathematische* P.n, je nachdem, ob in ihrer Formulierung metasprachliche Ausdrücke, wie »wahr«, »falsch«, »beweisbar« u.ä. (→ Semantik) auftreten oder nicht. Das bekannteste Beispiel einer semantischen P. ist der antike »Epimenides«, der sich auf die Form bringen läßt: »Ich lüge jetzt«. Dieser Satz ist falsch, wenn er wahr ist und umgekehrt. Schwerer wiegen die logischen P.n, bes. die von Russell entdeckte P. der Klasse aller Klassen, die nicht Elemente ihrer selbst sind. Diese Klasse sei w. Für beliebige Klassen gilt: x ist ein Element von w, wenn und nur wenn x nicht Element von x ist. Setzt man nun für x vielmehr w ein, so erhält man: w ist ein Element von w, wenn und nur wenn *w nicht* ein Element von *w* ist. Hier waren alle bis dahin bekannten Gesetze der Logik gewahrt; um die P. zu vermeiden, mußten die Grundlagen der Logik und Mathematik in einer noch heute unter dem Titel »Typentheorie« fortgesetzten Diskussion revidiert werden.

A.RÜSTOW, Der Lügner, 1910 - B.RUSSELL, Introduction to Mathematical Philosophy, London 1919 - H.LIPPS, Die P.n der Mengenlehre (Jb. f. Philos. u. phän. Forsch. 5, 1923, 561-571) - P.FINSLER-H.LIPPS, Über die Lösung von P.n (Philos. Anz. 2, 1928, 183-203) - R.HEISS, Logik d. Widerspruchs, 1932 - K.SCHILDER, Zur Begriffsgesch. des Paradoxon, 1933 - E.STENIUS, Das Problem der logischen Antinomien, Helsinki 1949 - H.SCHRÖER, Die Denkform der Paradoxalität als theol. Problem, 1960. *G.Patzig*

Paraguay, südamerikanischer Staat mit 1,5 Mill. Einwohnern, Landessprache Spanisch, Volkssprache Guaraní; Landeshauptstadt ist Asunción (Name vom Gründungstag Mariä Himmelfahrt, 15.8.1537). P. hat ausgesprochene Mischbevölkerung, wobei der einheimische Teil stark überwiegt. Rassengegensätze sind nicht vorhanden. - Die Geschichte P.s beginnt mit der Entdekkung und Eroberung Südamerikas. Die Spanier Juan Diaz de Solís, Juan de Ayolas und Salazar stehen an erster Stelle der Frühgeschichte P.s. Spaniens Herrschaft endete im 19.Jh. Am 14.5.1811 wurde P. Republik. Rodríguez de Francia (1814-40), sein Neffe Carlos Antonio López (1840-62) und dessen Sohn Francisco Solano (1862-70) sind die regierenden Männer des 19.Jh.s. Kriege mit den Nachbarstaaten → Argentinien, → Brasilien und → Bolivien brachten P. große Verluste und nur äußerst bescheidene Erfolge. Das Aufkommen der Technik im 20.Jh. führte P. aus der Abgeschlossenheit seiner Binnenlage heraus. - Mit den span. Eroberern kam die *röm.-kath.* Kirche nach P. Die »Indianerfrage« (unmenschliche Behandlung der »Indios« u.a.m.) zu lösen, übernahm der → Jesuiten-Orden (seit 1609). Er sollte die Indios sammeln und sie zu »Bürgern« erziehen. Die Jesuiten erhielten dazu alle Freiheiten, ja sogar eine gewisse Staatsgewalt in ihren Missions-Niederlassungen (»Jesuitenstaat« 1631-1767). Die Missionen lagen vornehmlich im spanisch-portugiesischen Interessengebiet und hatten von Anfang an unter den Streitigkeiten und Fehden beider Parteien zu leiden. Sie mußten schließlich paranáabwärts, dh nach Süden ausweichen (*reducciones* = Ansiedlung bekehrter Indianerstämme). Aber auch hier blieb den Jesuiten Haß und Mißgunst ihrer (kath.) Umgebung nicht erspart. Sie wurden auf Betreiben ihrer Gegner von staatlicher Seite des Landes verwiesen. Die »indianischen« Reduktionsbewohner zerstreuten sich wieder in die Wälder, die wuchtigen Kirchen- und Verwaltungsgebäude des ausgedehnten Missionsgebietes verfielen. Trotz großer Erfolge scheiterten die Jesuiten an der primitiven und unselbständigen Art der Indios und an den politisch-wirtschaftlichen Verhältnissen jener Zeit. - Im 19.Jh. begann auch in religiöser Beziehung eine neue Entwicklung. Die kath. Kirche blieb die bevorzugte kirchliche Einrichtung des neuen republikanischen Staatswesens. Sie ist in einer Kirchenprovinz (Erzbistum Santísima Asunción mit 2 Suffraganbistümern) und 2 Apostolischen Vikariaten organisiert. Aber auch nichtkath. Einwanderer kamen ins Land und wurden geduldet. An den öffentlichen Schulen wird kein Religionsunterricht erteilt. Zum Ausgleich unterhält die kath. Kirche viele Kirchenschulen und seit 1960 eine von der derzeitigen Regierung geförderte kath. Universität. Seit Jahrzehnten gibt es aber auch eine Anzahl nichtkath. Missionsgruppen in P., zT mit eigenen Schulen, Krankenhäusern und anderen Einrichtungen, die sich auch unter der überwiegend kath. Bevölkerung P.s großer Beliebtheit erfreuen. - Die Zahl der *ev.* Christen in P. betrug 1957 (nach WChH) 22839. Durch Einwanderung entstanden die Gemeinden der → Mennoniten (Menno, Fernheim u.a.), der Hutterer (→ Huter) - jetzt »Bruderhof-Gemeinschaft« (Primavera) - und der beiden deutschen ev. Pfarrämter in Hohenau und Asunción. - Vgl. → Südamerika, Mission.

J.PFOTENHAUER, Die Missionen der Jesuiten in P. I-III, 1891-93 - P.PASTELLS-J.MATEOS, Hist. de la Companía de Jesús en la provincia del P. I-VI, Madrid 1912-46 - M.FASSBINDER, Der Jesuitenstaat in P., 1926 - A.N.SCHUSTER, P., Land, Volk, Gesch..., 1929 - G.O'NEILL SJ, Golden Years on the P. A Hist. of the Jesuit Missions from 1600 to 1767, London 1934 - W.QUIRING, Deutsche erschließen den Chaco, 1936 - C.LUGON, La République communiste chrétienne des Guaranis (1610-1768), Paris 1949 - J.W.FRETZ, Pilgrims in P. The Story of Mennonite Colonization in South America, Scottdale/Pa. 1953 - M.MÖRNER, The Political and Economic Activities of the Jesuits in the La Plata Region, Stockholm 1953 - G.AIGNER, Der Jesuitenstaat in P. u. seine Wirtschaft (Diss. Wien), 1959 (Masch.). - Vgl. ferner die Arbeiten von MECHAM, MONTALBAN, HERMAN u. OBERMÜLLER (→ Mexiko: II, → Peru). *K.Richert*

Paraklet (nicht »Tröster« [so zuletzt Davies], sondern »Fürsprecher«, »Beistand«) heißt in 5 relativ locker im Kontext der Abschiedsreden des → Johannesevangeliums haftenden Sprüchen (14, 15-17. 25f; 15, 26; 16, 4b-11. 12-15) der von Jesus den Jüngern verheißene → Geist (: IV, 5), 14, 16 implizit auch Jesus selbst, 1Joh 2, 1 der Erhöhte. Im Rahmen der johanneischen Theologie dient der Begriff primär dazu, den Sachzusammenhang zwischen der historischen Kontingenz Jesu und der eschatologisch qualifizierten Verkündigung von ihm herauszuarbeiten. Die Kontroverse über den religionsgeschichtlichen Ursprung der P.figur ist durch die Einsicht zu überwinden, daß der at.-jüdische (Behm), der heterodox-jüdische (Cross) und der gnostische (Bultmann) Bereich sich nicht ausschließen, sondern daß im P.en Züge der jüdischen »Fürsprecher«gestalt, des Messias, des Menschensohns (Bornkamm), des Vorläufer-Vollender-Schemas und des mandäischen »Helfers« konvergieren (Schulz). Die Geschichte des Begriffs in der alten Kirche ist äußerst komplex. Einerseits wirkt die johanneische P.idee stark nach (erstmals bei → Montanus), anderseits beeinflußt die verzweigte jüdische Vorstellung von 2 obersten himmlischen Fürsprechern die trinitarische Begriffsbildung und die Gebetssprache (Kretschmar, anders Barbel).

R.BULTMANN, Das Evangelium des Joh. (MeyerK II[10] 15), (1941) 1957, 437ff - G.BORNKAMM, Der P. im JohEv (Festschr. R.Bultmann, 1949, 12-35) - ThW V, 798ff (J.BEHM); VI, 387. 441ff (Lit.) - J.G.DAVIES, The Primary Meaning of παράκλητος (JThS NS 4, 1953, 35-38) - H.BECKER, Die Reden des JohEv (FRLANT NF 50), 1956, 98ff - G.KRETSCHMAR, Studien zur frühchristl. Trinitätstheol. (BHTh 21), 1956, 109ff. 120ff. 215ff (dazu C.ANDRESEN, ThLZ 84, 1959, 84ff) - O.CULLMANN, Die Christologie des NT, (1957) 1958², 106f - S.SCHULZ, Unters.en zur Menschensohn-Christologie im JohEv, 1957, 142ff - J.DANIÉLOU, Trinité et Angélologie dans la théol. judéo-chrétienne (RechSR 45, 1957, 5-41) - F.M.CROSS jr., The Ancient Library of Qumran, 1958, 159ff - J.BARBEL, Zur »Engels-Trinitätslehre« im Urchristentum (ThRv 54, 1958, 50-58). *G.Klein*

Paralipomena Jeremiae. Die auch Reliqua verborum Baruch bzw. Jeremiae genannte Schrift ist griechisch seit 1609 bekannt und außerdem äthiopisch, armenisch und slawisch erhalten. Nach Verbergung der Tempelgeräte zieht → Jeremia mit dem Volk nach Babylon (1-4); vorher läßt er einen Äthiopen in Agrippas Weinberg Feigen holen, der daselbst jedoch einschläft und erst nach 66 Jahren nach Jerusalem zurückkehrt (5). Hier trifft er Baruch, der durch einen wundertätigen Adler Jeremia den göttlichen Auftrag gibt, das Volk unter Ausscheidung der Fremden zurückzuführen. Die Heimkehrer, die ihre fremden Frauen behalten, dürfen Jerusalem nicht betreten und gründen, da auch in Babylon abgewiesen, Samaria (6–8). Beim Opfer sinkt Jeremia wie tot nieder; da er, nach 3 Tagen wiederbelebt, Christus preist, steinigt ihn das Volk mit seiner Erlaubnis (9). – Das ursprünglich jüdische, aus heterogenen Motiven bestehende und von ApkBar(syr) (→ Baruchschriften, 2) abhängende Pseudepigraphon hat eine antisamaritanische Tendenz und verdankt seine heutige Form sekundärer christlicher Bearbeitung um 100–140 nChr.

A.DILLMANN, Chrestomathia aethiopica, (1866) 1950, 1–15 – P.CERIANI, Monumenta Sacra et Profana V/1, 1868, 9–18 – R.HARRIS, The Rest of the Words of Baruch, 1869 – A.v.HARNACK, Gesch. d. altchristl. Litt. I/2, (1893) 1958, 852 – KAUTZSCH, AP II, 402f – RE XVI, 262 – SCHÜRER III, 393ff. *R.Meyer*

Paramente

1. Begriff – 2. Geschichtlich – 3. Ev. Paramentik im 19.Jh. – 4. Seit 1900 – 5. Materialien, Gestaltung, Gebrauch. – Vgl. → Kunsthandwerk: II, → Liturgie: VI, 1

1. P. (von parare) sind die für den Schmuck und die Bekleidung des → Altars (: III) und anderer kultischer Einrichtungsgegenstände benötigten Textilien sowie die liturgischen Gewänder. Letztere sind in Auswirkung der ökumenischen Begegnung der Kirchen und der liturgischen Bewegung auch in den außerdeutschen reformatorischen Kirchen weithin in Wiederaufnahme gekommen. Der Begriff P. sollte nicht über die Textilien hinaus auf die gesamte Inneneinrichtung des gottesdienstlichen Raumes ausgedehnt werden.

2. In vorkarolingischer Zeit sind wir für das Aussehen der P. fast ganz (vgl. → Kunsthandwerk: II, 1) auf bildliche Darstellungen und literarische Überlieferung angewiesen. Erst vom Ende des 1.Jt.s an haben sich insbesondere liturgische Gewänder ganz oder in Resten erhalten. Die Ausstellung in München (1955; s. Lit.) ließ überzeugend die Zeit der Ottonen und Salier als die klassische Zeit der Paramentik erkennen, ebenbürtig den besten Malereien und Skulpturen der Zeit (→ Malerei: II). Bei aller Vielfalt im einzelnen haben die sakralen Gewänder dieser Epoche den strengen Adel einer Form, die Symbol für eine übersinnliche Wirklichkeit sein will. Bei der Wahl des Materials stehen die Erzeugnisse byzantinischer Hofmanufakturen voran. Die Stoffe der bedeutsamsten P. auch noch des hohen MA sind byzantinischer und islamischer Herkunft. Die Höhe der Kunstfertigkeit bilden die Stickereien. Ein heraldisch und knapp formuliertes Dekor entspricht dem großgeformten Zuschnitt der Gewänder. Durch Goldstickerei erhalten die Textilien den magischen Glanz von Goldschmiedearbeiten. Auch Perlen und Edelsteine finden Verwendung. – Ein entscheidender Wandel vollzieht sich im 13.Jh. Die Gewänder verlieren ihren großartigen Gewandcharakter. Das gotische Ornat erstrebt zunehmend die Betonung von »Schauseiten«. An die Stelle des Ornaments tritt mehr und mehr eine bildhafte Darstellung. Die Einführung des liturgischen Farbenkanons verdrängt eine Farbenwahl, die vornehmlich der sakralen Würde Ausdruck gibt. Es ist charakteristisch, daß die liturgische Literatur nicht mehr, wie noch im 12.Jh., die sakrale Gewandung auf den Osterhelden und Pantokrator, sondern auf den leidenden Erlöser deutet. Der Gekreuzigte wird zum Leitbild des gotischen Meßgewandes. Die spätere Entwicklung in Renaissance, Barock und Rokoko zeigt das gleiche Gefälle zum bildhaft Dekorativen und entfernt sich immer mehr vom Urbild der antiken Gewandung. Das 19.Jh. erreicht mit dem Einfluß der Industrie auf die P.nproduktion einen Tiefpunkt des Verfalls. – Eine wirkliche Erneuerung konnte durch den Rückgriff des 19.Jh.s auf die Vorbilder vergangener Stilepochen nicht erreicht werden. Es bedurfte erst der liturgischen Erneuerungsbewegung (→ Gottesdienst: VI, 2. 3) und des kühnen Experiments im → Kirchenbau (: V), um zu einer Besinnung auf die immer neu gestellte Aufgabe zu kommen. Es muß jeweils die Form neu gefunden werden, die der Handlung angemessen, ihrer Gebärdensprache zu dienen fähig ist und neben den erlesenen Geweben und der edlen Form keiner zusätzlichen Bereicherung bedarf. Führend in diesem Bestreben wird die Werkstätte der Kapuzinerin Sr. M.Augustina Flüeler im Kloster St. Klara in Stans bei Luzern. Daneben sind selbständige Künstlerinnen und klösterliche Werkstätten (zB das Benediktinerinnen-Kloster in Herstelle) in gleicher Richtung am Werk. Es ist kein Zufall, daß diese Bemühungen, ohne irgendwie nachzuahmen, in der Grundhaltung der klassischen Epoche der Paramentik (s.o.) nahe kommen.

3. Eine spezifisch *ev. Paramentik* hat sich nur in sehr geringem Maße entwickelt. In der Mitte des 19.Jh.s wurde in den letzten Gemeinden des deutschen Luthertums die liturgische Kleidung abgelegt und mußte der vom preußischen König für alle »Religionsdiener« verordneten → Amtstracht weichen. W. → Löhes Wunsch nach Wiedereinführung der liturgischen Gewandung wurde nicht erfüllt. So blieb die Paramentik im wesentlichen auf die Bekleidung der liturgischen Gegenstände, des Altars, der → Kanzel und des → Lesepults, der vasa sacra beschränkt. Stilistisch machte sich auch hier die Abfolge der Gesamtstile Renaissance, Barock usw geltend. Die → Romantik weckte das Verlangen nach reicherer, an die romanisch-gotischen Vorbilder anknüpfender Ausstattung der Kirchen. Die besten Arbeiten gehen wohl auf unmittelbare Anregung Friedrich Wilhelms IV. zurück. Mit seinem Votum »Vom Schmuck der hl. Orte« (1858; hg.v. A.Rickert, 1949) stand W. Löhe in seiner Zeit allein. Auch er lebte in den Anschauungen der Spätromantik und war angewiesen auf die erst beginnende kunstgeschichtliche Forschung. Seine Bedeutung liegt darin, daß er als Erster zu theologisch fundierter Besinnung auf die Aufgaben der Paramentik aufrief, sie in → Neuendettelsau als einen Zweig der diakonischen Arbeit verstehen lehrte und die erste P.nanstalt im ev. Raum gründete, Vorbild für zahlreiche andere. Freilich kann alle Hingabe und Sorgfalt der P. schaffenden Diakonissenhäuser nicht darüber hinwegtäuschen, daß hier eine schwächliche Nachahmung im Sinne der → Nazarener waltete. Die billige industrielle Herstellung kultischer Gebrauchsgegenstände bezeichnet dann den Tiefpunkt der Entwicklung.

4. Vornehmlich aus dem Kreis der Architekten entsteht um 1900 eine Gegenbewegung, die auf das sich damals neu belebende → Kunsthandwerk (: II, 8) zurückgreift. Eine wirkliche Wendung führt erst das Lebenswerk Rudolf → Kochs herauf, der über seine Bemühungen um Schrift und Zeichen zur Gestaltung kultischer Gebrauchsgegenstände aller Art gelangte. Durch den Anschluß an den »Niedersächsischen P.nverein« (führende Werkstätte und Schule zur Ausbildung der Handwerkerinnen das luth. Kloster St. Marienberg bei Helmstedt) hat sich eine größere Zahl von Werkstätten dem Einfluß des Meisters geöffnet. Ihre Arbeiten sind ausgezeichnet durch sorgfältige handwerkliche Herstellung und Verarbeitung der Stoffe. Schlichte, strenge Symbolik verrät den unmittelbaren Einfluß Kochs. Ihm gelingt es, eine Symbolik von überzeugendem Gepräge aus der großen Überlieferung des MA für die Gegenwart zu erheben und ebenso die Schrift zB in seinen großartigen Schriftteppichen so zu verwerten, daß keine kritische Frage aufkommen kann. Gleichwohl bestehen Bedenken gegenüber der Verwendung der Schrift im gottesdienstlichen Raum als einer zusätzlichen Inanspruch-

nahme des reflektierenden Bewußtseins. - Neben der von R.Koch beeinflußten hat es auch eine von den allgemeinen künstlerischen Tendenzen der Zeit, vorab dem → Expressionismus (: I), bestimmte Bewegung gegeben, die stärker zum Bildhaften neigte. Bes. ist hier Elisabeth Coester zu nennen, die einige Jahre die P.nanstalt in Eisenach geleitet hat. Hervorragendes Beispiel ihrer P.nkunst ist der Wandteppich in der Kreuzkapelle der Universitätskirche zu Marburg/L.

In jüngster Zeit wird dem handwerklichen Schaffen nicht mehr die überragende Bedeutung zugestanden wie in den Anfängen einer erneuerten P.nkunst. Der Architekt konstruiert kirchliche Geräte in Formen, die der maschinellen Fertigung gemäß sind. Die Parolen sind: anspruchslose Sachlichkeit, Verzicht auf Ornamentik, Zurückdrängung aller Symbolik zugunsten der »reinen, zweckhaften« Form. Der Technik wird eine dem Handwerk ebenbürtige Bedeutung zugestanden, die Leidenschaft handwerklicher Bemühung als Romantik verdächtigt und in ihren Motiven nicht verstanden. Gegenüber diesen Bestrebungen, die sich keineswegs auf den Raum einer Konfession beschränken, erhebt sich die Frage, ob hier nicht die entscheidende Dimension alles kultischen Gestaltens verkannt wird. Kultische Gestaltung ist sachnotwendig symbolische Gestaltung. Kultische Gegenstände sind, recht verstanden, immer auch Ausdruck für das liturgische Handeln und Hilfe seiner Gebärdensprache, nicht nur technisch zweckmäßiges Gerät. Abwegig ist es jedenfalls, diese Tendenzen als Ausdruck eines neu erwachten spezifisch prot. Bewußtseins zu deuten.

5. Während die röm.-kath. Kirche bis ins Einzelne gehende Vorschriften für die P., ihre *Materialien,* ihre *Gestaltung,* ihren *Gebrauch* hat, bildete sich auf ev. Seite erst in den letzten Jahrzehnten ein gewisser consensus heraus. So ist es wohl heute allgemein üblich, ein völliges Verhüllen des Altars zu vermeiden, vielmehr seine Ausbildung allermeist als Tisch zu zeigen. Die liturgischen → Farben (, 2) werden entweder durch in der Mitte der Mensa herabhängende P. oder im Überhang der die Tischplatte bedeckenden farbigen Decke gezeigt. Doch kommen auch reich gearbeitete Frontale vor. Allgemein hat sich wohl durchgesetzt, daß der Altar jedenfalls während der Mahlfeier mit dem weißleinenen Tischtuch bedeckt ist, das auf beiden Schmalseiten tief herabhängt. Es empfiehlt sich, außerhalb des Gottesdienstes diese eigentliche Altarbekleidung durch eine Staubdecke (in den liturgischen Farben) zu schützen. Als Material wird möglichst nur handgewebte reine Wolle bzw. Leinen verwandt, selten auch Seide. Die Verwendung von Textilien für Kanzel und Lesepult beschränkt sich auf die Pultdecken. Die Tücher für die vasa sacra sind im Unterschied zum röm. Brauch (farbige Seide) in der ev. Kirche zumeist aus weißem Leinen. Zumindest sollten außer dem weißleinenen Tischtuch Velen zum Verhüllen der Gefäße in Gebrauch sein. Diese Leinentücher bieten Gelegenheit zur Verzierung durch die Kunst der Weißstickerei (Durchbruchsarbeiten), die, früher in hoher Blüte stehend, neuerlich bemerkenswerten Aufschwung genommen hat. Hervorragende Arbeiten zeigt die Werkstätte des Klosters St. Klara und die von Frau Thielmann in Willingshausen, die an die Überlieferung der bäuerlichen Schwalm und ihre Motive anknüpft. Spitzen sollten nur als Handarbeit Verwendung finden. - Seitdem R.Koch durch seine Schriftteppiche den Wandteppich für den Kultraum gleichsam neu entdeckt hat, ist die Bildweberei für solche Behänge zur Betonung des Altarraums, der Stätte der Taufe usw, seltener auch zur Ausschmückung des Kultraumes an hohen Festtagen oder zum Verdecken der Altarbilder in der Fastenzeit (Hungertücher) neuerlich in Übung gekommen. Auch der bildlose, nur farblich gut eingestimmte Teppich hat sein Recht. Bes. verdienstlich waren die Bemühungen E.Coesters, durch Vorlagen für Kreuzsticharbeiten das Verlangen von Frauenkreisen in den Gemeinden, eigenhändig zum Schmuck des Gotteshauses beizutragen, in die rechte Bahn zu leiten. Auch R.Koch hat hier durch Vorzeichnungen und technische Anleitung Hilfe geleistet. Ein gutes Beispiel solcher »Laienarbeit« ist der Schriftteppich hinter der Kanzel der Universitätskirche zu Marburg.

W.Löhe, Vom Schmuck der hl. Orte, (1858) hg.v. A.Rickert, 1949 (Lit., Verzeichnis der P.nwerkstätten) - J.Braun, Hdb. der Paramentik, (1912) 1924[2] - Ders., Die liturg. P. in Gegenwart u. Vergangenheit, 1924 - Ders., Praktische P.nkunde, 1924 - R.Koch, Das Zeichenbuch, 1926 - Ders., Christl. Symbole, o.J. (1932-34) - Katalog der R.Koch-Ausstellung, 1928 - O.Beyer, Zur Frage einer neuen Paramentik (Kunst u. Kirche 6, 1929/30, 12-23) - Ders., Protestantismus u. Kunst (in: C.Schweitzer, Das relig. Deutschland der Gegenwart II, 1929, 394-397) - Neue ev. Gebrauchskunst, Katalog, hg.v. Kunst-Dienst, 1930 - W.Wendland, Kunst im Zeichen des Kreuzes, 1934 - Hl. Schmuck, hg.v. der engeren Arbeitsgemeinschaft des Vorstandes der Marienberger Vereinigung für Ev. Paramentik, 1935 - RDK I, 442ff. 469ff (Altarantependium, -bekleidung) - Sr. M.Augustina Flüeler, P., 1949 - Chr.Mahrenholz, Die liturg. Gegenstände u. Geräte des Kirchenraums, 1949 - W.Lotz, Das hochzeitl. Kleid, 1949 - R.Stählin, Was uns die Paramentik sagen will (Schriftenreihe für die ev. Mutter), o.J. - A.Henze, Kirchl. Kunst der Gegenwart, 1954 - Leiturgia I, 417f (Lit.) - Sakrale Gewänder des MA. Katalog der Ausstellung im Bayr. Nationalmus. München, 1955 - EKL III, 57ff (Lit.). - Vgl. die Lit. zu → Kunsthandwerk: II.

K.B.Ritter

Parapsychologie. Die kritische Untersuchung der sog. okkulten (→ Okkultismus) oder - da sie bes. durch Vermittlung von bestimmten, Medien genannten Personen auftreten - mediumistischen Phänomene ist Gegenstand eines Grenzgebietes der → Psychologie (: I), das seit M.Dessoir (1886) P. genannt wird. Derartige Phänomene sind: 1. *paragnostische* »Wahrnehmungen«, die ohne nachweisbare Vermittlung durch Sinnesorgane zustande kommen (sog. extrasensorische Perzeption: ESP), zB das Feststellen verdeckter oder in übergroßer Entfernung befindlicher Gegenstände und das Feststellen von Mikrostrukturen außerhalb der Wahrnehmungsmöglichkeit (sog. *Hellsehen*), das unvermittelte Feststellen von seelischen Gegebenheiten anderer Individuen in Form von Gedankenübertragung u.a. (sog. *Telepathie*), das Feststellen von Vergangenem in Form vergegenwärtigender Akte (sog. *Psychometrie*) und das vergegenwärtigende Feststellen zukünftiger Ereignisse (sog. *Prophetie* oder *Präkognition*); 2. *parakinetische* Effekte wie Verschwinden eines Gegenstandes und Wiederauftauchen an anderer Stelle (sog. *Telekinese*) und Auftauchen von in Schleiern und Geweben eingehüllten materiellen Gebilden, die Phantome genannt werden (sog. *Materialisationen*), sowie Auftreten von *Spuk-* und *Geistererscheinungen* in der Umgebung von Medien. - Die parapsychischen Phänomene sind inkommensurabel sowohl gegenüber den normalen psychischen als auch gegenüber denjenigen abnormen psychischen Phänomenen, die mehr oder weniger hochgradige Varianten der Norm sind; sie sind in dieser Beziehung vergleichbar gewissen, ebenfalls inkommensurablen psychotischen Phänomenen, unterscheiden sich jedoch von diesen dadurch, daß sie nicht auf krankhafte psychische Funktionen zurückführbar sind. H.Driesch (1932) hat als erster Kriterien zur Beurteilung der Echtheit solcher paranormaler psychischer Phänomene angegeben. Danach kann für die sog. physischen Phänomene wie Spuk, Materialisationen, Apporte nur eine sehr geringe tatsächliche Wahrscheinlichkeit angenommen werden, eine etwas größere für Präkognition, eine so große, daß mit ihrer Tatsächlichkeit zu rechnen ist, für die Phänomene der spontanen und provozierten Telepathie, Hellsehen und Psychometrie. J.B.Rhine hat dann an der Duke Univ. (USA) großangelegte experimentelle Untersuchungen mit statistischen Auswertungsverfahren vorgenommen. Diese Experimente versuchten eine telepathische Funktion durch die Ermittlung von überzufälligen Feststellungen der Lage automatisch gemischter Karten und eine telekinetische Funktion durch Ermittlung von überzufälligen Ergebnissen bestimmter vorher intendierter Würfelwürfe zu gewinnen. Die weitere Forschung wird heute neben dem parapsychologischen Laboratorium der Duke Univ. vor allem von der Society for Psychical Research in London und vom Parapsychology Foundation Laboratory New York durchgeführt. In Deutschland ist seit 1954 ein Lehrstuhl für P. und ein entsprechendes Institut an der Univ. Freiburg eingerichtet (Leitung: H.Bender). Das Ergebnis der kritisch-parapsychologischen Forschungen ist die Wahrscheinlichkeit einer sog. extrasensorischen Fähigkeit, die paragnostische und parakinetische Effekte zeitigt und welche als Psi-Funktion bezeichnet wird. Hauptanliegen weiterer Forschungen ist gegenwärtig die Ausarbeitung von Verfahren, die eine exakte Feststellung jener Effekte gewährleisten, und die Ermittlung der Aktualisierungsbedingungen sowie die Untersuchung von sog. sensitiven Personen, die über bes. ausgeprägte parapsychische Fähigkeiten verfügen.

H.Driesch, P., (1932) 1952³ - J.B.Rhine, New Frontiers of the Mind, dt.: Neuland der Seele, 1938 - Ders., New World of the Mind, New York 1953 - E.Bozzano, Populi primitivi e manifestazioni supernaturali, dt.: Übersinnliche Erscheinungen bei Naturvölkern, 1948 - H.Bender, P., 1953 - S.G.Soal-F.Bateman, Modern Experiments in Telepathy, Yale Univ. Press 1954 - W.H.C.Tenhaeff, Einl. in d. P., 1955 - G.Murphy, Trends in the Study of extrasensory Perception (The American Psychologist 13, 1958, 69-76). - Zs.en: Proceedings of the Society for Psychical Research, London 1886ff - The Journal of the American Society of Psychical Research, New York 1907ff - The Journal of Parapsychology, Durham 1937ff - Zs. f. P. u. Grenzgebiete der Psychologie, Bern 1957ff.

H.Müller-Suur

Parasche → Gottesdienst: III, 2 c.

Paray-le-Monial, franz. Kreisstadt im Département Saône-et-Loire. Die Stadt führt ihren Namen nach einem 973 gegründeten Cluniazenserpriorat (Cluniazenserkirche von 1004, im 12.Jh. neu gebaut). Bis 1789 war P. im Besitz der Abtei Cluny. Durch die Herz-Jesu-Erscheinungen der M.M. → Alacoque wurde P. zu einem Zentralheiligtum des → Herz-Jesu-Kults und zum bedeutenden Wallfahrtsort. Den Höhepunkt bildete die von Msgr. Pie angeregte Wallfahrt von 1873 (über 200 000 Teilnehmer) mit der Weihe Frankreichs an das Herz Jesu.

U.Chevalier, Cartulaire de P.-le-M., Paris 1890 - E.Lecanuet, L'Eglise de France sous la IIIe République I, ebd 1907, 205ff.

E.Jarry

Pareus (Wängler), *David* (1548-1622), ref. Theologe, * in Frankenstein (Schlesien). Schon als Schüler für die Lehre → Melanchthons gewonnen, geriet er in Heidelberg unter den Einfluß von Z. → Ursinus. P. war Pfarrer in der Pfalz, dann Lehrer an der Sapienz und seit 1598 Prof. für AT und NT in → Heidelberg. Er zählte zu den einflußreichsten Theologen der → Pfalz. Neben dem Exegeten P. (Opera Theologica Exegetica, 3 Bde, Genf 1642ff) steht der Dogmatiker und Polemiker: Abendmahlsstreit in Heidelberg, 1604; Prädestinationslehre Dordrecht, 1618; gegen J. → Andreä verteidigt P. die sog. »Neustädter Bibel«, 1587ff; mit Aeg. → Hunnius wechselt er mehrere Schriften, um den Vorwurf judaisierender Irrlehren abzuweisen. P. war ein energischer Gegner der röm. Kirche (Schriften gegen → Bellarmin); aber seine Grundeinstellung war irenisch. In seinem »Irenicum« (1614) erstrebte er auf der Grundlage von Fundamentalartikeln eine Verständigung mit den Lutheranern (→ Einigungsbestrebungen: II, 2 a. b). L. → Hütter (Irenicum, 1616), Sigwart (Admonitio, 1616) u.a. wiesen ihn jedoch scharf zurück.

RE XIV, 686ff - Ritschl IV, 256ff - H.Leube, Kalvinismus u. Luthertum im Zeitalter der Orthodoxie I, 1928 - A.Starke, Fraterna Exhortatio..., Posen 1937 - H.E.Weber, Reformation, Rationalismus, Orthodoxie I/2, 1940 - W.Holtmann, Die pfälz. Irenik im Zeitalter der Gegenreformation (Theol. Diss. Göttingen), 1960 (Masch.; Lit.).

W.Holtmann

Paris

I. Erzbistum - II. Universität - III. Protestantisch-theologische Fakultät

I. Erzbistum

Als Hauptstadt Frankreichs ist P. Sitz eines Erzbischofs mit den Suffraganen Blois, Chartres, Meaux, Orléans und Versailles. Der Vorort des gallischen Stammes der »Parisii« wurde zur röm. Stadt »Lutetiae Parisiorum«. Als erster Bischof erscheint um die Mitte des 3.Jh.s der als Märtyrer verehrte hl. → Dionysius (, 8). 508 erhob Chlodwig P. zu seiner Hauptstadt. In ihren Mauern wohnte die hl. → Genovefa, die nachmalige Stadtpatronin († 512). Sitz des Metropoliten für P. war damals → Sens. Das mangelnde Interesse der Karolinger ließ P. zur Provinzstadt herabsinken; im 9.Jh. wurde P. als Zentrum der kapetingischen Hausmacht wieder Hauptstadt. Von den Bischöfen des Hoch-MA sind bes. → Petrus Lombardus und → Wilhelm von Auvergne bekannt. Unter Bischof Maurice de Sully begann 1163 der Bau der Kathedrale Notre-Dame. Im 13.Jh. war die Universität (→ Paris: II) ein geistiges Zentrum der abendländischen Christenheit. 1219 ließen sich die Franziskaner hier nieder, 1217 die Dominikaner. Am Ende des Jh.s umfaßte das beträchtlich gewachsene Stadtgebiet 36 Pfarreien, und die Oberhoheit des Bischofs erstreckte sich über den größten Teil des rechten Seineufers. In der Reformationszeit trat die streng kath. Stadt an die Spitze der Liga; ihr Widerstand blieb nicht ohne Einfluß auf die Konversion Heinrichs IV. Im 17.Jh. gingen bedeutende religiöse Bewegungen von P. aus: Bérulle (→ Oratorianer), die Seminarien, Innere Mission (→ Vincentius a Paulo), Äußere Mission (Société des Missions Etrangères, 1663), → Jansenismus. 1622 wurde der Bischof zum Metropoliten erhoben. 1959 hatte die Diözese 248 kath. Pfarreien und 102 Kapellen mit 1179 in der Gemeindearbeit stehenden Priestern (96 Pfarreien mit 640 Priestern im Stadtgebiet). Sie hat 5 154 834 Einwohner (2 850 000 im Stadtgebiet) und ist in 6 Archidiakonate unterteilt. 6 Hilfsbischöfe stehen dem Erzbischof zur Seite. Hinzu kommen 8 Ausländergemeinden, ferner die verschiedenen Missionen und Anstaltspfarreien. P. ist Sitz zahlreicher regionaler und nationaler kath. Werke und Vereinigungen.

J.Lebeuf, Hist. de la ville et de tout le diocèse de P., 5 Bde, (1754 bis 1758) Neudr. 1883 - M.Dumolin-G.Outardel, P. et la Seine (les églises), 1936 - J.Rupp, Hist. de l'Eglise de P., 1948 - EC IX, 825ff - R.Barroux, P. des origenes à nos jours et son rôle dans l'hist. de la civilisation, 1951 - Y.Daniel, L'équipement paroissial d'un diocèse urbain: P. 1802-1956, 1957 - A.Friedmann, P., ses rues, ses paroisses, 1959 - AnnPont 1960, 379.

E.Jarry

II. Universität

1. Gründung und Verfassung - 2. Im 13.-16.Jh. - 3. Seit dem 16.Jh. - 4. Institut Catholique

1. Die Universität P., eine der ältesten in Europa, geht nicht auf einen offiziellen Gründungsakt zurück. Die Bezeichnungen »universitas magistrorum«, »universitas

magistrorum et scolarium« erscheinen erstmals 1208 bzw. 1222 in Papsturkunden. Als eine mit Statuten und Privilegien ausgestattete Korporation der Magister und Scholaren (»consortium«) ist die Universität eine Frucht der Entwicklung der bischöflichen Schulen des 12.Jh.s. Die Gründung neuer Schulen auf dem linken Seineufer neben denen auf der Ile de la Cité führte zu Jurisdiktionskonflikten, die durch das Statut Innozenz' III. (1213-15) ihr vorläufiges Ende fanden. Das Statut schränkte die Jurisdiktion des bischöflichen Kanzlers über die Pariser Magister und Studenten stark ein und erkannte die innere Autonomie der Korporation an. Es regelte sowohl den Status der akademischen Lehrer als auch den Lehrplan und sicherte der Korporation das Koalitionsrecht zu. Die Universität bildete somit eine föderative Körperschaft päpstlichen Rechts; Autonomie, korporative Solidarität und unmittelbare Jurisdiktion des Hl. Stuhls blieben die Kennzeichen der folgenden Entwicklung. - Die Bezeichnung »Fakultät« für den Lehrkörper einer der vier seit 1213 zu unterscheidenden Lehrdisziplinen (Theologie, Freie Künste, Kanonisches Recht und Medizin) erscheint erstmals 1219. Die größte war die der Artisten, die die Allgemeinbildung vermittelte und auf das Spezialstudium an den anderen Fakultäten vorbereitete (→ Artes liberales, → Universitäten). Seit 1222 findet sich die landsmannschaftliche Gliederung in »Nationen«, zunächst vier: die französische, pikardische, normannische, englisch-schottische (später »alemannische«). Um die gleiche Zeit fanden die Bettelorden an der Universität Eingang.

Die Mißhandlung von Studenten anläßlich einer Schlägerei durch die Polizei trotz königlichen Privilegs (1200) führte 1229 zu einer schweren Krise. Die Universität trat in den Streik. Vom Auszug der Magister und Scholaren profitierten Toulouse, Angers, Reims, Orléans, Oxford, Italien und Spanien. 1231 war durch päpstliche Intervention der Friede wiederhergestellt. Gregor IX. definierte nochmals das Statut (Bulle »Deus parens scientiarum«, 1231). Unterhandlungen mit den Mendikanten führten 1231 zu einem Abkommen, das in der theol. Fakultät 12 Lehrstühle vorsah, davon drei für die Bettelorden (zwei Dominikaner, ein Franziskaner) und drei für Kanoniker des Pariser Kapitels. Die wesentlichen Rahmenordnungen der Universität stammen aus den Jahren 1215 (Robert von Courçon), 1231 (Gregor IX.), 1249, 1251-53, 1260, 1266 und 1270 (Simon von Brinon), 1276; eingehendere Statuten von 1335, 1350, 1389. Die organisatorische Leitung der Universität lag bei dem von den Artisten auf drei Monate gewählten »Rektor«, der Fakultäten bei einem »Dekan«, der Nationen bei einem studentischen »Prokurator«. Das corpus magistrorum ergänzte sich faktisch durch Zuwahl. Die große Zahl der Studenten (um die Mitte des 13.Jh.s ca 20-30 000) stellte die nicht mehr als 150 000 Einwohner zählende Stadt vor schwierige Probleme. Als karitative Einrichtungen entstanden »Kollegien«, in denen die Studenten Aufnahme fanden, u.a. das berühmte von dem Theologen und Beichtvater Ludwigs d. Hl., Robert von Sorbon, gegründete Collège de Sorbonne (1257). Ende des 13.Jh.s gab es in Paris 52 Kollegien für Artisten, 14 für Theologen sowie zahlreiche in Ordenshäusern errichtete Studentenheime.

2. Die theol. Fakultät weist im 13.Jh. eine stattliche Reihe großer Namen auf. Unter den uns bekannten 308 Magistern (s. Glorieux) waren → Alexander von Hales (vor 1229-38), → Albert d. Gr. (1242-48), → Thomas von Aquino (1256-59, 1269-72), → Bonaventura (1253-57), Raimund → Lullus (1287-89, 1297-99, 1309 bis 1311), → Duns Scotus (1302, 1306-07). An den dogmengeschichtlichen Ereignissen des Jh.s hatte die Universität entscheidenden Anteil. Genannt seien die Konzile von Paris 1210 (gegen → Amalrich von Bena und → David von Dinant) und Lyon 1245, 1274; die Verurteilungen Stephans von Venizy 1241, Johannes' von Brescain 1247, Gerhards von Borgo San Domenico 1254, Wilhelms von St. Amour 1256; die Entwicklung des lat. → Averroismus 1260/70 und seine Verurteilung 1270; Talmudstreit 1242, 1247f; Kampagne gegen die Sonderrechte der Bettelorden 1282/90. - Das beginnende 14.Jh. war zunächst von zwei großen Meistern, → Durandus de S. Porciano (1312-17) und → Petrus Aureoli (1316-20), dann vom Streit um den ockhamistischen → Nominalismus beherrscht. Die Universität stand der Ausarbeitung der Lehre fern; sie fand jedoch rasch Aufnahme und wurde unter Führung von → Buridan und → Marsilius von Inghen heftig diskutiert. Eigenständige Charaktere waren u.a. → Nikolaus von Autrecourt (1320-27), → Petrus von Ailly (1375-95), Johannes → Gerson (1392-1407), Nikolaus Oresme (1362-77). Trotzdem bildete P. nicht mehr das einzige lebendige Zentrum theologischer und philosophischer Arbeit, seitdem neue → Universitäten (vielfach nach P.er Muster) entstanden waren. Von größter Bedeutung war jedoch die Aktivität der Universität im politischen und kirchlichen Leben. Im Kampf zwischen → Bonifatius VIII. und Philipp dem Schönen nahm sie für den König Partei. In den Wirren des Großen Schismas und des Konstanzer Konzils (→ Papsttum: II, 2 c, → Reformkonzile) spielte sie eine so beherrschende Rolle, daß es fast schien, als verwalteten die Pariser Doktoren ein neues Lehramt in der Kirche. Vielfach aus Opportunismus sank die Universität zum rein politischen Instrument herab. Während der englischen Besetzung war die Orientierung englisch, unter der Pragmatischen Sanktion (→ Frankreich: I, 3) gallikanisch. Mehr und mehr geriet die Universität unter die Botmäßigkeit der Krone. 1461 übernahm das Parlament die Funktion eines ordentlichen Gerichts für die Universität, ohne daß Verwahrung eingelegt wurde. Der Studienbetrieb entwickelte sich oft zur bloßen Routine; »gekaufte« Diplome waren keine Seltenheit. Eine immer wieder geforderte Studienreform wurde 1452 vom Kardinallegaten d'Estouteville durchgeführt, hatte aber keine nennenswerten Folgen.

3. Auch zur Zeit des Humanismus und der Reformation blieb die Universität ihrer scholastischen Tradition und feudalistischen Struktur treu. Der besonders konservative theologische Lehrbetrieb konzentrierte sich jetzt hauptsächlich auf die Sorbonne. Auch der artistische Unterricht wurde meist in den Kollegien erteilt, die in ihrer Mehrzahl für den Humanismus und Protestantismus aufgeschlossen waren. Damit zeichnet sich ein scharfer Gegensatz zwischen den Artes und der Theologie ab. - Die Führung im Kampf gegen Humanismus und Reformation zugleich hatte Noël Beda (Bedier), seit 1520 Syndikus der theol. Fakultät. 1521 zensurierte die Fakultät 104 aus den luth. Thesen zusammengezogene Sätze, zwei Jahre später (1523) 41 Sätze im Blick auf → Faber Stapulensis und Briçonnet, 1526f folgte die (inoffizielle) Verurteilung des → Erasmus. Im Nov. 1533 hielt der Rektor Nikolaus Cop eine im wesentlichen von → Calvin vorbereitete Rede über die christliche Philosophie, die den Gegensatz zwischen theologischer und artistischer Fakultät offenbarte und großes Aufsehen erregte. Mit der Schaffung eines besonderen königlichen Lehrkörpers (später Collège de France) führte Franz I. 1530 einen empfindlichen Schlag gegen das Bildungsmonopol der Universität. Die Versuche der Sorbonne, die königliche Gründung zu unterhöhlen, blieben vergeblich.

Das Versiegen materieller Hilfsquellen und die Vernachlässigung des herkömmlichen Unterrichts ließen die Lage zu Beginn des 17.Jh.s wenig hoffnungsvoll erscheinen. 1598 und 1600 erließ Heinrich IV. neue, bis 1793 gültige Statuten, die die materielle Grundlage der Universität und der Kollegien sicherten, die Zuwendungen an die Magister festsetzten, das Prüfungswesen und das Lehrprogramm reformierten. Die Universität protestierte vergeblich. Diese Reform bedeutete die endgültige Ablösung der päpstlichen durch eine königliche Kontrolle. Auf Initiative → Richelieus erhielt die Sorbonne einen prächtigen Neubau. An den Lehrstreitigkeiten der Zeit, bes. um den → Jansenismus, war die Universität stark beteiligt. Antoine → Arnauld, einer ihrer Doktoren, wurde 1656 aus der Fakultät ausgeschlossen. Bei aller aktiven Teilnahme am geistigen Leben der Zeit traten jedoch die Wirkungen nach außen zurück. - Verschiedene Maßnahmen förderten die Arbeiten der juristischen Fakultät und des chirurgischen Kollegiums. 1766 wurde eine »Agrégation für Philosophie, Literatur und Grammatik« ins Leben gerufen; sie sollte der Heranziehung eines qualifizierten Lehrkörpers dienen. Am Vorabend der Revolution zählte die Universität ca 5000 Studenten; doch hatte sie seit der Errichtung der Jesuiten-Kollegs den gesamten Sekundarunterricht verloren. Es gelang der Universität nicht, auf der Versammlung der Generalstände 1789 als Körperschaft eine eigene Vertretung zu erhalten. Am 15.9. 1793 wurden die vier Fakultäten und die Kollegien aufgehoben. Erst 1806 erstand die Universität lediglich als Glied der »Université impériale« ohne korporative Autonomie und angemessene Dotierung neu. Ihre Bewegungsfreiheit war freilich durch Verwaltungsmaßnahmen beeinträchtigt, die Professoren wurden zT zu Funktionären. Erst ein Gesetz vom 18.6.1896 schloß die verschiedenen Fakultäten wieder zur »Université de P.« zusammen. Die kath.-theol. Fakultät wurde 1885 infolge Sperrung von Krediten aufgehoben (zum Institut Catholique s. 4). Die prot.-theol. Fakultät war der Universität nur von 1877-1905 angegliedert (→ Paris: III). Die »neue Sorbonne«, der Sitz der heutigen Universität P., wurde 1885-1901 errichtet. - Die Universität umfaßt zZ 5 Fakultäten: Droit, Médecine, Sciences, Lettres et Sciences humaines und Pharmacie, ferner zahlreiche Instituts und Ecoles. Die Zahl der ordentlichen Professoren beträgt heute 400, die der Studenten ca 70000.

H.Denifle-E.Chatelain, Cartularium Universitatis Parisiensis 1200-1452, 4 Bde, P. 1889-97 (dazu: Auctarium, 2 Bde, 1894-97) - E.Chatelain, Essai d'une bibliogr. de l'ancienne université de P. (Revue des Bibliothèques 1, 1891, 257-400) - J.Bonnerot, La Sorbonne, P. 1928 - St. D'Irsay, Hist. des Universités françaises et étrangères I. II, P. 1933/35 (Lit.) - P.Glorieux, Répertoire des maîtres en théologie de P. au XIIIe siècle I. II, P. 1933/34 - H.Rashdall, The Universities of Europe in the MA (NB hg.v. F.M.Powicke u. A.B.Emden) I, Oxford 1936, 269ff - Aspects de l'Université de P. (Sammelband), 1949. *E.Jarry*

4. *Institut Catholique*. Der franz. Katholizismus nutzte die kurze Frist der katholikenfreundlichen Regierung Mac Mahon (gesetzlich gesicherte Freiheit des Unterrichts 1875, → Frankreich: I, 8), um, nach dem Vorgang von Löwen in Belgien, eigene »freie« kath. Hochschulen zu errichten. Neben gleichen Einrichtungen in Toulouse, Angers, Lyon und Lille entstand so als das bedeutendste das I.C. in P. (1875/76). Die Institute erfreuten sich der besonderen Förderung → Leos XIII. Unter seinem ersten Rektor und eigentlichen Gründer, Maurice d'Hulst († 1896), nahm es zunächst eine freiheitliche Entwicklung; Gelehrte wie L. → Duchesne (bis 1895) und A. → Loisy (entfernt 1893) wirkten dort. Der dritte Rektor A.Baudrillart (1907-42, Kardinal 1935) verkörperte als maßgeblicher Mitarbeiter an den großen theologischen Lexika des franz. Katholizismus den Geist aufgeschlossener Kirchlichkeit. - Das I.C. umfaßt 6 Fakultäten (Theologie, kanonisches Recht, Philosophie, Zivilrecht, Natur- und Geisteswissenschaften), denen mehrere Institute angegliedert sind (zB Ecole des langues Orientales). 1953/54 zählte es 200 Lehrkräfte und 4500 Studenten. Die I.s C.s werden von der Kirche unterhalten. Für P. haben 29 franz. Diözesen das Patronat übernommen, deren Bischöfe den »Rat« bilden; Kanzler ist der Erzbischof von P.

EC IX, 833f (Lit.). *G.Maron*

III. Protestantisch-theologische Fakultät

Die prot. Kirchen Frankreichs besaßen früher zwei (1908 reorganisierte) theol. Fakultäten: eine luth. in → Straßburg (: II) und eine ref. in → Montauban. Übersiedlungspläne der letzteren nach P. wurden schon 1864 unter → Guizot laut, blieben aber ohne Erfolg. Als nach dem Krieg 1870-71 die luth. Fakultät nicht mehr in Straßburg bleiben konnte, setzten sich einige ihrer Professoren, bes. → Lichtenberger und → Sabatier, für ihre Verlegung nach P. ein. 1872 beschloß die Synode der Ref. Kirche die Errichtung einer einheitlichen Fakultät in P., in der die Fakultät von Montauban und die Reste des Straßburger Lehrkörpers aufgehen sollten; theologische Differenzen verhinderten die Ausführung. Inzwischen wurde in P. eine bescheidene »Ecole libre des sciences religieuses« ins Leben gerufen (1873). Die luth. Synode drängte jedoch auf Begründung einer gemischten Fakultät, und so verfügte schließlich am 27.3. 1877 das Unterrichtsministerium die Verlegung der Straßburger Fakultät nach P. Im Juni 1877 fand die feierliche Eröffnung statt; im Oktober nahm die Fakultät mit 13 Studenten, von denen ein Teil in einem Internat (»Séminaire«) untergebracht wurde, den Lehrbetrieb auf. 1879 wies ihr der Staat die noch heute benutzten größeren Räumlichkeiten an (83 Boulevard Arago, 14e). Bis zum Trennungsgesetz vom 9.12.1905 (→ Frankreich: I, 8) bildete die Fakultät einen Teil der P.er Universität (Sorbonne; → Paris: II). Seither besteht sie als freie Institution ohne offizielle Bindung an den Staat und bestreitet ihre Unterhaltskosten aus der finanziellen Hilfe der Kirchen und zahlreicher Einzelpersonen. 1909 konstituierte sich ein »Comité pour le maintien et l'entretien de la Faculté«, das auch heute die Weiterführung des Unternehmens finanziell sicherstellt. Trotz der Trennung bestehen enge Beziehungen zur P.er Universität. Professoren der Fakultät verwalten zT gleichzeitig Lehrstühle an der Sorbonne oder der Ecole des Hautes Etudes (Ad.Lods, E.de Faye, M.Goguel, O.Cullmann, P.Ricoeur). Die ersten Professorengenerationen vertraten eine theologische Richtung, die im franz. Protestantismus (→ Frankreich: II, 2) und selbst in kath. Kreisen starken Einfluß gewann. Die Orientierung dieser »P.er Schule« (→ Symbolofideismus) an der historisch-kritischen Arbeit und der Religionspsychologie stand im Gegensatz zu den mehr orthodoxen Tendenzen der 1919 nach → Montpellier verlegten Fakultät von Montauban. Zu ihren Hauptvertretern gehörten F. Lichtenberger, A. Sabatier, E. → Ménégoz, dazu E.Stapfer, Ph. und S.Berger, J. → Réville, E.Vaucher u.a. Zwischen den Weltkriegen setzte sich diese Linie fort, auf biblisch-historischem Gebiet mit A. → Lods, M. → Goguel, E.de → Faye, J. → Viénot, auf theologisch-philosophischem mit dem langjährigen Dekan R.Allier, A.Jundt, W. → Monod, H.Monnier u.a. Die biblisch-theologische Erneuerung machte sich mit der Professorengeneration nach 1945 bemerkbar: A.Lecerf, P.Maury, P.Lestringant u.a. 1960 hat die Fakultät 8 Lehrstühle: M.Lods (Dekan; Patristik), O.Cullmann

(NT), J.Bosc (ref. Dogmatik), F.Michaeli (AT), H.Michaud (Religionsgeschichte), P.Ricoeur (Philosophie), R.Stauffer (KG), Th.Süß (luth. Dogmatik). Die früheren theologischen Meinungsverschiedenheiten zwischen den Fakultäten von P. und Montpellier sind heute praktisch verschwunden. Während die letztere der Ref. Kirche Frankreichs angeschlossen ist, bleibt die P.er Fakultät gemischt luth.-ref. Die ref. Professoren werden von der Nationalsynode auf Vorschlag ihres akademischen Beirats, die luth. durch die Generalsynode und ihren Exekutivausschuß ernannt. Das seit 1935 vierteljährlich von der Fakultät herausgegebene »Bulletin de la Faculté libre de Théologie protestante de P.« erscheint seit 1958 unter dem Titel »Église et Théologie«; es enthält Fakultätsmitteilungen, Eröffnungsvorlesungen, Aufsätze und Literaturhinweise. Die Studentenzahl beträgt durchschnittlich ca 60 Franzosen und 15-20 Ausländer, zT aus Übersee. Das normale Studium bis zur »Lizenz« dauert vier Jahre; darüber hinaus studieren an der Fakultät jeweils eine Anzahl Doktoranden.

W.Lüttge, Die Trennung von Staat u. Kirche in Frankreich u. der franz. Protestantismus, 1912, 149ff - La Faculté libre de théol. de P. Souvenir du 50ème anniversaire de sa fondation, 1928 - RGG² IV, 963f. - Ferner die Berichte über die Semestereröffnungsfeiern u. seit 1935 das Material im »Bulletin« bzw. »Eglise et Théologie« (s.o.).

F.Michaeli

Parität. Das seit der Reformation bestehende Problem der - hier allein behandelten - *konfessionellen* P. ist eine zentrale Forderung des Staatskirchenrechts. Die mit ihr verfolgte prinzipielle Gleichstellung der Konfessionen im politischen Gemeinwesen zeigt jedoch im historischen Ablauf sehr verschiedene Aspekte. Im → Augsburger Religionsfrieden von 1555 wurden die röm.-kath. und die luth. Konfession in dem Sinne als gleichberechtigt anerkannt, daß die Stände des Reiches sich für die eine oder andere entscheiden durften. Im → Westfälischen Frieden von 1648 wurde diese Gleichberechtigung auf die Reformierten ausgedehnt (Art. VII IPO); hierbei sollte der konfessionelle Status der Territorien von 1624 grundsätzlich so fixiert bleiben, wie er sich damals auf die drei Konfessionen verteilt hatte (Art. V IPO). Später sprengten Gebietserwerbungen (zB Schlesiens durch Preußen) die konfessionelle Geschlossenheit der Territorien; außerdem führten → Aufklärung und Säkularisierung des Staatsdenkens eine Toleranzbewegung herauf, so daß es im aufgeklärten Absolutismus (Toleranzpatent → Josephs II. von 1782, Toleranzedikt von 1788 und Allg. Landrecht von 1794 in Preußen) zu einer Duldung anderer Religionsgemeinschaften neben der durch den Westfälischen Frieden jeweils territorial festgelegten »Staatsreligion« kam. Diese Tendenz wurde durch die Gebietsveränderungen in Verfolg des → Reichsdeputationshauptschlusses von 1803 (vgl. dessen § 63) und des → Wiener Kongresses verstärkt. Im 19.Jh. gewann die öffentliche Gleichstellung der drei Konfessionen (röm.-kath., luth., ref.) in den nunmehr durchweg konfessionell gemischten deutschen Einzelstaaten weiter Boden, während sich Sonderformen des ev. Bekenntnisses noch mit einer bloßen Duldung begnügen mußten. Die Frankfurter Reichsverfassung von 1849 (Art. V) legte strikt die Gleichstellung aller Konfessionen und die Gleichbehandlung aller → Religionsgesellschaften fest. Ihr folgte darin, etwas einschränkend, die Preuß. Verfassungsurkunde von 1850 (Art. 12ff). - In diesen und ähnlichen zeitgenössischen Verfassungsnormen ist die *moderne* P.svorstellung des konfessionell neutralen Staates theoretisch schon voll entwickelt. Sie umfaßt im wesentlichen drei Momente: a) individuelle → Religionsfreiheit; b) Freiheit der öffentlichen Religionsübung für jede Religionsgemeinschaft; c) Zuerkennung des grundsätzlich gleichen staatskirchenrechtlichen Status an alle Religionsgesellschaften.

Während der P.sgedanke, soweit er sich in der Religionsfreiheit und der Religionsausübungsfreiheit äußert, seither voll zur Auswirkung gelangt ist, blieb die historisch bedingte staatskirchenrechtliche Sonderstellung der ev. Landeskirchen und der röm.-kath. Kirche im Verhältnis zu den kleineren Religionsgesellschaften (und Weltanschauungsvereinigungen) im wesentlichen unangetastet. Auch der erneute Versuch der WRV (Art. 137), die Unterschiede zu nivellieren, konnte nur zu einem Teilerfolg führen. Heute wird nicht mehr in Frage gestellt, daß der Öffentlichkeitsstatus der historischen Territorialkirchen ev. und röm.-kath. Konfession sich von dem Status der übrigen Religionsgesellschaften deutlich abhebt, auch soweit diese die Anerkennung als → Körperschaften des öffentlichen Rechts gefunden haben. Um so stärker hat sich neuerdings die P.sforderung darauf konzentriert, die letzten noch aus der Überlieferung vorhandenen individuellen Züge im staatskirchenrechtlichen Status der ev. Landeskirchen einerseits und der röm.-kath. Kirche anderseits abzuschleifen und beiden Kirchen staatskirchenrechtlich eine formell und materiell streng gleichheitliche Stellung einzuräumen. Die zwischen 1924 und 1960 in Deutschland abgeschlossenen → Konkordate und → Kirchenverträge haben in diesem Sinne die P. zwischen den vertragsgesicherten Kirchen der beiden großen Konfessionen voll durchgebildet. - Durch den P.sgrundsatz ist es indessen nicht gedeckt, wenn bei der Besetzung der Ämter des politischen Gemeinwesens konfessionelle Gesichtspunkte einen sachfremden Einfluß finden.

J.B.Sägmüller, Lehrbuch des kath. Kirchenrechts I, (1900ff) 1925-34⁴ - Stutz - G.J.Ebers, Staat u. Kirche im neuen Deutschland, 1930 - R.Smend, Staat u. Kirche nach dem Bonner GG (ZevKR 1, 1951, 4-14) - Ders. (→ Kirchenverträge) - J.Heckel, Kirchengut u. Staatsgewalt (Festg. f. R.Smend, 1952, 103-143) - K.Hesse, Schematische P. der Religionsgesellschaften nach dem Bonner GG? (ZevKR 3, 1953/54, 188-200) - H.Peters-W.Weber, Die Gegenwartslage des Staatskirchenrechts (Veröff. der Vereinigung der Dt. Staatsrechtslehrer 11, 1954, 153-211) - Feine - E.Beulke, Bonner GG u. die P. der Kirchen (ZevKR 6, 1957/58, 127-153). - Vgl. die Lit. zu → Körperschaft des öffentlichen Rechts. *W.Weber*

Parker, 1. *Matthew,* * 6.8.1504 in Norwich, † 17.5. 1575 in London. Als Student in Cambridge (1522-28) eng mit → Bilney und → Latimer befreundet, jedoch stärker patristisch bestimmt, wurde er von → Cranmer als Prediger eingesetzt. Widerwillig nahm er 1535 die Bestellung zum Hofprediger bei der späteren Königin Anne Boleyn an, womit die Leitung eines Priesterseminars in Stoke-by-Clare (Suffolk) verbunden war. Dort verbrachte er, den Wissenschaften hingegeben, seine glücklichsten Jahre. 1544 wurde er Vizekanzler der Universität Cambridge und kam in engen Austausch mit → Bucer. 1552 wurde er Dekan von Lincoln. Während der röm.-kath. Herrschaft Marias lebte er im Versteck und wurde 1559 unter heftigem Widerstreben Erzbischof von → Canterbury. Als solcher sorgte er für die gemäßigte Annahme der reformatorischen Prinzipien und begründete die klassische anglikanische Mittellinie zwischen Rom und Genf unter Betonung der altkirchlichen Tradition (gegen → Cartwright). P. organisierte die → Bibelübersetzung (: V, 2 b) als Gemeinschaftswerk (Bishops' Bible, 1563-68) und sammelte unermüdlich mittelalterliche Hss. Nach ihm ist die *P. Society* benannt, die sich seit 1835 der Herausgabe der Quellen für die englische Reformation widmet.

J.Strype, The Life and Acts of M.P., 1711 - DNB XLIII, 254ff - RE XIV, 691ff - W.M.Kennedy, Life of Archbishop P., 1908 - E.C.

HOSKYNS, The Importance of the P. Mss. (in: Cambridge Sermons, 1938, 203-217) - E.W.PERRY, Under Four Tudors, 1940.

M.Schmidt

2. *Peter* (1804-88), * in Framingham/Mass., der Begründer der modernen → Ärztlichen Mission. P. wurde 1834 vom American Board als Prediger und Arzt nach → China (: IV C, 1 a) gesandt. Am 4.11.1835 eröffnete er in Kanton ein Augenspital mit Poliklinik, 1836 gründete er die Missionary Medical Association in China. Infolge politischer Umstände kehrte P. 1840 nach Amerika zurück. Dort und in England entwickelte er eine erfolgreiche Predigt- und Vortragstätigkeit. In Edinburgh wurde 1841 die erste missionsärztliche Gesellschaft gegründet, die heute noch als Edinburgh Medical Missionary Society wirkt. 1842 kehrte P. nach China zurück. Er rettete Tausenden mit der Starlanzette das Augenlicht und hat dadurch dem Evangelium den Weg bereitet. 1857 mußte er gesundheitshalber endgültig nach Amerika zurückkehren.

G.B.STEPHENS-W.F.MARWITZ, The Life, Letters and Journals of P.P., Chicago 1896 - G.OLPP, P.P. (in: Hervorragende Tropenärzte in Wort u. Bild, 1933, 308-312). *S.Müller*

3. *Theodore* (1810-60), amerik. Theologe und Reformer, 1836-46 unitarischer Pfarrer in West Roxbury (Mass.). P.s radikale Ansichten erregten bald Widerstand, bes. nach einer Predigt über »Das Vergängliche und Bleibende am Christentum« (1841). P.s Anhänger gründeten die 28. Kongregationalistische Gesellschaft in Boston. In ihrem Dienst (1846-60) gewann P. großen Einfluß als Prediger für Menschlichkeit und gegen die Sklaverei. - P. ist stark von → Emerson und dem amerikanischen → Transzendentalismus beeinflußt. Seine Philosophie zeigt mancherlei Bezug zu → Kant, → Jacobi und → Schleiermacher. Später wandte er sich mehr dem Positivismus und Moralismus zu. - Vgl. → Unitarier.

Vf. bes.: A Discourse of Matters Pertaining to Religion, 1842; Übers. von → De Wettes EinlAT, 1843. - GA hg.v. F.P.COBBE, 14 Bde, London 1863-74; Centenary Edition, 15 Bde, Boston 1907 bis 1913. Dt. Ausg. v. J.ZIETHEN, 4 Bde, 1854/55. - Biographien, amerik.: J.WEISS, 1863 - O.B.FROTHINGHAM, 1874 - J.W.CHADWICK, 1900 - H.S.COMMAGER, 1936. Andere: A.RÉVILLE, Paris 1865 - A.ALTHERR, St. Gallen 1894 - J.E.DIRKS, Critical Theology of Th.P., New York 1948 - W.R.HUTCHISON, Transcendentalist Ministers, New Haven 1959. *S.E.Ahlstrom*

Parlamentarismus (P. = Parlament, p. = parlamentarisch), auch *p.es System*, ist die wichtigste Form der konstitutionellen Demokratie (→ Staatsformen). Die Selbstbestimmung des souveränen Staatsvolks wird wahrgenommen durch eine Vertretungskörperschaft, das P., welches häufig in zwei Kammern gespalten ist. Es beansprucht in der Regel das Monopol der Repräsentation des Staatsvolks. Während der Sitzungsperiode ist es in seinen Beschlüssen autonom, doch hat sich im Gegensatz zum reinen Repräsentationsprinzip der Grundsatz herausgebildet, daß das P. über Fragen von großer politischer Tragweite nur dann entscheiden kann, wenn es in den letzten Wahlen dafür ein »Mandat« erhalten hat. Im Unterschied zum konstitutionellen System, das der Volksvertretung nur legislative Befugnisse gewährt und die Selbständigkeit der Exekutive behauptet, ist die Regierung im p.en System gleichsam ein Ausschuß des P.s. In der Regel bilden die Führer der P.smehrheit jeweils die Regierung. Sie ist dem P. verantwortlich und kann von diesem jederzeit durch Mehrheitsbeschluß wieder abberufen werden. Dieses sog. Mißtrauensvotum ist zugleich die schärfste Waffe des P.s in seinem Bestreben nach durchgängiger Kontrolle von Regierung und Verwaltung. Umgekehrt steht der Regierung das Auflösungsrecht zu. Neben dem Kabinett steht meist ein Staatspräsident oder Monarch, dem die Aufgabe der Repräsentation des Staates zufällt. Der P.arismus bedarf zu seinem Funktionieren politischer → Parteien, die den Atomismus individueller politischer Meinungen in politische Konzepte umschmelzen und der politischen Willensbildung des Volkes (→ Öffentliche Meinung) eine organisatorische Grundlage geben. In allen funktionierenden Demokratien hat sich trotz der formellen Vormachtstellung des P.s die Macht im Kabinett konzentriert. Die Minister beherrschen in ihrer Eigenschaft als Führer der Mehrheitsparteien zugleich auch das P.; mindestens der Regierungschef muß deshalb diesem selbst angehören. Der Gegensatz des P.s gegen die Regierung im Obrigkeitsstaat verwandelt sich in den Gegensatz der Oppositionsparteien gegen die Regierungsmehrheit und ihr Kabinett. Die stets gegebene Möglichkeit der Ablösung der Parteien in der Führung macht die Dynamik des p.en Systems aus. - Zwei verschiedene Ströme politischer Weltanschauung haben sich in der klassischen Idee des P.arismus vereinigt: die aus naturrechtlichen Quellen fließende liberale (→ Liberalismus: I) Forderung nach Sicherung der Freiheitsrechte des Individuums und die demokratische Idee der Volkssouveränität. Die Freiheit des Staatsbürgers war nur dann gewahrt, wenn er nicht obrigkeitlicher Willkür, sondern allgemeinen Gesetzen gehorchte, an deren Zustandekommen er selbst mitgewirkt hatte. Das Mittel zur Verwirklichung dieses rechtsstaatlichen Prinzips war das nach dem Majoritätsprinzip entscheidende P. als virtuelle Repräsentation aller Staatsbürger, ausgestattet mit der alleinigen Gesetzgebungsbefugnis und der Möglichkeit, die Exekutive durch Kontrolle im Lichte der Öffentlichkeit zur Regierung gemäß den Gesetzen zu zwingen. Das demokratische Prinzip, auf Grund dessen das P. auch Anteil an der Regierungsbildung erhielt, setzte sich erst später durch. - Der *geschichtliche Ausgangspunkt* der Entwicklung des P.arismus war das englische P., das sich seit 1215 aus einer reinen Adelsvertretung in einem jahrhundertelangen Prozeß in eine Repräsentativvertretung mit Gesetzgebungsbefugnissen verwandelte. Während sich in England schon unter dem älteren Pitt seit 1756 ein formell echt p.es System herausbildete, ist die Verfassungsentwicklung auf dem Kontinent nach dem Scheitern der ungleich radikaleren Verfassungsprojekte der französischen → Revolution, welche die Idee der Volkssouveränität mit der antiautoritären Gewaltentrennungslehre verbanden, bis ins 20.Jh. hinein meist auf der Stufe des konstitutionellen Systems stehengeblieben. Unter dem Einfluß der demokratischen Ideen setzte dann seit der französischen Julirevolution ein Prozeß langsamer Fortentwicklung des Konstitutionalismus zum P.arismus ein, gehemmt durch das Aufsteigen des 4. Standes, das den Reformwillen des Bürgertums, des eigentlichen Trägers der konstitutionell-p.en Bewegung, lähmte. Während der P.arismus in Frankreich 1870 endgültig siegte, bedurfte es in Deutschland erst der Niederlage von 1918, um die P.arisierung der Bismarckschen Reichsverfassung durchzusetzen. Die WRV brachte dann ein voll ausgebildetes p.es System, allerdings mit einer unglücklich zweigeteilten Exekutive, der p.en Regierung und dem plebiszitären Präsidenten. Die BRD hat sich in rein p.er Form organisiert, die Stellung des Kanzlers jedoch durch Einführung des konstruktiven Mißtrauensvotums außerordentlich gestärkt. - Das *Wesen* und die *Grundlagen* des P.arismus haben sich seit seinen Anfängen im 18. und 19.Jh. beträchtlich gewandelt. Das liberale → Bürgertum sah im P. die Vertretung der geistigen und politischen Elite der Nation, die Repräsentation der Vernunft, welche in rationaler Debatte den jeweils objektiv richtigen Weg zum Nutzen der ganzen Nation ermittelte. Diese → Ideologie fiel in sich zusammen, als das P. mit der Erweiterung des → Wahlrechts aufhörte, vornehmlich eine Vertretung bürgerlicher Interessen zu sein, und zum Kampfplatz der verschiedenen → Klassen und Gruppen der → Gesellschaft um politische und wirtschaftliche → Macht (:IV) wurde. Es wurde zum Ort der Ermittlung des demokratischen Gesamtwillens der Nation und zugleich zum wichtigsten Mittel der politischen Integration einer in pluralistische Gruppen aufgespaltenen Industriegesellschaft. Die Entwicklung der modernen Massenparteien mit einer bürokratischen Organisationsbasis veränderte den Charakter des P.s noch viel grundsätzlicher; die politische Auseinandersetzung wurde aus dem P. heraus in die breite Öffentlichkeit getragen. Seitdem fungiert das P. wesentlich als Tribüne des politischen Konkurrenzkampfes der Parteien um die Gefolgschaft der → Massen. Trotz des Fortbestandes der repräsentativen Institutionen hat sich das p.e System zu einem virtuell plebiszitären System entwickelt, in dem die Staatsbürger zwischen den Programmen rivalisierender Teams zu wählen haben, die im außer-p.en Raum zustande kommen. Das Gewicht des P.s als politische Körperschaft ist infolgedessen hinter den Parteien und Verbänden zurückgetreten; seine Bedeutung als Institution, als Ort geregelter demokratischer Auseinandersetzung im Lichte der Öffentlichkeit und als Kontrollinstanz gegenüber der wachsenden Macht der Regierung und der Staatsbürokratien ist jedoch noch ungleich gestiegen.

M.WEBER, P. u. Regierung im neugeordneten Deutschland (in: Polit. Schriften, [1921] 1958², 294-431) - R.REDSLOB, Die p.e Regierung in ihrer wahren u. unechten Form, 1918 - C.SCHMITT, Die geistesgeschichtl. Lage des heutigen P.arismus, 1923 - R.SMEND, Verfassung u. Verfassungsrecht, 1928 - G.LEIBHOLZ, Das Wesen der Repräsentation, (1928) 1960² - DERS., Strukturprobleme der modernen Demokratie, 1958 - F.GLUM, Das p.e System, 1950 - E.FRAENKEL, Die repräsentative u. die plebiszitäre Komponente im demokrat. Verfassungsstaat, 1958 - P. u. Regierung im modernen Staat (Veröffentl. der Vereinigung der dt. Staatsrechtslehrer H. 16), 1958.

W.J.Mommsen

Parmenian († 391/92), seit etwa 355 als Nachfolger Donatus d. Gr. Bischof von Karthago, von 358-362 im Exil. P. wirkte für die Sache des → Donatismus, der unter ihm eine neue Blütezeit erlebte, bes. auf literarischem Gebiet. Seine Schriften sind verloren; das Wesentliche läßt sich aus der Gegenschrift des → Optatus von Mileve, »Contra Parmenianum Donatistam«, erschließen. Theologisch vertrat P. eine gemäßigte, im Sakramentsbegriff der kath. Auffassung zT angenäherte Richtung.

RE IV, 795 - P.MONCEAUX, Hist. littéraire de l'Afrique chrétienne V, Paris 1920, 221ff - LThK VII, 985 - K.BIHLMEYER-H. TÜCHLE, KG I, 1951¹², 274 - EC IX, 850f - ALTANER §§ 81, 13; 88, 2f (Lit.). - Vgl. die Lit. zu → Donatismus. *W.Müller*

Parmenides (ca 540-460 vChr), griech. Philosoph aus Elea (Unteritalien), Begründer der eleatischen → Ontologie, ist der, mit → Heraklit, bedeutendste Vorsokratiker (→ Griechisch-römische Philosophie, 2 a β; sein Schülerverhältnis zu → Xenophanes ist umstritten). Sein Lehrgedicht (um 480 vChr) im epischen Versmaß hat drei Teile: das Prooimion (ganz erhalten) stellt den Durchbruch zu philosophischer Einsicht als Auffahrt zur Göttin des Rechts dar, aus deren Mund P. die Seinslehre (die »Wahrheit«, Teil II) erfahren haben will. Dieser Hauptteil ist fast vollständig überliefert; nur geringe Reste haben wir vom Teil III, der die »Meinungen der Sterblichen« darstellt. Das Verhältnis der Teile ist problematisch: III enthält eine Kosmogonie, wie sie in II als logisch unmöglich verworfen wird. Wahrscheinlich sollte III zeigen, wie aus den irrigen Voraussetzungen bisheriger Philosophie wenigstens ein konsequentes Weltbild entworfen werden kann (B 1, 30-32). Weltprinzipien sind bei P. Licht und Nacht, deren Mischung die Eigenart alles Seienden, bes. die Erkenntniskraft des Einzelmenschen, bestimmt, wozu die Lichtsymbolik des Teils I paßt (B 16). - Eine monistische Ontologie entwickeln lange Argumentationsreihen in II: Nur das Seiende ist, Nichtseiendes kann nicht sein. Dies Axiom wird zur Klippe, an der natürliche Welterfahrung und bisherige Philosophie scheitern. Werden, Bewegung, Mannigfaltigkeit - alle setzen Existenz von Nichtseiendem voraus. Also *ist* nur das Eine Seiende, ungeworden, ewig in sich ruhend, vollkommen (B 8, 26-33). Sinneserfahrung ist also Trug, → Wahrheit und → Sein werden nur vom → Denken erfaßt. Denken und Inhalt des Denkens sind dasselbe (B 8, 34ff), nämlich das Eine Seiende. Das Kriterium des P. (Theorien, die Widersprüche zur Folge haben, müssen falsch sein) erschloß der Philosophie eine Reflexionsebene, die an die → Logik heranführt. Die unzulässige Gleichsetzung des »ist« als Existenzaussage und als Kopula in der Argumentation des P. erkannten (der Sache nach) schon → Platon (Soph. 237ff) und → Aristoteles (Phys. A 8). An der Art, wie sich bei beiden noch in ihrer Kritik P.' Begrifflichkeit durchsetzt, läßt sich die Macht seiner Wirkung ablesen. Die sog. »jüngere Naturphilosophie« (→ Griechisch-römische Philosophie, 2 a γ) versuchte zwischen P.s Ontologie und der Sinneserfahrung zu vermitteln.

H.DIELS, P.' Lehrgedicht griech. u. dt., 1897 - DERS.-W.KRANZ, Fragmente d. Vorsokratiker, (1903) 1951/52⁶, I, 217ff - K.REINHARDT, P. u. die Gesch. d. gr. Philos., (1916) 1959² - H.FRÄNKEL, P.studien (NGG 1930, 153-192 = DERS., Wege u. Formen frühgriech. Denkens, 1955, 157-197) - K.RIEZLER, P., 1934 - C.M. BOWRA, The Proem of P. (Class. Philol. 32, 1937, 97-112) - F.M. CORNFORD, Plato and P., London (1939) 1951² - W.J.VERDENIUS, P., Groningen 1942 - G.S.KIRK-J.E.RAVEN, The Presocratic Philosophers, Cambridge 1957, 263ff - M.UNTERSTEINER, P., Testimonianze e frammenti, Florenz 1958 (Lit.) - K.DEICHGRÄBER, P.' Auffahrt zur Göttin des Rechts (AAMz 1958, 11), 1959 - J.H.M.LOENEN, P., Melissus, Gorgias, Assen 1959. *G.Patzig*

Parochialrecht. Unter P. wird das den Pfarrsprengel, die paroecia oder parochia, als eigenständiges Institut der Kirchenverfassung betreffende Recht verstanden. Es bildet in entwickelter Gestalt kirchenregimentlich bestimmtes Organisationsrecht und bezieht sich auf die gottesdienstliche und seelsorgerische Versorgung der Gläubigen in einem abgegrenzten Gebiet unter Bindung der Insassen (Parochianen) an eine bestimmte Kirche und deren Vorsteher (Pfarrzwang).

1. Mit dem Ausbau der → Kirchenverfassung (: IV, 2 c) gegen Ende des Altertums und am Beginn des *MA* wurde sowohl im Osten wie im Abendland die auf der Stadtgemeinde aufgebaute bischöfliche Diözese, die in der kath. Kirche bis heute das Fundament des regionalen Verfassungsaufbaus geblieben ist, durch eine die Landbevölkerung ergreifende Organisation von Taufkirchen bzw. (in den germanischen Gebieten) Groß- oder Urpfarreien strukturell aufgegliedert, ohne daß indessen schon damals die Vollgewalt des Bischofs eine prinzipielle Einschränkung erfahren hätte. Eine echte Dezentralisation des Bistums erfolgte im Abendland vielmehr - zugleich mit der Auflösung der Tauf- und Urkirchenorganisation - erst seit der Karolingerzeit unter dem Einfluß lehnsrechtlicher und eigenkirchenrechtlicher Gedanken (→ Lehnswesen, → Eigenkirche) durch die Ausbildung einer auf der sachenrechtlichen Benefizialleihe ruhenden Pfarrorganisation, dh durch die Entstehung von Pfarrsprengeln (Kirchspielen) mit eigenen Pfarrechten und Pfarrzwang. Die neue - freilich nicht überall bis zur letzten Konsequenz durchgeführte - Pfarrgerechtigkeit verpflichtete die Eingepfarrten, die geist-

lichen, insbesondere sakramentalen Leistungen ausschließlich bei ihrem sacerdos proprius zu empfangen (abschließend 4. Laterankonzil 1215: Verpflichtung zur jährlichen Beichte) und nur an diesen → Stolgebühren, → Zehnten und andere Leistungen abzuführen.

2. Das heutige P. der *kath. Kirche*, normiert im CIC (bes. cc. 216. 451ff), beruht mit einigen Modifikationen ganz auf jener mittelalterlichen Tradition. Jede Diözese muß danach in Parochien gegliedert sein; die Rechte und Pflichten des Parochus (cura animarum) und der Parochianen sind im einzelnen genau bestimmt, wobei der Pfarrzwang seine ursprüngliche Strenge verloren hat.

3. Auch die *ev. Kirche* hat im 16.Jh. das von der kath. Kirche des MA ausgebildete P. übernommen, im Vergleich zur kath. Kirche allerdings mit dem Unterschied, daß anders als in der auf dem Bistum aufbauenden kath. Kirche in der ev. Kirche die Parochie oder Pfarrgemeinde das tragende Element des Verfassungsaufbaus wurde (→ Gemeinde: II). Der Pfarrzwang wurde auch in der ev. Kirche im Laufe der Zeit wesentlich gelockert, so daß die Gemeindeglieder heute bei Gottesdienst und Abendmahl nicht mehr an ihren Gemeindepfarrer gebunden sind und im übrigen auf Wunsch auch zur Vornahme anderer geistlicher Handlungen ein auswärtiger Pfarrer ermächtigt werden kann (→ Dimissoriale). Das Recht, die Grenzen der Pfarrsprengel festzulegen, bestehende Sprengel miteinander zu verbinden oder aufzulösen sowie neue zu errichten, steht nach den landeskirchlichen Verfassungen oder Grundordnungen der jeweiligen Kirchenleitung zu, unter Wahrung gewisser Mitspracherechte der Betroffenen.

RE XV, 239ff - J.FREISEN, Der kath. u. ev. Pfarrzwang u. seine Aufhebung in Österreich u. den dt. Bundesstaaten, 1906 - LIERMANN 234ff. 241ff - DDC VI, 1234ff - FEINE, bes. 89ff. 166ff - EICHMANN-MÖRSDORF I, 347f. 460ff - R.MUMM, Parochie u. Gemeinde (MPTh 47, 1958, 116-123) - EKL III, 62ff.

S.Reicke

Parodie, in der Musik bes. des 16.Jh.s Kompositionen, die über den Tenor einer anderen, meist bekannten Komposition, oder aber nach einem ganzen mehrstimmigen Tonsatz desselben oder eines anderen Komponisten gearbeitet sind. Das P.-Verfahren war bes. in der Messenvertonung sehr verbreitet (*P.messe*, → Messe: IV); so liegt zB der Messe »In die tribulationis« von O. di → Lasso eine Motette des Niederländers Jachet Berchem (?) zugrunde. Als Vorlage wurden dabei wahllos geistliche und weltliche Stücke (Motetten, Madrigale, Chansons, Lieder, → Kontrafaktur) benützt.

W.STEINECKE, Das P.-Verfahren in der Musik, 1934 - J.KLASSEN in: KmJb 37, 1953, 53-63; 38, 1954, 24-54; 39, 1955, 41-55.

S.Hermelink

Parsismus → Iran: III. IV. VII.

Parteien

I. Geschichtliche Grundlagen - II. Parteiensoziologie - III. Die Stellung der Parteien im Staat - IV. Parteiensysteme der Gegenwart - V. Christliche Parteien - VI. Kirchliche Parteien in Deutschland. - P. = Partei

I. Geschichtliche Grundlagen

Die Entstehung *politischer* P.en, die sich durch den Willen zu dauernder Wirksamkeit und ein Mindestmaß organisatorischer Verfestigung von bloßen Parteiungen (Faktionen) unterscheiden, fällt in die Periode der Umwandlung der ständischen Körperschaften in (konstitutionelle) Volksvertretungen und des beginnenden → *Parlamentarismus*. Vorstufen der P.en sind einerseits die sich im Parlament zusammenfindenden *Fraktionen*, andererseits die zum Zeitpunkt der Wahlen tätig werdenden *Wahlkomitees* und Wahlvereine, die für bestimmte Kandidaten eintreten und häufig von diesen geschaffen werden. Die Verknüpfung der Wahlkomitees mit den Fraktionen und die Festlegung der Abgeordneten und Anhänger auf eine grundsätzliche Programmatik bilden die wichtigsten Voraussetzungen für eine moderne P., die sich durch den Willen zu ständiger parlamentarischer Einwirkung von den Wahlvereinen, durch die Ansätze einer Organisation von den Fraktionen unterscheidet.

P.en in diesem Sinne bildeten sich zuerst - seit der 2. Hälfte des 17.Jh.s - mit den Tories und Whigs in England, seit der Französischen Revolution in Frankreich, in Mitteleuropa erst nach der Revolution von 1848. Soweit nicht, wie häufig bei konservativen P.en, ständische Elemente nachwirken, sind die P.en in sozialer Hinsicht zunächst *Honoratioren-P.en*, dh die Führung der P.geschäfte liegt in den Händen ehrenamtlich wirkender Persönlichkeiten, die den Wählern bekannt sind und über materielle Unabhängigkeit verfügen. Organisatorisch gesehen sind sie in erster Linie *Fraktions-P.en*, dh die Kontinuität der P.tätigkeit liegt bei der Fraktion. Vom Gesichtspunkt der gesellschaftlichen Verfassung aus gehören sie zum Typus der *Repräsentations-P.en;* der Abgeordnete vertritt seine Wähler im Sinne des »freien Mandats« und ist nicht an deren Direktiven gebunden. Auf Grund des bloß meinungs-, nicht machtbildenden Komiteecharakters verzichtet die P. darauf, die Anhänger als Gefolgschaft durch organisierte Mitgliedschaft an sich zu binden. Für die kontinentaleuropäischen P.en der Frühstufe ist vielfach die weltanschauliche Orientierung maßgebend, so daß in ideologischer Beziehung von *Weltanschauungs-P.en* gesprochen werden muß. Die ideologische Verhärtung des P.wesens hängt mit dem geringen Anteil der P.en an den Regierungsgeschäften zusammen; im angelsächsischen Raum, wo die P.en früh Verantwortung erlangten und soziologisch aus einer seit langem mit politischen Aufgaben vertrauten Führungsschicht herauswuchsen, fehlt die Ausschließlichkeit weltanschaulicher Gruppierung. Das Glaubens- und Grundsatzprogramm im Unterschied zu dem aus der praktischen parlamentarischen Arbeit entspringenden Aktionsprogramm ist bes. für das deutsche P.wesen bezeichnend. Die Eigenart der P.en ist vielfach historisch bedingt; so wirkt in Frankreich die Tradition der revolutionären Clubs, in Italien die der Geheimbünde, in England die der puritanischen Sekten, in Deutschland die Auseinandersetzung zwischen den Hegelschen Schulen nach. Da der liberale Parlamentarismus den Abgeordneten als freie und keiner gesellschaftlichen oder politischen Gruppe verpflichtete Einzelpersönlichkeit betrachtet, erscheinen die P.en als außerhalb der Verfassungs- und Staatsordnung stehende private Organisationen. »Die politischen P.en sind keine Glieder in dem Organismus des Staatskörpers, sondern sie sind freie, in ihrer Zusammensetzung dem wechselnden Beitritt und Austritt anheimfallende Gesellschaftsgruppen, welche durch eine bestimmte Gesinnung und Richtung zu gemeinsamer politischer Aktion verbunden sind« (J.K. → Bluntschli). → Bolingbroke und ihm folgend Burke verstanden dagegen die P.en bereits funktionell als Glieder des politischen Gesamtkörpers. Daher ist bei den bürgerlichen und konservativen Gruppen bes. des Kontinents zunächst eine ausgesprochene Abneigung gegenüber einer organisatorischen Verfestigung der P. zu beobachten. Für die Wahlwerbung bedienen sich die P.en anfänglich neben den Wahlkomitees vornehmlich subsidiärer Interessenorganisationen (zB Bauernvereine, Handwerkerverbände, patriotische Vereine, konfessionelle Zusammenschlüsse und Gewerkschaften) oder sie benützen, wie zB die preußischen Konservativen, parasitär die von ihnen beeinflußte staatliche Bürokratie. Die Entwicklungsstufe der »Weltanschauungs-P.en auf Honoratiorenbasis« (Schieder) wurde in dem Maße überwunden, in dem infolge der Ausdehnung des → Wahlrechtes immer breitere Schichten am politischen Leben teilnahmen und wirtschaftliche und soziale Interessen sich gegenüber national- und verfassungspolitischen Fragen Geltung verschafften. Im Zusammenhang damit treten nunmehr P.en eines neuen Typs auf, die nicht mehr einfach die Repräsentation der Wähler gegenüber der Regierung, sondern die Integration aller Sympathisierenden in einer schlagkräftigen Organisation und auf Grund eines umfassenden Programms anstreben. Zum Typ der *Integrations-P.* sind in erster Linie die sozialistischen P.en zu rechnen, die, wenn man von einzelnen anarchistischen oder syndikalistischen Tendenzen absieht (→ Anarchismus, → Syndikalismus), von Anfang an die Aufrichtung einer zentralistisch gelenkten, regional gegliederten P.organisation vorantreiben (→ Sozialismus: I). Während die liberal-bürgerlichen P.en überwiegend *Wähler-P.en* bleiben, tendiert die Integrations-P. dahin, die Anhänger als Mitglieder fest zu binden und einen Apparat besoldeter Funktionäre auszubilden. Durch die Einschaltung subsidiärer Organisationen wird der einzelne vielfach bis in sein privates Dasein hinein mit der P. verknüpft (»P.vaterland«). An die Stelle der bloß Sympathisierenden tritt die Gefolgschaft. Die P. wird dadurch zur Kampforganisation mit begrenztem interessenpolitischem Hintergrund und einseitig ideologischem Zuschnitt. Ausgehend von der Linken setzt sich die Tendenz zu strafferer Zusammenfassung allmählich auch bei den P.en der Mitte und der Rechten durch. Mit dem Übergang zur *Massen-P.* entstehen vielfach P.maschinen (zuerst beim *Caucus-System* der englischen Liberalen P.). Der Veränderung der P.-struktur entspricht eine weitgehende Umwandlung der politischen Gruppierung. Für die Anfänge der P.bildung war der Gegensatz von konservativ und liberal konstituierend; er bewegte sich im wesentlichen um die Frage der Stärkung der Regierungsautorität und der Ausdehnung der Befugnisse der Volksvertretung. Beiden Richtungen blieb gemeinsam, daß sie Kontrolle und Korrektur der Regierungsmaßnahmen, nicht Teilnahme an der Herrschaft anstrebten. Diese Gruppierung wurde einerseits durch das Auftreten radikaler P.en, die für einen grundlegenden Umbau der gesellschaftlichen und politischen Verfassung eintraten, andererseits durch den fortschreitenden Interesseneinfluß innerhalb der liberalen und konservativen P.en verändert. Auf dem Kontinent kam es dadurch zu einer differenzierten P.bildung, in der jedoch das Schema konservativ-liberal in einem Zweigruppensystem von in der Regel oppositionellen und regierungstreuen P.en nachwirkte. In Deutschland und Belgien, ansatzweise auch in anderen europäischen Staaten, wurde diese Gruppierung durch die Bildung von konfessionell bestimmten P.en überlagert (→ Parteien: V). In den USA vermochten die großen P.en die Tendenzen zu interessenpolitischer und weltanschaulicher Differenzierung weitgehend aufzufangen, in Großbritannien blieb der Charakter des Zweiparteiensystems erhalten, nur daß die Labourparty an die Stelle der Liberal Party trat. In Deutschland, Frankreich und Italien bildete sich hingegen ein sowohl interessenpolitisch wie weltanschaulich gegliedertes *Vielparteiensystem* aus. Neben regionalen Einflüssen sind in Europa Klassenunterschiede ebenso bestimmend gewesen wie Gegensätze zwischen liberalen und klerikalen Gruppen. Daher ist bei aller Unterschiedlichkeit eine von ideologischen und sozialen Faktoren bestimmte Gruppierung in sozialistische, liberal-fortschrittliche, konfessionelle bzw. Bauern-P.en und konservative P.en erkennbar, die durch mehr oder minder starke *P.enzersplitterung* und das Hinzutreten rechtsextremistischer Gruppen differenziert ist. Dem *Vielparteiensystem* entsprach parlamentarisch die Form der Koalitionsregierung, da keine der P.en für sich eine stabile Mehrheit erreichte. Durch das Auftreten *totaler Integrations-P.en* (→ Kommunismus, → Faschismus, → Nationalsozialismus), die ihrer Struktur und Zielsetzung nach zur außer- und antiparlamentarischen *Bewegung* tendierten, wurde nach dem 1. Weltkrieg das Vielparteiensystem von den Extremen her aufgerollt oder funktionsunfähig gemacht. Die Selbstausschaltung der deutschen P.en in der Schlußphase der Weimarer Republik wurde durch die traditionell vorhandenen Antiparteienaffekte und die dadurch begünstigte Verantwortungsflucht der P.en beträchtlich erleichtert.

L. Bergsträsser, Gesch. d. polit. P.en in Deutschland, (1921) 1960[10] - S. Neumann, Die dt. P.en, 1932 - Ders. (Hg.), Modern Political Parties, 1956 - P.en in der BRD (Schriften d. Instituts f. Polit. Wiss. 6), 1955 - W. Mommsen, Dt. P.programme, 1960. - A. Siegfried, Tableau des partis en France, 1931 - F. Goguel, La vie politique et les partis en France, 1950/51. - R.T. McKenzie, British Political Parties, 1958[3]. - C.E. Merriam-H.F. Gosnell, The American Party System, 1949.

H. Mommsen

II. Parteiensoziologie

In dem Maße, in dem sich die P.en zu großen festorganisierten Zusammenschlüssen von spezifischer, gemeinhin nur langfristiger Veränderung unterworfener sozialer Struktur mit bestimmten Interessenbindungen entwickelt haben, werden sie Gegenstand der *P.ensoziologie*, die über den Prozeß der innerparteilichen Willens- und Machtbildung, die Struktur und gesellschaftliche Basis wie über die Wahlchancen der P.en Aufschluß gibt. Zu den Begründern der P.ensoziologie gehören neben Ostrogorski vor allem Max → Weber und Robert Michels. In Verbindung mit einer umfassenden Wahlsoziologie ist sie heute unentbehrliches Hilfsmittel der Politischen Wissenschaft.

Ihrer sozialen Zusammensetzung nach tendieren die modernen demokratischen *Integrations-P.en* (Neumann) mit wenigen Ausnahmen dahin, die ältere berufsständische Segmentierung abzustreifen und Angehörige aller sozialen Schichten zu vereinigen. Dennoch ist durchweg eine *soziale* und *regionale Streuung* sichtbar. Im P.system der USA wirkt der soziale Gegensatz zwischen agrarischem Süden und hochindustriellem Norden ebenso nach wie in Europa die Klassenschichtung trotz der zunehmenden gesellschaftlichen Nivellierung. Nach wie vor umfassen die sozialistischen P.en (→ Sozialismus: I, → Sozialdemokratie: I) die große Mehrheit der Arbeiterschaft, haben die liberalen P.en ihren Rückhalt vorwiegend im → Bürgertum, kath. Volks-P.en in hohem Maße in der ländlichen Bevölkerung. Neben der sozialen Schichtung beeinflußt in konfessionell gemischten Staaten das religiöse Bekenntnis die P.bildung, obwohl es nicht mehr so ausschließlich wirksam ist wie im 19. Jh. *Regionale* Streuung hängt einesteils mit partikularistischen Traditionen zusammen (zB bei der Deutschen P. und der Bayern-P.), andernteils ist sie Ausdruck einer regional unterschiedlichen sozialen Struktur. Ein krasses Beispiel der Spannung zwischen großstädtischen und ländlichen Bezirken bietet die 1. Österreichische Republik, in der das »rote« Wien in schärfstem Gegensatz zu den christlich-sozial beherrschten Bundesländern stand. Die *soziale Zusammensetzung* der Anhänger- und Wählerschaft steht in Wechselbeziehung zur inneren Struktur der P. Hierbei muß zwischen formeller Organisation und tatsächlicher Wirkungsweise des Apparats unterschieden werden. Bei mancherlei äußerlichen Ähnlichkeiten ist die organisatorische Gliederung von demokratischen und totalitären P.en grundverschieden. Während erstere eine *innerparteiliche Willensbildung* »von unten nach oben« mindestens im Prinzip zulassen, stellen die letzteren einen auf Grund des sog. »demokratischen Zentralismus« durchorganisierten Befehlsapparat dar, in dem mittels der Unterordnung der Gliedorganisationen unter die nächsthöhere Instanz und des Fraktionsverbots zwischen gleichgeordneten Gremien jede Opposition oder Abweichung im Keim erstickt wird; die P.tage, ursprünglich die höchste und letztentscheidende Instanz, werden durch die Machtkonzentration an der Spitze der P.bürokratie zu bloßen Akklamationsorganen. Die innere Willensbildung in *demokratischen* P.en beruht in der Regel auf dem Repräsentationsprinzip. Bei P.en, die eine *mittelbare Struktur* (Duverger) aufweisen, dh bei denen die Mitgliedschaft nicht direkt besteht, sondern durch die Zugehörigkeit zu einer der P. affiliierten Organisation vermittelt ist, vollzieht sie sich vielfach außerhalb der P.organisation im engeren Sinne; zB gehören die englischen → Gewerkschaften korporativ der Labourparty an. Eine Sonderform der mittelbaren ist die *bündische* Struktur, wie sie bei der Österreichischen Volks-P. vorliegt; während der P.apparat im lokalen Bereich von untergeordneter Bedeutung ist, sind Landbund, Arbeiter- und Angestelltenbund und Wirtschaftsbund neben der Kath. Akademikerschaft entscheidende Subsidiärorganisationen. Eine *unmittelbare* Struktur entstand zunächst bei den Links-P.en, am ausgeprägtesten bei der → Sozialdemokratie. Ihre gestufte, den jeweiligen Wahlkörperschaften folgende Organisation ermöglicht im Prinzip eine demokratische Willensbildung. Dem unitarischen Aufbau der meisten Arbeiter-P.en entspricht ein starker Funktionärsapparat, der aber überwiegend - im Unterschied zu der für bürgerliche P.en bezeichnenden Institution des ernannten Geschäftsführers - aus Wahlen hervorgeht. Obwohl auch die bürgerlichen und konservativen P.en zur unmittelbaren Struktur tendieren und sich um den Aufbau eines Organisationsnetzes bemühen, ist ihr Apparat in der Regel auf den unteren Ebenen schwach ausgebildet oder gar nicht vorhanden. Häufig wirkt ein Föderalismus der regionalen Verbände dem Bestreben nach zentraler Lenkung entgegen und zugunsten einer offenen inneren Willensbildung. Bei P.en dieses Typs ist die Intensität des Zugehörigkeitsbewußtseins der Mitglieder geringer, dagegen die Cliquen- und Fraktionsbildung innerhalb der Organisation stark ausgeprägt. Das Fehlen eines straffen P.-apparats bewirkt vielfach die Abhängigkeit der P. von den Sonderinteressen der Parlamentsfraktion (bes. in Frankreich) und eine geringe Widerstandskraft gegen Verbandseinflüsse. Das ist vor allem bei den P.en der USA der Fall; sie besitzen eine Organisation im europäischen Sinne überhaupt nicht und ähneln hierin der *Komitee-P.* des frühen 19.Jh.s. Die Wahlwerbung liegt in den Händen finanzstarker »Bosse«, die als inoffizielle und der P. nicht verantwortliche Manager eine höchst disziplinierte Wahlmaschine dirigieren und ihr durch rücksichtslose Anwendung der *Ämterpatronage* und finanzielle Manipulationen (spoils-system) Einfluß verschaffen. Mit der allgemein anwachsenden Verstärkung des offiziellen oder inoffiziellen Apparats verringert sich durchweg die Einwirkungsmöglichkeit der P.mitgliedschaft. Demgegenüber erlangen die Verbände, auch wenn sie formell oder der Sache nach überparteilich sind, zunehmend Einfluß auf die Führungsgremien der P.en, die auf die Zuwendung umfangreicher Geldmittel und die Fachkenntnisse der Verbandsfunktionäre angewiesen sind. Selbst bei ausgesprochenen Mitglieder-P.en spielen die Einnahmen aus Mitgliedsbeiträgen eine untergeordnete Rolle. In dem Maße, in dem die Bedeutung der Mitgliedschaft abnimmt, wird es notwendig, auf die nicht parteigebundenen Wähler Rücksicht zu nehmen; infolgedessen gewinnen die P.en zunehmend den Charakter von *Wahlwerbeorganisationen.* So setzt sich bei fallenden Mitgliederziffern im ganzen die Tendenz zur *Wähler-P.* durch. Eine Ausnahme machen hierbei Staaten mit traditionellen gesellschaftlichen Strukturen wie England, Österreich und die Schweiz. Durchweg ist ein Rückgang der grundsätzlichen Programmatik zugunsten des situationsbedingten *Plattformprogramms* festzustellen; desgleichen wird der Wahlerfolg immer mehr von der Qualität des herausgestellten Führungsteams abhängig. Vielfach gestalten sich die P.en zu bloßen *Rahmen-P.en* (Conze) um, die allen Wählergruppen entgegenkommen und daher auf einen innerhalb der P.gremien erfolgenden ständigen Integrationsprozeß zwischen verschiedenen Richtungen und Verbandsinteressen angewiesen sind, ohne daß sie - wie die Integrations-P. - die Anhänger in einer geschlossenen Organisation vereinigen und auf ein festliegendes Programm verpflichten.

M. Ostrogorski, La démocratie et l'organisation des partis politiques I. II, 1901[2] - R. Michels, Zur Soziologie des P.wesens in der modernen Demokratie, (1911) 1925[2] - M. Weber, Politik als Beruf, 1921 - M. Duverger, Les partis politiques, 1951; dt. 1959 - F.A.v.d. Heydte-K. Sacherl, Soziologie der dt. P.en, 1955 - O. Stammer, Polit. Soziologie (in: Soziologie, hg.v. A. Gehlen u. H. Schelsky, [1955] 1957[3], 277-333).

H. Mommsen

III. Die Stellung der Parteien im Staat

In der modernen *egalitären* Demokratie (→ Staatsformen) sind die P.en zu unentbehrlichen Organen des staatlichen Integrationsprozesses geworden. Die Ausdehnung des staatlichen Handelns (→ Staat) und dessen Verquickung mit gesellschaftlichen Gruppeninteressen vielfältiger Art haben das Feld der politischen Entscheidungen für den Staatsbürger weithin unüberschaubar gemacht. Es bedarf daher vermittelnder Zwischenglieder zwischen Regierung und Parlament auf der einen, dem Wahlvolk auf der anderen Seite. Die politische Willensbildung, die sich in Wahlen und Abstimmungen vollzieht, setzt eine Aufbereitung des politischen »Materials« zu entscheidbaren Alternativen voraus. Durch die Formulierung von Wahlprogrammen und ihre werbende Kraft fungieren die P.en als »Sprachrohr, dessen sich das mündig gewordene Volk bedient, um sich artikuliert äußern und politische Entscheidungen fällen zu können«. Diese »Mediatisierung des Volkes durch die P.en« bedeutet keineswegs dessen Entmachtung; vielmehr kann erst die Arbeit der P.en das Volk politisch organisieren und die Bedingungen eines flüssigen Integrationsprozesses herstellen. Die Entwicklung zum *P.-enstaat* bedeutet eine Abkehr vom *liberalen Repräsentativsystem;* die Wahlen erscheinen immer weniger als Auswahl von Repräsentanten der Wähler und werden zu Entscheidungen zwischen den P.en. Der P.enstaat ist daher als »Surrogat der direkten Demokratie im modernen Flächenstaat« (Leibholz) zu bezeichnen. Der funktionellen Bedeutung der P.en für die politische Willensbildung (→ Politik: I) entspricht der tatsächliche Einfluß, den sie über das Parlament auf Regierung und Verwaltung ausüben. Das Schwergewicht der politischen Entscheidungen verlagert sich zusehends vom Parlament in die Fraktionen und von diesen in die P.en selbst, da die Fraktionen zunehmend der P.führung und P.bürokratie untergeordnet sind. Die freie Betätigung des Abgeordneten ist vielfach verfassungsmäßig garantiert, faktisch aber stark begrenzt, da er für seine Wiederwahl wie für politische Wirksamkeit überhaupt der Unterstützung der P. bedarf. Das einheitliche Auftreten der Fraktionen ist weniger durch die Anwendung des *Fraktionszwangs* als durch die Notwendigkeit einer arbeitsteiligen Praxis gesichert. Im parlamentarischen System wird durch die Tätigkeit der P.en die traditionelle *Trennung der Gewalten* weitgehend durchbrochen. Auf Grund des Zusammenhangs zwischen Regierung und Mehrheitsfraktionen, sofern deren innere Festigkeit gewährleistet ist, vollzieht sich eine Unterordnung des Parlaments unter die Regierung, was zu einer Aushöhlung der Funktionen des Parlaments führen kann (zB in Österreich). Weiter besitzen die P.en durch Ausübung der *Ämterpatronage* direkten Einfluß auf die staatliche Verwaltung aller Ebenen. Das Prinzip der Gewaltentrennung ist daher im modernen P.enstaat weniger durch institutionelle Kompetenzenaufteilung als durch das Wechselspiel von Regierungs- und Oppositions-P.en verwirklicht. Die Tätigkeit der P.en beschränkt sich in der modernen Demokratie nicht auf Staatsleitung und Gesetzgebung, sondern richtet sich auf alle staatlichen Organe und darüber hinaus auf alle die politische Willensbildung beeinflussenden gesellschaftlichen Organisationen. Durch die Ausnützung derartiger personal und interessenpolitisch gegebener *Querverbindungen* verfügen die P.en über beträchtliche politische → Macht (: IV). Ihrerseits sind die *Verbände* als organisierter Ausdruck der gesellschaftlichen Gruppeninteressen bestrebt, die P.en zur Durchsetzung ihrer *partikularen* Forderungen zu bewegen; sie sind häufig mit den P.en eng verschränkt und beeinflussen die Kandidatenaufstellung und Zusammensetzung der Ausschüsse. Die zwangsläufige P.bürokratisierung leistet der Verstärkung der Verbandseinflüsse Vorschub. Im Gegensatz zu *Interessen-P.en,* die eine Verlängerung partikularer Verbände in den parlamentarischen Raum darstellen und meist nur über geringen Wähleranhang verfügen, findet jedoch in den großen P.en eine Koordination der konkurrierenden Einwirkungen heterogener Verbandseinflüsse statt. Diese wichtige integrierende Funktion angesichts des drohenden Zerfalls der Gesellschaft in ein pluralistisches Gegeneinander der Kräfte rechtfertigt die intermediäre Stellung der P.en zwischen Staat und Volk. Es muß Aufgabe der *P.gesetzgebung* sein, die P.en gegenüber den Verbänden zu stärken und die direkte, den Weg über P.en und Parlament vermeidende Einwirkung der Lobbies auf Regierung und Verwaltung möglichst zu unterbinden, da nur so die demokratische Kontrollfunktion der P.en gewährleistet ist. Die grundlegende Bedeutung der P.en in der modernen Demokratie hebt sie aus dem gesellschaftlich-sozialen Bereich zum Rang einer Verfassungsinstitution empor. Während das ältere liberale Verfassungsrecht die Tätigkeit der P.en ignorierte, werden sie im heutigen *Verfassungsrecht* allmählich als wichtige, wenn auch nicht alleinige Träger der politischen Willensbildung anerkannt. Im Grundgesetz der BRD und in der italienischen Verfassung ist dies ausdrücklich der Fall, obgleich in einer gewissen inneren Spannung das Prinzip der Repräsentation beibehalten ist (Art. 21 und 38 GG). In anderen Ländern ergibt sich dies aus Ansätzen staatlicher Privilegierung (in England das Amt des besoldeten Oppositionsführers) oder aus den einschlägigen Wahlgesetzen. Im Gegensatz zu totalitären Staaten, in denen die P.en die Funktion von Exekutivorganen besitzen, ist in demokratischen Ländern der »freie gesellschaftliche Grundcharakter« der P.en rechtlich gewährleistet und die *Bildung von P.en,* sofern ihre Ziele der demokratischen Grundordnung entsprechen, frei. Da die Erfolgschancen neugegründeter P.en infolge der organisatorischen Verfestigung der bestehenden P.en und gelegentlicher wahlgesetzlicher Behinderungen (zB die 5%-Klausel der BRD) gering sind, muß der Gesetzgeber darauf hinwirken, daß der Prozeß der innerparteilichen Willensbildung demokratisch ist und die Chancengleichheit der P.en fortbesteht. Die Wahlgesetze sehen daher häufig ein Beschränkung der Macht der P.zentralen hinsichtlich der Kandidatennominierung vor; in der BRD müssen die P.bewerber in einer ordentlich berufenen Wahlkreisversammlung gewählt werden, in zahlreichen Einzelstaaten der USA ist die Vorwahl der Kandidaten durch öffentliche oder P.versammlungen (open oder closed primaries) gesetzlich vorgeschrieben. In einigen Ländern verlangt die Gesetzgebung, daß die P.organisation ein Mindestmaß demokratischer Elemente enthält, und verbietet die Kooptation der P.-führung. Um die Chancengleichheit zu wahren, ist häufig eine Beschränkung der Ausgaben für den einzelnen Kandidaten gesetzlich festgelegt. Die Schwierigkeit einer *P.gesetzgebung* liegt darin, daß die P.en als öffentliche Einrichtungen dem Verfassungsgefüge eingegliedert sind, zugleich aber außerhalb der organisierten Staatlichkeit stehen. Die Mannigfaltigkeit ihrer Strukturen entzieht sie einer durchsetzbaren gesetzlichen Normierung, wie das die Problematik des im Grundgesetz (BRD) geforderten *P.engesetzes,* das u.a. die Offenlegung der P.-finanzen verlangt, deutlich macht. Die Legalisierung der P.en ist trotzdem ein notwendiger und der Praxis nachfolgender Vorgang, der den Wandel vom liberalen Repräsentativsystem zum plebiszitären P.enstaat auch staatsrechtlich zum Abschluß bringt.

E.E.SCHATTSCHNEIDER, Party Government, 1942 - C.J.FRIEDRICH, Der Verfassungsstaat der Neuzeit, dt. 1953 - O.KIRCHHEIMER, P.-struktur u. Massendemokratie in Europa (AÖR 79, 1954, 301-325) - Rechtl. Ordnung des P.wesens, hg.v. Bundesministerium des Innern, 1957 - G.LEIBHOLZ, Strukturprobleme der modernen Demokratie, 1958.

H.Mommsen

IV. Parteiensysteme der Gegenwart

Es gilt für alle demokratischen Staaten, daß sich nicht eine, sondern mehrere P.en bei Wahlen bewerben, wie es im Begriff der P. liegt, daß sie nicht für sich, sondern nur zusammen mit anderen P.en den Volkswillen repräsentiert. Zwar gibt es in einigen amerikanischen Einzelstaaten nur *eine* P., doch vollzieht sich hier der Richtungsstreit mittels des Systems der Vorwahlen innerhalb der P.; das ist möglich, weil der P.beitritt jedem freisteht. Das totalitäre *Einparteiensystem* ist hiervon qualitativ durch das Fehlen innerparteilicher Demokratie und die zentral gesteuerte Mitgliederbeschränkung (Kader-P.) unterschieden. Der Begriff des Einparteiensystems verlangt implizit die Existenz einer Opposition; tatsächlich sind totalitäre Regime gezwungen, ständig auf eine vorhandene oder potentielle Opposition hinzuweisen. Die parlamentarischen Körperschaften haben hier nur dekorative Bedeutung, die Macht liegt in den Händen einer Führeroligarchie, die jeder öffentlichen Kontrolle entzogen ist und die alle übrigen gesellschaftlichen Gruppen in Form der *Gleichschaltung* der P. unterordnet. Eine Abart des totalitären Einparteiensystems ist das *Blocksystem,* das sich ursprünglich aus einer Allparteienkoalition, in den Ländern des Ostblocks aus den antifaschistischen Ausschüssen herleitet. Es behält die äußere Form des Mehrparteiensystems bei; den Minderheits-P.en ist jedoch durch das System der *Einheitsliste* eine selbständige Betätigung unmöglich. - Demgegenüber gilt für die westliche Welt in der Regel die Form des *P.enpluralismus.* In England und den USA erscheint dieser als *P.endualismus,* da für die Regierungsbildung allein die beiden *Mehrheits*-P.en der Konservativen und der Labourparty bzw. der Republikaner und Demokraten ausschlaggebend sind, während die Minderheits-P.en im ganzen an Einfluß verlieren. Das *Zweiparteiensystem* hat gegenüber einer Regierungsbildung auf der Grundlage wechselnder Koalitionen den Vorzug größerer Stabilität und klarerer Verantwortlichkeiten.

Das Wechselspiel von Regierungs- und Oppositions-P. wirkt versachlichend und zugunsten einer strukturellen und programmatischen Angleichung der P.en, indem der Wahlkampf zur Mitte hin orientiert ist. Das für Europa typische *Vielparteiensystem* hat den Nachteil, daß die Handlungsfähigkeit der Regierung durch Koalitionsabsprachen und die Existenz einer inneren neben der äußeren Opposition eingeengt ist, der Wahlkampf häufig nach den Extremen hin geführt wird und die P.en der Mitte sich in der Verantwortung abnützen, wie dies die französische und die deutsche Entwicklung vor 1933 zeigen. In der BRD ist das dem der Weimarer Republik verwandte P.ensystem in der Umbildung begriffen, die die Möglichkeit eines Zweiparteiensystems nicht ausschließt, da sich CDU und SPD gleichermaßen zu *Volks*-P.en mit breiter sozialer Basis entwickeln. In Österreich besitzen ÖVP und SPÖ die überwältigende Mehrheit, jedoch verhindern die nachwirkenden ideologischen und sozialen Spannungen den Wechsel von Regierungs- und Oppositions-P. Das italienische P.wesen weist nur äußerlich die Tendenz zum Zweiparteiensystem auf, da die nach der Democrazia Cristiana zweitstärkste Kommunistische P. wegen ihrer offen antidemokratischen Haltung einen Wechsel der Regierungsverantwortung ausschließt. Eine deutliche Tendenz zum Zweiparteiensystem findet sich in den lateinamerikanischen Ländern und zT in den Commonwealth-Staaten. Hingegen geben Belgien, die Niederlande und die skandinavischen Staaten Beispiele eines funktionierenden Vielparteiensystems. Dessen offenkundige Schwächen haben in Frankreich zu einer Einschränkung des parlamentarischen Systems und einer Vermehrung der präsidialen Vollmachten geführt, ohne daß damit das Grundproblem, die Zersplitterung und mangelnde politische Organisation der P.en der Mitte und der Rechten, gelöst ist.

Vgl. die Lit. zu → Parteien: I. Ferner: C. Stern, Porträt einer bolschewist. P. Entwicklung, Funktion u. Situation der SED, 1957.

H. Mommsen

V. Christliche Parteien

Die Anfänge einer christlich bestimmten P.bildung knüpfen an die kirchliche Opposition gegen die vom → Liberalismus angestrebte Zurückdrängung des Einflusses der Kirchen und die Laizisierung des Schulwesens an, wurden aber in dieser Abwehrhaltung vielfach auf die Seite der politischen Reaktion gedrängt. Zu einer vom → Konservatismus unabhängigen christlichen P.bewegung kam es zunächst in konfessionell gemischten Staaten, vor allem in Belgien, Holland und Deutschland. Die belgischen Katholiken unterstützten die für die Trennung Belgiens von den prot. regierten Niederlanden eintretende liberale Nationalbewegung; eine ähnliche Konstellation öffnete den holländischen Katholiken den Weg zu einer fortschrittlichen P.bildung, während die prot. Gruppen obrigkeitsstaatlich eingestellt waren. Die kath. P. Belgiens nahm nicht ohne Widerstände und innere Krisen die erstarkende christlich-soziale Bewegung in sich auf, die die 1945 gegründete Nachfolge-P. (Parti Social Chrétien) vorwiegend bestimmt. Trotz formeller Interkonfessionalität ist die PSC eine konfessionelle P.; auch in den Niederlanden wurde ein überkonfessioneller Zusammenschluß nicht erreicht, es bestehen neben der kath. zwei ref. P.en.

In Deutschland sammelten sich die kath. Kräfte im Kampf gegen die kleindeutsch-prot. Politik Preußens und fanden seit 1870 ihren Ausdruck im → *Zentrum*, das sich auf eine Vielzahl kath. Vereine und auf den Volksverein für das kath. Deutschland stützte. Betont antipreußisch und föderalistisch eingestellt, erfuhr es durch den → Kulturkampf eine nachhaltige Stärkung und wurde zur Schlüsselpartei im Reichstag. Trotz formeller *Interkonfessionalität* und der schon vor 1914 lebendigen Bestrebungen, die prot. Wählerschaft einzubeziehen, blieb es eine rein kath. P. Der politische Protestantismus, eng verbunden mit den konservativen P.en, entfaltete in Deutschland keine parteibildende Kraft, so daß die → christlich-soziale P.bildung → Stoeckers wie der Plan → Naumanns scheiterten, eine breite sozialliberale P. mit Unterstützung der Kirche zu schaffen. Erst der gemeinsame Widerstand beider Kirchen im → Kirchenkampf schuf die Grundlage für eine überkonfessionelle P.bildung, die in der im Juni 1945 gegründeten Christlich-Demokratischen Union verwirklicht wurde. Die CDU übernahm die föderalistische Struktur des alten Zentrums, die auch in der Sonderstellung der CSU, der organisatorischen Nachfolgerin der Bayrischen Volks-P., zum Ausdruck kommt. Durch die Gewinnung breiter Wählergruppen vor allem des → Mittelstands gelang es der CDU, obwohl sie ihrer christlichen Grundhaltung nach eine Weltanschauungs-P. ist, zur führenden Volks-P. zu werden. Neben der CDU ist die zZ bedeutendste christliche P. die Democrazia Cristiana in Italien. Die kath. Kräfte, die zunächst in der Abwehr der vatikanfeindlichen nationalitalienischen P.en politisch hervortraten (→ Katholische Aktion), wurden nach 1918 von der schroff antifaschistischen Italienischen Volks-P. (PPI) repräsentiert. Die Democrazia Cristiana entstand als ausgeprägt demokratische und föderalistische P. aus der Widerstandsbewegung und entwickelte sich zur stärksten P., die seit 1945 für die Regierungsbildung bestimmend ist. Die Kath. Aktion in Frankreich hat in geringerem Maß parteibildend gewirkt; die Republikanische Volksbewegung (MRP) besitzt jedoch dank ihrer strategischen Mittelposition im französischen Vielparteiensystem einen im Verhältnis zu ihrer parlamentarischen Stärke beträchtlichen Einfluß. Die Österreichische Volks-P. (ÖVP), die sich aus der älteren Christlich-sozialen P. herleitet, bekennt sich zur parlamentarischen Demokratie, hat aber den *Ständegedanken* in ihrer bündischen Struktur fortgeführt. Ebenso wie die Schweizerische Konservative Volks-P. ist sie eine vornehmlich konservative P. Für die christlichen P.en ist die breite soziale Basis, die unmittelbare Struktur und eine davon herrührende politische Anpassungs- und Wandlungsfähigkeit charakteristisch. Die christlichen P.en Europas und Lateinamerikas und die Exilgruppen der Satellitenstaaten (CDUCE) haben sich, korporativ oder durch Einzelmitgliedschaft, in der »Neuen Internationalen Mannschaft« (NEI) zu einer Aktionsgemeinschaft zusammengeschlossen.

A. Erdmann, Die christl. Arbeiterbewegung in Deutschland, 1909[2] - V. G. Galati, La Democrazia Cristiana in Europa, 1950 - K. Buchheim, Gesch. der christl. P.en in Deutschland, 1953 - H. G. Wieck, Die Entstehung der CDU u. die Wiedergründung des Zentrums i.J. 1945, 1953 - Ders., Die Anfänge der christl. Demokraten u. der Liberalen in Hessen, Rheinland-Pfalz, Baden u. Württemberg i.J. 1945, 1954 - M. Vaussard-J. Rovan, Hist. de la démocratie chrétienne I: France, Belgique, Italie; II: Le catholicisme politique en Allemagne, 1956 - M. P. Fogarty, Christl. Demokratie in Westeuropa 1820-1953, 1959 - A. J. Heidenheimer, Adenauer and the CDU, 1960. - Vgl. die Lit. zu → Zentrum.

H. Mommsen

VI. Kirchliche Parteien in Deutschland

1\. Parteiungen und Gruppierungen, Zusammenschlüsse von Geistesverwandten, Reformbewegungen, Kampfgemeinschaften hat es in der Kirche von jeher gegeben, k.P.en jedoch erst seit dem 19.Jh. Ihre Voraussetzung war die Entstehung von → Synoden in der ev. Kirche. Trotzdem entstanden k.P.en in Deutschland schon vorher als innerkirchliche Gesinnungsgemeinschaften, hervorgerufen durch die theologischen Spannungen im 2. Drittel des 19.Jh.s. Auch weltanschauliche und politische Gegensätze spielten bei der Entstehung der Gruppen eine Rolle.

2. Durch die Auseinandersetzung über das Recht des luth. Bekenntnisses in der preußischen → Union (: I) hervorgerufen, fanden sich in den 40er Jahren des 19.Jh.s Lutheraner in Preußen zu Konferenzen zusammen, um das luth. Bekenntnis in der unierten Landeskirche zu verteidigen. Hieraus ist 1873 die »Ev.-luth. Konferenz innerhalb der preußischen Landeskirche« erwachsen, aus der sich später die kirchenpolitische Gruppe der »Vereinigung der Ev.-Lutherischen innerhalb der preußischen Landeskirche« bildete. Ihr gegenüber entstand eine andere Gruppe, die für die Union eintrat, aber zugleich bekenntnistreu und orthodox sein wollte: die »Freunde der → Positiven Union«. Nach dem Erlaß der Kirchengemeinde- und Synodalordnung 1873/76 bildete sich in Altpreußen die landeskirchliche Vereinigung dieser Gruppe. Sie wurde die größte und einflußreichste aller k.P.en. Von ihr trennte sich 1874 die → »Evangelische Vereinigung«, die gegenüber der orthodoxen Enge der beiden anderen Gruppen für eine freiere Auffassung der Bekenntnisse und Bejahung der kritischen Theologie Raum geben wollte. - Die aktivste Gruppe unter den k.P.en war längere Zeit der → Protestantenverein (1863 von Baden aus begründet), die Organisation des theologischen und kirchlichen → Liberalismus (: II. III). Ihm standen die »Vereinigung der Freunde christlicher Freiheit« und die »Freie Volkskirche« nahe. Diese Gruppe kämpfte gegen orthodoxe Bekenntnisbindung für Lehrfreiheit, Gleichberechtigung der Richtungen und Unabhängigkeit der Gemeinden vom Kirchenregiment. 1921 trat zu den bisherigen k.P.en eine ganz neu geartete hinzu, der »Bund für deutsche Kirche«, der die Verdeutschung der ev. Christenheit zu seinem Programm machte (→ Deutsch-christliche Bewegungen, 1). Während diese Gruppe ziemlich ohne Einfluß blieb, gelang es den »Deutschen Christen« (DC; →Deutsch-christliche Bewegungen, 2), sich mit Hilfe der NSDAP 1933 in der ev. Kirche weithin durchzusetzen (→ Kirchenkampf). Durch die Ereignisse des Jahres 1933 fanden die k.P.en ihr Ende. Die damals für die Kirchenwahlen gebildete Gruppe »Evangelium und Kirche« kann man schon nicht mehr so bezeichnen, erst recht nicht die im Widerspruch zu den DC und dem Nationalsozialismus sich bildende → Bekennende Kirche. Nach 1945 ist es bisher noch nicht wieder zu kirchlicher P.bildung gekommen.

3. Die Bildung der k.P.en erfolgte in gewisser Analogie zu den politischen → Parteien (: I. V). Es gab eine kirchliche Rechte und Linke, manchmal auch eine Mitte, je nach der Grundeinstellung zur Bekenntnisgrundlage der Kirche: Konservativ oder liberal, dazwischen der Kompromiß zwischen beiden. Die theologische Entwicklung spiegelt sich ziemlich genau in den k.P.en: den Verteidigern des kirchlichen Bekenntnisses treten die Anwälte der kritischen Wissenschaft entgegen, und die Dritten versuchen, beiden Anliegen Rechnung zu tragen. Daneben hatte auch das Für und Wider zur Union einige Bedeutung. Gerade in Altpreußen war die »Rechte« durch diesen Gegensatz gespalten. Daß auch politische Meinungsverschiedenheiten eine Rolle spielten, ist bei der Verwandtschaft von kirchlichem und politischem Konservatismus und Liberalismus kein Wunder. Aber erst im 20.Jh. wurde das politische *Programm* als solches für eine kirchenpolitische P. von maßgebender Bedeutung. Die DC verstanden sich als die Sachwalter des → Nationalsozialismus in der Kirche. Sie haben darum auch dem Unternehmen kirchenpolitischer P.en in der Kirche ein Ende bereitet. Schon vor 1933 war bei der theologischen Jugend für die überlieferten k.P.en kein Verständnis mehr vorhanden. So formte sich der Widerstand gegen die DC in einer ganz neuen Gestalt, der »Bekennenden Kirche«, in der die Idee einer k.P. aus theologischen Gründen radikal verneint wurde: Die → Kirche als Gemeinde Christi darf sich nicht in P.en für ihre Gemeindeleitungen und Synoden organisieren, da Parteiung dem Wesen der → Gemeinde widerspricht. Kommt es in der Kirche zu Parteiung und Spaltung, so ist dies ein schmerzliches Geschehen, das sobald als möglich überwunden werden muß. Parteiung in der Kirche ist kein Strukturprinzip, das für den Aufbau und die Arbeit der kirchlichen Synoden notwendig und brauchbar ist. Diese Erkenntnis und das entsprechende Widerstreben gegen neue k.P.en hat auch in den landeskirchlichen Wahlordnungen nach 1945 seinen Ausdruck gefunden (→ Kirchenwahlen, 3).

KJ 1ff, 1884ff - W.MUTIG, Der kirchl. Parlamentarismus der Gegenwart, 1911 - H.PRIEBE, Kirchl. Hdb. für d. ev. Gemeinde, (1912) 1929³ - RGG¹ IV, 1229ff; RGG² IV, 977f - W.SCHUBRING, Kirchenpolitisches ABC, (1921) 1925³ - E.BUESS, Die kirchl. Richtungen (ThSt [B] 36), 1953.

J. Beckmann

Parusie

1. P. (παρουσία) bezeichnet im Hellenismus die Ankunft des Herrschers, gelegentlich eines Gottes (zum Kult, zur Hilfe), also einen als Heil gepriesenen Vorgang; im jüdischen Stil mag man umschreiben: »Siehe, dein König kommt zu dir« (Sach 9, 9; Deißmann). Das nt. Vorstellungsmaterial stammt freilich nicht aus der hellenistischen σωτήρ-ἐπιφάνεια-Religiosität, sondern aus der jüdischen → Apokalyptik (wo aber der Ausdruck P. fehlt; nur wenige unsichere Stellen sprechen von der P. bzw. dem Advent *Gottes:* AssMos 10, 12; ApkBar [syr] 30, 1; TestJud 22, 2; vgl. TestLev 8, 15). Vielleicht hat auf den nt. Sprachgebrauch die Verwendung des Verbums παρεῖναι an eschatologischen Stellen der LXX eingewirkt (Jes 52, 6 usw; vgl. das »Kommen« des »Tages Jahwes« Jo 2, 1 und weiter Dan 7, 13); die → Qumran-Texte reden vom »Kommen« der Messiasse (1QS IX, 10; Dam XII, 23; XIV, 19; XIX, 10). Im NT ist der feste eschatologische Gebrauch bereits im ältesten Brief des Paulus (1Thess) vorausgesetzt. Doch ist das Wort (in eschatologischer Bedeutung) nicht häufig (bei Paulus noch 2Thess; 1Kor 15, 23; einige Male in den Kath. Briefen; in den Evangelien nur Mt 24; die Past gebrauchen ἐπιφάνεια).

2. Die eschatologische Hoffnung enthält nicht schon in sich selbst die Erwartung der P. eines persönlichen Vollstreckers. So erwartete auch Jesus wohl das »Kommen« des → Reiches Gottes (: I), aber schwerlich die P. des Menschensohnes (→ Jesus Christus, 9). Wohl aber gehört der Ausblick darauf zur festen Überzeugung der Gemeinde nach Ostern. Übrigens hängt die Erwartung nicht an einem bestimmten christologischen Titel. Die synoptische Tradition bevorzugt in diesem Zusammenhang »Menschensohn« (Mk 13, 26; 14, 62) in Anlehnung an Dan 7, 13. Paulus spricht vom κύριος (1Thess 2, 1f; 4, 15; vgl. Phil 3, 20; 4, 5); vgl. den alten eschatologischen Ruf → Maranatha. - Früh gliedert man das Ereignis in verschiedene Akte (1Thess 4, 13ff; 1Kor 15, 23ff; Mk 13 par). Bei der P. stehen die Toten auf (→ Auferstehung: V); die überlebenden Gläubigen werden verwandelt. Die Gläubigen werden zum Herrn entrückt; dann erfolgt das → Gericht (: III) und die Vollendung. - Eine Sonderform stellt der → Chiliasmus dar (Apk 19, 11ff).

3. Die Bindung der Hoffnung an die Person Jesu bewirkt, wie in der → Eschatologie (: IV) überhaupt, eine Reduktion der apokalyptischen Phantasie. Da man den Kommenden als den bereits Dagewesenen kennt und

das in ihm geschenkte Heil im Glauben ergreifen kann, tritt das Interesse am Endzeitgemälde in der Frühzeit zurück; in der Zwischenzeit hat man bereits Faktoren des künftigen Seins in → Kirche (: II), → Gottesdienst (: IV), Sakrament, im → Geist (: IV).

4. Die P. ist *nahe*. Paulus hofft sie zu erleben (1Thess 4, 15ff; 1Kor 15, 52). Sachlich bedeutet die Nähe, daß es im Augenblick um das ewige Heil oder Unheil geht. Die Welt steht am Ende und kann in der → Hoffnung (: II) überstiegen werden. Zwischen dem Heute und der »Ankunft« steht lediglich noch die große θλῖψις (Mk 13, 14ff), in der es sich zu bewähren gilt. Daher gehört zum P.gedanken der paränetische Aufruf zum »Wachen« und Nüchternsein (vgl. den Schluß von Mk 13 par; 1Thess 5, 1ff), wie umgekehrt der Hinweis auf die nahe P. ein Motiv der allgemeinen Paränese ist (Röm 13, 11f; Phil 4, 5 usw). Denselben Sinn hat der Hinweis, daß die P. *plötzlich* erfolgt (Lk 17, 22ff; 1Thess 5, 1ff). Wenn sie sich auch durch Zeichen ankündigt, so ist doch der Termin der Berechnung entzogen (Mk 13, 28ff).

5. Die P. ist *nicht eingetroffen*. Schon früh begegnen Versuche, die Verzögerung zu erklären: Vorher muß die Mission durch die Welt laufen (Mk 13, 10). 2Thess schiebt als vorlaufendes Ereignis die perverse P. des → Antichristen ein (2, 8f; vgl. Did 16). Gegen Zweifel kämpft 2Petr, ohne zu einer theologischen Lösung zu gelangen. Eine wirkliche Krise brach aber nicht aus, weil die Hoffnung von vornherein nicht vom apokalyptischen Bilde, sondern vom Credo an Gottes Heilstat her entworfen war. So finden sich (schon vor Paulus) christologische Entwürfe, wonach die kosmischen Mächte bereits bei der Auffahrt Jesu entthront wurden; daher besteht an einer P. kein Interesse mehr. Die Gemeinde weiß die Kräfte der künftigen Welt in ihrer Mitte. So ist die apokalyptische Vorstellung da, wo sie festgehalten wird, doch in Wirklichkeit Ausdruck dafür, daß man die Zukunft als die Bestimmung der Gegenwart begreift. So sind von Anfang Faktoren vorhanden, welche das Problem der Verzögerung bewältigen helfen. → Paulus teilt die Naherwartung; aber seine Theologie basiert nicht auf ihr, sondern auf Credo und Homologie, Glauben, Wort und Sakrament. In den Deuteropaulinen (Kol, Eph) spielt die P. keine theologische Rolle mehr. Daneben findet sich freilich intensive Reaktivierung der P.erwartung: 1Petr, Apk. Lukas wiederum löst sich bewußt von der Naherwartung zugunsten einer heilsgeschichtlichen Epochengliederung. Das → Johannesevangelium dagegen gibt die gesamte apokalyptische Vorstellung überhaupt preis; die P. ist das Kommen des Erhöhten zu den Seinen; die P. ist mit Ostern identisch (→ Eschatologie: IV, 6).

6. Die P.*vorstellung* ist an das apokalyptische → Weltbild (: III) gebunden. Sie ist nicht apologetisch zu rechtfertigen. Die Sachfrage ist keine andere als die der Eschatologie überhaupt, nämlich ob diese als Explikation des Heilshandelns Gottes in Christus und also als die Bestimmung der Gegenwart durch das verkündigte Heil verstanden werden kann. Die darin vorausgesetzte Identität des Erhöhten mit dem geschichtlichen Jesus von Nazareth ist nicht innerweltlich anschaulich zu machen, sondern ist ausschließlich Glaubenseinsicht.

Lit. s. → Eschatologie: IV, → Gericht: III, → Jesus Christus, 9. 10. Ferner: P.Althaus, Die letzten Dinge, (1922) 1956[6] - Deissmann, LvO 314ff - PW Suppl. IV, 1924, 311f - B.Brinkmann, Die Lehre von der P. beim hl. Paulus u. im Henoch (Bibl 13, 1932, 315-334. 418-434) - M.Dibelius, An die Thessalonicher (HNT 11), 1937[3], Exk. zu 1Thess 2, 19 - J.Kiss, Zur eschat. Beurteilung des Apostels Paulus (ZSTh 15, 1938, 379-416) - E.Haack, Eine exegetisch-dogmat. Studie zur Eschatologie über 1Thess 4, 13-18 (ebd 544-569) - W.Michaelis, Der Herr verzieht nicht die Verheißung, 1942 - Ders., Kennen die Synoptiker eine Verzögerung der P.? (Synopt. Studien, 1953, 107-123) - O.Cullmann, Le retour du Christ, (1943) 1948[3] - Ders., Die Christologie des NT, (1957) 1958[2] - Ders., P.verzögerung u. Urchristentum (ThLZ 83, 1958, 1-12) - G.D.Kilpatrick, Acts VII, 52 ΕΛΕΥΣΙΣ (JThS 46, 1945, 136-145) - W.G.Kümmel, Verheißung u. Erfüllung (AThANT 6), (1945) 1956[3] - Nilsson II, 373. 431 - G.Bornkamm, Die Verzögerung der P. (In mem. E.Lohmeyer, 1951, 116-126) - S.Mowinckel, Han som kommer, 1951; engl.: He That Cometh, 1956 - J.Dupont, Σὺν Χριστῷ, 1952, 55ff - ThW V, 856ff (Lit.) - E.Pax, Epiphaneia (MThS I/10), 1955 - A.Feuillet, Le sens du mot P. dans l'évangile de Matthieu (The Background of the NT and its Eschatology, 1956, 261-280) - J.A.T.Robinson, The Second Coming. Mark XIV, 62 (ET 67, 1956, 336-340) - E.Grässer, Das Problem der P.verzögerung in den synopt. Evangelien u. in der Apg (BZNW 22), 1957 - H.Braun, Der Sinn der nt. Christologie (ZThK 54, 1957, 341-377) - H.P.Owen, The P. of Christ in the Synoptic Gospels (SJTh 12, 1959, 171-192) - H.-W.Bartsch, Zum Problem der P.verzögerung bei den Synoptikern (EvTh 19, 1959, 116-131) - D.Bosch, Die Heidenmission in der Zukunftsschau Jesu (AThANT 36), 1959 - E.Bammel, Judenverfolgung u. Naherwartung (ZThK 56, 1959. 294-315) - E.Schweizer, Der Menschensohn (ZNW 50, 1959, 185-209).

H.Conzelmann

Pascal, *Blaise* (1623-62), universal veranlagter Mathematiker, Physiker und christlicher Denker. Seine geniale Begabung kam früh zum Durchbruch. Schon mit 16 Jahren wurde er berühmt durch den »Essai sur les coniques«. Seit 1642 entwickelte er eine Rechenmaschine. 1647 entdeckte er das Gesetz der kommunizierenden Röhre sowie den Druck der Luft. Daraus folgten die Theorie vom hydrostatischen Gleichgewicht, das Prinzip der hydraulischen Presse und die den Zeitgeist tief aufwühlende Polemik gegen die traditionelle, auf → Aristoteles zurückgehende Ansicht von der Unmöglichkeit der Leere. Spätere Arbeiten befaßten sich mit den Zykloiden, der Kombinationslehre und Wahrscheinlichkeitsrechnung. – Um 1650 tritt die Produktivität P.s auf dem Gebiet der exakten Wissenschaft zurück. Es beginnt die »weltliche Periode«, die ihn im gesellschaftlichen Leben von Paris den Menschen entdecken läßt. Geistig steht sie vorab im Zeichen → Montaignes. Aber auch de Mére und Miton gewinnen Einfluß. P. bemerkt den »Feinsinn« des Herzens, des, seiner intuitiven Artung zum Trotz, exakten Organs menschlicher Ganzheitserfassung.

Die entscheidende Wende bringt das Jahr 1654. P. war schon 1646 dem → Jansenismus näher getreten (1. Bekehrung) und gerät nun in eine Krisis, die in der Nacht vom 23. Nov. Höhepunkt und Lösung findet. Zwischen Dogmatismus und Skepsis hin und her getrieben, kommt er zur Gewißheit, daß Gott keine philosophische oder theologische Idee ist, sondern »dieu de Jésus Christ«, geschichtlich-persönliche Gegenwart. Ein Erinnerungsblatt (Mémorial) an diese Erfahrung trug er seitdem eingenäht in sein Kleid.

Die Wende von 1654 treibt P. in engste Verbindung mit dem jansenistischen Zentrum → Port Royal. Er schließt sich in loser Form den dortigen »solitaires« an und findet in → Le Maistre de Sacy seinen geistlichen Betreuer. Rasch wird er der Wortführer der Jansenisten in ihrem Abwehrkampf gegen die → Jesuiten. Seine »Lettres à un provincial« (1656/57), die sich, nicht immer objektiv, auf den jesuitischen Moraltheologen → Escobar y Mendoza berufen, versetzten der → Kasuistik (: III) des Gegners einen Schlag von bleibender Wirkung. Trotz seines leidenschaftlichen Engagements bewahrte aber P. innere Freiheit gegenüber den Theologen von Port Royal. Gegen Ende des Lebens kam es bei ihm sogar zu einer fühlbaren Abstandnahme, teils weil er die elastische Taktik von → Arnauld und → Nicole als unwahrhaftig empfand, teils weil er inzwischen über die Fronten dieses Kirchenkampfes hinausgewachsen war. Die Meinung, daß P. »eine dritte und definitive

Umkehr« (Guardini) zum kirchlichen Konformismus vollzogen habe, ist aber historisch unhaltbar.

In den auf die Provinzialbriefe folgenden Jahren entsteht die große Masse der sprachlich scharfgeschliffenen Fragmente, aus denen eine völlig neuartige »Apologie der christlichen Religion« entstehen sollte. Andauernde Krankheit und früher Tod verhinderten die Vollendung seines Lebenswerkes. Die Bruchstücke wurden erstmals 1670, freilich tendenziös verkürzt, unter dem Titel »Pensées sur la religion« veröffentlicht.

In P.s Denken wurden heterogene Anstöße zu innerer Einheit verbunden. Die Mathematik legte ihm das Vorhandensein dimensional verschiedener, durch einen unendlichen Abstand voneinander getrennter Seinsbereiche nahe: Punkte, Linien, Flächen, Körper; Zahlen der 1., 2., 3. Potenz usw (Potestatum numericarum summa, 1654). Die Ordnung der niederen Dimension kann die der höheren nie erreichen. Sie ist also im Verhältnis zu ihr ein »Nichts«. Umgekehrt faßt die Ordnung der höheren Dimension die der niederen und ist darum im Verhältnis zu ihr ein »All«. Zwischen der einen und anderen besteht somit ein Verhältnis der Diskontinuität wie der Kontinuität, je nach der Blickrichtung. Schon vor 1654 hat P. das Verhältnis von Macht und Geist, Natur und Dasein, von »ordre des corps« und »ordre de l'esprit« anhand dieser mathematisch bestimmten Ordnungskonzeption zu verstehen unternommen. – Seine spezifische Struktur empfängt dieses Ordnungsdenken erst nach der Krisis von 1654. Damals ist P. aufgegangen, daß rationale Gotteserkenntnis noch kein Erfassen von Gottes Wirklichkeit selber ist, daß der Mensch Gott nur erreicht, wenn er von ihm erreicht wird im Geschehnis der Gnade (vgl. Fr. 280). Das augustinische sola gratia kommt damit zu radikalster Geltung, und der unendliche Abstand der »corps« zu den »esprits« wird zur Figur für die »distance infiniment plus infinie des esprits à la charité« (Fr. 793). Von hier aus bestimmt sich das Paradox der Existenz, wie es die »Pensées« zeigen. Der Mensch in seiner Eigentlichkeit (première nature) steht in allen drei Ordnungen (corps, esprits, charités). Aber er tut das nur, sofern er im Geschehnis der Gnade steht. Selbstbezogen ist der Mensch uneigentliche Existenz (seconde nature), aber noch immer betroffen von der Eigentlichkeit seines Seins. Es bleibt »die Narbe und die völlig leere Spur« (Fr. 425) von der »grandeur« seiner ersten Natur, und er steckt gerade darum in der totalen »misère«, die seine zweite, faktische Natur geworden ist. – Den Menschen in seiner Wirklichkeit erfassen, heißt somit die »contrariétés« seines konkreten Daseins als bleibende Gegensätze zugleich festhalten. So kommt P. zu einer neuen, dialektisch strukturierten Methode des Wirklichkeitsverständnisses. Bei jeder Wahrheit ist die entgegengesetzte präsent zu halten (Fr. 567). Das erlaubt ihm, die großen Gegensätze seiner Zeit in den Blick zu bekommen: Dogmatismus und Skeptizismus, Idealismus und Naturalismus, der Rationalismus → Descartes' und der Irrationalismus de Mérés usw. Diese »Größe« und »Elend« zugleich enthüllenden Gegensätze bringen zum Vorschein, daß sich der Mensch unendlich übersteigt (Fr. 434) und in keiner menschlichen Position zur Ganzheit und zur Ruhe kommen kann. – Die den Menschen erneuernde, die »böse Dialektik« von grandeur und misère aufhebende Ganzheit bringt nun – hier ist P. radikal antiphilosophisch – keine Synthese, sondern Christus allein: »In Jesus Christus sind alle Gegensätze versöhnt« (Fr. 684). Im Geschehnis seiner Gegenwart erreicht Gott den Menschen in der Zwiespältigkeit seines Daseins, und im Geschehnis der Christusgnade, das wagender Sprung des Glaubens ist, erreicht der Mensch den wirklichen Gott und darin seine eigentliche, heilwerdende Existenz.

Dies im Horizont des zwiespältigen menschlichen Selbstverständnisses der anbrechenden Neuzeit aufzuweisen, war die Absicht P.s in seiner Fragment gebliebenen Apologie. Ihr christozentrischer Ansatz steht gegen den universellen Erkenntnisanspruch des cartesianischen → Rationalismus (: I), ohne in einem vernunftfeindlichen Irrationalismus (→ Irrational) zur Ruhe zu kommen, wie er gegen die Gnadenlehre des → Molina steht, ohne auf der gratia irresistibilis jansenistischer Fassung zu verharren.

Oeuvres complètes, 14 Bde, hg.v. L.Brunschvicg u. E.Boutroux, Paris 1908-23 - L'Oeuvre de P., hg.v. J.Chevalier, ebd 1936. Für weitere Ausg.n u. Übers.en vgl. A.Maire, Bibliogr. générale des oeuvres de P., 5 Bde, ebd 1925-27 - L.Lafuma, Hist. des Pensées de P. (1656-1952), ebd 1954. - Dt. Übers.: Briefe an einen Provincial, übers. v. E.Russel, 1907 - Über die Religion u. einige andere Gegenstände (Pensées), übers. v. E.Wasmuth, (1937) 1954^{5} - Die Kunst zu überzeugen u. andere kleinere philos. Schriften, übers. v. Dems., 1938. - Stand der Forsch.: L.Lafuma, Controverses pascaliennes, Paris 1952 - H.Flasche, Stand, Methoden u. Aufgaben der P.-Forschung (DVfLG 27, 1953, 611-635). - Über P.: Ch.A.de Sainte-Beuve, Hist. de Port Royal, 7 Bde, Paris (1840ff) 1940^{10} - F.Strowski, P. et son temps, 3 Bde, ebd (1907-22) 1928^{8} - K.Bornhausen, P., Basel 1920 - E.Jovy, Etudes pascaliennes, 9 Bde, Paris 1927ff - C.C.J.Webb, P.s Philosophy of Religion, Oxford 1929 - J.Lhermet, P. et la Bible, Paris 1931 - L.Brunschvicg, P., ebd (1932) 1953^{2} - Ders., Descartes et P., Neuchâtel 1941 - J.Chevalier, P., Paris (1932) 1949^{3} - R.Guardini, Christl. Bewußtsein, 1935 - H.Friedrich, P.s Paradox (Zs. f. rom. Philologie 56, 1936, 322-370) - M.Bishop, P., London 1937; dt. 1938 - A.Cresson, P., Paris 1939 - H.F.Stewart, The Secret of P., Cambridge 1941 - Ders., P.s Apology, ebd 1942 - Ders., The Heart of P., New York 1950 - P.Serini, P., Turin 1942 - Z.Tourneur, Une vie avec P., Paris 1943 - M.F.Sciacca, P., Brescia (1944) 1948^{3} - E.Cailliet, The Clue to P., Philadelphia 1945 - Ders., P., London 1950 - H.Scholz, P.s Forderungen an die math. Methode (Festschr. f. A.Speiser, Zürich 1945, 19-33) - E.Baudin, La philosophie de P., Neuchâtel 1946/47 - P.Humbert, L'oeuvre scientifique de P., Paris 1947 - D.G.M.Patrick, P. and Kierkegaard, 2 Bde, London 1947 - J.Russier, La foi selon P., 2 Bde, Paris 1947 - L.Lafuma, Recherches pascaliennes, ebd 1949 - H.Lefèbre, P., 2 Bde, ebd 1949ff - E.Wasmuth, Die Philos. P.s, 1949 - J.Laporte, Le coeur et la raison selon P., Paris 1950 - E.Auerbach, Über P.s polit. Theorie (in: Vier Unters.en z. Gesch. d. franz. Bildung, 1951, 51-74) - L.F.Jaccard, B.P., Défenseur de la vérité, Neuchâtel 1951 - J.Guitton, P. et Leibniz, Paris 1951 - J.Mesnard, P., L'homme et l'oeuvre, ebd 1951 - M.Sonntag, Die natürl. Gotteserkenntnis bei P. (Diss. Mainz), 1951 - H.Kosak, P.s Menschenbild (Diss. Jena), 1952 - A.Rich, P.s Gedanken über Macht u. Recht (ThZ 8, 1952, 205-224) - Ders., P.s Bild vom Menschen, Zürich 1953 - H.Ehrenberg, In der Schule P.s, 1954 - L.Goldmann, Le dieu caché, Paris 1955 - M.Kruse, Das P.bild in der franz. Lit. (Hamburger Rom. Stud. A 41), 1955 - Chr.Müller, Das Gewissen bei P. u. Kierkegaard (EvTh 15, 1955, 115-128) - Th.Spoeri, Der verborgene P., 1955 - M.Simonetti, Studi pascaliani, Rom 1957 - H.Meyer, P.s »Mémorial«, ein ekstatisches Dokument (ZKG 68, 1957, 335-341) - R.Lacombe, L'apologétique de P., Paris 1958. *A.Rich*

Paschalis (I.), *Gegenpapst* 687, → Sergius I.

I., *Papst* 26.1.817 (Weihe) bis 11.2.824, Römer, vorher Abt des Klosters S. Stephanus Maior im Vatikan. Er wurde am Todestage → Stephans IV. gewählt, um einem kaiserlichen Eingriff zuvorzukommen. Mit ihm schloß Kaiser Ludwig d. Fromme das sog. Pactum Ludovicianum (Mirbt Nr. 244), das die kaiserlichen Rechte über den Kirchenstaat weitgehend aufgab und die freie → Papstwahl garantierte. Offenbar in der Absicht, das Papstrecht der Kaiserkrönung zu festigen (→ Papsttum: II, 1 b), krönte P., wie vorher Stephan IV. Ludwig d. Frommen (816), Lothar I. 823 zum zweiten Mal. Um sich von dem Verdacht zu reinigen, an der Ermordung hoher stadtrömischer Beamter i.J. 823 beteiligt gewesen zu sein, leistete er, ähnlich wie → Leo III., einen Unschuldseid.

L.DUCHESNE, Les premiers temps de l'état pontifical, (1898) 1911³, 189ff - RE XIV, 716f - HAUCK II, 492ff - DThC XI/2, 2054ff - LThK VII, 996f - P.BREZZI, Roma e l'imperio medievale, Bologna 1947, 43ff - EC IX, 901f - O.BERTOLINI, Osservazioni sulla »Constitutio Romana« e sul »Sacramentum cleri et populi Romani« dell' 824 (Studi Medievali in onore di A. de Stefano, Palermo 1956, 43-78) - SEPPELT II, 203ff. *H.Fuhrmann*

II., *Papst* 13.8.1099 bis 21.1.1118, Rainer aus Bieda (b. Ravenna), Cluniazenser, durch → Gregor VII. Kardinal von S. Clemente, ging sofort gegen → Heinrich IV. vor, obwohl dieser die Gegenpäpste → Theoderich, → Albert und → Silvester (IV.) nicht unterstützte. P. billigte den Abfall Heinrichs V. Als dieser die → Investitur weiter ausübte, nahm P. auf 2 Synoden (Troyes, Rom) gegen ihn Stellung, traf aber bei Heinrichs Römerzug mit diesem die Abrede, gegen einen Verzicht auf die Investitur die → Regalien der Bischöfe dem König zu überlassen. Das sollte vor der Kaiserkrönung beschworen werden. An dem festgesetzten Tage kam es in S. Peter zu einem Tumult, der Papst trat vom Vertrag zurück und verweigerte die Krönung. Heinrich stellte ihn unter Bewachung, und P. bequemte sich erst nach 2 Monaten, Heinrich die Investitur zu gewähren und ihm die Kaiserkrone aufzusetzen. Das »Pravileg« erregte aber Widerspruch, Eiferer bannten den Kaiser auf Synoden und als Legaten. Wenn auch P. die Sentenzen nicht bestätigte, so mußte er doch die Investitur erneut verbieten und den Verkehr mit Heinrich meiden (Synoden in Rom 1112, 1116). Dabei blieb er auch, als er aus Rom weichen mußte und der Kaiser seinen Einzug hielt. Kurz vor seinem Tode konnte P. zurückkehren, † in der Engelsburg. - 1104 hat P. die nordische Legation des Erzbischofs von → Hamburg-Bremen aufgehoben.

Qu.: MPL 163, 31ff (Epistolae et privilegia) - DUCHESNE, LP II, 296ff - WATTERICH II, 70ff - MG Const. I, 134ff; Lib. de lite II, 449ff. 640ff - G.MEYER V. KNONAU, Jb.er d. dt. Reiches unter Heinrich IV. u. V., 7 Bde, 1890-1909. - Über P.: M.SCHMITZ, Der engl. Investiturstreit, 1884 - W.v.GIESEBRECHT, Gesch. d. dt. Kaiserzeit III, 1890⁵, 697ff - B.MONOD, Essai sur les rapports de Pascal II avec Philippe I, Paris 1907 - RE XIV, 717ff - HAUCK III, 881ff - W.HOLTZMANN, Zur Gesch. d. Investiturstreites (NA 50, 1935, 264-319) - K.PIVEC, Die Bedeutung des 1.Romzuges Heinrichs V. (MIÖG 52, 1938, 217-225) - DThC XI, 2057ff - HALLER II, 70ff - EC IX, 902ff (Lit.).

(III.), *Gegenpapst* 22.4.1164 bis 20.9.1168, Guido von Crema, gewählt auf Betreiben → Reinalds von Dassel, sprach → Karl d. Gr. heilig und krönte nochmals → Friedrich I. und Beatrix.

RE XIV, 724f - LThK VII, 998 - HALLER II, 178ff. *F.Bock*

Paschasius Radbertus (ca 790-856/59), Mönch und Abt (843/44-849/53) in Corbie, vertrat in »De corpore et sanguine Domini« die Grundzüge der kath. Abendmahlslehre (→ Abendmahl: II, 2 a), erfuhr aber Widerspruch durch → Ratramnus und → Gottschalk. Als Werke des P.R. zur Mariologie sind jetzt erkannt Pseudo-Hieronymus ep. 9 über die Himmelfahrt Mariä (820/30) und »De nativitate Mariae« (846/49). Seine Kommentare zum MtEv, in dem er irische Quellen benutzte, und zu Jer enthalten zeitgeschichtliche Anspielungen; seine Viten Adalhards († 826) und → Walas († 836; »Epitaphium Arsenii«) sind wichtige Quellen.

MPL 120 - MG PL III, 54ff. 62ff. 747; Epp VI, 132ff; SS II, 524ff. 533ff - E.DÜMMLER, R.s Ep. Arsenii (AAB 1900, 3-98). - H.PELTIER, P.R., 1938 - WATTENBACH-LEVISON 3, 340ff - H.BARRÉ, La lettre du Ps. Jérôme sur l'assomption (RBén 68, 1958, 203-225). *H.Löwe*

Pasquino, wahrscheinlich der Name eines Schneiders, der dem an der Westecke des Palazzo Braschi (Rom) aufgestellten Marmortorso des Menelaos (2.Jh. vChr) gegeben wurde. Seit Anfang des 16.Jh.s wurden dort Zettel satirisch-politischen Inhaltes angebracht. Der prot. Humanist → Curione veröffentlichte 1544 diese Pasquillen. In der Reformationszeit auch Deckname anonymer Briefschreiber.

O.CLEMEN, Beitr. zur Reformationsgesch. I, 1900, 1ff (Lit.) - O.HARNACK, P.s Schreiben an Landgraf Philipp Rom, 12. Okt. 1542 (Philipp der Großmütige, hg.v. d. Hist. Ver. Hessen, 1904, 545 bis 562) - C.v.CHLEDOWSKI, Rom, 1922, 388ff (Lit.) - EItal XXVI, 451f (Lit.) - V.CIAN, Teofilo Folengo e P. (Nuova Antologia 379, 1935, 364-384) - P.ROMANO, P. nel Cinquecento, Rom 1936 (Lit.) - DERS., Quod non fecerunt barbari, Rom 1937 - D.GNOLI, La Roma di Leon X, Mailand 1938 - Hdb. der Archäologie III/1, 1950, 362f (Lit.) - M.DELL'ARCO, P. e le pasquinate, Mailand 1957 (Lit.) - H. MEYLAN, Sur un Pasquin de Rome: Le Pasquillus Novus de 1537 (Charles-Quint et son temps, Paris 1959, 123-131). *H.Goetz*

Passa → Feste: II, 3.

Passagier, *Passagi(a)ner,* eine judenchristliche Sekte des Hoch-MA, die 1184 zuerst erwähnt und in Oberitalien bekämpft wurde; über Entstehung, Verbreitung und Ende wissen wir nichts. Ihren Lehren nach hat man sie mit den → Katharern oder den → Waldensern verknüpfen wollen, doch weicht ihr eigenwilliger Biblizismus von dem waldensischen ab und richtet sich vielleicht direkt gegen die Katharer. Denn die P. hielten sich an die Gebote des AT, Speisebeschränkungen, Beschneidung statt Taufe, Sabbat statt Sonntag. Ohne das NT zu verwerfen, leugneten sie, daß Christus Gott sei und sein Opfer eine Wende gebracht habe; sie wollten die kirchliche Hierarchie und Liturgie durch ein tätiges Leben im mosaischen Geist überwinden, gehörten also mit in die häretische »Religiöse Bewegung« des Hoch-MA.

Qu.: Bonacursus, Manifestatio heresis, MPL 204, 784ff; Summa contra haereticos, ascribed to Praepositinus of Cremona, hg.v. J.N. GARVIN-J.A.CORBETT, Notre Dame/Ind. 1958. - Lit.: ILARINO DA MILANO, L'eresia di Ugo Speroni (StT 115), 1945. *A.Borst*

Passastreitigkeiten → Quartadezimaner.

Passau, *Bistum,* 739 errichtet, entwickelte sich nach Verdrängung der → Awaren 796 und Besiegung der Ungarn 955 zu einer der größten deutschen Diözesen. Sie reichte seit Mitte des 11.Jh.s von der Isar bis zur ungarischen Grenze. Bemühungen Bischof → Pilgrims (971-991), auch Ungarn einzugliedern, schlugen fehl (Lorcher Fälschungen). P.er Bischöfe und Geistliche des Früh-MA haben sich um die Christianisierung der Ostmark, aber auch Mährens, Böhmens und Ungarns verdient gemacht. Am Hofe Bischof Wolfkers (1190-1204), des Gönners → Walthers von der Vogelweide, wurde höchstwahrscheinlich das Nibelungenlied aufgezeichnet, unter Otto von Lonsdorf (1254-65) setzte die P.er Geschichtsschreibung ein, Wolfgang von Salm (1541-55) förderte den Humanismus, 1552 wurde der P.er Vertrag geschlossen. Waldensertum, Hussitenkriege, Reformation, → Jansenismus und → Josephinismus haben dem Bistum bes. im österreichischen Teil jeweils schwer zu schaffen gemacht. Durch die Abtrennung der Bistümer → Wien (1469, 1723 und 1728), → Linz und → St. Pölten (1784/85) verlor die Diözese, seit 1728 von → Salzburg exemt, mehr als zwei Drittel ihres Bestandes. 1803 wurde das Hochstift säkularisiert. Seit 1817 gehört P. zur Kirchenprovinz → München-Freising. Gegenwärtig zählt es rd 275 Pfarreien und 30 sonstige Seelsorgstellen, über 570 Priester und 480 000 Seelen.

Mon. Boica 28-31, München 1829ff - Urkundenbuch des Landes ob der Enns 1-11, Wien 1852ff (Urkunden d. Hochstifts P.) - P.F.KEHR, Germ. Pont. I, 1910/11, 154-263 - G.TELLENBACH, Die bischöfl. pass. Eigenklöster u. ihre Vogteien, 1928 - M.HEUWIESER,

Die Traditionen des Hochstifts P., 1930 - DERS., Gesch. d. Bistums P. I, 1939 - A.MAIDHOF, Die P.er Urbare I-III, 1933-39 - J.OSWALD, Das alte P.er Domkapitel, 1933 - DERS., Der organisatorische Aufbau d. Bistums P. im MA u. in der Reformationszeit (ZSavRG Kan. Abt. 30, 1941, 131-164) - DERS., Alte Klöster in P. u. Umgebung, (1950) 1954² - R.BAUERREISS, KG Bayerns I-V, 1949-55 (Lit.; I², 1958) - G.SCHWAIGER, Die... Bistümer Freising, P. u. Regensburg... (1803 bis 1817) (MThS I, 13), 1959. *J.Oswald*

Passion, *P.smusik,* die Vertonung der Leidensgeschichte Christi. Schon im frühen MA ist der Brauch verbürgt, am Palmsonntag und am Dienstag, Mittwoch und Freitag der → Karwoche die P.sgeschichte nach den vier Evangelien im schlichten gregorianischen → Lektionston (→ Liturgie: IV, 3) zu verlesen. Ursprünglich wurde von einem einzigen Geistlichen rezitiert. Schon im 13.Jh. begann man aber, den Vortrag nach dem Vorbild der älteren Osterspiele durch Beteiligung mehrerer Personen *(Soliloquenten)* dramatisch auszugestalten; der eine Geistliche stellte den Erzähler, ein zweiter Christus und ein dritter die übrigen redend eingeführten Gestalten dar. Die von mehreren Personen gemeinsam gesprochenen Worte *(→ Turbae)* wurden gemeinsam vorgetragen. Seit dem 15.Jh. trat eine Einleitung *(Introitus, Praefatio)* und ein abschließendes Dankgebet *(Conclusio, Gratiarum actio)* hinzu, vom Erzähler, den Soliloquenten oder einem Chor einstimmig gesungen. Diese älteste Art der liturgischen P. *(Choral-P.)* hat sich bis ins 19.Jh. erhalten.

Daneben findet sich im 15.Jh. bei niederländischen Meistern die *Motetten-P.,* in der der ganze Bibeltext, auch die Worte der Einzelpersonen, analog der Messenvertonung (→ Messe: IV) mehrstimmig in drei bis vier motettenartigen Teilen durchkomponiert ist. Verbreitet war eine J. → Obrecht zugeschriebene vierstimmige P., in der der Lektionston als cantus firmus bald dieser, bald jener Stimme anvertraut ist. Weitere Beispiele dieser Art, bei denen die Einzelpersonen mitunter der Stimmenzahl nach differenziert sind, stammen von C.de Rore, Cl.de Sermisy, Daser, Gallus, O.di → Lasso, L.de Victoria, mit deutschem Text von Joachim a Burck, Gesius, → Lechner, → Demantius u.a. Das Aufkommen der Monodie (→ Musik: V) hat die Motetten-P. im 17.Jh. verdrängt; im 20.Jh. griff K.Thomas (Markus-P.) darauf zurück. Ein anderer Typus geht auf J. → Walter, den musikalischen Berater Luthers, zurück: nur der Evangelist trägt im Lektionston vor, während die Reden aller Einzelpersonen mehrstimmig gesungen werden. Solche P.en schrieben u.a. A.Scandellus, J.Meiland, M. → Vulpius, Th.Mancinus und bes. H. → Schütz, dessen drei P.en nach Matthäus, Lukas und Johannes (um 1666) Höhepunkte der Gattung darstellen.

Im *P.soratorium* des 17. und 18.Jh.s wurde der Bibeltext durch freie Dichtungen erweitert (J.Sebastiani, 1672); Elemente aus dem italienischen → Oratorium drangen ein: einzelnen eingefügten Liedstrophen für Sopransolo mit → Generalbaß und Streichinstrumenten (Sebastiani, Theille 1673) folgten bald längere lyrische und lehrhafte Betrachtungen in Rezitativen und Arien mit Orchesterbegleitung, die den Evangelientext zurückdrängten (Telemann). In einer von R.Keiser (1704) vertonten P.sdichtung von Hunold fehlt der Evangelist ganz; durch theatergerechte Umdichtung der Bibelworte entstand eine Art P.soper. Diese erregte kirchlichen Widerspruch, nicht jedoch die ähnlich angelegte weit verbreitete P. von → Brockes (1716), eine Umdichtung des Evangeliums mit überreichen empfindsamen Betrachtungen, die von Keiser, → Händel, Mattheson, → Telemann u.a. vertont wurde. In dieser Umwelt entstanden die großen P.en von J.S. → Bach, die → Johannes- (1723) und die → Matthäuspassion (1729). Bachs Rückkehr zum reinen Evangelientext ist eine entscheidende Tat; zwischen der episch-dramatischen Behandlung des Bibelworts und den lyrisch-betrachtenden Ruhepunkten (Choräle, Arien, Chorsätze) ist ein vollkommener Ausgleich erreicht. - Nach 1750 entstanden, bes. im kath. Süden, vorwiegend frei-dramatische P.soratorien nach dem Vorbild neapolitanischer Meister (A.Scarlatti u.a.). Hasse, auch → Beethoven, Schicht, Spohr, Schneider, Löwe, → Liszt und in der Gegenwart → Kaminski haben solche Werke geschaffen.

Eine Abart des P.soratoriums, die *P.skantate,* schuf K.H.Graun, dessen »Tod Jesu« (1755, Text von Ramler) den Eindruck der Leidensgeschichte auf den empfindsamen Betrachter schildert und Jahrzehnte hindurch die beliebteste P.smusik war. Derselbe Text wurde auch von C.P.E.Bach und Telemann komponiert; ähnliche Kantaten schrieben G.A.Homilius, Schweitzer, Seifert, Wolf und Rolle.

Seit dem späteren 19.Jh. ist an die Stelle der liturgischen P. in der Karwoche fast ausschließlich die Aufführung eines der großen P.swerke von J.S.Bach getreten. Die Entdeckung und Pflege der P.en von Schütz haben aber daneben auch Bestrebungen zur Wiederbelebung von im engeren Sinne gottesdienstlichen Arten der P. geweckt. Dahin gehören die P.en von → Distler (1933), Ahrens (1951) und → Pepping (1951).

H.KRETZSCHMAR, Führer durch den Konzertsaal II/1, (1888) 1921⁵ - O.KADE, Die ältere P.skomposition bis zum Jahre 1631, 1893 - PH.SPITTA, Die P.smusiken von J.S.Bach u. H.Schütz, 1893 - H.J. MOSER in: JbP 27, 1920, 18-30 - W.LOTT in: AfMw 3, 1921, 285-320 - R.GERBER in: LuJ 13, 1931, 131-152 - K.AMELN in: MuK 11, 1939, 12-16 - K.v.FISCHER in: AfMw 11, 1954, 189-205. *S.Hermelink*

Passional. Um 1300 vollendete ein ungenannter Geistlicher diese umfangreiche, fast 110 000 Verse umfassende Legendensammlung, die in drei Büchern ein Marien- und Christusleben, eine Apostelgeschichte (nebst den Schicksalen Johannes d.T. und der Maria Magdalena) sowie 75 Heiligenviten bringt. Hauptquelle war die → Legenda aurea. Sprache und Form der Verse sind gewandt und lebendig. Die Absicht des P.s ist moralpädagogisch, es will bessern und belehren. Man ordnet es (ohne letzte Sicherheit) der Literatur des Deutschordens zu.

Vollst. u. krit. Ausg. fehlt. Das Ganze läßt sich zur Not zusammensetzen aus: K.A.HAHN, 1845 (nur Buch I u. II), FR.K.KÖPKE, 1852 (III) u. FR.PFEIFFER, Marienlegenden, (1846) 1863². - Letzte Behandlung: K.HELM-W.ZIESEMER, Die Lit. des Dt. Ritterordens, 1951, 48ff (Lit.) - VerfLex V, 1955, 863ff (Lit.). *P.Wapnewski*

Passionisten, *P.-Kongregation vom Heiligsten Kreuz und Leiden Unseres Herrn Jesus Christus (Congregatio Passionis, CP),* gegründet 1720 von dem Einsiedler und Bußprediger, dem hl. Paul vom Kreuz (Paolo Francesco Danei, 1694-1775), mit den Wesenszügen der Einsamkeit, des Gebets, der Armut und dem vierten Gelübde, die Liebe und Verehrung zum Leiden Jesu Christi zu wecken und zu fördern. Die erste Niederlassung entstand 1737 auf dem Monte Argentaro (b. Orbitello, Italien). Die 1741 und 1775 päpstlich bestätigte Priesterkongregation (über 4000 Mitglieder, schwarzwollener Habit mit Passionsbild auf der linken Brustseite) ist exemt. Sie hat unter dem Generaloberen in Rom 18 Provinzen in Europa, Amerika und Australien, 2 Vizeprovinzen, die Diözese Nikopolis mit 19 Parochien, Apostolische Vikariate am Marañón (Perú), in Dodoma (Tanganyika) und Tshumbe (Belgisch-Kongo) sowie die Mission von Ketapang (Borneo). Eine deutsche P.-Niederlassung entstand 1923 in München-Pasing (heute Provinzialat); in Maria Schutz (Niederösterreich) wurde 1925 ein zweites Kloster übernommen (Wallfahrtsort). -

Passionistinnen (Moniales Ss. Crucis et Passionis D.N.J.C.), der weibliche Zweig der P., wurden erst 1771 vom hl. Paul vom Kreuz gemeinsam mit der ehem. Benediktinerin Maria Crocifissa di Gesù (Costantini) in Cornetu (heute Tarquinia) gegründet; zZ bestehen 22 Klöster in Italien und im Ausland. Mit den Passionistinnen verbunden sind: *Schwestern vom Hl. Kreuz und Leiden Unseres Herrn Jesus Christus* (→ Kreuz, Orden, 20); *Le Suore Passioniste di San Paolo della Croce,* 1872 in der Diözese Florenz gegründet, Jugenderziehung, 46 Häuser in Italien und Brasilien mit 425 Schwestern; *Töchter vom Leiden Christi,* 1892 in Mexiko für Mädchenunterricht begründet, 8 Häuser in Mexiko und auf Kuba; *Missionsschwestern vom Leiden Unseres Herrn Jesus Christus,* 1927 in Belgien gestiftet, auch in Belgisch-Kongo tätig.

HEIMBUCHER II, 341 ff - GAÉTAN DU ST. NOM DE MARIE, S. Paul et la fondation des Religieuses Passionnistes, Tirlemont 1937 - EC III, 1441 ff; IX, 924; XI, 1568 - ESCOBAR II, 1103 ff - Das Wirken der Orden u. Klöster in Deutschland I, 1957, 316f. *W. Göbell*

Passionsspiele (P. = Passionsspiel). Das Aufführen von P.en bezeichnet eine wichtige Wende nicht nur hinsichtlich der Form des geistlichen Dramas, sondern auch der Art der Frömmigkeit und der kulturellen Umstände überhaupt. - Während manche Klöster als internen Ritus die elevatio crucis vor Beginn der Frühmesse einführten, bildeten andere die visitatio sepulcri am Ende der Matutin des Ostersonntags nach dem 3. Responsorium aus (zunächst für Gent und Fleury belegt, 1. Hälfte 10.Jh.; von dort nach England verpflanzt). Allein die Kunde von der *Auferstehung* wird gestaltet. Unter dem Gesang des Ostertropus, der wohl von → Tutilo in St. Gallen vor 900 seine Kunstform erhielt, schritten drei Priester im Meßgewand durch den Chor zum Kreuzaltar in der Vierung wie einst die drei Marien zum Grabe, hörten dort die Engelsbotschaft von der Auferstehung und verkündeten diese rückkehrend (10.Jh.). Als Bestätigung wurde im 11.Jh. der analoge Gang des Petrus und Johannes (nach Joh 20, 3 ff) von zwei älteren Priestern hinzugefügt. Statt dessen (in Frankreich) oder öfter als 3. Teil (in Deutschland) wird die Begegnung der Maria Magdalena mit dem Auferstandenen selbst vorgeführt (12.Jh.). Im 13.Jh. wird (nur in Deutschland) die Rückkehr vom Grabe unter Verwendung von → Wipos Sequenz »Victimae paschali laudes« zu einem viergliedrigen Gebilde ausgestaltet. - Während dieser exklusive Brauch der Mönchsgemeinde in Deutschland durch die Jh.e fortdauerte, entstand als zweite Etappe (13.Jh.) der *Osterludus.* Er gibt nach Beendigung des Gottesdienstes (Vesper) am folgenden Sonntag im Kirchenschiff einen zusammenfassenden Rückblick auf das Heilsgeschehen. Alles geschieht in symbolisch-feierlicher Weise, gesungen in lat. Hymnenstrophen mit zeremoniellen Gesten und Gängen. Der Auferstehung und der Höllenfahrt geht das Ersuchen der Juden um eine Grabwache voran; Pilatus entsendet vier Soldaten, die am Grabe einschlafen. Den Gang der Frauen leitet der Salbenkauf ein. Maria Magdalena meldet ihre Begegnung mit dem Erstandenen und veranlaßt dadurch den Lauf der Apostel zum Grab. Als letzte Bestätigung dient die Überzeugung des Thomas. So wird das Bedeutsame des Osterwunders verdeutlicht und der Glaube daran durch die Aufführung andächtig bestätigt. Zugefügte deutsche Reimpaare sprechen das auch für Laien verständlich aus. Seit Anfang des 14.Jh.s finden sich geistliche Spiele in den Volkssprachen bei allen christlich-abendländischen Nationen. Deutsche Osterspiele scheinen sich zuerst im rhein-main-fränkischen (Mainz) Bereich entwickelt zu haben. Sie finden unter geistlicher Leitung und Beteiligung vor der Kirche statt. Die paarig gereimten Achtsilber machen alles predigthaft eindringlich, für Gemüt und Sinne deutlich. Die Beteiligung der Laien in den weltlichen Rollen erweitert deren Text und Tun bis hin zum Komischen, bes. das Treiben der Teufel bei der Höllenfahrt, der Ritter am Grabe und des Salbenkrämers. - War Christus bisher als Sieger über Tod und Hölle mit der Kreuzfahne und schließlich als König im geistlichen Festornat erschienen, so zeigt das *Passionsspiel* dagegen den Leidenden, den Schmerzensmann, wie ihn nun (späteres 14.Jh.) auch Plastiker und Maler kleinformatig gestalten (→ Kreuz: III, → Andachtsbild). Schon früher verwendeten die bildenden Künste Anregungen aus geistlichen Spielen. Doch gestalten sie diese meist beliebig aus und verwenden oft nur Teilbestände des Geschehens. Dies erschwert sogar die Auswertung illustrierter Hss. Überall liegt gemütvolle Anteilnahme und vermenschlichende Darstellung zugrunde. Eine Gruppe von Laien führt jetzt für ihre Mitbürger unter geistlicher Leitung die Leidensgeschichte auf dem Marktplatz öffentlich vor. Um die Erlösung als Sinn und Ergebnis der Passion zu verdeutlichen, folgt nach der Mittagspause als 2. Teil die Szenenreihe des Osterspiels. Der Text ist von Anfang an deutsch in achtsilbigen Reimpaaren, doch werden lat. Hymnen dazwischen beibehalten. Zwei Texte aus Benediktbeuren markieren den Übergang von der vorwiegend gesungenen zur gesprochenen Darstellungsweise. Darin liegt zugleich ein prinzipiell anderes Verhältnis zu den Rollen. Zunächst fühlte sich der Spieler als Symbolträger, der im Meßgewand die hl. Figur bedeutet. Sein liturgisch gebundenes Singen und Tun gibt eine sinnbildliche Interpretation der österlichen Heilstatsache. Alles weist über das Greifbare hinaus ins Ewige. Das im Kirchenraum Dargestellte hat nur den Wert von Zeichen. Es erhebt sich damit zwar schon über die untere Ebene bloßer Wirklichkeit und deutet zugleich empor auf die noch höhere Stufe des Geistigen gemäß der gradualistischen Weltdeutung. Ganz anders sind dagegen die Teilnehmer der Passions- und Legendenspiele seit dem 14.Jh. eingestellt. Sie wollen sich das Heilsgeschehen aneignen; dessen Vorführung sollte das Innewerden davon intensivieren. Hier wirkt also ein Drang, der als Extrem zur mystischen Versenkung führte. Das Vorwiegen des Gemüthaften läßt die Modulation des Sprechens beachten und führt zu Angaben wie: tristis, turbatus, fleat amare, lamentatio, plorans oder clamat lamentabiliter. Eine St. Galler Hs., in die ein Reformabt ein mitteldeutsches P. eintragen ließ (bald nach 1330), verlangt bereits 57 Schauspieler, darunter anspruchsvolle Einzelrollen, dazu noch weitere, hauptsächlich als Choristen. Augustin wird hier als Vorredner und Ausleger verwendet; er belehrt neunmal die Zuschauer über die Bedeutsamkeit des Geschehens. Erbauung ist eben die Absicht, aufzeigende Verdeutlichung die Darbietungsweise solcher P.e. An den Anfang wird gern eine weltliche Szene gestellt, die Christus als den Heiland und Menschenfreund verdeutlicht (im St. Galler P. die Hochzeit von Kana, im Benediktbeurer P. das weltliche Treiben der Maria Magdalena und ihre Bekehrung). Am vollsten entfaltet ist das schwäbische P. (nach dem Ort der Hs. [um 1460] als Augsburger bezeichnet). - Auch die festliche Ausgestaltung der → Fronleichnams-Prozession brachte Szenen aus der Passion, zunächst als lebende Bilder, dann (ab 1350) mit Text, gelegentlich als fortlaufende Reihe ausgestaltet (Wien, Freiburg). In England und Spanien werden dekorierte Wagen für einzelne Szenen verwendet. - Stets wird auf reiche und farbenfrohe Kostüme sowie auf bezeichnende Requisiten Wert gelegt. Schon die Berichte der Evangelien lokalisieren genau die einzelnen Geschehnisse. Demgemäß erhalten sie bei den Aufführungen auf dem Marktplatz besondere Standplätze (loca). Sie bestanden aus einem hölzernen Podium mit der Andeutung eines Hauses darauf. Meist war der Bau so eng, daß nur etwa der Sessel des Pilatus oder des Hohenpriesters darin untergebracht war. Nahebei war für die Geißelung eine Säule errichtet usw. Diese einzelnen Örtlichkeiten waren vorher errichtet, traten aber erst in Aktion, wenn durch die zugehörigen Personen das ihnen eigene Geschehen vorgeführt wurde. Dadurch erhielt der Ablauf etwas Prozessionsartiges, ein Ziehen des Heilandes von einem Stand zum anderen. Bei solcher Verteilung der loca über den ganzen Marktplatz befanden sich die Zuschauer wohl hauptsächlich in der Mitte und an den Fenstern der höheren Stockwerke der Häuser. Bei einem anderen Typus vereinte ein großes Podium alle loca; diese waren also in geringen Abständen nebeneinander angeordnet, und das Publikum stand davor oder verschob sich entsprechend. - Im Laufe des 15.Jh.s wendet sich das Verlangen der Teilhabe vom Intensiven zum Extensiven. Man will bei allem dabei sein und es recht ausführlich versinnlicht haben. Breite und Drastik walten vor. Das ganze Leben Jesu wird nun vorgeführt, ja die gesamte Heilsgeschichte. Die Passion ist nur ein halber Tag in diesen mehrtägigen → Mysterienspielen. Viel weltliches Schaugepränge und komische Ausmalungen überdecken schließlich den religiösen Kern und Ernst. Die Reformatoren und die Jesuiten verbieten diese Spiele und setzen ernste geistliche Dramen an deren Stelle (→ Jesuitendichtung, → Reformationsfestspiele). - Durch *Oberammergau* wurde seit Mitte des 19.Jh.s der Blick wieder auf das P. gelenkt, auch die wissenschaftliche Forschung angeregt. Aber hier handelt es sich nicht um ein direktes Fortleben der P.e des MA. Die Bühne zeigt deutlich den Typus der Jesuiten vom frühen 17.Jh. Der Anlaß ist ein Gelübde bei der schlimmen Seuche 1633. Den Text stellt man sich selbständig zusammen, fast zur Hälfte aus dem Augsburger P. (um 1460) und dem gedruckten Stück des Augsburger Schulmeisters und Meistersingers Sebastian Wild (1566) mit geschickten Umstellungen und Zusammenfassungen. Bildschnitzerei ist in Oberammergau seit dem 16.Jh. belegt, aber kein P. Die erste Aufführung fand 1634 statt und wurde danach alle 10 Jahre wiederholt, seit 1680 stets im Zehnerjahr. Der Text für 1664 ist in einer 1662 datierten Hs. erhalten. Um 1750 gab der Ettaler Benediktiner Ferd.Rosner dem Ganzen eine neue Form mit viel Musik und lebenden Bildern, die P. Magnus Knipfelberger für 1780 modifizierte. 1801 schuf der in Ettal als Lehrer wirkende Pater Othmar Weiß einen neuen schlichten Text, der 1811 gebilligt und aufgeführt wurde (Verbesserung 1815). Diesen revidierte für 1860 J.A.Daisenberger (1799-1883). Er ist noch heute mit einigen Änderungen maßgebend. Die Musik schrieb 1815 der damalige Oberammergauer Schullehrer und Organist Rochus Dedler. Erst seit der Mitte des 18.Jh.s folgten weitere Orte dem Beispiel und Text von Oberammergau. Manfred Hausmann (1957) bearbeitete das St. Galler P. für Laienaufführungen.

A.Hartmann, Das Oberammergauer P. in s. ältesten Gestalt, 1880 (mit Augsburger Vorlagen für Oberammergau) - L.Wirth, Die Oster- u. P.e bis zum 16.Jh., 1889 - K.Trautmann, Oberammergau u. sein P., 1890 - R.Froning, Das Drama des MA, 3 Tle, 1892 - W.Creizenach, Gesch. des neueren Dramas I, (1893) 1911² - Das älteste Oberammergauer P. (1662), hg.v. G.Queri, 1910 - F.Feldigl, Denkmäler der Oberammergauer Passions-Lit., 1922 - W. Flemming, Das Oberammergauer P. in literatur- u. theatergeschichtl. Beleuchtung (Zs. f. d. dt. Unterricht 36, 1922, 335-346) - K.Young, The Drama of the Mediaeval Church I. II, Oxford 1933 - Ferd. Rosner, Bitteres Leiden. Oberammergauer P., hg.v. O.Mausser, 1934 - H.H.Borcherdt, Das europ. Theater im MA u. in der Renaissance, 1935 - E.Hartl, Das Drama des MA, 1937-42 - F. Michael, Die geistl. P.e in Deutschland, Baltimore 1947 - E.K. Chambers, The Mediaeval Stage I. II, Oxford 1948³ - H.Kindermann, Theatergesch. Europas I, 1958. *W.Flemming*

Passionszeit. Entstehung und Ausbildung der P. (= Leidenszeit Jesu) hängen eng mit der vorösterlichen → Fastenzeit (= F.) zusammen. Der Name P. ist seit dem 9.Jh. (Amalarius, De ordine antiph. c. 43) in der röm. Kirche für die Zeit zwischen Judika (»Passionssonntag«) und → Karfreitag einschließlich üblich (Karsamstag gehört liturgisch zu → Ostern). In der ev. Kirche dagegen wird unter P. auch die *gesamte* F. verstanden. - Die P. (bzw. F.) ist als österliche Vorfeier entstanden; ihre Dauer war anfangs verschieden: 2 Fasttage (Karfreitag und -samstag) bei Tertullian und Hippolyt; die ganze Karwoche (3.Jh.; syrische Didaskalie); Verlängerung der F. vom 3.Jh. an. Eine 40tägige Vorbereitungszeit auf Ostern (Quadragesima) ist erstmalig in c. 5 des Konzils von Nicäa (325) bezeugt. Allerdings wurde zunächst in dieser Zeit mit Unterbrechungen gefastet. Je nach den einzelnen Provinzen ist die F. noch verschieden: Jerusalem (vgl. altarmen. Lektionar, um 467): 6 Wochen und Karwoche; Illyrien, Griechenland, Ägypten: Karwoche in Gesamtdauer des Fastens eingerechnet; Augustin (nach Mt 4, 2): 40 Tage; Cassian: 36½ Tage. Die gesteigerten asketischen Strömungen des 4./5.Jh.s führten allmählich zu einem ununterbrochenen → Fasten (: II) von 40 Tagen. - Da in der *Ostkirche* am Samstag und Sonntag nicht gefastet, aber an der Zahl von 40 Fasttagen festgehalten wurde, entstand hier das »Sexagesimalfasten« (bis 1000 auch in Gallien und Spanien bekannt). - Im Unterschied zu dieser Aneinanderreihung von Fasttagen bis zur gewünschten Zahl scheint in *Rom* zunächst ein Wechsel von Fasttagen (Wochen) und fastenlosen Tagen (Wochen) üblich gewesen zu sein. Nach Duchesne (auch Baumstark und Eisenhofer) hatte Rom ursprünglich 3 Fastenwochen (Woche nach Invokavit, nach Lätare und Karwoche). Von hier aus ließe sich für Rom die in der 2. Hälfte des 6.Jh.s erfolgte Ausbildung der → *Vorfastenzeit* (Septuagesimä bis Estomihi) als Vervollkommnung der zwei Dreiwochengruppen der F. zu drei Dreiwochenperioden erklären (antike Zahlensymbolik; vgl. Kunze). Im 7.Jh. (Gregor d. Gr.) wurde dann in dieses Gefüge die Zahl von 40 zusammenhängenden Fasttagen eingefügt. Da die Sonntage fastenfrei waren, beginnt hier die Quadragesima mit → Aschermittwoch. - Neben der »büßenden Vorbereitung auf Ostern« (Eisenhofer) haben noch andere Motive die F. geprägt (vgl. bes. die Lesungen der röm. Fastenliturgie): a) Als Zeit der *Taufvorbereitung* haben Exorzismen und Skrutinien die Auswahl der Lektionen beeinflußt. b) Der *Bußcharakter* der F. hängt auch mit der Ende des 5.Jh.s in Rom erfolgten Zusammenziehung der Zeit der Kirchenbuße auf die F. zusammen. Neben der am Aschermittwoch eröffneten allgemeinen Buße kommt der Bußcharakter der F. in der röm. Kirche auch in der Verpflichtung zur vorösterlichen → Beichte (: I) zum Ausdruck. c) Das *Gedächtnis des Leidens Jesu* tritt erst von Judika an in der Liturgie in den Vordergrund (zB Lesungen aus den Propheten und Johannes), bes. dann in der → Karwoche. Entsprechend dem »Gesetz der Erhaltung des Alten in liturgisch hochwertiger Zeit« (Baumstark) ist die röm. Fastenliturgie sehr altertümlich (bes. im Triduum Sacrum). Die röm. Kirche versucht, dies der Gemeinde durch allegorisierende und symbolisierende Deutung zu erschließen (vgl. Schott).

Die *Reformatoren* sahen sich also einer F. gegenüber, deren Charakter durch Einbau, Ausbau und Verschiebungen mannigfachem Bedeutungswandel unterworfen war. Von den drei Strukturen der Fastenliturgie des MA konnte nur die dritte legitim weitergeführt werden; die zweite (Gesetzlichkeit) und erste (historisch überlebt) waren problematisch geworden. Obwohl der Ausdruck F. in der ev. Kirche bis zum 18.Jh. oft beibehalten wurde, sah bereits Luther diese Zeit wesentlich als P. an, in der man »von dem Leiden unseres lieben Herrn Jesu Christi in der Kirche zu singen und zu predigen pflegt« (WA 52, 226; vgl. WA 37, 322). Der Bußcharakter der F. ließ sich mit der ev. Predigt vom Kreuz verbinden (Urner). Da aber die luth. Reformation grundsätzlich die (jetzt vorwiegend als Predigttexte verstandenen) traditionellen Sonntags- → Perikopen übernahm, diese aber als Texte für Passionspredigten ungeeignet waren, so verteilten die KOen des 16.Jh.s Lesung und Auslegung der Passionsgeschichte zunächst auf die sog. Neben- und Wochengottesdienste der P. (zB Sonntagsvespern, Werktagsgottesdienste, vor allem am Freitag). Aus diesen »Passionsgottesdiensten« drang die Passionsverkündigung im 17./18.Jh. auch in den sonntäglichen Hauptgottesdienst ein. So wurden zB in Frankfurt/M. im 17.Jh. (vgl. die Gesangbücher von 1656, 1659, 1664) Passionslieder noch neben den herkömmlichen → De tempore-Liedern im Hauptgottesdienst benutzt. Dagegen sieht das Gesangbuch von 1731 von Invokavit an hier fast ausschließlich Passionslieder vor. Der Rostocker H. → Müller (1671) versteht die Zeit von Estomihi an eindeutig als Zeit der »jährlich erneuerten Betrachtung des Leidens und Sterbens Jesu Christi«. Im 19.Jh. versuchte zB → Dieffenbach, von der Zweinaturenlehre Jesu aus dem Nebeneinander von Sonntagsevangelien (ohne Passionscharakter; Gottheit Jesu) und Leidensgeschichte an Wochentagen (Menschheit Jesu) zu verstehen. Die große Problematik der sonntäglichen Fastenperikopen als Grundlage ev. Passionspredigt haben bes. E.Linderholm und R. → Otto erkannt und zu lösen versucht (Ausrichtung der Sonntagsperikopen auf die P.). - Die eigentliche P. begann noch für Luther mit Judika, im 17.Jh. bereits mit Estomihi und vor allem mit Invokavit. Der Aschermittwoch als Beginn findet sich erst wieder im 19.Jh. - In der Gegenwart wird das gut ev. Verständnis der F. als P. durchweg als »Fehlentwicklung« angesehen und der Fastengedanke wieder betont (vgl. Agende der VELKD). Im Gefolge dieser Rückbildung der P. zur F. wird auch versucht, den Anschluß an die liturgische Tradition der röm. Kirche wiederzugewinnen, vor allem in der Karwoche. Diesen Restaurationsversuchen ist zu widersprechen, da sie u.a. auf einer völlig unbiblischen Wertung der (liturgischen) Tradition beruhen und ev. Gemeinden diese Zeit mit Recht als P. und nicht als F. empfinden. Die Form- und Bildekräfte, die hinter der F. standen, sind heute in der ev. Kirche nicht mehr lebendig. Ihre Wiederbelebung scheint kaum möglich zu sein. Von Schrift und Bekenntnis her ist diese Umbildung im Verständnis des → Kirchenjahres weder zu bestreiten noch zu beklagen. Daher sollten auch die Sonntage der P. (und nicht nur die Passionsandachten in der Woche) Träger der Passionsbotschaft sein. Von hier aus wäre dann auch eine Änderung der gottesdienstlichen Lesungen in der P. geboten, zumal diese im ev. Gottesdienst Verkündigungsfunktion haben und keine kultische. An Stelle einer versuchten Rückbildung der P. zur F. sollte man sich bemühen, auf Grund einer ev. Auffassung vom Kirchenjahr eine Ordnung der P. neu zu bilden, die aus dem Verständnis der F. als P. die Konsequenzen zieht. Der bloße Anschluß an die Tradition und ein weithin kultisches Denken befriedigen dagegen nicht. - Vgl. zum Ganzen → Fastenzeit.

H.MÜLLER, Ev. Schlußkette, 1671 - G.CHR.DIEFFENBACH, Ev. Haus-Agende, 1852 - L.DUCHESNE, Les origines du culte chrétien, (1889) 1925[5] - RE V, 770ff - DACL II, 2139ff; VII, 2481ff - E.LINDERHOLM, Das Jahr der Kirche, (1920) hg.v. R.OTTO, 1927[2] - L. EISENHOFER, Grundriß d. kath. Liturgik, 1924; NB v. J.LECHNER, 1953[6] - DERS., Hdb. d. kath. Liturgik, (1932/33) 1941[2] - Das vollst. röm. Meßbuch (Schott), (1926) Ausg. 1958 - A.BAUMSTARK, Das Gesetz der Erhaltung des Alten... (JLW 7, 1927, 1-23) - DERS., Liturgie Comparée, (1933) ed. B.BOTTE, 1953[3] - A.WIESENHÜTTER, Die Passion Christi in der Predigt des dt. Protestantismus, 1930 - J.A. JUNGMANN, Die lat. Bußriten, 1932 - DERS., Gewordene Liturgie, 1941 - DERS., Missarum sollemnia I. II, (1948) 1958[4] - DERS., Die Quadragesima in den Forschungen von A.Chavasse (ALW 5, 1957, 84-95) - C.CALLEWAERT, S. Grégoire, les scrutins et quelques messes quadragésimales (EphLiturg 53, 1939, 191-203) - G.KUNZE, Die gottesdienstl. Schriftlesung I, 1947 - DERS., Leiturgia I, 437-534 - RIETSCHEL-GRAFF (s. Reg.) - A.A.MCARTHUR, The Evolution of the Christian Year, 1953 - Agende für ev.-luth. Kirchen I, 1955 - E. HERTZSCH, Die Wirklichkeit d. Kirche I, 1956 - H.A.P.SCHMIDT, Hebdomada Sancta I. II, 1956f. - Zur Lit.: JLH 1, 1955, 188; 3, 1957, 207; 4, 1958f, 210. *K.Dienst*

Passy, *Paul* (1859-1940), * in Paris, erlebte 1879 eine Bekehrung, die ihn zum Evangelisten baptistischer Prägung machte. Seine Arbeiten zur Phonetik verschafften ihm einen Lehrstuhl an der Ecole des Hautes Etudes, den er 1913 wegen seiner politischen Einstellung wieder verlor. P. ist bekannt durch seine mit einem fundamentalistischen Bibelglauben auf seltsame Weise verbundenen sozialistischen Überzeugungen. Als Gründer der Société des Volontaires évangélistes und der Union des Socialistes chrétiens (1908) war er der Vorkämpfer einer Bewegung, die ihr Organ in den Zeitschriften La Cloche d'Alarme (1896) und Espoir du Monde (1908) hatte. Im Dép. Aube gründete P. das sozialistische Landgut Liéfra (Liberté, Egalité, Fraternité), später umbenannt in Université internationale populaire, seit 1926 ein Waisenheim. Trotz des Wandels der Verhältnisse und der christlich-sozialen Bewegung blieb P. seinen kühnen Ideen bis zum Tode treu.

Vf. u.a.: Souvenirs d'un socialiste chrétien, 1926. - Über P.: L.JUGNET, P.P., 1929 - P.POUJOL, Socialistes et chrétiens II, 1956, 67ff; III, 1957, passim. *R.Voeltzel*

Pastor, *Ludwig,* Freiherr von Campersfelden (seit 1916), kath. Historiker, * 31.1.1854 in Aachen, † 30.9. 1928 in Innsbruck. Schon als Schüler in Frankfurt durch seinen Lehrer J. → Janssen für die Geschichte gewonnen, faßte er als Student den Entschluß, → Rankes Darstellung der Päpste eine bessere entgegenzustellen. Er wurde 1886 ao., 1887 o. Prof. in → Innsbruck, 1901 auch Direktor des Österreichischen Historischen Institutes in Rom, 1920 österreichischer Gesandter beim Vatikan. Nach der Öffnung der Vatikanischen Archive durch → Leo XIII. konnte er als sein Lebenswerk die »Geschichte der Päpste seit dem Ausgang des MA« schreiben (1417-1799; 16 Bde, 1886-1932, Bd 1-8 in Neuaufl. 1906-33; ital., franz., span., engl. und holl. Übers.en). Farbig und lebensvoll, ist sie unter meisterhafter Ausschöpfung der Quellen in streng kirchlichem Geist gestaltet.

Vf. ferner u.a.: Die kirchl. Reunionsbestrebungen während der Regierung Karls V., 1879; J.Janssen, (1892) 1894; Leben des Freiherrn v. Gagern, 1912; Die Stadt Rom zu Ende der Renaissance, (1916) 1925[6]; Charakterbilder kath. Reformatoren des 16.Jh.s, 1924; Tagebücher, Briefe, Erinnerungen, hg.v. W.WÜHR, 1950 (vollst. Bibliogr., Lit.). Bearbeiter von J. → JANSSENS »Gesch. d. dt. Volkes«. - Über P.: Selbstbiogr. in: Geschichtswiss. d. Gegenwart in Selbstdarst. II, 1926, 169-198 - P.KAUFMANN, Der Geschichtschreiber der Päpste L.v.P., 1929 - J.P.DENGEL, HJ 49, 1929, 1-32 - DERS., Dt. Biogr. Jb. 10, 1931, 207-219 - H.v.SRBIK, Neue Österr. Biogr. 7, 1931, 201-205 - W.GOETZ, HZ 145, 1932, 550-563 - EC IX, 925ff. *H.Hohlwein*

Pastoralbriefe

1. Allgemeines - 2. Inhalt und Zweck - 3. Echtheitsfrage - 4. Abfassungsverhältnisse. - I, II = 1.2Tim; T = Tit

1. P. heißen seit Anfang des 18.Jh.s 2 Briefe des Paulus an → Timotheus und 1 an → Titus, die im Corpus Pau-

linum des NT (→ Paulusbriefe) überliefert sind, ursprünglich aber eine selbständige Sammlung bildeten. Diese fehlt noch im Kanon des → Marcion und in 𝔓[46]. Die *Sammel*bezeichnung erklärt sich aus der einheitlichen Adresse an »Hirten« der Gemeinde und dem gleichartigen Inhalt der P. Der wichtigste Unterschied ist der stark persönliche Charakter von II neben dem unpersönlichen von I; T steht in der Mitte.

2. Die P. sind Dokumente des frühkirchlichen Kampfes gegen die Gnosis (→ Häretiker im Urchristentum, → Irrlehre).

a) Dieser Kampf wird durch *direkte Polemik* bezeugt. Die bekämpfte → Gnosis (: II, 8) zeigt jüdischen Charakter (T 1, 10-16), fußt auf dem at. Gesetz (I 1, 7), jedoch kritisch (I 1, 8-11; T 3, 9), rühmt sich der »Erkenntnis« (I 6, 20; T 1, 16), lebt in enthusiastischer Hochstimmung (I 6, 3f; II 3, 4f), spiritualisiert die Auferstehungshoffnung (II 2, 18; vgl. II 4, 1. 8; T 2, 11-14), lehrt strenge → Askese (I 4, 1-5. 8; 5, 23ff; T 1, 13ff; vgl. I 2, 15; 5, 14), kennt mythologische Äonenspekulationen (I 1, 4; 4, 7; II 4, 4; T 1, 13f; 3, 9), ist missionarisch aggressiv (I 6, 3ff. 20f; II 3, 6f; T 1, 10f), betreibt die Emanzipation der → Frau (I 2, 11-15; II 3, 6; T 2, 5), verachtet die natürliche Ordnung des Staates (I 2, 1f; T 3, 1f), der Familie (I 3, 4f. 12; 5, 8. 13; T 2, 1-10) und der → Ehe (I 4, 3; 5, 14), läßt nur die Pneumatiker gerettet werden (I 2, 4; 4, 10). Die Vorwürfe der Gewinnsucht (I 6, 5; T 1, 11) und der Unsittlichkeit (II 3, 1-5) sind kaum für die bekämpfte Gnosis bezeichnend, sondern traditionell wie die Verteufelung der Gegner (I 4, 1 u.ö.).

b) Dem Enthusiasmus der Gnosis setzt die Kirche die Lehre überhaupt, der falschen gnostischen Lehre die sukzessiv gesicherte *rechte Lehre* entgegen. So auch die P., in denen Schlier 13 verschiedene Begriffe für »lehren« zählt. Die Lehre wird kaum dargelegt, sondern vorausgesetzt und gelegentlich formelhaft zitiert (I 1, 5. 15; 2, 4ff; 6, 13-16; II 1, 9f; 2, 8-13; T 2, 11-14; 3, 4-7), jede Beschäftigung mit der falschen Lehre untersagt (I 6, 20; II 2, 16-23; 3, 5). Die Lehre überhaupt wird eingeschärft (I 4, 13. 16; 5, 17; 6, 1; II 2, 8. 24; 4, 2), die rechte Lehre (I 1, 10; 4, 6; 6, 3; II 4, 3; T 1, 9; 2, 1. 7f) gegenüber der falschen (I 1, 3. 6f; 4, 1f; 6, 3. 20; II 2, 16ff; 3, 6f; 4, 3f; T 1, 11-14) betont. Die Lehrtradition geht von Paulus aus, der für alle Welt (I 2, 3-7) die rechte Lehre empfangen hat (I 1, 1. 11f. 16; 2, 7; II 1, 1. 11; T 1, 1-3), sie an Timotheus (I 1, 18; 3, 14f; 4, 14; II 1, 12ff; 2, 2; 3, 10f. 14) und Titus (T 1, 4; 2, 15) überlieferte, die sie bis ans Ende (II 1, 12) rein bewahren (I 1, 18f; 6, 13f; II 1, 12ff; 2, 8; 3, 14-17) und auch nach des Paulus Tod weitergeben sollen (I 1, 3; 4, 6. 16; 5, 22; 6, 11; II 2, 2. 14f; 4, 2. 5; T 1, 5-9; 2, 1. 15; 3, 8). Diese Sukzession ist sakramental gesichert (I 4, 14; 5, 22; II 1, 6).

c) Dem gnostischen Pneumatiker setzt die Kirche den ordinierten (I 4, 14; 5, 22; II 1, 6; → Handauflegung: II, → Ordination: II), in apostolischer Sukzession (II 2, 2; T 1, 5) an die Lehre gebundenen (I 3, 2. 8; II 2, 2; T 1, 9) und besoldeten (I 5, 3. 17f; II 2, 6f) Amtsträger entgegen (→ Kirchenverfassung: I). Die P. kennen das Amt des → Apostels (I 1, 1. 11f; 2, 7; II 1, 1. 11), der Apostelschüler (I 1, 3f. 18; 4, 6; 4, 12 - 5, 2; II 1, 13f; 2, 15; T 2, 7f), des *(einen)* Episkopen (I 3, 1-7; T 1, 7ff), der → Presbyter (I 5, 17-21; T 1, 5f), der → Diakone (I 3, 8-13) und der Witwen (I 5, 3-16). Diese Ämter setzen nicht notwendig eine ausgebildete Ämterhierarchie voraus. Neben den Amtsträgern tritt die Gemeinde in ihrer geistlichen Funktion ganz zurück. Nur I 1, 18; 4, 14 findet sich ein Charismatikertum angedeutet, das aber einer vergangenen Zeit angehört (vgl. I 4, 1).

d) Zur Abwehr des gnostischen Enthusiasmus bildet oder übernimmt die Kirche *Gemeinderegeln:* Gottesdienst- (I 2, 1f. 8-15), Haus- (I 5, 3-8; 6, 1f; T 2, 1-10) und Eheregeln (I 3, 2. 12; 5, 14). Im einzelnen wenden sich das Schweigegebot für die Frau gegen deren Emanzipation, die Ehegebote gegen die Askese, die Hausregeln und das Gehorsamsverlangen gegenüber der Obrigkeit gegen die Verachtung der natürlichen Ordnungen (Foerster).

e) Der restliche Inhalt der P. betont deren Briefcharakter und besteht aus Adressen (I 1, 1f; II 1, 1f; T 1, 1-4), traditioneller Paränese (I 6, 6-19; II 2, 8-13. 22; 3, 12; T 3, 8. 14) und persönlichen Notizen (I 1, 3; II 1, 3ff. 15-18; 4, 9-22; T 1, 5; 3, 12-15). Der persönliche Charakter von II wird durch Verweise auf das für die Gemeinde vorbildliche Leiden des Paulus unterstrichen (II 1, 8. 12. 16; 2, 3. 9-13; 3, 11f; 4, 5f. 16ff).

3. Die P. sind nicht von Paulus verfaßt (→ Bibelwissenschaft: II, 3). Sie zeigen ein weit späteres Stadium des antignostischen Kampfes als - bei gleicher Frontstellung - die echten Paulusbriefe. Paulus setzt sich konkret mit der → Gnosis (: II, 1) auseinander; die P. verbieten solche Auseinandersetzung. Paulus entwickelt darum die kirchliche Lehre; die P. setzen sie voraus und vermeiden ihre Diskussion (→ Gesetz: IV, 4). Paulus interessiert das »Was«, die P. wesentlich das »Daß« der Lehre. Paulus hat keinen starren Lehrbegriff, keine ausgebildete Lehrtradition; beides ist für die P. typisch. Paulus kennt vornehmlich das charismatische Amt; die P. haben es zugunsten eines entwickelten statischen verdrängt (→ Amt: II). Damit hängt zusammen, daß Paulus den Gemeinden schreibt; die P. sind an Amtsträger und damit an die Gesamtkirche gerichtet. Paulus lernt während seiner Auseinandersetzung die Gnosis erst kennen; die P. setzen allgemeine Kenntnis der Gnosis voraus. Die (antignostische) Betonung der natürlichen Ordnungen ist Paulus noch gänzlich fremd. - Dazu kommen andere Überlegungen. Die wenigen theologischen Gedanken der P. sind unselbständig, bestehen meist aus traditionellem Formelgut (I 1, 15; 2, 5f; 3, 16; 6, 13-16; II 1, 9f; 2, 11ff; T 2, 11-14; 3, 4-7) und wirken manchmal sogar schlecht imitiert (vgl. I 1, 12-16 mit 1Kor 15, 9f). Die Gemeinden der P. haben sich in der Welt eingerichtet (I 2, 2; HNT 13 S. 32f; Foerster); eschatologische Spannung und das ὡς μή des paulinischen Weltverständnisses fehlen. Stil, Wortschatz und Terminologie heben die P. stark von den anderen Paulusbriefen ab (Harrison; Morgenthaler); technische Ausdrücke des Paulus werden durch andere Begriffe ersetzt (HNT 13 S. 3f); die gnostisierende Terminologie des Paulus ist weitgehend eliminiert. Die Situationen der P. sind mit den uns bekannten Tatsachen des paulinischen Itinerars nicht zu vereinen und in sich widersprüchlich (s.u.). Die Setzung *gleichlautender* dauerhafter Ordnungen rechtlicher Art auf *verschiedensten* Missionsgebieten paßt nicht zu der Mannigfaltigkeit der Gemeinden in paulinischer Zeit; sie ergeht *so* nicht an Mitarbeiter, die Paulus kürzlich sah oder bald sehen wird (I 1, 3; 3, 14f; T 1, 5; 3, 12; HNT 13 S. 13f). Der futurische Charakter der Ketzerbestreitung in I 4, 1; II 3, 1 erweist sich angesichts der Gesamtpolemik als Fiktion. - Die *Sekretärshypothese,* die die P. von einem Mitarbeiter des Paulus nach dessen Angaben geschrieben sein läßt (Roller, Jeremias), entkräftet nur die weniger gewichtigen sprachlichen, scheitert aber an den anderen Einwänden gegen die Echtheit. - Die *Fragmentenhypothese* nimmt an, daß II 4, 9-22 und T 3, 12-15 von Paulus stammen (Harnack, Hartke, Harrison). Dafür spricht, daß diese Notizen nur mit Raffinesse erfindbar sind; daß sie sich ungleich verteilen, in I ganz fehlen, also dem Verfasser der P. als Echtheitsmerkmal entbehrlich waren; daß sich ihre Situation mit den anderen Angaben der Briefe schwerlich vereinen läßt: II ist nach 1,

17 in Rom geschrieben, II 4, 9-22 aber scheint aus der Gefangenschaft des → Paulus in Cäsarea zu stammen; T 3, 12-15 paßt in die Apg 20, 1 f erwähnte Reise des Paulus, ist dann aber schwerlich nach Kreta (T 1, 5) gerichtet. Die Annahme weiterer Fragmente eines echten Briefes in II (Harrison) ist unwahrscheinlich, aber möglich. Die 3-Zahl der Briefe ist typisch für frühchristliche Schriftensammlungen (zB → Johannesbriefe) und von daher zu erklären.

4. Nach dem Gesagten ist der Verfasser der P. nicht interessiert oder nicht imstande, eine echte historische *Situation* der Briefe zu zeichnen. Auch die Situationsangaben in I (1, 3; 3, 14; vgl. 4, 13) haben den nur literarischen Zweck, die Abfassung des Briefes zu motivieren. So ist es nicht möglich, mit Michaelis u.a. die unwahrscheinliche Hypothese zur Erklärung heranzuziehen, Paulus sei nach der 1. römischen Haft noch einmal im Osten gewesen, bevor er zum 2. Mal in Rom gefangen war. Die P. wissen von einer 2. römischen Gefangenschaft nichts. - Der *Verfasser* der P. ist ein kluger, weitblickender, organisatorisch begabter und mit der paulinischen Theologie vertrauter Christ, vermutlich ein Amtsträger. Er dürfte aus der hellenistischen Synagoge stammen (Michel). Nach Hartke war es → Silas, nach Campenhausen vermutlich → Polykarp von Smyrna. Diese Identifikationen sind möglich, aber nicht wahrscheinlich zu machen. Die bei Campenhausen aufgezeigten besonderen Parallelen zwischen den P.n und Polyk erklären sich hinreichend aus ähnlichen Entstehungsverhältnissen; die Differenzen sind erheblich (Käsemann). - Die P. sind *sicher* erst durch Irenäus und Clemens von Alexandrien *bezeugt*. Das erlaubt, ihre Abfassung noch um 150 anzusetzen. Man kann dann in I 6, 20 → Marcions »Antithesen« bekämpft sehen (Bauer, Campenhausen). Aber die bekämpfte Gnosis ist nicht marcionitisch. Sie ist eine frühe Gnosis jüdischer Observanz. Auch war um 150 der Kampf mit der Gnosis in den Gemeinden paulinischer Tradition weiter fortgeschritten, als daß der frühkath. Amts- und Lehrbegriff der P. noch hätte durchgesetzt werden müssen. Die P. deuten den monarchischen Episkopat nur erst an (I 3, 1; 5, 19; T 1, 5-9), während sich bereits in der antignostischen Polemik des Paulus Lehr- (1Kor 4, 17; Röm 16, 17) und Amtsbegriff (Gal 6, 6; 1Thess 5, 12) der P. anbahnen. Somit dürften die P. um die Jh.wende abgefaßt sein. - Die *Heimat* des Verfassers ist dort zu suchen, wo um 100 die paulinische Autorität wenigstens stellenweise anerkannt war: Achaia, Mazedonien, Asia.

Die P. wollen nicht Paulus in die antihäretische Front eingliedern, um sein kirchliches Renommee zu heben (Bauer), sondern antignostische Normen in Gemeinden durchsetzen, die des Paulus Autorität anerkennen. Wer bejaht, daß Wahrheit nur in geschichtlicher Form lebt, wird in den P.n notwendige Dokumente im Kampf gegen die gnostische Verfälschung der christlichen Botschaft sehen, sich aber zugleich hüten, die frühkath. Normen der P. als Wahrheit absolut zu setzen.

Kommentare: M.Dibelius, Die P. (HNT 13), (1913) 1955^{3}, neu bearb. v. H.Conzelmann (Lit.) - J.Jeremias, Die Briefe an Timotheus u. Titus (NTD 9), (1935) 1953^{6}. - Lit.: W.Hartke, Die Sammlung u. die ältesten Ausgaben der Paulusbriefe (Diss. Bonn), 1917 - P.N.Harrison, The Problem of the Pastoral Epistles, Oxford 1921 - Ders., The Authorship of the Pastoral Epistles (ChH 67, 1955/56, 77-81) - O.Roller, Das Formular der paulin. Briefe, 1933 - W. Bauer, Rechtgläubigkeit u. Ketzerei im ältesten Christentum (BHTh 10), 1934, 80. 88 f. 225 ff - W.Michaelis, EinlNT, (1946) 1954^{2}, 232 ff (Lit.) - O.Michel, Grundfragen der P. (Festschr. Th.Wurm, 1948, 83-99) - H.Schlier, Die Ordnung der Kirche nach den P.n (Gogarten-Festschr., 1948, 38-60) - H.v.Campenhausen, Polykarp von Smyrna u. die P. (SAH 1951, 2; dazu E.Käsemann in VF 1949/50, 215) - R.Morgenthaler, Statistik des nt. Wortschatzes, 1958 - W.Foerster, εὐσέβεια in den P.n (NTS 5, 1959, 213-218).

W.Schmithals

Zur *Auslegungsgeschichte* (s. auch → Schriftauslegung: IV, → Paulusbriefe):

Qu.: 5.Jh.: Hieronymus (MPL 26, Tit). - 6.Jh.: Johannes Diaconus (Ps.-Hieronymus: MPL 30, vgl. CPL Nr. 952). - 8.Jh.: Alkuin (MPL 100, Tit). - 16.Jh.: Luther (1Tim: WA 26; Tit: WA 25, vgl. WA 48, 305 ff) - Melanchthon (CR 15, 1.2Tim) - Caspar Megander, Basel 1536 - Caspar Cruciger, Straßburg 1542, dt. 1566 (1Tim) - Jodocus Willichius, Frankfurt 1542 - Claudius Espencaeus, Paris 1564 u. 1568 - Joh.Hessels, Löwen 1568 - David Chyträus, Frankfurt 1569 (1Tim) - Lambert Danaeus, Genf 1577 (1Tim) - Joh.Jak.Grynäus, Basel 1592 (Tit) - Nik.Rhodomannus, Jena 1597 (Tit) - Georg Dibvadius, Hannover 1599. - 17.Jh.: A. de la Faye, Genf 1609 (1Tim) - Cosmas Mogallianus, Lyon 1609 - Eilhard Lubinus, Rostock 1610 - Ludw.Crocius, Bremen 1620 (Tit) - Abr.Scultetus, Frankfurt 1624 - Nik.Guillebert, Paris 1635 (Tit) - Joh.Gerhard, Jena 1643 u.ö. (1. 2Tim) - Jak.Gopylus, Paris 1644 (Tit) - Joh.Crell, Amsterdam 1656 - Joh.Pricaeus, London 1660 - Seb.Schmid, Hamburg 1696 (1Tim).

Lit.: J.Turmel, Hist. de l'interprétation de 1Tim 2, 4 (Revue d'hist. et de litt. relig. 5, 1900, 385-415) - U.Holzmeister, »Si quis episcopatum desiderat...« (1Tim 3, 1) (Bibl 12, 1931, 41-69; vgl. auch C.Spicq, RSPhTh 29, 1940, 316-325) - A.Nägele, Des Joh. Chrysostomus Homilien zu den Timotheusbriefen... (ThQ 116, 1935, 117-142) - J.C.Plumpe, »Omnia munda mundis«, Tit 1, 15 (ThSt 6, 1945, 509-523) - F.Denk, Die Gesch. der Deutung von 1Tim 2, 5: Unus et mediator Dei et hominum homo Christus Jesus (Diss. Wien), 1954 - R.A.Braun, Mysterium Pietatis seu In historiam interpretationis »Eusebeia« vocis Pastoralium Epistolarum, speciatim 1Tim 3, 16 a inquisitio atque exegetica christologici hymni 1Tim 3, 16 b explanatio (Diss. Pontificii Inst. Biblici), Rom 1956 (Masch.).

W.Werbeck

Pastoralkolleg → Pastoralkonferenzen.

Pastoralkonferenzen (auch Pfarrkonvente, Dekanats-, Ephoralkonferenzen u.ä.) heißen Zusammenkünfte von Pfarrern zu theologischer Arbeit und kirchlicher Beratung mit zT amtlichem, zT mehr privatem Charakter. Zwinglis → »Prophezei« und die wöchentliche Versammlung der Genfer Prediger zur Bibelbesprechung, die der Weiterbildung wie der »Erhaltung der Reinheit der Lehre und der Übereinstimmung in ihr« dienten, dürften die Vorbilder für die allgemeine Praxis sein. In Deutschland besteht als älteste Pastoralkonferenz der Coetus ref. Prediger Ostfrieslands (1544 von Joh. → Laski gegr.). Im 19.Jh. gewannen private P., in denen sich Pastoren einer »Richtung« zusammenschlossen, fast größere Bedeutung als die amtlichen. Im → Kirchenkampf waren die P. der → Bekennenden Kirche bes. bedeutsam. In jüngster Zeit traten neben die P. *Pastoralkollegs* zur theologischen Weiterbildung der Pfarrer, während viele freie P. auch interessierten Gemeindegliedern Zugang gewährten. - Vgl. → Ministerium, geistliches.

K.Halaski

Pastoralmedizin, eine Begriffsbildung neuerer Zeit ohne eindeutigen Inhalt, findet sich als Lehrgegenstand in der kath. Poimenik seit Beginn des 19.Jh.s (s. Köstlin 361). Dort bezeichnet P. die medizinische Kenntnis, die der Seelsorger für Beichte und Erziehung, aber auch für die Entscheidung bestimmter dogmatischer Fragen (→ Taufe) braucht. Als zumindest nützlich ist solche P. auch in der ev. Poimenik angesehen worden, und zwar zunächst für die Krankenseelsorge (Fichtner). Daneben entstand unter dem Eindruck der neueren → Psychologie die Forderung nach einem »seelenkundlichen Unterbau« (Blau 22) für die → Seelsorge überhaupt, der in verschiedenem Maße auch psychologische und therapeutische Aufgaben unterstellt wurden. In jüngster Zeit ist P. im Sinne einer »Pastoralpsychologie« (auch ohne Verwendung dieser Begriffe) als Hilfsmittel für das Verständnis des in Seelsorge und Verkündigung anzuredenden Menschen weithin in die ev. Poimenik aufgenommen. - Vgl. → Psychotherapie: II.

H.A.KÖSTLIN, Die Lehre von der Seelsorge, 1907² - P.BLAU, Pfarramt u. Seelsorge, 1927 - RGG² IV, 997f - H.FICHTNER, Hdb. der ev. Krankenseelsorge, 2 Bde, 1928f - A.NIEDERMEYER, Hdb. der speziellen P., 6 Bde, 1949ff (kath.) - A.D.MÜLLER, Grundriß der Prakt. Theol., 1950 - H.J.THILO, Der ungespaltene Mensch, 1957 - A.ALLWOHN, Das heilende Wort, 1958. *D.Rössler*

Pastoraltheologie, *kath.* Die röm.-kath. P. kann formal etwa der prot. → Praktischen Theologie verglichen werden. Sie umgreift in ihrem *lehramtlichen* Aspekt die Glaubensverkündigung (→ Katechetik und → Homiletik), im *priesteramtlichen* die Spendung der Gnadenmittel (→ Liturgik), im *hirtenamtlichen* die Seelenführung (→ Seelsorge, → Moraltheologie und → Kirchenrecht). Vielfach wird sie auch als Seelsorge im weitesten Sinne verstanden, sofern sie darzustellen hat, wie »Gott die schuldige Verehrung dargebracht und den Menschen das von Christus bereitete Heil zugewendet wird«.

Zur Zeit der *Reformation* noch keine eigenständige Disziplin, nimmt sie einige reformatorische Anstöße auf und bindet die in überhitzter und dogmatisch kaum kontrollierter Vulgärfrömmigkeit veräußerlichte Pastoral wieder an die Messe als an das Zentralsakrament der Kirche (J. → Dietenberger, P. → Soto, M. → Helding). Das → *Tridentinum* aber engt diese Ansätze und damit die ganze P. in antiprot. Sinne ein. Einheitliche Meßliturgie und Lehraussagen schaffen die Voraussetzung für eine straffe theologische Aus- und Weiterbildung des Klerus (Kardinäle Karl von Lothringen, K. → Borromäus und R. → Bellarmin) und für eine Neugestaltung der Katechismen (P. → Canisius, → Martin von Cochem). Die *Aufklärung* vollendet die hier schon angelegte Emanzipation des Priesters, vor dem die Gemeinde zum Objekt der Erbauung, der moralischen Belehrung und Erziehung herabsinkt. Die P. wird selbständige theologische Disziplin (zuerst 1777 in Österreich durch Maria Theresia nach Vorschlägen von → Rautenstrauch). Obwohl noch ganz aus dem staatskirchlichen Utilitarismus geboren, liegen doch in dieser romantisch beeinflußten Neuerung auch Ansätze zu einer ganzheitlichen biblisch-theologischen Ausbildung (E.Klüpfel) und zur Überwindung des rationalistisch-pragmatischen Denkens. - Als Erbe der in sich widersprüchlichen Aufklärung lassen sich drei Ströme aufzeigen, die in dialektischer Spannung nebeneinanderher laufen, sich ergänzen, überschneiden, befruchten und heute in gemeinsame Richtung münden: 1. Die *anthropozentrische* P. als sich weithin moralisch verstehende Seelenführung. Im sakramentalen Handeln der Kirche wird der Tugendweg erschlossen, der zum »ewigen Wohl des ewig lebenden Menschengeistes« führt. Die P. ist die Lehre von der Praxis der Kirche als moralischer Heilsanstalt (L.A.Haßler, F.Giftschütz u.a.). Obwohl heute von keiner theologischen Schule mehr so vertreten, findet sich diese Pastoral der Lebensrezepte in der Praxis noch immer, oft verborgen unter einem anderen theologischen Vokabular. - 2. Die *theozentrische* P. (→ Sailer, → Hirscher) wendet sich sowohl gegen die Aufklärung wie gegen die Scholastik und verpflichtet den Seelsorger auf die Theologie der Heilsgeschichte. Die P. hat »die durch die Sünde geschaffene Entzweiung zwischen Gott und dem Menschen, welche notwendig die Entzweiung der Menschen untereinander zur Folge hat, aufzuheben und zur Einigung zurückzuführen« (Sailer). Dies führt auch zu einem neuen Verständnis der Kirche, in der wissenschaftliche und praktische Theologie nicht mehr auseinanderzutreten brauchen (A.Graf). Diese biblische Neuorientierung der P. wird jedoch bald durch die neuscholastische P. (s. 3) verdrängt und erfährt erst in den modernen Reformkräften der liturgischen- und Bibelbewegung sowie dem Ruf nach einer Verkündigungstheologie (K. und H.Rahner, J.A.Jungmann; → Predigt: III) ihre Wiederbelebung. - 3. Die *neuscholastische* P. restauriert als kirchenamtlich geschützte Gegenbewegung gegen Rationalismus (s. 1) und kerygmatische Konzentration (s. 2) die Kontroverstheologie des 16./17.Jh.s und pflegt → Apologetik (: V) und dogmatische Methodik. Wissenschaftliche und praktische Theologie, liturgisches und moraltheologisches Lehrgut werden durch das Kirchenrecht (CIC) verbunden und gesichert. Der einzelne Laie und die Gemeinde werden weder aktiv in das liturgische Geschehen noch in die kirchliche Verantwortung mit einbezogen. Auf katechetischem Gebiet wird diese Haltung von Deharbe (1847) bis zum Einheitskatechismus 1924 (Th.Mönnichs) durchgehalten.

Die genannten Ströme und ihre zT modernistischen, zT schwärmerischen Randerscheinungen wurden durch päpstliche Enzykliken (bes. »Mystici corporis« 1943, »Divino afflante Spiritu« 1943, »Mediator Dei« 1947, →»Humani generis« 1950) lehramtlich aufgefangen; dabei wurden in gewissen Grenzen theozentrische Reformbestrebungen übernommen: Der kath. Katechismus der Bistümer Deutschlands (1955), die Collectio Rituum (1950) anstelle des lat. Rituale, das Meßbuch (A.Schott) und die neuen Gesangbücher der Diözesen zeigen die Auswirkung. Die Literatur für die Seelsorge, vor allem aus der Innsbrucker Schule, drängt über die moraltheologische und pädagogische Betrachtungsweise (B.Häring) hinaus und fordert auch eine Reform der Priesterausbildung (K.Rahner, F.X.Arnold). Die P. darf weder das »Gnadenhaft-Göttliche« noch das »Natürlich-Menschliche« einseitig betonen, muß vielmehr (nach der Formel von Chalcedon) beides zum Ausgleich bringen. »Der Gottmensch« (Jesus Christus) »ist der Prototyp auch des kirchlichen Mittlertums« (F.X.Arnold). Nähe und Abgrenzung zum Protestantismus werden in dieser Programmatik moderner kath. P. sinnenfällig.

O.SCHÖLLIG, Die Verwaltung der hl. Sakramente unter pastoralen Gesichtspunkten, (1936) 1957⁶ - B.HÄRING, Das Gesetz Christi, (1954) 1959⁵ - F.X.ARNOLD, Seelsorge aus der Mitte der Heilsgesch., 1956 - V.SCHURR, Seelsorge in einer neuen Welt, 1957 (Lit.) - H.OSTER, Heilsplan u. Seelsorge, 1958 - K.RAHNER, Sendung u. Gnade, 1959 - O.WIMMER, Hdb. der Pfarrseelsorge u. Pfarrverwaltung, 1959 (Lit.). - Zs.en: Geist u. Leben, Würzburg - ThGl, Paderborn - Katechet. Blätter, München - MdKI 4, 1953, 81ff; 8, 1957, 85ff. - Zur kath. Militärseelsorge vgl. Pastoralblatt d. kath. Militärbischofsamtes, seit 1958. *J.Lell*

Pastorellen (von pastor = Hirte) heißen die französischen Landleute, die 1251 von einer jener religiös-ekstatischen Massenbewegungen erfaßt wurden, welche im MA, nicht selten mit wirtschaftlich-sozialem Einschlag, häufig auftraten. Ihr Leiter war der sprachenkundige Meister Jakob aus Ungarn, angeblich ein entlaufener Mönch, der in Flandern und der Pikardie zu einem Kreuzzug aufrief und bes. gegen Papst und Klerus hetzte. Die Bewegung dehnte sich über ganz Frankreich aus; als sie immer radikaler wurde und in Plünderungen und Judenmetzeleien ausartete, wurde sie unterdrückt, ihr Führer erschlagen. Um 1320 flackerte sie in Südfrankreich vorübergehend noch einmal auf, ihre Anhänger wurden aber grausam ausgerottet.

R.RÖHRICHT, Die P. (ZKG 6, 1884, 290-296). *O.Rühle*

Pataria, eine vermutlich nach dem Platz des Trödelmarktes benannte teils kirchliche, teils soziale Volksbewegung in → Mailand in der Mitte des 11.Jh.s. Getragen von den unteren Volksschichten, wandte sie sich gegen den reichen, verweltlichten Klerus, gegen Priesterehe und → Simonie. Unter entscheidender Mitwirkung des Klerikers Anselm (→ Alexander II.) wurde sie 1056 begründet von dem Diakon Ariald und dem Subdiakon Landulf, an dessen Stelle später sein Bruder, der Laie Erlembald, trat. Ihr Kampf richtete sich vor allem gegen den Erzbischof Wido, der schließlich auf seine Würde verzichtete. Im Bunde mit dem Reform- → Papsttum konnte die P. auch andere oberitalienische Städte erfassen, verlor aber nach Erlembalds Tod (1075) bald ihre Bedeutung. Ein neuerdings gelegentlich angenommener Zusammenhang der P. mit häretischen Bewegungen der Zeit ist nicht nachweisbar.

J. Goetz, Krit. Beiträge zur Gesch. der P. (AKultG 12, 1916, 17-55. 164-194) - S.M. Brown, Movimenti politico-religiosi a Milano all' tempo della P. (Arch. stor. Lombardo ser. 6, 58, 1931, 227-278) - C. Violante, La P. milanese e la riforma ecclesiastica I: Le Premesse 1045-57, Rom 1955 (dazu F.J. Schmale, HZ 187, 1959, 376 bis 385) - E. Werner, Pauperes Christi, 1956, 111ff - Ders., πατα-ρηνοί-patarini (in: Vom MA zur Neuzeit, Festschr. H. Sproemberg, 1956, 404-419) - G. Miccoli, Per la storica della P. milanese (Bull. dell'Ist. stor. ital. 70, 1958, 43-123). *K. Jordan*

Paten. 1. Im *kath.* Kirchenrecht ist der Pate der Tauf- oder Firmzeuge. Die seit alters geübte, schon → Tertullian bekannte Beiziehung von P. ist bei der feierlichen → Taufe und bei der → Firmung vorgeschrieben, bei der Privattaufe erwünscht. Die P. sollten von Anfang an neben der rituellen Mitwirkung bei der Spendung des Sakraments auch die Gewähr dafür übernehmen, daß der Empfänger die damit begründeten Pflichten erfüllen werde, und sollten bei Kindern u.U. selbst für die spätere christliche Erziehung sorgen. Diese Bürgschaft für den Täufling (Firmling) ist ins geltende Recht übergegangen. Nach diesem soll für jeden Täufling (Firmling) ein Pate und nur einer bestellt werden; bei der Taufe kann er auch anderen Geschlechts sein und ist die Bestellung eines P. und einer Patin zulässig. Als P. können nur Getaufte (bei der Firmung: Gefirmte) fungieren. Sie müssen zur kath. Kirche gehören und dürfen nicht mit gerichtlichen Kirchenstrafen belegt, sollen aber darüber hinaus kirchlich unbescholten sein. Ausgeschlossen sind Vater, Mutter, Ehegatte des Täuflings (Firmlings); Klosterleute und Majoristen bedürfen ausdrücklicher Erlaubnis ihrer Oberen. Der Pate muß vom Täufling (Firmling), seinen Eltern, Vormündern, im Notfall vom Spender des Sakraments bestellt werden. Schließlich sollen die P. wenigstens 14 Jahre alt und mit den Anfangsgründen des Glaubens vertraut sein. Die Patenschaft wird nur verwirklicht, wenn der Pate den Täufling (Firmling) bei der Spendung des Sakraments selbst oder durch einen Stellvertreter physisch berührt. Aus der Taufpatenschaft entsteht das trennende Ehehindernis der geistlichen Verwandtschaft zwischen P. und Täufling.

cc. 762-769. 793-797 CIC - Lehrbücher des → Kirchenrechts - DDC II, 155ff. 182f. 190. 194; IV, 104ff. *H. Barion*

2. Das in der Reformation aus der alten Kirche übernommene Taufpatenamt hat nach den *Lebensordnungen* in der *ev. Kirche* mehrfache auf den Täufling und die Gemeinde bezogene Funktionen: Im Regelfall der Kindertaufe legen die P. neben den Eltern stellvertretend für den Täufling das Taufbekenntnis ab. Als Beistand der Eltern versprechen sie, dem Täufling durch treue Fürbitte, christlichen Wandel, Unterweisung im Evangelium und christliche Erziehung zu helfen, bei Christus und seiner Gemeinde zu bleiben. Der Dienst des P. erwächst aus der Verantwortung der Gemeinde für ihre in der → Taufe (: VII) aufgenommenen Glieder. Als Taufzeugen bekennen sich die P. im Taufgottesdienst vor der Gemeinde und als deren Vertreter zu der übernommenen Verpflichtung. Finden die Eltern selbst keine geeigneten P., so sollen der Gemeindepfarrer und die Ältesten im Einvernehmen mit den Eltern P. aus der Gemeinde erbitten. In der Regel werden 2 oder 3 Tauf-P. bestellt. Die P.fähigkeit wird mit der → Konfirmation erworben und ist von der weiteren, durch die Teilnahme am gottesdienstlichen Leben der Gemeinde ausgewiesenen Zugehörigkeit zur ev. Kirche abhängig. Glieder anderer christlicher Bekenntnisse sind nur ausnahmsweise zum P.amt zugelassen; mindestens die Hälfte der P. muß der ev. Kirche angehören. P., die nicht in der Gemeinde des Täuflings ansässig sind, sollen sich durch ein Zeugnis ihres Gemeindepfarrers über ihre P.fähigkeit ausweisen. Die P.fähigkeit und das P.amt können aus schwerwiegenden Gründen im Rahmen der Kirchenzucht durch den Ältestenkreis entzogen werden. In der Volkskirche steht das P.amt in der Gefahr, daß seine geistlichen Funktionen durch konventionelle Beziehungen zwischen P., Täufling und dessen Eltern verdeckt werden.

G. Wendt

Patijn, *Constantijn Leopold,* niederl. Völkerrechtler und Sozialethiker, * 28.9.1908 in Den Haag, wurde nach dem Studium der Rechte in Utrecht 1935 Adjunktsekretär des Ökonomischen Rates, 1945 Kabinettschef im Ökonomischen Ministerium, 1947 Berater beim Generaldirektorat für Auslandsbeziehungen, 1950 Direktor der internationalen Organisation des Außenministeriums, 1950 Kammerherr in ao. Dienste, 1956 Abgeordneter der 2. Kammer, 1960 ao. Prof. für Völkerrecht in Utrecht. Dieser Lebensgang führte P. in ökumenischem Rahmen den christlich-sozialen Fragen zu (→ Christlich-sozial, 2 d). In Amsterdam und Evanston leitete er für den Ökumenischen Rat der Kirchen die Sektion für soziale Fragen und gehört seitdem den Kommissionen für internationale sowie für europäische Angelegenheiten an.

Vf. u.a. zahlreiche Aufsätze über Politik u. christl. Sozialethik. - Über P.: E. Duff, The Social Thought of the World Council of Churches, London 1956 (s. Reg.). *S. van der Linde*

Paton, 1. *John G.* (1824-1907), Missionar der ref. presbyterianischen Kirche Schottlands, arbeitete in der Glasgower Stadtmission und ging 1858 unter dem Eindruck der Arbeit und des Martyriums von John → Williams nach den Neuen Hebriden (→ Südsee). Von der Insel Tauna nach 4 Jahren von Einheimischen vertrieben, ging er auf die Nachbarinsel Aniwa und christianisierte deren Bevölkerung. Später wirkte P. in England und Australien für die finanzielle Unterstützung der Mission. Im Laufe der Zeit beteiligten sich Presbyterianer in Kanada, Schottland, Australien und Neuseeland sowie der »J.G.P. Missionsfonds« an dem Unternehmen.

Vf.: Missionary to the New Hebrides. An Autobiogr., London 1889; dt. (1891) 1926⁶. - M.W. Paton, Letters and Sketches from the New Hebrides, hg.v. James Paton, ebd 1896 - A.K. Langridge-F.H.L. Paton, J.G.P., Later Years and Farewell, ebd 1910.

R.K. Orchard

2. *William* (1886-1943), englischer Presbyterianer, aus der britischen christlichen Studentenbewegung hervorgegangen, Sekretär des → Internationalen Missions-Rates (1927-43) und beigeordneter Generalsekretär des Vorbereitungsausschusses des Ökumenischen Rates der Kirchen (1939-43; → Ökumenische Bewegung, 3). P. war einer der wichtigsten Träger der Konferenzen von Jerusalem (1928) und Tambaram (1938) und stark an der Konferenz von Oxford (1937) und der Weltkonferenz für Glauben und Kirchenverfassung in Edinburgh (1937) beteiligt. Im 2. Weltkrieg bemühte er sich um Hilfe für die sog. »verwaisten Missionen« und nahm sich mit Bischof → Bell der Kriegsgefangenen- und Internierten-

fürsorge an, bes. für deutsche Emigrantenpfarrer. 1940 berief er eine Arbeitsgruppe für den Frieden (Vorsitz: W. → Temple), die mit einer entsprechenden Gruppe amerikanischer Kirchenmänner zusammenarbeitete.

Vf. u.a.: Jesus Christ and the World's Religions, 1916; Life of Alex.Duff, 1923; A Faith for the World, 1929; Christianity in the Eastern Conflicts, 1937. - M.SINCLAIR, W.P., London 1949.

N.Goodall

Patriarch, Titel für Erzbischöfe kirchlicher Diözesen, die der politischen Einteilung der Reichsdiözesen entsprachen. Die ältesten Patriarchate sind → Alexandria, → Rom, → Antiochia und → Jerusalem, wozu seit 381 noch → Konstantinopel als »zweites Rom« kam. Die P.en der Ostkirche sind primi inter pares unter den Bischöfen ihrer Kirchen und stehen gleichberechtigt neben den anderen P.en, wenngleich der Bischof von Konstantinopel als »ökumenischer P.« (= Reichsbischof) den Ehrenprimat hat. Von 15 → autokephalen Kirchenhaben heute 9 einen P.en als Vorsteher. Vgl. → Kirchenverfassung: II, 4; III. - In der *röm.-kath.* Kirche ist der P.entitel nur ein Ehrentitel ohne besondere Jurisdiktion (c. 271 CIC). Der Bischof von Goa heißt P. von Ostindien, der Bischof von Madrid P. von Westindien; außerdem führen die Bischöfe von Lissabon und Venedig den P.entitel.

St.Zankow

Patriarchalismus. Der P. und die ihm obligate Herrschaft innerhalb des Hauses (οἶκος) kann als das wichtigste vorrationale und vorbürokratische soziale Strukturprinzip gelten. In diesem Sinne ist er - ungeachtet seiner Bedeutung als Leitbild späterer umfassender Sozialbereiche, wie bes. der auf das gesamte Gemeinwesen ideell übertragenen »landesväterlichen« Hausautorität - wesensbestimmend für das alle bäuerlich-adeligen Kulturen bis an die Schwelle der modernen Zeit tragende Sozialgebilde des »ganzen Hauses« (W.H. Riehl).

In der Begriffssprache Max → Webers gilt P. als einer der primären Typen der traditionalen Herrschaft (→ Macht: IV), wobei innerhalb eines, meist primär ökonomischen und familialen (Haus-)Verbandes ein (normalerweise) nach fester Erbregel bestimmter einzelner die Herrschaft ausübt. Die Gewalt des Patriarchen gilt hier, auch in der Vorstellung der Beherrschten, zwar als traditionales Eigenrecht des Herrn, ist jedoch material als »präeminentes Genossenrecht« zu verstehen, dh die Herrschaft ist (im reinen Typus) dem Herrn nicht frei appropriiert, sondern muß wesentlich im Interesse der Genossen ausgeübt werden. Die Hausautorität des pater familias ruht daher auf einer Obödienz, die dem Herrn weder kraft gesetzter Regel noch charismatischer Qualität, sondern allein gemäß Tradition geschuldet wird, wobei der Herr auch seinerseits streng traditionsgebunden ist.

O.Brunner hat im Anschluß an die »Hausväterliteratur« des 16./17.Jh.s die Linie jener von der griechischen Antike über die mittelalterliche Scholastik führenden Schriften verfolgt, die die Bezeichnung »Ökonomik« führen. Allenthalben begegnet hier die Vorstellung von jener patriarchalischen Autorität, wie sie seit der Ökonomik des → Aristoteles auch theoretisch als Ausdruck des Wissens und Vermögens des »Hausherrn« gedeutet worden ist. Diese in ihrer Wirkung nicht nur auf das abendländische Europa beschränkte Ökonomik antiken Ursprunges, welche den Wirt jeweils zugleich als den »Schutz übenden, sorgenden Inhaber des Hauses, den Hausherrn, Hausvater« (Brunner) versteht und interpretiert, bildet die geistige Grundlage einer nicht nur die ländliche Ordnung im engeren Sinne umfassenden Wirklichkeit. Die Gewalt des Hausherrn, wie sie nicht nur die Dorfrechte, sondern auch die mittelalterlichen Stadtrechte aufzeigen, verbürgte den Frieden des Hauses für alle darin lebenden und arbeitenden Leute und schloß damit auch für die in Gewerbe und Handel tätige Bevölkerung die Trennung von »Haushalt« und »Betrieb« aus.

Erst mit der Marktverflechtung aller Wirtschaftsformen und dem Beginn der Freizügigkeit wird jener große Emanzipationsvorgang wirksam, in dessen Verlauf die Lebens- und Wirtschaftseinheit des Hauses zerfällt. Die Integration der zuerst aus den unterständischen Schichten, sodann auch aus Bauerntum, Gutsherrschaft und → Handwerk entlassenen Bevölkerungselemente in das neue Gebilde des rational organisierten → Betriebes entzieht dem P. die ökonomisch-soziologischen Voraussetzungen seiner Existenz. Patriarchalistischen Reminiszenzen begegnet man freilich auch noch in der bürgerlich-unternehmerischen Epoche. Wie aber der Hausherr auf dem Lande mehr und mehr dem agrarischen → Unternehmer weicht, ist der städtische »Fabrikherr« vollends eine Übergangserscheinung. Seine etwaige »paternalistische« Fürsorgebereitschaft für die Betriebsangehörigen verband sich jeweils mit »werksgemeinschaftlichen« Solidaritätsansprüchen, die letztlich der Verstärkung von Leistungswillen und Arbeitsdisziplin im Rahmen rational-anstaltlicher Zwecksetzungen galten. Auf der anderen Seite trat an die Stelle der patriarchalischen Familien- und Hausordnung die lediglich konsumorientierte Kleinfamilie des industriellen Zeitalters (→ Familie: III).

E.SALIN, Gesch. der Volkswirtschaftslehre, (1923) 1941³ - M.WEBER, Wirtschaft u. Gesellschaft I, (1925) 1956⁴, Kap. III - L.H.AD. GECK, Die sozialen Arbeitsverhältnisse im Wandel der Zeit, 1931 - O.BRUNNER, Adeliges Landleben u. europ. Geist, 1949 - DERS., Das »ganze Haus« u. die alteurop. »Ökonomik« (in: Neue Wege der Sozialgesch., 1956, 33-61).

C.Jantke

Patrick (Magonus Sucatus Patricius) aus dem röm. → Britannien, mit 16 Jahren als Sklave nach Irland verschleppt, später auf dem Kontinent Kleriker (nach Muirchú unter → Germanus von Auxerre), wurde nach manchem Widerstand als Missionsbischof nach → Irland (: I) entsandt, wirkte dort bes. im Norden und Nordwesten und starb als Bischof von Armagh. Die irischen Annalen setzen den Beginn seiner Mission 432 und seinen Tod 461 oder ca 490 an. Die Chronologie P.s ist zZ umstritten. - P. verfaßte eine autobiographisch-apologetische, die Gnadenlehre stark betonende Confessio gegen die Kritiker seiner Berufung und Missionstätigkeit und einen offenen Brief (Epistula) gegen den Britenfürsten Coroticus, der bei einem Überfall auf Irland Täuflinge P.s getötet und verschleppt hatte. Auch die Synodalbeschlüsse der Bischöfe P., Auxilius und Iserninus (457?) sind wohl im wesentlichen echt. Die P.-Legende (älteste Zeugen: Tírechán und Muirchú im »Buch von Armagh«) entstand in den pro-röm. Kreisen Irlands in der 2. Hälfte des 7.Jh.s.

Confessio, Epistula ed. L.BIELER, 1952; Synodus ed. DERS. in: The Irish Penitentials, 1961. - J.B.BURY, The Life of S.P., 1905 - J.F.KENNEY (→ Palladius, 2) 319ff - L.BIELER, The Life and Legend of S.P., 1949 - J.CARNEY, Studies in Irish Lit. and History, 1955, 324ff.

L.Bieler

Patristik nennt man das Studium des christlichen Altertums bis zur Zeit → Gregors d. Gr. im Westen und des → Johannes Damascenus im Osten. In den dogmatischen Lehrbüchern des 17.Jh.s bezeichnete »theologia patristica« (neben theologia biblica, dogmatica usw) einen Abriß der Lehre der Kirchenväter, deren Zeugnis als Autorität in Sachen der Lehre angerufen oder kritisiert wurde. Im 18.Jh. entwickelte sich hieraus die → Dogmengeschichte. Daneben sprach man auch von

Patrologie, welche mehr vom Leben und den Schriften dieser Kirchenväter handelte (zuerst verwendet von Joh. → Gerhard, 1653), ohne daß es zu einer klaren Abgrenzung gekommen wäre. »Patrologie« wird auch in der Gegenwart noch gerne von röm.-kath. Autoren für Handbücher der altchristlichen Literaturgeschichte gebraucht (zB Quasten, Altaner). - Als »Väter« galten seit dem 4.Jh. alle die kirchlichen Lehrer, die wegen ihrer Orthodoxie hohes Ansehen genossen. In der wissenschaftlichen Behandlung mußte man natürlich auch ihre Gegner einbeziehen, so daß sich der Begriff »Patrologie« allmählich auf kirchliche Schriftsteller überhaupt erweiterte. In der prot. Forschung, wo man keine absolute Autorität der »Väter« anerkennt, spricht man seit Ende des 19.Jh.s von → altchristlicher Literaturgeschichte. Die P. umfaßt jedoch nicht nur die Literaturgeschichte, sondern auch die dogmen-, liturgie- und verfassungsgeschichtliche Seite des kirchlichen Lebens.

Die Anfänge der P. reichen weit zurück. Schon → Eusebius von Cäsarea hat in seine KG viele Namen von orthodoxen Zeugen des Christentums aufgenommen. Die erste Patrologie im eigentlichen Sinne wurde von → Hieronymus in seinem Werk »De viris illustribus« gegeben, einem Schriftstellerkatalog, der bis ins MA immer wieder fortgeführt wurde. - Mit der → Reformation und dem → Humanismus beginnt auch für die P. eine neue Zeit. In den Kontroversen zwischen Katholiken und Protestanten berief man sich beiderseits auf das Zeugnis der Väter. Daneben suchte der Humanismus mit seinem Interesse für die Antike auch die Quellen des christlichen Altertums aufzudecken (→ Erasmus). Die Schätze vieler Klosterbibliotheken wurden gehoben. Vor allem im 17.Jh. wurden in mustergültiger Form die Schriften vieler Kirchenväter veröffentlicht. Neben vielen anderen haben hier die → Mauriner unvergänglichen Ruhm geerntet. In den ref. Kirchen Englands (→ Bingham, → Ussher) und Frankreichs (→ Daillé) widmete man sich mehr der Kritik und Darstellung. Bedeutende Arbeit für ein geschichtliches Verständnis leisteten auch L.E. → Du Pin und S.de → Tillemont mit seinen »Mémoires«, die grundlegend für die Chronologie waren. In dieser Periode wurden zumal die großen Kirchenväter herausgegeben; die Arbeit am 4. und 5.Jh. als der gewissermaßen normativen Zeit der Kirche stand im Mittelpunkt. - Nach dem Niedergang dieser Studien im 18.Jh. erlebte die P. seit der Mitte des 19.Jh.s mit seinem historischen Sinn, seiner methodischen Forschung und scharfen Quellenkritik einen neuen Aufschwung. Der französische Abbé → Migne machte in seiner riesenhaften Patrologia Graeca und Latina die bekannten Texte durch Nachdrucke wieder allgemein zugänglich. Dabei stellte es sich heraus, wie vieles auf diesem Gebiete noch zu tun war. Durch die systematische Erforschung der Bibliotheken in Europa und im Vorderen Orient wurden viele neue Hss. entdeckt und verschollene Schriften ans Licht gebracht. Die alten Kirchensprachen (syrisch, koptisch, armenisch) wurden immer mehr erschlossen; die Papyri brachten ungeahnte Schätze ans Licht (→ Papyrusforschung). Das alte und neue Material wurde mit den Mitteln der modernen Philologie bearbeitet. Neue Editionsreihen wie CSEL (1866), GCS (1897), CSCO (1903), PO (1903) wurden gegründet. Durch Übersetzungen wurden die Schriften leichter zugänglich gemacht (BKV in Deutschland, »Ante-Nicene Christian Library« und »Nicene and Postnicene Fathers« in der angelsächsischen Welt). Neben Theologen beider Konfessionen beteiligten sich auch klassische Philologen an dieser Arbeit. Die christliche Frühzeit vor Konstantin war in der führenden prot. Forschung durch die Kritik der Tübinger Schule (F.Chr. → Baur) in den Mittelpunkt gerückt, nicht nur weil diese Periode durch Neufunde von bis dahin verlorenen Schriften erheblich bereichert war, sondern auch darum, weil man den Übergang von Jesu Bergpredigt zum nicänischen Bekenntnis als das große Problem der Kirchen- und Dogmengeschichte betrachtete. In vielen Monographien (zT in Serien wie TU und TSt) und in Sammelwerken wie DCB, RE, DACL und DThC wurde das neue Material aufgearbeitet. Von den zahlreichen verdienstvollen Forschern seien als führend genannt: in Deutschland A.v. → Harnack, Th. → Zahn, Ed. → Schwartz, F. → Loofs, G. → Krüger, F.X. → Funk, O.Bardenhewer; in Frankreich L. → Duchesne, P. → Batiffol, P.de Labriolle; in England J.B. → Lightfoot, J.A.Robinson, J.Rendel Harris, C.H.Turner. Zwischen den beiden Weltkriegen wurde diese Arbeit fortgesetzt, in Deutschland zB von H. → Lietzmann, F.J. → Dölger, A. → Baumstark und B. → Altaner.

Obwohl man sich im 20.Jh. vom → Historismus distanzierte und auch in der Theologie die historischen Disziplinen nicht mehr so vorherrschen wie vor 1920, erlebte die P. nach 1945 eine neue Blütezeit, wie die drei stark besuchten »Patristic Conferences« in Oxford (1951, 1955, 1959) und ein Jahresbericht wie die »Bibliographia Patristica« (hg.v. W.Schneemelcher) seit 1959 bezeugen. Die zeitweilig unterbrochenen großen Editionen werden fortgesetzt; daneben entstand im CChr eine Art neuer »Migne«. Die internationale und interkonfessionelle Zusammenarbeit wirkt auch auf die P. befruchtend. In der kath. Theologie hat sich eine Neuentdeckung der Eigenart der Kirchenväter, die nicht mehr nach scholastischen Gesichtspunkten studiert werden, Bahn gebrochen (vgl. die Reihe der SC). Die wachsende Anteilnahme der klassischen Philologen hat speziell das Verhältnis von → »Antike und Christentum« in den Vordergrund gerückt (RAC, hg.v. Th.Klauser). Neue Funde wie bei Nag-Hammadi (→ Gnosis: III, 3 d) bereichern die Kenntnisse. Neue Übersetzungen entstanden (zB ACW). In dieser Generation sind zu nennen: in Deutschland A.Adam, K.Aland, C.Andresen, H.v. Campenhausen, H.Dörries, W.Eltester, H.Karpp, H.Kraft, G.Kretschmar, W.Schneemelcher; in Frankreich P.Courcelles, J. → Daniélou, H.de → Lubac, H.I.Marrou, H.-Ch. Puech; in England H.Chadwick, S.L.Greenslade; in Amerika R.M.Grant, J.Quasten, W.Jaeger; in Holland Chr.Mohrmann, G.Quispel, J.H.Waszink. Größere Zusammenfassungen sind bis heute noch nicht erschienen. Viel Aufmerksamkeit wird der Sprach-, Begriffs- und Auslegungsgeschichte gewidmet. Die Arbeit schlägt sich in zahlreichen Monographien und Aufsätzen nieder. Die P. ist eine selbständige Wissenschaft zum Studium des christlichen Altertums geworden. Die Väter sind nicht mehr Autoritäten an sich, sondern Zeugen des Glaubens in ihrer Zeit als einer grundlegenden Epoche der Kirche Christi.

RE XV, 1ff; XXIV, 309 (Lit.) - BARDENHEWER I, 1ff (Lit.) - J.DE GHELLINCK, Patristique et Moyen Age I-III, Brügge 1946-48 - QUASTEN I, 1ff (Lit.) - ALTANER §§ 1-4 (reiche Lit.). - Weiteres s. → Altchristliche Literaturgeschichte. *W.C.van Unnik*

Patronat

1. Begriff - 2. Kath. Kirchenrecht - 3. Dogmatische Grundlagen - 4. Ev. Kirche - 5. Allgemeiner landesherrlicher P. - 6. Abschaffung des P.s

1. Der P. (heute meist: *das* P.) ist die - Rechte und Pflichten beinhaltende - Rechtsbeziehung zwischen dem Gründer (Stifter) eines → Kirchengebäudes, einer → Kapelle oder eines → Benefiziums sowie dessen Rechtsnachfolgern einerseits und der ev. bzw. kath. Kirche andererseits. Entsprechend lautet die Legaldefinition des P.s im modernen kath. Kirchenrecht (CIC c.

1448): Ius patronatus est summa privilegiorum, cum quibusdam oneribus, quae ex Ecclesiae concessione competunt fundatoribus catholicis ecclesiae, cappellae aut beneficii, vel etiam eis qui ab illis causam habent. Das ev. Kirchenrecht kennt keine in gleicher Weise allgemein verbindliche Definition, doch besteht zwischen dem ev. und dem kath. P.srecht infolge der gemeinsamen Verwurzelung im kanonischen Recht des MA eine weitgehende inhaltliche Übereinstimmung. Sozialgeschichtlich bildet der P. eine Erscheinungsform des auch die kirchlichen Verhältnisse jahrhundertelang beeinflussenden politischen und wirtschaftlichen → Feudalismus (→ Lehnswesen). Die aristokratisch-grundherrlichen Ausprägungen des Instituts (neben staatsobrigkeitlichen) finden seit dem 19.Jh. in der demokratischen Gesellschaftsordnung wachsende Ablehnung, weshalb sich auch die Kirchen die Tendenz der allmählichen Aufhebung der P.e zueigen gemacht haben.

2. Das moderne *kath. Kirchenrecht,* in dem der P. am ausgeprägtesten erscheint (CIC cc. 1448ff), unterscheidet a) Real- (dh dingliche, als Zubehör mit einer Sache, meist einem Grundstück, verbundene) und Personal-P.e (u.U. höchstpersönlich, also in keiner Weise übertragbar), b) geistliche, laikale und geistlich-laikal gemischte P.e, c) Erb-, Familien- und Sippen- oder auch hier gemischte P.e. Gegenstand des P.s sind heute nur noch niedere Benefizien. Träger des P.srechts (Patron) können physische Personen - allein oder zu mehreren gemeinsam, in Deutschland kraft Gewohnheitsrechts u.U. auch Protestanten - und juristische Personen (Klöster, Kapitel, Staat, Stadt, Universität usw) sein. Erwerb, Verlust und Erlöschen von P.srechten sind gesetzlich genau fixiert, ebenso die Rechte und Pflichten des Patrons. Rechte des Patrons sind bes. a) das Präsentationsrecht, dh das Recht, dem zuständigen Oberhirten einen geeigneten Geistlichen für die Neubesetzung des betr. Benefiziums bei dessen Erledigung innerhalb einer bestimmten Frist (regelmäßig 4 Monate) verbindlich vorzuschlagen, b) ein Unterhaltsanspruch des in unverschuldete Not geratenen Patrons gegen die Kirche oder das betr. Benefizium, sofern das gestiftete Vermögen Überschüsse aufweist, c) bestimmte herkömmliche Ehrenrechte hinsichtlich → Kirchenstuhl, Vortritt vor anderen Laien, Begräbnisplatz, Kirchengebet u.ä. Unter den Pflichten des Patrons stehen im Vordergrund die Verpflichtung zur Tragung der → Baulast bzw. zur Ergänzung des Einkommens der betr. Kirche oder des betr. Benefiziums gemäß dem Stiftungsgeschäft, daneben gewisse Fürsorge- und Schutzpflichten (cura beneficii). zB die Pflicht, dem Oberhirten mitzuteilen, daß das Kirchengut nach seinem Eindruck verschleudert wird. Jedoch steht dem Patron nicht das Recht zu, die Vermögensverwaltung zu leiten oder zu beaufsichtigen. In bestimmten Fällen ruht das P.srecht, bes. wenn notwendige Voraussetzungen für seine Ausübung in der Person des Patrons, etwa durch Verlust der kirchlichen Ehre, nicht gegeben sind.

3. Die *dogmatischen Grundlagen* dieses kath. P.srechts hat die mittelalterliche Kanonistik (→ Kirchenrecht: II A) geschaffen, als sich die Kirche im 12.Jh. anschickte, die damals unter dem Einfluß des Eigenkirchenwesens (→ Eigenkirche) weitverbreitete Herrschaft laikaler Kräfte über die Niederkirchen zurückzudrängen: Verbot des Laieneigentums an Kirchen durch die Lateransynoden von 1123 und 1139. Das Eigentumsrecht wandelte sich rechtlich infolgedessen zum P. bzw. parallel laufend zur → Inkorporation (bei Stiftern und Klöstern; → Kirchenverfassung: IV, 2 c). Seine rechtstheoretische Durchformung erfuhr der P. dabei vor allem durch das Dekret → Gratians und die Dekretsummen der → Dekretisten Rolandus (nachmals Papst → Alexander III.) und Rufinus. Danach hat das P.srecht Privilegialcharakter als eine dem Stifter eines Gotteshauses von der Kirche aus Dankbarkeit gewährte Vergünstigung. Den von der Kanonistik erhobenen Anspruch der alleinigen Rechtszuständigkeit über den P. als einem »ius spirituali annexum« (Alexander III. c. 16 X 3, 38) hat die Kirche gegenüber dem Staat allerdings meist (so in Deutschland und Frankreich) nicht durchzusetzen vermocht, vor allem wegen des in der Regel dinglichen Charakters der P.e. In neuerer Zeit geht das Bestreben der kath. Kirche auf einen allmählichen Abbau des P.swesens. Seit dem Inkrafttreten des CIC dürfen neue P.e nicht mehr begründet werden (CIC c. 1450 § 1); die alten P.e werden zwar als wohlerworbene Rechte respektiert, sollen aber durch Vereinbarung mit dem jeweiligen Patron aufgehoben werden, wenigstens wird dem Patron ein Verzicht auf das Präsentationsrecht gegen den Empfang geistlicher Vorteile nahegelegt (c. 1451).

4. Die *ev. Kirche* hat trotz theoretischer Ablehnung durch den Calvinismus das von der mittelalterlichen Kanonistik entwickelte Rechtsinstitut des P.s fast unverändert übernommen, weil sie auf die Unterstützung der P.sinhaber angewiesen war. Die Arten der P.e und die Inhaber von P.srechten (neben den adeligen Grundherren landesfürstliche und städtische Obrigkeiten) sind daher im wesentlichen die gleichen wie in der kath. Kirche. Als Erwerbsgründe gelten in erster Linie die Erbauung und Ausstattung einer Kirche oder die Schenkung des Bauplatzes, die Stiftung finanzieller Mittel zur Unterhaltung einer Kirche, weiterhin u.U. auch Ersitzung, ferner derivativer Erwerb durch Erbschaft, Schenkung u.dgl., in der Regel durch Erwerb des → Grundstücks, mit dem das P.srecht verbunden ist. Die patronalen Rechte und Pflichten sind im einzelnen recht unterschiedlich; so gibt es etwa auch unvollkommene und lastenfreie P.e, letztere vor allem in Württemberg und Sachsen. Unter den Rechten ragt hervor das Präsentationsrecht bei Neubesetzung einer Pfarrstelle, unter den Pflichten die - meist subsidiäre - → Baulast. Die partikularen Differenzierungen sind hier aber außerordentlich groß. Eigentümlich ist dem ev. Kirchen-P. eine - im Vergleich zur kath. Kirche - stärkere Betonung der cura beneficii, bes. durch Beteiligung des Patrons an der Verwaltung des → Kirchenguts. Die Ehrenrechte sind im wesentlichen die gleichen wie im kanonischen Recht (Ehrenplatz in der Kirche, Fürbitte im Gebet, bevorzugte Begräbnisstätte u.a.). - Die Ausübung des P.srechts ist in der ev. Kirche an bestimmte Eigenschaften des Inhabers gebunden, vielfach an das ev. Bekenntnis, so daß Katholiken an der Wahrnehmung gehindert sein können. In solchen Fällen ruhen die Rechte, bleiben aber die P.slasten bestehen. - Für den Untergang des P.s gelten verschiedene Gründe wie Verzicht des berechtigten Trägers, Fehlen nachfolgeberechtigter Erben, beim höchstpersönlichen P. Tod des Inhabers, schließlich Wegfall des Objekts (zB Aufhebung der kirchlichen Stelle).

5. Neben den im vorgehenden genannten »echten«, »privaten« P.en hat es eine Zeitlang in verschiedenen Territorien unter theoretisch höchst anfechtbarer Begründung auch einen sog. *allgemeinen landesherrlichen P.* gegeben. Insbesondere gegenüber den - durch das kirchenverfassungsrechtliche Prinzip des landesherrlichen Summepiskopats in dieser Sache bes. anfälligen - ev. Kirchen gelang es in der Zeit des staatlichen Absolutismus und gefördert durch die → Säkularisationen des beginnenden 19.Jh.s verschiedenen Territorialfürsten, vornehmlich Preußen und Österreich, unter Berufung auf ihre Landeshoheit und ihre Kirchenvogtei einen obrig-

keitlichen P. durchzusetzen, der für den Staat ein allgemeines Mitwirkungsrecht bei der Besetzung kirchlicher Ämter usurpierte. Mit dieser Entfaltung des Staatskirchentums hängt es größtenteils zusammen, daß die P.sverhältnisse in die Regelung der staatlichen Gesetzgebung (zB Preuß. Allg. Landrecht II 11 §§ 568ff) und in die Zuständigkeit der staatlichen ordentlichen Gerichtsbarkeit fallen. Vor allem der Umfang der Baulastverpflichtung des Patrons bildet noch heute eine Quelle von Streitigkeiten, die auch nicht dadurch beseitigt wurde, daß die Weimarer Verfassung (Art. 137 Abs. 3) und in ihrem Gefolge die Gesetzgebung der deutschen Länder nach 1919 auf diese unechten P.e endgültig verzichtet haben.

6. Auch die ev. Kirche hat sich der erstmals von → Schleiermacher 1808 in seinem Kirchenverfassungsentwurf erhobenen, von den politischen Verhältnissen der kommenden Zeit getragenen Parole der *Abschaffung des P.s* nicht verschlossen. Festere Formen gewann das Bestreben nach allmählichem Abbau erst nach der Staatsumwälzung 1918/19 durch eigene Kirchengesetze, freilich unter verschiedenartigsten Modifikationen (zB Thüringen 1921, Baden 1921, Württemberg 1930). Auch die neuesten Verfassungen und Grundordnungen der Landeskirchen nach 1945 enthalten zT das Programm der Beseitigung der P.e; dazu treten neueste Kirchengesetze (zB Brandenburg 1946, Hannover 1951). Das allenthalben vorgesehene Verfahren gütlichen Übereinkommens hat nicht nur die wohlerworbenen Rechte der P.sinhaber zu berücksichtigen, sondern auch den nicht zu unterschätzenden ideellen und traditionellen Gegebenheiten Rechnung zu tragen. Im Brennpunkt der Regelung steht freilich die materielle Frage der P.s-Baulast, deren Lösung einen bes. schwierig zu vollziehenden Ausgleich der Leistungsfähigkeit und Interessen der beteiligten Partner - Landeskirche, Kirchengemeinden und P.sträger - erfordert.

Außer der Lit. in RGG² IV, 1010 u. den Lehrbüchern des → Kirchenrechts (bes. LIERMANN u. EICHMANN-MÖRSDORF): FEINE (Lit.) - PLÖCHL I-III - P.HINSCHIUS, System des kath. Kirchenrechts II. III, 1878/83 (für Einzelfragen unentbehrlich) - J.B.SÄGMÜLLER, Lehrbuch des kath. Kirchenrechts, (1900ff) 1914³ (Lit.) - LThK VIII, 5ff - StL IV, 87ff (Lit.) - J.HARDER, Die kath. u. ev. Staats-P.e in Deutschland (AkathKR 127, 1955, 6-68. 313-396) - E.MEYER, Die Entwicklung des ev. P.srechts im Gebiet der DDR (ZevKR 5, 1956, 84 bis 94. 404-421) - EKL III, 87ff. *S.Reicke*

Patrozinienkunde

1. Entwicklung - 2. Bedeutung - 3. Erforschung. - P. = Patrozinien

Ursprünglich verstand man unter P. (lat.: patrocinium) jegliche Formen von Schutzherrschaft. Im kirchlichen Bereich wurde der Begriff seit dem MA eingeengt auf die Schutzherrschaft von Heiligen über Einzelpersonen, Gemeinschaften, Orte oder Gebäude. Geläufig blieb der Ausdruck im Abendland für Kirchen, Kapellen und Altäre.

1. Jede Kirche wurde und wird noch heute als Haus des Herrn in erster Linie Gott geweiht (→ Kirchweihe). Um dann die Kirchen einer Stadt (zB Roms) unterscheiden zu können, bezeichnete man sie nach ihrer Lage, früheren Besitzern, Stiftern u.dgl. Kirchen über den Gräbern von Märtyrern wurden nach dem Heiligen benannt und bald auch diesem - neben Gott - geweiht. Mit der zunehmenden → Heiligenverehrung (: II) wurde es üblich, die meisten Kirchen einem Heiligen zu weihen. Nur selten sind noch bis zur Jahrtausendwende Kirchen allein zu Ehren des Erlösers errichtet worden, und auch da trat später meist ein spezieller Schutzheiliger hinzu, dessen Namen die Kirche dann führte. Der Patron galt im MA als Rechtsträger der Kirche und ihres Besitzes (→ Patronat). Die Wahl der P. ist zugleich zeitgebunden und traditionsverhaftet. Im Früh-MA waren die P. durch Heiligengräber oder → Reliquien bestimmt; wo diese fehlten, nahm deren Stelle einer der großen Heiligen des NT ein. Im Zeichen des → Eigenkirchen-Wesens erhielten abhängige Kirchen das Patrozinium des Kirchenherrn, des Bischofs, Klosters oder Königs. Die Schutzheiligen der Könige waren auch in Adelskreisen beliebt und kennzeichnen bes. das 10. und frühe 11.Jh. Dann drangen die P. der monastischen Reformbewegungen vor, später die des Rittertums. Die Heiligenverehrung des Spät-MA mit ihrer Tendenz zu Sonderpatronaten führte auch im P.-Wesen zu bunter Mannigfaltigkeit. Die Reformation lehnte mit dem Heiligenkult auch die Weihe der Kirchen an Heilige ab; nur in Städten blieben ältere Namen der Kirchen erhalten, Neubauten sind gelegentlich nach Evangelisten benannt, häufiger nach Glaubensgeheimnissen oder Ereignissen der Reformation. Die kath. Kirche nach dem Tridentinum konzentriert sich auf bes. bewährte und propagierte P. Im 19. und 20.Jh. zeigt sich auch im kath. Raum eine stärkere Wertschätzung theozentrischer oder marianischer Weihetitel (erste Anzeichen schon im Spät-MA). Diese sind von den eigentlichen P. zu unterscheiden, stehen aber in gleicher Funktion neben diesen. Das Bewußtsein, daß der Kirchenpatron Schützer und Fürbitter der Gemeinde sein soll, ist heute weit schwächer als im MA.

2. Neben jenen Heiligen, die durch alle Jh.e beliebt waren, sind zahlreiche P. für bestimmte Zeiten und Umstände charakteristisch. Sie lassen Rückschlüsse auf die historische Entwicklung einzelner Kirchen, Orte und Landschaften zu (Siedlungs- und Missionsgeschichte, politische, rechtliche, soziale und wirtschaftliche Beziehungen). Doch sind dabei Zeit und Begleitumstände der Gründung, Stifter, rechtliche Stellung der Kirche möglichst genau zu erkunden, andere historische Indizien und eventuelle P.-Wechsel zu prüfen, um falsche Kombinationen zu vermeiden. Zum anderen spiegeln sich im Bild der P. die Frömmigkeit und die geistige Welt jeder Epoche, deren Anliegen und deren Abhängigkeiten. Für die Zeit der Christianisierung wird oft die Ablösung heidnischer Götter durch bestimmte Heilige angenommen, doch ist dabei Vorsicht geboten.

3. Um die P. als historische Quelle auswerten zu können, muß die Forschung die P. zuerst sammeln oder ermitteln. Denn oft sind alte P. durch jüngere verdrängt worden, andere sind durch Zerstörung bzw. Profanierung des Gebäudes oder durch die Reformation verlorengegangen. Überliefert werden die P. in Weiheinschriften, -urkunden oder -notizen, aber auch in allen anderen schriftlichen oder nichtschriftlichen Geschichtsquellen (Bilder, Sagen, Ortsnamen usw). Die systematische Sammlung der P. begann nach der Mitte des 19.Jh.s auf landesgeschichtlicher Ebene. Angestrebt wird entweder die Erfassung aller P. eines begrenzten Gebietes (Diözese, Land usw) oder aller Kirchen eines bzw. einer Gruppe von Heiligen. Beide Methoden werden oft kombiniert und so weitergeführt. Grundsätzliche Aufsätze halten den Stand der Forschung fest und geben neue Anregungen.

H.KAMPSCHULTE, Die westfäl. Kirchen-P...., 1867 - J.DORN, Beiträge zur P.forschung (AKultG 13, 1917, 9-49. 220-255; Lit.) - H.DELEHAYE, Loca Sanctorum (AnBoll 48, 1930, 5-64) - W.DEINHARDT, P.kunde (HJ 56, 1936, 174-207; Lit.) - J.A.JUNGMANN, Vom Patrozinium zum Weiheakt (LJ 4, 1954, 130-148) - H.WEIGEL, Neue Veröffentlichungen zur P.kunde (Bll. f. dt. Landesgesch. 92, 1956, 401-425; 94, 1958, 254-270; Lit.) - A.BRÜCK, P.kunde (Arch. f. mittelrhein. KG 9, 1957, 313-315) - G.ZIMMERMANN, P.wahl u. Frömmigkeitswandel im MA, dargestellt an Beispielen aus dem alten Bistum Würzburg (Würzb. Diöz. Gesch. Bll. 20, 1958, 24-126;

21, 1959, 5-124; Lit.) - M.ZENDER, Räume u. Schichten mittelalterl. Heiligenverehrung... Die Heiligen der mittleren Maaslande u. der Rheinlande..., 1959 - E.HENNECKE-H.W.KRUMWIEDE, Die mittelalterl. Kirchen- u. Altar-P. Niedersachsens, 1960. *G.Zimmermann*

Paul I., *Papst* 29.5.757 bis 28.6.767, Römer, Bruder und Nachfolger → Stephans II. Dessen Politik der Anlehnung an den Franken Pippin führte P. gegen den Widerstand einer starken byzanzfreundlichen Opposition fort. Er zeigte seine Wahl dem Frankenkönig an, konnte ihn aber nicht bewegen, gegen den sein Reich erweiternden König der → Langobarden Desiderius militärisch vorzugehen. Vielleicht entstand damals die → Konstantinische Schenkung.

RE XV, 26ff - M.BAUMONT, Le pontificat de P. I (Mél. d'Arch. et d'Hist. 47, 1930, 7-24) - DThC XII/1, 1ff - LThK VIII, 11 - O.BERTOLINI, Roma di fronte a Bisanzio e ai Longobardi, Bologna 1941, 583ff - DERS. in: Miscell. Pio Paschini I, Rom 1948, 103-171 - HALLER I, 441ff - EC IX, 732f. *H.Fuhrmann*

II., *Papst* 30.8.1464 bis 26.7.1471, Pietro Barbo, * 1418 in Venedig, sollte Kaufmann werden, aber sein Onkel → Eugen IV. bestimmte ihn zur geistlichen Laufbahn und machte ihn bereits 1435 zum Bischof von Cervia. 1440 Kardinal geworden, verwandte er sein Einkommen zum Sammeln von Kunstgegenständen und erbaute bei S. Marco in Rom den Palazzo Venezia. Der Widerruf seiner Wahlkapitulation (Gutachten von De Lelli, ed. J.B.Sägmüller, 1893) schuf ihm Gegner. In Humanistenkreisen erregte er Erbitterung durch Auflösung des von → Pius II. gestifteten Abbreviatorenkollegs (mit zT käuflichen Stellen) und der unter Pomponius Laetus stehenden römischen Akademie, um so mehr, als er den einer Verschwörung verdächtigten Bartolomeo Platina gefangensetzen ließ. Dieser hat sich dafür gerächt und P. in seiner Papstgeschichte als Gegner künstlerischer und wissenschaftlicher Bestrebungen hingestellt. Auch mangelnden Eifer in der Bekämpfung der Türken warf man P. vor, obwohl er Skanderbeg in Albanien unterstützte. Auf Forderung der Hussiten (→ Huß, 2) bannte er König Georg Podiebrad von Böhmen und begünstigte Matthias Corvinus in Ungarn, der bis nach Schlesien und Wien vordringen konnte. P. stand aber auch mit Kaiser Friedrich III., der ihn in Rom besuchte (1468), in guten Beziehungen. Unter P. sind die ersten deutschen Drucker nach Italien gekommen.

B.PLATINA, Opus de vitis..., Venedig 1479 u.ö. - Zwei Viten P.s ed. L.A.MURATORI, Rerum Ital. Scriptores III, 1738, 1023ff - v.PASTOR II, 1904[3-4], 291ff - RE XV, 28ff - LThK VIII, 11 - DThC XII, 3 ff. - Über P.s Reg. vgl. M.GIUSTI in: StT 165, 1952, 427-430. *F.Bock*

III., *Papst* 13.10.1534 bis 10.11.1549, Alessandro Farnese, * 1468 in Canino oder Rom; wurde in Rom, Florenz und Pisa humanistisch erzogen, von allen Päpsten protegiert, 1493 Kardinal, 1509 Bischof von Parma, 1519 zum Priester geweiht, 1524 Bischof von Ostia und Dekan des Kardinalskollegiums. Die Wahl zum Nachfolger → Clemens' VII. erfolgte nach sehr kurzem Konklave. P. blieb auch als Papst dem Lebensstil eines Renaissancefürsten verhaftet. Seiner politischen Begabung und Einsicht entsprach das Programm, das er sogleich ankündigte: Bekämpfung der Häresie, Reform der Kirche, Friede im Abendland und Türkenkreuzzug. Das Mittel sollte das ökumenische Konzil (→ Tridentinisches Konzil) sein, das P. am 2.8.1536 auf den 23.5.1537 nach Mantua einberief. Das Kardinalskollegium ergänzte er durch Promotionen von Reformanhängern wie → Contarini, Carafa (→ Paul IV.), Cervini (→ Marcellus II.), del Monte (→ Julius III.), → Pole, → Sadoleto u.a. 1536 berief er die Kommission, die 1537 das »Consilium de emendanda ecclesia« vorlegte. Der Türkenkrieg wurde von → Karl V. 1535 aufgenommen. Die übrigen Pläne stießen auf große Schwierigkeiten wegen der Haltung der Kardinäle, wegen des neuen Krieges zwischen dem Kaiser und Franz I. von → Frankreich und wegen des → Nepotismus und der Familienrücksichten des Papstes, durch die seine politische Schlagkraft gelähmt wurde. Er machte seinen Sohn Pierluigi zum Herzog von Parma und Piacenza, zwei seiner Enkel (15- und 16jährig) zu Kardinälen. Der Friede von Crépy 1544 ermöglichte die Eröffnung des Konzils am 13.12.1545 in Trient. Die Verlegung des Konzils nach Bologna 1547 geschah mit Vollmacht des Papstes. Sie hatte den Konflikt mit Karl V. zur Folge, der bis zum Tode P.s andauerte. Der Kirchenreform und der Bekämpfung der Evangelischen dienten die Bestätigung der → Kapuziner 1537, die Approbation der → Jesuiten 1540 und die Errichtung der römischen → Inquisition 1542.

NBD I-XI - v.PASTOR V - C.CAPASSO, P. III., 2 Bde, Messina 1923 - W.FRIEDENSBURG, Kaiser Karl V. u. Papst P. III., 1932 - L.DOREZ, La cour du pape P. III., 2 Bde, Paris 1932 - DThC XII, 9ff (Lit.) - JEDIN I. II (s. Reg., Lit.) - EC IX, 734ff - SEPPELT V[2], 12ff. 505 ff (Lit.).

IV., *Papst* 23.5.1555 bis 18.8.1559, Giovanni Pietro Caraffa (Carafa), * 1476 in Capriglio, aus dem neapolitanischen Zweig der Familie, stieg dank guter Verbindungen rasch zu hohen Ämtern auf. P. wurde 1504 Bischof von Chieti, 1513 Nuntius in England, 1518 Erzbischof von Brindisi und bis 1520 Vize-Großkaplan am spanischen Hofe. Aus diesen Jahren stammt seine leidenschaftliche Opposition gegen die spanische Hegemonie in Italien. In Rom gehörte P. 1520-27 dem »Oratorium der göttlichen Liebe« an, 1524 war er Mitbegründer des Klerikerordens der → Theatiner und sein erster Oberer. Zugunsten der Tätigkeit im Orden verzichtete er auf seine hierarchischen Ämter. 1527 durch den Sacco di Roma vertrieben, wirkte er in Venedig für die Reform. 1532 richtete P. eine Denkschrift (Conc. Tridentinum XII, 67-77) an → Clemens VII., in der er die Kirchenreform als Restauration und Sache der Disziplin konzipiert. P. III. berief ihn 1536 zum Kardinal und in die Reformkommission, beauftragte ihn mit der Reorganisation der → Paenitentiarie und der Leitung der römischen Inquisition. P. wurde 1549 Erzbischof von Neapel, der Kaiser hinderte ihn am Antritt des Amtes. 1553 war P. Dekan des Kardinalskollegiums. Als Papst entfaltete er alle Energie in der Bekämpfung des spanischen Einflusses auf Italien, in der Reformtätigkeit, die er ohne Konzil betrieb, und im → Nepotismus. Sein explosiver Charakter, die Maßlosigkeit seiner Weltherrschaftsansprüche und die Unfähigkeit seines Nepoten Carlo Carafa, der die Politik der Kurie leitete, führten zum Scheitern der meisten Projekte und zur Isolierung des Papsttums. Der Herzog von Alba rückte in den Kirchenstaat ein und erzwang 1557 den milden Frieden von Cave. In der Kirche förderte P. bes. die Inquisition, die er Michele Ghislieri (→ Pius V.) unterstellte. Wegen Verdachts auf Häresie ließ er → Morone verhaften und setzte → Pole ab; das »Consilium« von 1537 indizierte er.

E.ALBERI, Relazione degli ambasciatori veneti, 2[a] serie, III, Florenz 1848, 379ff (Notizen des venezianischen Gesandten B.Navagero über P.s Charakter) - DThC XII, 20ff - v.PASTOR VI - T.TORRIANI, Una tragedia nel Cinquecento romano: P. IV. e i suoi nepoti, Rom 1951 - EC IX, 736ff (Lit.) - SEPPELT V[2], 70ff. 511ff (Lit.).

V., *Papst* 16.5.1605 bis 28.1.1621, Camillo Borghese, * 1552 in Rom, aus sienesischer Familie, Jurist an der Kurie, Legat in Spanien, 1596 Kardinal, 1603 Generalvikar in Rom, ohne persönliche Gegner als Konkurrent → Bellarmins und → Baronius' gewählt. P. war ein lauterer Charakter, aber anfällig für den »kleinen Nepotismus«. Seinen Neffen Scipione Caffarelli machte er zum Kardinal und Staatssekretär; der Familie Borghese verschaffte er Reichtum und Ansehen, aber keinen Einfluß. Mit ihrer Hilfe war er ein großzügiger Mäzen. Im Kirchenstaat förderte er Verwaltung, Hygiene, Straßenbau, Landwirtschaft, Handel (Ausbau des Hafens Fanò), die Vatikanische Bibliothek und die Bautätigkeit (Villa Borghese, Quirinal, Vollendung der Peterskirche). Zur Kirchenreform schärfte er die Residenzpflicht ein, ließ das Rituale Romanum fertigstellen und unterstützte vor allem neugegründete Kongregationen. Von theologischen Entscheidungen hielt er sich zurück. Die von → Clemens VIII. eingesetzte Congregatio de auxiliis gratiae hob er 1607 auf; den Kontrahenten im Streit um → Molina gebot er Stillschweigen und Duldung. 1616 verurteilte P. das kopernikanische System. Außenpolitisch hat P. Neutralität zwischen Spanien und Frankreich erstrebt. Die landeskirchlichen Tendenzen in den westeuropäischen Nationalstaaten brachten dem → Papsttum Verluste an Einfluß (→ Gallikanismus, → Richer). Die schwerste Niederlage erlitt P. im Streit mit der Republik Venedig 1605-07. Die von ihm behauptete und von → Bellarmin und → Baronius publizistisch vertretene Exemtion des Klerus von weltlicher Souveränität wurde durch → Sarpi bestritten. Der literarische Prinzipienstreit führte zum politischen Bruch, als P. das Interdikt über Venedig und den Bann über alle Personen der Signoria verhängte, ohne zum Ziel zu kommen. Der Klerus - außer den → Jesuiten und → Kapuzinern - setzte trotz Interdikts die Gottesdienste fort. 1607 vermittelten Spanien und Frankreich den Frieden; doch wurde das Interdikt formell nicht aufgehoben, und die SJ blieb aus Venedig ausgeschlossen. Nach Beginn des Dreißigjährigen Krieges unterstützte P. Kaiser Ferdinand II. und die Liga mit beträchtlichen Hilfsgeldern.

DThC XII, 23ff - v.PASTOR XII - C.P.DE MAGISTRIS, Per la storia del componimento della contesa tra la Repubblica veneta e P. V. (1605-07), Turin 1941 - L.LOPETEGUI, La secretaría de Estado de P. V. y la composición del »Defensio Fidei« de Suárez (Gregorianum 27, 1946, 584-596) - J.POU Y MARTI, La intervención española en el conflicto entre P. V. y Venecia, Rom 1949 - EC IX, 738ff (Lit.) - SEPPELT V², 243ff. 524ff (Lit.). *H.Liebing*

Paul *von Burgos* u.a. → Paulus.

Paul, *Jonathan* (1853-1931), * in Gartz/Oder, als Pfarrer in Ravenstein (1889) einflußreich auf die entstehende → Gemeinschaftsbewegung, seit 1899 freier Evangelist und Zeltmissionar. P. wurde der bedeutendste Führer der → Pfingstbewegung in Deutschland und vertrat einen mystischen Perfektionismus (»Der sündliche Hang ist von mir genommen«). Seit 1904 lehnte ihn der → Gnadauer-Verband ab. Gegen P. richtete sich wesentlich die sog. »Berliner Erklärung« (→ Gemeinschaftsbewegung, 2). 1919 erklärte P.: »Ich lasse meine Lehre fallen.«

P. vf. mehrere Heiligungsschriften (s. RGG³ IV, 1016) u. gab heraus: »Die Heiligung« (1898-1919), »Das Lied des Lammes« (1919 bis 1929), »Heilszeugnisse« (1929-31). - Vgl. CHR.KRUST, 50 Jahre dt. Pfingstbewegung, 1959. *H.Brandenburg*

Pauli, *Gregor* (ca 1526-91; eigentlich Gregor Nikolaus, nannte sich selbst »Paulus«; erst zu Beginn des 17.Jh.s heißt er G.P.), polnischer → Antitrinitarier, * in Bresiny (Brzeziny, Gov. Petrokow). Student in Krakau, Königsberg und Wittenberg, 1551 ref. Pastor in Bresiny, 1557 in Krakau. Bereits 1556 einer der Senioren der kleinpolnischen ref. Gemeinden, bestritt P. als Haupt der sog. »Kleineren Kirche« seit 1562 die kirchliche Trinitätslehre. Auf dem Petrikauer Kolloquium (1565) kam es zur endgültigen Trennung. P. lehrte gegenüber dem unbiblischen → Tritheismus den Unitarismus (→ Unitarier), bekannte die Gottessohnschaft Christi per adoptionem und bestritt exegetisch die Präexistenz-Vorstellung; der Hl. Geist sei keine Person. Sozialethisch lehrte P. wie die → Täufer.

Neudrucke: Über die heutigen Unterschiede; Über den wirklichen Tod, über die Auferstehung u. über das Leben (hg. v. Institut für Lit.-Forschung), Breslau 1954 (poln.). - Über P. (alles poln.): O.BARTEL, G.P. v. Bresiny (Reformacya w Polsce 5, 1928, 12ff) - K.GÓRSKI, G.P.v.B., 1929 - L.SZCZUCKI, Aus den Problemen der arian. Eschatologie des 16.Jh.s (in: Studia i materiały do dziejow nauki polskiej IV, o.J.) - L.KOLAKOWSKI, Laienhafte Überlegungen über G.P. u. die Unsterblichkeit der Seele (in: Twórczość, 1955). *E.Barnikol*

Pauliner, nach dem hl. → Paulus von Theben benannte Verbände von Eremiten. 1. Der *ungarische* Verband entstand 1250 aus mehreren Eremitenklöstern, bestätigt durch Johannes XXII. und Urban VI. Er beobachtete die → Augustinerregel neben eigenen Satzungen (1643, 1930). Er verbreitete sich in Ungarn, Österreich, Deutschland, Polen, Italien, verschwand aber wieder bis auf einige Klöster in Polen (→ Czenstochau, Krakau) und Ungarn. Der Habit ist weiß. Die Verdienste um Schule und kirchliches Leben sind groß. - 2. *Portugiesischer* Verband, 1420 gegr., 1578 päpstlich bestätigt, Statuten 1781; jetzt erloschen. - 3. *Französischer* Verband, 1600 gegr. zum Beistand der zum Tode Verurteilten, Satzungen 1620; bald aufgehoben.

HEIMBUCHER I, 588ff - LThK VIII, 20f. - Zu 1: ESCOBAR I, 423ff. *Ph.Hofmeister*

Paulinus, 1. *von Antiochia,* † 388. Geburtsdatum und Herkunft sind unbekannt. Nach Absetzung des → Eustathius (326) leitete P. als Presbyter die unbedeutende Sondergemeinde, wurde 362 durch → Lucifer zum Bischof geweiht. Rom und Alexandrien hielten an ihm gegen → Meletius fest. Friedensbemühungen wurden durch die Wahl → Flavians (381) hinfällig. 382 war P. mit → Hieronymus in Rom. Die Sondergemeinde verschwand erst 415. Von Werken des P. ist nichts bekannt; aus seiner Gemeinde stammt vielleicht die »Refutatio hypocriseos« (MPG 28, 85ff). Dogmatisch war P. Altnicäner (→ Arianischer Streit).

RE XII, 552ff - F.CAVALLERA, Le Schisme d'Antioche, 1905 - ED. SCHWARTZ, ZNW 34, 1935, 129ff - A.FESTUGIÈRE, Antioche païenne et chrétienne, 1959, 248f. 255f. *W.Schneemelcher*

2. *von Aquileja* (vor 750-802/04), Grammatiklehrer in Italien, von → Karl d. Gr. an dessen »Hofakademie« berufen, dort neben → Paulus Diaconus bedeutendster Italiener, seit 785/86 Patriarch von → Aquileja. Mit seinem Freunde → Alkuin bekämpfte P. den spanischen → Adoptianismus (, 4), begründete die Aufnahme des Filioque (→ Geist: V, 3) in das → Nicäno-Konstantinopolitanum, dessen heute gebräuchliche lat. Fassung auf P.' Neuübersetzung zurückgeführt wird, und bemühte sich um friedliche Mission der → Awaren. P. gilt als Heiliger (Tag: 11.1.).

Werke: MPL 99 - MG PL I, 123-149; VI, 208-225 - MG Epp IV, 516-527 - MG Conc. II, 130-142. 172-176. 179-195. - Über P.: MANITIUS I, 368ff (Lit.) - F.J.E.RABY, A Hist. of Christian Latin Poetry, Oxford (1927) 1953², 168ff - B.CAPELLE, RThAM 1, 1929, 7-20 - DThC XII/1, 62ff - G.LAEHR, NA 50, 1935, 106-134 - WATTENBACH-LEVISON 2, 194f (Lit.). *P.Classen*

3. *von Mailand,* aus Florenz (?), 394-97 (Sub-?)Diakon und Sekretär bei → Ambrosius, dann in Afrika, wo er mit → Augustin bekannt wird. P. eröffnet 411 mit der Anklage gegen Caelestius den pelagianischen Streit (→ Pelagius) und richtet 417 an Papst → Zosimus noch einen Libellus adversus Caelestium (Collectio Avellana

1, 108ff, CSEL 35). 422 schreibt er auf Wunsch Augustins die Vita s. Ambrosii, eine literarisch ungewandte, legendarische, aber gewissenhafte und wertvolle Quelle (das einzige Werk, das wir von ihm kennen).

MPL 14, 27-46 (28-50); S.KANIECKA, Washington 1928 (Patristic Studies XVI). - J.-R.PALANQUE, Saint Ambroise et l'empire Romain, Paris 1933, 409ff - PW XVIII/2, 2, 1949, 2330f (Lit.).
H.v.Campenhausen

4. *von Nola* (353-431), * in Bordeaux, Schüler und Freund des → Ausonius. Vor 379 Statthalter in Kampanien, ca 380/90 in Bordeaux getauft. Erschüttert durch zahlreiche Heimsuchungen verschenkte P. seinen Besitz und begab sich nach Spanien. Dort wurde er widerstrebend zum Priester geweiht. Nach 395 zog er sich mit seiner Gattin Therasia nach Nola (Kampanien) zurück und führte zusammen mit Mönchen und Armen ein streng mönchisches Leben. 409 wurde er zum Bischof gewählt. Seine meist in Hexametern verfaßten 35 Gedichte rücken ihn in der → altchristlichen Dichtung in die Nähe des → Prudentius. Von hohem kulturgeschichtlichem Interesse sind seine 49 Briefe, u.a. an → Augustin und → Martin von Tours.

Ausg.: CSEL 29/30, 1894 (W.HARTEL). - P.FABRE, S.Paulin de Nole et l'amitié chrétienne, Paris 1949 - PW XVIII/2, 2331ff - ALTANER § 87, 7 (Lit.).
V.Buchheit

Paulisten, *Paulist Fathers, Societas (Congregatio) Sacerdotum Missionariorum a S. Paulo (CSP),* Missionsgesellschaft zur Gewinnung amerikanischer Protestanten für den Katholizismus, 1858 in New York von I.Th. → Hecker mit 4 anderen → Redemptoristen gegründet. Die P. suchten sich in ihrer Lehr- und Arbeitsweise dem amerikanischen Geiste möglichst anzupassen und vertraten eine kulturfreundliche Richtung im Katholizismus. Die Selbständigkeit des Individuums und die Selbstverantwortung in der kirchlichen und sozialen Arbeit wurden stärker hervorgehoben. Diese innerkath. Reformbewegung (→ Reformkatholizismus) wirkte auf den französischen Klerus ein und wurde auch in Italien beachtet. In die Kontroverse um den unter Beteiligung der P. proklamierten »Amerikanismus« - Annäherung von Kirche und modernem Zeitgeist, Mindestmaß von Glaubensforderungen (Minimismus) auf Kosten des Dogmas, Weitherzigkeit in der Methode der Konversionsbemühungen, auch Verschweigen einzelner Lehrsätze der Kirche - griff Kardinal James Gibbons von Baltimore (1834-1921) ein und bezeugte Hecker dessen Rechtgläubigkeit. In dem Breve »Testem benevolentiae« (22.1.1899) verurteilte jedoch → Leo XIII. den Amerikanismus, der seitdem sichtlich nachgelassen hat. Die P. unterwarfen sich, erreichten aber, daß sie keine Gelübde abzulegen brauchen. Neben der Herausgabe der Zeitschriften »The Catholic World« (1865), »The Young Catholic« (1870) und »The Missionary« (1896) entwickelten sie eine erfolgreiche literarische Tätigkeit; ferner schufen sie Lesezentren für junge Leute. Die P. haben 17 Niederlassungen, in New York ein Mutterhaus und in Rom ein Studienkonvikt.

J.M.GILLIS, Paulists, New York 1932 - HEIMBUCHER II, 611ff - K.BURTON, Celestial Homespun: The Life of I.Th.Hecker, New York 1943 - J.MCSORLEY, Father Hecker and his Friends, ebd 1952 - EC VIII, 1100f - ESCOBAR II, 1094 - V.F.HOLDEN, Yankee Paul: I.Th. Hecker, 1958. - Vgl. die Lit. zu → Hecker.
W.Göbell

Paulizianer, wegen ihrer Vorliebe für den Apostel Paulus so genannt, eine Sekte, die nach 662 von Syrien bis Kurdistan (→ 3 A/B 2, B/E 1; → 18 E 3, F 2/3) von einem Armenier Konstantin organisiert wurde, der sich Silvanus nannte. Als berittene Glaubenskrieger von Byzantinern und Arabern umworben, konnten sie durch die Gunst bilderfeindlicher Kaiser wie Leo III. (717-741) im 8.Jh. auch im östlichen → Kleinasien (, 3) Fuß fassen, zogen sich aber bald die Polemik orthodoxer Mönchstheologen (→ Photius) sowie Strafexpeditionen (zB unter Michael I. [811-813] und Theophilus [829-842]) zu. Sie traten deshalb zum Emir von Melitene über, wurden 872 bei ihrer Hochburg Tephrike besiegt und zum größten Teil zwangsweise nach Thrakien umgesiedelt. Um Philippopel prägten sie das Milieu, aus dem die → Bogomilen hervorgingen. Bei den P.n manifestierte sich das Erbe → Marcions und des Monophysitismus (→ Christologie: II, 5 a) in einer rigorosen, aber unasketischen geistigen Religiosität mit allen antihierarchisch-revolutionären Merkmalen, die bis ins bosnisch-oberitalienisch-südfranzösische Ketzertum hinein typisch waren (→ Katharer).

Hauptqu. (unwichtig → Euthymius Zigabenus) ist ein die P. wegen ihres Dualismus u. ihrer Ablehnung des AT mit dem → Manichäismus identifizierendes Geschichtswerk, dessen verschiedene Teile bzw. Fassungen dem Photius (MPG 102), Petrus Siculus (MPG 104), Petrus Hegumenos (J.C.L.GIESELER, Appendix ad Petri Siculi historiam Manichaeorum seu Paulicianorum [1846], 1849; J.FRIEDRICH, SAM 1896, 67-110) u. Georgius Monachus (MPG 109/110; C.DE BOOR, 1904) zugeschrieben werden. Eine quellenkrit. Klärung steht noch aus. - Ältere Lit. in: RE XV, 49ff. - Neuere Lit.: H.GRÉGOIRE, Les Sources de l'Hist. des Pauliciens (Bull. Acad. Belg. 22, 1936, 95 bis 114. 224-226) - DERS., Précisions géographiques et chronologiques sur les P. (ebd 33, 1947, 289-324) - DERS., Pour l'hist. des églises p. (OrChrP 13, 1947, 509-514) - F.SCHEIDWEILER, P.probleme (ByZ 43, 1950, 10-39. 366-384) - ST.MELIK-BAHŠJAN, Die p. Bewegung in Armenien, Erevan 1955 (armen., später russ.) - M.LOOS, Deux contributions à l'hist. des P. (Byzantinoslavica 17, 1956, 19-57; 18, 1957, 202-217).
C.Colpe

Paulsen, *Johannes* (1847-1916), * in Witzhave/Holst. Als Pastor in Kropp/Holst. (seit 1870) begründete er die *»Kropper Anstalten«* in konfessionell luth. Sinne: Das Diakonissenhaus »Sarepta«, die Lehrerpräparande Siloah, das Predigerseminar für die Deutschen in Amerika (in 39 Jahren 400 Pfarrer), ein Waisenhaus, die Heil- und Pflegeanstalt, die Diakonissen-Anstalt und eine Buchhandlung und Druckerei. Als Prediger war P. beliebt und eindrucksvoll (→ Dorfpredigt).

Vf. u.a.: Abriß der Heilslehre, 1881; Geschichten aus dem Reiche Gottes, 1884; Bibelstunden über das MtEv (1885), die Apg u. die Past (1886). Hg. von: »Kropper Kirchl. Anzeiger«.
H.Brandenburg

Paulus, *Apostel*

1. Quellen - 2. Leben: a) Herkunft und Bildung - b) Bekehrung - c) Wirksamkeit als Apostel - 3. Theologie: a) Verhältnis zu Jesus und zur urgemeindlichen Tradition. Strukturen seines theologischen Denkens - b) α) Der Schöpfungsgedanke - β) Anthropologische Begriffe. Die Verlorenheit des Menschen - c) Christologie und Heilsgeschehen - d) Die Gegenwart des Heils - e) Das neue Leben

1. Die *Quellen* für die geschichtliche Erkenntnis des P. sind in erster Linie seine echten Briefe (→ Paulusbriefe); als solche gelten im folgenden (in der Anordnung des Kanons) → Römerbrief, 1.2Kor (→ Korintherbriefe), → Galaterbrief, → Philipperbrief, 1Thess (→ Thessalonicherbriefe), → Philemonbrief. Sie alle sind in einer begrenzten Zeit seines Lebens abgefaßt, als erster 1Thess, als letzter wohl Röm, beide von Korinth - jedoch bei verschiedenen Aufenthalten - geschrieben. Dazwischen dürften die übrigen anzusetzen sein, auf jeden Fall die in 1.2Kor bezeugte und fragmentarisch erhaltene umfangreiche Korrespondenz mit dieser Gemeinde (Abfassungsort Ephesus und Mazedonien), ebenso Gal, aber wohl auch Phil und Phlm (Abfassung während einer Gefangenschaft in Ephesus ist freilich umstritten). Ihrem Charakter nach Gelegenheitsschriften, aus konkretem Anlaß geschrieben, und sicher nur ein Ausschnitt aus einer größeren, zT verlorenen Zahl von Briefen, bie-

ten sie zwar nur lückenhafte Mitteilungen und Andeutungen über sein Leben, aber doch ein reiches Bild des Wirkens und Kämpfens, der Erfolge und Leiden und vor allem der Anschauungen und Absichten des P. Wertvolles Material vor allem für seinen äußeren Lebensgang enthält die → Apostelgeschichte, daneben freilich auch vielerlei legendarische Überlieferung und ein von den echten Briefen nicht unerheblich abweichendes Gesamtbild des P. und seiner Gemeinden, das von Theologie und Geschichtsbild der nachapostolischen Zeit und der eigenen Konzeption ihres Verfassers geprägt ist. Die Richtigkeit ihrer Darstellung ist darum in jedem Fall kritisch - soweit möglich an den echten P.-Briefen selbst - zu prüfen. Zuverlässige andere Quellen stehen uns für P. nicht zu Gebote. Daß sich bald über ihn bei Freunden und Feinden sekundäre Überlieferungen bildeten, zeigen außer der Apg schon die nicht wenigen, zT früh entstandenen deuteropaulinischen Briefe (2Thess, → Kolosser-, → Epheserbrief, → Pastoralbriefe im nt. Kanon, aber auch spätere apokryphe: ein → Laodicener-, Alexandriner-, ein 3. Korintherbrief, ein Briefwechsel mit Seneca; → Paulusbriefe, 2) und die romanhaften apokryphen → Paulusakten. Ebenso unbrauchbar sind die P.-feindlichen Nachrichten der judenchristlichen → Pseudo-Clementinen. In heidnischer Literatur wird P. nicht erwähnt, dagegen wohl, aber nur vereinzelt und in versteckten Anspielungen - natürlich auch in feindlichem Sinn -, in späteren Äußerungen einzelner Rabbinen (vgl. Schoeps, Paulus 44f).

2. a) P. entstammt einer streng jüdischen Familie der Diaspora. Sein Geburtsort *Tarsos* in Kilikien (→ 18 D 3; Apg 21, 39; 22, 3 vgl. 9, 11) ist eine hellenistische Stadt mit einer griechisch-orientalischen Mischbevölkerung, durch ihre Lage an der Verbindungsstraße zwischen Kleinasien und Syrien, Handel, aber auch Pflege griechischer Wissenschaft berühmt. Seine Herkunft aus dem Judentum und damit seine Zugehörigkeit zum erwählten Volk Israel betont P. selbst wiederholt mit Nachdruck und von seinen Gegnern herausgefordertem Stolz (Röm 11, 1; 2Kor 11, 22; Gal 2, 15; Phil 3, 5). Wie sehr schon seine Familie daran bewußt festhielt, zeigt die Aufzählung dessen, was P. sich einst als »Gewinn« zurechnete (Phil 3, 5): seine Beschneidung am 8. Tag, seine Abkunft aus dem Stamm Benjamin, an dessen ersten König auch sein jüdischer Name Saul erinnert (Apg 7, 58; 8, 1. 3; 9, 1. 8 u.ö.), und der palästinische Ursprung seiner Familie. »Hebräer von Hebräern« bezeichnet zwar nicht hebräisch bzw. aramäisch sprechende, im Unterschied von griechisch sprechenden Juden, dürfte aber die Zweisprachigkeit der Familie einschließen. Nicht unglaubwürdig ist das von Hieronymus überlieferte »Gerücht«, ihre Heimat sei das galiläische Städtchen Giskala gewesen. Doch ist P. als hellenistischer Jude aufgewachsen. Bereits sein Vater, der schon darum nicht zur niederen sozialen Schicht gehört haben kann, besaß in Tarsos das städtische und das römische Reichsbürgerrecht und vererbte es seinem Sohn (Apg 21, 39; 22, 28; vgl. 16, 37 u.ö.). Schon bei der Geburt erhält dieser darum den römischen Namen (cognomen) Paulus, mit dem allein er sich in seinen Briefen nennt. Die populäre Vorstellung, daß P. seinen jüdischen Namen seit und auf Grund seiner Bekehrung gegen den römischen vertauscht habe, ist also irrig. Bedeutungsvoll ist, daß dieser in dem für die → Diaspora (: I) typischen Milieu griechischer Bildung und Sprache aufgewachsene Jude vielleicht schon auf Grund der Tradition seines Vaterhauses (Apg 23, 6), sicher aber bewußt und entschlossen sich der strengsten Richtung anschließt und → Pharisäer wird (Phil 3, 5 vgl. Gal 1, 14). Zwar ist die Nachricht der Apg (22, 3), daß er in Jerusalem unter → Gamaliel d. Ä. studiert habe, nicht unbestritten und könnte ihre auch sonst offenkundige Tendenz verraten, P. von Anfang an in engste Berührung mit Jerusalem zu bringen (nach 20, 3 soll er sogar dort »aufgewachsen« sein) und ihn vor und nach seiner Bekehrung als konsequenten und zu Unrecht verfolgten Musterpharisäer erscheinen zu lassen (dagegen Phil 3, 7f). Doch verdient mindestens der Bericht eines zeitweiligen Aufenthaltes des P. in Jerusalem und seiner Ausbildung dort zum Pharisäer schon darum Vertrauen, weil die uns verfügbaren Quellen den Pharisäismus als eine palästinische Bewegung und Jerusalem als ihr Zentrum ausweisen; von einem Diaspora-Pharisäertum wissen wir so gut wie nichts. Der Hinweis auf Gal 1, 22 reicht darum kaum aus, die Überlieferung wenigstens in diesem Punkt (doch vgl. 2 b) anzufechten. Auch wird die Nachricht von Jerusalemer Verwandten des P. (Apg 23, 16ff) nicht völlig aus der Luft gegriffen sein. Freilich, so sehr die schriftgelehrte Auslegung sich auch später noch in seiner Argumentationsweise und → Schriftauslegung (: III) bekundet, ist sie doch schon in seiner jüdischen Zeit keineswegs der ausschließlich bestimmende Faktor seines theologischen Denkens. Bezeichnenderweise fehlt in seiner Gesetzesauffassung die für rabbinische Schriftgelehrsamkeit so wichtige → Kasuistik (: II), dh die Erörterung der Gültigkeit und Anwendung der vielen Toragebote und -verbote auf den einzelnen Fall. Das Gesetz ist für ihn vielmehr eine summarische und als solche streng verbindliche Größe im Rahmen einer von der Apokalyptik ausgebildeten heilsgeschichtlich-eschatologischen Betrachtung, die auch für sein Verständnis der Christusbotschaft bedeutungsvoll werden sollte. Auch hat seine Zugehörigkeit zur pharisäischen Genossenschaft, wenn sie nicht überhaupt nur eine Episode war, seine hellenistische Abkunft nicht überdeckt. Dieser verdankt er neben einer wahrscheinlich frühen und nicht erst in der Zeit seines späteren Wirkens erworbenen Bekanntschaft mit heidnischen Kulten und orientalisch-gnostischer Mythologie vor allem die Kenntnis von ihm übernommener stoischer Begriffe und Gedanken (zB Freiheit, Knechtschaft, Gewissen, Besonnenheit, Tugend, Pflicht). Besonders aber erweist sich seine Bildung in der Meisterschaft, mit der er die griechische Sprache, gewisse Kunstmittel der Rhetorik und die in der Popularphilosophie geübte lebhafte Lehrform der »Diatribe« typisch, aber doch auch individuell und oft erstaunlich nuancierend beherrscht. Gleichwohl ist seine griechische Bildung nicht so umfassend zu denken wie die seines Zeitgenossen → Philo von Alexandrien; auch leitet P. nirgends wie diesen und andere hellenistisch-jüdische Schriftsteller das theoretische Interesse, das at.-jüdische Erbe mit griechischem Denken auszugleichen und die christliche Lehre - in der Weise der → Apologeten des 2. Jh.s - als eine Art höheren Bildungsgutes zu erweisen. Nach Art anderer Rabbinen übte P. einen weltlichen Beruf aus (nach Apg 18, 3 war er Zeltschneider oder wohl richtiger -sattler), mit dessen Hilfe er sich auch als Apostel seinen Unterhalt verdiente (1Thess 2, 9; 1Kor 9, 6f; 2Kor 11, 2).

b) Im Eifer für das Gesetz und die Überlieferung der Väter wurde P. folgerichtig zum Verfolger der christlichen Gemeinde (Gal 1, 13. 23; Phil 3, 6; 1Kor 15, 9 vgl. Apg 9, 1ff; 22, 4f; 26, 9ff). Wann und wo er mit dieser zum ersten Mal in Berührung gekommen ist, wissen wir nicht. Jesus hat er nicht selbst gekannt (2Kor 5, 16). Sollte er die Christen und ihre Botschaft schon in Jerusalem kennengelernt haben, was immerhin möglich ist, so ist seine aktive Beteiligung an ihrer Verfolgung (Apg 8, 3; 26, 10f), wohl auch an der Steinigung des → Stephanus (Apg 7, 58; 22, 20), doch durch Gal 1, 22 ausgeschlossen. Wie die kritische Analyse der Apg ergibt, kann diese erste Verfolgung und Austreibung überhaupt nicht die Gemeinde im ganzen, sondern nur die gesetzesfreien Hellenisten getroffen haben, die die christliche Botschaft auch nach Damaskus gebracht haben müssen (→ Heidenchristentum, 6). Hier oder in der Umgebung hat P. offensichtlich die Gemeinde verfolgt (Gal 1, 17; Apg 9, 2; 22, 5), schwerlich jedoch in der von der Apg übertreibend geschilderten Art (Verhaftung, Auslieferung nach Jerusalem, Hinrichtung; vgl. 26, 10), da Hoherpriester und → Synhedrium, als deren Bevollmächtigter P. nach Damaskus entsandt sein soll, niemals eine solche Jurisdiktionsgewalt besaßen; vielmehr wird man an schwere Prügelstrafe, wie P. sie selbst später wiederholt erlitt (2Kor 11, 24), Bann und Ausschluß aus der Synagoge zu denken haben (vgl. auch Lk 6, 22; Joh 9, 22; 16, 2). Die Gründe, die P. zur Verfolgung der Gemeinde trieben, läßt er selbst Gal 1, 13f und Phil 3, 5f erkennen, wo er sein feindliches Verhalten im Zusammenhang, ja als Konsequenz seines pharisäischen Eifers für Gesetz und Gesetzesgerechtigkeit erwähnt. Es zeigt sich darin, daß nicht schon die allgemeine christliche Verkündigung, der gekreuzigte Jesus sei der Messias, die natürlich auch für ihn als Juden ein Ärgernis war (1Kor 1, 23), sondern der zugleich mit der Predigt des Gekreuzigten geführte Angriff auf das Gesetz, »die Verkörperung der Wahrheit« (Röm 2, 20), von Gott als Heilsweg »zum Leben« (Röm 7, 10) gegeben, ihm als Lästerung und Verbrechen gelten mußte. Das aber setzt die Begegnung mit einem gesetzeskritischen, hellenistischen Christentum voraus. Damit wurde das Entweder - Oder: Das Gesetz oder Jesus Christus zur entscheidenden Frage seines Lebens; sie blieb auch nach seiner Bekehrung das zentrale Thema seiner Verkündigung und Theologie. - Für das Verständnis seiner *Bekehrung* wird man sich zunächst streng an die eigenen Äußerungen des P. in seinen Briefen zu halten haben. Sie sind nicht eben zahlreich, aber gewichtig und bezeichnenderweise in jedem Fall ganz in Ausführungen über die Sache des Evangeliums von Jesus Christus verwoben. P. redet von der Wende als einer Tat Gottes, die ihm durch die Offenbarung des Gottessohnes und Herrn Jesus Christus widerfuhr. Diese Christus-Vision (Gal 1, 15; 1Kor 9, 1) stellt P. 1Kor 15, 8 in eine Reihe mit den Erscheinungen des Auferstandenen vor anderen Zeugen. Auch wenn Gal 1, 15 deutlich an Prophetenstellen anspielt (vgl. Jer 1, 5; Jes 49, 1) und P. sich selbst, sein Schicksal und seinen Verkündigungsauftrag wiederholt auch sonst mit diesen erläutert (Röm 10, 16 vgl. Jes 53, 1; Röm 11, 1-4 vgl. 1Kön 19, 10. 14), so erzählt er doch nirgends nach at. Prophetenart eine Berufungsvision. Ebensowenig darf seine Christus-Erscheinung nach Art der ekstatischen Offenbarungen verstanden werden, wie sie Apokalyptiker und Visionäre sonst für sich beanspruchen und auch P. sie kennt (2Kor 12, 1ff). → »Offenbarung« (: IV) im Sinn von Röm 1, 17; 3, 21; Gal 1, 15 (auch 2Kor 4, 1ff) ist für ihn von vornherein ein die Welt angehendes, seine eigene Person weit übergreifendes Geschehen, wie auch die von ihm gebrauchten christologischen Hoheitsnamen (Gottessohn, Herr, Christus; s. 3c) den Umkreis jüdischer Erwartungen sprengen und einen Welthorizont eröffnen (vgl. auch 2Kor 4, 6). Vor allem aber ist wesentlich, daß P. kraft dieser Christus-Offenbarung sich genötigt sah, sein bisheriges Selbstverständnis preiszugeben und diese Infragestellung und Preisgabe fortan für alle Menschen in seiner Verkündigung zu fordern. Am deutlichsten spricht das Phil 3, 7-9 aus: was ihm bisher »Gewinn« war - seine Zugehörigkeit zum erwählten Volk, seine Gerechtigkeit unter dem Gesetz -, hält er nun für »Schaden« und »Dreck« um »der überschwenglichen Erkenntnis Christi Jesu willen, meines Herrn«, um in der Gerechtigkeit auf Grund des Glaubens »in ihm erfunden zu werden«, Beispiel damit für alle Menschen, die wie er nunmehr gerufen sind, alle Selbstherrlichkeit, alles »Rühmen« fahren zu lassen und im Glauben sich allein des Herrn zu rühmen (1Kor 1, 3; 2Kor 10, 17; Gal 6, 14). - Die Bekehrung des P. wird auch in der Apg einmal im selbständigen Bericht (9, 1ff) und zweimal in eigenen, nicht unwesentlich variierenden Erzählungen des P. selbst (22, 4ff; 26, 9ff) geschildert, jedoch ganz im Stil einer legendären Epiphaniegeschichte, die zu der jeder dramatischen Ausmalung baren Sparsamkeit der Briefstellen in deutlichem Kontrast steht (Gal 1, 15 redet von der Bekehrung nur in einem Nebensatz, 1Kor 9, 1 in einer kurzen Frage, 1Kor 15 bei der Aufzählung der Auferstehungszeugen und Phil 3 überhaupt nicht von einem »Erlebnis«, sondern der hier gefallenen Entscheidung). Vor allem verlautet in der Apg nichts von dem Gegensatz zwischen dem früheren Gesetzesverständnis des P. und seiner Preisgabe im Glauben. - Aus dem Gesagten ergibt sich, daß die Bekehrung des P. in verschiedener Richtung gegen Mißdeutungen geschützt werden muß. Wichtig ist bereits die Tatsache, daß P. nicht aus Gottlosigkeit zum Gottesglauben bekehrt wurde, aber auch nicht als ein von Gewissensangst gequälter Sünder; seine Wendung erfolgt nicht von der Sünde zur Gerechtigkeit, sondern von der eigenen Gerechtigkeit aus Werken zur Gottesgerechtigkeit aus Glauben (Phil 3, 9 vgl. Röm 9, 30ff; 10, 2f). Häufig beruft man sich für die irrige Deutung seiner Bekehrung auf Röm 7, 7-25 und versucht dem Abschnitt biographische Daten und psychologische Aufschlüsse über die Entwicklung des P. in seiner vorchristlichen Zeit abzugewinnen. Doch ist das »Ich« dieser Stelle nicht individuell-biographisch gemeint, und der geschilderte Zwiespalt zwischen dem geistlichen Gottesgesetz und dem fleischlichen, an Sünde und Tod verlorenen Menschen darf nicht als von P. früher schon bitter erfahrenes Ungenügen gegenüber den göttlichen Forderungen verstanden werden. In Wahrheit beschreibt Röm 7, 7ff die Situation des unerlösten Menschen schlechthin, und zwar so, wie er sie erst vom Glauben aus sehen kann und soll (Kümmel). Seiner eigenen Vergangenheit unter dem Gesetz bis hin zu seiner Feindschaft gegen die Gemeinde Christi gedenkt P. überhaupt nicht mit Schuldgefühlen, sondern mit Stolz, aber eben diese stolze Vergangenheit bringt er, von der Gnade Gottes berufen (1Kor 15, 9f), in Bekehrung und Glauben zum Opfer (Phil 3, 7ff). Damit ist auch das weitere Mißverständnis abgewehrt, als sei ihm in der Bekehrung das Gesetz als ein verhängnisvoller Wahn und sein früheres Gottes- und Gerichtsverständnis als ein Irrtum aufgegangen, aus deren Bann er nun endlich zu Wahrheit und Freiheit erlöst sei. Vielmehr steht ihm die Gültigkeit des Gesetzes bis zur Erfüllung der Zeit in der Sendung Christi unverrückbar fest (Gal 3, 23 - 4, 5), wie er auch seine Heiligkeit Röm 7, 7ff verteidigt, und ebensowenig geraten sein Gottesbegriff und die Erwartung des Gerichtes nach den Werken ins Wanken (Röm 2, 1-15; 14, 10; 2Kor 5, 10; 1Kor 4, 5). Auch sind alle Versuche abwegig, psychologisierend in seiner früheren Geschichte Spuren eines angstvoll verzweifelten inneren Kampfes etwa unter dem Eindruck der Persönlichkeit Jesu (dagegen 2Kor 5, 16) oder der Glaubensfreudigkeit und Leidensbereitschaft der ersten Christen aufzuspüren, die seine Bekehrung vorbereiteten und endlich ausgelöst haben sollen. Nirgends wird das durch die Quellen bestätigt; auch die sprichwörtliche Wendung »Gegen den Stachel löcken« (Apg 26, 14) meint das nicht, sondern spricht die Zwecklosigkeit eines Widerstandes gegen die Gewalt der Gottheit aus. So konzentriert sich der Sinn seiner Bekehrung auf das Eine: sie bedeutet die sein Leben wendende Anerkennung, daß Gott in der Sendung und Hingabe Jesu als des Messias und Gottessohnes dem jüdischen Heilsweg ein Ende bereitet und damit zugleich allen den Heilsweg des Glaubens eröffnet hat. So sicher ihm diese »überschwengliche Erkenntnis« (Phil 3, 8) in jenem einmaligen Offenbarungsgeschehen vor Damaskus aufging, so versteht er selbst seine Bekehrung doch von Anfang an als Bestätigung und Vergegenwärtigung der in Christus geschehenen Weltenwende und der in ihm angebrochenen Heilszeit, als Anfang der neuen Schöpfung, vergleichbar dem ersten Schöpfungstag (2Kor 4, 6 vgl. 5, 17). Zugleich mit seiner Bekehrung übernimmt er darum den Auftrag, als Apostel allen das Evangelium auszurichten. In diesem Sinne bleiben seine Verkündigung und Theologie, aber auch sein Missionsweg von den in seiner Bekehrung gefallenen Entscheidungen bestimmt.

c) In seiner Bekehrung zum → *Apostel* berufen und mit dem Evangelium für die Heiden beauftragt, beginnt P. »sofort« mit der Mission (Gal 1, 15), zuerst in der keineswegs als Wüste vorzustellenden Landschaft Arabien (südöstlich von Damaskus; Herrschaftsgebiet des 2Kor 11, 26 erwähnten → Nabatäer-Königs Aretas). Diese erste, schwerlich erfolgreiche Wirksamkeit (keine Erwähnung von Gemeinden; völliges Schweigen der Apg) endet mit der Rückkehr des P. nach Damaskus und einer gegen ihn betriebenen Verfolgung, der er nur mit knapper Not entrinnt (2Kor 11, 26 vgl. Apg 9, 23ff). Sein eigener genauer Bericht über die weiteren Stationen seines Wirkens (zur Chronologie s. → Christentum: I, 6) ist darum lehrreich, weil er die zunächst befremdlich anmutende Scheu des Apostels erkennen läßt, mit der Urgemeinde in Jerusalem Verbindung aufzunehmen. Sie spricht sich in den betonten Zeitangaben (Gal 1, 17. 18; 2, 1) aus: erst nach mindestens zwei Jahren (die antike Zählung rechnet das Anfangsjahr mit) zieht er nach Jerusalem, um → Petrus kennenzulernen (auch → Jakobus begegnet ihm, Gal 1, 19). Darauf folgt alsbald eine offenbar mehrjährige Missionstätigkeit in → Syrien (: III) und seiner Heimat Kilikien (Gal 1, 21); aus Tarsos wird er durch → Barnabas nach → Antiochien geholt (Apg 11, 26), wo sich bereits im Zuge der Jerusalemer Hellenistenvertreibung (s. 2 b) eine Gemeinde gebildet hatte (Apg 11, 19ff), die Gesetz und Beschneidung verwarf. Beides, die Eignung des P. für Antiochien wie seine betonte Zurückhaltung gegenüber den Jerusalemern stehen in deutlichem Zusammenhang damit, daß er von Anfang an darauf bestehen muß, seinen apostolischen Auftrag unmittelbar von Gott, ohne Vermittlung und Bestätigung von Menschen empfangen zu haben (Gal 1, 1. 12); auch unterschied er sich in der Frage von Gesetz und Beschneidung offensichtlich von jeher von den judenchristlichen Auffassungen der Urgemeinde (→ Judenchristentum: I, → Urchristentum). Die Auseinandersetzung darüber fand erst weitere 13 Jahre später auf dem sog. *Apostelkonzil* (→ Heidenchristentum, 8) in Jerusalem statt, an dem P. mit Barnabas als Abgesandter Antiochiens teilnahm und nach schweren Kämpfen die Anerkennung der Heidenmission unter Verzicht auf die Beschneidung erreichte (Gal 2, 1ff; vgl. auch die freilich harmonisierende Darstellung Apg 15, 1ff). Die hier erzählte Einigung mit den Uraposteln (»Säulen«) führte zwar nicht zu einer Angleichung der Missionsgrundsätze und -methoden, schwerlich auch zu einer geographischen Aufteilung der Missionsgebiete, wohl aber bedeutete sie die Freigabe der gesetzesfreien Mission der Antiochener und darüber hinaus die Wahrung der Einheit beider Richtungen in einer Gemeinde, die in dem von P. bereitwillig übernommenen und später gewissenhaft durchgeführten Kollektenwerk für die »Armen« in Jerusalem ihren sinnenfälligen Ausdruck fand (Gal 2, 10). Der geschichtliche Charakter der Kirche im ganzen mit Jerusalem als ihrem Ursprungsort - wenn auch ohne rechtlich-hierarchische Prärogative - war damit anerkannt (vgl. Röm 15, 26ff) und das → Heidenchristentum vor einem Abgleiten in eine Art unzusammengehörender geschichtsloser Mysteriengemeinschaften bewahrt. Die nachdrückliche Behauptung Gal 2, 6, daß ihm »nichts auferlegt« worden sei, außer der Kollekte, beweist allerdings, daß entgegen der Darstellung der Apg (c. 15) das sog. Aposteldekret unmöglich auf dem Konvent beschlossen worden ist. - Auf Grund der erzielten Einigung mit den Uraposteln konnte P. nun in Freiheit seine Mission fortführen, zuerst mit Barnabas und dem freilich schnell wieder ausscheidenden Johannes → Markus in Zypern und → Kleinasien (Pamphylien, Pisidien, Lykaonien). Ein Itinerar dieser Reise dürfte den zT legendär ausgesponnenen und mit typischen Reden versehenen Berichten Apg 13 und 14 zugrunde liegen (von der Apg fälschlich *vor* dem Konvent eingeordnet!). Danach muß der Gal 2, 11ff geschilderte Konflikt des P. mit Petrus über die Frage der Tischgemeinschaft von Heiden- und Judenchristen stattgefunden haben, der auch zu einem vorübergehenden Bruch mit Barnabas und ebenso wohl zu einer zeitweiligen Entfremdung mit der antiochenischen Gemeinde führte. Jedenfalls gehört Barnabas später nicht mehr zu den unmittelbaren Begleitern des P. (doch vgl. 1Kor 9, 6; Kol 4, 10). Der genannte Konflikt beweist, daß auf dem Apostelkonvent das Problem von Heiden und Juden in einer Gemeinde, bes. akut bei der Abendmahlsgemeinschaft, noch nicht ausgetragen war. Eine Lösung sollte wohl das auf Grund dieses und ähnlicher Vorfälle bald danach, jedoch ohne Beteiligung des P. beschlossene und ihm erst später (Apg 21, 25) bekanntgewordene Aposteldekret bringen (Apg 15 vordatiert), auf das die Briefe auch nirgends Bezug nehmen. - Auf der nächsten großen Reise, die P. von Syrien/Kilikien aus quer durch Kleinasien nach Mazedonien und Achaia (römische Bezeichnung für Böotien, Attika und Peloponnes) führt, entstehen die Gemeinden in der Landschaft Galatien, in Philippi, Thessalonich, Korinth und wohl auch an anderen, uns nicht bekannten Orten (Apg 16-18). Zwar kann der Aufenthalt des P. in diesen Städten nicht ganz so kurz gewesen sein, wie es die Apg erscheinen läßt. Doch bleibt der Zeitraum für diese bedeutungsvolle Etappe seines missionarischen Wirkens auf alle Fälle erstaunlich klein, ein Beweis dafür, daß er es nicht für seinen Auftrag hielt, die Gemeinden nach ihrer Gründung langsam aufzubauen und an Ort und Stelle selbst zu betreuen. Diese Aufgabe mußte er einzelnen Christen dort oder auch seinen mitreisenden Gehilfen überlassen und später nach Kräften durch seine Briefe, notfalls durch gelegentliche Zwischenbesuche wahrnehmen. Schon die überraschende Route, die er in Kleinasien einschlägt (nach Troas und nicht in das Gebiet der griechischen Küstenstädte), und sein weiterer Weg auf der großen Reichsstraße (Via Egnatiana) deutet darauf, daß ihm sehr bald Rom und das Reichsganze als Missionsfeld und Ziel vorschwebte. Das Motiv dieser Pläne spricht er selbst deutlich aus: er weiß sich zum Apostel aller Völker (Röm 1, 5; Gal 1, 15) berufen, als »Schuldner der Griechen und Barbaren« (Röm 1, 14), sie alle soll er als Diener Christi Gott als Opfer darbringen (Röm 15, 16). Die einzelnen Gemeinden - bezeichnenderweise in den großen Städten - sieht er darum als Vororte ihrer Landschaften (Thessalonich für Mazedonien, Korinth für Achaia), und auch die ihm noch unbekannte Gemeinde in → Rom stellt er sofort mit in den missionarischen Dienst, der ihn bis nach Spanien bringen soll (beachte die für sein »ökumenisches«, geradezu in

Hemisphären sich bewegendes Denken charakteristische Formulierung Röm 15, 23f). Seine weitgesteckten Ziele konnte er nicht sofort verwirklichen, ohne sie aber aus dem Auge zu verlieren (vgl. Röm 1, 13; 15, 19-24). Schon in Korinth, wo seine Predigt nach einem Mißerfolg in Athen Wurzel schlug, bleibt er $1^1/_2$ Jahre (Apg 18, 11). Nach Palästina und Syrien zurückgekehrt, beginnt er eine neue große Missionsreise mit einem längeren Aufenthalt in Ephesus (Apg 19, 1ff) und zieht am Ende abermals über Mazedonien nach Korinth, um von da in banger Sorge um bevorstehende Konflikte zur Überbringung der Kollekte aufzubrechen, immer noch mit dem Ziel seiner Mission in Rom und dem Westen des Reiches (Röm 15, 28ff). Die Ereignisse, Erfolge und notvollen Erfahrungen dieser letzten Phase seines Wirkens vor seiner Ankunft in Jerusalem können wir nur lückenhaft aus der Apg, aber auch den von Ephesus aus geschriebenen Briefen rekonstruieren. Immerhin lassen sie von der Intensität seines Wirkens wie von den vielfachen Mühsalen, Verfolgungen und Leiden, die sein ganzes apostolisches Leben durchziehen, manches erkennen und ahnen (vgl. schon seine Gefangenschaft in Philippi und die Konflikte mit den Juden in Thessalonich Apg 16f; 1Thess 2, 2, aber auch für die spätere Zeit 1Kor 4, 9ff; 2Kor 1, 4ff; 4, 8ff; 6, 4ff; 11, 24ff; Phil 1, 12ff; 2, 17; Phlm 13). Auch geben seine Briefe ein freilich nicht in allem deutliches Bild von den schweren Auseinandersetzungen mit Gegnern verschiedenster Art und Herkunft, die in seinen Gemeinden das Evangelium entstellten und seine Autorität untergruben (→ Häretiker im Urchristentum): Judaisten in Galatien, die unter Berufung auf die Jerusalemer Autoritäten auch von den Heidenchristen die Übernahme von Gesetz und Beschneidung forderten, in Korinth heidenchristliche Gnostiker (1Kor) und später (2Kor) hellenistische Wanderlehrer judenchristlicher Provenienz (doch nicht eigentlich »Judaisten«), die nach dem Typus synkretistischer »Missionare« einer Gottheit (vgl. das Gegenbild dieser Goëten in 1Thess 2, 1-12) mit pneumatischen Krafterweisen, im Gegensatz zu dem wenig imponierenden Auftreten des P. Eindruck zu machen versuchten, auch judenchristliche Gnostiker in Philippi (Phil 3, 2ff). Sicher nicht nur, aber wesentlich auch in der Front gegen diese verschiedenartigen Gegner und die durch sie heraufgeführte Bedrohung seiner Gemeinden entfalten sich Botschaft und Theologie des P. in seinen Briefen. Wie im Anfang (Bekehrung), so erscheint aber auch zuletzt - in dem nach Befriedung der Konflikte mit seinen Gegnern in Korinth geschriebenen Röm - das jüdische Verständnis von Gesetz und Heil als das große Gegenüber seines Evangeliums. Seine letzte Reise nach Jerusalem sollte seine Besorgnisse bestätigen. Sie endet nach schweren Zusammenstößen mit den Juden mit seiner Verhaftung als Aufrührer durch die römische Behörde und nach längerer Gefangenschaft mit seiner Deportation nach Rom zur Verurteilung (Apg 21, 17 - 28, 31, in vielen dramatischen Szenen breit und zT in legendärer Ausmalung geschildert). Hier wird er nach Apg 28 - wenn auch in leichter Haft - zwei Jahre gefangen gehalten. Daß er während dieser Zeit sogar völlig ungehindert das Evangelium verkündigen konnte (Abschluß der Apg c. 28, 31!), ist freilich kaum vorstellbar und wird die apologetische, romfreundliche Haltung des Lukas verraten. Denn auch die Apg kann nichts von seiner Freilassung erzählen und setzt in 20, 25. 38 seinen gewaltsamen Tod unmißverständlich voraus. Auch 1Clem 5 und die spätere Überlieferung bestätigen, daß er wie → Petrus (unter Nero; wohl vor Ausbruch der großen Verfolgung 66 nChr) das Martyrium erlitt. 1Clem 5, 7 (vgl. auch Kanon Muratori 38) behauptet zwar, daß er zuvor noch in Spanien gepredigt habe, doch wird sich diese Überlieferung auf Grund von Röm 15, 24f gebildet haben. Eine zur Erklärung der → Pastoralbriefe von den Verfechtern ihrer Echtheit angenommene erneute Missionstätigkeit im Osten (und eine zweite römische Gefangenschaft) ist dagegen völlig unwahrscheinlich und setzt eine Situation voraus, die aus keinem Text sonst sich belegen läßt, nicht einmal durch die Past selbst.

Die überragende Bedeutung des P. hat in der kirchlichen Überlieferung, wie die Apg zeigt, schon früh ihren Ausdruck gefunden. Die Kraft seiner Verkündigung, mit der er in überraschend kurzer Zeit Gemeinden gründete, die auch ohne seine Gegenwart lebensfähig blieben und den christlichen Glauben weiter auszustrahlen vermochten, seine Fähigkeit, Mitarbeiter zu gewinnen, seine väterliche Fürsorge in der Beratung und Betreuung seiner Gemeinden - alles das kennzeichnet die Eigenart seines Wirkens, um so erstaunlicher, als er seine Arbeit als ein Kranker und unter schweren äußeren Mühsalen und Verfolgungen tat, auch unter Verzicht auf sein Anrecht, sich wie andere Apostel von den Gemeinden unterhalten zu lassen. Er selbst konnte darum für sich in Anspruch nehmen, in der Kraft Gottes mehr als alle anderen und nicht vergeblich gearbeitet zu haben (1Kor 15, 9f), und nennt seine Gemeinden seinen - freilich durch Christus gewirkten - »Ruhm«, seine »Freude«, seinen »Kranz« und seinen »Empfehlungsbrief« (nämlich den von ihm besorgten Brief Christi an die Welt, 2Kor 3, 3). Es ist darum wohl zu begreifen, daß die → Paulusbriefe früh schon zwischen den Gemeinden ausgetauscht, abgeschrieben, gesammelt, in den Gottesdiensten vorgelesen, aber auch nachgeahmt wurden und zu den ältesten Schriften gehören, die in dem sich allmählich bildenden Kanon des NT Aufnahme fanden. Nach Fülle und Gehalt, aber auch individueller Prägung lassen sich ihnen in der Tat nur wenige Dokumente der urchristlichen Literatur vergleichen. Doch treten Eigenart und Bedeutung des P. erst im größeren Zusammenhang der Ausbreitung des → Christentums (: III, 1) vor, neben und nach ihm zutage. Denn P. war keineswegs der erste und einzige Missionar unter den Heiden (→ Heidenchristentum, 6). So gelangte schon vor ihm die Christusbotschaft nach Damaskus und Antiochien und auf unbekannten Wegen bald auch nach Rom und Alexandrien. Ohne diese Mission wären der Großteil des von P. unberührten urchristlichen Schrifttums und die weitere Geschichte der Kirche nicht zu denken. Das Christentum konnte sich dabei reichlich der bereits vom hellenistischen Judentum und seiner Propaganda gebahnten Wege, seiner Theologie und seiner Predigt- und Gottesdienstformen bedienen, deren Einfluß auch bei P. unverkennbar ist. Er selbst nennt wiederholt - durchaus anerkennend - auch andere Missionare (Röm 16, 7; 1Kor 9, 5f; 15, 7; 2Kor 8, 23) und erklärt es als seinen Grundsatz, nicht dort zu missionieren, wo das Evangelium bereits verkündigt ist (Röm 15, 20; 2Kor 10, 15f). Ihm selbst ist jedoch auf dem Feld seiner eigenen Gemeinden der Kampf gegen rivalisierende »Missionare« verschiedenster Art nicht erspart geblieben (s.o.). In der ihm aufgenötigten Polemik und Verteidigung wird dabei sein eigenes apostolisches Selbstverständnis sichtbar: in seiner Freiheit gegenüber den Jerusalemer Autoritäten (Gal 1), in der Unterwerfung allein unter die von Gott über ihn verhängte »Notwendigkeit« (1Kor 9, 16), aber auch in der gehorsamen Übernahme der gerade seinen Apostolat legitimierenden »Schwachheit« (2Kor 11f). Zugleich wird angesichts der rivalisierenden und konkurrierenden Kräfte auf seinem Missionsfeld (aber nicht nur dort) die Gefahr deutlich, die den jungen Gemeinden drohte, aber von P. gebannt wurde. Er bewahrte sie vor der Auflösung in ein Vielerlei synkretistischer Gemeinschaften (→ Mysterien) und gab ihnen das Bewußtsein, Glieder der einen, in jeder Einzelgemeinde gegenwärtigen, in dem Christusgeschehen geschichtlich-endgeschichtlich begründeten Kirche zu sein. Eben darum ließ er es nicht - trotz der schweren Spannungen, die sich noch am Ende (Röm 15, 30f) so wenig wie am Anfang (Gal 2) lösten, und nicht um den Preis der »Wahrheit« (Gal 2, 5. 14) - zum Bruch mit Jerusalem kommen und machte seinen Gemeinden die Verbindung mit der Urgemeinde zur dringlichen Pflicht (Kollekte). Darin zeigt sich, daß auch P. mit der Urgemeinde im Verständnis der → Kirche (: II) als eschatologisches Gottesvolk (»Israel Gottes« Gal 6, 16) geeint blieb und das at.-jüdische Erbe der frühen Christenheit bewahrte, das sich auch in zahlreichen anderen Dokumenten ihrer Literatur, wenn auch in sehr verschiedener Weise, ausspricht (zB MtEv, Apg, 1Petr, Hebr, Apk, Barn, 1Clem). Die eigentliche geschichtliche Leistung des P. zeigt sich aber erst in der Art, wie er jüdische und urchristliche Tradition, aber nicht minder auch Vorstellungen, Sprach- und Denkformen, die ihm die heidnische Umwelt anbot, verarbeitete und dem Evangelium dienstbar machte, m.a.W. in seiner Theologie und Verkündigung.

3. a) Wie für alle urchristliche Verkündigung ist auch für die des P. kennzeichnend, daß sie nicht einfach die Botschaft des vorösterlichen Jesus wiederholt und weiterträgt, sondern seinen Tod und seine Auferweckung als Heilsgeschehen verkündigen. Dem historischen Jesus ist P. selbst nicht begegnet. Aber auch die Meinung, er habe nach seiner Bekehrung sich unverzüglich bei den Jerusalemer Uraposteln die nötigen Kenntnisse über Jesu Leben, Predigen und Wirken besorgt, um sie dann zum Gegenstand seiner missionarischen Botschaft zu machen, ist reine, zumeist an die Notiz Gal 1, 18 über den 14tägigen Besuch bei Kephas (nach 2-3 Jahren!) anknüpfende Phantasie, die schon durch 2Kor 5, 16 unglaubwürdig wird. Vier ganze Zitate von Herrenworten sehr verschiedenen Inhalts (1Kor 7, 10f; 9, 14; 11, 23-25; 1Thess 4, 15-17, darunter keines aus Jesu Botschaft vom Kommen des Gottesreiches), zu denen allenfalls einige Anklänge an Herrenworte in der Paränese der Briefe hinzugezählt werden mögen (Röm 12, 14; 13, 10; 16, 19; 1Kor 13, 2), widerlegen diesen Eindruck nicht, sondern bestätigen ihn, zumal die zitierten Worte ihm als solche des »Erhöhten« gelten. Von Jesus als dem Rabbi von Nazareth, als Propheten und Wundertäter redet P. niemals, sondern einzig von ihm als »Christos«, »Gottessohn« und »Kyrios« (s. 3c), durch dessen Tod und Auferweckung die Erlösung vollbracht ist. Dieser tiefgreifende Wandel, häufig als Überfremdung und Entstellung der »schlichten Frohbotschaft« Jesu unter den verhängnisvollen Einflüssen jüdischer Apokalyptik und hellenistischer Erlösungslehren beklagt, wenn nicht gar grimmig verworfen (zB von → Nietzsche, → Lagarde), tritt in Botschaft und Theologie des P. zwar mit besonderer Deutlichkeit zutage, doch bezeichnet er ein Grundproblem urchristlichen Glaubens überhaupt. Seine Lösung ist nicht dadurch zu gewinnen, daß man ideengeschichtlich die nachösterliche Botschaft als Weiterentwicklung bestimmter Gedanken der Predigt Jesu versteht oder gar die spätere Christologie mit ihren wesentlichen Motiven in diese zurückzuverlegen versucht, aber auch nicht durch Behauptung eines hier und dort verschiedenen Frömmigkeitstypus und einer gegensätzlichen Auffassung von »Religion« (etwa im Gottesgedanken, im Verständnis des Menschen, der Erlösung und in der Gerichtserwartung u.ä.). Der Unterschied ist vielmehr darin begründet, daß Jesus den nahen, ja in seinem Wort und seinen Taten geschehenden Anbruch der Gottesherrschaft verkündigt (→ Jesus Christus, 10 d), während für die nachösterliche Botschaft - unbeschadet beträchtlicher Differenzierungen und wechselnder Vorstellungen - die Wende der Äonen und der Anbruch des Heils in Jesu Tod, Auferstehung und Erhöhung sich bereits vollzogen hat. Dies gilt auch für P. In diesem Sinne sind Kerygma und Glaube der Urgemeinde, und zwar weniger in ihrer palästinischen als hellenistischen Ausprägung, die bestimmenden Voraussetzungen seiner Theologie, erkennbar nicht zuletzt in den zahlreichen Glaubensformeln, liturgischen Wendungen, Hymnen (→ Bekenntnis: III, → Formeln: II, → Formen und Gattungen: II) und den erläuternden Verweisen auf → Taufe (zB Röm 6, 1ff; 1Kor 1, 13; 12, 13) und → Abendmahl (1Kor 10, 14ff; 11, 23ff), die seine Briefe durchziehen. Doch begegnen solche Traditionen bei P. nicht wie hl. Texte mit einem autoritativ vorgegebenen Wortlaut, sondern stets eng mit dem Kontext verwoben, auch frei variiert, ergänzt und interpretiert (vgl. die Fortführung der »Glaubensformel« 1Kor 15, 3ff von V. 6 ab oder den Zusatz »zum Kreuzestod« in dem Christushymnus Phil 2, 6ff), darum auch nur da mit einiger Sicherheit feststellbar, wo zureichende terminologische und formgeschichtliche Kriterien vorliegen. Schon deshalb darf das urgemeindliche Kerygma bei P. nicht als normative apostolische Paradosis verstanden und dem Evangelium vorgeordnet werden (gegen Schlier). Das gilt vielmehr allein von dem Heilsgeschehen selbst, dessen Verkündigung auch die Paradosis zu dienen hat. Wie aber entfaltet sich das Kerygma in seiner Theologie? Bezeichnenderweise läßt sie sich in ihrem sachlichen Gehalt nicht nach Art dogmatischer Loci aufgliedern, also etwa durch Zusammenstellung verstreuter Aussagen seiner Briefe über Gott, Christus, Mensch, Erlösung, letzte Dinge usw, denn als solche in sich geschlossene und zu einem Ganzen sich fügende Lehrstücke begegnen sie eben nicht, trotz der erstaunlichen systematischen Kraft, die seinem Denken eignet. Das ist um so bemerkenswerter, als schon die hellenistisch-jüdische Theologie und die urchristliche Missionspredigt, deren Erbe aufnehmend, fortführend und durch die Christusbotschaft ergänzend (zB → Areopagrede), eine feste Topik ausgebildet hatte (der eine wahre Gott im Gegensatz zu den vielen Göttern; seine Schöpfermacht und Güte; die Erfüllung at. Weissagung in Christus; Kritik des heidnischen Götzendienstes; Ruf zur Bekehrung; Ankündigung des göttlichen Gerichtes über Fromme und Unfromme). Nicht daß P. auf diese Topik völlig verzichtete (vgl. zB 1Thess 1, 9f), wohl aber ist alles bei ihm sofort in das Generalthema der Begegnung zwischen Gott und Mensch verwoben, die Gericht und Gnade bedeutet. Das Feld dieser Beziehung und dieses Geschehens bleibt der nie aufgegebene Bereich seines Denkens; jede Aussage über Gott, Christus, Geist usw ist darum zugleich eine solche über den Menschen - vor dem Glauben oder unter dem Glauben (Bultmann). Denn seine Verkündigung zielt ständig darauf, den Menschen vor Gott zum Verstehen seiner selbst zu führen, auch wenn sie dem Unerlösten gerade den rätselvollen Widerspruch seines Wesens (Röm 7, 11ff) und dem Glaubenden das Stückwerk aller Erkenntnis (1Kor 13, 12) aufdeckt. Diese Grundstruktur seines Denkens will ständig bedacht sein, mag sie auch die Darstellung seiner Theologie erschweren. Der beschriebene Sachverhalt wird auch dadurch verdeutlicht, daß P. sich mit Vorliebe der Stilform der Diatribe bedient, die den Gesprächspartner nie aus dem Auge läßt und beharrlich auf sein Einverständnis abzielt, wie denn P. auch lieber »fünf Worte mit der Vernunft als tausend mit der

Zunge« redet (1Kor 14, 19). Er verzichtet damit konsequent auch auf den Stil apodiktischer Offenbarungsrede, in dem Bestreben, nicht nur »vor Gott«, sondern auch vor dem Gewissen seiner Hörer offenbar zu werden (2Kor 5, 11; 4, 2). - Als Leitfaden zum Verständnis seiner Theologie in ihrem Gehalt und ihrer charakteristischen Struktur bietet sich vor allem der → Römerbrief (bes. c. 1-8) an als ihre umfassendste Darstellung überhaupt und zugleich als Niederschlag und Verarbeitung der in seinem missionarischen Wirken gereiften Gedanken. Er zeigt, in welchem Maße das Anfangs- und Grundthema der Botschaft und Theologie des P., nämlich die → Rechtfertigung (: I) aus Glauben allein, ohne die Werke des Gesetzes, kraft der in Christus geschehenen Heilstat Gottes, bis zu diesem großen Brief dasselbe geblieben ist, wenn auch inzwischen infolge der Auseinandersetzung mit Jerusalem und der Kämpfe mit Judaisten (Gal) und judenchristlichen Gnostikern (Phil) jetzt am sorgfältigsten begründet, durchreflektiert und entfaltet. Aber auch die Thematik der Briefe nach Korinth, die zunächst davon unberührt zu sein scheint, erweist sich genauer betrachtet mit der des Röm in Übereinstimmung, nur daß P. die Heilsbotschaft dort gegenüber gnostischen Pneumatikern entfalten und verteidigen mußte, die sich ihrer »Weisheit« und ihres Geistbesitzes rühmten, während P. im Röm in Auseinandersetzung mit der Gesetzesfrömmigkeit des Juden, in der sich freilich nur der Wille des Menschen überhaupt zur Selbstbehauptung vor Gott exemplarisch darstellt, die Vernichtung alles eigenen Ruhmes und den Gnadencharakter des im Evangelium eröffneten Heils zur Geltung bringt. - Lehrreich ist gleich im Anfang des Röm die zweifache eigenartig verschiedene inhaltliche Bestimmung des Evangeliums, einmal in der Sprache einer übernommenen christologischen Formel (1, 3f) und gleich darauf in der genuin paulinischen Formulierung, die das im Evangelium verkündete Geschehen als rettende Offenbarung der Gerechtigkeit Gottes aus Glauben zum Glauben beschreibt (1, 16f). Entsprechend der Einheit von Christusbotschaft und Rechtfertigungslehre handelt der Röm zuerst von der Verlorenheit aller Menschen unter Gottes Zorn vor der Offenbarung seiner Gerechtigkeit (1, 18 bis 3, 20), um dann die durch das Heilsgeschehen heraufgeführte, dem Glauben eröffnete Wende (3, 21 - 4, 25) und endlich in c. 5-8 den Gnadenstand unter dem Glauben als Befreiung von Sünde, Tod und Gesetz zu entfalten. Ja, selbst in c. 9-11 bleibt die Rechtfertigungslehre das bestimmende Thema, hier auf das heilsgeschichtliche Problem der Verstockung Israels und der Annahme der Heiden angewandt. Die geschehene Wende wird in dem ganzen Brief (aber auch sonst häufig) als eine zeitlich-eschatologische markiert (3, 21. 26; 5, 6ff; 6, 19. 21f; 7, 6; 8, 1; 11, 29f; 13, 11f; 1Kor 1, 2; Gal 3, 23ff; 4, 1ff. 8f u.ö.), kräftig betont auch durch die Tempora, in denen Einst und Jetzt gegenübergestellt werden. Deutlich bedient sich P. darin eines apokalyptischen Denkschemas. Doch durchbricht er es in doppelter Hinsicht: einmal dadurch, daß die Glaubensbotschaft der Beschreibung der Verlorenheit des Menschen unter Gottes Zorn vorgeordnet bleibt und erst das Licht zu ihrer Erhellung und ihrem Verständnis abgibt, und zum anderen damit, daß auch das Einst nicht einfach als erledigt abgetan, sondern immer erneut und vertieft gleichsam in einer Rückblende zum Gegenstand der Reflexion gemacht wird (vgl. Röm 5, 12ff; 7, 7ff) und damit wesentlich dem Verständnis des Glaubens zugehörig bleibt.

b) α) Der *Schöpfungsgedanke* (→ Schöpfung: III) ist kein eigenes Lehrstück paulinischer Theologie, ja er tritt als solcher in seinen Briefen eigenartig zurück (vgl. dagegen die »Paulus«-Reden der Apg 14, 15ff und 17, 22ff). Dennoch konnte sich der Pauliner → Marcion mit seinem schöpfungsfeindlichen Dualismus nur zu Unrecht auf P. berufen, denn tatsächlich trägt der Schöpfungsgedanke die Theologie des P. im ganzen, ihre Aussagen über die Verlorenheit des Menschen vor Gott ebenso wie über das Geschehen der Erlösung (2Kor 4, 6) bis hin zur Lehre von der Auferstehung der Toten (1Kor 15 u.ö.). Nur gilt sein Denken in jedem Bereich und ausschließlich der Beziehung und dem Geschehen zwischen Gott, Welt und Mensch, Schöpfer und Geschöpf. Eben darum fehlen bei ihm alle theoretischen Erörterungen über Wesen und Natur Gottes oder auch den kunstvollen Bau der Welt und die Vernünftigkeit und Gottebenbildlichkeit des Menschen. Von dem Sein Gottes kann überhaupt nicht wie von einer in der Welt vorhandenen Wesenheit - etwa als der sie durchwaltenden Lebenskraft und ordnenden Vernunft (→ Stoa) - oder als Prinzip einer jenseitigen Lichtwelt (→ Gnosis) gesprochen werden, auch nicht wie von anderen Göttern und Herren des Heidentums, die es geben mag, sondern nur in seinem »Sein für uns« (1Kor 8, 4-6). Entsprechend redet P. von Mensch und Welt nicht als Gegebenheiten »an sich«, sondern in ihrer Beziehung zu Gott. Lehrreich ist aber auch, daß sich bei P. nicht der Ansatz einer Kommentierung der Schöpfungsgeschichte findet (trotz Anspielung an sie 1Kor 11, 7f; 2Kor 4, 7) wie im → Jubiläenbuch, bei Philo und Späteren, auch nirgends ein formulierter Lehr- und Glaubenssatz über die Einzigkeit und Schöpfermacht Gottes (wie schon im → Aristeasbrief; Hebr 11, 6; Herm mand I u.ö.), oder auch apologetisch-propädeutische Belehrungen (wie Weish 13, 1ff u.ö.), die die Menschen über die Betrachtung der Welt aus Unkenntnis und heidnischem Irrtum zur Erkenntnis des wahren Gottes emporführen wollen. Das Gedankengut dieser Theologie ist zwar Röm 1, 18ff (auch 1Kor 1, 21) bis in Einzelmotive und Terminologie hinein unverkennbar, doch ist der Duktus der paulinischen Aussagen ein völlig anderer. Weit davon entfernt, die Gotteserkenntnis als eine verschüttete Möglichkeit erst freilegen zu wollen, setzt er sofort bei ihrer Wirklichkeit ein, um die Unentschuldbarkeit der Menschen vor Gott aufzuzeigen, die »inmitten der Weisheit Gottes« durch sie Gott nicht (an-)erkannt haben (1Kor 1, 21) und trotz der ihnen nicht versagten Selbstoffenbarung Gottes in den Werken seiner Schöpfung, also trotz ihrer Gotteserkenntnis »ihn nicht geehrt und ihm nicht gedankt haben« (Röm 1, 20). Diese Beziehung zwischen Gott und Mensch ist für P. auch nicht nur eine paradiesische, nun aber verlorene Möglichkeit, sondern der ständig gegenwärtige Grund und Ausweis der Schuld des Menschen (beachte das Präsens Röm 1, 19f), damit freilich auch der Rechtsgrund für den → Zorn Gottes (: III), der sie bei ihrer Weigerung und Verblendung behaftet und sie nun an die Verkehrung der Welt, in der Schöpfer und Geschöpf vertauscht sind, und an die Perversion ihres sittlichen Lebens »dahingegeben« hat (Röm 1, 24. 26. 28). Der Schöpfungsgedanke dient P. also nicht zur theoretischen Entfaltung des Gottesbegriffs, auch nicht zur Erklärung des Ursprungs der Welt und zur Bestimmung des Menschen in seinem idealen Wesen, wie er überhaupt nicht eigentlich protologisch, sondern eschatologisch orientiert ist, vielmehr beschreibt er die Wirklichkeit des Menschen in seiner Verantwortung vor Gott und seiner ausweglosen Verlorenheit. Denn nicht die Ansprechbarkeit des Menschen, sondern sein faktisches, wenn auch verweigertes Angerufen- und Gerichtetsein von Gott als Schöpfer, Richter und Herrn ist Ausgang und Gegenstand seines Denkens. Damit ist der → Mensch (: III) nicht von der Welt isoliert, denn seine

Verlorenheit vor Gott erweist sich gerade in seiner Beziehung zur Welt. P. redet von → *Welt* häufig im Sinne von Menschenwelt (Röm 3, 19; 11, 12; 2Kor 5, 19 u.ö.), an anderen Stellen aber auch im weiteren Sinn von der Welt, in der der Mensch lebt. Sie ist Schöpfung Gottes (Röm 1, 20), einschließlich der sie durchwaltenden Mächte (1Kor 3, 22; Röm 8, 38f); in ihr ist auch der Mensch Geschöpf unter anderen Geschöpfen (Röm 1, 24. 26). Doch ist sie von Schuld und Verlorenheit des Menschen wesenhaft mitbestimmt, von ihm an die Stelle des Schöpfers versetzt (Röm 1, 26), Inbegriff dessen, worauf der Mensch sein Sorgen richtet (1Kor 7, 31ff), aber auch sein Vertrauen und seinen Ruhm gründet und vor Gott seine Maßstäbe und Weisheit zu gewinnen und zu behaupten sucht (1Kor 1, 18ff; 2, 6ff). In ihrer beherrschenden, versuchlichen und verblendenden Gewalt - dennoch Inbegriff des Zeitlich-Vergänglichen (2Kor 4, 18) - ist sie der Machtbereich des Satans, des Gottes dieses Äon (2Kor 4, 4). Trotz dieser in der Sprache eines apokalyptischen und gnostischen Dualismus gegebenen Charakteristik der Welt versteht P. sie doch nicht als Verderbenssphäre, in die der Mensch tragisch gefallen ist und aus der er sich etwa kraft seines überirdischen Pneuma lösen könnte, vielmehr ist sie um des Menschen willen von Gott der Eitelkeit und Knechtschaft des Verderbens unterworfen und harrt darum auch der Offenbarung der Freiheit der Söhne Gottes (Röm 8, 20ff).

β) Die *anthropologische Begrifflichkeit* des P. ist mannigfaltig und schon darum nicht in ein festes Schema zu pressen, weil auch sie nicht theoretisch orientiert ist und verschiedenartige Einflüsse at.-jüdischer, hellenistischer und gnostischer Herkunft, aber auch Alltagssprache und liturgische Sprache sich in ihr kreuzen. Entsprechend sind Zusammenfassungen (vgl. die Gebetswünsche 1Thess 5, 23: Geist, Seele, Leib; Phil 4, 7: Herzen, Sinne) und Antithesen zu unterscheiden (Leib/Geist 1Kor 5, 3; 7, 34; Vernunft/Fleisch Röm 7, 25) und jeweils das sehr unterschiedliche terminologische Gewicht der Aussagen zu beachten. Durchgängig aber gilt, daß die anthropologischen Begriffe bei P. niemals einen Teil des Menschen, sondern immer den ganzen Menschen in bestimmten Hinsichten und Möglichkeiten meinen. Bezeichnenderweise dienen verschiedene Begriffe einfach zur Umschreibung von Ich, Wir, Ihr usw. So zB Leib: 1Kor 13, 3; 9, 27; Röm 6, 12; Phil 1, 4; Seele: 2Kor 1, 23; 12, 15; 1Thess 2, 15; Geist: 1Kor 16, 18; 2Kor 2, 13; 7, 13; Gal 6, 18; Fleisch: 2Kor 7, 5; Röm 6, 19; vgl. auch die gut at. Wendungen πᾶσα ψυχή Röm 2,9; 13,1; πᾶσα σάρξ Röm 3, 20; 1Kor 1, 29; Gal 2, 16; σάρξ καὶ αἷμα = der natürliche Mensch: Gal 1, 16; 1Kor 15, 50. (Eine Sonderstellung hat nur der vereinzelte, aus gnostischer Sprache übernommene abwertende Begriff ψυχικός im Gegensatz zu πνευματικός 1Kor 2, 14; 15, 44. 46.) Das gilt bereits für den auch im Rahmen seiner Christologie, Ekklesiologie und Sakramentslehre (s.u.) bedeutsamen Begriff *Leib*. Unreflektiert kann er die leibliche Gegenwart (1Kor 5, 3; 2Kor 10, 10) bezeichnen, aber auch den »äußeren Menschen« (2Kor 4, 16), der Schmerzen leidet, gezüchtigt wird, stirbt (Gal 6, 17; 1Kor 9, 27; 2Kor 4, 10). Er ist der Sitz der sexuellen Triebe (Röm 4, 19; 1Kor 7, 4), kann darum als solcher auch geschändet werden (Röm 1, 24; 1Kor 6, 13ff). Entsprechendes gilt von den »Gliedern«, die der Mensch zu Waffen der Ungerechtigkeit machen kann (Röm 6, 13; 7, 11). Niemals ist der Leib jedoch etwas dinglich Vorhandenes, definierbar wie bei → Aristoteles durch Räumlichkeit, Form (für einen Stoff), Instrument (für eine Bewegung). Auch wenn dieses allgemeine Verständnis bei P. gelegentlich in apologetisch-illustrativer Absicht begegnet (1Kor 15, 35ff), ist die Leiblichkeit für ihn doch bestimmendes Kennzeichen des Menschen, und zwar ebenso als Geschöpf und Sünder wie als Erlöster, auch wenn der Ekstatiker ihr zeitweilig zu entrinnen vermag (2Kor 12, 3f). Wie sehr für P. Leib und Person zusammengehören, zeigt bes. 1Kor 6, 12ff, wo er sich mit einem gnostischen Libertinismus auseinandersetzen muß, für den der Leib wie der Magen seine (sexuelle) Befriedigung verlangt und zur Vernichtung da ist, aber mit dem eigentlichen (pneumatischen) Ich des Menschen nichts zu tun hat. P. verwirft diese Unterscheidung: der Leib ist der Mensch selbst; pointiert: der Mensch hat nicht einen Leib, sondern ist Leib (Bultmann) - im Verhältnis zu seinem Leib als Handelnder wie als Leidender ist er überhaupt nur er selbst, nämlich vor Gott verantwortliches Geschöpf (dh 1Kor 6, 13ff: bis in die Sphäre der Sexualität; die Gleichsetzung Leib-Person schließt also auch die umgekehrte Akzentuierung ein!). Der Leib ist darum der freien Verfügung des Christen entzogen, denn er gehört dem Herrn, von ihm zur Auferstehung bestimmt (Röm 8, 11; 6, 5; 1Kor 15; Phil 3, 21). - Nicht eigentlich theologisches Gewicht hat der Begriff *Seele*. Sehr im Unterschied zum griechischen Denken bezeichnet er bei P. nicht die höhere geistige Individualität, sondern entsprechend dem at. næpæš (LXX ψυχή) das Leben (Röm 11, 3; 16, 4; 2Kor 2, 23; Phil 2, 30), bes. den Menschen selbst (Röm 2, 9; 13, 1; 1Kor 15, 45; 1Thess 2, 8 u.ö.) in seinen Lebensäußerungen, seinem Gestimmtsein und seiner Gesinnung (Phil 1, 27; 2, 2. 19; 1Kor 1, 10). In gleicher Bedeutung kann P. vom (menschlichen) *Geist* reden (wohl zu unterscheiden vom Geist Gottes); doch bezeichnet der Begriff auch speziell den Menschen in seinem Bewußtsein, Vernehmen und Verstehen; er kennt das Innere des Menschen (1Kor 2, 11) und vernimmt das Zeugnis des Gottesgeistes (Röm 8, 16). At.-jüdischen Ursprungs ist der von P. häufig gebrauchte Begriff des *Herzens*. Gemeint ist damit der Mensch in seinem Wünschen und Wollen (Röm 10, 1; 1, 24; 1Kor 4, 5), seinem Trauern und Lieben (Röm 9, 2; 2Kor 2, 4; 7, 3 u.a.), aber auch seiner Verfinsterung und Verstockung (Röm 1, 21; 2, 5; 2Kor 3, 14f). Herz bezeichnet in keinem Fall also ein besseres Ich des Menschen, wohl aber immer den wahren Menschen vor Gott (im Gegensatz zum äußeren Schein; 1Thess 2, 17; 2Kor 5, 12; Röm 2, 29), dem das Handeln Gottes gilt (Röm 5, 5; 8, 27; 1Kor 4, 5 u.ö.). - An wichtigen Stellen nimmt P. auch den nicht im AT und Judentum beheimateten Begriff des → *Gewissens* auf; er bezeichnet das Wissen des Menschen um sich selbst und sein Verhalten, und zwar angesichts einer für sein Tun, seien es schon geschehene Taten oder die zu erfüllende Pflicht, geltenden Forderung (1Kor 4, 4; Röm 9, 1; 13, 5). Das Gewissen ist nicht eine letzte, allgemein gültige Instanz für Gut und Böse, wohl aber ein untrüglicher Wahrheitszeuge für den einzelnen Menschen (im Gegensatz zu dem, was er zu sein scheint oder sein möchte), der nicht überhört und vergewaltigt werden darf (1Kor 8, 7ff). P. übernimmt den Begriff aus der stoischen Popularphilosophie, wo er erstmalig unter dem Bild eines Gerichtshofes (Ankläger, Zeuge, Richter) verwendet wird, gibt ihm aber eine andere Bedeutung: mit seinem unsteten Hin und Her von Anklage und Verteidigung weist es als Zeuge über das immanente Selbstgericht hinaus auf das letzte, göttliche Gericht und bestätigt, daß das Gesetz, nach dem Gott alle richten wird, allen kundgemacht ist (Röm 2, 15f). - Ein den göttlichen Willen vernehmendes Vermögen bezeichnet bei P. auch der ebenfalls griechische Begriff der *Vernunft*, aber nicht im theoretischen, sondern im praktischen Sinn. Sie vernimmt Gottes Anruf (Röm 1, 20), so daß auch der Unerlöste mit seinem »inneren Menschen«

(Röm 7, 22) zu Gottes Gesetz Ja sagen muß. Ihre Funktionen sind das Verstehen, Prüfen, Entscheiden, Urteilen (2Kor 4, 4; 10, 5; Röm 12, 2; 1Thess 5, 21; Röm 3, 28; 1Kor 4, 1). So bezeichnet die Vernunft den Menschen in seinem Geschaffensein auf Gott und seinen Willen hin. Auch die Vernunft ist für P. nicht ein besseres Ich im Menschen; weder bezeichnet und versteht er sie als den Logos, kraft dessen der Mensch an der göttlichen Weltvernunft partizipiert (Stoa), noch als den übernatürlichen Geist, der den Gnostiker zum Glied einer Lichtwelt macht. Vielmehr gilt: gerade als der mit seiner Vernunft das Gute, dh das Leben Wollende und dem Gesetz Gottes Zustimmende ist er mit seinem Ich verloren (Röm 7, 14ff). Ebensowenig aber wird die Vernunft als solche von P. disqualifiziert (als solche ist sie überhaupt nie Gegenstand der Reflexion). Selbst da, wo er die »Torheit der Botschaft« der »Weisheit der Welt« schroff gegenüberstellt, appelliert er an das Verstehen (1Kor 1, 18ff), wie er alle Verkündigung an ihrer Verständlichkeit und Überführungskraft bemißt (1Kor 14); ohne das würde sie niemals das Denken des sich selbst vor Gott behauptenden Menschen überwinden und unter den Gehorsam Christi gefangenführen (2Kor 10, 3ff). Denn sie soll ihm ja nicht die Vernunft nehmen, sondern sie »erneuern« (Röm 12, 2) und den Menschen so zur Besonnenheit führen (Röm 12, 3). – Deutlich ist, wie alle diese anthropologischen Begriffe den Menschen in seiner Geschöpflichkeit und Verantwortung vor Gott kennzeichnen.

Eben dieser Mensch ist vor Gott Sünder und seinem → Gericht (: III) verfallen. Von der → *Sünde* (: IV) redet P. zumeist in der Einzahl und in einer fast mythologisch anmutenden Weise als einer Macht, unter der alle gefangen sind (Röm 3, 9; 6, 6. 17ff; 7, 14). Mit Adams Ungehorsam in die Welt gekommen (Röm 5, 12), ist sie über alle zur Herrschaft gelangt (Röm 5, 21) und haust im Menschen, der, ihr verkauft, sein Ich an sie verloren hat (Röm 7, 17. 20). Gleichwohl versteht P. sie nicht als tragisches Verhängnis (außer – in anderem Zusammenhang – 1Kor 9, 16 begegnet bei ihm keiner der griechischen Schicksalsbegriffe); bezeichnenderweise führt er sie auch nicht auf den Teufel zurück (Röm 5, 12 gegen Weish 2, 23f) und begründet die Universalität von Sünde und Tod mit der verantwortlichen sündhaften Tat aller. Gerade als Ursünde ist sie schuldhafte Tat, nämlich die immer schon getroffene und vielfältig konkret vollzogene Entscheidung des sich selbst wollenden Menschen in Feindschaft wider Gott (Röm 5, 6ff; 8, 7). Die spätere Vorstellung von einer »Erb«-Sünde, die der Mensch schicksalhaft erleidet, im Gegensatz zu Aktualsünden, für die er selbst Verantwortung trägt, verrät nur zu deutlich ihre eher gnostisch-manichäische als paulinische Herkunft; erst recht gilt das für den ganz unpaulinischen Begriff »gefallene Welt« (das selten gebrauchte »Fallen« bedeutet bei ihm Preisgabe und Verlust des Gnadenstandes, Röm 11, 11. 22; 1Kor 10, 22). Sünde ist bei P. aber auch mehr als ein Sammelbegriff für ein Vielerlei von Tatsünden, so sehr sie in moralischen Verfehlungen zutage treten kann (Röm 1, 26ff; 2, 21ff; 3, 10ff u.ö., Lasterkataloge), doch heben auch die Gesetzestaten der Heiden (Röm 2, 14) wie die Untadeligkeit der Juden (Phil 3, 6; Röm 10, 2) die Versklavung aller unter die Sünde nicht auf (Röm 3, 9). – Was Sünde konkret bedeutet, zeigt der Begriff *Fleisch*. Dieser bezeichnet zunächst an vielen Stellen gemäß at. Sprachgebrauch den Menschen als Kreatur im *Unterschied* zu Gott (»alles Fleisch« = jeder Mensch, Röm 3, 20; 1Kor 1, 29; Gal 2, 16; »Fleisch und Blut« = Mensch, Gal 1, 16; 1Kor 15, 30), den Menschen in seiner leiblichen vergänglichen Existenz (Gal 4, 13; 2Kor 12, 7; 4, 11; Phil 1, 22. 24; auch vom Christen ausgesagt: Gal 2, 20; 2Kor 10, 3), so daß des öfteren Fleisch und Leib synonym gebraucht werden können; darüber hinaus aber auch den ganzen Bereich kreatürlichen Daseins (zB Abstammung Röm 1, 3; 4, 1; Verwandtschaft Röm 9, 3. 8; Volkszugehörigkeit 1Kor 10, 18; Stellung in der Gesellschaft 1Kor 1, 26; auch heißen irdische Güter wie Nahrung und Geldmittel »Fleischliches« Röm 15, 27; 1Kor 9, 11). Doch wird der Begriff Fleisch von P. überaus häufig auch qualifiziert für den Menschen in seinem *Gegensatz und Widerspruch* zu Gott oder dem (göttlichen) Geist gebraucht (→Fleisch und Geist: II; ähnlich in den → Qumran-Texten), hier durchgängig zur Bezeichnung des menschlichen Verhaltens, zB Röm 8, 4; 2Kor 10, 2f; 11, 18, also immer in verbaler Verbindung, in der Regel mit der Präposition κατά cum acc. (nach, gemäß), ausdrücklich von P. abgehoben gegen das bloße »in« (Röm 8, 5; 2Kor 10, 3). Fleisch bezeichnet hier den Grund, von dem her, und das Ziel, woraufhin der Mensch sich versteht und lebt. Dabei ist lehrreich, daß diese Sphäre so weit reicht, als es dem Menschen um sich selbst geht; sie umgreift ebenso das grob Sinnliche, dem seine Leidenschaften und Begierden gelten (Gal 5, 19ff. 24), wie die religiösen Vorzüge und den Eifer um das Gesetz, worauf immer die Juden und die christlichen Gegner einschließlich ihrer hochgerühmten Geistes-Manifestationen ihr Vertrauen gründen (Phil 3, 4ff; 2Kor 11, 16 – 12, 10; Gal 3, 3). Mit diesem Lebens- und Selbstbehauptungsdrang erweisen sie ihre Versklavung an die Sünde und bringen als Ertrag vermeintliche Lebensfrüchte ein, die in Wahrheit der *Tod* gleichsam in seine Scheuer sammelt (Röm 7, 5). Denn Saat auf das Fleisch ist Verderbenssaat (Gal 6, 8, vgl. auch Röm 6, 2; 8, 13; 1Kor 7, 3; 2Kor 7, 10). Doch ist der → Tod (: III) nicht erst ein am Ende des Lebens einbrechendes widriges Verhängnis, sondern im Lebensdrang schon eingeschlossen; das Fleisch ist in sich todesträchtig (Röm 8, 6 vgl. 1Kor 15, 32). – Diese Verlorenheit des Menschen vor Gott wird nach P. erst unter dem → *Gesetz* (: IV, 3; V, 1) offenbar; sie ist also keineswegs eine dem Menschen an und für sich eignende Erfahrung. Freilich gilt, daß auch das Sein unter dem Gesetz als Verlorenheit erst eigentlich im Lichte des Evangeliums sichtbar wird (2Kor 3, 16). Vorher liegt eine Decke auf dem Herzen, die den Glanz auch der Gottesoffenbarung im Gesetz verhüllt (2Kor 3, 13ff). Gesetz ist für P. selbstverständlich zunächst Tora, aber auch das AT als Schrift (1Kor 14; Röm 3, 10–19; Gesetz und Propheten Röm 3, 21, vgl. auch 1Kor 14, 21), fast immer das sittliche Gesetz, vornehmlich im Dekalog (Röm 2, 20ff; 7, 7; 13, 8ff u.a.), aber auch die Beschneidung ist im Gal nicht ausgenommen (6, 13). Doch beschäftigt P. die Frage nach Umfang, Geltungsbereich und Einzelexegese des Gesetzes überhaupt nicht, sondern nur das Gesetz im ganzen (nirgends taucht das Problem der → Noachischen Gebote oder der hellenistisch-liberalen Gesetzesrestriktionen auf). Wichtiger aber ist, daß er unbeschadet der Auszeichnung Israels durch das Gesetz (Röm 9, 4; 2, 20ff) es als Kundgabe des göttlichen Willens für alle, Juden und Heiden, versteht (unter Aufnahme popularphilosophischer Gedanken Röm 2, 14f), wie denn auch den Heiden in der Schöpfung die Forderung Gottes begegnet (Röm 1, 18ff) und schon Adam längst vor Mose das göttliche Gebot vernahm (Röm 5, 12ff). In jedem Fall ist das Gesetz *eines*, nur in verschiedener Weise, hier auf Tafeln, dort ins Herz geschrieben, in jedem Falle auch zum Leben und dh zum Bestehen im Gericht Gottes gegeben, sofern der Mensch es tut (Röm 2, 6ff; Lev 18, 5 in Röm 10, 5; Gal 3, 12; Röm 7, 10). Die Heiligkeit, Gerechtigkeit und Güte des Gesetzes (Röm 7, 10. 14) bestreitet er keinen Augenblick. Wohl aber ist der Mensch, noch ehe er ihm begegnet, immer schon Sünder und dem Tod verfallen (7, 7ff). So ist die faktische, aber nun auch gottgewollte Funktion des Gesetzes - dem jüd. Verständnis diametral entgegen - nicht mehr die, die Sünde zu verhindern, sondern sie groß zu machen (Röm 5, 20); es deckt sie nicht nur auf, sondern es weckt sie auf (Röm 7, 7ff). In der Erfahrung des »Ich« mit dem (mosaischen) Gesetz wird damit die adamitische Situation akut und enthüllt sich, wie Röm 7 in eindringlichen Antithesen zeigt, als unheimlicher Widerspruch nicht nur zwischen dem fleischlichen Menschen und dem Gesetz, sondern im Ich selbst in seinem Widerspruch zwischen Wollen und Tun, dem von ihm erstrebten und bejahten Guten und dem nicht gewollten, aber ständig nur erreichten Bösen, ja als Gegensatz zwischen der Sünde selbst und dem Ich, das, an sie verloren, nur noch ihre Behausung ist (Röm 7, 14ff), dem Menschen selbst ein undurchdringliches Rätsel, weil er immer schon als Betrogener und Todverfallener in die Begegnung mit dem Gesetz eintritt (7, 8ff). Das erst macht seine Verlorenheit aus, an ihr scheitert darum auch der Eifer des Gesetzesfrommen, der seine »eigene Gerechtigkeit« seinen Gesetzeswerken abzwingen will (Röm 3, 19f; 10, 1ff; Gal 2, 16 u.ö.). Auch der Tod (Röm 7, 24) wird nun offenbar als das, was er ist, nämlich als »Sold«, den die Sünde auszahlt (Röm 6, 23), und zugleich als Gerichtsspruch Gottes über den Menschen (2Kor 3, 6ff). Angesichts der Gewalt der Sünde zu schwach, zur Gerechtigkeit zu führen (Röm 8, 3), kann und soll das Gesetz nur noch Erkenntnis der Sünde wirken (Röm 3, 20; gemeint im praktischen Sinn: Bekanntschaft mit ihr machen! So auch Röm 7, 7). Von hier aus wird verständlich, daß P. den erneuerten Gesetzesdienst der Judaisten als den wahnsinnigen Versuch abwehrt, im Fleisch zu vollenden, was Gott erlösend im Geist an den Glaubenden begonnen hat (Gal 3, 1-5), ja - wie er unter Aufnahme gnostischer Anschauungen über die Inferiorität des Gesetzes (Gal 3, 19f) geradezu sagen kann - als einen Rückfall in die Sklaverei der Weltmächte (Gal 4, 8ff; vgl. Kol 2, 8ff. 20). P. hat dem Gesetz damit seine heilsgeschichtliche Funktion nicht bestritten, sondern, wenn auch radikal anders als in jüdischer und judaistischer Lehre, gerade zuerkannt, nämlich die Bedeutung, »Zuchtmeister bis zu Christus« zu sein (Gal 3, 24) und die zur Freiheit bestimmten Söhne bis zum Tage der Mündigkeitserklärung aufzubewahren (Gal 4, 2; 3, 23). Ja, das Gesetz bezeugt in diesem Sinne geradezu die Christusbotschaft (Röm 3, 21), ein Zeuge damit zugleich wider sich selbst (Röm 7, 1ff), und wird vom Evangelium »aufgerichtet« (Röm 3, 31). Dies gilt nicht obwohl, sondern weil es durch Christus als *Heilsweg* abgetan ist (Röm 10, 4; 7, 4. 6; 8, 1ff). Damit wird nochmals deutlich, wo die paulinische Lehre vom Gesetz ihren Ursprung hat: nicht in einer liberalen Gesetzeskritik (hellenistisches Judentum), aber auch nicht in einer verzweifelten Erfahrung, die am Menschen selbst abzulesen ist (sie könnte ihn ja nicht ermächtigen, das Gesetz außer Kraft zu setzen!), sondern in der Gnadentat Gottes selbst in Christus (Gal 3, 1ff). Dieser ist »das Ende des Gesetzes« (Röm 10, 4). Von hier aus erweist sich der naheliegende Einwand als irrig, P. habe den Bundes- und Gnadencharakter des Gesetzes im AT (und jüdischer Theologie) verkannt und durch Zerreißung von b^erît und tôrā seinen innersten Sinn verfehlt (Schoeps). Dabei ist übersehen, daß P. nicht das Wesen des Gesetzes vom Standort des AT aus beschreibt, sondern von der geschichtlichen Erfahrung und Situation des Menschen unter dem Gesetz her denkt, unerachtet seiner Heiligkeit und seiner auch von ihm nicht bestrittenen Einheit mit den Bundesschließungen (Röm 9, 4). Diese Erfahrung und Lage des Menschen enthüllt sich freilich erst unter dem im Evangelium verkündeten Gnadengeschehen.

c) P. versteht die *Heilstat Gottes* in einem weltumfassenden Horizont als geschichtlich-eschatologisches Geschehen (s. 3 a). Doch ist mit dieser Feststellung noch keine zureichende Antwort gegeben, sondern erst die Frage nach seinem Verständnis der »Äonen-Wende« gestellt. Denn er unterscheidet sich von dem Geschichtsbild der → Apokalyptik (: II) von Grund auf, nicht nur im Verzicht auf die dort so charakteristische Berechnung und Ausmalung der Perioden und Ereignisse. Es ist zwar völlig richtig, ihn als theologischen »Denker der postmessianischen Situation« zu verstehen (Schoeps nach A.Schweitzer und Bultmann), doch wäre die Folgerung falsch, jenes universalgeschichtliche Schema sei bei ihm das gleiche geblieben und nur das Verständnis bestimmter Heilsfaktoren (Gesetz/Christus) habe sich gewandelt. In Wahrheit zersprengt die Christusbotschaft dieses Schema und bekommt nicht nur in ihm seinen »Ort«. Weder Röm 5, 12ff (Adam-Christus-Typologie) darf darum zum Kern und Leittext des Röm und der paulinischen Theologie überhaupt gemacht werden (gegen A.Nygren) noch auch der »heilsgeschichtliche« Abschnitt Röm 9-11. Nicht zufällig stehen beide Texte *nicht* am Anfang und beweisen zwar die Bedeutung dieses universalen Horizontes für das Denken des P., aber erst recht die Problematik jenes heilsgeschichtlichen Schematismus. Beachte den anakoluthischen Charakter von Röm 5, 12ff und die Bestreitung jeder irdisch-aufweisbaren Kontinuität der Heilsgeschichte Röm 9, 6ff! Sie steht für P. unter dem Stichwort Gesetz und Verheißung; Abrahams Glaube und Rechtfertigung ist ihr Thema (Gal 3, 6ff; Röm 4). Wie schon die alle umgreifende Darstellung der adamitischen Menschheit (Röm 5, 12ff) nur in der Verbindung mit der Beschreibung der »immanenten« Geschichte des Menschen (Röm 7, 7ff) ihre sinnvolle Fortsetzung und Interpretation finden konnte, kann P. auch das Christusgeschehen nur unter dem Aspekt seiner Bedeutung für den Menschen entfalten. Das »Jetzt aber« (Röm 3, 21 u.ö.) markiert darum nicht nur ein sozusagen kalendarisches heilsgeschichtliches Datum, sondern zugleich die Wende von der Verlorenheit zur Erlösung, vom Nicht-Glauben zum Glauben. Die Heilstat Gottes in Christus hat sie heraufgeführt und eröffnet im eschatologischen Sinne eines unwiderruflichen Ein-für-alle-Mal (Röm 6, 10). P. redet von ihr nicht selten in Formeln, mindestens in der überkommenen Sprache des Urchristentums (Röm 1, 3f; 3, 25f; 4, 25; 8, 34; 10, 9; 14, 9; 1Kor 15, 3ff; Gal 1, 4 u.ö.; s. 3 a), und zwar in der Regel (für die es freilich Ausnahmen gibt) unter differenzierender Verwendung christologischer Hoheitsnamen: Christos bzw. Christos Jesus überaus häufig in Verbindung mit Kreuz (1Kor 1, 17. 23; 2, 2; Gal 6, 14), Tod und Auferweckung als Heilsereignissen (Röm 5, 6ff; 6, 9f; 8, 34f; 14, 9; 15, 3ff; 1Kor 1, 17f. 23; 8, 11; 15, 3ff; 2Kor 5, 14ff; Gal 5, 1ff; Phil 3, 18), keineswegs also ohne titularen Sinn, nur als Eigenname; (Gottes-)Sohn dort, wo von seiner »Sendung« und in Verbindung mit der Sohnschaft der Glaubenden geredet wird (Röm 1, 3f; 8, 3. 14ff; Gal 4, 4ff); Kyrios zumeist, wo es um den auf Grund von Tod und Auferstehung zur Herrschaft Erhöhten und in seiner Gemeinde Gegenwärtigen geht (Röm 1, 3f; 14, 8ff; Phil 2, 6ff u.ö.). Andere christologische Titel wie Davidssohn (Röm 1, 3) oder Heiland (Phil 3, 20) begegnen nur gelegentlich, Menschensohn niemals. Bemerkenswert ist auch, daß das Inkarnations- und Epiphaniemotiv (im Sinne von Joh 1, 14) bei P. völlig fehlt. Das Heilsgeschehen konzentriert sich in Christi Tod und Auferweckung (Erhöhung) als Gottes Gnaden- und Liebestat, wobei der Ereignis- und Tatcharakter entscheidend ist, nicht die bloße Gesinnung der Güte (Röm 3, 24; 5, 2. 15; 2Kor 8, 9; Gal 1, 6; 5, 4 u.ö. - Röm 5, 8; 8, 35. 39; 2Kor 5, 14; Gal 2, 20). Beides (Gnade/Liebe Gottes) hebt auch nicht das Richtersein Gottes auf, sondern ist gerade die rettende Tat des Richters, der in seiner Souveränität nicht Sklave seines eigenen Gesetzes ist, vielmehr »ohne das Gesetz« seine Gerechtigkeit in Christus offenbart hat (Röm 3, 21ff u.ö.). Wie gerade dieser zentrale Begriff (also nicht nur »Erbarmen«), so zeigt auch der Begriff der »Heils*ordnung*« (Diatheke 1Kor 11, 25; 2Kor 3, 6ff; Gal 4, 24; Röm 11, 27; → Bund: III, 2 b), wie sehr P. das Heilsgeschehen als Rechtshandeln Gottes versteht, ohne daß damit eine Rechtsordnung behauptet wäre, der Gott selbst unterstünde und in der Weise seines Verhaltens genügen müßte. So darf auch der von P. aus jüdisch-urchristlichen Vorstellungen übernommene Opfer- und Stellvertretungsgedanke nicht mißverstanden werden. Beides ist nicht ohne weiteres dasselbe: zum ersteren gehören das Motiv der »Sühnung« in der singulären Wendung Röm 3, 25, die Bezeichnung Christi als Passalamm (1Kor 5, 7), auch die Stellen, wo P. vom →»Blut« Christi spricht (Röm 3, 25; 5, 9; 1Kor 10, 15; 11, 25), zum andern die Aussagen, wo in dem Christus stellvertretend Widerfahrenen (Gal 3, 13; 2Kor 5, 21) der Heilsstand aller begründet wird. In beiden Zusammenhängen begegnet in der Regel die Präposition ὑπέρ, die je nachdem mit »für« (= zugute 1Kor 15, 3; 1, 13; Röm 5, 6. 8; 14, 5 u.a.) oder »anstatt« (Gal 3, 13; 2Kor 5, 21) wiederzugeben ist; doch können beide Bedeutungen auch ineinander übergehen (2Kor 5, 14f). In denselben Zusammenhang gehört auch das Bild des (Gefangenen-) Loskaufs (Gal 3, 13; 4, 4; 1Kor 6, 20; 7, 23). Doch spricht sich das paulinische Verständnis des Heils vor allem in seiner Lehre von der → *Rechtfertigung* (: I) aus, in ihrem radikalen Gegensatz zur Verlorenheit und zum Selbstverständnis des Menschen unter dem Gesetz (s. 3 b β). Keineswegs ist sie nur eine antijüdische Kampflehre (Wrede), ein »Nebenkrater« im Ganzen seiner »Christusmystik« (A.Schweitzer), auch wenn sie thematisch nur in einigen Briefen (Gal, Phil 3, Röm) entfaltet wird und etwa in 1.2Kor scheinbar völlig zurücktritt. Wie im AT (und Judentum) hat auch bei P. der Begriff »Gerechtigkeit« nicht den Sinn einer sittlichen Eigenschaft (wie es denn, angewandt auf den Menschen, auch keinen Komparativ von »gerecht« geben kann), sondern bezeichnet ein richterliches Verhältnis zwischen Gott und Mensch (der at., auf Israel beschränkte Bundesgedanke ist von P. aufgegeben; Röm 3, 21-31). Im Blick auf Gott bezeichnet ihre »Offenbarung«, daß Gott in Gnaden den Menschen gerecht spricht und damit gerecht macht, im Blick auf den Menschen, daß er gerecht gesprochen wird, ihm Stellung und Geltung vor Gott zuerkannt wird. Das handelnde Subjekt ist also immer Gott (Röm 2, 13; 3, 20. 24. 28; 4, 2; 5, 1. 9; Gal 2, 16f; 3, 11. 24 - beachte die verschiedene Zuordnung von Aktiv und Passiv!). Entsprechend kann P. von der → »Gerechtigkeit Gottes« (: III) oder »Gerechtigkeit aus Gott« in bezug auf Gott wie auf den Menschen sprechen (Röm 1, 17; Phil 3, 9f u.a.). Sie und nur sie ist für den Menschen der Zugang zum Leben vor Gott für Gegenwart und Zukunft (Röm 4, 24f; 5, 1-11; 8, 30; Phil 3, 9ff). Ist die formale Begrifflichkeit von AT und Judentum vorgegeben, so ist das grundlegend Neue der Botschaft des P. in der Erkenntnis beschlossen, daß in Christi Tod und Auferstehung die eschatologische Gerichtsentscheidung ergangen *ist*, und zwar ohne daß zuvor der Mensch durch die Werke des Gesetzes die Bedingungen der Rechtfertigung erfüllt hätte (Röm 3, 23f). Abrahams Beispiel zeigt, daß Gott den Gottlosen gerecht spricht (Röm 4, 5), seine Liebe ist den Sündern, Gottlosen, Feinden widerfahren (Röm 5, 6ff; vgl. 5, 20). So ist die Rechtfertigung die Wundertat des Gottes, der die Toten zum Leben und das Nichtseiende zum Sein ruft (Röm 4, 17). Aufs engste gehört für P. mit der Rechtfertigung die → *Versöhnung* (: IV) zusammen. Beide Heilsbegriffe können geradezu synonym gebraucht werden (Röm 5, 9f, vgl. auch 2Kor 3, 9; 5, 18f). Wie die Rechtfertigung ist auch die Versöhnung allein Gottes Tat (daß Gott durch ein Opfer versöhnt wurde, ist ein unpaulinischer Gedanke). Eine eigene Nuancierung eignet dem Begriff nur insofern, als er auf die Überwindung der Gottesfeindschaft abhebt (Röm 5, 1. 10) und die weltumgreifende Bedeutung der Heilstat Gottes im Tod Christi zum Ausdruck bringt (2Kor 5, 18ff, vgl. Röm 11, 15). Ihre Beziehung zum Glauben spricht P. dagegen allein im Zusammenhang der Rechtfertigung aus. Der → *Glaube* (: III, 4 a) ist nach P. die Bedingung für den Empfang des Heils. Doch in welchem Sinn? Schon der konträre Gegensatz von »Werken des Gesetzes« und »Glauben« (Röm 3, 20ff. 28; 4, 4f; Gal 2, 16; 3, 5 u.ö.) - in genauer Entsprechung der Antithesen von Gesetz und Gnade, Gesetz und Christus - zeigt, daß der Glaube nicht selbst ein Gesetzeswerk ist, auch nicht ein Ersatzwerk in Ermangelung des Versäumten oder eine Höchstleistung, die Gott mit geschuldeter Anerkennung und Anrechnung belohnt. Mit Nachdruck weist P. dieses traditionell jüdische Verständnis am Beispiel Abrahams zurück (Gen 15, 6 in Röm 4, 3ff; Gal 3, 6 - in deutlichem Gegensatz damit auch zu Jak 2, 21ff, → Jakobusbrief). P. vermeidet darum durchgängig die Präposition διά c. acc. (= wegen) und spricht nur von der Gerechtigkeit »aus« (ἐκ), »durch« (διά c. gen.) oder »auf Grund« (ἐπί c. dat. bzw. dat. instr.) des Glaubens. Jeder Leistungsgedanke, aber auch jede Form von Synergismus ist damit ausgeschlossen (→ Verdienst: III). M.a.W.: der Glaube ist reines Empfangen, als solcher aber ein Akt des Gehorsams gegenüber dem ergangenen und ergehenden Wort Gottes. Beide Begriffe, Glaube und Gehorsam, entsprechend Unglaube und Ungehorsam, werden von P. nicht selten synonym gebraucht (vgl. Röm 1, 8 und 16, 19; 1Thess 1, 8 und Röm 15, 18; Röm 10, 3 und 16, sowie 2Kor 10, 5f; Röm 10, 21; 11, 30ff; 15, 31 u.a.). Auf keinen Fall also darf der Glaube als Leistung oder gar Vorleistung verstanden werden, ist er doch seinem Wesen nach gerade Verzicht auf Leistung und Ruhm (Röm 3, 27; Phil 3, 7ff u.ö.), so radikal, daß auch die Glaubenden sich nicht ihrer Annahme vor Gott und ihres Gnadenstandes rühmen können (Röm 11, 18; 1Kor 4, 7). Der Ruhm des Glaubens gilt Gott allein (1Kor 1, 31; 2Kor 10, 17, vgl. auch Röm 5, 11). Positiv ist der Glaube seinem Wesen nach → Gewißheit (Röm 4, 21; 14, 5; 1Thess 1, 5), aber auch → Gottesfurcht (1Kor 2, 1ff; Röm 11, 20ff; Phil 2, 13f u.ö.), denn er gründet sich auf die Kraft Gottes, weiß aber gerade darum um die eigene Bedrohtheit und Schwachheit, in der Gottes Kraft sich allein vollendet (2Kor 12, 9). Der Ruhm des Glaubens erklingt im → *Bekenntnis* (: III) als Antwort auf die »Nähe« des göttlichen Wortes (Röm 10, 8ff vgl. 2Kor 9, 13), Erweis darum auch für die Gegenwart des Geistes (1Kor 12, 3). Doch ist charakteristisch, daß P. bei gelegentlicher deutlicher Abhängigkeit von dem Gedanken antiker Akklamationen deren enthusiastische Sprache vermeidet und dem Bekenntnis in explizierenden Sätzen einen klaren Inhalt gibt, wie auch der Glaube für ihn nicht ein Seelenzustand ist, sondern von seinem Gegenstand bestimmt wird (Glaube an... Gal 2, 16; Röm 10, 14; Phil 1, 29 u.ö.; Glauben, daß... 1Thess 4, 14; Röm 6, 8; vgl. auch die häufigen Verbindungen mit einem gen. obj.). Er kommt aus der Predigt (Röm 10, 17) und schließt ein Erkennen und Wissen ein (Röm 6, 8f; 2Kor 4, 13f; Röm 5, 3 u.ö.). In diesem Sinn bedingt und vermittelt Glaube - in Einklang mit dem Bekenntnis und einem Verständnis des Glaubenden seiner selbst - das Heil (Röm 10, 8ff).

d) So sehr das Geschehen des Heils in Christus ein unwiderruflich einmaliges ist, ist es doch *Gegenwart:* im *Wort* der Verkündigung »nahe« (Röm 10, 8ff). Die Predigt ist darum nicht Mitteilung von Vergangenem, das Evangelium ist nicht Kunde von Gottes Kraft, sondern *ist* Kraft zur Rettung (Röm 1, 16; 1Kor 1, 18-21), das Licht des neuen Schöpfungstages strahlt in den Herzen der Glaubenden auf (2Kor 4, 6); zugleich mit der Versöhnung der Welt hat Gott den »Dienst der Versöhnung« gegeben. Der Apostel verweist darum nicht auf ein Gestern, sondern ruft das Heute der Heilszeit aus (2Kor 5, 18 - 6, 2), sein Wort ist ein »Lebensduft« den Glaubenden und ein »Todesduft« den Nichtglaubenden (2Kor 2, 14ff). Im Menschenwort erklingt das → Wort Gottes und Christi selbst (2Kor 5, 20; Röm 10, 17; 1Thess 2, 13). Eben darum kann P. die Angriffe auf seinen Apostolat nicht hingehen lassen (Gal, 1.2Kor, Phil) und muß ihn verteidigen, freilich gerade in seiner Schwachheit, denn die Kraft und das Leben Christi erscheinen nicht anders als in dem Sterben, das der Apostel - beispielhaft für das christliche Dasein überhaupt - »an seinem Leibe« erfährt und umherträgt (2Kor 4, 7ff; 6, 4ff; 7, 5; 1Kor 4, 1ff; Phil 1, 12ff). - Gegenwart ist das Heilsgeschehen aber auch in den *Sakramenten* (→ Taufe: II, → Abendmahl: I). Deutlich zeigt P. sich in ihrem Verständnis von den Vorstellungen hellenistischer → Mysterien abhängig. Erst recht aber gilt das von seinen Gegnern, die in den Sakramenten eine Garantie des Heils zu haben meinen (1Kor 10, 1ff). Mit Nachdruck erläutert er darum an der *Taufe* das Mitsterben mit Christus, dem erst die künftige Auferstehung folgen wird (Röm 6, 3ff), und versteht sie als Begründung eines neuen Wandels (Röm 6, 11ff). Entsprechend ist das *Abendmahl* für ihn nicht schon eine »Arznei der Unsterblichkeit« (→ Ignatius), sondern Teilhabe am Blute Christi und an seinem »Leib«, in den die Christen als Glieder in der Liebe und Verantwortung füreinander zusammengeschlossen sind (1Kor 10, 14ff; 11, 17ff), nicht schon endgültig in ein neues Leben versetzt, sondern »bis daß er kommt« unter die Verkündigung seines Todes gestellt (1Kor 11, 26). Im Zusammenhang dieser sakramentalen Aussagen kann P. von dem Christusgeschehen fast ohne Verwendung der Ausdrücke seiner Rechtfertigungs- und Versöhnungslehre sprechen, so daß der Eindruck einer von ihr unberührten »Christusmystik« entstehen konnte, die sogar sein eigentliches Erlösungsverständnis enthalten soll (A.Schweitzer u.a.). Doch übersieht diese Zerreißung von »mystischen« und »juridischen« Vorstellungen deren engen Zusammenhang und mißversteht beide Aussagenbereiche (→ Mystik: IV, 2 b). Wie schon die Rechtfertigungslehre bei P. immer wieder bis in die letzten Gegensätze von Tod und Leben vordringt (zB Röm 4, 17ff; 5, 12ff), so sind auch die Taufaussagen dieser Lehre als Erläuterung zugeordnet (Röm 5/6; Gal 3/4), wie auch die Aussagen über das Herrenmahl nur eine illustrierende Anwendung der Kreuzesbotschaft sind. - Auch der → *Geist* (: IV, 2) ist nach P. die Kraft der Gegenwart Christi; er ist allen Glaubenden, nicht nur etlichen Pneumatikern gegeben (Gal 3, 2ff; 4, 7; Röm 8, 1ff u.ö.), wenngleich in mannigfaltigen konkreten Geistes- oder Gnadengaben sich manifestierend (Röm 12, 5f; 1Kor 12, 1ff). Doch wehrt P. auch hier die schwärmerische Hochschätzung bestimmter enthusiastischer Geistesäußerungen ab und rechnet ihnen alle Dienste in der Gemeinde zu (1Kor 14). Im Geist ist nach P. der Herr selbst wirksam, die Aussagen über ihn sind darum wiederholt aufs engste mit der Christologie verwoben (Röm 8, 1-11; Gal 3, 2f; 4, 4-7 u.ö.), ja 2Kor 3, 17f kann es heißen: Der Herr ist der Geist. - Mit dem Gesagten ist das Verständnis der → *Kirche* (: II, 3) bei P. bereits mit gekennzeichnet. At.-jüdischer Tradition gemäß und im Einklang mit dem gesamten Urchristentum ist sie auch für ihn das Gottesvolk der Endzeit (1Kor 10, 11), nun aber aus Juden und Heiden. Dem entsprechen die zahlreichen Prädikate (Erwählte, Berufene, Heilige, Abrahams Nachkommen, Kinder der Verheißung, Israel Gottes, Gottes Tempel), vor allem aber der Begriff Ekklesia Gottes. Diese ist wesenhaft *eine,* in den Einzelgemeinden sich nur darstellende Größe, also nicht ihre Summe, darum auch nicht mit einem soziologischen Begriff als Sondersynagoge, Kultgemeinschaft (θίασος) oder nach Art antiker Vereine, vollends nicht nach Analogie der Polis zu fassen. Ihr Wesen empfängt sie allein durch ihre Zugehörigkeit zum (göttlichen) Kyrios Jesus Christus, der zur Herrschaft über die Welt erhöht (Phil 2, 9ff; Röm 14, 9) in der Gemeinde gegenwärtig ist. Als die ihm in der Taufe Übereigneten (Röm 6, 3; Gal 3, 27), als seine Tischgenossen im Herrenmahl (1Kor 10, 21; 11, 20) erfahren die Glaubenden seine Gegenwart im Gottesdienst unter Anrufung seines Namens (Röm 10, 13; 1Kor 1, 2) und der Wirkung des Geistes in der Fülle der Gnadengaben (1Kor 1, 4f; 12; 14; Röm 12, 6ff). »In Christus« sind sie »neue Schöpfung« (2Kor 5, 17). Am deutlichsten bezeichnet das Wesen der Kirche der zuerst bei P. begegnende ekklesiologische Begriff *»Leib Christi«,* regelmäßig in Verbindung mit Sakramentsaussagen oder solchen über die Gnadengaben. Der erstere Zusammenhang sagt, worin das Wesen der Kirche gründet (1Kor 10, 16f; 12, 13), der andere, wie es sich auswirkt. Nur in diesem kann P. reichlich von dem antiken Organismusgedanken Gebrauch machen (Viele Glieder, ein Leib; 1Kor 12, 14ff; Röm 12, 4ff), ohne daß damit »Leib Christi« zum bloßen Bild würde. Denn die Kirche ist nach P. wesenhaft nicht einem Leib vergleichbar, sondern *ist* realiter Christi Leib (1Kor 11, 17; 12, 12. 27; Röm 12, 5). Auch die Kirche ist für P. kein eigener Lehrgegenstand, erscheint auch nie wie in den Deuteropaulinen in hymnisch-liturgischem Zusammenhang (Kol 1, 13ff; Eph 1, 20f; 4, 4. 12. 15f; hier durchgängig unter dem neuen Motiv: Haupt-Glieder), sondern immer in Verbindung wie mit dem Leben, Wirken und Leiden des Apostels, so auch dem Leben der Glaubenden selbst.

e) Das *neue Leben* ist selbst seinem Wesen nach Glaube (und umgekehrt), also nicht nur seine sittliche Konsequenz. Der Zusammenhang, ja die Identität beider zeigt sich in der festen Zuordnung von Heilsaussagen und Mahnungen, Indikativ und Imperativ (zB Röm 6, 2ff. 11ff; 8, 1ff. 12ff; 15, 1ff; 1Kor 6, 1ff. 12ff; Gal 5, 1ff; Phil 2, 1ff u.ö.), vor allem aber auch darin, daß Zuspruch und Aufruf häufig denselben *Inhalt* haben: »Ihr habt Christus angezogen« (Gal 3, 27)/»Zieht den Herrn Jesus Christus an« (Röm 13, 14); »Wir sind gestorben«/»Haltet euch für tot gegenüber der Sünde« (Röm 6, 2. 11) u.ö., bes. deutlich Gal 5, 25: »Leben wir im Geist, so laßt uns im Geist wandeln« (vgl. auch Röm 8, 12ff). So kehren die verschiedensten Aussagen der Christus- und Heilsbotschaft bis zu sakramentalen Aussagen und solchen über Geist und Kirche, ja bis zur Eschatologie in den Mahnungen beständig wieder. In keinem Fall also überschreitet der Gehorsam im Glauben das, was ihm schon in Gnaden geschenkt *ist.* Freilich will er als Akt des Lebens in seinen mannigfaltigen Situationen als Vertrauen, Hingabe und Preisgabe des Menschen im Wandel nach dem Geist, nicht nach dem Fleisch bewahrt und bewährt werden. Darum die zahlreichen Mahnungen zum Stehen, Erstarken und Wachsen im Glauben, zu Selbstprüfung und rechtem Urteil usw. Inhaltlich sind diese Mahnungen nichts eigentlich Neues (Tugend- und Lasterkataloge aus jüdischer und popularphilosophischer Tradition: Röm 1, 29-31; 13, 13; 1Kor 5, 10f; 6, 9f; 2Kor 12, 20f; Gal 5, 19-23); nicht die sozialen und politischen Verhältnisse erfordern Wandlung (1Kor 7, 17ff; Röm 13, 1ff), sondern der »Sinn« soll sich erneuern (Röm 12, 2). Von Christus und der in ihm erfahrenen Gottesliebe her bekommen der »Stand«, in dem jeder von Gottes Ruf getroffen ist und wird, und die Schicksalserfahrungen (Reichtum/Armut; Drangsal/Freude; Leben/Sterben) nun »im Herrn« Bedeutung und Gewicht, unerachtet der Freiheit des Christen gegenüber Menschen und Schicksalen (1Kor 3, 21ff; Röm 8, 35ff) und des kritischen Abstandes, zu dem der Glaubende Welt und irdischem Tun gegenüber ermächtigt und verpflichtet ist (beachte das fünfmalige ὡς μή 1Kor 7, 29-31). Denn → *Freiheit* (: I) ist für P. im Gegensatz zum Verständnis der Stoa nicht eine Wesensbestimmung des (vernünftigen) Menschen überhaupt, sondern die Heilsgabe der Befreiung (von Sünde, Gesetz, Tod); anders aber auch als im schwärmerischen Denken nicht Vollmacht und Recht des von der Welt sich lösenden Pneumatikers, vielmehr das neue Leben im Bewährungsfeld irdischen Daseins. In keinem Augenblick darf also der Christ seine eigene Zeitlichkeit überspringen wollen; in ihr steht das Letzte, das Sein vor Gott, auf dem Spiel. Denn auch die Glaubenden sind erst unterwegs (Phil 3, 12ff) und dem letzten Gericht nicht schon enthoben (Röm 14, 10; 2Kor 5, 10). Damit wird vor allem das Verhältnis zum Bruder entscheidend. Christliche Freiheit will gerade in der sie begrenzenden Verantwortung für den Bruder sich verwirklichen (1Kor 8-10; Röm 14f). Nach der *Liebe* allein bemißt sich auch das rechte Verhalten im Gottesdienst (1Kor 13 zwischen c. 11f und 14). – Auch die → *Hoffnung* (: II) ist für P. nicht ein eigenes Thema und seine → Eschatologie (: IV, 5) kein selbständiges »Lehrstück«, auch wenn es angesichts der breiten Ausführungen in 1Thess 4f; 1Kor 15; 2Kor 5; Röm 8, 18ff (vgl. auch Phil 4, 4ff u.a.) zunächst so erscheint. In Wahrheit gehört die Hoffnung wesenhaft zum Glauben und Leben des Christen, und das christliche Dasein ist als solches eschatologisch bestimmt (Röm 13, 11ff; 1Thess 5, 4ff; Phil 4, 4ff). Eben darum verteidigt P. gegenüber den Schwärmern, die die »Auferstehung« schon für geschehen erachten (vgl. zu 1Kor 15, 12 die Stelle 2Tim 2, 18), die Auferstehung des Leibes (s. 3 b β), dh des ganzen Menschen. Dies schließt für P. auch die Dimension einer das Heute übergreifenden Zukunft und nicht nur die Existenz des Glaubenden, sondern auch die Welt als Schöpfung mit ein (Röm 8, 18ff).

Aus der Lit. (s. außerdem die nt. Theologien u. Einleitungen wie die Kommentare zu den P.-Briefen): A.SCHWEITZER, Gesch. d. paulin. Forschung, (1911) 1933² - R.BULTMANN, RGG² IV, 1019ff - DERS., ThR NF 6, 1934, 229-246; 8, 1936, 1-22 - J.B.COLON, DThC XI/2, 2330ff - F.W.MAIER, LThK VIII, 27ff - O.LINTON, SBU II, 662ff - E.FASCHER, PW Suppl. VIII, 1957, 431ff - B.M.METZGER, Index to Periodical Lit. on the Apostle Paul, 1960 (jeweils Lit.).

Gesamtdarstellungen: LIETZMANN I, 102ff - A.D.NOCK, 1938; dt. 1940 - V.GRØNBECH, 1940 - D.W.RIDDLE, 1940 - E.BUONAIUTI, 1941 - E.B.ALLO, 1942; dt. 1946 - J.KLAUSNER, Von Jesus zu P., 1950 - G.RICCIOTTI, 1950 - M.DIBELIUS(-W.G.KÜMMEL), (1951) 1956² - H.J.SCHOEPS, 1959.

Zu Herkunft, Bildung u. Leben: W.L.KNOX, St. Paul and the Church of Jerusalem, 1925 - DERS., St. Paul and the Church of the Gentiles, 1939 - W.G.KÜMMEL, Röm 7 u. die Bekehrung des P., 1929 - O. MICHEL, P. u. seine Bibel, 1929 - A.SCHWEITZER, Die Mystik des Apostels P., (1930) 1954² - A.MARMORSTEIN, P. u. die Rabbinen (ZNW 30, 1931, 271-285) - A.FAUX, L'Orphisme et St. Paul (RHE 27, 1931, 245-291) - M.GOGUEL, La mystique paulinienne (RHPhR 11, 1931, 185-210) - A.OEPKE, Probleme der vorchristl. Zeit des P. (ThStKr 105, 1934, 387-424) - H.JONAS, Gnosis u. spätantiker Geist I, (1934) 1954²; II/1, 1954 - H.WINDISCH, P. u. Christus, 1934 - DERS., P. u. das Judentum, 1935 - J.BONSIRVEN, Exégèse rabbinique et l'exégèse paulinienne, 1939 - E.PFAFF, Die Bekehrung des P. in der Exegese des 20.Jh.s, 1942 - B.D.DAVIS, Paul and Rabbinic Judaism, (1948) 1953² - W.C.v.UNNIK, Tarsus of Jerusalem, 1952 - W.SCHMITHALS, Die Gnosis in Korinth, 1956 - DERS., Die Häretiker in Galatien (ZNW 47, 1956, 25-67) - DERS., Die Irrlehrer des Phil(ZThK 54, 1957, 297-341) - M.L.BONEY, Paul's Use of the OT, 1956 - E.E.ELLIS, Paul's Use of the OT, 1957 - D.GEORGI, Die Gegner des P. in 2Kor 2, 14 - 7, 4 u. 10-13 (Diss. Heidelberg), 1958 (Masch.) - P.WARMOES, De Roeping bij Damascus volgens de Paulinische berichten der grote brieven (Diss. Leuven), 1958 - U.WILCKENS, Weisheit u. Torheit, 1959 - DERS., Die Bekehrung des P. als religionsgeschichtl. Problem (ZThK 56, 1960, 273-293).

Zum Problem Jesus u. P.: R.BULTMANN, Jesus u. P. (BEvTh 2, 1936, 68-90) - W.G.KÜMMEL, Jesus u. P. (ThBl 19, 1940, 209-231) - A. SCHLATTER, Jesus u. P., 1940 - E.FUCHS, Ges. Aufs. II, 1960, 377-404.

Zur Theol. des P.: BULTMANN I, 38-64. 188-213 - H.v.SODEN, Urchristentum u. Gesch. I, 1951, 239-276 - G.BORNKAMM, Das Ende des Gesetzes, (1952) 1958² - DERS., Studien zu Antike u. Urchristentum, 1959, 93-118. 119-137. 138-176. 177-187 - Studia Paulina in honorem J.de Zwaan, 1953 - G.SCHRENK, Studien zu P., 1954 - M.DIBELIUS, Botschaft u. Gesch. II, 1956, 94-116. 128-133. 134-159. 177-228 - H.SCHLIER, Die Zeit der Kirche, (1956) 1958², passim - E.KÄSEMANN, Exeget. Versuche u. Besinnungen I, 1960, 11-34. 51-100. 109-134. - F.PRAT, La théol. de S. Paul I. II, 1924 - A.WIKENHAUSER, Die Christusmystik des Hl. P., (1928) 1956² - O.MOE, Apostolen P.' Forkyndelse og Laere, 1928 - E.KÄSEMANN, Leib u. Leib Christi, 1933 - E.MOLLAND, Das paulin. Euangelion, 1934 - W.GUTBROD, Die paulin. Anthropologie, 1934 - P.ALTHAUS, P. u. Luther über den Menschen, (1938) 1958³ - DERS., Gebot u. Gesetz, 1952 - R.ASTING, Die Verkündigung des Wortes Gottes im Urchristentum, 1939 - C.MAURER, Die Gesetzeslehre des P., 1941 - P.BLÄSER, Das Gesetz bei P., 1941 - L.CERFAUX, La théol. de l'église suivant S. Paul, 1942 - DERS., Le Christ dans la théol. de S. Paul, (1951) 1954² - C.GUIGNEBERT, Le Christ III (Paulinisme), 1943 - A.FRIDRICHSEN, The Apostle and his Message, 1947 - J.BONSIRVEN, L'évangile de Paul, 1948 - J.DUPONT, Gnosis, 1949 - DERS., ΣΥΝ ΧΡΙΣΤΩΙ I, 1952 - M.POHLENZ, P. u. die Stoa (ZNW 42, 1949, 69-104) - W.JOEST, Gesetz u. Freiheit, (1951) 1956² - H.GREEVEN, Propheten, Lehrer, Vorsteher bei P. (ZNW 44, 1952, 1-43) - H.v.CAMPENHAUSEN, Kirchl. Amt u. geistl. Vollmacht, 1953 - DERS., Die Begründung kirchl. Entscheidungen beim Apostel P. (SAH 1957, 2) - J.MUNCK, P. u. die Heilsgesch., 1954 - O.CULLMANN, Die Tradition, 1954 - P.DÉMANN, Moïse et la Loi dans la pensée de S. Paul (in: Moïse, l'homme de l'alliance, 1955, 189-244) - E.LOHMEYER, Probleme paulinischer Theol., 1955 - O.KUSS, Der Glaube nach den paulin. Hauptbriefen (ThGl 46, 1956, 1-26) - K.PRÜMM, Zur Phänomenologie des paulin. Mysterion (Bibl 37, 1956, 135-161) - S.WIBBING, Die Tugend- u. Lasterkataloge im NT, 1959 - R.BULTMANN, Adam u. Christus nach Röm 5 (ZNW 50, 1959, 145-165) - G.EBELING, Erwägungen zur Lehre vom Gesetz (in: Wort u. Glaube, 1960, 255-293) - E.BRANDENBURGER, Adam u. Christus (Diss. Heidelberg), 1960 (Masch.) - K. WEGENAST, Tradition bei P. u. in den Deuteropaulinen (Diss. ebd), 1960 (Masch.).

G.Bornkamm

Paulus, 1. *von Burgos* (P. a S. Maria; ca 1351-1435), * und † in Burgos. Ein wohlhabender und rabbinisch geschulter Jude (Salomon ben Levi), trat P. 1390/91 zum Christentum über, studierte in Paris Theologie und wurde Bischof von Cartagena (1405) und Erzbischof von Burgos (1415). In einflußreicher Stellung am kastilischen Hofe verfaßte er ein Gesetz (1412), das die Juden durch soziale Entrechtung zum Glaubenswechsel veranlassen sollte. An der → Judenmission beteiligte er sich durch Disputationen. In seinen Werken (Additiones zur Postilla des → Nikolaus von Lyra, 1429-31; Scrutinium scripturarum, 1434) wollte er beweisen, daß der Glaube an Christus dem literalen Verständnis des AT entspreche (→ Geist und Buchstabe, 2 c; → Hermeneutik, 2 d). Die Additio zu Ex 3 erschien 1634 auch separat (De nomine Tetragrammaton qu. 12).

KL IX, 1713 (Lit.) - JewEnc IX. 562f (Lit.) - LThK VIII, 45 - A.L.WILLIAMS, Adversus Judaeos, Cambridge 1935, 267ff - UJE VIII, 417 - EC IX, 726f.

R.Schwarz

2. *Diaconus* (ca 720-799), Geschichtschreiber der → Langobarden, an den Höfen von Pavia und Benevent tätig, schrieb eine »Historia Romana«. Wohl 774 wurde er Mönch in Monte Cassino. 782-787 am Hof → Karls d. Gr., schilderte P. die »Gesta episcoporum Mettensium« als Hausgeschichte der Karolinger. Nach 787 entstanden in Monte Cassino seine Vita → Gregors d. Gr. und sein Hauptwerk, die »Historia Langobardorum«. Er schrieb Gedichte, eine Grammatik, auf Karls Befehl ein Homiliar und diente den liturgischen Bestrebungen des Königs. Doch stammt der ihm zugeschriebene Kommentar zur → Benediktinerregel von Hildemar von Civate (1. Hälfte des 9.Jh.s).

MG PL I, 27ff; IV, 911f; SS II, 260ff; AA II; SS rerum Langobardicarum. - WATTENBACH-LEVISON 2, 212ff - W.HAFNER, Der Basiliuskommentar zur Regula S. Benedicti, 1959, 37ff. 56ff. 60ff. 144ff.
H.Löwe

3. *von Kallinikos* (um 520/28), lebte, als Monophysit durch Byzanz von seinem Bischofssitze vertrieben, in Edessa und übertrug vor allem Schriften des → Severus von Antiochien, aber auch andere monophysitische Werke ins Syrische. Eigenes hat er kaum geschrieben.

Ausg. von einzelnen Übers.en des Severus: Philalethes (hg.v. A.ŠANDA, Beirut 1938); Contra Grammaticum (CSCO IV/4-6, 1938); u.a. - A.BAUMSTARK, Gesch. d. syr. Lit., 1922, 160. 358 - DERS. in: HO III/2-3, 1954, 182f. *B.Spuler*

4. *von Samosata* (→ 18 F 3), seit etwa 260 Bischof von Antiochien, wo 264 und 268 je eine Synode gegen ihn tagte. Durch den Presbyter Malchion der Häresie überführt, wurde P. 268 verurteilt und für abgesetzt erklärt, hielt sich aber, zugleich Staatsbeamter (Ducenarius) der damals Syrien beherrschenden Zenobia von Palmyra, bis er nach deren Niederlage 272 von Aurelian ausgewiesen wurde. Die Quellenlage erschwert die Bestimmung seiner dogmengeschichtlichen Stellung (vgl. bes. → Adoptianismus, 3; Antiochenische Theologie, 1). Herkömmlich gilt er als dynamistischer Monarchianer (→ Christologie: II, 2 c); Loofs ordnet ihn einer ökonomisch-trinitarischen Tradition zu. Trotz Bestreitung der hypostatischen Selbständigkeit des Logos kann P. sagen, daß er als von Gott gezeugt ὑπέστη, ohne ihn aber darum Sohn zu nennen; das ist vielmehr der Mensch Jesus, dem sich der Logos nicht wesenhaft (οὐσιωδῶς), sondern qualifikativ (κατὰ ποιότητα) verbindet. P. scheint gegenüber einer Logos-Sarx-Christologie der Gegner im Schema Logos-Mensch zu denken.

Euseb, h.e. VII, 27-30 - H.DE RIEDMATTEN, Les actes du procès de P.de S., Fribourg 1952. - Über P.: G.BARDY, P.de S., Paris (1923) 1929² - F.LOOFS, P.v.S. (TU 44, 5), 1924 - DERS., ThLZ 50, 1925, 227-232 - A.v.HARNACK, Die Reden Pauls v.S. an Sabinus (Zenobia?) u. seine Christologie (SAB 1924, 130-151) - E.SCHWARTZ, Eine fingierte Korrespondenz mit P. dem Samosatener (SAM 1927, 3) - F. SCHEIDWEILER, P.v.S. (ZNW 46, 1955, 116-129) - E.STOMMEL, Bischofsstuhl u. hoher Thron (JAC 1, 1958, 52-78) - ALTANER 189f - M.RICHARD, Malchion et P.de S. (EphLov 35, 1959, 325-338).
K.Schäferdiek

5. *von Theben,* legendärer oberägyptischer Eremit. Die 374 geschriebene Vita S. Pauli primi Eremitae von → Hieronymus gestaltete noch ohne nähere Kenntnis des ägyptischen → Mönchtums (: II, 1 b) eine zweifelhafte Tradition zu einem anschaulichen Heiligenbild. Es ist ein Gegenbild zur Vita Antonii des → Athanasius: P. ist noch älter, strenger von der Welt geschieden und vollkommener als → Antonius.

Vita: MPL 23, 17ff; in Versen (MA): Revue Belge de Philologie et d'Hist. X, 931ff. - Ferner: C.BUTLER, The Lausiac History of Palladius (TSt VI/1), 1898, 285f - Sulpicius Severus, Dialogus I, 17 (CSEL I, 169) - Joh.Cassian, Conlationes patr. XVIII, 6 (CSEL XIII/2, 511) - AnBoll 44, 64ff. *H.Dörries*

Paulus, *Heinrich Eberhard Gottlob* (1761-1851), ev. Theologe, * in Leonberg (Württ.), † in Heidelberg, 1789 in Jena Prof. für orientalische Sprachen, 1793 für biblische Exegese, 1803 in Würzburg. 1807-10 im bayerischen Schuldienst tätig, lehrte er seit 1811 in → Heidelberg. Führender Rationalist (→ Rationalismus: II), von → Semler und → Michaelis bestimmt, leidenschaftlicher Gegner → Schellings, vertrat P. → Kants Gedanken von dem in sich einheitlichen Weltganzen. »Geistige Gottesverehrung in Rechtschaffenheit und Überzeugungstreue, eng verknüpft mit einer unbedingten Ehrerbietung gegen das Hohe, Reine, Wunderbare in Jesu Persönlichkeit, das ist ihm seine *Denkgläubigkeit,* d. i. sein vernünftiges Christentum« (Hirsch). Seine exegetischen Arbeiten bezogen auch die Kultur- und Geistesgeschichte ein und stellten bereits die Frage nach dem Messiasbewußtsein Jesu. Fern jeder Quellenkritik, getragen von einem pietistischen → Biblizismus, suchen sie die → Wunder in bis zur Sinnlosigkeit getriebenen Aussagen wegzuerklären. Das Scheitern dieses Versuches stellte nicht nur die Leben-Jesu-Forschung vor völlig neue Aufgaben, es ermöglichte auch D.F. → Strauß die Behauptung, die Evangelien könnten keine geschichtlichen Quellen sein.

Vf. u.a.: Evangelienkommentare, 1800ff u. 1830ff; Leben Jesu als Grundlage einer reinen Gesch. des Urchristentums I. II, 1828; Skizzen aus meiner Bildungs- u. Lebensgesch., 1839. - Hg. der Zs. Sophronizon, 1819-31. - Über P.: K.A.v.REICHLIN-MELDEGG, P. u. seine Zeit I. II, 1853 - G.FRANK, Gesch. der prot. Theol. III, 1875, 345ff - ADB XXV, 287ff - RE XV, 90ff - A.SCHWEITZER, Gesch. der Leben-Jesu-Forschung, (1906) 1951⁶, 49ff - HIRSCH V, 27ff.
H.Hohlwein

Paulus, *Orden vom hl. P.* Nach dem Apostel Paulus sind zahlreiche kath. Kongregationen und Bruderschaften genannt. 1. *Congregatio Clericorum reg. S. Pauli decollati* (CRSP), 1530 in Mailand gegr. (→ Barnabiten). - 2. *Missionspriester vom hl. P.,* 1857 gegr. (→ Paulisten, → Hecker). - 3. Einheimische *Brüder vom hl. P.,* 1894 in Tschengtingfu (China) gegr. - 4. *Gesellschaft der Missionare vom hl. P.* (Melchitische *Missionare vom hl. P.*), von Germanus Muʿqqad (1853-1912; 1886 melchitischer Bischof von Baalbek, 1894 zurückgetreten, dann Titularmetropolit von Laodicea) 1903 in Harissa gestiftet und auf dem Gebiet des Apostolats der Predigt und Presse tätig. Sie ist nach dem Vorbild der → Weißen Väter aufgebaut. - 5. *Kongregation der Brüder vom hl. P.,* 1905 von Kaplan Jakob Friedrich Bussereau in Landau-Queichheim (Pfalz) zur Pflege der Kranken und Alten sowie zum Dienst an der Jugend errichtet (Krankenhaus in Landau-Queichheim, Krankenanstalt in Volkersweiler). - 6. *Comunità di San Paolo (»Paolini«),* später *Associazione Cardinale Ferrari* genannt. Der Kardinal und Erzbischof von Mailand Andrea Giacomo Ferrari (1850 bis 1921) rief 1921 die Opera Cardinale Ferrari für Volks- und Sozialerziehung ins Leben; deren tragende religiöse Gemeinschaft von Priestern, jungen Männern und Mädchen (private Gelübde) wurde 1922 zunächst nach dem hl. P. benannt (Compagnia di San Paolo). - 7. *La Pia Società San Paolo,* Gesellschaft vom hl. P., 1914 durch Giacomo Alberione in Alba (Italien) begründet, 1941 kanonisch anerkannt, 1949 samt Konstitutionen von Pius XII. approbiert. Auf die Anfänge der »kleinen paulinischen Stadt« mit Druckerei, Papiermühle, Buchhandlung und Filmwesen folgten Gründungen in italienischen Städten sowie in Süd- und Mittelamerika, USA, Kanada, England, Frankreich, Irland, Polen, Portugal, Spanien und in der Schweiz. Die Kongregation, die sich vor allem der Verbreitung des NT und von Gesamtausgaben der Bibel widmet, hat über 620 Mitglieder, 49 Häuser und viele Verteilungszentren. - 8. *Filles de la*

Charité de Saint-Paul (vormals auch Filles de l'Ecole de St-Maurice), 1694 in Levesville-la-Chenard von dem Landpfarrer Louis Chauvet für Armen- und Krankenpflege, Unterricht und Erziehung begründet (Mutterhaus seit Anfang des 18.Jh.s in Chartres). Die *Paulsschwestern* haben Schulen, Waisenhäuser, Spitäler und andere Niederlassungen in England, Kanada, auf Guadeloupe, auf Martinique, in Franz.-Guayana (Krankenpflege der Sträflinge in Cayenne seit 1852, der Kolonisten am Maroni seit 1858), in Japan, China, Korea, Indochina, Siam und auf den Philippinen. Die ersten Schwestern der späteren → Vinzentinerinnen von Straßburg, 1734 in Zabern gestiftet und 1823 nach Straßburg verlegt, sind im Mutterhaus der Paulsschwestern zu Chartres ausgebildet worden. - 9. *Filles de Saint-Paul (Schwestern vom hl. P., Paulinen)*, 1699 in Frankreich von Madame du Parc de Lezerdot für Unterricht und Krankenpflege errichtet (Augustinerregel), in der franz. Revolution untergegangen. - 10. *Sœurs Paulines (Paulsschwestern)* in Kortryk und Lichtervelde (Gent), 1806 von Pfarrer d'Hooghe errichtet. - 11. *Ordensfrauen vom hl. P.*, 1822 mit Mutterhaus in Angoulême (Dep. Charente) gestiftet, 1904 säkularisiert. - 12. *Sisters of Charity of St. Paul the Apostle* in Birmingham, im Schulwesen und in Werken der Caritas tätig; 1844 von den Paulsschwestern von Chartres (s. 8) abgezweigt, 1847 selbständig, verbreitet in England, Irland und Kanada. - 13. *Sœurs Aveugles de St-Paul (Blinden-Schwestern)*, 1852 in Paris von Anne Bergunion und Abbé Henry Juge gestiftet, um blinden Frauen und Mädchen die Hilfe klösterlichen Lebens zu geben (Augustinerregel). Die Kongregation (80 Schwestern, davon etwa ein Drittel blind) nimmt auch blinde und schwachsichtige Kinder auf und erteilt ihnen auf verschiedenen Gebieten Unterricht. - 14. *Schwestern vom hl. P.*, Mutterhaus in Herxheim bei Landau (Pfalz). Die 1913 durch den Bischof von Speyer Michael → Faulhaber (zugleich mit den Brüdern vom hl. P.) kirchlich bestätigte Kongregation wurde ebenfalls von J.F.Bussereau (s. 5) gegründet für die Pflege von Epileptikern, Schwachsinnigen, Blinden und Taubstummen, bes. seiner pfälzischen Heimat. 1896 entstand das St. Antoniushaus, 1906 das St. Paulusstift in Herxheim, dann 7 Niederlassungen in Speyer, 1 in Passau und 5 im Ausland.

HEIMBUCHER I, 655; II, 493f. 540 - LThK VIII, 43f. - Zu 5: Das Wirken der Orden u. Klöster in Deutschland I, 1957, 415. - Zu 6: EC V, 1190 - Dizionario Enciclopedico Italiano IV, 1956, 695. - Zu 7: ESCOBAR II, 1575ff - V.GARIEL, La Parole de Dieu diffusée à l'aide des techniques modernes par la Société Saint-Paul, Nogent-sur-Marne (Seine) 1956. - Zu 8: R.GOBILLOT, Les Sœurs de Saint-Paul de Chartres (Collection les Grands Ordres Monastiques 27), Paris 1938 - A. BERNARD, Les Sœurs de Saint-Paul de Chartres, Quebec 1957. - Zu 13: La Congrégation des Sœurs Aveugles de Saint-Paul pendant son premier demi-siècle, Paris 1903 - E.MAIRE, Qu'est-ce qu'une Sœur Aveugle de Saint-Paul?, ebd 1945 - DERS., Chez les Sœurs Aveugles de Saint-Paul, ebd 1946 - Les Sœurs Aveugles de Saint-Paul et l'œuvre des Jeunes Filles Aveugles 1852-1952, ebd 1952.

W.Göbell

Paulusakten. Aus zwei Zitaten des Origenes, die er ohne Kritik auf die »Taten des Paulus« zurückführt, und aus kanonsgeschichtlichen Angaben des 3./4.Jh.s wußte man von einer umfangreichen Schrift mit dem Titel »Paulustaten«, die zusammen mit andern am Rande des Kanons stehenden Schriften genannt wird. Von dieser einst offenbar sehr verbreiteten Schrift war kein zusammenhängender Text erhalten. Man hatte aber durch Kombination erschlossen, daß die Erzählung von einem Löwen, der sich dem zum Tierkampf verurteilten Paulus zu Füßen legte (Hippolyt), in diesem Werk gestanden haben werde; und das abfällige Urteil Tertullians über eine dem Paulus fälschlich zugeschriebene Schrift, die von der Taufe durch eine Thekla erzählte, in Wirklichkeit aber von einem kleinasiatischen Presbyter stamme, der sie aus Liebe zu Paulus erfunden habe und deswegen abgesetzt worden sei, bezog man auf die P. Die weitergehenden Vermutungen Th.Zahns, der lange bekannte Briefwechsel des Paulus mit der korinthischen Gemeinde (der »3. Korintherbrief« stand zeitenweise im armenischen Kanon) und das ebenso bekannte »Martyrium des Paulus« gehörten ebenfalls zu dieser Schrift, wurden bestätigt, als ein größeres Fragment eines koptischen Papyrustextes der P. von C.Schmidt entdeckt wurde. Die Geschichte von dem Löwen ebenso wie das von Origenes zitierte Herrenwort »Ich muß von neuem gekreuzigt werden« fanden sich in einem umfangreichen griechischen Papyrusbruchstück, das ebenfalls C.Schmidt herausgab. Und ein noch unveröffentlichter koptischer Papyrus der Sammlung Bodmer (s. R.Kasser) berichtet von der vorher erfolgten Taufe des Löwen durch Paulus und deren Wirkung: der in die Wüste zurückkehrende Löwe flieht nun vor einer ihm begegnenden Löwin! Der 1904 veröffentlichte koptische Text bewies schließlich, daß auch die schon lange bekannten »Akten des Paulus und der Thekla« Bestandteil der P. waren. Aber auch mit diesen Textfunden besitzen wir immer noch nicht die Hälfte des ursprünglichen Textumfangs, und auch wo mehrere Texte nebeneinander vorhanden sind, läßt sich ein Urtext nicht rekonstruieren. Die Schrift, die in der älteren Kirche nie als ketzerisch abgelehnt worden ist, schilderte offenbar *eine* Missionsreise des Paulus von Kleinasien bis nach Rom, in Abwandlung des Itinerars der Apg, aber mit zahllosen Wundern und Ausschmükkungen. Die stark asketische Frömmigkeit (Paulus predigt »das Wort Gottes von der Enthaltsamkeit und der Auferstehung«) und die betont antignostische Haltung (»Gott schickte einen Geist der Kraft in das Fleisch, dh in Maria, der von ihrem Mutterleib getragen wurde, bis sie entband und gebar Jesus den Christus«) entspricht offensichtlich der kleinasiatischen Volksfrömmigkeit des ausgehenden 2.Jh.s. - Ein neugefundener Papyrus des 3.Jh.s mit dem griechischen Text des Briefwechsels zwischen Paulus und den Korinthern läßt es als möglich erscheinen, daß diese beiden Briefe (auch mittelalterliche lat. Hss. enthalten diese Briefe ohne Rahmen) selbständig entstanden und erst nachträglich in die P. eingefügt worden sind.

Griech. u. lat. Texte der früher bekannten Stücke bei R.A.LIPSIUS, Acta Apostolorum Apocrypha 1, 1891, 104ff. 235ff u. L.VOUAUX, Les Actes de Paul et ses lettres apocryphes, Paris 1913. - Kopt. Papyrus: CARL SCHMIDT, Acta Pauli, 1904. - Griech. Papyrus: DERS., ΠΡΑΞΕΙΣ ΠΑΥΛΟΥ, Acta Pauli (Veröffentl. aus der Hamburger Staats- u. Univ.-Bibl. 2), 1936 (weitere kleine Fragmente: HThR 31, 1938, 73-90; JThS 47, 1946, 196-199). - Griech. Text des Briefwechsels mit den Korinthern: Papyrus Bodmer X-XII. X: Correspondance apocryphe..., Genf 1959. - Über den unveröffentlichten kopt. Papyrus Bodmer: R.KASSER, Acta Pauli 1959 (RHPhR 40, 1960, 45-57). - Dt. Übers. der früher bekannten Stücke von E. ROLFFS bei HENNECKE[2] 192ff, in Auswahl bei W.MICHAELIS, Die Apokryphen Schriften zum NT, 1956, 268ff. - Lit.: QUASTEN I, 132f - ALTANER 61 - LThK[2] I, 749f.

W.G.Kümme

Paulusapokalypse heißt eine in Nag-Hammadi wiedergefundene gnostische Schrift; sie ist wahrscheinlich identisch mit dem von Epiphanius (Pan. 38, 1) erwähnten, bei den → Kainiten gebrauchten »Anabatikon Paulou«. - Gleichnamig, aber nicht damit identisch ist eine um 380/88 entstandene, der → Petrusapokalypse verwandte Schrift; obwohl von Augustin (In Joh. tr. 98) und dem Decretum Gelasianum verworfen, war sie im MA sehr verbreitet. Im Anschluß an 2Kor 12, 2ff wird eine Reise des Paulus ins Jenseits beschrieben; er sieht das Hinscheiden der Gerechten und Sünder, das Land der Verheißung, den Ort der Qual und gelangt endlich ins Paradies. Einleitend wird die Legende von der Wiederauffindung der Schrift im Hause des Paulus in Tarsus erzählt (vgl. Sozomenos, h.e. VII, 19). Ursprünglich griechisch geschrieben, ist sie nur in überarbeiteter Fassung und in vielen Versionen bewahrt, von denen die lateinische die beste ist.

Über das gnost., zZ noch unveröffentlichte Buch: J.Doresse, Les livres secrets des gnostiques d'Egypte, 1958, 252ff. - Krit. Ausg. der anderen P. fehlt. Griech. Text bei C.Tischendorf, Apocalypses apocr., 1866, 34ff; lat.: Th.Silverstein, Visio s. Pauli, London 1935 (Lit.); syr.: G.Ricciotti, L'apocalisse di Paolo siriaca I. II, Brescia 1932. - Altaner 71f (Lit.). *W.C.van Unnik*

Paulusbriefe

1. Anzahl und Reihenfolge der P., Stellung im Kanon - 2. Echtheit der P., spätere Zusätze zur Sammlung - 3. Entstehung der Sammlung - 4. Literarische und theologische Eigenart

1. In fast allen Hss. der P. seit dem 4.Jh. finden sich 14 Briefe, dh der Hebr ist zu den mit dem Namen des Paulus eingeleiteten Briefen gestellt (Ausnahme der Codex Boernerianus, 9.Jh.). Freilich ist die Stellung des Hebr innerhalb der P. wechselnd, indem er in den meisten Hss. entweder am Ende der Gemeindebriefe vor 1Tim oder am Schluß der ganzen Sammlung hinter Phlm steht (in der ältesten Hs., dem Chester Beatty Papyrus vom Anfang des 3.Jh.s, steht Hebr als 2. Brief hinter Röm, und diese Reihenfolge findet sich vereinzelt auch später, ebenso begegnen gelegentlich noch andere Anordnungen).Von dieser Differenz abgesehen bieten die Hss. seit dem 4.Jh., wiederum mit geringen Ausnahmen, die P. in der Reihenfolge Röm, 1.2Kor, Gal, Eph, Phil, Kol, 1.2Thess, 1.2Tim, Tit, Phlm, und die gedruckten Ausgaben des griechischen → Textes (: II) weichen in der Reihenfolge nur in betreff der Stellung des Hebr voneinander ab. Aber weder dieser Umfang noch diese Reihenfolge entsprechen der ältesten Sammlung der P., von der wir wissen. Nach den Berichten der Kirchenväter hatte → Marcion um die Mitte des 2.Jh.s in seinem zweiteiligen Kanon (→ Bibel: II B, 2) nur 10 P., und seine Sammlung begann mit dem Gal und ließ dann (vermutlich der Länge nach angeordnet) 1.2Kor, Röm, 1.2Thess, Eph (Laodicenerbrief genannt), Kol, Phil, Phlm folgen. Hier fehlten also die → Pastoralbriefe und Hebr, und die Reihenfolge wich noch in jeder Hinsicht von dem später Üblichgewordenen ab. Ein halbes Jh. später sind im Kanonsverzeichnis der römischen Gemeinde, dem → Muratorischen Fragment, die Past Bestandteil der Sammlung der P., während der Hebr noch fehlt. Andererseits kann der etwa zur gleichen Zeit oder etwas später geschriebene Chester Beatty Papyruskodex der P., der den Hebr gleich nach dem Röm bietet, die Past am Schlusse des zu rekonstruierenden Buches nicht enthalten haben, doch ist natürlich nicht ausgeschlossen, daß eine angefügte Lage diese Briefe enthielt. Im übrigen findet sich in dieser Hs. im wesentlichen schon die dann herrschend gewordene Reihenfolge mit Röm am Anfang und Phlm am Ende. Neuere Berechnungen (Finegan) haben es wahrscheinlich gemacht, daß auch diese Reihenfolge (die beiden Korinther- und die beiden Thessalonicherbriefe sind jetzt, anders als bei Marcion, auseinandergenommen) sich nach der berechneten Länge richtete, wobei dann die Briefe an Einzelne den Briefen an Gemeinden als ganze Gruppe folgen.

Auch innerhalb des NT als Ganzem haben die P. nicht immer dieselbe Stellung gehabt. Während die Mehrzahl der griechischen Hss. des ganzen NT (→ Bibelhandschriften: II) vom 4.Jh. an (Codex Vaticanus) die P. erst nach den Evangelien, der Apg und den Kath. Briefen bringen (es folgte nach den P.n dann nur noch, wenn vorhanden, die Apk), begegnet vor allem im Westen seit dem 2.Jh. die Ordnung: Evangelien, Apg, P., Kath. Briefe (daneben folgen im Osten gelegentlich, zB im Codex Sinaiticus, die P. gleich auf die Evangelien, und es finden sich auch noch andere Anordnungen). Infolgedessen erscheinen die P. in den modernen Ausgaben des griechischen NT entweder nach der Apg oder nach den Kath. Briefen; Luther schloß sich an die ihm aus dem griechischen NT des → Erasmus und der Vulgata geläufige Reihenfolge an, die die P. auf die Apg folgen ließ, und die Übersetzungen in die abendländischen Sprachen haben alle diese Reihenfolge übernommen; die vom Westen nicht beeinflußten slavischen und orientalischen Übersetzungen bieten dagegen die P. hinter den Kath. Briefen.

2. Daß von den im endgültigen Kanon der alten Kirche sich findenden P.n der → Hebräerbrief kein Paulusbrief ist, kann nicht ernstlich bezweifelt werden; er hat ja auch der ältesten Sammlung der P. nicht angehört und ist im Westen nur zögernd in die Sammlung aufgenommen worden (das → Tridentinum hat dann aber in seinem »Dekret über die kanonischen Schriften« vom 8.4.1546 »14 Briefe des Apostels Paulus« als Bestandteil des NT festgelegt; doch vertritt die Mehrheit der heutigen kath. Forscher nur die »mittelbare« Herkunft des Briefes von Paulus). Die als → »Pastoralbriefe« bezeichneten Briefe an Timotheus und Titus fehlten noch im Kanon des Marcion (s. 1), aber wir wissen nicht, ob Marcion sie nicht kannte oder bewußt wegließ; vom Ende des 2.Jh.s an gehören sie aber unbestritten zu den P.n, und ihre paulinische Herkunft ist erst seit dem Beginn des 19.Jh.s (zuerst durch → Schleiermacher und J.G. → Eichhorn) bestritten worden. Die großen geschichtlichen und theologischen Schwierigkeiten, die ihre Zurückführung auf Paulus verursacht, veranlassen auch konservative Forscher vielfach, Paulus nur indirekt oder teilweise als Verfasser anzunehmen. Von den restlichen 10 P.n hat die Tübinger Schule F.C. → Baurs und seiner Schüler nur die 4 großen Briefe (Röm, 1.2Kor, Gal) als paulinisch gelten lassen (→ Bibelwissenschaft: II, 4), darin aber keine Nachfolge gefunden (erst recht gilt das für die Bestreitung der Echtheit aller P. durch radikale Kritiker, s. → Bibelwissenschaft: II, 5). So ist heute nur noch die paulinische Herkunft von Kol, Eph und 2Thess umstritten, wobei die Echtheit des Eph auf bes. große Schwierigkeiten stößt (s. zu den einzelnen Briefen).

Außer diesen 14 in den endgültigen Kanon des NT aufgenommenen wirklichen oder angeblichen P.n hat es im Altertum noch drei sicher *gefälschte* P. gegeben, deren Zugehörigkeit zur kanonischen Sammlung der P. zum mindesten umstritten war. a) Auf Grund der Anweisung in Kol 4, 16, den Brief aus Laodikäa in Kolossä vorzulesen, wurde etwa im 4.Jh. ein aus paulinischen Ausdrücken zusammengesetzter → Laodicenerbrief erfunden, der sich in vielen lateinischen Hss. bis zum Ende des MA findet, also mancherorts als kanonisch angesehen worden sein muß. b) Im → Muratorischen Fragment wird die Aufnahme eines in der marcionitischen Kirche auf den Namen des Paulus gefälschten Briefes an die Alexandriner in den Kanon abgelehnt, von dem wir sonst nichts wissen. c) Aus den → Paulusakten ist der Briefwechsel des Paulus mit den Korinthern mit dem sog. 3. Korintherbrief schon im 3.Jh. in den Kanon der syrischen Kirche übernommen worden und von da aus in den armenischen Kanon übergegangen; in Syrien scheint er im 5.Jh. wieder ausgeschieden worden zu sein, in Armenien noch später. Auch in vereinzelten lateinischen Hss. findet sich dieser Brief. - Der im 4.Jh. entstandene Briefwechsel zwischen Paulus und dem

Philosophen → Seneca ist niemals den kanonischen P.n gleichgestellt worden.

3. Wie die Sammlung der P. im einzelnen *entstanden* ist, können wir nur erschließen. Sicher ist, daß Marcion nicht als erster P. gesammelt hat. Zwar läßt sich für den aus Rom stammenden 1. → Clemensbrief nicht *mehr* erweisen, als daß er außer dem Röm eine Abschrift des 1Kor vor sich gehabt haben muß (auch den Hebr hat er gekannt); auf eine Sammlung der P. weist das nicht sicher. Wohl aber zeigt → Ignatius nicht nur die Kenntnis mehrerer P., sondern redet auch davon, daß Paulus der ephesinischen Gemeinde »in jedem Briefe« gedenke (IgnEph 12, 2). Obwohl dieser Hinweis im einzelnen nicht wirklich verständlich ist, setzt er doch die Kenntnis einer Sammlung der P. durch Ignatius sicher voraus, und → Polykarp kennt zweifellos die Mehrheit der kanonischen P., während der 2. → Petrusbrief (3, 16) mit seinem Hinweis auf »alle Briefe« des Paulus eine umfangreiche Sammlung der P. voraussetzt (ob er auch die Past kennt, ist unsicher). So hat eine Sammlung der P. zweifellos zu Beginn des 2.Jh.s in Kleinasien bestanden (→ Bibel: II B, 2), und die verbreitete Vermutung, daß ein Austausch von P.n zwischen benachbarten Gemeinden schon früher stattgefunden habe, und daß die uns erhaltene Sammlung aus der Zusammenfügung solcher früheren kleineren Sammlungen entstanden sei (Harnack, ähnlich Mowry), hat viel für sich. Dem ist neuerdings in verschiedener Form die These entgegengestellt worden (Goodspeed, J.Knox, Mitton), die P. seien zunächst für Jahrzehnte vergessen gewesen, die Veröffentlichung der Apg gegen Ende des 1.Jh.s habe aber dann die Sammlung und Veröffentlichung der P. in Ephesus (durch Onesimus?) veranlaßt; die Wirkung dieser Sammlung sei die Entstehung weiterer Briefsammlungen gewesen (Apk 2. 3; Ignatiusbriefe) und habe überhaupt die Abfassung der späteren nt. Briefliteratur angeregt; der → Epheserbrief sei als Einleitung zu der Sammlung der echten Briefe vom Sammler verfaßt worden. Aber wir haben keinerlei Zeugnis, daß der Eph jemals am Anfang der Sammlung der P. stand (Finegan), und die Annahme der Veranlassung der Sammlung der Briefe durch das Erscheinen der Apg ist ebenso unbeweisbar wie das Vergessensein der Briefe bis zum Ende des 1.Jh.s. Wir wissen daher über die näheren Umstände und den Ort der Entstehung der ältesten Sammlung der P. nichts Genaueres, können aber mit guten Gründen vermuten, daß die *gesamte* Überlieferung der P. in der Kirche von dem Text des Kodex abhängig ist, der die älteste Sammlung der P. enthielt.

4. Sämtliche echten P. sind wirkliche Briefe, wofür die persönlichen Anspielungen kennzeichnend sind (→ Briefliteratur). Paulus schließt sich in dem von ihm verwandten Briefformular im wesentlichen an den ihm bekannten vorderorientalischen Briefstil an, vor allem im Aufbau des Briefeingangs und der Form des dazu gehörigen Segenswunsches (Lohmeyer, Friedrich), folgt dagegen in dem eigenhändig zugefügten Schlußwunsch einer griechischen Briefsitte. Er verwendet literarische und rhetorische Stilmittel der jüdischen und griechischen Umwelt (Brunot) und übernimmt auch gelegentlich vorgeformte oder liturgische Stücke, wobei deren Entstehung im vorpaulinischen Christentum nur schwer mit Sicherheit nachweisbar ist (vgl. etwa Röm 1, 3. 4; 1Kor 13; Phil 2, 5-11; Kol 1, 16-20). Paulus hat seine Briefe diktiert (Röm 16, 22); die Bestreitung dieser Tatsache mit dem Hinweis auf die Langsamkeit des antiken Diktats und die Sitte der Beauftragung von Sekretären mit der Formulierung der Gedanken (Roller, Eschlimann) ist angesichts der zahlreichen Hinweise in den Briefen auf die Unterbrechung des gesprochenen Wortes und angesichts der stilistischen Einheitlichkeit und Besonderheit der sicher paulinischen Begriffe unhaltbar (vgl. Lyonnet, Michaelis). Die zahlreichen Anakoluthe und Zwischensätze erklären sich nur bei der Annahme des Diktats. Aber Paulus diktiert mit der Absicht, daß die Briefe den Gemeinden vorgelesen werden sollen, und darum betont er in einigen Briefen, was die Hörer ja nicht sehen konnten, daß er entsprechend der Briefsitte und zur Sicherung der Echtheit den Schluß des Briefes eigenhändig zugefügt habe (1Kor 16, 21; Gal 6, 11; Kol 4, 18; 2Thess 3, 17; Phlm 19). Das gilt aber sicher auch für die anderen Briefe, in denen sich diese Bemerkung nicht ausdrücklich findet. Die Tatsache, daß die P. wirkliche Briefe sind, schließt aber nicht aus, daß Paulus mit apostolischer Autorität schreibt (1Kor 7, 40; Gal 1, 1) und die Briefe auch über den Kreis der direkt Angeredeten hinaus gelesen haben will (1Kor 1, 2; 2Kor 1, 1; Kol 4, 16). Diese Autorität hebt die P. über bloße Privatbriefe hinaus und hat ihnen von Anfang an den Charakter der verpflichtenden Anrede an alle Christen verliehen und ihre Sammlung zu einem autoritativen Corpus veranlaßt.

TH.ZAHN, Gesch. des nt. Kanons II/1, 1890, 344ff. 380ff; II/2, 1892, 565ff - DEISSMANN, LvO 116ff - K.PINK, Die pseudo-paulin. Briefe (Bibl 6, 1925, 68-91. 179-200) - A.V.HARNACK, Die Briefsammlung des Apostels Paulus u. die andern vorkonstantinischen christl. Briefsammlungen, 1926 - E.LOHMEYER, Probleme paulin. Theol. I: Die briefl. Grußüberschriften (ZNW 26, 1927, 158-173) - O.ROLLER, Das Formular der paulin. Briefe (BWANT IV, 6), 1933 - J.KNOX, Philemon among the Letters of Paul, New York (1935) 1959² - W.H.P.HATCH, The Position of Hebrews in the Canon of the NT (HThR 29, 1936, 133-151) - E.J.GOODSPEED, An Introduction to the NT, Chicago 1937, 210ff - P.SCHUBERT, Form and Function of the Pauline Thanksgivings (BZNW 20), 1939 - L.MOWRY, The Early Circulation of Paul's Letters (JBL 43, 1944, 73-86) - J.-A. ESCHLIMANN, La rédaction des épîtres Pauliniennes d'après une comparaison avec les lettres profanes de son temps (RB 53, 1946, 185-196) - W.MICHAELIS, EinlNT, Bern (1946) 1954³, 242ff - E.PERCY, Die Probleme der Kolosser- u. Epheserbriefe (SHVL 39), 1946, 10ff - G.BORNKAMM, Paulinische Anakoluthe (Das Ende des Gesetzes [BEvTh 16], [1952] 1958², 76-92) - RAC II, 564ff - A.BRUNOT, Le génie littéraire de Saint Paul, Paris 1955 - G.FRIEDRICH, Lohmeyers These über »Das paulin. Briefpräskript« kritisch beleuchtet (ZNW 46, 1955, 272-274) - C.L.MITTON, The Formation of the Pauline Corpus of Letters, London 1955 - J.FINEGAN, The Original Form of the Pauline Collection (HThR 49, 1956, 85-103) - ST.LYONNET, De arte litteras exarandi apud antiquos (VD 34, 1956, 3-11) - J.JEREMIAS, Chiasmus in den P.n (ZNW 49, 1958, 145-156) - W.SCHMITHALS, Zur Abfassung u. ältesten Sammlung der paulin. Hauptbriefe (ebd 51, 1960, 225-245). - Vgl. → Briefliteratur. *W.G.Kümmel*

Zur *Auslegungsgeschichte* (s. auch → Schriftauslegung: IV u. die auslegungsgeschichtl. Lit. zu den einzelnen P.n, einschließlich → Hebräerbrief):

Qu.: 4.Jh.: Ephraem (lat. Übers. der Mechitaristen, Venedig 1893) - Ambrosiaster (MPL 17; ed. H.J.VOGELS [BBB 13], 1957) - Chrysostomus (MPG 60-63; ed. F.FIELD, 7 Bde, Oxford 1845-62; dt. v. W.ARNOLDI, 6 Bde, 1832-40) - Didymus v. Alex. (Fragmente ed. K.STAAB, Pauluskommentare aus d. griech. Kirche [NTA 15], 1933, 1-45) - Eusebius v. Emesa (ebd 46-52) - Acacius v. Cäsarea (ebd 53-56) - Apollinaris v. Laodicea (ebd 57-82) - Diodor v. Tarsus (ebd 83-112). - 5.Jh.: Theodor v. Mopsuestia (MPG 66; ed. H.B. SWETE, 2 Bde, Cambridge 1880/82; STAAB, aaO 113-212) - Severian v. Gabala (ebd 213-351) - Gennadius v. Konst. (ebd 352-422) - Pelagius (ed. A.SOUTER [TSt IX/1. 2], Cambridge 1922/26; Interpolationes: TSt IX/3, ebd 1931) - Theodoret v. Cyrus (MPG 82). - 6.Jh.: Cassiodor (MPL 70 u. 68 [Ps.-Primasius, vgl. CPL Nr. 902]) - Ökumenius (MPG 118/19; STAAB, aaO 423-469). - 8.Jh.: Johannes v. Damaskus (MPG 95). - 9.Jh.: Sedulius Scotus (MPL 103) - Hrabanus Maurus (MPL 111/12) - Haimo v. Auxerre (MPL 117) - Florus Diaconus (MPL 119) - Ishodad v. Merv (ed. M.D.GIBSON [Horae semiticae 11], Cambridge 1916) - Photius v. Konst. (STAAB, aaO 470-652). - 10.Jh.: Arethas v. Cäsarea (ebd 653-661) - Atto v. Vercelli (MPL 134). - 11.Jh.: Theophylakt (MPG 124/25) - Lanfrank (MPL 150) - Bruno der Kartäuser (MPL 153). - 12.Jh.: Euthymius Zigabenus (ed. N.KALOGERAS, 2 Bde, Athen 1887) - Commentarius Cantabrigiensis e Schola Petri Abaelardi (ed. A.LANDGRAF, 4 Bde, Notre Dame/Ind. 1937-45) - Herväus v. Bourg-Dieu (MPL 181) - Petrus Lombardus (MPL 191/92) - Robert v. Melun, Quaestiones de Epistolis Pauli (ed. R.M.MARTIN, Löwen 1938) - Ps.-Hugo v. St. Viktor (MPL 175). - 13.Jh.: Thomas v. Aquino (außer in den GAn: Leodium 1857/58, Turin-Rom 1953 [Marietti]) - Petrus v. Tarantasia (unter dem Namen des Nikolaus v. Gorran gedr., u.a. Köln 1478, Hagenau 1502, Paris 1531, Antwerpen 1617, u. zwar auf Grund einer bereits interpolierten Hs.!). - 16.Jh.: Faber Stapulensis, Paris (1512) 1515² - Joh.Bugenhagen, Basel 1525 - Franz Titelman, Paris 1528 - Gregor Primaticcius OP, Venedig 1528 u.ö - Thomas de Vio Cajetanus, Paris 1532 u.ö. - Joh.Gagnaeus, ebd 1539 u. 1552 (verbesserte Ausg. 1630) - Calvin (CR 49-54; dt.: Calvins Auslegung d. Hl. Schrift XII. XIII, 1903) - Erasmus Sarcerius, Straßburg 1544 - Claude Guilliaud, Paris 1548 - Ambr.Catharinus, Rom 1548 - Joh.Arboreus, Paris 1551 - Adam Sasbout OFM, Antwerpen 1561, Köln 1568 - Angelico Buonriccio, Venedig 1565 - Wolfgang Musculus, Basel 1565 - Georg Major, Wittenberg 1569 - Nik.Hemmingius, Leipzig 1572 - Andr.Hyperius, ed. Joh.Mylius, Zürich 1582/83 - Petrus Stevartius, Ingolstadt 1586 - Nik.Selnecker, Leipzig 1595 - Christoph Sylvestranus, Verona 1596 - Alfons Salmeron, Opera XIII-XV, Madrid 1597-1602 - Heinr.Bullinger, Zürich 1603. - 17.Jh.: F.X.Toletus SJ, Antwerpen 1603 - Til.Heßhus, Leipzig 1605 - Aeg.Hunnius, Opera IV, Frankfurt 1606 - Ludwig Sotomajor, Paris 1610 - Nik.Serarius, Paris 1612 - Benedikt Justinianus SJ, Lyon 1612/13 - Corn. Jansen, Antwerpen 1614 - Wilh.Estius, Douai 1614-16 u.ö. - C.Cornelius, Antwerpen 1622 - Adam Contzen, ebd 1628 - Franc.Haraeus, ebd 1630 - Konrad Vorstius, Amsterdam 1631 (Röm - 1Tim) - Joh. Quistorp, Rostock 1637 - A.Novarinus, Lyon 1645 - David Pareus, Frankfurt 1647 - Georg Calixt, Braunschweig 1652 - C.Hornejus, ebd 1655 - Friedr.Balduin, Frankfurt 1655 - Jon.Schlichting, Krakau 1656 - Georg Ambianatus, Paris 1659 - Chr.Chemnitz, Jena 1667 - Georg Weinrich, Leipzig 1670 - Andr.Gerardus, Lyon 1672 - Joh. Crocius, Kassel 1680 (Gal - Phlm) - J.Fell, London 1702. - 18.Jh.: Bernhardin de Picquigny, Paris 1703 - J.Chr.Schomerus, Rostock 1705 - Natalis Alexander, Rouen 1710 - Aug.Calmet, Paris 1716 - Joachim Lange, Halle 1729.

Lit.: W.MUNDLE, Die Exegese d. paulin. Briefe im Komm. des Ambrosiaster (Diss. Marburg), 1919 - A.SOUTER, The earliest Latin Commentaries on the Epistles of St. Paul, Oxford 1927 - W.VÖLKER, Paulus bei Origenes (ThStKr 102, 1930, 258-279) - A.LANDGRAF, Familienbildung bei Paulinenkommentaren d. 12.Jh.s (Bibl 13, 1932, 61-72. 169-193) - DERS., Unters.en zu d. Paulinenkomm. d. 12.Jh.s (RThAM 8, 1936, 253-281. 345-368) - DERS., Der Paulinenkomm. des Hervaeus v. Bourg-Dieu (Bibl 21, 1940, 113-132) - H.SEESEMANN, Das Paulusverständnis des Clemens Alex. (ThStKr 107, 1936, 312-346) - E.ALEITH, Paulusverständnis in der alten Kirche (BZNW 18), 1937 - DIES., Das Paulusverständnis des Joh.Chrysostomus (ZNW 38, 1939, 181-188) - J.-M.VOSTÉ, S. Thomas Aquinas epistularum S. Pauli interpres (Angelicum 19, 1942, 255-276) - DERS., Beatus Petrus de Tarantasia epistularum S. Pauli interpres (in: B.Innocentius V., Rom 1943, 343-357) - C.H.TURNER, Greek Patristic Commentaries on the Pauline Epistles (in: DB, Extra-Vol. V, 1947, 484 bis 531) - E.BENZ, Das Paulus-Verständnis in d. morgenländ. u. abendländ. Kirche (ZRGG 3, 1951, 289-309) - F.MAYER, El concepto paulino de reconciliación en la tradición hasta S. Tomás (Diss. Gregoriana), Rom 1954 - Z.ALSZEGHY, Nova Creatura. La nozione della grazia nei commentari medievali di S. Paolo, Rom 1956.

W.Werbeck

Pausanias (* ca 110/15 nChr, wahrscheinlich in Kleinasien), griech. Schriftsteller, besuchte auf ausgedehnten Reisen Ägypten, Syrien, Kleinasien, Griechenland und Italien. Zwischen 170 und 176 verfaßte er in Etappen eine ausführliche, nach Landschaften (mit Ausnahme des Nordens) geordnete Reisebeschreibung von Griechenland. Seine Περιήγησις beruht sowohl auf Autopsie als auch auf Vorgängern, die er in seinem Stil bearbeitet hat. Nach dem Geschmack der Zeit gibt P. keinen Forschungsbericht, sondern Unterhaltung seiner Leser. Er beschreibt die Geschichte und Topographie, bes. die Denkmäler mit längeren Exkursen auf dem Gebiet der Mythologie, Religionsgeschichte und Paradoxographie. Er widmet seine Aufmerksamkeit vor allem der älteren Zeit bis zur Mitte des 2.Jh.s vChr; daneben werden die Bauten Hadrians hervorgehoben. Das Ganze ist vom hellenischen Patriotismus getragen. Durch die Ausgrabungen wurde die Genauigkeit seiner Angaben oft glänzend bestätigt. Für die Religionsgeschichte ist das Buch des P. eine Fundgrube von großer Bedeutung.

Textausg.: F.SPIRO, 1903; mit Erklärungen u. Übers.: H.HITZIG-H.BLÜMNER, 1896-1910; J.G.FRAZER, (1898) 1913² (engl.); W.H.S. JONES-H.A.ARMEROD, 1931-35 (engl.); E.MEYER, 1954 (dt., Auswahl). - Über P.: STÄHLIN 755ff (Lit.) - PW Suppl. VIII, 1956, 1008ff (Lit.).

W.C.van Unnik

Pax → Liturgik: III.

Pax Christi, Name einer zunächst auf aufrichtiges Verzeihen zwischen den Völkern und auf die Versöhnung zwischen Deutschen und Franzosen gerichteten Bewegung. Sie geht zurück auf 1944 im deutschen Gefängnis von Compiègne gehaltene Predigten des Bischofs Théas von Montauban (jetzt Lourdes) über die Feindesliebe und auf den ihm nach der Befreiung Frankreichs von Laien vorgetragenen Plan eines Gebetskreuzzuges für die geistliche Rückgewinnung Deutschlands. Schon 1947 nahmen deutsche Katholiken am Bußkreuzzug der 14 Nationen von Vézelay teil. P.Ch. war ursprünglich eine Erweckungsbewegung und ganz von Gebet und Opfer bestimmt, trat aber schon damals zu internationalen Kongressen zusammen (u.a. 1948 in Lourdes). 1950 wurde P.Ch. zu einer Institution, die der Vorbereitung von Aposteln, bes. von Laien, für die Aufgaben des Friedens dient. P.Ch. soll nun das kath. Gegenstück zu der unter kommunistischem Einfluß stehenden Weltfriedensbewegung (Stockholm 1950) werden (→ Friedensbewegung, 3). Die Leitung übernahm der Erzbischof von Paris, Kardinal Feltin. P.Ch. betont ihre Bereitschaft zu loyaler Mitarbeit an jeder uneigennützigen Friedensorganisation, zur Aktivierung der Katholiken zum Dienst am Frieden und zur Schaffung einer echten Atmosphäre des Friedens im öffentlichen Leben aller Nationen. 1952 wurde die Bewegung von Pius XII. approbiert. Verantwortlich für P.Ch. in Deutschland ist zZ Bischof Schröffer-Eichstätt.

R.BOSC, P.Ch., Friedensbewegung der Kirche (Dokumente 9, 1953, 341-347) - P.BRACHIN-M.v.GALLI, P.Ch.: Einsatz für den Frieden (ebd 11, 1955, 419-422) - HerKorr (Reg. s.v. P.Ch.).

W.Sucker

Pax Romana, Name der alle röm.-kath. Vereinigungen von Studenten und Altakademikern umfassenden internationalen Dachorganisation (Generalsekretariat und Informationszentrum in Freiburg/Schw.). Nach Anfängen in den 80er Jahren des 19.Jh.s gewann P.R. erst nach dem 1. Weltkrieg auf Anregung kath. Studenten aus den neutralen Ländern Holland, Schweiz und Spanien dauernde Gestalt (jährliche Weltkongresse, 1939 erstmals in USA). Seit 1947 setzt sich P.R. aus der Internationalen Bewegung Kath. Akademiker und der Internationalen Kath. Studentenbewegung zusammen (Organ: Monatszeitschrift »P.R.«); gemeinsame Weltkongresse finden alle 3 Jahre statt (zuletzt 1958 in Wien). P.R. ist eine vielfältige Föderation von regionalen Verbänden, von Gruppen für einzelne Aufgaben innerhalb der → Katholischen Aktion (u.a. soziale und Missionsfragen) sowie von wissenschaftlichen Organisationen und akademischen Berufsgruppen. Der örtliche Zusammenschluß der P.R. ist in Deutschland auf dem studentischen Sektor die Kath. → Studentengemeinde, der auch die zahlreichen und verschiedenartigen studentischen Lebensgemeinschaften einverleibt sind. Daneben sind in Deutschland der Kath. Akademikerverband und auch die → Görres-Gesellschaft Mitglied der P.R. Protektor der P.R. ist immer ein vom Papst bestimmter Kurienkardinal. P.R. will zur geistig-politischen Integration Europas beitragen und widmet sich heute auch der Aufgabe, kath. Akademikertum und kath. Universitäten in den Entwicklungsländern zu fördern.

HerKorr s.v. P.R. *W.Sucker*

Payot, *Jules* (1859–1940), französischer Philosoph und Pädagoge, Rektor der Université d'Aix-Marseille. Als Mitarbeiter der Revue Philosophique und Verfasser mehrerer grundlegender Werke über Probleme der Moral- und Willenserziehung (→ Moralunterricht) übte er großen Einfluß auf das Bildungsbewußtsein und die pädagogische Reform in Frankreich, bes. durch seine scharfe Kritik an der intellektualistischen Schultheorie in der Ära der Dritten Republik.

Vf. u.a. (jeweils Paris): L'éducation de la volonté, (1893) 1947; L'éducation de la démocratie, 1894; Cours de morale, 1904; La morale à l'école, 1907; Le travail intellectuel et la volonté, 1919; La faillite de l'enseignement, 1937. *H.Scheuerl*

Pázmány, *Peter* (1570–1637), führende Gestalt der Gegenreformation in → Ungarn, * aus ref. Adelsfamilie in Großwardein, 13jährig kath. geworden, 1587 Jesuit, 1598 in → Graz Prof. der Philosophie, seit 1601 in Ungarn, 1603 wieder in Graz als Prof. der Theologie, seit 1607 dauernd in Ungarn, 1616 Erzbischof von Esztergom (Gran), 1629 Kardinal. – P. sah die Schuld an der Türkenplage im Abfall Ungarns von Maria, der »Patrona Hungariae«, und die Rettung in der Rückkehr zur Papstkirche. Er schuf die fehlenden Einrichtungen der röm.-kath. Pfarrerbildung (Wien 1623, Tyrnau 1631) und des Hochschulwesens (Universität Tyrnau 1635). Unterstützt durch Ferdinand II., gewann er die 30 wichtigsten Hochadelsfamilien, die dann ihre Leibeigenen mit Gewalt zur Konversion zwangen. P. war ein sprachgewaltiger Prediger und Schriftsteller und führte einen groß angelegten literarischen Kampf gegen die Protestanten. Sein wichtigstes Werk ist der »Hodoegus« oder »Der Führer zur göttlichen Wahrheit«, eine nach → Bellarmin in ung. Sprache ausgearbeitete Glaubenslehre (Ausgaben in P.s Leben 1613, 1623, 1637).

Ung. Werke I–VII, 1894–1905; Lat. Werke I–V, 1894–1904; Briefe I. II, 1910/11; Werke in Auswahl (ung.) hg.v. S.Sik, 1944, v. Gy.Rónay, 1957. – Über P.: V.Fraknói, P.P., 1886 (ung.) – Á. Pulszky, P.P., 1887 (ung.) – J.H.Schwicker, P.P. u. seine Zeit, 1888 – S.Sik, P., der Mensch u. der Schriftsteller, 1939 (ung.) – M.Erdős, P.s Hodoegus. Methode u. Bedeutung, 1941. *M.Bucsay*

Peabody, *Francis Greenwood* (4.12.1847 bis 28.12.1936), amerik. unitarischer Theologe, * und † in Boston, nach dem Studium (u.a. bei → Tholuck in Halle) 1874 bis 1880 Pfarrer an der First Parish Church in Cambridge/Mass., lehrte 1880/81 Sozialethik (als erster in den USA!) und Homiletik an der Harvard Divinity School, die er nach dem Muster deutscher Fakultäten zu gestalten suchte, 1881–86 Parkman-Prof. der Theologie, 1886 bis 1913 (emeritiert) Plummer-Prof. der christlichen Ethik; 1905/06 erster amerik. Austausch-Prof. in Berlin. – P. war neben W. → Rauschenbusch einer der ersten Vertreter eines wesentlich religiösen → Social Gospel in Amerika. Sein epochemachendes Werk »Jesus Christ and the Social Question« (New York [1900] 1915⁶; dt. 1903) atmet den Geist eines relativ konservativen humanistischen Idealismus. Die Stärke der ethischen Botschaft Jesu liegt in ihrer sittlichen Kraft; das eschatologische Element wird vernachlässigt. In den Earle Lectures 1907 (»The Approach to the Social Question«, New York 1909) zeigt P. die Zusammenhänge zwischen Philosophie, Soziologie, Wirtschaft, Sozialethik und Religion. P. bemühte sich auch um Förderung der Ausbildung der Neger (»Education for Life. The Story of Hampton Institute«, New York [1918] 1919²).

Vf. ferner u.a.: Mornings in the College Chapel, Boston (1896) 1907⁴, 2nd Series ebd 1907 (dt. 1900 u. 1909); Afternoons in the C.Ch., ebd 1898 (dt. 1902); Sunday Evenings in the C.Ch., New York 1911 (dt. 1913); Sundays in C.Ch.s since the War, Boston 1921. – Über P.: St.W.James, The Social Ideals of F.G.P. (Diss. Chicago), 1934 (Masch.) – Ch.H.Hopkins, The Rise of the Social Gospel..., New Haven 1940 – R.H.Holmes, F.G.P. and his Role in the Social Interpretation of Christianity (Diss. Chicago), 1945 (Masch.; fast vollst. Bibliogr.) – G.H.Williams (Hg.), The Harvard Divinity School, Boston 1954, bes. 179ff. *A.C.Piepkorn*

Peake, *Arthur Samuel* (1865–1929), englischer Bibelexeget und Laienmitglied der Primitive Methodist Church (→ Methodisten: I), 1892–1929 Tutor am Hartley College, Manchester, seit 1904 Rylands-Prof. an der Universität Manchester. P. war kein bes. eigenständiger Denker, aber wirksam als Verbreiter der kritischen Methode infolge seiner weitgehenden Kenntnis zeitgenössischer, bes. at. Forschung, seines vorsichtigen Urteils und klaren Stils. Er war daher in seiner Kirche sehr angesehen, hob das intellektuelle Niveau ihrer Geistlichen und war in der Bewegung zur methodistischen Wiedervereinigung führend.

Recollections and Appreciations, ed. W.F.Howard, London 1938. – Memoir von L.S.Peake, ebd 1930 – DNB 1922–30, 657f – J.T.Wilkinson, A.S.P., Essays in Commemoration, 1958 (Bibliogr.) – ODCC 1037. *D.Carter*

Pearse, *Mark Guy* (1842–1930), englischer methodistischer Theologe, * in Camborne (Cornwall), seit 1863 im Pfarramt, bekleidete wichtige Stellen in Leeds, Bristol und London und war seit 1914 in der London West Central Wesleyan Mission tätig. 1875 gab er »The Child Jesus«, eine Sammlung von Liedern für Kinder heraus, die mit ihrer klaren Einfachheit eine wertvolle Bereicherung des Wesleyanischen Sonntagsschulliederbuchs bilden (zB O'er Bethlehem's hill, in time of old; Saviour, for Thy Love we praise Thee; Hushed is the raging winter wild; The fierce wind howls about the hills).

G.Unwin (P.'s Tochter) u. J.Telford, M.G.P. Preacher, Author, Artist, London 1930 (Bibliogr.). *E.Eoll*

Pearson, *John,* * 28.2.1613 in Great Snoring (Norfolk), † 16.7.1686 in Chester. Als anglikanischer Pfarrerssohn wuchs P. in der Überlieferung und sozialen Rangordnung der Staatskirche auf, besuchte 1623–31 die Schule in Eton, trat 1631 ins Queen's, 1632 ins King's College in Cambridge ein und wurde 1640 Pfarrer in Thorington (Suffolk). Als überzeugter Anglikaner fast anglokath. Prägung beklagte er das Wüten der → Puritaner gegen die kirchliche Tradition und lebte seit 1645 als Privatmann in London. Aus heimlichen anglikanischen Predigten erwuchs dort sein Hauptwerk: An Exposition of the Creed, das ihn bis ins 19.Jh. zum dogmatisch-theologischen Klassiker machte (1659, viele Neuaufl., bes. wichtig: 1710⁹, letzte: 1882). Nach der Restauration (1660; → England: I, 4) wurde P. Archidiakon von Surrey, 1661 Prof. der Dogmatik in Cambridge (Lady Margaret-Lehrstuhl), 1662 ebd Master des Trinity College, 1673 Bischof von Chester. In den Auseinandersetzungen mit den Nichtanglikanern (Nonconformists) fiel er durch seine – bes. von → Baxter anerkannte – Milde und Sachlichkeit auf.

Vf. ferner: Vindiciae Epistolarum S. Ignatii, 1672 (gegen → Daillés Bestreitung der Echtheit; klassisches Muster anglikanischer Patristik); Minor Theological Works, 2 Bde, 1844 (darin XIII–CXXXVI Biogr. v. E.Churton). – DNB XLIV, 168ff – RE XV, 101ff. *M.Schmidt*

Peckham, *Johannes* (1210/20–92), OFM, scholastischer Philosoph und Theologe, Doctor ingeniosus, * in Patcham (Grafschaft Sussex), Magister der Theologie in

Paris (1269-71) und Oxford (1271-75), 1277 Lector s. Palatii in Rom, 1279 Erzbischof von Canterbury. Als bedeutender Vertreter des konservativen Augustinismus bekämpfte er den fortschrittlichen Aristotelismus des → Thomas von Aquino. Daher bestätigte er 1284 die Verurteilung von 16 thomistischen Thesen durch seinen Vorgänger Robert Kilwardby und verurteilte 2 Jahre später 8 thomistische Lehrsätze, u.a. den von der Einzigkeit der Wesensform im Menschen.

Vf. u.a.: Kommentar zum 1. Sentenzenbuch (vgl. F.STEGMÜLLER, Rep. Comm. in Sent. Petri Lombardi I, 1947, 231f); exeget. Schriften, u.a. Collectarium sacrae Bibliae, eine bibl. Realkonkordanz (vgl. RepBibl III, 401-404); Quaestiones disputatae (u.a. De anima, ed. H.SPETTMANN [BGPhMA XIX, 5-6], 1918); 4 Quodlibeta (vgl. P.GLORIEUX, La litt. quodlibétique I, 1925, 220-222; II, 1935, 173 bis 180). Verz. sämtl. Schriften bei P.GLORIEUX, Répertoire des maîtres en théol. de Paris au XIIIe siècle II, Paris 1933, 87-98. - Über P.: Ü II, 479. 484f. 495. 762 - DThC XII, 100ff - LThK VIII, 58 - EC IX, 1042f (Lit.) - D.L.DOUIE, Archbishop Pecham, Oxford 1952.

B.Decker

Pecock, *Reginald* (* 1390/95 in Wales, † ca 1460 zu Thorney [Cambridgeshire]), 1444 Bischof von St. Asaph, 1450 von Chichester, bekämpfte den Einfluß der Lollarden (→Wiclif), indem er sich mit großer Befähigung der Volkssprache bediente. In seinem Bestreben, den Laien die Kirchenlehre nahezubringen und ihre Autorität durch ihre Verständlichkeit zu empfehlen, berief er sich einem unkritischen (lollardischen) Biblizismus gegenüber auf das »Urteil der Vernunft«. Wohl ist die Bibel Quelle der Gotteserkenntnis. Zu ihrer Erschließung und ethischen Anwendung verlangt aber Gott den Gebrauch unserer eigenen Vernunft. In seinen Zusammenfassungen der dogmatischen und ethischen Grundwahrheiten fühlte sich P. nicht an das Apostolikum, den Dekalog oder Kirchenväter gebunden und äußerte Kritik an der Ursprünglichkeit solcher Autoritäten, so auch am mosaischen Ursprung des (ganzen) Pentateuchs und an der Echtheit der → Konstantinischen Schenkung. 1457 wurde P. zum Widerruf, zur Verbrennung seiner Bücher und zur Resignation vom Bischofsamt gezwungen, darauf in das Kloster Thorney verwiesen.

Vf. u.a.: The Reule of Chrysten Religioun (hg.v. W.C.GREET, London 1927); The Donet u. The Folewer of the Donet (hg.v. E.V. HITCHCOCK, ebd 1921/24); The Repressor of Overmuch Blaming of the Clergy (hg.v. CH.BABINGTON, 2 Bde, ebd 1860); Book of Faith (hg.v. J.L.MORISON, Glasgow 1909). - Über P.: DNB XV, 643ff - LThK VIII, 58f - V.H.H.GREEN, Bishop R.P., Cambridge 1945 (Lit.) - EC IX, 1046 - E.H.EMERSON, R.P.: Christian Rationalist (Speculum 31, 1956, 235-242).

M.A.Schmidt

Pedersen, 1. *Christiern* (ca 1480-1554), * in Helsingør, † in Helsinge, dänischer Bibelübersetzer, 1505 als Kanonikus in Lund nachweisbar, studiert 1508-15 in Paris, gibt dort 1514 die »Gesta Danorum« des → Saxo Grammaticus heraus und ist literarisch tätig: »Vocabularium ad usum Dacorum« (lat.-dän. Lexikon, 1510); »Jærtegnspostillen« (gedr. Leipzig 1518), eine Predigtsammlung über die Evangelien und Episteln des Jahres; »Om at høre Messe«, eine Erklärung für Laien. 1515 übernimmt P. sein Kanonikat in Lund, wird Kanzler von Johan Weze, muß als Anhänger Christians II. das Land verlassen und folgt dem König in die Niederlande. Hier gibt er eine Übersetzung des NT heraus (1529, rev. Aufl. 1531; → Bibelübersetzungen: V, 2 k α), die von großem Einfluß auf die dänische Schriftsprache gewesen ist; im Vorwort bekennt er sich zum Luthertum und legt gleichzeitig sein Kanonikat nieder. 1531 übersetzt er die Pss; es folgen 7 kleinere Schriften, Übersetzungen und Bearbeitungen nach Luther. Mit Erlaubnis König Friedrichs I. lebt P. seit 1532 in Malmö und arbeitet als Buchdrucker, Herausgeber und Verfasser. In der »Grafenfehde« auf seiten Christians III., wird er 1536 amnestiert und mit der Übersetzung der ganzen Bibel beauftragt. Diese 1543 vollendete Arbeit wird von einer Kommission (u.a. → Palladius) auf der Grundlage von Luthers Bibel von 1545 bearbeitet und erscheint 1550 als »Christians III. Bibel«.

H.EHRENCRON-MÜLLER, Forfatterlexikon VI, Kopenhagen 1929, 242ff - DBL XVIII, 76ff (Lit.) - HAL KOCH-B.KORNERUP, Den Danske Kirkes Historie IV, Kopenhagen 1959, 98ff. 371 (Lit.).

W.Göbell

2. *Johannes*, Semitist, * 7.11.1883 in Illebölle (Langeland, Dänemark), habilitierte sich 1912 für semitische Sprachen in Kopenhagen, 1916 Dozent für AT, 1922-50 Prof. für semitische Philologie. 1933-55 Vorsitzender der Direktion des Carlsbergfondet. P. vertrat dieselbe Forschungsrichtung wie sein Landsmann V. → Grønbech. In seinem Hauptwerk »Israel« gab er eine psychologische Deutung der israelitischen Überlieferungen. - Vgl. → Kultgeschichtliche Methode: I, 2.

Vf. u.a.: Den semitiske Ed, 1912 (dt.: Der Eid bei den Semiten, 1914); Israel I. II, 1920 (neue Ausg. 1934 u. 1958; engl.: Israel. Its Life and Culture, 1926 u. 1946); III. IV, 1934 (engl. 1940); al-Azhar, et muhammedansk Universitet, 1922; Muhammedansk Mystik, 1923 (neue Ausg. 1952); Hebræisk Grammatik, (1926) 1950²; Inscriptiones Semiticae, 1928; Islams Kultur, 1928; Scepticisme Israélite, 1931; Carlsbergfondet, 1942 (rev. engl. Ausg. 1956); Den arabiske Bog, 1946. - Hg.: Illustreret Religionshistorie, 1948. - Festschr. z. 70.Geb.: Studia Orientalia, Kopenhagen 1953.

A.S.Kapelrud

Pederssön, *Gjeble* (ca 1490-1557), norweg. Theologe, * in Heröy auf Helgeland, † in Bergen, lernte beim Studium in Alkamaar und Löwen den deutsch-niederländischen Humanismus kennen, wurde 1517 in Bergen Schulmeister an der Kathedralschule, dann Priester und Kanoniker und 1523 Erzdiakon. Zunächst am Auftreten der luth. Lehre und den reformatorischen Kämpfen in Bergen unbeteiligt, unterstützte er alsbald die Durchführung der Reformation unter Christian III. (→ Dänemark: I, 2). Bereits im Mai 1536 noch vor seinem Beitritt zur neuen Lehre vom Domkapitel anstelle des kath. Bischofs Olav Torkellsson († 1535) gewählt, wurde P. am 2.9.1537 in der Frauenkirche zu Kopenhagen von → Bugenhagen als norwegischer Sup. ordiniert (→ Norwegen: I, 2). In seinem Stift bemühte sich P. um die Lateinschule, die Ausbildung ev. Prediger und um eine humanistisch-theologische Gelehrsamkeit.

A.CHR.BANG, Den norske kirkes historie i reformationsaarhundredet, Oslo 1895, 20ff - NBL IV, 456ff. - Vgl. die Lit. zu → Norwegen: I.

W.Göbell

Pedro Fernandez de Quiros → Quiros.

Péguy, *Charles,* * 7.1.1873 in Orléans, † 5.9.1914 in der Marneschlacht bei Meaux; franz. Dichter, Essayist und Publizist, Hauptgestalt des → Renouveau catholique. P. kämpfte zur Dreyfuskrise für den laizistischen Sozialismus (Notre Jeunesse), bekehrte sich auf einer Chartres-Wallfahrt, gründete und betreute unter Opfern in eigener Druckerei die »Cahiers de la Quinzaine« (1900-14), das Eliteorgan religiöser, patriotischer, unabhängiger Sozialisten (J.Benda, R. → Rolland, A.Suarès). P. schrieb radikale Apologetik zeitgemäßen Christentums, polemische Literaturkritik (Victor → Hugo), Studien über → Bergson und → Descartes (Note conjointe) sowie kultur- und religionsphilosophische Meditationen (Clio, Dialogue de l'Histoire et de l'âme païenne; Véronique, Dialogue ... de l'âme charnelle). Das poetische Werk, mit dem Grundanliegen religiöser Verklärung der Heimat (La Beauce, Chartres), der Ile de la Cité von Paris und des nationalen Sendungsbewußtseins, erschien, zT postum, ostentativ im besetzten Paris:

ein episches Drama (Jeanne d'Arc), drei »Mystères« (La Charité de Jeanne d'Arc; La deuxième vertu; Les Saints Innocents), drei »Tapisseries«, litaneiähnliche »Bildteppiche« (Sainte Geneviève et Jeanne d'Arc; Notre Dame; Ève), eine weitgespannte elegische Vierzeiler-Komposition (Quatrains) über »das menschliche Herz« und ein fragmentarisches Menschheitsfresko (Suite d'Ève): nachhaltig wirksame und zukunftsträchtige Schöpfungen lyrischer Dichtung aus christlichem Glauben.

GesW, 15 Bde, 1916ff; Oeuvres poétiques complètes, 1941; Oeuvres en prose 1909-14, 1957; Drei Mysterien dt. v. O.v.Nostitz, 1951-58; Nota conjuncta dt. v. F.Kemp, 1956. - Über P.: R.Rolland, Ch.P., Paris 1944; dt. 1951 - E.Gremminger, Ch.P., Olten 1949 (Lit.) - J.Roussel, Ch.P., Paris 1952 (Lit.) - J.Isaac, Expériences de ma vie: P., ebd 1959. *H.K.Weinert*

Pelagia, Name hl. Jungfrauen und Märtyrerinnen des 3.-5.Jh.s. Eine P. aus Antiochien, die (diokletianische Verfolgung?) ihre Jungfräulichkeit durch Sprung vom Dach ihres Hauses wahrte, mag den Namen für eine von Chrysostomus geschilderte Sünderin (hom. in Mt. 67 [68]) gegeben haben, die - ehemals gefeierte Schauspielerin und Dirne Margarito - durch Bischof Nonnus bekehrt ihr Leben am Ölberg als Büßerin (in Männerkleidung als Pelagius) beschließt. Tag: 8.10. Weitere Parallelgestalten neben der P. aus Tarsus, die das Eheangebot des Sohnes Diokletians ausschlägt und Märtyrerin wird, s. bei Delehaye 188f (dt. 198f). Aus diesen durch mannigfache Motivschichtung entstandenen Legenden ist nicht mit Usener auf eine Verchristlichung der Aphrodite P. zu schließen.

Lit. s. → Hagiographie u. Altaner §§ 43-46. - Bes. H.Usener, Legenden der P., 1879 (= Vorträge u. Aufs., 1907, 189-215) - H. Delehaye, Les légendes hagiographiques, Brüssel (1905) 1955[4], 174f. 186ff (dt. 1907, 184f. 196ff). - Vgl. auch RAC III, 1208ff (Dirne) u. A.Mayer, Bayer. Blätter für das Gymnasial-Schulwesen 67, 2, 1931, 73ff, bes. 83ff. - Nachweis der Überlieferung: BHG II, 1957[3], 187f s.v. - AS Oct. IV, 248ff; Junii II, 154ff; Maii I, 453ff. *H.Berthold*

Pelagius I., *Papst* 16.4.556 bis 4.3.561, tritt schon als Diakon diplomatisch (Apokrisiar in Konstantinopel; Verhandlungen im Gotenkrieg) und theologisch (gegen → Origenes; gegen die Verurteilung der drei Kapitel [→ Dreikapitelstreit]) hervor. Als Justinian ihn zum Papst ersieht, folgt P. der von → Vigilius vollzogenen Anerkennung des Konzils von 553. Diese Wendung trägt ihm Opposition in Afrika, Italien (Schisma von Mailand und Aquileja) und peinliche Anfragen des Frankenkönigs Childebert ein. P. muß sich deshalb auf die byzantinische Staatsmacht stützen. Er wirkt an der Ordnung der Verhältnisse Italiens nach dem Krieg im Rahmen der Sanctio pragmatica Justinians mit, hebt Disziplin und Finanzen der Kirche und übt eine ausgedehnte Liebestätigkeit.

II., *Papst* 26.11.579 bis 7.2.590, Sohn eines Goten. Sein Pontifikat ist bestimmt durch die langobardische Gefahr, gegen die er 580 über den gallischen Episkopat erstmals fränkische Hilfe sucht, und die vergebliche Mühe um Beilegung des Schismas von Aquileja/Grado. Dem Johann IV. von Konstantinopel bestreitet er das Recht, sich ökumenischer Patriarch zu nennen. Der Neubau der Basilika S. Lorenzo fuori le mura in Rom geht auf P. II. zurück.

Pel. diaconus: In defensione trium capitulorum, ed. R.Devreesse, 1932 - P. I. papae epistulae quae supersunt, ed. P.M.Gasso u. C.M. Battle, Montserrat 1956 - CPL Nr. 1698ff. 1705f. - Duchesne, LP I, CCLIVf. 303f. 309f; III, 92f (Lit.) - RE XV, 104ff - DThC XII, 660ff - PW Suppl. VII, 836ff (Lit.) - L.Duchesne, Vigile et P. (RQuH 36, 1884, 369-440; 37, 1885, 579-593) - Ders., L'Eglise au VIe siècle, Paris 1925, 219ff - Caspar II, 286ff. 352f. 367ff - Haller I, 279ff - Seppelt I, 286ff - L.Abramowski, Die Zitate in d. Schrift »In def. trium cap.« d. röm. Diakons P. (VigChr 10, 1956, 160-193). *R.Lorenz*

Pelagius und Pelagianismus

1. P. († nach 418), Brite (nicht Ire), lebt bis 410 lange in Rom als unabhängiger, mönchischer Asket, geschätzt u.a. von → Paulinus von Nola. Er wirkt in vornehmen Laienkreisen als Lehrer der Schrift - P. betont die Pflicht der Laien zu gegenseitiger Unterweisung - und Seelenführer und verteidigt seine Ansichten in Reden und Streitgesprächen. P. soll durch Rufin (den Syrer, nicht Rufin von Aquileja) Häretiker geworden sein (ca 399). Im Pauluskommentar (406/409) liegt seine Lehre im wesentlichen fertig vor. Trotz Spannungen mit Anhängern Augustins in Rom reist P., vor Alarich fliehend, über Hippo nach Karthago. Dort sieht er Augustin kurz (ca Mai 411) und begibt sich bald nach Palästina. Der pel. Streit beginnt mit der Verurteilung des Anhängers des P., Caelestius, in Karthago 411 (Koopmans). Den darauf fußenden, von Hieronymus und Augustin inspirierten Angriff des → Orosius (Jerusalemer Konvent ca 30.7.415) und die Klage von Heros und Lazarus (Synode von Diospolis, ca 20.12.415) schlägt P. unter Distanzierung von Caelestius ab. Die Afrikaner (Konzile von Karthago und Mileve 416) erreichen jedoch die Verurteilung durch Papst → Innozenz I. (Augustin: causa finita est, Sermo 131, 10). Die von Caelestius unter → Zosimus angebahnte Revision wird durch die Afrikaner (die Vorgänge sind nicht mehr genau faßbar: Konzile Nov. 417 [?] und 1.5.418) vereitelt. Auch wegen des von dort veranlaßten Vorgehens der Regierung und der Unruhen in Rom, wo → Julian (, 2) disputiert, bestätigt Zosimus das Urteil des Innozenz (ep. tractoria). Nach → Marius Mercator hat eine antiochenische Synode (418/425?) den P. aus Jerusalem vertrieben.

2. P. ist ergriffen vom Radikalismus der Bergpredigt und vom Ernst des jüngsten Gerichts. Das Evangelium ist Verschärfung des Gesetzes: nicht vergelten, lügen, schwören, es ist das Gesetz der Vollkommenheit, und das Gericht wird auch die Absicht unserer Taten wägen. So sucht seine Theologie die Frage nach Gestalt und Möglichkeit christlichen Lebens zu beantworten. Im Ansatz verbindet sich die Idee mönchischer Vollkommenheit und strenger sittlicher Verantwortung mit Anti- → Manichäismus. Gegen die Manichäer lehrt P., daß Christus nicht gegen Moses steht und das Evangelium nicht gegen das Gesetz. Das Evangelium hebt zwar das Gesetz auf, aber so wie die Frucht den Samen. Der Unterschied von → Gesetz (: V, 4) und Evangelium liegt im Inhalt der Gebote. Der gerechte Gott gibt das Gesetz, weil der Mensch es erfüllen kann. Als Schöpfer verleiht er ihm die Gnade des Guten der Natur (possibilitas boni, Willensfreiheit), welches schon ein Gesetz Gottes mit sich führt (naturalis quaedam sanctitas, ep. Demetr. c. 4), und erneuert in der Heilsgeschichte die Kenntnis des Gesetzes. Von der → Gnade Gottes (: IV, 1 b) her fallen Seinsgesetzlichkeit und Sollensgesetzlichkeit des Menschen zusammen: *das ist das Evangelium des P.* Von hier wird die positive Wertung der Konkupiszenz bei Julian begreiflich. Die → Sünde (: V) ist nichts der Natur Inhärentes, sondern freie Tathandlung. Den Begriff »Erbsünde« ersetzt P. durch den der sündigen Gewohnheit und Nachahmung Adams. Da zum rechten Tun die Kenntnis des Gesetzes gehört, rät P. zur Schriftlektüre: ohne Gottes Wort ist jede Gerechtigkeit unsicher (Exp. Eph. 6, 17). Christi Heilsbedeutung liegt in der Sündenvergebung, in seiner Lehre und dem Beispiel seines Lebens. Der Inhalt der fides Christi ist die Taufe, in der die → Rechtfertigung (: II) ohne Verdienst und Werke allein aus Glauben erfolgt. Hier wird die Kirchlichkeit des P.

sichtbar, in der auch sein gelegentliches Schwanken zwischen eigenen Ansichten und ihm autoritativ entgegentretenden Lehren begründet ist. Die Kirche ist die Gemeinschaft der Vollkommenen. P. ermäßigt das durch Anerkennung der Buße und Scheidung zwischen Gerechtigkeit aller und Vollkommenheit einer Elite. Und die Forderung der Sündlosigkeit wird durch die Differenzierung von posse und esse gemildert. - Der P.-mus entsteht an der bisherigen kirchlichen → Anthropologie (: III; → Lactantius, → Theodor von Mopsuestia) in ihrer mönchischen Ausformung. Symptom des popularphilosophischen Einschlags bei P. ist die Fassung der Radikalisierung des Gesetzes im NT als Verinnerlichung: Versetzung in den Bereich des Inneren, den Gott ansieht, und der, dem Wandel des Geschicks entzogen, uns verfügbar ist. T.Bohlin versucht die Ableitung des P.mus aus dem Frühstadium des Augustinismus (dagegen de Plinval; vgl. auch → Ambrosiaster). - Der pel. Streit entbrennt um die Folgen von Adams Fall und den Sinn der Kindertaufe (Leugnung der Erbsünde!). → Hieronymus kritisiert bes. die impeccantia, → Augustin (: II, 3) vor allem den Gnadenbegriff. Gnade ist bei P. das dem Menschen von Gott Vorgegebene, das in der Willensentscheidung aktualisiert oder verfehlt wird, während bei Augustin nicht nur die Kenntnis des Guten (scientia), sondern auch die Freude daran (delectatio) und damit die *bona* voluntas von Gott geschenkt wird. - Der sich bis nach Britannien (→ Germanus) ausbreitende P.mus ist nicht ganz einheitlich (vgl. Klasen zur Selbständigkeit des Caelestius, Caspari zum sizilischen P.mus) und gerät sowohl in die Diskussion um → Origenes als auch in die um → Nestorius (Christologie des Galliers Leporius).

3. Die nach dem Urteil von 418 von Julian geführte pel. Opposition arbeitet kirchenpolitisch mit der Forderung eines allgemeinen Konzils und hofft dabei auf den Orient (zB der Libellus fidei der Aquilejaner), theologisch mit der Bekämpfung Augustins. Der Antiaugustinismus bildet die Brücke zwischen dem vor der Verfolgung in die Anonymität fliehenden Kryptopelagianismus, der zum Schein P. verurteilt (→ Prädestinatus), und dem → Semipelagianismus. Auf dem kyrillischen Konzil von → Ephesus 431 fallen die schon zuvor auf Widerstand im Orient gestoßenen Pelagianer als Opfer des Bündnisses zwischen Alexandria und Rom. Pel. Spuren finden sich in Dalmatien und Italien noch unter Gelasius I. (492-496), in Irland noch später.

Qu.: MPL 45, 1679ff - A.Bruckner, Qu. zur Gesch. d. pel. Streits, 1906 - CPL n. 728-782 - C.P.Caspari, Briefe, Abh.en u. Predigten aus den letzten zwei Jh.en des kirchl. Altertums, 1890. - *Werke des P.:* Übersicht, Fundorte der Fragmente (u.a. De trinitate, Eclogarum liber, De natura, De libero arbitrio) in MPL Suppl. I, Paris 1958, 1101ff (Lit.) - Expositions of 13 Epistles of St. Paul, ed. A.Souter, 3 Bde, Cambridge 1922-31 (= MPL Suppl. I, 1110ff, ohne Apparat) - Ep. ad Demetriadem, MPL 30, 15ff; 33, 1099ff. Die Zuweisung zahlreicher Schriften an P. durch de Plinval ist noch nicht abschließend gesichert. - *Abh.en:* F.Klasen, Die innere Entwicklung des P.mus, 1882 - RE XV, 747ff (Lit.); XXIV, 310ff - DThC XII, 675ff - G.de Plinval, Recherches sur l'oeuvre littéraire de P. (Rev. de Philol. 60, 1934, 9-42) - Ders., Le problème de P. sous son dernier état (RHE 35, 1939, 5-21) - Ders., P., ses écrits, sa vie et sa réforme, Lausanne 1943 (Lit.) - Ders., Essai sur le style et la langue de P., Freiburg/Schw. 1947 - Ders., Points de vue récents sur la théol. de P. (RechSR 46, 1958, 227-236) - PW XIX/1, 226ff - I. Kirmer, Das Eigentum des Fastidius im pel. Schrifttum (Diss.Würzburg), 1938 - B.Altaner, Der Liber de fide, ein Werk des Pelagianers Rufin d. »Syrers« (ThQ 130, 1950, 442-449) - J.H.Koopmans, Augustine's first Contact with P. (VigChr 8, 1954, 149-153) - J.Ferguson, P., Cambridge 1956 (Lit.) - T.Bohlin, Die Theol. des P. u. ihre Genesis, Uppsala 1957 - Altaner § 82, 7-11.
R.Lorenz

Pella, Stadt am Ostrand des Jordangrabens, 28 km südl. des Sees Genezareth, gegenüber der Ebene von → Bethsean, heute ṭabaqāt faḥil; im AT und NT nicht erwähnt, doch seit dem 19.Jh. vChr (Posener) als piḥil bzw. pḥr (talmudisch pḥl) literarisch bezeugt, hellenistisch P.; in röm. Zeit Mitglied der → Dekapolis, 66 nChr von jüd. Aufständischen heimgesucht (Josephus bell. II, § 458). Nach der (umstrittenen) Angabe bei Eusebius h.e. III, 5, 3 ist die judenchristliche Gemeinde von Jerusalem auf Grund einer Offenbarung »vor dem Krieg« 66/70 nChr nach (diesem?) P. (»in → Peräa«) - vorübergehend? - ausgewandert (→ Judenchristentum: I). - 1958 sind Ausgrabungen in Angriff genommen worden.

G.Schumacher, P., London 1888 - Schürer II, 173ff - W.F.Albright, The Jordan Valley in the Bronze Age (AASOR 6, 1926, 13 bis 74, bes. 39ff) - Ders., Two... Amarna Letters... (BASOR 89, 1943, 7-17) - J.Richmond, Khirbet Fahil (PEFQSt 66, 1934, 18-31) - PW XIX, 348f - F.M.Abel, Géographie de la Palestine II, Paris 1938, 405f - G.Posener, Princes et pays d'Asie et de Nubie, Brüssel 1940, 68f - N.Glueck, Explorations in Eastern Palestine IV (AASOR XXV-XXVIII), New Haven 1951, 254ff - R.W.Funk-N.H.Richardson, The 1958 Sounding at P. (BA 21, 1958, 82-96) - G.Strekker, Das Judenchristentum in den Pseudoklementinen (TU 70), 1958, 229ff (Lit.) - J.Munck, NTS 6, 1959/60, 103f - H.J.Schoeps, Ebionitische Apokalyptik im NT (ZNW 51, 1960, 101-111).
C.-H.Hunzinger

Pellikan (Kürschner), *Konrad* (1478-1556), Hebraist, * in Ruffach (Elsaß), trat 1493 in das dortige Kloster der Franziskaner ein. 1496 wurde er nach Tübingen versetzt, wo er sich bes. dem Studium des Hebräischen widmete. 1501 wurde er Priester und verfaßte als erster Christ ein Lehrbuch der hebr. Sprache (De modo legendi et intelligendi Hebraeum, gedr. 1504 in Straßburg). 1502 wurde P. Lektor der Theologie im Barfüßerkloster von Basel. Nach längeren Aufenthalten in Ruffach und Pforzheim und verschiedenen Reisen wurde er Guardian des Basler Klosters. Als solcher kam er mit den Schriften Luthers in Berührung. 1523 ernannte ihn der Basler Rat zusammen mit → Oekolampad zum Prof. der Theologie. Schon zwei Jahre später zog P. jedoch auf Einladung → Zwinglis nach Zürich. Er trat hier endgültig zur Reformation über und wirkte bis zu seinem Tode als Prof. der griech. und hebr. Sprache. Er war ein wesentlicher Mitarbeiter der Zürcher Bibelübersetzungen.

Vf. ferner u.a.: Commentaria Bibliorum, 7 Bde, 1532-39; Chronicon C.P.R. ad filium et nepotes, hg.v. B.Riggenbach, 1877. - Über P.: RE XV, 108ff (Lit.) - B.Walde, Christl. Hebraisten Deutschlands am Ausgang des MA, 1916, 218 - RGG² IV, 1062 - LThK VIII, 69 - E.Bonjour, Die Univ. Basel von den Anfängen bis zur Gegenwart, 1960.
H.R.Guggisberg

Pelplin, deutsches Zisterzienserkloster, gestiftet von den Herzögen von → Pommerellen, von Doberan (Mecklenburg) aus begründet. Die erste Niederlassung Pogutken a. d. Ferse (1258) wurde 1276 nach P. verlegt. Nach Unterstellung Westpreußens unter die polnische Krone (1454) bleibt das Deutschtum P.s zunächst unangetastet. Trotz teilweiser Zwangspolonisierung seit Ende des 16.Jh.s (Bischof Rozrazewski von → Leslau) waren noch im 18.Jh. deutsche Mönche vorhanden. 1824 wurde das Kloster säkularisiert und der Sitz des Bistums → Kulm nach P. verlegt, nach 1920 das national gemischte Domkapitel völlig polonisiert.

Pommerellisches Urkundenbuch (→ Leslau) - R.Frydrychowicz, Gesch. d. Cisterzienserabtei P., 1907 - F.Manthey, P. - ein Werk dt. Zisterzienser (Dt. Monatshefte in Polen 3, 1937, 340-365). - Die Arbeiten v. P.Panske, G.Rhode, B.Schumacher s. → Kulm.
Heinz Neumeyer

Penn, *William,* * 14.10.1644 in London, † 30.7.1718 in Ruscomb (Berkshire), neben G. → Fox zweite Führergestalt der → Quäker und Begründer des christlichen Freistaats Pennsylvanien (→ Vereinigte Staaten: I). Als

Sohn des Vize-Admirals Sir William P. (1621-70) studierte er in Christ Church in Oxford, wo er wegen seiner Sympathien für die → Dissenters 1662 entlassen wurde. Zur höfischen Ausbildung nach Frankreich gesandt, hörte P. in Saumur → Amyraut, bildete sich dann als Jurist in Lincoln's Inn in London aus und diente als Offizier in Irland (1666). Durch Thomas Loe gewonnen, ging er kurz danach zum Quäkertum über. Seine erste Flugschrift Truth Exalted (1668), in der er Grunddogmen wie Trinität und Versöhnung angriff, brachte ihn - weil unerlaubt gedruckt - in den Tower, wo er die klassische Erbauungsschrift No Cross, no Crown (1669) verfaßte. Nach seiner Freilassung 1670 reiste er durch Holland und Deutschland, trat als Wanderprediger in England auf und verwandte sich für die Entlassung gefangener Quäker. Für die Kolonie West New Jersey in Nordamerika, deren Mitbesitzer er seit 1676 war, entwarf er eine Verfassung mit größtmöglicher bürgerlicher und religiöser Freiheit und übertrug sie auf die ihm 1681 durch Erbe zugefallene Provinz am Delaware (»Pensilvania«). Hatte er in West New Jersey vorwiegend englische Quäker angesiedelt, so rief er jetzt Christen aller Gruppen ins Land, aus Deutschland vorwiegend radikale Pietisten und Separatisten. Mit den Indianern schloß er 1681 einen Freundschaftsvertrag und milderte die Sklaverei durch Gesetze. Seit 1701 lebte er wieder in England. Sein Essay on the Present and Future Peace of Europe (1693) nahm die Idee des Völkerbunds mit gemeinsamem Parlament voraus.

Works, 2 Bde, 1726; Select Works, ed. J.FOTHERGILL, 1771 (Neudr. 1782 u. 1825). D.LOGAN-E.ARMSTRONG, Correspondence between W.P. and J.Logan, 2 Bde, 1870/72. - Größte Sammlung des gedr. u. handschriftl. Materials in England: Friends' Library, Euston Road, London (dazu C.M.ANDREWS-F.G.DAVENPORT, Guide to the MSS materials for the Hist. of the USA to 1783, 1908); in Nordamerika: Privatsammlung von A.C.MYERS, Philadelphia. - JOS.SMITH, A Descriptive Catalogue of Friends' Books, 2 Bde, 1867 - M.K.SPENCE, W.P.: A Bibliogr., 1932. - Über P.: TH.CLARKSON, Memoirs of the Private and Public Life of W.P., 2 Bde, 1814 - W.H.DIXON, W.P., 1852 - DNB XLIV, 311ff - S.M.JANNEY, (The Life of) W.P., (1900) 1932² - J.W.GRAHAM, W.P., Founder of Pennsylvania, 1917 - B. DOBRÉE, W.P., Quaker and Pioneer, 1932 - C.E.VULLIAMY, W.P., 1934 - DAB XIV, 433ff - W.I.HULL, W.P. and the Dutch Quaker Migration to Pennsylvania, 1935 - DERS., W.P., 1937 - E.FOGELKLOU, W.P., en bok om samvete och stat, 1935; dt. 1948 - E.C.D.BEATTY, W.P. as a Social Philosopher, 1939 (Bibliogr.) - C.O.PEARE, W.P., 1957. - Vgl. die Lit. zu → Quäker. *M.Schmidt*

Pentagramm (griech.), ein in einem Zuge gezeichneter fünfspitziger Stern, wegen der dabei entstehenden 5 A (Buchstabenzauber) auch Pentalpha genannt, ist in Altertum, MA und Neuzeit eines der häufigsten und gewichtigsten magischen Zeichen (→ Aberglaube, → Magie). Es wird vor allem angewandt, um sich gegen den Alp (Drude) zu schützen, als dessen → Fußspur das P. gilt; es heißt deshalb volkssprachlich Druden-, Alp-, Mahrfuß oder Alpkreuz. Auch andere dämonische Wesen, → Hexen und der → Teufel werden durch das P. gehindert, ein Haus zu betreten (»Der Drudenfuß auf eurer Schwelle / Das Pentagramma macht dir Pein?« Goethe, Faust I). Es schützt bei der Geister-→ Beschwörung (»Mit Zirkeln und Fünfwinkelzeichen / Wollt er Unendliches erreichen« Goethe, Maskenzüge, 1818, 618ff). Als Apotropaion und Übel abwehrendes Zeichen findet sich das P. noch in der Gegenwart an Tür, Bett, Wiege, auf Stuhllehnen, im Fachwerkbau, auf → Amuletten sowie in der Heraldik und als Abwehrzeichen geheimer Gesellschaften. Oft nicht mehr verstanden, wurde es zum Ornament der Volkskunst (gelegentlich auch mit dem aus zwei ineinandergeschobenen Dreiecken gebildeten sechsspitzigen Stern verwechselt). Das P. stammt aus dem Orient, wo es in Babylonien, Ägypten und Palästina zunächst auf Gefäßen vorkommt, in seiner ursprünglichen Bedeutung sich aber nicht eindeutig festlegen läßt. Als Ornament ist es an den galiläischen Synagogen nachweisbar. Es ist ferner bekannt als σύμβολον πρὸς τοὺς ὁμοδόξους (Erkennungszeichen der zum gleichen Glauben Gehörigen) der → Pythagoreer und gewann dann große Bedeutung in der → Gnosis. Häufig erscheint das P. auf griech. Münzen. Die Araber nennen es das »Siegel Salomonis«; sie erblicken darin den hl. Namen Gottes, 5 Verse des Pentateuch, 5 des → Koran, 5 der Psalmen Davids und 5 des Evangeliums.

A.WUTTKE, Der dt. Volksaberglaube, (1860) 1900³, 181f - A.ZEISING, Das P. (Dt. Vierteljahrsschrift 31, 1868, 173-226) - S.SELIGMANN, Der böse Blick u. Verwandtes II, 1910, 293-297 - K.SPIESS, Bauernkunst, ihre Art u. ihr Sinn, 1925 - RGG² IV, 1063 (Lit.) - HWDA X, 68. 265 - M.KNAPP, Pentagramma Veneris, 1934 - F.C. ENDRES, Mystik u. Magie der Zahlen, (1935) 1951³, 137ff - O.STÖBER, Der Drudenfuß, 1958². *L.Röhrich*

Pentapolis

1. Die Sodom-Städte - 2. Die P. der Ph. - Ph. = Philister

1. Der Autor der → Salomo-Weisheit (10, 6) faßt unter Kombination von Gen 19 mit Hos 11, 8 (Dtn 29, 22; Gen 10, 19) als Orte des Gottesgerichtes Sodom und Gomorrha, Adma und Zeboim zuzüglich Bela-Zoars (aus Gen 14, 2. 8f) zu einem »Städtebund« zusammen, die er nach zeitgenössischer Weise (vgl. → Dekapolis) als P. bezeichnet. Zur Sache vgl. → Sodom.

2. Von einer P. der → Philister pflegt man deshalb zu sprechen, weil in 1Sam 6 (Ladeerzählung = Zeit Davids) 5 Fürsten der Ph. (s^e^ranîm = τύραννοι [?]) genannt und ihre Sitze aufgezählt werden. Das sind: Asdod, → Gaza, Askalon, Gath und Ekron (im Einschub in Jos 13, 3 in anderer Reihenfolge). Nach den Ächtungstexten bzw. den → Amarna-Briefen existierten Gaza, Askalon, Asdod und Gath schon als Kanaanäerstädte, Ekron dagegen dürfte eine Neugründung der Ph. gewesen sein (BRL 141). Was die Lokalisierung angeht, so ist sie bei drei Städten gesichert: Gaza (am weitesten im Süden) ist das heutige ghazze, Askalon entspricht ʿasḳalān am Meer, Asdod ist esdud. Alle 3 Städte liegen an der großen Heerstraße des Altertums. Problematisch ist die Ansetzung von Ekron und Gath. Die 1957 durchgeführte Untersuchung von chirbet el-muqannaʿ (starke Besiedlung im 11./9.Jh., Ende in der Perserzeit) hat es wahrscheinlich gemacht, daß hier, 20 km inlands auf der Breite von Asdod, das philistäische Ekron gelegen hat (Eltheke, Jos 19, 44, weiter nördlich = tell eš-šalaf? [Mazar]; hellenistisches Akkaron = ʿakir?). Von den Vorschlägen für Gath verdient vor dem südlichen ʿarak el-menschīje der tell eṣ-ṣāfi (7 km südl. von chirbet el-muqannaʿ) den Vorzug, zumal hier bei der Grabung auch (die sog.) Ph.-Keramik aufgetaucht ist. Diese beiden Lokalisierungsvorschläge passen zu Jos 15, 11 (19, 43), auch zu 1Chr 11, 8 und zum Weg der → Lade von Asdod über Gath nach Ekron und von da nach Beth-Schemesch (1Sam 5f). Daß sich im ausgehenden 12.Jh. die 5 Fürsten (der einzelne heißt, wie Achis von Gath, »König«) bei der Landnahme zum Bunde zusammenfanden, ist wahrscheinlich, fraglich dagegen, ob es ein wechselndes »Oberkommando« gab. Den Fürsten fiel die militärische Führung zu (vgl. 1Sam 29: Kampf gegen → Saul). Kleinere Herrschaftsgebilde mögen neben der P. bestanden haben, so in Gerar, wenn nicht die Umfirmierung des Kanaanäerkönigs (Gen 21, 32) in einen Ph.-König (Gen 26, 1. 15) nur eine anachronistische Kombination des Jahwisten darstellt; andererseits zeigt die Verleihung von Ziklag an David durch Achis (1Sam 27, 8) die volle Verfügungsgewalt der Ph.-Fürsten an. Daß es im Umkreis der P. noch

zahlreiche befestigte Städte und offene Dörfer gab, liegt in der Natur der Sache, wird überdies in 1Sam 6, 18 ausdrücklich gesagt. Auch ist in den Annalen Sanheribs über seinen Feldzug von 701 (AOT 353; ANET 287) ausdrücklich von zu Askalon gehörenden Exklaven im Bereich von Japho (Jaffa) die Rede. - Der Unterschied zwischen den 5 Hauptstädten und den übrigen Siedlungen mag darin bestanden haben, daß dort ausschließlich oder vorwiegend Ph. wohnten, während hier das Gros der Bewohner aus unterworfenen Kanaanäern bestand. Von den Städten der P. ist Gath (noch gegen Ende der Regierung Salomos?; doch ist die Datierung der Festungsliste → Rehabeams in 1Chr 11 umstritten) an Juda gefallen, ging aber an Hasael von Damaskus verloren (2Kön 12, 18f), der die Stadt den Ph.n zurückgab. Seinen früheren Rang als P.-Stadt hat Gath aber nicht wieder erlangt (vgl. Am 6, 2; fehlt als einzige Stadt der P. in Am 1, 8).

Zu 2: BRL u. F.M.ABEL, Géographie de la Palestine II, Paris 1938, s.v. Asdod usw. - G.BEYER, Gath (ZDPV 54, 1931, 134-145) - K.ELLIGER, Zur Lage von Gath (ebd 57, 1934, 148-152) - O.PROCKSCH, Gat (ebd 66, 1943, 174-190) - J.NAVEH, Khirbat al-Muqanna' = Ekron (IEJ 8, 1958, 87-100. 165-170) - B.MAZAR, The Cities of the Territory of Dan (ebd 10, 1960, 66-77). *K.Galling*

Pentateuch

1. Name, Verfasserschaft, Thema - 2. P.kritik und P.forschung - 3. Die P.quellen: a) Jahwist - b) Elohist - c) Dtn - d) Priesterschrift - 4. Abschluß der P.bildung

1. P. heißt der die fünf Mosebücher umfassende erste und in seiner Autorität wichtigste Teil des at. Kanons (→ Bibel: I B), der von der jüd. Gemeinde die Tora (Gesetz, Unterweisung) oder die Tora des Mose genannt wird zum Unterschied von den prophetischen und sonstigen Schriften des AT (→ Bibel: I A). Die griech. Bezeichnung P. (das fünfbändige, sc. Buch) setzt die zwar nicht ursprüngliche, aber bereits der LXX (→ Bibelübersetzungen: I) bekannte Einteilung in fünf Bücher voraus, die fünf Fünftel der Tora, wie sie im → Talmud genannt werden. Ihre Namen hat die jüd. Synagoge den hebräischen Anfangsworten der fünf Bücher entnommen, während die griech.-lat. Bezeichnungen (→ Genesis, → Exodus, → Leviticus, → Numeri, → Deuteronomium) auf den Inhalt der Bücher zugeschnitten sind. - Die *Herleitung des P.s von Mose,* schon im AT insofern vorbereitet, als bestimmte Teile (zB das → Bundesbuch, Ex 24, 4. 7 u.a.m.), jedoch nicht der ganze P. Mose zugeschrieben werden, ist ausdrücklich bezeugt von → Philo (Vit. Mos. I, 4) und → Josephus (Ant. IV, 8, 48), vom babylonischen Talmud etwas modifiziert, indem die letzten vom Tod des Mose handelnden Verse → Josua zugewiesen werden, und wurde von der christlichen Kirche übernommen. In etwa drei großen, aber unselbständigen Abschnitten führt der P. ein *Thema* vor, das zunächst die Urgeschichte von der Weltschöpfung bis zur Berufung → Abrahams behandelt (Gen 1-11), dann die Väterzeit von Abraham bis zum Ägyptenaufenthalt folgen läßt (Gen 12-50) und mit den Ereignissen seit dem Auszug aus Ägypten bis zum Tode des Mose abschließt (Ex 1 - Dtn 34). Die Erkenntnis, daß zu diesem Thema die im → Josuabuch geschilderte Inbesitznahme des verheißenen Landes ursprünglich hinzugehört habe, hat dazu geführt, den P. um das Josuabuch zu erweitern und von einem *Hexateuch* zu reden. Doch hat sich die zweifellos vorhandene Themaführung keinen einheitlichen Ausdruck verschaffen können. Nicht nur fehlt jedes Selbstzeugnis des P.s, von Mose verfaßt zu sein, auch Anachronismen, Dubletten, die Erzählung störende Einschaltungen, vor allem gesetzlichen Inhalts, bestärken den Eindruck, daß der P. einen langen, komplizierten Entwicklungsgang durchlaufen hat, den zu erhellen eine kritische Forschung seit 200 Jahren eifrig bemüht ist (vgl. → Bibelwissenschaft: I).

2. Hatte schon → Celsus, der Gegner des → Origenes, bei seiner Kritik an der überlieferten göttlichen Herkunft der hl. Schriften auch die Frage nach der Verfasserschaft des P.s aufgeworfen - im MA wiederholt von dem jüd. Gelehrten → Ibn Esra, zZ der Reformation nachdrücklich vorgetragen von → Karlstadt (De canonicis scripturis) -, so wurde in nachreformatorischer Zeit das weitaus bedeutsamere Problem der Einheitlichkeit des P.s erörtert. Gleichzeitig mit → La Peyrère forderte → Hobbes im »Leviathan« (1651) die Analyse biblischer Bücher ohne Rücksicht auf vorhandene Traditionen, während → Spinoza im »Tractatus theologico-politicus« (1670) die Bücher Gen-2Kön als ein großes Werk aus der Hand → Esras herzuleiten versuchte. Die von R. → Simon und → Clericus postulierte Annahme mehrerer Quellenschriften mag den Hildesheimer Pfarrer → Witter schon 1711 veranlaßt haben, wenigstens für einen Teil der Gen mit zwei Berichten zu operieren. Der französische Arzt → Astruc dehnte eine ähnliche Untersuchung zwar auf die ganze Gen aus (1751), war aber ebenfalls genötigt, mit einer größeren Zahl von Quellen zu rechnen. Anknüpfend an diese Beobachtungen bahnte sich mit J.G. → Eichhorn (seit 1780) eine literarhistorische Betrachtungsweise an, wenn er in den Büchern des AT den »Rest der hebräischen Nationalbibliothek« sah und für die Gen, auf Astrucs Spuren, mit zwei durch den Gebrauch der Gottesnamen → »Jahwe« und → »Elohim« gekennzeichneten Quellen J und E rechnete (»ältere Urkundenhypothese»). Diese Auffassung findet sich bei → Ilgen wieder (Die Urkunden des Jerusalemischen Tempelarchivs in ihrer Urgestalt, 1798), der mit drei Urkunden in der Gen auszukommen versuchte. Auf den ganzen P. ausgedehnt, erwies sich diese Theorie als unergiebig. Deshalb huldigte man zunächst einer die Einheit des P.s in zahlreiche Fragmente auflösenden »Fragmentenhypothese« (Alex.Geddes, J.S.Vater), die aber auch ohne einen festeren Kristallisationspunkt nicht auszukommen vermochte. Sah Vater im → Deuteronomium, dem dann → De Wette besondere Aufmerksamkeit widmete (Dissertatio critica, 1805), einen solchen Haftpunkt für die einzelnen Fragmente, so war damit schon jene Hypothese vorbereitet, die seit 1830 H.G.A. → Ewald vertrat: eine - bei ihm die elohistische - Grundschrift sei durch ältere Stoffe und Bestandteile einer späteren Quelle ergänzt worden. Diese »Ergänzungshypothese« wurde in reiner Ausprägung von Fr.Bleek (1836) vertreten, der allerdings, mit nur einer Grundschrift rechnend, die Erweiterungen als unselbständige Ergänzungen der einen Grundschrift ansah. Um so mehr wandte sich Ewald (seit 1843) der Auffassung zu, mit zwei elohistischen Quellen und einem redigierenden Jehovisten zu rechnen, so daß sich in der Folgezeit die Mehrzahl der Forscher wiederum der Urkundenhypothese näherte unter Verwertung der von der Ergänzungshypothese erarbeiteten Erkenntnisse. Einen vorläufigen Schlußstrich zog Herm.Hupfeld (1853). Auf die ältere Urkundenhypothese zurückgreifend, nahm er für die Gen drei selbständige Quellen und einen verknüpfenden Bearbeiter an, wobei er dem ersten Elohisten, der Bestandteile der später Priesterschrift genannten Quelle umfaßt, das höhere Alter zuwies, gefolgt von einem jüngeren Elohisten - etwa dem heute angenommenen Elohisten entsprechend - und von einer noch später anzusetzenden Grundschrift, die den Gottesnamen Jahwe gebraucht. Dillmann (1875ff) und Franz → Delitzsch (1880) dehnten diese »neuere Urkundenhypothese« auf den gesamten P. aus, nachdem schon zuvor, durch De Wette eingelei-

tet und durch Riehm (1854) unterstützt, die Selbständigkeit des Dtn unbestritten war. - Eine wichtige Umgestaltung erfuhr diese Hypothese insofern, als die zeitliche Ansetzung der Quellen geradezu auf den Kopf gestellt wurde. Die schon von → Reuss, → Graf und → Kuenen geäußerten Bedenken hinsichtlich des hohen Alters der bisher an erster Stelle stehenden Quelle aufnehmend, vertrat → Wellhausen (Die Komposition des Hexateuchs, 1876/77; Geschichte Israels, 1878, seit 1883²: Prolegomena zur Geschichte Israels) nachdrücklich ihre späte Herkunft und legte unter Verwendung der heute üblichen Bezeichnungen die Reihenfolge fest: J (Jahwist), E (Elohist), dem einige Forscher durchaus ein höheres Alter als J zubilligen, dann Dtn und schließlich P (Priesterschrift). Damit war ein gewisser Endpunkt erreicht; doch hat es an grundsätzlichen Bedenken nicht gefehlt, wie auch die zeitliche Ansetzung der Quellen schwankend blieb.

Die Forschung wandte sich nunmehr speziellen Fragen zu, sei es daß man, frühere Anregungen aufnehmend, innerhalb der Quellen mit mehreren Schichten rechnete, etwa einen J^1 von einem J^2 schied (→ Budde, Smend) oder aus J eine »Laienquelle« L aussonderte (→ Eißfeldt), sei es daß man wie → Volz und gemäßigter Rudolph die Selbständigkeit des Elohisten zu bestreiten suchte. Hatte die literarkritische Arbeit zur Annahme von drei großen Quellen geführt, die man keineswegs auf den P. beschränkte, sondern auch in den folgenden at. Büchern glaubte nachweisen zu können (so zuletzt noch → Hölscher) und von Verfassern herleitete, die, zwischen Erzählern und Geschichtschreibern stehend, als schriftstellerische Persönlichkeiten anzusprechen waren, so wandte sich die literaturgeschichtliche Arbeit, vor allem von → Gunkel durchgeführt, den in den Quellen vorhandenen Einheiten und → Formen (: I) zu. Das führte zu der naheliegenden Folgerung, in den Verfassern weniger schriftstellerische als vorhandene und in bestimmten Formen geprägte Überlieferungen sammelnde und ordnende Persönlichkeiten zu sehen. So lehrt die traditionsgeschichtliche Arbeit, wie sie etwa von →Noth vertreten wird, die literarischen P.quellen als relativ späte Endpunkte einer längeren Entwicklung, vielleicht markiert durch eine Grundschrift G, verstehen, wobei bestimmte Hauptthemen (zB Herausführung aus Ägypten, Sinaiereignisse) und Nebenthemen (zB die ägyptischen Plagen) erzählerisch ausgestaltet und miteinander verknüpft worden sind. Gleichzeitig ging v. → Rad in seiner formgeschichtlichen Untersuchung von bekenntnismäßig geprägten, aber in relativ späten Texten überlieferten Formulierungen (Dtn 6, 21-23; 26, 5-9) aus und versuchte, ein im Kult der vorstaatlichen Zeit beheimatetes Glaubensbekenntnis als Anfangspunkt herauszustellen, das - zunächst ohne die → Sinai-Überlieferung, die eine ähnlich kultisch gebundene Sondergeschichte gehabt hat - primär die Errettung aus Ägypten und die Inbesitznahme des den Vätern verheißenen Landes zum Inhalt hat, um dann nach Ausgestaltung der Vätertradition mit der Sinaiüberlieferung verbunden zu werden, während der urgeschichtliche Vorbau vielleicht erst durch den Jahwisten veranlaßt worden ist. Wird in dieser neueren Forschung das Ergebnis der literarkritischen Arbeit auch nicht in Frage gestellt, so hat sich doch das Interesse am vorliterarischen Stadium ausgeweitet zu einem Versuch, den Kern des P.s in einem kultisch gebundenen → Bekenntnis (: II) zu suchen, das, erzählerisch ausgestaltet, erst relativ spät Literatur geworden ist, um erst dann in eine große Geschichtsschau auszumünden, wie sie sich in den einzelnen P.quellen niedergeschlagen hat.

3. Weitgehend den gleichen Stoff behandelnd und entstanden aus bestimmten geschichtlichen Voraussetzungen, sind diese ursprünglich als Erzählungswerke zu betrachtenden *Quellen* durch kleinere oder größere Gesetzeskorpora aufgebläht worden, die insgesamt an Umfang dem erzählenden Teil des P.s fast gleichkommen, schließlich aber dem ganzen P. den Namen Tora (Gesetz) verliehen haben.

a) Dabei wird die *jahwistische* Quelle (→ Jahwist) ausschließlich Erzählung gewesen sein. Sie bietet eine Universalgeschichte, die, mit der Schöpfung des Menschen beginnend, den auch durch das Gericht der → Sintflut nicht rückgängig zu machenden Abfall der Menschen von Gott - von Anfang nicht ohne Grund mit dem Namen → Jahwe benannt -, zugleich aber auch die gnädige Führung Gottes zu erkennen gibt, um mit der Zerstreuung der Menschheit am Ende der Urgeschichte ein vorläufiges Ziel zu erreichen. Doch wird die mit der Berufung → Abrahams beginnende Geschichte Israels in der Abraham gegebenen Verheißung sogleich mit der Geschichte der Menschheit verknüpft (Gen 12, 1-3) und die Bedeutung Israels als eines verbindenden Gliedes deutlich hervorgehoben. Kann auch im Zuge des alten Glaubensbekenntnisses nur die erste Etappe dieses Weges, die Volkwerdung Israels bis zur Besitzergreifung des verheißenen Landes, dargestellt werden, so ist doch in der programmatischen Verheißung an Abraham die fast prophetische Konzeption des jahwistischen Werkes erkennbar, auf dem Wege über Israel die zerstreute Menschheit zu einer neuen, höheren Einheit zusammenzufügen. Ist die Herleitung dieser Quelle aus davidisch-salomonischer Zeit vertretbar, wird eine solche universale Konzeption nicht ohne Affinität zur politischen Situation denkbar sein, die dem Großreich → Davids eine die Kulturkreise Mesopotamiens und des Nillandes verbindende Stellung zuerkennen konnte.

b) Auch das nur zT überlieferte Werk des → *Elohisten* hat primär erzählenden Charakter. Die mit der Berufung Abrahams (Gen 15, 1-6) beginnende Darstellung wie auch die erst Mose übermittelte Offenbarung des Jahwenamens (Ex 3, 13ff) bekunden eine Beschränkung auf Israel und damit ein Verlassen der universalen Konzeption des Jahwisten. Überdies wird in Erzählungen wie Gen 15, 1-6; 22 (Berufung und Glaubensprobe Abrahams) und Gen 20 (vgl. V. 7) die Gestalt Abrahams ähnlich wie später Mose prophetisch gezeichnet, so daß der Elohist im Prophetentum eine für Israel bedeutsame Erscheinung sieht. In Verbindung mit der neuerdings betonten Affinität der frühen Schriftprophetie (→ Amos; → Propheten: II B) mit dem Gottesrecht könnte die nun erstmalig, wenn auch ungefüge vorgenommene Einschaltung rechtlicher Bestandteile wie → Dekalog (Ex 20) und → Bundesbuch (Ex 21-23) in die elohistische Darstellung begreiflich sein. Daher ist der Schluß erlaubt, der Elohist habe eine Nationalgeschichte geben wollen, in der die Offenbarung (in Form von »Gesetz« und »Propheten«) als das die Besonderheit Israels kennzeichnende Element betont wird, eine ebenfalls aus der politischen Situation verständliche Beschränkung, als das Reich Ephraim - die nicht unbestrittene ephraimitische Herkunft und zeitliche Ansetzung des Elohisten um 850/800 vChr vorausgesetzt - in den Aramäerkämpfen seine Selbständigkeit behaupten mußte. - Beide Erzählungen scheinen in dem auf die Vernichtung des Nordreiches durch die Assyrer (721 vChr) folgenden Jh. in dem noch beschränkt selbständigen Reich → Juda zu dem sog. *jehovistischen* (→ Jehovist), J und E umfassenden Werk unter gesamtisraelitischem Aspekt verbunden worden zu sein, da sowohl der Jahwist als auch das Gottesrecht und die prophetische Botschaft nicht politische Teilstaaten, sondern die aus vorstaatlicher Zeit stammende Gesamtgröße »Israel« im Auge hatten.

c) Zur gleichen Zeit etwa sind die Anfänge des → *Deuteronomiums* zu vermuten, das zwar kein Erzählungswerk, aber doch Bestandteil des P.s geworden ist. In Form einer vor dem Jordanübergang gehaltenen Moserede bietet das eigentliche Gesetzbuch (c. 12-26), zT mit dem Bundesbuch übereinstimmend, verschiedenartige Gesetze, darunter die betont an den Anfang gestellte sog. Kultuszentralisation, zugleich aber auch solche Bestimmungen, die möglichst umfassend das ganze Leben des Volkes als gottbezogen kennzeichnen wollen. In Verbindung mit den keineswegs einheitlichen Rahmenreden (c. 5-11; 27-30) drängt sich immer wieder die Vermutung auf, daß in Form einer Zusammenfassung des Glaubensbesitzes Israels ein die alten Überlieferungen, wenn nicht ersetzendes, so doch dirigierendes ideelles Programm vorgetragen wird, richtungweisend für eine Erneuerung Israels, weshalb bei der umstrittenen Frage nach der Herkunft des Buches an ein Zusammenströmen verschiedener Einflüsse zu denken ist (priesterlich-levitische und oppositionell-prophetische Kreise, verbunden mit Bestrebungen des Landadels). Daß gleichwohl um 622 vChr unter dem judäischen König → Josia (vgl. 2Kön 22, 3 - 23, 25) dieses Gesetzbuch mit hoher Wahrscheinlichkeit für kurze Zeit staatliche Bedeutung erhalten hat, um dann schnell ignoriert und in den Untergang Judas (598/587 vChr) hineingezogen zu werden, hat diesem Programm mehr geschadet als es einer Erneuerung Israels nützlich gewesen ist. Doch hat es in exilischer Zeit eine gewisse Bedeutung insofern behalten, als es, mit einer historischen Einleitung (c. 1-4) versehen, Grundlage und Anfangspunkt einer großen, vermutlich in Palästina entstandenen Geschichtsbetrachtung geworden ist, die, mit dem Dtn beginnend, die folgenden Bücher Jos-2Kön umfaßt; beim Abschluß der P.bildung ist das Dtn dann von diesem → deuteronomistischen Geschichtswerk abgetrennt worden.

d) Wiederum etwa gleichzeitig liegen in frühexilischer Zeit die Anfänge der letzten P.quelle, der → *Priesterschrift*. Durchaus noch als Erzählungswerk anzusehen, übernimmt sie von J den urgeschichtlichen Vorbau, mit der Weltschöpfung beginnend, von E die durch die zweifache Gottesbezeichnung charakterisierte Periodisierung, noch verstärkt durch eine Unterteilung mittels verschiedener Bundesschlüsse (mit Noah, Gen 9, 1ff; mit Abraham, Gen 17, 1ff), so daß sie hier in Form von Gottesreden stärker erzählerisch ausholen kann, während sie sich sonst auf genealogische Register, einer älteren Vorlage entnommen, und chronologische Notizen beschränkt. Ausführlicher beteiligt sie sich an den Ereignissen der Mosezeit und gibt damit zu erkennen, daß die knappe Behandlung der Ur- und Väterzeit nur als Hinführung bes. zu den Ereignissen am Sinai dienen soll. Bei den im Zusammenhang mit der Priesterschrift eingeführten gesetzlichen Bestandteilen in Ex, Lev, Num wird zwar mit späteren Ausgestaltungen zu rechnen sein; das gilt etwa für das mit Ezechiel verwandte → Heiligkeitsgesetz (Lev 17-26), das große Versöhnungsfest (Lev 16; → Feste: II, 5b) und etliche Opfer- und Reinigungsvorschriften (Lev 1-7; 11-15). Doch schon das Passagesetz in Ex 12, die Bestimmungen über den Bau der Stiftshütte (Ex 25-31, vielleicht auch 35-40; → Zelt) und einige Priester und Leviten betreffende Vorschriften in Lev 8-10; Num 18 scheinen zum größeren Teil dem ursprünglichen Bestand angehört zu haben, so daß in ihrem zweiten Teil die Priesterschrift ihren erzählenden Charakter weithin verloren hat. An der Landnahme-Darstellung kaum oder gar nicht beteiligt, schließt sie mit dem jetzt in Dtn 34, 1. 7-9 berichteten Tod des Mose. Ist schon der → Sinai für die Priesterschrift weniger der Offenbarungsberg, sondern eher die erste Kultstätte Israels, so ist ihr ingesamt die Charakterisierung Israels als einer theokratischen Kultgemeinde eigentümlich, die zu konstituieren Anliegen der hinter ihr stehenden priesterlichen Kreise innerhalb der babylonischen Exilierten war, weshalb die später eingeschalteten Gesetzespartien als Traditionen des Jerusalemer Klerus zu betrachten sind. In einer ursprünglicheren Form wird die Priesterschrift vermutlich der durch → Esra vorgenommenen und durch → Nehemia vorbereiteten oder abgeschlossenen - je nach der Ansetzung Esras vor oder nach Nehemia - Konstituierung der jüdischen Theokratie als Grundlage gedient haben (→ Judentum: I, 1). Aufbau (rigorose Zurückdrängung der alten hl. Überlieferungen) und Ziel (Errichtung der Theokratie) der Priesterschrift, aber auch die weitere Ausgestaltung ihres gesetzlichen Teiles lassen vermuten, daß eine Verknüpfung mit den älteren Überlieferungen (J und E) von den Verfassern der Priesterschrift ursprünglich wohl nicht vorgesehen war; daß sie dennoch vorgenommen wurde, muß mit besonderen Anlässen zusammenhängen, die zugleich den Abschluß der P.bildung herbeigeführt haben.

4. Dieser *Sammlungsprozeß* wird in mehreren redaktionellen Akten erfolgt sein und hat kein geschlossenes, sondern ein Sammelwerk zum Ergebnis, in dem verschiedenes Überlieferungsgut zT unausgeglichen nebeneinandergestellt worden ist, vermutlich in der Absicht, damit einen gegen andere Kreise gerichteten Anspruch zu verbinden: Die während der assyrischen Zeit mit heidnischen Bestandteilen vermischte Bevölkerung Mittelpalästinas, → Samaritaner genannt, war zunächst durchaus bereit, am Wiederaufbau des Jerusalemer Tempels mitzuwirken, wurde aber von bestimmten, vom exklusiven Geist der babylonischen Deportierten beeinflußten Kreisen Jerusalems zurückgestoßen und suchte sich kultisch selbständig zu machen, nachdem Nehemia die provinzialpolitische Unabhängigkeit der jüd. Theokratie beim persischen Hof durchgesetzt hatte. Die kultischen Autonomieansprüche der Samaritaner werden sich der gleichen Überlieferungen bedient haben, die auch in Jerusalem gepflegt wurden. Ihre daraufhin in Jerusalem veranstaltete Sammlung verfolgte offenbar die apologetisch-polemische Tendenz, die Entstehung eines zweiten »wahren« Israel mit dem Mittelpunkt auf dem → Garizim bei Sichem zu verhindern. Dem diente zunächst die Ausgestaltung des gesetzlichen Teiles der Priesterschrift durch weitere, der Jerusalemer Priestertradition entstammende Bestandteile, ferner die Verknüpfung des jehovistischen Erzählungswerkes und seiner alten Traditionen, die u.a. auch an früheren Heiligtümern Mittelpalästinas hafteten und geeignet waren, die samaritanischen Bestrebungen zu unterstützen, mit der Priesterschrift, deren schematischer und chronologischer Aufbau einen passenden Rahmen lieferte und die deshalb auch bei der Endredaktion bevorzugt berücksichtigt wurde. Schließlich wurde mit diesem so geschaffenen Werk das vom deuteronomistischen Geschichtswerk abgelöste Dtn verbunden; sowohl die vermeintliche mosaische Herkunft als auch die betonte Erwähnung mittelpalästinensischer Orte wie Garizim und Ebal (Dtn 11, 29; 27, 4. 12f) erklären die Übernahme des Buches, das dem aus Jehovist und Priesterschrift geschaffenen Werk lediglich angefügt wurde, abgeschlossen durch zT den anderen P.quellen zuzuweisende Bestandteile in Dtn 32-34. Zwar hat die P.bildung das vermutlich mit dem Untergang des persischen Reiches zZ Alexanders d. Gr. zusammenhängende Schisma der Samaritaner nicht verhindern können, da die Samaritaner den als hl. Schrift betrachteten P. der Jerusalemer Ge-

meinde übernahmen; aber begreiflich ist die aus polemischer Erwägung vorgenommene Bildung des P.s als hl. Schrift, um die Gefährdung der Einzigartigkeit der jüdischen Theokratie durch ein weiteres theokratisches Gebilde zu vermeiden.

Zur Gesch. der P.kritik vgl. die at. Einl.en (dort weitere Lit.); ferner H.-J.KRAUS, Gesch. der hist.-krit. Erforschung des AT, 1956 (dazu kritisch W.BAUMGARTNER, ThR 25, 1959, 93-110). - Zum heutigen Stand der P.forschung: C.A.SIMPSON, The Early Traditions of Israel. A Critical Analysis of the Pre-deuteronomic Narrative of the Hexateuch, 1948, u. die krit. Antwort von O.EISSFELDT. Die ältesten Traditionen Israels (BZAW 71), 1950. Ferner: O.EISSFELDT, Die neueste Phase in der Entwicklung der P.kritik (ThR 18, 1950, 91-112. 179-215. 267-287) - C.A.NORTH, Pentateuchal Criticism (in: OT and Modern Study, 1951, 48-83) - J.COPPENS, Chronique de l'AT: Le problème de l'Hexateuque (EThL 29, 1953, 58-76) - R.DE VAUX, A propos du second centenaire d'Astruc. Réflexions sur l'état actuel de la critique du Pentateuque (VT Suppl. I, 1953, 182-198) - A.S. KAPELRUD, P.-problemer (NTT 56, 1955, 185-201) - L.ROST, Der geschichtl. Ort der P.quellen (ZThK 53, 1956, 1-10). - Zur Kritik an der modernen P.forschung vgl. W.MÖLLER, Die Einheit u. Echtheit der fünf Bücher Mosis, 1931, u. die Übersicht bei O.T.ALLIS, The five Books of Mose, 1943. - Zur form- u. überlieferungsgeschichtl. Forschung: G.v.RAD, Das formgeschichtl. Problem des Hexateuch (BWANT IV, 26), 1938 (= DERS., Ges. Studien zum AT, 1958, 9-86) - NOTH, ÜPent. *O.Plöger*

Zur *Auslegungsgeschichte* (s. auch → Schriftauslegung: IV sowie → Genesis, → Exodus, → Leviticus, → Numeri, → Deuteronomium):

Qu.: 3.Jh.: Origenes (MPG 12 u. 17). - 5.Jh.: Augustin, Locutiones u. Quaestiones in Heptateuchum (MPL 34; CSEL 28, 1 u. 2; CChr 33) - Cyrill v. Alex., De adoratione u. Glaphyra (MPG 68 u.69) - Ps.-Cyrill (MPG 77) - Theodoret v. Cyrus (MPG 80). - 6.Jh.: Prokop v. Gaza (MPG 87, 1). - 7.Jh.: Isidor v. Sevilla (MPL 83). - 9.Jh.: Beda Venerabilis bzw. Ps.-Beda (MPL 91 u. 93) - Hrabanus Maurus (MPL 107 u. 108). - 11.Jh.: Petrus Damiani (MPL 145). - 12.Jh.: Bruno v. Segni (MPL 164) - Rupert v. Deutz (MPL 167) - Hugo v. St. Viktor (MPL 175). - 15.Jh.: Alfonsus Tostatus (Opera I-VII, Venedig 1728). - 16.Jh.: Augustinus Steuchus, Lyon 1531 bzw. Opera I, Venedig 1591 - Thomas de Vio (Cajetan), Rom 1531 - Konrad Pellikan, Zürich 1532 - Sanctus Pagninus OP, Lyon 1536 u.ö. - Rob.Stephanus, Paris 1541 - Calvin (CR 23-25) - Petrus Palladius, Wittenberg 1559 - Cyriacus Spangenberg, Basel 1563 - Victorin Strigel, Leipzig 1566 - Hieronymus Oleaster OP, Antwerpen 1569, Lyon 1586 - Joh.Ferus (Wild), Köln 1571 - Petrus Galesinius, Rom 1587 - David Chyträus, Wittenberg 1590 - Erasmus Marbach, Straßburg 1597 - Chr.Pelargus, Leipzig 1598-1609. - 17.Jh.: Benedictus Aretius, Bern 1602 - Balthasar Bidembach, Tübingen 1604 (Predigten) - Franciscus Junius, Genf 1604 - Jak.Heerbrand, Tübingen 1609 - Joh.Drusius, Franeker 1617 - Joh.Piscator, Herborn 1624 - Fabr.Paulutius, Rom 1625 - Jacques Bonfrère SJ, Antwerpen 1625 - Franc.Pavoni, Neapel 1625 - S.Paterius, Rom 1625 - Joh.Heinr.Alsted, Herborn 1631 - Henry Ainsworth, London 1639 - Corn.Jansen d.Ä., Löwen 1639 - G.Galopinus, Douai 1648 - John Trappe, London 1650 - A.Escobar y Mendoza, Lyon 1652 - Frans Burmann, Utrecht 1660 - Joh.Adam Osiander, Tübingen 1676/77 - Aug.Varenius, Rostock 1676 - Franc.Sylvius, Antwerpen 1678 - Corn. a Lapide, ebd 1681 - Jak.Alting, Amsterdam 1687 (Opera I) - Joh.Clericus, ebd 1693/96. - 18.Jh.: Claudius Frassen OFM, Paris 1705 - Matthew Henry, London 1710 - Joh.v. Marck, Leiden 1713 - L.Mauschberger, Olmütz 1757.

Lit.: R.DEVREESSE, Anciens commentateurs grecs de l'Octateuque (RB 44, 1935, 166-191; 45, 1936, 201-220. 364-384) - DERS., StT 201, 1959 - J.BOWMAN, The Exegesis of the P. among the Samaritans and among the Rabbis (OTS 8, 1950, 220-262) - A.LEVENE, Pentateuchal Exegesis in Early Syriac and Rabbinic Sources (Studia Patristica I [TU 63], 1957, 484-491). *W.Werbeck*

Penuel. Der Ort ist identisch mit dem in einer Schleife des unteren Jabbok (nahr ez-zerḳa) gelegenen Zwillingshügel tulūl eḏ-ḏahab. Der Name des einst kanaanäischen Heiligtums (Alt I, 52) Penū'ēl haftete wohl an einem Felsvorsprung, der das Profil eines riesigen Kopfes hat und als »Gottesantlitz« gedeutet wurde wie der rās schaḳḳa (θεοῦ πρόσωπον) an der phönikischen Küste (vgl. E.Honigmann, PW 2. R., XI, 1936, 257f). Danach wäre es nicht ein Flußdämon, sondern eine Berggottheit gewesen, die umgedeutet in die Sage von → Jakobs nächtlichem Kampf am Jabbok (Gen 32, 23-33) eingegangen ist. - Die Erzählung von der Verfolgung der Midianiter durch → Gideon (Ri 8, 4-12) zeigt, daß P. an einem wichtigen Verkehrsweg gelegen hat, der von der Jordanfurt bei Adam (ed-dāmje) ins ostjordanische Hochland hinaufführte (Noth). Die Stadtherrschaften von P. und Sukkoth (tell dēr 'alla, 6 km westl. von P.), die Gideon die Waffenhilfe versagten und deshalb nach seinem Siege von ihm gezüchtigt wurden (Ri 8, 4-9. 13-17), sind damals offenbar noch kanaanäisch gewesen (Alt II, 25). → Jerobeam I. hat, um dem Angriff des Pharao Schoschenk I. (→ Ägypten: I, 7) auszuweichen, zeitweise in P. residiert (1Kön 12, 25; Noth, GI 211).

RGG[2] IV, 1064 (ältere Lit.) - K.ELLIGER, Der Jakobskampf am Jabbok (ZThK 48, 1951, 1-31) - G.v.RAD, ATD 4, 1953, 278-284. - Zur Archäologie u. Topographie: F.M.ABEL, Géographie de la Palestine II, Paris 1938, 406 - R.DE VAUX, RB 47, 1938, 411-413 - N.GLUECK, AASOR 18/19, 1939, 232-234 - M.NOTH, ZDPV 72, 1956, 52-58; 73, 1957, 32-34 - J.SIMONS, The Geographical and Topographical Texts of the OT, Leiden 1959, §§ 415 (S. 232). 572. *A.Kuschke*

Pepping, *Ernst*, * 12.9.1901 in Duisburg, Tonsatzlehrer an der Berliner Kirchenmusikschule, seit 1953 Prof. für Komposition an der Staatlichen Hochschule für Musik in Berlin. P. gehört zu den entscheidenden Erneuerern der ev. Kirchenmusik im 20.Jh.

Aus den zahlreichen Werken: Dt. Choralmesse, 1930; Spandauer Chorbuch, 1934; Missa Dona nobis pacem, 1948; Passionsbericht nach Matthäus, 1950; Großes u. Kleines Orgelbuch, o.J. - Ferner: Stilwende der Musik, 1934. *W.Blankenburg*

Peräa (von πέραν τοῦ Ἰορδάνου = 'ēber hajjardēn) heißt zZ des NT das jüdische Ostjordanland; in Mt 4, 25 wird so ein Bezirk neben → Galiläa und der → Dekapolis bezeichnet. »Seine Ausdehnung geht der Länge nach von Machärus bis Pella, der Breite nach von Philadelphia bis zum Jordan« (Josephus, Bell. Jud. III, § 46f), wobei → Pella und Philadelphia exclusive gelten. Das sind etwa 100 km in nord-südlicher, 40 km in west-östlicher Richtung. Judas Makkabäus zieht gegen »Gilead« (1Makk 5), um die dort als Minderheit lebenden Juden umzusiedeln. Erst Alexander Jannäus (→ Judentum: I, 2) erobert das Land, und Augustus ernennt Pheroras, den Bruder des → Herodes, zum Tetrarchen von P. (Bell. Jud. I, § 483). Seit 4 vChr bildet P. mit Galiläa das Reich des Herodes Antipas. Er baut die Stadt Betharamphtha (= tell er-rame) prunkvoll aus und nennt sie Julias oder Livias (Ant. XVIII, § 27; Bell. Jud. II, § 168). → Johannes der Täufer muß bei oder in P. gewirkt haben, da ihn Antipas verhaften und töten läßt. Vespasian erobert P. 68 nChr, womit P.s Sondergeschichte praktisch aufhört.

SCHÜRER, passim - K.GALLING, Judäa, Galiläa u. der Osten im Jahre 164/63 vChr (PJ 36, 1940, 43-77) - N.GLUECK, Explorations in Eastern Palestine IV, 1951. *H.W.Hertzberg*

Perels, *Friedrich Justus* (1910-45), Jurist, * in Berlin, trat früh der → Bekennenden Kirche bei und arbeitete für den → Pfarrernotbund. Als Justitiar des Preußischen Bruderrats und des Pommerschen Bruderrats der BK war P. nach 1939 bes. bemüht um Hilfe für die Verfolgten und um die Verbindung zu führenden Männern, die eine staatliche Neuordnung erstrebten. Am 5.10.1944 im Zusammenhang mit den Ereignissen vom 20.7. verhaftet, wurde er am 1.2.1945 zum Tode verurteilt. Die Vollstreckung des Urteiles wurde ausgesetzt. P. wurde durch ein illegales Kommando des »Sicherheitsdienstes« in der Nacht vom 22. zum 23.4.1945 erschossen (→ Märtyrer: III, 1 b).

A.LEBER (Hg.), Das Gewissen steht auf, 1954, 187f. *W.Thiel*

Perez, 1. *Jacobus von Valencia* (ca 1408-90), * in Ayora bei Valencia, 1436 Augustinereremit, 1455-65 Ordensprovinzial, 1459-79 Theologie-Prof. in Valencia, seit 1468 Titularbischof von Christopolis (Thrazien) und Auxiliar des Kardinals Rodrigo Borgia (→ Alexander VI.) für die Bistümer Valencia und Cartagena. Unter den vorwiegend exegetischen Schriften des P. ist sein Pss-Kommentar hervorzuheben (ausführlicher Prolog über hermeneutische Fragen!). Bes. von → Augustin und → Nikolaus von Lyra beeinflußt, bietet P. auf der Basis eines doppelten sensus litteralis (→ Geist und Buchstabe, 2c; → Hermeneutik, 2d) eine stark heilsgeschichtlich orientierte Auslegung. In der Gnaden- und Versöhnungslehre ist er von den Traditionen seines Ordens abhängig (u.a. → Gregor von Rimini, → Hugolin von Orvieto) und erweist sich so als Vertreter der sog. älteren Augustinerschule (vgl. LThK² I, 1089ff).

Vf. Kommentare zu Pss, Hhld, → Cantica, Tedeum u. Tractatus contra Iudaeos (Valencia 1484-86, zahlr. Drucke d. 16.Jh.s). - W.Werbeck, J.P.v.V. Unters.en zu seinem Pss-Kommentar (BHTh 28), 1959 (vollst. Lit.). *W.Werbeck*

2. *Juan P. de Pineda* († ca 1567 in Paris), spanischer Bibelübersetzer, Prior der Kirche zu Osma, kaiserlicher Gesandtschaftssekretär in Rom (1527), dann in Sevilla Leiter der städtischen Erziehungsanstalt, emigrierte vor Eröffnung des Inquisitionsprozesses (→ Spanien) nach Genf. Dort veröffentlichte P. 1556 seine Übersetzung des NT ins Spanische (→ Bibelübersetzungen: V, 2 i 3) und sein Sumario breve de doctrina Christiana, 1557 seine Pss-Übersetzung, 1556/57 auch den Kommentar des Juan de → Valdés zum Röm und 1Kor. Seit 1562 lebte P. in Frankreich.

M.Menendez y Pelayo, Historia de los heterodoxos españoles II, Madrid 1880 - E.Böhmer, Spanish Reformers of two Centuries from 1520, Bd II, Straßburg 1883, 57ff - RE XVIII, 582f. - Vgl. die Lit. zu → Spanien. *W.Göbell*

Perfektionisten, 1. *Oneida-P.*, von *John Humphrey Noyes* (1811-86) begründete religiös-kommunistische Gemeinschaft. Noyes, 1831 bekehrt, wurde wegen seiner extrem perfektionistischen Lehre von Yale Divinity School ausgeschlossen. 1845 sammelte er in Putney/Vermont seine erste Gemeinde. 1846 wurde seine Sonderlehre von der »complex marriage« angenommen. Jede Frau sollte jedem Mann gehören und umgekehrt. Die Geschlechtsbeziehungen wurden von der Gemeinschaft geregelt. Da die Gemeinde in Putney auf öffentliche Ablehnung stieß, siedelte sie 1848 nach Oneida/New York über. Das Gemeindeleben war einfach und gesund, doch nicht asketisch. Die Kinder wurden in einem Gemeindekindergarten und einer Gemeindeschule erzogen. Durch öffentliche gegenseitige Kritik wurde Gemeindezucht geübt. Die Oneida-P. gediehen, doch führte äußerer Druck zur Aufgabe der complex marriage. 1880 wurde der Kommunismus aufgegeben und die Gemeinde als Produktivgenossenschaft weitergeführt.

J.H.Noyes, Hist. of American Socialisms, Philadelphia 1870 - A.Estlake, The Oneida Community, London 1900 - G.W.Noyes (Hg.), The Religious Experience of J.H.Noyes, New York 1923 - Ders., J.H.Noyes, the Putney Community, Oneida/N.Y. 1931. - Vgl. die Lit. zu → Christlich-sozialistische Gemeinden in Amerika. *R.C.Wolf*

2. *Gemeinde Christi.* In dem bei den → Disciples of Christ seit 1859 entbrannten Orgelstreit bezeichneten die Radikalen alle Instrumentalmusik im Gottesdienst als schriftwidrig und sammelten sich in eigenen »Churches of Christ«. Jede von ihnen ist selbständig. Übergemeindliche Zusammenschlüsse, Organisationen, formulierte Glaubensbekenntnisse, kirchliche Festtage usw werden abgelehnt, weil sie in der Schrift nicht geboten sind. Nur die bibliokratische Gemeinde - wobei allein das NT als maßgebend anerkannt wird - ist die legitime »Gemeinde Christi«. Die Lehre von der Erbsünde wird verworfen, Taufe und Abendmahl nur als sinnbildliche Akte anerkannt, die Rechtfertigungslehre bejaht, aber mit synergistischen Elementen verbunden. Die Gemeinden Christi führen keine Statistik. 1958 zählten sie in den USA 17 560 Gemeinden mit 1 900 874 Seelen. Auch in Europa bestehen Gemeinden, u.a. (seit 1947) 24 in der BRD und Berlin.

H.G.Grimm, Die Gemeinden Christi u. ihr Weg durch 9 Jh.e, 1958 - Verschiedene Vf., Wer sind die 144 000 der Offenbarung?, o.J. - Gesangsheft »Geistl. Lieder« - Vierteljahrs-Zs. (seit 1955) »Der Christ im 20.Jh.« - E.T.Clark, The Small Sects in America, Nashville (1937) 1957, 212ff - Hutten 450ff. *K.Hutten*

3. *Ev. Brüderverein (Bergerianer)*, gegr. 1914 in Kalchofen bei Hasle im Emmental (Schweiz) durch den ehemaligen Wagner und bekehrten Trinker *Fritz Berger* (1868-1950), der 1909 aus dem Blauen Kreuz ausgeschlossen wurde. Der Christ ist nicht sündlos, aber »von der Sünde frei«, solange er mit Jesus Christus in Verbindung bleibt. Die 5. Bitte des Vaterunsers wird als Erinnerung an die Vergebungstat Christi gebetet. Sonst ist das tägliche Gebet um Vergebung für Gerechte nicht nötig. Die perfektionistischen Anschauungen wie auch die Ablehnung der Landeskirche sind weniger ausgeprägt als früher. Der in der Schweiz (bes. Kt. Bern) und in Süddeutschland verbreitete Ev. Brüderverein hat ca 200 Versammlungsplätze, 30 eigene Vereinshäuser, 20 Evangelisten, 60 Hilfsprediger; Zentrum in Brenzikofen (Kt. Bern); jetziger Leiter: Max Graf.

F.Berger, Von der überschwänglichen Gnade Gottes in meinem Leben, (1940) 1951⁴ - Ders., Etwas über das Unser-Vater, o.J. - Zs.: Friedensbotschaft für Kinder Gottes u. solche, die es werden wollen. - Kritisch s. die Sammelbände über → Sekten (: IV). *O.Eggenberger*

4. *Apostolische Glaubensgemeinschaft*, trennte sich 1947 unter Leitung von *Philipp Täffler* (Göppingen/Württ.) von der Kirche. Die weit verstreute, zahlenmäßig kleine Gemeinschaft wird durch Rundbriefe und zentrale Veranstaltungen in München zusammengehalten. Kennzeichnend für ihre Lehre ist der Satz: »Wir sind aus Röm 7 herausgekommen und in Röm 8 angekommen.« Wer die Wiedergeburt erlebt hat, ist nicht mehr im Stand des Sünders. Die Kirche gilt als »Babylon«, weil sie das »simul iustus et peccator« predigt.

Ph.Täffler, Wie kann ich die Wiedergeburt erleben?, 1940; Der Schlüssel zum lebendigen bibl. Glauben, o.J.; Gnade muß es sein!, 1951; Sündlos? oder Restlos?, o.J. - Hutten 440. *K.Hutten*

5. → Church of God, 3.

Perikopen (περικοπή = rings umhauenes Stück) sind Abschnitte biblischen Textes. Der Ausdruck ist zuerst bei Justin (Dial. 65) im Sinne einer Belegstelle für dogmatische Aussagen nachweisbar, als Bezeichnung für liturgische Schriftlesungen in der ev. Theologie erst seit dem 16.Jh. gebräuchlich (→ Brenz, Pericopae evangeliorum expositae, 1566). Herkunft und Geschichte der P. liegen vielfach im Dunkel. Anzahl und Auswahl der Lesungen (= L.en) sind in den christlichen → Liturgien (: III) von Anfang an verschieden. Übereinstimmung besteht lediglich in der Beschränkung auf biblische Lektionen (Schwankungen bei L. von Märtyrerakten, bes. im gallischen Liturgiegebiet) und im Gebrauch mindestens zweier L.en, von denen die letzte stets aus den Evangelien stammt. Wo das christliche Lesewesen zuerst greifbar wird (Justin, Apol. I, 67; vgl. syrische Liturgien), ist es mit der synagogalen Leseordnung (→ Gottesdienst: III, 2 c) verwandt. Daher vertritt die Mehrzahl der Forscher die These, daß die Schrift-L. im christlichen Gottesdienst in der *Erbfolge der Synagoge* steht (u.a. Glaue, Baumstark, Jungmann). Über die L.en der Synagoge sind wir erst für eine spätere Zeit (→ Mischna, → Talmud) genauer unterrichtet: a) *Tora-L.*: Heute einjähriger Zyklus (Ordnung der babylonischen Amoräer, 250-500 nChr); Aufteilung des Pentateuchs in 54 Paraschen (Leseabschnitte); fortlaufende L. (lectio continua [l. c.]). Älter ist der 3jährige Zyklus mit 153-167 L.en (Ordnung Palästinas?). Ein fester Paraschenzyklus ist erst für die Zeit des Talmud nachweisbar. Der l. c. geht wohl die eklogadische L. der Tora voraus (Eklogadie: ein aus einem Zusammenhang herausgenommenes Stück eines biblischen Buches, fast gleichbedeutend mit Perikope; bes. ein Abschnitt, der aus einer sonst in l. c. oder Bahn-L. verwendeten Schrift herausgenommen und einem bestimmten Tag zugeteilt ist). b) *Propheten-L.*: Feststehende Haftare (Abschnitte) gab es erst seit der → Tosephta (so Bill.). Eine freie Wahl der L.en ist ursprünglicher; die spätere Synagoge hat hier Bahn-L. (Begriff von E.Ranke: Reihe von L.en, die in der Abfolge eines oder mehrerer aufeinanderfolgender Bücher angeordnet ist, wobei aber zwischen ihnen liegende Stücke ausgespart bleiben).

Für den *christlichen* → Gottesdienst (: V A. B) wird nun angenommen, daß im Anschluß an die Tora-L. der Synagoge die hl. Schrift ursprünglich in l.c. gelesen wurde. Diese wurde zuerst an den Festtagen durch die Verwendung von ausgewählten Abschnitten mit Tagescharakter (P.) durchbrochen, nachdem vorher der Festzeit durch L. entsprechender Bücher (zB Karwoche: Hi, Jon) Rechnung getragen wurde. Die ersten Entwürfe eines P.systems sind in der gallischen Kirche des 5.Jh.s nachweisbar. »Lange vor 700 war in Rom das P.system in seinen Hauptzügen durchgebildet und damit die l.c. beseitigt« (Eisenhofer). Reste der ursprünglichen l.c. sind noch heute in den P. festzustellen, vorwiegend bei den Episteln (Ep. = erste Lektion der heutigen Messe; zunächst wegen der überwiegenden Verwendung der Apostelbriefe »Apostolos« genannt, seit 12.Jh. Bezeichnung für einen biblischen Abschnitt mit Ausnahme der vier Evangelien und der Pss), bes. an den Trinitatissonntagen. Die l.c. ist heute noch Normalform der nestorianischen und jakobitischen, die Bahn-L. die der byzantinischen Liturgie (vgl. die Scriptura occurrens des röm. Breviers). - Demgegenüber bestreitet vor allem *Kunze* die Übernahme des synagogalen Lesebrauches in den christlichen Gottesdienst (vgl. dazu aber zB Kretschmar): Die Schrift-L. bezeuge die eigenständige formbildende Kraft der christlichen Kirche. Lediglich für die Urgemeinde in Jerusalem nimmt Kunze eine formale Übernahme der Leseordnung der Synagoge an, ohne daß diese jedoch weitergegeben wurde. Für die L. at. P. in den Missionsgemeinden fehlen Anhaltspunkte. Im NT findet sich keine Spur von at. liturgischen L.en. Auch gibt es nach Kunze keine »ursprüngliche« l.c.; die vermeintlichen »Reste« sind entweder Aufteilungen einer langen Perikope auf mehrere Gottesdienste oder spätere Einfügungen: Die Bahn-L. der Ep.n in der Trinitatiszeit zB ist von → Alkuin in die bestehende altkirchliche P.reihe eingefügt. Am Anfang des Lesewesens stehe nicht die l.c., sondern die Eklogadie; die einzelnen Abschnitte werden dann nach Festkalender und Kirchenjahr bestimmten Tagen als P. zugeordnet und in Systeme gefaßt (auch die Bahn-L. stammt nicht aus der l.c.). Lediglich für Antiochien sei ein nachträglicher formaler Anschluß an die synagogale Leseordnung, die jetzt neu übernommen wurde, festzustellen: Um 200 wurde hier das *vier*gliedrige Leseschema (vgl. Apost. Konst. VIII, 5; um 380) neu ausgebildet: Vereinigung einer zweigliedrigen at. L. (Gesetz, Propheten) mit einer bereits im 2.Jh. ausgebildeten nt. L. (Ep. - Ev.). Dasselbe Schema haben noch Nestorianer, syrische Jakobiten (bis zu 15 Gliedern erweitert) und Kopten (meist vier nt. L.en; AT nur in der Quadragesima). - Eine *Dreierreihe* (AT [Propheten], Ep., Ev.) weisen bis heute die armenische, mozarabische und mailändische Liturgie auf; dagegen ist die at. Lektion in Konstantinopel (7.Jh.) und in Rom (Mitte 6.Jh.; nur wenige Ausnahmen) weggefallen. Auch die gallischen Riten kannten die dreifache L. (vgl. altgallisches Lektionar des Weißenburgensis 76, 5./6.Jh.; Lektionar von Luxeuil, 7.Jh.). Nach Kunze könnte das dreigliedrige Schema im 5.Jh. in Jerusalem ausgebildet sein, das im eucharistischen Gottesdienst zunächst nur zwei L.en hatte (Ep., Ev.; vgl. altarmenisches Lektionar und Syropalästinensis); das dreigliedrige System (vgl. georgisches Kanonar) geht hier auf die Feste at. Heiliger zurück (christliche Sonderbildung). »Am nächsten liegt die Annahme, daß die gesamte Christenheit, mit Ausnahme von Antiochia-Syrien, das zweigliedrige nt. Schema um eine at. Lektion erweitert hat« (Kunze). In unseren altkirchlichen P. sind nur noch zwei at. vorhanden: Epiphanias (Jes 60, 1-6) und Karfreitag (luth.: Jes 53; kath.: Hos 5, 15 - 6, 6). - Für die weitere Entwicklung der sog. altkirchlichen P. ist der Unterschied zwischen gallikanischem und stadtröm. Liturgiegebiet wichtig. Die wahrscheinlich aus Predigttexten herausgewachsene, in die Zeit vor Gregor d. Gr. zurückreichende und um 645 feststehende Evangelienreihe ist von Stadtrom bestimmt. (Nach Chavasse ist Stadtrom aber kein einheitliches Liturgiegebiet, wie oft angenommen wird: Unterschiede zwischen Papstliturgie und der presbyterialen in den röm. Titularkirchen.) Dagegen dürfte die Ep.reihe wesenhaft gallikanische Ordnung gewesen sein. Sie begegnet im 8.Jh. im Murbacher »Comes« (P.buch mit ausgeschriebenen Texten). Ev.- und Ep.reihe sind also, von den Fest-P. abgesehen, von Anfang an *nicht* aufeinander bezogen. Sie finden sich auch in verschiedenen Büchern: die ev. L. im Evangelistar, die nichtev. im Epistolar (Vereinigung beider im Vollmissale, ab 10.Jh.?). Der Austausch zwischen beiden Überlieferungen erfolgte in der fränkischen Liturgiereform unter Pippin und Karl d. Gr. (vgl. Alkuins Ep. comes, der auf die Würzburger Ep.liste Mp.th. 62 zurückgeht; das → Homiliar des → Paulus Diaconus im Anschluß an ev. Texte). Dem Nebeneinander von alter stadtröm. Meß- und Brevierüberlieferung, der röm.-fränkischen Ordnung der päpstlichen Palastkapelle, die von den Franziskanern übernommen wurde (→ Messe: II), der Überlieferung des Gemeindegottesdienstes, der Leseordnungen der verschiedenen Orden und der Volksfrömmigkeit (→ Plenarien) bereitete schließlich die Liturgiereform unter Pius V. (→ Trienter Konzil) mit der Alleingeltung des röm. Meßbuches und seiner P.-ordnung ein Ende (röm.-fränkische Mischordnung; vom 2. Sonntag nach Pfingsten bis 1. Advent hat Rom die Ep. um einen, das Ev. um zwei Sonntage gegenüber den altkirchlichen P. verschoben).

Luther übernahm - trotz Kritik - die altkirchlichen P. Seine Ev.quelle dürfte das Homiliar des Paulus Diaconus in seiner Endgestalt gewesen sein; die Ep.n dagegen könnte er den Plenarien entnommen haben. Die P. bleiben L.en, aber in der Volkssprache, wobei ihr Verkündigungscharakter in den Vordergrund tritt: Sie sind Lese- und Predigttext. Anders *Zwingli*, der im Anschluß an den mittelalterlichen Predigtgottesdienst, in dem besondere L.en fehlen, die P. ablehnt, weil sie den Zugang zur ganzen Bibel versperrten. An ihre Stelle tritt die l.c.

Calvin kennt im sonntäglichen Gottesdienst nur eine L., solange sich die Gemeinde versammelt (vgl. Württemberg 1536). Gepredigt wurde dann über freie Texte, vorwiegend in l.c. (eigentliche Schriftdarbietung in Zürich in der → Prophezei, in Genf im Wochengottesdienst). Eine durch die ganze Bibel hindurchführende Leseordnung entwarf für die anglikanische Kirche Th. → Cranmer. Versuchten die luth. KOen etwa bis 1550, aus Gründen der Bibelkenntnis die P. zu beseitigen, so wurden dieselben bald wieder eingeschärft. Allerdings wird die liturgische Funktion des biblischen Textes als L. von dem Gesichtspunkt der homiletischen Brauchbarkeit überdeckt. Erst Mitte des 19.Jh.s (→ Kliefoth, → Löhe) tritt die Perikope als Lesetext wieder stärker hervor. Die von den meisten deutschen Landeskirchen angenommenen Beschlüsse der Eisenacher Kirchenkonferenz von 1896 führten zu einer Revision der altkirchlichen P. sowie zur Auswahl einer zweiten neuen Ep.- und Ev.reihe und eines at. Textes für jeden Sonn- und Feiertag, wobei pädagogische, psychologische und homiletische Gründe Revision und Auswahl bestimmten. - Von einem neuen Verständnis des Kirchenjahres (Th.Knolle, W.Stählin), der Tradition und der ökumenischen Verpflichtung der Kirche ausgehend (P.Brunner), versucht man *gegenwärtig,* die Eisenacher Entscheidungen zu überprüfen bzw. aufzuheben und die P. wieder vorwiegend als im Kirchenjahr verankerte Lesetexte zu verstehen (daneben besondere Reihen von Predigttexten). Für die *täglichen* L.en sehen die Leseordnungen der ev. Jugendverbände eine vierjährige l.c. vor (O.Riethmüller). Daneben steht die lectio propria (R.Spieker), wobei Sonntagsevangelium, dessen »Leitbild«, Wochenspruch und Wochenlied die L.en der Woche prägen. Eine bedeutsame Revision der altkirchlichen P.reihe erfolgte 1942 in Schweden: Grundsätzliche Beibehaltung der überkommenen Ev.-reihe, der eine zu ihr »passende« Ep.reihe zugeordnet wurde, wodurch der kerygmatische Gehalt der L.en besser hervortritt.

Jedes echte P.system entspricht einem gewachsenen Aufbau des → Kirchenjahres. Das den altkirchlichen P. zugrunde liegende Kirchenjahrsverständnis ist uns heute aber fremd (zB → Passionszeit statt → Fastenzeit). Darum sollte bei den P. eine Flucht in die Tradition verwehrt sein. Heute besteht die Aufgabe, die P. dem ev. Kirchenjahrsverständnis so anzupassen, daß der allem übergeordnete Gesichtspunkt einer zureichenden Verkündigung des Evangeliums gewahrt wird, auch wenn die P. vorwiegend als Lesetext verstanden werden. Daneben können als Hilfe (nicht als Gesetz!) für den Prediger besondere Predigttextreihen treten. Da die Schrift-L. auch ohne Auslegung ein Teil der *Verkündigung* ist, muß auf ihren kerygmatischen Gehalt, ihre Abgrenzung und sprachliche Gestaltung großer Wert gelegt werden. - Zur Notierung der P. vgl. → Lektionar.

Außer der Lit. zu → Gottesdienst: V A.B, → Liturgie: III, → Messe: II, → Lektionar: E.RANKE, Das kirchl. P.system, 1847 - F.WIEGAND, Das Homiliarium Karls d. Gr., 1897 - C.R.GREGORY, Textkritik des NT I, 1900, 327ff - P.GLAUE, Die Vorlesung hl. Schriften, 1907 - DACL V/1, 245ff. 853ff - ST.BEISSEL, Entstehung der P. d. röm. Meßbuches, 1907 - A.BAUMSTARK, Festbrevier u. Kirchenjahr der syr. Jakobiten, 1910 - DERS., Nichtev. syr. P.ordnungen, 1921 - DERS., Vom gesch. Werden d. Liturgie, 1923 - G.MORIN, Le plus ancien Comes ou lectionnaire de l'église Romaine (RBén 27, 1910, 41-74; vgl. 28, 1911, 296-330) - A.WILMART, Le Comes de Murbach (ebd 30, 1913, 25-69) - DERS., Le lectionnaire d'Alcuin (EphLiturg 51, 1937, 136-197) - I.ELBOGEN, Der jüd. Gottesdienst, (1913) 1931³ - A.RAHLFS, Die at. Lektionen der griech. Kirche, 1915 - BILL. IV - P.PIETSCH, Ewangely u. Epistel Teutsch, 1927 - W.BAUER, Der Wortgottesdienst der ältesten Christen, 1930 - P.RADÓ, Das ält. Schriftlesungssystem der altgall. Liturgie (EphLiturg 45, 1931, 9-25. 100-115) - TH.KNOLLE-W.STÄHLIN, Das Kirchenjahr, 1934 - W.H. FRERE, Studies on the Early Roman Liturgy II. III, London 1934f - TH.KLAUSER, Das röm. Capitulare Evangeliorum, 1935 - A.DOLD, Das älteste Liturgiebuch d. lat. Kirche, 1936 - DERS., Vom Sakramentar… zum Missale, 1943 - J.LEIPOLDT, Der Gottesdienst der ält. Kirche, 1937 - G.KUNZE, Die gottesdienstl. Schrift-L. I, 1947 (Lit.) - DERS., Das Rätsel d. Würzburger Ep.liste (Festschr. A.Dold, 1952, 191-204) - DERS., Die P. als L. u. Predigttext (MPTh 43, 1954, 55-59) - DERS., Die L.en (Leiturgia II, 88-180; Lit.) - P.BRUNNER, Die Schrift-L. im Gottesdienst (Unters.en z. Kirchenagende I/1, 1949, 113-204) - R.SPIEKER, L. für d. Jahr d. Kirche, 1950 - A.CHAVASSE, Les plus anciens types du lectionnaire et de l'antiphonaire romains de la messe (RBén 62, 1952, 3-94) - DERS., Le sacramentaire Gélasien, 1957 - K.F.MÜLLER, Die Neuordnung des Gottesdienstes (in: Theol. u. Liturgie, 1952, 197-339) - H.URNER, Die außerbibl. L. im christl. Gottesdienst, 1952 · S.MORENZ-J.LEIPOLDT, Hl. Schriften, 1953 - Lektionar für ev.-luth. Kirchen u. Gemeinden, (1953) 1960² - G. KRETSCHMAR, Die frühe Gesch. d. Jerusalemer Liturgie (JLH 2, 1956, 22-46) - Ordnung d. Predigttexte, hg.v. d. Luth. Liturg. Konferenz, 1958 - EKL III, 117ff. 851f. - Weitere Lit. s. JLH 1, 1955, 188f; 2, 1956, 211ff; 3, 1957, 207ff; 4, 1958f, 210ff. *K.Dienst*

Perkins, *William* (1558-1602), 1577 im Christ's College in Cambridge als Schüler des Puritaners Laurence Chaderton, ursprünglich ein nachlässiger, dem Trunk ergebener Student. 1584 Fellow seines Colleges, war er seitdem ein ernster, eindrucksvoller Volksprediger und theologischer Lehrer, der es verstand, die scholastisch-dogmatischen Sätze voll in die Glaubenspraxis zu übersetzen. Kirchenpolitisch trat P. für die → Puritaner (gegen → Whitgift) ein und geriet dadurch wiederholt in Schwierigkeiten. Mit seinem »Reformed Catholike« (1597), einer energischen Widerlegung des tridentinischen Glaubensverständnisses, gewann er die Anerkennung sowohl seines röm.-kath. Gegners William Bishop als auch des Anglikaners Robert Abbot. Mit seinem Biblizismus, seiner Gewissenslehre, Betonung der Wiedergeburt und Kasuistik ist P. der eigentliche theologische Vater des Puritanismus geworden. Sein Schüler war vor allem W. → Amesius.

Hauptwerk: Armilla Aurea, 1590; engl.: A Golden Chaine, 1591. - Works, Cambridge 1605 u.ö.; lat.: 2 Bde, Genf 1610/18. - Über P.: DNB XLV, 6ff - J.J.VAN BAARSEL, W.P., s'Gravenhage 1912 - A.LANG, Puritanismus u. Pietismus, 1941 - M.SCHMIDT, Die Problematik des Puritanismus im Lichte seiner Erforschung (ZKG 60, 1941, 219f) - DERS., Biblizismus u. natürl. Theol. in der Gewissenslehre des engl. Puritanismus (ARG 42, 1951, 200-219). *M.Schmidt*

Permeier (auch Pyrmeier oder Piermeister), *Johann* (1597 bis ca 1640), * in Wien, wo er als angesehener ev. Jurist wirkte. Häufig reiste er aber rastlos umher, um dem von ihm gegründeten und geleiteten Geheimbund zur Ausbreitung des Regnum Christi neue Gesinnungsgenossen zuzuführen. Bei P. wird eine neue, von der Renaissance mit beeinflußte Frömmigkeit greifbar, die ein persönliches praktisch-biblisches Herzenschristentum über alle Konfessionsgrenzen hinweg durch Schaffung und Verbreitung geeigneter Literatur, bes. der Schriften J. → Arnds, in der schwülen Stimmung vor dem 30jährigen Krieg propagierte. P. huldigte jenem im damaligen Luthertum weit verbreiteten Reichspatriotismus, der durch den Kompromißkatholizismus (Lazarus von → Schwendi) unterstützt wurde. Im Kaiser sah man den durch die göttliche Vorsehung gewiesenen Hüter der Reichssicherheit nach außen und der religiösen Duldung nach innen. Deshalb mißtraute man P. oft, zB galt er in Berlin als verkappter Jesuit. Mitglieder seines Geheimbundes waren u.a. Melchior Beringer von Königshofen, Abr. von Franckenberg, J. → Betke, Lazarus Henkel, Jacob Cappaun, Tobias Schneubern, Pantel Trappe, H.L. → Wolzogen, Niklas Pfaffen. Zum Freundeskreis zählten u.a. Florian Crusius, Wilhelm Eo, Johann Heinrich von Schönau, Johann Coberstein, Johann Friedrich Münster und bes. Daniel Friedrich.

Vf.: Acta Regni Christi, 1638. - Über P.: E.EYLENSTEIN, L.F. Gifftheil (ZKG 41, 1922, 1-62) - DERS., Daniel Friedrich, 1930.

E.Beyreuther

Perosi, *Lorenzo* (1872-1956), * in Tortona, † in Vatikanstadt, maßgeblicher Musiker bei der Reform der Kirchenmusik in Italien, Schüler u.a. von → Haberl, bereits 1894 Kapellmeister von S. Marco, Venedig, 1898 der Cappella Sistina in Rom. Als Künstler ist P. weniger durch Erfindergabe ausgezeichnet, sondern ein Eklektiker, der in klarer, flüssiger, warmer Tonsprache die Stilistik →Palestrinas und anderer Klassiker mit dem Empfinden seiner Zeit verbinden konnte. Bes. berühmt sind P.s Oratorien: Passion, Verklärung Christi, Auferwekkung des Lazarus, Oster- und Weihnachtsoratorium, Moses usw.

A.CAMERONI, L.P. e i suoi primi 4 oratori, Bergamo 1899 - E.CARABELLA-E.MUCCI, L'oratorio musicale e la Risurrezione di Cristo di L.P., Mailand 1924 - M.GLINSKI, L.P., ebd 1953.

E.Jammers

Perpetua und Felicitas wurden in der severischen → Christenverfolgung mit drei anderen Katechumenen verhaftet; ihr Lehrer Saturus stellte sich selbst. Nach der Taufe starb Secundulus in der Haft, die andern fielen am 7.3.202/3 in der Arena von Karthago. Bes. die jungen Mütter P. und F. lebten in einer leidensbereiten, montanistisch beeinflußten Frömmigkeit. Der lat. und griech. erhaltenen Passio liegen Aufzeichnungen der P. und des Saturus zugrunde; der übrige Text stammt vielleicht von → Tertullian.

Lat. Text: SQS NF 3, 1929³, 35-44 - A.LEVIN-DUPLONY, La Passion de P. et F., mars 203. Carthage, Tunisie, 1954. - DACL XIV, 393ff - ALTANER § 45, 8.

H.Karpp

Perrone, *Giovanni* (1794-1876), SJ, kath. Dogmatiker, * in Chieri (Piemont). P. lehrte zunächst in Orvieto, seit 1824 in Rom (dazwischen 1830-34 Rektor in Ferrara; während der Revolution 1848-51 Flucht nach England). Die ihm von Pius IX. angetragene Kardinalswürde lehnte er ab. Sein Name bleibt verbunden mit der Wiederbelebung kirchlicher Studien und den Anfängen der → Neuscholastik, der Dogmatisierung der Unbefleckten Empfängnis, dem → Syllabus, dem → Vatikanum, dem Kampf gegen Hermesianismus (G. → Hermes) und Protestantismus. Seine Werke und Handbücher zeichnen sich durch Klarheit, strenge Methodik und Präzision aus.

Vf. u.a.: Praelectiones theologicae, 9 Bde, (1835-42) 1865³¹; L'Ermesianismo, 1838/39; Compendium, 5 Bde (später 2), 1845-47 (dt. 1856²); De immaculata B.M.V. conceptu, (1847) 1852¹⁰; Il Protestantesimo e la regola di fede, 3 Bde, 1853. - Über P.: BACKER-SOMMERVOGEL VI, 558ff.

A.Hamman

Perrot, *Charles* (1541-1608), ref. Theologe, kam in jungen Jahren aus Paris nach Genf, wo er 1567 das Bürgerrecht und eine Pfarrstelle erhielt, die er bis zu seinem Tode versah. Er lehrte an der Akademie, wo er verschiedentlich → Beza vertrat und zweimal (1570, 1588) als Rektor amtierte. Er war der erste Prof. der Genfer Akademie (→ Genf: II), dessen Lehre liberalisierende Tendenzen aufwies. 1576 setzte er die Abschaffung der bisher von den Studenten bei der Immatrikulation verlangten Unterzeichnung des Glaubensbekenntnisses durch. Sein Eintreten für religiöse Toleranz brachte ihn in Konflikt mit → La Faye und führte 1599 zu seinem Rücktritt.

CH.BORGEAUD, Hist. de l'Univ. de Genève I, 1900, 140. 255ff - RGG³ IV, 1072 - A.A.VAN SCHELVEN, Het Calvinisme gedurende zijn bloeitijd, Amsterdam 1943, 71f.

H.R.Guggisberg

Perser, Persien → Iran.

Perseveranz (donum perseverantiae, perseverantia sanctorum) meint die Beharrung, Bewahrung und Kontinuität des Glaubens in der Geschichte. Die Erwählungslehre (→ Erwählung: III) weist am geschichtlichen Ereignis des Glaubens das schlechthinnige Zuvorkommen des göttlichen Willens auf und läßt den Glauben nicht in der Zufälligkeit der Geschichte oder im freien Willen des Menschen gegründet sein. Die P.lehre ist die andere Seite der Erwählungslehre. Sie weist dem Glauben in dem Wort der Verheißung, das ihn ins Leben ruft, die verläßliche Treue Gottes auf (Ps 146, 6; Röm 8, 31ff; Phil 1, 6) und läßt seine Zukunft nicht der Hinfälligkeit in den Anfechtungen der Geschichte preisgegeben sein. Gewinnt der → Glaube (: V) im Blick auf die Erwählung die feste → Gewißheit des Heils, so gewinnt er aus der Verheißung der Treue Gottes die feste Zuversicht des Bleibens und der Bewahrung (vgl. die Verbindung von πίστις und μένειν im JohEv, von ἐλπίς und ὑπομονή bei Paulus, Hebr und Apk). Die P.lehre ist formulierter Ausdruck für die Hoffnungsgewißheit des Glaubens und Antwort auf die Frage nach der Kontinuität des Glaubens in der Geschichte.

Seit → Augustin ist dieses Thema der abendländischen Theologie im Rahmen seiner Geschichtsauffassung von einer progressiven liberatio liberi arbitrii in Gestalt der Lehre vom donum perseverantiae gestellt (vgl. de corr. et gr. XII, 33). Die Frühscholastik diskutiert über Verlierbarkeit oder Unverlierbarkeit des Charitasbesitzes. Während im Bereich → Abaelards und der Porretaner (→ Gilbert Porreta) noch eine modifizierte Unverlierbarkeit gelehrt werden konnte, kam es im 12.Jh. zu einem consensus über die Verlierbarkeit. Für → Thomas von Aquino, der (S.Th. 2/II, q. 26) Bestimmungen des → Petrus Lombardus (Sent. III, 31) aufnahm, ist die dem Menschen im Pilgerstande allein mögliche charitas viae verlierbar, weil sie durchweg nicht die volle Potentialität des Menschen formt (Ausnahmen sind Spezialoffenbarungen und -hilfen bei Aposteln, zB Röm 8, 31ff). Erst die charitas patriae in der Vollendung ist unverlierbar. Für das → Tridentinum bringt die Ungewißheit über die eigene Erwählung eine Ungewißheit über das wirkliche Ausharren bis zum Ende mit sich (Denz. 806, 826). Jede Todsünde zerstört den Gnadenstand (Denz. 808, 833, 837). Zum wirklichen Ausharren bedarf es über die Rechtfertigung hinaus einer »besonderen Hilfe Gottes«. - Die *luth.* Bekenntnisschriften negieren die Unverlierbarkeit des Glaubens (CA 12, 7; AC 4, 48; ASm 3, 3; SD 4, 31. 33). Während für Melanchthon Todsünden den hl. Geist und Glauben »austreiben«, spricht Luther, synergistische Wendungen vermeidend, davon, daß in Todsünden der hl. Geist und Glaube »weggewesen« sei (ASm 3, 3). Seit Joh. → Gerhard lehrt die luth. Orthodoxie eine perseverantia finalis: die Erwählten können wohl totaliter, nicht aber finaliter unter die Gewalt des Bösen geraten. Eine absolute Verheißung der P. gilt hingegen der Kirche, dem Wort und Sakrament. Dagegen vertreten die *ref.* Bekenntnisschriften im Gefolge → Bucers und → Calvins eine Unverlierbarkeit des Glaubens für die Erwählten (Heid. Kat. Fr. 31, 47, 54; Conf. Gall. 21; Dordr. canon. 5; Westm. Conf. 12, 17, 18). Seit H. → Zanchi entwickeln ref. Orthodoxie und Pietismus daraus einen eigentümlichen supranaturalistischen Habitualismus in der Glaubenslehre. - In *neuerer* Zeit stellt sich das Problem a) durch die aktualistische Überwindung der habitualistischen Glaubenslehren des 19.Jh.s durch die dialektische Theologie (→ Gogarten, → Bultmann) und b) in der Frage nach der Überwindung dieses Aktualismus durch eine neue Geschichtsauffassung. - Vgl. → Prädestination: III. IV.

D.Bonhoeffer, Akt u. Sein, (1931) 1956[2] - O.Weber, Die Treue Gottes u. die Kontinuität d. menschl. Existenz (EvTh 1952, Sonder-H. f. E.Wolf, 131-143) - G.C.Berkouwer, Geloof en Volharding, 1958 - J.Moltmann, Prädestination u. P. Gesch. u. Bedeutung der ref. Lehre de perseverantia sanctorum, 1961. *J.Moltmann*

Persönlichkeit

1. Begriff - 2. Einheit, Schichtung, Spaltung - 3. Wandlungen und Reife - 4. Typen - 5. Individualität und Umwelt - 6. Ethische Bedeutung - 7. Religiöse Problematik. - Vgl. → Anthropologie, → Ethik, → Person

1. Der moderne *Begriff* der P. ist eine Fortbildung des alten Begriffes → Person. Letzterer bezeichnet das menschliche Individuum in seiner Einmaligkeit, sofern es »ich« sagen kann und seiner selbst bewußt ist. Die Person hat einen Namen; wieweit Vernünftigkeit oder doch Vernunftfähigkeit für sie konstitutiv sind, wird verschieden beurteilt. Doch ist Person auch ein Rechtsbegriff, der schon für das »unvernünftige« Kind gilt. Demgegenüber bezeichnet P. das gestaltete, sich auszeugende oder ausgezeugte individuelle Sein des Menschen. Der Begriff der P. wirft Strukturprobleme auf und reicht über die → Psychologie in die → Anthropologie hinein. Ebenso ist die → Ethik an ihm auf das stärkste interessiert.

2. In der deutschen Geistesgeschichte herrscht seit dem Aufkommen des Begriffs der P. die Vorstellung von »geschlossener P.«, also von einer überschaubaren, vom Ich regierten geistig-seelischen Einheit. → Klassik und → Neuhumanismus (→ Goethe, → Schiller, W.v. → Humboldt) forderten harmonische Ausbildung der Anlagen und »Vermögen«, der geistigen und künstlerischen Kräfte des Individuums zur P. Im Icherlebnis, in der Erinnerung und im Selbstbewußtsein liegen Erfahrungen beschlossen, die diese *Einheit* der P. zur Gegebenheit bringen. In diesem Sinne brachten Geschichtsschreibung und Dichtkunst das Wirken »großer P.en« zur Darstellung (Schiller, Grillparzer; → Ranke), und die reife, geschlossene und verantwortungsbereite P. ist ein seit den Tagen der »deutschen Bewegung« anerkanntes Erziehungsziel (→ Erziehung: I). Für die reine Bewußtseinspsychologie (W. → Wundt) ist die Einheit der P. eine sich vom → Bewußtsein her ergebende Einheit von Fühlen, Wollen und Denken.

Durch die zunehmende Einsicht in die *Schichtung* der P. (→ Schichtentheorie) ergab sich eine Korrektur dieser Auffassung. Schon bei → Plato (Rep. 435 B, 441 E; Tim. 77 B) und → Aristoteles (De an. II) findet sich die Lehre von einer von unten nach oben gestuften Seelenstruktur. Heute werden die Eigentümlichkeiten der Schichten der P. unter verschiedenen Gesichtspunkten erforscht. So erscheinen die tieferen Schichten (bei Rothacker vitales, animales und emotionales Es) gegenüber der höheren nicht nur als entwicklungsmäßig früher, sie können sich auch verhältnismäßig selbständig zur Geltung bringen, und überdies weisen sie eine größere Dauerhaftigkeit auf gegenüber der Ich- bzw. Personschicht. Diese obere Schicht überlagert die tieferen Schichten. Das Ich übt hier eine Kontrollfunktion aus, die zugleich die Kräfte, Triebe, Erfahrungen usw ordnet und insofern diese Personschicht aufbaut. Es ist eine Frage, ob der eigentliche Personkern nicht doch tiefer liegt, nicht so sehr in der Bewußtseinshelle des Ich als im Gemüt oder im → Gewissen (A.Wellek).

Die Psychoanalyse ging in ihrer Unterscheidung von Ich und Es und Über-Ich (S. → Freud) noch weiter. In der Schicht des Unbewußten entziehen sich die Triebe (zB die Libido) und Komplexe ursprünglich überhaupt der Kontrolle durch das Ich, und es ist immer die Frage, wieweit das Ich in seine eigenen unbewußten Räume steigen und die unbewußten Regionen erhellen, kontrollieren und beherrschen kann. Befindet sich das Ich doch andererseits in der Gewalt des Über-Ich, des Man, der Moralüberlieferung usw und ist also nach zwei Seiten nicht »Herr im eigenen Hause«. Das Widerspiel von Einheit und Spaltung der P. führt zu einer Fülle von typischen Verwicklungen, mit denen sich die → Psychotherapie beschäftigt. Hier muß angemerkt werden, daß die amerikanische Psychologie weniger an Forschungen über den »ganzen Menschen« interessiert ist als die kontinentale, und daß sie sich vorwiegend mit Teilen des Ganzen beschäftigt. Auch ist sie im allgemeinen in ihrer P.sforschung stärker empirisch und pragmatisch gerichtet als die kontinentale, bes. die deutsche Psychologie.

3. P. ist nichts von Anfang an Feststehendes, sondern sie durchläuft eine zur Reife hindrängende *Entwicklung*. Auch in der Entwicklung selbst zeigt sich die P. in ebenso altersbedingten wie charakteristischen Umrissen, so daß das Bild der P. nicht erst in der Reife zutage tritt. Auch das Kind und der Jugendliche können P. sein. Lernen, Erinnerung, Umwelt und Erfahrung sind Faktoren des Wachstums der P. Die Reife der P. erweist sich in Festigkeit und Insichberuhtheit und in der Gewinnung eines festen, das Verhalten regulierenden Systems. Wir bezeichnen diese Ausprägung der individuellen P. als ihren Charakter. Der Charakter bezeichnet heute im wesentlichen das individuelle Bild der P., ihre Tektonik, ihre grobe oder feine »Stofflichkeit« (A.Pfänder) u.dgl., worüber die → Charakterologie (L. → Klages u.a.) eine eigene Systematik aufzustellen bemüht ist. Schon der Entwicklungsgedanke, bes. in Berücksichtigung der exogenen Faktoren wie Umwelt und Schicksal, führt über die Annahme eines »intelligiblen Charakters« (A. → Schopenhauer) hinaus. Ist die P. aber auch noch in den mittleren und späteren Jahren einer Wandlung fähig? Auch diese Frage ist zu bejahen (H.v. Bracken). Übermäßiger Erfolg ebenso wie tiefe Enttäuschungen, einschneidende Veränderungen der Umwelt, Flucht und soziale Umschichtungen können die P. ausweiten, sie können zu Erprobung führen, in denen die P. sich bewährt oder versagt. Schädigungen der P. (zB durch Alkohol) können zu einem Abbau der P. führen, so daß solche zur »normalen« Entwicklung querlaufenden Wandlungen nicht übersehen werden können.

4. Schon die alte Lehre von den Temperamenten war eine *Typenlehre* von der P. Hippokrates unterschied Sanguiniker, Choleriker, Phlegmatiker und Melancholiker, je nach dem Vorwiegen der vier körperlichen Grundsäfte. Galen hat diese Lehre fortgebildet. Die heutigen Typenlehren gehen von ganz verschiedenen Gesichtspunkten aus. Doch sind sie sämtlich um allgemeingültige Modelle der P. bemüht. E.Kretschmer hat die Beziehungen von Körperbau und Charakter untersucht und durch die Unterscheidung von drei Typen (leptosom-schizothym, pyknisch-zyklothym, athletisch-viskös) großen Einfluß ausgeübt. In der Zugehörigkeit zu diesen Typen scheint geradezu das Schicksal des Menschen vorgezeichnet zu sein. → Spranger ging von der Bevorzugung der Wertgebiete durch den Menschen aus, wodurch die »Lebensformen« entscheidend bestimmt werden. Die Charakterologie (L.Klages) untersuchte den Stoff des Charakters, die Eigenschaften des Menschen, die in ihm waltenden Triebfedern, um schließlich das Gefüge selbst, die Tektonik als »typisch« in den Blick zu bekommen.

5. Die Wechselwirkung von P. und sozialer *Umwelt* ist vor allem in der amerikanischen P.sforschung beachtet worden. Der Mensch ist ein offenes System, und die Art, wie er sich zu seiner Umwelt verhält, kennzeichnet

seine P. Der Mensch ist nicht ohne → Situation, nicht ohne Beziehung denkbar. Es gibt ein Maximum der Kommunikation mit der Umwelt, eine »Umweltdominanz«, in der es geradezu zu einem Abbau seiner eigenen psychischen Energien kommen kann. Wie es eine gesunde Relation zur Umwelt gibt, in der die in der P. liegenden schöpferischen Energien zu einer maximalen Realisierung kommen, ist auch eine übermäßige »Sozialisation« möglich, welche das Schöpferische der P. und ihr Wachstum behindert (Kluckhohn und Murray). Die Einbeziehung der Umwelt in die P.slehre läßt dann die P. selbst als eine dynamische Beziehung zwischen Person und Umwelt verstehen, so daß das optimale Wachstum der P. geradezu von der günstigen Umwelt abhängt, in der sich die Individualität, ihre Spontaneität und Schöpferkraft entfalten und integrieren kann.

6. In *ethischer* Betrachtung ist die P. jedenfalls kein sittlich neutraler Begriff. Sie ist selbst ein Feld sittlicher Aufgaben. Der sittlich bewußte Mensch hat die Ziele seines Lebens zu erkennen, seine Zielsphäre zu ordnen und die Ziele seines Lebens zu verwirklichen. Er muß sich über die Grundsätze seines Verhaltens klar werden, muß den Stil seiner sittlichen Reaktionen, seines Handelns überhaupt stabilisieren, weil die Zuverlässigkeit seines Verhaltens die Grundlage des → Vertrauens ist, ohne das ein Miteinander der Menschen nicht möglich ist. Die Reifung der P. ergibt sich nicht ohne eigenes Dazutun des Menschen. Das hat mit dem humanistischen Ideal der »harmonischen P.« nichts zu tun. Es besagt auch nicht, die P. sei der höchste sittliche Wert. Eine ausschließliche Richtung der sittlichen Bestrebungen auf sich selbst würde nicht zu einer überzeugenden P. führen, sondern zu steter Selbstbespiegelung und Selbstgerechtigkeit. Die sittliche Bedeutung des Begriffs der P. (→ Sittlichkeit: I) geht aber schon daraus hervor, daß alle sittlichen Werte, angefangen bei »Gut und Böse«, personale Werte sind. Die Mitte der sittlichen P. ist die Gesinnung oder – wie → Kant sagt – der gute Wille. Wenn auch das handelnde Ich sich nicht an sich selbst, sondern nur an der Materie seines Handelns orientieren darf und kann, wenn also materiale Gesichtspunkte aus der Ethik überhaupt niemals ausscheiden können, so ist doch die auf das »Richtige« blickende und nach ihm fragende »Absicht« (Intention) jenes in der P. selbst liegende Kriterium, an dem allein sich die Gutheit einer Handlung im subjektiven Sinne entscheidet. Sobald man aber den Stil des sittlichen Verhaltens nach seiner personalen Seite konkreter beschreibt, ihn als vornehm oder gemein, als großzügig oder filzig, als bescheiden oder aufdringlich usw charakterisiert, tritt das Bild einer festumrissenen P. in ihrem unverwechselbaren Charakter deutlich hervor. Es kommt hinzu, daß nur eine zu ihrem eigenen Bewußtsein gelangte P. der sittlichen → Verantwortung fähig ist. Wenn Kant fordert, daß sich der Mensch, frei vom Mechanismus der Natur, dem reinen praktischen Gesetz unterwerfen soll, dann appelliert er in der Sprache seiner Begriffe an die P. Wie der handelnde, so ist auch der leidende Mensch angesichts der ihm auferlegten Prüfungen, die ihn vielleicht völlig auf sich selbst zurückwerfen, unter einen Appell geworfen, der ihn zur P. machen soll und unter dem er sich als P. zu bewähren hat. In christlicher und in sittlicher Betrachtung ist dies freilich für ihn selbst kein entscheidender Gesichtspunkt; denn die höchste sittliche Reife der P. weiß gleichsam nichts von sich selbst. Ihre Bewußtheit ist nicht auf sich selbst, sondern nach oben und auf die Situation gerichtet. Dennoch erweist eben dies die P. im sittlichen Sinne, daß der Mensch sich seiner Aufgabe stellt und seiner Verantwortung und der von ihm geforderten Rechenschaft nicht ausweicht. In der modernen Sozialordnung führt die zunehmende Automatisierung und Mechanisierung mehr und mehr dazu, daß die Verantwortung von der P. an den Apparat abgetreten wird, daß also die P. im Sinne eines ethisch gefüllten Begriffs verschwindet. Es ist eine wichtige Aufgabe der modernen Ethik, zu bestimmen, bis zu welcher Grenze die »Entpersönlichung« der Apparate vertretbar und erträglich ist.

7. Die mit dem P.sbegriff gegebene *religiöse Problematik* ist modern, wie es der Begriff der P. selbst ist. Er bietet sich zur Kennzeichnung dessen an, was dem Menschen eine Sonderstellung unter den Kreaturen verleiht. Man denkt dann an eine Analogie zwischen Gott als »Person« und dem Menschen, der in der Bewußtheit dieser Analogie seine verpflichtende Hoheit wie seine Schuld erfährt und dadurch P. wird. Doch kann »P. Gottes« immer nur Personsein Gottes bedeuten, also sein »Ich«, seine Väterlichkeit und das im Gebet angesprochene »Du« mit einer Chiffre bezeichnen. → Gott (: VI) ist weder im Sinne eines Gattungswesens noch im Sinne einer irgendwie denkbaren inneren Struktur P. In der Religiosität des Liberalismus hat der Begriff der P. zeitweise geradezu einen religiösen Wertbegriff bedeutet; religiöses Leben und »persönliches Leben« in Wahrheit und innerer individueller Freiheit waren gleichbedeutend (Joh. → Müller). An der P. Jesu soll sich das eigene schöpferische Leben der P. entzünden. Aus der Überwindung dieser religiösen Epoche ist ein Mißtrauen gegen den P.sbegriff in der ev. Theologie, vor allem unter K. → Barths Einfluß, zurückgeblieben.

E. Spranger, Lebensformen. Geisteswiss. Psychologie u. Ethik d. P., (1914) 1950[8] – K. Breysig, P. u. Entwicklung, 1925 – F. Kraus, Die Tiefenperson, 1926 – H. Rohracher, P. u. Schicksal. Grundlegung zu einer Wissenschaft u. Philos. der P., 1926 – J. Neumann (Hg.), Die Entwicklung z. sittl. P. (Religionspsych. Reihe 2), 1931 – G.W. Allport, Personality, a Psychological Interpretation, New York 1937; dt. v. H.v. Bracken, 1949 – Ders., Werden d. P. Gedanken z. Grundlegung einer Psychologie d. P., 1958 – E. Rothacker, Die Schichten d. P., (1938) 1952[5] – Ph. Lersch, Aufbau d. Person, (1938) 1954[6] – G. Murphy, Personality, New York 1947 – Cl. Kluckhohn–H. Murray, Personality in Nature, Society and Culture, ebd 1948 – A. Wellek, Die Polarität im Aufbau d. Charakters, 1950 – M. Thiel, Versuch einer Ontologie d. P., Bd I, 1950 – H. Thomae, P. Eine dynamische Interpretation, (1951) 1955[2] – H.v. Bracken, Wandlungen d. menschl. P. im mittleren u. höheren Alter (Studium Generale 5, 1952, 306–315) – Ders.–H.P. David (Hg.). Perspektiven der P.stheorie, 1959 (Lit.) – E. Aeppli, P. Vom Wesen d. gereiften Menschen, 1952 – P. Christian, Das Personverständnis im modernen med. Denken, 1952 – H. Remplein, Psychologie d. P. Die Lehre v. d. individuellen u. typischen Eigenart d. Menschen, (1954) 1956[2] – K. Stavenhagen, Person u. P. Unters.en z. Anthropologie u. Ethik, hg. v. H. Delius, 1957 – G.M. Noetzel, P. u. Gemeinschaft, 1957 – W. Arnold, Person, Charakter, P., 1957 – Freiheit der P. Eine Vortragsreihe (Kröners Taschenausg. 290), 1958 – EKL III, 128ff (Lit.) – W. Trillhaas, Ethik, 1959, 105ff (Lit.).

W. Trillhaas

Person

1. Geschichte: a) Der substantielle P.gedanke – b) P. als Bezogensein – 2. Systematisch – 3. Ontologie und P.alismus. – Vgl. → Persönlichkeit

1. a) Was man heute mit dem Wort P. bezeichnet, dürfte der Menschheit erst durch das Christentum erschlossen worden sein. Die Antike unterschied noch nicht P. von (geistiger) Individualität (so ὑπόστασις; lat. persona bezeichnet die Maske, dann die Rolle eines Schauspielers, von da aus auch soziale Rolle und Charakter).

Die Identität von P. und Individualität hatte für das Verständnis der → Trinität (: III) und der Einheit von Gott und Mensch in Jesus Christus (→ Christologie: II) erhebliche Schwierigkeiten zur Folge: Der Gedanke dreier göttlicher Individuen mußte ja, zumindest für aristotelisches Denken, zur Annahme dreier Wesenheiten führen (→ Tritheismus). Wenn andererseits die gottmenschliche Einheit in Jesus Christus mit den Alexandrinern und Chalcedon als P.einheit verstanden wurde, schien die Konsequenz unvermeidlich, daß die menschliche Natur in Jesus nicht individuell gewesen ist (→ Cyrill, 1); und darin erblickten die Antiochener nicht zu Unrecht eine Verkürzung der Inkarnation, der Teilnahme Jesu an allem Menschlichen. Trotz dieser Schwierigkeiten vermochte es die altkirchliche Theologie noch nicht, die Identifizierung von P. und Individualität grundsätzlich zu überwinden. Damit hängen die bleibenden Aporien ihrer Trinitätslehre und Christologie großenteils zusammen. Noch die berühmte und einflußreiche Definition der P. bei → Boethius charakterisiert sie als rationalis naturae individua substantia (MPL 64, 1343 C).

Die Auffassung der P. als geistige Individualität blieb bis in die Neuzeit hinein wirksam, bes. in → Humanismus und → Aufklärung. Letztere sah den Kern der geistigen Individualität im Selbstbewußtsein. Es war üblich, auch Gott in diesem Sinne als P. zu denken, bis J.G. → Fichte 1798 nachwies, daß → Gott (: V, 17 a), wenn unendlich, dann nicht P. sein könne: Selbstbewußtsein setzt die Existenz eines anderen, von dem sich abgrenzend man seiner selbst bewußt wird, immer schon voraus. Gott wäre also weder unendlich noch aller Dinge Schöpfer, wenn er P. wäre (→ Atheismusstreit). Seit Fichtes Angriff ist die »Persönlichkeit Gottes« zum Stichwort des Kampfes gegen den deutschen → Idealismus (: II) und dessen angeblichen (tatsächlich wohl nur bei → Schelling vorhandenen) → Pantheismus geworden. Überall, wo der deutsche Idealismus in diesem Zeichen bekämpft wurde, ist P. als geistige Individualität (Selbstbewußtsein) verstanden worden: in der → Kant folgenden Theologie auf ihrer rationalistischen wie auf ihrer zu → Ritschl führenden supranaturalistischen Linie; ebenso im spekulativen → Theismus (: II) der Jh.mitte, der – auf Kant zurückgreifend – die Wahrung der Personalität Gottes eng mit der des Menschen verband. Diese personale Metaphysik ist über Deutschland hinaus auch in Schweden, Frankreich, USA philosophische Grundlage eines personalen Humanismus im Sinne der geistigen Individualität und Freiheit geworden.

b) Der Sache nach war schon die altkirchliche → Christologie (: II, 5 b) dahin gelangt, P. als *Relation* zu verstehen: Als Enhypostasie (→ Leontius von Byzanz) ist die P. Jesu durch seine Verbundenheit mit dem Logos konstituiert. Dieser Relationscharakter der P. als Gottbezogenheit wurde aber erst im Zuge der weiteren Geschichte der Trinitätslehre präzise erfaßt. Bereits → Augustin hatte die trinitarischen P.en als Relationen verstanden: Der Vater ist Vater nur in bezug auf den Sohn, der Sohn nur in bezug auf den Vater Sohn. Erst im 12.Jh. hat Richard von St. Viktor (→ Viktoriner) die Konsequenz für den allgemeinen P.begriff gezogen. Wegen ihres relationären Charakters definierte er P. als eksistentia, als ein Bestehen (sistere), das von einem andern her (ek-) ist. Nur in diesem Gegenüberstand ist die P. unvertauschbar (incommunicabilis); nur in bezug auf den Vater ist der Sohn Sohn und nichts anderes (De Trin. IV, 12; MPL 196, 937f). → Duns Scotus hat Richards Begriff der P. noch wesentlich vertieft, vor allem im Hinblick auf die ontologischen und anthropologischen Probleme. Im Gegensatz zu → Thomas von Aquino, der von seiner Scheidung zwischen esse und essentia her den Seinsakt als das konstitutive Moment der menschlichen P.alität ansah, hat Duns nur die *Beziehung* zu Gott als konstitutiv für den Menschen als P. verstanden. Auf zweifache Weise kann der Mensch nach Duns P. sein: in Verselbstung gegen Gott oder in gottgeöffneter Andacht.

Das 19.Jh. scheint den Begriff der P. als Beziehung durch einen eigenen Anlauf wiedergewonnen zu haben. Der Gedanke Fichtes, daß Selbstbewußtsein nur durch Selbstunterscheidung von einer Außenwelt entsteht, wurde von → Jacobi personal formuliert: »Ohne Du ist das Ich unmöglich.« Als Grundzug des P.begriffs ist dieser Sachverhalt von → Hegel in seiner Religionsphilosophie wiederentdeckt worden, bezeichnenderweise wiederum im Zusammenhang der trinitarischen Problematik. Die Einwände des Verstandes gegen die Unmöglichkeit der Einheit einer Dreiheit beantwortete Hegel durch den Hinweis darauf, daß es das Wesen der P. sei, sich selbst an ein Gegenüber hinzugeben und gerade im andern sich selbst zu gewinnen. Die Einheit Gottes wurde so als die in der wechselseitigen Hingabe der drei P.en sich vollbringende Einheit der Liebe erfaßt. Damit hat Hegel, durch ein tieferes Verständnis von P., Fichtes Argument, daß Gott nicht P. sein könne, überwunden, und das nicht nur in der Trinitätslehre, sondern auch mit der strukturgleichen und betont herausgestellten These, daß Gott *Subjekt* sei. Die Theologie hat dieses Verdienst Hegels nicht gewürdigt, sondern ihn als Pantheisten und somit Gegner des Gedankens Gottes als P. mißverstanden, andererseits selbst keine lösende Antwort auf Fichtes Argument gefunden. Die Junghegelianer haben diesen Gedanken Hegels als Kompromiß mit der Kirchenlehre verdächtigt. – → Feuerbach reduzierte Hegels trinitarische Aussagen auf ihren anthropologischen Gehalt, hat so aber das Hingabeverhältnis von Ich und Du als menschliches Grundverhältnis festgehalten. Von Feuerbach sind → Ebner und → Buber beeinflußt, die dem Verständnis der P. als Bezogensein im 20.Jh. die Bahn gebrochen haben. Der Gedanke hat sich in der Philosophie (→ Cohen, → Rosenzweig; → Litt, Löwith, → Grisebach, → Marcel, → Jaspers) wie in der Theologie, bes. auf ev. Seite (→ Brunner seit 1924, → Gogarten seit 1926, → Heim seit 1931), aber auch im kath. Denken (→ Guardini, P.Wust, Th.Haecker), seit dem 1. Weltkrieg schnell verbreitet und ist heute Allgemeingut geworden.

2. a) Der Mensch ist erst dadurch P., daß er Gott als P. sich gegenüber findet. → Gott (: VI) ist P. und nicht Sache, weil er als unbekannte Macht über das Dasein wesenhaft undurchschaubar ist. Nicht zufällig personifiziert der archaische Mensch und heute noch das Kind alles ihm Wichtige, das nicht durchaus bekannt ist und also noch eine verborgene Innenseite hat (→ Personifikation). Was zumindest prinzipiell gänzlich verfügbar ist, wird dagegen zur Sache. Daher bleibt die Gottheit P., solange sie sich nicht in eine kosmische Funktion auflösen läßt. Der biblische Gott ist wesenhaft P., weil er immer neues, kontingentes Geschehen hervorbringt, stets unvorhersehbar handelt und darin die Unendlichkeit seiner Freiheit erweist. Daß Gott in der Einheit seines Wesens P. ist, bildet die Grundlage dafür, daß auch das Gegenüber des Sohnes zum Vater und des in der Kirche wirkenden Geistes zu beiden personalen Charakter hat.

b) Gott macht den Menschen zur P. Gott kann zwar allmächtig ohne uns über uns verfügen, die Menschen als Sachen behandeln. Aber insofern Gott eine Geschichte mit den Menschen eingeht, um sich ihnen zu offenbaren, nimmt er sie als Du. Weil aber der Wille zur → Offenbarung (: VI) und damit zur Kondeszendenz dem ewigen Wesen Gottes eignet, darum will Gott nicht nur zum Schein, sondern in ewiger Treue die Menschen P.en sein lassen. – Der Sache nach hat das – biblisch inspiriert – in der Theologie eines Augustin, Duns Scotus, Luther Ausdruck gefunden.

c) Menschen sind P.en durch ihre Bestimmung auf Gott hin (→ Anthropologie: IV). Die den Menschen von allen Tieren unterscheidende Weltoffenheit, deren volle Bedeutung nur als Gottoffenheit zu erfassen ist, macht seine P.alität aus. Diese realisiert sich, wie schon Duns Scotus erkannte, entweder als andächtige Offenheit auf Gott hin oder als sich verschließende Selbständigkeit gegen Gott, die als solche (was Duns nicht erkannte) bereits den Charakter der → Sünde hat. Der Mensch ist also nicht deshalb P., weil er ein geistiges Vermögen besitzt, etwa Verstand, sondern umgekehrt: Er ist nur von seiner P.alität, von seiner wesenhaften Gottoffenheit her in seiner Eigenart als geistiges Wesen zu verstehen.

d) Menschen existieren als P.en in Beziehung zu andern Menschen. Der mitmenschliche Bezug von Ich und Du begründet die P.alität nicht, folgt aber aus ihr: Im andern Menschen trifft Ich auf ein Wesen, das ebenso wie Ich durch eine unendliche Bestimmung (Weltoffenheit!) ausgezeichnet ist. Darum bleibt der andere Mensch unverfügbar, kann nie ganz zur Sache gemacht werden. Ferner kann die menschliche Bestimmung auf Gott hin, weil in allen Menschen dieselbe, nur gemeinsam mit dem Du, nie vom isolierten Einzelnen für sich erstrebt werden. So zielt P.alität auf Gemeinschaft und auf Einordnung jeder partikularen in die umfassendere Gemeinschaft. Sie vollendet sich im Akt liebender Hingabe an die besondere und zugleich an die je umfassendere Gemeinschaft: in der Zweisamkeit, die aber nicht sich selbst genügen, sondern der Umgebung zum Segen werden soll; im Beruf, der nicht nur dem eigenen Staate zu dienen hat, sondern zugleich übernationale Verantwortung wahrnimmt.

e) In der individuellen Lebensgeschichte gewinnt die P. Gestalt als → Persönlichkeit. P. ist jeder Mensch von Geburt an kraft seiner Bestimmung. Persönlichkeit muß jeder erst werden durch die Haltung, die er angesichts seiner menschlichen Bestimmung im Leben einnimmt, durch die Antwort, die er mit seinem Leben auf die Frage seiner Bestimmung gibt.

3. Die → Scholastik hat den Menschen als P. im Zusammenhang der ontologischen Gesamtproblematik verstanden, ebenso noch Hegel. Doch seit dem Ende des 18.Jh.s bildet sich eine Denkweise, die P. in immer schärferem Gegensatz zum unpersönlichen → Sein sieht und endlich die ontologische Problematik und die der P. als ganz verschiedene Sphären voneinander trennt: der *P.alismus* (über dessen mannigfaltige Gestalten vgl. G.Gloege, EKL III, 128ff). Das Auseinandertreten von Sein und P. dürfte dadurch motiviert sein, daß der Mensch mit seiner »geistigen« Bestimmung im Weltbild der mechanistischen Naturwissenschaft und bald auch in den Mechanismen gesellschaftlicher Apparaturen keinen Platz mehr fand. Der P.alismus ist so als Reaktion gegen die Versachlichung des modernen Lebens und Denkens zu verstehen.

Sowohl der individualistische P.gedanke als auch die Erkenntnis der P. als Beziehung hat sich zum P.alismus, zum Gegensatz gegen die ontologische Problematik und bes. gegen das naturwissenschaftliche und technische Daseinsverständnis, verschärft. Zu den Exponenten eines am Individuum orientierten P.alismus gehören W.Stern, der »revolutionäre« P.alismus → Mouniers, aber auch H.Freyer oder Guardini. Die personale Metaphysik des spekulativen Theismus im 19.Jh. bis →Lotze, mit ihrem Einfluß auf den Schweden Boström, den Franzosen Renouvier und vor allem auf amerikanisches Denken von Ladd, Royce und Bowne bis in die Gegenwart (Brightman), trägt die Züge eines individualistischen P.alismus, ähnlich aber auch die Reaktion → Kierkegaards gegen Hegel.

Die »dialogische« Auffassung der P. als → Ich-Du-Verhältnis spitzt sich bei fast allen seiner Wortführer personalistisch zu durch die Scheidung zwischen Ich-Du-Beziehung und Ich-Es-Beziehung. Diese Scheidung ist undurchführbar, weil Ich-Du-Beziehung sich immer nur im Medium eines gemeinsamen Sachbezuges, gemeinsamer Aufgaben und Interessen, entwickeln kann. Die ähnlich orientierte Scheidung zwischen personalen und objektivierenden Aussagen ist ebensowenig durchführbar, weil auch personale Aussagen immer objektivierende Form haben, wenn auch die personale Beziehung selbst keine Objektbeziehung ist. In derartigen falschen, weil nicht sauber durchführbaren Scheidungen bleibt der dialogische P.alismus hängen. Seine Aussagen bleiben abstrakt, sofern sie vom Bezug personaler Phänomene auf Natur, Gesellschaft und technische Gegenstandswelt absehen, die ontologische Problematik ausklammern. Das ließe sich am Beispiel etwa der personalistischen Theorie der → Sprache als reiner Mitteilung eines Ich an ein Du zeigen, insofern hier die biologischen Grundlagen der Anthropologie, ferner der Charakter der Sprache als Verständigung über Sachverhalte und schließlich die konkreten historischen Gestaltungen der Sprachen außer Betracht bleiben.

Kennzeichnend für alle Formen des P.alismus scheint es zu sein, daß die anthropologische Problematik des naturwissenschaftlich-technischen Denkens und der sozialen Lebensformen der modernen Industriegesellschaft nicht bewältigt werden. Statt dessen weicht man auf den inneren Kreis des P.kerns und der intimen Beziehungen aus. In der »echten Ontologie« (Stammler) bzw. in einer umfassenden ontologischen Anthropologie, wie sie heute von verschiedenen Seiten her erarbeitet wird, dürfte die personalistische Scheidung von P. und Sein zu überwinden sein. Der Theologie fällt dabei die Aufgabe zu, den Menschen in der Einheit seiner sachlichen Lebensbezüge (Weltoffenheit) mit seiner Bezogenheit auf Gott und die Mitmenschen zu verstehen.

B.P.Bowne, Metaphysics, 1898 - Ders., Personalism, 1908 - Ch. Renouvier, Le Personnalisme, Paris 1903 - W.Stern, P. u. Sache I-III, 1906-24 (dazu: R.Liebe, Der krit. P.alismus u. seine Bedeutung f. d. Theol. [ZThK 7, 1926, 108-129]) - H.Cohen, Religion der Vernunft aus den Qu. des Judentums, 1919 - Th.Litt, Individuum u. Gemeinschaft, (1919) 1926³ - F.Ebner, Das Wort u. die geistigen Realitäten, 1921 (dazu: Th.Schleiermacher, Ich u. Du [KuD 3, 1957, 208-229]) - F.Rosenzweig, Stern der Erlösung, (1921) 1954³ - Chr.J.Boström, Grundlinien eines philos. Systems, 1923 - M.Buber, Ich u. Du, 1923 - Ders., Das Problem des Menschen, (1948) 1954² - Ders., Die Schriften über das dialogische Prinzip, 1954 (zum Hist.: 285-306) - E.Brunner, Die Mystik u. das Wort, 1924 - Ders., Wahrheit als Begegnung, 1938 - Ders., Dogmatik I. II, 1946/50 - F.Gogarten, Ich glaube an den dreieinigen Gott, 1926 - Ders., Der Mensch zw. Gott u. Welt, (1952) 1956² - G.Marcel, Journal métaphysique, 1927; dt. 1955 - Ders., Sein u. Haben, (Paris 1935) dt. 1954 - K.Löwith, Das Individuum in d. Rolle des Mitmenschen, 1928 - E.Grisebach, Gegenwart, 1928 - H.Rheinfelder, Das Wort »Persona«. Gesch. seiner Bedeutungen mit bes. Berücksichtigung des franz. u. ital. MA, 1928 - P.Tillich, Persönlichkeitsidee u. Persönlichkeitsideal, 1929 (= Der Protestantismus, 1950, 159-180) - F.K.Schumann, Der Gottesgedanke u. der Zerfall der Moderne, 1929 - K.Heim, Glaube u. Denken, 1931 - H.Dreyer, P.alismus u. Realismus, 1931 - H.Adolph, Personalistische Philos., 1931 - K.Jaspers, Philosophie, (1932) 1956³ - E.S. Brightman, Personality and Religion, 1934 - R.Guardini, Welt u. P., (1939) 1940² - E.Mounier, Qu'est-ce que le Personnalisme?, Paris 1946 - Ders., Einführung in die Existenzphilosophien, 1949 - Barth, KD III/2, 1948 - R.Knittermeyer, Die Philos. d. Existenz, 1952 - H.Mühlen, Sein u. P. nach J.Duns Scotus, 1954 - H.Freyer, Theorie des gegenwärt. Zeitalters, 1955 - G.Gloege, Der theol. P.alismus als dogmat. Problem (KuD 1, 1955, 23-41) - Ders., EKL III, 128ff - W.Joest, Sein u. Akt in d. Existenz des Menschen vor Gott (Studium Generale 8, 1955, 689-697) - Ders., Die P.alität des Glaubens (KuD 7, 1961, H. 1 u. 2) - H.Schmidt, Ontologie u. P.alismus in ihrer Bedeutung f. eine Bestimmung des Wesens u. Auftrags der Kirche (Diss. Hamburg), 1956 - G.Stammler, Ontologie in der Theol.?

(KuD 4, 1958, 143-175) - J.HEGYI, Die Bedeutung des Seins bei den klass. Kommentatoren des hl. Thomas v. A., 1959 (39 Lit.) - D.v. OPPEN, Das personale Zeitalter, 1960. - Vgl. die Lit. zu → Persönlichkeit, → Trinität: III, → Anthropologie: IV. *W.Pannenberg*

Personifikation bedeutet allgemein, daß übersinnliche Kräfte (→ Macht: I, → Numinos) oder abstrakte Begriffe persönliche Gestalt annehmen, und gehört somit seit alters zur Dichtersprache (→ Gleichnis: I). Durch einen Analogieschluß hat man diesen Vorgang auf die »Entstehung« der Götterwelt überführt und den Ursprung wenn nicht der → Religion überhaupt, so doch des → Polytheismus oder der Mythologie (→ Mythos: I. II, → Naturmythologie) durch die »mythische Prosopopöie« erklären wollen. Dieser Ausdruck entstammt der Romantik, ist aber zusammen mit dem übrigen klassischen Erbe von ihr übernommen worden. P. ist die humanistische Übersetzung der Prosopopöie der rhetorischen Theorie des Altertums: »das Reden aus dem Mund einer fiktiven Person, der Vaterstadt, oder der Vorfahren, oder sie findet statt, wenn einem ›Ding‹ (πρᾶγμα) oder ›Zustand‹ (πάθος) ein ›Prosopon‹, dh eine ›Person‹ oder Maske ›aufgesetzt‹ wird, wie zB der ›Unwissenheit‹, Agnoia, oder dem ›Beweis‹, Elenchos, in den Prologen Menandrischer Komödien« (Reinhardt 8f). Während aber die Frauen »Tugend« und »Laster«, die in der Fabel des Sophisten Prodikos (Xenophons Memorabilien) dem Herakles am Scheideweg erscheinen, nur eine → Allegorie sind und die »Raserei«, Lyssa, bei Euripides (Herakles) ein personifiziertes Menschen-Pathos darstellt, ist dieselbe Gestalt bei Aischylos (verlorene Tragödie Xantriai) ein bakchischer Dämon. Wie Reinhardt richtig hervorhebt, hat sowohl die spätantike Theaterpraxis als auch die neuere Religionstheorie vergessen, »daß der P. der Bühne der Gott selbst unter der Maske vorausging; daß allein als Götter all dergleichen zur Person geworden und nicht umgekehrt erst als Person zu Göttern«. Der Begriff P. kam auf, als man den Ursprung dieses Sachverhaltes vergessen hatte und in den Göttern des Theaters nur noch deren → Masken (πρόσωπα) sehen konnte. Noch Jacob → Grimm drückt sich differenziert aus, wenn er sagt, daß sich die Persönlichkeit der Götter, Geister und Menschen in Poesie und → Fabel auf »Tiere, Pflanzen, Sachen oder Zustände, denen die Sprache *genus* verleiht«, erstreckt. So erheben auch den Göttern »verwandte, an sich unpersönliche und abgezogene Vorstellungen auf Vergötterung Anspruch«. Aber letzten Endes seien doch die Götter aus den P.en hervorgegangen (Dt. Mythologie II[4], 733f). Bei H.Usener ist das auf sprachwissenschaftliche Erwägungen begründete, entwicklungsgeschichtliche Schema rationalistisch aufgebaut: Augenblicksgötter werden → Sondergötter und diese durch P. persönliche Götter (→ Klassische Altertumswissenschaft). Wenn A.Bertholet noch 1950 den Weg »Vom Dynamismus zum Personalismus« darstellt, so hebt er ausdrücklich hervor, daß es sich nicht prinzipiell um einander ablösende Perioden, sondern um verschiedene Strukturen handelt, wie der Weg in der Tat auch der umgekehrte sein mag. Im einzelnen lassen sich eine ganze Reihe solcher geschichtlichen Wandlungen aufzeigen. Nilsson hat sie auch für die Antike erwiesen, indem sogar Kulte der P.en entstanden sind, wobei zu beachten ist, »daß in älterer Zeit die P.en in Anlehnung an den Kult der großen Götter aufgekommen sind«. Der Sache nach ist P. immer ein religionstheoretisches Zwischenglied, auch wenn man vom → Hochgottglauben ausgeht und nach dem Ursprung des Polytheismus fragt, obgleich die Vertreter dieser Theorie lieber von Abspaltungen oder → Hypostasen der Gottheit sprechen.

ROSCHER III/2, 2068ff - ERE IX, 781ff - UdG Iff (s. Reg.) - PW XIX/1, 1042ff - L.PETERSEN, Zur Gesch. der P. in griech. Dichtung u. bildender Kunst (Diss. Würzburg), 1939 - A.BERTHOLET, Vom Dynamismus zum Personalismus (Festschr. f. G.v.d.Leeuw, Nijkerk 1950, 35-45) - RÄRG 586ff - M.P.NILSSON, Kultische P.en (Opuscula Selecta III, Lund 1960, 233-242) - K.REINHARDT, P. u. Allegorie (DERS., Vermächtnis der Antike, 1960, 7-40). *C.-M.Edsman*

Perthes, 1. *Clemens Theodor* (2.3.1809 bis 25.11.1867), Sohn von 2, Enkel von M. → Claudius, * in Hamburg, † in Bonn, wo er seit 1838 ao., seit 1842 o. Professor des Staatsrechts war. → Wichern persönlich verbunden, gründete er 1849 in Bonn den Verein für → Innere Mission und 1854 zur Behebung der Notstände unter den wandernden Handwerksburschen die erste »Herberge zur Heimat« (→ Heimatfremdenfürsorge).

Vf. u.a.: Das dt. Staatsleben vor der Revolution, 1845; F.Perthes Leben (s. 2); Das Herbergswesen der wandernden Handwerksgesellen, (1856) 1883[2] (Neuaufl. 1953); Polit. Zustände u. Personen Deutschlands zZ der franz. Herrschaft I. II, 1862/69; Briefwechsel mit Roon, hg.v. O.PERTHES, 1895. - Über P.: ADB LIII, 14ff - O. PERTHES, Werden u. Wirken von Cl.Th.P., 1909 - M.GERHARDT, Ein Jh. Innere Mission I, 1948 (s. Reg.). *H.Hohlwein*

2. *Friedrich Christoph* (21.4.1772 bis 18.5.1843), * in Rudolstadt, † in Gotha. Während seiner Buchhandelslehre in Leipzig und Hamburg bildete sich P. autodidaktisch weiter, gründete 1796 einen Sortimentsbuchhandel in Hamburg, dem er später einen Verlag anschloß. Seit 1822 lebte P. in Gotha. Durch die Berührung mit dem Idealismus → Schillers und die Glaubensphilosophie → Jacobis überwand P. den Rationalismus. Mit der Absage an das »Vertrauen auf die eigene Kraft« drang er zum tieferen Verständnis des biblischen Offenbarungsglaubens durch. Im Hause seines Schwiegervaters M. → Claudius und in enger Beziehung zu dem Emkendorfer Kreis der Reventlows und Stolbergs und dem Münsterer Kreis um die Fürstin → Gallitzin festigte sich P.s entschieden biblisch-christozentrische Frömmigkeit. Zugleich wurden ihm ökumenische Aspekte im Sinne des »Omnes-Unum« → Hamanns eröffnet. Die → Erweckung (: I, 5 c) in → Hamburg (Hudtwalcker, → Rautenberg u.a.) suchte P. von Konventikeltum fernzuhalten. 1814 betrieb er die Gründung der Hamburgisch-Altonaischen Bibelgesellschaft. Zeitlebens bewahrte P. seine Selbständigkeit gegenüber volkskirchlicher Organisation und lehrgesetzlichem, äußerem Zwang. Als führender Organisator der nationalen Bewegung der Hansestädte wirkte P. für die deutsche Einheit, der auch seine Verlagsarbeit und seine bahnbrechenden programmatischen Schriften über den deutschen → Buchhandel (: II) dienten. Mit vielen bedeutenden Männer des geistigen, religiösen und politischen Lebens sZ stand P. in näherer Verbindung.

C.TH.PERTHES, F.P.s Leben, 3 Bde, (1848-55) 1872[6] (NB v. H.KRÜGER, 1951) - ADB XXV, 394ff - W.BAUR, Stein u. P., 1862 (1879[2]: F.Chr.P.) - R.KAYSER, F.P. u. d. rel. Leben sZ (Zs. d. Ver. f. Hamburg. Gesch. 25, 1924, 89-109) - DERS., F.P. u. s. kath. Freunde (ebd 34, 1934, 1-24) - U.SCHREIBER, L.Ranke, H.Ritter u. F.P. (HV 27, 1932, 619-630) - W.SCHMIDT-EWALD, Die Gothaer P., 1935 - R.HERRMANN, Thür. KG II, 1947, 456ff - P.-Brevier, hg.v. W.FRIEDRICH, 1957 (Bibliogr., Lit.) - EKL III, 135 - I.LAHRSEN, Zwischen Erweckung u. Rationalismus. Hudtwalcker u. s. Kreis, 1959.
E.H.Pältz

Peru

1. Altperuanische Religionen - 2. Kirchengeschichtlich

1. a) Träger der altperuanischen Kultur waren bes. die *Ketschua-, Aimara- und Mosche-Indianer*. Sie kannten weder Schrift, → Geld noch Eisen, wohl aber als → Schmuck verwendetes Edelmetall sowie das gezähmte Lama, das ihnen brennbaren Dünger und Wolle verschaffte. Schon Jh.e vChr gab es mehrere Kultur-

zentren und politische Einheiten. Durch ihre langsame Unterwerfung seit 1200 nChr unter einen einzelnen Ketschua-Stamm, dessen Oberschicht *Inka* genannt wurde, entstand das sog. Inkareich, das im 16.Jh. die Spanier eroberten. Da diese Kulturen alle schriftlos waren, kennen wir sie nur durch → Ausgrabungen (: I) sowie durch Berichte von Mischlingen und Spaniern.

b) *Prä-Inkaische Kulturen,* die uns etwas näher bekannt sind, waren: α) *Chavin* im nördlichen Hochland, schon mehrere Jh.e vChr, möglicherweise Zentrum eines Wildkatzenkults. β) *Nazca,* nahe der Südküste, einige Jh.e später, vielleicht mit Ahnenkult. γ) Die *Mosche-Kultur* nahe der Nordküste. Viererlei charakterisiert sie: ständisch gegliederte Gesellschaft mit Städten; Töpferei mit Tier- und Menschengestalten oder Lebensszenen, die als aufgemalter oder plastisch ausgearbeiteter Zierat an Töpfen angebracht sind; die Verwendung von Punkt-, Strich- und Kreiskombinationen, eingeritzt auf getrockneten Bohnen, möglicherweise mnemotechnische Mittel bei der Nachrichtenvermittlung; eine Religion, die Menschen mit Tierköpfen oder Wildkatzenzähnen darstellte und wahrscheinlich einen Wildkatzenkult besaß. δ) *Tiahuanaco* auf dem westbolivianischen Plateau mit verschiedenen aufeinanderfolgenden Stadien, charakterisiert durch riesenhafte menschengestaltige Monolithen, ein Tor mit einer Gottheitsgestalt (s. Taf. 36 Abb. 4), umgeben von 48 anderen Figuren, wahrscheinlich ein Sonnengottzentrum.

c) In Cuzco lebte der Monarch, der *Inka,* zusammen mit der Herrenschicht, den Nachkommen der führenden Eroberer. Diesen entstammte weitgehend auch die Priesterschaft. Sie lebte kollektivistisch von den Erträgnissen des »Kirchenlandes«. Charakteristika ihrer Religion waren: Ein vornehmlich von der Herrenschicht verehrter Obergott Viracocha, der auch die Dämonen und anderen Götter erschaffen hat. Unter letzteren traten hervor: Der → Sonnen-Gott, von dem die dominierende Dynastie abstammt, der Donner- und Blitzgott (→ Gewitter), der auch → Regen sandte, die → Mond-Göttin, die → Erd-Göttin und die → Geister, die oft in → Steinen lokalisiert gedacht waren. Außer dem Kult im Tempel des Sonnengottes, bei dem auch nonnenartige, dienende Jungfrauen eine Rolle spielten, bestand ein Kult, der sich weitgehend im Freien abspielte.

d) *Kulturen nördlich vom Inkareich* waren alt und zZ des Eindringens der Spanier zT ausgestorben. Charakteristika waren: Kleine politische Einheiten, ein → Priestertum, das auf den Schwestersohn vererbbar war (matrilineare Überbleibsel?), Steinfiguren mit zwei Köpfen übereinander, von denen der eine wohl einem geglaubten »zweiten Ich« (→ Seele) entsprach, oder mit einem Schweinerüssel oder mit Hauern. Über etwaige Verwandtschaft mit altperuanischen Religionen läßt sich noch wenig Definitives sagen.

e) *Beziehungen zu außeramerikanischen Kulturen:* Die Knotenschnüre der Marquesas-Inseln und die peruanischen Quipus, dh die mehrfarbigen Knotenschnüre mnemotechnischen Charakters, könnten möglicherweise als Produkte zweimal unabhängig vor sich gehender Konvergenz gedeutet werden. Dagegen erklärt sich die Ähnlichkeit einzelner Gebrauchsgegenstände bei Indianern und → Polynesiern oft aus gegenseitiger Beeinflussung im Zusammenhang mit Schiffahrt und Handel, die auch durch polynesische Mythologie und spanische Berichte wahrscheinlich gemacht sind. - Vgl. → Kunst: II A, 2.

Quellenwerke: E.FUETER, Gesch. der neueren Historiographie, (1911) 1936³ - Colección de Libros y Documentos referentes a la Hist. del P., hg.v. H.H.URTEAGA u.a., Lima 1916ff - FR.DE AVILA, Dämonen u. Zauber im Inkareich..., hg.v. H.TRIMBORN, 1939 - The Incas of PEDRO DE CIEZA DE LÉON, transl. by H.DE ONIS, ed. V.W.v.HAGEN, Norman/Oklahoma 1959. - Sämtl. Lit. bis 1957 bei J.A.MASON, The Ancient Civilizations of P., Harmondsworth 1957. Vgl. bes.: P.RIVET, Relations commerciales précolombiennes entre l'Océanie et l'Amérique (Festschr. P. W.Schmidt, 1928, 583-609; Lit.) - K.TH.PREUSS, Monumentale vorgeschichtl. Kunst, 1929 - H. CUNOW, Gesch. u. Kultur des Inkareiches, Amsterdam 1937 - L.BAUDIN, Les Incas du P., Paris 1944; dt. 1947 - J.H.STEWARD (Hg.), Handbook of South American Indians I-VI, Washington 1946-50 - H.OSBORNE, Indians of the Andes, London 1952. - Ferner: G.H.S.BUSHNELL, P. Von den Frühkulturen zum Kaiserreich der Inka, 1957 - S.F. MOORE, Power and Property in Inca P., New York 1958 - M.UHLE, Wesen u. Ordnung der altperuan. Kulturen, 1959. - Vgl. die Lit. zu → Amerika: I, → Amerikanistik, → Indianer: I, → Kunst: II A, 2, → Mexiko: I. *P.Honigsheim*

2. Das heutige P. wurde von der *kath.* Kirche seit 1531 durch Franziskaner, Dominikaner und Augustiner missioniert. 1546 wurde das erzbischöfliche Ordinariat, 1557 die San-Marcos-Universität in Lima errichtet. Die Inquisition war staatlich 1569-1821. Die Hl. →Rosa von Lima ist Patronin Amerikas. Bis heute hat die kath. Kirche die Vorrechte der Staatsreligion. Sie umfaßt zZ 4 Erzbischöfe, 11 Bischöfe, 1305 Priester, 7 374 000 Katholiken (87% des Volkes). - Versuche *ev.* Mission nach Liberalisierung durch die Befreiung von Spanien 1829 waren vereinzelt und erfolglos. Englische und nordamerikanische Bibelboten wurden eingekerkert (Fr. Penzotti 1889), 1862-77 scheiterten Versuche der englischen Südamerikanischen Missionsgesellschaft, 1884-86 solche der nordamerikanischen Presbyterianer. 1888 bildeten Methodisten die erste Gemeinde in der Landessprache, 1895 begann die Indiomission in Cuzco. Seit Freigabe der Zivilehe (1903) und der prot. Gottesdienste (1915) entstanden 22 verschiedene ev. Kirchen, die sich zT zu einem Kirchenbund zusammenschlossen. 1925 zählte man 1046, 1957 schon 72 789 Evangelische mit 90 Predigern. Die Theologie der Aufklärung und Erweckung lebt stärker fort als die reformatorische. Die wenig zahlreichen Einwanderer durften ab 1849 nur Schul- und Debattiervereine gründen, aus denen sich aber später Kirchgemeinden entwickelten (Engländer, Schotten, Nordamerikaner seit 1849; Deutsche, Schweizer, Skandinavier seit 26.11.1899). Die deutsche »Ev.-Luth. Kirche in P.«, seit 1952 dem Luth. Weltbund angegliedert und an die Chilesynode lose angeschlossen, arbeitet in Lima und hat 4 Predigtstationen außerhalb.

J.T.MEDINA, Hist. del Tribunal de Santo Oficio de la Inquisición de Lima (1569-1820), 2 Bde, Santiago de Chile 1887 - K.G.GRUBB-J.RITCHIE, The West Coast Republics of South America, London 1930 - J.RITCHIE, The Indigenous Church in P., ebd 1931 - J.MACKAY, The Other Spanish Christ, ebd 1932 - J.L.MECHAM (→ Mittelamerika: II) - E.LISSON CHAVEZ, La Iglesia de España en el P., Sevilla 1943 - Misiones pasionistas del oriente peruano, Lima 1943 - S.J. MONTALBAN, Hist. de la Iglesia Católica IV, Madrid 1951 - F.DE ARMAS MEDINA, Cristianización del P. (1532-1600), Sevilla 1953 - A. TIBESAR OFM, Franciscan Beginnings in Colonial P., Washington 1953 - D.DE CÓRDOVA SALINAS OFM, Crónica Franciscana de las provincias del P., ebd 1957 - ST.W.HERMAN, Luthertum in Lateinamerika (Luth. Kirchen in der Welt, hg.v. C.LUND-QUIST, 1957, 430-490) - WChH 1957. *R.Obermüller*

Pestalozzi, *Johann Heinrich* (12.1.1746 bis 17.2.1827), aus altem oberitalienischem, im 16.Jh. in Zürich eingebürgertem Geschlecht, wurde nach Volontärzeit »Ökonom« physiokratischer Prägung, erwarb auf dem dürren Birrfeld südl. der Habsburg Ländereien und errichtete bei Birr (Kt. Aargau) ein Gut aus wilder Wurzel, den »Neuhof« (→ Erziehungsanstalten: I, 2). Mit seiner Gattin Anna Schultheß (1738-1815) bewirtschaftete er bei schlechtem Anfang (Hungerjahre 1771-72) dieses Gut bis zum Ende seiner wirtschaftlichen Kräfte. Von 1774 an unterhielten beide Gatten eine *Armenanstalt* mit Unterstützung generöser Kreise. Kinder der umliegenden Dörfer wurden von ihm in einem »Arbeitsunterricht« (Spinnen, Weben, Feld- und Gartenbau) erzogen und ausgebildet. 1779 scheiterte auch dieses Unternehmen. Mit Hilfe des aufklärerischen Basler Ratsherrn Isaak Iselin (1728-82) versuchte sich P. glücklich als *Schriftsteller*. Bis auf seine Wochenschrift (Schweizer-Blatt, 1782) erregten seine sozialpolitischen Schriften Aufsehen, vor allem wurden sein Lebensprogramm (Abendstunde eines Einsiedlers, 1780) und seine Dorfgeschichte »Lienhard und Gertrud« (4 Tle, 1781-87) auch weit über die Grenzen der Schweiz viel beachtet. Zum weiteren Lebensunterhalt betrieb er längere Zeit auf dem Neuhof eine Zeugdruckerei, wobei er wieder Kinder beschäftigte und ähnlich wie in der Armenanstalt unterwies. Ferner bemühte er sich, allerdings vergeblich, um eine kulturpolitische Tätigkeit in Florenz und Wien. Gleiche Ziele schwebten ihm nach Ausbruch der Revolution für Frankreich vor. Er hatte anfangs den Umsturz begrüßt (der Konvent ernannte ihn zum französischen Bürger), war aber dann von ihm abgerückt, ohne die großen freiheitlichen Ziele je zu verleugnen. Das zeigte sich bei seiner Agitation für die Forderungen der Anwohner des Zürichsees (1794-98). Begeistert trat er für die Veränderung der Verhältnisse in der 1798 errichteten unitarischen Helvetischen Republik ein und wurde sogar auf Zeit Redakteur des offiziellen Presse-Organs, des Helvetischen Volksblattes. In den Bürgerkriegswirren ging er nach *Stans* (Kt. Nidwalden) und sammelte im Auftrage der Regierung als Waisenvater hilflose Kinder um sich. Aus diesem Anstaltserlebnis flammte erneut seine Hingabe an Erziehungsaufgaben auf (Brief aus Stans, 1799), die nach der Übersiedlung nach *Burgdorf* in theoretisch-praktische Versuche über die »Elemente« der sittlichen, intellektuellen und physischen Bildung *(»Methode«)* ausgingen, wie sie in »Wie Gertrud ihre Kinder lehrt« (1801) und weiteren Schriften bis hin zu den »Ansichten und Erfahrungen« (1806-07) erörtert werden. Nach Teilnahme an der verfassunggebenden Consultà in Paris (1802) ging P. auf kurze Zeit nach *Münchenbuchsee* (Verbindung mit der Anstalt E.Fellenbergs). Schließlich errichtete er in *Yverdon* ein aus Schule, Pensionsanstalt, Seminarium, auch Armenanstalt (Clindy) bestehendes Erziehungsinstitut, das förmlich zum Wallfahrtsort für pädagogisch Interessierte wurde. Die regierungsamtliche Elevenverschickung hat für die Entwicklung der preußischen Schullehrerseminare außerordentliche Erfolge gehabt, bes. in Ost- und Westpreußen, Schlesien und in der Kurmark. In Yverdon hatte allerdings ein häßlicher Hausstreit zwischen den Mitarbeitern Joh. Niederer und Jos.Schmid (der sanfte Herm.Krüsi hielt sich zurück) die Anstalt zerrüttet. In Verbitterung über Verleumdungen zog sich P. mit neuen Plänen 1825 auf seinen Neuhof zurück und arbeitete abschließend an der von Cotta hg. Gesamtausgabe seiner Werke. Nach kurzer Krankheit starb er in Brugg und wurde am Schulhaus zu Birr beerdigt.

P.s *Werk* ist getragen von »Nachforschungen« über das Wesen des Menschen (»Was ist der Mensch in seinem Wesen?«). In Untersuchungen soziologischer Art über Menschen auf der Minusseite des Lebens (Verbrecher, Irre, Arme) gewann er seinen Ausgangspunkt im Begriff der *Natur*, den er entelechial als Disposition zur Entwicklung von Kraft, die in jedem Menschen ansteht, auffaßte. Der Arme kann selbst in seiner Dürftigkeit seine Kraft entwickeln, um sein Dasein zu meistern. Erst recht ist es allen Menschen möglich, die anstehenden Kräfte auszubauen. Der *»Gang der Natur«* (Meine Nachforschungen über den Gang der Natur in der Entwicklung des Menschengeschlechts, 1797) ist allenthalben der gleiche. Der Mensch erhebt sich über einen fiktiven tierischen Naturzustand zu einem realen gesellschaftlichen Zustand, in dem sein Leben bei Bewährung wohl garantiert ist; wahrhaft Mensch wird er erst, wenn er in erstrebenswerter individueller Sittlichkeit sich zu seiner Würde erhebt (Einfluß von → Fichte seit 1793). Der »Gang der Natur« des Menschen zeigt sich im Einzelnen, in der Gemeinschaft, in der Menschheit und ihrer Geschichte. An dieser Erkenntnis setzt P. an und sucht nach den Wurzeln der Naturkraft. Der Weg, die *»Methode«* als Bemühen, »den Menschen in sich selbst finden zu machen«, führt zu den *»Elementen«* der → Bildung. So ergründet P. in seiner gesamten Lebensarbeit das Wesen des Menschen und dringt über intellektuelle, sittliche und physische Bildung unwiderstehlich-optimistisch zur Forderung der *»Menschenbildung«* vor.

In diesem popularphilosophischen Bemühen, dem in allen Phasen ein pädagogisches Streben innewohnt, mußte P. zum wahren und echten *Erzieher* werden. Wie sein anthropologisches Denken mit dem Streben, »Wahrheit in Realverhältnissen« zu finden, auf Erfahrung basierte, so auch sein Erziehungsstreben in literarischem Schaffen und in der Praxis. Das zeigt sich bei der Erziehung seines Sohnes (Neigung zum Rousseauismus), beim Briefwechsel mit dem Basler Hauslehrer Peter Petersen (1783-84) und in der geplanten »Erziehungskorrespondenz« der 80er Jahre. Erfahrungstatsachen, gestützt durch den Begriff der äußeren und inneren *Anschauung* (»Die Anschauung ist das allgemeine Fundament aller menschlichen Erkenntnis, alles menschlichen Wollens und alles menschlichen Leidens und alles menschlichen Tuns« - also nicht nur der Erkenntnis, wie bisher der Begriff aufgefaßt wurde), ragten in die Versuche zur Gewinnung der »Elemente« hinein. Sprache, Zahl und Form als Elemente der *intellektuellen* Bildung; Glaube, Liebe, Dank, Vertrauen, Gehorsam als Elemente der *sittlichen* Bildung; Bewegung als Element der *physischen* Bildung tragen alle ihren Erfahrungsanteil. Alle diese theoretischen Überlegungen fanden mittels der Anschauung schließlich in der schulisch-praktischen Unterweisung ihre Stütze, obwohl P. eigentlich alles für die Wirkung der *Mutter* in der *Wohnstube* gedacht hatte (→ Kleinkindererziehung). Gerade diese didaktische Verbindung führte dazu, daß der Pestalozzianismus des 19.Jh.s sich nur an die unterrichtlichen Bemühungen hielt und so die umfassende Leistung P.s nicht wahrnahm. Seine konstitutive Liebe ist allerdings immer vorbildlich tragend gewesen und bewahrte so den Grundzug des Wesens dieses Mannes, der sich keinen Erzieher ohne Liebe denken konnte.

Die *politischen* Ansichten P.s zeigen von seinen Jünglingsjahren bis ins Alter einheitliche Züge. P. war ein Mann von freiheitlich-demokratischer Gesinnung. Mit Enthusiasmus rang er um die rechte Verfassung seiner Vaterstadt und der Schweiz. Er war Anwalt der Seebevölkerung bei ihrem Kampf um Gleichberechtigung, er trat für eine gerechte Wirtschaftspolitik (Baumwollindustrie) und für eine sinnvolle Ablösung des Zehnten ein. Für ihn ist keine Regierungsform an sich gut oder böse, es kommt lediglich auf das menschliche Verhältnis zwischen Regiment und Regierten an, nur der Despotismus ist verachtungswürdig. Die Stellungnahme zu Revolution und Bonapartismus hing jeweils ab von dem Ethos, mit dem die Veränderungen vor sich gingen. Nach dem → Wiener Kongreß begrüßte er die neue Ordnung Europas, mahnte aber in einem politisch-pädagogischen Aufruf: »Es ist für den sittlich-geistig und bürgerlich gesunkenen Weltteil keine Rettung möglich als durch Erziehung, als durch die Bildung zur Menschlichkeit, als durch Menschenbildung« (An die

Unschuld, den Ernst und den Edelmut meines Vaterlandes, 1815).

P.s *religiöse* Einstellung ist Schwankungen unterworfen gewesen: Von der Hingabe an den → Deismus, von dem sich die Verbindung von Sittlichkeit und Religion eigentlich durch sein ganzes Leben erhalten hat, über pietistische Anwandlungen, Neigung zum Lavaterianismus mit Jesusnachfolge bis hin zu einem tiefgläubigen Christentum. Für dogmatische Fragen hatte er nichts übrig. Die Stellungnahme zur Kirche ist bei ihm abhängig von der Haltung der Geistlichen in allen Konfessionen. Selbst Zwinglianer, sah er in Luther das Vorbild eines Kirchenmannes. In seinen Anstalten wirkte er mit großem Erfolg in Andachten und Reden selbst als Hauspriester. Ungern überließ er diese Pflicht andern.

Sämtl. Werke, hg.v. A.Buchenau, E.Spranger, H.Stettbacher, Berlin 1927ff, Zürich 1956ff (Krit. Ausg., auf 24 Bde berechnet; erschienen sind Bd 1-16, 18, 19). - Für das dort noch Fehlende muß zurückgegriffen werden auf: Sämtl. Werke, hg.v. L.W.Seyffharth, 12 Bde, 1899-1902 - GesW, 10 Bde, hg.v. E.Bosshart u.a., Zürich 1945-47 - Werke, 8 Bde, hg.v. P.Baumgartner, Erlenbach-Zürich 1945-49 - Ausgew. Schriften, hg.v. W.Flitner, (1950) 1954² - Grundlehren über Mensch, Staat, Erziehung, hg.v. M.Zollinger u. H.Barth, 1956. - Sämtl. Briefe, Zürich 1946ff (auf 8-9 Bde veranschlagt, ersch. Bd 1-4). - Bibliogr.: A.Israel, P.-Bibliogr. (Mon. Germ. Päd. XXV, XXIX, XXXI), 1903f; Forts. durch W.Klinke in: Zs. f. Gesch. d. Erz. u. des Unterrichts 11-13, 1921-23 (das Pestalozzianum in Zürich sammelt Titel für evtl. weitere Forts.). - Über P.: A.Heubaum, J.H.P., (1910) 1929³ - F.Delekat, J.H.P., der Mensch, der Philosoph u. Erzieher, (1926) 1928² - H.Schönebaum, Der junge P., 1927 - Ders., J.H.P. Kampf u. Klärung, 1931 - Ders., J.H.P. Kennen, Können, Wollen, 1937 - Ders., J.H.P. Ernte u. Ausklang, 1942 - Ders., J.H.P. Wesen u. Werk, 1954 - K.Würzburger, Der Angefochtene, 1940 - J.Toivio, P.s »Lebenskrise« u. seine Auffassung vom Menschen, Helsinki 1955 - K.Silber, P., der Mensch u. sein Werk, 1955. - Einzeldarstellungen: P.Wernle, P. u. die Religion, 1927 - H.Hoffmann, Die Religion im Leben u. Denken P.s, Bern 1944 - E.Spranger, P.s Denkformen, (1947) 1959² - G.Werner, Die Symbole P.s, Bern 1954. - Romane: W.Schäfer, Lebenstag eines Menschenfreundes, 1915 u.ö. - M.Lavater-Sloman, P. Gesch. seines Lebens, 1954. - Über Pestalozzianer: LPäd(F) III, 839ff.

H.Schönebaum

Petavius (Petau), *Dionysius* (1583-1654), franz. Jesuit, * in Orléans, wurde bereits mit 20 Jahren Prof. der Philosophie in Bourges. 1605 trat er dem Jesuitenorden bei und empfing 1610 die Priesterweihe. Nach längerer Wirksamkeit als Lehrer der Rhetorik in Reims, La Flèche und Paris wurde P. 1621 Prof. der Theologie am Collège de Clermont. Trotz ehrenvoller Berufungen nach Madrid und Rom blieb P. bis zum Tode in Paris. Seine wissenschaftliche Bedeutung liegt auf den Gebieten der → Patristik, der → Chronologie (: I) und vor allem der → Dogmengeschichte. Zu seinen Hauptwerken gehören u.a. die Synesius- und Epiphanius-Editionen (1612, 1622), die gegen → Scaliger gerichtete Schrift »De doctrina temporum« (1627) und bes. die unvollendet gebliebenen »Theologica dogmata« (1644 bis 1650; neu hg. u.a. von Jean LeClerc, Amsterdam 1700). Daneben verfaßte P. Schriften gegen Calvinisten und Jansenisten.

Backer-Sommervogel VI, 588ff - DThC XII, 1313ff - EC IX, 1281ff (jeweils Lit.). *H.R.Guggisberg*

Peter I., der Große, * 9.6.1672 in Moskau, † 8.2. 1725 in Petersburg, russ. Zar, seit 1682 mit seinem Halbbruder Iwan V., 1689 Alleinherrscher, nahm 1721 den Kaisertitel an. Von seinem Werdegang (Auslandsreisen), den Erfolgen im Nordischen Krieg mit Schweden (Friede zu Nystad 1721) sowie den wirtschaftlichen und innenpolitischen Maßnahmen (Abschaffung der alten Zeitrechnung 1.1.1700, Einführung westeuropäischer Kleider- und Barttracht 1705, Gründung und Ausbau von Schulen seit 1705, neue Behördenverfassung 1707ff, Flottenbau, Einführung des Dienstadels mit Rangtabelle 1722), durch die er Rußland zur europäischen Großmacht gestaltete, kann hier nicht ausführlich die Rede sein. Schon 1698 nach seiner ersten Auslandsreise begann P. auch mit zT gewalttätigen kirchlichen Reformen. Streng kirchlich erzogen, von umfassender Bibelkenntnis, theologisch interessiert, wollte er die Kirche seinen politischen Plänen nutzbar machen. Aber »weder der Spott mit den Heiligtümern, in dem er sich jahrelang gefiel, noch die stürmische Berührung mit der Rationalität des europäischen Westens, noch seine ganz auf den staatlichen Nutzen gestellte gewalttätige und listige Kirchenpolitik« darf »im Sinne der Abstumpfung des religiösen Bewußtseins gedeutet werden« (R.Wittram). 1702 proklamierte er im Geiste der → Aufklärung die *Toleranz,* die freilich nur für Ausländer galt, zugleich aber auch der luth. Kirche in den neuerworbenen Ostseeprovinzen den Charakter der Landeskirche bewahrte. – Da sich die russ. Geistlichen seinen Reformplänen weitgehend widersetzten und ihm das unproduktive Mönchtum zudem bes. ärgerlich war, richtete P. 1701 die 1667 aufgehobene Klosterkanzlei ein, die Einkünfte und Vermögen der Kirche verwaltete, den Mönchen bescheidene Einkünfte gewährte und im übrigen das Geld dem Staat zuführte. Allerlei überkommene Huldigungsverpflichtungen des Zaren gegenüber dem Patriarchen wurden abgeschafft und schließlich überhaupt kein neuer Patriarch mehr ernannt. Da sich der mit der Verwaltung beauftragte → Jaworskij seinen Reformplänen widersetzte, arbeitete P. mit → Prokopovič das »Geistliche Reglement« aus (21.1.1721). Es setzte an die Stelle des Patriarchen den »Allerheiligsten dirigierenden Synod«, ordnete die russ. Kirche dem Zaren unmittelbar unter und machte sie zu einem Teil des russ. Staates (→ Rußland: I). – Die Klosterreform führte P. mit mehreren Ukasen 1722-24 zu Ende. Die Zahl der Mönche wurde beschränkt, vorübergehend wurden auch Neuaufnahmen verboten. Der Bau von Einsiedeleien wurde ganz untersagt. Zugleich bemühte sich P., das Mönchtum durch nutzbringende Arbeit (Armen- und Krankenpflege, Waisenerziehung u.dgl.) sinnvoll zu gestalten und das geistige Niveau der Kirche durch Einrichtung von Priesterseminaren, Druck theologischer Werke und Gründung einer Akademie der Wissenschaften (1725) zu heben. P. setzte sich auch für eine Mission in der Umgebung von Tobolsk und anderen Städten Sibiriens ein (Ukas vom 18.6.1700). Dazu bestimmten ihn außer allgemeinen religiösen Gründen und den Ermahnungen von → Leibniz zweifellos in besonderem Maße politische Erwägungen, die sich aus der Nachbarschaft dieser Gebiete zu China ergaben.

A.Brückner, P.d.Gr., 1879 - N.Bonwetsch, KG Rußlands, 1923 - R.Stupperich, Staatsgedanke u. Religionspolitik P.s d.Gr., 1936 - E.Benz, Leibniz u. P.d.Gr., 1947 - A.M.Ammann, Abriß der ostslaw. KG, 1950, 367ff (Lit.) - B.H.Sumner, P. the Great and the Emergence of Russia, London 1950 - R.Wittram, P.s d.Gr. Verhältnis zur Religion u. den Kirchen (HZ 173, 1952, 261-296) - Ders., P.d.Gr., 1954 (Lit.) - I.Smolitsch, Russ. Mönchtum, 1953, 383ff - J.Glazik, Die russ.-orth. Heidenmission seit P.d.Gr. 1954 - H.Vallotton, P.d.Gr., 1960 (Lit.).

H.Hohlwein

Peter der Pflüger → Langland.

Peter *von Ailli* u.a. → Petrus.

Peter-Pauls-Fest, erstes und höchstes röm.-kath. → Apostelfest zum Gedächtnis des Märtyrertodes der beiden »Apostelfürsten«. Als Lokalfest am 29.6. in Rom bereits in der Mitte des 4.Jh.s bekannt (Depositio Martyrum), wird es bald allgemein eingeführt.

K.A.H.Kellner, Heortologie, (1900) 1911³, 208ff - RE XV, 212f - H.Lietzmann, Petrus u. Paulus in Rom, (1915) 1927² - J.P. Kirsch, Die memoria apostolorum in der Appischen Straße (JLW 3, 1923, 33-50) - RGG² IV, 1099 - O.Cullmann, Petrus. Jünger - Apostel - Märtyrer, (1952) 1960² - LThK² I, 742f. *F.Merkel*

Petersen, *Johann Wilhelm* (1649-1727), in pietistischen Kreisen beliebter und viel gelesener ev. Theologe und Schriftsteller. Er zeichnete sich in seinen zahlreichen Schriften über die Lehre vom 1000jährigen Reich, von der Versöhnung aller Kreaturen und von der himmlischen Gottmenschheit Christi weniger durch originale Ideen als durch die rhetorisch wirkungsvolle Darbietung von Gedanken aus, die sich u.a. bei → Böhme, → Weigel und der Jane → Leade finden. Sein Versuch, in der Allversöhnungslehre Gedanken Böhmes mit denen der Föderaltheologie (→ Bund: IV) zu vereinigen, hat in der deutschen ev. Theologie des 19. und 20.Jh.s weitergewirkt. In den Erbauungsbüchern seiner Gattin *Johanna Eleonora* (1644-1724), einer Freundin der philadelphischen Sozietäten (→ Philadelphia, 1), läßt sich die selbständige Verarbeitung von Anregungen verfolgen, die sie aus ihrem großen Bekanntenkreis empfing (→ Arndt, → Spener, → Dippel, → Gichtel, → Bengel u.a.m.). Die Neigung des Ehepaars zur radikalen → Mystik (: VII) erklärt die Freundschaft mit der → Asseburg. Nachdem P. von seinem letzten kirchlichen Amt als Sup. in Lüneburg 1692 abgesetzt war, lebte er als Privatgelehrter auf seinen Gütern bei Magdeburg.

»Lebensbeschreibung« beider Gatten, (1717/18) 1719² - G.Freytag, Bilder aus der dt. Vergangenheit IV, 1867 - A.Ritschl, Gesch. des Pietismus II, 1884, 225ff - RE XV, 169ff - K.Lüthi, Die Erörterung der Allversöhnungslehre durch das pietist. Ehepaar J.W. u. J.E.P. (ThZ 12, 1956, 362-377; Lit.). *E.Hotz*

Peterspfennig (denarius S. Petri), zunächst eine freiwillige devotionelle Abgabe an den Papst, die in England seit Offa von Mercia († 796) und Aethelwulf von Wessex († 858) entrichtet wurde. Er wurde ferner gezahlt von Polen zur Anerkennung der päpstlichen Schutzhoheit Ende 10./Anfang 11.Jh., Dänemark seit Knut d.Gr. († 1035), Schweden und Norwegen seit 1152. Anfangs eine Verpflichtung des Fürsten, wurde der P. in England zu Beginn des 10.Jh.s, in Polen wohl 1180 als Herdsteuer auf die Bevölkerung umgelegt, später in einen Kopfzins umgewandelt. Die u.a. für Ungarn, Istrien, Dalmatien bekannte Zinsverpflichtung ist vom P. nicht klar abzugrenzen. In England blieb der P. Devotionszins (anders der 1213-1334 gezahlte Lehnszins). Der polnische P. wurde von der Kurie seit 1253 als Anerkennungszins einer subiectio umgedeutet. Hiergegen erhob sich in den nicht mehr zu Polen gehörigen Bistümern → Kammin, → Lebus und → Kulm, in → Schlesien und → Pommerellen heftiger Widerstand. Daher wurde der P. nach 1325 als reiner Geldzins erhoben. Der P. wurde in Skandinavien seit der Reformation, in England und Polen seit der 2. Hälfte des 16.Jh.s nicht mehr gezahlt. - Eine freiwillige Zahlung der kath. Bevölkerung zur Unterstützung des politisch bedrängten Papstes kam 1860 unter dem Namen P. auf. Dieser P. dient heute als Beitrag für die Aufgaben des Papstes (→ Finanzwesen: I, 2 b).

RE XV 175ff - C.Daux, Le denier de Saint Pierre, Paris 1907 - DACL IV/1, 585ff - E.Maschke, Der P. in Polen u. dem dt. Osten (Königsberger hist. Forschungen 5), 1933 (Lit.); dazu H.F.Schmid, ZSavRG 54, 1934, 443-457 - W.E.Lunt, Papal Revenues in the Middle Ages (Columbia Univ., Records of Civilization 19), 1934, I, 65-71; II, 55-81 - DDC IV, 1121ff - EC IX 35f. *E.Maschke*

Petra, unter diesem Namen erst in Verbindung mit den → Nabatäern bekanntgeworden, vermutlich identisch mit dem Sela (vgl. Jes 42, 11) der → Edomiter, liegt in einem der aus rotem Sandstein bestehenden nordsüdlichen Felsentäler, die vom dschebel esch-schara im Osten zur tiefen Senke des wadi el-ʿaraba im Westen überleiten, etwa in der Mitte zwischen Rotem und Totem Meer. Der östlich von P. entspringende Bach durchbricht die Felsriffe in der engen Schlucht des sīḳ und umfließt am Rande eines Talkessels einen etwa 1100 m hohen, heute umm el-bijāra genannten Berg, an dem der Name »Fels« gehaftet haben wird und der mit den Resten eines nabatäischen Höhenheiligtums schon früh als Kult-, bes. aber als Fluchtort Bedeutung gehabt haben mag. Doch wird mit einer größeren Ansiedlung in vorhellenistischer Zeit kaum zu rechnen sein. Die verschiedenen Kultstätten und Altäre (AOB 446-455; BASOR 57, 1934, 17-26) sind typologisch auch für at. Notizen wichtig. Der seit ptolemäischer Zeit wirksame hellenistische Einfluß gewinnt in selbständiger Ausprägung einen ersten Höhepunkt bes. unter Aretas III. Philhellen (85-60 vChr); aus dieser Zeit stammen die meisten Gräber im Norden von P. sowie das dem Dionysos (-Dusares) geweihte Theater, während die nach dem Fundort el-ḥedschr genannten Hejr-Gräber dem folgenden Jh. angehören. Die Eroberung P.s unter Trajan (106 nChr) und der Verlust der ehemals nabatäischen Gebiete im Süden leiten in die römische Epoche über (Besuch Hadrians 131 nChr). Aus der späten Zeit stammt der Isistempel im sīḳ (»Schatzkammer des Pharao«) und ed-dēr nordwestl. von P. Seit dem 4.Jh. war P. wieder Hauptstadt der neuen Provinz Palaestina tertia. - Die jüdisch-christliche Tradition verbindet den Tod des Aaron (Num 20, 22ff) auf dem Berg Hor mit dem westl. von P. gelegenen dschebel harūn.

R.Brünnow-A.v.Domaszewski, Die Provincia Arabia, 1905ff - A.Musil, Arabia Petraca II/1, 1907 - G.Dalman, P. u. seine Felsheiligtümer, 1908 - Ders., Neue P.-Forschungen. 1912 - Veröffentlichungen des Deutsch-Türkischen Denkmalschutzkommandos III, 1921 - G. u. A.Horsfield, Sela-P., The Rock, of Edom and Nabatene (QDAP 7.8), London 1938/39 (Abb.) - H.-U.Nübel, ZDPV 73, 1957, 167-183 (neuere Lit.). - Vgl. → Nabatäer. *O.Plöger*

Petrarca, *Francesco* (1304-74), * in Arezzo als Sohn des aus Florenz verbannten Notars Petracco, seit 1313 in Avignon, nimmt die niederen Weihen und tritt in Beziehungen zur Familie Colonna. Auf Reisen durch Frankreich, Belgien und an den Rhein sucht er nach Hss. der Klassiker. Er wird 1341 in Rom zum Dichter gekrönt, freundet sich mit Cola di → Rienzo und Boccaccio an, lebt seit 1353 an ital. Fürstenhöfen (Mailand, Padua), in Venedig und Arquà, wo er stirbt. Bereits von der → Renaissance (L.Bruni, R. → Agricola) wird P. als Begründer der humanistischen Studien gefeiert (→ Humanismus: I) und durch P. → Bembo zum Klassiker der ital. Literatur proklamiert. Als »erster moderner Mensch« erlebt P. bewußt seine Individualität in ihrer Einmaligkeit und gewinnt auf dieser Basis ein personales Verhältnis zu den antiken Autoren (Cicero), die er in ihrer Sprache als Persönlichkeiten erfaßt. Obwohl er mit seiner Begeisterung für die Eleganz und Schönheit der antiken Eloquenz das barbarische Latein der Scholastik kritisiert, besteht für ihn kein Gegensatz zwischen Antike und Christentum, vielmehr bekennt er sich unter Berufung auf → Augustin zu einer Synthese von antiker »sapientia« und christlicher »pietas« in der undogmatischen »litterata devotio« eines christlichen Humanismus, der sich nicht um die Erforschung der Natur, sondern um die sittliche Bildung des Menschen bemüht. P. glaubt an die Realisierbarkeit der »tranquillitas animi« auf Erden mit Hilfe der Erkenntnis der Tugend und der Beherrschung der Leidenschaften. Obwohl P., dessen

Seele am Weltschmerz (»accidia«) leidet, seinen Seelenfrieden wohl nur selten und dann in der »vita solitaria« gefunden haben mag, wahrt er sich seine geistige Freiheit und verwirklicht mit der bewußten Entfaltung seiner Persönlichkeit ein neues unmittelalterliches Lebensideal. Diese Persönlichkeitskultur spiegelt P.s Werk wider, das zum größten Teil die Geschichte seiner Seele darstellt. P.s Schaffen empfängt wesentliche Antriebe von seinem Kult des Altertums und seiner Liebe zu Laura de Sade. In der von ihm nach → Ciceros Vorbild erneuerten Kunstgattung des Briefes (Epistole Familiares, Seniles, Sine Nomine) und in seinen moralphilosophischen Abhandlungen (Secretum, De vita solitaria, Rerum memorandarum libri, De remediis utriusque fortune, De sui ipsius et multorum ignorantia) diskutiert er die ihn bewegenden Lebensfragen. In der vor allem den großen Männern der Antike gewidmeten Sammelbiographie »De viris illustribus« entdeckt er die »historische Person«, und mit seinem Epos »Africa«, das die Heldentaten Scipios d. Ä. besingt, bietet er eine Apotheose Roms, zu dem er und nach ihm der gesamte ital. Humanismus sich in einem Verhältnis unmittelbarer Filiation fühlt. Sein »Canzoniere« ist die Geschichte seiner Liebe zu Laura in Sonetten und Kanzonen, in denen das humanistische Formerlebnis mit der Tradition der Trobadors und des »dolce stil novo« verschmilzt und die für die europäische Liebesdichtung der folgenden Jh.e vorbildlich werden.

Opera omnia, 1581 - Edizione Nazionale, 1926ff (Africa, 1926; Le Familiari, 1933-42; Rerum memorandarum libri, 1943) - Rime, trionfi e poesie latine, ed. F.Neri u.a., 1951 - Prose, ed. G.Martellotti u.a., 1955. - Studi Petrarcheschi, 1948ff. - Über P.: P.de Nolhac, P. et l'humanisme, 1907 - P.Piur, P.s »Buch ohne Namen« u. die päpstl. Kurie, 1925 - H.W.Eppelsheimer, P., 1926 - E.Carrara, P., 1937 - C.Calcaterra, Nella selva del P., 1942 - U.Bosco, P., 1946 - G.Billanovich, Lo scrittorio del P., 1947 - E.H.Wilkins, Studies in the Life and Works of P., 1955 - Ders., P.'s Eight Years in Milan, 1958 - Ders., P.'s Later Years, 1959 - K.Heitmann, Fortuna u. Virtus, eine Studie zu P.s Lebensweisheit, 1958. *A.Buck*

Petri, 1. *Laurentius* (1499-1573), erster ev. Erzbischof von → Schweden (: I, 2), * in Örebro, studierte in Wittenberg, wurde 1531 von einer aus Vertretern der gesamten schwed. Kirchenprovinz bestehenden Wahlkörperschaft gewählt und kanonisch - obgleich ohne päpstliche Sanktion - geweiht. P. leitete mit seinem Bruder (s. 3) das Reformationswerk: kirchliche Neuordnungen, 1541 »Bibel Gustav Vasas« (→ Bibelübersetzungen: V, 2 k γ), 1567 L.P.s → Gesangbuch (: I, 1 d), 1555 Postille, 1559 schwed. Chronik, 1561 Entwurf einer KO (1571 angenommen und bestätigt). P.s Abwehr des Calvinismus während der Regierung Eriks XIV. (1560-68) führte zu einem engeren Anschluß an das Luthertum. In seinen Schriften gegen die Calvinisten wird die schwed. Kirche erstmalig ausdrücklich als luth. bezeichnet.

I.Collijn, Sveriges bibliografi intill år 1600, Bd 2, Uppsala 1931 - Hj.Holmquist, Svenska kyrkans historia III/1, Stockholm 1933 - S.Kjöllerström, Striden kring kalvinismen i Sverige under Erik XIV, Lund 1935 - Ders., Svenska förarbeten till Kyrkoordningen av år 1571, Stockholm 1940 - Ders., Biskopstillsättningar i Sverige 1531 bis 1951, Lund 1952, 14ff. 208ff - Ders., Gustav Vasa u. die Bischofsweihe, 1523-1531 (Festschr. f. Joh.Heckel, 1959, 164-183) - H.G.F. Sundberg, Kyrkorätt, Uppsala 1948, 25ff. 137ff - NTL II, 777ff - L.P.s handskrivna kyrkoordning av år 1561, hg. mit Einl. v. E.Färnström, Lund 1956 - S.Lindegård, Consistorium regni och frågan om kyrklig överstyrelse, Lund 1957, 20ff - Y.Stenström, Om biskops tjänst och ämbete, Stockholm 1959, 19ff - G.Johannesson, Die Kirchenreformation in den nord. Ländern (XIe Congrès internat. des sciences hist., Rapports IV, Stockholm 1960, 48ff). *W.Göbell*

2. *Ludwig Adolf,* * 16.11.1803 in Lüethorst (Solling), † 8.1.1873 in Hannover, führender Vertreter des Neuluthertums (→ Luthertum: II). Nach rationalistischem Studium in Göttingen wandelte sich P. als Pastor an der Kreuzkirche in Hannover (1829 Kollaborator, 1837 zweiter, 1851 erster Prediger), unter dem Einfluß des Pfarrers Eduard Niemann und des Legationsrats August v. Arnswald, zum bibelgläubigen Neulutheraner. Schon seine Erstlingsschrift »Die Bedürfnisse und Wünsche der prot. Kirche im Vaterlande« (1832) zeigt als Grundrichtung seines Denkens und Wirkens die Verantwortung der Kirche für das öffentliche Leben. 1842 gründete er die → Pfingstkonferenz als Zusammenschluß bewußt luth. Pfarrer. Die Stürme des Jahres 1848 bestimmten ihn, das schon vorher geplante »Zeitblatt für die Angelegenheiten der luth. Kirche« ins Leben zu rufen. 1837-48 leitete er den von ihm gegründeten hannoverschen Kandidatenverein. 1834 war er Mitbegründer des hannoverschen Missionsvereins. Durch Wynekens Hilferuf aus Nordamerika wurde P. auf die dortige Diaspora aufmerksam und trat in → Löhes Hilfswerk ein, das er 1853 als »Gotteskasten« organisierte (→ Martin Luther-Bund). Die missionarische Sicht der Kirche teilte er mit Löhe, betonte aber stärker das organisierte kirchliche Wirken. 1853/54 beteiligte sich P. an dem Protest luth. Pfarrer gegen die als unionistisch angesehene theologische Fakultät in → Göttingen.

Vf. viele kleinere Schriften (bes.: Die Mission u. die Kirche, 1841), agendarische Studien (Agende der hannov. KOen, 1852), Predigten, kirchenpolit. Aufsätze. - Über P.: E.Petri, L.A.P., 2 Bde, 1888/96 - H.Fagerberg, Bekenntnis, Kirche u. Amt in der dt. konfessionellen Theol. des 19.Jh.s, Uppsala 1952 (s. Reg.) - M.Schmidt, Wort Gottes u. Fremdlingschaft. Die Kirche vor dem Auswanderungsproblem des 19.Jh.s, 1953, 92ff. *M.Schmidt*

3. *Olaus* (1493-1552), hervorragendster Reformator der schwed. Kirche, Bruder von 1, * in Örebro, 1516-18 Studium in Uppsala, Leipzig und Wittenberg, 1520 Diakon in Strängnäs und Lehrer an der Domschule ebd (Vorlesungen über die Bibel). In → Laurentius Andreae findet er einen überzeugten Anhänger, der ihn mit Gustav Vasa in Verbindung bringt. Der König beruft P. 1524 als Sekretär der Stadt nach Stockholm. Noch mehr durch seine gleichzeitige Predigttätigkeit in der Stadtkirche entfaltet er eine bedeutsame reformatorische Wirksamkeit. 1531-33 war er des Königs Kanzler. Mit Laurentius Andreae des Hochverrats angeklagt, wird P. zum Tode verurteilt, jedoch begnadigt, und wirkt 1543 bis 1552 als Pfarrer in Stockholm. Hochbedeutsam für die Reformation in → Schweden (: I, 2a), für die schwed. Sprache und Literatur sind seine Publikationen, u.a.: Übersetzung des NT 1526, Katechismus 1526, Gesangbuch 1528, Agende 1529 (revidiert 1541), Postille 1530, Meßbuch 1531, »Tenkiebock« (Stockholms stads tänkebok 1524-29), schwed. Chronik, Tobiae comedia (1550, das erste schwed. Schauspiel). Theologisch hat sich P. eng an Luther angeschlossen. Gegen den dänischen Theologen P. → Helgesen verteidigt er Luthers Lehre von der Alleinwirksamkeit Gottes und betont die Prädestination.

Ges. Schriften, hg.v. B.Hesselman, 4 Bde, Uppsala 1914-17. - Über P.: Hj.Holmquist, Svenska kyrkans historia III/I, Stockholm 1933 - K.B.Westman, Reformation och revolution (UUÅ 1941, 7. 8; Lit.) - G.Westin, Historieskrivaren O.P. (Diss. Lund), 1946 - R.Murray, O.P., Stockholm 1952 - NTL II, 1350ff - S.Kjöllerström, Guds och Sveriges lag under reformationstiden, 1957. - Vgl. die Lit. zu 1. *W.Göbell*

Petri Kettenfeier, ursprünglich Jahresfeier der Konsekration der Basilika S. Pietro in Vincoli, in der die Ketten verehrt werden, mit denen Petrus gefesselt gewesen sein soll. Gegenwärtig jeweils am 1.8. zur Erinnerung an die Befreiung des Petrus aus dem Kerker (Apg 12, 3ff) begangen.

Lit. s. → Petri Stuhlfeier, → Peter-Pauls-Fest. *F.Merkel*

Petri Stuhlfeier. Bereits seit dem Beginn des 4.Jh.s feierte man in Rom am 22.2. ein Fest zur Erinnerung an den Tag, an dem → Petrus den bischöflichen »Stuhl« in Rom bestiegen habe. Durch diese Feier wurde ein altes Toten- und Familienfest, die Caristia (χαρίστια, pl.) der cara cognatio, verchristlicht. In Rom geriet das Fest offenbar bald in Vergessenheit, lebte aber in den Gebieten des gallikanischen Ritus, am 18.1. gefeiert, weiter. Diese Verschiebung im Datum ist wohl durch die Ende Febr. häufig bereits begonnene → Fastenzeit erklärlich, wo keine Heiligenfeste stattfinden sollen. Um beide Daten zu erhalten, unterscheidet das Martyrologium Hieronymianum (Mitte 5.Jh.; → Martyrologien) zwei Feste: das »Festum Cathedrae Petri Romanae« am 18.1. und das »Festum Cathedrae Petri Antiochenae« am 22.2., an dem Petrus sein Bischofsamt in Antiochien begonnen haben soll. Durch eine Bulle Pauls IV. vom 6.1.1558 wurden beide Feste allgemein eingeführt; sie dienen der Verherrlichung des Apostelfürsten und des in ihm begründeten Primats.

L.DUCHESNE, Les origines du culte chrétien, Paris (1889) 1925^5 - K.A.H.KELLNER, Heortologie, (1900) 1911^3, 226ff - RE XV, 213 - H.LIETZMANN, Petrus u. Paulus in Rom, (1915) 1927^2 - J.P.KIRSCH, Die beiden Apostelfeste P.St. u. Pauli Bekehrung im Januar (JLW 5, 1925, 48-67) - TH.KLAUSER, Die Cathedra im Totenkult d. heidn. u. christl. Antike, 1927 - L.EISENHOFER, Hdb. der kath. Liturgik I, 1932, 604f - O.CULLMANN (→ Peter-Pauls-Fest) - $LThK^2$ I, 742f.

F.Merkel

Petrus, *Apostel*

1. Der *Name* P. (Übersetzungsbildung des aramäischen Kepha) war zuerst Ehren-, dann Beiname und wurde schließlich Eigenname. Des P. ursprünglicher Name war Symeon (Apg 15, 14; 2Petr 1, 1) oder gräzisiert Simon (Mk 1, 16); sein Vater hieß Jonas (Mt 16, 17) oder Johannes (Joh 1, 42; 21, 15ff). Wie sein Bruder → Andreas war P. von Beruf Fischer (Mk 1, 16). Er stammte aus Bethsaida (Joh 1, 44) und war Galiläer (Mk 14, 17). Bei seiner Berufung wohnte P. in Kapernaum und war verheiratet (Mk 1, 21. 29f; 1Kor 9, 5). Umstritten ist die Frage, wann Simon den Ehrennamen P. erhielt. Nach Mk 3, 16 wird er ihm bei der Berufung der Zwölf verliehen, dann im MkEv auch konsequent gebraucht, beachtenswerterweise aber nicht in der direkten Anrede Jesu, wo es »Simon« heißt (14, 37). Nach Mt 16, 17ff erfolgt die Gabe des Namens Kephas = Petros auf das Messias-Bekenntnis bei Cäsarea Philippi hin. Im JohEv wird die Namensweissagung bei der ersten Begegnung Jesu mit Simon ausgesprochen (1, 42), aber dann nicht mehr als aus dem Munde Jesu kommende Anrede gebraucht. Daraus läßt sich schließen: Entweder hat der historische Jesus dem Simon den Ehrennamen P. für die Zukunft geweissagt (Rheinfelder), oder der Name wurde dem Simon erst nach Ostern von der Urgemeinde beigelegt. Wie man die Alternative entscheidet, hängt wesentlich von der Beurteilung der Authentie der Stelle Mt 16, 17-19 ab (→ Schlüsselgewalt: I; → Jesus Christus, 10 d δ). Sieht man hierin den Niederschlag eines historischen Tatbestandes nach Ostern, nämlich die Autorisierung der führenden Stellung des Simon durch ein Wort, das die Urgemeinde dem Herrn in den Mund legte, so bleibt nur die zweite Lösung. Durch sie allein wird auch verständlich, warum in der ältesten synoptischen Traditionsschicht durchlaufend in der direkten Rede Jesu der Ehrenname P. fehlt (die Ausnahme Lk 22, 34 geht auf Lukas zurück, wie ein Vergleich mit Mk 14, 29 zeigt) und Simon in der Anrede gebraucht wird. Auch das JohEv hat diesen Zug bewahrt.

2. Der Name P. ebenso wie dessen *Stellung in der Urgemeinde* (→ Urchristentum) gehen auf die Tatsache zurück, daß dieser Jünger der erste Zeuge der → Auferstehung Christi war (Lk 24, 34; 1Kor 15, 5) und sich historisch durch sein erstes Osterbekenntnis als Fels der Kirche erwiesen hatte. Was eine besondere Begnadung durch den Auferstandenen war, wurde ins Leben des historischen Jesus zurückdatiert und spiegelt sich in der Rolle des P. als Sprecher der Jünger (Mk 8, 29; 9, 5; 10, 28; 11, 21), als einer der drei eng vertrauten Jünger (Mk 5, 37; 9, 2; 14, 33) und als Anführer der Listen der »Zwölf« (Mk 3, 16; Mt 10, 2; Lk 6, 14; Apg 1, 13; → Apostel, 3). Daß hier Reflexe der nachösterlichen Bedeutung des P. zu erkennen sind, erhellt außerdem aus den mittradierten unausgeglichenen synoptischen Stücken, in denen der Fischer Simon noch mit sehr menschlichen Zügen gezeichnet wird, die Lukas mehrfach zu übermalen versucht. Die Tendenz des Lukas ist allerorts sichtbar, P. in seinem Amt als kommenden Gemeindeführer zu zeichnen (um so beachtlicher ist daher, daß er das Wort Mt 16, 17-19 nicht kennt!). Die bei Euseb (h.e. III, 39, 15) erhaltene Notiz des → Papias, → Markus sei Dolmetscher des P. gewesen, und der daraus gefolgerte Schluß auf eine petrinische Theologie im MkEv (→ Evangelien, synoptische, 2 b), ist kaum zuverlässig. Da auch die unter dem Namen des P. laufenden Briefe (→ Petrusbriefe) bestimmt nicht von ihm verfaßt sind, läßt sich über seine Theologie nur vorsichtig aus den Paulusbriefen und aus der Apg etwas erschließen. Er ist Vertreter eines → Judenchristentums (: I, 2), das der Heidenmission des → Paulus freundlich gegenüberstand; er ist auch der einzige unter den »Zwölfen«, der nachweislich eine Mission außerhalb Jerusalems betrieb.

3. Die Nachrichten über *die Geschichte des P. nach Ostern* sind spärlich. Es gibt kein Itinerar für die Reisen des P. und auch keine Ansatzpunkte für eine zuverlässige Chronologie. Relativ gesichert ist nur, daß P. bis zum Apostelkonzil (→ Heidenchristentum, 8) die faktische Leitung der Urgemeinde und der christlichen Diaspora innehatte, und daß sich in Gal 2, 7f noch als Zitat die offizielle Vereinbarung über die Heiden- und Judenmission erkennen läßt (nur hier erscheint deshalb bei Paulus das dem übersetzten Protokoll entnommene »Petros« statt »Kephas«). Wenn die → Apostelgeschichte in c. 1-12 P. in die Mitte der Berichte stellt, so lassen sich hier einerseits Tendenzen lukanischer Geschichtsschreibung, anderseits aber auch die Tatsache greifen, daß P. in der ersten Mission die treibende Kraft war. Wenn P. nach Antiochia (Apg 15, 7) nicht mehr erwähnt wird, so hat das u.a. darin seinen Grund, daß er inzwischen durch den Herrenbruder → Jakobus abgelöst wurde, ein in seinen Motiven nicht ganz durchsichtiger Wechsel, der aber durch Gal 2, 12; Ps.-Clem. Rec. I, 17 und Hom. I, 20; Ep. Petri 1; Thomas-Ev. Logion 12 belegbar ist. Eine Aktivität des P. in Galatien und Korinth (Lietzmann) läßt sich nicht nachweisen.

4. Geheimnis- und legendenumwoben und darum umstritten ist bes. das *Lebensende* des P. Die auf Gal 2, 6 (und das Präteritum ἦσαν) sich stützende These (Heussi), daß hier implicite der Tod des P. ausgesagt sei - für das Jahr 56 (!) -, ist nicht haltbar. Ebenso sind Versuche gescheitert, in Apg 12, 1-19 eine idealisierte Darstellung seines Todes zu erkennen. Im Lichte der Tradition eindeutig ist im NT nur das Wissen von einem Märtyrertod des P., das sich im Nachtrags-Kap. 21 des JohEv greifen läßt. Weiter wird 1Petr 5, 13 mit dem Hinweis auf »die miterwählte Gemeinde Babylon« wahrscheinlich eine Kenntnis vom Aufenthalt des P. in → Rom bezeugt (μάρτυς in 5, 1 darf nicht als Hinweis auf den »Blutzeugen« verstanden werden!). Da Apk 11, 3ff schwerlich auf P. und Paulus gedeutet werden darf (so J.Munck), haben wir lediglich noch außerkanonische Zeugnisse für

den Tod des P., voran die vielgequälte Stelle 1Clem 5f. Ihr ist mit größter Wahrscheinlichkeit eine Tradition vom römischen Martyrium des P. und Paulus in neronischer Zeit zu entnehmen. Dieses Zeugnis vom Ende des 1.Jh.s wiegt um so mehr, als unabhängig von dieser Tradition bes. Kleinasien Anfang des 2.Jh.s mit ähnlichen Aussagen auftritt: IgnRöm 4, 3 gibt einen Hinweis auf eine Kenntnis vom Aufenthalt des P. und Paulus in Rom. Vielleicht wird man ferner (mit E.Peterson) eine Stelle in der AscJes 4, 2f heranziehen müssen, wo in apokalyptischer Sprache auf das Martyrium des P. unter Nero angespielt sein dürfte. Die Einhelligkeit dieser Traditionen seit etwa 95 nChr, denen keine andere Überlieferung konkurrierend entgegensteht, und ferner die Beobachtung, daß keine der ältesten Nachrichten eine kirchenpolitische Tendenz enthält, erhöhen die Zuverlässigkeit dieser Quellen. Daß der Tod des P. unter Nero stattfand, ist auf Grund von 1Clem 5f wahrscheinlich, aber nicht sicher, unsicher auch der Zusammenhang mit der von Tacitus (Ann. XV, 44) berichteten Brandstiftung. Das nach der Tradition am Vatikanischen Hügel zu suchende Grab des P. hat sich archäologisch nicht nachweisen lassen (→ Petrustradition).

5. Geht man bei der *Beurteilung des Verhältnisses von P. zu Jesus* davon aus, daß bei allen kritischen Bedenken gegen die Authentie der Stelle Mt 16, 17-19 diese aber im Kanon stehe und damit eine Beauftragung des P. durch Jesus feststelle, so ist zu beachten, daß das Apostelamt unübertragbar war, daß wirklich auf P. als Person in seiner historischen Einmaligkeit abgehoben ist und keine Möglichkeit besteht, von hier einen durch Sukzession übertragbaren Primat abzuleiten (vgl. Cullmann). Sieht man anderseits in Mt 16 ein nachösterliches Wort und anerkennt man, daß die Absicht einer empirischen Kirchengründung in der eschatologischen Botschaft Jesu keinen Platz hatte, so bleibt doch diese »Verheißung« Ausdruck der Bedeutung Petri für die Urkirche, die ihm auf Grund seines ersten Bekenntnisses und seiner apostolischen Mission zukam.

Vgl. → Petrusakten, → Petrusapokalypse, → Petrusevangelium, → Petruskerygma; ferner → Petrus, Orden vom hl. P.

H.Lietzmann, P. u. Paulus in Rom, (1915) 1927² - RGG² IV, 1105ff - PW XIX/2, 1335ff - DACL XIV, 822ff - H.Rheinfelder, Philologische Erwägungen zu Mt 16, 18 (BZ 24, 1938, 139-163) - R.Bultmann, Die Frage nach der Echtheit von Mt 16, 17-19 (ThBl 20, 1941, 265-279) - H.Strathmann, Die Stellung des P. in der Urkirche (ZSTh 20, 1943, 223-283) - O.Cullmann, P., Jünger - Apostel - Märtyrer, (1952) 1960² (Lit.) - ThW VI, 99ff (Ders., Lit.) - K.Heussi, Die röm. P.tradition in krit. Sicht, 1955 - O.Vögtle, Messiasbekenntnis u. P.verheißung (BZ NF 1, 1957, 252-272; 2, 1958, 85-103) - E.Dinkler (→ Petrustradition) 189-230 (Lit.) - G. Klein, Gal 2, 6-9 u. d. Gesch. d. Jerusalemer Urgemeinde (ZThK 57, 1960, 275-295). *Erich Dinkler*

Petrus, 1. *von Ailly* (1350-1420), einflußreicher Kirchenpolitiker und Theologe des Spät-MA, * in Compiègne. Student, Dozent, 1389 Kanzler der Universität Paris. 1395 Bischof von Puy en Velay, 1396 von Cambrai (»Cameracensis«), 1411 Kardinal. Auf den Konzilen in Pisa und Konstanz (→Reformkonzile) ist er maßgebend beteiligt an der Beendigung des Schismas: seine schon seit 1381 in der Nachfolge → Ockhams gebildete Lehre von der Überordnung des Generalkonzils über den Papst setzt sich durch. Als Philosoph und Theologe ist A. wenig selbständig: Stark von Ockham beeinflußt, weicht er doch an entscheidenden Stellen (Verhältnis von Glauben und Wissen, Sakramente) auf das thomistische Mittelmaß zurück und flüchtet sich später, wie → Gerson, zeitweise in die Mystik. Einige seiner theologischen Schriften wurden aber auf Grund ihrer lehrhaften Klarheit weit verbreitet, zumal der Sentenzenkommentar (1375). → Luther (: I, 1; II, 2 c) soll ihn großenteils auswendig gekannt haben, und da A. hier ganze Partien aus anderen Spätscholastikern wörtlich ausgeschrieben hat, ist dieses Werk eine wichtige Quelle für Luthers Kenntnis der Theologie des Spät-MA.

A.s zahlreiche (auch naturwiss.) Schriften verzeichnen L.Salembier, Bibliogr. des oeuvres du Card. P. d'A., Besançon 1908, u. Meller (s.u.) XVff. - Ü II, 606f - A.E.Roberts, P.d'A. and the Council of Constance (Transact. of the Royal Hist. Soc. 4/18, 1935, 123-142) - J.P.McGlowan, P.d'A. and the Counc. of Const. (Diss. Washington), 1936 - B.Meller, Stud. z. Erkenntnislehre des P.v.A. (Freib.Theol. Stud. 67), 1954 - L.Saint-Blancat, La théol. de Luther et un nouveau plagiat de P.d'A. (Positions luthér. 4, 1956, 61-81; dazu H.Beintker, ZKG 68, 1957, 144ff) - G.Lindbeck, Nominalism and the Problem of Meaning as Illustrated by P.d'A. on Predestination and Justification (HThR 52, 1959, 43-60). *B.Moeller*

2. *von Alcántara* (1499-1562), span. Franziskaner, * in Alcántara (Estremadura), 1622 selig-, 1669 heiliggesprochen. Aus adligem Geschlecht, studierte P. in Salamanca, wurde 1515 Minorit, 1524 Priester, später Ordensoberer, Prediger und seelsorglicher Berater, u.a. der → Therese von Ávila (vgl. c. 27 und 30 ihrer »Vida«). Gebetsgeist und strengste Askese bezeichnen die Reform der »Alcantariner« (1555; 1897 mit den Minoriten wieder verschmolzen). P.' »Tratado de la oración y meditación« (1554, viele Aufl.) beruht auf Betrachtung des Leidens Christi und der Letzten Dinge; doch ist die Priorität gegenüber → Ludwigs von Granada gleichnamiger Schrift umstritten.

Tratado, dt.: Goldenes Büchlein von dem Gebete u. der Betrachtung, 1860. - Über P.: J.A.Stelzig, 1857 - AS Oct. VIII, 1866, 623 bis 680 - DThC XII, 1793ff. - Zur Prioritätsfrage s. Ubald d'Alençon in Etudes francisc. 1923, 198-213 - DThC, aaO. *O.Karrer*

3. *von Alexandrien,* Leiter der Katechetenschule, 300 bis 311 Bischof von Alexandrien, rief durch seine Flucht und milde Behandlung der Lapsi das Schisma des → Melitius hervor, † 311 als sog. »letzter Märtyrer«. Sein Bußedikt gelangte in Kirchenrechtssammlungen; von seinen theologischen Schriften blieben nur Fragmente übrig. P. wandte sich (wie → Methodius) gegen die spiritualistischen Lehren des → Origenes von der Seelenpräexistenz und Auferstehung, schrieb u.a. auch über die Menschwerdung des Erlösers und arbeitete durch seine im Logos-Sarx-Schema aufgebaute → Christologie (: II, 4 a) dem → Athanasius vor (der »Gott Logos« ist »im Mutterleib geboren und Fleisch geworden«; er »war Gott von Natur, ... wurde Mensch von Natur« und »ist menschgewordener Gott«).

Ausg.n: M.J.Routh, Reliquiae sacrae IV², 1846, 21ff - J.B.Pitra, Analecta sacra IV, 1883, 187ff. 425ff - MPG 18, 449ff. - Vollst. u. krit. GA fehlt. Für Einzelausg.n vgl. PW XIX/2, 1281ff (F.H.Kettler) u. die Patrologien, bes. Quasten II, 113ff. - Über P.: RE XV, 215ff - L.B.Radford, Three Teachers of Alexandria, 1908 - E.Weigl, Unters.en z. Christologie des hl. Athanasius, 1914, 8 - DThC XII, 1802ff - W.Telfer, HThR 36, 1943, 169-246 - Grillmeier-Bacht I, 80. - Weitere Lit. s. → Melitius. *F.H.Kettler*

4. melkitischer Patriarch *von Antiochien,* * ebd, ausgebildet in Konstantinopel, stand zunächst im höheren Staatsdienst, trat dann in den Kirchendienst, wurde Skeuophylax der Großen Kirche und 1052 Patriarch. Im Kirchenstreit zwischen Rom und → Michael Kerullarios vertrat P. zwar den Gedanken der Pentarchie, sah aber in den Anklagepunkten des Kerullarios keinen Grund für ein Schisma. Er verurteilte vorsichtig, aber bestimmt, nicht nur das Vorgehen der päpstlichen Legaten, sondern auch jenes des ökumenischen Patriarchen.

Seine »Inthronistika« in verschiedenen Ausfertigungen u. andere Briefe ed. A.Michel, Humbert u. Kerullarios II, 1930, 432-474. Weitere Ausg.n u. Lit.: Beck 535. *H.-G.Beck*

5. *Aureoli* (ca 1280-1322), OFM, »Dr. facundus«. A. lehrte 1312 in Bologna, 1314 in Toulouse, wo er wegen seiner Verteidigung der Unbefleckten Empfängnis berühmt wurde. In Paris hielt er 1316-18 Sentenzen-, dann Bibelvorlesungen. Ende 1320 wurde er Provinzial von Aquitanien, am 27.2.1321 zum Erzbischof von Aix nominiert, am 14.6. von Johannes XXII. geweiht, dem er 1317 seinen Sentenzenkommentar I gewidmet hatte. A.s Werke, auch die »logisierten« Exegesen, zeichnen sich durch kritische Schärfe und durch eine Augustinismus und Aristotelismus verbindende Selbständigkeit aus; sein Konzeptualismus bereitete den Nominalismus → Ockhams vor.

Werkverzeichnis bei TEETAERT (s.u.), dazu Scriptum super I Sententiarum, ed. E.M.BUYTAERT (Franciscan Inst. Publ., Text Ser. 3, bisher 1-2), 1952-56 (Lit.) - F.STEGMÜLLER, Ein neuer Joh-Kommentar des P.A. (FS 33, 1951, 207-219). - P.VIGNAUX, Justification et prédestination au XIVe siècle (Bibl. de l'Ecole des Hautes Etudes, Sciences rel. 48), Paris 1934, 43ff - DThC XII, 1935, 1810ff (A.TEETAERT, Lit.) - R.SCHMÜCKER, Propositio per se nota, Gottesbeweis u. ihr Verhältnis nach P.A. (Franziskanische Forsch. 8), 1941 - M.DE WULF, Hist. de la philos. médiévale III, 1947^6, 23ff (Lit.) - J.BEUMER, Der Augustinismus in der theol. Erkenntnislehre des P.A. (FS 36, 1954, 137-171) - F.PELSTER, Zur Überlieferung des Quodlibet u.a. Schriften des P.A. (Franciscan Studies 14, 1954, 392-411) - DERS., A.DI LELLA, E.M.BUYTAERT (ebd 15, 1955, 30-47. 146-174, mit Ed.) - ANNELIESE MAIER, Zu einigen Sentenzenkommentaren des 14.Jh.s (AFrH 51, 1958, 369-409). - Zur Nachwirkung vgl. L.BAUDRY, La querelle des futurs contingents (Etudes de philos. médiévale 38), Paris 1950. *J.Leuschner*

6. *von Bruis*, provenzalischer Ketzer, ein ehemaliger Priester, der seit etwa 1105 die gregorianische Idee der Kirchenreform eigenwillig radikalisierte und damit die religiöse Laienbewegung in die Häresie führte. Als Wanderprediger in Südfrankreich verurteilte er die kath. Sakramente und Institutionen und forderte eine Geistkirche der Gläubigen, die sich vielleicht aus dem Glauben rechtfertigen (umstritten), jedenfalls die Gnade selbst verdienen und allein nach den evangelischen Weisungen leben sollten. P. scharte viele Anhänger (die sog. Petrobrusianer) um sich, wurde aber um 1126 (nach Manselli 1132/33) verbrannt. Gegen ihn schrieb → Petrus Venerabilis von Cluny; → Heinrich von Lausanne übernahm seine Anhänger und Gedanken, die weit nachwirkten.

A.BORST, Die Katharer, 1953 (Lit.) - R.MANSELLI, Studi sulle eresie del secolo XII, Rom 1953. *A.Borst*

7. *Cantor* (auch *Remensis* genannt, † 1197), ausgebildet an der Domschule von Reims (wahrscheinlich unter Alberich, einem Schüler → Anselms von Laon), ca 1170 theologischer Lehrer und Kanonikus (später mit der Würde eines Cantor) von Notre-Dame in Paris, † als gewählter Domdekan von Reims im Zisterzienserkloster Longport. Unter den Pariser Theologen seiner Zeit war P.C. ein angesehener, einflußreicher und origineller Vertreter der bei aller Aufgeschlossenheit für die dialektische Methode (→ Scholastik) mehr biblisch und praktisch orientierten Richtung. Sie wurde nach ihm auch von seinem Schüler Robert de Courson, von Stephan → Langton u.a. vertreten.

Werke: Summa de sacramentis et animae consiliis (hg.v.J.A. DUGAUQUIER, Löwen-Lille 1954ff); Verbum abbreviatum (MPL 205, 9ff), ein Kompendium der Tugendlehre; Distinctiones (oder Summa) Abel (verschiedene Stücke hg. bei J.P.PITRA, Spicilegium Solesmense III, Paris 1855, 1ff), »expositiones vocabulorum Bibliae secundum alphabetum«; verschiedene exeget. Werke (ungedruckt). - Über P.: F.S.GUTJAHR, P.C. Parisiensis; sein Leben u. seine Schriften, 1899 - GRABMANN II, 478ff - Ü II, 280. 712 - MANITIUS III, 159ff - DThC XII, 1901ff - LThK VIII, 153f - E.DEMOUTET, La théol. de l'Eucharistie à la fin du XIIe siècle (AHDL 14, 1943-45, 181-262) - A.M. LANDGRAF, Werke aus der engeren Schule des P.C. (Gregorianum 21, 1940, 34-74) - DERS., Einführung in die Gesch. der theol. Lit. der Frühscholastik, 1948, 117ff - LANDGRAF, passim - EC IX, 1429f (Lit.). *M.A.Schmid:*

8. *Peter Chelčický* († 1460), ein tschechischer Laie ohne akademische Bildung, verfaßte das theologiegeschichtlich und kulturpolitisch bedeutsame Werk »Netz des Glaubens«, eine Postille und mehrere Lehr- und Streitschriften. Unter dem Eindruck wiclifitischer, mystischer und waldensischer Ideen entfaltete er eine eigenwillige Wortmystik und unterwarf, vom Ideal einer kompromißlosen Diastase zwischen Kirche und Welt erfüllt, die Vermischung beider, Kriegführung, Simonie und Machtstreben aller Stände einer radikalen Kritik. Seine Gedanken sind für die Entstehung der → Brüderunität (: I) von entscheidender Bedeutung gewesen.

E.PESCHKE, Die Theol. der Böhm. Brüder in ihrer Frühzeit I/1.2, 1935/40 - DERS., P.Ch.s Lehre von der Kirche u. der weltl. Macht (WZ Rostock 5, 1955/56, 263-274). - Weiteres s. R.ŘÍČAN, Gesch. der Brüderunität, 1957, 453ff (tschech.). *E.Peschke*

9. *Claver* (1581-1654), * in Verdú (Katalonien), † in Cartagena (Kolumbien), »Apostel der Neger« oder »Apostel von Cartagena« genannt, wurde 1602 in Tarragona Jesuit, studierte in Mallorca und Barcelona. Alonso → Rodriguez (, 1) gewann ihn für die Mission. P. reiste 1610 nach Kolumbien, vollendete sein Studium in Santa Fé de Bogotá und wurde 1616 Priester. Er wirkte in Cartagena, dem Zentrum des Sklavenhandels. P. gibt an, er habe mehr als 300 000 Neger getauft. Er wurde 1851 selig-, 1888 heiliggesprochen (Fest: 9. 9.) und 1896 Patron der Afrikamission. Zwei Missionsgesellschaften tragen seinen Namen.

LThK VIII, 155f - M.FERRER MALUQUIER, S.P.C., Missionero jesuita, Barcelona 1944 - EC IX, 1454 (Lit.). *H.Liebing*

10. *Comestor* († 1179/80), aus Troyes, seit 1164 Prof. und Kanzler in Paris, schrieb Predigten, Summen, Kommentare und 1169/73 die Historia scholastica, eine Weltgeschichte des AT und NT, mit dem Blick auf die Kirche und die Weltreiche (→ Historienbibel). Im Stil der → Viktoriner diente sie der Bibelexegese durch Etymologien und Allegorien, mit apokryphen und populären Traditionen, ohne scholastische Kritik. Ihre weite Verbreitung trug P. den Ehrennamen »Magister historiarum« ein.

MANITIUS III, 156ff - S.R.DALY, P.C.: Master of Histories (Speculum 32, 1957, 62-73). *A.Borst*

11. *Damiani* (1006/07-72), * in Ravenna, wo er nach dem Studium Lehrer der freien Künste war. Seit 1035 Mönch, seit 1043 Prior der von Romuald begründeten Einsiedlergemeinde in → Fonte Avellana, die durch ihn ein Mittelpunkt des eremitischen Lebens in Italien wurde. In Wort und Schrift wandte sich P. scharf gegen die kirchlichen Mißstände der Zeit, vor allem gegen die Priesterehe und die → Simonie, und gewann dadurch für die Reformbewegung wachsende Bedeutung. Er vertrat dabei den Standpunkt, daß die Kirchenreform gemeinsam von der weltlichen und geistlichen Gewalt durchgeführt werden müsse, und billigte deshalb das Eingreifen Heinrichs III. in die kirchlichen Verhältnisse (→ Papsttum: II). In seinem Liber gratissimus (MG Lib. de lite 1, 17ff) erkannte er auch den von Simonisten gespendeten Sakramenten die Gültigkeit zu. Seine antidialektische Einstellung tritt in seinen zahlreichen Schriften deutlich hervor. Von Papst Stephan IX. 1057 gegen seinen Willen zum Kardinalbischof von Ostia erhoben, hat er bis zum Tode eine Reihe wichtiger Legationen für die Kurie durchgeführt.

Werke: MPL 144.145. Neuausg. der Briefe in den MG in Vorbereitung, vgl. K.REINDEL, Studien zur Überlieferung der Werke des P.D. (DA 15, 1959, 23-102; 16, 1960, 73-154; Lit.). - O.BLUM, St.P.D.: His Teaching on Spiritual Life, 1947 - F.DRESSLER, P.D., Leben u. Werk (Studia Anselmiana 34), Rom 1954 - P.PALAZZINI, Il diritto strumento di riforma ecclesiastica in S.P.D., Rom 1956 - J.J. RYAN, St. P.D. and his Canonical Sources (Pontifical Institute of Mediaeval Studies, Studies and Texts 2), Toronto 1956. *K.Jordan*

12. *von Fossombrone,* bekannter unter dem Namen *Angelo Clareno* (ca 1255-1337), OFM, ital. → Spirituale. Als junger Minorit in den um 1274 in der Mark Ancona aufbrechenden Armutsstreit (→ Franziskaner) verwickelt, wurde A. zu lebenslänglicher Haft verurteilt, 1289 jedoch vom General Raimund Gaufredi befreit. Nach kurzem Aufenthalt am Hofe des armenischen Königs Hethum II. aus dem Orden ausgeschlossen, appellierten Petrus von Macerata und A. an → Cölestin V., der ihnen die strenge Observanz als »Eremiten des Papstes Cölestin« gestattete. Nach Abdankung des Papstes (1294) trieb sie die Verfolgung nach Griechenland (Verurteilung durch Bonifatius VIII.). Nach dem Tode des P. von Macerata (1307) Führer der »Armen Eremiten«, lebte A. 1311-18 unter dem Schutz der Kardinäle Colonna und Orsini am Hof zu Avignon und verfolgte die Auseinandersetzung der Spiritualen mit dem Orden. Die Niederlage seiner Partei und der Tod Colonnas zwang ihn zur Flucht nach Subiaco (bis 1334), dann nach Marsico Nuovo (Basilicata), wo er starb. Obwohl die Volksfrömmigkeit ihn als Ehrwürdigen verehrt, ist sein Kult nie bestätigt worden (AS Jun. II, 1091). Unter dem Namen »Clareni fratres« hielten sich Eremitengruppen, die sich auf A. beriefen, bis 1581. A.s strenge Frömmigkeit beeinflußte stark die Anfänge der → Kapuziner.

Vf. u.a.: Expositio Regulae Fratrum Minorum (ed. L.OLIGER, Quaracchi 1912 [Einl.; Lit.]); Historia septem tribulationum Ordinis Minorum (ed. F.EHRLE, ALKGMA 2, 1886, 106-164. 249-336); Briefe (zT hg.v. EHRLE, ebd 1, 1885, 515-569); Angelus Clarinus ad Alvarum Pelagium (ed. V.DOUCET, AFrH 39, 1946, 63-200). - Über A.: F.EHRLE in ALKGMA 1-3, 1885-87 - D.DOUIE, The Nature and the Effect of the Heresy of the Fraticelli, Manchester 1932 - EC III, 1769f (Lit.) - L.v.AUW, A.C. et les Spirituels franciscains, Lagny 1952 - A.FRUGONI, Celestiniana, Rom 1954. *L.v.Auw*

13. *Lombardus* (ca 1100-60), * in oder bei Novara in der Lombardei, † in Paris, studierte in Italien, vermutlich in Bologna, kam wahrscheinlich 1134 zu Studienzwecken nach Frankreich, zuerst nach Reims, dann nach Paris. → Bernhard von Clairvaux sorgte für seinen Lebensunterhalt (Ep. 410). In Paris erlangte P. einen Lehrstuhl an der Kathedralschule von Notre Dame. 1148 nahm er an den Verhandlungen über strittige Lehren des → Gilbert Porreta anläßlich des Konzils von Reims teil; er stand auf der Seite Bernhards gegen Gilbert. 1159 wurde er zum Bischof von Paris erhoben, starb aber bereits nach einjährigem Episkopat. Sein literarischer Nachlaß umfaßt Kommentare zu den Pss (1135/37) und den Paulusbriefen (1139/41), die 4 Sentenzenbücher (1154/57) und 29 Predigten. Die beiden Kommentare sind von den Erklärungen → Anselms von Laon und Gilbert Porretas abhängig. Die Sentenzen stellen eine systematisch geordnete Zusammenfassung des gesamten theologischen Wissens der Zeit dar. Als Quellen dienten vor allem die lat. Väter, bes. → Augustin, von den griech. → Johannes von Damaskus in der Teilübersetzung des Cerbanus, die er nachträglich zT nach der Übersetzung des Burgundio von Pisa überarbeitete. Von seinen Zeitgenossen benützte P. (zT wörtlich) die Summa Sententiarum, → Hugo von St. Viktor, Walter von Mortagne (Ehetraktat) und Peter → Abaelard. Das Werk ist eine geschickte Kompilation, die rasch in die Schulen Eingang fand und zu neuen Bearbeitungen anregte (→ Sentenzenwerke). Vom 13.Jh. an wurde es das Textbuch des theologischen Unterrichts. Einzelne Lehrpunkte stießen anfangs auf Kritik, bes. christologische Lehren, in denen man eine nestorianisierende Tendenz erblickte (Habitustheorie, Nihilianismus, Unterscheidung einer zweifachen Verehrung Christi; → Christologie: II, 6 b). Zu keiner dieser Lehren hat sich P. jedoch ausdrücklich bekannt. Vom 13.Jh. an wurden Sätze aus den Sentenzen zusammengestellt, die allgemein abgelehnt wurden, u.a. die Lehre von der Identität der caritas mit dem Hl. → Geist (: V, 4).

MPL 191-192; Petri Lombardi Libri IV Sententiarum, ed. PP. Collegii S. Bonaventurae, Ad Claras Aquas 1916 (mit wertvollen Prolegomena); D.VAN DEN EYNDE, Deux sermons inédits de Pierre Lombard (Miscellanea Lombardiana [s.u.] 75-87); ein Verz. der Predigten s. DThC XII, 1961f. - Über P.: GRABMANN II, 359ff - J.DE GHELLINCK, Le mouvement théol. du XIIe siècle, (1914) Bruges 1948², 213ff - DThC XII, 1941ff - L.OTT, P.L. Persönlichkeit u. Werk (MThZ 5, 1954, 99-113) - Miscellanea Lombardiana, a cura del Pontificio Ateneo Salesiano di Torino, Novara 1957 (45-63: D.VAN DEN EYNDE, Essai chronologique sur l'oeuvre littéraire de P.L.). *L.Ott*

14. *de Palude* (ca 1277-1342), OP, scholastischer Theologe, 1314 Magister der Theologie, 1317 Generalvikar des Ordens auf dem Generalkapitel zu Pamplona, 1319 bis 1329 Prediger in Paris, 1329-31 Patriarch von Jerusalem, 1335 Administrator von Limisso auf Zypern, 1336 von Conserans (St. Lizier), † in Paris. P. ist nur mit Einschränkung als Thomist zu bezeichnen.

Vf. u.a. Erklärungen zur ganzen Bibel (vgl. RepBibl IV, 356-361); einen Sentenzenkommentar (vgl. F.STEGMÜLLER, Rep. comm. in Sent. Petri Lombardi I, 1947, 327f); 2 Quodlibeta; De paupertate Christi et apostolorum; De causa immediata ecclesiasticae potestatis (Paris 1506). - Über P.: DThC XII, 2033ff - LThK VIII, 173f - Hist. litt. de la France XXXVII, 39-84 - EC IX, 1442f. *B.Decker*

15. *von Poitiers* († 1205 in Paris), Schüler des → Petrus Lombardus, dessen Methode er zZ des Entstehens der Universität → Paris (seit 1167 als theologischer Lehrer, seit 1193 als Kanzler von Notre-Dame) einflußreich vertrat und (bes. in seinen fünf Büchern Sentenzen) selbständig, das dialektische Element noch mehr betonend, weiterführte.

Sententiae, hg.v. PH.S.MOORE, J.N.GARVIN u. M.DULONG (Publications in Mediaeval Studies, bisher 7 u. 11 = Buch I u. II), Notre Dame/Ind. 1943/50; vollständig (unkrit. Ausg.) MPL 211, 779ff - Allegoriae super tabernaculum Moysi, hg.v. PH.S.MOORE u. J.A. CORBETT (Publications... 3), ebd 1938. - Über P. (auch über andere Werke): RE XV, 227f - GRABMANN II, 501ff - Ü II, 278. 711f - DThC XII, 2038ff - LThK VIII, 175f - PH.S.MOORE, The Works of P. of P. (Publications... 1), Notre Dame/Ind. 1936 - A.M.LANDGRAF, P.v.P. u. die Quästionenlit. des 12.Jh.s (PhJ 52, 1939, 202-222. 348-358) - DERS., Einführung (→ Petrus Cantor) 105ff - LANDGRAF, passim - EC IX, 1444f. *M.A.Schmidt*

16. *Peter Czaech von Pulka(u)* (ca 1370-1425), lehrte seit 1391 als Mag. Artium, seit 1409 als Lic. Theol. an der Universität Wien. Häufig mit akademischen Ämtern betraut, war P. auch Universitätsgesandter am Konstanzer Konzil, von dem er in 37 überlieferten Briefen anschaulich berichtete (ed. F.Firnhaber, Archiv f. Kunde österr. Geschichts-Qu. 15, 1856, 1-70) und dessen Laienkelch-Verbot er mit einem Traktat (Mai 1415) beeinflußte.

D.GIRGENSOHN, P. u. die Wiedereinführung des Laienkelches (Phil. Diss. Göttingen), 1960 (mit Ed., Werkverzeichnis u. Lit.). *J.Leuschner*

17. *Venerabilis* (dh der Ehrwürdige; 1092 oder 1094 bis 1156), aus vornehmem Geschlecht der Auvergne, trat 1109 als Mönch in Cluny ein und wurde 1122 Abt als Nachfolger Hugos II. Vielseitig begabt und sehr ge-

lehrt, führte P. durch Hebung der Klosterzucht, Herstellung geordneter Finanzen und Vertiefung des Theologiestudiums eine zweite Blütezeit → Clunys herauf. Seine Statuten festigten die Verfassung der Abtei und strafften die Organisation der Kongregation, die unter ihm ihre größte Ausdehnung erreichte. P. war einer der einflußreichsten Kirchenmänner seiner Zeit; mit → Bernhard von Clairvaux verhalf er 1130 → Innozenz II. zum Sieg über → Anaklet II. Im Streit zwischen Cluny und Clairvaux suchte er ausgleichend zu wirken: trotz persönlicher Freundschaft mit Bernhard verteidigte er die mildere asketische Praxis der Cluniazenser gegen die → Zisterzienser. Auch als Schriftsteller trat P. hervor: Neben apologetischen Traktaten gegen die Leugner der Gottheit Christi, gegen Juden und Sarazenen (er veranlaßte die erste lat. Koran-Übersetzung!) stehen Wunderberichte, Predigten, lat. Gedichte und ein ausgedehnter Briefwechsel. Daß er dem verurteilten → Abaelard im Cluniazenser-Priorat St. Marcel eine Zuflucht bot, zeugt von seiner menschlichen Größe.

Schriften u. Briefe bei M.Marrier, Bibliotheca Cluniacensis, Paris 1614, 589-1376 u. Bibliotheca Patrum Maxima, 1677, Bd 22, 826-1142; Nachdr. in MPL 189 (dort auch legendäre Vita Petri des Mönchs Rudolf). - Über P.: M.Demimuid, Pierre le Vénérable, Paris (1876) 1895² - RE XV, 222ff - Manitius III, 136ff - DThC XII/2, 2065ff - P.V. 1156-1956, ed. G.Constable u. J.Kritzeck (Studia Anselmiana 40), Rom 1956 - Neue Forschungen über Cluny, hg.v. G.Tellenbach, 1959. - Vgl. → Cluny. *O.Rühle*

18. *Veronensis,* Martyr, von katharischen Eltern in Verona geboren, um 1220 für den Predigerorden gewonnen. Seit 1232 hat er als Prediger, Begründer und Betreuer von Laienbruderschaften und (seit 1251) als Inquisitor die → Katharer in Oberitalien, vor allem in Mailand, wirksam bekämpft, bis sie ihn 1252 bei Mailand erschlugen. Als »Fürst der Inquisition« wurde P. 1253 heiliggesprochen.

A.Dondaine, Saint Pierre Martyr (AFP 23, 1953, 66-162; Lit.). *A.Borst*

19. *von Wien* († 1183), wohl französischer Herkunft, seit 1153/55 bezeugt, Schüler und bedeutendster Anhänger → Gilberts Porreta im deutschen Raum. P. verfocht Lehren Gilberts (→ Christologie: II, 6 b) in Zusammenarbeit mit dem kaiserlichen Pfalzdiakon Hugo von Honau und Hugo Etherianus in Konstantinopel gegen → Gerhoch von Reichersberg und dessen Brüder. Von seinen Schriften sind nur Teile eines Brieftraktates an → Otto von Freising bekannt; auf sie nehmen Briefe seiner Gegner und Freunde Bezug.

P. an Otto: Schol. 13, 1938, 231-246; dazu Gerhoch MPL 193, 586-604 - P. an Hugo Etherianus: AHDL 27, 1952, 131f. - An P.: Schol. 13, 1938, 48; 14, 1939, 41-49 - Gerhohi ... opera inedita I, Rom 1955, 357-366 - HJ 77, 1958, 480-482. - Über P.: H.Fichtenau, Magister P.v.W. (MIÖG 63, 1955, 283-297) - P.Classen, ByZ 48, 1955, (339-368) 347ff. 354. 362f - Ders., MIÖG 67, 1959, (249-277) 262ff - Ders., Gerhoch von Reichersberg, 1960, 162ff. - Zur Chronologie d. Briefe: D.van den Eynde, L'Oeuvre littéraire de Géroch de Reichersberg, Rom 1957, 221f. 232ff - Classen, Gerhoch 358f. 365ff. *H.Fichtenau*

Petrus, *kath. Ordensgenossenschaften vom hl. Apostel P.* - 1. *Kongregation vom hl. P.,* 1828 gegr. von Félicité Robert de → Lamennais durch Vereinigung der von ihm gestifteten Gesellschaft vom hl. P. in La Chênaie mit der Genossenschaft der Priester der Unbefleckten Empfängnis von St-Méen (Missionare von Rennes), einer Gründung seines älteren Bruders Jean Marie Robert de Lamennais (1780-1860) aus dem Jahre 1817. Dieser überließ 1828 dem Bruder die Führung der umgewandelten Kongregation und behielt selber die Leitung des Noviziats in Malestroit. Die erste Verurteilung Félicités (1832) erschütterte die Kongregation, die zweite (1834) endete mit Verwirrung, Zerrüttung und Uneinigkeit. Inzwischen wandte sich Félicité von der Kirche ab. Jean Marie Robert dagegen setzte sein Erziehungswerk mit Eifer fort. Bedeutende Mitglieder der Kongregation waren zB J.F.Rohrbacher (1789-1856), → Gaume, → Lacordaire, → Guéranger, → Montalembert. - 2. *Brüder vom hl. P. in Ketten,* zur Fürsorge an jugendlichen Sträflingen 1839 in Marseille von Abbé Fissiaux gestiftet, bestand nur kurz. - 3. *Schwestern vom hl. P. auf Ceylon,* begründet 1862 von der Oberin des Klosters der Hl. Familie in Bordeaux, Marie Xavérie Marchand. Die aus Eingeborenen bestehende Kongregation betreut Schulen und Waisenhäuser. - 4. *Pietrine,* auch *Töchter von Mariä Opferung,* für Erziehung der weiblichen Jugend 1827 gestiftet mit Niederlassungen im Erzbistum Genua.

Heimbucher II, 418. 450. 544 - LThK VIII, 143 - EC VII, 858f. *W.Göbell*

Petrusakten werden von Eusebius (h.e. III, 3, 2) als nicht kirchlich anerkannt erwähnt; damit ist jedoch nicht gesagt, daß sie gnostisch sind. Nach dem Kanon des → Nikephorus (, 4) umfaßten sie 2730 Stichen. Wahrscheinlich sind davon etwas weniger als zwei Drittel erhalten. In lat. Übersetzung, den *Actus Vercellenses,* wird der Kampf zwischen Petrus und → Simon Magus in Rom beschrieben, der mit des letzteren Niederlage und Tod endet (hiervon existieren auch einige Reste auf Papyrus). Das *Martyrium Petri* ist in der griech. Ursprache und alten Versionen überliefert. Es enthält die berühmte »Quo Vadis«-Geschichte und die von Petri Kreuzigung (mit dem Kopf nach unten); sehr interessant ist die Rede, die Petrus beim und am Kreuze hält (c. 37ff). Die Zugehörigkeit eines kopt. Fragments und der Geschichte von einer Gärtnerstocher zu den P. sind umstritten. Abhängigkeit von den → Johannes- und → Paulusakten ist wahrscheinlich. Als Abfassungsort der P. wird jetzt meistens Kleinasien, als Zeit etwa 200 angenommen. In seinen asketischen Tendenzen und merkwürdigen theologischen Vorstellungen ist dieses Erbauungsbuch ein wertvolles Dokument für die Gedankenwelt der einfachen Christen jener Zeit. - Die griech. und lat. erhaltenen *Acta Petri et Pauli* sind später (3.Jh.?) in kirchlich-orth. Kreisen entstanden; sie legen Wert auf die gemeinsame Arbeit der beiden Apostel in Rom.

Text: R.A.Lipsius-M.Bonnet, Acta Apostolorum apocrypha I, (1891) 1959², 1ff. 45ff. 178ff - L.Vouaux, Les Actes de Pierre, Paris 1922 (mit Übers., Komm. u. Lit.). - Übers.: Hennecke² 226ff (Lit.). - W.Michaelis, Die apokryphen Schriften zum NT, (1956) 1958², 317ff - LThK² I, 748f - Altaner 61f (Lit.). *W.C.van Unnik*

Petrusapokalypse, altchristliches Offenbarungsbuch (→ Apokalyptik: III) wohl der ersten Hälfte des 2.Jh.s. Anfangs in der Kirche sehr geschätzt (das → Muratorische Fragment nennt sie zusammen mit der Apk, weiß jedoch, daß einige sie verwerfen; → Clemens von Alexandrien hat sie als hl. Schrift kommentiert: Eusebius, h.e. VI, 14, 1; vgl. auch Methodius, Symposion II, 6), wurde die P. im 4.Jh. von Eusebius (h.e. III, 3, 2; vgl. jedoch auch III, 25, 4) und Hieronymus (de vir. ill. 1) verworfen. Doch weiß Sozomenus (h.e. VII, 19), daß sie in einigen Kirchen Palästinas in der Karfreitagsliturgie gelesen wurde. Von spärlichen Fragmenten abgesehen war das Buch verloren, bis 1892 ein griech. Bruchstück zusammen mit einem Teil des → Petrusevangeliums wiederentdeckt wurde; 1910 wurde ein wahrscheinlich vollständiger äthiop. Text veröffentlicht. Beide Texte sind nicht identisch: was die griech. Fassung als von Petrus geschaute Vision schildert, wird im äthiop. Text als Offenbarung Jesu an Petrus für die Zukunft berichtet. Das gegenseitige Verhältnis ist nicht ganz klar: an vielen Stellen ist der äthiop. Text deutlich Bearbeitung, an anderen scheint er ursprünglicher. Religionsgeschichtlich wichtig ist die Jenseitsschilderung (→ Hölle: IV, 1). Auf die eschatologische Tradition der Kirche hat die P. stark eingewirkt.

Text: E.PREUSCHEN, Antilegomena, 1905^2, 84ff - E.KLOSTERMANN, Apocrypha I (KIT 3), 1921^3, 8ff. - Übers.: HENNECKE^2 314ff. - A.DIETERICH, Nekyia, (1893) 1913^2 - LThK^2 I, 699f - ALTANER 68 (Lit.).

W.C.van Unnik

Petrusbriefe

1. Der sog. *1Petr* (→ Katholische Briefe) ist insofern ein Brief (→ Briefliteratur), als er eine Zuschrift (1, 1-2) und einen entsprechenden Schluß (5, 12-14) aufweist (anders als Hebr und Jak). Seiner sonstigen Struktur nach ist er aber eine Mahnrede, die mit einem Lobpreis Gottes und seines nun offenbarten Heiles beginnt (1, 3-12). Ihr folgen 14 zumeist durch Imperative, gelegentlich aber durch ein persönliches Mahnwort (2, 11; 5, 1) eingeleitete Paränesen (1, 13-21. 22-25; 2, 1-10. 11-12. 13-17. 18-25; 3, 1-7. 8-12. 13-22; 4, 1-6. 7-11. 12-19; 5, 1-5. 6-11). Eine Disposition ist schwer zu gewinnen. In der Regel unterscheidet man allgemeine Mahnungen zu einem der Berufung entsprechenden Wandel (1, 13 - 2, 10) von besonderen Mahnungen, die das Verhalten gegen die Obrigkeit (2, 13-17) und das christliche Familienleben betreffen (2, 18 - 3, 7). 3, 13 - 4, 19 enthält die Aufforderung, sich im Hinblick auf das Leiden Christi im eigenen → Leiden (: III) zu bewähren. Eine neue Mahnung 5, 1-11 ist an die Ältesten und an die Jüngeren in der Gemeinde gerichtet, um eine rechte Ordnung zu gewährleisten. Aufs Ganze gesehen ist diese Mahnrede an eben getaufte Christen gerichtet (1, 3; 2, 2), die in ihrem jungen Glauben bestärkt werden sollen (1, 6; 4, 12; 5, 8f). Eine regelrechte Verfolgung von seiten des Staates liegt noch nicht vor, denn die Obrigkeit wird ihr Amt in Gerechtigkeit ausüben (2, 13f). Das kann der Verfasser - wie Paulus in seiner Situation von Röm 13, 1-7 - mit gutem Gewissen sagen und darum auch ausdrücklich zur Ehrerbietung gegenüber dem Herrscher auffordern (2, 17). Zum Abfall vom Christentum ist es noch nicht gekommen (1, 8), auch nicht zu Haft und Martyrium (3, 15; 4, 4. 14. 16). Immerhin ist die Lage so ernst, daß Aufmunterung und Trost nötig erscheinen. - Gegen die Angriffe ihrer Umwelt soll sich die Gemeinde durch guten Wandel vor den Heiden (1, 14-17; 2, 12) und durch Verzicht auf Vergeltung (2, 21-23) wappnen; sie soll ständig bereit sein, Rechenschaft zu geben (3, 15) und auch zu leiden, wenn es zu Unrecht geschieht (3, 16; 4, 15). Tröstlich ist dabei das Vorbild Christi (2, 21; 3, 18; 4, 13) und das Wissen darum, daß diese Leiden die Bruderschaft in der ganzen Welt betreffen (5, 9). Gottes Gericht beginnt am Hause Gottes selbst (4, 17). Die Erwartung des Christus und seines Gerichtes ist recht lebendig (4, 7. 13; 5, 1. 4). Die Leser sind deutlich als ehemalige Heiden gekennzeichnet (1, 14; 2, 9f; 4, 3f). Ihre Schwierigkeiten erwachsen aus Kreisen heidnischer Freunde, die über ihren Abfall vom Glauben der Väter befremdet sind und sie das deutlich fühlen lassen (4, 4. 12ff).

Der *Verfasser* ist nicht Gründer dieser christlichen Kreise, an die er schreibt; er kennt sie gar nicht und kann auch nur auf ungenannte Evangelisten hinweisen, die ihnen das Evangelium gebracht haben (1, 12). Dennoch soll → Petrus diesen Brief geschrieben (1, 1), sich aber dabei der Hilfe des Silvanus (→ Silas) bedient haben (5, 12). Hier beginnen nun erhebliche Schwierigkeiten: Wie kam Petrus dazu, an Christen in römischen Provinzen bzw. in kleinasiatischen Landschaften zu schreiben, die das Missionsgebiet des → Paulus waren? Wenn er etwa durch eine Behinderung oder gar den Tod des Paulus zum Schreiben veranlaßt wurde, warum erwähnt er den Gründer dieser Gemeinden mit keiner Silbe? Man hat nicht den Eindruck, daß diese eben bekehrten und über → Kleinasien verstreuten Christen zu älteren Gemeinschaften, wie Paulus sie schuf, Beziehung haben. Ebenso unklar ist die Rolle des Silvanus; mit Recht hat M.Albertz gefragt, ob man ihn als Boten, Dolmetscher, Sekretär oder eigentlichen Verfasser des 1Petr denken soll. Es besteht weitgehende Übereinstimmung darüber, daß der Name Babylon in 5, 13 Deckname für Rom ist. Es muß also Anlaß bestanden haben, diesen Decknamen zu wählen. Und wenn der Verfasser aus Rom geschrieben hat, besaß er auch den besten Einblick in die Lage der Christen. Er wußte genauso wie der Verfasser der → Johannesapokalypse, warum er solche verdeckte Sprache führte.

Ein Gedankengut, das als bes. petrinisch anzusprechen wäre, ist nirgends zu finden. Der Verfasser verarbeitet vielmehr eine in mündlicher Tradition geformte Paränese (vgl. Lohse). Ein Beispiel dafür ist die sog. Haustafel 2, 18 - 3, 7. Die Forderung zum Gehorsam gegen die Obrigkeit hat in Röm 13, 1-7 ihre Parallele. Für die Leidensparänesen 1, 6ff; 4, 7; 5, 8f lassen sich eine Fülle von Paulusstellen allein zur Wortstatistik beibringen. Wenn man auch die Verwandtschaft mit Paulus nicht übertreiben darf, so wird man doch zu Röm und Eph Beziehungen herstellen können. Man hat daraus den Schluß gezogen, daß Petrus damit als Verfasser ausgeschlossen sei, da man ihn unmöglich zum Schüler des Paulus machen könne. So bot sich als willkommener Ausweg folgende Lösung: Mit der Wendung »durch Silvanus« sei nicht der Überbringer (vgl. Apg 15, 23) gemeint, auch nicht der Schreiber nach Diktat (Röm 16, 22), »vielmehr wird Silvanus den Brief nach den Anweisungen des Petrus in einiger Selbständigkeit verfaßt haben« (so Michaelis, Feine-Behm u.a.). Aber das ist ebenso unwahrscheinlich. Denn trotz der häufig betonten Beziehungen zu Röm und Eph müssen erhebliche Unterschiede zu Paulus hervorgehoben werden. Dieser »Petrus« bzw. Silvanus weiß sich nicht als Sklave Jesu Christi (nur in 2, 16 bezeichnet er die Christen allgemein als Knechte Gottes). Das Wort »Gesetz« und die Begriffe »Kreuz« und »kreuzigen« (bei Paulus 18mal) kommen hier überhaupt nicht vor. »Kyrios« - bei Paulus 275mal und für ihn zentrale Formel für die Verbundenheit mit Christus - steht im 1Petr nur in Verbindung mit at. Zitaten; denn der eigentliche Kyrios ist Gott. Während Paulus in der Situation der Bedrängnis das Wort θλῖψις verwendet, fehlt es hier ganz. »Petrus« weiß 2, 24 von Christus nur zu sagen, daß er unsere Sünden mit seinem Leib an das »Holz« (nicht Kreuz) getragen habe; vgl. dagegen Gal 5, 11; Phil 2, 8; Kol 2, 14; Eph 2, 16! Das Wort ἐκκλησία fehlt hier völlig, während Paulus es 62mal gebraucht. Die Beispiele mögen genügen für die Begründung einer Ablehnung des Silvanus als Verfasser; denn daß sich einer der ältesten Mitarbeiter des Paulus so völlig von zentralen Gedanken und Begriffen seines Lehrers distanziert haben sollte, ist wenig wahrscheinlich. Sowenig man Petrus zum Schüler des Paulus machen darf, ebensowenig darf man Silvanus zum Schüler des Petrus machen. Um so auffälliger ist, daß sich Paulus (Röm 13, 1-7), 1Petr (2, 13-17) und 1Clem (61, 1) an entscheidender Stelle in der Verwendung des Begriffes der Unterordnung einig sind. Nicht umsonst hängen diese Hinweise mit Rom zusammen. Eine drohende Verfolgung könnte 63/64 oder - wahrscheinlicher - nach 90 angenommen werden. So mag ein Anonymus am Ende des 1.Jh.s diesen

»Brief« verfaßt und ihm seine Umrahmung gegeben haben. - Die Möglichkeit, aus 1Petr eine Taufrede herauszuarbeiten (Windisch, Preisker, Daniélou u.a.), die dann als Brief an kleinasiatische Christen versandt worden sei, ist nicht von der Hand zu weisen.

2. Der *2Petr* beansprucht, vom Apostel selbst verfaßt zu sein (1, 1); seine Augenzeugenschaft bei der Verklärung Jesu wird bes. hervorgehoben (1, 16ff). Der Verweis auf einen früher geschriebenen Brief (3, 1) kann nur unseren 1Petr meinen. Der Hinweis auf bereits im Umlauf befindliche → Paulusbriefe (3, 15) läßt aber auf späte Abfassungszeit schließen. Befremdlich für einen Apostel wäre auch die Einarbeitung des selbständig überlieferten → Judasbriefes in 2Petr 2. Hauptanliegen des Verfassers ist die Bekämpfung von Menschen, die über die bisher nicht eingetretene Wiederkunft Christi spotten (3, 1-18). Während aber Jud gnostische Irrlehrer als reale Gegner bekämpft, werden sie in 2Petr als zukünftig angekündigt. Ferner wird Jud 4-16 insofern umgedeutet, als die dort bekämpften Libertinisten der Endzeit als die Leugner dieser Endzeit erscheinen; 2Petr 3, 3 dürfte die Gedankenbrücke bilden. Der Verfasser setzt damit Weissagungen der Evangelien fort (vgl. Mk 13, 22 par). Sprache und Begriffsgut (zB 1, 4 »göttliche Natur«) des Schreibens sind so hellenistisch wie in keinem andern Schriftstück des NT. Dabei bietet sich kein Sekretär an, dem man diese Stilwidrigkeit aufbürden könnte. Anders als 1Petr ist 2Petr erst seit Origenes bezeugt. Eusebius hält ihn wie jener für umstritten, und Hieronymus, der seine Echtheit annimmt, kann nicht verschweigen, daß die »meisten« ihn nicht anerkennen. Besteht über die Unechtheit Einhelligkeit, so darf man dieses späteste Schriftstück des NT (→ Bibel: II B) bis in die Mitte des 2.Jh.s datieren. Einzelne Beobachtungen mögen diese These unterstützen. Schon das Proömium (1, 3-11) mit seinem Hinweis auf die gegebene Verheißung und einen entsprechenden Wandel richtet das Augenmerk auf die Berufung zu rechter Erkenntnis. Dieser Begriff wiederholt sich in 2, 21 und 3, 18 und erscheint als »Grundbegriff des persönlichen Christentums« (Windisch). Gemeint ist die fides catholica als orthodoxe Lehrtradition. Demgegenüber sind die Widersacher ungelehrt (3, 16). Lebendige Prophetie gibt es nicht mehr, sondern nur noch Erinnerung an die des AT (1, 19-21). Wenn c. 2 der Zerstörung der Lehre und des Ansehens von Gnostikern dient, welche die kirchliche Lehre angreifen, so besteht diese Widerlegung zum größten Teil in moralischer Verunglimpfung, wie man sie später bei der Bekämpfung des → Montanismus wiederfindet. Als schwierig wird bereits die Auslegung schriftlicher Tradition empfunden. Sie ist nur durch die Kirche als Inhaberin der rechten Lehre garantiert. Der apokalyptische Entwurf 3, 1-13, der die Bedenken gegen das Ausbleiben der → Parusie zerstreuen soll, ist in sich so uneinheitlich, daß seine Überzeugungskraft nicht hoch veranschlagt werden kann. Offenbar sind hier verschiedene Argumente zusammengestellt worden. Die Gegner (2, 1. 15. 20f; 3, 17, dazu 2, 13) sind eine sektiererische Gruppe von Gnostikern, die sich nach 2, 10f den Engelmächten überlegen wissen. Ihnen sagt urchristliche → Eschatologie nichts mehr; denn »alle Gnosis bezeugt die Gegenwärtigkeit des Heils und setzt sich damit von der Apokalyptik ab« (Käsemann 275).

Kommentare: R.KNOPF (MeyerK XII[7]), 1912; G.WOHLENBERG (KNT XV[3]), 1923; J.MOFFATT, 1928; S.GREIJDANUS, 1929; E.G.SELWYN, 1946; H.WINDISCH-H.PREISKER (HNT 15[3]), 1951. Zu 1: A. SCHLATTER, Petrus u. Paulus nach dem 1Petr, 1937; A.M.STIBBS, London 1959. Zu 2: J.CHAINE, Paris 1939[2] (kath.). - Vgl. ferner die nt. Einl.en (jeweils Lit.) u. BULTMANN, NT §§ 54ff, bes. § 58, 3f und l. - Zu 1: R.BULTMANN, Bekenntnis- u. Liedfragmente im 1Petr (CN 11, 1947, 1-14) - E.LOHSE, Paränese u. Kerygma im 1Petr (ZNW 45, 1954, 68-89) - W.C.VAN UNNIK, The Teaching of Good Works in 1Petr (NTS 1/2, 1954/55, 92-110) - DERS., Christianity according to 1Petr (ET 68, 1956, 79-83) - E.G.SELWYN, Eschatology in 1Petr (Dodd-Festschr., 1956, 394-401) - M.-E.BOISMARD OP, Une liturgie baptismale dans la Prima Petri (RB 63, 1956, 182-208; 64, 1957, 161-183) - C.F.D.MOULE, The Nature and Purpose of 1Petr (NTS 3, 1956/57, 1-11). - Zu 2: E.KÄSEMANN, Eine Apologie der urchristl. Eschatologie (ZThK 49, 1952, 272-296) - G.H.BOOBYER, The Indebtedness of 2Peter to 1Peter (in: NT Essays in memory of T.W.Manson, 1959, 34ff). *E.Fascher*

Zur *Auslegungsgeschichte* (s. auch → Schriftauslegung: IV, → Katholische Briefe):

Qu.: 3.Jh.: Clemens v. Alex. (MPG 9; GCS III, ed. O.STÄHLIN, 1909; 1Petr). - 4.Jh.: Chrysostomus (Fragmente in MPG 64). - 13.Jh.: Martin v. Leon (MPL 209). - 16.Jh.: Luther (WA 12 u. 14) - Thomas Bibliander, Zürich 1536 - Joh.Coglerus, Wittenberg 1564 - Adam Sasbout OFM, Köln 1568 - Joh.Hessels, Löwen 1568 (1Petr) - Nik. Hemmingius, Wittenberg 1570. - 17.Jh.: Franc.Feuardentius, Paris 1604 (2Petr) - Joh.Winckelmann, Gießen 1608 - Jacques Boulduc, Paris 1620 (2Petr) - Nik.Serarius, Mainz 1623 - Thomas Adams, London 1629 (2Petr) - Meinh.Schotanus, Franeker 1637 (1Petr, Predigten) - Jak.Laurentius, Amsterdam 1640 - Moses Amyrault, Saumur 1646 - Konrad Hornejus, Braunschweig 1654 - Joh.Gerhard, Jena 1660 - Th.Antonides, Bremen 1700. - 18.Jh.: Hieronymus Weller, Leipzig 1702 - Natalis Alexander, Rouen 1710 - Joachim Lange, Halle 1712 - Wilh.Deurhoff, Amsterdam 1713 (2Petr) - G.M.Laurentius, Halle 1716 - Cl.Streson, Amsterdam 1717 - D.Goltz, ebd 1721 - Joh.Gottfr.Palm, Danzig 1731 (Predigten) - Hier. van Alphen, Utrecht 1734 (1Petr).

Lit.: M.SCHMIDT, Teilnahme an der göttl. Natur. 2Petr 1, 4 in der theol. Exegese des Pietismus u. der luth. Orthodoxie (Dank an P.Althaus, 1958, 171-201). *W.Werbeck*

Petrusevangelium, etwa Mitte des 2.Jh.s wohl in Syrien entstanden. Nach dem Bericht des Eusebius (h.e. VI, 12) las Serapion von Antiochien (um 200) das in kleinen (doketischen) Gruppen seiner Diözese benutzte P. und kam in einer eigens dagegen verfaßten Schrift zum Schluß, es könne unmöglich von Petrus geschrieben sein. 1886/87 wurde in einem oberägyptischen Grab bei Akhmîm ein aus dem 8./9.Jh. stammendes auf Pergament geschriebenes Bruchstück des P.s gefunden, das einen Teil der Passion und Auferstehung Jesu im Ich- bzw. Wir-Stil erzählt. Eigentümlich ist vor allem sein Schluß: die Jünger bleiben bis zum Ende des Festes der ungesäuerten Brote trauernd in Jerusalem, ohne daß Jesus ihnen erscheint. Dann nehmen Petrus und Andreas wieder ihre Netze und gehen an den See (Tiberias), begleitet von Levi. Hier bricht das Fragment ab. Vermutlich folgte eine 1. Erscheinungsszene (vgl. Joh 21). - Der Darstellung des P.s liegen als Quelle alle 4 kanonischen Evangelien zugrunde. Es macht sich aber zugleich eine gesteigerte apologetische Tendenz bemerkbar (die Auferstehung Jesu spielt sich in aller Öffentlichkeit vor den Soldaten ab; den Juden wird alle Schuld am Tode Jesu zugeschoben, Pilatus völlig entlastet; es wird neu zu erklären versucht, warum die Frauen erst am Ostermorgen zum Grabe gehen). Auch treten erzählerisch ausschmückende und mythische Züge stärker hervor.

Text: E.KLOSTERMANN, Apocrypha I (KIT 3), (1903) 1921[3], 4ff. - Übers. mit Einl. u. Anm.en: CHR.MAURER in HENNECKE[3] I, 118ff (Lit.). - W.MICHAELIS, Die apokryphen Schriften zum NT, (1956) 1958[2], 45ff - LThK[2] III, 1228f. *O.Cullmann*

Petruskerygma (nicht zu verwechseln mit der Grundschrift der → Pseudoklementinen, den »Kerygmata Petrou«), nur aus 3 Zitaten in den Stromateis des → Clemens von Alexandrien bekannt sowie aus des → Origenes Comm. in Joh. XIII, 17, wo er die Echtheit des P.s bezweifelt. Aus den Bruchstücken (bes. Strom. VI, 5, 39, 2-41, 6) läßt sich erschließen, daß das P. durchdrungen war von der Botschaft des *einen* Gottes, der sich in verschiedener Weise den Juden und den Heiden offenbart hat. Aber sowohl Juden wie Heiden verehren ihn falsch: die einen dienen den Engeln (= Gestirnen, vor allem dem Mond), die andern der toten Materie in Götzenbildern. Darum hat Gott mit den Christen, dem 3. Geschlecht, einen neuen Bund gemacht und einen Gottesdienst im Geist gestiftet. - Während die Verwandtschaft dieser Anschauungen mit den apologetischen Schriften des 2.Jh.s offenkundig ist, könnte in den beiden andern Zitaten genuinere Tradition vorliegen: nach Strom. VI, 6, 48, 1-2 befand sich ein mit Mt 28, 19f im Zusammenhang stehender Missionsbefehl im P.; nach Strom. VI, 15, 128, 1-2 eine an Lk 24, 44ff erinnernde Stelle, die besagt, daß das ganze AT Christus als den Leidenden und Auferstandenen bezeugt.

Fragmente bei E.Preuschen, Antilegomena, 1905², 88ff. 192ff. - E.v.Dobschütz, Das Kerygma Petri (TU XI, 1), 1893.

O.Cullmann

Petrustradition

1. Literarisch - 2. Archäologisch - 3. Ikonographisch. - P. = Petrus

1. Die P.tradition geht aus von der als authentisch angesehenen Verheißung eines Primats in Mt 16, 17-19 und dessen Übertragung in Joh 21, 15-17 (daneben auch Lk 22, 31f) und zielt darauf ab, das Erbe des Apostels P. juristisch an einen Bischofsstuhl zu binden und durch Sukzession zu übertragen (→ Papat und Primat). Bei der Entfaltung dieser Lehre spielte der Besitz der Märtyrergebeine und ihrer Gräber eine Rolle. - Die älteste explizite Erwähnung von P. *und* Paulus als Gründern der Gemeinde zu → Rom (und Korinth) findet sich um 170 bei → Dionysius von Korinth (Euseb, h.e. II, 25, 8). Seitdem werden Romaufenthalt und Martyrium häufig erwähnt (Irenäus, Adv. haer. III, 1-3; Tertullian, De praescr. haer. 36; Scorpiace 15, 2; Adv. Marc. IV, 5; Clemens Alex. und Origenes bei Euseb, h.e. II, 15, 2 bzw. III, 1, 2), und zwar - ebenso wie in den ältesten Quellen (→ Petrus, 3) - ohne kirchenpolitische Pointe. Bemerkenswert ist, daß bei Euseb (h.e. II, 25, 5-7) eine erste topographische Angabe des Gaius erhalten ist, der in einer Auseinandersetzung mit dem Montanisten Proklus Anfang des 3.Jh.s geschrieben hatte: »Ich aber bin imstande, die Tropaia der Apostel zu zeigen. Denn wenn du zum Vatikan gehen willst oder auf die Straße nach Ostia, wirst du die Tropaia derer finden, die diese (sc. römische) Kirche gegründet haben.« Euseb versteht unter den Tropaia die Grabplätze; wenn auch Gaius so versteht, dann wäre hier das älteste Zeugnis für die römischen Apostelgräber, das durch die Angabe von getrennter Lage der Stätten an Zuverlässigkeit gewönne (Lietzmann). Anderseits hat der unter dem Namen des Filocalus laufende Festkalender von 354 für das Jahr 258 eine Eintragung, die (ergänzt durch die Lesart des Martyrologium Hieronymianum!) besagt, daß man am 29.Juni Gedächtnisfeiern für P. am Vatikan, für Paulus an der Straße nach Ostia und für beide Apostel »in Catacumbas« beging. Mit diesem Ausdruck ist der Bereich beim heutigen S. Sebastiano an der Via Appia gemeint, wo → Damasus am Eingang zur Krypta um 380 eine Inschrift anbringen ließ (ILCV I, 951), die den Besuchern mitteilt, daß die Heiligen P. und Paulus früher hier wohnten (hic habitasse prius). Graffiti, die bes. im Bereich der Triclia gefunden wurden, bezeugen weiter, daß in der 2. Hälfte des 3.Jh.s an dieser Stelle Totenmahlfeiern (refrigeria) für P. und Paulus gehalten wurden, bei denen der Glaube an die Anwesenheit der Gebeine Voraussetzung ist. Lange Zeit (Duchesne, Lietzmann, jüngst auch v.Gerkan) hat man daraus folgendes geschlossen: Während der valerianischen Verfolgung seien aus Sicherheitsgründen die Reliquien der Apostelfürsten am 29.6.258 in Catacumbas überführt worden; erst beim Bau der Basilika in konstantinischer Zeit habe man die Gebeine an die ursprünglichen Grabstätten am Vatikan und an der Via Ostiense zurückgebracht (retranslatio).

2. *Die archäologischen Grabungen* im S. Sebastiano-Bereich seit 1915 haben zwar die Graffiti, aber keinen eindeutigen Grabplatz oder Ort für die Reliquien der Apostelfürsten erbracht. Die unter S. Peter seit 1940 durchgeführten Grabungen haben ergeben, daß unter der späteren Confessio ein nach der Mitte des 2.Jh.s inmitten einer heidnischen Nekropole errichtetes Säulenmonument - eine sog. Aedicula - für die Orientierung der konstantinischen Basilika maßgeblich war und spätestens beim Bau der Basilika als Grabmal des P. verstanden wurde. Es wird in der Regel mit dem von Gaius erwähnten Tropaion für P. identifiziert und würde dann das älteste erhaltene christliche Denkmal darstellen. Da das Wort τρόπαιον primär aber »Siegesmal« bedeutet und keine Evidenz für Errichtung der Aedicula durch Christen besteht, bleibt die Interpretation kontrovers und wird man vorsichtigerweise bei Gaius »Martyriumsstätte« zu lesen haben. Die Ausgräber interpretieren die auffallende Aussparung eines Quadrats unter der Aedicula als Ausstrahlung des ursprünglichen P.grabes. Die Kritik hat jedoch festgestellt, daß aus stratigraphischen Gründen kein Grab des 1.Jh.s hier gelegen haben kann. Spuren, die auf Translation oder Re-translation verweisen, sind nicht vorhanden. Christliche Graffiti am Orte setzen erst Ende 3./Anfang 4.Jh. ein. Da anderseits die Graffiti in der Triclia unter S. Sebastiano mit dem Jahre 260 beginnen und Refrigeria unter Anrufung der Apostel bezeugen, so muß man hier die Anfänge eines P.grabkultes sehen.

Gegen eine Translation der Apostelreliquien in valerianischer Zeit sprechen die archäologischen Befunde, das römische Recht, die Gefährlichkeit der Gegend an der Via Appia gerade in valerianischer Zeit und das Fehlen jeder literarischen Notiz. Die Wahrscheinlichkeit spricht dafür, daß der P.kult ad catacumbas auf eine »inventio« zurückgeht (Grégoire, Cullmann, Chadwick). Da es überrascht, daß nicht in der weniger als 1 km von S. Sebastiano entfernten Papstgruft von S. Callisto der P.kult eröffnet wurde, ferner das Datum des 29.6.258 als Einführungstag und -jahr des Natale Petri et Pauli mit der Depositio → Novatians zusammenfällt, endlich im 4.Jh. offenbar der Apostelkult durch einen S. Sebastianus-Kult bewußt verdrängt wird und Damasus die Besucher durch ein Epigramm auf das »habitasse prius« der Apostel verweist, hat man an novatianische Usurpierung des ersten P.grabes und -kultes gedacht (Mohlberg). Es fehlt freilich jedes Beweisstück für einen novatianischen Besitz der Stätte »ad catacumbas« und damit das entscheidende Glied einer sonst relativ geschlossenen Kette. - Eine andere Hypothese für die Lösung der Doppeltradition vermutet eine Translation allein der Kopfreliquien nach der Via Appia, wofür dann auch die spätere Tradition von der Existenz der Kopfreliquien von P. und Paulus in der Capella Sancta Sanctorum (seit dem 12.Jh.) sprechen könnte. Ostern 1370 wurden die Kopfreliquien dann ins Ciborium der Lateranskirche überführt. - Vom 13.-17.Jh. - also auch zu Luthers Zeiten - lebte die Tradition, daß die Rumpfreliquien von P. und Paulus je zur Hälfte in der Peters- bzw. der Paulusbasilika ruhen. Diese Tradition wurde endgültig erst im 19.Jh. zugunsten der alten von ungeteilten (Rumpf-)Reliquien aufgegeben.

Die römische Primatslehre beruht auf der Historizität des römischen Martyriums des P., sie haftet nicht an der Gegenwart der Gebeine des P. unter der Confessio von

S. Peter. Die Frage des P.grabes berührt somit nicht das römische Dogma. Diente bereits die älteste Aufstellung von Sukzessionslisten der Bereitstellung von Argumenten für die Ketzerbestreitung, so ebenso die rechtliche Sicherung der orthodoxen Tradition durch den Besitz von Apostelgräbern.

3. *Ikonographiegeschichtlich* ist das plötzliche Einsetzen von P.darstellungen in einer Trilogie (Quellwunder, Gefangenführung, Verleugnungsansage) sofort am Anfang der konstantinischen Zeit in der römischen Sarkophagplastik (→ Malerei: I, 2 b) beachtlich, ein Reflex der aufkommenden liturgischen P.verehrung, die vermutlich auf die Einführung des Festes → Petri Stuhlfeier zurückgeht. Von Bedeutung wurde die Traditiolegis-Komposition in Rom und seinem Einflußbereich: Christus, in der Regel auf dem Paradiesesberg stehend, übergibt eine Rolle an P. zu seiner Linken, während Paulus rechts von Christus akklamierend sich naht. Wahrscheinlich ist diese Komposition als erste Apsis-Darstellung in Alt-S. Peter anzunehmen und von hier auf andere Apsis-Mosaiken, auf Sarkophage (Wilpert, Sarcofagi Taf. 149) und → Elfenbeinplastik (Pola-Kästchen!) übernommen worden.

Die Gesetzesübergabe an Paulus, bes. auf ravennatischen Sarkophagen, zeigt ebenso wie ein verlorenes Mosaik mit Übergabe an Johannes (Ravenna, S. Giovanni Evangelista), daß es sich um eine Beauftragung zum Apostolat, nicht um eine Primatsübergabe handelt. Die Schlüsselübergabe an P. (Mosaik in S. Costanza, Rom, vor 350) sowie eine ab 340 auftretende Cathedra-Leseszene mit P. haben keinen besonderen Einfluß auf die weitere Geschichte der Kunst genommen. Wohl aber bleiben die Schlüssel das besondere Attribut des P.; daneben hielt sich das Thema der Reue und des Zweifels des P. (Meereswandel). Bis zum 12.Jh. wird P. nur als Apostel wiedergegeben – meist im Kreise der Zwölf –, dann erst setzen Darstellungen von P. als Papst ein.

H.Lietzmann, P., röm. Märtyrer (SAB 1936, 29 = Kl. Schriften I, 1958, 100-123) - B.M.Apollonij-Ghetti, A.Ferrua, E.Josi, E.Kirschbaum, Esplorazioni sotto la Confessione di S. Pietro in Vaticano, 2 Bde, Città del Vaticano 1951 - L.K.Mohlberg, Hist.-krit. Bemerkungen z. Ursprung der sog. »Memoria Apostolorum« an der Appischen Straße (Colligere Fragmenta, Festschr. f. A.Dold, 1952, 52-74) - A.v.Gerkan, Krit. Studien zu den Ausgrabungen unter der Peterskirche zu Rom (Trierer Zs. 22, 1953, 26-55) - Ders., Zu den Problemen des P.grabes (JAC 1, 1958, 79-93) - Ders., Basso et Tusco consulibus (Bonner Jb.er 158, 1958, 89-105) - E.Peterson, Das Martyrium des hl. P. nach der ApkPetr (Miscellanea G.Belvederi, Rom 1954/55, 181-185) - J.M.C.Toynbee-J.B.Ward Perkins, The Shrine of St. Peter and the Vatican Excavations, London 1956 - Th.Klauser, Die röm. P.tradition im Lichte der neuen Ausgrabungen, 1956 - E.Kirschbaum, Die Gräber der Apostelfürsten, (1957) 1959² - H. Chadwick, St. Peter and St. Paul in Rome (JThS NS 8, 1957, 31 bis 52) - W.N.Schumacher, Dominus legem dat (RQ 54, 1959, 1-39) - Ders., Altchristl. »Giebelkompositionen« (RM 67, 1960, 133-149) - E.Dinkler, Die P.-Rom-Frage. Ein Forschungsbericht (ThR NF 25, 1959, 189-230. 289-335; 27, 1961, H. 1; Lit.). - Vgl. die Lit. zu → Petrus. *Erich Dinkler*

Pettazzoni, *Raffaele* (1883-1959), ital. Religionshistoriker, 1914 Prof. in Bologna, 1924-58 in Rom. Begründer der SMSR (1925), Mitarbeiter an RGG², 1935 Olaus Petri-Vorleser in Uppsala, 1950-59 Vorsitzender der International Association for the Study of the History of Religions, seit 1954 Hg. des Numen. P. war auf fast allen Gebieten der → Religionsgeschichte tätig und leistete somit bedeutende Beiträge zur → Phänomenologie der Religion. Den geschichtlichen → Monotheismus (: I) hat er sowohl gegen den → Hochgottglauben der → Naturvölker als auch gegen den → Urmonotheismus abgegrenzt (vgl. bes. Vorwort, Saggi 1946, und Essays 1954).

Vf. u.a.: La religione primitiva in Sardegna, 1912; La religione di Zarathustra, 1920; La religione nella Grecia antica, 1921 (franz. 1953); Dio. Formazione e sviluppo del monoteismo, 1922; I Misteri, 1924; La mitologia giapponese, 1929; La confessione dei peccati I-III, 1929-36 (franz. 1931/32); Saggi di storia delle religioni e mitologia, 1946; Miti e Leggende I-IV, 1948-59; Italia religiosa, 1953; Essays on the Hist. of Religions, 1954; L'omniscienza di Dio, 1955 (engl. 1956; dt. [gekürzt] 1960); L'essere supremo nelle religioni primitivi, 1957; Letture Religiose, 1959. *C.-M.Edsman*

Peucer, *Kaspar* (1525-1602), * in Bautzen, † in Dessau, sächsischer Humanist, kurfürstlicher Leibarzt, Wittenberger Prof. für Mathematik und Medizin, kirchenpolitisches Haupt der Philippisten, später der → Kryptocalvinisten. Als Schwiegersohn → Melanchthons bemühte sich P. um die lehrmäßige Konsolidierung des Philippismus (corpus doctrinae) und leitete bis zu seinem Sturz 1574 den Widerstand Wittenbergs gegen gnesioluth. Bestrebungen. Nach längerer Kerkerhaft 1586 freigelassen, lebte er als Leibarzt und Rat in Anhalt. Bekannt wurde das von Melanchthon und ihm bearbeitete philippistische Geschichtswerk »Chronicon Carionis« (1581) und seine »Historia Carcerum« (1584).

E.L.Th.Henke, C.P. u. N.Krell, 1865 - J.Calinich, Kampf u. Untergang des Melanchthonismus, 1866 - E.Benz, C.P.s slavische Beziehungen (Zs. f. slav. Phil. 16, 1939, 286-306). *J.Moltmann*

Peutinger, *Konrad* (1465-1547). Der in Italien zum Juristen ausgebildete und von der Florentiner Renaissancephilosophie beeindruckte Augsburger Bürgersohn wurde im Dienst seiner eben damals zu höchster wirtschaftlicher und kultureller Blüte aufsteigenden Vaterstadt (1497-1534 als Stadtschreiber) zu einem der lebendigsten Geister Deutschlands in den ersten Jahrzehnten des 16.Jh.s. Wie kaum sonst verbanden sich in ihm die historisch-antiquarischen Leidenschaften des Humanisten (→ Humanismus: I) mit dem nüchternen Realismus des Politikers; einerseits war er jahrelang der Mittelpunkt der oberdeutschen Humanistenkreise, gelehrter Editor (→ Epigraphik: II, 3), hochgeehrter Berater des alternden Maximilian bei dessen Veranstaltungen zur Ausbreitung des kaiserlichen Ruhms, andererseits aber der führende Städtepolitiker zwischen dem Schwabenkrieg und der Reformation. Als einflußreicher Sachwalter für die Interessen der großen Handelsgesellschaften kam er zu einer vor ihm nicht erreichten Einsicht in die Gesetzmäßigkeit und innere Verflochtenheit des Wirtschaftslebens und zu neuen Maßstäben für die Wirtschaftsethik (Cl.Bauer). Zur Reformation dagegen blieb P. in vorsichtig-kühler Distanz, ohne echtes Verständnis.

K.P.s Briefwechsel hg.v. E.König, 1923 - H.Lutz, C.P., Beiträge zu einer polit. Biogr., 1958 (Lit.). *B.Moeller*

Pezel, *Christoph* (1539-1604), * in Plauen, † in Bremen, 1567-74 Prof. in → Wittenberg und führender Theologe der → Kryptocalvinisten in Kursachsen, später einflußreicher Vertreter einer Synthese von Philippismus (→ Melanchthon, 6) und Calvinismus im westdeutschen Reformiertentum. Ab 1576 nahm er in Nassau-Dillenburg hervorragenden Anteil an der »Vollendung der (luth.) Reformation« im Geiste ref. Lehre und Ordnung. 1581 wurde P. nach → Bremen berufen (1584 Sup.). Die ref. Gestalt des Bremischen Kirchenwesens, der Neubau der Bildung in Schule und Gymnasium und die aktive Rolle Bremens in der prot. Unionspolitik sind sein Werk. Die Einführung calvinistischer Kirchenzucht scheiterte am absolutistischen Geist des Rates. Sein bes. durch → Ursin und → Zanchi beeinflußter ref. Philippismus tritt am deutlichsten im ref. Consensus Bremensis von 1595 hervor.

Hauptwerk: Argumenta et objectiones de praecipuis articulis doctrinae Christianae, 8 Bde, 1580-89. - Über P.: H.HEPPE, Die Dogmatik des dt. Prot. im 16.Jh. I, 1857 - J.F.B.IKEN, Die Wirksamkeit des Chr.P. in Bremen (Brem. Jb. 9, 1877, 1-51) - K.WOLF, Zur Einf. d. ref. Bekenntnisses in Nassau-Dillenburg (Nass. Annalen 66, 1955, 160-193) - J.MOLTMANN, Chr.P. u. d. Calvinismus in Bremen, 1958. *J.Moltmann*

Pfälzer Gesangbuchstreit (G. = Gesangbuch). Anstelle des alten Unions-G.s von 1821, das nach Annahme der CA Variata (1853; → Pfalz, 1) mit Glaube und Bekenntnis der pfälz. prot. Kirche in Widerspruch stehen sollte und darum nicht länger in kirchlichem Gebrauch bleiben konnte, beschloß die Generalsynode 1857 die Einführung eines neuen G.s. Von hymnologischen Autoritäten (Knapp, Koch, Wackernagel) wurde es günstig beurteilt; E.M.Arndt nannte es ein »feines Buch«. Da aber Sprache, Inhalt und Tendenz der fast 1000 Lieder vielen Gemeinden zuwider war, leisteten sie zunächst passiven Widerstand. Der eigentliche G.streit setzte ein, als ein Regierungserlaß die Einführung des neuen G.s in allen Schulen anordnete. Eine Beschwerde beim König blieb erfolglos. Nachdem sich die in zwei Lager gespaltene prot. Geistlichkeit aufs heftigste bekämpft hatte und die Aufregung auch in die Gemeinden hineingetragen war, wurde das eben erst eingeführte G., dessen Wert außer Frage stand, über dessen Redaktion und die Art und Weise seiner Einführung jedoch die Meinungen auseinandergehen, zurückgezogen. Der G.streit war die endgültige Auseinandersetzung der Kräfte, die seit 1853 bzw. schon seit 1818 miteinander um den Sieg rangen. Alle Unzufriedenheit, die sich auf kirchlichem und politischem Gebiet seit Jahrzehnten angehäuft hatte, kam in ihm zum Ausdruck. - Die Generalsynode von 1865 sprach noch ausdrücklich die Gleichberechtigung des neuen G.s neben dem alten aus; es war bis vor einigen Jahren im Speyerer Diakonissenhaus in Gebrauch.

H.GUTH, Der pfälz. G.streit, 1861. - Vgl. die Lit. zu → Pfalz. *G.Biundo*

Pfaff, *Christoph Matthäus,* * 24.12.1686 in Stuttgart, † 19.11.1760 in Gießen, ev. Theologe. Ein frühreifes Wunderkind, studierte er bereits 1699-1704 in Tübingen. 1706-16 unternahm er mehrere Bildungsreisen (1706-08 zu patristischen und talmudischen Studien nach Hamburg, Kopenhagen, England, den Niederlanden, seit 1709 mit dem württembergischen Erbprinzen nach Savoyen [Turin], den Niederlanden, Frankreich). Seit 1716 (rechtlich: 1714) Prof., wurde er 1721 Kanzler der Universität → Tübingen und ging 1756 nach einem Zwischenfall als Kanzler und Sup. nach → Gießen. Ehrgeizig bis zur Bedenkenlosigkeit in wissenschaftlichen Fälschungen, literarisch fruchtbar, organisatorisch geschickt, durch einflußreiche Beziehungen begünstigt, stets erfolgreich war er neben → Mosheim die glänzendste Theologengestalt im 18.Jh. Sein wenig ausgeprägtes theologisches Profil, das orthodoxe, pietistische und aufgeklärte Züge zeigt, prädestinierte ihn zum Übergangstheologen (→ Rationalismus: II, 3a), der in den von seinem Schwager und Kollegen J.C.Klemm inspirierten innerev. → Einigungsbestrebungen (: II, 2b) sein praktisches Betätigungsfeld fand. Damit erregte er Widerspruch bei → Löscher, → Neumeister, G. → Wernsdorf, → Cyprian, → Weismann und → Reinbeck. In der Kirchenrechtslehre wurde P. der klassische Wortführer des → Kollegialismus.

Vf. u.a.: Institutiones theologiae dogmaticae et moralis, 1719; De originibus iuris ecclesiastici, 1719; Institutiones iuris ecclesiastici, 1727; Alloquium irenicum ad Protestantes, 1720; Ges. Schr., so zur Vereinigung der prot. Kirchen abzielen, 1723; Bibelwerk (mit J.C. Klemm), 1729f. - Über P.: ADB XXV, 587ff - RE XV, 233ff (Lit.) - A.F.STOLZENBURG, Die Theol. des J.F.Buddeus u. des Chr.M.P., 1926 - P.SCHREYER, V.E.Löscher u. die Unionsversuche seiner Zeit, 1938, 78ff - HIRSCH II, 336ff. *M.Schmidt*

Pfaffe, von papo, das (nach Kluge und Frings) nicht vom lat. Papa entlehnt sein kann (Trübner-Mitzka), bezeichnet im Gegensatz zu lat. pâpa = höherer Geistlicher (Bischof) einen clericus minor. P. stammt aus der griech. Kirchensprache, die seit dem 4.Jh. παπᾶς (clericus minor) von πάπας (Papst; → Papa) unterschied. Von dieser Bezeichnung παπᾶς ist das russ. Wort Pope (altsl. popu) abgeleitet und wohl auf diesem Wege über das Gotische (got. papa = Geistlicher) eingebürgert worden. - Das Wort (ahd. Pfaffo, fafo; mhd. pfaffe; mnd., nnd. und mnl. pape, nnl. paap) hatte im MA noch keinen peiorativen Sinn. Es bedeutete im Nibelungenlied (1040. 1057) eher eine Unterscheidung des so Benannten von Mönchen und höherer Geistlichkeit, also einen gewöhnlichen Weltgeistlichen, keinen Ordensmann. Das Wort erreicht dann seit dem 16.Jh. jene allgemeinere Bedeutung für Geistlichkeit und bezeichnet in Zusammensetzungen deren Wohnsitz (bes. in Straßennamen) oder auch einen geographischen Raum (P.ngasse = Rhein-Main-Gebiet zwischen Mainz und Frankfurt/M. bzw. Mainlande bis Bamberg). Mit dem Niedergang der Lebensführung der Geistlichen im 15.Jh. gewann das Wort ausgesprochen verächtlichen Sinn (vgl. P.nkellerin, P.nköchin, Baals-P.). Dies führt dann (bei J.H.Voss) im 18.Jh. zur Gegensatzbetonung und klaren Scheidung des P.n vom Prediger, Pfarrer oder Priester. Am deutlichsten wird die Abwertung (bis zur Schimpfrede) im Adjektivum pfäffisch. Schon im 17.Jh. ist das Wort in die Handwerkersprache eingedrungen (Schleif-P.) und kennzeichnet im Zunftwesen (der Böttcher) den Gesellen, der den Lehrling unter grobkomischen Zeremonien tauft.

Trübners Dt. WB, hg.v. W.MITZKA, V, 1954, 80f. Ferner: Teuthonista 8, 1931/32, 5-14. *F.W.Wentzlaff-Eggebert*

Pfalz

1. Kirchengeschichte - 2. Verfassung - 3. Statistisches - 4. Kirchliches Leben - 5. Kath. Kirche, Freikirchen und Sekten

1. Vor der franz. Revolution gab es im Gebiet der heutigen P. ebensoviele Landeskirchen wie Herrschaftsgebiete. In den größeren Territorien wie Kur-P. (1546) und P.-Zweibrücken (1524), in den kleineren Gebieten wie in der Grafschaft Leiningen (1550), im nassau-weilburgischen Amt Kirchheimbolanden (1556/59), in der Herrschaft Falkenstein (1543), in der Wild- und Rheingrafschaft (1542) sowie in den Reichsstädten Landau (J. → Bader) und Speyer wurde die Reformation in luth. Prägung durchgeführt. Bald regten sich auch calvinisch-ref. Einflüsse. Es kam schließlich zu erbitterten Kämpfen beider Richtungen um die Vorherrschaft. In der Kur-P. siegte 1563 mit der Einführung des → Heidelberger Katechismus das ref. Bekenntnis, ebenso 1588 im Herzogtum P.-Zweibrücken. In den Reichsstädten und in den Besitzungen der Grafen und Ritter blieb das Luthertum herrschend. Im Laufe der Zeit, als nach dem 30jährigen Kriege und unter der Herrschaft der kath. gewordenen Fürsten und Herren auch viele Katholiken ins Land kamen, entstand aber eine konfessionelle Mischung. - Den durch das verschiedene Glaubensbekenntnis von Landesherren und Landeskindern entstandenen kirchlichen Gegensätzen, von denen die Religionsbeschwerden der Protestanten beredtes Zeugnis ablegen, machte erst die franz. Revolution ein Ende. Wohl gingen damals auch viele Kirchengüter verloren; aber in dem Gewinn der Glaubens- und Gewissensfreiheit einerseits und in der geistigen Beweglichkeit des Pfälzers andrerseits liegen die beiden Hauptgründe für den kirchlichen und

religiösen Freisinn der Protestanten im 19.Jh. - Nach der Niederwerfung Napoleons wurde die österreichisch-bayerische Landesadministration für die politische, das Generalkonsistorium für die kirchliche Regelung eingesetzt; letzteres wurde mit dem Übergang des Rheinkreises an Bayern (1816) von Worms nach Speyer verlegt und bot die Hand zur Union.

Die Geschichte der pfälz. Kirche ist reich an Unionsversuchen. Schon Kurfürst Friedrich III. arbeitete auf dem Fürstentag zu Naumburg (1561) und dem Religionsgespräch zu Maulbronn (1564) auf eine Vereinigung hin. Seine Bemühungen wurden durch den Heidelberger Prof. David → Pareus in seinem »Irenicum« fortgesetzt. Kurfürst Karl Ludwig, der Wiederhersteller der P. nach dem 30jährigen Kriege, unterstützte die Unionsbestrebungen des Schotten → Durie. 1677 ließ er eine für Lutheraner und Reformierte gemeinsame Agende ausarbeiten, 1680 suchte er seiner Unionsidee im Bau der Konkordienkirche in Mannheim sichtbaren Ausdruck zu geben. Stärker wurde der Unionsgedanke in der P. durch die dann einsetzenden Bedrückungen der Protestanten und die Religionskriege Ludwigs XIV. gefördert. 1750 erschien die Unionsschrift des Friedensfreundes aus Grünstadt »Siphunculus Irenicus«. Der mehrfache Glaubenswechsel der Fürsten im 16./18.Jh. sowie die bunte Mischung der Gebiete sorgte dafür, daß sich die einzelnen Konfessionen nahe kamen. Die Unionsversuche scheiterten jedoch an der Bewertung, die man der dogmatischen Position gab, und an den Theologen, die sich als Hüter der reinen Lehre fühlten. Die Zeit war noch nicht reif. Der Pietismus mußte erst die Fronten der Konfessionen aufweichen und an Stelle der Rechtgläubigkeit die rechte Gläubigkeit setzen; die Aufklärung mußte die Wertschätzung der Dogmen untergraben und in Staat und Kirche der Toleranz Bahn schaffen.

Den äußeren Anstoß zur → Union (: I) gab das Reformationsjubiläum 1817. Die Union in der P. wurde nunmehr eine Sache der Gemeinden und Presbyterien, die auch Regierung und Geistlichkeit zu entschiedenerem Handeln trieben. Die erste Vereinigung war schon unter der franz. Verwaltung in Lambrecht vollzogen worden (1805). Die vielen örtlichen Vereinigungen (1817) hatten stillschweigend oder ausdrücklich vorausgesetzt, daß eine allgemeine Vereinigung in der ganzen P. folgen müsse. So erließ das Konsistorium 1818 einen Aufruf zur Abstimmung. Für die »Vereinigung in eine einzige christliche Gemeinde, in Ritus, Liturgie, Schulunterricht, Kirchenvermögen und Kirchenverfassung« - nach der Lehre wurde überhaupt nicht gefragt - stimmten 40167 Hausväter, dagegen nur 539. Die erste Generalsynode zu Kaiserslautern (August 1818) schuf die Vereinigungsurkunde. In deren viel umstrittenem § 3 wurde als Glaubensgrund und Lehrnorm der »prot.-ev.-christlichen Kirche« der P. nur das NT erklärt; die bei den prot. Konfessionen bestehenden symbolischen Bücher sollten abgeschafft sein. Dem luth. Oberkonsistorium in München (→ Bayern, 3b), dem die pfälz. Kirche unterstellt war, gelang es zwar, den § 3 dahin zu erweichen, daß auf der zweiten Synode 1821 den Bekenntnisschriften wenigstens »die gebührende Achtung« zuerkannt und die hl. Schrift als Glaubensgrund und Lehrnorm erklärt wurde. Dagegen mißlang der Versuch, die Verfassung gegen die freien Grundsätze der vereinigten Kirche der P. in der Richtung auszuspielen, daß die unierte Kirche eine dogmatische, an ein bestimmtes Bekenntnis gebundene Glaubensnorm haben müsse, wenn sie zu den drei von der bayerischen Verfassung als gleichberechtigt erklärten christlichen Konfessionen gehören wolle. Der Streit um das Bekenntnis war die zweifelhafte Gabe, die der Unionskirche in die Wiege gelegt war.

Nach dem Hambacher Fest (1832) zeigten sich die Folgen der politischen Spannungen bald auch im kirchlichen Leben der P. Zunächst wurde das Speyerer Konsistorium in hochkirchlich-orthodoxem Sinne umgestaltet. Maßgebenden Einfluß gewann der von Erlangen herübergeholte Konsistorialrat Isaak Rust (1796-1862), der sich bemühte, die pfälz. Geistlichkeit in scharfe Zucht zu nehmen und die Opponenten auszuschalten. Durch die Zensur suchte man vor allem die Presse zum Schweigen zu bringen und auf die Geistlichen durch die Qualifikationen und Charakteristiken zu wirken. Die jungen Kandidaten, die dem einseitigen Druck der für sie allein zuständigen luth. Fakultät zu Erlangen nicht erlegen waren, waren auf Rusts Zensuren ihrer Arbeiten angewiesen. Das Oberkonsistorium drängte ständig auf die Einführung eines bindenden Bekenntnisses, aber die Pfälzer leisteten Widerstand. Noch 1837 wurde Rusts Agendenentwurf abgelehnt. Die berüchtigte »Bulla Rustica« (27.1.1836) und die 10 Thesen einer Münchener Kommission (13.7.1836), welche u.a. die Geltung der symbolischen Bücher behauptete und eine Katechismusrevision forderte, machten viel böses Blut und führten zu einem Rekurs an die Abgeordnetenkammer. 1837 hatte das Konsistorium die Ausschaltung der Opponenten noch nicht erreicht, nur die Verlegung der Synode vom freisinnigen Kaiserslautern in die »Zwingburg Speyer« war geglückt. Den entscheidenden Schlag wollte das Konsistorium in der Synode 1845 führen. Der nun folgende Federkrieg der beiden Richtungen trat zwar zurück, um so offener aber das Parteiwesen hervor. Die Beschwerde der ersten freien pfälz. Protestantenversammlung zu Edenkoben (1846) wegen Mißbrauchs der geistlichen Gewalt wurde zwar vom König abschlägig beschieden, aber Rust wurde als Referent für die pfälz. Kirchenangelegenheiten in das Münchener Oberkonsistorium befördert. Das Gewaltregiment der »Ära Rust« und der 30jährige Krieg der pfälz. Kirche mit dem luth. Oberkonsistorium endete 1848 mit der Loslösung des Speyerer Konsistoriums vom Münchener Oberkonsistorium und seiner Unterstellung unmittelbar unter das Kultusministerium. 1848 war ein neuer, demokratischer Wahlmodus für Presbyterien und Synoden beschlossen worden, und für die geplante Synode 1849 lag ein neuer kirchlicher Verfassungsentwurf vor, aber infolge des pfälz. Aufstandes kam die Synode nicht zustande. Inzwischen hatte aber nicht nur die politische, sondern auch die kirchliche Reaktion gesiegt.

Mit dem Eintritt des ref. Erlanger Theologen → Ebrard in das Speyerer Konsistorium begann eine neue Kampfzeit. Ihm gelang es 1853, die Synode zur Annahme der CA Variata von 1540 (→ Augsburger Bekenntnis, 4) mit ihrer von Melanchthon abgeschwächten Abendmahlslehre als Lehrnorm der pfälz. Prot. Kirche zu bewegen, welche den Consensus der beiden Konfessionen darstellen sollte. Als dieses dogmengeschichtliche Urteil den Bericht des Konsistoriums und die Genehmigung des Königs durchlaufen hatte, hatte es in der Formulierung fast den Sinn eines Bekenntnisses. Es ist das Verdienst Ebrards und seines Konsistoriums, durch diese Regelung der Bekenntnisfrage die Union vor dem drohenden Verfall gerettet zu haben. Der Streit um die Lehrnorm war damit zum Abschluß gelangt. Auch er war, wie die Reformation, nicht die Wirkung von nur einer Kraft oder das Ergebnis eines einzigen Faktors. - Die Synode von 1857 brachte einen neuen Katechismus, eine Biblische Geschichte und ein neues Gesangbuch. Jetzt zeigte sich, daß die orthodoxe Mehrheit in denselben Fehler verfallen war wie vorher die liberale. Man nennt den Entscheidungskampf der beiden Richtungen gewöhnlich den → Pfälzer Gesangbuchstreit, als dessen

Urheber Ebrard galt. Eine Hilfe konnte nur durch ein aufrichtiges Zurückkehren zu den Grundsätzen und der Verfassung der Union von 1818 geschaffen werden. Der Gegensatz zur Kirchenbehörde und ihren Gefolgsleuten organisierte sich 1858 im »Protestantenverein«, der für das, was man im Übereifer 1853 verscherzt hatte, freie Bahn schuf. Das neue Gesangbuch wurde zurückgezogen und das alte Unionsgesangbuch wieder in sein Recht eingesetzt. Die alten Bestrebungen, die Union in dem ihr zugrunde liegenden freien Geist auszugestalten, wurden wieder aufgenommen. Die Verfassung wurde langsam ausgebaut, über der Einführung eines neuen Katechismus und einer neuen Biblischen Geschichte ließ man fast zwei Jahrzehnte vergehen. Sämtliche Mitglieder des Konsistoriums traten zurück und machten den Männern Platz, deren Aufgabe es war, Wunden zu heilen und Frieden in der pfälz. Kirche zu stiften. Ebrard kehrte nach Erlangen zurück. Die Gesangbuchfrage wurde ziemlich rasch erledigt, ein Jahrzehnt später fiel der sog. Ebrardsche Katechismus und die seit 1859 eingeführte Zahnsche Biblische Geschichte. Zur Erledigung der Verfassungsfrage ließ man sich Zeit. Eine außerordentliche Synode beschloß 1863 eine neue Wahlordnung für Presbyterien und Synoden. – Trotz mancher Zugeständnisse an den freien Unionsgeist war die Spannung aber noch so groß, daß man sich zu einer gemeinsamen Feier des 50jährigen Unionsjubiläums nicht die Hand reichen konnte. Das gab Anlaß zu neuen Gegensätzen, bis ein kluges Kirchenregiment es für nützlicher hielt, in ein gutes Einvernehmen mit den liberalen Gemeindevertretungen zu kommen. Die Staatsregierung legte der Entwicklung der Dinge kein Hindernis in den Weg.

Im Laufe der Jahre hatte sich eine Reihe kirchlicher Notstände herausgebildet, die der Abstellung bedurften. Durch die Einführung einer allgemeinen Kirchenumlage (1909) gab die Synode der Kirche die Mittel, helfend einzugreifen, wo die Hilfe des Staates versagte oder nicht ausreichte. Ein weiterer Ausbau dieses Finanzsystems war die Umwandlung des bisherigen Pfründesystems in das reine Geldbesoldungssystem. Eine gewisse Belastungsprobe bedeutete die Einführung der neuen bayerischen Kirchengemeindeordnung (1912). Ein neues Gesangbuch wurde 1905 eingeführt und war bis 1954 in Gebrauch. – Der Ausgang des 1. Weltkrieges, die folgende Revolution, die Beseitigung der Monarchie, der Wegfall des Summepiskopats des Landesherrn und die Neuordnung des Verhältnisses zwischen Staat und Kirche nötigten zu einer neuen Verfassung für die prot. Kirche der P. (1920). Der Wunsch nach Einführung eines bindenden Bekenntnisses fand damals keinen Widerhall. Infolge des Versailler Vertrages wurden (1919) 14 Pfarreien dem Saargebiet zugeteilt, blieben aber (ebenso seit 1945) unter Vermittlung des Dekanats Homburg mit dem pfälz. Landeskirchenrat verbunden.

2. Die oberste Kirchengewalt liegt bei der Landessynode. Sie besteht aus 63 Mitgliedern (28 geistlichen und 35 weltlichen) und 9 Vertretern der Werke und wird alle 6 Jahre in unmittelbarer geheimer Wahl gewählt. In ihrem Auftrag wird die Kirche von dem Landeskirchenrat in Speyer verwaltet (zZ Kirchenpräsident D. Hans Stempel, 4 geistliche und 2 weltliche Oberkirchenräte). Ihm zur Seite steht eine aus 7 Mitgliedern (4 geistliche, 3 weltliche) bestehende, von der Landessynode auf 6 Jahre gewählte Körperschaft. Sie bildet zusammen mit dem Landeskirchenrat die Kirchenregierung, die im Namen der Landessynode die oberste Gewalt ausübt. Die Dekane sind Leiter der 20 Kirchenbezirke (Dekanate) und werden ernannt. Die Besetzung der Pfarrstellen ist alternierend: einmal wählt die Gemeinde, das andere Mal besetzt die Kirchenregierung. Die Gemeinden sind durch die alle 6 Jahre zu wählenden Presbyterien vertreten, die von den Pfarrern geleitet werden. Das aktive Wahlrecht ist auf 21, das passive Wahlrecht auf 25 Jahre festgesetzt. Eine neue Grundordnung, die manche Dinge ändern wird und auch die Bekenntnisfrage neu bearbeitet, ist in Vorbereitung.

3. I.J. 1954 hatte die P. (Regierungsbezirk P., Land Rheinland-P.) 1051054 Einwohner, darunter 446612 Katholiken und 587421 Protestanten (ohne Saar-P.). Die Prot. Landeskirche zählt 1960 in 20 Dekanaten 289 Pfarrbezirke (mit 346 Pfarrern), 7 ständige Pfarrvikariate, 32 Vikariate und 4 Katechetenstellen. Im mittelbaren Dienst der Kirche stehen 26 Geistliche, 6 Geistliche haben gesamtkirchliche Aufträge (Männerwerk, Jugendpflege, Volksmission), 5 sind als Religionslehrer an Berufsschulen und Heimen tätig.

4. Das *kirchliche Leben* ist seit 1945 im Aufblühen. In der Übertrittbewegung ist die prot. Kirche noch immer im Vorteil, die Zahl der Kommunikanten hat zugenommen, Rücktritte sind vielfach erfolgt. Viele im Krieg zerstörte Kirchen und Pfarrhäuser wurden wieder aufgebaut, neue Kirchen und Pfarrstellen errichtet. Eine große Zahl kirchlicher Dienststellen und Anstalten dient der Inneren Mission und Volksmission, der Jugendpflege, dem Hilfswerk und der Krankenpflege, bes. die Diakonissenanstalt in Speyer (1859 gegr., mit Krankenhaus, Kinderstation, Fachschule für Kindergärtnerinnen, Pflegeanstalt Bethesda in Landau, Mädchenerziehungsheim in Speyerdorf, Haushaltungsschule in Bergzabern). Die kirchlichen Werke sind vertreten durch das Landesjugendpfarramt, die Ev. Frauenarbeit, das Männerwerk und das volksmissionarische Amt. Der beliebteste kirchliche Verein ist der Gustav-Adolf-Verein. Der Ev. Bund hat sich neu organisiert. Für die Basler, die Ostasienmission und die Herrnhuter Mission bestehen Zweigvereine. Für die Verbreitung der Bibel sorgt der Bibelverein. Schulischen und wissenschaftlichen Aufgaben dienen der Melanchthonverein (Heim in Zweibrücken), die 1958 eröffnete Heimschule zu Annweiler am Trifels, der pfälz. Erziehungsverein und die Ev. Akademie der P. Dem Pfarrerverein gehören fast alle Geistlichen der Landeskirche an; ihm ist der wissenschaftliche Predigerverein angeschlossen. Der Erforschung der kirchlichen Vergangenheit will der Verein für pfälz. Kirchengeschichte (gegr. 1925) dienen.

5. Das *kath.* Bistum → Speyer umfaßt als Sprengel die ganze heutige P. einschließlich Saar-P. Die Diözese zählte (nach dem Schematismus von 1947) 477471 Katholiken in 257 Pfarreien, 36 Expposituren und Kuratien, 73 ständigen Kaplaneien und 6 Lokalkaplaneien. 1947 waren 404 Priester im Amt, die Zahl der Religiosen betrug 90 Männer und 2296 Frauen. Das Ordenswesen steht in Blüte, neue Klöster wurden gegründet. Eine Reihe von Simultanverhältnissen wurde gelöst. – Die *Freikirchen* stehen entweder der Landeskirche nahe (zB die Mennoniten) oder zT mit den Gemeinschaften in gutem Verhältnis wie die Methodisten, die in den größeren Städten einen gottesdienstlichen Raum und Prediger haben und von da aus auf das Land übergreifen. Stärkere Verbreitung und Anhängerschaft haben in neuerer Zeit die Adventisten, die Neuapostolischen und die Zeugen Jehovas gefunden.

L. HÄUSSER, Gesch. d. rhein. P., (1856) 1924^{2} – A. BECKER, Die P. u. die Pfälzer, (1858) 1913^{2} – W. H. RIEHL, Die Pfälzer, (1858) 1907^{3} – TH. GÜMBEL, Die Gesch. d. prot. Kirche d. P., 1885 – WAND'S Hdb. d. Verfassung u. Verwaltung d. prot.-ev.-christl. Kirche d. P., bearb. v. L. WAGNER, 1899^{3} – EUGEN MAYER, Die Entstehungszeit d. pfälz. Unionskirche, 1918 – DERS., Pfälz. KG, 1939 – A. STEPP, Die Vereinigung d. Reformierten u. Lutheraner in d. P., 1918 – RGG^{2} I, 832ff –

G. Biundo, Pfälz. Pfarrer- u. Schulmeisterbuch, 1930 - L. Stamer, KG d. P. I-III/1.2, 1936-59 (Lit.) - B. Kunze, Kurfürst Ott Heinrich. Politik u. Religion in d. P. 1556-59, 1956 - W. Jung, Zur Gesch. d. ev. Gottesdienstes in d. P. I, 1959 (Lit.) - W. Eger, Die prot. Kirchenbücher d. P., 1960. - Zs.: Blätter f. pfälz. KG u. relig. Volkskunde, seit 1925. *G. Biundo*

Pfander, *Karl Gottlieb* (1803-65), aus Waiblingen (Württ.), als Islammissionar der → Basler Mission 1825 bis 1837 auf Missionsreisen in Russ.-Armenien, Mesopotamien, Persien; nach Verbot der ev. Mission durch den Zaren ging er nach Indien, wirkte im Dienst der Church Missionary Society unter Muslimen (1841-55 Agra, 1855-57 Peshawar); seit 1858 in Konstantinopel. Sprachbegabung und Islamkenntnis setzte P. in apologetischer Arbeit ein (Hauptwerk Mīzān al-ḥaḳḳ, »Waage der Wahrheit«, armenisch, persisch und in anderen Sprachen, eine auf Vergleichung beruhende Auseinandersetzung mit dem Islam; engl. 1867). - Vgl. → Islam: II. III.

Vf. ferner: Remarks on the Nature of Muhammedanism, Calcutta 1840. - Über P.: C. F. Eppler, D.K.G.P., 1888 - W. Schlatter, Gesch. d. Basler Mission I, 1916, 93ff - E. Kellerhals, Der Islam, (1945) 1956², 333ff. *H.-W. Gensichen*

Pfarramt ist das im Rahmen der kirchlichen Ordnung für einen umgrenzten Aufgabenkreis bestehende, vom Wechsel des Inhabers unabhängige, seinem Wesen nach der Wortverkündigung dienende Amt des → Pfarrers (: II). Im kath. Kirchenrecht wird P. gleichbedeutend mit Pfarrei gebraucht, dem Teilbereich des Bistums, der durch Errichtung eines P.s mit eigenem Pfarrvolk und eigener Kirche gebildet wird. Auch im ev. Kirchenrecht ist der Inhaber des P.s an einen bestimmten Personenkreis gewiesen, in der Regel territorialer-örtlicher Art, für den er das Zuständigkeitsrecht hat, aber auch die Verantwortung trägt (→ Gemeinde, Pfarrbezirk). Neuerdings gibt es auch übergemeindliche P.er, zB → Jugendpfarrer, → Sozialpfarrer, jeweils mit einer Reihe von Mitarbeitern (weitere Geistliche, Jugendwarte, Sozialsekretäre), die unter der Bezeichnung etwa des Landesjugend-P.s zusammengefaßt werden.

Im engeren Sinne wird unter P. die Zusammenfassung der behördlichen Aufgaben und der Geschäfte der gemeindlichen Verwaltung verstanden. In diesem Sinne sprechen die Kirchenverfassungen neben der Aufzählung seiner geistlichen Funktionen davon, daß der Pfarrer das P. führt. - Der Begriff P. dient ferner zur Gegenüberstellung der Geistlichen und der Gemeindeorgane, denen sie allerdings auch angehören, vor allem bei der Unterscheidung der dem P. allein zustehenden Aufgaben und Rechte von denjenigen des Kirchenvorstandes. Bes. in liturgischen Angelegenheiten bedürfen in manchen Gliedkirchen der EKD die Beschlüsse der Gemeindeorgane der gesonderten »Zustimmung des P.s«.

Das P. ist → Kirchenbehörde und öffentliche Behörde. Eine Mitwirkung des Staates bei Errichtung und Veränderung von P.ern und Pfarrstellen, die früher schon wegen der Zuschüsse des Staates für die einzelne Pfarrstelle stattfand, gibt es seit der WRV nicht mehr. Die P.er sind keine rechtsfähigen → Körperschaften oder Anstalten des öffentlichen Rechts wie die Kirchengemeinden, so daß auch von daher eine Mitwirkung des Staates nicht gefordert werden kann; anders nur, sofern P. im kath. Kirchenrecht auch Bezeichnung für die Parochie oder die Pfarrkirchenstiftung ist. - Vgl. → Kirchenamt.

Vgl. die Lehrbücher des kath. u. ev. → Kirchenrechts, der → Praktischen Theologie u. die Lit. zu → Pfarrer: II. Ferner: H. Rahner SJ (Hg.), Die Pfarre, 1956 (Sammelwerk) - S. Grundmann, Sacerdotium - Ministerium - Ecclesia Particularis (Festschr. f. Joh. Heckel, 1959, 144-163). *E. Ruppel*

Pfarrbesoldung. Die P. ist mit der Alters- und Hinterbliebenen- → Versorgung der Pfarrerschaft ein wichtiger Bestandteil des → Finanzwesens der Kirche. Ihre Regelung unterlag im Laufe der Geschichte Wandlungen, die mitbestimmt wurden durch die Veränderungen der volkswirtschaftlichen Verhältnisse und durch die Gestaltung des Verhältnisses von → Kirche und Staat. Im MA war Voraussetzung für die Errichtung eines Kirchenamts (→ beneficium), daß ein ihm gewidmetes Vermögen vorhanden war, dessen Nutzung dem Inhaber des Amtes zustand *(Pfründesystem)*. Zum Pfründvermögen (beneficium im engeren Sinn) gehörten → Grundstücke, Nutzungsrechte sowie Ansprüche auf Geldzahlungen (zB → Stolgebühren) und Naturalleistungen (land- und forstwirtschaftliche Erzeugnisse, → Zehnte). Die eigene Verwaltung und Nutzung des Pfründvermögens durch den Stelleninhaber wurde zunehmend beschwerlicher; die unterschiedliche Höhe der Pfründeinnahmen wirkte ungerecht. Im Zuge der Ablösung der auf den Grundstücken ruhenden Lasten im Laufe des 19. Jh.s und des Übergangs von der Natural- zur Geldwirtschaft wurde das Pfründesystem durch ein *System der Geldbesoldung* immer mehr zurückgedrängt und ersetzt. Entwertung des Pfründvermögens und → Säkularisation von → Kirchengut, das der P. diente, führte in staatskirchlichen Verhältnissen zu → Staatsleistungen für den Besoldungs- und Versorgungsbedarf der Kirche. Heute sind es vor allem → Kirchensteuern, die zur P. benötigt werden.

Die Ordnung der P. ist als öffentlich-rechtliches → Dienstrecht in den deutschen Landeskirchen dem *Besoldungsgruppen- und Dienstalterssystem* des staatlichen Beamtenrechts nachgebildet. Das Diensteinkommen des Pfarrers setzt sich demgemäß innerhalb seiner Besoldungsgruppe aus Grundgehalt, freier Dienstwohnung oder Mietentschädigung und Kinderzuschlag zusammen. Bei der Mehrzahl der Pfarrstellen entspricht die Besoldungsgruppe in fast allen Landeskirchen der Eingangsgruppe für akademisch vorgebildete Beamte (für die BRD zZ A 13 der Bundesbesoldungsordnung). Zum Grundgehalt können Zulagen bei bes. schwierigen und verantwortungsreichen Stellen hinzukommen. Innerhalb der Besoldungsgruppe erhöht sich das Grundgehalt nach Maßgabe des Besoldungsdienstalters in bestimmten Zeitabschnitten (Dienstaltersstufen) vom Anfangsgrundgehalt bis zum Endgehalt. Neben das Diensteinkommen können noch Leistungen treten, wie sie im Beamtenrecht der Sorgepflicht des Dienstherrn für seine Beamten entspringen; dazu gehören etwa Notstands-, Krankheits-, Erziehungsbeihilfen, Umzugskostenersatz, ferner Unfallfürsorgeleistungen. Außer dem Anspruch auf Diensteinkommen besitzt der Pfarrer auch eine Anwartschaft auf Alters- und Hinterbliebenen- → Versorgung. Die dem Beamtenrecht entsprechende Regelung der P. vermittelt dem Pfarrer für die Ausübung seines Dienstes eine gewisse Unabhängigkeit von Geldrücksichten.

In den Landeskirchen ist es verschieden geordnet, gegen wen sich der Anspruch auf P. richtet. Eine zentralisierte und eine dezentralisierte Regelung ist zu unterscheiden. In einigen, vor allem den südlichen Landeskirchen tragen diese die Besoldungslast, abgesehen von der meist den Kirchengemeinden auferlegten Verpflichtung, für die Dienstwohnung (Pfarrhaus) zu sorgen. Anderwärts ist der Pfarrer mit seinem Besoldungsanspruch an die Kirchengemeinde gewiesen; die Landeskirche tritt aber mit Zuschüssen für die P. dort ein, wo die Kirchengemeinde die Mittel nicht selbst aufbringen kann.

Lehrbücher des ev. u. kath. → Kirchenrechts - EKL I. 413ff - WKL 399ff. *R. Weeber*

Pfarrer

I. Geschichtlich - II. Rechtlich - III. Statistisch und soziologisch. - Vgl. ergänzend → Pfarramt, → Pfarrbesoldung, → Pfarrergebetsbruderschaft, → Pfarrermangel, → Pfarrernotbund, → Pfarrervereine, → Pfarrervorbildung und -weiterbildung, → Pfarrfrau, → Pfarrhaus, → Pfarrsoziologie. Vgl. ferner bes. → Amt, → Lehrverpflichtung und Lehrfreiheit, → Ordination, → Parochialrecht, → Priestertum: III

I. Geschichtlich

1. Bis zum röm. Katholizismus: a) Anfänge und alte Kirche - b) MA - c) Seit der Reformation - 2. Der reformatorische P.: a) Anfänge - b) Bildungsweg, Pflege des Innen- und Familienlebens - c) Wirtschaftliche Versorgung - d) Standes- und Ehrbewußtsein, Stellung im Volk - e) Rolle in theologiegeschichtlichen Epochen - f) Würdigung und Ausblick

1. a) Das Amt des P.s hat sich erst sehr allmählich im Verlauf der kirchlichen Entwicklung herausgebildet. Als monarchisches Gemeindeamt (Gemeinde = paroikia) entspricht die Aufgabe des parochus (pharraere, pharreherre) innerhalb seines Bereiches in gewissem Sinn der des → Bischofs (: I) in seiner Diözese, von dem er auch im Laufe der Geschichte die gemeindlichen Funktionen übernommen hat. Die Vielfalt der urchristlichen und frühchristlichen Dienste und Ämter (→ Amt: II) konzentrierte sich, soweit sie die Gemeinde betrafen, auf den einen in Leitung und Seelsorge für sie verantwortlichen Mann. Seine kirchenrechtliche Stellung war auf die Anschauung vom character indelebilis der Priesterweihe (→ Ordination: III) gegründet. Sacerdos bezeichnet zwar in der röm. Kirchensprache bis heute sowohl den Bischof wie den Presbyter; aber Jurisdiktions- und Weihegewalt werden Vorrechte des Bischofs, während beim weiteren Vordringen der Mission und der Vergrößerung der städtischen Gemeinden die Taufen, der eucharistische Gottesdienst und die Seelsorge von der immer wachsenden Zahl der gemeindlichen Priester, der Vorläufer der späteren P., übernommen werden. Die Bischöfe hatten die P., die im politischen Leben → Immunität genossen, wirtschaftlich zu versorgen. Auch darin kommt zum Ausdruck, daß das spätere Pfarramt durch Dezentralisation der bischöflichen Funktionen entstanden ist. Diese Dezentralisation ist seit dem 3./4.Jh. in vollem Gang. → Theodoret von Kyrrhos berichtet an → Leo d. Gr. die Errichtung von 800 gemeindlichen Priesterstellen, die man in späterem Sinne als Pfarreien zu bezeichnen hätte. Retardierende Momente sind spürbar, wenn beispielsweise ursprünglich Landkirchen von der Bischofsstadt aus versehen wurden. Nach Abstoßung des Archaismus ist die → Gemeinde (: II, 3 b) und mit ihr der P. im bis heute gültigen Sinn da, als Seelsorger eines Teilgebiets der Diözese unter Oberleitung des Bischofs (CIC cc. 216 § 1, 3; 451 bis 486). Seit Nicäa (c. 9) sollte der Aufnahme in den Klerus eine Prüfung vorausgehen. Die Ordination wurde grundsätzlich für eine bestimmte Gemeinde erteilt, wodurch die → Residenzpflicht gestärkt wurde. Die Lehrtätigkeit in der → Predigt (: I) war bischöfliches Vorrecht, das an Befähigte delegiert werden konnte. Die Gemeinde, einst die Keimzelle der Kirche und älter als die Diözese, hat ihr Erstgeburtsrecht verloren. - Einschneidend wurde die Forderung des → Zölibats. Erreicht wurde in der Großkirche zunächst nur das Verbot der Heirat nach empfangener Weihe. Die Entwicklung ist uneinheitlich verlaufen. Während im Osten bis zur Mitte des 7.Jh.s selbst verheiratete Bischöfe begegnen - → Gregor von Nazianz entstammte der Ehe eines Bischofs mit einer später als heilig verehrten Mutter -, wird im Westen die Priesterehe zunehmend verpönt. Doch war sie in den Landgemeinden noch nicht zu verhindern.

b) Im *MA* haben drei Vorgänge stark gewirkt. α) Die Entwicklung der → Eigenkirche entzog dem Bischof wesentliche Rechte über den P. und begünstigte die Autonomie der Pfarrkirche. Da die Kirchherrschaft an weltliche oder klösterliche Regenten kam - auch an bäuerliche Genossenschaften -, wurde der alte Zentralismus zerstört (→ Kirchenverfassung: IV, 2 c). Eigenherren ließen Knechte zu P.n weihen, bis ein Aachener Kapitular von 819 die Priesterwürde nur für Freie forderte, worauf die unfreien P. zu Freigelassenen wurden. Die weitgehende Freiheit vom Bischof wurde gegen Unfreiheit unter weltliche Mächte vertauscht. Die Kapitularien von Heristal (779) und Aachen (818/19) haben den ärgsten Schäden gewehrt; seitdem mußte die ausreichende Dotierung der Pfarre gewährleistet sein, wobei eine zinsfreie Hufe als unterste Grenze galt; der Bischof mußte der Einsetzung zustimmen und erhielt das Aufsichtsrecht. Dadurch wurden Dorf-P. aus unwürdiger Untertänigkeit erlöst und das Patronatsrecht vorbereitet, das sich um 1150 durchsetzte (→ Patronat). Da die Pfarre Benefizialleihe war, die auch vererbt wurde, war die Entwicklung zur → Simonie und zu P.dynastien gegeben, letztere für die Zeit des nicht durchgeführten Zölibats. Es ist möglich, daß eine spätere Pastoratsgerichtsbarkeit in ev. Gemeinden noch im Benefizialwesen ihre Wurzeln hat. Da mit der → Send-Gerichtsbarkeit Verpachtungen der Archidiakonatsrechte an Geistliche vorkamen, wird es P. als geistliche Gerichtsherren gegeben haben. Besaßen sie reichdotierte Pfarrlehen mit Hintersassen, so hatten sie über diese auch die niedere weltliche Gerichtsbarkeit. Der Unterhalt kam aus den Erträgen der Eigenwirtschaft, aus dem → Zehnten, der durch cap. 7 des Kapitulars von Heristal (779) für das ganze Reich geboten war und aus dem ein Drittel dem P. zustand, und aus den → Stolgebühren. - β) Am Anfang des MA stehen große Missionsbewegungen, in denen Sendboten und Wanderbischöfe die Hauptrolle spielen (→ Kirchenverfassung: IV, 2 a). Die Urpfarreien sind ein nur vorläufiges Ergebnis. Die nötigen Teilungen vollzogen sich unter Kämpfen von oft nur rechtlicher und wirtschaftlicher Natur. Bremen und Basel haben erst 1227 und 1230 die Parochialeinteilung bekommen, Speyer noch viel später. Die älteren Landpfarrkirchen behaupteten bes. in Süddeutschland lange ihre Rechte; so hat Ulm erst 1376 die Erlaubnis zum Bau einer Pfarrkirche erhalten. In den Schwerpunkten des Bergbaus, der Weberei, der Stadtwerdungen kamen Notstände vor, die an solche der Neuzeit erinnern. Von da aus erscheint die Eigenkirchenbewegung fast als Segen. Der P. ist vielerorts zu spät erschienen. - γ) Der Anpassung an die neuen Verhältnisse hat die Konkurrenz der Seelsorge- und Predigerorden wie die cluniazensische Reform (→ Cluny) geholfen (→ Kirchenverfassung: IV, 3). Ein Ertrag von Rang sollte die Durchsetzung des → Zölibats als Kirchen- und Reichsgesetz werden. Die Folgen waren verheerend, denn an die Stelle der Priesterehe trat das Konkubinat. Die Prälaten mußten die Mißstände dulden, weil wegen der Vieh- und Hauswirtschaft Frauen im Pfarrhaus nötig waren. Die seelischen Nöte der Ernsten verrät die Schrift eines Dorf-P.s um 1480: Epistula de miseria curatorum seu plebanorum (ARG 13, 1916, 200-227). Die Schwankliteratur hat in wahren und ausgesponnenen Geschichten geschwelgt. An Schatten im Bild fehlt es auch sonst nicht, so wenn der Ausschank von Bier und Wein und ihr faßweiser Verkauf gestattet waren, falls Weinberge sowie Gersten- und Hopfenernten zum Pfründenvermögen gehörten. Die Freiheit von Abgaben und Diensten führte zu Feindseligkeit und Neid, die den P. zum Fremdling stempelten. Daneben gab es reiche Möglichkeiten zu engen Kontakten. Die Pflichten des P.s sind die gleichen geblieben wie früher. Lange wurde der Jugendunterricht vernachlässigt. Das Predigtamt gewann erst seit dem Hoch-MA größere Bedeutung. Karolingische Synoden verlangten ein Mindestmaß von Wissen in Prüfungen, vor allem Lateinkenntnis. Erst das Konzil von Basel hat vom Stadtklerus Universitätsstudium verlangt, was im Licht der steigenden geistigen Beweglichkeit des Bürgertums zu sehen ist (der Stadt-P. wurde von den Bürgern gewählt, war darum u.U. städtischer Beamter). Die Forderung des Universitätsstudiums für jeden P. ist wohl erst in der → »Reformatio Sigismundi« (1439) erhoben. Pastoraltheologisch war der Liber regulae pastoralis → Gregors d. Gr. von hohem Einfluß.

c) In der *Reformationszeit* traf die Volkskritik den P. aufs härteste (vgl. die Pfaffenschwänke). Im Bauerntum kamen Gelüste auf eine »Pfaffenschlacht« hoch, denen Luther entgegentrat. Aus den Reformen des → Trienter Konzils seien genannt: die von jedem P. geforderte → Professio fidei Tridentinae, strenger Zölibat, → Residenzpflicht, verbesserte theologische Ausbildung an bischöflichen Seminaren (→ Pfarrervorbildung, 3), die Einführung der Christenlehre. Das Patronatsrecht bestand fort, aber im Kampf gegen gallikanische Tendenzen wurde der Parochianismus abgewehrt, nach dem der P. nur als durch die Gemeinde berufen gelten sollte. Die tridentinische Erneuerung überstand die Gefährdung durch den → Josephinismus. Die französische Revolution mit ihren Opferströmen an Blut und Leid der P. hat neue Hochachtung im 19./20.Jh. geboren. Sie ist weiter gefördert durch ultramontane Massenerhebungen im Mischehenstreit und → Kulturkampf und durch Erfolge im politischen, sozialen und gewerkschaftlichen Kampf seit → Leo XIII. Kennzeichnend für die Gegenwart sind päpstliche pastoraltheologische Lehrschriften. Im »Mahnwort« Pius' X. vom 4.8.1908 werden die schweren Rückwirkungen aus dem ungeistlichen Priesterleben herausgestellt. Die Hauptaufgaben und Hauptmittel zur Pflege des geistlichen Lebens werden neu hervorgehoben (ähnlich Pius XI. am 20.12.1935 und Pius XII. am 24.6.1939 und 23.9.1950). Wichtig für die alte Forderung der Volkspredigt sind Äußerungen Benedikts XV. vom 15.6.1917: die → Predigt sei nach dem Tridentinum vornehmlich Pflicht der Bischöfe, zu der geeignete P. bevollmächtigt werden könnten; dabei wird Gutes gegen mangelnde Eignung und Ruhmsucht gesagt. In der Gegenwart werden Stimmen für eine Autonomie des P.s laut, soweit sie iure ordinario et proprio bestehe (Hofmann). Der P. spricht im eigenen Namen, nur die Verlesung von Hirtenbriefen bilde die Ausnahme. Beachtlich sind ferner Tendenzen auf Lockerung des Parochialzwangs trotz cc. 451-486 CIC. Dem diente schon die Beseitigung der starren Unversetzbarkeit des P.s durch Pius X.; seitdem wird primär nicht nach der Versorgung, sondern den Erfordernissen der Seelsorge gefragt. Damit hängen auch die Beseitigung des Pfründensystems und die zentrale Regelung des P.gehaltes durch den Bischof zusammen, wodurch sich bes. in Deutschland das Bistum als eine seelsorgerliche Einheit herauszubilden scheint, ebenso die freie Priesterwahl, die für die Beichte warm empfohlen wird (c. 269 I, 2 CIC), und die Pflicht, Spezialarbeiten durch Kundige zB an Oberschulen, Universitäten, für Konvertitenunterricht und Volksmissionen innerhalb der Pfarrei zu fördern. Nach c. 467 CIC sollen die P. die Leitung von geistlichen Übungen für ihre Pfarrkinder in der Regel nicht selbst übernehmen. Die Schwere des Amtes wird oft betont. Mit ihr wird begründet, daß nur sehr selten Heilige aus dem Stand der P. hervorgingen. Vianney, der P. von Ars, ist eine Ausnahme; er wurde 1929 zum Schutzpatron aller P. erklärt.

2. a) In den *reformatorischen Kirchen* hat sich die Anschauung vom → Amt (: III, 3) tiefgehend gewandelt (→Klerus und Laien, 3, → Ordination: III. V, → Priestertum: III, 3); dessen Mitte wurde die Verkündigung des Wortes Gottes. In den Gärungen der Frühzeit fehlten klare Anschauungen sowohl bei den übertretenden P.n wie bei den jungen Enthusiasten, nicht minder bei den Patronen. Das Niveau war tief. Charakterlose hielten in benachbarten Dörfern an einem Tage ev. und kath. Gottesdienst, die Pfarrmägde wurden geheiratet, sittliche Verwilderung (Trunk, Verflechtung in Gemeindeskandale) hielt an oder steigerte sich, weil sich die Disziplin lockerte, Pfarrgüter wurden geraubt, »wilde« Stellenbesetzungen unter unwürdigen Nebenauflagen (Antreten bei Treibjagden und als Diener bei Gastereien) kamen vor, die Not im Pfarrhaus mit jetzt legitimer Familie bei sinkenden und entfremdeten Einkünften wuchs, die Achtung der Volksmassen schwand weiter, satirische Karikaturen vergifteten noch immer die Atmosphäre. Die Kluft zwischen Stadt- und Land-P. wurde größer. Die ungebildeten Frauen und die ins Proletariat sinkenden Kinder waren ein Unglück, während die aufsteigenden studierenden Geschlechter Achtung gewannen und kulturfördernd wirkten. Etwa 10% der Geistlichen mußten nach Visitationen abgesetzt werden. Frauen, die sich durch Hökerei und Branntweinausschank einen Nebenerwerb schafften, gehören zur Schattenseite des Bildes. Die 1526/27 einsetzenden → Visitationen und Prüfungen legten den Grund zur Erneuerung, die Kastenordnung zur wirtschaftlichen Fundierung. Seit 1544 wurde in Sachsen ein Universitätsstudium verlangt. Der Adel trat den Rückzug aus dem geistlichen Stand an, die Bauern hielten sich fern, aber der kleinbürgerliche Mittelstand, der zum Kulturträger wurde, drängte vor. Unter den Amtspflichten stand die Predigt voran, die aber schwer bewältigt wurde, weswegen die → Postillen aufblühten. Dem Jugendunterricht dienten Luthers Katechismen (→ Katechismus: II, 3). Luthers Schulprogramm, seit der Schrift an den Adel entfaltet, hat zur Hebung des städtischen P.s und seiner Überlegenheit über den Land-P. beigetragen. Die Richtung, in welche die Erneuerung und Stabilisierung wies, zeigt Melanchthons Unterricht der Visitatoren (1528). Die Einsetzung der → Superintendenten hat wohl am meisten die Reinigung und Festigung des Standes gefördert. Als die Notzeit des → Interims kam, gab es nicht nur Feiglinge, sondern auch Bekenner; in Süddeutschland ließen sich mehr als 400 P. mit Familien auf die Straße werfen. Sie wurden die Vorbilder für künftige Notzeiten. Das P.ideal der Zeit erkennt man aus Zwinglis »Der Hirt« (1525) und Bucers »Von der wahren Seelsorge und dem rechten Hirtendienst« (1538). Von negativem Einfluß wurde die Verfolgung der → Täufer, an der auch luth. P. und Gemeinden schuldig wurden. Indem das stille Gemeinschaftschristentum zerbrochen wurde, wuchs die Macht der landesfürstlichen und stadträtlichen Kirchenherrschaft und die Abwanderung vieler Frommer in den kirchlichen Untergrund. Das P.- und Gemeinde-Ideal eines → Lambert von Avignon wurde nur sehr begrenzt wirksam. Dagegen konnte sich der ref. P.typ regional entfalten, auf deutschem Boden fand er in → Laski einen hervorragenden Förderer (öffentliche wöchentliche Zusammenkünfte von ca 200 P.n in Emden, mit Kritik der Amts- und Lebensführung des einzelnen).

b) Um 1600 ist die Forderung des Universitätsstudiums durchgedrungen. Den → Universitäten standen akademische Gymnasien im Rang gleich. Alumnate für

Theologen gingen zahlreich aus ehemaligen Klöstern hervor. Die Kirche hatte jahrhundertelang den größten akademischen Nachwuchsbedarf, darum waren die theologischen → Fakultäten zahlenmäßig die stärksten (so noch um 1789). Die Moral der künftigen P. war zT auf den Schulen untergraben, auf denen ein aus dem Klosterleben stammender geistlicher Tageslauf zerfiel, unter passiver und aktiver Resistenz aller Beteiligten. Der Verfall setzte sich auf den Universitäten fort, deren Geist seit Ende des 16.Jh.s noch mehr verrohte, als es schon im MA geschehen war. Fernwirkungen in das Leben waren unvermeidlich. Für Ende des 18.Jh.s sind Lauckhardts Erinnerungen eine ebenso erschütternde wie ergiebige Fundgrube. In der Nähe des vorpietistischen Halle predigten Studenten und amüsierten dabei die Bauern mit Schwank und rohem Scherz. Am tiefsten scheinen Jena und Gießen gesunken zu sein. Gewiß hat es treffliche Studenten gegeben, die moralisch einwandfreie P. geworden sind - der Stand hätte sonst die Feuerprobe der Gegenreformation und des Dreißigjährigen Krieges und spätere Krisen nicht überstanden. Aber die Memoirenliteratur zeigt Schäden, die das Amtsleben belastet haben. Die Ungebundenheit wurde zur größeren Gefahr als die Enge des tridentinischen Seminars. Der Bildungsstand des Durchschnitts war gering, weil über die Länge des Studiums wohl Forderungen aufgestellt (2-6 Jahre), aber nicht innegehalten und die Prüfungen lax gehandhabt wurden. Es sind Fälle von nur 3- und 6monatigem Studium nachweisbar. Von höherem Bildungswert war die akademische Reise, die sich im 17.Jh. für eine Elite an das Studium anschloß. Trotz kirchlicher Gegenwirkungen führte sie in fremde Kirchengebiete und hat die Toleranz des 18.Jh.s vorbereitet. - Die Wendung zum Besseren auf den Universitäten kam nicht durch die studentischen Orden, die sich seit der 2. Hälfte des 18.Jh.s unter freimaurerischem Geist ausbreiteten, sondern durch pietistische Kreise, die nicht übertrieben groß zu denken sind, und durch die burschenschaftliche Bewegung des 19.Jh.s. Der Eintritt ins Amt war bis ins 19.Jh. durch ein Übermaß an Kandidaten erschwert. Noch im Frankfurt des jungen → Beyschlag um 1845 sah die Mehrzahl der Wartenden, die weder Freimaurer werden noch eine Frankfurter Braut heimführen konnten, keine Zukunft. Die Kirchenleitungen kümmerten sich nur wenig um die Kandidaten, die durch Nebenbeschäftigungen, bes. Erteilung von Unterricht, ihr Leben fristeten. Die Tüchtigen arbeiteten sich durch jämmerlich bezahlte Hilfspredigerdienste in Arrest- und Waisenhäusern, bei alten P.n oder in entlegenen Diasporadörfern langsam empor. Der Gedanke der → Predigerseminare tauchte im Pietismus und Rationalismus flüchtig auf. Erst Prüfungsordnungen des 19.Jh.s schufen durchgreifenden Wandel, so die durch → Kliefoth erarbeitete von 1844, durch die in Mecklenburg in 10 Jahren die Zahl der Kandidaten von 190 auf 28 sank. - Kirchenordnungen der Reformationszeit bemühten sich um einen Grundstock theologischer Pfarrbüchereien. In besonderen Fällen sind daraus durch private Initiative reiche Bibliotheken entstanden. Daß Gelehrte sich hervortaten, bedarf keiner Erwähnung, sie sind Zierden des Standes geworden. Die hohe Zahl der Pfarrhäuser erklärt, daß vom 17.-19.Jh. Scharen begabter Söhne in alle Gebiete der Kunst und Wissenschaft einströmten (→ Gryphius, → Lessing, → Gellert, → Schelling, Brüder → Schlegel, F.A. → Lange, G.Th. → Fechner, J. → Burckhardt u.a.m.). Der Kinderreichtum war sprichwörtlich, eine 2. Ehe in den Fällen fast normal, in denen durch den Einheiratszwang Witwen geheiratet werden mußten. Die Wohnkultur ist bis tief ins 17.Jh. äußerst bescheiden; so ist im Anfang des Jh.s ein Studierzimmer selten. Oft stößt man auf Pflege des musikalischen Lebens. Seit dem → Pietismus werden Pfarrhäuser Urbilder praktischen Christentums; aus dem 18.Jh. seien → Oberlin, aus dem 19.Jh. L. → Harms, die beiden → Blumhardt und → Fliedner, aus dem 20.Jh. bes. die Auslands-P. genannt. Repräsentativ für die Anschauungen des 18.Jh.s ist J.G.Krünitz, Der Land-P., 1794. Seit dem 17.Jh. werden Witwenhäuser begründet, wodurch der als unwürdig empfundene Zwang zur Einheirat überwunden wurde.

c) Das Pfründensystem war bis zum Beginn des 20.Jh.s die Grundlage der *wirtschaftlichen Versorgung*. Pfarrabgaben, → Stolgebühren und zuletzt Anteil an den → Kirchensteuern kamen hinzu. Ein schamloser Pfründenkauf, an dem sich Fürsten und ihre Räte bereicherten, ist aus dem Schwaben des J.V. → Andreä und aus Thüringen im 18.Jh. bekannt. Bes. die gutdotierten Pfarren wurden durch Heiratspolitik in einer Erbfolge von oft 3 Jh.en festgehalten. Im allgemeinen hat die »Konservierung« (Heirat der Witwe oder einer Tochter durch den Amtsnachfolger) dem Amt schwer geschadet, so sehr man ihre wirtschaftlich-sozialen Voraussetzungen (Versorgung der Witwe und Kinder, Inventareinlösung) anerkennen mag. Schmachvoll bleibt die Geschichte der Entfremdung geistlichen Besitzes durch raubgierige Patrone.

d) Das *Standesbewußtsein* der ev. P. hing schon an der akademischen Bildung, die weit und breit meist nur den P. auszeichnete. Der Rückzug des Adels aus dem Stand wurde dadurch aufgewogen. Die P.bücher aller Landeskirchen zeigen, daß bald die meisten P. aus Pfarrhäusern kamen, wodurch das Standesbewußtsein gestärkt wurde. Das nächst höhere Nachwuchskontingent stellte das Lehrerhaus, das räumlich und geistlich dem Pfarrhaus am engsten verbunden war. Auf Großbauern wirkte der geistliche Beruf wenig anziehend, zT des geringen Einkommens wegen; hier liegt ein Unterschied zur kath. Kirche vor. - Zerstörerisch waren der Ehrgeiz, in der Rangliste an hoher Stelle zu erscheinen, ebenso die Kleider- und Trachtenregeln, die sich gegen Ende des Rationalismus mit der Verbürgerlichung der Kleidung erledigten. Zu großem, teils gefürchtetem, teils erbittert bekämpftem Ansehen gelangten die P. seit der Reformation durch die → Schulaufsicht. Die Verdrängung aus den höheren Lehranstalten kennzeichnet die Stufen des sinkenden Einflusses, der sich seit 1848 auch in den Volks- und Bürgerschulen zeigt. Große Macht verlieh die → Kirchenzucht, die bei ansteigendem Staatskirchentum zur »schwarzen Polizei« entartete und die P. verhaßt gemacht hat. Der Schwund des öffentlichen Ansehens setzt mit der beginnenden Entkirchlichung aller Stände ein (um 1650); diese in ihren Anfängen seelsorgerlich nicht ernst genug genommen zu haben, gereicht dem Stand zu schwerem Vorwurf. Zu vielen Greueln wurde geschwiegen, so zum Bauernlegen, zum fürstlichen Verkauf von männlichen Untertanen nach Amerika (um 1775 in Hessen-Kassel), zur fürstlichen Mätressenwirtschaft (abgeschobene Mätressen wagte man, Bewerbern um Pfarrstellen als Frauen anzubieten!). Doch gab es überall auch charaktervollen Widerstand. Den P.n entglitt die Führung des geistigen Lebens, was sie durch bürgerliche Standeskultur und durch Pionierleistungen in Viehzucht, Feldbau, Imkerei, Gartenkultur, durch Staatsdienste wie Führung der Steuerlisten, Erhebung der staatlichen Abgaben, Verteilung der Einquartierungslasten vergebens aufzuwiegen trachteten. → Spalding (1773) und → Lüdke (1784) sahen sich zu ausführlichen Apologien des Pfarramtes genötigt, hauptsächlich mit Argumenten der staatspolitischen Unentbehrlichkeit der christlichen Moral. Originale und Käuze - J.

→ Sackmann, der Ostpreuße Pogorzelski u.a. – waren nur Zielscheiben des Witzes. Nach vielen Zeugnissen der Goethezeit, auch → Schleiermachers, war das Ansehen der P. tief gesunken; Lessings Kampf gegen → Goeze scheint hier nachhaltig gewirkt zu haben. Verunglimpfungen in der Literatur des 19.Jh.s sind zahlreich. Der Aufstieg zu neuer Achtung ist nur zT gelungen. Das Bündnis mit der politischen Reaktion nach den Befreiungskriegen brachte Scheinerfolge, die Arbeitermassen gingen verloren. Eine innere Erneuerung ist durch hochstehende Pastoraltheologien (→ Herder, Cl. → Harms, → Löhe, → Palmer, J.T. → Beck u.a.), durch das Konferenzleben des 19.Jh.s und durch Liebe zur Äußeren und → Inneren Mission erreicht worden.

e) In den einzelnen *theologiegeschichtlichen Epochen* gibt es selbstverständlich den orthodoxen, pietistischen usw Typus, der aus Briefen, Tagebüchern, Predigten oder Biographien leicht zu erheben ist. Zu wenig beachtet wird das Untypische, das durch die geistige Nivellierung und die theologische Unselbständigkeit in allen Epochen vorhanden ist. Man unterschrieb in Massen die Konkordienformel, war orthodox aus Prinzip, vertrat traditionell die Lehre der Bekenntnisschriften, focht konventionell gegen den Papst und vermeintliche Zeitirrtümer, wahrte kollektiv die »Rechte des geistlichen Standes«, löste sich nicht aus der Enge des Amtsbewußtseins usw. An Außenseitern, speziell Spiritualisten, Chiliasten und Polemikern, hat es nie gefehlt. Die Mehrzahl aber ist unscharf profiliert und folgt in gemessenem Abstand der jeweiligen klassischen Universitätstheologie, die sich in größeren Landeskirchen erst nach 2–3 Jahrzehnten voll auszuwirken pflegt, oder der die Epochen verklammernden und überwachsenden Tradition, so daß im Einzelfall kein scharfer Trennungsstrich zwischen den Schulrichtungen gezogen werden kann. Was hier und dort unter einem »altgläubigen P.« verstanden wurde, setzt in Erstaunen. Krasser Aberglaube und Wolffianismus (Chr. → Wolff) schlüpfen mit unter die Decke. Beyschlag berichtet von den meisten Kandidaten, sie seien ohne wissenschaftliche Vermittlung aus dem Rationalismus in den orthodoxen Pietismus gesprungen. Vor Geschichtslegenden aus der Schau einer späteren Epoche, etwa der vom Versinken aller im ödesten Rationalismus, sei gewarnt; denn nicht nur Durchschnittliche, sondern auch Große stehen zwischen den Zeiten (J.V. → Andreä).

f) Der Stand der ev. P. hat die Feuertaufe in großen Verfolgungs-, Kriegs- und Armutszeiten bestanden, in denen er um des Evangeliums und der Gemeinden willen bis zum Hungertod und zum Martyrium litt. Die hohe Kulturbedeutung des → Pfarrhauses im Deutschland bes. des 17. und 18.Jh.s ist unbestreitbar. Die humanistische Bildung wurde großenteils von den P.n getragen, einige neue Forschungsgebiete durch Pioniere aus ihrem Stand erschlossen (zB vorgeschichtliche Forschung, fortschrittliche landwirtschaftliche Methoden, Vogelkunde, Bienenkunde, Volkskunde). Daß ev. Christentum bis heute im Volk lebendig ist und weiter vorgelebt und verkündigt wird, ist mit in erster Linie dem P. zu verdanken. Die Mittlerrolle zwischen Theologie und säkularer Wissenschaft einerseits und dem angefochtenen christlichen Volksglauben andererseits ist nur ungenügend wahrgenommen, einesteils aus Mangel an geistigem Rüstzeug, das die Universitäten unzureichend zur Verfügung stellten und das selbständig zu erwerben die Kraft fehlte, andernteils aus zu starker Verflechtung in die elementaren Sorgen des Daseins. Geistliche Befruchtung, die derjenigen in der kath. Kirche durch die neuen Orden vergleichbar wäre, hat gefehlt. Das Suchen der Zeit und der Zukunft dürfte auf eine Synthese von tief gewurzelter geistlicher Fundierung und moderner Weltoffenheit gerichtet sein. Die geschichtlich schwer vernachlässigte und unter dem geistlichen Amtsbewußtsein niedergehaltene Selbständigkeit des Laienchristentums (→ Laienbewegung) muß neu errungen werden, zweifellos nicht unter Preisgabe von geistlichem Ansehen und innerlich begründeter Autorität des Pfarramtes. Das Zeitalter der → ökumenischen Bewegung wird mehr und mehr den Blick weiten. Während in der Vergangenheit Einflüsse etwa von → Chalmers und → Kingsley auf deutsche P. schwach waren, sollten sich Gegenwart und Zukunft einem immer lebendiger werdenden ökumenischen Austausch öffnen. Die Zusammenarbeit mit Pfarrhelfern, → Diakonen, Katecheten, Rendanten ist eine Forderung der Gegenwart. Die das Pfarramt übernehmende → Vikarin (Pfarrerin, Pastorin), die neben den P. tritt, schafft eine neue Situation. Ob die Entfremdung der → Arbeiter (: II) überwunden wird, wird sich darin zeigen, ob P. der Zukunft in größerer Zahl aus Arbeiterhäusern kommen werden.

Vgl. die Darstellungen der KG u. territorialen KG (einschl. der Jb.er u. Zs.en), der Kulturgesch. u. → Kirchenkunde, die P.bücher aller dt. Landeskirchen sowie Biographien u. Memoiren. Sammlung von Hss. u. Drucken im Pfarrhausarchiv in Eisenach. – Ferner: M.GOEBEL, Gesch. des christl. Lebens in der rhein.-westphäl. Kirche I–III, 1849–60 – A.THOLUCK, Vorgesch. des Rationalismus I. II, 1853 bis 1862 – W.BAUR, Das dt. ev. Pfarrhaus, 1878 – F.PAULSEN, Gesch. des gelehrten Unterrichts, (1885) 2 Bde, 1919/21³ – P.DREWS, Der ev. Geistliche, 1905 (illustriert nach Originalen des 15.–18.Jh.s) – W. DIEHL, Hassia sacra I–XII, 1921–51 – H.WERDERMANN, Der ev. P., 1925 (Lit.) – DERS., Die dt. ev. Pfarrfrau, 1935 – ThW II, 604ff; VI, 651ff – J.SCHNEIDER, Die ev. P. der Grafschaft Baden-Durlach in der 2. Hälfte des 18.Jh.s, 1936 – W.-E.PEUCKERT, Die große Wende, 1948 – H.v.CAMPENHAUSEN, Kirchl. Amt u. geistl. Vollmacht in den ersten 3 Jh.en (BHTh 14), 1953 – FEINE – H.RAHNER, Die Pfarre, 1956 (Lit. des In- u. Auslandes) – W.QUANDT, Bedeutende Männer aus ev. Pfarrhäusern, 1957 – L.HOFMANN, Das Amt des P.s (TThZ 66, 1957, 31–39 = A.DÄNHARDT, Theol. Jb. 1959, 210–217) – W.NAUCK, Probleme des frühchristl. Amtsverständnisses (ZNW 48, 1957, 200–220) – BULTMANN, NT, §§ 51–53 – J.-J.v.ALLMEN, Diener sind wir. Auftrag u. Existenz des P.s, dt. 1958.

G.Holtz

II. Rechtlich

1. Im Sinne des *kath. Kirchenrechts* (cc. 451ff CIC) ist P. (parochus) eine Person, der eine Pfarrei so übertragen ist, daß sie Inhaber des → Pfarramts und deshalb berechtigt und verpflichtet ist, die Pfarrseelsorge unter der Autorität des Ortsoberhirten auszuüben. An jeder Pfarrkirche ist nur ein P.; ihm können ein oder mehrere Hilfsgeistliche (Kapläne, Vikare) zur Unterstützung beigegeben werden. Neben der auf die Dauer eingerichteten kanonischen Pfarrei gibt es sog. Pfarrvikarien (Kuratien, Rektorate) mit eigener ordentlicher Pfarr- und Seelsorgegewalt, zT auch ohne solche kanonische Ausscheidung mit Unterstellung unter den Inhaber der Mutterpfarrei. Die Übertragung der Pfarrei ist in der Regel unwiderruflich; die Ersatz-P. (Pfarrvikare, Pfarrkuraten, Pfarrektoren) sind in der Regel frei abberufbar. – Eine Pfarrei kann auch einer Kloster- oder klosterähnlichen Genossenschaft inkorporiert oder zur Ausübung der Seelsorge anvertraut werden. Bei voller Inkorporation wird sie dann Klosterpfarrei, andernfalls bleibt sie weltliche Pfarrei. Als P. amtiert ein Mitglied der Genossenschaft, das vom Klosteroberen präsentiert und vom Ortsordinarius ernannt wird; die Abberufung kann sowohl vom Ortsordinarius als auch vom Klosteroberen, jeweils unter Benachrichtigung des anderen Teils, jederzeit ausgesprochen werden.

2. In der *ev. Kirche* ist P. der Amtsträger, dem die gesamten zum öffentlichen Predigtamt, dem eigentlichen → Amt der Kirche gehörenden Aufgaben (CA V. XIV)

für den örtlichen Bereich einer Gemeinde (oder einen sonst bestimmten Amtsbereich) auf Lebenszeit übertragen sind. Durch diesen vom → Bekenntnis bestimmten Dienst an Wort und Sakrament bekommt das Amt des P.s sein Wesen, seine Legitimation und seine Prägung. Von daher gewinnen das ev. → Kirchenrecht (: I B) und die → Kirchenverfassungen (: VII) die Grundlage für die rechtliche Ordnung der Stellung des P.s in der → Gemeinde (: II) und in der Kirche und die auch von Tradition und praktischen Erwägungen beeinflußte Ausgestaltung des rechtlichen Dienstverhältnisses des P.s. Neben den Grundbestimmungen in den Kirchenverfassungen haben viele Gliedkirchen der EKD ein Kirchengesetz »über die Rechtsverhältnisse der P. (P.gesetz)« erlassen (zuerst 1939 die Bayr. Landeskirche als Teil einer »Ordnung des geistlichen Amtes«). In der VELKD und der EKU werden P.gesetze vorbereitet. Daneben gibt es in den Gliedkirchen noch Kirchengesetze über die → Pfarrervorbildung, die Anstellungsfähigkeit, das → Stellenbesetzungsrecht, die Versetzung im Interesse des Dienstes, das → Disziplinarrecht und die Lehrbeanstandung, die → Pfarrbesoldung und Umzugskosten. Diese Gesetze regeln praktisch weithin Gegenstände, wie sie auch im staatlichen Dienstrecht vorkommen. Seinem Inhalt nach unterscheidet sich das kirchliche → Dienstrecht aber grundlegend vom staatlichen Recht durch die Ausrichtung allen Kirchendienstes an der Sache der Kirche.

3. a) Mit dem bei der → Ordination (: III) geleisteten Gelübde stellt der P. sein Leben in den Dienst der kirchlichen Verkündigung. Dafür schuldet ihm die Kirche geistliche Betreuung und Förderung in der Gemeinschaft der Geistlichen und durch das leitende geistliche Amt. In der Erfüllung dieser Verpflichtung ist der P. selbständig, frei von Weisungen kirchlicher Organe, insonderheit unabhängig vom Kirchenvorstand. Der P. entscheidet über die Zulassung zu den Sakramenten, die Gewährung der kirchlichen Amtshandlungen und - in der Regel - die Wiederaufnahme in die kirchliche Gemeinschaft.

b) Bei dem allen ist der P. an die kirchliche Ordnung einschließlich der gottesdienstlichen Ordnungen gebunden. Er ist verpflichtet, sich mit der Gemeinde visitieren zu lassen (→ Visitation), und untersteht der Dienstaufsicht. Er hat an → Pastoralkonferenzen (Pfarrkonventen), auch an Kursen des Pastoralkollegs teilzunehmen, die alle der geistlichen Förderung, theologischen Weiterbildung und zT auch der brüderlichen Zucht dienen. In einigen Gliedkirchen wird in geordneter Form ein P.-ausschuß gebildet, der in grundsätzlichen Angelegenheiten, zT auch vor Einzelmaßnahmen (zB Versetzung im Interesse des Dienstes), zu hören ist.

c) Der P. ist der »geistliche Vorsteher« der Gemeinde. Das → Parochialrecht besteht nur noch in abgemilderter Form. Dem P. steht das → Kanzelrecht zu. Da er die volle geistliche Verantwortung für die ganze Gemeinde hat, müssen Amtsträger wie Katecheten oder Jugendwarte, die einen Teil der Wortverkündigung wahrnehmen, in ein geordnetes Verhältnis der Verantwortlichkeit zu ihm gebracht werden. Für den P. besteht → Residenzpflicht. Seit 1918 gibt es in der ev. Kirche keine Verschiedenheit des Ranges der an einer Kirche wirkenden P. mehr: die P. einer Gemeinde sind in Wortverkündigung und Seelsorge gleich.

d) Zu den äußeren Dienstpflichten des P.s gehören der Vorsitz im Kirchenvorstand, die Leitung der ortskirchlichen Verwaltung, die Führung der → Kirchenbücher und Register. Die P. haben sich gegenseitig zu vertreten und u.U. auf Anforderung ihrer Behörde zusätzlich kirchliche Aufgaben außerhalb ihrer Gemeinde zu übernehmen. Nebenbeschäftigung ist nur mit Genehmigung zulässig, einschließlich der Übernahme von Vormundschaft, Pflegschaft, Testamentsvollstreckung. Die politische Betätigung ist in manchen Gliedkirchen gesetzlich geregelt, meist in dem Sinne, daß Zurückhaltung empfohlen wird und daß bei Kandidatur zum Parlament Beurlaubung und bei Erlangung des Mandats Versetzung in den Wartestand eintreten. Bes. wichtig ist die Pflicht zur unbedingten Wahrung des → Beicht- und → Amtsgeheimnisses.

e) Die gesamte Lebensführung des P.s muß dem Beruf der Verkündigung entsprechen und sie ergänzen. Er hat der Gemeinde mit seiner Familie auch in der Erfüllung der Pflichten der Gemeindeglieder voranzugehen. In umfassenderer Weise als bei Beamten ist der P. für seine Ehefrau und seine Familie verantwortlich. Das Dienstverhältnis ist (zB durch Bereitstellung einer größeren Dienstwohnung) so gestaltet, daß die Familie den Dienst des P.s unterstützt. Die → Pfarrfrau darf nur in Ausnahmefällen einen Beruf ausüben. Neuerdings sind kirchengesetzliche Bestimmungen über Ehescheidung der P. nötig geworden; in einigen Gliedkirchen tritt mit Rechtskraft eines Scheidungsurteils Versetzung in den Wartestand ein, wenn Wiederverwendung binnen eines Jahres nicht möglich ist, die Möglichkeit zur Versetzung in den Ruhestand. Andere Gliedkirchen lassen entsprechende Folgen nicht automatisch eintreten, geben aber der Kirchenbehörde oder dem Bischof die Möglichkeit, sie anzuordnen.

4. a) Das Dienstverhältnis des P.s wird auf Lebenszeit begründet. Es setzt Anstellungsfähigkeit voraus, zu der auch ein bestimmtes → Alter gehört. Das Dienstverhältnis ist ein öffentlich-rechtliches; ähnlich wie beim → Beamten wird es durch einen hoheitlichen behördlichen Akt begründet. Die Frage, ob die beamtenrechtlichen Bestimmungen des Grundgesetzes anzuwenden sind, ist zu verneinen (vgl. Holstein); nur entsprechende Anwendung einiger grundlegender Vorschriften kann in Betracht gezogen werden, zB der über gerichtlichen Rechtsschutz für den Besoldungsanspruch, nicht dagegen etwa des Rechts auf Einsicht in die Personalakten; diese wird gleichwohl zT gewährt. Der P. kann nur auf kirchengesetzlich geordnetem Wege (gemäß dem → Disziplinarrecht, durch → Lehrzuchtverfahren) von seiner Stelle entfernt oder auch im besonderen Verfahren (im Interesse des Dienstes) versetzt werden. Eine solche Versetzung ist durchweg nur zulässig, wenn die Pfarrstelle aufgehoben wird oder wenn ein gedeihliches Wirken in der innegehabten Pfarrstelle nicht mehr gewährleistet ist, wobei die Gründe nicht in der Person des P.s zu liegen brauchen. Zur Berufung in die Pfarrstelle s. → Stellenbesetzungsrecht, zur wirtschaftlichen Versorgung → Pfarrbesoldung.

b) Im Falle der Versetzung in den Ruhestand behält der P. die Rechte des geistlichen Standes (→ Ordination: III). Deshalb untersteht er auch dann noch einer entsprechenden Disziplinargewalt. Altersgrenzen (meist 68 Jahre) wurden erst neuerdings eingeführt. Versetzung in den Ruhe- oder Wartestand sind nur unter den kirchengesetzlich vorgeschriebenen Voraussetzungen und Formen möglich. - Wird der P. auf Antrag aus dem Amt und Auftrag entlassen, so verliert er auch das Recht zur öffentlichen Wortverkündigung und zur Sakramentsverwaltung sowie das Recht auf Amtsbezeichnung und → Amtstracht. Diese Rechte können ihm belassen werden, wenn er eine andere Aufgabe (zB ein Lehramt) übernimmt, deren Wahrnehmung im kirchlichen Interesse liegt.

5. In → Konkordaten und → Kirchenverträgen sind bestimmte Voraussetzungen für die Ausübung eines

geistlichen Amtes oder die »Anstellung als P.« festgelegt: Deutsche Staatsangehörigkeit, Reifezeugnis, mindestens dreijähriges Studium an einer staatlichen Hochschule bzw. an einer kirchlichen akademischen Lehranstalt oder einer päpstlichen Hochschule in Rom. Bei staatlichem und kirchlichem Einverständnis kann von den Erfordernissen abgesehen werden. Einseitig vom Staat erlassene Bestimmungen wie das Preuß. Gesetz über die Vorbildung und Anstellung der Geistlichen vom 11.5.1873 gibt es nicht mehr. Zur Anwendung staatlicher Bestimmungen beim P. vgl. → Privilegien.

RE XV, 239ff (Lit.) - P.SCHOEN, Das ev. Kirchenrecht in Preußen II, 1910, 41ff - G.HOLSTEIN, Die beamtenrechtl. Normen der Reichsverfassung u. die Stellung der Geistlichen u. Kirchenbeamten (AÖR NF 13, 1927, 153-208) - DDC IV, 900ff. 941ff – W.MAURER, P.recht u. Bekenntnis, 1957 - D.MEYDING, Die kirchenrechtl. Stellung des P.s in der Ev. Landeskirche in Württemberg (Diss. Heidelberg), 1958 - EICHMANN-MÖRSDORF I⁹, 460ff. *E.Ruppel*

III. Statistisch und soziologisch

1. Statistisch - 2. Soziologisch. - Pst. = Pfarrerstand

1. Über alle gesellschaftlichen Wandlungen und Bevölkerungsbewegungen des 20.Jh.s hinweg ist die Größenrelation zwischen ev. Pst. und ev. Bevölkerung (Übersicht 1, Rubrik [= R.] 1-5) im Gebiet der heutigen BRD konstant geblieben. Im Gebiet der DDR hat sie sich seit 1945 zuungunsten des Pst.es wesentlich verändert. Die seit 60 Jahren für das Bundesgebiet fixe Durchschnittszahl von 44 P.n auf 100 000 Protestanten darf aber nicht die großen Unterschiede verdecken, die in bezug auf Entwicklung und gegenwärtigen Stand der absoluten und relativen Zahlen zwischen den einzelnen Landeskirchen bestehen: *absolut* ist die P.zahl in allen Kirchen der BRD bes. seit 1945 im Zusammenhang der Eingliederung von Millionen ostdeutscher Protestanten erheblich angestiegen (vgl. R. 6-7, Westfalen um 75%). Diese Zunahme wurde durch die steigende Zahl der Theologiestudenten nach dem Kriege (Übersicht 2, 1950), durch die Übernahme von fast 2000 »Ost-P.n« (Übersicht 1, R. 9) und durch die Ordination von Kräften ohne theologisches Vollstudium (R. 10; in der BRD außer Oldenburg relativ selten) ermöglicht. In der DDR ist, bei genereller Ausnahme von Berlin-Brandenburg, trotz einer ersten Verbesserung gegenüber 1949 und trotz der Einstellung zahlreicher P. ohne volltheologische Ausbildung seit Jahren eine negative Entwicklung (1-2% Rückgang jährlich) festzustellen; die geringe Zahl der Theologiestudenten (Übersicht 2; die Zahl der Studienanfänger sank 1954-57 um weitere 25% auf 145) läßt für die nahe Zukunft keine Änderung der rückläufigen Tendenz erwarten.

Die *Verhältniszahl* zur Bevölkerung korrespondiert mit der Zahl der Gemeindeglieder je Parochial-P. und gibt so genaueren Aufschluß über die quantitativen Voraussetzungen zur seelsorgerlichen Betreuung in den verschiedenen Landeskirchen als die Angaben zum → Pfarrermangel, soweit sie am Verhältnis der verfügbaren Kräfte zu den Planstellen gemessen sind: Ein Vergleich von R. 5, 7, 8, 13 zeigt, daß Kirchen mit vielen unbesetzten Stellen durchaus bessere Betreuungsmöglichkeiten bieten können als Kirchen mit scheinbarem Überschuß (vgl. Westfalen mit Baden und sogar Thüringen). - Eine Neuentwicklung könnte sich R. 11 andeuten: Der Anteil von P.n, die nicht hauptberuflich im gemeindlichen Pfarramt tätig sind, hat sich in der BRD seit 1945 verdreifacht; vielleicht zeigen sich hier erste Auswirkungen der durch die gesellschaftlichen Wandlungen ausgelösten Debatte über die Bildung neuer Pfarrstellen neben der überkommenen Parochialstruktur. - Ein *interkonfessioneller Vergleich* ergibt für die Situation in der »Ned. Herv. Kerk« und den ev. Kirchen der BRD gewisse Parallelen; für die röm.-kath. Kirche in Deutschland dagegen eine sehr viel günstigere Position des kath. Klerus als des ev. Pst.es: Auf 2 prot. P. kommen 3 geweihte kath. Priester (in der Bevölkerung umgekehrt auf etwa 3 Protestanten nur 2 Katholiken).

2. Als Gegenstand *soziologischer* Analyse stellt sich der deutsche ev. Pst. als ein vielschichtiges Phänomen dar. Die gleichsam oberste Schicht der regionalen, konfessionellen, theologischen, politischen und sozialen Differenzierungen innerhalb des Pst.es muß außer Betracht bleiben, wenn die übergreifende Problematik sichtbar werden soll, vor der freilich diese Unterschiede, selbst der zwischen DDR und BRD, zurücktreten. In seiner Gesamtheit erscheint der Pst. unter soziologischem Aspekt zunächst als relativ stabile Berufsgruppe, die sich gegen die nivellierenden Kräfte von Klassengesellschaft und moderner industrieller Arbeitswelt ihre seit Jh.en tradierte berufsständische Struktur weitgehend erhalten hat. Kennzeichen dieser Struktur sind etwa die Berufsfunktion sui generis (das geistliche Amt), die im Anteil hohe Rekrutierung aus dem eigenen Stand (Übersicht 3; auch Pfarrfrauen, R. 6!), die äußeren Standesmerkmale wie Ethos und Lebensform bis hin zu Kleidung und Sprechweise. Wichtig für diese Betrachtungsebene ist der Charakter des P.berufes als bürgerlicher Bildungsberuf: kaum eine andere Berufsgruppe weist einen so großen Anteil von Akademikerkindern auf. Der kath. Klerus, der sich von jeher vorwiegend aus den unteren sozialen Schichten rekrutiert, bildet die extreme Gegenposition zum Pst.: Selbst wenn die P.söhne außer Betracht bleiben, machen die Akademikersöhne unter den kath. stud. theol. bis in die Gegenwart nur die Hälfte des Anteiles aus, den sie bei den ev. stud. theol. bilden.

Die Fluktuation der Theologiestudentenzahl seit 1800 (Übersicht 2) macht, sofern Funktionswandlungen überhaupt quantifizierbar sind, die Reduktion der Möglichkeiten sozialer Einflußnahme durch den Pst. deutlich: Während die ev. Theologen noch um 1850 etwa ein Drittel aller von Akademikern besetzten Stellen innehatten und so nicht nur im geistigen Leben eine entscheidende Rolle spielten, kommen gegenwärtig auf 100 akademisch gebildete Führungskräfte nur 2 Theologen (R. 5). Übersicht 2 zeigt auch, daß hinter der scheinbaren berufsständischen Stabilität sensible Reaktionen auf gesellschaftliche Prozesse verborgen sind; zB bestehen offensichtliche Korrelationen zwischen den Tiefpunkten der Fluktuation und der jeweiligen gesellschaftlichen Lage (1875 → Kulturkampf, 1924, 1939), und bei dem Anstieg Ende der 20er Jahre (Höhepunkt 1932) ist auch daran zu denken, daß entgegen der wirtschaftlichen Krise in vielen akademischen Berufen der P.beruf schnelle Anstellung und relativ sichere Existenz zu bieten schien.

Die wohl wichtigste Schicht des Problems bilden die tiefen *Unsicherheiten,* die das Verhältnis zwischen Pst. und Gesellschaft in offenbar allen prot. Kirchen, modifiziert auch im kath. Bereich, bestimmen. Nachdem die Krise in der modernen → Literatur (zB → Bernanos, H.Hatzfeld, O.Hartmann; über → Arbeiterpriester; »P.dämmerung« im neuen holländischen P.spiegel) bereits vielfach deutlich wurde, ist sie neuerdings Gegenstand soziologischer Untersuchungen bes. in Frankreich, Holland, USA, BRD. Ihre Ursachen sind im Zusammenwirken geistes- und sozialgeschichtlicher Prozesse zu suchen: Durch den fortschreitenden → Säkularismus, die Immanentisierung der Gesellschaftsnormen und durch die vom Prinzip ökonomischer Nützlichkeit bestimmte Wandlung der Sozialstruktur sind gleichsam die institutionellen Stützen der ehemaligen Zentralposi-

Übersicht 1: Der Pfarrerstand in den deutschen Landeskirchen. Entwicklung, Gliederung, interkonfessioneller Vergleich

Kirche	Tätige Pfarrer [1])							Planstellen (absolut)[1])	Von 100 tätigen Pfarrern waren			Durchschnittliche Gemeindegliederzahl je Parochialpfarrer		
	je 100 000 Kirchenglieder					Absolute Zahl			»Ost-Pfarrer«[2])	Ohne theol. Vollstudium	Nicht im Parochialdienst[3])			
	evangelisch											evangelisch		röm.-kath.
	1840	1910	1928	1949	1958	1928	1958	1958				1928	1954	
	1	2	3	4	5	6	7	8	9	10	11	12	13	14
Gliedkirchen der EKU														
Berlin-Brandenburg	60	30	29	27	34	1 542	1 627	1 605	5	8	10	3 500	3 400	2 000
Westfalen		34	33	36	39	735	1 252	1 145	12	2	6	3 000	2 700	1 700
Rheinland		43	37	37	37	856	1 249	1 282	14	3	6	2 700	3 000	1 700
Sachsen (ehem. Provinz)	85	60	53	44	34	1 458	1 193	1 806	12	13	4	2 000	3 100	1 600
Pommern	75	51	41	34	31	727	212	286	11	15	6	2 400	3 500	1 600
Schlesien	70	40	39	34	32	876	75	86	32	4	4	2 600	3 200	1 100
Übrige unierte Kirchen														
Hessen und Nassau		57	59	56	59	924	1 200	1 067	9	4	4	1 700	1 900	1 600
Kurhessen-Waldeck	90	60	66	44	48	536	580	640	14	2	3	1 500	2 100	1 300
Baden		54	62	62	56	556	716	833	8	4	9	1 600	1 800	1 500
Pfalz		–	–	56	55	–	373	367	2	–	3	–	1 800	1 500
Bremen		21	17	20	20	50	86	92	36	–	14	6 000	6 100	2 000
Anhalt	110	52	45	34	28	145	110	136	7	5	1	2 200	3 600	1 600
Gliedkirchen der VELKD														
Hannover		54	48	32	35	1 232	1 462	1 628	23	5	8	2 100	2 900	1 500
Bayern	80	64	66	62	60	1 347	1 562	1 629	13	2	4	1 500	1 700	1 200
Schleswig-Holstein		36	33	22	28	460	647	688	24	3	5	3 100	3 700	1 200
Hamburg	28	11	14	26	26	137	197	196	13	–	25	7 200	5 100	2 500
Braunschweig	100	58	53	37	40	237	286	324	20	1	4	1 900	2 600	1 600
Lübeck		18	23	20	25	28	55	54	38	–	12	4 300	4 600	2 000
Schaumburg-Lippe		60	48	31	33	22	26	27	4	4	–	2 100	3 000	1 600
Sachsen (ehem. Königreich)	65	31	30	25	26	1 348	1 190	1 541	4	2	2	3 300	3 800	1 800
Thüringen		59	50	34	38	754	733	1 180	9	12	2	2 000	2 600	1 300
Mecklenburg	64	60	52	28	28	384	364	437	8	9	3	1 900	3 800	1 600
Übrige luth. Kirchen														
Württemberg	82	62	62	60	62	1 057	1 571	1 536	13	3	6	1 600	1 600	1 400
Oldenburg		36	30	25	35	126	194	168	21	14	6	3 300	3 000	1 800
Eutin		–	–	23	23	–	22	27	40	–	–	–	4 500	–
Ref. Kirchen														
Lippe		43	37	28	37	57	100	95	7	3	6	2 700	2 700	1 600
Nordwestdeutschland		–	–	53	53	–	117	135	3	6	1	–	1 900	1 300
Zusammen: BRD	–	–	–	40	44	–	11 659	11 933	15	4	9	–	2 400	1 600
DDR[5])	–	–	–	29	34	–	5 504	7 077	8	8	4	–	3 000	1 500
Ev. Kirchen in Deutschland	70	44	44	37	40	16 244	17 163[6])	19 010	12	5	6	2 400	2 700	
Interkonfessioneller Vergleich														
1. *Röm.-kath. Klerus*														
Weltklerus	89	87	96	82	85	20 582	22 037		11	–	25	–	–	1 600
Klosterklerus[4])		33	52	44	40	11 042	10 764			(50)[4])	90	–	–	–
Zusammen:		120	148	126	125	31 624	32 801				50	–	–	1 600
2. Pfarrerstand der niederl. »Hervormden Kerk«	80	56	47	49	48	1 298	1 638	1 808	–			2 100	2 100	–

[1]) Jeweils alle ordinierten Geistlichen (Parochialdienst, Verwaltung, Anstalten, Militär usw).
[2]) In die betr. Kirche eingegliederte umgesiedelte oder geflüchtete Pfarrer aus den Ostgebieten.
[3]) Außer Pfarrern im Verwaltungs- und Anstaltsdienst auch Jugend-, Industrie-, Akademie-, Presse-Pfarrer usw.
[4]) Einschließlich der Laienbrüder (etwa 50% des Klosterklerus).
[5]) Einschließlich Berlin-Brandenburg.
[6]) Nicht einberechnet sind rd 3000 Pfarrer, die emeritiert oder vom kirchlichen Dienst beurlaubt (400) sind oder sich im Wartestand befinden (100).

tion des geistlichen ordo im Gesellschaftsgefüge abgebaut worden. Mit dem »geistlichen Amt« weiß die moderne → Gesellschaft von ihren Maßstäben her wenig anzufangen. Das ist empirisch feststellbar zB in den zahlreichen Meinungsumfragen zur Aufstellung von Prestigeskalen: von allen Berufen erfährt die Einstufung des P.berufes die größte Streuung, und zwar vom ersten bis zum letzten Platz der Skala. Ferner darin, daß die vom P. erwarteten sozialen Rollen (»Zeremonienmeister«, «Gralshüter der Moral«, »naive Gläubigkeit« usw) weitgehend nicht nur untereinander, sondern auch mit dem theologischen Verständnis des geistlichen Amtes inkongruent sind. Dieser Ungewißheit der sozialen Position können Verhaltensunsicherheiten korrespondieren, wie sie etwa in bestimmten politischen Mentalitäten und ideologischen Zügen erkennbar werden; auch eine eilige und einlinige Deutung der Relationenunsicherheit zwischen Pst. und moderner Gesellschaft aus der prinzipiellen Fremdheit des Christen in dieser Welt wird dem Ideologieverdacht unterliegen.

Übersicht 2: Die Zahl der Theologiestudenten[1]). Entwicklung und interkonfessioneller Vergleich

Jahr	Theologiestudenten insgesamt				Von 100 Studenten aller Fakultäten waren stud. theol.[4])			Auf 1 Mill. Kirchenglieder kamen stud. theol.				
	Deutschland				Deutschland		Holland	Deutschland				Holland
	evang.		röm.-kath.[3])		evang.	kath.	evang.	evang.		röm.-kath.		evang.
	1[2])	2	3	4	5	6	7	8	9	10	11	12
1800[5])	500				35			150				
1830	3 200		(1 800)		27	(15)		135				
1850	1 800		(1 400)		15	(12)	36	90				
1875	1 800		(900)		11	(5)	17	70				100
1890	4 600		2 400		16	8	11	150		114		180
1900	2 500		3 000		10	12	13	60		140		120
1914	4 300		3 600		6	5	5	75		150		115
1919	3 900		3 500		4	4	4	65		160		100
1924	1 900		3 100		2	3	5	45		140		102
1932	7 400		4 500		7	3	6	180		210		200
1939	1 300[6])		4 800		1	3	6	30		220		200
	BRD	DDR	BRD	DDR	BRD	BRD	–	BRD	DDR	BRD	DDR	–
1947	2 900	300			3	3	4	120	20	220	130	230
1950	4 300	700	4 800	350	4	4	4	175	55	220	150	250
1955	2 600	950	5 000	400	2	3	4	100	65	220	180	250
1959	3 200	750			2	3	4	125	55			

[1]) Abgerundete Zahlen.
[2]) Davon weibliche stud. theol.: 1920: 1%; 1930: 4%; 1960: 12%.
[3]) Röm.-kath. Zahlen von 1830-75 (eingeklammert): es sind nicht alle kirchlichen Ausbildungsstätten erfaßt.
[4]) Der Anteil ausländischer Studenten wird meist durch eine gleich große Zahl deutscher Studenten, die im Ausland studieren, ausgeglichen.
[5]) Nur Preußen; die Verhältniszahlen sind jedoch repräsentativ.
[6]) Nur staatliche Universitäten, ohne die damals illegalen Kirchlichen Hochschulen.

Übersicht 3: Zur sozialen Herkunft des Pfarrerstandes (Väterberufe in vH)
Entwicklung und interkonfessioneller Vergleich

Berufe	Befragte	ev. stud. theol.				Pfarrer	Pfarrfrau	ev. stud. theol.		kath. stud. theol.		Stud. aller Fakultäten
	Ort	Universität Halle[1])			Dt. Reich	Gesamtdeutschland		BRD		Dt. Reich	BRD	BRD
	Zeit	1768 bis 1771	1820 bis 1836	1850 bis 1881	1887 bis 1890	1950		1952	1958	1930	1952	1952
		1	2	3	4	5	6	7	8	9	10	11
Pfarrer		41	32	37	20	25	20	22	22	–	–	2
Studienräte						3	3	4	4		3	4
Sonstige akademische Beamte (einschl. Hochschullehrer)		8	7	6	5	4	5	6	7	3	3	12
Sonstige Akademiker (Anwälte, Ärzte, Ingenieure)		3	2	2	2	2	5	8	10		4	14
Akademiker insgesamt		52	41	45	27	34	33	40	43	3	10	32
Lehrer mit nichtakadem. Ausbildg.					17	12	6	6	4		5	7
Sonstige Beamte im gehobenen Dienst		16	20	25	17	8	7	9	8	26	7	9
Beamte im mittleren und einfachen Dienst						8	5	6	5		10	7
Fabrikanten, Großkaufleute, leitende Angestellte		7	11	11	4	6	9	8	8	2	5	12
Mittlere Handeltreibende (Einzelhändler, Vertreter)					11	2	3	5	5	8	6	7
Selbständige Handwerker		17	17	10	10	5	4	4	4	11	9	5
Selbständige Landwirte		7	9	8	14	8	8	4	3	28	20	4
Angestellte im mittleren und einfachen Dienst		–	–	–	–	9	11	10	13	8	11	10
Arbeiter, Taglöhner usw		1	2	1	0	3	2	5	7	13	14	5
Sonstige und ohne Angabe		–	–	–	–	5	12	3	–	1	3	2
Zusammen		100	100	100	100	100	100	100	100	100	100	100

[1]) Zahlen für das gesamte Reichsgebiet liegen bis 1880 nicht vor; Halle bietet jedoch einen repräsentativen Querschnitt, weil dort im 18. und 19. Jh. bis zu 60% aller preußischen stud. theol. immatrikuliert waren.

Der seit der → Aufklärung und dem → Rationalismus schwelenden Krise versuchte man zunächst bes. durch den Ausbau der (sich dann häufig von der Primärfunktion des Amtes lösenden und eigenständig entwickelnden) Sekundärfunktionen zu begegnen: durch Bildungs-, Zivilisations- und staatliche Verwaltungsaufgaben. Mit der Entwicklung der funktionsteiligen Gesellschaftsstruktur, zT auch aus politischen Gründen (bes. in totalitären Staaten), wurden die Sekundärfunktionen dem Pst. weitgehend wieder genommen. In der pfarramtlichen Praxis besteht freilich unvermindert die Spannung zwischen dem überkommenen Funktionenpluralismus mit seinem Zwang zu manipulativer Besorgung des volkskirchlichen Zeremoniells einerseits und dem theologischen (und indirekt auch sozialen) Postulat zur Konzentration auf die spezifischen Funktionen des geistlichen Amtes andererseits.

Statist. Material: W.Dieterici, Gesch. u. statist. Nachrichten über die Universitäten im preuß. Staat, 1836 - J.Wiggers, Kirchl. Statistik, 1842 - Das ev. Deutschland i.J. 1862 - J.Conrad, Die Entwicklung der Univ. Halle (JbNSt 45, 1885, 105-124) - Ders., Einige Ergebnisse der dt. Universitätsstatistik (ebd 87, 1906, 451-495) - W.Lexis, Die dt. Universitäten I, 1893 - KJ 1910-1958 - KH 1-24 - Statistik der BRD, Bd 130 (Hochschulstatistik), 1955 - EKL III, 163ff (Lit.) - Sociologisch Bulletin 1, Utrecht 1960 - Unveröffentlichte Unterlagen des Zentralbüros für Statistik im Haag u. des Soziol. Institutes der Ned. Herv. Kerk in Utrecht. - *Lit.:* H.Werdermann (→ Pfarrer: I; Lit.) - The Ministry in Historical Perspective, New York 1956 - H.-D. Wendland, Die Kirche in der modernen Gesellschaft, (1956) 1958^2 - D.Goldschmidt, Die Herkunft der Theol.studenten (MPTh 46, 1957, 468-473) - O.Hartmann, Die hl. Maskerade, 1959 - D.Goldschmidt-F.Greiner-H.Schelsky (Hg.), Soziologie der Kirchengemeinde, 1960 - G.Wurzbacher (Hg.), P. in der modernen Gesellschaft, 1960 - E.Stammler, Protestanten ohne Kirche, 1960 - Internationaler Bericht über Soziologie des Pst.es in RHPhR 1, 1961 - K.W.Dahm, Die soziol. Stellung des P.s in der heutigen Gesellschaft (Studienheft »Arzt u. Seelsorger« der Ev. Akademie Iserlohn), 1961 - Ders., Soziale Position u. polit. Mentalität des dt. ev. Pst.es zwischen 1919 u. 1933 (in Vorbereitung; Lit.).
K.W.Dahm

Pfarrergebetsbruderschaft. Ostern 1913 wurde in Halle/S. auf Anregung von Pastor Ernst → Modersohn der Pastorengebetsbund gegründet. Zu ihm gehörten etwa 40 Pastoren, die die → Gemeinschaftsbewegung förderten. Im Laufe der Zeit wurde der Rahmen weitergespannt und der Name in P. verändert. Die Mitglieder verbindet die erweckliche Christusbotschaft. »Ihre Glieder wollen sich gegenseitig helfen, daß Jesus Christus sein Leben in ihnen persönlich und in ihrem Dienst durchsetzen kann.« Die P. umfaßt zZ etwa 1000 Mitglieder in Deutschland und steht mit ähnlichen Bruderschaften in Österreich, der Schweiz und Frankreich in Verbindung. Die Zentrale ist in Großalmerode bei Kassel. Die Leitung haben die Pfarrer Erich Schnepel und Hermann Risch. Zeitschriften: »Brüderliche Handreichung« und »Persönliche Mitteilungen«.

H.Brandenburg

Pfarrermangel

1. Problem - 2. Gegenwärtige Lage - 3. Zukunftsperspektive

1. Das *Problem* ersteht aus drei Fragenkreisen: dem erlahmenden theologischen Interesse, dem archaischen Parochialsystem, dem Bevölkerungswachstum. Da seit 150 Jahren die akademischen Berufe sehr vermehrt und gleichzeitig die Kirchen wachsender Kritik ausgesetzt sind, drängte die gebildete Jugend in nichttheologische Berufe (→ Pfarrer: III). 1900 überwog die deutsche Stadtbevölkerung die des Landes um 6 Mill., 1933 um 22 Mill. Während so die Massen die Städte füllten, blieben unverhältnismäßig viele Pfarrer auf dem Land. Im kath. Frankreich gibt es 24500 Pfarreien mit jeweils weniger als 300 Einwohnern. Wenn sie auch nicht zur Hälfte besetzt sind, verschlingen sie doch die Kräfte, die in den Städten fehlen.

2. a) Innerhalb der *EKD* fehlten am 31.12.1958 insgesamt 1847 Pfarrer: für 19010 geistliche Stellen standen nur 17193 Geistliche zur Verfügung. Die Volkszählung 1950 - die letzte mit differenzierten Angaben - ergab 41093643 Evangelische: ca 2400 Gemeindeglieder kamen auf einen Geistlichen. Die Zahl der Pfarrer im Alter über 65 Jahren dürfte zZ bei 6300 liegen. An allen Universitäten und Hochschulen studierten 1957 ca 3800 ev. Theologen, wozu für die DDR noch 2-300 an kirchlichen Ausbildungsstätten mit Hochschulcharakter in Leipzig und Naumburg kommen. 1956 bestanden 695 Kandidaten die Amtsprüfung, so daß bei leidlich konstanter Entwicklung die durch Alter und Tod Ausscheidenden kaum ersetzt werden können. Die Verhältnisse können sich angesichts des stetigen Bevölkerungswachstums nur verschlechtern. - b) *Kath. Weltkirche:* In der skandinavischen Diaspora kommen 300 Gläubige auf einen Seelsorgepriester, in der Schweiz 766, Holland 907, Irland 917, Frankreich 1090, Deutschland 1568, Österreich 1578, Portugal 2311, Argentinien 4000, Brasilien 6000. 1953 wurden für die Erzdiözese Köln 500 fehlende Priester genannt, für Paderborn, Rottenburg, Münster je 400, Freiburg und Augsburg je 350. Da die kath. → Pfarrsoziologie mit dem Ideal von 1000 Gläubigen auf einen Pfarrer rechnet, gelten alle Großstädte als Notstandsgebiete. In Paris fehlen 4000, in Wien 1000, in Osteuropa 17000 Priester. In Italien verdoppelte sich seit 1871 die Bevölkerung, die Zahl der Priester aber ging um die Hälfte zurück. Überfluß haben Irland, Holland, Belgien; sie entsenden einen Großteil der Missionare. Während der Weltklerus sich verminderte, wuchs der Ordensklerus, so daß Reserven für den Pfarrdienst da sind.

3. Mit einem Andrang zum Beruf des Pfarrers ist für die *Zukunft* nicht zu rechnen. Daher sind die Gemeinden weit mehr als bisher an Not und Verantwortung zu beteiligen. Verluste während der Ausbildung sollten mit allen Mitteln (Seelsorge, lebendige Lehrart) auf ein Mindestmaß gesenkt werden. Die ins Amt Tretenden müßten Existenz- und Arbeitsbedingungen vorfinden, die den Erwartungen im technischen Zeitalter entsprechen, dh bei aller Betonung der inneren Berufung wäre das Amt auch äußerlich anziehend zu gestalten. Da der zufällige Eintritt von Kräften aus dem Kreis der Spätberufenen und theologisch nicht voll Ausgebildeten - nach 1945 politisch und wirtschaftlich mitbedingt - nicht genügt, muß der »pfarramtliche Hilfsdienst« (ehemalige Missionare, Diakone, Katecheten) kirchengesetzlich weiter gefördert werden. Das in Missionsgebieten wohlbewährte und bei Abfallsbewegungen und einschneidender sozialer Umschichtung unentbehrliche Schwer- und Stützpunktsystem sollte das archaische Parochialsystem ergänzen. Tote Gemeinden werden zunehmend das Recht auf eigene Pfarrer verlieren, während neues Leben durch verstärkten geistlichen Einsatz gestützt werden wird. Die kath. Kirche sieht deutlich, daß der Not nicht mehr allein auf diözesaner, sondern auf nationaler und internationaler Ebene begegnet werden muß (Abgabe von Priestern aus gutversorgten Gebieten, Stärkung der Schwerpunkte nach Dringlichkeitsstufen). Man forderte dort schon einen Europaplan.

KJ 81-85, 1953-58 - HerKorr 10-13, 1956-59 (in 9, 1957 nach S. 360 eine soziographische Beilage) - StZ 157-165, 1956-59 - Amtsblatt der EKD 1957 H. 9 = Statist. Beil. 18 - Bo Giertz, Brytningstider, 1957 - F.Jachym-J.J.Dellepoort, Die europ. Priesterfrage (Bericht der intern. Enquête in Wien 10.-12.Okt. 1958), (1959) 1959^2 - HerKorr 14, 1960, 443-485 (Lit.).
G.Holtz

Pfarrernotbund, entstand im Sept. 1933 im Zuge des beginnenden → Kirchenkampfes, nachdem sich schon vorher im Rheinland und in Westfalen ähnlich gerichtete Pfarrbruderschaften gebildet hatten. Der Verlauf und die Beschlüsse der von den »Deutschen Christen« beherrschten preußischen Generalsynode vom 4.9. veranlaßten M. → Niemöller, in einem Rundschreiben vom 21.9. seine Amtsbrüder zum Beitritt zu einem P. aufzurufen. Eine vier Sätze umfassende »Verpflichtungserklärung« enthielt als wichtigsten Grundsatz die Ablehnung des Arierparagraphen für den Raum der Kirche als dem Bekenntnisstand widersprechend. Am 20.10. kam es zur Wahl eines Bruderrates. Starken Zulauf erhielt der P. nach der aufsehenerregenden Sportpalastkundgebung der DC, die er sofort mit ultimativen Forderungen an den Reichsbischof und entsprechenden Kanzelabkündigungen beantwortet hatte. Mitte Januar 1934 zählte er 7036 Mitglieder. Von den Kirchenführern traten ihm nur → Dibelius, → Koch und Weirich bei. Nach dem Kirchenführerempfang bei Hitler (25.1.1934) und dem folgenden Kompromiß der luth. Bischöfe mit dem Reichsbischof kam es durch den Austritt von 1800 bayerischen, hannoverschen und württembergischen Pfarrern zu einem Rückgang. Die Bildung eines luth. Hilfsvereins im Herbst 1937 veranlaßte weitere 567 Mitglieder zum Austritt. – Trotz der mannigfachen, von den wechselnden Situationen her zu verstehenden Krisen und Schwierigkeiten, die er zu bestehen hatte, ist der P. der wichtigste organisatorische Zusammenschluß während des Kirchenkampfes geblieben. Von ihm führen direkte Linien zu den Synoden von → Barmen und → Dahlem und der Entstehung einer → Bekennenden Kirche. Sein Bruderrat hat konsequent an den Entscheidungen der ersten beiden Bekenntnissynoden festgehalten und die Glieder des → Reichsbruderrates und der sog. »Vorläufigen Kirchenleitungen« eindringlich vor falschen Kompromissen gewarnt. M. Niemöller galt auch nach seiner Verhaftung als Vorsitzender. Bis Ende 1936 hatten die Mitglieder fast ½ Mill. Reichsmark aufgebracht, die den um ihres Bekenntnisses willen Verfolgten, Gemaßregelten und deren Angehörigen zugute kamen. Das mit der Gründung des Hilfsvereins sich vollziehende Ausscheiden des luth. Flügels gab Veranlassung zu neuer Überprüfung der Richtlinien. Im Mai 1938 hat eine Freizeit in Freudenstadt auch eine grundsätzliche Klärung in den konfessionalistischen Wirren gebracht (W.Staemmler, Bruderschaft aus Rechtfertigung). Die letzte Äußerung des P.es war ein Weihnachtsrundbrief seines Geschäftsführers W.Jannasch vom Dez. 1944.

Lit. s. → Kirchenkampf. – K.Scharf, Der P. (in: Bekennende Kirche. Festschr. f. M.Niemöller, 1952, 136-141) – W.Niemöller, Texte zur Gesch. des P.es (KIT 180), 1958. *K.Kupisch*

Pfarrervereine, *ev.*

1. Zweck – 2. Aufbau – 3. Geschichte – 4. Gegenwärtiger Stand

1. Die ev. P. sind Vereinigungen von Pfarrern der ev. Landeskirchen in Deutschland. Sie haben den Zweck, die Zusammengehörigkeit der Pfarrer durch theologische und geistliche Besinnung und Pflege brüderlicher Gemeinschaft wie durch gegenseitige Verständigung über berechtigte Anliegen ihres Standes und deren möglichst geschlossene Vertretung zu stärken. Wohlfahrtseinrichtungen der P. sollen Notstände in ev. Pfarrhäusern beheben helfen. Mitglieder können alle ev. Theologen werden.

2. Innerhalb der einzelnen Landeskirchen bestehen selbständige *Zweigvereine*. In manchen Landeskirchen umfassen sie fast den gesamten Stand (bis über 90%). Die Zweigvereine sind zum *Verband der P. in Deutschland* zusammengeschlossen. Dieser hat nach seinen Satzungen »den ausschließlichen Zweck, im Rahmen seiner Verbandstätigkeit die Ziele der Ev. Kirche in Deutschland zu fördern und Einrichtungen zur Unterstützung hilfsbedürftiger Glieder des Pfarrstandes zu unterhalten«. Er vertritt den Stand in allen gemeinsamen Angelegenheiten und hilft durch Herausgabe des halbmonatlich erscheinenden Verbandsorgans »Deutsches Pfarrerblatt«, durch den »Pfarramtskalender« und weitere Veröffentlichungen die Ziele des Verbandes verwirklichen. Dazu dient auch das »Pfarrhausarchiv, eine Forschungsstätte Pfarrhaus und Volk«, früher auf dem Hainstein, seit 1957 im Lutherhaus Eisenach untergebracht und stetig weiter ausgebaut (Leiter zZ: Pfarrer Quandt-Eisenach). Den *Verbandsvorsitz* führt seit 1951 Kirchenrat D. Dr. Schimmelpfeng-Treysa/Hephata. Sein Vorgänger, Kirchenrat Klingler-Nürnberg, hat sich während des Kirchenkampfes um den Zusammenhalt der P. verdient gemacht und wurde nach 1945 als erfindungsreicher Helfer in vielen Nöten weithin bekannt. Der *Engere Vorstand*, der sich hauptsächlich aus Trägern einer bestimmten Verbandsaufgabe zusammensetzt, bereitet die Sitzungen des *Weiteren Vorstands* (aus den Vorsitzenden der Zweigvereine bestehend) und der *Hauptversammlung* vor, in der die Vereine mit je einer Stimme für das angefangene Hundert der Mitgliederzahl vertreten sind. Hauptaufgaben des Verbandes sind: die Pflege geistlicher und helfender Verbindung zwischen den Pfarrhäusern in Ost und West, in den angrenzenden Ländern und der Diaspora, die Studien- und die Ferienhilfe. In der Regel wird alle zwei Jahre mit wechselndem Versammlungsort der *Deutsche Pfarrertag* gehalten, dessen Gesamtthema durch die jeweils vordringliche Problematik der kirchlichen Aufgaben bestimmt ist (zB »Die Einheit der Kirche«, Flensburg 1956; »Die Kirche in einer veränderten Welt«, Marburg 1957; »Die Erziehungsmächte in ihrem Verhältnis zur Kirche«, Tübingen 1960). Die Vortragsreihen werden durch Sonderdruck allgemein zugänglich gemacht.

3. Die vor der Gründung der P. bereits vorhandenen, meist behördlich angeordneten Zusammenschlüsse von ev. Pfarrern in »Kapiteln«, »Diözesanvereinen«, »Konventen« oder theologischen Arbeitsgemeinschaften erfüllten zwar eine wichtige Aufgabe, wie es auch in der Geschichte der ev. Kirche an freiem brüderlichem Verkehr von Pfarrhaus zu Pfarrhaus und – auch ohne Organisation – an führenden Persönlichkeiten mit einigender Kraft nicht gefehlt hat (s. die wertvollen Sammlungen im »Pfarrhausarchiv«). Doch eigneten sich die früheren Vereinigungen wegen ihres halbamtlichen Charakters nicht zur völlig freien Aussprache. Als sich im Frühjahr 1890 im Anschluß an die sozialen Erlasse Kaiser Wilhelms II. einzelne Berufe zu Standesvereinen zusammenschlossen, wurde auch in Pfarrerkreisen der Wunsch laut, daß die Fragen der Ausbildung und des Einkommens der Pfarrer wie ihres Auftrags in der Öffentlichkeit vertreten würden. Aus dem Gefühl, in ihren Rechten und Freiheiten eingeengt zu sein, ergab sich die Forderung der Pfarrer, durch Männer des Vertrauens aus den eigenen Reihen ihre Anliegen zur Geltung zu bringen und sich an der Verantwortung für das Ganze zu beteiligen. Verwirklicht wurde der Zusammenschluß der Pfarrer einer Landeskirche zuerst in Hessen. Dort trat Pfarrer Theodor Wahl in Gießen und Frankfurt für die Bildung eines Pfarrervereins ein, der sich dann im Okt. 1890 konstituierte. Unter Führung von Christian Schnaufer, den späteren Theologieprofessoren Max Reischle, Paul → Wurster u.a. folgten 1891 die Württemberger. Das anfänglich abwartende Ver-

hältnis zu den Kirchenleitungen entwickelte sich bald überall zu vertrauensvoller Zusammenarbeit. Mit der Einrichtung brüderlicher Hilfe (Krankheits-, Versicherungs-, Wohnungs-, Rechtshilfe usw) wuchs die Anziehungskraft der P. Durch freiwilligen Gehaltsabzug und namhafte Beiträge entstanden beachtenswerte soziale Werke, die den gefährdeten Gliedern des Standes, Pfarrwaisen, Kinderreichen, Pfarrhäusern in der Diaspora und in Übersee, seit 1945 bes. auch Heimatvertriebenen usw, auf die verschiedenste Weise wirksam geholfen haben. Doch blieb den ursprünglich auf den geistlichen Dienst gerichteten Bestrebungen jeder gewerkschaftliche Gedanke grundsätzlich fern. - Den Anfang mit dem Zusammenschluß zu einem Verband machten schon 1892 zehn Vereine, die damals in Wittenberg zusammentraten. Ihnen schlossen sich allmählich alle andern an, so daß 1904 der Verband der P., später (bis 1945) »Reichsbund« genannt, gebildet werden konnte. Als die ökumenische Bewegung aufkam, waren es bes. auch die Tagungen der P., die in öffentlichen Aussprachen und Kundgebungen (zB 1903 in Coburg, 1918 in Eisenach) den Zusammenschluß der Kirchen in Deutschland und in der Welt befürworteten und an der Verwirklichung mitarbeiteten. - Der Schwerpunkt der Arbeit richtete sich nach den jeweiligen Gegebenheiten. Für das Auftreten der P. im → Kirchenkampf ist die Erklärung des früheren württ. Landesbischofs Th. → Wurm von Interesse, daß dank der Haltung der P. die Pfarrerschaft des Landes bis auf wenige Ausnahmen geschlossen hinter ihm gestanden habe. Die jährlichen Pfarrertage, bei denen sich die führenden Männer der Kirchenleitung mit einem großen Teil der Amtsbrüder, möglichst auch mit Vertretern der theologischen Fakultäten, zusammenfinden und über die Lage des kirchlichen Dienstes und seiner Träger sprechen, sind Höhepunkte im Leben der einzelnen P.

4. Es ist zu erwarten, daß die P. in ihrer Bedeutung noch wachsen werden, wie auch ihre Mitgliederzahl mit dem Umfang der Aufgaben nach dem durch die Kriegszeit bedingten Rückgang wieder dauernd steigt (um 1960 in der BRD ca 10000; unter den wesentlich komplizierteren Verhältnissen der DDR ebenfalls mehrere Tausend).

W. Meyer, Die P. nach Anlaß, Zweck u. Mittel, 1892 - Th. Wahl, Die Notwendigkeit des Zusammenschlusses der ev. Geistlichen, 1901 - H. Schimmelpfeng, Selbstverständnis der P., 1954 - Ders., Einheit der Kirche, Dt. Pfarrertag Flensburg 1956 - Ders., Die Kirche in einer veränderten Welt, Dt. Pfarrertag Marburg 1957 - EKL III, 171f.

E. Schieber

Pfarrervorbildung und -weiterbildung

1. Im Altertum und MA - 2. In der ev. Kirche: a) Geschichtliche Entwicklung - b) Gegenwärtige Lage in den deutschen ev. Landeskirchen - 3. In der röm.-kath. Kirche seit dem Tridentinum - 4. In den außerdeutschen nichtkath. Kirchen. - P. = Pfarrer. - Vgl. ergänzend → Bildungswesen, → Pastoralkonferenzen, → Pfarrer: I, → Predigerseminar, → Theologiestudium, Reform des

1. Im Urchristentum fand das Rabbinat, die theologische Schule der jüdischen Gemeinde, keine Fortsetzung. Die entscheidende Voraussetzung für jedes → Amt (: II) in der christlichen Gemeinde war die charismatische Begabung (→ Geist: IV, 3; → Kirchenverfassung: I). Das schloß aber eine menschliche Zurüstung durch die persönliche Bindung eines Schülers an den Meister nicht aus. Durch Teilnahme am gottesdienstlichen Leben und Übernahme von Verantwortung wuchs der Apostelschüler in das Amt der Gemeindeleitung hinein. Eine deutliche Abgrenzung der Ämter gibt es nicht - Hirtenamt und Lehramt liegen ineinander.

Für die *Entwicklung in der frühkath. Kirche* sind zwei Faktoren bedeutsam: a) die Weiterbildung des institutionell geordneten Amtes und seine Aufgliederung in die 7 ordines (→ Ordination: III, 1; sie werden schon im 2. Jh. zu Stufen, die der Anwärter des Priesteramtes zu durchlaufen hat); b) die Verselbständigung des Lehramtes gegenüber dem Amt der Gemeindeleitung (→ Bischof: I, → Kirchenverfassung: II, 3 a). Steht dabei zunächst das apologetische Interesse im Vordergrunde, so wachsen doch Katechetenschulen wie die von → Alexandrien und Antiochien darüber hinaus zu kirchlichen Hochschulen, die nicht nur der Auseinandersetzung mit der heidnischen Philosophie und der Unterweisung der Taufbewerber, sondern zugleich und vornehmlich der Bildung und Ausbildung des kirchlichen Nachwuchses dienen. Von einer *allgemeinen* schulmäßigen theologischen Ausbildung des Klerus kann freilich keine Rede sein. In der Regel bleibt es in der alten Kirche und auch im frühen MA dabei, daß der junge Kleriker seine Ausbildung in einer Lehr-, Lern- und Lebensgemeinschaft mit dem Bischof empfängt. → Augustin hat die kleine private Akademie seines Freundeskreises von Cassiciacum als Bischof von Hippo fortgesetzt, aber in mönchischen Formen und verbunden mit einer Art Klerikerschule kirchlich umgestaltet. Freilich darf sein Einfluß auf den beiden Gebieten der Homiletik und Katechetik für die Folgezeit nicht überschätzt werden. Die Kirche des Worts wird mehr und mehr zur Sakramentskirche, und der liturgisch korrekte Vollzug des Taufsakraments wird wichtiger als die katechetische Unterweisung. Immerhin finden sich Klerikerschulen nach dem Muster Augustins im weiteren Verlauf nicht nur in Afrika, sondern auch in Italien, Spanien und Südgallien. 529, als → Justinian die platonische Akademie in Athen schließen ließ und → Benedikt von Nursia sein Kloster auf dem Monte Cassino gründete, beschloß die Synode von Vaison (Südfrankreich) unter Vorsitz des Bischofs → Caesarius von Arles, daß die Presbyter in der Stadt und auf dem Lande junge Leute in ihr Haus aufnehmen und durch Unterweisung im Psalmengesang, in den kirchlichen Lektionen und im Dekalog für das geistliche Amt vorbereiten sollten. In der gleichen Zeit ordnete eine Synode in Toledo die Einrichtung einer Domschule vornehmlich für die Erziehung des kirchlichen Nachwuchses an. Neben den Pfarr- und Domschulen werden bes. die Klosterschulen zu Zentren christlicher Bildung und der Erziehung der künftigen Kleriker. Das benediktinische Ideal - rechtes Gleichmaß von Muße und Arbeit, von Hand- und Kopfarbeit - gibt auch dem Schulwesen der Klöster das Gepräge und kommt auf dem Wege der Mission von Italien zu den Angelsachsen und durch diese nach Deutschland (→ Bonifatius, → Alkuin). Darauf baut → Karl d. Gr. sein großzügiges Programm auf, das die Heranbildung eines wissenschaftlich geschulten Klerus und darüber hinaus eine allgemeine volkskirchliche Erziehung erstrebt (→ Kirchliche Unterweisung: I, 2 b). Die Bestimmung der Synode von Nicäa 325 (can. 9), wonach jeder Ordination eine Prüfung vorausgehen sollte, wird jetzt dahin ausgeweitet, daß sich die Prüfung nicht nur auf die sittliche Lebensführung, sondern auch auf das Wissen des Ordinanden erstreckt. Bei den regelmäßigen Visitationen ist darauf zu achten, daß die Priester außer Vaterunser und Apostolikum auch das Pönitentiale und die gottesdienstlichen Formulare beherrschen, das Evangelium zu lesen und (selbstverständlich in der Landessprache!) auszulegen vermögen, auch die kirchlichen Gesetze kennen. Über das von jedem Priester verlangte Mindestmaß an Bildung hinaus vermitteln die Kloster- und Kathedralschulen (zB die Klosterschule von Tours unter Alkuins Leitung) eine Synthese zwischen dem Erbe der Antike und der christlichen Tradition. Aus dem antiken Schulwesen übernimmt man die Form der 7 → Artes liberales (Trivium und Quadrivium). Die Krönung aller Wissenschaft ist die Theologie: → Schriftauslegung (: IV), Glaubens- und Sittenlehre, Liturgik, Predigt, Katechetik und Kirchenrecht. Die ganze Schulbildung ist nicht nur christlich-kirchlich, sondern klerikal ausgerichtet (→ Bildungswesen, 3). – Neben den Klosterschulen (→ St. Gallen, → Reichenau, → Korvey u.a.) bekommen im 10. und 11.Jh. auch die Dom- (Kathedral-) und Stiftsschulen erhöhte Bedeutung; neben den Klöstern werden Bischofsstädte (zB Hildesheim, Paderborn, Halberstadt, Magdeburg) Zentren kirchlicher Bewegung und Erneuerung. Die Übertragung klösterlicher Zucht auf den Weltklerus (→ Chrodegang von Metz) hebt auch die Bildung dieses Standes. Die Lehrer an den Domschulen heißen »scholastici« (später wird der Titel auf den Leiter der Dom- oder Stiftsschule beschränkt). Die Ausweitung des Wissensstoffes im hohen MA und die Ausbildung der scholastischen Methode (→ Scholastik) führen auch zum neuen Schultyp der → Universität mit ihrem Studium generale. Im kirchlichen Amt wird nun zwischen dem schlicht (und oft schlecht) vorgebildeten Priester und dem akademischen, womöglich graduierten Theologen unterschieden. Freilich bleibt vieles von den Vorschriften für Ausbildung und Prüfung der Kleriker auf dem Papier; in Wahrheit greift die Käuflichkeit der Ämter und das Pfründenwesen mehr und mehr um sich (→ Kirchenverfassung: IV, 2 c).

2. a) In der *ev. Kirche* war die Reform des weithin korrupten P.- und Priesterstandes eine der ersten und zentralen Aufgaben zur Erneuerung der Kirche. Dies ist ein wesentliches Anliegen der → Visitationen, die seit 1526 im Kurfürstentum Sachsen durchgeführt wurden. → Melanchthons Unterricht der Visitatoren (1528) gibt ein erstes Reformprogramm, das den Schulunterricht in drei Stufen oder Haufen ordnet: Die Unterstufe lernt Lesen und Schreiben und die Anfangsgründe des Lateinischen, der zweite Haufe empfängt den ersten Religionsunterricht (Bibel und Katechismus), der dritte Haufe oder »Ausbund« wird schon für die Artistenfakultät der Universität vorbereitet, deren Horizont humanistisch weit gespannt ist. Das Interesse an den alten Sprachen (→ Humanismus: I) steht bei den Reformatoren ganz im Dienst des Verständnisses des Wortes Gottes. Die Sprache ist die Scheide für das Schwert des Geistes, Gottes Wort. Neben dem Exegeten → Luther steht der Systematiker Melanchthon. Seine Loci werden das reformatorische Lehrbuch für Hunderte und Tausende von Theologen, seine Losung »pietas et eloquentia« das Bildungsideal zumal für den ev. P. Es war freilich ein langer und mühsamer Weg, es in die Wirklichkeit umzusetzen. Das Niveau der ev. P. in der ersten und zweiten Generation blieb überaus bescheiden. Nur wenige konnten selbständig Predigten verfassen. Vor allem Luthers → Postillen taten hier einen unschätzbaren Dienst. Aber man versuchte doch mit aller Kraft, einen P.stand zu erziehen, der für den Predigerdienst voll gerüstet war. Die von Melanchthon redigierten und weithin auch von ihm verfaßten »Leges academiae Wittenbergensis« (1545) fordern, daß der Student zunächst die Artistenfakultät absolviert und sich in ihr die Kenntnis des Lateinischen, Griechischen und Hebräischen aneignet. In der theologischen Fakultät steht die Exegese im Mittelpunkt. Der kirchliche Charakter der gesamten Universität wie bes. der theologischen Fakultät wird stark betont. Die Schulen sind der Stoßtrupp der Kirche (»praecipuum agmen ecclesiae«), die »scholastici coetus« der Theologiestudenten die Pflanzstätten der Kirche. Im Gegensatz zu den Wittenberger Statuten bringen die sich mit ihnen weithin berührenden »Leges academiae Genevensis« Calvins (1559) für die Schüler der in sieben Klassen aufgeteilten Artistenfakultät einen genauen Studienplan (→ Genf: II). – Das artistische Studium schließt mit dem – etwa der heutigen Reifeprüfung entsprechenden – Examen zum Magister artium ab. In der Wittenberger theologischen Fakultät findet jährlich ein Examen statt, an dem alle Theologiestudenten teilnehmen; aber nur einige werden geprüft und in ein Register eingeschrieben, »damit, wenn Nachbargemeinden Pastoren oder Diakone wünschen, man ihnen aus diesem Katalog welche nennen könne«. Schädlich wirkt sich vor allem aus, daß nicht das bestandene Examen Voraussetzung für die Wahlfähigkeit ist, sondern daß umgekehrt der von einem Patron (auf dem Lande) oder Magistrat (in der Stadt) gewählte Kandidat sich zur Prüfungsbehörde begibt, die die Wahl dann kaum mehr rückgängig machen kann. Prüfungsbehörde ist die Fakultät, der Superintendent (u.U. zusammen mit einer Reihe von Predigern) oder das Konsistorium. Auf das bestandene Examen folgte die → Ordination (seit 1535 im Kurfürstentum Sachsen eingeführt). Wittenberg war anfangs der Ordinationsort für alle luth. Landeskirchen. Nach dem Wittenberger Ordiniertenbuch für die Jahre 1537-60 gab es neben 647 Absolventen der Universität Wittenberg und 125 sonstigen Gelehrten 425 Schulmeister, 81 Kantoren, 211 Küster sowie 161 Handwerker, Tuchmacher und Bürger ohne besondere Vorbildung. So stand neben den theologisch gebildeten P.n noch die große Schar der Dorf-P., der »sacerdotes simplices«, die kaum eine gelehrte Bildung hatten, wenig Latein verstanden und meist neben dem Pfarramt noch ein Gewerbe oder Handwerk betrieben. Visitations- und Kirchenordnungen dringen freilich darauf, daß, was vor der Ordination versäumt wurde, später nachgeholt wird. In Württemberg kennt man 1547 schon den Pfarrkonvent (Synodus) mit einer Disputatio und → Collatio über einen dogmatischen locus. Überhaupt war Württemberg mit der Fürsorge für den theologischen Nachwuchs in den Klosterschulen (Seminaren) Bebenhausen, Herrenalb, Hirsau und Maulbronn und im Tübinger Stift (→ Tübingen: II) vorbildlich. In ähnlicher Weise hatte Zwingli in Zürich das Großmünsterstift zu einer Art von theologischer Fakultät umgewandelt und vor allem mit der → »Prophezei« eine Einrichtung geschaffen, die der biblischen Unterweisung und Vertiefung der Studenten ebenso wie der Gesamtheit der Geistlichen zugute kam. In Zürich wie in Genf und überhaupt auf ref. Gebiet waren die Prüfungen von Anfang an unabhängig von der Berufung in eine bestimmte Stelle gehalten worden und hatten dadurch ein anderes Gewicht bekommen.

Melanchthons »Examen ordinandorum« (1552), eine Art Kompendium, das den Examensstoff zusammenfaßt, wurde von → Selnecker 1582 im Sinn der → Konkordienformel umgearbeitet und blieb in dieser Form ein maßgebendes Lehr- und Lernbuch der *Orthodoxie.* Grundsätzlich setzte sich jetzt die Forderung des Universitätsstudiums für die Theologen mehr und mehr durch, doch blieb praktisch vieles beim alten, solange die Patrone die Stellen besetzten, ohne viel nach dem Examen zu fragen. Die Zeit des Dreißigjährigen Krieges bedeutete einen mächtigen Rückschlag: Gute Ansätze zu einer systematischen P.schulung wurden im Keim erstickt, der P.stand verarmte, verbauerte, verweltlichte. In Ostpreußen fand eine Kirchenvisitation noch 1720 zwei P., Vater und Sohn, die nur *eine* Bibel besaßen! Es ist ein Überangebot an Theologen da, jahre- und jahrzehntelang müssen sie auf eine Stelle warten (vgl. Paul → Gerhardt) und bekommen diese oft nur unter der Auflage, die Witwe oder Tochter des

Vorgängers oder gar das Dienstmädchen des Patrons zu heiraten (→ Pfarrer: I, 2). – Auf dem Hintergrund solcher Notstände ist die Bewegung des *Pietismus* mit seinem Dringen auf Erweckung, Bekehrung und Seelsorge zu verstehen. Wird seine Kritik an Kirche und P.stand vielfach zum Mißtrauen gegenüber dem geistlichen Amt, so hat doch der Pietismus andererseits Wesentliches für eine bessere Ausbildung der P. getan. → Spener war auch hier der große Anreger, A.H. → Francke der Pädagoge, der die Anregungen programmatisch ausgestaltet und praktisch verwirklicht hat (»Idea studiosi theologiae«, 1712). Hauptinhalt des theologischen Studiums ist die Hl. Schrift als Quelle aller persönlichen Frömmigkeit und der christlichen Verkündigung. Im ersten Studienjahr soll der Student die Bibel im Urtext lesen lernen, und der tägliche Umgang mit der hebräischen und griechischen Bibel in Gebet und Meditation bleibt die Mitte theologischer Bildung. Dem rechten Schriftverständnis dient auch das Studium der Dogmatik, der luth. Bekenntnisschriften und der Kirchengeschichte. Dabei ist das ganze Studium auf die Praxis ausgerichtet, auf die Erziehung tüchtiger, gläubiger Prediger. Franckes Anregungen werden von König Friedrich Wilhelm I. von Preußen aufgenommen: Eine Verordnung von 1718 fordert die Sammlung der Studenten und Kandidaten an einer Universität zu einem wöchentlichen collegium biblicum. Das Examen soll nicht nur den Wissens-, sondern auch den Glaubensstand der Kandidaten prüfen (!). Es ist stark auf die Praxis des Pfarramtes zugeschnitten (Probepredigt, katechetische Übung, Seelsorge als besonderes Prüfungsfach). Das Examen (tentamen) pro licentia concionandi schließt jetzt das Universitätsstudium ab, unabhängig von der Berufung in eine bestimmte Stelle. Auch nach dem Studium kümmerte man sich um die jungen Theologen: 1690 entstand im Herzogtum Braunschweig im Kloster Riddagshausen ein »collegium candidatorum«, das 12 Kandidaten nach bestandenem Examen für einige Jahre zur gemeinsamen Arbeit, Predigt in der Klosterkirche und Unterricht in der Klosterschule aufnahm. Diesem ersten → Predigerseminar im heutigen Sinne des Wortes folgten zahlreiche andere bis hin zu dem in Wittenberg gegründeten Predigerseminar, das an die Stelle der mit der Universität nach → Halle verlegten Fakultät trat. – Die *Aufklärung* brachte auch in das Theologiestudium eine revolutionäre Wendung hinein. Steht bis dahin die Bibel als die unbestrittene Autorität im Mittelpunkt, so stellt die Aufklärung diese wie alle Autoritäten in Frage. An die Stelle der biblischen Exegese treten die religiöse Selbstbesinnung und der Vergleich der so gefundenen allgemeinen Wahrheit mit der christlichen Überlieferung. Das Christentum wird zur geschichtlich bedingten Sonderform der übergreifenden Größe Religion.

Das Bild des P.standes am Ende des 18.Jh.s ist im übrigen wenig erfreulich, die Klagen über mangelnde Bildung vor allem der Land-P. hören nicht auf. Zwar führte Preußen 1788 das Abiturientenexamen als Vorbedingung für das Universitätsstudium ein, aber das 1. theologische Examen (s.o.) wurde, wo es bestand, u.U. ähnlich lässig gehandhabt, wie es Kortum in seiner Jobsiade drastisch-übertreibend schildert. Das 2. Examen (pro munere) blieb immer noch abhängig von der zuvor erfolgten Präsentation und war deswegen weitgehend eine Formsache. Erst 1810 wurde in Preußen das Examen pro loco zu einem wirklichen Examen pro ministerio und damit Voraussetzung der Wahlfähigkeit überhaupt. Zu rühmen sind dank der Erziehung der Theologen in den Klosterschulen und im Tübinger Stift die Verhältnisse in Württemberg. – Von entscheidender, bis heute nachwirkender Bedeutung für die wissenschaftliche Vorbildung der P. wurde → *Schleiermachers* Kritik am P.stand und bes. sein enzyklopädischer Entwurf in der »Kurzen Darstellung des theologischen Studiums« ([1810] 1830²). Die Theologie ist ihm in dem Sinne eine positive Wissenschaft, als ihre Disziplinen zur Lösung der praktischen Aufgabe der »Kirchenleitung« notwendig sind. Die Krone des theologischen Studiums ist ihm die → Praktische Theologie als die Wissenschaft von den Kunstregeln, die bei der Leitung der Kirche anzuwenden sind. Sie ist ordnende Darstellung der Tätigkeiten des Kirchendienstes (Predigt, Liturgie, Katechetik, Seelsorge) und des Kirchenregiments. So viele Fragen dieser Entwurf offen läßt und so problematisch er im einzelnen sein mag, im ganzen bietet er doch die Grundlage für ein System theologischer Wissenschaften, das sich bis heute bewährt hat.

b) In den *deutschen ev. Landeskirchen* führt der Weg ins Pfarramt heute allgemein über zwei theologische Prüfungen. Dem 1. Examen muß nach Ablegung der Reifeprüfung ein Studium von mindestens 8 Semestern vorausgehen, davon wenigstens 6 an einer staatlichen ev.-theologischen → Fakultät; für die darüber hinausgehende Zeit wird das Studium an einer Kirchlichen → Hochschule (: I) anerkannt. Die Kenntnis der alten Sprachen wird beim Studienbeginn vorausgesetzt oder muß wenigstens 7 Semester vor dem Examen nachgewiesen sein. Studienfächer sind biblische Exegese und Theologie, Kirchen- und Dogmengeschichte, Systematische und Praktische Theologie, ferner Religions- und Missionswissenschaft sowie Innere Mission. Die Verbindung zu den anderen Wissenschaften und Kulturgebieten »soll« gepflegt werden. Gewünscht oder gefordert wird während der Studienjahre eine halbjährige praktische Tätigkeit als Arbeiter in einer Fabrik oder in der Landwirtschaft. Dem 1. Examen folgt nach verschiedenartigen Bestimmungen der einzelnen Kirchen die praktische Vorbildung im → Predigerseminar und im Lehrvikariat, dieses in der Regel bei einem Gemeindepfarrer. Teilweise hat sich auch ein Schulvikariat von einigen Wochen oder Monaten bewährt, in dem der → Vikar einem Lehrer zugeteilt ist. Eine Ausbildung besonderer Art bietet das Kandidatenkonvikt in Bethel, das den »Dienst mit der blauen Schürze« in den Häusern der Epileptischen und Gemütskranken mit wissenschaftlicher Arbeit verbindet. Nach frühestens 2 Jahren findet die 2. Prüfung statt (Examen pro ministerio). Die theologischen Prüfungsämter setzen sich je nach landeskirchlicher Ordnung aus Mitgliedern der Kirchenleitungen, P.n und Professoren zusammen. Nach dem 2. Examen, doch nicht vor Vollendung des 25. Lebensjahres, kann die Ordination erfolgen (in Bayern, Württemberg, Thüringen und der Pfalz wird der Kandidat schon nach dem 1. Examen ordiniert). Vor der Berufung in ein → Pfarramt muß der Kandidat noch ein Jahr oder länger Dienst als Hilfsprediger oder Pfarrvikar tun. Seine Ausbildung ist damit nicht beendet. Neben Pfarrkonventen und → Pastoralkonferenzen dienen in einer Reihe von Landeskirchen (zB Bayern, Rheinland) Pastoralkollegs in Kursen von 10 bis 20 Tagen der wissenschaftlichen und geistlichen Vertiefung der P. – Die Ausbildung der → Vikarin entspricht heute durchaus derjenigen der Theologen. – In Baden besuchen die Kandidaten nach dem 1. Examen ein Jahr lang das Praktisch-theologische Seminar der Universität Heidelberg und legen dann die 2. Prüfung ab. Die nun folgenden beiden ersten Vikarsjahre gelten als Probezeit, in der die Vikare besondere (auch wissenschaftliche) Aufgaben zu erfüllen haben. – Der → Pfarrermangel und die Tatsache, daß mancher dienstwillige junge Mann den Anforderungen des akademischen Studiums nicht gewachsen ist, haben dazu geführt, neben dem akademischen Studium in begrenztem Maße auch den Weg seminaristischer Ausbildung freizugeben. In der DDR kann man ohne die Hilfe der auf Predigerschulen (Paulinum - Berlin) oder Pfarrhelferseminaren (Wittenberg) ausgebildeten und zum Amt ordinierten Geistlichen die Gemeinden nicht mehr versorgen. Aber auch in der BRD gibt es P. im kirchlichen Hilfsdienst. Für den Pfarrdienst in den deutschsprachigen Gemeinden in → Brasilien bereiten heute die Seminare der Rheinischen Mission in Barmen und der luth. Mission in Neuendettelsau vor, deren Niveau sich entsprechend der veränderten Stellung der Missionare auf dem Missionsfelde beachtlich gehoben hat.

Zur Statistik der deutschen Theologiestudenten seit 1800 s. → Pfarrer: III und Übersicht 2 auf Sp. 287f. Über die Pläne zu einer Reform des → Theologiestudiums vgl. dort.

3. In der *röm.-kath. Kirche* hat sich das → Trienter Konzil in seinen Reformbeschlüssen auch mit der Reform des Klerus befaßt. In Sess. XXII (27.9.1562) wurde ein Dekret »de vita et honestate clericorum« beschlossen (can. 1), in Sess. XXIII (15.7.1563) das Dekret »de Seminariorum erectione et regimine« (can. 18; Mirbt Nr. 466), das die Einrichtung von Priesterseminaren an den Kathedral- und Bischofskirchen anordnet. Die mindestens 12 Jahre alten Zöglinge erhalten Unterricht in der Grammatik und den bonae artes, dazu in allen theologischen Disziplinen, mit Ausrichtung auf das kommende Amt. In Deutschland entstanden entsprechende Seminare in Eichstätt 1564, Braunsberg 1568, Würzburg 1570 usw. Ihre Betreuung war den Bischöfen zur Pflicht gemacht, aber bald übernahm der Jesuitenorden die führende Rolle. Die Aufklärung brachte eine rückläufige Bewegung; die Aufhebung des Jesuitenordens 1773 wirkte sich auch auf diesem Gebiet aus. Viele moderne Staaten beanspruchten das Erziehungsmonopol oder verlangten wenigstens entscheidende Mitwirkung auch bei der Ausbildung der Geistlichen; in Preußen-Deutschland kam es an diesem Punkte im → Kulturkampf zu schweren Konflikten zwischen Bismarck und der röm. Kirche (Maigesetze 1873). - Heute ist das Verhältnis zwischen kath. Kirche und Staat in der BRD durch das noch gültige Reichskonkordat von 1933 geregelt, das in Art. 14 ähnliche Bestimmungen trifft, wie sie für die Geistlichen der ev. Kirche gelten. Das Studieren an einer deutschen kirchlichen akademischen Lehranstalt (→ Hochschulen: II) oder einer päpstlichen Hochschule in Rom wird dem Universitätsstudium gleichgesetzt. Ähnlich sind die Bestimmungen im Preußischen (1929), Bayerischen (1924/25), Badischen (1932/33) und Österreichischen (1933/34) Konkordat. - Nach dem CIC ist die Aufnahme in den Klerus von einer göttlichen Berufung abhängig; dabei ist in der Regel an eine vocatio externa sive canonica durch den kirchlichen Oberen zu denken. Die Förderung und Betreuung des Klerikernachwuchses gehört zu den vornehmsten Aufgaben des Bischofs, und jeder Priester ist dafür mit verantwortlich. Der Gewinnung und Förderung des priesterlichen Nachwuchses dienen die kirchlichen Gymnasialkonvikte mit einem von der Liturgie geprägten Gemeinschaftsleben und einer straffen Arbeitsordnung. Das Theologiestudium steht von vornherein unter kirchlicher Aufsicht und Leitung. Die Vorbereitung auf die Priesterweihe dauert nach bestandenem Abitur 6 Jahre. Die ersten 4 Studiensemester sollen in der Hauptsache der scholastischen Philosophie gelten. Nach dem 4. und 8. Semester werden Examina vor einer kirchlichen Prüfungskommission abgelegt. Während des Universitätsstudiums wohnen die Studenten in Theologenkonvikten oder in einem Priesterseminar. Mit dem Empfang der Priesterweihe, für die das 24. Lebensjahr als Mindestalter gilt (c. 975 CIC), ist die theologische Ausbildung nicht abgeschlossen. Zu den Pflichten des Klerikers gehört vielmehr seine theologische Weiterbildung (cc. 129-131). Die Kölner Diözesan-Synode 1954 gab dafür sehr ausführliche Bestimmungen. Neben dem Studium der Kirchenlehre wird vor allem auch auf das Studium der Hl. Schrift, möglichst im Urtext, Wert gelegt. In den ersten drei Priesterjahren haben sich die Jungpriester jährlich einem Jungpriesterexamen zu unterziehen (c. 130, 1). Die Erlaubnis zur Verwaltung des Bußsakraments wird von dem sog. Kuraexamen abhängig gemacht. Nach c. 459 § 3, 3 ist die Übertragung einer Parochie noch einmal an ein Examen gebunden. Neben theologischen Fortbildungskursen für Priester, die im 10. Weihejahr, also vor dem Pfarrexamen stehen, soll jeder Priester möglichst jährlich an den geistlichen → Exerzitien teilnehmen, wenigstens aber alle drei Jahre (so die Vorschrift in c. 126 CIC).

4. In den *europäischen ev. Kirchen* werden die P. ähnlich wie in Deutschland ausgebildet. Ein akademisches Studium gilt allgemein als Voraussetzung für die Ordination, dagegen ist die praktische Ausbildung nicht überall so geregelt wie in den deutschen Kirchen. Nur staatliche Fakultäten stehen in Dänemark, Schweden, Finnland, Österreich und der Schweiz zur Verfügung, nur kirchliche Einrichtungen in Spanien, Portugal und Italien (Waldenser-Fakultät in Rom). In Polen, Ungarn und der Tschechoslowakei sind die theologischen Fakultäten staatlich, aber von den Universitäten getrennt, in Norwegen besteht eine staatliche und eine kirchliche Fakultät (→ Oslo), in Holland werden die Professoren an der staatlichen Fakultät teils vom Staat, teils von der Kirche berufen. - In *England* baut sich das theologische Studium nach mittelalterlicher Tradition auf einem allgemeinbildenden Studium an der Universität auf; dieses kann auch schon die Theologie mit berücksichtigen und führt bis zum Grad eines Bachelor of Arts (B.A.). Die eigentliche theologische Ausbildung erfolgt im College; das Schwergewicht der zweijährigen Kurse liegt auf der Praktischen Theologie. Die vita communis wird stärker gepflegt als in Deutschland. Von wesentlicher Bedeutung ist das Amt des Tutors, eines persönlichen Studienberaters. Das Studium auf dem College schließt mit einem kirchlichen Examen (Ordinationsexamen) und der Ordination ab. Doch hat in der anglikanischen Kirche der Bischof die Vollmacht, geeignete Anwärter in kürzerer Zeit zur Ordination zu führen. Auf sie folgt ein einjähriger Dienst als Diakon (Hilfsprediger), unter Verpflichtung zu wissenschaftlicher Weiterbildung unter Leitung des Bischofs. Die englischen Freikirchen legen ähnlich wie die Freikirchen in Deutschland besonderen Wert auf Prüfung der kirchlichen Eignung und inneren Berufung der Anwärter. - In den *USA* ist das Studium in der Regel seminaristisch. Die Seminare sind Einrichtungen der Kirchen oder besonderer Stiftungen, die dann einer Universität angegliedert sind. Theologische Fakultäten innerhalb einer Universität sind Ausnahmen. In dem stark schulmäßig geprägten dreijährigen Studium treten die alten Sprachen hinter Psychologie, Pädagogik und Soziologie ganz zurück; auch werden schon während des Studiums die praktischen Fähigkeiten gepflegt. Die Wissenschaft folgt dem Grundsatz: learning by doing! Das Wochenende gehört dem praktischen Dienst im »field work«, das als wichtiger Teil des Studiums unter der Leitung des fieldwork-Professors steht. Am Ende des Studiums erwirbt man den Grad eines Bachelor of Divinity (B.D.); nur wer wissen-

schaftlich weiterarbeiten will, macht den theologischen Doktor (Th.D.). – In den → *»Jungen« Kirchen* entwickelt sich nur langsam eine eigene Methode der Ausbildung. Zunächst haben sie die Methoden der missionierenden Kirchen übernommen. Standen anfangs dem Missionar als dem Leiter der gesamten kirchlichen Arbeit Eingeborene als Helfer im Dienst des Predigers, Lehrers und Katecheten zur Seite, so übt mit dem Selbständigwerden einer Kirche der Missionar nur noch beratende Funktionen aus, und die Kirche schafft ein eigenständiges Amt. Die Ausbildung geschieht zumeist noch in schulisch-seminaristischer Form (Bibelschule, Katechetenseminar), nur ansatzweise auf theologischen Hochschulen (zB Djakarta auf Java). Eine besondere Schwierigkeit liegt in der Sprachenfrage. Weithin ist noch Englisch die Unterrichtssprache, aber die einheimischen Sprachen gewinnen an Bedeutung. Mit ihnen wird und muß sich auch eine eigene Theologie entwickeln. Das gilt in ähnlicher Weise auch für die aus der großen Auswandererbewegung des 19. Jh.s erwachsenen Kirchen in → Südamerika und ihre theologischen Schulen (Saõ Leopoldo in Süd-Brasilien, Buenos-Aires in Argentinien). – In allen Kirchen zielt eine einheitliche Tendenz auf Verbindung von gründlicher wissenschaftlicher Ausbildung mit umfassender praktischer Zurüstung.

Allgemein vgl. die Lit. zu → Bildungswesen. Zu 1-3: RE XX, 301ff (Lit.) - L.Cordier, Ev. Pädagogik II/1: Die Christusbotschaft d. Schrift u. d. Erziehungs- u. Bildungswerk d. christl. Kirche, 1938 - EKL III, 157ff. - Zu 1: A.Theiner, Gesch. d. christl. Bildungsanstalten, 1835 - F.X.Thalhofer, Unterricht u. Bildung im MA, 1928. - Zu 2: A.Tholuck, Das akad. Leben des 17. Jh.s, 1853/54 - P.Drews, Der ev. Geistliche in d. dt. Vergangenheit, 1905 - K.Eger, Die Vorbildung zum Pfarramt d. Volkskirche, 1907 - A.Schlatter, Erfolg u. Mißerfolg im theol. Studium, 1931 - H.Schlier, Die kirchl. Verantwortung d. Theologiestudenten (ThEx 36), 1936 - J.Schniewind, Die geistl. Erneuerung d. P.standes, 1947 - G.Merz, Die Verantwortung d. Kirche für d. Ausbildung ihrer P., 1948 - Hirsch II, 162ff (A.H.Francke); V, 348ff (Schleiermacher) - E.Beyreuther, A.H. Francke, 1956 - E.Mülhaupt, Reformatoren als Erzieher, 1956 - H.Vogel, Grundfragen d. Studiums d. Theol., 1957. - Zu 3: S. Merkle, Das Konzil von Trient u. d. Universitäten, 1905 - Enchiridion Clericorum, Rom 1938 - StL[6] IV, 931ff. - Zu 4: EKL III, 162f (Lit.) - WKL 1133ff (Lit.). - Vgl. die Lit. zu → Predigerseminar, → Theologiestudium.

R.Frick

Pfarrfrau

1. Geschichtlich - 2. Gegenwärtiger Stand. - Vgl. → Frau: III B

1. Da sich das → Pfarramt im heutigen Sinne erst im MA, als der → Zölibat bereits feste Norm war, herausgebildet hat, beginnt die Geschichte der P. erst mit der Reformation. Schon vor Luther hatten einige ev. gewordene Priester geheiratet (so J.Knade in Danzig 1518). Luthers Ehe mit Katharina von → Bora war bewußter Protest gegen die röm. Kirche und ihre Verachtung des »ehelichen Standes«. Die Eheauffassung der Reformatoren war zwar nüchtern (viele Witwenheiraten, so bei Bucer, Zwingli und Calvin; vgl. Werdermann), aber Herzlichkeit und Humor (Luther und »Frau Käthe«), Innigkeit der persönlichen Beziehungen (»der armen Frau Zwingli Klag« beim Tod ihres Mannes), Mitarbeit der P. im Beruf des Pfarrherrn fehlten in diesen Ehen nicht. Neben vielen ehemaligen Pfarrersköchinnen gab es schon in der ersten ev. Generation hochgebildete P.en wie Elisabeth → Cruciger in Wittenberg oder Katharina → Zell in Straßburg. – Eine in die Tiefe gehende »Geschichte der P.« läßt sich kaum geben, solange die Quellen nicht genügend gesammelt bzw. ausgewertet sind; auch ist es unerlaubt, den jeweiligen Durchschnitt der P.en mit den wenigen überragenden Gestalten gleichzusetzen. Am greifbarsten sind die soziologischen Daten: die Kinderzahl war bis in die jüngste Vergangenheit hinein groß, die Gehälter der Männer waren oft gering, die P. mußte bisweilen das Pfarrgut selbst bewirtschaften, den Acker bestellen oder im Haus durch Handarbeiten »dazuverdienen«. Verfolgungs- und Kriegszeiten verschärften die Lage oft erheblich. Gastfreiheit und Bereitschaft, gegen Entgelt Schüler und Studenten in ihr Haus aufzunehmen, waren für viele P.en selbstverständlich. Der Mangel einer geregelten Witwen- und Waisenversorgung lag als Druck auf ihnen; die Pfarrerswitwen heirateten entweder den Nachfolger des verstorbenen Ehemannes oder gaben ihm eine Tochter zur Ehe. – Die in den Religionskriegen und konfessionellen Streitigkeiten stets drohende Verdrängung von der Pfarre forderte von P.en persönlichen Mut und Bekenntnisfreudigkeit, die nicht jede aufbrachte. Seit der Festigung der Verhältnisse kamen die P.en aus Pfarrhäusern, anderen Gelehrten-Familien oder dem Bürgerstand. In den Zeiten des Pietismus entstammten sie manchmal dem Adel. → Zinzendorf sah von seiner eigenen Ehe mit der Gräfin Erdmuthe Dorothea von Reuß her auch die Ehen der Gemeindediener und Missionare als »Streiterehen« an und stellte damit die P.en seines Bereichs unter die Dienstpflichten ihrer Männer. Seit der Aufklärung traten neue, auf sozialem Gebiet liegende Aufgaben in den Gesichtskreis der Pfarrer; damit wuchs auch die Verantwortlichkeit der P. Im 19. Jh. brachten das Aufkommen der → Inneren Mission, die sozialen Probleme, die sich mehrende kirchliche Vereinstätigkeit, die Jugendarbeit und andere kirchliche Gruppen erweiterten Dienst. Vielleicht war diese Zeit in der Geschichte der P. als der »Mutter der Gemeinde« der bisher erreichte Höhepunkt. Was viele P.en unter den großen Wandlungen kirchlicher, theologischer und sozialer Art ihren Männern zuinnerst bedeutet haben, entzieht sich einer verallgemeinernden Darstellung. In jüngster Zeit war für nicht wenige der → Kirchenkampf eine Bewährungsprobe ihrer Glaubenshaltung, die sie nicht selten vorbildlich bestanden. Die wachsende Selbständigkeit der Frau in der Ehe – im kirchlichen Bereich vielleicht zuerst in Schleiermachers Ehe sichtbar – darf auch für die Geschichte der P. nicht übersehen werden. Der seit dem 2. Weltkrieg immer mehr hervortretende Strukturwandel der Gesellschaft und damit auch der Bedeutung des → Pfarrhauses brachte auch für die P. und ihre gemeindliche Tätigkeit neue Probleme.

2. Im Gegensatz zu früher hat die P. seit dem 19. Jh. eine beachtliche Sicherung ihrer äußeren Lebensverhältnisse erfahren. Das feste Gehalt des Pfarrers, die Hinterbliebenenversorgung, die Krankenkassen u.a. haben äußerlich das Leben der P.en sehr erleichtert. Geblieben ist die Notwendigkeit, in der persönlichen Lebensgestaltung wie in der Familie stärker vom Beruf des Mannes abhängig zu sein, als das in vielen anderen Ehen der Fall ist. Sicher ist die Bereitschaft dazu heute bei manchen P.en geringer als noch im 19. Jh. Das zeigt, wie sehr die P. in der Gegenwart von den tiefgehenden allgemeinen wie kirchlichen Krisen mit betroffen ist. – Nur ein Fünftel der P.en in Deutschland stammte 1950 noch aus Pfarrhäusern, konnte also eine gewisse pfarrerliche Tradition mitbringen (vgl. Rubrik 6 der Übersicht 3 bei → Pfarrer: III). Frühe Verlobungen der künftigen Pfarrer und P.en dürften heute zahlreicher sein als einst; sie bringen es mit sich, daß die künftige P. oft noch keine Vorstellung von ihren Aufgaben hat, ja oft kaum weiß, daß auch heute nicht wenige Gemeindeglieder an ihrer P. ein Beispiel christlicher Haltung sehen möchten. Soweit die Kirchenleitungen sich die Zustimmung zur Brautwahl der künftigen Pfarrer vorbehalten haben, liegt darin mehr ein Zeichen der allgemein erkannten

Krisis als ihre Überwindung. Entscheidend wird hier wie bei den vielfach üblichen Pfarrbräutekursen und P.enrüstzeiten sein, daß in der ev. Kirche genug Männer und Frauen menschlich schlicht, aber aus wirklicher christlicher Erfahrung brüderlichen oder schwesterlichen Rat zu geben wissen. Briefbünde und neuerdings eine Zeitschrift bieten ihre Hilfe an.

Vor besonderen Problemen stehen die P.en in den *deutschen Auslandsgemeinden*. In den Hauptstädten fremder Länder sind sie stark durch Repräsentationsaufgaben beansprucht. Oft ist das Pfarrhaus eine Art deutscher Klub, und das gesellige Leben (zB in Australien) ist eine große Belastung für die P. Im Bereich des Islam sind die P.en die Seelsorger der ev., mit Mohammedanern verheirateten Frauen, zu denen der Mann keinen Zutritt hat. In Gebieten mit weit ausgedehnten Gemeinden (zB Brasilien) hat die P. neben den ihr zufallenden fürsorgerischen Aufgaben die aus der Einsamkeit erwachsenden Nöte zu bewältigen oder mit gesundheitlichen Schwierigkeiten zu kämpfen. Oft müssen die P.en die gesamte Jugendarbeit (daneben auch den Unterricht der eigenen Kinder), den Dienst an der Orgel und den Kirchenchor übernehmen. Altmodische Wirtschaftsformen und geringe Ausbildung der P.en für die Hausarbeit erschweren ihr Leben. - Ein umfassendes Bild von der Stellung der P.en in den *ev. Kirchen nichtdeutscher Zunge* zu gewinnen, ist so lange unmöglich, als keine dahingehenden Umfragen auf ökumenischer Grundlage erfolgt und ausgewertet sind. Doch scheint das (aus England stammende) Urteil, daß die P. mehr als alle andern »Frauen in den Kirchen der Welt« für die Gemeinden leiste (K.Bliss 100), weit verbreitet zu sein. In Frankreich freilich ist im allgemeinen die kirchliche Mitarbeit der P. nicht erwünscht (ironisch: »Madame la pasteur«). Die Rückständigkeit in der Pfarrbesoldung nötigt in England viele P.en (bes. bei den Methodisten) zu selbständiger eigener Berufsarbeit, wie sie aus anderen Gründen in Deutschland hier und da zu finden und in Schweden schon weiter verbreitet ist. In den USA ähnelt die Stellung der P. um so mehr den deutschen Verhältnissen, je mehr sich die betreffende Gemeinde (zB bei den Lutheranern) ihren ursprünglichen Charakter bewahrt hat. Im übrigen ist dort das stark ausgeprägte gesellige Leben in den Einzelgemeinden von großer Bedeutung auch für die Stellung und Tätigkeit der P.

Jeremias Gotthelf, Die Frau Pfarrerin, 1855 - RGG² IV, 1143ff (Lit.) - H.Werdermann, Die dt. ev. P., (1935) 1936² - K.Bliss, Die Frauen in den Kirchen der Welt, 1954 - WKL 1139 (Lit., auch bei »Pfarrhaus«). - Die P., Vierteljahres-Zs., seit 1955. *W.Jannasch*

Pfarrgehilfin → Gemeindehelferin, → Vikarin.

Pfarrhaus. Das ev. P. ist in seiner *Struktur und Bedeutung* durch die Familie des → Pfarrers bestimmt. Die reformatorische Erkenntnis der geistlichen Dignität von → Ehe (: III B, 3; V, 2) und → Familie fand in den Familiengründungen ev. Pfarrer eine vorbildhafte Konkretion. Die geistlichen und kulturellen Gehalte der kirchlichen Tradition erhielten durch die Entfaltung einer christlich-bürgerlichen Familienkultur im P. besondere Ausstrahlungskraft und Kontinuität. Schwerpunkte des christlichen Lebensstils im P. waren die → Hausandachten, die im und vom P. geübte Nächstenliebe und die Pflege allgemeiner Bildung. Beispielgebend wurde das P. auch auf Gebieten des praktischen Lebens, etwa im gärtnerischen oder landwirtschaftlichen Bereich. Überhaupt konnte in volkskirchlich-parochialen Strukturen die Bedeutung des → Pfarramtes als kulturtragender Institution durch das P. beträchtlich verstärkt werden. Die Familie erweiterte die Kompetenz des Pfarrers in sozialer und pädagogischer Hinsicht. Der Dienst des P.es an der Gesellschaft vollzog sich durch Übertragung familienkonformer Gesinnungen und Verhaltensweisen auf das Verhältnis zur Gemeinde. Zwischen Familienregiment und Kirchenregiment in der Parochie bestand strukturelle Einheit. Pfarrer und → Pfarrfrau galten als Vater und Mutter der Gemeinde.

Die im P. lebendige Kultur ließ *Pfarrerssöhne* auf vielen Gebieten des geistigen Lebens große Bedeutung erlangen. Unter ihnen stehen nach den Theologen die Dichter (Gottsched, Bodmer, → Gellert, → Wieland, → Lessing, → Claudius, → Gotthelf, Gebrüder v. → Schlegel, → Benn); es folgen Philosophen, Pädagogen, Historiker (→ Schelling, → Nietzsche, → Wundt, → Dilthey, → Salzmann, → Fröbel, v. → Pufendorf, → Mommsen), Mediziner (Langenbeck, Kretschmer, Much), bildende Künstler (→ Schinkel, → Runge). In der Musik ist → Prätorius zu nennen. Bedeutsam ist bei diesen indirekten Wirkungen, die das P. durch seine Söhne auf unsere Kultur ausübte, daß außerhalb des beruflichen Rahmens des Elternhauses besondere Momente der christlichen Tradition zur Entfaltung kamen - manchmal in bewußter Frontstellung gegen kirchliche Reglementierung. Dieses ist einer der Kanäle, durch die das P. auf die Moderne gewirkt hat. Zugleich mit einem kulturellen Vorsprung vor der kath. Kirche brachte das P. der ev. Kirche einen qualifizierten theologischen Nachwuchs. Die eindrucksvolle Geschichte des P.es und seiner Kinder spiegelt sich im *Eisenacher P.-Archiv* wider. Entsprechend seiner kulturellen Bedeutung spielt das P. in der Literatur eine große Rolle (Ina → Seidel: Lennacker).

Die starke *Familientradition* des P.es (noch 1950 waren 25% der Väter und 20% der Schwiegerväter der deutschen ev. Pfarrer ihrerseits Geistliche; vgl. Übersicht 3 auf Sp. 287f) hat zur Tiefe der geistigen Kultur des P.es beigetragen, aber auch eine gewisse Starre bedingt. Das P. hat geholfen, die bürgerliche Welt zu prägen, ist aber in seiner herkömmlichen Struktur durch die *industrielle → Gesellschaft* und ihre Lebensbedingungen in Frage gestellt worden. Schon die Bewunderung als Idylle (Goethe u.a.) zeigte einen Bedeutungsschwund an. Der Übergang einer Reihe sozialer Funktionen vom P. auf andere gesellschaftliche Instanzen hat, soziologisch gesehen, zu einem Funktionsverlust des P.es geführt. Heute gleicht sich das P. dem Lebensstil der Zeit an, zB zeigt das Absinken der Kinderzahl eine Anpassung an moderne Familienplanung. Im großstädtischen Raum reduziert sich der Begriff des P.es vielfach auf den der Pfarrwohnung.

Wie in allen Berufen, bei denen Wohnung und Arbeitsplatz räumlich zusammenliegen, spielt die Familie trotz aller Verschiebungen für den Beruf des Pfarrers noch eine erhebliche Rolle. Auch bleibt das Gebot, daß das Familienleben nicht das Evangelium fragwürdig mache (1Tim 3, 4; Tit 1, 5), durch alle Wandlungen hindurch gültig. Die Gemeinde erwartet noch heute mit Recht, daß das Miteinander in der Familie des Pfarrers vom Gehorsam gegen Gott und von der Kraft des Evangeliums Zeugnis ablegt. Nachdem die patriarchalische Struktur im Verhältnis des P.es zur Gemeinde ihren Sinn verloren hat, liegen heute besondere Chancen in partnerschaftlicher Zusammenarbeit mit anderen Gemeindegliedern bei den Aufgaben des Gemeindelebens. Einer falschen Anpassungspanik gegenüber muß betont werden, daß weder in der inneren Gestaltung des P.es noch in seinem Wirken nach außen eine demonstrative Modernität den Weg zu einer neuen Prägung des P.es bestimmen kann. Nur in der Bereitschaft zum Verzicht auf gesellschaftliche Geltung kann das P. dem Geist des christlichen Glaubens Geltung verschaffen. Zum Problem wird in der mobilen industriellen Gesellschaft, daß der ev. Pfarrer im Vergleich zum kath. Geistlichen durch das P. relativ unbeweglich ist. Wo es gilt, die persönliche Existenz und damit die von Familie und P. um des Evangeliums willen aufs Spiel zu setzen, kann es zu besonderen Belastungen kommen.

W.Baur, Das dt. ev. P., 1878 - P.Drews, Der ev. Geistliche in der dt. Vergangenheit, 1905 - L.Bäte-K.Meyer-Rotermund, Das Buch vom dt. P., 1920² - H.Werdermann, Der ev. Pfarrer in Gesch. u. Gegenwart, 1925 - A.Angermann, Was für Männer gab das ev. P. dem dt. Volke?, 1940⁵ - E.v.Kirchbach, Das P. zwischen den Ständen, o.J. - M.Köhler, Über die soziale Bedeutung des prot. P.es in Deutschland (Diss. Heidelberg), 1952 - A.Burger, Pfarrfamilienstatistik (KJ 1953, 396-436) - Dies., Weitere Ergebnisse der Pfarrfamilienstatistik (KJ 1954, 344-367) - Dies., Die Herkunft der Pfarrer nach Ausbildung u. Beruf der Väter, verglichen mit den Theol.-Studenten des WS 1954/55 (KJ 1955, 398-402) - WKL 1140 (Lit.). *R.Köster*

Pfarrsoziologie, die von der kath. empirischen Religionssoziologie unternommenen Untersuchungen der Pfarrei als der Grundform kirchlichen Handelns. Die P., die in Deutschland und Österreich erst nach 1950 Bedeutung gewonnen hat, erreichte ihre größten Ausmaße bisher in ihrem Ursprungsland Frankreich, wo die Anregungen des Religionssoziologen → Le Bras sich mit religiösen Antrieben verbanden, wie sie von H.Godins »France pays de mission?« (1943) repräsentiert werden. Daneben hat die P. in Belgien und Holland größeren Umfang erreicht. Im Vordergrund stehen bisher noch soziographische Erhebungen, die die Struktur der Seelsorgebezirke zum Zweck kirchlicher Information durchleuchten: Zusammensetzung der Bevölkerung, soziale Schichtung, wirtschaftliche Struktur, Berufsgliederung usw. Hinzu kommen zahlreiche Untersuchungen der religiösen Praxis, des Gottesdienstbesuches, der Osterkommunion, der Teilnahme am kath. Vereinsleben und anderer zählbarer Daten. Diese Pfarrsoziographie steht im Dienst der Pastoral. Kleinere, meist ungedruckte Untersuchungen dienen dem Bedürfnis einer besseren Vorbereitung missionarischer und kirchlicher Veranstaltungen. - Die P. nimmt ihren Ausgang von der Großstadt (vgl. H.Swoboda, »Großstadtseelsorge«, 1909; L.Heitmann, »Großstadt und Religion«, 1913 [ev.]), da hier die Probleme der → Seelsorge in der modernen Gesellschaft zuerst spürbar geworden sind. Inzwischen hat sich die P. allen soziologischen Typen von Pfarreien zugewandt, so daß man auf eine internationale Typologie der Pfarrei zugeht. In gleichem Maße wie die Zahl der untersuchten Pfarreien und das dabei erhobene Material anwachsen, wird es notwendig, über die Sammlung soziographischer Daten und deren Klassifizierung und Typisierung hinaus für die P. spezifisch soziologische Fragestellungen auszubilden, wie dies in Untersuchungen prot. Kirchengemeinden bereits in Ansätzen geschieht (→ Gemeinde: IV, Lit.). Damit sucht die P. Anschluß an die → Religionssoziologie und die Methoden der allgemeinen → Soziologie (: I). Erste Schritte hierzu hat neben den von Le Bras beeinflußten Arbeiten der amerikanische Soziologe J.H.Fichter getan, der sich mit der inneren soziologischen Struktur der Pfarrei als sozialer Gruppe wie auch mit den gesellschaftlichen Relationen der Pfarrei befaßt. Ferner wird eine funktionssoziologische Analyse des gesamten kath. Kirchentums angestrebt. Die kath. P. steht damit vor den gleichen Problemen wie die Soziologie der Kirchengemeinde überhaupt. Sowie der institutionelle und organisatorische Rahmen der Pfarrei in die Untersuchung einbezogen und dabei überschritten wird, ergibt sich eine religionssoziologische Fragestellung, die dem praktischen kirchlichen Interesse nicht mehr unmittelbar zu dienen vermag. Aber auch die zunächst praktizierte Übernahme erprobter soziologischer Kategorien, die auf der Ebene der Soziographie noch ohne weiteres möglich war, erweist sich dann als unzureichend.

C.J.Neusse-Th.J.Harte, Sociology of the Parish, 1951 - J.H. Fichter, Southern Parish, 1951 - Ders., Social Relations in the Urban Parish, 1954; dt. 1957 - Ders., Soziologie der Pfarrgruppen, 1958 - J.Kerkhofs, Godsdienstpraktijk en sociaal milieu, 1954 - G.LeBras, Etudes de sociologie religieuse I.II, 1955/56 - A.v.d.Weyer, De religieuse practijk in een brabantse industriestad, 1955 - N.Greinacher, Soziologie der Pfarrei, 1955 - Soziographie der Pfarrei, in: Lebendige Seelsorge 1956, Nr. 7 - E.Pin, Pratique religieuse et classes sociales, 1956 - Paroisses urbaines - paroisses rurales, 1958. - Weitere Lit. in: Social Compass, 1953ff - Archives de sociologie des religions, 1956ff - D.Goldschmidt u.a. (→ Pfarrer: III). *T.Rendtorff*

Pfarrstellenbesetzung → Stellenbesetzungsrecht, kirchliches.

Pfau, in die frühchristliche Kunst aus der außerchristlichen Sakral- und Profankunst übergegangenes, schon in den Katakombendekorationen häufiges Motiv. Das charakteristische Beispiel in der Camera dei cinque Santi (S. Callisto, Rom) legt neben der Freude am Dekorativen und dem Jahreszeit-Gedanken eine Deutung in Richtung auf allgemeine Paradiesessymbolik nahe, entstanden aus dem Ideallandschafts-Thema des vorderorientalischen Prunkgartens, das gleichzeitig einen Zusammenhang mit der sakralen Herrschersymbolik hat. Hier ist der Berührungspunkt mit dem westlichen Apotheose-Symbol für die Kaiserin, das dem Herrscher-Adler entspricht. Von da aus ist wohl das Vorkommen in S. Vitale in Ravenna zu deuten, wo allerdings auch Paradiesessymbolik nachklingt, während es sich bei den P.en in den vas-vitae-Gruppierungen ravennatischer Sarkophage zT um Allegorien (Apostel? Selige?) zu handeln scheint, die an Mysteriensymbolik (Klinensarkophag von S. Lorenzo fuori in Rom) erinnern mögen.

H.Lother, Der P. in der altchristl. Kunst, 1929 - DACL XIII/1, 1937, 1075ff - C.-O.Nordström, Ravennastudien, 1953, 51ff. - Weitere Lit. s. → Lamm. *K.Goldammer*

Pfeffinger, *Johann* (1493-1573), * in Wasserburg am Inn, 1527 Pfarrer in Sonnenwalde, 1530 in Eicha (ernestinische Exklave, Gottesdienststätte der ev. gesinnten Leipziger), 1532 in Belgern, 1541 erster ev. Sup. von Leipzig, 1544 dort Theologie-Prof. P. war ausgesprochener Philippist und als solcher seit 1548 Vertreter eines hochkirchlich-zeremonialen Luthertums (→ Interim, 2; → Adiaphoristischer Streit; → Georg, 2); → Amsdorf und → Flacius griffen ihn heftig an. Auf einer Leipziger Disputation von 1550 löste er den Synergistischen Streit aus (→ Synergismus). Weil P. und → Camerarius vor der Katastrophe von 1574 starben, traf der Kampf gegen die → Kryptocalvinisten vor allem die Universität → Wittenberg.

RE XV, 252ff - Ritschl II - Schl. 4676. 6329. 17203-17206 a. *F.Lau*

Pfeil, *Christian* (auch *Christoph*) *Karl Ludwig* Reichsfreiherr von, Kirchenliederdichter, * 20.1.1712 in Grünstadt (Pfalz), Jurist, als Staatsmann im Dienst Württembergs und Preußens, † 14.2.1784 auf seinem Gut Deufstetten bei Dinkelsbühl. Früh von → Zinzendorf, später von → Bengel beeinflußt, war er ein Freund des württembergischen Pietismus. Er hinterließ gereimte Übersetzungen und Bearbeitungen biblischer Bücher sowie 940 Lieder, von denen »Betgemeinde, heilge dich« im EKG steht (275).

Koch V, 176ff - ADB XXV, 646f - Hdb. zum EKG II/1, 1957, 249ff; Sonderband, 1958, 430ff. *G.Raudnitzky*

Pfenninger, *Johann Konrad* (1747-92), ev. Theologe, * in Zürich, 1775 Geistlicher am Waisenhaus, seit 1786 an der Peterskirche in Zürich, engster Freund und Mitarbeiter → Lavaters, zeitweise sein Pfarramtskollege. P. verbindet das Gefühls- und Kraftchristentum des Lavaterkreises originell und selbständig mit vernünftiger Apologetik, die sich von der älteren konfessionell-dogmatischen Auseinandersetzung löst und sich dem literarischen Geschmack der Zeit geschickt anpaßt. Er wurde durch seine umfangreichen exegetischen und apologetischen Werke zum kräftigsten Verteidiger der von Lavater geprägten Zürcher Theologie. Als Dichter wenig bedeutend, wirkte er als theologischer Schriftsteller durch Sachlichkeit, Bibelnähe und klare Ausrichtung der Lehre auf Christus und das Reich Gottes.

Vf. u.a.: Vorlesungen über die Liebe zur Wahrheit, 1774; Von der Popularität im Predigen, 1777-86; Jüdische Briefe, 1783-89; Vorlesungen über das NT, 1785-89; Die Familie von Eden, 1792-94. - Über P.: ADB XXV, 660 - G.R.ZIMMERMANN, J.K.P., ein christl. Apologete (Zürcher Taschenbuch 1881, 128-160) - P.WERNLE, Der schweiz. Protestantismus im 18.Jh. III, 1925, 285ff u.ö. - Neuere Darstellung fehlt.

E.G.Rüsch

Pferd. Das P. spielt bes. in den Religionen der → Indogermanen, → Türken und → Mongolen eine hervorragende Rolle. P.eopfer (→ Opfer: I) kamen bei allen indoeuropäischen und zahlreichen turko-mongolischen Stämmen vor; die Altaier (→ Altaische Religion) brachten es dem Himmelsgott dar: in → Ekstase geleitete der Schamane die → Seele des Opfertieres in den 9. Himmel, um sie Bai Ülgän zu übergeben. Bei verschiedenen Turkstämmen (Telëuten, Lebed-Tataren u.a.) soll das P.eopfer die → Fruchtbarkeit der Felder sichern; doch dürfte dieses Opfer eine sekundäre Entwicklung darstellen. Das wichtigste innerhalb der indoeuropäischen Gruppe war das ursprünglich an Varuna, später an Prajapati (→ Vedische und brahmanische Religion) gerichtete indische P.eopfer »ashvamedha«; es wiederholte im Opfer des mit dem Kosmos identifizierten P.es den → Schöpfungs-Akt: Prajapati selbst hatte sich in P.egestalt mit der Königin vereinigt und sie befruchtet. Trotz des primären Charakters als Opfer des Königs für den König war »ashvamedha« von Bedeutung für das Wohl des ganzen Reiches. Es versicherte den König seiner Souveränität, des Sieges und Wohlstandes seines Reiches. Von den übrigen Völkern dieser Gruppe kannten Perser, Armenier und Massageten das P.eopfer an die → Sonne, die Römer als Jahresopfer an Mars, die Griechen an Poseidon. Aus der Vereinigung Poseidons als Hengst mit Demeter Erinys gingen zwei Füllen hervor, die als Todesdämonen fungierenden Erinyen. Der in Gallien praktizierte Kult der P.egöttin Epona (→ Kelten) stand in Verbindung mit den Flüssen, wie überhaupt → Wasser-Gottheiten häufig in P.egestalt erscheinen. Darüber hinaus ist das P. in einer weit komplexeren religiösen Wertung aufs engste mit dem Bereich des Dämonischen und der Totenbestattung verbunden. Als Seelenträger führt es den Toten ins Jenseits (→ Tod: I). Der Schamane (→ Schamanismus) reitet während seines ekstatischen → Tanzes eine Art Stecken-P.; man glaubt, daß er auf einem P. gen Himmel reist. Auch in → Indonesien und bei gewissen indischen Ureinwohnern (Muria, Gond u.a.) kommen Stecken-P. oder P.epuppe als Requisiten des ekstatischen Tanzes vor. In Afrika gilt der Besessene vielfach als »P.« des ihn besessen haltenden Geistes. Auch in den → Initiationen der → Männerbünde (Japan, → Germanische Religion) hat das P. seinen Platz. Im Kentaurenmythos hat sich noch die Erinnerung an schamanistische und kriegerische Initiationsriten erhalten.

M.O.HOWEY, The Horse in Magic and Myth, London 1923 - P.-E.DUMONT, L'Aśvamedha, Paris-Löwen 1927 - RIA II, 170ff - G.DUMÉZIL, Le problème des Centaures (AMG 41), Paris 1929 - O.HÖFLER, Kultische Geheimbünde der Germanen I, 1934, 46ff - HWDA VI, 1598ff. 1652ff. 1671ff - W.KOPPERS, P.eopfer u. P.ekult der Indogermanen (WBKL 4, 1936, 279-411) - R.BLEICHSTEINER, Roßweihe u. P.erennen im Totenkult der kaukasischen Völker (ebd 413-495) - ThW III, 336ff - PW XIX/2, 1430ff - C.C.MATTHIESSEN, Hesten i nordisk myte og kult (Dansk veterinærhist. Samfunds Aarbog 1945, 9-89) - C.-M.EDSMAN, Ignis divinus (SVSL 34), 1949, 62ff (gegen HÖFLER) - EIICHIRO ISHIDA, The Kappa Legend (Folklore Studies 9, 1950, 1-152) - R.MAGNEN, Epona, déesse gauloise des chevaux, Bordeaux 1953 - ELIADE § 33 (Lit.) - DERS., Schamanismus u. archaische Ekstasetechnik, 1957, 185ff. 431ff - NILSSON I (s. Reg.) - F.HANČAR, Das P. in prähist. u. früher hist. Zeit (WBKL 11), 1955 - S.SOLHEIM, Horse-Fight and Horse-Race in Norse Tradition (Studia Norvegica 3, 8), Oslo 1956.

M.Eliade

Pfingstbewegung

I. Konfessionskundlich - II. Mission der Pfingstbewegung

I. Konfessionskundlich

1. Geschichte - 2. Ausbreitung - 3. Lehre - 4. Beurteilung - 5. Pb. in Amerika. - Pb. = Pfingstbewegung, P. = Pfingst..., p. = pfingstlerisch

1. Ursprungsland der Pb. ist Amerika, wo ab 1870/80 u.a. Kreise der → Heiligungsbewegung um ein neues Pfingsten flehten. Angeregt durch die Erweckung in → Wales von 1905 (→ Roberts) wurden die Gebete inniger, und am 9.4.1906 fiel »das Feuer Gottes« auf eine Versammlung in Los Angeles. Der dortige, vielfach von andauernden Konvulsionen begleitete Geistempfang mit → Zungenrede erweckte bald weitere Aufmerksamkeit. Beeinflußt von R.A. → Torrey hielt man diese → Geistestaufe nach dem Rechtfertigungserlebnis und der völligen Heiligung für das dritte, höchste Werk des Geistes. T.B.Barratt, der methodistische Stadtmissionar in Kristiania (Oslo), brachte die Pb. Ende 1906 nach Norwegen. In Deutschland fand sie in gewissen unter dem Einfluß der Heiligungsbewegung, der Erweckung in Wales und dem Deutschlandbesuch Torreys stehenden Kreisen der → Gemeinschaftsbewegung vorbereiteten Boden. Zuerst faßte sie in Hamburg Fuß, wohin der dortige Strandmissionar Emil Meyer 1907 aus Norwegen zwei Zungenrednerinnen mitbrachte. H. Dallmeyer nahm die beiden nach Kassel mit, wo aber die zT recht erregten und stürmischen Versammlungen für viele ernüchternd wirkten. Die Brüder Dallmeyer widerriefen, indem sie von einem satanischen Lügengeist sprachen. Die Altpietisten waren von Anfang an zurückhaltend gewesen. Die älteren Gnadauer (→ Gnadauer Verband), zB E.Schrenk und Th. → Haarbeck, die der Pb. bis dahin erwartungsvoll entgegensahen, warnten jetzt davor. Die Blankenburger (→ Blankenburger Allianz; u.a. → Seitz und Kühn) eröffneten den Kampf, hielten aber die Möglichkeit echter Geistesgaben fest. Demgegenüber traten J. → Paul, Regehly und E.Edel eifrig für den göttlichen Ursprung der neuen Geistestaufe und der Zungenrede ein. - Nach dem Waffenstillstand von Barmen (Ende 1907/08) erhielt die Pb. einen neuen Anstoß von England her (Zungenrede in Sunderland; Boddy). Die neue Pb. war nüchterner, hielt aber an der Zungenrede als Beweis der Geistestaufe fest. Im Aug. 1909 fand die erste, im Sept./Okt. die zweite Mülheimer P.konferenz statt (1700 bzw. 6-10000 Besucher der Abendveranstaltungen). Seit 1909 erschien die Zeitschrift »P.grüße« (ab 1930: »Heilszeugnisse«; Redaktor J.Paul), ferner das Gesangbuch »P.jubel«. Während Gnadau noch zögerte, brachte die von 56 Gemeinschaftsführern unterzeichnete »Berliner Erklärung« vom 15.9. 1909 eine scharfe Ablehnung: Die sog. Pb. sei nicht von oben, sondern von unten; unbiblisch sei auch die Lehre vom sog. »reinen Herzen«; es sei nicht ein neues Pfingsten zu erwarten, sondern der wiederkommende Herr.

Gnadau 1910 brachte bes. durch Schrenks Betonung der Rechtfertigung (gegenüber der p.en 3-Stufen-Theorie: 1. Bekehrung und Wiedergeburt, 2. Ausrottung der Sünde = reines Herz, 3. Geistestaufe) die Entscheidung. Bald sagten sich auch die bisher Neutralen (zuerst → Modersohn, dann Krawielitzki, → Vetter u.a.) von der »Zungenbewegung« mit ihren Führern Paul, Edel und Humburg los. Schwärmerische Vorkommnisse (zB »Totenerweckung« in Kattowitz), später eine geschlechtliche Entgleisung in Brieg, führten zu Krisen. 1920 erfolgte der Anschluß einer größeren Gruppe → Neuapostolischer unter Mütschele. Eine Annäherung an die Gemeinschaftsbewegung auf Grund der Mülheimer Buße der P.führer wurde von Gnadau 1919/23 abgelehnt. Unter Vogets Führung, der 1929 ins ref. Pfarramt nach Stapelmoor zurückging, mäßigte sich die Pb. weiter. Nach 1933 wurde sie trotz ihrer Distanz vom öffentlichen Leben behindert. Die »Heilszeugnisse« und andere Blätter wurden verboten. Die Elimgemeinden schlossen sich den → Baptisten an. In neuerer Zeit hat sich die Pb. durch Abspaltungen, Werbung ausländischer P.kreise oder Neugründungen sehr zersplittert. Die bedeutendsten Verbände sind u.a.: Christlicher Gemeinschaftsverband Mülheim/Ruhr, rd 30000 Mitglieder (Kirchenaustritt wird nicht verlangt); Gemeinde Gottes, ca 4500; Deutsche bzw. Internationale Volksmission entschiedener Christen; Gemeinde Jesu Christi, Ecclesia oder Gemeinde der Christen im Anschluß an die Wirksamkeit von Herm. Zaiss; Apostolischer Glaube, ca 2200; Bruderschaft: Der König kommt! Im Aug. 1948 und April 1949 verhandelten verschiedene P.richtungen auf der 1. und 2. Einigungskonferenz in Stuttgart und Mülheim. Die einigende Dachorganisation der »Vereinigten P.gemeinden in Deutschland« fiel wieder auseinander.

2. Die Zahlen (von 1954 bzw. 1958, Quelle aus der Schweiz bzw. USA) über die *Ausbreitung* schwanken: Deutschland 30000/66000, Großbritannien (bes. Elim Foursquare Gospel Alliance) 60000/65000, Norwegen 35000, Schweden 115000/160000, Finnland 25000/40000. In der Schweiz wirkten 1907 die beiden norwegischen Zungenrednerinnen, dann Barratt und 1910 Paul und Boddy; heute: Schweizerische P.mission, Gemeinde für Urchristentum und viele kleine Kreise, 4000/5000. Frankreich (seit 1931) 20000/40000, Italien 60000/100000, Rußland (seit ca 1920 durch Siedler) ca 600000. In Lateinamerika, wo die erwecklichen Tendenzen der Pb. bes. hervortreten, zählen Brasilien 200000/610000, Chile 60000/300000, Mexiko 14400/100000. USA (s. 5) insgesamt 1100000/4000000. Ganze Pb. 3132100/8477160. Die erste »Weltkonferenz p.er Gemeinden« tagte 1947 in Zürich, 1955 die vierte in Stockholm mit 443 Delegierten aus 32 Ländern.

3. Die Glaubensanschauung der vielen Verbände, die zur Pb. zu zählen sind, ist keineswegs einheitlich. Gemäßigte und Extreme bekämpfen sich gelegentlich. Die bedeutenden P.richtungen sind in der Hauptsache eher gemäßigt. Sie betonen die Notwendigkeit einer Geistestaufe, deren Stunde meist angegeben werden kann, die als ausdrückliche Erfahrung gespürt wird, meist durch begleitendes Zungenreden bestätigt werden muß und von Zittern u.dgl. begleitet sein kann. Sie rühmen sich, im Besitz der Geistesgaben nach 1Kor 12; Röm 12, 6ff zu sein. Diese zeigen sich in Weissagungen und Botschaften, in der Zungenrede samt Auslegung (im Unterschied zur Zungenrede als Bestätigung der Geistestaufe) und in der Krankenheilung. Das Interesse an der Gabe der Heilung ist durch die Massenmeetings großer Heiler (zB Forsgreen, Zaiss, Hicks, Branham) stark angeregt worden; allerdings ist fraglich, ob wirklich durch den Hl. Geist geheilt wird. Die Pb. übt die Glaubenstaufe, einzig die Mülheimer Richtung gibt die Kindertaufe frei. Die Lehre vom reinen Herzen ist offiziell aufgegeben. Die Christologie ist fundamentalistisch (→ Fundamentalismus). Die Gemeindeleitung variiert je nach Richtung (zB Vorsteher und Älteste). Freiheit des Geistes und Organisation führen u.U. zu Spannungen.

4. Die radikalen Gruppen richten sich durch ihren Spiritismus und bibelfremden Enthusiasmus selbst. Bei den Gemäßigten ist bes. die p.e Anschauung vom Geist fragwürdig. Heute ist je nach Gruppe oder Richtung weniger oder mehr vom frühen Geist der Pb. vorhanden. Da die p.e Geistestaufe als höhere Stufe über die Rechtfertigung aus dem Glauben gesetzt wird, ergibt sich die Gefahr eines unchristlichen Klassendenkens. Die Heilszuversicht wird zT auf das p.e Geisterlebnis gegründet, und bei den Massenmeetings mit »Heilerfolgen« tritt ein Mangel an Unterscheidungsvermögen zutage.

Zs.en, Deutschland: Heilszeugnisse, Der Leuchter, Bote der Gemeinde Gottes, Der König kommt, Fröhliche Nachrichten, Der Volksmissionar, Maranatha-Glocken u.a.; Schweiz: Verheißung des Vaters u.a.; Frankreich: Viens et vois, La Onzième Heure u.a.; England: Pentecost u.a. – D.GEE, Über die geistl. Gaben, (1948) 1951^{2} – G.LINDSAY, William Branham, ein Mann von Gott gesandt, o.J. – L.STEINER, Mit folgenden Zeichen, 1954 (Lit.) – CH.H.KRUST, 50 Jahre dt. Pb., Mülheimer Richtung, 1958 (Lit.). – Kritisch: RGG^{2} IV, 1153ff – O.EGGENBERGER, Die Geistestaufe in der gegenwärtigen Pb. (ThZ 4, 1955, 272–295) – DERS., Ev. Glaube u. Pb., 1956 – P.FLEISCH, Die moderne Gemeinschaftsbewegung in Deutschland II/2: Die Pb. in Deutschland, 1957 (Lit.) – HUTTEN 477ff. – Vgl. die Lit. zu → Geistestaufe.

O.Eggenberger

5. Die meisten zur Pb. gehörenden Kirchen *in den USA* gehen auf die von den beiden Baptistenpredigern R.G. Spurling, Vater und Sohn, ins Leben gerufene »Latter Day Rain Movement« zurück. Der Gründer und Leiter der → Church of God (, 5), A.J.Tomlinson, verhalf der Bewegung zu nationaler Bedeutung und weiterer Ausbreitung, auch in anderen Ländern. Neben der ursprünglichen Church of God sind zahlreiche Sekten entstanden, die auch unter der nicht englisch sprechenden Bevölkerung in den USA und im Ausland Anhang fanden. In großer Zahl haben sich die amerikanischen Neger der Pb. angeschlossen. Von den über 50 Gruppen sind die größten folgende (Zahlen von 1954): Assemblies of God, General Council (370000), The United Pentecostal Church (125000), Church of the Nazarene (65000), Pentecostal Assemblies of the World (50000), International Pentecostal Assemblies (50000), Pentecostal Holiness Church (42000), Pentecostal Church of God of America (39000), United Holy Church of America (20000), Calvary Pentecostal Church (20000). – Negerkirchen der Pb.: The Church of God in Christ (305000), Apostolic Overcoming Holy Church of God (75000), The Churches of God, Holiness (23000), The Free Christian Zion Church of Christ (19000).

E.T.CLARK, The Small Sects in America, Nashville (1937) 1950^{2} – F.S.MEAD, Handbook of Denominations in the United States, ebd 1951 – F.E.MAYER, The Religious Bodies in America, St. Louis 1954^{2}.

R.C.Wolf

II. Mission der Pfingstbewegung

Die Pb. hat sich von Anfang an lebhaft an der missionarischen Arbeit beteiligt. Ehe Aufsichtsbehörden oder Räte gegründet wurden, ja selbst ehe sich »junge« Kirchen gebildet hatten, wanderten ganze Familien im Vertrauen auf den Ruf des Hl. Geistes in fremde Länder aus. Viele der bereits 1910 gegründeten Bruderschaften und Organisationen entstanden zu ihrer Unterstützung. So entwickelte sich fast jeder Zusammenschluß zu einer »Missionsgesellschaft«. Seit 1915 bemühte man sich, die Zusammenarbeit umfassender zu gestalten; darum schlossen örtliche Kirchen freiwillige kooperative Vereinbarungen zum Zwecke der Missionsförderung, der Veröffentlichung christlicher Literatur und der geistlichen Ausbildung Jugendlicher in Bibelschulen. So wurde die Pb. zu einer der größten Missionsbewegungen des 20.Jh.s. Die jüngsten Statistiken zeigen, daß ihr ca 10% aller Missionare im Ausland angehören. Von den mehr als 3000 Missionaren (über 1000 in Afrika, ca 1000 in Asien, die übrigen in Latein-Amerika) kommt der größte Teil aus Europa und Nordamerika. - Bisweilen haben sich Kirchen und Bewegungen entwickelt, die größer sind als die Kirchen und Gesellschaften, die die ersten Missionare unterstützten. In mehreren Ländern wurde die Pb. zur größten nicht-röm.-kath. Kirche, und in einigen Fällen ist ihre Anhängerschaft zahlreicher als die aller übrigen prot. Kirchen in dem betr. Land (zB in Brasilien zZ ca 1 Mill.). Der Grund für dieses Wachstum liegt nicht in der Fähigkeit oder der Ausbildung der Missionare oder der Anwendung neuer Methoden. Er liegt einfach darin, daß man den apostolischen Methoden des NT sehr getreu nachlebte. Jeder neue Bekehrte wurde ermutigt, »den Hl. Geist zu empfangen« und dann ein Zeuge Jesu Christi zu werden (vgl. Apg 1, 8). Diese Methode wird heute als das System des »every member evangelism« bezeichnet. - Indem die Missionare der Pb. ihren Anhängern zwei sehr ausgeprägte Erlebnisse boten - die Begegnung mit dem lebendigen Christus zur »Wiedergeburt« und eine Durchdringung mit dem Hl. Geist zur »Zeugniskraft« -, gelang es ihnen, einheimische Kirchen viel schneller zu gründen als jene Missionare, die zwangsläufig auch eine besondere Lehre oder Theologie (und Kultur) verpflanzen mußten. Jeder einheimische Bekehrte legte für sein eigenes Volk in dessen Sprache und Sitte Zeugnis ab. Daher war für die Missionare der Pb. der Übergang von Missions- zu einheimischen Kirchen in keiner Weise schwierig.

Vgl. die Lit. zu → Pfingstbewegung: I. *D.J.du Plessis*

Pfingsten (P. = Pfingst[en]) ist der deutsche Name (schon mhd.; ahd.: fimfchustin) für das dritte Hochfest der Kirche, das seit dem 4.Jh. am 7. Sonntag nach Ostern als Fest der Ausgießung des Hl. Geistes und der Gründung der Kirche (nach Apg 2) begangen wird. Der Name stammt aus dem Griechischen (πεντηκοστή, dh der 50. Tag). Er kommt in Apg 2, 1; 20, 16; 1Kor 16, 8 vor, wo er offenbar Bezeichnung für das jüdische Ernte- oder Wochenfest (7 Wochen nach Passa; → Feste: II, 4 b) ist. In der kirchlichen Überlieferung der ersten drei Jh.e bezeichnet Pentekoste den ganzen 50 Tage währenden festlichen Zeitraum, der mit der Osternacht beginnt. Diese später so genannte Freudenzeit der Kirche ist gleichsam ein ununterbrochenes Herrenfest zur Verherrlichung des Auferstandenen. In dieser Zeit wird nur stehend, nicht kniend gebetet, es wird nicht gefastet, und in der Liturgie wird das Halleluja reichlich (in der röm. Messe doppelt so oft wie sonst) gesungen. Erst im 4.Jh. beginnt P. ein selbständiges Fest zu werden. Als solches wird es erstmals in einem Kanon des Konzils von Elvira 305 erwähnt. Nun wird es immer mehr das Fest des Hl. Geistes, das gleichrangig neben → Ostern und → Weihnachten steht. Gleichzeitig erhebt sich aus der Pentekoste auch das → Himmelfahrtsfest am 40. Tage nach Ostern zu einem der großen Feiertage der Kirche. - Als Hochfest der Kirche erhält P. dieselbe Würde wie Ostern: drei Feiertage, eine Vigil, eine Oktav, ferner wird es Tauftermin. Im MA finden auch P.spiele zur Veranschaulichung des P.wunders statt, außerdem beginnt sich der besondere P.schmuck im Kirchenraum einzubürgern: die »Maien«, dh Birkenreiser (vgl. Ps 118, 27 Luther!). Auch die berühmten P.hymnen »Veni sancte spiritus« und »Veni creator spiritus« zeugen für die wachsende Bedeutung und Eigenprägung des Festes in der mittelalterlichen Kirche. - P. wird heute in der *röm.-kath.* Kirche als Hochfest dreitätig mit Oktav begangen, wobei allerdings die Oktav seit langem zugleich → Trinitatisfest geworden ist. In die P.woche fällt der P.- → Quatember. Die Sonntage nach dem P.fest bis zum Ende des Kirchenjahres werden nach P. gezählt. - Die *ev.* Kirche feiert P. als das dritte Hauptfest des → Kirchenjahres, den Sonntag nach P. als Trinitatisfest und zählt die folgenden 27 Sonntage »nach Trinitatis«. Der Schmuck der Kirche mit Maien hat sich auch in weiten Bereichen des Protestantismus erhalten (vgl. EKG 107). Auch die genannten Hymnen blieben lebendig (EKG 98f); neue Töne im P.lied fanden A. → Blarer, M. → Schirmer und P. → Gerhardt.

Die altkirchlichen Lesungen des P.festes sind Apg 2, 1-11 und Joh 14, 23-31. Die liturgische Farbe ist rot als Sinnbild des Feuers (Apg 2, 3) und der Kirche. Die besondere Verkündigung an P. ist die Sendung des Hl. Geistes auf die Boten Jesu zu ihrer Ausrüstung als Apostel und Zeugen des auferstandenen Herrn an die Welt, damit zugleich Ursprung der → Mission und Gründung der Kirche Christi auf Erden. - Über P. *in der Kunst* vgl. → Geist: VIII und Taf. 12.

RE XV, 254f - O.Casel, P. (Liturg. Zs. 3, 1930/31, 219-229) - Rietschel-Graff 146. 167f - Leiturgia I, 451ff (G.Kunze) - G. Kretschmar, Himmelfahrt u. P. (ZKG 66, 1954/55, 209-253) - ThW VI, 44ff (Lit.) - EKL III, 174f. *J.Beckmann*

Pfingstkonferenz, *hannoversche,* als »hannoversche Pfarrkonferenz« 1842 von L.A. → Petri begründet, eine »christlich freie und formlose Zusammenkunft« von Theologen, später auch Laien, die der → Erweckungsbewegung verbunden waren. Nach dem Entstehen ähnlicher Konferenzen in Hildesheim, Lüneburg und Stade führte sie seit 1869 den Namen h.P. und behandelte aktuelle Kirchenfragen im Gegensatz gegen den Liberalismus, bes. im → Protestantenverein. 1904 nahm die P. Vereinsform mit zwei jährlichen Mitgliederversammlungen an, auf denen praktisch-kirchliche und wissenschaftliche Themen behandelt wurden. 1921 ging die h.P. in der Luth. Vereinigung auf. - Zur *Gnadauer* P. vgl. → Gnadauer Verband.

E.Rolffs, Ev. Kirchenkunde Niedersachsens, 1938², 87ff (Lit.). *H.Hohlwein*

Pflacher, *Moses* (ca 1548-89), * im damals ev. Emmenhausen bei Buchloe, † in Kempten. P. studierte seit 1567 in Tübingen, wurde 1572 Rektor in Krems, 1573 als Pfarrer nach Ortenburg zur Durchführung der Reformation berufen, 1583 als entschiedener Lutheraner von seinem calvinischen Herrn entlassen, 1585 Pfarrer in Kempten. Außer verschiedenen Predigtbänden, in denen er u.a. gegen den Hexenwahn auftrat, verfaßte er eine oft aufgelegte »Analysis typica«, eine Übersicht über die geschichtlichen Bücher des AT und NT. Seine Bibliothek befindet sich in der Kirchenbibliothek Kempten.

L.Theobald, Joachim v. Ortenburg u. die Durchführung der Reformation in seiner Grafschaft, 1927, 4ff. 153ff. *Math.Simon*

Pfleiderer, *Otto* (1839-1908), seit 1875 Prof. für Syst. Theol. in → Berlin, betonte gegenüber → Ritschl den von → Hegel und F.Chr. → Baur übernommenen dialektisch-idealistischen Entwicklungsgedanken, den er auf die Entstehung und die Geschichte des Christentums anwendete. Gegen die Verwerfung der → Religionsphilosophie, die Einengung der Offenbarung auf Jesus und die Verwendung der Kategorien »Abfall« und »Irrweg« in der Geschichtsbetrachtung machte er entschieden Front. Darum lehnte er auch A. → Harnacks dogmengeschichtliche Konzeption wegen der abschätzigen Beurteilung der »Hellenisierung« des Christentums und der akzentuierten Herausstellung eines »Evangeliums Jesu« ab. P. hat außer im deutschen stark im englischen Sprachgebiet gewirkt, wo er als Führer der deutschen liberalen Theologie galt (→ Liberalismus: III). Hauptarbeitsgebiete: Religionsphilosophie, Paulus, neueste Theologiegeschichte.

RGG² IV, 1156f (Bibliogr., Lit.) - Hirsch V, 562ff. *E.Schott*

Pflicht

1. Begriff - 2. Die Stoa und Kant - 3. Einwendungen gegen die P.-Ethik. - Vgl. → Pflichtenkollision

1. P.en sind bestimmte, dem Menschen auferlegte Handlungen, die sich von den je verschiedenen mitmenschlichen Bindungen her oder aus seiner Arbeit, Stellung oder Mitgliedschaft in einer größeren Gemeinschaft ergeben. So spricht man etwa von den P.en der Eltern ihren Kindern gegenüber, von Amts-P.en oder von ethischen oder rechtlichen P.en, die die Gesellschaft auferlegt. Die einem auferlegten P.en lassen sich einigermaßen überschauen, sie sind von vornherein festgelegt, und man kann sie von Tag zu Tag bewältigen (daher: seine P. »tun«, »erfüllen« oder »versäumen«). Nur was sich ermöglichen läßt, kann P. sein. Eine Aufgabe, die von vornherein das Mögliche übersteigt, ist daher niemals P.; höchstens kann man die P. haben, zu versuchen, sie zu lösen; gelingt es einem nicht, weil die Aufgabe eine Überforderung war, darf nicht der Vorwurf erhoben werden, daß man seine P. »versäumt« habe. Der P.begriff dient häufig dazu, die dem Menschen auferlegten Handlungen, die sich bewältigen lassen, von den Zumutungen abzugrenzen, die seine Möglichkeiten übersteigen.

P. bedeutet weiter, daß man keine freie → Wahl hat, sondern genötigt ist, die betreffenden Handlungen auszuführen (oder zu unterlassen), ob man Lust dazu hat oder nicht. Bes. deutlich tritt der Charakter einer Handlung als P. hervor, wenn wir keine Lust dazu verspüren, weswegen das Wort oft verwendet wird, wenn wir in einem Konflikt zwischen P. und Neigung stehen. Gewiß heißt das nicht, daß man nicht auch seine P. gern und mit Freude tun kann. Immerhin würde man Handlungen oder ihre Unterlassungen nicht mit P. bezeichnen, wenn sie nicht vorwiegend im Gegensatz zu Handlungen stünden, die mit Freude und Lust geübt werden. Etwas zur P. machen heißt, einen Beweggrund schaffen für Handlungen, die der Mensch sonst nicht tun würde (Nowell-Smith).

Der philosophische Gebrauch des Wortes sieht meistens davon ab, daß sich dieses im gewöhnlichen Sprachgebrauch in der Regel auf Handlungen bezieht, die durch Arbeit, Beruf und Bindung an andere Menschen nahegelegt werden, und knüpft statt dessen an dem Moment der Nötigung an, das auch in der Bedeutung des Wortes liegt. Auf diese Weise wird der Begriff P. zum Verpflichtetsein als solchem, dem Grundbegriff der ethischen Tradition, die das Gute als eine an den Menschen gestellte Forderung auffaßt. Die P.-Ethik ist synonym mit der deontologischen Ethik (griech. τὸ δέον = das Richtige, das was gefordert wird) und ist zu unterscheiden von der teleologischen Ethik (griech. τέλος = Ziel, Zweck), die das Gute als das wahre Ziel und den Zweck des menschlichen Strebens ansieht.

2. Von P. (τὸ καθῆκον) ist zum ersten Mal in der → *Stoa* die Rede. Die Voraussetzung, daß der P.begriff hier durchbrechen konnte, ist die Lehre der Stoa vom alles bestimmenden Naturgesetz, der Vernunft im Universum. Damit wird im Verständnis des Guten - unter Beibehaltung der traditionellen griechischen Terminologie - das Gewicht vom Leben, das glückt, auf den Gehorsam verlegt. Das Gute, das Ziel und Zweck war und das Wesen des Menschen zur Entfaltung bringt, besteht nun darin, daß man sich durch P.handlungen in Übereinstimmung mit dem Gesetz und der Vernunft des Universums zu bringen habe. Diese ist auch im einzelnen Menschen zugegen als dessen Vernunft und ist daher auch das Gesetz seiner eigenen Natur; auf diese Weise sind in der Stoa die Reiche der P. und der Natur miteinander verbunden.

Bei → *Kant* werden sie völlig auseinandergerissen. Seine Ethik konzentriert sich auf die als Nötigung verstandene P., wobei der Gegensatz von P. und Neigung überbetont wird. Da unser → Wille von sinnlichen Triebkräften durchsetzt ist - worunter Kant nicht nur Hunger, Durst und Geschlechtstrieb versteht, sondern zB auch Machtstreben, Ehre, Wissen und Freude an der Freude anderer -, kann sich das Moralgesetz, das der reinen Vernunft angehört, meist nur als ein innerer und intellektueller Zwang geltend machen. Die Handlung nun, die der in dieser Weise sinnlich affizierte Wille aus der reinen Vernunft und ihrem Moralgesetz zu tun genötigt ist und die quer gegen die Neigungen geht, ist bei Kant die Handlung aus P. In der P. hebt sich der Mensch also über sich selbst als ein sinnliches Wesen hinaus und stellt sich unter die Disziplin der reinen → Vernunft. Die reine Vernunft jedoch ist nicht von dieser, sondern von der intelligiblen Welt, und die gesamte Sinnenwelt, inbegriffen der Mensch als sinnliches Wesen, ist ihr untergeordnet. Der Entstehungsgrund der P. liegt in der Persönlichkeit des Menschen, die in seiner Unabhängigkeit vom Mechanismus der gesamten Natur besteht; der Mensch als sinnliches Wesen ist daher seiner eigenen Persönlichkeit unterstellt, kraft deren er der intelligiblen Welt angehört. - Nun muß aber nicht unbedingt zwischen Neigungen und Moralgesetz ein Zwiespalt bestehen. Es kann vorkommen, daß der Mensch Handlungen aus einer Neigung übt, die dem Moralgesetz der reinen Vernunft nicht widersprechen. Derartige Handlungen sind indessen nicht moralisch, sondern nur legal (→ Legalität). Kant unterscheidet scharf, ob die Handlungen aus Achtung vor dem Gesetz geschehen - dann ist der Geist des Gesetzes in ihnen und sie sind wirklich moralisch (Handlung aus P.) - oder ob sie nur in Übereinstimmung mit dem Gesetz geschehen, im Grunde genommen aber einer Neigung entspringen - dann erfüllen sie lediglich den Buchstaben des Gesetzes und sind nur legal (pflichtmäßig). Keine Neigung ist nämlich gut in sich selbst. Kant spricht davon, daß es viele teilnehmend gestimmte Seelen gibt, die mit ihrem Wohltun keine eitlen oder selbstsüchtigen Hintergedanken verbinden, sondern denen es eine echte innere Freude bereitet, Frohsinn um sich zu sehen und die Zufriedenheit anderer zu fördern. Das ist alles sehr liebenswert und steht auch in Übereinstimmung mit der P. (pflichtmäßig), und doch ist es ohne sittlichen Wert, denn diese Seelen tun dies nicht aus P., sondern aus Neigung. → Sympathie für andere hat der Mensch nämlich, weil er sein Vergnügen daran findet. Sie ist eine Neigung und als solche von vornherein ethisch disqualifiziert. Die Neigung hat nämlich nicht nur dem Willen seinen Gegenstand geliefert, sondern der Wille will seinen Gegenstand um der Neigung willen. Daher bestimmt allein die reine Vernunft, was gut und böse ist, und nur der Wille kann gut und böse sein, weil nur er das Organ der reinen Vernunft sein kann.

Kants Auffassung liegt seine starke und ausgesprochene Abneigung gegen jede Schwärmerei zugrunde. Er behauptet, daß wir uns in Illusionen verstricken, wenn wir uns die moralische Handlung als eine Handlung vorstellen, zu der wir von selber Lust haben und zu der wir nicht genötigt sind; es ist und bleibt nämlich eine Illusion, wenn wir uns einbilden, daß die Übereinstimmung unseres Willens mit dem reinen Moralgesetz jemals zu unserer Natur werden und das Gesetz aufhören könne, Gesetz zu sein. In einer solchen Einbildung würden wir unsere Endlichkeit leugnen. Es ist sehr schön, aus teilnehmendem Wohlwollen anderen Menschen Gutes zu erweisen oder aus Liebe zur Ordnung gerecht zu sein; dennoch ist es Anmaßung und Verleugnung unserer menschlichen Grenzen. Denn indem wir etwas aus Lust tun, bilden wir uns ein, daß wir uns der P. entziehen können und uns vom Gesetz unabhängig machen können. Das entscheidende Argument gegen das Gut-Handeln aus Lust ist für Kant dies, daß wir uns damit falsche Vorstellungen über unsere eigene Natur machen. Ermutigt man zu edlen, hohen und großzügigen Taten, dh zu verdienstvollen und nicht zu Handlungen aus P., so fördert man die Phantasterei und verleitet die Menschen zu der falschen Vorstellung, daß es sich um die freiwillige Gutartigkeit des menschlichen Gemüts handelt, die weder Sporen noch Zügel braucht. Ferner wird der Nachdruck auf das Verdienstvolle des Tuns verschoben, anstatt ihn auf die Schuldigkeit zu legen.

Unter Kants Einfluß wurde P. das Grundwort des größten Teils der philosophischen und theologischen → Ethik des 19. und beginnenden 20.Jh.s. Von und mit der → Existenzphilosophie und der → dialektischen Theologie wird es von dem Wort → Verantwortung abgelöst. Die Auswechselung ist ideengeschichtlich außerordentlich erhellend, wie auch der Vergleich beider Begriffe geeignet ist, ihren verschiedenen Bedeutungsgehalt herauszustellen.

3. Drei *Einwände gegen die P.-Ethik* können erhoben werden.

a) Wiewohl P. und Neigung oft miteinander in Konflikt stehen, ist es kaum haltbar, die Handlung aus P. im exklusiven Gegensatz zur Handlung aus Neigung zu bestimmen - als käme die Handlung aus reiner Nötigung ohne jede Form von Neigung zustande. Gewiß kann der Mensch - erfüllt von Unlust gegen den Gegenstand oder die Situation, die das Ziel seiner Handlung ist - gegen seine Neigung handeln, aber das ist doch nur der Fall, weil eine andere Neigung stärker ist, nämlich in Übereinstimmung mit dem handeln zu wollen, was er als seine P. ansieht. Im übrigen hat Kant selber hier eine Schwierigkeit gesehen. Er ist sich im klaren darüber, daß die Handlung aus P. nicht ohne einen Beweggrund, der in der faktischen Psyche des Menschen vorliegt, zustande kommen kann. Er findet diesen in der Achtung vor dem Moralgesetz und er überwindet die Schwierigkeit, indem er die Achtung zu einem Gefühl macht, das nicht auf der Vorstellung eines Gegenstandes beruht und weder als Vergnügen oder Schmerz anzusehen ist, sondern das allein auf der Vorstellung des Moralgesetzes und dem Interesse, diesem zu folgen, beruht. Verschieden von allen anderen Gefühlen hat die Achtung, die selbst ein empirisches Phänomen ist, keinen empirischen Ursprung, sondern ist intellektueller Herkunft, indem sie nämlich vom Moralgesetz ausgeht.

b) In der P.-Ethik besteht folgendes Räsonnement: Was aus Neigung getan wird, geschieht, um diese zu befriedigen. Daher ist die Handlung aus Neigung eigennützig, mag auch die Eigennützigkeit maskiert sein, zB bei Neigungen wie Wohlwollen und Sympathie. Sie wird entlarvt, wenn man darauf aufmerksam wird, daß die Handlungen aus Wohlwollen und Sympathie nur deshalb getan werden, weil das Wohlwollen und die Sympathie als die Neigungen, die sie nun einmal sind, Befriedigung verlangen, und weil einem nicht wohl zumute ist, wenn sie nicht befriedigt werden. - Der Ausgangspunkt des Räsonnements ist aber psychologisch gesehen nicht haltbar. Im Hinblick auf die Terminologie der von Kant ausgearbeiteten P.-Ethik ist zunächst zu sagen, daß Kant, wenn er findet, daß eine Neigung befriedigt werden will, recht besehen Bedürfnisse meint, denn Befriedigung ist das Korrelat zu Bedürfnis. Abgesehen davon aber liegt dem Räsonnement der P.-Ethik der sog. hedonistische Irrtum zugrunde (→ Hedonismus). Man konstatiert - mit Recht -, daß sich bei einem Streben, das einem Bedürfnis entspringt, ein Behagen einstellt, wenn das Bedürfnis befriedigt und der erstrebte Gegenstand erworben oder die erstrebte Situation erreicht wird. Man meint nun - und hier liegt der Irrtum -, daß das »eigentliche« Ziel des Strebens des Individuums »recht besehen« das Behagen ist. Das ist verkehrt; normalerweise wird der Gegenstand und die Situation, nicht aber das Behagen erstrebt, wenn man auch aus der Erfahrung weiß, daß es sich einstellt. Ist nun das bedürfnisfundierte Streben (bei Kant: die Neigungen) nicht auf die Befriedigung und ihr Behagen ausgerichtet, so erübrigt sich die Diffamierung der Handlung aus Neigung, die die Voraussetzung der P.-Ethik ist. Der exklusive Gegensatz zwischen P. und Neigung, mit dem sie operiert, ist demnach eine Übertreibung.

c) Endlich erkennt Kant nicht, daß die Nötigung, die ein so charakteristisches Element der P. ist, ihren Grund darin und ihren Inhalt von daher hat, daß die Natur und die Welt des Menschen so beschaffen sind, daß der einzelne, ob er will oder nicht, in die → Entscheidung für oder gegen den anderen gestellt ist. Kant weiß wohl, daß wir in der ethisch relevanten Situation stets unter einer Nötigung stehen, mögen wir ihr nun folgen oder nicht. Doch führt er die Nötigung nicht auf die Grundstruktur unseres Daseins als eines einander Ausgeliefertseins zurück. Folgen wir nämlich der Nötigung, das uns ausgelieferte Leben zu schützen, nicht, so mißbrauchen wir unsere → Macht (: III) und machen uns der Lebenszerstörung schuldig.

Kants mangelnder Sinn für die ontologische Basis der ethischen Nötigung erklärt sich daher, daß er den gesamten Begriffsapparat, mit dem er seine Erkenntniskritik aufgebaut hatte, auf die Daten des moralischen Lebens überträgt; diese erhalten also keine eigene und vorurteilslose Deutung, sondern werden in die erkenntnistheoretisch ausgearbeiteten Begriffe gezwängt. Die in der P. enthaltene Nötigung wird nämlich von Kant mit dem Begriff des absolut Notwendigen identifiziert, den er in seiner Erkenntniskritik untersuchte. Da er dort zu dem Ergebnis kam, daß das absolut Notwendige → a priori seinen Grund in den Begriffen der reinen Vernunft hat, schließt er analog, daß das ethisch Verpflichtende seinen Grund ebenfalls dort habe. Es kann somit unmöglich einer Erfahrung entspringen, »der Natur des Menschen oder den Umständen der Welt, darin er gesetzt ist« (Grundlegung zu einer Metaphysik der Sitten, Akademie-Ausg. IV, 385), denn was seinen Grund in der Erfahrung hat, kann nur zu einer empirischen Erkenntnis führen, die als solche niemals absolut notwendig sein kann. Die Natur des Menschen und die Umstände der Welt, in die er gestellt ist, sind somit von vornherein vom erkenntnistheoretischen Gegensatz zwischen der reinen und der empirischen Erkenntnis bestimmt. Sie sind Gegenstand der empirischen Erkenntnis, und da diese nur mit zufälligen Daten zu tun hat, ist das erste, was von der Natur des Menschen und der Welt zu sagen ist, dies, daß hier alles zufällig ist. Das heißt nun aber, daß die Grundstruktur unseres Daseins, an der wir nichts ändern können, auf diese Weise von vornherein zu zufälligen Umständen unseres Gehorsams oder Ungehorsams gegen das Moralgesetz nivelliert wird.

Die durch die reinen Verstandesbegriffe zuwege gebrachte Ordnung der Natur des Menschen und der Welt zu einer Einheit der Erfahrung, die in der Erkenntniskritik nachgewiesen wurde, ist für Kant ins Ethische übertragen lauter Unordnung. Wo die Naturkausalität herrscht, besteht ethisch gesehen Gesetzlosigkeit. Die Vernunft muß daher in der Ethik auf eine neue, nämlich auf eine praktische Weise eine Ordnung etablieren, die auf diese Weise freilich nichts mit der Grundstruktur unseres Daseins zu tun hat, sondern von der Vernunft selber hergestellt werden muß. Nur die Vernunft ist in der Lage, das moralische Universum zu schaffen.

Für Kant ist nur die rein formale Bestimmung des Willens verpflichtend. Sonst wäre der Wille auf die Art der Naturkausalität durch die Neigungen bedingt. Eine dritte Möglichkeit, eine Bestimmung des Willens, die weder rein formal wie die der Vernunft, noch naturkausal wie die der Neigungen ist, sondern die zugleich material und verpflichtend ist, weil sie der Grundstruktur des Daseins, der Natur des Menschen und den Umständen der Welt entspringt, in die er gestellt ist, kennt Kant nicht.

Vgl. die Lit. zu → Ethik. Ferner: I.KANT, Grundlegung zu einer Metaphysik der Sitten, 1785 - DERS., Kritik der prakt. Vernunft, 1788 - M.SCHELER, Der Formalismus in der Ethik u. die materiale Wertethik, (1913/16) 1954[4] - EISLER II, 409ff (Lit.) - K.LÖWITH, Das Individuum in der Rolle des Mitmenschen, 1928 - C.D.BROAD, Five Types of Ethical Theory, London (1930) 1944 - G.KRÜGER, Philos. u. Moral in der Kantischen Kritik, 1931 - H.REINER, P. u. Neigung, 1951 - R.M.HARE, The Language of Morals, Oxford 1952 - P.H. NOWELL-SMITH, Ethics, London 1954. *K.E.Løgstrup*

Pflichtenkollision

1. Begriff - 2. Pk. und Versuchung - 3. Regeln zur Lösung von Pk.en - 4. Gibt es unlösbare Pk.en? - P. = Pflicht, Pk. = Pflichtenkollision. - Vgl. → Pflicht

1. Unter Pk. versteht man eine vom einzelnen selbstverschuldete oder nicht selbstverschuldete → Situation, in der verschiedene ethische und rechtliche Verpflichtungen gegeneinanderstoßen und in der die Berücksichtigung der einen stets zugleich das Versäumnis der anderen bedeutet. Dem allgemeinen Sprachgebrauch gemäß meint Pk. nur den Zwiespalt des einzelnen, der zwischen zwei Handlungen wählen muß, die beide für ihn P., aber unvereinbar sind, nicht aber den Zwiespalt zwischen zwei verschiedenen Personen, die je für sich aus einer P. handeln, die sich mit der P. des anderen nicht vereinbaren läßt.

2. Es liegt nahe, die Pk. der → *Versuchung* gegenüberzustellen. Die Versuchung bezeichnet eine Situation, in der ethische und unethische Belange miteinander kollidieren, wobei der einzelne in Versuchung gerät, auf Kosten seiner P. und entsprechend seiner Neigung zu handeln. Doch lassen sich Pk. und Versuchung nicht in dieser Weise scharf voneinander trennen; zT überschneiden sie sich, und in manchen Fällen sind sie nur zwei Aspekte der gleichen Situation. Denn abgesehen davon, ob es überhaupt Pk.en gibt, bei denen zwei ethische Rücksichten gleich schwer wiegen, so gibt es jedenfalls Pk.en, bei denen sich leicht entscheiden läßt, welche der beiden kollidierenden P.en in ethischer Beziehung am schwersten wiegt. In einer solchen Situation kann der einzelne durchaus versucht sein, die leichteste, weil bequeme Rücksicht zu wählen; die Pk. ist also hier zugleich Versuchung.

3. Gibt es *Regeln zur Lösung von Pk.en?* Jede teleologisch orientierte Materialethik, die mit einer Rangordnung der Güter als der Ziele menschlichen Strebens operiert, bejaht die Frage. Bereits aus der Rangordnung als solcher leitet sich die Regel ab, daß das höhere Gut den Vorrang vor dem niederen hat. Da die griechische und röm.-kath. Ethik sowie diejenige von M. → Scheler teleologisch orientiert sind, sich also auf die Wertordnung berufen (→ Wertethik), lassen sich aus ihnen Regeln zur Lösung der Pk. herleiten. - Der kath. → Moraltheologie zufolge ist eine eigentliche Pk. objektiv gesehen nicht möglich. Jede ethische Verpflichtung geht nämlich auf das zurück, was Gott vom Menschen verlangt, und das kann nicht etwas sich selbst Widersprechendes sein. Subjektiv gesehen kann sich der Mensch dagegen durchaus in einer Pk. befinden, sofern ihm nicht klar ist, welche der beiden P.en den Vorrang hat. Zur Lösung gibt es etwa folgende Regeln: die P. geht dem Rat voraus, die naturrechtlich begründete P. der im positiven Gesetz begründeten, die göttliche der menschlichen, das Verbot dem Gebot. Die Rechts-P., dh eine P., deren Befolgung andere von einem verlangen können und zu deren Befolgung man gezwungen werden kann, geht der Liebes-P. voraus; die P., die das höhere Gut, die Errettung der Seele betrifft, geht P.en voraus, die das sachlich weniger wichtige Gut, das leibliche Leben angehen. Reichen die P.regeln nicht aus, um die Pk. zu lösen, und läßt sich der Zweifel darüber, welche der unvereinbaren P.en man befolgen soll, nicht beheben, so muß der einzelne dahin entscheiden, was ihm am sichersten vorkommt.

4. Gibt es Pk.en, bei denen der Konflikt *unlösbar* ist? Sicher ist, daß Pk.en, die man für bes. zugespitzt hält, recht besehen meistens fiktiv sind. In Wirklichkeit weiß man sehr wohl, welche P. man zu befolgen hat, aber man verspürt keine Neigung dazu. Die Situation ist also die der Versuchung. Der durch die Versuchung ausgelöste Überlegungsprozeß möchte unter den unbequemen Auswirkungen, die die Befolgung der P. mit sich brächte, eine solche finden, die zugleich ethisch bedenklich ist. Dann läßt es sich nämlich ethisch verantworten, das zu unterlassen, was man zunächst noch für seine P. hielt. Je stärker man die Folgen seiner P.erfüllung ethisch verdächtigen kann, desto besser kann man das der Versuchung Erliegen als eine Art P. hinstellen, bis schließlich die Überlegung so endet, daß man ein vollkommenes ethisches Gleichgewicht zwischen zwei kollidierenden Handlungsmöglichkeiten zuwege gebracht hat. P. stemmt sich nun gegen P. Es ist einem gelungen sich einzubilden, daß man in einer Pk. steht. Man kann die bequeme wie die unbequeme Lösung wählen, beides läßt sich gleich verantworten. Die klassische Charakteristik des ethischen Überlegungsprozesses als eines Zwiespaltes zwischen P. und Neigung reicht daher durchaus nicht immer zu. Sie übersieht das Eigentümliche der durch die Versuchung ausgelösten Überlegung, die nur dazu dient, die Versuchung als Pk. zu tarnen.

Gibt es nun aber trotzdem unlösbare Pk.en, von denen man also sagen kann, daß, gleichviel welche Entscheidung die sich im Zwiespalt befindende Person auch getroffen haben mag, sie ethisch gesehen ebensogut die entgegengesetzte Entscheidung hätte treffen können? Dieser Fall ist kaum denkbar; eine solche Pk. würde nämlich eine Wahlsituation schaffen, die ethisch gesehen abnorm wäre. Denn die ethische Wahlsituation zeichnet sich gerade dadurch aus, daß es sich in ihr stets um das handelt, was man zu tun genötigt ist, ob man es tut oder nicht. Gerade das wird ja durch die Worte »sollen«, → »Pflicht«, → »Verantwortung« ausgesagt. Sie gehen davon aus, daß die ethische → Wahl die Wahl des Gebundenen ist; sie ist also der Gegensatz zur freien Wahl, vor der wir stehen, wenn keine Rücksichten,

Regeln, Aufgaben o.ä. uns binden. Bei einer Pk. jedoch, wo die kollidierenden P.en gleich schwer wiegen, stünden wir ja gerade in einer freien Wahl; die Balance höbe sozusagen die Bindungen auf, und wir könnten ungebunden, dh beliebig entscheiden. Das wäre eine ethische Absurdität, wenn es sich tatsächlich um schwerwiegende ethische Rücksichten handelte, von denen dann jedenfalls eine versäumt werden müßte.

Vgl. die kath. u. prot. Gesamtdarstellungen der → Ethik u. die Lit. zu → Pflicht. *K.E.Løgstrup*

Pflug, *Julius* (1499-1564), * in Eythra bei Leipzig, letzter kath. Bischof von → Naumburg-Zeitz (seit 1541 bzw. 1547), vorher Inhaber zahlreicher Pfründen. Schon in seiner Zeit galt P. vielfach als ein Mann, der dem »Evangelium« zugetan war, jedoch als Pfründenkumulator und wegen seiner Bindung an den Dresdener Hof (→ Georg, 5), den Mainzer Erzbischof usw nicht den Mut hatte, offen zu bekennen. Tatsächlich war P. ein Erasmus und auch Melanchthon verehrender Humanist (Schüler des → Mosellanus in Leipzig), der auf eine Kirchenreform hinarbeitete, aber dem alten Glauben uneingeschränkt anhing und rege Beziehungen zu → Hosius, → Canisius, → Malvenda u.a. hatte. P. war Mitverfasser des Regensburger Buches (1541) und des Augsburger → Interims (1548). 1554 nahm er am Tridentinum teil.

RE XV, 260ff - SCHL. 5622. 17222-17232 b. 31567-31572 (davon 31567, 31567 a u. 31568 a-h die Werke P.s). *F.Lau*

Phänomenalismus (franz.: phénoménisme; engl.: phenomenalism), ein von den Kantianern im 19.Jh. (Renouvier) eingeführter Terminus, der nicht eine philosophische Schule, sondern einen Typus philosophischer Lehrsätze benennen soll. Einen Ph. lehrt, wer 1. die Möglichkeit der Erkenntnis von Seiendem auf die Erkenntnis von Vorstellungen beschränkt, die selbst schon unter Bedingungen ihres Gegebenseins für einen Erkennenden stehen, und 2. von diesen Vorstellungen den Begriff eines Seienden an und für sich (→ Ding an sich) unterscheidet. Daß solches Seiende wirklich ist, muß der Ph. nicht annehmen. Die Frage nach seiner Wirklichkeit kann auch als grundsätzlich unentscheidbar gelten. - Zum Ph. kann man durch verschiedene Begründungen gelangen: zB durch eine Kritik der sinnlichen Qualitäten aller Wahrnehmung (seit der Sophistik), durch eine Destruktion unserer Begriffe von an und für sich bestimmten Dingen (→ Locke, → Hume) sowie durch eine Begrenzung der Anwendung der rationalen Grundbegriffe der Erkenntnis auf Erfahrung in Raum und Zeit (→ Kant). - Allem Ph. gemeinsam ist die Erklärung der Erkenntnis aus einer »Beziehung« eines individuellen erkennenden Subjektes auf »ihm gegebene« Vorstellungen. Auf einen Ph. kommen u.a. die Positionen von → Comte, Mach, Avenarius und der »Philosophischen Analysis« in ihrer ersten Phase (→ Russell) hinaus. - Ein angemessener Einwand gegen den Ph. wird vor allem seine Voraussetzung treffen. Denn ist diese einmal zugestanden, so kann die Konsequenz des Ph. kaum vermieden werden. Kritiker des Ph. in diesem Sinne sind alle Theorien von einer ursprünglichen Produktivität des Erkennens (→ Fichte, → Cohen, zuletzt W.Cramer), J.Rehmkes Theorie von der Erkenntnis als einem »beziehungslosen Haben« von Wirklichkeit, die genetische Konstitutionsphänomenologie von → Husserl und → Heideggers Lehre vom → Dasein als ursprünglichem »In-der-Welt-sein«.

J.REHMKE, Philos. als Grundwissenschaft, (1910) 1929² - R. WAHLE, Zur Begriffsbestimmung des Ph. (Vjschr. f. wiss. Philos. 36, 1912, 1-18) - H.KLEINPETER, Der Ph., 1913 - W.CRAMER, Grundlegung einer Theorie des Geistes, 1957. *D.Henrich*

Phänomenologie (ph. = phänomenologisch). Infolge seines wenig bestimmten Wortsinnes ist der Ausdruck »Ph.« in sehr verschiedener Weise verwendet worden. Er tritt 1764 bei J.H.Lambert als Titel des 4. Teiles seines »Neuen Organon« auf und bezeichnet dort eine kritische Untersuchung des Verhältnisses zwischen »dem, was eine Sache in der Tat ist«, und »dem, was sie durch die Empfindung in uns hervorruft«. In ganz anderer Bedeutung verwendet → Hegel (in der »Ph. des Geistes«) den Ausdruck als Titel für seine Darstellung des Bewußtseins in seiner Fortbewegung vom ersten unmittelbaren sinnlichen Bewußtsein bis zum absoluten Wissen. Im späteren 19.Jh. - durch seine Verwendung zB bei Ed.v. → Hartmann (in der Ethik), E.Mach (in der Physik), F. → Brentano (in der Psychologie) - nimmt er dann die allgemeine und unspezifische Bedeutung an, in der er auch heute noch vielfach, bes. in der Psychologie, Verwendung findet und in der er denjenigen Teil einer Wissenschaft oder einer wissenschaftlichen Erörterung bezeichnet, der sich ausschließlich mit der differenzierend-beschreibenden Darstellung der Tatsachen oder Gegebenheiten eines bestimmten Sachbereichs befaßt im Gegensatz zu aller theoretischen, interpretierenden oder erklärenden Behandlung dieser Gegebenheiten.

Die heute vorherrschende Bedeutung hat der Ausdruck »Ph.« erst durch die Philosophie → Husserls und der um ihn sich bildenden ph.en Schule erhalten. Bei Husserl bezeichnet »Ph.« die von ihm entwickelte philosophische Methode reiner, alle Theorie radikal ausschließender Beschreibung von Phänomenen, durch die sich der Zugang zu einer Domäne evidenter, absolut gewisser Erkenntnisse öffne und damit die Möglichkeit, Philosophie als strenge Wissenschaft zu begründen. Das Gegebene (die Phänomene), das den Gegenstand dieser Methode bildet, deren Konzeption es Husserl erlaubt, von sich und seiner Schule als den »echten Positivisten« zu sprechen (Ideen I, 38), sind indessen nicht die Gegenstände, die sich der Wahrnehmung des in natürlicher Einstellung in der Welt lebenden Menschen darbieten, noch sind es die Gegenstände der empirischen naturwissenschaftlichen Forschung; vielmehr sind es die nach der These von der Intentionalität des Bewußtseins (→ Husserl) jedem derartigen und jedem möglichen Gegenstand überhaupt entsprechenden Bewußtseinserlebnisse (Intentionen, Akte, Noësen). In der reflektiven Wendung der Aufmerksamkeit vom naiv als seiend und so und so beschaffen wahrgenommenen Gegenstand auf die Bewußtseinserlebnisse, in denen dieser Gegenstand als ein seiender, so und so beschaffener gegeben ist, besteht der erste wesentliche Schritt der ph.en Methode. Durch ihn wird die Frage der faktischen Existenz, Entstehung usw des Gegebenen gleichsam »eingeklammert« (es wird ihr gegenüber eine Haltung der »epoché« eingenommen), und es wird gerade und nur als so und so *erlebtes*, als mir in jeweils bestimmten Weisen bewußtes und gegebenes Phänomen zum Gegenstand der deskriptiven Analyse. Der zweite Schritt der Methode besteht im Vollziehen einer eigenartigen »eidetischen Abstraktion«, der »Ideation« oder »Wesensschau«, durch die man, an den jeweils zunächst gegebenen individuellen Bewußtseinserlebnissen ansetzend, die die ph.e Reflexion (oder »Reduktion«) in den Blick bringt, deren Wesen in strenger Allgemeinheit »erschaut« und damit in den Besitz von Erkenntnissen gelangt, die für jedes entsprechende individuelle Bewußtseinserlebnis und ferner für jeden zugehörigen individuellen Gegenstand (als einen wesentlich nur vermittels dieses Erlebnisses zur Gegebenheit kommenden) Gültigkeit haben. Diese Ph., die Husserl im 1. Buch seiner »Ideen« (1913) grundlegend und systematisch entwickelt, ist also scharf unterschieden von aller deskriptiven Psychologie. Sie beschreibt nicht empirische Bewußtseinserlebnisse, sondern ist »deskriptive Wesenslehre der reinen Erlebnisse« (Ideen I, § 75). Als solche ist sie eidetische oder Wesens-Wissenschaft; und als die Wesensstrukturen aller möglichen Bewußtseinserlebnisse und damit aller möglichen, wesentlich nur durch solche Erlebnisse zur Gegebenheit kommenden empirischen Gegenstände überhaupt erforschende, ist sie »erste Philosophie« und die allen übrigen vorausliegende Grundwissenschaft schlechthin.

Während die Weiterentwicklung der Ph. Husserls zur »transzendentalen Ph.« von vielen seiner Schüler nicht übernommen, ja, als eine Überschreitung des ph.en Grundprinzips der »epoché« gegenüber allen Fragen der Existenzart der zu beschreibenden Gegebenheiten empfunden wurde (so bei Th.Celms), wurde die in ph.er Einstellung geübte Wesensschau und Wesensbeschreibung zum eigentlichen Merkmal der ph.en Schule. Man sah die Errungenschaft der Ph. in der Entdeckung des »materialen Apriori« - eines der Anschauung (wenn auch nicht der empirischen Anschauung) unmittelbar zugänglichen Reiches von Was- oder Wesenheiten und zwischen ihnen obwaltenden Wesensgesetzen, die die Evidenz entsprechender, diese Strukturen und Gesetze beschreibender Urteile als notwendig und apriori wahrer, aber zugleich synthetischer oder materialer Urteile begründeten. In der Einschränkung synthetischer Urteile apriori auf den formalen Bereich, die → Kant vollzogen hatte, sah man eine »Verarmung«, die der nachfolgenden Philosophie verhängnisvoll werden mußte; »in Wahrheit«, so schrieb Reinach in seinem für den Geist der damaligen ph.en Bewegung sehr instruktiven Vortrag »Was ist Ph.?«, »ist das Gebiet des Apriori unübersehbar groß; was immer an Objekten wir kennen, sie alle haben ihr ›Was‹, ihr ›Wesen‹, und von allen Wesenheiten gelten Wesensgesetze« (61f).

Die Erforschung des materialen Apriori wurde von den Phänomenologen mit großer Intensität und in den verschiedensten Sachbereichen aufgenommen. Es entstand eine Fülle ph.er Analysen, die im wesentlichen in Husserls »Jahrbuch« erschienen. Neben Husserls eigenen Analysen zur → Logik und → Erkenntnistheorie seien hier nur hervorgehoben A.Pfänder (für Psychologie und Logik), M.Geiger (Ästhetik), W.Schapp (Wahrnehmungslehre), H.Conrad-Martius (Ontologie), A.Reinach (Grundlagen des bürgerlichen Rechts), R.Ingarden (u.a. Literaturwissenschaft), O.Becker (Mathematik) und M. → Scheler (Erkenntnistheorie, Anthropologie, Ethik), dessen »materiale Wertethik« für die folgende ethische Philosophie (vgl. die Ethik N. → Hartmanns) überaus einflußreich wurde.

Eine besondere Fortbildung des ph.en Ansatzes brachte → Heideggers Werk »Sein und Zeit«, dessen Analysen als ph.e eingeführt werden, wobei aber die ph.e Methode in eigenwilliger Interpretation in eine Methode des »λέγειν τὰ φαινόμενα« (»Das was sich zeigt, so wie es sich von ihm selbst her zeigt, von ihm selbst her sehen lassen«) umgebildet wird (Sein und Zeit 34). Das für die klassische Ph. charakteristische Moment der Wesensschau und der apriorischen Evidenz der gewonnenen Einsichten tritt dabei in den Hintergrund; und wenn Heidegger auch noch Ausdrücke wie »wesenhaft« verwendet, so bleibt der logische Status der so qualifizierten Einsichten doch gänzlich ungeklärt. Ebenso ist Heideggers Überzeugung, daß der »Sinn« der ph.en Methode die »Auslegung« (Hermeneutik) sei (S. 37), daß sie nämlich gerade nicht das zunächst Gegebene, sondern vielmehr das zunächst Verborgene ans Licht zu bringen habe, nicht in Einklang zu bringen mit dem ph.en Prinzip der strengen Beschränkung auf in *unmittelbarer* Selbstgegebenheit Anschaubares (vgl. M. Beck). Namentlich über Heidegger und Scheler setzt sich der Einfluß der Ph. in der Entwicklung der sog. → Existenzphilosophie, der philosophischen → Anthropologie (: II), der → Psychologie und → Psychiatrie fort (vgl. → Sartres Hauptwerk »L'être et le néant« mit dem Untertitel »Essai d'ontologie phénoménologique«; Merleau-Pontys »Phénoménologie de la perception«; die ph.e »Daseinsanalytik« Binswangers).

Die Fortentwicklung der Ph., sowohl im engeren Sinne der Ph. Husserls als auch im soeben angedeuteten weiteren Sinne, sowie die kritische Auseinandersetzung mit ihr, darf nach wie vor als ein wesentliches und vorherrschendes Element in der zeitgenössischen Philosophie des europäischen Kontinents gelten. In der das angelsächsische Denken vorwiegend bestimmenden logisch-empiristischen und sprach-analytischen Philosophie (→ Theologie und Philosophie) spielt die Ph. demgegenüber so gut wie keine Rolle. Schon in den Tagen des sog. Wiener Kreises ist von dieser Seite heftige Kritik an ihr geübt worden. M.Schlick machte 1931 das Argument geltend, daß die apriorischen Notwendigkeiten, die die Phänomenologen als Seins-Gesetzlichkeiten zu entdecken glaubten, in Wahrheit nichts anderes seien als logische Notwendigkeiten von Sätzen (der vermeintlichen material-apriorischen Urteile), die allein durch - im Prinzip willkürliche und abänderbare - Definitionen oder Regeln hervorgerufen werden, die dem Gebrauch von sprachlichen Ausdrücken zugrunde liegen. Dieses Argument ist seither von verschiedenen Philosophen (bes. von A.J.Ayer) entwickelt worden. Wie immer es um das Recht dieser Argumentation stehen mag, jedenfalls lenkt sie den Blick auf die beachtenswerte Tatsache, daß die Phänomenologen niemals geprüft haben, welche Rolle möglicherweise die zur Formulierung der von ihnen erschauten Wesensnotwendigkeiten verwendeten sprachlichen Ausdrücke, und also überhaupt die → Sprache für das Zustandekommen dieser Notwendigkeiten spielt. Ohne eine solche Prüfung wird eine befriedigende Klärung der Natur der ph.en Wesenseinsichten schwerlich zu gewinnen sein. In jedem Fall wird man daher bei dem Versuch einer Beurteilung der Ph. unterscheiden müssen zwischen den sachlichen Resultaten ihrer Wesensdeskriptionen, die sich nicht nur für die Philosophie, sondern auch für manche Einzelwissenschaften als klärend und fruchtbar erwiesen haben, und der erheblichen Bedenken ausgesetzten Interpretation dieser sachlichen Einsichten (als intuitiv erfaßbarer, material-apriorischer Wahrheiten), die die Phänomenologen selbst ihnen gegeben haben.

Vgl. die Lit. zu → Husserl. Bibliogr. zur Ph. überhaupt bei L.van Breda in: La Philos. au milieu du XXe siècle II, ed. R.Klibansky, Florenz 1958, 65-70. - Vgl. bes.: A.Reinach, Was ist Ph.?, (1921) 1951² - W.Reyer, Einführung in die Ph., 1926 - J.Kraft, Von Husserl zu Heidegger, (1932) 1957² - G.Misch, Lebensphilos. u. Ph., (1929-30) 1931² - M.Beck, Der ph.e Idealismus, die ph.e Methode u. die Hermeneutik (in »Philos. Hefte«, hg.v. M.Beck, II/2), 1930 - M.Schlick, Gibt es ein materiales Apriori? (in: Ges. Aufsätze, 1938, 19-30) - L.Landgrebe, Ph. u. Metaphysik, 1949 - H.Lübbe, Das Ende des ph.en Platonismus (Tijdschrift voor Philos. 16, Louvain 1954, 639-666) - Symposion: Phenomenology and Linguistic Analysis (The Aristotelian Society, Suppl.-Bd 33, London 1959, 93-124). - Ferner: Jb. f. Philos. u. ph.e Forschung, hg.v. Husserl, 1913-30 - Journal of Philos. and Phenomenological Research, hg.v. M.Farber, Buffalo 1940ff (vierteljährlich).

H.Delius

Phänomenologie der Religion

1. Wesen der Ph. der R. - 2. Geschichte der Ph. der R. - R. = Religion

1. Die Ph. der R. ist sowohl von der → Religionsgeschichte wie von der → Theologie zu unterscheiden.

Während die R.sgeschichte das Werden der R.en und die religiösen Phänomene in ihren historischen Zusammenhängen beschreibt, hat es die Ph. der R. mit den einzelnen Phänomenen über ihre historischen Zusammenhänge hinweg zu tun; sie ist deshalb weder an evolutionistischen noch an anti-evolutionistischen Theorien über das Werden oder die Anfänge der → Religion interessiert. Im Unterschied zur Theologie beschränkt sich die Ph. auf die Phänomene, dh auf das, was sich zeigt. Die ihr eigene Zurückhaltung, die ἐποχή, verbietet ihr, nach dem »Dahinter« des Phänomens zu fragen; sie »weiß nur vom Tun des Menschen in der Beziehung zu Gott, nicht vom Tun Gottes zu erzählen«. Sie kann sich andererseits nicht mit bloßem Sammeln von Material zufrieden geben; sie sucht deshalb nach einem Sinnzusammenhang und ist dafür auf das historische Material angewiesen, das die R.sgeschichte bereitstellt. Voraussetzung für das Verstehen von religiösen Phänomenen aller Zeiten und Zonen ist, daß der Mensch selbst der frühesten Zeiten und fremdartigsten Ausdrucksformen gleichen Wesens ist wie der moderne R.sphänomenologe. Vorausgesetzt wird also ein bestimmtes Menschenbild und Selbstverständnis des Phänomenologen. Dies Selbstverständnis aber ist vom eigenen Glauben abhängig. Insofern ist die Ph. der R. wie von der R.sgeschichte so von der Theologie nicht zu trennen. Sie ist jedoch nicht mit der Frage nach dem Heil, sondern nach dem Sinn eines Phänomens beschäftigt. Sie stellt verwandte Phänomene ungeachtet ihres historischen Ortes und Zusammenhanges nebeneinander und sucht ihre Beziehungen zueinander. Sie beschränkt sich dabei weder auf den christlichen Bereich, noch schließt sie ihn aus, da es nicht um Bezeugen, sondern um Verstehen geht. Ph. als Rede über das, was sich gezeigt hat, beginnt mit dem Klassifizieren der unübersehbaren Fülle religiöser Phänomene. Die so sich ergebenden Gruppen von Phänomenen bekommen Namen: → Opfer, → Gebet, → Mythos, → Heiland, → Priester usw. Für diese Klassifizierung und Namengebung ist von Anfang an das Bemühen um die - nicht gefühlsmäßige - Einfühlung oder das Einleben in das Phänomen oder umgekehrt die »Einschaltung des Phänomens in das eigene Leben« nötig. Nur so ist die Frage nach dem Wesen des Opfers, des Gebetes, des Priesters usw zu beantworten. Dies Verstehen ist nicht dem Verstehen dessen vergleichbar, was jemand sagt, sondern dem Verstehen dessen, der etwas sagt, in den man sich hineinversetzt. Wenn daher bestimmte Phänomene, bes. die unter dem Begriff Dynamismus (→ Macht: I) zusammengefaßten, so fremd erscheinen, daß die Meinung auftreten kann, man habe es mit Äußerungen von Menschen zu tun, die nicht Menschen unserer Art sind oder doch mit einer ganz anderen Logik als der unseren ausgestattet (vgl. → Lévy-Bruhl), gilt es zwischen dem unmittelbaren Ausdruck eines Ergriffenheitszustandes und dem Eigenleben zu unterscheiden, das er mit der augenblicklich eintretenden Entfernung von diesem Zustand annimmt, und zu jenem hindurchzustoßen. Zeigt sich an dieser Stelle Verwandtschaft der Ph. der R. mit der → Religionspsychologie, so ist sie von dieser nicht nur dadurch unterschieden, daß sie nicht experimentieren kann. Obgleich sie nämlich die Phänomene ungeachtet ihres historischen Zusammenhanges untersucht, kann sie von der Tatsache nicht absehen, daß der Mensch, mit dem sie es überall zu tun hat, immer geschichtlich bedingt ist. Das religiöse → Erlebnis, das numinose Gefühl des einzelnen setzt immer geschichtlich gewordene, institutionelle R. voraus, in der und an deren Tradition es sich entzündet. Die Ph. der R. hat es deshalb primär mit dem Kult einer → Gemeinschaft zu tun. Wie ein Verstehen nicht möglich wäre, wenn man dem sog. primitiven Menschen individuelle R. absprechen wollte, so wäre es ebensowenig möglich, wollte der Phänomenologe vergessen, daß auch moderne R. durch Geschichte und Gemeinschaft vermittelt und bedingt ist. Obwohl die Ph. nicht Gott und sein Tun zu bezeugen, sondern das Handeln des Menschen mit Gott zu verstehen hat, wird doch nicht nur das Selbstverständnis des Phänomenologen, sondern auch die Sicht und Deutung der Phänomene selbst durch den heimlichen Bezug auf den Gott bestimmt, der nur bezeugt werden kann. Der Theologe wird diesen Gott als den in jenen Phänomenen selbst unbekannten und verlorenen oder preisgegebenen Mittelpunkt aller R.en verstehen - wie auch deren Gottheiten aussehen mögen oder ob sie gar eine Gottheit leugnen -, alles religiöse Handeln der Menschen als in der Abkehr von diesem Gott geschehen, der sie zur Umkehr ruft, und alle Ergriffenheit als das Greifen dieses Gottes nach dem Menschen im Gericht, aus dem er zur Gnade ruft.

2. Ph. der R. konnte erst entstehen, als die Beobachtung und Erforschung religiöser Phänomene, die es auch vorher gab, im Zeitalter der → Aufklärung den christlichen Bereich einzubeziehen und sich von der Theologie zu emanzipieren begann, die eine Art Ph. nur zu apologetischen oder polemischen Zwecken zugelassen hatte. Es konnte dann lange und oft geschehen, daß einerseits die Theologie der Ph. als Hindernis, andererseits die Ph. der Theologie als Gefahr erschien. - Nachdem bereits im 17.Jh. Monographien über einzelne Phänomene erschienen waren, ist als der erste bewußte und umfassende Phänomenologe Christoph Meiners (1747-1810) anzusprechen. Die Fortschritte der Ph. gingen nicht nur mit der Entwicklung der R.sgeschichte und R.spsychologie Hand in Hand, sondern sind auch der philosophischen Entwicklung zu verdanken, bes. der Ph. → Hegels wie der E. → Husserls und M. → Schelers, wenn auch die Ph. der R. gegenüber der → Phänomenologie dieser Philosophen durchaus eigenständig geblieben ist. Phänomenologische Arbeit erscheint freilich nicht immer unter eigenem, sondern verschiedenen Namen, so in Darstellungen der allgemeinen → Religionswissenschaft und in Einführungen in die R.sgeschichte. Das ganze Gebiet der Ph. wurde nur selten bearbeitet, am umfassendsten von G.van der → Leeuw in seiner »Ph. der R.« ([1933] 1956²). Zahlreich dagegen sind religionswissenschaftliche Monographien, die phänomenologisch wichtig sind oder einzelne Phänomene der R. behandeln, namentlich von A. → Bertholet.

J.Wach, R.swissenschaft, 1924 - Wach, Types - Chant - RGG³ IV, 1171f - E.Hirschmann, Ph. der R. (Diss. Groningen), 1940 - R.F.Merkel, Zur Gesch. der R.s-Ph. (In Deo Omnia Unum. Festschr. f. F.Heiler, 1942, 38-61) - W.Baetke, Das Heilige im Germanischen, 1942 - Eliade - A.Jepsen, Anm.en zur Ph. der R. (Festschr. f. A.Bertholet, 1950, 267-280) - A.E.Jensen, Mythos u. Kult bei Naturvölkern, (1951) 1959² - H.L.van Breda, Problèmes actuels de la phénoménologie, Paris 1952 - A.Bertholet, Grundformen der Erscheinungswelt der Gottesverehrung (SgV 205/206), 1953 - W.Holsten, Das Kerygma u. der Mensch, 1953 - E.Fascher, Sokrates u. Christus. Studie zur aktuellen Aufgabe der R.s-Ph. (ZNW 45, 1954, 1-41) - K.A.H.Hidding, Mens en Godsdienst, Delft 1954 - van der Leeuw - The Sacral Kingship (Studies in the Hist. of R.s, Suppl. to Numen, IV), 1959 - J.Hermelink, Verstehen u. Bezeugen (BEvTh 30), 1960.

W.Holsten

Phallische Kulte beziehen sich auf das membrum virile, das bei vielen Völkern als Symbol der befruchtenden und zeugenden Naturkraft und der Lebensfülle gilt. Meist handelt es sich um rituelle Handlungen und Setzungen, die nach dem Prinzip des sog. Analogiezaubers und der pars pro toto die → Fruchtbarkeit der Vegetation (vor allem der Kulturpflanzen), Tiere und Menschen magisch fördern sollen. Sie können selbständig durchgeführt werden oder in einem größeren zeremoniellen Zusammenhang erscheinen. Phallische Figuren dienen auch als Kraftträger (→ Macht: I) und → Amulette. Im Sinne des affektbetonten, assoziativen Denkens wird das Zusammenwirken der männlichen und weiblichen Potenz in der Natur (Vater → Himmel und Mutter → Erde) des öfteren durch Phallen und feminine Sexualsymbole zum Ausdruck gebracht. Da vielfach eine enge Beziehung zwischen → Tod und Wiederaufleben (→ Auferstehung: I), Zeugung und Sterben angenommen wird, können Ahnenfiguren mit Phallen versehen werden (→ Totenverehrung: I). In einigen Gebieten erscheint ein enger Zusammenhang zwischen Phallus-Steinen und Menhiren als Sitzen von Ahnengeistern. Wird das Sexuelle transzendiert, so kann sich das Symbol des Phallus zu einer übermenschlichen Persönlichkeit, einer Art Gottheit konkretisieren. Eine Sonderform bilden Penisse getöteter Feinde als Kriegstrophäen. Sie werden in natura oder in Nachbildungen als Stirnschmuck oder in einer Krone getragen, wie bei Völkern Äthiopiens. Hier liegt eine Kombination von Sieges- und Würdezeichen mit dem Fruchtbarkeitsgedanken vor. - Nicht alle Kulthandlungen, in denen der Geschlechtsverkehr bzw. phallische Darstellungen mimisch zur Schau gestellt werden, dürfen als Fruchtbarkeitsmagie interpretiert werden. Ein Beispiel hierfür sind die dramatischen Vorführungen des Papua-Volkes der Baining auf Neubritannien (Melanesien). Die dem Europäer abstoßend und obszön anmutenden grotesken → Masken-Tänze im Rahmen der Stammes- → Initiation sind keine Ph.K. im eigentlichen Sinne, sie sollen vielmehr den Jugendlichen in einprägsamer, drastischer Form die Heiligkeit des Sexuellen (→ Geschlechtliches) klar machen. Die Maskenträger sind Verkörperungen der mythischen Vorfahren, die den Weihekandidaten die göttliche Herkunft der Zeugung und menschlichen Fortpflanzung kundgeben. - Ph.K. finden sich bes. bei Agrarvölkern (→ Ackerbau: I), sind aber auch bei → Jäger-Völkern anzutreffen, wo sie im Bereich der Jagdmagie eine Rolle spielen. Die Hauptdomäne phallischer Zeremonien und Praktiken sind die archaischen Hochkulturen. Griechenland: Hermes in Gestalt eines Phallus verehrt, Phallus als Opfer an die Erdgöttin Demeter, Tragen von Phallen bei den Kultfeiern des → Dionysos. Alt-Rom: beim Fruchtbarkeitsfest der Liberналia Verwenden von Phallen, die öffentlich geschmückt wurden. Alt-Ägypten: Osiris als phallischer Gott; bekränzte Phallen vor den Tempeln beim Mysterium seiner Schwester → Isis. Vorderasien: phallische Grenzsteine in Babylonien; phallische → Steine bei semitischen Völkern. Hinduistisches Indien: hypertrophe Verwendung von Phallen, bes. vor Tempeln aufgestellt als Linga-Symbol des Gottes → Shiva (s. Taf. 41 Abb. 4), dem das weibliche Sexualsymbol (Yoni) gegenübersteht. Japan: Ph.K. im älteren → Shintoismus. Außerdem sind einschlägige Riten und Darstellungen u.a. im Sudan (bes. in Verbindung mit Erdfruchtbarkeit und Ahnenkult), bei mexikanischen und südamerikanischen → Indianern und in → Melanesien anzutreffen. In einer merkwürdigen Kombination finden sich Ph.K. bei den Mandan (Sioux) am oberen Missouri. Im Rahmen von komplexen Zeremonien, in denen Männer in Büffelfellverkleidung als Tänzer auftreten, um Jagdglück zu fördern, ergreifen Frauen phallische Figuren, wobei sie betonen, die Fruchtbarkeit liege in ihren Händen. Dies steht im Einklang mit der gehobenen sozialen Stellung des weiblichen Geschlechtes bei diesem Stamm.

ERE IX, 815ff - PW XIX/2, 1673ff. 1681ff; XXII/2, 1914ff - A.RIESENFELD, Fruchtbarkeitsriten in Melanesien (Intern. Archiv f. Ethnogr. 37, Leiden 1939, 1-30) - HWDA X, Reg. - G.R.SCOTT, Phallic Worship, London 1941 - TH.H.GASTER, Thespis. Ritual, Myth and Drama in the Ancient Near East, New York 1950 - RÄRG 590ff - W.KIRFEL, Siva u. Dionysos (ZE 78, 1953, 83-90) - P.BANERJEE, A Note on the Antiquity of the Linga Worship in India (Journal of the Bihar Research Society 40, Patna 1954, 171-177) - NILSSON I (s. Reg.) - C.LAUFER, Jugendinitiation u. Sakraltänze der Baining (Anthropos 54, 1959, 905-938). - Vgl. die Lit. zu → Fruchtbarkeit, → Geschlechtliches.

E.Stiglmayr

Pharao, hebr. (und danach griech.) Wiedergabe der ägypt. Wörter »Großes Haus«, die zunächst den Palast des Königs, dann seinen Hofstaat und seit 1450 vChr den König selbst bezeichnen. Als Titel, der dem Namen des Königs vorangeht, ist Ph. in ägypt. Texten erst seit etwa 950 belegt. So, vor Eigennamen, wird es im AT nur von Jer und 2Kön gebraucht. Sonst - Gen 12, 5-20 (Abraham), in den → Josephs- und → Moses-Geschichten, bei der Hochzeit Salomos mit einer ägypt. Prinzessin und in der Hadad-Episode (1Kön 11, 14-22) sowie bei Ez - wird das Wort wie ein Eigenname (ohne Artikel) verwendet, so daß die Namen dieser Ph.nen nicht überliefert sind. Während die Josephs-Erzählung Ph. mit Sympathie schildert, gilt er sonst als israelfeindlicher Sklavenhalter, an dem sich die Macht Jahwes offenbart (→ Ägypten: III). - Abzeichen des Ph.: Kopftuch oder Krone, meist mit (die Feinde angreifender) Kobra (Uräus), sog. Geißel (Fliegenwedel) und Krummstab, der ihn als Guten Hirten seines Volkes kennzeichnet (s. Taf. 2 Abb. 3). Zur religiösen Stellung s. → Ägypten: I. II, 1; → Königtum, sakrales, 3.

J.VERGOTE, Joseph en Égypte (Orientalia et Biblica Lovaniensia 3), 1959, 45ff (Lit.). - Zum Guten Hirten: J.JANSSEN, De Farao als goede Herder: Mens en Dier (Festschr. F.L.R.Sassen .1954, 71-79).

H.Brunner

Pharisäer. Die Ph. sind wahrscheinlich aus den ḥ^{a}sîdîm (’Ασιδαῖοι, die »Frommen«) der Makkabäerzeit (1Makk 2, 42; 7, 13) hervorgegangen. Aber während die Asidäer mit den Makkabäern gegen die Seleukiden kämpften, wandten sich die Ph., erstmalig um 135 vChr unter Hyrkan I. hervortretend, gegen die Ansprüche der Hasmonäer und entfesselten einen Bürgerkrieg, den sie zwar nach außen verloren, aber nach innen durch erhöhte Volkstümlichkeit gewannen (→ Judentum: I, 1. 2). Die Nachrichten über sie bei Josephus (Ant. XII, 5, 9; XIII, 10, 5f; XVII, 2, 4; XVIII, 1, 2ff; XX, 9, 1; Bell. II, 8, 2ff), im NT und im → Talmud sind dürftig und hinterlassen manche ungelöste Frage, bes. bei Josephus, der sie seinen hellenistischen Lesern zuliebe als Philosophenschule darstellt. Auf gleicher Linie mit ihnen nennt Josephus noch andere religiös-politische Richtungen seiner Zeit: → Sadduzäer und → Essener. Bilden die Sadduzäer eine Standespartei vornehmlich der aristokratischen Priesterfamilien, die Essener eine asketische Gemeinschaft, so die Ph. einen Verband von Gesetzeseiferern auf breiter volkstümlicher Grundlage (Laien aller Stände, vor allem in Kreisen des Handwerks). Nach dem Sturz der Hasmonäer verzichteten sie auf aktive Politik und verharrten in passivem Widerstand gegen Israels Unterdrücker, bes. gegen die römische Weltmacht. Politisch erscheinen sie seitdem als eine kleinbürgerliche Opposition, religiös gesehen sind sie jedoch die bedeutendste Organisation, die das → Judentum (: I) vor der Katastrophe von 70 nChr hervorgebracht hat. Während die Sadduzäer religiös auf archaischer Stufe verbleiben und politisch mit der herrschenden Weltmacht gehen, gibt die pharisäische Frömmigkeit volkstümlichen Vorstellungen Raum (Angelologie, Auferstehung) und übersteht als einzige Form des Judentums die Krisis von 70 nChr. So werden die Ph. zu Vorläufern des Rabbinismus und damit des späteren

→ Judentums (: II) überhaupt. Von ihrer puritanischen Einstellung her erheben sie die Forderung strikter Trennung von den »Sündern«, dh von den Nichtjuden und den mit diesen paktierenden Juden; vgl. Sifra zu Lev 11, 14: »heilig sein« heißt Ph. sein (qadôš und parûš synonym); daher ihr ihnen wohl von ihren Gegnern gegebener Name perûšîm, aram. perîšâjja, Φαρισαῖοι (von prš »sich trennen«), während sie sich selbst ḥaberîm »Genossen« und ihre Vereinigung ḥabûra »Verband« nannten. Ihre positive Forderung gipfelt in peinlicher Befolgung der göttlichen Gebote; diese finden sich nicht nur in der schriftlichen Tora, dh im Pentateuch und in der hl. Schrift überhaupt, sondern auch im alten Herkommen der Frommen (→ Halacha), das sie als geheiligte, auf Mose zurückgeführte Sitte in der Abwehr fremder Sitte als sog. mündliche Lehre der biblischen Tradition als gleichwertig zur Seite stellen. Diese mündliche Lehre hat in der → Mischna, → Tosefta und Baraita ihren schriftlichen Niederschlag gefunden. Strenges Festhalten an der → Tradition (: IV), Hochschätzung der Autorität der Schriftgelehrten, eine systematische und methodische kasuistische Exegese (→ Kasuistik: II) und eine peinliche Rechtspflege charakterisieren den Pharisäismus. Der Stand der Schriftgelehrten kam dadurch in bes. engen Kontakt mit den Ph.n (obschon es auch sadduzäische Schriftgelehrte gab). Da zum Frommsein Tora-Kenntnis gehört und man um der Tora willen Hebräisch lernen muß, zeigt der fromme Pharisäismus einen stark intellektuellen Einschlag und betont den Gegensatz zu den Ungebildeten (ʿâm ha-aræṣ; vgl. Joh 7, 49). Gerne trugen die Ph. als Bekenntnis und zwecks Werbung die Trennung von den Gottlosen zur Schau und hoben die Unterschiede der Lebenshaltung nach dem → Gesetz (: III) von derjenigen der Gesetzlosen geflissentlich hervor: Reinheitsgesetze, → Zehnten, → Sabbat und Sabbatjahr, Beschneidung, kultisches Zeremoniell usw, puritanische Lebensführung, Ablehnung nicht-jüdischer Kultur (Theater, Arena, Gymnasium). Ziel ist die »Gerechtigkeit« vor Gott; sie hat die menschliche Willensfreiheit zur Voraussetzung (Abot III, 15: »Alles ist [von Gott] vorausgesehen, aber der freie Wille ist gegeben«; gelegentlich nur auf die Gottesfurcht beschränkt [Ber. 33 b], wodurch der Mensch verantwortlich bleibt) und wird durch Leistung und → Verdienst (: II) erworben. Der Pharisäismus erwartet das Kommen des → Messias nicht in nächster Zukunft (Mt 24, 48, nach A.Schweitzer ein Streitpunkt zwischen Jesus und den Ph.n), er hat die dem alten Israel fremde Lehre von der → Auferstehung (: IV) adoptiert und wartet auf das »Königtum Gottes« (→ Reich Gottes: I), dessen Kommen der Mensch freilich weder durch Gewalt (wie die → Zeloten) noch durch Berechnung (wie die → Apokalyptik [: II]), sondern nur durch strenge und geduldige Gesetzeserfüllung erhoffen kann. Im Gegensatz zu den Sadduzäern empfehlen die Ph. die Meidung der Adiaphora, der an sich nicht sündhaften Dinge, die zur Sünde verleiten könnten; der Fromme errichtet einen »Zaun um die Tora«. Der Fromme ist der Skrupulöse, der die → Sünde (: III) scheut (Abot II, 5 u.ö.). Gott tut des Menschen Willen, wenn der Mensch Gottes Willen tut (Abot II, 4). – *Jesu* Kritik am Pharisäismus gilt der Selbsttäuschung (→ Heuchelei) im Verdienstgedanken, der Lieblosigkeit in der Trennung vom »Ungebildeten« und Sünder, dem Hochmut vor Gott, der Gleichstellung der von Menschen gemachten mündlichen Lehre (Mt 15, 2f; 23, 2) mit der hl. Schrift (→ Jesus Christus, 10). Trotzdem unterlag die christliche Urgemeinde einer gewissen pharisäischen Reaktion. Der heftigste Widersacher des Pharisäismus wurde → *Paulus,* einst selbst ein Ph., der freilich die schriftgelehrte Exegese der Ph. beibehalten hat. Ihm erschien der Pharisäismus und damit das Judentum überhaupt als νόμος, die die Sünde des Menschen offenbarende Macht. Das wurde auch die Auffassung vom Pharisäismus in der christlichen Kirche. Aber der Pharisäismus hat nicht nur Schatten aufzuweisen, sondern auch positive Seiten: Gottesfurcht, Gemeinsinn, Ernsthaftigkeit. Er hat für das Überleben des Judentums und seiner Religion gerade nach 70 nChr Großes geleistet, freilich durch völlige Abschnürung von der Außenwelt. – Bedeutende Ph. waren: Simeon ben Šaṭaḥ (um 80 vChr), der Wundertäter Ḥônî, die Schriftgelehrten → Hillel und → Akiba. In der rabbinischen Literatur des 3. und 4.Jh.s werden die Ph. gelegentlich getadelt (Soṭa 22b; jSoṭa V, 7; jBer. IX, 14).

J.Wellhausen, Die Ph. u. die Sadduzäer, (1874) 1924² – RE XV, 264ff – I.Elbogen, Die Religionsanschauungen der Ph., 1904 – Schürer II, 456ff – R.T.Herford, Pharisaism, its Aim and its Method, 1912; dt.: Das pharis. Judentum, 1913 – Ders., The Pharisees, 1924 – M.Weber, Ges. Aufs. zur Religionssoziologie III: Das antike Judentum, 1921, 401ff – Bill. II, 494ff; IV/1, 334ff – A.Schlatter, Gesch. Israels von Alexander d. Gr. bis Hadrian, 1925 – Bousset, Rel. (s. Reg.) – G.F.Moore, Judaism I.II, 1927 – J.Z.Lauterbach, The Pharisees and their Teachings (HUCA 6, 1929, 69–139) – L. Baeck, Die Ph., 1934 – B.Bokser, Pharisaic Judaism in Transition, 1935 – L.Finkelstein, The Pharisees, the Sociological Background of their Faith, 1938 – E.A.Finkelstein, The Pharisees and the Men of the Great Synagogue, 1950. *E.L.Dietrich*

Pharmakidis, *Theoklitos* (1784–1860), griech.-orth. Theologe und Kirchenführer, * in Nibegler (Thessalien). Ph. wurde zuerst Diakon in Larissa, 1811 Presbyter in Bukarest und danach Pfarrer der griech. Kirche in Wien, wo er sich eine umfassende sprachliche und enzyklopädische Bildung aneignete. Auf Kosten des Philhellenen Lord Guilford studierte er in Göttingen, kehrte aber bald in seine befreite griech. Heimat zurück. Er beteiligte sich aktiv am Aufbau von Staat, Kirche und Schule und gab u.a. die erste griech. Zeitung »Griechische Fanfare« heraus. Nach dem Sturze Kapodistrias wurde er der erste Sekretär der Hl. Synode und setzte die Loslösung der griech. Kirche vom ökumenischen Patriarchat durch (Autokephalie). Wegen seiner theologisch-liberalen und kirchenpolitischen Einstellung wurde er verschiedentlich angegriffen, bes. von K. → Oekonomos. In dieser Auseinandersetzung entstanden seine bedeutendsten Schriften, die ihn zu einer der profiliertesten Persönlichkeiten der neueren griech. Geschichte machen.

Vf. bes.: Apologie, 1840; Oikonomos ... oder über den Eid, 1840; Synodikos Tomos oder über die Wahrheit, 1852; ferner eine Übers. des NT. – Über Ph.: Chr.Papadopoulos, Gesch. der Kirche Griechenlands I, Athen 1920, 55ff – D.Balanos, Th.Ph., ebd 1933 – Megali Ellin. Enkyklopaidia 23, 832 – Neoteron Enkykl. Lexikon Iliou 18, 152 (alles griech.) – RE XV, 293f. *G.Möckel*

Philadelphia, 1. Lieblingsbezeichnung für die wahren Christen im Gegensatz zu Babel und Laodicea (nach Apk 2. 3. 17–19) im Kreise der meist von J. → Böhme abhängigen mystischen → Spiritualisten des 17.Jh.s. Aus der Überzeugung, daß sie in allen Konfessionen, die meist als »Kirchen-(Religions-)parteien« oder »Secten« abgewertet wurden, verborgen seien, erwuchs das Verlangen, sie zu sammeln (Versuche schon von → Felgenhauer, → Permeier, J.Überfeld). Es gewann in der von J. → Leade 1694 ins Leben gerufenen philadelphischen Sozietät Gestalt, J.H.Dittmar wurde ihr Bote auf dem Festlande, bes. in Deutschland, der Schweiz und den Niederlanden. Ihr gehörten führende Pietisten (und Vorpietisten) wie → Breckling, → Gichtel, → Spener, → Petersen, → Francke und → Arnold an. Berleburg wurde mehr und mehr das deutsche Zentrum. Der Eindruck auf → Zinzendorf war bedeutend. In England selbst blieb die Sozietät, der sich die »Böhmisten« Francis Lee (1661-1719), J. → Pordage und Thomas Bromley (1629-91) anschlossen, ohne stärkere Wirkung auf die Gesamtentwicklung.

Außer der Lit. zu → Leade: H.Renkewitz, Hochmann von Hochenau, 1935 - W.Struck, Der Einfluß J.Böhmes auf d. engl. Lit. d. 17.Jh.s, 1936. *M.Schmidt*

2. *Teil der deutschen Gemeinschaftsbewegung*. Das 1890 auf der 2. Tagung des → Gnadauer Verbandes konstituierte und 1894 erweiterte »Deutsche Komitee für ev. Gemeinschaftspflege und Evangelisation«, kurz »Ph.-Komitee« genannt, war in den Anfangsjahren der → Gemeinschaftsbewegung das planende, vorwärtstreibende und regulierende Organ dieser Arbeit. Durch das Monatsblatt »Ph.« (Schriftleiter Rektor → Dietrich-Stuttgart), durch Anstellung von Kolporteuren und Evangelisten sowie durch Gründung von provinzialen Stützpunkten und neuen Gemeinschaften bes. in Thüringen, Sachsen, Berlin und Schlesien gewann die Gemeinschaftssache neuen Boden. Ende 1900 wurde das Komitee in den rechtsfähigen »Deutschen Ph.-Verein« umgewandelt; 17 Berufsarbeiter waren angestellt, das Ph.-Blatt erschien in 8000 Exemplaren. Bald darauf ging die Initiative der Evangelisationsarbeit auf die sich inzwischen über ganz Deutschland erstreckenden Gemeinschaftsverbände älterer und neuer Prägung über, während die eigentliche Gnadauer Gemeinschaftsarbeit ihre zusammenfassende Vertretung mehr und mehr in dem 1897 gegründeten »Deutschen Verband für Gemeinschaftspflege und Evangelisation« fand.

P.Fleisch, Die moderne Gemeinschaftsbewegung in Deutschland, (1903) 1912/14³ - A.Roth, Fünfzig Jahre Gnadauer Konferenz, 1938 - H.v.Sauberzweig, Er der Meister, wir die Brüder, 1959. *H.Haarbeck*

3. *Ph.-Gemeinde* (= Ph.-G.), eine Gründung des früheren Basler Missionars *Christian Röckle* (* 6.2.1883) in *Leonberg*, der es seit 1942 als seine Aufgabe ansah, die Gemeinde Jesu für die nahe Entrückung zuzubereiten. Dies geschah fortan in zahlreichen Schriften, Bibelkursen, Evangelisationen und jährlichen »Ph.-Konferenzen«. Die Anhänger der Ph.-G. sind in Gebetskreisen (etwa 100, davon die Hälfte in Württemberg) gesammelt. Die Ph.-G. versteht sich als Bewegung mit prophetischem Auftrag. Es soll eine Brautgemeinde »ohne Flecken und Runzeln« für die Entrückung gesammelt werden. Als Kennzeichen und Maßstab für die Zugehörigkeit zu ihr hat Röckle »12 Merkmale« genannt, deren Ziel die »völlige Übergabe« ist. Sie wurden 1957 durch die Forderung ergänzt, sich durch einen »gründlichen Zerbruch« auch von seinem frommen Ich erlösen zu lassen, um in das »Allerheiligste der ewigen Liebe« zu gelangen. Die Ph.-G. hat sich nicht von der Kirche getrennt, sondern betont ihren Allianzcharakter. Die von Röckle als »Offenbarung« empfangene »Dreiteilung des Tempels«, dh die Aufgliederung der Christen in Vorhofchristen, Wiedergeborene und Glieder der Brautgemeinde (mit jeweils verschiedenem apokalyptischem Schicksal) bildet zusammen mit den perfektionistischen Zügen der »12 Merkmale« den Ansatzpunkt für sektiererische Tendenzen der Ph.-G.

Chr.Röckle, Die Vollendung der Ph.-G. der Endzeit u. ihre Entrückung, 1943/44; Die Geistestaufe in Lehre u. Leben, 1948/49; Der neue Tempel der Gemeinde, 1948; Die Zukunft von Ph. u. Laodizea, o.J.; Die Einheit der Gemeinde, o.J.; Was ist die Ph.-Bewegung?, 1950. - Berichte über die Ph.-Konferenzen, 1946ff (jährlich) - Ph.-Briefe, 1948ff (monatlich). - Hutten 180ff. *K.Hutten*

Philanthropinisten (auch *Philanthropen* oder *Philanthropisten*) werden im Anschluß an Basedows Bezeichnung die Hauptvertreter der deutschen Aufklärungspädagogik genannt. Von → Rousseau stark angeregt, obwohl von ihm zT abweichend, beeinflußten sie 1770 bis 1800, bis der → Neuhumanismus sie verdrängte, nachhaltig die allgemeine Erziehungsauffassung und das Schulwesen. Ihre Heime, die »Philanthropine«, sind in mancher Hinsicht modernen → Landerziehungsheimen vergleichbar und sollten in Unterricht und Lebensstil die »vernünftig-natürliche« Erziehung beispielhaft verwirklichen. Zu den Ph. gehören vor allem → Basedow, → Salzmann, → Campe, → Rochow, E.Chr.Trapp (1745-1818), auch → Bahrdt, J.Chr.Gutsmuths (1759 bis 1839), J.Stuve (1751-93), P.Villaume (1746-1806), Chr.H.Wolke (1741-1825). Salzmann ist ihre bedeutendste Gestalt, Basedow aber Initiator der Bewegung und zuerst auch führend. Mit ihm und seinem Dessauer Philanthropin (1774), dem Modell für andere Gründungen, haben fast alle Ph. auch in enger persönlicher Verbindung gestanden. - Die Grundüberzeugung der → Aufklärung von der Güte der Menschennatur, vom vernünftigen Denken und Handeln als Weg zur Glückseligkeit und von der Macht der Erziehung gab den Ph. ihren pädagogischen Enthusiasmus. Mit »natürlicher Erziehung« meinten sie die freie Entfaltung der kindlichen Kräfte in heiterer, ermunternder Atmosphäre (weshalb sie von Belohnungen viel hielten) und in einfach-natürlichen Lebensverhältnissen, in Land- und Naturnähe. Zentral erschienen ihnen die gesunde körperliche Entwicklung und die intellektuellen und Nützlichkeitsgesichtspunkte. So spielten auch in ihren Anstalten Hygiene und Abhärtung, manuelle Betätigung und körperliche Arbeit, Wandern und Turnen eine wesentliche Rolle, und der Schulturnunterricht geht mit auf die Ph. zurück. Ebenso schenkten sie der sexuellen Erziehung Beachtung, kehrten hier freilich einseitig die »Aufklärung« hervor. Auf intellektuellem Gebiet haben sie vorzugsweise Muttersprache und Realien gepflegt und den Unterricht durch Anschauung, Selbsttätigkeit und spielendes Lernen kindgemäß und »vergnüglich« zu gestalten versucht, ihn jedoch auch rationalistisch, utilitaristisch und moralistisch eingeengt. Da sie alles am Nutzwert maßen, schätzten sie Fremdsprachen, zumal die alten, auch Kunst und Phantasie gering ein, moralische Erzählungen um so höher. Im Religionsunterricht, den sie weitgehend auf die aufklärerische Vernunftreligion ausrichten wollten, sollten moralische Erzählungen auch der biblischen Geschichte vorangehen (→ Moralunterricht). - Die Ph. erstrebten volle Verstaatlichung und einheitliche Durchgliederung des Schulwesens und haben die allgemeinen Tendenzen des 18.Jh.s in dieser Richtung verstärkt. Bleibende Verdienste haben sie um Schulbücher (zB Rochow) und echte → Jugendliteratur (zB Campe). Auch die allgemeine Volksbildungsliteratur haben sie wesentlich bereichert (Salzmann u.a.) und die Ansätze einer wissenschaftlichen → Pädagogik entwickelt (bes. Trapp). Das von Campe herausgegebene Sammelwerk »Allgemeine Revision des gesamten Schul- und Erziehungswesens« (16 Bde, 1785-92; Auswahl hg.v. G.Ulbricht, 1957) enthält die pädagogischen Grundgedanken der Ph.

A.Pinloche, Gesch. des Philanthropinismus, dt. mitbearb. v. J.Rauschenfels, (1896) 1914² - R.Schumann, Die Auffassung der Ph. von Gesellschaft u. Staat, 1905 - F.X.Thalhofer, Die sexuelle Pädagogik bei den Ph., 1907 - K.Schrader, Die Erziehungstheorie des Philanthropismus, 1928 - J.Rammelt, Der Philanthropinismus u. das Dessauer Philanthropin, 1929 - B.Bendokat, Industriepädagogik bei den Ph. u. bei Pestalozzi, 1933 - A.Klüpfel, Das Revisionswerk Campes, 1934 - W.Wagner, Die Standes- u. Berufserziehung in der Pädagogik des Philanthropismus, 1935. - Vgl. ferner die Geschichten der → Pädagogik (: I). *A.Reble*

Philaret, 1. (weltlicher Name: *Vasilij Michajlovič Drozdov;* 1782–1867), seit 1821 Metropolit von Moskau, in der geistigen Tradition von → Prokopowič stehend Vertreter des synodalen Staatskirchentums, den Mönchen und → Starzen gegenüber mißtrauisch. Sein im Sinne der Romantik stark entkonfessionalisierter Katechismus (1822, später umgearbeitet) und seine Pläne für eine russ. Bibelübersetzung brachten ihm viel Feindschaft ein. Sein Gegner in allen Fragen der Theologie und kirchlichen Praxis war *Ph. von Kiew* (Amfiteatrov, 1779–1857).

2. (weltlicher Name: *Dimitrij Grigorovič,* gen. *Gumilevskij,* von lat. humilis; 1805–66), Prof. und Rektor der geistlichen Akademie zu Moskau, lehrte in zahlreichen theol. Disziplinen (bes. KG), später Bischof von → Riga (wo er im Sinne der → Slawophilen die einheimische prot. Bevölkerung zum Übertritt zur Orthodoxie bewegte), Charkow und Tschernigow. Ph.s mehr erbauliche als wissenschaftliche KG Rußlands ist 1872 deutsch erschienen.

A.M.Ammann, Abriß der ostslaw. KG, 1950 – I.Smolitsch, Russ. Mönchtum, 1953 (Lit.) – R.A.Klostermann, Probleme der Ostkirche, 1955 (s. Reg.). *K.Onasch*

Philastrius (Filastrius), Bischof von Brixia (Brescia/Oberitalien). Über sein Leben ist nur sehr wenig bekannt. Zwar ist von seinem Nachfolger, → Gaudentius, ein panegyrisches Carmen ad laudem Philastrii erhalten; doch ist die Echtheit umstritten, und es übermittelt uns keine neuen Fakten. 381 nahm Ph. als Bischof an der Synode von Aquileja teil. 397 ist er nicht mehr am Leben, denn in diesem Jahr wird schon Gaudentius als Bischof von Brixia erwähnt. – Bekannt geworden ist Ph. durch seinen Diversarum haereseon liber, der im ersten Teil 28 jüdische und im zweiten Teil 128 christliche Häresien behandelt (der zweite Teil zählt in 64 Kapiteln Sekten und Sektengründer, in weiteren 64 Kapiteln Irrlehren auf). Das Werk ist 380/90 geschrieben. Als Quellen sind → Irenäus und → Epiphanius (Adv. haer.) erwogen worden. Eine direkte Benutzung des Syntagma → Hippolyts ist kaum wahrscheinlich. → Augustin hat das Werk für sein De haeresibus stark benutzt.

CSEL 38, 1898 (F.Marx) – CChr ser. lat. 9, 1957, 207–324. 481 bis 584 (213f Lit.). – M.v.Schanz, Gesch. d. röm. Lit. IV/1, 1914², 394ff – Bardenhewer III, 481ff – DThC XII/1, 1398f – PW 38, 2125ff (überall Lit.) – JLW 13, 1936, 10–23 – D.Portarena, Doctrina scripturistica S. Filastrii, Rom 1946. *F.Winkelmann*

Philemonbrief, trotz gewisser Anleihen in Präskript und Abschluß an die Form des paulinischen Gemeindeschreibens wohl der einzige erhaltene Privatbrief unter den → Paulusbriefen (anders Schmauch, der im Anschluß an Knox in Archippus [V. 2] den Herrn des Onesimus sieht und meint, daß Philemon angeschrieben werde, weil auch dieser Vorfall Angelegenheit der Gemeinde sei). Der Ph. stellt sich schützend vor Onesimus, einen seinem in Kolossä ansässigen, Paulus bekannten, schon christlichen Herrn entlaufenen Sklaven. Dieser war auf den gefangenen Paulus gestoßen, durch dessen Zeugnis Christ geworden und zur Rückkehr bewogen worden. Andeutungen lassen ahnen, daß ein von Philemon verursachter finanzieller Schaden die Flucht veranlaßte (oder ist er erst durch sie entstanden?). Paulus stellt scherzhaft einen förmlichen Schuldschein auf sich selbst hierfür aus. Der Brief, der indirekt auch die Stellung des Paulus zur Sklavenfrage bekundet, ist vor allem ein Zeugnis für den Menschen Paulus. Er ist ein überaus liebenswürdiges Billet, nicht ohne Humor und Brüderlichkeit für den Sklaven, von dem Paulus andeutet, daß er ihn gern zu persönlichen Diensten erhalten würde. – In den Kanon ist der Ph. vermutlich nur durch seinen Zusammenhang mit dem → Kolosserbrief gekommen. Seine Echtheit wird heute nicht mehr ernsthaft bestritten. Er könnte während einer ephesinischen Gefangenschaft des → Paulus verfaßt sein, doch käme auch eine spätere Gefangenschaft in Frage. Sollte Kol, dessen angeblicher Mitüberbringer Onesimus (wohl bei der Rückkehr zu seinem Herrn) war, echt sein, so wäre römische Abfassung wahrscheinlicher.

Kommentare s. → Kolosserbrief. – M.Meinertz, Der Ph. u. die Persönlichkeit des Paulus, 1921 – J.Knox, Philemon among the Letters of Paul, 1935 (dazu H.Greeven, ThLZ 79, 1954, 373–378) – Th.Preiss, Vie en Christ et éthique sociale dans l'épître à Philémon (in: Aux sources de la tradition chrétienne, Neuchâtel 1950, 171–179) – EKL III, 183 (W.Schmauch). – Vgl. auch die nt. Einl.en. *J.Müller-Bardorff*

Zur *Auslegungsgeschichte* (s. auch → Schriftauslegung: IV, → Paulusbriefe):

Qu.: 3.Jh.: Origenes (MPG 14). – 5.Jh.: Hieronymus (MPL 26). – 6.Jh.: Johannes Diaconus (Ps.-Hieronymus, MPL 30). – 8.Jh.: Alkuin (MPL 100). – 9.Jh.: Claudius v. Turin (MPL 104). – 16.Jh.: Joh.Bugenhagen, Nürnberg 1525 – Luther (WA 25) – Jacobus Pamelius (MPL 112) – Benedictus Aretius, Bern 1580 – Franc.Feuardentius, Paris 1587 – Joh.Piscator, Herborn 1592. – 17.Jh.: Dan. Dyke, London 1618 – Scip. Gentilis, Nürnberg 1618 – William Attersol, London 1635 – William Jones, ebd 1635 – Joh.Himmel, Jena 1641 – Joh.Crell, Amsterdam 1656 – Joh.Pricaeus, London 1660 – Franc.Gomarus, Amsterdam 1664 – Chr.Fr.Franckenstein, Leipzig 1665 – Joh.Heinr. Hummel, Zürich 1670 – Seb.Schmid, Hamburg 1696 – Joh.Fecht, Rostock 1696 – Hieronymus Weller, Leipzig 1702 – G.M.Laurentius, Halle 1710. *W.Werbeck*

Philipp, *Landgraf von Hessen* (1504–67). Als Spielball politischer Kräfte, die erbittert um die Macht im Staate rangen, wuchs Ph., seit 1509 vaterlos, heran. Bedeutende Ratgeber aus der Regierungszeit der Eltern erzogen den 1518 von Kaiser Maximilian I. mündig gesprochenen Jüngling zum Landesfürsten und stellten den erschütterten Staat innen- und außenpolitisch wieder her. Sein ausgesprochen territorialstaatliches Denken ließ ihn im → Bauernkrieg (1525) zum Retter des mitteldeutschen Landesfürstentums werden und bestimmte in der Folgezeit weitgehend sein Verhältnis zum habsburgischen Kaiserhause. Sein kleines Land regierte er im Geiste eines frühen aufgeklärten Absolutismus. Nachdem die Lehre → Luthers an seinem Hofe und in einzelnen Landesteilen Fuß gefaßt hatte, schloß er sich im Sommer 1524 der Reformation an, führte sie aber erst dann in seinem Lande durch, als der Reichstagsabschied von Speyer (1526, → Deutschland: I, 2 a) die rechtliche Handhabe zu geben schien. Er folgte dabei nicht der »Reformatio ecclesiarum Hassiae«, die er im Anschluß an die Homberger Synode (1526) hatte ausarbeiten lassen (→ Lambert von Avignon), sondern dem Vorbilde Luthers und des ernestinischen Kursachsens. Kennzeichnend für die Reformation in → Hessen (: I, 2), die zugleich ältere landeskirchliche Tendenzen verwirklichte, war der planmäßige Aufbau der neuen kirchlichen Ordnung durch den Landgrafen. Dazu gehörte auch die Gründung der ersten ev. Universität in → Marburg (1527). Der Landesherr bestimmte fortan das Bekenntnis; doch achtete Ph. die Gewissensentscheidung des einzelnen. So erkannte er in dem bald danach auftretenden Täufertum eine echte Krise im Verhältnis zwischen den Gläubigen und ihrer Kirche. Er suchte sie, von → Bucer als zweitem Reformator Hessens nach Adam → Krafft erfolgreich unterstützt, durch Nachsicht und Belehrung zu überwinden. Die mit der Ziegenhainer Zuchtordnung (1539) eingeführte → Konfirmation (: I, 3) wurde vorbildlich für alle ev. Kirchen. In seinem menschlichen Verhalten gegenüber den besiegten Bauern und den reichsrechtlich verfolgten → Täufern erhob sich

Ph. hoch über die meisten seiner ev. und kath. Standesgenossen. Sein Übertritt zur Reformation gefährdete ihn politisch. Daher schlossen Hessen und Kursachsen jenen Verteidigungsbund, der seit 1526 als Gotha-Torgauisches Bündnis und in größerem Rahmen seit 1531 im → Schmalkaldischen Bund den Mittelpunkt der Bündnispolitik der ev. Territorien und Reichsstädte bildete und für 20 Jahre den Ablauf der deutschen Geschichte beeinflußte. Gedankenreiche Beweglichkeit und hinreißende Tatkraft machten Ph. schnell zum Führer des politischen Protestantismus. Freilich zeigten schon die → Packschen Händel (1528) die Grenzen des zu Leichtgläubigkeit und Selbsttäuschung neigenden Staatsmannes. Der Politiker erkannte die Gefahr, die im Auseinanderleben der ober- und niederdeutschen Glaubensbrüder lag; ohne Sinn für dogmatische Streitfragen, versuchte er vergebens, Luther und Zwingli im → Marburger Religionsgespräch (1529) zu einigen. So blieben seine und Zwinglis weitgreifenden Gedanken eines europäischen Bundes gegen den kath. Kaiser unverwirklicht. Höhepunkt seines Ansehens bildete der erfolgreiche Feldzug i.J. 1534, durch den er Herzog Ulrich von → Württemberg zurückführte und dessen Land der Reformation öffnete. Aber mit einem Übermaß an Sinnlichkeit erblich belastet, zerstörte er seine Führerstellung selbst, stellte die Reformatoren bloß und fügte dem Protestantismus großen Schaden zu, indem er neben seiner Ehe mit Herzogin Christine von Sachsen eine zweite Ehe mit Margarete von der Saale einging (1540). Da → Karl V. entschlossen war, die Glaubensfrage gewaltsam zu lösen, blieb trotz vorübergehender Annäherung der Krieg unvermeidlich. Nach ruhmlosem Feldzug in Oberdeutschland (Schmalkaldischer Krieg) wurde Ph., grob getäuscht, Gefangener des Kaisers (1547). Der leidenschaftliche Mann ertrug die drückende und unwürdige Gefangenschaft schwer. Sein Versuch, durch die Einführung des → Interims freizukommen, zeigte Mangel an tieferer religiöser Einsicht und an Festigkeit gegenüber seelischen Belastungen; er scheiterte an seinen Geistlichen und Gemeinden. Erst der Fürstenaufstand, an dessen Spitze sein Schwiegersohn Kurfürst → Moritz von Sachsen und sein ältester Sohn Wilhelm IV. standen, schenkte ihm und seinem alten Verbündeten Kurfürst Johann Friedrich von Sachsen die Freiheit (1552). Der Wiederaufbau des Landes beanspruchte alle Kräfte des früh gealterten und unter dem Zwist zwischen seinen beiden Familien leidenden Landgrafen. So weit er noch in die große Politik eingriff, vertrat er auch weiterhin die Einheit des Protestantismus und rief zur Hilfe für die Glaubensbrüder in den Niederlanden und in → Frankreich (: I, 4) auf. Den liebenswürdigen, warmherzigen und großzügigen Fürsten nannten schon seine Zeitgenossen den »Großmütigen« (Magnanimus).

RGG² IV, 1182f (Lit.) - Schl. III, 30 293-30 483 - W.Heinemeyer, L.Ph.s Weg in die Politik (Hess. Jb. f. Landesgesch. 5, 1955, 176-192). - Polit. Archiv des L.Ph., Inventar der Bestände, I. II hg.v. Fr.Küch, 1904/10; III. IV bearb. v. W.Heinemeyer, 1954/59 (Veröffentl. d. Hist. Komm. f. Hessen u. Waldeck 24, 1 u. 2) - Urkundl. Qu. z. hess. Reformationsgesch. (ebd 11), I: W.Sohm, Territorium u. Reformation in der hess. Gesch. 1526-1555, (1915) 1957²; II-IV: Qu., hg.v. G.Franz, 1951-55. *W.Heinemeyer*

Philipperbrief

1. Aufbau - 2. Situation der Gemeinde - 3. Lage des Paulus - 4. Einheitlichkeit. - Vgl. → Kenosis, 1

1. Aufbau und Ziel des Ph.s werden formal durch den Vergleich mit dem Briefschema der Zeit erhellt (→ Briefliteratur), an das sich Ph. anschließt: nach den üblichen Eingangsstücken - Präskript 1, 1f, Erwähnung des Gebets für die Adressaten 1, 3-11, Bericht über die Lage des Absenders 1, 12-26 (1, 12 beginnt mit der dafür üblichen Übergangswendung, vgl. 2Kor 1, 8) - kommt dieser auf den eigentlichen Zweck des Briefes zu sprechen, d.i. im Ph. die Fürsorge für die Empfänger. Sie findet zunächst Ausdruck in einer ersten Gruppe von Mahnungen, die sich auf das eine wichtige Anliegen der Eintracht der Gemeinde in Liebe und Demut und ihrer Bewährung im Gehorsam beziehen (1, 27 - 2, 18; diese Motive schon 1, 9-11 als Inhalt der Fürbitte), sodann in der bestimmten Zusage der baldigen Entsendung des → Timotheus (2, 19-23), der offenbar vor allem der Gemeinde in ihren Schwierigkeiten helfen soll (hernach will Paulus selbst kommen 2, 24, s. 1, 26), während die umgehende Rücksendung des Epaphroditus (die zugleich den äußeren Anlaß des Briefes bietet) anscheinend primär aus persönlicher Rücksicht auf diesen geschieht (2, 25-30). In unvermitteltem Übergang - 3, 1 könnte schon zur Schlußparänese ansetzen (4, 8; 2Kor 13, 11; doch s. 1Thess 4, 1) - folgt eine Warnung vor Verkündigern, die auf die Beschneidung Wert legen, und vor Libertinisten (3, 2 - 4, 1). Eine zweite Gruppe von Mahnungen behandelt einen speziellen Fall von Uneinigkeit in der Gemeinde (4, 2f) und geht dann zu einer allgemeineren Paränese über (4, 4-9). Der Dank für eine von der Gemeinde empfangene Geldsendung (4, 10-20), der offenbar bewußt die äußere Gabe als für Paulus nicht weiter bedeutsam erscheinen läßt, Grüße und die Gnadenzusage schließen den Brief ab.

2. Die Gemeinde von Philippi (→ 14 F 3; Stadt an der Via Egnatia, die als colonia das ius Italicum besaß) wurde i.J. 50 gegründet (Apg 16, 11-40). Zur Zeit des Ph.s ist sie offenbar weniger durch Anfeindungen von außen bedroht (1, 29f) als durch interne Streitigkeiten, deren sachliche Anlässe nicht recht deutlich werden und die Paulus auf Ruhmbegier und Selbstsucht zurückführt; ihre Bedeutung zeigen die gehäuften und eindringlichen Mahnungen zu einmütiger Denkart (1, 27; 2, 1-4) wie der Hinweis auf die urbildliche Demut Jesu 2, 5ff (→ Kenosis, 1). Die ethische Bewährung der Gemeinde in ihrer Umwelt ist gefährdet durch eine Neigung zum Widerspruch gegen Gottes Willen (2, 14f), ohne daß auch hier Konkretes sichtbar wird. Ein Zusammenhang mit den Libertinisten, vor denen 3, 18f warnt, ist nicht zu erkennen. Daß diese bereits 3, 2 (ff) gemeint sind, macht die inhaltliche Verschiedenheit der Aussagenreihen unwahrscheinlich; in 3, 17 wird dementsprechend neu angesetzt. Die 3, 2ff Bekämpften sind doch wohl (vermutlich christliche) Agitatoren der Beschneidung, die sie für heilsnotwendig halten (3, 3f); ihrem Vertrauen auf die fromme Leistung stellt Paulus entgegen, daß der auf die Rechtfertigung in Christus Vertrauende noch nicht am Ziel ist (3, 8-14; eine andere Auffassung von c. 3 s. → Häretiker, 3). Anscheinend haben sie bisher in der Gemeinde so wenig Boden gewonnen wie die irdisch gesinnten Verächter des Gekreuzigten (3, 18f). - Die Funktionen der im Präskript (1, 1) herausgehobenen Aufseher und Helfer werden im Ph. nicht erkennbar; vgl. → Bischof: I, 1; → Diakon, 1.

3. Seine eigene Situation wird von Paulus völlig von der Frage her behandelt, was sie für die Verkündigung der Christusbotschaft bedeute; für deren Vorankommen wurde entscheidend, daß sie als (einziger) Anlaß für die Haft des Paulus offenbar wurde (1, 12f). Einzelheiten bleiben unklar vor allem hinsichtlich der Verhältnisse in der Gemeinde des Haftortes, in der Paulus Gegner hat (1, 14-17). Über seine persönlichen Aussichten äußert er sich zunächst anscheinend schwebend (1, 20), setzt aber in seine Pläne stärker die Freilassung ein (1, 25f; 2, 24; die Aussage 2, 17 ist konditional; die These Lohmeyers, der Ph. sei vom Gedanken des Todesmarty-

riums des Paulus und der Gemeinde bestimmt, wird allgemein abgelehnt, s. bes. Bultmann; nach Manson ist Paulus zZ des Briefes nicht einmal mehr in Haft). Als Haftort wird heute von den im Ph. gegebenen Voraussetzungen her (mehrfacher kurzfristiger Verkehr zwischen Philippi und Haftort, 2, 25f; Reisepläne des Paulus mit Ziel Philippi, s. o.; gesamtkirchliche Situation, 3) weithin → Ephesus angenommen (Bonnard, Duncan, Friedrich, Lemerle 49ff, Michael, weitere s. Schmid 3ff; begründet bes. durch Feine, Michaelis); der Ph. wäre dann etwa 54/55 nChr abgefaßt. Praetorium (1, 13) und kaiserliche Dienerschaft (4, 22) sind für Ephesus selbstverständlich. Ob freilich die Haft mit der Lebensgefahr in 1Kor 15, 32 (oder 2Kor 1, 8f) zusammenhängt, ist zweifelhaft.

4. Von Briefen des Paulus an die Philipper redet Polyk 3, 2; der Satz wird heute verschieden gedeutet (vgl. Schweizer), aber nicht zum Ausgangspunkt von Teilungshypothesen gemacht (weitere Lit. zu diesen: Schmithals 299, Lemerle 48, Michael VII. XIIIf, Jones 459ff); daß die Teile des heutigen Ph.s erst nach Polyk zusammengefügt wurden, ist unwahrscheinlich. Was die inneren Gründe für eine Zertrennung anlangt, so zwingt weder die Aufteilung der Paränese noch der plötzliche Übergang von 3, 1 zu 3, 2 oder der scharfe Ton von 3, 2. 18f ohne weiteres zur Herauslösung eines Kampfbriefes (vgl. zu beidem vielmehr Röm 16, 17f); daß die gleiche Gefährdung der Gemeinde in 1f noch undeutlich, in 3 als bedrohlicher erkannt sei (Schmithals 305), wird nicht sichtbar. Vollends besteht kein Anlaß, 4, 10-20 zum Korpus eines besonderen Dankschreibens zu machen (s. o.; vgl. 2, 25) oder gar die Stücke, die dem zwischen diesen beiden Briefen anzusetzenden Schreiben verbleiben, völlig umzustellen (Müller-Bardorff 599; übrigens gelten alle drei - bei Friedrich zwei - vermuteten Briefe auch bei Schmithals und Rahtjen als Paulinisch). Die Ordnung der Aussagen im Ph. ist nicht systematisch, im Rahmen eines Briefes jedoch, zumal eines Gelegenheitsbriefes wie Ph. (s.o. 1), nicht außergewöhnlich (vgl. das Aufgreifen eines Lehrthemas 1Thess 4, 13 nach der 4, 1 begonnenen Schlußparänese). Die Wiederaufnahme des Aufrufs zur Freude »im Herrn« (die Freude ist begründet darin, daß Jesus Christus der Herr ist 3, 1) in 4, 4 muß nicht das Werk eines Redaktors sein, da das bereits in 1, 4 anklingende Motiv der Freude, das in anderen Briefen freilich durchaus nicht fehlt, eines der den Ph. bestimmenden ist (Gegensatz zu Murren und Zweifel 2, 14). Sie ist Freude über das verkündete, empfangene und im Tun der Christen realisierte Heil (vgl. 1, 18; 2, 2. 17f) und erscheint daher sowohl als Gabe des Glaubens (1, 25) wie als Grund des gehorsamen Handelns (4, 4 »im Herrn«); diesem gilt neben der Einigkeit bes. der Aufruf des Ph.s (gottgewirktes Tun als Voraussetzung für die Rettung im Gericht 2, 12f; Gehorsamsmotiv ist auch der Gedanke, daß die Bürgerschaft der Christen im Himmel ist, vorerst dort verborgen, einst, mit dem Kommen des Soter und der Verwandlung des Leibes, offenbar 3, 20f).

Kommentare: M.R.VINCENT (ICC), (1897) 1922 - P.EWALD (KNT XI), (1908) bearb. v. G.WOHLENBERG, 1917[3] - M.DIBELIUS (HNT 11), (1913) 1937[3] - K.BARTH, Erklärung des Ph.s, (1928) 1947[5] - J.H.MICHAEL (Moffatt NTC), (1929) 1946 - E.LOHMEYER (MeyerK IX[8]11), (1930) 1956 (dazu R.BULTMANN, DLZ 51, 1930, 774-777) - W.MICHAELIS (ThHK 11), 1935 - P.BONNARD (Comm. du NT 10), 1950 - J.J.MÜLLER (New Internat. Lond. Comm.), 1955 - G.FRIEDRICH (NTD 8), 1961. - Lit.: L.HEUZEY-H.DAUMET, Mission archéologique de Macédoine, Paris 1876 (weitere Berichte: Bull. corr. hell. 53-59. 61-62, 1929-35. 1937-38) - W.LÜTGERT, Die Vollkommenen im Ph.... (BFChTh 13, 6), 1909 - M.JONES, The Integrity of the Epistle to the Philippians (Exp 8, 8, 1914, 457-473) - P.FEINE, Die Abfassung des Ph.s in Ephesus (BFChTh 20, 4), 1916 - CH.PICARD, Les dieux de la colonie de Philippes (RHR 86, 1922, 117-201) - A.DEISSMANN, Zur ephesin. Gefangenschaft des Ap. Paulus (Anatolian Studies ... to W.M.Ramsay, Manchester 1923, 121-127) - W.MICHAELIS, Die Gefangenschaft des Paulus in Ephesus (Nt. Forsch. I, 3), 1925 - DERS., Die Datierung des Ph.s (ebd I, 8), 1933 - G.S.DUNCAN, St. Paul's Ephesian Ministry, 1929 - DERS., Were Paul's Imprisonment Epistles Written from Ephesus? (ET 67, 1956, 163-166) - J.SCHMID, Zeit u. Ort der paulin. Gefangenschaftsbriefe, 1931 - O.LINTON, Zur Situation des Ph.s (ASNU 4, 1936, 9-21) - P.COLLART, Philippes, ville de Macédoine, 1937 - PW XIX, 1938, 2206ff (Philippoi) - T.W.MANSON, St. Paul in Ephesus (BJRL 23, 1939, 182-200) - P.LEMERLE, Philippes et la Macédoine orientale à l'époque chrétienne et byzantine, Paris 1945 - E.SCHWEIZER, Der zweite Thess. ein Ph.? (ThZ 1, 1945, 90-105. 286-289; s. W.MICHAELIS, ebd 282-286) - B.REICKE, Diakonie, Festfreude u. Zelos (UUÅ 1951, 5), 1951, 298ff - J.MÜLLER-BARDORFF, Zur Frage der literar. Einheit des Ph.s (WZ Jena 7, 1957/58, 591-604) - W.SCHMITHALS, Die Irrlehrer des Ph.s (ZThK 54, 1957, 297-341) - P.DACQUINO, Date e provenienza della lettera ai Filippesi (Rivista Biblica 6, 1958, 224-234) - B.D.RAHTJEN, The Three Letters of Paul to the Philippians (NTS 6, 1959/60, 167-173). - Lit. zu Phil 2, 6-11 s. → Kenosis, 1; ferner: DBS V, 1957, 7ff. 136ff. *G.Delling*

Zur *Auslegungsgeschichte* (s. auch → Schriftauslegung: IV, → Paulusbriefe):

Qu.: 4.Jh.: Marius Victorinus (MPL 8). - 6.Jh.: Johannes Diaconus (Ps.-Hieronymus, MPL 30). - 16.Jh.: Zwingli (SCHULER-SCHULTHESS VI/2, 209-219) - Melanchthon (CR 15) - Chr.Hoffmann, Basel 1541 - Benedictus Aretius, Bern 1580. - 17.Jh.: Hieronymus Zanchi, 1613 (Opera theol. VI) - J.A.Velasquez SJ, Valladolid 1626, Lyon 1628/32 - Joh.Meelführer, Nürnberg 1628 - Meinh.Schotanus, Franeker 1637 - Chr.Althofer, Nürnberg 1641 - Moses Amyrault, Saumur 1646 - Hieronymus Weller, Nürnberg 1651 - Joh.Crell, Amsterdam 1656 - Jean Daillé, Genf 1660 - Franc.Gomarus, Amsterdam 1664 (Opera) - Mich.Ragerus, Lübeck 1669 - Petrus van der Hayen, Amsterdam 1673 (Predigten) - J.J.Breithaupt, Halle 1695. - 18.Jh.: Joh.Andr.Gleichen, Dresden 1714 (Predigten) - Sal. van Til, Amsterdam 1726.

Lit.: HEINR.SCHUMACHER, Christus in seiner Präexistenz u. Kenose nach Phil 2, 5-8, Tl 1: Hist. Unters., Rom 1914 - F.LOOFS, Das altkirchl. Zeugnis gegen die herrschende Auffassung der Kenosisstelle (ThStKr 100, 1927/28, 1-102) - W.FOERSTER, Οὐχ ἁρπαγμὸν ἡγήσατο bei den griech. Kirchenvätern (ZNW 29, 1930, 115-128) - J.GEWIESS, Zum altkirchl. Verständnis der Kenosisstelle (ThQ 128, 1948, 463-487; gegen LOOFS) - J.McHUGH (→ Korintherbriefe) - H.ALTMEYER, Die geistl. Freude. Eine Analyse nach Texten aus Väterkommentaren zum JohEv u. Phil (Diss. Gregoriana), Rom 1957 - P.HENRY, Art. Kénose, DBS V, 1957, 56ff (Lit.). *W.Werbeck*

Philippi, *Jakobus,* auch J.Ph.Faederer genannt, * in Kirchhofen bei Freiburg/Br., seit 1462/63 Theologiestudium in Basel (1491 bacc. formatus), wo Ph. 1463 Leutpriester zu St. Peter, 1468 Kaplan zu St. Martin und 1491 Leutpriester am Münster wurde. Durch seinen Bruder Ludwig, der 1487-90 Rektor des Bruderhauses in Zwolle war, stand Ph. in enger Beziehung zu den → Brüdern vom gemeinsamen Leben. Nach diesem Vorbild preist er in seinem 1494 bei Michael Furter in Basel erschienenen Hauptwerk »Reformatorium vitae clericorum« das gemeinsame Leben der Kleriker als Mittel gegen den fortschreitenden sittlichen Verfall der Kirche.

RE XV, 319ff; XXIV, 324 - R.WACKERNAGEL, Gesch. der Stadt Basel II, 1916, 850 - H.G.WACKERNAGEL, Die Matrikel der Univ. Basel I, 1951, 36. *M.Sieber*

Philippinen. Mit 23,1 Mill. Einwohnern und 299400 qkm umfassen die Ph. einen Archipel von über 7000 Inseln (→ 13 D/E 5/6). Im Laufe ihrer neueren Geschichte haben Spanien, die USA und Japan Herrschaft und Einfluß ausgeübt. Seit 1946 sind die Ph. eine unabhängige Republik mit demokratischer Präsidialverfassung. - Die Geschichte des *Christentums* auf den Ph. beginnt mit ihrer Entdeckung 1521 durch den Spanier Fernando Magellan. 1564 begannen Augustiner ihre Missionstätigkeit auf Cebu, ihnen folgten 1577 Franziskaner nach Manila und seit 1580 Dominikaner und Jesuiten. Im Zusammenhang mit der spanischen Kolonialpolitik kam es zum Aufbau eines kath. Staatskirchentums. Damit wurden die Inseln zum ersten überwiegend christlichen Gebiet in Ostasien. Nach 1898 nahmen neue Orden ihre Tätigkeit auf (u.a. Steyler Patres und deutsche Benediktiner). Heute gibt es 6 Erz- und 15 Suffraganbistümer. 83% der Bevölkerung zählen zur kath. Kirche. 7,6% gehören der nationalkath. Kirche der Aglipayaner (→ Bischof: IV, 3) an, die sich unter Aglipay 1902 von der röm.-kath. Kirche trennte. Die Trennung erfolgte, als das Verlangen einheimischer Priester nach eigenen Bischöfen von der Kurie abgelehnt worden war. – Der Einfluß der *ev. Kirchen* auf den Ph. begann, nachdem die Amerikaner 1889 von den Inseln Besitz ergriffen und die spanische Herrschaft beendeten. Vorher waren keine Protestanten auf den Ph. geduldet. Als erste entsandten nordamerikanische Methodisten, Presbyterianer und Episkopale Missionare. 1900 kamen nordamerikanische Baptisten, später folgten United Brethren, Disciples und Adventisten sowie Kongregationalisten (F.C. → Laubach). Erste Kontakte zwischen den einzelnen Denominationen ergaben sich durch einen Bund ev. Missionare, aus dem 1901 die Ev. Union der Ph. wurde. Presbyterianer und Methodisten gründeten 1907 gemeinsam das Union Theological Seminary in Manila. 1929 vereinigten sich Presbyterianer, Kongregationalisten und United Brethren zur United Evangelical Church of the Philippines. Im selben Jahr bewirkte ein Besuch von J. → Mott die Gründung des Nationalen Christenrates. Aus ihm erwuchs 10 Jahre später der Bund ev. Kirchen auf den Ph. Iglesia Evangélica Unida en Islas Filipinas nannte sich eine Union, in der sich 1932 elf eigenständige philippinische prot. Kirchen zusammenschlossen. Zu einem weiteren Zusammenschluß kam es, als 1948 die United Evangelical Church (Presbyterianer und Kongregationalisten) zusammen mit der Evangelical Church und der Philippine Independent Methodist Church die United Church of Christ in the Philippines (→ Einigungsbestrebungen: VII, 4) bildeten. Die meisten der ev. Kirchen sind Mitglieder des nationalen Kirchenbundes (Philippine Federation of Christian Churches). Trotz der verhältnismäßig hohen Zahl ev. Missionare und Pfarrer (633 Evangelische auf 1 Pfarrer gegenüber 8259 Katholiken auf 1 Priester) beträgt der ev. Bevölkerungsanteil nur 2,8%. Von der *übrigen* Bevölkerung sind 4,1% sunnitische Muslim (Sultanate in Mindanao und im Sulu-Archipel). Neben knapp 50000 Buddhisten (0,2%) aus der Zeit der japanischen Besetzung finden sich etwa 350000 (2%) Anhänger alter Stammesreligionen.

J.Schmidlin, Kath. Missionsgesch., 1924 (Lit.) – A.L.Ryan, Religious Education in the Ph., 1930 – LThK VIII, 236ff – J.Rodgers, Forty Years in the Ph., 1940 – Latourette V. VII (Lit.) – F.Eggan, The Ph., 4 Bde, 1956 – Länderlexikon, hg.v. Hamburgischen Welt-Wirtschafts-Archiv, III, 400ff (Lit.) – WChH. *H.Bürkle*

Philipponen (Philippowzy) → Russische Sekten.

Philippus, 1. *Apostel.* Bei den Synoptikern und in der Apg erscheint dieser Apostel mit dem griech. Namen (= »Pferdefreund«) nur in den Zwölferlisten Mk 3, 18 par (Mt 10, 3; Lk 6, 14) und Apg 1, 13, und zwar jeweils an fünfter Stelle, meist gefolgt von → Bartholomäus (Mk 3, 18 par; ActThom 1; EpistApost). Darüber hinaus berichtet nur noch das JohEv über Ph. Der Perikope 1, 35–51 liegt vielleicht die Überlieferung zugrunde, daß Ph. wie → Petrus und → Andreas aus → Bethsaida »in Galiläa« stammte (1, 44; 12, 21), und daß er wie jene aus dem Kreise der Jünger → Johannes des Täufers kam. In Joh 6, 5–7; 12, 20–22 – beide Male neben Andreas aufgeführt – und 14, 8 f ist Ph. lediglich eine literarische Gestalt des Evangelisten. Spätere Überlieferung berichtet, daß der »Apostel« Ph. im kleinasiatischen Hierapolis sein Leben beschloß (Polykrates und Papias bei Euseb, h.e. III, 31, 3; 39, 4. 9; ebenso die sonst historisch völlig wertlosen → Philippusakten), charakterisiert diesen Ph. aber gleichzeitig als denjenigen, der die weissagenden Töchter hatte. Letzteres paßt freilich nur auf den »Evangelisten« Ph. (Apg 21, 8–9), der also hier mit dem »Apostel« identifiziert ist und nur in Apg deutlich von diesem unterschieden wird (s. 2).

J.B.Lightfoot, St. Paul's Epistle to the Col., 1880[8], 45f – Th. Zahn, FGNK VI, 1900, 18–27. 158–175 – P.Corssen, Die Töchter des Ph. (ZNW 2, 1901, 289–299) – R.Bultmann, Das Evangelium des Joh. (MeyerK II[16]), 1957, zu 1, 43 f u. 12, 20–22. *H.Köster*

2. *Evangelist,* gehört zum Siebenerkreis der Jerusalemer Urgemeinde (Apg 6, 5). Nach der Darstellung der Apg ergibt sich folgendes Bild: Als die Gemeinde durch die Verfolgung Sauls »zerstreut« wird, geht Ph. nach Samaria; er bekehrt unter vielen anderen den Magier → Simon (8, 4ff), überläßt jedoch die Geistverleihung den Aposteln Petrus und Johannes (8, 14ff). An der Straße Jerusalem-Gaza tauft er einen äthiopischen Eunuchen und wird von dort nach Asdod »entrückt« (8, 26ff). Später lebt er mit seinen vier prophetisch begabten Töchtern als »Evangelist« in Cäsarea (21, 8f; vgl. schon 8, 40). – Wieweit diese Aussagen auf authentische Überlieferung zurückführen, ist umstritten. Im gegenwärtigen Zusammenhang entsprechen sie der Grundtendenz des lukanischen Geschichtswerkes (→ Apostelgeschichte, 6): Die Mission des Ph. bereitet den Weg des Evangeliums über die Grenzen Palästinas vor, andererseits präjudizieren seine Zugehörigkeit zum Siebenerkreis und die Unterordnung der Samariamission unter die Autorität der Apostel das Verhältnis des → Heidenchristentums (, 6) zum → Judenchristentum in Jerusalem. – Die patristische Bezeugung verwechselt ihn häufig mit dem Apostel (schon Papias bei Euseb, h.e. III, 39, 9). Ph. soll mit seinen Töchtern im phrygischen Hierapolis (in der Nähe von Laodizea, → 18 B 3) bestattet sein. Nach anderer Tradition starb er als Bischof in Tralles. Gedächtnistag: 9. Febr. (armen.), 6. Juni (lat.), 11. Okt. (griech. und kopt. Kirche).

R.A.Lipsius, Die apokr. Apg.en u. Apostellegenden II/2, 1884, 1ff – RE XV, 334ff – Hennecke[3] II, Abschn. XI (Lit.) – Komm. zur Apg. *G.Strecker*

3. *Papst* 31.7.768, vorher Mönch im römischen S. Vitus-Kloster. In den mit dem Sturz → Konstantins II. einsetzenden Wirren, die schließlich zur Wahl → Stephans III. führten, als langobardischer Kandidat erhoben, verschwindet Ph. am selben Tag wieder in seinem Kloster. Er gilt nicht als rechtmäßiger Papst.

RE X, 774 – DThC III/1, 1225 – DDC I, 604 – O.Bertolini (→ Paul I.) 640ff *H.Fuhrmann*

4. *von Side* (in Pamphylien; → 18 C 4), Priester in Konstantinopel, kandidierte dreimal vergeblich für den Patriarchenthron, veröffentlichte um 434/39 eine Weltchronik in 36 Büchern, die bis 426 reichte; nur wenige Bruchstücke sind erhalten. → Photius kannte noch etwa zwei Drittel des Werkes. Ph. schrieb weitschweifig, flocht Exkurse über Musik, Geometrie und Astronomie sowie Landschaftsschilderungen ein. Wohl ausschließlich aus diesem Werk schöpft ein interessanter anonymer Traktat, ein Streitgespräch zwischen Juden und Christen am Hofe eines sassanidischen Herrschers. – Von Ph. ist ferner eine Zurückweisung der christenfeindlichen Bücher des Kaisers → Julian bekannt.

Fragmente bei C.de Boor, TU 5, 2, 1888, 165-184. - E.Bratke, TU 19, 3, 1899, 153ff - RE XV, 336f - Bardenhewer IV, 135ff - LThK VIII, 233 - E.Honigmann, Patristic Studies (StT 173), 1953, 82ff - Altaner 214. *U.Treu*

Philippusakten, fragmentarisch erhalten außer in der umfassenden griech. Überlieferung (es fehlen 10.-14. Praxis) in lat., syr., kopt., armen. und äthiop. Rezensionen. Sie schildern die von wunderbaren Ereignissen begleiteten Missionsreisen des vom Evangelisten (→ Philippus, 2) nicht mehr unterschiedenen Apostels durch Griechenland, Palästina, Kleinasien und das Martyrium in Hierapolis. Die Tendenz ist enkratitisch (Geschlechtsfeindschaft). Eine gnostische Grundschrift (Lipsius) ist unwahrscheinlich, aber auch, daß der Verfasser ein »Orthodoxer« war (Bardenhewer). Es bestehen vielmehr Parallelen zum eustathianischen Asketismus, vielleicht auch zum Messalianismus (Peterson). Außerdem ist der vulgär-christliche Einschlag stark. Abfassung: in Kleinasien (Hierapolis?) etwa 4.-5.Jh. (zum ersten Mal erwähnt im Decretum Gelasianum, 6.Jh.).

Text: H.Bonnet, Acta Apost. Apocr. II/2, (1903) 1959, 1ff (griech.). - R.A.Lipsius, Die apokr. Apg.en u. Apostellegenden II/2, 1884, 1ff; ErgH. 1890, 64ff - Bardenhewer I, 584ff - Altaner 64 (Lit.). *G.Strecker*

Philister

1. Herkunft - 2. Landnahme - 3. Geschichte - 4. Kultur und Religion

1. Die Ph. (p^e lištîm) gehören zu den sog. Seevölkern, die seit dem 14.Jh. vChr zu Wasser über das Mittelmeer und zu Lande über Kleinasien in die westlichen Randgebiete des alten Vorderen Orients einströmten. Diese langsam und in Etappen verlaufende Wanderbewegung großen Stils ist gewiß nicht unbeteiligt am Niedergang des → Hethiter-Reiches und am Zusammenbruch des Stadtstaates → Ugarit. Für → Ägypten (: I, 6) und seine Einflußzonen in den asiatischen Nachbarländern wurde sie im Verein mit den Libyern seit Merenptah gefährlich. Die erste inschriftliche Bezeugung der Ph. (prśt) fällt in das 8. Jahr Ramses III. (ca 1190), von dem sie zusammen mit ihren Weggenossen, den Zakaru (ṯkr), (wahrscheinlich) in Syrien geschlagen wurden. Die Zugehörigkeit der Ph. zu den Seevölkern besagt jedoch noch nichts über ihre *Herkunft*. Das AT bringt sie mit → Kaphtor = Kreta in Verbindung (Gen 10, 14; Dtn 2, 23; Am 9, 7; Jer 47, 4; 1Chr 1, 12; vgl. auch 1Sam 30, 14; Zeph 2, 5; Ez 25, 16 und s. → Krethi und Plethi); in der Tat weisen alle archäologischen und historischen Einzelzüge nach dem ägäischen Raum und nach der Westküste Kleinasiens. Vielleicht sind die Ph. von Karien aus zu Wasser über Kreta und zu Lande an der Küste Kleinasiens entlang nach dem Orient gekommen. Ob sie ihre ursprüngliche Heimat in der Ägäis hatten (oder auf dem Balkan, Illyrien?), ist nicht sicher zu entscheiden.

2. Die *Landnahme* der Ph. in der südpalästinischen Küstenebene bildete allem Anschein nach ein Teilstück der geschickten Abwehrpolitik der Ramessiden der 20. Dynastie gegen die Seevölkerbewegung, deren Druck auch nach den Erfolgen Ramses III. nicht geringer geworden war. Vielleicht schon unter Ramses III., sicher aber unter seinen unmittelbaren Nachfolgern, sind die Ph. zwischen dem wādi ghazze und dem nahr el-ʿōdscha (Aphek 1Sam 4, 1; 29, 1 = tell muchmar [bei rās el-ʿēn]?) als Militärkolonen der Ägypter angesiedelt worden - in einem Territorium, aus dem seit der Mitte des 2.Jt.s kaum kanaanäische Dynastensitze, wohl aber ägyptische »Reichsgüter«, dh im Kriege der unmittelbaren Verfügungsgewalt der Pharaonen anheimgefallene Ortschaften (→ Gaza, Askalon) bekannt sind. Sie formierten sich politisch in der sog. → Pentapolis (, 2). Der nördliche Teil der palästinischen Küstenebene vom nahr el-ʿōdscha bis zum Karmelgebirge gehörte nur einmal vorübergehend im 11.Jh. zum Herrschaftsgebiet der Ph. (1Sam 28, 4; 29, 1).

3. Ins helle Licht der *Geschichte* treten die Ph. erst im Zeitalter der israelitischen Staatenbildungen (→ Israel: I), deren erste unter → Saul ohne den massiven, von den Ph.n ausgeübten Druck auf den territorialen Besitzstand der israelitischen Stämme nicht zu denken ist. Die Ph. suchten sich, zunächst mit Erfolg, in der Rechtsnachfolge des ägyptischen Neuen Reiches die Hegemonie über den ganzen süd- und mittelpalästinischen Raum zu sichern (1Sam 4, 2. 10; 10, 5; 13, 3. 19ff; 14, 15. 22; 2Sam 23, 14). Die Erzählung vom David-Goliath-Kampf (1Sam 17) ist in Stoff und Gestaltung von der des Sinuhe-Zweikampfes (AOT 57f, ANET² 20) abhängig (G.Lanczkowski, MDAI Kairo 16, 1958, 214-218; zur Rüstung Goliaths s. 4). Im zweiten Stadium der israelitischen Staatenbildung unter → David wurden die Ph. geschlagen, ihrer politischen Selbständigkeit beraubt und dem davidischen Großreich als Vasallenstaaten angegliedert (2Sam 5, 17ff; 8, 1; 21, 15ff; 23, 9ff). In der Folgezeit, vielleicht schon unter → Salomo, haben die Ph. ihre Unabhängigkeit zurückgewonnen und ihre Kräfte in Grenzkämpfen vor allem mit dem Nordreich Israel verbraucht (1Kön 15, 27; 16, 15ff; Jes 9, 11); dabei scheint Gath mehrfach den Besitzer gewechselt zu haben (1Chr 18, 1; 2Chr 11, 8; 26, 6; 1Kön 2, 39f; 2Kön 12, 18; LXX-Zusatz zu 2Kön 13, 22; indirekt Am 1, 6ff). Im Zeitalter der Expansion des neuassyrischen Großreiches (→ Assyrien, 3) waren die Ph. teils führend, teils als Mitläufer am Verzweiflungskampf der syrisch-palästinischen Kleinstaatenwelt gegen Assur beteiligt. 734 richtete Tiglatpileser III. einen Feldzug vornehmlich gegen Gaza, dessen König Ḫanūnu nach Ägypten floh, um bald darauf als Vasallenfürst von Assur in seiner Stadt bestätigt zu werden. 722-720 stand Ḫanūnu im Bunde mit Ägypten gegen Sargon II. (Jes 14, 28ff); das Unternehmen endete mit dem assyrischen Siege bei Rapiḫu (refaḥ). 713-711 entbrannte ein Aufstand gegen Sargon II. in Asdod (Jes 20); der Stadtkönig Azuri machte sich zum Haupt einer antiassyrischen Koalition aus Ägypten, Juda, Moab und Edom, wurde aber auf Geheiß Sargons von Aḫimilki (Aḫimiti) abgelöst, der seinerseits dem Usurpator Jamani (Jatna) weichen mußte. 711 wurde Asdod assyrische Provinz. An der Koalition der Jahre 705-701 waren Askalon und Ekron beteiligt. Nach der Schlacht bei Altaqū (tell eš-šalat nördl. von chirbet el-muqannaʿ?) 701 und dem Feldzug gegen Juda und Jerusalem belehnte Sanherib die Ph.fürsten Mitinti von Asdod, Ṣilbēl von Gaza und Padî von Ekron vorübergehend mit dem → Hiskia abgenommenen flachen Lande Juda (Jes 1, 4ff). Von da an waren die Stadtstaaten der Ph. feste Glieder des Kranzes assyrischer Vasallengebiete. Sie hatten nach dem Rückgang der assyrischen Macht in Ägypten den Gegenstoß der 26. Dynastie zu ertragen (Herodot II, 157. 159; Jer 47, 1ff?). Die persische Herrschaft brachte keine Veränderungen im Vasallitätsstatus; seit Darius gehörten die Ph. zur 5. Satrapie (Herodot III, 91). 332 belagerte Alexander auf seinem Zuge nach Ägypten Gaza; seit 323 waren die Ph.städte Streitobjekt zwischen → Seleukiden und → Ptolemäern und blieben es über die Makkabäerkriege (1Makk 5, 68; 9, 50ff; 10, 75ff; 11, 60ff) bis in die Zeit der römischen Eroberung. Im römischen Imperium gehörten sie anfangs zur Provinz Syria, später zu Judaea und seit 135 nChr zu Palästina, dem sie den Namen gegeben haben.

4. Die Erkenntnis der ursprünglichen philistäischen *Kultur* ist deshalb schwierig, weil sich die Ph. offenbar nicht lange nach ihrer Seßhaftwerdung der Kultur der

kanaanäischen Bevölkerung akklimatisiert haben. Ihre Keramik ist verwandt mit der spätmykenischen (III c), enthält aber auch kyprische, ägyptische und kanaanäische Elemente. Bewaffnung und Tracht: Feder-(Schilfblatt-)Krone mit Nackenschutz (vgl. Diskus von Phaistos), Speer, Schild, Schwert, Streitwagen (Reliefs Ramses III. zu Medinet Habu; 1Sam 13, 5; 2Sam 1, 6). Eisenzeitliche Hoplitenrüstung trägt Goliath (1Sam 17, 5-7); er hat einen Bronzehelm, Panzer und Beinschienen (!) und einen Speer mit Flugsicherungsleine (vgl. Y.Yadin, PEQ 86, 1955, 58-69). Die Ph. kannten keine → Beschneidung (Ri 14, 3; 1Sam 18, 25ff u.ö.). Von ihrer Sprache ist kaum etwas bekannt; philistäisch sind vielleicht die Eigennamen Pichol (Gen 21, 20), Achisch (1Sam 27f), sowie særæn »Fürst« (τύραννος?) und pîlægæš »Kebse« (πάλλαξ, paelex). Ihre *Religion* ist semitisch: → Dagon von Gaza (Ri 16, 23) und Asdod (1Sam 5, 11ff); Baal-z^{e}bûb von Ekron (1Kön 1, 3), → Atargatis von Askalon (2Makk 12, 26). Der Tempel von Gaza hatte vermutlich eine ähnliche Gestalt wie das mykenische Megaron (Ri 16, 29).

RE XV, 338ff (Lit.) - RLV X, 126ff - RGG³ IV, 1191ff (Lit.) - G.v.RAD, Das Reich Israel u. die Ph. (PJ 29, 1933, 30-42) - O.EISSFELDT, Ph. u. Phönizier (AO 34, 3), 1936 - DERS., Israelitisch-ph. Grenzverschiebungen von David bis auf die Assyrerzeit (ZDPV 66, 1943, 115-128) - PW XIX/2, 2390ff - R.HERBIG, Ph. u. Dorier (JDI 55, 1940, 58-89) - F.BORK, Ph. Namen u. Vokabeln (AfO 13, 1940, 226-230) - A.ALT, Ägypt. Tempel in Palästina u. die Landnahme der Ph. (ZDPV 67, 1944, 1-20 = ALT I, 216-230) - DERS., Neue assyr. Nachrichten über Palästina (ebd 67, 1945, 128-146 = ALT II, 226 bis 241) - DERS., Tiglathpilesers III. erster Feldzug nach Palästina (ALT II, 150-162) - F.STAEHELIN, Die Ph. (Reden u. Vorträge, 1956, 120-146) - T.DOTHAN, Archaeological Reflections on the Philistine Problem (Antiquity and Survival 2, 1957, 151-164) - DERS., Philistine Civilisation in the Light of Archaeological Finds in Palestine and Egypt (Eretz Israel 5), 1958 - EKL III, 191f (Lit.) - M.-L. u. H.ERLENMEYER, Über Ph. u. Kreter (Or 29, 1960, 121-150). *H.Donner*

Phillips, *George,* Kanonist, * 6.1.1804 in Königsberg/Pr., † 6.9.1872 in Aigen bei Salzburg, 1826 PDoz. für Deutsches Recht in Berlin, 1827 ao. Prof. daselbst. 1828 trat er zur kath. Kirche über und wirkte 1833-47 in München, zuerst als Rat im Ministerium des Innern, seit 1834 als Prof. der Geschichte, später der Rechte. Durch Beteiligung an der Lola-Montez-Affäre verlor er seine Professur. 1850 wurde er Prof. in Innsbruck, 1851 in Wien (für Kirchenrecht und Deutsche Rechtsgeschichte). Sein durch reiche Materialien rechtsgeschichtlich nützliches, durch den Anschluß an eine (auch in sich unzulängliche) theologisch-dogmatische Stoffgliederung rechtssystematisch mangelhaftes und inhaltlich nicht einmal bis zur Vollendung des Personenrechtes gediehenes Hauptwerk ist das »Kirchenrecht«, das aber als anachronistisches Denkmal einseitiger kirchenpolitischer Behandlung seines Stoffes im Sinne des hochmittelalterlichen Kurialismus interessant bleibt.

Vf. u.a.: Dt. Reichs- u. Rechtsgesch., (1845) 1859⁴; Kirchenrecht I-VII, 1845-72 (I. II, 1855/57³; VIII/1 von F.H.VERING, 1889); Lehrbuch des Kirchenrechts, (1859-62) 1881³ von CHR.MOUFANG; Vermischte Schriften I-III, 1856-60. - Über Ph.: J.F.v.SCHULTE, Die Gesch. der Qu. u. Lit. des Canonischen Rechts III/1, 1880, 375ff - O.WEINBERGER, HPBl 170, 1922, 270-277 - DDC VI, 1461f.

H.Barion

Philo, 1. *von Alexandria,* jüdisch-hellenistischer Religionsphilosoph.

a) In seinem *Leben* ist das einzige feststehende Datum der Winter 39/40 nChr, in dem Ph. als älterer (etwa 60jähriger?) Mann eine Gesandtschaft an den Kaiser Gajus (Caligula) nach Rom führte, welche den Juden von → Alexandria gegen die Gewaltherrschaft des ägyptischen Präfekten Flaccus das Bürgerrecht sichern sollte (→ Diaspora: I). Als Bruder des reichen und einflußreichen Alabarchen Alexander, welcher Bankier des → Herodes (, 3) Agrippa I. war und später der Freund des Kaisers Claudius und Vermögensverwalter seiner Mutter wurde, verfügte Ph. über direkte Beziehungen zum römischen Hof und hat Agrippa auch persönlich beraten. Intensiv verfolgte Ph. das Weltgeschehen seiner Zeit (→ Judentum: I), das für ihn in den Judenverfolgungen des Sejan (→ Kaiphas), → Pilatus, Flaccus und Caligula gipfelte. Gleichzeitig bewährte er sich als geistiger Führer der alexandrinischen Judenheit in zahlreichen Schriften. Er hat sie vielleicht zunächst in der Synagoge vorgetragen, stand aber nicht in der Tradition einer alexandrinischen Exegetenschule. Jerusalem hat er gekannt, vom Tempel nur den Vorhof betreten.

b) Die Überlieferung der *Schriften* Ph.s beruht auf griech. Hss. des 6.-11.Jh.s, die in wechselnder Form zT schon die Titel enthalten; auf armenischen Übersetzungen; auf den sog. sacra parallela, dh Florilegien aus Kirchenvätern, zu denen Ph. zählte, zusammengestellt letztlich wohl von → Johannes Damascenus, aber nur in Auszügen und Umarbeitungen erhalten; auf Katenen, hergestellt meist von → Prokop von Gaza, zT bis in byzantinische Chroniken hinein verwendet; auf lat. Übersetzungen des 4.Jh.s, die manche Zusätze enthalten. Zu den verlorenen und den zusammenhängend nur armenisch erhaltenen Schriften wurden bei den verschiedensten Autoren schon viele griech. und lat. Fragmente identifiziert, von denen mehrere noch nicht lokalisiert sind. Der Umfang der heute bekannten Überlieferung dürfte nicht über das hinausgehen, was die Bibliothek von → Cäsarea (, 1) im 3.Jh. enthielt (vgl. Euseb, h.e. II, 18). - Ph.s wissenschaftliches Hauptwerk ist der große allegorische Kommentar zur Genesis. Er beginnt mit Gen 2, 1 unter dem Titel »Gesetzesallegorien« (urspr. 4 Bücher, heutige Bücher I und II waren I; II und IV über 3, 1 b-8 a und 3, 20-23 sind verloren) und ist von 3, 24/4, 1 (De Cherubim) an mit Spezialtiteln überliefert; bis 4, 16-25 (De posteritate Caini) wird der ununterbrochene Text kommentiert, danach (6, 1-4: De gigantibus) nur noch ausgewählte Stellen bis 28, 12ff/31, 11ff und 37/40f (De somniis I und II). Nicht wissenschaftlich, sondern katechetisch gemeint sind die Quaestiones in Genesin und in Exodum (armen.), die vielleicht bis zum Ende des Pentateuchs weitergeführt werden sollten. Von diesen fortlaufenden Erklärungen sind die zwar auch von einzelnen Bibelstellen ausgehenden, aber doch mehr systematisch angelegten Schriften zu unterscheiden, deren sachliche Zusammengehörigkeit und relative Chronologie unklar ist. Zur Darstellung der mosaischen Gesetzgebung gehören De opificio mundi, De decalogo und De specialibus legibus I-IV, während die Schriften über Abraham und Joseph, die den kosmopolitischen Weisen schildern, dort hinein gehören oder eine eigene Gruppe bilden können. Dasselbe gilt von den 2 Büchern über das Leben Mosis (als θεῖος ἀνήρ!) sowie für die Schriften über die Tugenden, Belohnungen und Strafen, Segen und Fluch und die Vorsehung (armen.). Der Dialog mit dem vom Judentum abgefallenen Neffen Tiberius Alexander (armen.) behandelt die Frage, ob die Tiere Vernunft haben. »Quod omnis probus liber sit«, wird am Beispiel der → Essener geschildert; darüber handelt auch die nur von → Eusebius (, 2) überlieferte Apologie. Von einer fünfteiligen politisch-religiösen Flugschrift (Περὶ ἀρετῶν) sind nur In Flaccum und Legatio ad Gaium erhalten. Von den Schriften, deren Echtheit lange umstritten war, sind De vita contemplativa (→Therapeuten) sicher und De aeternitate mundi wahrscheinlich echt, der Liber antiquitatum biblicarum (ed. G.Kisch, Notre Dame 1949) sicher unecht.

c) Ph.s *Gedankenwelt* ist bei allem → Eklektizismus von

einer einheitlichen Frömmigkeit getragen; aber diese wird häufig vom ursprünglichen Zwiespalt der Kulturen durchbrochen, die in Ph. zur Synthese tendieren (s. d). Ganz fest ist nur die Stellung von → Gott (: V. VII) im at. Sinne über der Welt und dem Menschen. Das universale Abbild (εἰκών) von ihm ist einerseits als geistig wahrnehmbarer Kosmos (κόσμος νοητός), andererseits als himmlischer Mensch (ἄνθρωπος οὐράνιος) zu denken. In dem Maße, wie im Sinne des → Platonismus als wahres Universum das geistige gilt, geht es in die es letztlich beseelende Potenz über, die daneben auch mit ihm identisch bleibt, also alles umfaßt; diese Potenz ist vornehmlich λόγος, daneben - aber nicht immer damit identisch - Verstand (νοῦς), Vernunft (λογισμός), Geist (πνεῦμα) oder Denken (φρόνησις). Der → Logos (, 1 c) kann als das eigentliche Zentrum der Welt gelten, war aber auch schon vor ihr als Gottes Schöpfungswerkzeug da. Sein Abbild, dh eine zweite εἰκών oder εἰκὼν μίμημα, ist im weiteren Sinne der sinnlich wahrnehmbare Kosmos (κόσμος αἰσθητός), im engeren Sinne der irdische Mensch. Dessen Urbild ist ebenso der himmlische Mensch, der damit auch, ebenso wie der λόγος, der beste Teil des irdischen oder der innere Mensch im äußeren ist. Er begreift beide Geschlechter in sich, ist deshalb aber kein mythologischer Androgyn. Der λόγος kann, dem Monotheismus Ph.s zum Trotz, als Zweiter Gott gelten; daneben ist er bzw. der κόσμος νοητός der ältere Sohn des (ersten) Gottes, so wie sein jüngerer Sohn der κόσμος αἰσθητός ist, den der Logos wie ein Gewand angezogen hat. → Makrokosmos und Mikrokosmos werden vom Logos nicht nur durchwaltet, sondern auch als Haupt beherrscht. Geschaffen aber ist die Welt, die nur eine ist (anti-epikureischer Akzent!), von Gott, jedoch aus einer ungeschaffenen Hyle. Damit ist auch die Gesetzgebung des Mose und seines Nachfolgers Plato vorbereitet. Gott wirkt durch Kräfte oder λόγοι, die sowohl attributiv in der mit ihm identischen göttlichen Vernunft als auch substantiell in der Welt enthalten sein können, und zwar nur auf die Schöpfung; der begriffliche Unterschied zwischen Gott und ihnen kann zum realen werden (→ Hypostasen), ohne daß sie durch → Emanation zu außergöttlichen Kräften würden, wenngleich sie zT die Aufgabe der → Theodizee erfüllen. Inhalt gibt ihnen der Volksglaube an → Geister, Dämonen und Engel; manche Kräfte sind auch Seelen, die teils bei Gott bleiben, teils sich inkarnieren und teils versinken. Der Logos als oberste umfassende Kraft und Erzengel prägt als Siegel die Welt und teilt als Tomeus die Arten und Gattungen ein. Indem er himmlische und irdische Welt samt dem Menschen zusammenbindet, ist er nicht nur ein einheitliches, sondern auch ein zweiheitliches Wesen; aber er ist nicht zertrennt, und sein unterer Teil gilt trotz des von Ph. zwischen unsterbliche Seele und sterblichen Leib gelegten Schnittes nicht als in eine dämonisierte Welt gebannt, in die er präexistent gefallen wäre und aus der er von seinem oberen Teil, der als fremdes Wesen zu ihm herniederstiege, befreit werden müßte. Darin liegt der grundlegende Unterschied zur Erlösung in der → Gnosis (: I), in der nicht die letztlich stoisch-harmonischen Wertungen, sondern nur wichtige Begriffe des philonischen Weltbildes vorausgesetzt werden. Der Logos fügt den Menschen als Teil der irdischen Welt und (des) jüngeren Gottessohn(es) ins dynamische Universalgefüge ein und gibt ihm über die himmlische εἰκών, zu welcher der Mensch dabei wird, Anteil an Gott; dieser kann deshalb auch Retter (σωτήρ) heißen. Die menschliche Situation, auf die er oder der Logos einwirkt, ist die der Unwissenheit (= Gottlosigkeit!) oder des Ungehorsams; innerhalb ihrer wird die Willens- und Wahlfreiheit wie im gesamten Judentum streng festgehalten. Der Mensch erkennt Gut und Böse durchs → Gewissen (, 1), das teils mit seiner vernünftigen Gesinnung (λογικὴ διάνοια) identisch, teils ihm von Gott als λόγος θεῖος ins Herz gesenkt ist. Die Sünde wird in der Sinnesänderung (μετάνοια) teils durch den λογισμός, teils durch buchstäbliche und vertiefende Befolgung der jüdischen Reinigungsvorschriften überwunden. Die biblischen Weisungen sind, ohne Heteronomie zu begründen (gegen → Aristoteles), Offenbarungen, deren tiefster Sinn nur dem Pneumatiker unter Führung des Hierophanten Mose zugänglich ist. Sie führen auf den Weg zur Vollkommenheit; in seinem 1. Stadium sind Enos, Henoch und Noah, in seinem 2. Stadium Abraham, Isaak und Jakob Vorbild. Sie befolgen das ungeschriebene Gesetz der Natur, dh Gottes. Der → Dekalog drückt eben dieses aus und ist deshalb auch der ganzen Welt als vernünftig zu empfehlen. Dem Fortschreitenden (προκόπτων) schenkt Gott das πνεῦμα θεῖον (welches, im Unterschied zum einfachen stoischen πνεῦμα, im Kosmos nicht vorkommt) bzw. die Weisheit (σοφία) oder den νοῦς; gegen dieses leitende Prinzip (ἡγεμονικόν) operiert, anders als in der Stoa, selbständig die Sinnlichkeit (αἴσθησις) als Repräsentantin der (meist 7) sinnlichen dienenden Seelenteile. Doch ist nun die Gottebenbildlichkeit des Menschen inauguriert, die in Erleuchtung erkannt werden muß, um real zu sein. Ganz synergistisch nähert sich der Mensch daneben auch durch eigene Übung (ἀσκήσει) oder Wissen (μαθήσει) der Vollkommenheit. Von Seth bis Mose gibt es immer neue Stadien solchen Reifens; in der Nachfolge Gottes wird sein Ebenbild im Menschen vollendet. Da es angesichts der Hoheit Gottes aber nicht genügen würde, daß wie in der Stoa bei fortschreitender Vollendung die διάνοια bzw. der Logos zur Harmonie nur mit sich selber kommt, eine unio mystica mit Gott selbst aber für den Juden sogar in der → Ekstase unmöglich ist, wird die διάνοια durch die πίστις mit Gott verbunden. Die Herausarbeitung dieses Zustandes (διάθεσις), der in Ph.s Gesamtanschauung auch das (überwiegend völkische!) Überzeugtsein von Gottes Existenz und Vertrauen auf seine Vorsehung bedeuten muß, ist ein Novum. Der Vollkommene oder Weise, der die πίστις hat, vereinigt in sich alle Tugenden, ist aber nicht sündlos; seine Leidenschaften sind nicht vernichtet, sondern sollen beherrscht werden (Euthymie, nicht Ataraxie!). Sein Freimut (παρρησία) tritt nach außen kaum in Erscheinung; das Schauen Gottes (ὅρασις oder θεωρία θεοῦ) oder die Ekstase bleibt Ausnahme. Der Seelenflug führt nicht zur absoluten Höhe, das Vergängliche darf nicht unvergänglich, der Mensch soll nicht Gott, sondern himmlischer Mensch werden. Das Erreichen dieses Zieles bedeutet zugleich die mittelbare Offenbarung Gottes in der Geschichte, die sich von den Juden zu den Heiden ausbreiten soll und immer dann konstatiert werden kann, wenn die ebenfalls erwartete unmittelbare Endoffenbarung noch nicht geschehen ist.

d) Für Ph. war dies alles selbstverständlich in der Tora - Psalmen und Propheten zitiert er nur selten - enthalten und von dort durch → Schriftauslegung zu gewinnen (→ Hermeneutik, 2 a). Dafür war die *allegorische Methode* nötig, die schon der stoischen Mythendeutung gedient hatte und von → Aristobul ins Judentum eingeführt worden war. Inhaltlich entnimmt Ph. viele Deutungen der → Haggada, deren ausschmückende Züge jedoch die historische Wirklichkeit der biblischen Gestalten und Gegenstände nicht aufzuheben vermögen. Das geschieht erst in der von Ph. konsequent weitergeführten continua metaphora, wo der allgemeine Typos, bei Ph. vorzugsweise als ethischer Begriff, das Individuum verdrängt (→ Allegorie: I). Zu den gesuchten Deutungen verhilft ein ausgedehnter Gebrauch von Etymologien, die häufig mit denen des → Midrasch übereinstimmen. Doch benutzt Ph., der Griechisch als seine Muttersprache bezeichnet und kein Hebräisch konnte, diese ganz frei und versieht sie mit eigenen Gefügen kohärenter und rational begründeter allegorischer Deutungen; zT muß er aber auch auf eine »allegorische Quelle« zurückgehen, die bereits ein etymologisches System enthielt, das Kenntnis des Hebräischen verrät und aus dem rabbinischen Judentum stammte. Analog dürfte sich Ph.s Übereinstimmung mit vielen Einzelheiten (nicht den Grundlagen!) der → Halacha erklären, in der aber die → Feste (: II) auch kynisch gedeutet werden können. Seine umfassende griechische Bildung setzte Ph. nach Maßgabe jüdischer Kriterien ein. Indem er in der LXX lauter Allegorien und Symbole der einen und einzigen menschlich-göttlichen Wahrheit nachwies, erfüllte er zugleich die Aufgabe der jüdischen → Apologetik (: II, 2), die Religion der Juden als mit dieser Wahrheit übereinstimmend und zugleich als ihre erste historische Manifestation zu erweisen.

e) Ph.s Rückgriff auf → Platos Timäus und die → Stoa, bes. → Posidonius, einzelne Berührungen mit → Cicero (Somnium Scipionis), → Seneca und → Plutarch und ein indirekter Einfluß auf die → Hermetica lassen sich nachweisen. Das Problem, ob Ph.s Logoslehre »orientalischen« Charakter hat, besteht insofern schon in der stoischen Tradition, als diese bis zu ihrer Hellenisierung durch Panaitios als ungriechisch empfunden wurde, in der cyprischen und kilikischen Heimat der semitischen Schulgründer Zeno und Chrysipp aber bisher keine Spekulationen mit einem theoretischen Kern ermittelt sind, als dessen Konsequenzen die »orientalisierende« Anthropologie und Ethik der Stoa begreiflich würden. Wieweit dann Ph.s eigene Ausbildung der Logoslehre über die jüdische → Weisheit, mit der sie aufs engste zusammenhängt, auch von der ägyptischen Maat (→ Ägypten: II, 2. 3) mitgeprägt ist, wäre ebenfalls zu untersuchen. In Ph. einen Anhänger der → Mysterien zu sehen oder bei ihm direkten Einfluß kultischer δρώμενα nachzuweisen, deren Inhalt die → Isis-Lehre war, scheitert an Ph.s jüdischem Gottesglauben und an dem alles literarisierenden Grundzug seiner Schriftstellerei, in der gelegentlich allenfalls Lesemysterien anklingen. – Die Religiosität der Spätantike (→ Griechisch-römische Philosophie, 2 c; → Griechische Religion, 4; → Mystik: II. III; → Neupythagoreer), in der Ph. lebt, ist nichts eigentlich Orientalisches, wie oft behauptet wird, sondern stellt, vom Orient vor 300 vChr aus betrachtet, einen → Hellenismus niederen Grades dar, dessen orientalische Komponente sich nicht mehr eindeutig herausheben läßt. Die religionsgeschichtliche Frage ist bei Ph. also noch ganz offen.

f) Da Ph. die Eigenart des hellenistischen Judentums in weitem Umfange überliefert und an der Ausbildung und Differenzierung seiner Begriffswelt maßgebend mitgearbeitet hat, bietet er für viele nt. Überlieferungen und Autoren entscheidende Voraussetzungen dar. – Erstmalig in der Geistesgeschichte wußte er zwei radikal verschiedene Ansprüche, Wahrheit zu sein, nämlich Vernunft und Offenbarung, miteinander zu befriedigen. Beide Faktoren haben wechselweise die metaphysischen Denkmöglichkeiten ausgeweitet, so wie es für die christliche, → jüdische und → islamische Philosophie nötig war, in der die Probleme, vor denen Ph. stand, immer wiederkehren. Oft wurden hier auch direkt seine Lösungen modifiziert; sein Unternehmen, eine Religion mittels heterogener Begrifflichkeit in eine Theologie aufzunehmen, wurde unter anderen Voraussetzungen namentlich von den beiden andern großen frühen Alexandrinern → Clemens und → Origenes nachgeahmt, danach auch von dem »Ph. latinus« → Ambrosius und von → Augustin. – Als Denker nicht von analytischer, aber von großer synthetischer Kraft, als Exponent jüdischer wie griechischer Tradition, als Bewahrer allgemein-mystischer Tendenzen, als aktiver Verfechter glaubensbedingter Freiheitsansprüche und als individueller Frommer darf Ph. als Prototyp der gesamten spätantiken Religiosität gelten.

Ausg.n u. Übers.en: Sermones tres ex Armena versione translati per J.B.AUCHER, Venedig 1822 – Ph.nis Judaei Paralipomena Armena transl. per J.B.AUCHER, ebd 1826 – J.RENDEL HARRIS, Fragments of Ph. Judaeus, Cambridge 1886 – P.WENDLAND, Neu entdeckte Fragmente Ph.s, 1891 – K.PRAECHTER, Unbeachtete Ph.nfragmente (AGPh 9, NF 2, 1896, 415–426) – Philonis Alexandrini Opera quae supersunt edd. L.COHN-P.WENDLAND-S.REITER, 6 Bde u. Index-Doppel-Bd v. H.LEISEGANG, 1896–1930 – Die Werke Ph.s v. A.ia, übers. v. L.COHN-H.LEISEGANG-I.HEINEMANN u.a., 6 Bde, 1909–38 – H.LEWY, Neue Ph.ntexte in der Überarbeitung des Ambrosius (SAB 1932, 23–84) – DERS., Ph.n v. A.ien, Von den Machterweisen Gottes (In Flaccum u. Leg. ad Caium, gekürzt), 1935 – L.FRÜCHTEL, Griech. Fragmente zu Ph.ns Quaest. in Gen. et in Ex. (ZAW NF 14, 1937, 108–115) – R.MARCUS, Ph. Suppl. (zur Loeb-Edition) I: Questions and Answers on Gen.; II: on Ex., London-Cambridge 1953 – Euseb, Praeparatio evang. VIIf (Providentia, Hypothetica, Apologie; GCS 43, 1). – *Ältere Zus.fassungen* (Lit.): SCHÜRER III, 633ff – HAW VII, II/1[6], 625ff (W.v.CHRIST-W.SCHMID-O.STÄHLIN) – PW XX/1, 1ff (H.LEISEGANG). – *Bibliogr.* v. H.L.GOODHART in E.R.GOODENOUGH, The Politics of Ph. Judaeus, Yale 1938, 269ff. – *Wichtigste Lit. seit 1928:* E.STEIN, Die alleg. Exegese des Ph. aus A.eia (BZAW 51), 1929 – DERS., Ph. u. der Midrasch (ebd 57), 1931 – M.ADLER, Studien zu Ph.n v. A.eia, 1929 – J.PASCHER, Η ΒΑΣΙΛΙΚΗ ΟΔΟΣ. Der Königsweg zu Wiedergeburt u. Vergottung bei Ph.n v. A.eia, 1931 – F.GEIGER, Ph.n v. A.eia als sozialer Denker, 1932 – I.HEINEMANN, Ph.ns griech. u. jüd. Bildung, 1932 – E.R.GOODENOUGH, By Light, Light, Oxford 1935 – W.VÖLKER, Fortschritt u. Vollendung bei Ph.v. A.ien (TU 49, 1), 1938 – S.BELKIN, Ph. and the Oral Law, Cambr./Mass. 1940 – M.POHLENZ, Ph.n v. A.eia (NAG 1942, 409–487) – H.A. WOLFSON, Ph. Foundations of Religious Philosophy in Judaism, Christianity, and Islam, 2 Bde, Cambr./Mass. (1947) 1948[2] – E.BRÉHIER, Les idées philos. et relig. de Ph.n d'A.ie, Paris (1908) 1950[3] (Lit.) – P.KATZ, Ph.s Bible, Cambr. 1950 – H.JONAS, Gnosis u. spätantiker Geist II/1, 1954 – K.BORMANN, Die Ideen- u. Logoslehre Ph.ns v. A.ien (Phil. Diss. Köln), 1955 – H.THYEN, Die Probleme der neueren Ph.-Forschung (ThR NF 23, 1955/56, 230–246) – J.DANIÉLOU, Ph.n d'A.ie, Paris 1958.

C.Colpe

2. *Byblius,* phönizischer Gelehrter aus Byblos (ca 64–141 nChr), schrieb in griech. Sprache zahlreiche Werke grammatischer, lexikalisch-enzyklopädischer und historischer Art, u.a. Περὶ τῶν διαφόρως σημαινομένων, ein Synonymen-Wörterbuch; Περὶ πόλεων καὶ οὓς ἑκάστη αὐτῶν ἐνδόξους ἤνεγκεν, ein Verzeichnis von Städten mit Nennung der aus ihnen stammenden Berühmtheiten; Περὶ κτήσεως καὶ ἐκλογῆς βιβλίων, eine nach Wissenschaftsfächern geordnete Zusammenstellung von Autoren und ihren Werken; Περὶ τῆς βασιλείας ʼΑδριανοῦ, eine Monographie über Hadrian (117–138 nChr) und Φοινικικὴ ἱστορία oder Φοινικικά, eine Phönizienkunde. Manche Werke Ph.s sind ganz verschollen, von anderen mehr oder weniger umfangreiche Fragmente erhalten (gesammelt bei C.Mueller, FHG III, 1849, 560–576 und F.Jacoby, FGH III, C, 2, 1958, 802 bis 824). Dabei besitzen wir dank der Tatsache, daß → Eusebius (, 2) aus der »Phönizischen Geschichte« umfangreiche Stücke in seine Praeparatio evangelica aufgenommen hat (I, 9, 20 – 10, 55; IV, 16, 6. 11; X, 9, 12–17 = ed. Mras I, 39–54. 191–193. 587–589), von diesem Werke verhältnismäßig viel. Ph. behauptet von ihm, es stelle die Übersetzung eines vor dem Trojanischen Krieg, also im 13. oder 14.Jh. vChr, von → Sanchunjaton verfaßten phönizischen Originals dar. Um dieses für ihre Vorlage in Anspruch genommenen hohen Alters willen hat Ph.s Phönizische Geschichte seit der Zeit des

Humanismus und der Renaissance große Beachtung gefunden. Die einen hielten jenen Anspruch für wahr, die anderen erklärten ihn für eine Fälschung Ph.s, und noch andere gingen einen Mittelweg, indem sie mit der Verwertung älterer, etwa dem 8. oder 7.Jh. entstammender phönizischer Überlieferungen durch Ph. rechneten. Die seit 1929 in → Ugarit zutage gekommenen, größtenteils dem 14.Jh. vChr angehörenden altphönizischen Tontafeltexte, die sich, etwa in der Nennung der damals von den → Phöniziern verehrten Gottheiten, nahe mit Angaben in Ph.s Phönizischer Geschichte berühren, haben das Vertrauen zu der Zuverlässigkeit der Behauptung, dieser Geschichte liege ein älteres phönizisches Original zugrunde, wieder erheblich gestärkt. Offenbar mit Recht. Von wirklicher Übersetzung einer aus der 2. Hälfte des 2.Jt.s vChr stammenden phönizischen Vorlage durch Ph. kann freilich nicht die Rede sein, schon darum nicht, weil Ph.s Werk manche, etwa der griech. Mythologie entlehnte Züge enthält, die ohne Zweifel erheblich jünger sind. Vielmehr wird man sich Ph.s Verhältnis zu Sanchunjatons Werk so denken müssen, daß er es bearbeitet hat, wobei es möglich oder gar wahrscheinlich ist, daß jenes Werk ihm nicht mehr in seiner Urgestalt, sondern in einer während seiner Überlieferung durch die Jh.e erweiterten und veränderten Form vorgelegen hat.

M.-J.Lagrange, Etudes sur les Religions Sémitiques, Paris (1903) 1905², 396ff - RE XVII, 452ff (Sanchunjathon [= S.]) - PW VIII, 1913, 650ff (Ph.v.B.); 2. R. I A, 1920, 2232ff (S.) - H.Dörgens, Eusebius v. Caesarea als Darsteller der phönik. Religion (FChDLG 12, 5), 1915 - ERE XI, 177ff (S.) - Stählin 867f - R.Dussaud, Les Découvertes de Ras Shamra (Ugarit) et l'AT, Paris (1937) 1941², 87ff - Ders., Les antécédents orientaux à la Théogonie d'Hésiode (AIPh 9, 1949, 227-231) - C.Clemen, Die Phönik. Religion nach Ph.v.B. (MVÄG 42, 3), 1939 - O.Eissfeldt, Ras Schamra u. S., 1939 - Ders., Taautos u. S., 1952 - Ders., S. von Berut u. Ilimilku von Ugarit, 1952 - Ders., Art u. Aufbau der Phöniz. Gesch. des Ph.v.B. (Syria 33, 1956, 88-98) - W.F.Albright, Von der Steinzeit zum Christentum, Bern 1949 (s. Reg.) - Ders., Die Religion Israels im Lichte der archäol. Ausgrabungen, 1956 (s. Reg.) - K.Mras, S. (AnzAW 1952, 175-186) - A.Lesky, Gesch. d. griech. Lit., Bern 1957/58, 89f.

O.Eißfeldt

3. *jüdisch-hellenistischer Epiker,* Mitte des 2.Jh.s vChr. Von Ph.s Epos »Über Jerusalem« sind nur einige Bruchstücke bei Euseb (Praep. evang. IX, 20. 24. 37) erhalten, die von Abraham, Joseph und den Wasserleitungen Jerusalems handeln. Seine Hexameter sind in einem schwülstigen und geschraubten Stil geschrieben.

Schürer III, 497ff - PW XX, 51f - Stählin 606f - Riessler 733f - P.Dalbert, Die Theol. der jüd.-hellenist. Missionslit. (ThF 4), 1954, 33ff.

E.Lohse

Philokalia. 1782 erschien in Venedig die Φιλοκαλία τῶν ἱερῶν νηπτικῶν (»Liebe zur [geistigen] Schönheit der hl. Nüchternen«), hg.v. Makarius von Korinth und dem Athosmönch → Nikodemus (Neuausg. Athen 1893 und 1957ff), eine Sammlung von Auszügen aus 38 asketischen griech. Schriftstellern, meist → Hesychasten (→ Mystik: V). Zentrales Anliegen der Ph. ist das »geistige Gebet« (εὐχὴ νοερά), dh das innerliche Hersagen des unablässigen »Jesusgebetes«: »Herr Jesus Christus, erbarme dich meiner«, oft mit einer bestimmten Atmungstechnik verbunden. Durch Reinigung von den Leidenschaften und Überwindung des Eigenwillens soll der Geist mit Christi Hilfe zur reinen Schau (θεωρία) Gottes und zu vollendetem Seelenfrieden (ἡσυχία) gelangen. Große Bedeutung bekam die Übersetzung der Ph. ins Kirchenslawische (Dobrotoljubie) durch den Starzen P. → Veličkovskij (1793, 1857⁶) und später ins Russische durch Theophan Zatvornik (1877, 1914³). Ein ergreifendes Dokument für die Frömmigkeit der Ph. sind die »Gespräche eines Pilgers« (russ. 1884, 1948³). - Vgl. → Orthodoxe Kirche: II, 8.

Übers. der Ph. (bzw. Dobrotoljubie), engl.: E.Kadloubovsky-G.E.H.Palmer, London 1951; franz.: J.Gouillard, Paris 1953; dt.: M.Dietz, Einsiedeln 1956 (Lit.). - Übers. der »Gespräche eines Pilgers«: engl. 1930, franz. 1943, dt. in: Russ. Mystik, 1957. - Lit.: I.Briantchaninov, The Prayer of Jesus, (russ. 1865) 1952 - B. Schmidt, Das geistige Gebet, 1916 - La prière de Jésus (Coll. Irénikon. NS 4), (1951) 1959³ - L'avènement philocalique dans l'Orthodoxie roumaine (Istina 5, 1958, 295-328. 443-474) - H.Skrobucha, Sinai, 1959.

F.Lieb

Philosemitismus. Die Geschichte des Ph. verhält sich zu der des → Antisemitismus wie ein träge fließendes Rinnsal zu einem breiten Strom. Doch sind die Motive, die zum Ph. führen, mindestens so interessant wie die entgegengesetzten - wiewohl in ganz anderer Hinsicht. Soweit sich erkennen läßt, sind 5 verschiedene Typen des Ph. zu unterscheiden: 1. der *christlich-missionarische* Typus, dem das → Judentum (: II. III) in einem gewissen Spielraum der Wertungen ein Gegenstand positiver Schätzung und demzufolge Ziel der Annäherung ist. 2. Oft nicht scharf von 1 zu unterscheiden der *biblisch-chiliastische* Typus, der sich um die Juden bemüht, weil sie im letzten Akt des Weltdramas eine Rolle spielen werden. 3. Der *utilitaristische* Typus, der die Niederlassung der Juden in einem Lande verficht, weil er sich davon greifbare Vorteile verspricht. 4. Der *liberal-humanitäre* Typus, der an den Juden seine Prinzipien der Toleranz und der Gleichberechtigung alles dessen, was Menschenantlitz trägt, beweisen will. 5. Der *religiöse* Typus, der aus einer Glaubensentscheidung heraus die Annäherung und sogar den Übertritt zum Judentum vollzieht.

Typus 1 und 2 haben unter den Enthusiasten, Chiliasten und → Spiritualisten des 17.Jh.s (→ Felgenhauer, Kempe, Paulli, Sperling u.a.) ihre Verfechter gefunden. Heute wird er durch die zahlreichen Gesellschaften für → Judenmission repräsentiert, die auf Grund von Röm 9-11 »Freunde Zions« sind, hat aber auch bei chiliastischen Sekten wie den → Adventisten oder der Anglo-Israel Mouvement (→ Zehn verlorene Stämme) Anhänger. - Eine Motivkombination von 2 und 3 stand etwa hinter dem Eintreten von Hugo → Grotius 1615 zugunsten der Niederlassung von Juden in Holland und noch deutlicher hinter dem Entschluß → Cromwells, der 1655 - ausgelöst durch eine Anfrage von Manasseh ben Israel - die Neuniederlassung der Juden in England gestattet hat. - Typus 4 ist nach gewissen Vorstadien abstrakter Toleranz in der Renaissance und bei den Humanisten, die durch ihre hebräischen Studien auch auf die Juden aufmerksam wurden, erst mit der → Aufklärung aufgekommen und hat in → Lessings »Nathan der Weise« sein klassisches Dokument gefunden (die Ringparabel stammt aus dem Decamerone des Boccaccio [1348]). Auf diesem Boden stehen heute zumeist die von der interkonfessionellen Zusammenarbeit der großen Religionsgemeinden Amerikas ausgegangenen → »Gesellschaften für christlich-jüdische Zusammenarbeit«, die alljährlich »Wochen der Brüderlichkeit« durchführen. Der Ph. dieses Typs pflegt mit Mitteln der Apologetik den Antisemitismus mehr oder weniger erfolgreich zu bekämpfen. - Schließlich hat Typus 5 immer nur vereinzelte Vertreter gefunden: nach den Proselyten der römischen Kaiserzeit (→ Mission: II) zB Übertritt des fränkischen Diakons Bodo am Hofe Ludwigs d.Fr. (839) oder im Barockzeitalter Johann Peter Spaeths aus Augsburg, der sich 1697 in Amsterdam beschneiden ließ und den Namen Moses Germanus annahm. Unter den Christen, die im 20.Jh. aus Glaubensgründen ein »noachidisches« Bekenntnis zum Judentum abgelegt haben, ist der französische Katholik Aimée Pallière der geistig bedeutendste.

H.Schöffler, Abendland u. AT, 1937 - UJE VIII, 1948, 497ff - O.v.Harling, Um Zions willen, 1952 - H.J.Schoeps, Ph. im Barock,

1952 - J.S.RAISIN, Gentile Reactions to Jewish Ideals, New York 1953 - W.MAURER, Kirche u. Synagoge, 1953 - W.PHILIPP, Der Ph. im geistesgesch. Feld (ZRGG 10, 1958, 220-230). *H.J.Schoeps*

Philosophia perennis ist der Name für die tröstliche Vorstellung eines Vorrats unverlierbarer Einsicht, zu der die Philosophie aus ihren »Abenteuern des Geistes« (Kant) zurückkehren kann wie der verlorene Sohn ins Vaterhaus. Sie ist dort leitend, wo das Wagnis der Existenz durch unüberholbare Prinzipien neutralisiert werden soll. Die Sache, noch nicht der Name, findet sich schon bei den Römern (→ Eklektizismus) und in der neuplatonischen Harmonistik (→ Aristotelismus, 2a). Das Wort wurde von A.Steuco (De perenni philosophia libri X, 1540) geprägt und seitdem von bedeutenden Philosophen in verschiedener Weise aufgenommen. Allen Auffassungen der ph.p. ist die Absicht gemeinsam, die Einheit der → Philosophie (, 1f) gegenüber der Vielfalt der Lehrmeinungen zu retten, meist so, daß jenes *Ideal* gesicherter Einsicht, das der Philosophie geschichtliche Einheit gibt, als *erreicht* betrachtet wird. → Leibniz sah in den konkurrierenden Systemen Teilwahrheiten der ph.p., die dort irren, wo sie sich absolut setzen. → Trendelenburg verstand unter ph.p. den kontinuierlichen Erkenntnisfortschritt in der Philosophie; ganz ähnlich unterschied N. → Hartmann das »Problemdenken« als ph.p. vom (ephemeren) »Systemdenken«. Breite Wirkung erhielt der Gedanke der ph.p. im → Neuthomismus. Ursprünglich wohl nur Motivierung des Rückgriffs auf → Thomas von Aquino, verschärfte er sich zur These eines Vorrats von *Grundwahrheiten,* in denen alle »großen« Philosophen übereinstimmen (Möglichkeit der → Gottesbeweise, → analogia entis usw). Diese Auffassung reflektiert nicht auf das psychologische Faktum, daß *alle* philosophischen Richtungen die Tradition in eigenem Lichte sehen, verwischt den Eigencharakter der philosophischen Positionen, weil sie nur *Thesen,* nicht aber die Art ihrer *Begründung* unterscheidet, und muß den Wert jeder Philosophie nicht an der Kraft, mit der sie bisherige Denkgewohnheiten umprägt, sondern an der Treue messen, mit der sie das bewährte Alte festhält.

F.MEDICUS, Von d. Zeit u. vom Überzeitlichen in d. Philos. u. ihrer Gesch. (Logos 12, 1923/24, 145-165) - J.BARION, Ph.p. als Problem u. als Aufgabe, 1936 - N.HARTMANN, Der philos. Gedanke u. s. Gesch. (AAB 1936, 5) - M.BLONDEL in: Rev. de Mét. et de Morale 47, 1940, 349-362 - C.MAZZANTINI, Fil. perenne e personalità filos., Padua 1942 - A.HUXLEY, The perennial Philosophy, New York (1945) 1947² - P.HÄBERLIN, Ph.p., 1952 - J.KLEIN, Ursprung u. Ziel d. Neuthomismus (EvTh 17, 1957, 337-365 = Skandalon, 1958, 422-464). *G.Patzig*

Philosophie, *Begriff und Wesen*

1. Problematik der Wesensfrage: a) Unmöglichkeit deduktiver Definition - b) Unmöglichkeit induktiver Definition - c) »Ph.« kein Subsumtionsbegriff - d) Der Relativismus - e) Diltheys Versuch der Wesensbestimmung - f) Ph. und die konkreten Ph.n - g) Innere Doppelheit der Ph. - 2. Geschichte der Wesensfrage: a) Antike - b) Neuzeit und Gegenwartslage - c) Anschluß der vorgetragenen Wesensauffassung an historischen Positionen. - Vgl. ergänzend bes. → Theologie und Philosophie (dort auch über den angelsächsischen Bereich). Zur Geschichte der Ph. s. die Artikel über die einzelnen Philosophen sowie die Übersichtsartikel (→ Griechisch-römische Philosophie, → Platonismus, → Neuplatonismus, → Aristotelismus, → Islamische Philosophie, → Jüdische Philosophie, → Scholastik, → Idealismus: II, → Neukantianismus, → Existenzphilosophie usw)

1. a) Wer sich, als Philosoph, dazu imstande fühlt, eine Definition der Ph. zu geben, wird ehrlicherweise immer nur eine Darlegung seiner eigenen Auffassung von Ph. formulieren können. Diese Definition wird sich weder mit den Definitionen anderer Philosophen regelmäßig in Einklang bringen lassen noch weit genug sein, um alles, was in der Vergangenheit als Ph. aufgetreten ist und Anerkennung gefunden hat, begrifflich zu umfassen. Die Frage danach, was Ph. eigentlich ist, dh die Frage nach Begriff und Wesen der Ph., gehört zu den spezifisch ph.en Fragen und ist darum der perennierenden ph.en Diskussion nicht entzogen. Bei den Wissenschaften im engeren Sinne ist die Frage nach ihrem Wesen meist durch Hinweis auf jedermann geläufige Gegenstände, die ihr Objekt sind, vorgängig zu lösen. Bei anderen Disziplinen, zB der Physik, Geschichtswissenschaft, Psychologie und Mathematik, lassen sich besondere Gegenstände als ihre Objekte nicht so leicht aufweisen. Doch jedenfalls ist auch hier überall die Frage nach Begriff und Wesen dieser Wissenschaften nicht eine der Fragen, die mit den Methoden eben dieser Fachwissenschaften selbst geklärt werden müßten. Natürlich wird sie nur der beantworten können, der diese Wissenschaften gut kennt; aber der Physiker bzw. Mathematiker, der nach dem Wesen seiner Wissenschaft fragt, reflektiert nicht als Physiker oder Mathematiker, sondern als Philosoph. Es könnte naheliegen, die besondere Sachlage, daß bei der Ph. - anders als bei den Fachwissenschaften - die Frage nach ihrem Wesen in ihren eigenen Zuständigkeitsbereich fällt, für eine Definition der Ph. zu benutzen, indem man die Ph. als »Wesenswissenschaft« bestimmt oder als »die Wissenschaft, die auch sich selbst zum Gegenstand hat«. Jedoch ist klar, daß solche Versuche die Frage nur scheinbar beantworten, weil sie die zentrale Frage, ob die Ph. Wissenschaft ist, als geklärt und im positiven Sinne beantwortet behandeln. Demnach fehlt einer *deduktiven* Bestimmung des Wesens der Ph. - durch Angabe des Genus und der spezifischen Differenz - das Fundament, nämlich jene Gattung, der sie unbestreitbar angehört, so daß nur fraglich wäre, wie die Ph. von den *anderen* Spezies dieser Gattung zu unterscheiden ist.

b) Deshalb wird oft der *induktive* Weg eingeschlagen: zum Wesen der Ph. muß das gehören, worin alle historisch nachweisbaren Ph.n und Auffassungen von Ph. übereinstimmen. Dies von der historischen Einstellung unserer Epoche begünstigte Verfahren kann aus mehreren Gründen nicht zum Ziel führen: Es verleiht dem Faktischen das Recht, über Wesensfragen zu entscheiden, und verdeckt die wesentliche Offenheit der Ph.geschichte für neue Positionen; es läßt unberücksichtigt, daß die Interpretation historisch vorliegender ph.er Theorien selbst eine Funktion der ph.en Entwicklung durch die Jh.e ist; es beruht auf dem Irrtum, eine solche Minimal-Ph. könnte das Wesen der Ph. in sich spiegeln. Dieser Irrtum wäre analog der falschen Annahme, durch Übereinanderkopieren von beliebig vielen Aufnahmen menschlicher Physiognomien könne man nicht eine Durchschnittsphysiognomie, sondern das Wesen der menschlichen Person zu Gesicht bekommen.

c) Mit noch radikalerer Stringenz schlägt gegen dieses Verfahren aber ein *logisches* Argument durch: *Ph. ist kein Subsumtionsbegriff;* ein induktives Verfahren zur Begriffsbestimmung ist aber nur bei Subsumtionsbegriffen möglich. Den Begriff des »Lebewesens« zB und den der »natürlichen Sprache« ist es wenigstens sinnvoll, durch Induktion über die faktisch vorkommenden Lebewesen und Sprachen gewinnen zu wollen; denn man darf voraussetzen, daß alle verschiedenen Lebewesen *als* Lebewesen einander gleichen, alle verschiedenen natürlichen Sprachen *als* Sprachen; Insekt und Fisch, Vogel und Mensch sind zwar verschiedene, vielleicht sogar wesentlich verschiedene Lebewesen, indogermanische und chinesische Sprachen offenbar wesentlich verschiedene Sprachen. Aber sie sind doch in demselben Sinne des Wortes Lebewesen oder Sprache, sie sind, wie Aristoteles sagte, insofern »synonym«. Hingegen sind, um bei Aristoteles' Gegenbeispiel zu bleiben, Eigenschaften, Dinge,

Beziehungen und Zahlen zwar sämtlich »Seiende«, aber sie sind nicht nur verschiedene oder nur wesentlich voneinander verschiedene Seiende, sondern sie sind es nicht einmal in demselben Sinne des Wortes »Sein« - ohne doch bloß äquivok zu sein, wie »Schlösser« an Türen und »Schlösser« in Tälern. Ebenso sind zB »dichterische«, »logische« oder »faktische« Wahrheit *als* Wahrheit voneinander, mit einem Terminus von J. König: »radikal« verschieden. Wahrheit ist darum kein Subsumtionsbegriff. Es ist nicht zufällig, daß gerade ph.-thematische Begriffe diese problematische Eigentümlichkeit haben, keine Subsumtionsbegriffe zu sein - und daß denn auch der Begriff der Ph. selbst kein Subsumtionsbegriff ist, also nicht durch Induktion gewonnen werden kann. Es wäre vielmehr erstaunlich, wenn es anders wäre.

Dieselbe Einsicht, daß es Begriffe gibt, denen eine in der Sache begründete, unaufhebbare systematische Mehrdeutigkeit anhaftet, hat → Husserl in Anknüpfung an F. → Brentano in seiner Unterscheidung »determinierender« von »modifizierenden« Prädikaten von einer anderen Blickrichtung her ergriffen: Neben Prädikaten, die ihren Subjektbegriff nur näher *bestimmen,* ihn bereichern, wie »gleichschenkliges« Dreieck, »blühender« Baum usw, gibt es Prädikate, die den Subjektsbegriff *modifizieren.* Zu diesen modifizierenden Prädikaten gehören nun auch eben jene Bestimmungen, die den »radikal« verschiedenen Klassen eines systematisch mehrdeutigen Begriffs entsprechen. Entsprechend dieser fundamentalen Unterscheidung sind in den Ausdrücken »indische«, »chinesische«, »griechisch-europäische Ph.« oder »idealistische«, »positivistische«, »christliche Ph.«, »Lebens-Ph.«, »Existenz-Ph.« die zu dem Wort »Ph.« hinzutretenden Bestimmungen *modifizierende* Prädikate. Nur darum ist die in der Geschichte der Ph. regelmäßig auftretende Forderung nach einem radikalen Neuanfang in der Ph., und die Versicherung der epochemachenden Denker, in ihren Theorien sei ein solcher Anfang gemacht, nicht bloße Anmaßung: Beim Durchgang durch solche Epochen verändert die Ph. ihr Wesen. Die Ph.n spiegeln nicht das Wesen der Ph. wie verschiedene Bilder einen Gegenstand, enthalten es auch nicht wie Teile das Ganze, sondern das Wesen der Ph. erscheint in ihnen gebrochen wie das Licht in den Farben.

d) Die Betonung der inneren Mannigfaltigkeit der Ph. ist in Gefahr, zu den Relativismen, Perspektivismen und Reduktionen sich zu verschärfen, die immer wieder in die Diskussion eintreten. Ph. erscheint dann als Ausdruck und Abglanz historischer Bewußtseinsstellungen, nationaler und individueller Eigentümlichkeiten, als ideologischer Überbau von Produktionsverhältnissen u.dgl. mehr. Als solche sind die ph.en Systeme interessante Objekte geisteswissenschaftlicher Forschung. Man »versteht« sie, indem man sie auf die ihnen zugrunde liegenden faktischen Antriebe zurückführen lernt. Die Frage nach der Wahrheit ph.er Theorien muß dann als sekundär und naiv erscheinen; das Kriterium ph.er Bedeutung ist vielmehr die gesammelte Kraft, mit der ein Philosoph die für eine Epoche oder einen menschlichen Typus kennzeichnenden Anschauungen auf Begriffe bringt. Jedoch ist diese Auffassung der Ph., die sich bewußt nur an ihre individuellen Ausprägungen halten will, um diesen in immanenter Betrachtung gerecht zu werden, der Sache ebensowenig angemessen wie die Versuche, Ph. ein für allemal zu definieren, zB als »Wissenschaft von den Prinzipien«. Wenn hier die Ph. behandelt wird, als wäre der Ausdruck »Ph.« ein Subsumtionsbegriff, so fällt jene relativistische Resignation dem anderen Extrem zu und geht von der Meinung aus, das Wort Ph. sei bloß ein Sammelname ohne eigene Bedeutung. Aus der Geschichte der Ph. ist zu lernen, daß jedenfalls die Philosophen selbst sich *weder* als Mitarbeiter einer ein für allemal begründeten wissenschaftlichen Disziplin *noch* als bloße Sprecher der Epochen, Klassen und Lebensverhältnisse fühlen, denen sie angehörten. Beide Auffassungen müßten der Ph. den Charakter des Wagnisses nehmen, der ihr die innere Spannung gibt: im ersten Falle könnte das von ihr inaugurierte Unternehmen nicht mehr scheitern, weil sie ihr Ziel schon erreicht hätte, im zweiten Falle bliebe sie noch im Scheitern im Recht.

e) Der Gedanke, es sei möglich, die Einheit der Ph. als das abstrakt Allgemeine gegenüber der Vielfalt der Ph.n durch eine vorgegebene Definition sicherzustellen oder im Durchlaufen der Ph.geschichte nachträglich ausfindig zu machen, hat seine Wurzel in der Meinung, man könne von außen, ohne also in die ph.e Reflexion selbst hineingezogen zu werden, über die Ph. räsonnieren. Im ersten Falle meint man über gewisse evidente Prinzipien zu verfügen, die dem ph.en Zweifel entrückt sind, und vergißt, daß die Annahme solcher Prinzipien selbst schon eine - übrigens fragwürdige - ph.e Position darstellt. Im zweiten Fall, bei dem sog. induktiven Verfahren, durchschaut man nicht den methodischen Zirkel, der darin liegt, daß man immer schon wissen muß, was Ph. ist, wenn man die historischen Ausprägungen der Ph. als Instanzen *der* Ph. in Anspruch nehmen will, um aus ihrer Betrachtung dann einen Ph.begriff zu entwickeln. Diese Verhältnisse waren schon *W. → Dilthey* klar; er meinte trotzdem, von *dem* Wesen der Ph. sprechen zu können, weil er sich im Besitz sicherer Einsicht in den historisch-sachlichen *Zusammenhang* der ph.en Positionen glaubte. Nach dem Prinzip → Hegels, der geschichtliche Verlauf der Ph.geschichte sei *Entwicklung* der Ph. zu ihrem eigentlichen Wesen, wollte Dilthey *die* Ph. als den *Zusammenhang* der Ph.n in der Geschichte sichtbar machen, als eine »lebendige Funktion«, die das Nebeneinander der Positionen zu einem sinnvollen Verhältnis im Ganzen eines Prozesses der Selbstabklärung und dadurch aus einem Prinzip verständlich macht. So sehr sich diese Konstruktion als heuristisches Prinzip der Ph.geschichte bewährt hat, so wenig kann sie wegen der ungeprüften Voraussetzung eines solchen sinnvollen Prozesses nüchterne Nachprüfung befriedigen.

f) Diltheys Position trägt aber dem wesentlichen Umstand durchaus Rechnung, daß die ph.en Systeme oder Theorien nicht als Varietäten und Spielformen gegeneinander gleichgültig, sondern ursprünglich aufeinander bezogen sind, sich als Gegenpositionen zu gegebenen Auffassungen, als Wiederaufnahme vergessener Wahrheit oder radikaler Neueinsatz bestimmen, der gerade in seiner Radikalität von der Tradition lebt. Der Streit der Meinungen ist nicht bloße Selbstbehauptung, sondern der Versuch, *die* Ph. gegenüber den Ph.n durchzusetzen. Die jeweils eigene Ph. tritt als *die* Ph. den übrigen Ph.n, die nicht die wahre, also auch nicht eigentlich Ph.n sind, entgegen. So hofft → Platon, die Übel in der Welt würden aufhören, wenn die Herrschenden »wirklich« philosophieren; aber »wirklich« philosophieren heißt ihm: die Ideenlehre anerkennen. Für den Philosophen tritt das Wesen der Ph. nur in der *wahren* Ph. an den Tag; das Verhältnis der Ph. zu den Ph.n wird zum Verhältnis der Wahrheit zum Irrtum. Diese in den klassisch gewordenen Ansätzen zu ph.er Reform durchweg leitende Hinsicht würde freilich zur Konsequenz haben, daß jede entgegenstehende Theorie den Anspruch verwirkt hätte, Ph. zu heißen. Jedoch wird man hier vor Einseitigkeit warnen wollen und verlangen, daß auch demjenigen der Name des »Philosophen« zuerkannt wird, dessen Argumente man für widerlegt hält.

g) Den Ausweg aus diesem Dilemma öffnet die Unterscheidung der Ph., verstanden als *Inbegriff wahrer Sätze* (von allerdings noch näher von anderen wahren Sätzen zu scheidender Eigenart) *und* als eine *Tätigkeit*, die auf ein solches objektives Ziel in ehrlicher Weise bezogen ist, im Gegensatz etwa zur Fachwissenschaft einerseits, zu Sophistik, Schwärmerei und ideologischer Verbrämung praktischer Interessen andererseits. Ph. im ersten Sinne ist ein Ideal, von dem nur einiges wenige Fragmentarische als erreicht angesehen werden kann. Da nun jenes Ideal eines Systems ph.er Einsichten weit entfernt ist, und der Ertrag der ph.en Studien, verglichen mit der Größe der Aufgabe und den Fortschritten in anderen Gebieten, unscheinbar genug, wird unter dem Namen der Ph. meist nur jene vielfältige Tätigkeit, und als das Resultat solcher Tätigkeit nicht die erstrebte Einsicht, sondern die Menge der ph.en Texte gedacht. Darin ist keine Gefahr, solange die innere Beziehung auf jenes Ideal lebendig bleibt. Die Erfahrung zeigt, daß diese Beziehung leicht aus dem Blick kommt. Dann zerfällt die Ph. in die Mannigfaltigkeit sog. Lehrmeinungen, ihre Geschichte wird, wie in der Antike seit Theophrast, zur Übersicht über die »placita philosophorum«, in neuerer Zeit zur Geschichte der ph.en Literatur. Oder es wird, noch radikaler, jede Beziehung auf ein »System ph.er Erkenntnisse« (Kant) abgeschnitten wie in der einflußreichen These →Wittgensteins, die Ph. sei keine Lehre, sondern Tätigkeit, und ihr Resultat keine Sätze, sondern das Klarwerden von Sätzen.

Wenn wir demgegenüber an der *inneren Doppelheit der Ph.* als Lehre und auf diese Lehre als ihr Ziel hingewandte Aktivität festhalten wollen, so braucht nach den bisherigen Überlegungen nicht eigens wiederholt zu werden, daß jede inhaltliche Bestimmung des Wesens der Ph. selbst zu einer bestimmten ph.en Position wird bzw. eine solche Position, wenn auch kein System, voraussetzt. Diese in der Sache begründete unaufhebbare Einseitigkeit wird noch verschärft durch die Unmöglichkeit, im vorgegebenen Rahmen den Argumentationsgang vorzulegen, der zu solcher Charakterisierung der Ph. führt. Mit diesen Vorbehalten können wir die Ph. kennzeichnen als die *Lehre von den allgemeinen Strukturen der → Wirklichkeit, insofern sie für den Aufbau und Zusammenhang unserer Begriffssysteme, mit denen wir diese Wirklichkeit erfassen, und für die Einrichtung unseres Verhaltens nach sachgerechten Grundsätzen relevant sind.* Der innere Aufbau der begrifflichen Systeme als solcher wäre das Feld der → Logik, die Theorie der allgemeinen Strukturen der Wirklichkeit → Ontologie bzw. → Metaphysik, die Lehre von dem Verhältnis beider Bereiche → Erkenntnistheorie, die Untersuchung der Folgerungen solcher Einsichten für unser Verhalten fiele in die → Ethik. Den speziellen Begriffssystemen und ihrem Bezug auf die Wirklichkeit könnten sich weitere Teilgebiete der Ph. wie Geschichts-Ph. (→ Geschichte: III), Ph. der Naturwissenschaften usw zuwenden. Im weiteren Sinne kann dann jede dem Anspruch auf vernünftige, im Prinzip jedem nachvollziehbare Argumentation verpflichtete intellektuelle Tätigkeit Ph. heißen, die einem solchen Ziel näherzukommen bemüht ist.

2. Um den Gefahren der Einseitigkeit jeder, und also auch der angegebenen Bestimmung von Wesen und Begriff der Ph. entgegenzuwirken, ist es ratsam, einen gedrängten Überblick über die in der Ph.geschichte jeweils leitenden Formen des Verständnisses der Aufgaben der Ph. zu geben. Nur so kann der Annahme einer im Laufe der ph.en Entwicklung erreichten, wenn auch nie vollständigen Klärung des ph.en Selbstverständnisses ein sachliches Fundament gegeben werden. Nur so können aber auch die historischen und sachlichen Gründe wenigstens umrißweise deutlich werden, die abweichende Wesensbestimmungen der Ph. für sich anführen können.

a) Bei den *Griechen*, denen die europäische Tradition Wort und Sache der Ph. verdankt (→ Griechisch-römische Philosophie, 1), läßt sich eine fortschreitende Verengung des Begriffs der Ph. nachweisen, aber so, daß die weiteren Bedeutungen neben den spezielleren im Sprachgebrauch lebendig bleiben. σοφία ist ursprünglich nicht »Weisheit«, sondern jede auf Sachkunde und Geschicklichkeit beruhende Tüchtigkeit in irgendeinem Fach, etwa des Jägers, Schiffbauers, Staatsmanns und Dichters. Die Bildung φιλοσοφία bedeutet nach dem Analogon unzähliger Bildungen mit dem Präfix φιλο- zunächst nichts anderes als das überdurchschnittliche Interesse an solcher σοφία, wie φιλαρχία das Machtstreben, φιλοκερδία das Streben nach Gewinn bezeichnet. Insbesondere erhält das Streben nach *Vielseitigkeit* diesen Namen, im Sinne einer allgemeinen Bildung; so läßt Herodot (I, 30) Kroisos den Solon als φιλοσοφέων θεωρίης εἵνεκεν weitgereisten Mann begrüßen, und die Wendung φιλοσοφοῦμεν ἄνευ μαλακίας (Thuk. II, 40) in Perikles' Gefallenenrede meint dasselbe. Der Gedanke der vielseitigen Bildung enthält wenigstens in potentia eine Einschränkung auf vielseitiges Wissen: man braucht nicht alles zu *können*, aber man muß wissen, wie es gemacht wird. Die Erfindung des Ausdrucks φιλοσοφία und ihre Einschränkung auf Theorie wird von dem Platonschüler Herakleides Pontikos dem Pythagoras zugeschrieben (Diog. Laert. I, 12 und VIII, 8, vgl. Cic. Tusc. 5, 9). Die Nachricht ist nicht sehr glaubwürdig, zumal Herakleides Pythagoras auch die unzweifelhaft erst platonische (oder sokratische?) Nuance zuschreibt, nur Gott sei weise, dem Menschen stehe nur das *Streben* nach Weisheit, darum φιλοσοφία zu (vgl. Platon Phaidr. 278d; Symp. 203e). Diese Einschränkung der Ph. auf den Bereich der Erkenntnis und der Wissenschaften, ihre wesentlich *intellektuelle* Natur ist aber für die griechische im Unterschied zu indischer und chinesischer Ph. wesentlich geblieben, wenn auch später die praktischen Konsequenzen solcher intellektueller Einsicht immer mehr in den Vordergrund traten. Bei → Platon ist Ph. in wieder engerem Sinne eine Disziplin, die sich mit dem wahrhaft Wirklichen, den → Ideen, befaßt, die Zusammenhänge des Ideenreichs dialektisch aufklärt, schließlich alles übrige auf die Idee des Guten zurückführen lehrt. Das System des → Aristoteles ist aus sachlichen und historischen Gründen für die Ausbildung des heutigen Verständnisses von Ph. leitend geworden. Für Aristoteles ist Ph. gleich Wissenschaft überhaupt; jedoch wird der Disziplin, die der platonischen Ideenlehre entspricht, als der Lehre von den allgemeinsten Ursachen und Prinzipien, dh der Wissenschaft »vom Seienden als solchen« eine Sonderstellung (als Fundament der Wissenschaften) eingeräumt. Was Platon Ph. nennt, ist bei Aristoteles »erste« Ph., dh erste Wissenschaft. Wenn also Aristoteles von »Natur-Ph.« spricht, so meint er nicht wie die Moderne etwas von Natur*wissenschaft* Verschiedenes; diese Unterscheidung stammt aus der Romantik: erst im 19.Jh. tritt neben jede Wissenschaft die ihr zugeordnete »Ph.«. Bei Aristoteles greift schon sehr bewußt die Maxime in die Untersuchung ein, daß eine genaue Prüfung und dialektische Erörterung des begrifflichen Apparats (Kategorien, Form und Stoff, Möglichkeit und Wirklichkeit, vier Ursachtypen usw), mit dem wir uns über die Dinge und Ereignisse verständigen, Einblick in Strukturen der Sachen selbst eröffnen kann. So bietet gerade Aristoteles Beispiele von im modernen Sinn ph.en Analysen, obwohl er selbst die Ph. noch als eine der Wissenschaften definiert. Eine sorgfältige Unterscheidung der Ph. (und ihrer Disziplinen

Logik, Metaphysik, Ethik) von den Fachwissenschaften, bes. der Physik, hat die Antike nicht entwickelt. Jedoch wurde es üblich, die verschiedenen Wissenszweige als mehr oder weniger wichtig für die rechte Lebensführung entsprechend zu fördern oder zu vernachlässigen. So kam es dazu, daß in der hellenistischen Ph. hauptsächlich Ethik (Logik und Erkenntnistheorie dagegen nur als Hilfsdisziplinen) behandelt, die empirische Physik fast gänzlich vernachlässigt wurde, was indirekt auch die Auffassung vom Wesen der Ph. modifizieren mußte. Das MA brachte hierin keine wesentliche Änderung.

b) Radikal neu stellte sich die Frage nach Wesen und Aufgabe der Ph. mit dem Aufkommen der experimentellen → Naturwissenschaften. Die Eigenart der von Gott in freier Willkür geschaffenen Welt konnte nur schrittweise in bescheidener Konstatierung aufgehellt werden. Die Ph. war also nicht die Königin der Wissenschaften, die den ihr untergeordneten Fachwissenschaften Grundsätze vorschrieb. Der Gedanke einer möglichen Diskrepanz von Begriff und Wirklichkeit, zwischen »idea« und »res«, bestimmte den Ansatz des → Descartes: seine »prima philosophia« war Erkenntnistheorie, und die Suche nach Kriterien der Gültigkeit unserer Gedanken und Triftigkeit unserer Begriffe blieb bis zu → Kant hin Hauptthema der Ph. Für ihr Verständnis wirksam war bes. die Frage nach dem Verhältnis der Ph. zu den sich aus ihrem Bereich lösenden Fachwissenschaften, die, stolz auf ihre eigenen Methoden, Ph. als unfruchtbare Spekulation ansahen. Bei Kant soll die Ph. als Vernunftkritik zwischen formaler Logik und empirischen Wissenschaften vermitteln, eine von Helmholtz später in seiner Konzeption der Ph. als »Wissenschaft vom Wissen« ins Empirische gewendete Auffassung. → Hegel dagegen sah in der Ph. eine von der abstrakten Wissenschaft verschiedene, höhere, auf die ganze Welt bezogene Bewußtseinsform. Solche Ansprüche galten bald als Anmaßung einer ihre erkannte Nichtigkeit bloß verschleiernden Disziplin. Man prophezeite der Ph. den Tod für den Zeitpunkt, an dem die letzte ihrer Disziplinen zur Fachwissenschaft gereift wäre. Wenn man die → Soziologie als fachwissenschaftliches Äquivalent der Ethik gelten lassen will, so ist der Fall eingetreten, nachdem sich längst → Psychologie und → Logik verselbständigt hatten. Und doch ist die Ph. nicht verschwunden; gerade die Fachwissenschaften selbst sehen sich in ihrem sachbestimmten Fortschreiten vor neue Probleme gestellt, die mit ihren eigenen Methoden nicht mehr behandelt werden können. Daß ph.e Theorien sich als fruchtbar für die Einzelforschung erweisen, ist heute nicht mehr ungewöhnlich, und unter dem Titel »Grundlagenforschung« ist im Bereich der einzelnen Disziplinen eine lebendige, oft durchaus ph.e Diskussion in Gang gekommen.

c) Andererseits bekam die Ph. so auch freiere Hand für ihre alte und eigentliche Aufgabe. Sie soll nicht neue Tatsachen über die Wirklichkeit entdecken. Oft übersehen wir die Tatsachen gut, wissen aber nicht, was sie eigentlich bedeuten, dh wie wir sie in unser Begriffsnetz einordnen sollen. Die Behauptung, die Ph. habe noch eine Aufgabe, bedeutet, daß es solche Probleme gibt, die durch angestrengtes Nachdenken, und nur dadurch, geklärt werden können. Ganz ähnlich wird auch eine Ethik nicht mehr konkrete Regeln für das Verhalten aufstellen wollen, da man aus theoretischen Einsichten nicht über das, was sein *soll*, entscheiden kann. Man wird aber annehmen dürfen, daß Ethik als *Aufklärung* der für jede Entscheidung relevanten Aspekte auch praktischen Wert haben kann. So erweist die Ph. auch heute den wesentlich reflektiven, aus der auf die Sachen und Zwecke bezogenen Lebens- und Erkenntnispraxis rückgewandten Charakter ihres Fragens, den man, einmal auf diesen bestimmenden Zug aufmerksam geworden, von Platons Höhlengleichnis über Kants transzendentale Reflexion bis hin zu Husserls phänomenologischer Konstitutionsforschung als ein Analogon in allen ihren Gestalten wiederfindet. Ihrem eigenen Gesetz folgend kann die Ph. sich nicht beruhigen, bevor sie reine Durchsichtigkeit und Selbstverständlichkeit erreicht hat. So kann sie das alte Ideal gereifter Einsicht gelegentlich noch immer in den Blick bringen, in jeder ihrer Positionen durch den Blick auf ihre an Niederlagen und Enttäuschungen reiche Geschichte beunruhigt.

Ü I, 672 (Lit.) - EISLER II, 435ff (Lit.) - BPhil II, Nr. 23940-24475 (Lit.). - Speziell: E.ZELLER, Vorträge u. Abh.en, 2.Sammlg. 1877, 444-466 - W.WINDELBAND, Was ist Ph.? Über Begriff u. Gesch. d. Ph. (in: Präludien, [1884] I, 1915⁵, 1-54) - H.RICKERT, Vom Begr. d. Ph. (Logos 1, 1910/11, 1-34) - E.HUSSERL, Ph. als strenge Wissensch. (ebd 289-341) - W.DILTHEY, Das Wesen d. Ph. (Ges. Schr. V, [1923] 1957², 339-416) - J.REHMKE, Die Wissenschaft Ph. (Ges. Aufs., 1928, 31-38) - J.KÖNIG, Das spezifische Können der Ph. als εὖ λέγειν (Bll. f. dt. Ph. 10, 1936, 129-136) - E.R.CURTIUS, Zur Gesch. des Wortes Ph. im MA (Romanische Forschg. 57, 1943, 290-309) - H.PLESSNER, Die Frage nach d. Wesen d. Ph. (in: Zwischen Ph. u. Gesellsch., Bern 1953, 79-98) - M.HEIDEGGER, Was ist das - die Ph.?, 1956 - W.BURKERT, Platon oder Pythagoras? Zum Ursprung des Wortes »Ph.« (Hermes 88, 1960, 159-177) - G.PATZIG, Theol. u. Ontologie in d. »Metaphysik« des Aristoteles (KantSt 52, 1960, 185-205) - J.E. HEYDE, Aristoteles Poetik c. 9 (1451 b 6). Ein krit. Beitrag z. Gesch. d. Worts »Ph.« (in: Festschr. Markwardt, 1961, 123-141).

G.Patzig

Philostorgius (ca 368-430/40), * als Sohn des Eunomianers Karterios in Borissos (Sorsovu) bei Nazianz in Kappadozien (→ 18 D 3). Um 388 traf er in Dakora den → Eunomius persönlich. Er zog nach Konstantinopel und verbrachte dort als überzeugter Eunomianer, doch als Laie, sein Leben, abgesehen von einer Reise nach Palästina und Antiochien. Sein Hauptwerk war eine → Kirchengeschichte (: I, 2 a), Ἐκκλησιαστικὴ ἱστορία in 12 Büchern, mit der er die des → Eusebius fortsetzte; in ihr war die Zeit ca 315-425 behandelt. Das Werk ist verloren gegangen, doch rekonstruierbar aus einem Auszug des → Photius im Cod. Barocc. 142, der Artemii passio (MPG 96, 1251ff), aus Notizen im Lexikon der Suda, aus der vita Constantini im Cod. Angel. 22 (H.G. Opitz, Byzantion 9, 1934, 535-593) und im Cod. Hieros. Sabait. gr. 366 (J.Bidez, ebd 10, 1935, 403-437 und P.Heseler, ebd 399-402). Aus der Vitenliteratur und den byzantinischen Chronisten wird noch manches Gut des Ph. gewonnen werden können. Ph. verteidigte die Lehren des → Aetius und Eunomius und wandte sich gegen die Orthodoxie, deren Taufe er ablehnte. Doch verwirft er auch Lehrsätze der Arianer, obwohl er sich meistens auf arianische Quellen stützte. Der Hl. Geist ist ihm Diener des Sohnes; Ph. wendet sich gegen die Jungfräulichkeit Marias. Ausgeprägt ist sein Wunderglaube. Das Werk, getragen von apokalyptischer Stimmung, würde das erhaltene orthodoxe Schrifttum ergänzen und korrigieren können, doch darf sein Wert nicht überschätzt werden (vgl. J.Vogt, Hermes 81, 1953, 111ff). Ph. ist Apologet, nicht Historiker. Verloren ist eine Apologie des Christentums gegen → Porphyrius und ein Enkomion auf Eunomius.

Ausg.: J.BIDEZ, GCS XXI, 1913. - BARDENHEWER IV, 132ff - DThC XII, 1495f.

R.Hanslik

Philotheus, Mönch und Abt des Sinaiklosters »Unverbrennbarer Busch«, zeitlich schwer bestimmbar (wohl vor dem 11.Jh.), Verfasser asketisch-mystischer Schriften (»Vierzig Kapitel über geistige Nüchternheit« sind in der → Philokalia abgedruckt). Er beschreibt ausführlich den »geistigen Kampf« gegen die sündhaften Gedanken und spricht viel von der Demut (auch der Demut Gottes, c. 14), vom ständigen Todesgedächtnis, das »ein freudiges Weinen« erzeugt (c. 13), von der »geistigen Nüchternheit« und »Wachsamkeit« und dem Aufstieg des Herzens zu Jesus Christus, der allein in dem inneren Kampfe helfen kann; ferner vom inneren »Schweigen« und inneren Licht, das die gottverbundene Seele in unaussprechlicher Weise erfüllt (c. 24; → Mystik: V).

»Philokalia«, Ausg. Athen 1958, Bd II, 274ff; franz. b. J.Gouillard, Petite philocalie de la prière du coeur, Paris 1953. 145ff. - N.v. Arseniew, Ostkirche u. Mystik, (1925) 1943², 139 - Beck 355. 453f.
N.v.Arseniew

Philoxenos (= syr. Aksenājā), 485-519 Bischof von Mabbūgh (Hierapolis), führender monophysitischer Theologe; * in Tahal (Bēth Garmai; Nord-Mesopotamien), † ca 523 in Gangra in Paphlagonien. Als Anhänger des → Severus verfaßte er etwa 80 dogmatische, liturgische und exegetische Schriften, veranlaßte eine Neu-Übersetzung des Psalters und des NT ins Syrische (Philoxeniana; → Bibelübersetzungen: III, 2 a) und führte einen ausgedehnten Briefwechsel über theologische Fragen. 519 durch Byzanz verbannt (bis 522 in Philippopel); durch heiße Dämpfe erstickt.

Ausg.n: E.A.W.Budge, Discourses of Ph., 2 Bde, London 1894 - A.Vaschalde, Ph. Mab. Tractatus de trinitate... (CSCO 9. 10), 1907 - M.Brière, Ph. Dissertationes decem (PO 15, 4), Paris 1920 - Briefe durch J.Lebon, u.a. in Muséon 43, 1930, sowie G.Olinder, A Letter of Ph...., Gotenburg 1941 - E.Lemoine, Ph. de M., Homélies (SC 44), Paris 1956 - Ferner OrChrP 20, 1954, 153-165; Vie Spirituelle 94, 1956, 252-261; Orient Syrien II, 1957, 419-432; III, 1958, 91-102. - Über Ph.: A.Baumstark, Gesch. d. syr. Lit., 1922, 141ff - Ders. in HO III/2-3, 1954. 183ff - E.Bergsträsser, Monophysitismus u. Paulustradition bei Ph. v. M. (Diss. Erlangen), 1953 (Masch.; vgl. ThLZ 80, 1955, 53) - W.de Vries, Kirchenbegriff..., 1955 (s. Reg.) - OrChrP 23, 1957, 171-185 - Orient Syrien II, 1957, 351-367 - I.Ortiz de Urbina, Patrologia Syriaca, Rom 1958, 147ff - Altaner 313f.
B.Spuler

Phöbadius (Föbadius; † nach 392, vgl. Hieronymus, De vir. ill. 108), Bischof von Aginnum (Agen/Südfrankreich). Zwischen 342 und 357 wurde er Bischof; denn auf der Synode von Serdika war er noch nicht anwesend, war aber schon Bischof, als 357 die 2. sirmische Formel in Gallien bekannt und 358 auf einem gallischen Konzil abgelehnt wurde. Von seinen Werken ist ein Liber contra Arianos erhalten. Die auch unter seinem Namen überlieferten Schriften De fide orthodoxa und Fides Romanorum stammen von → Gregor von Elvira.

Ausg.n: MPL 20, 13ff; A.Durengues, Le livre de saint Phébade contre les Ariens, Agen 1927; dt. v. J.Dräseke, Programm Wandsbeck 1910. - M.v.Schanz, Gesch. d. röm. Lit. IV/1, 1914², 309 - Bardenhewer III, 395ff - DThC XII/1, 1369ff - CPL 84. 97f (überall Lit.).
F.Winkelmann

Phönix

1. Religionsgeschichtlich - 2. In der Kunst

1. Ph., ein Wundervogel, der bei Hesiod (bei Plutarch, def. or. XI, 415c) eine Lebensdauer von 97200 Jahren erreichen soll, während die meisten antiken Schriftsteller die Zahl 500 haben (Herodot II, 73). In Ägypten mit der Siriusperiode (1461 Jahre) oder dem Sonnenjahr (→ Chronologie: II, 2 a) verbunden, wird Ph. auch in Griechenland mit dem Magnus Annus in Verbindung gebracht. Ph.-Ära bedeutet somit eine sehr lange Zeit, ursprünglich aber nicht → Ewigkeit (→ Aion). Ph. ist der Sage nach im Orient zu Hause, meist in Indien oder Arabien. Er wird dort in verschiedener Weise mit der → Sonne in Beziehung gesetzt: er entsteht durch ihre Strahlen, ist ihr heilig, begrüßt sie bei ihrem Aufgang oder vor seinem Tode, ja er wird sogar als ihr Abbild bezeichnet. Andere wunderbare Eigenschaften treten in wachsendem Maße hinzu: Ph. ist der Einzigartige, ohne jede irdische Befleckung, er nimmt keine gewöhnliche Nahrung zu sich und wird nicht auf natürliche Art erzeugt oder geboren. Durch die Verbindung mit der Sonne ist Ph. in der späteren Überlieferung mit der ägypt. Sonnenstadt Heliopolis (→ On) verknüpft worden, wo ein in jüngerer Zeit als Reihervogel aufgefaßter *bnw* (etwa *boine* ausgesprochen) leicht als Urform des griech. φοίνιξ ausgelegt werden konnte. Der Name *bnw* hängt seinerseits mit dem göttlich verehrten *ben-* oder *benben-* → Stein zusammen. Die ägypt. Tradition kennt den *bnw*-Vogel als Erscheinung oder Seele des Sonnengottes; daher hat er auch den Beinamen Rês erhalten, »der von selbst entstand«. Weiter ist er dort mit hl. → Bäumen, mit den Toten als → Seelenvogel und Sonnensymbol und mit dem Totengott Osiris (→ Isis) verbunden. Ph. kann also mit der namensgleichen Dattelpalme (φοίνιξ) zusammengebracht werden, was für die Auslegung von Ps 92, 13 bedeutungsvoll wurde. Vor allem wird er ein → Symbol der ewigen Erneuerung und der → Auferstehung, indem der → Feuer-Tod gleichzeitig eine Neugeburt darstellt. Die stoische Lehre von → Weltperioden, die mit einem allgemeinen Weltenbrand (ἐκπύρωσις) enden, hat diese Symbolik erleichtert. Tod und → Wiedergeburt des Ph. im Feuer ist als ein Paradoxon auch Auferstehungsbeweis der Christen geworden (Scheiterhaufen der → Märtyrer!). Überhaupt hat die Ph.-Sage durch ihre Vielgestaltigkeit und Vermischung zB mit der Adlersage (vgl. Ps 103, 5) der außerchristlichen wie der christlichen Exegese reiche Auslegungsmöglichkeiten gegeben.

D'Arcy Wentworth Thompson, A Glossary of Greek Birds, Oxford 1936, 306ff - J.Hubaux-M.Leroy, Le mythe du Phénix dans les littératures grecque et latin, Lüttich-Paris 1939 - PW XX/1, 414ff (Lit., Belegstellen) - C.-M.Edsman, Ignis divinus (SVSL 34, 1949, 178-203) - R.T.Rundle Clark, The Origin of the Ph. A Study in Egyptian Religious Symbolism (Historical Journal 1, Birmingham 1949, 1-29; 2, 1950, 105-140; dazu J.Zandee, BiOr 10, 1953, 108-116) - RÄRG 594ff - M.Delcourt, La légende de Kaineus (RHR 144, 1953, 129-150) - A.Ferrua, Tre note d'iconografia paleocristiana (Miscell. G.Belvederi = Collezione »Amici delle catacombe« 23, Rom 1954/55, 273-285: La fenice sul rogo) - Thompson B 32.
C.-M.Edsman

2. Aufschlußreicher *Vorgänger des christlichen Ph.-Bildes* ist die Tunika von Saqqara (2.Jh. nChr), die den Ph. im Rahmen des ägypt. Sonnenkultes zeigt: mit mächtigem Strahlen- → Nimbus, auf brennendem Nest (?), reiherartig gestaltet (Perdrizet Taf. VIII). Röm. Kaisermünzen zeigen den Ph. - ein nimbierter Stelzvogel - als Symbol von »aeternitas«, »gloria saeculi«, »fel(icium) temp(orum) reparatio« (Roscher 3466f), bisweilen auf dem Globus sitzend; dieser Typus lebt im MA fort (P.E. Schramm, Sphaira, Globus, Reichsapfel, 1958, 13. 57. 181; Abb. 46). Auf der letztgenannten Münze ist der globuskrönende Ph. Gegenstück zum → Labarum, das der Kaiser, Konstans I., hält (H.Cohen, Médailles Impériales VII, 1888, 406). Auf die Symbolnähe zum Adler verweist F.Cumont, Études Syriennes, 1917, 95. Im Sinne der »aeternitas imperii« wird auch der nimbierte Ph. eines Fußbodenmosaiks in Antiochia interpretiert (4./5.Jh.; Lassus Taf. V). Festugière verweist hierzu auf den Begriff der ἀνανέωσις in den → Hermetica.

Die Anknüpfungspunkte, die der doxologische Symbolgehalt der Ph.-Legende für eine *christlich-theologische Ausdeutung* bietet, liegen auf der Hand. Der Ph. wird führendes → Christussymbol, verbreitet bes. durch den → Physiologus. Dieser berichtet: aus der indischen (oder arabischen) Heimat fliegt der Ph. alle 500 Jahre gen Westen nach Heliopolis und verbrennt sich selbst auf dem Altar des Sonnentempels. Aus einem in der Asche sich bildenden Wurm ersteht er am 3. Tage neu und kehrt verjüngt in die östliche Heimat zurück - auf Grund von Joh 10, 18 Sinnbild von Christi Tod und Auferstehung (Lauchert 10ff. 237f). So zitieren den Ph. 1Clem 25; Tertullian, De resurr. carnis 13; Augustin, De anima IV, 13; Ambrosius, De fide resurr. 59 und Expos. in Ps 118, 145. Der liturgische Sitz dieses Textes in der Commendatio animae (»in agone«) verweist auf den allgemein eschatologischen Sinnbezug, der von Joh 10, 18 in der Karwoche auf die spezielle Christussymbolik. Klassisch ist des → Lactantius »Carmen de ave Phenice« (CSEL 27, 135ff) und seine Paradiesschilderung. Es wird vom MA auf Christus gedeutet, ebenso die → Sibyllinen, wo der Ph. als Bringer der neuen Zeit erscheint (VIII, 139f; Rzach). Einflußreich für das MA ist auch → Honorius Augustodunensis, der - in einer Osterpredigt! - den Ph. zusammen mit Löwe und Pelikan als Symbol des am 3. Tag vom Tod erweckten Herrn anführt (MPL 172, 936). Das fälschlich → Hugo von St. Viktor zugeschriebene Bestiar betont Sonnenzuwendung des Vogels und Dreizahl der Tage (MPL 177, 48). - Die oft schwierige Identifizierung des Ph. *in der christlichen Kunst* hat solche Züge zu beachten. Denn der Ph. hat keine feststehende Ikonographie, da er nur in der Sage existiert. Meist ist er stelzvogelartig, doch variiert sein Bild, wie auch in der Literatur (Herodot II, 73: adlergleich; Plinius X, 2 § 3: mit Hahnenkopf; Tacitus, Ann. VI, 28: anders als andere Vögel; Laktanz: halb Pfau, halb Fasan). Eindeutig aber ist der ikonographische Verband: mit → Lebensbaum - auch Kreuz Christi und arbor sicca (so im → Alexanderroman, vgl. Peebles) - und → Lebenswasser; mit Tod - Wiedergeburt - Paradies. So hat der Sonnenvogel Ph. seit alters seinen Platz im Paradiesbild der Apsiden, sinngemäß »im Osten, wo das Himmelstor sich öffnet« (Laktanz), auf der Palme, in unmittelbarer Christusnähe. So in Alt-St. Peter (WM [=J. Wilpert, Die röm. Mosaiken u. Malereien... vom 4.-13.Jh., 4 Bde, 1916] I, fig. 114; vgl. auch Bolletino dei Musei Communali di Roma VI, 1959, 1-4); in Cosma e Damiano, 526/30 (WM Taf. 102); in S. Prassede und S. Cecilia, 9.Jh. (M.van Berchem-E.Clouzot, Mosaïques chrétiennes..., 1924, Abb. 290. 311); in S. Maria in Pallara, Anf. 11.Jh. (WM Taf. 224); in der Lateransbasilika, 13.Jh., wohl nach altem Vorbild (WM I, fig. 59). Der Ph. gehört zur Paradiesszene der Traditio legis (Katakombe in Grottaferrata, 4.Jh., WM Taf. 132), zur Grabes- und Taufkunst (Rom, Lateranmuseum, Sarkophagfragment 166, 4.Jh.; Neapel, Baptisterium, um 400, WM Taf. 29). - Durch den Christusglauben ist auch der Mensch in die Ph.-Symbolik einbezogen. Nach Ps.-Hugo von St. Viktor (aaO c. 49) kann der Ph. auch die Auferstehung der Gerechten bedeuten. »Ad ostendendam fidem« des Toten verstehen schon die Märtyrerakten der hl. → Cäcilia (ca 500) den Ph. auf dem Sarkophag. Auf dem Gewand der Märtyrerin → Agnes sitzt der Ph. im Apsismosaik ihrer röm. Kirche (7.Jh.; De Rossi, Musaici II, Taf. XVIII). - Im MA sind zyklische Zusammenstellungen beliebt. Der Ph. begegnet zusammen mit Löwe, Pelikan, Adler (Evangeliar Heinrichs d. Löwen, ca 1175; Nürnberg, St. Lorenz, Portal, 14.Jh.). Die Ph.-Symbolik wird vom Christus- aufs → Marienbild übertragen, wo der Ph. Keuschheitssymbol ist, zB im Defensorium Mariae (RDK III, 1206ff, Abb. 1. 2). Der christologisch-doxologische Sinngehalt wird entschärft. Eine Medaille zum 200. Jubiläum der Augustana (1730; O.Thulin in: LML 12, 1930, 114ff; Abb. 18) zeigt den Ph. als Symbol wahrer Glaubenserneuerung. Religiöser und politischer Renovatio-Gedanke mischt sich im Ph.-Symbol einer von Don Carlos ausgegebenen Goldmünze (J.H. Lochner, Sammlung merkwürdiger Medaillen, 1737, Abb. 305).

F.Piper, Mythologie u. Symbolik d. christl. Kunst I, 1847, 446ff - F.Lauchert, Gesch. des Ph., 1889 - F.X.Kraus, Real-Encykl. d. christlichen Altertümer II, 1896, 622ff - Roscher III/2, 3450ff - J.Peebles, The Dry Tree, New Haven 1923 - F.J.Dölger, Sol Salutis, 1925² - P.Perdrizet, La tunique liturgique ... de Saqqara (Monuments Piots 34, Paris 1934, 97-128) - F.Sbordone, La fenice nel culto di Helios (Rivista Indo-Graeco-Italica 19, 1935, 1-46) - J.Lassus, La mosaïque de Phénix provenant des fouilles d'Antioche (ebd 36, 1938, 81-122) - A.J.Festugière, Le symbole de Phénix et le mysticisme hermétique (ebd 38, 1941, 147-151) - HWDA VII, 18 (Lit.) - LThK VIII, 251f (Lit.) - DACL XIV, 682ff - PW XX/1, 414ff (Lit.).

Erika Dinkler-v.Schubert

Phönizier. Der Name Ph. ist griechisch und begegnet zuerst bei Homer (Φοίνικες). Hier bezeichnet er ein »schiffberühmtes«, also seefahrendes und handeltreibendes Volk (Od. 15, 415; vgl. Od. 13, 272; 15, 473; Il. 23, 744), das als verschlagen und betrügerisch gilt (Od. 14, 288f; 15, 419). Zu den Ph.n werden die Bewohner von → Sidon gezählt (vgl. bes. Od. 15, 417 mit 425, auch Il. 23, 734f), denen allerlei Kunstfertigkeit nachgerühmt wird (Il. 23, 743, auch Od. 15, 425; Il. 6, 289-291). Daraus ergibt sich, daß mit Ph. die Bevölkerung der Hafenstädte an der Ostküste des Mittelmeeres (in einem nicht genauer bestimmbaren Umfang) gemeint ist (vgl. auch die Namenzusammenstellung in Od. 4, 83). In demselben Sinne kommt der Name Ph. häufig bei späteren griech. Autoren vor (Herodot, Thukydides, Polybios u.a.). Nach Herodot III, 91 gehörte »die ganze Φοινίκη« zusammen mit »dem palästinischen Syrien« und Kypros zur fünften persischen Satrapie. Eine exakte räumliche Abgrenzung erhielt der Begriff Ph. erst, als Septimius Severus die röm. Provinz Syria in die beiden Provinzen Syria Phoenice und Syria Coele teilte (194 nChr); aber damals hatte der Name Ph. bereits eine sekundäre Ausweitung erfahren.

Die *Herkunft* des Namens Ph. ist ungeklärt. Die Ableitung von dem ägypt. Wort fnḫ, das in einigen Dokumenten vom mittleren Reich bis in die Spätzeit belegt ist und ein nicht genau fixierbares Element syrisch-palästinischer Bevölkerung bezeichnet, bildet nur eine vage Möglichkeit. Wenig wahrscheinlich ist die Ableitung von griech. φοινός = »blutrot«, nach der die Ph. als Bearbeiter des aus der an ihrer Küste vorkommenden Purpurschnecke gewonnenen Purpurs charakterisiert worden wären. Vielleicht haben die Griechen mit dem Namen Ph. eine sonst unbekannte Selbstbezeichnung der betreffenden Leute sich mundgerecht gemacht.

In seiner vermutlich ursprünglichen *Bedeutung* deckt sich der Name Ph. ziemlich genau mit der ursprünglichen Bedeutung des Namens »Kanaanäer« (→ Kanaan: I). Die beiden Namen werden denn auch gelegentlich nebeneinander in gleichem Sinne gebraucht. In LXX erscheint »Ph.« an einigen Stellen als Übersetzung der hebr. Worte »Kanaan«, »Kanaanäer« (Ex 6, 15; 16, 35; Jos 5, 1. 12; Hi 40, 30). In Dtn 3, 9; Jes 23, 2 LXX wird mit »Ph.« das hebr. »Sidon(ier)« wiedergegeben, vermutlich unter der Voraussetzung, daß an diesen Stellen der letztere Name in einem weiteren Sinne den größeren Kreis auch der benachbarten Städte einschließe, wie es denn tatsächlich im AT mehrfach der Fall ist (s.u.) entsprechend der Tatsache, daß auch bei Homer Sidon als *die* phöniz. Stadt erscheint. Zur Gleichung Ph. = »Kanaan(äer)« vgl. noch das Vorkommen von »Kanaan« auf Münzen des 2.Jh.s vChr aus Laodicea ad Libanum (G.A. Cooke, A Text-Book of North-Semitic Inscriptions, 1903, Nr. 149 B 8) im Sinne eines damals wohl schon erweiterten Gebrauchs von Ph. sowie im NT das parallele Nebeneinander von Συροφοινίκισσα Mk 7, 26 und Χαναναία Mt 15, 22. Im übrigen kennt das NT den Landschaftsnamen Φοινίκη in der zu seiner Zeit üblichen Bedeutung (Apg 11, 19; 15, 3; 21, 2).

Die *Hauptsitze* der Ph. waren die Hafenstädte am Fuß des Libanon-Hochgebirges, das an einigen Stellen in Vorsprüngen bis unmittelbar an das Meer herantritt (so bes. im Vorgebirge des rās schakka und im Vorgebirge am nahr el-kelb), dazwischen aber mehr oder weniger breite Küstenebenenlandschaften freiläßt, die durch Regen und zumal durch die vom Westhang des Gebirges herabkommenden, meist perennierenden Flüsse reichlich bewässert werden und daher überaus fruchtbar sind. Niedrige Hügel an der Küste und kleine Meeresbuchten haben in diesen Gegenden schon früh Menschen zu dauernder Ansiedlung eingeladen. Durch das hohe Gebirge im Osten waren diese Siedlungen zugleich vor überraschenden Angriffen aus dem Binnenland einigermaßen geschützt. Wie weit die Ph. auch das Hinterland ihrer Küstenplätze, nicht nur die Gebirgshänge, sondern auch die jenseits des Libanon gelegene fruchtbare Hochebene der beḳāʿ, in Besitz gehabt haben, läßt sich nicht genau sagen; das wird zu verschiedenen Zeiten je nach der geschichtlichen Gesamtlage verschieden gewesen sein. Dasselbe gilt für ihre Ausdehnung an der Küste nach Süden und Norden. Zuzeiten haben sie jedenfalls die palästinische Küstenebene nördlich und sogar südlich des Karmelvorsprungs beherrscht. Auf der anderen Seite gehörte zum Bereich der Ph. jedenfalls die Mündungsebene des nahr el-kebīr (Eleutheros) am Nordende des Libanon und zT oder ganz auch das jenseits davon gelegene Küstenvorland des heute so genannten Nosairiergebirges, des antiken Mons Bargylus.

Es ist ratsam, den Namen Ph. nur für die Zeit zu gebrauchen, für die er wirklich bezeugt ist, dh (archäologisch gesprochen) für die Eisenzeit und die darauf folgenden Perioden des antiken Altertums. Das dürfte auch historisch sachgemäß sein. Die Völkerbewegungen um 1200 vChr, bes. der Einbruch der von den Ägyptern so genannten »Seevölker«, in die vorderorientalischen Küstenländer, hat gewiß auch für die Ostküste des Mittelmeeres eine neue Lage geschaffen. Wir wissen zwar nur wenig von unmittelbaren politischen und ethnischen Wirkungen dieses Vorgangs auf die hier gelegenen Städte; immerhin haben damals die alten Städte → Ugarit (am Nordende des Nosairiergebirgsvorlandes) und Kades am Orontes (im Hinterland der Eleutheros-Ebene) zu existieren aufgehört. Wahrscheinlich hat die »Seevölker«-Bewegung mit ihren Auswirkungen bis in das westliche Mittelmeer auch mit beigetragen zu der bald folgenden Ausdehnung der phöniz. Seefahrten und Kolonisation bis zur Straße von Gibraltar und darüber hinaus (→ Tarsis). In diesem Zusammenhang ist bemerkenswert, daß die in Fragmenten bei → Josephus überlieferte Chronik des Menander von Ephesus eine tyrische Königsliste überliefert, die mit einer um 1200 vChr beginnenden tyrischen Ära rechnet.

Die Ph. haben in alten, zT nachweislich uralten (→ Byblos) *Siedlungen* gewohnt, die im allgemeinen semitische Namen tragen und jedenfalls vom 3.Jt. vChr an von → Semiten bewohnt gewesen sind, und trotz aller zu vermutenden Zuwanderungen hat sich das semitische Element immer durchgesetzt. Auch die Ph. waren nach Ausweis ihrer Personennamen und ihres Inschriftenwesens Semiten, und zwar sprachen sie einen Dialekt des »Kanaanäischen«. Ihre wichtigsten Städte waren (von Süden nach Norden) das auf einem der Küste vorgelagerten Felseneiland gegründete und erst durch den Damm Alexanders d. Gr. mit dem Festland verbundene → Tyrus (ṣūr), das an der Küste gelegene, durch seine landeinwärts gefundenen Nekropolen aus persischer und hellenistischer Zeit berühmte → Sidon (ṣēda), das schon der → Amarna-Zeit bekannte, aber erst in röm. Zeit zu großer Bedeutung gelangte Beirut (Βήρυτος, bērūt), das durch seine bis ins 3.Jt. vChr zurückreichenden engen Beziehungen zu Ägypten ausgezeichnete, später aber geschichtlich zurücktretende → Byblos (dschbēl), das wieder auf einer Felseninsel gegenüber dem Südende des Nosairiergebirges gelegene Arwad (*Ἄραδος, ruād). In persischer Zeit kam hinzu das wahrscheinlich als gemeinsame Gründung von Tyrus, Sidon und Arwad entstandene, jedenfalls aus drei den Kolonisten dieser drei Städte gehörigen Quartieren bestehende und als Sitz des »Synhedrions« der phöniz. Städte dienende Tripolis (wohl an der Stelle des heutigen el-mīna bei ṭarāblus; vgl. bes. Diod. XVI, 41, 1). Eine hellenistische Gründung war die Stadt Laodicea (el-lādiḳīje) am Fuß des mittleren Nosairiergebirges. Erst aus hellenistischer Zeit mit Namen bekannt ist auch das nach Ausweis archäologischer Funde schon ältere Marathos (ʿamrīt) in der Nähe der Küste südöstlich Arwad.

Anfangs war anscheinend Sidon die bedeutendste der phöniz. Städte (vgl. Homer); daher wohl die Bezeichnung der Ph. als »Sidonier« schlechthin (so im AT bes. 1Kön 5, 20; 16, 31, auch Dtn 3, 9; Ri 3, 3; 18, 7; Jes 23, 2; Ez 32, 30). Etwa vom 10.Jh. an und während der ganzen Zeit der israelitisch-judäischen Könige hat dann Tyrus die Hauptrolle gespielt (vgl. die Schilderung der Macht von Tyrus, auch über die anderen phöniz. Städte, in Ez 27). In den ersten eisenzeitlichen Jh.en dehnte sich der → Handel (: II) und die Kolonisation der Ph. über das ganze Mittelmeer aus (814 vChr Gründung von Karthago als tyrischer Kolonie), bis die Griechen an ihre Stelle traten. Vom 8.Jh. vChr ab mußten sich auch die Ph. den aufkommenden Großreichen beugen. Den persischen Königen mußten sie mit ihrer Flotte für deren Kriege dienen.

Mit ihren weitreichenden Handelsbeziehungen haben die Ph. als Kulturvermittler fungiert. Wieweit sie eine eigenständige Kultur entwickelt haben, ist umstritten. Wichtigstes Beispiel dafür ist ihre Rolle in der Geschichte der alphabetischen Buchstabenschrift; diese haben sie vielleicht nicht selbst erfunden, aber die ältesten Zeugnisse ihrer ausgebildeten Form haben sich auf phöniz. Boden gefunden, und jedenfalls haben sie sie um 900 vChr an die Griechen vermittelt (Herodot V, 58: γράμματα ... Φοινικήια).

RLV X, 133ff (P.Thomsen) - PW Halb-Bd 39, 350ff (O.Eissfeldt) - E.Honigmann, Hist. Topographie von Nordsyrien im Altertum, 1923 - G.Contenau, La civilisation Phénicienne, 1926 - MeyerG II/2[2], 1955, 61ff. *M.Noth*

Phokylides, griechischer Spruchdichter, der im 6.Jh. vChr in Milet lebte. Von seinen Sprüchen sind nur wenige Fragmente erhalten. Unter seinem Namen hat in hellenistischer Zeit ein Jude (oder ein Christ?) ein Lehrgedicht verfaßt, das in 230 Hexametern moralische Weisungen darbietet. Darin finden sich neben Lebensweisheit der hellenistischen Diatribe auch mehrfach Bezugnahmen auf das AT, ohne daß jedoch der jüdische Gottesglaube bes. betont würde. Das Werk soll offensichtlich die für alle Menschen verbindliche Moral herausstellen und dadurch zugleich für die Sittlichkeit des Judentums (Christentums?) werben. Die Zeit der Abfassung läßt sich nicht genau ermitteln, da das Lehrgedicht keine bestimmten Hinweise enthält und ausschließlich überlieferte Morallehre weitergibt.

Schürer III, 617ff - PW XX, 503ff - O.Stählin-W.Schmidt, Gesch. der griech. Lit. II/1, 1920[6], 621 - Riessler 862ff - A.Kurfess, Das Mahngedicht des sog. Ph. (ZNW 38, 1939, 171-181) - P.Dalbert, Die Theol. der jüd.-hellenist. Missionslit. (ThF 4), 1954, 9ff. *E.Lohse*

Photin, Bischof von Sirmium (Pannonien), † 376. * in Galatien (Ancyra?), war P. Schüler, wohl auch Diakon des → Marcellus. Erstmalig erwähnt wird er in der Formula makrostichos (344). Diese und andere Verurteilungen (Mailand 345 und 347, Sirmium 348; → Arianischer Streit, 3) waren erfolglos, erst 351 wurde Ph. nach einer Disputation mit → Basilius von Ancyra (Aktenreste bei Epiph., haer. 71) verbannt. Unter → Julian, der ihm gewogen war, zurückgekehrt, mußte er 364 erneut weichen und starb im Exil in Galatien. - Von seinen (griech. und lat.) Schriften sind nur Titel bekannt: Contra gentes; libri ad Valentinianum (Versuch der Rehabilitierung?); κατὰ πασῶν αἱρέσεων; expositio fidei. - Ph. lehnte in Anknüpfung an Marcell eine hypostatische Unterscheidung des Logos vom Vater ab. Gott ist λογοπάτωρ; die Unterscheidung von λόγος ἐνδιάθετος und προφορικός ist bezeugt. Der Zusammenhang mit →Paulus von Samosata ist unklar; daher ist die Bezeichnung Ph.s als dynamistisch-monarchianisch nur mit Vorsicht zu gebrauchen. Die späteren Verurteilungen und die Polemik Augustins sind kein Beweis für langes Fortleben der Anhänger Ph.s. Ob Bonosus mit Ph. zusammenhängt, bleibt ungewiß.

RE XV, 372ff - DThC XII/2, 1532ff (Lit.). *W.Schneemelcher*

Photius, Patriarch von Konstantinopel (858-867 und 877-886). * ca 820, ausgezeichnet gebildet, dozierte zunächst öffentlich, wurde ca 851 Chef der kaiserlichen Kanzlei und 858 Patriarch als Nachfolger des Ignatius, der bedingt resigniert hatte. Im Hader der Gefolgschaft beider Patriarchen kam es zum Appell des Ignatius und zur Beschwerde des Ph. bei Papst → Nikolaus I. Wahrscheinlich im August 863 erklärte der Papst Ph. für abgesetzt. Ph. protestierte durch eine Enzyklika, in der das lat. Filioque (→ Geist: V, 3) für häretisch erklärt wurde, und setzte auf einer Synode 867 den Papst ab. Ein Thronwechsel brachte Ph. um seinen Erfolg: Ignatius wurde wieder Patriarch, und eine Synode mit päpstlichen Legaten (869/70) anathematisierte Ph. als neuen »Judas«. In der Sache der Bulgarenmission (→ Bulgarien) erlitt aber Rom auf dieser Synode eine schwere Niederlage, da die östlichen Patriarchen das Missionsgebiet Byzanz zusprachen. Als Ignatius 877 starb, wurde Ph. erneut Patriarch. Papst → Johannes VIII. lenkte ein, auch wenn Ph. auf der zu diesem Zweck berufenen Synode von 879/80 aus diesem Einlenken einen ganz persönlichen, von Rom nicht beabsichtigten Sieg machte. Bei der Thronbesteigung Kaiser Leos VI. (886) wurde Ph. aber wiederum abgesetzt und verbannt; † wohl bald danach. - Die Bedeutung des Ph. auf dem Gebiet der profanen Wissenschaften beruht vor allem auf der verständnisvollen Tradierung klassischer Autoren in seinem Exzerptenwerk (Bibliotheke oder Myriobiblion, ed. R. Henry, Paris 1959ff). Theologisch gehört er zu den glänzendsten Vertretern der byzantinischen Exegese. Als Dogmatiker ist er weniger bedeutend; doch hat er durch die Lancierung der theologischen Kontroverse über den Ausgang des Hl. Geistes vom Sohn die gesamte byzantinische Theologie nachhaltig beeinflußt. Das zweite photianische Schisma ist zwar eine Legende, aber sein erstes Schisma schuf in allem den Modellfall der späteren Kirchentrennung (→ Byzanz: II, 2), nicht nur durch die Vehemenz seiner Polemik, sondern auch in der Verquickung von Kirchen- und Staatspolitik.

Hauptwerke in MPG 101-104. - Über Ph.: J.Hergenröther, 3 Bde, 1867-69 - F.Dvornik, The Photian Schism, Cambridge 1948 (franz. Paris 1950) - Beck 520ff (Lit.). *H.-G.Beck*

Phrygien, der westliche Teil des inneren → Kleinasien (→ 18 B-D 2/3). Nach griech. Tradition wanderten die Phryger um 1200 vChr aus Thrakien ein; ob assyrische Quellen, nach denen Midas von Ph. Mita von Muški heißt (Sargon II. um 710, → Assyrien) und Muški-Horden um 1160 bis zum Euphrat drangen, als Bestätigung dienen können, hängt davon ab, ob die zwei Namen dasselbe meinen. Vor dem 8. Jh. fehlen bisher jegliche Funde. Die aus Inschriften vom 8.Jh. ab bekannte idg. Sprache (→ Indogermanen, 1) hat Berührungen mit dem Thrakischen. Von den aus griech.-röm. Zeit bekannten Gottheiten Ph.s ist aus älterer Zeit nur Kybele belegt (ματαρ κυβιλε Friedrich Nr. 9); ihr gehören die Felsfassaden mit Nische und zT Bild der Göttin sowie Felsthrone, zT mit Löwen und auf Berggipfeln; daher ihr späterer Beiname ὀρεία (vgl. Idaea, s.u.). Auch eine in Boghazköy in phr. Schicht gefundene Göttin ist wohl Kybele. Die Namensform Κυβήβη ist mit Kubaba, einer von ca 1900-700 in Kappadokien und Karkemisch verehrten Göttin, zusammengebracht worden, doch enthalten die hethitischen Texte nichts, was auf den später für Kybele und ihren Partner → Attis charakteristischen orgiastischen Kult hindeutet. In Pessinus (→ 18 C 2) bestand ein Kultzentrum der hier Große Mutter genannten Göttin (→ Muttergottheiten) mit autonomem Priesterstaat, der sich auch nach dem Galatereinfall hielt. 204 vChr wurde ein Steinidol der Mater Deum Magna Idaea von Pergamon nach Rom gebracht (Livius 29, 10; vgl. Taf. VI/2 in HNT I, 2. 3). Der phr. → Mond-Gott heißt Men (als Attis Menotyrannus mit Attis synkretisiert). → Sabazios gilt als phr. oder thrakischen Ursprungs. Die Kulte dieser Gottheiten drangen zu den Griechen und Römern und fanden weite Verbreitung. Phr. Gräber um 700 vChr sind teils Felskammern, teils Tumuli mit hölzerner Kammer, bekannt bes. aus der Nekropole von Gordion. Für jüd. Gemeinden und Christianisierung s. → Kleinasien.

PW s. v. Attis, Kybele, Men, Pessinus, Phrygia, Sabazios; Ludi publici (Suppl. V, 626ff) - ERE IX, 900ff - A.Goetze, Kleinasien (HAW Abt. III/1, 3 Bd 3, 1), (1933) 1957², 201ff (Karte, Lit.) - K. Bittel, Istanbuler Mitt.en 5, 1942, 66-126 - A.Gabriel-C.H.E.Haspels, Phrygie II-III: La cité de Midas, Paris 1951/52. - Gordion: R.S. Young in AJA, bes. 62, 1958, 147ff (gr. Tumulus). - Boghazköy: K.Bittel, in Neue Dt. Ausgrabungen im Mittelmeergebiet u. im Vorderen Orient, 1959, 114ff (phr. Göttin) - E.Laroche, in Eléments orientaux dans la religion grecque ancienne, 1960, 113-128. - Inschr.: J.Friedrich, Kleinasiat. Sprachdenkmäler (KIT 163), 1932, 123ff. - Vgl. die Lit. zu → Antike und Orient. *H.G.Güterbock*

Phul → Assyrien, 3.

Phundagiagiten, Bezeichnung für eine bogomilische Sekte im Gebiet der Metropole von Laodicea. Der Name kommt höchstwahrscheinlich von φοῦντα, einem lat. Lehnwort (funda), und bedeutet wohl den Bettelsack der Sektenprediger. Bekannt wurde die Sekte durch ein warnendes (später interpoliertes) Sendschreiben des Mönches Euthymius vom Kloster der Peribleptos in Konstantinopel an die Bewohner seiner phrygischen Heimat (1. Hälfte des 11.Jh.s). Die Sekte trägt in der Polemik des Euthymius bereits alle charakteristischen Züge des Bogomilismus, wenn auch kaum anzunehmen ist, daß sie aus dem slawischen Balkan stammt. Vielmehr dürfte sie unter den in Kleinasien vorhandenen Resten von → Paulizianern entstanden und von der byzantinischen Polemik mit den inzwischen aufgetretenen → Bogomilen identifiziert worden sein. Noch Patriarch Germanus II. (1222-40) polemisiert gegen sie.

Die Texte des Euthymius u. Germanus ed. G.Ficker, Die Ph., 1908. Vgl. auch S.Runciman, Le manichéisme médiéval, Paris 1949, 66. 68f - Beck 336. 532f. *H.-G.Beck*

Physiologus, eine in frühchristlicher Zeit verfaßte, auf vorchristlichen Quellen basierende Sammlung von ca 48 Berichten in griech. Sprache über Tiere (auch

Pflanzen und Steine), die in ihren wunderbaren - auch negativen - Eigenschaften (φύσεις) christlich interpretiert werden, zT im Anschluß an ein Bibelwort. Naturgeschichte ist Gegenstand mystisch-symbolischer Spekulation und moralischer Applicatio. Bekannte Beispiele: → Phönix, Löwe, Pelikan, Adler, Einhorn, der Baum Peridexion, die Perle; als negative Symbolgestalt die Sirene: halb Tier halb Mensch ist sie Bild des Häretikers. - Die große Zahl erhaltener *Texte* bezeugt die Bedeutung des Ph. Sbordones kritische Ausgabe des Ph. graecus (1936) basiert auf 77 Hss. und unterscheidet 4 Rezensionen. Die umstrittene Frage der *Chronologie* (vgl. Lit. bei J.Bartel, Christos Angelos, 1941, 297f; A.Grillmeier, Der Logos am Kreuz, 1956, 83 Anm. 46) hat neuerdings Peterson weitergeführt, indem er für Sbordones erste Rezension Abhängigkeit von → Cyrill von Jerusalem und → Gregor von Nazianz nachweist, so daß sie »erst nach 385 entstanden sein kann«. Zur *Herkunft* und geistigen Heimat des Ph. verweist Wellmann auf Bolos von Mendes (Ägypten, 2./3.Jh. vChr; vgl. A.-J. Festugière, La révélation d'Hermès Trismégiste I, Paris 1950, 224ff) als Vermittler vorchristlicher Tradition (zu der mit seinem Namen bezeichneten pseudodemokritischen Lit. vgl. H.Diels, Fragmente der Vorsokratiker II, 1952⁶, 68 [55]. 300). Peterson weist dem Ph. Kenntnis der → Apokryphen nach. Er zeigt die hinter schlichtem Vortrag sich bergende »Spiritualität« und die Tendenz des → Enkratismus auf und sieht den wahren »theologischen Tatbestand« des Ph. erkannt im Urteil des Decretum Gelasianum (6, 11): »liber Ph. ab haereticis conscriptus et beati Ambrosii nomine praesignatus, apocryphus«. - Bis ins späte MA hinein ist der Ph. in zahlreichen *Übersetzungen* verbreitet (äthiop., syr., armen., arab.; auf der lat. Übersetzung basieren die Übertragungen in die Volkssprachen des Abendlandes). Seine Natursymbolik hat tiefgreifend eingewirkt auf die *christliche Literatur,* auf Predigt, Dichtung, Tierbücher (Bestiare). Für die *christliche Kunst,* bes. des MA, und ihre → Christussymbolik ist der Ph. von großer Bedeutung (vgl. E. → Mâle I³, 332ff; II⁶, 33ff). Er bildet einen jener »Sammelspeicher, in denen das dem MA eigentümliche Geistesmaterial aufgestapelt ist« (Sauer).

Ausg.n: griech. v. F.Sbordone, Mailand 1936; lat. v. F.J.Carmody, Paris 1939; dt. v. O.Seel, 1960. - Lit.: F.Lauchert, Gesch. des Ph., 1889 - M.Wellmann, Der Ph. (Philologus, Suppl. 22/1), 1930 - H.Woodruff, The Ph. of Bern (ArtB 12, 1930, 226-253) - LThK VIII, 260f (Lit.) - DACL XIV/1, 810ff - PW XX/1, 1074ff (Lit.) - E.Peterson, Die Spiritualität des griech. Ph. (ByZ 47, 1954, 60-72 = Frühkirche, Judentum u. Gnosis, 1959, 236-253).

Erika Dinkler-v.Schubert

Pia Desideria → Spener.

Piaristen (*Ordo Clericorum Regularium Pauperum Matris Dei Scholarum Piarum,* S.P. oder Sch.P.) heißen die Mitglieder der vom hl. Joseph a Calasanza (1556-1648) in Rom gegründeten, von Paul V. 1617 genehmigten und von Gregor XV. 1621 zu einem Orden erhobenen Gemeinschaft zum Zweck der Erteilung unentgeltlichen Unterrichts an arme Kinder. Pius XII. ernannte den Stifter zum Patron der Volksschulen. Die Mitglieder legen das Gelübde der Jugenderziehung ab. Intrigen erreichten, daß der Verband 1643 in eine Kongregation degradiert wurde, aber Clemens IX. setzte ihn wieder in die früheren Rechte ein. Nun verbreitete er sich rasch in Italien, Österreich, Polen, Ungarn, Rumänien, Spanien, Belgien, Deutschland, Latein-Amerika, wo er überall Volksschulen, Gymnasien, zT auch Konvikte leitete und segensreich wirkte. In Deutschland ging er durch die Säkularisation unter, in Österreich hemmte ihn der → Josephinismus. Die von Gregor XV. 1622 approbierten Konstitutionen wurden 1939 bestätigt. Der Orden brachte vor allem hervorragende Pädagogen hervor. Heute zählt er etwa 2300 Regularen (meist Priester).

J.C.Heidenreich, Leben des hl. Joseph von Calasanz, 1907 - Heimbucher II, 121ff - LThK VIII, 261f - Escobar I, 853ff - R.Lemoine, Le droit des Religieux du Concile de Trente aux Instituts séculiers, 1956, 66f.

Ph.Hofmeister

Picasso, *Pablo* (Pablo Ruiz y P.), Maler, Graphiker, Bildhauer und Keramiker, * 25.10.1881 in Malaga (Spanien). Nach Besuch der Kunstschulen in La Coruña, Barcelona und Madrid kommt P. 1900 zum ersten Mal nach Paris (beeindruckt von Toulouse-Lautrec, 1901 erste Ausstellung bei A.Vollard), wohin er 1904 endgültig übersiedelt. 1906 begegnet er H. → Matisse, 1907 G.Braque und A.Derain. 1901-04 »Blaue Periode«, 1905-06 »Rosa Periode« (Darstellungen der Armen und der Artisten). Nach ersten Plastiken malt P. 1907 »Demoiselles d'Avignon« (Einfluß der Negerplastik), 1909 in Horta de Ebro (Spanien) vorkubistische Landschaften. 1910-12 analytischer Kubismus, 1912-14 synthetischer Kubismus und Collagen. In Weiterführung der Anregungen Cézannes wollen die Kubisten Ding, Körper und Raum möglichst vollständig in der Fläche begleichen und bringen zeitlich und räumlich getrennte Sichten des Gegenstandes ins Bild. Auch die asketische Farbe dient der Präzisierung der Form. Die Realität des Bildes steht der Realität der Natur gegenüber. - P. malt und zeichnet von 1917 an klassizistisch (Einfluß von Ingres) und macht 1917 Entwürfe für das Diaghilew-Ballett. In den 20er Jahren wird sein Stil metamorphotisch und surrealistisch. Während des span. Bürgerkriegs schuf er eine Serie von Radierungen gegen Franco sowie das Wandbild »Guernica« für den span. Pavillon (Barcelona-Regierung) auf der Weltausstellung, Paris. Im 2. Weltkrieg malt er in Paris stark deformierte Porträts und grausame Bilder. 1946-48 lebt er in Antibes, 1948-54 in Vallauris (Keramiken), geht 1955 nach Cannes und erwirbt 1958 das Château de Vauvenargues bei Aix-en-Provence. - P. ist der bekannteste, erfindungs- und wandlungsreichste Künstler des 20.Jh.s. Er nimmt Anregungen aus allen Ländern und Zeiten auf, macht aber stets etwas Eigenes daraus. Sein Oeuvre ist das umfänglichste der Gegenwart, es umfaßt Tausende von Bildern, Gouachen, Zeichnungen, Graphiken, Keramiken und mehr als 100 Plastiken. - Vgl. → Malerei und Plastik: VI, 1 d. 2. 3 sowie Taf. 65 Abb. 2.

Chr.Zervos, P., bisher 10 Bde, Paris 1932-59 - Ders., Dessins de P. de 1892 à 1948, ebd 1949 - B.Geiser, P. peintre-graveur (1899 bis 1931), Genf 1933 - A.H.Barr, P. Fifty Years of his Art, New York 1946 - D.H.Kahnweiler, Sculptures de P., Paris 1948 - W.Boeck-J.Sabartes, P., 1955.

W.Grohmann

Pico della Mirandola, *Giovanni* (1463-94), zubenannt nach seinem Geburtsort Mirandola bei Modena. P. gehörte dem Humanistenkreise um Lorenzo den Prächtigen zu Florenz an; er wurde trotz seiner Jugend bald sein Mittelpunkt. Er führte den → Neuplatonismus in der Prägung des Marsilio → Ficino fort, was nur in Richtung auf eine pantheistische Gebildeten-Religion geschehen konnte: 1486 publizierte er 900 Thesen (deren Einleitung ist die Schrift »Von der Würde des Menschen«) und lud alle Gebildeten der Welt ein, in Rom darüber zu disputieren. Diese Thesen vereinigten nach P.s Meinung alles dem Menschen mögliche und angemessene Wissen und umrissen die notwendige philosophische Entscheidung (die für einen Platonismus, gegen das Christentum fällt). P. unterwarf sich jedoch, als 13 Thesen für ketzerisch erklärt wurden (1487); nachmals hob Papst → Alexander VI. die Verurteilung auf. P. versuchte nun, auf eine Verschmelzung von neuplatonischer Philosophie und Christentum hinzuwirken. Inzwischen hatte die Bewegung des → Savonarola den Humanistenkreis gesprengt und eine Betätigung im neuplatonischen Sinne unmöglich gemacht. P. wurde unmittelbar vor seinem Tode von Savonarola selbst zum Christentum strengster Prägung bekehrt. – In den → Neuplatonismus trug P. ein (diesem zuvor fremdes) Moment der Willensfreiheit hinein. Der Mensch, in dem der ganze Kosmos angelegt ist, ist als Mikrokosmos Abbild und Gegenstück des Makrokosmos (dies ein antiker Gedanke). Dann ist der führende Seelenteil Gegenstück zum Schöpfer und Erhalter der Welt; wie dieser hat der Geist des Menschen die freie Entscheidung, den in ihm angelegten Möglichkeiten zu folgen. Diese Hinwendung neuplatonischen Denkens auf die Persönlichkeit und ihre Würde kennzeichnet die Haltung des P. und seines Kreises. – P. erneuerte den universalen Zug des → Platonismus; eine ungemeine Belesenheit, die sich ebenso auf die als aristotelisch verstandene → Scholastik wie auf → Platon und die Platoniker, aber auch auf → islamische und → jüdische Philosophie bezog, lieferte ihm das Fundament für die Begründung seiner Thesen; denn hinter allen variierenden Aussagen der Philosophen steht die eine Wahrheit, die es zu erfassen gilt.

Opera, Bologna 1496 u.ö.; dt. Auswahl v. A.Liebert, 1905; Von der Würde des Menschen, dt. Amsterdam 1940 u. Wien 1949. – Über P.: I.Pusino, Ficinos u. P.s religiös-philos. Anschauungen (ZKG 64, 1925, 504–543) – Ders., Zur Quellenkritik für eine Biogr. P.s (ebd 45, 1927, 370–382) – E.Cassirer, Individuum u. Kosmos in der Philos. der Renaissance, 1927 – P.Kibre, The Library of P.. New York 1936 – L.Gautier-Vignal, P.d.M., Paris 1937 – EF III, 1365ff (Lit.) – E.Monnerjahn, G.P.d.M. Ein Beitrag zur philos. Theol. d. ital. Humanismus, 1960. *H.Dörrie*

Picpus-Gesellschaft (*Congregatio Sacrorum Cordium Jesu et Mariae necnon adorationis perpetuae Ss. Sacramenti Altaris,* CSSCC), 1797/1800 in Poitiers von dem Priester Pierre Marie-Joseph Coudrin (1768–1837) und der Gräfin Henriette Aymer de la Chevalerie (1767 bis 1834) als religiöse Genossenschaft mit männlichem und weiblichem Zweig gegründet, 1817 päpstlich bestätigt. Der Name stammt von dem früheren Mutterhaus in der Rue de Picpus in Paris. Infolge der franz. Gesetzgebung mußte die P. 1900/05 nach Braîne-le-Comte (Belgien) übersiedeln (Generalat jetzt in Rom). Ihre Aufgaben sind die Sühneanbetung der → Herzen Jesu und Mariä, die Pflege der sühnenden Liebe zur Überwindung allen Hasses und die innere und äußere Nachahmung des Lebens Jesu durch Liebe zur Verborgenheit, ewige Anbetung der Eucharistie, großen Eifer in der Mission und Nachfolge Jesu im sühnenden Ertragen aller Widerwärtigkeiten. Die P. will das ev. Leben des Heilands durch die Predigt des Evangeliums erneuern und die menschliche Gesellschaft wieder unter die Herrschaft des Herzens Jesu bringen (Zeitschr.: Apostel der Heiligsten Herzen, Aachen). Die Mitglieder nehmen als ordenseigenes Werk die »Thronerhebung des Herzens Jesu« in den Familien und Gemeinschaften und deren Weihe an das unbefleckte → Herz Mariä vor. Das Arbeitsgebiet der P. liegt vornehmlich in Ozeanien und Südamerika (bes. Chile, Peru). 1825 entstanden die Missionen auf den Hawaii-Inseln (Pater Damian de Veuster auf der Aussätzigen-Insel Molokai, † 1889 als Aussätziger), seit 1834 auf den Marquesas-, Tahiti-, Cook- und anderen Inseln der → Südsee, später u.a. in Indonesien, Kongo, Neuseeland, Japan. Die deutsche Ordensprovinz (1920 gegr.) umfaßt außer dem »Damianeum« in Simpelveld/Niederlande (Ordensseminar für deutsche Theologiestudenten) und einem Kloster in Wien: Herz-Jesu-Kloster, Aachen (Provinzialat); Kloster Arnstein, Oberhof/Lahn (Herz-Jesu-Heiligtum); Kloster »Regina pacis«, Burgbrohl/Rh. (Noviziat); Gymnasien in Niederlahnstein und Werne/Lippe. Die deutsche Missionsschule in Falkenstein/Schlesien ging an polnische Patres der P. über. – Der weibliche Zweig (»Zélatrices«) widmet sich der Erziehung weiblicher Jugend und unterstützt die Patres in den Missionsgebieten.

Heimbucher II, 363ff – V.Jourdan, Le Père Damien de Veuster, Apôtre des lépreux, Braîne-le-Comte 1934 – F.Trochu, La servante de Dieu H.A. de la Chevalerie, Paris 1949 – A.Lestra, Le Père Coudrin, Lyon-Paris 1952 – EC IV, 785 – Escobar II, 1121ff – LThK² I, 1157; III, 78 – Das Wirken der Orden u. Klöster in Deutschland I, 1957, 265ff. *W.Göbell*

Pictet, *Bénédict* (30.5.1655 bis 10.6.1724), schweiz. ref. Theologe, * und † in Genf, wo er 1682 Nachfolger seines Onkels und Lehrers F. → Turrettini als Pfarrer und Prof. wurde (→ Genf: II). In enger Verbindung mit dem franz. Protestantismus um Erneuerung der Orthodoxie bemüht, wirkte P., seit 1714 auch Mitglied der Preußischen Akademie der Wissenschaften, bes. durch seine erbaulichen Schriften und seine zT noch heute gesungenen religiösen Lieder (→ Kirchenlied: I, 5 b).

Vf. u.a.: Traité contre l'indifférence des religions, 1661; La Morale chrétienne, 1692; Theologia christiana I. II, 1696; Prières pour chaque jour de la semaine, 1712. – Über P.: J.Senebier, L'hist. littéraire de Genève II, Genf 1786, 252ff (vollst. Bibliogr.) – E.de Budé, Vie de B.P., Lausanne 1874 – RE XV, 395 – P.Wernle, Der schweiz. Protestantismus im 18.Jh. I, 1923 (s. Reg.). *H.Hohlwein*

Piderit, *Johann Rudolf Anton* (1720–91), seit 1747 Prof. der Philosophie in Marburg, als persönlicher Schüler von Chr. → Wolff Anhänger der vernünftigen Orthodoxie (→ Aufklärung: III, 3a), zeigt die eigentümliche Zwitterstellung dieser Theologie. Als Kämpfer gegen Neologie und Naturalismus (→ Aufklärung: III, 3b) benutzt P. die Demonstriermethode seines Lehrers und erregt dadurch Anstoß bei der Marburger theologischen Fakultät und – seit 1766 Prof. primarius am Collegium Carolinum in Kassel – beim Geistlichen Ministerium von Kassel. Mit Leidenschaft kämpft er gegen das Eindringen der Aufklärung in die Theologie und für die Integrität der Bibel einschließlich der Punktation des hebr. Textes. In seinen jungen Jahren antirömischer Polemiker, setzt er sich seit 1781 für eine künftige Union mit den Katholiken ein. Der Schlüssel zur Erklärung dieser Zwiespältigkeiten liegt in P.s Stellung zum positiven Recht. Der konfessionelle Staat verdankt seine reichsrechtliche Stellung der Zugehörigkeit zum → Corpus Evangelicorum, kann aber Veränderungen seines Bekenntnisstandes in diesem rechtlichen Rahmen anstreben.

Vf. u.a.: Dissertatio de erroribus theologorum logicis circa sacram scripturam, 1752; Dissertatio theol. de demonstrationum in theologia revelata meritis, 1767; Beiträge zur Verteidigung u. Erläuterung des Kanons der Hl. Schrift u. der christl. Religion überhaupt, 2 Bde, 1775f. – Über P.: H.Heppe, KG beider Hessen II, 1876, 345f – L. Cardauns, Zur Gesch. der kirchl. Unions- u. Reformbestrebungen (Bibl. des hist. Instituts in Rom V, 1910, 281–303) – W.Maurer, Aufklärung, Idealismus u. Restauration in bes. Beziehung auf Kurhessen I, 1930, 12ff. *W.Maurer*

Pierius, Presbyter in Alexandrien unter Bischof Theonas (281/82–300), Asket, Exeget und Prediger, wahrscheinlich auch Vorsteher der alexandrinischen Katechetenschule, Anhänger des → Origenes, Lehrer des → Pamphilus, war in der diokletianischen Verfolgung Bekenner und lebte danach in Rom, wo er vermutlich starb. Er schrieb homiletische und exegetische Abhandlungen (λόγοι), darunter mehrere Osterpredigten. Sie sind ihres Gedankenreichtums und klaren, flüssigen Stils wegen sehr geschätzt und viel gelesen, später aber in dogmatischer Hinsicht getadelt worden und bis auf spärliche Fragmente verloren. Hieronymus erwähnt ferner von P. rezensierte Hss. des NT.

MPG 10, 241ff - C.DE BOOR, TU 5, 2, 1888, 165-184 - A.HARNACK, Gesch. d. altchristl. Lit. I/1, (1893) 1958², 439ff; II/2, (1904) 1958², 66ff. 544f (Lit.) - RE XV, 396f - BARDENHEWER II, 234ff - ALTANER 188 (Lit.). *G.Glockmann*

Pietà → Andachtsbild, → Malerei und Plastik: III, 3.

Pietät (lat. pietas = pflichtmäßiges Betragen gegen Gott, → Frömmigkeit, Liebe zu den Eltern, zum Vaterland, ehrfürchtige Scheu) bezeichnet eine an die Ursprünge unseres Daseins, an Eltern und Voreltern, an Überlieferungen, an alte Sitte, aber auch an Gedenkstätten gebundene Gesinnung der dankbaren Liebe und Anhänglichkeit. Sie ist eine Urform der → Sittlichkeit (: VI) und hat in ihrer unreflektierten Schlichtheit und Tiefe eine Kultur wie Religion tragende und erhaltende Kraft. »Die natürliche und zugleich religiöse Sittlichkeit ist die Familien-P.« (Hegel, ed. Glockner XI, 96). P. bedeutet liebende Verehrung, Einfügung in hergebrachte Wertordnungen, Unterwerfung unter überlieferte Glaubensweisen und Urteile. Der sozialen Bedeutung entspricht es, wenn das »P.gefühl« Rechtsschutz genießt, indem das Andenken Verstorbener gegen Verunglimpfung und die Ruhe der Toten gegen Störung geschützt werden (§§ 168, 189 StGB). - Der Kulturverfall ist immer auch durch einen Verfall der P. gekennzeichnet. Die P. verliert ihre Bindekraft, und die von ihr verehrten Werte verfallen dem Spott. Aber auch Revolutionen und religiöse Reformationen bedeuten schwere Krisen für die in der P. befangenen Menschen; eignet doch aller P. immer ein konservativer Zug. P. ist schwerlich mit kritischem Nachdenken über jene Autoritäten und Wertordnungen zu vereinen, denen sie in stummer Liebe zugewandt ist. Revolutionsstürme wenden sich daher in ihren radikalen Phasen in gezieltem Angriff gegen die Pflegestätten der P., gegen die Familienordnung, religiöses Herkommen, gegen Kultstätten und historische Denkmäler. Die Radikalität von Umsturzbewegungen kann geradezu danach bemessen werden, wieweit sie Gefühlen der P. noch Raum lassen oder ihnen den Boden entziehen. - In der jugendlichen Entwicklung spielt die Auseinandersetzung mit der P. der älteren Generation häufig eine ausschlaggebende Rolle: der Kampf der »Väter und Söhne«, das »Generationenproblem« rührt immer an die Emanzipation des Individuums aus der Umklammerung einer atavistischen P., deren Tragik dadurch gesteigert wird, daß sie sich in der Auseinandersetzung mit der Kritik nicht selbst interpretieren kann. Eine ganze Literatur ist diesem Drama gewidmet (Turgenjew, → Björnson, → Ibsen) und hat es zT auch durch scheinbare Vertiefung tendenziös als Kampf der Wahrhaftigkeit gegen konventionelle Lüge verzerrt. - Zweifellos liegen auch in der Verkündigung Jesu Elemente eines Kampfes gegen die Macht der P., sei es der hl. Sitte (Mk 2, 28), der Familie (Mk 3, 35) oder auch der elementarsten Empfindungen (Mt 8, 22). Doch läßt sich Jesu Verkündigung nicht unter diesem Gesichtspunkt in ein Schema pressen; denn man kann andere Beispiele dagegen setzen. Dementsprechend wird es auch kein Ausweis rechten Christentums heißen dürfen, ob man P. »überhaupt« habe und übe, wie es kein Beweis christlicher Freiheit ist, sich von keiner P. mehr erfüllt zu zeigen. Eine P., die sich auf das Hergebrachte gedankenlos verläßt, hat ihren Lohn dahin. Aber wer in kritisch gewonnener Erfahrung des Lebens tragender und haltender Mächte inne geworden ist, braucht sich der P. nicht zu schämen.

P.WUST, Naivität u. P., 1925 - RGG³ IV, 1249f (Lit.) - CKL II, 545 - C.BRINKMANN, Soziologische Theorie der Revolution, 1948. *W.Trillhaas*

Pietilä, *Antti Jaakko* (1878-1932), finnischer Theologe, lehrte seit 1911 in → Helsinki, seit 1919 als o. Prof. für Dogmatik und Ethik. Vom lästadianischen (→ Lästadius) Landvolk in Nordfinnland herstammend, vereinigte er die Intentionen der Erweckungsbewegungen (→ Finnland: I, 3) und des luth. Konfessionalismus mit Anregungen von der → Erlanger Schule und vom modifizierten Biblizismus J.T. → Becks. In den Auseinandersetzungen des kirchlichen und sozialen Lebens kämpfte P. kompromißlos gegen alle kirchliche Stagnation.

Vf. u.a.: Drei Versuchungsgeschichten: Zarathustra, Buddha, Christus, 1910; Die Entwicklung des Offenbarungsbegriffs seit Schleiermacher, 1918; Die Ethik Jesu u. die Gegenwart, 1918 (finn.); Sozialethik, 1928 (finn.); Christl. Dogmatik, 3 Bde, 1930/33 (finn.). - Hg. der Zeitschr. »Vartija« 1919-32. - Über P.: O.TIILILÄ, A Hundred Years of Systematic Theology in Finland (ThFenn IV [SFThL 50]), 1949, 17ff. *A.Lauha*

Pietismus

1. Wesen, theologische Anliegen, geschichtliche Stellung - 2. Vorbereitungen - 3. Ausgestaltung, Name, geschichtlicher Hergang - 4. Wirkungen und Bedeutung für Kirche, Theologie und Geistesleben - 5. Kirchengeschichtliche Verdienste - 6. Pädagogische Bedeutung

1. P. nennt man die tiefgreifende Bewegung des späteren 17. und frühen 18.Jh.s, die sich das Ziel einer neuen Reformation setzte, weil die erste durch ihr Ausmünden in die altprot. → Orthodoxie im Institutionellen und Dogmatischen stecken geblieben sei. »Leben« gegen »Lehre«, »Geist« gegen »Amt«, »Kraft« gegen »Schein« (2Tim 3, 5) werden darum p.e Schlagworte. Der reformatorische Zentralbegriff des Glaubens erhält den kennzeichnenden Zusatz »lebendiger Glaube«, die Lebendigkeit wird in den ethischen »Früchten des Glaubens«, vor allem in der Liebe, gesucht; daher rührt der soziale Grundzug des P. Die christliche Vollkommenheit wird wieder zum Hauptthema. Es liegt danach nahe, das Wesen des P. in der Frömmigkeit zu erblicken. Seine Abneigung gegen die polemische Theologie, ein Hauptmerkmal der Orthodoxie, verstärkte den Verzicht auf eine grundsätzliche theologische Beurteilung überhaupt. Schärfere Analyse der p.en Quellen und des Selbstverständnisses der p.en Führer zeigt jedoch die zentrale Stellung eines anderen biblisch-dogmatischen Themas gegenüber der Reformation und Orthodoxie: An die Stelle der → Rechtfertigung mit den Korrelationen Wort Gottes (als Verheißung)-Glaube und Gesetz-Evangelium tritt die → *Wiedergeburt*. Aus ihrer bes. von → Spener durchreflektierten gedanklichen Struktur lassen sich die wesentlichen *Anliegen* des P. ableiten: a) die Aktivität Gottes und Passivität des Menschen im Heilsvorgang (Gnade als »Natur«, neues Sein, Kraft - nicht mehr als verliehenes Recht durch den Zuspruch der Sündenvergebung); b) die Tiefe des Verderbens (→ Sünde als »Natur«, als altes Sein; darum stärkere Betonung der Macht als der Schuld der Sünde); c) die Größe des Existenzwandels (→ Buße als Gesamtwende des Lebens wie die urchristliche μετάνοια, nicht nur als Reue; latente Tendenz zu einmaliger »Bekehrung« als legitimen Ausdruck für den »Durchbruch der Gnade«); d) das Interesse am Ergebnis: dem »neuen Menschen«; e) das Bewußtsein der unmittelbaren → Gotteskindschaft (: II). Die beiden letzten Punkte schließen die Vollkommenheit ein, die bei den konsequenten Vertretern des P. bis zur Teilnahme an der göttlichen Natur (2Petr 1, 4) gesteigert wird. Im Mittelpunkt steht der einzelne Mensch: das urchristliche Bild von der → Erbauung wird individualistisch abgewandelt (»Erbauung des inneren Men-

schen« Spener, Pia Desideria, bes. 84, 10 Aland). Die neuartige Gemeinschaftsform der Konventikel (s. 3a) ist die Gruppenbildung der wiedergeborenen Einzelnen, nicht die Gemeinschaft der Berufenen an Wort und Sakrament. Die Initiative liegt beim Subjekt, nicht bei den objektiven Gegebenheiten. Der Blick ist grundsätzlich vorwärts, auf das Ziel gerichtet. Die übrige Welt soll durch die wiedergeborenen Einzelnen verändert, zur Stätte der Herrschaft Gottes gemacht werden (»Reich Gottes« ist ein Lieblingsbegriff). Darum eignet dem P. seit Speners »Hoffnung auf bessere Zeiten« ein chiliastischer Zug, der die Juden- und Heidenbekehrung, gelegentlich auch die innere Überwindung des Papsttums und einen ethischen Fortschritt der Menschheit erwartet. Auf die kürzeste Formel gebracht, läßt sich die Absicht des P. als *Weltverwandlung durch Menschenverwandlung* bestimmen. Individualismus und Subjektivismus höhlen die Sakramentsanschauung aus. In der Abendmahlsauffassung dominiert die »geistliche Nießung«, die Taufe wird durch die persönliche Erfahrung der Wiedergeburt überboten. Das p.e Bemühen, die innere Lebensform des Urchristentums wiederzugewinnen, baut auf die unveränderte Kraft des hl. Geistes. So bringt der P. gegenüber der Orthodoxie ein höchst lebendiges Verhältnis zur Bibel, bes. zum NT hervor, namentlich auch im Kirchenlied; er sucht die »biblische Theologie« statt der »scholastischen Theologie« (Spener). Damit fühlt sich der P. als Vollstrecker des reformatorischen Wollens. Die bei den meisten p.en Führern überaus häufige Berufung auf Luther zieht ihn freilich in bewußter Auswahl nur als Gewährsmann für die eigenen Anliegen heran (klassisches Dokument: Vorrede zum Röm aus den Vorreden zur hl. Schrift) und sieht seine Haltung nach 1525 kritisch an. Der klassische Deuter des Urchristentums wurde G. → Arnold, der die mönchische, mystisch-spiritualistische Überzeugung vom fortschreitenden Verfall des christlichen Lebens seit dem NT für den P. kanonisierte und danach die gesamte → Kirchengeschichte (: I, 2e) darstellte.

Die Blickrichtung auf den Wiedergeborenen hatte zur Folge, daß der fromme Mensch in einzigartiger Weise auf sich selbst gestellt wurde. Geistliches Amt, Gottesdienst, Sakramente, Beichtinstitut, fromme Sitte wurden gleichgültig. Der P. trat für das Persönliche gegen das Anstaltsmäßige, für die Freiwilligkeit gegen den Zwang, für die Aktualität gegen die Tradition, für das Recht des Laien gegenüber dem Theologen, für die Bekenntniskirche gegen die mit äußerer Autorität wirkende Staatskirche (»Cäsaropapie«) ein und wußte sich »Glaubensbrüdern« aus fremden Kirchentümern enger verbunden als »Kirchenbrüdern« aus dem eigenen (→ Hellmund, Der Enthusiast und Syncretist, 1720, 58). Die Union aller echten Christen war ihm daher eine natürliche Aufgabe; sie beruhte auf der vorgegebenen Einheit in der Wiedergeburt, im »gottseligen Leben«. Dies machte die naive und bewußte Aufnahme röm.-kath. Frömmigkeit in Gebeten, Traktaten und Biographien (G. Arnold, → Reitz, → Tersteegen im Anschluß an → Poiret) mit einer bis dahin unbekannten Großzügigkeit möglich. Im Zeitalter des weltoffenen → Barock verkörperte der P. die asketische Weltferne, im Zeitalter des naturwissenschaftlichen Experiments und der ungebundenen historischen Beobachtung die Selbstgewißheit der Innerlichkeit und blieb zugleich durch seine Betonung der eigenen Erfahrung dem Zeitgeist verwandt (vgl. C. Neumann, Brief an Leibniz, 1689; G. Arnold, Theologia experimentalis, 1714). Die kirchengeschichtliche Bedeutung des P. liegt darin, daß er a) die im 30jährigen Kriege an die Oberfläche gelangte mystisch-spiritualistische Kirchenkritik (bes. Chr. → Hoburgs) von ihren negativen Tendenzen befreite und so – vorläufig – die Entstehung eines Christentums ohne Kirche (dh zugleich gegen die Kirche) verhinderte. b) Er setzte die mystischen Elemente dieser Tradition in *ethische* um und leitete so die Richtung des neuzeitlichen Christentums auf die Ethik ein. c) Er rettete die Freiheit der persönlichen Glaubensentscheidung mit ihrer Selbstgewißheit gegen allen Schwund äußerer Autoritäten und strebte von ihr aus d) eine revolutionäre Umgestaltung der gottfernen »Welt« vom Geistigen bis ins Leibliche an, selbst wenn er diesem Anliegen nicht durchweg und jedenfalls nur mit unzulänglichen geistigen Mitteln folgte. Der P. ist kirchengeschichtlich der größte, tiefste und umfassendste Versuch, das Urchristentum in der Gegenwart wiederherzustellen. Darum ist er bis heute als unmittelbares Vorbild lebendig geblieben.

Dies alles war freilich nur im Widerspruch zum herrschenden Kirchenwesen zu erreichen. Darum erhob sich eine ausgedehnte Polemik gegen die → Orthodoxie, und auf p.er Seite blieb die Versuchung, in den Separatismus auszuweichen, immer bestehen, zumal die → Separatisten den kirchlichen Pietisten unablässig Halbheit vorwarfen. Unter den zahlreichen Verteidigern der Orthodoxie (B. → Mentzer II., Ph.L. → Hanneken, J. → Deutschmann, G. → Wernsdorf, S. → Schelwig, Chr.F. Bücher, J.F. → Mayer, J.C. Dilfeld, B. → Carpzov, V.E. → Löscher, E. → Neumeister, Chr. Lucius, E.S. → Cyprian, E.D. Colberg, J.H. Feustking u.a.) ragt durch Tiefgang und relative Gerechtigkeit Löscher hervor (Vollständiger Timotheus Verinus I. II, 1718/22). Jedoch gelang es nicht, das orthodoxe Verständnis des Christentums in die neue Epoche hinüberzuretten. Der letzte, der es – nun gegen die Aufklärung – versuchte, → Goeze, wirkte wie ein Anachronismus und verfiel durch → Lessings Spott der Lächerlichkeit. Der P. blieb, auf die Länge der Zeit gesehen, siegreich, wenn auch durch selbständige theologische Denker wie → Bengel, → Oetinger und → Zinzendorf in vielem modifiziert. Zunächst traten freundlich gesinnte Übergangstheologen wie → Mosheim, → Pfaff, → Buddeus, später J.G. → Walch in den Vordergrund.

2. Unter den *vorbereitenden Gestalten, Kräften und Bewegungen* für den P. steht a) der andauernde stille *Einfluß Luthers* durch eigene Lektüre obenan. Die Lutherkenntnis Speners ist wie diejenige seines Lehrers → Dannhauer bedeutend, reich auch diejenige → Antons, → Franckes, → Breithaupts, geringer diejenige → Freylinghausens, → Petersens, Arnolds. Über die Lutherzitate hinaus versuchte der P., die Rechtfertigung des Sünders durch Gottes Gnade im Glauben – nun freilich als »Wiedergeburt«, dh sachlich anders – zum Erlebnis zu machen (Holl III, 542). – b) Der sachlich wichtigste Vorläufer des P. ist der *mystische Spiritualismus* (→ Mystik: VII, 2). Seit → Schwenckfeld und → Osiander hatte die (luth.) Orthodoxie scharf gegen ihn gekämpft, andererseits wesentliche Daten aus seiner Anschauungswelt aufgenommen: Brautverhältnis zwischen Jesus Christus und der Seele (Ph. → Nicolai, H. → Müller), Wiedergewinn des göttlichen Ebenbilds im substantiellen Sinne (J. → Arnd), → unio mystica als Bestandteil der → Heilsordnung (allgemein). Arnd galt als der eigentliche theologische Vater des P. und wurde mit Luther und Spener in eine Reihe gestellt. In J.V. → Andreäs pansophischem und politischem (Christianopolis, 1619) Weltreformprogramm ist der P. bes. Oetingers vorgebildet. Gemäßigte mystische Spiritualisten wie → Betke vermochten im Gegensatz zu → Felgenhauer und Hoburg der offiziellen Kirche treu zu bleiben und sich beständig auf Luther zu berufen, hauptsächlich in der – hier zuerst antiklerikal zugespitzten – Forderung des allgemeinen → Priestertums. Schwankend ist im P. die Stellung zu J. → Böhme, dem er so-

wohl unmittelbar als auch durch seine Schule doch vieles verdankt (Wiedergeburt, innere Herzenskirche, Abendmahl). – c) Für die *praktisch-kirchlichen Forderungen* des P. hatte die sog. Reformorthodoxie theoretische und gestaltende Vorarbeit geleistet (→ Orthodoxie, 4). Speners Pia Desideria (1675), die sie glücklich zusammenfassen, stehen trotzdem in der Grundkonzeption Hoburgs Spiegel der Mißbräuche beim Predigampt im heutigen Christenthumb (1644) näher. Während Stenger und → Großgebauer eine scharfe Bußpredigt verlangten, wollten → Lütkemann und H.Müller durch die Betonung der göttlichen Güte locken. Gleichmäßig war bei allen der Wunsch nach einem lebendigen Verhältnis zur Bibel unter den Laien sowie nach ihrer Mitverantwortung für die Kirche. – d) Als Wegbereiter und Parallelerscheinung zum P. wurde der englische → *Puritanismus* mit seiner der jesuitischen Beichtkasuistik abgelauschten Gewissenserforschung und der an die Scholastik angelehnten theologischen Gewissenslehre wichtig, da er zur unablässigen Selbstbeobachtung im frommen Leben anleitete und dessen Rationalisierung bei A.H. Francke vorwegnahm. Die Erbauungsschriften von L. → Bayly, W. → Perkins, Th. → Taylor, J.Downame, J. und D.Dyke, M.Meade, Th.Goodwin, R. → Baxter, J. → Bunyan, E.Sonthomb sind im P. gern gelesen und zitiert worden, zunächst in ref. Kreisen, dann vor allem von Spener, Francke, Arnold, J.J. → Rambach (vgl. auch P.v.Streithagen, Homo novus, d.i. ein Tractätlein von des Menschen Wiedergeburt aus englischen Theologen zusammengestellt, 1658). Die Gestalt, die der Puritanismus durch W. → Ames(ius) in den Niederlanden angenommen hatte (→ Coccejus, → Voetius, → Teellinck, v. → Brakel, → Schortinghuis, → Lodenstein, → Labadie), vereinte Ethik und Mystik. Sie wirkte unmittelbar auf das benachbarte Westdeutschland (→ Untereyck, → Reitz). Der gesetzliche Zug war stark. – e) Zuletzt gewann die *romanische* → *Mystik* (: VI, 5) Spaniens (→ Therese von Avila, → Johannes vom Kreuz, → Molinos) und Frankreichs (→ Franz von Sales, Mme de → Guyon, G.J.B. de Renty, G.Bernières de Louvigny) Einfluß, bes. auf Francke (Molinos), Arnold (Molinos, Guyon, de Renty), Tersteegen (Bernières de Louvigny), vermittelt zT durch Poiret und Labadie. Ihr sachlicher Beitrag zum P. war die Vernichtung der Kreaturenliebe und die Einpflanzung einer reinen, selbstlosen, schweigenden Liebe zu Gott, einer souveränen Freiheit von der Welt im Gegensatz zu aller Gesetzlichkeit. – f) In der *philadelphischen Sozietät* der J. → Leade (1696) konstituierte sich zuerst das Modell einer freien Vereinigung der Kinder Gottes, die in der Glaubens- und Liebesmystik über alle Grenzen hinweg verbunden waren (→ Philadelphia, 1). Die führenden Pietisten Deutschlands gehörten ihr an.

3. a) Als *Beginn* des P. muß die Veröffentlichung von Speners Pia Desideria gelten (1675). Sie traten als Vorrede zu J.Arnds Kirchenpostille ans Licht und wurden sofort vom Autor für das Ausland ins Lateinische übersetzt. Der Widerhall war lebhaft. Hier ist die Grundkonzeption ausgesprochen und in kirchliche Forderungen umgemünzt, die die gesamte weitere Bewegung leitet: Gott hat einen besseren Zustand der Kirche verheißen; darum ist er erreichbar. Das Urchristentum dient dafür als Modell. Die Neugeburt der Kirche vollzieht sich über die Wiedergeburt der Pfarrer, die bereits als Studenten in diesem Sinne zu erziehen sind. Die Richtung auf das Pädagogische (s. 6), der Francke in seinem Waisenhaus die klassische Verwirklichung gab, war der Bewegung von Anfang an eigentümlich (Speners katechetische Bemühungen, Betonung der → Konfirmation). Als tatsächlicher Beginn des P. wurden schon früh die Konventikel (collegia pietatis) empfunden, die Spener, einem Straßburger Vorschlag Bucers folgend, 1670 als Gegenbild zu leichtfertiger Geselligkeit in Frankfurt/M. ins Leben rief. Sie und der Anspruch, eine besondere species pietatis und methodus discendae pietatis zu besitzen, den Jünger Speners vertreten zu haben scheinen, legten den (zuerst wohl seit 1677 in und um Darmstadt gebrauchten) Namen »Pietisten« nahe. Spener lehnte ihn ab. J.Feller, Prof. der Poesie in Leipzig, wandte ihn 1689 in 2 Gedichten positiv an und bürgerte ihn dadurch endgültig ein:

»Es ist jetzt stadtbekannt der Nam' der Pietisten.
Was ist ein Pietist? Der Gottes Wort studiert
Und nach demselben auch ein heilig Leben führt.«

»Ich habe jüngst gedacht der hiesgen Pietisten,
Und zwar im Grundverstand und sonder Ketzerey.
Und wo ist Ketzerey? Der Nam' ist auch nicht neu,
Und brauchbar, wie man nennt von Jure die Juristen:
Ich selbsten will hiemit gestehen ohne Scheu,
Daß ich ein Pietist ohn' Schmeich' und Heucheln sey.«

In Hessen-Darmstadt löste die Regierungsübernahme durch die Landgräfin Elisabeth Dorothea (1679), eine Tochter → Ernsts des Frommen, die anfänglich kritische Haltung des Hofes gegen den P. (B. → Mentzer [, 2] gegen J. → Winckler und Kammerrat W.Chr.Kriegsmann; Edikt 1678) durch eine pietistenfreundliche ab. → Gießen wurde seit → Mays Eintritt in die theologische Fakultät (1688) zur ersten p.en Universität Deutschlands. Die weitere Verbreitung des P. geschah sowohl durch Speners großen Schülerkreis als auch durch seine reichen Beziehungen zum gesamten Adel des Reiches. So faßte der P. nicht nur in sämtlichen deutschen Landschaften trotz aller Verbote (43 von 1678–1734; Sammlung von E.Neumeister: Pietismus a magistratu politico reprobatus et proscriptus, 1736) Fuß, sondern auch im Einflußgebiet der deutschen Sprache (Schweiz [→ Annoni], Skandinavien). Bes. heftige Kämpfe, hauptsächlich um das Recht der Konventikel, entstanden 1689–91 in Leipzig (Spenerschüler Francke, → Schade, → Anton, unterstützt von Chr. → Thomasius, bekämpft von J.B. → Carpzov), 1690/91 in Erfurt (Francke und → Breithaupt), 1690–94 in Hamburg (J.F. → Mayer gegen die Pietisten J.Winckler, J.H. → Horb, A.Hinckelmann), 1692–97 in Gotha (H.Ferge, J.H.Wiegleb, später G.Vokkerodt). Daneben entwickelten sich eine Reihe von Spezialstreitigkeiten, so 1697–99 der große Beichtstreit in Berlin (Schade), 1698–1709 der → terministische Streit in Leipzig. Zentren der anti-p.en Polemik wurden Danzig (S. → Schel[g]wig, Chr.F.Bücher), Hamburg und Greifswald (J.H.Mayer) und die theologische Fakultät Wittenberg (Deutschmann, Hanneken, Wernsdorf, Löscher), später Dresden (Löscher).

b) Durch A.H. → Francke stieg *Halle* zum p.en Hauptquartier auf (Universität seit 1691, Waisenhaus 1695). Wortführer des P. waren C. → Sagittarius in Jena (Theses theologicae de pietismo, 1691) und (außer Spener und Francke) J. → Lange in Halle. Das Waisenhaus, das Francke auch zu einem wirtschaftlichen Unternehmen großen Stils mit vielen Auslandsbeziehungen ausbaute, wurde Ausgangspunkt einer einflußreichen Adelserziehung (s. 6), die das Preußentum im Sinne der Strenge und Sparsamkeit mit formte (Francke Mitverfasser der Erziehungsinstruktion für Friedrich Wilhelm I., reiche Verbindungen mit dem brandenburgischen Adel und Heer). Es wurde weiter Ursprungsort der Inneren und Äußeren Mission (→ Ziegenbalg, → Plütschau), der Bibelverbreitung (v. → Canstein'sche Bibelanstalt), der → Judenmission (J.H.Callenberg), der Diasporafürsorge für Ost- und Südosteuropa und Nordamerika (Georgia,

Pennsylvanien). Die in Halle ausgebildeten Theologen (seit 1729 pflichtmäßig für Brandenburg während zweier Jahre) und Söhne des Adels zogen als Sendboten des P. in alle Welt. Der größte unter ihnen war → Zinzendorf, der sich jedoch gegen die hallische Prägung wandte und eine eigene Gestaltung des P. begründete. Der Gegensatz zwischen Halle und Herrnhut bestimmte daher weitgehend die spätere Geschichte des P. Von Halle mit beeinflußte Gegner der Brüdergemeine waren → Steinmetz, → Urlsperger (, 1), → Bengel, → Oetinger, → Mühlenberg, → Fresenius. Unter den Universitäten öffnete sich auch Jena dem P. (→ Buddeus, herrnhutische Studentengemeinde).

c) Die Eigenart der *Brüdergemeine* (→ Brüderunität: II) liegt in folgendem: Sie knüpft an die Tradition des vorreformatorischen Laienchristentums an, die die ersten Ansiedler in Herrnhut, Böhmische Brüder unter Chr. → David, aus Mähren mitbrachten. Zinzendorf selbst nahm bald eine beherrschende Stellung ein und setzte sich mit seiner Theologie durch. Infolgedessen ist die Brüdergemeine stärker von *einer* Persönlichkeit geprägt als der übrige P. Zinzendorfs eigener Weg führte vom hallischen P. über den mystischen Spiritualismus (Loslösung durch Gespräch mit Dippel 1731) zur selbständigen partiellen Wiederaufnahme Luthers. Dadurch fühlte er sich dem übrigen P. überlegen und vermochte diesem reformatorische Korrektive zu vermitteln. In der praktischen Ausgestaltung blieb das allgemein p.e Vorbild als Rahmen wirksam (Konventikel gesteigert zu kleinsten seelsorgerlichen Gruppen [»Banden«], selbständiger Festkalender: Gemeintage, »Liebesfeste« als Zeugnisgottesdienste, Durchgliederung der Gemeine in Chöre, Mission, Diasporapflege - im Gegensatz zur planvollen Arbeitsweise Halles häufig bewußt improvisiert).

d) Gegenüber dem beherrschenden luth. Zweig des P. bleibt der *ref.* in Deutschland meist auf seine landschaftlichen Grenzen beschränkt (Niederrhein, Bremen, Nassau). Th. → Untereyck machte seit 1660 Mülheim/Ruhr zum p.en Vorort, in dem W.Hoffmann (seit 1713) und G. → Tersteegen (seit 1725) mystisch-spiritualistisch (vollkommene Gottes- und Christusliebe) wirkten. Seit 1670 setzte er den P. in → Bremen durch (Kirchenzucht als Abendmahlszucht). Neben die calvinistisch-orthodoxe Linie (Prädestination, Gesetz, ethische Kasuistik) bei F.A. → Lampe u.a. trat die mystisch-quietistische (→ Poiret, → Lodenstein, K.Brösske, → Reitz, Tersteegen) und die biblizistische (Fortführung der Föderaltheologie des → Coccejus, gipfelnd in → Collenbusch).

e) Einen neuen, besonderen Zweig bildete der P. in → *Württemberg* aus. Der Ursprung liegt in der mystisch-spiritualistischen Pansophie des Arnd-Verehrers J.V. → Andreä, die zur Gründung der → Rosenkreutzer führte und eine ökumenische Gesinnung gebar. Zugleich gab Andreä in der nüchternen Kleinarbeit eines Reformwerks der württembergischen Landeskirche die zukunftsträchtige Gestalt eines volkserzieherischen, hausbackenen P., der das mystische Element in einen spekulativen → Biblizismus umwandelte. Einflußreiche Hauptträger wurden → Hedinger, → Urlsperger, → Steinhofer, die beiden → Moser, zT → Pfaff, eigentliche Führergestalten jedoch erst → Bengel und → Oetinger. Bengel schuf die klassische p.e Hermeneutik und pflegte gleichzeitig die biblische Apokalyptik durch ein durchdachtes Zahlensystem, das die Grundlage für sämtliche späteren Berechnungen der Wiederkunft Christi wurde (unmittelbarer Schüler → Jung-Stilling). Oetinger entwarf aus Biblizismus, Mystik (J.Böhme), Pansophie und moderner Naturwissenschaft (Chemie, Geologie) ein gegen den Skeptizismus → Bayles gerichtetes, → Swedenborg aufnehmendes System der Gottes- und Welterkenntnis als philosophia sacra (auf seinen Spuren im 19.Jh. unternommen von R. → Rothe, im 20.Jh. von K. → Heim), das den Grundgedanken der »leiblichen Unzerstörlichkeit als Ende der Werke Gottes« bewähren wollte. In seiner Nachfolge stehen sehr verschiedene Geister: der theologisch-philosophische Idealismus → Schellings und → Hegels, der mystisch-apokalyptische Biblizismus J.M. und Ph.M. → Hahns und K. → Auberlens, der wissenschaftliche Biblizismus der Geistleiblichkeit bei J.T. → Beck und A. → Schlatter, der Erweckungs-P. J.Chr. → Blumhardts mit seiner Betonung der Leiblichkeit und seine Weiterbildung in einen weltverändernden sozialen, politischen (pazifistischen) Reich-Gottes-Gedanken (Chr. → Blumhardt, L. → Ragaz, H. → Kutter und die → Religiös-Sozialen der Schweiz), der geistliche Kulturprotestantismus R.Rothes, der politisch-soziale Liberalismus des Hoffmannschen »Deutschen → Tempels« in Palästina.

f) Der *mystische Spiritualismus* (s. 2b) ging nicht im P. auf, sondern lebte als Protest, als »radikaler« und »separatistischer« P. weiter. Hauptvertreter wurden die Schüler J.Böhmes (→ Kuhlmann, vor allem → Gichtel, → Breckling, → Hochmann v. Hochenau), J.W. und J.E. → Petersen, der junge G. → Arnold, G.V.Tuchtfeld, H. → Horche und bes. der radikale Individualist und aufklärerische Moralist J.K. → Dippel. Zentren wurden Freistädte wie Neuwied, Hersfeld, Altona, Quedlinburg, vor allem die Grafschaften Isenburg-Büdingen und Sayn-Wittgenstein (Berleburg/Westfalen). Über die p.en Themen hinaus spielte hier die geistliche Ehe mit der himmlischen Sophia eine beherrschende Rolle, die die leibliche Jungfräulichkeit forderte (bes. Gichtel), seltener dem sexuellen Libertinismus Vorschub leistete (→ Buttlarsche Rotte), außerdem die Allversöhnung (→ Wiederbringung aller: I). Dippel lehnte → Anselms Versöhnungslehre zugunsten der Selbstverantwortlichkeit ab, → Edelmann, der durch Halle, Herrnhut und Berleburg hindurchging, wurde Rationalist (Joh 1, 1: Im Anfang war die Vernunft). Die von J.H. → Haug geleitete Berleburger Bibel (1726-42; Vorläuferin: Marburger Bibel von H.Horche und Schefer, 1712) gab eine stark an J.M.de → Guyon angelehnte mystische Einzelerklärung. Unter den großen Theologen des P. haben G.Arnold und Zinzendorf aufs stärkste im Banne des radikalen P. gestanden und ihre Fassung der christlichen Aussage auf seine Fragestellung bezogen.

4. a) Von den unmittelbaren *Wirkungen* des P. steht die ökumenische an der Spitze. Da er sich selbst als weltweite, epochale Erscheinung wußte, pflegte er von Anfang an übernationale und überkonfessionelle Beziehungen. Das konfessionelle Selbstbewußtsein der Orthodoxie löste er von innen her auf. Als kirchenbildende Kraft wurde er außer in Herrnhut im nordamerikanischen Luthertum der Salzburger (→ Boltzius) und vor allem H.M. → Mühlenbergs in Pennsylvanien sichtbar (heute United Lutheran Church; in beiden Fällen: hallischer P., mit scharfer Gegnerschaft gegen Herrnhut), sodann im → Methodismus (herrnhutischer P.). Darüber hinaus prägte er mehrere deutsche Landeskirchen wie die württembergische, niederrheinische, zT die hessische und die brandenburgische. Gewaltig ist sein Einfluß auf das → Kirchenlied (: I, 3d; → Gesangbuch: I, 2b). In der → Predigt (: I, 4) wurde der persönliche, erweckliche, sittlich ermahnende Ton dem dogmatischen vorgezogen. Eine wichtige Rolle spielen seit dem P. Beispielerzählungen christlichen Lebens und Sterbens (zB E.Graf Henckel, Die letzten Stunden einiger der ev. Lehre zugethanen... Personen I-IV, 1720-33; außerdem die biographischen Sammelwerke: G.Arnold, Leben der Gläubigen, 1701; J.H.Reitz, Historie der Wiedergeborenen,

1701-26; Chr.Gerber, Historie der Wiedergeborenen in Sachsen I. II, 1725/29; G.Tersteegen, Auserwählte Lebensbeschreibungen hl. Seelen I-III, 1733-53) sowie die Einzel- (zB Speners von C.H.v.Canstein) und Autobiographien (zB A.H.Francke, Anfang und Fortgang meiner Bekehrung, 1692). Dadurch trägt der P. wesentlich zur Entstehung der modernen psychologisierenden Biographie (und des Romans) bei. Die Herausbildung der beiden Grundsäulen des → Historismus, der Individualität und der Entwicklung, ist p.e Leistung und bereitet die → Romantik vor. Eine Veränderung erfährt auch die Pfarrergestalt. Der Pfarrer ist nicht so sehr Verkündiger des göttlichen Wortes (verbi divini minister) als vielmehr selbständiger Träger, Zeuge und Bürge des geistlichen Lebens, Vorbild der »Gottseligkeit«. Diese am Subjekt orientierte Auffassung gipfelt in der Vorstellung des religiösen Genies oder Virtuosen bei → Herder und → Schleiermacher. Die Predigt (Perikopenzwang!) wird ergänzt durch die Bibelstunde, die Spener im Gottesdienst selbst als Zusatz zur Predigt übte, außerdem durch die Aussprache im kleinen Kreise. Der P. bringt so die Kultur des Gesprächs mit hervor und entwickelt durch seinen ausgedehnten seelsorgerlichen Briefwechsel den Brief als druckfähige literarische Form.

b) In der *Theologie* gelangt - Luthers Absicht gemäß - die → Bibelwissenschaft in die Führung (Franckes Observationes biblicae, 1695; Bibelwerke; Absicht, Luthers Übersetzung zu verbessern), die → Dogmatik ins Hintertreffen (gegen die Orthodoxie). Die → Kirchengeschichte (: I, 2e) verwandelt sich in Frömmigkeitsgeschichte vorwiegend individualistischer Prägung (G. Arnold, Chr.E. → Weismann, im 19.Jh. → Neander, im 20.Jh. J.v. → Walter). Das Verständnis der → Praktischen Theologie als der Krone (Schleiermacher) ist p.en Ursprungs. Sachlich wird die Dogmatik durch die Thematik des P. um folgende, überwiegend ethische Problemkreise bereichert: die Liebe (Glaube-Liebe, Eros-Agape), die Vollkommenheit, die konkrete Einzelsünde. Führende Abrisse p.er Dogmatik wurden von Breithaupt und Freylinghausen, für Herrnhut von A.G. → Spangenberg verfaßt. Durch die Konzentration auf Christologie und Soteriologie verarmt sie um die Schöpfung, um den Widerspruch zwischen Gesetz und Evangelium (Zurücktreten des AT, das daher durch J.H. → Michaelis früh säkularisiert werden konnte), um die Lehre von den beiden Reichen. Damit hängt die Einseitigkeit in der Fassung des Begriffs → »Welt« zusammen, wo alte gnostisch-asketische Tendenzen wieder lebendig werden. Der P. brachte außer Oetinger keinen Dogmatiker hervor. Schleiermacher wurde im 19.Jh. weithin sein Testamentsvollstrecker (Wiedergeburt im Zentrum, Kirche von den Individuen aus verstanden, Betonung des hl. Geistes, Sünde und Gnade als »Natur«).

c) Im *allgemeinen Geistesleben* wurde der P. über die genannten Züge hinaus dadurch wirksam, daß führende Männer der → Aufklärung, → Klassik und des Deutschen → Idealismus in seinem Sinne erzogen wurden (→ Lessing, → Semler, → Kant, → Schiller, zT → Goethe, → Fichte, → Hölderlin, → Novalis). Der P. trug wesentlich zur Lockerung des Staatskirchentums und der volkskirchlichen Sitte bei, indem er beide, dem mystischen Spiritualismus folgend, zum Grundsatzproblem machte (Trennung von Staat und Kirche wünschenswert wie bei den → Täufern, aufgenommen von Romantik [Schleiermacher, Reden] und Erweckung [W. → Löhe]). Die p.e Indifferenz oder Verwerfung im Verhältnis zur Schöpfung machte eine großangelegte Säkularisierung des Natürlichen möglich (Leiblichkeit, Arbeit, Erholung, Naturfreude, Volk, Staat, Wirtschaft; daher häufig Widerstand der Kirchenmusiker gegen den P.). Nur auf dem Gebiet der Erziehung (s. 6) verhinderte sie zunächst der eigene pädagogische Ernst. Dort wurden darum im Streit um den kirchlichen Einfluß auf die Grundschule im 19. und 20.Jh. die heftigsten Kämpfe ausgefochten. - Die Zentralstellung der Wiedergeburt leitete im allgemeinen Denken die lebensphilosophische Orientierung seit der Romantik ein (Grundsatz: Leben ist das Urdatum und Urgeheimnis der Wirklichkeit, vgl. A. → Schweitzers »Ehrfurcht vor dem Leben«).

5. In der Geschichte des Christentums bleiben dem P. folgende wesentlichen *Verdienste:* a) Er hat die Selbstverständlichkeit des gewohnheitsmäßigen Christseins aus Tradition aufgelöst und den Ernst der persönlichen Entscheidung wiederhergestellt. Damit ist er in der Sache und in der Form dem modernen Freiheitsbewußtsein der Menschheit entgegengekommen. - b) Gegenüber dem artverwandten mystischen Spiritualismus hat er die Entstehung eines »Christentums gegen (bzw. ohne) die Kirche« verhindert und die Ablehnung der gemeinschaftsgebundenen Form wie des Institutionalismus in die christentumslose Freireligiosität verwiesen. - c) Er hat - schärfer und behutsamer als alle Vorgänger - das Urchristentum als exemplarische Möglichkeit für die Gegenwart wiederaufgerichtet. Es bleibt seine Grenze und seine Tragik, daß er all das nur um den Preis einer grundsätzlichen Abänderung oder Preisgabe notwendiger christlicher Grunddaten vermochte. Bei seiner Orientierung war es unvermeidlich, daß die Frage nach dem neuen Menschen, der neuen Gemeinde und der neuen Welt die Frage nach Gott selbst verdunkelte. So gilt gegen ihn Kierkegaards Wort: Gottes bedürfen, ist des Menschen höchste Vollkommenheit.

Nach der → Aufklärung erwachte der P. in Verbindung mit der Romantik als → Erweckungsbewegung überall in Europa neu, jedoch vielfach in veränderter Gestalt. Wesentliche Hilfe leistete dabei die Herrnhuter Brüdergemeine.

Qu.-Sammlungen (Auszüge): W.MAHRHOLZ, Der dt. P., 1921 - M.BEYER-FRÖHLICH, P. u. Rationalismus, 1933 - O.WEBER-E.BEYREUTHER, Die Stimme der Stillen, 1960.

Gesamtdarst.en u. Überblicke: J.G.WALCH, Hist. u. theol. Einl. in d. Religionsstreitigkeiten d. ev.-luth. Kirche I-V, 1730ff (bes. I, 532 bis 1024; II, vollst.; III, 259-848; IV, 1030-1166; V, 1-1227) - H.SCHMID, Die Gesch. d. P., 1863 - A.RITSCHL, Gesch. d. P. I-III, 1880-86 - E.SACHSSE, Ursprung u. Wesen d. P., 1884 - J.JÜNGST, Pietisten (RVV IV/1), 1906 - RE XV, 774ff (C.MIRBT) - RGG² IV, 1250ff (H.LEUBE) - DThC XII, 2084 ff (L.CRISTIANI) - HIRSCH II, 91ff - EKL III, 216ff (E.BEYREUTHER).

Wichtige Teildarst.en: M.GOEBEL, Gesch. d. christl. Lebens in d. rhein.-westphäl. ev. Kirche I-III, 1849-60 - A.THOLUCK, Der Geist d. luth. Theologen Wittenbergs im 17.Jh., 1852 - DERS., Vorgesch. d. Rationalismus I. II, 1853-62 - DERS., Lebenszeugen d. luth. Kirche, 1859 - DERS., Gesch. d. Rationalismus I, 1865 - L.RENNER, Lebensbilder aus d. Pietistenzeit, 1886 - F.GERLICH, Der Kommunismus als Lehre vom 1000jähr. Reiche, 1920 - E.SEEBERG, G.Arnold. Die Wiss. u. d. Mystik seiner Zeit, 1923 - H.BORNKAMM, Mystik, Spiritualismus u. d. Anfänge d. P. im Luthertum, 1926 - W.NIGG, Das ewige Reich, 1944, 268-295.

Zu 1: M.SCHIAN, Orthodoxie u. P. im Kampf um d. Predigt, 1912 - F.WIEGAND, Der P. nach seiner gesch. Notwendigkeit u. seinen Gefahren (Dt. Rundschau 158, 1914, 248-268) - TH.STEINMANN, Der P. u. sein Problem (ZThK 26, 1916, 26-70) - TH.SIPPELL, Zur Frage nach d. Ursprung d. P. (ebd 27, 1917, 263-271) - W.WENDLAND, Die p.e Bekehrung (ZKG 38, 1920, 193-238) - P.ALVERDES, Mystischer Eros in d. geistl. Lyrik d. P. (Diss. München), 1921 - E.PETERSON, Das Problem d. Bibelauslegung im P. d. 18.Jh.s (ZSTh 1, 1923/24, 468 bis 481) - H.FRICK, Vom P. zum Volkskirchentum, 1924 - K.REINHARDT, Mystik u. P., 1925 (röm.-kath.) - H.R.G.GÜNTHER, Psychologie d. dt. P. (DVfLG 4, 1926, 144-176) - H.PREUSS, Alt- u. Neu-P. (ChuW 2, 1926, 325-340) - K.A.VIERING, Grundformen d. Vorsehungsglaubens auf d. Boden d. Reformation bis zum Anfang d. dt. Erweckung (ZSTh 5, 1928, 498-549. 643-721) - F.MUND, P. - eine Schicksalsfrage an d. Kirche heute, (1936) 1938² - Rechtgläubigkeit u. Frömmigkeit I-III, hg.v. H.ASMUSSEN, 1938/39 (dazu E.THURNEYSEN,

Kreuz u. Wiederkunft Christi [ThEx 60], 1939, 32-52; M.SCHMIDT, Reformatorische u. p.e Kräfte im Ringen um d. gegenw. kirchl. Aufbau [Sächs. Kirchenbl. NF 3, 1939, 341-343. 345-347. 351]) - E.SCHICK, Die Botschaft d. P. in d. theol. Kämpfen d. Gegenwart, 1939 - R.FRICK, P. u. Rationalismus als Gabe u. als Gefahr für d. Kirche (Jb. d. Vereins f. westfäl. KG 40/41, 1939/40, 5-38) - J.v.WALTER, Luthertum u. P. (Ges. Vortr. u. Aufs., 1941, 317-336) - J.LORTZING, P. luth. Prägung als rückläufige Bewegung zum MA (ThGl 34, 1942, 316-324) - W.DE BOOR, Das p.e Anliegen u. d. luth. Bekenntnisschriften (ZdZ 1, 1947, 89-93) - TH.MÜNCKER, Das Ringen um Gott im dt. P. (Festg. f. Th.Steinbüchel, 1948, 103-118) - DERS., Frömmigkeit u. Ethos im P. (Festschr. f. F.Tillmann, 1950, 351-369) - P. FLEISCH, Die luth. Kirche u. d. P. (Jb. d. M.-Luther-Bundes 1949/50, 102-111) - E.BEYREUTHER, Der Ursprung d. P. u. d. Frage nach d. Zeugenkraft d. Kirche (EvTh 11, 1951/52, 137-144) - DERS., Der entbürgerlichte Pfarrer. Aus d. Zeit d. Früh-P. (ZdZ 7, 1953, 365-369) - P.SCHATTENMANN, Luthertum u. P., 1951 - M.SCHMIDT, Speners Wiedergeburtslehre (ThLZ 76, 1951, 38-55) - DERS., Speners Pia Desideria (ThViat 3, 1951, 70-112) - DERS., Spener u. Luther (LuJ 24, 1957, 102-129) - DERS., Teilnahme an d. göttl. Natur. 2Petr 1, 4 in d. theol. Exegese d. myst. Spiritualismus, des P. u. d. luth. Orthodoxie (Dank an P.Althaus, 1958, 171-201) - O.SCHMITZ, P. u. Theol. Beiträge zu ihrer Verständigung, 1956 - W.MAURER, Luthertum u. P. (Luth. Nachrichten 5, 1956, Nr. 26, 1-9) - DERS., Der P. u. d. Privatbeichte (ELKZ 10, 1956, 218-221) - H.APPEL, Die p.e Bewegung in d. ev. Landeskirchen Deutschlands (Una Sancta-Rundbriefe 13, 1958, 10-18) - E.MÜLHAUPT, Gesunder u. ungesunder P. (MPTh 48, 1959, 472-481) - P.ALTHAUS, Die Bekehrung in reformat. u. p.er Sicht (NZSTh 1, 1959, 3-25) - O.SÖHNGEN (Hg.), Die bleibende Bedeutung d. P., 1960.

Zu 2: H.HEPPE, Gesch. d. P. u. d. Mystik in d. ref. Kirche namentlich d. Niederlande, 1879 - W.GOETERS, Die Vorbereitung d. P. in d. ref. Kirche d. Niederlande bis zur labadist. Krisis 1670, 1911 - W. KOEPP, J.Arndt, 1912 - DERS., Wurzel u. Ursprung d. orth. Lehre von der unio mystica (ZThK 29, 1921, 46-71. 139-171) - K.HOLL, Die Bedeutung d. großen Kriege für d. relig. u. kirchl. Leben innerhalb d. dt. Protestantismus, 1917 (= HOLL III, 302-384) - DERS., Die Rechtfertigungslehre im Licht d. Gesch. d. Prot., 1922 (= HOLL III, 525 bis 557) - G.SCHRENK, Gottesreich u. Bund im älteren Prot., vornehmlich bei J.Coccejus, 1923 - H.LEUBE, Die Reformbestrebungen d. dt.luth. Kirche im Zeitalter d. Orthodoxie, 1924 - DERS., Die Entscheidungsjahre d. Reformbestrebungen Ph.J.Speners (NKZ 36, 1925, 155-174) - M.WIESER, Der sentimentale Mensch, gesehen aus d. Welt holländ. u. dt. Mystiker im 18.Jh., 1924 - P.ALTHAUS d.Ä., Forschungen zur ev. Gebetslit., 1927 - K.D.SCHMIDT, Labadie u. Spener (ZKG 46, 1928, 566-583) - A.LANG, Puritanismus u. P., 1941 - K.ALAND, Spener-Studien (AKG 28), 1943 - A.SANN, Bunyan in Deutschland. Studien zur literar. Wechselbeziehung zw. England u. d. dt. P., 1951 - E.CROUS, Mennonitentum u. P. (ThZ 8, 1952, 279-296) - M.SCHMIDT, J.Wesley u. d. Biogr. d. franz. Grafen de Renty. Ein Kapitel aus d. ökum. Austausch zw. roman. Mystik, ref. P., Anglikanismus u. Methodismus im 18.Jh. (ThViat 5, 1953/54, 194-252) - DERS., Das Selbstbewußtsein Th.Müntzers u. sein Verhältnis zu Luther (ebd 6, 1954/58, 25-41) - H.-M.ROTERMUND, Orthodoxie u. P. (ThA 13), 1959.

Zur Ausbreitung d. P.: F.W.BARTHOLD, Die Erweckten im prot. Deutschland während d. Ausgangs d. 17. u. d. 1. Hälfte d. 18.Jh.s; bes. d. frommen Grafenhöfe (Hist. Taschenbuch 3. Folge, 3, 1852, 129-320; 4, 1853, 169-390) - H.PETRI, Der P. in Sorau/Niederlausitz (JBrKG 9/10, 1913, 126-203) - R.KAYSER, Von p.en Fürstenhöfen (PrBl 60, 1927, Nr. 8-15) - H.W.ERBE, Zinzendorf u. d. fromme hohe Adel seiner Zeit, 1928 - TH.WOTSCHKE, Eine verschollene Gesch. d. P. (ZKG 46, 1928, 430-440).

Territorien, Hessen: W.M.BECKER, Aus d. Anfängen d. p.en Bewegung in Hessen (Archiv f. hess. Gesch. u. Altertumskunde NF, ErgBd I, 1903, 269-275) - W.DIEHL, Beiträge zur Gesch. d. P. in d. Obergrafschaft (ebd III, 1908, 297-322) - W.KÖHLER, Die Anfänge d. P. in Gießen 1689-95 (in: Die Univ. Gießen 1607-1907, Bd II, 1907, 133-244; auch separat) - W.IRMER, Gesch. d. P. in d. Grafschaft Waldeck, 1912 - F.KLINGENDER, Der P. in Hessen-Kassel (Diss. Göttingen), 1920 - K.BOHN, Beitr. z. Gesch. d. alten P. im Solms-Laubacher Land (Festg. f. W.Diehl, 1931, 148-178). - *Sachsen:* O.KIRN, Aus d. Archiv d. theol. Fakultät zu Leipzig III: Akten zur frühesten Gesch. d. P. (ZKG 34, 1913, 235-269) - H.LEUBE, Gesch. d. p.en Bewegung in Leipzig (Diss. Leipzig), 1921 - DERS., P.-separatist. Bestrebungen in u. um Leipzig (BSKG 37, 1928, 49-69). - *Halle* (s. auch A.H. →Francke): A.SCHÜRMANN, Zur Gesch. d. Buchhandlung d. Waisenhauses u. d. Cansteinschen Bibelanstalt in Halle/S., 1898 - W.FRIES, Die Franckeschen Stiftungen in ihrem zweiten Jh., 1898 - DERS., Die Stiftungen A.H.Franckes, 1913 - G.KNUTH, A.H.Franckes Mitarbeiter an seinen Stiftungen, 1898 - G.REICHEL, Die Entstehung einer Zinzendorf feindlichen Partei in Halle u. Wernigerode (ZKG 23, 1902, 549-592) - M.RICHTER, Der Missionsgedanke im Deutschland d. 18.Jh.s, 1928 - A.NEBE, Die Franckeschen Stiftungen u. d. Mission, 1933 - TH.WOTSCHKE, Der hallische P. u. d. niedere Volk (ThStKr 105, 1933, 346-362) - E.BENZ, A.H.Francke u. d. dt. ev. Gemeinden in Rußland (Auslanddeutschtum u. ev. Kirche 1936, 143 bis 191) - I.SALOMIES, Der hallische P. in Rußland zZ Peters d. Gr., 1936 - M.SCHMIDT, Die Anfänge d. Kirchenbildung bei den Salzburgern in Georgia (Festschr. f. F.Ulmer, 1937, 21-40) - DERS., Das hallische Waisenhaus u. England im 18.Jh. (ThZ 7, 1951, 38-55) - DERS., England u. d. dt. P. (EvTh 13, 1953, 205-224) - R.KAMMEL, A.H. Franckes Tätigkeit für d. Diaspora des Ostens (Die ev. Diaspora 20, 1938, 312-351; auch separat, 1939) - DERS., A.H.Franckes Auslandsarbeit in Südosteuropa (Auslanddeutschtum u. ev. Kirche 1939, 121 bis 203) - H.GITTNER, 250 Jahre Waisenhaus-Apotheke u. Medikamenten-Expedition der Franckeschen Stiftungen zu Halle/S., 1948 - E.SELBMANN, Die gesellschaftl. Erscheinungsformen des P. hallischer Prägung (450 Jahre M.-Luther-Univ. Halle-Wittenberg II, 1952, 59 bis 76) - H.RENKEWITZ, Der diakonische Gedanke im Zeitalter d. P. (Das diakon. Amt d. Kirche, hg.v. H.KRIMM, 1953, 258-316) - E. WINTER, Halle als Ausgangspunkt d. dt. Rußlandkunde im 18.Jh., 1953 - DERS., Die Pflege d. west- u. südslav. Sprachen in Halle, 1954 - E.BEYREUTHER, Kirche u. Werke im Spiegel d. Früh-P. (Die Innere Mission 44, 1954, 174-176) - DERS., Der hallische P. u. d. Diaspora d. Welt (Die ev. Diaspora 30, 1959, 1-29) - DERS., Ökumenische Diakonie im dt. Prot. bis zum Beginn d. 19.Jh.s (Ökumenische Diakonie, hg.v. CHR.BERG, 1959, 31-49) - K.WÜLFRATH, Pax britannica 1714. Zar Peters Rußland u. d. hallesche P. (Monatsh. f. ev. KG d. Rheinlands 4, 1955, 42-51. 73-91. 122-127) - K.ALAND, Annales Hallenses ecclesiastici. Das älteste Denkmal d. Geschichtsschreibung d. hallischen P. (WZ Halle 4, 1954/55, 375-402) - DERS., Der hallische P. u. d. Bibel (Die bleibende Bedeutung d. P., 1960, 24-59) - M. SCHMIDT, Der ökum. Sinn d. dt. P. u. seine Auswirkungen in d. Bibelverbreitung (ebd 60-75). - *Brandenburg:* W.STOLZE, Friedr. Wilhelm I. u. d. P. (JBrKG 5, 1908, 172-205) - W.WENDLAND, Der p.e Landgeistliche in Brandenburg um 1700 (ebd 29, 1934, 76-102) - C.HINRICHS, Friedr. Wilhelm I., Bd I, 1941, 559ff - DERS., Der hallische P. als polit.-soziale Reformbewegung d. 18.Jh.s (Jb. f. d. Gesch. Mittel- u. Ostdeutschlands 2, 1953, 177-189) - DERS., P. u. Militarismus im alten Preußen (ARG 49, 1958, 270-323) - H.SCHLECHTE, P. u. Staatsreform 1762/63 in Kursachsen (Festschr. f. H.O.Meisner, 1956, 364-382) - K.DEPPERMANN, Der hallische P. u. d. preuß. Staat unter Friedrich III. (I.), 1961. - *Ostpreußen:* G.SOMMERFELDT, Die Übertragung d. P. von Halle nach Löbenicht-Königsberg (ZKG 34, 1913, 106-110; 36, 1915/16, 123-153; 37, 1918, 443-463) - W.BORRMANN, Das Eindringen d. P. in d. ostpreuß. Landeskirche, 1913 - P.KONSCHEL, Zur Gesch. d. Predigt d. P. in Ostpreußen, 1917 - TH.WOTSCHKE, Rogalls Lebensarbeit nach seinen Briefen, 1928 - DERS., Der ostpreuß. P. nach Rogalls Tode, 1930 - E.RIEDESEL, Orthodoxie u. P. in Ostpreußen, 1937. - *Pommern:* H.LOTHER, P.e Streitigkeiten in Greifswald, 1925 - TH.WOTSCHKE, Der P. in Pommern (Bll. f. KG Pommerns 1, 1928, 12ff; 2, 1929, 24ff) - DERS., P. in d. Grenzmark u. ihren Nachbargebieten (Grenzmärk. Heimatbll. 7, 1931, 95-121). - *Niedersachsen:* R.RUPRECHT, Der P. in d. Hannov. Stammländern, 1919 - TH.WOTSCHKE, Pietistisches aus Ostfriesland u. Niedersachsen (ZGNKG 36, 1931, 72-178; 40, 1935, 156-223) - DERS., Urkunden zur Gesch. d. P. in d. Nordmark (Schriften d. Ver. f. schlesw.-holst. KG, 2. Reihe 9, 1935, 453-499) - G.MEYER, P. u. Herrnhutertum in Niedersachsen im 18.Jh. (Niedersächs. Jb. f. Landesgesch. 24, 1952, 97-133). - *Braunschweig:* E.JACOBS, Joh.Liborius Zimmermann u. d. p.e Bewegung in Wernigerode (Zs. d. Harzvereins f. Gesch. 31, 1898, 121ff) - J.BESTE, Ph.J.Speners Einfluß auf d. braunschw. Landeskirche (Braunschw. Magazin 11, 1905, 85-91) - DERS., Der P. in d. braunschw. Landeskirche (ZGNKG 27, 1922, 1-13). - *Westfalen:* TH. WOTSCHKE, Zur Gesch. d. westfäl. P. (Jb. d. Vereins f. westf. KG 32, 1931, 55-100; 34, 1933, 39-103) - W.SAUERLÄNDER, P. u. Rationalismus im märkischen Sauerland (ebd 44, 1951, 165-178) - R.HOENSCH, Erweckung u. P. in Minden-Ravensberg (Ev. Allianz 1950, 117-121. 135-138) - J.SCHMITT, Die Gnade bricht durch. Aus d. Gesch. d. Erweckungsbew. im Siegerland, in Wittgenstein u. d. angrenzenden Gebieten, (1953) 1958³ - CH.LÜPKES, Vom P. im Harlingerland (Harlinger Heimatkal. 6, 1954, 42) - L.KOECHLING, Die Separatisten in Freudenberg. Ein Beitr. zur Gesch. d. P. im Siegerland (Jb. d. Vereins f. westf. KG 49/50, 1956/57, 101-123). - *Schlesien:* M.FEIST, M.Friedr. Opfergelt. Ein Beitr. zur Gesch. d. schles. P. (Zs. d. Vereins f. Gesch. Schlesiens 41, 1907, 272-310) - TH.WOTSCHKE, Urkunden zur Gesch. d. P. in Schlesien (Jb. f. ev. KG Schlesiens 20, 1919, 58ff) - E.ZIMMERMANN, Schwenckfelder u. Pietisten in Greiffenberg u. Umgebung. Ein Beitr. zur Gesch. d. Frömmigkeit im Riesen- u. Isergebirge 1670-1730, 1939. - *Thüringen:* TH.WOTSCHKE, Vom P. in Ostthüringen (ZVThG NF 31, 1935, 285-334). - *Bayern:* J.BATTEIGER, Der P. in Bayreuth, 1903 - ASPACHER, Pietisten u. Herrnhuter in Prichsenstadt (ZBG 10, 1916, 1-31) - M.TRENKLE, P.e Regungen in d. ev. Gemeinde zu Regensburg in d. 1. Hälfte d. 18.Jh.s (BBKG 25, 1919, 49-67) - G.CLAUSS, Unters.en zur Gesch. d. P. in d. Markgrafschaft Ansbach (ebd 26, 1920, 97-139) - P.SCHAUDIG, Der P. u. Separatismus im Aischgrund, 1925 - TH.WOTSCHKE, Neue Urkunden zur Gesch. d. P. in Bayern (ZBKG 6, 1931, 38-44. 97-108. 234-251; 7, 1932, 44-55. 102-113. 180-187; 8, 1933, 173-185. 241-248; 9, 1934, 112-123. 173-178. 236-252; 10, 1935, 165-177) - F.BRAUN, Zur Gesch. d. P. in Augsburg (ebd 14, 1939, 224-241; 15, 1940, 86-104) - W.WIESSNER, David Nerreter 1649-1726 (ebd 23, 1954, 144-164). - *Württemberg:* CH.KOLB, Die Anfänge d. P. u. Separatismus in Württ., 1902 - TH.SCHÖN, Gesch. d. P., Separatismus u. Chiliasmus in d. Reichsstadt Reutlingen (Bll. f. württ. KG NF 13, 1909, 63-81) - E. MÜLLER, Das Wesen d. württ. P. (in: Stiftsköpfe, 1938, 130-135) - F.FRITZ, Altwürtt. Pietisten, 1950 - D.NARR, Zur Stellung d. P. in d. Volkskultur Württ.s (Württ. Jb. f. Volkskunde 1957/58, 9-33). - *Schweiz:* W.HADORN, Gesch. d. P. in d. schweiz. ref. Kirchen, 1901 - P.WERNLE, Der schweiz. Prot. im 18.Jh. I, 1923, 111ff - R.CAMPICHE, Mémoire relatif à une secte piétiste dite »Société Philadelphique« (ZSKG 17, 1923, 233-235) - K.WEISKE, A.H.Francke u. d. Schweiz (ZKG 45, 1927, 88-116) - J.GUBLER, Kirche u. P. Ein Gang durch d. neuere ev. KG d. Schweiz, 1959. - *Skandinavien:* F.E.JENSEN, Pietismen i Danmark, 1924 - H.LOTHER, Zur Gesch. d. P. in Schweden u. Dänemark (ZKG 44, 1925, 597-613) - H.PLEJEL, Der schwed. P. u. seine Beziehungen zu Deutschland, 1935 - O.A.WEBERMAN, P. u. Brüdergemeine im Baltikum (Balt. KG, hg.v. R.WITTRAM, 1956, 149-166. 319-322) - W.A.SCHMIDT, Orthodoxie u. P. in Finnland (Theol. Jb.er Halle 1956, 72-74) - O.TIILILÄ, Die ältesten Übers.en d. dt. p.en Lit. in Finnland (ThLZ 84, 1959, 329-334).

Zu 4: H.STEPHAN, Der P. als Träger d. Fortschritts in Kirche, Theol. u. allg. Geistesbildung, 1908 - W.MAHRHOLZ, Dt. Selbstbekenntnisse. Ein Beitr. z. Gesch. d. Selbstbiogr. v. d. Mystik bis zum P., 1919 - J.HAASE, Das innere Verhältnis d. P. zum Berufsgedanken u. zur Realschule (Diss. Leipzig), 1920 - L.WACKER, Die Sozial- u. Wirtschaftsauffassung im P. ... bei Spener u. ... Francke (Diss. Heidelberg), 1922 - J.KÜHN, Toleranz u. Offenbarung, 1923, 427ff - F.DELEKAT, Rationalismus u. Mystik (ZThK 31, 1923/24, 260-288) - H.LAAG, Der P. ein Bahnbrecher d. dt. Aufklärung (ThBl 3, 1924, 269-277) - M.FRÖHLICH, J.J.Moser in seinem Verhältnis zum Rationalismus u. P., 1925 - F.SCHWEMMLER, Die Staats- u. Soziallehren d. dt. P. im 17.Jh. u. ihre Bedeutung für d. dt. Bürgertum (Diss. Frankfurt/M.), 1925 - E.TROELTSCH, Leibniz u. d. Anfänge d. P. (Ges. Schr. IV, 1925, 488-531) - H.LEUBE, Die Sozialideen d. kirchl. P. (Sächs. ev.-soz. Blätter 19, 1928, 5ff) - E.BARTZ, Die Wirtschaftsethik A.H. Franckes, 1934 - H.SPERBER, Der Einfluß d. P. auf d. dt. Sprache d. 18.Jh.s (DVfLG 8, 1930, 497-516) - R.SCHNEIDER, Schellings u. Hegels schwäb. Geistesahnen, 1938 - K.VONTOBEL, Das Arbeitsethos d. dt. Protestantismus von d. nachreformat. Zeit bis zur Aufklärung, 1946 - E.BEYREUTHER, Der P. d. 18.Jh.s u. d. theol. Religionswiss. (ELKZ 5, 1951, 107-109) - F.TANNER, Die Ehe im P., 1952 (dazu M. SCHMIDT, ThLZ 79, 1954, 244ff) - F.STEMME, Die Säkularisation d. P. zur Erfahrungsseelenkunde (Zs. f. dt. Philologie 72, 1953, 144-158) - A.LANGEN, Der Wortschatz d. dt. P., 1954 - J.BÖHME, H.J.Elers u. d. wirtschaftl. Projekte d. hall. P. (Jb. f. d. Gesch. Mittel- u. Ostdeutschlands 8, 1959, 121-186).

Vgl. ferner die Lit. zu den im Text genannten Personen- u. Sachartikeln.

M.Schmidt

6. a) Wie schon → Großgebauer so haben alle Vertreter des P. den → Katechismus-Unterricht gefördert. Sie haben weder Inhalt noch Methode verändert, ihm aber statt eines didaktischen ein religiöses Ziel gegeben, die »Einpflanzung wahrer Gottseligkeit«. Daneben wird eine *pädagogische* (päd.e) *Bedeutung* im eigentlichen Sinne nur dem Hallenser P. eingeräumt. Die Gründungen A.H. → Franckes, seine Lehrerbildung, seine Einführung von Realien und Handfertigkeiten und seine Förderung der Muttersprache im Unterricht haben in der Geschichte der Pädagogik (Päd.) einen festen Platz. Dabei wird einzelnes auch kritisiert, etwa das Übermaß der unterrichtlichen Beanspruchung, bes. der religiösen Unterweisung, die ständige Beaufsichtigung der Kinder, die Einschränkung auf nützliche Zweckhaftigkeit, die Ablehnung des kindlichen Spiels u.a. Der P. im ganzen wird jedoch als eine aus sich heraus päd.e Bewegung gewürdigt. Daß er sich an den einzelnen wendet, in dessen »Herz« die Wahrheit lebendig werden muß, daß die Wahrheit des Glaubens nicht mit scholastischen Mitteln, sondern in der individuellen Erfahrung begründet wird, daß sie sich auch in einer »Berichtigung des Lebens« (→ Spener), in einem »tätlichen Christentum« (Francke) bewähren soll, macht den P. päd. interessant. Denn die Richtung auf Verinnerlichung des Glaubens und die Betonung einer christlichen Lebensführung lassen notwendig auch Bemühungen um eine Lenkung der Gemütskräfte und eine Besserung des Willens der Jugend entstehen.

b) Francke selbst nennt die Ehre Gottes als den Hauptzweck seiner Schulen, von dem aus sowohl der »gottselige Wandel« wie auch die »nützlichen Kenntnisse« ihren Sinn bekommen. Im Gegensatz zu einer weltläufigen Lebensführung soll ein »rechtschaffenes Christentum« als Gesinnungs- und Überzeugungsreligion das Leben bestimmen. Aus der christlichen Lehre werden daher Grundsätze und Regeln abgeleitet, die den Menschen sich von der »Welt« unterscheiden lassen und zur »ungefärbten Gottseligkeit« und »christlichen Klugheit« bringen sollen. Die → Erziehung wird von der christlichen Lehre aus verstanden, und diese findet in der Erziehung ihre Konkretion. Was Erziehung notwendig macht und also begründet, ist die Sünde der Kinder. Ihre »verderbte Natur« nötigt dazu, der »wilden Freiheit« und dem »flatterhaften Wesen der Kinder« entgegenzutreten, »ihren Eigenwillen zu brechen« und »ihr Herz immer mehr und mehr zu erniedrigen und demütig zu machen«, um es schließlich »recht zu erwecken, der Wirkung der göttlichen Gnade Platz und Raum zu geben«. Evangelisch will diese Erziehung insofern sein, als sie mehr mit Ermahnen als mit Strafen, mehr mit der »Lieblichkeit des Evangeliums«, mit »ev. Lindigkeit« als mit der »Strenge des Gesetzes« auf die Kinder einzuwirken sucht. »Gesetzlichkeit« führe zu Heuchelei oder zu weltlicher Klugkeit. Neben solche »christliche Zucht« tritt ein Unterricht, der den Kindern bes. die Hl. Schrift mit Hilfe von Applikation, täglicher Erfahrung und Selbstprüfung zu »einer Regel und Norm ihres Glaubens und Lebens« werden läßt. Eine Schule, in der »alle Information und sonderlich die christliche Disziplin und Zucht in der Heiligung und in der Kraft des Hl. Geistes verrichtet werden«, wird zur »officina spiritus sancti«. Mit alledem ist das Erziehungswerk auf religiöse Verwirklichung ausgerichtet und die Evangeliumspredigt erzieherisch nutzbar gemacht und auf Frömmigkeit hin pädagogisiert.

c) Nachdem → Zinzendorf die »Nachäffung der Hallenser« aufgegeben hatte, hat er den Glauben von der Methodisierung und die Erziehung von dem ihr fremden Zweck befreit. Ausdrücklich nahm er die Kinder gegen die zudringliche »Konformität« und die »dumme, abstruse Eilfertigkeit und Ungeduld« der Erzieher, die »die Kinder nach ihren Ideen formen« wollen, in Schutz. In den Schulen der Brüdergemeine soll durch »Umgang« und »Anschauung« die bildende Kraft des Gemeindelebens zur Wirkung kommen. Gleichzeitig erschwert die Heilandsreligion jedoch eine Begegnung mit der geistigen Welt und isoliert die Kinder gegenüber der geschichtlichen Wirklichkeit.

Der Hallenser P. liefert dem 18.Jh. das Modell für → Volksschule und → Lehrerbildung. Vor allem in Preußen erwartet man von einer Schule mit christlicher Zucht und nützlichem Unterricht treue, durch Gehorsam und Fleiß ausgezeichnete Untertanen mit sowohl christlicher wie bürgerlicher Lebenstüchtigkeit (General-Landschulreglement 1763). Im 19.Jh. folgen → Erweckungsbewegung und → Innere Mission der Franckeschen Päd., sofern bei ihnen Erziehung, Seelsorge und

Rettung fast ineinanderfallen. Bis in die Gegenwart gilt vielfach der päd.e Bezug als identisch mit dem seelsorgerlichen, als ob Erziehung ein Sonderfall von Verkündigung oder Verkündigung als solche Erziehung sein könnte. Die Ineinssetzung von Verkündigung und Erziehung sowie die daraus abgeleitete Behauptung einer spezifisch ev. Erziehung sind seit dem P. eine »innerkirchliche Gefahr« (M.Doerne) geblieben.

Vgl. die Lit. zu → Brüderunität: II, 5, A.H. → Francke, → Pädagogik: I, → Spener, → Zinzendorf. Ferner: L.CORDIER, Ev. Päd. I (ein Quellenbuch), 1932 - M.DOERNE, Bildungslehre ev. Theol. (Hdb. der dt. Lehrerbildung), 1932 - A.H.FRANCKE, Päd.e Schriften, hg.v. H.LORENZEN, 1957 (Lit.) - R.RANFT, Das Pädagogische in Leben u. Werk des Grafen L.v.Zinzendorf, 1958 (Lit.).

M.Stallmann

Pighius *(Pigge), Albert* (ca 1490-1542), * in Kampen (Holland), † in Utrecht. Durch Papst Hadrian VI., der in Löwen sein Lehrer war, kam P. 1523 nach Rom. Später war er Kanonikus und Propst in Utrecht. Als beratender päpstlicher Theologe nahm P. an den Religionsgesprächen in Worms und Regensburg teil (1540/41). In seinem Hauptwerk »Hierarchiae ecclesiae assertio« (1538) entwickelt er das Papalsystem in voller Konsequenz. In der Rechtfertigungslehre gilt er als Außenseiter (H.Jedin). Regensburg veranlaßte ihn zu kontroverstheologischen Schriften, in denen er sich gegen Luther, Bucer und Calvin richtete. → Calvins (: I, 2 d) und → Bucers Gegenschriften erlebte er nicht mehr.

A.P.LINSENMANN, A.P. u. sein theol. Standpunkt (ThQ 48, 1866, 571-644) - RE XV, 397 - SEEBERG, DG IV/2, 741ff - H.JEDIN, Studien über die Schriftstellertätigkeit A.P.s (RGST 55), 1931 - I.FEINER, Die Erbsündenlehre A.P.s, 1939 - J.LORTZ, Die Reformation in Deutschland II, 1941, 167ff - JEDIN I. II (s. Reg.). *R.Stupperich*

Pilatus, *Pontius,* röm. Ritter, erhielt i.J. 26 die Prokuratur in → Judäa, um hier den Einfluß der Richtung Sejans zu stabilisieren. Offenbar nutzten jüdische Gruppen die Machtkämpfe in der röm. Provinzialverwaltung zu aggressiverem Vorgehen aus, während sich P., durch den judenfeindlichen Sejan gedeckt, zu energischem Auftreten veranlaßt sah. So kam es während seiner Amtszeit zu häufigen Zusammenstößen. P. verhielt sich wenig geschickt und mußte mehrfach nachgeben. Nach dem Sturz Sejans und seiner Partei befand sich P. in einer Zwangslage. Sie scheint von den Juden dazu ausgenutzt worden zu sein, eine legale Verurteilung Jesu zu erreichen (Mk 15, 1ff par; → Jesus Christus, 11). Daß P. die Verurteilung eines Messiasprätendenten in einem Bericht nach Rom erwähnte, ist an sich möglich. Sein überlieferter Brief an Tiberius hat jedoch nur legendaren Wert. Ein Übergriff des P. gegen die Samaritaner führte im Winter 36/37 zu seiner Absetzung durch den Statthalter Syriens. Zur Verantwortung nach Rom gesandt, ist er dort nach der plausiblen Angabe Eusebs (h.e. II, 7) zum Selbstmord gezwungen worden. - Das jüdische P.bild überhäuft den Gestürzten mit Schimpf und macht ihn zum Prototyp des Antisemiten. Die christlichen, ins 2.Jh. (Justin, Ap. 35. 48) zurückreichenden und bis ins MA weiterwuchernden P.nachrichten sind von der Tendenz bestimmt, P. zum Zeugen der Unschuld Jesu zu machen. Die positive Beurteilung, die zunächst seiner Frau Procla (vgl. Mt 27, 19), dann ihm selbst zuteil wurde, ist in der äthiopischen Kirche, wo er als Heiliger verehrt wird, am weitesten gegangen. Von den heidnischen P.akten, die zur Bekämpfung der christlichen (→ Nikodemusevangelium) in der Zeit des Maxentius angefertigt sind, ist nichts erhalten.

Qu.: Josephus, Ant. XVIII, §§ 35. 55-62. 85-89. 177; Bell. Jud. II, §§ 169-177 - Philo, Leg. §§ 299-305 - Tacitus, Ann. XV, 44 - Actorum Pilati textus synoptici ed. P.VANNUTELLI, 1938-47 - HENNECKE³ I, 330ff (Lit.). - Über P.: RE XV, 397ff - SCHÜRER I, 488ff - E.STAUFFER, Zur Münzprägung u. Judenpolitik des P.P. (NC 1/2, 1949/50, 495-514) - DERS., Jerusalem u. Rom, 1957, 17ff - DERS., Jesus, 1959, 97ff - J.BLINZLER, Der Prozeß Jesu, (1951) 1960³ - E. BAMMEL, Φίλος τοῦ Καίσαρος (ThLZ 77, 1952, 205-210) - DERS., Der 28. ADAR (HUCA 28, 1957, 109-113) - P.WINTER, On the Trial of Jesus (Studia Judaica I), 1961. *E.Bammel*

Pilgerväter. Der Ursprung der P. liegt in dem Bestreben des → Kongregationalismus (, 2), dem Gehorsam gegen Jesus Christus als den unmittelbaren Herrn seiner Gemeinde institutionellen Ausdruck zu geben. Dies führt zur Theokratie, in der sich die religiösen Motive (at. Bundesgedanke) zur politischen Form der Demokratie verdichten. Während diese in → England (: I, 3) nicht zu verwirklichen war, bot Nordamerika (→ Vereinigte Staaten: I) den so eingestellten Gemeinden (seit 1590 in Gainsborough, Scrooby, Austerfield) trotz der Abhängigkeit von der britischen Krone eine Möglichkeit dazu. Die P. verließen seit etwa 1598 England, wandten sich zunächst nach Leiden, 1620 in dem Schiff »Mayflower« nach Massachusetts (Boston und Plymouth) in Nordamerika, nachdem sie am 19.6.1619 durch die London Virginia Company die Niederlassungserlaubnis vom König erhalten hatten. Ihre geschichtliche Bedeutung beruht darin, daß sie das christliche Verständnis der Demokratie als der gottgemäßen Staatsform für das nordamerikanische Bewußtsein gültig und bleibend ausgesprochen haben.

J.BROWN, The Pilgrim Fathers of New England and their Puritan Successors, (1895) 1920² - ERE X, 28ff (Lit.) - J.T.ADAMS, The Founding of New England, 1921 - C.M.ANDREWS, The Colonial Period of American Hist. I, 1934, 249ff - G.P.E.MILLER, The New England Mind, (1939) 1954². - Originaldokumente: Leyden Documents relating to the Pilgrim Fathers, ed. D.PLOOJ u. R.HARRIS, 1920 - The Pilgrim Fathers. A Journal of their Coming... to New England..., (1622) repr. 1939. *M.Schmidt*

Pilgrim (Piligrim), Bischof *von Passau* 971-991. Als Sproß der führenden bayrischen Familie der Aribonen ins Amt gekommen, wurde P. Reorganisator → Passaus nach den Ungarn-Einfällen (1. Hälfte 10.Jh.). Seine Beteiligung an der Mission bei den seßhaft werdenden Ungarn wollte er mit einer Kirchen-Organisation in Abhängigkeit von Passau krönen. Von einem kaiserlichen Notar unterstützt und auf vager lokaler Tradition aufbauend, fälschte er Urkunden, die ein frühes Erzbistum Lorch (an der Enns-Mündung), später Passau mit 7 Sprengeln in Ungarn usw konstruierten. Er fand keinen Glauben: Ungarn erhielt bald eine selbständige Kirche (→ Gran). Die Nachwelt setzte P.s Bedeutung ein Denkmal im Nibelungen-Epos, sie ließ ihn sogar an dessen (unerwiesener) lat. Vorform maßgeblich beteiligt sein.

K. u. M.UHLIRZ, Jahrbücher d. dt. Reiches unter Otto II. u. Otto III., Bd I, 1902, bes. 94ff; Bd II, 1954, bes. 471ff - HAUCK III, 163ff - M.HEUWIESER, Passau u. d. Nibelungenlied (Zs. f. bayr. Landesgesch. 14, 1943, 5-62) - O.MEYER in WATTENBACH-HOLTZMANN I, 285ff (Lit.) - R.BAUERREISS, KG Bayerns II, 1950, 73. 142ff.

O.Meyer

Pilten, Residenz des Bischofs von Kurland. Das 1234 entstandene Bistum konnte wegen der heidnischen Reaktion erst nach 1260 mit Hilfe des Deutschen Ordens (→ Ritterorden) aufgebaut werden. Die erste Kathedralkirche in Memel (1252) wurde aufgegeben und 1290 nach P. verlegt. Der Bischof war seit 1520 Reichsfürst, seine Diözese umfaßte Westkurland, doch blieb sein Territorium auf vier Exklaven im Ordenslande (P., Hasenpoth mit Domkapitel, bei Libau, Sackenhausen) beschränkt. Letzter ev. Fürstbischof war Herzog Magnus von Holstein († 1583). Danach führte das »Stift P.« mit eigener Ritterschaft ein Sonderdasein unter polnischer Oberhoheit, bis es 1685 mit dem polnischen Lehnsherzogtum Kurland vereinigt wurde. Trotzdem fehlte es nicht an Rekatholisierungsversuchen, so um 1713 durch den späteren Bischof von Posen Chr. Szembek. - Vgl. → Baltische Länder, 1.

PH.SCHWARTZ, Kurland im 13.Jh., 1875 - E.SERAPHIM, Gesch. Liv-, Est- u. Kurlands II, Reval 1896, 429ff - L.ARBUSOW sen., Livlands Geistlichkeit..., Mitau 1900-12, passim - Balt. Lande I, 1939, 263ff - R.WITTRAM, Baltische Gesch., 1954, passim. *P.Johansen*

Pionius, Presbyter in Smyrna, wohl aus gebildeteren Kreisen, erlitt um 250 (andere: schon um 180) den Feuertod; Heiligenfest 11.3. (Osten), 1.2. (Westen). Sein Tod, von Euseb irrtümlich auf Mark Aurel datiert (h.e. IV, 15, 46f = Chronik 205, 6), ist Gegenstand einer im 19.Jh. entdeckten griech. Passio mit ausführlicher Schilderung der (Decischen) Verfolgung.

Text: O.v.GEBHARDT, Ausgew. Märtyrerakten, 1902, 96-114 (= R.KNOPF-G.KRÜGER, 1929³, 45-57) - AS Feb. I, 37-46 - BKV Apol. II, 345-366. - W.ENSSLIN, PW XX/2, 1950, 1717 (Lit.). *K.Junack*

Pirkheimer, 1. *Charitas* (eigentl. Barbara; 1467 bis 1532), Tochter des eichstättischen Rats Dr. jur. Joh.P. und der Barbara geb. Löffelholz, wurde mit 12 Jahren den Nürnberger Klarissen anvertraut, in deren Konvent sie seit 1503 als Äbtissin wirkte. Ihre altkirchliche Frömmigkeit, die von Predigern wie Stephan Fridolin geprägt war, stärkte sich beim Eindringen der Reformation in Nürnberg an Schriften → Emsers und Schatzgeyers. Gestützt auf ihren Bruder (s. 2) verstand sie es, ihren Konvent als bewußt kath. Gemeinschaft zusammenzuhalten, die, wenn auch zum Aussterben verurteilt, ihren Tod überdauerte. Ihre Gebeine glaubt man 1959 aufgefunden zu haben. Ein Informativprozeß zu ihrer Seligsprechung wird vorbereitet.

JOH.KIST, Ch.P., 1948 (Lit.).

2. *Willibald* (1470-1530), Bruder von 1, * in Eichstätt, erhielt am dortigen bischöflichen Hof eine Kavaliers-, durch seinen Vater eine gute Schulbildung; er studierte in Padua und Pavia und kehrte 1495 in die Heimat der Eltern, Nürnberg, zurück. 1496-1501 und 1506-23 ging er »zu Rate« und war in diplomatischen Diensten, aber auch als Kriegshauptmann im Schweizer Krieg, den er in gewandtem Latein beschrieb. Er veranstaltete Textausgaben und Übersetzungen antiker Schriftsteller. Zunächst begrüßte er das Auftreten Luthers vom Standpunkt des Humanisten aus. Der Verdacht der Verfasserschaft einer gegen → Eck gerichteten Satire, des »Eccius dedolatus«, trug ihm seine Nennung in der Bannandrohungsbulle gegen Luther ein. Später wandte sich P. unter dem Einfluß von → Erasmus und → Cochläus von der Nürnberger Reformationsbewegung ab, verfeindete sich mit → Osiander und → Spengler und trat für seine Schwestern und Töchter bes. im Nürnberger Klarakloster ein, für das er eine reformatorische Argumente verwendende Schutzschrift verfaßte. Auch wegen des Verdachtes der Schwärmerei, in den er durch den Prozeß gegen → Denck gekommen war, dessen Berufung er durch Anfrage bei → Oekolampad vermittelt hatte, griff er in den Abendmahlsstreit gegen Oekolampad ein und näherte sich kath. Auffassungen. Seine Kränklichkeit, die er im »Laus podagrae« behandelt, steigerte seine Streitbarkeit.

SCHL. Nr. 17283ff, 5218; dazu: Briefwechsel, hg.v. E.REICKE, bisher 2 Bde, 1940/56 - G.KRODEL in: ZBKG 25, 1956, 40-50. *G.Pfeiffer*

Pirmin († ca 755), aus aquitanisch-westgotischem Kulturkreis stammend, nicht iroschottischer Herkunft, wirkte im westlichen Frankenreich, gründete sodann die Abteien → Reichenau (724) und → Murbach (728). Am Entstehen weiterer oberrheinischer Klöster beteiligt, starb er in seiner letzten Stiftung Hornbach. Fest: 3.11.; seine Reliquien gelangten 1558 nach Speyer, 1576 nach Innsbruck.

Vita s. Pirminii in: MG SS XV/1, 1887, 17ff - Dicta abbatis Pirminii oder Scarapsus in: MPL 89, 1029ff. - Über P.: G.JECKER, Die Heimat des Hl. P., 1927 - FR.BEYERLE in: Zs. f. Schweiz. Gesch. 27, 1947, 129-173 - H.TÜCHLE, Probleme d. P.forschung (Freib. Diöz. Archiv 72, 1952, 21-32) - G.JECKER, St. P.s Erden- u. Ordensheimat (Archiv f. mittelrhein. KG 5, 1953, 9-41) - A.DOLL, Das Pirminiuskloster Hornbach (ebd 108-142) - TH.MAYER in: Zs. f. d. Gesch. d. Oberrheins 101, 1953, 305-352 - DERS., Bonifatius u. P. (St. Bonifatius, 1954, 450-464). *H.Büttner*

Pisa, *Erzbistum.* Erster sicher bezeugter Bischof von P. ist Gaudentius, der an der röm. Synode 313 (→ Donatismus) teilnahm. 1092 erhob Urban II. Bischof Daimbert zum Erzbischof, Primas von Korsika und Legaten von Sardinien. 1099 wurde er zum Patriarchen Jerusalems ernannt. In dieser Blütezeit wurde der Dom (1118) mit dem schiefen Turm gebaut. Wegen der Rivalitäten zwischen P. und Genua teilte Innozenz II. 1133 Korsika zwischen den zwei Republiken. Unter P. blieben Aleria, Ajaccio und Sagona. Außerdem erhielt sein Erzbischof als Suffraganen Galtelli und Civita in Sardinien sowie Populonia (heute Massa Marittima). Er wurde zum Primas von Torres (Sassari) und 1176 von Cagliari und Arborea erhoben. Nachdem die Pisaner von den Genuesen aus Korsika (1299) und von den Aragonesen aus Sardinien (1326) vertrieben waren, verlor ihr Erzbischof die Jurisdiktion über die Inseln, doch behielt er bis heute alle seine Titel. 1343 gründete Clemens VI. die Universität. Nach der Unterwerfung unter Florenz (1406) verlor P. viel von seiner Bedeutung. Seine kirchliche Jurisdiktion wurde des öfteren geändert. Heute sind Apuania, Livorno, Pescia, Pontremoli und Volterra seine Suffraganstühle. Es zählt 265000 Einwohner (264000 Katholiken), 358 Kirchen, 158 Pfarreien, 342 Welt- und Ordensgeistliche. - Zum Konzil von P. (1409) vgl. → Reformkonzile.

F.UGHELLI-N.COLETI, Italia sacra III, Venedig 1718², 341ff - A.F. MATTEI, Ecclesiae Pisanae Historia I. II, Lucca 1768/72 - CHEVALIER, TB II, 1900, 2381ff - P.F.KEHR, Italia Pontificia III, 1908, 313ff - F.LANZONI, Le diocesi d'Italia, Faenza 1927, 584ff - Bollettino Storico Pisano, P. 1932ff - Regesto della Chiesa di P., Rom 1938 - AnnPont 1960, 390. *V.Vinay*

Piscator (Fischer), *Johannes* (1546-1625), ref. Theologe, * in Straßburg, humanistisch gebildet durch Joh. → Sturm, theologisch durch → Zanchi, aber auch durch → Marbach und J. → Andreä in Tübingen, wandte sich dann endgültig → Calvin zu. Er mußte deshalb 1574 Straßburg und 1576 auch das in diesem Jahr luth. gewordene Heidelberg verlassen, wurde Schulrektor in Siegen, Prof. in Neustadt a. d. Hardt und wieder Rektor in Moers. 1584 berief ihn Graf Johann von Nassau mit → Olevian an seine neue Akademie von → Herborn. Sie kam unter P. zur Blüte. Bekannt geworden sind seine Bibelkommentare und die -übersetzung, die »P.bibel« (1602-04; in Bern 1684-1824 amtliche Bibel), mit bewußt ref. Wendungen (zB 1Tim 2, 4: »allerley«) und dem Zusatz Mk 8, 12, der ihr bei den Lutheranern den Spottnamen »Straf-mich-Gott-Bibel« eintrug (→ Bibelübersetzungen: IV, 3 a). - Nach P. hat nur die oboedientia Christi passiva satisfaktorische Wirkung.

R.STECK, Die P.bibel, 1897 - RE XV, 414f (Lit.) - F.L.Bos, J.P. Beitrag z. Gesch. d. ref. Theol., Kampen 1932 - K.J.LÜTHI, Bern u. die P.bibel, 1946 (Abb.). *O.E.Straßer*

Pistis Sophia, aus dem Griechischen übersetztes gnostisches Werk in koptischer Sprache, von M.G. Schwartze und J.H.Petermann 1851 erstmalig aus dem

Codex Askewianus herausgegeben (vom Londoner Arzt Dr. A.Askew vor 1772 wohl in London gekauft und 1785 an das British Museum verkauft). Es handelt sich um eine Sammelhandschrift mit zwei verschiedenen Werken, deren erstes die Bücher I-III, das zweite das IV. Buch umfaßt. Dem Ganzen wurde von den Herausgebern fälschlich der Titel P.S. gegeben, nach einem weiblichen Äon (diejenige Sophia, welche Pistis genannt wird), dessen Erlebnisse im ersten Werke erzählt werden.

Das *erste Werk* enthält angebliche Unterredungen Jesu im 12. Jahre nach seiner Auferstehung; als Ort der Unterhaltung wird der Ölberg angegeben. Am 15. Tybi (= 6. Januar) steigt Jesus vor den Augen seiner Jünger in einer Lichtwolke in die obere Welt empor und kehrt am folgenden Tage in dreifachem Lichtglanze zurück. Er erzählt nun, wie er bei diesem Aufstieg die Macht der Herrscher in der Äonenwelt gebrochen hat. In c. 29-82 schildert er ausführlich die Schicksale der P.S.: von Verlangen nach der oberen Lichtwelt erfüllt, hat sie sich den Haß ihrer Genossen zugezogen und wird in das Chaos oder die Materie hinabgelockt und dort heimgesucht. In ihrer Verzweiflung richtet die P.S. 13 Bußgebete an das obere Licht zwecks Errettung vor den Nachstellungen ihrer Feinde. Diese Gebete sind at. Psalmen nachgebildet. Nach dem 9. Bußgebet wird Jesus auf Befehl des ersten Mysteriums in das Chaos hinabgesandt zur Heraufführung der P.S. Wiederum erfolgen Hymnen an das obere Licht als Dank für die Befreiung, in Nachahmung von den Psalmen und → Salomo-Oden, welche allerdings erst durch Paraphrasen gnostischen Sinn bekommen. Der letzte Akt des Dramas beginnt mit dem oben erwähnten Aufstieg Jesu und der Zurückführung der P.S. an ihren früheren Standort. - Der zweite Teil (c. 83 bis 135) behandelt mannigfache Fragen der Jünger, vor allem Maria Magdalenas, die als das besondere Offenbarungsorgan gilt, sowie anschließend die Antworten Jesu. Sie betreffen in der Hauptsache die Wirkungen der verschiedenen Mysterien hinsichtlich des Einganges in die Lichtwelt nach dem Tode und ihrer Sündenvergebung auf Erden. - Das *zweite selbständige Werk* (c. 136 bis 148) bietet die Offenbarungen Jesu an seine Jünger unmittelbar nach der Auferstehung. Die Unterredung dreht sich in der Hauptsache um die furchtbaren Strafen der verschiedenen Sünder in der bösen Planetenwelt und der Unterwelt. Wichtig ist die Einsetzung und Schilderung der gnostischen Mysterien der Taufen zur Vergebung der Sünden (c. 142f).

Die Funde und Forschungen der letzten Jahre haben auf die Entstehungsgeschichte der P.S. neues Licht geworfen. Daß die beiden Werke in Ägypten entstanden sind, beweist die Benutzung des ägyptischen Kalenders und das Auftreten spezifisch ägyptischer Vorstellungen und Götternamen, welche allerdings nicht wesentlich sind. Aus der ägyptischen Religion ist diese → Gnosis (: III, 3) nicht abzuleiten. Sie ist vielmehr eine entartete Weiterbildung derjenigen Spezialform, welche in der kürzeren Rezension des Apokryphon Johannis (vor 180) vorliegt und in ihrer Urform viel älter sein kann. Das zweite Werk (Buch IV der P.S.) muß um 225 angesetzt werden, das erste Werk (P.S. I-III) wird auf die 2. Hälfte des 3.Jh.s datiert. Beide sind, wie das Apokryphon Johannis, aus dem Griechischen übersetzt. Die Auffassung, die P.S. sei von → Valentin oder einem Valentinianer verfaßt worden, ist durch die Entdeckung des Kodex Jung überholt; denn dieser enthält valentinianische Schriften, die andere Ansichten entwickeln als die P.S. Wenn trotzdem Berührungen mit dem Valentinianismus auftreten, wird das darauf hinweisen, daß Valentin von einer vulgären ägyptischen Gnosis beeinflußt wurde, welche sich zu der im Apokryphon Johannis und so in der P.S. enthaltenen Lehre entwickelte. Philosophische Einflüße fehlen in der P.S. fast ganz; das zeigt, daß ihre vulgäre Gnosis nicht aus der gelehrten Gnosis eines Valentin entstanden sein kann. Daß aber die in der P.S. enthaltene Gnosis noch ältere Wurzeln hat, zeigt die Übernahme gewisser termini technici aus der jüdischen Mystik (Jahwe qatôn). Ob die Vermittlung auf syrischem Boden oder durch Vermittlung judenchristlicher, gnostisch angehauchter Kreise stattgefunden hat, läßt sich noch nicht mit Sicherheit sagen. Der Einfluß jüdischer, palästinensischer Merkabah-Mystik (→ Mystik: III, 2) ist aber unleugbar und nur vor der Spaltung zwischen Kirche und Synagoge denkbar. Über das Verhältnis der P.S. zu den Dokumenten der vulgären Gnosis, die in Nag-Hammadi gefunden wurden (→ Gnosis: III, 3 d), kann man erst urteilen, wenn all diese Schriften herausgegeben sind.

C. Schmidt, Koptisch-gnostische Schriften I: Die P.S. etc, bearb. v. W. Till (GCS 45), 1954 (vollst. Lit.). - Vgl. die Lit. zu → Gnosis: III.

G.Quispel

Pistorius, 1. *Johannes* (*Jan de Bakker*; 1499-1525), gilt als erster Märtyrer der Reformation in den nördlichen Niederlanden. Er war Schüler des Hinne → Rode, studierte in Löwen, wurde Kaplan in Jacobswoude bei Woubrugge (Süd-Holland) und 1523 Pastor in Woerden. Er heiratete und predigte gegen Ablaß, Beichte, Fegfeuer und Papsttum. Am 10.5.1525 wurde er verhaftet und nach Haag transportiert, wo sein Prozeß von Ruardus Tapper u.a. bis 7.9. geführt und er am 25.9. verbrannt wurde. P. gehört zum undogmatischen, biblisch-reformatorischen Typus, der damals in ebenso einfältiger Geistigkeit wie sittlicher Stärke größten Einfluß in den Niederlanden hatte. Sein Mitgefangener → Gnapheus beschrieb P.' Leben und Martyrium.

G. Geldenhauer, Itinerarium (Archief voor Kerkelijke Geschiedenis 9, 1838, 509-513) - P. Frédéricq, Corpus documentorum inquisitionis IV, Gent/Haag 1900, 406-496 - J.H. Gunst, J.P. Woerdensis, Hilversum 1925 - NNBW VII, 71f.

J.N.Bakhuizen van den Brink

2. *Johannes* († 1583), ev. Theologe, bis 1526 Ordensperson im Johanniterhaus, 1526-80 Pfarrer in Nidda, seit 1541 zugleich Sup. der Diözese Alsfeld, 1580 emeritiert. Seit P. in der Frage der Doppelehe → Philipp von Hessen beistand, begann seine glänzende kirchliche Laufbahn. P. wohnte den Religionsgesprächen in Hagenau und Worms (1540/41), Regensburg (1546) und Worms (1557) bei. 1543 unterstützte er den Reformationsversuch → Hermanns von Wied in Köln. Theologisch hielt sich P. zu → Melanchthon und → Bucer. Als Lehrgrundlage der hessischen Kirche verteidigte er die CA von 1530 im Verständnis der → Wittenberger Konkordie von 1536 und empfahl Zurückhaltung gegenüber dem → Heidelberger Katechismus. Dem → Interim leistete er bedächtig Widerstand.

RE XV, 415ff (Lit.) - W. Diehl, Reformationsbuch der ev. Pfarreien des Großherzogtums Hessen, 1917[2], 62ff - Ders., Hassia sacra I, 1921, 320; II, 1925, 78. 469f.

H.Steitz

3. *Johann* (1546-1608), Sohn von 2, * in Nidda, seit 1575 badischer Leibarzt und Hofrat. Zunächst procalvinistisch, konvertierte er 1588 zu der »alten« röm.-kath. Kirche. Die von P. veranlaßten Religionsgespräche zu Baden 1589 (mit Jak. → Andreä und → Heerbrand) und Emmendingen 1590 (mit → Pappus) sollten den Übertritt des Markgrafen Jakob III. zum Katholizismus rechtfertigen. Zuletzt Generalvikar des Bistums Konstanz und kaiserlicher Rat in Freiburg, wirkte P. auch literarisch als antiprot. Polemiker (Anatomia Lutheri, 1595/

1598) und als Historiograph (Scriptores rerum germanicarum, 1583-1607; Polonicae historiae corpus, 1582).

A.RÄSS, Die Convertiten seit der Reformation II, 1866, 488ff; III, 1867, 91ff - B.ALBERS, P. u. Markgraf Ernst Friedrich von Baden-Durlach (Zs. f. d. Gesch. d. Oberrheins 51, 1897, 620-635) - HJ 24, 1903, 754-762; 29, 1908, 790-804 - RE XV, 418ff. *W.Zeller*

Pithom wird Ex 1, 11 zusammen mit Ramses genannt als eine der Vorratsstädte (LXX: »befestigte Städte«), die die Israeliten während der Unterdrückung bauen müssen. Daß P. im wādi ṭumelāt (→ 1 C 2) lag, kann als sicher gelten (vgl. Herodot II, 158). Ob dies Wadi auch das »Land Gosen« ist, für dessen Namen kein ägypt. Äquivalent bekannt ist, scheint fraglich. Der Name P. ist ägyptisch *(p[r]-Jtm)* und heißt »Tempel des Gottes Atum«. Die zugehörige Stadt ist Zeku, das Sukkoth von Ex 12, 27; 13, 20. Weder bei P. noch bei Ramses ist eine unumstrittene Identifizierung gelungen: Ramses-Stadt, die von den Ramessiden neugegründete Hauptstadt, später Tanis genannt (→ 1 C 2), ist wohl im heutigen Sān el-hagar zu suchen; bei P. dürfte Navilles Gleichsetzung mit Tell el-masḫūta (→ 1 C 2) zutreffen (von Gardiner bezweifelt). Baureste, die mit einiger Wahrscheinlichkeit den Israeliten zuzuschreiben sind, haben sich an keinem Ort Ägyptens gefunden. Die ältesten Bauten in Tell el-masḫūta scheinen auf Ramses II. zurückzugehen, der wahrscheinlich der Pharao der Unterdrückung ist (→ Ägypten: III).

A.MALLON, Les Hébreux en Égypte, Rom 1921, 124ff - RÄRG 596 - P.MONTET, Géographie de l'Egypte ancienne I, Paris 1957, 212ff - J.VERGOTE (→ Pharao) 183ff - ALT III, 176-188. - GARDINERS Standpunkt: JEA 5, 1918, 167-169; 10, 1924, 95f; 19, 1938, 127. - Erwähnung in ägypt. Text: TGI 34f. - Bodenfunde: E.NAVILLE, The Store City of P. and the Route of the Exodus, (1884) 1903^4 - B.PORTER-R.MOSS, Topographical Bibliography IV, 1934, 53f. - Zur Lokalisierung von Ramses-Stadt: B.COUROYER, La résidence ramesside du Delta et le Ramsès bibl. (RB 53, 1946, 75-98) - A.ALT, Die Deltaresidenz der Ramessiden (Festschr. Fr.Zucker, 1954, 3-13) - L.HABACHI in: ASAE 52, 1954, 443-562. *H.Brunner*

Pithou, *Pierre* (1539-96), franz. Jurist, ursprünglich Protestant, lebte nach 1568 einige Zeit als Glaubensflüchtling in Basel, kehrte jedoch als Anhänger Heinrichs von Navarra nach Frankreich zurück und trat 1578 zur kath. Kirche über. 1580 wurde er Generalprokurator des Pariser Parlaments. Als Verfasser der Schrift »Les Libertés de l'Eglise gallicane« (Paris 1594 u.ö.) gehört P. in die Reihe der führenden Verfechter des → Gallikanismus. Daneben ist er als Herausgeber antiker und mittelalterlicher Geschichts- und Rechtsquellen bekannt (u.a. Paulus Diaconus, Novellae Justiniani, Leges Wisigothorum, Caroli magni ... capitula).

DThC XII, 2235ff (Lit.) - EC IX, 1583f (Lit.) - A.-G.MARTIMORT, Le Gallicanisme de Bossuet, Paris 1953, 86ff. *H.R.Guggisberg*

Pius I., nach der auf → Irenäus und → Hegesipp zurückgehenden Bischofsliste der neunte Amtsnachfolger des Petrus in Rom (ca 142-155). Das → Muratorische Fragment bezeichnet P., von dem die Überlieferung sonst nichts berichtet, als Bruder des → Hermas. P. gilt als heilig, Tag: 11.7.

RE XV, 421f - SEPPELT I, 18 - ALTANER 125. *F.Jürß*

II., *Papst* 19.8.1458 bis 15.8.1464, Enea Silvio Piccolomini, * 1405 in Corsignano bei Siena (von ihm zur Stadt ausgebaut und Pienza genannt). Nach humanistischen Studien begleitete er Kardinal Capranica zum Basler Konzil (→ Reformkonzile), reiste für Kardinal Albergati nach den Niederlanden und Schottland und wirkte für die Wahl → Felix' V., dessen Sekretär er wurde. 1442 war P. Gesandter beim Frankfurter Reichstag. Friedrich III. krönte ihn zum Dichter und beschäftigte ihn in seiner Kanzlei. Dann trat P. auf die Seite → Eugens IV. (seine Konzilsschriften hat er widerrufen), war beteiligt an Verhandlungen beim Wiener Konkordat und führte für Friedrich III. diplomatische Aufgaben durch. 1445 gab er sein weltliches Leben auf, wurde 1447 Bischof von Triest, 1449 von Siena, 1456 Kardinal. Als Papst berief er, um den Türkenkreuzzug vorzubereiten, einen Kongreß nach Mantua. Obwohl P. die Appellation an ein allgemeines Konzil gegen die hierfür beschlossenen Zehnten verbot (Bulle Execrabilis, 18.1.1460), gingen die Vorbereitungen nicht voran. Herzog Sigmund von Tirol hatte Streit mit → Nikolaus von Kues und behinderte die Zehnteinsammlung. Der Legat → Bessarion konnte sich gegen den Mainzer Erzbischof nicht durchsetzen, und beide Kuriengegner wurden durch den Juristen → Gregor von Heimburg unterstützt. Georg Podiebrad von Böhmen brach seinen Eid und hielt an den Basler Kompaktaten fest. Ludwig XI. von → Frankreich (: I, 3) hob zwar die Pragmatische Sanktion auf, blieb aber in der Neapel-Frage im Gegensatz zum Papsttum und hinderte die Teilnahme des Herzogs von Burgund. In Italien bestand der Gegensatz zwischen Mailand und Venedig. So blieb P. in der Vorbereitung zum Türkenkrieg allein, wobei ihm der Ertrag der neu entdeckten Alaungruben zugute kam. Schwer krank, ging er nach Ancona, wo sich eine Flotte versammeln sollte. Hier ist er gestorben. - P. hat die Bildungselemente seiner Zeit beherrscht (→ Humanismus: I), fühlte sich seiner Heimat verbunden (er sprach → Katharina von Siena heilig) und hat als Schriftsteller viele Abhandlungen und Memoiren hinterlassen. - Vgl. → Papsttum: II.

Opera omnia, Basel 1551 - Orationes politicae et ecclesiasticae, ed. G.D.MANSI, Lucca 1755-59 - Opera inedita, ed. J.CUGNONI, Rom 1883 - Der Briefwechsel des Eneas Silvius Piccolomini, hg.v. R.WOLKAN, 4 Bde, Wien 1909-18 - Register P.' II.: M.GIUSTI, StT 165, 1952, 424-427. - Über P.: G.VOIGT, E.S. de' Piccolomini als Papst P. II., 3 Bde, 1856-63 - v.PASTOR II, $1904^{3.4}$, 5ff - RE XV, 422ff (Lit.) - G.SORANZO, P. II e la pol. ital., Padua 1911 - LThK VIII, 300ff - DThC XII, 1613ff - EC IX, 1492ff - R.HAUBST, RQ 49, 1954, 188-242 - E.DUPRÉ, E.S.Piccolomini, 1955 - G.BÜRCK, Selbstdarst. u. Personenbildnis bei E.S.Piccolomini, 1956. - Vgl. die Lit. zu → Reformkonzile.

III., *Papst* 22.9.-18.10.1503, Francesco Todeschini, Neffe P.' II., 1460 Erzbischof von Siena und Kardinal, 1471 Legat in Regensburg, 1494 bei Karl VIII. in Italien, aufrecht und sittenrein, konnte sich aber nicht durchsetzen.

LThK VIII, 302 - DThC XII, 1632. *F.Bock*

IV., *Papst* 25.12.1559 bis 9.12.1565, Giovanni Angelo Medici (nicht mit den Florentinern verwandt), * 1499 in Mailand, stieg in der Verwaltung und Hierarchie unter → Paul III. auf, wurde 1545 Erzbischof von Ragusa, 1549 Kardinal, unter → Julius III. Präfekt der Signatura gratiae. Bei → Paul IV. in Ungnade, lebte P. bis zu seiner Wahl außerhalb Roms. Die überspitzten und nicht praktikablen Maßnahmen seines Vorgängers machte P. rückgängig. Er verfügte eine Indexrevision und beschränkte die Kompetenzen der röm. Inquisition. Zu Spanien und zum Kaiser stellte er gute Beziehungen her. Die Nepoten Pauls IV. verfolgte er rigoros, Carlo Carafa u.a. ließ er hinrichten. Von seinen eigenen Nepoten wurde der hervorragende Karl → Borromäus Kardinalstaatssekretär. → Morone wurde rehabilitiert und vertrat erfolgreich die päpstlichen Belange gegen die Bischöfe und kath. Großmächte auf dem → Tridentinischen Konzil, das P. zu seiner dritten, abschließenden

Sitzungsperiode einberief. P. bestätigte die tridentinischen Beschlüsse, veröffentlichte den → Index und machte die → Professio fidei Tridentinae zur Pflicht. In Europa erlitt das → Papsttum (: III) Rückschläge: Unter → Elisabeth I. wurde England endgültig protestantisch. In Frankreich und Deutschland breitete sich der Calvinismus aus. P. unterstützte im 1. Hugenottenkrieg die Partei der Guise mit Geld. Im Kirchenstaat führten nachlässige Finanzpolitik und hoher Steuerdruck zu einer Verschwörung, die P. niederschlug.

v.PASTOR VII - DThC XII, 1633ff - LThK VIII, 303f - EC IX, 1496ff (Lit.) - SEPPELT V², 90ff. 513ff (Lit.).

V., *Papst* 7.1.1566 bis 1.5.1572, Michele Ghislieri, * 1504 in Bosco (Alessandria), 1518 OP, 1528 Priester und Lektor in Pavia. P. wurde hier Kommissar der Inquisition, dann Inquisitor in Como und Bergamo. Die Gunst Carafas (→ Paul IV.) eröffnete ihm den raschen Aufstieg. P. wurde 1551 Generalkommissar der röm. Inquisition, 1556 Bischof von Nepi und Sutri, 1557 Kardinal, 1558 Großinquisitor. Unter P. IV. war seine Tätigkeit auf die Inquisition und die Reform seines Bistums beschränkt. Als Papst nahm er die Politik Pauls IV. wieder auf, stärkte die röm. Inquisition und distanzierte sich von beiden Habsburger Linien. Trotzdem gelang es ihm, die Hl. Liga mit Venedig und Spanien gegen die Türken zu schaffen, die 1571 den Seesieg von Lepanto erfocht. 1570 exkommunizierte P. → Elisabeth I. von England. Er unterstützte im 2. und 3. Hugenottenkrieg die kath. Partei militärisch und finanziell. Besondere Bedeutung hatte P., der persönlich untadelig war, als Vollstrecker der tridentinischen Reformdekrete. Er betonte die Residenzpflicht der Bischöfe, führte in den Diözesen Roms die vita canonica durch, ernannte apostolische Visitatoren, reformierte die → Paenitentiarie, gründete die Indexkongregation, publizierte 1566 den → Römischen Katechismus, 1568 das neue Breviarium, 1570 das Missale Romanum. 1569 berief er die Kommission zur Vulgatarevision. Er erhob → Thomas von Aquino zum Doctor Ecclesiae und verurteilte 79 Sätze des Michael → Bajus. P. wurde 1672 selig-, 1712 heiliggesprochen (Fest: 5. 3.).

v.PASTOR VIII - DThC XII, 1647ff - LThK VIII, 304f - EC IX, 1498ff - G.GRENTE, Le pape des grands combats, Saint Pie V, Paris 1956²; ital.: Rom 1957 - SEPPELT V², 119ff. 515ff (Lit.).

H.Liebing

VI., *Papst* 15.2.1775 bis 29.8.1799, Graf Giovanni Angelo Braschi, * 17.12.1717 in Cesena, seit 1740 in Rom im Dienst des Kardinals Ruffo und → Benedikts XIV., 1766 Schatzmeister der päpstlichen Kammer, 1773 Kardinal, nach → Clemens' XIV. Tod durch die Zelanti gewählt, ohne sich festgelegt zu haben. Im Konflikt mit Aufklärung und Revolution zeigte sich P. als maßvollen Taktiker und Politiker. Den Hoffnungen auf baldige Wiederherstellung des → Jesuiten-Ordens kam er nur indirekt entgegen in milderer Behandlung der Exjesuiten und Begünstigung der Maßnahmen Preußens und Rußlands gegenüber dem Orden. In Abwehr des → Febronianismus erzwang er einen »freiwilligen« Widerruf → Hontheims (1778/80). Wenig erfolgreich waren seine Versuche, die Rechte der Kirche gegenüber den Reformen → Josephs II. (→ Josephinismus) zu verteidigen. Der Besuch P.' in Wien (1782), der auch München und Augsburg einbezog, vermochte den Reformeifer des Kaisers so wenig zu hemmen wie Josephs Gegenbesuch in Rom um die Wende 1783/84. Erfolgreicher im Sinn der Kurie war P. im Münchner → Nuntiaturstreit und in der Abwehr der Pläne der deutschen Erzbischöfe (→ Emser Kongreß). Zu endgültiger Verwerfung der Reformbestrebungen in Toskana (Reformsynode von Pistoja 1786; → Ricci) kam es erst 1794. In den bourbonischen Ländern mußte die Kurie weitere Einbußen hinnehmen; nur in Portugal war sie vorübergehend erfolgreich. - Der schwerste Konflikt ergab sich seit 1789 in → Frankreich (: I, 7). P. wartete zunächst ab. Erst nachdem die meisten französischen Kleriker den Eid auf die Zivilkonstitution (12.7.1790) verweigert hatten, wurde diese auch von der Kurie verworfen. Im Nov. 1791 wurden die päpstlichen Gebiete von Avignon und Venaissin Frankreich einverleibt. Der Konflikt griff auf den Kirchenstaat und nach Rom über. Nach langem politischem und militärischem Hin und Her wurde der → Kirchenstaat im Febr. 1798 völlig aufgelöst, P. selbst gefangengenommen. Er starb in hohem Alter in Valence, nachdem er noch für die kommende Papstwahl erleichternde Bestimmungen erlassen hatte.

Collectio Brevium atque Instructionum, 2 Bde, 1796 - Acta, 2 Bde, Rom 1871. - Über P.: RE XV, 441ff - J.GENDRY, Pie VI, 2 Bde, Paris 1907 - v.PASTOR XVI/3, 1933 (dazu P.RICHARD, RHE 31, 1935, 53-76. 330-355) - DThC XII/2, 1653ff - LThK VIII, 305f - J.FLORY, Pie VI, Paris 1943 - A.LATREILLE, Le pontificat de Pie VI et la crise française, ebd 1946 - EC IX, 1500ff - SEPPELT V, 484ff. 547f (jeweils Lit.).

VII., *Papst* 14.3.1800 bis 20.8.1823, Graf Luigi Barnaba Chiaramonti, * 14.8.1740 in Cesena, 1756 Benediktiner, unter seinem Gönner P. VI. 1782 Bischof von Tivoli, 1785 von Imola und Kardinal. In dem Nov. 1799 bis März 1800 in Venedig unter österreichischem Schutz gehaltenen und von → Consalvi als Sekretär organisierten Konklave einstimmig gewählt, machte P. nach seinem Einzug in Rom diesen zum Staatssekretär (1800 bis 1806, 1814-23). Er verdankte ihm die Erfolge seines Pontifikats und hielt ihm gegen viele Anfeindungen die Treue. Neben Consalvi war zeitweise auch Kardinal → Pacca, das Haupt der Zelanti, von Einfluß. Nach Wiederherstellung des Kirchenstaates wurde die Reorganisation der Kirche in → Frankreich (: I, 7) zum Gegenstand langer und schwieriger, zuletzt von Consalvi selbst geführter Verhandlungen. Im Konkordat vom 15.7.1801 wurde die kath. Kirche in ihre wichtigsten alten Rechte wieder eingesetzt, zugleich die bischöfliche Gewalt zugunsten des päpstlichen Regimes vernichtet. Diese Zugeständnisse wurden zunächst durch die gleichzeitig mit dem Konkordat Ostern 1802 veröffentlichten → Organischen Artikel gegenstandslos. Der Protest P.' blieb unwirksam. Ähnlich zweideutige Verhältnisse schuf das Konkordat mit der Röm. Republik (1804). Auf die Säkularisation in Deutschland hatte P. keinen Einfluß, erkannte sie aber auch nicht an. Er ließ sich herbei, bei der Krönung → Napoleons am 2.12.1804 mitzuwirken, ohne dafür wesentliche Zugeständnisse zu erreichen. Den Plan, den Papst zum Verbleiben in Frankreich zu zwingen, ließ Napoleon wieder fallen. Zum Bruch kam es, als P. sich weigerte, die - mit einer Protestantin geschlossene und von P. als gültig betrachtete - Ehe des Königs Jérôme für nichtig zu erklären. Am 17.5.1809 unterzeichnete Napoleon zu Schönbrunn das Dekret, welches Rom zu einer kaiserlichen Stadt machte, den Rest des Kirchenstaates mit Frankreich vereinigte, dem Papst völlige Unabhängigkeit in allen geistlichen Angelegenheiten, den Besitz der päpstlichen Paläste und jährlich 2 Mill. Francs zusicherte. P. antwortete mit einer Bannbulle und wurde am 6.7.1809 mit Pacca verhaftet, zunächst in Savona. Das nach langen Verhandlungen erpreßte Konkordat von Fontainebleau widerrief P. auf Betreiben Paccas und Consalvis im Jan. 1813. Kurz vor Napoleons Abdankung erhielt P. die Freiheit und den Kirchenstaat in den Grenzen von 1797 und zog als Triumphator in Rom ein. Während Consalvi beim → Wiener Kongreß die Anerkennung des Kirchenstaats wesentlich im alten Umfang erreichte, regierte Pacca als Staatssekretär. Schon am 7.8.1814 war der → Jesuiten-Orden wiederhergestellt worden. Der äußerlich restaurierte Staat wurde zum Herd der Unruhe. Es war sein Verhängnis, daß er sich mit den habsburgischen Interessen in Italien allzu eng verknüpft hatte. Auch Consalvi gelang es nicht, den Ausgleich zwischen den liberalen und nationalen Bestrebungen der »Carbonaria« und den reaktionären Tendenzen der »Sanfedisten« zu erreichen und einen festen Staat aufzurichten. Nicht einmal das Banditenunwesen hörte auf. Auch in den Konkordatsverhandlungen mit Frankreich und → Bayern setzte sich der Geist des alten Staatskirchentums (Bayern) und des konstitutionellen Regimes (Frankreich) durch. In → Preußen wurden nur Konventionen geschlossen (De salute animarum, 16.7.1821), in Südwestdeutschland die oberrheinische Kirchenprovinz errichtet (Provida sollersque, 16.8.1821; → Freiburg: I). Die Bayern betreffende Zirkumskriptionsbulle vom Sept. 1821 wurde auf 1.4.1818 zurückdatiert, für Hannover 1823 eine Konvention geschlossen. Immerhin konnte P. seine Stadt wieder zum Mittelpunkt der Künste werden sehen. Consalvi ließ ihm durch Thorwaldsen ein Grabdenkmal errichten.

F. Artaud de Montor, Hist. de la vie et du pontificat de Pie VII, 2 Bde, 1837/38 - N. Wiseman, Erinnerungen an die vier letzten Päpste, dt. (1858) 1870^4 - A.J. Nürnberger, Papsttum u. Kirchenstaat I, 1897 - RE XV, 451ff - C. Wunderlich, Der Pontifikat P. VII. in der Beurteilung der dt. Mitwelt (Diss. Leipzig), 1913 - H. Comte de Mayol de Lupé, La captivité de Pie VII, 2 Bde, 1916^2 - F. Hayward, Le dernier siècle de la Rome pontificale II, 1928 - J. Schmidlin, Papstgesch. d. neuesten Zeit I, 1933 - E. Vercesi, I papi del sec. XIX, Bd I, 1933 - DThC XII/2, 1670ff - LThK VIII, 306ff - A. Fliche-V. Martin (Hg.), Hist. de l'église XX, 1949 - J. Leflon, La crise révolutionnaire, 1949, 161ff - Hermelink I, 95ff - EC IX, 1504ff (jeweils Lit.).

VIII., *Papst* 31.3.1829 bis 30.11.1830, Francesco Castiglioni, * 20.11.1761 in Cingoli (Mark Ancona). Als Kanonist anerkannt, 1800 Bischof von Montalto, in den Auseinandersetzungen mit Napoleon längere Zeit verhaftet, 1816 Kardinal und Bischof von Cesena, 1821 von Frascati, stand P. VII. sehr nahe, wurde aber entgegen manchen Erwartungen erst 1829 gewählt. In die Amtszeit des stets kränklichen Papstes fällt die Katholikenemanzipation in England und die Julirevolution in Frankreich. Diese anerkannte P. ebenso wie er für die umstrittenen Mischehen in Preußen die passive Assistenz des Priesters auch dann zuließ, wenn nicht die kath. Kindererziehung versprochen wurde (Breve vom 25.3.1830; Mirbt Nr. 579). Bekannt ist seine Verurteilung der Bibelgesellschaften und der Geheimgesellschaften, bes. der → Freimaurer.

J. Schmidlin, Papstgesch. I, 1933, 474ff.

IX., *Papst* 16.6.1846 bis 7.2.1878, Graf Giovanni Maria Mastai-Ferretti, * 13.5.1792 in Sinigaglia. In seiner Jugend schwächlich und epileptisch, war Mastai 1819 Priester geworden, hatte als Auditor des päpstlichen Legaten eine Reise nach Chile mitgemacht und mehrere Wohltätigkeitsanstalten geleitet; 1827 Erzbischof von Spoleto, 1832 Bischof von Imola, 1840 Kardinal. Durch seine Haltung hatte er den Ruf eines Liberalen und wurde nach 48stündigem Konklave als Kompromißkandidat, aber ohne außenpolitische Einflüsse gewählt. »Bei unstreitigen Vorzügen war er doch nicht glücklich für die politische Regierung durch sein nervöses, unbeständiges und unberechenbares Temperament und durch den Mangel an festen und klaren politischen Prinzipien« (Seppelt). 20 Monate hindurch setzte er die Welt als liberaler Papst in Erstaunen: durch Konzessionen und Reformen im Regime des Kirchenstaats, durch Begünstigung der national-italienischen Einheitsbestrebungen. Da die Einigung → Italiens (, 4) aber nur im Kampf gegen Österreich zu erreichen war, den P. nicht wollen konnte, mußte er sich auf die Erklärung zurückziehen, daß »gemäß unserer höchsten apostolischen Würde Wir alle Stämme, Völker und Nationen mit gleicher Liebe umfassen«, daß er nie an die Spitze einer italienischen Konföderation treten werde (Allokution vom 29.4.1848). Damit verlor P. die Sympathie des Volkes. Als im Nov. 1848 die röm. Republik ausgerufen wurde, floh er in das neapolitanische Gaeta und kehrte erst im Schutz der französischen (und für die nördlichen Teile des Kirchenstaates: der österreichischen) Waffen nach Rom zurück. Die alte Ordnung wurde mit Gewalt wiederhergestellt. Die in den weltlichen Dingen fast selbständige Regierung des Kardinalstaatssekretärs → Antonelli war absolutistisch und reaktionär. Die gesamte theologische und kirchliche Haltung P.' war bis zuletzt von dem Bestreben bestimmt, den Kirchenstaat zu erhalten. Dieses Ziel vermochte er aber in dem Ringen zwischen den Schutzmächten Österreich und Frankreich und dem um seine Einheit bemühten Italien nicht zu erreichen. Bei der Abstimmung über den »Anschluß« nach der Einnahme Roms durch Italien waren von 135291 abgegebenen nur 1507 Nein-Stimmen. In einer Enzyklika vom 1.11.1870 exkommunizierte P. alle Urheber und Teilnehmer der Invasion. Das Garantiegesetz des italienischen Staates lehnte er ab und verließ den Vatikan nicht mehr. Schon seit 1868 war den Katholiken Italiens verboten worden, an den politischen Wahlen des »usurpatorischen« Königreichs teilzunehmen. Seit 1876 wurden die Kommunal- und Provinzwahlen freigegeben. Die römische und die italienische Frage waren der Kernpunkt des ganzen Pontifikats (vgl. auch die Sätze 75 und 76 des Syllabus von 1864).

Innerkirchlich bringt der lange Pontifikat P.' IX. eine zunehmende Zentralisierung der Kirchenverwaltung, aber auch einen erheblichen Ausbau der kirchlichen Organisation und Mission. In England wird die Hierarchie wieder eingeführt, mit dem Erzbistum Westminster (London) und 12 Suffraganbistümern, ebenso 1853 in Holland durch Wiedererrichtung des Erzbistums → Utrecht mit vier Bistümern. 1847 ersteht der lat. Patriarchat in Jerusalem neu. Mit zahlreichen Regierungen werden Konventionen abgeschlossen, u.a. 1847 mit Rußland, 1851 mit Spanien, 1855 mit Österreich (nach dem Vatikanum wieder aufgehoben). Nicht alle diese Abkommen waren von langer Dauer, und die Amtszeit P.' endigt mit dem → Kulturkampf in Preußen und anderen Konflikten. – Aber die Wirksamkeit dieses Papstes erschöpft sich nicht in den organisatorischen Maßnahmen für den theologischen Unterricht (Errichtung von Seminarien in Rom), für die Mission und für das Ordenswesen, für dessen Reform er 1847 eine Kardinalskongregation schuf. Vielmehr macht P. von seinem obersten Lehramt einen durchaus neuen Gebrauch. Er fördert nicht nur die bes. von den Jesuiten vertretene → Neuscholastik und verwirft mehrfach entgegenstehende Doktrinen (Denz. 1634ff. 1649ff. 1655ff. 1659ff. 1666ff. 1677f), sondern seine Amtszeit ist durch außerordentliche dogmatische Aktionen charakterisiert. Am meisten Aufsehen erregt er durch die polemische Enzyklika Quanta cura und den → Syllabus vom 8.12.1864: In 80 Sätzen werden die damaligen Weltanschauungen, aber auch die Irrtümer über die Kirche und ihre Rechte, über die bürgerliche Gesellschaft an sich wie in ihren Beziehungen zur Kirche, über die natürliche und christliche Moral, über die Ehe und über die weltliche Herrschaft des Papstes angeprangert und verworfen. Gewiß zeitbedingt und in ihrer dogmatischen Verbindlichkeit umstritten, ist das Dokument doch wie nichts anderes für den Geist dieses Pontifikats symptomatisch. Weit weniger Streit hat die Dogmatisierung der Immaculata Conceptio Mariae hervorgerufen (Bulle »Ineffabilis Deus«, 8.12. 1854; → Mariologie, 2 c). Damit war die Infallibilität praktisch vorweggenommen und der mariologische Bereich aus Liturgie und Frömmigkeit ins eigentlich Dogmatische geschoben und verselbständigt. Wichtigstes Ereignis unter P. IX. aber ist das Vatikanische Konzil (→ Vatikanum), seit 1864 vorbereitet und unter starkem persönlichem Einfluß des Papstes zu den vorher bestimmten Zielen gelangend, nach der Annahme der beiden wesentlichen Erklärungen De fide Catholica (24.4. 1870) und De ecclesia Christi (18.7.1870) mit der Dogmatisierung der → Infallibilität und des Universalepiskopats des Papstes und nach Ausbruch des deutsch-französischen Krieges abgebrochen und vertagt. - Die kath. Geschichtsschreibung faßt das Urteil über die Amtszeit P.' IX. so zusammen: »Der kirchliche Partikularismus hat den Todesstoß erhalten, und das Papsttum hat den Höhepunkt seiner innerkirchlichen Macht erreicht« (A.Ehrhard). »Damit hat er (P. IX.) sein religiöses Restaurationswerk und den kirchlichen Gesamtausbau nach der theoretisch-prinzipiellen wie praktisch-reformerischen Seite unverdrossen vollendet, wenngleich mit jener Einseitigkeit, die vielleicht seine Schwäche, zugleich aber auch seine Stärke war« (Schmidlin). »Gegenüber dem Wesenskern der unkirchlichen Neuzeit, dem Subjektivismus, war in machtvollster Weise ihr Gegenpol, das Objektive, gesichert. Ohne theoretisch formuliert zu werden, ist der Begriff ›Kirche‹ in vollendeter Weise zu Ende gedacht. Die Kirche wird in ihrer ganz eindeutigen, auch harten und unerbittlichen Wirklichkeit als ein übernatürlich Gegebenes, nur Hinzunehmendes herausgestellt und gesichert; als ein dem Wünschen des Menschen schlechthin Entzogenes. Die Wirklichkeit einer übergeordneten, von allem sonst Bestehenden sich wesentlich unterscheidenden, also religiösen Macht wird mit einfach unübersehbarer Klarheit sichtbar gemacht« (J.Lortz).

Acta, 9 Bde, 1854-78; Discorsi, 4 Bde, 1872-78. - Über P.: RE XV, 459ff - J.SCHMIDLIN, Papstgesch. II, 1934 - DThC XII/2, 1686ff - LThK VIII, 309ff - EC IX, 1510ff - O.PIRRI, Pio IX ed Vittorio Emanuele II dal loro carteggio privato, Bd II: La Questione Romana, 1951 - R.AUBERT, Le Pontificat de Pie IX, in: A.FLICHE-V.MARTIN (Hg.), Hist. de l'église XXI, 1952 - HERMELINK II, 218ff; III, 24ff - E.E.Y.HALES, Pio nono, 1954 - K.BIHLMEYER-H.TÜCHLE, KG III, 1956[13.14], 324. 386 (jeweils Lit.). - Vgl. die Lit. zu → Kulturkampf, → Syllabus, → Vatikanum.

X., *Papst* 4.8.1903 bis 20.8.1914, Giuseppe Sarto, * 2.6.1835 in Riese (Provinz Treviso) aus bäuerlichem Geschlecht, 1886 Bischof in Mantua, 1894 Patriarch von Venedig. P. wurde als Nachfolger → Leos XIII. gewählt, nachdem Österreich gegen die Wahl von dessen Staatssekretär → Rampolla Einspruch erhoben hatte und auch im Konklave die Gegnerschaft gegen ihn nicht zu überwinden war. Als »Papst der Theologie und des kanonischen Rechts, ...der Kleinen, der Armen und der Pfarrer« (J.Fèvre) wird P. zum Schöpfer des → Katholizismus (: II) im 20.Jh. schlechthin, dessen Bedeutung erst nach seinem Tod voll anerkannt wird. »Alles in Christo zu erneuern, auf daß Christus alles in allen sei«, ist die Losung schon des Antrittsrundschreibens (4.10.1903). Aber der Weg zu Christus führt über die Kirche. Christusherrschaft ist Kirchenherrschaft. P. wendet sich sofort den Reformen des innerkirchlichen Lebens, der Verfassung und Verwaltung zu. Er beginnt (1903) mit der Reform der Kirchenmusik, indem er das Theater aus der Kirche vertreibt. Er veranlaßt eine Visitation seiner römischen Diözese, ohne sie (als Gefangener des Vatikan) selbst betreten zu können, und belebt das Visitationswesen in Italien. Er reformiert den kirchlichen Unterricht durch Zusammenlegen der Zwergseminare und einen einheitlichen Katechismus für Italien. Vor allem setzt er die Vereinheitlichung, Vereinfachung und Neukodifikation des lat. Kirchenrechts in Gang (Arduum sane, 19.3.1904), die erst unter → Benedikt XV. im → Codex Iuris Canonici zum Ziele kommt. Vorweg nimmt er die Reform der → Kurie in Angriff (Sapienti consilio, 29.6.1908), in der die Zahl der Kongregationen vermindert, die Kompetenzen präzisiert, die Geschäfte gleichmäßiger verteilt, Justiz und Verwaltung getrennt und das Taxenwesen gebessert werden. Im Blick auf die → Papstwahl wird mit der Absage an das → Exklusiv-Veto jeder politische Einfluß von außen unterbunden, die Bestimmungen über die Sedisvakanz und den Wahlvorgang selbst werden vereinheitlicht und neugeordnet. Vor allem wird das kultische Leben und das Bibelstudium von dem Reformstreben P.' erfaßt. Er tritt für häufigere und frühere Kommunion ein und fördert die eucharistische Frömmigkeit. Schon am 23.2.1904 hat er der noch von Leo XIII. eingesetzten → Bibelkommission das Promotionsrecht verliehen (Ench. Bibl. 149ff) und dann in der Enzyklika »Quoniam in re biblica« vom 27.3.1906 (Ench. Bibl. 162ff) zum intensiven Bibelstudium aufgerufen, schließlich am 7.5.1909 das päpstliche Bibelinstitut gegründet, dessen Arbeit sich auf einer mittleren Linie zwischen konservativen und gesunden fortschrittlichen Gedanken bewegen sollte (Ench. Bibl. 297ff). Auch Disziplin und Standespflichten des Klerus werden neu eingeschärft. Dies alles geschieht von Anfang an im Geist eines unerbittlichen Antimodernismus, dessen klassischer Ausdruck das Dekret des Hl. Offiziums vom 3.7.1907 »Lamentabili sane exitu« (Denz. 2001ff) und das Rundschreiben vom 8.9.1907 »Pascendi dominici gregis« (Denz. 2071ff) geworden sind. In einer Art neuem Syllabus werden die hauptsächlichen Irrtümer der sog. Modernisten (→ Loisy, → Tyrrell u.a.m.; → Reformkatholizismus) gekennzeichnet und verworfen. Sie betreffen das kirchliche Lehramt (1-8), die Auslegung der Bibel (9-19), Offenbarung und Dogma (20 bis 26), Christologie (27-38), Sakramente (39-51), Kirche (52-63) und die modernistischen Reformbestrebungen als solche. Die Enzyklika dagegen bietet das formell von P. selbst zusammengestellte System des Modernismus und stellt es als Sammelbecken sämtlicher Häresien hin: Entgegen aller gesunden kirchlichen Lehre führe die Philosophie und Theologie, die Geschichte und Kritik der Modernisten zum Agnostizismus und Phänomenalismus, zum Immanentismus und Symbolismus, und von hier zum Pantheismus und Atheismus, als deren Endziel nur die Religionslosigkeit übrigbleibt. Die ins Auge gefaßten Gegenmaßnahmen, zT recht rigoroser Art, sind weithin unrealisierbar geblieben. Schließlich wurden mit dem Motuproprio vom 1.9.1910 »Sacrorum antistitum« (Denz. 2145ff) die Abwehrmaßregeln gegen den Modernismus durch Einführung des → Antimodernisteneids institutionalisiert. Der Kampf gegen den Modernismus, wie auch immer in seinem letzten theologisch-kirchlichen Recht zu beurteilen, wurde zT mit höchst unsachlichen Methoden geführt; die Anliegen der Modernisten wurden zu rasch und zu summarisch abgetan. Niemals ging es dabei nur um die christliche Wahrheit, sondern stets auch um die Prärogative des Lehramts und der Hierarchie. In neuer Form ist die Auseinandersetzung unter P. XII. wieder aktuell geworden. - Entsprechend seiner Grundhaltung war P. auch in den sozialen und interkonfessionellen Fragen dem Ausgleich wenig zugetan. In dem leidenschaftlichen Streit in Deutschland zwischen der weitherzigeren Kölner und der integralistischen Berliner Richtung spricht P. sich zwar für eine Duldung der konfessionell gemischten Gewerkschaften aus, »zieht aber jene Vereinigungen von Gläubigen vor, die unter Beiseiteschiebung jeder menschlichen Rücksicht die Ohren geschlossen halten gegen jede Lockung oder Drohung« (Singulari quadam vom 24.11.1912 und Erklärung vom 27.5.1914). Schon vorher hatte er (1910) in die christlich-demokratische Aktion des Sillon in Frankreich eingegriffen und dessen Eingliederung in die kath. Aktion veranlaßt (→ Katholisch-sozial, 4). Auch die → Katholische Aktion in Italien konnte nur in ihrer hierarchisch dirigierten Form wirksam werden. Ähnlich scharf wirkte die → Borromäusenzyklika (26.5.1910; Mirbt 656) mit ihren sich an Phil 3, 18f anschließenden Urteilen über die Reformatoren und über die Folgen der Reformation. Die Kurie sah sich zu erheblichen Abschwächungen genötigt, und das Rundschreiben wurde in Deutschland nicht veröffentlicht. - Wenn P. auch den Zusammenhang des Magisteriums mit den sozialen und politischen Fragen behauptete (Mirbt 647), überließ er doch die Außenpolitik seinem Staatssekretär → Merry del Val. So gab es in der schon unter Leo XIII. sehr gespannten Lage in Frankreich keinerlei Ausgleich, sondern P. goß durch einzelne Entscheidungen und amtliche Äußerungen (Vehementer nos, 11.2.1906) über die Pflichten des kath. Staates noch Öl ins Feuer, wußte aber dann auch die für den äußeren Bestand des französischen Katholizismus höchst einschneidenden Folgen der mit dem 1.1. 1906 wirksamen Trennung von Kirche und Staat in Kauf zu nehmen: »Wir erwarten ohne Furcht das Urteil der Geschichte«, sagt er in der Enzyklika vom 6.1.1907. An der Spannung zwischen Frankreich und der Kurie hat die Beatifikation der → Jeanne d'Arc (11.4.1909) zunächst nichts geändert. Versöhnlicher war die Haltung des Papstes Italien gegenüber, indem er den Katholiken eine größere Bewegungsfreiheit und Teilnahme an den politischen Wahlen zugestand. - P. X. wurde durch P. XII. am 3.6.1951 selig-, am 29.5.1954 heiliggesprochen. Die Ansprache von 1951 läßt noch etwas von der innerkath. Diskussion über P. X. verspüren, während die Rede von 1954 ein ganz geglättetes Bild bietet, das ihn als Papst des Kirchenrechts, als Richter der Zeitirrtümer und als Papst der Eucharistie zeichnet und feiert (HerKorr 8, 1954, 463ff). Es sei ihm vor allem im Kampf gegen den Modernismus darum gegangen, das Auseinanderfallen von Glaube und Wissen zu verhüten. E.Przywara feiert ihn als den »gescheiterten Papst«.

ASS 36-41, 1903-08; AAS 1909ff; Acta Pii X., 5 Bde, 1905-14; Lettere, ed. N.VIAN, 1954. Lat.-dt. Einzelausgaben bei Herder, Freiburg. - Über P. (jeweils Lit.): DThC XII/2, 1716ff - LThK VIII, 311ff - J.SCHMIDLIN, Papstgesch. III, 1936 - H.HERMELINK, Die kath. Kirche unter den Piuspäpsten des 20.Jh.s, 1949, 3ff - EC IX, 1523ff - F.ANTONELLI, La santità di Pio X (Riv. di vita spirituale 6, 1952, 121 bis 132) - HERMELINK III, 506ff - BIHLMEYER-TÜCHLE (→ Pius IX.) 401 - E.PRZYWARA in: Werkhefte kath. Laien 13, 1959, 296-298.

XI., *Papst* 6.2.1922 bis 10.2.1939, Achille Ratti, * 31.5.1857 in Desio bei Monza, 1879 Priester, nach Lehrtätigkeit und Bibliotheksdienst an der Ambrosiana in Mailand seit 1914 Präfekt der Vatikana als Nachfolger F. → Ehrles. 1918-20 Apostolischer Visitator und Nuntius in Polen, sieht er sich in den Wirren der Nachkriegszeit zum Abbruch seiner Tätigkeit gezwungen; 1921 Erzbischof in Mailand und Kardinal. Außer als Gelehrter ist er auch als Alpinist hervorgetreten.

An der Schwelle seines Pontifikats hat P. in dem Apostolischen Schreiben vom 3.12.1922 Ignatius von → Loyola und Franz → Xavier gefeiert, dann in der programmatischen Enzyklika Ubi arcano vom 23.12.1922 das Losungswort seiner Regierung ausgegeben: Pax Christi in Regno Christi. Unter dem Titel des Königtums Christi werden die des Krieges müden Völker auf die Kirche hingewiesen. In diesem Sinn verkündet er für 1925, 1929 und 1933 ein Hl. Jahr und führt das Christkönigsfest ein, verbunden mit der Weihe des Menschengeschlechts an das göttliche → Herz Jesu (Quas primas, 11.12.1925; Miserentissimus Redemptor, 8.5.1928). Das vornehmliche Mittel ist für ihn die → Katholische Aktion, die für Italien schon in der Antrittsenzyklika ins Leben gerufen wurde. Sie ist der verlängerte Arm der Hierarchie im öffentlichen Leben. »Sie gehört nicht der irdischen, sondern der übernatürlichen Ordnung an, sie ist nicht politischer, sondern religiöser Natur. Und dennoch muß sie mit vollem Recht als soziale, gesellschaftliche Bewegung bezeichnet werden« (Gratum nobis est, 23.5.1923). Auch hier ist die Abwehrgebärde noch bezeichnend; aber sie ist gemäßigter als unter P. X. Der Gegner ist der demokratische → Laizismus.

Dagegen gelangt P. mit dem italienischen → Faschismus zum Ausgleich in den Lateranverträgen vom 11.2. 1929 (→ Italien, 5). Sie bilden den Höhepunkt der vielen Konkordatsabschlüsse unter P. Es gehen voraus das → Konkordat mit Lettland 1922, Bayern 1924, Polen 1925, Litauen 1927, Rumänien 1927 bzw. 1932, Preußen 1929; es folgen das Konkordat mit Baden 1932, dem Deutschen Reich 1933, Österreich 1934, Jugoslawien 1935 (nie ratifiziert). Dazu kommen Abmachungen mit der Tschechoslowakei 1926, Frankreich und Portugal 1928 und mit Ekuador 1937. Zu schwersten Konflikten kommt es in Rußland, Mexiko und Spanien, später auch in Deutschland. Der verantwortliche Staatssekretär ist bis 1929 P. → Gasparri, danach E.Pacelli (der spätere P. XII.). - Die *Lateranverträge* gelten als das wichtigste kirchenpolitische Ereignis unter P. XI. Die volle Souveränität des Papstes über einen kleinen Vatikanstaat wird wiederhergestellt (→ Vatikan), seine Person ist heilig und unverletzlich, passives und aktives Gesandtschaftsrecht wird zugestanden. Der Papst erkennt seinerseits das Königreich Italien unter dem Haus Savoyen mit Rom als Hauptstadt an und damit auch die Säkularisierung der früheren Gebiete des Kirchenstaates. Der Vertrag sieht weiter einen exterritorialen Bereich mit den Hauptbasiliken Roms, den Palästen der Kurialbehörden und dem Castel Gandolfo vor. Gleichzeitig wird ein Konkordat mit Italien abgeschlossen, in welchem die kath. Religion als Staatsreligion anerkannt wird; die Bischöfe haben volle Freiheit der Amtsausübung; christliche Eheschließung, Schulen, Genossenschaften sind staatlich anerkannt; der Welt- und Ordensklerus bleibt außerhalb der Parteipolitik; die frühere kirchenfeindliche Gesetzgebung wird aufgehoben. In einem besonderen Finanzabkommen wird der Kurie eine Finanzentschädigung von 1750 Mill. Lire zugesprochen. Erhebliche Reibungen in der Auslegung des Konkordats konnten 1931 beigelegt werden. Erst gegen Ende von P.' Amtszeit verschlechtert sich das Verhältnis zum faschistischen Italien wieder, nachdem die nationalsozialistische Rassenlehre dort Fuß gefaßt hatte. - Auch mit dem → Nationalsozialismus erscheint ein Ausgleich nicht unmöglich, nachdem die deutschen Bischöfe ihre ursprüngliche Ablehnung im Blick auf die Zusicherungen Hitlers vom 23.3.1933 modifiziert und die Katholiken zur Mitarbeit an der neuen Staatsordnung aufgerufen hatten. Die Verhandlungen führen zum *Reichskonkordat* vom 20.7.1933 - »der Versuch einer Rettung der Länderkonkordate mit räumlichen und inhaltlichen Erweiterungen in eine ganz unsichere Zukunft hinein« (P. XII. am 19.7.1947), zugleich ein Versuch, die als Gefahr erkannte Bewegung an formales Recht zu binden und dadurch zur Mäßigung zu zwingen. Inhaltlich geht das Abkommen weit über die Zugeständnisse der Weimarer Verfassung hinaus. Vier Jahre später, nachdem 34 Noten vergeblich an die Reichsregierung ergangen waren, sieht sich P. veranlaßt, sich in dem Rundschreiben »Mit brennender Sorge« (4.3.1937) an die Öffentlichkeit in Deutschland und in der Welt zu wenden. Es befaßt sich in seinem kirchenpolitischen Teil mit dem Konkordat und seiner Mißachtung durch das Regime, im religiösen Teil mit den Ideologien des Nationalsozialismus, und konnte von fast allen Kanzeln verlesen werden. Auch in den von Hitler eroberten Ländern mit kath. Bevölkerung bleibt der Konflikt nicht aus. – Ähnlich konfliktreich entwickelt sich das Verhältnis zwischen Kirche und Staat in → *Spanien*. Erst der Ausgang des seit 1936 wütenden Bürgerkriegs im Franco-Regime restituiert den kath. Bestand. – Mit anderen Problemen und Ideologien der Zeit befaßt sich P. XI. in der Jubiläumsenzyklika Quadragesimo anno vom 15.5.1931 (Denz. 2253ff) und in dem Rundschreiben über den atheistischen Kommunismus (Divini Redemptoris, 19.3.1937; Rohrbasser 1121ff). Aus der Entfaltung der kath. Sozialprinzipien (→ Katholisch-sozial, 3) heben sich die praktischen Urteile heraus: »Es ist unmöglich, gleichzeitig guter Katholik und wirklicher Sozialist zu sein« (Quadr. Anno 120). Denn der dort gemeinte Sozialismus ist zwar nicht schlechthin atheistisch, aber er profaniert den gesellschaftlichen Raum. In der anderen Enzyklika heißt es: »Der Kommunismus ist in seinem innersten Kerne schlecht, und es darf sich auf keinem Gebiet mit ihm auf Zusammenarbeit einlassen, wer immer die christliche Kultur retten will« (Rohrbasser 1131).

Nach innen hat sich P. XI. in vielen Heilig- und Seligsprechungen (meist aus der nachreformatorischen und neueren Zeit der röm. Kirche) betätigt. In bedeutsamen Rundschreiben hat er der päpstlichen Auffassung Ausdruck verliehen über die Erziehung (Divini illius magistri, 31.12.1929; Denz. 2202ff), die Ehe (Casti connubii, 31.12.1930; Denz. 2225ff), die Neuordnung der Studien (Deus scientiarum Dominus, 24.5.1931), das kath. Priesterideal (Ad catholici sacerdotii, 20.12.1935; Denz. 2274ff, Rohrbasser 1217ff). Die Hierarchie wird durch Gründung neuer Erzbistümer, Bistümer, Apostolischer Präfekturen und Vikariate ausgebaut und eine Reihe wichtiger Maßnahmen zur Förderung der Heidenmission getroffen, bes. zur Schaffung eines einheimischen Klerus. Die Bemühungen um die Union mit den Kirchen des Ostens werden fortgesetzt, die Mechelner Gespräche mit den Anglikanern (→ Einigungsbestrebungen: IV, 3, → Mercier) wenigstens geduldet, aber gegen die nicht-römische Ökumene grenzt sich der Papst nach der Stockholmer Konferenz mit Schärfe ab (→ Ökumenische Bewegung, 7). In der Enzyklika Mortalium animos (6.1.1928) heißt es: »Die Einheit, wie Christus sie will, kann nicht *mit*, sondern nur *in* der kath. Kirche wiederhergestellt werden.« Und nachdem er dargelegt hat, »aus welchen Gründen der Apostolische Stuhl niemals die Teilnahme der Seinigen an den Konferenzen der Nicht-Katholiken zugelassen hat«, schließt P. XI.: »Es gibt nämlich keinen andern Weg, die Vereinigung aller Christen herbeizuführen, als den, die Rückkehr aller getrennten Brüder zur einen wahren Kirche zu fördern, von der sie sich ja einst unseligerweise getrennt haben. Zu der einen wahren Kirche, sagen Wir, die wahrlich leicht erkennbar vor aller Augen steht, und die nach dem Willen ihres Stifters für alle Zeiten so bleiben wird, wie er sie zum Heile aller Menschen begründet hat« (Rohrbasser 686).

AAS 14-31, 1922-39; Achille Ratti (Pio XI), Scritti storici, 1932; E.Pacelli, Discorsi panegirici, 1939. - Über P. (jeweils Lit.): F.X. Seppelt-K.Löffler, Papstgesch., 1933, 519ff - J.Schmidlin, Papstgesch. IV, 1939 - H.Hermelink, Die kath. Kirche unter den Piuspäpsten des 20.Jh.s, 1949, 27ff - EC IX, 1531ff - Bihlmeyer-Tüchle (→ Pius IX.) 489. - Dt. Ausg. der lehramtlichen Dokumente u.a.: QKK Heft 1-6, 1954ff - Dokumente von P. IX. bis P. XII. Heilslehre der Kirche, hg.v. P.Cattin u. H.Th.Conus, dt. Ausg. besorgt v. A.Rohrbasser, Freiburg/Schw. 1953.

XII., *Papst* 2.3.1939 bis 9.10.1958, Eugenio Pacelli, * 2.3.1876 in Rom als Sohn einer seit Generationen im Kurialdienst stehenden Juristenfamilie. 1899 Priester, immer im diplomatisch-juristischen Dienst der Kurie, seit 1911 in der Kongregation für außerordentliche Angelegenheiten (Außenpolitik), auch an den Arbeiten zur Kodifikation des lat. Kirchenrechts beteiligt. 1917 Titular-Erzbischof von Sardes und Nuntius in Bayern, mit dem Auftrag, die deutsche Regierung zur Annahme des päpstlichen Friedensvorschlags zu bewegen, was nicht gelang. 1920 zugleich bei der Reichsregierung in Berlin akkreditiert, verlegt Pacelli 1925 auch seinen Amtssitz dorthin, nachdem vorher 1924 das Konkordat mit Bayern zustande gekommen war, dem 1929 dasjenige mit Preußen folgt. Im selben Jahr wird er Kardinal, 1930 Staatssekretär, in dessen Amtsbereich der Abschluß der Konkordate mit Baden, Österreich und dem Deutschen Reich fällt (→ Pius XI.). Als päpstlicher Legat besucht er Frankreich, Ungarn, Nord- und Südamerika. Obgleich Staatssekretär des verstorbenen Papstes, wird er mit allen Stimmen außer der eigenen gewählt und nimmt im Andenken an seinen Vorgänger den Namen P. XII. samt dem Wahlspruch: Opus iustitiae pax an.

Kaum unter einem früheren Papst hat die römische Kirche mehr äußere Einbußen erlitten und ist doch gleichzeitig zu höherem Ansehen in der Welt gelangt, als unter P. XII. Niemals sind die Mittel rhetorischer Einwirkung auf die Öffentlichkeit mit solcher Intensität in Anspruch genommen worden. Allein von 1939-41 hat er 189mal feierlich gesprochen (in 3 Bänden mit 1400 Seiten gesammelt). Wichtigste Gelegenheiten päpstlicher Rede sind die Weihnachtsansprachen und Neujahrsbotschaften, die programmatischen Reden zum 2.6. als dem Namenstag des Papstes und jeweils zu Beginn der Passionszeit beim Empfang der röm. Fastenprediger; ferner die Reden bei unzähligen Empfängen von Pilgern, Berufsverbänden, Kongreßteilnehmern und bedeutenden Einzelpersonen; schließlich die monatlich neu bestimmten → Gebetsmeinungen. Hinzu kommen zahlreiche Enzykliken und eine lange Reihe dogmatischer Konstitutionen.

P. XII. versteht sich und gilt als Friedenspapst. Er versucht den Ausbruch des 2. Weltkriegs zu verhindern, wenigstens Italien aus dem Krieg herauszuhalten. Um so größer sind seine Anstrengungen und Verdienste, in Krieg und Nachkrieg auf karitativ-organisatorischem Wege die Leiden der Völker, bes. der Kriegsgefangenen und Flüchtlinge zu mildern. Der Briefwechsel mit Roosevelt, der einen persönlichen Vertreter nach Rom entsandt hatte, hat naturgemäß eine zwiespältige Aufnahme gefunden. Gegen die These von der deutschen Kollektivschuld hat P. Stellung genommen und alsbald einen Apostolischen Visitator nach Westdeutschland geschickt, der 1950 zum Nuntius bei der BRD ernannt wurde. Aus Gründen der politischen Neutralität nur in einigen kulturellen Organisationen der UNO vertreten, tritt der Papst für eine Organisation der Völkergemeinschaft auf föderativer Grundlage ein, als deren Modell er die Einigung Europas betrachtet und begrüßt; denn in ihrem Zustandekommen würde »sich der Anfang einer neuen Weltzeit ankündigen«. Sie sollte sich vor allem aufbauen auf der Wiedergewinnung »der geistigen Werte, die einstmals Grundlage und Stütze seiner Existenz bildeten«, der »gemeinsamen Erbschaft der christlichen Kultur«. Um so schärfer ist, in Fortführung der Haltung seiner Vorgänger, die Wendung gegen den Kommunismus. Durch die Dekrete des Hl. Offiziums vom 1.7.1949 und 28.7.1950 wird nicht nur die Mitgliedschaft in der Partei, sondern schon ihre Förderung mit der Exkommunikation bedroht, um, wie P. in einer Ansprache vom 17.9.1949 sagt, »das Lager Jesu Christi gegen das seiner Gegner abzugrenzen« (HerKorr 13, 1958, 68). Eine wirkliche Koexistenz mit dem Osten hält er ohne vorausgegangene »Koexistenz in der Wahrheit« für unmöglich (Weihnachtsansprache 1954). An dieser Haltung hält er unnachgiebig fest. Das schließt nicht aus, daß die etwa bestehenden diplomatischen Beziehungen mit einzelnen östlichen Ländern bis zur Ausweisung der Nuntien oder Geschäftsträger aufrecht erhalten bleiben. Die einheimischen Hierarchen müssen in der Folge ihre Entscheidungen u.U. auf eigene Verantwortung treffen, ohne im Einzelfall immer deutlich approbiert oder desavouiert zu werden. Alle Versuche, die kanonische Abhängigkeit von Rom zu lockern und nationalkirchliche Organisationen zu schaffen, werden strikt verworfen. Die Einkerkerung führender Bischöfe beantwortet der Papst mit der Exkommunikation der Verantwortlichen. Schriften, die Katholizismus und Kommunismus auf sozialem und politischem Gebiet einander näherzubringen versuchen, kommen auf den Index. Noch in seiner letzten Enzyklika (Ad Apostolorum Principis) gibt P. XII. zu erkennen, daß er in derlei Versuchen nichts weiter als eine Vorstufe für die Ausrottung der Kirche erblickt. - Im innerchristlichen Streit um die Frage Krieg und Frieden geht die Meinung des Papstes dahin, das Bestreben der Völker müsse darauf gerichtet sein, den Krieg aus der Politik zu verbannen. Auf jeden Fall sei der Krieg nur zur Verteidigung der höchsten Güter gegen einen ungerechten Angriff erlaubt; die Verpflichtung, Unrecht auf sich zu nehmen, sei aber angesichts des zu erwartenden Schadens heute dringlicher als ehedem. Anderseits aber gebe es »Güter von solcher Wichtigkeit für das menschliche Zusammenleben«, daß ihre Verteidigung vollkommen gerechtfertigt sei, und ihnen gegenüber »weder die ausschließliche Erwägung der vom Krieg verursachten Leiden noch die Berechnung von Einsatz und Vorteil« bestimmend sein kann (HerKorr, aaO 71). Für P. XII. gibt es also auch heute noch den gerechten → Krieg (: IV, 2 d). Die Atomtechnik hat nach seiner Meinung daran nichts geändert. - Bei alledem fehlt es durchaus nicht an einer Kritik der westlichen Lebensformen.

»Die Königsrechte Christi wieder anerkennen, zurückfinden zum Gesetz Seiner Wahrheit und Seiner Liebe, das ist der einzige Weg der Rettung für den Einzelmenschen und die Gemeinschaft« - heißt es schon in der Antrittsenzyklika Summi Pontificatus vom 20.10.1939 (Denz. 2279ff). Im Anschluß an die Vorgänger, bes. an → Leo XIII., wird die Weihe des Menschengeschlechts an das heiligste Herz des Welterlösers erneuert, und der Blick wendet sich alsbald auch der nicht-römischen Christenheit zu. Aber vor allem werden die Zeitirrtümer gekennzeichnet, die Nichtachtung des natürlichen Sittengesetzes, bes. die Erkenntnis vom gemeinsamen Ursprung des Menschengeschlechts und der gegenseitigen Verbundenheit aller Menschen miteinander; die Überhöhung der Staatsgewalt bis zur Unabhängigkeit von den göttlichen Geboten wird getadelt. Als Heilmittel gelten die → Eucharistischen Kongresse und das → Laienapostolat der → Katholischen Aktion.

Diesen Bestrebungen dient im innern Bereich die Regierung des Orbis catholicus. Voran stehen die 33 Heiligsprechungen, darunter bes. bedeutsam diejenige P.' X. (29.5.1954). Die faktische Leitung der außenpolitischen Geschäfte behält sich P. nach dem Tod des Kardinalstaatssekretärs Maglione (1944) vor; auch das Amt des Camerlengo der röm. Kirche wird nicht wieder besetzt. In den → Kardinals-Ernennungen erweitert sich der Kreis der beteiligten Nationen, Rassen und Erdteile erheblich. Neben andern Vereinfachungen und Anpassungen des Herkommens ist das Verbot an die Bischöfe bemerkenswert, Adelstitel zu führen (Dekret der Konsistorialkongregation vom 12.5.1951).

Nach außen hin fallen die *Lehrfestsetzungen und -entscheidungen* P.' XII. ins Auge. Stark beachtet wird der Versuch, zum ersten Mal in der Geschichte des röm. Katholizismus das Kirchenverständnis umfassend zu definieren (Enz. Mystici Corporis, 29.6.1943; → Katholizismus: I, 3). Anhand der zunächst natürlich, dann übernatürlich verstandenen Kategorie des → Corpus Christi mysticum wird die → Kirche (: III, 5) nach ihrer sichtbaren und geistlichen Seite beschrieben; die Extreme nach beiden Seiten hin werden abgewehrt. Der Anteil der Laien wird betont, aber die juridisch-hierarchischen Akzente überwiegen doch. Ins gleiche Jahr fällt die Bibelenzyklika (Divino afflante Spiritu, 30.9.1943; Denz. 2292ff). Sie greift auf Leos XIII. Bibelenzyklika von 1893 zurück, konzediert aber der wissenschaftlichen Exegese mehr und beschränkt den normativen Charakter der Vulgata aufs Rechtlich-Liturgische, unter klarer Bindung aller Auslegung an → Lehramt und → Tradition. Wer diese Richtlinien zu großzügig verstanden hatte, mußte sich durch das Rundschreiben → Humani Generis (12.8.1950) belehren lassen. Diese viel erörterte Enzyklika grenzt sich gegen die Versuche der »Neuen Theologie« (→ Natur und Übernatur) ab, in Anknüpfung an die vorscholastische Theologie und in Verwertung heutiger philosophischer Kategorien alte Wahrheit auf neue Weise zu lehren. Die Prärogative des Lehramts wird unerbittlich geltend gemacht. - In der Enzyklika Haurietis aquas (15.5.1956) werden die Zusammenhänge zwischen Christologie und → Herz-Jesu-Verehrung dargelegt, nachdem schon die Enzyklika zum Gedächtnis an Chalcedon (Sempiternus Rex, 8.9.1951; Rohrbasser 27ff) der Christologie gewidmet war. Höhepunkt der Lehräußerungen P.' XII. ist die Proklamation des Dogmas von der leiblichen Aufnahme Mariens in den Himmel (Munificentissimus Deus, 1.11.1950; → Mariologie, 2 d). Ihr schließt sich die Einsetzung des Festes vom Königtum Mariens an.

Für den Bereich des liturgisch-kultischen Lebens ist das Rundschreiben »Mediator Dei« vom 20.11.1947 (Denz. 2297ff) bes. wichtig geworden, in dem die seit den 20er Jahren bestehende Liturgische Bewegung (→ Gottesdienst: V B, 1 h) einigermaßen reguliert und ein Ausgleich des Neuen und der älteren Frömmigkeitsformen versucht wird. Zugeständnisse im Gebrauch der Volkssprachen und die Wiedereinführung der Abendmesse zeigen die Weite der Möglichkeiten. - Unzählbar sind die päpstlichen Äußerungen zu den ethischen, politischen und sozialen Fragen. Drei Themenreihen stehen im Vordergrund: die Integrität der menschlichen Persönlichkeit; die Gesundheit und Gesundung von Ehe und Familie; die Grundlagen des Staats- und Völkerlebens. Dabei ist das Verbot der Situationsethik durch das Hl. Offizium (2.2.1956) bes. zu erwähnen. - Dem Ruf zur Heiligkeit dienen ständig neue Ermahnungen: in Jubiläumsschreiben (Bonifatius, Gregor VII. u.a.), aber auch in Rundschreiben über die Heiligkeit des Priestertums (Menti nostrae, 23.9.1950), in der Empfehlung der Jungfräulichkeit (Provida Mater, 2.2.1947; über die → Weltlichen Institute), in der Schaffung neuer Statuten für die weiblichen Orden (Sponsa Christi, 21.11.1950).

Ebenso wichtig und wirksam ist der ständige Aufruf an die kath. Laien, sich in den Formationen der Kath. Aktion und darüber hinaus zu mobilisieren, sowie die Ermutigung der → Marianischen Kongregationen.

P. XII. erkannte, daß die kath. Welt den Widerstand gegen die totalen Mächte nicht allein bestehen könne. Diese Erkenntnis bildete eine der Grundlagen zu einem positiveren Verhältnis zur → Ökumenischen Bewegung (, 7), als es seine Vorgänger hatten. Schon in der ersten Rundfunkbotschaft vom 3.3.1939, dann auch in Mystici Corporis und in der Botschaft an den Mainzer → Katholikentag 1948 wird betont, daß die röm. Kirche auch die von ihr Getrennten umfasse und um ihre Rückkehr betet. Nur eine *Rückkehr* freilich kommt als Form und Ziel der Wiedervereinigung in Frage. Die Erlasse des Hl. Offiziums vom 5.6.1948 und 20.12.1949 haben nichts grundsätzlich Neues gebracht und nichts offiziell Bestehendes beseitigt. Das neue Mariendogma, Humani Generis, der Abschluß des Konkordats mit Spanien (1953) und die letztlich keineswegs eindeutigen Ausführungen über Toleranz (6.12.1953) haben deutlich gemacht, daß auch dieser Inhaber des röm. Bischofssitzes die alten Bindungen weder lösen wollte noch sprengen durfte.

AAS 1939ff; Kriegskorrespondenz zwischen Roosevelt u. P. XII., hg.v. M.C.Taylor, dt. 1947; viele Rundschreiben in lat.-dt. Einzelausgaben bei Herder, Freiburg bzw. Wien; regelmäßige Dokumentation in HerKorr seit 1947. - Ferner (außer den zu P. XI. genannten Sammlungen): E.Marmy, Mensch u. Gemeinschaft in christl. Schau. Dokumente, 1945 - W.Jussen, Gerechtigkeit schafft Frieden. Reden u. Enzykliken P. XII., 1946. - Über die Anfänge: Schmidlin (→Pius XI.) 217ff - Hermelink (→ Pius XI.) 44ff. Für weitere Lit. s. EC IX, 1543ff - Bihlmeyer-Tüchle (→ Pius IX.) 494. - Nach dem Tod P. XII.: Das Pontifikat P. XII., eine Dokumentation (HerKorr 13, 1958, 57-71) - G.Gundlach, Die Lehre P. XII. vom modernen Krieg (StZ 84, 1959, 1-14) - A.Bea, La scienza biblica cattolica da Leone XIII a Pio XII (Divinitas 3, 1959, 599-634) - Kard. Tardini über P. XII. am 20.10.1959 (HerKorr 14, 1959, 131-134).

K.G.Steck

Placeus *(de La Place), Josué* (1596-1655/56), ref. Theologe, * in Saumur, 1625 Prediger in Nantes, 1633 Prof. in → Saumur. Befreundet mit → Cappellus und → Amyraut, vertrat P. deren die strikte calvinische Orthodoxie erweichende Theologie, bes. in seiner Lehre von der Erbsünde. Wenn diese den Menschen verdirbt, so doch nicht durch direkte Imputation der Sünde Adams. 1644 auf der Nationalsynode von Charenton verurteilt, wurde P. 1659 auf der von Loudun rehabilitiert. Der Consensus Helveticus 1675 (→ Schweiz: I B) hob aber die Verurteilung nicht auf.

Alex.Schweizer, Prot. Centraldogmen II, 1856, 234. 399. 668 - RE XV, 471f. *O.E.Straßer*

Planck, 1. *Gottlieb Jakob* (15.11.1751 bis 31.8.1833), ev. Theologe, * in Nürtingen (Württ.), † in Göttingen, nach landesüblicher Ausbildung 1775 Stiftsrepetent in Tübingen, 1780 Stadtvikar, 1781 Prof. und Prediger an der Hohen Karlsschule in Stuttgart, auf Grund der ersten Bde seines Hauptwerks als Nachfolger C.W.F. → Walchs 1784 Prof. und 1791 Konsistorialrat in → Göttingen, 1805 General-Sup. des Fürstentums Göttingen (ohne größere amtliche Wirkung), 1828 Abt von Bursfelde, 1830 Oberkonsistorialrat. Für die Entwicklung der DG (→ Dogmengeschichte, 1) ist seine (zugleich erste) DG des Protestantismus wichtig: »Geschichte der Entstehung, der Veränderungen und der Bildung unseres prot. Lehrbegriffes von Anfang der Reformation bis zur Einführung der Konkordienformel« (6 Bde, 1781-1800, mit kurzer Forts.: »Geschichte der prot. Theologie von der Konkordienformel bis in die Mitte des 18.Jh.s«, 1831). Sie handhabt das von → Mosheim und → Semler an Methode Erworbene als selbstverständlich. Mit seinem »Abriß einer historischen und vergleichenden Darstellung der dogmatischen Systeme unserer verschiedenen christlichen Hauptparteien nach ihren Grundbegriffen, ihren daraus abgeleiteten Unterscheidungslehren und ihren praktischen Folgen« ([1796] 1822³) gilt P. als der Begründer der »vergleichenden Symbolik« (→ Konfessionskunde), insofern er das Programm aufstellt, die Konfessionen je als Ganzes zu werten. Den pragmatischen, auf das Erfassen der Eigenschaften und Motive der handelnden Personen gerichteten, die Ereignisse oft durch subjektive Erwägungen mitgestaltenden, aber Ideen und objektive Gesetze der Geschichte vernachlässigenden Historiker (→ Kirchengeschichte: I, 2f) zeigen auch die in Fortsetzung von Walch geschriebene »Neueste Religionsgeschichte« (3Tle, 1787-93) und die »Geschichte der christlich-kirchlichen Gesellschaftsverfassung« (5 Bde, 1803-09). Bedeutend ist P. auch als Methodologe und Enzyklopädiker: »Einleitung in die theologischen Wissenschaften« (2 Tle, 1794f) und »Grundriß der theologischen Enzyklopädie« (1813, Grundlegung der bis heute üblichen Einteilung der Disziplinen!). Der Praktische Theologe bekundet sich mit stark moralistisch-pädagogischer Einstellung in der dem (anonymen) Frühwerk: »Tagebuch eines neuen Ehemannes« (1779) entsprechenden Pastoraltheologie: »Das erste Amtsjahr des Pfarrers von S. in Auszügen aus seinem Tagebuch«, 1823. Die Frage der → Union war P. wichtig (»Über Trennung und Wiedervereinigung usw«, 1803). P. hat seinen theologischen Standpunkt selbst als »rationellen Supranaturalismus« bezeichnet im Sinn unbestreitbarer Vernünftigkeit und Göttlichkeit des Christentums als unmittelbarer Offenbarungsreligion, was ihn vom eigentlichen → Rationalismus unterscheidet. Damit verbindet sich eine melanchthonische »Orthodoxie«, abhold allen starren Formulierungen wie in der → Konkordienformel, und historischer Relativismus. P. will das Erbe verstehend und vermittelnd bewahren.

F.Lücke, G.J.P., 1835 - F.Chr.Baur, Die Epochen der kirchl. Geschichtschreibung, 1852, 174ff - ADB XXVI, 224ff - RE XV, 472ff (Lit.) - St.Lösch, J.A.Möhler I, 1928, 271 - K.Aner, Die Theol. der Lessingzeit, 1929 (Reg.) - W.Nigg, Die Kirchengeschichtsschreibung, 1934, 137f - R.Steinmetz, Die General-Sup.en von Göttingen (ZGNKG 40, 1935, [83-155] 126ff) - J.Meyer, Gesch. der Göttinger theol. Fakultät (ebd 42, 1937, [7-107] 37f) - Hirsch V, 57ff.

Ernst Wolf

2. *Max*, * 23.4.1858 in Kiel, † 4.10.1947 in Göttingen, theoretischer Physiker, Nobelpreisträger, 1929-37 und 1945-47 Präsident der Kaiser-Wilhelm-Gesellschaft zur Förderung der Wissenschaften. P. begründete 1900 die Quantentheorie und führte damit den Bruch mit der klassischen Physik herauf (→ Atom, 4; → Kausalität: I). Die Infragestellung eines geschlossenen Weltbildes durch die neue Theorie wurde von → Einstein weitergeführt und bahnte durch die Arbeiten Heisenbergs, Schrödingers u.a. den Weg zur modernen Kernphysik. P. wandte sich zuletzt den philosophischen Grenzfragen seines physikalischen Weltbildes zu. Eine philosophisch von → Kant und theologisch durch → Harnack mitbestimmte Sicht führte P. zu der in Vorträgen und Aufsätzen formulierten Stellungnahme, daß die Religion von einem Gottesglauben ausgehe und den Bereich des Ethischen umfasse, daß die → Naturwissenschaft als wissenschaftlich-empirisches Erkennen zu Gott hinstrebe, aber nur bei der »naturgesetzlichen Macht« enden könne (Religion und Naturwissenschaft 27ff [= Vorträge und Erinnerungen 331f]). Neben einer Bejahung der geglaubten Wirklichkeit Gottes steht bei P. die Kritik an einer Pseudo-Metaphysik, die von der Quantentheorie aus falsche Gottesbeweise zu folgern versucht, sowie eine Kritik an der

kirchlichen Absolutsetzung von »religiösen Symbolen«, also von mythologischen Aussagen. - P. war Gegner des Nationalsozialismus und bis zu seinem Tode Glied der ev. Kirche. Sein Sohn *Erwin* wurde als Beteiligter an der Widerstandsaktion vom 20.7.1944 am 23.1.1945 hingerichtet.

Vf. u.a.: (Wege zur physikal. Erkenntnis, 1933) Vorträge u. Erinnerungen, 1949[8]; Physikal. Abh.en u. Vorträge I-III, 1958; M.P. in seinen Akademie-Ansprachen, 1948. - Über P.: MAX BORN in: Die Großen Deutschen IV, 1957, 214-226 - E.LAMLA, M.P. Die Eröffnung des Atomzeitalters durch die Quantentheorie (Forscher u. Wissenschaftler im heutigen Europa - Weltall u. Erde, 1959, 38-46) - W.HEISENBERG, Die P.sche Entdeckung u. die philos. Probleme der Atomphysik (Universitas 16, 1959, 135-148) - E.DINKLER, M.P. u. die Religion (ZThK 56, 1959, 201-223). *Erich Dinkler*

Planwirtschaft (Pw.; P. = Planung, W. = Wirtschaft). Das aktive gestaltende Wirtschaften findet in den wirtschaftenden Gebilden statt (→ Wirtschaft) und ist stets planhaft. Je nach der Stelle, an der in der Gesamt-W. die P. und für welchen Bereich sie stattfindet, lassen sich unterscheiden:

1. *Die Einzel-P.* Ihr entspricht in einer differenzierten arbeitsteiligen Gesamt-W. eine Verbindung in einem System der Tausch-W. oder Markt-W.

2. *Die Gruppen-P.* begegnet in der → Zunft-W., in Konzernen, Syndikaten und Kartellen. Sie koordiniert die Produktion, die Geschäftsgebarung, das Angebot innerhalb eines Wirtschaftszweiges. Sie regelt und beschränkt den Wettbewerb zwischen Unternehmen der gleichen Produktionsart. Hiermit tritt die P. bereits in Gegensatz zu dem freien Spiel der Kräfte in einer Markt-W., die den Wettbewerb zum Prinzip hat (→ Konkurrenz, → Monopol).

3. *Die Teil-P.* gilt für den gemeinwirtschaftlichen Sektor, den die öffentliche W. des Staates, der Gemeinden und der Kirchen einnimmt. Es handelt sich vorwiegend um eine planmäßige Bestimmung des mannigfaltigen Bedarfes dieser Gemeinwesen und der Beschaffung ihrer Mittel, überwiegend in der Form der Erhebung von → Steuern. Der planwirtschaftliche Charakter erweist sich in der Führung der öffentlichen W. nach verbindlichen Haushaltsplänen. Über den Zeitraum der Haushaltspläne - teils auch über ihren Bereich hinaus - gibt es heute weitgreifende Teil-P.en für die Entwicklung der großen Verkehrsunternehmen, für den Straßenbau, die Subventionierung der Land-W., die Durchführung und Finanzierung des sozialen Wohnungsbaus. - In den westlichen Ländern herrscht so - im einzelnen mit unterschiedlicher Abgrenzung - eine dualistische W.sordnung. Nirgends gilt ein ausschließliches marktwirtschaftliches System. Überall wird es getragen, ergänzt und beschränkt durch das gemeinwirtschaftliche und planwirtschaftliche System der öffentlichen W.

4. *Die Rahmen-P.* ist der W.splan der vom Staat gelenkten W. Hier versteht sich Pw. als Gegensatz zur freien Markt-W. Erfolgt dort die Anpassung des Angebotes an die (kaufkräftige) Nachfrage und mit ihr die Deckung der Nachfrage durch eine Heterogonie individueller Zwecksetzungen, die sich an den Preisdaten (→ Wert und Preis) mit dem Ziel der Gewinnmaximierung orientierten, so bedeutet die Pw. unmittelbare Bedarfsdeckung. - Die Rahmen-P. kann verschieden weit ausgreifen: a) Als *Investitions-P.* vollzieht sie eine P. des Wachstums der verschiedenen Produktionszweige. Dem entspricht eine Kapitallenkung. b) Als *Produktions-P.* schreibt sie den Produktions-W.en Umfang und Arten der laufenden Gütererzeugung vor. Dem entspricht die Zuteilung von Rohstoffen, Kraftstoffen und Arbeitskräften. c) Als *Verbrauchs-P.* nimmt sie - bes. in Kriegszeiten - eine Rationierung der Verbrauchsgüter vor. Anstelle der freien Preisbildung tritt hier ein System gebundener und gesatzter Preise. - Umfassen Rahmen-P. und W.slenkung diese drei Bereiche, so ist das marktwirtschaftliche System bereits umgeformt in eine umgreifende Pw., während die rechtliche Selbständigkeit der Einzel-W.en und das Privateigentum an den Produktionsmitteln (→ Eigentum: III, 2) erhalten geblieben sind. Die gelenkte W. beläßt und garantiert in der Preisbemessung auf allen Stufen den Erwerbs-W.en einen Gewinnspielraum.

5. Die *totale Pw.* zeigt prinzipiell den gleichen Aufbau, aber hier ist das Privateigentum an den Produktionsmitteln aufgehoben. Es herrscht eine ausschließliche Gemein-W. Sie kann in der letzten Stufe aufgelockert werden, sofern mit einer gestiegenen Ausbringung einzelne oder alle Güter des persönlichen Verbrauchs nicht mehr rationiert werden. Der nach wie vor gesatzte Preis wird dann als Mittel der Steuerung des Absatzes und der Güterzuteilung gehandhabt.

Die totale Pw. ist in der UdSSR in besonderen Formen ausgebildet worden. Den Ausgang des W.splanes bildet die Mengen-P. Die allgemeinen Proportionen des Planes werden durch die »Direktiven« des Zentralkomitees der Partei und des Ministerrates gegeben. Im einzelnen wird der W.splan im Zusammenwirken aller Instanzen nach der sog. Bilanzierungsmethode aufgebaut. Hier werden die dem Bedarf entsprechenden Gütermengen mit den Produktionskapazitäten abgestimmt. Dies geschieht mit Hilfe von Kennziffern für jedes Zwischenprodukt von Stufe zu Stufe. Diese Kennziffern sind die Normen für die Ausnutzung der Rohstoffe und Hilfsstoffe, der Maschinen und Anlagen und der Arbeitskräfte. Anstelle von Normen, die auf Grund statistischer Durchschnitte gewonnen sind, treten immer mehr »fortschrittliche Durchschnittsnormen«. Sie werden über dem bisher erreichten Durchschnitt festgesetzt, um so eine erhöhte Ausbringung zu erzwingen. Auf der Seite der Kostenrechnung entsprechen diesen Sollziffern Auflagen zur Selbstkostensenkung um einen bestimmten Prozentsatz. - Der Mengen-P. tritt nun in der totalen Pw. eine Finanz-P. gegenüber. Praktisch konnte die kommunistische Pw. ohne Geldrechnung nicht auskommen. Diese wurde notwendig, um in den Betrieben eine Kostenrechnung führen zu können und um die Erfüllung der W.spläne zu kontrollieren. Mit der Zahlung von Löhnen und Gehältern in → Geld und der Bewertung der Güter und Leistungen in Preisen lag es nahe, den Betrieben jeder Produktionsstufe die Kostendeckung zur Pflicht zu machen und ihnen neben einer sehr hohen Umsatzsteuer einen Sollgewinn aufzuerlegen. Diese Auflagen sind differenziert nach den W.szweigen und ihrer politischen Bedeutung. Indem von allen Betrieben so eine Wirtschaftlichkeitsrechnung innegehalten werden muß, ist den Betrieben innerhalb der Pw. ein wirtschaftliches Verhalten mit wirksamen Auflagen, Anreizen und Kontrollen zur Pflicht gemacht. Aber das System der totalen Pw. enthält in sich und gerade auf der Stufe der einzelnen Betriebe keine autonomen Antriebe, die Güte der Waren und die Mannigfaltigkeit des Angebotes zu steigern. - Die vom Staat auf Grund der durchschnittlichen Kosten gesatzten - oft auch nur gegriffenen - Preise erfüllen in der Pw. nicht die Leitfunktion freier Preise, dh sie sind nicht die Richtgrößen für das künftige Angebot und für den weiteren Ausbau der Produktionsanlagen. Aber gerade dies will ja die zentrale P. in ihren Direktiven bestimmen.

Während zunächst in Rußland dies System der Pw. entwickelt und aufgebaut wurde, entspann sich in den westlichen Ländern eine Diskussion zwischen liberalen und sozialistischen Theoretikern, ob und wie eine totale

Pw. ökonomisch rationell denkbar sei. Dabei wurde die Pw. am Modell einer als ökonomisch vollkommen rationell gedachten Markt-W. gemessen. Die Liberalen - voran Mises und Hayek - bestritten, daß eine Pw. ökonomisch rationell möglich sei; die sozialistischen Theoretiker entwarfen daraufhin das Modell einer Pw., die nach dem Vorbild einer Markt-W. geführt wird (Taylor, Lange, Lerner). Die bisherigen Erfahrungen mit der Pw. zeigen, daß sowohl die totale P. wie die Rahmen-P. der gelenkten W. ein gleichmäßiges Wachstum der Volks-W. und die → Vollbeschäftigung gewährleisten. Die totale Pw. vermochte es, die schnelle industrielle Entwicklung unterentwickelter Länder unter schärfster Ausnutzung der Arbeitskräfte und bei dürftiger Deckung des Lebensbedarfes der Bevölkerung zu erzwingen. Dem ursprünglichen Ziel des → Kommunismus, eine reichliche, gleichmäßige und mannigfaltige Versorgung der Bevölkerung mit hochwertigen Bedarfsgütern zu erreichen, steht der Zentralismus und Schematismus in der totalen Pw. entgegen. - Für die westlichen Wirtschaftssysteme ist die Alternative: Pw. oder freie Markt-W. falsch gestellt. Zur Frage steht nur, in welchem Verhältnis sich beide Systeme in den einzelnen Ländern ergänzen, wieweit neben dem planwirtschaftlich geführten Sektor der öffentlichen W. Teil- und Rahmen-P.en zur Koordination und zur Gewähr eines gleichmäßigen Wachstums notwendig sind und welche Bereiche dem marktwirtschaftlichen Sektor und einer Wettbewerbsordnung überlassen werden können. - Vgl. → Staatsbetrieb, → Wirtschaftspolitik, → Wirtschaftstheorien.

C. Landauer, Pw. u. Verkehrs-W., 1931 - E. Heimann, Sozialist. W.s- u. Arbeitsordnung, (1932) 1948[2] - Collectivist Economic Planning, ed. F.A.v. Hayek, London 1935 - O. Lange-F. Taylor, On the Economic Theory of Socialism, Minneapolis 1938 - J.A. Schumpeter, Kapitalismus, Sozialismus u. Demokratie, (engl. 1942) dt. 1946 - B. Wootton, Freiheit in der Pw., (engl. 1945) dt. 1947 - Ch. Bettelheim, Les problèmes théoriques et pratiques de la planification, 1946 - W. Röpke, Die Krise des Kollektivismus, 1947 - M. Dobb, Soviet Economic Development since 1917, (1948) 1957[4] - F. Lenz, W.s-P., 1948 - E. Devons, Planning in Practice, 1950 - Unters.en zur sozialen Gestaltung der W.sordnung, hg.v. W. Weddigen, 1950 - W. Huppert, W.slenkung, 1955 - HWSW IX, 328ff. 381ff (Sowjetunion; Lit.) - Grundriß der Volkswirtschafts-P., hg.v. J. Rudolph u. G. Friedrich, Ostberlin 1957 - H. Hirsch, Mengen-P. u. Preis-P. in der Sowjetunion, 1957 - J.S. Berliner, Factory and Manager in the USSR, 1957 - O. Lange, Bilanz der Produktionsaufwendungen u. Produktmengen, Moskau 1958 (russ.) - Politische Ökonomie, Lehrbuch (aus dem Russ.), 1959. - Zs.en: Soviet Studies, Oxford - Osteuropa-Wirtschaft, Stuttgart - Planwirtschaft, Moskau (russ.). *H. Ritschl*

Platon, *griech. Philosoph* (427-348/47 vChr)

1. Leben - 2. Postulat der Ganzheit - 3. Philosophie - 4. Schriften

1. * in Athen aus vornehmem Geschlecht, war P. bis zum Tode des → Sokrates (399) 8 Jahre lang dessen Schüler und Anhänger. In seinen frühen Schriften reproduziert er die Form sokratischen Disputierens; in allen Dialogen P.s (außer in den »Gesetzen«) ist Sokrates die Hauptfigur, und alle beanspruchen, in dessen Nachfolge zu stehen. - Eine erste große Reise (ca 399-388) nach Unteritalien und Sizilien (vielleicht auch nach Ägypten) führte zur Berührung mit dem Denken der → Pythagoreer (Archytas von Tarent) und zur enttäuschenden Begegnung mit Dionysius I., dem Tyrannen von Syrakus. - Um 385 begründete P. die Akademie zu Athen, die unter der Rechtsform eines Kultvereins zur Stätte für philosophische Forschung und Erziehung wurde. Der Drang, nicht nur zu lehren, sondern das Erkannte und Gelehrte zu verwirklichen, führte P. zu zweimaliger Unterbrechung seiner Lehrtätigkeit: 366 und 361 folgte er dem Rufe, der von Syrakus an ihn erging. Beide Male schien sich die Möglichkeit aufzutun, dort als Berater Dionysius' II. maßgeblichen Einfluß auf Gestaltung und Lenkung eines Staates zu gewinnen. Beide Reisen endeten jedoch mit herber Enttäuschung.

2. Schon dieser Lebensgang zeigt: es wäre unrichtig, P. als Nur-Philosophen oder als Fach-Philosophen im heutigen Sinne zu verstehen. Wohl hat er als erster Theorie und Praxis begrifflich geschieden. Trotzdem gilt für ihn noch das *Postulat der Ganzheit:* Wer das Gute erkennt, muß es auch nach Kräften verwirklichen; P. kann sich nicht mit der Erkenntnis als solcher zufrieden geben. Bei der Verwirklichung des Guten kann gar nicht an eine Beschränkung auf private Sphäre gedacht werden: Das ist ein öffentliches Anliegen und kann nur im Staat, in der Gemeinschaft vollzogen werden. - Der Kern aller Mißdeutungen P.s liegt darin, daß man nur die Leistung P.s im Theoretischen würdigte, die (erfolglose) politische Einflußnahme aber als nicht hinzugehörig, ja als dilettantisch ansah. Beide Seiten dürfen jedoch nicht getrennt werden; die politischen Mißerfolge bedeuteten für P. einen schweren, nie verwundenen Verzicht. Alle Theorie ist bei P. darauf angelegt, Praxis zu werden: In den »Gesetzen« wird endlich gar der Fall konstruiert, daß ein fast idealer Staat von wenigen Einsichtigen verwirklicht wird, ohne daß die Bürger die volle philosophische Einsicht gewinnen.

3. P.s Philosophieren muß von drei Ansätzen her verstanden werden.

a) *Sokratisch* ist P.s stetes Bemühen um eine klare Begriffsbildung. Erstens war es in der Auseinandersetzung mit Gegnern - bes. den Sophisten (→ Griechisch-römische Philosophie, 2 b α) - von hohem Wert, Umstrittenes bis zur Eindeutigkeit zu klären; Sokrates wie P. brachen den Einwänden gern die Spitze ab durch den Nachweis, daß die Gegner unscharfe oder gar nicht bestimmte Begriffe verwandten. Zweitens und vor allem enthalten die von Sokrates und P. untersuchten Begriffe zunächst alle etwas Werthaftes (Freundschaft, Besonnenheit, Tapferkeit, Verehrung der Götter). Jeder von ihnen weist auf richtiges Handeln hin und begründet die Pflicht dazu. Wohl kann die Besinnung auf diese Werte in verschiedenen Lagen zu diametral entgegengesetzten Folgerungen führen (ein Entschluß zum Rückzug kann eine Tat der Tapferkeit sein), schematische Urteile über Wert und Unwert einer Tat sind meist irrig (hier äußert P. oft scharfe Kritik an nicht mehr sinnvollen Konventionen). Unverrückbar bleibt dies Ergebnis: Jede Tat (und jedes Ding) ist durch seine → Teilhabe an einem der Werte selbst werthaft, also gut; ohne eine solche Teilhabe ist sie wertlos oder wertwidrig, dh schlecht. Dabei sind die Werte einerseits rational einsichtig; das Richtig-Verhalten (ἀρετή) ist lehrbar. Andererseits sind die Werte in dieser Welt nie ganz und nie unverdunkelt anwesend. Und da ihre Existenz über jeden Zweifel erhaben ist, muß eine besondere Form des Existierens angenommen werden, die Existenz in einer besonderen, transzendenten Welt der Werte, im Reiche der → Ideen. Von dort aus wirken die seinserfüllten Werte (= Ideen) in die diesseitige, sinnliche Welt hinüber. Diese gewinnt nur Existenz, insofern sie Abbild der Ideen-Welt ist; und sie wäre vollkommen, wenn sie vollkommenes Abbild wäre. - Mit diesem Ansatz ist P. zum Entdecker des Transzendenten geworden. Diese Entdeckung ist folgerichtig zu einer ersten → Transzendentalphilosophie ausgebaut worden. Hier liegt das wesensbestimmende Merkmal von P.s Philosophie ebenso wie sein Fortschritt über die Vorgänger hinaus.

b) *Der parmenideische Ansatz* ist in zwei Aspekten fruchtbar geworden: α) Der Satz des → Parmenides (B 3), das → Denken sei mit dem → Sein identisch, hat entscheidend dazu mitgewirkt, daß das bisher Referierte zur Transzendentalphilosophie ausgeweitet werden konnte. Die Realität der Ideen wird nicht allein dadurch erhärtet, daß sie wirkende Ursachen sind (weil sie alles Werthafte hinieden bestimmen); da sie intelligibel sind, sind sie im höchsten Maße seiend. Die Gleichsetzung νοεῖν = εἶναι wird umgesetzt in die Gleichung νοητά = ὄντα. Diese Gleichung führt zu der Folgerung, daß nicht nur die Werte, sondern alles Seiende transzendiert. Wie jede gute Tat an einem Wert teilhat, so hat jedes konkrete Ding an einem transzendenten und vollkommenen Urbild teil, an der Idee; transzendent sind nun nicht mehr nur die Wertbegriffe, sondern auch die Gattungsbegriffe. Daß dabei die Ideenlehre prinzipiell → Wertphilosophie bleibt, wird daran sinnfällig, daß es von Wertwidrigem, Wertlosem, Unnatürlichem und von Einzelnem keine Ideen geben kann. Über den ersten, wertkritischen Ansatz hinaus ist diese Philosophie zu einer → Ontologie herangewachsen. - β) Nun hatte Parmenides nicht nur die Einheit von Sein und Denken gelehrt, sondern auch die Einheit alles Seins in einer alles überragenden Spitze. Von jedem Ding, das ist, gilt zugleich die Aussage, daß es *eines* ist. Sein und Einheit stehen ganz offenbar in einem Sinnbezug; für das Sein der Dinge ist Voraussetzung, daß sie eines sind. Abgesehen davon, daß die Dinge an der sie prägenden Idee Anteil haben, müssen sie zugleich an der Eins Anteil haben. So wurde die Eins als höchster und allgemeinster Seinsgrund angesetzt; ja, P. tat, wenn auch zögernd, den Schritt, diese Transzendenz des Einen (das zugleich das Gute sein muß) hoch über die Transzendenz der Ideen zu erheben. Wie die Sinnendinge an den Ideen teilhaben, so die Ideen am Einen = Guten; wie die Sonne über allem Irdischen steht und Licht und Leben gibt, so ist das Eine = Gute als die Sonne im Reich des Transzendenten zu verstehen (Staat 6, 509 Aff). Das Eine = Gute ist das seinsbegründende Prinzip, in dem alle Vielheit aufgehoben ist.

c) Die → Pythagoreer waren in der griechischen Welt die einzigen radikalen Vertreter eines Werte-Dualismus. Nun muß das paradoxe Faktum notiert werden, daß der bei P. angelegte Dualismus gerade durch den *pythagoreischen Ansatz* aufgehoben und in eine Stufung umgewandelt wurde. - Durch die Ideenlehre konnte das All zunächst nur in statischem Sinne begreifbar gemacht werden. Jenseits und Diesseits scheinen sich schroff gegenüberzustehen; es fehlt ein Medium, durch das sich die transzendenten Werte im Diesseits realisieren. Dies vermittelnde Wesen ist die Seele, nach pythagoreischem Ansatz Ursprung und Quell aller Bewegung (Bewegung wird in einem späteren Stadium des platonischen Philosophierens als diesseitiges Korrelat zum Denkvorgang verstanden). Wie kein Denken ohne Beteiligung des νοῦς vor sich geht, so geht keine Bewegung ohne Beteiligung der (oder einer) Seele vor sich. Der pythagoreische Ansatz stimmt darin mit dem parmenideischen überein, daß das Prinzip des Denkens als die Eins verstanden wird; zu ihr steht nach pythagoreischer Terminologie die unbegrenzte und unbestimmbare Zweiheit im Gegensatz; diese ist als symbolischer Ausdruck für das Materielle zu verstehen. Auch die Seele ist Zweiheit (denn sie ist nicht ohne ein Objekt zu denken); aber sie bringt ihren Objekten Begrenzung und damit Harmonie (das Grenzenlose muß ungeordnet sein). Somit hat die Seele den Auftrag, als eine Funktion des Einen = Guten Ordnung in die verwirrte Welt hineinzutragen. »Die Seele« als Kollektivum muß als eine Hierarchie von Seelen verstanden werden. Die Weltseele als oberstes Prinzip, das die ganze Welt durchwaltet, läßt Teilseelen mit begrenzten Aufträgen aus sich hervorgehen: erst die der Götter, die dem Leiden-Müssen entrückt sind, dann die der Menschen. In ihnen ist dem vernünftigen, göttlichen und unsterblichen Seelenteil ein doppelt gegliedertes unvernünftiges angefügt: dies ist der Ort der Wahrnehmungen, der Triebe und des Leidens. Aufgabe des Vernünftigen im Menschen ist, die beiden triebhaften Teile im Zaume zu halten. Während die Weltseele in steter Schau der überweltlichen Ideen ihr Weltregiment beständig und regelhaft ausübt (wovon die regelmäßigen Umläufe der Gestirne Zeugnis geben), ist die Menschenseele, die nur in der Erinnerung die einst genossene Schau des Unvergänglichen reproduziert, nur sporadisch und in wechselnder Intensität dazu fähig, dem Impuls zum Guten zu folgen. Philosophische Schulung vermag die Kraft der Wiedererinnerung zu beleben; die somit neu gewonnene Erkenntnis des Guten muß den Menschen zum Guten führen.

Nur einmal hat P. es gewagt, die Systematik seines Lehrgebäudes in direkter Aussage mitzuteilen; dies geschah in dem Vortrag »Über das Gute«, den er in hohem Alter hielt. Bei Alexander in Arist. met. p. 55, 23ff und bei Simplicius in Arist. phys. 247, 30ff sind Nachklänge erhalten, die es erlauben, das, was P. als Quintessenz ansah, zu umschreiben. Dort waren die von P. scharf geschiedenen Arten des Seins, das Anundfürsich und das Bezogene, in eine Relation zu einander gerückt. Um diese Relation einsichtig zu machen, drückt P. sie in einer durchaus mathematisch zu verstehenden Verhältnisgleichung aus (knappste Formel: Das Mathematische ist die mittlere Proportionale zwischen dem absoluten und dem bezogenen Sein). Die enge Verbindung zwischen Philosophie und Mathematik ist bei P. noch nicht zur Allegorese entartet; das Mathematische ist nicht nur geeignet, etwa in Formeln philosophische Erkenntnis auszudrücken, sondern im Mathematischen spiegeln sich die sinnvollen Zusammenhänge des νοῦς-erfüllten Seins unmittelbar wider, in der Sinnenwelt nur mittelbar.

In seinem schriftlichen Werk (27 Dialoge unbestrittener Echtheit sind erhalten) behandelt P. stets nur Teilfragen der Philosophie. Wohl stehen diese zum Zentralen in enger Beziehung; aber P. hielt es weder für nützlich noch für fromm, seine Erkenntnis über das Höchste diskursiv mitzuteilen; denn in ihr ist die Erkenntnis über das Göttliche erhalten. In ihrem wesentlichen Teil muß P.s → Metaphysik (und erst recht die späterer Platoniker) als theologische Aussage verstanden werden. Diese direkt nicht mitteilbare Aussage hat P. (jeweils im Höhepunkt seiner zentralen Dialoge) in eine mythische Form gekleidet, die sich der Prosa-Dichtung nähert. Nur in solcher Einkleidung, profaner Unmittelbarkeit entrückt, wagte P. das Eigentliche auszusagen.

4. Der sokratische Ansatz P.s wird vor allem in den Früh-Dialogen sichtbar: Kriton, Ion, Euthyphron, Laches und Lysis. Der Durchbruch zur Ideenlehre ist in den Dialogen Phaidon, Phaidros, Symposion erfolgt. Die Konstruktion eines idealen Staats wird im »Staat« unternommen; eine kritische Überprüfung bringt der Theaitetos. Der parmenideische Ansatz wird im Dialog Parmenides fruchtbar und wirkt fort in den Dialogen Philebos, Sophistes, Politikos. Eine platonische Physik wird, auf der Basis des pythagoreischen Ansatzes, im Timaios gegeben; die Geschichte eines idealen Staates (der auf der märchenhaften, nicht als real vorgestellten Insel Atlantis seinen Platz hat) sollte im Kritias gegeben werden, blieb aber Fragment. Das große Alterswerk, die »Gesetze«, steht scheinbar nicht in Beziehung zu dem transzendenten Überbau (dessen Begründung alle übrigen Dialoge dienen). Der Staat der »Gesetze« wird nach solchen Grundsätzen konstituiert, die der philosophisch nicht geschulte Bürger billigen müßte; das bedeutet indes keine Abkehr vom Hauptergebnis P.s, sondern nach

der Enttäuschung der Jahre 365 und 360 ein Verhüllen des Entscheidenden vor den Uneinsichtigen.

Zur Nachwirkung P.s vgl. → Platonismus, → Neuplatonismus. Vgl. ferner → Dialektik; → Erleuchtung, 2; → Erlösung: V, 3; → Geist: VII, 2; → Gott: VII, 1; → Griechisch-römische Philosophie, 2 b β; → Höchstes Gut, 2; → Idee, 1; → Leib und Seele: II, 3; → Logik, 2; → Logos, 1 c; → Metaphysik, 3; → Mythos: I, 4.

GA hg.v. J.Burnet, 5 Bde, Oxford 1900ff; dt. v. F.Schleiermacher, (1804-10) 1950. Autobiographisches Zeugnis von höchstem Rang ist der 7. Brief; Echtheit bestritten von G.Misch (Gesch. d. Autobiogr. I/1, 1949³, 114ff) u. G.Müller (APh 3, 1949, 251 bis 276), verteidigt v. B.Stenzel (American Journal of Philology 74, 1953, 383-397). - Für weitere Ausg.n u. Lit. vgl. O.Gigon, P. (BEStPh 12), 1950 - BPhil I, 45-65. - Über P.: P.Natorp, P.s Ideenlehre, (1903) 1921² - C.Ritter, P., 2 Bde, 1910/23 - U.v.Wilamowitz-Moellendorff, P., 2 Bde, (1919) 1929³ (Neudr. Bd I, 1948) - Ü I, 178ff. 65*ff (Lit.) - J.Stenzel, Zahl u. Gestalt bei P. u. Aristoteles, (1924) 1959³ - Ders., P. der Erzieher, 1928 - A.E.Taylor, P., the Man and his Work, London (1926) 1949⁶ - Ders., A Commentary on P.s Timaeus, Oxford 1928 - M.Wundt, P.s Parmenides, 1935 - A.Speiser, Ein Parmenideskommentar, 1937 - H.F. Cherniss, Aristotle's Criticism of P. and the Academy, Baltimore 1946 - P.Wilpert, Zwei aristotel. Frühschriften über die Ideenlehre, 1949 - PW XX/2, 2342ff - W.D.Ross, P.s Theory of Ideas, London 1951 - J.Gould, The Development of P.s Ethics, Cambridge 1955 - E.M.Manasse, Bücher über P. (PhR Bh. 1 u. 2), 1957/61 (Lit.).

H.Dörrie

Platon (weltlicher Name: *Peter Levšin;* 1737-1812), Erzieher des späteren Kaisers Paul I., 1787-1811 Metropolit von Moskau. Seine unter Katharina II. erarbeiteten Reformpläne für die geistlichen Schulen blieben ohne Erfolg. Einige der von der Kaiserin geschlossenen Klöster wurden auf P.s Veranlassung von Paul I. wieder geöffnet. Gegen Zugeständnisse an die Altgläubigen vermochte P. mit Erfolg vorzugehen. Seine Theologie ist von → Prokopovič und → Quenstedt beeinflußt. Sein Katechismus nivelliert zahlreiche orth. Besonderheiten. Neben Predigten ist noch seine bis 1720 führende Kirchengeschichte zu nennen.

RE XV, 481ff - A.M.Ammann, Abriß der ostslaw. KG, 1950, 402f (Lit.). 405. 408. 410. 455f - I.Smolitsch, Russ. Mönchtum, 1953, 418. 449. 503 - R.A.Klostermann, Probleme der Ostkirche, 1955, 152 (zur Predigt P.s).

K.Onasch

Platonismus

1. Die Alte Akademie - 2. Der Mittel-P. - 3. Der Neu-P. und der Ausgang des antiken P. - 4. Die Auseinandersetzung des P. mit dem Christentum - 5. Die Entwicklung seit der Renaissance

P. bezeichnet das Philosophieren derer, die sich als Nachfolger → Platons verstehen. Nie war der P. auf historisch exakte Rekonstruktion der Lehre Platons gerichtet, sondern er diente der Weiterführung einer als ungebrochen verstandenen Tradition. Deren Inhalte hatten stets den Vorrang vor einem aus Platon hergeleiteten »Schriftbeweis«. Platon wurde als Finder und Künder jeder Wahrheit verehrt, also mußte jede Wahrheit mit den Überlieferungen des P. kommensurabel sein.

1. *Die Alte Akademie* (348 bis ca 268 vChr). Platon wirkte recht eigentlich durch seinen Unterricht. Sollte nun seine Lehre tradierbar werden, so mußten Schüler sie in ein System bringen. Diese Arbeit leistete Xenokrates (Schulhaupt 339-314); durch ihn gibt es systematische Dogmatik Platons, an ihm liegt es, daß im P. die Tradition schwerer wiegt als Platons Wort. Xenokrates schied erstmals die Fachgebiete Logik, Physik, Ethik. Sein philosophischer Bau gleicht einer Pyramide, deren Spitze der höchste Wert, das reine → Sein, ist. Alles steht zu ihm in Beziehung, und je nach der Nähe zu ihm wird alles auf dieser Pyramide angeordnet. In ihrer Stufung entsprechen Logik, Physik, Erkenntnistheorie und Ethik einander; den höchsten Wert haben sie gemeinsam. Die Fachgebiete sind also wie Seiten der Wert-Pyramide. So bereitete Xenokrates die nachmalige Stufungslehre vor, die von einem transzendierenden Wert ausgeht. Seine Nachfolger entwickelten dies System bes. in seinem ethischen Aspekt. - Dem → Hellenismus des 3. und 2.Jh.s vChr fehlte das Organ für transzendente Fragestellung gänzlich; die eben begründete Tradition riß ab. Die Akademie wandte sich der Skepsis zu. Als das Interesse für den P. wieder erwachte, brannte die Akademie (bei der Belagerung Athens durch Sulla, 86 vChr), und mit ihr alle Schriften des Xenokrates, völlig ab. Seither mußte auch dessen Systematisierung des P. aus versprengten Zitaten rekonstruiert werden.

2. Der P. entzündete sich neu an der Lektüre des platonischen Timaios. Von da hat der *Mittel-P.* (ca 50 vChr bis 250 nChr) primär naturwissenschaftliches Gepräge. Am Timaios entbrannte die Diskussion: Ist die Welt zeitlich erschaffen, Platons Darstellung also wörtlich zu verstehen? Oder besteht die Welt ohne zeitlichen Anfang? Zugleich entwickelte man aus dem Timaios eine Lehre von den bestimmenden Ursachen.

Zuerst wurde man in *Alexandria* auf den transzendentalen Gehalt und damit auf das Theologische an Platon aufmerksam. → Philo setzt den platonischen νοῦς kühn mit Jahwe gleich. Beide sind der Welt derart fern, ja gegensätzlich, daß sie nur durch Mittelwesen auf diese wirken können. Philo zeigt das bezeichnende Merkmal des geschulten Platonikers: Er gewinnt Platon ebenso wie dem AT die Merkmale ab, die seine Theologie bekräftigen. Diese Harmonisierung wurde zum Vorbild für → Clemens von Alexandria und für → Eusebius von Cäsarea. Diese kühne Umsetzung des P. durch Philo ist ein sicheres Indiz dafür, daß in Alexandria eine (freilich nicht offizielle) Schule bestand, in der ein P. mit derart theologischen Folgerungen vertreten wurde. Ein früher Zeuge dieses P. ist Eudorus (um 35 vChr), ein späterer der von → Origenes bekämpfte → Celsus. - In *Athen* trug der P. philologisch-gelehrten Grundzug. Man war bemüht, das überlieferte Dogma des P. durch Belege aus Platon zu stützen. Dabei kam es zu Kontroversen a) über die Frage der Weltschöpfung; b) über das Verhältnis des P. zu → Aristoteles: Ist der Begriff οὐσία transzendent? Oder kann οὐσία eine Kategorie neben den neun anderen sein? c) Ist das Unvernünftige in der Menschenseele in die Unsterblichkeit mit eingeschlossen? d) Hat die Weltseele das Transzendente in sich oder über sich? Ein wichtiger Vertreter des P. in Athen war → Plutarch, der aber nicht der Akademie angehörte. - In *Pergamon* wird um 135 unter den Scholarchen Gaius und Albinus eine Schule erkennbar, in der man dem Ausgleich mit Aristoteles zuneigte. Hier studierte der Arzt Galen. In Rom gab es vor Plotin keine ständige Schule des P.

Zunächst entwickelte der Mittel-P. ein physikalisches System, in dem sich drei Prinzipien die Waage halten: Gott, Idee, Materie. Keines dieser Prinzipien kann ohne die beiden anderen zur Wirksamkeit gelangen; jedes braucht die beiden anderen. Schon in dieser Periode ist der P. bemüht, alle Phänomene als sinnvoll zu erweisen und sie aus dem → Logos zu erklären. So hat der P. eine universalistische Tendenz; namentlich auf den Gebieten Physik, Anthropologie und Ethik wird eine Fülle von Einzelforschung geleistet. Der P. verschloß sich keineswegs dem, was in anderen Schulen geleistet wurde; → Stoa, Peripatos (→ Griechisch-römische Philosophie, 2 b β) und → Pythagoreer haben spürbaren Einfluß ausgeübt. Dieser Einfluß drang aber fast nie in den Bereich vor, der eigenste Domäne des P. war: die Spekulation vom Transzendenten. Hier haben einzig Fragestellungen aus Aristoteles' Metaphysik und aus Poseidonios' Teleologie gewirkt. - Im Mittel-P. entbehrte die Spekulation vom Transzendenten durchaus der Straffung und der Konzentration. Die Frage: »Was ist Gott? Was ist das Höchste Prinzip?« wurde außerhalb des P. mit größerer Dringlichkeit gestellt als innerhalb; nur zögernd wagten sich die Schulhäupter des P. an eine Antwort. Mehr und mehr strebt indes der P. dahin, diese eine Frage zu beantworten. Eine große Hilfe wird die poseidonische Konzeption vom Logos, durch den der göttliche νοῦς zur Welt spricht und der von den Weisen der Vorzeit, vor allem von Platon, verkündet wurde.

Nie war der P. auf die Schulen in Alexandria, Athen und Pergamon beschränkt; er wirkte stark in die Breite; als Vermittler sind, in ganz verschiedener Höhenlage, Plutarch und Apuleius zu nennen. Die → Hermetica (→ Poimandres) zeigen starke Einflüsse von seiten des P. Vor allem stehen sie in ihrer offenbarenden Aussageweise in einer Tradition der Timaios-Nachahmung.

3. Den von → Plotin geprägten → *Neuplatonismus* muß man zunächst als Vereinfachung und als systematische Straffung des Bisherigen verstehen. Alles bisher Erforschte wird einer ausgesprochen theologischen Spitze untergeordnet. Mangels besonderer Bezeichnung nennt man diese das Höchste, das Eine, auch wohl den König. Nun ist keine Gleichordnung mehrerer Prinzipien mehr denkbar; die schon längst im P. angelegte Stufung wird zur herrschenden Denkform, ja fast zum Denkzwang. - Der Mittel-P. war induktiv vorgegangen. Er suchte das Höchste zu ertasten oder zu erschließen. Plotin deduziert: Das Höchste ist die erste, einfachste Ursache. Alles Weitere ist von da abzuleiten. Der kausale Aspekt steht ganz im Vordergrund; das ist ein Erbe aus dem Mittel-P., der Metaphysik um der Naturerklärung willen trieb. Wohl lehrte schon Plotin, daß das Höchste sowohl Ursache als auch Ziel ist. Doch wird die Tragweite der finalen Betrachtungsweise erst durch → Proklos voll gewürdigt. - Der höchste Grund kann nur einfach und nur einer sein. Selbst der νοῦς enthält noch ein Element der Vielheit, denn er umfaßt die → Ideen in sich (daß sie nicht außerhalb des νοῦς bestehen können, verfocht Plotin gegen Longin, den gelehrtesten Mittelplatoniker seiner Zeit). Also muß das Höchste noch über dem νοῦς und über dem Sein stehen; es muß schlechthin *Eines* sein, und weiter muß gar nichts von ihm ausgesagt werden können. Wäre das Eine zugleich seiend, so wäre schon ein Moment der Zweiheit gegeben. Dies ist ein pythagoreisches Philosophem, das Plotins Lehrer → Ammonius in den P. hineintrug. - Von hier aus ist alle ontologische Wertung mit der Frage nach dem Einfachen verknüpft. Alles Vielfältig-Werden, alle Differenzierung und Vermehrung führt vom Einen weg; es bedeutet Abwertung. Die aristotelischen, längst Allgemeingut gewordenen Begriffe δύναμις und ἐνέργεια wurden in diese Bewertung einbezogen. Das wahrhaft Seiende und Wirkende kann nur in der Aktualität sein; im Potentiellen (δυνάμει) hört man stark die zeitweilige Nicht-Existenz mit und ordnet die Dinge δυνάμει der Unvollkommenheit zu. - Die Wirkungen, die vom Höchsten Einen ausgehen, läßt der Neu-P. in drei Stufen = Hypostasen sich manifestieren: νοῦς, Weltseele, Kosmos. Dabei ist der νοῦς im Sinne des → Parmenides das statische, stets sich gleichbleibende Sein des Intelligiblen; die Weltseele ist das dynamische Sein, das Bewegung hervorbringt; der Kosmos ist ihr Werk. Die → Materie ist keine Hypostase; sie ist nur δυνάμει ὄν, was die völlige Passivität, fast das Nicht-Sein bezeichnet.

Die weitere Entwicklung des P. ist durch drei Dinge gekennzeichnet: a) die Einschmelzung des aristotelischen Gutes; b) die immer weiter durchgeführte Verfeinerung der Stufung; c) das Einbeziehen zumindest der chaldäischen Orakel, oft aber weiterer okkulter Quellen in die Fundamente des P. - Der Kaiser → Julian suchte den P. als kulturpolitischen Faktor wirksam zu machen und ihm das Bildungsmonopol zu sichern, das seit → Clemens von Alexandria, → Origenes und → Eusebius (, 2) verloren war; dazu schrieb er vor, kein Christ dürfe Grammatik, Rhetorik und Philosophie unterrichten. Der vernichtende Schlag gegen den P. wurde nachmals nicht durch die Schließung der Akademie (529) geführt, sondern dadurch, daß sich das Christentum, von Alexandria aus beginnend, in den vollen Besitz der antiken Bildungsinhalte setzte.

4. *Die Auseinandersetzung des P. mit dem Christentum* ist von zwei Punkten her bestimmt: a) Mehr und mehr wurde der P. zum Gefäß spätantiker Religiosität. Seit etwa 300 war er nicht nur die einzige aktuelle Philosophie (die → Stoa starb ab, der → Aristotelismus wurde aufgesogen), sondern er umfaßte auch den geistigen Gehalt aller damals praktizierten Religionen; er stand zu keiner im Widerspruch und wurde von vielen als das durch die Kultausübung eigentlich Gemeinte verstanden. Alle religiöse Betätigung konnte als Allegorie zu den Lehren des P. aufgefaßt werden. - b) Zugleich enthält der P. die erste wissenschaftlich-spekulative Theologie; er war weit über die vorwiegend bekenntnishaften Vermutungen früherer Philosophie zu einer systematischen und rational begründeten Aussage über → Gott (: VII, 1) vorangeschritten. In vielen Punkten ist diese Theologie für die christliche zum Vorbild geworden. In folgenden Punkten aber bestand klare Opposition: Der P. erkennt keinen Glauben und keine Offenbarung an, da dies außerrationale Erkenntniswege wären. Denn es gibt nur den in sich widerspruchslosen, eindeutigen Logos. Es gibt für den P. keine Erlösung aus Gnade; denn die Gottheit als Vorsehung ist gerecht; die Erlösung einer fehlhaften Seele widerspräche der Gerechtigkeit. Die Gottheit muß unpersönlich als das Höchste vorgestellt werden; die Welt ist nicht erschaffen und ohne Ende. Die Seele ist unsterblich, aber im Sinne der → Seelenwanderung; sie muß den richtigen Weg finden kraft eigener rationaler Entscheidung. Keine Gemeinschaft oder Gemeinde kann ihr dabei helfen; das hieße ja, die göttliche Vorsehung zwingen wollen, aus ihrer Bahn zu weichen. Diese Gottheit ist so unendlich hoch, daß Gebet oder Opfer sie nicht erreichen; nur wenigen, selbst fast göttlichen Menschen gelingt die unio mystica. - Eine Abweichung von diesen Punkten wurde von den Anhängern des P. als äußerste Un-Frommheit aufgefaßt. Denn der Widerspruch dagegen involviert eine Aussage über das Göttliche, die man als Blasphemie empfand: zB Gott einen Willensakt zuschreiben, heißt ihn eines Affekts für fähig halten. Die Welt als erschaffen ansehen, heißt Gott sich nicht aktuell, sondern nur potentiell wirkend vorstellen. Die Auferstehung des Fleisches fordern, heißt eine schädliche Sinnwidrigkeit fordern: Die göttliche Vorsehung müßte sich wegen aller Todesfälle korrigieren. Diese Einwände des P. gegen christliche Dogmen sind für die → Apologeten des 4. Jh.s von hoher Bedeutung gewesen. - Der wichtigste Differenzpunkt ist, daß sich der P. das Göttliche nur gestuft zu denken vermag; hierin war er durchaus in Übereinstimmung mit den Gebildeten seiner Zeit. Es bedurfte größter Anstrengung, dem entgegen die → Trinitäts-Lehre mit der Maßgabe durchzusetzen, daß die drei Personen gleiche Göttlichkeit und gleiche Seinsfülle haben. Wenn immer wieder eine Stufung, eine Unterordnung des Sohnes unter den Vater (im ontologischen Sinne) versucht wurde (→ Arius, → Eunomius), so ist darin die latente Wirkung des P. zu erblicken, der sich

der Homousie ontologisch gleichwertiger Prinzipien widersetzt. Wichtige Zeugen eines christianisierten P. sind → Dionysius Areopagita, → Johannes Scotus Eriugena und → Dante; Hierarchie und Stufung sind konstituierende Elemente ihres Denkens und Empfindens. - Die Auseinandersetzung im lat. Westen verlief spannungsärmer. Hier ging es nur am Rande um die Unterscheidungen der spekulativen Theologie; gern ging man bei → Porphyrius in die Schule, wo dieser die Grundbegriffe der → Logik klar legt. An → Augustin lag es, daß Ansätze des Porphyrius auf dem Felde der Erlösungslehre nach geschickter Umsetzung fruchtbar wurden (vgl. De civ. Dei 10). Der spätere P. (seit → Iamblichus) hat auf den Westen kaum mehr gewirkt.

5. Die Anhänger des P. in der Antike und dann wieder in den Kreisen um → Gemistos Plethon, → Ficino und → Pico della Mirandola haben sich als Träger einer wohlumrissenen Überlieferung verstanden. Es führt zur Unschärfe, wenn demgegenüber im modernen Schrifttum jeder direkte oder indirekte Anklang an Platon mit dem Wort P. bezeichnet wird. Wohl wirkte der P. in verschiedenen Aspekten ins Christentum hinein; im MA sind außer Johannes Scotus die Schule von → Chartres sowie verschiedene Aspekte der → Mystik (: VI) zu nennen. - In der → Renaissance blüht der P. noch einmal auf, ohne daß es zu vertiefter Diskussion um sein Wesen kam. Die Reformatoren lehnen den Hang des P. zur Allegorese und zur Aufweichung des durch die Schrift Fixierten rundweg ab; auf kath. Seite wird die → Inquisition zum gefährlichen Gegner des P. Zugleich setzt vermehrte Natur-Erkenntnis der Diskussion um das Weltbild des P. ein Ende; G. → Bruno versucht dies zu retten, indem er die positive Existenz des Unendlichen lehrt (das sich echter P. nur als wertwidrig denken konnte). Bis tief ins 19.Jh. hinein las man Platon im Sinne des P. und in der Kommentierung durch den P. (vgl. → Cambridge Platonists); auch → Kant hatte nur eine durch den P. gefärbte Kenntnis von Platon. Als Editor und Kommentator von Texten des P. wurde F.Creuzer (1771-1858) wichtig. Erst → Schleiermacher und Ed. → Zeller drangen wieder zum Verständnis Platons selbst vor; seitdem verfiel der P. radikaler Ablehnung.

Zusammenfassende Darst. des P. u. seiner Gesch. fehlt. Vgl. die Lit. zu den Einzelartikeln, bes. zu → Neuplatonismus. Ferner C. BAEUMKER, Der P. im MA, 1916 - DERS., Mittelalterlicher u. Renaissance-P. (Beitr. zur Gesch. d. Renaissance u. Reformation, Festg. f. J.Schlecht, 1917, 1-13) - DERS., Studien u. Charakteristiken zur Gesch. d. Philos., insbes. des MA, 1928 - Ü I, 524ff. 171*ff (Lit.) - E.HOFFMANN, P. u. MA (Vortr. der Bibl. Warburg 3, 2, 1926-27, 17 bis 82) - DERS., P. u. Mystik im Altertum, 1935 - C.RITTER, P. u. Christentum, 1934 - B.KIESZKOWSKI, Studi sul platonismo del Rinascimento in Italia, Florenz 1936 - R.E.WITT, Albinus and the Hist. of Middle-Platonism, Cambridge 1937 - P.SHOREY, Platonism, ancient and modern, ebd 1938 - R.KLIBANSKY, The Continuity of the Platonic Tradition during the MA, London 1939 - E.GILSON, Platonisme, aristotélisme, christianisme, 1945 - Actes du Congrès de Tours et Poitiers de l'Association Budé, 1954 (mit vielen Beiträgen zum Thema P.).
H.Dörrie

Plattdeutsche Gottesdienste. Im MA konnten in die Meßordnung volkssprachliche Elemente kaum eindringen, dagegen in Nebengottesdienste und Prozessionen, in denen pl. Hymnen und Sequenzen gesungen wurden. Aus Beichtformularen sind Bekenntnis und priesterlicher Zuspruch, aus Trauformularen der Treuspruch der Brautleute in pl. Sprache bekannt. Da seit Karl d. Gr. die → Predigt (: I) in der Volkssprache gefordert war, konnte sich auch die pl. Predigt reich entwickeln. Die Hauptmasse des Erhaltenen ruht unveröffentlicht in Archiven (Übersicht bei Jellinghaus 41). J. → Veghe ist einer der wenigen bekannten Prediger. Ergiebige anonyme Quellen sind die Glossen der niederdeutschen → Plenarien, von denen am besten die Erzeugnisse des Lübecker Mohnkopf-Verlages vom Ende des 15.Jh.s erschlossen sind (Kämpfer). Den pl. Hauptgottesdienst schuf erst die Reformation; er ist in der Regel den KOen zu entnehmen. Auch entstanden pl. Lieder und → Gesangbücher. Unter den Predigern gebührt A. → Corvinus der höchste Rang; seine und Luthers ins Pl. übertragenen → Postillen haben Generationen predigen gelehrt. Seitdem im 16.Jh. die Kanzleien zum Hochdeutschen übergingen, verfiel die pl. Kirchensprache; Ende des 17.Jh.s erlischt sie überall, wenn man auch noch im 18.Jh. auf einige predigende Nachzügler stößt. Bemühungen um eine Wiedergeburt setzen mit einem anonymen Aufsatz in → Hengstenbergs Kirchenzeitung vom 3.10.1829 ein. Auf dem Weg zur pl. Predigt ist Cl. → Harms, der 1831 in Dörfern um Kiel in Schulen und auf Dielen pl. »Cholerapredigten« hielt. L. → Harms hat auf der Diele seines Pfarrhauses in Hermannsburg an Sonntagabenden pl. geistliche Reden gehalten. Im 20.Jh. hat sich das Pl. Kanzeln und Gemeindegesang zurückerobert, seltener Altäre. Die Träger der Bewegung sind vom volksmissionarischen Willen erfüllt, daneben auch vom Heimatgedanken. Das pl. Kirchenvolk verhielt und verhält sich in seiner Mehrheit ablehnend. Charakteristische, meist negative Äußerungen aus den Gemeinden brachte das »Hannoversche Sonntagsblatt« 1938. - Vgl. → Dorfpredigt, → Kirchensprache.

H.JELLINGHAUS, Gesch. der mittelniederdt. Lit., (1893) 1925³ - A.SCHÖNFELDER, Die Agende der Diözese Schwerin von 1521, 1906 - C.BORCHLING, Der Einfluß der Reformation auf die niederdt. Sprache (Quickborn 11, 1917, 2-8) - W.STAMMLER, Gesch. der niederdt. Lit., 1920 - F.KÖHN, Sünndagsklocken, 1922 - M.LINDOW, Niederdeutsch als ev. Kirchensprache im 16. u. 17.Jh., 1926 - H.WILKEN, Die niederdt. ev. KOen des 16.Jh.s, 1927 - W.JANNASCH, Gesch. des luth. Gottesdienstes in Lübeck, 1928, bes. 133ff - BORCHLING-CLAUSSEN, Niederdt. Bibliogr., 1931-36 - W.KÄMPFER (→ Plenarien) - G. HOLTZ, Niederdeutsch als Kirchensprache (WZ Rostock 4, 1954/55, 151-165; Lit.).
G.Holtz

Plazet (placetum regium), Terminus technicus für die von der weltlichen Gewalt verfügte Bindung des Inkrafttretens kirchlicher, bes. päpstlicher Anordnungen und von Konzilsbeschlüssen an eine besondere landesfürstliche Genehmigung. Vom Ende des 15. bis zum Ende des 19.Jh.s stand das P. im Mittelpunkt wechselvoller Auseinandersetzungen zwischen der weltlichen Gewalt und dem Papsttum. 1475 wurden in Frankreich unter dem Einfluß des → Gallikanismus alle von Rom ausgehenden Erlasse dem P. unterworfen. Im 16.Jh. dehnte sich diese Praxis auf Spanien, die Niederlande, Sizilien und Sardinien aus; in Einzelfällen wurde das P. auch in Österreich und vom Reich beansprucht. Nach der Reformation wurde es im aufkommenden fürstlichen Absolutismus und später unter dem Einfluß von → Febronianismus und → Josephinismus zu einem allgemeinen Institut der Beziehungen zwischen → Kirche und Staat. Es diente bald mehr dazu, Eingriffe der Kirche in den weltlichen Bereich abzuwehren, bald dem Landesherrn überhaupt Einfluß auf das territoriale Kirchenwesen zu sichern, bald das nationale Eigengepräge der Kirche als solches zu schützen. Das Papsttum hat sich dem P. stets heftig widersetzt; die gegen Behinderungen der Kirche nach Art des P.s gerichteten Strafbestimmungen in cc. 2333, 2334 CIC zeugen noch heute davon. - Seit Mitte des 19.Jh.s bröckelte das P. allmählich ab, weil mit der Spiritualisierung der kath. → Kirche (: VI A) eine Entflechtung des kirchlichen und des weltlichen Bereichs einherging und der aufkommende Liberalismus und Konstitutionalismus dem Gedanken der kirchlichen Autonomie den Weg ebnete. Für Deutschland hat ihm Art. 137 Abs. 3 WRV endgültig den Boden entzogen, und Art. 1 Abs. 2 sowie Art. 4 des Reichskonkordats von 1933 erteilen ihm eine klare Absage.

Auch Gesetze und Verordnungen der *ev.* Landeskirchen bedurften bis 1918 zur Inkraftsetzung vielfach staatlicher Genehmigung; doch liegt die Wurzel hierfür, anders als beim P., teils im landesherrlichen → Kirchenregiment, teils in der früher engen Organisations- und Funktionsverbindung der Landeskirchen mit dem Staat. Seit 1918 sind diese Genehmigungstatbestände gleichfalls einem raschen Abbau verfallen. Der Niedersächsische → Kirchenvertrag (Loccum) von 1955 kennt nur noch eine Vorlagepflicht für kirchliche Rechtssätze, die die vermögensrechtliche Vertretung der Kirchen und ihrer Gliederungen regeln, und räumt der Landesregierung für den Fall, daß eine geordnete Vertretung nicht gewährleistet scheint, ein Einspruchsrecht ein (Art. 10). Außerdem bedürfen Kirchensteuerordnungen der Genehmigung der Landesregierung (Art. 12); aber hier genehmigt der Staat nur einen Akt aus seiner eigenen Sphäre, bei dem die Kirchen lediglich als Delegatare des Staates tätig werden. Mit dieser Regelung ist der Niedersächsische Kirchenvertrag vorbildlich für spätere Verträge (Schleswig-Holstein 1957, Hessen 1960) geworden.

P.Hinschius, Staat u. Kirche, 1883, 187ff - Friedberg - Stutz - G.J.Ebers, Staat u. Kirche im neuen Deutschland, 1930 - Feine.

W.Weber

Plenarien nannte man im frühen MA jedes, bes. aber ein liturgisches Buch, das sonst getrennt auftretende Formeln und Texte für den praktischen Gebrauch in einem Sammelband vereinigt. Der Ausdruck kann ein Evangeliarum plenarius (erg.: liber), die vier Evangelien oder alle nt. Schriften enthaltend, ein Lectionarius p. mit allen gottesdienstlichen Lesestücken sowie das Vollmissale (missale p. oder plenum) bezeichnen, in dem alle Stücke der → Messe (: II), die zuvor auf das → Sakramentar, → Lektionar, Antiphonar oder Graduale (→ Liturgie: V) verteilt waren, in einem Buch gesammelt sind. Ansätze dazu finden sich im Codex Cas. 271, der nach Wilmart um 700, nach Dold und Baumstark Ende des 8.Jh.s zu datieren ist. Nach Ebner gibt es ein Vollmissale erst seit dem 10.Jh. Zwischenglieder sind festzustellen (ab 13.Jh. ausschließliche Verwendung des Vollmissale). – Im besonderen bezeichnet P. seit dem späten MA eine Sammlung des Jahreszyklus der liturgischen Lesungen der Sonn- und Festtage, der Heiligentage, meist auch der Mittwoche und Freitage in deutscher Sprache, die später mit Einleitungen und kurzen, predigtähnlichen Glossen versehen wurden. Auch Teile der Meßliturgie sind beigefügt. Die P. dienten der häuslichen Erbauung (→ Gebetbücher) und der katechetischen Unterweisung. Etwa von 1473 an sind Wiegendrucke vorhanden (bis 1520 über 100). Buchhändlerische Initiative befriedigte hier ein großes Bedürfnis nach solcher → Erbauungsliteratur (später durch → Postillen abgelöst). Im weiteren Sinne sind auch die deutschen Meßerklärungen des MA zu den P. zu rechnen. – Durch die P. floß (nach Kunze) der eigentliche Überlieferungsstrom der sog. altkirchlichen → Perikopen. Sie unterrichten uns über damalige Leseordnungen und die deutschen → Bibelübersetzungen (: IV, 1) vor Luther, desgleichen über die dogmatischen und ethischen Stoffgebiete, denen sich die homiletische Glossierung damals zuwandte. Eine umfassende Untersuchung der P. steht noch aus.

J.Alzog, Die dt. P. im 15. u. zu Anfang d. 16.Jh.s (Freiburger Diözesanarchiv 8, 1874, 255-330) - Ders., Die dt. P. vor der Reformation (HPBl 77, 1876, 17-41) - F.Falk, Die Druckkunst im Dienste der Kirche, 1879, 29ff - Ders., Die dt. Meß-Auslegungen von der Mitte des 15.Jh.s bis zum Jahre 1525, 1889 - A.Ebner, Quellen u. Forschungen zur Gesch. ... des Missale Rom. im MA, (1896) 1957² - A.Franz, Die Messe im dt. MA, 1902 - RE XV, 486 - A.Wilmart, Un missel grégorien ancien (RBén 26, 1909, 281-300) - P.Pietsch, Ewangely u. Epistel Teutsch. Die gedr. hochdt. Perikopenbücher (P.), 1473-1523, 1927 - F.Maurer, Studien zur mitteldt. Bibelübers. vor Luther, 1929, 22ff - RGG² IV, 1298 - LThK VIII, 328 - G.Kunze, Die gottesdienstl. Schriftlesung I, 1947 - Ders., Leiturgia II, 88-180, bes. 157f - W.Kämpfer, Studien zu den gedr. mittelniederdt. P., 1954 (Lit.).

K.Dienst

Pliniusbrief, vom röm. Schriftsteller C.Plinius Caecilius Secundus als Legat von Bithynien um 112 an Kaiser Trajan geschrieben (Ep. X, 96). Die Echtheit wird heute nicht mehr bezweifelt. Plinius erbittet des Kaisers Rat, weil er ungewiß ist, wie er gegen die Christen in seinem Amtsgebiet verfahren soll. Die Hartnäckigen habe er bis jetzt verurteilt, die Abschwörenden freigelassen. Auf anonyme Anklage hin seien einige verhaftet; sie hätten ihre frühere Zugehörigkeit bekannt, jetzt aber Christus verflucht. Ihre Mitteilungen zeigen das Christentum als etwas ganz Harmloses: Zusammenkunft an einem bestimmten Tag vor Tagesanbruch, wobei man ein Lied auf Christus als Gott singt und sich zum sittlichen Leben verpflichtet; weiter nimmt man ein unschuldiges Mahl ein (m.a.W. eine ungenaue Beschreibung von Wortgottesdienst und Eucharistie). – Der – als Edikt geltende – Antwortbrief Trajans (Epist. 97; → Christenverfolgungen, 2) rät zur Zurückhaltung: Bestraft werden sollen nur Überführte, die hartnäckig auf ihrem Standpunkt beharren.

Über Plinius: PW XXI/1, 439ff. - Ausg. des P.s bei M.Durry, Correspondance de Pline-le-Jeune, 1947, IV, 69ff (Lit.) - W.den Boer, Scriptorum paganorum I-IV saec. de Christianis testimonia, 1948, 5ff (Lit.). - W.Schmid, Ein verkannter Ausdruck der Opfersprache in Plinius' Christenbrief (VigChr 7, 1953, 75-78) - Th. Mayer-Maly, Der rechtsgeschichtl. Gehalt des Christenbriefes von Plinius u. Trajan (Studia et Documenta Historiae et Iuris 22, Rom 1956, 311-320).

W.C.van Unnik

Plitt, 1. *Hermann* (1821-1900), * in Gnadenfeld, ev. Theologe der Brüdergemeine, studierte am Theol. Seminar der Brüdergemeine in Gnadenfeld, in Berlin und Halle. Nach der Erweckung im Pädagogium zu Niesky (1841) war P. 1847-80 Dozent, später Direktor des Theol. Seminars und Gründer des Diakonissenhauses in Niesky.

Vf. u.a.: Die Gemeine Gottes in ihrem Geiste u. ihren Formen..., 1859; Die Brüdergemeine u. die luth. Kirche in Livland, 1861; Ev. Glaubenslehre, 1863/64; Zinzendorfs Theol. I-III, 1869-74. - Über P.: H.Roy, H.P., 1926.

2. *Theodor* (1815-86), * in Königsfeld (Schwarzwald), 1837 Lehrer am Erziehungsinstitut der Brüdergemeine in Neuwied, 1845 Pfarrer in Karlsruhe, 1850 in Bonn, 1853 Stadtpfarrer und ao. Prof. am Seminar in Heidelberg, 1859 o. Prof. der prakt. Theol. in Bonn. P. beteiligte sich an der 1. Generalversammlung der Ev. Allianz in London 1851. Unter dem Verdacht katholisierender Neigungen gab er seine Professur auf und wurde 1867 Pfarrer in Dossenheim bei Heidelberg.

Vf. u.a.: Die christl. Armenpflege (mit C.H.Rau), 1853; Die Pastoralbriefe, 1872.

E.Beyreuther

Plotin (ca 205-270 nChr), griech. Philosoph, Begründer des → Neuplatonismus (→ Griechisch-römische Philosophie, 2 c). Er verschwieg seine Herkunft; daß er Ägypter gewesen sei, machen seine engen Beziehungen zu senatorischen Kreisen in Rom zweifelhaft. Mit 28 Jahren wurde er 11 Jahre lang in Alexandria Schüler des → Ammonius Sakkas. Er nahm am Feldzug des Kaisers Gordian gegen die Perser teil (242/43); nach der Ermordung Gordians konnte sich P. retten. Seine Lehrtätigkeit in Rom begann 244. Seine philosophischen Vorlesungen wurden von Angehörigen der römischen

Nobilität besucht, deren Vertrauen er genoß. Sein wichtigster Schüler → Porphyrius verfaßte die Biographie P.s, gab seine Werke heraus und kommentierte sie.

Unter den Platonikern galt P. als Außenseiter. P. überwand den mittleren → Platonismus, indem er die bis dahin ins Detail sich auflösende Forschung wenigen fundamentalen Aspekten unterordnete. Seine Lehrvorträge bauten gern auf der Erklärung mittelplatonischer, aber auch peripatetischer und stoischer Schriften auf, die der voraufgehenden Generation entstammten. Hierbei wandte er eine ganz bestimmte, ihm von Ammonius überkommene Erkenntnis als Schlüssel zum Verständnis an, nämlich die Eins-Lehre. - P.s Vorgänger hatten das Höchste durch immer weiter fortschreitende Abstraktion des Höchsten Denkbaren gesucht; P. setzt es voraus und spürt seiner Wirksamkeit (ἐνέργεια) nach. Nur indirekt ist ihm der Erweis des Höchsten (= Einen) Forschungsziel; im Vordergrund der Untersuchungen steht die Frage, wie und durch welche vermittelnden Instanzen (Hypostasen) sich das Höchste = Eine manifestiert. Wohl soll man sich das Höchste = Eine als Abstraktion jenseits aller Vorstellbarkeit denken. Aber gerade *weil* es jeder Gegenständlichkeit und erst recht Persönlichkeit entleert ist, ist es von höchster Kausalität erfüllt. Nicht einmal daß es *ist*, kann man von ihm aussagen; wohl aber trifft die Aussage zu, daß alles Sein in ihm seinen einzigen und ausschließlichen Grund hat. Das reine Sein ist νοῦς, denn nach dem Satz des → Parmenides ist das → Sein mit dem → Denken identisch. Es hat als Grund aller Dinge ein Element der Vielheit in sich (darum kann es nicht der höchste Grund sein, der nichts anderes ist als Eines). In diese Seins-Vorstellung ist der platonische κόσμος νοητός aufgegangen. - Die Seele (Welt- und Einzel-Seele) ist, weil seiend, dem Sein des νοῦς wesensgleich; zugleich aber enthält sie das Moment nicht nur der Vielheit, sondern auch des Gegensätzlichen in sich. Das Höchste Eine ist schlechthin Eines (ἕν), das intelligible Sein nennt P. ἓν πολλά. Um in der Seele die Polarität von Eins und Vielheit zu bezeichnen, nennt er sie ἓν καὶ πολλά. Die Seele ist unveränderlich; sie ist (wie alles Sein) transzendent und Ursache alles Werdens, dh aller physikalischen Vorgänge; es ist für P. ein legitimes Vorgehen, aus physikalischen Vorgängen auf deren metaphysische Ursachen zurückzuschließen. - Was zum Sein und zur Vernunft im Gegensatz steht, kann nicht Gegenstand vernünftiger Forschung sein; diese kann sich nur auf Existentes richten; was aber Negation des νοῦς ist (oder in sich hat), ist notwendigerweise nicht-seiend; dies gilt von der Materie. Die Seele freilich nimmt sich des Nicht-Seienden an und wird dadurch zum Ordnungsprinzip der Welt: Seiend sind alle Dinge nur dank der Prägung, die die Seele ihnen verlieh. Das Nicht-Seiende ist weder als ungeformter noch als geformter Stoff eigentlich schlecht; das Übel kommt dadurch in die Welt, daß das Nicht-Seiende in der Seele Platz greift, so daß die ἀλογία Schäden hervorruft.

Will man dies plotinische System richtig verstehen, so muß man Vorstehendes als eine Deduktionskette von theologischen Aussagen auffassen: das Sein und der über ihm stehende höchste Grund sind Gott; er allein ist und verleiht Realität. Wohl verästelt sich das Göttliche (durch die Seele) im Diesseits; dabei geht es aber nicht realiter in die Materie ein, sondern es steht als wirkende Ursache unvermischt über ihr.

Das Höchste (= Gott) ist ständig wirkende Ursache; sie erzeugt in ihrem Kraftfeld andere wirkende Wesenheiten (so νοῦς und Seele). Dabei bedeutet der Übergang von der Einheit zur Vielheit ebenso eine ontologische Wertminderung wie der Übergang von der Aktualität zur Potentialität; je vollkommener die transzendenten Wesenheiten sind, desto weniger haben sie von der Vielheit und von der Potentialität an sich. Hier liegt der Grund, warum P. und seine Schüler weder einen historischen Schöpfungs- noch einen Erlösungsakt Gottes zu denken vermochten. Denn das Höchste und der νοῦς befinden sich in stetiger, zyklisch verlaufender Aktualität. Aus der ἐνέργεια des Höchsten geht das Intelligible, aus der des νοῦς das Intellektuelle hervor. Dieses = Weltseele tritt physikalisch in Wirksamkeit: Sie ist der Grund für die Kreisbahn der Fixsterne und für die regelmäßige, aber nicht kreisförmige Bahn der Planeten. In den Regionen darunter wird die aktuelle Wirksamkeit mehr und mehr durch die nur potentielle unterbrochen; der ursprünglich aristotelische Terminus δύναμις wird zur Negation von ἐνέργεια. Die völlige Passivität der Materie wird durch die Feststellung unterstrichen, sie sei δυνάμει ὄν = μὴ ὄν. - Das ist → Transzendentalphilosophie in kühnster Spannung; das Diesseitige ist in keiner Hinsicht in sich begründet: *alle* Gründe liegen im Transzendenten. Dem Stoff wird nicht einmal Realität zuerkannt; vielmehr ist das Seiende dem Stofflichen radikal entgegengesetzt. P.s Lehren gewannen dadurch eine so eindrucksvolle Wucht, weil jedes Phänomen und jeder Gedanke dem Höchsten = Einen untergeordnet und zu ihm in Beziehung gesetzt werden. Zu einer derart folgerichtigen Straffung waren die Platoniker vor P. nicht gekommen. Einzig die Amalgamierung platonischer Lehren mit theologischer Aussage bei → Philo kann mit P.s Lehrgebäude verglichen werden; vor allem ist beiden die Vorstellung von Gott als dem der Welt zutiefst entgegengesetzten, ja inkommensurablen Prinzip gemeinsam.

Sämtliche Schriften P.s sind erhalten; sie wurden von Porphyrius in 54 Traktate eingeteilt und in 6 Gruppen zu neun (darum: Enneaden) nach systematischen Gesichtspunkten geordnet; sie alle sind Einzeluntersuchungen, die jede einem Teilaspekt des oben Geschilderten gewidmet sind. - Weil P.s Philosophie in Wahrheit Theologie ist, hat sie stark auf die christliche Theologie gewirkt, bes. auf → Ambrosius und → Augustin. Indes ist (entgegen einer mehrfach vertretenen Annahme) die Nachwirkung P.s im Westen vornehmlich durch die Breitenwirkung des Porphyrius erfolgt; die Schriften P.s, im Sprachlichen wie gedanklich gleich schwierig, haben wohl stets nur wenige Leser gehabt.

Opera ed. P.Henry u. H.-R.Schwyzer, bisher 2 Bde, 1951/59 (Enn. I-V; maßgebende Ausg.). Für Enn. VI vorerst noch: Ennéades (Text u. franz. Übers.), ed. E.Bréhier, 1936. Dt. Übers. v. R.Harder, (1930ff) 1956ff² (wird fortges. v. W.Theiler u. R.Beutler). - Über P.: F.Heinemann, P.s Entwicklung u. sein System, 1922 - Ü I, 599ff. 188*ff (Lit.) - W.R.Inge, The Philos. of P., 2 Bde, London 1929³ - E.Bréhier, La philos. de P., Paris 1938 - P.Henry, Etudes Plotiniennes, 2 Bde, ebd 1938/41 - K.-H.Volkmann-Schluck, P. als Interpret der Ontologie Platos, (1941) 1957² - PW XXI, 471ff (Lit.; H.-R.Schwyzer) - R.Harder, Zur Biogr. P.s (Kleine Schriften, 1960, 275-295).

H.Dörrie

Plotzk, Landesbistum für Masovien, begr. wohl um 1075 (Überlieferung einer Begründung um 1000 durch Boleslaw I. unsicher). Bei der Gründung ist starker Einfluß der deutschen Kirche wahrscheinlich, die Bischöfe und Mitglieder des Domkapitels waren noch Jh.e danach zum großen Teil deutschen Volkstums. Bischof Günther von P. soll 1225 Herzog Konrad von Masovien zur Berufung des Deutschen Ordens (→ Ritterorden) veranlaßt haben (1237 Anlage einer deutschen Stadt P.). Das Bistum P. unterstand zuerst dem Erzbistum → Gnesen. 1818 kam es zur Erzdiözese → Warschau; damals verlor P. einzelne Enklaven in Westpreußen und Posen. Die Kathedrale in P. war Ruhestätte einiger masovischer Herzöge und polnischer Könige.

Pommerellisches Urkundenbuch, bearb. v. M.PERLBACH, 1881/82 - A.ARNDT, Die ältesten poln. Bistümer (ZKTh 14, 1890, 44-63) - E.HANISCH, Die Gesch. Polens, 1923 - B.STASIEWSKI (→ Lebus) - A.RHODE, Gesch. der ev. Kirche im Posener Lande, 1956 - B.SCHUMACHER, Gesch. Ost- u. Westpreußens, 1958. *Heinz Neumeyer*

Plütschau, *Heinrich* (1677-1746), luth. Missionar, aus Wesenberg in Mecklenburg-Strelitz; seit 1702 Student der Theologie in Halle, seit 1703 auch Lehrer in den Franckeschen Stiftungen. Als Mitbegründer der Tranquebar-Mission (→ Indien: IV, 3) landete er mit B. → Ziegenbalg am 9.7.1706 in Tranquebar (→ 15 D 4) an der Ostküste Südindiens, lernte Portugiesisch und betreute die »Portugiesische Gemeinde«. An hervorstechenden Leistungen und Arbeitsdauer trat P. hinter Ziegenbalg zurück. Im Sept. 1711 verließ er Indien, † als Pastor von Beidenfleth in Holstein.

W.GERMANN, Ziegenbalg u. P. Die Gründungsjahre der Trankebarschen Mission, 1868 - A.LEHMANN, Es begann in Tranquebar, (1955) 1957² (s. Reg.). *A.Lehmann*

Pluralismus bezeichnet die Auffassung, daß die → Wirklichkeit in eine Mehrheit von Bestimmungsgründen zerfällt. In der Philosophie hat der P. vor allem im Kampf gegen idealistische Einheitssysteme (→ Monismus) eine Rolle gespielt, zB bei W.James. Bedeutung gewann der P. in den letzten Jahrzehnten bes. in Staatslehre und politischer Soziologie. Im Kampf gegen eine Souveränitätslehre, die zwischen staatlicher Einheit und egalitärer Vielheit der Staatsbürger keine selbständigen Kräfte anerkennen will, wurde der P. vornehmlich in England (J.N.Figgis, G.D.H.Cole, H.J.Laski) und Frankreich (L.Duguit) entwickelt, zT in Anlehnung an O.v.Gierkes Genossenschaftstheorie: Der Staat ist neben Kirchen, Parteien, Interessenverbänden aller Art nur eine Gruppierung unter anderen und muß mit diesen um die Loyalität seiner Bürger konkurrieren. Entsprechend zeigt die soziologische Analyse das Individuum in einer Vielheit der Sozialrollen und oft konfligierender Gruppenverpflichtungen. Die moderne Gesellschaftsentwicklung scheint dabei zu einer immer größeren Vielfalt der gleichzeitig angesonnenen Sozialrollen zu führen, die jedoch zunehmend an Schicksalscharakter verlieren. (Der Beruf zB tendiert zum auswechselbaren »Job«.)

In Deutschland ist der P. angesichts des Zerfalls der Staatseinheit der Weimarer Republik scharf kritisiert worden (C.Schmitt); die scheinbare Überwindung drohender »Zersetzung« verführte mit zur »dankbaren Begrüßung« der totalitären Machtübernahme. Die positive Bedeutung des P. ist aber neuerdings auch von dezidierten Einheitsdenkern anerkannt worden: »Was Locke und Montesquieu und ihre liberalen Nachfahren mit dem System der Gewaltenteilung erstrebten und die heutigen Verfassungen durch konstruktive Wiedererrichtung des gleichen, aber weithin substanzlos gewordenen Dreiteilungsschemas (Exekutive, Legislative, Justiz) ebenfalls zu sichern glaubten, nämlich Gewährleistung politischer Freiheit und Vereitelung jedweder Machtkonzentration, das erreicht jener P. der Oligarchien in hohem Maße. Man behauptet kaum zuviel, wenn man der geschilderten (pluralistischen) Lage das wesentliche Verdienst an dem real freiheitlichen Charakter unserer heutigen Verfassungszustände zumißt« (W. Weber). Der nur fiktive P., die Degradierung aller Organisationen zu »Transmissionsriemen« des Machtwillens im kommunistischen Bereich macht die Gefahren des Monismus unmißverständlich. - Auch in den westlichen Ländern besteht die Möglichkeit, daß hinter scheinbarer Gruppenvielfalt gleichgerichtete, untereinander verständigte bürokratische Apparaturen sich durchsetzen. Um so dringlicher ist es, einerseits nicht bei bloßer Warnung vor der »Herrschaft der Verbände« (Th.Eschenburg) stehen zu bleiben und andererseits den chaotischen, korruptionsfördernden P., der die monistische Reaktion provoziert, durch eine geordnete »Repräsentation organisierter Interessen« (J.Kaiser) zu überwinden.

W.JAMES, A Pluralistic Universe, 1909 - CARL SCHMITT, Staatsethik u. pluralist. Staat (KantSt 35, 1930, 28-42) - DERS., Der Hüter der Verfassung, 1931 - H.M.MAGID, English Political Pluralism, 1941 - WERNER WEBER, Spannungen u. Kräfte im westdt. Verfassungssystem, 1951 - TH.ESCHENBURG, Herrschaft der Verbände?, 1955 - J.H.KAISER, Die Repräsentation organisierter Interessen, 1956 - K. LOEWENSTEIN, P. (in: Verfassungslehre, 1959, 367-416).

Chr. Graf v. Krockow

Plutarch, * nicht lange vor 50, † nach 120, einer angesehenen Familie in Chaironeia in Boiotien entstammend, studierte in Athen bei dem Platoniker Ammonios und war seit Ende des Jh.s einer der Priester des Apollonheiligtums in Delphi. Er bereiste Ägypten und Kleinasien und war mehrmals in Italien und Rom, lebte aber meist in seiner kleinen Heimatstadt, wo er sich kommunalpolitisch betätigte und als bewundertes Schulhaupt einer Art privater Akademie vorstand. Durch seine umfassende und vielseitige Schriftstellerei ist er bis zum Ausgang des Altertums und dann wieder seit der Renaissance einer der bedeutendsten und meistgelesenen Autoren der Weltliteratur geworden. Durch einen spätantiken Katalog seiner Schriften wissen wir, daß die gewaltige Masse der erhaltenen Werke nur etwa die Hälfte seines Gesamtopus darstellt. Getrennt überliefert sind seine Biographien einerseits und andererseits ein um 1300 von Maximos Planudes zusammengebrachtes Korpus von 78 Schriften, a potiori »Moralia« (Ἠθικά) benannt, in Wahrheit rhetorische, wissenschaftlich-philosophische, popularphilosophisch-ethische, pädagogische, politische, religionsphilosophische, naturwissenschaftliche, antiquarische, literarhistorisch-exegetische und Schriften vermischten Inhalts, zT in dialogischer Form, enthaltend; auch einiges Unechte ist darunter. Vor allem aber ruht sein Ruhm auf seinen parallelen Biographien, in denen er je einen Griechen und einen Römer - von Theseus-Romulus bis hinunter zu Philopoimen-Flamininus - zusammenstellt und vergleicht mit der politischen Absicht, zu zeigen, daß beide Völker gleichen Ranges seien und berufen, den Bau des römischen Weltreiches zu tragen, und zugleich mit dem ethischen Ziel, Vorbilder für ein sittlich-glückliches Leben aufzustellen. P. ist kein wissenschaftlicher Historiker, doch enthalten seine Biographien eine Fülle sonst nicht überlieferten historischen Stoffes. Auch ein originaler Denker ist P. nicht, aber ein zuverlässiger Übermittler philosophischen Gedankengutes von hohen schriftstellerischen Gaben. Unbedingter Bewunderer des »göttlichen« Platon, fühlt er sich als Anhänger der alten, hat aber auch viel von der Skepsis der mittleren Akademie und Gedanken der → Stoa übernommen, deren Dogmatismus er in mehreren Schriften bekämpft. Von Kenntnis des Christentums findet sich keine Spur, doch scheint die liebenswürdige, tiefreligiöse, durch und durch humane Natur dem Christentum verwandt und hat auch manchen Kirchenvätern Bewunderung abgenötigt.

Krit. Ausg. der Moralia von M.POHLENZ, W.R.PATON, K.HUBERT u.a., 1925ff (noch nicht ganz vollendet); der Biographien von C.LINDSKOG u. K.ZIEGLER, 1914-39, 2. Aufl. von ZIEGLER, 1957ff. - Grundlegend K.ZIEGLER, P.v.Chair., 1949 = PW XXI, 636-962. Für das Nachleben: R.HIRZEL, P., 1912. *K.Ziegler*

Plymouthbrüder → Darbysten.

Poach, *Andreas* (1515-85), * in Eilenburg, seit 1530 Student in Wittenberg, wurde 1541 Diakonus in Jena,

Ende 1542 in Halle (Marienkirche), 1547 Pfarrer an St. Blasii zu Nordhausen. 1550 kam er als Pfarrer an die Augustinerkirche in Erfurt, wo er ab 1561 auch Senior des Ev. Ministeriums und (1566) Prof. der Augsburgischen Konfession war. Im Pastorenstreit um die kath. Inaugurationsfeier des zum Rektor gewählten ev. Pfarrers Joh. Gallus 1572 abgesetzt, wurde er 1573 als Pfarrer nach Utenbach bei Apolda berufen. Als Bearbeiter von Predigten und der Hauspostille Luthers und als Überlieferer von (verlorenen) Nachschriften → Rörers hat P. bleibende Bedeutung.

P.s Qu. benutzt in: WA 4; 10/III; 11; 12; 27-29; 32; 34/II; 45; 49. - Über P.: ADB XXVI, 325ff - RE I, 590 - WOLF, QK II/1, 126f. 132 - R.JAUERNIG, A.P. (Luther in Thüringen, bearb. v. DEMS., 1953, 198 bis 207; Qu., Lit.). *R.Jauernig*

Pobedonoscev, *Konstantin Petrovič* (1827-1907), Jurist und Erzieher des späteren Zaren Alexander III., 1880 bis 1905 Oberprokuror des hl. Synods (→ Rußland: I). P.s »Moskovskij Sbornik« (1896) enthält die Grundzüge seiner Innenpolitik: Dem in Demokratie und Konfessionen zerfallenden Westeuropa gegenüber müsse der auf unbedingte Autorität gegründete Zarenstaat die alten gesellschaftlichen und politischen Ordnungen erhalten. Die Kirche als wichtigste Stütze des Zarentums hielt P. unter strenger Kontrolle. Den Klöstern und Starzen traute er wenig. Männer wie → Solovjov ließ er beobachten. Trotz der Freundschaft mit → Dostojewskij hat er den Dichter kaum verstanden. Die anderen Konfessionen unterdrückte er rücksichtslos (→ Baltische Länder, 7. 8). Den Bemühungen nach der Revolution von 1905 um Abschaffung des Synods und Wiedereinführung des Patriarchates setzte er bis zuletzt Widerstand entgegen.

Vf. u.a.: Sammlung moskowitischer Studien, russ. 1897[4], dt. 1904; Streitfragen der Gegenwart, russ. u. dt. 1897; Briefe u. Aufzeichnungen, 2 Bde, russ. 1923; Briefe an Alexander III., 2 Bde, russ. 1925. - Über P.: L'Autocratie russe: C.P., 1927 - F.STEINMANN-E.HURWICZ, K.P.P., 1933. *K.Onasch*

Poenitentiarie → Paenitentiarie.

Pöschl, *Thomas* (1769-1837), kath. Mystiker und Chiliast, * in Höritz (Böhmen). Seit 1804 ist der kränkliche Benefiziant P. Schulrektor in Braunau am Inn. Von glühendem Haß gegen Napoleon erfüllt, entwickelt er eine handfeste Satanologie, deren Propagierung ihn 1813 aus Braunau vertreibt. Als Exorzist tritt er in enge Verbindung mit den chiliastisch-schwärmerischen Gruppen, wie sie damals als Ausläufer der Allgäuer kath. → Erweckung (: I, 5 b) in Bayern und Österreich überall auftauchen. → Boos und → Goßner u.a. bestärken ihn, der chiliastischen Bewegung der »Brüder und Schwestern in Zion« beizutreten. 1813 wird P. nach Ampfelwang (bei Linz) versetzt und von der weissagenden Magdalena Sickinger als Haupt einer neuen jüdisch-kath. Kirche proklamiert, welche durch eine unmittelbar bevorstehende große Judenbekehrung den Anbruch des 1000jährigen Reiches anbahnt. Mit den »P.ianern«, die in P.s Erklärung von Apk 20-22 ihre Leitschrift annehmen, bleibt P. auch während seiner milden Haft im Salzburger St. Peter-Stift (1814-16) verbunden. Seit 1816 lebt P. als Internierter im Wiener Priesterkrankenhaus. Die P.ianer, die auch in Franken, Hessen und im übrigen Süddeutschland Vertreter hatten, starben unter polizeilichem und kirchlichem Druck allmählich aus.

RE XV, 490f; XXIV, 331 (Lit.) - A.F.LUDWIG, Neue Unters.en über den P.ianismus, 1906 - DERS., Beiträge zur Gesch. des P.ianismus (Archiv f. d. Gesch. der Diözese Linz 4, 1907, 309-354) - DERS., Die chiliast. Bewegung in Franken u. Hessen, 1913 - H.TURTUR, Chiliast.-schwärm. Bewegungen in Bayern im frühen 19.Jh. (Diss. München), 1953 - H.DUSSLER OSB, J.M.Feneberg u. die Allgäuer Erweckungsbewegung, 1959. *E.Beyreuther*

Poggio *Bracciolini, Giovanni Francesco* (1380-1459), bedeutender Humanist. P. war 50 Jahre lang Scriptor und Sekretär der päpstlichen Kanzlei und förderte das Eindringen des neuen humanistischen Briefstils in das kuriale Schriftwesen. Vom Konstanzer Konzil aus entdeckte er in Deutschland, Frankreich und England zahlreiche Hss. antiker Autoren. 1453-59 war er florentinischer Staatskanzler. Unter P.s literarischen Erzeugnissen stehen seine elegant und lebendig geschriebenen Briefe obenan. Mit den »Fazetien«, einer Sammlung von zT (für modernes Empfinden!) anstößigen Witzen, hat er bes. viel Anklang und auch Nachahmung gefunden. Schriften wie »De varietate Fortunae«, »De infelicitate principum«, »De miseria humanae conditionis« zeigen das zwiespältige Lebensgefühl dieses den Freuden des Lebens zugewandten Humanisten, ebenso die Durchsetzung seiner an sich christlichen »Weltanschauung« mit manchen libertinistischen Allüren und mit dem Stoizismus des antiken »orator et philosophus«. Erhebliche Bedeutung besitzt P. auch für die Anfänge der klassischen Archäologie.

Opera, Basel 1510, 1513 u.ö. - Epistolae, hg.v. TH.DE TONELLIS, 3 Bde, Florenz 1832. - E.WALSER, Poggius Florentinus. Leben u. Werke, 1914 (Hauptwerk) - K.A.FINK, Die ältesten Breven u. Brevenregister (QFIAB 25, 1933/34, 292-307). *M.Seidlmayer*

Poimandres, Titel der ersten Abhandlung der → Hermetica, benannt nach dem darin als Vermittler der → Offenbarung auftretenden Geist, der sich selbst »Geist der himmlischen Macht« nennt (§ 2). Der Name wird noch einmal innerhalb der hermetischen Schriften (13 [14], 15) und bei dem Alchimisten Zosimos (3./4.Jh.) erwähnt. Er bedeutet den Menschenhirten. Aus den Erwähnungen ergibt sich, daß unter dem Namen P. eine Offenbarungsliteratur ging. Das Alter ist strittig. Es gibt im P. zwei leichte Anklänge an die Genesis (§ 11 = Gen 1, 9ff; § 18 = Gen 1, 28). Reitzenstein (P. 8ff) hat nachgewiesen, daß bereits der zu Beginn des 2.Jh.s entstandene Hirte des → Hermas den Eingang des P. nachahmt. Damit ist die Entstehung des Grundtextes spätestens ins 1.Jh. datiert, mag auch die uns vorliegende Redaktion jünger sein. Die dem P. zugrunde liegende Vorstellung von einem → Urmenschen ist iranisch, aber Elemente der astrologischen Religion und die der Zeit allgemein geläufige Auffassung des Sündenfalls als einer Verstrickung des Geistes in die Materie kommen hinzu, und das Ganze wird durch jene spekulative Vergeistigung des Mythos gezeichnet, die griechischer Philosophie entstammt. Der P. ist für uns das wichtigste und früheste Beispiel einer heidnischen → Gnosis.

Ausg. u. franz. Übers. v. A.D.NOCK-A.J.FESTUGIÈRE, Corpus Hermeticum I, Paris 1945; dt. Übers.: RGL 5, 1927, 71ff. - PW VIII, 793ff; XXI/1, 1193ff (P.) - H.CORBIN, Le récit d'initiation et l'hermetisme en Iran (ErJb 17, 1949, 121-187) - NILSSON II, 556ff - RÄRG 290ff - E.HAENCHEN, Aufbau u. Theol. des »P.« (ZThK 53, 1956, 149-191). - Vgl. ferner die Lit. zu → Hermetica, → Gnosis: I. *K.Latte (H.Dörrie)*

Poiret, *Pierre,* * 15.4.1646 in Metz, † 21.5.1719 in Rinsburg b. Leiden, aus hugenottischer Familie, erlernte bei dem röm.-kath. Priester S.Leclerc die Zeichenkunst, wurde 1661 Privatlehrer des Französischen am hanauischen Hofe in Buchsweiler bei Straßburg, studierte seit 1664 gefördert von David Ancillon d. Ä. in Basel und Heidelberg. Seit 1669 war P. Pfarrer an französischen Gemeinden der Pfalz (Otterberg, Frankenthal, Mannheim, Annweiler), 1674 Seelsorger schwerverwundeter französischer Soldaten im Reunionskrieg, wobei er lebensgefährlich erkrankte und den inneren Übergang vom Schüler des → Descartes zur Mystik vollzog. Vorbereitet war die Wendung durch mystische Lektüre (M. → Weyer, Emanuel Hiel, → Thomas a Kempis, → Tauler, → Deutsche Theologie), durch den Umgang mit Daniel Spanheim in Heidelberg, J.J. → Schütz in Frankfurt/M. und durch den Briefwechsel mit → Elisabeth von Herford. Alles übertraf aber die zunächst literarische, dann persönliche Bekanntschaft mit Antoinette → Bourignon, mit der er seit 1676 in blinder Bewunderung zusammenlebte. Nach ihrem Tode (1680) hielt er sich in Amsterdam, seit 1688 in Rinsburg auf. Sein kleiner Freundeskreis bestand aus mystischen → Spiritualisten (u.a. → Gichtel, → Breckling). P.s umfangreiche Schriftstellerei galt bes. der Neuausgabe und Biographie von romanischen Mystikern (Mme → Guyon, de Renty, → Fénelon, Elisabeth vom Kinde Jesu, → Olier, Schüler Bérulles u.a.), die er dem deutschen Pietismus (G. → Arnold, → Tersteegen) vermittelte, sodann der Bekämpfung der heraufziehenden Aufklärungsphilosophie (→ Spinoza, → Locke, Chr. → Thomasius, B. → Bekker u.a.), schließlich eigener mystischer Produktion und einer darauf gegründeten Pädagogik. Ihm war die → Mystik (: VII, 3 b) das wahre und wirkliche Christentum, die rationale Philosophie der Irrtum schlechthin. In seiner Analyse des Seelenlebens nahm er die Betonung des Unbewußten voraus. Sein Mystikerkatalog (1700, 1708) ist das ausführlichste Verzeichnis dieser Literatur.

Vf. bes.: L'Economie divine ou Système universel et démontré des oeuvres et des desseins de Dieu envers les hommes, 1687 (lat. 1705; dt. in Ausw. 1711; engl. 1713; niederl. 1723; dt. vollst. 7 Bde, 1737-42); La théologie réelle, 1700. - Über P.: RE XV, 491 ff - F.Delekat, Rationalismus u. Mystik. Im Anschluß vor allem an P.P. (ZThK NF 4, 1923/24, 260-288) - W.Nordmann, Im Widerstreit von Mystik u. Föderalismus (ZKG 50, 1931, 146-185) - M.Wieser, P.P. Der Vater der roman. Mystik in Deutschland, 1932 (Lit.) - Hirsch I, 196 ff - E.Schering, Glaube u. Gesch. bei P.P., 1954. *M.Schmidt*

Polanus *von Polansdorf, Amandus* (1561-1610), ref. Theologe, * zu Troppau, studierte zuerst in Tübingen, wandte sich aber immer mehr der ref. Theologie zu und ging 1583 nach Basel und Genf. Nachdem er mehrere Jahre als Ephorus im Dienst der mährischen Adelsfamilie Zierotin gestanden und auch als Lehrer und Prediger an der Kirche der Mährischen Brüder in Eibenschitz gewirkt hatte, wurde er 1596 Prof. für AT in → Basel. Zusammen mit seinem Schwiegervater J.J. → Grynäus führte P. die calvinistische Orthodoxie in der Basler Kirche zum Sieg. 1598-1600 und 1601-09 war er Dekan der theol. Fakultät, zweimal stand er der Universität als Rektor vor. Neben seiner deutschen Übersetzung des NT und verschiedenen exegetischen Schriften ist sein Hauptwerk »Syntagma theologiae Christianae« (1610) zu besonderer Bedeutung gelangt. Gegen mannigfache Widerstände verteidigte P. die Lehre von der doppelten → Prädestination und führte namentlich in der Frage der Rechtfertigung einige theologiegeschichtlich wichtige neue Distinktionen ein. P. beteiligte sich auch an der Polemik gegen → Bellarmin.

M.Geiger, Die Basler Kirche u. Theol. im Zeitalter der Hochorthodoxie, 1952 - E.Staehelin, A.P.v.P., 1955. *H.R.Guggisberg*

Pole, *Reginald* (1500-58), * in Staffordshire, entstammt dem engl. Hochadel. P. studierte in Oxford, Italien und Paris. Heinrich VIII. bediente sich seiner, um in seiner Scheidungssache ein günstiges Urteil von der Sorbonne zu erlangen. Nach seiner Rückkehr lebte er im Kloster Sheen seinen Studien. Das Erzbistum von York lehnte er ab. Seit 1532 hielt er sich wieder in Italien auf im Verkehr mit → Sadoleto, → Contarini, → Bembo u.a. Auch zu → Giberti und → Morone hatte er freundschaftliche Beziehungen. Von Heinrich VIII. in der Frage der königlichen Suprematie zur Stellungnahme aufgefordert, richtete er mit der Schrift »De unitate« eine leidenschaftliche Invektive gegen den König. P. verfolgte fraglos politische Pläne und hoffte, mit Hilfe → Karls V. einen Umschwung in → England (: I, 3) herbeiführen zu können. Inzwischen arbeitete P. am Consilium de emendanda ecclesia mit und wurde 1536 Kardinal. Mit Vittoria → Colonna und ihrem Kreise führte er in Viterbo Gespräche über die Rechtfertigung, die ihm später als Ketzereien vorgehalten wurden. Während der ersten Periode des → Trienter Konzils war er einer der drei Präsidenten. Seine Papstwahl verhinderte 1549 Caraffa (→ Paul IV.) durch die Anklage auf Ketzerei. Als Maria die Katholische den engl. Thron bestieg, ernannte ihn Papst → Julius III. zum päpstlichen Legaten. P.s Wirksamkeit (seit 1556 als Erzbischof von Canterbury) bei der Restauration des Katholizismus in England war hart und grausam. Mehr als 200 Protestanten haben ihren Glauben mit dem Tode bezahlen müssen.

J.G.Lee, R.P., London 1888 - A.Zimmermann, Cardinal P., 1893 - RE XV, 504 ff - M.Haile, Life of R.P., London 1910 - F.A.Gasquet, Cardinal P. and his Early Friends, ebd 1927 - E.Lobel, Cardinal P.s Mss. (Proceedings of the British Acad., ebd 1931, 97-104) - W.Schenk, R.P., ebd 1950 - Jedin I. II (s. Reg.). *R.Stupperich*

Polemik → Konfessionskunde.

Polen

I. Kirchengeschichte - II. Polnische prot. Theologie

I. Kirchengeschichte

1. MA - 2. Reformationszeit - 3. Gegenreformation - 4. Die ev. Kirche im 19. und 20. Jh. - 5. Die röm.-kath. Kirche im 19. und 20. Jh. - 6. Übrige Religionsgemeinschaften. - Vgl. → Kirchenlied: I, 8

1. In das Blickfeld der Kirchengeschichte tritt P. mit Herzog Misiko, der 966 die böhmische Herzogstochter Dubrawka heiratete und sich hierbei taufen ließ. In → Posen gründete er das erste Bistum, dessen Unterstellung unter → Magdeburg unsicher ist. Da der Herzog Anschluß an die Kultur des Abendlandes erstrebte, wurde er Lehnsmann des Kaisers. Auch die Großen des Reiches nahmen mit ihren Untertanen das Christentum an. Misikos Sohn Boleslaw der Tapfere (992-1025) wollte ein großes Slawenreich schaffen und begünstigte die Missionsunternehmungen → Bruns von Querfurt und → Adalberts von Prag, die aber keinen bleibenden Erfolg hatten. Die Wallfahrt Kaiser Ottos III. zum Grabe Adalberts im Jahre 1000 führte zur in Rom erstrebten Verselbständigung der Kirche P.s gegenüber Magdeburg mit der Gründung des Erzbistums → Gnesen und der Bistümer → Breslau, → Krakau und → Kolberg. 1025 wurde Boleslaw König. Aber sein in vielen Kriegszügen erweitertes Reich brach unter seinem Sohne Mieszko dem Trägen (1025-34) durch den Abfall der Randgebiete, Empörungen der Stammesfürsten, Aufruhr der Heidenpriester und Bürgerkriege zusammen. Auch das erst äußerlich und vielfach zwangsweise eingeführte Christentum ging fast völlig unter. Erst der bei seinem Oheim, dem Erzbischof von Köln erzogene Herzogssohn Kasimir (»der Erneuerer«) konnte 1038-58 das zusammengeschrumpfte Reich wiederherstellen und die christliche Kirche neu gründen. Sein Sohn Boleslaw der Kühne (1058-79) erlangte als Anhänger → Gregors VII. die Königskrone. Um die Erblichkeit der Pfründen zu vermeiden, begünstigte er die Einführung des Zölibates, der sich aber nur langsam durchsetzte. Bei dem Widerstand der Magnaten und innen- und außenpolitischen Gegensätzen war Bischof → Stanislaus von Krakau bes. tätig. Der König ließ ihn am Altar seiner Kathedrale ermorden. Aber die Kirche war im Volke be-

reits so eingewurzelt, daß der König fliehen mußte; er starb in der Verbannung. Der erst 1253 heiliggesprochene Stanislaus wurde der Nationalheilige von Klein-P., wie Adalbert der von Groß-P. Unter Wladislaw Hermann (1078-1102) wurden zahlreiche Kirchen und Klöster durch den schlesischen Magnaten Peter Wlast gegründet. König Boleslaw Schiefmund (1102-38) erneuerte den Versuch der Missionierung (und Eroberung) von → Pommern durch seines Vaters früheren Hofkaplan, den Bischof → Otto von Bamberg. Doch schloß sich Pommern sehr bald dem Deutschen Reich an. Die Teilung des Reiches unter vier Söhne stürzte P. auf 2 Jh.e unter fortschreitender Zersplitterung (→ Schlesien) in Bürgerkriege und Machtlosigkeit, während die Kirche einheitlich blieb und erstarkte. 1180 setzte sie auf der ersten Reichsversammlung zu Lenczyca die → Immunität der Geistlichen und die Ausdehnung der geistlichen Gerichtsbarkeit durch, 1280 auch den Zehnten von allen Ländereien. Gestärkt wurde die Macht der Kirche durch die Mönchsorden. Die → Zisterzienser entfalteten seit 1143 eine umfangreiche kulturelle Tätigkeit, auch durch die Urbarmachung ihrer Ländereien, für die sie deutsche Bauern ins Land riefen, denen bald auch deutsche Handwerker und Kaufleute folgten. Dem Vorbild der Mönche folgten die Teilfürsten und Magnaten. Noch größeren Einfluß auf das Volk erlangten die Bettelmönche (→ Dominikaner seit 1228, → Franziskaner seit 1237) durch die Ausübung der von den Weltpriestern vernachlässigten Predigt und Seelsorge. Endlich gelang es dem Großfürsten Wladislaw Ellenlang (1306-33), das Reich wieder zu einigen. Sein Sohn Kasimir der Große (1333-70) eroberte ukrainische Fürstentümer. So wurde P. der einzige Staat mit zwei Landeskirchen, der römischen und der morgenländischen (dazu noch der armenisch-unierten). Kasimir begünstigte die Einwanderung der beim Wüten des Schwarzen Todes in Deutschland verfolgten Juden. P. wurde die Pflegestätte des Talmudstudiums und mancher mystischen Richtungen (→ Judentum: II, 3. 4; III). Die orth. Bevölkerung wuchs durch die Personalunion zwischen P. und Litauen unter Wladislaw Jagiello (1386-1434). Sein heidnisches Stammland wurde von röm. Priestern missioniert, aber die eroberten ukrainischen Lande standen unter dem Patriarchen von Byzanz.

2. Die Reformbewegung von Johann → Huß fand durch → Hieronymus von Prag auch in P. Anklang. Der König ließ sich gegen sie das Edikt von Wielun abnötigen (10.4.1424). Neben blutigen Verfolgungen (bes. im Bistum → Leslau) kam es sogar zum Kriegszuge des Posener Bischofs Andreas Bninski gegen den Magnaten Abraham von Bentschen. Auch der bei den Magnaten sich ausbreitende Humanismus lockerte den Boden für die Aufnahme der → *Reformation,* zunächst luth. Prägung. In → Danzig (: I) verkündete bereits 1518 der Dominikaner Jakob Knade das lautere Evangelium. Am 24.7.1520 erließ Sigismund I. (1506-48) das Edikt von Thorn gegen die Verbreitung luth. Schriften, und die Hinrichtung von 13 Danzigern 1526 geschah nicht bloß wegen sozialer Umwälzungen, sondern auch wegen religiöser Neuerungen. Seit 1529 wirkte an der Posener Akademie der Humanist Christoph Hegendörfer namentlich unter den jungen Edelleuten bis zu seiner Vertreibung 1535, danach der Dominikaner Andreas Samuel und Johann Seklucian (1500-70) bis zu ihrer Flucht nach Ostpreußen 1543. Seklucian wurde der erste Übersetzer des NT (1551/53). Unter dem Schutz des Herzogs → Albrecht (, 2) ließ er von Königsberg viele Übersetzungen und eigene Schriften in P. verbreiten. Die Selbständigkeit der Edelleute machte eine allgemeine Unterdrückung der Reformation unmöglich. Sie bewirkte auch, daß sich die Reformation in allen ihren Gestalten ausbreitete, was zu inneren Streitigkeiten führte und die Gegenreformation erleichterte. Die Verfolgung durch König Ferdinand trieb seit 1548 Scharen von *Böhmischen Brüdern* (→ Brüderunität: I) unter Führung von Georg → Israel nach P. Da sie bereits eigene Gemeinden hatten, schloß sich auch das Luthertum zu Gemeinden zusammen, die 1555 auf der Synode von Posen einen Verband bildeten. Nun begann sich auch der *Calvinismus* im Bistum Leslau, in Litauen und in Klein-P. auszubreiten. Freilich trat er nur als Lehre auf und konnte seine Hauptstärke nicht entfalten, da sich die Edelleute einer Kirchenzucht nicht unterwarfen. Auch gingen manche Edelleute zum *Unitariertum* über (auch Theologen wie Gregor → Pauli), das durch Lälius und Faustus → Sozzini aus Italien eindrang. Sein erster einheimischer Verkündiger war Petrus → Gonesius. Auch der frühere Bischof → Dudith wurde → Unitarier. Nach erbitterten Streitigkeiten, in denen bes. → Stancarus eine unheilvolle Wirksamkeit entfaltete, trennte sich die - zu Unrecht als arianisch gebrandmarkte - Ecclesia minor von der »rechtgläubigen« Ecclesia maior. Nachdem sich die Böhmischen Brüder 1555 in der Union von Koźminek mit den kleinpoln. Calvinisten zusammengeschlossen hatten, bemühte sich der 1556 endlich in die Heimat zurückkehrende Reformator Johann → Laski bis zu seinem Tode (1560) vergeblich, auch die Lutheraner für die Vereinigung zu gewinnen. Erst im April 1570 kam im *Consensus von Sandomir* eine Vereinigung zustande, in der sich die drei Kirchen Kanzel- und Abendmahlsgemeinschaft und gemeinsamen Schutz nach außen zusicherten. Der Consensus wurde mehrfach bestätigt (zuletzt auf der Synode von Thorn 1595), verlor aber bei dem Vordringen des ausschließlichen Luthertums aus Deutschland seine Wirksamkeit. Auf einer Synode von 1632 bestätigten nur noch die - zusammenschrumpfenden - Calvinisten ihre Vereinigung mit den Böhmischen Brüdern. Aber mit der *Warschauer Konföderation* vom 28.1.1573 verpflichteten sich die zur Königswahl zusammentretenden Edelleute, »obwohl sie in den Sachen der Religion voneinander abwichen, doch niemanden um seines Bekenntnisses willen anzugreifen oder hintanzusetzen«. Jeder König mußte diese Verpflichtung beschwören; der Eid ist aber oft gebrochen worden, und auch die Edelleute hielten sich nicht an den Schwur ihrer Ahnen. Nach vielen vergeblichen Versuchen gelang es in der *Union von Brest* (1596; → Unierte Kirchen), die Orthodoxen in P.-Litauen unter Beibehaltung der Priesterehe und der slawischen Liturgie dem Papste zu unterstellen. Nur die mächtigeren Magnaten unter Führung des Wojewoden von Kiew Konstantin Ostrogskij widersetzten sich der zwangsweisen Einführung der Union. Unter den Förderern der Reformation ragt Nik. → Radziwill der Schwarze (1515 bis 1565) hervor, der die erste ev. → Bibelübersetzung (: V, 2 l β) in Brest drucken ließ. Sein Sohn Christoph wurde kath. und ließ die Bibel seines Vaters verbrennen. Die Nachkommen Nik. → Radziwills des Roten (1512 bis 1584) blieben jedoch ev.; ihnen verdanken viele ref. Gemeinden in Litauen ihr Weiterbestehen auf den »Radziwillschen Gütern«. Hauptschirmherr der Böhmischen Brüder waren Graf Raphael Leszczynski und seine Nachkommen. Auch als diese 100 Jahre später kath. wurden, schützten sie weiterhin die Hauptgemeinde in Lissa. Für die Lutheraner traten Graf Andreas Górka († 1551) und seine drei Söhne ein (bis 1592). In den meisten Adelsfamilien, die mehr antirömisch als evangeliumsfreundlich waren, gingen die Söhne und Enkel zum Katholizismus über. - Ein Reformator von überragender Größe trat in P. nicht hervor. Laski, der es

hätte werden können, wirkte dort nur kurze Zeit (s.o.). Unter den Führern des Luthertums waren bedeutend: der Senior Erasmus Gliczner aus Znin (1530-1603), ein Schüler von → Trotzendorf, nach Wanderungen in Litauen und Königsberg Pastor in Klein- und Groß-P. und in Westpreußen, vielfach vertrieben, ein eifriger Schriftsteller, Bekämpfer der Jesuiten und Verteidiger des Consensus. Nach ihm Samuel Dambrowski (1570 bis 1625), 1607-16 Senior in Posen, seit 1617 Senior in Wilna, Verfasser einer berühmten poln. Postille. Unter den Böhmischen Brüdern sind Georg → Israel, Amos → Comenius und Daniel → Jablonski hervorzuheben.

3. Für die nach örtlichen Verfolgungen und Bluturteilen einsetzende → *Gegenreformation* waren Bischof → Hosius von Ermland und die von ihm ins Land gebrachten Jesuiten maßgebend (1564 in → Braunsberg, 1567 in → Wilna, 1574 in Posen usw). Sie fanatisierten durch ihre Prediger die Volkshaufen und ließen sie die ev. Kirchen anzünden und zerstören (1603-16 in Posen, 1591 in Krakau, 1611 in Wilna). Der von Jesuiten erzogene König Sigismund III. (1587-1632) duldete dies und ernannte nur noch Katholiken zu Senatoren. Aber nach dem Restitutionsedikt von 1629 wanderten zahlreiche um des Glaubens willen vertriebene Schlesier ein, für die die Edelleute sogar Städte neu gründeten, was Sigismund nicht hindern konnte und sein Sohn Wladislaw IV. (1632-48) nicht einmal hindern wollte; ja, er legte sogar bei dem ihm verschwägerten Kaiser für die Lutheraner Fürbitte ein. Dieser duldsame König brachte sogar das - im 17.Jh. einzigartige - Colloquium charitativum zwischen den Katholiken und den drei ev. Bekenntnissen zustande (1645, → Thorner Religionsgespräch). Aber die Briefe des Wittenberger Dogmatikers → Hülsemann und die Reden → Calovs (damals noch in Danzig) sowie die starre Haltung des Seniors Faust-Schmiegel bewirkten nur, daß sich die ev. Bekenntnisse noch mehr entzweiten. Die um eine Einladung bemühten → Sozinianer wurden ausgeschlossen. Auch neue Züge Böhmischer Brüder trafen in P. ein. Durch sie und ihren Führer Amos → Comenius nahm ihre Gemeinde Lissa einen hohen Aufschwung (trotz zweimaliger Zerstörung 1656 und 1708). Verheerend wirkte der schwedisch-poln. Krieg 1655-60, in dem auch Russen, Tataren und Kosaken P. angriffen. Die calvinischen Gemeinden in Klein-P. gingen gänzlich zugrunde, ebenso die poln.-luth. in Groß-P.; nur die deutschen luth. erhielten sich trotz großer Verluste durch den anhaltenden Zuzug vertriebener Schlesier und zuwandernder Pommern, für die die Edelleute neue Dörfer anlegten. Den Sozinianern war ihre berühmte Schule in Rakow schon 1618 zerstört worden; 1658 wurden sie durch Reichstagsbeschluß als Reichsfeinde geächtet und verbannt. Unter den folgenden Königen konnte die andauernde Verfolgung der Evangelischen durch die Anlage neuer ev. Dörfer (durch kath. Herren!) nur zT ausgeglichen werden. Diese waren auf Lesegottesdienste durch ihre Kantoren angewiesen und den kath. Pfarrern abgabepflichtig. Vollendet wurde die Entrechtung im Nordischen Krieg, als der »Stumme« Reichstag 1717 den Neubau ev. Kirchen verbot und alle seit 1632 erbauten niederzureißen beschloß; Abfall vom kath. Glauben wurde mit dem Tode bestraft. Vergebens bemühten sich die ev. Staaten um den Schutz ihrer Glaubensgenossen (wobei bes. der letzte Lissaer Bischof, der Berliner Hofprediger D. → Jablonski tätig war). Sie konnten selbst das Blutgericht von Thorn 1724 (→ Pommerellen, 3) nicht verhindern. Unter den beiden Königen aus dem Hause Wettin nahm die Unterdrückung zu und näherte sich das Staatsleben anarchischen Zuständen. Bei der Königswahl 1763 verlangten die Gesandten von Rußland und Preußen religiöse Duldung der Orthodoxen und Protestanten. Als der Reichstag sie 1768 bewilligte, brach durch die Konföderation von Bar (29.2.1768) ein Bürgerkrieg aus, der vier Jahre lang als letzter Religionskrieg bes. in Groß-P. vielen Evangelischen das Leben kostete. Erst seit 1775 konnten wieder Gemeinden gegründet und Kirchen erbaut werden. Doch war die religiöse Duldung noch keineswegs eine Gleichberechtigung. Selbst die berühmte Verfassung vom 3.5.1791 setzte noch Strafen für den Abfall vom kath. Glauben fest. In Groß-P. kamen in zwei Jahrzehnten zu den fast nur an der westlichen und südlichen Grenze noch bestehenden 52 Gemeinden 48 neue hinzu, in Kongreß-P. nur die eine Kirche in Warschau. In Galizien entstanden durch die von → Joseph II. begünstigte Einwanderung der Pfälzer neue Diasporagemeinden.

4. Erst nach den Wirren der Revolutions- und Napoleonskriege konnte ein *neuer Aufbau der ev. Kirche* beginnen, der sich in den drei Teilgebieten verschieden vollzog.

a) In → *Posen* und *Westpreußen* warf das Vorgehen gegen die Altlutheraner (→ Luthertum: III B) einen dunklen Schatten auf die den Evangelischen wohlwollende Regierung Friedrich Wilhelms III. Der in → Schlesien unter Ed.Kellner auftretende Widerstand griff auch auf das Posener Land über. Die Ursache hierfür war weniger der Bekenntnisunterschied als der die christlichen Hauptlehren vergleichgültigende Rationalismus der Pastoren und Kirchenbehörden. Bis 1840 hatten die Gegner der → Union (: I) unter kleinlichen Belästigungen zu leiden. Fünf altluth. Gemeinden unterstellten sich dem Breslauer Oberkirchenkollegium. Unter Friedrich Wilhelm IV. und nach der Gründung der Ansiedlungskommission 1886-1914 wurden zahlreiche ev. Gemeinden gegründet. General-Sup. Joh.Hesekiel (1835-1918) förderte die Innere Mission und die Seelsorge, General-Sup. Paul → Blau gründete die durch die Grenzziehung 1919 notwendig gewordene Theologische Hochschule und das Predigerseminar und verteidigte mit dem Präsidenten Erich Nehring die Kirche gegen den Plan des NS-Gauleiters, sie zu entrechten und zum Erlöschen zu bringen. Nach 1919 wanderten aus Posen- → Pommerellen ⅔ aller Evangelischen aus. Die restlichen 300000 hatten es bes. schwer mit der Gründung und Erhaltung der ihnen durch den Minderheitenschutzvertrag verbürgten Privatschulen und der Verteidigung der kirchlichen Anstalten gegen die staatliche Enteignung. Bei Kriegsausbruch am 1.9.1939 wurden 60000 Deutsche (zu $^{9}/_{10}$ ev.) verschleppt und mehrere Tausend ermordet (darunter 14 Pastoren und 35 Privatschullehrer). Hitler verpflanzte anstelle der vertriebenen Polen große Massen meist Evangelischer aus dem Osten, ließ aber durch die Gauleitungen einen scharfen Kampf gegen das Christentum führen, bes. im »Warthegau«, etwas gemäßigter im »Weichselgau« und im »Generalgouvernement«. Am 20.1.1945 flohen fast alle Deutschen nach dem Westen. Viele der Zurückgebliebenen gingen in den Nachkriegswirren unter. Der 1945 gegründete »Kirchendienst Ost« (Berlin) sucht den durch die »Familienzusammenführung« in den Westen noch verringerten Rest durch Liebesgaben und Lektoren am Leben zu erhalten. Einige poln. Pastoren halten den Zerstreuten hin und wieder Gottesdienste in Friedhofskapellen; aber die deutsche Sprache ist verboten, und die Union von 1817 gilt als aufgelöst. - Den ev. Gemeinden in *Polnisch-Oberschlesien* sollte 1937 nach dem Ablauf der sie schützenden Genfer Konvention widerrechtlich ein Kirchengesetz aufgezwungen werden, das sie vom Staate abhängig machen sollte. Das führte zu einem Kirchenkampf, der bis zum Kriegsausbruch nicht beendet war.

b) In *Galizien* war für die 30000 Evangelischen erst → Lemberg der Vorort, später Stanislau mit den von Th. → Zöckler gegründeten Liebeswerken. Er wurde auch der »Kyrios« für die nach 1920 entstehende ukrainische ev. Kirche (→ Ukraine). Amerikanische Ukrainer, die in der Fremde von Presbyterianern betreut worden waren, waren in die Heimat zurückgekehrt. Ihnen schlossen sich viele Einheimische an. Beide Kirchen bestehen nicht mehr: die Evangelischen kamen 1939 ins Posener Land und 1945 nach dem Westen, die Ukrainer wurden unter der sowjetischen Herrschaft verschleppt.

c) In *Kongreß-P.* entstand eine neue luth. Kirche durch die schon in südpreußischer Zeit (1795-1806) begonnene, bes. aber unter Alexander I. geförderte Einwanderung deutscher (meist luth.) Weber, Handwerker, Gewerbetreibender und bäuerlicher Siedler. Mittelpunkt des kirchlichen Lebens wurde das schnell aufblühende Lodz mit seinen Tochterstädten. General-Sup. war seit 1848 jeweils der erste Pastor der Warschauer Gemeinde. Der erste von ihnen, der Konvertit Ludwig, begünstigte bis 1874 den hinschwindenden Rationalismus; später entstand unter dem Einfluß von Dorpat ein bekenntnistreues Luthertum. Durch den Warschauer Pastor Leopold Otto (1819-82) bildete sich der poln. »Evangelizismus« aus, der bes. von Julius → Bursche (1862-1942) gepflegt wurde: die deutschen Lutheraner sollten zum Polentum übergehen, nur so könne unter den Polen evangelisierend gewirkt werden. Diese Strömung führte zu vielen Mischehen mit kath. Kindererziehung. Unter der Herrschaft des Zaren war die Gründung neuer Gemeinden für die anwachsende Bevölkerung fast unmöglich. 1919-39 stieg die Zahl der Gemeinden von 49 auf 117, die der Pastoren von 59 auf 173, allerdings einschließlich der 1920 angegliederten Gebiete Wolhynien, Wilna und Teschen-Bielitz. Die Seelenzahl stieg von 350000 auf 500000 ($^9/_{10}$ Deutsche, $^1/_{10}$ Polen). Auch hier steigerten sich die nationalen Gegensätze zum offenen Kampfe durch den Versuch, 1936 die Kirche entgegen der Staatsverfassung vom Staate abhängig zu machen. Nach dem Kriege schrumpfte auch diese Kirche durch die Flucht fast aller Deutschen im Jan. 1945 sehr zusammen. Sie besteht zZ aus 3 Gruppen: den weithin zerstreuten ev. Polen mit der Hauptgemeinde Warschau, den Schlonsaken im Kattowitzer und Bielitzer Schlesien und den → Masuren im südlichen Ostpreußen (zusammen 120000). Die deutsche Sprache ist im Gottesdienst verboten. 1922 wurde in Warschau eine theologische Fakultät mit polnischer Unterrichtssprache ins Leben gerufen (→ Polen: II). Die bisherigen Bischöfe der Ev. Kirche Augsburgischen Bekenntnisses waren Johann Szeruda und Karl Kotula, seit 1959 Andreas Wantula. Daneben besteht eine ref. Kirche mit wenigen Gemeinden und ca 6000 Gliedern (Sup. ist zZ Jan Niewieczerzal). Wilna war der Hauptsitz einer noch kleineren ref. Kirche, von der die eine Hälfte 1919, die andere 1945 unter sowjetische Herrschaft geriet. Über das Land verstreut sind kleine Gruppen von Methodisten, Baptisten und Adventisten.

5. Die *röm.-kath.* Kirche hatte es nach 1815 am günstigsten im *österreichischen* Anteil. → Krakau wurde 1925 Erzbistum mit den Bistümern Tarnow, Kielce, Czenstochau und Kattowitz. Im Osten hatte → Lemberg 3 Erzbistümer: ein röm.-kath., ein griechisch-uniertes (mit den Bistümern → Przemyśl und Stanislau) und ein armenisches. 1939 gerieten sie unter sowjetische Herrschaft, zahlreiche Geistliche wurden verschleppt, die Union aufgelöst. Auch in Kongreß-P. entstand 1818 ein neues Erzbistum → Warschau mit den Bistümern Kielce, → Plotzk, → Leslau-Sandomir (später nach Kalisch verlegt), Sejny und Lublin. 1925 kam das Bistum Lodz hinzu. Schwer zu leiden hatte die Kirche nach der Unterdrükkung des Aufstandes 1863/64. Unter den Emigranten gewann seit 1831 der Mystiker A. → Towianski großen Einfluß, der im poln. Schrifttum bis ins 20.Jh. wirksam war und auch von ev. Polen gefördert wurde. Sein poln. → Messianismus (, 2) wurde zwar von der Kirche nicht gebilligt, aber auch nicht geradezu verworfen. Der → Deutschkatholizismus von 1845 hatte zwar in dem poln. Kaplan → Czerski den einen seiner Urheber, und auch der andere, → Ronge, lebte in dem halb poln. Oberschlesien. Er fand aber in P. keinen Widerhall, ebensowenig später der Widerstand gegen das Unfehlbarkeitsdogma. Nach 1900 wurde die kongreßpoln. Kirche durch die Heiligungsbewegung der → Mariaviten erschüttert (1906 aus der kath. Kirche ausgeschlossen). Die Verfolgung der Mariaviten durch die Bischöfe (nur Lublin hielt sich zurück) wurde von der zaristischen Regierung geduldet. Im neuen P. wurde für die kath. Kirche die Kompromißlösung gefunden, daß unter den »gleichberechtigten« Bekenntnissen die kath. Kirche den »Stand an der Spitze« einnahm. In der Praxis richtete man sich mehr nach dem zweiten Teil des Satzes als nach dem ersten. - Eine zweite romfreie kath. Kirche kam durch die Rückkehr amerikanischer Polen ins Land; ein Teil von ihnen schloß sich wegen Vernachlässigung der Seelsorge in poln. Sprache unter dem von den Altkatholiken anerkannten Bischof Hodur zu einer eigenen Kirche zusammen. Im neuen P. wurden sie von den kath. Priestern verfolgt.

Im *preußischen* Anteil wurde 1821 das Erzbistum → Gnesen, dessen über fast ganz P. sich erstreckende Jurisdiktion nun auf Posen und Westpreußen eingeschränkt wurde, mit dem Bistum → Posen vereinigt; ihm wurden zwei Weihbischöfe beigegeben und das Bistum → Kulm unterstellt. Der → Kölner Kirchenstreit von 1837 griff auch nach Posen über und hatte die Festsetzung des Erzbischofs → Dunin zur Folge. Der neue König ließ ihn aber 1840 frei und gab den Forderungen der kath. Kirche stillschweigend nach. Im → Kulturkampf ermöglichte das Gesetz über die Vorbildung der Geistlichen eine akademische Ausbildung der Priester, die bis dahin meist nur seminaristisch vorgebildet waren. Sie konnten seitdem viel wirksamer auftreten, zumal viele (u.a. Erzbischof → Ledochowski) durch ihre Gefängnisstrafen erhöhtes Ansehen genossen. Nach dem Friedensschluß zwischen Papst und Kanzler blieb eine regierungsfeindliche Gesinnung der Priesterschaft und eine Stärkung des Polentums zurück. Bes. schwierig wurde die Stellung der deutschen Katholiken ($^1/_{10}$ gegen $^9/_{10}$ Polen); durch die Ernennung des Deutschen Julius → Dinder zum Erzbischof (1886) wurde sie fast noch schlechter. Nach Dinders Tod (1890) bewirkte die Caprivische Versöhnungspolitik die schnelle Ernennung des eifrigen Politikers Florian Stablewski. 1906 kam es infolge des Umschwunges der Polenpolitik zu einer Sedisvakanz, die erst 1914 aufhörte. Erzbischof Likowski war der erste Nichtadlige. Ihm folgte der gleichfalls bürgerliche Edmund Dalbor (1915-26) und diesem der Salesianer Aug. → Hlond, der am 3.9.1939 nach Rom floh. Sein Posener Vertreter, Weihbischof Dymek, wurde von der Gestapo gefangengesetzt. Nach 1939 hatte die Kirche unter der nationalsozialistischen Vergeltung für die Septembermorde schwer zu leiden. In dem auch das Lodzer Gebiet umfassenden »Warthegau« wurden mehrere Hundert Priester hingerichtet oder in Lager verschleppt, wo die meisten ums Leben kamen. Man verlangte eine undurchführbare strenge Scheidung zwischen den deutschen und poln. Katholiken, schloß die meisten Kirchen und beschränkte den Gottesdienst auf 1-2 Kirchen in jedem Kreise. Die poln. Predigt wurde verboten, der kirchliche Grundbesitz weggenommen, der Unterricht für die poln. Kinder erheblich eingeschränkt. Auch der kath. Kirche sollte eine ähnliche Verfassung aufgezwungen werden wie der ev. Im »Weichselgau« und im »Generalgouvernement« war die Verfolgung weniger scharf. Nach 1945 wurde die kath. Kirche unter dem sowjetisch orientierten Staatsleiter Bierut schwer verfolgt, mehrere Bischöfe und viele Priester eingekerkert. 1948 ging nach dem Tode von Hlond die Würde des »Primas von Polen« auf den Warschauer Erzbischof Kardinal → Wyszynski über, der auch das Erzbistum Gnesen-Posen übernahm. Wyszynski war 1954-56 im Gefängnis. Er verstand es, mit der atheistischen Regierung durch eine Art → Konkordat vom 7.12.1956 ein erträgliches Zusammenleben herbeizuführen. Schon vor seiner Verhaftung hatte er im Febr. 1951 die Einsetzung von der Regierung genehmen Kapitularvikaren in den unter poln. Verwaltung stehenden ostdeutschen Diözesen nachträglich legitimiert. Jetzt (Dez. 1956) setzte er 4 Titularbischöfe als Generalvikare und in Danzig einen Titularbischof als Coadjutor ein, so daß die Regelung auf den ersten Blick endgültig erscheint. (In Breslau residiert wieder ein Bischof, er ist aber nicht Erzbischof von Breslau.) Der Vatikan hat die frühere und die neue Kompromißlösung geduldet, aber keinen Zweifel daran gelassen, daß der kirchenrechtliche Status der alte geblieben ist. Er hat den neu geschaffenen Machtverhältnissen weder in den deutschen Ostgebieten noch an der poln. Ostgrenze in dem erheblich verkleinerten Bereich der beiden Erzbistümer Wilna und Lemberg Rechnung getragen, in auffälligem Unterschied zu seinem Verhalten nach den Grenzveränderungen von 1919/20 und trotz der einseitigen Aufkündigung des Konkordats von 1925 durch die poln. Regierung im Sept. 1945. - Außerhalb der deutschen Ostgebiete und Danzigs bestehen nach dem Konkordat von 1925 5 Erzdiözesen: Gnesen-Posen mit 2 Suffraganbistümern, Warschau mit 5, Krakau mit 4, Lemberg mit 3 (faktisch auf einen Teil von Przemyśl beschränkt), Wilna mit 2 (faktisch nur Lomża und kleine Teile von Wilna und Pinsk).

6. Die *Unierte Griech. Kirche* hatte 1919-39 die 3,25 Mill. Ukrainer in Ostgalizien als Anhänger und wurde fast zu einer ukrainischen Nationalkirche. Jetzt ist sie (bis auf 200000) unter sowjetische Herrschaft geraten, die Union ist aufgelöst. - 3,75 Mill. *Ukrainer, Weißruthenen* und *Russen* standen 1919-39 unter dem orth. Erzbischof von Warschau; diese Kirche war von Moskau losgelöst und autokephal. Verblieben sind nur noch 120000 unter dem genannten Erzbischof, dem 3 Bischöfe unterstellt sind. - Die *jüdische Bevölkerung* betrug 1939 3¼ Mill. Nur ein kleiner Teil hat sich nach Palästina gerettet, ein anderer mit ungewissem Schicksal in die UdSSR. Gegenwärtig leben in P. 40000 Juden. - Während P. zwischen den beiden Weltkriegen ⅓ nationaler (und konfessioneller) Minderheiten hatte, ist es nun fast rein polnisch und (abgesehen von den zahlenmäßig nicht zu erfassenden Atheisten) fast rein kath.

REGENVOLSCIUS, Systema historico-chronologicum ecclesiarum Slavonicarum (behandelt nur P.), Amsterdam 1652; unter dem wahren Namen WENGIERSKI ebd 1679 - C.V.FRIESE, KG des Königreiches P., 3 Tle, 1786 - DERS., Beiträge zur Reformationsgesch. in P. u. Litauen, 1786 - Graf V.KRASINSKI, Historical Sketch of the... Reformation in Poland I. II, London 1838; dt. 1841, poln. umgearb. v. BURSCHE u. MERCZYNG, Warschau 1903 (unter Außerachtlassung der dt. Gemeinden) - G.FISCHER, Versuch einer Gesch. der Reformation in P., Grätz 1856 - K.VÖLKER, Der Protestantismus in P., 1910 - DERS., KG P.s, 1930 - G.RHODE, Brandenburg-Preußen u. die Protestanten in P., Posen 1923 - J.STAEMMLER, Der Protestantismus in P., ebd 1923 - Ekklesia V (Lfg. 21): Die ev. Kirchen in P., 1938 - Kirchl. Ostnachrichten des Kirchendienstes Ost, 1946ff - G.GEILKE, Zur Verfassungsgesch. d. Ev.-Augsb. Kirche P.s (ZevKR 3, 1953/54, 360 bis 374) - A.RHODE, Gesch. der ev. Kirche im Posener Lande, 1956 - P.GÜRTLER, Nationalsozialismus u. ev. Kirchen im Warthegau, 1958 - B.STASIEWSKI, Reformation u. Gegenreformation in P., 1960 (Lit.). - Zs.en: Aus Posens kirchl. Vergangenheit, Lissa 1911-16 - Reformacja w Polsce, Warschau 1921-39, 1948ff. *A.Rhode*

II. Polnische prot. Theologie

1. Bis zum 2. Weltkrieg - 2. In der Gegenwart

1. Die Reformation hatte auch in P. einen starken Aufschwung theologischer Literatur zur Folge: Katechismen, Bibelübersetzungen, Postillen, Bekenntnisschriften, dogmatische und polemische Traktate u.a.m. Bibelexegese, auch in historisch-kritischer Ausrichtung, wurde eifrig betrieben. Die Gegenreformation setzte dem ein Ende. Eine Neubelebung polnischer ev. Theologie erfolgte erst seit der 2. Hälfte des 19. und zu Beginn des 20.Jh.s. Sie begann mit dem Liberalismus, zu dem später Orthodoxie (L.Otto) und luth. Konfessionalismus (W.P. Angerstein) hinzutraten. Hervorzuheben sind: K.G. Manitius und A.K.Diehl als Übersetzer des NT ins Polnische (1881), ferner Fr.Michejda und J.Badura. In den Zeitschriften »Zwiastun Ewangeliczny« (Ev. Herold, 1863-1914) und »Przyjaciel Ludu« (Volksfreund, 1885 bis 1900) veröffentlichten sie ihre Arbeiten. Nach Bildung eines unabhängigen poln. Staates wurde 1922 an der Universität Warschau eine autonome Ev. theologische Fakultät mit 5 Lehrstühlen eingerichtet, die 1938/39 über 70 Studenten aus allen ev. Kirchen P.s zählte (erster Dekan: Edmund Bursche). Der Ertrag ihrer Arbeit erschien in zahlreichen Publikationen zur Bibelwissenschaft (Szeruda, Niemczyk, Wolfram) und zur Reformationsgeschichte (Berger, E.Bursche, Lehmann, Wantula). Die Fakultät gab 4 Bde des »Rocznik Teologiczny« (Theol. Jb.) heraus; daneben erschienen »Rocznik Ewangelicki« (Ev. Jb.) 1925, Postillen (Buzek, Michelis, Wende), Predigtsammlungen (Kulisz), Festschriften (für J. → Bursche, F.Gloeh) und das Werk von K.Serini »Zycie, Nauka i Religja« (Leben, Lehre und Religion, 1934).

2. Der 2. Weltkrieg hat der Theologie wie der ev. Kirche unermeßliche Schäden zugefügt. 1945 wurde die Fakultät mit 5 Lehrstühlen wieder eröffnet: AT (Szeruda), NT (Wolfram), KG und DG (Doz. Gastpary) sowie poln. KG (Bartel), Syst. Theol. (Niemczyk) und Prakt. Theol. (Wantula). Sie wurde am 1.1.1955 in die staatliche »Christlich-Theologische Akademie« in Chylice bei Warschau überführt und hat hier in Verbindung mit einer Altkath. und einer Orth. Sektion eine breitere Basis des Wirkens gewonnen (Frequenz 1959/60: 98 Studenten, darunter 6 Frauen; seit 1945 5 Promotionen). Die poln. ev. Theologie der Gegenwart weiß sich an das Wort Gottes gebunden und ist in der Bibelwissenschaft wesentlich positiv eingestellt. Die Problematik ihrer Bemühungen ist gegenwartsnah, der Kirche und der Ökumene eng verbunden. Sie knüpft damit an das Erbe der poln. Reformation an, strebt aber nach Kontakt und geistigem Austausch mit außerpoln. theologischen Fakultäten. Die Arbeit der Professoren gilt auch der Förderung der Geistlichen durch Vorträge, theologische Kurse und Abhandlungen in den Zeitschriften »Reformacja w Polsce« (Reformation in P., seit 1921), »Rocznik Teol.« (Theol. Jb.), »Strażnica Ewangeliczna« (Ev. Warte, 1946-60), »Jednota« (Unität, seit 1957) und »Zwiastun« (Herold, seit 1961) sowie in einer Festschrift für J.Szeruda (1960). Für den Religionsunterricht wurden neue Lehrbücher (P.Sikora), eine Luther-Biographie (Rondthaler-Bartel) u.a., für die Sonntagsschulen ein Liederbuch und eine Darstellung biblischer Gestalten geschaffen. Eine neue poln. Bibelübersetzung ist 1949 von Prof. Szeruda in Angriff genommen und geht ihrem Abschluß entgegen. Die synodale Pastoral-

kommission hat »Richtlinien für Leben und Wirken der Geistlichkeit« und eine Postille vorbereitet. Die liturgische Kommission hat ein neues Einheitsgesangbuch und eine neue Agende zusammengestellt, in der die Abendmahlsliturgie von Prof. Michejda in Anlehnung an die Didache gestaltet wurde.

K. Völker, KG P.s, 1930 (Lit.) - J. Szeruda, Die ev.-kirchl. Lit. u. Presse in P. (in: Ekklesia V, 1938, 252-270) - Ders., Abriß d. Gesch. d. ev. Theol. in P. (in: Polska Akademia Umiejetności, Krakau 1952, poln.) - H. Kruska, Die christl. theol. Akademie in Warschau (ThViat 7, 1960, 120-129). *J. Szeruda*

Polentz, *Georg von* (1487-1550), von altem sächsischem Adel, stand als Jurist im Dienste Papst → Julius' II., des Kaisers Maximilian und endlich des deutschen Ordens. Hier stieg P. bis zum Hauskomtur von Königsberg auf. 1518 Bischof von → Samland, 1522-25 stellvertretender Regent für den abwesenden Hochmeister → Albrecht von Preußen. Seit 1522 für die Sache des Evangeliums gewonnen, berief er in großer Zahl ev. Geistliche und trat selbst, bes. von → Briesmann im Evangelium unterwiesen, in Predigten und Schriften für Luthers Sache ein. Durch Kirchenvisitationen und eine KO schuf er ein straff organisiertes ev. Bistum. Durch sein kraftvolles Eintreten für die Gründung der Universität → Königsberg hat er die Reformation in → Ostpreußen entscheidend gefördert.

P. Tschackert, G.v.P., 1888 - RE VI, 541 ff - H. Laag, Die Einführung d. Reformation im Ordensland Preußen (NKZ 36, 1925, 857-873) - E.J. Guttzeit, Schuldner u. Gläubiger des Bischofs G.v.P. im Amt Balga 1551 (Zs. f. Familiengeschichtsforschung im Dt. Osten 1, 1953, 2-10. 37-39). *H. Laag*

Poliander, *Johann* → Gramann.

Politik

I. Wesen der Politik - II. Politische Ethik (Politik und Moral) - III. Politik und Religion. - P. = Politik, p. = politisch

I. Wesen der Politik

1. Begriff - 2. P. und Staat - 3. P. und soziale Dynamik - 4. Probleme einer »wissenschaftlichen« P.

1. Nach 2500 Jahren einer bewegten Geschichte erinnert das Wort »P.« mit seinen Ableitungen »p.«, »politisieren«, »P.er«, »Polizei« immer noch an die ursprüngliche Lebens- und Kultureinheit der antiken »Polis«. Heute unterscheidet man jedoch stärker als damals zwischen einem privaten und einem öffentlichen Bereich, zugleich aber auch zwischen Recht, Wirtschaft, Verwaltung, Religion, »Kultur«, wenn auch die Abgrenzung nicht immer deutlich ist. Jedenfalls gehört die P. als »Werk von Menschenhand« zur → Kultur im weiteren Sinne des Wortes und innerhalb dieser zur eigentlich »gesellschaftlichen« oder »sozialen Sphäre« im Sinne von A. Weber und MacIver. Sie umfaßt dasjenige menschliche Handeln und Verhalten, jene mitmenschlichen Beziehungen und Prozesse und diejenigen sozialen Gruppen, Bewegungen und Institutionen, die primär an der → Macht (: IV) orientiert sind. »Das Streben nach Machtanteil oder nach Beeinflussung der Machtverteilung« (M. Weber) gehört zum Wesen der P. Dennoch läßt sie sich nicht auf Macht reduzieren. Erstens gibt es Macht, die herkömmlicherweise und mit Recht nicht als p. angesehen wird, zB die Macht des Familienvaters über seine Kinder oder die Herrschaft eines Sklavenhalters über seine Haussklaven. Zweitens muß sich die P. nicht im Gebrauch der Macht erschöpfen: P. kann reine Macht-P. sein, sie kann aber auch im Zeichen anderer Ziele wie der Sicherung oder Ordnung stehen; sie kann einer Vielzahl oft gegensätzlicher Ideale und verschiedenartiger Interessen dienen.

2. In der Neuzeit kreist die P. um den → *Staat*, die Kernorganisation institutionalisierter Macht und Herrschaft. P. und Staat sind jedoch keineswegs identisch. Gerade der moderne Staat ist zT sowohl seiner Organisation wie seiner Funktion nach mehr oder weniger »entpolitisiert«. Man denke etwa an Post und Eisenbahn oder Theater, Museen, Bibliotheken. Ein erheblicher Teil der gesamten öffentlichen Verwaltung und Rechtspflege ist »un-p.e« Dienstleistung. Andererseits ist gerade heute die P. weniger auf den Rahmen des Staates beschränkt als etwa im 19. Jh. Trotz der Tendenzen zur Entpolitisierung sogar im staatlichen Bereich dringt der Staat auch als Machtorganisation in weite Bereiche der Gesellschaft und Kultur ein. Beschränkte sich früher die P. nach dem Muster der fünf klassischen Ministerien auf Kriegs-, Außen-, Innen-, Justiz- und Finanz-P., so treten daneben heute die → Wirtschafts- und Konjunktur-, die Agrar- und → Sozial-, die Gesundheits- und Verkehrs-, die Schul- und Kultur-, die Europa- und UNO-P., wobei es hier um eine Beeinflussung des jeweiligen Gebiets nicht nur durch den Staat oder die Staatenverbände, sondern auch durch andere p.e Kräfte geht. Im totalitären System ist dieser Prozeß der »Politisierung« des öffentlichen Lebens am weitesten vorgetrieben; hier durchdringt die P. sogar das Privatleben. - In den nicht-totalitären Systemen ist der Staat hingegen heute von einem breiten Gürtel umgeben, der zwar nicht als staatlich, wohl aber als p. gelten muß. Diese p.e Sphäre reicht von den lokalen und nationalen → Parteien und Fraktionen und deren Tätigkeit über die sog. pressure groups, Wählervereine und Klubs, über → Presse, → Rundfunk und andere Organe der Meinungsbildung (→ Öffentliche Meinung) bis zum »Privatmann«, insofern sich dieser nur etwa als Wähler (aber auch als Nichtwähler!), als Zeitungsleser oder Erzieher p. relevant verhält. Sie begreift auch alle möglichen auf den Staat bezogenen Vorstellungen und Haltungen, Ideen und → Ideologien bis zu gegen den Staat gerichteten »subversiven« oder »illegalen« Verhaltensweisen und Gruppierungen ein. Je machtgesättigter diese sozialen und kulturellen Erscheinungen sind, je mehr sie auf den Staat als Herrschaftsinstitution ausgerichtet sind, um so eher werden sie als »p.e« Sachverhalte zu verstehen sein - eine klare Scheidelinie gibt es allerdings oft nicht.

3. Der p.e Bereich kann dynamisch als ein System von Machtströmen verstanden werden, die zT auch kreisförmig verlaufen. Gehört zu diesem auch die Zirkulation der p.en Eliten (Pareto), so sollte man den p.en Prozeß doch nicht nur als sich wiederholende ewige Machtverschiebung sehen. In dem Maße, wie die P. auch Teil des historisch-sozialen Geschehens ist, zeitigt sie auch einmalige säkulare Veränderungen (Demokratisierung als Folge des Aufstieges neuer → Klassen, Integration als Folge technischen → Fortschritts, Verschwinden des → Kolonialismus im Zuge der Industrialisierung [→ Industrie] usw).

Der Mensch ist ein ideologisches Wesen. Seine P. ist bes. ideologiegesättigt (K. Mannheim): Da er im tiefsten Unbewußten die Fragwürdigkeit von Macht und Herrschaft ahnt, neigt er dazu, die → Macht (: IV) als »Autorität« zu »rationalisieren« und die Herrschaft als »Führung« zu legitimieren. Normalerweise ist das Prestige der Machthaber so groß, daß ihr Herrschaftssystem ohne weiteres als »legitim« hingenommen wird. Dennoch bleibt ein altes und weitverbreitetes Unbehagen in der P. und an der P. bestehen. Im Gegensatz zur Liebe oder Erziehung läßt die P. (wie das Recht!) den »inneren« Menschen außer acht. Sie manipuliert und reglementiert ihn in der Regel. Um ihre Ziele rasch durchzusetzen, behandelt sie die → »Masse« als Objekt. Anders als die Kunst oder Wissenschaft verleitet sie den Menschen zur äußeren Anpassung und Duplizität. Sie verfährt willkürlicher und gewalttätiger als etwa die Technik oder Wissenschaft; ja, anscheinend ist sie sogar unproduktiver und irrationaler als die Wirtschaft. Insofern sie all diese Bereiche kontrolliert und koordiniert, steht sie als Macht über jenen »Mächten«; wegen ihres »Überbau«-Charakters ist die Versuchung zu egoistischem Mißbrauch und ideologischer Verfälschung bes. groß - selbst in der Demokratie. - Mit der Herausbildung einer besonderen »Elite« von Berufs-P.ern wird der Gebrauch p.er Macht für deren Sonderinteressen möglich. Die Existenz einer geschichteten Klassengesellschaft führt in der Regel dazu, daß die P. in den Dienst der herrschenden Klassen tritt. Das Gegeneinander von Staaten führt zu nationalistischer (→ Nationalismus) oder imperialistischer P. Diese gipfelt im Kriege, der als »Fortführung der P. mit anderen Mitteln« (Clausewitz) gesehen wird. Im globalen Krieg erreicht die Gewaltanwendung ihren Höhepunkt. Auch der totale Staat bedeutet ein Höchstmaß an Macht, während die Demokratie deren Zügelung anstrebt. Als Reaktion auf die Entmenschung der Macht-P., für die Auschwitz und Hiroschima symbolisch geworden sind, werden Strömungen bedeutungsvoll, die in der Tradition von Thoreau und → Tolstoi, → Gandhi und → Schweitzer eine »P.« der »Gewaltlosigkeit« (non-violence) vertreten (Bhave, Narayan, Dolci).

Der »Realist« → Bismarck nennt die P. die »Kunst des Möglichen«; für den »Idealisten« K.Liebknecht ist »die eigentlichste und stärkste P.« »die Kunst des Unmöglichen«. In der Tat, während sich mancher »realistische« P.er ganz von den Erfordernissen des Augenblicks hat leiten lassen, haben sich »idealistische« P.er an dem offenen Horizont der Zukunft orientieren wollen. Und »wenn nicht immer wieder in der Welt nach dem Unmöglichen gegriffen worden wäre«, hätte man auch »das Mögliche nicht erreicht« (M.Weber). So verstanden kann man auch mit W.Dirks von einem »nüchtern gewordenen Mut zur realen Utopie« sprechen, ohne deshalb einem utopischen Illusionismus zu verfallen. Nur in relativ statischen Perioden wird sich eine in eigentlichem Sinne »konservative« P. des status quo (→ Konservatismus), die sich nur an der Gegenwart orientiert, von selbst verstehen. In dynamischen Epochen wird daneben einerseits auf der »Rechten« eine P., die eine Rückkehr zum »status quo ante« oder »ancien régime« anstrebt, Bedeutung gewinnen, andererseits auf der »Linken« eine P., die evolutionär oder revolutionär die gesellschaftlichen Institutionen grundlegend zu verändern sucht (→ Radikalismus). In unserem Zeitalter, in dem der »Zivilisationsprozeß« immer irreversibler wird und sich immer mehr beschleunigt, wird die Anpassung der p.en und wirtschaftlichen Institutionen, die hinter der technischen Entwicklung zurückbleiben (p.-wirtschaftlicher »lag«) immer mehr zum Zentralproblem der P. Diese steht heute eindeutig vor der Aufgabe, zunächst einmal den Frieden, die → Freiheit und das Gedeihen einer sich rasch vermehrenden Menschheit zu sichern.

4. Die Realität, auf die die P. Einfluß zu nehmen sucht, stellt einen im Werden begriffenen, sich rasch ändernden, ungeheuer vielschichtigen und weiträumigen historisch-sozialen Prozeß dar. In dessen Fluß entstehen immer wieder neuartige Situationen, die nach neuen Lösungen verlangen. Die Beteiligten mit ihren unterschiedlichen und oft gegensätzlichen Interessen und Wertvorstellungen reagieren selten einheitlich. Die sich so ergebenden Interessenkämpfe und Meinungsverschiedenheiten sind oft nur p., dh letztlich stark machtbedingt, lösbar. Eine wirklich sachgerechte - rationale - Lösung setzt sich in der Praxis selten durch; oft kann sie nicht einmal theoretisch gefunden werden. Die sog. *»wissenschaftliche P.«* (besser: P.wissenschaft, p.e Wissenschaft oder Politologie) vermag zwar p.e Erscheinungen in wachsendem Maß sachlich und systematisch zu beschreiben oder zu klassifizieren und funktional oder ideologiekritisch, kausal oder statistisch zu analysieren. Dagegen bleibt der Anspruch etwa des → Leninismus, eine umfassende und auf lange Sicht ausgerichtete p.e Strategie und Taktik wissenschaftlich exakt formulieren zu können, äußerst fraglich - noch stärker als in der Kriegskunst spielt in der »Kunst« der P. das Unvorhersehbare und Zufällige eine Rolle. Ein bedeutsamer Fortschritt in der Verwissenschaftlichung der P. wäre wohl nur möglich, wenn Völker- und Bürgerkriege, vielleicht sogar die souveränen Staaten und sozialen Klassen verschwinden und sich so eine funktionale Weltgesellschaft mit einer echt demokratischen Weltregierung bilden würde.

H.Heller, Staatslehre, Leiden 1934 - H.J.Laski, Einführung in Staatsrecht u. P., 1949 - G.Burdeau, Traité de science politique, 7 Bde, Paris 1949-57 - R.M.MacIver, Regierung im Kräftefeld der Gesellschaft, 1952 - A.Grabowsky, P. im Grundriß, 1952 - C.J. Friedrich, Der Verfassungsstaat der Neuzeit, 1953 - H.Finer, Der moderne Staat - Theorie u. Praxis, 3 Bde, 1957-58 - O.K.Flechtheim, Grundlegung der p.en Wissenschaft, 1958 - E.Fraenkel-K.D. Bracher (Hg.), Staat u. P. (Fischer-Lexikon), 1959 (jeweils Lit.). - Vgl. auch die Lit. zu → Macht: IV. *O.K.Flechtheim*

II. Politische Ethik (Politik und Moral)

1. Fragestellung - 2. Historischer Überblick - 3. Theologische Fragen: a) Moralistisches Mißverständnis - b) Reformatorischer Ansatz - c) K.Barth - d) P.e Ziele - e) P.e Mittel

1. *P.e Ethik* (die Frage nach dem Verhältnis von P. und Moral) stellt Ziele und Mittel des p.en Handelns unter das sittliche Urteil. Da es in der P. um die Wahrnehmung von Interessen umfassender öffentlicher Gemeinschaften, insbesondere des Staates geht (→ Politik: I), muß sich die p.e Ethik vor allem mit der Frage der Selbstbehauptung p.er Gemeinschaften und mit dem Gebrauch von Macht in deren Dienst befassen. In der Beurteilung des → Krieges (: IV) und des → Widerstandsrechtes erfahren diese Fragen ihre schärfste Zuspitzung. - Einerseits hat ein P.er offensichtlich nicht das »Recht«, Selbstlosigkeit im Namen derer zu üben, die ihn mit der Wahrnehmung ihrer Interessen betraut haben. Andererseits hört alle P. auf, wo man diese Interessen ohne jede Rücksicht auf andere Gemeinschaften durchzusetzen versucht. - Da P.er gewöhnlich auf dem Verhandlungswege rechtlich greifbare Kompromisse zwischen verschiedenen Interessengruppen anstreben, wird die Frage des → Kompromisses zu einem Zentralproblem der p.en Ethik. - Ebenso wichtig ist die Frage, inwieweit alle P. von einem Mindestmaß an gegenseitigem Vertrauen der Partner abhängt, das seinerseits auf der gemeinsamen Anerkennung moralischer Grundsätze beruht, etwa des Grundsatzes »pacta sunt servanda«.

2. Die Frage nach dem Verhältnis von P. und Moral setzt die Auflösung einer Ethik voraus, die in selbstverständlicher, unreflektierter Weise das Wohl der p.en Gemeinschaft zum Maßstab des Handelns macht; sie setzt also voraus, daß die Beziehungen der Menschen untereinander in kleineren Gemeinschaften sich von denen in den größeren p.en Gemeinschaften abheben lassen.

Schon in der *Antike* wurde die Einsicht wach, daß um des Staates (der Polis) willen u.U. Handlungen notwendig seien, die im Verkehr der Bürger untereinander als Unrecht galten. Bezeichnenderweise wurde aber die Versklavung kriegsgefangener Barbaren nicht als unmoralisch angesehen, da sie außerhalb der in der Polis geltenden Moral gelebt hatten. Schwerer zu beantworten war die Frage nach dem moralischen Recht inner-p.er Veränderungen und der dabei angewandten Mittel. – Im christlichen *MA* war die Frage nach dem Verhältnis von P. und Moral überdeckt durch das auf der Vorstellung des → corpus Christianum ruhende allgemeine Rechtsbewußtsein: p.e Handlungen konnten von da aus scheinbar eindeutig bewertet werden; »gerechte« Kriege ließen sich von ungerechten unterscheiden (→ Krieg: IV, 1 b). Gerade das hatte freilich eine für das heutige Verständnis bedenkliche Folge für das Verhältnis von P. und Moral: jeder Feind mußte nun als Rechtsbrecher angesehen werden, der strenge Bestrafung verdiente. Eine Humanisierung des Krieges oder der Behandlung innen-p.er Gegner, über die man Macht bekommen hatte, war unter dieser Voraussetzung nicht denkbar. – Daß in der → *Renaissance* die Frage nach dem Verhältnis von P. und Moral neu in Bewegung kam, hat viele Gründe, die hier nicht darzustellen sind. → Machiavelli hat als erster die Frage nach der Natur der p.en Welt gestellt und von da aus die Notwendigkeit »unmoralischer« p.er Handlungen zu beweisen versucht. Die Frage nach der *»Staatsräson«* ist seitdem aus der p.en Ethik nicht mehr wegzudenken. Die inhaltliche Füllung dieses Begriffes hängt von dem jeweiligen Verständnis des → Staates, und da (seit → Bodin) insbesondere seiner Souveränität ab. Je stärker das Souveränitätsbewußtsein entwickelt ist, desto schwerer scheint es, das p.e Handeln an einer alle Staaten umfassenden Moral zu orientieren. Umgekehrt drängen alle, die in »weltbürgerlicher Absicht« die P. der Moral unterordnen wollen (zB → Kant), selbstverständlich auf einen schrittweisen Abbau der Souveränität der Staaten zugunsten übernationaler Institutionen. – Renaissance und → Aufklärung haben erhebliche Anstrengungen unternommen, der P. vom Gedanken des → Naturrechts (: I) aus eine neue moralische Grundlage zu geben. Das → Völkerrecht (Vitorio und → Grotius) und der Vertragsgedanke (→ Althusius, → Hobbes, → Rousseau) wurden wichtige Bestandteile der p.en Ethik. Zu den wichtigsten Erfolgen dieser Bemühungen gehören die (freilich mit erheblicher Verspätung zustande gekommenen) Vereinbarungen über die Humanisierung des Krieges und der innen-p.en Beziehungen. Der christliche Glaube war an dieser Entwicklung insofern beteiligt, als er ein Faktor der Beunruhigung der Gewissen blieb: das Christentum hat dem Abendland das Bewußtsein wachzuhalten gesucht, »daß rücksichtslose Staatsräson eigentlich Sünde sei« (→ Meinecke, Staatsräson 36). Das war der Antike so nicht bewußt, aber eben auch nicht dem vornehmlich in Rechtskategorien denkenden christlichen MA.

Im Rückblick auf diese Entwicklung ist es nicht angebracht, die heute erneut aufgetretene Dehumanisierung der P. kurzschlüssig auf das Konto der Säkularisierung des abendländischen Denkens zu setzen. Wahrscheinlich wäre jene Humanisierung nicht zustande gekommen ohne die Neutralisierung der konfessionellen Gegensätze seit dem 17.Jh. – Der heutige Rückfall hängt mit der nachfolgenden Ideologisierung der P. zusammen, die ein Zeichen dafür ist, daß die Isolierung des Individuums in der Aufklärung nicht durchzuhalten war: sie wich neuen Orientierungen an größeren Gemeinschaften, die nun allerdings auch mit quasi-religiösem Nimbus umgeben wurden. So freilich mußten sie zur sog. christlichen Weltanschauung und Moral in Konkurrenz treten. Nun wurden Selbstbehauptung und Wachstum jener Gemeinschaften zum letzten Maßstab der p.en Ethik. Bes. deutlich tritt dies im *nationalstaatlichen Denken* hervor. Hier deckt sich die Staatsräson mit den Interessen der Nation, was freilich den Ausgleich mit den Interessen anderer Nationen nicht ausschließt. Der christliche Glaube hat hier zunächst mäßigend gewirkt. Je mehr die Vorstellung vom »Kampf ums Dasein« (→ Darwin) und die Rassenvergötzung an seine Stelle traten, desto rücksichtsloser mußte die nationalistische P. werden.

Von Anfang an weniger durch christliche Einflüsse gehemmt war die Moral des → *Marxismus*. Sie steht ganz im Dienste der Gedanken des Klassenkampfes und der Herrschaft des → Proletariats, das die klassenlose Gesellschaft bilden soll. Rücksicht gegenüber Klassenfeinden ist unangebracht, da sie die Geschichte nicht auf ihrer Seite haben. Daß eine solche ideologische Fixierung auch die internationale P. stark belastet, ist offenkundig.

Große Teile der Christenheit suchen diesen Demoralisierungen der P. durch ein betontes Festhalten an der Idee des → Naturrechts (: II) Einhalt zu gebieten. Die ev. → Ethik wird sich klar machen müssen, daß nicht nur die aufklärerisch-individualistische Ethik mit dem Problem P. und Moral nicht fertig werden konnte (vgl. P. Althaus, RGG² IV, 1320ff). Die idealistische Philosophie, der die ev. Theologie lange folgte, ist hier ebenso hilflos. Die Moral zerfällt hier in zwei Teile: Die Forderung an den einzelnen, den Geist über die Natur herrschen zu lassen, weicht in der P. der Vorstellung geschichtlicher Notwendigkeiten, die u.U. auch gegen die durchschnittliche Moral vollstreckt werden müssen. Am Ende bleibt dann nur die Klage, »daß es nicht gelingen will, gerade diejenige menschliche Gemeinschaft radikal zu versittlichen, die alle übrigen Gemeinschaften schützend und fördernd umschließt« (Meinecke, aaO 15).

3. Für *Theologie und Kirche* geht es um die Frage: Wie lassen sich jeweilige p.e Ziele und Mittel im Glauben an Jesus Christus bejahen?

a) Mit dieser Fragestellung trennen wir uns von allen Deutungen des Christentums als der Proklamation einer zeitlos gültigen Moral. So muß zB die Isolierung der → *Bergpredigt* entweder zu einem schwärmerischen Christentum im Sinne → Tolstois oder zur späten Resignation F. → Naumanns führen, der keinen andern Ausweg sah als den, das »Evangelium der Brüder vom gemeinsamen Leben« in einer dualistischen Weltauffassung vom Kampf ums Dasein zu trennen, der in der P. nicht zu vermeiden sei. – Die quietistische Grundhaltung vieler Christen lebt aus den gleichen Wurzeln, auch wo sie im übrigen (zB im → Pietismus) weniger liberal ist. Aus einer weltflüchtigen Grundhaltung wird hier alle P. als schmutziges Handwerk angesehen – und damit denen überlassen, die keine Christen sind.

b) Im Gegensatz zu allen moralistischen Mißverständnissen des Christentums ermöglicht die Rückbesinnung auf die *Rechtfertigungslehre* der Reformatoren eine realistische Mitarbeit der Christen in der P. innerhalb der Grenzen, die durch den Glauben gesetzt sind (vgl. CA XVI). Die Erkenntnis, daß wir durch keine Tat vor Gott gerecht werden, sondern immer der Vergebung bedürftig bleiben, vermindert zunächst den Unterschied zwischen dem p.en und sonstigem Handeln des Menschen. Es muß allerdings betont werden, daß damit unterschiedliche Bewertungen von Handlungen innerhalb des Bereiches der bürgerlichen → Gerechtigkeit keineswegs aufgehoben sind. Die besondere Problematik der p.en Ethik wird hier traditionell durch → Luthers (: II, 4 b) → Zwei-Reiche-Lehre aufgefangen: der im weltlichen Regiment das öffentliche Recht wahrende Inhaber p.er Gewalt darf in seinem Amt und → Beruf (: III) dessen gewiß sein, Gottes Recht zu vollstrecken, auch wenn er als Privatperson auf solche Vollstreckung verzichten würde. In seinem Amt ist vor allem sachgemäßes vernünftiges Handeln von ihm gefordert. – Heute ist umstritten, ob diese Gedanken sich auch da bewähren, wo P. eindeutig über die Wahrung des Rechtes hinausgeht. Die inzwischen offenbar gewordene Schwäche des nationalstaatlichen Denkens hat zB die Übertragung des luth. Berufsgedankens auf den nationalen P.er fragwürdig gemacht, der nicht mehr nur dem Recht, sondern auch dem geschichtlichen Auftrag seiner Nation dienen sollte. Es bestand und besteht die Gefahr, daß hier zu schnell von Vergebung die Rede ist, ohne daß es zu einer echten Kritik an den Zielen und Mitteln solcher P. kommt.

c) In der Auseinandersetzung mit dem deutschen Luthertum hat *K.* → *Barth* eine engere Beziehung zwischen »Rechtfertigung und Recht« herzustellen versucht, als dies die Reformatoren getan haben (vgl. auch → Gesetz: V, 7; VI). Man darf seinen Versuch, auch die p.e Ethik christologisch zu begründen, nicht im Sinne eines moralischen Mißverständnisses des Christentums verwechseln mit der schwärmerischen Forderung, daß die Welt durch das Evangelium (sprich: Bergpredigt!) regiert werden solle. Seiner Intention wird man eher gerecht, wenn man sagt: Gottes gnädiges Handeln in Jesus Christus ist die Quelle alles wahren Rechtes – und damit des Staates (übrigens nach Barth auch dort, wo Christus unbekannt ist). In diesem Sinne betonen Barth und seine Schüler den nt. Gedanken der »Herrschaft Christi« auch im Bereich der P. Diese Herrschaft wird vollzogen durch die Verkündigung des Wortes von der gnädigen → Rechtfertigung (: III) des Menschen durch Gott (sie bleibt also eine dem Unglauben verborgene Herrschaft). Dies Wort stellt einerseits jede menschliche Rechtfertigung p.er Handlungen in Frage; andererseits öffnet es den Weg zu einem menschlichen Handeln im Glauben, das der Versöhnung mit Gott in Christus zu entsprechen vermag. Der Gedanke dieser Entsprechung mag angreifbar sein. Er darf aber nicht so gedeutet werden, als würde hier ein Handeln allein aus der Eingebung des Geistes ohne den Gebrauch der Vernunft gefordert. Wohl aber soll verhindert werden, daß sich die Vernunft angeblichen »Eigengesetzlichkeiten« der P. ausliefert. Eine solche Auslieferung droht nicht nur dort, wo von Gott nicht mehr die Rede ist, sondern auch dort, wo man den P.er auf das Gesetz im theologischen Sinne (und zwar in diesem Falle auf den usus politicus legis) verweist und dabei den Eindruck erweckt, als habe das Evangelium mit den Zielen und den Mitteln der P. nichts zu schaffen. Da wir Gottes Gnade nur im Evangelium erkennen, wird erst in seinem Lichte von Fall zu Fall deutlich, was wirklich der Erhaltung des Lebens in dieser Welt (im Sinne des usus politicus legis) dient. Das gegen diese Verklammerung von Evangelium und → Gesetz vorgebrachte Argument der heilsgeschichtlichen Theologie (daß nämlich auf Schöpfung und Fall zunächst das Gesetz und erst dann das Evangelium gefolgt sei, und daß es deshalb geboten sei, das Gesetz vor und unabhängig von Christus zu predigen) hält exegetischer und systematischer Prüfung nicht stand. Wohl aber muß zugegeben werden (und wird auch nicht bestritten), daß auch die nicht durch das Evangelium erleuchtete Vernunft hier rechte Wege finden kann: das ist jedoch kein Grund, sie in der Verkündigung der Kirche sich selbst zu überlassen.

d) P. ist immer auf die Erreichung bestimmter *Ziele* ausgerichtet. Welche Ziele der Christ jeweils im Glauben bejahen kann und welche er verwerfen muß, läßt sich zwar nicht vorausberechnen. Wohl aber wird er sich immer für das höchstmögliche Maß von Frieden, Gerechtigkeit und Freiheit unter den Menschen einsetzen. Dies näher zu konkretisieren ist jeweils Sache der Vernunft. Christen werden darauf dringen, daß keine utopischen Ziele angestrebt werden, um derentwillen Opfer gebracht werden müssen, die nicht zu rechtfertigen sind. Keine P. kann das Reich Gottes auf Erden errichten. – Innerhalb der Geschichte wird es immer Gegensätze zwischen verschiedenen p.en Interessen geben. Als Christen sind wir zwar diesen Gegensätzen nicht einfach enthoben; wir können uns der Verantwortung für die nicht entziehen, die uns am nächsten stehen (zB für unser Volk). Wir dürfen aber keinen dieser Gegensätze so verabsolutieren, als handele es sich dabei um eine Gottesordnung für die gefallene Welt oder um »letzte«, also gleichsam eschatologische »Entzweiungen«, die (nach Thielicke) nicht neutralisierbar sein sollen. Keine P. kann das Jüngste Gericht vollstrecken. Zu oft ist seit 1789 Apk 13 auf die eine oder andere p.e Bewegung angewandt worden! Nur der Unglaube könnte vor angeblich unüberwindlichen Gegensätzen kapitulieren oder eine Lage, in der Frieden, Freiheit und Gerechtigkeit bedroht sind, als hoffnungslos ansehen. Der Glaube vertraut darauf, daß Gott alle Menschen zu seinem Ziel führen wird. – Zwar wird sich der Christ im Glauben jeweils für die eine oder die andere vernünftige P. entscheiden. Er wird aber nie das Christentum mit einem p.en System identifizieren. Er wird bereit sein, p.e Ziele zu wechseln, wenn dies nötig ist.

e) *P.e Mittel:* Kein P.er darf die Wahrnehmung der Interessen der eigenen p.en Gemeinschaft vernachlässigen; dies aber ist auf die eine oder andere Weise stets mit der relativen Benachteiligung anderer Gemeinschaften verbunden. Im Unterschied zu dem gewissenlos Handelnden, aber auch im Unterschied zu dem, dessen Gewissen durch den Hinweis auf die Staatsräson zu schnell beruhigt wird, wird der Christ jede Benachteiligung anderer so gering wie möglich zu halten suchen. Vor allem wird er darauf achten müssen, daß das p. unentbehrliche Mittel der → Macht nie zu einem Selbstzweck p.en Handelns wird, der sich womöglich jeder ethischen Kontrolle durch den Hinweis auf die Eigengesetzlichkeit des P.en entzieht. Jeder Machtgebrauch muß den im Glauben zu bejahenden Zielen des p.en Handelns untergeordnet bleiben.

Die gegenwärtige Dehumanisierung letzter p.er Mittel – die Entrechtung der innen-p.en Gegner in den totalen Systemen und die Drohung mit Massenvernichtungsmitteln in der Außen-P. – hat die Frage bes. dringend gemacht, wo heute die Grenze des im Glauben zu bejahenden Machtgebrauches liegt. Hier wird bes. deutlich, daß die Staatsräson und somit auch das p.e Ermessen nicht die letzte Instanz in der p.en Ethik sein können. Diese Dehumanisierungen haben lähmende Wirkungen auf alle P. Sie versperren den Weg zu friedlichem p.em Ausgleich. Deshalb müssen diese Mittel aus der p.en Kalkulation verbannt werden. Der anrüchige Satz, daß der Zweck die Mittel heilige, muß geradezu umgekehrt werden: untaugliche Mittel entheiligen die angeblich angestrebten Zwecke. Ein mit ihrer Hilfe geschaffener Friede ist innen- und außen-p. nur ein Kirchhofsfriede. Eine P., die sich auf solche Mittel verläßt, erreicht heute ihre Ziele nicht mehr. – Gewiß wird der im Atomzeitalter unabweisbar notwendig gewordene Weltfriede nicht der »ewige Friede« werden: außer den militärischen Mitteln, die überwunden werden müssen, gibt es ja noch die verschiedensten anderen Mittel (zB solche wirtschaftlicher Art), um p.e Gegensätze zum Austrag zu bringen. Wahrscheinlich ist eine der wichtigsten Aufgaben der Christen in der Gegenwart und in der nahen Zukunft, durch konstruktive Mitarbeit in der P. dafür zu sorgen, daß die gegenseitige Angst die Völker nicht in eine unheilbare Katastrophe treibt.

Gegenüber diesen Fragen verblassen die herkömmlichen Probleme des Gebrauchs anderer Mittel in der P.

merklich. Die ev. Ethik ist sich heute darin wohl ziemlich einig, daß es hier nicht um die moralische Integrität der einzelnen Person gehen kann – daß aber andererseits auch nicht im voraus kasuistisch errechnet werden kann, welche Mittel ethisch zulässig und welche zu verwerfen sind. Wer zB das Gebot der Wahrhaftigkeit verabsolutiert, ohne sich darüber Rechenschaft zu geben, welchen Schaden er u.U. denen zufügt, für die er verantwortlich ist, wird in der P. viel Unheil anrichten. Um so wichtiger ist es, daß alle P. ständig vom Evangelium her in Unruhe gehalten wird.

Lit. bis 1929 s. RGG² IV, 1327. - Zu 1 u. 2: F.W.FOERSTER, P.e Ethik, (1918) 1956⁴ - C.SCHMITT, P.e Theol., (1922) 1934² - G.RITTER, (Machtstaat u. Utopie, 1940) Die Dämonie der Macht, 1948⁶ - L.FREUND, P. u. Ethik, 1955. - Zu 3: F.GOGARTEN, P.e Ethik, 1932 - W.STAPEL, Der christl. Staatsmann, 1932 - G.WÜNSCH, Ev. Ethik des P.en, 1936 - N.MICKLEM, The Theology of Politics, London 1941 - K.BARTH, Eine Schweizer Stimme, 1945 - DERS., Christengemeinde u. Bürgergemeinde, 1946 - DERS., Brief an einen Pfarrer in der DDR, 1958 - H.DIEM, Um die p.e Verantwortung der Kirche (ThLZ 75, 1950, 589-596; 76, 1951, 149-160; Lit.) - W.KÜNNETH, P. zwischen Dämon u. Gott, 1954 - H.GOLLWITZER, Die christl. Gemeinde in der p.en Welt, 1954 - DERS., Erwägungen zur p.en Predigt (Verantwortung für den Menschen, hg.v. F.KARRENBERG u. J.BECKMANN, 1957, 138-152) - H.J.IWAND-W.KRECK-K.G.STECK, Die Verkündigung des Evangeliums u. die p.e Existenz (ThEx NF 41), 1954 - K.G.STECK, Neuere Lit. zur p.en Ethik I (VF 1953/55, 237-258; Lit.) - W.KÜNNETH, Zum Problem der p.en Ethik II (ebd 258-271; Lit.) - H.DOMBOIS, P.e u. christl. Existenz (Macht u. Recht, hg.v. H.DOMBOIS u. E.WILKENS, 1956, 98-147) - R.NIEBUHR, Christl. Realismus u. p.e Probleme, 1956 (engl. 1953) - G.JACOBI, Die p.e Verantwortung des Christen (Christl. Glaube u. p.e Entscheidung, 1957, 75-98) - W. SCHMAUCH-E.WOLF, Königsherrschaft Christi, der Christ im Staat (ThEx NF 64), 1958 - A.J.RASKER, P.e Predigt heute (EvTh 18, 1958, 531-551) - W.SCHWEITZER, Die Handlungsfreiheit des P.ers (Welche Freiheit meinen wir?, hg.v. U.SCHMIDHÄUSER, 1958, 157-170) - H.THIELICKE, Ethik II/2: Ethik des P.en, 1958 - W.TRILLHAAS, Ethik, 1959 - D.SCHELLONG, Zur p.en Predigt (ThEx NF 72), 1959 - EKL III, 250 ff (Lit.) - J.HAMEL, Christenheit unter marxist. Herrschaft, 1959. - Bibliographien: ZEE 1, 1957, 46-48; 2, 1958, 187-190; 3, 1959, 125-127; 4, 1960, 125-128.

W.Schweitzer

III. Politik und Religion

1. Geschichtlich - 2. Systematisch-phänomenologisch. - R. = Religion

1. Im Verlauf der R.sgeschichte tritt das Problem erst spät ins Bewußtsein. Urtümliche Religiosität kennt eine Dissoziation beider Bereiche nicht und weist eine ungestörte *Einheit* des religiösen und des praktischen p.en Lebens auf, während P. als theoretisches Verhalten überhaupt noch nicht vorkommt. Objekte und Handlungen der religiösen Machtsphäre sind oft zugleich solche des sozialen und p.en Bereichs. P.e Vorgänge sind unlöslich mit religiösen verklammert bzw. an bestimmte Heiligkeitsmanifestationen gebunden. Trotz des Bestehens »privater« Kulte sind die wesentlichen Kulteinrichtungen öffentlich und von »Staatsinteresse«. Aller → Kultus ist – als Repräsentation und Analogie kosmischer Harmonie (→ Makrokosmos) – eine ebenso »p.e« wie »religiöse« Angelegenheit. Die *Differenzierung* der Bereiche von P. und R. beginnt erst in den Hochkultur-R.en in Verbindung mit dem Herauswachsen der menschlichen Einzelpersönlichkeit und ihres individuellen religiösen Lebens aus den kollektiven Totalbindungen der Frühzeit, obwohl zB noch der → Shintoismus als »theanthropische R.« seinem Wesen nach »R. des Vaterlandes und des Heiles des Vaterlandes« ist, die im typischen Gegensatz zur »R. des Menschen und des Heiles des Menschen« steht (Pettazzoni). Deutlich ist der Vorgang der beginnenden Trennung bei den at. → Propheten (: II B. C), bei denen man nicht unzutreffend die Verkündigung einer »utopischen« P. festgestellt hat, die das bereits verselbständigte, rationalisierte und säkulare p.e Geschehen beeinflussen will.

Endgültig bringen die Universal-R.en die *Tendenz zur Trennung* der naiven Einheit von P. und R. Diese Diastase ist a) die Bestätigung des in den Hochkultur-R.en sich anbahnenden großen Entflechtungsprozesses zwischen »religiös« und »profan«, »geistlich« und »weltlich«, der erst auf dem Boden des Glaubens an die Jenseitigkeit der Heilswerte möglich ist. Damit ist sie b) eine Konsequenz aus der Erkenntnis, daß die national gebundenen Kultur-R.en eine Erscheinung der »Welt« und ihres Lebens sind. Es ist schließlich c) das sich weiter verstärkende Individualitätsbewußtsein, das sich gegen die Gruppenbezogenheit und gegen die p.-soziale Verflechtung ungezählter zentraler religiöser Handlungen in den national geprägten Kultur-R.en wendet. Neben dieser diastatischen Bewegung steht andererseits eine erneute *Neigung zur Einheit* und bewußten *Zusammenfügung von P. und R.*, die vor allem aus dem Rückschritt der Universal-R.en in soziologische und p.e Bindungen zu erklären ist, aus dem Prozeß der Rückwandlung von der Welt-R. zur National-R. Im Christentum bereitet sich dieser Prozeß mit der Entstehung von Volkskirchen spätestens seit dem 3.Jh. vor. Theokratische Herrschaftsformen bilden sich. Im MA kam im Westen die Idee eines reinen Staatskirchentums auf (→ Marsilius von Padua nach älteren Vorläufern). Hier ist der vollständige Rückfall in die National-R. älterer Zeit vollzogen. Erst die Forderung der Trennung von → Kirche und Staat – oft aus nichtreligiösen Bereichen aufbrechend – führt zur Besinnung auf das P. und R. voneinander isolierende Wesen der Universal-R.en, auf ihren »spiritualistischen« Zug. Die individuelle → Mystik, der Spiritualismus und schließlich die neuzeitliche Individualreligiosität haben diese Entwicklung mitwirkend begleitet, die nicht verhindern konnte, daß das Christentum ein Objekt und Faktor der P. blieb. – Die Bindung an p.e Vorgänge war im → Islam von Anfang an in engster Verzahnung der Ereignisse gegeben. Im → Buddhismus ähnelt dagegen die Situation der des Christentums, dh nach dem Heraustreten aus dem Raume der P. und der nationalen R.en erfolgt in → Indien wieder eine Annäherung an den Staat, die sich – mit wechselnden Ergebnissen – in → China, → Japan und Innerasien wiederholt und im Priesterreich von → Tibet zu einem Non plus ultra p.er Religiosität und der Mythifizierung des P.en führt. Die Inversion dieses Prozesses bietet sich in der Religiosierung dar, die der moderne säkulare und autonome Staat und seine Gesellschaft ihren Einrichtungen und Autoritäten ohne Bezugnahme auf eine historische R. zuteil werden lassen, indem sie eine Fülle von Mana- und Tabuvorstellungen zu ihren Gunsten neu beleben und praktizieren.

2. Das schwer entwirrbare Ineinander von P. und R. hängt mit dem Wesen der → Religion zusammen, die sich immer wieder an p.e Prozesse heftet und deshalb auch nicht aus der P. als Theorie entfernt werden kann. Es ist begründet a) in der *soziologischen Seite aller R.*, und es ist charakteristisch, daß der entschlossenste Versuch zur Trennung von R. und P. in jenen individualistischen Formen mystischer und spiritualistischer Religiosität unternommen wird, die nur noch entfernte Beziehungen zu den Gemeinschaftsbindungen urtümlicher R. haben. Gemeinschaftsprobleme werden um die R. immer wieder p.e Entscheidungen reifen lassen, und umgekehrt entstehen die inneren Krisen zwischen dem Individuum und der p. organisierten Gesellschaft in der Neuzeit nicht zuletzt durch die Eliminierung der R. aus dem modernen Staat. R. birgt ferner von Anfang an b) das *Herrschafts- und Machtproblem.* Sie hütet und entfaltet nicht nur »Mächte«, sondern sie beschäftigt sich auch mit der p.en Machtanwendung in den vor allem in älterer Zeit anzutreffenden verschiedenartigen sakralen

Herrschaftsformen (→ Königtum, sakrales), aus denen sich erst allmählich getrennte Hoheitsbereiche von P. und R. herausdifferenzieren. Schließlich bemüht sich die R. in den Stadien ihrer Hochentwicklung c) um die *geistige Durchdringung und Theoretisierung* der Fragen zwischen p.er und religiöser Sphäre; ihre Lehren liefern Material für die theoretische Klärung des P.en. Es gibt eine p.e Säkularisierung theologischer Begriffe, wie sie etwa C. → Schmitt für die Staatsphilosophie seit dem 18.Jh. nachgewiesen hat. Erdmann machte darauf aufmerksam, daß → Rousseaus Gesellschaftstheorien eine p.e Lösung des → Theodizee-Problems darstellen. Voegelin versuchte, Züge gnostischer Spekulation auf dem Wege über den deutschen → Idealismus in der theoretisierten P., bes. bei → Marx, nachzuweisen. Im Christentum (vgl. → Politik: II) hat die theoretische Auseinandersetzung um P. und R. zu weit divergierenden, aber aus der gleichen Grundhaltung geborenen Stellungnahmen (zB Ablehnung oder Befürwortung einer »christlichen«, »prot.« oder »kath.« P.; Bejahung oder Verneinung der »p.en Predigt«) geführt, die die Tatsache nicht beseitigen können, daß de facto von den R.sgemeinschaften und ihren Angehörigen fortgesetzt p.e Entscheidungen aus ihrem Religiös-Sein heraus vollzogen werden, und daß die R. der wechselseitigen Kontaminierung mit der P. und ihren Problemen nicht entrinnen kann.

E.LORENZ, Der p.e Mythus, 1923 - B.GEISSEL, Die kirchen-p.e Lehre des Marsilius v. Padua, 1926 - H.W.SCHOMERUS, P. u. R. in Indien, 1928 - J.-P.STEFFES, R. u. P., 1929 - Politisch-religiöser Synkretismus (Orient u. Occident 5), 1931 - F.WEINRICH, Der religiös-utopische Charakter der »prophet. P.«, 1932 - O.PIPER, Kirche u. P., 1933 - K.D.ERDMANN, Das Verhältnis von Staat u. R. nach der Sozialphilos. Rousseaus, 1935 - DERS., Volkssouveränität u. Kirche, 1949 - Geistige Grundlagen röm. Kirchen-P. (FKGG 11), 1937 - E.VOEGELIN, Die p.en R.en, 1939 - DERS., Wissenschaft, P. u. Gnosis, 1959 - H.HEINRICH, John Milton's Kirchen-P., 1942 - F.DELEKAT, Die p.e Predigt, 1947 - R.HARTMANN, Islam u. Nationalismus, 1948 - F. HEER, Aufgang Europas I. II, 1949 - WACH, Relsoz. - K.BECKER, Die R.en u. der Krieg, 1952 - VISHWANATH PRASAD VARMA, Studies in Hindu Political Thought and its Metaphysical Foundations (Journal of the Bihar Research Soc. 38, Patna 1952, 35-116. 294-349. 449-490; 39, 1953, 39-85) - W.ENSSLIN, Die R.s-P. des Kaisers Theodosius d. Gr., 1953 - F.BAMMEL, Die R.en der Welt u. der Friede auf Erden, 1957 - A.F.CHRISTIANSEN, R. og politik (DTT 20, 1957, 193-223; Lit.) - E.J.J.ROSENTHAL, Political Thought in Medieval Islam, Cambridge 1958 - K.GOLDAMMER, Die Formenwelt des Religiösen, 1960, 380ff. 418ff (Lit.). *K.Goldammer*

Politische Klausel, eine Rechtsfigur aus dem Grenzgebiet von Staat und Kirche. Sie kommt dem Interesse des Staates entgegen, auf die Besetzung kirchlicher Ämter, vor allem des Bischofsamtes, Einfluß zu nehmen. Die kath. Kirche hat dieses Interesse seit den Konkordaten mit Montenegro (1886) und Kolumbien (1887) in fast 20 Verträgen in Gestalt der p.K. anerkannt und diese damit zu einem gemeinkonkordatären Rechtsinstitut entwickelt. In den deutschen ev. → Kirchenverträgen begegnet die p.K. ebenfalls mit bemerkenswerter Gleichförmigkeit, so noch in den Kirchenverträgen, die Niedersachsen (1955), Schleswig-Holstein (1957) und Nordrhein-Westfalen (1958) abgeschlossen haben. In Art. 14 des Reichskonkordats (1933) hat die p.K. folgenden Wortlaut: »Die Bulle für die Ernennung von Erzbischöfen, Bischöfen, eines Coadjutors cum iure successionis oder eines Praelatus nullius wird erst ausgestellt, nachdem der Name des dazu Ausersehenen dem Reichsstatthalter in dem zuständigen Lande mitgeteilt und festgestellt ist, daß gegen ihn *Bedenken allgemein politischer Natur* nicht bestehen...« In dem niedersächsischen Kirchenvertrag lautet die entsprechende Formel: »In das leitende geistliche Amt einer Kirche, dessen Besetzung nicht auf einer Wahl oder Berufung durch eine Synode beruht, wird niemand berufen werden, von dem nicht die zuständigen kirchlichen Stellen durch Anfrage bei der Landesregierung festgestellt haben, daß Bedenken politischer Art gegen ihn nicht bestehen... Als politische Bedenken... gelten nur staatspolitische, nicht dagegen kirchliche oder parteipolitische. Bei etwaigen Meinungsverschiedenheiten hierüber wird die Landesregierung auf Wunsch die Tatsachen angeben, aus denen sie die Bedenken herleitet.«

In den → Konkordaten trat die p.K. sowohl an die Stelle des Nominationsrechts, das bis ins 19.Jh. manchen kath. Fürsten gewährt wurde (zB im napoleonischen Konkordat, 1801), wie auch des prot. Fürsten (zB in der Bulle »De salute animarum«, 1821, für Preußen) vertraglich eingeräumten Rechts, eine »persona minus grata« von der Kandidatur auf ein Bischofsamt auszuschließen. In der p.K. wird ein geringeres Maß an Mitwirkung des Staates bei der Besetzung von Kirchenämtern stipuliert, das allein noch dem konfessionell indifferenten Charakter parlamentarisch regierter Demokratien angemessen ist. Die p.n K.n der prot. Kirchenverträge sind, zumeist aus Gründen der → Parität, den entsprechenden Bestimmungen der Konkordate nachgebildet.

Auf Grund der p.K. ist die Kirche verpflichtet, einen in Aussicht genommenen Kandidaten der Staatsregierung formell zu notifizieren. Diese kann gegen den Kandidaten allgemein politische Erinnerungen erheben. Staatliche Einwendungen können grundsätzlich durch jeden erheblichen Umstand in der Person des Kandidaten gerechtfertigt sein, der wesentliche Staatsbelange zu gefährden droht, vor allem wenn dadurch Verfassung und Sicherheit des Staates berührt werden. Es ist also nicht die Totalität des Politischen, die unter den Begriff der Bedenken politischer Natur subsumiert werden könnte. Die Rechtswirkung politischer Erinnerungen ist nach manchen p.n K.n die eines Veto, das den Kandidaten zu Fall bringt (zB Preuß. Konkordat von 1929); andere sehen nur eine eindeutig unverbindliche Bedenkenäußerung vor (zB Badisches Konkordat von 1932); andere sind unbestimmt formuliert (zB Bayer. Konkordat von 1924). Bisher sind nur zwei Fälle einer staatlichen Bedenkenäußerung bekannt geworden: die Reichsregierung erhob 1936 und 1938 bei der Besetzung der Bischofsstühle von Fulda und Aachen Bedenken (Aktenpublikation bei Kaiser 158ff); der Vatikan hat in beiden Fällen darauf verzichtet, den so angegriffenen Kandidaten zu ernennen.

K.MÖRSDORF, Das neue Besetzungsrecht der bischöfl. Stühle..., 1933 - W.WEBER, Die p.K. in den Konkordaten, 1940 - J.H.KAISER, Die p.K. der Konkordate, 1949. *J.H.Kaiser*

Politus (Lancellotto de'Politi), *Ambrosius Catharinus* (Ordensname), Kontroverstheologe (1484-1553), * in Siena, † in Neapel, Prof. des bürgerlichen Rechts in Siena (Lehrer Del Montes [→ Julius III.]), seit 1517 Dominikaner. P. war einer der ersten Gegner der Reformation in Italien: Apologia pro veritate cath. et apost. fidei (1520; hg.v. J.Schweizer-A.Franzen [CCath 27], 1956); Excusatio disputationis contra Lutherum... (1521). Luther (WA 7, 705ff) und Calvin (CR 35, 394ff) antworteten darauf. Del Monte berief P. nach Trient, wo er bes. für die Lehre von der Erbsünde, Rechtfertigung und Unbefleckten Empfängnis eintrat. 1546 wurde er Bischof von Minori bei Salerno, 1552 Erzbischof von Conza.

Werke bei J.QUETIF-J.ECHARD, Scriptores Ordinis Praedicatorum II, 1721, 145. 332. 825; HN IV, 1378ff; Conc. Tridentinum, ed. Soc. Goerresiana, I. IV, 1901/04 (s. Reg.). - Über P.: RE X, 190f - ZKTh

31, 1907, 23-50 - J.SCHWEIZER, A.C.P. (RGST 11/12), 1910 - F.LAUCHERT, Die ital. lit. Gegner Luthers, 1912, 30ff - DThC XII, 2418ff - EC IX, 1686f - JEDIN II (s. Reg.) - LThK² I, 426f (Lit.).

G.Gieraths

Polyander *à Kerckhoven, Johannes* (1568-1646), niederl.-ref. Theologe, * in Metz aus Genter Familie (sein Vater Johannes war 1571 Pfarrer der wallonischen Gemeinde zu Emden und Scriba der dortigen Synode), studierte in Bremen, Heidelberg und Genf. P. wurde 1591 Pfarrer der wallonischen Gemeinde zu Dordrecht, 1611 Nachfolger des → Gomarus an der Universität → Leiden, 1618/19 Mitglied der → Dordrechter Synode und Revisor der Staatenübersetzung des AT. P. war guter Calvinist, Infralapsarist in der Prädestinationslehre und hat die ziemlich milde Fassung der »Synopsis purioris theologiae« (1625) mit beeinflußt. Er war der einzig Übriggebliebene der Leidener Fakultät, nachdem sie im Sinne der Dordrechter Beschlüsse gereinigt worden war.

E. u. E.HAAG, La France protestante VI, 1856, 118f - CHR.SEPP, Het godgeleerd onderwijs in Nederland I, Leiden 1873, 218ff - G. COHEN, Ecrivains français en Hollande..., Paris 1920 (s. Reg.) - A. EEKHOF, De theol. faculteit te Leiden in de 17de eeuw, Utrecht 1921 - RITSCHL III, 375ff - G.P.VAN ITTERZON, Fr.Gomarus, Haag 1929.

J.N.Bakhuizen van den Brink

Polychronius, Bischof von Apamea in Syrien (Theodoret, h.e. V, 39), † ca 428/31, Bruder des → Theodor von Mopsuestia. P. verfaßte im Geiste der → antiochenischen Schule mit scharfer Ablehnung der allegorischen Methode des → Origenes Kommentare zu verschiedenen Büchern des AT. Erhalten sind Fragmente zu Hi, Ez und Dan in Katenen, die nur unvollständig und unzulänglich veröffentlicht sind (MPG 93, 13ff). Nach L. Dieu (RHE 14, 1913, 685-701) würde auch der unter dem Namen des → Chrysostomus gedruckte Jer-Kommentar (MPG 64, 739ff) von P. stammen.

O.BARDENHEWER, P., 1879 (grundlegend) - BARDENHEWER III, 322ff. 673f - M.FAULHABER, Die Propheten-Catenen, 1899 - A.VACCARI, Un commento a Giobbe di Giuliano di Eclana, Rom 1915, 131ff - U.BERTINI, Bibl 4, 1923, 129-142 - DBS I, 1144. 1153f. 1156. 1158f.

J.Schmid

Polyglotten = »Vielsprachige« nennt man Textausgaben der Bibel, die neben dem Urtext in Parallelkolumnen eine Mehrzahl seiner Übersetzungen enthalten. Die bekanntesten sind:

1. Die *Komplutensische* (1514-17), benannt nach ihrem Erscheinungsort Complutum = Alcalà in Spanien. Ihr geistiger Urheber ist Kardinal → *Ximenes,* der sich zur Mitarbeit ausgezeichnete Sprachkenner, Professoren der von ihm gegründeten Universität Alcalà, nahm. Das Werk umfaßt 6 Foliobände. Bd 1-4 enthält das AT nach masoretischem Text (nach Kahle stammt der Text aus frühen babylonischen Hss. [→ Bibelhandschriften: I, 3 a], die nach Spanien gekommen waren; der Wert des Textes ist daher beträchtlich gestiegen), LXX (Luciantext mit interlinearer lat. Übersetzung) und Vulgata, ferner beim Pentateuch noch das Onkelostargum (→ Bibelübersetzungen: III, 1 a) mit lat. Übersetzung, Bd 5 das NT, griech. Text und Vulgata, samt griech.-lat. Lexikon, Bd 6 Lexikon und Grammatik des AT und Verwandtes. Der Text des NT ist besser und gründlicher gearbeitet als der Erasmische von 1516, der als erste Druckausgabe des griech. NT die schon am 10.1.1514 vollendete parallele komplutensische Arbeit infolge des langen Ausbleibens des sie gutheißenden päpstlichen Breves zeitlich überholte. Für den Vulgatatext bedeutet die komplutensische P. die erste kritische Druckausgabe, nachdem es bis 1517 schon über 200 gänzlich unkritische gegeben hatte.

2. Die *Antwerpener* (1569-72), »Biblia regia«, weil im Auftrag und auf Kosten König Philipps II. von Spanien, auch »Plantiniana«, weil bei Plantin gedruckt. Den Hauptanteil an ihrer Bearbeitung hat der spanische Theologe *Benedikt Arias,* genannt *Montanus* (1527-98). Sie umfaßt 8 Bde und ist vielfach von der komplutensischen abhängig. Bd 1-4 enthält das AT: hebr. Text (der eine Abweichung von dem der komplutensischen P. und eine Annäherung an den Textus receptus zeigt), Vulgata, LXX mit eigener lat. Übersetzung, zu fast allen Büchern die Targume mit lat. Übersetzung; Bd 5 das NT in Urtext, Vulgata und Peschitta (→ Bibelübersetzungen: III, 2 a) mit lat. Übersetzung; Bd 6 und 7 bringen gelehrte Beigaben; Bd 8: hebr. AT, griech. NT, beide mit wörtlicher interlinearer lat. Übersetzung.

3. Die *Pariser* (1629-45), dem Parlamentsadvokaten *Michael de Jay* zu verdanken, unter Mitwirkung des → *Morinus* und → *Sionita.* Sie umfaßt 10 Bde: zum Inhalt der Antwerpener ist hier neu hinzugekommen der Pentateuch der Samaritaner und das samaritanische Targum (→ Bibelübersetzungen: III, 1 b), außerdem die (ganze) syr. und die arab. Version (mit lat. Übersetzung).

4. Die *Londoner* (1653-57), von *Brian* → *Walton* unter Mitwirkung zahlreicher gelehrter Helfer in 6 Bden herausgegeben. Sie ist nicht nur die reichhaltigste, sondern auch kritisch wertvollste P. Der Pariser (die abgedruckt ist) gegenüber ist sie bereichert durch Fragmente der Vetus Latina, durch äthiopische und persische Übersetzung (mit zugehöriger Übertragung ins Lateinische), für den Pentateuch durch das Targum Pseudojonathan und das sog. Fragmententargum, bes. auch durch einen textkritischen Apparat (»Variae Lectiones« = Bd 6) und ein Lexicon heptaglotton von Edmund Castellus (Prof. des Arabischen in Cambridge).

5. Mit den genannten P. kann sich an wissenschaftlichem Wert nicht messen, was sonst unter diesem Titel erschienen ist, so die sog. *Hamburger* P. (1587ff) und die *Nürnberger* (1599f), beide auf Elias → Hutter zurückgehend; ferner die *Bielefelder* (hebr., griech., lat. und deutsch), die »für den Hausgebrauch« R.E. → Stier und K.G.W.Theile in 6 Bden 1846-55 herausgaben (wiederholt aufgelegt).

J.LE LONG, Discours historique sur les principales éditions des Bibles Polyglottes, Paris 1713 - FRANZ DELITZSCH, Studien zur Entstehungsgesch. der P.bibel des Kardinals Ximenes, drei Programme, 1871. 1878. 1886 - T.H.DARLOW-H.F.MOULE, Historical Catalogue of Printed Editions of Holy Scripture, London 1903ff, II/1: Polyglots - RE XV, 528ff; XXIV, 331f - P.KAHLE, The Cairo Geniza, London (1947) 1959² (Lit.).

† A.Bertholet (B.J.Roberts)

Polykarp *von Smyrna* ist zwischen → Paulus und → Justin die einzige biographisch und literarisch einigermaßen faßbare Persönlichkeit der frühen Kirche. Der junge »Bischof der Smyrnäer« wird schon von → Ignatius vor anderen ausgezeichnet: P. empfängt von ihm einen Brief (mit einem »Bischofsspiegel«) und hat selbst die Ignatius-Briefe gesammelt und verbreitet. Im Kampf gegen die Irrlehrer (→ Häretiker, 3. 4) wird der »apostolische Lehrer und prophetische Bischof« (Mart Pol 16, 2), ohne seine hierarchische Stellung zu betonen, zur führenden Gestalt der Kirche in → Kleinasien (, 2). → Marcion hat er persönlich abgewiesen; → Irenäus erinnert sich noch aus Kinderzeiten an P.s Predigten. P. berief sich im Sinne der neuen Kirchlichkeit auf die Apostel als Urheber der in der Kirche geltenden Überlieferung und wagte es, hierbei den von den Gnostikern beanspruchten und darum vielfach mit Mißtrauen beurteilten Apostel Paulus bes. herauszustellen. P. galt Irenäus als Schüler des Apostels Johannes; so wurde P. zu einem wichtigen Bindeglied im Sinne des Traditions- und dann auch des Sukzessionsbeweises. Eine reiche Korrespondenz verband P. mit verschiedenen bei ihm Rat suchenden Gemeinden; vgl. → Polykarpbrief. Mit Bischof

→ Anicet verhandelte P. in Rom persönlich über die Differenzen in der → Oster-Feier, hochgeehrt, jedoch ohne Einigung zu erzielen. Das Datum des Martyriums, das er im höchsten Alter erlitt, ist umstritten. Wahrscheinlich fand es nicht 155 oder 156, sondern erst in den 60er Jahren (167/68?) statt (nach Grégoire erst 177). Der berühmte Bericht hierüber ist unmittelbar danach abgefaßt und wohl an mehrere Gemeinden versandt (erhalten das Schreiben nach Philomelium). Er ist überarbeitet und muß kritisch verwertet werden. Die zu Beginn des 5.Jh.s verfaßte Vita P.s ist historisch wertlos.

P.MEINHOLD, PW XXI, 1952, 1662ff (Lit.). - Text des Martyriums bei F.X.FUNK-K.BIHLMEYER, Apost. Väter (SQS II, 1), 1956², 120ff. Dazu: G.LAZZATI, Gli Sviluppi della letteratura sui martiri, Turin 1956 - M.SIMONETTI, Giorn. Ital. di Filol. 9, 1956, 328-344 - H.v.CAMPENHAUSEN, Bearbeitungen u. Interpolationen des P.martyriums (SAH 1957, 3; Lit.).
H.v.Campenhausen

Polykarpbrief. Aus der reichen Korrespondenz → Polykarps von Smyrna ist, vollständig nur in lateinischer Übersetzung, ein Brief an die Gemeinde von Philippi erhalten. Er ist wahrscheinlich aus zwei Briefen zusammengefügt, einem kurzen, noch vor dem Tode des → Ignatius abgefaßten Begleitschreiben zu dessen Briefen (c. 13f) und einem späteren Brief (c. 1-12), der die Irrlehrer und bes. wohl schon → Marcion bekämpft. Der P. enthält außerdem Mahnungen, zT in Form der Haustafel, und bespricht den Fall eines abgesetzten philippischen Presbyters. Er ist die wichtigste Stütze für die Echtheit der Ignatiusbriefe, von denen er sich nach Geist und Stil selbst merklich unterscheidet. Der P. ist reich an biblischen Anlehnungen und Zitaten, bes. aus den Paulusbriefen und den Synoptikern (oder der synoptischen Tradition), und wirkt weder originell noch geistig bedeutend. Trotzdem zeigt er in Sprache, literarischer Gestaltung und Gedankenwelt eine auffallende Gemeinsamkeit mit den → Pastoralbriefen, die eher durch einen gleichen oder verwandten Ursprung als durch Abhängigkeit zu erklären ist. In der Asia wurde der P. noch im 4.Jh. als kirchliche Leseschrift verwendet.

Ausgaben bei den Apost. Vätern (s. → Ignatius u. ALTANER § 14). Übers. u. Erläuterungen von W.BAUER (HNT, ErgBd), 1920, u. TH. CAMELOT, SC X, Paris 1951. - PW XXI, 1681ff (Lit.) - H.KÖSTER, Synopt. Überlieferung bei den Apost. Vätern, 1957.
H.v.Campenhausen

Polykrates *von Ephesus* (* ca 125), leitete um 190 eine Synode der Bischöfe der Asia im Osterstreit mit → Viktor I. Die kleinasiatischen Kirchen feierten → Ostern (, 1) am 14. Nisan (→ Quartadezimaner), gleichgültig an welchem Wochentag, Rom dagegen am Sonntag nach dem Passa-Vollmond. Viktor verlangte, alle Kirchen sollten Rom und der Tradition des Petrus und Paulus folgen. P.' Antwort beruft sich auf die »großen Lichter« der Asia, die Apostel Johannes und Philippus und spätere Bischöfe (u.a. 7 aus P.' Verwandtschaft, → Polykarp und → Melito). Viktor brach mit den kleinasiatischen Kirchen als häretisch die Gemeinschaft ab. Der Brief des P. zeigt zum ersten Mal jenen Unwillen gegen Roms Herrschaftsanspruch, der für die Haltung des Ostens gegenüber dem Westen bezeichnend ist. Andererseits festigte Viktors Sieg die Überlegenheit der röm. »Petrus-Tradition« über die rivalisierenden apostolischen Traditionen des Ostens.

Bruchstücke des Schreibens bei Euseb, h.e. V, 24, 2-8; danach Hieronymus, De vir. ill. 45. - HARNACK, DG I, 489ff - B.LOHSE, Das Passafest der Quartadezimaner (BFChTh 54), 1953, 122ff.
H.Chadwick

Polynesien. Neuere Untersuchungen mit Hilfe der Radiokarbonmethode haben zu einer Rückdatierung der frühen p.en Besiedlung des Zentralpazifik in die ersten Jh.e vChr geführt. Die Ansiedlung der verschiedenen Gruppen erfolgte schrittweise und erstreckte sich zeitlich bis ins 13./14.Jh., wo die Hauptarchipele bevölkert sind. Diese lange Zeitspanne hat ihr Gegenstück in der räumlichen Ausdehnung; nirgendwo sonst hat eine zahlenmäßig so relativ schwache Gruppe ein ähnlich ausgedehntes Gebiet kolonisiert. Trotzdem sind die p.en Religionen, abgesehen von lokalen Besonderheiten wie den vielleicht unter fremdem Einfluß entwickelten Kultformen auf der Osterinsel, in hohem Maße gleichförmig. Der gemeinsame Grund der p.en Religionen ist weithin original und verwehrt die Zurückführung auf einen hypothetischen melanesisch-p.en Kern. Die Vielfalt der melanesischen Rituale, Mythologien und Kosmogonien (→ Melanesien) bestätigt vielmehr die Sachgemäßheit der traditionellen Unterscheidung zwischen einer natürlich lokal verschieden ausgeprägten p.en und den melanesischen Religionen, deren Grundbestand weniger klar hervortritt. Zu den Elementen der p.en Mythologie gehören die »großen Götter«, die Begriffe des »Tapu« (im Gegensatz zu »Noa«, dem sakral indifferenten Bereich) und → »Mana«, die Funktion des »Marae« als Kultplatz, die Vorstellungen vom Leben nach dem → Tode und die Stellung der Priester. Jedoch bleibt manches ungeklärt: a) Es scheint, als müsse man vom Nebeneinander zweier Religionsformen sprechen, einer den Priestern und gewissen Kasten vorbehaltenen esoterischen und einer dem Volk zugänglichen exoterischen, wie die älteren Reisenden sie schildern. Das esoterische Moment scheint in einem um die Gestalt des Weltenschöpfers Io (Kiho) kreisenden Monotheismus zu gründen. - b) Obwohl die »großen Götter« in den Mythologien eine bedeutende Rolle spielen, beschäftigen sich die Rituale viel weniger mit ihnen als mit den zweitrangigen Gottheiten. Im Grenzfall (so Linton) wären sie als den menschlichen Schicksalen teilnahmslos gegenüberstehende dii otiosi zu denken, während der Alltag von spezialisierten Atua und durch → Magie identifizierten Geistern beherrscht war. Es muß immerhin auffallen, daß die reich entwickelte Plastik kaum Darstellungen dieser »großen Götter« kennt. - c) Trotz des identischen Grundbestandes muß eine Entwicklung von 2000 Jahren gewisse Umwälzungen mit sich gebracht haben; dabei scheinen Priesterkollegien wie die um theologische Systematisierung und Ordnung bemühte Gruppe um den Marae von Opoa auf Raiatea eine Rolle gespielt zu haben.

Die Zahl der großen Götter beschränkt sich auf ca ein Dutzend. Bemerkenswerterweise finden sich ihre Namen mit den üblichen Dialektabweichungen überall im p.en Raum, während Funktion und Kompetenzen stärker variieren können. So erscheint zB der Schöpfergott Tangaroa (Samoa: Tangaloa; Tahiti: Taaroa) in sekundärer Beschränkung bisweilen nur als Meeresgott. Unter den großen Figuren des p.en Pantheon ragen hervor: Tane, der zuweilen als direkter Vorfahr der Menschen (tane = Mensch) betrachtete Meister der Handwerkskunst; Tu, der Kriegsgott, auf Tahiti auch Schutzherr der Künstler; Rongo, der Hüter des Friedens und Gott des → Ackerbaus, und Hina, die → Mond-Göttin. Atea, die Gottheit des Raumes und des unbegrenzten Himmels, erscheint im Mythos zT als Göttin, mit der Tangaroa sich vereinigt hat. - Daneben kannte man eine Unmenge zweitrangiger Atua, teils im Hauskult vergötterte Ahnen, teils stark spezialisierte Genien, im funktionalen Sinne als »Götter« etwa einer bestimmten Krankheit, der Diebe usw, im topographischen Sinne als »Götter« einer → Quelle, eines Gebirges usw. Ganz allgemein dachten die Polynesier das gesamte Universum als belebt. Jeder Einbaum, ja jedes bedeutendere Werkzeug galt als Sitz eines Geistes oder als ein Geist; nichts war ohne entsprechende Invokationen oder Riten wirksam. - Hauptkultstätte war der Marae, ein ummauerter hl. Bezirk, meist rechteckig, in dem ein Pyramidenstumpf von oft zyklopischen Ausmaßen stand (auf Tahiti und Mahaiatea 15 m hoch). Ein stark symbolgeladener Überbau von Statuen, Monolithen und Masten krönte die Pyramide oder erhob sich daneben innerhalb der Einfriedung. Der berühmteste Marae war Taputapuatea (nach Durmont d'Urville lediglich ein die besondere Heiligkeit der Kultstätte bezeichnendes Adjektiv) in Opoa (Raiatea) mit seiner berühmten Priesterschule. Die Gesellschaftsordnung lag fest in den Händen der meist in unmittelbarer Nähe des Heiligtums wohnenden Priester (tohunga = Schöpfer?), die sich durch Erbfolge oder Kooptation nach einer Reihe schwieriger Prüfungen rekrutierten und eifersüchtig über die ihnen als privilegierter Kaste eingeräumten Sonderrechte wachten. Sie verfügten über Geheimwissen und übten außerdem Heilkunst und Wahrsagerei. Der Kult scheint im wesentlichen in Darbringungen und Opfern bestanden zu haben. - Vgl. → Feste: I, → Himmel: I, → Hochgottglaube, → Schöpfung: I.

Zur christlichen *Mission* vgl. → Südsee.

E.S.C.Handy, Polynesian Religion, Honolulu 1927 - R.W.Williamson, Religious and Cosmic Beliefs of Central Polynesia I. II, Cambridge 1933 - Ders., Religion and Social Organization in Central Polynesia, ebd 1937 - P.H.Buck, Vikings of the Sunrise, New York 1938 - Ders., An Introduction to Polynesian Anthropology, Honolulu 1945 - Ders., The Coming of the Maori, Wellington 1949 - HGR I, 1948, 139ff (P.O'Reilly: Lit.) - F.M.Keesing, Social Anthropology in Polynesia, Oxford 1953, 46ff (Lit.) - J.Prytz Johansen, The Maori and his Religion (Diss. Kopenhagen), 1954. - Weitere Lit. s. → Ozeanien (Nevermann, Tischner). Laufende Bibliogr. vgl. → Melanesien. *P.O'Reilly*

Polyphonie, ein im Zusammenhang mit der Hinwendung zur älteren Musik seit dem Beginn des 19.Jh.s allgemeiner gebrauchter Terminus für Satzweisen mehrstimmiger Musik, die jeder Stimme melodische Bedeutung zukommen lassen. Der Gegenbegriff *Homophonie* bezeichnet Musik, bei der eine Melodiestimme hervortritt, alle andern aber als lediglich begleitend zurücktreten, wie zB bei der harmonisch konzipierten Musik der Romantik oder im schlicht volkstümlichen Liedsatz. Im besonderen bezeichnet man mit P. die im 14.-16.Jh. ausgebildete → A-cappella-Kunst, die im → Palestrina-Stil gipfelt *(Vokal-P.)*, sowie die instrumentale Fugentechnik der Bachzeit *(harmonische P.)*, also alle »kontrapunktisch« gearbeitete Musik. Der bereits im MA gebräuchliche Begriff Kontrapunkt (von punctus contra punctum, Note gegen Note, dh die Kunst, zu einer gegebenen Melodie eine oder mehrere neue zu setzen) ist jedoch umfassender als P. und bedeutet bis nach 1600 mehrstimmigen Tonsatz allgemein. Erst später, im Zusammenhang mit der Entdeckung des Akkords (→ Generalbaß), wandelt er sich zur Bezeichnung der Satzkonstruktion unter dem Gesichtspunkt der Stimmführung, wie dies dann in der Teilung der Kompositionslehre in Harmonielehre (Akkordverbindungen) und Kontrapunkt (»polyphoner« Satz) seit der Wiener Klassik zum Ausdruck kommt. - Eine bestimmte Richtung der Komposition um 1920/30 versuchte, durch bedingungslos selbständige Führung jeder Stimme eine Art absoluter P. zu verwirklichen; ihr Einfluß ist in der zeitgenössischen Kirchenmusik noch spürbar. - Vgl. → Musik: V. VI.

MGG VII, 1521ff. *S.Hermelink*

Polytheismus → Monotheismus und Polytheismus.

Pomesanien, begr. 1243 als eines der 4 Bistümer des Deutschordensstaates Preußen (→ Ostpreußen). Die Diözese umfaßte etwa die alten Prussengaue P. und Pogesanien sowie das Große Marienburger Werder. Das bischöfliche Territorium (etwa ein Drittel der Diözese) unterstand zu zwei Dritteln dem Bischof (Sitz Riesenburg), zu einem Drittel dem Domkapitel (Sitz Marienwerder). Erster Bischof war der Dominikaner Ernst (1246). 1285 wurde das Domkapitel in den Deutschen Orden (→ Ritterorden) inkorporiert; Bischöfe wurden meist Priesterbrüder des Deutschen Ordens. 1466 wurde mit der Aufteilung des Ordensgebietes auch die Diözese P. zerrissen. Ihr südlicher Teil blieb beim Orden, der nördliche (um Elbing, Marienburg und das Marienburger Werder) kam politisch unter die Herrschaft der Krone Polen, kirchlich unter das Bistum → Kulm. Das bischöfliche Territorium blieb im Ordensstaat. In der Reformationszeit entsagte Bischof Erhard von → Queiß (1523-29) der politischen Herrschaft zugunsten des neuen Herzogs → Albrecht (1525); die Diözese blieb jedoch als kirchlicher - nun ev. - Verwaltungsbezirk noch weiter bestehen. Als ev. Bischöfe amtierten noch Paul → Speratus (1530-51), Georg Venediger (1567-74) und Joh. → Wigand (1575-87). 1551-67 wurde das Bistum von »Präsidenten« verwaltet (→ Draconites) und seit 1587 nicht mehr besetzt. Der Nordteil der alten Diözese P. wurde 1821 (Bulle »De salute animarum«) dem Bistum → Ermland zugeteilt.

H.Cramer, Gesch. des vormaligen Bistums P., 1884 - Urkundenbuch zur Gesch. des vormaligen Bistums P., bearb. v. H.Cramer, 1887 - H.Schmauch, Die Verwaltung des kath. Anteils der Diözese P. durch den Culmer Bischof (Mitt.en d. Westpreuß. Geschichtsvereins 35, 1936, 112-123) - E.Kelm, Johannes IV., Bischof von P. 1480-1501, 1939 - B.Schumacher (→ Plotzk). *Heinz Neumeyer*

Pommerellen

1. MA - 2. Reformations- und Gegenreformationszeit - 3. Im 17. und 18.Jh. - 4. Im 19. und 20.Jh. - Vgl. → Ostpreußen, → Pommern, → Polen

1. P., die Landschaft westlich der unteren Weichsel (auch Ost- oder Kleinpommern), war ursprünglich ein Teil → Pommerns. Die Pomoranen lagen jahrhundertelang im Kampf mit ihren südlichen Nachbarn, den ebenfalls slawischen Polen. Die unter dem Polenherzog Boleslaw I. Chrobry (992-1025) geplante politische und kirchliche Angliederung an → Polen schlägt fehl (→ Adalbert von Prag; Bistum → Kolberg). Im 12.Jh. wird Ostpommern (P.) von Pommern abgesondert. Während dieses durch → Otto von Bamberg christianisiert (1124-29), jedoch weder politisch noch kirchlich mit Polen verbunden wird, wird P. 1123 dem Bistum Kujawien (→ Leslau) kirchlich unterstellt. 1148 erhält der Bischof von Leslau auch politische Rechte in P., u.a. in der Hauptburg → Danzig. Seit Ende des 12.Jh.s jedoch sind in P. einheimische Fürsten nachweisbar; der politische Einfluß des Bischofs ist ausgeschaltet. Die Herzöge von P., die Anschluß an die deutsche Kultur suchen, begründen deutsche Städte (vor 1236 Danzig, 1260 Dirschau) und Klöster (1178 Oliva, im 13.Jh. Zuckau, Zarnowitz, Pelplin, Niederlassung der Johanniter bei Schöneck). In der Geistlichkeit ist das deutsche Element führend, auch die polnischen Bischöfe (u.a. von → Leslau, → Plotzk, → Posen) sind bis ins 14.Jh. hinein zum großen Teil deutschen Volkstums, ebenso die Mitglieder ihrer Domkapitel. Nach dem Aussterben des pommerellischen Herzogshauses und den folgenden Wirren (1295-1308) gliedert der Deutsche → Ritterorden P. seinem Staate ein. Die kirchliche Zuständigkeit des kujawischen Bischofs bleibt jedoch bestehen. Dieser übt in P. seine Rechte durch »Archidiakone« und

»Offiziale« aus. P. wird durch den Deutschen Orden weitgehend eingedeutscht (Anlage von 400 deutschen Dörfern) und ein organischer Teil des deutschen Ordenslandes (»Preußenlandes«). - Bei den Auseinandersetzungen zwischen dem Deutschen Orden und Polen im 15.Jh. sind die Leslauer Bischöfe meist Parteigänger Polens. 1466 wird das westliche Ordensland (»Westpreußen«) und mit ihm P. mit der Krone Polen in Personalunion verbunden. Trotzdem gelingt es den kujawischen Bischöfen nicht, Einfluß auf die politischen Verhältnisse in Westpreußen zu gewinnen; sie werden - anders als die im Lande ansässigen Bischöfe von → Ermland und → Kulm - vom westpreußischen Landesrat ausgeschlossen. Auch ihr Versuch, die Kirche in P. zu polonisieren, wird von der überwiegend deutschen Bevölkerung zunächst noch abgewehrt. Ebenso mißlingt der Plan, Westpreußen durch Aufteilung in »Wojwodschaften« (P., Kulm und Marienburg) zu zerschlagen.

2. Die Bestrebungen der polnischen Könige, Westpreußen politisch zu entmachten und zu polonisieren, werden in der *Reformationszeit* durch die Glaubensspaltung gefördert. 1526 schlägt König Sigismund I. in Danzig die reformatorische Bewegung blutig nieder; gleichzeitig schränkt er die 1454 verbriefte Eigenstaatlichkeit Westpreußens ein. 1569 wird Westpreußen zur polnischen Provinz erklärt (Lubliner Dekret). Obwohl nie voll durchgeführt, führt dieses Dekret doch zu fast völliger Beseitigung der westpreußischen Selbständigkeit und weitgehender Polonisierung. Die Wojwoden sind seit Mitte des 16.Jh.s meist Polen oder polonisierte Preußen. Die größte Stadt der Landschaft P., Danzig, bleibt jedoch außerhalb der Zuständigkeit der Wojwoden und bewahrt Deutschtum und politische Sonderstellung. - Die Reformation wird in Danzig 1557 von König Sigismund August anerkannt, später auch in kleinen Städten (so Dirschau, Schöneck, Pr. Stargard, Pr. Friedland, Konitz, Schlochau, Baldenburg). Aber unter Sigismund III. (1587-1632) setzt eine scharfe *Gegenreformation* ein. Diese ist in Westpreußen schon durch Stanislaus → Hosius eingeleitet (1565 Begründung des Jesuitenkollegiums Braunsberg). In P. führen sie die Bischöfe Karnkowski (1567-81) und Rozrazewski (1581-1600) durch. Bis zum Ende des Jh.s werden alle kleinen Städte Westpreußens durch das königliche Hofgericht zur Rückgabe der kath. Pfarrkirchen verurteilt. Sogar den großen Städten Elbing und Thorn werden Kirchen abgesprochen. Nur → Danzig (: I) wehrt alle Angriffe auf seine politische und kirchliche Freiheit ab. Doch gelingt es dem Leslauer Bischof Rozrazewski außerhalb Danzigs, Welt- und Klostergeistlichkeit in P. teilweise zu polonisieren. Allerdings stößt er dabei auf den Widerstand des deutschen Zisterzienserklosters Oliva. Der Plan, in Danzig ein Jesuitenkollegium einzurichten, scheitert am Widerstande der Stadt; schließlich wird es außerhalb auf bischöflichem Territorium in Altschottland eröffnet (1616).

3. Die Stellung der Protestanten gegenüber dem Katholizismus wird im 16. und 17.Jh. durch den innerprot. Gegensatz von Lutheranern und Reformierten geschwächt. Der Calvinismus dringt anfangs beim Patriziat, an Schulen und Universitäten ein. Zu Beginn des 17.Jh.s siegt jedoch die streng luth. Richtung; 1612 werden in Danzig die Calvinisten von öffentlichen Ämtern ausgeschlossen. Nach dem ergebnislosen → Thorner Religionsgespräch (1645) kommt es 1655 in Danzig zu einem Ausgleich zwischen Lutheranern und Reformierten (diese erhalten in Danzig 2 Kirchen). Geduldet werden auch die → Mennoniten, die sich um 1570 im Großen Werder und bei Danzig (Altschottland) niedergelassen hatten. Der Ende des 17.Jh.s aufkommende → Pietismus läßt die luth.-ref. Spannungen zurücktreten (in Danzig Konstantin Schütz, ein Schüler Speners). - Dagegen verstärkt sich der prot.-kath. Gegensatz infolge der in → Polen (, 3) ständig zunehmenden Bedrückung der »Dissidenten«. Diese zT als Reaktion auf die Schwedenkriege zu erklärende Dissidentenverfolgung steht im Widerspruch zu der im Olivaer Frieden von 1660 garantierten Religionsfreiheit (Garantiemächte Österreich, Frankreich, Brandenburg). In Danzig führt eine Karmeliterprozession 1678 zu Unruhen und zur Zerstörung des Karmeliterklosters; die Folgen davon sind Todes- und Freiheitsstrafen für die Unruhestifter sowie die Erbauung einer »Königlichen Kapelle«. Thorn verliert 1667 seine neustädtische Pfarrkirche zu St. Jakobi an die Katholiken. 1724 kommt es nach einem Angriff der prot. Thorner Bevölkerung auf das Jesuitengymnasium - er wird nach späterer ev. Darstellung von den Katholiken herausgefordert - zum berüchtigten »Thorner Blutgericht«, das den Abscheu ganz Europas, auch kath. Länder hervorruft (Hinrichtung des Thorner Bürgermeisters Roesner und weiterer 9 Thorner Bürger). 1767 kommt es unter dem Schutz Rußlands zur Bildung einer griech.-orth. und einer prot. »Konföderation«. Der prot. Thorner Konföderation treten auch die westpreußischen prot. Adligen und die meisten westpreußischen Städte bei. 1768 muß der polnische Reichstag die Religionsfreiheit zugestehen; die kath. Konföderationen erkennen diese jedoch nicht an und führen einen erbitterten Religionskrieg mit furchtbaren Grausamkeiten gegen die Protestanten. Darauf greifen Rußland, Preußen und Österreich ein. In der »Ersten Teilung Polens« (1772) fällt fast ganz Westpreußen und das Ermland an Brandenburg-Preußen unter Friedrich d. Gr. Nur Danzig und Thorn werden erst 1793 mit → Preußen vereinigt. - Die Bevölkerung Westpreußens und des Ermlands ist 1772 trotz der vorausgegangenen Verfolgung zu etwa 50% prot. und zu fast 60% deutsch. Für Westpreußen gilt fast die Gleichung ev. = deutsch, kath. = polnisch (abgesehen von dem rein kath., aber überwiegend deutschen Ermland). Die Huldigungslisten vom Sept. 1772 sowie später von der preußischen Regierung angestellte Erhebungen lassen jedoch die Zurückdrängung der Protestanten erkennen, bes. das Mißverhältnis zwischen ev. und kath. Kirchen. Friedrich d. Gr. wird von den Protestanten als religiöser Befreier begrüßt. Doch wird die Zuständigkeit des kujawischen Bischofs für P. erst 1821 beseitigt (Bulle »De salute animarum«). P. ist seitdem weder politischer noch kirchlicher Verwaltungsbezirk und geht ganz in Westpreußen auf. Das bisherige Archidiakonat P. wird dem Bistum → Kulm-Pelplin zugeschlagen (Sitz seit 1824 Pelplin).

4. Für die ev. Kirchen wird nach 1772 die »Regierung« (Provinzialbehörde für Gerichts-, Kirchen- und Schulsachen) zuständig, nach 1815 treten die Konsistorien an ihre Stelle (1815-31 westpreußisches Konsistorium in Danzig, 1831-86 Konsistorium für Ost- und Westpreußen in Königsberg, 1886-1920 westpreußisches Konsistorium in Danzig). Die 1817 von König Friedrich Wilhelm III. angeordnete → Union (: I) wird bis 1830 auch in Westpreußen durchgeführt. Außerhalb der Union bleibt nur eine kleine luth. Minderheit. 1910 zählt die ev.-unierte Kirche in Westpreußen ca 790000 Seelen (46% der Bevölkerung) mit 245 selbständigen Gemeinden, 36 Vikariatsgemeinden, 272 Pfarrern und 36 Vikaren. Daneben bestehen 3 altluth. und 14 mennonitische Gemeinden. In den 20er Jahren des 19.Jh.s greift die → Erweckungsbewegung auf Westpreußen über (1825 Kniewel in Danzig, 1829 Warschutzki in Zempelburg), erfaßt aber nur kleine Kreise. Von der → Inneren Mission wurde u.a. das Diakonissenmutterhaus in Dan-

zig (1862) und das Brüderhaus in Silberhammer bei Danzig (1907) gegründet. Die → Gemeinschaftsbewegung eröffnet 1899 in → Vandsburg ein eigenes Diakonissenhaus. - Nach dem 1. Weltkrieg und der Zerreißung Westpreußens bleiben, was die ev. Kirche betrifft, die dem Deutschen Reiche belassenen Gebietsteile (Regierungsbezirk Westpreußen, Grenzmark Posen-Westpreußen) im Verbande der ev. Kirche der altpreußischen Union, ebenso die neu begründete Freie Stadt Danzig; für die kath. Kirche in → Danzig (: II) wird 1925 ein eigenes Bistum eingerichtet (Sitz Oliva). Das an Polen fallende Mittelstück Westpreußens, von den Polen P. genannt (der Begriff P. wird auf das Kulmerland ausgedehnt), muß jedoch aus der preußischen Landeskirche ausscheiden. Die ev. Kirche in Posen-P. (Sitz → Posen) wird in ihrer Entfaltung stark gehemmt. Von den etwa 400000 Deutschen P.s wandern 1920-30 ca drei Viertel nach Deutschland ab. Dadurch wird auch die ev. Kirche sehr geschwächt. - Nach der deutschen Besetzung im Sept. 1939 stellt man mit der politischen auch die kirchliche Einheit Westpreußens wieder her. Die ev. Kirche des »Reichsgaues Danzig-Westpreußen« umfaßt 306 Pfarreien. Das kath. Bistum Danzig wird mit dem Bistum Kulm-Pelplin in Personalunion verbunden. - Das Jahr 1945 bringt mit der fast restlosen Vertreibung der Deutschen auch die Vernichtung der deutsch-ev. Kirche. Nachdem einzelne Pfarrer noch bis 1946 ihre Gemeinden versorgt hatten, wird der deutsch-ev. Gottesdienst für die noch bestehenden deutsch-ev. Bevölkerungsreste völlig verboten. ZZ (1960) stehen den Evangelischen im Raum des ganzen früheren Westpreußen nur 2 kleine Kirchen (Zoppot und Thorn) und ein Gemeindehaus (Elbing) für Gottesdienste zur Verfügung; diese dürfen nur in polnischer Sprache abgehalten werden.

Pommerellisches Urkundenbuch, bearb. v. M.Perlbach, 1882 - A.Harnoch, Chronik u. Statistik der ev. Kirchen in Ost- u. Westpreußen, 1890 - H.Freytag, Das Archidiakonat P. der Diözese Wloclawek im MA (Altpr. Monatsschrift 41, 1904, 204-233) - E.Waschinski, Chronik der Pfarrschulen P.s bis 1772 mit Nachrichten über das ev. Bildungswesen der Landschaft, 1935 - K.Kasiske, Das dt. Siedelwerk des MA in P., 1938 - G.Dabinnus, Die ländliche Bevölkerung P.s i.J. 1772 mit Einschluß des Danziger Landgebiets i.J. 1793, 1952 - Th.Bierschenk, Die dt. Volksgruppe der Polen 1934-39, 1954 - O.Heike, Das Deutschtum in Polen 1918-39, 1955 - B.Stasiewski (→ Lebus) - A.Rhode, Gesch. der ev. Kirche im Posener Lande, 1956 - H.Heyden, KG Pommerns, 1957 - B.Schumacher, Gesch. Ost- u. Westpreußens, 1958. *Heinz Neumeyer*

Pommern, *Land*

1. Im MA - 2. Entwicklung seit der Reformation - 3. 19.Jh. und Gegenwart. - Vgl. → Pommerellen, → Pommern, Völkerschaft

1. P., das »Land am Meer«, wurde bis ins 5.Jh. nChr von Germanen bewohnt, dann von Slawen. Die Slawen verehrten vor allem die Götzen Swantevit (auf Rügen), Triglaw (in Stettin) und Radogast (in der Götterburg Rethra). Der erste - freilich gescheiterte - Christianisierungsversuch erfolgte 1121 durch den Mönch Bernhard von Spanien in → Wollin. Der eigentliche »Apostel der P.« wurde Bischof → Otto von Bamberg, der 1124/25 und 1128 im Osten bis → Kolberg und im Westen bis Wolgast Missionsfahrten durchführte. Um 1167 stieß Bischof Berno von → Mecklenburg missionierend bis Demmin vor, 1168 faßte das Christentum nach Zerstörung der Götterburg Arkona auf der Insel Rügen Fuß. Doch blieb bis Anfang des 13.Jh.s das Heidentum im ganzen Lande herrschend. Eine Wende trat mit der deutschen Einwanderung ein, gefördert durch Prämonstratenserklöster (Grobe, Belbuck), vor allem aber durch Zisterzienserklöster (Kolbatz, Eldena, Neuenkamp, Buckow), welche sich das Privileg, Deutsche ansiedeln zu dürfen, geben ließen. Es entstanden »Hagen«dörfer und in ihnen zahlreiche Gotteshäuser, dazu deutsche Städte mit lübischem oder magdeburgischem Recht. In den Städten ließen sich seit Mitte des 13.Jh.s Dominikaner, Franziskaner und Augustiner-Eremiten nieder, später auch Kartäuser. - Die Insel Rügen unterstand dem dänischen Bistum Roeskilde, das Festland Rügen (westl. des Ryck bis Tribsees) dem Bistum → Schwerin. Den Hauptteil P.s nahm das Bistum → Kammin ein. Ein geistliches Territorium bildete sich 1248 an der Persante mit → Kolberg als Mittelpunkt. Die stark gewachsene Macht der Bischöfe beschränkte Herzog Bogislaw X. von P. (1474-1523), indem er die Besetzung des Bischofsstuhles von seiner Zustimmung abhängig machte. - Die mittelalterliche Frömmigkeit fand namentlich in den reich entwickelten Wallfahrten (ins Hl. Land, nach Rom, Köln, Einsiedeln und bes. nach St. Jacob de Compostela) ihren Ausdruck. In P. selbst gab es 14 Gnadenstätten; die berühmtesten waren Kenz bei Barth und der Gollen bei Köslin. Die Laienfrömmigkeit hatte sich eigene Formen in der Elendenfürsorge und im Hospitalwesen geschaffen. Zu Ende des MA bestanden ca 70 St. Georgshospitäler für die Aussatzkranken sowie 40 Heilig Geist- und 35 St. Gertrudhospitäler. Im 14. und 15.Jh. traten → Waldenser gegen die kirchlichen Mißstände auf; ebenso beschäftigten sich damit von den Bischöfen einberufene Reformsynoden.

2. Die *Reformation* wurde in den Städten von den demokratischen Reformkräften, den Gewerken und Zünften, die in scharfem Gegensatz zu den altgläubig gesinnten Ratsgeschlechtern standen, getragen. Sie nahm zeitweise revolutionäre Formen an. Im Herbst 1520 hatte sich in Treptow a. R. Joh. → Bugenhagen den reformatorischen Gedanken Luthers zugewandt und Kleriker und Bürger der Stadt für sie gewonnen. Von den Geistlichen trugen Christian Ketelhut, Johann Kureke und Johann Bolduan die Bewegung sehr bald ins Land hinaus. Ebenfalls um 1520/21 predigte in Pyritz und 1523 in Stargard Joh. → Knipstro die Lehre Luthers. In Stolp wirkten seit 1521 Ketelhut und Luthers Freund Peter Suawe, 1524 der »Scheltprediger« Johannes Amandus, welcher die religiöse Bewegung in politisch-radikale Bahnen lenkte. 1525 trat durch das gemäßigte Verhalten Jakob Hogensees aus Danzig eine Beruhigung ein. Durch Paul vom Rode, der später von Knipstro und Nikolaus vom Hofe unterstützt wurde, fand die Reformation seit 1523 in Stettin Eingang. In Stralsund übertrugen sich die heftigen Kämpfe zwischen Zünften und Ratsaristokratie von Anfang an auf die religiöse Bewegung und führten zu mancherlei Gewalttaten. Ketelhut und Kureke, beide aus Treptow a. R. vertrieben, verschafften der Lehre Luthers ein starkes Echo beim Volke. In der Fastenwoche 1525 kam es zu dem großen »Kirchenbrechen«, dem Sturm auf Gotteshäuser und Klöster. Durch die Annahme der »Kirchen- und Schulordnung«, welche Joh. → Äpinus verfaßt hatte, erklärte sich Stralsund als ev. Stadt. Von Stralsund drang die Reformation nach der Insel Rügen. In Greifswald, wo der Widerstand des Rats bes. heftig war, konnte Knipstro erst 1531 die Reformation durchsetzen. Um dieselbe Zeit predigte Nikolaus Kleine aus Lübeck im Stiftsbezirk (Kolberg, Köslin) die reformatorische Lehre. Die Verworrenheit der Lage nötigte die Herzöge Barnim IX. und Philipp I., zum 13.12.1534 einen Landtag nach Treptow a. R. einzuberufen. Hier wurde die Reformation für das ganze Land beschlossen, zugleich Bugenhagen mit der Abfassung einer KO und der Durchführung von Kirchenvisitationen beauftragt. Die KO erschien im Frühjahr 1535, die Visitationen waren im Juni 1535 beendet. Die geistliche Leitung der pommerschen Kirche

hatten seit 1535 Superattendenten, nämlich Knipstro für Vor-P., Rode für Mittel-P. und Hogensee für das östliche Hinter-P. - 1536 trat P. dem → Schmalkaldischen Bund bei, war aber ein sehr unsicherer und zweideutiger Bundesgenosse. Starke Erregung im Lande verursachte 1548 das → Interim, bes. in Stralsund. - Das 16.Jh. brachte scharfe Lehrkämpfe. Namentlich der General-Sup. Jakob → Runge setzte sich mit den Reformierten und mit ausgesprochenen Irrlehren (Wiedertäuferei, Osiandrismus, Flacianismus) auseinander. Er gab der Kirche P.s das Gepräge einer strengen luth. *Orthodoxie,* die ihren Niederschlag in der erweiterten KO von 1563, dem Corpus doctrinae Pomeranicum von 1564, der Agende von 1568 und in der Ablehnung der → Konkordienformel 1579 fand. Auch die 1539 erneuerte Universität → Greifswald vertrat das orthodoxe Luthertum mit Eifer.

Nach dem Aussterben des pommerschen Herzogstammes mit Bogislaw XIV. (1637) kam im →Westfälischen Frieden (1648) Vor-P. zu → Schweden (bis 1815), Hinter-P. zu → Brandenburg (: II). Die Folge dieser Teilung war eine sehr unterschiedliche kirchliche Entwicklung. Unter dem schwedischen Regime versteifte sich die luth. Orthodoxie, vor allem im Kampf gegen die reformiertenfreundliche Politik Brandenburgs, deren Herrscher seit 1613 dem ref. Bekenntnis angehörten. Bes. leidenschaftlich führten die General-Sup.en Tiburtius Rango (um 1700) und Joh.Fr. → Mayer († 1712) die Auseinandersetzung. Auch ertöteten ein rücksichtslos vorgetriebenes Bauernlegen und ein starres staatskirchliches Reglementieren kirchliche Regsamkeit und legten den Grund zu der sprichwörtlich gewordenen Unkirchlichkeit Vor-P.s. In Hinter-P. dagegen wurde die Monopolstellung des Luthertums aufgelockert durch die von Brandenburg-Preußen geförderte Bildung ref. Gemeinden, die anfangs (in Kolberg, Stargard, Stettin) zu erheblichen Unruhen Anlaß gab. Allmählich griff ein friedliches Nebeneinander der beiden Konfessionen (»Simultaneum«) Platz. In Hinter-P. blieb ein bodenständiger, mit Heimat und Heimatkirche verwurzelter Bauernstand bestehen, da die brandenburgisch-preußische Regierung dem zügellosen Bauernlegen wehrte. Ebenso trat die Regierung den Übergriffen der kath. Kirche und ihren Rekatholisierungsbestrebungen in den Ämtern Draheim, Bütow und Lauenburg energisch entgegen. - Die unterschiedliche Entwicklung in beiden Landesteilen wirkte sich in der Stellung zum *Pietismus* sehr deutlich aus. In Vor-P. faßte der Francke-Spenersche Pietismus so gut wie überhaupt nicht Fuß. Nur das Herrnhutertum gewann, freilich nur vorübergehend, Anhänger durch → Zinzendorf, der 1734 in Stralsund gepredigt und sich einer Prüfung über seine luth. Rechtgläubigkeit unterzogen hatte. In Hinter-P. entstanden, meist von Friedrich Wilhelm I. von Preußen gefördert, pietistische Konventikel in Stettin um den Franckeschüler Schinmeyer, in Stargard um Günter Heiler, einen Schwager → Speners, und in Stolp. - Dem Pietismus folgte seit Mitte des 18.Jh.s die *Aufklärung,* die sich sehr bald die Kanzeln in ganz P. eroberte. Den Auftakt zu ihr hatte Joh.Joach. → Spalding (Pfarrer in Lassan, Sup. in Barth, Propst in Berlin) gegeben. Sie hatte bes. auf Rügen namhafte Vertreter, u.a. L.G. → Kosegarten, der durch seine dichterisch-mystischen »Uferpredigten« bekanntgeworden ist. Starkem Widerspruch begegneten mehrere aufklärerische Gesangbücher in Vor-P.

3. Als Gegenwirkung zur Aufklärung setzte in den 20er Jahren des 19.Jh.s die *Erweckungsbewegung* ein (→ Erweckung: I, 5 b). Sie ging von Kreisen des hinterpommerschen Adels aus, die in Berlin mit erweckten Zirkeln (»Maikäfer«) in Berührung gekommen waren. In Seehof bei Stolp sammelten die Brüder v. Below »Erweckte« in Gebetsversammlungen großen Stils, die in Schwärmerei verfielen (→ Belowianer). Gemäßigter und darum von tieferer Wirkung waren die Konventikel um A.v. → Thadden-Trieglaff. Sehr bald wurde die Erweckungsbewegung in die Kämpfe um → *Union* und *Agende* (→ Agendenstreit) hineingerissen. In P., das seit 1815 ganz zu → Preußen gehörte, erfolgte die Annahme der 1817 proklamierten Union und der 1821 herausgegebenen Agende zunächst fast widerspruchslos. Als jedoch luth. Pastoren, die wegen Ablehnung der Union amtsentsetzt waren, nach P. flüchteten (1835), nahmen sich ihrer die erweckten Kreise an. Um Kammin und Wollin, wo sich ältere pietistische Regungen erneuert hatten, entbrannten heftige Kämpfe. Trotz der Mäßigung und Besonnenheit, die der unionsfreundliche Bischof Karl → Ritschl zeigte, verließen Tausende die Heimat und wanderten nach Amerika aus (1837ff). Andere traten in großer Zahl aus der Landeskirche aus, darunter mehrere Pfarrer, v. Thadden, v. Senfft-Gramenz und H.v.Below. Die so entstandene *Separation* führte zur Gründung altluth. Gemeinden, die sich dem Oberkirchenkollegium in Breslau unterstellten (→ Luthertum: III B). In der Landeskirche selbst entwickelten sich mit dem »Luth. Verein« unter Führung von Sup. Otto-Naugard, später von Sup. Karl Meinhold-Kammin, starke konfessionelle Kräfte, die in Pfarrerschaft und Provinzialsynode das Übergewicht erlangten und den luth. Charakter der pommerschen Kirche bekundeten. - Eine Frucht der Erweckungsbewegung war die reich aufblühende Arbeit für die Heidenmission, die bes. in Hinter-P. von G. → Knak und M.Görcke getrieben wurde. - Auch die Innere Mission war ein Kind der Erweckungsbewegung. Angeregt durch → Wichern, der 1847 in Vor-P. weilte, bildete sich 1848 der »Verein der Freunde für Innere Mission in Neuvor-P. und Rügen«. Vor allem in Stettin entstanden zahlreiche Anstalten der Inneren Mission. Um 1900 kamen die ersten »Frauenhilfen« in P. auf. Sie hatten kurz vor dem 2. Weltkriege über 40000 Mitglieder. Zu den aufbauenden und erweckten Kräften gehört auch die »Landeskirchliche Gemeinschaft«, die dem → Gnadauer Verband angeschlossen ist. - Der → Kirchenkampf nahm in P. nicht allzu scharfe Formen an. Immerhin kam es zu Spannungen zwischen den »Deutschen Christen« und der »Bekennenden Kirche« sowie an verschiedenen Orten zu einer Zerstörung des kirchlichen Lebens. In Stettin-Finkenwalde leitete eine Zeitlang Dietrich → Bonhoeffer das illegale Predigerseminar der BK. - Nach 1945 blieben mehrere Pfarrer bei ihren Gemeinden in Hinter-P., nach ihrer Ausweisung 1946 übernahmen Laien die kirchliche Versorgung. - Die Gemeinden westlich der Oder konstituierten sich als »Pommersche ev. Kirche«, die sich 1950 eine KO gab. Sie schloß sich 1955 dem → Lutherischen Weltbund an, blieb aber Gliedkirche der EKU und der EKD. Sie zählt etwa 700000 Seelen. Sie gliedert sich in 18 Kirchenkreise mit ca 240 Pfarrern, welche 188 Mutterkirchen, 124 Tochterkirchen und 59 Kapellengemeinden versorgen. (Vor 1945: 54 Kirchenkreise, 800 Pfarrer, 1326 Kirchen, 106 Kapellen, 162 Kirchhofskapellen, Seelenzahl 1960641.) Die Leitung hat ein Bischof, dem zwei Pröpste zur Seite stehen (vor 1945 zwei Generalsuperintendenten, je 1 für Vor- und Hinter-P.). Sitz des Konsistoriums ist Greifswald (früher Stettin, vor 1815 außerdem Greifswald, Kolberg und Stargard). Seit 1946 bestehen keine ref. Gemeinden mehr. Neuaufgebaut wurde das Werk der Inneren Mission in Züssow, wo eine Diakonenanstalt und Heime verschiedener Art entstanden sind. Das Stettiner Diakonissenmutterhaus »Bethanien« hat in Ducherow eine Unterkunft gefunden.

Die *kath. Kirche* in P. zählte um 1945 ca 70000 Glieder mit fast 70 Kirchen. Sie war 1929 aus dem Bistum Breslau in das neu errichtete Bistum Berlin umgegliedert worden. Heute gehören die Katholiken westlich der Oder den Archipresbyteraten Stralsund und Pasewalk an. Durch Umsiedler aus Ostpreußen und dem Sudetenland ist ihre Zahl erheblich gewachsen. Die größte Gemeinde ist Stralsund mit ca 9000 Gliedern, die von vier Geistlichen betreut werden.

H.TH.WANGEMANN, Sieben Bücher preuß. KG. Geistliches Regen u. Ringen am Ostseestrande, 1861 - W.v.SOMMERFELD, Gesch. d. Germanisierung d. Herzogtums P. oder Slawien bis zum Ablauf d. 13.Jh.s, 1896 - H.MODEROW-E.MÜLLER, Die ev. Geistlichen P.s von d. Reformation bis zur Gegenwart I. II, 1903/12 - M.WEHRMANN, Gesch. v. P. I. II, 1919/21 (Lit.) - O.PLANTIKO, Pomm. Reformationsgesch., 1922 - H.HOOGEWEG, Die Stifter u. Klöster d. Provinz P. I. II, 1924/25 - RGG² IV, 1338ff (Lit.) - F.CURSCHMANN, Hist. Atlas d. Provinz P., 1935/39 - H.HEYDEN, KG P.s I. II, (1937/38) 1957² (Lit.) - DERS., Die ev. Geistlichen d. ehem. Regierungsbezirkes Stralsund, 1956ff - DERS., Aktenstücke zur Gesch. der Kämpfe um Union u. Agende in P. (ZKG 70. 1959, 231-252) - DERS., Zur Gesch. der Kämpfe um Union u. Agende in P. (ebd 71, 1960, 287-323) - H.HOLZAPFEL, Unter nord. Fahnen. Die Militärseelsorge d. Jesuiten in d. nord. Ländern im 17. u. 18.Jh., 1954. - Zs.en: Baltische Studien, seit 1832 - Pomm. Jb.er, seit 1900. - Die Bau- u. Kunstdenkmäler d. Provinz P., seit 1881 - Qu. zur Pomm. Gesch., hg.v. d. Gesellschaft f. Pomm. Gesch. u. Altertumskunde, I-V, 1885-1919. *H.Heyden*

Pommern, namhafte *wendische Völkerschaft* zwischen Oder und Weichsel, Netze und Ostsee, trotz einiger Berührung mit bereits christlichen Nachbarn bis zur polnischen Eroberung (um 1000; → Polen, 1) heidnisch. Die folgende Mission des sächsischen Priesters Reinbern (mit Gründung des Bistums → Kolberg) blieb nur unter der polnischen Hoheit (bis ca 1050) wirksam. Bei neuer Unterwerfung durch den Polenherzog Boleslaw III. wurde 1120 die Annahme des Christentums zur Friedensbedingung. Nun begann die entscheidende P.bekehrung des Bischofs → Otto von Bamberg (1124/28); sie wurde durch eingewanderte deutsche Bauern, Kaufleute, Mönche und Nonnen gefestigt. Das neue Bistum → Wollin (1140) wurde bald nach → Usedom, 1174 nach → Kammin verlegt, polnischer- (→ Gnesen) und deutscherseits (→ Magdeburg) als Diözese begehrt, aber durch → Clemens III. 1088 für exemt (→ Exemtion) erklärt.

Codex Pomeraniae diplomaticus I (bis 1251), 1862 - Pommersches Urkundenbuch, 7 Bde, 1868-1938 - TH.KANTZOWS Chronik von P., hg.v. G.GAEBEL, 1929. - W.WIESENER, Gesch. der christl. Kirche in P., 1889 - L.NOTTROT, Aus der Wendenmission, 1897, 389ff - HAUCK IV, 585ff - M.WEHRMANN, Gesch. von P. I, 1919. - Vgl. die Lit. zu → Pommern, Land. *F.Flaskamp*

Pomponazzi, *Pietro* (1462-1525), Prof. der Philosophie in Padua (1488), Ferrara (1510) und Bologna (1511), war einer der einflußreichsten und umstrittensten unter den Philosophen der ital. → Renaissance, denen am griech. Text (bes. Platons und Aristoteles') die von der interpretatio christiana verdunkelte Eigenart dieses Philosophierens von neuem aufging. Die Ärzteschule von Padua, aus der P. hervorging, empfand eine sachliche Affinität zu Aristoteles; die Stellung P.s wird näher durch seinen Rückgriff auf die Kommentare des Alexander von Aphrodisias (um 200 nChr) und seinen Gegensatz zu der in Padua herrschenden averroistischen Aristotelesauffassung bestimmt. → Averroes schrieb → Aristoteles (, 3c) die Lehre von der Unsterblichkeit der menschlichen Seele (freilich nur des rationalen Seelenteils, bei Verlust der Individualität) zu; Alexanders Interpretation ließ auch den rationalen Seelenteil im Tode untergehen. In seinem Hauptwerk »De immortalitate animae« (1516) schloß sich P. Alexander an, nahm hierbei vor allem das unmittelbare Bewußtsein der Einheit der Seele im Selbstbewußtsein als Instanz gegen jede Scheidung eines materiellen und eines immateriellen Seelenteils in Anspruch, entwickelte aber darüber hinaus kraftvoll und originell die Konsequenzen seiner Auffassung zB für die Ethik. Die Beschränkung der menschlichen Existenz auf das Diesseits verleiht erst der eigentlich menschlichen Aufgabe den notwendigen Ernst. Wenn der Gedanke an Lohn und Strafe im Jenseits entfällt, zeigt sich, daß Tugend und Laster Lohn und Strafe in sich tragen; das sittliche Verhalten gewinnt Autonomie und innere Würde. Den in der Seelenlehre deutlichen Naturalismus vertritt P. auch in seiner Schrift »De incantationibus« (1520); ausgehend von Kritik an einer »Wunderheilung«, verwirft sie die Annahme dämonischer und göttlicher Einwirkung, rechnet den »natürlichen« Ursachen aber zB auch astrologische Faktoren zu. P. betont scharf den Riß zwischen philosophischer Vernunfterkenntnis und den kirchlichen Glaubenssätzen, neutralisiert aber den Widerstreit durch die alte Lehre von der »doppelten Wahrheit« und mit dem Versuch, der Philosophie das *Wissen*, der Religion das *Wollen* zuzuordnen. Die Philosophie sei ungefährlich, weil nur wenigen zugänglich, eben darum auch die Religion zum Zwecke der sittlichen Erziehung unentbehrlich.

Werke: Tract. de immortalitate animae, 1516; Apologia, 1518; Defensorium, 1519; De naturalium effectuum admirandorum causis sive de incantationibus liber, 1520; De fato, libero arbitrio, praedestinatione et providentia Dei, 1520; Tract. de nutritione et augmentatione, 1521. - GA: Opera, Basel 1567. - Neuausg. von De immort. animae: C.G.BARDILI, 1791; G.GENTILE, Messina 1925; W.H.HAY, Harverford Coll. (Pennsylv.) 1938 (mit engl. Übers.); G.MORRA, Bologna 1954 (mit ital. Übers.). - Neuausg. von De fato etc: R.LEMAY, Lucani 1957. - Über P.: Ü III, 28ff. 630 (Lit.) - E.WEIL, Des P.P. Lehre vom Menschen u. d. Welt, 1928 - DERS., Die Philos. d. P.P. (AGPh 41, 1932, 127-176) - G.BIANCA, P. e il problema della personalità umana, Catania 1941 - M.DE ANDREA, Fede e ragione nel pensiero del P. (Riv. Filos. neoscol., 1946, 278-297). *G.Patzig*

Ponte, *Ludwig de* (*Luis de la Puente*, 1554-1624), * und † in Valladolid, aszetischer und mystischer Schriftsteller, Schüler des → Suarez und des Balthasar Álvarez SJ (1534-80), war als Jesuit (1574) Lehrer der Philosophie in León und der Theologie in Salamanca und Valladolid; dort geistlicher Berater der Marina von → Escobar.

Vf. bes.: Meditaciones de los Mysterios de nuestra S. Fe, 6 Bde, Valladolid 1604 (dt. u.a. v. M.SCHMID, 1930-32); Guida espiritual, ebd 1609 (lat. Dux spiritualis, 3 Bde, 1921; dt. v. G.BÖHM, 4 Bde, 1913²); De la perfección del Cristiano I. II, ebd 1612-13, III, Pamplona 1616 (dt. v. CL.Graf zu BRANDIS, 1860); Obras espirituals I-V, Madrid 1690. - Über P.: FR.CACHUPIN, Vida y virtudes del... L. de la P., Salamanca 1652 (dt. v. M.JOCHAM, 1840) - BACKER-SOMMERVOGEL VI, 1271ff; IX, 786f - J.MAY, L. de P., sein Leben u. seine Schriften (ZAM 1, 1926, 367-375) - DThC XIII, 1159ff - J.BEUMER, Die Theol. der myst. Beschauung im Komm. zum Hhld des L. de la P. (ZAM 17, 1942, 77-90) - EC X, 303f. - Vgl. die Arbeiten von PEERS, HATZFELD, BEHN (→ Mystik: VI) sowie K.PONT, The Spirit of the Spanish Mystics, New York 1958. *W.Göbell*

Pontianus, 230-235 Bischof von Rom, Nachfolger → Urbans I., Gegner des → Origenes. Mit seiner Deportation nach Sardinien (zusammen mit Hippolyt) unter Maximinus Thrax (235; → Christenverfolgungen, 2) endete das seit → Calixt I. andauernde Schisma des Gegenbischofs → Hippolyt. Seine Abdankung am 28.9.235 ist das älteste sichere Datum der Papstgeschichte. → Fabian ließ den in Sardinien verstorbenen P. in der Kallistuskatakombe beisetzen (13.8.). P. gilt als ältester Märtyrerpapst (30.10. und 19.11.).

RE XV, 550 - PW XXII, 25 - CASPAR I, 43ff - RAC II, 410ff. *H.Berthold*

Pontifex maximus. Nach dem Sturz der altröm. Könige übernimmt das collegium pontificum deren sämtliche priesterliche Funktionen zu den seinen hinzu, so daß die sakrale Zentralgewalt jetzt vollständig in seinen Händen liegt. Es steht unter dem Vorsitz des P.m., der aus ihrem Kreise (seit dem Ausgang des 3.Jh.s vChr durch die Comitien der 17 Tribus) auf Lebenszeit ernannt wird. Der Einflußbereich des P.m. geht entsprechend der Herkunft des Amtes über den religiösen Bezirk hinaus in den des staatlichen Lebens. Dementsprechend übernimmt 12 vChr unter Augustus der princeps diese Würde; für die Ausübung der Funktionen wird ein besonderer Promagister ernannt. Der Titel des P.m. und die mit ihm verbundenen Rechte sind von da ab fester Bestandteil der Stellung der Herrscher Roms bis ins 4.Jh. nChr. Auch → Konstantin und seine Söhne legen den Titel nicht ab, erst Gratian verzichtet auf ihn. Er wird dann offensichtlich neutralisiert und zur allgemeinen Bezeichnung oberster religiöser Würdestellung, so daß ihn die Päpste seit dem 5.Jh. (→ Leo I.) ebenso übernehmen können, wie sie Einzelheiten der kaiserlichen Hofhaltung übernommen haben. Eine gewisse Rolle hat vielleicht die Parallele zum at. Hohenpriester (summus pontifex; sacerdos summus, magnus, maximus; princeps sacerdotum in Itala und Vulg.) gespielt. Wenn → Tertullian, der in seinen Schriften mehrfach auf den P.m. als Beispiel der selbst unter den Heiden geltenden einmaligen Ehe Bezug nimmt, de pud. 1, 6 vom »pontifex scilicet maximus, quod est episcopus episcoporum« spricht, so ist das lediglich hohnvolle Polemik (gegen → Calixt I. [?] und sein Bußedikt). Daß der Titel nach seiner Übernahme in den christlichen Bereich zunächst lediglich eine allgemeine Bedeutung besitzt, wird dadurch bewiesen, daß er (wenn auch selten) im MA von den Bischöfen benutzt werden kann. Erst seit der Renaissance wird er zum ausschließlichen Vorrecht des Papstes, der ihn als Ehrentitel (ital.: Sommo Pontifice; franz.: Souverain Pontife; im Deutschen ohne Parallele) neben dem des Vicarius Christi oder Vicarius Petri führt.

TH.MOMMSEN, Röm. Staatsrecht II, 1883³ (Neudr. 1952) - G.WISSOWA, Religion u. Kultus der Römer, (1902) 1912² - LÜBKER 840f - LThK VIII, 372. *K.Aland*

Pontoppidan, 1. *Erik* (1698-1764), dän. Theologe, * in Aarhus. Bereits als Student in Kopenhagen auf die Unzulänglichkeit der orthodoxen Verstandesreligion aufmerksam geworden, erlebte P. nach dem Amtsexamen (1718) in Holstein bes. unter dem Eindruck von Schriften → Jurieus, Supervilles, → Saurins und anderer französischer ref. Theologen eine religiöse Erweckung. Nach Hauslehrerzeit in Norwegen, Holland und England wurde er 1721 Informator des späteren Herzogs von Holstein-Plön und Schloßprediger zu Norburg auf Alsen, war 1726-34 Pfarrer im nahen Hagenberg. Durch religiöse Schriften gemäßigt pietistischer Richtung und Arbeiten über topographische und historische Gegenstände bekanntgeworden, wurde er 1734 von König Christian VI. zum Pfarrer in Hilleröd und Schloßprediger auf Fredriksborg ernannt, 1735 zum dänischen Hofprediger in Kopenhagen, 1738 zum ao. Prof. der Theologie. Durch P.s in königlichem Auftrag ausgearbeitete neue Erklärung zu Luthers kleinem Katechismus (1737) hielt der Pietismus seinen Einzug in die dänischen und norwegischen Schulen und in den Konfirmandenunterricht. Sein Gesangbuch (1740) erlangte bes. durch die neu aufgenommenen Lieder von → Brorson Bedeutung. Auch gegen den Volksaberglauben trat P. auf. 1741 begann er seine kirchengeschichtlichen Stoffsammlungen herauszugeben. In seinem Roman »Menoza« nahm er zu den verschiedenen kirchlichen und anderen Erscheinungen der Zeit Stellung. Als Bischof von Bergen (1747-55) wirkte P. außerordentlich segensreich. Im Sinne A.H. → Franckes nahm er sich bes. des vernachlässigten Schulwesens an, begründete das erste Lehrerseminar in Norwegen und errichtete das Collegium Fredericianum für die Pflege der realen Fächer und neueren Sprachen. P.s Einfluß in Norwegen war groß und hat sich zT im Volke bis in die Gegenwart erhalten. Nach Kopenhagen zurückgekehrt, wurde P. 1755 Prokanzler der Universität, vermochte aber mit seinen Reformplänen nicht durchzudringen. In seinen letzten Schriften bekämpfte er die zunehmende Freigeisterei, mit deutlichem Anschluß an die Polemik der rationalistischen Theologie gegen diese, wie er auch die volkswirtschaftlichen Interessen der Aufklärung übernommen hat.

Vf. u.a.: Sandhed til Gudfrygtighed, 1737 (Katechismuserklärung, dt. 1741ff); Annales eccles. Daniae, 4 Bde, 1741-52; Menoza, 3 Bde, 1742/43 (dt. 1747); Den danske Atlas, 2 Bde, 1763/64. - Über P.: RE XV, 551f - M.NEIIENDAM, E.P., 2 Bde, Kopenhagen 1930/33 (Lit.) - DBL XVIII, 458ff. *V.Waschnitius (Hal Koch)*

2. *Henrik* (1857-1943), dänischer Schriftsteller, brach mit der Tradition seiner Familie und Vorväter, die Geistliche waren, und studierte Technik. - P. ist der große Realist in der neueren dänischen Literatur, er wendet sich kritisch gegen die → Romantik wie gegen den Entwicklungsoptimismus des → Naturalismus. In drei großen Romanen gibt er ein Zeitbild Dänemarks zwischen 1880-1910: In »Det forjættede Land« (1891-95; dt. Das gelobte Land, 1908) schildert er die Idealisierung der ländlichen Daseinsweise, wie sie sich dem Kulturüberdrüssigen darstellt, den Zusammenbruch seiner Vorstellungen, aber auch den Wert des echten Naturgewachsenen. »Lykke-Per« (1898-1904; dt. Hans im Glück, 1906), der Roman des dänischen Stadtlebens um 1900, zeigt die Bindung des Menschen an Erbe und Milieu und seinen Kampf dagegen. Das Ausbleiben der Liebe in den menschlichen Beziehungen ist das Grundmotiv von »De Dødes Rige« (1912-16; dt. Totenreich, 1920). - Die wichtigsten Novellen und kleineren Romane sind folgende: »Kirkeskuden« (1879) und »Ørneflugt« (1897; über die Abhängigkeit vom Milieu), »Isbjørnen« (1887; die Spannung zwischen Natur und Kultur), »Landsbybilleder« (1883), »Fra Hytterne« (1887), »Skyer« (1890; soziale und politische Probleme), »Nattevagt« (1894; Abrechnung mit dem Naturalismus), »Den gamle Adam« (1895), »Højsang« (1896), »Den kongelige Gæst« (1908) und »Mands Himmerig« (1927). P.s Form ist häufig ironisch, er liebt es, eine Sache von entgegengesetzten Seiten her zu beleuchten. Er war kein Dogmatiker, sondern suchte nach einer dauerhaften persönlichen Wahrheit. Der Kirche gegenüber verhielt er sich kritisch, das Christentum zog ihn abwechselnd an und stieß ihn ab.

Undervejs til mig selv (Selbstbiogr.), Kopenhagen 1933-40. - V.ANDERSEN, H.P., ebd 1917 - P.C.ANDERSEN, H.P. En biografi og bibliogr., ebd 1934 - K.V.THOMSEN, Hold galden flydende, Aarhus 1957 (Lit.). *G.Toldeilund-Hansen*

Poppo (978-1048), aus flandrischem Adel, verlebte eine zügellose Jugend; nach Wallfahrten ins Hl. Land und nach Rom wurde er Mönch in St.Thierry zu Reims, trat um 1008 in das Kloster St. Vannes, dessen Abt Richard, ein Schüler → Odilos von Cluny, die lothringischen Klöster im Sinne → Clunys zu reformieren suchte. P. war als Prior von St. Vaast und Beaulieu Richards eifrigster Mitarbeiter, bis ihn Kaiser Heinrich II. zum Abt von Stablo und Malmedy ernannte und ihm die Reform und Beaufsichtigung einiger reichsunmittelbarer deutscher Abteien übertrug (u.a. Echternach, Weißenburg, Hersfeld, St. Gallen). Auch Konrad II. und Heinrich III. zogen P. gelegentlich zu politischen Missionen heran. P.s Reformversuche sind großenteils gescheitert; erst ein Menschenalter später griff die cluniazensische Bewegung auf Deutschland über (→ Hirsau).

Legendäre Vita in MG SS XI, 291-316 - P.LADEWIG, P. u. die Klosterreform unter den Saliern, 1882 - E.SACKUR, Die Cluniazenser II, 1894, 174ff. 244ff u.ö. - HAUCK III, 499ff - MANITIUS II, 361ff - K.HALLINGER, Gorze-Kluny I. II, 1950/51. *O.Rühle*

Pordage, *John* (1607-81), anglikanischer Geistlicher und Mystiker. Für Astrologie, Alchemie und andere Naturgeheimnisse interessiert, kam er unter den Einfluß der Schriften Jakob → Böhmes. Zahlreiche Visionen, die ihm seit 1649 Gewißheit übersinnlicher Dinge gaben, gewannen ihm einen Kreis von Anhängern (the Behmenists). Nach längerem Prozeß wurde er 1654 seines Amtes enthoben. Eine Berufung an Cromwell blieb erfolglos; erst nach der Restauration wurde er 1663 wieder eingesetzt. Die → Quäker tadelten an ihm den Gebrauch der Sakramente, während er ihnen Perfektionismus und Äußerlichkeit der Sitten vorwarf. Böhmes Metaphysik wird bei ihm philosophisch vereinfacht und nach seinen Gesichten phantastisch erweitert. Der Kern war ihm wie → Gichtel u.a. die Sophia-Spekulation. Als Erklärer der Schriften Böhmes geschätzt, führte er viele andere, bes. J. → Leade, in ihn ein.

Hauptwerk: Theologia mystica, postum 1683; dt. Amsterdam 1698. - Dt. Ausg. seiner Schriften, 3 Bde, Leipzig 1715. - Über P.: RE XV, 553ff - DNB 46, 150f - F.GRZECHOWIAK, Die Visionen des Mystikers J.P. (Diss. Bonn), 1917 - E.SEEBERG, G.Arnold, 1923, 369ff - N.THUNE, The Behmenists and the Philadelphians, Uppsala 1948 (Lit.). *H.Bornkamm*

Porphyrius, 1. Bischof *von Gaza,* ist durch die von seinem Diakon Marcus verfaßte Vita bekannt, die zwar die treusten Schilderungen vom Hof in Konstantinopel und aus Palästina enthält, aber auch tiefe Spuren später Überarbeitung trägt. Als gesichert kann gelten, daß P. um 400 das in Gaza noch dominierende Heidentum entscheidend schwächte und das berühmte Marnas-Heiligtum zerstören ließ, wozu er sich eine besondere Erlaubnis von Arcadius verschaffte. Seine engen Beziehungen zu dem Origenisten Johannes von Jerusalem hat die spätere Tradition verwischt.

Marc le diacre, Vie de Porphyre, éd. H.GRÉGOIRE u. M.A.KUGENER, Paris 1930 (mit ausführl. Einl.). *A.Dihle*

2. *Philosoph des → Neuplatonismus* (232/33-304/05), * in Tyros, Schüler des Longinus und namentlich des → Plotin. Seine über 100 Schriften waren zur Hälfte Kommentare zu → Aristoteles, → Platon und Plotin (seine Einführung in die → Kategorien-Lehre, quinque voces genannt, wurde ein Schulbuch des MA); die selbständigen Schriften behandeln Rhetorik und Grammatik, Homer-Erklärung, Ethik und Seelenlehre, Eschatologisches, Mathematik und Astrologie. Bes. war P. der Erforschung des Okkulten zugeneigt: In Mantik und Theurgie sowie im Orakelwesen sah er ebenso das Wirken des göttlichen Logos wie in grammatischen oder philosophischen Sinnbezügen. - Die ungemeine Wirkung des P. besteht in folgendem: 1. Einzig auf P. beruht die schriftliche Nachwirkung Plotins; 2. erst P. macht die Abfassung von Kommentaren zu Platon in der platonischen Schule heimisch; 3. seit P. ist die Ausdeutung göttlicher Zeichen und Orakel legitimer Forschungsgegenstand für die meisten Platoniker; 4. P. legt den Grund zu einer Erlösungslehre (de regressu animae); 5. durch P. wird die Gegnerschaft des → Platonismus gegen die Christen unversöhnlich. Diese Feindschaft hat ihren primären Grund in dem Vorwurf: Die Christen schließen sich durch ihre Verweigerung von Götterverehrung und Opfern aus den Sinnbezügen aus, die die Menschen mit dem Weltlogos verbinden; Christi Lehre ist für P. schon darum absurd, weil sie alle bisherigen Manifestationen des Logos leugnet. Der christliche Ausschließlichkeitsanspruch wird als Hohn auf die vielfach bezeugte Wahrheit empfunden. Von daher werden Lehren und Berichte des AT wie des NT mit bitterem Spott kritisiert, bes. werden die Apostel als Schwindler getadelt. Daneben steht Richtiges: Zutreffende Überlegungen zur Chronologie führen P. dazu, das → Danielbuch dem historischen Daniel abzusprechen. - Trotz der erklärten Christenfeindschaft und trotz mehrfach eingeschärfter kaiserlicher Edikte, seine Bücher zu verbrennen, hat P. gerade auf das Christentum sehr stark eingewirkt. P. ist der letzte Autor griech. Sprache, der im lat. Westen intensiv gelesen wurde, und zwar von → Augustin, → Ambrosius, Marius → Viktorinus, → Boethius. Die theologischen Diskussionen im Osten (→ Christologie: II, → Trinität: III) wurden nachhaltig geprägt durch die Begriffsbestimmungen (zB ὑπόστασις, παρουσία, ἕνωσις), die P. zu der Frage gegeben hatte, wie das Transzendente dem Diesseitigen beiwohnt.

Opuscula selecta, hg.v. A.NAUCK, 1886 - Isagoge (= quinque voces), hg.v. A.BUSSE (Commentaria in Aristotelem Graeca IV/1), 1887 - Sententiae ad intelligibilia ducentes, hg.v. B.MOMMERT, 1907 - Fragmente der Schrift wider die Christen, ges. v. A.v.HARNACK, AAB 1916, 1; Nachtrag: SAB 1921, 14 - Fragmente der »symmikta zetemata« hg. u. komm. v. H.DÖRRIE, 1959. - Über P.: J.BIDEZ, Vie de P., Gent 1913 - Ü I, 609ff. 190*f - W.THEILER, P. u. Augustin (SGK 10, 1, 1933) - PW, Halb-Bd 43, 275ff (R.BEUTLER, Lit.) - H.O.SCHRÖDER, Celsus u. P. als Christengegner (Die Welt als Gesch. 17, 1957, 190-202). *H.Dörrie*

Porst, *Johann,* * 11.12.1668 in Oberkotzau b. Hof, † 10.1.1728 in Berlin, studierte 1689-92 in Leipzig Theologie, wurde als Hauslehrer bei Sup. Layritz in Neustadt (Aisch) durch Lektüre von → Speners Bußpredigten für den → Pietismus gewonnen. Um den Verfasser kennenzulernen, reiste er nach Berlin, besuchte Speners Vorlesungen für die Kandidaten des Predigtamts und wurde durch J.C. → Schade geprägt. 1698 wurde P. Pfarrer in Malchow bei Hohenschönhausen, 1704 zweiter Pfarrer an der Friedrichswerderschen und Dorotheenstädtischen Kirche in Berlin, 1709 Hofprediger bei der Königin Sophie Luise, 1713 Propst an der Nicolaikirche und Inspektor am Grauen Kloster, 1716 Konsistorialrat. Durch seine Predigttätigkeit, seine Verdienste um Armen- und Waisenpflege sowie um Handwerkerfürsorge, vor allem aber durch sein weit verbreitetes → Gesangbuch (: I, 2 b; seit 1708) bürgerte er den Spenerschen Pietismus fest in Berlin ein (→ Brandenburg: II, 4).

Vf. ferner: Theologia viatorum practica, 1722; Theologia practica regenitorum oder Wachstum der Wiedergeborenen, 1723; Auszug aus beidem: Compendium theologiae viatorum et regenitorum practicae, 1723. - Über P.: J.F.BACHMANN, Zur Gesch. d. Berliner Gesangbücher, 1856, 147ff. 231ff - ADB XXVI, 444f - RE XV, 557ff - B.ALTENBURG, Die Mystik im luth. Pietismus, dargestellt auf Grund der Erbauungsschriften J.P.s (JBrKG 26, 1931, 52-78; 27, 1932, 92-101; 28, 1933, 128-145; 29, 1934, 61-75) - M.SCHMIDT, Der Beitrag der ev. KG zum Aufstieg Berlins (Jb. f. d. Gesch. Mittel- u. Ostdeutschlands 10, 1961; im Erscheinen). *M.Schmidt*

Portiuncula (= Teilchen) oder »Maria von den Engeln«, ein vom hl. → Franz restauriertes Kirchlein neben Assisi. Es wurde ihm um 1210 von den Benediktinern geschenkt, und er betrachtete es als sein »Erbteilchen«. Die P., wo er seine evangelische Berufung empfing und sterben wollte, wurde zur Wiege des → Franziskaner-Ordens. Berühmt ist der *P.-Ablaß* toties quoties, den Franz 1216 von Papst Honorius III. für alle Gläubigen erbeten haben soll. Später wurde dieser Ablaß auf alle Franziskaner- und alle mit ihnen in Verbindung stehenden Kirchen ausgedehnt. Seine erst 1277 bezeugte Entstehung wurde aber als unecht erwiesen.

Außer der Lit. zu → Franz von Assisi: N.PAULUS, Gesch. des Ablasses im MA II, 1922/23, 312ff - HEIMBUCHER I, 671ff - R.M.HUBER, The P. Indulgence from Honorius III to Pius XI, New York 1938 - EC IX, 1166ff. *V.Vinay*

Port Royal, Zisterzienserinnenkloster zwischen Versailles und Chevreuse (Dép. Seine), gegr. 1204, seit der Leitung durch Jacqueline Marie → Arnauld Zentrum des → Jansenismus und der französischen literarischen Kultur im 17.Jh. Bereits 11jährig Äbtissin (1602; Mère Angélique), wurde J.M.Arnauld seit 1608 zur energischen Reformerin. Der Umgang mit → Franz von Sales verstärkte diese Richtung. Die innere Heiligung jeder einzelnen Nonne stand voran; ihr dienten nicht nur Beobachtung des eigenen Seelenlebens und häufiges Gebet, sondern auch Fasten, Verzicht auf Eigentum, Selbstpeinigung und Liebestätigkeit an Armen und Kranken. 1618 bis 1623 reformierte Mère Angélique im Auftrag des Abtes von Clairvaux das Kloster Montbuisson (Maubuisson). Das ungesunde Klima von P.R. veranlaßte sie, 1625 das Kloster in die Hauptstadt zu verlegen und (seit 1627) dem Erzbischof von Paris zu unterstellen. Jedoch blieb P.R. (nun »des Champs« genannt) nicht nur bestehen, sondern in lebendiger Verbindung mit dem Stadtkloster, so daß beide eine geistige Einheit darstellten. Nach einem Zwischenspiel, in dem der Bischof Zamet von Langres dem Stadtkloster gegen den Willen der Mère Angélique ein vornehmes, zT pomphaftes Gepräge gab, wurde seit 1636 Jean → Duvergier de Hauranne, Abt von St. Cyran, Beichtvater und gestaltende Kraft in P.R. Seit 1637 entstanden im Landkloster Einsiedlerzellen für frommes Leben, in denen vorwiegend Glieder der Familie Arnauld (d'Andilly) hausten (Robert → Arnauld, Antoine und Simon → Le Maistre, → Lancelot, → Nicole, → Pascal u.a.). Sie trieben Landwirtschaft, Gärtnerei, Lektüre der Bibel und Kirchenväter, Gespräche, Andachtsübungen und gingen auch ihrem früheren Beruf nach, so daß eine zwanglose, individuell frei gestaltete Verbindung zur Welt entstand. Bes. gründeten sie kleine Schulen, die für die französische Erziehung bahnbrechend wurden (u.a. → Racine dort gebildet) und im scharfen Gegensatz zur normierenden und kontrollierenden Erziehung der Jesuiten standen. Der bedeutendste Theologe von P.R. wurde Antoine → Arnauld d. J., neben ihm Isaac Louis → Le Maistre de Sacy. Mit der päpstlichen Verurteilung des Jansenismus (1653) begann der jesuitische Kampf gegen P.R., der nach vielen Zwischenphasen (1661, 1669, 1705 Zwang zu antijansenistischen Unterschriften, die vielfach nur mit Klauseln geleistet wurden; Verhaftungen und Einschränkungen; 1660 und 1678 Aufhebung der Schulen) 1709 mit der Auflösung des Landklosters, 1710 mit der Zerstörung aller seiner Gebäude endete.

CH.A.SAINTE-BEUVE, Hist. de P.R., (5 Bde, 1840ff) 7 Bde, 1940[10] - C.CLÉMENCET, Hist. littéraire de P.R., ed. R.F.W.GUETTÉE, 1868 - A.LE ROY, La France et Rome 1700-1715, 1892 - V.TOUILLIER, Rome et la France. La seconde phase du Jansénisme, 1901, 60ff - A.MALVAULT, Répertoire alphabétique des personnes et des choses de P.R., 1902 (Bibliogr. der Qu.) - RE XV, 559ff (Lit.) - E.ROMANES, Story of P.R., 1907 - A.GAZIER, P.R. au XVIIe siècle, 1909 - DERS., P.R. des Champs, 1913 - L.REA, The Enthusiasts of P.R., 1912 - A.HALLAYS, Le pèlerinage de P.R., 1914 - H.BRÉMOND, Hist. littéraire du sentiment religieux en France IV, 1923 - M.LAROS, P.R. u. d. Anfänge des Jansenismus (Festschr. f. S.Merkle, 1923, 186-200) - J.LAPORTE, La doctrine de P.R., (1923) 2 Bde, 1951/52[2] - C.GAZIER, Hist. du monastère de P.R., 1929 - MAX KRÜGER, Die Entwicklung u. Bedeutung des Nonnenklosters P.R. im 17.Jh., 1936 - R.A.KNOX, Enthusiasm, 1950, 206ff; dt.: Christl. Schwärmertum, 1957, 189ff - EC IX, 1816ff. - Vgl. die Lit. zu den im Text genannten Artikeln, bes. zu → Jansenismus (J.ORCIBAL!) u. → Pascal. *M.Schmidt*

Portugal

1. Politische Geschichte - 2. Statistik und geistige Lage in der Gegenwart - 3. Gesch. der kath. Kirche - 4. Die ev. Gemeinden

1. P., die römische Provinz Lusitanien, seit 409 im Besitz der Alanen und → Sueven, 585 dem Westgotenreich (→ Goten, 2) eingegliedert, seit 712 unter maurischer Herrschaft. Nach der christlichen Wiedereroberung kam das Gebiet zwischen Minho und Mondego als Grafschaft P. und erbliches Lehen an Heinrich von Burgund (1095), unterstellte sich 1143 dem Schutz des Papstes und errang 1385 endgültig seine Unabhängigkeit von Kastilien. Seine Südgrenze erreichte P. 1250 durch Eroberung der maurischen Provinz Algarve. Unter der Dynastie Aviz (1385-1580) stieg P. durch Entdeckungen und Eroberungen in Afrika, Amerika und Ostindien zur Weltmacht auf. Von 1580-1640 war es in Personalunion mit der spanischen Monarchie vereint (→ Spanien). P.s Niedergang unter der Dynastie der Braganzas konnte durch die Reformen des aufgeklärten Ministers Pombal (1750-78) nur zT aufgehalten werden. Johann VI. flüchtete vor Napoleon 1807 nach → Brasilien, das sich nach seiner Rückkehr 1822 unabhängig machte. Im 19.Jh. ruinierten häufige Revolutionen und Bürgerkriege zwischen Fortschrittlichen und Konservativen das Land. Nach der Ermordung König Karls I. (1908) proklamierte die Revolution von 1910 die Republik, die aber keine feste Regierungsgewalt zu begründen vermochte. Der Militäraufstand von 1926 brachte Oliveira Salazar an die politische Macht, der ein autoritäres Staatswesen auf korporativer Grundlage (Estado Novo) aufbaute, die Finanzen sanierte und wirtschaftliche und soziale Reformen durchführte.

2. P. mit Madeira und den Azoren umfaßt (1950) 91653 qkm mit 8510240 Einwohnern (davon 8167457 kath.). Dazu kommen seine bedeutenden Kolonien (Mozambique, Angola, Kapverdische Inseln, Goa, Macao, Timor), 2089985 qkm mit 11,4 Mill. Einwohnern. Die Volksbildung hat sich erheblich verbessert. Nach der Zählung von 1950 können ca 60% der Bevölkerung von über sieben Jahren lesen und schreiben. 1956-57 gab es 15787 Elementarschulen, 43 höhere Schulen (liceus) und 78 technische Lehranstalten. Dem akademischen Studium dienen heute die Universitäten Coimbra (gegr. 1290), Lissabon (gegr. 1911) und Porto (gegr. 1911) sowie die technische Universität in Lissabon (gegr. 1930).

3. Die staatliche Loslösung P.s von Kastilien wurde durch die kirchliche Organisation unterstützt. Die Wiederherstellung der Metropole → Braga (1103) ermöglichte die Bildung einer besonderen portug. Kirche. Staat und Kirche blieben in den Maurenkriegen und der folgenden überseeischen Expansion P.s eng verbunden, wenn es auch heftige Kompetenzkonflikte zwischen königlicher und geistlicher Gewalt gab. In der Nationalisierung der universal-christlichen → Ritterorden wurde 1162 der Orden von Aviz gegründet, 1288 der Santiago-Orden von dem Kastiliens getrennt und 1319 der Templer-Orden in den portug. Christusorden umgewandelt. 1551 ging das erbliche Großmeisteramt dieser Orden an die Krone über. Der päpstliche Missionsauftrag an die portug. Krone für die überseeischen Entdeckungen war mit der Verleihung weitreichender Patronatsrechte verbunden. Der Christusorden erhielt die kirchliche Jurisdiktionsgewalt im portug. Kolonialreich. Die 1536 in P. eingeführte → Inquisition wurde auf die Kolonien ausgedehnt. 1748 verlieh der Papst den Ehrentitel »Rex Fidelissimus« für die portug. Monarchie. Pombal beschränkte die kirchlichen Rechte und Freiheiten und vertrieb 1759 die → Jesuiten aus P. und seinen Kolonien. Nach dem Sieg der Liberalen (1834) wurden die Klöster

aufgehoben, doch später die Niederlassung der religiösen Orden wieder erlaubt. Nach der Revolution von 1910 ordnete die Regierung die Auflösung aller Orden, Einziehung der Kirchengüter, Abschaffung der kirchlichen Feiertage, des religiösen Eides und des Religionsunterrichtes an den Schulen und Einführung der zivilen Eheschließung an. Durch Gesetz vom 20.4.1911 wurde die Trennung von Kirche und Staat vollzogen. Die Verfassung vom 21.8.1911 verkündete die Gleichberechtigung aller Kulte. 1913 wies die Regierung den päpstlichen Nuntius aus, aber 1918 wurden die diplomatischen Beziehungen zum Vatikan wieder aufgenommen und die kirchenfeindlichen Gesetze etwas gemildert. Das Konkordat vom 7.5.1940 hat die Trennung von Staat und Kirche aufrechterhalten, erkennt aber die Rechtspersönlichkeit der kath. Kirche und die »überlieferte christliche Lehre und Moral« als Grundlage der öffentlichen Erziehung an. Die ungehinderte Organisation der Kirche und ihrer religiösen Vereinigungen und die freie Ausübung aller Kulthandlungen werden garantiert. Der Religionsunterricht an den Schulen untersteht allein dem Ermessen der Kirchenbehörde. Der Staat erkennt die kirchlich geschlossene Ehe an, wenn sie vorschriftsgemäß dem Standesamt gemeldet ist, läßt aber daneben die Zivilehe zu. - Das portug. Staatsgebiet ist in je drei *Kirchenprovinzen* für das Mutterland und die Kolonien eingeteilt: 1. → Braga (der Erzbischof ist Primas von P.) mit den Suffraganen Aveiro, Bragança, Coimbra, Lamego, Oporto, Vila Real und Viseu; 2. → Evora mit Beja und Faro; 3. → Lissabon (seit 1716 Patriarchat) mit Guarda, Leiria und Portalegre auf dem Festlande, Angra de Heroísmo, Funchal und Cabo Verde auf den Inseln; 4. Luanda (Angola); 5. Lourenço (Mozambique); 6. → Goa.

4. Unter liberalen Regierungen des 19.Jh.s fand die Verbreitung *ev.* Lehren in P. kein Hindernis. 1839 wurde in Lissabon eine prot. Kapelle eingerichtet, die bis 1870 bestand. Auf der Insel Madeira ist seit 1838 eine prot. Bewegung durch englische Kreise gefördert worden, die nach 1860 auch in P. sehr eifrig Mission betrieben und Bibelübersetzungen verbreiteten. Ende der 60er Jahre entstand eine prot. Gemeinde in Lissabon, die sich an die anglikanische Kirche anlehnte und unter dem Schutz Spaniens stand, wo der Liberalismus triumphiert hatte. Die neue republikanische Regierung ermöglichte der ev. Bewegung eine größere Werbetätigkeit. Verschiedene Kirchenblätter konnten erscheinen. 1910 tagte in Lissabon ein prot. Kongreß. - Von 1627 datiert die erste Nachricht über gemeinschaftliches Glaubensleben ev. Deutscher in P., die aber der Verfolgung durch die Inquisition ausgesetzt waren. Im 18.Jh. schlossen sich die deutschen Lutheraner in Lissabon den schwedischen oder holländischen Gemeinden an, die im Hause ihrer Gesandten Gottesdienst abhalten durften. 1761 wurde die erste luth. Gemeinde in Lissabon gegründet; sie stand unter holländischem und seit 1780 unter dänischem Schutz. Seit 1817 gab es eine selbständige ev. Gemeinde, die 1848 eine erste deutsche Schule gründete. 1856 übernahm Preußen, später das Deutsche Reich das Protektorat über die Gemeinde. 1901 entstand eine selbständige deutsche Gemeinde in Oporto. Auch die deutsche Arbeiterkolonie bei der Glasfabrik von Amora bildete eine eigene Gemeinde. Nach der Auflösung der deutschen ev. Gemeinden im 1. Weltkrieg erfolgte seit 1922 ihr Wiederaufbau. 1934 wurde in Lissabon eine neue Kirche eingeweiht. - Die Zahl der ev. Gesinnten in P. betrug 1957 ca 50000 (rd 11500 Abendmahlsberechtigte).

Zu 1: Heinr.Schäfer, Gesch. von P., 5 Bde, 1836-54 - D.Peres, História de P., 8 Bde, Barcelos 1928-37 - R.Konetzke, Gesch. des span. u. portug. Volkes, 1939 - H.V.Livermore, A Hist. of P., London 1947. - Zu 3: F.de Almeida, História da Igreja em P., 4 Bde, Coimbra 1910-21 - C.Erdmann, Das Papsttum u. P. im ersten Jh. der portug. Gesch., 1928 - A.E.Reuter, Königtum u. Episkopat in P. im 13.Jh., 1928 - G.Saebekow, Die päpstl. Legationen nach Spanien u. P. bis zum Ausgang des 13.Jh.s (Phil. Diss. Berlin), 1931 - A.da Silva Rego, O Padroado Portugês do Oriente, Lissabon 1940 - M.de Oliveira, História ecclesiástica de P., ebd (1940) 1948² - P. David, Etudes hist. sur la Galice et le P. du VIe au XIIe siècle, Coimbra 1947 - M.Bataillon, Etudes sur le P. au temps de l'humanisme, ebd 1952 - B.J.Wenzel, P. u. der Hl. Stuhl, Lissabon 1958. - Zu 4: P.W.Gennrich, Evangelium u. Deutschtum in P. Gesch. der Dt. Ev. Gemeinde in Lissabon, 1936. *R.Konetzke*

Posaunenchöre haben sich aus dem Geiste des Neupietismus und der kirchenmusikalischen Restauration Mitte des 19.Jh.s unter Führung von Eduard und Johannes → Kuhlo als Laienbewegung entfaltet. Heute besitzen sie ihre größten organisatorischen Zusammenfassungen im Posaunenwerk der Ev. Kirche und im Sing- und Blasamt des Jungmännerwerkes. Die P. begründen Namen und Auftrag aus der Bibel, wo Luther zumeist für »Widderhorn« das vorstellungshaltigere Wort »Posaune« setzt. Trotzdem haben sie generationenlang Instrumente der Flügelhornfamilie bevorzugt. Mit einem sich wandelnden Klangideal finden heute immer mehr Trompeten und Posaunen Verwendung, auch in enger Mensur. Kuhlo hat mit seinen Bläserchören fast ausschließlich Gesangsmusik imitiert. Im Zuge einer eigenständigen Entfaltung des Bläserischen geht es jetzt vielmehr um den bläsereigenen Satz nach dem Vorbild barocker Bläserstücke. Der Aufbruch der Kirchenmusik in der Gegenwart (→ Musik: VI) öffnet den Bläserchören in Hinsicht auf Fach-Ausbildung, Instrumentenbau, Literatur, Musizierformen neue Möglichkeiten.

Leiturgia IV, 805-856 (W.Ehmann; Lit.). *W.Ehmann*

Poseidonios von Apameia (Syrien), stoischer Philosoph (135-51 vChr), Schüler des Panaitios († 110), ließ sich nach langen Reisen durch Südgallien und Spanien in Rhodos nieder, wo → Cicero und Pompeius ihn hörten. Von P. ist kein Satz im Wortlaut erhalten; seine Bedeutung muß aus Nachklängen bei zweit- und drittrangigen Gewährsmännern rekonstruiert werden; um keinen antiken Philosophen ist so viel diskutiert worden wie um P. - Die ältere → Stoa stellte den Menschen dem Kosmos gegenüber; P. stellt ihn mitten in den Kosmos hinein: Der Mensch ist mit einbezogen in das Mitempfinden (συμπάθεια), das alle Glieder des Kosmos verbindet. Trägerin dieser συμπάθεια ist die Lebenskraft, die in dreifacher Stufung das All durchwaltet: Im Reiche des Unbelebten herrscht ἕξις = die Kohäsionskraft; im Pflanzenreiche waltet φύσις = die vegetative Kraft; im Tierreiche ψυχή = die eigentliche Lebenskraft. Dem Menschen kommt, wie den göttlichen Wesen über ihm, die Fähigkeit bewußter Entscheidung zu. Damit sind nicht allein verschiedene Manifestationen derselben Kraft aufgezählt, sondern damit sind die verschiedenen Stufen nach ihrem Seinswert geordnet. Dieser ist um so höher, je näher ein Wesen der ordnenden Weltvernunft steht und je inniger es mit ihr Kontakt hat. - Die zeitgenössische Stoa lehnte P. ab und kehrte zur Dogmatik Chrysipps zurück. Die Lehre von der Stufung der Wesen und die Lehre vom lenkenden Einfluß des Zentral-Wesens auf alle Glieder des Kosmos ist bei P. durchaus diesseitig-physikalisch zu verstehen. Sie gewann aber dadurch ungemeine Bedeutung, daß man im → Platonismus dies alles im transzendenten Sinne verstand und es in die Spekulationen über die Stufung der Geist-Wesen einbaute. Dabei war P. der Spekulation durchaus abhold; er versuchte die Naturwissenschaft seiner Zeit gerade auf exakte Beobachtung hinzuführen und zur Erkenntnis physikalischer und psychologischer Gründe anzuleiten. – Neben zahlreichen naturwissenschaftlichen Schriften verfaßte er ein Werk über die Geschichte seiner Zeit (in 52 Büchern).

G.Rudberg, Forschungen zu P., Uppsala 1918 – I.Heinemann, P.' metaphys. Schriften I. II, 1921/28 – K.Reinhardt, P., 1921 – Ders., Kosmos u. Sympathie, 1926 – Ders., PW XXII/1, 558ff (ausführl. Lit.) – M.Pohlenz, Die Stoa I. II, 1949 (bes. I, 208ff). *H.Dörrie*

Posen, *Bistum,* 968 gegr. und für ganz → Polen bestimmt, wurde im 11.Jh. in die Kirchenprovinz → Gnesen als Suffragan eingegliedert. Es umfaßte den mittleren Teil Großpolens und den südlichen Masowiens. Gegen Ende des 13.Jh.s war es in die Archidiakonate P. und Czersk, im 15.Jh. in die von P. Śrem, Pszcew und Warschau eingeteilt. Neben den ersten beiden Missionsbischöfen Jordan und Unger sind erwähnenswert: Paul I. (1211–42), der die kirchenpolitische Stellung seiner Diözese ausbaute, Andreas III. (1297–1316), der die deutsche Kolonisation förderte, Andreas von Bnin (1438–79), der gegen die Hussiten vorging, und Johannes VIII. Lubrański (1499–1520), der die Domschule in eine Akademie umwandelte. A.Konarski (1562–74) berief die Jesuiten nach P., L.Kościelski (1577–99) bekämpfte den Protestantismus, A.Szółdrzski (1636–50) setzte die Gegenreformation durch. Durch die 1. Teilung Polens verlor P. die östlichen Gebiete mit dem Archidiakonat Warschau. 1821 wurde durch eine Zirkumskriptionsbulle der westliche Teil mit Gnesen vereinigt und die Kathedrale in P. zum Sitz der Erzbischöfe von Gnesen-P. erhoben. Diese Personalunion blieb im polnischen Konkordat 1925 bestehen. Erzbischof ist seit 1957 A.Baraniak. 1959 hatte das Bistum: 1300000 Gläubige, 398 Pfarreien, 691 Welt- und 171 Ordensgeistliche, 35 Niederlassungen männlicher Orden mit 560 und 164 Niederlassungen weiblicher Orden mit 1902 Mitgliedern.

J.Dlugosz, Catalogus episcoporum Posnaniensum (Opera omnia I, Krakau 1863, 479–513) – K.Völker, KG Polens, 1930 – G.Sappok, Die Anfänge des Bistums P. u. die Reihe seiner Bischöfe von 968 bis 1498, 1937 – EC IX, 1827 – B.Stasiewski, Zur Gesch. der kath. Kirche in P. (Gesch. der Stadt P., hg.v. G.Rhode, 1953, 201–224) – Z.Szostkiewicz, Verzeichnis der Bischöfe ... vor der Teilung Polens (Sacrum Poloniae Millennium I, Rom 1954, 390–608; poln.) – J.Nowacki, Gesch. der Erzdiözese P. I, P. 1959 (poln.) – AnnPont 1960, 400f. *B.Stasiewski*

Posen, *ehem. preußische Provinz*

1. Politische Geschichte – 2. Innere Problematik als Folge der »polnischen Frage« – 3. Die ev. Kirche von 1815–1919 – 4. Seit 1919. – Vgl. → Polen, Bistum → Posen

1. Eine preußische Pr. P. hat es nur von 1849–1919 gegeben. Jedoch hat ein Teil ihres Territoriums, der sog. Netzebezirk mit Bromberg und Inowraclaw, schon seit der ersten Teilung Polens (1772), das Gebiet von Soldau bis Czenstochau mit den Wojwodschaften P., Gnesen und Kalisch seit der zweiten Teilung Polens (1793) als »Südpreußen« zum preußischen Staate gehört. Preußens weitergehende Erwerbungen aus der dritten Teilung Polens (1795) gingen im Frieden von Tilsit (1807) wieder verloren; doch erhielt Preußen im → Wiener Kongreß (1815) das Verbindungsstück zwischen Westpreußen und Schlesien, das bis 1849 unter der Statthalterschaft des dem polnischen Hochadel angehörenden Fürsten A.Radziwill »Großherzogtum P.« hieß. – Durch den Frieden von Versailles fiel die Pr.P. mit Ausnahme eines schmalen Streifens im Westen mit Fraustadt, Schönlanke und Schneidemühl an das 1916 neuerstandene → Polen. – Nach Beendigung des Polenfeldzuges wurde das Gebiet am 30.9.1939 als Reichsgau »Wartheland« zum Reichsgebiet erklärt. – Nach der Besetzung Ostdeutschlands durch die Rote Armee und der Flucht der deutschen Bevölkerung übernahm die polnische Regierung 1945 die Verwaltung. Nach Austreibung der letzten Reste der deutschen Bevölkerung teilt die Pr.P. das Schicksal der deutschen Ostgebiete, das durch den Anspruch Polens auf die »Oder-Neiße-Grenze« und die Bestimmungen des Potsdamer Abkommens vom 2.8. 1945 gekennzeichnet ist.

2. *Kulturell* war das Gebiet der Pr.P. seit etwa 1000 dem Abendland verbunden. Den Klostergründungen der Zisterzienser in der Mitte des 12.Jh.s sowie der Dominikaner und Franziskaner im 13.Jh. folgten zahlreiche deutsche Bauern und Handwerker. Durch zahlreiche Städtegründungen nach deutschem Recht (u.a. Posen 1253) entstand ein wirtschaftlich und kulturell einflußreiches deutsches Bürgertum. Infolge des Fehlens eines deutschen Rittertums ohne politische Macht, erlag es jedoch seit Ende des 15.Jh.s dem Einfluß des polnischen Volkstums. Wenn auch der preußische Staat für die Kultivierung des Gebietes durch die Urbarmachung des Netzebruches und Besiedlung mit deutschen, meist ev. Bauern und Beamten viel getan hat, war die Pr.P. doch durch die *»polnische Frage«* bes. belastet. Diese hatte ihren Grund in der zahlenmäßigen Überlegenheit der polnischen Bevölkerung. Mit der kath. Kirche verbunden, pflegte sie unter dem Einfluß der deutschen Romantik ihr Volkstum in Sprache, Sitte, Liedgut und Tracht und strebte nach nationaler Unabhängigkeit, sei es in der Form der Ablösung, sei es in der vollständigen Autonomie unter der Krone → Preußens. Demgegenüber mühte sich die preußische Regierung – wechselnd zwischen Entgegenkommen und Strenge – um Eindeutschung der polnischen Bevölkerung. Die Bauernbefreiung (1823) förderte jedoch die Ausbildung eines selbständigen, vom Adel unabhängigen polnischen Mittelstandes und führte zu den Aufständen von 1830, 1846, 1848 und 1863. Nachdem sich in den Jahren des → Kulturkampfes Polentum und Katholizismus eng zusammengeschlossen hatten (→ Dunin, → Kölner Kirchenstreit, → Ledochowski) und gleichzeitig das Polentum infolge der Abwanderung jüdischer und prot. Bevölkerungsteile zunahm, versuchte die preußische Regierung unter maßgeblichem Einfluß Bismarcks, einerseits das Polentum auf gesetzlichem Wege einzuschränken, andererseits das Deutschtum durch kulturelle und wirtschaftliche Maßnahmen sowie durch Ansiedlung zu stärken. Der Unterdrückung des Polentums sollten dienen: die Einführung der deutschen Unterrichtssprache – ausgenommen waren bis 1906 der Unterricht in Religion und Kirchengesang – an allen Volksschulen (1873); die Einführung des Deutschen als alleiniger Amtssprache (1876); ein Beamtenerlaß, der die Beamten und Lehrer zur Förderung des Deutschtums verpflichtete (1898); ein Vereinsgesetz, das polnische Vereine zwang, für die Vorlage ihrer Satzungen und in ihren Versammlungen die deutsche Sprache zu verwenden. Der Stärkung des Deutschtums dienten Ausbau und Förderung des Schulwesens, Gründung der Akademie in P. (1903), Entschuldung ländlicher Grundstücke, Kreditbeschaffung für die städtischen Hausbesitzer sowie die Ansiedlung deutscher Bauern auf Grund des Ansiedlungs- (1886) und des Enteignungsgesetzes (1908). Bis 1916 wurden in der Pr.P. 14489 Familien angesiedelt. Moralische Unterstützung gab der Verein zur Förderung des Deutschtums in den Ostmarken (gegr. 1894; später: Deutscher Ostmarkenverein), der es im Reichsgebiet auf etwa 50000 Mitglieder brachte, von denen über 11000 in P. und je 10000 in Westpreußen und Schlesien wohnten. Der erstrebte Erfolg aller dieser Maßnahmen blieb aus. Der polnische Bevölkerungsanteil verstärkte

vielmehr unter Führung einer scharf antideutschen Presse, dem Einfluß des in der Nationaldemokratischen Partei organisierten kath. Klerus sowie in zahlreichen politischen, wirtschaftlichen und kulturellen Organisationen den Widerstand gegen das Deutschtum und den Kampf für die Unabhängigkeit. So kam es, daß am 27.12.1918 anläßlich des Besuches von Pilsudski ein Aufstand in P. losbrach, dem sich in kürzester Frist der größte Teil der Pr.P. anschloß. Trotz des mit den Alliierten am 28.6.1920 abgeschlossenen »Minderheitenschutzvertrages« führte die planmäßige Verdrängungspolitik der Polen durch Entziehung von Konzessionen, Wirtschaftsboykott, Aberkennung der Staatsbürgerschaft zur Abwanderung vieler Deutscher. - Im »Warthegau« wurde nach 1939 wiederum die polnische Bevölkerung weitgehend entrechtet. In Angehörige von 4 Volkslisten unterschieden, wurden Teile enteignet, andere zwangsweise in das »Generalgouvernement« umgesiedelt. An ihrer Stelle wurden Balten- und Wolhyniendeutsche, Deutsche aus Ostgalizien und Bessarabien in der Pr.P. angesiedelt, doch befanden sich 1944 unter den 4,4 Mill. Einwohnern des Warthegaus mindestens 3,5 Mill. Polen.

3. Mit der Zugehörigkeit zu → Preußen erlangten die *Evangelischen* in der Pr.P. Glaubensfreiheit statt Glaubensduldung. 1815 erhielt P. ein königliches Konsistorium, 1829 das Amt des Generalsuperintendenten. Seit 1850 gehörte die Pr.P. zur Ev. Kirche der altpreußischen Union und nahm unter ihren besonderen Diasporaverhältnissen an deren innerer Entwicklung regen Anteil. Der Rationalismus des ausgehenden 18.Jh.s wurde allmählich durch eine Erweckungsbewegung überwunden, der sich die Judenmission verband. Nach Einführung der → Union (: I) und der → Agende (1822) und in Auseinandersetzung mit den Altlutheranern (→ Luthertum: III B) wuchs ein kirchliches und konfessionelles Bewußtsein, das sich in praktischer Liebestätigkeit entfaltete. Neben der Heidenmission stand die Innere Mission, u.a. mit den Jost-Streckerschen Anstalten für Waisen, Sieche und Krüppel in Pleschen (gegr. 1854), dem Diakonissenmutterhaus in P. (gegr. 1866) und der von dem verdienten Generalsuperintendenten J. Hesekiel (1838-1918) geförderten Provinzialkonfirmandenanstalt in Wolfskirch (gegr. 1904). 1815 bestanden in der Pr.P. knapp 100 Gemeinden mit etwa 50 Gotteshäusern, 1914 waren es 275 ev. Parochien mit 311 Kirchen und 77 Kapellen. Die Zahl der Evangelischen betrug 646500 (30,8% der Bevölkerung), darunter 6000 Reformierte. Dazu kamen in 6 Parochien 8000 Altlutheraner sowie einige Tausend Baptisten und Mennoniten und ca 20000 deutsche *Katholiken,* die zum Bistum → Posen gehörten.

4. Nachdem die Pr.P. an Polen gefallen war, gab sich die Provinzialsynode 1920 eine Notverfassung, 1923 eine endgültige Verfassung, durch die sie die organische Verbindung zur Mutterkirche zu bewahren suchte. Diesem Bestreben widersetzte sich der polnische Staat, seit 1936 zusammen mit der Ev.-Augsburgischen Kirche in → Polen unter dem Warschauer Generalsuperintendenten J. → Bursche, während die Mutterkirche ihre Verbundenheit niemals aufgab. So lebte die »Unierte Ev. Kirche in P. und Pommerellen«, von General-Sup. → Blau umsichtig geführt, in einem Schwebezustand. 1939 hatte sie in 409 Gemeinden ca 290000 Glieder. Als sie jedoch nach der Rückgliederung in das Reichsgebiet wieder die Verbindung mit dem Ev. Oberkirchenrat in Berlin aufnehmen wollte und dieser durch Verfügung vom 14.11. 1939 die »konsistorialen Befugnisse über die in den neuen Gebieten gelegenen Gemeinden den jeweiligen Konsistorien in P.... übertrug«, kam es zu einem bis 1945 nicht beendeten Kampf mit dem Reichsstatthalter des Warthegaus. In einer »Verordnung über religiöse Vereinigungen und Religionsgesellschaften im Reichsgau Wartheland« (13.9.1941) bestritt dieser das rechtsfähige Bestehen einer ev. Kirche, eines ev. Konsistoriums und ev. Kirchengemeinden und erklärte eine völlige rechtliche Neubildung und Neuordnung für notwendig. Die Kirche sollte unter Vereinsrecht gestellt und damit der Modellfall für die künftige Ordnung der Kirche im gesamten Reichsgebiet geschaffen werden. Während die ev. und die kath. Kirche in der Pr.P. diesen Kampf um die Grundlagen ihrer rechtlichen Existenz auszutragen hatten, nahmen sie bis zu ihrem äußeren Ende als neue Aufgabe die geistliche Betreuung und Eingliederung der Umsiedler mit Erfolg auf sich.

Kirchl. Ostnachrichten des Kirchendienstes Ost, 1946ff - G. Rhode, Die Ostgebiete des Dt. Reiches, (1955) 1956³ - A. Rhode, Gesch. der ev. Kirche im P.er Lande, 1956 (Lit.) - P. Gürtler, Nationalsozialismus u. ev. Kirchen im Warthegau, 1958 (Lit.) - Gestalten u. Wege der Kirche im Osten. Festg. f. A. Rhode zum 90. Geb., hg.v. H. Kruska, 1958.

H. Hohlwein

Posidonius → Poseidonios.

Positiv, die für kleinere Räume bestimmte »feststehende« → Orgel im Gegensatz zu dem bes. im späteren MA verbreiteten tragbaren *Portativ,* dem kleinsten Typus der Orgelinstrumente. Das P. hat drei bis acht Register, meist auf einem einzigen Manual; oft fehlt das Pedal ganz oder es ist nur angehängt, dh ohne eigene Register. Bis ins späte 18.Jh. war das P. Haus- und Schulinstrument, fand aber auch vielfach in Kirchenräumen zur Ausführung des → Generalbasses Verwendung, bes. bei räumlicher Trennung des Chors von der großen Orgel. Im 19.Jh. wurde es vom Harmonium verdrängt. Erst die → Orgelbewegung wies wieder auf die eigenständige Bedeutung des Instrumentes hin, das sich seither, bes. seit dem 2. Weltkrieg, zunehmend auch im kirchlichen Bereich (für Gemeindesäle, kleine Kirchen, in der Diaspora usw) anstelle von Ersatzinstrumenten durchsetzt. - Neben dem selbständigen P. begegnet schon früh als Teilwerk der großen Kirchenorgel das in die Brüstung der Orgelempore eingelassene und daher im Rücken des Organisten befindliche *Rück-P.,* das sich wegen seiner direkten Verbindung mit dem Spieltisch und wegen seines hellen Klangs bes. zur Ausführung glänzend bewegten Laufwerks oder aber, da es zumeist eine singende Zungenstimme (Krummhorn, Regal) enthält, zur Hervorhebung einer Melodie eignet.

H. Bornefeld, Das P., (1941) 1947². Weitere Lit. s. → Orgel.

S. Hermelink

Positive Union. Zwischen → Konfessionalismus und → Protestantenverein bestand schon auf der Generalsynode von 1846 eine Gruppe, die als »Freunde der P.U.« die → Union (: I) von 1817 als wirkliche Bekenntnisunion verstanden wissen wollte und darum für ein neues Ordinationsgelübde, für theologische und kirchliche Freiheit und eine zentrale kirchliche Oberbehörde eintrat (K.I. → Nitzsch, Jul. → Müller u.a.). Von dieser Mittelpartei (→ Evangelische Vereinigung) spaltete sich infolge der Auseinandersetzungen um die Einführung der Synodalordnung in → Preußen 1873-75, um das → Apostolikum (: II, 2) und um die sog. Schlußartikel der Generalsynode von 1875 der rechte Flügel ab und nahm den Namen P.U. für sich allein in Anspruch. Entsprechend dem Programm vom 26.8.1876 - anläßlich der Stoeckerkrise am 22.4.1892 ergänzt - 1877 konstituiert, kämpfte die P.U. für die Bewahrung der Bekenntnisgrundlage der Kirche und gegen alle Formen der Irrlehre, für die Durchdringung des öffentlichen Lebens mit den Kräften des Evangeliums, um eine Gestaltung des landesherrlichen → Kirchenregimentes, die der Kirche die ihr zustehende Freiheit ließ, sowie für maßgeblichen Einfluß der synodalen Organe auf die Besetzung der kirchenregimentlichen Ämter und der theologischen Professuren. Unter dem Einfluß der Hofprediger (Hofpredigerpartei) vom Hofe gefördert, darum auch den konservativen Kräften in Preußen bes. verbunden, wurde die P.U. zur kirchlichen Regierungspartei und beherrschte gemeinsam mit den Konfessionellen - prinzipiellen Gegnern der Union - die Synoden der preußischen Landeskirche. Wenn sie auch zum Ev. Oberkirchenrat wegen der vermittelnden Haltung von Männern wie H.v.d. → Goltz und → Dryander häufig in Gegensatz geriet und seit 1892 Mitglieder kirchlicher Behörden der P.U. nur als Hospitanten angehören durften, so besaß sie doch in Männern wie → Kögel, → Stoekker, → Cremer, L.Schultze, F. → Winckler, W.Philipps, → Mumm, W.Lütgert, → Kähler u.a. einflußreiche und tatkräftige Führer. Ihre Mitglieder wirkten in zahlreichen kirchlichen Organisationen führend mit, so daß die P.U. das Wesen und die Geschichte der preußischen Landeskirche entscheidend bestimmte. Ihr Einfluß kam noch bei den Kirchenwahlen vom 22.5.1933 zum Ausdruck, bei denen die P.U. zwar einen Teil ihrer Sitze in den Synoden verlor, aber in den meisten Kirchenprovinzen in Verbindung mit den anderen alten kirchlichen → Parteien (: VI) die Mehrheit gegenüber den Deutschen Christen behauptete. Durch die Auflösung der Synoden fand ihre kirchenpolitische Tätigkeit ein Ende. Nachdem die P.U. im Juni 1933 ihren Mitgliedern zur Mitarbeit in der jungreformatorischen Bewegung geraten hatte, begrüßte sie am 15.12.1934 die »Vorläufige Kirchenleitung« und verband sich damit der → Bekennenden Kirche.

Monatschrift: P.U., 1881-90. 1901-03. 1909-34 (vgl. bes. 4, 1907, 211-216; 6, 1909, 89-96. 165f. 261-267; 7, 1910, 41-47). - L.Schultze (anonym), Die Partei der P.U., ihr Ursprung u. ihre Ziele, 1878 - W.Beyschlag, Aus meinem Leben II, 1889, 393ff - G.Kögel, R. Kögel III, 1904, 47ff. 53ff - D.v.Oertzen, A.Stoecker, 1910, I, 127ff; II, 35ff - Hermelink II, 334ff; III, 147f. *H.Hohlwein*

Positivismus

1. Begriffliches - 2. Sachliches - 3. Geschichtliches

1. Der Ausdruck »P.« wurde von A. → Comte gerade wegen seiner Bedeutungsvielfalt (le positif = das Tatsächliche, Nützliche, Genaue und Aufbauende; vgl. Discours I, 3, §§ 30-33) zur Kennzeichnung seiner an den positiven Wissenschaften orientierten Philosophie des sozialen Fortschritts gewählt. Der Ausdruck erwies sich als Kristallisationspunkt in der philosophischen Diskussion des 19.Jh.s fruchtbar, weil in seinen Konnotationen die metaphysikfeindlichen, dem Leitbild einer wissenschaftlichen Philosophie verpflichteten Richtungen ihre eigentlichen Intentionen widergespiegelt fanden. Dadurch erhielt der Begriff des P. ein eigentümliches Pathos, in Gestalt einer *emotionalen* Bedeutungskomponente: Er bezeichnet nicht, wie etwa die Begriffe »Empirismus« und → »Apriorismus«, sachliche Bestimmtheiten einer Theorie, die sich in Anerkennung und Ablehnung gewisser Grundsätze abzeichnen; vielmehr sollte er einen neuen Einsatz der philosophischen Reflexion charakterisieren, der zwar noch Spielraum für verschiedene Auffassungen freiließ, jedoch jede nichtpositivistische Philosophie als überholt und nichtig ablehnen mußte. Darum gibt es zum P. keinen deutlichen *Gegenbegriff* in dem Sinn, wie zB der Empirismus den Apriorismus, der → Realismus den → Idealismus neben sich zwar nicht gelten läßt, aber doch für sinnvoll möglich hält. Die streitbare Valenz des Terminus »P.« wirkte denn auch bald in entgegengesetzter Richtung: War er zunächst Losungswort einer notwendigen Revolution in der Philosophie, so wurde er bald zum Scheltwort: die dem naiven Wissenschaftsglauben entfremdete Philosophie der Folgezeit sprach nicht nur dort abwertend von »bloßem« P., wo die ursprünglich wirksame disziplinierte Zurückhaltung des Urteils zu ängstlicher Beschränktheit degeneriert schien. Darum lag in der Wiederaufnahme des Namens im »Neu-P.« des »Wiener Kreises« um 1930 die Annahme einer Herausforderung, da zunächst die *Gegner* (bes. M. → Planck, P. und reale Außenwelt, 1931) diese Philosophie als P. bezeichneten. In ähnlicher Anknüpfung nennt E. → Husserl seine → Phänomenologie den »wahren P.« (Ideen I, 38). Seitdem ist der Begriff in der philosophischen Diskussion (mit Ausnahme der → Rechtsphilosophie) sehr zurückgetreten. Die berechtigten Forderungen des P. sind selbstverständlich geworden, seine Extrempositionen zusammen mit der Wissenschaftssituation des 19.Jh.s, der sie entstammen, in die Geschichte eingegangen.

2. Aus diesen Bemerkungen folgt, daß eine bündige Definition des P. unmöglich ist. Immerhin weist der Ausdruck in eine gewisse Richtung, deren Sinn sich vor dem Hintergrund der philosophischen Diskussion deutlich genug abzeichnet. Der P. lebt von der Überzeugung, daß die → Philosophie auf »positive« Tatsachen gegründet werden müsse. Nun wird man keine philosophische Theorie finden, die nicht den Anspruch erheben würde, auf Tatsachen gestützt zu sein. Der P. mußte also den Begriff der Tatsache näher bestimmen, so daß zB → Platons Argumente für die Existenz von Ideen nicht mehr als Reduktion auf Tatsachen gelten durften. Das wird in Anlehnung an den Empirismus durch die Forderung geleistet, die Tatsachen müßten am *unmittelbar Gegebenen* aufgewiesen werden. Nur äußere und innere *Wahrnehmung* wird vom P. als Quelle der Tatsachenkenntnis anerkannt; das → *Denken* hat die Aufgabe, diese Tatsachen zu ordnen und wissenschaftlich zu systematisieren. Charakteristisch für den P. ist der Nachdruck, mit dem er den Versuch, über die Erscheinungen hinweg eine eigentliche Wirklichkeit zu erfassen, das Leitmotiv jeder → Metaphysik, als Rest eines archaischen Fetischismus ablehnt. Die legitime Forschungsrichtung geht nicht quer zum Erscheinungsstrom auf ein illusorisches Festland beharrender Dinge und der in ihnen wirksamen Kräfte; sie schwenkt vielmehr in den Fluß der Phänomene ein und sieht ihre Aufgabe darin, mit Hilfe gewisser Regelmäßigkeiten in der Abfolge der Erscheinungen ihren *zukünftigen* Ablauf vorauszusagen. Beherrschung der Natur wird so zum Leitbild des P., mit jenem durchaus utilitaristischen Einschlag, der alle Erkenntnis in den Dienst der »Verbesserung der Lebensbedingungen« nehmen will. Dieser Zug ist bei Comte herrschend, aber auch Avenarius und Mach (s.u.) nicht fremd, obwohl dort der subtilere Gedanke der *Denkökonomie* in den Vordergrund tritt. Versteht man unter P. eben die Forderung, die Philosophie auf Daten zu gründen, die im Prinzip jedem zugänglich sind, so darf man von einem vollständigen Sieg des P. und zwar im Sinne einer heilsamen Ernüchterung in der Philosophie sprechen. Aber im Streit um die Natur jener Daten, von denen man ausgehen sollte, kehren tiefgehende Differenzen wieder, die denen analog sind, die der P. glaubte ausgeschaltet zu haben - ein Vorgang, der für die Entwicklung der Philosophie überhaupt charakteristisch zu sein scheint. - Jedoch hat der P. über die besprochene *Forderung* hinaus eine Reihe von durchaus dogmatisch auftretenden *Theorien* der Wirklichkeit aus sich erzeugt, in denen die ursprünglich als *methodische* Grundsätze formulierten Prinzipien zu Aussagen über die Natur der Welt radikalisiert werden. So treten unter dem Namen des P. Theorien auf, nach denen jene Daten,

die jeder Philosophie zum Fundament dienen müssen, selbst als »die« Wirklichkeit anzusehen sind, die Welt also *aus Empfindungen besteht,* während die Dinge, Gesetze, Atome u.dgl., von denen die Wissenschaft spricht, nichts sind als erlaubte *Fiktionen,* mit denen wir über Klassen solcher Sinnesempfindungen sprechen. Jedoch selbst wenn es möglich wäre, alle Sätze in eine Sprache zu übersetzen, deren Worte lediglich Sinnesempfindungen bezeichnen, wäre dies doch gerade nach den Prinzipien des P. noch kein Beweis, daß es jene Welt der objektiven Dinge nicht geben kann.

3. Wenn auch das *Wort* »P.« erst mit Comte wirksam in die philosophische Diskussion eintrat, so läßt sich doch die *Sache,* verstanden als methodische Forderung und als Interpretation der Wirklichkeit, weit zurückverfolgen. Zwar wird man nicht (mit E.Laas, s.u.) die gesamte Philosophiegeschichte als Auseinandersetzung zwischen Idealismus und P. deuten wollen. Gewisse Motive des P. liegen jedoch schon in der Antike bei → Epikur und in der antiken Skepsis (→ Sextus Empiricus) vor und treten im → Universalienstreit des MA auf der Seite des → Nominalismus in die Debatte ein. Im Gegensatz zu den Systemen des → Rationalismus (→ Descartes, → Spinoza, → Leibniz) auf dem Kontinent setzt sich im englischen Empirismus nach ersten Ansätzen bei F. → Bacon und Th. → Hobbes ein positivistisches Element durch, das bei → Locke deutlicher als bei → Berkeley, in voller Klarheit bei → *Hume* sich durchsetzt, den man mit sachlich besserem Recht als Comte den *Begründer* des P. nennen könnte. Paradigmatisch für positivistische Argumentation war Humes Analyse der Kausalbeziehung: Da wir nichts darüber wissen, wie eine Ursache ihre Wirkung hervorbringt, und die Erfahrung uns nur über *zeitliche Abfolge* von Vorgängen, nicht über ihre *notwendige Verknüpfung* belehren kann, muß die Annahme der Kausalbeziehung unter Verzicht auf objektive Rechtfertigung subjektiv verständlich gemacht werden. Erklärt wird sie durch ein Assoziationsgesetz, nach dem sich zwischen unseren Vorstellungen der Vorgänge *A* und *B* immer dann eine Verknüpfung herstellt, wenn in der Erfahrung *B* auf *A* hinreichend oft folgte. Die subjektive Nötigung, bei Erscheinen von *A* auch *B* zu *erwarten,* verlegen wir dann als objektive Notwendigkeit in den Lauf der Naturerscheinungen. Ähnliche Mechanismen machte Hume für die Genesis der Begriffe der → Substanz, des Ich usw verantwortlich. »Sophistry and illusion« nannte Hume (Enquiry conc. Hum. Und., Sect. II, III) alle Theorien, die nicht der Mathematik oder einer empirischen Tatsachenwissenschaft angehörten. Zu gleicher Zeit bereitete sich der P. bei den französischen → »Enzyklopädisten« vor, bes. bei d'→ Alembert (Einleitung zur Enzyklopädie, 1751) und → Turgot (Enzyklopädie-Artikel »Existenz«). Bei Comte wird die positivistische Auffassung zur Basis eines konstruktiven Schemas der Menschheitsgeschichte (Dreistadiengesetz) und eines sozialen Reformprogramms. – Weniger an Comte als an Hume und J.St. → Mill knüpft der P. in Deutschland an, wo ihn zuerst E.Laas (1837–85) mit kritischer Beziehung auf Kant entwickelte. Nachhaltigere Wirkung gewann der P. in Gestalt des *Empiriokritizismus,* den R.Avenarius (1843–96) und, unabhängig von ihm und in vorbildlicher Klarheit, E.Mach (1838–1916; 1867 Prof. für Physik, 1895 für Philosophie in Wien) begründeten. Von den Theorien Machs ist später der »Wiener Kreis« (M.Schlick, O.Neurath, R.Carnap u.a.) ausgegangen, der unter dem Namen des »logischen P.« oder des »Neu-P.« eine lebendige, bald auch auf das Ausland wirkende Bewegung für »wissenschaftliche Weltauffassung« in Gang brachte (Zeitschrift »Erkenntnis« 1930–40). Der Neu-P. unterscheidet sich vom klassischen P. durch die mit Hilfe der mathematischen → Logik unternommene Reflexion auf die logischen Strukturen der Satzsysteme, in denen sich die Wissenschaften artikulieren. Die Daten, von denen die Philosophie im Sinne des P. auszugehen hat, sind nicht mehr die Empfindungen als solche, sondern die *Sätze,* mit denen wir auf solche Empfindungen »adäquat reagieren«. Die Philosophie hat die Aufgabe, den ologischen Aufbau der Welt aus diesen »Elementarsätzen« (→ Wittgenstein) verständlich zu machen. In diesem Zusammenhang spielt das sog. »Verifikationsprinzip« eine wichtige Rolle: Ein Satz ist nur dann *sinnvoll,* wenn eine Methode bekannt ist, mit der über seine *Wahrheit* aus rein *logischen* Gründen oder auf Grund von *Wahrnehmungen* entschieden werden kann. Dies Sinnkriterium muß alle synthetischen Urteile apriori, auf denen, nach Kant, die Möglichkeit der → Metaphysik beruht, aus dem Bereich der sinnvollen Sätze ausscheiden. In der zZ auf allen Gebieten der Wissenschaft und Philosophie hervortretenden Reflexion auf die → *Sprache,* sowohl der Wissenschaften wie des alltäglichen Lebens, darf man die vielleicht wichtigste Wirkung des Neu-P. sehen.

Außer der Lit. zu → Comte u. → Hume vgl. bes.: J.St.Mill, A. Comte and Positivism, London 1866 – E.Laas, Idealismus u. P., 1879–84 – E.Mach, Beitr. z. Analyse d. Empfindungen, (1886) 1919[8] – Ders., Erkenntnis u. Irrtum, (1905) 1926[5] – G.Misch, Zur Entstehung des franz. P. (AGPh 14, 1901, 1–39. 156–209) – G.Milhaud, Le positivisme et le progrès de l'esprit, Paris 1902 – K.Vossler, P. u. Idealismus in d. Sprachwiss., 1904 – M.Schlick, Allg. Erkenntnislehre, (1918) 1925[2] – Ders., Ges. Aufsätze, Wien 1938 – E.Troeltsch, Die Dynamik d. Gesch. nach d. Geschichtsphilos. d. P. (Vortr. d. Kant-Gesellsch. 23), 1919 – L.Wittgenstein, Tractatus Logico-Philosophicus, (1922) London 1953[8] – Ders., Schriften I, 1960 – Ü III, 378ff. 710ff – R.Carnap, Der log. Aufbau d. Welt, 1928 – Eisler II, 474ff – M.Planck, P. u. reale Außenwelt, 1931 – K.Dürr, Der log. P. (BEStPh 11), 1948 (Lit.) – V.Kraft, Der Wiener Kreis, 1950 – H. Dingler, Probleme d. P. (ZPhF 5, 1950/51, 485–513) – H.Haeberli, Der Begriff d. Wissensch. im log. P., Bern 1955 – W.Bröcker, Dialektik, P., Mythologie, 1958 – H.Delius, Artikel »P. u. Neo-P.« in: Fischer-Lexikon Bd 11, 1958, 269ff – H.Lübbe, P. u. Phänomenologie (Festschr. Szilasi, 1960, 161–184).

G.Patzig

Possevino, *Antonio* (1533–1611), * in Mantua, † in Ferrara, 1559 Jesuit. P. arbeitete in Piemont, Savoyen und Frankreich an der Rekatholisierung mit, 1572–78 war er Sekretär des Ordensgenerals Mercurian. Seit 1579 stand er aktiv im Dienste der päpstlichen Politik: zunächst in Schweden, wo König Johann III. heimlich kath. wurde (ohne daß dieser Schritt politische Bedeutung bekam), dann als päpstlicher Abgesandter in Polen und Rußland (1581/82), wo Iwan der Schreckliche den Papst um Friedensvermittlung angerufen hatte. Seit 1587 lebte P. als Gelehrter und Seelsorger wieder in Italien, da er in habsburgischen Landen unerwünscht war (er hatte die Verbindung Polens mit Schweden betrieben). – P. bemühte sich zeitlebens um die Rückführung Andersgläubiger zur röm. Kirche: er hielt Kontroversgespräche mit Waldensern, betrieb die Rückkehr Skandinaviens zum Katholizismus und arbeitete erfolglos an einer Union mit der russischen Orthodoxie. Sein Plan, eine Kette von Kollegien als kath. Stützpunkte gegen Norden und Osten vom Baltikum bis nach Siebenbürgen zu errichten, wurde nur zT verwirklicht. Für die Haltung Roms gegenüber Rußland wurde seine Abhandlung »Moscovia« (1586) von Bedeutung.

Vf. kontroverstheol., exeget., theol.-enzyklopädische u. pädag. Schriften sowie ein biogr.-bibliograph. Lexikon (Apparatus sacer, 3 Bde, Venedig 1603–06). Bibliogr.: Backer-Sommervogel VI, 1061ff. – Über P.: P.Pierling, Bathory et P., Documents inédits, Paris 1887 – L.Koch SJ, Jesuitenlexikon, 1934, 1459ff – DThC XII/2, 2647ff (Lit.) – EC IX, 1836f – H.Wolter SJ, A.P., Theol. u. Politik im Spannungsfeld zw. Rom u. Moskau (Schol. 31, 1956, 321–350) – St.Polčin SJ, Un tentative d'Union au XVIe siècle: La mission relig.

du Père A.P. SJ en Moscovie (Orientalia Christiana Analecta 150), Rom 1957 - E.WINTER, Rußland u. das Papsttum I, 1960, 225ff. *G.Maron*

Possidius († nach 437; Fest 16. Mai), Biograph → Augustins. Von Augustin im Kloster zu Hippo in der hl. Schrift unterwiesen, wird P. 397 Bischof von Calama. Als Mitstreiter Augustins bekämpft er, zuweilen mit Lebensgefahr, Donatisten und Heiden (Reisen an den Kaiserhof 408 und 410) sowie die Pelagianer. Geiserich verbannt ihn 437. Die wertvolle Vita Augustini des P. schildert Augustin als Mönch und Zeugen der kath. Kirche.

CPL Nr. 358f - M.PELLEGRINO, P., Vita di S.Agostino, Alba 1955 - DERS., S.Agostino visto dal suo primo biografo P. (La Scuola Cattolica 82, 1954, 249-266) - A.HARNACK, P., Augustins Leben, 1930 - P.COURCELLE, P. et les confessions de S.Augustin (RechSR 31, 1951, 428-442) - RE XV, 574ff - HAW IV/2, 471 (Lit.) - PW XII/1, 860f - ALTANER § 88, 1 (Lit.). *R.Lorenz*

Postel, *Guillaume* (1510-81), französischer Humanist und Mystiker, * in Dolerie bei Barenton (Manche), erwarb sich durch Selbststudium eine äußerst vielseitige Bildung, bes. auf dem Gebiet der orientalischen Sprachen. Seine Forschungen (u.a. Grammatica arabica, 1538) wurden von religiösen Ideen geleitet, die in der Forderung einer Vereinigung aller Religionen in einer universalen Kirche auf dem Boden christlich-kath. Weltmission gipfelten. 1539-42 wirkte P. als Prof. am Collège royal, seit 1543 widmete er sich jedoch ganz der Verbreitung seiner Missionsideen. Sein Hauptwerk »De orbis terrae concordia« erschien 1544 in Basel. Im selben Jahr trat P. dem Jesuitenorden bei, wurde aber wegen seiner extrem gallikanischen Einstellung 1546 wieder ausgestoßen. Von der Inquisition verfolgt, zeitweise eingekerkert und auch von den Protestanten abgelehnt, führte P. seither ein unstetes Wanderleben (Venedig, Palästina, Paris, Basel, 1553-55 Prof. in Wien). Seine letzten 18 Jahre verbrachte er in einem Pariser Kloster. P.s Schriften vermischen ein rationales Christentum mit visionären chiliastischen und synkretistischen Spekulationen. Ohne die röm. Kirche je zu verlassen, unterhielt P. Beziehungen zu führenden Protestanten (→ Bullinger, → Bibliander), aber auch zu radikalen Gruppen (→ Schwenckfeld, Haus der Liebe [→ Niclaes] usw).

DThC XII, 2658ff - L.FÈBVRE, Le problème de l'incroyance au XVIe siècle, Paris 1942, 111ff - W.J.BOUWSMA, Concordia Mundi: The Career and Thought of G.P., Cambridge/Mass. 1957 (ausführl. Lit.) - S.STAHLMANN, Die Stellung G.P.s in der relig. Propaganda (in: Aspects de la Propagande relig., Genf 1957, 294-307) - F.SECRET, Notes sur G.P. (Bibliothèque d'Humanisme et Renaissance 21, 1959, 453-467; 22, 1960, 377-392). *H.R.Guggisberg*

Postille (von post illa, erg.: verba textus) bedeutet die Erklärung eines biblischen Textes, dessen Wortlaut in kleinen Abschnitten jeweils dem Kommentar vorausgeht: zB Postillae perpetuae des → Nikolaus von Lyra. Öfters gleichbedeutend mit homilia und homiliarium bezeichnet P. dann die Erklärung eines Predigttextes in Homilieform (auch Predigtjahrgang), ferner überhaupt einen Jahrgang von Predigten (Homilien und Themapredigten) über die → Perikopen. Ein solches Predigtbuch diente als Hilfsmittel für theologisch ungenügend vorgebildete Prediger, zur Verlesung im Gottesdienst sowie zur häuslichen Erbauung (→ Erbauungsliteratur). Solche P.n wurden seit Luthers Kirchen-P. (1527) bis ins 19.Jh. hinein verfaßt (Cl. → Harms, W. → Löhe, M. → Frommel). Sie fehlen im Pietismus und in der Aufklärung. Im röm. Katholizismus heißt P. auch eine erbauliche Erklärung der Perikopen und Meßformulare (im MA auch → Plenarien genannt). Große Verbreitung erlangte die Haus-P. (Hand-P.) von → Goffiné (1690).

Luthers P.n in WA 10/I, 1. 2; 17/II; 21; 22; 52 (Auswahl in BoA VII, 39ff). - RE XV, 577f - LThK VIII, 398f - G.KUNZE, Die gottesdienstl. Schriftlesung I, 1947 - P.BRUNNER, Die Schriftlesung im Gottesdienst. In: Unters.en z. Kirchenagende I/1, 1949, 121f - Leiturgia II, 271 (A.NIEBERGALL). *K.Dienst*

Postulat, eine durch das → Denken erhobene Forderung; in der griech. Mathematik bestimmte Grundkonstruktionen, durch die ein Gegenstand und sein Begriff erzeugt werden; bei → Aristoteles (αἴτημα) und → Thomas von Aquino ein nicht bewiesener Satz, dessen Geltung in der Disputation von einem der Gesprächspartner nur vorläufig hingenommen wird in der Erwartung einer späteren Begründung. Systematisch-philosophische Bedeutung hat der Begriff P. erst seit → Kant, der die → Kategorien der Modalität (Möglichkeit, Wirklichkeit, Notwendigkeit) als »P.e des empirischen Denkens überhaupt« definierte, weil unsere Erkenntnis das Zufällige wie Notwendige im absoluten Sinne nicht zu fassen vermag. Wohl walten in der der Erfahrung zugänglichen, raum-zeitlich-kategorial bestimmten Erscheinungswelt ausschließlich allgemeine und notwendige Gesetze, und insofern sind auch die Erfahrungsbedingungen als die transzendentalphilosophischen Gegenstandsvoraussetzungen notwendig, doch betrifft diese Notwendigkeit immer nur die Bedingungsreihen. Gibt es von hier aus keinen Absprung zu absoluter Notwendigkeit und sind die Bedingungsreihen als solche zufällig, so ist andererseits auch diese Zufälligkeit eine nur phänomenale. Enthüllt sich demnach die Wahrheit der Modalitätsantinomie (→ Antinomie) als das Unvermögen der reinen Vernunft, ein Kriterium über Weltkontingenz und absolute Notwendigkeit zu erbringen, muß die Gültigkeit der hier abgeleiteten Grundsätze als bloßer P.e des empirischen Denkens erkannt werden. Der apriorische Begriff der Notwendigkeit reicht freilich über diese Eingrenzung hinaus; er konstituiert als »intelligibler Grund« die P.e der praktischen Vernunft, insofern die Realität der Sittlichkeit die → Freiheit, die Harmonie der Glückseligkeit mit der Glückswürdigkeit der Vernunftwesen eine unsterbliche Seele (→ Unsterblichkeit) und die Existenz Gottes (→ Gott: VII, → Gottesbeweise) fordern. So ergibt sich aus dem P.-Denken der Primat der praktischen Vernunft über die theoretische: denn erst der durch die praktische Vernunft notwendig geforderte apriorische Glaube sichert die Idee des → Absoluten, deren die theoretische Vernunft als ihrer über sich selbst hinausweisenden Voraussetzung bedarf. Demzufolge ist im philosophischen Sinne das P. zu begreifen als eine obzwar theoretisch-gegenständlich nicht beweisbare, gleichwohl aber in der → Vernunft, nämlich als Voraussetzung für die Möglichkeit der Übereinstimmung der Vernunft mit sich selbst, unerläßlich geforderte Annahme. *H.Blankertz*

Potamiäna, Märtyrerin in Alexandria, nach Euseb Tochter der Marcella und unter Septimius Severus (202 bis 211), nach Palladius als christliche Sklavin unter Maximinus Daja (306-310) wegen Standhaftigkeit in Glaube und Reinheit durch glühendes Pech getötet. Die Berichte sind legendär.

Euseb, h.e. VI, 5; Palladius, Hist. Laus., c. 3. - AS Nov. II/2, 341; AS Propyl. Nov. 736, Z. 37ff; AS Propyl. Dec. 259 - BHL 1005 - RE XV, 578f (Lit.) - PW XXII, 1020ff (Quellenvergleich, Lit.). *U.Fabricius*

Pothinus und die Märtyrer von Lyon und Vienne (→ Gallien) starben i.J. 177 während der Verfolgung des → Mark Aurel. Das Martyrium ist erhalten in einem Auszug bei Eusebius, h.e. V, 1-3; die Namen der Märtyrer im Martyrologium Hieronymianum am 2. Juni. Die Leiden der Märtyrer, zumal des 90jährigen Bischofs P., waren besonders schrecklich; die ergreifende Beschreibung zeigt vielleicht einen montanistischen Einschlag.

Text bei R.KNOPF-G.KRÜGER, Ausgew. Märtyrerakten (SQS NF 3), 1929³, 18ff. - RE XV, 580. - Vgl. die Lit. zu → Märtyrerakten.

† H.Achelis (W.Eltester)

Poullain, *Valérand* (Valerandus Pollanus, ca 1520-57), ref. Theologe, adeliger Vlame aus Lille, humanistisch durch Mathurin Cordier und scholastisch in Löwen gebildet. Nach der Priesterweihe (1540) von Luther, bes. aber von Bucer und Calvin beeinflußt, diente P. 1544 der französischen Fremdengemeinde in Straßburg, wurde zu vertraulichen Missionen nach Niederdeutschland, Flandern und England benützt, ging nach dem → Interim mit → Bucer nach England und wurde 1552 Sup. der Wallonen in Glastonbury. Mit diesen siedelte er 1554 nach →Frankfurt/M. (: I) über, geriet hier bald in Streitigkeiten mit den Gnesio-Lutheranern, dann mit seiner eigenen (heute: französisch-ref.) Gemeinde, bei der er 1556 sein Amt niederlegte, und schließlich mit → Beza und → Farel über deren eigenmächtige Unionsversuche in der Abendmahlsfrage. Auf dogmatischem und liturgischem Gebiet waren seine Leistungen nicht original; dagegen war er ein starkes organisatorisches Talent. Die presbyterianischen Ideen zeigen bei ihm bereits eine Tendenz zum Independentismus und Kongregationalismus.

Vf.: Traicte tres utile du S. Sacrement de la Cene, 1547; Ordre des prières (mit Glaubensbekenntnis der Gemeinde von Glastonbury), 1552; Liturgia sacra (mit fidei professio der Frankfurter Fremdengemeinde), (1554) 1555²; Antidotus (Streitschrift gegen J. → Westphal u. H. → Beyer), 1557. - P. übersetzte den Proskairos des Eutychius Myon (= W.→ Musculus): Le temporiseur, 1550; bearbeitete für die engl. Reformation die Liturgie der Straßburger Fremdengemeinde: Liturgia sacra, 1551; veröffentlichte die Akten der Londoner Disputation von 1553: Vera expositio, 1554. - Über P.: K. BAUER, V.P., 1927 - A.A.VAN SCHELVEN, ZKG 47, 1928, 227-249.

† K.Bauer (O.Weber)

Präanimismus → Macht: I, → Mana, → Urreligion.

Prädestination

I. Religionsgeschichtlich - II. Im NT - III. Dogmengeschichtlich - V. Dogmatisch. - Vgl. ergänzend → Erwählung

I. Religionsgeschichtlich

Unter P. wird die über den Menschen und seine Heilsteilhabe oder Heilsverschlossenheit gefallene Gottesentscheidung verstanden, angesichts derer der Mensch nicht in der Lage ist, sich durch freie Willensentscheidungen um sein Heil zu bemühen. Es ist über ihn im Verhältnis zum Ausgang seines religiösen Weges vorentschieden. Es gehört zu den Grundkomponenten allen religiösen Daseins, daß der Mensch sich auch insofern unter der Verfügungsgewalt seines Gottes weiß, als die Gottheit frei ist, über Annahme oder Ablehnung des Kultes, des Gebetes wie aller Frömmigkeit zu entscheiden. Insofern hat van der Leeuw (RGG² IV, 1368f) mit Recht schon im sog. → »Macht«-Glauben den Gedanken der P. angelegt gefunden. R. → Otto hat den Gedanken der P. in seiner Phänomenologie des »tremendum mysterium« und der »maiestas« wiedererkannt. Ob es angemessen ist, das der P. zugrunde liegende religiöse Moment als »Kreaturgefühl« wiederzugeben, muß aber fraglich sein. Zwar stehen providentia-Glaube, das Verfügen der Gottheit über das Dasein des Menschen und P. in nahem Kontakt, aber die P. bezieht sich eben speziell auf Heil oder Unheil. Daher wird man den antiken Glauben an die waltende Moira wie einen allgemeinen Schicksalsglauben (→ Schicksal: I) nicht einfach unter die Vorstufen der P. zählen (Chant I, 80f). Es ist auch zu beachten, daß die P. nicht von vornherein mit einer Negation des freien menschlichen Willens identisch ist, wie R.Otto zutreffend erhebt. Zwar hat sich die Diskussion um die P. im Islam (s.u.) zentral der Frage des freien Willens zugewendet. Das rührt aber daher, daß die P.slehre im Islam eng mit einem an strengen Fatalismus grenzenden Führungsglauben verbunden ist. Der Prädestinierte kann ja im übrigen alles wollen oder nicht wollen. Er kann auch fromm sein wollen und fromm sein, nur das Heil bleibt ihm verschlossen. Daher ist es auch fraglich, ob man die → Karma-Lehre als Spielart der P. auffassen darf (so H.W.Schomerus). Zwar ist im Karma des Menschen Ergehen vorgeformt, und er geht am Leitseil des Karma »wie« prädestiniert durch seine Taten durchs Leben. Aber der Ausgang ist eben nicht festgelegt. Man kann des Karma Bindung durchbrechen. Damit aber ist die P. verlassen. Am klarsten zeigt die → Stoa bei Kleanthes wie → Seneca und → Epiktet, daß ein strenger Schicksalsglaube nicht die P. einschließt. Aber in allen religiösen Schritten, die von tiefer Heilsungewißheit umgetrieben sind, legt sich die P. als Frage an. Überall, wo das religiöse »endliche« Heil in der souveränen Vorentscheidung einer Gottheit festgelegt erscheint, bricht sich die P. Bahn. Ihr theoretischer lehrhafter Niederschlag aber ist nicht nur selten in den Religionen, sondern er ist zugleich schwer belastet von dem irrationalen Charakter der P. So weist R.Otto darauf hin, daß die P. »geheimnisvoller Deute-name als ideogrammatischer Hinweis auf ein schlechthin irrationales Urverhältnis« sei, das keine rationale Explikation erlaube. Das zeigt die lange Geschichte der Erörterung über die P. im Christentum (→ Prädestination: II-IV) wie im Islam.

Der → *Islam* (: I, 3. 6) ist in seiner Behandlung der P. dadurch bestimmt, daß der → Koran keine eindeutigen systematischen Aussagen über das Verhältnis der P. zu der Gotteslehre, der Anthropologie wie dem Heilsstreben enthält. → Muhammed trug die einzelnen Züge seiner Impressionen Gottes vor, wie sie ihm im Augenblick wichtig wurden. Zwar hält sich der Führungsglaube von Anfang an bestimmend durch. Jedoch so eindeutig die Abhängigkeit der Heilsgewinnung von Allahs Willen auch ist, so wenig konsequent sind diese Ansätze auf Menschen und Heilsstreben durchgezogen. Muhammeds Auffassung von der P., dem Ḳdr Allahs, wurde gegen Ende seiner Wirksamkeit zwar strenger, aber nicht ausgeglichener. So hinterließ er den Theologen des Islam den Anstoß, der schon vor 700 zu den harten Auseinandersetzungen der Ḳadariya, wie die Muʿtazila genannt wurde, führte. Es ging um die Einordnung der P. in den Gesamtzusammenhang von Glauben, Werken und Freiheit. Die endgültig orthodoxe Auffassung, die ashʿaritische Lehre, sprach dem Menschen jegliche Tätigkeit ab (vgl. → Islam: I, 6).

In der *indischen* Religionsgeschichte treten prädestinatianische Gedanken mit der → Bhagavadgîtâ deutlich hervor. Im XVI. Gesang werden in den ersten Versen die zur → bhakti führenden Tugenden, die die → Erlösung bedingen, als göttliche Bestimmung (daivî sampad) erklärt, denen die dämonische Bestimmung schroff gegenübersteht. Vers 5: »Göttliche Bestimmung gereicht zur Befreiung, die dämonische aber zur Bindung.« Das in XVIII, 61 gebrauchte Bild, daß der Gott, der in aller Wesen Herzen wohnt, diese durch seine Maya-Kraft durch die Welt wirbelt wie Figuren auf einer Puppenbühne, gibt die notwendige Konsequenz. Die theoretischen Schlußfolgerungen aus diesen Gîtâ-Aussagen sind im Kreise der Vishnuiten zumal durch Madhva (ca 1199 bis 1278) gezogen. → Vishnu allein ist handlungsmächtig. Die Seelen aber zerfallen in erlöste und unerlöste, nach Vishnus Bestimmung. Außer Vishnus Gattin Lakshmî, die ewig erlöst ist, machen alle erlösungsbestimmten Wesen - auch die Götter - einen langen Läuterungsweg durch. Die andern aber wandern ewig im Sansâra umher. Auch die Lehre des → Jinismus, der erlösungsfähige Wesen (bhavyas) von nicht erlösungsfähigen unterscheidet, gehört in die Nähe der P., obwohl für die Jainas kein bestimmender Gott hinter dieser Teilung steht. - Vgl. → Determinismus, 1.

R. OTTO, Das Heilige, (1917) 1958[29.30], 105ff - ERE X, 225ff - I. GOLDZIHER, Die Richtungen d. islam. Koranauslegung, (1920) 1952[2] - EI[1] II, 647f (ḳadar) - H.W. SCHOMERUS, Indische u. christl. Enderwartung u. Erlösungshoffnung, 1941 - W.CH. GREENE, Moira. Fate, Good and Evil in Greek Thought, Cambridge/Mass. 1944 - W.M. WATT, Free Will and Predestination in Early Islam, London 1948 - H.v. GLASENAPP, Die Philos. der Inder, (1949) 1958[2] - DERS., Glaube u. Ritus der Hochreligionen, 1960, 126f - H. RINGGREN, Fatalism in Persian Epics (UUÅ 1952, 13) - DERS., Studies in Arabian Fatalism (ebd 1955, 2; s. Reg.).

C.H. Ratschow

II. Im NT

1. Der Gedanke der P. erscheint im NT vor allem im Zusammenhang der Verben ὁρίζειν, προορίζειν und προτίθεσθαι, die in der Vulg. mit praedestinare (Röm 1, 4; 8, 29f; Eph 1, 5. 11) wiedergegeben werden. Die Substantive im Umkreis des P.sgedankens sind πρόθεσις (Vulg.: propositum; Röm 8, 28; 9, 11 u.ö.; Eph 1, 11; 3, 11 [Vulg.: praefinitio]), βουλή, θέλημα, bisweilen auch πρόγνωσις (Vulg.: praescientia; 1Petr 1, 2; Apg 2, 23 u.a.). Die Übersicht zeigt, daß im Gedanken der → Erwählung (: II) ein P.sgedanke mitenthalten sein kann. Eine Festlegung auf ein bestimmtes Vokabular ist bei der Erhebung des Gedankens nicht möglich.

2. Während im AT ein klar entwickelter Erwählungsglaube bezeugt ist (→ Erwählung: I), begegnen wir doch keiner expliziten P.svorstellung. Sie tritt erst im *Judentum* mit der Vorstellung vom »hl. Rest« im Zusammenhang der → Apokalyptik auf (4Esr) und sprengt das Theologumenon von der Erwählung des ganzen Volkes Israel als eines Kollektivs. Die Gedanken des hl. Restes und der P., verbunden mit einer → Eschatologie (: III), treten am klarsten in den Texten von → *Qumran* hervor. Da hier auch der Gedanke einer Rechtfertigung aus Gnade (1QS, 1QH) begegnet, erscheint der P.sgedanke nahezu als seine logische Folge. Freilich wird die P. nirgends als theologisches Problem empfunden, noch auch ein Ausgleich zwischen Freiheit und Gnade, Gehorsamsethik und P. gesucht, sondern fast naiv ihr Nebeneinander bezeugt. - In der *Verkündigung Jesu* finden sich zwar prädestinatianische Anklänge, aber keine P.slehre. Sie läßt sich weder Mk 4, 11f entnehmen, wo die → Verstockungs-Theorie eine dogmatische Korrektur der späteren Gemeinde darstellt und Jesus eine ihm nicht eigene Gleichnistheorie in den Mund gelegt wird (→ Gleichnis: II, 3), noch Mt 22, 14: »Viele sind berufen, aber wenige sind auserwählt«, denn hier wird in der Linie des AT die innere Einheit von Gehorsam gegenüber der Berufung und Erwählung ausgedrückt. Gemeindetradition und Evangelistenredaktion mögen an verschiedenen Stellen den Erwählungsgedanken prädestinatianisch pointiert haben (Mk 13, 20. 22. 27; Mt 11, 25ff; 25, 34 u.a.), ändern aber im ganzen nicht das Bild, welches explizite P.szüge vermissen läßt.

3. Zu einer theologisch durchreflektierten P.sanschauung kommt es erstmalig bei → *Paulus*. Der → Römerbrief wird freilich durch eine Isolierung von c. 9-11 vielfach voreilig als Basis für eine P.*slehre* benutzt. Es ist jedoch zu beachten, daß die Gedankengänge einer P. des Glaubens und des Unglaubens an Jesus Christus mit der Lehre von → Gnade (: III, 2) und → Glauben (: III, 4a) engstens verknüpft sind und allein in diesem Rahmen gesehen werden dürfen. Im Röm führt die Entfaltung des Themas: Gottes Gerechtigkeit ist als Gnadengeschenk in Jesus Christus den Glaubenden offenbart worden - zu einer Aufnahme der doppelten Antithese: nicht Werke, sondern Gnade (3, 24), und: nicht Werke, sondern Glaube (c. 4), so daß der Glaube als Gehorsamstat und Entscheidung *zugleich* Gnade ist. Ist bereits damit das Problem der P. gegeben, so wird es noch zugespitzt durch die Frage nach dem heilsgeschichtlichen Prärogativ Israels (vgl. das πρῶτον 1, 16; 2, 9f sowie 3, 1ff), des von Gott erwählten Volkes, von dem nur ein Rest zum Glauben an die Offenbarung in Christus gelangte, die Mehrheit aber die Feindschaft gegen Jesus festhielt. Die c. 9-11 erweisen sich somit als eine Konkretisierung des P.sgedankens im Blick auf Israel, während 8, 28ff locus classicus für den Gedanken selbst bildet. Hier ist an den Begriff πρόθεσις (V. 28) eine kunstvoll verschlungene Kette von Verben angehängt, die von Gottes prävenierendem Handeln am Menschen sprechen. Die Kette wird lediglich beim Verb »vorherbestimmen« durch eine längere Aussage unterbrochen, um das Ziel der P. als »Gleichgestaltetwerden nach dem Bilde seines Sohnes, auf daß er sei der Erstgeborene unter vielen Brüdern« (V. 29) zu beschreiben. Damit wird der P.sgedanke an das Christusgeschehen gebunden und Ausdruck eines soteriologischen Handelns Gottes, nicht also eine hiervon ablösbare metaphysische Lehre oder Spekulation. Auch der Glaube ist nicht menschliche Leistung, sondern Gnadengeschenk. Wie aber steht es dann mit der Erwählung Israels? Paulus löst dieses Problem durch eine Uminterpretation des Begriffes Israel (9, 6b; → Israel im NT): Die Israel gegebenen Verheißungen beziehen sich nicht auf das historisch-empirische Volk, sondern auf das eschatologische. Damit wird zugleich die P. auf den Glaubenden als einzelnen bezogen und radikal auf Gottes Vorsatz zurückgeführt (ἡ κατ' ἐκλογὴν πρόθεσις τοῦ θεοῦ 8, 28; 9, 11; 11, 2; vgl. Eph 1, 11; 3, 11; 2Tim 1, 9). Des Menschen »Wollen und Laufen« hilft nichts, sondern allein »Gottes Erbarmen« (Röm 9, 16). Die aus der P. zum Heil und zur Verstockung und aus Gottes absoluter Allmacht gefolgerte Frage der → Theodizee wird mit dem Hinweis auf die Schriftgemäßheit einer »praedestinatio gemina« abgetan (9, 7-13. 17f) und die menschliche Logik als Maßstab für ein Urteilen über Gottes P.shandeln abgewiesen (9, 20f). Die theologische Unmöglichkeit, aus solchen Aussagen eine schlüssige Lehre zu entfalten, ergibt sich aus Phil 2, 12b. 13: »Schaffet, daß ihr selig werdet, mit Furcht und Zittern; denn Gott ist's, der in euch wirkt beides, das Wollen und das Vollbringen, nach seinem Wohlgefallen« (Luther). Die hier formulierte Anschauung von der Paradoxie der menschlichen Existenz vor Gott liegt im Röm ebenso vor, wenn man beachtet, daß c. 10 die Verwerfung des einzelnen als dessen eigene Schuld betont, insofern er nicht dem Evangelium horchend gehorcht (10, 16f). Und wenn in c. 11 erneut der P.sgedanke aufgenommen wird, so folgt sofort in 12, 1f der Imperativ zur christlichen Ethik. - Der P.sgedanke dient also Paulus dazu, einerseits die Verheißung für das erwählte Volk Israel festzuhalten, anderseits - bei aller individuellen Verantwortung und Betonung der Glaubensentscheidung des einzelnen - aus dem Glaubendürfen heraus zu bekennen, daß hier nicht Leistung zum Ruhm des Menschen vorliegt, sondern Gottes Gnade wirksam ist. Im *Akt* des Glaubens also offenbart sich Gottes P., sie läßt sich nicht als kausales »prius« objektivieren.

4. In gleicher Konzeption findet sich der P.sgedanke im *JohEv*, wo er als ein roter Faden des Werkes gelten darf, auch wenn eine thematische Entfaltung des Problems fehlt. Korrelativ stehen die Worte Jesu, daß nur der zu ihm kommt, den der Vater zieht (6, 44), und daß die ungläubigen Juden nicht glauben können, weil sie vom Teufel stammen (8, 43ff). Mag auch eine gnostische

Begrifflichkeit den sog. johanneischen Dualismus (→ Johannesevangelium, 2c. 3) prägen und damit den Anschein erwecken, als seien die Menschen in zwei determinierte Klassen geschieden, so ist doch eine Dualität der Entscheidung paradox mit dem Gedanken der P. verbunden. Immer wieder »kommt« nur der zu Jesus, dem es vom Vater gegeben ist (6, 37. 65; 17, 2. 6. 9. 12. 24), und bleibt der im Zirkel des Unglaubens, der blind und dessen Herz verhärtet ist (12, 39). Und doch ist Jesus selbst ebenso wie sein Wort die Krisis, die in der Entscheidung des Menschen zum Tragen kommt. Auch im JohEv ist der tiefere Sinn des P.sgedankens, den Glaubenden bekennen zu lassen, daß nicht er selbst, sondern Gott bzw. sein Sohn Jesus den Glauben schenkt (vgl. 15, 16), zu dem sich der einzelne in actu entscheidet. Wieder zeigt sich, daß solche P.saussagen nicht objektiviert und neutral konstatiert werden dürfen; sie haben letztlich doxologischen Sinn.

5. In den übrigen Schriften des NT finden sich prädestinatianische Wendungen oder Anklänge, aber keine thematische Linie wie bei Paulus und Johannes. Der Verfasser des *1Petr* etwa überträgt aus dem AT aufgenommene Erwählungsgedanken auf die Kirche als »auserwähltes Geschlecht« und läßt die Ungläubigen zu ihrem Los bestimmt sein (2, 8f). Hier wie auch in den *Past* wird die P. jedoch mehr formelhaft zur Überhöhung des Erwählungsgedankens gebraucht und damit entschärft. Stärker sind wieder prädestinatianische Züge in der *Apk*, wobei sich freilich nicht immer entscheiden läßt, wie weit die aufgenommenen Bilder der jüd. Apokalyptik (bes. das Lebensbuch 13, 8; 17, 8; 21, 27) theologisch gepreßt werden dürfen. Der doxologische Sinn und die soteriologische Dominante der P. wird am klarsten in der Danksagung des → *Epheserbriefes* 1, 3-14. Sollte hier wirklich ein Taufhymnus von 2 Strophen (1, 5-8. 9-12a) vorliegen, der zur Eulogie umgeformt ist, so wäre damit zugleich ein Hinweis gegeben auf den Sitz im Leben für die Fortentwicklung des Erwählungs- zum P.sgedanken im Urchristentum. Und hat der P.sgedanke ursprünglich den Sinn des Lobpreises (vgl. auch den Kontext von Röm 8, 28ff und 11, 33ff), so wird deutlich, daß er legitim nur Ausdruck des Glaubenden sein kann und in der Verwendung als dogmatischer Topos seinen Sinn verliert.

Außer den Kommentaren u. nt. Theologien: N.A.Dahl, Das Volk Gottes, 1941 - ThW IV, 176ff - J.Jeremias, Der Gedanke des »Hl. Restes« im Spätjudentum u. in der Verkündigung Jesu (ZNW 42, 1949, 184-194) - W.Vischer, Das Geheimnis Israels (Judaica 6, 1950, 81-132) - K.Stendahl, The Called and the Chosen (The Root of the Vine, ed. A.Fridrichsen, New York 1953, 63-80) - J.Munck, Paulus u. d. Heilsgesch., 1954 - Ders., Christus u. Israel, 1956 - E. Dinkler, P. bei Paulus (Festschr. f. G.Dehn, 1957, 81-102).

Erich Dinkler

III. Dogmengeschichtlich

1. Alte Kirche einschließlich Augustin - 2. MA - 3. Reformation: a) Zwingli - b) Luther - c) Melanchthon und die luth. Orthodoxie - d) Calvin und die ref. Orthodoxie

1. P. ist nur ein Teilbegriff einer weitreichenden Gruppe theologischer Schlüsselprobleme. Die dogmengeschichtliche Behandlung des Problems muß daher eigentlich weiter fragen als nur nach der speziellen P.slehre. Damit wird sichtbar, daß schon lange vor Augustin für diesen Problemkreis typische Fragen erörtert werden. So sieht sich bereits → Justin genötigt, die biblische Weissagung der zukünftigen Vergeltung des Guten und Bösen gegen das Verständnis als Fatum abzugrenzen und als im Vorherwissen der jeweiligen freien Entscheidung der einzelnen Engel oder Menschen begründet zu verstehen, wobei er schon eine begrenzte Zahl der Guten voraussetzt (Apol. I, 43ff; Dial. 88). Der Gesichtspunkt einer *unbedingten* P. kommt auch bei den übrigen griech. Vätern nicht zur Wirkung, da sie am freien Entscheidungsvermögen vor und nach dem Fall festhalten; je nach der Entscheidung gegenüber Gut und Böse kommt es zu Lohn oder Strafe; *diese* sind Gegenstand der Vorherbestimmung. Bei → Origenes werden die paulinischen Erwählungsaussagen durch den Hinweis auf eine vorweltliche Verschuldung der Seele »erklärt«, also als Folge der Selbstbestimmung eines Geistwesens. Der Umwandlung der kosmologischen Logostheologie (→ Christologie: II, 2a) in eine soteriologische entspricht es, daß → Athanasius unsere ewige Erwählung in Christus vor der Weltschöpfung begründet und nur dadurch unser ewiges Leben ermöglicht sieht (or. c. Ar. II, 75-77, zu Spr 8, 22ff). - Die in der Zukunft wirksame P.slehre erhielt ihre Ausformung durch → *Augustin* (: II, 3). Die Motive dieses seine Theologie schließlich beherrschenden Themenkreises liegen in der Übernahme paulinischer Theologumena, dem Bedürfnis nach rationaler, metaphysischer Erklärung geschichtlicher Erfahrung, in der Abwehr des → Pelagianismus sowie in nachwirkenden Weltanschauungsmomenten seines → Manichäismus. Zu diesen gehört die spekulative Grundaussage über die P., sie diene zur Wiederauffüllung der durch den Engelfall entstandenen Lücke mit anderen »vernünftigen Wesen«, dem numerus praedestinatorum, dem die massa perditionis gegenüberstehe. Entscheidende Bedeutung gewann die P.slehre freilich als stärkste Aussage über die Bedingungslosigkeit der → Gnade Gottes (: IV, 1b). Die Begründung der P. in der ewigen Erwählung durch Gott und sein »Wort« (de civ. XII, 16) ist faktisch supralapsarisch und steht darum in Spannung zur infralapsarischen Konsequenz der Spekulation über den Engelfall. Grund und Beispiel unserer P. ist die des Menschen Jesus. Unsere Heiligkeit ist nicht Voraussetzung der Erwählung, sondern ihr von Gott geschenktes Ziel; gleiches gilt vom → Glauben (: IV, 2). Die erfahrungsmäßige Partikularität der P. erklärt Augustin mit dem Hinweis auf Gottes Barmherzigkeit, die Nichterwählung samt ihrer Konsequenz, der P. zum Tode oder zur ewigen Strafe, mit dem Hinweis auf seine → Gerechtigkeit (: IV, 1), der alle Menschen kraft der Erbsünde (→ Sünde: V) verfallen sind. Mittel der Erwählung ist *im allgemeinen* die in der Predigt wirksame → Berufung (: IV); daß diese bei vielen nur zeitweise wirkt, läßt auf die zur P. gehörige Gabe der Beharrung (→ Perseveranz) bei den anderen schließen. Die P.slehre Augustins entwertet letztlich die Geschichte: ihr Ablauf ist nichts weiter als der Vollzug einer jenseitigen Entscheidung. Sie hat darum immer wieder zu Erschütterungen namentlich des Kirchenbegriffs geführt (→ Wiclif, → Huss); zu ihrer vollen Rezeption ist es in der mittelalterlichen Kirche nie gekommen.

2. Schon → Prosper von Aquitanien hat schließlich seinen unbedingten Augustinismus gemildert, was erst recht gilt, wenn er der Verfasser des Liber de vocatione omnium gentium sein sollte, nach dem das Vorherwissen Gottes in bezug auf die Entscheidung des Menschen für die Gnade und das Beharren bei ihr Grund der Erwählung ist. Die 2. Synode von Orange (→ Gnade Gottes: IV, 1b) bezog denn auch zur P.slehre nur in der Form Stellung, daß sie die Konsequenz einer P. zum Bösen verurteilte und das, was die augustinische P.slehre zur Bedingungslosigkeit der Gnade überhaupt gesagt hatte, auf den Empfang der Taufgnade beschränkte. Das Ergebnis des Gottschalkschen Streites lag in der gleichen Richtung. Man verwahrte sich gegen die deterministischen Konsequenzen von → Gottschalks P.slehre, nach der, jedenfalls in Gott, Vorherwissen (der mala merita

der Verworfenen), P. (des ewigen Lebens und Todes) sowie Geschehen in eins fallen; sie ließ keine Möglichkeit mehr frei für eine P. auf Grund der Präszienz, die ihrerseits die Betonung des freien Willens als Grund der Schuld und als Voraussetzung eines sittlichen Appells ebenso ermöglichte wie eine volle Anerkennung des heilsvermittelnden Charakters der → Sakramente.

Unter Beibehaltung bestimmter Grundvoraussetzungen wie des numerus electorum, der Ablehnung *rein* pelagianischer Lösungen, Betonung des Gnadencharakters der P., konzentrierte sich das Interesse der scholastischen P.slehre auf die Verhältnisbestimmung von göttlicher Präszienz des Geschehenden, P. und freiem Willen des Menschen als der Voraussetzung menschlicher Verdienste (→ Verdienst: IV) oder Verfehlungen. Bei → Alexander von Hales und → Bonaventura sind die Verdienste des Menschen begleitende Ursache am Beginn und bei der Vollendung der verwirklichten P. Sie rechnen die menschliche Freiheit dabei unter die Mittel, mit denen Gott seinen Willen zum vorausgewußten Ziele bringt. → Thomas von Aquino ordnete auch seine P.slehre dem Gesichtspunkt der völligen Unabhängigkeit des Willens Gottes unter, was den rein gnadenhaften Charakter der P. zur Folge hat. Durch die Zerlegung der Heilsvermittlung und -verwirklichung in begründende Gnadenmitteilung und vollendende Herrlichkeit ist aber auch bei ihm die Einbeziehung der Verdienste als vorherbestimmter Voraussetzung für die vollendete Seligkeit gegeben. Für → Duns Scotus unterstreicht die P.slehre die völlige Freiheit des (Liebes-)Willens Gottes, der aber die Behauptung einer ebensolchen Freiheit des Menschen parallel geht. Dieses Moment der unbedingten Freiheit Gottes hat dann auch der »Nominalismus« (→ Ockham, → Biel) betont, freilich damit auch als Setzung Gottes verbunden, daß die Verwirklichung der P. sich um vorausgesehener verdienstlicher Werke willen vollziehe, wodurch sie für den Menschen von diesen abhängig wurde. In ähnlicher Richtung argumentierte später → Molina, der die P. in Gottes Vorherwissen menschlicher Mitwirkung begründet sein ließ. Für die Behandlung der P. in der → Scholastik gilt insgesamt, daß die Frage nach der Freiheit Gottes primär philosophisch begründet und beantwortet und erst von hier aus auf die Theologie übertragen wird. – Auch die Folgezeit zeigte, daß der Katholizismus nicht willens war, die eigentliche P.slehre positiv zu verwerten. Das → Tridentinum hat »das Geheimnis der P.« zwar nicht bestritten, vor der Heilsgewißheit jedoch gewarnt und die unbedingte Wirkung der Berufung gelehrt. Die letzte innerkath. Beunruhigung durch die P.slehre bewirkte der → Jansenismus (s. auch → Arnauld, 3). In der Verdammung der 5. Propositio aus Jansens »Augustinus« sprach sich die völlige Beseitigung des Problems aus.

3. a) Für die *Reformation* wurde die P.slehre wieder ein primär theologisches Problem, letzte Aussage über den Gnadenwillen Gottes in Jesus Christus. → *Zwingli* ist unter den Reformatoren derjenige, der noch am stärksten antikes und mittelalterliches philosophisches Erbe in die Gotteslehre hinübernimmt und auch in der P.slehre zur Geltung bringt: → Gott (: V, 13b) als die einzige Ursache allen Geschehens bestimmt und wirkt alles seiner → Vorsehung entsprechend; sie enthält die P. als Erwählung und Verwerfung, Offenbarung seiner Güte und Gerechtigkeit, die für die Erwählten in Christi Selbstopfer Wirklichkeit werden. Glaube ist nur nachfolgendes, aber nicht notwendiges Zeichen der Erwählung, als solcher freilich untrügliche Bestätigung; aber es kann eben auch Erwählung ohne nachfolgenden Glauben geben, eines der Argumente für die Kindertaufe (→ Taufe: III) gegen die → Täufer sowie für die Erwählung edler Heiden. Damit waren starke Argumente gegen freien Willen und Verdienste gewonnen, zugleich eine heilsvermittelnde Qualität der → Kirche (: III, 4b) und der → Sakramente bestritten. – b) → *Luther* (: II, 4f) teilte in seinem P.sverständnis ursprünglich den Standpunkt Biels. Wesentliche Bedeutung gewann die P. für ihn aber erst, als er sie als Voraussetzung für die Bedingungslosigkeit der → Rechtfertigung (: II, 2a) erkannte, womit die völlige Entwertung des freien Willens im Heilsgeschehen verbunden war, Trost und Demütigung zugleich. Die deterministische Kehrseite der in die P. eingeschlossenen Verwerfung nahm er in Kauf, jedes Geltendmachen eines menschlichen Gerechtigkeitsmaßstabes als Hybris ablehnend, wohl aber die Gerechtigkeit dieses Ratschlusses behauptend, die freilich erst im jüngsten Gericht erkennbar werde. Die → Anfechtung durch den Zweifel an der eigenen Erwählung bzw. die Drohung des Verworfenseins überwand Luther zunächst durch die Einsicht, die Annahme des Verwerfungsurteils sei ein Einstimmen in Gottes Willen, die ein Bleiben in Gott anzeige (resignatio ad inferum). Später hat er die Explikation und den Vollzug des P.swillens Gottes in Christus in den Mittelpunkt gestellt. Die verborgene Entscheidung Gottes ist in Christus offenbar, ihre Verborgenheit wird nun als identisch mit der Glauben fordernden und ihn übenden Verborgenheit Gottes im gepredigten Christus selbst verstanden. – c) → *Melanchthon* (, 5) hat seinen ursprünglich deterministischen Standpunkt bald modifiziert. Der vorzeitliche Aspekt der P. wird auf das Heil in Christus und sein allgemeines Angebot beschränkt. Erwählung und Verwerfung des Einzelnen *vollziehen sich* in der Stellungnahme gegenüber diesem Angebot. So ist zwar das Heil unabhängig vom Menschen beschafft, Aneignung oder Ablehnung hängt aber von ihm selbst ab. Die eigentliche P.slehre ist für Melanchthon zur Verlegenheit geworden; er bejaht sie nicht mehr. Dem entspricht die Stellung der im → Konkordienbuch enthaltenen luth. Bekenntnisschriften; weisen die älteren unter ihnen Elemente auf, die auf eine Lehre von der doppelten P. hindeuten, so lehnt die → Konkordienformel diese ausdrücklich ab: die Verdammnis der Gottlosen ist in deren aktiver Ablehnung des Wortes begründet. Die luth. → Orthodoxie (, 3a) ist auf diesem Wege fortgefahren und hat dabei faktisch in scholastische Bahnen der Unterscheidung zwischen einem allgemeinen göttlichen Heilswillen (s. auch → Bergius) und seiner besonderen Verwirklichung bei den als Glaubende Vorausgesehenen zurückgelenkt (praevisa fides). – d) Die größte Bedeutung gewann die P.slehre bei → *Calvin* (: II, 5). → Bucer systematisierend, nimmt sie ihre stärksten Argumente aus Augustin; unter Übergehung von dessen spekulativem Ansatz dient sie doch auch ihm sowohl zur Interpretation geschichtlicher Erfahrung wie entsprechender biblischer Aussagen; diese sind ihm Grenze und Anlaß einer P.slehre. Für die zum Heil Erwählten wird die Erwählung allein in Christus Wirklichkeit und erkennbar; sie ist die letzte, unbestreitbare Fundierung ihres Heils wie auch der Heilsgewißheit, freilich auch Anlaß zur Demut. → Gute Werke sind gottgewirkte Frucht unserer Erwählung zum Heil, auch Zeichen für sie, aber als menschliches Tun geben sie eher zum Zweifel als zur Sicherheit Anlaß. Ewige Erwählung beinhaltet schon vom Begriff her zugleich auch die Bestimmung zum Unheil, dem Vollzug des Urteils Gottes an den Verworfenen, dessen unbezweifelbare Gerechtigkeit zu verstehen dem Menschen freilich die Maßstäbe fehlen. – Hatte die P.slehre schon zu Calvins Lebzeiten im → Bolsec'schen Handel den Charakter einer entscheidenden Grenzposition gewonnen, so wurde sie für die Reformierten seit → Beza zu einer der

beherrschenden Unterscheidungslehren des Zeitalters der → Orthodoxie (, 3b). Charakteristisch ist ihre Verankerung in einem ewigen Dekret über Errettung oder Verwerfung des Einzelnen als Demonstration der Herrlichkeit Gottes in Barmherzigkeit oder Gerechtigkeit, wobei die Supralapsarier dieses Dekret den anderen über die Erschaffung des Menschen und die Zulassung des Falls vorangehen, die Infralapsarier es ihnen folgen lassen. Letzteres wurde die vorherrschende Lehre, obgleich auch der Supralapsarismus etwa des → Gomarus als orthodox galt. Maßgebend zusammengefaßt wurde die ref. P.slehre auf der gegen die → Arminianer einberufenen → Dordrechter Synode, deren geschlossen prädestinatianisches System freilich durch die Feststellung menschlicher Schuld bei der Ablehnung der Berufung durchbrochen wird. Im weiteren 17.Jh. (s. auch → Cambridge Platonists) und erst recht seit der Aufklärung schwand die P.slehre begrifflich aus dem Zentrum der Theologie; in ihre einzelnen Bestandteile zerlegt, taucht sie an anderer Stelle wieder auf, nicht nur in der Föderaltheologie (→ Bund: IV), dem Problem der →Theodizee und der Geschichtstheologie überhaupt, sondern auch in der Lehre von der → Kirche (: III).

Vgl. außer den Dogmengeschichten sowie der Lit. der Verweisart. u. bei → Prädestination: IV: A.Schweizer, Die prot. Centraldogmen, 1854/56 - W.A.Copinger, A Treatise on Predestination, Election and Grace, London 1889 (Lit.) - RE XV, 586ff - F.Stegmüller, Die Lehre vom allg. Heilswillen in der Scholastik bis Thomas v. Aquin, 1929 - L.Boettner, The Reformed Doctrine of Predestination, Grand Rapids/Mich. 1932 - P.Vignaux, Justification et prédestination au XIVe siècle, Paris 1934 - LThK VIII, 406ff - H.E. Weber, Reformation, Orthodoxie u. Rationalismus I/1. 2; II, 1937 bis 1951 - W.A.Hauck, Die Erwählten. P. u. Heilsgewißheit nach Calvin, 1950 - H.Bandt, Luthers Lehre vom verborgenen Gott, 1958 - A.Adam, Das Fortwirken des Manichäismus bei Augustin (ZKG 69, 1958, 1-25) - Altaner (s. Reg. s.v. P.) - EKL III, 271ff.

E.Kähler

IV. Dogmatisch

1. Der Ansatzpunkt des P.sgedankens - 2. Die Funktion des P.sbegriffs innerhalb der Erwählungslehre - 3. Die ewige P. und die Gefahr ihres Mißbrauchs als Prinzip

1. Der Gedanke einer ewigen göttlichen Vorherbestimmung der Erwählten zum Heil, unter Ausschluß der Nichterwählten, hat in der Geschichte des christlichen Denkens seit → Augustin immer wieder als düsteres Geheimnis gewirkt, während er für Paulus Röm 8, 28ff höchster Ausdruck der freudigen Gewißheit des Heils ist. Jene Verdüsterung des P.sgedankens in der augustinischen Tradition hängt damit zusammen, daß P. und Verwerfung am Leitfaden der allmächtigen und alleinwirksamen Kausalität des verborgenen Gottes, abgesehen von Gottes konkreter Erwählungsgeschichte, konstruiert wurden. Um diese Verwandlung der P. zum Schrecken des christlichen Denkens zu vermeiden, ihren biblischen Charakter als Ausdruck zuversichtlicher Freude zu bewahren, muß der Einsatz bei der geschichtlichen → Erwählung (: III) Gottes statt beim abstrakten Begriff göttlicher Allmacht genommen werden. Darum hat die P.slehre des orthodoxen Luthertums, trotz ihrer synergistischen Gefährdung, darin Recht, daß sie wie auch ursprünglich Calvin die P. erst im Zusammenhang der → Rechtfertigung, nicht als Voraussetzung der ganzen Theologie behandelt hat.

2. Inwiefern bedarf der Glaube an Gottes durch Jesus Christus geschehene Erwählung des Gedankens der P.? Die geschichtliche Erwählung ist kein punktuell isoliertes Ereignis, das mit dem sonstigen Geschehen in der Welt nichts zu tun hätte. Die Verbindung des geschichtlichen Ereignisses der Erwählung mit allem Weltgeschehen versteht sich aber nicht von selbst und ist auch durch den Gedanken der *ewigen* Erwählung noch nicht ausgedrückt. Über den Gedanken der ewigen Erwählung hinaus besagt P., daß die göttliche Erwählungsabsicht der Zweck ist, auf den hin alles Geschehen orientiert ist. Daher müssen denen, die Gott lieben, alle Dinge zum Besten dienen (Röm 8, 28). Die P. steht also in engem Zusammenhang mit Gottes → Vorsehung (providentia) und drückt den Bezug des durch das Vorherwissen (praescientia) geordneten Weltlaufs auf den Heilswillen Gottes aus (→ Heilsgeschichte). - Wie die → Erwählung (: III, 4) nicht auf isolierte Individuen geht, sondern im Christusgeschehen für die Menschheit Ereignis ist, so ist auch die P. nicht primär die göttliche Führung der Einzelnen dahin, daß sie des Heils teilhaftig werden, sondern die Hinordnung der ganzen Menschheitsgeschichte, ja der ganzen Schöpfung auf das in der Auferweckung Jesu Christi erschienene eschatologische Heil. Weil alle Dinge diesem Geschehen dienen, darum kann nichts den Glaubenden von Christus trennen (Röm 8, 31ff). Insofern gehört die Gewißheit des Bleibens in Christus (→ Perseveranz) zur Glaubensgewißheit der P. - Die P. ist also identisch mit dem auf das Heil aller Menschen zielenden göttlichen Geschichtsplan (→ Heilsratschluß). Die den Individuen zuteil werdenden Führungen gehören zur P., sofern sie in diesen auf das Christusgeschehen zielenden universalen Geschichtsplan Gottes einbezogen sind. Als Gottes Geschichtsplan bedeutet P., daß das in der Auferstehung Jesu vorgreifend schon wirkliche, durch Verkündigung, Taufe und Herrenmahl den Einzelnen verbürgte eschatologische Heil nicht ein plötzlicher Zwischenfall im Ablauf der Geschichte ist, sondern von langher geplant und vorbereitet wurde. So ist der Begriff der P. die theologische Sicherung des Bekenntnisses, daß alles, was wir sind, allein aus Gottes → Gnade kommt. - Da die göttliche P. alles Geschehen umfaßt, bestimmt sie auch den Weg der Menschen, die - soweit wir sehen - nicht zum Glauben an Jesus Christus gelangen. Wie jedoch Gott diese Menschen führt, ist unserm endgültigen Urteil entzogen. Der Gedanke der P. gibt Gewißheit nur über das Heil der Glaubenden, nicht über die Zukunft derer, die - soweit unsere Beobachtung reicht - nicht zu Jesus Christus gelangen. Obwohl der Glaubende weiß, daß allen Menschen, die ohne Christus leben, das künftige Gericht des göttlichen Zornes und der ewige Tod drohen, kann er nicht aufhören, für alle Menschen zu vertrauen, daß Gott auch da noch Wege zum Heil weiß, wo wir keine Hoffnung mehr sehen.

3. Der Begriff P. besagt letztlich die Fügung aller Dinge von der *Ewigkeit* des allmächtigen Willens Gottes her. Aber als Aussage über den ewigen Willen Gottes hat diese wie alle Aussagen über Gottes ewiges Wesen »doxologischen« Charakter (Schlink; → Gott: VI, 3), dh die zeitlichen Inhalten zugeordnete Struktur unserer Vorstellungen wird im Lobpreis des ewigen Gottes »geopfert«; die Begriffe werden im Vollzug dieser Übertragung äquivok. Daher können derartige Aussagen nicht ohne logischen Fehler (quaternio terminorum) zum Ausgangspunkt schlußfolgernder Systematik gemacht werden. Wo das dennoch versucht wird, entsteht im Problemkreis der P. die Antinomie zwischen theologischem → Determinismus und → Synergismus. Dieser Antinomie ist die theologische Tradition, namentlich in der Nachfolge Augustins, verfallen, weil man hier die P. vom ewigen Willen Gottes her (wie er abstrakt philosophisch, gleichsam »vor« den Entscheidungen seines geschichtlichen Handelns gedacht wird) konstruierte. Wo so von der Vorstellung der ewigen Allmacht Gottes her - als ob sie ein für uns eindeutiger Inhalt wäre - im Schema der Kausalität die P. alles Geschehens entwickelt wird, tritt nämlich ein logischer Parallelismus von Erwäh-

lung und Verwerfung ein: Entweder geht die Erwählung allein auf Gottes Willen zurück, dann auch die Verwerfung, weil sie bereits aus der Nichterwählung folgt (Determinismus). Oder die Verwerfung wird durch ein von Gott auf seiten des Verworfenen vorhergesehenes Verschulden motiviert, dann ist automatisch auch die Erwählung bedingt: Sie setzt zumindest das Fehlen jenes Vorherwissens von einem Verschulden auf seiten des zu erwählenden Geschöpfes voraus (Synergismus). Die P.slehre des → Duns Scotus zeigt bes. eindringlich, daß dieses Dilemma von dem erwähnten Ausgangspunkt her unentrinnbar ist, sofern man seine Zuflucht nicht zur Lehre von der → Wiederbringung aller nimmt. Das Dilemma zwischen Determinismus und Synergismus tritt jedoch nicht auf, wenn die P. von Gottes Erwählungsgeschichte aus statt von einem abstrakten Gottesbegriff her gedacht wird; denn die → Geschichte (: II C) bleibt zur eschatologischen Zukunft hin offen, so daß die Gewißheit der P. zum Heil in der Gemeinschaft mit Christus nicht zur negativen Parallele einer P. zur Verdammnis zwingt (zur Verschuldung der Verwerfung vgl. → Erwählung: III, 6). Das Verständnis der P. vom Christusgeschehen (und von der Christusverkündigung) her wiedergewonnen zu haben, ist eine bleibende Leistung des späten → Luther. Daß Jesus Christus das Zentrum der P. ist, wird heute von K. → Barth mit besonderer Energie wieder sichtbar gemacht, freilich so, daß die P. zugleich zum Mittel einer Konstruktion der Dogmatik von der Gotteslehre her wird. Durch den zuletzt genannten Zug erhielt Barths christologisch begründeter P.sbegriff eine Zweideutigkeit, die ihn dem Mißverständnis, die Apokatastasis zu lehren, ausgesetzt hat.

Außer der Lit. zu → Erwählung: III: H.Diem, Augustins Interesse in der P.slehre (Theol. Aufs. K.Barth z. 50. Geb., 1936, 362-381) - W.Pannenberg, Die P.slehre des Duns Scotus, 1954 - Ders., Der Einfluß der Anfechtungserfahrung auf den P.sbegriff Luthers (KuD 3, 1957, 109-139) - Ders., Heilsgeschehen u. Gesch. (KuD 5, 1959, 218-237. 259-288) - Wilh.Breuning, Neue Wege der prot. Theol. in der P.slehre (TThZ 68, 1959, 193-210) - C.H.Ratschow, Das Heilshandeln u. das Welthandeln Gottes (NZSTh 1, 1959, 25-80) - J. Moltmann (→ Perseveranz).

W.Pannenberg

Praedestinatus, Liber, anonymes Werk, etwa 432/40 in Rom entstanden. Das 1. Buch stellt 88 Irrlehren unter Verwendung von → Augustins »De haeresibus« zusammen, fügt die des → Nestorius hinzu und zielt auf die abschließende 90., die der Prädestinatianer. Das 2. Buch bietet einen unter dem Namen Augustins bei den Prädestinatianern angeblich umlaufenden Traktat, der jedoch vom Verfasser selbst in Überspitzung der Gnaden- und Prädestinationslehre Augustins fingiert ist, um diesen Pseudo-Augustinismus dann im 3. Buch Satz um Satz mit einem kirchlich getarnten radikalen → Pelagianismus zu bekämpfen. Autor ist vermutlich → Arnobius d.J. (nach v.Schubert eher ein Kreis um → Julian von Eclanum). - Der P. dokumentiert Weiterleben und Verbreitungsmethode des Pelagianismus auch nach dessen Verurteilungen 418 und 431.

MPL 53, 587ff (583 echte praefatio). - H.v.Schubert, Der sog. P., 1903 - DThC XII, 2775ff - Altaner 422 (Lit.).

H.H.Eßer

Präexistenz

I. Religionsgeschichtlich - II. Im AT und Judentum. - Vgl. → Präexistenz Christi

I. Religionsgeschichtlich

Von P. der religiösen Gegenstände bzw. der Wesen kann erst da geredet und sie kann erst da postuliert und geglaubt werden, wo die Existenz als zeithaft anhebend und geschlossen erkannt ist. Man kann die Frage der P. nicht stellen, wo die Existenz der Wesen gleitend unendliche Räume durchschreitet und ihr Anfang in der Zeit wohl einen Wandlungspunkt innerhalb einer Existenz, aber kein Novum als »Existenz« bedeutet, zu der es ein spezifisches Vorher oder Nachher geben kann. Das Hervortreten eines Gottes (→ Erscheinungsformen der Gottheit) schließt seine P. ein, denn er ist nicht erst seit seiner Epiphanie: man hat ihn bislang nur nicht bemerkt. Anders ist das in den Bereichen der sog. → Sondergötter. Aius Locutius »war« nicht vor jenem Ruf zur Zeit des Kelteneinfalles, und er »war« auch nachher nicht mehr. Mit den vagen Begriffen von → »Ewigkeit« und seinen Äquivalenten tastet man in prä- und post-epiphane Bereiche hinein. Aber erst mit der zeithaften Fixierung der Wesenheiten kann die Frage einer P. auftauchen. Und sie ist auch da, wo man die Vorstellung zeithaften Existierens nicht ohne weiteres und nicht allenthalben gebildet hat. Sie dient vielmehr, wo sie auftaucht, spezifisch religiösen Interessen als Hilfsgedanke. Was in der Zeit geschah, kann als solches niemals zu der Gewißheit gebracht werden, die der religiöse Gegenstand für den Glauben haben muß und hat. Unausgeformt durchzieht die Idee der P. die Religionen in dem Gedanken vom Apriori der Gottheit, wie dort, wo des Menschen religiöses Dasein auf früheren Existenzen oder Tat-Komplexen ruht und auch erinnert werden kann. Hermotimos von Klazomenä hielt man für eine präexistente Erscheinung des Pythagoras. Der Bodhisattva (→ Buddha, 3) aber sieht auf viele präexistente Erscheinungen zurück.

Die Ausformung des religiösen Postulates von P. ist im wesentlichen in drei Komplexen vollzogen: 1. Das heilige Buch präexistiert. Mit der P. heiliger → Schriften wird deren Unfehlbarkeit bewiesen. So behaupten die Purvamimamsa die P. der → Veden. Die islamische Vorstellung von den »himmlischen Tafeln«, denen → Muhammed den → Koran ablas, sichert die Unanfechtbarkeit seiner Aussagen. - 2. Als P. spricht sich aber auch die religiöse Vorstellung von der exemplarischen Wesenheit »des« Gottes oder »des« Menschen aus. Der religiöse Begriff vom »Ur«-Wesen eines Gottes oder des Menschen faßt sich in P.-Postulate, um die Wesens-Norm wie das Wesens-Ziel sicherzustellen. Die parsistische Religion (→ Iran: III) zumal hat für den Menschen und seine religiöse Entscheidung Wesen der P. wie daëna und → fravaschi gebildet. Der Menschen geistiges Ur-Wesen aber ist im anfänglichen Sein (Gayomard; → Urmensch) enthalten, wie des Rindes Wesen im Ur-Stier präexistiert. Die P. bildet den Welt- und Geschichts-Verlauf vor. In ihr sind die Ingredienzien der religiösen Auseinandersetzung angelegt. Der Bundahishn entfaltet in seinem ersten Kapitel das Gemälde dieser P., die den Kampf zwischen den beiden Mächten enthält (→ Dualismus). - 3. Der → Heilbringer präexistiert in Verborgenheit und tritt mit dem Heilszeitpunkt hervor. Wie der jüdische → Messias, so ist der schiitische Imam (→ Islam: I, 7) präexistent, was sein heilvolles Wesen in Identität mit gottheitlichem Apriori sicherstellt. Vgl. auch Buddha (s.o.).

ERE X, 235ff - I.Goldziher (→ Prädestination: I) - W.Bogaras, Ideas of Space and Time in the Conception of Primitive Religion (AmA NS 27, 1925, 205-266) - A.Jeremias, Die außerbibl. Erlösererwartung, 1927 - H.v.Glasenapp, Die Lit.en Indiens, 1929 - W. Staerk, Die Erlösererwartung in d. östl. Religionen, 1938 - A.Bertholet, WB der Religionen, 1952 - van der Leeuw §§ 12, 7; 45, 2. - Weiteres s. → Ewigkeit: I, → Seelenwanderung: I.

C.H.Ratschow

II. Im AT und Judentum

Von eigentlichen P.-Aussagen kann im AT keine Rede sein, wenn auch P.-Anschauungen des antiken Judentums ihrerseits auf at. Vorgegebenheiten rekurrieren.

Nach rabbinischer Tradition gehen 7 Dinge der Weltschöpfung voran: die Tora, die Buße, das Paradies, die Gehenna, der Thron der Herrlichkeit, das himmlische Heiligtum und der Name des Messias (Pes 54a, Ned 39b). Abweichend GenR 1, 1: nur die Tora und der Thron der Herrlichkeit sind vor der Schöpfung der Welt erschaffen worden; die Väter, Israel, das untere Heiligtum und der Name des Messias wurden zwar in den Gedanken Gottes konzipiert, traten aber erst später in die Wirklichkeit ein. - Das → *Gesetz* (: II. III), bereits im AT göttlicher Herkunft, wird später mit der → Weisheit identifiziert (Spr 8, 22). Durch die Tora ist die Welt erschaffen; ohne sie gäbe es eine moralische Unordnung. Die Tora ist erschaffen, es handelt sich also nicht um eine ewige P. (vgl. Sir 24, 1ff; Pes 68b usw). - Die *Buße* wurde von Anfang an von Gott erschaffen, damit die Rückkehr zu ihm möglich sei. - Das → *Paradies* der Endzeit ist mit dem der Urzeit identisch; daher muß es schon gegenwärtig in der irdischen Sphäre oder im Himmel verborgen existieren. - Die *Gehenna* (→ Hölle: II, 5) als Aufenthaltsort der Gottlosen ist präexistent (Mt 25, 41; 4Esr 7, 36); dies gilt nur für den Raum, das Feuer wurde am 2. Schöpfungstage geschaffen (Pes 54a). - Als at. Belege für die P. des *Thrones der Herrlichkeit* werden Jer 17, 12 oder Ps 93, 2 angeführt (Beschreibungen zB äthHen 14, 9ff; 71, 5ff; slHen 20-22). - Daß at. Stellen wie Ex 25, 9; 26, 30 auf den Gedanken der P. des *himmlischen Heiligtums* führen, das Gott von Anfang her errichtet hat (Weish 9, 8), ist zu erwarten. Es gibt einen himmlischen Archetypus des irdischen Heiligtums. Mit Hinweis auf Jes 49, 16 wird angenommen, es gebe eine im voraus bereitete himmlische Stadt, die in der Endzeit herabsteigen wird (Bar 4, 2ff; slHen 61, 2; 4Esr 8, 52; → Himmlisches Jerusalem). - Nach Bousset-Greßmann ist im späteren Judentum auch von einer P. des → *Messias* (: III) die Rede, dessen Kommen nur ein Offenbarwerden seiner verborgenen, höchstens visionär geoffenbarten Natur bedeute (äthHen 39, 7; 40, 5; 46, 1ff; 48, 3ff; 4Esr 7, 28; 12, 32 usw). Daß aber eine so einflußreiche Idee wie die eines präexistenten himmlischen Messias einfach aus einem Mißverständnis von Dan 7, 13 entstanden sein sollte, sei unbegreiflich; man müsse annehmen, daß in der Gestalt des präexistenten → Menschensohnes zwei Gestalten miteinander verschmolzen seien: der jüd. Messias und eine präexistente himmlische Wesenheit. Es ist jedoch darauf hinzuweisen, daß bes. die P. des *Namens* des Messias betont wird, nicht die seiner Person. Diese Lehre von der P. des Namens ohne die Annahme wirklicher P. blieb dem Judentum geläufig, vgl. Pes 54a; Targ Mi 5, 1; at. Stellen: Jes 9, 5; Mi 5, 1; Ps 72, 17. Man wird also mit der Annahme von P.-Ideen auf diesem Gebiet vorsichtig sein müssen. Der Messias bekommt transzendente Züge. - Zu nennen ist noch die aus dem AT nicht hervorgehende, wohl unter Einfluß griech. Gedankengutes ausgearbeitete und mit dem Glauben an die → Seelenwanderung verbundene Vorstellung einer P. der menschlichen Seele; damit ist eine dem at. Glauben fremde Unsterblichkeitshoffnung geschaffen.

SCHÜRER (s. Reg.) - BOUSSET, Rel. (s. Reg.) - G.F.MOORE, Judaism I. II, 1927/29 (s. Reg.) - ThW I, 655f; III, 239f; IV, 1040ff; V, 763ff - W.O.E.OESTERLEY, The Jews and Judaism during the Greek Period, 1941, 59ff. 155ff - A.COHEN, Everyman's Talmud, 1949, 131ff. 373ff. 383ff.

A.R.Hulst

Präexistenz Christi

1. Im NT - 2. Dogmatisch

1. Hat die Urgemeinde in dem auferweckten Jesus den im Himmel weilenden Menschensohn gesehen, so lag darin der Ansatzpunkt für die Entwicklung der weiteren Vorstellung, daß auch schon der irdische → Jesus (, 9b) eigentlich der himmlische Menschensohn gewesen sei. In der synoptischen Tradition hat so das Bild Jesu starke eschatologisch-epiphane Züge bekommen; doch erst im JohEv wird Jesus ausdrücklich als der fleischgewordene präexistente → Logos vorgestellt (Joh 1, 1ff). Diese Vorstellung hat eine nahe religionsgeschichtliche Parallele in der Gestalt der präexistenten himmlischen → Weisheit, die auch sonst im Urchristentum weithin dort prägenden Einfluß ausgeübt hat, wo das Bekenntnis zum Erhöhten als dem Herrn und Gottessohn liturgisch entfaltet worden ist: So wird bes. in dem Hymnus Kol 1, 15ff der Erhöhte als »Bild des unsichtbaren Gottes« (vgl. Weish 7, 26), »Erstgeborener aller Schöpfung« (vgl. Spr 8, 22ff) und universaler Schöpfungsmittler dargestellt; ähnlich bes. Hebr 1, 2f; Apk 3, 14 u.ö.; vgl. auch 1Kor 8, 6. Vor allem hat der gnostische Mythos vom Herabkommen und Auffahren des himmlischen → Erlöser-Offenbarers ermöglicht, das Bekenntnis zum Erhöhten mit dem Kerygma vom Geschick Jesu in ein zusammenhängendes Bild zu fassen, vgl. bes. den Hymnus Phil 2, 5-11. Paulus selbst hat weithin unter diesem Vorstellungshorizont gedacht (vgl. zB 2Kor 8, 9; 1Kor 2, 8), wenngleich seine Theologie im Ansatz jüdisch-apokalyptisch orientiert ist. - Von der Gnosis im strengen Sinn unterscheiden sich all diese urchristlichen Zeugnisse dadurch, daß sie die Vorstellung der P.Chr. nicht mit der einer P. der menschlichen Seele vermengen (vgl. dazu zB EvThom 19: »Selig ist, wer war, bevor er wurde!«).

Außer der Lit. zu → Christologie: I u. → Erlöser: II sowie den Kommentaren zu den genannten Stellen: F.W.ELTESTER, Eikon im NT (BZNW 23), 1958, 130ff - H.E.TÖDT, Der Menschensohn in der synopt. Überlieferung, 1959, bes. 258ff - H.J.SCHOEPS, Paulus, 1959, 152ff - J.JERVELL, Imago Dei (FRLANT NF 58), 1959, 171ff - U.WILCKENS, Weisheit u. Torheit (BHTh 26), 1959, 197ff.

U.Wilckens

2. Die *Dogmatik* kann die P.-Vorstellung der urchristlichen Christologie (s. 1) nicht unbesehen übernehmen. Da die P. eine in der vor- und außerchristlichen Religionswelt verbreitete Aussage ist, muß gefragt werden, ob und inwiefern der Gehalt des Glaubens an Jesus zur Aufnahme des P.-Gedankens führt und ob er ein angemessener und verbindlicher Ausdruck ist oder ein zeitgebundener, für uns überholter mythologischer Satz. Da ist zu sagen: das Ich Jesu steht uns, unbeschadet seiner vollen Mitmenschlichkeit, gegenüber mit der Vollmacht Gottes, als »der Herr«. Es steht zugleich in Liebesgemeinschaft Gott gegenüber. Dieses Gegenüber dessen, der uns mit der Autorität Gottes begegnet, ist als solches wesenhaft unterschieden von dem Gegenüber Mensch-Gott, wie es unser aller Wesen ist und wie es als Gottes ewiger Wille und unser ursprüngliches Sein durch Jesus Christus in allen Wirklichkeit werden soll. Wir können es verstehen nur als das unvergleichbare Gegenüber der Liebe in Gott selbst, nicht in der Zeit erst geworden, wie das unsere, sondern wesenhaft zu Gottes Leben gehörig, ein innergöttliches und als solches ewiges Gegenüber. »P.« will *diese* Ewigkeit der Liebesgemeinschaft des »Sohnes« mit dem »Vater« in der Gestalt zeitlichen Denkens ausdrücken. - In der neueren → Christologie (: III, 1b) wird die P.Chr. überall dort abgelehnt, wo man die Göttlichkeit Christi im klassischen Sinne ablehnt; so bei → Schleiermacher, bei A. → Ritschl und den → Ritschlianern (hier tritt an die Stelle einer seinshaften P. die »ideale« P. Jesu Christi im Ratschluß Gottes); weiter in der liberalen Christologie und der existentialistischen von heute. P. → Tillich läßt die »Gott-Mensch-Einheit« in Jesus Christus, die er an die Stelle des Begriffs seiner »göttlichen Natur« setzt, in der »ewigen Gott-Mensch-

Einheit« wurzeln: diese ist in Jesus als dem Christus geschichtliche Wirklichkeit geworden. Alle diese Versuche eines Ersatzes für die P. werden dem Gehalt des Glaubens an Jesus Christus nicht voll gerecht.

A.Ritschl, Rechtf. u. Versöhnung III, (1874) 1910[4] - RGG[2] IV, 1385f - P.Tillich, Syst. Theol. II, 1958, 160f. - Vgl. die Lit. zu → Christologie: III. *P.Althaus*

Prähistorie

1. Begriff - 2. Geschichte der Forschung - 3. Ergebnisse der Forschung

1. P., *Vor-* und *Frühgeschichte,* Urgeschichte oder prähistorische Archäologie heißt die Wissenschaft, die sich mit dem Menschen und seiner Umwelt beschäftigt, soweit sie vor der bis 1850 bekannten geschriebenen Geschichte liegt. Damals entstand der Begriff und das Wort P., und damals hatte es auch seine volle Gültigkeit. Die Methode der P. ist die → Ausgrabung. Sie kann verbunden sein mit der schriftlichen Überlieferung, wie es bei den Skythen-Funden in Südrußland der Fall ist, über die Herodot berichtet, oder bei den Grabungen Napoleons III. an den Oppida der → Kelten in Frankreich, über die Caesar schreibt. Sie kann auch die Völkerwanderungsperiode der Zeit nChr umfassen, aus der Berichte von Prokop, → Gregor von Tours u.a. vorliegen. Die Ausgrabung selber kann wieder historische schriftliche Quellen zutage bringen, wie Keilschrifttafeln, Hieroglyphen, hethitische Schriften (→ Assyriologie, → Ägyptologie, → Hethitologie). So ist das Wort P. in seiner wörtlichen Bedeutung heute nicht mehr ganz zutreffend. In vielen Ländern wird daher die P. als »Archäologie« bezeichnet, gleichsam als Überbegriff, der auch die klassische Archäologie, die Ausgrabung des Fundmaterials der Griechen und Römer, mit einschließt (→ Klassische Altertumswissenschaft).

2. Die wissenschaftlich durchgeführte Ausgrabung setzt Mitte des 19.Jh.s ein. 1846 beginnt Ramsauer die Grabungen in Hallstatt im Salzkammergut; 1847 berichtet Boucher de Perthes über seine Grabungen im Sommetal mit den Werkzeugen des Menschen der Eiszeit; 1852 beginnt in Südrußland die wissenschaftliche Erforschung der skythischen Grabhügel; 1853 gräbt Gozzadini Villanova bei Bologna aus; 1853 findet Rassam den Palast des Assurbanipal in → Ninive; 1854 entdeckt Keller die Pfahlbauten in der Schweiz; 1856 wird das Schädeldach des Neandertalers gehoben; 1858 beginnt Schwab seine Grabungen in La Tène (bei Neuchâtel); 1860 findet Lartet die ersten Kunstwerke der Eiszeit; 1861 fängt Napoleon III. seine Grabungen in Alesia in Frankreich an.

3. Die *Ergebnisse* dieser Forschung sind sehr bedeutend. Es wird gesichert, daß der Mensch in der Eiszeit lebte, zusammen mit den ausgestorbenen Tieren. Die Funde von Menschenschädeln und Skeletten ergeben, daß der früheste Mensch, der Australopithecus in Südafrika, vor ca 1 Mill. Jahren lebte. Der Vorneandertaler lebte bis zur Mitte der letzten (4.) Eiszeit (ca 40000 vChr), der Nachneandertaler, der Mensch von Crô Magnon, von der Mitte der letzten Eiszeit bis zu ihrem Ende um 10000 vChr und weiter. Er ist der Schöpfer der eiszeitlichen → Felsenzeichnungen an den Höhlenwänden in Südfrankreich und Spanien. Es sind jetzt 120 Höhlen mit etwa 4000 Malereien und Gravierungen bekannt, dazu 4000 Kleinkunstwerke. Sie sind naturhaft, wirklichkeitsnahe. Es ist deutlich geworden, daß die Kunst des Menschen der Eiszeit auf der Religion beruht; → Magie und Zauber bedeuten die Grundlage der Kunst. Opferfunden ist zu entnehmen, daß es den Glauben an eine Gottheit gegeben hat (→ Hochgottglaube, → Urmonotheismus), der das → Opfer gebracht wurde (→ Erstlinge). Die Epoche der Eiszeit wird *Paläolithikum* genannt. Das *Mesolithikum,* die mittlere Steinzeit, liegt zwischen 10000 und ca 4000 vChr in Südeuropa, ca 3000 in Nordeuropa. Die Menschen sind ebenso wie vorher → Jäger und Sammler, → Ackerbau und Viehzucht sind unbekannt. Das *Neolithikum,* die Neusteinzeit (4000-2000 in Südeuropa, 3000-1000 in Nordeuropa), ist die Epoche des Ackerbauers im Süden und des Viehzüchters im Norden. Die Malerei an freien Felsen und die Skulptur in dieser Zeit ist stilisiert, abstrakt. Auch diese Bildwerke ruhen auf der Religion, sie bitten die Gottheit um → Fruchtbarkeit. Die *Bronzezeit* im europäischen Raum datiert von 1600-800 und gliedert sich in 6 Perioden. Nach dem Fundort Hallstatt wird die 1. Stufe der *Eisenzeit* Hallstatt-Zeit benannt (800-400 vChr), nach La Tène die 2. Eisenzeit Latène-Zeit (400 vChr - Chr.Geb.). Die nachchristliche Zeit umfaßt die Römerzeit bis 400 nChr und die Völkerwanderungszeit, 400-800 nChr. In Nordeuropa schließt sich die Zeit der Wikinger an, in Osteuropa die der Slawen. - Die Vorgeschichte der außereuropäischen Völker wurde ebenfalls durch Ausgrabungen bekannt: Paläolithikum, Neolithikum und Bronzezeit in Ägypten und Babylon, Kleinasien, Indien (→ Indologie), China, Japan (→ Sinologie), Amerika (→ Amerikanistik). Die Bezeichnungen Neolithikum, Bronzezeit, Eisenzeit (aufgestellt durch Chr.J.Thomsen, Kopenhagen 1836) bedeuten dabei nicht absolute Zeitbestimmungen, sondern Kulturschichtungen, die zeitlich überall anders gelagert sind.

Th.Mainage, Les religions de la préhistoire, Paris 1921 - RLV, 15 Bde - R.R.Schmidt, Der Geist der Vorzeit, 1934 - T.K.Penniman, A Hundred Years of Anthropology, Duckworth 1935 - G. Daux, Les étapes de l'archéologie, Paris (1942) 1948[2] - G.Kraft, Der Urmensch als Schöpfer, 1942 - R.Furon, Manuel de préhistoire générale, Paris (1943) 1958[4] - W.W.Taylor, A Study of Archaeology, Menasha 1948 - G.E.Daniel, A Hundred Years of Archaeology, London (1950) 1952[2] - E.Wahle, Gesch. d. prähist. Forschung (Anthropos 45, 1950, 497-538; 46, 1951, 49-112) - Ur- u. Frühgesch. als hist. Wiss. (Festschr. f. E.Wahle), 1950 - Chr.Pescheck, Lehrbuch d. Urgeschichtsforschung, 1950 (mit Verz. d. Fach-Zs.en) - J.Maringer, Vorgeschichtl. Religion, (1952) dt. 1956 - H.Kühn, Das Erwachen der Menschheit, 1954 - Ders., Der Aufstieg der M., 1955 - Ders., Die Entfaltung der M., 1958 (jeweils Lit.) - E.O.James, Prehistoric Religion, London 1957; franz. 1959 - H.Gallwitz, Religion u. Magie der Menschen in der Altsteinzeit, 1960. - Vgl. die Lit. zu → Ausgrabungen: I. *Herbert Kühn*

Präkonisation, die in einem Geheimen Konsistorium erfolgende Verkündigung einer Bistumsbesetzung. In den meisten Fällen ist diese jedoch schon vollzogen, so daß dann die P. nur noch eine Formalität ist. Der Terminus fehlt sowohl im CIC wie in den AAS.

Lehrbücher des → Kirchenrechts - DDC VII, 162. *H.Barion*

Prälaten (praelati; Anrede gemäß dem Amt, mindestens Rev. Monsignore) im eigentlichen Sinn sind nach c. 110 CIC jene Welt- und Ordensgeistlichen, die von Amts wegen ordentliche → Jurisdiktion in foro externo besitzen. Das sind bes. die Kleriker mit bischöflicher Amtsgewalt, also neben den Bischöfen (cc. 329ff) auch die Apostolischen Administratoren von Diözesen (cc. 312ff), die → Apostolischen Vikare und Präfekten in den Missionsgebieten (cc. 293ff) sowie die Äbte und P. nullius (dioecesis) (cc. 319ff), dazu die höheren Oberen der exemten priesterlichen Ordensverbände (c. 198), ferner die Inhaber der Dignitäten in Dom- und Stiftskapiteln (c. 393 § 1, 396 § 1): → Propst, → Dekan, u.U. noch weitere. Dazu kommen die kurialen P. (→ Kurie), bes. die ordentlichen Mitglieder der 5 röm. P.kollegien: Apostolische Protonotare, Rota-, Camera- und Signatura-P. (2 Kollegien), alle mit genau umschriebenen Aufgaben und Trachten (Grundfarbe violett). P. im weiteren Sinn sind auch die Ehren-P. (ohne Jurisdiktion, c. 110), die Ehrenprotonotare, die sonstigen päpstlichen Palast-P. und die zahllosen päpstlichen Haus-P. (p. domestici) in der ganzen Welt, ein Titel, der vom Papst verdienten Geistlichen verliehen wird und mit bestimmten Vorrechten (Zugehörigkeit zur päpstlichen Familie u.a.) verbunden ist (c. 328). - Auch in den *ev. Kirchen* Augsburger Konfession kam und kommt der Titel Prälat als Amts- oder Ehrentitel vor, heute noch zB für die württemb. Generalsuperintendenten, die aus den Vorständen der Landesklöster erwachsen sind.

PH.HOFMEISTER, Mitra u. Stab der wirkl. P. ohne bischöfl. Charakter (KRA 104), 1928 - B.KURTSCHEID, De quibusdam Praelatis Romanae Curiae (Apollinaris 8, 1935, 62-71. 559-568) - EICHMANN-MÖRSDORF I, 256. 360. 392ff; III, 63f. *H.E.Feine*

Praeludium, seit dem späteren 17.Jh. - wie vordem *Praeambulum* - das den Gottesdienst einleitende Orgelspiel improvisatorischer Grundhaltung sowie der Gattungsbegriff für entsprechende schriftlich ausgearbeitete Stücke allgemein. Neben der → Intonation und der → Choralbearbeitung ist auch das freie P. als sakrale Instrumentalmusik (→ Musik: I) schon früh nachweisbar. Seine Funktion ist - als gestaltete Musik - durch seine Mittelstellung zwischen dem statischen Klang des Glockengeläutes und dem durch die Sprache geprägten Gemeindegesang gekennzeichnet, seine Aufgabe, ähnlich der der Choralmelodie (→ Kirchenlied: II, 1), Gemeinschaft zu bilden. Bes. geeignet sind daher kurze, ausdrucksstarke Stücke der Art, wie sie (zT auch als *Toccata, Fantasia, Ricercar*) von Frescobaldi, → Scheidt, Scheidemann, → Weckmann, → Pachelbel u.a. oder zB als *Plein jeu* am Beginn der → Orgelmessen franz. Meister überliefert sind. Die ausgedehnten sog. Präludien und Fugen der norddeutschen Meister (zB → Buxtehudes) gehören dagegen, wie auch die entsprechenden großangelegten Orgel-Präludien → Bachs, eher in den Bereich des → Kirchenkonzerts.

Lit. s. → Orgel. *S.Hermelink*

Prämonstratenser (Orden der Norbertiner, nach der weißen Kleidung auch »Ordo candidus«), kath. Klerikerorden (→ Kanoniker, → Kirchenverfassung: IV, 3). 1121 legte der hl. → Norbert von Xanten mit 40 Klerikern in Prémontré (Praemonstratum, Diözese Laon) die Gelübde nach der → Augustinerregel ab. 1126 bestätigte → Honorius II. den Orden. Zur Blütezeit zählte er etwa 600 Kanonien. In Deutschland war der Mittelpunkt das Marienstift zu Magdeburg. Die Hussiten- und Türkenkriege, das Kommendenwesen und die Glaubensspaltung schlugen dem Orden schwere Wunden, → Jansenismus, Aufklärung und Säkularisation gaben ihm fast den Todesstoß; aber im 19.Jh. raffte er sich wieder auf. Seit dem 13.Jh. ließ die ursprüngliche Strenge nach, aber die Reformbestrebungen der Generaläbte hatten keinen durchschlagenden Erfolg. Die spanischen P. trennten sich nach dem Konzil von Trient vom Orden; manche ihrer Reformen übernahm die von Abt Annibal Servais de Lairuels († 1631) gegründete Kongregation »Antiqui rigoris«. ZZ gibt es 24 Abteien und 7 selbständige Priorate; die Kanonien in der Tschechoslowakei und Ungarn wurden jüngst unterdrückt. Im Übereifer schaffte man den vom römisch-fränkischen Ritus der Diözese Laon übernommenen Ordensritus fast völlig ab. - Die Tätigkeit des Ordens liegt in der Verbindung von Liturgiepflege mit Apostolat jeder Art. Die Übernahme von Pfarreien erlaubte schon Clemens III. (1188). Daneben erwarben sich die P. durch Gründung von Schulen, Christianisierung, Kolonisation und Kulturarbeit große Verdienste, bes. in den Slawenländern östlich der Elbe (→ Wigger von Brandenburg). Aus den Kollegien des Ordens gingen viele Gelehrte hervor. Neuerdings übernimmt der Orden auch Mission (Brasilien, [Belgisch-] Kongo, Indien, USA). - Die Verfassung haben die P. im wesentlichen von den → Zisterziensern übernommen. Die Statuten stammen von etwa 1130 und wurden zuletzt 1947 verbessert. An der Spitze des seit 1409 exemten Ordens stand bis 1790 der Abt von Prémontré; dessen Rat bildeten die Äbte von St.-Martin in Laon, Floreffé und Cuissy. 1320 wurde der Orden in 30 Zirkarien (= Provinzen) eingeteilt, denen Circatores oder Generalvikare vorstanden; heute gibt es 5 Zirkarien. Dem Abt oder Propst stehen die Maiores domus bzw. der Konvent bei. Jede Kanonie hat Priester, Laienbrüder und Donaten. Seit 1883 wird der Generalabt auf dem Generalkapitel gewählt. Benedikt XIII. verlieh ihm bzw. seinem Vikar das Recht, die Abtsweihe spenden zu dürfen. - Bis 1140 waren die Abteien Doppelklöster (→ Doppelorden); dann siedelten sich die Frauenkonvente in der Nähe einer Abtei an und blieben von ihr abhängig. Ein Propst vertritt den Vater-Abt; die Priorin hat nur geringere Befugnisse. Der Zweite Orden war stets beschaulich (Statuten 1947). - Der Dritte Orden zerfällt in Regular- (Berg Sion bei Utznach, Heiligenberg bei Olmütz, Külsovat in Ungarn) und weltliche Tertiaren; die Statuten der letzteren wurden 1927 reformiert.

HEIMBUCHER I, 432ff (Qu. u. Lit.) - LThK VIII, 427ff - ESCOBAR I, 109ff - Canonicorum regularium Sodalitates, 1954, 109ff. 157f. - Wissenschaftl. Zs.: AnPraem, seit 1925. *Ph.Hofmeister*

Praepositus → Propst, Jakob.

Präraffaelitische Bruderschaft *(Pre-Raphaelite Brotherhood)* ist der von den Gründern selbst gewählte Name einer Gruppe junger Künstler, die sich 1848 in London auf dem Boden gemeinsamer gegen den herrschenden Akademismus gerichteter Grundsätze zusammenschlossen. Treibende Kraft bei Bildung der Gruppe war Dante Gabriel Rossetti (1828-82), angeregt durch das Werk von Ford Madox Brown (1821-93) und von diesem auch in die Maltechnik eingeführt. Mitglieder der P.B. waren ursprünglich außer Rossetti die Maler William Holman Hunt (1827-1910), John Everett Millais (1829 bis 1896), James Collinson (1825?-81) und Frederick George Stephens (1828-1907), ferner der Bildhauer Thomas Woolner (1825-92) sowie Rossettis jüngerer Bruder William Michael (1829-1919). Andere Künstler werden bisweilen irrtümlich mit der Gruppe in Verbindung gebracht, bes. F.M.Brown, der den Anschluß ablehnte, sowie Edward Burne-Jones und William Morris, die erst später zu Mitgliedern der P.B. in Beziehung traten. - Die *Leitgedanken* der Gruppe wurden niemals klar definiert; ihre Mitglieder waren zu unterschiedlich in Idealen und Zielen, um sich auf ein gemeinsames Bekenntnis zu einigen. Verbunden waren alle in der Reaktion gegen die »grand manner«, die sich aufs italienische Settecento und dessen vermeintliche Grundlagen, den Stil → Raffaels, zurückführte. Als ihr Anliegen bezeichnen sie Rückkehr zur Naturtreue, dh größte Sorgfalt in Detail und Ausführung. Im Grunde freilich trieb alle der Zeitgeist der → Romantik (: I), ein unbestimmtes Wollen, das Theodore Watts Dunton, Freund und Vorkämpfer der Bruderschaft, treffend als »Neugeburt des Wunders« charakterisiert hat. Die Kunst der P.B. ist nicht, wie der Name besagen könnte, in präzisem Sinne dem Quattrocento verbunden; vielmehr ist sie als das englische Gegenstück zu den deutschen → Nazarenern und ihrem religiösen Sehnen zu verstehen. Das Präraffaelitentum beschränkt sich nicht auf die bildenden Künste, Rossetti selbst war Dichter. Im Dez. 1850 erschien die erste

Nummer einer Zeitschrift »The Germ«, die Rossettis erste Prosa und Lyrik enthielt. Auch sein bekanntestes Gedicht wurde hier erstmals veröffentlicht, »The blessed Damozel«, später Thema eines seiner bekanntesten Gemälde. - In der Academy von 1851 wurden mehrere Gemälde der P.B. zugelassen. Sie erregten öffentlichen Anstoß. Charles Dickens war einer der heftigsten Kritiker, John Ruskin dagegen trat beredt für sie ein. In der Folgezeit machten Meinungsverschiedenheiten der Gruppe den Mangel einer einheitlichen Linie deutlich. »The Germ« stellte nach 4 Nummern das Erscheinen ein, während die Bruderschaft selbst nie offiziell aufgelöst wurde. Millais wurde unter Preisgabe seines Idealismus einer der erfolgreichsten Maler seiner Zeit. Hunt ging nach Ägypten und ins Hl. Land, um religiöse Bilder zu malen, die sich durch sorgfältige Wiedergabe von Farbe und Landschaft auszeichnen. Rossetti fand neue Jünger in Burne-Jones und Morris; durch diese mehr aufs Praktische gerichteten Künstler gewann die Bewegung weiten Einfluß auf Kunst und → Kunsthandwerk (: II, 8) in Europa und wurde eines der Elemente, die den Jugendstil vorbereiteten; mit der modernen Kunst verbinden sie feine aber feste Fäden (→ Malerei und Plastik: V. VI). Verbindungslinien führen von Burne-Jones zu Beardsley und → Klee; von Rossetti und Morris zu F.L.Wright (→ Kirchenbau: V, 4); von Morris zu Mackintosh und Gropius. - Werke der Präraffaelitischen Maler sind in den führenden Galerien Großbritanniens vertreten, bes. in der City Art Gallery, Birmingham; Tate Gallery, London; Ashmolean Museum, Oxford.

The Autobiographical Notes of the Life of W.B.Scott, 2 Bde, 1892 - W.M.Rossetti, D.G.Rossetti - His Family Letters with a Memoir, 2 Bde, 1895 - Ders., Ruskin: Rossetti: Pre-Raphaelitism. Papers 1854-62, 1899 - F.M.Hueffer, The Life of F.M.Brown, 1896 - J.W. Mackail, The Life of W.Morris, 2 Bde, 1899 - Lady Burne-Jones, Memorials of E.Burne-Jones, 2 Bde, 1904 - W.H.Hunt, Pre-Raphaelitism and the Pre-Raphaelite Brotherhood, 2 Bde, 1905 - N. Pevsner, Pioneers of the Modern Movement: From W.Morris to W.Gropius, 1936. *H.Read*

Prätorius, 1. *Abdias* (Gottschalk Schulze, 1524-73), ev. Theologe, * in Salzwedel, studierte in Frankfurt/O. und Wittenberg als Schüler → Melanchthons, war 1544 im Schuldienst in Salzwedel, 1553 in Magdeburg, 1558 bis 1563 Lektor des Hebräischen in → Frankfurt/O. Wie bereits in Magdeburg geriet er hier als Vertreter melanchthonischer Theologie mit A.→Musculus über die Notwendigkeit der guten Werke und des neuen Gehorsams in Streit (Wiederaufnahme des Themas des majoristischen Streites, → Major). Kurfürst Joachim II. von → Brandenburg (: II, 2. 3) entsandte P. mehrfach als politischen und kirchenpolitischen Unterhändler. Trotzdem stellte sich der Kurfürst schließlich in den theologischen Auseinandersetzungen auf die Seite des Musculus. P. ging nach Wittenberg, wo er in der philosophischen Fakultät lehrte. Die Gunst Joachims blieb ihm erhalten.

Vf. u.a.: Ludi Magdeburgensis ordo, leges, statuta (gedr. bei F.Vorbaum, Die ev. Schulordnungen des 16.-18.Jh.s I, 1860, 412ff); De novae obedientiae et bonorum operum necessitate, 1561; Locorum theologicorum Ph.Melanchthonis analyses..., 1569. - Über P.: G.Kawerau, Joh.Agricola, 1881, 314ff - RE XV, 612ff - Schl. II, 152. *W.Delius*

2. *Anton* → Scultetus, Johann.

3. *Jakob* (1586-1651), neben seinem Vater *Hieronymus* P. (1560-1629) der namhafteste Vertreter eines Hamburger Organistengeschlechts, bevorzugter Schüler → Sweelincks und Lehrer von M. → Weckmann. Seit 1603 wirkte P. als angesehener Organist an der Petrikirche. Mit seinem Vater und den Organisten J.Decker und D.Scheidemann gab er 1604 unter dem Titel »Melodeyen-Gesangbuch« ein bedeutsames → Kantional heraus. Von seinen Kompositionen sind eine Reihe fünf- bis achtstimmiger Hochzeitsgesänge hervorzuheben.

R.Eitner, J.P. (MfM 3, 1871, 65-80). Werke von H.P. (Auswahl) in DDT 23.

4. *Michael* (1571-1621), Komponist und Musiktheoretiker, * in Kreuzberg (Thür.), † in Wolfenbüttel, wuchs als Torgauer Lateinschüler noch in der Tradition Johann → Walters auf, studierte in Frankfurt/O. und wurde dort Organist der Oberkirche. 1589 trat er in die Kapelle des Herzogs Heinrich Julius von Braunschweig-Wolfenbüttel auf Schloß Gröningen bei Halberstadt ein, in der er seit etwa 1595 als Hoforganist und seit 1604 als Hofkapellmeister (Nachfolger von Th.Mancinus) wirkte. Neben der damit verbundenen Tätigkeit in Wolfenbüttel und Gröningen stand P. in Diensten des Administrators von Halle und des Kurfürsten von Sachsen, deren Kapellen er bei besonderen Anlässen leitete. Der Herzog von Braunschweig ehrte ihn u.a. durch Ernennung zum Prior von Ringelheim. P., ein Urbild des prot. Kantors aus der Zeit vor dem 30jährigen Krieg, gehört zugleich zu den bedeutenden Musikgelehrten seiner Zeit. Sein Hauptwerk »Syntagma musicum« (Wittenberg 1615) behandelt historisch eine Reihe liturgisch-musikalischer Fragen (Bd I) und ist bes. für die Kapell- und → Kantorei-Praxis um 1600 und für die Instrumentenkunde allgemein aufschlußreich (Bd II. III). Erstaunlich fruchtbar war P. auch als Komponist. Im Mittelpunkt seines Werks steht der ev. → Choral. In den 9 Bänden der »Musae Sioniae« (1605-10) schuf er → Choralbearbeitungen in den verschiedensten Besetzungen und für alle möglichen Verhältnisse, vom einfachen Bicinium bis zu großangelegten mehrchörigen Werken. Oft sind alle Strophen eines Lieds durchkomponiert. Wertvoll sind bes. die schlicht-vierstimmigen Kantionalsätze (Bd VI bis VIII; → Kirchenlied: II, 4), unter ihnen das unübertroffene »Es ist ein Ros' entsprungen«. Das Choralwerk wird ergänzt durch lat. Motetten und Psalmen in »Musarum Sionarum Motectae« (1607), durch Vertonungen von Hymnen in »Hymnodia sacra« (1611), Liturgieteilen in »Leiturgia Sionia« (1612), der »Kleinen und großen Litanei« (1613), des Messetextes in »Missodia Sionia« (1611) und weitere Veröffentlichungen, in denen, wie zB in »Polyhymnia« (1619/20) oder im »Puericinium« (1621), das neu aufkommende konzertierende Element in instrumentaler Klangpracht und solistischen Teilen bes. hervortritt. Auffällig ist P.' Versuch in der »Urania« (1613), ein → Kantional mit mehrchörigen Sätzen zur Begleitung des Gemeindegesangs an hohen Festtagen zu schaffen. Ein weltliches Werk, die »Terpsichore« (1612), enthält französische Instrumentaltänze. Den Rang seiner großen Zeitgenossen → Monteverdi und → Schütz erreicht P. nicht; seine Bedeutung liegt in der eines schöpferischen Organisators der ev. Kirchenmusik (→ Musik: V, 6).

Ausg.en: Syntagma Musicum III, Neudr. v. E.Bernoulli, 1916; II, Neudr. v. W.Gurlitt, 1929; I-III in Faksimile hg.v. W.Gurlitt, 1958/59. GA der musik. Werke, 20 Bde, hg.v. F.Blume, 1928-36; Orgelwerke hg.v. W.Gurlitt in AfMw 3, 1921, 135-198 u. v. K.Matthaei, 1930. - Über P.: W.Gurlitt, M.P., 1915 - F.Blume, M.P., 1929 - Ders. in ZfMw 17, 1935, 321-331. 482-503 - A.Forchert, Das Spätwerk des M.P., 1959. *S.Hermelink*

5. *Stephan* (1536-1603), luth. Theologe, seit 1565 Pfarrer in seinem Geburtsort Salzwedel, wurde in der Rostocker Studienzeit nachhaltig von den Melanchthonschülern → Chyträus und Simon Pauli beeinflußt. Unter Wahrung der luth. Grunderkenntnisse und gegen Katholizismus und Calvinismus hat sich P. vornehmlich den praktisch-kirchlichen Fragen der Predigt, Seelsorge,

Heiligung und Heidenmission zugewandt. Johann → Arnd hat 1622 eine Sammlung seiner Traktate, der Danziger Prediger Martin Statius 1636 eine Bearbeitung seiner Schriften unter dem Titel »Geistliche Schatzkammer der Gläubigen« herausgegeben. Weitere Ausgaben, bis ins 19.Jh. hinein, folgten. Die deutschen Reformtheologen und Pietisten, bes. G. → Arnold, haben ihn hochgeschätzt, A. → Calov, G.C.Dilfeld und C.T. Rango ihn dagegen wegen seines Drängens auf Vollkommenheit des Antinomismus und Perfektionismus verdächtigt.

G.Arnold, Unparteiische Kirchen- u. Ketzerhistorie, 1699f, II, 476ff - C.J.Cosack, Zur Gesch. der ev. asketischen Lit. in Deutschland, 1871, 1ff - H.Beck, Die Erbauungs-Lit. der ev. Kirche Deutschlands, 1883, 222ff - RE XV, 614ff. *E.Peschke*

Prag

I. Erzbistum - II. Universität

I. Erzbistum

Nach dem Untergang der großmährischen Diözese → Olmütz bildete Böhmen (→ Tschechoslowakei) einen Bestandteil der Diözese von → Regensburg. 973 wurde in P. ein *Bistum* errichtet, das dem Erzbischof von → Mainz unterstand. Dem ersten Bischof Dietmar, einem der slawischen Sprache kundigen Sachsen, folgte → Adalbert von P. aus dem ostböhmischen fürstlichen Hause Slavník. Mit dem Namen Johann IV. von Dražitz (Dražice; 1301-43) sind die Anfänge des Humanismus in Böhmen verknüpft. Zum *Erzbistum* wurde P. nach vielen Versuchen der böhmischen Herrscher erst 1344 erhoben. Seine Suffragane waren die Bischöfe von → Olmütz und von Leitomischl (Litomyšl); doch ging diese kleine Diözese während der hussitischen Kriege zugrunde. Der erste Erzbischof, Ernst von Pardubitz (Pardubice; † 1364), bemühte sich um Besserung der sittlichen Zustände im Klerus. Johann von Jenstein († 1400) zeichnete sich als asketischer Schriftsteller aus. Da Konrad von Vechta 1421 Calixtiner wurde, wurde er vom Papst seiner Würde enthoben, blieb freilich von den Hussiten anerkannt. Nach Konrads Tode (1431) wählte der Landtag 1435 den Utraquisten Johann → Rokycana († 1471), den aber der Papst nie bestätigte. Die röm. Katholiken wie auch die Hussiten wurden von ihren Administratoren und Konsistorien verwaltet. Erst 1561 wurde Anton Brus von Müglitz (Mohelnice) vom Papst als Erzbischof eingesetzt; die in hussitischer Zeit säkularisierten Güter erhielt er aber nicht mehr zurück. Die Erzbischöfe bemühten sich, die Reformation in Böhmen rückgängig zu machen, was freilich erst nach 1620 zum Erfolg führte (Joh.Lohelius 1612-22, Ernst Harrach 1623-67). Diesem Zweck sollten auch die beiden neu errichteten Bistümer → Leitmeritz und → Königgrätz dienen. Als drittes Bistum für Südböhmen entstand 1785 → Budweis (České Budějovice). Die Erinnerung an den Hussitismus und an die von der röm. Kirche erlittenen Schäden erlosch jedoch im tschechischen Volke nicht und führte nach 1918 bei diesem zu einer mächtigen Los-von-Rom-Bewegung. - Die Erzdiözese ist in 37 Vikariate geteilt (außer Glatz, das noch immer zu P. gezählt wird). 1948 standen 620 Priester im kirchlichen Dienst.

V.Novotný, J.V.Šimák, J.Šusta, F.M.Bartoš, R.Urbánek, Tschech. Gesch. I/1-5; II/1-6; III/1-3 (bis 1462), 1912-48 (tschech.) - A.Podlaha, Series praepositorum ... metropol. ecclesiae Pragensis, 1912 - RGG² IV, 1392f (Lit.) - F.Kop-V.Bartůněk-A.Novotný, P. 600 Jahre kirchl. Metropole, 1944 (Lit.; tschech.) - J.Vyskočil, Ernst v.Pardubitz u. seine Zeit, 1947 (tschech.) - Catalogus cleri archid. P. 1936, 1948 - AnnPont 1960, 401. *R.Říčan*

II. Universität

1. Auf Bitten König → Karls IV. erging am 26.1.1347 die Genehmigungsbulle Clemens' VI., der am 7.4.1348 die königliche Gründungsbulle der P.er Universität folgte. Die Gründung durch Karl geschah aus böhmischer und römischer Königsgewalt, vornehmlich zum Nutzen des böhmischen Königreichs, aber auch zum Wohle der anzulockenden Fremden. Als Vorbilder wurden → Paris und → Bologna bestimmt. Die Einteilung erfolgte in vier Nationen: die böhmische, bairische, sächsische, polnische, die je eine Stimme führten. 1372 spalteten sich die Juristen als eigene Universität ab. Der beherrschende deutsche Einfluß, der schon durch die Gründungen von → Krakau, → Wien und → Heidelberg geschwächt war, wurde durch Karls Nachfolger Wenzel gebrochen. Dieser erhoffte sich von einer neutralen Haltung im Kirchenstreit, wozu nur die tschechische Minderheit geneigt war, eine Wiedergewinnung seiner Stellung im Reich. Deshalb wies er durch das Kuttenberger Dekret vom 18.1.1409 der »böhmischen« Nation drei, den drei übrigen (»deutschen«) Nationen zusammen nur eine Stimme zu. Die Folge war die Abwanderung der meisten deutschen Magister und Scholaren (→ Leipzig): Aus der bisherigen kath. Reichsuniversität war eine hussitische Landesuniversität geworden (→ Huß).

2. Die wesentlich auf die artistische Fakultät beschränkte Universität gewann dafür erheblichen Einfluß in den heimischen religiösen Streitigkeiten (→Tschechoslowakei) und wurde zur Hochburg des Utraquismus, als sie sich für den Laienkelch einsetzte und an der Abfassung der P.er Artikel mitwirkte. Das utraquistische (»untere«) Konsistorium hatte im Gebäude des Karlskollegs (Carolinum) seinen Sitz. 1411 kamen einzelne deutsche (waldensisch gesinnte) Magister nach P., darunter Nikolaus von Dresden, der den Vater der Brüderunion, → Peter Chelčický, beeinflußt hat. Infolge der Reformation kamen dann ev. Deutsche auch nach P. Der Majestätsbrief Rudolfs II. (1609) räumte die Universität den (dem Luthertum nahestehenden) Neuutraquisten ein. 1610 wurde die juristische Fakultät wiedereröffnet, 1612 wieder ein Deutscher zum Rektor gewählt. Aber die Verstrickung der Universität in die Rebellion der böhmischen Stände führte zur Hinrichtung des ehemaligen Rektors Johannes Jessenius (eines Deutschen) und zur Übergabe der Carolina an die Jesuiten (1622).

3. Schon 1555 hatte Ferdinand I. in P. bei St. Clemens eine Jesuitenakademie gegründet, die Petrus → Canisius einrichtete und der auch das Promotionsrecht eingeräumt wurde. 1618 wurden die mißliebigen Jesuiten von den Häuptern der Rebellion des Landes verwiesen. 1620 kehrten sie wieder, um bald die Carolina in ihrer Akademie aufgehen zu sehen. Aber infolge ihres Streits mit dem Erzbischof nahm der Kaiser ihnen die juristische und die medizinische Fakultät wieder weg, so daß die Carolina als kaiserlich-kath. Teiluniversität neu erstand. Als dritte P.er Hochschule gab es seit 1627 auch noch das (ebenfalls mit Promotionsrecht ausgestattete) erzbischöfliche Seminar, wo die scotistische Theologie durch die irischen Franziskanerobservanten (Hyberner) eine Wirkungsstätte fand. Die für mehr als 200 Jahre gültige Lösung der P.er Universitätsfragen geschah 1654 durch die Vereinigung der Carolina mit der Jesuitenakademie zu der nach den beiden Gründern benannten Carolo-Ferdinandea, die wieder alle vier Fakultäten umfaßte und deren Kanzler wieder der Erzbischof wurde, wobei jedoch an der theol. und der philosophischen Fakultät Jesuiten die einzig zulässigen Lehrer blieben. Daher war an der theol. Fakultät die aristotelisch-scholastische Theologie der Jesuiten alleinherrschend, bis 1760 besondere Lehrstühle für augustinische und thomistische Theologie geschaffen wurden. Die ganze

Universität war streng kath., die Professoren auf das Dogma der unbefleckten Empfängnis Mariä eidlich verpflichtet. Ein königlicher Superintendent übte die Staatsaufsicht. Doch wurde in diesem Zeitraum eine bisher vielleicht unterschätzte wissenschaftliche Arbeit geleistet.

4. Schon um 1725 machten sich bes. an der juristischen Fakultät naturrechtliche Einflüsse geltend. Die Theresianischen Reformen verwandelten die Universität in eine Staatsanstalt, deren Fakultäten von staatlichen Studiendirektoren überwacht waren und die der Heranbildung von Pfarrern, Beamten, Ärzten und Lehrern zu dienen hatte. An die Stelle der scholastischen Methode traten Aufklärung und Reformkatholizismus. Die Lehrbücher für die Vorträge waren selbstverständlich vorgeschrieben. Schärfer griff → Joseph II. zur Propagierung der aufklärerischen Ideale ein. Es fielen damals auch die konfessionellen Schranken für nichtkath. Christen und für Juden. August Meißner wird als erster Protestant Professor (für Ästhetik und klassische Literatur). Bibliotheken aufgehobener Klöster verstärken die Bestände der damals gegründeten Universitätsbibliothek. Unter dem Polizeidruck des Vormärz erfolgte ein empfindlicher Rückschlag. Im Kampf gegen → Jansenismus und → Freimaurerei kam die kath. Restauration zum Siege. Gleichzeitig machten sich als Folge der tschechischen nationalen Wiedergeburt nationale Schwierigkeiten auch an der Universität geltend.

5. Indes mußte die zufolge der Revolution von 1848/49 versuchte sprachliche Utraquisierung am Mangel sachlicher und persönlicher Voraussetzungen auf tschechischer Seite scheitern. Als später dieses Verlangen neu vorgebracht wurde, einigten sich die Vertreter beider Völker statt dessen auf eine Teilung in zwei historisch und praktisch gleichberechtigte Universitäten, die k. k. deutsche und die k. k. böhmische (d. i. tschechische) Karl-Ferdinands-Universität (1882). Der Teilung wurde nach Entscheidung Papst Leos XIII. auch die theol. Fakultät unterzogen. Nur die Universitätsbibliothek blieb gemeinsam, und die Benützung der Insignien war umstritten, blieb aber der deutschen Universität überlassen. Die Trennung hat beiden Universitäten wohl getan und ihnen eine ungestörte wissenschaftliche Arbeit ermöglicht, woran auch gelegentliche nationale Unruhen im wesentlichen nichts änderten. Beiden Universitäten war nach dem österreichischen Organisationsgesetz vom 27.4.1873 eine ausreichende Selbstverwaltung gewährt. Beide erhielten in diesem Zeitraum auch eigene, von den philosophischen abgetrennte naturwissenschaftliche Fakultäten.

6. Die Tschechoslowakische Republik hat durch ein Gesetz vom 19.2.1920 die Vereinbarung von 1882 abgeändert. Nur der tschechischen Universität wurde der Name Karls-Universität belassen (von Ferdinand I. war nicht mehr die Rede), nur sie zur Nachfolgerin der Carolina erklärt, das Carolinum, Archiv, Siegel und andere alte Andenken ihr allein zugesprochen. Die deutsche Universität blieb namenlos weiter bestehen. Für die Erhaltung ihrer Rechtsstellung hat sich der deutsche Theologe August Nägle bes. eingesetzt. Die theol. Fakultäten blieben im Rahmen der Universitäten, doch wurde für die tschechisch-ev. Kirche die (tschechische) ev.-theol. Huß-Fakultät gegründet.

7. Im 2. Weltkrieg wurde durch die deutsche Regierung die tschechische Universität wie die übrigen tschechischen Hochschulen »auf drei Jahre« geschlossen, die deutsche Universität unter Wiedereinräumung des Namens Karls-Universität zur Reichsuniversität gemacht. Nach der Rückkehr der Tschechoslowakischen Regierung wurden die tschechischen Hochschulen in ihren früheren Stand eingesetzt, die deutschen durch zwei Dekrete des Präsidenten Beneš vom 18.10.1945 »für immer« geschlossen. Die Neugründung zahlreicher Hochschulen kann hier nur allgemein erwähnt werden. Eine theol. Fakultät haben die tschechoslowakischen Universitäten nicht mehr. Selbständig bestehen die röm.-kath. theol. Cyrill- und Method-Fakultät in P. (Ausbildung röm.-kath. Priester), für die Slowakei eine ebensolche in Preßburg, die – aus der Teilung der ehemaligen Huß-Fakultät hervorgegangenen – Tschechoslowakische theol. Huß-Fakultät in P. (Ausbildung von Theologen der Tschechoslowakischen Kirche) und die Ev.-theol. Comenius-Fakultät in P. (Ausbildung der Theologen der tschechischen ev. Kirche der Böhmischen Brüder), die slowakische ev.-theol. Fakultät in Modern (Modrá, vorher in Preßburg, Ausbildung der Theologen der slowakischen ev. Kirche Augsburgischen Bekenntnisses, der ungarischen ref. Kirche in der Slowakei und der polnischen luth. Kirche in Schlesien), die Orth. Theol. Fakultät in P. – Nach dem Stand vom 1.8.1960 lehren an der *Huß-Fakultät* (35 Hörer): J.Mánek (biblische Theol.), M.Kaňák (KG), Z.Trtík (syst. Theol.), R.Horský und O. Rutrle (prakt. Theol.), L.Šimšík (Kirchenrecht), dazu als Fachassistenten St. Heřmanský (AT) und A.Ebertová (Sozialtheol.); an der *Comenius-Fakultät* (54 Hörer): M.Bič (AT), J.B.Souček (NT), R.Říčan (allg. KG), F.M.Bartoš (tschech. KG), J.L.Hromádka (syst. Theol.), J.M.Lochman (syst. Theol. und Philosophie), St. Turnský (ref. Theol.), F.M.Dobiáš (Sozialtheol. und Ethik), J.B.Jeschke (prakt. Theol.), dazu als Dozenten A.Molnár (DG), L.Csémy (ref. Theol.), J.Smolík (prakt. Theol.); an der *Fakultät von Bratislava-Modrá* (19 Hörer): K.Gábriš (NT), J.Štrba (KG), J.Berger (syst. Theol.), J.Michalko (Religionsphilosophie und prakt. Theol.), J.Petrík (prakt. Theol.), als Dozenten K.Nandrásky (AT) und V.Olexa (Religionsphilosophie).

Monumenta historica universitatis Carolo-Ferdinandeae Pragensis, 3 Bde, P. 1830/32, 1834, o.J. – W.W.TOMEK, Gesch. der P.er Univ., P. 1849 – Z.WINTER, Gesch. der P.er Hochschulen von der Sezession der fremden Nationen bis nach der Schlacht auf dem Weißen Berge (1409-1622), P. 1897 (tschech.) – DERS., Zwei Bücher vom Leben an den P.er hohen Schulen, P. 1899 (tschech.) – Die k. k. dt. Karl-Ferdinands-Univ. in P. unter der Regierung S.Maj. des Kaisers Franz Josef I., P. 1899 – GAY C.BOYCE-W.H.DAWSON, The Univ. of Prague. Modern Problems of the German Univ. in Czechoslovakia, London 1937 – Unsere Alma Mater. Die sudetendt. Hochschulen, hg.v. K.BRASS, E.LOHR, J.PFITZNER, E.SWOBODA, W.WEIZSÄCKER, Böhm. Leipa 1938 – Studien zur Gesch. der Karls-Univ. zu P., hg.v. R.SCHREIBER (Forsch. z. Gesch. u. Landeskunde d. Sudetenländer 2), 1954 – R.URBAN, Die Organisation der Wiss. in der Tschechoslowakei, 1957 – JIŘÍ KLABOUCH, Die Rechtslehren der Aufklärung in den böhm. Ländern (Rechtshist. Bibliothek 2), P. 1958 (tschech.).

W.Weizsäcker

Pragmatismus. Im weitesten Sinne des Wortes versteht man unter P. eine Spielart von → Skeptizismus und → Relativismus. Verleugnet der im Empirismus (→ Apriorismus) begründete Skeptizismus die Geltung einer objektiven, allgemeingültig-überzeitlichen Wahrheit oder doch zumindest die Möglichkeit des Menschen, sie denkend zu erfassen, insofern alle Erkenntnis auf die Subjektivität der Sinneswahrnehmung zurückgehe, und bestimmt der Relativismus von dieser Voraussetzung ausgehend die Wahrheit nach Maßgabe der Beziehung, die sie an jeweils bestimmte Empfänger bindet, so ersetzt der P. den Begriff der → Wahrheit durch den der Nützlichkeit. Die Beziehung, aus der heraus sich Wahrheit jeweils konstituieren soll, wird also nicht wie im Relativismus als Relation zum erkennenden Subjekt, sondern als Relation zu den Lebensinteressen des Subjektes verstanden. Der Wahrheitswert einer Aussage erhält so sein Kriterium in der praktischen Bewährung, wodurch der P. in die Nähe des → Biologismus rückt. Diese Version des P. hat → Nietzsche programmatisch formuliert: »In dem Augenblick, wo ein Begriff seinen biologischen Wert, seine praktische Bedeutung verliert, erscheint ein neuer. Wahrheit ist nicht etwas, das da wäre und das aufzufinden, zu entdecken wäre, sondern etwas, das zu schaffen ist.«

Erkenntnistheoretisch verfällt der so verstandene P. wie alle Varianten des Skeptizismus einer permanenten Selbstwiderlegung, weil für die Relativierung und Eingrenzung der Wahrheit der uneingeschränkte Wahrheitsbegriff notwendig vorausgesetzt werden muß, im Grunde also durch die prinzipiell unabweisbare Frage, mit der schon → Sokrates seine sophistischen Gesprächspartner in Bedrängnis brachte: »Ist es wahr, daß es keine Wahrheit gibt?« Gleichwohl ist damit nicht der P. im engeren Sinne, nämlich als spezifische Form des amerikanischen Philosophierens abgetan. Denn wenn auch der in der Neuen Welt ebenso weit verbreitete wie unklar-verschwommene Vulgär-P. als geistige Grundhaltung jener optimistischen Pioniergenerationen angesehen werden darf, deren Hauptinhalt die innere Kolonisation des Kontinents war, so ist es doch unzulässig, den Begründern und Hauptvertretern des amerikanischen P. zu unterstellen, sie hätten im Ernst den Primat der sozialen Praxis über kontemplative Erkenntnis und deren Wert-haftigkeit vertreten. Tatsächlich ist der Begriff P. nicht besonders gut geeignet, eine umfassende Denkhaltung oder gar Weltanschauung zu bezeichnen, vielmehr handelt es sich in seinem engeren Sinne zunächst nur um eine erkenntnistheoretische Position, um eine Methode, Begriffe und Theorien in der Entwicklung ihrer Konsequenzen zu bestimmen. Schon der Namensstifter, Ch.S. Peirce (1839-1914), der in seinem Aufsatz »How to make our ideas clear« (1878) die Bezeichnung P. erstmalig einführte, wie auch der eigentliche Begründer dieser Philosophie, W.James (1842-1912), und der diese beiden an Breitenwirkung weit übertreffende J.Dewey (1859-1954) waren bei allen sonstigen Differenzen gerade darin einig, jeden Faktor in Erkennen und Handeln in seinen funktionalen Zusammenhang zu stellen. Wenn Dewey sagt: »In the proper interpretation of pragmatic, namely the function of consequences as necessary tests of the validity of propositions, provided the consequences are operationally instituted and as such as to resolve this specific problem evoking the operations, the test is thoroughly pragmatic«, so ist deutlich, daß hier der Substanzbegriff dem Funktionsbegriff weicht. Nicht anders als der kritische Idealismus (→ Kritizismus) weist der P. jede Abbildtheorie zurück, die das → »Ding an sich« als im Erkennen abzubildende Gegebenheit nimmt, und sucht die Realität allein in der Notwendigkeit, die sich aus dem systematischen Gesamtzusammenhang der Operationen des erkennenden Geistes ergibt. Der vulgärpragmatische Maßstab der Nützlichkeit verflüchtigt sich also fast völlig und erfährt statt dessen seine Interpretation als eines legitimen erkenntnistheoretischen Prinzips. Darin wird die frühe Vertrautheit der amerikanischen Denker mit → Kant und → Hegel sehr deutlich. Andererseits ergeben sich von hier aus Verwandtschaften zu einem an Kant anknüpfenden deutschen P., wie er, von W.Jerusalem (1854-1923), dem deutschen James-Übersetzer, vorbereitet, etwa in H.Vaihingers (1852 bis 1932) »Philosophie des Als Ob« (→ Fiktionalismus) und G.Simmels (1858-1914) Perspektivismus ausgeprägt ist. Daß der P. dabei durchgehend die transzendentale Frage nach den Möglichkeitsbedingungen der Erfahrung wie überhaupt aller Kultur ablehnt, rechtfertigt letzten Endes doch das Wort des großen amerikanischen Gegenspielers von Dewey, G.Santayana (1863-1952), der P. sei eine »Philosophie des Vordergrundes«. So erklärt es sich, warum James im Pluralismus der Wirklichkeit und Dewey in der Bestimmung von Intelligenz und Intellekt als bloßer Mittel der Anpassung an wechselnde Bedingungen (Instrumentalismus) verbleiben mußten, während der Engländer F.C.S.Schiller (1864-1937) seinen P. einen Humanismus nannte, insofern unser Erkennen mit Voraussetzung, Motiv und Umfang im Bereich menschlichen Bedürfnisses verbleibe.

In der → *Ethik* faßt der P. den Menschen als geschichtliche Ganzheit und leitet unter dem Gesichtspunkt der Verantwortlichkeit für die Zukunft die Berücksichtigung der voraussehbaren Folgen einer Handlung als sittliche Normierung ab. Dieser »Konsequentionalismus« steht in ausdrücklichem Gegensatz zu aller → Gesinnungsethik. Großen Einfluß hat das pragmatische Denken Deweys für die Entwicklung des amerikanischen Bildungswesens gehabt. Nach 1945 versuchte Th.Wilhelm (unter dem Pseudonym F.Oetinger), den P. in die deutsche Pädagogik einzuführen.

CH.S.PEIRCE, Collected Papers, 6 Bde, hg.v. CH.HARTSHORNE u. P.WEISS, Cambridge/Mass. 1931-35 - J.BUCHLER, The Philosophy of Peirce, London 1940 - J.v.KEMPSKI, Ch.S.Peirce u. der P., 1952. - W.JAMES, Pragmatism, New York 1907 - DERS., A Pluralistic Universe, ebd 1909 - R.B.PERRY, The Thought and Character of W. James, Boston 1935 (Lit.). - F.RIPPE, Die Pädagogik Deweys, 1934 - P.A.SCHILPP (Hg.), The Philosophy of J.Dewey, Evanston 1951 (vollst. Bibliogr.). - F.C.S.SCHILLER, Humanism, London 1903 - EBrit XVIII[14], 1929, 413ff (DERS.). - G.JACOBY, Der P., 1909 - G.SIMMEL, Hauptprobleme der Philos., 1910 - P.SIMON, Der P. in der modernen franz. Philos., 1920 - H.SCHOLZ, Die Religionsphilos. des Als-Ob, 1921 - W.ECKSTEIN, W.Jerusalem, 1935 - E.BAUMGARTEN, Der P., 1938 - G.KENNEDY (Hg.), Pragmatism and American Culture, New York 1950 - S.MARCK, Der amerik. P. in seinen Beziehungen zum krit. Idealismus u. zur Existenzphilos. (Schriften der Nordwestdt. Univ.-Gesellschaft 11), 1951 - F.OETINGER, Wendepunkt der polit. Erziehung, 1951 - L.MARCUSE, Amerik. u. dt. P. (ZPhF 9, 1955, 257 bis 268) - DERS., Amerik. Philosophieren (Rowohlts Dt. Enzyklopädie 86), 1959 - E.BAUMGARTEN, Nietzsche u. Emerson (Jb. f. Amerikastudien I), 1956 - J.L.CHILDS, American Pragmatism and Education, New York 1956 - H.W.SCHNEIDER, Gesch. d. amerik. Philos., 1957.

H.Blankertz

Praktische Bibelauslegung → Schriftauslegung: V.

Praktische Theologie

1. Gestaltung des Studiums - 2. Norm und innerer Aufbau der P.Th. - 3. Das Schrifttum der P.Th. als Hilfsmittel

1. Unter den klassischen Universitätsdisziplinen der ev. Theologie in Deutschland hat die P.Th. als Lehre von den dem Evangelium entsprechenden Lebensäußerungen der Kirche zuletzt ihre Gestalt gewonnen. Zwar hat auf vielen Gebieten, die heute von der P.Th. bearbeitet werden, von der Reformation an eine energische theologische Besinnung stattgehabt. Eine selbständige P.Th. wurde aber erst nötig, als die anderen theol. Disziplinen, je mehr *sie* sich verselbständigt hatten, in die Gefahr gerieten, sich von ihrer kirchlichen Aufgabe zu distanzieren und dem »Ideal« einer »voraussetzungslosen« Wissenschaft nachzustreben. Da diese vielleicht im Wesen der Sache liegende Entwicklung trotz Schleiermacher und K.Barth bis heute nicht aufgehoben ist, bleibt das Dasein einer P.Th. neben den anderen Disziplinen schon deshalb geboten, weil die Kirchenbezogenheit der → Theologie (: III) immer neu zu betonen oder u.U. wieder zu erkämpfen ist. Von hier aus ergibt sich die Frage, ob die P.Th. besser an besondere Vorbereitungsanstalten für den kirchlichen Dienst (→ Predigerseminar) zu verweisen wäre, oder ob sie mit innerem Recht schon in den theol. → Fakultäten und Kirchlichen → Hochschulen gelehrt werden soll. Die ev. Kirchen in Deutschland haben, obwohl es vereinzelte Predigerseminare eher als

eine selbständige p.-th.e Disziplin als Universitätswissenschaft gab, ihre allmähliche Entfaltung nicht gehindert, sondern offenbar als notwendig empfunden; und der innerhalb der Fakultäten selbst bisweilen vorhandene Widerspruch gegen das Dasein dieses betont kirchenbezogenen Arbeitszweiges hat nirgends zu einem Ausscheiden der P.Th. aus den an der Universität gelehrten theol. Fächern geführt. Anders liegen die Verhältnisse vielfach außerhalb Deutschlands. In der Schweiz gibt es nur Extraordinariate für P.Th. In Dänemark wird sie an den Universitäten gar nicht getrieben. In Schweden hat sie neben der KG keine wirkliche Selbständigkeit erlangt. In England und Amerika sorgen nicht so sehr die Universitäten als vielmehr theol. Colleges für die »Heranbildung eines für das Pfarramt geschulten Nachwuchses« (WKL, s. Lit.). Auch wird dort Psychologie, Soziologie u.a. in der → Pfarrervorbildung (, 4) stark betont, im Gegensatz zu Deutschland, wo die überlieferten Fächer → Homiletik (Lehre von der Verkündigung), → Katechetik (Lehre von der christlichen Unterweisung), → Liturgik (Lehre von der Ordnung der gemeindlichen Versammlungen) und die nach älterer Überlieferung bisweilen noch »Pastoraltheologie« genannte Lehre von der → Seelsorge (Poimenik) den Hauptinhalt der Disziplin ausmachen.

Es besteht zZ kein Anlaß, anzunehmen, daß die P.Th. in Deutschland als ordentliches Lehrfach von der Universität verschwinden könnte. Das bedeutet aber nicht, daß nicht eine Reihe von Fragen hinsichtlich ihrer Darbietung zur Diskussion ständen oder stehen sollten. Bes. problematisch ist die Aufgliederung des p.-th.en Unterrichtes zwischen Fakultät und Predigerseminar. Es wäre vermutlich günstiger, für die künftigen Pfarramtskandidaten wie für den allseitigen Ausbau der P.Th. selbst, wenn mit Unterstützung der Kirchen an jeder Fakultät umfangreiche p.-th.e Institute mit mindestens zwei Ordinariaten und einer beträchtlichen Zahl weiterer Lehrkräfte geschaffen würden (einschließlich eines seelsorgekundlichen Seminars nach Leipziger Vorbild [A.D.Müller]). Die Kandidaten würden dann nach der 1. theol. Prüfung, bei der die P.Th. in ihren Grundlagen bereits Prüfungsfach zu sein hat, und einer einjährigen praktischen Lehr- und Probezeit wieder an das Institut zurückkehren, um dort ihre p.-th.e Ausbildung zu vertiefen und zu erweitern und gleichzeitig Gelegenheit zu haben, nach eigener Wahl weitere Studien in den anderen theol. Disziplinen zu treiben. Ein Ansatz zu solcher Reform ist bisher nur an der Heidelberger Fakultät vorhanden. Ihre Durchführung würde ein enges Zusammenarbeiten der jeweiligen Kirchen und Fakultäten herbeiführen, das Wissen um die innere Verbundenheit zwischen theol. Wissenschaft und kirchlicher Arbeit bei beiden Teilen stärken und die Kandidaten von der jetzt nicht selten anzutreffenden Vorstellung befreien, als ob sie mit dem Eintritt in die kirchliche Vorbildung für ihren künftigen Dienst auf eine im Vergleich zum Universitätsstudium niedrigere Ebene herabstiegen. Das als besonderer Vorzug der Predigerseminare mit Recht gerühmte gemeinsame Leben der Kandidaten ließe sich (vgl. Heidelberg) auch in der Universitätsstadt oder in ihrer Nähe verwirklichen. Vor allem würde der heute immer drohenden Gefahr entgegengewirkt, daß die P.Th. infolge der Zweiteilung des Unterrichtes nach verschiedenen Normen getrieben wird. Eine einheitliche Ausrichtung des Lehrfaches wäre trotz des reichlich unbestimmten Namens *Praktische* Theologie, wenn nicht gewährleistet, so doch besser ermöglicht als jetzt.

2. Nach *welcher Norm* aber soll P.Th. als theoretische Lehre von der Praxis der Kirche samt den dazugehörigen (nun *tatsächlich* praktischen) Übungen in Predigt und Unterweisung getrieben werden? Verfehlt ist der Versuch, sich an die jeweils gültige Praxis der Kirche binden zu wollen. Ist diese Praxis voller Mängel und Fehler, ja vielleicht in diesem oder jenem Stück zu starken Bedenken Anlaß gebend, so könnte eine von ihr aus normierte P.Th. nur die bestehenden Mängel verfestigen, würde also nur eine Einübung in eine verkehrte Praxis sein. Die P.Th. kann mithin von Lehrenden und Lernenden nur unter der Voraussetzung getrieben werden, daß die Kirche zu allen Zeiten einer Reformation bedarf. Aber die These von der ecclesia semper reformanda, die Feststellung, daß die P.Th. eine ausgesprochen kirchenkritische Disziplin innerhalb der ev. Theologie zu sein hat, betrifft nur die *Haltung* des Praktischen Theologen, gibt aber seiner Lehre noch keine eigentliche Norm. Diese selbst kann nur das Evangelium sein. Eine aufbauende Kirchenkritik kann nur nach seinem Maßstab getrieben werden. Aber auch eine solche Aussage kann zur mehr oder minder inhaltslosen oder subjektivistischen Formel werden. Die P.Th. hat zu bedenken, daß sich das Evangelium schon im NT als kirchengestaltende Kraft darbietet. Norm für die Praxis, die der P.Th. vor Augen steht, ist das im NT vorliegende Bild der Lebensäußerungen der christlichen → Gemeinde (: I, 3; II, 2); dies Bild muß als Grundlage der ganzen Disziplin geschlossen und eingehend erarbeitet werden (so schon Caspari). Freilich gerät bei diesem Verfahren der Praktische Theologe, zumal er im Bereich der Theorie arbeitet, in die Versuchung, das nt. Bild der Gemeinde und ihrer Lebensäußerungen zu harmonisieren und seine Kopie zu empfehlen, dh aus dem NT eine Art von p.-th.em »Grundgesetz« zu machen. Dieser Versuchung kann er nur entgehen, wenn er immer neu bei der nt. Theologie (im Sinne einer Sonderdisziplin der nt. Wissenschaft) in die Lehre geht und damit bewährt, daß die P.Th. nun einmal ihrem Wesen nach von den älteren Schwesterdisziplinen abhängig ist und von ihnen – gewiß mit der nötigen Kritik und Freiheit – zu lernen hat. Das Bild der »Gemeinde Gottes in Jesus Christus«, wie es sich im NT abzeichnet, ist keineswegs einheitlich. Vielerlei Lebensäußerungen der späteren Kirche sind noch kaum entfaltet. In manchen Schriften wird das Bild der Gemeinde im Sinne einer späteren Entwicklung »idealisiert«, oder es werden entsprechende unevangelische Forderungen gestellt. Und gerade da, wo das im NT *nicht* der Fall ist, offenbart sich ein hohes Maß von christlicher Freiheit und Mannigfaltigkeit der Lebensäußerungen. Wo also sollte die Kopie der nt. Gemeinde anfangen, wo aufhören? *Maßgebend* kann nur die Grundtatsache ihrer Existenz sein: Daß sie unter den verschiedensten äußeren Lebensverhältnissen und Bedingungen *immer* eine Versammlung solcher ist, die Gott um Jesus Christus als ihren Herrn und Richter geschart hat, erhält und vor stets neue Aufgaben ihres Gehorsams und ihrer Liebe stellt. Unter diesem Gesichtspunkt werden schon im NT die Lebensäußerungen der Gemeinde »kritisiert«, und *hier* ist die *Norm* gegeben, wie auch die jeweilige Gegenwart der Kirche im Rahmen der P.Th. »auf nt. Grundlage« kritisch zu behandeln ist: in Gebundenheit und Freiheit! Beides zu bewähren wird die P.Th. immer wieder von der → Systematischen Theologie zu lernen und, wenn sie es dort nicht findet, von ihr zu fordern haben.

Zwischen der Ekklesia des NT und der Kirche der Gegenwart liegt eine 1900jährige Geschichte, zugleich schwere Last und wertvolle Anregung für die Lebensäußerungen der Kirche in der Gegenwart. Behandelt man literarisch oder in Vorlesungen die einzelnen Gegenstände der P.Th. in selbständigen Einzeldarbietungen, so ist die Anordnung des geschichtlichen Stoffes kein besonderes Problem; wird jedoch, was auch im Rahmen der Fakultätsarbeit immer wieder dringend erwünscht ist, die P.Th. zusammenhängend dargestellt, so ist es nicht ungünstig, den gesamten geschichtlichen Stoff, in eine möglichst große Zahl von Querschnitten gegliedert, den Hörern vorzuführen. Das hat nicht nur den Vorteil, daß die Beziehungen zwischen den kirchlichen Lebensäußerungen in den einzelnen Zeitabschnitten deutlich hervortreten; es erleichtert auch die oft vernachlässigte Kritik der geschichtlichen Erscheinungen von der nt. Grundlage aus und erschwert es, die Geschichte des kirchlichen Lebens als eine zielstrebige und notwendige Entwicklung darzustellen. - Wie immer aber man den geschichtlichen Stoff der P.Th. auch gestalten mag, auf jeden Fall wird an ihm ihre starke Verbundenheit mit der KG deutlich. Sie bedeutet nicht *nur* dankbare Abhängigkeit. Ist doch die P.Th. in zahlreichen Einzelfragen genötigt gewesen und wird es bleiben, selber geschichtliche Probleme anzugreifen, übrigens ein Hinweis darauf, daß der wissenschaftlich arbeitende Praktische Theologe nicht nur jahrelange Erfahrung im Kirchendienst besitzen, sondern auch in einer der anderen theol. Disziplinen sich durch ernsthafte Mitarbeit ausgewiesen haben muß.

Freilich kann die geschichtliche Arbeit eine große Gefahr für die P.Th. bedeuten, indem sie von den entscheidenden Gegenwartsaufgaben der Kirche ablenkt und die ohnehin weit verbreitete Neigung stärkt, am einmal Gewesenen hängenzubleiben. Das gilt auch im Blick auf Inhalt und Umfang ihrer sozusagen »klassisch« gewordenen Unterdisziplinen. Gewiß wird »die Frage nach dem *Ziel* der der Kirche eigentümlichen Rede« (Barth, KD I/1, 3) zu allen Zeiten eine Hauptaufgabe einer vom Evangelium normierten P.Th. sein (→ Homiletik), gewiß werden immer die Probleme des ev. Versammlungslebens nach seiner Freiheit und Gebundenheit hin zu bedenken sein (→ Liturgik), gewiß wird man nie den Dienst an der Jugend in der → kirchlichen Unterweisung (→ Katechetik) oder die in der → Seelsorge zu bewährende Verantwortung auch für das einzelne Gemeindeglied (Poimenik) unbeachtet lassen dürfen. Aber schon die bloße Erwähnung dieser traditionellen Arbeitsgebiete zeigt, wie sehr das Leben der heutigen Gemeinden, um deren aktive Christus-Bezogenheit es doch in der P.Th. geht, eine Vervielfältigung der Gesichtspunkte oder umgekehrt eine Abwehr versucherischer neuer Möglichkeiten erforderlich macht. Kann heut eine Homiletik ausreichen, in der alles um die Predigt bisheriger Art geht, als ob der weite Bereich der außergottesdienstlichen Gemeindevorträge, der → Kirchentage großen und kleinen Stils, der Verkündigung durch das gedruckte oder mit dem → Rundfunk ausgesandte Wort nicht da wäre? Vermag die Katechetik alter Art heute zu genügen, wo die kirchliche Kinder- und Jugendarbeit, die → Konfirmation und ihre viel erörterte Problematik, die Erwachsenenunterweisung und der zur *kirchlichen* Arbeit gewordene einstige »Religionsunterricht« die Gemeinden vor so viele neue Aufgaben stellt? Lebt die Liturgik als Lehre von der Versammlung der ev. Gemeinde wirklich dann schon in der Gegenwart, wenn sie darauf verzichtet, neben der Einführung in die Grundsatzfragen der ev. Versammlung und der Einführung in die restaurierten *alten* Liturgien auch die Möglichkeiten ganz anders gearteter Ordnungen (und sei es auch nur mit negativem Ergebnis) wenigstens ernsthaft zu erörtern? Muß sie nicht auch, geschichtlich und gegenwartsbezogen zugleich, jedenfalls für eine normative Grundlegung der mit → Kirchenlied, → Gesangbuch, Kirchenmusik (→ Musik: V. VI), → Kirchenbau und kirchlicher Kunst gestellten Aufgaben offen sein? Die sog. »Amtshandlungen« (→ Kasualien), die gleichzeitig auch in die Homiletik und die Poimenik »gehören«, wird sie ohnehin behandeln. Die Poimenik selbst freilich stellt die P.Th. heute vor bes. ernste Fragen. Ist es doch zum mindesten in den Großstädten zur communis opinio der Gemeindeglieder geworden, daß der Pfarrer zur Seelsorge außerhalb seiner Studierstube keine Zeit habe und haben könne! Und die communis opinio der Pfarrer besagt (bedauernd oder erleichtert!), daß viele Gemeindeglieder lieber zum Psychiater oder Psychotherapeuten gehen als in *ihre* Sprechstunden. Im Bereich der Poimenik muß also nicht nur von der rechten Art ev. Seelsorge gehandelt werden, zu der auch die Seelsorge aller an allen gehört, sondern nachdrücklich auch von der geistlichen Gestaltung des heutigen Pfarrerlebens und von den Erkenntnissen, die die moderne → Tiefenpsychologie und → Psychotherapie erbracht haben, einschließlich der Frage, ob der ev. Seelsorger sich auch seinerseits als Therapeut zu betätigen habe oder nicht. - Muß sich nicht überhaupt eine P.Th. der Gegenwart - abgesehen von der Lehre über die Seelsorge - in einem Sonderteil über den modernen Menschen und die moderne Gesellschaft im Zusammenhang äußern? Sie wird beides natürlich auch in ihren klassischen Fächern zu berücksichtigen haben, zB in der Homiletik. Aber die Behauptung von der völligen Andersartigkeit der Moderne im Vergleich zu früheren Zeiten und bes. zu der Zeit des NT wird heute innerhalb und außerhalb der Theologie so oft und nachdrücklich ausgesprochen und diskutiert, daß auch die P.Th. ohne grundsätzliche Entscheidungen in diesen Dingen nicht auskommt. Der rechte Ort für diesen neuen Teil der P.Th. läge vermutlich vor der Homiletik, weil dann die Sicherheit bestände, daß die folgenden klassischen Gebiete der Disziplin im Lichte der (wie auch immer ausgefallenen) anthropologischen und soziologischen Ergebnisse ständen. Entsprechend würde dann der Teil, der es mit der rechten Gestaltung einer modernen ev. Gemeinde und ihrem Verhältnis zur Kirchenleitung, mit der Kirchenordnung und den kirchlichen »Werken« zu tun hat, den Abschluß des Ganzen bilden, wobei die Fragen der Ökumene, der Mission und des Kirchenrechtes zwar nicht in Einzelausführungen, aber doch in klarer Grundsätzlichkeit zu berücksichtigen sind.

3. Das p.-th.e *Schrifttum,* das uns, von den ältesten Zeiten an, zunächst in Gestalt von Kirchen- und Gottesdienstordnungen, katechismusartigen Schriften und Anweisungen zur Predigt und Unterweisung (Augustin) überliefert ist, hat, gemessen an der in den »Geschichten« der anderen theol. Disziplinen dargebotenen Literatur, deswegen vielfach einen höheren Gegenwartswert, weil es den Leser immer wieder zur Kritik vom NT her herausfordert, und weil bestimmte gemeindliche und kirchliche Situationen oft genug in der KG wiederkehren. Namentlich können hier die Schriften über den rechten Priester oder Pfarrer von → Gregor von Nazianz, → Chrysostomus und → Gregor d. Gr. an wichtig sein. Sie haben auf ev. Seite zB in → Zwinglis »Hirten« (1524), in → Zinzendorfs »Teutschem Socrates« (1725/1726) und seinem »Jeremias, ein Prediger der Gerechtigkeit« (1739), in Cl. → Harms' »Pastoraltheologie« (1830 bis 1834), in W. → Löhes »Ev. Geistlichen« (1852), in gewissem Sinne auch in H. → Asmussens Buch »Die Kirche und das Amt« (1939) oder in S. → Stehmanns »Pfarrerspiegel« (1940) u.a. eine Fortführung gefunden; auch die lehrreichen Herrnhuter Prediger-Conferenz-Protokolle (1814, s. Lit.) gehören hierher. Die ev. P.Th. braucht sich nicht zu schämen, ab und an einmal in dieser freieren und persönlicheren Form ihre Probleme darzustellen, wie sich die kath. Theologen heute nicht scheuen, die ihnen an sich nicht geläufige Bezeichnung P.Th. auf die Fächer der kath. → Pastoraltheologie anzuwenden.

Die Reformatoren haben - abgesehen von »Pastoraltheologien«, wie denen Zwinglis (s.o.) oder Bucers - keine »P.Th.n« geschrieben. Die Fülle ihrer p.-th.en Ausführungen findet man bei Luther, der hinsichtlich des Begriffs der theologia practica noch von den entsprechenden scholastischen Definitionen abhängig war, wie bei Calvin reichlich in ihrem allgemeinen Schrifttum, auch in ihren Briefen, bei Luther zudem in den Tischreden. Noch unausgeschöpft sind die alten ev. → Kirchenordnungen mit ihren zahlreichen theol. Exkursen (→ Bugenhagen). Der erste Universitätstheologe, der die Aufgaben einer P.Th. klar erkannt und umrissen und die Kirchenbezogenheit der Theologie überhaupt wissenschaftlich mit Nachdruck betont hat, war Andr. → Hyperius. Kommt der ref. → Dordrechter Synode (1618/19) der Ruhm zu, die Einführung »einer theologia practica für ältere Studenten« (W.Hahn) beschlossen zu haben, so ist doch Name und zusammenfassende Disziplin erst in den Zeiten des Übergangs vom 18. zum 19.Jh. allmählich in den Fakultäten heimisch geworden, nachdem die Sache selbst pastoraltheologisch und in vielen Einzelfragen in der reichen Broschüren- und Zeitschriftenliteratur der Zeit des Pietismus und der Aufklärung viel erörtert und in der »Kirchenkritik« der dem Pietismus vorangehenden Jahrzehnte vorbereitet worden war. Dennoch war es erst → Schleiermacher, der, obschon nicht der Vater der Disziplin, ihr nicht nur in seiner enzyklopädischen Besinnung den rechten Ort innerhalb der Fakultätsarbeit und einen streng auf die Kirche bezogenen Inhalt gegeben hat, sondern der auch in einer oft gehaltenen Hauptvorlesung mit der ihm eigenen systematischen Schärfe und Umsicht und einer weitreichenden kirchlichen Erfahrung dem Gerippe aus der »Kurzen Darstellung« ein noch den heutigen Leser stark berührendes Leben voller kirchlicher Willensimpulse verliehen hat. Den Mangel an historischer Fundierung und die theol. Fragwürdigkeit oder Undeutlichkeit mancher Begriffe wird man um so mehr in Kauf nehmen, als der enge Bezug von Enzyklopädie und P.Th. bei ihm noch heute für die akademische Arbeit vorbildlich sein könnte. Unter seinen Schülern hat C.I. → Nitzsch, nach Grundsatz wie weiträumiger Ausführung, die nun auch die Geschichte berücksichtigt, in seiner P.Th. wohl das Beste geleistet. Neben Schleiermachers Nachwirkung sind in der P.Th. des 19. und beginnenden 20.Jh.s vom Neupietismus im weitesten Sinne wie vom Neuluthertum starke Impulse zu spüren. Aber auch Männer wie E.C. → Achelis mit seiner Verknüpfung von reicher historischer Fundierung und grundsätzlicher kirchlicher Besinnung oder Fr. → Niebergall mit seinem fast leidenschaftlichen Gegenwartshunger haben die P.Th. nicht in »sanfte Auen« verwandelt, auch wenn unleugbar erst die theol. Umerziehung der 20er Jahre, mit K. → Barth, E.Thurneysen, G.Merz u.a., revolutionierend auf sie gewirkt hat. - Der → Kirchenkampf, neuere Strömungen außerhalb des Universitätslebens, wie die → Kirchliche Arbeit von Alpirsbach und → Berneuchen, die Ev. → Akademien (: II) und die auch sonst immer hörbarer werdenden Stimmen der Gemeindeglieder formen seit 1946 neu am Gesicht der P.Th. Ein unmittelbarer Mitarbeiter wird sich aber vor Prognosen hüten und nur dankbar feststellen, daß neue Darstellungen des Ganzen neue Wege und Ziele erhoffen lassen.

Praktische Bemerkungen, die Führung des ev. Predigtamts betr., aus den Protokollen der... zu Herrnhut gehaltenen Predigerkonferenz, 1814 - F.SCHLEIERMACHER, Sämtl. Werke I, Bd 13, 1858 (P.Th.) - C.I.NITZSCH, P.Th., 3 Bde. (1847-67) 1859-68² - E.CHR.ACHELIS, Lehrbuch d. P.Th., 3 Bde, (1890/91) 1911³ - RE XIX, 644ff (W.CASPARI) - RGG² IV, 1400ff - W.BÜLCK, P.Th., (1934) 1949² - L.FENDT, Grundriß d. P.Th., (1938) 1949² - S.STEHMANN (Hg.), Der Pfarrerspiegel, 1940 - A.D.MÜLLER, Grundriß d. P.Th., 1950 - H.DIEM, Theol. als kirchl. Wissenschaft I. II, 1951/55 - E.HERTZSCH, Die Wirklichkeit d. Kirche. Kompendium d. P.Th., Bd I, 1956 - O.HAENDLER, Grundriß d. P.Th., 1957 - M.LANGHANS, Kirche auf neuen Wegen, 1957 - H.J.SCHULTZ (Hg.), Kritik an der Kirche, (1958) 1959³ - EKL III, 283ff (W.HAHN) - WKL 1164ff. - Zs.en: PBl, 1859ff; MPTh, 1904ff; VF, 1941ff.

W.Jannasch

Pratensis, *Felix (a Prato),* fast 100jährig † 5.11.1558. Rabbinersohn, nach des Vaters Tod getauft; wurde 1506 in Prato Augustiner-Eremit und ging 1514/15 nach Rom, wo er sich durch Bekehrung von Juden hervortat. Außerordentlich gelehrt, gab P. die 1516/17 von Daniel → Bomberg in Venedig gedruckte erste »Rabbinerbibel« (hebr. Text, Targum, rabbinische Kommentare) heraus. Seine Pss-Übersetzung »Psalterium ex Hebraeo diligentissime ad verbum fere translatum« (1515, 1522; ohne Randglossen 1524, 1526) hat Luther benutzt.

P.KAHLE, F.P. - à Prato, Felix (WO I, 1947-52, 32-36; Lit.) - WADB 10/II, 303f Anm. 49 - LThK² IV, 1960, 70 (Lit.). - Vgl. TH. PAHL, Quellenstudien zu Luthers Psalmenübers., 1931, 25. 29ff. 65ff - H.VOLLMER, Die Psalmenverdeutschung von den ersten Anfängen bis Luther I, 1932, 57ff.

E.Kutsch

Praxeas, ein Konfessor aus Kleinasien, brachte nach → Tertullian (Adv. Prax. 1) als erster die sog. modalistische → Christologie (: II, 2c) nach Rom. Er veranlaßte hier auch den Bischof (wohl → Viktor I.) durch Hinweis auf ältere römische Entscheidungen, die Gemeinschaft mit den Montanisten abzubrechen. Als die »patripassianische« Lehre sich auch in → Nordafrika (: I) verbreitete, stellte ihr Tertullian um 213 in der genannten Schrift seine Logoschristologie entgegen und wehrte zugleich den Angriff auf den → Montanismus ab. Da er von P. nichts Genaues sagt und → Hippolyt ganz schweigt, deuten manche den Namen P. als Decknamen.

RE XIII, 327f - DThC X, 2196ff - PW XXII, 1744ff.

H.Karpp

Predella (ital., von ahd. brët = Brett), 1. oberster Stufenabsatz vor dem Altar; 2. oft mit Malereien oder Reliefs geschmückter Altaraufsatz zur Stütze des Flügelretabels (→ Altar: III A, 5b) oder zum Aufstellen von → Leuchtern, → Reliquiaren usw, zuweilen (Barock) zur Aufnahme von → Reliquien eingerichtet.

F.Mybes

Predigerbuch

1. Titel - 2. Einheit, Aufbau, Inhalt - 3. Zusätze - 4. Berührungen mit fremder Weisheit - 5. Datierung und Herkunft. - Q. = Qohælæt

1. Nach der LXX-Übersetzung des Pseudonyms Q. = Ἐκκλησιαστής (Vulg.: concionator) zitiert man das P. zumeist als »Der Prediger (Salomo)«. Im Kanon des AT steht es in den → Megillot, in LXX zwischen Spr und Hhld, die beide mit Salomo in Verbindung gebracht werden. Der Autor der Sentenzensammlung wird qohælæt genannt (1, 1f; 12, 8ff; 7, 27 [sekundär?]; in 1, 12 dem redenden Ich beigefügt). Das part. fem. zu qahal (ähnliche Namensbildungen in Esr 2, 55. 57) bezeichnet das Amt der Versammlung bzw. dessen Leiter. Innerhalb des P.es ist niemals von qahal (= Volksversammlung; vgl. Spr 5, 12-14; Sir 15, 5) die Rede, das 1. Nachwort sieht als Gegenüber das »Volk« (12, 9). Der im Namen liegende Hinweis auf ein öffentliches Auftreten schließt nicht aus, daß sich Q. primär an den engeren Kreis seiner Schüler wendet. Q. ist nach 1, 1 Pseudonym für den König Salomo (vgl. auch 1, 12), auch wenn in 1, 16 von Vorgängern (pl.!) auf dem Thron gesprochen wird; das ist Stilform, vgl. 2Chr 1, 12. Die durchsichtige Fiktion, die nach c. 2 völlig unberücksichtigt bleibt, hat ihre Parallele in ägyptischer Weisheit, die gern mit einem be-

rühmten König kombiniert wird, ebenso das »Ich bin König *gewesen*« (1, 12), das dem Ganzen die Form eines Testaments geben soll. Daß es neben der biblischen Überlieferung von dem weisen → Salomo (1Kön 5, 9ff; 10, 1ff; vgl. Alt II, 90-99) in persisch-griechischer Zeit noch zusätzlich märchenhafte Erzählungen über den Redner Salomo gegeben habe (so Eißfeldt), ist unbeweisbar und für das Verständnis des P.es nicht notwendig vorauszusetzen. Der nachträglich vorangestellten Überschrift 1, 1 folgt - von Q. als Editor oder von seinem Schüler? - die Nichtigkeitsaussage (Alles ist eitel!), mit der auch die Sammlung schließt (12, 8).

2. Die *Einheitlichkeit* des Buches und die Ordnung der Sentenzen sind nicht unproblematisch. Stehen in den Sentenzen u.a. Lebensverneinung und Aufruf zum Lebensgenuß, ein limitiertes (!) Ja zur → Weisheit und die Entlarvung der Weisheit als Torheit nebeneinander, so ließe sich (so Herder) die Spannung durch die These eines Dialogs zwischen Lehrer und Schüler lösen, aber Thesis und Antithesis werden nicht deutlich gemacht. Der Widerspruch einzelner Aussagen zu der dominierenden Resignation Q.s weist (so in allen neueren Kommentaren) auf Überarbeitung hin. Umstritten ist dabei freilich der Umfang, vor allem ob man neben dem »orthodoxen Kritiker« (s. 3) noch einen 2. Weisen mit einer zur Weisheit positiver eingestellten Haltung ansetzen darf (so zB Barton). Noch konsequenter trennt Siegfried vom Ur-Q., der »stets verneint«, vier andere Autoren, die jeweils dann auch nur *eine* Lebensansicht aussprechen. Aber eben dies ist die höchst fragwürdige petitio principii der »Quellenscheidung«. Eine sorgfältige Interpretation der Sentenzen wird die Spannungsbreite in der Lebensansicht Q.s als das gemäßere aufweisen und daher nur an wenigen Stellen mit korrigierenden Zusätzen rechnen (s. 3.). - Die Einleitung mit der Nichtigkeitsaussage (1, 2) verführt dazu, in der Sentenzensammlung so etwas wie einen Traktat »De contemptu mundi« zu sehen, und dies wiederum, nach einer *Disposition* des P.es zu suchen. Aber dieser Versuch scheitert. So ist auch die These Bickells abwegig, die Blätter einer Buchrolle seien vertauscht worden. Das Richtige hat Franz Delitzsch ausgesprochen: »Alle Versuche, in dem Ganzen ... auch genetischen Fortgang, alles beherrschenden Plan und organische Gliederung nachzuweisen, mußten bisher und werden inskünftige scheitern.« Man kann bei den mehr als 30 Sentenzen (Umfang zwischen 3 und 15 Zeilen) je und dann (!) beabsichtigte Assoziationen vermuten. So stellen 1, 3 - 2, 23 (24-26) die wesentlichen Anfechtungen heraus, so werden durch Stichwort 3, 16-22 mit 4, 1ff und 5, 9-19 mit 6, 1ff verknüpft. Aufeinander bezogen sind auch die beiden Schlußsentenzen 11, 1-8 (Nutze den Tag!) und 11, 9 - 12, 7 (Freue dich - deiner »Grube« [sic!] gedenkend - der Jugendtage, ehe das [in einer allegorischen Bildrede geschilderte] Alter und der Tod kommen!). - Den *Inhalt* des P.es kann man nur durch eine von der Folge der Sentenzen losgelöste thematische Zusammenfassung skizzieren: Mag auch der Weisheit gegenüber der Torheit ein Vorrang eingeräumt werden (9, 17ff; 10, 8ff), so entsprechen sich doch nicht Tun und Erfolg (5, 9ff; 6, 7ff), auch wird der Rat des Weisen mißachtet (9, 13ff). Da die Weisheit keinen bleibenden Ertrag (jitrôn) schafft, ist sie ein Haschen nach Wind und der Torheit gleich (1, 16ff; 8, 17). Der Tod, der alles nimmt (2, 18ff; 5, 14ff), deckt dies bes. auf (2, 16; 3, 19). Der noch Lebende soll das zur Daseinsfreude Gewährte dankbar genießen (9, 7ff), es ist sein »Teil« in all seiner Mühsal, ihm von dem Gott gegeben, der in freier Souveränität handelt (2, 26). Es liegt jedenfalls nicht an eines Menschen Wollen oder Laufen (6, 10ff; 9, 11ff); die ethische Relation zwischen Tun und Ergehen erweist sich als Illusion (8, 12ff; bes. beachtlich die Folgerung in 7, 17). Die an sich nicht abgewerteten Dinge und Güter der Welt stehen unter dem signum von »Zeit und Stunde« (3, 1-8): Alles hat Gott schön gemacht für seine Zeit und gab »ihm« (sic!) auch den Zeitenablauf, aber dem Menschen ist dieser Ablauf völlig verborgen, wie er auch unabänderlich ist (3, 11-15). So hat der Gott Q.s fatalistisch-unpersönliche Züge, ist letztlich dem Menschen fremd und feindlich. Dergestalt ist auch die Haltung Q.s zum Kultus - auch hier fehlt der Gottesname Jahwe - stark reserviert (4, 17 - 5, 6; 9, 2). Weil menschlichem Tun »unter der Sonne« ein Erfolg versagt ist, bleibt als Schluß nur die (in Variationen 20mal begegnende) Nichtigkeitsaussage: Alles ist eitel! Mit dem Tode ist alles aus (7, 14; 11, 5). Der - damals auftauchende? - Glaube an ein Aufsteigen des Menschenodems in den Himmel ist eine fragwürdige Spekulation (3, 21); der Mensch muß in sein ewiges Haus, sein Leib wird zu Staub, der dem Individuum fortgenommene Odem kehrt zu Gott zurück (12, 7; ob sekundärer Zusatz?). Bei der Eigenständigkeit der Gedanken Q.s ist ein spezieller Bezug auf Gen 1-4 (so Hertzberg) fraglich. Abwegig ist es, die Distanzaussage in 5, 1b und die Konstatierung des unfreien Willens so zu akzentuieren, daß man das P. in »die Vorhalle des NT« setzen kann (Vischer). De facto dominiert bei Q. die Resignation gegenüber dem (in der älteren Weisheit bejahten) Handeln des *verborgenen* Gottes.

3. Der Sentenzensammlung (1, 2 - 12, 8) sind 2 Nachworte angefügt. Der 1. Epilogist (nach Eißfeldt Q. selbst) rühmt als Schüler die schönen und wahren Worte des Meisters (12, 9-11). Der 2. Epilogist spricht in 12, 12-14: 12, 12 warnt vor dem Studium verwirrender Bücher (aber wohl kaum, um die Alleingültigkeit des P.es zu betonen); 13f statuieren als summa: Fürchte Gott und halte seine Gebote, denn er deckt alle Taten auf! (Q. ist demnach dort im Unrecht, wo er das vergeltende Gericht Gottes bestreitet!) Vom 2. Epilogisten stammen dann wohl auch die in das Buch eingefügten *Zusätze*. So die Betonung des gerechten Gerichts in 3, 16. Der ketzerischen Meinung Q.s, daß niemand der Verstrikkung durch das Weib entrinne, wird entgegengestellt, daß der die richtige Deutung (pæšær; vgl. → Habakukkommentar von Qumran) wissende Weise sich keinen Tüfteleien hingibt (7, 28 - 8, 1). Deutlich ist die Polemik in 7, 18b; 8, 5. 12f: dem Frommen geht es gut, der Gottlose hat kein Glück. Der Jüngling soll auf dem ihm angeratenen Weg des Genusses an Gottes Urteil denken (11, 9b). Es ist evident, daß diese wenigen, aber gewichtigen Korrekturen und das 2. Nachwort die an der Grenze des Häretischen stehenden Ansichten Q.s tragbar machen sollen; sie haben zur Aufnahme des P.es in den Kanon beigetragen.

4. Wie man bei der älteren israelitischen → Weisheitsdichtung *Parallelen zur Umwelt* aufweisen kann, so finden sich vereinzelt auch im P. Anklänge an Sentenzen aus Ägypten und dem Zweistromland. So etwa der Pessimismus im Angesicht des Todes und der Aufruf zur Lebensfreude; das undurchschaubare Geschick unterstreicht bes. das demotische Weisheitsbuch. Bei solchen Berührungen, die nicht auf der Kenntnis der fremden Originale beruhen, handelt es sich wohl um (phönikisch, aramäisch umlaufende?) Traditionsstoffe. - Für das P. hat man speziell an Einflüsse der griechischen Philosophie und Gnomik gedacht. Jedoch ist in 1, 4-11 nicht von den vier Elementen und einer Welterklärung die Rede, das Thema ist das sinnlose Einerlei, so daß auch nicht der Aspekt der Wiederkehr wie bei → Heraklit (so Pfleiderer) oder die Zyklenlehre der → Stoa angezogen werden können. Die komplementären Gegenüberstel-

lungen in 3, 1ff werden dargeboten, um die Undurchsichtigkeit des καιρός klar zu machen. Der wie im Orient so auch im Mittelmeerraum – zu vielen Zeiten – aufklingende Ruf zum Genuß des Lebens stempelt Q. nicht zu einem Schüler → Epikurs! Von der griechischen Gnomik hat man bes. auf die Sprüche des Theognis von Megara (Sammlung im 4.Jh.) verwiesen (H.Ranston). Doch stellen die hauptsächlich herangezogenen Sprüche des Theognis Leitsätze für die Aristokratie der Polis dar, ein Aspekt, der dem P. völlig abgeht. Von eigentlichen Gräzismen kann nicht die Rede sein. So wird man nur eine gewisse Affinität zu hellenistischen Anschauungen konstatieren dürfen.

5. Da die Sentenzen Q.s die Krise der vorexilischen Schultradition bedeuten und seine (pseudonyme) Gleichsetzung mit Salomo in der Königszeit undenkbar ist, kann das P. keinesfalls vor dem 5.Jh. entstanden sein. Auf spätere Zeit weisen neben dem persischen Fremdwort pārdes = Tierpark späte Abstraktbildungen und die zahlreichen Aramaismen. Die Aramaismen berechtigen jedoch nicht dazu, ein aramäisches Original – mit nachträglicher Übersetzung in die »heilige« Sprache! – anzunehmen (gegen Ginsberg u.a.). Die untere Zeitgrenze bildet die Epoche des Widerstandes gegen eine gewaltsame Hellenisierung des → Judentums (: I, 2), die → Antiochus IV. versuchte. Nach 168 hätte ein so wenig »jüdischer« Autor kein Gehör gefunden! Der 2. Epilogist (s. 3) steht auch zeitlich dem Buch des → Jesus Sirach (um 190) nahe. So wird man das Buch (1, 1 – 12, 11) um 250 anzusetzen haben. Der Versuch, durch angebliche historische Anspielungen (→ Ptolemäer, → Seleukiden) in 4, 13ff; 9, 13; 10, 16f zu einer genaueren Datierung zu kommen, ist nicht gelungen; es handelt sich u.E. um »typische Exempel«. Das gilt auch für den vermuteten Hinweis auf Handelsunternehmungen zur See (11, 1f), der auf Alexandrien als Wohnort Q.s weisen soll. Dem steht, von der Exegese von 11, 2 abgesehen, entgegen, daß die um 200 als Hörer zu denkenden alexandrinischen Juden das Hebräische nur noch höchst unvollkommen beherrschten. Klimatische Bilder wie die in 11, 4; 12, 2 haben palästinisches Kolorit. Auch könnte man fragen, ob eine außerjudäische Herkunft (man hat auch an die Diaspora im Osten gedacht) nicht den sonst schon bestehenden Bedenken, das P. in den Kanon aufzunehmen (→ Bibel: I B, 2), das Übergewicht gegeben hätten. Die in → Qumran (, 3a) aufgetauchten Fragmente des P.es, die in die 1. Hälfte des 2.Jh.s vChr datiert werden, sprechen dafür, daß man im Grunde schon damals das (mit orthodoxen Korrekturen angereicherte) P. als kanonisch akzeptiert hat. Besonderer Beachtung wert sind die Hellenismen der Aquila nahestehenden griechischen Übersetzung des P.es.

Kommentare: Fr.Delitzsch (BC IV, 4), 1875; C.Siegfried (HK II, 3, 2), 1898; G.A.Barton (ICC), (1908) 1948; H.W.Hertzberg (KAT XVI, 4), 1932; K.Galling (HAT I, 18), 1940, 47-90 (2. Aufl. in Vorb.). – Lit.: G.Bickell, Der Prediger über den Wert des Daseins, 1884 – E.Pfleiderer, Die Philos. des Heraklit v. Ephesus im Lichte der Mysterienidee, 1886, 255ff – A.H.McNeile, An Introduction to Ecclesiastes, London 1904 – V.Zapletal, Kohelet (dt.), (1905) 1911² – H.Ranston, Ecclesiastes and the Early Greek Wisdom Lit., London 1925 – W.Vischer, Der Prediger Salomo, 1926 – H.Odeberg, Qohælæth, Uppsala 1929 – K.Galling, Kohelet-Studien (ZAW 50, 1932, 276-299) – Ders., Stand u. Aufgaben der Kohelet-Forschung (ThR NF 6, 1934, 353-373) – Ders., Die Krise der Aufklärung in Israel, 1952 – Ders., Das Rätsel der Zeit im Buche Kohelet (ZThK 58, 1961, 1-15) – W.Zimmerli, Die Weisheit des Predigers Salomo, 1936 – H.Blieffert, Weltanschauung u. Gottesglaube im Buche Kohelet (Diss. Rostock), 1938 – A.Volten, Das demotische Weisheitsbuch (Anal. Aegypt. II), Kopenhagen 1941 – H.L.Ginsberg, Studies in Koheleth, New York 1950 – R.Gordis, Koheleth, the Man and his World, ebd (1951) 1955² – G.Bertram, Hebr. u. griech. Qohelet (ZAW 64, 1952, 26-49) – J.Muilenburg, A Qoheleth Scroll from Qumran (BASOR 135, 1954, 20-28) – A.Lauha, Die Krise des relig. Glaubens bei Kohelet (VT Suppl. 3, 1955, 183-191) – E.Wölfel (s.u.) – W.Rudolph, Vom Buche Kohelet, 1959. *K.Galling*

Zur *Auslegungsgeschichte* (s. auch → Schriftauslegung: IV):

Qu.: 3.Jh.: Gregor der Wundertäter (MPG 10) – Dionysius v. Alex. (MPG 10; zu 1, 1 – 3, 11). – 4.Jh.: Gregor v. Nyssa (MPG 44; zu 1, 1 – 3, 13). – 5.Jh.: Hieronymus (MPL 23) – Salonius v. Genf (MPL 53, vgl. MPL 172 [Honorius Augustodunensis]). – 6.Jh.: Olympiodorus v. Alex. (MPG 93) – Gregor v. Agrigent (MPG 98). – 7.Jh.: Alkuin (MPL 100). – 12.Jh.: Rupert v. Deutz (MPL 168) – Hugo v. St.Viktor (MPL 175) – Andreas v. St.Viktor (ed. G.Calandra, Palermo 1948). – 13.Jh.: Bonaventura (Opera omnia VI, Quaracchi 1893). – 16.Jh.: Luther (WA 20) – Joh.Arboreus, Paris 1531 – Agathius Guidacerius, ebd 1531 – Martin Bucer, Straßburg 1532 – Joh.Campensis, Paris 1533 – Gerhard Moringus, Antwerpen 1533 – Martin Borrhaus, Basel 1539 – Franc.Titelmann, Paris 1545 – Joh. Wild (Ferus), Mainz 1550 – Melanchthon (CR 14) – Justus Jonas, Wittenberg 1563 – Victorin Strigel, Leipzig 1565 – Joh.Mercer, Genf 1573 – Sixtus Senensis, Lyon 1575 – Anton Corranus, London 1579, Heidelberg 1619 – Victorinus Mansus, Florenz 1580 – Joh.Serranus, Genf 1580 – Ludw.Lavater, Zürich 1584 – Thomas Pitt, London 1586 – Th.v.Beza, Genf 1588 – George Gifford, London 1589 – Corn.Jansen d.Ä., Antwerpen 1589 – Jakob Matthias, Basel 1589 – Joh.O. Slangendorp, Hafniae 1590 – Benedikt Arias Montanus, Antwerpen 1593. – 17.Jh.: Heinr.Leuchter, Frankfurt 1603 – Hugo Broughton, London 1605 – Joh.Lorinus SJ, Lyon 1606 – Guil.Bucanus, Genf 1608 – Hieronymus Osorius, Lyon 1611 – Joh.Piscator, Herborn 1612 – Konrad Dieterich, Ulm 1618 (Predigten) – Franc.Sanchez, Barcelona 1619 – Juan de Pineda SJ, Paris 1620 – Joh.Ferdinandus, Rom 1621 – Thomas Granger, London 1621 – William Pemble, ebd 1628 – Joh. Drusius, Amsterdam 1635 – J.Tollenaer SJ, Antwerpen 1635 – Giovanni Diodati, Genf 1638 – Martin Geier, Leipzig 1647 – John Trappe, London 1650 – Petrus Gorsius SJ, Paris 1653 – Aug.Varenius, Rostock 1659 – Joh.Konr.Zeller, Stuttgart 1667 – Seb.Schmid, Straßburg 1691 – J.B.Bossuet, Paris 1693 – Alex.Nisbet, Edinburgh 1694 – Joh. Smith, Amsterdam 1699/1704. – 18.Jh.: Heinr.Tietzmann, Nürnberg 1705 – Christoph Seebach, Halle 1705 – Joh.Wilh.Zierold, Leipzig 1715 – Jean Martianay, Paris 1715 – Jean Hardouin SJ, ebd 1729.

Lit.: B.Smalley, Some Thirteenth-Century Commentaries on the Sapiental Books (Dominican Studies 2, 1949, 318-355; 3, 1950, 41 bis 77. 236-274) – Dies., Some Latin Commentaries on the Sapiental Books in the Late Thirteenth and Early Fourteenth Centuries (AHDL 25/26, 1950/51, 103-128) – DSp IV, 47ff (auch handschriftl. Kommentare des MA) – E.Wölfel, Luther u. die Skepsis. Eine Studie zur Kohelet-Exegese Luthers (FGLP X, 12), 1958. *W.Werbeck*

Predigerschule in Basel → Basel: III.

Predigerseminar. Das P. – nicht zu verwechseln mit den Ausbildungsstätten für »Prediger« von Freikirchen und Gemeinschaften – ist eine relativ junge Einrichtung deutscher Landeskirchen. In Ergänzung und Vertiefung des theologischen Studiums will es die Kandidaten für den praktischen Pfarrdienst zurüsten (in Württemberg sog. »Pfarrseminar«). Die Vorgeschichte des P.s reicht weit zurück: 1690 entstand das Collegium Candidatorum zu Riddagshausen im Herzogtum Wolfenbüttel (→ Pfarrervorbildung, 2a); es blieb jedoch neben wenigen anderen Einrichtungen gleicher Zielsetzung isoliert und ging 1809 ein. Inzwischen erwuchs aus dem Hospital (12 »Hospites«) im Kloster → Loccum ein neues P. (1820). Wie Loccum war auch das P. zu → Wittenberg – 1816 vom preußischen König als Ersatz für die mit → Halle vereinigte Universität gegründet – lange Zeit eine »Eliteanstalt«, ebenso das 1854 gegründete Berliner Domkandidatenstift unter der Leitung des jeweiligen Oberhof- und Dompredigers (u.a. → Kögel, → Dryander). Dagegen wurden im Herzogtum Nassau, das keine eigene Fakultät besaß, *alle* Kandidaten verpflichtet, das 1818 in → Herborn gegründete Seminar zu besuchen. Hessen-Darmstadt errichtete 1837 das P. Friedberg, das zunächst in loser Fühlung mit der Gießener Fakultät blieb. 1838 wurde in die theologische Fakultät → Heidelberg ein praktisch-theologisches (Prediger-)Seminar unter der Leitung des jeweiligen Ordinarius für Praktische Theologie eingebaut (erster Direktor R. → Rothe). Der Besuch anderer zu dieser Zeit gegründeter Seminare war nicht obligatorisch (zB München). - Das ausgehende 19.Jh. brachte weitere Neugründungen, bes. in Preußen, Kurhessen (Hofgeismar) und Schleswig-Holstein (Preetz). Fast jede der altpreußischen Provinzialkirchen erhielt ihr P., dessen einjähriger Besuch das jetzt erst verbindliche Lehrvikariat ersetzen konnte. Nach 1918 wurden Lehrvikariat (→ Pfarrervorbildung, 2b) *und* P. obligatorisch. Anfang 1934 löste der Reichsbischof sämtliche altpreußischen P.e auf. Ein Versuchsseminar in Ostpreußen unter extrem deutschchristlicher Leitung sollte die Weichen für die künftige Ausbildung von »Offizieren im Talar« stellen. Der Versuch scheiterte am Widerstand einiger Kandidaten, die darauf aus dem kirchlichen Vorbereitungsdienst entfernt wurden. Anfang 1935 wurden auf Grund des Dahlemer → Notrechts 5 P.e der Bekennenden Kirche eingerichtet: Blöstau (Leiter: Iwand), Naumburg a. Queis (Gloege), Zingst-Finkenwalde (→ Bonhoeffer), Bethel (O.Schmitz); das alte P. der Ref. Gemeinde Elberfeld (H.A. → Hesse) stellte sich ebenfalls in den Dienst der Bekennenden Kirche. Auch in Frankfurt/M. nahm ein P. der Bekennenden Kirche seine Arbeit auf (W.Kreck). Nach dem sog. »Himmler-Erlaß« wurde die Arbeit illegal in der Form von Sammelvikariaten weitergeführt. So ist die neuere Geschichte des P.s eng mit den Ereignissen des → Kirchenkampfes verknüpft; bes. von »Finkenwalde« und dem dort praktizierten »gemeinsamen Leben« gingen bleibende Impulse aus. - Nach 1945 traten zu den alten Namen neue hinzu. 1960 hat zB die Rheinische Kirche ihr Seminar geteilt: in Essen zielt man auf den Dienst in der modernen Industriegesellschaft, in Kreuznach auf die gewandelte bäuerliche Welt. 1959 wurde ein Seminar für Vikarinnen in Berlin-Spandau eröffnet. Das deutsche Vorbild findet auch in außerdeutschen Kirchen Beachtung, gerade auch in solchen, in denen die Kandidaten bisher von der Universität unmittelbar ins Pfarramt übergingen (Holland, Frankreich).

Das P. nimmt eine Brückenstellung zwischen dem akademischen Studium und dem Dienst in der Gemeinde ein. In der Regel geht der Einweisung ins P. ein Gemeindepraktikum, oft auch ein Schulvikariat voraus. Durch die erste Begegnung mit der den Kandidaten oft enttäuschenden Gemeindearbeit gewinnt das theologische Gespräch im P. an Dringlichkeit und Schärfe: Die Gemeinde wird an der Theologie gemessen, aber auch die gelernte Theologie auf ihre Gemeindegemäßheit geprüft. Mit Recht wird davor gewarnt, die wissenschaftliche → »Praktische Theologie« aus dem Studium ganz in das P. zu verlagern; das hieße nicht nur die Hochschultheologie ihrer »Krone« (Schleiermacher) berauben, sondern auch das P. überfordern. Die begrenzte Aufgabe des P.s ist vielmehr, den Weg von der Exegese zur Predigt und zur Katechese aufzuzeigen und in diesen Arbeitsvorgang alle notwendigen Fachdisziplinen einzubeziehen - und dies unter sachkundiger Führung, in gemeinsamer Bemühung und in tunlicher Nähe zur Ortsgemeinde. Es gilt, das Vielerlei des Gelernten im Blick auf die Einheit des Dienstes zusammenzuschauen, wobei dann auch die weithin verlorengegangene Einheit der Theologie sichtbar werden kann. Schon wegen der Kürze der zur Verfügung stehenden Zeit (1-2 Semester) steht die Arbeit des P.s unter dem Gebot äußerster Konzentration. Bei der ganzheitlichen Ausrichtung der Arbeit stehen auch »Fächer« wie Bibelkunde, Exegese und Systematik betont im Dienst der Verkündigungsaufgabe. Ein besonderes dogmatisches Kolloquium sollte allerdings in keinem Kurs fehlen; sodann gibt es vor allem aus den Einzeldisziplinen der Praktischen Theologie Gebiete, die im Studium zu kurz gekommen und darum für den Kandidaten meist völliges Neuland sind (zB Kirchenrecht, Sektenkunde, Sprecherziehung). Für eingehende Erörterung der Gemeindearbeit in der anders gewordenen Welt muß genügend Zeit sein. Vertreter kirchlicher Spezialgebiete berichten und diskutieren mit den Kandidaten, die durch die üblich gewordene Studienreise im In- und Ausland ihren landeskirchlichen Horizont in Richtung einer ökumenischen → Kirchenkunde erweitern können. - Die dem P. gemäße Lehrform ist die der Arbeitsgemeinschaft in größeren und kleineren Gruppen; dies schließt jedoch Referate und den aufbauenden Lehrvortrag (keine Vorlesungen!) mit anschließender Aussprache nicht aus. Wichtig - auch in seelsorgerlicher Sicht - sind die Vor- und Nachbesprechungen unter vier Augen. - Als Stätte eines »weit ausgeführten Ordinationsgesprächs« (Thimme) stellt das P. Lehren und Lernen unter das gottesdienstliche Vorzeichen und praktiziert demgemäß die Theologie als Funktion der Liturgie. Nur so wird es zu der erwünschten vita communis kommen. Freilich ist heute auch das P. bedroht durch die Tendenz zum inneren und äußeren Auseinanderlaufen. Alle *Freiheit* - auch in der Gestaltung der Freizeit - wird begrenzt durch die *Zucht,* die das Anderssein des Bruders respektiert und die aus dem persönlichen Umgang mit der Schrift fließt (Frage einer rechten, biblisch fundierten »Meditation«). - Die Seminargemeinschaft (nicht mehr als 15-20) steht unter Aufsicht eines Studiendirektors (Ephorus), dem weitere Dozenten (Professoren) oder auch nur ein jüngerer Inspektor zur Seite stehen. Sie werden durch Gastdozenten unterstützt. Vor allem der Leiter muß ein Mann mit unbestrittener Gemeindeerfahrung sein, der zugleich mit der gegenwärtigen theologischen Debatte voll vertraut ist. Da die meisten P.e noch immer stark Versuchscharakter tragen, werden ihre Leiter vor schwierige, vorher oft nicht zu übersehende Aufgaben gestellt; man sollte darum die Möglichkeit befristeter Leitungs- oder Lehraufträge (etwa für 5 Jahre) in Erwägung ziehen.

Zur Gesch. alter P.e vgl. die Jubiläumsbücher. - RGG[3] IV, 1409ff - D.Bonhoeffer, Gemeinsames Leben, 1937 - Ders., Ges. Schriften II: Kirchenkampf u. Finkenwalde, 1959 - H.Thimme, Die besonderen Aufgaben des P.s heute (MPTh 43, 1954, 83-98). *W.Rott*

Predigt

I. Geschichte der Predigt - II. Grundsätzliches - III. Kath. Predigt - IV. Heidenpredigt

I. Geschichte der Predigt

1. Alte Kirche - 2. MA - 3. Reformationszeit - 4. Orthodoxie, Pietismus, Aufklärung - 5. 19.Jh. - 6. Vom 1.Weltkrieg bis zur Gegenwart. - Zur Gesch. der kath. P. seit der Reformation vgl. → Predigt: III, 1

Die Geschichte der P. darzustellen, ist deswegen mit Schwierigkeiten verknüpft, weil - von Ausnahmen abgesehen - keine P. so überliefert ist, wie sie gehalten wurde. Bei den veröffentlichten P.en handelt es sich um mehr oder weniger autorisierte Nachschriften, um Überarbeitungen für den Zweck der Publikation und um Umwandlungen von P.en in Kommentare, Traktate u.ä. Viele Jh.e hindurch wurden als P.en überlieferte und überarbeitete Homilien vorgetragen. Die Nachrichten über gehaltene P.en, über Prediger wie überhaupt über die Bedeutung von P.en für Gottesdienst und Gemeindeleben sind spärlich, ergiebiger die Anweisungen für das Predigen und die homiletischen Theorien (→ Homiletik). Dabei fragt es sich freilich, wieweit diese Lehren in der Praxis befolgt wurden. Deshalb läßt sich eine Geschichte der P. nur unter den angeführten Einschränkungen darstellen.

1. Die christliche P. unterscheidet sich von der religiösen und popularphilosophischen Rede dadurch, daß sie die Auslegung eines vorgegebenen *Textes* zum Inhalt hat, von einem im allgemeinen eigens dazu bestellten *Prediger* gehalten wird, einer bestimmten, in Entstehung begriffenen oder bereits bestehenden *Gemeinde* gilt und daß sich mit ihr der Anspruch verbindet, als Gotteswort in Menschenmund ihren Hörern das in Jesus von Nazareth erschienene Heil zu verkündigen. Von einer christlichen P. im eigentlichen Sinne kann erst nach Sammlung der nt. Schriften zum Kanon (→ Bibel: II B) die Rede sein. Jedoch lassen sich wesentlich früher predigtähnliche Reden vor und außerhalb der urchristlichen Gemeinde sowie Ansätze zur P. in den nt. Schriften selbst feststellen. Bildet schon das Dtn den »Niederschlag einer P.praxis«, die verbindliche, wenn auch noch nicht fixierte Überlieferung interpretiert (G.v.Rad), so besteht die Eigenart der Verkündigung der at. → Propheten (: II) in der Wiedergabe des ihnen unmittelbar zuteil gewordenen Ausspruches Jahwes. Von einer Text-P. im eigentlichen Sinn kann erst von der Zeit an die Rede sein, als das AT in der synagogalen Praxis der hellenistischen Zeit fixiert und kanonisiert wurde (→ Gottesdienst: III, 1. 2c). Die Bindung an einen Text, in der palästinensischen Synagoge an die jeweilige Sabbatperikope, sowie die Anwendung der Stilmittel der griechischen Rhetorik und der allegorischen Methode kennzeichnen die jüdisch-hellenistische Homilie. In den gleichen Bahnen bewegt sich die *urchristliche Verkündigung,* allerdings mit dem entscheidenden Unterschied, daß sie die Botschaft von Leiden, Tod und Auferstehung Jesu als das Evangelium für Juden und Heiden zum Inhalt hat. Im NT finden sich Ansätze zur christlichen P., ja bereits verschiedene P.typen (Überblicke über die Geschichte des Gottesvolks, zB Apg 7, 2-47; Aufreihungen von Beispielen aus der Geschichte auf Grund eines bestimmten Stichwortes, zB Hebr 11; → Formen: II, 2c und vgl. Bultmann, NT 98). Obgleich die → *Paulusbriefe* nicht als P.en gelten können, so lassen sie doch Rückschlüsse über die Art und die Bindung seiner Verkündigung an at. Texte und die neu entstandene christliche Überlieferung zu; überdies wurden sie im → Gottesdienst (: IV) verlesen (vgl. 2Kor 1, 13; Kol 4, 16; 1Thess 5, 27). Die Sammlung und Komposition von Einzelstücken zu den *synoptischen → Evangelien* erklärt sich aus dem Bedürfnis der Verkündigung. Einzelnen Briefen, zB dem → Hebräer-, → Jakobus-, 1. → Petrus- und 1. → Johannesbrief, liegen vermutlich P.en zugrunde. Die in der → Apostelgeschichte mitgeteilten Reden stellen Muster einer christlichen P. am Ende des 1.Jh.s dar, allerdings geprägt von der theologischen Konzeption des Lukas. Die nt. → Apokryphen scheinen im Vergleich zu den Schriften des NT andersartige, später als häretisch abgelehnte Formen der Verkündigung zu enthalten. Bis in das 2.Jh. hinein hält der Prozeß an, in dem sich neben dem überlieferten Text des AT sowohl die mündliche Überlieferung vom »Herrn« als auch deren Fixierung in der »Schrift« als Text der christlichen P. herausbildet. Die P. erhebt den Anspruch, als Wort Gottes zu gelten; sie verkündigt das Heilsgeschehen von Jesus von Nazareth, belehrt über dessen Zusammenhang mit der Heilsgeschichte und gibt Anweisungen für das persönliche Leben wie für das Zusammenleben in der Gemeinde. Von den Schriften der apostolischen Väter, die wie die → Katholischen Briefe »mehr geschriebene P. als eigentliche Literatur sind und das persönliche Wort ergänzen und ersetzen« (H.v.Soden), hat der 2. → *Clemensbrief* als älteste erhaltene P. zu gelten. Unter Verwendung at. Zitate und von Herrenworten mahnt diese Homilie zu Buße und Vorbereitung auf den Anbruch des Gottesreiches. Nach der aus der gleichen Zeit stammenden Notiz → *Justins* (Apol. I, 67) gehört zur Gemeindeversammlung mit der Feier des Mahles auch die P.: nach der Verlesung der »Erinnerungen der Apostel oder der Schriften der Propheten« hält der Gemeindevorsteher einen paränetischen Vortrag. Auf Grund von Bemerkungen anderer frühkath. Schriftsteller läßt sich der Inhalt der P. erschließen: zu den dogmatischen (Jesus Heiland und Richter; Sündenvergebung; Auferstehung) und ethischen Themen (Buße; Askese; Almosen und Fürsorge) tritt die »Verteidigung« der christlichen Lehre gegen Juden und Heiden, → Gnosis und Philosophie.

Obgleich auch von → Hippolyt von Rom (1Sam 17) und → Clemens von Alexandrien (Mk 10, 17-31) Homilien überliefert sind, ist → *Origenes* der erste Theologe, von dem eine große Anzahl von P.en (etwa 200; bes. über at. Texte) erhalten sind. Die P. bildet nun einen festen Bestandteil des → Gottesdienstes (: V A, 1). Origenes legt stets einen biblischen Text aus, meist eine Auswahl einzelner Verse aus der lectio continua. Die P., oft ohne Einleitung und mit einer christologen Doxologie am Schluß als Überleitung zum Gebetsteil des Gottesdienstes, will ohne rhetorisches Gepränge Inhalt und Sinn des Textes der Gemeinde nahe bringen, sie in die Geheimnisse der Schrift einführen und mehr durch Mahnung und Trost als durch Belehrung erbauen. Origenes bedient sich dabei des dreifachen Schriftsinnes (→ Hermeneutik, 2 c), unter besonderer Verwendung des moralischen und des allegorischen Schriftsinns; dies führt bisweilen zu einer Entmythologisierung des Textes. Die Bemühung um einen zuverlässigen Text findet in den P.en des Origenes ebenso ihren Ausdruck wie die Methode, den Text durch andere Schriftstellen zu erläutern. Ein Verständnis des Textes, der vom hl. Geist inspiriert ist, ist nur möglich, wenn Prediger und Hörer selbst von der Kraft des hl. Geistes erfüllt sind. Origenes ist deswegen der größte Prediger der vorkonstantinischen Zeit, weil er die P. der Kirche konsequent an die Bibel bindet und sie mit Hilfe der damaligen wissenschaftlichen Methode gegenüber dem Geist der Zeit zur Geltung bringt.

Mit dem Sieg des Christentums im *4.Jh.* ändert sich Aufgabe und Art der P. Neben der bisher schon bestehenden apologetischen Funktion (→ Apologetik: II) kommt ihr nun die Aufgabe zu, die Scharen der Neugewonnenen in der Lehre der Kirche zu unterweisen (→ Kirchliche Unterweisung: I, 2a) und zu einem Leben als Christen in der Gemeinde zu erziehen. Der Einfluß der griechischen Rhetorik, bis dahin verpönt, macht sich *im Osten* in zunehmendem Maße bemerkbar; es entsteht eine neue Art kirchlicher Rede, die, oft aus dem Stegreif gehalten, sich aller rhetorischen Mittel bedient und sich ebenso durch glänzenden Stil wie durch Volkstümlichkeit auszeichnet. Auch dieser neuen Art der P. geht es um → Schriftauslegung (: IV) und -anwendung. Neben der Behandlung von Texten aus der entstehenden lectio propria finden sich Reihen-P.en, bisweilen auch P.en, die durch besondere Vorkommnisse im Leben der Kirche oder der örtlichen Gemeinde veranlaßt sind. In der gleichen Zeit läßt sich bereits eine gewisse Konkurrenz zwischen der P. und der Liturgie des Gottesdienstes beobachten. Die Gemeinde nimmt am P.vortrag oft lebhaften Anteil. Nicht selten werden in dem gleichen Gottesdienst mehrere P.en gehalten. Als die größten Prediger ihrer Zeit gelten → *Basilius d. Gr.,* → *Gregor von Nazianz,* → *Gregor von Nyssa,* vor allem *Johannes* → *Chrysostomus,* der als Großstadtseelsorger die Auslegung des Textes mit dessen Anwendung auf die konkrete Situation der Gemeinde in meisterhafter Weise verbindet, aber auch → *Cyrill von*

Jerusalem und → *Ephraem der Syrer,* die »Zither des hl. Geistes«. Mit der Tätigkeit dieser glänzenden Prediger erreicht die P. eine Höhenlage, die auch Gebildete anzieht. Der Einfluß der Rhetorik führt jedoch dazu, daß aus dem Prediger ein Rhetor, aus der Kirche ein Theater und aus der Gemeinde ein Publikum wird. Das Recht zum Predigen beschränkt sich auf die Bischöfe; die trullanische Synode von 692 muß ihnen freilich die P. zur Pflicht machen.

Auch wenn in der folgenden Zeit in der → *Orthodoxen Kirche* - im Gegensatz zu einer weit verbreiteten Meinung - von einem gänzlichen Verfall der P. nicht die Rede sein kann, so verliert sie doch erheblich an Bedeutung. Überliefert sind bes. die P.en von Kirchenfürsten und Theologen aus den Metropolen des *byzantinischen Reiches* (→ Maximus Confessor, → Johannes Damascenus, → Theodor von Studion, Johannes Mauropus [† ca 1090], Germanos II. [† 1240], → Gregor Palamas, → Gennadius II. und die beiden Kaiser Leo VI. [† 912] und Manuel II. Paläologus [† 1425]). Die P. der Ostkirche bemüht sich weniger um die Auslegung biblischer Texte als um die Verherrlichung der Maria und der Engel, der Heiligen und Märtyrer, um die Erklärung der Feste im Ablauf des Kirchenjahres, an denen vermutlich mit einer gewissen Regelmäßigkeit gepredigt worden ist. Die P.en rufen zum Fasten, zum Kirchenbesuch und zum Gehorsam gegenüber Kaiser und Staat auf; sie wenden sich gleichzeitig gegen liturgische Mißbräuche und den weitverbreiteten Aberglauben. War es schon vorher Brauch, P.en der Kirchenväter im Gottesdienst zu verlesen, so beginnt etwa mit dem 12.Jh. die Zeit der großen → *Homiliarien.* Dennoch tritt die P. gegenüber der Liturgie in der Ostkirche zurück: wenn im Verlauf des → Gottesdienstes (: V A, 2) das Heil zum dramatischen Ereignis wird, bedarf es nicht mehr seiner Verkündigung durch die P.

Die gleiche Entwicklung läßt sich in → *Rußland* feststellen. Sicher wurde auch dort gepredigt; aus der Frühzeit ist Cyrill von Turow (ca 1180) als ein Prediger zu erwähnen, der spätgriechische Rhetorik und altrussische Innigkeit und Inbrunst in seiner P. verbindet. Erst im Zeitalter des Barock läßt sich unter dem Einfluß des Westens, Weißrußlands und der Ukraine eine ausgebreitete P.tätigkeit beobachten. Hierher gehören die Homiletik des Joannikij Galjatowskij (1659) wie die P.sammlungen des Lazar' Baranovič (»Das geistige Schwert«; »Wortdrommeten«), des Innozenz Gizel, des Simeon von Polock und des Metropoliten → Dmitrij von Rostow. Im 18.Jh. macht sich auch in der P. die Verbindung von Kirche und Staat bemerkbar (»Geistliches Reglement«, 1721). Das 19.Jh. bildet mit vielen namhaften Predigern einen gewissen Höhepunkt in der russischen P.; im 20.Jh. folgt, wenn auch bald unter gänzlich veränderten Bedingungen, die Zeit der »lebendigen P.«.

Im *Westen* wird vom 4.Jh. an die P. ebenfalls selbständiger Bestandteil des Gottesdienstes. Von → Zeno von Verona, → Gaudentius von Brescia, → Ambrosius von Mailand und → Hieronymus sind eine Anzahl von P.en erhalten, bei denen das seelsorgerlich-pädagogische Interesse überwiegt. *Der* große Prediger sZ ist → *Augustin.* Seine etwa 1000 erhaltenen P.en, zT in biblische Kommentare verarbeitet (Enarrationes in Psalmos; Tractatus in Joannis Evangelium), vor einiger Zeit durch neue Funde vermehrt, zeigen ihn als Meister der Homilie, der den Inhalt der Perikope eindrücklich darzustellen und die Zuhörer auf das eindringlichste zu packen versteht. De doctrina christiana IV enthält eine erste → Homiletik, die zwar an die klassische Rhetorik (Cicero) anknüpft, aber sie in eigentümlicher Weise umbiegt. Aufgabe der P. ist das docere, delectare, flectere; ihr Ziel: ut veritas pateat, placeat et moveat. Für die P. selbst empfiehlt Augustin den Wechsel der drei klassischen genera dicendi (genus submissum, temperatum, grande), auch unter der Voraussetzung: »omnia magna sunt, quae dicimus«. Obgleich Augustin von der klassischen Rhetorik stark beeinflußt ist, so ist er dennoch der erste, der für die P. den neuen Stil des »sermo humilis« (E.Auerbach) entwickelt, einen Stil, der ebenso der Inkarnation und der »Einfalt« der Bibelsprache wie dem Verständnis der P.hörer entspricht, sich durch eine betonte Volkstümlichkeit, Profanität und Unmittelbarkeit der Sprache auszeichnet und auf diese Weise am ehesten den Bedürfnissen der Zeit, nämlich dem Kampf wider Aberglauben und Ketzerei, der Erziehung zu einer einfachen Moral und zu einem Leben mit der Kirche gerecht wird. Theologen wie Petrus von Ravenna, → Faustus von Reji, vor allem → *Cäsarius von Arles,* aber auch → Gregor von Tours, Päpste wie → Leo I. und bes. → *Gregor d. Gr.* sind nicht nur Vertreter dieses neuen Stils des sermo humilis, sondern ihnen ist es zu danken, daß die P. als Einrichtung des Gottesdienstes sich auch bei dem Übergang von der mediterranen Kultur zu der des fränkisch-germanischen Reiches erhalten hat. Neben ihren eigenen P.en, von Späteren zu *Homiliarien* zusammengefaßt, liefern sie durch ihre Sammlungen von legendären »Kurzgeschichten« Material genug für die P. des MA.

2. Während in der Zeit der alten Kirche das formale Problem der P. in ihrem Verhältnis zur traditionellen Rhetorik und in der allmählichen Bildung eines eigenen Stils bestand, tritt mit dem Beginn des *MA* das *Problem der Sprache* in den Vordergrund. Dabei geht es nicht nur um die Frage, in welchem Umfang es gestattet und möglich ist, bei der Missions-P. (sie umfaßt einen Zeitraum von vielen Jh.en) in der jeweiligen Volkssprache (Bonifatius: patria lingua) das Evangelium zu verkündigen, sondern überhaupt erst die sprachlichen Voraussetzungen dafür zu schaffen. Die Bedeutung der P. für die Entwicklung der deutschen Sprache zeigt sich zunächst bei der Missions-P., dann aber vor allem bei der P. der deutschen Mystik mit ihrem Bestreben, den innersten Regungen des menschlichen Herzens und den sublimen Beziehungen des Menschen zu Gott neuen und angemessenen Ausdruck zu verschaffen. Mit den ersten P.nachschriften in deutscher Sprache entsteht ein »neues deutsches Schrifttum« (W.Stammler). Auch wenn die karolingischen → Kapitularien nachdrücklich die P. in der Volkssprache einschärfen, so wird es sich dabei im wesentlichen um eine Paraphrase der biblischen Perikope, eine Übersetzung der Väterhomilien, das Einprägen katechetischer Lehrstücke und um die Erzählung von Heiligenlegenden und überlieferten wunderbaren Begebenheiten gehandelt haben. Der geringe Bildungsstand der Prediger ließ es kaum zu einer anderen Art von Verkündigung kommen. Aus dem gleichen Grund fanden sich früh → Homiliarien (→ Paulus Diaconus, → Hrabanus Maurus) und → Plenarien, später Sammlungen von Muster-P.en (zB »speculum ecclesiae«) und Materialien für die P. (»Promptuarium exemplorum«) sowie homiletische Lehrbücher (»De arte praedicandi«), die nahezu ausschließlich vom patristischen Erbe leben und deren Zahl und Umfang gegen Ende des MA zunimmt. Zunächst wurden in den P.en die christlichen Grundwahrheiten (Credo, Doppelgebot der Liebe, Vaterunser; später Dekalog und → Ave Maria), die kirchlichen Gebote und Vorschriften, bes. Sündenvergebung und Beichte, Buße und Askese, innerhalb der Missions-P. auch die »Erfüllung« der vorchristlichen Religiosität durch den neuen Glauben behandelt. Später traten andere Themen hinzu. Im 11. und 12.Jh. wird die möglichst eindringliche Darstellung des jüngsten Gerichts mit den Schrek-

ken des Fegfeuers und den Qualen der Hölle geradezu Mode. Im gleichen Zeitraum ruft die P. die Massen zu den → Kreuzzügen, später zu den Türkenkriegen auf. Vom 13.Jh. an bringt die P. drastische und dramatische Schilderungen der Passion Christi; erst eine spätere Zeit bemüht sich um ein Verständnis des »inneren Leidens Christi«. Seit dem 14.Jh. beschäftigt sich die P. eingehend mit den Schäden in Kirche und Volk; die P. wird zum Instrument der Reformbewegung und damit zu einem öffentlichen und politischen Faktor ersten Ranges. Sie hält sich zwar nach wie vor an einen biblischen Text; aber Anlaß (Heiligen- und Marienfeste) und Thema der P. (vor allem Erklärung der Messe) lassen die Bindung an den Text in den Hintergrund treten. Der Stil der P. ist ein Nebeneinander von »figürlicher Schriftverwendung und drastischem Realismus, von humilitas und sublimitas« (E.Auerbach). Nachdem schon die P.tätigkeit → *Bernhards von Clairvaux,* des größten lateinischen Predigers des MA, mit seinem Ruf zur → Nachfolge Christi und zu einem Leben in Armut und Askese auch in Deutschland starken Eindruck machte und die klösterlichen Reformbewegungen sich die Pflege der P. bes. angelegen sein ließen, beginnt die große Zeit der P. mit den → *Bettelorden,* deren Vertreter, allen voran → *Berthold von Regensburg,* nicht nur bildhaft und anschaulich, packend und eindringlich zu predigen verstehen, sondern als Wanderprediger neben der Pfarrmesse und oft in Konkurrenz zu ihr der P. zu einer erstaunlichen Popularität verhelfen (Bau von Hallenkirchen mit seitlich angebrachter → Kanzel; → Kirchenbau: III, 3). Diese neue Art der Volks-P. gewährt der Individualität des Predigers ebenso Raum wie der Rücksicht auf die besonderen Umstände der Gemeinde, vor der die P. gehalten wird; sie führt im allgemeinen zu einer realistischen Darstellung des Lebens und Leidens Jesu wie der Zustände in Volk und Kirche. Das Erbe der Bettelmönche treten im späten MA die P.-Kapläne *(Prädikanten)* an, oft eine geistige Elite des Klerus, für die in vielen Städten eigene Prädikaturen gestiftet werden. Neben der Messe entwickelt sich im Anschluß an den Pronaus (lat. praeconium, franz. prône = P.; dann nur die der P. vorangehenden liturgischen Stücke und Gebete) - häufig in Oberdeutschland und in norddeutschen Städten - der selbständige P.gottesdienst. Der Einfluß der → *Scholastik* führt im 13. und 14.Jh. zur Kunst-P. mit formaler Gliederung und logischem Aufbau. In Verbindung mit den klösterlichen → collationes entwickelt die → *Mystik* (: VI) neben einer neuen, den differenzierten geistlichen Bedürfnissen angemessenen Sprache einen neuen Stil der P.: einzelne Bibelworte werden unhistorisch-allegorisch in freier geistlicher Ansprache mit der Absicht der contemplatio ausgelegt *(Meister → Eckehart, Joh. → Tauler, H. → Seuse).* Im Zusammenhang damit entsteht eine weitverbreitete → Erbauungsliteratur. Im Gegensatz zur traditionellen Ansicht wird am Vorabend der Reformation in Deutschland - mindestens in den Städten - sehr häufig gepredigt, allerdings ohne daß die sachgemäße Auslegung der Schrift zum beherrschenden Gesichtspunkt wird. Aus einem Instrument kirchlicher Erziehung wird die P. zu einem Faktor des öffentlichen Lebens, zum Zeichen einer gewissen Mündigkeit der Gemeinde und zum Mittel kirchlicher Reformbewegungen, an das die Reformation anknüpfen kann.

3. Die *Reformation,* eine hermeneutische Bewegung »von größtem kirchen- und geistesgeschichtlichem Ausmaß« (G.Ebeling), entdeckt in dem Wort der Schrift das entscheidende medium salutis. Dies führt zu einem völlig neuen Verständnis der P.: Inhalt der Schrift und des → Wortes Gottes, damit aber auch zugleich der P. ist der »Christus pro nobis« in der dialektischen, Gottes Heilshandeln wiedergebenden Zuordnung von → Gesetz und Evangelium. »Nihil nisi Christus praedicandus« (Luther, WA 16, 113). Im Blick auf die für die Reformatoren grundlegende Relation von promissio und fides ist es die Aufgabe der P., zum Glauben an die Verheißung Gottes zu »reytzen« (WA 19, 112). Christus selbst redet in den Worten des Predigers, ja kämpft in der P. gegen den Antichristus. Der Prediger muß sich so streng wie möglich an den Text halten, in der Perikope den Skopus der Schrift insgesamt, nämlich Gottes Wort an uns, erkennen, damit aus der scriptura sacra durch die P. die viva und vivificans vox werde. Die P. bestimmt weitaus stärker als je zuvor Wesen und Verlauf des Gottesdienstes (WA 12, 37), ja Wesen und Art der Kirche (vgl. CA V und VII) und Theologie. → *Luthers* meist in Nachschriften überlieferte (etwa 2000) P.en, zunächst noch dem vierfachen Schriftsinn, der scholastischen Methode und der Allegorese verhaftet, sind geschichtlich-christologisch orientierte »Homilien mit Schwerpunktbildungen« (G.Heintze), die den Text in einer unmittelbaren Betroffenheit und Gegenständlichkeit, bisweilen unter Verwendung der traditionellen Mittel des Dialogs und des Dramatisierens, meist ungewöhnlich anschaulich und derb zupackend im Blick auf das Leben der Gemeinde und der Zuhörer auslegen. Wichtiger jedoch als die Form ist der Inhalt seiner Verkündigung: die iustificatio de fide ist allein Gegenstand der P. Luther führt diesen Grundsatz in seinen P.en mit einer genialen Monotonie durch. Nahezu jeder Text wird als Absage an die Werkgerechtigkeit und damit an das Papsttum, zugleich im Zusammenhang mit dem gesamten Skopus der Schrift, bes. des NT als eine Zusage der sündenvergebenden und damit die Existenz des Hörers treffenden und verwandelnden Gnade Gottes verstanden. Immer ist es Christus als »Deus praedicatus«, um den es in der P. geht; er kann gelegentlich gegen den Wortlaut des Textes ausgespielt werden und wird den Hörern der P. in einem sakramentalen Sinn durch die Kraft des hl. Geistes mitgeteilt. Bei der Auslegung der Schrift kommt es allein darauf an zu verkündigen, »daß der Mensch nichts sei und allein Christus alles« (WA 15, 527). Die neue, einzigartige Bewertung der P. hat eine Vermehrung der Autorität des Predigers zur Folge. Auch wenn grundsätzlich jeder getaufte Christ zum Predigen berufen ist, so kann dennoch nur der minister rite vocatus predigen. Seine P. ist viva vox evangelii; Gott redet durch den Mund des Predigers. Daraus ergibt sich, daß der Prediger sein Amt nur unter Anfechtung ausüben kann, wie Luther oft in Selbstzeugnissen bekennt.

Die im späten MA eingerichteten Prädikaturen erweisen sich rasch als Stützpunkte der reformatorischen Bewegung, als Zentren der Ausbreitung der neuen Lehre, und die Prädikanten selbst als deren Vorkämpfer. Zu den bekanntesten Predigern zählen J. → Bugenhagen, J. → Jonas, W. → Linck, V. → Dietrich, J. → Brenz und P. → Speratus (Näheres HKG III, 100ff), zu den homiletischen Theoretikern neben → Erasmus vor allem → *Melanchthon* (Lokalmethode), ferner U. → Rhegius, A. → Hyperius (Kritik an der Rhetorik in der P.), J. → Andreä und Ä. → Hunnius. Luther bleibt das große Vorbild. Den mangelhaften Fähigkeiten der theologisch nicht ausreichend ausgebildeten Prediger sollten die → Postillen Luthers und anderer aufhelfen, die auch eine neue Bindung an die → Perikopen herbeiführten.

Die wenigen von → *Zwingli* erhaltenen (neuerdings durch wieder aufgefundene Nachschriften vermehrten) P.en zeigen ihn als einen unter dem Einfluß der Kirchenväter und des Humanismus stehenden Prediger. Anstelle des überlieferten Perikopensystems hält er sich - wie zT auch Luther - an die Auslegung ganzer biblischer Bücher, wobei Vers um Vers interpretiert wird. Durch einen einfachen Stil will er das Kirchenvolk zu politischer und kirchlicher Mündigkeit erziehen. In der → »Prophezei« schafft er sich ein eigenes Forum für seine Verkündigung neben dem sonntäglichen Gottesdienst. Sein Nachfolger, auch als Prediger, wird *H.* → *Bullinger,* dessen P.sammlungen (Dekaden oder Hausbuch genannt) sehr weite Verbreitung finden. In Genf hat → *Calvin* von 1536 an ebenfalls über fortlaufende biblische Texte gepredigt, und zwar mit der ihm eigenen Eleganz und Klarheit der Sprache, Treffsicherheit und Scharfsinnigkeit der Exegese. Seine P.en, oft mehr Katechesen und theologische Abhandlungen, wollen als Instrumente der Prädestination entweder zur Erwählung oder zur Verwerfung führen. Gott selbst ist der »autor praedicationis«, der hl. Geist der »magister interior«. Die Confessio helvetica posterior bringt die reformatorische Auffassung der P. auf die Formel: Praedicatio verbi Dei est verbum Dei (BSRK 171).

4. In der Zeit der → *Orthodoxie* wird die P. zur Lehr-P. Die → Kirchenordnungen (: II) der Zeit schärfen den Predigern die »lautere, reine und unverfälschte Lehre« ein. Die P. wird zu einer bloßen Mitteilung über die sana doctrina. Weitausholende Gelehrsamkeit (P.en von über zwei Stunden Dauer sind keine Seltenheit), strenge Bindung an die Schrift (→ Inspiration: II, 4) und an die kirchliche Lehre, eine immer umständlichere, später barocke Sprache, der Wille zu Erziehung und Belehrung der Gemeinde sind die Kennzeichen der P. dieser Zeit. Der in manchen Gegenden bis in das 19.Jh. bestehende Perikopenzwang führt zur oft geschmacklosen Methode der Emblematik, mit deren Hilfe die Prediger den gleichen, Jahr für Jahr wiederkehrenden ev. Texten einen neuen Sinn abzugewinnen suchen. Von dem entstehenden modernen → Weltbild (: IV) finden sich in den P.en dieser Zeit nur wenig Spuren. Die Erschütterung, die der 30jährige Krieg hervorgerufen hat, zeigt sich darin, daß von nun an in den P.en ausführlich von Kreuz und Leiden des Christen (das »liebe Kreuz«), von dem Rätsel des Leidens und von seiner Überwindung durch Geduld und Gelassenheit, von der Notwendigkeit zu Buße und Einkehr wie von dem Leiden Christi die Rede ist. Die Theoretiker der P. (Chr.Schleupner, J.Förster, J.B. → Carpzov I.) empfehlen eine wachsende Anzahl von genera, Methoden und Dispositionsschemata. Die bekanntesten Prediger der Zeit dringen jedoch auf eine Verinnerlichung des persönlichen wie des kirchlichen Lebens und werden damit zu Wegbereitern einer neuen Zeit (V. → Herberger, V.E. → Löscher, J. → Arnd, Th. → Großgebauer, H. → Müller, Chr. → Scriver, G. Strigenitz und bes. der als Volksprediger gefeierte *B.* → *Schupp*).

Für den → *Pietismus* wird die P. zu dem entscheidenden Mittel der Erbauung, und zwar sowohl des einzelnen Christen als einer religiösen Persönlichkeit wie auch der Gleichgesinnten zu einer Liebesgemeinschaft. Die persönliche Bekehrung, der »Stich zum Herzen«, die Erneuerung des inneren Menschen, vor allem die applicatio des Textes im Sinn der praxis pietatis, aber auch Heidenmission und Ökumene werden nun die Themen, die in der P. behandelt werden. Jeder ist im Grunde zum Priester und Prediger berufen. Die reformatorische These vom allgemeinen → Priestertum aller Gläubigen wird dadurch verwirklicht, daß nun auch Laien zum Predigen zugelassen werden und daß in den Zentren der pietistischen Bewegung an den Sonntagnachmittagen besondere Versammlungen eingerichtet werden, in denen die sonntägliche P. im vertrauten Kreis besprochen wird. Eine Fülle von Andachtsbüchern dient der Pflege der persönlichen Frömmigkeit und schafft zugleich eine Verbindung über bisher bestehende konfessionelle und kleinstaatliche Grenzen hinweg. Die P., nun als »Zeugnis« verstanden, soll nur von Bekehrten gehalten werden; daher die leidenschaftliche Auseinandersetzung mit der Orthodoxie um die Bedeutung der »Amtsgnade«. Hat die pietistische P. zunächst noch den überlieferten, barocken Stil in Sprache und Aufbau, so wird später der Einfluß der scholastischen Rhetorik immer mehr zurückgedrängt. Die Sprache wird einfacher, ja es kommt, ähnlich wie in der deutschen Mystik, zu einer Fülle von sprachlichen Neubildungen, die dem neuen differenzierten Verständnis von Schrift und Frömmigkeit Ausdruck verleihen (A.Langen). Zu den bedeutendsten Vertretern der pietistischen P. und Homiletik gehören neben *Ph.J.* → *Spener* und *A.H.* → *Francke* (»Großachten des Wortes«) J. → Lange, G. → Arnold, J.A. → Freylinghausen, vor allem *J.J.* → *Rambach* und der freilich immer unpietistischer werdende → *Zinzendorf;* in Württemberg J.R. → Hedinger, J.A. und A.A. → Hochstetter, G.K. und K.H. → Rieger sowie – mehr als Außenseiter – F.Chr. → Oetinger und Ph.M. → Hahn, und am Niederrhein *G.* → *Tersteegen.*

Der Kontakt mit Geist und Bildung der Zeit, in der pietistischen P. als Mangel deutlich erkennbar, wird in der P. der → *Aufklärung* geradezu zum Programm. Mit Hilfe der natürlichen Theologie, einer »wissenschaftlichen Methode« und »vernünftiger Gründe« will man den Anforderungen der neuen Zeit genügen, Kultur und Christentum miteinander versöhnen und mit einer modernen, jedermann verständlichen Sprache für Kirche und Religion werben. Die P. bemüht sich nun, die »vernünftige Moral« und den »Nutzen der Betrachtung« herauszuarbeiten. Man predigt über die Liebenswürdigkeit, über die Kunst, allen Umständen eine günstige Seite abzugewinnen, über Zeiteinteilung und Langeweile, Neid und Bitterkeit, über Erziehung, über den Wert des frühen Aufstehens usw. Ungefähr die gleichen Themen behandelt die profane Literatur der Zeit, deren Vertreter, fast durchweg aus Pfarrhäusern stammend oder von der Theologie herkommend, eine Art weltlicher Erbauungsliteratur schaffen und die Emanzipationsbewegung der abendländischen Kultur von der Kirche und ihrer P. einleiten. Dabei macht sich der Einfluß der englischen Philosophie und Theologie, aber auch der englischen P. und Erbauungsliteratur deutlich bemerkbar. Ästhetik, natürliche Religion und Moral, klassische und moderne schöngeistige Literatur übernehmen in zunehmendem Maß die Funktion, die bisher Christentum und Kirche, Bibel und P. innehatten. Der Wandel in der Auffassung von Wert und Wesen der P., die moderne Säkularisation (→ Säkularismus), vorerst noch keineswegs polemisch und aggressiv, zeigt sich zunächst bei den → Gebildeten, um bald danach, nun mit schärferen Tönen untermischt, die Halbgebildeten und das Volk zu ergreifen. Die Prediger verstehen sich selbst als Kanzelredner und Religionslehrer, ja als Lehrer des Volkes. Die rhetorische Intention und der pädagogische Zug der Zeit erfassen auch die P. Der Rückständigkeit in der Bildung der Prediger will man durch Herausgabe homiletischer Zeitschriften und Magazine wie durch die Einrichtung homiletischer Übungen – beides findet sich schon bei A.H.Francke – begegnen. *J.L.v.* → *Mosheim,* der große, universal gebildete und interessierte Theoretiker der Zeit (»Bahnbrecher der modernen P.«), will durch die P. erst den Verstand, danach den Willen »erbauen«. Die P. soll als Kunstwerk wirken. Indem sie auf die Gemeinde und ihre Situation in einem bisher nicht gekannten Maß eingeht und auf aktuelle Fragen der Zeit Antwort zu geben versucht, will sie die Menschen ihrer Zeit ansprechen. Diese angestrebte Aktualität wird oft genug mit dem Schwund oder gar mit dem Verlust an biblisch-theologischer Substanz bezahlt. Dennoch zeigen sich hier zum ersten Mal die Probleme der »modernen P.«, auch der Kasualrede und der politischen P. – An Namen sind zu nennen J.G. → Reinbeck, S.J. → Baumgarten, A.F.W. und F.S.G. → Sack, J.F.W. → Jerusalem, G.Leß, G.J. → Zollikofer, F.A.W.Teller, Chr.F.v. → Ammon, H.G. → Tzschirner, G.Chr. → Storr und F.V. → Reinhard, der allerdings bereits einen deutlich antirationalistischen P.stil vertritt. Die populäre P. der Aufklärungszeit hat die Frömmigkeit in Deutschland bis in die Gegenwart hinein auf das nachhaltigste bestimmt.

5. Das *19.Jh.* bildet für die Theologiegeschichte ebensowenig wie für die Geschichte der P. eine Einheit. Die verschiedenen Strömungen der vorausgegangenen Zeit wirken auch im Blick auf die P. kräftig nach, ohne daß es zu einem entscheidenden neuen Ansatz kommt. Am ehesten dürfte dies noch von → *Schleiermacher* gelten, der, von der Krise der P. um die Jh.wende auf das stärkste bewegt und von einem »Enthusiasmus für die Kanzel« (Briefe III, 376) erfüllt, das kirchliche Erbe in einer seiner Zeit verständlichen Weise neu interpretieren möchte. Für ihn beruht »die erbauende Wirksamkeit im christlichen Kultus... überwiegend auf der Mitteilung des zum Gedanken gewordenen frommen Selbstbewußtseins« (Kurze Darstellung des theol. Studiums, 1830², § 280). Seine P.en, der Form nach Thema-P.en, aber trotzdem Auslegungen biblischer Texte, wollen an die »allgemeine religiöse Stimmung« und an die Zustände des »geselligen Lebens« anknüpfen und sie zugleich verwandeln. Mag auch der Gedanke einer Analogie von natürlicher Religion und biblischem Christentum seine P.en bestimmen, so hat er, der gebildete Prediger für gebildete Laien, der ev. P. zweifellos zu neuem Ansehen in Kirche und Gesellschaft verholfen.

Schleiermachers Art zu predigen hat keine unmittelbaren Nachfolger gefunden. Von den kirchlich-theologischen Bewegungen des 19.Jh.s steht ihm, auch im Blick auf die P., die sog. → *Vermittlungstheologie* noch am nächsten, die auch in der P. auf einen Ausgleich von Religion und Bildung, biblischem Glauben und wissenschaftlichem Geist wie auf eine Stärkung der kirchlichen Union bedacht ist und einen pietistisch-nationalen Charakter trägt. Ihr Theoretiker ist *K.I.* → *Nitzsch;* zu ihren Predigern gehört eine Reihe hervorragender Namen, die ein zeitgenössisches Urteil verständlich macht, daß man diese Zeit als die »Blütezeit der ev. P.« ansehen müsse. Neben R. → Rothe, *J.Müllensiefen,* B.B.Brückner, K.Büchsel und *Heinr.* → *Hoffmann* müssen die Hofprediger Wilh. → Hoffmann, *E.* → *Frommel, R.* → *Kögel* und *E.v.* → *Dryander* erwähnt werden. So sehr sie, oft glänzende Redner, der P. im kirchlichen wie auch im öffentlichen Leben Ansehen und Autorität verleihen, so werden in der gleichen Zeit die ersten Bedenken gegen das Übermaß der P. im ev. Gottesdienst laut (R.Rothe, E. → Troeltsch). Aber dies greift schon in eine spätere Zeit hinüber.

Unter dem Eindruck der Erschütterung des Lebensgefühls, den die Französische Revolution und die Befreiungskriege hervorrufen, kommt es, nicht ohne Einfluß der → Romantik und des → Idealismus und im Zusammenhang mit einer »neuen pietistischen Welle«, zur → *Erweckungsbewegung* und der sie bestimmenden P. Sie dringt auf Bekehrung, die meist mit der Abkehr von der rationalistischen Vergangenheit zusammenfällt; sie will, abseits von den geistigen Auseinandersetzungen der Zeit, zu einem betont persönlichen Christentum aufrufen und die auf diese Weise erweckten »Stillen im Land« zu besonderen Gemeinschaften versammeln. Die P. der Erweckungsbewegung hält sich möglichst eng an den Text, vermeidet jede Rhetorik und wird in einer oft altertümlich und esoterisch anmutenden Sprache vorgetragen. Ihre Wirkung verdankt sie der glühenden Überzeugungskraft, bisweilen auch der natürlichen Beredsamkeit ihrer Vertreter. Überall entstehen Mittelpunkte der neuen Bewegung, deren Wirkung sich bis in unsere Tage feststellen läßt: am Niederrhein (S. → Collenbusch, F.A., G.D. und F.W. → *Krummacher,* F.J.Sander), im Ravensberger Land *(J.H.* → *Volkening),* in der Lüneburger Heide *(L.* → *Harms),* in Bremen *(G.* → *Menken,* F.L. → Mallet), Hamburg (M. → Claudius, J.W. → Rautenberg), Berlin (J. → Jänicke, G.F.A.Strauß), Königsberg (J.W. → Ebel), Halle *(A.* → *Tholuck)* und Württemberg (die Brüder L. und W. → *Hofacker*). Hier findet auch später die biblizistische P. unter dem Einfluß von J.T. → Beck ihre Vertreter in den beiden → *Blumhardt,* in S.K. → Kapff und in dem oft nachgeahmten *K.* → *Gerok.* Ihr verwandt ist die P. des wieder erwachenden → *Konfessionalismus,* der sich zum Erben und Hüter der reformatorischen Theologie berufen weiß und darüber mitunter die Rücksicht auf Zeit und Gemeinde außer acht läßt: in Hannover L.A. → Petri, E.Niemann und G. → Uhlhorn; in Leipzig Chr.E.Luthardt, Fr. → Ahlfeld und O.Pank; in Bayern *W.* → *Löhe,* A. → Harleß und später H. → Bezzel; in Elberfeld der ref. *H.F.* → *Kohlbrügge.*

Um die Wende zum 20.Jh. dringt die P. des theologischen → *Liberalismus* (: III) immer deutlicher hervor. Die Wegbereiter einer modern-liberalen P.weise mit der Betonung des »Religiös-Sittlichen« sind K. → Schwarz, A. → Bitzius, Alex. → Schweizer und A. → Kalthoff. Die P. des theologischen Liberalismus will die Ergebnisse der modernen → Bibelwissenschaft in der Gemeinde zur Geltung bringen, die Erkenntnisse der → Psychologie, → Soziologie und → Volkskunde verwerten, in Übereinstimmung mit dem Programm des Kulturprotestantismus den Geist der Zeit mit den Kräften des Evangeliums erfüllen, im Kampf der Weltanschauungen eine Apologetik großen Stils betreiben und auf diese Weise ebenso zu einem persönlich wahrhaftigen Christentum in der modernen Zeit ermutigen wie dem drohenden Verfall der Volkskirche wehren. *O.* → *Baumgarten, P.* → *Drews, F.* → *Niebergall* u.a. fordern die betont moderne Form der ev. P., wobei die Beziehung auf die konkrete Gemeinde (→ Dorfpredigt, Kleinstadt-P., Großstadt-P.) und das religiös-pädagogische Moment der P. besondere Beachtung findet. In dem gleichen Geist predigen Männer wie *B.* → *Dörries, Chr.* → *Geyer,* E. → Förster, E.Moering u.a.m., auch Außenseiter wie *G.Frenssen* und *Fr.* → *Rittelmeyer* oder die Schweizer H. → Kutter, L. → Ragaz und G. → Benz.

6. Hat die P. des 1. Weltkrieges – ganz im Gegensatz zu der des 2. – an der Front wie in der Heimat der Verbundenheit von Kirche und Volk, Christentum und Nation noch einmal starken Ausdruck verliehen, so ändert sich danach die Lage von Grund auf. Die Krise der Volkskirche tritt immer deutlicher in das Bewußtsein. Nachdem schon die erneute Beschäftigung mit der reformatorischen Theologie die Aufmerksamkeit auf die Auffassung vom Wesen der P. bei Luther und Calvin gelenkt hat, bricht sich mit der → *»Dialektischen Theologie«* eine theologische Bewegung Bahn, die erklärtermaßen durch das Problem der Verkündigung ausgelöst wird: »Wir sollen als Theologen von Gott reden. Wir sind aber Menschen und können als solche nicht von Gott reden. Wir sollen Beides, unser Sollen und unser Nicht-Können wissen und damit Gott die Ehre geben. Das ist unsre Bedrängnis. Alles Andre ist daneben Kinderspiel« (K.Barth, Ges. Vorträge, 1924, 158). Gegenüber der vom theologischen Liberalismus zum Programm er-

hobenen Forderung nach der Text-, Gemeinde- und Zeitgemäßheit der P. entwickelt die dialektische Theologie in den von *K.* → *Barth* und *E.* → *Thurneysen* herausgegebenen P.sammlungen einen neuen P.stil, der ohne Rücksicht auf die gegebenen Gemeindeverhältnisse, auf die traditionellen Regeln der Psychologie und Rhetorik mit einer eigentümlichen Unruhe und Gewalt der Sprache den Text zum unmittelbar verstandenen Wort Gottes erheben will. Ungleich stärker als früher regiert nun der Text die P., auch bei solchen Predigern, die sich der neuen Bewegung keineswegs verpflichtet wissen (P. → Althaus, K. → Heim, W. → Stählin u.a.). *K.Fezer* ist der erste Theoretiker der neuen Bewegung. Nach langer Zeit erscheinen wieder homiletische Lehrbücher (*W. Trillhaas, H.Schreiner,* O.Haendler, L. → Fendt, A.Schädelin), die die veränderte theologische und kirchliche Lage für die P. fruchtbar machen. Nach dem 2. Weltkrieg folgen die Arbeiten von G.Wingren und G.Ebeling, der Ansätze bei D. → Bonhoeffer hermeneutisch-homiletisch weiterführt. Vgl. → Predigt: II (Lit.).

In der *Zeit des* → *Kirchenkampfes* tritt eine ungeahnte Aktualität der sonntäglichen Gemeinde-P. zutage; sie erweist sich, auch bei strenger Bindung an den Text, zugleich als ein politisches Phänomen von umfassender Bedeutung. Der neuen Situation gibt die Bekenntnissynode von → *Barmen* 1934 Ausdruck: Die Kirche hat »den Auftrag, an Christi Statt und also im Dienst seines eigenen Wortes und Werkes durch P. und Sakrament die Botschaft von der freien Gnade Gottes auszurichten an alles Volk« (These 6). - Die P. *nach dem 2. Weltkrieg* führt die im Kirchenkampf begonnenen Ansätze weiter: sie will grundsätzlich Text-P. sein, zu Kirche und Gemeinde führen, zugleich aber auch der neuen Öffentlichkeits-Verantwortung des Christen wie der Christenheit Rechnung tragen. Begreiflicherweise kehren in ihr die theologischen Probleme der Zeit wieder (→ Entmythologisierung, Kanonsbildung, Einheit des NT wie der ganzen Schrift, hermeneutische Fragen). Das Verständnis der P. als der das Heilsgeschehen vergegenwärtigenden Verkündigung, die das → Kerygma herausarbeitende, übrigens durch zahlreiche »P.meditationen« (M.Doerne, W.Stählin, »Göttinger P.meditationen«) geförderte Exegese des Textes, die Rücksicht auf die soziologisch-religionssoziologischen Strukturwandlungen der P.gemeinde, die Bemühung um die → Sprache (: IV) der P. (»die nicht-religiöse Interpretation biblischer Begriffe«, D.Bonhoeffer), aber auch um das Sprechen des Predigers - dies dürften die Kennzeichen der Bemühung um die P. der jüngsten Vergangenheit sein. Es läßt sich freilich nicht leugnen, daß bei aller biblisch-kirchlichen Korrektheit »durch die P.en auf deutschen Kanzeln nicht selten ein Hauch gespenstischer Monotonie« weht (M. Doerne). Den damit drohenden Gefahren sucht man durch *neue Formen der Verkündigung* zu begegnen. Seit dem Ende des 19.Jh.s pflegt die → Evangelisation (S. Keller) und Volksmission (H.Rendtorff) neben der Gemeinde-P. die erwecklich-seelsorgerliche P. Außerhalb des Gottesdienstes sammeln sich besondere Gruppen und Kreise zu Bibelstunde und → Bibelarbeit. In jüngster Zeit erproben die Ev. → Kirchentage und die kirchlichen Bibelwochen, die Veranstaltungen der Ev. → Akademien und ihrer Hauskreise ebenso wie - schon seit längerem - die kirchlichen Verbände und Vereine neue Formen der Verkündigung; ihre Eigenart besteht darin, daß sie neben oder auch an die Stelle der (monologischen) P. die Unterweisung und das Gespräch unter dem Wort setzen. Wieweit es gelingt, auf diese Weise zu einer neuen Begegnung mit dem Wort zu verhelfen, wird die Zukunft lehren. Jedenfalls gehört zum Wesen der ev. Kirche nicht nur die Verkündigung in einem allgemeinen Sinn, sondern auch die besondere Verkündigung des Wortes durch die Gemeinde-P.

Qu.: G.Leonhard-W.v.Langsdorf, Die P. d. Kirche, 32 Bde, 1888-1905 - E.Staehelin, Die Verkündigung d. Reiches Gottes in d. Kirche Jesu Christi I-V, 1951-59.

Gesamtdarst.: A.Nebe, Zur Gesch. d. P. Charakterbilder d. bedeutendsten Kanzelredner I-III, 1879 - R.Rothe, Gesch. d. P. ... bis auf Schleiermacher, 1881 - A.Krauss, Lehrbuch d. Homiletik, 1883, 23ff - G.v.Zezschwitz, Homiletik (Hdb. d. theol. Wiss.en, hg.v. O.Zöckler, IV, 1885, 219-354) - RE XV, 623ff; XXIV, 333ff (M. Schian) - E.Ch.Dargan, A Hist. of Preaching, (1904) 2 Bde, 1954 - H.Hering, Die Lehre von d. P., 1905, 1ff - F.Stingeder, Gesch. d. Schrift-P., 1920 - RGG[2] IV, 1411ff (P.Drews [H.Faber]) - Y.Brilioth, Predikans Historia, 1945 - Leiturgia II, 181-353 (A.Niebergall; Lit.).

Zu 1: L.Zunz, Die gottesdienstl. Vorträge der Juden, (1832) 1892[2] - M.v.Schanz, Gesch. d. röm. Lit. (1890-1902) III, 1922[3]; IV/1, 1914[2]; IV/2, 1920 - Karl Müller, KG I/1, (1892) 1941[3] - E.Norden, Die antike Kunstprosa vom 6.Jh. vChr bis in d. Zeit der Renaissance, (1898) 1958[5], 512ff. 615ff - A.v.Harnack, Die Mission u. Ausbreitung d. Christentums in d. ersten 3 Jh.en, (1902) 1924[4] - P.Kleinert, Über d. Anfänge d. christl. Beredsamkeit (in: Zur christl. Kultus- u. Kulturgesch., 1908, 1-32) - K.Holl, Die Missionsmethode der alten u. mittelalterl. Kirche (AMZ 39, 1912, 193-203. 241-249 = Holl III, 117-129) - M.Dibelius, Die Formgesch. d. Evangeliums, (1919) 1959[3] - Ders., Aufsätze zur Apg, (1951) 1957[3] - R.Bultmann, Die Gesch. d. synopt. Tradition, (1921) 1957[3] - Ders., Der Begriff d. Wortes Gottes im NT (Bultmann I, 268-293) - Ders., Der Begriff d. Offenbarung im NT (SgV 135), 1929 (= Bultmann III, 1-34) - Ders., Echte u. säkularisierte Verkündigung im 20.Jh. (Universitas 10, 1955, 699-706 = ebd 122-130) - Ders., Allg. Wahrheiten u. christl. Verkündigung (ZThK 54, 1957, 244-254 = ebd 166-177) - Ders., Gesch. u. Eschatologie, 1958 - M.Comeau, La rhétorique de St. Augustin d'après les tractationes in Joannem, 1930 - Lietzmann I-IV - A. Ehrhard, Überlieferung u. Bestand d. hagiograph. u. homilet. Lit. d. griech. Kirche von d. Anfängen bis z. Ende d. 16.Jh.s (TU 50-52), 1937-43 - C.H.Dodd, The Apostolic Preaching and its Developments, (1938) 1951[7] - Ders., Gospel and Law, (1951) 1957[4]; dt.: Das Gesetz d. Freiheit, 1960 - R.Asting, Die Verkündigung d. Wortes Gottes im Urchristentum, 1939 - G.Schrenk, Urchristl. Missions-P. im 1.Jh. (Festg. f. Th.Wurm, hg.v. M.Loeser, 1948, 51-66) - E.Auerbach, Mimesis, (1946) 1959[2] - Ders., Sermo humilis; u.: Lat. Prosa des frühen MA (Roman. Forschungen 64, 1952, 304-364; 66, 1954, 1-64 = Ders., Lit.sprache u. Publikum in d. lat. Spätantike u. im MA, 1958, 25-54. 66-133) - F.van der Meer, Augustinus der Seelsorger, (holl. 1947) 1951, 421ff - F.Blanke, Die Frau als Wortverkünderin in d. alten Kirche (in: F.J.Leenhardt-F.Blanke, Die Stellung d. Frau im NT u. in d. alten Kirche, 1949, 57-68) - H.G.I.Beck, The Pastoral Care of Souls in South-East France during the 6th Cent (AnGreg 51), 1950 - G.Delling, Der Gottesdienst im NT, 1952 - Ph.-H.Menoud, La vie de l'Eglise naissante, 1952, 11ff - H.Urner, Die außerbibl. Lesung im christl. Gottesdienst, 1952 - H.Schlier, Die Verkündigung im Gottesdienst d. Kirche, 1953 (= Ders., Die Zeit d. Kirche, 1958[2], 244-264) - Ders., Wort Gottes. Eine nt. Besinnung, 1958 - B.Reicke, A Synopsis of Early Christian Preaching (in: A. Fridrichsen u.a., The Root of the Vine, 1953, 128-160) - Ders., Glauben u. Leben der Urgemeinde, 1957, 38ff - N.A.Dahl, Formgeschichtl. Beobachtungen zur Christusverkündigung in d. Gemeinde-P. (in: Nt. Studien f. R.Bultmann, 1954, 3-9) - E.Fuchs, Hermeneutik, (1954) 1958[2], 249ff - P.Dalbert, Die Theol. d. hellenistisch-jüd. Missionslit., 1954 - Chr.Mohrmann, St. Augustin prédicateur (La Maison Dieu 39, 1954, 83-96) - E.Lerle, Die P. im NT, 1955 - H.-D.Wendland, Das Heilsgeschehen in Christus u. d. P. im NT, 1955 - H.Thyen, Der Stil d. jüd.-hellenist. Homilie, 1956 - G.Iber, Zur Formgesch. d. Evangelien (ThR NF 24, 1957/58, [283 bis 338] 308ff) - G.Strauss, Schriftgebrauch, Schriftauslegung u. Schriftbeweis bei Augustin, 1959 - W.Schneemelcher, Das Problem d. Sprache in d. Alten Kirche (in: Ders. [Hg.], Das Problem d. Sprache in Theol. u. Kirche, 1959, 55-67) - G.Friedrich, Fragen des NT an d. Homiletik (WuD NF 6, 1959, 70-104) - U.Wilckens, Die Missionsreden der Apg, 1960.

Zur russ.-orth. P.: N.Katajew, Gesch. d. P. in d. russ. Kirche, 1889 - F.Heyer, Die P. in d. russ.-orth. Kirche (MPTh 38, 1948, 133-135) - K.Rose, P. in d. russ.-orth. Kirche, 1952 - H.Koch, Zur polit. P. in der Sowjetunion (in: Zur polit. P., hg.v. Ev.-luth. Dekanat München, 1952, 106-124) - R.A.Klostermann, Probleme d. Ostkirche, 1955, 106ff - Beck.

Zu 2: R.Cruel, Gesch. d. dt. P. im MA, 1879 - A.Linsenmayer, Gesch. d. P. in Deutschland von Karl d.Gr. bis zum Ausgang d.

14.Jh.s, 1886 - F.R.ALBERT, Die Gesch. d. P. in Deutschland bis Luther I-III, 1892ff - F.LANDMANN, Das P.wesen in d. letzten Zeit d. MA, 1900 - HAUCK I-V - H.v.SCHUBERT, Gesch. d. christl. Kirche im Früh-MA, 1921 - TH.M.CHARLAND, Artes Praedicandi. Contributions à l'hist. de la rhétorique au moyen âge, 1936 - W.KLEIN, Meister Eckhart, 1940 - K.D.SCHMIDT, Das Christentum u. d. althochdt. Sprache (in: DERS., German. Glaube u. Christentum, 1948, 85-112) - F.W.OEDINGER, Über d. Bildung d. Geistlichen im späten MA, 1953, 99ff - W.KÄMPFER, Studien zu den gedruckten mittelniederdt. Plenarien, 1954 - D.ROTH, Die mittelalterl. P.theorie u. das Manuale des J.U.Surgant, 1956 - Leiturgia III, 1ff (E.WEISMANN) - J.MEINHARDT, P., Recht u. Liturgie. Studien zur prinzipiellen Homiletik d. späten MA (Diss. Göttingen), 1958 - E.KÄHLER, Der Niederschlag kirchengeschichtl. Bewegungen in d. dt. Sprache (in: W.SCHNEEMELCHER [s. 1], 68-84) - W.STAMMLER, Mittelalterl. Prosa in dt. Sprache (in: DERS. [Hg.], Dt. Philologie im Aufriß II, 1960^{2}, [749-1102] 980ff. 1096ff) - HERB.WOLF, Art. »P.« (demnächst in RDL^{2}).

Zu 3: C.PORTA, Pastorale Lutheri, (1582) 1842 - E.JONAS, Die Kanzelberedsamkeit Luthers, 1852 - R.STAEHELIN, Zwingli als Prediger (Theol. Zs. aus d. Schweiz 4, 1887, 12-42) - H.WERDERMANN, Luthers Wittenberger Gemeinde, 1929 - P.SCHEMPP, Luthers Stellung zur Hl. Schrift, 1929 - A.WIESENHÜTTER, Die Passion Christi in d. P. d. dt. Protestantismus von Luther bis Zinzendorf, 1930 - E.MÜLHAUPT, Die P. Calvins, 1931 - DERS., Luthers Weihnachts-P. (LML 25, 1954, 97-114) - E.C.KIESLING, The Early Sermons of Luther and their Relation to the Pre-Reformation Sermon, 1935 - R.PETSCH, M.Luther als Meister d. Sprache (LuJ 17, 1935, 87-110) - R.FRICK, Luther als Prediger, dargest. auf Grund d. P.en über 1Kor 15 (1532/1533) (ebd 21, 1939, 28-71) - G.EBELING, Ev. Evangelienauslegung, 1942 - DERS., Die Anfänge von Luthers Hermeneutik (ZThK 48, 1951, 172-230) - T.H.L.PARCER, The Oracles of God. An Introduction to the Preaching of J.Calvin, 1947 - V.VAJTA, Die Theol. d. Gottesdienstes bei Luther, (1952) 1958^{3} - F.SCHMIDT-CLAUSING, Zwingli als Liturgiker, 1952 - W.v.LOEWENICH, Luther als Ausleger d. Synoptiker, 1954 - E.HIRSCH, Luthers P.weise (LML 25, 1954, 1-23) - DERS., Gesetz u. Evangelium in Luthers P.en (ebd 49-60) - W.HOLLWEG, H.Bullingers Hausbuch, 1956 - W.RUPPRECHT, Luthers Dtn-P.en (in: Das Wort Gottes in Gesch. u. Gegenwart, hg.v. W.ANDERSEN, 1957, 66-80) - H.ØSTERGAARD-NIELSEN, Scriptura sacra et viva vox, 1957 - E.BIZER, Fides ex auditu, 1958 - G.HEINTZE, Luthers P. von Gesetz u. Evangelium, 1958 - HERB.WOLF, Das P.exempel im frühen Prot. (Hess. Blätter f. Volkskunde 51/52, 1960, 349-369).

Zu 4: C.GROSSE, Die alten Tröster. Ein Wegweiser in d. Erbauungslit. d. ev.-luth. Kirche, 1900 - M.SCHIAN, Orthodoxie u. Pietismus im Kampf um d. P., 1912 - P.WURSTER, Die Bibelstunde, 1912 - H.LEUBE, Die Reformideen in d. dt. luth. Kirche zZ d. Orthodoxie, 1924 - A.LANGEN, Der Wortschatz d. dt. Pietismus, 1954 - H.SCHÖFFLER, Dt. Geist im 18.Jh., hg.v. G.v.SELLE, 1956 - R.KRAUSE, Der Neuansatz in d. P. d. dt. Aufklärung (Diss. Heidelberg), 1958 - R.v. THADDEN, Die brandenburgisch-preuß. Hofprediger im 17. u. 18.Jh., 1959.

Zu 5: P.DREWS, Die P. im 19.Jh., 1903 - J.BAUER, Schleiermacher als patriotischer Prediger, 1908 - E.CHR.ACHELIS, Meister ev. Kanzelberedsamkeit (in: Der Protestantismus am Ende d. 19.Jh.s, hg.v. C.WERCKSHAGEN, o.J., 693-716) - M.SCHIAN, Die »Kultus-P.« nach Schleiermacher (in: Stromata, hg.v. G.BERTRAM, 1930, 137-147) - A.UCKELEY, Borowski als Prediger, 1931 - DERS., D.Dryanders Stellung in d. Gesch. d. dt. ev. P., 1943 (Privatdruck zum 100. Geb. von Dryander) - W.TRILLHAAS, Schleiermachers P. u. d. homilet. Problem, 1933 - F.W.KRUMMACHER, G.D.Krummacher u. d. niederrhein. Erweckungsbewegung zu Anfang d. 19.Jh.s, 1935 - H.STEPHAN, Gesch. d. ev. Theol. seit d. dt. Idealismus, (1938) 1960^{2} (NB v. M.SCHMIDT) - BARTH, PrTh - HERMELINK I-III - F.SCHNABEL, Dt. Gesch. im 19.Jh. IV, 1951^{2} - R.RIEGER, G.C.Riegers P.en nach Form u. Inhalt untersucht (Diss. Tübingen), 1952 - M.SCHMIDT, Glaube u. Sprache bei W.Löhe (Die ev. Diaspora 27, 1956, 129-138) - M. SCHELLBACH, Tholucks P., 1956 - F.W.KANTZENBACH, Die Erwekkungsbewegung, 1957 - P.HANDSCHIN, W.M.L.de Wette als Prediger u. Schriftsteller, 1958 - H.STEEGE, Die Gnade Gottes u. d. Verantwortung d. Menschen in d. Verkündigung von L.Harms (EvTh 18, 1958, 227-239) - H.J.HAARBECK, Erweckliche P., dargest. an L. Hofacker (Diss. Göttingen), 1959 - L.HUBER, J.Gotthelfs Berner P.en dogmatisch u. homiletisch untersucht (Zwingliana 11, 1959, 24-46. 117-152) - H.SEITZ, H.Bezzel. Theol., Darst., Form seiner Verkündigung, 1960.

Zu 6 (vgl. auch → Predigt: II): K.FEZER, Das Wort Gottes u. d. P., 1925 - F.NIEBERGALL, Die moderne P., 1929 - M.SCHIAN, Die ev. Kirche d. Neuzeit in Deutschland u. den Nachbargebieten, 1930 - W. TRILLHAAS, Ev. P.lehre, (1936) 1955^{4} - H.SCHREINER, Die Verkündigung d. Wortes Gottes. Homiletik, (1936) 1949^{5} - O.HAENDLER, Die P. Tiefenpsychologische Grundlagen u. Grundfragen, (1941) 1949^{2} - L.FENDT, Homiletik. Theol. u. Technik d. P., 1949 - A.SCHÄDELIN, Die rechte P., 1953 - G.EBELING, Die »nicht-religiöse Interpretation biblischer Begriffe« (ZThK 52, 1955, 296-360 = DERS., Wort u. Glaube, 1960, 90-160) - G.WINGREN, Die P., (1955) 1959^{2} - W.FÜRST, K.Barths P.lehre (in: Antwort, K.Barth z. 70.Geb., 1956, 137-147) - E.THURNEYSEN, Die Anfänge (ebd 831-864) - E.-R.KIESOW, Dialektisches Denken u. Reden in d. P., 1957 - K.BARTH, Lebendige Vergangenheit. Briefwechsel Barth-Thurneysen aus den Jahren 1921-25 (in: Gottesdienst - Menschendienst. E.Thurneysen z. 70. Geb., 1958, 7 bis 173) - H.J.MARGULL, Theol. d. missionarischen Verkündigung, 1959. *A.Niebergall*

II. Grundsätzliches

1. Begriff und Ort - 2. Biblische Bindung, textuale Ordnung - 3. Freiheit und Liebe

1. a) P. ist → Kerygma (: II, 6) »im Vollzug«. Formelhafter als das lat. Stammwort »praedicare« wurde das deutsche »predigen« zum Inbegriff der Vielzahl von nt. Verben, die den Vollzug des → Kerygma (: I) bezeichnen (außer den dort genannten bes. καταγγέλλειν und διδάσκειν, vgl. weiter den umfassenden Katalog ThW III, 702). Der Inhalt der P., im einzelnen variiert, ist überall das Wort Gottes, das Evangelium, Heilszusage und Ruf zur Buße wie zum Glauben; schließlich immer Jesus Christus. Die Konstanz des Inhalts begünstigt den absoluten Sprachgebrauch: P. schlechthin, verbal und substantivisch. Das nt. Grundwort für P. ist ἀκοή (Röm 10, 16f nach Jes 53, 1 LXX; Gal 3, 2. 5 mit dem Genetiv πίστεως, der sowohl das Heilsereignis wie das Ziel der P. meint). Im Hinblick auf dieses Ziel wird der Akt der P. häufig mit dem Verbum παρακαλεῖν beschrieben. Seine zwei Bedeutungen »ermahnen« und »trösten« treffen sich im Begriff »Zuspruch«; beide sind im NT durch den vorausgesetzten offenbarungslogischen Grund (Röm 12, 1; 2Kor 10, 1 διά c. gen.) aus dem Bereich human-ethischer Anrede ins Kerygma transformiert. Auch das παρακαλεῖν geschieht in der Vollmacht von 2Kor 5, 18-20. Allmählich wird λόγος παρακλήσεως (Hebr 13, 22; Apg 13, 15) zum Kennwort der Gemeinde-P., mit dem Hang der Rückbildung zur ethischen Mahnrede (Justin, Apol. I, 67). Im NT aber dient παρακαλεῖν sowohl »zur Bezeichnung der missionarischen Verkündigung wie als Einführungsformel für die seelsorgerliche Mahnrede« (ThW V, 797).

b) Diese elementaren nt. Sprach- und Sachbefunde, in Luthers Bibel unter dem Wort P. theologisch integriert, sprechen gegen eine verengte Definition. P. ist nicht nur die *innergemeindliche* Form des Wortdienstes, der die *missionarische* neben- oder vorzuordnen wäre. P. ist immer Verkündigung. *Proklamatorischen* Charakter (Luther: »neue Zeitung«, »gut Geschrei«) trägt sie nicht nur in der evangelistischen Erstform für Heiden oder Menschen des »nachchristlichen« Säkulums, sondern auch als Wort der Lehre und der Auferbauung für die gottesdienstlich versammelte Gemeinde. Ihrer Stimme eignet fast unbegrenzte diakonische Wandlungsfähigkeit (Gal 4, 20; 1Kor 9, 19ff). Aber im Stimmenwandel bewahrt die Proklamation unwandelbar das eine Wort. Ob die P. in gemeindlich-gottesdienstlicher oder in missionarischer Form geübt wird: hier wie dort ist sie »aus Gott« und »anstelle Christi«. Und hier wie dort ist die → *Kirche* oder → *Gemeinde* der »Ort« der Vollmacht. Die Gliedschaft in der ἐκκλησία ist, mit dem persönlichen Glauben zugleich, auch das »Ziel«, die sendungsgemäß gewollte Wirkung (Luther 1519, WA 2, 430: »ecclesia creatura est Evangelii«). Ohne diesen kirchlichen Ursprungs- und Zielbezug entartet die missionarische Energie der P. zum unverständigen Eifer (Röm 10, 2) bedenkenloser Propaganda, die die Botschaft eben durch die Anpreisung verdächtig macht. - Erst eine verfälschte Kirchlichkeit erzeugt die umgekehrte Irrung:

ein liturgisch umzäuntes Verständnis der P., dem die Botenvollmacht hinter dem Postulat kultischer Selbstdarstellung der glaubenden Gemeinde entschwindet. Für diese zur geschlossenen Sozietät verhärtete Gemeinde wird die »Welt«, der Gottes gute Botschaft zugedacht ist, aus dem offenen Raum ihrer Sendung zur heimlich ihr im Rücken agierenden Widermacht.

2. a) Der P. ist in allen Formwandlungen das → *Wort Gottes* (: III. IV) anvertraut. Das Gewicht, das ihr damit beigelegt wird, übersteigt menschliche Möglichkeiten (2Kor 2, 16c). Mit der ursprünglichen Wiederentdekkung dieser »Unmöglichkeit« leitete K. → Barth eine neue Epoche der ev. Theologie ein. Theologie und P. traten in eine Kommunikation, die die auseinanderstrebenden Disziplinen zur Mitte zurückrief. In gemeinsamem Bemühen um sach- und wortgemäße → Hermeneutik zeigt sich diese Integration von Schriftauslegung, historischer, systematischer Theologie auf die P. hingeordnet. - Wie kann das Menschenwort der P. aktual identisch werden mit dem göttlichen Selbstwort? Die Unruhe, mit der diese Frage uns um 1920 überfiel, will alle hermeneutische Aufhellung der theologischen Tradition überdauern; ohne sie würde Theologie zum eristischen Schulspiel absinken. Auch der Glaube des Predigers, in dem das Identitätswunder seinen Ort hat, wäre ohne sie nicht glaubwürdig. Die Wirkungsarmut, weithin die offenbare Vergeblichkeit unserer P. ist zuerst auf unsere Schuld und Untreue hin zu verstehen. Doch hinter aller Buße und Besserung bleiben die Horizonte der → Verstockung und der → Prädestination anfechtungsweise gegenwärtig. Auch das gehört zur »Furcht des Herrn« (2Kor 5, 11a), von der der Glaube nicht erlöst sein will.

b) In dieser Unruhe wird der Prediger des befohlenen Dienstes am Wort gewiß, indem seine P. sich an das *biblische Wort* bindet.

α) Evangelisch lehrt uns Luther diese biblische Bindung verstehen: Evangelium, Gottes letztes Wort, ist »eigentlich eine *mündliche* P.«. *»Schrift«* ist ursprünglich das AT; der Erschließung dieser Schrift, »wie sie sich auf Christum ziehe«, dient die P. des neuen Bundes. Daß auch diese zur Schrift wurde, ist nach Luther eine geschichtliche Notordnung; aber es ist Gott, der sie ordnete und uns an die doppelte Schrift als das Echtheitszeichen seines Redens verweist. Auf Christus hin, also evangelisch gelesen, ist die Bibel Alten und Neuen Testaments ein Ganzes, und ist sie der alleinige Maßstab (Kanon) der »Lehre«, auch ihrer Elementarform, der öffentlichen P. - Die so verstandene Schriftautorität degradiert die mündliche P. nicht zu schulmäßiger Einübung des Bibelwortes. Zu dieser Mediatisierung der P. kam es erst, als die Schriftautorität formalisiert und Gottes Wort mit dem Bibelwort lehrgesetzlich identifiziert wurde. Ev. Glaube weiß → Bibel (: III) und P. aufeinander verwiesen: Am Gehorsam gegen die Schrift hat die P. den Prüfstein ihrer Wahrheit; in dieser Treubindung wird sie »als Gottes Wort« (1Petr 4, 11) geredet und gehört. Wiederum erfüllt sich der Sinn der Schrift, das Offenbarungswort in seiner zwischen Ursprung und Gegenwart wirkenden Geistes-Freiheit rein bezeugt zu halten, m.a.W. die Funktion der Schrift als → Gnadenmittel, nur in fortgehender mündlicher P. In der komplementären Zuordnung aber deuten Schrift und P. über sich hinaus auf Jesus Christus, in dem Gott von Ewigkeit her persönlich »das Wort« ist.

β) Von dieser wesentlichen Schriftgebundenheit der P. unterscheiden wir die geschichtliche Ordnung der biblischen *Text-P.* Sie ist nicht Gottes Verordnung. Vor dem Evangelium kann keine P. bestehen, die nicht biblisch gegründet wäre. P. ohne speziellen Text hat in der Kirche, vor allem in ihrer Mission, immer einen gewissen Raum gehabt. Die Bedenken gegen diese Grenzform textloser P. verleihen der textualen Normalpraxis noch keine *dogmatische* Verbindlichkeit. Wo ein bestimmter Textkanon theologisch oder liturgierechtlich erzwungen werden sollte, da führte die innere Zersetzung des Textbegriffs (Text als Motto, als Substrat trivialer Allegorese, als Motiv-Magazin) die Autorität dieses Kanons selbst ad absurdum. Für die textuale Ordnung sprechen bessere Sachgründe als die durch sie angeblich verbürgte öffentliche Legitimation der P. - Die Vielgestalt der biblischen Texte, ihr je besonderer Ort im Gang der Gottesgeschichte ist das große Schaubild von Gottes Eingehen in menschliche Geschichte. In der textualen Selbstformierung des Wortes nach dem Grundschema einer polaren und einer diakritischen Zweiheit der Worte wie in dem - dieser dialogischen Entzweiung antiparallelen - Zusammenstreben der Worte auf ein Letztwort gibt sich das Drama der Offenbarung mitsamt dem darin aufgenommenen Menschheits-Epos wirksame Gestalt. Unvergleichlich tief und lebendig ist diese Sachlogik der Text-P. bei M. → Kähler ausgelegt (vgl. bes.: Dogmatische Zeitfragen I², 1907). Der Dienst dieser Bibeltheologie ist nicht antiquiert. Mit der Neuentdeckung des hermeneutischen Schlüsselproblems findet unsere Theologie sich unversehens nahe bei Kählers Erkenntnissen - und Aporien. Die Verlegenheiten der Theologie in diesem Engpaß sind auch die Verlegenheiten unserer P. »Wer glaubt, der flieht nicht« (Jes 28, 16).

3. a) Die theologische Besinnung über die P. hat auch mit dem Prediger und weiter mit der Zuwendung der P. zu Menschen, zur Gemeinde, zur »Welt« zu tun. - Für den *Prediger* ist Platz in der nt. Rede vom *Zeugen*, die mit der vom Botschafter (Herold) elliptisch konfiguriert ist. Der Botschafter ist nicht nur Briefbote. Der Begriff des Zeugen meint auch die Indienstnahme der Individualität in der universalen Ökonomie des P.dienstes. *»Der«* Zeuge (Apk 1, 5) sendet *viele* Zeugen, um viele Menschen je besonders zu rufen. Durch vieler Zeugen Mund erweist das Wort der Versöhnung seine geschichtliche Lebendigkeit. - Die Zuwendung zur *Gemeinde* (in konzentrischen Kreisen vom einzelnen Hörer zur ganzen Gemeinde und weiter zur *»Welt«* als dem Ort und Horizont des christlichen Dienstes, eingeschlossen die Verantwortung im gesellschaftlichen und politischen Leben) tritt nicht als zweite Perspektive zur Bibel- und Textbindung der P. hinzu. Sie ist nur ihre Konsequenz, und sie ist immer die Probe auf waches Hören der göttlichen Rede im Text hier und jetzt.

b) Dann ist zuerst von der *ev. Freiheit* der P. zu sprechen. Freiheit ist das Korrelat der biblisch-textualen *Bindung*. Dieser Freiheit korrespondiert wieder die Rechenschaft vor dem Herrn des Wortes für die Wahrheit unseres Botenwortes und für die Menschen, die hören sollen. - Mut zu ordnender Freiheit ist der *Kirche* für die *Wahl der P.texte* auferlegt. Sie hat den Maßstab an der Haushaltertreue gegen die Hl. Schrift: der Kenntlichkeit ihres Zentrums wie der Bewahrung ihrer Fülle. Der Maßstab gibt kein Regulativ der Texte her. Indem der Kirche die Freiheit der Wahl, auch der Revision ihrer Textreihen anheimgegeben wird, behält die Bibel ihre eigene Freiheit über der Kirche. - An dem gesamtkirchlich vorgegebenen Textplan, der den Gemeinden wie den Predigern zu wünschen ist (→ Perikopen), übt sich dann die Freiheit des *Predigers*, - keine Willkür, darum nicht ohne »Verwilligung« der *Gemeinde*. - Der Textwahl benachbart ist die Frage der *Bibelübersetzung*, nach der gepredigt wird. Soweit nicht die Gesamtkirche hier probehaltige Ordnung setzt, kann die Wahl der Übersetzung nur gemeinsam von Prediger und Gemeinde verantwortet werden. – »Interpretari« bedeutet sowohl das *Übersetzen* wie das *Auslegen*. Auslegung geschieht immer auf gegenwärtiges Verstehen hin. So gelten für sie weitere Maße der Freiheit. Hier tut die → *Sprache* der P. ihren freien Dienst, nicht an einen sakralen Wort- und Begriffsschatz fixiert, nicht subaltern beeifert um die »Sprache des heutigen Menschen«, die vielleicht mit den Denkmodellen, Metaphern, Lizenzen der Saison verwechselt wird, erst recht nicht willfährig gegenüber der Sprachregelung der »verwalteten Welt«, die die zwischenmenschliche Rede in den Kodex ihrer Signale und Bezugsformeln einzwängen will. – Sprache der P.? – keine andere als die des glaubend gehörten und bezeugten Christuswortes, die ihre Lebendigkeit und Energie (Hebr 4, 12) selbst besorgt.

Die P. dient dem Christuswort, der Text dient der P. Je sorgsamer der Prediger das Eigenwort seines Textes hörte, desto näher ist er bei den Hörern. »Die Menschen sind in dem Text« (G.Wingren), mitgefunden mit dem »Wort« im Text. So verschwebt die P. nicht in Lehre und Leerlauf. Sie »läuft aufs Ziel hin« (Phil 3, 14). Diesen Menschensuchdienst leistet der Text, zugleich in seiner Einzigkeit wie in seiner gesamtbiblischen Beziehung gehört. Der *Kontext* jedes Textes ist das *Evangelium*. So ist die Definition der P. als »interpretatio scripturarum popularis« (Hyperius) weder genau noch frei genug. Der gleiche Einwand trifft den verengten Begriff der *Text-P.*, der heute seine Wirkung tut, mit der guten Tradition der Homilie und mit unguter Polemik gegen ein gestelltes Modell von »Thema-P.« zugleich verbündet. Der Text besteht immer nur in der Hinordnung auf das lebendige Selbstwort Gottes. Sie öffnet sein Sinngefüge für hundert Wege der Neuformierung, – der Ausweitung hier, der Begrenzung dort. Sie liegen außerhalb des Aktionsfeldes wissenschaftlicher Exegese, obwohl man sie in gewissen Formen der »geistlichen« Schriftauslegung, zumeist wohl in der sog. tropologischen, von ferne wiedererkennen mag. Mit der Absage an den Satz, P. sei Auslegung des Textes, kehren wir nicht zu dem Schulbegriff »Anwendung« und zu dem wort- wie geistfremden Schema explicatio-applicatio zurück. Beachtung verdient G.Ebelings Versuch, die P. anstatt als Auslegung als »*Ausführung* des Textes« zu bestimmen (ZThK 56, 1959, 250).

c) Freiheit ist das Zeichen der *göttlichen* Herkunft der P. Die *menschliche* Gestalt und Entelechie der P. ist die *Liebe*. Die Menschwerdung des ewigen Wortes hat fortgehende Gegenwart in der *Menschlichkeit* des gepredigten Wortes. Der Dienst der Versöhnung ist auf die vollkommene Diakonie Jesu Christi gegründet (Mk 10, 45; Lk 22, 27c). »Die Liebe Christi treibt uns an« (2Kor 5, 14, vgl. Bauer, WB). Der Antrieb meint mehr als eine psychologische Motivation. Ihr inkarnationslogischer Ursprung bestimmt auch die *innere Form* der P. »Die Liebe Christi« mag auch der Inbegriff ihrer »Methode« heißen (Bengel: boni doctoris virtus est misericordia). In der Kraft dieses göttlichen Erbarmens wird aus dem »doctor« der »pastor«, der auch predigend im Hirtenamt bleibt (Mk 6, 34). Dieser Prediger spricht den Hörer menschlich an. Er läßt das Wort sein eigenstes Werk tun: Brücke der Kommunikation, Zeichen und Stimme, auf Verstehen und Verständigung angelegt, Anrede, dialogische Zukehr. Auch in ihrer Verdichtung zur Rede behält diese P. die Einfalt der *Anrede*, die Abzielung auf *Gespräch*, dessen Raum nicht auf den Gottesdienst beschränkt sein will. Personen haben das Wort, personale Subjekte regieren auch das Sprachgefüge. Dies Wort meint immerzu Begegnung. Es läßt sich nicht aufhalten im Vorfeld der »Sachen«, der noetischen Bezüge, der apologetischen Exordien. – Die wortgewordene Menschenfreundlichkeit Gottes (Tit 3, 4) tut sich noch nicht genug mit der Proklamation des Friedens. Die Proklamation tritt selbst aus der solennen Heroldsrolle heraus und tritt diakonisch verhüllt in das Risiko der Begegnung mit den »anderen« ein. Noch nicht genug. Kerygma kleidet sich in das Knechtsgewand der Paränese und Paraklese. Es gibt jetzt nicht mehr das »Draußen«, keine Welt mehr, schon fertig aus Gottes Schöpferhand entlassen. Heute redet Gott »zum letzten« (Hebr 1, 2), und heute ist erster Schöpfungstag.

Vgl. die Lit. zu → Predigt: I (bes. zu 6), ebenso zu → Bibel: III, → Hermeneutik, → Homiletik (auch im Text), → Kerygma, → Praktische Theologie, → Schriftauslegung, → Wort Gottes. Ferner: RGG² IV, 1431 ff – Barth, KD I/1.2 – A.Schaedelin, Die rechte P., 1953 – G.Wingren, Die P., 1955 – J.Schieder, Unsere P., 1957 – Die P. (Luth. Generalsynode Hamburg), 1957 – EKL III, 297ff (Lit.) – A.Niebergall, Der Prediger als Zeuge, 1960. – Zs.en vor allem: ZThK (47ff, 1950ff); KuD; EvTh; MPTh; PBl. *M.Doerne*

III. Kath. Predigt

1. Geschichte seit der Reformation – 2. Zum Wesen der kath. P.: a) Kirchenrecht und Lehramt – b) Gegenwärtige Diskussion – c) Praxis

1. a) Die reformatorische → Predigt (: I, 3) wurde der eigentliche Anstoß für die Reform der kath. P., wie sie sich im → *Tridentinum* niederschlug (Sess. V, C. 2; Sess. XXII, Lehre vom Meßopfer C. 8; Sess. XXIV, Reformationsdekret C. 4 und 7). Die Bischöfe und Pfarrer (im Verhinderungsfalle taugliche Stellvertreter) sind von nun an verpflichtet, vor allem an Sonn- und Festtagen »die hl. Schriften und das göttliche Gesetz« auszulegen, den Katechismus und die »Mysterien des Hl. Opfers« zu erklären, »die Sünden vorzustellen, die zu meiden und die Tugenden, die zu üben sind, um der ewigen Strafe zu entgehen und die himmlische Herrlichkeit zu erlangen«. Die Praxis zeigt, bes. in prot. beeinflußten Gebieten, die Kontrovers-P., den Kampf gegen die Ketzer und in großangelegten Konzeptionen die Verherrlichung der röm. Kirche. Zugeordnet zum sakramentalen Kult in seinen mehr und mehr barock werdenden Formen hat die P. wesentlichen Anteil an der Rückeroberung verlorengegangener Gebiete. Leidenschaftliche Prediger gingen bes. aus den Schulen der Kardinäle Karl von Lothringen (Reims) und Karl → Borromäus (Mailand) sowie der neuen Orden der → Theatiner, → Kapuziner und → Jesuiten (Kardinal → Bellarmin) hervor. Letztere erweckten auch die Missions-P. unter den Heiden wieder zum Leben (Franz → Xavier).

b) In der Zeit der konsequenten räumlichen *Konfessionstrennung nach 1555* verebbt die Kontrovers-P. mit ihrer scharfen theologischen Distinktion, weithin auch die homiletische Schriftbetrachtung und -auslegung. An den Jesuiten-Kollegien zB wird keine Homiletik mehr gelehrt, dafür um so intensiver die Rhetorik. Buß-, Sitten-, Marien- und liturgische P.en bekunden ein geschlossenes religiöses Weltbild mit breitem Formalismus, aber auch mit spätbarocken Sentimentalitäten, burleskem Humor (Kapuziner!) und oft penetranter Effekthascherei. Durch Originalität und Darstellungskunst ragt der theologisch sonst unbedeutende Augustinerbarfüßer und Kaiserliche Hofprediger in Wien → Abraham a Sancta Clara hervor. – Wie sehr P.art und -stil mit dem allgemeinen Kulturniveau zusammenhängen, zeigt bes. die Entwicklung im Frankreich Ludwigs XIV., wo eben die Literatur ihrer klassischen Blüte entgegenstrebt. Geistvolle, an Cicero geschulte Rhetoriker (→ Bossuet, → Massillon u.a.) lösen mit ihren Themen- und Prunk-P.en vorwiegend ethischer Natur den derben Stil der Volks-P. ab. Der französische Kulturstrom bringt diese P.art auch nach dem übrigen Europa, wo sie unter dem

Geist der Aufklärung seit Mitte des 18.Jh.s vollends rationalistisch verflacht.

c) Die Zeit der → *Aufklärung* mit ihrer Fülle einander widersprechender Tendenzen und die mit ihr einsetzende schrittweise Auflösung der räumlichen Konfessionsgrenzen schuf die Voraussetzung für neue konfessionelle Begegnungen. In der Moral-P. werden die Gegensätze relativiert, ja es konnte geschehen, daß kath. und ev. Prediger sich auf ihren Kanzeln gegenseitig vertraten. Beeinflußt von Individualismus, → Pietismus und → Erweckungsbewegung, betrachtete man die P. weitgehend als den wichtigsten Bestandteil des Gottesdienstes überhaupt. Fand diese konfessionelle Begegnung auch mehr im Bereich des Humanum als in der Theologie statt, so hat sie doch die Grundlage für eine bis heute währende gegenseitige Beeinflussung ergeben. Den Umbruch macht bes. J.M. → Sailer deutlich. Seine Schriften und P.en zeigen ev. Weite, tiefe Frömmigkeit, unbefangene Beschäftigung mit ev. Theologie, vor allem aber sein Prinzip, die Moral wieder christologisch zu fassen, sie schriftgemäß und heilsgeschichtlich zu begründen: »Gott in Christus, das Heil in der sündigen Welt.« Sailer hat das Thema in die innerkath. Debatte geworfen, das heute wieder erstaunlich lebendig ist: Eigenständigkeit einer kerygmatischen Glaubensverkündigung gegenüber der Schultheologie. Ausgeprägter vertritt die *Tübinger Schule,* bes. ihr »katechetischer Klassiker« J.B.v. → Hirscher die katechetische »Reichsgottes-P.« gegenüber dem Moralismus der Aufklärungs-P. und gegenüber den lebensfernen und philosophischen Doktrinen der Neuscholastiker (Katechismus der christkath. Religion, 1842).

d) Diesem hoffnungsvollen Ansatz bereitet die → *Neuscholastik* vor allem durch die Jesuiten → Perrone, → Kleutgen und Franzelin ein jähes Ende. Nach ihnen besteht zwischen Theologie und Kerygmatik kein Unterschied, P. und Katechese werden wieder Auszüge aus der Dogmatik. Der Gegenschlag gegen die Tübinger P.auffassung vollzieht sich vornehmlich auf der katechetischen Ebene (J. → Deharbe). »Nicht mehr von der Heilsökonomie, sondern vom Menschen und seinem Tun wird fortan das kerygmatische Baugesetz gewonnen« (Arnold). Alle zeitnotwendigen Erneuerungen werden ausschließlich auf dem Boden der Methodenfrage (Psychologie, Dialektik, Rhetorik) getroffen. Damit wird die P. wieder zur vorsailerschen Moral-P. in neuer dogmatischer Verknüpfung.

e) Die *neuere kath. Entwicklung* zeigt, daß die biblisch kerygmatische P.art zwar durch die neuscholastisch-systematische verdeckt, aber nicht ausgerottet werden konnte, wie sich etwa an J. → Newman, P. → Guéranger, P.W.v. → Keppler u.a. nachweisen läßt. Letzterer hat mit seiner Schule der biblischen Homilie wieder Ansehen verliehen. Liturgische und Bibelbewegung (→ Gottesdienst: V B, 1 h, → Bibelverbreitung) mit ihren seelsorgerlichen und kerygmatischen Anstößen versuchen der allgemein empfundenen P.not aufzuhelfen. Vor allem aber bemühen sich die Innsbrucker Jesuitentheologen J.A. → Jungmann, F.Lakner, H. und K. Rahner u.a. um ein neues Verhältnis zwischen theologischer Wissenschaft und Glaubensverkündigung. Sie möchten über die Antithesen hinaus zu einer »Theologie der Verkündigung« führen, in der das Entweder-Oder in ein Sowohl-Als-auch verwandelt wird. Beides soll spannungsreich zueinander im einzelnen Prediger da sein: »Das Dogma sollen wir kennen; verkündigen müssen wir das Kerygma« (Jungmann). Heftiger Widerspruch (M.Schmaus, J.Schröteler SJ, Th.Soiron u.a.) zeigt, wie sehr das Streben nach einer Verkündigungsreform an den bisherigen Grundsätzen rüttelt: Das Wort Gottes selbst wird zur Lehre Gottes, in der Christus selbst redet (Soiron). »Die Theologie ist also selbst Glaubensvollzug« (Schmaus). Die kath. P.lehre müht sich um die Synthese, die schon J.A. → Möhler in der Bestimmung von Kerygma und Überlieferung gegen Sailer vertreten hatte: Beides »ist keine einseitige Gabe; Gott und Mensch geben sich gegenseitig. Das ist das Fundamentalgesetz des Katholizismus: hiervon geht alles aus, alles geht dahin zurück.«

2. a) Die *kirchenrechtlichen* Bestimmungen über die kath. P. sind niedergelegt im CIC, Sachenrecht IV: das kirchliche Lehramt, dort bes. in cc. 1327–1351 und damit getrennt vom sakramentalen Kult-Gottesdienst (III) behandelt. In den P.en ist ungekünstelt und einfach darzulegen, was die Gläubigen zu ihrem Heil glauben und tun müssen (vgl. Tridentinum). Zur P. verpflichtet sind für die Gesamtkirche der Papst, für ihre Diözesen die Bischöfe, die Priestern und Diakonen (nicht aber Laien) P.erlaubnis und -vollmacht erteilen können. Zu predigen ist an allen Sonn- und Feiertagen, häufiger in den Fastenzeiten, vor allem in den Messen, sonst in Andachten. Wird die P. in der → Messe (: II) gehalten, so schließt sie sich an die Evangelienlesung oder auch an das Credo an. Die Gläubigen sollen der P. häufig beiwohnen. Die Prediger haben »nicht sich selbst, sondern Christus den Gekreuzigten zu predigen«. Der *lehramtlichen* Entfaltung dieser rechtlichen Bestimmungen und zugleich der Lenkung der Reformbestrebungen dienen verschiedene päpstliche Reden und Enzykliken, bes. Benedikts XV. »Humani generis« (1917) und Pius' XII. »Mediator Dei« (1947) und → »Humani generis« (1950). Ist für erstere »die P. der christlichen Wahrheit das gottgewollte Mittel zur Fortführung des übernatürlichen Heilswerkes« und wird sie deshalb »mit Recht zu den wichtigsten und schwerwiegendsten Anliegen gezählt«, so wird sie in »Mediator Dei« völlig der Liturgie als dem »gesamten öffentlichen Kult des mystischen Leibes Jesu Christi« unterstellt. An letzter Stelle nach den Sakramenten, dem Lobpreis und der Schriftlesung wird die P. genannt, »in der der Vorsteher der Gemeinde die Vorschriften des göttlichen Meisters ins Gedächtnis ruft und dann nutzbringend erklärt, wichtigere Begebenheiten aus dem Leben Christi anschließt und den Anwesenden geeignete Mahnungen und Beispiele zu Gemüte führt«. So hat sie »dazu beizutragen, daß sich das Selbstopfer der Gläubigen über das liturgische Opfer hinaus auf das ganze Leben erstreckt«. Soweit die Bibel wieder P.-grundlage geworden ist, muß sich nach »Humani generis« (1950; vgl. »Divino afflante spiritu«, 1943) exegetisches Ergebnis mit lehramtlichen Aussagen decken. – Die Vergegenwärtigung Christi vollzieht sich ausschließlich im sakramentalen Kult, nicht aber in der P. Diese hat lediglich belehrende Funktion.

b) Die *gegenwärtige,* sehr lebendige *Diskussion* versucht über die Methodenreform hinaus die rechtlichen und lehramtlichen Bestimmungen freier als bisher auszulegen. Es geht um »die Stellung der P. in der Heilsökonomie«. Ist die P. Gottes Wort, dann muß sie sakramental verstanden werden, Sünden tilgen und Versöhnung mit Gott bewirken (Arnold, H. und K.Rahner, Hitz, Busch, Soiron). Enthält sie es nur, dann kommt ihr kein sakramentaler Charakter und »keinerlei Ursächlichkeit in der Vermittlung von Heilsgnade« zu. Dann kann sie nur »Anlaß göttlicher Gnadenvermittlung« sein (Schurr, ähnlich Schelkle u.a.). Sie disponiert den Hörer zum Empfang der Glaubensgnade und zum Glaubensakt und wirkt ex opere operantis wie die → Sakramentalien und nicht ex opere operato wie die → Sakramente (Haensli). Fordern die einen (K.Rahner, Arnold usw) eine »Theologie des Wortes und der Glaubensverkündigung«, so halten die anderen die lehramtlichen Aussagen zu einer P.reform für ausreichend (Brinktrine, Kappler).

c) Für *die Praxis* ist es symptomatisch, wenn St.Grün die P. der heute weitgehend entchristlichten Wirklichkeit entsprechend als Missions-P. faßt, die er als integrierenden Teil des Kultes »zelebriert« wissen will. Ihre Arten teilt er in folgende Rangordnung ein: die *kerygmatische P.*, die die heilsgeschichtliche Bedeutung Jesu darstellen soll, die *mystagogische P.*, die den im Kult gegenwärtigen Christus bezeugt und christliches Daseinsverständnis erschließt, die *Moral-P.* als Entfaltung des gottmenschlichen Lebens im Leben des Christen, die *katechetische P.*, die die Lehre der Kirche möglichst nach dem Kirchenjahr ordnet, und die *apologetische P.*, die bei allem Kampf gegen Irrlehren und antichristliche Weltanschauungen weiß, »daß die Entscheidungsschlacht bereits geschlagen ist«. – So ist es verständlich, daß man neben marianischen (Kattum) und liturgischen P.en (Benediktiner), neben moralischen und politischen P.en, neben volksmissionarischen P.en, die eigenen Gesetzen unterliegen (Leppich), vor allem in kath. Rundfunkandachten und auch auf Katholikentagen (Berlin 1958) P.en hören kann, die sich kaum von der ev. P. unterscheiden. Jedenfalls: »Die kath. Theologie des Wortes ist in Bewegung geraten« (Haensli). Inwieweit sie die Grenzen lehramtlicher Weisungen bisheriger Art erweitern kann, bleibt abzuwarten.

Alle wesentliche Lit. in folgenden Arbeiten: E.Kappler, Die Verkündigungstheol., Freiburg/Schw. 1949 - Theol. u. P., ein Tagungsbericht, hg.v. O.Wehner u. M.Frickel OSB, 1958 - W.Jannasch, Röm.-kath. Stimmen zur gegenw. Aufgabe u. Problematik der christl. P. (MdKI 9, 1958, 101-105). *J.Lell*

IV. Heidenpredigt

Der Begriff »Heidenpredigt« (= H.) stammt aus der älteren Missionspraxis, als man die Grenzlinie zwischen Heiden und Christen, zwischen »heidnischen« und »christlichen« Völkern einigermaßen geographisch fixieren konnte. Von seinem Ursprung her bezeichnet jedenfalls der Terminus »Heiden« (= Völker [hebr. gôjîm]; ἔθνη) den Unterschied und Gegensatz zu Israel. Daher hat zB Luther die Stellen, welche von den Heiden handeln, theologisch richtig auch auf sein eigenes Volk, also auf Christen angewendet. – In der heutigen Situation kann man nur unter starken Vorbehalten von H. reden. Wenn darunter die Verkündigung des Wortes Gottes verstanden werden soll, die sich an solche Menschen wendet, die das Evangelium noch nie gehört haben, so ist sofort deutlich, daß hier die Grenzen nicht starr, sondern fließend sind. In den »christlichen« Ländern haben wir es zunehmend mit Menschen zu tun, die vielleicht seit Generationen der Kirche und dem christlichen Glauben entfremdet sind und denen »neu« verkündigt werden muß. Umgekehrt finden sich in nichtchristlichen Ländern, in sog. unevangelisierten Gebieten, zahlreiche Heiden, die durch Schule, Radio, Literatur, Bibellektüre oder durch persönliche Kontakte mit dem Christentum in Berührung gekommen sind und nicht mehr als »Unwissende« gelten können. Was mit H. gemeint ist, wird also in reiner Ausprägung nur beschränkt vorkommen. Daher hat sich anstelle von H. der umfassendere Terminus *»missionarische Verkündigung«* durchgesetzt, oder auch »evangelistische Verkündigung«, womit nicht nur die erweckliche P. unter Christen, sondern auch Erst-Verkündigung gemeint sein kann (→ Evangelism, → Mission: III B, → Mission und Evangelisation). Eine neue Interpretation von Begriff und Inhalt der H. ist von H.Kraemer in »Die christliche Botschaft in einer nichtchristlichen Welt« (1938) geliefert worden. Kraemer stellt dort die Anliegen der H. in die umfassenden Perspektiven der biblischen Botschaft und der heutigen Welt hinein und leitet dazu an, als Kontext soziologische, religionsgeschichtliche, politische Faktoren »mitzulesen« und zu interpretieren. Ein ähnlicher Versuch, H. sach- und zeitgemäßer wiederzugeben, liegt vor im Terminus → *»Comprehensive Approach«*, der »umfassenden Begegnung« der christlichen Botschaft mit der Welt des heidnischen Hörers, wobei dieser nicht als isolierter Einzelner gesehen wird, sondern in seiner Verflochtenheit mit Sippe, Volk, Kultur und Religion, mit der Ausrichtung des missionarischen Auftrages auf alle diese Gebiete.

Versteht man missionarische Verkündigung so umfassend, so wird zunächst der Blick geschärft für die Tatsache, daß »P.« im NT weiter und vor allem differenzierter ist als das, was gemeinhin unter P. verstanden wird. Eine Vielfalt von Termini umschreiben verschiedene mögliche P.-Formen. Es sei vor allem erinnert an die primäre Bedeutung des *Gespräches* (ὁμιλεῖν!) als Verkündigung. Es ist heute vielerorts nicht mehr möglich, die alten (klassischen) Formen der H. anzuwenden, etwa auf Märkten oder bei Tempelfesten in aller Öffentlichkeit und in großen Versammlungen die Heiden anzureden. Um so wichtiger wird das Einzel- oder Gruppen-Gespräch. Geeignete Wege in der missionarischen Gesprächsführung zu finden, ist eines der dringendsten Gebote einer neuzeitlichen Homiletik. Dabei sind aber die Grenzen zwischen Diskussion, Kontroversgespräch und Zeugnis wohl zu beachten. Beispielhaft ist die Art, wie in Joh 3 und 4 das Gespräch unvermerkt in die zeugnishafte Anrede übergeht. – Neu erschlossen hat sich für uns ebenfalls der enge Zusammenhang von *Gemeinschaft* und *Zeugnis*, von κοινωνία und κήρυγμα. Vermehrt gilt es, »Stätten der Begegnung« zu schaffen, in welchen in menschlich-brüderlichem Zusammenleben von Christen und Nichtchristen das Evangelium in eben dieser Gemeinschaft gelebt und bezeugt werden kann (ashram!). Aber auch für die Verkündigung des Missionars ist es wesentlich, daß sie in der Gemeinschaft mit Brüdern geschieht, in der Form des »team«. Es ist zu erwarten und zu hoffen, daß in Zukunft vermehrt ökumenisch zusammengesetzte (übernationale und interkonfessionelle) missionarische Arbeitsgruppen den Dienst der H. tun und so die Botschaft vor dem Mißverständnis geschützt wird, es handle sich um Propaganda für den Westen oder für eine bestimmte Kirche oder Konfession. – Die moderne H. bedient sich in der Gegenwart natürlich auch aller modernen *technischen* Mittel. Einige christliche Radiosender strahlen in vielen einheimischen Sprachen regelmäßig das evangelistische Wort aus. Besondere »Schallplatten-Missionen« lassen in ungezählten Sprachen und Dialekten kurze H.en aufnehmen, die dann in den betreffenden Sprachgebieten abgespielt werden. Diese mechanisierte Form der missionarischen Verkündigung ist jedoch höchst problematisch. Vielfache Verwendung finden Bild-Darbietungen in Form von Plakaten, Filmen, Lichtbild, Flanellograph usw. Auch dramatische Darstellungen biblischer Geschichten dienen der H.

So vieles sich in den Arbeitsformen der H. im Laufe der Zeit gewandelt haben mag, so sind doch die *theologisch-grundsätzlichen Probleme* dieselben geblieben. Folgende seien erwähnt: 1. Soll in der P. vor Heiden zentral mit dem Christus-Zeugnis eingesetzt werden, oder empfiehlt es sich, der revelatio specialis die Verkündigung einer »allgemeinen Offenbarung« voranzustellen, von Gott zu Christus, vom Gesetz zum Evangelium, vom Schöpfer zum Erlöser zu führen? Je und je glaubte man auch in den prot. Missionen, diesen »entwickelnden«, »heilspädagogischen« Weg gehen zu sollen. Die theologische Neubesinnung der Gegenwart hat jedoch zu der Erkenntnis geführt, daß der entschlossen christologische Ansatz *jeder* Verkündigung unter Heiden und Christen, wie er etwa bereits in den Missionsinstruktionen → Zinzendorfs begegnet, die einzig mögliche Form christlicher Verkündigung sein kann. Eine Verkündigung, die Christus ausklammert, ist nicht mehr P. Grund und Inhalt der P. wird nicht vom Hörer (Heiden), sondern allein vom Worte her bestimmt (1Kor 2, 2). - 2. Um das früher vieldiskutierte Problem der → *Anknüpfung* ist es heute stiller geworden. Sowohl in der Religionsgeschichte als auch in der Theologie hat man erkannt, daß es nicht angeht, religiöse Werte (Gnade, Liebe usw) verschiedener Religionen direkt miteinander in Beziehung zu setzen. Jeder einzelne »Begriff« muß zunächst im Ganzen der betreffenden Religion interpretiert und dann als Ganzes gegen Ganzes gesetzt werden (Rud. → Otto: entscheidend ist die »Achse«, um welche in einer Religion die Begriffe schwingen). Dabei können sich vermeintliche »Parallelen« in Unterschiede, ja Gegensätze wandeln. In einem modifizierten Sinne darf freilich doch von »Anknüpfung« gesprochen werden, insofern der missionarische Zeuge in der ihn bewegenden Christus-Liebe sich ganz hineinwagt in das Denken und Leben derer, denen er das Evangelium verkündigen darf. Er wird alles heranziehen und benützen, was die P. konkret und leibhaft-real werden läßt, ohne daraus eine »Methode« der Anknüpfung zu entwickeln. Kommt der Mensch durch das Hören des Wortes zum Glauben, so ist dies immer Wunder des Hl. Geistes und nie Resultat einer »Anknüpfung«. - 3. *Inhaltlich* wird die H. im wesentlichen von drei Leitlinien bestimmt sein: a) Aufweis der großen Grundtatsachen der biblischen Heilsgeschichte in Schöpfung, Fall, Versöhnung und Erlösung; b) Darlegung des Weges zum persönlichen Glauben an Jesus Christus (→ Bekehrung [: V] als Hinwendung zu Christus und Auszug aus der bisherigen »Heimat«); c) Ruf zu Umkehr und Entscheidung. - 4. *Ziel* der H. ist die → Taufe (: VIII) als Aufnahme in die Gliedschaft der christlichen Kirche, verstanden als Volk Gottes, das dem Reich Gottes entgegenwandert.

K.Wohlrab, Die christl. Missions-P. unter den Schambala, 1929 - H.Schärer, Die missionarische Verkündigung auf dem Missionsfeld, 1946 - A.G.Hogg, The Christian Message to the Hindu, London 1947 - H.Wyder, Die H., ihr Gegenüber, ihr Ziel, ihr Inhalt u. ihre Ausdrucksweise, 1954 - K.Cragg, The Call of the Minaret, New York 1956 - H.J.Margull, Theol. der missionarischen Verkündigung, 1959 (Lit.).

H.Dürr

Pregizerianer, eine in → Württemberg und im badischen Grenzgebiet beheimatete Gemeinschaft, benannt nach *Christian Gottlob Pregizer* (1751-1824), einem bes. von → Oetinger und → Bengel beeinflußten Theologen, der zuletzt als Stadtpfarrer in Haiterbach/ Schwarzwald wirkte. Die Entstehung der P. ist noch nicht hinreichend aufgeklärt. Fest steht nur, daß sie in ihren Ursprüngen nicht auf Pregizer zurückgehen. Dieser hat sich vielmehr in Haiterbach ab 1795 der dort spätestens seit 1768 bestehenden pietistisch-separatistischen Privatversammlungen angenommen und sie in kirchliche Bahnen zu lenken versucht. Bald nannten sich in der näheren und weiteren Umgebung kleinere Kreise nach dem volkstümlichen Prediger, ohne in jedem Fall seine Lehre und Frömmigkeit zu vertreten. Da Pregizer keine organisierte Gemeinschaft gründen wollte, blieb der Begriff P. dehnbar. Die P. haben bis heute keine juristische Gestalt gewonnen und kennen daher auch keine statistisch nachweisbare Mitgliedschaft. Ein »leitender Bruder« steht den zZ in etwa 85 zT recht kleinen Gemeinschaften zusammengefaßten rd 5000 P.n seelsorgerlich vor. - Die *Lehre* der P. läßt sich angesichts der fehlenden Geschlossenheit nach außen und innen nur schwer darstellen. Als Grundzüge dürfen gelten: die hyperluth. anmutende Betonung der objektiven Wirkung der beiden Sakramente, die Freude am seligen Gnadenstand des durch den Glauben gerechtfertigten Sünders, die aber keineswegs den Ernst der Heiligung verkürzen soll, sowie eine große Vorliebe für die Apokalypse. Mit den übrigen schwäbischen Gemeinschaften teilen die P. den Glauben an das Tausendjährige Reich (→ Chiliasmus) und die → Wiederbringung aller Dinge, während sie sich von der Heidenmission und aktiven Evangelisation zurückhalten. - Das Verhältnis der P. zu Kirche und Pfarramt ist im allgemeinen gut, auch wenn man - wie überall im Pietismus - den meisten Strömungen der neueren Theologie kritisch gegenübersteht.

Fr.Pfeil, Chr.G.Pregizer u. die Gemeinschaft der P. (Diss. Heidelberg), 1938 (Masch.; vollst. ältere Lit.) - H.Hermelink, Gesch. d. ev. Kirche in Württ., 1949, 350ff (fehlerhaft) - W.Schulze, Pregizer u. Schelling (Blätter f. württ. KG 54, 1954, 179-182) - G.Müller, Chr. G.Pregizer (erscheint demnächst ebd; Biogr. u. Edition aller noch vorh. Schriften).

Gotth.Müller

Preis → Wert und Preis.

Preiswerk, *Samuel* (1799-1871), ev. Kirchenliederdichter, * in Rümlingen bei Basel, 1824 Prediger am Basler Waisenhaus, 1828 theologischer Lehrer am Missionshaus, 1830 Pfarrer in Muttenz. 1832 durch die Revolution vertrieben, erhielt P. an der theologischen Schule der → Evangelischen Gesellschaft in Genf ein Lehramt für at. Exegese, mußte aber wegen irvingianischer Anschauungen ausscheiden. 1837 kehrte er wieder nach Basel zurück, wurde Pfarrer an St. Leonhard und zugleich Lehrer der hebr. Sprache an der Universität. Seine Lieder erschienen erstmals 1844 im »Ev. Liederkranz« (Basel). Die bekanntesten sind: »Die Sach ist dein, Herr Jesu Christ«, »Volk des Herrn, du hast hienieden«, »Wir treten in das neue Jahr«.

Koch VII, 96.

E.Wunderlich

Presbyter

1. P. in der alten Kirche - 2. Die P.-Weihe - 3. Der Laien-P.

1. P. (πρεσβύτεροι = Ältere oder Älteste) haben überall gleich anderen »Altersklassen« religiöse Mächtigkeit besessen (vgl. van der Leeuw § 34, 2); aber auch ohne erkennbaren religiösen Hintergrund gab und gibt es auf vielen Lebensgebieten Älteste und Ältestenräte. Ihr Dasein im → Urchristentum ist also nicht erstaunlich, zumal P. in der LXX eine große Rolle spielen und die → Gemeindeverfassung des Judentums für viele urchristliche Gemeinden vorbildlich wurde. Im NT erscheinen presbyterial geleitete Gemeinden neben solchen, die, wie die paulinischen, keine P. haben (→ Kirchenverfassung: I). Aber beide Formen verschmelzen überraschend schnell, wenn auch in mannigfachen Übergängen. Die P. werden zusammen mit dem → Bischof (: I) als Priester angesehen, sind seine bevollmächtigten Vertreter in Lehre, Seelsorge und Sakramentsverwaltung und Beisitzer in seinem Gericht (→ Kirchenverfassung: II, 1.2). Zuerst in den Dörfern (»Land-P.«), dann auch in den Stadtgemeinden werden sie so zu Vorläufern des sich im MA konsolidierenden Pfarramtes. *Weibliche* P. (πρεσβύτιδες) werden noch auf einer Synode zwischen 350 und 400 - wohl polemisierend - erwähnt. Wenig später erhielt der Priesterbegriff seine endgültige Gestalt (→ Priestertum: III). Daß nur der Mann Priester sein kann, ist jetzt selbstverständlich. Er wird es durch die P.-Weihe, die, wie man im Westen betont, einen character indelebilis verleiht (→ Ordination: III). Dieser kirchenrechtlichen Auffassung steht im Osten eine »rein sakrale, kultisch-liturgische« (v.Campenhausen) gegenüber, für die auch der → Diakon als Priester

unentbehrlich ist. Der character indelebilis fehlt aber auch hier nicht ganz (vgl. can. 19 von Nicäa, 325). – Da schon frühzeitig (1Clem) die P. als Garanten der apostolischen Überlieferung galten, ist es nicht erstaunlich, daß von Männern wie → Papias oder → Irenäus Apostelschüler als P. geehrt wurden (vgl. den »P.« → Johannes [, 22]). Selbstverständlich spielt im NT auch die Ehrung der P. im *natürlichen* Sinne des Wortes eine Rolle.

2. Materie und Form der *P.-Weihe* sind im röm.-kath. Ritus die Handauflegung und das sie begleitende Gebet des Bischofs (→ Ordination: V, 2). Die von vielerlei Symbolen begleitete Handlung geht auf verschiedene Zeiten der KG zurück. Die östlichen Riten der P.-Weihe sind im ganzen viel schlichter geblieben. – Die Reformatoren haben die → Ordination (: V, 3) aufs äußerste vereinfacht; nur entscheidende Stücke (Handauflegung durch den Ordinator und die anderen »Presbyteri«, Gebet, Anrufung des Hl. Geistes im Gesang, gemeinsame Kommunion) wurden aus der alten Überlieferung übernommen oder ihr angenähert (Bugenhagen, Luther), im übrigen die ganze Handlung auf die ev. Gemeinde hin ausgerichtet. – Die anglikanische Kirche behielt bei der P.-Weihe aus der röm. Ordnung das »Veni creator spiritus«, ein Glaubensbekenntnis der neuordinierten P. (Nicänum statt Apostolikum) und die gemeinsame Kommunion bei. – Die Brüdergemeine führte 1745 den Weihegrad des P.s ein, und zwar (lt. Cranz 416) mit Rücksicht auf die Überlieferungen der alten → Brüderunität, obwohl sie ein ganz anders geartetes (gemeindliches!) Ältestenamt schon besaß.

3. Ein solches *Laienpresbyterat* hatte weder die Reformation Luthers noch die der deutschsprachigen Schweiz entwickelt, trotz einzelner kirchlicher Ansätze oder gelegentlicher Forderungen und Programme Luthers, Melanchthons, Oekolampads u.a., bei denen es zumeist um Fragen des Kirchenbanns, der Armenversorgung und der kirchlichen Finanzen ging. Am weitesten ist wohl → Bugenhagen (Hamburg 1529, Lübeck 1531) bis in die kirchliche Praxis vorgestoßen. – Erst → Calvin hat von seiner Sicht des NT her mit seinem Ältestenamt den Laienpresbyterat für die ev. Kirchen der Welt geschaffen (→ Kirchenverfassung: VI, 3). Das Presbyterium konnte aber erst dort, wo die ref. Gemeinden völlig auf sich gestellt waren (Joh. → Laski, Frankreich, Niederrhein), seine volle Wirkungsmöglichkeit gewinnen, und hier ist wohl zuerst der Begriff P. auch *sprachlich* wieder lebendig geworden. Um die gleiche Zeit wurden *luth.* Gemeinden (Union von Sendomir 1570; → Polen: I, 2) praktisch mit dem neuen Dienst des P.s bekannt. Gegenwärtig ist *ohne* ihn (vgl. für Deutschland: Rheinisch-Westfälische KO von 1835; in der Ökumene: Kirchentum der → Presbyterianer) kirchliche Arbeit in allen ev. Kirchen und Denominationen kaum noch zu denken. Der P. ist damit zu seinen frühesten Anfängen in der Kirche zurückgekehrt.

Zu 1: E. Hatch, Die Gesellschaftsverfassung d. christl. Kirchen im Altertum, dt. 1883 (229–251: A. Harnack, Episkopen, Diakone, P.) – RE XVI, 5ff. 9ff; XXIV, 346 (Lit.) – H. Achelis, Das Christentum in d. ersten 3 Jh.en I. II, 1912 (s. Reg.) – Lietzmann I. II – LThK VIII, 462f. 469ff – H.v. Campenhausen, Kirchl. Amt u. geistl. Vollmacht in d. ersten 3 Jh.en, 1953 – Ders. (→ Priestertum: III, 1) – ThW VI, 651ff. – Zu 2: D. Cranz, Alte u. neue Brüderhistorie…, 1771 – Braun, LH 276ff – LThK VIII, 473ff. – Zu 3: Sehling, bes. I/1 u. V – BSRK – Niesel, BS. *W. Jannasch*

Presbyterianer

I. Kirchengeschichtlich – II. Mission der Presbyterianer

I. Kirchengeschichtlich

1. Eigenart und Grundsätze – 2. Kirchengeschichtliche Entwicklung – 3. Kirchengeschichtliche Bedeutung. – P. = Presbyterianer, P.mus = Presbyterianismus, p. = presbyterianisch

1. P.mus bezeichnet, in unmittelbarer Anlehnung an das NT, eine → Kirchenverfassung (: VI), in welcher die Alleinherrschaft Jesu Christi in seiner Gemeinde durch Gleichberechtigung aller Glieder und infolgedessen durch ein einziges Amt, das der Ältesten (→ »Presbyter«), ausgedrückt wird. Die Berufung in dieses Amt erfolgt sinngemäß durch Wahl der Gemeindeglieder in formaler Analogie zur demokratisch-republikanischen Staatsform und in ausgesprochenem Gegensatz zur Monarchie der päpstlichen, aber auch zur Aristokratie der bischöflichen Kirchenverfassung, bes. in der → Anglikanischen Kirche (: I). Auf englischem Boden steht der P.mus in der Mitte zwischen dem Anglikanismus und dem → Kongregationalismus, der überhaupt kein der Einzelgemeinde übergeordnetes Amt kennt, während der Anglikanismus von einer dreistufigen Gliederung der Geistlichkeit in Bischöfe, Priester (Presbyter) und Diakonen ausgeht. Die Einzigkeit des Amtes im P.mus zieht die grundsätzliche und praktische Aufhebung des Unterschiedes zwischen Klerus und Laien nach sich; soweit sie doch besteht, beruht sie ausschließlich auf der speziellen kirchlichen Aufgabe (strenger Funktionalismus). Ob diesem kirchlichen Verfassungssystem nt. Ursprung und damit göttliches Recht im Vollsinne zukommt, wird verschieden beantwortet. In der Praxis ergibt sich ein Aufbau von einander übergeordneten Gerichtshöfen (Konsistorien, Presbyterien) mit zunehmender Disziplinargewalt und Appellationsmöglichkeit (→ Schottland: I, 3). Der juristische Zug ist darum bes. stark ausgeprägt.

2. a) Im Reformationszeitalter wurden die p.en Grundsätze zuerst am 26.10.1523 in einer Kirchenversammlung in Zürich proklamiert und abgeschwächt von → Zwingli in Zürich, noch mehr abgeschwächt von → Oekolampad in Basel – jeweils in Abstimmung mit den bestehenden städtischen Obrigkeiten – dem Kirchenwesen zugrunde gelegt. Im Unterschied zu ihnen forderte → Calvin (Inst. IV) in *Genf* eine volle rechtliche Eigenständigkeit der Kirche – im Prinzip sowohl der röm.-kath. als auch der eben entstandenen biblizistischen des frühen Täufertums (→ Grebel an → Müntzer, 5.9. 1524) verwandt. Sie wirkte bes. stark auf seinen schottischen Schüler John → Knox, der die *schottische Kirche* (Kirk) zur klassischen Vertreterin des P.mus gestaltete (→ Schottland: I, 2).

b) Dies geschah zuerst im Vertrag von Edinburgh 1560. Die dort geschaffenen Ordnungen (First Book of Discipline) konnten aber das p.e Ideal noch nicht rein verwirklichen. Insbesondere zwang der Pfarrermangel dazu, das Hilfsamt des Vorlesers (reader) zu schaffen. Ebenso mußten zum Aufbau des ref. Kirchenwesens »Superintendenten«, die zT Laien waren, in 10 Diözesen zu Hilfe genommen werden. Um mit König Jakob VI. in ein gewisses Einverständnis zu kommen, waren die P. 1572 sogar genötigt, Bischöfe wiedereinzusetzen, die den Spottnamen »tulchans« erhielten (tulchan = eine mit Stroh ausgestopfte Kuhhaut, dh nachgeahmte Bischöfe). Als 1574 A. → Melville aus Genf zurückkehrte, forderte er die sofortige Aufhebung aller derartiger Anpassungen und vertrat die p.en Grundüberzeugungen als göttliches Recht. Damit beschwor er Kämpfe von fast 100jähriger Dauer in der schottischen Kirche herauf. Ausdruck seiner Haltung wurde das Second Book of Discipline (1578), das die Generalversammlung 1581 annahm. 1592 erreichte sie vom König und Parlament die offizielle Anerkenntnis des p.en Systems. Als aber Jakob 1603 auch König von England geworden war, erneuerten und verstärkten sich die Versuche, Schottland die bischöfliche Verfassung des Anglikanismus, später auch den anglikanischen Gottesdienst aufzudrängen. Nach der erzwungenen Aufrichtung des bischöflichen Systems (1610) brachte die gewaltsame Einführung der anglikanischen Liturgie in Edinburgh durch → Laud 1638 den p.en Widerstand zum Ausbruch. Es folgten das Bündnis der Schotten mit dem englischen Parlament, der Bürgerkrieg und die Hinrichtung sowohl Lauds (1645) als auch Karls I. (1649). Nach der Restauration der Stuarts wurde 1662 - unter Billigung durch das königstreue Parlament - wieder das bischöfliche System eingesetzt; p.e Pfarrer wurden vertrieben oder durch Haft mürbe gemacht. Neue Kämpfe waren die Folge (»Killing Times« 1662-90). Andrerseits durften die Sitzungen der p.en Gremien, bes. der Generalversammlung stattfinden, so daß sich eine eigentümliche Mischung von bischöflichem Oberbau und p.em Unterbau ergab. Erst unter Wilhelm III. trat Ruhe ein, die das Toleranzgesetz von 1712 bestätigte. Doch begann sofort der Streit um das Laienpatronat. Es war 1567 eingeführt, 1649 abgeschafft, 1662 wiedereingeführt, 1690 wiederabgeschafft, 1712 wiedereingeführt worden. Seinetwegen spalteten sich in den nächsten 200 Jahren p.e Freikirchen ab (1733 Secession Church, 1761 Relief Church, 1843 Free Church of Scotland unter → Chalmers), bis es 1874 durch das Parlament abgeschafft wurde. 1900 entstand die United Free Church of Scotland als Sammelbewegung der p.en Freikirchen, 1929 erfolgte die endgültige Wiedervereinigung mit der Church of Scotland (→ Einigungsbestrebungen: V, 1); diese hat zZ etwa 1,25 Mill. Mitglieder. Seit 1954 finden Unionsgespräche mit der anglikanischen Kirche statt.

c) In → *England* (: I, 3) wirkte der P.mus immer als Fremdkörper, der zT von den Emigranten aus den festländischen Zufluchtsstätten, zT aus Schottland übertragen worden war. Zur öffentlichen Angelegenheit wurde er durch die heftigen Anklagen Th. → Cartwrights in Cambridge gegen die bischöfliche Verfassung. Zentren der P. wurden London und Lancashire. Jedoch erst die Verbindung mit Schottland im Bürgerkrieg brachte sie zur Herrschaft, die sie bald an die Independenten (Kongregationalisten, radikalen → Puritaner) verloren. Immerhin setzten sie 1645 die Abschaffung des Anglikanismus (bis 1660), 1647 auf der → Westminster-Synode die calvinistische → Westminster-Confession, das bis heute gültige dogmatische Einheitsband aller p.en Kirchen englischer Zunge, sowie die entsprechenden Gottesdienst-, Kirchenordnungen und Katechismen durch. Nach der Restauration der Stuarts und des Anglikanismus gingen sie laufend zurück; sie näherten sich den anderen Freikirchen (1727 Bund der »Three Denominations«: P., Baptisten, Kongregationalisten), wurden aber durch den im Freikirchentum fortschreitenden Sozinianismus geschwächt und vor allem durch den → Methodismus überflügelt. Mit schottischer Hilfe bildete sich 1876 die Presbyterian Church of England (zZ ca 70000 Mitglieder).

d) Nach *Nordirland* (Ulster) kamen die P. durch die Ansiedlung von Schotten (seit dem 17.Jh.). Die seit 1660 einsetzende Verfolgung (→ Irland: II, 2) leitete die große irische Abwanderung nach Nordamerika ein. Lehrkämpfe um Sozinianismus und Arianismus führten zu Trennungen, die 1854 in einer bleibenden Vereinigung beendigt wurden. Die Zahl der irischen P. beträgt zZ rd 134000.

e) In *Nordamerika* (→ Vereinigte Staaten: I) fanden sich P. niederländischen (1628 New Amsterdam in New York), englischen (1625 Salem, 1630 Watertown in Massachusetts, 1644 Hempstead in Long Island), schottischen und irischen (Pennsylvanien, 1701 Philadelphia) Ursprungs zusammen. 1717 wurde in Philadelphia die erste p.e Synode gebildet, während vorher nur Einzelgemeinden bestanden. Im Unabhängigkeitskrieg 1776-83 spielten die P. eine bestimmende Rolle. Die große geistliche Kraft der P. im 18.Jh. war Jonathan → Edwards. Als Nachwirkung der von ihm ausgehenden Erweckung entstand im 19.Jh. in Kentucky und Tennessee die Cumberland Presbyterian Church, die sich 1906 mit der Presbyterian Church of America vereinigte. Seit 1720 bildete sich durch Einwanderung eine German Reformed Church, die sich 1863 in Pittsburgh als Generalsynode organisierte, seit 1847/57 eine Christian Reformed Church niederländischer Herkunft in Michigan. Die Presbyterian Church in the US (Southern Presbyterian Church) entstand aus Gruppen, die sich 1857 und 1861 von der Presbyterian Church in the USA trennten. 1958 vereinigten sich die beiden größten p.en Kirchenkörper Nordamerikas, die Presbyterian Church in the USA und die United Presbyterian Church of North America, unter dem Namen der letzteren (ca 3,14 Mill. Mitglieder).

f) Überall in den *britischen Herrschaftsgebieten* bildeten sich durch Einwanderung p.e Kirchen, bes. in Kanada, Australien (ca 104000 Mitglieder), Neuseeland (ca 63000), Südafrika (ca 37000). In Kanada fand 1925 eine Vereinigung mit Methodisten und Kongregationalisten zur United Church of Canada statt (zZ rd 913000 Mitglieder, dazu 186000 der weiter bestehenden Presbyterian Church). 1875 wurde in London die Alliance of the Reformed Churches throughout the World holding the Presbyterian System gegründet (→ Reformierter Weltbund).

3. Die *kirchengeschichtliche Bedeutung* des P.mus beruht a) auf der so nirgends im reformatorischen Bereich konzipierten Idee eines göttlichen Kirchenrechts, das sowohl gegen seine Entstellung im röm. Papsttum als auch gegen seine Unterdrückung durch weltliche Gewalten durchgesetzt werden mußte. Der juristisch gefaßte Anspruch des Evangeliums ist hier mit der größten Entschiedenheit verwirklicht. Damit ist im P.mus das Gegenbild zum röm. Katholizismus geschaffen worden. - b) Im P.mus ist die Verantwortung des einzelnen Kirchengliedes für die Kirche als ganze beispielhaft gestaltet. Damit hat das Laienelement und der soziale und politische Aktivismus sein großes Feld im ev. Christentum gefunden (vgl. → Chalmers). - c) Die Verbindung von a) und b) hat eine einzig dastehende Einheit von Institutionalismus und Dynamismus geschaffen.

Vgl. die Lit. zu den betr. Länderartikeln, bes. zu → Schottland: I. Ferner: P.HEYLYN, Aërius redivivus: A Hist. of the Presbyterians from 1536 to 1647, (1660) 1672[2] (feindlich) - G.V.LECHLER, Gesch. d. Presbyterial- u. Synodalverfassung seit d. Reformation, 1854 - T.J. CRAWFORD, Presbyterianism defended, 2Bde, 1867 - J.MACPHERSON, Presbyterianism, 1883 - J.N.OGILVIE, The Presbyterian Churches, (1896) 1925 - W.PATERSON, The Church of the NT: the Presbyterate, 1903 - R.C.REED, Hist. of the Presbyterian Churches of the World, 1905 - R.G.USHER, The Presbyterian Movement 1582-89, 1905 - W.M.MAC PHAIL, The Presbyterian Church: its Doctrine, Worship and Polity, 1908 - J.V.STEPHENS, The Presbyterian Churches, 1910 - ERE X, 244ff - EBrit XVIII, 440ff - Encycl. Americana XXII, 540ff - W.L.LINGLE, Presbyterians: their Hist. and Belief, 1950 - G.D.HENDERSON, Presbyterianism, 1954 - N.SYKES, Old Priest and New Presbyter, 1956 - W.MCMASTER CAMPBELL, The Triumph of Presbyterianism, 1958 - EKL III, 309ff. - Zu 2 e: R.E.THOMPSON, A Hist. of the Presbyterian Churches in America, 1902 - L.J.TRINTERUD, The Forming of an American Tradition: a Re-examination of Colonial Presbyterianism, 1949 - L.A.LOETSCHER, The Broadening Church. A Study of Theological Issues in the Presbyterian Church since 1869, 1954 - G.I.SLOSSER, They seek a Country, 1955 - B.J.LAKE, Story of the Presbyterian Church in the USA, 1956 - Relations between Anglican and Presbyterian Churches: a joint Report, 1957 - TH.MCKENZIE DONN, The Unity of the Church: an Examination of the Report on Relations between Anglican and Presbyterian Churches, 1957. - Zs.: The Reformed and Presbyterian World, seit 1931. - Ferner die Official Handbooks (Yearbooks) der einzelnen p.en Kirchen.

M.Schmidt

II. Mission der Presbyterianer

1. United Presbyterian Church in the USA - 2. Presbyterian Church in the US - 3. Andere p.e M.en. - M. = Mission. - Vgl. → Schottland: II

1. Der Board of Foreign M.s of the Presbyterian Church in the USA wurde 1837 gegründet. Er übernahm die von der Western Foreign M.ary Society 1831 auf der Pittsburger Synode begonnene Arbeit. 1958 vereinigten sich die Presbyterian Church in the USA und die United Presbyterian Church of North America zur *United Presbyterian Church in the USA*. Im selben Jahre entstand die *Commission on Ecumenical M. and Relations* (CEMR) durch den Zusammenschluß der Boards of Foreign M.s und dreier Kommissionen für zwischenkirchliche Beziehungen und ökumenische Angelegenheiten der beiden früheren Denominationen. Die Kommission wird jährlich von der Generalversammlung der Kirche gewählt und besteht aus 66 Geistlichen und Laien. Ihr Name versucht der veränderten Weltlage, bes. der nationalen und kirchlichen (→ »Junge« Kirchen) Selbständigkeit in Übersee gerecht zu werden. Die Worte »Foreign« (ausländisch = westlich) und »M.s« (M.en) hielt man für veraltet, nachdem sich die gesamte Kirche ihrer ökumenischen Zusammengehörigkeit und ihrer gemeinsamen missionarischen Aufgabe in der Welt immer mehr bewußt wird.

Die Integration der p.en M. mit den p.en Kirchen einzelner Länder hat bereits in Thailand, Japan, auf den Philippinen, in Indien, Kamerun, Syrien, Kolumbien und Chile stattgefunden und ist in anderen Ländern im Wachsen. Die M.are, die in einer selbständigen Kirche arbeiten, werden deshalb »brüderliche Mitarbeiter« (fraternal workers) genannt, da sie von einer Kirche zu einer anderen *Kirche* gesandt werden. Die »brüderlichen Mitarbeiter« der p.en Kirchen sind nicht nur Amerikaner; auch die »jungen« Kirchen selbst senden in wachsendem Maße »brüderliche Mitarbeiter« in andere Länder, so zB aus Korea in den Mittleren Osten, von den Philippinen nach Thailand, aus Japan nach Brasilien und aus Brasilien nach den USA. In einigen Ländern hat noch eine weitere bedeutsame Entwicklung stattgefunden. Eine Vereinigte Kirche ist auf den Philippinen, in Japan und in Nordindien entstanden, und Vereinigte P. arbeiten in diesen Kirchen.

Die CEMR folgt den Grundsätzen der früheren Boards of Foreign M.s und beginnt in keinem Lande eine eigene p.e Arbeit; es wird vielmehr immer eine enge Zusammenarbeit mit anderen Denominationen angestrebt. Das jüngste Beispiel hierfür ist die 1953 begonnene Vereinigte M. für Nepal. 1958 hatte diese M. 75 Mitarbeiter, die 8 verschiedenen Nationen (einschließlich Indien und Nepal) und 13 Kirchen oder M.en angehörten. - Die United Presbyterian Church in the USA beteiligt sich außerdem mit anderen Denominationen an der United Andean Indian M. in Ekuador (1945), der United M. im Irak (1924), der American M. am oberen Nil (1948), dem Joint Commitee on Evangelical Work in Portugal (1946) und durch seinen Board of National M.s an dem Board for Christian Work in Santo Domingo (1921). Darüber hinaus entsendet die CEMR »brüderliche Mitarbeiter« für Sonderaufgaben bei Kirchen in Indonesien, Hongkong, Formosa und in einigen europäischen Ländern.

1960 hatte die CEMR 1312 M.are und »brüderliche Mitarbeiter« in folgenden 25 Ländern: *Asien:* → Indien (seit 1834), → Pakistan (1849), → Japan (1859), → Korea (1884), → Thailand (1840), → Philippinen (1899), → Hongkong (1844), → Taiwan (1952), → Indonesien (1951); *Afrika:* → Kamerun (1850), Spanisch-Guinea (1865), → Äthiopien (1920), → Sudan (1900); *Mittlerer Osten:* → Ägypten (1854), → Iran (1835), Irak (1924), → Syrien und Libanon (1823); *Lateinamerika:* → Mexiko (1872), Guatemala (1882; → Mittelamerika), → Kolumbien (1856), → Venezuela (1897), → Brasilien (1859), → Chile (1845), → Ekuador (1945); *Europa:* Portugal (1946). Der Jahres-Etat der CEMR beträgt 1961 $ 12280130. Die Kommission ist durch ihr Personal und/oder ihr Geld an einer Reihe hervorragender Institutionen beteiligt, u.a. am Christian Medical College in Vellore, am Allahabad Agricultural Institute, am Kinnaird College in Pakistan, an der International Christian University in Japan, an der Yonsei University in Korea und an der Silliman University auf den Philippinen. - Der frühere Board of Foreign M.s of the United Presbyterian Church of North America führt seine Arbeit vorwiegend in islamischen Gebieten weiter. Seit der Vereinigung der beiden Denominationen und der Boards of Foreign M.s führt die CEMR im Bereich der prot. M.en die umfangreichste Arbeit unter den Muslim durch.

2. Die *Presbyterian Church in the US* (Südliche P.) gründete im Jahre ihres Entstehens (1861) einen eigenen Board of Foreign M.s, der vor einigen Jahren seinen Namen in Board of World M.s umwandelte. 1959 hatte er 493 M.are, und zwar im Kongo, in Brasilien, Mexiko, Ekuador (United Andean Indian M.), Irak (United M.), Japan, Korea, Taiwan und Portugal (Joint Committee on Evangelical Cooperation in Portugal). In einigen Gebieten, bes. in Brasilien, Mexiko und Korea, gehören die M.are dieses Board zu denselben p.en Kirchen wie die M.are und »brüderlichen Mitarbeiter« der Vereinigten P. 1959 betrug der Jahres-Etat $ 4173706.

3. Die *Cumberland Presbyterian Church* entstand im ersten Jahrzehnt des 19.Jh.s infolge der Erweckung im Cumberland-County von Kentucky und Tennessee. Ihr Board of Foreign M.s arbeitet mit 16 M.aren in Japan, Süd-China (Makao und Hongkong) und Kolumbien; Jahres-Etat 1959: $ 133735. - Die *Associate Reformed Presbyterian Church* (Generalsynode) hat 19 M.are in Indien und Mexiko; ihr Jahres-Etat betrug 1960 $ 82410.

A.J.Brown, One Hundred Years. A Hist. of the Foreign M.ary Work of the Presbyterian Church in the USA, 1936 - S.E.Mead, Handbook of Denominations in the US, 1951 - W.R.Hogg, New Day Dawning, 1957. - Ferner: Annual Report (1960) of the CEMR - 1959 Year Book u. Annual Report des Board of World M.s der Presbyterian Church in the US. *W.St.Rycroft*

Presbyterianische Allianz → Einigungsbestrebungen: V, 1, → Reformierter Weltbund.

Presbyterium → Gemeinde: II.

Presse

I. Allgemeines - II. Protestantismus und Presse - III. Ev. kirchliche Presse - IV. Kath. Presse

I. Allgemeines

1. Geschichtliches - 2. Gesellschaftliche Funktion - 3. Geistige und wirtschaftliche Faktoren - 4. P.freiheit - 5. Selbstkontrolle der P.

1. Die ersten Anfänge einer freien Publizistik reichen bis in die Reformationszeit zurück. → Flugschriften und Sendschreiben waren die Vehikel, auf denen die reformatorische Bewegung sich ausbreitete und Anhänger gewann. P. im modernen Sinn waren sie allerdings ebensowenig wie die zeitungsähnlichen Publikationen des 17.Jh.s und die Intelligenzblätter, die im Dienst absolutistisch regierender Fürsten standen. Erst die französische Revolution und das Aufkommen moderner Demokratien in England und Nordamerika schufen die Voraussetzung für die Entstehung des modernen P.wesens. In Deutschland fiel die Zensur erst 1848 mit der Aufhebung der → Karlsbader Beschlüsse.

2. Die P. hat eine *gesellschaftliche Funktion*. Sie ist ein wichtiges Instrument der → öffentlichen Meinung, genauer: der öffentlichen Meinungsbildung; denn die öffentliche Meinung ist keine unveränderliche Größe, sondern ein fortdauernder Prozeß innerhalb der Gesellschaft. An diesem Prozeß ist die P. als Spiegel und Motor beteiligt, indem sie der öffentlichen Meinung Ausdruck gibt und sie zugleich gestaltet. Beide Funktionen greifen ineinander. Als Spiegel tritt die P. auf die Seite des Publikums, das sich in seinen Meinungen bestätigt fühlt. Will die P. nur Spiegel sein, so liefert sie sich als Sensations-P. der völligen Abhängigkeit vom Publikum aus. Umgekehrt tritt die P. als Gestalterin der öffentlichen Meinung dem Publikum als Machtfaktor gegenüber, der es in eine bestimmte Richtung zu lenken vermag. Man spricht von der P. als Mittel der Massenbeeinflussung. Aus der Überschätzung dieser Funktion stammt das Urteil über die P. als fünfte Großmacht. Dieses Schlagwort hat seine Überzeugungskraft eingebüßt, je mehr sich die Stellung des Publikums gegenüber dem gedruckten Wort gewandelt hat und mit → Film, → Rundfunk und → Fernsehen andere publizistische Medien auf den Plan getreten sind. - Innerhalb der modernen → Gesellschaft, sofern sie sich auf einer demokratischen Grundordnung aufbaut, hat die P. eine öffentliche Aufgabe. Diese schließt das Recht ein, öffentlich Kritik zu üben und durch freie Erörterung der öffentlichen Angelegenheiten an der Bildung der öffentlichen Meinung mitzuwirken. Die Anerkennung dieser Aufgabe, um die die P. lange Zeit vergeblich kämpfen mußte, hat Konsequenzen für Gesetzgebung und Rechtsprechung. In den neuen P.gesetzen und Gesetzentwürfen ist diese Aufgabe ausdrücklich festgelegt und der P. das Recht zur Wahrung berechtigter öffentlicher Interessen zuerkannt. Damit steht nicht in Widerspruch, daß die einzelnen Publikationen der P., Zeitungen und Zeitschriften, überwiegend die Form eines privatwirtschaftlichen Unternehmens haben.

3. *Geistige und wirtschaftliche Faktoren* wirken in der P. zusammen. Die wirtschaftliche Grundlage zu schaffen, auf der die Redaktion im Zusammenwirken mit dem Verleger ihre geistige Aufgabe erfüllen kann, ist Sache des Verlags. Der Verleger bestimmt auch die Grundrichtung einer Zeitung oder Zeitschrift und steckt damit den Rahmen ab, in dem die Redaktion ihre Arbeit in freier journalistischer Verantwortung entfalten kann. Beide sind an die öffentliche Aufgabe gebunden. Fragwürdig ist deshalb eine Geschäfts-P., die die öffentliche Verpflichtung materiellen Interessen unterordnet. Das Zusammenwirken von geistigen und wirtschaftlichen Kräften findet auch darin seinen Ausdruck, daß bei der überwiegenden Zahl der P.publikationen - neben den Bezugsgebühren - die Einnahmen aus Anzeigen zum wirtschaftlichen Fundament gehören. Die Bindung an die geistige Aufgabe verlangt eine strenge Trennung von Textteil, für den die Redaktion verantwortlich ist, und Anzeigenteil, der zur Verantwortung des Verlags gehört. Denn das privatwirtschaftliche Interesse, das die P. auf dem Wege über die Anzeige als Träger der → Werbung benutzt, liegt nicht auf einer Linie mit der öffentlichen Aufgabe. Das Gleichgewicht beider Faktoren ist vorhanden, wenn der Anzeigenteil der geistigen Aufgabe untergeordnet und ihr dienstbar gemacht wird; es ist gestört, wenn der Textteil nur unter dem Gesichtspunkt gestaltet wird, einen möglichst hohen Gewinn aus dem Anzeigenteil zu erzielen.

4. Die *P.freiheit* ist ein übernationaler Rechtsbegriff und in allen Staaten mit freiheitlich-demokratischer Grundordnung durch Verfassung oder Gesetz gewährleistet. Im Grundgesetz der BRD (Art. 5) ist sie mit Verfassungsgarantie versehen. Nach höchstrichterlicher Entscheidung sichert damit die Verfassung nicht nur die freie Meinungsäußerung mittels der P., sondern gewährleistet »darüber hinaus die institutionelle Eigenständigkeit der P. von der Beschaffung der Information bis zur Verbreitung der Nachricht und der Meinung«. Das Grundrecht der freien Meinungsäußerung ist als unmittelbarster Ausdruck der menschlichen Persönlichkeit in der Gesellschaft eines der vornehmsten → Menschenrechte überhaupt. Es kann durch allgemeine Gesetze nur insoweit begrenzt werden, als der Wertgehalt dieses Grundrechts gewahrt bleibt. Dem Recht der freien Meinungsäußerung korrespondiert das ebenfalls im Grundgesetz garantierte Recht der Persönlichkeit. Auch wenn beide Rechte im Zeitalter der Massenmedien in eine Spannung geraten und der Persönlichkeitsschutz mit der Meinungsfreiheit kollidieren kann, so besteht doch kein Vorrang zwischen beiden. Meinungsfreiheit und Persönlichkeitsrecht stehen verfassungsrechtlich nicht im Verhältnis der Über- oder Unterordnung, sondern im Verhältnis der Gleichordnung: die Meinungsfreiheit gehört zum Wesen der Menschenwürde. Unter diesem Vorzeichen ist der Schutz der privaten Sphäre und des Rechts der persönlichen Ehre eine Pflicht der P., die ihren aus der öffentlichen Aufgabe herrührenden Rechten entspricht.

5. Aus dem Mißbrauch der P.freiheit entspringt die Kritik, der die P. in der Öffentlichkeit ausgesetzt ist. Nicht alle aus diesem Mißbrauch herrührenden Mißstände im P.wesen können durch gesetzgeberische Maßnahmen beseitigt oder verhindert werden. Die P. selber sieht in der *Schaffung von Selbstkontrollorganen* den ihr gemäßen Weg zur Abwehr solcher Mißbräuche. Bahnbrechend hat in England der General Council of the Press gewirkt, dem Vertreter der P. und führende Persönlichkeiten des öffentlichen Lebens angehören. Nach dem englischen Vorbild ist 1956 in der BRD der Deutsche P.rat gebildet worden. Er setzt sich aus 20 Mitgliedern zusammen, die vom Bundesverband Deutscher Zeitungsverleger, dem Verband Deutscher Zeitschriftenverleger und dem Deutschen Journalistenverband benannt werden. Zu seinen selbstgewählten Aufgaben gehört es u.a., »die P.freiheit zu schützen, den unbehinderten Zugang zu den Nachrichtenquellen zu sichern, Mißstände im P.wesen festzustellen und zu beseitigen, die deutsche P. gegenüber Regierung, Parlament und Öffentlichkeit zu vertreten«. In Erfüllung dieser Aufgaben wirkt der P.rat als eine Art moralischer Instanz, ohne Rückhalt an der Staatsmacht, wie es dem Wesen einer Selbstkontrolle entspricht.

F.Tönnies, Kritik der öffentl. Meinung, 1922 - E.Dovifat, Zeitungslehre (SG 1039/40), (1937) 1955[3] - O.Küster-D.Sternberger, Verantwortung u. Freiheit des Journalisten, 1949. - Zs.: Zeitungsverlag u. Zeitschriftenverlag, Fachorgan für das gesamte P.wesen, seit 1954. *F.Lüpsen*

II. Protestantismus und Presse

1. Geschichtliches - 2. Gegenwärtiger Stand. - Prot. = Protestantismus

1. Der Prot. im Jh. der Wittenberger und Genfer Reformation hat das geistige Klima geschaffen, in dem die ersten Vorläufer der späteren P., Flugschriften und Einblattdrucke, gedeihen konnten. (Im folgenden soll der Prot. nicht nur im ökumenischen Sinne, als die Gesamtheit der von der Reformation herkommenden christlichen Kirchen und Gruppen, verstanden werden, sondern auch als dynamisches Prinzip einer ecclesia semper reformanda.) Zwischen den → Flugschriften der Reformationszeit und der modernen P. besteht nicht nur eine historische Distanz, sondern auch ein qualitativer Unter-

schied. Die Erscheinungsform der P. von heute hat ihre Wurzeln in der modernen Demokratie. Zu ihren konstitutiven Merkmalen gehört die P.freiheit, wie sie sich erst innerhalb einer demokratischen → Staatsform entfalten kann. Deshalb ist auch in den USA, deren Demokratie auf eine lange, von prot. Elementen durchsetzte Tradition zurückblickt, das Verhältnis von Prot. und P. nicht von den Spannungen belastet gewesen, wie sie in Europa wirksam waren. Die konsequente Trennung von Staat und Kirche wirkte sich nicht im Sinne eines Gegeneinanders, sondern eines Miteinanders aus und schuf eine Atmosphäre, in der die P. den Kirchen die Aufmerksamkeit zuteil werden ließ, die ihrer öffentlichen Bedeutung entsprach.

Im Gegensatz hierzu stand der deutsche Prot., der in der Reformationszeit den Anfängen einer autonomen Publizistik die Bahn bereitet hatte, abseits, als in der Mitte des 19.Jh.s die → Presse (: I) unter dem Panier der neuerrungenen P.freiheit sich zu einem Faktor der öffentlichen Meinungsbildung entwickelte. Während der Katholizismus sich in der Partei des → Zentrums eine politische Organisation schuf und durch die Gründung kath. Tageszeitungen seine Ansprüche in der politischen Arena verfocht (→ Presse: IV), sah sich der Prot. wider Willen auf die Seite der traditionsgebundenen Gewalten des staatlichen Lebens gestellt. So verharrte er allzu lange in der negativen Abwehr einer »sittenlosen« und »religionsfeindlichen« P., während umgekehrt die P., bes. die der politischen Linken, sich zur Kirche indifferent, wenn nicht gar ablehnend verhielt. Erst als sich am Ausgang des 19.Jh.s die soziale Bewegung (→ Naumann, → Stoecker u.a.) zu größerer Breite entfaltete, war auch der Boden gelockert, auf dem ein ev. Öffentlichkeitswille wachsen konnte. Damit begann sich auch ein positives Verhältnis des Prot. zur P. anzubahnen. Es waren die *Ev. P.verbände,* welche die aus der → Inneren Mission kommenden Impulse aufnahmen und in eine eigenständige ev. P.arbeit umsetzten. »Ihr Ziel sahen diese Organisationen«, so schrieb A. → Hinderer, der die Entwicklung der P.verbände zwischen dem 1. und 2. Weltkrieg entscheidend bestimmt hat, »weniger in der Gewinnung der P. für eine entschieden christliche Gesamteinstellung, als vielmehr in der Richtung auf eine fortschreitende Ethisierung des Zeitungsinhalts.« Nicht Isolierung in »ev.« Tageszeitungen, deren Einfluß ohnehin begrenzt gewesen wäre, war das Ziel, sondern Mitarbeit an der bestehenden P. im Sinne eines von der Sache her bestimmten ev. Dienstes an den Trägern der öffentlichen Meinungsbildung. Die Richtigkeit dieser Zielsetzung ist durch die Entwicklung bestätigt worden. Wohl entstanden im Einflußbereich der → evangelisch-sozialen Bewegung einige ev. Tageszeitungen (u.a. »Reichsbote«, »Aufwärts«, »Tägliche Rundschau«), aber lange Dauer war keiner von ihnen beschieden. Im Unterschied zum Katholizismus, der im → Naturrecht eine dauerhafte Basis für sein politisches Handeln hat, fehlt dem Prot. ein fest umrissenes Kulturprogramm und damit einer ihm zugeordneten Tages-P. die Grundlage für eine einheitliche Behandlung der Zeitfragen unter ev. Aspekt. - Um so nachhaltiger war die auf die gesamte P. ohne Unterschied der politischen Haltung ausgerichtete Tätigkeit der Ev. P.verbände. Als deren erster wurde 1891 der Ev.-Soziale Preßverband für die Provinz Sachsen gegründet. Der zweite wirksame Anstoß ging von Westfalen aus (1907), dem bald darauf Württemberg (1912) folgte. 1910 bildete sich in Berlin als Dachorganisation der regionalen P.verbände der Ev. Preßverband für Deutschland (EPD), der sich unter Leitung von A. → Hinderer zu einem publizistischen Zentrum entwickeln sollte.

Einen neuen Ansatz brachte das Jahr 1918. Mit dem Zusammenbruch des landesherrlichen → Kirchenregiments begann sich das Verhältnis von → Kirche und Staat und damit die Stellung des Prot. in der Öffentlichkeit zu wandeln. Der ev. Öffentlichkeitswille, bis dahin nur von freien kirchlichen Assoziationen getragen, drängte auf stärkere Aktivität. Der Tätigkeitsbereich der ev. P.verbände weitete sich, ihre P.arbeit entfaltete sich zur *Öffentlichkeitsarbeit.* Bisher hatte man sich auf die Mitarbeit an der allgemeinen P. beschränkt. Leitgedanke dieses Dienstes war, der P. nicht als kontrollierende oder gar bevormundende Instanz gegenüberzutreten, sondern sie unter Anerkennung ihrer Eigenständigkeit durch sachlich fundierte Mitarbeit zu unterstützen. Nunmehr wurden auch die anderen Massenmedien, → Film und → Rundfunk, in das Arbeitsprogramm einbezogen. Wie innerhalb des EPD der Ev. P.dienst (epd) Instrument der P.arbeit war, so wurde die Ev. Zentralbildkammer Trägerin der Filmarbeit, die Ev. Arbeitsgemeinschaft für Rundfunk eine Koordinationsstelle der regionalen kirchlichen Rundfunkarbeit. Über den rein publizistischen Bereich hinaus stieß der EPD auch in die Kulturpolitik vor. Die Schulkämpfe der 20er Jahre, hervorgerufen durch die Propaganda für die weltliche Schule (→ Schule und Kirche), gaben Anlaß zur Begründung der ev. Elternbünde. Die hier vollzogene Mobilisierung und Aktivierung der Evangelischen zur Wahrnehmung ihres → Öffentlichkeitsauftrages führte zur Inangriffnahme neuer kulturpolitischer Aufgaben, unter denen die im Deutschen Ev. Volksbildungsausschuß zusammengefaßte Bildungsarbeit (Volkshochschule, Büchereiwesen, → Laienspiel, Volksmusik) an erster Stelle stand (→ Volksbildungswesen). So hatten sich an die P.-arbeit nicht nur neue Bereiche der Publizistik angegliedert, sondern die Ev. P.verbände waren zu einem wirksamen Instrument ev. Öffentlichkeitswillens geworden.

Allerdings mußte sich der damit erhobene *Öffentlichkeitsanspruch* gegenüber Widerständen von außen und von innen durchsetzen. Die ev. Öffentlichkeitsarbeit hatte sich nicht nur dem äußeren Gegner, dem weltanschaulichen Liberalismus und dem mit politischen Strömungen sich verbindenden Freidenkertum, zu stellen, sondern auch ihre Berechtigung gegenüber der theologischen Kritik zu verteidigen. In dieser durch K. → Barths Theologie heraufgeführten Auseinandersetzung ging es und geht es noch heute um die Grenzziehung gegenüber einem falschen und um die Rechtfertigung eines echten Öffentlichkeitsanspruchs der Kirche: eines falschen, der Machtgewinn für die Kirche erstrebt, eines echten, der um des Menschen willen öffentliche Verantwortung übernimmt. Diese Auseinandersetzung bekam ihren existentiellen Charakter durch die Erfahrungen, die die ev. P.arbeit in den Jahren nach 1933 machte. Je stärker sie durch Zwangsmaßnahmen von außen eingeengt wurde, desto freier wurde sie zur Besinnung auf die innere Berechtigung ihres Auftrags.

Die Zeit des → *Kirchenkampfes* war für die ev. P.arbeit eine Periode der Unfreiheit und Unterdrückung. Je ernster sie ihre Öffentlichkeitsaufgabe zu erfüllen suchte, desto stärker geriet sie in Widerstreit mit einem totalitären Regime, das ihr die Legitimation zur öffentlichen Wirksamkeit absprach. Der Konflikt war daher unvermeidlich. Als Sektor des allgemeinen P.wesens war die ev. P.arbeit der staatlichen Gesetzgebung unterworfen. Durch das Schriftleitergesetz vom 4.10.1933, das den Kreis der in der P. tätigen Personen bestimmten Zulassungsbedingungen unterwarf, versuchte man mißliebige Persönlichkeiten auszuschalten. Der sog. Frick-Erlaß vom 6.11.1934, der kurzerhand alle Veröffentlichungen in der Tages-P., »die sich mit der ev. Kirche befassen«, untersagte, war darauf angelegt, der kirchlichen Nachrichtengebung den Boden zu entziehen. Damit wurde der Ev. P.dienst immer mehr lahmgelegt und schließlich in die Illegalität gedrängt. (Über Zwangsmaßnahmen gegen die ev. Zeitschriften vgl. → Presse: III.)

Nach 1945 konnte sich die ev. P.arbeit von neuem entfalten. Durch die Erfahrungen des Kirchenkampfes war sie nicht unvorbereitet für die Aufgaben, die ihr unter den veränderten Verhältnissen gestellt waren. Mit der übrigen P. war sie allerdings gewissen einengenden Bestimmungen unterworfen, die mit dem Lizenzsystem der Besatzungsmächte zusammenhingen. Erst nach Aufhebung der Lizenzierungspflicht, die die Entwicklung in bestimmte Bahnen gelenkt hatte, trat der freie Wettbewerb wieder in seine Rechte.

2. Das Verhältnis von Prot. und P. schließt gegenwärtig die Frage in sich, wie der Prot. seine *öffentliche Verantwortung* in der allgemeinen P. (in Unterscheidung zur ev. P., → Presse: III) wahrnehmen kann. Die öffentliche Funktion ist beiden gemeinsam. Öffentliche Verantwortung der Kirche heißt Kirche für die Welt. Öffentliche Aufgabe der P. bedeutet ihre öffentliche Funktion in Staat und Gesellschaft, die um des Menschen willen wahrgenommen werden muß und nicht ohne Bindung an ethische Normen ausgeübt werden kann.

Entsprechend der verschiedenartigen Stellung der Kirchen in der Öffentlichkeit sind auch die Methoden, mit denen die ev. P.arbeit ihre Verantwortung wahrnimmt, mannigfaltig. In *England,* wo die → Anglikanische Kirche in besonderer Weise mit dem Staat verbunden ist und daher entsprechenden Rang in der Öffentlichkeit einnimmt, behandelt die P. aller Richtungen (mit Ausnahme der kommunistischen) die kirchlichen Ereignisse ausführlich in Nachrichten und Kommentaren. In den Redaktionen der größeren Blätter fällt diese Aufgabe einem besonderen Church editor zu. Die P.arbeit der Anglikanischen Kirche und in ihrem Gefolge auch der Freikirchen beschränkt sich auf Informationen, ohne ein eigenes Instrument für eine selbständige Nachrichtengebung zu haben. Ähnlich ist die Situation in den *skandinavischen* Ländern. Hier finden sich außerdem neben einigen von den Kirchen ausgehenden Informationsdiensten eine Reihe von christlichen Tageszeitungen, die den Nachrichten über kirchliche Ereignisse bes. breiten Raum geben. In den *USA,* wo im Zeichen der Trennung von Staat und Kirche die Kirchen eine bedeutende Rolle im öffentlichen Leben spielen, dominiert ebenfalls das System der eigenen Berichterstattung der Zeitungen über das kirchliche Leben. Daneben haben einige der großen Denominationen eigene Nachrichtendienste. In den prot. Kirchen der *romanischen* Länder sind die Ansätze zu einer selbständigen Mitarbeit an der Tages-P. nur schwach entwickelt und durch das Übergewicht des Katholizismus an der Entfaltung gehindert.

In den ev. Kirchen des *deutschen Sprachgebiets* überwiegt die institutionelle Form der Mitarbeit an der allgemeinen P. Abgesehen von der DDR, wo jede publizistische Betätigung der Kirche auf den innerkirchlichen Raum beschränkt und auch hier auf ein Minimum eingeengt ist, sind in der BRD und in Österreich die Ev. P.-verbände Träger einer publizistischen Arbeit, die grundsätzlich neben der P. auch Rundfunk, → Fernsehen und Film umfaßt. Das Schwergewicht liegt auf der Nachrichtenarbeit, als deren Instrument sich nach dem Kriege der *Ev. P.dienst* (epd) zu dem umfassendsten Nachrichtendienst innerhalb des europäischen Prot. entwickelt hat. Unter dem gleichen Titel und dem gemeinsamen Signum des epd schlossen sich 1948 die früher getrennten Nachrichtendienste in den Landeskirchen mit der Zentralredaktion in Bethel (früher Berlin) zusammen. Die damit zum ersten Mal zustande gekommene Einheit bietet die Grundlage für eine kontinuierliche Nachrichtengebung. Das Miteinander der Zentralredaktion und der Landesdienste, föderativ entsprechend der Struktur der EKD gegliedert, erweist sich auch in dem Zusammenwirken bei großen kirchlichen Ereignissen (Weltkirchenkonferenzen, Ev. → Kirchentage) als förderlich. Die durch den epd vermittelte kirchliche Nachricht hat ihren festen Platz in der Tages-P. gewonnen. Auf der anderen Seite hat die intensive Nachrichtenarbeit des epd bewirkt, daß die säkularen Nachrichtenbüros der kirchlichen Nachricht verstärkte Aufmerksamkeit zuwenden. Neben einem täglichen Dienst für die Tages-P. und einem Wochendienst für die kirchliche gibt die Zentralredaktion Spezialkorrespondenzen für die Gebiete des Rundfunks, Fernsehens und Films heraus.

Das Organ der *ökumenischen Publizistik,* die in der Informationsabteilung des Ökumenischen Rates der Kirchen in Genf ihr Arbeitszentrum hat (→ Ökumenische Bewegung, 4), ist der Ökumenische P.dienst. Er ist aus der von Prof. Hinderer 1926 ins Leben gerufenen Internationalen Christlichen P.kommission herausgewachsen. In den drei offiziellen Sprachen der Ökumene (deutsch, englisch, französisch) wöchentlich erscheinend, verarbeitet er das ihm aus den Mitgliedskirchen zufließende Nachrichtenmaterial und versendet es in 70 Länder aller Erdteile. Die Genfer Informationsabteilung hält die Verbindung zu den kirchlichen Nachrichtendiensten in aller Welt und pflegt durch Journalistentagungen des Ökumenischen Instituts Bossey den persönlichen Kontakt. – Um eine engere Fühlung ev. Journalisten innerhalb der europäischen Kirchen bemüht sich der »Arbeitskreis für ev. Information in Europa«.

In Deutschland dienen der *Begegnung zwischen Kirche und P.* Journalistentagungen der Ev. → Akademien (: II), bes. in Loccum und Bad Boll. Hier können auch Partner aus verschiedenen Lagern ihre Kontroversen über aktuelle Fragen der Publizistik austragen. Eine ähnliche Funktion erfüllen die in regelmäßigen Abständen stattfindenden ev.-kath. Publizistentreffen, ohne daß sie eine feste organisatorische Form anstreben. – Offizielles Organ des Rates der EKD zur Wahrnehmung seiner Verantwortung für den Gesamtbereich der Publizistik und damit auch der P. ist die Kammer für die publizistische Arbeit der EKD. Sie hat nicht selbst publizistische Arbeit zu treiben, sondern die Kirche zu beraten und die von ihr angeregten »publizistischen Werke zu fördern und zu koordinieren«.

Solche Bemühungen, mögen sie nun der Begegnung zwischen Kirche und P. dienen oder eine Erziehungsaufgabe an der Leserschaft erfüllen, sind im Lichte christlicher Verantwortung für die P. zu sehen. Zur Wahrnehmung dieser Verantwortung gehört auch die Mitwirkung ev. Publizisten in den Berufsorganisationen der P. Als Ausdruck einer gleichen Zielen verpflichteten *Partnerschaft zwischen Kirche und P.* ist auch die Tatsache zu werten, daß ev. Publizisten im Deutschen P.rat mitwirken. In ihm findet die ev. P.arbeit einen Bundesgenossen für die schon Jahrzehnte zurückreichenden Bemühungen, die geistige Führungsaufgabe der P. in Staat und Gesellschaft zu sichern und zu fördern.

Lit. s. → Presse: III. *F. Lüpsen*

III. Ev. kirchliche Presse

1. Geschichtliches - 2. Grundsätzliches: a) Auftrag - b) Inhalt - c) Form - 3. Gegenwärtiger Stand

1. Die ev. P. in Deutschland reicht, wenn man von einzelnen Vorläufern absieht, in die zweite Hälfte

des 18.Jh.s zurück. Am Anfang standen wissenschaftlich-theologische → Zeitschriften, zu denen später praktisch-theologische hinzutraten. Neben ihnen entwickelten sich mit der 1827 von → Hengstenberg gegründeten »Ev. Kirchenzeitung« Organe, die Sprachrohr konfessioneller Richtungen innerhalb des deutschen Protestantismus waren und der kirchenpolitischen Auseinandersetzung Raum gaben. Dem Typ der Kirchenzeitung war die kulturelle Zeitschrift ev. Prägung verwandt, wie sie zB in der von → Rade begründeten → »Christlichen Welt« eine weitreichende publizistische Wirkung gehabt hat. Die Sonntagsblätter, heute der größte Sektor der ev. P., haben ihre Wurzeln im Pietismus. In ihnen prägt sich das der ev. P. innewohnende missionarische Element aus. Diese religiöse Volks-P., wie man diese Blätter im Blick auf die von ihnen angesprochenen Leserkreise genannt hat, begann seit der Mitte des 19.Jh.s ihren Lauf unter dem Einfluß J.H. → Wicherns. Vielfach waren Vereine der → Inneren Mission und verwandte Institutionen ihre Träger. Am Ausgang des 19.Jh.s hatte sie sich in voller Breite durchgesetzt und war, ohne ihren Ursprung zu verleugnen, zur vollen Eigenständigkeit herangereift. Als verwandter Typ gesellten sich die Gemeindeblätter hinzu, die seit 1900 in größerer Mannigfaltigkeit, jedoch mit regionaler Begrenzung ihres Verbreitungsgebiets entstanden. Parallel lief die Entwicklung im Bereich der ev. Vereine (→ Vereinswesen: I) und Verbände. Blätter der Äußeren Mission gehören zu den ältesten Publikationen der ev. P. Der → Evangelische Bund, ev. Frauenvereine, Verbände der sozialen Arbeit, der → Gustav Adolf-Verein, vor allem die Innere Mission mit ihren vielen Gliederungen schufen sich für ihr publizistisches Wollen Organe, die vom kleinen Fachblatt bis zu auflagenstarken Mitgliederblättern reichten.

In diese bis zum 1. Weltkrieg reichende Entwicklung brachte die Inflation Anfang der 20er Jahre starke Rückschläge, die zum Eingehen vieler Publikationen führten; doch blieb beim Wiederaufbau die Struktur der ev. Zeitschriften-P. in ihrer Mannigfaltigkeit erhalten. Neue Zeitschriftentypen traten hinzu. Als gesamtkirchliche Publikationen entstanden, um nur einige zu nennen, »Das Ev. Deutschland« (1924) mit regionalen Parallelen im Rheinland, in Westfalen und Berlin. Ungewöhnlichen Aufschwung nahm der im selben Jahr gegründete »Bilderbote für das Ev. Haus«, der als Beilage für Sonntags- und Gemeindeblätter erschien (Auflage 1 Mill.). Als Kulturzeitschriften ev. Prägung entstanden nebeneinander der → »Eckart« und die »Zeitwende« (beide noch heute erscheinend). In ihrer vollen Breite und Vielgestaltigkeit präsentierte sich die ev. P. auf der Internationalen P.ausstellung in Köln (1928), die in einem bisher noch nicht wieder erreichten Umfang die verschiedenen Erscheinungsformen und Funktionen des P.-wesens zeigte. Die anläßlich dieser »Pressa« aufgestellte Statistik des periodischen ev. Schrifttums umfaßte fast 2000 Titel selbständiger Zeitschriften. Die Gesamtauflage erreichte die stattliche Höhe von 17 Mill.; jedoch muß bei Beurteilung dieser Zahl berücksichtigt werden, daß der weitaus größere Teil auf solche Publikationen entfiel, die seltener als wöchentlich erschienen. Bei aller positiv zu bewertenden Mannigfaltigkeit zeigte sich, nicht immer zum Vorteil des Ganzen, eine Zersplitterung, die die publizistischen Wirkungsmöglichkeiten beeinträchtigte.

1933 begann mit den *Gewaltmaßnahmen* des neuen politischen Regimes für die kirchliche P. ein Weg, der zu ihrem völligen Ende führte. Sie hatte sich gegen zwei Gegner zu wehren: auf der einen Seite gegen die Deutschen Christen (→ Deutsch-christliche Bewegungen, 2b), obwohl deren Blätter nur eine verschwindend geringe Zahl von Lesern hatten, auf der anderen Seite gegen die Gleichschaltungsversuche einer totalitären P.politik. Bes. das Reichskulturkammer- und das Schriftleitergesetz wirkten auf die Gestaltung der kirchlichen P. ein und stellten sie vor schwerwiegende Entscheidungen. Die Zusammenfassung der ev. Zeitschriften im Reichsverband der ev. P. war der Versuch, durch Bildung einer Fachschaft Sonderbestimmungen zu erwirken, die auf die Eigenart der in ihr zusammengefaßten Organe Rücksicht nahmen. Aber damit konnte das Verhängnis nur aufgehalten, nicht abgewendet werden. Der entscheidende Schlag geschah am 1.6.1941. Durch eine Verordnung der Reichspressekammer wurden die kirchlichen Zeitschriften mit wenigen Ausnahmen gezwungen, ihr Erscheinen einzustellen, um, wie es in der Verordnung hieß, »Menschen und Material für andere kriegswichtige Zwecke freizumachen«. Die Stimme der Kirche konnte damit jedoch nicht zum Schweigen gebracht werden. Schon vorher hatte sich eine illegale kirchliche P. gebildet, deren Erzeugnisse mit erstaunlicher Schnelligkeit ihren Weg durch die Gemeinden nahmen. Nur wenige Stücke dieser Publikationen haben den Krieg überdauert.

Der *Wiederaufbau* des ev. P.wesens nach 1945 vollzog sich nicht in völliger Freiheit, obwohl den Kirchen eine selbständige Ordnung ihrer eigenen Angelegenheiten zuerkannt war. Die ev. P. mußte sich – wie alle anderen Zeitschriften – unter einem *Lizenzsystem* entwickeln, das ihr anfangs nur begrenzte Wirkungsmöglichkeiten einräumte. Allerdings wurde dieses aus dem Besatzungsrecht geborene System gegenüber den religiösen Gemeinschaften wohlwollend angewandt. Die auf diese Weise eingeleitete Entwicklung ließ deutlich einen Zug zur Konzentration erkennen. Anstelle der ehemaligen Mannigfaltigkeit kleiner, in ihrer Wirkungsmöglichkeit beschränkter Blätter entstanden in dem Bereich jeder Landeskirche große Zeitschriften, deren Gestaltung den Fortschritt gegenüber früheren Publikationen offenkundig machte. Wägt man rückblickend die Vor- und Nachteile des Lizenzsystems für die religiöse P. ab, so wird man nicht übersehen dürfen, daß manche ihm zur Last gelegten Nachteile auf das Konto der wirtschaftlichen Situation zu buchen sind. Andererseits ermöglichte dieses System, und das war zweifellos ein Vorteil, eine gewisse Planung, die zwar von fremden Instanzen ausging, bei der aber die Kirchen Ratschläge geben konnten. Die Währungsreform 1948 schuf für das gesamte Zeitschriftenwesen neue wirtschaftliche Voraussetzungen, der Zwang zur Lizenzierung wurde gelockert und bald darauf aufgehoben. Damit wurde auch die Monopolstellung hinfällig, deren sich die meisten Zeitschriften erfreuten. Die ev. P. entfaltete sich zu größerer Breite.

2. a) Wie zum *Auftrag* der Kirche die *Verkündigung* gehört, die Verkündigung aber das öffentliche Zeugnis einschließt, so erhält die ev. P. ihre Legitimation dadurch, daß sie diesen Auftrag in besonderen Formen erfüllt. Indem sie das christliche Zeugnis in die Öffentlichkeit trägt, kommt sie dem Befehl Christi nach, der seinen Jüngern ein öffentliches Mandat übertragen hat (Mt 10, 28). Auf diese Zusammenhänge weist die Feststellung hin, daß auch die ev. P. eine Kanzel sei. Betrachtet man den gleichen Zusammenhang unter der Perspektive dessen, der die ev. P. gestaltet, also des Journalisten und des Verlegers, so muß man auch ihnen einen Anteil an dem Dienst der Verkündigung zubilligen. In diese Richtung zielt ein »Memorandum christlicher Journalisten Europas«, das 1958 auf einer Veranstaltung des Ökumenischen Rates angenommen wurde. Darin wird dem christlichen Journalisten u.a. die Aufgabe zugewiesen, »das Evange-

lium auch dem Randsiedler zu verkündigen«, und hinzugefügt: »Damit bekommt der Journalist verantwortlichen Anteil an dem gesamten prophetischen und missionarischen Dienst der Gemeinde Jesu Christi in der modernen Welt.« Gleichwohl ist der Dienst des christlichen Journalisten und Verlegers deutlich von dem des Pfarrers, des Lehrers oder des Sozialarbeiters zu unterscheiden.

b) Mit der allgemeinen P. hat die ev. bestimmte *Grundelemente* gemeinsam. Die öffentliche Aufgabe der → Presse (: I), vielfach sogar durch Gesetz anerkannt, umfaßt einerseits Information (Beschaffung und Verbreitung von Nachrichten), andererseits Stellungnahme und Kritik. Inwieweit auch die Unterhaltung zur öffentlichen Aufgabe gehört, ist strittig; jedenfalls spielt sie in einer gewissen Gruppe von P.erzeugnissen die entscheidende Rolle. In dem Grade, wie diese Elemente gemischt und in den Dienst der Meinungsbildung gestellt sind, unterscheidet man die Meinungs- von der Unterhaltungs-P. Die ev. kirchliche P. gehört zur Meinungs-P. Die auch in ihr vorhandenen Elemente der Information, Kritik und Unterhaltung sind nun aber auf das Ziel der Verkündigung ausgerichtet (vgl. 2 a). Das bedeutet nicht eine Aufhebung der immanenten Gesetze der P., die auch die ev. P. zu befolgen hat. In sorgfältiger und weitherziger Erfüllung ihrer Informationspflicht umspannt sie den Gesamtbereich ev. Lebens in all seinen Beziehungen zur Welt. In kritischer Auseinandersetzung mit den geistigen Strömungen leistet sie einen Beitrag zur Klärung der christlichen Position. In Erkenntnis ihrer seelsorgerlichen Aufgabe bietet sie Wegweisung für eine christliche Lebensführung.

c) Wie in der allgemeinen P. geistige und wirtschaftliche Faktoren zusammenwirken, so auch in der ev. Sie ist dabei ebenso den Spannungen ausgesetzt, die sich aus dem Miteinander und Gegeneinander dieser Faktoren ergeben. Diese Kräfte in Einklang zu bringen, verlangt ein Handeln des Verlegers, das die kommerziellen Überlegungen nicht vernachlässigt, aber auch den publizistischen Impuls nicht verkümmern läßt. In diesen Zusammenhang gehört auch der im Zuge der Nachkriegsentwicklung aufgestellte Grundsatz, daß Überschüsse aus der kirchlichen P. dieser wieder zugute kommen, nicht aber für pressefremde Zwecke verwandt werden sollen. Was die *verlegerische Struktur* des ev. kirchlichen Zeitschriftenwesens angeht, so liegen die meisten Verlage in Händen von kirchlichen Institutionen (Vereinen und Verbänden), seltener in Händen von Privatpersonen. Nicht nur in Deutschland, sondern auch in anderen kontinental-europäischen und in den angelsächsischen Ländern finden sich beide Verlagsformen nebeneinander.

3. Die Struktur der ev. kirchlichen P. hat sich in Deutschland seit dem Kriege nicht grundlegend geändert, mögen auch neue Zeitschriftentypen entstanden sein und alte sich den veränderten Verhältnissen angepaßt haben. Nach wie vor unterscheidet man, ohne daß damit die Mannigfaltigkeit der ev. P. zureichend umschrieben wäre, das periodische Schrifttum, das für den traditionellen Leserkreis der Gemeinde herausgegeben wird, und Zeitschriften, die sich an eine über den engeren kirchlichen Bereich hinausreichende Öffentlichkeit wenden. Zu der letztgenannten Hauptgruppe sind Zeitschriften wie »Sonntagsblatt«, »Christ und Welt«, »Junge Stimme« zu rechnen. Sie haben Parallelen in den Kirchen anderer Länder, zB »Réforme« (Frankreich) und »The Christian Century« (Nordamerika). Die tragende Säule sind die in stärkerer Affinität zum Verkündigungsauftrag der Kirche stehenden Sonntags- und Gemeindeblätter; sie liegen auch der Auflage nach an der Spitze. Zwischen beiden Gruppen liegt eine ganze Skala *verschiedener Typen* ev. Zeitschriften. Der kirchenpolitischen Diskussion dienen die Kirchenzeitungen, die man richtiger als Führungsblätter kennzeichnet. Die Informationsblätter widmen sich der Aufgabe einer umfassenden Unterrichtung. Die Grenzen zwischen beiden Typen sind fließend. Einen großen Raum nehmen die Zeitschriften der kirchlichen Werke und Verbände ein, die nicht nur ihre Mitglieder informieren, sondern auch eine Plattform für Diskussion bieten oder in fachlicher Differenzierung sich besonderen Gebieten, wie etwa Erziehung, Diakonie, Sozialpolitik, Massenmedien zuwenden – eine große Mannigfaltigkeit, die von der Spezialisierung unserer Zeit, aber auch von intensiver kirchlicher Arbeit zeugt. Der Gruppe der Sonntagsblätter ist die Jugend-P. benachbart, deren Gesicht so verschiedenartig ist wie der Charakter der Jugendwerke, die sie tragen. Das periodische Schrifttum der Freikirchen ist dadurch charakterisiert, daß seine Verbreitungsdichte im Verhältnis zur Zahl der Gemeindeglieder größer ist als im übrigen Bereich der ev. P. Den Blick über die konfessionellen Grenzen hinauszurichten, ist die Aufgabe ökumenischer Zeitschriften (→ Ökumenische Bewegung, 4), die allerdings im deutschen Sprachgebiet weit weniger verbreitet sind als in den prot. Kirchen des Auslandes. Die Gesamtauflage der ev. kirchlichen P. beziffert eine vom Publizistischen Institut der Universität Münster erarbeitete Statistik mit etwa 7 Mill. Indessen geht es bei der Wertung dieser P. nicht allein um quantitative Schätzungen, sondern ebenso um qualitative Urteile über ihren publizistischen Einfluß.

In den *östlichen Gliedkirchen der EKD* gibt es nur wenige Organe; ihre Auflage wird durch begrenzte Papierzuteilungen künstlich niedrig gehalten. Sie ist mit etwa 160000 zu beziffern. Setzt man die gegenwärtige Auflage der ev. P. im Gesamtbereich der EKD (7, 2 Mill.) in Beziehung zu der auf der Pressa 1928 präsentierten Zahl von 17 Mill., so erklärt sich der Abstand zwischen einst und jetzt aus der Tatsache, daß die ev. P. in den östlichen Gliedkirchen auf ein Minimum reduziert ist.

Ein berufsständischer Zusammenschluß ist das 1951 gegründete *Gemeinschaftswerk der ev. P.*, dem die meisten ev. Zeitschriften angehören. Die satzungsgemäße Aufgabe, den Zusammenhalt der Mitglieder untereinander zu vertiefen und Nachwuchs für die ev. P.arbeit auszubilden, erfüllt das Gemeinschaftswerk durch regelmäßige Veranstaltungen regionaler P.tagungen. Der Ausbildung des journalistischen Nachwuchses widmet sich außerdem die Christliche P.akademie in Bad Boll, deren Kurse einen Kreis von ev. Studenten aller Fakultäten mit den Problemen der ev. Publizistik vertraut machen wollen. Unter dem Aspekt der berufsständischen Zusammengehörigkeit ist schließlich der Verband Deutscher Zeitschriftenverleger zu nennen, in dem die ev. Mitgliedszeitschriften zusammen mit den kath. in einer besonderen Fachgruppe »Konfessionelle Zeitschriften« zusammengefaßt sind.

G. Kauffmann-A. Hinderer, Hdb. d. ev. P., 1929 – RGG² IV, 1448 ff. 1462 ff (A. Hinderer) – F. Lüpsen, Der Weg d. kirchl. P.arbeit von 1933–1950 (KJ 1949, 415–454) – Ders., Mittler zwischen Kirche u. Welt, 1957 – Die publizistische Verpflichtung d. Kirche. Bericht d. Kammer f. d. publizist. Arbeit d. EKD, 1955 – E. Stammler, Die Kirche u. ihre P., 1959.

F. Lüpsen

IV. Kath. Presse

1. Allgemeines – 2. Entwicklung und Stand in Deutschland – 3. Ausland. – Zs. = Zeitschrift

1. Die kath. P. ist zugleich Ausdrucksform wie Instrument des Katholizismus, dh der kath. Kirche in ihrer konkreten gesellschaftlichen Erscheinung. Sie stimmt in ihren Wertungen mit der kath. Glaubens- und Sitten-

lehre grundsätzlich überein und vertritt die Anliegen und Interessen der kath. Kirche. Innerhalb der Schranken von Moral und Doktrin gilt die politische Diskussion als frei; doch sind diese Maßstäbe und allgemein die Definition von »kath. P.« von Land zu Land nicht einheitlich. Während in den konfessionell gemischten Ländern die Tatsache der pluralistischen Gesellschaft von heute anerkannt ist und die kath. P. die Stimme des kath. Bevölkerungsteils in ihr zu Gehör bringt, zählen in den mehrheitlich oder nahezu ausschließlich kath. Ländern vielfach nur diejenigen Organe als kath. P., die sich im Besitz einer kirchlichen Gemeinschaft oder Organisation befinden und gegenüber der kirchlichen Autorität und Disziplin bindende Verpflichtungen eingegangen sind. Die Problematik der innerkirchlichen Zensur wird aber an Bedeutung noch übertroffen durch die staatlichen Einschränkungen der P.freiheit (für die kath. P. bes. akut in Spanien). - Die kath. P. hat in vielen Ländern schon eine lange Geschichte; mit dem Aufschwung der modernen Massenkommunikationsmittel hat die Wertschätzung der P. im kirchlichen Raum noch beträchtlich zugenommen. Im lokalen, diözesanen, regionalen und nationalen Rahmen wird der Ausbau der kath. P. vorangetrieben. International bemüht sich die »Union Internationale de la P. Catholique« (UIPC) mit ihren vier Sektionen (Journalisten, Verleger, Nachrichtenagenturen, Journalistenschulen) und mit bisher 6 Weltkongressen (1930 Brüssel, 1936 und 1950 Rom, 1954 Paris, 1957 Wien, 1960 Santander) um Erfahrungsaustausch, gegenseitige Hilfe und Koordination.

2. Die ersten Ansätze einer kath. P. in *Deutschland* lassen sich bis ins 16.Jh. zurückverfolgen. Joh. → Eck war Autor und Anreger der reichen Broschürenliteratur der Gegenreformation. Kath. Nachrichtenblätter gab es in den großen Städten Süd- und Westdeutschlands bereits vor dem 30jährigen Krieg. Die erste nichttheologische, deutsch geschriebene kath. Zs. ist der »Mainzer Bürger« von 1765. Die kath. Aufklärer und ihre Gegner hatten eine breit aufgefächerte P. - Als Vorkämpfer der kath. »Gesinnungspublizistik« und der freien P. überhaupt gilt J.v. → Görres (»Rheinischer Merkur«). Erst mit der 1848 gewährten P.- und Vereinigungsfreiheit kam dann der eigentliche Aufschwung der kath. P. in allen ihren Formen: Tageszeitungen, kirchliche Wochenschriften, Sonntagsblätter, religiöse Zs.en. Der → Kulturkampf brachte den anfangs zersplitterten und ständisch gebundenen Blättern ein klares Programm, die Gründung des → Zentrums 1870 eine politische Ausrichtung. Die Jahre des Kampfes führten zu einer international einzigartigen Ausgestaltung bis in die Provinz- und Lokal-P. 1848 gab es 6 kath. Zeitungen, 1865: 20, 1873: 120, 1878: 271, 1903: 325, 1912: 445, 1932: etwa 400. Zwischen 1900 und 1930 betrug der kath. Anteil an der Gesamtauflage der deutschen P. zwischen 10 und 14%. - 1933 standen den deutschen Katholiken neben den Tageszeitungen rd 420 Zs.en mit einer Auflage von 9,5 Mill. zur Verfügung (1935 sogar 11,5 Mill.). Darunter waren 29 Blätter mit mehr als 100000 Auflage, Kultur-Zs.en vom Range der »Stimmen der Zeit« (1869-1914: »Stimmen aus Maria Laach«) und des »Hochland«, zahlreiche Standesorgane, Jugend-Zs.en (Kampfblatt »Junge Front«, unter Druck in »Michael« umbenannt) und Fachblätter für Mission, Seelsorge, Aszetik, Kunst. Durch den Nationalsozialismus wurde die kath. P. nahezu vollständig vernichtet. - Der Neuaufbau der deutschen P. nach dem Krieg bzw. nach Aufhebung des Lizenzzwanges (1949) erfolgte unter gänzlich anderen Voraussetzungen. Im gemeinsamen Verfolgungskampf der christlichen Konfessionen war auch die politische Union gewachsen; zudem ist der Anteil der Gesinnungs-P. von 50% (1933) auf etwa 20% (1956) zurückgegangen. Das Ergebnis war eine Titel- und Auflagenkonzentration und eine Anzahl christlich orientierter, aber überkonfessioneller Zeitungen. Diese bilden zusammen 10% der Gesamtauflage der deutschen P., die eigentlichen kath. Zeitungen (überregionale »Deutsche Tagespost« und Provinzblätter in Trier, Saarbrücken, Fulda, Würzburg, Bamberg, Regensburg, Stuttgart und Karlsruhe) zusammen nur 1%. Der Schwerpunkt der kath. P. hat sich damit auf die *Zeitschriften* verlagert; ihre 250 Titel mit einer Auflage von 12-14 Mill. nehmen innerhalb des deutschen Zs.enmarktes (6000 Titel, 120 Mill. Auflage) einen beachtlichen Platz ein. Die stärksten Kontingente mit je etwa 3 Mill. haben die Missions-Zs.en und die offiziellen Diözesanblätter; unter diesen ragt das jüngste, das »Ruhrwort« in Essen, durch seine außerordentlich moderne Gestaltung hervor. Auch im nichtkath. Raum stark beachtet wird das Informationsorgan »Herder-Korrespondenz/Orbis Catholicus«. Einen ziemlich neuen Typ bilden die aktuellpolitischen Wochenzeitungen (»Rheinischer Merkur«, »Echo der Zeit«, »Allgemeine Sonntagszeitung«, »Das Wort«); neu sind auch Illustrierte (»Der Feuerreiter« und »Kontraste«), eine künstlerische Bilder-Zs. (»Erdkreis«), der »Kath. Digest« sowie die umstrittene Boulevard-Zeitung »Bildpost«. Unter den Massenblättern steht an vorderster Stelle der »Mann in der Zeit« (Auflage 680000). Als Kultur-Zs.en sind neu hinzugekommen »Wort und Wahrheit« sowie - als Bindeglied zu den Sonntagsblättern - der wöchentliche »Christliche Sonntag«. Unter den zahlreichen Ordens-, Missions- und Familien-Zs.en ist die Zersplitterung noch sehr groß. - Von besonderer Bedeutung war die Gründung der *»Kath. Nachrichten-Agentur«* (KNA), die 1953 aus privaten kath. P.diensten hervorging, von den deutschen Diözesen, den Diözesanblättern und christlichen Tageszeitungen gemeinsam getragen wird und außer dem täglichen Nachrichtendienst mehrere Artikel- und Regionaldienste sowie einen Bilderdienst herausgibt. - Auch die *Organisation der kath. P.* mußte nach 1945 neu aufgebaut werden. Der 1878 gegründete »Augustinusverein zur Pflege der kath. P.« (1938: 600 kath. Verleger und Redakteure als Mitglieder) wurde vom NS-Regime ebenso aufgelöst wie der »Verband der kath. Sonntags-P. Deutschlands e. V.« (mehr als 30 große Blätter) und der »Kath. Preßverein für Bayern«. Als neuer Fachverband wurde auf dem Katholikentag in Mainz 1948 die »Gesellschaft kath. Publizisten Deutschlands« gegründet (1960: 270 Mitglieder); daneben wirken die »Arbeitsgemeinschaft Kirchliche P.« (71 Verlage mit rd 150 Organen), der »Bayerische P.club« und der »Arbeitskreis P.« beim »Zentralkomitee der deutschen Katholiken«. Der deutsche Episkopat hat eine aus 3 Bischöfen bestehende »Publizistische Kommission«; ein Mitglied (zZ der Bischof von Osnabrück) widmet sich jeweils bes. der P.arbeit. - In der DDR erhalten die beiden einzigen zugelassenen kath. P.organe (»St. Hedwigsblatt«, Berlin; »Tag des Herrn«, Leipzig) nur kümmerliche Papierkontingente und unterliegen auch inhaltlich Beschränkungen; der Vertrieb ist nur durch die Postämter möglich.

3. Eigenart und Problematik der kath. P. *außerhalb* Deutschlands sind von Land zu Land sehr verschieden. Teilweise haben sich Säkularisation und Aufklärung schwächer ausgewirkt (bes. Spanien), zT sind sie noch stärker durchgedrungen als in Deutschland (Frankreich). Vielfach fehlte der äußere Anlaß eines Kulturkampfes, noch häufiger die starke organisatorische Durchgliederung des deutschen Katholizismus. In Österreich, der Schweiz, den Niederlanden, Luxemburg und Kanada ist der Katholizismus an eine politische Partei gebunden; in

England und den USA ist die Tagespolitik nahezu frei von konfessionellen Fragen. – Allgemein läßt sich feststellen, daß sich der Katholizismus in den letzten Jahrzehnten überall um eine moderne und wirksame kath. P. bemüht (vgl. → Katholisch-sozial, 4) und daß die Qualitätsunterschiede von Land zu Land bei aller Wahrung der Eigenart geringer geworden sind. Eine kath. P. gibt es heute nur in den Ländern der freien Welt und in stark eingeschränktem Ausmaß in Polen. In allen anderen kommunistisch regierten Staaten wurde die kath. P. praktisch vernichtet (allein in China 162 kath. Periodica [1937]). – Die folgende Aufstellung kann nur einen äußerlichen und durchaus lückenhaften Aufriß geben.

a) *Österreich.* Eine Reihe von ÖVP-Zeitungen und überparteilichen Blättern, wenn auch nicht die bedeutendsten, werden von kath. Preßvereinen herausgegeben; ihr Anteil ist noch nicht erfaßt. Ansehen genießen die kath. Wochenzeitungen »Die Furche« (Wien) und »Volksbote« (Innsbruck). Nachrichtenagentur KATHPRESS.

b) *Schweiz.* 1938/39 gab es 76 kath. Tages- und Wochenzeitungen mit einer Auflage von 300000; 1953/54 ist die Auflage auf etwa 350000 angestiegen, ihr Anteil an der gesamten P. aber von 15% auf rd 8% gefallen. Es handelt sich heute um etwa 80 stark aufgespaltene, kleine Zeitungen mit starkem Lokalkolorit, zudem fast durchweg um Partei-P. der Konservativ-Christlichsozialen Volkspartei; die Durchschnittsauflage liegt bei nur 4000. Als führend sind zu nennen: »Vaterland« (Luzern), »Neue Zürcher Nachrichten« und »Ostschweiz« (St. Gallen), als religiöse Informationsorgane »Schweizerische Kirchenzeitung« (Luzern, wöchentlich) und »Orientierung« (Zürich, halbmonatlich), unter den Kultur-Zs.en die »Schweizer Rundschau« (Zürich, seit 1900). Nachrichtenagentur KIPA (seit 1917).

c) *Westeuropa.* In den *Niederlanden* gibt es etwa 40 kath. Tageszeitungen (von etwa 150 insgesamt). Überregionale Bedeutung haben die über 100 Jahre alte »De Tijd« (jetzt vereinigt mit »Maasbode«) und »De Volkskrant« (Auflage 155000). Ähnliches Ansehen hat die Wochenzeitung »De Linie«. »Katholieke Radio- en Televisie Gids« (540000) und »Panorama/Katholieke Illustratie« (450000) stehen auflagenmäßig unter den Massen-Zs.en der Niederlande an 2. und 3. Stelle. Nachrichtenagentur »Katholiek Nederlands Persbureau« (KNP). – Ein ähnlich gut ausgebautes kath. P.wesen hat *Belgien.* Rd ein Drittel der Tageszeitungen sind kath., unter ihnen führend »La Libre Belgique« (170000, Brüssel, konservativ), »Gazet van Antwerpen« (152000) und »Het Volk« (190000, Gent, christliche Gewerkschaften). Als kulturelle Monats-Zs. ist bekannt »Revue Nouvelle« (Tournai), als millionenstarke Massen-Zs. »Femmes d'aujourdhui«. – Die kath. P. in *Frankreich* zählt an erster Stelle die Pariser »La Croix« (110000). Die kath. Provinz-P. erreicht eine Auflage von 2-3 Mill. Exemplaren. Der bedeutendste Zeitungsverlag »La Bonne P.« gibt volkstümliche Zs.en mit bis zu 600000 Exemplaren heraus. Die auf konfessionelle Ausrichtung bewußt verzichtenden Blätter wie »L'Echo des Françaises« (größte französische Frauen-Zs.) oder »L'Echo de la Mode« haben Auflagen von über 1 Mill. Umstritten waren die politischen Wochenzeitungen; nur »Témoignage Chrétien« (80000) hat sich gut gehalten. »La France Catholique«, zunächst das Blatt der Kath. Aktion, ist zu einem privaten konservativen Organ (40000) geworden. Von den Monats-Zs.en sind bes. bekannt »Études« (Jesuiten), »Signes du Temps« (Dominikaner), »Lumière et Vie«, »Revue de l'Action Populaire« sowie die halbmonatlichen Informationsorgane »Informations Catholiques Internationales« und »La Documentation Catholique«. – *England* hat mehrere sehr alte und angesehene kath. Wochenzeitungen: »The Tablet« seit 1840 (15000, aber von bedeutendem Einfluß), »Catholic Herald« seit 1894 (100000). Unter den populären Wochenzeitungen erreicht »The Universe« (seit 1860) die außerordentliche Auflage von 230000. Die kath. Monats-Zs.en bilden praktisch die einzigen Zs.en für gebildete Laien: »The Dublin Review« (seit 1836), »Downside Review« (Benediktiner, seit 1880), »The Month« (Jesuiten, seit 1863), »Blackfriars« (Dominikaner, seit 1920). Eine besondere Stellung hat »The Catholic Worker« (30000), der sich vor allem an Arbeiter und Gewerkschaftler wendet.

d) *Südeuropa.* Die offiziöse Zeitung des *Vatikans,* »L'Osservatore Romano«, betont konservativ gestaltet, hat bei einer Auflage von 80000 eine Reichweite über die ganze Erde. Höhere Auflage und beschränktere Verbreitung hat die Sonntagszeitung »L'Osservatore della Domenica«. Ein Ausbau des vatikanischen P.amtes wurde schon wiederholt gefordert. Von großem Wert für die internationale kath. P. sind die Nachrichtendienste der für die Missionsfragen zuständigen → Propaganda-Kongregation, »Agenzia Fides«. – Von den 120 Tageszeitungen *Italiens* sind (ohne die Blätter der Democrazia Cristiana) 8 im eigentlichen Sinn kath. (240000 Exemplare). Unter ihnen ist die größte »L'Italia« (65000, Mailand), die bedeutendste »Il Quotidiano« (25000, Rom). Unter den 30 großen Wochen-Zs.en ist nur »Orizzonti« kath. (180000). Dazu kommen über 2000 (!) Diözesanblätter und religiöse Blättchen, die im Getto bleiben. Von den kulturellen Zs.en ist zu nennen »La Civiltà Cattolica« (Jesuiten), von den sozialen »Aggiornamenti Sociali«. – In *Spanien* bestehen 34 kath. Tageszeitungen mit einer gemeinsamen Auflage von 340000, d.i. 19% der Tages-P. (die in ihrer Gesamtheit im weiteren Sinne »kath.« ist). Führend ist der Verlag »Editorial Católica« mit »Ya« in Madrid und weiteren Blättern in der Provinz. Auf dem Zs.enmarkt sind 847 Titel (= ⅔) kath.-kirchlich (Jahresauflage 99 Mill.). Unter den Wochenblättern führen das kirchliche Informationsorgan »Ecclesia«, die Publikums-Zs. »Vida Nueva« und die Jugend-Zs. »Signo«. Von den Kultur-Zs.en verdienen Erwähnung »Razón y Fe« (Jesuiten), »Orbis Catholicus« und »Hechos y Dichos« sowie die soziale Vierteljahres-Zs. »Fomento Social«. Sehr aktiv arbeitet ein »Amt für Information und Statistik der Kirche in Spanien« und die Nachrichtenagentur »Prensa Asociada« (PA). Der Staat hat der Kirche 1960 eine eigene Journalistenschule zugestanden. – *Portugal* hat einige wenn auch kleine kath. Tageszeitungen, bes. die dem Episkopat nahestehenden »Novidades« (20000, Lissabon).

e) *Übersee.* In den *USA* wurde eine beachtliche kath. P. aufgebaut. Es gibt (1953) 557 Veröffentlichungen mit 20,7 Mill. Gesamtauflage. Die höchste Einzelauflage hat die Missions-Zs. »Mission« mit 1,13 Mill., gefolgt von drei religiösen Wochenblättern mit 0,8 bis 1,1 Mill. Im Ausland sind vor allem bekannt die Wochen-Zs.en »America« und »The Commonweal« und die Vierteljahres-Zs.en »Thought« und »Review of Politics«. International führend ist die kath. Nachrichtenagentur »NCWC News Service« (englisch und spanisch). – *Lateinamerika* hat bis heute nur eine unbedeutende kath. Getto-P. – *Australien* hat 11 kath. Wochenzeitungen (führend »The Advocate«, Melbourne, und »Catholic Weekly«, Sydney) und 41 Zs.en. Eine kath. Tageszeitung und eine kath. Journalistenschule werden angestrebt. – In den kath. *Missionsländern* (im wesentlichen Afrika und Asien) wird alles versucht, um die Versäumnisse auf dem Gebiet der kath. P. durch koordinierte Aktionen aufzuholen; vieles scheitert an dem notwendigen technischen und finanziellen Aufwand. Afrika hat (1955) 68 kath.

Zeitungen und Zs.en (43 in europäischen, 25 in afrikanischen Sprachen, am besten ausgebaut im ehemals belgischen Kongo) mit einer Gesamtauflage von 400000. Die Leserschaft bes. der afrikanischsprachigen Blätter ist bis zu hundertmal größer als die Auflage. - Wesentlich schwieriger ist die Lage in Asien. Nationale Tageszeitungen sind nur in wenigen Ländern (Süd- und Mittelindien, Südkorea) zu halten; der Plan einer übernationalen kath. Tageszeitung mußte aufgegeben werden. Ein »allasiatisches kath. Informationszentrum« wird vorbereitet.

L.Wörl, Die kath. P. in Europa zu Neujahr 1877, 1877 - H.Keiter, Hdb. der kath. P., (1895) 1909⁴ - K.Löffler, Gesch. der kath. P. Deutschlands, 1924 - W.Kisky, Der Augustinus-Verein zur Pflege der kath. P. von 1878-1928, Festschr. 1928 - Th.Hüpgens, Die neue kath. P. (Begegnung 6, 1951, 324-326) - O.B.Roegele, Zum Problem der kath. P. in Deutschland (Hochland 44, 1951/52, 24-34) - E.Dovifat, Dt. Zeitungstypen seit 1945 (Zeitungs-Verlag u. Zs.en-Verlag 50, 1953, 35-40) - Die dt. P. 1956, hg.v. Institut für Publizistik der Freien Univ. Berlin, 1956 - H.Jansen-Cron u. die kath. Publizisten Deutschlands 1948-1958, 1958 - M.Galli, Um die Aufgabe einer kath. P. (Orientierung 21, 1957, 251-254) - Seelsorge u. P. (H. 8/1960 der Zs. »Lebendige Seelsorge«). - Bulletin International, hg.v. Union Internationale de la P. Catholique, Paris, seit 1951. *H.Auhofer*

Pressensé, *Edmond Dehault de* (1824-91), franz. Theologe und Politiker, * in Paris, als Student stark von A. → Vinet beeinflußt. P. war 1847-73 Pfarrer einer der Union des Eglises évangéliques de France angeschlossenen freikirchlichen Pariser Gemeinde (Chapelle Taitbout). 1854 gründete er die bis 1873 von ihm geleitete Revue chrétienne, in der er zwischen Orthodoxie und Liberalismus eine Theologie der linken Mitte (»juste milieu«) vertrat. Seine Schriften haben in erster Linie apologetischen Charakter. Als Abgeordneter der Nationalversammlung (1871-76) und Mitglied des Senats (seit 1883) trat P. für Thiers und die Republik ein.

Vf. u.a.: Hist. des trois premiers siècles de l'Eglise chrétienne, 1856-77 (gegen → Renan); L'Eglise et la Révolution française, (1864) 1899³; Jésus-Christ, son temps, sa vie, son œuvre, (1865) 1884⁷; A.Vinet d'après sa correspondance inédite avec H.Lutteroth, 1890. - Über P.: Th.Roussel, Notice sur la vie et les œuvres de P., 1894 - RE XVI, 20ff - H.Cordey, E.de P. et son temps, Lausanne 1916 - Ders., E.de P., Esquisse de sa vie, Paris 1921. *J.Roth*

Preston, *John* (1587-1628), englischer → Puritaner, studierte 1604-11 Theologie und Medizin in Cambridge, wo er 1611 durch John Cotton für den Puritanismus gewonnen wurde. Dessen Biblizismus führte ihn von scholastischen Studien zu Calvin. Aus akademischen Schwierigkeiten wegen seiner puritanischen Einstellung half ihm L. → Andrewes. Durch Beziehungen zu George Villiers, Herzog von Buckingham, wurde P. 1620 Hofprediger beim Kronprinzen Karl (später Karl I.), 1622 Prediger der Juristenvereinigung Lincoln's Inn in London. Dank seiner Begabung für Diplomatie, die ihm in der Jugend eine entsprechende Berufswahl nahelegte, vermochte er vielen Schwierigkeiten zu entgehen.

Vf. Predigten, zB: The Saints' daily Exercise or a Treatise of Prayer, 1629; The New Covenant (14 Pred. über Gen 17, 1. 2), 1629; Life Eternal (17 Pred.), 1631. - Über P.: Th.Ball, Life of P., 1628 (gekürzt bei S.Clarke, Lives of 32 English Divines, 1677, 75ff; vollst. hg.v. E.W.Harcourt, 1885) - DNB XVI, 308ff - I.Morgan, Prince Charles's Puritan Chaplain, London 1957. *M.Schmidt*

Preußen, *altpreußische Religion* → Baltische Religion.

Preußen, *Staat*

1. Historischer Überblick - 2. Die ev. Kirche - 3. Die kath. Kirche - 4. Die sonstigen religiösen Gruppen - 5. Deutung und Ergebnis

1. Der preuß. Staat war eine Schöpfung der Hohenzollern, hervorgegangen aus der Mark → Brandenburg, mit der das schwäbische Geschlecht unter Übertragung der Kurwürde 1411/15 belehnt worden war. Die Mark war alter Kolonialboden, aber staatlich und wirtschaftlich ein Chaos, das es zu ordnen galt. Das partikularistische Ständetum bildete vorerst die politische Verfassungsform. Gebietserwerbungen erfolgten der kleinstaatlich-dynastischen Politik entsprechend durch Erbverträge und vorteilhafte Heiratsverbindungen mit der Aussicht auf Nachfolge in anderen Herrschaften, eine Rechnung, die nicht immer glatt aufging und zu mancherlei Streitigkeiten führte. Erst nach dem 30jährigen Kriege begann die Entwicklung zum militärisch-monarchischen Großstaat, der unter dem fürstlichen Absolutismus Friedrich Wilhelms I. und → Friedrichs II. seine erste, mit dem Namen P. verknüpfte Gestalt erhielt. P. war ursprünglich das alte Ordensland (→ Ostpreußen, 2), das nach seiner Säkularisation als Herzogtum durch Erbfall, bis 1660 als polnisches bzw. schwedisches Lehen, an das brandenburgische Haus gekommen war, aber nicht zum Deutschen Reich gehörte. Mit dem Erwerb der preuß. Königskrone (1701) durch den an sich unbedeutenden Friedrich III. (I.) mündete der noch einen weiten Streubesitz darstellende Staat in die europäische Geschichte; mit der Eroberung Schlesiens durch Friedrich II. begann das Ringen mit Österreich um die Vorherrschaft. Die drei polnischen Teilungen gegen Ausgang des 18.Jh.s haben P. weiteren Gebietszuwachs, aber auch fremdes Volkstum eingebracht, dessen eigenes, nicht zu unterdrückendes Nationalbewußtsein für den autoritären preuß. Staat eine schwere, bis zum 1. Weltkriege nicht zu tilgende Hypothek war. Der Zusammenbruch von 1806 war eine Folge des Versagens des friderizianischen Staates vor den neuen Ideen der Zeit. Es wurde schicksalhaft, daß die preuß. Reformen, die den Geist der Befreiungskriege beflügelt haben, seit 1819 zum Stillstand kamen und in der Restaurationsepoche einer rückläufigen Bewegung wichen. Trotz der vom Westen her langsam vordringenden industriellen Revolution und der damit bedingten sozialen Umschichtung bildeten für P. noch für Jahrzehnte die in seinen ostelbischen Provinzen herrschenden, auf der adligen Grundherrschaft beruhenden agrarpolitischen Verhältnisse das Lebensband des monarchisch-bürokratischen Systems. Auch der 1848/49 erfolgende Übergang zum Verfassungsstaat führte nicht zu einer Demokratisierung, sondern zeigte nur, daß die historisch-traditionellen Kräfte stärker blieben, wie es etwa im Heereskonflikt durch Bismarcks Eingreifen (1862) zutage trat. Dementsprechend war die Lösung der deutschen Frage auch ein Sieg der preuß. Staatsräson. In dem kleindeutschen Reich von 1871 war P. mit seinen 12 Provinzen nicht nur der größte, territorial geschlossene, 352810 qkm umfassende Staat, sondern besaß auch in der Personalunion mit der Reichsexekutive (Kaiser, Kanzler) und den seine Bedeutung unterstreichenden Verfassungsartikeln ein gar nicht zu brechendes Übergewicht. Allein seine 17 Stimmen im Bundesrat begründeten ein absolutes Veto. - Der erste Einbruch in diese Bastion geschah mit der Revolution 1918. Mit dem Fortfall der Monarchie und des preuß. Dreiklassenwahlrechtes sank die politische Bedeutung der alten Führungsschicht. In der Weimarer Reichsverfassung besaß das »Land« P. keinerlei Privilegien mehr. Obwohl von den durch den Versailler Vertrag geforderten Gebietsabtretungen am meisten betroffen, war es noch immer das größte deutsche Territorium (1922 und 1929 schlossen sich ihm Pyrmont und Waldeck an). Unter dem Wandel der politischen Verhältnisse entwickelte sich zwischen P. und dem Reich ein starker Dualismus, dem der Reichskanzler v.Papen 1932 durch Amtsenthebung der letzten, geschäftsführenden (sozialdemokratischen)

preuß. Regierung und durch Einsetzung eines Reichskommissars, zu dem er sich selber ernennen ließ, ein Ende machte. Unter der Bezeichnung »Reichsstatthalter« übernahm 1933 Hitler dieses Amt, der Göring zum preuß. Ministerpräsidenten und Innenminister berief. Die von den Nationalsozialisten angestrebte Reichsreform, nach der die Hoheitsrechte der Länder allmählich auf das Reich übergehen sollten, blieb allerdings gerade im Blick auf P. Stückwerk. Bei der Abneigung Hitlers gegen alle rechtlich fundierten Ordnungen haben die verschiedenen gesetzgeberischen Maßnahmen auf diesem Gebiet keine einheitliche Linie gehabt. Dazu gingen, nicht zuletzt in P., macht- und personalpolitische Rücksichten sachlichen Erwägungen oft voran. Wohl wurde das politische Eigenleben P.s durch Auflösung des Landtages beseitigt, wie es auch keine Ländervertretungen (im Reichsrat) bei der Reichsregierung mehr gab, und die preuß. Ministerien wurden (mit Ausnahme des Finanzministeriums) mit den entsprechenden des Reiches zusammengelegt. Aber Göring blieb Ministerpräsident, und Hitler übertrug ihm auch seine Statthalterrechte. So hat eine schrittweise, in sich widerspruchsvolle Zerschlagung P.s schon vor dem Ausbruch des 2. Weltkrieges eingesetzt. Der Zusammenbruch im Frühjahr 1945 beseitigte dann jede staatliche Souveränität. Das Kontrollratsgesetz Nr. 46 vom 25.2.1947 erklärte P. auch formell für aufgelöst.

2. P. war der größte deutsche prot. Staat. Das Verhältnis von → Kirche und Staat stand in einem engen Bezug zu der politischen Entwicklung. Eckpfeiler war von der Zeit der Reformation bis 1918 das landesherrliche → Kirchenregiment, das sein Recht, in Abwandlung des reformatorischen Ausgangspunktes, auf ein Ius episcopale gründete und den Landesherrn als den Summus episcopus seiner Landeskirche betrachtete (→ Summepiskopat). Als solcher hatte er nach den Beschlüssen des → Augsburger Religionsfriedens von 1555 auch den Glauben seiner Untertanen zu bestimmen. Aber gerade dieses Recht erfuhr in der brandenburgischen Kirche schon früh eine folgenreiche Einschränkung. Als Johann Sigismund 1613 zum ref. Bekenntnis übertrat (→ Brandenburg: II, 3), verpflichtete er sich, seine Untertanen bei ihrem luth. Glauben zu belassen. Dieser Verzicht auf das Ius reformandi war kein Ausdruck konfessioneller Toleranz, sondern ein kirchenpolitischer Akt. Denn der Kurfürst behielt seine kirchenregimentlichen Rechte über eine Kirche, der er selber nicht mehr angehörte. Es war der erste Schritt zum Prinzip des → Territorialismus, dh zum Absolutismus in der staatlichen Kirchenführung. Die naturrechtliche Begründung dieses Systems hat später u.a. → Pufendorf gegeben. Aber es ist wiederum charakteristisch, daß sich die Hohenzollern keineswegs nur mit einer äußerlichen → Kirchenhoheit begnügt haben, sondern an ihrem bischöflichen Recht auch über die luth. Kirche festhielten; in die Konsistorien wurden (ref.) → Hofprediger entsandt (→ Hugenotten, 2f). Das mußte zwangsläufig zu einer Nivellierung der bestehenden Bekenntnisunterschiede führen, wie denn auch der Große Kurfürst Unionsversuche unternommen hat (vgl. zB seinen Streit mit Paul → Gerhardt). Noch unter seinem Nachfolger Friedrich I. sind von Männern wie → Leibniz und → Jablonski Unionspläne entworfen worden (→ Einigungsbestrebungen: II, 2c). Alle diese Versuche sind jedoch am heftigen Widerstand der luth. Orthodoxie gescheitert. Aber der konfessionalistische Streit verlor bald an Schärfe durch die Protektion der pietistischen Strömungen und das Vordringen des Rationalismus. An die Stelle der Hochburg der luth. Orthodoxie, der Universität → Wittenberg, deren Besuch seit 1662 brandenburgischen Theologen verboten war, trat die 1694 eingerichtete Universität → Halle, anfänglich Hort der naturrechtlichen Ideen, bald des → Pietismus, später des → Rationalismus. Von großer Bedeutung für die Bildung eines spezifisch preußisch-prot. Sozialethos wurden die Gedanken A.H. → Franckes, während das gleichfalls eindringende Herrnhutertum und manche ihm ähnliche Richtungen auf die Vertiefung des religiösen Bewußtseins, namentlich im Offiziersstande, gewirkt und die Brücke zu den Teilerweckungen im Norden des Staates im ersten Drittel des 19.Jh.s gebildet haben (→ Erweckung: I, 5b). Dennoch ist für das Ganze dieses brandenburgisch-preuß. Kirchentums, das trotz oder auch gerade wegen aller straffen staatlichen Verwaltung nicht zu einer einheitlichen Landeskirche verschmolz, der Rationalismus eine ungleich stärker wirkende Kraft geworden. Das theologische Verständnis von Kirche als des Leibes Christi mußte hier völlig versagen, weil der theologische Begriff der Kirche naturrechtlich-rationalistisch aufgelöst war und eigentlich nur eine königliche Kirchenregierung für die ev. Religionsparteien bestand. Höhepunkt dieser Entwicklung war die Regierungszeit → Friedrichs II. Trotz der Einrichtung eines ref. Kirchendirektoriums, eines luth. Oberkonsistoriums (dem nur → Schlesien und Kleve-Mark nicht unterstanden) und eines französischen Oberkonsistoriums für die Refugiés (→ Hugenotten) sank die Bedeutung dieser Behörden immer mehr dahin. Wie die Kirche nach säkularer Gesellschaftslehre eine Art religiöses collegium (→ Kollegialismus) innerhalb des Staates war, so waren jene Konsistorien nur subdelegierte Kollegien, technische Hilfsorgane des geistlichen Departements, das wiederum in enger Verbindung mit der Justizverwaltung stand. Auch die Disziplinargewalt über Wandel und Lehre der Geistlichen ging auf die staatliche Gerichtsbarkeit über, und die Cocceische Justizreform griff sogar in das kirchliche Eherecht ein. So wurde die Kirche »auf allen Gebieten Gegenstand einer von Staatsmännern und Juristen getragenen weltlichen Verwaltung« (E.Hirsch). Von Bedeutung wurde auch die strenge Trennung der Zivilkirche von der Militärkirche, deren Verwaltung einem Kriegskonsistorium unterstand; dessen Leitung hatte ein Feldpropst. Die offensichtliche Protektion der meist unbeliebten Feldprediger im Blick auf die Besetzung höherer Stellen im Kirchendienst war dem ganzen System wenig zuträglich. Das unter Friedrich Wilhelm II. erlassene → Wöllnersche Religionsedikt von 1788, das gewiß nicht nur negativ beurteilt werden darf, war eine verständliche Reaktion auf den Niedergang des kirchlichen Lebens, mußte jedoch schon deshalb erfolglos bleiben, weil bei den höchsten Trägern der staatlichen Gewalt kein religiöser Ernst vorhanden war und es den Schaden nicht bei der Wurzel anpackte. Es siegten schließlich die Grundsätze des Allgemeinen Preuß. Landesrechtes von 1794, die auch im Blick auf das Kirchenregiment den Geist des friderizianischen Zeitalters trugen.

Der Sturz P.s begrub auch das kirchliche System. Der Wiederaufbau des Staates in der Reformzeit brachte zunächst mit der Aufhebung der Konsistorien (1808) die Vollendung des staatskirchlichen Systems. Nach 1815 begannen neue kirchliche Reformversuche. Unter Friedrich Wilhelm III. (1797–1840) entstand jetzt erst durch Einführung der → Union und einer unter heftigem Widerspruch durchgesetzten einheitlichen Agende (→ Agendenstreit), aber unter Abweisung einer Synodalverfassung eine Preuß. Landeskirche (→ Kirchenverfassung: VI, 5). Allein für → Rheinland und → Westfalen wurde 1835 die dort seit langem bestehende Presbyterialverfassung anerkannt. Im übrigen wurden die Konsistorien mit vornehmlich rein »religiöser« Aufsichtsbefugnis (auch für Katholiken, Juden und Sekten) wieder eingerichtet, das Amt der → Generalsuperintendenten neu installiert, die der eigentliche Mittelpunkt der einzelnen Provinzen wurden, mit Sitz und Stimmrecht sowohl in den Konsistorien wie in den geistlichen Regierungsabteilungen, die wiederum dem neu errichteten Kultusministerium unterstanden. Einige Generalsuperintendenten sind mit dem Bischofstitel, der Ostpreuße → Borowski sogar mit dem eines Erzbischofs ausgezeichnet worden. Die wichtigsten Rechte indessen lagen in entscheidender Instanz bei der staatlichen Verwaltung. Der König hätte das staatliche Kontrollrecht auch gern auf die Lehrtätigkeit der theologischen Fakultäten ausgedehnt, wenn ihm hier der Minister → Altenstein nicht erfolgreich widersprochen hätte. Das Unbefriedigende dieser kirchlichen Neuordnung war mit Händen zu greifen. Aber auch die Reformpläne Friedrich Wilhelms IV. (1840-61) widersprachen dem, was praktisch und sachlich durchführbar war. Die unter seiner Regierung beginnenden Schritte zu einer Verselbständigung der Kirche durch Belebung des synodalen Elements fielen der Revolution von 1848 zum Opfer. Die preuß. Verfassung von 1850 sah die Trennung von Staat und Kirche vor. Aber gegen die damit verbundene Aufhebung des landesherrlichen Kirchenregiments erhob sich nicht nur seitens des Monarchen, sondern auch seitens der Kirche und der in ihr wirksamen konservativen Kräfte heftiger Widerspruch. In dem durch königlichen Erlaß vom 29.7.1850 geschaffenen Ev. → Oberkirchenrat, einer weithin selbständigen kollegialischen Behörde, wurde sowohl die Berufung einer konstituierenden Generalsynode als nicht notwendig bezeichnet als auch das landesherrliche Kirchenregiment unter Berufung auf die Gedanken der Reformation mit der Verfassung für vereinbar erklärt. - Die in der Folgezeit durch die auch kirchliche Reaktion zurückgedrängten Forderungen nach einer Synodalverfassung kamen erst unter Wilhelm I. (1861-88) in der Zeit der »Neuen Ära« durch die Minister Bethmann-Hollweg und H.v. → Mühler zu neuem Leben. Nachdem 1861 die Bildung von Kreissynoden angeordnet und 1869 Provinzialsynoden zusammengetreten waren, wurde in zwei königlichen Erlassen (1873 und 1876), die auch Gesetzeskraft erhielten, eine Kirchgemeinde- und Synodalordnung und eine Generalsynodalordnung bekanntgegeben. Fraglos war diese Entwicklung ein bedeutender Schritt auf dem Wege der institutionellen Verselbständigung. Aber abgesehen davon, daß das Eindringen des synodalen Elements, schon durch die Bildung von kirchenpolitischen Fraktionen, weithin als ein Gegenstück zum politischen Parlamentarismus mißverstanden wurde, war auch in der neuen Ordnung, die eine kunstvolle Verbindung von Konsistorial- und Synodalprinzip herstellte, die stärkere Macht bei den landesherrlichen Behörden. Auf alle Fälle blieb die Staatskirchenhoheit bestehen. - Die bis 1918 in Geltung gebliebene Verfassung galt nicht für die 1866 von P. annektierten Gebiete. → Schleswig-Holstein, → Hessen und → Hannover wurden nicht dem preuß. Ev. Oberkirchenrat unterstellt. Die beiden zuerst genannten Landeskirchen erhielten in den folgenden Jahren eigene Verfassungen, Hannover besaß eine solche bereits vor der Eingliederung in P.

Als mit dem Sturz der Monarchien auch das landesherrliche Kirchenregiment fortfiel, zeigte sich, wie eng gerade die preuß. Kirche mit dem vergangenen Herrscherhaus und den alten Ordnungsmächten verbunden war. Obwohl die Weimarer und auch die neue Preuß. Verfassung die früheren Rechte der Kirche nicht antasteten, ihr auch eine größere Freiheit garantierten, und die Verbindung von Staat und Kirche weiter gelockert wurde, stand die Kirche den neuen politischen Ordnungen in kühler, weithin sogar in kritischer Distanz gegenüber. Alle acht preuß. Landeskirchen, unter ihnen als die größte die Ev. Kirche der altpreuß. Union, wie sie jetzt hieß, gaben sich neue Verfassungen, die 1924 durch Staatsgesetz anerkannt wurden. Mit diesen Kirchen schloß P. 1931 einen → Kirchenvertrag, der die künftige rechtliche und finanzielle Grundlage des Verhältnisses von Staat und Kirche festlegte, durch seine → »Politische Klausel« (Einspruchsrecht des Staates bei der Besetzung hoher Kirchenämter) viel Aufsehen erregte und im Abgeordnetenhaus gegen die Stimmen der Nationalsozialisten und Kommunisten, bei Stimmenthaltung der Sozialdemokraten, zur Annahme kam. - Trotz des virulenten Pfarrernationalismus, der namentlich in den vorwiegend konservativ gerichteten ostelbischen Provinzen herrschte, bedurfte es 1933 doch erst des Eingreifens der nationalsozialistischen Regierung, um die hohen Kirchenämter sturmreif für den Sieg der »Deutschen Christen« und die Gleichschaltung zu machen. Der nun ausbrechende → Kirchenkampf hat gerade in der Kirche der altpreuß. Union heftige Formen angenommen. Der preuß. Bruderrat wurde ein Zentrum des Widerstandes und hat von 1934-43 12 Bekenntnissynoden durchgeführt (→ Bekennende Kirche). Die politische Entwicklung nach 1945 machte eine Wiederherstellung des preuß. Kirchenwesens in der alten Form unmöglich. Die früheren Gliedkirchen der altpreuß. Union, soweit sie innerhalb des einen der beiden deutschen Staatsgebilde liegen, haben sich 1953 zur Ev. Kirche der Union (EKU) zusammengeschlossen (→ Evangelische Kirche in Deutschland: I, 4, → Kirchenverfassung: VII, 1), der 1960 auch die Kirche von → Anhalt beigetreten ist.

3. Die *kath. Kirche* hat in P. erst im 18.Jh., als nach der Eroberung Schlesiens und durch die polnischen Teilungen größere kath. Bevölkerungsmassen zu P. kamen, rechtliche Anerkennung gefunden. In Berlin hat Friedrich II. durch Privileg den Bau der St. Hedwigskathedrale gestattet. Aber wenn das Allgemeine Preuß. Landrecht auch den Grundsatz der Toleranz vertrat, so konnte doch von einer Parität zwischen Protestanten und Katholiken nicht die Rede sein. Namentlich in der Personalpolitik wurde an dem prot. Charakter des Staates festgehalten. Mit dem Gewinn des Rheinlandes (1815) war der kath. Bevölkerungsanteil weiter erheblich gestiegen. Die mit königlicher Sanktion veröffentlichte päpstliche → Zirkumskriptionsbulle »De salute animarum« (1821) regelte das kath. Kirchenwesen in P. in den Erzbistümern → Köln, → Posen- → Gnesen und den exemten Bistümern → Breslau und → Ermland, ließ aber die staatlichen Hoheitsrechte unangetastet. Als wegen der Mischehenfrage der → Kölner Kirchenstreit ausbrach, der bald auch auf den östlichen Teil P.s übergriff, kam es zu jener folgenreichen Bildung eines politischen Katholizismus, der im → Kulturkampf die Führung übernahm, der wiederum in P. zu einer gefährlichen Krise in dem Verhältnis von Staat und Kirche geführt hat. Von den in der Verfassung von 1850 der Kirche gewährten Freiheiten hat die kath. Kirche indessen ungleich stärkeren Gebrauch machen können als die ev. Die Aufhebung der 1841 eingerichteten kath. Abteilung im Kultusministerium bei Ausbruch des Kulturkampfes wirkte sich für sie nicht nachteilig aus, da sie ihre Stellungen behaupten konnte. 1917 wurde mit der Wiederzulassung der → Jesuiten eines der letzten Kulturkampfgesetze aufgehoben, die Ernennung des bayerischen Katholikenführers Graf Hertling zum Reichskanzler beseitigte auch restliche staatskirchliche Beschränkungen. Das Verhältnis zur neuen demokratischen Staatsordnung nach 1918 gestaltete sich durchaus positiv, zumal der

Vatikan schon 1919 die Republik anerkannt hat. Das → Zentrum, das in der Folgezeit dem Reich mehrere Kanzler stellte und in P. mit der → Sozialdemokratie Hauptträger einer demokratischen Politik war, förderte eine starke kath. Kirchenpolitik. Breslau und → Paderborn wurden zu Erzbistümern erhoben, in Aachen und Berlin neue Bistümer eingerichtet. Von besonderer Bedeutung war das mit P. am 14.6.1929, diesmal mit den Stimmen der Sozialdemokraten, geschlossene → Konkordat. - Während der Herrschaft des Nationalsozialismus ist der Abwehrkampf der kath. Kirche im preuß. Bereich bes. von dem Bischof von Münster, Kardinal Graf v. → Galen, geführt worden. Zu den Opfern der Morde des 30.6.1934 gehörte der Führer der kath. Aktion in Berlin, Erich Klausener.

4. *Freikirchen und andere christliche Gruppen und Sekten* sind in P. erst sehr spät zugelassen worden. Das älteste Privileg konnten die Herrnhuter 1746 erwerben. Die wegen ihrer Opposition zur Union verfolgten und separierten Altlutheraner (→ Luthertum: III B) wurden 1845 unter Friedrich Wilhelm IV. anerkannt. Etwa zur gleichen Zeit fanden auch die bislang verfolgten Anhänger → Kohlbrügges, die Niederländisch-ref. Gemeinde in Elberfeld, Anerkennung. Nach 1871 und im Zuge der von außen nach Deutschland eindringenden Evangelisations- und Erweckungsbewegung konnten auch weitere christliche Bekenntnisgruppen Aufnahme finden, freilich mit geminderten Rechten und nur auf Grund des Vereinsgesetzes. Erst die Weimarer Verfassung schuf hier mit ihren Bestimmungen über die Bildung von → Religionsgesellschaften neue Grundlagen, nach denen unter bestimmten Voraussetzungen auch Freikirchen Korporationsrechte erwerben konnten

5. Bald nach dem Zusammenbruch der Monarchien, bes. dem Abgang der Hohenzollern, hat unter kritischem Vorzeichen gegenüber den neuen demokratischen Verhältnissen eine mehr symbolische, fast mythische Deutung des Preußentums eingesetzt, voran bei Oswald → Spengler und in seinem mehr oder weniger unmittelbaren Gefolge bei den Vertretern einer sog. konservativen Revolution. Unter Anrufung des Geistes der altpreuß. Ordensritter, des sozialen Staatsdenkens Friedrich Wilhelms I. und Friedrichs II., der Ethik → Kants, der Ideen der preuß. Reformer (→ Stein, Scharnhorst, Gneisenau, → Humboldt) und der preuß. prot. Realistik → Bismarcks wurde ein Leitbild deutschen politischen Menschentums entwickelt, das viel Stoff hergab für die geistige Entwicklung, die zum → Nationalsozialismus geführt hat. Anderseits hat die Zerschlagung P.s nach 1945, begleitet von manchem allzu summarisch gerafften publizistischen Beifall, dem deutschen Protestantismus, der in diesem Landgefüge seinen größten territorialen Zusammenhalt besaß, einen schweren Stoß versetzt, dessen Folgen auch über den Bereich des früheren P. und Deutschlands hinaus zu beobachten sind.

Zu 1: FBPG 1-55, 1888-1943 - Mitt.en d. Preuß. Archiv-Verwaltung 1-27, 1900-36. - L.v.RANKE, Zwölf Bücher preuß. Gesch., (1874) 1878/79²; krit. Ausg. 3 Bde, 1930 - R.KOSER, Gesch. d. brandenburg.-preuß. Politik I, 1913 - O.HINTZE, Die Hohenzollern u. ihr Werk, 1915 - DERS., Geist u. Epochen d. preuß. Gesch. (in: Ges. Abh.en III, 1943, 9-37) - DERS., Kalvinismus u. Staatsräson (ebd 289-346) - E.MARCKS, Das Königtum d. großen Hohenzollern (in: Männer u. Zeiten I, 1922, 203-241) - W.BRAUN, Die Reichsreform im Dritten Reich (Vierteljahrshefte f. Zeitgesch. 3, 1955, 36-56) - G.RITTER, Staatskunst u. Kriegshandwerk I: Die altpreuß. Tradition 1740-1890, 1959. - Zu 2 (außer der Lit. bei den Verweisartikeln): TH.WANGEMANN, Sieben Bücher preuß. KG I-III, 1859/60 - DERS., Geistliches Regen u. Ringen am Ostseestrande, 1861 - E. FOERSTER, Die Entstehung d. preuß. Landeskirche I. II, 1905/07 - J.V.BREDT, Neues ev. Kirchenrecht für P. I-III, 1921-27 - G.HOLSTEIN, Die Grundlagen d. ev. Kirchenrechts, 1928 - E.MENGIN, Das Recht d. franz.-ref. Kirche in P., 1929 - RGG² IV, 1469ff (Lit.) - W.GEPPERT, Das Wesen d. preuß. Union, 1939 - O.HINTZE, Die Epochen d. ev. Kirchenregiments in P. (in: Ges. Abh.en III, 1943, 64-104) - Um Verkündigung u. Ordnung der Kirche. Die Bekenntnissynoden d. Ev. Kirche der apU 1934-43, hg.v. W.NIESEL, 1949 - U.SCHEUNER, Kirche u. Staat in d. neueren dt. Entwicklung (ZevKR 7, 1960, 225-273). - Zu 3 (außer der Lit. zu den Verweisartikeln): M.LEHMANN-H.GRANIER, P. u. d. kath. Kirche seit 1640, 9 Bde, 1878-1902 - PH.HILTEBRANDT, P. u. d. röm. Kurie I (1625-1740), 1910 - L. ZSCHARNACK, Das Preußen-Konkordat, 1929. - Zu 5: A.MOELLER VAN DEN BRUCK, Der preuß. Stil, (1915) 1953⁷ - O.SPENGLER, P.tum u. Sozialismus, 1919 (= Polit. Schr., 1933, 1-106) - W.STAPEL, P. muß sein!, 1932 - REINH.SCHNEIDER, Die Hohenzollern, (1933) 1958 - O.H.V.D.GABLENTZ, Die Tragik des P.tums, 1948 - A.MOHLER, Die konservative Revolution in Deutschland 1918-32, 1950 - H.J. SCHOEPS, Das andere P., (1952) 1957² - DERS. (Hg.), Das war P., 1955.

K.Kupisch

Prierias, *Silvester Mazzolini* (ca 1456-1523), * in Prierio bei Montferrat, Dominikaner (zeitweise Generalvikar der lombardischen Provinz), thomistischer Dogmatiker, Moraltheologe, Inquisitor, seit 1515 als Magister Sacri Palatii theologischer Berater Leos X., schrieb nicht nur drei Streitschriften gegen → Luther (: I, 2; In praesumptuosas Martini Lutheri conclusiones de potestate papae dialogus, 1518; Replica ad F.Martinum Luther, 1519; Errata et argumenta M.L., 1520), sondern wurde auch amtlich im röm. Prozeß gegen Luther tätig. Luther antwortete P. (Ad dialogum Silvestri Prieratis de potestate papae responsio, WA 1, 644-686; 9, 782-786), gab seine Replica heraus (WA 2, 48-56; 9, 780) und veröffentlichte und kommentierte eine Kurzform der Errata (WA 6, 325-348). Auch am Prozeß gegen → Reuchlin wirkte P. mit.

RE XVI, 30ff - SCHL. 10919a/20b/22. 11594. 13445a-e. 17506 bis 17506a; bes.: F.LAUCHERT, Die ital. literar. Gegner Luthers, 1912, 7ff. - Vgl. die Lutherbiographien u. Darst. der Reformationsgesch.

F.Lau

Priesterschrift oder *Priesterkodex* (P) heißt die mit dem → Jahwisten, → Elohisten und → Deuteronomium im → Pentateuch bzw. Hexateuch vereinigte letzte Quellenschicht, deren *Umfang* infolge des eigenartigen Stils und Sprachgebrauchs ziemlich einheitlich bestimmt wird. Meist läuft sie unter teilweiser Verwendung neuer Stoffe den älteren Erzählungswerken parallel, beschränkt sich aber überwiegend auf kurze Notizen (zB Gen 19, 29). Ausführlicher wird sie (bes. in der → Genesis), wo es der Darstellung ihres Schemas von vier Perioden (Gen 1, 1 - 2, 4a; 6-9*; 17; Ex 6) oder einem Vorblick auf die Landzuteilung dient (Gen 23). Dies alles bildet den Vorbau des für die vierte Periode geltenden Sinaigesetzes, dessen Entfaltung in großen Teilen der Bücher → Exodus, → Leviticus, → Numeri das eigentliche Ziel von P ist. Der darin vor allem beschriebene Kultus soll in dem Land ausgeübt werden, dessen Verteilung durch → Mose (Jos 13, 15ff) und seinen Nachfolger → Josua (Num 27, 18ff) den Abschluß bildet (Jos 14-21*).

Wegen vieler Wiederholungen, Widersprüche und Unterbrechungen ist P als eine *literarische Komposition* und nicht als Einheit zu verstehen. Während aber die Doppelheiten für eine Aufteilung in zwei Quellenstränge (v.Rad) nicht ausreichen und gegen die Annahme eines ursprünglich reinen (mit dem Tode des Mose endenden) Erzählungswerkes mit nachträglich eingeschalteten Gesetzen (Noth, Elliger) die enge Verbindung von Geschichte und Gesetz in der Verknüpfung von Periodenschema und Sinaigesetz spricht, ist zur Erklärung der Uneinheitlichkeit entweder ein schriftlicher Grundbestand anzunehmen, der mannigfach erweitert und ergänzt worden ist (so meist), oder mit einem mehrstufigen Werdegang mündlicher Überlieferung zu rechnen, dessen Stadien stofflich und nicht mehr literarisch zu erfassen sind (Hempel). In jedem Fall hat P sehr viel *altes Material* verarbeitet. Dessen erzählender Stoff entstammt zT der Priestertradition (Ex 34, 29ff), zT der Auseinandersetzung mit babylonischen Mythen im → Exil (Schöpfung, Flut). Vor allem hat P zahlreiche ältere Gesetze, Kultordnungen verschiedener Art, Sammlungen priesterlichen Berufswissens und Listen verwendet, wobei die legislativen Abschnitte mehrfach bearbeitet wurden. Dazu treten mehrere ursprünglich selbständige Gesetzessammlungen mit eigener Entstehungs- und Überlieferungsgeschichte (→ Heiligkeitsgesetz, → Leviticus). Der ganze *Vorgang* des Sammelns und Bearbeitens ist wohl schon im 6.Jh. in priesterlichen Kreisen in Babylonien begonnen und im 5.Jh. im wesentlichen abgeschlossen worden. Denn trotz gelegentlicher Anzweiflung ist daran festzuhalten, daß das Gesetzbuch → Esras der um P erweiterte → Pentateuch war.

P gibt sich als *Erzählungswerk*, das die Kontinuität des Erzählten betont und die Geschichte straff gliedert, indem es eine mit der Schöpfung beginnende, fortlaufende Chronologie verwendet, mittels der Überschrift »Das sind die Zeugungen« einen abgestuften Übergang von der Geschichte des Kosmos zu derjenigen Israels darbietet und durch die allmähliche Offenbarung Jahwes das Ganze in vier Perioden teilt (Schöpfung-Noah-Abraham-Mose). Die in diesem Rahmen gebotene Erzählung verbindet Geschichte und *Gesetz;* dieses wird aus jener abgeleitet, um Gegenwart und Zukunft zu bestimmen. Während die Gebote der drei ersten Offenbarungsperioden über Israel hinaus gelten, betrifft das Sinaigesetz Israel allein. Ihm als der nachexilischen Kultgemeinde ist P als eine Programmschrift zugedacht, die sich mittels der Rückprojektion in die Mosezeit legitimiert. Diesem Charakter von P entsprechen die *theologischen* Merkmale: zunehmende Verengung auf Israel, überwiegende Beschränkung von Kultus und Opfern auf es, Steigerung der Transzendenz Gottes mit dem alleinigen Zugang über Priester und Kultus, Erfassung des ganzen Lebens durch das Ritualgesetz, Sicherung des Daseins durch die Sühne als Hauptzweck des Kultus. Hat P damit weithin als Grundlage für die Kultgemeinde der Spätzeit gedient, so literarisch als Rahmen und Richtpunkt für die endgültige Gestaltung des Pentateuchs.

Vgl. die Einl.en in das AT u. die Kommentare. - Ferner: K.Budde, Ellā toledoth (ZAW 34, 1914, 241-253; 36, 1916, 1-7) - M.Löhr, Unters.en zum Hexateuchproblem I (BZAW 38), 1924 - A.Jepsen, Zur Chronologie des Priesterkodex (ZAW 47, 1929, 251-255) - G.v.Rad, Die P. im Hexateuch (BWAT 65), 1934 (dazu P.Humbert, ZAW 58, 1940/41, 30-57) - B.Luther, Ḳāhāl u. ʿedāh als Hilfsmittel der Quellenscheidung im Priesterkodex u. in der Chronik (ZAW 56, 1938, 44-63) - Noth, ÜSt 180-217 - Ders., ÜPent - A.Kuschke, Die Lagervorstellung der priesterschriftl. Erzählung (ZAW 63, 1951, 74-105) - E.Auerbach, Die babyl. Datierung im Pentateuch u. das Alter des Priester-Kodex (VT 2, 1952, 334-342) - K.Elliger, Sinn u. Ursprung der priesterl. Geschichtserzählung (ZThK 49, 1952, 121-143) - Y.Kaufmann, Der Kalender u. das Alter des Priesterkodex (VT 4, 1954, 307-313) - PW XXII, 1954, 1943ff (J.Hempel) - R.Rendtorff, Die Gesetze in der P. (FRLANT 62), 1954 - P.Grelot, La dernière étape de la rédaction sacerdotale (VT 6, 1956, 174-189) - O.Eissfeldt, Biblos geneseōs (Gott u. die Götter, Festg. Fascher, 1958, 31-40) - K.Koch, Die Eigenart der priesterschriftl. Sinaigesetzgebung (ZThK 55, 1958, 36-51) - Ders., Die P. von Ex 25 bis Lev 16 (FRLANT 71), 1959 - J.Roth, La tradition sacerdotale dans le Pentateuque (NRTh 90, 1958, 696-721).

G.Fohrer

Priestertum

I. Religionsgeschichtlich - II. In Israel - III. In der christlichen Kirche. - P. = Priester, p.lich = priesterlich. - Ergänzend vgl. bes. → Kultus, → Opfer, → Priestertum, allgemeines

I. Religionsgeschichtlich

1. Grundlegung: Inhaltsbestimmung und Abgrenzung des Begriffs P.tum - 2. Ethnologisch-historische Übersicht - 3. Systematische Übersicht - 4. Zusammenfassung

1. Als P. (bzw. P.innen) sollen hier, rein religionssoziologisch betrachtet, solche Personen verstanden werden, die in umfassenderen religionsbezogenen Gruppen (→ Gemeinschaften) als kleinere Teilgruppe leben und auf welche im allgemeinen folgende 18 Charakteristika Anwendung finden: a) Sie unterscheiden sich auf Grund eines besonderen an ihnen vorgenommenen Aktes (→ Salbung, → Weihen) von anderen Angehörigen der betreffenden Gruppe. b) Sie sind von diesen durch besondere Ehre und Ehrbegriffe distanziert. c) Ihnen gegenüber sind sie auch arbeitsteilig abgegrenzt. d) Auch unter sich sind sie arbeitsteilig differenziert. e) Sie haben eine besondere Ausbildung erhalten. f) Sie bilden sich ihren eigenen Nachwuchs heran (vgl. → Jüngerschaft). g) Sie sind dauernd oder bei Ausübung bestimmter Funktionen durch äußere Merkmale in → Kleidung, → Haar- oder Barttracht unterschieden. h) Sie leben u.a. auch von → Gaben der Gläubigen. i) Sie bringen Systeme hervor mit → Lehre (einschließlich → Theodizee), → Ethik und → Recht, ferner ein Ritual (→ Ritus) mit → Opfer, → Musik (bisweilen auch → Tanz) und → Gebet. k) Mündlich oder schriftlich kommentieren, verteidigen und tradieren sie ihr Wissen und ihre Erkenntnismethoden. l) Sie führen das Ritual aus, und zwar in größerem oder geringerem Maße auch bei Familienbegebenheiten wie → Geburt, → Tod usw. m) Sie befassen sich mit Seelsorge. n) Sie erziehen und belehren kleinere oder größere Gruppen unter den Anhängern. o) Sie bringen ihre Lehre und Lebenspraxis auch zu andern Menschen (→ Mission: I). p) Sie führen in ihrer eigenen Kleingruppe, aber auch innerhalb des umfassenderen Verbandes gewisse administrative und jurisdiktionelle Verrichtungen aus. q) Sie finden sich innerhalb von → Kirche, Denomination und → Sekte (bei dieser aber am wenigsten). r) Sie unterscheiden sich von Religionsstiftern, → Heilanden und → Erlösern, die sich als im Gegensatz zum P.tum stehend fühlen. s) P.tum deckt sich nicht, überschneidet sich aber mit Predigertum, Prophetentum (→ Propheten: I), → Mönchtum, Eremitentum, Asketentum (→ Askese: I), Mystikertum (→ Mystik: II) und Magiertum (→ Magie, → Zauberer). - Zwecks Gewinnung einer Klassifikation seien im folgenden Religionen, in denen es überhaupt P.tum in dem oben charakterisierten Sinne gibt, unter Beifügung solcher Merkmale aufgezählt, die - im Unterschied von den angeführten 18 Wesenszügen - nicht allen P.tümern gemeinsam, sondern gerade für das P.tum der betr. Religion bezeichnend sind: Herkunft und Nachwuchsbeschaffung, Hierarchie und Organisation, ökonomische Seite, Funktionen. Schriftlose Völker haben bisweilen keine P. (→ Medizinmann, → Schamanismus).

2. a) *Altamerikanische Hochkulturen* (→ Mexiko: I, → Peru, 1). Bei Inkas, Mayas und Azteken sowie bei Chibchas und Pueblos gab es hierarchisch gegliedertes und spezialisiertes P.tum. Es entstammte bei den drei Erstgenannten bestimmten Adelsfamilien, lebte weitgehend von Kirchenland, brachte u.a. → Menschenopfer dar und befaßte sich bei Mayas und Azteken mit Errechnung von Kalendern und Festen sowie mit Volksbelehrung darüber, bei den Azteken auch mit staatlich-administrativen Funktionen. Ferner gab es zumindest bei den Inkas nonnenartig lebende Frauen, die für die leiblichen Bedürfnisse der P. sowie für die religiösen Bedürfnisse niederer Schichten sorgten, bei den Inkas alte

Leute, die man zu p.lichen Funktionen heranzog, und bei den Azteken sozial von den P.n geschiedene Magier.

b) *Nordeuropäische, nord- und zentralasiatische Völker* (nicht Hochkulturen). Hier kommen in Betracht: die → Kelten mit ihren Druiden, die → Germanische Religion, bisweilen mit Königen als Opferdarbringern und mit einem P.tum aus alten Familien und mit politischer Macht; ob es in der → Slawischen Religion ein P.tum gab, ist nicht unbedingt sicher.

c) *Asiatische Hochkulturen* (einschließlich Ägypten). → China (: II) hat zB in der Gestalt des → Konfuzius weise Männer an Monarchenhöfen; als sich die Religion fast ganz zum Staatskirchentum gestaltete, gehen daraus juristische Praktiker hervor. Die P. des → Taoismus sind ursprünglich Kontemplative, die sich auch magischen Verrichtungen für untere Schichten hingeben. → Japans (: II) Mischkultur aus → Buddhismus und → Shintoismus weist ursprünglich wie China Schamanen und auch Schamaninnen, später - zeitweise durch → Mantik bestimmte - beamtete und verheiratete Schreins-P. auf. → Indien (: II) mit den von ihm beeinflußten Kulturen zeigt nacheinander: In vor-vedischer Zeit Familienväter als einzige funktionierende Opferer, in vedisch-vorbuddhistischer Zeit → Kontemplation als wesentliche Funktion eines durchgebildeten erblichen P.kastentums, dann (mit Kontrast gegen letzteres) → Jinismus und Buddhismus. Beide haben Mönchs-P., die Einzelwissenschaften und kontemplative Systeme erarbeiten und diesen entsprechend leben. In → Tibet wurde unter dem Namen → Lamaismus eine unter Klosterleitung stehende Theokratie errichtet. → Babylonien (: II, 10) kennt neben Beschwörern, Sehern und → Wahrsagern P.fürsten, Kult-P. und → Tempel, die durch Geldreichtum und -verleihung den Geldmarkt beeinflussen. Bei den → Hethitern (: II) legt man zeitweilig großen Wert auf rituelle Reinheit der P., ebenso in → Iran, wo sich p.liche, administrative und richterliche Funktionen weitgehend überschneiden (→ Magier). Das Westsemitentum hat Eunuchen-P., Kindesopfer und Wahrsagerei, die Religion in → Kanaan (: III) eine Abgabe von Opferfleisch an P., schließlich → Ägypten (: II) einen König als Ober-P. (→ Königtum, sakrales, 3) sowie ein P.tum, das zunehmend erblich wird und vom Staatsland oder von Taxen lebt, die das Volk bezahlt.

d) *Klassische Antike.* In der → Griechischen Religion gibt es in homerischer Zeit Kleinkönige, die oft selbst opfern, und somit relativ wenig Berufs-P.tum, in klassischer Zeit mehrfach hauptamtliche weltliche Funktionäre, die nebenbei p.liche Verrichtungen ausführen, ferner Magier, die als Fremde von den P.n sozial geschieden sind, in der Spätzeit mehrere esoterische Geheimkulte (→ Mysterien). Bei den → Etruskern hat allein der Adel Anteil an der Regierung und dem stark spezialisierten P.tum; Wahrsager u.dgl. sind sozial von ihm getrennt. Die → Römische Religion besitzt ein organisiertes P.tum in Gestalt bezahlter Staatsbeamter.

e) *Die drei monotheistischen Religionen.* Zum Judentum und Christentum vgl. → Priestertum: II. III. Der → Islam hat kaum ein eigentliches P.tum; Festgottesdienste werden zB von Standespersonen oder von einem Imam geleitet, der direkt von der Gemeinde ausgesucht worden ist.

f) *Synkretistische Mischgebilde* (chronologisch geordnet). Hier kommen in Betracht: die → Mandäer mit p.lich ausgebildeter Geheimlehre und einem Kodex heiliger → Schriften; der → Manichäismus mit Mönchs-P.tum nebst entscheidender Bedeutung von Beichthören mit Lossprechung; die → Bon-Religion mit P.mönchen in Klöstern; die → Sikhs mit P.pfründen und Gewichtlegen auf Vorlesen heiliger Texte; die → Jeziden-Religion mit ekstatischen Tänzen im Kult; der → Caodaïsmus mit Sakramentenspendung, hierarchisch gegliedertem P.tum und Geisterbeschwörung; die → Christengemeinschaft mit gegliedertem P.tum und Sakramentsspendung.

3. a) *Herkunft und Nachwuchsbeschaffung des P.tums.* Bei Inkas, Chibchas, Mayas, Azteken, Ägyptern, Etruskern, Kelten, Germanen und etlichen Christengruppen müssen P. bestimmten Familien entstammen. Spezialfälle sind: Der Monarch als erblicher Opfer-P. wie bei manchen Asiaten, homerischen Kleinkönigen und Germanen; ferner die Vererbung des Amts auf ein männliches Familienmitglied, zB bei den → Nestorianern; schließlich und als Zuspitzung die kastenmäßige Vererbung (→ Kaste: I) und Abschließung in der → Vedischen und brahmanischen Religion und im → Hinduismus. Das Umgekehrte, daß nämlich der P. nicht aus bestimmten Familien herzukommen braucht, findet sich in Kombination mit einer der folgenden Situationen: Man verwendet sonst als unbrauchbar angesehene alte Leute als P., wie auf der Unterstufe des Inkareichs; man braucht Eunuchen als P., wie bei westsemitischen Stämmen; man ernennt auf Grund von Divination, so zeitweise in Japan; die Gemeinde beauftragt ein geschätztes Mitglied zur Ausübung des Kultes, wie im Islam; oder man legt größtes Gewicht auf Bewerbung, Noviziat, Bewährung, Examina usw, wie bei den meisten buddhistischen und vielen christlichen Formen, bes. den Mönchsorden; oder nur derjenige kann gültig weihen, der selbst dank einer nicht abgerissenen Kette von Weihungen als in der richtigen Kontinuität stehend angesehen wird, und nur der so Geweihte ist ein P. oder Bischof. Dies spielt eine Rolle bei den Auseinandersetzungen über die jeweilige Anerkennung der sog. Apostolischen → Sukzession zwischen → Katholizismus, → Anglokatholizismus, → Jansenismus und → Altkatholiken.

b) P.tum ohne *Hierarchie* erscheint in kleinräumigen Verhältnissen wie im vor-vedischen Indien mit dem opfernden Familienvater, ferner im homerischen und klassischen Griechenland. Fast alle sonstigen P.schaften sind organisiert, und zwar mit Vorgesetzten und Abstufungen auch in Hinsicht auf das Prestige. Folgende 4 Formen seien erwähnt: Scheidung zwischen rivalisierendem Welt- und Ordensklerus, wobei jede der beiden Gruppen wieder in sich durchorganisiert ist wie bei den meisten p.lich strukturierten Christengruppen; Vorkommen erwählter Vorgesetzter, so zT im Inkareich, im reinen Buddhismus, im griech.-orth. Mönchtum und bei einigen kath. Orden wie den → Franziskanern; Parallelexistenz von durchorganisierten P.- und P.innen-Körperschaften, wie bei Inkas, Sumerern, Babyloniern und - wenn auch weniger durchgeführt - bei Germanen und Römern; Getrenntsein von P.- und Magier-Organisationen, letztere für untere Schichten bei Azteken, klassischen Griechen und Etruskern.

c) Als Quellen für den *Lebensunterhalt* begegnen bes. folgende Möglichkeiten: Anteil am Opferfleisch, zB bei den Kanaanäern; Bettel, bis hin zu den → Bettelorden; Landbesitz mit Bodenrente bei Inkas, Mayas, Azteken, Ägyptern und → Benediktinern und deren Derivationen; Kombination von Grundbesitz und Bettel, so bei allen in Indien beheimateten sowie bei etlichen christlich-orientalischen Absplitterungen wie den → Kopten (: I); Steuern und feste Gehälter, wie in Iran, Rom und dem Westchristentum, bes. in dessen Staatskirchentum; körperliche Arbeit, die vom P. und nicht etwa nur von Laienbrüdern ausgeführt wird, wie im Lamaismus, bei den frühen Benediktinern und den → Trappisten; P. als Geldverleiher, etwa bei reichen Tempeln in Mesopotamien; P. als Verfertiger und Verkäufer von → Devotionalien, zB an → Wallfahrtsorten; P. in kommerziellen

Unternehmungen, zB in Verbindung mit Missionswerk wie bei manchen → Jesuiten im kolonialen Frühkapitalismus.

d) Zu den *Funktionen des P.tums* gehört α) die *Ausarbeitung von Systemen*. Hier kommt bes. folgendes in Betracht: Zusammenstellung eines offiziellen Kodex heiliger → Schriften, um sich andern Gebilden gegenüber abzugrenzen (so im Frühchristentum, in Qumran und im Manichäismus); Erarbeitung einer Geheimlehre, die den Laien unbekannt bleibt, zB bei den Mandäern; Übernahme fremder Elemente zum Aufbau eines eigenen Systems, wenn man sich von fremden Religionen oder innerhalb des eigenen Kulturkreises von anderen soziologischen Gebilden oder innerhalb der eigenen Gruppe von besonderen Richtungen angegriffen fühlt, wie im mohammedanischen, jüdischen oder christlichen MA; bisweilen wird die Mystik systematisiert, indem man zB den Weg zur erhofften Erlangung mystischer Schau zu rationalisieren sucht, wie es in Indien, im Judentum, bei jüdischen Sekten sowie bei mehreren Christen- und Moslemgruppen geschieht; schließlich mag man sich in der Nähe systematisierender Einzelwissenschaften (Mathematik, Astronomie usw) bewegen wie bei Mayas, Azteken, Jainas, Buddhisten, Westasiaten, antiken und monotheistischen Religionen. – β) Hinsichtlich der *Anwendung der Religion im Leben* sind zu erwähnen: rituelle → Waschungen wie bei Hethitern, Juden, Qumran-Leuten und manchen Christen; Menschenopfer bei Azteken, Mayas, Westasiaten, homerischen Griechen, Kelten und Slawen; Kinderopfer bei Westsemiten, Verlesung heiliger Texte, Traumdeutung, Krankenheilung, → Gottesurteil, → Los-Entscheidung, Wahrsagen, Geisterbeschwörung und kultische → Mahlzeiten vielerorts, schließlich ritueller Tanz bei sozusagen allen Gruppen mit Ausnahme der Christen. – γ) *Administrative* Spezialformen sind: Klosterverwaltung, u.U. in Verbindung mit gleichzeitiger Bischofstätigkeit wie im iroschottischen Mönchtum (→ Irland: I), ferner überhaupt die ganze außerklösterliche Kirchenverwaltung sowie deren Verknüpfung mit Staatsverwaltung bei Azteken, Chinesen, Persern, Juden und vielen Christen. – δ) *Künstlerische Betätigung* ist den P.n nur in Ausnahmefällen versagt, zB wenn → Bilder-Verbote bestehen wie im Islam oder zeitweilig in Byzanz.

4. Die allgemeinen Wesensmerkmale des P.tums wurden bereits oben aufgezählt (s. 1). Mindestens 10 Aspekte erscheinen nur an wenigen Stellen innerhalb der Weltgeschichte des P.tums, wenn auch möglicherweise durch jeweils zahlreiche Individuen repräsentiert: Übergang auf männliche Familienmitglieder in Verknüpfung mit Zölibat; Ernennung durch die Gemeinde; Verwendung sonst unbrauchbarer alter Leute; Verwendung von Eunuchen; Hierarchielosigkeit des Klerus; Ausschließlichkeit des Familienvaters als Opfernden; eigene Wahl der Vorgesetzten; funktionelle Abgetrenntheit von Magiern; Kinderopfer; P.anteil am Opferfleisch als ökonomische Unterhaltsquelle.

Nicht alle Aspekte des P.tums lassen sich allein oder vornehmlich als Resultate der Auswirkung primär soziologisch definierbarer Gegebenheiten erklären. Dagegen läßt sich die Existenz von folgenden drei Relationen feststellen: a) Feudale Gesellschaft bzw. weitgehend bestehen bleibende feudale Residua innerhalb eines schon mehr oder minder stark bürokratisierten Staatswesens einerseits und Gewinnung von P.n aus sozial hohen Familien andererseits; b) Gefühl der Notwendigkeit bei den P.n, ihre Angelegenheit gegen rivalisierende Religionen oder gegen Sondergruppen innerhalb des eigenen Kulturkreises zu verteidigen, daneben Eingliederung von methodologischen oder sonstigen aus anderen Kulturen übernommenen Elementen in das eigene Systemgebilde; c) einerseits Zunahme an Menschenquantum, Machtfülle und Funktionenquantität des umgebenden Staatsgebildes und steigende Möglichkeit für die P., innerhalb des betr. Staates Verwaltungsfunktionen auszuführen oder mit dem Staat zu rivalisieren, andererseits Durchbürokratisierung des P.tums selbst nebst Eingliederung in die Geldwirtschaft.

Allgemein: J.Lippert, Allg. Gesch. des P.tums I. II, 1883/84 – A.Horneffer, Der P., seine Vergangenheit u. Zukunft I. II, 1912 – Max Weber, Ges. Aufs. zur Religionssoziologie I-III, 1920/21 – Ders., Wirtschaft u. Gesellschaft, (1921) 1956⁴, 259ff. 279ff. 285ff – ERE X, 278ff (Lit.) – RGG² IV, 1481ff – H.Becker-H.F.Barnes, Social Thought from Lore to Science I, Washington (1938) 1955², Kap. II (Lit.) – A.C.Bouquet, Comparative Religion, Harmondsworth (1941) 1956² – V.Ferm, Ancient Religions, New York 1950 – Wach, Relsoz. 410ff – E.O.James, The Nature and Function of Priesthood, London 1955 (Lit.); dt. 1957 (vgl. ThLZ 85, 1960, 344ff) – H.v.Glasenapp, Die nichtchristl. Religionen, 1957 – P. Honigsheim, Sociology of Rel. (H.Becker-A.Boskoff, Modern Sociol. Theory, New York 1957, 458-477) – Ders., Religionssoziologie (G.Eisermann [Hg.], Die Lehre von der Gesellschaft, 1958, 119-181). – Zu den versch. Religionen u. Ländern vgl. die Lit. bei den Einzelartikeln. Ferner bes. zu 1: A.Friedrich, Afrikanische P.-tümer, 1939 – J.Hoek, Dajakpriesters (Diss. Amsterdam), 1949. – Zu 2a: J.E.Thompson, The Civilization of the Mayas, Chicago (1927) 1932²; span. 1936 – G.Vaillant, The Aztecs of Mexico, New York (1944) 1950³, Kap. VIf. Xf; dt. 1957 – J.H.Steward (Hg.), Handbook of South American Indians I-VI, Washington 1946-50 – J.A. Mason, The Ancient Civilizations of Peru, Harmondsworth 1957, Tl 3, Kap. 12f. – Zu 2c: M.Granet, La religion des Chinois, Paris (1922) 1951² – Ders., La pensée chinoise, ebd (1934) 1950², Buch III – Ders., La civilization chinoise, ebd 1948 – S.Wikander, Feuer-P. in Kleinasien u. Iran (SHVL 40, 1946) – O.R.Gurney, The Hittites, Harmondsworth (1952) 1954², Kap. 7 – R.Ghirshman, Iran, ebd 1954, Kap. 7 – RÄRG 596ff – H.Kees, Das P.tum im ägypt. Staat, 1953 – S.Sauneron, Les prêtres de l'Ancienne Egypte, Paris 1957. – Zu 2d: PW VIII, 1411ff – L.Gernet-A.Boulanger, Le génie Grec dans la religion, Paris 1932 – Prümm, Kap. IV B, III – W.K.C.Guthrie, The Greeks and their Gods, Boston (1950) 1955³ – Nilsson I (s. Reg.) – M.Pallottino, The Etruscans, Harmondsworth 1955, Kap. 7.

P.Honigsheim

II. In Israel

1. Vorkönigliche Zeit – 2. Königszeit – 3. Seit dem Exil

1. Seitdem die späte Entstehung von Ex 25 – Num 10 erkannt und damit die Einsetzung eines geordneten israelitischen P.tums durch Moses fraglich geworden war, ist es der Forschung nicht mehr gelungen, ein geschlossenes Bild der Frühgeschichte der israelitischen P.schaft zu entwerfen.

In den Überlieferungen aus der *vorköniglichen Zeit* werden P. selten und nur im Zusammenhang mit → Lade oder → Ephod erwähnt. a) Am greifbarsten ist das P.tum → *Elis und der Eliden* in → Silo, später in Nob und Jerusalem (Abjatar). Als *der* P. (hākkohen) ist Eli Hüter des Tempels und der Lade; zur Seite stehen ihm P.jünglinge, zu denen seine Söhne, aber auch Israeliten anderer Herkunft (→ Samuel?) gehören (1Sam 1-4). Die Auffassung einer späteren Zeit über die gewichtige Rolle der silonischen P. läßt 1Sam 2, 27-36 erkennen, ursprünglich wohl eine ätiologische Weissagung für die Ablösung der Eliden durch die Jerusalemer Zadokiden. Danach hatte Jahwe das Haus des Ahnherrn (Aaron? Ein unbekannter Stammvater? Levi?) in Ägypten erwählt und ihm verheißen, »für immer vor Jahwe zu wandeln«, also in bes. engem Verhältnis zu Gott zu stehen; seine Aufgaben waren die Darbringungen am Altar, das Opfer von Räucherwerk und das Tragen des Ephod = die Gottesbefragung. Dafür wird diesen P.n ein Anteil an den Feueropfern zugewiesen, sie dürfen sich also von gottgeweihter Speise ernähren (vgl. 1Sam 21, 5-7). Diese in ihrem Kern vielleicht aus der Zeit Salomos stammende Weissagung gibt wohl einen zutreffenden Eindruck von der Bedeutung, welche die P. von Silo für ganz Israel besessen haben. Wie die Saul- und Davidgeschichten erweisen, wird nach dem Untergang Silos der Gottesentscheid die Hauptaufgabe des P.s (1Sam 14; 23, 9; 30, 7f). Freilich war die große Zeit der Eliden vorbei; nach 1Sam 21f hat → Saul die gesamte P.schaft von Nob wegen Begünstigung Davids hingerichtet, nur Abjatar konnte entfliehen. – b) Wie die Lade »Jahwe Zebaoths, des Kerubenthroners« in Silo, so wurde auch die Lade »des Bundes Jahwes« in → *Gilgal* von P.n gehütet und getragen, doch ist die Überlieferung undurchsichtig und ermangelt konkreter Namen. Daß diese P. »levitisch« seien (Jos 3, 3), ist gewiß Zusatz des Deuteronomisten; das gilt jedoch kaum von Lade und P.n überhaupt (so Noth, Josua zSt), da die extreme Auffassung von der Heiligkeit der Lade – sobald die Fußsohlen der Träger das Wasser berühren, weicht es zur Seite (Jos 3, 13f; 4, 3. 17) – nicht deuteronomistisch wirkt. – c) Auf eine Kultgründungssage des Stammesheiligtums von *Dan* geht Ri 17f zurück. Danach hatte sich einst ein Ephraimit ein Gotteshaus mit Ephod und → Teraphim gebaut und zuerst einen seiner Söhne, dann aber – als sich die Gelegenheit bot – einen Leviten als P. eingesetzt (»ihm die Hand gefüllt«, eine auch in → Mari belegte Wendung, s. Noth). Der P. trägt den Ehrennamen »Vater«, vielleicht weil er eine Aufgabe übernimmt, die früher dem pater familias zukam. Die vorbeiwandernden Daniten rauben dann das Gottesbild mit dem Ephod und nehmen den P. mit, der den Dienst an ihrem neugegründeten Stammesheiligtum übernimmt. Nach dem (sekundären?) Anhang 18, 30 war er ein Nachkomme des Mosessohnes Gersom. Für den Erzähler gilt es also als erwünscht, aber nicht als erforderlich, daß man einen Leviten zum P. gewinnt; ob das schon eine alte Anschauung ist, bleibt fraglich, da Ri 17f in seiner gegenwärtigen Gestalt aus der Zeit Jerobeams I. zu stammen scheint. Sonst wird das Wort P. (kohen) in den Erzählungen aus vorköniglicher Zeit nicht verwendet (Ex 19, 22. 24 sind spät, vgl. die Komm.; Jos 8, 33 ist deuteronomistisch). Doch wird man nicht fehlgehen, in dem Aaroniden *Pinehas,* der die Lade des Bundes Gottes in → *Bethel* hütet und dort Gott im Auftrag des Stämmebundes befragt (Ri 20, 27f), einen P. zu sehen; nach Jos 24, 33 (s. Noth, Josua) war er auch mit dem Heiligtum von → *Sichem* verbunden (zum Zusammenhang beider Kultorte vgl. Alt I, 79ff). Auffallend ist, daß er wie sein Namensvetter in Silo (1Sam 1, 3) und dessen Bruder Hofni, ja wohl schon sein »Ahnherr« → Aaron – bei dem das P.tum historisch nicht völlig sicher ist (Noth) – einen ägyptischen Namen trägt. – d) Hat man die bei Opferdarbringungen, → Tora-Unterweisung und der Gottesbefragung mit → Urim und Tummim hin und her im Lande tätigen *Leviten* (→ Levi; vgl. Dtn 33, 8–11; gehörte → Moses zu ihnen?) als P. angesehen? In der alten Zeit wird abgesehen von Ri 17f und der späten Einordnung Aarons Ex 4, 14 kein Levit P. genannt und umgekehrt; Ex 32, 25ff wird ihr Dienst dem des P.s Aaron entgegengesetzt. Unsicher bleibt auch, in welchem Umfang kanaanäische P. übernommen wurden. – e) Bis in die Zeit Sauls hinein war die Zugehörigkeit zu einem P.geschlecht oder der Levitengilde *keine* unerläßliche Voraussetzung für die Vornahme von Kulthandlungen. → Opfer (: II) kann jeder Hausvater darbringen (Erzvätersagen, Ri 13), der Abiesriter → Gideon kann den Kult um einen Ephod einrichten (Ri 8, 27), und selbst für die Lade haben nach 1Sam 7, 1 die Einwohner von Kirjat-Jearim einen der Ihren »geheiligt«.

2. Erst in der *Königszeit* bildete sich zumindest im Süden eine geschlossene P.schaft, welche die Zugehörigkeit zu bestimmten Geschlechtern voraussetzte. Am einflußreichsten wurden die P. von → *Jerusalem,* die sich nach der Verbannung des Eliden Abjatar (1Kön 2, 35) ausschließlich aus dem Geschlecht der *Zadokiden* rekrutierten. → Zadok taucht nach der Eroberung Jerusalems unter David plötzlich als P. auf, merkwürdigerweise ohne Herkunftsangabe (zu 2Sam 8, 17 s. die Komm.), so daß man in ihm einen ehemaligen Kanaanäer vermutet hat (Bentzen u.a.). Erst Jh.e später haben sich seine Nachkommen als *Aaroniden* bezeichnet (Ps 115, 10. 12; 118, 3; 135, 19; Dtn 10, 6) und damit die göttliche Erwählung auf sich übertragen (Ps 65, 5; Num 16, 5. 7; 17, 20). Die oberste Leitung aller kultischen Angelegenheiten übernimmt nun der König (bes. am Herbstfest [→ Feste: II, 8]; 2Sam 6; 24; 1Kön 8; 12, 28ff; 2Kön 16, 10ff; Ps 110, 4; 132); er kann seine Söhne zu P.n einsetzen (2Sam 8, 18). Den Reichsheiligtümern steht jeweils »der P.« voran, der von den übrigen P.n (1Sam 22, 11; 2Kön 12, 8; 23, 4; Jer 29, 25f) unterschieden wird; sein Stellvertreter ist der Zweit-P. (2Kön 23, 4 [s. BH]; 25, 18; Jer 52, 24). – In dem nordisraelitischen Reichsheiligtum von *Dan* blieben wohl die Gersomiden tätig; ob auch die Aaroniden in *Bethel,* ist wegen 1Kön 12, 31f (Deuteronomist?) nicht völlig sicher (anders North, ZAW 66, 1954, 191–199). Die sonst im Land tätigen P. nennen sich durchweg *Leviten.* Sie lebten als *Schutzbürger* ohne Eigentum an Ackerland unter ihren Volksgenossen und waren wohl auf Opferanteile zum Lebensunterhalt angewiesen. Nach v.Rad wahrten sie bes. zäh die *amphiktyonischen Traditionen;* in ihrer Mitte entstanden die ältesten Teile des → Deuteronomiums. Dem Dtn geht es darum, die Gleichberechtigung aller »levitischen P.« – andere gibt es nicht – herauszustellen, mögen sie zukünftig an dem einen, von Jahwe erwählten Kultort oder sonst im Lande tätig sein. Zugleich werden ihre Einkünfte geregelt (14, 28f; 18, 5ff). Bei der Durchführung der Reform → Josias haben freilich die Jerusalemer P. ihre Privilegien behauptet; nur der wenig später erfolgende Untergang der Reformpartei und des judäischen Staates verhinderte, daß die Masse der Land-P. in wirtschaftlichem Elend unterging. – Im Norden werden durch Assarhaddon ein(ige) deportierte(r) P. wieder nach Bethel zurückgesandt (2Kön 17, 27f).

Während kultkritische Äußerungen der Schriftpropheten (→ Propheten: II B. C) den Anschein erwecken können, als ob die P. ihrer Zeit in Genußleben und geistige Lethargie abgesunken seien, ergibt die formgeschichtliche Betrachtung das Bild einer ausgedehnten geistigen Tätigkeit der P.schaft. Zahlreiche Gattungen der Königszeit sind p.licher Herkunft. Ein Vergleich der Klagepsalmen (→ Psalmen: I, 4) mit Abschnitten bei Dtjes läßt vermuten, daß auf die Klage des einzelnen oder des Volkes ein P. (oder Kultprophet?) mit einem *Erhörungsorakel* antwortete (Begrich). Wurde ein Opfer dargebracht, sprach der P. die göttliche »Anrechnung« durch eine *deklaratorische Formel* aus (»Ein ... opfer ist das« oder aber »Abscheulich ist es« Lev 1ff; 19, 7; s. G.v. Rad, ThLZ 76, 1951, 129–132 = Ges. Studien zum AT, 1958, 130–135 und R.Rendtorff, FRLANT 62, 1954, 74 bis 76). Die gleiche Aufgabe bestand bei der Feststellung gewisser Reinheits- und Unreinheitszustände (zB Lev 13, 8. 17. 25. 28). Zu Beginn der Wallfahrtsfeste prüfte ein P.(chor) die Rechtschaffenheit der Pilger in einer *Einzugsliturgie* (Ps 15; 24, 3–5; vgl. Jes 33, 14–16). Auch die Weitergabe des *apodiktischen Rechts* (→ Gesetz: II, 2a) scheint in der Königszeit dem P. auferlegt gewesen zu sein; so läßt sich jedenfalls am einfachsten der Einbau »apodiktischer« Bestimmungen in p.liche Texte erklären, zB Gen 9, 6. »Du sollst«-Sätze werden jetzt zT pluralisch formuliert (vgl. »Ihr sollt nicht essen...« Lev 7, 23b. 26; 11 = Dtn 14; F.Horst, FRLANT 45, 1930, 43–45;

K.Koch, ebd 71, 1959, 98), oder sie erhalten positive Form und werden zur Mahnung (vgl. Am 4, 4f; Jes 1, 10-17); bes. vielfältig werden partizipial eingeleitete Gebote abgewandelt (Lev 7, 25; 19, 8; Ex 31, 14). Alle diese Gattungen scheinen in dem Begriff tôrā zusammengefaßt worden zu sein, die das Kennzeichen des P.s ist (Jer 18, 18); tôrā kann freilich auch nicht gattungsmäßig geprägte Antworten auf eine Anfrage des Laien über den Unterschied von → heilig und profan, → rein und unrein meinen (Hag 2, 10-13, vgl. Mi 6, 6-8). Daneben gab es die Überlieferung eines internen Berufswissens in *Ritualen,* wie sie Ex 25ff; Lev 1ff zugrunde lagen (Rendtorff; Koch). Darüber hinaus legte man Wert auf die Pflege der alten religiösen Überlieferungen über die Frühzeit Israels und die Tradierung von Stammbäumen, die in jene Zeit zurückreichten (vgl. → Priesterschrift). So kam es den P.n in besonderer Weise zu, Jahwe zu »erkennen« (1Sam 2, 12; Hos 4, 6; Jer 2, 8). Als Hüter eines optimistischen Erwählungsglaubens stehen sie den Unheilspropheten feindlich gegenüber (Am 7, 10-17; Jes 28, 7ff; Jer 26, 7-19). Daß man dahinter jedoch keinen grundsätzlichen Unterschied zwischen »Institution« und »Charisma« suchen darf, zeigt ein Mann wie → Ezechiel.

3. Daß mit dem Untergang Jerusalems und dem → Exil die geistige Kraft der P.schaft nicht gebrochen war, zeigen die großen Kultentwürfe von P und Ez 40 bis 48 (vgl. → Heiligkeitsgesetz), die jetzt entstehen und nach Errichtung des zweiten Tempels Grundlage der Restauration werden. Für P stammen alle Priester von Aaron (Num 17), ihnen ist der Dienst an dem für Israel lebensnotwendigen hl. Bezirk auferlegt, vor allem die *Opferdarbringung,* die nun fast ausschließlich der *Sühne* dient (Lev 1ff, vgl. Ez 43, 18ff; 44, 15ff; → Opfer: II, 2d). Lebensführung und -unterhalt sind genau geregelt (Lev 10, 6ff; Num 18; 35; Ez 44, 28ff; 48, 9ff). Als clerus minor stehen den P.n die Leviten zur Seite, denen die äußeren Dienstleistungen zukommen (Num 1, 48ff; 3f; 8; 18; Ez 44, 4ff). In P, nicht aber bei Ez, ist → Aaron als der »gesalbte« P. aus seinen Amtsgenossen herausgehoben, durch seine Salbung und sein Prachtgewand werden ihm königliche Funktionen übertragen (→ Hoherpriester). Konnten deuteronomistische Kreise noch vom P.tum aller Israeliten reden (Ex 19, 6), so erscheint jetzt die p.liche Stellung streng exklusiv, die Aaroniden werden zu unerläßlichen Mittlern zwischen Gott und Volk. - Bei der Errichtung des zweiten Tempels gelang es den Zadokiden, die Führung in der P.schaft zu behaupten (→ Esra). Unter den deportierten Leviten, die vielleicht in Kasifja ein Heiligtum errichtet hatten (Morgenstern, AJSL 1938, 12 Anm. 36; vgl. Rudolph, HAT zSt), war deshalb die Neigung zur Rückkehr gering (Esr 8, 15ff). Das *chronistische Werk* (→ Chronikbücher) läßt auf eine in sich gefestigte Hierarchie in Jerusalem mit »Haupt-P.«, P.n, Leviten (wozu Sänger und Torhüter gehören) und Tempelsklaven (n^etinîm) schließen, deren Hauptaufgabe der kultische Lobpreis ist. Der samaritanische Kult (→ Samaritaner) gilt als illegitim, weil er nicht von Aaroniden ausgeführt wird (2Chr 13, 9f, vgl. 11, 13ff). - Während des Religionskampfes mit den Seleukiden (→ Judentum: I) wurde zwischen 175 und 150 vChr mit den zadokidischen Hohenpriestern wohl ein beträchtlicher Teil der aaronidischen P.schaft aus Jerusalem verdrängt. Die »Söhne Zadoks« wichen zT nach Ägypten aus, wo sie in → Leontopolis einen eigenen Tempel errichteten, zT wanderten sie zu den Sondergruppen wie der Gemeinschaft von → Qumran ab. Die in Jerusalem zurückbleibenden → Sadduzäer verbündeten sich mit den Hasmonäern und galten den Frommen fortan als abtrünnig.

J.Wellhausen, Prolegomena zur Gesch. Israels, (1883²) 1905⁶ - W.W. Graf Baudissin, Die Gesch. des at. P.thums, 1889 - G.R. Berry, Priests and Levites (JBL 42, 1923, 227-238) - RGG² IV, 1488ff - J.Begrich, Das p.liche Heilsorakel (ZAW 52, 1934, 81-92) - Ders., Die p.liche Tora (in: BZAW 66, 1936, 63-88) - ThW III, 259ff - S.H.Hooke, Prophets and Priests, 1938 - J.Hoschander, Priests and Prophets, 1938 - O.Plöger, P. u. Prophet (ZAW 63, 1951, 157-192) - M.Noth, Amt u. Berufung im AT (Bonner akad. Reden 19), 1958 (= Ges. Studien zum AT, 1960², 309-333) - EKL III, 324ff. - Vgl. ferner die at. Theologien sowie die Lit. zu → Aaron, → Hoherpriester, → Levi und Leviten, → Sadduzäer, → Zadok. *K.Koch*

III. In der christlichen Kirche

1. NT und alte Kirche - 2. Katholizismus - 3. Protestantismus. - Vgl. → Klerus und Laien, → Priestertum, allgemeines

1. Jesu stellvertretender Kreuzestod bedeutete für die Urgemeinde das Ende nicht nur aller → Opfer (: III), sondern auch des gesamten at. P.tums. Zwar begegnen in der Verkündigung Jesu an einigen Stellen P., nirgends jedoch in herausgehobenem Sinne (vgl. Mk 1, 44 par ἱερεύς). Vor allem aber hat Jesus selbst niemals das Bild des Kultes, insbesondere auch nicht das des P.s, mit Bezug auf seine eigene Sendung verwendet. Wenn die frühe Kirche gleichwohl p.liche Begriffe sowohl auf Christus als auch auf die Christen übertrug, so geschah das in einem völlig neuen Sinne.

Nach Hebr 5, 5f; 7, 17. 21 u.ö. ist Christus der wahre Hohe-P. (→ Hebräerbrief). Als solcher ist er nicht nur den at. Hohen-P.n überlegen, sondern hat durch sein vollkommenes Opfer sowohl dem Opferwesen als auch dem aaronitisch-levitischen P.tum ein Ende gesetzt. Das hindert nicht, daß im NT die Christen als P. bezeichnet werden (1Petr 2, 5. 9: hl. bzw. königliche P.schaft), die Gott geistliche Opfer darbringen und seine Wundertaten verkündigen sollen. Dh sie bedürfen nicht mehr der p.lichen Vermittlung, um Gott zu nahen, sondern sind selbst zu einem p.lichen Dienst berufen (vgl. Apk 1, 6; 5, 10; 20, 6). Paulus bezeichnet Röm 15, 16 seinen Dienst unter den Heiden als hl. P.dienst am Evangelium, wodurch die Heiden Gott als Opfer dargebracht werden sollen. Er beansprucht jedoch keine p.lichen oder kultischen Vorrechte. Vielmehr gilt seine Aussage nur in übertragenem Sinne. Im NT sind die Begriffe des Opfers wie des P.s spiritualisiert.

Die Auffassung, daß alle Christen P. seien, ist auch in der *alten Kirche* weitgehend beibehalten worden. → Justin betont Dial. 116, 3, daß die Christen als das hohepriesterliche Volk Gott wohlgefällige und reine Opfer darbringen. Zwar bildete sich schon seit der Wende vom 1. zum 2.Jh. eine Differenzierung in → Klerus und Laien heraus. Aber noch Anfang des 3.Jh.s äußert → Tertullian, allerdings erst in seiner montanistischen Zeit (de exhort. cast. 7, 3), daß der Unterschied zwischen ordo und plebs lediglich von der Autorität der → Kirche (: III) geschaffen sei; er gehe daher nicht auf Christus selbst oder auf die Apostel zurück. Darum gelte: »Sind nicht auch wir Laien P.?... Wo drei versammelt sind, ist Kirche, selbst wenn es sich um Laien handelt.« Jeder Christ habe das Recht der Sakramentsverwaltung (vgl. schon de bapt. 17, 2. 4). Auch in späterer Zeit ist der Gedanke des allgemeinen P.tums noch vertreten worden. Nach → Origenes de orat. 28, 9 sind die Christen den Aposteln gleichgestellte P. → Augustin bezeichnet De civ. 20, 10 alle Christen als P., wenn auch dieser Titel »eigentlich« (proprie) nur Bischöfen und Presbytern eignet.

Allein, neben dem Gedanken des allgemeinen P.tums entwickelte sich je länger um so mehr die Auffassung von einem besonderen P.tum der ordinierten Amtsträger. Hervorgerufen wurde diese Entwicklung einmal durch den Vergleich der Bischöfe und Diakonen mit den at. P.n (1Clem 40ff; Did 13, 3), der allmählich eine wirkliche Angleichung der Amtsvorstellung zur Folge hatte, sodann durch die Weiterbildung der Opfervorstellung (→ Opfer: IV). Die zunächst nur bildlich gemeinte Bezeichnung des → Abendmahls (: II, 1c) als θυσία (Did 14, 1) wurde mit der Zeit buchstäblich verstanden (→ Cyprian). Ein richtiges Opfer aber erfordert einen besonderen Altar und einen wirklichen P. Schon für Tertullian de bapt. 17, 1 ist der Bischof der summus sacerdos. Nach Cyprian ep. 59, 5 handelt der P. als »Richter anstelle Christi«; ihm kommt geradezu eine mittlerische Funktion zwischen Gott und der Gemeinde zu. Für Augustin de civ. 20, 9 herrschen die Bischöfe schon gegenwärtig mit Christus in der Kirche. – Im Osten dauerte es länger als im Westen, bis der p.liche Charakter fast ausschließlich auf die Amtsträger beschränkt wurde. Das ist im 4.Jh. erreicht. Nach can. 1 und 2 der Synode von Ancyra (314) obliegt den Presbytern die ἱερατικὴ λειτουργία, den Diakonen dagegen lediglich die ἱερὰ λειτουργία. Mit → Chrysostomus (De sacerdotio) ist auch im Osten vollends der P. als Opfer-P. und als Mittler verstanden.

2. Die sachlich schon am Ausgang der alten Kirche hervortretende Auffassung, daß im Grunde nur der Kleriker P. ist, wurde im MA von der → Scholastik auch terminologisch fixiert und ist bis heute grundlegend für die *röm.-kath.* Auffassung vom P.tum. Durch die Weihe (→ Ordination) erhält der P. einen character indelebilis (→ character sacramentalis). Nach → Petrus Lombardus Sent. IV d. 24, 9 führt eine ungebrochene Linie vom aaronitischen P.tum über das NT zum P.tum der Kirche; den 12 Aposteln entsprechen die maiores pontifices, den 72 Jüngern die presbyteri. Zwar hat die kath. Theologie niemals den Gedanken eines allgemeinen P.tums aufgegeben. → Thomas von Aquino betont S. Th. III q. 82 a. 1, daß der Laie ein spirituale sacerdotium innehat, um geistliche Opfer darzubringen, und im neueren → Katholizismus (: II, 4) gibt es durchaus Tendenzen, dem Gedanken des allgemeinen P.tums in einer stärkeren liturgischen Beteiligung der Laien sowie in dem sog. → Laienapostolat Ausdruck zu verleihen (vgl. die Enzykliken Pius' XII. Summi Pontificatus, 1939; Mediator Dei, 1947). Aber an der grundlegenden Bedeutung des P.tums der Kleriker wird dadurch nichts geändert (→ Klerus und Laien, 2). Weder in geistlich-seelsorgerlicher noch in rechtlicher Hinsicht wird den Laien irgendeine Vollmacht oder auch nur ein Mitspracherecht eingeräumt. Allen weitergehenden Versuchen, den nt. Gedanken des allgemeinen P.tums in der röm.-kath. Kirche fruchtbar zu machen, steht die Entscheidung des Trienter Konzils Sess. XXIII cap. 4 entgegen: »Wenn jemand behauptet, daß alle Christen ohne Unterschied P. des Neuen Bundes sind oder daß alle untereinander mit gleicher geistlicher Gewalt begabt sind, so scheint er nichts anderes zu tun, als die kirchliche Hierarchie, die gleichsam eine geordnete Schlachtreihe ist, zu erschüttern.« Positiv bestimmt der Catechismus Romanus II, 7 das Besondere der P. dahin, daß sie »Dei interpretes et internuntii« sind, die das göttliche Gesetz zu verkünden und Gott auf Erden zu vertreten haben; insofern sind sie selbst nicht nur »angeli«, sondern »dii« zu nennen. Ihnen allein eignet die Gewalt, zu opfern und Sünden zu vergeben.

3. Gegen diese Veränderung des urchristlichen P.gedankens hat → *Luther* wieder die nt. Auffassung vom P.tum aller Gläubigen betont (→ Priestertum, allgemeines). In seiner Schrift »An den christlichen Adel« (1520) sagt er unter Berufung auf 1Petr 2, 9: »Alle Christen sind wahrhaft geistlichen Standes, und ist unter ihnen kein Unterschied denn des Amts halben allein... Demnach so werden wir allesamt durch die Taufe zu P.n geweiht... Was aus der Taufe gekrochen ist, das mag sich rühmen, daß es schon P., Bischof und Papst geweiht sei« (WA 6, 407, 13ff. 22f; 408, 11f). Von daher verbietet sich die Differenzierung in → Klerus und Laien (, 3). Vielmehr haben alle Christen die gleiche geistliche Gewalt und Würde und bedürfen keiner p.lichen Vermittlung zwischen Gott und sich selbst. Das geistliche → Amt (: III), an dem Luther durchaus festhält, hat in keiner Hinsicht besondere p.liche Aufgaben. Luther begründet es vielmehr manchmal mit der Notwendigkeit einer Ordnung, in der Regel jedoch und vor allem in seinen späteren Jahren unter Berufung auf die göttliche Stiftung des Amtes. Das Amt ist eingesetzt zum Zwecke der öffentlichen Verkündigung des Wortes und um die an sich der ganzen Kirche verliehene → Schlüsselgewalt (: II) stellvertretend auszuüben. Demnach ist das Amt nicht aus dem allgemeinen P.tum abzuleiten, wie auch andererseits die → Gemeinde (: II, 3c) nicht erst auf die Einsetzung des Amtes folgt. Vielmehr ist das Amt der Gemeinde eingestiftet. Die Gemeinde hat das Recht und die Pflicht, »alle Lehre zu urteilen« (WA 11, 408ff).

Die Linie, die Luther vertrat, ist im Protestantismus nur selten eingehalten worden. Weder im Bereich der luth. Landeskirchen noch auch in den ref. Kirchen ist das allgemeine P.tum praktisch voll verwirklicht worden. Die Rechte, die nach Luther der Gemeinde zufallen sollten, wurden von den Fürsten und den Konsistorien bzw. im ref. Bereich von den Synoden wahrgenommen (→ Kirchenverfassung: VI). Darüber hinaus trat bei → Melanchthon auch in theologischer Hinsicht der Gedanke des P.tums aller Gläubigen eigentümlich zurück, bes. in der CA. Die → Orthodoxie hat zwar zT Luthers Auffassung vertreten, ihr aber in der Praxis des kirchlichen Lebens nicht zum Durchbruch verholfen. – Im außerdeutschen Protestantismus ist zT der Begriff des P.s beibehalten worden. So spricht das Book of → Common Prayer von P.n, freilich nur um zu betonen, daß ein Diakon nicht das Abendmahl halten darf. Jedoch ermöglichte dieser Sprachgebrauch später das Wiederaufkommen wirklich p.licher Vorstellungen. – Im deutschen Protestantismus hat erst der → Pietismus wieder das allgemeine P.tum stark betont und es in seinen verschiedenen Gemeinschaftsformen in die Tat umgesetzt. → Spener forderte 1675 in seinen Pia Desideria die Wiederaufrichtung des »Geistlichen P.tums«. Neben der Mitarbeit in der Kirchenverwaltung sollten die Laien vor allem auch selbst sich am Worte Gottes erbauen. – Aufs Ganze gesehen hat freilich der Pietismus in der ev. Kirche noch nicht zu einer vollen Verwirklichung des allgemeinen P.tums geführt. Dazu bedurfte es weiterer Anstöße, zu denen es im 19.Jh., freilich nicht ohne den Einfluß säkularer Reformideen (→ Gemeinde: II, 3f), kam. Im Gegensatz dazu hob die konfessionalistische luth. Erweckungsbewegung (→ Erweckung: I) fast in kath. Sinne die p.liche Bedeutung des Amtes hervor. Manche Theologen, wie etwa → Vilmar, behaupteten sogar wieder einen character indelebilis. – Die einerseits vom Pietismus, andererseits vom → Konfessionalismus herrührenden Tendenzen sind auch in der Gegenwart noch wirksam. Gegenüber manchen Bestrebungen, den Gedanken des allgemeinen P.tums wirklich in die Tat umzusetzen, suchen einige luth. Kirchenmänner, wie etwa H. → Asmussen und G. → Merz, eine neue »p.liche Bezogenheit des Amtes« (Asmussen) herzustellen. Die reformatorische Auffassung des allgemeinen P.tums ist in der ev. Kirche auch heute noch nicht voll verwirklicht.

Zu 1 (vgl. die Lit. zu → Kirchenverfassung: II): H. Wenschkewitz, Die Spiritualisierung der Kultusbegriffe Tempel, P. u. Opfer im NT (Angelos, Bh. 4), 1932 - ThW III, 221 ff - H.v.CAMPENHAUSEN, Prästbegreppets uppkomst i den gamla kyrkan (SEÅ 4, 1939, 86-101; dt. in: H.v.C., Tradition u. Leben, 1960, 272-289) - DERS., Kirchl. Amt u. geistl. Vollmacht in den ersten drei Jh.en (BHTh 14), 1953 - C.SCHNEIDER, Geistesgesch. des antiken Christentums II, 1954, 236ff. - Zu 2 vgl. die Lit. zu → Kirchenverfassung: IV. V, → Klerus und Laien, 2 sowie die Lehrbücher der KG u. DG - DThC XI, 1193 ff; XIII, 138 ff - W.v.LOEWENICH, Der moderne Katholizismus, (1955) 1959⁴. - Zu 3: TH.HARNACK, Die Kirche, ihr Amt, ihr Regiment, (1862) Neudr. 1947 - ELERT, ML I, 297ff - H.ASMUSSEN, Vom P.tum aller Gläubigen, 1946 - DERS., Warum noch luth. Kirche?, 1949 - B.SCHLUNK, Amt u. Gemeinde im theol. Denken Vilmars (BEvTh 9), 1947 - H.FAGERBERG, Bekenntnis, Kirche u. Amt in der dt. konfessionellen Theol. des 19.Jh.s, Uppsala 1952 - G.MERZ, P.licher Dienst im kirchl. Handeln, 1952 - H.LIERMANN, Amt u. Kirchenverfassung (Gedenkschr. f. W.Elert, 1955, 359-372) - W.O.MÜNTER, Begriff u. Wirklichkeit des geistl. Amts (BEvTh 21), 1955 - B.LOHSE, Kirche u. Offenbarung bei Vilmar (EvTh 17, 1957, 445-467) - K.TUCHEL, Luthers Auffassung vom geistl. Amt (LuJ 25, 1958, 61-98) - W.BRUNOTTE, Das geistl. Amt bei Luther, 1959.

B.Lohse

Priestertum, *allgemeines*

1. Begriff - 2. P.tum Jesu Christi und der Gläubigen - 3. P.tum der Gläubigen und geistliches Amt. - P. = Priester

1. In Kultreligionen steht oft eine gesonderte Kaste von P.n kraft ritueller Handlungen, die allein sie vollziehen können oder dürfen, als Mittler zwischen dem Volk und den Göttern, beim → Opfer das Volk Gott gegenüber und bei der Gesetzesverkündigung und Orakelgebung Gott dem Volke gegenüber vertretend (so auch im AT, → Priestertum: II). Vom a.P.tum wird gesprochen, wenn jedes Mitglied des Volkes ganz oder zT p.liche Rechte und Funktionen ausüben kann.

2. Im Christentum ist das a.P.tum (oder das P.tum aller Gläubigen) im P.tum Jesu Christi verwurzelt (→ Christologie: III). Durch seine vollkommene Offenbarung und Verwirklichung des göttlichen Willens mit dem Menschen hat er das at. P.tum erfüllt und abgetan. Durch seine Verkündigung des Gottesreiches und durch sein Kreuzesopfer für die Sünde der Welt ist er der einzige P. und Mittler zwischen Gott und den Menschen geworden (Hohepriester-Christologie des Hebr). In ihm und durch ihn haben alle, die an ihn glauben, Zutritt zu Gott und sind dazu berufen, der Welt gegenüber von Gott zu zeugen und im Dienst an der Welt ihr Leben zu opfern. Die Kirche Jesu Christi ist ein Volk von P.n und Königen (entsprechend Ex 19, 6: 1Petr 2, 9; Apk 1, 6; 5, 10; 20, 6), die kraft ihres Seins in ihm, dem Hohen-P., als Licht der Welt (Mt 5, 14; Phil 2, 15; 1Thess 5, 5) dieser den Willen Gottes vor Augen stellen und ihr eigenes Leben als Opfer für die Welt darbringen (Röm 12, 1; Hebr 13, 15-16; 1Petr 2, 5). Dieser p.liche Dienst geschieht in der Welt, hat aber im Gottesdienst der Gemeinde, bes. im Herrenmahl seinen Ursprung (1Kor 10, 17, vgl. Röm 12, 5) und tritt in der Anbetung des im Kultus gegenwärtigen Herrn in Erscheinung (1Petr 2, 4-6; Apk 5, 8-14).

3. Am p.lichen Opfer- und Zeugendienst (1Petr 2, 5-9) nehmen kraft des a.P.tums alle Gläubigen teil; der besondere Dienst am Wort und Sakrament, das → Amt (: III), wird aber dadurch keineswegs ausgeschlossen. Im NT werden die Amtsträger nie P. genannt. Vom Gottesdienst her gesehen ist es jedoch begreiflich, daß der Leiter des Kultus (Vorsteher, Bischof) vor allem wegen der Darbringung des »Opfers« (der Eucharistie) bald P. genannt wird, wobei noch lange die Idee des a.P.tums erhalten bleibt (→ Priestertum: III, 1). Als sich im MA die Kluft zwischen → »Klerus« und »Laien« gewaltig erweitert hatte, entwickelte die Scholastik die Lehre vom → character sacramentalis, wodurch die Idee vom Klerus als P.stand des neuen Bundes mit der Idee vom a.P.tum vereinigt wurde. Der Charakter ist ein unverlierbares geistiges Merkmal der Teilhabe am P.tum Christi, das in verschiedener Fülle am p.lichen Wirken Christi teilzunehmen erlaubt: dem P., indem er die Macht zur Konsekration und Darbringung des eucharistischen Opfers erhält, den Gläubigen, indem sie zum Mitvollzug des Opferdienstes der Kirche befähigt werden. Mithin spielt für die kath. Auffassung des Gottesdienstes das Mitwirken des a.P.tums eine entscheidende Rolle, was neuerdings von der liturgischen Bewegung unterstrichen wird (→ Priestertum: III, 2). - Luther verwirft die Lehre vom besonderen Charakter des Amtsträgers, behält aber den geistlichen Stand als Berufsstand bei (→Klerus und Laien, 3; →Priestertum: III, 3). In der → Taufe (: IV, 1) sind alle Christen Glieder des geistlichen Standes geworden und somit aller Funktionen des Amtes (Wortverkündigung und Sakramentsverwaltung) fähig geworden. Um sie aber öffentlich in der → Gemeinde ausüben zu dürfen, müssen sie von ihr in das von Christus gestiftete Amt berufen werden. Nur außerhalb des Amtsbereiches (in Notsituationen und im privaten Bezirk, etwa in der Familie) haben sie Recht und Pflicht, die p.lichen Funktionen auszuüben. Endlich geht das p.liche Leben im → Gebet und im Liebesdienst über die Grenzen des geistlichen Amtes hinaus in das weltliche Leben, wo keine Grenze zwischen Amtsträger und Laien existiert.

H.BEHM, Der Begriff des a.P.tums, 1912 - W.ZÖLLNER, Das a.P.tum der Gläubigen u. die Bedeutung des Gnadenmittelamtes, 1919 - G.NIEDERMEYER, Das a.P.tum u. das geistl. Amt (ZSTh 7, 1930, 337-362) - J.BRINKTRINE, Das Amts-P.tum u. das a.P.tum (Divus Thomas 22, 1944, 291-308) - V.VAJTA, Der Christenstand als »königliches« P.tum (in: Welt-Luthertum von heute, A.Nygren gewidmet, 1950, 350-373) - E.SOMMERLATH, Amt u. a.P.tum, 1953 - H.STORCK, Das a.P.tum bei Luther (ThEx NF 37), 1953 - EKL III, 330ff. - Vgl. ferner die Lehrbücher der → Dogmatik u. die Lit. zu → Priestertum: III.

R.Prenter

Priesterweihe → Ordination: III. V.

Priestley, *Joseph,* * 13.3.1733 in Fieldhead (Yorkshire), † 6.2.1804 in Northumberland (Pennsylvania), Hauptvertreter der → Unitarier, englischer Aufklärungstheologe und Chemiker. 1751-55 besuchte P. die Dissenterakademie Daventry. Früh bestritt er die Gottheit Jesu und hatte als »Arianer« im konservativen England selbst im Aufklärungszeitalter viele Schwierigkeiten. Schon als 17jähriger korrespondierte er über die Willensfreiheit mit dem Deisten Peter Annet (1693-1769), dem Lehrer → Voltaires, und bestritt dessen Determinismus. 1755 wurde er Pfarrassistent in der presbyterianischen Gemeinde Needham Market (Suffolk), 1758 Pfarrer der kongregationalistischen Gemeinde Nantwich (Cheshire), 1761 Dozent an der Dissenterakademie Warrington, 1767 kongregationalistischer Pfarrer an der Mill Hill Chapel in Leeds, 1772 Bibliothekar des Marquis Lansdowne (William Fitzmaurice-Kelly) mit wechselndem Wohnsitz in Calne (Wiltshire) und London. Seit 1780 lebte P. als freier Schriftsteller, dann auch als Pfarrer in Birmingham. Die theologisch-kirchlichen Widerstände gegen ihn (bes. S.→ Horsley) verstärkten sich durch seine Parteinahme für die Französische Revolution und ihre Prinzipien (Letters to Burke, 1791). Daher wanderte er nach Nordamerika aus, wo er kein festes Amt annahm. Gelegentlich erwog er die Rückkehr nach Europa, jedoch nach Frankreich, das ihn 1792 zum Ehrenbürger gemacht hatte. Theologisch entwickelte er sich in Nordamerika durch Aufnahme der Lehre von der → Wiederbringung aller (: I) weiter. Als Chemiker wurde P. bes. durch seine »Experiments and Observations on Different Kinds of Air« (I-III, 1774-77) bekannt.

Vf. ferner u.a.: Discourse on the Constitution of a Christian Church, 1782; Hist. of the Corruptions of Christianity, 1782; Letters to Alexander Geddes, 1787 (gegen modernisierende Umdeutung der Bibel mit der Absicht, sie zu »retten«). 1769-88 Hg. der Zs. »Theological Repository«. - Theological and Miscellaneous Works ed. J.T. RUTT, 25 (26) Bde, 1817-32 (unkritisch mit willkürlichen Textänderungen). - Bibliogr.: J.F.FULTON-C.H.PETERS, Works of J.P. (Yale Univ. School of Medicine ,Physiology), 1937. - Über P.: T.E. THORPE, J.P., 1906 - A.HOLT, A Life of J.P., 1931 - DAB XV, 223ff - DNB XVI, 357ff - M.C.PARK, J.P. and the Problem of Pantisocracy, 1947 (Univ. of Pennsylv.) - J.C.GILLIAM, Crucible: The Story of Dr. J.P., 1954. *M.Schmidt*

Primasius († bald nach 552), Bischof *von Hadrumetum* (Nordafrika, → 14 C 4). Im → Dreikapitelstreit stand P. zunächst auf seiten des Papstes → Vigilius, stimmte aber, nach Konstantinopel vorgeladen, dem Edikt des Kaisers zu. Sein Kommentar zur Apk (MPL 68, 793ff) hat Bedeutung für die Geschichte der lat. Apk-Übersetzung und die Rekonstruktion des verlorenen Kommentars des → Ticonius, an den er sich weitgehend anschließt. Ein Werk De haeresibus, als Ergänzung der gleichnamigen Schrift → Augustins gedacht, ist verloren. Der unter seinem Namen überlieferte Kommentar zu den Paulusbriefen (MPL 68, 413ff) ist eine aus der Schule → Cassiodors stammende orthodoxe Bearbeitung des → Pelagius-Kommentars, beim Hebr eine Schöpfung des → Haimo von Auxerre (um 850).

Ausg.n des Apk-Textes von J.HAUSSLEITER, FGNK IV/1, 1891; HANS V.SODEN, TU 33, 1909, 293ff; H.J.VOGELS, Unters.en zur Gesch. der lat. Apk-Übers., 1920, 19ff. 153ff. - J.HAUSSLEITER, Leben u. Werk des P.v.H., 1887 - E.RIGGENBACH, Hist. Studien zum Hebr I (FGNK VIII/1), 1907 - BARDENHEWER V, 332ff. *J.Schmid*

Primitive Religion im Verhältnis zur biblischen Botschaft (R. = Religion)

1. Man hat, u.E. mit Recht, den Ausdruck »primitive« R. aus der religionswissenschaftlichen Terminologie ausmerzen wollen. Der Ausdruck stammt aus der evolutionistischen → Religionswissenschaft des 19.Jh.s, die geltend machte, daß er sich in mehr oder weniger reiner Form auf die »ursprüngliche« R. der Menschheit beziehe und daß die Entwicklung später zu höheren R.sformen fortgeschritten sei. Diese Theorie ist schon lange verworfen worden. Unrealistisch ist der Terminus »primitiv« auch dann, wenn er die in Frage stehenden R.sformen als einfach und unsystematisch hinstellen soll. Tatsächlich sind sie oft außerordentlich komplex. Sie sind Bausteine in umfassenden totalen R.ssystemen, deren Struktur sich der R.sforschung erst nach und nach enthüllt hat. Hier soll der Terminus auf die sog. »primitive Schicht in allen R.en« angewandt werden, er bezieht sich aber natürlich bes. auf die sog. »R. der → Naturvölker« oder die »Stammes-R.en« oder auf die »schriftlosen Kulturen«: in → Afrika, → Indonesien, → Ozeanien, bei den Bergvölkern in Südostasien sowie den Stammesgruppen in Sibirien und Nord- und Südamerika. Diese Schicht gibt es auch im Bereich der Kultur-R.en, als ein Substrat, das vielfach den wichtigsten Faktor im religiösen Leben des Volkes ausmacht. In Südostasien heißt es: »Kratze an einem muslimischen Javanen und du findest einen Hindu; kratze am Hindu und du findest einen Heiden«, dh einen Animisten. Hier ist die primitive Schicht der Geisterverehrung und Magie freilich von höheren R.en überlagert und mit diesen verschmolzen, sie kann aber dennoch als eine besondere Dimension herausanalysiert werden. - Dieses Kulturmuster ist als »totalitär« charakterisiert worden: das gesamte Lebenssystem wird von einer vollkommenen Gegenseitigkeit aller Lebenssphären - sozial, wirtschaftlich, religiös - beherrscht. Das dominierende Interesse, dem der religiöse Kult und die magische Praxis zu dienen haben, ist die Beibehaltung der sozialen Harmonie und des Gleichgewichts der Gesellschaft. Die R. hat die Funktion eines Bandes, das nicht nur die verschiedenen Teile des Stammes und die rangmäßig differenzierten Gruppen, sondern auch Generationen von Lebenden und Toten zusammenhält.

2. Der → Mythos (: II), bes. der Schöpfungsmythos (→ Schöpfung: I), spielt eine fundamentale Rolle. Er gibt die Urzeit des Stammes und der Menschheit wieder und erklärt diese als Heilszeit. In den → Festen (: I) des Stammes und in den ritualen → Tänzen wird der Mythos wiederholt und das Heil des Stammes bzw. der Menschheit vergegenwärtigt. Diese Wiederholung ist eine symbolische Darstellung der diesen R.en zugrunde liegenden zyklischen Vorstellung von einer ewigen Wiederkehr, da Leben und Tod nur verschiedene Aspekte der gleichen Totalität sind. Wichtige Vorstellungen, die in das hier angedeutete totale System von Mythen und Riten eingeordnet werden, sind die → Mana-Ideen, die u.a. besagen, daß bestimmte Menschen - Häuptlinge, → Medizinmänner, Zauberfinder (→ Zauberer) - in einem höheren Grade Machtträger sind, mehr Lebenskraft haben als andere. Mit dem Machtgedanken (→ Macht: I) sind Vorstellungen von → Tabu und → Totem verknüpft; ferner müssen bes. der Gedanke eines höchsten Schöpfer-Gottes und die Verehrung der Ahnengeister (→ Totenverehrung: I) hervorgehoben werden. Durch die kontagiöse oder imitative → Magie können bestimmte kraftgeladene Menschen die Mächte beherrschen. Wenn schon Zauberei und Hexerei die Harmonie der Gesellschaft und der Sippe ständig bedrohen, muß diese Gefahr durch das Eingreifen der Schamanen (→ Schamanismus) abgewehrt und dadurch darüber Klarheit gewonnen werden, wer Zauberer oder → Hexe ist.

3. Während die Kultur-R.en → Asiens dem Christentum starken und wachsenden Widerstand entgegensetzen und dieses in deren Einflußbereich nur von sehr kleinen Minoritätskirchen vertreten wird, ist das Ergebnis der christlichen Mission im Bereich der Stammes-R.en von ganz anderer Größenordnung und hat in bestimmten Fällen zu umfassenden Massenbewegungen geführt. Die luth. → Batak-Kirche auf Sumatra, die anglikanische Kirche in → Uganda oder die schnell heranwachsende röm.-kath. Kirche in Ruanda-Urundi sind Beispiele für derartige → Gruppenbekehrungen. Dabei war das Christentum die eine von zwei Alternativen, die sich den von gewissen Gesichtspunkten aus gesehen auseinanderfallenden Stammes-R.en anboten: Christentum oder Islam.

4. In der neueren Auseinandersetzung des Christentums mit den Stammes-R.en kann man eine bestimmte Entwicklung verfolgen. Im großen und ganzen verhielt sich die Mission des 19.Jh.s negativ und abweisend zu den sozialen Formen und dem Kulturerbe dieser R.en. Seit der Le Zoute-Konferenz von 1926 ist eine durch neuere Theologie und allgemeine R.sgeschichte bedingte Veränderung festzustellen, unter Führung vor allem des Afrika-Missionars und Ethnographen E.W.Smith. Das Evangelium wurde von der Le Zoute-Konferenz als eine Erfüllung des religiösen Bemühens der Afrikaner aufgefaßt. Die Stammes-R. wird als »praeparatio evangelica« angesehen. Nicht Destruktion, sondern zielbewußtes Ausnutzen des afrikanischen Erbes sollte angestrebt werden. - Parallel mit dieser Neuorientierung gehen B. → Gutmanns Bestrebungen. In charakteristischen Formulierungen macht er geltend, daß »das Geheimnis Afrikas der gliedlich verbundene Mensch ist, der Mensch als Gliedwesen in seinem urtümlichen Lebensverbande«. Die natürlichen Schöpfungsordnungen sind die »urtümlichen Bindungen«, die den Menschen in seine »Gliedschaft« einfügen. Von hier aus erscheint der Schritt zur christlichen Gemeinschaft nicht weit: »Gottesgeist webt

in und zwischen Menschen, die gliedlich sich ergänzen und einander dienen.« Damit ist der Weg gebahnt zum »anderen Geheimnis: der gliedliche Verband aller zu dem Leibe Christi, unter Jesus, dem Haupte«. – H.Kraemer weist in seiner für die prot. Missionsdiskussion bedeutsamen Arbeit (s. Lit.) Gutmanns Ideen als »romantic love-making« zurück, betont aber andererseits die Bedeutung der gründlichen Kenntnis des Missionars in der Sprache sowie den sozialen Strukturen und Institutionen der Stammeskulturen. – In diesem Zusammenhang können auch gewisse anglokath. Lösungsversuche genannt werden. D.W.Shropshire (Missionar in Südrhodesien und Südafrika) sagt in seinem Buch »The Church and Primitive Peoples« (s. Lit.): »Wie leicht können doch die lebenspendenden Ideen der christlichen R. in diesen Boden [der Bantu-Mentalität] verpflanzt werden.« Anglokath. Führer haben kühne Versuche unternommen, afrikanische Kulturelemente in die christliche Kirche einzubauen. Interessant ist die Arbeit von Bischof W.V.Lucas († 1945) in Masasi, Tanganyika. Hier wurde der Initiationsritus des afrikanischen Stammes (mit Beschneidung der Knaben) christianisiert und zu einem integrierenden Element in der kirchlichen Konfirmationsvorbereitung gemacht.

5. Die Frage nach der Bedeutung der biblischen Botschaft für den Menschen der Stammes-R.en zwingt zu einer oft ignorierten Vorfrage: Welche Rolle spielen die Bibel und das Bibelstudium in diesen »jungen« Kirchen? Eine einheitliche Antwort kann nicht gegeben werden, und keine noch so erfreuliche und imponierende Statistik über die Anzahl der Sprachen, in welche das NT oder Teile desselben übersetzt worden sind, ergibt eine vollgültige Antwort auf diese Frage. In der ostafrikanischen Erweckungsbewegung (sog. Abalokole-Bewegung, 1935 und später) ist ein reguläres und systematisches Bibelstudium offenbar die Voraussetzung sowohl für das Entstehen der Bewegung als auch für ihr schnelles Wachstum sowie eine Segens-Frucht für die Gemeinde und für die eigene Missionsaufgabe der »jungen« Kirche gewesen. In anderen Gebieten wiederum gibt es unlängst christianisierte Gruppen, die weithin noch Analphabeten sind. Es ist vor allem das Verdienst H.R.Webers, aus seinen Erfahrungen in Celebes die Aufmerksamkeit der ev. Mission auf dieses Problem gelenkt und neue Wege gewiesen zu haben, wie das biblische »Erlösungsdrama« in seiner Totalität solchen Gruppen dargestellt werden kann.

6. Eine oft beobachtete und kommentierte Tatsache ist die Vorliebe der Prediger in Afrika, → Neuguinea, Santalistan usw für das AT, bes. die Genesis. Diese muß den einheimischen Urzeitmythen gegenübergestellt werden. Die Gedanken über den Ursprung des Menschen und der Menschheit sind grundlegend wichtig für diese Art von Wirklichkeitsdeutung. Auch der christliche Prediger hegt ein lebhaftes Interesse für den Ursprung, das Principium, und die Frage nach der Rolle des Pentateuchs verdient hier besondere Aufmerksamkeit. Man hat vielfach geltend gemacht, daß der afrikanische Geist »mehr hebräisch als griechisch« sei; diese Erklärung kann jedoch kaum genügen. Weit interessanter ist der Nachweis der Parallelität zwischen den großen Erzählungen in Gen und Ex und den afrikanischen Mythen, zB in bezug auf die Schöpfung, Kain und Abel, die Sintflut und den Durchzug durch das Rote Meer. Diese Parallelität erklärt die freudige Überraschung des Wiedererkennens, die die jungen afrikanischen Gemeinden dem AT gegenüber zeigen. – Im Unterschied zur zyklischen Form der ständigen Wiederkehr im mythisch-naturalistischen Denken bietet das erlösungsgeschichtliche Drama der Bibel eine sinnvoll-zielstrebige Auslegung. Das Interesse für das AT bei den erwähnten Predigern beruht auf ihrem Bestreben, den mythologischen Zyklus mit dem Erlösungsdrama zu konfrontieren, das mit der Schöpfung und dem Sündenfall beginnt und auf die eschatologische Vollendung hinzielt.

7. Die theologische Auseinandersetzung der afrikanischen Prediger mit ihrer eigenen religiösen Vergangenheit kann als eine Ellipse angesehen werden, bei der die Beziehung zum Initium der eine Brennpunkt ist. Der andere Fokus ist das korporative Leben des Klans, wo der Klan auch als Glied zwischen der jetzt lebenden Generation und den Toten betrachtet wird. Die Frage nach dem Tod und seinem Sinn nimmt einen zentralen Platz in dieser Auslegung des Christentums ein. »Denn was auch immer andere in ihren eigenen Ländern tun mögen, unser Volk *lebt* mit seinen Toten« (Dr. Baëta). Verschiedene Anzeichen lassen eine interessante theologische Entwicklung in diesen »jungen« Kirchen erwarten, wo u.a. Christi Hinabsteigen zum Hades neue Aktualität erhält. Vor allem aber spielen die Auferstehung der Toten und Christi Auferstehung eine zentrale Rolle in Verkündigung und Glauben. »Der größte Trost war ihnen, daß die Seele in der Auferstehung neu umkleidet wird und selbständig weiterleben darf. Nicht das Aufgehen im All steht am Ende ihres Weges, wie die Mbowamb (Neuguinea) glaubten, sondern Gott, der ihnen das vollkommene Leben gibt, und damit war für sie die Lebensfrage gelöst« (Vicedom).

8. Unter dem Einfluß der globalen technischen Einheitskultur wurden die traditionellen Stammeskulturen und deren religiöse Gemeinschaften aufgelockert und aufgelöst. In dem hier entstandenen Vakuum schuf das Christentum eine neue Ordnung mit einem neuen Leben, aber auch mit einem neuen Gesetz. In gewissen Fällen konnte die Mission den ungeschriebenen Rechts- und Sittenkodex des betr. Stammes weitgehend ausnutzen; dies gilt bes. für das Adat-Recht der Bataker, das von der Rheinischen Mission als eine »praeparatio evangelica« angesehen wurde. Dadurch konnte die soziale Struktur des batakschen Gemeinwesens bewahrt werden, was die Annahme des Evangeliums erleichterte. Andererseits nahm dabei das Christentum selbst Adat-Charakter an; das kirchliche Leben wurde durch eine Anzahl kasuistischer Verordnungen geregelt. Die → Kirchenzucht (: III) in Afrika und andernorts kämpft mit einem ähnlichen Legalismus, zumal die junge Gemeinde – bes. in der zweiten Generation – vom Christentum vor allem einen Moralkodex begehrt und von ihrer Kirche klare moralische Bescheide erwartet. Dieses Problem gilt auch für die schwierige Aufgabe der → Bibelübersetzung (: VII), denn die Sprache selbst ist von legalistischen Gedankengängen geprägt (vgl. → Mythos: V, 3c). Dennoch weisen diese Kirchen viele wunderbare Beispiele tiefen Erfassens von Sünde und Gnade auf.

9. Diese Erfahrung findet ihren Ausdruck in einem starken und innerlichen Gebetsleben. Die Nähe zum Gebet sollte intensiver, als das bisweilen auf prot. Seite der Fall ist, das liturgische Leben der Kirche beeinflussen können. Kirchenjahr und Liturgie sind von großer Bedeutung. Im Hinblick auf die ständig drohenden synkretistischen Tendenzen der Sekten-Bewegungen (→ Sekten: V, → Synkretismus: II) ist von luth. Seite in Afrika auf die dogmatische und katechetische Funktion der Liturgie hingewiesen worden: eine ausgebildete ev. Liturgie vermittelt eine solide Unterweisung im biblischen Erlösungsdrama. Zugleich muß an die Rolle der Kirchenmusik erinnert werden und die Bestrebungen, den einheimischen Rhythmus und Ton für den christlichen Choral und Gesang auszunutzen (→ Kirchenlied: III; vgl. auch → Kirchenbau: VII, → Malerei und Plastik:

VII). Für den Christentumstypus, der sich in diesen »jungen« Kirchen gestaltet, spielen vor allem → Taufe (: VIII) und → Abendmahl (: VII) eine wesentliche Rolle. - Wichtig sind die modernen messianischen Bewegungen, die als Konkurrenzerscheinung zur christlichen Mission in Afrika und Ozeanien entstanden sind (→ Messianismus, 2). Die südafrikanische Rassendiskriminierung hat nicht nur das Menschenbild beeinflußt, sondern auch das Gottesbild: der Afrikaner mußte sich fragen, ob etwa Christus nur der Christus der Weißen sei. Die Bantu-Propheten erhalten jetzt messianische Züge (→ Propheten: I, 3). Ähnliche Motive spielen in den Cargo-Kulten in → Neuguinea eine Rolle.

W.Freytag, Die junge Christenheit im Umbruch des Ostens, 1938 - H.Kraemer, The Christian Message in a non-Christian World, 1938; dt. 1940 - D.W.Shropshire, The Church and Primitive Peoples, 1938 - H.Schärer, Die missionarische Verkündigung auf dem Missionsfeld, 1946 - B.Sundkler, Bantu Prophets in South Africa, (1948) 1961² - Ders., The Christian Ministry in Africa, 1960 - W. Bühlmann, Die christl. Terminologie als missionsmethodisches Problem, 1950 - H.v.Sicard, Ngoma Lungundu, 1952 - P.Beyerhaus, Die Selbständigkeit der jungen Kirchen als missionarisches Problem, 1956 - Des Prêtres noirs s'interrogent (Rencontres), 1956 - H.R.Weber, The Communication of the Gospel to Illiterates, 1957 - H.Weman, African Music and the Church in Africa, 1960.

B.Sundkler

Prinzip, *philosophisch* (lat. principium, griech. ἀρχή), bedeutet Anfang, Ursprung, Grundsatz, dh Voraussetzung im Sinne eines Un-bedingten im Gegensatz zu dem von ihm Bedingten. Zunächst faßte das abendländische Denken die Frage nach dem P. als die nach dem zeitlichen Anfang und nach dem, was an diesem zeitlichen Anfang war. So galt das Interesse der Vorsokratiker dem Urstoff, aus dem alles geworden ist (→ Griechisch-römische Philosophie, 2 a α). Da → Philosophie aber auf letzte Gesichtspunkte, dh auf den aller Begründung zugrunde liegenden Gedanken der Begründung selbst gerichtet ist, konnte das Verhältnis zwischen P. und Sache letztlich nicht durch eine Zeitbeziehung, sondern nur durch eine logische Zuordnung bestimmt werden. Wie der Zusammenhang eines jeden Gedachten von P.ien umgriffen ist, die in diesem Gedachten zwar nicht unmittelbar bewußt, wohl aber in der Reflexion als Grund des Zusammenhanges aufweisbar sind, und wie die Frage nach dem den gegenständlichen Zusammenhang strukturierenden nichtgegenständlichen Unbekannten sich als eine P.ienfrage darstellt, so fordert auch die Einheit der Welt ihre Begründung in einem P., das seine Dignität in sich selbst trägt und als Bedingung der Möglichkeit aller Wirklichkeit gilt. Doch wurde die Annahme eines ersten materialen P.s in einer gegenständlichen Bestimmung sowie die sich daraus ableitenden Seins-P.ien der Wesensstruktur des Seienden von → Kant als das Unerfahrbare enthüllt. Wohl wies er die für den empirischen Gebrauch geforderten konstituierenden P.ien der Beziehung zwischen den sich gegenseitig bedingenden Erscheinungen in den → Kategorien auf; aber die dem Verstand innewohnende Tendenz, die Totalität der Bedingungen zu begreifen, um die einzelne Erscheinung vollständig denken zu können, war nur mit den ausschließlich regulativ zu verstehenden P.ien (→ Ideen) als dem Vermögen der Vernunft zu begründen. Als nichtgegenständliche Voraussetzung aller Gegenständlichkeit sind solche P.ien niemals gegeben, sondern immer nur aufgegeben. Gleichwohl muß die Welt als aus einer Idee (dh aus einem P.) entsprungen gedacht werden (Kant). Diese Idee ist dann nicht eigentlich mehr die Einheit eines P.s, vielmehr das P. der Einheit selbst. Alle großen Systeme der Philosophie führen notwendig auf ein wie auch immer gefaßtes Grund-P. zurück, mag es nun ontologisch-metaphysisch als ein objektives Seins-P. oder kritizistisch als ein vom Denken logisch gefordertes Erkenntnis-P. erfaßt werden; zuletzt noch bei → Cohen, der als das erzeugende P. einer definitiv verstandenen mathesis generalis die absolute Methode setzte. Erst ein nicht mehr zum geschlossenen System vordringendes Philosophieren der Gegenwart kann einen Wirklichkeitsbegriff behaupten, der die Zurückführung der Mannigfaltigkeit der Welt auf ein P. abweist, vielmehr der Polyphonie des Lebens eine Pluralität von P.ien gegenüberstellt und diese P.ien selbst empiristisch-pragmatisch als technische Hilfsmittel des Denkens glaubt handhaben zu dürfen.

I.Kant, Kritik der reinen Vernunft, 1781 - H.Cohen, Logik der reinen Erkenntnis, (1902) 1923³ - W.James, Pragmatism: A New Name for Some Old Ways of Thinking, New York (1907) 1955 - L.Fuetscher, Die ersten Seins- u. Denk-P.ien, 1930 - R.Hönigswald, Grundfragen der Erkenntnistheorie, 1931 - K.Sternberg, Das Problem des Ursprungs in der Philos. des Altertums, 1935 - W.Cramer, Die Monade: Das philos. Problem vom Ursprung, 1954.

H.Blankertz

Priscillian, ein Laie vornehmer Abstammung, gab einer asketischen Erweckungsbewegung in → Spanien seinen Namen, die sich Ende des 4.Jh.s gegen die Laxheit der Kirche auflehnte. P. gewann durch seine Predigt rasch viele Anhänger, unter denen sich auch einige Bischöfe befanden. Auf Betreiben der Gegner verurteilte die Synode von Saragossa (380) - ohne Namensnennung - Lehren P.s. Trotzdem wurde P. von Gesinnungsgenossen zum Bischof von Avila (Lusitania) geweiht. Der Vorwurf des → Manichäismus trieb ihn vorübergehend zur Flucht (Südfrankreich, wo P. viele Anhänger warb; Italien). Nach seiner Rückkehr trat durch die Erhebung des Usurpators Maximus, der sich auf die orthodoxen Bischöfe stützte, eine Wendung ein. P. wurde in Trier vor Maximus, der ganz unter dem Einfluß der Gegner P.s stand, verhört. Die Anklage lautete auf Magie und brachte P. nebst einigen Anhängern die Todesstrafe, anderen die Verbannung. Dieses Urteil wurde mit allgemeinem Unwillen aufgenommen (→ Martin von Tours, → Ambrosius, → Damasus), so daß die Ankläger P.s zu Fall kamen. Der *Priscillianismus,* der jetzt seine Märtyrer hatte, gewann nun erst recht starken Aufschwung. Staatliche Unternehmungen und mehrere Synoden hatten gegen ihn keinen Erfolg. Erst die Katholisierung der Sueven und die Verdammung auf der Synode zu Braga (563) brachten die Bewegung zum Erliegen. - Ende des 19.Jh.s sind 11 Traktate P.s bekannt geworden, die trotz einiger Gründe, die für Instantius als Verfasser beigebracht wurden, doch als echt anzusehen sind. Weitere Schriften: Canones in Pauli apostoli epistulas und 1 epistula, ferner einige dubia: De trinitate fidei catholicae, Fides S. Ambrosii und einige Apocrypha. Durch die schwerfälligen theologischen Gedankengänge scheint ein praktisch-asketischer Zug hindurch, der vor allem aus einer Radikalisierung und einseitigen Interpretation paulinischer Gedanken stammt. Die zeitgenössischen Berichte, die den Priscillianismus als gnostisch-manichäische Irrlehre darstellen, sind also ungerechtfertigt und nicht objektiv.

CSEL 18, 1889 (G.Schepss) - G.Morin, Etudes, Textes, Découvertes I, 1913, 151-205 (De trinitate) - K.Künstle, Antipriscilliana, 1905, 59f (Fides) - CPL 138f (Lit. zur Echtheitsfrage der Schriften). - RE XVI, 59ff - M.v.Schanz, Gesch. d. röm. Lit. IV/1, 1914², 371ff - Bardenhewer III, 403ff - DThC XIII/1, 391ff - Altaner 336 (überall Lit.). - E.-Ch.Babut, Priscillien et le Priscillianisme, Paris 1909 - J.Perez de Urbel, Revista Española de Teol. 6, 1946, 589-606 - R.M. Walker, ArtB 30, 1948, 1-10 - M.Martin, Correntes da Filosofia relig., Porto 1950 - I.M.Ramos y Losertales, Acta Salmanticensia, 1952.

F.Winkelmann

Privatschule

1. Begriff und Wesen - 2. Geschichte - 3. P.wesen in Deutschland - 4. P.recht - 5. Finanzierung. - P. = Privatschul(e), S. = Schul(e)

1. Organisation und Unterhalt des S.wesens gehören heute zu den allgemein anerkannten Aufgaben des Staates. Wie bei vielen anderen öffentlichen Aufgaben ist aber der Staat nicht gehindert, auch in diesem Bereich privater Initiative Raum zu geben und die Errichtung von P.n zuzulassen. - Unter P. wird üblicherweise die nichtöffentliche S. verstanden. Diese negative Definition könnte zu dem Trugschluß verleiten, nur Privatpersonen seien in der Lage, P.n zu betreiben. Die zahlreichen P.n der Kirchen zeigen aber, daß auch öffentlichrechtliche Körperschaften P.n unterhalten können. Ob eine S. öffentlich oder privat ist, richtet sich nicht allein nach ihrem Träger, sondern in erster Linie nach ihrem Verhältnis zu Lehrern, Eltern und Schülern. Ist dieses öffentlich-rechtlich gestaltet, handelt es sich um eine öffentliche S., andernfalls um eine P.

P. wie öffentliche S. wollen die heranwachsende Jugend schulisch unterrichten und erziehen. Während aber die öffentliche S. einem vom Staat geprägten Bildungsplan verpflichtet bleibt, untersteht die P. ihrer eigenen Zielsetzung, die sie nach pädagogischen, weltanschaulichen oder wirtschaftlichen Gesichtspunkten frei bestimmen und selbstverantwortlich verwirklichen kann. Man hat daher die P. geradezu als die freie S. schlechthin bezeichnet.

Die öffentliche S. kann in ihrer auf die Gesellschaft als Ganzes bezogenen Erziehungsarbeit schwerlich den besonderen Anliegen genügen, die von einzelnen Gruppen verfolgt werden. Sie kann in einem religiös neutralen, säkularisierten Staat keine Bildungsarbeit leisten, die nur von einer bestimmten religiösen oder weltanschaulichen Bindung her möglich ist. Hier ist der vorgegebene Raum, aus dem sowohl die zahlreichen S.n einer nationalen Minderheit (zB dänische Minderheits-S.n in Nord-Schleswig) als auch das umfangreiche ev. und kath. S.wesen erwachsen sind.

Obwohl heute auch der Staat S.versuche durchführt, ist die P. ihrer größeren Beweglichkeit wegen bes. geeignet, pädagogische und schulorganisatorische Neuerungen zu erproben. Wie die Geschichte der Erziehung zeigt, sind neue Bereiche schulischen Wirkens wie zB das gesamte höhere → Mädchenschulwesen, und neue pädagogische Methoden zB in den → Landerziehungsheimen, den Waldorf-S.n (→ Anthroposophie, 4), bei B. → Otto und anderen Modellen der → Schulreform vornehmlich durch private Initiative erschlossen und erst dann von der öffentlichen S. aufgegriffen worden. Hier liegt die besondere pädagogische und kulturelle Bedeutung der P., zu der auch die erheblichen Erfolge beitragen, welche die P. auf dem Gebiete der → Heilpädagogik zu verzeichnen hat.

2. Die *Geschichte* der P. ist in ihren Anfängen gleichbedeutend mit der Geschichte des deutschen S.wesens überhaupt. Die heute übliche Zweiteilung in ein öffentliches und ein privates S.wesen vollzog sich in Deutschland erst, nachdem unter dem Einfluß römisch-rechtlichen Gedankengutes die Unterscheidung in obrigkeitliche und private Rechtssphäre vorbereitet worden war und die Reformation gelehrt hatte, das bis dahin vorwiegend kirchliche und städtische S.wesen als Sache des Staates zu empfinden (→ Bildungswesen, 5). So entstanden die ersten landesfürstlichen S.ordnungen, die zur Gründung zahlreicher öffentlicher Volks- und höherer Latein-S.n führten und schließlich die Verstaatlichung des gesamten S.wesens einleiteten. Gleichzeitig entwickelte sich ein P.wesen, das alle übrigen S.n umfaßte und zu dem die ebenfalls durch die Reformation hervorgebrachten Pfarr- und Küster-S.n für den elementaren Unterricht im Lesen, Schreiben und Rechnen sowie die zahlreichen Gründungen gehörten, die in der Gegenreformation von den kath. S.orden ausgingen. Obwohl die Staatstheorie des 17. und 18.Jh.s ausgesprochen privatschulfeindlich war, gelang es nicht, die P. vollständig durch die öffentliche S. zu verdrängen. Es entstanden sogar neue P.n, von denen die → Erziehungsanstalten (: I, 1) der Pietisten, der → Philanthropinisten und vor allem die Anstalten → Pestalozzis einen tiefgreifenden Einfluß auf das deutsche S.wesen ausübten. Besonderen Auftrieb erhielt die P. unter dem Liberalismus des 19.Jh.s, als sie sich des vom Staat vernachlässigten berufsbildenden S.wesens und der höheren Mädchenbildung annahm, ferner um die Jh.wende, als mit der → Jugendbewegung die modernen Reform-S.n aufkamen (→ Schulreform). Die weitere Entwicklung des P.wesens wurde in Deutschland nach 1933 durch den Nationalsozialismus abgebrochen. In wenigen Jahren wurden die meisten P.n abgebaut oder in staatliche und kommunale Hand überführt. Nach 1945 gewann das P.wesen in der BRD bald wieder seine frühere Bedeutung; in der DDR mußten die P.n dagegen nach kurzer Wiedereröffnung erneut schließen, soweit sie nicht verstaatlicht wurden.

3. Wie in anderen westlichen Demokratien ist das *P.-wesen in der BRD* verhältnismäßig gut entwickelt. Es hält allerdings nur schwer einen Vergleich mit dem der Niederlande, Belgiens und Frankreichs aus, wo etwa die Hälfte aller S.n privat sind. - Keine erhebliche Rolle spielt es auf dem Gebiete der Pflicht-S. (→ Volks- und → Berufsschule), in dem ein gutausgebautes öffentliches S.wesen besteht. So waren 1958 nur etwa 0,5% aller Volks-S.n privat. Dagegen ist der Anteil der P.n unter den mittleren und höheren S.n erheblich größer. Etwa 18% aller Mittel-S.n und etwa 21% aller Höheren S.n waren 1958 in der BRD P.n. Dazu kommen noch 25 Waldorf-S.n, die als einheitliche Volks- und Höhere S.n statistisch besonders erfaßt werden müssen. Auch von den Sonder-S.n sind ca 20% privat, während der Anteil der P.n unter den beruflichen → Fachschulen sogar nahezu 30% beträgt. Der größte Teil der P.n hat sich je nach Konfession, pädagogischem Anliegen oder wirtschaftlichen Interessen in - vielfach noch regional gegliederte - Verbände zusammengeschlossen, die ihrerseits, soweit ihnen gemeinnützige S.n angehören, in einer Arbeitsgemeinschaft locker zusammengefaßt sind. - Vgl. → Schule und Kirche: I, 5.

4. Das *P.recht* in der BRD ist, wie das gesamte S.recht, in erster Linie Landesrecht. Inhaltlich ist es jedoch weitgehend durch Art. 7 Abs. 4-6 des Grundgesetzes gebunden, in dem vor allem das Recht zur Errichtung von P.n gewährleistet wird. Damit ist zugleich garantiert, daß die einmal errichtete P. vom Staat nicht wieder geschlossen werden darf, solange die Errichtungsvoraussetzungen fortbestehen. Darüber hinaus wird durch die P.garantie des Art. 7 GG die grundsätzliche Gleichrangigkeit der P. mit der öffentlichen S. anerkannt. Auf der P. kann daher unter bestimmten Voraussetzungen auch die allgemeine → Schulpflicht erfüllt werden. Soweit sie staatlich anerkannt ist, weil sie die an eine gleichartige oder verwandte öffentliche S. gestellten Anforderungen erfüllt, können auf der P. sogar staatliche Prüfungen abgelegt und staatliche Zeugnisse erteilt werden. Schließlich bedeutet die P.garantie auch, daß die P. in der Bestimmung der Lehrziele, der inneren und äußeren Gestaltung und der Wahl der Lehrer und Schüler grundsätzlich frei ist.

Das P.recht unterscheidet die P. in *Ersatz-* und *Ergänzungs-S.n,* neben denen die sog. freien Einrichtungen stehen, die keinen schulischen Charakter tragen. Ersatz-S.n sind die P.n, die ihren Aufgaben und Zielen nach an die Stelle einer bestehenden oder doch grundsätzlich vorgesehenen entsprechenden öffentlichen S. treten können. Zu ihnen gehören vor allem die allgemeinbildenden privaten Volks-, Mittel- und Höheren S.n einschließlich der Waldorf-S.n sowie die Berufs-S.n. Alle übrigen S.n wie die meisten Handels-, Sprach- und Gymnastik-S.n sind Ergänzungs-S.n. Beide Formen der P. unterscheiden sich rechtlich dadurch, daß die Ersatz-S. nach Art. 7 GG zu ihrer Errichtung der staatlichen Genehmigung bedarf, während die Ergänzungs-S. nur die Eröffnung ihres Betriebes der S.aufsichtsbehörde anzuzeigen braucht. Die Genehmigung der Ersatz-S. muß erteilt werden, wenn sie in ihren Lehrzielen und Einrichtungen sowie in der wissenschaftlichen Ausbildung ihrer Lehrkräfte nicht hinter den öffentlichen S.n zurücksteht und eine Sonderung der Schüler nach den Besitzverhältnissen der Eltern nicht gefördert wird. Sie ist zu versagen, wenn die wirtschaftliche und rechtliche Stellung der Lehrkräfte nicht genügend gesichert ist. Nach der Vereinbarung der Unterrichtsverwaltungen der Länder über das P.wesen vom 10./11.8.1951, die als authentische Auslegung des Art. 7 GG angesehen werden muß, genügt es, wenn die P.n den öffentlichen S.n insoweit gleichwertig, nicht notwendig gleichartig sind. Die meisten Länder haben durch besondere P.gesetze Art. 7 GG und die entsprechenden Bestimmungen ihrer Landesverfassungen ergänzt.

5. Der Betrieb einer S. bringt in der Regel keine Gewinne ein. Den hohen Kosten stehen nur begrenzte Einnahmemöglichkeiten gegenüber. Besonders die gemeinnützigen P.n können nur bestehen, wenn sie von der öffentlichen Hand unterstützt werden. Da sie dem Staat einen Teil seiner Erziehungsarbeit abnehmen und ihm dadurch erhebliche Aufwendungen ersparen, die Eltern privater Schüler durch ihre Steuerzahlungen mit zur Unterhaltung der öffentlichen S.n beitragen, muß den P.n zumindest ein moralischer Anspruch auf materielle Hilfe zuerkannt werden. Die gemeinnützigen Ersatz-S.n machen darüber hinaus einen Rechtsanspruch auf angemessene Zuschüsse geltend, weil die Garantie der P. im leeren Raum bliebe, wenn nicht wirtschaftlich gesichert wird, was rechtlich garantiert ist. In mehreren P.gesetzen wird ein solcher Anspruch ausdrücklich anerkannt. Weitere Hilfe geben die Länder dadurch, daß sie die P.n an der S.geldfreiheit teilnehmen lassen, staatliche Lehrkräfte an P.n beurlauben und P.lehrern staatliche Versorgungsberechtigung verleihen. Auch genießen die P.n verschiedene steuerliche Vorteile.

W. Kantel, Die Rechtsstellung der sog. öffentl. P.n (Diss. Münster), 1951 - L. Voss, Gesch. der höheren Mädchen-S., 1952 - W. Haugg, Die P., 1953 - E. Hylla-W. L. Wrinkle, Die S.n in Westeuropa, 1953 - H. Heckel, Dt. P.recht, 1955 - H. Becker, Kulturpolitik u. S., 1956. - Schriftenreihen: P. u. Privatunterricht; Aus dt. Landerziehungsheimen; Dt. Ausschuß f. d. Erziehungs- u. Bildungswesen, Empfehlung vom 3.12.1954 zu Fragen des P.wesens. - Vgl. ferner die einschlägigen Kommentare zum GG. *H. Flitner*

Privilegien der Geistlichen. Die Kirche und ihre Kleriker waren seit der Zeit Konstantins vielfach mit P. ausgestattet. Zur Heraushebung des → Klerus als besonderen Standes, zur Sicherung der Unabhängigkeit der Amtsführung und aus wirtschaftlichen Gründen legt die kath. Kirche die P. in ihrem Recht fest und beansprucht darüber hinaus ihre Anerkennung für den weltlichen Bereich. Vom modernen Staat werden sie aber nur noch in beschränktem Umfang gewährt. In den → Konkordaten sind sie zT anerkannt, gemäß der Tradition auch in einigen staatsgesetzlichen Bestimmungen noch berücksichtigt, allerdings dann für alle Kirchen.

Historisch handelt es sich neben Ehrenrechten der Titulatur, des Ornates und des Ranges bes. um folgende P.: 1. Das *priv. canonis* betr. erhöhten Schutz der Geistlichen: Realinjurien werden nach kanonischem Recht als persönliches → Sakrileg härter bestraft als eine Tat gegen einen Laien (cc. 119. 2343 CIC). Nach Art. 5 RKK (Reichskonkordat von 1933) genießen Geistliche in Ausübung ihrer Tätigkeit in gleicher Weise wie die Staatsbeamten den Schutz des Staates. - 2. Das *priv. fori* betr. ausschließlichen Gerichtsstand vor dem kirchlichen Richter (c. 120 CIC; → Gerichtsbarkeit: I, → Forum). In den meisten Ländern ist es seit über 100 Jahren gewohnheitsrechtlich beseitigt. Für Deutschland und Österreich ist das von der Kurie ausdrücklich anerkannt. - 3. Das *priv. immunitatis* betr. Befreiung von Steuern und Diensten, die mit dem geistlichen Stand nicht vereinbar sind, zB vom Dienst mit der Waffe (cc. 139. 141. 188. 2379 CIC; → Immunität). Die Steuerbefreiung ist im CIC nicht mehr ausgesprochen. Nach Art. 6 RKK sind Kleriker und Ordensleute von der Verpflichtung zur Übernahme öffentlicher Ämter frei. - 4. Das *beneficium competentiae:* Schutz des notwendigen Lebensunterhalts bei Zwangsvollstreckungen. - Soweit im ev. Kirchenrecht P. der Geistlichen bestanden, wie früher die Befreiung von der → Kirchensteuer, sind sie in neuerer Zeit aufgehoben worden.

Nach staatlichem Recht genießen Geistliche aller Konfessionen besondere Rücksichtnahme bei etwaiger Zwangsvollstreckung (§§ 811 Ziff. 7. 910 ZPO). Das Strafgesetz schützt das Recht auf Amts- und Dienstbezeichnungen sowie Amtskleidung durch Bestrafung unbefugten Gebrauchs (§ 132a Abs. 3 StGB). Im Prozeß und im Strafrecht werden das → Beichtgeheimnis und die Pflicht zur Wahrung des → Amtsgeheimnisses durch das Zeugnisverweigerungsrecht und durch die Befreiung von der Anzeigepflicht bei Kenntnis drohender Kapitalverbrechen (§§ 138. 139 Abs. 2 StGB) geschützt. Die Strafbestimmungen für Hinderung und Störung des Gottesdienstes (§ 167 StGB) und Religionsbeschimpfung (§ 166 StGB) kommen den Geistlichen zustatten. Bei Beleidigung kann nach § 196 StGB auch der Vorgesetzte des Geistlichen Strafantrag stellen. Nach § 34 I Ziff. 6 und § 84 Gerichtsverfassungsgesetz sollen Religionsdiener ebenso wie Beamte nicht zu Schöffen und Geschworenen berufen werden. Nach §§ 1784. 1888 BGB soll ein Religionsdiener nicht ohne Erlaubnis seiner Behörde zum Vormund bestellt werden. Nach dem Wehrpflichtgesetz vom 21.7.1956 sind ordinierte Geistliche vom Wehrdienst befreit (→ Wehrpflicht: II). Staatliche Steuerbefreiungen bestehen nicht mehr für Pfarrer selbst, nur noch in beschränktem Umfang nach Landesrecht für Dienstgrundstücke.

W. Koch, Die klerikalen Standes-P. nach Kirchen- u. Staatsrecht (Jur.Diss. Freiburg/Schw.), 1949 - Feine 345 ff - Eichmann-Mörsdorf I, 263 ff - EKL III, 339 f. *E. Ruppel*

Privilegierter Altar. Das sog. Altarprivileg besagt, daß mit der an einem p.A. oder mit der von einem privilegierten Priester (gleichviel an welchem Altar) gehaltenen Meßfeier ein vollkommener → Ablaß verbunden ist, der einem bestimmten Verstorbenen zugewendet werden kann. Solche Privilegien erteilten die Päpste seit dem Ende des 15. Jh.s. Vorbild scheint der Altar des hl. Gregor auf dem Mons Caelius in Rom gewesen zu sein, der schon seit Jh.en als p.A. galt (Benedikt XIV., 18.2. 1752; Hl. Offizium, 11.12.1912). Sicher ist, daß Alexander VI. 1496 der St. Georgskirche in Windsor (England) einen p.A. gewährte. Unter Paul III., Pius V. und Gregor XIII. werden derartige Privilegien immer häufiger. Paul V. aber nahm eine Revision vor und wollte das

Altarprivileg nur aus wichtigen Gründen verliehen wissen. Diese Grundsätze wurden aber mehrfach gemildert. Schließlich verlieh Benedikt XIII. am 20.8.1724 allen Patriarchal-, Metropolitan- und Kathedralkirchen einen vom Bischof zu bestimmenden täglich p.A. auf ewige Zeiten. Dies dehnte Clemens XIII. am 19.5.1759 auf alle Konventual- und Pfarrkirchen auf 7 Jahre aus, ein Privileg, das aber immer wieder erneuert wurde. Diese Vollmachten sind dann in c. 916 CIC übergegangen. Danach dürfen die Bischöfe, Gefreiten Prälaten, Apostolischen Vikare und Präfekten sowie die höheren Oberen der exemten klerikalen Ordensverbände in den Kathedralen, Kollegiat-, Konventual- und Pfarrkirchen sowie den pfarrlichen Hilfskirchen je einen p.A. errichten. An Allerseelen mit Oktav und während des 40stündigen Gebets sind alle Altäre privilegiert (c. 917). Das persönliche Altarprivileg besitzen die Kardinäle und Bischöfe (cc. 239 § 1, 1; 349 § 1, 1) sowie die Priester, denen es vom Hl. Stuhl verliehen ist, zB die Mitglieder mancher frommer Vereine und die Missionare in China. Doch darf für solche Messen kein höheres Stipendium gefordert werden (c. 918 § 2). – Die kath. Kirche lehrt, daß der mit dem Altarprivileg verbundene Ablaß nach der Intention und der Praxis der Päpste ein vollkommener ist und an sich ausreicht, um die Seele, der er zugewendet wird, sofort aus dem → Fegfeuer zu befreien; ob er aber dieser Seele ganz zugewendet wird, hängt von dem Ratschlusse Gottes ab (S. Congregatio Indulgentiarum, 28.7.1840).

S. de Angelis, De Indulgentiis, 1950[6], Nr. 411ff – E. Holzapfel, Das Altarprivileg (Oberrhein. Pastoralblatt 55, 1954, 39–43. 91–95).
Ph. Hofmeister

Privilegium fori → Privilegien der Geistlichen.

Privilegium Paulinum, *Privilegium fidei,* im kath. Eherecht (→ Ehe: VI, 2f) die nach Benennung und Inhalt auf 1Kor 7, 12–15 zurückgeführte Möglichkeit, eine gültige Ehe zwischen zwei Nichtgetauften durch die neue Ehe eines Eheteils mit einem Katholiken aufzulösen, wenn dieser Eheteil sich taufen läßt und der andere auf Befragen sich weigert, sich auch taufen zu lassen oder wenigstens die Ehe fortzusetzen, ohne den getauften Teil in seinen Christenpflichten zu behindern. Die Befragung kann nur mit Zustimmung des Hl. Stuhles unterbleiben und soll mit Bevollmächtigung durch den Ordinarius des Getauften, kann aber im Notfall, wenn durch zwei Zeugen oder sonstwie ihr Nachweis gesichert wird, auch privatim erfolgen. Das P.P. kann auch noch angewandt werden, wenn die Ehe zunächst fortgesetzt wurde und die ablehnende Einstellung des nichtgetauften Teils erst später hervortritt. Auf Ehen zwischen einem getauften und einem nichtgetauften Teil findet das P.P. seitens des Hl. Stuhls gelegentlich zugunsten des Teils Anwendung, der zur kath. Kirche übertreten will; falls die Ehe mit Dispens vom trennenden Ehehindernis der Religionsverschiedenheit (→ Mischehe) geschlossen wurde, ist seine Anwendung ausgeschlossen. In Zweifelsfällen geht das P.P. der Unauflöslichkeit der Ehe vor.

cc. 1120–1127 CIC – cc. 109–116 De disciplina sacramenti matrimonii pro Ecclesia Orientali (AAS 41, 1949, 113f). – Eichmann-Mörsdorf II, 267ff (Lit.) – DDC VII, 229ff (Lit.).
H. Barion

Probabilismus ist das umstrittenste, aber geschichtlich einflußreichste der nachtridentinischen sog. Moralsysteme (= M.e) innerhalb der kath. Sittenlehre. Diese bieten ein Prinzip zur Lösung des Konflikts zwischen Gesetz und Freiheit, wie er in jeder materialen Sollensethik auftritt, und verwenden Grundsätze, die eine Verbindung von Rechts- und Klugheitsregeln darstellen (zB: lex dubia non obligat, melior est conditio possidentis), um mit ihrer Hilfe die Lücke der den konkreten Fall unzulänglich determinierenden sittlichen Gesetze zu schließen. Das erklärt die Bezeichnung »indirekte« oder »reflexe« Moralprinzipien. Ausgangspunkt für die Ausbildung der M.e und den jh.elangen P.-Streit ist das von → Bartholomäus von Medina (Komm. zur S.th. des → Thomas von Aquino 1/II, 19, 6) vertretene Prinzip: »si est opinio probabilis, licitum est eam sequi, licet opposita probabilior sit«. – Schon die bloße Aufzählung der kontinuierlich ineinander übergehenden M.e, mehr noch die Auseinandersetzungen zwischen ihnen und ihre konkrete Anwendung versetzen in subtilste Kasuistik. Der *laxe P.* (Laxismus) vertritt, man dürfe im eigenen Interesse handeln, wenn es überhaupt irgendwelche Gründe gäbe, die für die Erlaubtheit der Handlung sprechen (von Innozenz XI. verurteilt, Denz. 1153). Der *einfache P.* (P. purus) lehrt, man dürfe zugunsten der eigenen Freiheit entscheiden, wenn dafür irgendwelche gewichtigen Gründe beigebracht werden könnten, seien sie auch im Vergleich zur entgegengesetzten Ansicht offensichtlich weniger probabel (daher: Minus-P.). Ihn vertreten gemeinhin die → Jesuiten, aber auch zahlreiche andere Theologen. Der *Äqui-P.* wahrt grundsätzlich den Vorrang des Gesetzes, gesteht aber Handlungsfreiheit zu, wenn die Gründe für und wider das Gesetz sich ungefähr die Waage halten (esse aeque et vere probabiles). Seine Anhänger sind bes. die → Redemptoristen. Der *Probabiliorismus* betont demgegenüber, die Gesetzesverpflichtung bestehe solange, als ihr gegenüber die Gründe für die Handlungsfreiheit nicht beweiskräftiger seien (probabiliores esse quam rationes pro lege). Der *Tutiorismus* läßt keine Wahrscheinlichkeit zugunsten der persönlichen Handlungsfreiheit gelten; nur eine evidente sittliche Wahrheit vermag diesen Gesetzesrigorismus zu durchbrechen (von Alexander VIII. verworfen, Denz. 1293). Während die drei letzten Systeme grundsätzlich zugunsten der Gesetzesverpflichtung entscheiden, geben die beiden ersten der Handlungsfreiheit den Vorrang. Doch gilt für alle M.e, daß es Bereiche gibt, in denen immer der sichere Weg beschritten werden muß, zB bei der Sakramentenspendung. Dieser Grenzfall offenbart den objektivistischen Rechtscharakter der reflexen Moralprinzipien und die Natur ihres Ethos. Der beherrschende Gesichtspunkt aller M.e, auch der nichtgenannten (zB Kompensations- und Präsumptionssystem), ist die rechtsgesetzlich interpretierte Verpflichtung der Sollensethik. Wenn die abstrakte Kasuistik nicht zur Sanktionierung des Äqui-P. geführt hat, so verhinderte das die Position des Beichtkindes als des Angeklagten. Zu seinen Gunsten setzte sich der P. durch. Aber auch wo dieser vom Äqui-P. (wie zuletzt bei Alphons von → Liguori) nur als Grenzfall geduldet wird, ist seine ethisch negative Funktion nicht behoben. Seine Problematik erkennt man unschwer daran, daß zB → Tillmann ihn in die *Geschichte* der Moraltheologie verweist, im Aufbau seiner Sittenlehre aber ignoriert, daß der soziologische Versuch seiner Rechtfertigung die quaestio juris nicht berührt und daß das Bestreben seiner positiven Ausdeutung ihn historisch und systematisch in eine Frage an die Moraltheologie umdeutet. Aller P. scheitert als Prinzip innerhalb der christlichen Sittenlehre an dem Wort: »Alles, was nicht aus Glaube geschieht, ist Sünde« (Röm 14, 23). – Für die Geschichte des P. vgl. → Moraltheologie, 3; → Jansenismus, 2; → Kasuistik: III, für die grundsätzliche Beurteilung → Kasuistik: IV.

Die Handbücher der → Moraltheologie, bes. die kasuistischen. – J. Mausbach, Die kath. Moral u. ihre Gegner, (1901) 1921[5] – DThC XIII, 417ff – W. Schöllgen, Die soziolog. Grundlagen d. kath. Sittenlehre (Hdb. d. kath. Sittenlehre, hg. v. F. Tillmann, Bd 5), 1953 –

A.Eberle, Am Ende des P.-Streits (Neues Abendland 8, 1953, 724 bis 736) - B.Häring, Das Gesetz Christi, 1954 (Lit. 68f. 71. 223f).

J.Klein

Produktivität und Rentabilität sind Maßstäbe für die Beurteilung wirtschaftlicher Dispositionen über Güter und Dienstleistungen, deren relative Bedeutung die jeweilige Wirtschaftsgesinnung widerspiegelt. Der → Liberalismus des 19.Jh.s sah in dem privatwirtschaftlich erworbenen Ertragsüberschuß die eigentliche Rechtfertigung einer am Erwerbsstreben orientierten Wirtschaftstätigkeit. Dementsprechend gewann die R., das Verhältnis von Reingewinn zu aufgewendetem → Kapital, entscheidende Bedeutung als wirtschaftliche Kennziffer. Als mengen- oder wertmäßiges Verhältnis von Produktionsergebnis zu Produktionsaufwand ist die P. demgegenüber in erster Linie eine technische Größe, die das Ausmaß der Fähigkeit, Güter rationell zu produzieren, ausdrückt. Technische Leistungsfähigkeit zB einer Maschine, eines Arbeitsverfahrens oder einer Arbeitsgruppe ist deshalb nicht ohne weiteres mit wirtschaftlicher Ertragsfähigkeit gleichzusetzen. Die Steigerung der P. ist nur dann privatwirtschaftlich vertretbar, wenn die Marktlage einen gewinnbringenden Absatz gestattet. Die wirtschaftliche Nutzung des technischen Fortschritts (→ Technik) setzt also mindestens gleichbleibende oder steigende R. voraus. - Die Grenze, die das R.sstreben einer P.ssteigerung setzt, diente häufig als Vorwand, die Privatwirtschaft durch gemeinwirtschaftliche Elemente zu ergänzen oder zu ersetzen (→ Sozialisierung), um so ohne Rücksicht auf R.serwägungen die Güterproduktion zu erhöhen. Im Anschluß an die vorwiegend produktionswirtschaftliche Sichtweise von → Marx drang damit ein Technizismus in die → Wirtschaftspolitik ein, der auch in den angestrengten Industrialisierungsbestrebungen vieler Entwicklungsländer zum Ausdruck kommt. Die Erfahrungen zeigen jedoch, daß eine P.serhöhung noch nicht automatisch eine Vermehrung des Volkswohlstands - das oberste Ziel freiheitlicher Wirtschaftspolitik - auslöst. Hierbei spielen zB die Art der Einkommensverteilung, die Möglichkeit der → Vollbeschäftigung sowie das Ausmaß der Einschränkung des privaten Verbrauchs durch gesteigerte Investitionsausgaben eine mitentscheidende Rolle. Daher sagen steigende P.sindizes allein noch nichts über einen möglichen Wohlstandszuwachs aus. - Es ist auch gefährlich, den P.sbegriff lediglich auf die Produktionssphäre zu beziehen. So ist die schwer meßbare P. der Dienstleistungen, zB wissenschaftlicher und erzieherischer Arbeit, für die Gesamtwirtschaft von außerordentlicher Bedeutung. Die Beurteilung der Wirtschaftstätigkeit darf sich nicht einseitig an R.s- oder P.serwägungen orientieren, sondern muß übergeordnete gesamtgesellschaftliche Zielsetzungen berücksichtigen. - Vgl. → Wirtschaft, → Wirtschaftstheorie.

F.Merkle, P. u. R., 1951 - G.E.Reuss, P.sanalyse, 1960.

F.Fürstenberg

Pröhle, *Károly* (Karl), ung. ev. Theologe, * 17.3. 1875, 1906-46 Prof., zuerst an der kirchlichen theol. Hochschule, seit 1923 als Systematiker an der ev.-luth. theol. Fakultät in Sopron. Als Vertreter eines im biblischen Realismus gegründeten, bekenntnisfreudigen, ökumenisch bestimmten Luthertums bemühte er sich um eine Erneuerung der ev.-luth. Kirche → Ungarns. Aktiver Mitarbeiter an der Einheit des Luthertums im → Lutherischen Weltbund und der → Luther-Akademie, war er auch in den ökumenischen Bestrebungen vielseitig tätig.

Vf. u.a. (alles ung.): Studien zur syst. Theol., 1906; Die Lebensphilosophie R.Euckens, 1918; Das Augsburgische Bekenntnis (ung. Neuübers.), 1930; Die Welt des Glaubens (Dogmatik), 1948.

J.Sólyom

Profane Dichtung im AT

1. Wesen, Formen, Überlieferung, Bereiche - 2. Bereich der Arbeit - 3. Bereich der Feier - 4. Bereich der Klage - 5. Bereich der Auseinandersetzung - 6. Bereich der geistigen Lebensbemächtigung. - D. = Dichtung, pr.D. = profane Dichtung. - Vgl. → Formen und Gattungen: I

1. Pr.D. gehört den Lebensbereichen außerhalb des Heiligtums und der gottesdienstlichen Sphäre an und begleitet die Vielschichtigkeit des geschichtlichen Lebens Israels mit seinen Höhen, Tiefen und Alltäglichkeiten. Das schließt nicht aus, daß in dieser pr.D. religiöse Bezüge vorhanden sind. Nicht jeder religiöse Gedanke muß Lebensäußerung im Raum des Kultus sein. Bei einem so stark von der Religion beherrschten Leben kann es nicht ausbleiben, daß religiöse Gedanken auch in der pr.D. wahrnehmbar sind. - Nur in wenigen Fällen werden die Dichter bekannt. Für die Totenklage um Saul, Jonathan und Abner wird David als Verfasser genannt (2Sam 1, 17; 3, 33). Ferner können Namen von Propheten, die die Formen der pr.D. für ihre Verkündigung verwendeten, genannt werden. Aber sonst bleibt die pr.D. weithin anonym wie alle altorientalische D. Das muß auch von den Dichtern am Königshof gelten, die ebenfalls zu den Schöpfern der pr.D. gehörten (2Sam 23, 1; 19, 36; vgl. auch die Entsendung von Sängern und Sängerinnen als Tributleistung Hiskias an Sanherib: AOT 354, ANET 288a).

Bezüglich der *Formen* der pr.D. muß beachtet werden, daß sie größtenteils in Fragmenten erhalten ist, die nicht erkennen lassen, welchen Umfang etwa die betreffende D. ursprünglich gehabt hat. An den wenigen, vollständig erhaltenen Beispielen läßt sich feststellen, daß die pr.D. die verschiedenen Liedgattungen des Leichenliedes, des Spottliedes, des Hochzeits- und Liebesliedes umfaßte. Daneben steht das metrisch geformte Volkssprichwort, das Rätsel, der Zahlenspruch sowie der Weisheitsspruch.

Die Kenntnis der pr.D. Israels verdanken wir dem Überlieferungszufall innerhalb der at. Literatur. Die Sammlung der hl. Schriften Israels duldete keine Sammlung und Aufbewahrung der profanen Volks-D. abgesehen von den Fällen, in denen sie sich an einen großen Namen anschloß (David) oder durch Umdeutung im Rahmen des Kanons tragbar wurde (Hhld, Ps 45). Das gleiche Schicksal teilt die höfische D., die zwar bezeugt wird, aber nur in Spuren erhalten ist. Die pr.D. scheint in Israel keinem kulturgeschichtlichen Interesse begegnet zu sein, das sie in einer besonderen Sammlung vereinigt hätte. Ob die im AT genannten, aber verlorengegangenen Bücher (Buch der Kriege Jahwes Num 21, 14a; Buch des Redlichen Jos 10, 12f; 2Sam 1, 18b) solche pr.D.en enthielten, wird im Hinblick auf die drei angezogenen Stellen wahrscheinlich sein. Ob sie ausschließlich pr.D. enthielten, läßt sich nicht erweisen.

Die pr.D. wird zweckmäßig nach den *Lebensbereichen* unterschieden, denen die betr. Stücke und Fragmente angehören. Die Zugehörigkeit muß jeweils aus dem Inhalt erschlossen werden.

2. Von *Arbeit* und *Beruf* ist im AT oft die Rede. Die Tätigkeiten des Wäschers (Jer 2, 22), Fischers (Hab 1, 15), Zimmermanns (Jes 44, 13) und Hirten (Ez 34, 4; Sach 11, 16) werden beschrieben. Sir 38, 25 nennt im hebr. Text das Lied des Hirten. Erntelieder werden an verschiedenen Stellen vorausgesetzt (Jes 9, 2; 16, 10; Ri 9, 27; Ps 65, 14). Es ist aber verkehrt anzunehmen, daß das Lied stets die betr. Arbeitsvorgänge beschrieb oder inhaltlich sich auf sie bezog. Dalman (AuS IV, 365) hat darauf hingewiesen, daß der Inhalt des gegenwärtigen arabischen Arbeitsliedes of keine Beziehung zur gerade verrichteten Arbeit enthält. So ist zB der Ruf der Kelte-

rer »Hêdad« (Jes 16, 10; Jer 25, 30; 48, 33; 51, 14) nur eine Rhythmusmarkierung, von Bentzen (I, 126) für eine Art Beschwörung gehalten. Mitten in den Arbeitsprozeß hinein führt das Lied der Lastträger (Neh 4, 4): »Des Lastträgers Kraft ist erschöpft, und Schutt ist die Menge, wir, ja wir können die Mauer nicht bauen!« Es ist auch als Klage über die schwere Arbeit im Mund von Streikenden denkbar. Ein altes Arbeitslied mit religiösem Bezug könnte in Ps 127, 1f erhalten sein, im Gedanken verwandt mit Sach 4, 6b. Der Wächter in Dorf und Stadt sowie im Kriegslager verrichtet seine Arbeit, indem er wacht. Er wird im AT Ri 7, 19; 1Sam 14, 16; 2Sam 18, 24-27; 2Kön 9, 17-20; Hhld 3, 3; 5, 7 erwähnt. Für ein Wächterlied bzw. die Nachahmung eines solchen wird Jes 21, 11f gehalten. Bes. V. 12 zeigt als Aufgabe des Wächters, auf Fragen nach der Zeit zu antworten. Anklänge an Wächterlieder und klare Bezugnahmen auf das Wächteramt liegen noch Jes 21, 1ff; 52, 8f; 62, 6f; Hab 2, 1ff; Ps 130, 6f vor. Auch der im heutigen Orient noch je und dann anzutreffende Wasser- oder Getränkeverkäufer mag einst sein Arbeitslied gehabt haben, von dem Jes 55, 1 möglicherweise noch einen Rest erhalten hat: »He! Alle, die Durst haben, kommt zum Wasser!« Das vielleicht wichtigste Arbeitslied hat sich Num 21, 17-18 erhalten. Es enthält eine deutliche Beziehung zu der Art der verrichteten Arbeit und dürfte daher bei einem Brunnenbau gesungen worden sein: »Steige empor, Brunnen, singet ihm zu, Brunnen, den Fürsten gegraben, den Edle des Volkes höhlten mit ihrem Zepter, mit ihren Stäben.« Das Bemerkenswerte an diesem offensichtlich als Fragment erhaltenen Lied ist die Anrede an den Brunnen. Sie drückt wohl den Wunsch aus, die geleistete Arbeit möge nicht erfolglos gewesen sein und wirklich Wasser in reicher Fülle ergeben haben. Bentzen ist wohl im Recht, wenn er hier eine Art beschwörenden Zurufs in diesem Arbeitslied und seiner Anrede an den Brunnen erkennen will.

3. Der *feiernde* Mensch hat in Israel ebenso sein feierndes Tun begleitende Lieder gehabt wie anderwärts auch. Der vielleicht profanste Anlaß zum Feierlied war das im AT mehrfach bezeugte Gelage (Pred 10, 19 u.ö.). Auf *Trinklieder* wird Am 6, 4-6 und Jes 5, 11-13 angespielt, ebenso Sir 35, 5; 49, 1; Ps 69, 13. In Am 4, 1 hat sich vermutlich der Rest eines solchen frivolen Liedes erhalten: »Schaff' herbei, daß wir trinken!« Jes 22, 13b (1Kor 15, 32) wird aus einem solchen Trinklied, das den Lebensgenuß als letzten Sinn des Daseins preist, zitiert: »Fleisch wollen wir essen, und Wein wollen wir trinken, essen und trinken, denn morgen werden wir tot sein!« Den trostlosen Zustand, der sich bei solchen Gelagen einstellt, malt Jes 28, 8. Dazu muß noch Jes 56, 12 gestellt werden, ein kleines Zecherlied, das den Wunsch enthält, Zechen und Rauschtrank mögen vom Heute zum Morgen anhalten. Auch Hhld 5, 1c kann auf ein Trinklied anspielen: »Esset, Genossen, trinkt und berauscht euch, Geliebte!« (nach anderer Deutung ein Kultruf). Auch Weish 2, 1-9 preist den Lebensgenuß im Wein gegenüber der Kürze des Lebens. Profane Trinklieder werden durch R. Akiba (Tos. Sanhedrin XII) bezeugt.

Als Lieder für den Feierabend, der wohl Mi 4, 4; Sach 8, 4f vorausgesetzt ist, lassen sich die *Weinbergslieder* nennen, die gesungen wurden, wenn am Abend die Lese beendet werden mußte. Der Form nach ist das bekannteste Beispiel Jes 5, 1-7, aber auch Hhld 2, 15, das vom blühenden, vor Füchsen zu schützenden Weinberg handelt.

Besonderer Anlaß zum Feiern war ein errungener *Sieg*. Dem heimkehrenden Sieger zogen die Frauen entgegen und feierten seine Tat mit dem bei den Kanaanäern üblichen Wechselgesang, der von → Musik (: III) und → Tanz begleitet war. So kam dem heimkehrenden → Jephta seine Tochter offenbar mit begleitenden Frauen entgegen (Ri 11, 34). Bei der feierlichen Einholung Davids (1Sam 18, 6-7) wurde in ständiger Wiederholung die Zeile gesungen: »Saul hat tausend geschlagen, aber David zehntausend.« Auch die Philister haben ihr Siegeslied angestimmt, als sie → Simson in ihre Gewalt bekamen. Der Gesang des Siegesliedes scheint freilich mit einer Kultfeier des Gottes → Dagon verbunden gewesen zu sein, doch mag das Siegeslied zum Ausdruck der Freude über den Sieg auch außerhalb des Kultus gedient haben. Es lautet nach Ri 16, 23-24: »Gegeben hat unser Gott in unsere Hand Simson, unseren Feind, den Verwüster unseres Landes, der viele von uns erschlagen hat.« Bisweilen gewinnt das Siegeslied einen prahlerischen Ton wie bei Simson (Ri 15, 16), der sich rühmt, mit einem Eselskinnbacken tausend Feinde erschlagen zu haben, und wie bei → Lamech (Gen 4, 23-24), der zugleich die maßlos zurückschlagende Blutrache verherrlicht. Die schönste D. aus Anlaß eines Sieges ist das sog. → Deboralied (Ri 5), das sicher in unmittelbarer zeitlicher Verbundenheit mit dem Ereignis steht. Ob es ausschließlich pr.D. ist, muß bezweifelt werden. Die Siegesfeier des Stämmebundes, für die dieses Lied gedichtet sein mag, dürfte sicher kultischen Charakter gehabt haben (vgl. A. Weiser, ZAW 71, 1959, 67-97).

Das Ereignis einer Hochzeit hat ebenfalls zur Entstehung der Gattung des profanen *Hochzeitsliedes* geführt. Noch heute zeugen eine Fülle arabischer Hochzeitslieder und -bräuche von der Bedeutung, die man dieser Feier beimaß. Aus dem AT haben wir - abgesehen von einigen Bemerkungen über die Feier und die rechtlichen Grundlagen - nur ein einziges Hochzeitslied, das wirklich als ein Stück profaner Lyrik angesprochen werden kann. Es ist Ps 45, eine D. aus höfischem Bereich für die Hochzeit eines Königs. Der Hofstil mag viel zur Verhaltenheit und Ehrerbietung der Schilderung beigetragen haben, doch lassen sich einige Züge erkennen, die für das israelitische Hochzeitslied typisch gewesen sein dürften. Erst wird der Bräutigam verherrlicht, indem seine Schönheit beschrieben wird (V. 3. 9) und Glückwünsche für ihn geäußert werden (V. 4-8). Charakteristisch für dieses Lied ist das sittliche Element in diesen Wünschen, das in der Betonung der gerechten Regierung liegt (V. 7f). Noch bezeichnender sind die der Königin gewidmeten Verse: Dezent wird das Erscheinungsbild der Braut geschildert, ein erotisches Element kommt nicht zum Ausdruck, es sei denn in V. 12, in dem die Schönheit der Braut erwähnt wird, und die der König begehrt. Es folgen die Ehrung durch die Reichen des Volkes und die Überreichung ihrer Geschenke. Hier spiegelt sich offenbar eine Hochzeitssitte wider, die auch für die bürgerliche Hochzeit in Israel vorausgesetzt werden darf (→ Ehe: II, 3). Die Braut erhält ferner den Rat, ihre Heimat, ihr Volk und das Vaterhaus zu vergessen, um dadurch völlig in die Familie und Sippe des Bräutigams überzutreten. Auch soll die Braut die Herrschaft des Bräutigams anerkennen: »Er ist dein Herr« (V. 12). Dürften darin ebenfalls typische Züge der israelitischen Hochzeitssitte und des israelitischen Hochzeitsliedes hervortreten, so scheint das besonders für den Wunsch auf Nachkommenschaft zu gelten, der hier im Hinblick auf den Bräutigam formuliert wird (V. 17). V. 15 und 16 schildern die Hochzeitssitte, daß die Braut von Gefährtinnen in das Haus des Bräutigams, hier also in den Palast, geleitet wird. - Sonst werden im AT Hochzeitslieder nur erwähnt. Parallel zu Jubel und Freude stehen »die Stimme des Bräutigams und die Stimme der Braut« (Jer 7, 34; 16, 9; 25, 10; 33, 11). In Ps 78, 63 wird angedroht, daß die Jungfrauen nicht mehr Loblieder, dh Hochzeitslieder hören werden. - Zu den Hochzeitsliedern müssen auch die im → Hohenlied enthaltenen D.en gerechnet werden. Beschreibungslieder, die die äußere Erscheinung und die körperlichen Vorzüge von Mann und Frau schildern, finden sich 4, 1-7; 5, 10-16; 7, 1-6. Die Bedeutung des Hochzeitsliedes kommt in der Auffassung der Hochzeit als eines königlichen Festes unter Verwendung der entsprechenden Titel und Namen (zB 1, 5; 3, 7ff; 8, 11f) zum Ausdruck.

4. Hinweise auf die Totenklage und Beispiele des Leichenliedes finden sich zahlreich im AT. Die *Klage* wurde offenbar von berufsmäßig damit befaßten Personen ausgebracht (Jer 9, 16; Am 5, 16; Pred 12, 5) und stellte wohl ein Handeln zugunsten des Toten dar, da ihre Unterlassung als Strafe hingestellt wird (zB Jer 22, 18). An verschiedenen Stellen sind die Anfänge derartiger Klagen erhalten. So ruft Elisa (2Kön 2, 12) bei der Fortnahme Elias aus: »Mein Vater, mein Vater«, desgleichen der israelitische König Joas am Sterbebett Elisas (2Kön 13, 13). Aus Jer 22, 18 erfahren wir, daß die Totenklage je nach dem Verwandtschaftsgrad des Toten mit »Ach, mein Bruder, ach, Schwester« eingeleitet wurde. Bei hochgestellten Persönlichkeiten hieß es: »Ach, Herr, ach, seine Majestät« (Jer 22, 18; 34, 5). Die Klage um den einzigen Sohn wird Jer 6, 26; Am 8, 10; Sach 12, 10 erwähnt und scheint auch ihre besondere Leichenliedform gehabt zu haben. Sach 12, 11 kann auf eine traditionell gewordene Leichenklage um → Josia im Gefilde von Megiddo anspielen (vgl. M.Delcor, VT 3, 1953, 67-77). Ausgeführte Leichenlieder individueller Gestaltung haben sich in 2Sam 1, 19-27; 3, 33b-34 erhalten. In dem Leichenlied um Abner wird zuerst die Frage gestellt, ob er wie ein Tor sterben mußte. Es folgt der Vergleich mit seinem bisherigen Leben. Nie war er an Händen und Füßen gefesselt worden, jetzt aber ist er gefallen, wie man vor Ruchlosen fällt. Das beherrschende Thema »Einst und Jetzt« verschafft dem persönlichen Schmerz beredten Ausdruck. Das kurze Lied ist durchaus profan und enthält auch keinerlei religiösen Bezug. Das Leichenlied um Saul und Jonathan (2Sam 1, 19-27) enthält die dreimal wiederkehrende Wendung »Wie sind die Helden gefallen« (V. 19. 25. 27 mit dem für das Leichenlied charakteristischen Einleitungswort 'êk [oder 'êkā]). Das Motiv des Gegensatzes zwischen Einst und Jetzt kommt in der soeben genannten Wendung sowie in V. 22-24. 26 zum Ausdruck. Daneben stehen Verwünschungen gegen die Berge Gilboas, der Todesstätte, sowie die Forderung, den Tod der Helden nicht in den philistäischen Siedlungen zu melden, um dort keine triumphierende Freude auszulösen. Dominierend für modernes Empfinden sind zweifellos das Gedenken an das persönliche Leid, das der Sänger bei dem Verlust Jonathans empfindet (V. 26), und der schöne Gedanke vom Ungetrenntsein der Helden im Leben und Sterben (V. 23a). - Das profane Leichenlied ist als Gattung von den Propheten übernommen und mit den Inhalten ihrer Verkündigung erfüllt worden. Da die prophetische Aussage sich auf die Zukunft bezieht, stellt der Gebrauch dieser Gattung eine furchtbare Vorwegnahme dessen dar, was die drohende Ankündigung des Unheils enthält. Beispiele hierfür sind Am 5, 1-3 und die großartige Dichtung in Jer 9, 9f. 16-21 mit dem packenden Bild vom Tod, der in die Fenster eingestiegen ist. Bei Ezechiel, der diese Gattung häufig anwendet (19, 1-14; 26, 15-18; 27, 1-8. 26-36; 28, 12-19; 32, 19-32), und im Leichenlied auf die Unterweltsfahrt des babylonischen Königs (Jes 14, 4-21) ist der Übergang von der Gattung des Leichenliedes zum Leichenspottlied deutlich zu spüren. Auch Jes 53 trägt Züge des Leichenliedes mit dem eigenartigen Akzent, daß der Tod des → Knechtes Jahwes beklagt wird unter Anerkennung seines bisher verkannten Lebens. Das Buch der → Klagelieder enthält in c. 1. 2. 4 diese allegorisch von Jerusalem gebrauchte Gattung. Jer 38, 22 ist zwar im Metrum des Leichenliedes, dem Qina-Metrum, gehalten, doch wird nichts über den Tod Zedekias gesagt, so daß das Charakteristikum des Leichenliedes fehlt und man besser von einem Spottlied spricht.

5. In der soeben erwähnten Gattung des *Spottliedes* setzt sich der Mensch mit seiner Umwelt auseinander und gießt über Personen und Mächte seiner Umgebung und seiner Zeit oft bitteren Spott aus. Die Verspottung als eine Form der *Auseinandersetzung* setzt ein Spannungs- bzw. Feindschaftsverhältnis voraus und will ein Gefühl der geistigen, nicht der physischen oder machtpolitischen Überlegenheit - um solche kann es sich gelegentlich auch handeln - zum Ausdruck bringen. Prahlerische Worte, die vor dem Kampf gesprochen werden, entfalten den Spott gegen den Feind. So verspottet und verflucht der Philister Goliath den David (1Sam 17, 44). Wie real der Spott empfunden wurde, geht aus der Besorgnis hervor, man könnte sich Spott zuziehen (Gen 21, 6), und aus der Klage über den Spott, dem man ausgesetzt ist (Ps 22, 8; 69, 13; Hi 30, 9; Klgl 3, 14. 63 u.ö.). Das individuelle Spottlied, mit dem Einzelpersonen außerhalb der politischen Sphäre verspottet werden, ist im AT nur in dem Spottlied auf die Hafendirne (Jes 23, 15f) vorhanden. Die Verspottung des Elisa (2Kön 2, 23) ist wohl ein ad hoc gebildeter Spottruf, wenn nicht der Rest eines Kinderliedes hier erhalten ist. Im politischen Bereich wendet sich das Spottlied gegen ein Kollektivum oder ein Individuum, das ein solches repräsentiert. So wendet sich das sicher älteste erhaltene Spottlied Israels gegen das besiegte Hesbon, die Stadt des Amoriterkönigs Sihon (Num 21, 27-29). Es wird auf die Spottlieddichter (mošelîm) zurückgeführt (Num 21, 27a) und stellt somit einen mašal dar. Jes 37, 22-29 ist ein farbenprächtiges Spottlied auf Sanherib, das am Anfang ausdrücklich Spott und Verachtung von seiten der Tochter Zion bezeugt. Religiöse Bezüge sind deutlich vorhanden. Das Handeln des Assyrers ist eine Lästerung Gottes. Aber als der Überlegene legt Jahwe dem Assyrer wie einem Tier den Ring in die Nase und den Zaum in die Lippen, um ihn willenlos und machtlos dorthin zurückzuführen, woher er gekommen ist. Ähnlich großartig ist das Spottlied auf die Jungfrau Tochter Babel (Jes 47, 1-15), deren bevorstehendes Schicksal in dem Sitzen auf der Erde ohne Thron und im Handhaben der Mühle ausgemalt wird. In derb realistischer Weise wird das Los der kriegsgefangenen Frauen geschildert (Jes 47, 2b-3a). In Nah 3, 18f hat sich ein Spottlied in Mischung mit einem Leichenlied erhalten. In der Vorschau wird eine verlorene Schlacht geschildert, in der die Führer gefallen sind und die Truppen zerstreut wurden. Sach 11, 1-3 verspottet die Weltmacht unter den Bildern der Zedern und der Junglöwen. Der Liedanfang ahmt wohl ein kultisches Einzugslied nach: »Öffne, Libanon, deine Türen, daß Feuer wüte unter deinen Zedern.« Ezechiel hat die Gattung des Spottliedes gegen Ägypten gebraucht (32, 2ff) mit Einzelausmalung des drohenden Geschicks, das Finsternis in das Land bringen wird (V. 8). Dabei handelt es sich nicht mehr um pr.D. im strengen Sinn. Zwar läßt die Übernahme der Gattung des profanen Spottliedes noch etwas von der Schärfe und Gefährlichkeit des Spottes ahnen, aber diese prophetischen Spottlieder wollen letztlich den Willen Jahwes bezeugen, wie er den Propheten gewiß geworden ist.

Im Bereich der Auseinandersetzung muß auch der metrisch geformte *Spottspruch* genannt werden. Er kann auf den Propheten (Hos 9, 7) ebenso wie auf den Frommen in seiner scheinbaren Gottverlassenheit (Ps 42, 4. 11 u.ö. in Pss) abzielen. In den Sprüchen über einzelne Stämme (Gen 49) kann in der Art, wie die Stämme charakterisiert werden, spottende Auseinandersetzung enthalten sein, so zB im Spruch über Issachar (V. 14f). Auch der im dreifachen Dreier gestaltete Revolutionsruf (2Sam 20, 1) »Kein Teil ist uns an David, kein Erbe uns bei Isais Sohn. Jeder zu seinen Zelten, Israel«, der 40 Jahre später bei den gescheiterten Verhandlungen mit → Rehabeam in Sichem um den Spottruf erweitert wird (1Kön 12, 16) »Nun sieh auf dein Haus, David (LXX: Nun weide dein Haus, David)«, muß in diesem Zusammenhang genannt werden.

6. *Geistige Lebensbemächtigung* wird in den festgeprägten Formulierungen wichtiger Lebenserfahrungen erkennbar. So wird etwa die tiefe Erfahrung der Wesensverwandtschaft zwischen Mann und Frau in dem sog. Bräutigamsjubel (Gen 2, 23) zusammengefaßt. Die Erfahrung vom Segen der Nachkommenschaft findet ihren Ausdruck in dem Ps 127, 3 erhaltenen Spruch »Siehe, ein Erbe von Jahwe sind Söhne, ein Lohn ist die Frucht des Leibes.« Geistige Lebensbemächtigung liegt in dem alten Rechtsgrundsatz vom Vergießen des Menschenblutes (Gen 9, 6) vor, aber auch in den Segenswünschen, die man Fortziehenden (Gen 24, 60) oder Begegnenden (Ps 129, 8) aussprach. Zu dieser Volks-D. muß auch das Volkssprichwort gestellt werden, das im AT verhältnismäßig zahlreich überliefert ist, ohne daß die Grenze zwischen Prosagestalt und D. scharf gezogen werden kann. Vielfach muß man mit einem Kurzvers rechnen. Zu nennen ist als Beispiel das Sprichwort vom richtigen Zeitpunkt des Rühmens (1Kön 20, 11). Der bitteren Erfahrung der exilierten Bevölkerung von 597 hat vielleicht eine sprichwörtliche Redensart Ausdruck verliehen: »Väter aßen saure Trauben, aber Sohneszähne wurden stumpf« (Ez 18, 2). Weitere Sprichwörter, die zur pr.D. gehört haben dürften, sind in 1Sam 10, 12; 24, 14; Jer 23, 28; 31, 29; Ez 16, 44 erhalten. Volkssprichwortgut mag auch Jes 10, 15 in den Bildern von Axt, Säge und Stab bieten, desgleichen Am 6, 12.

Eine Form geistiger Lebensbemächtigung stellt auch der *Rätselspruch* dar. 1Kön 10, 1 will die Königin von Saba die Weisheit Salomos mit Rätseln erproben (vgl. hierzu die Erzählung bei Josephus, Ant. VIII, §§ 146-149). Im Sprüchebuch wird das Rätsel neben dem Weisheitsspruch genannt (Spr 1, 6). Ein ausgeführtes Rätsel ist Ri 14, 14. 18 erhalten. Beide Rätselfragen sind im Stabreim gehalten und können metrisch gelesen werden. Aus dem Rätsel mögen die Zahlensprüche (Spr 6, 16 bis 19; 30, 11-14 [?]; 30, 15-31; Sir 25, 1-2) hervorgegangen sein.

Die reinste Form dichterischer Ausprägung im Bereich der geistigen Lebensbemächtigung ist im *Kunstweisheitsspruch* vorhanden. Freilich ist Israels pr.D. auf diesem Gebiet weithin von fremden Vorbildern abhängig (→ Weisheitsdichtung). Diese D. ist im → Sprüchebuch, in → Jesus Sirach, einigen Psalmen (1. 37. 49. 73. 78. 91. 128) und vielleicht in wenigen Bestandteilen des → Predigerbuches erhalten. Der didaktische Zweck dieser D. wird deutlich an den kleinen Sammlungen des Sprüchebuches und den Mitteln zur leichteren Einprägsamkeit, zB gleiche Anfangsbuchstaben oder wiederkehrende Begriffe oder Zusammenstellung unter einem einheitlichen Thema (Spr 6, 1ff; 11, 9-12; 15, 13-14. 16-17). Die Bedeutung dieser Art der pr.D. darf nicht gering veranschlagt werden, stellt sie doch den großangelegten Versuch dar, in der geistigen Lebensbemächtigung möglichst alle Lebensbereiche und alle Eventualfälle zu erfassen.

Vgl. die Lit. zu → Formen und Gattungen: I sowie die at. Einl.en von A. Bentzen (I, Kopenhagen 1952), A. Weiser (1957⁴), E. Sellin-L. Rost (1959⁹), O. Eissfeldt (1961³), jeweils mit weiterer Lit. *H. Bardtke*

Professio fidei Tridentinae, röm.-kath. Glaubensbekenntnis, auf Grund der Tridentiner Beschlüsse (Sess. 24, c. 12 de ref.; 25, c. 2 de ref.) durch → Pius IV. in der Bulle »Iniunctum nobis« vom 13.11.1564 veröffentlicht, nach dem → Vatikanum durch Dekret der Konzilskongregation vom 20.1.1877 ergänzt (Zusatz über Primat und Unfehlbarkeit des Papstes), 1917 dem CIC vorangestellt. - Die P.f.T. hat den Charakter einer Eidesleistung (CIC cc. 1406ff). Zur Ablegung sind nahezu alle Inhaber eines kirchlichen Amtes oder einer Würde verpflichtet (bei jedem Wechsel muß das Glaubensbekenntnis erneut abgelegt werden!). Die P.f.T. wird (heute in abgewandelter Form) auch als Konvertitenbekenntnis verwendet. Sie wiederholt zunächst das → Nicäno-Konstantinopolitanum. Nach einzelnen Lehrpunkten im Anschluß an das → Tridentinum (7 Sakramente, Erbsünde und Rechtfertigung, Meßopfer, Fegfeuer, Heiligenverehrung und Ablässe) folgt vor allem die summarische Annahme der »apostolischen und kirchlichen Überlieferungen« und der »übrigen Bräuche und Satzungen der Kirche«, die Anerkenntnis der hl. Schrift »in dem Sinne, den die hl. Mutter, die Kirche, hielt und hält«, und bes. das Bekenntnis zur Romanitas der Kirche und der Gehorsamseid gegen den Papst.

Text bei Mirbt Nr. 480 (Lit.); Denz. 994ff; dt.: Neuner-Roos, Der Glaube der Kirche, 1958⁵, Nr. 849ff. - Über die P.f.T.: RE XVI, 71ff (Lit.) - Eichmann-Mörsdorf II, 414f. *G. Maron*

Prohászka, *Ottokár* (1858-1927), ungarischer kath. Theologe, studierte in Gran und Rom, 1882 Prof. der Theologie in Gran, 1904 in Budapest, 1905 Bischof in Stuhlweißenburg. P. hat durch seine auch ästhetisch hochstehende Predigttätigkeit, biblischen Betrachtungen und sonstige erbauliche, oft apologetische Schriftstellerei eine innere Erneuerung herbeigeführt. Seine Schriften sind in 7 europäische Sprachen übersetzt. In Stuhlweißenburg besteht ein P.-Museum.

GesW, 25 Bde, Budapest 1928/29, mit P.-Biogr. v. A. Schütz (ung.) - Dt. Übers. u.a.: Betrachtungen über das Evangelium, 1910 bis 1915. - Über P.: F. Brisits (Hg.), P.-Studien, 1927 - G. Lugasi, P. der Philosoph, 1941 (ung.). *I. Török*

Proklus, 1. Patriarch *von Konstantinopel* (434-446), Nachfolger und Bekämpfer des → Nestorius, berühmter Homilet (antinestorianische Marienpredigt MPG 65, 679ff). Unter seinem Namen gehen mehr als 20, zT umstrittene Predigten, 7 Briefe sowie ein sicherlich unechtes Fragment De traditione divinae missae.

Die Texte mit Zeugnissen über die Nachwirkung MPG 65,651ff.- Fr.X. Bauer, P.v.K., 1919 - B. Marx, Procliana, 1940 - Stählin 1475f (Lit.) - PW XXIII, 1957, 183ff (Lit.) - Altaner § 72, 3 (Lit.). *J. Irmscher*

2. *neuplatonischer Philosoph* (zuben. Diadochos; 410 bis 485) aus Xanthos bei Troia, daher Beiname ὁ Λύκιος. P. war (nach Lernjahren in Alexandria) lange Jahre Schulhaupt der Akademie zu Athen und führte den → Neuplatonismus zur Vollendung im Systematischen. Von seinen Schriften sind bes. wichtig die umfänglichen Kommentare zu 6 Dialogen → Platons, am reichsten der zum Timaios. Eine knappe, katechismusartige Zusammenfassung des Systems gibt die στοιχείωσις θεολογική (institutio theologica). Von zentraler Bedeutung ist das Werk εἰς τὴν Πλάτωνος θεολογίαν (in Plat. theologiam). Theologische Spekulationen über das Wesen des Göttlichen und seine Abstufungen stehen im Mittelpunkt von P.' Denken; auch die monographi-

schen Untersuchungen zu Problemen der Vorsehung, von der Realität des Bösen (nur lat. erhalten) tendieren dahin. Da aber das Göttliche überall da ist, wo Sinnzusammenhänge erkennbar werden, stehen P.' Schriften zur Mathematik, zur Astronomie und zur Grammatik in sinnvollem Zusammenhang. Viel zu wenig beachtet wurden bisher die gebetartigen Hymnen. Für P. beschränkt sich Philosophie nicht auf das rationale Bemühen allein; der Philosoph soll versuchen, durch frommes Sich-Versenken zu denjenigen Geist-Wesen über ihm, die zugänglich sind, Kontakt zu gewinnen. - Im Bereich des Rationalen begründete P. die Scholastik des Neuplatonismus. Die Stufung der Geist-Wesen wird durch Annahme vieler triadischer oder hebdomadischer Zwischeninstanzen reich gegliedert; die Spekulation hierüber folgt einer wohlumrissenen Methode. Das Problem, wie das Erste wirkt, wird vollständiger als bei → Plotin gelöst, indem P. den Vorgang des ἐνεργεῖν in drei (noch für → Hegel maßgebliche) Schritte auflöst: μονή, πρόοδος, ἐπιστροφή = Verharren, Hervortreten, Rückwendung = status, processus, conversio. Alles geistige und ethische Streben des Menschen gipfelt in der Rückwendung = Einung mit dem Höchsten. - In den Schriften des P. wird vornehmlich die rationale Verfeinerung der Spekulation sichtbar; dieser Aspekt hat nachhaltig auf die → Scholastik gewirkt (→ Thomas von Aquino zitiert P. oft). Aber das Diskursiv-Rationale wird durch eine Erkenntnisstufe übergipfelt und überwunden, in der das Höchste in mystischem Schweigen verehrt wird. Dieser mystische Aspekt wird bes. in den Werken des → Dionysius Areopagita sichtbar und hat durch diese nachhaltig auf die abendländische Mystik gewirkt.

Texte: Kommentar zum Timaios ed. E.Diehl, 1903-06; zum »Staat« ed. W.Kroll, 1899-1901; zum Parmenides ed. V.Cousin, Paris 1864 (fehlender Schluß von R.Klibansky in lat. Übers. aufgefunden, Ausg. 1954); zum Alkibiades I ed. L.G.Westerink, Amsterdam 1954 - Στοιχείωσις θεολογική ed. E.R.Dodds, Oxford 1933 - In Plat. theologiam, Neuausg. in Vorb. durch H.D.Saffrey OP - Institutio physica ed. A.Ritzenfeld, 1912; lat. Übers. ed. H.Boese, 1958 - Hymni ed. E.Vogt (Diss. Bonn), 1956 - Opuscula latine et graece (Rückübers. d. 16.Jh.s) ed. H.Boese, 1960. - Über P.: Biogr. des Marinos, Vita Procli, ed. Boissonnade, 1814 (nachgedr. im Anhang des Diogenes Laertius, ed. F.Didot) - J.Stiglmayr, Der Neuplatoniker P. als Vorlage des sog. Dionysios Areopagita (HJ 16, 1895, 253-273. 721-748) - L.J.Rosán, The Philosophy of P., New York 1949 - A.v.Ivanka, Teilhaben, Hervorgang u. Hierarchie bei Ps. Dionysios u. bei P. (Proceedings of the XI. Intern. Congress of Philosophy, Brüssel 1953, 153-169) - PW XXIII/1, 186ff (R.Beutler, Lit.).
H.Dörrie

Prokop, 1. *von Gaza* (ca 465-528), bedeutendster Lehrer der Sophistenschule in Gaza (→ Äneas, 1; Bruder des → Zacharias Rhetor?). Über Leben und Treiben unterrichten seine Briefe und die Trauerrede seines Schülers Choricius. Obwohl Verfasser umfangreicher → Catenen zu den Büchern des AT, vermeidet er als Attizist in seinen rhetorischen Werken alles Christliche.

Werke in MPG 87 (zT Unechtes): Catenen zu Oktateuch (Neuausg. bereitet M.Rauer vor), Kön, Chr, Jes, Hhld, Spr, Pred, (Pss?): zT noch unediert; Streitschrift gegen → Proklus (Bruchstück, Echtheit umstritten), 163 Briefe, Homermetaphrasen (Bruchstücke), Panegyrikus auf Kaiser Anastasius I. (Titel weiterer Reden), 8 Ekphraseis (zB Kunstuhr, Gemälde). - K.Seitz, Die Schule v. Gaza, 1892 - L.Eisenhofer, P.v.G., 1897 - PW XXIII, 1957, 259ff - Altaner § 104, 3 - Beck 414ff (jeweils Lit.).
G.Perl

2. *von Neuhaus* († 1507), Bakkalaureus der Universität Prag, ist wahrscheinlich bald nach 1467 der → Brüderunität (: I) beigetreten. In den Auseinandersetzungen über die religiösen Grundsätze der Unität nach dem Tode Bruder → Gregors stand P. auf seiten der Großen Partei. Als Mitglied des Engen Rates, seit 1494 Richter der Unität, ohne Bischofsweihe, hat er sich mit Umsicht um eine Minderung der Spannungen bemüht.

Jos.Müller, Gesch. der Böhm. Brüder I, 1922 - E.Peschke, Der Gegensatz zwischen der Kleinen u. der Großen Partei der Brüderunität (WZ Rostock 6, 1956/57, 141-154) - P.Brock, The Political and Social Doctrines of the Unity of Czech Brethren in the 15th and Early 16th Centuries, 1957.
E.Peschke

Prokopovič, *Feofan* (1681-1736), * in Kiew, als → Basilianer an der Gregoriana in Rom, seit 1704 orth. Prof. an der Kiewer Akademie. Wegen seiner Bildung im Sinne der Aufklärung zog ihn → Peter d. Gr. im Gegensatz zu St. → Jaworskij als engsten Mitarbeiter für seine kirchlichen Reformpläne heran (1720 Erzbischof von Nowgorod). P.s »Recht des Monarchenwillens« (1722) schuf die theoretisch-rechtlichen Voraussetzungen des »Geistlichen Reglements«, das die juristische und geistliche Grundlage für die Abschaffung des Patriarchates und die Einsetzung des »Allerheiligsten dirigierenden Synods« wurde (25.1., 14.2.1721; → Rußland: I). Wegen seines starken Interesses am Protestantismus (u.a. Verbindung mit A.H. → Francke) und der Abschaffung des Patriarchates wird P. von der orth. und weithin auch von der kath. Forschung abgelehnt. P. war zwar schon wegen seiner ukrainischen Herkunft dem Westen gegenüber weit aufgeschlossener als die sich unfruchtbar abkapselnde Moskauer Orthodoxie, zugleich aber ein bewußter orth. Hierarch, der sich um die Hebung des Bildungsniveaus der Priester wie der Bevölkerung sehr verdient gemacht hat. Die Übergriffe der Staatsregierung in die Rechte des Synods hat er stets energisch zurückgewiesen. Die von ihm eröffneten Möglichkeiten für die russ.-orth. Kirche wurden von den Anhängern der Moskauer Richtung nicht erkannt. An den alten Vorstellungen hängend wurde so die Kirche, sehr entgegen den eigentlichen Absichten P.s, die perfekte Staatskirche des 19.Jh.s. - Seine literarischen und kunsttheoretischen Werke sind von Bedeutung für die russ. Kulturgeschichte.

A.M.Ammann, Abriß d. ostslaw. KG, 1950, 380ff - I.Smolitsch, Russ. Mönchtum, 1953, 383ff (wichtige russ. Lit.) - A.V.Kartaschow, Abriß d. russ. KG II, Paris 1959, 311ff (russ.). - Vgl. ferner die Lit. zu → Rußland: I, → Peter d. Gr.
K.Onasch

Proles, *Andreas* (1429-1503), als Vorgänger des Joh. v. → Staupitz Vikar der Observanz-Union der 5 Augustinerklöster Himmelpforte, Magdeburg, Dresden, Waldheim, Königsberg in Franken. * in Dresden, Studium in Leipzig, 1450 Magister und Augustiner in Himmelpforte bei Wernigerode, 1453 Priester, Studium in Perugia, Prof. der Theologie am Ordensstudium in Magdeburg, 1456 Prior in Himmelpforte, ca 1460-67 und wiederum 1473 Vikar. 1476 vom Augustinergeneral gebannt, wurde P. in Halle 1477 rehabilitiert. 1496 wurde seine Kongregation mit ca 30 Konventen anerkannt. Von Luther als »ein feiner Prediger« gerühmt, von → Flacius zu den »testes veritatis« gerechnet, war P. in Wirklichkeit nur ein fanatischer Klosterreformator.

Th.Kolde, Die dt. Augustinerkongregation u. Joh.v.Staupitz, 1879, 96ff - RE XVI, 74ff - LThK VIII, 494 - A.Zumkeller in: Sanctus Augustinus, vitae spiritualis magister, Bd II, Rom 1959, 311ff - Ders., ZKTh 81, 1959, 299.
E.Barnikol

Proletariat ist die als soziale → Klasse verstandene Gesamtheit der Proletarier in der »kapitalistischen Gesellschaft«. In der ständisch-feudalen Gesellschaft (→ Feudalismus) bezeichnete man die Angehörigen der unteren Schichten der Städte als Proletarier. Da die → Arbeiter (: I) des Frühindustrialismus spezifische Merkmale dieser Schichten aufwiesen (Armut, Entwurzelung, Existenzunsicherheit), wurden schließlich sie zum P.

Nach der Lehre von → Marx und → Engels sind die Proletarier die eigentumslosen, durch den Warencharakter der Arbeit ihrer Menschlichkeit und Freiheit beraubten und durch die Ausbeutung zu fortschreitender Verelendung verurteilten Lohnarbeiter des → Kapitalismus, deren geschichtlicher Auftrag es ist, in der »Revolution des P.s« (→ Klasse) die ökonomischen Fesseln der Arbeit zu sprengen und so nicht nur die eigene → Emanzipation, sondern die der ganzen Menschheit zu vollenden. Das P. wurde durch Marx zu einer selbstbewußten, revolutionären Klasse. Im P. verkörpert sich der Grund allen Seins und aller Werte: die → Arbeit. Die »Unterschichten« waren zum »Lumpen-P.« geworden.

Die Reichweite des P.s blieb jedoch, auch unter den marxistischen Theoretikern (→ Marxismus, → Sozialismus), umstritten. So hielt zB → Lenin (→ Leninismus) an der These fest, daß das P. nur die Industriearbeiter umfaßt, während die übrigen nicht-kapitalistischen Schichten zu den vom P. geführten »werktätigen Massen« gehören. Für andere war dagegen der Nicht-Besitz von Produktionsmitteln (Eigentumslosigkeit) das entscheidende Kriterium der Zugehörigkeit zum P. Da aber dann zB die »eigentumslosen« Manager ebenso ein Teil des P.s wären wie die ihrer Herrschaft unterworfenen Arbeiter, zog man in der Regel noch weitere Merkmale (materiell-soziale Verelendung, sozialer Status u.ä.) zur Abgrenzung des P.s heran, so daß es entweder auch nur die Industriearbeiterschaft umfaßte oder bis in die »mittelständischen« Schichten (→ Mittelstand, → Angestellte) hineinreichte. Hier stieß man jedoch auf das Problem des »falschen Bewußtseins«, dh des Widerstandes, ein der »ökonomischen Lage« entsprechendes Bewußtsein der Zugehörigkeit zum P. (Klassenbewußtsein) zu entwickeln.

Die Lehre vom geschichtlichen Auftrag des P.s mußte für die auf prekäres → Lohn-Einkommen verwiesenen, jeglichen sozialen Ranges entkleideten Arbeiter der industrie-bürgerlichen Gesellschaft (→ Sozialgeschichte) den Charakter einer Heilslehre gewinnen, deren Radikalität nur der Kluft zwischen den Lebensformen und -möglichkeiten der Industriearbeiter und denen des → Bürgertums entsprach. Die proletarische Idee verlor daher auch in dem Maße wieder an Bedeutung, wie diese Kluft überbrückt wurde. Was immer man im einzelnen unter »Entproletarisierung« versteht: es meint Veränderungen der → Gesellschaft, die heute Eigentumslosigkeit und materiell-soziale Verelendung nicht mehr als ein unabwendbares und erbliches Schicksal der Lohnarbeit erscheinen lassen. Es gibt zwar noch erhebliche Überreste von materieller Not, sozialer Ungesichertheit und Unterprivilegierung; aber sie sind gegenüber den Wandlungen, die die sozial-ökonomische Lage der »Lohnarbeiter« erfahren hat (→ Arbeiter: I), nicht mehr stark genug, um noch die These von der prinzipiell unterprivilegierten, dh »proletarischen« Existenz der Arbeitnehmer rechtfertigen zu können. Begriffe wie Proletarier oder P. gehören daher heute auch kaum noch zum Sprachschatz der Arbeiterschaft, also des ursprünglichen P.s.

W. SOMBART, Der proletarische Sozialismus, 1924 - G. BRIEFS, Das gewerbliche P. (GdS IX/1, 1926, 142-240) - HWS 441 ff (DERS.) - TH. GEIGER, Die soziale Schichtung des dt. Volkes, 1932 - DERS., Die Klassengesellschaft im Schmelztiegel, 1949 - M. HELLWEG, Die Stellung des P.s bei Karl Marx, 1947 - W. CONZE, Vom »Pöbel« zum »P.« (VSWG 41, 1954, 333-364). - Vgl. die Lit. zu den im Text genannten Artikeln.

H. Kluth

Proletarierjugend → Arbeiterjugend: I. II.

Promiskuität → Ehe: IV, 1; V, 6; → Verhältnis.

Propaganda

1. Intentionen und Voraussetzungen - 2. Bedeutung der Meinungsbildung - 3. P. und politisches System

1. Als P. bezeichnete Aktionen haben gemeinsam, daß sie auf Beeinflussung, Veränderung oder Kontrolle kollektiver Verhaltensweisen wirken. Sie zielen auf Meinungs- und Einstellungsbildung oder auf die Veränderung vorhandener Meinungen und Einstellungen in der Erwartung, damit die Tendenz zu bestimmtem Verhalten - dem gewünschten Verhalten gegenüber dem P.-objekt - zu präformieren. - Diese Intention teilt P. mit → Erziehung, von der sie sich auch nach Inhalt und Methode nicht fest abgrenzen läßt (vgl. etwa die → Propaganda-Kongregation). Erziehung versucht durch Förderung eigener Reflexionen zu beeinflussen, P. eher durch Behauptungen, die der Reflexion entzogen werden. Aber diese Differenzierung ist ungenau. In der Einflußnahme auf Verhaltensweisen von Kollektiven, bei denen das Vermögen zu rationaler Einsicht wenig ausgebildet ist (Kinder jüngeren Alters; Völker magisch bestimmter Kultur), lassen sich, nach ihrer Methode, Erziehung und P. nicht voneinander trennen.

Sofern P. sich des Mittels echter Information bedient, fördert sie die Urteilsbildung des Einzelnen. P., die mit Stereotypen (alle A.s sind gut, alle B.s sind schlecht), Projektionen (»wir« nicht, »die anderen« verfolgen böse Absicht) oder abstrakten Assoziationen (Partei X verbürgt Frieden und Wohlstand; Konsumgut Y schafft Wohlbehagen) operiert, wirkt der Urteilsbildung des Einzelnen entgegen und führt, bei Akzeptierung der Botschaft, zu unkritisch-konformistischem Verhalten.

Moderne Versionen der P. intendieren, wenn damit die Erreichung des P.zweckes unterstützt werden kann, die Weckung zuvor unbekannter Bedürfnisse (vornehmlich im Konsumgüterbereich, aber auch in der → Politik und im kulturellen Bereich). In ihrer häufigsten Form jedoch versucht P. zu überzeugen oder zu überreden, daß der propagierte Gegenstand (Konsumgut, politische → Partei, → Ideologie) bes. geeignet sei zur Befriedigung derjenigen, an die sich die P.botschaft richtet. Wirkungsvolle P. erfordert in jedem Fall Kenntnis der P.adressaten, ihrer aktuellen und potentiellen Bedürfnisse, und Kenntnis der Wirkungsarten des Ansprechens, der Agitation und der Kanäle, über die quantitativ (nach der Zahl der erreichten Personen) und qualitativ (nach der möglichen Intensität) effektvoll angesprochen werden kann.

2. Wachsende Bedeutung der → öffentlichen Meinung, Hebung des Bildungsstandes und allgemeines → Wahlrecht führen notwendig zur Ausdehnung von P.aktionen. Konnte politische Agitation sich früher auf kleinere politisch maßgebende Gruppen beschränken, so muß sich P. in der modernen Industriegesellschaft ebenso wie kommerzielle → Werbung (Reklame) an die große Zahl der Wähler und Konsumenten richten, deren Verhalten letztlich den Erfolg oder Mißerfolg propagandistischer Bemühungen bestimmt. Die Massenkommunikationsmittel → Presse, → Film, → Rundfunk, → Fernsehen werden zu den bevorzugten P.medien. Sie ermöglichen Beeinflussung durch Auswahl und Kontrolle der zur Übermittlung gelangenden Informationen, und sie ermöglichen Meinungslenkung durch Lieferung vorgegebener Meinungen, welche die Reflexionen des Einzelnen bestimmen oder ersetzen. - Andererseits ist der Einfluß der Massenmedien auf den Prozeß der Meinungsbildung und damit ihr propagandistischer Wert überschätzt worden. Sozialwissenschaftliche Untersuchungen (→ Sozialforschung) zeigen die Bedeutsamkeit der Meinungsbildung in den Primärgruppen (Paul Lazarsfeld,

Elihu Katz u.a.). Die unmittelbar von den Massenmedien an einzelne übermittelten P.botschaften werden zwar aufgenommen; aber Tendenzen zu p.konformem Verhalten werden erst verfestigt durch Beeinflussung in der Kommunikation von Person zu Person. Die Meinungsbildner (opinion leaders) in den Primärgruppen erscheinen als das Ferment, das die Meinungsbildung und damit auch den P.effekt bestimmt. Die Vorstellung vieler Propagandisten, daß die durch Massenmedien übermittelten Botschaften auf eine atomisierte Hörer- und Leserschaft treffen, muß demnach revidiert werden.

P.aktionen, die Meinungsbildung mit anhaltendem Effekt intendieren, finden ihre Grenzen in den Grunddispositionen der Persönlichkeit. Versuchen, entgegenstehende Dispositionen durch subliminale Beeinflussung zu umgehen, dürfte kein Erfolg beschieden sein. Wie experimentelle Untersuchungen zeigen, haben unterschwellig aufgenommene P.botschaften nur dann eine Chance auf Wirksamkeit, wenn sie auf schon vorhandene korrespondierende Einstellungen oder Bedürfnisse treffen. Ebenfalls zweifelhaft sind die Erfolge von P.methoden zur Veränderung grundsätzlicher Dispositionen, nach denen das Vertreten vorgegebener Meinungen, die den eigenen widersprechen, ständig belohnt, das Vertreten der eigenen ständig bestraft wird (»Gehirnwäsche«). Zur erfolgreichen Veränderung der Grunddispositionen muß sich politische P. mit Erziehung während der frühen Lebensjahre verbinden.

3. Unverkennbar sind die in verschiedenen Gesellschaftssystemen mit unterschiedlicher Wirksamkeit auftretenden Neigungen, Massenmedien zur propagandistischen Unterstützung ökonomischer und politischer Ziele oligo- oder monopolistisch zu manipulieren. Während in demokratischen Gesellschaften verschiedene politische Parteien und Interessengruppen um die Beherrschung der P.medien ringen, wird in autoritären Systemen P. zentralistisch kontrolliert und gelenkt. Zentrale Lenkung der staatlichen P. wird in allen Systemen angestrebt. In demokratischen Systemen läßt die Lenkung der staatlichen P. jedoch im übrigen - soweit nicht eingeschränkt durch autoritäre Neigungen der Regierenden - pluralistische P.aktionen zu (durch Pressefreiheit und das Recht auf freie Meinungsäußerung). Im autoritären System - soweit nicht gestört durch Cliquenkämpfe - handelt es sich um totale Lenkung der P. schlechthin. - Setzt man voraus, daß P. durch Ausdehnung freizügiger Kommunikation und Verbreitung autonomen Denkens an Wirksamkeit verliert, so wird dadurch vornehmlich das Gefüge in Systemen mit autoritären Tendenzen getroffen. Um P. wirkungsvoll zu halten, muß freizügige Kommunikation durch Zensur verhindert, autonomes Denken auf einzelne Fachgebiete eingeschränkt werden. Die besondere Verbundenheit autoritärer Tendenzen mit monopolistischer P. führt tendenziell - auch dann, wenn das autoritäre System mit der Intention errichtet wird, gesellschaftliche Entwicklung zu fördern - zu einer Verminderung der in der modernen Gesellschaft liegenden Möglichkeiten individueller und kollektiver Entfaltung.

L.Doob, P.: Its Psychology and Technique, New York 1935 - F.C.Bartlett, Political P., Cambridge 1940 - B.Berelson-M.Janowitz (Hg.), Readers in Public Opinion and Communication, Glencoe/Ill. 1953² - D.Katz u.a. (Hg.), Public Opinion and P. A Book of Readings, New York 1954 - E.Katz-P.Lazarsfeld, Personal Influence, Glencoe/Ill. 1955 - Friedrich-Ebert-Stiftung (Hg.), Die polit. Urteilsbildung in der Demokratie, 1960. *G.Baumert-W.Mangold*

Propaganda-Kongregation *(Sancta Congregatio de Propaganda Fide)* heißt die 1622 von → Gregor XV. geschaffene kuriale Behörde für die missionarische Tätigkeit der röm.-kath. Kirche (→ Mission: III F). Sie ist zugleich die hierarchische Spitze für alle Missions- und Diasporagebiete des lat. Ritus, die wegen der Minderzahl der Katholiken und der nicht genügend gefestigten Stellung der röm.-kath. Kirche noch nicht in den normalen Verwaltungsorganismus der Kirche eingefügt werden können. Obwohl die Kurienreform Pius' X. (1908) die territoriale und geistliche Gewalt der P. beschnitt, hat auch heute noch ihr Präfekt, der immer ein Kurienkardinal ist (»der rote Papst«), die Alleingewalt über den weitaus größten Teil der Erde (zB über ganz Afrika und Asien) unter weitgehender Ausschaltung der anderen Kurienkongregationen (→ Kurie, 4) für seinen Bereich; deshalb sagt ein altes Wort, die P. habe alle anderen Kongregationen in ihrem Leibe. Freilich mußte sie die Angelegenheiten des Glaubens und zT die der Ehen und der Ordensleute den dafür zuständigen Kongregationen überlassen. Papst → Benedikt XV. entzog ihr auch die Aufsicht über die → Unierten Kirchen des Ostens, die er einer neugegründeten Kongregation für die Orientalische Kirche unterstellte (1917). Nach wie vor aber ernennt die P. selbständig die → Apostolischen Vikare, Apostolischen Präfekten und residierenden Bischöfe in den ihr unterstehenden Gebieten (»terrae missionis« im Gegensatz zu den vom Papst durch die anderen Kurienkongregationen regierten »provinciae sedis apostolicae«). Auch übt die P. fast alle sonst nur dem Papst vorbehaltenen Vollmachten in ihrem Bereich aus, zu dem bis zum Preußenkonkordat von 1929 auch weite Teile Mittel- und Norddeutschlands gehörten (→ Nordische Missionen). Der P. sind auch diejenigen Kleriker-Gemeinschaften unterstellt, die der Ausbildung von Missionaren dienen, zB die »Gesellschaft vom göttlichen Wort« (→ Steyler Missionare), und vor allem das von Urban VIII. (1623-44) gegründete und nach ihm genannte Kolleg der P. (Collegio Urbano). Eine der ältesten päpstlichen Hochschulen überhaupt, bildet sie einen einheimischen Klerus bis hinauf zu Bischöfen und Kardinälen aus, durch dessen Förderung jeglicher Gedanke an die Verbindung von Mission und Kolonialismus ausgemerzt werden soll. Darin tritt der weltpolitische Rang der P. zutage, die zu ihrem Teil kundtut, daß die röm.-kath. Kirche nicht etwa eine bloß europäische Größe ist. Die ständig wachsenden diplomatischen Beziehungen des Vatikans zu asiatischen und afrikanischen Staaten sind mit ihr Werk. Unmittelbar mit der P. verbunden sind die Zentralen des Päpstlichen Werkes der Glaubensverbreitung und des Päpstlichen Werkes vom hl. Apostel Petrus für den einheimischen Klerus, die bes. für die Gelder zu sorgen haben, die die Mission kostet. - Die P. zählt zZ außer ihrem Präfekten 29 Kardinäle, einen Erzbischof als Sekretär und 32 Konsultoren.

c. 252 CIC - A.V.Müller, Papst u. Kurie, 1921 - J.Bernhart, Der Vatikan als Weltmacht, (1930) 1951⁵ - H.Hermelink, Die kath. Kirche unter den Pius-Päpsten des 20.Jh.s, 1949 - H.Scharp, Wie die Kirche regiert wird, 1950 - C.Costantini, La S.C. »De Propaganda Fide« (Apollinaris 25, 1952, 151-156) - Eichmann-Mörsdorf I, 375f - AnnPont 1960, 945ff. 1561ff - LThK² V, 1344ff. - Vgl. die Lit. zu → Kurie. *W.Sucker*

Propheten

I. Religionsgeschichtlich - II. In Israel - III. Propheten und Prophetenamt im Christentum. - P. = Prophet, p. = prophetisch

I. Religionsgeschichtlich

1. Die Gestalt des P.en - 2. Erscheinungsformen - 3. Afrikanische P.en

1. Um die *Gestalt* des P.en zu erfassen, ist einerseits die Besonderheit seines Verhältnisses zur Gottheit zu untersuchen und andererseits die Gestalt des P.en von verwandten Typen des homo religiosus abzugrenzen. Das griech. Ursprungswort προφήτης enthält die Doppel-

funktion des »Verkündens« und des »Vorhersagens«. Ob nur eine dieser beiden Funktionen oder beide zur Gestalt des P.en gehören, wird zu prüfen sein.

Grundlegend für die Gestalt des P.en ist, daß er nicht kraft eines Amtes wirkt, das von einer → Gemeinschaft verliehen wird, sondern auf Grund eines besonderen *Verhältnisses zur Gottheit*. Die Bezeichnung P. wird freilich in der Religionsgeschichte bisweilen auch auf bestimmte Berufsformen angewandt: zB nannte man in → Ägypten drei der fünf → Amon-Re-Priester P.en. Dasselbe gilt von den P.en der → Isis und des → Sarapis in Rom, die gleichfalls bloße Priester waren. Im AT (→ Propheten: II) kannte man ein zunftmäßig geordnetes Berufs-P.entum (zB 1Sam 10, 5ff; 19, 19ff), gegen das sich indessen die eigentlichen P.en, wie etwa → Amos (7, 14), entschieden abgrenzen. Die Besonderheit des Gottesverhältnisses des P.en liegt in der Unmittelbarkeit der ganz persönlich-individuellen, durch den persönlichen → Gott selbst hergestellten Beziehung. Aus diesem Grunde sind bes. die Verkünder eines → Monotheismus P.en, die sich, oft gegen ihren Willen, berufen (→ Berufung: I) und gesandt wußten, den Willen ihrer Gottheit zu offenbaren (→ Offenbarung: I). Dem entspricht, daß die im p.en Erleben (→ Erlebnis) erfahrene Gottheit stets eine willensmächtige Persönlichkeit ist, die ihre Berufenen total beansprucht, mit sich exklusiv verbindet und ihre Willensabsichten ihnen und durch sie in Gestalt von Forderungen (→ Gesetz: I) oder Heilsangeboten kundtut. Die Intensität und Exklusivität der Bindung des P.en an seinen Gott begründet zwei für die p.e Verkündigung charakteristische Momente: einerseits den für die eigene Verkündigung vom P.en erhobenen Absolutheitsanspruch, durch den fremde Religionen abgewertet oder radikal als irrig erklärt werden, und andererseits den Endgültigkeitsanspruch, den viele P.en erheben. In bezug auf → Mose heißt es Dtn 34, 10: »Es stand aber in Israel kein P. mehr auf wie Mose.« Die dennoch nachfolgende Offenbarung durch die → Propheten (: II) Israels wurde vom offiziellen Judentum mit der Zeit → Esras als abgeschlossen betrachtet. Hebr 1, 1 wird das Reden Gottes durch die P.en der Vergangenheit einbezogen in die Geschichte der Offenbarung, die in Jesus ihr τέλος gefunden hat. Mani (→ Manichäismus) betrachtete die eigene Verkündigung als endgültigen Abschluß der göttlichen Offenbarung. Ebenso wird → Muhammed nach Sure 33, 40 als »Siegel der P.en« bezeichnet, der die Reihe der P.en auch des AT und NT abschließt.

Die Besonderheit des Verhältnisses des P.en zur Gottheit wird ferner durch die Weisen des Verkehrs mit ihr charakterisiert. Die P.en bezeugen in großer Einmütigkeit *Formen des Verkehrs* der Gottheit mit ihnen, die im religiösen Leben des Durchschnittsmenschen nicht oder kaum vorkommen: In geheimnisvollen → Visionen und Auditionen, die zumeist ekstatischen (→ Ekstase) Charakter haben, erfaßt der P. schauend und hörend Wirklichkeit und Willen der Gottheit, den zu verkünden sich der P. unwiderstehlich gezwungen fühlt. Diese im p.en Erleben geschehende Verbindung mit der Gottheit erfahren die P.en als Erfülltwerden von göttlichem → *Geist* (: I; → Inspiration: I), wobei die göttliche Wirklichkeit in verschiedenem Maße von dem p.en Subjekt Besitz ergreifen kann, so daß auf Höhepunkten p.er »Begeisterung« (→ Besessenheit) das göttliche Ich an die Stelle des menschlichen Ich treten kann und der P. unmittelbar zum Sprachrohr der Gottheit wird, wie es bei den P.en des AT bes. deutlich erkennbar ist. Diese Besitzergreifung durch den göttlichen Geist kann sowohl unter Mitwirkung des Menschen (→ Tanz, → Musik usw) als auch völlig spontan durch Überwältigtwerden durch die Gottheit (vgl. Jer 20, 7) geschehen. Die aus dieser p.en Weise des Verkehrs und der Verbundenheit mit der Gottheit erwachsende Verkündigung ist vielfach mit *Wundertaten* (→ Wunder: I) verbunden, die als Beglaubigung des Verkündeten bzw. Verheißenen verstanden werden.

Mit dem *Seher* (→ Wahrsager) verbindet den P.en die visionäre Wendung in die Zukunft; denn auch der P. hat es vielfach in seiner Verkündigung mit der Zukunft zu tun: Künftige Ereignisse politischer oder kosmischer Art (zB → Weltende, Weltgericht [→ Gericht: I], Anbruch des Gottesreiches) werden geweissagt (→ Weissagung), aber auch das Erscheinen bestimmter religiöser Gestalten, zB des Saoshyant im → Iran, des → »Menschensohnes« bei Henoch und im NT, des → Mahdi im → Islam, des → Messias im AT. Diese Weissagungen aber bilden bei den P.en ein Element ihrer religiösen Verkündigung, während bei den Sehern Einzelereignisse vorausgesagt werden, die in keiner Beziehung zu einer überzeitlichen religiösen Idee stehen. Hier handelt es sich um → Orakel, die von Fall zu Fall gegeben werden. – Sehr häufig und aus Gründen, die von der Sache her leicht einzusehen sind, tritt der P. zum *Priester* (→ Priestertum: I) in ein Spannungsverhältnis. Während der Priester Funktionär einer festgefügten Gemeinschaft, aus deren religiöser → Tradition seine Amtsbefugnis stammt, demzufolge Hüter dieser Tradition und konservativer Religionsführer ist, steht der P. mit seiner dynamischen Frömmigkeit, seiner vielfach umstürzenden Verkündigung und seiner häufig am Priestertum geübten Kritik an den verschiedensten Stellen der Religionsgeschichte in entschiedenem Gegensatz zur Statik des beamteten Priestertums, dem gegenüber es dem P.en an Legitimation fehlt. Der Gegensatz des P.en zum Priester liegt also wesentlich in der beiderseits verschiedenen Stellung zur religiösen Tradition begründet: Der Priester hütet und verteidigt die Kult-, Lehr- und Schrifttradition, der P. sprengt häufig die als Fessel empfundenen Traditionen bzw. er bekämpft das zeitgenössische Religionswesen, weil es nach p.er Ansicht von der eigentlichen und ursprünglichen Tradition abgefallen und entartet ist. – Den Protestcharakter hat der P. mit dem *Reformator* gemeinsam. Beide wenden sich gegen vorgefundene Zustände und Anschauungen. Während indessen der P. aus selbstempfangener → Offenbarung seine Anklage erhebt, pflegt der Reformator zumeist seinen Protest gerade auf die fixierte Offenbarung der P.en zu gründen, um Zustände und Anschauungen seiner Zeit zu reformieren.

2. Die geschichtlichen *Erscheinungsformen* des Prophetismus begegnen am reinsten in den Religionen, die durch Erlebnis und Verkündigung historischer P.en geprägt sind. Entsprechend der obigen Analyse der Gestalt des P.en (s. 1) gehören weder der im Bereich der → Naturvölker sich findende → *Schamanismus* noch das in zahlreichen Volksreligionen bezeugte *Sehertum* zur eigentlichen Prophetie. Ein echter P. war auf iranischem Boden → *Zarathustra,* der zur Verkündigung (Yasna 44, 1ff) berufen (Yasna 43, 7ff) wurde, und der »zuerst das Gute dachte, der zuerst das Gute redete, der zuerst das Gute tat..., der erste Offenbarer« (Yasht 13, 88). Auch er stand im Gegensatz zu den Priestern der alten Religion und verkündete den künftigen Anbruch des Reiches Ahura Mazdas (→ Ormazd) und die Wunderbarmachung der Welt (Yasna 30, 1–2. 8–10). – *Mani,* der im 3.Jh. nChr den → Manichäismus stiftete, ist zwar dem Stil seiner Frömmigkeit nach kein eigentlicher P., sondern ein Gnostiker bzw. ein Theosoph, aber sein Auftreten hat p.e Züge, wenn er 242 vor dem persischen Großkönig Schapur I. seine Botschaft verkündet und im

Schapurbuche von sich selbst sagt: »Ein Sänger bin ich, der aus Babel gekommen ist, um in der Welt einen Ruf erschallen zu lassen.« – Der historische → *Buddha* war nach Frömmigkeit und Verkündigung ein Mystiker. Was bei dem echten P.en die Berufung, ist bei dem Mystiker die → Erleuchtung. Konsequenterweise wollte Buddha nach Erlangung der Erleuchtung (bodhi) die Lehre nicht verkündigen, entschloß sich aber dann doch, wie ein P. »in der dunkel gewordenen Welt die Trommel der Unsterblichkeit zu rühren« (Majjh. Nik. 26). – Auch der japanische Sektenstifter *Nichiren* (* 1222 nChr; → Japan: II) stellt in ähnlicher Weise einen Mischtypus dar, nur trat das Prophetische bei seiner Verkündigung mystischer Heilswahrheit deutlicher als bei Buddha in kompromißloser Unduldsamkeit und in einem zum Leiden bereiten Kämpfertum zutage. – Alle Momente echten P.entums finden sich, wie bei den P.en des AT, bei → *Muhammed:* Aus dem geschäftigen Leben des Kaufmannes wird er (wie viele der großen P.en) in die Einsamkeit der Wüste geführt, wo er seine Berufung durch den leidenschaftlichen Willensgott Allah erlebt und den Auftrag erhält: »Stehe auf und warne!« (Sure 74, 1ff). Seine Verkündigung bringt ihn in Konflikt mit seinen Stammesgenossen, weil er die religiöse Tradition durchbricht (Sure 38, 4ff; 54, 24f; 25, 61). Der von Muhammed als Sprachrohr Allahs verkündete Gotteswille manifestiert sich im islamischen Gesetz (vgl. zB Sure 6, 152ff). In der zweiten medinensischen Periode seines Lebens unternimmt Muhammed Feldzüge, die er als Kriege Allahs versteht. Kompromißlose Unbedingtheit und leidenschaftliche, auf Weltgestaltung gerichtete Aktivität kennzeichnen den islamischen P.en. – Während zweifellos vorwiegend männliche P.en aufgetreten sind, gibt es doch auch Beispiele weiblicher Prophetie. In jüngerer Zeit etwa gründete Miki Nakayama 1837 auf göttliche Offenbarung hin die Tenrikyô, eine höchst aktive missionierende Shinto-Sekte (→ Shintoismus).

ERE X, 381ff – G.HÖLSCHER, Die P.en, 1914 – F.HEILER, Das Gebet, (1918) 1923[5] (s. Reg.) – E.FASCHER, Προφήτης. Eine sprach- u. religionsgesch. Unters., 1927 – L.BIELER, Θεῖος ἀνήρ I. II, 1935/36 – WACH, Relsoz. – J.GUIART, Les cultes néo-païens à Tanna, Nouv. Hébrides (Thèse Paris), 1954 – F.C.KAMMA, De Messiaanse Koréri-beweging in het Biaks-Noemfoorse cultuurgebied, 's Gravenhage 1954 – J.C.MAY, The Dancing Religion: A Japanese Messianic Sect (Southwestern Journ. of Anthrop. 10, 1954, 119–137) – V.LANTERNARI, Origini storiche dei culti profetici melanesiani (SMSR 26, 1956, 31–86) – DERS., Culti profetici polinesiani (ebd 28, 1957, 55–78) – J.S.SLOTKIN, The Peyote Religion, Glencoe/Ill. 1956 – VAN DER LEEUW – P.WORSLEY, The Trumpet shall sound. A Study of »Cargo« Cults in Melanesia, London 1957 – PW XXIII/1, 1957, 797ff – ThW VI, 783ff – G.MENSCHING, Die Religion, 1959, 215ff. 321ff – G. LANCZKOWSKI, Altägypt. P.ismus, 1960. *G.Mensching*

3. Der Begriff P. muß, soweit er sich auf → *Afrika* (: II) bezieht, ziemlich elastisch gefaßt und mit Vorsicht benutzt werden. Er bezieht sich nicht nur auf ekstatische Schamanen und visionäre Persönlichkeiten mit charismatischer Autorität im Sinne Max → Webers. In dem durch antikolonialen → Nationalismus oder proletarische Not bedingten »charismatischen Milieu« (R. Otto) treten im modernen Afrika → Chiliasmus und → Messianismus mit potentiell wechselnder politischer Bedeutung auf.

Die P.en treten a) in ihrer traditionellen afrik. Religion auf, oder b) in Form des afrik. Islam, bes. aber c) innerhalb afrik. Sekten. Als Beispiel für a) seien die von S.F.Nadel erforschten Schamanen in den Nubischen Bergen genannt. Er weist nach, daß es sich bei ihnen zwar um sehr labile Persönlichkeiten, keineswegs aber um gewöhnliche Neurotiker handelt. Der → Schamanismus verwertet und stabilisiert gewisse gegebene psychopathische Tendenzen. – b) Zu den P.en des afrik. Islam werden solche Wanderprediger und Reformatoren wie Utham dan Fodio um 1775 in Nord-Nigeria gerechnet. Dieser wandte sich gegen die zahllosen heidnischen Praktiken, die sich in den afrik. Islam eingeschlichen hatten. Sein religiöser Einfluß ließ ihn eine politische Führerstellung einnehmen, vgl. Sanusi-Orden in Cyrenaika. – c) Eine eigentümlich afrik. Johannes der Täufer-Gestalt an der Schwelle der afrik. Religion und der christlichen Kirche ist W.W.Harris von Cape Palmas in Liberia. Da man in seiner Predigt eine Aufwiegelung zur Rebellion gegen die legale Regierung Liberias sah, wurde er ins Gefängnis geworfen. Hier »besuchte« ihn der Engel Gabriel und berief ihn zum P.en Afrikas. 1913 bis 1915 unternahm er apostolische Wanderungen längs der westafrik. Küste. Er setzte »Apostel« in den Dörfern ein, befahl den Bau von Gotteshäusern und verhieß das Kommen weißer Männer, die von Gott lehren sollten. Nach zwei Jahren verschwand Harris von der Bildfläche († 1929 in seinem Dorf in Liberia), aber 100000 Menschen waren von ihm beeinflußt worden.

Der große P. des *Kongo* ist Simon Kimbangu (1889 bis 1950), der allerdings nur vom März 1921 bis zu seiner Verhaftung im Nov. öffentlich auftrat. Eine desto größere Rolle spielte er im Glauben und in der Vorstellungswelt seiner treuen Ngunza-Anhänger. Er besaß die Kraft, Kranke zu heilen, und wurde ein Ngunza (der Ausdruck für P. im Kongo). Die afrik. Massen betrachteten ihn als ihren Messias. In der politischen Freiheitsbewegung im Unteren Kongo um 1960 spielte die messianische Kimbangu-Erwartung eine gewisse Rolle. Unter dem Einfluß des Ngunzismus ist u.a. eine Reihe von synkretistischen P.en-Bewegungen im Kongo entstanden.

In *Südafrika* traten P.en innerhalb der von den Missionskirchen abgefallenen sog. separatistischen Bantu-Kirchen auf. Ihre Zahl nahm schnell zu: 1918: 65, 1932: 320, 1960 über 2000, ihre Mitgliederzahl beträgt über 1 Mill. Afrikaner. Drei Typen sind zu unterscheiden: die äthiopische, die »zionistische«, die messianische Bewegung (→ Sekten: V).

Die bis etwa 1890 zurückreichende *äthiopische* Bewegung mit der Losung »Afrika den Afrikanern« ist prinzipiell anti-weiß eingestellt. Bibelauslegung sowie Gottesdienst- und Gemeindeordnung stimmen jedoch vielfach mit dem Vorbild der weißen Missionen überein. Die sich »Zionisten« nennenden charismatischen P.en-Bewegungen weisen als Hauptfunktionen rituelle Purifikation, Glaubensheilung und Hexenaufspürung auf. Führende südafrik. P.en sind der Zulu Isaiah Shembe († 1935; Nachfolger wurde sein Sohn) und der Pedi Edw.Lekganyane. Ebenso wie manche andere südafrik. P.en sind Shembe und Lekganyane im Glauben der Kirche ein Bantu-Messias geworden. Als solcher steht er an der Pforte des Himmels und gestattet seinen Anhängern den Eintritt zu den grünen Wiesen des Paradieses.

Neu ist bes. in den 50er Jahren die Rolle der *P.innen.* Alice Mulenga (»Lenshina«) in Nordrhodesia und Ma-Nku bei Johannesburg sind bekannte Vertreterinnen für eine Reihe von Frauen, die einen göttlichen Ruf, Kraft zum Heilen und die Fähigkeit haben, Hexen und versteckte magische Mittel aufzuspüren.

Zusammenfassend könnte man sagen, daß die modernen afrik. P.en-Bewegungen eine *akute Afrikanisierung* des Christentums im Gegensatz zu der allmählichen Afrikanisierung in den äthiopischen Kirchen und den oft sehr langsamen Anpassungsprozessen in den Missionskirchen beinhalten.

K.SCHLOSSER, P.en in Afrika, 1948 – DIES., Eingeborenenkirchen in Süd- u. Südwestafrika, 1958 – B.SUNDKLER, Bantu P.s in South

Africa, (1948) 1961² - G.PARRINDER, Religion in an African City, 1953 - D.EMMET, P.s and their Societies, 1956 - E.ANDERSSON, Messianic Popular Movements in the Lower Congo, 1958 - G.SHEPPERSON-TH.PRICE, Independent African, 1958. *B.Sundkler*

II. In Israel

A. Bis auf Amos - B. Seit Amos - C. Die Theologie der Propheten. - Vgl. ergänzend die Artikel über die einzelnen P.en und P.enbücher, ferner → Prophetenspruch

II A. Bis auf Amos

1. Allgemeines - 2. Seher - 3. P.entum: a) Zur Terminologie - b) Das Charisma - c) Gruppenbildung - d) Einzelgestalten - e) P.es Wirken - 4. Zum religionsgeschichtlichen Problem

1. Die älteste Phase israelitischer P.ie von der vorstaatlichen Zeit bis Amos, deren Vertreter noch nicht selbst literarisch in Erscheinung treten, ist außerordentlich spannungsreich. Vor allem deckt der Begriff »P.« (nabî') nicht alle p.en Erscheinungen dieser Epoche; daneben begegnen die Bezeichnungen »Seher« und »Gottesmann«. Zur gegenseitigen Verhältnisbestimmung vgl. 1Sam 9, 9: »Vor Zeiten sagte man in Israel, wenn man ging, Gott zu befragen: Auf, laßt uns zum Seher (ro'æ) gehen! Denn der P. (nabî') heutigentags hieß einst Seher.« Hiernach ist in Israel der Seher älter als der P., und die Gleichsetzung beider ist wohl so zu erklären, daß 1Sam 9, 9 als Glosse einer Zeit entstammt, wo der Ausdruck nabî' über seine engere, noch 1Sam 10, 10 erkennbare Bedeutung hinaus zu einem Allgemeinbegriff geworden ist, der auch das Sehertum mit umfaßt. Demgegenüber bezieht sich der Ausdruck »Gottesmann« ('îš 'ælôhîm, vgl. arab. ḏū 'ilāh) sowohl auf den Seher (1Sam 9, 6) als auf den einzelnen nabî' (1Kön 17, 18; 2Kön 4, 7), kann aber auch zB auf → Mose (Dtn 33, 1) angewandt werden. Er umfaßt demnach verschiedene charismatische Erscheinungen, während sich in den Bezeichnungen »P.« und »Seher« primär unterschiedliche Aspekte des Prophetischen widerspiegeln, die sich bei formalem Überwiegen des Begriffes »P.« schon verhältnismäßig früh überschneiden.

2. Der »Gottesmann«, der als *Seher* (ro'æ, ḥozæ) fungiert, »schaut« das Verborgene in Gegenwart und Zukunft und »hört« das göttliche Wort. Hierbei kann er sich in introvertierter → Ekstase befinden wie → Bileam (Num 24, 3f [J; 10.Jh. vChr]): »Spruch des Mannes, dessen [äußeres] Auge verschlossen ist..., der göttliche Worte vernimmt, der Gesichte des Allmächtigen schaut, hingesunken und enthüllten Auges.« Infolge des engen Zusammenhangs zwischen Seher- und → Priestertum ist es nicht auffällig, daß Bileams Erleben in Verbindung mit einem → Opfer berichtet wird. Ein weiteres Offenbarungsmittel ist der → Traum, wie er von Samuel in Silo im Rahmen eines Inkubationsaktes erzählt wird (1Sam 3, 10ff). Doch kann es auch ohne nähere Umstände einfach heißen, Jahwe sage dem Seher etwas »ins Ohr« (1Sam 9, 15; vgl. Jes 5, 9 [LXX]). - Man beansprucht den Seher bei alltäglichen Dingen ebenso wie vor folgenschweren Entscheidungen, und je nach Leistung wird er entlohnt (1Sam 9, 7ff; Num 22, 17). Andererseits taucht er unerwartet auf, um in das Leben des einzelnen oder der Gemeinschaft zum Heil oder Unheil einzugreifen. In der Regel begegnet er als Einzelgänger; so ruft → Debora - nach jüngerem Sprachgebrauch »Prophetin« ('iššā nᵉbî'ā) oder »Richterin« (Ri 4, 4f) - zum »hl.« → Krieg auf (ebd 5, 12), designiert Barak zum Heerführer und begleitet ihn in den Kampf (ebd 4, 6ff). Ihr Ehrentitel »Mutter in Israel« (ebd 5, 7) zeigt möglicherweise ihr priesterliches Vorkämpfertum für Jahwe an. Anschaulich ist das Bild vom Sehertum → Samuels, der nur in der jüngeren Überlieferung als P. (1Sam 3, 20) und öfter noch als »Richter« (zB ebd 7, 15ff; 8, 1) bezeichnet wird. Am Heiligtum in → Silo erzogen (ebd 3, 11ff), ist er durch das Orakel eines »Gottesmannes« zum Nachfolger des Priesters → Eli bestimmt (ebd 2, 27ff [jetzt nach 1Kön 2, 27; 2Kön 23, 8f überarbeitet]). In 1Sam 9, 1 - 10, 16 wirkt er als Seher und »Gottesmann«, der gegen ein kleines Entgelt Weisungen erteilt und beim Opfermahl auf der »Höhe« Priesterdienste verrichtet. Diesen engen Kreis überschreitet er, indem er auf Geheiß Jahwes → Saul zum charismatischen Führer (nagîd) salbt, bei seiner Inthronisation in → Gilgal führend beteiligt ist (ebd 11, 14f) und ihn schließlich »verwirft« (ebd 13, 12ff; 15, 10ff. 32ff); zum Nebiismus steht er nur in loser Beziehung. Des weiteren ist Gad zu erwähnen, der teils als nabî', teils aber ausdrücklich als Seher bezeichnet wird (zB 1Sam 22, 5; 1Chr 29, 29). Er begleitet als Orakelspender → David auf seiner Flucht vor Saul; später tritt er dem nach altem Volksglauben hybrid handelnden König entgegen (2Sam 24, 11ff). Auch in der Folgezeit lebt die Vorstellung vom Sehertum weiter; so unterscheidet sich der »Gottesmann« Schemaja mit seinem Jahwewort an → Rehabeam schwerlich von Gad (1Kön 12, 22). Andererseits ist zu beachten, daß oft Einzel-P.en seherhafte Züge tragen (s. 3c) und außerdem die Begriffe Seher und P. unterschiedslos gebraucht werden können (zB Am 7, 12).

3. a) Das P.entum in Gestalt des Nebiismus begegnet nach den Quellen seit der Zeit Samuels; doch ist es nach 1Sam 10, 5ff älter und dürfte in Israel während der unruhevollen → Philister-Zeit aufgebrochen sein. Der Begriff nabî' ist wurzelverwandt mit akkad. nabū »rufen, berufen« und kann entweder »Rufer« oder besser »Berufener« (akkad. nabî'um) bedeuten. Er gewinnt jedoch erst Farbe durch die verbalen Ableitungen, die in den Texten unserer Periode vor allem im Hitpa'el in der Bedeutung »sich in p.er Ekstase befinden«, »als P. weissagen« oder auch einfach »rasen«, daneben im Nif'al im Sinne von »in p.em Zustande sein«, »sich als P. aufführen« und »in p.er Begeisterung reden« begegnen.

b) Hieraus ergibt sich ein Unterschied zwischen Sehertum und Nebiismus. Zwar ist der Seher (vgl. Num 24, 2) ebenso Charismatiker wie der nabî', aber letzterem eignet eine bes. sinnenfällige charismatische Außenseite in Gestalt der → Besessenheit, die ihn von seiner Umwelt trennt. Der nabî' steht unter der Gewalt des → *Geistes* (: II), der als »Jahwegeist« oder »Gottesgeist« bezeichnet wird. Dieser »springt« auf ihn wie ein Raubtier auf seine Beute und verwandelt ihn in einen »anderen Menschen« (1Sam 10, 6. 10). Daneben ist es »Jahwes Hand«, die ihn packt (2Kön 3, 15; vgl. Jes 8, 11). Stets wird hierbei das Gewaltsame und Unheimliche betont, und oft sind die Grenzen zwischen p.er Begeisterung und »hl. Krankheit« überhaupt verwischt; denn der Geist macht den nabî' unzurechnungsfähig (1Kön 18, 12) und seiner selbst nicht mächtig (2Kön 2, 16), so daß der innerlich Unbeteiligte oder Skeptiker ihn für »verrückt« (2Kön 9, 11) hält. Zuweilen befällt der Geist auch Unbeteiligte. So werden in der ätiologischen Erzählung 1Sam 19, 18ff, die weniger für die Deutung der Gestalt Samuels als vielmehr für die Charakteristik des Nebiismus wichtig ist, Sauls Häscher an Davids Festnahme dadurch gehindert, daß sie durch die ekstatischen P.en von Rama angesteckt werden. Als Saul selbst eingreift, packt ihn Jahwes Geist bereits unterwegs, so daß er sich vor Samuel »als P. gebärdet« und schließlich auf dem Höhepunkt der Ekstase einen Tag und eine Nacht nackt auf dem Erdboden liegt. Darüber hinaus bringt der Geist dem Menschen Unheil; so wird Saul nach seiner »Verwerfung« durch einen »bösen Geist von Jahwe her« zeitweilig in Raserei versetzt, was mit dem gleichen Wort - wăjjitnăbbē - ausgedrückt wird wie sonst die p.e Begeisterung (1Sam 16, 14ff; 18, 10). Ganz in dieser Linie liegt es, wenn der Geist geradezu die Hypostase des Satans (→ Teufel: II) annimmt und eine ganze P.enschar zu verderbenbringender Heilsweissagung verleitet (1Kön 22, 19ff).

Zwar wird der Geist stets als von außen kommende Macht empfunden, aber dies schließt eine systematische Vorbereitung auf die Gemeinschafts- oder Einzelekstase nicht aus. Eine Voraussetzung für die Gruppenekstase ist der hl. Reigen (→ Tanz: I), wie er noch in den sublimbacchantischen Tänzen der → Therapeuten fortlebt. Er wird offenbar von einem Vorsteher geleitet, und eine verzückte P.enschar ist schwerlich anders als tanzend vorzustellen (1Sam 19, 20; 10, 5f; 1Kön 22, 10). Hierzu gehört die musikalische, die Erregung steigernde Begleitung durch »Harfe, Pauke, Flöte und Zither« (1Sam 10, 5); auch dürfte das kultische Lied (→ Psalmen: I) zT hier verankert sein (vgl. 2Sam 6, 5). → Musik (: III) als Vorbereitung zur Ekstase begegnet ebenso bei Einzelgängern; so bedarf Elisa des Saitenspiels, um sich »als P. aufführen« zu können (2Kön 3, 15). Umgekehrt aber bewirkt das Harfenspiel auch, daß der an der »hl. Krankheit« Leidende wenigstens zeitweise zur Ruhe kommt (1Sam 16, 16). Daneben führt seelisch-körperliche Konzentration nach innen, wie sie zT im Sehertum begegnet (s. 2), zur Ekstase (1Kön 18, 42ff); schließlich darf nicht übersehen werden, daß man bis in nachexilische Zeit auch Verwundungen und Schläge als Erregungsmittel gekannt hat (1Kön 20, 35ff; Sach 13, 6).

c) Ein weiteres Kennzeichen des Nebiismus ist die *Gruppenbildung*. P.enverbände (vgl. ḥæbæl »Bande«; 1Sam 10, 5. 10) begegnen vielfach, wenn auch nicht ausschließlich (1Kön 22, 10ff) im Zusammenhang mit → Heiligen Stätten (: II), wo die P.en am Opfermahl teilnehmen (1Sam 10, 5) und den Kulttanz pflegen. Sie sind für die »Höhe« beim Gibea Gottes (ebd V. 5. 10), für Rama (ebd 19, 18), Bethel (1Kön 13, 11; 2Kön 2, 3), Gilgal und Jericho (2Kön 2, 5) und später für Jerusalem (Mi 3, 5) belegt (anders ThW VI, 800). An der Spitze des Verbandes steht jeweils ein hervorragender nabî' (2Kön 4, 38; 6, 1), der von seinen Anhängern, aber auch von Außenstehenden als »Herr« oder »Vater« bezeichnet wird (2Kön 2, 3. 12; 6, 21; 13, 14) und als bes. geistbegabt gilt (ebd 2, 9). Bereits in der Jugend kann man einem P.enverbande beitreten (ebd 5, 22; 9, 4). Der nabî' ist durch eine eigene Tracht - Fellmantel mit Lendengurt (2Kön 1, 8; Sach 13, 4) -, möglicherweise auch durch eine Art Tonsur wie der »Kahlkopf« Elisa (2Kön 2, 23) oder durch ein Stirnmal (1Kön 20, 38) gekennzeichnet. Das Leben im Verbande ermöglicht ihm und seiner Familie eine freilich äußerst ärmliche Existenz (2Kön 4, 1ff. 38ff. 42ff; 6, 5ff). Gleichwohl haben die P.engenossenschaften im 9.Jh. zeitweilig großen Zulauf gehabt; so hören wir von 50 P.en bei Elias Entrückung (2Kön 2, 7), von 100 Mann, die der »Gottesmann« Elisa speist (ebd 4, 43), oder gar von 400 P.en, die Ahab weissagen (1Kön 22, 6). - Besondere Beachtung verdienen die P.ensiedlungen, deren Zentrum anscheinend in einem Versammlungsraum bestand, der, wie J.Lindblom vermutet, die kanaanäisch-althebr., später nicht mehr verstandene Bezeichnung nwjt (*nawijat[u]; vgl. 1Sam 19, 18; 20, 1 und hebr. nawæ »Niederlassung«) trug. In diesem Raume, der nicht nur an die takīja der islamischen Derwische, sondern auch an den zentralen Raum von → Qumran und der → Therapeuten erinnert, mögen die P.en »vor« ihrem Oberhaupt gesessen (vgl. 2Kön 4, 38; 6, 1) und sich der Meditation sowie der Pflege ihrer Traditionen ergeben haben. Eine derartige Siedlung befand sich bei → Gilgal. Sie unterstand Elisa, und als sie übervölkert war, wurde eine Zweigniederlassung nötig (2Kön 6, 1ff).

d) Den namenlosen P.en (nᵉbî'îm, bᵉnê nᵉbî'îm) stehen bedeutende *Einzelgestalten* gegenüber. Da Samuel erst durch die Tradition zum nabî' umgeprägt ist (s. 2), ist zunächst Davids Hofprophet → *Nathan* zu nennen; er begegnet im Gegensatz zu Gad (s. 2) stets als nabî'. Durch seine Verheißung an Davids Haus hat er die spätere nationale Heilserwartung (→ Eschatologie: II, → Messias: II) entscheidend beeinflußt (2Sam 7); andererseits wahrt er, obwohl in Palastintrigen verstrickt (1Kön 1, 11ff), als Unheils-P. Jahwes Rechtsanspruch gegenüber dem frevelnden König (2Sam 12). Am Zerfall der davidischen Personalunion ist *Ahia von Silo* beteiligt. Auf genuin israelitischen Traditionen fußend, designiert er durch seinen symbolhaft zerschnittenen Mantel → Jerobeam I. zum König des Nordstaates (1Kön 11, 29), um ihn später wegen seiner Kultpolitik zu »verwerfen« (ebd 14, 4ff). Im Zusammenhang mit dem Untergang des Hauses Baesa wird - deuteronomistisch überarbeitet - das Drohwort eines sonst unbekannten *Jehu bæn Hanani* erwähnt (1Kön 16, 1). Abgesehen von einem anonymen P.en, der dem »König von Israel« wegen eines nicht vollstreckten → Bannes den Untergang angedroht haben soll (1Kön 20, 35ff; vgl. 1Sam 15, 32ff), tritt unter → Ahab *Micha bæn Jimla* deutlicher hervor. Als Unheils-P. ist er, wie später → Micha (vgl. Mi 3, 5), von ungebrochenem Sendungsbewußtsein beseelt und bietet den 400 P.en des Königs, die anscheinend von Zedekia bæn Kenaana geführt werden, die Stirn. Während diese P.en für Ahabs Unternehmen gegen Ramoth-Gilead Glück verheißen und Zedekia die Verheißung durch das Symbol eiserner Hörner unterstreicht, läßt er es sogar auf einen Kampf mit dem König ankommen, der ihn für die Dauer des Feldzuges inhaftiert (1Kön 22, 5ff). - Ihren Höhepunkt erreicht die ältere Prophetie mit → *Elia*, der nur einmal ausdrücklich als nabî' (1Kön 18, 36; vgl. 18, 22) bezeichnet wird, öfter dagegen als »Gottesmann« (ebd 17, 7ff; 2Kön 1, 9ff) begegnet. Er ist wandernder Einzel-P. mit stark seherhaften Zügen und hängt mit dem Nebiismus nur lose zusammen (2Kön 2, 1ff). Im Gegensatz zum Hause → Omri, das universalistisch zwischen dem genuin israelitischen Jahweglauben und der Bauernreligion der kanaanäischen Bevölkerungsteile (→ Baal, → Kanaan: III) ausgleichen will, verkündet Elia in Wort und Tat seinen Gott einerseits als den Herrn der Geschichte und des Rechts, andererseits - unter Ausschaltung des Baal (1Kön 18) - als Herrn und Erhalter des Kosmos. - Ein hervorragender Führer des Nebiismus dagegen ist → *Elisa*. Zur Zeit der ausgehenden Dynastie Omri ist er charismatisches Oberhaupt der P.engenossenschaft von Gilgal, wobei er sich um die Hebung des Ansehens des weithin verachteten P.enstandes bemüht und durch Fürsorge um den kleinen Mann auszeichnet; zum anderen gehört er zu den treibenden Kräften der im Charismatikertum wurzelnden Revolution → Jehus (2Kön 9f), dessen Dynastie er bis zu seinem Tode gestützt hat (ebd 13, 14). Er ist der ausgesprochene Vertreter einer national-partikularen Jahwereligion. - Schließlich sei als letzter *Jona bæn Amittai* genannt, der nach 2Kön 14, 25 als Heils-P. die erfolgreiche Politik → Jerobeams II. mit seinem Orakel begleitet hat (→ Jonabuch, 3).

e) Die Existenz organisierter P.enverbände deutet darauf hin, daß dem P.sein ein gewisser Selbstzweck innewohnt. So wird nach 1Sam 19, 24 in körperlicher Starre der ekstatische Höhepunkt erreicht, ohne daß hierbei das innere Erleben nach außen hervortritt. Auch Kulttanz, Meditation und Pflege p.er Tradition dienen zunächst der eigenen Person oder der geschlossenen Gemeinschaft. Andererseits drängt alles Charisma zur Mitteilung. Der P. berichtet von dem, was er »geschaut«

oder »gehört« hat (→ Vision: II). Wie beim Seher geht es auch hier um räumlich und zeitlich Verborgenes (zB 1Kön 22, 17. 36f [LXX]), und man traut etwa einem Elisa zu, daß er seine Feinde durch verschlossene Türen erkennt (2Kön 6, 32); desgleichen hat der P. Zugang zur himmlischen Welt (1Kön 22, 19; 2Kön 6, 17). Der entscheidende Faktor jedoch ist das *Orakel*, das in der Deutung der Laute wurzelt, die der vom Geist Ergriffene ausstößt; als ursprünglich kurzes, rhythmisch gegliedertes Wort verkündet es Heil oder Unheil für alle Bereiche menschlichen Daseins, sei es, daß man es vom P.en gefordert hat, oder daß man wider seinen Willen davon getroffen wird. Selbstredend sind Wirkungsbereich und Höhenlage der Orakel, die als Jahwewort von namenlosen P.en ebenso verkündet werden wie von berühmten Einzelgestalten, nach Wirkungsbereich und religiöser Bedeutung durchaus unterschiedlich (vgl. zB 1Kön 17, 14; 21, 19; 2Kön 9, 6ff). Der → Prophetenspruch kündigt jedoch nicht nur an, sondern ihm wohnt auch geschichtsbildende Dynamik inne. So erscheint Elia als »Verderber Israels«, weil er in Ahabs Augen nicht nur eine Dürre vorausgesehen, sondern sie als P. zugleich bewirkt hat (1Kön 18, 17); der gleiche König meidet Micha bæn Jimla, da seine Unheils-P.ie das Verderben herbeizieht, und die Offiziere, die sich eben noch über einen von Elisa geschickten P.en (bæn nabî') lustig gemacht haben, erliegen im nächsten Augenblick der Macht seines Wortes, das ihren bisherigen Befehlshaber Jehu zum König designiert (2Kön 9, 12ff). Oft wird das Orakel von einem Symbol begleitet, das seine dynamische Wirkung verstärken soll (1Kön 11, 29ff; 22, 11) und geradezu in → Magie übergehen kann (2Kön 13, 14ff). Charisma, Glaube an die Macht des Orakels samt symbolischer Begleithandlung sind die geschichtlichen Haftpunkte dafür, daß Männer wie Elia und Elisa zu Wundertätern und gewaltigen Fürsprechern (→ Gebet: II) werden, und daß manches P.enwort – wie 1Kön 17, 14 – in eine massive Wundererzählung umgeformt wird.

4. Israel ist sich seit je dessen bewußt gewesen, nicht als einziges Volk über das Phänomen des Prophetischen zu verfügen. So berichtet 1Sam 6, 2ff unbefangen von den »Priestern und Wahrsagern«, also wohl den Sehern der → Philister, die richtige Entscheidungen treffen. → Bileam erscheint als Ausländer, und die P.en des Baal unterscheiden sich schwerlich in ihrem Auftreten von den israelitischen Ekstatikern (1Kön 18, 20ff). Selbst nach Dtn 18, 20ff ist es noch möglich, daß sogar innerhalb Israels ein P. im Namen anderer Götter redet. Dem entsprechen die *Parallelen aus Israels Nachbarschaft*. Der Moabiterkönig → Mesa berichtet von einem Wort seines Gottes → Kamoš, das ihn zum Krieg gegen Israel ermutigt (Inschr. Z. 14). Zakir von Hamath (8.Jh. vChr) wird durch eine Seherschar mit einem Heilsorakel begrüßt (Inschr. Z. 11), und der vorislamische kāhin ist Priester und Seher, zuweilen auch Orakelpriester in einer Person. Ekstatikertum begegnet nicht nur bei dem Ägypter Wan-Ammon um 1100 vChr in Byblos, sondern findet sich ausgeprägt in den Texten von → Mari (um 1700 vChr), wo ähnlich wie im akkadischen Bereich ekstatische Priester im Dienste ihrer Götter Adad und → Dagon Gottessprüche verkünden (vgl. auch → Propheten: II B, 1b).

Darf somit das israelitische P.entum nicht isoliert betrachtet werden, so erhebt sich von hier aus die Frage nach dem Aufkommen der P.ie in Israel. Da Männer wie → Abraham oder → Mose, ebenso auch → Mirjam nur aus der Rückschau als Seher oder P.en gezeichnet werden und Num 11, 24ff lediglich zwei späte Ätiologien enthält, die die Institution der 70 Ältesten und den Stand der Kult-P.en als mosaisch legitimieren sollen, läßt sich über den Ursprung des P.entums in Israel nichts aussagen. Wohl aber ist zu vermuten, daß das Sehertum als genuin israelitisch anzusehen ist, während im Nebiismus ein Stück jenes kanaanäisch-vorderorientalischen Erbgutes begegnet, das innerhalb der at. Religion nicht nur als Gegenstück zum angestammten Jahweglauben (→ Gott: II), sondern gleichzeitig als theologisch fruchtbare Komponente zu werten ist. – Für den Nebiismus gilt nun, daß er, sobald er geschichtlich handelnd hervortritt, mit genuin israelitischen, dh national-partikularen Traditionen verbunden ist und damit die alten Sehertraditionen Samuels fortsetzt. Ein nabî' taucht auf, als es gilt, dem davidisch-salomonischen Universalismus den Todesstoß zu versetzen, und nebiistische Kreise stürzen zusammen mit den in Kulturopposition stehenden → Rekabiten unter der Führung Elisas die universal eingestellten Omriden. Auch ist es schwerlich Zufall, daß das P.entum im Nordstaat immer wieder die Designation des Königs beansprucht (→ Königtum in Israel, 2) und große Einzelne in Auseinandersetzung mit → Kanaan (: III) für den exklusiven Jahweglauben, für Gottesrecht und geheiligte Ordnung kämpfen. Freilich hat dieser national-partikulare Jahwismus bei aller Konzentration auf den *einen* Herrn, der auch auf dem Höhepunkt der Verzückung stets als der »ganz Andere« empfunden wird, seine selbst für Elia nicht überschreitbaren Grenzen. Erst der folgenden p.en Periode bleibt es vorbehalten, in Verbindung mit einem in die Tiefe gehenden Gerichtsgedanken den national-religiösen Partikularismus zu überwinden und Israels Geschichte in einem universalen Zusammenhang zu sehen (→ Propheten: II B. C). Andererseits ist ohne diesen volkstümlichen Grundstrom des Prophetischen, der auch in nachexilischer Zeit fortwirkt, das klassische P.entum nicht denkbar.

Allgemein außer den at. Theologien sowie der Lit. zu → Propheten: II B.C u. zu den Einzelartikeln (bes. → Elia, → Elisa): RE XVI, 81ff (ältere Lit.) – RGG² IV, 1533ff – G.Fohrer, Neuere Lit. zur at. P.ie (ThR NF 19, 1951, 277–346; 20, 1952, 193–271. 295–361) – ThW VI, 781f (Lit.). 796ff. – Ferner: G.Hölscher, Die Profeten, 1914 – Th.H.Robinson, Prophecy and the P.s in Ancient Israel, (1923) 1948⁷ – H.Junker, P. u. Seher in Israel, 1927 – A.Jepsen, Nabi, 1934 – H.H.Rowley, Ritual and the Hebrew P.s (JSS 1, 1956, 338–360) – G.Fohrer, Elia, 1957 (Lit.) – M.Noth, Gesch. u. Gotteswort im AT (Ges. Studien zum AT, [1957] 1960², 230–247) – J.Lindblom, Zur Frage des kanaanäischen Ursprungs des altisraelit. P.ismus (Festschr. O.Eißfeldt [BZAW 77], 1958, 89–104; Lit. in Ausw.). *R.Meyer*

II B. Seit Amos

1. Das Phänomen des »klassischen P.entums«: a) Überlieferung und Sammlung von P.enworten und -geschichten – b) Altorientalische Einflüsse – c) Redeformen und Gattungen – d) P. und Kult – e) »Wahre« und »falsche« P.en – f) Das Wesen des P.ismus – g) P. und Geschichte – 2. Die p.e Botschaft und das Geschehen der Zeit: a) Amos – b) Hosea – c) Jesaja – d) Jeremia – e) Andere P.en

1. Die Erforschung des at. P.ismus, von → Duhm 1875 kräftig angeregt, hat in den letzten Jahrzehnten entscheidende Fortschritte gemacht (→ Bibelwissenschaft: I, 2a). Dabei hat sich das Interesse an den psychologischen Voraussetzungen für das Zustandekommen der p.en Botschaft verringert und die Einschätzung der P.en (etwa als großer »geistiger Persönlichkeiten« und Vertreter eines »ethischen Monotheismus«) wesentlich gewandelt. Im Vordergrund stehen jetzt Sachfragen nach der p.en Botschaft, nach der (institutionellen) Stellung der P.en in Israel und – im Blick auf die Schriften der P.en – nach dem Vorgang der Überlieferung und der Sammlung der P.enworte und -geschichten.

a) Daß die P.en nicht Schriftsteller waren, sondern ihre Botschaft im allgemeinen mündlich ausgerichtet haben, ist heute im wesentlichen anerkannt. Das schließt nicht aus, daß P.en hie und da Worte aufgezeichnet haben oder aufzeichnen ließen (Jes 8, 16; 30, 8; Jer 36; Hab 2, 2). Umstritten ist dagegen die Frage der *Überlieferung der P.enworte und -geschichten*. Die »traditionsgeschichtliche Schule« der nordischen Forscher (Nyberg, Engnell, Birkeland, Widengren u.a.; → Kultgeschichtliche Methode: II, → Kultgeschichtliche Schule, 2) ist der Meinung, daß die normale Überlieferungsweise im alten Orient die mündliche Tradierung gewesen sei und daher auch die P.enschriften des AT erst nach jahrhundertelanger mündlicher Überlieferung des Stoffes in nachexilischer Zeit schriftlich fixiert worden seien. Der Prozeß der Überlieferung sei in »Traditionskreisen« vor sich gegangen, Kreisen von Anhängern der P.en, die im Schema des Wechsels von Unheils- und Heilsweissagungen »Traditionskomplexe« zusammengestellt hätten (Birkeland). Die Arbeit der Redaktoren habe dann nur darin bestanden, die Reihenfolge der Komplexe für die schriftliche Niederlegung der p.en Botschaft zu bestimmen (Mowinckel 1942); im Jeremiatext der Masora und der LXX sei dies durch zwei verschiedene »Überlieferungsschulen« - und daher verschieden! - geschehen. Für den »Liturgietypus« von P.enbüchern (etwa Nah, Hab und Dtjes) müsse man freilich eine frühzeitige schriftliche Fixierung annehmen, für den »Diwantypus« (etwa Am, Hos, Jes) dagegen eine jahrhundertelange mündliche Tradierung (Engnell). Die Sicht der skandinavischen Forscher hat weittragende Folgen für die text- und literarkritische Arbeit an den P.enbüchern; und die Beantwortung der Frage nach der Echtheit von P.enworten im Sinn der Herkunft von den P.en selbst ist für sie in den meisten Fällen eine ziemlich hoffnungslose Aufgabe (Engnell).

Die at. Forscher außerhalb der nordischen Schule leugnen nicht, daß mündliche Traditionsweise im alten Orient und damit auch in Israel üblich gewesen sei, nehmen aber in höherem Maße als die Skandinavier neben dieser eine breite schriftliche Überlieferung an, die zT den P.en selbst, zT ihren Schülern zugeordnet wird. Es ist freilich durchaus möglich, daß sich mündliche und schriftliche Tradition gegenseitig beeinflußt haben. Fraglich bleibt, ob die schriftliche Überlieferung der P.enworte und -geschichten ihren Ort am Heiligtum gehabt hat (so Gunneweg, s. 1 d).

Die P.enbücher des AT (s. die Einzelartikel) sind aus kleinen oder größeren - meist schon schriftlich fixierten - Sammlungen komponiert worden. Diese Sammlungen sind zT an den noch erhaltenen Überschriften zu erkennen (vgl. Jes 2, 1; 13-23; Jer 23, 9; 30, 1-3; 46, 1), zT an gemeinsamen literarischen Eigentümlichkeiten (zB die Wehe-Rufe). Man unterscheidet im wesentlichen drei Arten von Traditionsstoffen: meist rhythmisch geformte Sprüche der P.en (→ Prophetenspruch), Selbstberichte (zB von der Berufung) und Fremdberichte (zB diejenigen des Baruch über das p.e Wirken Jeremias). Einzelne Bücher bringen nur Sprüche (zB Zeph, Nah und Ob), während das Buch Jona lediglich einen Fremdbericht bietet, der freilich in höherem Maße als die Fremdberichte anderer P.enbücher als legendarisch anzusprechen und mehr eine p.e (v.Rad: weisheitliche) Belehrung als eine P.enschrift zu nennen ist. Eine gewisse Gleichheit im Aufbau vieler größerer P.enschriften kann man - etwa an der Anordnung der großen Redekomplexe, der Einordnung der Fremdvölkerorakel und der Zuordnung der Heils- zu den Unheilssprüchen - feststellen. Auch nach der schriftlichen Fixierung und der Komposition der Traditionskomplexe zu Büchern ist mit einer, u.U. langen und komplizierten, »Nachgeschichte« der Bücher zu rechnen (Hertzberg), innerhalb derer mancherlei kleine und größere Zusätze und Nachträge gemacht worden sind. Die at. Wissenschaft wendet ihnen heute ihre Aufmerksamkeit stärker zu, als es in früherer Zeit üblich war. Sie sieht in diesen (nicht schlechthin »epigonenhaften«) Zusätzen zu der älteren p.en Botschaft ein Zeichen der Aktualität der p.en Botschaft (v.Rad, Theol. II).

b) *Ausländische Einflüsse* auf das israelitische P.entum sind unter den verschiedensten Aspekten diskutiert worden. Im Blick auf den Ursprung des israelitischen P.entums haben die Ausgrabungen von → Mari erwiesen, daß es im alten Orient im 18.Jh. vChr einen Typ von P.en gegeben hat, der nach seiner Struktur den israelitischen P.en nahe steht (→ Propheten: II A, 4). Es handelt sich um einen als »muhhûm« bezeichneten Mann, der als Gottesbote - unaufgefordert! - dem König ein göttliches Orakel eröffnet. Dabei geht es freilich in Mari um eng begrenzte kultische und politische Forderungen des betreffenden Gottes, so daß für den Vergleich mit Israels P.en nicht mehr als eine strukturelle Ähnlichkeit übrigbleibt. Immerhin ist mit den P.en von Mari die Existenz eines (ekstatischen?) P.entums im alten Orient für eine ältere Zeit belegt, als es bisher der Fall war. Wieweit freilich für den Ursprung des »klassischen P.ismus« in Israel damit entscheidend Neues gefunden ist, bleibt fraglich, zumal wenn man das Moment des Ekstatischen für diese P.en geringer ansetzt, als es früher üblich war (vgl. jetzt Seierstad, Maass). Die Botschaft der israelitischen P.en ist so grundlegend verschieden von der jener »P.en« von Mari, daß man diese nur sehr bedingt als ihre Vorbilder ansehen kann (Noth). - Übernahme von ausländischen Stoffen und Stoffkreisen durch Israels P.en wird man dagegen an verschiedenen Stellen feststellen können; die P.en sind darin Kinder ihrer Zeit und ihres Raumes (vgl. auch → Weisheitsdichtung). Man denke etwa an die ägyptischen Thronnamen der Pharaonen als Vorbild für Jes 9, 5, an die Verwandtschaft gewisser at. Heilsorakel mit den ägyptischen »Prophezeiungen«, die freilich solche ex eventu sind, an den möglichen Einfluß der Darstellung des Gottes Assur in Qal'at Serqat auf Ez 1-3 und vielleicht ugaritischer Vorstellungen im Blick auf die ʿālmā Jes 7, 14 und die Symboltiere Jes 27, 1. Vgl. auch → Ägypten: III, 1; → Babylonien: III, 7.

c) Zu den p.en *Redeformen und Gattungen* vgl. → Prophetenspruch.

d) Die Frage nach dem *Verhältnis der P.en zum Kult* ist in mannigfacher Weise relevant geworden. Es geht dabei einmal um das Problem des sog. »Kult-P.entums«, zum anderen im Zusammenhang damit um eine besondere Art Verwandtschaft zwischen der p.en Redeweise und den kultischen Gattungen (»cultic pattern«) und schließlich (→ Propheten: II C, 6) um die kritische Haltung der (vorexilischen) P.en zur Ausübung des Kultes.

Man wird die Frage, ob es in Israel »Kult-P.en« als Glieder des Kultpersonals an den Tempeln gegeben habe, schwerlich befriedigend aus einem Vergleich mit ähnlichen »Ämtern« im Bereich der altorientalischen Umwelt beantworten können, wie es A.Haldar versucht. Im AT ist der Kult-P. nicht expressis verbis bezeugt, sondern kann höchstens aus Psalmen und P.enschriften erschlossen werden. → Mowinckel hat schon 1923 das Amt des Kult-P.en in Israel angenommen (Psalmenstudien III) und seine These 1950 weiter ausgebaut (Religion og kultus), nachdem sie 1944 von Johnson auf breiter Ebene diskutiert worden war. Gunneweg stellt sogar die Behauptung auf, daß alle Nabis (→ Propheten: II A, 3) Kult-P.en gewesen seien und damit auch die Schrift-P.en - ursprüngliche Nabis! - »Inhaber eines offiziellen Amtes im Kult am Heiligtum«. Doch geht dies über das vom AT her Erweisbare weit hinaus! Man kann aus einzelnen → Psalmen das Amt eines »Kult-

P.en« postulieren, muß sich aber darüber klar sein, daß der Träger dieses Amtes sehr weit von dem entfernt ist, was wir im AT als »P.«, als Bote des lebendigen Gottes an sein Volk, kennen (Quell). Man wird auch p.e Liturgien annehmen können, braucht aber aus ihnen nicht auf ein p.es Amt im Kult zu schließen. Daß der Kult mit den in ihm gebräuchlichen Gattungen die p.e Redeweise hier und da »beeinflußt« hat, ist nicht zu bestreiten, begründet aber keine besondere Nähe der P.en zum Kult, da sie auch Redegattungen aus anderen Lebensgebieten nachgebildet haben. Die Annahme, daß es feste kultische Schemata im alten Orient gegeben habe, von denen auch die israelitischen P.en weitgehend abhängig gewesen seien (»cultic pattern«, Engnell), und die These, die p.e Gerichtsrede habe ihre Wurzeln im Kult (Würthwein), sind im allgemeinen nicht anerkannt worden. Wenn sie zuträfen, wäre damit auch höchstens eine stärkere Affinität des P.entums zum Kult nahegelegt, aber für die Institution eines angeblichen »Kult-P.entums« noch nichts Entscheidendes gewonnen. Ob ein Mann wie Chananja, der P. aus Gibeon (Jer 28, 1 ff), in eine Reihe mit den »Kult-P.en« zu stellen ist, ist u.E. sehr fraglich. Es mag sein, daß P.en - oder P.engruppen - an Heiligtümern lebten und auf Anfrage Orakel erteilten. Es mag auch sein, daß diese P.en dem König oder seinen Oberen zu Willen waren und nach ihren Wünschen prophezeiten, ohne daß man sie von daher als »Lügen-P.en« bezeichnen dürfte. Aber eine klare Beziehung zum israelitischen Kult ist damit für sie nicht ohne weiteres gegeben (vgl. 1 e).

Die Stellung der Schrift-P.en zur Ausübung und Bedeutung des Kults ist abzuheben von ihrem Auftreten am Heiligtum. Dieses ist vorwiegend darin begründet, daß sie hier eine - womöglich noch zum Fest versammelte - große Zuhörerschaft fanden (Am 7; Jer 7). Im übrigen ist zu bedenken, daß manch einer der vorexilischen P.en andererseits geradezu die Zerstörung des Tempels verkündigt (Mi 3, 12; Jer 7, 12 ff) und Ezechiel den Auszug des kᵉbôd jähwæ aus dem Heiligtum in Jerusalem androht, während Jesaja - zumindest in der längsten Zeit seines Wirkens - mit der Bewahrung des Zion durch Jahwe rechnet (Jes 8, 18; 14, 32; 28, 16; 2, 2-4; vgl. aber 22, 14!). Dtjes erwartet den Wiederaufbau des Tempels (Jes 44, 28), und Haggai und Sacharja setzen sich kräftig dafür ein in der Erwartung, daß mit dem Wiederaufbau des Tempels die Heilszeit anbrechen werde (vgl. zu dem ganzen Fragenkreis M. Schmidt, P. und Tempel, 1948).

e) Die Frage nach dem *Kriterium »wahren« und »falschen« P.entums* wird weithin mit der Frage nach der Existenz von Kult-P.en in eins gesetzt, wobei die Kult-P.en als Heils- und damit falsche P.en bezeichnet werden. Man exemplifiziert in diesem Zusammenhang gern mit den p.en Gegnern Michas bæn Jimla (1Kön 22). Eine besondere Beziehung der P.en, mit denen es Micha bæn Jimla zu tun hat, zum Kult ist allerdings dem Text selbst nicht zu entnehmen; dagegen wird ihre Hörigkeit gegenüber dem König und damit der Mangel an einer letzten Bindung nur an Jahwe sichtbar. Ähnliches gilt von der Abhängigkeit der p.en Gegner → Michas von Moreseth (Mi 3, 5 ff) und von der fehlenden Bereitschaft zum letzten Einsatz derartiger P.en bei Ezechiel (13, 5). Jeremia wirft den P.en, die anderes weissagen als er selbst, vor, daß sie nicht »aus Jahwes Mund« reden, sondern »ihres eigenen Herzens Gesicht« (23, 16), weil die Quelle ihrer Verkündigung nicht Jahwes Wort, sondern »Träume« seien (23, 25-28). Im übrigen zweifelt er im Namen Jahwes die Sendung dieser P.en an (14, 14; 23, 21; 29, 31) und polemisiert gegen die Gültigkeit ihrer Heilsbotschaft mit dem Hinweis auf die bisherige p.e Tradition, die nur Unheilsweissagungen gebracht habe (28, 7-9).

Diese und ähnliche Motive (etwa auch der Vorwurf unsittlichen Lebens Jer 23, 13-15; 29, 21. 23) gegenüber den in ihrer Vollmacht angezweifelten P.en reichen nicht aus, um eine klare theoretische Grenze zwischen »wahren« und »falschen« P.en in Israel zu ziehen. Beide Arten von P.en wissen sich von Jahwe gesandt (vgl. zB 1Kön 22, 24), beide führen daher ihre Verkündigung mit der Eröffnungsformel »So spricht Jahwe« ein (vgl. Chananja, Jer 28, 2). Und auch die P.en, die wir »wahre P.en« nennen möchten, haben Heil geweissagt, das oft in der von ihnen erwarteten Weise nicht eingetroffen ist. Dazu kommt, daß wir im allgemeinen wenig, oft auch gar nichts über die besonderen Umstände sagen können, unter denen P.en lediglich Heil geweissagt haben. So könnte etwa Habakuk seine Heilsweissagung nach der Veröffentlichung des deuteronomischen Gesetzes durch Josia verkündigt haben, dh in einer Zeit, in der auch ein P. wie Jeremia (nach der Ansicht nicht weniger Forscher) seine Gerichtspredigt gegen Juda unterbrochen hat. Habakuk darum zu einem »falschen P.en« zu stempeln, wäre von daher ein zweifelhaftes Unternehmen. - Im Grunde gibt es weder für die Nachfahren noch erst recht für die Zeitgenossen der P.en einen gültigen Maßstab zur theoretischen Unterscheidung »wahren« und »falschen« P.entums, und es wird letztlich bei der These bleiben müssen: »Das Prädikat Pseudo-P. autoritativ auszusprechen, ist dem P.en vorbehalten«, und »der wahre P. hat ... keinen anderen Ausweis als Gott« (Quell).

f) Entscheidendes über *das Wesen des at. P.ismus* wird in den Berichten über die → Berufung (: II) der P.en sichtbar. Sie begegnen im AT als Selbstberichte der P.en (Am 7, 1 ff; 8, 1 ff; 9, 1 ff [?]; Hos 3; Jes 6; Jer 1; Ez 1-3; Jes 40, 6 ff), als Fremdberichte (Am 7, 10 ff; Hos 1; vgl. Ex 3, 7; Ri 6, 11 ff) und in der Form der Vorstellung des zu Berufenden durch Jahwe selbst (Jes 42, 1 ff). → Vision (: II) und Audition (Jes 5, 9; 22, 14; Ez 9, 1. 5; Jes 50, 4) spielen dabei eine wichtige Rolle. Nicht konstitutiv für Berufung und Wortempfang ist die Ekstase (Seierstad, Maass), zumal das Bewußtsein der P.en bei der Berufung eher gesteigert als gemindert oder gar ausgelöscht erscheint. Letztlich läßt sich das Phänomen des at. P.ismus überhaupt nicht aus immanenten Parallelen ableiten; es ist eine Erscheinung sui generis, durch den Empfang des Wortes Gottes bestimmt (v. Rad), in der Kontingenz des Handelns Gottes begründet (Quell, Wolff). Alle religionsgeschichtlichen Vergleiche und psychologischen Erwägungen treffen ihr Wesen nicht.

Konstitutiv für die → *Berufung* (: II, 1 c) zum P.en ist das Erlebnis der Überwältigung durch Gott (Am 3, 8; Jes 8, 11; Jer 20, 7 ff; Ez 3, 14), die Beauftragung mit der Botschaft und die Zurüstung zum Dienst, der den Boten Gottes in seiner Existenz völlig beschlagnahmt. Die persönliche Eigenart des Berufenen wird dabei nicht ausgelöscht, sondern in Dienst genommen und prägt die Botschaft des P.en mit. Ebenso ist die Herkunft der P.en (→ Amos »Hirt«, → Jesaja vielleicht »Weiser«, → Ezechiel aus priesterlichem Geschlecht) nicht ohne Bedeutung für ihre Verkündigung, und hier und da ist eine gewisse anfängliche »Abhängigkeit« eines P.en von einem anderen wahrscheinlich zu machen (Jesaja von Amos, Jeremia von Hosea, Tritojesaja von Dtjes). - Der *Wortempfang* geschieht grundsätzlich und grundlegend in der Berufung, wiederholt sich aber offensichtlich in der Zeit des p.en Wirkens jeweils immer wieder. Gelegentlich bleibt der P. auch längere Zeit ohne ein Wort Gottes zu einer bestimmten Frage (Jer 42, 1-6. 7); auch unterbricht er seine Verkündigung für eine Zeit, wie das für

Jesaja bezeugt ist (8, 16ff) und für Jeremia vielfach angenommen wird. Es ist bedeutsam, daß die »klassischen P.en«, bes. der vorexilischen Zeit, nicht vom »Geist Jahwes« ergriffen scheinen, sondern von seinem Wort betroffen (vgl. aber Mi 3, 8; Jes 30, 1). In der späteren Zeit spielt der → Geist (: II) Jahwes zur Ausrüstung der P.en eine größere Rolle (vgl. Jes 42, 1; 61, 1; Ez 11, 5). - Was der P. in der Vision sieht und in der Audition hört, *verkündet* er als »Bote« Jahwes (vgl. Jes 6), als »sein Mund« (vgl. Jer 15, 19). Daher können die P.en ihr Wort mit »kō 'amār jāhwǣ« einführen oder mit »n^e'um jāhwǣ« schließen; sie können aber auch ohne diese Formeln »im Namen Jahwes« reden. Das eigene »Reflektieren« - Nachdenken und Kombinieren - ist dabei durchaus nicht ausgeschlossen, wird aber offenbar in verschiedenem Maße geübt - bei Ezechiel zB stärker als bei Jesaja. Wieweit Ekstase und besondere psychische Zustände für das Zustandekommen der p.en Botschaft bestimmend waren, ist umstritten; man wird davon nicht völlig absehen können (zB bei Ezechiel), ihre Bedeutung aber keinesfalls als konstitutiv ansetzen dürfen. Symbolische Handlungen, besser wohl »Zeichenhandlungen« zu nennen, und unter ihnen bes. die Verleihung von »Zeichennamen« (Hos 1, 4. 6. 9; Jes 7, 3; 8, 3 und zB Jer 23, 6) werden von den P.en meist so vollzogen, daß sie durch ein deutendes Wort in ihre Wortverkündigung einbezogen werden und diese kräftig und »anschaulich« unterstützen (vgl. Jes 20).

Reden und Handeln der P.en ist nicht leer und wirkungslos, sondern wird als wirkungskräftiges Schaffen von Tatbeständen in der Geschichte geglaubt (Jer 1, 10; vgl. Jes 9, 7; 55, 10ff; Jer 23, 29). Die P.engeschichte kündet hier und da sogar vom unmittelbaren Eintreffen der p.en → Weissagungen (: I; vgl. Jer 28, 16f), und Jeremia bemißt die Echtheit, die Wahrheit einer Heilsweissagung geradezu danach, ob sie sich erfüllt (Jer 28, 9). Die geschichtlichen Ereignisse haben freilich keineswegs dem P.enwort allenthalben recht gegeben. Viele p.e Weissagungen haben sich gar nicht oder nicht in der Art und Weise, wie sie formuliert wurden, erfüllt (vgl. zB Jes 47). Der P. muß gelegentlich auch erkennen und verkünden, daß Gott der freie Herr seiner Entschlüsse ist und sie ändern kann; vgl. bes. das → Jonabuch und auch Hos 11, 8f; Jes 28, 23ff. Die jüdische → Apokalyptik lebt zT von p.em Gut der älteren Zeit und nimmt unerfüllte Weissagungen auf und deutet sie auf ihre Gegenwart um (vgl. zB Dan 9, 2. 23ff und Jer 25, 11f). Innerhalb des NT sind vor allem die messianischen Weissagungen (→ Messias: II, 2) aufgenommen und auf Jesus Christus bezogen worden (→ Schriftauslegung: III, → Weissagung und Erfüllung). Indem die Botschaft der P.en (→ Propheten: II C) den die Menschen fordernden und begnadenden Gotteswillen bezeugt, ist sie Vorbereitung des Evangeliums vom herbeigekommenen Gottesreich.

g) Die P.en richten sich mit ihrer Botschaft grundsätzlich an ihre Zeit, in erster Linie an das Reich, in dem sie auftreten, u.U. auch an das israelitische Nachbarreich und darüber hinaus an »die Völker«. Mit der konkreten Bindung an die Zeit und der Wendung an die Zeitgenossen ist von vornherein eine große Mannigfaltigkeit des Inhalts der Botschaft gegeben. - Frühere Zeiten haben in den P.en die großen Einsamen, die entschiedenen Neuerer, gar wohl »Revolutionäre« gesehen. Die Forschung der letzten Jahrzehnte hat erkennen lassen, daß die P.en viel stärker in der Tradition des Jahweglaubens leben und aus ihr schöpfen, als man bisher annahm. Dadurch erweisen sie sich in besonderer Weise als Glieder des Gottesvolkes Israel. Sie stehen freilich andererseits der Tradition auch sehr frei und selbständig gegenüber; dadurch erweisen sie sich als P.en Israels (v.Rad, Theol. II). Man wird die Verbundenheit der P.en mit der Tradition ihres Volkes nicht überbetonen dürfen. Das Charakteristische ihrer Botschaft besteht doch wohl in der besonderen Ausprägung - vielleicht besser: Umprägung! - der von ihnen aufgenommenen Tradition. Ihr Augenmerk ist eindeutig nicht auf die Vergangenheit gerichtet, sondern entscheidend auf die Zukunft, die nach ihrer Botschaft ein neues Handeln Jahwes bringen wird (v.Rad, Wolff), ein Handeln an Israel und der Welt (→ Propheten: II C). Von dieser p.en Einsicht her fällt ihr Blick dann auch auf die Gegenwart und Vergangenheit.

2. Zum theologischen Gehalt der p.en Botschaft vgl. → Propheten: II C. Hier soll noch dargestellt werden, in welcher Weise das Wort einzelner P.en Bezug nimmt auf das große geschichtliche Geschehen im Vorderen Orient, das die beiden israelitischen Staaten berührt und schließlich ihren Untergang und die Verbannung der Völker herbeiführt (→ Israel: I, 10-12). Man hat früher die P.en um ihrer »politischen« Worte willen als »Sturmvögel« vor einem heraufziehenden Unwetter, als »Politiker« bezeichnet und hat von dem »religiös-utopischen Charakter« ihrer Botschaft geredet. Die neueren Forschungen über das Thema »P. und Politik« (Elliger, Kraus) haben die politische Haltung der P.en wohl etwas sachgemäßer sehen gelehrt. Uns geht es aber nicht um die grundsätzliche Frage »P. und Politik«, sondern um die tatsächliche Beziehung der p.en Botschaft auf das konkrete geschichtliche Geschehen der betr. Zeit. Dabei wird deutlich werden, daß die P.en ihr Urteil nicht als »Politiker« fällen, daß sie aber einen erstaunlich klaren Blick für die außenpolitische Situation ihrer Zeit haben, so daß man oft fragen kann, ob ihr Ratschlag, ihr warnendes Wort, das aus anderen Quellen als der politischen Erwägung fließt, nicht die Lage tatsächlich klarer und richtiger gesehen hat, als sie die israelitischen Großen beurteilten.

a) → *Amos* tritt um 760 zZ → Jerobeams II. im Nordreich auf (Am 1, 1; 7, 10ff). Israel erlebt unter diesem König eine letzte Blütezeit; der Druck von Aram her ist durch das Vordringen → Assyriens gegen das → Aramäer-Reich gewichen. Es herrschen Reichtum und Wohlstand, die Sicherheit des Staates Israel scheint noch nicht bedroht. Die Botschaft des Amos vom Gericht ist also nicht durch die allen sichtbaren politischen Verhältnisse ausgelöst; sie gründet sich allein auf das Wort Jahwes an den P.en (7, 1ff; 8, 1ff; 9, 1ff). Amos erwartet das Gericht u.a. auch in Krieg (3, 11; 5, 3; 6, 14) und Verbannung (5, 27; 6, 7; 7, 11). Daß er dabei an die Macht Assyriens gedacht hat, ist möglich, wird aber nicht durch die Nennung Assurs gestützt.

b) → *Hosea* (750 bis ca 725) erlebt die letzten Jahre der Herrschaft Jerobeams II. und die darauf folgenden turbulenten Zeiten der Umstürze und Königsmorde (Hos 7, 3-6; 8, 4). 745 besteigt Tiglatpilesar III. den Thron Assyriens und unterwirft 740 den aramäischen Staat Hamath. Mit anderen Fürsten wird auch → Menahem von Israel tributpflichtig (2Kön 15, 19f); das Schicksal Arams und Israels nähert sich seinem Ende. Die innen- und außenpolitisch bewegten Zeiten finden in der Botschaft des P.en ihren Niederschlag, aber seine bildhafte Rede macht es nicht leicht, Anspielungen auf die konkrete Geschichte sicher zu deuten. Hinter dem Zeugnis von der Untreue Israels 5, 8 - 6, 6 stehen die Ereignisse des syrisch-ephraimitischen Krieges: Juda bedroht Israel (5, 8f), das zugleich von Assyrien bedrängt wird (5, 10ff). Hoseas Wort richtet sich im übrigen grundsätzlich gegen das Königtum Israels (zB 8, 4; 9, 15-17) und gegen seine Politik der Ausländerei (7, 8-16), sein Hin- und Herschwanken zwischen Ägypten und Assyrien (7, 11; vgl.

12, 2; 11, 1-7) und gegen seine Hörigkeit gegenüber Assyrien (8, 9; 8, 7-10 nach dem Fall von Damaskus [Donner]). Der P. sagt Israel und seinem König den Untergang voraus (10, 13-15) und denkt dabei hier und da an eine Deportation nach Assyrien (9, 3; 10, 6), redet aber im allgemeinen von einer Rückführung in die Wüste (2, 16) bzw. nach Ägypten (8, 13; 9, 3. 6). Da Hosea von der Einschließung - oder gar Einnahme - Samarias nichts sagt, hat er sein Wirken offenbar etwa 725 beendet (nach Donner 7, 8-12 u.a. um 724).

c) → *Jesajas* Wort begleitet die Geschichte Judas durch mehr als 4 Jahrzehnte (ca 743-701). Die Bedrohung Judas und Jerusalems im syrisch-ephraimitischen Kriege ruft den P.en auf den Plan (734/33). Er mahnt → Ahas zum gläubigen Vertrauen auf Jahwe (7, 1-17; Mai/Juni 734 [Donner]), warnt ihn vor dem Weg nach Assur und fordert demgegenüber Neutralität. Im Blick auf den drohenden Angriff Arams und Israels auf Jerusalem beruhigt der P. im Frühjahr 733 den judäischen König (8, 1-4. 9f?; 10, 27b-34 [Donner]). Als sich Ahas - wohl erst in dieser Zeit - doch an Tiglatpilesar um Hilfe wendet, droht Jesaja mit dem Einfall der Assyrer (8, 5-9. 11-15). Nach dem Eingreifen Tiglatpilesars im Norden hat Jesaja seine p.e Wirksamkeit für Juda offenbar ein Jahrzehnt unterbrochen (8, 11-15. 16ff). In dem Jahrzehnt nach 733 wird man höchstens die Worte des P.en gegen das Nordreich ansetzen dürfen, in denen er mit dem Kommen der Assyrer und dem Ende Samarias droht (17, 1-11; 9, 7 - 10, 5 + 5, 25-30; 28, 1-6). - Im Todesjahr des Königs Ahas - in zeitlicher Nähe zu der Thronbesteigung Sargons 722 - wendet sich der P. gegen Aufstandsgelüste der Philister (14, 28-32) und warnt Juda, sich ihnen anzuschließen. Ebenso urteilt Jesaja ein Jahrzehnt später (711), als Sargon den Tartan gegen Asdod entsendet (Jes 20; 713-711). Der P. sieht die Macht Assyriens ganz nüchtern und erkennt seine Überlegenheit gegenüber Ägypten (20, 3f). Er sieht allerdings in diesen Jahren auch schon, daß Assur den Auftrag Jahwes überschreitet und eigenmächtig raubt und plündert und viele Völker vernichtet (10, 5-19; das Drohwort gegen Assur fehlt im jetzigen Zusammenhang, ist aber vielleicht in 14, 24-27 zu finden). - Aus den letzten Jahren der Wirksamkeit des Jesaja (705-701) sind verhältnismäßig zahlreiche Worte des P.en erhalten. Der Thronwechsel in Assyrien 705 bedingt wiederum Freiheitsgelüste der Staaten Palästinas, denen sich auch Judas König → Hiskia öffnet, wobei er Hilfe von Ägypten erwartet (Jes 18 [vielleicht schon 714]; 30, 1-5. 8-17; vgl. 28, 7-22!). Jesaja tritt wieder für strikte Neutralität und für alleiniges Vertrauen auf Jahwe ein (vgl. schon 7, 9; jetzt 30, 15f; 31, 1-3), rechnet zwar zunächst noch mit der Bewahrung des Zion (14, 32; 28, 16; vgl. 8, 18; 1, 9 und 2, 2-4?) und der Bestrafung Assyriens (31, 8 und vielleicht 30, 27-33), ist aber von der Haltung Jerusalems nach dem unerwarteten Weichen der Bedrängnis durch Sanherib (701; 22, 1ff; vgl. 1, 4-9) tief enttäuscht und droht mit einem Strafgericht Jahwes (22, 14).

d) Auch → *Jeremia* hat etwa 40 Jahre der Geschichte Judas mit seinem p.en Wort begleitet (626/27-587 oder etwas später). Er wird in der Zeit, da Assyriens Stern zu sinken beginnt, berufen und erwartet das Strafgericht Gottes durch den »Feind aus dem Norden« (4, 5 - 6, 30), früher meist auf die Skythen gedeutet. Die Reform des Königs → Josia (622) hat wohl die Zustimmung des P.en gefunden; er erhofft von ihr eine Wendung zu Jahwe hin und unterbricht darum seine Unheilsverkündigung. Vielleicht hat Jeremia auch die Eingliederung des (zur assyrischen Provinz gewordenen) Nordreiches durch Josia gutgeheißen und für das Nordreich damals eine Heilsweissagung ausgehen lassen (Jer 30f). - Nach Josias unglücklichem Ende bei Megiddo (609) muß Jeremia erleben, daß der von dem Pharao eingesetzte König Jojakim wieder die Fremdkulte einführt (7, 17f; vgl. 11, 9f), und droht mit der Zerstörung des Tempels (7, 1ff). Noch nennt der P. das Werkzeug des Zornes Jahwes nicht mit Namen. Aber die Ereignisse von 605, der Sieg → Nebukadnezars bei Karkemisch, haben Jeremia deutlich gemacht, daß Jahwe sein Volk und ganz Vorderasien dem König von Babylonien übergeben habe (27, 6). Schon 604 löst die babylonische die ägyptische Oberherrschaft über Palästina ab; Nebukadnezar wird damit auch der Herr über Juda und Jerusalem. Jeremias Drohungen haben es nicht verhindern können, daß der stolze und selbstsichere Jojakim (21, 13; 22, 13ff) um 600 von Babylonien abfiel. Die große Strafaktion des Babyloniers trifft 597 den schuldigen König selbst nicht mehr, da er kurz vorher gestorben ist, um so härter aber Volk und Land Juda (10, 17-21; 13, 15-17 u.ö.) und den König Jojachin, der mit einer breiten Oberschicht des Volkes in die Gefangenschaft ziehen muß (13, 18f; 22, 24ff). - Das letzte Jahrzehnt Jerusalems durchlebt Jeremia in einem zähen Ringen mit dem von Nebukadnezar eingesetzten König → Zedekia. Dieser tritt ihm zwar nicht mit derselben Schroffheit entgegen wie Jojakim (vgl. Jer 36) und sucht ihn sogar hier und da vor seinen Feinden zu schützen, hört aber letztlich doch nicht auf das warnende und drohende Wort des P.en. Jeremia muß dem Wahn entgegentreten, als ob die erste Gefangenschaft bald beendet sein werde und sich Juda durch einen Aufstand gegen Babylonien die Freiheit erkämpfen könne (594; vgl. 23, 13ff; 27f; 29, 15). I.J. 588 fällt Zedekia - in Hoffnung auf ägyptischen Beistand - von Nebukadnezar ab, der alsbald Juda und Jerusalem angreift und die Hauptstadt einschließt. Jetzt mahnt Jeremia zur schleunigen Übergabe (34, 1ff), hat aber keinen Erfolg damit, obwohl er eine zeitweilige Aufhebung der Belagerung - der Pharao Hophra zieht heran (34, 21; 37, 5) - in ihrer Vorläufigkeit herausstellt (37, 3ff). Auch auf eine letzte Warnung des P.en hört der König nicht (38, 14ff), und so muß Jeremia die Erfüllung seiner Drohungen über Juda und Jerusalem erleben in der Einnahme und der Zerstörung der Hauptstadt und ihres Tempels (39, 16; 40, 1ff; vgl. 52).

e) Auch bei *anderen P.en* der vorexilischen Zeit und des → Exils läßt sich meist aufweisen, wie sich geschichtliche Ereignisse der Zeit in ihrer Botschaft widerspiegeln; freilich lassen sich diese »Ereignisse« nicht in allen P.enschriften eindeutig historisch fixieren. So wurde etwa früher → Zephanjas P.ie zZ Josias in Zusammenhang mit dem Skythensturm (630-625) gebracht, was heute vielfach bestritten wird. Die p.e Liturgie des → Nahumbuches ist einigermaßen sicher auf die Zeit kurz nach dem Fall → Ninives zu datieren (612). Ob auch das → Habakukbuch (ebenfalls eine p.e Liturgie?) in diese Zeit zu setzen ist, bleibt fraglich, scheint aber nicht unbegründet. Das kleine → Obadjabuch könnte eine Anklage gegen das Verhalten Edoms beim Fall Jerusalems sein und wäre dann bald nach 587 anzusetzen, was aber nicht unbestritten ist. - Deutlicher spiegeln sich die Zeitverhältnisse im → Ezechielbuch und bei Dtjes (→ Jesajabuch, 2) wider. Das frühe Wirken Ezechiels (592-587) ist durch die letzten Jahre vor der Zerstörung Jerusalems bestimmt, und die Botschaft des Zweiten Jesaja durch das Vordringen des Kyros. Fraglich bleibt hier freilich, ob man Jes 40-55 noch genauer in seinen Bestandteilen nach dem Wirken des Perserkönigs einteilen kann (zB 40-47 vor 537 und 48-55 danach, oder erste Wirksamkeit des P.en von 553 ab, zweite seit 546). - Die P.en der nachexilischen Zeit lassen nicht im gleichen Maße in ihrer Botschaft die Ereignisse der Weltgeschichte anklingen. Das Gottesvolk hat nach dem Exil keine staatliche Existenz mehr, sondern erhofft sie allenfalls für die eschatologische Zukunft (→ Judentum: I).

Vgl. die Lit. zu den Einzelartikeln sowie zu → Propheten: II A (bes. den Lit.-Bericht von FOHRER). C, → Prophetenspruch. Ferner: A.ALT, Hos 5, 8 - 6, 6. Ein Krieg u. seine Folgen in p.er Beleuchtung (NKZ 30, 1919, 537-568 = ALT II, 163-187) - DERS., Das System der assyr. Provinzen auf dem Boden des Reiches Israel (ZDPV 52, 1929, 220-242 = ALT II, 188-205) - DERS., Tiglatpilesers III. erster Feldzug nach Palästina (ALT II, 150-162) - L.ROST, Jeremias Stellungnahme zur Außenpolitik der Könige Josia u. Jojakim (ChuW 4, 1929, 69-78) - J.BEGRICH, Der syr.-ephr. Krieg u. seine weltpolit. Zusammenhänge (ZDMG 83, 1929, 213-237) - F.WEINRICH, Der rel.-utopische Charakter der »p.en Politik«, 1932 - F.HÄUSSERMANN, Wortempfang u. Symbol in der at. P.ie (BZAW 58), 1932 - H.S.NYBERG, Studien zum Hoseabuch, Uppsala 1935 - J.LINDBLOM, Die Gesichte der P.en (StTh 1, 1935, 7-28) - K.ELLIGER, P. u. Politik (ZAW 53, 1935, 3-22; 55, 1937, 291-295) - A.R.JOHNSON, The P. in Israelite Worship (ET 47, 1935/36, 312-319) - DERS., The Cultic P. in Ancient Israel, Cardiff 1944 - H.W.HERTZBERG, Die Nachgesch. at. Texte innerhalb des AT (BZAW 66, 1936, 110-121) - H.BIRKELAND, Zum hebr. Traditionswesen (ANVAO 1938, 1) - S.MOWINCKEL, Die Erkenntnis Gottes bei den at. P.en, 1941 - DERS., Opkansten av profetlitteraturen (NTT 43, 1942, 65-111) - DERS., Prophecy and Tradition (ANVAO 1946, 3) - DERS., Religion og kultus, Oslo 1950, dt. 1953 - A.HALDAR, Associations of Cult P.s among the Ancient Semites, Uppsala 1945 - I.P.SEIERSTAD, Die Offenbarungserlebnisse der P.en Amos, Jesaja u. Jeremia, Oslo 1946 - C.A.KELLER, Das Wort OTH als »Offenbarungszeichen Gottes« (Diss. Basel), 1946 - I.ENGNELL, Profetia och tradition (SEA 12, 1947, 110-139) - G.v.RAD, Das judäische Königsritual (ThLZ 72, 1947, 211-216) - DERS., TheolAT II: Die Theol. der p.en Überlieferungen Israels, 1960 - M.SCHMIDT, P. u. Tempel, Zürich 1948 - G.WIDENGREN, Literary and Psychological Aspects of the Hebrew P.s, Uppsala 1948 - S.MORENZ, Eilebeute (ThLZ 74, 1949, 697 bis 699) - M.NOTH, Gesch. u. Gotteswort im AT, 1949 (= Ges. Studien zum AT, 1957, 230-247) - W.F.ALBRIGHT, Studies in the OT Prophecy, Edinburgh 1950 - W.v.SODEN, Verkündigung des Gotteswillens durch p.es Wort in den altbabyl. Briefen aus Mari (WO 1, 1950, 397-403) - H.H.ROWLEY (Hg.), Studies in OT Prophecy, 1950 - O.PLÖGER, Priester u. P. (ZAW 63, 1951, 157-192) - O.EISSFELDT, The Prophetic Lit. (in: H.H.ROWLEY, The OT and Modern Study, Oxford 1951, 115-161) - E.WÜRTHWEIN, Der Ursprung der p.en Gerichtsrede (ZThK 49, 1952, 1-16) - H.-J.KRAUS, P. u. Politik (ThEx NF 36), 1952 - G.QUELL, Wahre u. falsche P.en (BFChTh 46, 1), 1952 - DERS., Der Kult-P. (ThLZ 81, 1956, 401-404) - G.FOHRER, Die symbol. Handlungen der P.en (AThANT 25), 1953 - DERS., Messiasfrage u. Bibelverständnis (SgV 213/14), 1957 - H.-E.v.WALDOW, Anlaß u. Hintergrund der Verkündigung des Dtjes (Diss. Bonn), 1953 - F.MAASS, Zur psycholog. Sonderung der Ekstase (WZ Leipzig 3, 1953/54, 167-171) - E.NIELSEN, Oral Tradition, (1954) 1956² - H.W.WOLFF, Hauptprobleme at. P.ie (EvTh 15, 1955, 446 bis 468) - DERS., Das Geschichtsverständnis der at. P.ie (ebd 20, 1960, 218-235) - C.KUHL, Israels P.en, 1956 - E.JENNI, Die polit. Voraussagen der P.en (AThANT 29), 1956 - G.LANCZKOWSKI, Ägyptischer P.ismus im Lichte des at. (ZAW 70, 1958, 31-38) - A.H.J.GUNNEWEG, Mündl. u. schriftl. Tradition der vorexil. P.enbücher als Problem der neueren P.enforschung (FRLANT 73), 1959 - F.HORST, Die Visionsschilderungen der at. P.en (EvTh 20, 1960, 193-205) - H.DONNER, Israel unter den Völkern. Die Stellung der klass. P.en des 8.Jh.s vChr zur Außenpolitik der Könige von Israel u. Juda (Habil.-Schr. Göttingen), 1960 (Masch.).

J.Fichtner

II C. Die Theologie der Propheten

1. Allgemeines - 2. Der Auftrag Jahwes - 3. Die Geschichte als Ort der konkreten Entscheidung - 4. Jahwes Taten als Voraussetzung der p.en Botschaft - 5. Gott als der Kommende - 6. Der Mensch vor Gottes Angesicht - 7. Die menschliche Situation als geschichtliche

1. Die P.ie in Israel hat eine lange und mannigfaltige Geschichte durchlaufen (→ Propheten: II A. B); es ist daher nicht selbstverständlich, daß man von einer »Theologie der P.en« reden kann. Da die Schrift-P.en aber neben den Priestern, den Weisen, den Sängern eine besondere Gruppe innerhalb Israels darstellen und ihre Schriften auch einen eigenen Teil innerhalb des Kanons bilden (→ Bibel: I A. B), ist die Frage nach ihrer theologischen Eigenart trotzdem erlaubt. Gewiß bringen alle Gruppen ein Zeugnis von Jahwe, aber jede in ihrer Weise. Den *Weisen* (→ Weisheitsdichtung) geht es um das von Jahwe geordnete Leben und um die aus dieser immer gültigen Ordnung sich aufdrängenden und bedrückenden Fragen, unter Absehung von der Geschichte. Die *Priester* (→ Priestertum: II) vertreten das in der Geschichte gegebene Gesetz, das die von Gott geforderten Rechte und Kulthandlungen der Gemeinde ein für allemal regelt. Die *Sänger* (→ Musik: III) bringen Lob und Klage der Gemeinde vor Gott, den Herrn über Menschheit und Schöpfung. Demgegenüber hat die besondere Botschaft der Schrift-P.en den in der vergangenen und zukünftigen Geschichte wirkenden und damit den Menschen zu Glaube und Gehorsam rufenden Gott zum Mittelpunkt. Diese Gemeinsamkeit der Botschaft besteht trotz aller Eigenart und dem je besonderen Anliegen der einzelnen P.en (vgl. dazu die Einzelartikel).

2. Ihrer aller Botschaft beruht auf dem *Auftrag Jahwes*, in einem bestimmten geschichtlichen Augenblick das → Wort Gottes (: I) an Israel bzw. die Völker zu verkündigen. Sie geben also keine Lebensordnungen oder Kultgesetze, sondern schelten, drohen, mahnen, trösten, ermuntern in immer neuer Anrede. Manche rechtfertigen ausdrücklich diesen Anspruch, als Boten Gottes zu reden, mit dem Hinweis auf die → Berufung (: II), die sie, unabhängig von einer bestimmten Institution, in einen Dienst nimmt, dem sie sich nicht entziehen können. Gewiß führt dieser Ruf in manchen Zweifel, in viel innere und äußere Not. Doch wissen sie sich bestellt als Boten, Hüter, Prüfer oder Tröster. Weil sie von Gott berufen sind, darum müssen sie gehört werden; sie reden nicht in eigener Vollmacht, sondern in der Vollmacht Gottes. Das gibt ihren Worten den andringenden Ernst. Den gleichen Anspruch erheben aber auch die späteren Ergänzer, die anonym geblieben sind; auch sie wollen für ihre Zeit eine Botschaft Gottes ausrichten.

3. Zu der Gemeinsamkeit des persönlichen Auftrags tritt die der Bindung an die jeweils geschichtliche Gegenwart. Die Mehrzahl der P.ensprüche läßt sich einer bestimmten Periode zuweisen, für die sie gesprochen, später vielleicht auch geschrieben sind. Sie sind also als Anrede an die gleichzeitigen Hörer bzw. Leser gemeint. Das bedeutet aber, daß für die Botschaft der P.en die → *Geschichte* (: I) *als Ort der konkreten Entscheidung* wesentlich wird. Die P.en verkünden keine allgemeinen Wahrheiten über Gott, sondern sprechen im Namen des Gottes, der da war, der geredet und gehandelt hat, und der da kommt, der richten und retten wird, und der daher auch ist, in dem Augenblick der geschichtlichen Stunde, in der der P. Gemeinde und Völkerwelt zur Umkehr ruft.

4. Die Voraussetzung aller p.en Botschaft, die meist auch ausdrücklich ausgesprochen wird, ist die Erinnerung an die *Taten des Gottes Israels*, der seine Geschichte von Anbeginn an geführt hat. Gewiß stellt nur Ezechiel diese Geschichte in ausführlicher Allegorie dar (Kap. 16; auch 23). Aber fast alle erinnern an das, was Gott an *Israel* getan hat, vom Auszug aus Ägypten an (Am 9, 7; Hos 11, 1; Jes 43, 16; 51, 9), an die Führung durch die Wüste (Hos 2, 16), an die Kämpfe mit Midian (Jes 9, 3) und an David (Jes 29, 1); damals und sonst hat Israel die Führung seines Gottes erfahren. Diese Erfahrung beruht aber auf der Berufung und → Erwählung (: I) Israels durch seinen Gott am Anfang seiner Geschichte (Am 3, 2; Jes 43, 1; Ez 16, 6). Seitdem hat er sich Israels angenommen und immer neu um Israel geworben (Jer 2, 2f; Hos 11, 3).

Aber das Wirken dieses Gottes beschränkte sich von Anfang an nicht auf Israel. Wenn schon bei → Amos (9, 7) Gott die → Philister und → Aramäer ebenso in ihr

Land geführt hat, wie Israel in seines, so ist er damit als *Herr der Völker,* als Herr der Weltgeschichte anerkannt. Und das bleibt er, wenn er etwa das Weltreich Assur in seinen Dienst nimmt (Jes 10, 5ff) und → Nebukadnezar als seinen Knecht bezeichnet (Jer 27, 6), wie Kyros als seinen Gesalbten (Jes 45, 1). Für die P.en ist Jahwe, der Gott Israels, der eine → Gott (: II, 5), der allein Macht hat und der daher wie die Geschichte → Israels, so auch die Geschichte der Völker nach seinem Willen führt (→ Universalismus und Partikularismus: II). Dieser durch keine politische Machtentfaltung Israels begründete Glaube bleibt auch und gerade nach der Zerstörung des Staats. Damit aber ist zuerst die Einheit der Menschheitsgeschichte ausgesprochen.

Daß dieser Gott auch über die *Natur* Macht hat, daß er überall, im Himmel wie im Totenreich, der Herr ist, sagt wieder schon Amos (9, 1-4); daher sind die Schrecken der Natur Waffen in seiner Hand (4, 6ff; Nah 1, 4-6). Doch ist ebenso die Ordnung der Natur Gottes Werk (Jer 31, 35f; Jes 40, 25ff; → Schöpfung: II). So bedeutet es nur einen letzten Schritt, wenn dieser Gott bei Dtjes (→ Jesajabuch, 2) als der Schöpfer gepriesen wird, nicht um damit eine rationale Welterklärung zu geben - solche liegt dem P.en fern -, sondern als Hinweis darauf, daß der Gott, der Israel erwählt und berufen hat, der allein Mächtige ist, neben dem es keine anderen Götter gibt, die ein Mensch zu fürchten hätte (44, 24ff; 45, 7).

Doch haben die P.en diesen Gott nicht nur als mächtigen, allezeit wirksamen Herrn erfahren, sondern auch als den *»Heiligen«* (→ Heilig: II, 2). Gewiß gebrauchen vor allem → Jesaja und Dtjes dieses Wort; doch umreißt es, was alle P.en meinen, daß nämlich Gott der sittliche sei; besser wohl, daß er als der gerechte, gute, reine nicht willkürlich handle, indem er Gerechtigkeit fordere und alle Bosheit richte. Es werden kaum Aussagen über Gottes Eigenschaften gemacht, wohl aber über sein Handeln. Und dazu gehört einmal seine Forderung. Wohl alle P.en setzen voraus, daß Israel um Gottes Forderung wisse, wenn diese auch verschieden formuliert ist. → Hosea und auch → Jeremia denken vor allem an den → Dekalog, Amos an das → Bundesbuch, → Ezechiel an bestimmte Formen priesterlicher Unterweisung. Gemeinsam ist ihnen allen, daß Gottes Forderung sich nicht auf die Verehrung Jahwes allein oder auch auf rechten Kult beziehe, sondern daß zum Gottesdienst Dienst am Menschen gehöre, Erhaltung der Ordnungen, in denen Menschen nach Gottes Willen leben sollen. Von diesem Gott, der rein ist und Reinheit fordert, sagt →Habakuk (1, 13): Zu rein sind Deine Augen, Böses anzuschauen. Dieser Gott erträgt das Böse in keiner Form, und so richtet er es, wo er es trifft. Auch diese Erfahrung des fordernden und richtenden Gottes gehört zu den Voraussetzungen p.er Botschaft; nur von ihr aus kann Geschichte in ihrem Sinn erfaßt werden.

Denn → Geschichte (: I) ist nicht nur der Ort göttlicher Führung, sondern zugleich der der menschlichen Gottentfremdung, des Abfalls und Ungehorsams. Zuerst ist es Hosea, dann ihm folgend Jeremia, Ezechiel und Dtjes, die die Geschichte, zunächst Israels, unter diesem Aspekt sehen. Schon immer ist Israel seinem Gott untreu geworden, seit dem Königtum, seit dem Einzug, ja schon vom Urvater Jakob her (Hos 8; 9, 10ff; 12, 3f; Jer 2; Ez 16); diese Untreue gegen Gott hat Israel in vielerlei Schuld verstrickt (→ Sünde und Schuld: II). Und wenn auch Gott in mancherlei Weise Israel zu sich zurückholen wollte, so galt zuletzt doch das Urteil über diese Geschichte: Ihr seid nicht umgekehrt zu mir (Am 4, 6ff). So ist die Geschichte zuletzt auch der Ort göttlichen Gerichts gewesen. Gott hat gerichtet, wenn er Menschen verstockte oder Israel ungute Gesetze gab (Ez 20, 26) und es damit nur um so mehr in Schuld verstrickte und dem Gericht näher brachte; er hat aber auch gerichtet, indem er Unheil über die Völker kommen ließ und sie dem Verderben preisgab. Und doch ist mit alledem die Geschichte nicht rational faßbar; oft genug stehen die P.en vor dem Geheimnis des lebendigen Gottes, der mit seinem Werk verfährt, wie der Töpfer mit dem seinen (Jer 18; Mal 1, 2f). Ihr Gott ist zu groß, als daß er sich vom Menschen her je begreifen ließe. Es genügt, zu wissen: Der Gott, der da war, hat sich allezeit mächtig erwiesen in einer Geschichte gnädiger Führung und furchtbaren Gerichts, in einer Geschichte, die vom Menschen her durch Abfall und Schuld geprägt war: Du hast mir Mühe gemacht mit deinen Sünden (Jes 43, 24).

5. Von diesen Voraussetzungen her ergibt sich der Kern der p.en Botschaft: Der Gott, der in der Geschichte handelnd gegenwärtig war, ist auch der Gott, *der immer kommt.* Gewiß steht hin und wieder vor einem P.en die bange Frage, ob Gott wirklich erscheint (zB Hab 1f). Aber auch Habakuk überwindet diesen Zweifel, und die P.en insgesamt sprechen aus der Gewißheit: Gott kommt; wie er einst in Heil und Gericht erschienen ist, so wird er es wieder tun. Sie müssen reden von dem, was geschehen wird, nicht im Sinn eines Orakels, das bestimmte Ereignisse voraussagt (solches geschieht nur selten), sondern so, daß die Zukunft eine Zukunft Gottes ist, daß dieser Gott auf Israel und auf die Völker zukommt: Siehe da, euer Gott! (Jes 40, 9).

Gott kommt zum → *Gericht* (: II). Schon Amos spricht es in unerbittlicher Klarheit aus, daß auch Israel, entgegen aller bisherigen Erwartung, dem Gericht Gottes nicht entgehe. Die Geschichte der Untreue treibt auf das Gericht zu; gerade weil Jahwe Israel erwählt hat, wird er an Israels Schuld nicht vorübergehen; auch diese Schuld wird mit Tod und Vernichtung gestraft, und nirgends kann Israel diesem Gericht entgehen (Am 3, 2; 7, 7f; 9, 1-4). Und was Amos Israel zu sagen hat, nimmt Hosea auf (13, 7f), übertragen Jesaja und → Micha, → Zephanja und Jeremia auf Juda. Auch Juda darf sich nicht auf seine Erwählung verlassen, sondern muß dem Gericht seines Gottes entgegengehen. Diese Androhung des Gerichts ist Thema p.er Verkündigung auch späterhin, bei Ezechiel, → Joel, → Maleachi, zT mit der Einschränkung, daß nur die Schuldigen gerichtet werden. Aber die Botschaft von dem zum Gericht kommenden Gott bleibt. - Diese gilt auch den Völkern und Weltreichen; denn auch sie sind schuldig geworden vor Gott durch Hochmut und Selbstsicherheit und Verfehlung des göttlichen Willens. Gerade die Weltreiche, von Assur an, erscheinen als die Gegenspieler Gottes und sind damit dem Gericht des kommenden Gottes ausgeliefert (Jes 10, Nah, Dtjes, Dan). In ihm wird Gott sich zeigen als der zornige, vergeltende, ja vernichtende, wobei die P.en zT Bilder von atemberaubender Grausamkeit gebrauchen (Jer 50, 35ff).

Und doch erschöpft sich die Botschaft vom göttlichen Advent nicht in der Drohung des Gerichts. Schier unbegreiflich steht daneben die Erwartung göttlichen *Erbarmens.* Gott will nicht Vernichtung, sondern Vollendung. Die P.en deuten in sehr verschiedener Weise an, wie Gott durch allen Ernst des Gerichts hindurch sein Ziel erreicht. Könnte nicht schon die Predigt vom Gericht Israel, ja sogar Ninive zur Umkehr bestimmen? »Vielleicht« wäre Gott dann bereit, auf ein Gericht zu verzichten und Schuld zu vergeben (Am 5, 15; Jer 36, 7; Jon 3, 9)! Oder ein Rest könnte sich bekehren und so das Gericht überdauern (Jes 7, 3). Aber bei Hosea wird es deutlich, daß auch bei solcher Umkehr des Volkes zuletzt doch Gott »heilen und segnen« muß, wenn ein Neues werden soll (Hos 14, 5f). So ist es auch bei Jeremia Gott selbst, der mit neuer Verheißung und neuer Verpflichtung einen neuen Anfang setzt: »Mit ewiger Liebe liebe ich dich; darum ziehe ich dich zu mir in Huld« (Jer 31, 2. 31ff). Noch eindrücklicher wird dieses göttliche Handeln, als das Gericht über Israel Wirklichkeit und das Volk einem Feld voller Totengebein gleich geworden war. Es ist Gottes Wunder, wenn Israel ein neues Leben, ein neues Herz und ein neuer Geist geschenkt werden (Ez 36f); noch mehr, wenn Dtjes der verzagten Gemeinde die Ankunft Gottes verkündet und damit Vergebung, Rückkehr und den Anbruch neuen Heils. Gerade für diesen P.en aber bedeutet das zugleich einen Neuanfang für die Völker. Denn an Israel und seinem Ergehen erkennen sie den einen Gott, seine Macht und seine → Gnade (: II). So wird Israel zum Mittler Gottes für die Völkerwelt. Neben Israel steht bei Dtjes aber auch die rätselvolle Gestalt des »Gottesknechts«, der durch Leiden hindurch den Vielen ein Sühnopfer wird (→ Knecht Jahwes). Wie immer diese Gestalt zu verstehen ist, auch sie wird den Völkern ein Zeuge Gottes sein und sie zum Heil führen. So oder so, Gott wird in seinem Kommen auch den Völkern, durch alles Gericht hindurch, ein Neues schaffen. Auch die späteren P.en wie Tritojesaja (→ Jesajabuch, 3), → Haggai und → Sacharja nehmen, in verschiedener Weise, diese Botschaft wieder auf. Der auf die Welt, die Menschheit, die Gemeinde in Gericht und Heil zukommende Gott wirbt und ringt um eine neue Gemeinde, eine neue Menschheit, eine neue Schöpfung (Jes 65, 17; 66, 22). (Zu den Einzelmotiven s. → Eschatologie: II.)

6. So stehen Gemeinde und Menschheit immer vor dem Gott, der das vergangene Geschehen bestimmt hat und im zukünftigen Geschehen auf sie zukommt. Das verkündigen die P.en aber nicht, um eine Geschichtstheologie zu entwickeln, so gewiß sie zuerst Geschichte sub specie Dei gesehen haben, sondern *um ihre Hörer vor eben diesen Gott zu stellen*. Ihre ganze Botschaft ist an den jeweils gegenwärtigen Menschen gerichtet, der in der Mitte zwischen Vergangenheit und Zukunft steht, dh aber vor dem Gott, von dem der Mensch herkommt und auf den er zugeht.

Dieser Gott erscheint in der Botschaft der P.en in mannigfacher Gestalt; er steht vor dem Menschen als der Heilige, der Richtende und Vergebende, in seiner Huld und in seinem Geheimnis, je nach der Situation des angeredeten Menschen. Dem Selbstsicheren droht er, den Verzagten tröstet er, den Ungehorsamen tötet er und den Erstorbenen erweckt er zu neuem Leben. In alledem ist er der Lebendige, der mächtig Wirkende, vor dessen Wirken ein P. wie Jeremia oft genug fragend und zweifelnd steht, ja der seinen »Knecht« den Weg des → Leidens führt, und der doch der Eine, Einzige ist, der über seine P.en, seine Gemeinde, seine Menschheit und seine Schöpfung nach seinem Willen verfügt, in → Zorn und Erbarmen (→ Liebe: II), und der in alledem doch im Recht ist, auch dort, wo sein Handeln dem Menschen wie ein unerforschliches Geheimnis erscheint. So gibt es im Angesicht des lebendigen Gottes für den Menschen nur die bedingungslose Hinkehr zu diesem Gott. Diese wird von den P.en in sehr verschiedener Weise umschrieben; Amos fordert: »Suchet den Herrn« (5, 6. 14); für Hosea geht es um »Gott erkennen« (4, 1; 6, 6). Für Jesaja ist das gleiche mit den Worten: Glauben, Stillesein, Vertrauen gesagt (7, 9; 30, 15), in denen das Sich-bergen in der Treue Gottes umschrieben wird (→ Glaube: II). Jeremia spricht gern von »Umkehr« zu dem Gott Israels und Ezechiel vom Hören auf sein Wort. Maleachi vermißt die Anerkennung der »Ehre« Gottes, die ihm allein gebührt (Mal 1, 6); denn seine Ehre gibt er keinem andern (Jes 42, 8). Immer geht es darum, Gottes Gottheit ernst zu nehmen und ihn allein als Gott anzuerkennen (→ Monotheismus: II).

Das bedeutet zugleich die Abkehr von allen anderen »Gottheiten«, dh von allen Mächten, bei denen ein Mensch sonst Sicherheit, Hilfe und Trost zu finden meint. So wenden sich die P.en gegen die Verehrung fremder Götter (→ Götzendienst im AT), wie der Baale (so Hosea und Jeremia), der Götterbilder (Jes 2, 20; 44, 9ff), der assyrischen und babylonischen Götter (Ez 8; Jes 46). Sie alle sind Verkehrungen des einen Gottes und können keine Hilfe bieten. Aber auch die Weltreiche gehören zu solchen Mächten, auf die die Gemeinde vergeblich vertraut (Hos 7, 11; Jer 2, 36) oder vor denen sie sich umsonst ängstet (Jes 7, 1ff). Selbst die eigenen Institutionen, wie das → Königtum in Israel, können zu falscher Sicherheit führen und dh zu Abgöttern werden (Hos 8, 4). Wenn Gott allein Herr ist, gibt es keinen anderen neben ihm, dem Ehre, Vertrauen und Anbetung gebührt.

Von hier aus wird auch die *Stellung der P.en zum »Kult«* verständlich. Es geht nicht um »historische« Aussagen, auch nicht in Am 5, 25 und Jer 7, 22. Es geht auch nicht um besondere Formen des Kults, die anerkannt oder abgelehnt werden, etwa Gebet, aber nicht Opfer. Vielmehr stellen die P.en ihre Hörer vor die Frage, wem sie eigentlich mit den Kultussitten in aller ihrer Mannigfaltigkeit dienen wollen; meinen sie wirklich Gott oder nicht im Grunde sich selbst? Einen Kult, mit dem der Mensch etwas für sich erzwingen will zu seiner eigenen Lebenssicherung, haßt und verabscheut Gott. Das aber ist die Haltung, die die P.en in Israel und Juda finden; darum ihre scharfen Worte gegen solchen Kult, der wieder nicht dem lebendigen Gott allein die Ehre gibt, sondern durch das eigene Werk eine Sicherung sucht. So bei Am 4, 4f; 5, 21ff; Hos 6, 6; Jes 1, 10-17; 29, 13f; Mi 6, 8; Jer 6, 20; 7, 21-26; Jes 43, 22ff; Sach 7, 5f.

Demgegenüber gehört zum echten → Gottesdienst (: II) um so mehr der Dienst am Nächsten. Nicht nur dort, wo Recht und Huld dem Kult gegenübergestellt werden (zB Am 5, 24; Hos 6, 6; Mi 6, 8; Jes 1, 16; Jer 7), sondern auch sonst erscheinen Recht und Gerechtigkeit als Gottes Forderung: »Es ist dir gesagt, Mensch, was gut ist und was der Herr von dir fordert: Recht tun und Huld üben und in Demut wandeln vor deinem Gott« (Mi 6, 8). Dienst am Menschen und Dienst Gottes gehören zusammen; man kann nicht Gott suchen und seinen Bruder knechten. Daher die scharfen Worte der P.en gegen ungerechtes Gericht, Unterdrückung der Armen und Fremden, der Witwen und Waisen, all derer, denen keine Machtmittel zur Verfügung stehen; gegen Luxus der Reichen auf Kosten der Armen, kurz gegen alles Unrecht am Nächsten. Auch das geht gegen Gottes Ehre; auch damit wird der Mensch schuldig vor Gott. Wo aber der Mensch vor Gottes Angesicht gestellt wird, da ist er gerufen zum Dienst am Recht, an der Ordnung Gottes, zu Liebe und Erbarmen.

Die Gemeinde aber, die sich durch das Wort der P.en vor den lebendigen Gott stellen läßt und in Vertrauen und Gehorsam lebt, ist damit auch gerufen, Zeuge dieses Gottes zu sein. Die Gemeinde trägt in ihrer Existenz die Verantwortung für die Völkerwelt. Wie um ihres Ungehorsams willen der Name Gottes gelästert wird unter den Heiden, so wird die von Gott erneuerte Gemeinde Zeuge sein für die Wirklichkeit, die Alleinwirksamkeit des in Gericht und Erbarmen zu ihr kommenden Gottes. Sein Ziel ist nicht die Vernichtung, sondern das neue Leben, auch für die Vielen, für die Völker. Sein »Knecht« aber ist gerade durch Leiden hindurch sein auserwähltes Werkzeug zu diesem Ziel.

7. Eine solche Zusammenfassung gerade der p.en

»Theologie« ist nicht ohne Bedenken; zu leicht wird das Einmalige, Unmittelbare, Widerspruch Erweckende des p.en Wortes verkürzt, das die Selbstsicheren richtet und die Verzagten aufrichtet. Aber trotz aller Einmaligkeit und bei aller Bindung an die jeweilige Zeit wurden diese Worte gesammelt und überliefert, ein Zeichen dafür, daß die Zeitbindung die fortdauernde Bedeutung nicht hinderte. Diese besteht darin, daß in der Botschaft der P.en *die menschliche Situation als eine geschichtliche* verstanden wurde, dh einmal, daß der Mensch in dem Strom der Geschichte Gottes mit der Menschheit steht, und zum anderen, daß er eben damit in jedem Augenblick vor das Angesicht Gottes, vor seinen gnädigen und fordernden Willen gestellt wird. Gegenüber allen Versuchen, auch in Israel zu einer statischen Ordnung zu kommen, sind die P.en erfüllt von dem Wissen um die auf den Menschen allezeit eindringende und auf ihn zukommende Kraft Gottes. Eben darin aber ist ihre Botschaft im besonderen die Vorbereitung des Evangeliums: »Die Zeit ist erfüllt, und das Reich Gottes ist herbeigekommen. Tut Buße und glaubt an das Evangelium« (Mk 1, 15).

O. Procksch, Geschichtsbetrachtung u. geschichtl. Überlieferung bei den vorexil. P.en, 1902 - J. Rieger, Die Bedeutung der Gesch. für die Verkündigung des Amos u. Hosea, 1929 - J. Hempel, AT u. Gesch., 1930 - Ders., Die Mehrdeutigkeit der Gesch. als Problem der p.en Theol. (NGG NF I/1, 1936, 1-44) - Ders., Worte der Profeten, 1950 - A. Weiser, Glaube u. Gesch. im AT (BWANT 55), 1931 - B. Bendokat, Die p.e Botschaft, 1938 - M. Buber, Der Glaube der P.en, 1950 - H. W. Hertzberg, Die p.e Kritik am Kult (ThLZ 75, 1950, 219-226) - H. W. Wolff, Das Thema »Umkehr« in der at. P.ie (ZThK 48, 1951, 129-148) - Ders., Das Geschichtsverständnis der at. P.ie (EvTh 20, 1960, 218-235) - G. Quell, Wahre u. falsche P.en (BFChTh 46, 1), 1952 - Th. C. Vriezen, Prophecy and Eschatology (VT Suppl. 1, 1953, 199-229) - F. Hesse, Das Verstockungsproblem im AT (BZAW 74), 1955 - C. Kuhl, Israels P.en, 1956 - E. Balla, Die Botschaft der P.en, 1958. - Vgl. ferner die at. Theologien sowie die Lit. zu den Einzelartikeln u. zu → Propheten: II A. B. *A. Jepsen*

III. Im Christentum

A. Im NT - B. In der altchristlichen Kirche. - Vgl. auch → Amt: II, → Geist: IV, → Kirchenverfassung: I

III A. Im NT

Das NT versteht die Existenz christlicher P.en als Zeichen des eschatologischen Geistbesitzes und bezeugt sie für Palästina/Syrien (Synoptiker, Apg), Kleinasien (Apk), die paulinischen Gründungen und Rom. Die P.en bilden einen relativ geschlossenen »Stand«, einen bekannten Personenkreis mit dauernder p.er Befähigung und bestimmter Stellung in der Gemeinde. Wie die wohl vorpaulinische numerierte Trias 1Kor 12, 28 (vgl. Eph 2, 20; 3, 5; 4, 11; Apk 18, 20; Apg 13, 1) zeigt, stehen sie rangmäßig zwischen Aposteln und Lehrern und sind wie die letzteren der Einzelgemeinde zugeordnet.

Wenn *Paulus* die Prophetie als das zur οἰκοδομή der Kirche wichtigste Charisma kennzeichnet (1Kor 12-14), so entspricht das ihrer faktischen Sonderstellung (weder hierarchische Institution, vgl. 1Kor 11, 5; 14, 1. 33ff, noch wegen 14, 5 P.entum aller Gläubigen, vgl. 12, 6-8. 29f). Sie hat ihre Funktion im → Gottesdienst (11, 5; 14, 23f), ist Erkenntnis und Mitteilung von μυστήρια (13,2), beruht auf Inspiration, äußert sich aber nicht ekstatisch, sondern in vernünftiger Rede (12, 11; 14, 15f. 23f) und hat im Unterschied zur traditionsgebundenen »Lehre« Offenbarungscharakter. Zu ihrem (schwer bestimmbaren) Inhalt gehören wohl eschatologische Aussagen (wie Röm 11, 25f; 1Kor 15, 51f; Gal 5, 21; 1Thess 3, 4) und »Sätze heiligen Rechts« (Käsemann; zB 1Kor 3, 17; 14, 38; 16, 22 usw) - hier würde die den → Aposteln ähnliche Autorität der P.en in der Gemeindeleitung verständlich -, zu ihrer Funktion die Prüfung und Überführung der Einzelnen, die Paraklese und der Aufbau der Gemeinde (1Kor 14, 3. 24f. 31). Doch stehen die P.en unter Kontrolle: der Willkür Einzelner setzt die »Prüfung der Geister« durch andere (P.en?) Schranken (1Kor 14, 29-33); Kriterium ist die ἀναλογία πίστεως (Röm 12, 6). - Im zeitlichen und räumlichen Bereich des *Eph* sind die »heiligen Apostel und P.en« eine vergangene Größe, das »Fundament« der Kirche, und durch andere Stände ersetzt (2, 20; 3, 5; 4, 11).

Für die *Apk* und ihren Bereich sind die P.en dagegen eine gegenwärtige Größe und, als Nachfolger der verschwundenen Apostel (18, 20; 21, 14), die höchste Autorität. Vom Selbstverständnis des Sehers, der sich zu ihnen rechnet (1, 9ff; 22, 9), wird man auf das ihre schließen dürfen. Berufen und autorisiert durch den Erhöhten, beanspruchen sie die Leitung der Gemeinden in Tadel, Lob und Weisung (2f) und für ihr Wort kanonische Geltung, die keine kritische Korrektur duldet (22, 18ff). Der Modus der Offenbarung ist die ekstatische Vision (1, 10; 4, 3; 17, 3; 21, 10), ihr Inhalt primär die eschatologische Zukunft (1, 1; 4-22), erst sekundär Diagnose der Gegenwart und Paränese (2f). Möglicherweise ist dieses p.e Selbstbewußtsein palästinisches Erbe.

Die Rolle der christlichen P.en in Palästina/Syrien ist noch ungeklärt. Die *Apg* nennt zwar Namen (11, 28; 13, 1; 15, 32; 21, 9f) und kennt die P.en neben den Lehrern als Gemeindeleiter (13, 1ff; 15, 22. 32), aber sie trägt spätere Vorstellungen in die Frühzeit zurück (Hellseherei 11, 28; 21, 10; Herumziehen 11, 27f; 15, 32; 21, 10 vgl. Did 13, 1). Ergiebiger sind die Synoptiker: die Warnung vor falschen P.en setzt die echten als verbreitete Erscheinung voraus (Mk 13, 22 par); Q enthält zahlreiche »unechte« Herrenworte (eschatologischen und disziplinären Inhalts), die nicht als literarische Fälschungen, sondern nur als Äußerungen von P.en zu verstehen sind, die als Worte des Erhöhten gehört werden sollten und gehört wurden (vgl. Apk 2f; OdSal 42, 6). Autorität und Rolle dieser P.en in der Führung der Gemeinde können nicht gering gewesen sein.

E. Käsemann, Sätze Heiligen Rechtes im NT (NTS 1, 1954/55, 248-260) - Ders., Die Anfänge christl. Theol. (ZThK 57, 1960, 162 bis 185) - G. Friedrich, ThW VI, 829ff (Lit.) - H. Greeven, Die Geistesgaben bei Paulus (WuD NF 6, 1959, 111-120) - Ed. Schweizer, Gemeinde u. Gemeindeordnung im NT (AThANT 35), 1959 (Lit.). *P. Vielhauer*

III B. In der altchristlichen Kirche

Die für die Frühzeit bezeugte Dreiheit der Apostel, P.en und Lehrer (→ Propheten: III A) hat sich in der christlichen Kirche allmählich aufgelöst. Die Apostel starben aus und hatten keine Nachfolger, die P.en hielten sich bis etwa Anfang des 3. Jh.s; unentbehrlich blieben nur die Lehrer, die nach dem Vorgang der Rabbinen Schriftauslegung und Lehrtradition von Geschlecht zu Geschlecht fortsetzen. Did 11 nennt Apostel und P.en noch zusammen und fordert ihre Respektierung durch die Gemeinde »nach der Satzung des Evangeliums«. Das praktische Verhalten gilt als wichtiger Gradmesser dafür, ob ein Apostel ein Lügen-P. ist oder nicht (der Begriff des Lügenapostels wird hier nicht verwendet!). Von den P.en wird mehr berichtet (10, 7; 11, 7-12; 13, 1-7). Sie sind noch Wanderprediger und können sich - im Gegensatz zu den Aposteln - in einer Gemeinde auch für längere Zeit niederlassen. Sie dürfen nach den gemeinsamen Mahlzeiten frei beten (10, 7) und eine Mahlzeit für die Armen anbefehlen (11, 9). Da ihr Reden aus dem Geist zu respektieren ist, haben sie für die Gestaltung des Gottesdienstes und Gemeindelebens offenbar noch erhebliche Bedeutung, wenn auch ihr p.es Tun nicht auf einer amtlichen Einführung (vgl. 1Tim 1, 18; 4, 14) zu beruhen scheint. Für die Unterscheidung zwischen echten und falschen P.en ist Herm mand 11 charakteristisch. Wer sich von Menschen nach ihren Wünschen befragen läßt, hat als falscher P. zu gelten; denn der echte P. redet nur in der Kraft Gottes aus eigenem Antrieb. Auch → Justin hat mit falschen P.en zu rechten, deren Auftreten der Herr selbst angekündigt habe (Dial. 35, 3; 51, 2; 69, 1; 82, 1-2). Justin versichert, daß p.e Gaben in der Kirche bis in seine Gegenwart wirksam sind (Dial. 82, 1). Daß die Diskussion über echte und falsche Prophetie weiter ging, bezeugt Euseb (h.e. IV, 26f; V, 17-19). Der → Montanismus beruhte ja auf dem Anspruch echter Prophetie. Er brachte auch eigene Schriften und eine Sammlung neuer P.ensprüche hervor, die eine Bedrohung der kirchlichen Schrifttradition darstellten (Euseb, h.e. V, 16, 3; 17). Die Kirche stellte diesen P.en eine Reihe echter P.en gegenüber, die mit Agabus (Apg 11, 28) beginnt und mit Quadratus und Ammia in Philadelphia schließt (V, 17, 2-3). In der Abwehr behauptet → Miltiades, daß ein P. überhaupt nicht in Ekstase reden dürfe, während die p.e Gabe selbst nach Lehre der Apostel in der ganzen Kirche bis zur Wiederkunft Christi erhalten bleiben müsse (vgl. 1Kor 1, 7 mit Eph 4, 11ff). - Daß p.e Gabe hie und da immer wieder aufgebrochen ist, erscheint ebenso sicher wie die Tatsache, daß schon in Past und Did Bischöfe und Diakone neben die frei wirkenden Charismatiker treten, um sie später zu ersetzen; Did 13, 4 rechnet schon mit der Möglichkeit, daß man keinen P.en in der Gemeinde habe. - 2Petr versteht unter P.en nur die des AT. Auch bei Hippolyt ist das Wort auf Schrift-P.en beschränkt. Das → Muratorische Fragment (77ff), Hippolyt (antichr. 31) und Origenes (zu Mt 28) zeigen das Ende einer Epoche christlicher Gemeinde-P.en an. An ihre Stelle traten die Lehrer. Klassisches Beispiel dafür ist der Lehrer, Katechet und wohlwollende Beurteiler heidnischer Philosophie → Clemens von Alexandrien. Er bekämpft alle Irrlehre gestützt auf die Untrüglichkeit der Schrift, die aus Gesetz, P.en und Evangelien besteht, und auf eine Tradition, welche durch die P.en des AT, das Evangelium und die Apostel vermittelt ist. Hinter dieser → Tradition (: V. VI) steht der Herr als Urgrund aller Lehre und Führer der Erkenntnis bis zum Ende (Strom. VII, 97, 2; 95, 3). Wo diese gesicherte Position zur Bekämpfung der Irrlehrer und falschen P.en durch einen die Tradition wahrenden Lehrer bezogen ist, hat der Gemeinde-P. keinen Platz mehr.

A.v.Harnack, Die Mission u. Ausbreitung d. Christentums in d. ersten 3 Jh.en, (1902) 1924[4], 344ff - E.Fascher, Προφήτης, 1927, 161ff - W.Bauer, Rechtgläubigkeit u. Ketzerei im ältesten Christentum, 1934, 134ff. 182ff - H.v.Campenhausen, Kirchl. Amt u. geistl. Vollmacht in d. ersten 3 Jh.en, 1953, 65ff. 195ff. - Vgl. die Lit. zu → Propheten: III A. *E.Fascher*

Prophetenspruch

1. Botenformel - 2. Heilswort - 3. Unheilswort - 4. Sonstige Gattungen

Die Worte der at. → Propheten weisen bei aller individuellen Verschiedenheit bestimmte gemeinsame Grundformen auf. Ihre Erfassung unter formgeschichtlichen Gesichtspunkten (→ Bibelkritik: I, 3; → Formen und Gattungen: I) steht in Wechselbeziehung zum Verständnis der Prophetie. Als erster hat → Gunkel eine zusammenhängende Darstellung der Formen des P.s gegeben. Er ging dabei von der Erkenntnis aus, daß die Grundform der prophetischen Rede der kurze Einzelspruch ist. Bei der Bestimmung der verschiedenen Spruchgattungen ließ er sich von der Frage nach dem zugrunde liegenden prophetischen Erlebnis leiten. In neuerer Zeit steht jedoch die Frage nach Traditionszusammenhängen und institutioneller Verwurzelung im Vordergrund.

1. Eines der auffallendsten Kennzeichen des P.s ist die Einleitungsformel »so spricht Jahwe«. Sie hat ihren Ursprung in der *Botenformel*, mit der ein Bote seinen Auftrag einleitet (Gen 32, 5; 2Kön 18, 19). Ihr Gebrauch beim P. ist nicht einheitlich: teils steht sie am Anfang des ganzen P.s, teils leitet sie (oft mit vorangestelltem »darum«) erst die Gerichtsankündigung (s. 3) ein (2Kön 1, 3f; vgl. aber V. 6 und 16!); dieser zweite Gebrauch findet sich vor allem bei den Propheten des 8. und 7.Jh.s (Am 3, 9-11; Jer 6, 20f), bei Ez begegnet auch die doppelte Botenformel (13, 3-9). Im übrigen tritt die Formel in den Prophetenbüchern zT stark zurück oder fehlt ganz (so in Hos, Jo, Jon, Hab, Zeph). Neben ihr finden sich die Formel ne'um jāhwǣ (»Raunung Jahwes«?) und andere Wendungen, die den P. als Jahwerede kennzeichnen. - Die Übernahme der Botenformel in den P. läßt diesen als Weitergabe eines dem Propheten aufgetragenen Wortes verstehen, was auch in dem Vorherrschen der Ich-Rede Jahwes zum Ausdruck kommt. Das gleiche Verständnis zeigt sich auch bei den Propheten in → Mari (, 4). Im Botenspruch selbst herrscht jedoch keine formale Einheitlichkeit, so daß sich der P. als Gattung nicht aus diesem herleiten läßt.

2. Der P. ist überwiegend Ankündigung eines bevorstehenden Geschehens. Eine erste Gruppe läßt sich zusammenfassend als *Heilswort* kennzeichnen. Dabei werden bei den Propheten vor Amos ganz verschiedene Wurzeln erkennbar. Die Ankündigung des helfenden Eingreifens Jahwes (1Kön 20, 13. 28) steht in Zusammenhang mit der Siegeszusage Jahwes im Hl. → Krieg (: II, vgl. Jos 6, 2; 8, 1), wo sie vielleicht von einem charismatischen Sprecher verkündet wurde (Schütz, vgl. Ri 4, 6f). In der Form zeigt sich eine Verwandtschaft mit der Befragung des Losorakels (vgl. Ri 1, 1f; 2Sam 5, 19); jedoch treten Charismatiker und Propheten in der Regel ungefragt auf. Eine Gruppe von orakelhaften Heilsworten (1Kön 17, 14; 2Kön 4, 43) ist aus den eschatologischen Erwartungen bestimmter Prophetengenossenschaften entstanden (Reiser); sie begegnen ebenfalls in Verbindung mit Vorstellungen des Hl. Krieges (2Kön 7, 1ff). Weiter findet sich die Bestätigung oder Zusage der Königsherrschaft (2Sam 7, 5ff; 1Kön 11, 31ff). - Auch bei den Propheten seit Amos finden sich in dieser Tradition stehende Heilsworte, die für die Gegenwart Jahwes heilvolles Handeln ansagen (Jes 7, 7-9; 37, 33-35 = 2Kön 19, 32-34); sie treten aber stark zurück und werden bei Jer (14, 13f) und Ez (13, 10. 16) ausdrücklich bekämpft. Dafür findet sich jetzt häufiger eine andere Form von Heilsworten, die auf die Zukunft gerichtet sind. Sie werden oft mit formelhaften Wendungen eingeleitet (»an jenem Tage wird es geschehen« Jes 11, 10f; »siehe, es kommen Tage« Jer 30, 3; »am Ende der Tage« Jes 2, 2 = Mi 4, 1 u.ä.), die sich aber auch bei Unheilsworten finden (s. 3).

3. Die Mehrzahl der P.e ist *Unheilswort*. Hier zeigt sich bei den Propheten vor Amos eine größere Einheitlichkeit der Gattung. Die Worte sind fast durchweg unmittelbar an einen einzelnen gerichtet, in der Regel den König. Sie haben einen ganz bestimmten Anlaß: ein Vergehen des Angeredeten. Der Prophet nennt das Vergehen und kündigt das Gericht Jahwes an. Dadurch ergibt sich eine Zweigliedrigkeit des P.s: der erste Teil hat begründende Funktion, der zweite enthält die Ankündigung des Gerichts (1Kön 20, 42; 2Kön 1, 3f). Seit Gunkel hat man den zweiten Teil als das eigentliche Jahwewort verstanden und als »Drohwort« bezeichnet; der erste Teil wurde als vom Propheten selbst vorangestellte Begründung betrachtet und »Scheltwort« genannt. Beide Teile gehören jedoch ursprünglich zusammen und sind aus dem Rechtsverfahren zu verstehen als *Anklage*

und Strafankündigung, die hier in der Form der göttlichen *Gerichtsankündigung* ergeht (Westermann, vgl. Boecker). – Die Unheilsworte der Propheten seit Amos sind überwiegend an Israel bzw. Juda als Ganzes oder an bestimmte Gruppen (Reiche, Priester, Propheten u.a.) gerichtet. Sie weisen häufig die gleiche Zweigliedrigkeit auf (Am 3, 9-11; Jes 5, 8-10); seltener begegnen Anklage (Jes 3, 13-15) oder Gerichtsankündigung allein, die letztere zT mit den Formeln des Zukunftswortes (s. 2) eingeleitet (Am 8, 9. 11. 13). Mehrfach ist der Rahmen des *Rechtsstreits* mit dargestellt (Hos 4, 1f; Jes 3, 13f; → Gericht Gottes: II, 2). Diese Formen sind als Weiterbildung der Worte der älteren Propheten zu verstehen, so daß ein besonderer kultischer Ursprung (Würthwein) nicht anzunehmen ist. Einen solchen Hintergrund könnte man jedoch für die *Unheilsworte gegen fremde Völker* vermuten (Bentzen, vgl. Am 1, 3 - 2, 16; → Gericht Gottes: II, 2). – In den Gerichtsworten Ezechiels hat das aus der Siegeszusage stammende *Erweiswort* (1Kön 20, 13. 28) eine eigenartige Weiterbildung erfahren (Zimmerli).

4. Neben Heils- und Unheilsworten begegnet im P. auch das *Mahnwort* (Jes 1, 17), häufig mit einer Warnung (Am 5, 4-6) oder einer Heilsankündigung (Am 5, 14f; Jer 3, 12. 14) verbunden. Vielfach steht der P. im Zusammenhang mit *Visionsschilderungen* (→ Vision: II). Daneben sind auch Gattungen aus anderen Lebensbereichen aufgenommen: In der Auseinandersetzung mit Gegnern findet sich das *Disputationswort* (Am 3, 3-6. 8). In Verbindung mit der Anklage verwendet Amos ein *Leichenlied* (5, 1f), Jesaja ein *Liebeslied* (5, 1ff). Jeremia nimmt die Form des *Klageliedes des Einzelnen* auf (→ Jeremiabuch, 3fβ). Dtjes verwendet das kultische *Heilsorakel* (Jes 41, 8-13) und vielerlei *hymnische* Elemente; auch bei Tritojesaja finden sich Formen der Kultdichtung (63, 7 bis 64, 11). Gelegentlich sind ganze *Liturgien* wiedergegeben (Mi 6, 1-8). Mehrfach begegnen Sätze der *priesterlichen* → *Tora* (Am 4, 4f) und Formeln aus der Anrechnungspraxis des Opfers (Jes 1, 11), die aber von den Propheten polemisch in ihr Gegenteil verkehrt werden. Ezechiel verwendet bestimmte *sakralrechtliche Formulierungen* (14, 1-11).

In der späteren Prophetie sind die verschiedenen Redeformen vielfach miteinander verbunden und vermischt, so daß ihre Abgrenzung und Bestimmung häufig unsicher bleibt.

H.GUNKEL, Die israelit. Lit. (Die Kultur der Gegenw. I/7, [1906] 1925², [53-112] 78ff) - DERS., Einl. zu H.SCHMIDT, Die großen Propheten (SAT II/2), (1915) 1923² - DERS., RGG² IV, 1546ff - H.GRESSMANN, Die lit. Analyse Deuterojesajas (ZAW 34, 1914, 254-297) - DERS., Der Messias, 1929, 65ff - L.KÖHLER, Dtjes stilkritisch untersucht (BZAW 37), 1923 - W.F.LOFTHOUSE, Thus hath Yahweh said (AJSL 40, 1923/24, 231-251) - J.LINDBLOM, Die lit. Gattung der prophet. Lit., 1924 - E.BALLA, Die Droh- u. Scheltworte des Amos, 1926 - K.BEYER, Spruch u. Predigt bei den vorexil. Schriftpropheten (Theol. Diss. Erlangen), 1933 - H.W.WOLFF, Die Begründungen der prophet. Heils- u. Unheilssprüche (ZAW 52, 1934, 1-22) - DERS., Das Zitat im P., 1937 - P.HUMBERT, La formule hébraïque en *hineni* suivi d'un participe (REJ 97, 1934, 58-64) - J.BEGRICH, Die priesterl. Tora (BZAW 66, 1936, 63-88) - DERS., Studien zu Dtjes (BWANT IV/25), 1938 - H.WILDBERGER, Jahwewort u. prophet. Rede bei Jeremia, 1942 - R.B.Y.SCOTT, The literary Structure of Isaiah's Oracles (Studies in OT Prophecy, 1946, 175-186) - A.BENTZEN, The ritual Background of Amos 1, 2 - 2, 16 (OTS 8, 1950, 85 bis 99) - E.WÜRTHWEIN, Der Ursprung der prophet. Gerichtsrede (ZThK 49, 1952, 1-16) - W.REISER, Eschatologische Gottessprüche in den Elisalegenden (ThZ 9, 1953, 321-338) - W.ZIMMERLI, Die Eigenart der prophet. Rede des Ezechiel (ZAW 66, 1954, 1-26) - DERS., Das Wort des göttl. Selbsterweises (Erweiswort), eine prophet. Gattung (Mélanges bibliques für A.Robert, 1955, 154-164) - R.RENDTORFF, Zum Gebrauch der Formel nᵉ'um jahwe im Jer (ZAW 66, 1954, 27-37) - DERS., Priesterl. Kulttheol. u. prophet. Kultpolemik (ThLZ 81, 1956, 339-342) - K.v.RABENAU, Die Entstehung des Buches Ezechiel in formgeschichtl. Sicht (WZ Halle 5, 1955/56, 659-694) - E.SCHÜTZ, Formgesch. des vorklass. P.s (Ev.-theol. Diss. Bonn), 1958 (Masch.) - H.J.BOECKER, Redeformen des israelit. Rechtslebens (Diss. ebd), 1958, 95f. 159ff - E.PFEIFFER, Die Disputationsworte im Buche Maleachi (EvTh 19, 1959, 546-568) - C.WESTERMANN, Grundformen prophet. Rede, 1960 - R.BACH, Die Aufforderungen zur Flucht u. zum Kampf im at. P., 1961. *R.Rendtorff*

Prophetie *als liturgische Lesung*. P.n werden bes. die Lesungen genannt, die in der Ostervigil (→ Ostern, 2) der Weihe des Taufwassers vorangehen. Ihre Zahl schwankte zwischen 4 und 14. Das Missale Romanum hatte 12. Bei der Erneuerung der Liturgie der Hl. Woche durch Papst Pius XII. (1955), der seit 1951 eine fakultative Erneuerung der Ostervigil vorangegangen war, wurde die Zahl der Lesungen auf 4 beschränkt (wie schon im Gregorianum). Es sind dies die 1., 4., 8., 11. der bisherigen Lesungen: Gen 1, 1-31 und 2, 1-2; Ex 14, 24-31 und 15, 1; Jes 4, 2-6; Dtn 31, 22-30. Die P.n werden als Hinweise auf die → Taufe (: V) und als Verkündigung an die Täuflinge verstanden. In der Ordnung von → Berneuchen für die Feier der Osternacht hat W.Stählin die 12 Lesungen durch eine zusammenfassende Homilie ersetzt. Die Pfingstvigil (als zweiter Tauftermin) hatte 6 von den 12 P.n, die dort aber seit 1955 mitsamt der Taufwasserweihe weggefallen sind. In der gallikanischen → Liturgie (: III, 5d) heißt das Benedictus (Lk 1, 68-79) P., während die mailändische Liturgie die at. Lesung überhaupt P. nennt. Lesungen aus den Prophetenbüchern kennt schon → Justin (I, 67), aus »Gesetz und Propheten« auch die → Apostolischen Konstitutionen (VIII, 5). Zwei at. Lesungen stehen heute noch am Beginn der ostsyrischen Messe, eine in der mailändischen, während Byzanz seit dem 7.Jh., Rom seit dem 6.Jh. in der Messe nur zwei nt. Lesungen haben (Ausnahmen: Mittwoch und Freitag in der → Karwoche, → Quatember-Mittwoch, Mittwoch der 4. Fastenwoche).

G.KUNZE, Die gottesdienstl. Schriftlesung (VEGL 1), 1947, 91f. 140ff - J.A.JUNGMANN, Missarum Sollemnia I, (1948) 1958⁴, 504ff. 526 - Die Hl. Woche, hg.v. W.STÄHLIN u. H.SCHUMANN, 1951, 10. 88. 108ff. 111 - K.BECKER, Wahrhaft selige Nacht, 1952. *H.Urner*

Prophezei. Eine Vorstufe der P. waren die von → Bullinger seit 1523 den Mönchen des Klosters Kappel (bei Zürich) gehaltenen Vorlesungen zum NT. → Zwingli eröffnete 1525 im Chor des Großmünsters in Zürich eine wissenschaftliche Arbeitsgemeinschaft zur Auslegung des AT (→ Bibelarbeit, 1). Sie versammelte sich täglich außer Freitag und Sonntag (im Sommer um 7, im Winter um 8 Uhr). MT, LXX und Vulg. dienten als Grundlage der Exegese. Geistliche und Studenten hatten daran teilzunehmen. Die anschließende »lectio publica« war öffentlich. Die Bezeichnung »P.« erhielt diese erste zürcherische Theologenschule (Carolinum) nach 1Kor 14, 29 (Zwingli deutete hier den »Propheten« als Schriftausleger). Ausführliche Berichte über den Lehrbetrieb stammen von Bullinger, → Keßler und dem Chronisten B.Wyss. Die AT-Kommentare Zwinglis und die zürcherische → Bibelübersetzung (: IV, 3a) gingen aus der P. hervor. Die Einrichtung fand Beachtung und zT Übernahme in Straßburg, Bern und Basel (→ Oekolampad). Ev. Flüchtlinge brachten sie nach England, wo die »prophesyings« ein Herd des Puritanismus (→ Puritaner) wurden. Joh. → Laski übernahm die P. für die deutsche und franz. Flüchtlingsgemeinde in London.

RUD.STAEHELIN, Huldr.Zwingli II, 1897, 84ff - RE XVI, 108ff - O.FARNER, Huldr.Zwingli III, 1954, 554ff - Leiturgia II, 281; III, 94f - W.M.S.WEST, John Hooper and the Origins of Puritanism (Diss. Zürich, Teildr.), 1955, 12f. 46ff. *R.Pfister*

Propst *(Praepositus)*. Die ursprünglich monastische Bezeichnung (Benediktinerregel c. 65) für den auf den

Abt folgenden Klosteroberen wurde durch → Chrodegangs Kanonikerregel und durch die Aachener Synode (816) auf die → Dom- und Stiftskapitel übertragen als Bezeichnung des ersten Dignitärs. Der Dom-P. ist Vorsitzender des Kapitels und verwaltet das Kapitelvermögen (oft auch Archidiakon). Das Kanonikatsgebäude des ehem. P.es heißt noch oft (Dom-)Propstei. Das Amt des P.es dauert fort in den bayerischen (Konkordat 1924), altpreußischen (Konkordat 1929) und badischen (Konkordat 1932) sowie den meisten schweizerischen und österreichischen Dom- und Stiftskapiteln; es fehlt zB in der oberrheinischen Kirchenprovinz, Limburg, Fulda und Hannover sowie in Italien, Spanien, Frankreich. Im Klosterrecht (→ Kloster: III) wird auch der Vorsteher eines Klosters oder einer Ordensprovinz *Praepositus* genannt. - In den *ev. Kirchen* führen den Titel P. kirchenregimentliche Organe in Dänemark, Schweden, Norwegen und Finnland (in der Stellung von → Superintendenten). In Schleswig-Holstein und Braunschweig hat das leitende geistliche Amt die Amtsbezeichnung P. für die zweifache Funktion landeskirchlicher Aufgaben (die Propstei als Aufsichts- und Verwaltungsbezirk der Kirche) und kirchenbezirklicher Selbstverwaltung (Propsteisynode und Propsteivorstand). Unterschiedliche Aufgaben haben die P.e in Mecklenburg (der P. leitet einen kleinen Pfarrkonvent, der Landes-Sup. hat Verwaltungsfunktionen), in Hessen und Nassau sowie in Kurhessen-Waldeck (P. als Visitator eines Sprengels), in Pommern (P.e seelsorgerlich tätig, den Bischof unterstützend), in der Provinz Sachsen (Bischof und 8 P.e als leitende Träger des geistlichen Amts), in Eutin (Landes-P.) und in der Ev.-luth. Landeskirche Hannover (einzelne Superintendenten heißen P.). Auch die geistlichen Leiter der Abteilung Berlin und Brandenburg im Konsistorium der Ev. Kirche von Berlin-Brandenburg haben diese Bezeichnung. In Stiftern aus vorreformatorischer Zeit blieb das Amt des P.es bestehen (zB Naumburg). Auch ev. Frauenstiftern stehen heute noch Priorin bzw. Äbtissin und Kloster-P. vor (u.a. Preetz i.H.). Neben dem P. an der Erlöserkirche in Jerusalem führte der ständige Vertreter des Ev. Oberkirchenrats in Porto Alegre für die angeschlossenen Gemeinden in Brasilien und in den La Plata-Ländern den Titel P. Die Deutsche Ev. Kirche in → Chile wird von einem P. als Präses geleitet.

RE XVI, 70f - E.Feddersen, KG Schleswig-Holsteins II, 1938, 226ff - H.G.F.Sundberg, Kyrkorätt, 1948, 17. 29. 142. 161ff - O. Söhngen (Hg.), 100 Jahre Ev. Oberkirchenrat der altpreuß. Union, 1950, 134ff - Feine 178. 182. 341f - H.Mertens, Zur Rechtsordnung: Die Propstei (Der Convent 2, 1956, 381-390) - EKL III, 351 - Erik Wolf, Ordnung der Kirche I, 1960, 269. *W.Göbell*

Propst *(Praepositus), Jakob* († 1562), * in Ypern (sein Zuname Spreng[er] beruht auf einer falschen Lesart von Iprensis), † in Bremen, seit 1519 Prior des Augustinereremitenklosters in Antwerpen. P. studierte 1521 in Wittenberg (Lic. theol.), predigte im selben Jahre in Antwerpen gegen den Ablaßhandel, wurde eingekerkert und von den Inquisitoren Nik. von Egmond und Jak. → Latomus verhört. Am 9.2.1522 widerrief er seine Lehre öffentlich in der St. Gudulakirche in Brüssel. Man brachte ihn ins Augustinerkloster zu Ypern. Von seinem Gewissen geplagt, begann er wieder ev. zu predigen, wurde erneut verhaftet und entkam Juni 1522 in Brüssel dem Tod durch die Flucht nach Deutschland. 1523 war er in Wittenberg und wurde 1524 luth. Pfarrer, später Sup. in → Bremen, wo er die Reformation durchführte. Mit Luther war P. eng befreundet und stand mit ihm in stetem Briefwechsel. In den Streitigkeiten über → Hardenbergs Abendmahlslehre zwang man ihn 1559, seinen Platz dem strengeren Lutheraner → Heßhus einzuräumen.

J.Janssen, J.Praepositus, Amsterdam 1862 - P.Fredericq, Corpus docum. inquisit. IV, 's Gravenhage 1900, 80. 84ff. 89ff. 136f - O.Clemen, Beiträge zur Reformationsgesch., 1900, 33ff - RE XVI, 110ff - J.Knappert, Ontstaan en vestiging van het protestantisme in de Nederlanden, Utrecht 1924, 164ff. *W.F.Dankbaar*

Proselyten → Fremde: II, → Mission: II.

Proselytismus. Im Unterschied zum Begriff → Mission (: III A; → Mission und Evangelisation) bezeichnet P. hier allein den Versuch, ein Glied einer Kirche zum Konfessionswechsel zu überreden, und zwar bes. mit unwürdiger Motivation oder durch Gebrauch verwerflicher Mittel. Das ökumenische und missionarische Problem des P. besteht in der Schwierigkeit, P. von wahrer Zeugenschaft zu unterscheiden. Daher liegt die einzig mögliche ev. Haltung zu dieser Frage darin, daß neben der Pflicht zum christlichen Zeugnis auch die Verpflichtung zu christlicher Liebe und ökumenischer Gemeinschaft anerkannt wird. Letztere Pflicht wird um so notwendiger, sobald die Integration des Ökumenischen Rates der Kirchen und des → Internationalen Missions-Rates durchgeführt ist. - Folgende Regeln sollten beachtet werden: 1. Jede christliche Kirche darf nicht nur, sondern muß in der ganzen Welt frei und offen Zeugnis ablegen, ohne ihr eigenes Glaubensbekenntnis zu unterdrücken, zu verstümmeln oder zu ändern. - 2. Im besonderen hat jede Kirche die Pflicht, auf jede zentrale Lehre hinzuweisen, die eine andere Kirche möglicherweise aus dem Blick verloren hat. Jedoch sollte sich keine Kirche auf nur negative Kritik und Verdammung anderer Kirchen einlassen. - 3. Keine Kirche sollte versuchen, zB die Macht des Staates zur Unterdrückung oder Behinderung von Kirchen oder christlichen Gemeinschaften zu benutzen, deren Glauben und Ordnung von denen der eigenen Kirche abweichen. Jede Kirche sollte im Gegenteil dazu beitragen, daß alle Kirchen die gleiche Glaubens- und Zeugnisfreiheit genießen (→ Menschenrechte: III). - 4. In Gebieten mit bereits bestehenden Kirchen sollten andere christliche Gemeinschaften grundsätzlich keine konkurrierenden Missionen gründen, wenn nicht das Zeugnis der vorhandenen Kirche so unvollkommen ist, daß sich andere Kirchen aus Gewissensgründen zu eigenem Zeugnis verpflichtet fühlen. Doch selbst dann dürften die Kirchen nicht selbstzufrieden oder vorschnell über andere Kirchen urteilen. - 5. Jeder Erwachsene hat das Recht, seine Kirchenzugehörigkeit zu wechseln, und jede Kirche darf ihn das lehren, was er zu lernen wünscht. Doch sollte keine Kirche materielle oder gesellschaftliche Vorteile anbieten oder irgendeinen Druck ausüben, um die Kirchenzugehörigkeit des einzelnen zu beeinflussen. - 6. Wann immer jemand seine Kirchenzugehörigkeit wechseln will, sollten sich die betroffenen Kirchen direkt besprechen. Keine Kirche sollte unreife Menschen oder solche mit weltlichen oder unwürdigen Absichten aufnehmen, ebensowenig Kinder gegen den Willen ihrer Eltern oder Vormünder.

W.E.Hocking, Principles of Religious Liberty (IRM 20, 1931, 493-511) - L.Zander, Ecumenism and Proselytism (ER 3, 1950, 258-266) - A.Alivisatos, P. u. relig. Freiheit, Athen 1956 (griech.) - E.Kinder, Das Problem des P. innerhalb des Ökumen. Rates der Kirchen (ELKZ 10, 1956, 206-209) - Ders., Zu dem Bericht des Zentralausschusses über das P.-Problem (ÖR 6, 1957, 9-23) - Chr. Konstantinidis, P., ökumen. Bewegung u. die Orth. Kirche (ThAthen 28, 1957, 517-531; 29, 1958, 18-36. 169-182. 497-511; 30, 1959, 153-169. 356-360; griech., wird fortgesetzt) - Revidierter Bericht der Kommission über »Christl. Zeugnis, P. u. Glaubensfreiheit« (ÖR 10, 1961, 42-51). *A.F.Carrillo de Albornoz*

Proskynese

1. Religionsgeschichtlich - 2. Liturgisch. - Vgl. → Anbetung, → Fußkuß, → Gebet, → Gesten, → Kniebeugung

1. Das griech. Wort προσκυνεῖν (nicht: sich vor jemand zum κύων [Hunde] machen, sondern: die Hand an den Mund tun, Kußhand werfen; lat. ad-orare, anbeten) bedeutet: unter Kniebeuge oder Prostration die Hand an den Mund legen und gegen jemand hin ausstrecken (vgl. sum. ni-tur-tur, »sich klein machen«; babyl. labānn appa, »die Nase platt machen«; hebr. hištāḥawā und napāl ʿal panîm; chines. Kotau »Stirn«, »klopfen«). Diese Selbsterniedrigung drückt Unterwerfung (islām), Hingabe, Verehrung, Distanzgefühl, Schuldbewußtsein, → Furcht, Schrecken aus und erfolgt vor Menschen, etwa vor Kaisern, Königen (→ Herrscherkult), Priestern, Vorgesetzten, Älteren (vgl. 1Sam 25, 23) und als Gebetsgebärde vor Gott, Göttern, → Engeln, → Geistern, Dämonen (→ Teufel), Heiligen, Gestirnen, sakralen → Bildern, Idolen usw. Die P. begegnet in allen Religionen, sogar im selbsterlöserischen Hînayâna (→ Buddhismus: I). Für einzelne Religionen wie den → Islam ist die P. (sağda) bes. charakteristisch. Das Christentum kannte sie von Anfang an. Sehr beliebt ist sie bei den Orientalen (große Metanoia). Bei den Griechen, bei den Juden (Mardochai weigerte sich, die P. vor einem Minister zu üben: Est 2, 5) und im Urchristentum gab es Widerstand gegen die P. vor Menschen (Apg 10, 26) und Engeln (Apk 19, 10; 22, 9), aber ohne Erfolg. Seit dem 8.Jh. gibt es die »adoratio Papae«. Die Bilderfeinde bekämpften die P. vor → Bildern (: III, 2), aber das Konzil von → Nicäa 787 billigte sie. Doch haben bis heute viele Christen Abneigung gegen die P. vor Menschen (Mt 4, 10). Früher nahm man bei der P. gerne die Richtung nach Osten ein (→ Orientation). In einigen Missionen war die P. ein schweres Problem. Nicht selten erschien Missionaren als »Anbetung«, was nur Ehrung war. Im → Ritenstreit ging es um den Kotau vor Konfutse und den Ahnen. 1936 erlaubte Rom die P. nichtreligiösen Charakters (Japan, Mandschurei). - Die P. entspricht dem → Numinosen in Gott und fördert Ergebung, → Demut und Ehrfurcht. Sie darf aber nicht die vorherrschende, einzige Gebetsgebärde sein. Der Mensch ist nicht bloß Geschöpf und Sklave, sondern auch Freund Gottes.

J.HORST, Proskynein, 1932 - BAUER, WB[5] 1421f - LThK[2] I, 498ff - ThW VI, 759ff (Lit.). - Weitere Lit. s. → Anbetung: I, → Gesten, 1.

Th.Ohm

2. In die *christliche Liturgie* fand die P. Eingang in der → Kniebeugung und der Prostration, dem »der ganzen Länge nach am Boden sich Hinstrecken, das Gesicht nach unten gekehrt« (Braun). Sie ist im *röm. Ritus* nur noch bei der Allerheiligenlitanei üblich, die nach der Taufwasserweihe, bei den drei höheren Weihen (→ Ordination: III, 1), bei der Segnung eines Abtes (Äbtissin) und bei der Salbung eines Königs (Königin) gebetet wird. - In der *Ostkirche* wird die P. gemäß den Entscheidungen des Konzils von → Nicäa 787 den → Ikonen, den gottgeweihten und für die → Konsekration bestimmten Gaben sowie von Mönchen dem Patriarchen von Konstantinopel erwiesen. Sie wird unterschieden von der »Latreia«, die nur den eucharistischen Elementen zusteht. - In der *Brüdergemeine* gab es die Prostration lange bei der Bischofsweihe.

BRAUN, LH 282 - L.EISENHOFER, Hdb. d. kath. Liturgik I, 1932, 251ff - F.HEILER, Urkirche u. Ostkirche, 1937 (s. Reg.) - Leiturgia I, 265f.

H.Hohlwein

Prosper *(Tiro P.) von Aquitanien* († nach 455), Vorkämpfer des Augustinismus gegen den → Semipelagianismus südgallischer Mönchskreise. Er erbittet brieflich die Hilfe → Augustins (428, vgl. Chadwick), der darauf De praedest. sanctorum und De dono perseverantiae schreibt. Zu Lebzeiten Augustins verfaßt P. den Brief an → Rufin und das Lehrgedicht De ingratis, nach 430 Schriften gegen anonyme Verleumder Augustins sowie gegen → Vincentius (von Lerinum) und → Cassian (ca 434). P. reist 431/32 nach Rom und erwirkt → Coelestins Schreiben für Augustin (Jaffé 381), endgültig siedelt er 435 (?) nach Rom über. Er hat wahrscheinlich → Leos I. Lehrschreiben an → Flavian zusammengestellt. Weiteres (Pss-Kommentar, Sentenzen aus Augustin, Chronik, umstrittene Werke) s. HAW VIII/4, 2, 491-501. - P.s scheinbare Abweichungen von Augustin gründen in der einseitigen Hervorhebung des durchaus augustinischen Motivs der Akzentuierung der → Gnade (: IV, 1b) über die → Prädestination (: III). Die verbreitete Ansicht, P. sei vom strengen Augustinismus zur Behauptung des allgemeinen Heilswillens Gottes fortgeschritten, wobei römische Theologie auf ihn gewirkt habe, bedarf der Einschränkung. P. lehrt ca 450 in De vocatione omnium gentium (als dessen Verfasser er gelten muß) im wesentlichen noch so, wie schon 431 in der Responsio an die gallischen Verleumder (anders de Plinval). Der allgemeine Heilswille Gottes rettet nicht, sondern die begrenzte Erwählung.

Werke MPL 51 - Chronik: MG AA 9. - Über P.: L.VALENTIN, S.P.d'Aqu., Toulouse 1900 - RE XVI, 123ff - D.M.CAPPUYNS, L'auteur du »De voc. omnium gentium« (RBén 39, 1927, 198-226) - DERS., L'origine des capitula pseudo-célestiniens (RBén 41, 1929, 156-170) - DERS., Le premier représentant de l'augustinisme médiéval, P.d'Aqu. (RThAM 1, 1929, 309-337) - DThC XIII, 846ff - L. PELLAND, S.P.Aqu. doctrina de praedestinatione, Montréal 1936 - O.CHADWICK, Euladius of Arles (JThS 46, 1945, 200-205) - J.GAIDIOZ, La christologie de S.P.d'Aqu. (Thèse Lyon), 1947 (Masch.) - DERS., P.d'Aqu. et le tome à Flavien (RevSR 23, 1949, 270-301) - J.CHÉNÉ, Le semipélagianisme du midi de la Gaule d'après les lettres de P. d'Aqu. et d'Hilaire à S.Augustin (RechSR 43, 1955, 321-341) - PW XXIII/1, 880ff - R.GANTOY, Prima Sedes Roma Petri (Formel P.s) (RBén 68, 1958, 114-117) - G.DE PLINVAL, P.d'Aqu., interprète de S.Augustin (Rech. Augustiniennes I, Paris 1958, 339-355).

R.Lorenz

Prostitution

I. Kultische Prostitution - II. Gewerbsmäßige Prostitution

I. Kultische Prostitution

1. Wesen - 2. Babylonien - 3. Phönikien - 4. In anderen Gebieten

1. In der k.P. geben sich Frauen entweder bestimmten (König, Priester usw) oder beliebigen Männern im Bereich von Heiligtümern meist der → Mutter- oder Liebesgöttinnen hin. Religiöse, magische und grob sinnliche Motive verbinden sich bei ihr in sehr mannigfacher und nie eindeutig bestimmbarer Weise. Religiös ist der Wunsch, das unbegreifliche Geheimnis um die Zeugung neuen Lebens durch die Verbindung von Mann und Frau vor der Göttin zu verehren und dieser dafür zu danken, daß sie Mensch, Tieren und Pflanzen die → Fruchtbarkeit schenkt. Die → Frau (: I) bringt dabei der Göttin ihre → Keuschheit als → Opfer dar. Magisch ist der Wunsch, durch den Vollzug der Vereinigung die Fruchtbarkeit aller Lebewesen im Lande zu sichern und den Verlust der Kraft, zu zeugen und zu gebären, zu verhindern. Des Sinnengenusses dabei freut man sich, die k.P. wird aber zur auch damals verurteilten gewerbsmäßigen P., wenn die religiös-magischen Motive ganz zurücktreten oder gar nicht mehr ernst genommen werden. Infolge ihres ethisch zwiespältigen Charakters war die k.P. diesem Absinken mehr und früher ausgesetzt als andere heidnische Kulte.

2. Die vor allem von semitischen Völkern gepflegte k.P. ist am frühesten in → *Babylonien* nachweisbar, wobei noch unklar ist, ob und wie weit sie bereits von den → Sumerern geübt wurde. Sie stand bes. im Dienst der Venusgöttin Ischtar mit dem Zentrum Uruk (→ Babylonien: II, 6. 10). Das → Gilgamesch-Epos kennt neben der Kultdirne ḫarimtu, die durch ihren Umgang den Enkidu

zivilisiert, in VI, 165f die kezretu und šamḫ/katu; etwas gehobene Gruppen stellten wohl die qadištu (»Reine«), kulmašītu und ištarītu dar, ohne daß den Texten Einzelheiten darüber zu entnehmen wären. Ein unveröffentlichter Hymnus der Zeit → Hammurabis schildert äußerst massiv die Ischtar als eine Art von Über-Kultdirne, die 120 Männer nicht ermüden können. Später wurde die k.P. in eine kultische Unterschicht abgedrängt, die die meisten Ischtargebete ignorieren. Nicht als k.P. kann man den Kult der hl. Hochzeit (→ Ehe: I) bezeichnen, mit dem König und entu-Priesterin dem Sîn in Ur dienten; für eine entu sind 40 Jahre »Dienstzeit« bezeugt.

3. Von der k.P. der → *Phönikier* berichtet vor allem das AT, das diese einfach Hurerei nennt (hebr. zanā und Ableitungen). Von den Propheten predigen gegen sie bes. → Hosea und → Ezechiel (c. 16 und 23), da sie auch in Israel und Juda Eingang fand (s. 1Kön 15, 12; 2Kön 9, 22 u.ö.). Die Kultdirne (qedešā) diente vor allem der → Aschera, → Anath und → Astarte. Aus → Ugarit fehlen vorläufig eindeutige Zeugnisse.

4. In → Kleinasien gab es k.P. vor allem im Kult der Magna Mater (→ Phrygien), aber auch in den Mysterienkulten für → Attis usw. Von Babylonien aus fand sie in → Iran Eingang im Dienst der Anahita. Die Griechen nannten die Kultdirne Hierodule; sehr viele von ihnen gab es vor allem in den großen Aphroditeheiligtümern von Korinth und Eryx. Außerhalb der Mittelmeerwelt spielte die k.P. keine so große Rolle.

ERE X, 404ff - J.J.Meyer, Trilogie altind. Mächte u. Feste der Vegetation I-III, 1937 (Reg. s.v. Lustdirnen) - W.Otto, Beiträge zur Hierodulie im hellenist. Ägypten (AAM 1950, 2). *W.v.Soden*

II. Gewerbsmäßige Prostitution

1. Begriff - 2. Ursprungstheorien - 3. Entstehung und Geschichte - 4. Bekämpfung. - Vgl. → Gefährdetenfürsorge

1. Die g.P. ist eine geregelte und sozial gebilligte oder geduldete gesellschaftliche Institution zumeist in herrschaftlich organisierten (Stände- und Klassen-)Gesellschaften, die dem Mann und der Frau außerhalb monogamer oder polygamer Eheformen vor- oder außerehelichen Geschlechtsverkehr ermöglicht. Der Prostituierte - Mann oder Frau - gibt seinen Körper gelegentlich oder ständig, öffentlich oder im geheimen im allgemeinen vielen beliebigen Personen zu deren sexueller Befriedigung gegen materielle Entlohnung preis. Es gibt heterosexuelle, homosexuelle (→ Homosexualität) und transvestitische P. Nicht unter den Begriff der g.P. fallen das (anständige) → »Verhältnis«, der Zufallsverkehr aus Liebe oder vorübergehender Leidenschaft, das Konkubinat und der Geschlechtsverkehr mit häufig wechselnden Partnern, obwohl bei diesem Übergangsformen zur P. entstehen.

2. Ältere Theorien führen die g.P. und prostitutives Verhalten auf Tendenzen oder Partialtriebe der menschlichen Sexualität zurück. Lombroso spricht sogar von der »geborenen Dirne«. Dementsprechend sieht man in der g.P. eine überall und jederzeit vorhandene Erscheinung des menschlichen Sexual- und Soziallebens. Anhänger des extremen biologischen Determinismus finden den Grund der g.P. in erblich-degenerativer Veranlagung oder körperlich-seelischer Entartung. Aber nur ein Drittel der Prostituierten zeigt anomale Merkmale; die Mehrheit sind Durchschnittstypen. Da die meisten Prostituierten den unteren Schichten entstammen, erklären extreme Milieutheoretiker die g.P. aus der Armut. Eine vermittelnde Theorie sieht in ungünstigen Umwelt- und Familienverhältnissen, Notzeiten, labiler Veranlagung, persönlichem Temperament, Erziehung usw und im Zusammenwirken dieser Faktoren die Voraussetzungen zur P. Aber keine dieser Theorien kann die Entstehung der g.P. als gesellschaftliche Institution hinreichend erklären. Daher wird neuerdings die Lehre von der historischen Entstehung der P. vertreten.

3. Die g.P. ist keine allgemein-gesellschaftliche Erscheinung. Im allgemeinen findet man sie in ungeschichteten und geldlosen Gesellschaften nicht. Wenn bei Völkern mit überwiegend genossenschaftlicher Stammesverfassung prostitutive Erscheinungen auftreten (wie zB bei den Franken und Galliern), dann sind die Prostituierten gruppen*fremde* Frauen. Offenbar gibt es erst in den durch Überlagerung entstandenen geschichteten Gesellschaften (Jäger über Pflanzer, Großtierherdennomaden über Ackerbauer) gruppen*eigene*, aus der Unterschicht stammende Prostituierte, weil die Sexualherrschaft der überlagernden Stämme (Notzucht an den Frauen der Unterworfenen) sich im Laufe der Zeit zu einem innervolklichen Dauerzustand verfestigte (feudale Sexualvorrechte, zB ius primae noctis) und durch Kommerzialisierung die Form der P. annahm. Der Patriarchalismus der → Nomaden und die Männerherrschaft der höheren → Jäger führten in den geschichteten Gesellschaften vielfach zu der unbedingten Forderung vorehelicher → Keuschheit und strenger ehelicher Treue der → Frau (absolute Monogamie oder absolute Polygamie), mithin zu einer Sexualverfassung, die als sozial gebilligte Ergänzung dieses rigorosen Ehesystems, als »Ventilsitte«, die g.P. erforderte, um dem Manne vor- und außerehelichen Geschlechtsverkehr zu ermöglichen. So finden wir eine ausgedehnte g.P. bei den ständisch geschichteten Kulturvölkern des Altertums mit entsprechender Eheverfassung. Die Ausgestaltung der P. ist gesamtgesellschaftlich determiniert: gemäß der ständischen Gliederung gibt es niedere und höhere (»aristokratische«) P. (in Griechenland die Hetären, in Rom die Bonae, in Japan die Geishas und Oirans). - Mit der christlichen asketischen Abwertung der Sexualbegierde geht im frühen abendländischen MA die kirchliche Bekämpfung der g.P. einher, die aber ohne durchgreifenden Erfolg bleibt (→ Gefährdetenfürsorge, 2a). Mit den Kreuzzügen, der Entwicklung der Städte, des Heer- und Geldwesens nimmt die g.P. an Umfang zu und wird immer mehr kommerzialisiert. Etwa seit Ende des 13.Jh.s beginnt die für ständische Gruppen typische Reglementierung und Abschließung der Prostituierten in »Frauenhäusern«, »Gemeinen Häusern« und endlich in Bordellen, die eine Art berechtigter zünftlerischer Organisation bilden. Neben den Bordellen gibt es meist noch eine ausgedehnte Badehaus-P., die P. des »fahrenden Volkes« und den »heimlichen Strich«. Gegen Ende des MA werden wegen der sich rasch ausbreitenden Syphilis und unter der Einwirkung der Reformation viele Bordelle und Badehäuser geschlossen. - Seit der Renaissance erreichen bei den aristokratischen Schichten die Kurtisanen gesellschaftliche Anerkennung. In der »galanten Zeit« des 18.Jh.s entfalten sich Freudenhaus- und Straßen-P. zu höchster Ausdehnung. - In den modernen bürgerlich-proletarischen Klassengesellschaften des 19. und 20.Jh.s tritt der soziale Schichtencharakter der g.P. deutlich zutage: Infolge wirtschaftlicher und sozialer Ausbeutung kommen die Prostituierten meist aus dem großstädtischen Proletariat, während ihre »Kunden« vorwiegend den adligen und bürgerlichen Oberschichten und den Mittelschichten angehören (hohes Heiratsalter, strenge Absperrung ihrer Frauen vor und während der Ehe). Auf dem kapitalistischen »freien Markt« wird die »käufliche Liebe« gleichsam als »Ware« angeboten: 80-90% der Prostituierten betreiben die P. als freies Gewerbe, so daß Reglementierung, Bordellierung und Kasernierung an Wirkung verlieren. Neben Bordellwirt, Kuppler und

Mädchenhändler gewinnt der »Zuhälter« Bedeutung. Neben der hauptberuflichen erscheint die Gelegenheits-P., beide in immer neuen Formen: Straßen-, Lokal-, Schiffs-, Bahnhofs-, D-Zug-, Autobahn-, Hotel-, Bad-, Call-girl-P. usw. - Das Anwachsen der g.P. in und nach den beiden Weltkriegen hängt mit der Aufstellung großer Heere, der Anwesenheit von Besatzungstruppen, dem Frauenüberschuß und der allgemeinen Not zusammen. Mit dem Schwinden der Ursachen fällt auch die Zahl der Prostituierten, bes. auch der jugendlichen Prostituierten und sog. »Strichjungen«. Die Aussichten auf weitere Verminderung der g.P. sind gegenwärtig günstig wegen der gemäßigten Monogamie (geringere Geltung des Virginitätsprinzips), der ziemlich allgemeinen Duldung des »Verhältnisses«, der verbreiteten Neigung zur Frühheirat und zur Sachlichkeit in der Erotik.

4. Die Frauenbewegung und Vertreter sozialer Reformen, bes. der von England ausgehende Abolitionismus (Josephine Butler) dringen mit der Forderung nach Aufhebung der Reglementierung und Kasernierung, Verbot der Bordelle, Gewerbefreiheit für die Prostituierten und allgemeinem Gesundheitsschutz in den meisten Ländern durch (Abnahme der P. um 33⅓%, heute von den UN unterstützt). Besser noch als Fürsorgeeinrichtungen (→ Gefährdetenfürsorge, 2c) wirken vorbeugende Maßnahmen wie die Entwicklung einer natürlichen Einstellung zum Sexualleben, Beeinflussung gestörter Familien, Aufnahme Gefährdeter in Wahlfamilien usw. - Nach dem 1. Weltkrieg wurden in Deutschland und anderen Ländern die einseitige strafrechtliche Verfolgung der Prostituierten, die Zwangs-Kasernierung und die sitten- und gesundheitspolizeiliche Überwachung beseitigt (Gesetz zur Bekämpfung der Geschlechtskrankheiten vom 18.2.1927, in der BRD vom 23.7.1953). Da Art. 2 Bonner GG über die persönliche Freiheit Sondergesetze für Dirnen ausschließt, wird die g.P. nur dann als Übertretung mit Haft bestraft, wenn sie in auffälliger oder belästigender Weise ausgeübt wird (§ 361 Z. 6 StGB); Einweisung in ein Arbeitshaus ist nach § 42 StGB möglich. Der männliche Prostituierte dagegen wird nach § 175a Z. 4 StGB bestraft, was als Sondergesetz anzusehen ist. - Vgl. → Mitternachtsmission.

H.ELLIS, Geschlecht u. Gesellschaft, 1910/11 - J.BLOCH, Die P., 2 Bde, 1912/25 - A.PAPPRITZ, Einführung in das Studium der P.sfrage, 1921 - HWSt VI, 1135ff - K.SUDHOFF, L.v.WIESE, PH.KUHN, W.MITTERMAIER, P. (HWB der Sexualwiss., hg.v. M.MARCUSE, 1926², 594-610) - La piaga sociale della prostituzione, Rom 1950 - W.BERNSDORF, Soziologie der P. (Die Sexualität des Menschen, hg.v. H.GIESE, 1955, 548-599; Lit.) - S.BORELLI-W.STARCK, Die P. als psycholog. Problem, 1957 - W.BAUER, Gesch. u. Wesen der P., 1959.

W.Bernsdorf

Protestantenbund → Protestantenverein.

Protestantenverein, Deutscher. Nach einer von → Schenkel auf den 3.8.1863 nach Durlach (5. Durlacher Konferenz) einberufenen vorbereitenden Versammlung zur Anbahnung einer prot. Nationalvertretung wurde am 30.9.1863 in Frankfurt/M. unter Mitwirkung von über 100 Vertretern aus allen deutschen Landeskirchen (u.a. R.v.Bennigsen, → Bluntschli, → Ewald, F. Hitzig, K. → Schwarz, R. → Rothe) der D.P. gegründet. Auf dem ersten Deutschen Protestantentag in Eisenach (1865) wurde Bluntschli zum Präsidenten gewählt. Nach Rothe sollte der P. »die der Kirche Entfremdeten, aber darum noch nicht für sie Verlorenen wieder zu ihr zurückführen helfen, dadurch, daß er mithilft, die Kirche ihnen entgegenzuführen und sie mit diesen Kindern, die sie selbst nicht minder verkennt, als sie von ihnen verkannt wird, auszusöhnen«. - Hinter der Gründung des Vereins, dem sich der 1848 gegründete Berliner Unionsverein (H.Krause, → Lisco, F.Thomas, dh der Kreis der »Prot. Kirchenzeitung«) anschloß, stand die Sorge vor der starken Entfremdung zwischen Volk und moderner Kultur einerseits und einer Kirche, die sich in Repristination und Orthodoxie verhärtete (M. → Baumgarten, Agendenstreit in → Baden, → Sulze). Rothes Aufsatz »Zur Orientierung über die gegenwärtige Aufgabe der deutschen ev. Kirche« (1862) hatte recht eigentlich den Anstoß zur Gründung des D.P.s gegeben. - Sein *Ziel* war, »die Kirche im Geiste prot. Wahrhaftigkeit und Freiheit umzugestalten« zur deutsch-prot. Nationalkirche, die »lediglich gegründet sein sollte auf das Bekenntnis zu Christus, dem einzigen Meister, und auf den freien Willen der Gemeindeglieder, die an der Kirche festhalten« (Baumgarten). Dazu forderte er von der Kirche, daß sie sich im Einklang mit dem gesamten Kulturfortschritt entwickeln solle, indem sie Glaubens- und Lehrfreiheit gewährte und ohne Bindung an die Bekenntnisschriften oder eine bestimmte theologische Schule allein »das Evangelium der Liebe und Gotteskindschaft, wie es von Christo nicht allein gelehrt, sondern in ihm auch dargestellt und durch sein Leben und Sterben besiegelt ist«, verkündigte. Aus der »Pastorenkirche« sollte eine »Gemeindekirche« werden. Die der Kirche Entfremdeten aber sollten ihre Teilnahmslosigkeit überwinden und die Bedeutung von Religion, Christentum und Kirche für das öffentliche Leben erkennen lernen. - Die Arbeit des P.s vollzog sich in Referaten auf den *Protestantentagen,* die ursprünglich jährlich, später alle zwei Jahre oder nach Bedarf gehalten wurden, sowie auf Vortragsabenden in den Zweigvereinen und durch literarische Veröffentlichungen. Bald nach 1870 wurde der P. zu einer Gruppe, die als kirchliche Linke den kirchlichen → Liberalismus (: II, 1d; III) vor allem auf den Synoden vertrat. Die Gründe dafür lagen nicht nur in der allgemeinen Entkirchlichung, sondern in der unklaren theologischen Haltung des P.s, der Belastung durch Schenkels »Charakterbild Jesu« (1869) und dem erbitterten Kampf der kirchlichen Rechten (→ Hengstenberg) gegen ihn. Ihr galt er als der Inbegriff unfrommen, unkirchlichen und unchristlichen Wesens. Im Zusammenhang mit seinem Eintreten für H.Weingart, → César, → Jatho und G.Traub (→ Lehrzuchtverfahren: I, 2) erlebte er zu Anfang des 19.Jh.s unter P.Kirmß und A.Fischer eine innere Erneuerung (Zusammenschluß mit anderen kirchlich-freiheitlichen Verbänden 1909 im *Protestantenbund,* 1921 umgewandelt zum Verband des freien Protestantismus; Ergänzung der Satzung von 1918 durch Richtlinien über »Zweck und Ziele des D.P.s«, 1923). Doch traf auch ihn der Angriff der → dialektischen Theologie entscheidend. Auf dem Protestantentag in Bremen (Okt. 1938) erklärte → Schubring, der P. habe nicht vergeblich gearbeitet: Neben der Durchsetzung des Gemeindeprinzips in den Kirchenverfassungen (→ Sulze, → Gemeindetag) sei es sein Verdienst, Ungezählte in der Kirche festgehalten zu haben, die einer nur orthodox-pietistischen Kirche sonst entlaufen wären. Im → Kirchenkampf näherte sich der D.P. der → Bekennenden Kirche. - Der Vorort des Vereins befindet sich zZ in Bremen (1. Vorsitzender Pastor Nölle). Der P. umfaßt verschiedene Ortsgruppen, die sich bes. durch Vorträge und Diskussionen betätigen. Er ist mit anderen, ähnlich gerichteten Organisationen bei Wahrung seiner Selbständigkeit Mitglied des »Bundes für → Freies Christentum«; dessen letzter Kongreß in Bremen 1956 bedeutete somit zugleich einen »Protestantentag«.

Prot. Kirchenzeitung bzw. PrM, 1854-1919 - PrBl, 1888-1941 - A.HAUSRATH, R.ROTHE u. seine Freunde II, 1906, 465ff - RE XVI, 127ff; XXIV, 367 (Lit.) - RGG² IV, 1580ff (Lit.) - W.NIGG, Gesch.

des relig. Liberalismus, 1937, 206ff - W.SCHUBRING, 75 Jahre D.P. (PrBl 71, 1938, 686-690. 703-707) - W.RATHJE, Die Welt des freien Protestantismus, 1952 - HERMELINK II, 438. *H.Hohlwein*

Protestantische Episkopalkirche *(Protestant Episcopal Church in the USA)* nennt sich die → Anglikanische Kirche in den → Vereinigten Staaten seit dem Unabhängigkeitskrieg.

1. Mit der Gründung englischer Kolonien seit 1607 war auch die englische Staatskirche nach Amerika gekommen. Ihre Stellung blieb aber schwach; denn die Mehrzahl der Siedler waren → Dissenters. An ihnen scheiterten alle Versuche, die englische Verfassung so zu ändern, daß der Aufbau eines eigenen Episkopates in Amerika möglich geworden wäre; für Ordinationen blieben die Anglikaner auf das Mutterland angewiesen, Konfirmationen konnten nicht stattfinden. Nach dem Unabhängigkeitskrieg begannen sich die Restgemeinden in den Einzelstaaten als Diözesen zu konstituieren und Bischöfe zu wählen. Dr. S.Seabury (Connecticut) wurde 1784 von Bischöfen der → Non-Jurors in Schottland konsekriert, W. →White (Pennsylvania) und S.Provoost (New York) 1786 nach Änderung der englischen Verfassung vom Erzbischof von Canterbury. Die Konstituierung der Gesamtkirche auf der General Convention 1789 in Philadelphia beließ - in Anlehnung an den Staatsaufbau der USA - das Schwergewicht bei den Einzeldiözesen. Der großen Westsiedlung konnte die P.E. daher nicht folgen. Erst die General Convention 1835 ermöglichte die Aussendung von Missions-Bischöfen durch die Gesamtkirche. Männer wie J.Kemper (1789-1870) und W.H.Hare (1838-1909) prägten das neue Bild eines anglikanischen Bischofs, der sich als Missionar erst seine Kirche sammelt. 1859 war das ganze Gebiet der USA in Diözesen und Missions-Distrikte aufgeteilt. Der Schwerpunkt der P.E. liegt noch heute im Osten. Ihr relativer Anteil an der Gesamtbevölkerung ist stetig gestiegen, in der Konfessionsstatistik der USA steht sie heute an 7. Stelle. Ihr tatsächlicher Einfluß reicht aber weiter, weil ihre Mitglieder noch immer bes. aus den sozial gehobenen Schichten kommen.

2. Mission im Inland (der Kirche Entfremdete, → Indianer und → Eskimos) und in Übersee war für die P.E. immer eng miteinander verbunden und galt schon 1832 als Aufgabe der Kirche, nicht einer in ihr tätigen Missionsgesellschaft. Nach Ansätzen im Nahen Osten wurden Liberia und China (1835) sowie Japan (1868) die Hauptmissionsgebiete der P.E.; dazu kam die Arbeit in nominell christlichen Gebieten Lateinamerikas (Mexiko, Haiti, Brasilien, Kuba) und der Philippinen.

3. Der Zwang zum Aufbau eigener Erziehungsarbeit in Sonntagsschulen und Colleges und das Programm einer christlichen Durchdringung der Gesellschaft bis zum → Social Gospel verband die P.E. mit anderen amerikanischen Kirchen. Von England kam die Oxford-Bewegung (→ Hochkirchliche Bewegung) nach Amerika hinüber und führte auch hier zur »Umwandlung der anglikanischen Kirche ... in eine altkath. Kirche« (E. Hirsch). Einige Evangelikale spalteten sich 1875 als »Reformed Episcopal Church« ab. Eigenster Beitrag der P.E. sind die Impulse, die sie der Ökumenischen Bewegung gegeben hat. W.A. → Mühlenbergs Vorschlag (1853), auch nichtanglikanischen Gruppen die bischöfliche Ordination anzubieten, fand keinen Widerhall. Aber die von R.W.Huntington 1870 aufgestellte Einigungsgrundlage wurde als »Lambeth-Quadrilateral« zum Ausgangspunkt aller künftigen anglikanischen Unionsverhandlungen (→ Lambeth-Konferenzen). Bischof → Brent wurde der Initiator der Faith-and-Order-Bewegung (→ Ökumenische Bewegung, 2).

4. Die P.E. zählt (1960) 102 Diözesen und Missionsdistrikte (8 außerhalb der USA) mit über 2,5 Mill. Mitgliedern und ist in 8 Provinzen organisiert (ohne Metropoliten). Der Leitende Bischof (Presiding bishop) wird auf Lebenszeit gewählt (seit 1925) und hat seit 1943 keine eigene Diözese mehr. Die General Convention, das synodale Organ, besteht aus dem »Haus der Bischöfe« und dem »Haus der Deputierten« (Kleriker und Laien) und tritt seit 1789 alle 3 Jahre zusammen. Im »National Council« ist seit 1919 die Verwaltung der Erziehungs-, Missions- und Sozialarbeit der P.E. zusammengefaßt. Die P.E. benutzt eine eigene Fassung des → Common-Prayer-Book (zuletzt 1928 revidiert).

Historical Magazine of the P.E.Ch., hg.v. W.H.STOWE, 1932ff - W.W.MANROSS, A Hist. of the American E.Ch., New York (1935) 1950² - DERS., The E.Ch. in the US, 1800-1840, ebd 1938 - G.E. DEMILLE, The Catholic Movement in the American E.Ch., Philadelphia (1941) 1950² - J.TH.ADDISON, The E.Ch. in the US, 1789-1931, New York 1951 (Lit.) - ST.NEILL, Anglicanism, Harmondsworth 1958. *G.Kretschmar*

Protestantische Freunde → Lichtfreunde.

Protestantismus

I. Konfessionskundlich - II. In der modernen Welt - III. Beurteilung vom Standpunkt des Katholizismus

I. Konfessionskundlich

1. Das konfessionskundliche Problem - 2. P. als Prinzip - 3. Name - 4. Verwirklichung - 5. Reformatorischer Ansatz - 6. Radikale Nebenströmungen - 7. Neu-P. - 8. Neubesinnung und Skepsis - 9. Organisatorische Gliederung - 10. Grenzen - 11. Konfessionskundliche Charakteristika

1. Um Wesenserkenntnis und -bestimmung des P. als einer der übergreifenden und historisch vielschichtig wirksamen Gestaltungsformen des → Christentums hat sich erstmals → Schleiermacher bemüht. Er versuchte den P. dadurch als »Gestaltung christlicher Gemeinschaft« zu definieren, daß der P. »das Verhältnis des einzelnen zur Kirche abhängig« mache »von seinem Verhältnis zu Christo«, während für den → Katholizismus das Umgekehrte gelte (Glaubenslehre § 24). Diese Formel ist zu allgemein. Ebensowenig reicht der Versuch seines Nachfolgers → Twesten († 1876) zu, den P. durch die auch von deutschen Verwaltungsgerichten übernommene Feststellung eines Formal- (alleinige Autorität der Hl. Schrift) und eines Materialprinzips (Rechtfertigung allein aus Glauben) zu bestimmen. In beiden Fällen ist zwar Entscheidendes richtig erkannt, aber der P. läßt sich nicht einfach in diese Schemata und in Verbindung mit ihnen in das von Wesen und Erscheinung spannen. Zutreffender kann man ihn mit → Tillich durch die Begriffe »Prinzip« und »Verwirklichung« zu erfassen suchen, sowohl im Blick auf die überaus große Mannigfaltigkeit der Erscheinungswelt des P. im Bereich des religiösen Lebens und der sozialen, politischen und kulturellen Wirklichkeit als auch im Blick auf die auffällige Unabgeschlossenheit seiner Gestaltwerdung, zumal der P. im weitesten Sinn auch ein Kulturbegriff ist. Daher ist der P. konfessionskundlich nie ganz genau abzugrenzen; er wirkt sich auch dort aus, wo er wie zB beim Anglikanismus (→ Anglikanische Kirche: I) an einer nicht eigentlich prot. Kirchenbildung beteiligt ist. Der P. zeigt eine Einheit - trotz seiner fast unübersehbaren Aufspaltungen aus theologischen (seit dem → Marburger Religionsgespräch 1529), religiösen (baptistisch-spiritualistische Bildungen, pietistische, methodistische, erweckliche Umformungen und separatistische Absplitterungen), konfessionalistischen (zB Altlutheraner [→ Luthertum: III B]), aber auch politischen und sozialen Gründen (vor allem im Gefolge der englischen Revolution im 17.Jh. [→ England: I, 4. 5]).

Diese Einheit ist grundsätzlich in einer ständigen, prinzipiell am Evangelium orientierten Bewegung, innerhalb derer zugleich die Unerbittlichkeit der theologisch gestellten Wahrheitsfrage jeweils eher zur Spaltung als zur Vereinigung führt, so wie sie das entscheidende Motiv der gesamtprot. Abgrenzung gegenüber der abendländisch-kath. Kirche gewesen ist.

2. P. als *Prinzip* steht jenseits seiner Verwirklichungen und jenseits des in verschiedenen Wandlungen aus diesen jeweils abgelesenen »Wesens«. Beide ändern sich notwendig im Verlauf der Geschichte kraft des Prinzips. Als zuletzt unverrechenbarer Grund des Phänomens des Protestantischen kann es nicht aus der Gegenständlichkeit dieses Phänomens, auch nicht aus ihrer mystischen oder idealistischen Verlagerung in das individuelle Bewußtsein begriffen werden, sondern - entsprechend dem reformatorischen Verständnis des → Glaubens (: V) - aus einem unableitbaren Widerfahrnis in der Spannung zwischen der erst durch dieses Widerfahrnis selbst als Glaubenserkenntnis enthüllten radikalen Bestimmungswidrigkeit des autonomen menschlichen Wesens vor Gott (→ Sünde: VI). Dabei erscheint die Paradoxie des Ineinander von Selbstbestimmung und unüberwindbarer Unfreiheit einerseits und der ebenso radikalen Gnadentat Gottes andererseits, der in seiner mit seiner Liebe identischen Freiheit durch seine Gnadenwahl (→ Gnade: V, → Prädestination: IV) dem Erwählten die Erfüllung seiner Bestimmung zum wahren Menschsein schenkt. Diese Spannung hat nichts zu tun mit einem Dualismus, weder zwischen Geist und Materie noch zwischen Seele und Leib; insofern ist das prot. Prinzip weder mystisch noch idealistisch. Vielmehr trifft das Urteil der Bestimmungswidrigkeit seines beanspruchten Selbstseins den ganzen Menschen und setzt durch seine Totalität gleichsam negativ die Idee einer einheitlichen Menschheit, der auf der anderen Seite der Satz entspricht, daß Gott »die Welt« mit sich versöhnt. Insofern eignet der menschlichen Bestimmungswidrigkeit und der Befreiung aus ihr zugleich ein konkret-gesellschaftlicher Charakter, obwohl das auf den einzelnen gerichtete Glaubenswiderfahrnis der Erwählung, Rechtfertigung, Erlösung in seiner theologischen wie religiösen Interpretation den P. immer wieder als religiösen Individualismus erscheinen läßt und zu seiner gängigen Beurteilung als grundsätzlich individualistischer Gewissensfrömmigkeit (→ Gewissen) verführt. Aber der Sachverhalt von Prinzip und Verwirklichung schließt den Protest gegen jede Überdeckung der konkreten, durch Sünde und Gnade bestimmten Situation des Menschen vor Gott durch religiöse Ideologien ein; er nötigt dazu, daß der P. als Prinzip sich auch zum P. als religionsgeschichtlichem Phänomen stets kritisch verhalten muß. Es ist für den P. kennzeichnend, »daß er immer auch über seiner religiösen und konfessionellen Wirklichkeit stehen kann« (Tillich), entsprechend der reformatorischen Grunderkenntnis, nach der das Evangelium die Krisis aller Religion ist. Von daher ergibt sich die Unmöglichkeit, im P. Glauben und Weltanschauung zu identifizieren, so berechtigt das Bemühen um Gewinnung einer prot. Weltanschauung für sich auch ist.

3. Der P. hat seinen *Namen* von der »Protestation«, einem herkömmlichen Mittel des Reichsrechts, mit dem die zur ev. Glaubenserneuerung sich bekennenden Stände und Städte auf dem 2. Reichstag zu Speyer 1529 (→ Protestation) gegen die Religionspolitik des Kaisers bzw. Ferdinands zwar nicht Gewissensfreiheit (→ Gewissen) forderten, wohl aber gegenüber Mehrheitsbeschlüssen »in Sachen Gottes Ehre und der Seelen Seligkeit belangend« geltend machten, daß »ein jeglicher für sich selbst vor Gott stehen und Rechenschaft geben« müsse. So suchten sie im Interesse ihres seit dem 1. Speyerer Reichstag 1526 eingerichteten reformatorischen Kirchenwesens den Raum für die luth. Lehre zu erkämpfen. Mit ihren Protestationen bekundeten sich diese deutschen Fürsten und Städte so erstmals vor dem Reich als Bekenner der »neuen Lehre«. Der ursprungsmäßig politische Begriff des P. ist zunächst von den Gegnern verwendet und zugleich als Werturteil in negativer Richtung verstanden worden. Er wurde mit der Zeit zum »weltlichen« Namen für die Anhänger der → Reformation und gewann seine noch heute geltende Färbung im Zeitalter der → Aufklärung (: III) und, gegenüber dem mit der → Union in Preußen zusammenhängenden Versuch, ihn durch das positiver klingende → »Evangelisch« als konfessionellen Sammelnamen zu ersetzen, erneut im → Liberalismus des 19.Jh.s: man füllte ihn mit den Vorstellungen von antirömischem Eintreten für individuelle Gewissensfreiheit, religiöser → Toleranz und religiösem wie kulturellem Fortschritt und verwandte ihn in diesem Sinn (zB → Protestantenverein). Damit verband sich abermals eine politische Note, vor allem gegenüber dem → Ultramontanismus (→ Evangelischer Bund zur Wahrung der deutsch-prot. Interessen). So ist mit der Übernahme des Ausdrucks als Selbstbezeichnung der »Evangelischen« zugleich ein Stück Selbstbeurteilung ausgesprochen. Sie hat, in positiver wie in negativer Richtung, einen kritischen Sinn.

4. In seiner historischen *Verwirklichung* hat sich der P. selbst als Religion zu verstehen und zu gestalten gesucht. Er ist so immer wieder ideologisch überlagert und dann zu kritischer Beseitigung solcher Überdeckungen genötigt worden gemäß der Erkenntnis: ecclesia reformata semper reformanda, dh dem Wissen um die Unverfügbarkeit der Gnade Gottes. Der Grundstruktur nach sind es im wesentlichen zwei Ideologien, gegen die der P. sich zu Beginn und im Verlauf seiner Geschichte durchzuringen versucht: die kath. und die humanistische Überdeckung des durch die Bestimmungswidrigkeit seines Wesens vor Gott bestimmten Menschen und seiner innerweltlichen Situation. Die kath. ist der Versuch bzw. der Glaube, dem Menschen in der Kirche durch die ihr als Heilsanstalt zur Verfügung stehenden sakramentalen und moralischen Hilfen den Weg zum Ziel seiner Bestimmung, des Heils der Gotteskindschaft, anzubieten und zu ermöglichen. Die humanistische Ideologie sucht auf Grund der sittlichen → Autonomie, der menschlichen Selbstbestimmung, in einem dem kath. analogen moralischen Persönlichkeitsideal zur Verwirklichung wesenhaften, dh bestimmungsgemäßen Menschentums zu gelangen. Beide Ideologien sind einander in mannigfacher Beziehung verwandt, und insofern ist in geistesgeschichtlichem Aspekt der Katholizismus viel stärker der Boden der »Moderne« (und neben ihm spiritualistische und mystische Begleiterscheinungen der Reformation), als dies vom angeblichen Individualismus und Subjektivismus der prot. Reformation selbst gesagt werden kann. Das selbstkritische Ringen des P. mit der ideologischen Überfremdung der reformatorisch erkannten konkreten Wirklichkeit menschlichen Daseins vor Gott und die Überfremdungen selbst zeigen im geschichtlichen Verlauf eine stark wechselnde Bewegung, die in ihren Grundlinien sich beim deutschen P. am deutlichsten ablesen lassen. Hier folgt dem reformatorischen Ansatz und der ersten konfessionellen Aufspaltung in Lutherisch und Reformiert-calvinisch in beiden Lagern eine Periode der Ausgestaltung der »neuen Lehre« in der prot. → Orthodoxie, die der verobjektivierten »reinen Lehre« analog dasjenige zuschreibt, was dem Sakrament im kath. Verständnis zugesprochen wird, nämlich den spezifischen Charakter des entscheidenden

Heilsmittels. Diese Periode, die die Verlorenheit und Ohnmacht des Sünders zugleich thetisch festhält und dennoch der Frage Raum gibt, ob und wieweit er an der Gewinnung des Heils zumindest durch Anerkennung der »Lehre« einen gewissen Anteil habe, führt von da zur dogmenfeindlichen rationalen Aufklärung hinüber und zum ethisch-geistphilosophischen Idealismus. Der → Pietismus, der sich auch neukath. → Mystik (: VI. VII) öffnet, stellt einen Übergang dar. Zugleich mit seiner isolierenden Verinnerlichung der Frömmigkeit entwickelt er im P. den religiösen Individualismus. Mit ihm beginnt innerhalb des P. eine gewisse Privatisierung der ev. Botschaft zur Religion des Christentums unter kräftiger Betonung des homo religiosus überhaupt.

In der Bewertung des religiösen Menschen unterscheiden sich *Alt- und → Neuprotestantismus,* deren Differenz jedoch nur vereinzelt (in der französischen Schweiz [→ Réveil], in Holland, Schottland und den USA) zu bleibenden kirchlichen Sonderbildungen führte. Beide stehen bei allen Eigentümlichkeiten in einer gewissen Analogie je zur kath. bzw. zur humanistischen Ideologie, sei es nur formell, sei es auch materiell. Beiden gegenüber sucht sich vor allem seit der Erschütterung des evolutionistischen Optimismus der Moderne und ihrer Fortschrittsgläubigkeit durch den 1. Weltkrieg eine neue Rückkehr zum reformatorischen Ansatz in Theologie und Kirche zu vollziehen (→ Dialektische Theologie, → Ökumenische Bewegung, → Kirchenkampf). Die neu aufbrechenden konfessionalistischen Tendenzen tragen dabei die Gefahr in sich, daß diese Rückkehrbewegung über eine Erneuerung des Alt-P. nicht hinauskommt, und wecken dadurch die weitere Gefahr einer bloßen Restauration humanistisch-liberaler Tendenzen als Protest gegen drohenden Dogmatismus und Klerikalismus (→ Freies Christentum). Es ist nicht zu verkennen, daß mit den verschiedenen Ideologisierungsformen des P. auch bestimmte soziale und politische Strukturen eng zusammenhängen: mit der Orthodoxie Restbestände feudaler, hierarchisch-patriarchalischer Ordnungen, mit dem Neu-P. bürgerliche und kapitalistische Tendenzen, zT auch - wenigstens in der Theorie - sozialistische (vgl. → Religiös-sozial, → Religiös-sozialistische Bewegung). Dadurch hat sich der P. zu einem Kulturbegriff geweitet.

Etwa gleichzeitig mit dem Frühpietismus entwickelt sich in dem großen *angelsächsischen* Bereich des P. aus dem strengen, sich radikalisierenden calvinistischen Puritanertum (→ Puritaner) und gegenüber der → Anglikanischen (Staats-)Kirche, in der Katholisches, Humanistisches und Protestantisches sich verbinden, der Independentismus. Hier führen vor allem täuferische Motive zu prinzipiellem religiösem Individualismus und zu einem die Einzelgemeinde analog völlig verselbständigenden → Kongregationalismus. Der Independentismus ist die 3. große Gestaltungsgruppe des P. auf angelsächsischem Boden neben → Baptisten und → Presbyterianern, mit starken Auswirkungen in Nordamerika. Auch Motive der Mystik wirken mit. Gewissensfreiheit und Toleranzidee werden zu entscheidenden Richtpunkten des religiösen Lebens, das sich nicht mehr streng an die Reformation gebunden weiß und sich so neuen Versuchen der Verwirklichung urchristlicher Ideale öffnet. Unter den → Quäkern gewinnt es eine charakteristische Gestalt aktiver Erfüllung des Doppelgebotes der Liebe unter Verzicht auf jegliche kirchliche Bindung. In ähnlicher Weise löste sich der → Methodismus (: I) in Anlehnung an die Reformation vom Anglikanismus und nahm in starkem Maß den Bekehrungsernst subjektiver Entscheidung und das durch ihn bestimmte Verhältnis zur Bibel auf, die sich beide bereits im Pietismus anmeldeten. Bei den Baptisten konzentrieren sich ähnliche Motive um die Erneuerung charakteristischer Thesen der reformationszeitlichen → Täufer und ihres Gemeindeideals. In all diesen Fällen könnte man von Verabsolutierung oder zumindest einseitiger Bevorzugung einzelner Elemente des P. sprechen. Sie alle verstehen sich als P.; dieses Selbstbewußtsein verbindet die Fülle der Denominationen insbesondere auf dem traditionsarmen Boden der »neuen Welt« Amerikas, gibt aber zugleich in Verbindung mit der dadurch mitbestimmten kulturellen und politischen Einstellung in einem kräftigen innerweltlichen Aktivismus unter Zurückdrängung einer Jenseitsfrömmigkeit dem P. als Kulturbegriff einen besonderen Charakter. In den Mittelpunkt rückt die Idee des »sozialen Christentums« (→ Social Gospel, vgl. → Sozialismus: II) und der christlichen Demokratie.

P. als Prinzip bedeutet infolgedessen diesen kulturellen und politischen Phänomenen gegenüber auch ein Geltendmachen seines radikal-kritischen Auftrags im Bereich der säkularen politischen wie sozialen Ideologien, der weltlichen Heilslehren und Reich-Gottes-Hoffnungen; diese lassen sich ja weithin als Verweltlichungsformen von Inhalten der christlichen Botschaft geistesgeschichtlich begreifen und zT ableiten. Es läßt sich nicht leugnen, daß sie zu erheblichem Teil prot. Herkunft sind, vor allem auch den täuferischen, mystisch-spiritualistischen Nebenströmungen der Reformation entstammen. Hier wirkt sich aus, daß dem P. die Überwindung des Gegensatzes von sakraler und profaner Sphäre innewohnt, dh daß der Geistliche nicht »Priester«, sondern für seine Person »Laie« ist und der Laie zugleich Träger des »allgemeinen → Priestertums« der Gläubigen (→ Klerus und Laien, 3), und daß grundsätzlich jede priesterliche Vermittlung zwischen dem Gläubigen und Gott durch das → Amt (: III) beseitigt ist. Doch ist das »geistliche Amt« als Dienst am Wort Gottes oder als kirchliches oder gemeindliches Amt in der Regel nicht nur ein besonderer »Beruf«, sondern behält auch im allgemeinen eine für das Ganze der kirchlichen oder religiösen Gemeinschaft wesentliche Bedeutung, so daß es das Gegenüber von »Kirche« und »Welt« relativ am deutlichsten repräsentiert.

5. Der P. als kritisches Prinzip wird im einzelnen an seinen Auswirkungen greifbar, bes. an seinen kritischen Gegenthesen gegen die tragenden Elemente jener beiden religiös-ideologischen Strukturen des Katholischen und des Humanistischen (s. 4), mit denen er sich in mannigfachen Abwandlungen und mit ebenso mannigfachen geschichtlichen Folgen auseinandersetzt. Das überall noch spürbare Grundschema dieser Auseinandersetzung und zugleich die Mitte der prot. Einheit bietet der *reformatorische Ansatz:*

a) An die Stelle des sakramental-gesetzlichen, kirchlich-sacerdotalen Heilswegs des spätmittelalterlichen Katholizismus, der sich im Bußsakrament konzentriert, setzt die Reformation den ausschließlichen Heilsweg des *rechtfertigenden Glaubens* und bestimmt ihn näher als heilschenkenden »Christusglauben«, der allein das um sein Heil besorgte, von der Unzureichendheit eigener religiös-sittlicher Leistung zur Verzweiflung gedrängte Gewissen tröstet und die wahre Gotteserkenntnis gewinnt. Gott fordert und lohnt danach nicht menschliche Leistung, sondern schenkt seinen in Christus Erwählten in ihm das neue Leben. Die reformatorische Lehre von der → Rechtfertigung (: II. III) ist die formelhafte theologische Zusammenfassung der neuen, evangeliumsgemäßen Verkündigung von Christus als dem, in dem allein das Heil beschlossen ist, dem menschgewordenen, gekreuzigten, auferstandenen Herrn. Dieser führt den sich selbst vergötzenden Menschen zu wahrem Menschsein, dh macht ihn zu dem der Herrschaft Gottes gehorsamen und darin von der Gott feindlichen Selbstsucht befreiten, dem selbstlosen Dienst der Nächstenschaft gegenüber dem Mitmenschen zugewandten Menschen. Dessen vom P. betonte »Unmittelbarkeit« zu Gott gründet allein in der mit der Verheißung der → Sündenvergebung sich ihm unmittelbar zuwendenden Barmherzigkeit Gottes, die im Gericht, in der Enthüllung der Bestimmungswidrigkeit des autonomen Menschen, die Gnade der Vergebung, des neuen Lebens, und so die gehorsame Anerkennung der Gottheit Gottes schenkt. Das sog. Materialprinzip des P., das »sola fide« als Grund des neuen Gottesverhältnisses, richtet sich zugleich (im Problemkreis der → Willensfreiheit) gegen den humanistischen Moralismus. Radikale Gottesfeindschaft, auch in der Gestalt religiöser Selbstsucht, nicht moralischer Defekt, ist das Wesen der Sünde und diese daher das Wesen des gottfernen Menschen. Ihre Überwindung durch Gottes im Glauben empfangene Gnade macht die Rechtfertigung vor Gott aus, die ein transsubjektives Widerfahrnis ist. Dies meint die exklusive Fassung der Alleinigkeit des der Zusage Gottes korrespondierenden, durch sein Wort bzw. seinen Geist mittels des Wortes gewirkten Glaubens.

b) So wie Gott allein im Zusammenhang dieses Geschehens in Christus erkannt wird, in dem er sich selbst als Gott »für uns« und damit → Gott (: VI) als die in Freiheit erwählende heilige Liebe offenbart, tritt auch entsprechend an die Stelle der von Katholizismus und Humanismus übernommenen antik-philosophischen → *Anthropologie* (: II-IV) eine spezifisch theologische. Sie definiert den Menschen aus seinem Gottesverhältnis, und zwar reformatorisch durch die mit dem Geschehen der Rechtfertigung gesetzte Menschwerdung, dh durch den in Christus geschenkten Vollzug der Verwirklichung seiner Bestimmung. Die Kategorie der Existenz tritt hier an die Stelle derjenigen der Substanz, die Frage nach der konkreten Wirklichkeit an die Stelle derjenigen nach dem wesenhaften Sein. Damit verbindet sich der »Neubau der Sittlichkeit« (K.Holl), bei dem der Glaubensgehorsam zum sittlichen Prinzip wird an Stelle einer moralistischen und perfektionistischen Tugendlehre, für die das Schema von Lohn und Strafe als Motiv, der Gedanke des → Verdienstes auf Grund geforderter Leistung als Norm und die sittliche Selbstbestimmungsmöglichkeit des Menschen auch vor Gott als Voraussetzung charakteristisch sind. Der Glaubensgehorsam geht auf die Totalität der → Person, nicht auf einzelne Handlungen, und ist die Folge des neuen, gottgewirkten Daseins vor Gott. Seine Handlungen, die → *»guten Werke«*, sind Ausfluß und Bewährung, nicht Bedingung des neuen Lebens in der Freiheit des Gewissens. An Stelle eines mehr oder minder statutarischen und kasuistischen Sittengesetzes tritt die Spontaneität des Handelns in der kontingenten Situation der Nächstenschaft als Erfüllung von jetzt und hier konkret gestellten Aufgaben zusammen mit einer lediglich »gymnastischen«, der Einsatzbereitschaft zu solchem Handeln dienenden »innerweltlichen« → Askese (: V).

c) Von da aus wird - die Zentralfrage der Reformation! - die *wahre* → *Kirche* (: III, 4) gegenüber der institutionellen Heilsanstalt im → Katholizismus (: I, 3) definiert: sie ist die durch das → Wort Gottes allein schöpferisch ins Leben gerufene, an äußerlichen Anzeichen der Wirkung des Wortes zwar erkennbare, aber dem Wesen nach nur dem Glauben erfaßbare Gemeinde der Heiligen, eine geistliche Realität, der aber auch entscheidende umwandelnde Wirkung auf die »Welt« innerhalb des Geschehens der verhüllten Selbstdurchsetzung des Reiches Gottes in dieser zugesprochen wird. Die Reform des überkommenen kultischen Gottesdienstes - im einzelnen damals wie heute noch nicht vollendet - nimmt diesem den Leistungs- und Opfercharakter und stellt seine Funktion als Danksagung und Lobpreis gegen Gott wieder her; sie zieht ihn zugleich in den Dienst missionarischer Unterweisung und weitet ihn seinem Wesen nach aus auf ein außerkultisches Handeln im täglichen und Berufsleben.

d) Folge davon ist der prinzipielle Umbau der mittelalterlichen Auffassung der *Gesellschaft* als einer durch die beiden Stände, den geistlichen und den laikalen, in Rangstufen gegliederten »christlichen Körperschaft« (→ Corpus Christianum); ferner die geistliche, dh auf die Kirche bezogene Qualifikation des weltlichen Handelns des Christen zum → *»Beruf«* (: III) und die Entwicklung einer gottesdienstlichen Berufsethik. Damit gewann die Reformation in der Tat revolutionären Charakter, der sich in manchen Gestaltungen des P. auch später deutlich auswirkte.

e) Folge ist schließlich auch die radikale Kritik an der römischen Sakramentslehre und speziell am Meßopfer. Der Maßstab der Kritik ist das Wort Gottes im Zeugnis der → Bibel (: III) als der alleinigen Offenbarungsquelle und der normativen Autorität. Aber das sog. *Formalprinzip* des P., das »sola scriptura«, meint nicht einen formalen → Biblizismus, sondern einerseits die Selbstauslegung der Hl. Schrift in der im Gesamtleben der Kirche geschehenden Verkündigung. Insofern sind die »Stimmen der Väter« und im besonderen die Bekenntnisse der Kirche, ist die → Tradition in das → Schriftprinzip eingeschlossen als die immer wieder neu am Schriftwort selbst zu prüfende theologische Auslegung der Schrift. Deren richtiges Verständnis vollzieht und bewährt sich in der Unterscheidung von → Gesetz (: V. VI) und Evangelium. Andererseits tritt - schon bei Luther - zum Schriftzeugnis die »Erfahrung« hinzu, dh das innerliche Überführtwerden von der Wahrheit des Schriftwortes. Auf beidem ruht die reformatorische Forderung der ev. Unterweisung der Gewissen zur Freiheit als dem Ziel der Verkündigung. Beides fordert, zT auch angeregt durch den philologischen Humanismus, eine »wissenschaftliche« Exegese, dh die Freiheit kritischer, philologisch-historischer Beschäftigung mit dem überlieferten Text.

6. Diese kritischen Grunderkenntnisse und die ihnen entsprechenden Ausgangspositionen des reformatorischen Ansatzes sind bald durch ultrareformatorische *Nebenströmungen* radikalisiert worden: die Kritik der hierarchisch verfaßten institutionellen Kirche verschärfte sich zu einer spiritualistischen, die Kirche schließlich überhaupt negierenden Kirchenkritik; das Prinzip »sola scriptura« konnte, biblizistisch gewendet, aus der Bibel wiederum ein Gesetzbuch machen und daneben zugleich dem »inneren Wort« eines unmittelbaren, nicht an das »äußerliche Wort« gebundenen Geistbesitzes die Autorität über die Schrift zusprechen (→ Spiritualisten). An die Stelle des Glaubens in bezug auf die allein durch die Predigt des Wortes vorhandene Kirche konnte das Programm einer grundsätzlich neuen Formung religiöser Gemeinschaft zu dem u.U. auch mit Gewalt zu organisierenden neuen Bundesvolk Gottes in der Endzeit treten. Die Kritik an der römischen Sakramentenlehre konnte bis zur symbolistischen Auflösung des Sakraments überhaupt vorangetrieben werden zugunsten eines rein geistigen Frömmigkeitsideals. Mit allen diesen Radikalisierungen gewann das religiöse Individuum als solches die beherrschende Stellung, und der Gedanke einer dem Menschen aufgegebenen und möglichen religiös-sittlichen Selbstbestimmung erhielt wieder Raum. Die Vernunft oder das Gefühl oder der Geist treten an die Stelle, die der reformatorische Ansatz dem Worte

Gottes zuerkannt hatte. Die neue Wertung der → Welt als Gottes Schöpfung, für die der Christ mitverantwortlich gemacht ist, wandelt sich dahin, daß Natur und → Geschichte (: II C) als Offenbarungen des Handelns und des Wesens Gottes interpretiert und zumeist optimistisch gewertet werden.

7. Von da aus ist der → *Neuprotestantismus* der Aufklärung bestimmt durch die Idee der das Wesen des Christentums ausmachenden natürlichen Religion, zT in kritischer Wendung gegen den Offenbarungs-Supranaturalismus (→ Rationalismus: II) in der Wahrheitsfrage, durch die Umwandlung des Gottesbildes zu einem deistischen Vorsehungsglauben (→ Deismus: III), durch die Überzeugung von dem unersetzlichen Wert der menschlichen Seele und durch die Gewißheit ihrer - auch philosophisch begründeten - Unsterblichkeit. Die Behauptung eines als väterliche Güte, als dem Menschen zugewandte Liebe und Vorsehung, als der vernünftige Schöpfer und Erhalter der Welt verehrten Gottes schiebt angesichts der Unvollkommenheit und des Übels in der Welt das Problem der → Theodizee (: II) in den Vordergrund. In → Idealismus (: II) und → Romantik (: II. III) und im → Liberalismus der Folgezeit gewinnen pantheistische Deutungen des Weltverhältnisses im Begriff des Universums oder des absoluten Geistes und die Wertung des Christentums als absoluter Religion (→ Absolutheit des Christentums) die Herrschaft. Der reformatorische Rechtfertigungsglaube, bezogen auf den Christus des altkirchlichen Dogmas (→ Christologie: II) als den objektiven Mittler und Erlöser, weicht in Aufklärung und Idealismus einem humanistisch-moralistischen Erlösungsbegriff (→ Erlösung: IV, 4; V, 3. 4), der anthropologisch begründet ist und für den der »historische Jesus« (→ Leben-Jesu-Theologie) die Qualität des schöpferischen Urbildes menschlich-religiöser Vollkommenheit gewinnt; Jesus ist exemplarischer Führer zu Gott. Und die Kirche, soweit sie für diese fortschreitende Individualisierung und zugleich Privatisierung des Christlich-Religiösen noch Bedeutung hat, wird zum Ort wechselseitiger Pflege und Förderung ev. Persönlichkeitskultur sowie zur Anstalt für die Befriedigung religiöser Bedürfnisse, vor allem an Wende- und Höhepunkten des bürgerlichen Lebens. Man »braucht« sie zur Taufe, Konfirmation, Trauung und Beerdigung und bei sonstigen feierlichen Anlässen zur Vornahme von Weiheakten; man bejaht auch ihre sittlich-pädagogische Nützlichkeit für das staatliche und öffentliche Leben, aber man bestreitet ihr zugleich von einer prot. Privatfrömmigkeit her und auf Grund eines bestimmten Verständnisses der → Zwei-Reiche-Lehre jede darüber hinausgreifende Wahrnehmung ihres → Öffentlichkeitsauftrags. Im allgemeinen wird sie zur → Religionsgesellschaft umgedacht, die neben den anderen Bereichen des gesellschaftlichen Daseins - dem politischen, wirtschaftlichen und kulturellen - auf den Bereich des Religiösen eingeschränkt ist und sich auch weithin einschränken läßt. Darin äußern sich die Säkularisierungstendenzen (→ Säkularismus: I) des kulturprot. Weltverhältnisses einerseits, die freiwillige Preisgabe der kirchlichen Mitverantwortung für die Gestaltung innerweltlichen Lebens andererseits. Man überläßt - dies gilt im P. freilich wesentlich nur für Deutschland - diese Aufgaben weithin der »weltlichen« Gewalt, dem → Staat (: III) als der dafür zuständigen Institution. Im angelsächsischen Bereich hingegen herrscht die Tendenz auf Synthese zwischen prot. Christentum und Kultur bei weitem vor, so daß hier viel stärker auch das Phänomen einer das tägliche Leben formenden prot. Weltanschauung auftaucht, in der das Bewußtsein religiös-konfessioneller Herkunft und Bindung lebendig ist, allerdings auch als Kultur-P.

8. Mit der Katastrophe des 1. Weltkriegs und dem Versagen des P. im Bereich des Politischen und Sozialen setzt in Deutschland eine prot. *Neubesinnung* ein, die sich auf den außerdeutschen P. teils auswirkt, teils in ihm auf ähnliche Erscheinungen stößt und im Rahmen der → Ökumenischen Bewegung, in der neuen Erfassung der missionarischen Aufgaben (→ Mission: III B-D) und in den Versuchen zur Gewinnung einer prot. → Sozialethik die Sorge der Kirche für den Menschen als Menschen in einer »mündigen Welt« neu als dringliche Aufgabe zu begreifen und zu üben beginnt: die Solidarität der Kirche mit den Nöten der Welt, bes. mit der sozialen Not im Massenzeitalter, führt zu Bemühungen um den Aufbau einer »verantwortlichen Gesellschaft« (responsible society) unter grundsätzlichem prot. Verzicht auf klerikale Beherrschung oder Bevormundung der Welt. Theologische Fragestellungen etwa nach Rechtfertigung und → Recht (: I), nach dem Verhältnis von Christengemeinde und Bürgergemeinde (→ Gemeinde: I. II), von Glaubensfreiheit und → Menschenrechten, nach Gewinnung und Sicherung des → Friedens, nach einem sachgemäßen Verständnis der Institutionen der sozialen Welt (→ Ehe, → Staat, → Wirtschaft usw) sind dafür symptomatisch und verraten mit ihrem Aufbrechen auch in den mehr dem praktischen Experimentieren zugewandten Bereichen des angelsächsischen P. den Untergrund einer spezifisch theologischen Neubesinnung. In ihnen stellt der Verzicht auf jegliche Form einer neuen Klerikalisierung der Welt und auf ideologische Beherrschung wiederum das kritische Moment des P. als Prinzip dar. An die Stelle einer prot. Synthese von Christentum und → Kultur (: III, 5), vor allem im angelsächsischen Bereich, und prot. Diastase zwischen beiden, bes. in Deutschland, scheint seit dem erneuten Rückgriff auf den reformatorischen Ansatz im 20.Jh. jenes ihm besser entsprechende Verhältnis kritischer Solidarität aus aufgetragener Verantwortung für die Welt treten zu wollen.

Man darf freilich nicht übersehen, daß zugleich eine Stimmung der Resignation und *Skepsis* im P. sich selbst gegenüber im 20.Jh. sich ausbreitet, der Ausdruck einer gewissen Unsicherheit vor der Aufgabe der Daseinsbewältigung und Existenzverwirklichung. Aber auch daran wird deutlich, daß der P. sich stets mehr als Aufgabe denn als verfügbaren Besitz begreift. Zeichen dieser Resignation ist auch eine da und dort auftauchende Neigung zur »Heimkehr«, ein Verlangen nach → Katholizität (, 2), das protestantischerseits hinter mancher Beteiligung an der → Una-Sancta-Bewegung steht (Kreis der »Sammlung« in Deutschland), aber nicht zureicht, den Protest gegen den römischen Katholizismus und seine Verrechtlichung der Religion als gesamtprot. Einheitsmoment spürbar abzuschwächen. Ähnliches gilt von der Bereitschaft zu einer Wiederaufnahme des kontroverstheologischen Gesprächs auf der Linie eines positiven Protestes in ökumenischer Einstellung und von dem in der Gegenwart im ökumenischen Rahmen ebenso wie bei einzelnen Theologen neu belebten positiven Verhältnis zur → Orthodoxen Kirche, das schon im Reformationszeitalter, allerdings ergebnislos, angestrebt worden war (→ Andreä, 1; → Jeremias II.). Dazu gehört auch, daß innerhalb des festgehaltenen reformatorischen → Schriftprinzips des »sola scriptura« ein neues Interesse an der kirchlichen → Tradition aufbricht und daß die → Patristik im Zusammenhang damit in der Gegenwart auch im P. ein spezifisch theologisches Interesse auf sich zieht - alles auf dem Hintergrund überaus mannigfacher Auffassungen vom rechten Verständnis und Gebrauch der Bibel zwischen fundamentalistischem Biblizismus und rationalistischer Bibelkritik (→ Schriftauslegung: IV, → Hermeneutik).

9. Die *organisatorischen* Gestaltungsformen des P. sind von großer Verschiedenheit; sie reichen von staatskirchlichen Institutionen (zB in → Schweden) bis zu einem nahezu völligen Verzicht auf organisierte Gemeinschaft (zB → Quäker) und von wachsender Tendenz zu großen konfessionellen (→ Reformierter Weltbund [Pan-Presbyterian Alliance], 1875; Ökumenische Methodisten-Konferenz, 1881; Internationale Union der Kongregationalisten, 1891; Weltbund der Baptisten, 1905; → Lutherischer Weltbund, 1923 bzw. 1947) und überkonfessionellen Zusammenschlüssen (→ Allianzbewegungen, → Einigungsbestrebungen, → Ökumenische Bewegung) bis zur Sektenbildung (→ Sekten: IV. V). In beiden Fällen spielt das → Bekenntnis (: IV-VI, → Bekenntnisschriften) eine entscheidende und für den P. ganz charakteristische Rolle, sogar in Gestalt eines bekenntnismäßigen, biblizistischen Verzichts auf ein formuliertes Bekenntnis. Eine gewisse *Gliederung* der zahlreichen Spaltungen und Sonderbildungen im P. läßt sich daher am besten am Bekenntnis durchführen.

a) Unmittelbar aus der Reformationszeit gehen die beiden großen prot. Bekenntniskirchen hervor, die sich im wesentlichen an der Stellung zu dem (für beide bis zum → Westfälischen Frieden 1648 allein reichskirchenrechtlich verbindlichen) → Augsburger Bekenntnis konfessionspolitisch unterscheiden: die Kirchen des → Luthertums und die → Reformierten Kirchen samt den → Presbyterianern. Zeitpunkt und Anlaß der jeweiligen innerprot. konfessionellen Aufgliederung sind im einzelnen verschieden und vielfach nicht genau zu erfassen. Das → Marburger Religionsgespräch von 1529 ist jedoch mehr der erste nachdrückliche Hinweis auf die Möglichkeit der Aufspaltung an der Bekenntnisfrage als die geschichtliche Wurzel, da es an anschließenden, zT erfolgreichen Versuchen zu einem Beisammenbleiben nicht fehlte (→ Wittenberger Konkordie). Neben den großen Bekenntniskirchen aus der Reformation haben auch andere kirchliche Gemeinschaften ihren Ursprung im 16.Jh., und zwar in den täuferischen (→ Täufer, → Mennoniten), spiritualistischen (→ Schwenckfelder) und antitrinitarischen (→ Unitarier) Gruppen der radikalen Nebenströmungen der Reformation. Dazu kommen vorreformatorische antirömische Bewegungen, die erneut Kraft gewinnen (→ Waldenser, → Brüderunität: I).

b) Im 17.Jh. führt der nonkonformistische Gegensatz zur → Anglikanischen Kirche zu den für den angelsächsischen P. charakteristischen Kirchenbildungen (→ Baptisten, → Kongregationalisten, → Quäker) unter dem Einfluß der gesamten festländischen Reformation und in Verbindung mit der überaus komplexen neuen puritanischen Bewegung der großen Revolution (→ Puritaner). Gemeinsam ist ihnen die independentistisch-nonkonformistische Einstellung zur Staatskirche, ein gewisser religiöser Individualismus und die starke Auswirkung in Nordamerika.

c) Die Erweckungsbewegung des 18.Jh.s, die im Pietismus auf den Plan tritt, hat bei den prot. Kirchen des Festlandes abgesehen von der erneuerten → Brüderunität (: II) nur zu innerkirchlichen Sonderbildungen (→ Gemeinschaften, altpietistische) geführt, während im angelsächsischen Bereich durch neue Separationen die sich in England wie nach der »großen Erweckung« (→ Erweckung: I, 2, → Edwards) in Amerika stark verzweigende Gemeinschaft der → Methodisten hervorging.

d) Die → Erweckungsbewegung des 19.Jh.s schließlich führte einerseits zu Einigungsversuchen im deutschen P. (→ Union) und zu überkonfessionellen Sammlungen auf meist biblizistischer Grundlage im angelsächsischen Bereich (→ Disciples of Christ, → Evangelical United Brethren Church, → Church of God u.ä.), andererseits auch zu konfessionalistischen Separationen (Altlutheraner, Altref. Kirche [→ Luthertum: III B, → Reformierte Kirche: II B]) und zu neuzeitlichen freikirchlichen Gestaltungen (→ Freie ev. Gemeinden).

10. Die konfessionskundlichen *Grenzen* des P. sind nicht eindeutig zu bestimmen. Nimmt man die Anglikanische Kirche als die eine Grenze, nachreformatorische christliche Sektenbildungen der → Heiligungsbewegung, → Inspirationsgemeinden, Zungenbewegung, → Mormonen, → Bibelforscher, → Adventisten, → Neuapostolische Gemeinde, Irvingianer (→ Katholisch-Apostolische Gemeinde), → Swedenborgianer - aber nicht der → Heilsarmee! - und freireligiöse Bildungen (→ Christian Science, → Christengemeinschaft u.ä.) als die andere, so läßt sich keineswegs leugnen, daß auch jenseits dieser Grenzen Elemente des P. nachwirken. Am stärksten in der Anglikanischen Kirche, bei der sich der amerikanische Zweig seit 1783 als → »Protestantische Episkopalkirche« bezeichnet. Aber das Bekenntnis spielt hier doch nicht die für den P. kennzeichnende Rolle, und der Protest gegen den Katholizismus ist hier nicht eigentlich konstitutiv. Bei den Sektenbildungen hingegen handelt es sich vielfach um radikale Vereinseitigung und Verabsolutierung bestimmter Momente des P. in Lehre und auch in Verfassung. Gerade an der Frage der Grenzziehung im einzelnen muß sich daher das Verständnis des P. als Prinzip bewähren, sofern es die ideologische Überfremdung des Evangelischen sowohl in kath. wie in humanistischer Richtung (vgl. 4) jeweils kritisch feststellt und daran das Urteil gewinnt.

11. Neben dem Protest gegen derartige Überfremdung, neben der charakteristischen Rolle des Bekenntnisses bis hin zur Gestalt eines nur noch biblizistischen Bekennens finden sich noch für den P. *kennzeichnende Züge* im Bereich der innerkirchlichen Verfassung, des Kultus und der Mission sowie des Verhältnisses zum »weltlichen Bereich«. Es genügt, sie summarisch zu skizzieren:

a) Was die *Verfassung* anlangt, so ist dem P. (abgesehen von der Anglikanischen Kirche) gemeinsam negativ die Ablehnung der hierarchisch gegliederten Institution anstaltlicher Heilsvermittlung und positiv die Anerkennung der Einzelgemeinde als der Grundform rechtlich geordneten Kirchenlebens. Gemeinsam ist auch weithin das Festhalten an einem gegen sacerdotales Mißverständnis abgegrenzten geistlichen Amt, auch in Gestalt einer biblisch begründeten, begrenzten oder sich frei entwickelnden Mehrzahl besonderer Dienste sowie die grundsätzliche Mitbeteiligung der »Laien« an der Gemeinde- und Kirchenleitung. Aus diesen Strukturelementen werden verschiedene Gestaltungen presbyterianischer und synodaler Verfassung aufgebaut, die sich heute auch dort im allgemeinen durchgesetzt haben, wo die Tradition des spätmittelalterlichen und von der Reformation übernommenen landesherrlichen → Kirchenregiments mit der Idee des aus der → Cura religionis begründeten fürstlichen → Summepiskopats reformationszeitlicher (Notbischof) oder aufklärerisch-absolutistischer Fassung und wo staatskirchliche Tendenzen lange Zeit geherrscht hatten, bes. im Luthertum. Dabei wächst in neuerer Zeit das Bemühen um den Aufbau eines ev. Bischofsamts innerhalb jener Grundstrukturen der Verfassung (→ Bischof: III. IV), auf der anderen Seite aber auch die Ausformung der presbyterial-synodalen Elemente zu bruderrätlicher Leitung. Die ausgestalteten → Kirchenverfassungen (: VI. VII) zeigen im einzelnen eine große Mannigfaltigkeit, bei der kennzeichnenderweise vielfach der Bekenntnisstand der betreffenden Kirche zumindest in Form einer Präambel fixiert wird. Kennzeichnend in anderer Richtung ist aber auch, daß die Verfassung grundsätzlich oder praktisch bis auf ein Minimum äußerer Regelung reduziert werden kann oder gar spiritualisiert wird. Der Herr der Kirche bleibt im scharfen Gegensatz zum Universalepiskopat des Papstes mit dem Anspruch des Vicarius Christi immer Christus selbst. Volkskirchliche Verfassungsstrukturen werden vielfach durch ein stark entwickeltes kirchliches → Vereinswesen zu den Frei- und Freiwilligkeitskirchen vermittelt, die sich ihrerseits weniger als perfektionistische Verwirklichung eines Kirchenideals denn als aktivistisch-missionarische Organisation der Kirche verstehen.

b) Der *Kultus* wird als Gottesdienst im engeren Sinn theologisch eingeordnet in den Bereich der Heiligung bzw. der »guten Werke« (klassisch: Heidelberger Katechismus Fr. 86) als der notwendigen Auswirkung des Glaubens im Vollzug des Dankens und Lobens und der missionarisch-unterweisenden, der Weckung und Stärkung des Glaubens dienenden Verkündigung. Er wird daher scharf abgegrenzt gegenüber jedem meritorischen und sakrifiziellen, das Heil selbst bewirkenden Handeln. In der Geschichte des prot. → Gottesdienstes (: V B, 2) geschieht das grundlegend mit der reformatorischen Kritik am Meßopfer. Die liturgische Gestaltung des Gottesdienstes ist zwar im P. äußerst mannigfaltig, läßt sich aber im wesentlichen auf zwei Linien zurückführen. Die eine ist bestimmt durch die Anknüpfung an das liturgische Erbe der kath. Kirche, die andere strebt nach verschieden motivierter, mitunter biblizistisch begründeter Neugestaltung bis hin zum Verzicht auf jede besondere Liturgie. Schriftlesung, → Gebet, → Predigt und das im P. zu reicher Blüte gelangte → Kirchenlied sowie die gottesdienstlich verschieden eingeordnete Feier des → Abendmahls (: IV. V) bilden in beiden Fällen die Grundelemente. Das Äußerste des Verzichts auf liturgische Ausgestaltung ist zB der »Schweigende Dienst« der Quäker, der den Rahmen abgibt für die Selbstaussprache des Hl. Geistes durch einen der Versammelten. Bei dieser Lage ist es begreiflich, daß die Versuche zu Reform und Neuordnung des Kultus nicht abreißen (→ Gottesdienst: VI), teils durch einen romantischen Liturgismus, teils durch die Fortführung theologisch-kritischer Rezeption des kirchlichen Erbes bestimmt und im besonderen im ref. Bereich durch das Prinzip des »purus cultus«, der Reinheit des Gottesdienstes, anderwärts durch das Verlangen nach dem »schönen Gottesdienst« (so zT im Luthertum, aber auch in dem von der Anglikanischen Kirche liturgisch beeinflußten Methodismus [→ Common Prayer Book]). Kennzeichnend ist, daß selbst sektenhafte Sonderbildungen im P. wie zB die → Katholisch-Apostolischen Gemeinden einen reichen liturgischen Eklektizismus aufweisen. Ein weiteres Charakteristikum des prot. Kultus ist die grundsätzliche gottesdienstliche Betätigungsfreiheit für Laien und die Möglichkeit der Zulassung der → Frau (: IV) zum geistlichen Amt (→ Vikarin). Es ist deutlich, daß auch innerhalb der andauernden liturgischen Reformen sich der P. als Prinzip kritisch auswirkt.

c) *Mission* wird im P. verstanden als instrumentale Teilhabe an der missio Christi und in diesem Sinn als Wahrnehmung des ev. Missionsauftrags. Das gilt sowohl für das noch nicht zu eigentlicher Aktivität gelangte Missionsverständnis der Reformationszeit als auch von der stark durch Motive der Eschatologie und der Seelenrettung bestimmten Missionsarbeit der pietistischen und der jüngeren Erweckungsbewegungen (→ Mission: III C). Insofern bedeutet → Mission (: III A) grundsätzlich nicht Propaganda für die eigene kirchliche Gemeinschaft, auch nicht für die Ausbreitung des Christentums (obschon dies in der Missionspraxis weithin geübt wurde), weil die Gleichsetzung von Kirche und Christusherrschaft im Sinn des Selbstverständnisses der römischen Kirche im P. nicht möglich ist, zumal sie die eschatologische Spannung der irdischen Existenz der Kirche selbstherrlich überspringen würde. So gehört auch Mission im prot. Verständnis hinein in den Kreis der »guten Werke«, des aufgetragenen Glaubensgehorsams und Glaubenszeugnisses. Es entspricht daher dem allmählichen Deutlichwerden des theologisch erfaßten Wesens der Mission einmal, daß die Missionsarbeit im P. an dem Aufbau der → Ökumenischen Bewegung entscheidend und geradezu auslösend beteiligt ist (→ Internationaler Missions-Rat), worin auch der eigentümliche Ort des P. zwischen Gemeinde und Weltkirche zum Ausdruck kommt, sodann, daß zugleich die Missionsarbeit der »alten« Kirchen dazu bereit ist, sich von der Bildung »junger« Kirchen mit eigener Struktur und zT auch eigenem Bekenntnisstand (→ Mission: III E) ablösen zu lassen. Sofern Mission Sendung der Kirche an alle Menschen außerhalb ihrer ist, darf die auf Getaufte gerichtete erweckliche → Evangelisation ihr nicht unter dem in sich widerspruchsvollen Namen der Volksmission, → Bahnhofsmission usw eingeordnet werden, so charakteristisch sie auch für die kirchliche und vereinsmäßige Aktivität des P. ist (→ Mission und Evangelisation).

d) Mission und Evangelisation sind beide zugleich auch kennzeichnend für das *Verhältnis* des P. *zur »Welt«*: jede klerikale Bevormundung oder gar Beherrschung der Welt ist grundsätzlich ausgeschlossen. Vielmehr wird dort, wo bestimmte weltfeindliche oder weltkritische Tendenzen keine Rolle spielen, die Welt verstanden als Ort der Bewährung des Glaubens und der Sendung der Kirche im Verhältnis der zugleich kritisch-distanzierten Solidarität der Kirche mit den Nöten der Welt, weil der P. in der Welt die Schöpfung Gottes anerkennt, welcher Gottes Versöhnungshandeln in Christus gilt. Hierher gehört auch das in der Neuzeit, bes. auch seitens der Ökumenischen Bewegung (Stockholm 1925) geförderte Bemühen um den Aufbau einer prot. → Sozialethik, die das Problem der »Unordnung der Welt« nicht in deren einzelnen Folgen durch karitative Maßnahmen in seiner Schärfe abzumildern, sondern es grundsätzlich als eine dem Christen zu relativer Bewältigung aufgetragene Aufgabe zu erfassen sucht.

RE XVI, 135ff - E.Troeltsch, Prot. Christentum u. Kirche in der Neuzeit (Die Kultur der Gegenwart I/IV, 1 [1906] 1909^{2}, 431-755; Sonderdr. 1922) - Ders., Die Bedeutung des P. für die Entstehung der modernen Welt, (1911) 1928^{5} - H.Hoffmann, Der neuere P. u. die Reformation, 1919 - Ders., Der P., Wesen u. Wandlungen (Mensch u. Gottheit in den Religionen, 1942^{2}, 409-461) - K.Heim, Das Wesen des ev. Christentums, (1925) 1929^{4} - G.Schenkel, Der P. der Gegenwart, (1927) 1934^{2} - P.Tillich (Hg.), P. als Kritik u. Gestaltung, 1929 - Ders., Religiöse Verwirklichung, 1930 - Ders., Prot. Prinzip u. proletarische Situation, 1931 - Ders., The Protestant Era, Chicago 1948; dt.: Der P., Prinzip u. Wirklichkeit, 1950 - E.Seeberg, Über das Problem des P. (SGK 6, 1, 1929) - H.Hermelink, Das Wesen des P. u. seine konfessionelle Ausprägung (Das Marburger Religionsgespräch 1529-1929, 1930, 21-37) - RGG^{2} IV, 1582ff (Ders.) - C.Damour, Die Epochen des P., 1933 - H.Adolph, Entbürgerlichung des P.?, 1936 - E.Steinbach, Die Auflösung des P., 1936 - K.Leese, Die Religion des prot. Menschen, (1938) 1948^{2} - Ders., Der P. im Wandel der Zeit (ausgew. Texte), 1941 - W.Köhler, Ernst Troeltsch, 1941 - K.Guggisberg, Der freie P., (1942) 1952^{2} - Hirsch I-V - W.Philipp, Die christl. Kirchen in der Welt, 1951 - W.v.Loewenich, Die Aufgabe des P. in der geistigen Situation der Gegenwart, 1952 (= Ders., Glaube, Kirche, Theol., 1958, 130-150) - J.Rathje, Die Welt des freien P., 1952 - W.Bremi, Der Weg des prot. Menschen, 1953 - The American Church of Protestant Heritage, hg.v. V.Ferm, New York 1953 - U.Kunz, Viele Glieder - Ein Leib. Das Buch der Freikirchen, 1953 - E.Kottje, Die geistige Krise des P., 1954 - M.Werner, Der prot. Weg des Glaubens I, 1955 - K.Kupisch, Prot. Perspektiven, 1957 - H.Lamparter, Und ihr Netz zerriß. Das Buch der Großkirchen, 1957 - Hutten - R.Mehl,

L'Europe protestante, 1958; dt. 1959 - R.PRENTER, Der P. in unserer Zeit, 1959 - W.DANTINE, Über den prot. Menschen, 1959 - J.HERMELINK, Kirchen in der Welt, 1959 - K.DOCKHORN, Das prot. Selbstverständnis der Kirche von England (ZW 31, 1960, 451-461). - Vgl. die Lit. zu → Konfessionskunde, → Protestantismus: II.

Ernst Wolf

II. In der modernen Welt

1. Geschichtliche Standortbestimmung - 2. P. und Politik. - Zum einzelnen vgl. die Länderartikel

1. Die von → Troeltsch und anderen verwendete Unterscheidung von Alt- und → Neuprotestantismus ist zur Kennzeichnung des P. um die Mitte des 20.Jh.s insofern unzureichend, als die Alternative von Orthodoxie und Aufklärung, dogmatisch gebundener Theologie und historischer Kritik heute weitgehend verschwunden ist. Gegenwärtiger P. kann sich weder mit einer bloßen Restauration des Alt-P. begnügen, wie sie in der konfessionellen Theologie des 19.Jh.s (→ Luthertum: II) versucht wurde, noch mit einer Repristination von Pietismus oder Idealismus. Weder die sog. Luther-Renaissance (→ Luther: II, 1a) noch die → dialektische Theologie - um nur diese zu nennen - dürfen als Rückzug auf einen »kirchlichen Archaismus« (M.Werner) verstanden werden, noch kann das zur modernen Bewußtseinslage gehörende historisch-kritische Denken vom P. der Gegenwart einfach abgewiesen werden. Als Kernpunkte gegenwärtiger prot. Theologie können folgende Erkenntnisse gelten: a) Entdeckung der Theozentrizität: es geht in Theologie und Kirche nicht um »Religion«, sondern um Gott und seine Offenbarung; b) Ernstnehmen der → Geschichtlichkeit der → Offenbarung (: VI): sie ist weder zeitlose Idee noch allgemein-historische Entwicklung, sondern personhaft-geschichtliche Begegnung, bezeugt in der Bibel; c) Bedeutung der → Christologie (: III): die Einzigartigkeit Jesu besteht nicht darin, daß er Höhepunkt menschlich-religiöser Entwicklung ist, sondern Gottes Wort; d) neues Verständnis des Menschen: → Sünde (: VI) ist keine nur-moralische Kategorie, sondern tiefstes Kennzeichen des von Gott getrennten Menschen; e) neues Verständnis der → Geschichte (: II C): die Weltentwicklung ist keine zunehmende Realisierung des Reiches Gottes auf Erden, sondern der zu Ende gehende Äon. In diesen Erkenntnissen wird die weitgehende Abwendung vom → Liberalismus (: II. III) der Jh.wende sichtbar. Sie werden auch durch die Neuaufnahme historisch-kritischer Fragen (→ Entmythologisierung) nicht außer Kraft gesetzt werden. In ihnen findet der P. der Gegenwart über die Bekenntnisverschiedenheiten hinweg ein gemeinsames Fundament, von dem aus auch die Frage nach seiner Einigung zu lösen sein wird. Diese Frage ist heute so stark in den Vordergrund getreten, daß es erlaubt scheint, von *»Welt-P.«* zu reden. Darin deutet sich eine radikale Wende an: an die Stelle jahrhundertealter konfessioneller Gegensätze ist innerhalb des P. das Bewußtsein einer ökumenischen Verbundenheit getreten (→Ökumenische Bewegung). Gewiß sind damit die bisherigen kirchlichen Gegensätze noch lange nicht aus dem Wege geräumt, doch liegt in dem Entschluß, beisammen bleiben zu wollen, die Anerkennung der Mitverantwortlichkeit aller Christen für die Einheit der Kirche. Zu diesem neuen weltumgreifenden Bewußtsein des gegenwärtigen P. gehört auch die geschichtliche Selbstkritik und die Erkenntnis, daß außer den theologischen oft auch nicht-theologische Faktoren zur Kirchentrennung geführt haben. Dabei zeichnet sich ein doppelter Weg zur Einheit ab: einmal die Einigung der Konfessionen in Weltbünden (zB → Lutherischer Weltbund, → Reformierter Weltbund), mit der der P. seine bisherige Aufgliederung in national autonome Gruppierungen aufzugeben beginnt; sodann die föderative Einigung von Kirchen verschiedenen Bekenntnisses, die unbeschadet der Selbständigkeit der Gliedkirchen doch gegenseitige Unterstützung und Gespräch sowie gemeinsames Zeugnis an die Welt ermöglicht (→ Einigungsbestrebungen: IV. V). Darin unterscheidet sich das für den P. allein tragbare Prinzip der Einigung vom zentralistisch-hierarchischen Einheitsprinzip des → Katholizismus. Der Welt-P. nimmt den Platz in der *Mitte* ein zwischen dem Katholizismus und den Kirchen vom »linken Flügel der Reformation« bzw. den zur →Pfingstbewegung gehörenden Kreisen. - Weiterhin gehört heute zur Gemeinsamkeit des P. einerseits das Eintreten für die Freiheit im menschlichen Geistesleben und die Abwehr kirchlich-theologischer Bevormundung der Kultur, andererseits die Auseinandersetzung mit der zur völligen Entchristlichung gewordenen Säkularisierung (→ Säkularismus). Diese ist für den P. in der militanten Form des kommunistischen Atheismus wie in der des rein technokratisch und utilitaristisch eingestellten westlichen Denkens ein schweres Problem. - Sowohl das vom Katholizismus angesagte »Ende der Neuzeit« (R. Guardini) wie der von der → Soziologie diagnostizierte Wandel vom »innengelenkten« zum »außengelenkten« Bewußtsein (D.Riesman) stellt den P. vor die Frage nach seiner möglichen Aushöhlung und Auflösung. Die Antwort darauf wird der P. selbst zu geben haben, indem er seine geschichtliche Sendung zwischen Katholizität und Säkularität in Treue zum Herrn der Kirche wie in Ehrfurcht vor der geistigen Freiheit festhält, selbst wenn er angesichts der antiprot. Tendenzen der Zeit »in die Antithese abgedrängt« (v.Loewenich) werden sollte.

2. Für den europäischen P. war die Bejahung des nationalstaatlichen Systems seit der Reformation so selbstverständlich, daß Troeltsch die Entstehung der neuzeitlichen Nationen sogar unter den Errungenschaften nennen kann, die im wesentlichen auf den P. zurückgehen. Die Krise des Nationalstaatsgedankens war mit der Entwicklung des kommunistischen und nationalsozialistischen Totalitarismus gegeben. Der → Kirchenkampf in Deutschland bewies, daß diese Entwicklung zugleich eine Krise des P. war: sein idealistisch beeinflußter Teil schätzte im → Nationalsozialismus zunächst die Ablehnung des Liberalismus, die Betonung des völkischen Gedankens und das Vorgehen »wider die Ächtung der Autorität«, der durch die dialektische Theologie bestimmte Teil des deutschen P. dagegen sah im totalen → Staat eine Gefahr für die Freiheit der Kirche und des Menschen. Auch der außerdeutsche P. in Europa war zur Auseinandersetzung mit dem Totalitarismus gezwungen. Auf der Weltkirchenkonferenz von Oxford 1937 wurde angesichts dieser Lage einerseits die Loyalität der Christen eines bestimmten Landes gegenüber ihrer Nation betont, andererseits die Vergötterung der Nation und die Erhebung über andere Völker abgelehnt. Zum erstenmal seit seiner Entstehung stand der deutsche P. vor dem Problem des aktiven Widerstandes gegen die Staatsgewalt (→ Widerstandsrecht), wozu darum politisch doch nur Einzelne bereit waren (→ Bonhoeffer). Die → Bekennende Kirche leistete dem Staat nur bei Eingriffen in die Rechte der Kirche Widerstand. Das Ergebnis war jedenfalls die Loslösung des deutschen P. von der nationalen Abkapselung und die Bekämpfung des nationalen Absolutheitsanspruchs. Der P. ist seither auch nicht bereit, an der Erneuerung des → Nationalismus mitzuarbeiten, auch nicht im Bunde mit dem Antikommunismus.

Der P. besitzt keine politische oder soziale Doktrin im Sinne des Katholizismus, die für alle seine Glieder verbindlich wäre. Heute stehen jedoch mehr Protestanten dem → Sozialismus nahe als je zuvor. Länder mit prot.

Mehrheit wie Skandinavien oder England haben eine lange sozialistische Erfahrung und erwiesen sich gegen den Radikalismus von links in stärkerem Maße als immun als kath. Länder wie Frankreich oder Italien. Der Gedanke eines »dritten Weges« zwischen → Kapitalismus und → Kommunismus hat die Zustimmung vieler Protestanten. Man bejaht vielfach das »Europa des Dialogs« (Visser't Hooft) und lehnt sowohl nationale Hegemonieansprüche wie die ideologische Abschließung zwischen Ost und West ab. Diese Ideologiefreiheit bejaht den politischen Pluralismus und die demokratische Staatsform, weil in ihr der einzelne seine Verantwortung auf politischem und sozialem Gebiet am besten ausüben kann.

Die Variationsbreite der prot. Einstellung zur → Politik (: II) geht am besten hervor aus einem Vergleich der Protestanten hinter dem Eisernen Vorhang und denen des Westens, bes. der USA: während der tschechische und ungarische P. die politische Entwicklung in diesen Ländern als ein Gottesgericht betrachtet über eine Christenheit, die allzu lange soziale Ungerechtigkeit in ihrer Mitte geduldet hat, erscheint dem westlichen P. das Zusammengehen mit der Revolution meist unvereinbar mit den eigenen freiheitlichen Traditionen. Es ist die große Bedeutung der ökumenischen Bewegung, daß in ihr die verschieden engagierten Kirchen des P. ein gemeinsames Gesprächsforum haben. – Die politische Ethik des heutigen P. betont, trotz aller weitgehenden Unterschiede im einzelnen, einerseits die Verpflichtung der Gläubigen zur Wahrnehmung politischer Verantwortung, wobei meist eine direkte Klerikalisierung der Politik, also unmittelbare kirchliche Weisung der Parteien abgelehnt wird, andererseits nehmen die Kirchen als solche durch ihre Leitung und Synoden immer wieder Stellung zu bestimmten politischen Fragen. So versucht man einen Mittelweg zwischen Politisierung der Kirche und völliger politischer Apathie zu finden.

Vgl. die Lit. zu → Protestantismus: I. Ferner: W.K.Anderson (Hg.), Protestantism, Nashville 1944 – M.Boegner (Hg.), Protestantisme français, Paris 1945 – A.Pelletier, Praxis u. Geist des P. in den USA (Dokumente 7, 1951, 548–554) – A.S.Nash (Hg.), Protestant Thought in the 20th Century, New York 1951 – G.C.Brauer, Protestantism in America, Philadelphia 1953 – Die Lage d. Protestanten in kath. Ländern, 1953 – E.G.Léonard, Le Protestant français, Paris 1953 – G.Benignus, Le protestantisme français, ebd 1955 – J.J.Kane, Catholic-Protestant Conflicts in America, Chicago 1955 – H.Koch, Der P. bei den Slawen (Ostdt. Wiss. 2, 1955, 82–115) – H.H.Walz, Der polit. Auftrag d. P. in Europa, 1955 – Ders., Das prot. Wagnis, 1958 – J.Dillenberger-Cl.Welsh, Protestant Christianity, interpreted through its Development, New York 1956 – W.Herberg, Protestant, Catholic and Jew, ebd 1956 – A.Posselt, Das Schicksal des Ost-P. (Osteuropa 6, 1956, 45–55) – W.H.van de Pol, Het Wereld Protestantisme, Roermond 1956; dt. 1960 – Der P. in Europa (Dokumente 13, 1957, H. 3) – R.Stupperich, Der P. auf seinen Wegen nach Osteuropa (Kirche im Osten I, 1958, 24–40). *H.-H.Schrey*

III. Beurteilung vom Standpunkt des Katholizismus

Der Versuch, das kath. Urteil über den P. zusammenfassend darzustellen, stößt auf eine doppelte Schwierigkeit. Einmal ist P. selbst ein vielfältiges Phänomen, zum andern ist die einzige eingehende lehramtliche Äußerung über den P. – die Aussagen des → Trienter Konzils – weitgehend von der Situation der Polemik bestimmt und erfaßt überdies nur einen bestimmten geschichtlichen Ausschnitt der Gesamtwirklichkeit »P.«. Wenn daher Trient wesentliche Grundpositionen der Reformatoren unter das Anathem stellte, so ist damit, unbeschadet der substantiellen Unveränderlichkeit des kath. Dogmas, noch bei weitem nicht das ganze kath. Urteil über den P. gegeben. Vielmehr prägt sich im kath. Denken immer stärker das Bewußtsein aus, daß P. nicht nur als Erhebung gegen die kath. Kirche, sondern von seinem Innern her auch als positive Verwirklichung christlichen Glaubens gesehen werden muß, daß also das negative Etikett »Häresie« nicht genügt, sondern daß eine positive christliche Dignität vorliegt. Deren nähere Bestimmung ist bisher vor allem in der Frage nach der Kirchengliedschaft der Protestanten und in der Frage nach den vestigia ecclesiae versucht worden.

1. Eine endgültige lehramtliche Bestimmung über die *Kirchengliedschaft* gibt es noch nicht. Einstweilen stehen sich noch eine kanonistische und eine dogmatisch-apologetische Tradition konträr gegenüber. Die kanonistische Tradition ist klassisch formuliert in c. 87 CIC, wonach die gültig gespendete Wassertaufe den Menschen zur »persona in ecclesia« macht. Die zweite Linie kommt zum Ausdruck in der Enzyklika Pius' XII. Mystici Corporis (29.6.1943), wonach »reapse« zur Kirche nur gehöre, wer getauft sei, den wahren Glauben bekenne und in Einheit mit dem kirchlichen regimen, dh letztlich mit dem Papst, stehe. Die Versuche, beide Positionen zur Deckung zu bringen, datieren wohl schon seit Beginn der abendländischen Kirchenspaltung. Die gemeinhin auf → Bellarmin zurückgeführte Unterscheidung zwischen Leib und Seele der Kirche (= sichtbarer und unsichtbarer Gliedschaft) ist heute fast allgemein aufgegeben, wird jedoch in der Idee eines mehrschichtigen Kirchenbegriffs in veränderter Form wieder aufgegriffen (Journet, Congar, Lialine, Chavasse, Nothomb, Sartory u.a.). Lange Zeit wurde das Feld von der sog. Votum-Lehre beherrscht, die den »guten Glauben« des Nichtkatholiken als einschlußweises »Votum ecclesiae« deutet und ihm von daher eine Art »Begierde-Gliedschaft« zuschreibt. Abgesehen von den Einwänden, die sich gegen die fiktive Psychologie dieser Doktrin erheben lassen, stößt sie heute immer mehr auf den theologischen Einwand, daß sie den grundlegenden Unterschied zwischen dem getauften Nichtkatholiken und dem Ungetauften zu wenig berücksichtigt, indem sie bei beiden vom Votum ecclesiae spricht. Am förderlichsten dürfte die durch Mörsdorf ausgebildete Variante der Idee des mehrschichtigen Kirchenbegriffs sein, die von kanonistischem Denken her zwischen konstitutioneller und tätiger Gliedschaft unterscheidet. Jene kommt unverlierbar allen Getauften zu, diese Vollform der Gliedschaft bleibt auf die Katholiken eingeschränkt. Diese Unterscheidung empfiehlt sich vor allem deshalb, weil sie dem ursprünglich sakramentalen Hintergrund der konträren Gliedschaftsüberlieferungen am meisten gerecht wird. Denn dahinter steht die doppelte Betrachtung des Christseins, von der Taufe und von der communio her. Wenn einerseits seit je die Taufe als das eigentlich kirchengründende Sakrament verstanden wurde, so galt andererseits doch immer auch die Gleichung ecclesia = communio. Der Abbruch der communio bedeutet demnach in kath. Sicht die Aufhebung einer Ebene der Gliedschaft, nicht aber die Gliedschaft überhaupt. Da es nach kath. Lehre kein Christsein ohne die Kirche gibt (→ Katholizismus: I, 3), bedeutet die Anerkennung jeder recht gespendeten Taufe zugleich auch die Anerkennung der Tatsache, daß in irgendeiner Form Kirche anwesend ist.

2. Daß es der kath. Theologie nicht mehr bloß um die Frage nach dem Heil des einzelnen nichtkath. Christen geht, sondern um den ekklesialen Charakter der nichtkath. Gemeinschaft als solcher, wird noch deutlicher in der Frage nach den *vestigia ecclesiae*. Was die Heilsfrage des einzelnen betrifft, so scheint heute Einheit darüber erzielt, daß das berühmte »Extra ecclesiam salus nulla« (→ Kirche: III, 1d) nicht etwas über den Kreis der geretteten Personen aussagt, sondern vielmehr über die in jeder Rettung wirksamen Kräfte (vgl. den Brief Pius' XII. an Erzbischof Cushing von Boston vom 8.8.1949,

abgedruckt bei T.Zapelena, De eccl. Christi, Rom 1954, 319ff). Bezüglich der kath. Beurteilung der Kirchlichkeit nichtkath. Gemeinschaften ist zunächst die amtliche Terminologie zu beachten, die den Terminus »ecclesia« zwar auf die schismatischen Orientalen bezieht, nicht aber auf die Protestanten, bei denen lediglich von congregationes gesprochen wird (Congar, Chrétiens désunis 381f). Der Terminus ecclesia bleibt offenbar an die Anerkennung der apostolischen → Sukzession gebunden. Kann demnach beim P. auch nicht von »Kirche(n)« im Vollsinn geredet werden, so ist die Existenz ekklesialer Elemente unbestritten: Taufe, Schrift, Symbola sind christliche Realitäten; aber auch das »Amt« im P. ist, kath. gesehen, nicht »nichts«: Auch wenn es außerhalb der eigentlichen successio steht, hat es von der verbleibenden Ordnung des Prophetischen her eine gewisse ekklesiale Bedeutung; ähnliches gilt von der Eucharistiefeier. Insofern schließen die prot. Gemeinschaften, ohne »Kirche« im Vollsinn zu sein, dennoch eine gewisse Anwesenheit kirchlicher Wirklichkeit ein. Die Erkenntnis, daß P. nicht bloß Negation ist, sondern eine bestimmte, wenn auch verengte Weise positiver Glaubensrealisierung, führt heute auch dazu, daß immer mehr der Ausdruck »Häresie« als unangemessen abgebaut und durch andere Termini (zB Dissidenten) ersetzt wird.

3. Ein neues Moment ergab sich für den Katholizismus aus dem Auftreten der → *ökumenischen Bewegung* im P. Wenn die Enzyklika Mortalium animos 1928 zunächst sehr kritisch dazu Stellung nahm, so geschah dies von der Überzeugung aus, daß kath. Glaubensverständnis niemals in den verschiedenen christlichen Bekenntnissen gleichberechtigte »Zweige« oder polare, in sich je unzulängliche Verwirklichungen der einen Kirche sehen kann; diese ist ihm in der sichtbaren röm.-kath. Kirche als der wahren Kirche Jesu Christi voll gegeben, die nie von der Einheit abgefallen und deshalb einer substantiellen Bereicherung durch die Wiedervereinigung mit den Getrennten nicht fähig ist. Wiedervereinigung muß von da als Rückkehr in die kath. Einheit verstanden werden. Daß die Instructio »De motione oecumenica« (20.12.1949) in der ökumenischen Bewegung das Wehen des Hl. Geistes anerkennt, gleichberechtigte Gespräche (»par cum pari«) zwischen kath. und ev. Theologen zuläßt und die »Wiedervereinigung« der Christen zu einem Hauptanliegen der Seelsorge und des Gebetes erklärt, zeigt aber, daß es auch noch andere Aspekte gibt. Der unversehrte Wesensbestand der Kirche schließt Mängel auf der Ebene der aktuellen Verwirklichung und eine Bereicherung der konkreten Existenzfülle keineswegs aus. Insofern ist echtes Gespräch, das Hören und Empfangen fordert, dem kath. Theologen durchaus möglich. Wenn ev. Beobachter (Tomkins, Skydsgaard) gelegentlich den Eindruck gewinnen, daß zwischen der Haltung einzelner kath. Theologen einerseits und der des Lehramts andererseits ein spürbarer Unterschied bestehe, so ist zu bedenken, daß es auch in der kath. Kirche neben der vom Lehramt vorzüglich zu leistenden Aufgabe des Bewahrens die nicht-amtlichen charismatisch-prophetischen Aufgaben gibt. Wie wenig man hier von unmaßgeblichen Einzelgängern sprechen darf (E.Brunner), geht daraus hervor, daß gerade Theologen der röm. Schule (Perrone, Franzelin, Scheeben) die Lehre vom Glaubenssinn der Kirche entwickelt haben. Danach zählt auch der nicht oder noch nicht amtlich formulierte Glaube der Gesamtkirche zu den Quellen der Dogmatik, ist also die Ganzheit der kath. Wirklichkeit nie bloß im → Lehramt allein, sondern erst in Mitbeachtung des lebendigen Glaubensvollzugs der Kirche zu finden. Daß faktisch im christlichen Neuaufbruch des 20.Jh.s - Bibelbewegung (→ Bibelverbreitung), liturgische Bewegung (→ Gottesdienst: V B, 1h), → Laienapostolat - Motive aus dem ökumenischen Gespräch fruchtbar wurden, ist offenkundig. So würde nach kath. Auffassung die »Rückkehr« aller nicht so sehr den Charakter des »Abschwörens« als den einer Integrierung der schon besessenen christlichen Teilwirklichkeit ins Ganze hinein haben.

4. Schließlich ist auch das *Gespräch der beiderseitigen Theologien* ein Teil des Gesamtverhältnisses zwischen P. und Katholizismus. Die Entwicklung dieses Gesprächs von der Polemik über Irenik, Symbolik, → Konfessionskunde zu Phänomenologie (Lambinet, van de Pol) und Ökumenik (Thils, Congar) zeigt auch hier den Wandel des Urteils. Die Grundabsicht der »Kontroverstheologie« blieb dabei immer, den eigentlichen Wesensunterschied der Konfessionen festzustellen, aus dem sich alle Einzelunterschiede erklären. Bei diesem Unternehmen ist insofern Vorsicht geboten, als eine volle Systematisierung auf beiden Seiten unmöglich ist, weil glücklicherweise die Treue zur Wirklichkeit beiderseits stärker war als der Wille zum System. Mit dieser Einschränkung wird man sagen dürfen, daß der Katholizismus das Christentum mehr seinshaft (von der Inkarnation her) versteht, während der P. es mehr worthaft (vom Kreuz her) begreift. Für kath. Denken ist mit der Menschwerdung eine seinshafte Verbindung zwischen Gott und Mensch hergestellt, die von dem Menschen Jesus als dem zweiten Adam auf die ganze gläubige Menschheit sich zu erstrecken bestimmt ist. Daher seinshaftes Verständnis der Gnade, der Eucharistie, der Kirche und ihres Amtes; daher gehört zur Vertikalen (Christus - einzelner) die Horizontale, die die communio sanctorum mit umgreift (→ Heiligenverehrung; → Mariologie ist Ausdruck dieser Einbeziehung der Horizontale in den Glaubensvollzug). Ähnlich lassen sich reformatorische Grundpositionen von der Kreuzestheologie her deduzieren. Doch sind auch für den Katholiken Inkarnation und Kreuz untrennbar, beide verweisen auf die Auferstehung: Die Einwurzelung Gottes in der Welt dient schließlich der Entwurzelung der Welt für Gott und ihrer Neugründung in ihm. Vielleicht liegt der Grundunterschied überhaupt weniger im Bereich meßbarer Lehren als in der je anderen »Spiritualität«, so daß die Überwindung der Trennung nur sekundär als ein Problem der Doktrin angesehen werden dürfte. Dann wäre aber nur um so deutlicher, daß der doktrinelle Anathematismus nur einen bescheidenen Ausschnitt des ganzen Zueinander erfaßt, wie freilich auch die doktrinelle Annäherung dann nur ein Teil der zu lösenden Gesamtaufgabe ist.

Y.Congar, Chrétiens désunis, Paris 1937 - Ders., Vraie et fausse réforme dans l'église, ebd 1950 - M.Schmaus, Kath. Dogmatik III/1, (1940) 1958^{3-5} - K.Mörsdorf, Die Kirchengliedschaft im Licht der kirchl. Rechtsordnung (Theol. u. Seelsorge 1, 1944, 115-131; vgl. Eichmann-Mörsdorf I, 183ff) - L.Lambinet, Das Wesen des kath.-prot. Gegensatzes, 1946 - K.Rahner, Die Zugehörigkeit zur Kirche nach der Lehre der Enzyklika Pius' XII. Mystici Corporis Christi (ZKTh 69, 1947, 129-188 = K.R., Schriften zur Theol. II, 1955, 7-94) - F.J.Leenhardt, Der P. im Urteil der röm.-kath. Kirche, 1949 - W.H.van de Pol, Het Christelijk Dilemma, Roermond 1948; engl. London 1952 - Ders., Das reformatorische Christentum, 1956 - H. Hermelink, Katholizismus u. P. im Gespräch um die Una Sancta, 1949 - G.Söhngen, Die Einheit in der Theol., 1952 - O.Karrer, Um die Einheit der Christen, 1953 - L.Bouyer, Du Protestantisme à l'Eglise, Paris 1954; dt. 1959 - G.Thils, Hist. doctrinale du mouvement oecuménique, Louvain 1955 - E.Przywara-H.Sauer, Gespräch zwischen den Kirchen, 1956 - A.Brandenburg, Hauptprobleme der ev. Theol. Katholisch-konfessionskundl. Einführung, 1956 - E.Stakemeier, Konfessionskunde heute, 1956 - Algermissen[7] - M.Villain, Introduction à l'oecuménisme, Paris 1959 (Lit.). - Weitere Lit. s. → Ökumenische Bewegung, 7, → Una Sancta.

J.Ratzinger

Protestation von Speyer (1529). Der erste Reichstag von Sp. 1526 (→ Deutschland: I, 2 a) hatte bis zu einem Konzil die Regelung der religiösen Frage den Ständen in eigener Verantwortung »gegen Gott und die kaiserliche Majestät« überlassen. Dieser Beschluß wurde das Fundament für den beginnenden Ausbau der Reformationskirchen. Machtpolitische Voraussetzung war der Krieg → Karls V. gegen Frankreich und den Papst. 1529 hatten seine Erfolge die Situation verändert. Die kath. Seite besaß jetzt ein solches Übergewicht, daß ihr auf dem 2. Reichstag zu Sp. (Febr.-Apr. 1529) die Mehrheit zuneigte. Erzherzog Ferdinand als Statthalter des Kaisers konnte es wagen, einen eigenen Entwurf als kaiserliche *Proposition* vorzulegen (J.Kühn), die den Beschluß von 1526 kurzerhand aufhob. Die Antwort des Reichstages, sein *Bedenken,* milder in der Form und mit einigen Zugeständnissen, entsprach ihm durch das Verbot von Neuerungen (zum Schutz der Messe) und Aufhebung des Abschiedes von 1526. Die Beschlüsse gegen die »Sakramentierer« bedrohten die den Schweizern nahestehenden oberdeutschen Städte. Dagegen kam es am 19.4. zur mündlichen P. (schriftliche Zusammenfassung des Protestes gegen den »Abschied« vom 22. am 25.4. in der feierlichen *Appellation*) von 19 ev. Reichsständen, die den »Evangelischen« den Namen »Protestanten« eintrug. Es waren 5 Fürsten (Kursachsen, Hessen, Brandenburg-Ansbach, Lüneburg, Anhalt) und 14 diesen »adhärierende« Städte (Straßburg, Nürnberg, Ulm, Konstanz, Lindau, Memmingen, Kempten, Nördlingen, Heilbronn, Reutlingen, Isny, St. Gallen, Weißenburg, Windsheim). Eine kleine Minderheit protestierte gegen das Mehrheitsprinzip in Sachen des Glaubens; denn »in Sachen Gottes Ehre und der Seelen Seligkeit belangend muß ein jeglicher für sich selbst vor Gott stehen und Rechenschaft geben, also daß sich dabei niemand mit dem Handeln oder Beschließen einer Minderheit oder Mehrheit entschuldigen kann«. - Mit dieser P. - sie war ein Werk von Laien und »halb Rechtsverwahrung, halb Bekenntnis« (H.Bornkamm) - wurde die konfessionelle Spaltung reichsrechtlich zum ersten Male sichtbar in ihrer Verfestigung von über den »Ständen« stehenden kirchlichen »Parteien« (neue Stellung der Städte! Die kath. Partei sprach im Namen des Reiches). Zugleich war aus der → Reformation ein Machtfaktor geworden: Eine auf religiöser Gewissensverantwortung ruhende Politik hatte die »Protestanten« Deutschlands zu einer Einheit zusammengeführt, wenn es auch nicht gelang, dieser gemeinsamen Aktion ein Bündnis folgen zu lassen, wie es → Philipp von Hessen als politische Notwendigkeit vorschwebte (→ Marburger Religionsgespräch).

Qu.: I.NEY, Die Appellation u. P. d. ev. Stände auf d. Reichstag zu Speier 1529, 1906 - Dt. Reichstagsakten, Jüngere Reihe VII, 1935, 1128ff. - Über die P.v.Sp.: RE XVIII, 594ff - J.KÜHN, Gesch. d. Speyerer Reichstages v. 1529 (SVRG 146), 1929 - H.v.SCHUBERT, Die P.v.Sp. im Lichte d. neuesten Forschung (ChuW 5, 1929, 233 bis 240) - J.BOEHMER, Protestari u. protestatio (ARG 31, 1934, 1-22) - H.BORNKAMM, Die Geburtsstunde d. Protestantismus, (1936) 1937² - GEBHARDT-GRUNDMANN II, 78ff. *G.Maron*

Protevangelium → Kindheitsevangelien, → Paradies: III.

Prothesis bezeichnet 1. den Rüstaltar, 2. den auf ihm stattfindenden Rüstakt im orth. → Gottesdienst (: V A, 2 a β). Beide fordern schließlich 3. den P.-Raum in der Apsis, wie er als Pastophorion schon vor Erscheinen der → Bilderwand im frühchristlichen → Kirchenbau (: II, 1) anzutreffen ist. Die Verbindung von P. und → Altar (: III D) wurde später durch die Bilderwand im »großen Einzug« hergestellt.

G.KUNZE, Lehre, Gottesdienst, Kirchenbau, 1949 - A.M.SCHNEIDER, Liturgie u. Kirchenbau in Syrien (NAG 1949, 3) - J.G.DAVIES, The Origin and Development of Early Christian Church Architecture, New York 1953, 39. 46. 92. 109 (Lit.). *K.Onasch*

Provida sapientique, Konstitution → Pius' X. vom 18.1.1906 zum Mischehenrecht, um dessen bes. in Deutschland uneinheitliche Bestimmungen zu fixieren. Danach unterliegen rein kath. Ehen nach wie vor der tridentinischen Formbestimmung (Dekret Tametsi, → Mischehe, 2). Gemischte Ehen sollen nach Leistung der Kautionen in tridentinischer Form geschlossen werden; formlos, dh nicht tridentinisch abgeschlossene Mischehen sind aber gültig. Ehen zwischen Nichtkatholiken sind ohne Beobachtung der tridentinischen Form gültig. Bereits das am 2.8.1907 publizierte Dekret »Ne temere« hat »P.« zwar formell nicht außer Kraft gesetzt, aber die tridentinische Bestimmung allgemein verbindlich gemacht und damit den der Konstitution »P.« fehlenden Rigorismus des CIC vorweggenommen. - Zur sog. *Benedictina* s. → Benedikt XIV.

Text: ASS 39, 81ff; MIRBT 650 (Auszug), dort ältere Lit. Lat. Text u. dt. Übers.: W.SUCKER u.a., Die Mischehe, 1959, 297ff; Kommentar S. 235ff. *K.G.Steck*

Provision, *Provisio canonica,* im kath. Kirchenrecht die kanonische Besetzung eines → Kirchenamts (, 2 b. d), einschließlich der → Benefizien.

cc. 147-182 CIC - cc. 88-124 De ritibus orientalibus, de Personis pro Ecclesiis Orientalibus (AAS 49, 1957, 462-470). - Lehrbücher des → Kirchenrechts - DDC VI, 1077ff. *H.Barion*

Prozession

I. Religionsgeschichtlich - II. Im Christentum. - Vgl. auch → Begehung, → Bittgänge, → Kreis, → Umgang

I. Religionsgeschichtlich

Die P. gehört in den großen Zusammenhang kultischer Ausdrucksbewegung. Die geordnete Bewegung bringt das Heil selbst zur Aktion bzw. bringt den Kultteilhaber in den → »Umgang« mit dem Heiligen. Die Bewegung kann tänzerisch geformt sein - zB in Sprüngen oder zwei Schritte vor und einen zurück (→ Tanz: I) - oder sie kann einfach feierlich betonte Bewegung sein. Die P. bringt entweder die Gottheit selbst »in Bewegung«, sei es 1. zum mythischen Tun oder 2. zur Weltanwesenheit. Die P. stellt aber auch den »Umgang« des Menschen mit dem Göttlichen dar, sei es 3., um ihn der Gottheit zu präsentieren, sei es 4., um die Kraft (→ Macht: I) des Umganges selbst anzuwenden.

1. Die P. bildet das mythische Geschehen ab, indem die Gottheit auf der geweihten P.sstraße zur hl. Hochzeit (→ Ehe: I) wie zum Götterbesuch aufbricht und in einem anderen Tempel zu Gast bleibt. Die Ortsveränderung bildet als P. den → Mythos machtvoll ab. Die babylonisch-assyrischen wie die altägyptischen Kulte kennen die P. als Götterbesuch auf mythischem Hintergrunde (→ Babylonien: II, 11; → Ägypten: II, 3; → Neujahr). Die P. realisiert den Mythos, indem sie ihn darstellt. Die P. perfektioniert auch Götterverbindungen theologischer Art oder Götteridentifikationen wie zumal in den altägyptischen Kulten.

2. Die P. bringt die Gottheit aus der Abgeschlossenheit des Heiligtums - aus der latenten Heiligkeit (→ Tempel: I) - in Berührung mit der Welt. Schon die Bronze- und Eisenzeit hat die P. in dieser Ausprägung offenbar gekannt. Das Trundholmer Sonnenwagen-Modell wie die → Felszeichnungen (zB von Rished und Tanum) zeigen die Gottheit im »Umgang« (→ Germanische Religion, 1). Dazu gehören wohl auch die Kesselwagen wie das Modell von Strettweg. Spätere germanische und wendische Kulte erläutern diese Götter-P.: Die P. sichert den Sonnenumlauf (→ Sonne), indem sie ihn darstellt. Sie bringt seinen → Segen in besonderer Weise mit dem Gebiet der P. in Kontakt. Die P. als Heilsentbindung und

-aneignung ist bes. weit verbreitet. Die antiken Kulte kennen sie ebenso wie sie die gewaltigen hinduistischen Götterwagen versinnbilden (→ Hinduismus: I, 2 h). Statt der Wagen sind in nordischen und ägyptischen Kulten wie u.a. in den Kulten der Ngadju Dajak auf Celebes Schiffe Träger des Heiligen. Die Götter-P. vergegenwärtigt räumlich und realisiert somit das Heil.

3. Die P. bringt die Gläubigen an die → heilige Stätte. Man naht der Gottheit in P., in geschlossener Ordnung, und umgeht das Heiligtum in vorgeschriebener Richtung und Haltung (vgl. → Islam: I, 3). Der »Umgang des Heiligen« ist zum Inbegriff des kultischen »Umgehens« mit dem Heiligen geworden. Dabei ist die Gebundenheit des Sich-Bewegens ebensosehr Schutz vor der Gottheit wie Bereitung für den Kult. Offenbar ist es aber, wie bes. van der Leeuw erkannte, die Bewegung als Bewegung, die den Kontakt zuläßt, die selbst »Kraft« hat und vermittelt. Die großen lamaistischen P.en bringen die Beteiligten in die »Verfassung« seelischer und leibhafter Art, die den → Kultus ermöglicht (Lit. zu → Lamaismus).

4. Die P. ist als »Umgang« selbst etwas. Darin liegt wohl der Kern des Ganzen. Der »Umgang« im Sinne des Sonnenumlaufes oder auch im Gegensinne ist als solcher – auch ohne direkte kultische Beziehung – mächtig. Hierher gehören der Feldumgang der Arval-Bruderschaft in den Ambarvalia des altrömischen Kultes (→ Römische Religion) wie die als Schutzriten bei plötzlichem Unheil wie Pest oder Krieg vollzogenen P.en (Eliade § 141). Die »Rund-P.« nimmt dabei eine besondere Stelle ein. Sie bildet den »Hexenkreis, der den umringten Gegenstand in die Macht desjenigen bringt, der den Kreis beschreibt« (van der Leeuw). Das geschieht ohne besondere gottheitliche Hilfestellung durch die Bewegung der P. selbst. – Vgl. → Drama (, 4), → Wallfahrt: I.

M.P.Nilsson, Die P.stypen im griech. Kult (JdI 31, 1916, 309 bis 339) – ERE X, 356ff – W.O.E.Oesterley, The Sacred Dance, Cambridge 1923 – F.Noack, Triumph u. Triumphbogen (Vorträge der Bibl. Warburg 5, 1927, 147-201) – C.Clemen, Urgeschichtl. Religion, 1932 – Eliade, Kap. X (Lit. zu circumambulatio) – A.Salonen, P.swagen der babyl. Götter (StOr 13, 2), Helsingfors 1946 – PW XXI/2, 1878ff (Pompa) – RÄRG 610ff – van der Leeuw § 53, 2 – Ders., Vom Heiligen in der Kunst, 1957. *C.H.Ratschow*

II. Im Christentum

1. Geschichtlich – 2. Rechtlich

1. P.en sind liturgische Umzüge, entweder selbständig oder einer anderen liturgischen Handlung eingefügt (zB der kleine und große Einzug im → Gottesdienst [: V A, 2 a β] der orth. Kirche). Die altkirchliche Bezeichnung ist »litania« (→ Litanei), ihr wesentlicher Faktor also das Gebet. – In der Verfolgungszeit fanden öffentliche P.en wohl nur bei Begräbnissen statt. Erst seit dem Sieg des Christentums entwickelte sich ein umfangreiches öffentliches P.swesen, in dem vorchristliches religiöses Brauchtum fortlebte. Im *Osten* des Reiches sind am Ende des 4.Jh.s in Fällen der Not und bei Märtyrerfesten P.en üblich. Nach dem Bericht der → Ätheria besuchte man in Jerusalem die Erinnerungsstätten der irdischen Geschichte Jesu und zog sonntags von Golgatha zur Auferstehungskirche. Auch Bischöfe wurden in P.en eingeholt. Gleichzeitig entstanden in *Rom* regelmäßige jährliche P.en als Ersatz für die heidnischen Flurumgänge (ambarvalia): die Lichter-P. am 2.2. (→ Kerzenweihe) und für die Robigalia am 25.4. die »litania maior« (→ Litanei). Auch die von Bischof Mamertus von Vienne um 470 erneuerten und mit Bußübungen verbundenen »litaniae minores« an den 3 Tagen vor Himmelfahrt, 511 in ganz *Gallien* eingeführt, wurden unter Leo III. um 800 in die röm. Liturgie aufgenommen (→ Bittgänge; vgl. auch den ursprünglichen Sinn des → Offertoriums in der Messe). Die mit der Palmweihe verbundene P. war durch die Dramatisierung der hl. Geschichte (u.a. Eselsritte) bes. volkstümlich. Weitere P.en in der → Karwoche sind am → Gründonnerstag die P. mit dem hl. Öl und mit dem Allerheiligsten zum Ort der Aufbewahrung sowie am → Karfreitag die Kreuz-P., bei der in Rom in Gegenwart des Papstes das Kreuz vom Lateran nach S. Croce geleitet wurde. Neben besonderen Segens-P.en in Klöstern, P.en der Priester um die Landkirchen und P.en anläßlich besonderer Ereignisse (zB Spring-P. von → Echternach) kam mit dem → Fronleichnamsfest ein neuer Typ der theophorischen P. auf. Anläßlich besonderer Nöte oder Danksagungen fanden im MA zahlreiche außerordentliche P.en statt. – Alle P.en gehen von einer Kirche aus und führen zu ihr zurück. Dabei schreitet man hinter dem P.skreuz nach Ständen und Geschlechtern geordnet, paarweise, schweigend mit gesenkten Augen, ursprünglich barfuß und in schwarzer oder weißer Tracht. – Schon früh verband sich das Volksbrauchtum mit christlichen Gedanken. In P.sritten, bes. in Altbayern verbreitet (Traunsteiner Georgiritt), in P.sbäumen wie der »langen Stange von Bogen« (einer Riesen-Votivkerze als Wetterschutz), im »Todaustragen« und »Sommergewinn« am Sonntag Lätare leben altgermanische Vorstellungen weiter. Die Unzahl der P.en schränkte das Rituale Romanum 1614 weitgehend ein.

Luther verurteilte die Mißbräuche bei den P.en und wollte nur im Worte Gottes ihren Wert sehen. Doch blieb in einigen luth. KOen die Bittwoche vor Pfingsten mit P.en erhalten. Neben vereinzelten Flurumgängen im Mai oder Hagelfeiern kennt die ev. Kirche aber auch heute zahlreiche Aufzüge, zB bei Taufe, Trauung, Konfirmation, bei der Niederlegung von Opfergaben am Erntedankfest, bei der Einweihung von Kirchen, Einführung von Pfarrern, Eröffnung von Kirchentagen.

M.Luther, Ein Sermon von dem Gebet u. P. in der Kreuzwoche, 1519 (WA 2, 172ff) – Ders., Vom Kriege wider die Türken, 1528 (WA 30/II, 107ff) – Durandus, Rationale divinorum officiorum, 1592 – N.Serarius, Sacri peripatetici, 1607 – v.Sanderius, Auctuarium de ritu processionum, 1640 – P.M.Quarto, De processionibus ecclesiae, 1659 – E.Gretser, De processionibus, in: Opera omnia V, 1735 – E.Martène, De antiquis ecclesiae ritibus, 1736-38², III, 177ff; IV, 45ff – Catalani, Commentarius in Rituale Romanum, 1750 – RE III, 248f – L.Eisenhofer, Hdb. der kath. Liturgik I. II, (1932/33) 1941² (s. Reg.) – K.Müller, KG I/1, 1941³, 543ff – RAC II, 422ff (Lit.) – EC X, 72ff. 1084ff (Lit.) – B.Kötting, Peregrinatio religiosa, 1950, 386ff – LThK² II, 518f (Lit.). *H.Hohlwein*

2. Nach *kath. Kirchenrecht* ist die P. ein feierlicher Umgang des gläubigen Volkes unter der Leitung des Klerus; sie beginnt und endet an einem geweihten Ort (zB Kirche) und ist ihrem Zweck nach Dank-, Bitt- oder Buß-P. Zu den *ordentlichen* P.en, die jährlich an bestimmten Tagen stattfinden, gehören als vornehmste die P. zu → Fronleichnam, daneben bes. die P. an den Bitttagen (→ Bittgänge). Zu Fronleichnam darf in der Regel an jedem Ort nur eine P. stattfinden; weitere Fronleichnams-P.en einzelner Pfarreien oder Kirchen (auch Klosterkirchen) sind erst und nur in den 7 Tagen danach gestattet. Teilnahmepflichtig sind an Fronleichnam alle Kleriker und männlichen Klosterleute (außer denen mit bes. strenger Klausur) sowie alle Laien-Bruderschaften des Ortes. Innerhalb der Diözese ist der Ortsordinarius für die geziemende Feier aller P.en zuständig und kann er allein *außerordentliche* P.en ansetzen, wenn dafür ein öffentlicher Grund vorliegt. Klosterleute dürfen, abgesehen von der eigenen Fronleichnams-P., außerhalb des Klosterbereichs P.en nur mit Erlaubnis des Ortsordinarius abhalten.

cc. 1290-1295 CIC - Lehrbücher des → Kirchenrechts - DDC VII, 311ff. *H.Barion*

Prudentius (Galindo), Bischof *von Troyes* (843/46 bis 861), Spanier, aber am fränkischen Hof erzogen, hatte als Hofkaplan Ludwigs des Frommen für Kaiserin Judith eine Blütenlese aus den Psalmen zusammengestellt. Gegen → Hinkmar von Reims verteidigte er den 849 verurteilten → Gottschalk in mehreren Schriften. Wie dieser an Augustin anknüpfend, vertrat er aber eine weniger schroffe Auffassung der doppelten → Prädestination (: III), indem er die Prädestination der Bösen zur Strafe als Folge göttlichen Vorherwissens darstellte. Diese Polemik fand einen Niederschlag auch in seinem Anteil an den Annales Bertiniani (835-861), die trotz ihrer zunehmenden Kritik an Karl dem Kahlen eine wertvolle Quelle der Zeitgeschichte sind.

MPL 115 - MG PL II, 679. 701 - MG Epp V, 323f. 631-633 - MG Formulae 336 - Ann. Bertiniani ed. G.Waitz, 1883. - Manitius I, 344f. 348; III, 1062 - A.Wilmart, Le vrai Pontifical de P. de Troyes (RBén 34, 1922, 282-293) - Wattenbach-Levison 3, 348f. *H.Löwe*

Prudentius Clemens, *Aurelius* (348 - nach 405), lat. christlicher Dichter spanischer Herkunft, * in Saragossa oder Calahorra. Angaben über Leben und Werk bietet seine Vorrede zur 405 veranstalteten Gesamtausgabe der 392-405 hauptsächlich nach seiner Abwendung vom Berufs- (Anwaltspraxis ?) und Staatsdienst (Statthalterschaften; Hofamt unter Theodosius I.) entstandenen Dichtungen. P.' Bedeutung und Wirkung ruhen auf der wieder erreichten Verbindung reifer sprachlicher Form mit sinntragendem Gehalt. Am wirkungsmächtigsten sein allegorisches Epos Psychomachia, Peristephanon (Hymnen auf Märtyrer) und die 2 Bücher Contra Symmachum; auch der Liber Cathemerinon (»Tagesliederbuch«; → Kirchenlied: I, 2 b); daneben Apotheosis und Hamartigenia (polemisch-didaktisch).

Ausg.n: J.Bergman, CSEL 61, 1926 - M.Lavarenne, Paris 1943ff - J.Guillén-I.Rodriguez, Madrid 1950. - RE XVI, 184ff - J.Bergman, A.P.C., in: Acta et commentat. univ. Dorpat. B II, 1, 1922 - M.Lavarenne, Etude sur la langue du poète Prudence, Paris 1933 (Lit.) - LThK VIII, 531ff - I.Rodriguez-Herrera, Poeta Christianus (Diss. München), 1936 - PW XXIII/1, 1039ff - Altaner § 87, 6 (Lit.). *H.Berthold*

Prüm, Benediktinerabtei in der Eifel, 721 von Bertrada gestiftet, Familienkloster der Karolinger, Pflegestätte der Wissenschaft, bes. im 9.Jh. (Ado von Vienne, Wandalbert, Berno von Reichenau, → Regino), und bedeutende Wirtschaftsmacht, wurde im 13.Jh. Fürstentum. 1361 teilte man die Klostergüter in eine Abts- und Konventsportion. 1576 wurde P. Kurtrier angegliedert, dessen Erzbischof seitdem Abt war. Das von Balthasar Neumann und J.G.Seiz erbaute Kloster (1735-65) wurde 1802 säkularisiert, die gotisierende Barockkirche (1721 bis 1727 von J.G.Judas erbaut) Pfarrkirche.

KL X, 582ff - G.Kentenich, Rhein. Landleben im 9.Jh. (Rhein. Heimatbl. 1924, 107-119) - M.Willwersch, Die Grundherrschaft des Klosters P. (Diss. Berlin), 1912 (umfangreicheres Ms. in der Trierer Stadtbibl.) - Festschr. der Abtei, 1912, darin: H.Forst, Gesch. der Abtei P. von der Gründung i.J. 721 bis zur Aufhebung i.J. 1802 (Bonner Jb.er 122, 1912, 98-110) u. K.Lohmeyer, Die Barockbauten der Abtei P. u. ihre Meister (ebd 111-136) - E.Wackenroder, Die Kunstdenkmäler des Kreises P., 1927 (Lit.) - Festschr. des Gymnasiums, 1927 u. 1952 - LThK VIII, 534ff (Lit.) - Festschr. der Kirche, 1950 - H.Reber, Die Baukunst im Kurfürstentum Trier 1676-1729 (Veröffentl. d. Bistumsarchivs Trier 5, 1960, 73-78). *A.Thomas*

Przemyśl, Stadt in Kleinpolen, Sitz eines röm.-kath. und orth. bzw. griech.-kath. Bistums, die das Gebiet beiderseits des San und am oberen Dnjestr umfassen.

1. Erste Anfänge des *röm.-kath. Bistums* datieren nach der Gewinnung Rotreußens durch Kasimir d. Gr. von Polen um 1350. Eine Bulle vom 13.2.1375 unterstellte P. dem (später nach → Lemberg verlegten) Erzbistum Halicz. Erster ständig in P. weilender Bischof wurde 1377 der deutsche Franziskaner Erich von Winsen. 1384 wurde ein Kapitel eingesetzt, 1412 die Kathedrale erbaut (Neubau 1743). Unter den rd 70 Bischöfen ist der Vorkämpfer gegen die Reformation und Verfasser antiluth. satirischer Schriften Andreas Krzycki (1524-27) der bedeutendste. - Die durch die Bulle »Vixdum Poloniae Unitas« 1925 festgelegten Grenzen bestehen kirchenrechtlich weiter, doch hat das Bistum durch die Grenzziehung von 1945 fast die Hälfte des Gebiets verloren.

2. Das *orth. bzw. griech.-kath. Bistum* war Suffragan von Halicz, seit dem 15.Jh. von → Kiew, seit 1806 von → Lemberg-Halicz. Nach Anfängen um 1218 erfolgte 1422 eine Vereinigung mit Sambor. 1596 trat Bischof M.Kopystynskyj der Union von Brest (→ Polen: I, 2) bei, verharrte aber im Schisma, so daß nach seinem Tod 1610 ein schismatischer und ein (ernannter) unierter Bischof einander gegenüberstanden. Die endgültige Union gelang erst 1720 durch Bischof Winnicki (seit 1691). - Das kirchenrechtlich noch bestehende Bistum ist praktisch durch die 1946 erzwungene Auflösung der Union aufgehoben. Bischof Josafat Kocyłowski starb 1947 in Haft. Der 1944/45 zur Sowjetukraine gekommene größere Teil der Gläubigen wurde gewaltsam der Orthodoxie zugeführt, der in Polen verbliebene Rest 1947/48 in die deutschen Ostgebiete unter polnischer Verwaltung umgesiedelt. Seit 1957 ist in manchen Gemeinden wieder Gottesdienst nach uniertem Ritus.

Zu 1: F.X.Zacharyasiewicz, Vitae episc. Premisliensium rit. lat., Wien 1844 - F.X.Pawlowski, Premislia sacra, Krakau 1870 - W. Abraham, Entstehung d. Organisation d. lat. Kirche in Reußen, Lemberg 1904 (poln.) - Statist. Jb. d. kath. Kirche in Polen I, Lublin 1938 (poln.). - Zu 2: J.Fijalek, Mittelalterl. Bistümer d. östl. Kirche in Reußen (Kwartalnik Historyczny 10, Lemberg 1896, 487-521; 11, 1897, 1-63; poln.) - A.Korczok, Die griech.-kath. Kirche in Galizien, 1921 - F.Flak, Le martyre de l'église uniate en Pologne occupée (The Eastern Quarterly 1, 1948, 59-80). *G.Rhode*

Psalmen

I. Im AT - II. Liturgischer Gebrauch

I. Im AT

1. Die poetische Struktur der Pss - 2. Altorientalische Parallelen - 3. Der Ort der Pss - 4. Die Gattungen - 5. Epiphanie und Gottesgegenwart. - Vgl. → Psalterbuch

1. Die *poetische Struktur* der Pss kann man an der rhythmischen Gliederung, die die Sinneinheit herausstellt, und am Metrum feststellen (→ Formen und Gattungen: I, 2). Bei dem seit → Lowth so benannten Parallelismus membrorum ist zu dem synonymen (46, 8), dem antithetischen (1, 6) und dem weiterführenden oder synthetischen (19, 8) der klimaktische zu stellen, bei dem ein Wort wiederaufgenommen wird (67, 6ff). Daß für die Metrik (→ Formen: I, 2) verschiedene Systeme vorgeschlagen werden, beruht u.a. darauf, daß das vormasoretische Hebräisch (→ Bibel: I C) noch Auslautvokale besaß, deren Verlust auch die Wortakzentuierung änderte. Trotz weithin vorherrschender Gleichordnung begegnen in den Pss sog. Mischmetren, so daß Änderungen metri causa - auch bei unregelmäßigem Strophenbau einzelner Pss - nicht ohne Bedenken sind. Das schließt jedoch im einzelnen eine Textkritik (unter Heranziehung der alten Übersetzungen) nicht aus. Ein starres Aufbauschema besitzen die akrostichisch den Buchstaben des Alphabets folgenden Pss 9/10; 25; 34; 37; 111; 112; 119; 145, die der Spätzeit angehören und deren System aus der Mnemotechnik der Schule erwachsen ist. - Die meisten Pss sind für den (öffentlichen) Sprech-Gesang bestimmt; dabei können Einzelstimme und Chor ab-

wechseln (Refrain in 46 und 136), und nicht selten begleiten Instrumente (→ Musik: III) den Gesang und akzentuieren den Rhythmus des Vortrages. Das kommt auch in den »musikalischen« *Überschriften* zum Ausdruck, deren Deutung freilich nicht in allen Fällen gelingen will. Häufig sind einfaches šîr (Lied) und mizmôr (Gesang, mit Instrumentalbegleitung?); tᵉhillā ist Lobgesang, tᵉpillā Klage und Bitte, letzterem parallel wohl auch šiggajôn. Bei māśkîl kann man an »Lehrstück« oder an »Kunstlied« denken. Zu Sela und lămᵉnăṣṣeaḥ vgl. → Musik: III, 2g. - Schwierig zu deuten sind auch die mit ʿăl (über) eingeleiteten Angaben. Zumeist denkt man an ein: »nach der Melodie von...«, wobei die dem ʿăl folgenden Worte den Anfang des gemeinten Liedes darstellen. Gunkel-Begrich (455ff) wollen, soweit dort Femininformen vorliegen, diese als Gentilicia erklären, zB nach gathitischer Weise (wie im Orte Gath üblich), nach elamitischer, nach griechischer Weise. Das könnte durch Diasporajuden vermittelt sein, ist aber gleichwohl problematisch. Mowinckel (IV) bezieht das ʿăl auf Riten; 22, 1 soll nach ihm besagen: über dem weiblichen Schaf, das am Morgen geopfert wird, doch kommt man auch damit bei den 7 (9) Pss nicht durch. - Eine Zweckbestimmung kann durch lᵉ eingeleitet werden (so bei 38; 60; 70; ferner bei 100 [hier tôdā]; unklar bei 88); die Variante lᵉ (39) und ʿăl (62; 77) bei jᵉdûtûn deutet auch auf den Kultus (und ist vom Sängernamen Jeduthun [1Chr 9, 16] wohl sicher zu trennen). - Zu den sog. Verfasser-Namen (eingeführt mit lᵉ) vgl. → Psalterbuch, 3.

2. Weder in ihrer poetischen Struktur noch in ihren Gattungen bzw. Gattungselementen (Motiven) stehen die at. Pss allein. Wenn es in einer religionstypologischen Zuordnung auch möglich ist (Fr. → Heiler, Das Gebet), den Vergleich in die Weite auszudehnen (die indische »Parallele« zu 139 ist ein Einmaliges), so hat man verständlicherweise bei derartigen Vergleichen der *religiösen Literatur aus Israels Umwelt* den Vorrang gegeben. An erster Stelle sind dies die aus dem *Zweistromland* stammenden Hymnen und Gebete (vgl. AOT 241-281; ANET 383-392 und bes. Falkenstein-v.Soden). Seit den vergleichenden Studien Stummers (1922) liegen wertvolle Einzeluntersuchungen von Driver, Begrich, Cumming, Widengren, Castellino und Westermann vor, die neben den nicht zu übersehenden Unterschieden mehr oder minder enge Berührungen konstatieren, wobei man als Mittler kanaanäische Kultlieder in Ansatz zu bringen pflegt. Weiter kommen *ägyptische* Götterlieder, Hymnen und Gebete in Frage (AOT 12-32; ANET 365 bis 381 und bes. Roeder und Erman). Da in der salomonischen Epoche die → Weisheit Ägyptens in Sprüchen und enzyklopädischen Listen aufgegriffen wurde, ist auch die Kenntnis religiöser Literatur aus Ägypten nicht ausgeschlossen (zu Ps 104 s. → Psalterbuch, 4), wobei als Mittler neben Phönikien auch die Kanaanäerstädte → Megiddo und → Bethsean in Frage kommen. Vergleichsanalysen, die im einzelnen noch weiterer Ausgestaltung bedürfen, finden sich u.a. bei Blackman, Nagel und Westermann. Auch die 3. Großmacht des 2.Jt.s, die → *Hethiter* (: I. II), haben uns (Königs-)Gebete überliefert (ANET 393-401). Unmittelbare Kenntnis hethitischer Großreichstexte ist freilich unwahrscheinlich, doch zeigen sich auch hier strukturelle Ähnlichkeiten. Hymnen und Gebete der (hethitisch-)nordsyrischen Kleinstaaten (nach 1200 vChr) sind leider nicht erhalten. Vor dem Auftauchen religiöser Texte aus Ugarit hat man bei der Ausschau nach kanaanäischen Hymnen (usw) auf formelhafte Wendungen in den → *Amarna*-Briefen hingewiesen (Amarna Nr. 147. 195. 264. 266), zB »Ob wir aufsteigen gen Himmel, ob wir niederfahren zur Unterwelt, so ist unser Haupt in deinen [sc. des Pharao] Händen!«. Grzegorzewski und Alt leiten die Formeln allerdings - wohl mit größerem Recht - aus dem ägyptischen Hofstil ab (zur »ehernen Mauer« in Nr. 147 [vgl. Jer 1, 18] liefert Insinger 11, 15 einen weiteren ägyptischen Beleg). Die für die vordem nur aus der Polemik des AT zu illustrierende kanaanäische Religion so überaus wichtigen → *Ugarit*-Texte bieten hinsichtlich der poetischen Struktur eine Fülle vergleichbaren Materials (Gordon, Manual 91-120). Der in Ugarit oft mit Tricola verbundene klimaktische Parallelismus liegt auch in Ri 5; Ex 15 und Hab 3 vor, doch wäre es abwegig, daraus auch Altersbestimmungen abzuleiten (mit Recht betont von Mowinckel, VT 5, 1955, 13-33). Hymnen und Gebete, die zum Vergleich mit den Pss wichtig wären, fehlen - naturgemäß - in den Mythen und Epen von Ugarit; immerhin gibt es Analogien zur hymnischen Introduktion. So in der Nikal-Hymne: »Ich will besingen Nkl w Ib, die Tochter Ḫrḫb-s, des Königs des Hochsommers, des Ḫrḫb, des Königs der Fehde(?)«; ferner Z. 1 f. 23 im Mythos von der Geburt der Morgenröte und der Abenddämmerung (Aistleitner 58f). Die Bitte im Volksklagelied bei politischer Not (Text Nr. 53/107 = Aistleitner 108) lautet: »Erbarme dich unser, o El, steh auf, o El, sei Vergelter, o El. Eile, El, komm schnell, El, zur Hilfe Zaphons, zur Hilfe Ugarits mit der Lanze... Wegen unseres Morgenopfers [eile, o El, zur Hilfe!].« Ugaritischen Einfluß hat man wohl mit Recht in der Theophanieschilderung in Ps 29 statuiert (vgl. Ginsberg, Kitwe Ugarit, 1936, 129f; Cross, BASOR 117, 1950, 19-21; nach R.Tournay, RB 63, 1956, 161ff »nachexilischer Synkretismus« [?]). Diese Beobachtung ließ nach Ugaritischem bei anderen Pss ausschauen, doch ist die Beziehung zu Ugarit in 68; 94-99; 141 nicht wahrscheinlich zu machen (Baumgartner, ThR NF 13, 1941, 11). Die jüngeren phönikischen Inschriften gehören anderen Gattungen an, so daß man nur die auch in den Pss (zB 61, 7f) begegnenden Segenswünsche (für den König) vergleichen kann. Die wesentliche Bedeutung der Ugarit-Texte für die Pss-Interpretation besteht darin, daß man von ihnen her die Existenz vorisraelitischer Pss statuieren darf. Die Feststellung von »Parallelen« dagegen bedarf jeweils subtiler Erwägungen.

3. Die Bedeutung der → Formen und Gattungen (: I, 4) für die Erklärung der Pss methodisch herausgestellt zu haben, ist das bleibende Verdienst H. → Gunkels, der zugleich auf die Notwendigkeit hinwies, den jeweiligen *Ort* der Gattung bzw. des einzelnen Ps (»Sitz im Leben«) zu klären. Daß für die Pss die Stätte des Heiligtums bedeutsam ist, die Mehrzahl der Pss mithin im Zusammenhang des Kultus steht, schließt nicht aus, daß man je und dann auch mit einer relativen oder absoluten Kultfreiheit von Pss rechnen darf. Gunkel glaubt bes. bei dem primär kultgebundenen Klagelied des einzelnen (s. 4e. f) - bereits in der Zeit Jeremias - eine Entwicklung zum »geistlichen Lied« feststellen zu können: »Der Beter bedarf der Kulthandlung nicht mehr, um mit seinem Gott in Beziehung zu treten« (Gunkel-Begrich 262). G.v.Rad denkt bei 16; 23; 27; 36; 49; 63; 65; 73; 84; 142 an einen Kreis von »Spiritualen« am Jerusalemer Tempel, denen die Vergeistigung alter kultischer Aussagen zuzuweisen sei (Bertholet-Festschr., 1950, 431ff). Umgreifender und nicht einfach zu beantworten ist die Frage, wieweit ein phänomenologisches Verständnis des → Kultus und das - in sich nicht einheitliche - Kultdenken des Alten Orients (→ Königtum, sakrales; → Kultgeschichtliche Methode: I. II) dem spezifisch israelitischen Kultverständnis (→ Gottesdienst: II) Aufhellung gibt. So gewiß den drei großen Jahresfesten (→ Feste: II, 4) seit der vor-

staatlichen Zeit an den verschiedenen Heiligtümern und seit David bzw. → Josia dann am Jerusalemer Tempel eine besondere Bedeutung zuzumessen ist – das alte Gesetz in Ex 34 band jeden Israeliten an diese drei an Lokalheiligtümern gefeierten Feste! –, so wenig ist es berechtigt, die festlosen Zeiten dahinter als unwesentlich zurücktreten zu lassen. In den Opfergesetzen Lev 1ff werden jeweils akute Anlässe – etwa das Erkennen der Verschuldung – für den alsbaldigen Vollzug einer Kulthandlung genannt. In Num 15, 3 stehen ein besonderes Gelübde, eine freiwillige Gabe *und* Teilnahme an den Festen nebeneinander; für Gelübde und freiwillige Gabe wird also mit »freien« Terminen außerhalb der Festzyklen gerechnet. Daß die Darbringung der → Erstlinge (Ex 23, 19; 34, 26) an die Festtermine gebunden war, ist von der Sache her höchst unwahrscheinlich (Dtn 26, 10 meint »Frühfrüchte« des Wochenfestes). Aus diesen Beispielen erhellt, daß man grundsätzlich mit Kultbegehungen außerhalb der Festzeiten zu rechnen hat; daher darf man auch die (gottesdienstlichen) Pss nicht von vornherein auf diese drei (nach Weiser letztlich nur auf das sog. »Bundeserneuerungsfest«) konzentrieren. Naturgemäß lag es – nach der Kultuszentralisation in Jerusalem – für die in der Ferne Wohnenden nahe, sich den Fest-Wallfahrern anzuschließen (122, 1; vgl. 42, 5), aber: die Tore des Tempelhofes standen *allezeit* offen. Ein durch Naturkatastrophen oder politische Bedrängnisse involviertes »Fasten« und die mit Opfern verbundenen Klagelieder des Volkes sind gewiß niemals bis zum nächsten Festtermin verschoben worden, ebensowenig wie die in Esr 8, 35 geschilderten Opfer der glücklich in Jerusalem Angekommenen! Unabhängig von den Jahresfesten war die jeweilige Königsinthronisation (anders Weiser, Bertholet-Festschr. 530, der die Inthronisation dem Bundesfest einordnet), sein Aufbruch zum Kriege (Bittgebet) und Dankfest und Danklied nach siegreicher Rückkehr. Hannas Bitte um Kindersegen wurde beim Jahresfest in Silo vorgebracht (1Sam 1), aber Klagelied und Danklied eines einzelnen (etwa bei einer Erkrankung), wie sie in den Pss vorliegen, sind damit keineswegs als an den Festkalender gebunden anzusehen. Jahwe kann allezeit von den Angefochtenen angerufen werden (1Kön 8, 23–53), wie auch der zu Unrecht Angeklagte sich zu *seiner* Stunde im Tempel einfand.

In welchen Kreisen sind die Pss zu Hause? Nicht bei den Priestern und den Tempelpropheten, denn diese haben es mit dem → Wort Gottes (: I) zu tun, die Priester dazu mit dem → Opfer (: II). Innerhalb der (literarisch zur → Priesterschrift gehörenden) Opfergesetzgebung ist deshalb (Ausnahme: Lev 9, 24) niemals von Liedern der Beteiligten die Rede. Die Pss gehören vielmehr mit den Tempelsängern zusammen, ohne daß man sie deshalb zu Pss-Dichtern machen muß (Mowinckel VI). Tempelsänger sind nur für Jerusalem bezeugt (zum »Sänger« in → Elephantine vgl. VT 5, 1955, 83ff), und hier gelten – in nachdeuteronomisch-nachexilischer Zeit – die → *Leviten* als die zum Tempelgesang Beorderten, was dann in den → Chronikbüchern (1Chr 16, 4ff; 23, 30) klar herausgestellt wird. – Die Sammlung von Pss (→ Psalterbuch, 2) hatte niemals archivalischen Sinn. Hymnen, Volksklagelieder usw sollten vielmehr als »lebendiges Liedgut« zur Verwendung bereit sein. Bei Pss mit Refrain (zB 46; 136) konnte ein Tempelsängerchor in Aktion treten, der König (vgl. 2; 101) wird das tradierte Lied oder Gebet selbst vorgetragen haben. Wie aber wurden Individual-Pss den in Gebetsäußerungen unmündigen Frommen nahegebracht? Kraus meint, die (aufgezeichnete? [102, 19 gibt dafür keine eindeutige Begründung]) Erstformung sei als Weihgabe dem Tempel(-Personal) übergeben und dann (als Einzelblatt) »ausgehängt« und so benutzt worden. Oder wurde das Gebet vorgesprochen? – Es ist kaum anzunehmen, daß ein einziges, auf dem Tempelplatz gesprochenes Individual-Gebet die gottesdienstliche Stunde bestimmte, vielmehr werden zur gleichen Zeit verschiedenartige Riten und Gebete stattgefunden haben, so daß zB das in 22 vorausgesetzte Gemeinschaftsmahl eine Gruppe sammelte, während eine andere dem Priester ein Schuldopfer aushändigte. Auch bei dem in Ez 8, 1–16 beschriebenen »Götzendienst« finden gleichzeitig verschiedene Riten und Gebete statt. Die Vielzahl der Priester und levitischen Sänger im Jerusalemer Tempelbereich (der letzten vorexilischen und der nachexilischen Zeit) setzt u.E. auch eine Vielzahl nebeneinander vollzogener Kulthandlungen (und Gebete) voraus. Daß bei den großen Festen in Kulthandlungen und Gebetstypen eine mit dem Festcharakter zusammenhängende Uniformität des Gottesdienstes existierte, soll keineswegs bestritten werden. Andererseits spricht die Variationsbreite der überlieferten Pss dagegen, daß eine festgelegte Ordnung des »Kirchenjahres« (nach Weiser das Bundeserneuerungsfest) »den Rahmen bildet, in dem die Mehrzahl der aus vorexilischer Zeit stammenden Pss ihren Sitz im Leben hatten«.

4. Der kultische Charakter bestimmter Pss-Gattungen ist, abgesehen von Hinweisen in den Pss selbst, dadurch gesichert, daß sowohl in Erzählungen wie in Prophetensprüchen der Zusammenhang von Kultbegehung (Opfer) und »Lied« statuiert wird (u.a. Ex 32; Num 10, 35ff; Dtn 33; 1Sam 1, 4ff; Am 5, 21ff; Neh 12, 27ff). »Da singt ihr das Lied wie in der Nacht, da sich die Festfeiernden heiligen ..., zu kommen auf Jahwes Berg, zum ›Felsen Israels‹« (Jes 30, 29). Jes 1, 10ff nennt Opfer bei Neumond, Sabbat und Festausrufung zusammen mit Gebeten, genau wie Am 5, 21–23. Der David der Chronik ordnet Opferdienst und Tempelgesang (1Chr 23–25; vgl. auch Sir 47, 8–10). Im einzelnen muß man den zu substituierenden Kultbezug bei den verschiedenen *Gattungen* erwägen.

a) Unzweifelhaft gehört der von einer Menge angestimmte *Hymnus* in den Bereich des Heiligtums (84, 3), vor »Jahwes Angesicht« (100, 2); vor der Reform Josias also an die verschiedenen → heiligen Stätten (: II) im Lande, wie → Hebron (2Sam 15, 7), → Silo (1Sam 1), → Bethel (1Kön 12), oder auf den → Tabor (Dtn 33, 18f; vgl. Ps 89), hernach dann – von → Elephantine und dem → Onias-Tempel abgesehen – bis 70 nChr an den Tempel in Jerusalem (zu Volksklageliedern im Exil s. 4b). Die Hymnen umrahmen das Opfer (Am 5, 21ff; Jes 1, 10ff; 2Chr 29, 25ff; Sir 50, 11ff). Wenn auch nicht auf sie beschränkt, so werden sie regelmäßig bei den großen Jahresfesten (bes. dem Herbstfest) erklungen sein. Beispiele des Hymnus sind: 33; 65f; 100; 113f; 117; 134f; 145–47; 149f. Hymnische Motive finden sich auch in Pss anderer Gattungen, zB 24; 102. Im formgebundenen Aufbau des Hymnus können 3 Teile unterschieden werden. Die Introduktion bildet eine Aufforderung zum Gotteslob (zB »Preiset« – ursprünglich Ruf des Vorsängers), nennt Jahwes Namen und zuweilen auch den Kreis der zum Lob Aufgerufenen (vgl. 33; 66). Der Hauptteil rühmt Jahwe in hymnischen Prädikationen (im Partizipialstil) und weist dabei auf die großen Taten Gottes hin. Die Rühmung gilt dem Gegenwärtigen (s. 5), seiner Majestät und seinen Werken in der Schöpfung und Geschichte. Der Abgesang nimmt nicht selten die Introduktion wieder auf (8, 10; 148, 14), zeigt aber größere Verschiedenartigkeit. – In der Beispielsreihe (s. o.) sind einige Pss ausgelassen, die von ihrem Thema her zusammengehören. Das sind einmal die sog. *Schöpfungs*-Pss 8; 19A; 104; 148. Das von hymnischer Rühmung umrahmte Rezitativ in 8 zielt auf die gottgewollte Existenz des Geschöpfes, des Elohim-artig geschaffenen Menschen, dem die Kreatur unterworfen ist (Anlehnung an die Tradition von Gen 1). 148 ruft die Himmelsmächte, die belebte und unbelebte Natur zum Lobpreis auf, in den alle Welt einstimmen soll. Älter und stärker reflektierend (Einfluß Ägyptens [s. 2]?) ist 104. Hier liegt das »beschreibende Gotteslob« (Westermann) eines einzelnen vor: »Möchte ihm [Gott] mein Dichten wohlgefallen!« Bes. urtümlich ist 19, 1-7 (19A): menschlichem Ohr unhörbar rühmen die Himmel die Herrlichkeit Gottes (El = Jahwe). In 29 werden die »Gottessöhne« (b^{e}nê 'elîm) zum Preise des durch seine Donnerstimme die Welt (Libanon und Hermon!) zum Erbeben bringenden Gottes aufgerufen, der zugleich als *König* über dem Himmelsozean (mäbbûl) thronend die Proskynese seiner Bekenner im Heiligtum erfährt (s. 5). Jahwe als König (jähwæ maläk ist kein Inthronisationsruf!) wird in den Hymnen 24B; 47; 93; 96-99 gefeiert (→ Königtum Gottes). Auf festliche Begehung der → Lade-Prozession und auf Jahwes Hinaufzug (von Gichon her? Vgl. 110, 7?) weisen 24B; 47, 6 (vgl. auch 68, 5). In 47, 9 findet sich auch die Königsakklamation. In diesen Pss vom König Jahwe spielt der Triumph Gottes über die Chaosmächte (46; 93) und über die fremden Götter (96f; vgl. auch 82) eine wichtige Rolle. Jahwe kommt und richtet die Erde (eschatologischer Ausblick??). Daß es (so die neuere Formulierung Mowinckels) »im Rahmen des Herbstfestes« - seit dem 7.Jh.? - einen besonderen, dem Königtum Jahwes gewidmeten Festtag gegeben habe, ist möglich, aber nicht erweislich (→ Feste: II, 8). Der Terminus »Tag Jahwes« hat jedenfalls nichts damit zu tun (v.Rad, Theol. II, 133ff). Die Jahwe-Königs-Pss gehören ausschließlich nach Jerusalem (vgl. auch Ex 15, 1-18). Dergestalt kann man ihnen die *Zions*-Lieder (erwähnt in 137, 3) beigesellen, in denen die Wallfahrer die Erwählung des Zion durch Jahwe feiern (Mowinckel II; Rohland). Beispiele: 46; 48; 76 sowie 84; 87; 122 (zu 132 s. 4d). Kraus hat (1951) auf Grund von 2Sam 6f und 1Kön 8 die These vertreten, es habe am 1. Tage von Laubhütten ein auf die Erwählung des Zion *und* die der Davididen zielendes »königliches Zionsfest« gegeben, das nach Fortfall der Dynastie unter dem Einfluß Deuterojesajas zum Fest der Königsherrschaft Gottes vereinfacht wurde. Neuerdings (Komm. XLIIIf) weist er den Kulttraditionen vom »Gottkönig« ein weit höheres Alter zu; aber auch so ist die Existenz eines jährlich wiederholten Zionsfestes fraglich (→ Feste: II, 8).

b) Das *Klagelied des Volkes* wurde am Heiligtum in bestimmten Notlagen angestimmt. Das konnten Naturkatastrophen oder Bedrängnisse durch äußere Feinde sein (vgl. 1Kön 8, 33ff). Das Volk wird *jeweils* zum »Fasten« aufgerufen (zB Jer 36, 9), auch Frauen und Kinder (Jo 2, 16). Manchmal betet zunächst ein Priester (Jo 2, 17) oder der König (so wenigstens nach 2Chr 20, 5ff); Fürbitte eines Propheten: Jer 14, 7-9. An die Klage des Volkes (Jo 1) schließen sich Opfer an (zB 2Sam 24, 21f; Jer 41, 4f). Beispiele vom Klagelied des Volkes sind: 44; 60; 74; 80; 83; 85 (auch Klgl 5). Aus der Heilsverkündigung des Dtjes im Exil ergibt sich, daß es deren noch mehr gegeben haben muß und daß man sie in der Fremde - fern von Jerusalem (vgl. 1Kön 8, 46-51) - gebetet hat (Begrich; v.Waldow, der mit Recht bei den Exilierten Klagefeiern voraussetzt). Im Typus ist das Volksklagelied dreiteilig. Den Auftakt bildet die vokative Anrede Jahwes, oft mit einem kurzen Hilferuf verbunden. Der Hauptteil klagt über Gottes Schweigen, schildert die Not und verklagt (in politischer Situation) die Feinde (zB 74). Die Klage wird begleitet (zuweilen eingeführt) von einem »Erinnern« an die früheren Heilstaten Gottes (44; 80). Am Schluß wird die Bitte um Notwende entfaltet. Man erwartet ein Heilsorakel (vgl. 2Chr 20, 14ff); ein solches findet sich in 60, 8-10; 85, 9 (auch 46, 11?). Jer 14f - Situation des Bußtages - begegnet auch ein göttliches Nein. Nur aus jüngerer Zeit (Esr 9, 6-15; Neh 9, 5-37; Dan 9, 4-19) sind Klagelieder erhalten, in deren Zentrum die Schulderkenntnis und ein Ja zu Gottes Gerichtshandeln steht; aus der Gerichtsdoxologie erwachsen (vgl. Jos 7, 19) sind es *Buß*gebete, deren Kernsatz aus alter Zeit bezeugt ist (Ri 10, 10. 15). Die ältere Forschung hat die Volksklagelieder ohne stichhaltige Begründung auf die Bedrohungen der Makkabäerzeit bezogen (und so datiert). 80 (Eißfeldt, BHTh 16, 65ff; Alt II, 273f) gehört sicher ins 8.Jh.; aber auch die jüngeren (44; 79; zu 74 vgl. ZDPV 72, 1956, 164f) sind u.E. in die vorgriechische Zeit zu datieren. Ein Anschluß an Klagefeiern um das zerstörte Heiligtum (587 vChr; vgl. Kraus, BK XX) ist möglich, was nicht ausschließt, daß man derartige Pss aus akutem Anlaß erneut aufgenommen hat. - Obwohl in den Pss der im »Ich« (vgl. Balla) zu Wort Kommende ein Glied der Bundesgemeinde (Laie) ist und seine privaten Klagen (und Bitten) vor Gott bringt, hat Mowinckel (Offersang 227) - die These der Skandinavier (→ Kultgeschichtliche Schule), daß letztlich alle »Ich«-Pss vom König gebetet seien, stark reduzierend - bei *einigen* Individual-Pss an eine überindividuelle Not gedacht. In der Gruppe der »nationalen Klage-Pss in Ich-Form« spreche der König als Repräsentant der Gemeinde (3; 5; 9/10; 27; 61; 63; 69; 77). Bei 3; 5; 9/10 könnte dies gelten, schon bei 77 ist es höchst fraglich. Die in 61 und 63 am Schluß angehängten Bitten für den König und in 69 der Ausblick auf Jerusalem, die Städte Judas und seine (Jahwes) Knechte beweisen u.E. nicht, daß das Vorangehende vom König gesprochen wurde. 27 und 69 sind Gebete des Angeklagten (s. 4e).

c) Wie sich dem individuellen Klagelied nach der Erhörung ein Danklied anschließt (s. 4f), so wird man a priori auch mit *Dankliedern des Volkes* zu rechnen haben. Beispiele sind 66, 8-12; 124; mit dem Vertrauensmotiv verknüpft sind 125; 129, mit Segenswünschen 67. Die relativ geringe Zahl im Psalter könnte sich (so Eißfeldt) daraus erklären, daß man nach der Notwende die (ja nicht nur auf Festzeiten beschränkten) Hymnen als Danklieder erklingen ließ. Das Danklied des Volkes setzt dem Hymnus ähnlich ein (vgl. 66, 8) und betont das Wunder der Rettung: »Wir sind durch Feuer und Wasser gegangen, aber du hast uns herausgeführt ins Weite« (66, 12).

d) Obwohl ihrer Form nach *nicht* einer Gattung angehörend, können die *Königs-Pss* zusammengenommen werden, weil in ihnen allen der Jerusalemer König (zu 45 s. u.) die zentrale Figur bildet. Im Konsensus mit den meisten Forschern der Gegenwart darf man statuieren, daß wir es hier mit *alten* Liedern zu tun haben und daß sie, für einen bestimmten regierenden König verfaßt (von Hofdichtern? Vgl. 45, 2), primär keinen eschatologisch-messianischen Aspekt enthalten (nach R.Tournay [RB 67, 1960, 5ff] soll Ps 110 in die persische Zeit gehören [?]). Zu den Königs-Pss sind zu rechnen: 2; 18; 20; 21; 72; 89; 101; 110; 132; 144 A (die Hinzunahme von 73 [Würthwein] überzeugt nicht; völlig abwegig ist es [Danell], 139 als Königs-Ps zu betrachten). Während die meisten Königs-Pss sicher von Anfang an in Jerusalem verankert waren, ist der (im Psalter einzige) Hochzeits-Ps 45 primär dem Nordreich zuzuweisen, da in 45, 13 die zur Königin Erwählte als »Tochter von Tyrus« angeredet wird und von keinem Davididen bekannt ist, daß er eine tyrische Prinzessin zur Frau hatte (der Deuteronomist nennt in 1Kön 11 unter Salomos fremden Frauen auch solche aus Sidon). Überliefert dagegen ist der Ehebund zwischen → Ahab von Israel und → Isebel, die aus Tyrus stammte. Beachtlicherweise hat LXX einen anderen Text gelesen, in dem - analog dem Terminus »Tochter Zion« - die Tochter Tyrus als Geschenkbringerin genannt wurde. Das ist nicht Urtext (so Gunkel), sondern u.E. eher eine nachträgliche Abwandlung, um den Hochzeits-Ps auch für eine Jerusalemer Königshochzeit verwenden zu können. Das Jerusalemer Königsritual (vgl. de Vaux, Institutions I, 158ff) spiegelt sich in 2 und 110 (beide zT textlich schwierig). Bei der Zeremonie saß der von Jahwe Adoptierte allen sichtbar zu seiten der Tempelvorhalle (ʿāl ʿāmdô 2Chr 34, 31; keinesfalls im Allerheiligsten, wie Kraus meint [ZDPV 75, 1959, 139]). Bei diesem Akt werden ihm durch einen Kultpropheten (→ Propheten: II B, 1 d) Heilsworte Gottes zugesprochen, hier erhält er das Szepter des Sieges (vgl. Jes 11, 4b), hier seine Thronnamen (so nach Jes 9, 6). Vergleichbare Königslieder gibt es in Ägypten (Dürr; v.Rad) und in Assyrien (vgl. AOT 266f. 281ff; ANET 449f; Falkenstein-v.Soden 292ff). - Für die Aufnahme des internationalen »Hofstils« (Greßmann) ist 72, 8 charakteristisch; die Formel des Herrschaftsbereichs vom (persischen) Meer zum (Mittel-)Meer, vom Strom (Euphrat!) bis zu den (sc. vier) Enden der Welt wurde von Babel nach Jerusalem verpflanzt. 144 A ist ein Bittgebet des Königs beim Auszug zum Kriege, 18 (oder nur 18 A?) sein Dankgebet nach siegreicher Heimkehr. In 20 erklingt ein Bittgebet für den König (Heilszusage ist zwischen V. 6 und 7 zu substituieren), in 21 ein analoges Danklied (Heilszusage V. 9-13; vgl. 110, 4); R.Tournay hält 20 und 21 für eine Inthronisationsliturgie der Zeit Josias (RB 66, 1959, 161ff). In 72 ist der Herrschaftsbereich nur das eine Thema, das andere ist Wohlfahrt des Landes und bes. der Armen. Zu gerechtem Regiment bekennt sich der König in der Proklamation 101 (vgl. auch »die letzten Worte Davids« 2Sam 23, 1-7). In 89 wird man die Klage eines Königs zu sehen haben, der die Neubelebung des Königtums erbittet. 132 ist ein Tempelweihlied, das in David den eigentlichen »Stifter« des Tempels, genauer: der Ruhestätte für die Lade sieht (wegen V. 10 kombiniert 2Chr 6, 41f die Verse 8-10 mit der Tempelweihe Salomos) und das in einer Heilszusage (V. 11ff) ausklingt. Stammt 132 aus der Zeit Josias? Von Tempelerneuerungen (ohne Datum) berichten 2Kön 12 und 22; ein Weihefest unter Hiskia setzt 2Chr 29 vor einem Passa, nicht beim Herbstfest, an (vgl. auch Esr 6, 15ff). Die Pss vom judäischen König (oder auch die *für ihn*) sind u.E. von den Jahresfesten unabhängig; ihre agendarische Verwendung schloß die Freiheit im Termin eo ipso in sich.

e) Die umfassendste Gattung der Pss ist das *individuelle Klagelied;* es ist - in mündlich tradierter Form - gewiß ebenso alt wie das Klagelied des Volkes. Auch hier wird der »schweigende« Gott beschworen, die Not im Bekenntnis der Zuversicht dargelegt; am Schluß fehlt nur selten ein Lob-Gelübde. Bemerkenswert oft aber schließt sich daran ein zweiter Hauptteil an, der für die Erhörung *dankt.* Da es auch selbständige Danklieder des einzelnen gibt, empfiehlt es sich, das individuelle Dank-(Vertrauens-)Lied gesondert zu besprechen (s. 4f) und dort die Frage nach der Kombination zu erörtern. Westermann teilt die Pss dieser Gattung ein in Gebete, die *vor* der Notwende gesprochen sind (9; 17; 25; 38; 39; 42/43; 55; 59; 61; 70; 109; 130; 141-43 sowie 51), in solche, die zwischen offener und erhörter Bitte stehen (5; 7; 12; 35; 69; 71; 86; 102; zu 5 s. 4b), und schließlich in Gebete, die auf die Errettung zurückschauen (3; 6; 13; 22; 26-28; 31; 54; 56f; 63f; 120; 140; zu 3 s. 4b). Den Auftakt der Klage eines, der »sein Herz vor Gott ausschüttet« (102, 1), bildet der Anruf Jahwes, nicht selten verbunden mit einer Anklage Gottes (»Warum...?« vgl. 10, 1) und einer ersten Bitte. Im Unterschied zu babylonischen Gebeten findet sich hier niemals eine »Herrlichkeitsschilderung« Gottes. Im Hauptteil entfaltet der Beter die Klage über seine äußere und innere Not und erwähnt die ihn bedrängenden und verklagenden Feinde. Mit dem Bekenntnis der Zuversicht verbinden sich die Bitte um baldige Notwende und ein Lobgelübde (zB 22; 27; 54; 56). Das von Gott verhängte Leiden führt zur Schulderkenntnis und zum Sündenbekenntnis, das in den (7 kirchlichen) → Bußpsalmen (keine eigene Gattung!) im Mittelpunkt steht (vgl. 38; 51; 130). Hier wird beides, Vergebung der Sünden und Lebenserneuerung, erhofft und erbeten. Häufige Notsituation ist eine schwere Krankheit, die um so schwerer lastet, als falsche Freunde (Frevler und Gottlose; s. Gunkel-Begrich 196f) durch ihr Tun und Reden als *Feinde* die innere Not verschärfen. Solche Krankheits-Pss sind 6; 22; 38; 88; 102. In keinem dieser Pss wird eine bestimmte Krankheit genannt (→ Aussatz nennt der syrisch überlieferte Ps Nr. III [ZAW 48, 1930, 10]). Die Elendsschilderung der babylonischen Klage-Pss ist in dieser Richtung viel detaillierter. Allein dies ist wichtig: die Krankheit - in ihrem Höhepunkt fixiert - ist lebensbedrohend (»Ich versinke im Schlamm der Tiefe« 69, 3). Der Klagende sieht sich bereits im Tode (88, 5), dh, er befindet sich, obschon noch atmend, in der - umgreifenderen - Todessphäre, aus der er ins Leben zurückgerettet zu werden hofft (Chr.Barth). Zu den in 16; 49; 73 (verschiedene Gattungen) begegnenden Aussagen über ein »Nach dem Tode bei Gott« s. → Auferstehung: III. Aus 1Kön 8, 31f ergibt sich, daß sich der zu Recht oder zu Unrecht Verklagte einem Gottesgericht stellen soll. Von daher hat H.Schmidt eine besondere Gruppe als »Gebet des Angeklagten« ausgesondert (über 20 Exempel). Bei 5 Pss ist diese Interpretation überzeugend (7; 35; 37; 57; in 69 zugleich Krankheit), bei anderen bleibt sie möglich (vgl. auch Würthwein, VT 7, 1957, 165-182 zu Ps 139). - Was ist es um die Feinde des Individuums? Nachdem Mowinckel (I) die »Übeltäter« (poʿᵃlê ʾawæn) als unheilwirkende Zauberer erklärt hatte (Kritik bei Gunkel-Begrich 200ff), ihr Agieren aber vornehmlich in der privaten Sphäre verankert sah, behauptete Birkeland, es handle sich um ausländische (politische) Gegner des Bedrohten. Ursprünglich sei das »Ich« der König. Erst eine nachträgliche Desintegration derartiger Königs-Pss habe zum Klagelied für »Jedermann« geführt, wobei dann auch die Feinde sozusagen privatisiert wurden. Die These kann deswegen nicht überzeugen, weil wir bei den Ausländern Namen erwarten müßten (vgl. 83; 137 und die Fremdvölkersprüche der Propheten!) und auch die Bitte um Beistand bei einer Abwehraktion nicht fehlen dürfte. Hier aber spricht das Ich immer von »meinen Feinden« (o. ä.) und wünscht, daß Gott sie strafe. Sind sie mitschuldig, so sind sie zugleich Gottes Feinde! Darum darf der Beter sie hassen. (Der Ausdruck Rache- oder Fluch-Pss, zB für 109, trifft nicht das Richtige. Daß ein solches durch die Diesseitsgrenze involviertes Denken nicht einfach nachgebetet werden kann, betont u.a. Westermann, Tausend Jahre 263ff.) Wenn Gott die Frevler nicht, oder mindestens nicht sogleich, richtet, wird dies zu besonderer Anfechtung (die Gottlosen - die Reichen; vgl. 73). Der Klagende seinerseits rechnet sich zu den »Armen« und »Elenden«, aber auch aus seiner Glaubenszuversicht heraus zu den »Frommen« und »Gerechten«; vgl. dazu →Armut: I, →Demut: II. Abwegig ist es, an eine *Partei* der Frommen zu denken. Die Asidäer der Makkabäerzeit (→ Judentum: I, 2) gaben früher Anlaß, diese Pss in die Spätzeit zu setzen (Eerdmans denkt - noch weniger zu Recht - an einen Beginn der Parteibildung bereits in vorexilischer Zeit).

f) Die in keinem Klagelied fehlende Zuversicht (zB 3, 4) wird bei einigen Individual-Pss das beherrschende Thema, so daß man sie als Gruppe der *Vertrauens-Pss* zusammenfassen kann (4; 11; 16; 23; 27, 1-6; 62; 131). Hier stehen Bekenntnisaussage (»Jahwe ist mein Hirte« 23, 1) und Anrede (»Du bist bei mir...« 23, 4) nebeneinander. - Wie bereits bemerkt (s. 4e), ist mit dem Klagelied - nach erhörter Bitte! - oft das *individuelle Danklied* unmittelbar verbunden. Der Aufriß ist folgender: Der Errettete bezeugt »vor seinen Brüdern« Gottes Wundertat, die ihn frei gemacht hat. Entsprechend dem beschreibenden Gotteslob im Hymnus nennt Westermann diesen Hauptteil der tôdā den »berichtenden Lobpreis«. In das Gotteslob sollen alle einstimmen (22, 28ff). Die persönliche Erfahrung gibt dem Beter mitunter auch Anlaß zu wegweisender Belehrung (32; 34; 92). Auch können Opfer (22; 116; 118) den Lobpreis konkretisieren. Gesonderte Danklieder des einzelnen liegen vor in 18 (Königs-Ps); 30; 32; 34; 66 (verbunden mit Hymnus und Danklied des Volkes); 92; 116; 138. Hierhin gehören auch die Dankliturgien 107; 118. (Ist in 118, 5-21 die Einzelstimme die eines Königs? Oder sind V. 10-12 und 15f aus einem Siegesdanklied übernommen?)

Das Zueinander von Klage- und Danklied gibt spezielle Fragen auf. Wie soll man sich im Kult beides zusammen vorstellen? Manche Klagelieder geben einen Ort fern vom Heiligtum zu erkennen: 42/43; 120; Jon 2, 5. Gunkel betont: Wenn den von Krankheit Befallenen die Schmähworte seiner Feinde treffen, so gehöre dies an den Ort der Krankheit und nicht auf den Tempelplatz. Andererseits ist das Errettung zusagende priesterliche Heilswort, das in den Individual-Pss nicht expressis verbis mitgeteilt, aber in 6; 20; 28 angedeutet ist, nur im Bereich des Tempels denkbar! Will man die Erhörungsgewißheit noch der Klage (auch am fremden Ort) zuweisen, so müßte man sie als eine Vorwegnahme im Glauben interpretieren. H.Schmidt nimmt an, daß die Klagelieder von Kranken und Verklagten im Tempelarchiv »zum Gebrauch derer, die sie etwa künftig benötigten«, aufbewahrt wurden und daß man dazu auch das entsprechende Danklied besaß. Da das Danklied unter allen Umständen zum Tempel gehöre, so sei die vorangehende Klage (von dem inzwischen der Not Entronnenen) nachträglich wiederholt worden. Auch Weiser hält die Klage für einen rückblickenden Bestandteil des Dankes, »um so die Größe der göttlichen Heilstat in Erscheinung treten zu lassen«. Diese Interpretation dürfte das Richtige treffen.

Gunkel betont, daß in bestimmten individuellen Klageliedern die (selten begegnenden) kultischen Wendungen (zB 51, 4-9) nur noch survivals des Typus seien, aber vom Autor bereits bildlich verstanden wurden, so daß man richtiger von »geistlichen Liedern« sprechen solle. »Lieder wie Ps 39; 51 und 130 sind so persönlich gehalten und von solch tiefreligiösem Gehalt, daß hier die Annahme, sie seien als Begleittexte zu Kulthandlungen gedichtet, sehr gekünstelt ist... [Aus Jeremia sehen wir,] daß es schon damals möglich war, sie zum Träger ganz persönlicher Herzensregungen zu benutzen« (Eißfeldt, Einl. 141). Selbstverständlich sind die hier angeführten Beispiele keine Zweckdichtungen, aber zum ersten sind es Gedichte, die die »Herzensregungen« nachvollziehen, nicht mehr ein unaussprechliches Seufzen in der Stunde der Anfechtung, zum andern kommen »die Sänger [solcher Pss] immer schon vom Gottesdienst der Israelgemeinde her« (Kraus). Auch Ps 51, dessen Beter in Anlehnung an die (prophetische? vgl. v.Rad, Theol. I, 366) Opferpolemik (40; 50) seine Demütigung und sein Gotteslob an die Stelle realer Opfer setzt, ist als öffentlich gesprochenes Gebet keine private Sache.

g) Zu den oben (s. 4f) erwähnten Dank-Liturgien (107; 118) kann man weitere (nicht gattungsgleiche) *Liturgien* stellen, die am Wechsel der Stimmen zu erkennen sind. Dazu sind zu rechnen: 121; 134 und die Einzugsliturgien 15; 24, 3-6. Die zum Tempelplatz Kommenden fragen nach den Bedingungen zum Betreten des Heiligtums und erhalten von einem priesterlichen Sprecher den Hinweis auf die als erfüllbar angesehenen (dem → Dekalog nahestehenden) Gebote. Dazu gehören auch Jes 33, 14-16 und Mi 6, 8. Vgl. auch den Beichtspiegel in Ez 18, 5-9.

h) Mowinckel (Offersang 375ff) nimmt aus der Gesamtreihe der von ihm kultisch interpretierten Pss einige heraus, die er *kultfrei* nennt (1; 19B; 34; 37; 49; 78; 105; 106; 111f; 119; 127). Da diese »belehrenden« Pss verschiedenen Gattungen angehören, ist dies im einzelnen abzuwägen. Da sind zunächst in 78; 105; 106 die sog. »*Geschichts*-Pss«. Um Gottes Heilstaten wußte der Fromme (22, 5f; 103, 6ff), man besang sie im Hymnus (s. 4a) und hörte davon in der Festlegende (G.v.Rad, Das formgeschichtliche Problem des Hexateuch). Das gab u.E. den Anlaß, die grundlegenden Taten Gottes auch in gebundener Rede vorzutragen. 105 steht dem Hymnus nahe (beachte den Zusammenhang von Geschichte und Tora in 105, 44f). 106 betont die Widerspenstigkeit des Volkes und Gottes Treue (aus der Situation und Zeit der Zerstreuung). 78, der unter deuteronomistischem Aspekt die Geschichte von Ägypten bis zur Erwählung Zions und Davids entfaltet, wirkt stärker als »Lehrstück«; vgl. Termini der Weisheit in V. 2; gleichwohl kann man wie bei 105f auch hier fragen, ob die Geschichts-Pss nicht im Rahmen von Kulthandlungen auf dem Tempelplatz vorgetragen wurden. - Einwirkung der *Weisheit* ist bei einigen Pss unverkennbar, zB in den akrostichischen Pss 34; 37. Diese Pss sowie der reflektierende Ps 49 und auch 73 können in *dem* Sinne als kultfrei bezeichnet werden, daß ihre »Erfahrungen« und ihr Aussprechen nicht notwendig mit dem Heiligtum zusammengehören. Die akrostichischen Pss 111f verobjektivieren die Erkenntnisse von Gottes Wegen und des Menschen Tun. 111, 10 repetiert nicht zufällig Spr 1, 7. 112, 1 preist den Mann selig, der Jahwe fürchtet und an seinen Geboten Freude hat. Damit rücken 111f in die Nähe der sog. *Gesetzes*-Pss 1; 19B; 119. Diese Tora-Pss, auch 1, dessen Bildvergleich sich bereits in der ägyptischen Weisheit findet (AOT 39; ANET 422; mit anderem Skopus in Jer 17, 5-8), stehen außerhalb des Kultus am Tempel (Synagoge? Elementarschule? Vgl. Schürer II, 419ff). Der Gesetzestreue weiß sich geschieden von den »Schwankenden« (119, 113), er trennt sich von den »Spöttern« (1, 1) und liest in der Tora »Tag und Nacht« (→ Qumran, 4). Wieweit man diese Pss als Ausdruck eines jüdischen »Nomismus« anzusehen hat, ist eine strittige Frage, die nur in größerem Rahmen diskutiert werden kann (→ Gesetz: II. III). 127 ist ein kultfreier Zuspruch für einen, der ein Haus und eine Familie gründet. H.Schmidt (ThStKr 103, 1931, 141ff) rechnet zutreffend auch 128 und 133 zu solchen »Grußworten«, was bei 1 allerdings nicht überzeugend ist.

5. Im Vollzug aller (gottesdienstlichen) Pss konfrontieren sich die betende Gemeinde und der einzelne der Wirklichkeit Jahwes. Er, dessen Erscheinung zwar »bildhaft« bezeugt werden kann, aber nicht in einem Bilde dargestellt ist, hört Lobpreis, Klage und Bitte - an der Stätte seines Heiligtums. *Kultus und Gegenwart Gottes*

(sein Nahesein: 34, 19; 145, 18; vgl. Jes 55, 6) *gehören zusammen*. Da offenbar schon früh die beiden Vorstellungen, daß Jahwe im Heiligtum wohne (1Kön 8, 12f) und daß er seine Wohnstatt im Himmel habe, nebeneinander bestehen (11, 4), wird man den salomonischen → Tempel nicht nur als Wohntempel, sondern auch als Erscheinungstempel zu interpretieren haben. Innerhalb einiger Pss (18; 50; 68; 77; 81; 97) wird die → Theophanie Jahwes in engster Verbindung mit »Naturphänomenen«, wie Wolkendunkel, Lichtglanz, Gewitter und Beben »zitiert«. Mit Recht hat Weiser (Bertholet-Festschr. 513ff) an eine Adaption aus der »Festlegende« von Auszug und Einzug, also aus dem Teilthema »Offenbarung am Sinai«, gedacht (»Dekalogvortrag« in 50; 81). Jahwe *kommt* vom → Sinai (Ri 5, 5; Dtn 33, 2; Hab 3, 3ff; Jes 63, 1ff), wo er sich im Wetter offenbarte (Ex 24, 9ff; in 1Kön 19 kritisch aufgenommen), als Helfer und Richter (68, 8f. 18 [Textkonjektur]). Im Nachhall der Sinaitheophanie steht das Erscheinen der Wolke bei der Heiligtumsweihe (1Kön 8, 10f; Ex 40, 34; Ez 43, 5). Die Epiphanie Jahwes im Wetter kann aber auch unmittelbar auf dem Zion geschehen (50; 97; vgl. 29). Nach Weiser nehmen die hierhin gehörenden Pss die archaisch-mythologischen Farben der Urtheophanie vom Sinai auf und sind selbst Reflexe einer Kulttheophanie (am Bundesfest). Vom antiken Kultdenken aus sei diese Theophanie mit einer dramatischen Darstellung (neben der Ladeprozession) zu kombinieren. Aber wie wurde das vorgeführt? Kann der Rauch des Räucheraltars (der gewiß nicht nur bei *einem* Fest aufstieg), weil er verhüllt, die herabsteigende Wolke Jahwes darstellen, können Posaunenstöße und Festgeschrei Donner und Erdbeben vertreten? Sieht man aber diese »spärliche Dramatisierung« nur als Symbol oder Widerhall der realen Epiphanie an, dann bleibt diese selbst eben doch etwas Undarstellbares! Die Kategorie der »dichterischen Vergegenwärtigung«, die durchaus unreflektiert sein kann, zieht v.Rad (Theol. I, 362ff) u.E. mit gutem Recht für die Theophanieschilderungen heran. – Wenn Kultus den gegenwärtigen Gott voraussetzt, so besagt dies freilich nicht, daß Jahwe, im Alltag fern und unnahbar, erst in der Kultbegegnung sich aus dem Deus absconditus in den Deus revelatus verwandelt (so Gyllenberg 76), ebensowenig freilich auch, daß man der Gegenwart Gottes (im Tempel) ohne Glaubenszuversicht gewiß sein könne (Jer 7!). Jahwe bleibt immer der Heilige – thronend über den Lobgesängen Israels (22, 4) –, und sein Wesen und Wille wird im *Wort* der Verkündigung erkannt (→ Offenbarung: II). Der in den Pss sich äußernde Glaube ist Israels Antwort auf das Dasein des Lebendigen (42, 3), dessen Souveränität Nähe und Ferne (Jer 23, 23), Vergangenheit, Gegenwart und Zukunft umgreift.

Vgl. die at. Einl.en sowie die Lit.-Berichte von M.Haller (ThR NF 1, 1929, 377-402) u. J.J.Stamm (ebd 23, 1955, 1-68) - EKL III, 375ff (C.Westermann). - Kommentare: H.Gunkel (HK II/2), 1926[4] - Ders.-J.Begrich, Einl. in die Pss (HK ErgBd), 1933 - W.E.Barnes, London 1931 - H.Schmidt (HAT I, 15), 1934 - H.Herkenne (HSchAT V/2), 1936 - M.Buttenwieser, Chicago 1938 - W.O.E. Oesterley, London (1939) 1953 - B.D.Eerdmans, Essays on Masoretic Psalms (OTS I, 1942, 105-300) - Ders. (OTS IV), 1947 - F.M.Th.Böhl-B.Gemser (TeU), 1946-49 - E.Podechard, Lyon 1949-54 - E.J.Kissane, Dublin 1953/54 - A.Weiser (ATD 14/15), 1959[5] - H.-J.Kraus (BK XV), 1960.

Zu 1–5: Mowinckel I-VI - Ders., Religion og kultus, Oslo 1950; dt. 1953 - Ders., Offersang og sangoffer, ebd 1951 - SBU II, 787ff (I.Engnell).

Zu 2: G.Roeder, Urkunden zur Religion des alten Ägypten, 1915 - Fr.Stummer, Sumerisch-akkad. Parallelen zum Aufbau at. Pss, 1922 - A.Erman, Die Lit. der Ägypter, 1923 - Ders.-H.Ranke, Ägypten u. ägypt. Leben im Altertum, 1923, 468ff - G.R.Driver, The Psalms in the Light of Babylonian Research (in: D.C.Simpson, The Psalmists, Oxford 1926, 109-175) - A.M.Blackman, The Psalms in the Light of Egyptian Research (ebd 177-197) - J.Begrich, Die Vertrauensäußerungen im israelit. Klageliede des Einzelnen u. in seinem babyl. Gegenstück (ZAW 46, 1928, 221-260) - A.Alt, Hic murus aheneus esto (ZDMG 86, 1933, 33-48) - Ch.G.Cumming, The Assyrian and Hebrew Hymns of Praise, New York 1934 - G.Widengren, The Accadian and Hebrew Psalms of Lamentation as Religious Documents (Diss. Uppsala), 1936 - Ders., Sakrales Königtum im AT u. im Judentum, 1955 - K.Grzegorzewski, Elemente vorderoriental. Hofstils auf kanaanäischem Boden (Diss. Königsberg), 1937 - R.G.Castellino, Le lamentazioni individuali e gli inni in Babilonia e in Israele, Turin 1939 - G.Nagel, A propos des rapports du Ps 104 avec les textes égyptiens (Festschr. A.Bertholet, 1950, 395 bis 403) - Cl.Westermann, Das Loben Gottes (s. u.) 24ff - A.Falkenstein-W.v.Soden, Sumerische u. akkad. Hymnen u. Gebete, 1953 (mit ausführl. Einl.) - J.Aistleitner, Die mythol. u. kultischen Texte aus Ras Schamra (Bibl. Orient. Hungarica VIII), Budapest 1959. - Vgl. die Lit. zu → Ugarit.

Zu 3-5: G.Quell, Das kult. Problem der Pss, 1926 - H.Schmidt, Das Gebet des Angeklagten im AT (BZAW 49), 1928 - L.Dürr, Ps 110 im Lichte der neueren altoriental. Forschung, 1929 - H.Gressmann, Der Messias, 1929 - H.Birkeland, Die Feinde des Individuums in der israelit. Pss.-Lit., Oslo 1933 - J.Begrich, Das priesterl. Heilsorakel (ZAW 52, 1934, 81-92) - Ders., Studien zu Dtjes (BWANT IV, 25), 1938 - P.A.Munch, Die jüd. »Weisheits-Pss« u. ihr Platz im Leben (AcOr[H]15, 1937, 112-140) - Chr. Barth, Die Errettung vom Tode in den individuellen Klage- u. Dankliedern des AT, 1947 - A.Bentzen, Der Tod des Beters in den Pss (Festschr. O.Eißfeldt, 1947, 57-60) - G.v.Rad, Das judäische Königsritual (ThLZ 72, 1947, 211-216 = Ges. Studien z. AT, 1958, 205-213) - Ders., »Gerechtigkeit« u. »Leben« in der Kultsprache der Pss (Festschrift A.Bertholet, 1950, 418-437 = ebd 225-247) - Ders., TheolAT I. II, 1957/60 - A.Weiser, Zur Frage nach den Beziehungen der Pss zum Kult: Die Darst. der Theophanie in den Pss u. im Festkult (Festschr. A.Bertholet, 1950, 513-531) - E.Würthwein, Erwägungen zu Ps 73 (ebd 532-549) - H.-J.Kraus, Die Königsherrschaft Gottes im AT (BHTh 13), 1951 - G.A.Danell, Ps 139 (UUÅ 1951, 1) - M.Noth, Die Vergegenwärtigung des AT in der Verkündigung (EvTh 12, 1952/53, 6-17) - Cl.Westermann, Das Loben Gottes in den Pss, 1954 - Ders., Struktur u. Gesch. der Klage im AT (ZAW 66, 1954, 44-80) - Ders., Tausend Jahre u. ein Tag, 1957, 259ff - H.E.v. Waldow, Anlaß u. Hintergrund der Verkündigung des Dtjes (Diss. Bonn), 1955 - A.R.Johnson, Sacral Kingship in Ancient Israel, Cardiff 1955 - R.Gyllenberg, Kultus u. Offenbarung (Festschr. S.Mowinckel, Oslo 1955, 72-84) - E.Rohland, Die Bedeutung der Erwählungstraditionen Israels für die Eschatologie der at. Propheten (Diss. Heidelberg), 1956, 204ff - R.Rendtorff, Der Kultus im alten Israel (JLH 2, 1956, 1-21) - D. Michel, Studien zu den sog. Thronbesteigungs-Pss (VT 6, 1956, 40-68) - G.Sauer, Die strafende Vergeltung in den Pss. Eine frömmigkeitsgesch. Unters. (Diss. Basel), 1957 - R. de Vaux, Les Institutions de l'AT I, 1958; dt. 1960 - K.-H. Bernhardt, Das Problem der altoriental. Königsideologie im AT (VT Suppl. VIII), 1961.

K.Galling

Zur *Auslegungsgeschichte* (s. auch → Schriftauslegung: IV):

Qu.: 3.Jh.: Hippolyt (MPG 10; ed. H.Achelis, GCS 1, 2, 1897, 127-153) - Origenes (MPG 12 u. 17). - 4.Jh.: Eusebius (MPG 23/24) - Asterius der Sophist (ed. M.Richard, Oslo 1956) - Hilarius v. Poitiers (MPL 9, CSEL 22; Ps 1. 2. 9. 13. 14. 51-69. 91. 118-150) - Athanasius (MPG 27; zT Hesychius, s.u.) - Basilius d. Gr. (MPG 29) - Apollinaris v. Laodicea (MPG 33) - Ambrosius (Ps 1. 35-40. 43. 45. 47. 48. 61: MPL 14, CSEL 64; Ps 118: MPL 15, CSEL 62) - Didymus v. Alex. (MPG 39) - Gregor v. Nyssa, In psalmorum inscriptiones (MPG 44) - Chrysostomus u. Ps.-Chrysostomus (MPG 55). - 5.Jh.: Hieronymus (ed. G.Morin, Anecdota Maredsolana III/1-3, 1895 bis 1903; CChr 72. 78, 1958/59) - Ps.-Hieronymus, Breviarium in Psalmos (MPL 26) - Augustin (MPL 36/37; CChr 38-40, 1956) - Theodor v. Mopsuestia (MPG 66; ed. R.Devreesse, StT 93, 1939 [Ps 1-80]) - Cyrill v. Alex. (MPG 69) - Arnobius d. J. (MPL 53) - Julian v. Eclanum (ed. G.J.Ascoli, Archivio glottologico italiano 5, 1878/79, 8-610; lat. Adaptation des Komm. v. Theodor v. Mops.) - Prosper v. Aquitanien (MPL 51; Ps 100-150) - Theodoret v. Cyrus (MPG 80) - Hesychius v. Jerusalem (MPG 27, 649ff [Ps.-Athanasius] u. MPG 93). - 6.Jh.: Cassiodor (MPL 70; CChr 97/98, 1958). - 8.Jh.: Ps.-Beda Venerabilis (MPL 93) - Alkuin (MPL 100; Buß- u. Gradual-Pss sowie Ps 118). - 9.Jh.: Walahfrid (MPL 114; Ps 1-20) - Remigius v. Auxerre (MPL 131). - 11.Jh.: Bruno v. Würzburg (MPL 142) - Bruno der Kartäuser (MPL 152) - Ps.-Gregor VII. (MPL 79; Buß-Pss). - 12.Jh.: Euthymius Zigabenus (MPG 128) - Ps.-Haimo v. Halberstadt (MPL 116) - Lietbertus de Insulis (= Ps.-Rufin, MPL 21;

Ps 1-75) - Bruno v. Segni (MPL 164) - Odo Astensis (MPL 165) - Honorius Augustodunensis (Ps 1. 50. 51. 100. 101. 150: MPL 172, 269ff; Ps 31. 37: MPL 193, 1315ff; Ps 78-117: MPL 194, 485ff) - Gerhoch v. Reichersberg (MPL 193/94; Ps 31ff u. 78ff aus Honorius Aug. übernommen!) - Richard v. St. Viktor (MPL 196) - Joachim v. Fiore, Venedig 1527. - 13.Jh.: Ps.-Innozenz III. (MPL 217; Buß-Pss) - Joh. Halgrin v. Abbeville (= Ps.-Antonius v. Padua, ed. A.POLENTONIUS, Bologna 1757) - Nikephorus Blemmyda (MPG 142) - Thomas v. Aquino (Ps 1-50, in: Opera omnia, Rom 1570 bzw. Antwerpen 1612, Bd 13) - Michael Meldensis (= Ps.-Bonaventura, ed. in Bonaventuras Opera I, Rom 1588, 76-162) - Ps.-Albertus Magnus (Opera omnia, ed. A.BORGNET, Paris 1890ff, Bd 15-17). - 14.Jh.: Armandus de Bellovisu OP, Paris 1519, Lyon 1525 - Ludolf v. Sachsen, Speier 1491, Paris 1506 u.ö. - Michael v. Bologna, Lyon 1580-81 u.ö. - 15.Jh.: Joh.Huß (Ps 109-118, ed. in: Historia et monumenta Joh. Hussii... II, Nürnberg 1558, 229-339) - Joh.Gerson (Buß-Pss, ed. DU PIN IV², 1728, 1-26) - Joh. de Turrecremata OP, Rom 1470, Venedig 1485 u.ö. - Petrus v. Herenthals, Köln 1487 - Jac. Perez v. Valencia, Valencia 1484, Lyon 1514 u.ö. - 16.Jh.: Faber Stapulensis, Psalterium Quincuplex, Paris 1509 - Joh. Reuchlin, o.O. 1512 (Buß-Pss) - Luther, Dictata super psalterium, 1513-15 (WA 3 u. 4, ferner 9, 116-121. 793-795 u. 31/I, 464-480; Neuedition in Vorbereitung); Buß-Pss, 1. u. 2. Bearbeitung, 1517/25 (WA 1 u. 18); Operationes in Psalmos, 1519-21 (WA 5; E.VOGELSANG, Unbekannte Fragmente aus Luthers 2. Pss-Vorl. [AKG 27], 1940, 31-94); Auslegung der ersten 25 Pss, 1530 (WA 31/I); Summarien über die Pss, 1531 (WA 31/I); Gradual-Pss, 1532/33 (WA 40/III); Weiteres bei K.ALAND, Hilfsbuch zum Luther-Studium, 1956, 195 Nr. 595ff - Joh.Bugenhagen, Basel 1524 - Zwingli (ed. SCHULER-SCHULTHESS IV, 1841, 208-307) - Martin Bucer (Pseudonym: Aretius Felinus), Straßburg 1529 - Cajetan de Vio, Venedig 1530 - Franz Titelmann, Antwerpen 1531 - Paracelsus (Ps 75-137 ed. K.GOLDAMMER in: Sämtl. Werke, 2. Abt., Bd 4-6, 1955-59) - J.Campensus, Paris 1533 - Placidius Parmensis OP, Venedig 1537 - Seb.Münster, Basel 1546 - Augustin Steuchus, 1548 - Wolfgang Musculus, Basel 1551 - Hieronymus Osorius, Rom 1552 (Opera omnia) - Melanchthon (CR 13; Ps 1-118) - Calvin (CR 31 u. 32) - Hier. Varlenius, Löwen 1557 - Matthias Bredenbach, Köln 1560 (Ps 1-69) - Joh. a Pastura, Löwen 1560 - Augustin Marloratus, Genf 1562 - Victorin Strigel, Leipzig 1563 - Benedikt Arias Montanus, Antwerpen 1565 (Ps 1-31) - Wilh.Lindanus, ebd 1568 - Corn.Jansen d. Ä., Löwen 1569 - Nik.Selnecker, Nürnberg 1569 - Gilbert Genebrardus, Paris (1577) 1588² - Esrom Rüdinger, Görlitz 1581 - Giov. Bapt. Folengo, Rom 1585 - Jak.Jansonius, Löwen 1597 - Andreas de Vega, Alcalá 1599 - Rud.Gualther, Zürich 1601 (Predigten) - Rud. Simler, ebd 1601 (Predigten). - 17.Jh.: Sal.Gesner, Wittenberg 1605 u.ö. - Antonius Agellius, Rom 1606 - J.P.Palanterius, Brixen 1606 - Joh.Piscator, Herborn 1611 - Robert Bellarmin, Rom 1611; ed. R. GALDOS, 2 Bde, Rom 1931/32 - Joh.Lorinus SJ, 3 Bde, Lyon 1614-17 - Petrus a Figueiro, ebd 1615 (Ps 1-25) - Erhard Schnepff, Leipzig 1619 - Thomas Wilcock, London 1624 - Adr.Cromnius SJ, Löwen 1628 - Simon de Muis, Paris 1630 - Wilh.Amesius, Amsterdam 1635 - Vinc. Gilibertus, Neapel 1639 - Andreas Rivetus, Rotterdam 1652 (Opera theol. II) - Georg Heser SJ, Ingolstadt 1654 - Joh.Coccejus, Leiden 1660 - Joh.Pricaeus, London 1660 - Thomas Le Blanc SJ, Lyon 1665-77 - Petrus Haberkorn, Gießen 1671 (Predigten) - Jacobus Alting, Amsterdam 1687 (Opera theol. I; Ps 1-24) - Serafino Capponi OP, Bologna 1692 - Martin Geier, Amsterdam 1695. - 18.Jh.: Herm. Venema, 6 Bde, Franeker 1762-66. - Weitere Auslegungen von Pss-Teilen oder einzelner Pss bei MARTIN LIPENIUS, Bibliotheca realis theol. II, Frankfurt 1685, 586-612.

Lit.: A.WAGNER, Die Erklärung des 118. Psalms durch Origenes, 3 Tle, Linz 1916-18 - A.COLUNGA, S. Alberto Magno expositor de los Salmos (La Ciencia Tom. 46, 1932, 214-241) - L.MARIÈS, Etudes préliminaires à l'édition de Diodore de Tarse »Sur les Psaumes«, Paris 1933 - A.ALLGEIER, Bibl 15, 1934, 185-212 (Ps 30, 19 »in abusione« im MA) - DERS., Les commentaires de Cajetan sur les Psaumes (Rev. Thom. 41, 1935, 410-443) - J.PINSK, ThGl 34, 1942, 271-275 (zu Augustin, Enarr. in Ps 42) - J.M.VOSTÉ, Théodore de Mopsueste sur les Psaumes (Angelicum 19, 1942, 179-198) - DERS., Mar Išoʿdad de Merw sur les Psaumes (Bibl 25, 1944, 261-296) - DERS., Sur les titres des Psaumes dans la Pešittā surtout d'après la recension orientale (ebd 210-235) - A.KLEINHANS, Nicolaus Trivet OP psalmorum interpres (Angelicum 20, 1943, 219-236; mit Auslegung von Ps 4) - DERS., Heinrich v. Cossey, ein Pss-Erklärer d. 14.Jh.s (Studia Anselmiana 27/28, 1951, 239-253; mit Ausl. von Ps 4) - B.FISCHER, Das Pss-Verständnis der alten Kirche bis zu Origenes (Kath. Habil.-Schr. Bonn), 1944 (Masch.) - DERS., Die Pss-Frömmigkeit der Regula S. Benedicti (LuM 4, 1949, 22-35; 5, 1950, 64-79) - DERS., Conculcabis leonem et draconem. Eine deutungsgesch. Studie zur Verwendung von Ps 90 (91, 13b) in der Quadragesima (ZKTh 80, 1958, 421-429) - G.MERCATI, Osservazioni a proemi del salterio di Origene, Ippolito, Eusebio, Cirillo Alessandrino e altri, con frammenti inediti (StT 142), 1948 - H.-CH.PUECH, Origène et l'exégèse trinitaire du Ps 50, 12-14 (Mélanges M.Goguel, Neuchâtel-Paris 1950, 180-194) - R.BOTTE, RThAM 19, 1952, 17-25 (zu Ps 41, 3) - R.LOEWE, Herbert of Bosham's Commentary on Jerome's Hebrew Psalter (Bibl 34, 1953, 44 bis 77. 159-192. 275-298) - G.EBELING, Luthers Psalterdruck vom Jahre 1513 (ZThK 50, 1953, 43-99) - DERS., Luthers Auslegung des 14. (15.) Psalms in d. 1. Pss-Vorl. im Vergleich mit d. Tradition (ebd 280-339) - DERS., Luthers Auslegung des 44. (45.) Psalms (in: Lutherforschung heute, hg.v. V.VAJTA, 1958, 32-48) - G.N.KNAUER, Pss-Zitate in Augustins Konfessionen, 1955 - A.GARIGLIO, Il commento al Salmo 118 in S. Ambrogio e in S. Ilario (Atti dell'Accad. delle Scienze di Torino 91, 1956/57, 356-370) - J.DANIÉLOU, Le psaume 21 dans la catéchèse patristique (Maison Dieu 49, 1957, 17 bis 34) - R.ARBESMANN, The »Daemonium meridianum« and Greek and Latin Patristic Exegesis (Traditio 14, 1958, 17-31; zu Ps 90, 6b) - E.KÄHLER, Studien zum Te Deum u. zur Gesch. des 24.Psalms in d. alten Kirche, 1958 - W.WERBECK, Jac.Perez von Valencia (BHTh 28), 1959, 138ff (die Exegese des Perez von Ps 18. 26. 39. 89. 129 [Vulg.] im Vergleich mit der Tradition). *W.Werbeck*

II. Liturgischer Gebrauch

1. In den kath. Kirchen - 2. In den ev. Kirchen. - Vgl. → Psalterien, → Stundengebet: I

1. Seit dem apostolischen Zeitalter sind die Pss im liturgischen Gebrauch der Kirche. Nach Lk 24, 44f werden sie auf Christus bezogen und entsprechend ihrem at. Verständnis als Gebete und Gesänge der Kirche verstanden. Ihr christliches Verständnis wird durch die kleine → Doxologie ausgedrückt, mit der die einzelnen Pss beschlossen werden. Da die Pss in der kath. Kirche auch als Gebet Christi gelten, haben ihre Worte in der Gebetsvereinigung mit Christus besondere Macht und Kraft. So wurden die Pss zum Grundstock des *Breviers* (→Stundengebet: I, 2). Richtete sich ursprünglich das Bestreben des Frommen darauf, den ganzen Psalter möglichst täglich oder wenigstens im Verlauf von zwei Tagen durchzubeten, so verteilte → Benedikt von Nursia entsprechend dem Grundsatz des Officiums: »psalterium per hebdomadum, scriptura per annum« soviele Pss auf die einzelnen Horen, daß alle 150 Pss einmal in der Woche gebetet werden. - In den *östlichen* Kirchen hat sich der liturgische Gebrauch des Psalters in den Vespern und Metten erhalten, die für die Gemeinde bestimmt sind und auf den sonn- und festtäglichen Gottesdienst hinführen. Außerdem nimmt er im → Stundengebet (: I, 1) der Mönchsgemeinden und im persönlichen Stundengebet der Priester einen breiten Raum ein, allerdings nach anderen Ordnungen als im Westen, wobei u.a. für bestimmte Wochentage und Gebetsstunden bestimmte Pss immer wiederkehren (vgl. F.Heiler, Urkirche und Ostkirche, 1937, 299ff). - In der *röm.* Kirche des MA wurden Pss im Gottesdienst u.a. bei der Darbringung der Opfer (→ Offertorium), bei der Kommunion (→ Communio), beim Einzug des Liturgen (→ Introitus) und nach der ersten Lesung gesungen. In der → Messe (: II) sind davon nur geringe Reste, zumeist in der Form einzelner Verse (→ Antiphon) erhalten geblieben. Jedoch haben einzelne Gruppen von Pss ihre besondere Funktion bewahrt, bes. die 7 → *Bußpsalmen*, ferner die *Gradual-* oder *Stufen-Pss* (119-133 Vulg.), die man im MA im allgemeinen an den Mittwochen der → Fastenzeit betete. Sie wurden vielfach als Pilgerlieder, »Lieder der Hinaufzüge« gedeutet und darum auch auf die 15 Stufen des geistlichen Lebens bezogen. Nach der Reform Pius' V. ist ihr Abbeten innerhalb des Officiums nicht mehr vorgeschrieben, doch finden sie sich täglich in den kleinen Horen und im officium parvum, einem Tagesgebet, das bes. von neueren weiblichen Genossenschaften gepflegt wird. Vollständig responsorisch wird nur der Invitatoriums-Ps 94 (95) vorgetragen. - *Versikel*

sind den Pss entnommene kleinere Ausrufe innerhalb der Liturgie. Ps 69 (70), 2 »Deus in adiutorium meum intende« gilt als besonderer Schutz gegen Versuchungen. Ps 123 (124), 8 »Adiutorium nostrum in nomine Domini« ist ein Anruf vor kirchlichen Segnungen, dazu tritt vor dem Segen des Bischofs Ps 122 (123), 2 »Sit nomen Domini benedictum«. Ps 101 (102), 2 »Domine, exaudi orationem meam« will einem Gebet zu besonderer Eindringlichkeit verhelfen.

M.Wolter, Psallite sapienter. Erklärung der Pss im Geiste des betrachtenden Gebetes u. der Liturgie, 5 Bde, 1876-90 - G.Hoberg, Der Psalter der Vulg., 1906 (Lit.) - F.J.Dölger, Sol salutis, (1920) 1926² - A.Miller, Die Pss. Einführung in deren Gesch., Geist u. liturg. Verwendung, 1924 - L.Eisenhofer, Hdb. d. kath. Liturgik I, 1932, 159ff (Lit.); II, 1933, 500ff - B.Fischer, Die Pss-Frömmigkeit der Märtyrerkirche, 1949 - Leiturgia III, 99ff (H.Goltzen; Lit.). - Vgl. die Lit. zu → Stundengebet: II, 1. 2. *H.Hohlwein*

2. Im *ev.* → Gottesdienst (: V B, 2) finden die Pss vielfältigen Gebrauch. Für die Gemeinde geschieht das am eindrücklichsten im → Kirchenlied (: I, 3), das im strengen Sinn zur → Liturgie gehört. Vor allem Luthers Ps-Lieder und die Genfer Pss gehören zum festen Bestand des ev. Gottesdienstes und haben auf ihre Weise Funktionen übernommen, die in der röm. Tradition der priesterliche → Choral erfüllt. Bes. in den ref. Kirchen fand der Pss-Gesang intensive Pflege, zumal der auf Calvins Anregung zurückgehende Reimpsalter (deutsche Übersetzungen von → Lobwasser und → Jorissen) alle 150 Pss mit Melodien umfaßt. Die luth. Gottesdienstordnungen des 16.Jh.s behalten in der → Messe (: III) den traditionellen Gebrauch der Pss bei, so daß praktisch nur Ps-Teile verwendet werden. Luther hätte gern als → Introitus einen ganzen Ps verwendet, doch beschränken einige luth. Gottesdienstordnungen hier den Pss-Gesang bereits auf Introiten für die Festzeiten, während → Bugenhagens Braunschweiger KO (1528) anstelle des Ps »einen deutschen Ps«, also ein Kirchenlied setzt. Erwähnt sei auch das Dankgebet nach dem Abendmahl der kurpfälzer KO, das mit Teilen von Ps 103 bis heute in vielen Gemeinden ref. Herkommens seinen festen Platz hat. Traditionsgemäß behielten die Pss jedoch ihren bedeutendsten liturgischen Ort in den → Metten und → Vespern, soweit und solange diese - vor allem in den Städten - durchgeführt wurden. Die Art des Ps-Gebetes war dabei nicht einheitlich. Mancherorts wurde es im Wechsel zwischen Vorsänger und Schülern oder zwischen Schülergruppen durchgeführt, an anderen Orten gelesen. Praktisch blieb dies Ps-Gebet also auf Schüler, Kantor und Pastoren beschränkt und hatte kaum nachhaltige Wirkung auf die Gemeinde. Als umfassendste Ordnung wird man dabei die Verteilung des gesamten Psalters auf die Mette (Ps 1-109) und auf die Vesper (Ps 110-150) ansehen müssen. Neben den mancherlei Auswahlordnungen bleibt bedeutsam, daß kein geringerer als Luther selbst Metten und Vespern einerseits nicht durch Ps-Gebete überladen wissen (nicht mehr als 3 Pss in einem Gottesdienst), andererseits die zu treffende Auswahl den Pfarrern überlassen wollte. So steht die Verwendung der Pss im ev. Gottesdienst bis heute noch immer vor der doppelten Frage, welche Auswahl getroffen und in welcher Weise das Ps-Gebet vollzogen werden soll. Daß es sich auf jeden Fall um eine Auswahl, nicht aber um die periodisch-mechanische Wiederholung aller 150 Pss handeln könne, dürfte heute unbestritten sein. Auf die Versuche, wie sie seit → Löhe in der älteren und neueren Liturgischen Bewegung gemacht wurden, die Pss durch Einzelstimme, Chor oder im Wechsel singen bzw. sprechen zu lassen, kann hier nicht eingegangen werden. Die Breitenwirkung in die Gemeinden geht sicherlich von den längeren und kürzeren Ps-Teilen bzw. »Sprüchen« aus, wie sie in den meisten ev. Liturgien zu finden sind und zT heute unberechtigter Weise als »Wildwuchs« abgelehnt werden. Die Wirkung der Pss durch Metten und Vespern beschränkt sich auf den sehr kleinen Kreis der Teilnehmer an derartigen Gottesdiensten, vornehmlich in den Großstädten; immerhin darf man nicht unterschätzen, daß in einem solchen Kreis die Pss als liturgische Stücke eine wesentliche Wirkung erzielten. Bes. in Anstaltsgemeinden, aber auch bei Freizeiten u.ä. haben die Pss als liturgische Stücke in alten und neuen Gottesdienstordnungen ihre lebendige Funktion. Dagegen dürften die Versuche, die Pss in die Kindergottesdienst-Liturgien einzuordnen, nur sehr bedingt sinnvoll sein.

Rietschel-Graff - H.Hasper, Calvijns beginsel voor den zang in den eredienst I, 's Gravenhage 1955 - Leiturgia, bes. III, 100-294 (H.Goltzen). - Ferner die Agenden u. Veröffentlichungen bes. von → Berneuchen u. der → Kirchlichen Arbeit von Alpirsbach. *K.Halaski*

Psalmi speciales, mittelalterliche Bezeichnung der → Bußpsalmen.

Psalmodie. Die → Psalmen (: II, 1) und → Cantica lieferten im wesentlichen die Gesangstexte der lat. → Liturgie (: IV); ihr Vortrag, dh die P., ist die Grundlage der liturgischen Musik. Die lat. P. unterscheidet sich darin scharf von der Gestalt des hebräischen Originals, daß die strophische Form zugunsten des zeilenmäßigen Aufbaus preisgegeben wird. Eine Ausnahme bildet das Invitatorium, dh Ps 95 (94), der die Nokturnen eröffnet. Bei ihm werden 3 Verse zu einer Einheit zusammengefaßt. Vom liturgischen Rezitativ (→ Lektionston) ist die P., obwohl auch sie im wesentlichen auf *einem* Tone vorträgt, dadurch unterschieden, daß sich ihre Kadenzen nicht nach der Syntax des Satzes, sondern nach der sich gleichbleibenden Form des Verses richten.

Der Vortrag konnte entweder solistisch, also durch den Kantor erfolgen, und zwar ohne oder mit Zwischenrufen des Volkes (Responsa), wie sie bereits als Kehrreime gelegentlich in der originalen Textgestalt begegnen; oder er fand chorisch statt, indem 2 Chorhälften einander antworteten. Diese Vortragsart wird bereits von → Philo (De Vita contemplativa) berichtet. Sie wurde im Westen zuerst in Mailand durch → Ambrosius eingeführt, dann auch in Rom, weniger anscheinend in Gallien heimisch. Je nachdem unterscheidet man den ununterbrochenen Gesang (Cantus directaneus) und die responsoriale P. oder aber den antiphonierenden Vortrag. Der solistische Vortrag bot dem Kantor oft Gelegenheit, seine Gesangskunst zu entfalten; doch bediente er sich dabei feststehender Formeln, die zT in die jüdische Zeit zurückreichen dürften. Hierhin gehört die älteste Meß-P., der → Tractus, der ohne Responsa erfolgte. Die Aufstellung von ausgebildeten Chören, die die Gemeinde vertraten, führte zu einer wesentlichen Bereicherung der P.: Auch die Responsa konnten nunmehr künstlerisch ausgestaltet werden. Eine Gegenüberstellung und ein Wetteifer von Chor und Solo wurde möglich. Das bedeutete eine Ausweitung des Versvortrages, dem eine Beschränkung auf 1 bis 3 Verse entsprach. Hierher gehören die → Responsorien der Nokturnen und die stärker durchkomponierten → Gradualien der Messe. Der chorische Gesang wurde gleichfalls durch Responsa unterbrochen, zunächst bekenntnismäßiger Art (→ Doxologie), später, als das Gloria patri als letzter Vers jedem Psalm zugefügt wurde, durch einen anderen Ruf, meist aus dem Psalm selber, auf den sich dann der Name → Antiphon beschränkte. Auch hier steht der einfachen P. des → Stundengebetes die reichere Meß-P. gegenüber, bei der die Responsa das Interesse auf sich lenkten, so daß bei der → Communio der Psalm selber völlig preisgegeben wurde. Zwischen beiden Arten liegt der Vortrag der Cantica mit einem mittleren Reichtum der melodischen Gestalt.

Die P. erfolgte ursprünglich auf einem Ton (Tenor oder Tuba) und schloß mit einer Kadenz, so im → ambrosianischen Gesang. Sie war an keine Tonart gebunden, außer daß der Tenor über einem Ganz- oder Halbton liegen konnte. Vom Osten drang dann das System der 8 → Kirchentöne ein, das zur Festlegung gewisser Schlußtöne zunächst durch die Responsa führte, damit aber der P. tonalen Charakter verlieh. Rom selber führte noch die melodische Teilung des Verses in zwei einander gegenüberstehende Hälften ein, so daß die endgültige Form nunmehr aus einem Initium, dem Tenor, einer Mittelkadenz, dem Tenor der zweiten Vershälfte und der Schlußkadenz besteht. Ist der Halbvers außergewöhnlich lang, so kann er noch durch eine Stimmbeugung leicht gegliedert werden. Diese Form gilt für alle Arten der P.: Tractus, responsoriale und antiphonale P. Sie hat dank ihrer Klarheit auch auf fremde Texte eingewirkt, so beim → Gloria der Messe, dem → Credo, so auch bei hexametrischen Gesängen des MA. Der Tenor der 2. Vershälfte ist dabei in der Regel dem Tenor der ersten gleich; doch gibt es Ausnahmen. Die chorische P. schließt nicht mit dem Grundton; ihre Schlußkadenz paßt sich vielmehr dem Beginn des Responsums, dh der Antiphon an. Da dieser wechseln kann, gibt es zu den 8 Tönen der P. verschiedene Schlußkadenzen, die sog. Differenzien.

P. Wagner, Einführung in die gregor. Melodien III, 1921 - E. Jammers, Der Rhythmus der P. (in: KmJb 31-33, 1936-38) - N.H.F. Müller, Die liturg. Vergegenwärtigung der Pss. Eine Unters. zur hermeneut. Problematik der luth. Propriums-P. (Diss. Leipzig), 1957 (Masch.; vgl. ThLZ 84, 1959, 141ff) - W. Apel, The Gregorian Chant, 1959.

E. Jammers

Psalterbuch

1. Name und Stellung im Kanon - 2. Sammlungen - 3. Überschriften mit Namen - 4. Datierungen. - Vgl. → Psalmen: I

1. Das 150 Einheiten verschiedener Lied-Gattungen (→ Psalmen: I, 4) umfassende P. heißt (sepær) tᵉhillîm = (Buch der) Lobgesänge, in LXX ψαλμοί, womit hebr. mizmôr (→ Psalmen: I, 1) wiedergegeben wird. Alexandrinus sagt ψαλτήριον, was nebæl = Leier entspricht. - Das P. steht im Kanon (→ Bibel: I A. B) unter den »Schriften«, hier dann zumeist an 1. Stelle. Da im Prolog des → Jesus Sirach (130 vChr) die »Schriften« erwähnt werden, war das P. damals bereits abgeschlossen, doch wird man, da Pss der Makkabäerzeit im P. keineswegs mit Sicherheit nachgewiesen werden können, den Abschluß des P.s ohne Bedenken, wenn auch nicht mit letzter Sicherheit, ins 3.Jh. vChr setzen dürfen. Die (ursprünglich hebr.) → Salomo-Psalmen aus der Zeit um 60 vChr setzen den vollzogenen Abschluß voraus. LXX kennt einen (151.) Ps »außerhalb der Zahl«; er entspricht Nr. 1 der 5 syrisch erhaltenen apokryphen Pss, ist wie Nr. 5 keine Übersetzung eines hebr. Originals (anders Nr. 2-4; vgl. Noth, ZAW 48, 1930, 1-23). - In der Zählung gehen MT und LXX auseinander: zweimal werden in LXX 2 Pss zusammengenommen (9f; 114f), zweimal 2 getrennt (116; 147). Im Gros sind die Zählnummern der LXX (und Vulg.!) eins niedriger als im MT.

2. In den Pss 41; 72; 89; 106 finden sich angefügte Doxologien; sie gliedern das P. in 5 Teile (Analogie zum → Pentateuch??). Dieser jüngsten Gliederung gehen andere *Sammlungen* voraus. So bilden 3-41 (ohne 33) einen David-Psalter, 42-83 (Anhang 84-89?) einen »elohistischen Psalter«, so genannt, weil hier ursprüngliches → Jahwe durch → Elohim ersetzt wurde. In dieser Sammlung finden sich verschiedene Namennennungen (s. 3). Zwischen Ps 90 und 150 begegnen kleinere, durch Thema oder Stichwort zusammengehaltene Sammlungen; so 93 (94?)-99 Pss vom → Königtum Gottes, so mit → Halleluja kombinierte Pss (104-106; 111 bis 118 [114?]; 135 [136?]; 146-150) und 120-134 eine Gruppe mit der Bezeichnung: Wallfahrer-Lied (Luther: Stufenlied). Die (älteste) David-Pssgruppe (3ff) ist nachträglich dem Elohim-Psalter (42-83) vorgeordnet worden, das zeigt sich u.a. an Dubletten (14 = 53; 40, 14ff = 70). Dubletten finden sich auch im folgenden (vgl. 105; 108 mit 78; 57 und 60). In 1Chr 16, 8ff wird 105 mit 96 und dem Schluß von 106 kombiniert. Zuletzt ist den vereinigten Sammlungen 1 vorangestellt.

3. Bei rd 100 Pss folgt der Liedbezeichnung (→ Psalmen: I, 1) oder geht ihr voran ein *Personenname* (durch lᵉ [= für? auf? von?] eingeleitet). Das ist vieldeutig. 11 Pss lesen »den Söhnen Korachs«; die Korachiten waren eine im 4.Jh. aufgestiegene Sängergilde (→ Korach). Von dem möglichen lᵉ+Autor (GK § 129c) kann man hier kaum ausgehen, da normalerweise immer ein einzelner ein Poem verfaßt. Auf → Siegeln findet sich ein lᵉ, was besagt: »dies Siegel gehört dem NN«. Für die bᵉnê qoraẖ-Pss würde dies besagen: sie sind ihr Eigentum, ihr »Liedmaterial«. (Durften andere Sängergilden das nicht ohne weiteres benutzen?) In der Chronik bilden neben den Korachiten auch die »Söhne Asaphs« (2Chr 35, 15) eine Sängergilde. Als Pss-Überschrift begegnet jedoch nur ein »dem Asaph« (73-83; 50). Auch hier könnte man an eine (registrierende) »Abstempelung« denken. Der Singular läßt aber auch die Möglichkeit zu, in Asaph den Autor des betr. Ps zu sehen. Die in 1Kön 5, 11 als Weise der Zeit Salomos genannten Ethan und Heman werden - neben Asaph - in 1Chr 15, 17 als Kultsänger Davids aufgeführt (Ethan tritt an die Stelle → Jeduthuns); im P. wird 88 mit Heman, 89 mit Ethan verknüpft. Diese Kombination (88 hat *auch* den Stempel: den Korachiten!) wollte offensichtlich, nachdem 12 Asaph-Pss existierten, die beiden anderen wenigstens einmal als Autoren genannt wissen. So auch Salomo bei 127 (Haus = Tempel!) und 72 (Königssohn; Tarsis [vgl. 1Kön 10, 22ff]!). Warum 90 mit Mose verbunden wird, ist nicht ganz durchsichtig (Mühsal während seines langen [Dtn 34, 7] Lebens? 90, 15 auf die Knechtschaft in Ägypten bezogen?). Am meisten bevorzugt ist die Nennung → *Davids* (73 Pss), wobei bei 13 Pss noch spezielle Situationsangaben (aus 1.2Sam) hinzugefügt werden; dies letztere zeigt eindeutig, daß man in David den Autor des betr. Ps sah. Die in Epen und Mythen aus → Ugarit sich findende Überschrift: dem Baal, dem Keret, dem Aqhat meint: »von Baal (usw) handelnd«; dergestalt könnte man (in einem älteren Verständnis!) das »dem David« interpretiert haben: »handelt von David (als König)« und ist daher für die Davididen bestimmt. Auf Grund der Erklärung von dawidum als Herzog (o.ä.) in den → Mari-Texten hat man eine Zeitlang das »dem David« als »dem jeweiligen) König bestimmt« verstehen wollen, aber dawidum hat einen anderen Sinn gehabt. So wird es dabei sein Bewenden haben müssen, daß die wohl großenteils erst in nachexilischer Zeit den einzelnen Pss vorgeordneten Personennamen den Autor meinen. In der LXX finden sich noch weitere David-Überschriften! Bei 145-148 treten Haggai und Sacharja zusammen als Dichter (gen. subj.!) auf.

4. Unbeschadet des Grundsatzes, daß Pss-Datierung beim einzelnen Ps einzusetzen habe, ist die ältere Forschung (u.a. Reuß, Wellhausen, Cheyne) davon ausgegangen, daß die Pss des P.s grundsätzlich der nachexilischen bis makkabäischen Zeit zuzuweisen seien. Der Vergleich der Gattungen (→ Psalmen: I, 4) mit analogen

Stücken im datierbaren Schrifttum (zB Ex 15, 21; Ri 5; Hos 6, 1ff; Konfessionen → Jeremias) lassen jedoch erkennen, daß das Exil keinen entscheidenden Einschnitt (noch viel weniger den Anfang!) in der Pss-Dichtung bildet. Die »exilischen« Pss 126 und 137 setzen den Hymnus und das Volksklagelied voraus, ebenso die »eschatologischen Hymnen« bei Dtjes. Die Königs-Pss gehören ins 9./7.Jh. Nordisraelitische Pss (45; 80; bei 68; 81; 89 erwägenswert) müssen älter als 722 sein! Die gegenwärtige Forschung rechnet zwar auch bisweilen mit jüngeren Pss (5./4.Jh.), aber aufs Ganze gesehen ist man einer Frühdatierung geneigter, wobei betont wird, daß die Datierungsfrage von sekundärer Bedeutung ist. Die Autorenüberschriften (s. 3) helfen nicht weiter. David *kann* Pss gedichtet haben, aber kein Ps im P. ist ihm (wegen der Überschrift) mit Sicherheit zuzuweisen. Der salomonischen Epoche dürften 18; 24 B; 110 angehören. Im Jerusalem des → Melchisedek gab es wie Opfer für den → El Eljon gewiß auch Kultlieder. Mit guten Gründen hat man für 19 A und 29 an vorisraelitische Pss gedacht; 104 zeigt (mit Ausnahme von V. 6-9) enge Berührungen mit ägyptischen Sonnenliedern, bes. mit dem Aton-Hymnus Echnatons (→ Amenophis IV.), der möglicherweise durch phönikische Vermittlung (→ Byblos?) in Jerusalem zZ Salomos bekannt wurde. Zwischen der (mündlichen oder schriftlichen) Erstformung eines Ps und seiner Aufnahme in das als Sammlung in der Tat erst »nachexilische« P. können jeweils Jh.e liegen. Die Interpretation von Form und Sachgehalt des einzelnen (in einer Gattung beheimateten) Ps ist die zentrale Aufgabe der Pss-Forschung.

Lit. s. → Psalmen: I. *K.Galling*

Psalterien, lat. Textbücher der → Psalmen (: II) für den liturgischen Gebrauch. Als Verbesserung des *Psalterium* (P.) *vetus* wurde die von → Hieronymus bearbeitete Ausgabe des Itala-Textes 383 durch Papst Damasus als *P. Romanum* in die röm. Liturgie eingeführt. Sie wird heute nur noch an der Peterskirche in Rom verwendet und ist außerdem in den → Antiphonen und → Responsorien des röm. Missale und Breviers erhalten. Alle anderen Pss werden nach der zweiten Übersetzung des Hieronymus (nach 386) gebetet. Durch → Gregor von Tours zunächst in Gallien eingeführt (daher *P. Gallicanum*), dann auch in Italien verwendet, machte → Pius V. diese Ausgabe für die röm. Liturgie verbindlich. Jedoch wird sie allmählich durch den 1945 von → Pius XII. approbierten neuen lat. Psalter ersetzt, der aus gründlicher philologischer Arbeit erwachsen ist. – *P. b. Mariae Virginis* (Marien-P.) heißt auch der → Rosenkranz und im spätmittelalterlichen Sprachgebrauch ein die Gnadenvorzüge Marias behandelndes Reimgedicht in dreimal fünfzig Strophen. – Das P. Gallicanum diente auch als Vorlage für den *Hugenottenpsalter* (→ Marot, → Beza).

L.Eisenhofer, Hdb. d. kath. Liturgik I, 1932, 88f. 161f – Liber Psalmorum cum Canticis Breviarii Romani. Nova ... interpretatio latina, Rom 1945 u. Münster 1946; dt. v. R.Guardini, 1950 – A.Bea, Die neue lat. Pss-Übers., ihr Werden u. ihr Geist, 1949 – R.Weber, Le Psautier Romain et les autres anciens psautiers latins, 1953 – H. de Sainte Marie, Sancti Hieronymi P. iuxta Hebraicos, 1954 – Leiturgia III, 99ff, bes. 147. 181f. *H.Hohlwein*

Psellos, *Konstantin* (Mönchsname: *Michael;* 1018 bis ca 1078), byzantinischer Philosoph, Geschichtsschreiber und Staatsmann, wurde ca 1042 Staatssekretär und war an der Neubegründung der Universität von Konstantinopel beteiligt, wobei er als »Hypatos der Philosophen« die »philosophische Fakultät« übernahm. Beim Schisma der Kirchen (→ Byzanz: II, 2) mußte er 1054 als Vertreter einer Einigungspolitik das Feld räumen und wurde Mönch auf dem bithynischen Olymp. Bald gelang ihm der Sprung zurück in den hohen Staatsdienst, in dem er sich mit Unterbrechungen bis ca 1060 hielt. Als Staatsmann ist P. reiner, völlig charakterloser Opportunist, ohne Verständnis für die Erfordernisse des byzantinischen Reiches. Als Geschichtsschreiber (Chronographie, ed. E.Renauld, Paris 1926-28) glänzt er durch Charakteristik der handelnden Personen, schreibt aber wohl eher Memoiren als pragmatische Historie. Sein theologisches Schrifttum ist bunt und nicht ohne Interesse. Seine eigentliche Bedeutung liegt in der Erweckung eines neuplatonisch verstandenen Platon-Studiums mit Verständnis für die Problematik des christlichen Humanismus.

Werke: MPG 122; Briefe u. Reden hg.v. E.Kurtz u. F.Drexl, Mailand 1936-41. – Über P.: Chr.Zervos, Paris 1920 – P.Joannou, Die Illuminationslehre des M.P. u. Joannes Italos, Ettal 1956 – G. Moravcsik, Byzantinoturcica I, 1957, 437ff – Beck 538ff (jeweils Lit.). *H.-G.Beck*

Pseudepigraphen des AT

1. Unter P. (eigentlich: Schriften unter falschem Namen) versteht die Kirche Schriften, die unter erborgten Namen umliefen: teils Namen von at. Gottesmännern (Adam, Henoch, Abraham, Mose, Salomo, Jesaja, Baruch, Esra u.a.), teils Namen, die bei den Heiden etwas galten (Aristeas, Heraklit, Menander, Phokylides, Sibylle). Die Bezeichnung »P.« trifft nicht ganz zu. Unter erborgten Namen laufen auch Schriften des AT (Spr, Hhld, Dan) wie bei den Apokryphen (4Makk, Jub, → Himmelfahrt und Martyrium des Jesaja).

2. Heute rechnet man zu den P. solche Schriften, die zeitweise in einzelnen Kirchen sehr beliebt waren, im Unterschied zu den → Apokryphen (: I) aber zumeist nicht in LXX und Vulg. stehen. Schon die Abgrenzung gegen die Apokryphen macht einige Mühe (3Makk), und ihre Zahl ist noch weniger als dort genau anzugeben. Die wichtigsten sind: → Henochbücher, → Testamente der 12 Patriarchen, → Jubiläenbuch, → Himmelfahrt des Mose, → Salomo-Psalmen, → Eliasapokalypse, Prophetenleben, → Baruchschriften, 4Esr (→ Esrabücher: III), 4. → Makkabäerbuch, → Aristeasbrief, → Sibyllinen. Auch die »Sprüche der Väter« aus der → Mischna, den Achikar, die → Damaskusschrift stellt man nun oft dazu, neuestens sogar → Qumran-Texte.

3. Zeit und Ort der Entstehung wechseln von Fall zu Fall und sind oft schwer zu bestimmen. Manchmal ist schon die literarische Einheitlichkeit fraglich (äthHen). Im ganzen fallen sie in die Zeit zwischen 200 vChr und 100 nChr und sind damit als Brücke zwischen AT und NT wichtig. Einige sind im NT direkt oder indirekt erwähnt: 1Kor 2, 9 Eliasapokalypse, 2Tim 3, 8 → Jannes und Jambres, Hebr 11, 37 MartJes, Jud 9. 14 AssMos und äthHen. Stark gesteigert wurde das Interesse an den P. von → Qumran her, wo Jub, Henoch, MartJes u.a. belegt, vielleicht sogar dort entstanden sind, und wo sich auch weitere Schriften ähnlicher Art fanden. Alle P. sind jüdischer Herkunft, aber von den Christen übernommen und oft überarbeitet (TestXII, Sib); in der Annahme christlicher Einschübe ist man jedoch zurückhaltender geworden.

4. Literargeschichtlich vertreten die P. die verschiedensten Gattungen, teils solche des AT in gewisser Auflösung wie auch ganz neue, oft mit fremden Formen durchsetzt. Die *Psalmendichtung* ist in den PsSal weitergeführt. Die *Weisheitsdichtung* hat im Achikar einen assyrisch-aramäischen Rahmen, ist in den Sprüchen der Väter rein jüdisch, in → Menander und → Phokylides unter griechischen Namen, im Arist, einer Propagandaschrift für die LXX, verbunden mit der griechischen

Form des Tischgesprächs. Zahlreich sind als jüngere Form der Prophetie die *Apokalypsen* (→ Apokalyptik: II) unter den Namen Abraham, Baruch, Elia, Sophonia u.a., mit äthHen als materiellem und 4Esr als geistigem Höhepunkt. Wie im → Danielbuch begegnet hier ein umfassendes Geschichtsbild mit dem großen Ex-eventu-Vorbau vor der eigentlichen Weissagung (äthHen 83-90. 93 + 91, 12-17), ebenso der → Menschensohn (äthHen 37-71; 4Esr 13). Die Reise durch Unterwelt und Himmel (äthHen 6-36. 37-71) gibt Aufschluß über das Schicksal der Frommen und Gottlosen und entfaltet alles damalige geographische, kosmische und astronomische Wissen. Die Sib ahmen heidnischen Orakelstil nach. Andere Formen sind die der *Himmelfahrt* (Mose, Jesaja) und des *Testamentes* (Adam, Abraham [→ Abraham-Testament], Isaak, Mose, Hiob, Salomo, TestXII). Erbauliche Weiterspinnung at. Stoffes, *Legende*, liegt für die Genesis vor in Jub und dem christlichen Gegenstück, der »Schatzhöhle«; für die Josephgeschichte in → »Joseph und Aseneth«; für einzelne Propheten in den → Paralipomena Jeremiae, im → Baruchbuch und in den »Prophetenleben«. Ganz neue Formen treten in den Qumrantexten und der verwandten Dam auf: Aus den praktischen Bedürfnissen erwächst die Form einer Gemeindeordnung (1QS) und aus den Nöten der Zeit der pæšær, Ausdeutung älterer Prophetenschriften (Jes, Nah, Hab, Mi, aber auch der Pss) auf die eschatologisch verstandene Gegenwart.

5. *Religionsgeschichtlich* sind die P. gleich den Apokryphen eine Hauptquelle für die Kenntnis des damaligen → Judentums (: I). Die Legende führt hinüber zur späteren → Haggada, die religiös-ethische Belehrung (Jub, TestXII, Dam) zur → Halacha. Eine große Rolle spielen das Schicksal nach dem Tode (→ Auferstehung: IV) und die → Eschatologie (: III). Das ganze Bild ist bunter und vielgestaltiger, oft fremdartig und phantastisch. Manches stammt deutlich aus der heidnischen Umwelt: die Weisheit des Achikar, ein Zug des Osirismythos im MartJes 5, 1f. 11, auch jenes apokalyptische Schema. Bezeichnend ist für eine Gruppe von Schriften, auch in Qumran, das große Interesse für die Engelwelt (→ Geister: II, 4a). Der Engelfall hat hier (bes. in Jub und äthHen) dieselbe Bedeutung wie in anderen (LebAd, ApkBar [syr], 4Esr) der Sündenfall von Gen 3; die Anspielungen im AT (Jes 24, 21f; 34, 5; Hi 4, 18; Dan 4, 32) werden überhaupt erst von da aus verständlich. Die nach Jerusalems Fall zur Herrschaft gekommene rabbinische Orthodoxie hat dieses ganze Schrifttum abgestoßen, ohne doch das eschatologische Moment ganz preiszugeben. Die Qumransekte zeigt noch Apokalyptik und strengste Gesetzlichkeit nebeneinander.

Vgl. die Lit. zu →Apokryphen: I. Ferner: RE XVI, 229ff; XXIV, 375ff - H.Fuchs, Der geistige Widerstand gegen Rom, 1938 - F.M.Cross, The Ancient Library of Qumran, 1958 - H.Daniel-Rops, Die apokryphe Bibel am Rande des AT (ausgew. Übers.en u. Einl.), 1959.
W.Baumgartner

Pseudo-Clementinen, ein frühchristlicher, unter dem Namen → Clemens' I. verbreiteter Apostelroman über die Missionsreisen des Petrus durch Palästina und Syrien sowie dessen Kämpfe mit → Simon Magus, verwoben mit einer legendären Lebensgeschichte des Clemens als Schüler, Begleiter und Nachfolger des Petrus. Die apokryphen P. sind im judenchristlich-gnostischen Milieu Syriens entstanden. Erhalten sind sie in 2 verschiedenen Redaktionen: 20 griech. *Homilien* (H) und 10 Bücher *Rekognitionen* (R) in der lat. Übersetzung des → Rufinus. Größere Stücke aus H und R sind in einer syr. Übersetzung überliefert. Zudem gibt es 2 Kurzfassungen von H sowie arab., äthiop. und kirchenslawische Entlehnungen aus den P. Die Redaktionen H und R gehen auf eine verlorene *Grundschrift* (G) zurück, die ihrerseits bes. auf nicht mehr erhaltenen griech. Κηρύγματα Πέτρου (KP), einer Schrift aus Kreisen der → Ebioniten, basiert. Die P. sind nach Inhalt und Herkunft seit F.Chr. → Baurs Studien ein vielbehandelter Gegenstand der Forschung. Abgesehen von Versuchen, die Existenz von KP und ihre Benutzung durch G zu bestreiten (E.Schwartz, Rehm), herrscht trotz unterschiedlicher Ausgangspositionen und Schlußfolgerungen zZ weithin Übereinstimmung in der Auffassung von dem Werden der P. Ähnlichkeit mit Gedankengut in Schriften von → Qumran wird vielfach als essenischer Einfluß gedeutet.

Texte hg.v. B.Rehm, GCS 42, 1953 (H); 51 (R, im Druck); ferner: W.Frankenberg, Die syr. Clem. mit griech. Paralleltext (TU 48, 3), 1937 - A.R.M.Dressel, Clementinorum Epitomae duae, (1859) 1873². - B.Rehm, Zur Entstehung der pscl. Schriften (ZNW 37, 1938, 77-184; vgl. RAC III, 197ff) - H.J.Schoeps, Theol. u. Gesch. des Judenchristentums, 1949 - Ders., Urgemeinde-Judenchristentum-Gnosis, 1956 - O.Cullmann, Die neuentdeckten Qumrantexte u. d. Judenchristentum der P. (Nt. Studien f. R.Bultmann [BZNW 21], 1954, 35-51) - G.Strecker, Das Judenchristentum in d. P. (TU 70), 1958 (Lit.).
F.Paschke

Pseudoisidorische Dekretalen. Diese einflußreichste Fälschung des MA bildet das Hauptwerk der durch gleichen Charakter und Ursprung gekennzeichneten sog. pseudoisidorischen Fälschungen. Unter diesem Sammelnamen werden zusammengefaßt: 1. die noch ungedruckte, nach dem Herkunftsort der einzigen erhaltenen Hs. benannte Collectio Hispana von Autun (Cod. Vat. lat. 1341; Abb.: EC X, 242), eine pseudoisidorische Überarbeitung der gallischen Collectio Hispana (einzige Überlieferung: Cod. Vindob. 411), die wiederum eine Ableitung der spanischen Kanonessammlung (MPL 84) darstellt; 2. die sog. Capitula Angilramni, kurze, noch mäßig verunechtete Rechtssätze, die Bischof Angilram von Metz (768-791) von Papst → Hadrian I. (772-795), nach dem sie zuweilen auch Capitula Hadriani heißen, empfangen haben soll; 3. die aus drei Büchern und vier Additiones bestehende → Kapitularien-Sammlung des → Benedictus Levita, die sich als Ergänzung der echten Kapitularien-Sammlung des Ansegis († 833) ausgibt, in der Hauptsache jedoch kirchliche Quellen enthält, die interpoliert und zu fränkischen Reichsgesetzen umgefälscht worden sind; 4. die p.D., eine angeblich von einem Isidor Mercator verfaßte Rechtssammlung, die neben großenteils echtem Konzilsmaterial zahlreiche gefälschte und verunechtete Briefe der alten Päpste von → Clemens I. bis → Gregor I. enthält, in die, um den Charakter der Echtheit vorzuspiegeln, sehr viele Auszüge aus Väterschriften, Konzilsbeschlüssen, dem → Liber Pontificalis, dem römischen Recht u.a. eingesprengt sind. Sie will als eine vollständigere Ausgabe der echten Collectio Hispana (s. 1) erscheinen; jedoch sind Anfang und Schluß der damals weitverbreiteten und von Karl d.Gr. eingeführten Collectio Dionysio-Hadriana (→ Dionysius Exiguus, → Dekretalen) entnommen. - Hauptziel der Fälschungen war, die Suffraganbischöfe vor dem Zugriff der Metropoliten, der Provinzialsynoden und der weltlichen Macht zu schützen (→ Kirchenverfassung: IV). Um die Stellung und Appellationsinstanzen der Bischöfe zu festigen, wird der Stand der → Chorbischöfe bekämpft, über den Metropoliten die neue hierarchische Stufe eines Primas-Patriarch (→ Adalbert von Bremen) eingerichtet und die päpstliche Macht erhöht. - Entstanden sind die pseudoisidorischen Fälschungen, deren jüngstes Produkt die p.D. (s. 4) und ein Teil der Additiones zu Benedikts Kapitulariensammlung (s. 3) sein dürften, vermutlich im Kreise der Gegner → Hinkmars von Reims; wegen einiger literarischer Beziehungen ist auch das Bistum Le Mans als Entstehungsort genannt worden (Fournier). Für die Abfassungszeit kommen die Jahre nach 847 in Betracht; zum ersten Mal benutzt wurden sie wahrscheinlich 852, gewiß 857. Eine entscheidende Rolle spielten sie in dem erfolglosen Kampf → Hinkmars von Laon gegen die Rechte seines Metropoliten Hinkmar von Reims, der schon einige Sätze der p.D. für unecht und die Capitula Angilramni für zweifelhaft erklärt hat. Das Papsttum machte seit → Nikolaus I. von ihnen nur zögernd Gebrauch. Erst im 11.Jh. gelangten sie als Programm der Kirchenreform (→ Papsttum: II, 2a) zu überwältigendem und viele Bereiche des Rechtslebens berührendem Einfluß (→ Kirchenrecht: II A, 1b). Die Unechtheit einiger Stücke ist im MA wiederholt erkannt worden (zB von Bernold von Konstanz [† 1100], → Petrus Comestor, → Nikolaus von Kues). Den entscheidenden Nachweis der Fälschung nach einem Versuch der Magdeburger Centuriatoren (→ Flacius Illyricus) brachte durch eine minutiöse Quellenanalyse der ref. Theologe D. → Blondel 1628; doch wurde die Echtheit der p.D. 1867 noch ernsthaft zu erweisen gesucht (Dumont).

Ausg.n: P.Hinschius, Decretales Pseudo-Isidorianae et capitula Angilramni, 1863 - Benedicti Levitae collectio capitularium ed. G.H.Pertz-F.H.Knust in: MG Leges II/2, 39-158. - Beste Übersicht bei E.Seckel, RE XVI, 265ff (Lit. bis 1905). - P.Fournier-G.Le Bras, Hist. des collections canoniques en Occident I, 1931, 127ff - J.Haller, Nikolaus I. u. Pseudoisidor, 1936 - F.Lot, Textes manceaux et Fausses Décrétales I u. II (Bibl. de l'Ecole des Chartes 101, 1940, 5-48; 102, 1941, 5-34) - A.M.Stickler, Historia Juris Canonici Latini I, 1950, 117ff - EC X, 241ff - Wattenbach-Levison, Bh., 1953, 71ff - Schafer Williams, The Pseudo-Isidorian Problem today (Speculum 29, 1954, 702-707) - H.Fuhrmann, Die pseudoisid. Fälschungen u. die Synode von Hohenaltheim (Zs. f. bayer. Landesgesch. 20, 1957, 136-151) - E.Seckel, Die erste Zeile Pseudoisidors, die Hadriana-Rezension In nomine domini ... u. die Gesch. der Invokationen in den Rechtsquellen, mit Ergänzungen hg.v. H.Fuhrmann (SAB 1959, 4; Lit. bis 1958). *H.Fuhrmann*

Psychiatrie ist das Spezialfach der Medizin, das sich mit den seelischen Krankheiten und deren Behandlung befaßt. In Deutschland und verschiedenen anderen Ländern ist P. heute zT noch mit Neurologie kombiniert. Das hat seinen Grund darin, daß gewisse psychische Erkrankungen Folgen von gestörten Hirnfunktionen sind und daß außerdem die Kenntnis vom Aufbau und der Funktionsweise der zentralnervösen Substanz eine der wichtigsten Voraussetzungen zum Verständnis der speziellen biologischen Vorbedingungen psychischen Geschehens ist. Die Entwicklung geht jetzt aber überall dahin, P. und Neurologie als selbständige Sonderfächer zu trennen. Denn der Schwerpunkt der P. liegt nicht auf dem Gebiet der als Gehirnkrankheiten körperlich begründbaren Psychosen, sondern vielmehr auf den Gebieten der ohne nachweisbare Hirnschädigung entstehenden sog. endogenen Psychosen, der konstitutionellen psychischen Abartigkeiten und der als Neurosen bezeichneten psychogenen Erkrankungen. Die der P. als Wissenschaft zugrunde liegende *Psychopathologie* behandelt das gesamte Gebiet des psychisch Abnormen im Hinblick auf die eigentümlichen Gehalte der abnormen seelischen Wirklichkeit; es geht ihr heute nicht mehr darum, diese auf die Hirnpathologie zurückzuführen. *Psychische Abnormitäten* gibt es 1. als *gradmäßige,* die, letztlich immer kommensurabel, nur durch ihr Ausmaß bei höheren oder extremen Graden der Abnormität u.U. als krankhaft anzusprechen sind, und 2. als *artmäßige,* die, ohne graduelle Beziehungen zum Normalen, inkommensurabel, qualitativ fremdartig, dem einfühlenden Verstehen im Letzten unzugänglich bleibend, auch schon in geringster Ausprägung als krankhaft zu beurteilen sind. Der Begriff der *psychischen Krankheit* entspricht nur in den Fällen dem üblichen medizinischen → Krankheits-Begriff, wo die psychischen Abnormitäten sich als Folge von Störungen der *leiblichen* Funktionen nachweisen lassen. In allen anderen Fällen muß die der psychischen Abnormität entsprechende Störung der *seelisch-geistigen* Verfassung und die damit verbundene Beschränkung der Möglichkeiten für die existentielle Selbstverwirklichung als Kriterium der Krankhaftigkeit herangezogen werden. Das führt zu grundsätzlichen Schwierigkeiten, um deren Lösung die P. heute bemüht ist, die aber mit medizinischen Gesichtspunkten allein nicht zu lösen sind.

Die *klinische Psychopathologie* (von Kurt Schneider aus der P. Kraepelins entwickelt) ordnet die empirischen Sachverhalte der P. entsprechend den beiden Bereichen von psychischen Abnormitäten. Im Rahmen der *gradmäßigen Abnormitäten* sind zu unterscheiden: verschiedene Formen nach Intensität oder (und) Dauer *abnormer Erlebnisreaktionen* (wie Schreck, Angst, Traurigkeit, oder Mißtrauen, Eifersucht u.a.); *abnorme Persönlichkeitshaltungen,* aus denen die sog. neurotischen Störungen (zB bestimmte Ängste, Zwänge, Süchte, Aggressionen, Unschlüssigkeiten) hervorgehen, die durch Verdrängung unbewältigter, meist stark affektbesetzter Konfliktserlebnisse zustande kommen; *abnorme Persönlichkeitsartungen,* wie sie bei den sog. psychopathischen Persönlichkeiten vorliegen (dh solchen abnorm gearteten Persönlichkeiten, die unter ihrer Abnormität leiden oder unter deren Abnormität die Gesellschaft leidet); *abnorme Verstandesanlagen,* die bes. in Form der verschiedenen Schwachsinnsgrade klinische Bedeutung haben. - Im Rahmen der *artmäßigen Abnormitäten* stehen den körperlich begründbaren, auch als symptomatisch oder exogen bezeichneten Psychosen die zyklothymen und schizophrenen Erkrankungen gegenüber, die als eigentliche oder endogene Psychosen zusammengefaßt werden. *Körperlich begründbare Psychosen* können durch Mißbildungen, Vergiftungen, Entzündungen, Infektionskrankheiten, Verletzungen, Durchblutungsstörungen oder Altersdegeneration des Gehirns oder auch durch Störungen der Hirnfunktion bei Epilepsie zustande kommen. Sie zeigen im akuten Stadium mit Bewußtseinstrübung verbundene, oft delirös-halluzinatorische Verwirrtheits- und Erregungszustände und führen bei chronischem Verlauf zu verschiedenen Formen von Demenz (dh intellektuellem Persönlichkeitsabbau). Die eigentlichen oder *endogenen Psychosen* entstehen zT auf dem Boden erblicher Dispositionen, im einzelnen sind die wahrscheinlich äußerst komplizierten Entstehungsbedingungen bisher jedoch noch unbekannt. Die Krankheitsbilder sind sehr vielgestaltig. Die affektiven Psychosen des manisch-depressiven Formkreises werden als *Zyklothymie* zusammengefaßt, da deren Verlauf meist durch sich wiederholende Verstimmungszustände entweder nur depressiver oder nur manischer oder abwechselnd depressiver und manischer Art charakterisiert ist. Die *zyklothyme Depression* tritt im Gegensatz zu reaktiven Depressionszuständen unmotiviert auf, wird aber von den Kranken meist doch auf eigenes Versagen, Fehlhaltungen und Schuld zurückgeführt. Bei Darniederliegen der Vitalität, leiblichen Insuffizienzgefühlen und Mißempfindungen, Gehemmtheit, Obstipation, Schlafstörungen u.a. haben die Kranken oft noch Krankheitseinsicht; bei Vorwiegen seelischer Verstimmung mit Selbstvorwürfen, oft tiefen Schuldgefühlen, Versündigungsgedanken, Ausweglosigkeitsgefühl, Ängsten um die leibliche und seelische Existenz, quälender Verzweiflung mit destruktiven Aggressionstendenzen vor allem gegen sich selbst, besteht meist keine Krankheitseinsicht und daher hochgradige Selbstmordneigung. Die *zyklothyme Manie* mit gehobenem Lebens- und Selbstgefühl, Fröhlichkeit, Einfallsfülle, Unternehmungslust, Rede- und Schaffensdrang kann sich bis zu kritikloser Selbstüberschätzung und Expansivität und ausgesprochener Erregtheit steigern. Hier fehlt fast immer jede Krankheitseinsicht. Die Erkennung leichter zyklothymer Erkrankungen kann u.U. sehr schwierig sein. Im Unterschied zur Zyklothymie, die stets zu völliger Wiederherstellung führt, hinterlassen die *schizophrenen Erkrankungen* bei längerer Dauer oft eine Wesensänderung der Erkrankten. Diese kann sich in Verhaltensabwegigkeiten und Wahnsinn äußern und die Kranken anstaltsbedürftig machen, sie kann aber bei geringerer Ausprägung auch lediglich zu skurrilen Sonderbarkeiten führen, die ein sozial angepaßtes Verhalten im Berufsleben durchaus erlauben. Die Symptomatik der Schizophrenien ist äußerst vielgestaltig. Die wichtigsten Symptome für die Diagnose sind Gedankenlautwerden, Hören von Stimmen in Form von Rede und Gegenrede, Hören von Stimmen, die das eigene Tun mit Bemerkungen begleiten, leibliche Beeinflussungserlebnisse, Gedankenentzug und andere Gedankenbeeinflussungen, Bewußtsein der unmittelbaren Teilhabe anderer an den eigenen Gedankeninhalten, Wahnwahrnehmungen (dh abnorme Bedeutungserlebnisse ohne inneren und äußeren Anlaß oft im Sinne der Eigenbeziehung, die manche Kranke als Offenbarungen erleben) sowie Erlebnisse des von anderen Gemachten im Bereich des eigenen Trieblebens, des Fühlens, Strebens und Wollens.

Das Feld der *p.en Forschung* reicht vom hirnphysiologischen Geschehen über die Triebdynamik und die seelischen Entwicklungs- und Strukturierungsvorgänge zu den geistigen Haltungen und Entscheidungen der Persönlichkeit mit ihren Wertbezügen und transzendenten Bindungen. K.Jaspers hat versucht, die wichtigsten Gesichtspunkte zu einer *allgemeinen* Psychopathologie als theoretischem Fundament der P. zusammenzustellen. Die weitere Forschung ging aber mehr ins Spezielle. Die Erkenntnis konstitutionsbiologischer Zusammenhänge (E.Kretschmer), die Entdeckung der unbewußten Triebdynamik (S.Freud) und der Aufweis der mitmenschlich-existentiellen Determinationszusammenhänge im Wahn (L.Binswanger) sind u.a. die bisher wichtigsten Ergebnisse p.er Forschung. ZZ gewinnen durch neu eröffnete Möglichkeiten pharmakologischer Einwirkungen auf das psychische Geschehen experimentelle Forschungsmethoden und die mit ihnen verbundene sog. Informationstheorie Bedeutung für eine allgemeine psychopathologische Verhaltenslehre.

Die *p.en Behandlungsmethoden* können nur, soweit sie die krankhaften Grundvorgänge der körperlich begründbaren Psychosen beseitigen und als → Psychotherapie der Neurosen deren seelische Fehlhaltungen beheben, als spezifisch wirksame Methoden bezeichnet werden. Die meisten somatischen Behandlungsverfahren wie die verschiedenen Schockbehandlungen, die Schlaftherapie und die Behandlung mit sog. Psychodrogen können bisher - trotz ihrer die Prognose der endogenen Psychosen erheblich verbessernden Wirksamkeit - nur den Rang von unspezifischen Behandlungsverfahren beanspruchen. Zunehmende Bedeutung gewinnt daneben die im Ausbau begriffene Psychotherapie der Psychosen.

E.Kraepelin, P., (1883) 1927[8] - K.Jaspers, Allg. Psychopathologie, (1913) 1959[7] - E.Kretschmer, Körperbau u. Charakter, (1921) 1955[22] - Hdb. d. Geisteskrankheiten, hg.v. O.Bumke, 1928f - S.Freud, GesW, London (1940) 1950[2] - L.Binswanger, Ausgew. Vorträge u. Aufs. I. II, 1947/55 - Ders., Schizophrenie, 1957 - K.Schneider, Klinische Psychopathologie, (1950) 1959[5] - Hdb. d. Neurosenlehre u. Psychotherapie, hg.v. V.E.v.Gebsattel u.a., 1958f - P. der Gegenwart, hg.v. H.W.Gruhle u.a., 1960f.

H.Müller-Suur

Psychoanalyse → Psychotherapie.

Psychologie

I. Allgemeines - II. Pädagogische Psychologie. - P. = Psychologie p. = psychologisch(e). - Vgl. → Jugend-, → Kinderpsychologie, → Leib und Seele: II, → Parapsychologie, → Psychiatrie, → Psychologismus, → Psychosomatik, → Psychotherapie, → Religions-, → Struktur-, → Tiefen-, → Völkerpsychologie

I. Allgemeines

1. Begriff und Methode - 2. Geschichtliche Entwicklung - 3. Gegenwart - 4. Organisation

1. P. ist die Wissenschaft, welche diejenigen Vorgänge und Zustände untersucht, die im eigenen oder in einem anderen → Bewußtsein auftreten. Nach der Wortbedeutung wäre P. die Lehre von der Seele und einfach gleichbedeutend mit Seelenkunde. Die moderne P. erkennt diese Definition nicht mehr an, weil es gegenüber der vieldeutigen und unscharfen Wortbedeutung von »Seele« in der Umgangssprache keine wissenschaftlich allgemein gültige Begriffsbestimmung gibt. Im Griechischen hat ψυχή überdies den Sinn von »Lebenshauch« oder »Lebenskraft«. - Die *Methoden* der P. sind a) Beobachtung (ohne und mit Experiment), Beschreibung, Kausalerklärung; b) Sinndeutung und Verstehen komplexer Phänomene; c) Hypothesen im Bereich der nur mittelbar gegebenen psycho-physischen Zusammenhänge.

2. Den Ausdruck Psyche hat als erster → Aristoteles in den wissenschaftlichen Sprachgebrauch eingeführt (Über die Seele; ca 330 vChr). Er bezeichnet damit das dynamische Prinzip, durch das der Leib zu einem lebendigen Organismus wird, ferner dessen → »Entelechie«, dh das geistige Prinzip, das seinen Sinn und Zweck in sich selbst trägt. Dieser geistige Anteil der Psyche (διανοητικόν) ist vom Leib trennbar und unsterblich, während der untergeordnete vegetative Anteil mit dem Leibe zugrunde geht. Aristoteles hat im Gegensatz zu → Platon den hypothetischen Charakter des ganzen Seelenbegriffs klar erkannt. - Die mittelalterliche Wissenschaft unterscheidet nicht mehr scharf zwischen Hypothese und Erkenntnis. Die → Scholastik faßt daher die Seele als immaterielle → Substanz auf, die als unteilbar, unzerstörbar und ewig gesetzt wird. Nach den meisten Autoren entstammt sie unmittelbar der göttlichen Vernunft. Sie verläßt den Körper mit dem Tode. - In der neueren Philosophie setzt sich der von → Descartes am schärfsten formulierte dualistische Seelenbegriff durch, der die Seele mit ihrer Denk- und Erkenntnisfähigkeit (cogitatio sola) identifiziert und als geistige Substanz (Bewußtsein) setzt. Ontologisch steht ihr als zweite Substanz die Körperwelt gegenüber, deren Wesen die Ausdehnung (extensio) ist. Wegen des totalen Wesensunterschiedes ist eine Vereinheitlichung unmöglich, wohl aber ein Verhältnis des Aufeinanderwirkens (Wechselwirkungstheorie). Hier erscheint die erste Anwendung mechanistischer Denkprinzipien innerhalb der rationalen P., die im übrigen in enger Verbindung mit der → Erkenntnistheorie eine Unterdisziplin der → Philosophie bleibt. Der Substanzbegriff wird bei Descartes ergänzt durch seine Lehre von den angeborenen → Ideen. Alle klaren und gesicherten Vorstellungen sind der Seele primär angeboren, weil durch Sinneswahrnehmungen und Erfahrungen immer nur ein unklares und verworrenes Wissen erworben werden kann. Er sieht keine Schwierigkeiten in der Tatsache, daß sich die Seele zunächst dieser Inhalte nicht bewußt ist. - Dieser Auffassung (→ Rationalismus: I)

widerspricht die englische Philosophie des 17.Jh.s. → Locke bringt in seinem Hauptwerk »Untersuchung über den menschlichen Verstand« (1690) in negativer Hinsicht den Nachweis, daß es keine angeborenen Ideen der Seele gibt, und in positiver Hinsicht die Erkenntnis, daß jedes menschliche Wissen aus der Erfahrung stammt (→ Sensualismus). Locke verlagert das Problem durch seine psychogenetische Untersuchungsmethode aus der philosophischen Erkenntnistheorie in die beobachtende Selbstwahrnehmung. Seine klare Unterscheidung zwischen den verschiedenen Wahrnehmungsmöglichkeiten (der Außenwelt durch die Sinnesorgane, der Innenwelt durch den inneren Sinn in der Selbstbeobachtung) wird ein entscheidender Faktor für die spätere Entwicklung der P. zu einer selbständigen Disziplin. - Die schärfste Kritik an der Substanzauffassung der Seele wird von → Hume geübt. Er lehnt das Verfahren, in unbeweisbaren Behauptungen zu spekulieren, ab und setzt diesem die Forderung des strengen Erfahrungsdenkens gegenüber, das jede Erkenntnis durch Tatsachen zu verifizieren hat. Die Seele ist empirisch nur als eine unaufhörliche Aufeinanderfolge psychischer Prozesse in einem Ich gegeben, mehr kennen wir von ihr nicht. Diese Auffassung setzt sich als Aktualitätstheorie immer mehr durch gegenüber der Substantialitätstheorie, der Begriff »Seele« wird verdrängt durch »innere Erfahrung«. Chr. → Wolff unterscheidet die »Erfahrungsseelenlehre« oder empirische P. von der »rationalen« oder »reinphilosophischen« P. Die von letzterer angenommenen besonderen Seelenvermögen bezeichnet er als Hypothesen. Einen Schritt weiter in der Wendung zur Empirie geht → Herbart. Seine funktionale Auffassung schränkt die »Seelenwissenschaft« auf die »Bewußtseinsvorgänge« ein. Der Mechanismus der Vorstellung (Assoziationen) folgt mathematisch faßbaren Gesetzen. Aus dieser Methode entwickelt sich, nicht ohne vielfache Korrekturen, die moderne Psychophysik und die physiologische P. der Sinnesforschung (→ Fechner, Helmholtz, G.E.Müller, E.Hering, W. → Wundt). Die nach Wundts Vorbild überall begründeten p.n Laboratorien gingen bald dazu über, die naturwissenschaftliche Methodik auch auf die Funktionen des höheren Seelenlebens (Denken, Wollen, Fühlen, Gedächtnis, Aufmerksamkeit) anzuwenden. Eine Aufspaltung der P. in verschiedene Schulen (Denk-P., Gestalt-P., → Strukturpsychologie) war die Folge. Die kritische Überprüfung der durch ihre Exaktheit zunächst sehr eindrucksvollen Ergebnisse der experimentellen Verfahren führte um 1900 zu der Einsicht, daß das analytisch-synthetische Operieren mit psychischen Elementen (Letztbestandteilen) nicht zu einer befriedigenden Lösung der Probleme des höheren Seelenlebens ausreicht. → Dilthey forderte eine eigene geisteswissenschaftliche Methodik, die dem analytisch-deskriptiven Verfahren der naturwissenschaftlichen P. das »Verstehen« als spezifisch sinnbegründenden Akt gegenüberstellt (»Ideen über eine beschreibende und zergliedernde P.«, 1894).

3. In der *modernen* P. bestehen mehrere Forschungsrichtungen, die sich durch die verschiedenartigen Ansatzpunkte unterscheiden, von denen aus die in sich unbegrenzte Wirklichkeit der psychischen Phänomene erforscht werden kann. Die experimentelle Methodik wird sowohl auf die verschiedenen Sinnesgebiete wie auch auf die einfacheren Denk-, Willens- und Gefühlsprozesse usw angewendet (Leistungsexperimente). Für Intelligenz, Gefühlserregbarkeit, Willenskraft, Aufmerksamkeit, Gedächtnis usw sind spezielle Testverfahren erarbeitet worden. Ihre Anwendbarkeit findet aber überall da ihre Grenze, wo die Laboratoriumsbedingungen den komplizierten Verhältnissen des höheren Seelenlebens nicht mehr angepaßt werden können. Eine besondere mathematische Forschungsrichtung zieht objektiv statistisches Verfahren den repräsentativen Versuchsgruppen vor (Meinungsforschung, Auswertung von Intelligenzkomponenten, Faktorenanalyse usw). Die untersuchten Faktoren (Anlagen, Eigenschaften, Dispositionen, spezifische Persönlichkeitskomponenten) werden genau definiert und getestet. Diese Forschungsrichtung wird bedeutsam für zahlreiche Wissenschaften, die nicht mehr ohne p. Hilfsmethoden auskommen. Als angewandte P. erscheinen so: Arbeits-P., Wissenschafts-P., politische, pädagogische (→ Psychologie: II), medizinische, forensische P. usw. - Unter dem Einfluß der geisteswissenschaftlichen Tradition haben sich andere Richtungen entwickelt, die von dem Grundgedanken geleitet werden, daß allen psychischen Phänomenen über die Meß- und Wägbarkeit hinaus entsprechend ihrem Strukturcharakter und ihren Ganzheitseigenschaften ein sinnerfülltes Geschehen zugrunde liegt. Der Eingliederung jedes Körperorgans in die leibliche Ganzheit entspricht auf der seelischen Seite die Ich-Bezogenheit jedes Erlebnisinhaltes auf einen realen geistigen Personkern (→Psychosomatik). Die Tatsache der genetischen und der realen Geschichtetheit alles organischen Lebens erscheint in gleicher Weise im Bereich des Psychischen nachweisbar. Die → Persönlichkeit ist in ihrer Struktur nur im Bilde des vielfach unterstrukturierten hierarchischen Innengefüges von Schichtungen erfaßbar, als deren integrierte Ganzheit sie entgegentritt. Die moderne Persönlichkeits-P. hat dieses Bild in allen Einzelheiten herausgearbeitet. Die unterste Schicht des vitalen funktionalen Zentrums mit seiner leibnahen Organgefühlsbindung wird mit dem Ausdruck »Leibseele« bezeichnet (→ Leib und Seele: II). Diese Schicht wird überlagert von dem Bereich der Triebe, Instinkte, Empfindungen und → Gefühle (von Lersch als »endothymer Grund« bezeichnet), über beiden liegt als Abschluß der rationale Oberbau des Intellekts (Denken, Urteilen, Vergleichen, Abwägen, Entscheiden). Von hier aus wird die Sinnbezogenheit in die Sozialwelt und in den Kosmos erfaßt. Die in dieser Forschungsrichtung (Kretschmer, H.Hoffmann, Jaensch, Rohracher, Lersch, Rothacker, G.Ewald u.a.) aufgestellten Grundbegriffe entstammen teils der Entwicklungs-P., teils der biologisch-medizinischen P. Das psychische Schichtbild ist genetisch und morphologisch fundiert durch den analogen Aufbau der nervösen Apparate (autonomes Nervensystem, Althirn, Neuhirn) und durch die empirisch-genetischen Tatsachen der sukzessiven psychischen Phasenentwicklung im Tierreich. In die Schichttheorie ist auch die Unterscheidung von bewußter und unbewußter seelischer Region einbegriffen, die Abgrenzung einer emotionalen Vitalsphäre (Tiefenperson, Emotionalschicht, Es, Thymopsyche, Paläopsyche, Vitalego, Organbewußtsein u.dgl.) und einer rationalen Geistessphäre (Person-Schicht, Ich-Schicht). Die relative Selbständigkeit bzw. das Wiederselbständigwerdenkönnen der Tiefenschicht (zB experimentell durch Alkohol und andere Gifte, durch Hypnose [→ Hypnotismus], durch Affektstürme) ist von medizinischer Seite untersucht worden. → Freud hat die pathologischen Ausstrahlungen aus dem Unterbewußten in das Bewußtsein systematisch untersucht, ihren Kausalzusammenhang zu klären und therapeutische Methoden zu entwickeln versucht (Psychoanalyse; → Psychotherapie: I). Seine pansexualistische Deutung der ganzen Tiefenschicht, die zugleich eine Relativierung aller kulturellen und ethischen Werte in sich schließt, hat einige Jahrzehnte weite Verbreitung gehabt. Die Weiterbildung dieser → Tiefenpsychologie in der Gegenwart, die methodisch vorwiegend hypothetisch ausgerichtet ist, erfolgte durch A.Ad-

ler und C.G. → Jung. Beeinflußt durch die starken, von → Klages ausgegangenen Anregungen auf dem Gebiet der Ausdruckskunde, hat sich die → Charakterologie als eigene Arbeitsrichtung spezialisiert. Wertvolle Beiträge zum tieferen Verständnis dieses psycho-physischen Problemkreises haben die physiologische P. und die Psychoreflexologie (Pawlow, Bechterew) geleistet. Innerhalb des dialektischen → Materialismus (: III), der die seelischen Phänomene dogmatisch unter den Materiebegriff subsumiert, hat diese Entwicklung zur Ablehnung aller subjektiv beobachtenden oder deutenden Methoden geführt; gleichzeitig wurde in Amerika eine »Verhaltens-P.« (Behaviorismus) begründet, die ebenfalls ohne subjektive Methoden auszukommen suchte. Der für diese Forschungsrichtung zentrale Instinktbegriff konnte bis heute nicht eindeutig festgelegt werden, weil hierzu hypothetische Annahmen unerläßlich sind. - Die Einbezogenheit des Menschen in seine soziale Umwelt ist Gegenstand der Sozial-P. geworden. Ihre Untersuchung gilt dem Nachweis der wirksamen Antriebskräfte im seelischen Miteinander und, unter Anwendung sowohl geisteswissenschaftlicher wie mathematischer Methoden, der Strukturanalyse von sozialen Gebilden (Familie, Volk, Staat, Nation, Rasse nebst Untergruppen in Politik, Wirtschaft, Berufswesen, Kultgemeinschaften usw). Die Grenzziehung zur reinen → Soziologie ist dabei ein schwieriges, noch nicht einheitlich gelöstes Problem. Besondere Bedeutung innerhalb der Sozial-P. hat die Untersuchung der Massenphänomene gewonnen (→ Masse). Zu den »mitseelischen Wirkungswegen« (Hellpach) gehört auch der nicht durch unsere sinnliche Wahrnehmung vermittelte direkte Kontakt zwischen Menschen, dessen Existenz kaum noch bezweifelt und von der → Parapsychologie experimentell zu klären gesucht wird. - Auf vorwiegend geisteswissenschaftliche Methoden sind auch die → Kinder- und → Jugendpsychologie angewiesen, ebenso die → Religionspsychologie mit ihren zahlreichen Fragestellungen sowie die → Völkerpsychologie.

4. Alle Universitäten, die meisten Technischen und andere Hochschulen haben Institute und Lehrstühle für P., die die allgemeine P. in Lehre und Forschung vertreten und gleichzeitig auf Spezialgebieten der theoretischen und der angewandten P. arbeiten. Häufig ist die Angliederung besonderer Abteilungen für Eignungsprüfungen oder von Beratungsstellen in Erziehungs- und Lebensfragen. Die Zahl nichtstaatlicher Institute und Arbeitsstellen (Industrie, Berufsverbände, Behörden) wächst ständig (Arbeits-P., Verkehrs-P., Werbe-P., Meinungsforschung, Psychohygiene, Para-P. u.a.). Das Studium der P. mit der Abschlußprüfung als Diplom-Psychologe erfordert in der BRD heute 8 Semester. 1946 wurde der Berufsverband Deutscher Psychologen begründet (zZ etwa 1000 Mitglieder). Die 1903 gegründete Deutsche Gesellschaft für P. umfaßt die wissenschaftlich tätigen Fachgelehrten (Kongreßberichte seit 1904).

H.Höffding, P. in Umrissen, (1881) 1922[6] - M.Dessoir, Gesch. der neueren dt. P., (1894) 1910[3] - J.v.Uexküll, Umwelt u. Innenwelt der Tiere, (1909) 1921[2] - O.Klemm, Gesch. der P., 1911 - Th.Elsenhans, Lehrbuch der P., (1912) 1939[3] - G.Dwelshauvers, La P. française contemporaine, 1920 - R.S.Woodworth, Psychology, (1921) 1949[5] - H.Baege, Einführung in die P., 1922 - L.Binswanger, Einführung in die Probleme der allg. P., 1922 - G.Murphy, Historical Introduction to Modern Psychology, (1929) 1949[2] - W.Pillsbury, The Hist. of Psychology, 1929 - W.O.Döring, Die Hauptströmungen der neueren P., 1932 - W.Hellpach, Grundriß der Sozial-P., (1933) 1951[3] - G.W.Allport, Personality, (1937) 1949[2] - W.MacDougall, Aufbaukräfte der Seele. Grundriß einer dynamischen P. u. Patho-P., dt. (1937) 1947[2] - E.Rothacker, Die Schichten der Persönlichkeit, (1938) 1952[5] - Ph.L.Harriman, Encyclopedia of Psychology, 1946 - H.Rohracher, Einführung in die P., (1946) 1958[6] - O.Haendler, Denken u. Glauben, 1949 - R.Müller-Freienfels, Die P. der Gegenwart in problemgesch. Darstellung, 1949 - N.K.Gontscharow, Die Entwicklung der Sowjet-P., 1951 - Hdb. der P., hg.v. D.Katz, 1951 - G.Anschütz, P., 1953 (Lit.) - P.R.Hofstätter, Einführung in die quantitativen Methoden der P., 1953 - A.Welleck. Die genetische Ganzheits-P., 1954 - R.S. Woodworth-H.Schlosberg, Experimental Psychology, 1954 - Hdb. der P., 12 Bde, hg.v. Ph.Lersch u.a., 1959. - Vgl. die Lit. zu den im Text genannten Artikeln. *K.J.Hartmann*

II. Pädagogische Psychologie

1. Begriff und wissenschaftliche Stellung - 2. Geschichte - 3. Forschungsbereiche und Methoden. - Päd. = Pädagogik, päd. = pädagogisch(e). - Vgl. → Erziehung, → Jugend, → Jugendpsychologie, → Kinderpsychologie, → Kindheit, → Pädagogik

1. Die päd.P. befaßt sich in Forschung und Lehre mit der psychischen Seite päd.r Fragen. Soweit Bedingungen und Wirkungen päd.n Handelns empirisch-p.r Forschung faßbar sind, ist sie zugleich eigenes Forschungsgebiet der P. und »Hilfswissenschaft« der → Pädagogik (: II). Diese Doppelfunktion und Grenzstellung liefert sie bis in neueste Zeit einem wissenschaftstheoretischen Streit aus. Ihre Stellung in der P. kann wie ihr Dienst für die Päd. verschieden interpretiert werden: a) Noch in jüngsten Darstellungen wird sie oft einfach als Zweig der »angewandten P.« verstanden. Danach sichtet und prüft sie Ergebnisse und Lehren der allgemeinen P. im Hinblick auf deren päd. Anwendungsmöglichkeiten, klärt den Erzieher über Gesetzlichkeiten oder Besonderheiten in der Psyche seines Zöglings auf, um ihm Kriterien für die Wahl päd.r Maßnahmen zu geben. Vereinfachtes Modell für diese Denkweise ist das Verhältnis von Grundlagenforschung und Anwendung (etwa: Physik - Technologie - Technik). Päd. wäre danach ein bloßes Anwendungskonglomerat anderer Wissenschaften, unter denen der päd.n P. auf der empirischen Seite eine führende Stellung zukäme; die Rede von sog. »Erziehungswissenschaften« (im Plural) beruht meist auf dieser Deutung. - b) Trotz Verbreitung und simpler Eingängigkeit enthält dieses Denkmodell Unstimmigkeiten, die es wissenschaftstheoretisch unhaltbar machen: Im Rahmen der P. ist die päd.P. nicht nur Anwendungsgebiet, sondern auch Zweig eigener (»Grundlagen«-) Forschung. Ihr Umfang und Inhalt sind nicht durch Exzerpte aus der allgemeinen P., der → Charakterologie, Sozial- und Entwicklungs-P. usw zu gewinnen, sondern nur durch eine eigene originale Fragestellung, die bereits in ihrem Forschungsansatz ein päd.s Problembewußtsein und Kategoriengefüge voraussetzt. In ihrer Grenzstellung kann die päd.P. freilich sowohl als Spezialgebiet der P. wie auch als Teilbereich einer selbständigen »deskriptiven Päd.« aufgefaßt werden. Ihre Objekte sind päd., ihre Methoden p. Welcher Disziplin man sie praktisch und institutionell angliedert, ist daher eine sekundäre Frage. De facto waren und sind viele ihrer Vertreter ohnehin zugleich Pädagogen und Psychologen (zB A.Fischer, O.Kroh, O.Tumlirz, M.J.Langeveld); Lehrervereine haben von Anbeginn zu den wichtigsten Trägern und Förderern der päd.n P. gehört; und auch geisteswissenschaftlich orientierte Pädagogen (zB H. → Nohl, E. → Spranger) haben innerhalb ihrer Systeme eigene päd.P.n entwickelt. - c) Eine Aufteilung der Forschungsbereiche löst auch noch nicht die grundsätzliche Problematik der päd.n P., weil jeder der Bereiche das Wissen des anderen in zirkelhaftem Verhältnis bereits voraussetzt: Der Mensch als Forschungsgegenstand der P. steht als Erzogener immer schon unter päd.n Bedingungen. Seine Entwicklung wie seine Einordnung in Gemeinschaften, der Aufbau seines Charakters wie sein biographisches Schicksal, seine Personwerdung durch Reifung und Lernen, Anpassung und Distanzierung,

Tradition und Entscheidung vollzieht sich, wo immer p. Forschung sie zu fassen vermag, bereits in einem historisch und situativ bestimmten Erziehungsraum. Selbst der isolierteste Test impliziert bereits eine Lernsituation. So setzt p. Forschung schon auf der Stufe der Deskription das Miterfassen der für ihren Gegenstand konstitutiven päd.n Bedingungen voraus - sei es, um sie zum Thema eigener Untersuchungen zu machen, sei es auch nur, um sie zwecks Gewinnung allgemeinerer Gesetzlichkeiten methodisch sauber ausklammern zu können. Die P. als ganze kann daher auf den päd.n Aspekt nicht verzichten. Je mehr sich ihr der Mensch als ein lernendes Wesen enthüllt, desto mehr wird sie selbst päd. Einige ihrer Spezialdisziplinen (wie Entwicklungs-, → Kinder- und → Jugendpsychologie) können de facto längst nicht mehr ohne Hinblick auf ihre päd.n Prämissen zu Ergebnissen kommen; ihre Abgrenzung von der päd.n P. ist damit begrifflich und faktisch ebenso unlösbar geworden wie deren Abgrenzung von der Erziehungswissenschaft; Beispiel: Der Begriff der »Schulreife« (→ Grundschule) setzt nicht nur eine p. Theorie der »Reife«, sondern auch eine päd. Theorie der »Schule« voraus, für die die Reife gelten soll. So sind p. und päd. Forschung weder in eine einseitige Abhängigkeit nach dem Muster von Grundlagenforschung und Anwendung zu bringen noch als Gegenstandsgebiete sauber zu trennen. Sie konvergieren in einer beide (und noch andere Disziplinen) übergreifenden und zugleich fundierenden Lehre vom Menschen als »Lernwesen« und »animal educandum« (Langeveld), dh in einer »Päd.n Anthropologie«, die selber aber wieder nicht als bloßer Anwendungsbereich einer allgemeineren naturwissenschaftlichen, philosophischen oder theologischen → Anthropologie (: I-IV) verstanden werden darf, sondern einen eigenen Beitrag zur Lehre vom Menschen liefert.

2. a) Der Terminus »päd.P.« tauchte erstmals gegen Ende des 19.Jh.s in einigen Buchtiteln (G.Mayer, Päd.P. für Schule und Haus, 1884; F.Bartels, Päd.P., 1890) auf, bevor er seit Gründung der »Zeitschrift für päd.P.« i.J. 1899 zur Bezeichnung einer eigenen Disziplin der P. wurde. Der damals in Päd. wie P. wirksame Herbartianismus (→ Herbart, 2) ließ das Ziel zunächst in einer einfachen Erkenntnisübertragung von der P. auf die Päd. sehen, sei es in der Weise nutzanwendender Auszüge aus der allgemeinen P., sei es in der Übertragung p.r Methoden auf die sog. »Experimentelle Päd.« (A.Lay, E. Meumann). Nach einem Satz aus Herbarts »Umriß päd.r Vorlesungen« (1835) wurde die Päd. in Abhängigkeit gesehen »von der praktischen Philosophie und P.; jene zeigt das Ziel der Bildung, diese den Weg, die Mittel und die Hindernisse«. Unbeachtet blieb dabei, daß Herbart von einer eigens für päd. Zwecke und nach »einheimischen Begriffen« der Päd. entworfenen P. ausging. - b) Erst allmählich gewann die päd.P. ihren eigenen Forschungsbereich. In Deutschland konzentrierte sich dieser bes. auf genetische Fragen, etwa auf Entwicklungsschritte des Kindes im Spiel- und Schulalter, und führte zu einer Reihe von päd. relevanten Entwicklungs- und Phasentheorien (W.Stern, K. und Ch.Bühler, H.Hetzer, O.Kroh, A.Busemann u.a.; → Kinderpsychologie: I, 6). Daneben traten in den angelsächsischen Ländern Forschungen über den Lernvorgang und seine sozialen Bedingungen sowie objektive Methoden zur Messung von Intelligenz und Lernfortschritten (L.Thorndike, J. McKean Cattell, L.Terman u.a. in den USA; Burt, Vernon, Valentine, Peel, Pringle u.a. in England); zT wurde diese »objektive« päd.P. sogar gleichbedeutend mit Erziehungswissenschaft überhaupt; Impulse aus → Tiefenpsychologie, → Psychotherapie und »cultural anthropology« (M.Mead, H.Erikson) wirkten sich nachhaltig auf das Erziehungsverständnis wie auf die praktische Schul- und Erziehungsberatung (Child Guidance) aus. In den romanischen Ländern entwickelte sich von Binet-Simon und E.Claparède bis zu J.Piaget und J.Château eine empirisch-diagnostische Erforschung des kindlichen Geisteslebens, die seither in engem Konnex zur Recherche Pédagogique, zugleich aber auch in Kontrast zu einem sehr traditionsgebundenen Erziehungswesen steht. In der Sowjetunion kam es zur Entstehung einer eigenen »Pädologie«, die mit großer Experimentierfreude um den Nachweis der Formbarkeit des Menschen durch Arbeit und gesellschaftliche Bedingungen bemüht war, überall, wo die Test-P. erbtheoretische Erwägungen nahelegte, jedoch in Konflikt mit politischen Forderungen geriet; nach einem parteiamtlichen »Dekret gegen die Pädologie« (1936) wurde dann eine »neue P.« proklamiert, die der päd.n P. eine zentrale Stellung einräumt. - c) Trotz der Fülle des Schrifttums, der internationalen Vielfalt an Forschungsansätzen und Einzelergebnissen ist die Situation der päd.n P. wissenschaftstheoretisch noch ungeklärt. Reflexionen über ihren Standort, ihre Aufgaben und Grenzen setzten um die Zeit des 1.Weltkrieges unter Führung von A.Fischer ein und wurden dann in Gesamtdarstellungen und Einzeluntersuchungen von A.Busemann, H.Nohl, O.Kroh, O.Tumlirz, M.Keilhacker, M.J. Langeveld, H.Roth u.a. bis in die Gegenwart fortgeführt. Über den heutigen Stand berichtet der 10. Bd des Handbuchs der P. (hg.v. H.Hetzer, 1959).

3. Zum *Forschungsbereich* der päd.n P. gehören im wesentlichen vier Problemkreise: a) die P. des Zöglings (Schülers) und Erziehers (→ Lehrers); b) die P. der päd.n Handlungen und Vollzüge (Erziehen, Erzogenwerden, Lehren, Lernen); c) die P. der päd.n Situationen (päd. Ordnungen, Stile, Institutionen); d) die P. der Grundrichtungen des geistigen und emotionalen Lebens (Bildungsgehalte, Interessen, Unterrichtsgebiete). Jeder der Bereiche hängt mit den anderen zusammen, in jedem kommt es auf wechselseitige Ergänzung verschiedener p.r Fragestellungen und Methoden an: Individualdiagnostik und Soziographie, charakterologische Analyse und entwicklungspsychologische Quer- und Längsschnitte, Umfragen und Tests, statistische Erhebungen und geisteswissenschaftliche Hermeneutik kommen erst in wechselseitiger Stützung und Bestätigung zu päd. relevanten Ergebnissen. Zu den Zentralfragen gehört etwa das Problem der Bildsamkeit. Es weist auf eine Klärung der Beziehungen zwischen Reifung und Lernen zurück, die ihrerseits nur in Relation zu Struktur und Entwicklungsstand der Person auf der einen, zu den geistigen Gehalten der Kultur- und Unterrichtsgebiete auf der andern Seite konkret und empirisch angegangen werden können. Kommt es auf die Ermittlung der »kritischen Phasen« an, wo Reifung und Lernen, Bereitschaften und Angebote am angemessensten aufeinanderstoßen (H. Roth), so sind über alle p. meßbaren und diagnostizierbaren Faktoren hinaus immer auch schon Historika mit im Spiel, die nach einer hermeneutischen Interpretation verlangen: Der päd. Stil einer Erziehungsinstitution (einer Schulstufe, eines Schultyps, eines Faches, eines Heims, einer Familie usw), die darin wirksamen Wertordnungen, Prinzipien und Ideale modifizieren die Bildungsbereitschaft und -fähigkeit ebenso wie die Wirkungsweisen verschiedener päd.r Grundformen (etwa → Arbeit, → Spiel, Gewöhnung, Übung, Wetteifer, Kooperation, → Autorität usw). Sie bedürfen der Analyse und Realitätskontrolle ebensosehr wie die didaktischen, methodischen und organisatorischen Maßnahmen gegenüber Fehlformen und Notfällen päd.n Wirkens (Disziplinschwierigkeiten, Lern- und Konzentrationsschwäche im »normalen« Erziehungsgang, Notfälle

der → Heilpädagogik, → Hilfsschule und Erziehungsberatung). Entsprechend vielgestaltig sind die Gliederungs- und Einteilungsmöglichkeiten der päd.n P. Viele ihrer Teilbereiche und Aspekte sind in der empirisch-p.n Forschung noch Desiderate, bes. auch hinsichtlich einer Zusammenschau der exakten und hermeneutischen Methoden.

E.Claparède, P. de l'enfant et pédagogie expérimentale, Genf 1905 - E.Meumann, Vorlesungen zur Einführung in die experimentelle Päd., (1907) 1911[2] - A.Lay, Experimentelle Päd., (1908) 1912[2] - L.Thorndike, Educational P., New York 1913/14 - Ders., P. of Learning, ebd 1914; dt. 1922 - A.Fischer, Über Begriff u. Aufgabe der päd.n P. (Zs. f. päd. P. 18, 1917, 5-13. 109-118) - G.Grunwald, Päd. P., 1921 - O.Kroh, Entwicklungs-P. des Grundschulkindes, (1928) 1944[22] - Ders., P. der Oberstufe, (1932) 1944[10] - Ders., Revision der Erziehung, 1952 - O.Tumlirz, Abriß der päd.n P., (1930) 1953[2] - A.Busemann, Päd.Jugendkunde, (1931) 1950[3] - J.Château, Le jeu de l'enfant (Introduction à la pédagogie), Paris 1946 - H.Nohl, Charakter u. Schicksal. Eine päd. Menschenkunde, 1947 - M.Keilhacker, Päd.P., (1948) 1954[4] - E.R.Hilgard, Theories of Learning, New York 1948 - J.Piaget, P. der Intelligenz, 1948 - Chr.Caselmann, Wesensformen des Lehrers, (1949) 1953[2] - C.W.Valentine, P. and its Bearing in Education, London 1950 - W.Hansen (Hg.), P. der Unterrichtsfächer der Volksschule, Schriftenreihe seit 1955 - M.J.Langeveld, Studien zur Anthropologie des Kindes, 1956 - Ders., Die Schule als Lebensraum des Kindes. Versuch einer Anthropologie der Schule, 1959 - H.Roth, Päd.P. des Lehrens u. Lernens, (1957) 1959[3] - Ders., Die Bedeutung der empirischen Forschung für die Päd. (in: Päd. Forschung u. päd. Praxis, 1958, 5-57) - J.Derbolav-H.Roth, P. u. Päd., 1959 - Hdb.d.P., hg.v. Ph.Lersch, F.Sander, H.Thomae, Bd 10: Päd. P., hg.v. H.Hetzer, 1959 (Bibliogr.).

H.Scheuerl

Psychologismus ist die Verabsolutierung der Wissenschaft → Psychologie zur Weltanschauung, in der die psychischen Gegebenheiten für die Lebenshaltung maßgebend werden, während sich die objektiven Werte und die absoluten Wahrheiten in unverbindliche subjektive Erlebnisse auflösen. Es gibt philosophisch begründeten und psychologisch gewachsenen P. Im Beginn des 20.Jh.s wurde der damals verbreitete philosophische P. durch den Angriff → Husserls aufgelöst, den → Scheler auf die Ethik übertrug. Psychologisch gewann der P. Auftrieb in der → Tiefenpsychologie, durch die ihr immanente Versuchung zur Verabsolutierung und durch dieser entgegenkommende Züge in der geistigen Struktur jener Zeit, sowie in ihrem Begründer → Freud. In der Tiefenpsychologie wurde der P. überwunden durch die Sprechstundenerfahrung von der Unentbehrlichkeit absoluter Werte für Heilung von Neurosen und für die Lebensbewältigung überhaupt (Frankl, Daim, Caruso). Gesunde Psychologie ist immun gegen P. Die Theologie ergänzt die philosophische und psychologische Kritik am P. durch die Gehalte der theologischen → Anthropologie.

Philos.: E.Husserl, Logische Unters.en I. II/1, (1900) 1928[4]; II/2, (1901) 1922[3] - M.Palágyi, Der Streit der Psychologisten u. Formalisten, 1902 - M.Scheler, Der Formalismus in d. Ethik u. d. materiale Wertethik I. II, (1913/16) 1954[4] - W.Moog, Logik, Psychologie u. P., 1920. - *Psychol.:* V.E.Frankl, Ärztliche Seelsorge, (1946) 1952[6] - J. Goldbrunner, Individuation, 1949 - Ders., Personale Seelsorge, Tiefenpsych. u. Seelsorge, (1954) 1955[2] - W.Daim, Umwertung der Psychoanalyse, 1951 - I.A.Caruso, Psychoanalyse u. Synthese der Existenz, 1952 - Ders., Bios, Psyche, Person, 1957 - K.Wolff, Psychologie u. Sittlichkeit, 1958.

O.Haendler

Psychosomatik. Die psychosomatische Medizin (p.e M.) ist ein methodisch und inhaltlich nicht eindeutig festgelegter Begriff. Ihr Anliegen ist ein erweitertes Verständnis von → Krankheit (: III). Sie stellt also kein Sonderfach der Medizin dar, sondern ist eines der bewegenden Prinzipien modernen ärztlichen Denkens, als solches gleichzeitig Ausdruck des Ungenügens von Ärzten und Kranken am Zustand der ärztlichen Kunst, oft nicht ohne Vorwurf gegen das naturwissenschaftliche Wissenschaftsverständnis. - Der p.en M. liegt ursprünglich die Absicht zugrunde, das somatische Denken um das psychologische zu erweitern. Es durch dieses zu ersetzen, ist ihre ständige Versuchung. Während somatische Vorgänge meßbar und kausal auflösbar sind, scheinen psychische in ihren Zusammenhängen nur verstehbar. Die Frage ist, ob p.es Geschehen gleichzeitig meßbar und verstehbar ist.

Der p.en M. liegt ursprünglich der Leib-Seele-Dualismus zugrunde (→ Leib und Seele: II). Je mehr dieser sich aber als eine nicht der Erfahrung entnommene und auch auf die Erfahrungswirklichkeit des Arztes nicht anwendbare ontologische Aussage erwies, erweiterte sich der p.e Ansatz zum ganzheitsmedizinischen und anthropologischen (→ Anthropologie: I). Ein dualistischer Ansatz scheitert an den Erklärungen, wie das Verhältnis zweier heterogener Bereiche verstanden werden soll. → Freud hatte die innerseelische Dynamik durchaus naturwissenschaftlich verstanden. Im Verhältnis des Bewußten und Unbewußten ist deswegen von Dynamik, Energien, Verdrängungen, Verschiebungen, Kräften die Rede (→ Psychotherapie: I). Freud eröffnete dem Verständnis der Hysterie, der Neurosen, der Phobien (krankhafte Angstzustände) neue Wege. Von der Lebensgeschichte, den Krisen und Konflikten her erschien das krankhafte Fehlverhalten zu Umwelt, Mitwelt und Selbst kausal erklärt und sinnvoll verstanden. Die Einseitigkeit lag in der triebpsychologischen Interpretation, der von Adler später die machtpsychologische hinzugefügt wurde. All diese Schwierigkeiten wurden vermehrt durch den Versuch Weizsäckers, Freuds Ergebnisse auf die körperlichen Krankheiten zu übertragen, hinter denen er seelische Ursachen (Psychogenie) postulierte. Eine zusätzliche Schwierigkeit erwuchs aus dem Wirkungsverhältnis Körper - Seele; denn durchaus sollte Seelisches in Körperliches (Somatisierung) und Körperliches in Seelisches (Psychisierung) ebenso wie bei Freud Seelisches in Seelisches (Sublimierung, Konversion) umgewandelt werden können. Die Verlegenheit findet in zahlreichen nur noch metaphorisch annehmbaren Begriffen ihren Niederschlag: Parallelismus, Korrespondenz, Analogie, Kongruenz, Solidarität, Polarität, Stellvertretung leiblichen und seelischen Geschehens füreinander, Leib- und Seelensprache über das gleiche Thema, Komplementarität, Transformation, Travestition. Am unverfänglichsten sind jene Begriffe, die einfach die Gleichzeitigkeit des Geschehens und die phänomenologische Untrennbarkeit von Körperlichem und Seelischem feststellen: Koinzidenz, Gleichzeitigkeitskorrelat (Schulz-Henke), p.es Simultangeschehen (Mitscherlich), Synchronizität (Jung).

Eine p.e Theorie muß von der Erfahrungswirklichkeit ausgehen, daß der Mensch eine Einheit ist. Er ist Leib (= beseelter Körper in dualistischer Nomenklatur). Als solcher erlebt er sich, und durch diesen erfährt er die Welt. Eine das Ganze zum Gegenstand ihres Denkens und Handelns erhebende Medizin muß es mit der letzten individuellen Artung des mitmenschlichen Gegenübers aufnehmen. Die diagnostischen Möglichkeiten werden bis an die Grenzen des Identifizierens und Distanzierens (Teilhabe und Erkennen) erweitert. Weizsäckers Postulat: »Die p.e M. wird eine tiefenpsychologische sein oder sie wird nicht sein« ist einseitig und historisch bedingt. Längst hat sie sich soziologischen und daseinsanalytischen Erkenntnissen erschlossen und den Menschen als einen weltoffenen, wertgerichteten, sinnorientierten angenommen (Binswanger, V.E.Frankl). Nur wenn man die Freiheit miteinbezieht, kann Krankheit als Unfreiheit, erzwungene oder erstrebte Beschränkung der individuellen humanen Möglichkeiten erkannt werden

(Mitscherlich). Ziel der Therapie wird dann notwendig, dem Menschen wieder seine Möglichkeiten zurückzugeben. Dazu gehören auch Vertrauen und Hoffnung, die als therapeutische Kategorien den diagnostischen Angst und Sinnlosigkeit gegenüberstehen.

Die p.en Phänomene umfassen eigentlich alles, was man an kranken Menschen in bezug auf das Ganze der leidenden Person erfahren kann. Voraussetzung ihres Verständnisses sind die Erkenntnisse der Stammesgeschichte, der → Vererbungslehre, der Physiologie und → Psychologie, der Verhaltensforschung. Sie lassen erkennen, daß die Vielfalt sich aus der Einheit durch Differenzierung, Funktionsteilung entwickelt hat und in den kompliziertesten Steuerungssystemen der Zusammenhang aller Teile miteinander gewahrt ist. Was uns als Wirkung eines Seelischen oder Geistigen auf den Körper oder umgekehrt erscheint, ist eine Zustandsänderung des Ganzen. Der Mensch hat stammesgeschichtlich jene Stufe überwunden, auf der im Stammhirn alle motorischen, sensorischen, endokrinen und vegetativen Funktionen koordiniert und auf die Formeln weniger, zweckmäßiger Verhaltensmöglichkeiten gebracht werden. Die Entwicklung des Großhirns hat das Stammhirn entmachtet. Es ist Dissoziationsorgan und bereitet den Kontakt mit der Mitwelt (soziales Übergehirn), der Geschichte und den sittlichen, religiösen, wissenschaftlichen Ideen vor (objektiver Geist). Auf die Ordnung der Vielfalt der Eigenschaften und Funktionen wendet man fruchtbar Erkenntnisse der modernen Regeltechnik an (Kybernetik). Wesentliche Eigenschaft eines Regelkreises ist, daß jedes Glied über den Zustand jedes anderen orientiert wird und die Wirkung jedes Gliedes, die es auf andere hat, auf seinen eigenen Zustand zurückwirkt (Rückkoppelung). Den Ablauf eines solchen Geschehens kann man kausal-linear analysieren. Nimmt man die Regelkreisprinzipien zur Grundlage, so wird der Zweck entscheidend, den eine zu einer Funktion zusammengeschaltete Menge von Einzelelementen erfüllt. Freiheit, dh die Fähigkeit, den Regelkreis, die Funktion in Gang zu setzen oder zu unterbrechen, hängt von der Möglichkeit ab, sich zuzuschauen (Fernstellung Max → Schelers), experimentell zu denken, die Folgen der Handlung vorauszusehen und die Handlung danach zu richten. Einem derart reflektierenden Bewußtsein erscheinen die Einzelschritte des Geschehens im Regelkreis als Motive, denen gegenüber eine gewisse Wahlfreiheit besteht. Der Zweck einer Leistung wird zum Sinn, wenn sie im Dienste der Verwirklichung einer Idee gesehen wird. Leib sein und Leib haben im Sinne instrumentaler Verfügbarkeit sind untrennbar. Die Bedeutung der »höheren« geistigen Funktionen und des Bewußtseins für die Verwirklichung menschlicher Existenz beruht nicht auf einer ontologisch begründeten Superiorität über die Inferiorität des Körpers, sondern auf der Tatsache, daß stammesgeschichtlich jüngere Eigenschaften die älteren instrumentalisieren. Diese Konzeption der Ganzheit des Menschen verspricht eine brauchbare Grundlage einer Theorie der p.en M. Die Zustände des Menschen sind in Gesundheit und Krankheit vom aktuellen Daseinsvollzug her verständlich (M.Boss).

Die Selbstdarstellung des Menschen in Ausdruck, Sprache, Haltung, Mimik, Gestik, Verhalten ist ein Beispiel, das zeigt, wie alles im Spiel ist. Steht das Instrument der Motorik auch im Vordergrund, so spielen doch Vegetativum und Endokrinium, Stimmung und Absicht eine wichtige Rolle. Hysterie ist eine krankhafte Form der Selbstdarstellung. Hemmung normaler Lebensvollzüge, die der Motorik bedürfen, schlägt sich häufig in Symptomen am motorischen System nieder (Sehnenschmerzen, Spannung oder Schlaffheit der Muskulatur). Versagen und Nichtkönnen sind wichtige p.e Kategorien. Bedeutsame Beiträge liefert die Wahrnehmungsphysiologie, denn Wahrnehmen und Bewegen bilden einen fundamentalen Regelkreis (Gestaltkreis). Die Wahrnehmung steuert die Bereitstellungen des Menschen auf bestimmte Situationen, auch wenn sie nur vorgetäuscht oder vorgestellt ist: Abwehr- oder Fluchtbereitschaft (ergotrop), Bereitschaft zur Nahrungsaufnahme oder zum Schlaf (trophotrop). Durch unbewußte Ängste, Vorstellungen, verdrängte Konflikte bedingte, der wahren Situation gar nicht entsprechende Dauerbereitstellungen führen zu permanenten körperlichen Symptomen (Blutdrucksteigerung, Schweiß, Pulsbeschleunigung, Hunger, Schlaf, Gähnen). Die vegetativen Symptome stehen im Vordergrund, da sie am schlechtesten beherrschbar sind (autonomes Nervensystem). Das gleiche gilt für die Affekte (Antworten auf äußere Situationen) und Emotionen (Antworten auf Vorstellungen der Möglichkeit solcher Situationen). Je stärker die vegetative Symptomatik eines Affektes ist, um so weniger ist er beherrschbar (Freude, Wut). Je mehr die willkürliche Motorik zum Affektschema gehört, um so mehr läßt er sich beherrschen, spielen und durch persönlichen Stil modifizieren (Hochmut, Verachtung). Die Affekte und Emotionen haben ihren Namen von den unterschiedlichen Symptommustern. Sie sind aber weder vollkommen situations- noch individualspezifisch. Deswegen ist es auch nicht gelungen, eine p.e Systematik darauf zu gründen. Die funktionelle Pathologie (G.v. Bergmann) forderte, daß ein dauernder pathologischer Funktionszustand (Gefäßspasmus, Darmspasmus, Bluthochdruck) zu organischen Schäden (Magengeschwür) führen könnte. Die amerikanischen p.en Schulen (Dunbar, Alexander, Weiß) sehen in der Funktionsstörung eine bewußt oder unbewußt nicht entladene, gehemmte, permanent gewordene Emotion, einen unerledigten Konflikt, eine dauerhaft gewordene Krise. Wurde der Anlaß der Emotion vergessen, verdrängt oder nie bewußt (Kindheitserlebnisse, soziale Konflikte) oder wurde aus Überlegungen der Sittlichkeit (Versündigungsfurcht), der Zweckmäßigkeit (Opportunismus) oder → Angst der natürliche Weg der »Entladung« versperrt, so kommt es zu vegetativen Symptomen: gestaute Aggressivität oder vegetativer Rückzug. Es ist bisher nicht gelungen, Situations- oder Persönlichkeitstypen für solche p.en Krankheiten widerspruchsfrei nachzuweisen. Die bekannte Erfahrung, daß man einen Menschen kränken, dh durch eine provozierte Selbstwertkrise körperlich krank machen kann, erhält neue Aktualität. Das Situationsbedingte chronischer Spannungen kommt in der Lehre vom Stress zum Zuge. Für Herzkranke ist vor allem der Berufs-Stress (Doppelberuf) herausgearbeitet. Unschätzbar sind die Impulse der biographischen Medizin (v.Weizsäcker, Siebeck), die ein neues Mühen und Verstehen um die Lebensgeschichte der Kranken und die Vorgeschichte der Krankheit gebracht haben. Bedenklich wird es, wo jeder Kranke primär verdächtigt wird, daß die Krankheit Ausdruck seines Vorbeiirrens am Sinn des Lebens, an Gott, Symbol eines nicht erledigten Gewissenskonfliktes ist. – Zu einer p.en M. gehören auch die Veränderungen, die die Gesamtperson bei primär körperlichen Krankheiten erfährt (Fieber, Schmerzen). Es sind die bei jeder Krankheit zu beachtenden Gefühle der Unlust, des Niedergeschlagenseins und die Einstellung zur Krankheit (Verzweiflung, Ergebenheit, Gesundungswille). Spezielle Phänomene dieser medizinischen Psychologie sind zB die Apathie und Antriebsarmut bei Schilddrüsenunterfunktion, die Angst der Herzkranken, das Mißtrauen der chronisch Leberkranken.

Die Grenzen der P. liegen darin, daß sie auf ein umfassendes Menschenbild verzichten muß, da dieses aus dem bruchstückhaften Erfahrungswissen nicht aufgebaut werden kann, ja daß nicht einmal eine für ärztliche Bedürfnisse brauchbare Lehre vom Menschen möglich ist. P. ist deswegen letztlich der Ausdruck der modernen Medizin, der Wirklichkeit des Einzelmenschen inhaltlich und methodisch offen zu sein.

Vgl. → Arzt und Seelsorger, → Krankheit: III, → Leiden: V.

K. Jaspers, Allg. Psychopathologie, (1913) 1953[6] - V.v. Weizsäcker, Der Gestaltkreis, (1940) 1950[4] - Ders., Der kranke Mensch, 1951 - E. Weiss-O.S. English, Psychosomatic Medicine, Philadelphia 1943 - V.E. Frankl, Ärztl. Seelsorge, (1946) 1948[5] - R. Siebeck, Medizin in Bewegung, (1949) 1953[2] - F. Alexander, P.e M., dt. 1951 - M. Boss, Einführung in die p.e M., 1954 - A. Dührssen, Psychogene Erkrankungen bei Kindern u. Jugendlichen, (1954) 1955[2] - W.H.v. Wyss, Aufgaben u. Grenzen der p.en M., 1955 - C.E. Benda, Der Mensch im Zeitalter der Lieblosigkeit, 1956 - M. Balint, Der Arzt, sein Patient u. die Krankheit, dt. 1957 - Fr. Büchner, Vom geistigen Standort der modernen Medizin, 1957 - J.W. Fleming, A Primer on common functional Disorders, London 1958 - J. Weitbrecht, Kritik der P., 1958 - P. Christian, Mediz. Anthropologie (in: Fischer-Lexikon 16, 1959, 29-59) - G. Ewald, Der biologisch-anthropologische (existentielle) Aufbau der Persönlichkeit, 1959 - B. Rensch, Homo sapiens, 1959 - P. Teilhard de Chardin, Der Mensch im Kosmos, 1959 - W. Wieser, Organismen, Strukturen, Maschinen, 1959 - B. Stokvis, P. (in: Hdb. d. Neurosenlehre, hg.v. V.E. Frankl u.a., III, 1959, 435-506) - A. Jores, Vom kranken Menschen, 1960. - Vgl. die Lit. zu den im Text genannten Artikeln.

F. Hartmann

Psychotherapie

I. Medizinisch - II. Theologische Beurteilung. - p. = psychotherapeutisch. - Vgl. ergänzend → Tiefenpsychologie

I. Medizinisch

1. Das Verfahren der P. - 2. Das Wesen der Übertragung - 3. Die Haltung des Analytikers - 4. Die tiefenpsychologische Triebiehre - 5. Moderne Existenzprobleme

Seit der Renaissance sucht die abendländische Heilkunde am Kranken nach Symptomen von organischen Grundstörungen. Ihre Kenntnis will ein spezifisches therapeutisches Handeln ermöglichen. Die Mitteilungen des Patienten haben hier lediglich die Bedeutung von Angaben, die diagnostisches und therapeutisches Vorgehen erleichtern sollen. - In anderen Kulturen wurden und werden alle Leiden mit dem Mittel von irgendwie verstandenem Wort und Gebärde zu heilen versucht (→ Beschwörung, → Schamanismus). Bei uns kam zunächst der mitmenschliche Appell nur bei jenen → Leiden (: V) in Frage, die nicht auf eine körperliche Störung zurückzuführen waren. Bei den *unspezifischen Verfahren,* wie → Hypnose, → Suggestion, Persuasion usw sowie beim autogenen Training (I.H. Schultz) wird der autoritäre verbale Einfluß benützt, um ein Symptom zum Verschwinden zu bringen oder eine allgemeine Änderung der habituellen Haltung zu bewirken. Die *spezifischen Verfahren* wollen die fundierende existentielle Problematik erfassen und von dort her einen neuen Lebensstil entwickeln. - Über die Beziehung zwischen Therapie und Seelsorge s. → Psychotherapie: II.

1. Die *Psychoanalyse* samt den Verfahren, die sich von ihr herleiten, die bisher radikalste ärztliche Folgerung aus der sich stellenden p.en Aufgabe, ist von Sigmund → Freud zusammen mit Josef Breuer aus der Hypnose entwickelt worden. Der grundlegende Gedanke war, den Patienten an seiner Therapie handelnd teilnehmen zu lassen. Er soll alles, was ihm einfällt, sagen - ungeachtet der Kritik, die ihn gewisse Gedanken zu äußern hindern will. Das Mittel des *freien Einfalls* läßt nun Gedanken und Gedankenverbindungen laut werden, zu denen der Analysand in einer eigenartigen Beziehung steht. Sie sind zT bekannt, aber zu sagen peinlich; zT artikulieren sich aber auch Gedankengänge, die als neue Wesensseiten anerkannt werden müssen. Freud nannte das *»Bewußtwerden unbewußter Inhalte«.* Die Aufgabe einer analytischen Kur ist demnach die Festigung und Erweiterung des verantwortbaren Eigenwesens, dessen Absichten wir als verständige zu bejahen pflegen und zur Verwirklichung zulassen; man nennt es gemeinhin das *Ich.* Freud betrachtet es als einen an der Realerfahrung gegliederten und maßvoll gewordenen Persönlichkeitsanteil, der den Zugang zur Motilität und zur Wortsprache beherrsche; aber der weitaus größere Anteil des menschlichen Wesens bleibe unbewußt. Freud nennt ihn das *Es,* das als ein ungeordnetes, dem Maß der Wirklichkeit entzogenes Chaos allem Menschenwesen zugrunde liege. Was sich in Gestalt von freien Einfällen und Träumen zur Verwirklichung und damit zur Verantwortung dränge, seien Teile des *Es,* die sich dem eigenen Wesen zusprechen; als dieses mitbestimmend hat sie das Ich anzuerkennen, damit sie »ichgerecht« bzw. »realitätsgerecht« werden (Modifizierung des Lust- zum Realitätsprinzip). Wenn Freud sagt: »Wo *Es* war, soll *Ich* werden«, soll das nicht heißen, das Ich solle das Es usurpieren; sondern indem das Ich ein Es als unbegrenzten Hort seiner Möglichkeiten anzuerkennen bereit ist, muß es auch bereit sein, ihm sein Maß zu schaffen. Damit ist aber gesagt, daß das Ich seine bisherigen Maßstäbe an dem neu sich Zusprechenden wandelt, indem es sich vom *Es* befruchten läßt. Durch die verantwortende Anerkennung von bisher abgewiesenen Ansprüchen (Verdrängung), aber auch von Themen, die sich erstmals gestalten und, wenn überhaupt, höchstens in Stimmungen, Phantasien, Hoffnungen und Ängsten ahnbar waren, sieht sich der Analysand selbst neu in einer neuen Welt. Dh aber, daß er sich auch dort nicht nur zu erkennen, sondern auch anzuerkennen und zu verantworten entschließen muß, wo er sich nicht zusagt oder wo er gar bis dahin von ihm selbst her nichts wissen konnte. Was derart bewußt zu werden beginnt, soll und kann nicht lediglich vom Analytiker »deutend« festgestellt und damit auch schon vom Analysanden anerkannt und verantwortend übernommen werden. Nicht nur, weil seine Abwehr »sich bereits im offenkundigen Wesen des Patienten durchgesetzt hat« (Freud), also bereits zu seiner Eigenart gehörte, sondern vor allem darum, weil dieses »offenkundige Wesen« bisher und von jeher das uns zugefallene Maß der Welt überhaupt war. Gewiß, soweit es sich um die Enthüllung und Offenbarung von »Abgewehrtem« handelt, mag eine gezielte Deutung das Aufgeben der Abwehr und die anerkennende Annahme des bisher Verdrängten bewirken; aber es geht in jeder gründlichen Analyse vor allem um den Aufbau einer Existenz von neuen Ausmaßen, der nur schrittweise möglich ist. Die Gefahr, daß Analytiker und Analysand bereits von einer dem Verstand genehmen Deutung tiefgreifende Veränderungen erwarten, ist von Freud schon 1914 erkannt worden. Er spricht nämlich davon, daß die in der Analyse auftauchenden Widerstände gegen die Mitarbeit an der Aufdeckung verpönter Strebungen *durchgearbeitet* werden müssen, da eine neue Grundhaltung nur in der unzählige Male wiederholten Erfahrung einsichtiger Bedeutungszusammenhänge geschehen könne. Erst nach diesem »Durcharbeiten« vermöge sich der Analysand ohne Begleitung auf seinem kreativen Weg zu halten. Gerade dieses Vorgehen unterscheide »die analytische Behandlung von jeder Suggestionsbehandlung«. Das Durcharbeiten führt so zu einer allmählichen Loslösung des Analysanden von seinem Analytiker.

2. Diese Ablösung der Selbsterfahrung von der deutend vernehmenden Nähe eines Anderen und die Hinführung des Analysanden zu neuer Entschlossenheit zu

sich selbst vollzieht sich aber nun in der *Übertragungsanalyse,* dh in der Durcharbeitung der Beziehung zum Analytiker. Mit dem Wort *»Übertragung«* bringt Freud zum Ausdruck, daß die Erwartungen, die man als Kind den Erziehern, vor allem den Eltern gegenüber zu hegen gelernt hatte, bei jedem Menschen stets bereit liegen. Sie werden aktiviert und auf den Analytiker »übertragen«, sobald die Bereitschaft des Analytikers, alles zu hören, ernstlich erfahren wird. Wir wissen, daß die menschliche Erziehung in einer bedachten Stilisierung des Verhaltens besteht. Jeder Mensch erwirbt die Art, so zu sein, daß er soziale Anerkennung und Geltung beanspruchen darf, im frühen Kontakt mit den Eltern, die die Forderungen der Sozietät vertreten. Die Eltern geben ihrem Kinde den Namen, mit dem es angesprochen wird und unter dem es sich kennt und um sich weiß. Sie stellen in positiver wie in negativer Hinsicht die mächtigen Ideale dar, an denen sich der werdende Mensch ausrichtet. Die Erzieher sind aber nicht nur die ersten Instanzen, die dem Kinde das ungebärdige Angreifen und Begehren verwehren und die es maßregeln, bis es nicht gemäße Aneignungs-, Zerstörungs- und Aggressionsimpulse sowie verpöntes Liebesverlangen zu unterdrücken, abzuwehren, zu verdrängen, zu modifizieren gelernt hat; sondern in ihrer Art, der Welt übereignet zu sein und sie zu eigen zu haben, begründen die Eltern das Kind menschlich, denn sie übermitteln ihm die Weise, wie es existieren kann und soll. Dies geschieht oft und heute mit zunehmender Häufigkeit derart, daß das Kind nicht imstande ist, ein Elternideal zu bilden, unter dessen Leitung ein für das ganze Leben verbindlicher Daseinsstil entwickelt werden könnte. Im Falle elterlicher Überstrenge mag sich eine zu starre habituelle Haltung fixieren, die mehr der Verdrängung verpönter Impulse dient, als daß sie fähig ist, neu sich Zusprechendes zur angemessenen Darstellung zu bringen. Wenn aber der an den Eltern und den Kameraden (peer groop), also den Vertretern der in der Frühzeit geltenden Sozialstruktur erworbene »Ich-Stil« nicht zureicht und bald seinen Sinn verliert, kann eine fundamentale Selbstungewißheit entstehen: ein Auflassen also des funktionalen und in der Zeit durchhaltenden Eigenwesens zugunsten eines Wechsels von der jeweiligen Situation geforderter, mit ihr verbindender Rollen, denen aber der Bezug auf eine personale Einheit fehlt. Die Umwälzungen in unserer Sozialstruktur führen dazu, daß unseren »Neurosen« immer häufiger nicht zu starre, »fixierte Ichstrukturen« zugrunde liegen, sondern ein Mangel an grundlegender Folgerichtigkeit. Dies führte dazu, daß das von Freud als unerläßlich betrachtete *»Durcharbeiten«* der sog. »Übertragungswiderstände« an praktischer Bedeutung gewann; denn es vermag nicht allein die Lockerung von starren, der Abwehr geltenden Haltungen zu erreichen, sondern es fördert vor allem auch an Hand der Übertragungsprobleme die Selbstkontrolle der Beziehungen überhaupt. – Die meisten Menschen finden zwar heute noch unter den »landesüblichen« erzieherischen Bedingungen das Maß, das ihnen ein unangefochtenes Leben gewährleistet; aber auch sie haben ihre habituelle Verhaltensart, die zu ihrer »zweiten Natur« wurde, nicht ohne zu verdrängen bzw. ohne Abwehr primordialer, aber verpönter Strebungen erlangt.

Diese Strebungen sind nun nie stumm; in kritischen Lagen werden sie als *Störungen* wahrgenommen, wenn diese aber *nie* ausbleiben oder bei bestimmten Anlässen regelmäßig auftreten, als *Leiden* erfahren. Diese melden sich nicht nur in neurotischen Anzeichen, die oft die Verwirklichung »guter« Absichten verhindern oder doch schmälern. Sie werden vor allem als aggressive und mißtrauische Tendenzen, denen meist → Angst zugrunde liegt, auf die maßgebenden Mitmenschen »übertragen«. Dies beeinträchtigt den Umgang vor allem mit den Autoritätspersonen. In der Auseinandersetzung mit dem Analytiker muß sich diese »Übertragung« bes. stark entfalten, weil im Entschluß, sich dem unbedingten Gehörtwerden auszusetzen, die Abwehr sonst verpönter Regungen und Phantasien aufgegeben und der Entstehung unvorhersehbarer Bildungen Raum gegeben wird. Mit der Freigabe aller Einfälle wächst aber auch die Angst, der als richtende Vater-Autorität erlebte Analytiker reagiere entweder mit dem Entzug seiner Zuwendung, mit Ablehnung und Verachtung; oder aber er wird, da er keinen Einfall verbietet und nicht maßregelt, als gefährlicher Verführer erscheinen, der das Chaos herbeiführt, wo alles erlaubt ist und kein Maß mehr gilt. – Dies sind die Gründe, warum die *Übertragung* durchgearbeitet werden muß, wenn anders der Analysand auf den Weg kommen soll; dies ist aber das höchste Ziel der psychoanalytischen Behandlung.

C.G. → Jung sieht das besondere dialogische Geschehen zwischen Analytiker und Analysanden im Bilde des Opus des Alchemistenpaares, das gemeinsam ein Drittes (den Stein, das Gold, den Homunculus) hervorbringt. Dabei zeigt er, daß das Werk keineswegs in der Aufdeckung vordergründiger, peinlicher »Inhalte« besteht, daß sein Wesen also nicht »reproduktiv«, sondern kreativ ist. Weil es aber eine Neuschöpfung zum Ziele hat, müssen sich beide, Analytiker und Analysand, aufs Spiel setzen, wenn die neue »Mitte« erreicht werden oder, wie Jung sagt, die Individuation gelingen soll. Der Analytiker kann und darf sich also, gleich dem alchemistischen Meister, vor der Teilnahme nicht in eine neutrale Distanz flüchten. Jung hat darum die Anerkennung und Meisterung der sog. Gegenübertragung in einer besonderen Weise wichtig genommen.

Aus alledem geht hervor, daß im Mittelpunkt des psychoanalytischen Geschehens eine besondere Art der mitmenschlichen Verbundenheit steht: der *p.e Dialog,* der im Dienst der Dialektik steht, in der die von der Psychoanalyse intendierte Entwicklung fortschreitet.

3. Freud hat für das Verhalten des Analytikers und des Analysanden besondere, der soeben geschilderten Entwicklung förderliche Regeln aufgestellt: Die Analyse soll in der *Versagung* durchgeführt werden. Und: der Analytiker soll *nicht werten.* Was meinte Freud, als er sagte: »Die analytische Kur soll, soweit es möglich ist, in der Entbehrung – der Abstinenz – durchgeführt werden«? Wir sahen, daß jeder Mensch zunächst dadurch zu seiner Bestimmung kommt, daß nur solche Möglichkeiten wirklich werden, die dem Existenzstil der Gruppe entsprechen, und daß uns darüber hinaus Verhaltensweisen versagt sind, die dem geltenden und anerzogenen Tun und Lassen zuwiderlaufen oder fremd sind. Die Folge ist, daß eine Haltung habituell, also zur »zweiten Natur« wurde, die nur Antworten innerhalb eines bestimmten »Erwartungshorizonts« zur Verfügung hat und die überdies, oft absichtlich, meist aber unwillkürlich gewisse Handlungen der Umgebung gegenüber vermeidet, gewissen Reaktionen der Umgebung ausweicht, andererseits aber auch bestimmte Antworten erwartet und erzielt. Durch unwillkürliche Machenschaften wie Ausweichen, Provozieren, Unterdrücken von Einfällen, Rat suchende oder Auskünfte fordernde Fragen wird jener »Erwartungshorizont« aufrecht erhalten. All diese Verhaltensweisen stellen sich in der Analyse in besonderer Schärfe ein. Der Analytiker darf nun dem Analysanden in keiner Weise Hand zu dieser Bewegung in den eingefahrenen Geleisen (»Agieren«) bieten; er muß sich vielmehr so verhalten, daß der kreativen Artikulierung neuer, in die Verantwortung zu nehmender Existenz-

möglichkeiten der Weg offen gehalten wird. Er läßt sich also nicht durch Fragen zu geforderten Antworten provozieren; er darf die Unterdrückung von Einfällen nicht unbedacht durchlassen, er darf die vorgebrachten Zweifel an seiner Person oder am Verfahren nicht zerstreuen, Angriffe nicht zurückweisen und sich nicht rechtfertigen. Wenn er sich so verhält, verweigert er dem Analysanden dessen zunächst so verständlichen Anspruch auf unbedingte Anerkennung in seiner gewohnten Existenzweise; aber da diese sein Leiden aufrechthält, darf der Analytiker den Patienten nicht »selbstverständlich« nehmen, denn er muß sich und ihn für die Behebung der leidvollen Existenz freihalten, obschon der Analysand sie mit allen Mitteln verteidigt. So verweilt der Analytiker mit der versagenden Haltung bei der vorweggenommenen oder - um mit → Heidegger zu sprechen - »vorausspringenden« Anerkennung einer erst zur Gestaltung sich anschickenden Existenzweise, deren Zutagetreten im freigehaltenen Spielraum der Analyse den Analysanden zunächst ängstigt. Diese Angst weist auf das fundamentale Problem, daß, was dank der offenlassenden Stille vernehmbar wird, in unheimlicher Weise den bisherigen Erwartungshorizont auf ein erst noch zu Vernehmendes hin übersteigt. In diesem Sinne kann man sagen, daß die bedachte versagende Zurückhaltung des Analytikers die Gewährung einer Anerkennung birgt, die nicht so sehr der augenblicklichen, das Leiden mit sich führenden Austragung der Existenz gilt, als vielmehr einer möglichen, durch die dialogische Leidenshilfe hoffentlich sich gestaltenden, wesentlichen oder doch wesentlicheren Weise zu existieren. Die überkommene Existenzweise, die eine zu Verdrängung, Isolierung, Regression usw führende Abwehr unangemessener Regungen benötigte und darum Leiden mit sich brachte, soll also überwunden werden; denn nur ein freigehaltenes Existieren, das sich allem, was zu Gehör kommen möchte, verantwortend offenhält, macht die weitere Abwehr bisher verpönter und gefürchteter Regungen überflüssig.

Aus diesen Überlegungen erhellt auch die Forderung des *Nicht-wertens.* Unser »natürliches« Verhalten kreist unbedacht in den Werthaltungen und Vermeidungen der Konvention; das gibt ihm die gängige Sicherheit, an die sich der Patient klammert. Der Analytiker muß darauf bedacht sein, die überkommenen Werthaltungen nicht als »selbstverständlich« hinzunehmen; er muß sie vielmehr suspendieren. Nur unter der Voraussetzung solcher Enthaltung kann nämlich das von der gängigen Moral bestimmte Tun und Lassen in seinen existentiellen Beweggründen sichtbar werden. Diese Enthaltung legt aber bes. den Spielraum frei, in dem alte verdrängte, wie auch neue Regungen zu Wort kommen können.

4. Die → *Tiefenpsychologie* begründet das geschilderte therapeutische Verfahren mit einer Lehre von den Trieben und ihren Konflikten. Hier stellen sich drei zusammenhängende Fragen: Worin gründet die Rede von *Trieben?* Welche Triebarten stehen im Zentrum der psychoanalytischen Lehre? Was besagt die Rede vom *Triebkonflikt?* - Das Recht, von Trieben zu sprechen, beruht auf der Tatsache, daß wir uns getrieben fühlen können. Aus der Auskunft: »Ich bin, fühle mich getrieben« entsteht die Verdinglichung von »in« uns »vorhandenen« *Trieben,* die für unsere Psychologie bezeichnend ist. Daß wir uns getrieben fühlen können, hängt mit der menschlichen Verfassung zusammen. Die Bewegtheit der Menschen hat das Ansichhalten- und Innehalten-können zur Voraussetzung. Menschliches Handeln wird aus dem Innehalten entlassen. Im beschützten Spielraum der betreuten Kindheit erwirbt ein jeder im spielenden Gestalten das besondere Sich-verhalten-können, das die Menschen auszeichnet. Es versteht sich von den Antworten her, welche die Sozietät dem Kinde durch die Gruppe, vorab durch die Eltern bereithält. Auf diese Weise erwerben wir eine *sozial* bzw. *geschichtlich determinierte Grundhaltung,* die, wenn wir erwachsen sind, gefestigt ist und in unserem habituellen Gebaren sich durchhält. In ihm werden wir gekannt oder verkannt, verstanden oder mißverstanden, in ihm wissen wir um uns.

Aus dieser Haltung entspringt alle Bewegtheit als *»mein eigenes Handeln«;* sie schreibt allem Tun und Lassen seinen Stil vor, ohne den menschliches Existieren gar nicht sein kann. Aber die Abfolge des Handelns, einst im Innehalten und Wiederholen erworben, kann, einmal zu eigen geworden, derart fließend geschehen, daß kaum ein Hiatus des Ansichhaltens den Rhythmus bricht. Dann kann man sagen: Das ichgerechte Tun und Lassen stimme mit dem »realitätsgerechten« überein, sei zur »zweiten Natur« geworden. Hier ist dieses verhaltene Innesein Vor-sicht, Nach-sicht und Rück-sicht, die alles Tun und Lassen steuernd durchstimmt: unterdrückend, aufschiebend, verzögernd, anpassend, zur rechten Zeit zur Tat oder zur Enthaltung führend. - Unter gewissen Umständen aber klafft der Hiatus des Innehaltens, und nun fühlt der Zurückgehaltene ein als unruhige und beunruhigende Spannung empfundenes Hingedrängtwerden zu einem bewegten Vollzug, dem keine Fassung zur Verfügung steht, die die intendierte Antwort - und auch wir selbst sind Antwort - erhoffen lassen könnte: er weiß sich getrieben. - In diesem Falle erst steht das, was Freud *»Ichtriebe«* nennt, mit andrängenden Trieben im Konflikt, die er nun als *Sexual-* bzw. *Aggressionstriebe* agnosziert. - Woher nimmt er dieses Recht? Wir kennen die Umstände, unter denen die in der beschützten Spielwelt der Kindheit aufgebaute »zweite Natur« mit den geschlechtliche Beziehung und Angriff intendierenden Leidenschaften in Widerstreit gerät: Das Getriebensein, dessen Problematik die Psychoanalyse erfährt, *intendiert stets Mitmenschen,* wenn nicht in der Realität, so doch in der Phantasie. Das sexuelle Getriebensein intendiert den Geschlechtspartner; das aggressive Getriebensein zielt den an, an dem der Angriff ausgetragen werden kann. Das besagt zunächst, daß das Grundthema der sog. Neurosen das des Verhältnisses zu den Mitmenschen ist.

Freud ist der Entdecker der Tatsache, daß unter dem säkularisierten Paternalismus des Spätbürgertums die »Rollenharmonie« der Familienmitglieder immer häufiger gestört war. Zunächst erschienen diese Störungen, soweit ihnen der Arzt begegnete, als Krankheiten ohne organischen Befund. Der erschließenden psychoanalytischen Methode erwiesen sie sich aber als Anzeichen einer Unfähigkeit, in eine ausgeglichene Intimbeziehung zu den nächsten Menschen zu gelangen, was sich bes. in Beeinträchtigungen des Liebesverhaltens und in einer Symptomatik kundtat, die den geschlechtlichen und aggressiven Impuls sowohl abwehrte wie darstellte. - Die Lösung einer letztlich schuldbedingten Fixierung an die vor allem väterlichen Autoritäten der Kindheit sollte die Schranken gegenüber den Anforderungen der Realität entfernen und damit symptomfrei machen. Aber bald stellte sich heraus, daß die psychoanalytische Begegnung größere Probleme aufwarf. Freud entdeckte nämlich - und W. Reich machte dies vollends klar -, daß die Arbeit, die der Patient an sich verrichtete, auf eine Überwindung und Auflassung seiner ganzen habituellen Haltung hinauslief und daß die Widerstände dagegen einer Angst vor dem Verlust der Sicherungen entsprachen, die den befällt, der sein als unzulänglich erkanntes Haus verlassen und sich den Weg zum Ziel nehmen muß.

5. Heute, in der Epoche der Auflösung der Familienbindungen überhaupt (→ Familie: III), geraten die

Menschen in eine Art der Not, in der geschlechtliches und aggressives Getriebensein eine andere Rolle spielen: die familiäre Prägung wird immer oberflächlicher und unverbindlicher, so daß kein sich durchhaltendes Selbstgefühl, keine »Selbstidentität« auf der Grundlage überlieferter Zugehörigkeit aufgebaut werden kann und eine »Rollendiffusion« droht (Erikson). Dieser Mangel an verbindlicher Zugehörigkeit ist heute zum Massenproblem geworden. Die besondere, selbstverlorene Vereinzelung steigert aber nun sowohl das geschlechtliche Begehren wie die Aggression, denn das Erleben der sexuellen Vereinigung wie der in Angriff und Zerstörung erlebten Macht über andere stellen mühelos ein anders nicht mehr zu erreichendes Selbstgespür her. – Damit tritt ein Konflikt in die Erscheinung, der dem alten Autoritätskonflikt entgegengesetzt ist: die aggressive Hordengemeinschaft wie die Liebespartnerschaft ist die letzte Möglichkeit, sich im gewählten Selbstvergessen des rauschhaften Tuns als zugehörig zu empfinden; aber hier tritt gerade bei vielen die Existenzfrage in intensiver Weise auf: nämlich als ein Sinnloswerden bzw. -sein, das ängstet. Damit ist heute der Psychoanalyse die neue Aufgabe gestellt, am Leitfaden der in der Freiheit des analytischen Dialogs sich zusprechenden Bildungen eine Sinnspur zu entdecken und dem Patienten, der kein überlieferungsgerechtes Wesen aufbauen konnte, den Zugang zu einer möglichen existentiellen Erschließung freizulegen.

Aus dem Schrifttum von → FREUD bes.: Formulierungen über die zwei Prinzipien des psychischen Geschehens, 1911; Erinnern, Wiederholen, Durcharbeiten, 1913; Bemerkungen über die Übertragungsliebe, 1915; Das Ich u. das Es, 1923; Hemmung, Symptom u. Angst, 1926 (jetzt in: GesW VIII. X. XIII. XIV). – Ferner: J.H. SCHULTZ, Das autogene Training, (1932) 1949[6] – C.G.JUNG, Die Psychologie der Übertragung, 1946 – P.R.HOFSTÄTTER, Einführung in die Sozialpsychologie, 1954 – E.H.ERIKSON, Kindheit u. Gesellschaft, 1957 – G.BALLY, Die Psychoanalyse S.Freuds (in: Hdb. d. Neurosenlehre, hg.v. V.E.FRANKL u.a., III, 1959, 1-158) – DERS., Grundfragen der Psychoanalyse u. verwandter Richtungen (in: Psychiatrie der Gegenwart I; im Druck). *G.Bally*

II. Theologische Beurteilung

1. In der neueren Theologiegeschichte – 2. Prinzipien der Beurteilung

1. Das Urteil über die Bedeutung der P. für die Theologie und für das kirchliche Handeln ruht auf Grundentscheidungen des theologischen Denkens. Für eine Auffassung, nach der die Verkündigung der Kirche in jeder Hinsicht völlig unabhängig ist von menschlich-innerweltlicher Erkenntnis und Bemühung, müssen auch die P. und die analytische Psychologie gänzlich bedeutungslos bleiben. Ausdrücklich in diesem Sinne äußerte sich Thurneysen (Rechtfertigung und Seelsorge [ZZ 6, 1928, 197-218]), während zB bei Asmussen (Die Seelsorge, 1931), Schreiner (Die Verkündigung des Wortes Gottes, [1936] 1949[5]) und Hammelsbeck (Der kirchliche Unterricht, 1939) jeder Hinweis auf eine mögliche Bedeutung der Psychologie fehlt. Die Mehrzahl der Autoren legt jedoch der P. und der analytischen Psychologie ein entschiedenes Gewicht bei; allerdings sind die Stellungnahmen nicht einheitlich. In der Geschichte dieser Fragestellung lassen sich drei Stadien unterscheiden, denen eine Wandlung im Selbstverständnis der p.en Theorie entspricht.

a) Das Verdienst, als erster die Verbindung mit der P. aufgenommen zu haben (seit 1909), gebührt dem Schweizer Pfarrer Oskar Pfister. Für ihn ist durch → Freud der Bereich des Unbewußten als Ursprung einer Fülle religiöser und sittlicher Schäden entdeckt und zugleich mit der P. die allein angemessene Methode zur Heilung gegeben. Entsprechend hat der Seelsorger, sofern er derartige Schäden antrifft, eine »analytische Seelsorge«, also P., zu betreiben. Im Vordergrund stehen dabei neben den verschiedenen Zwangssymptomen als »sittlichen Schäden« die abartigen und halluzinatorischen religiösen Erlebnisse und die religiös gefärbten Neurosen. Pfister versteht diese seelsorgerliche Tätigkeit als unmittelbar vom Evangelium geboten; befremdlich ist dabei, daß er die »analytische Seelsorge« schon in den Heilungen Jesu angewandt sieht.

b) Unmittelbare Nachfolger hat die »analytische Seelsorge« kaum gefunden, wohl weniger ihrer theologischen Fragwürdigkeit wegen oder weil naturgemäß die ärztliche P. kompetenter bleiben mußte, als dadurch, daß in der Folgezeit andere Aspekte der P. deutlicher hervortraten. War die P. anfänglich in der Tat bloße therapeutische Methode, so weitete sich die Theorie alsbald zur Erklärung des menschlichen Seelenlebens überhaupt aus (Freud, Adler, Jung), und entsprechend richtete sich darauf ein neues theologisches Interesse. In den 20er Jahren wurde es eine verbreitete Meinung, daß vor allem der Seelsorger, aber auch der christliche Pädagoge eine ausreichende Kenntnis der analytischen Psychologie besitzen müsse: weniger, um dem Seelsorger eine eigene p.e Tätigkeit zu ermöglichen, als wegen der für sein Handeln für unentbehrlich erachteten Einsicht in allgemeingültige psychische Gesetzmäßigkeiten. So fand die P. nicht nur in den Lehr- und Handbüchern der → Seelsorge eine mehr oder weniger ausführliche Darstellung (zB Schian, Blau, Baumgarten, Fichtner); es entstand auch von ärztlicher Seite eine Reihe speziell dem Seelsorger zugedachter Einführungen in die P. (zB Künkel, March, Neumann). Im Sinne solcher Zusammenarbeit wurde 1925 die Arbeitsgemeinschaft → »Arzt und Seelsorger« gegründet. Bemühungen dieser Art wurden vor allem dadurch vertieft und gefördert, daß im ärztlich-psychologischen Denken metaphysisch-religiöse Gesichtspunkte neue Bedeutung erlangten – zB in den verschiedenen Aspekten des Schuldbegriffs –, die über die bloße Vermittlung psychologischer Kenntnis hinaus zum gemeinsamen Gesprächsgegenstand werden konnten. Dieses Gespräch dauert, von verschiedenen Kreisen getragen, bis in die Gegenwart an (vgl. Bitter, »Wege zum Menschen«); es trägt freilich dort, wo die Frage nach seinen geistesgeschichtlichen Voraussetzungen ignoriert wird, vorwiegend anachronistische Züge.

Die Aufnahme der P. durch die → Praktische Theologie war bes. dort begünstigt, wo bereits der religiösen → Volkskunde (Drews, Niebergall) eine ähnliche Bedeutung zugemessen wurde. Entscheidend war das Ziel, die für das kirchliche Handeln in Verkündigung, Unterweisung und seelsorgerlicher Hilfe grundlegende Kenntnis des menschlichen Seelenlebens zu vermitteln. Weiterhin konnte die P. in die religionspsychologische Frage nach den allgemeinen Strukturen der Glaubenserfahrung einbezogen werden (zB Pfister, Gruehn), und von einer tiefenpsychologisch gefaßten → Religionspsychologie ließen sich wiederum Beiträge für die kirchliche Praxis leisten (Jahn). Seither ist das theologische Selbstverständnis vornehmlich durch die Bewegung der → dialektischen Theologie einer tiefgreifenden Wandlung unterworfen worden, und die Mehrzahl der neueren Autoren ist von ihr geprägt. Jedoch hat sich an der Auffassung der P. als einer bes. für die Poimenik wichtigen Hilfswissenschaft nichts geändert, wenngleich ihre Bewertung im einzelnen differiert: Während sie zB für A.D.Müller prinzipielle Bedeutung hat, dient sie bei Trillhaas nur der »Ausweitung« der Menschenkenntnis, und nach Thurneysen steht sie ganz im Schatten der »biblischen Anthropologie«.

Einen entschiedenen Schritt über diese Beurteilungen hinaus stellt die Predigtlehre O.Haendlers dar. Ihr eigentlicher Gegenstand ist nicht die Predigt, sondern der Prediger. Auf der Grundlage des Jungschen Systems der → Tiefenpsychologie wird die Entstehung der Predigt analysiert: Der Prediger soll seinem (unbewußten) »Selbst« gemäß predigen, indem er in der → Meditation dessen Quellen zur Erfüllung der eigenen Persönlichkeit und damit zur Vertiefung der Predigt erschließt. So erscheint diese »Predigtlehre als P.« (Doerne) im Rahmen einer anthropologischen Metaphysik, und es steht mehr ein ethisches Ideal (die volle Verwirklichung des eigenen Seins) als die homiletische Problematik im Vordergrund. Ähnlich entwirft Haendler die Seelsorgelehre. Den Ausgangspunkt der Seelsorge bildet die Verkündigung des Evangeliums, jedoch: »Das Glaubensgeschehen tritt in die Seele ein und vollzieht sich nun in ihr fortlaufend nach psychologischen Gesetzen« (Grundriß 330). Insofern dieses Geschehen in seiner Gesamtheit unter der Obhut des Seelsorgers steht, muß die Psychologie wesentlicher Bestandteil auch der Poimenik sein. – Dieser intensiven Verbindung theologischer Fragen mit der Tiefenpsychologie (C.G. → Jungs) ist weiterhin zB W.Uhsadel gefolgt. Auch er sieht die Bedeutung dieser Verbindung darin, daß dem Theologen nur so der große Bereich des Unbewußten zugänglich wird, der als sonst unbekannt bleibende Dimension der Realität gedacht ist. Das Problematische dieses Vorgehens zeigt sich deutlich an der von Uhsadel exemplarisch vorgeführten tiefenpsychologischen Interpretation des Gleichnisses vom verlorenen Sohn (81ff).

c) Damit ist bereits der Übergang zu einem dritten Stadium erreicht. Unter dem Einfluß des philosophischen Personalismus (→ Person) und der → Existenzphilosophie wandelte sich das Selbstverständnis der P.: Sie wurde nunmehr als Erhellung der Existenz ausgelegt, und die psychologische Theorie sollte einen Beitrag zur anthropologischen Wesensbestimmung leisten (zB in den Werken von v.Gebsattel, Frankl, Trüb, Bally [→ Psychotherapie: I]). Die theologischen Stellungnahmen diesem Verständnis der P. gegenüber sind wiederum sehr verschieden. Während etwa bei Barth (KD III/2) jeder Bezug auf diese psychologische Anthropologie (und auch auf die in engem Zusammenhang mit ihr erwachsene anthropologische Medizin) fehlt, weist Thurneysen den Anspruch der P., menschliche Personalität verstehen und deuten zu können, kraß zurück: Die Psychologie habe sich, da das wahre Verständnis des Menschen allein aus der biblischen Offenbarung erwachsen könne, jeder »Metaphysik« zu enthalten und sich auf ein »naturwissenschaftliches« Konstatieren von Fakten, das die Menschenerkenntnis vermehre, zu beschränken. Hingegen sieht Tillich, etwa in der Erhellung des Widerspruchs zwischen bewußter Lebensführung und unbewußten Strebungen (zB Haß- und Todeswünschen), die empirische Bestätigung des reformatorischen Sündenbegriffs und eine Widerlegung jedes modernen Pelagianismus. Die enge Beziehung zwischen psychologischer und theologischer Anthropologie wird gegenwärtig zunehmend betont. Sie bildet den Ausgangspunkt für ein vermehrtes Interesse an der »Pastoralpsychologie«. Nach Allwohn stimmen, trotz aller Verschiedenheit beider Bereiche, »das biblische und das tiefenpsychologische Menschenverständnis aber doch in der Erkenntnis überein, daß zwischen dem, was vor Augen liegt, und dem, was verborgen ist, zwischen der Maske und dem Eigentlichen, zwischen der Verhüllung und der inneren Wirklichkeit ein Unterschied bzw. ein Gegensatz besteht« (S. 16, vgl. zB auch Tournier). Fundierter erscheint die Fragestellung Thilos. Er sieht die Verbindung vor allem darin, daß für die Theologie und für die Tiefenpsychologie gegenwärtig ein Problembereich in das Blickfeld rückt, den er als den »arationalen« bezeichnet, ein Bereich also, der rationalen Erkenntnismitteln nicht ohne weiteres zugänglich ist, und der ebenso für ein zureichendes Verständnis menschlicher Existenz von Gewicht ist wie etwa für eine Theologie des dritten Artikels. – Derartige Überlegungen haben in jüngster Zeit die kirchliche Praxis sehr befruchtet und die Einrichtung von seelsorgerlichen Beratungsstellen und Sanatorien gefördert.

2. Die Möglichkeit, dem Pfarrer unmittelbar p.e Aufgaben zuzumuten, wird heute zu Recht kaum noch diskutiert. Sie gehören so wenig wie andere ärztliche Behandlungen zum seelsorgerlichen Tätigkeitsbereich. Indessen sollte der Seelsorger nach Möglichkeit auch mit psychischen Krankheitsformen vertraut werden, um vor Fehlurteilen geschützt und über therapeutische Wege orientiert zu sein. – Komplizierter ist die Frage nach dem Wert psychologischer Kenntnis. Ihre Bedeutung für die Verkündigung kann nicht darin liegen, daß sie deren formale Struktur individuell oder situationsgerecht zu variieren hätte: einen von der Form unabhängigen und also dem Akt vorausliegenden Inhalt der Verkündigung gibt es nicht. Jedoch verbietet sich auch in materialer Hinsicht eine methodisch-psychologische Durchdringung der Verkündigung, weil damit eine Reduktion ihres Bezuges zum vollen Horizont des Lebens unausweichlich wäre. Muß demnach jede unmittelbare Verbindung von Psychologie und Verkündigung fragwürdig bleiben, so könnte die psychologische Kenntnis ihren Wert doch indirekt erweisen: In dem Maße, in dem sie das Verständnis menschlicher Existenz und Erfahrung bereicherte, würde sie, wenngleich nicht methodisch bestimmbar, auch auf die Verkündigung einwirken. – Das Verhältnis von theologischer und psychologischer Anthropologie ist von den Positionen der gegenwärtigen Theologie aus kaum befriedigend zu bestimmen. Entweder versteht sich die theologische → Anthropologie (: IV) absolut und muß dann trotz aller Ähnlichkeit der Denk- und Aussageformen jede Beziehung leugnen; oder sie thematisiert Partialbereiche, in denen Übereinstimmung zu konstatieren möglich scheint, und läßt die Prinzipienfrage unentschieden. Die weitere Besinnung wird auf die philosophische → Anthropologie (: II) als den Horizont auch der psychologischen Entwürfe nicht verzichten können.

F.Niebergall, Prakt. Theol., 1918f – M.Schian, Grundriß der Prakt. Theol., (1921) 1928^{2} – W.Gruehn, Seelsorge im Lichte der gegenw. Psychologie, 1926 – O.Pfister, Analytische Seelsorge, 1927 – F.Künkel, Charakterkunde auf individualpsychol. Grundlage, 1928 – Ders., Grundzüge der prakt. Seelenheilkunde, 1935 – RGG^{2} IV, 1634ff. 1647ff (Lit.) – H.March, Psychologische Seelsorge, 1930 – J.Neumann, Einführung in die P. für Pfarrer, 1930 – O.Baumgarten, Prot. Seelsorge, 1931 – H.Fichtner, Systematik der Seelsorge, 1931 – E.Jahn, Tiefenpsychologie u. Seelenführung, 1931 – Ders., Religionsunterricht u. Jugendseelsorge in psychologischer Sicht, 1955 – O.Haendler, Die Predigt, (1941) 1960^{3}; dazu: M.Doerne, Predigtlehre als P. (PBl 85, 1942/43, 90-103) – O.Haendler, Grundriß der Prakt. Theol., 1957 – E.Thurneysen, Die Lehre von der Seelsorge, (1946) 1957^{2} – Ders., Seelsorge u. P. (ThEx NF 25), 1950 – Ders., Arzt u. Seelsorger in der Begegnung mit dem leidenden Menschen (in: Medicus Viator, Festg. f. R.Siebeck, 1959, 259-272) – A.D.Müller, Grundriß der Prakt. Theol., 1950 – W.Trillhaas, Der Dienst der Kirche am Menschen, (1950) 1958^{2} – H.Trüb, Heilung aus der Begegnung, 1951 – W.Bitter (Hg.), P. u. Seelsorge, 1952 – Ders., Angst u. Schuld in theol. u. p.er Sicht, 1953 – W.Uhsadel, Der Mensch u. die Mächte des Unbewußten, 1952 – V.E.v.Gebsattel, Prolegomena einer mediz. Anthropologie, 1954 – P.Tournier, Krankheit u. Lebensprobleme, 1955 – Ders., Unsere Maske u. wir, 1956 – H.J.Thilo, Der ungespaltene Mensch, 1957 – A.Allwohn, Das heilende Wort, 1958 (Lit.) – EKL III, 394ff – V.E.Frankl, Das Menschenbild der Seelenheilkunde, 1959 – P.Tillich, Der Einfluß der Pastoralpsychologie auf die Theol. (NZSTh 2, 1960, 128-137). – Zs.: Wege zum Menschen, 1949ff.

D.Rössler

Ptolemäer, ein aus Makedonien stammendes - nach dem Ahnherrn Lagos auch *Lagiden* genanntes - Geschlecht, das nach dem Tode → Alexanders d. Gr. 3 Jh.e hindurch Ägypten beherrschte. → Ägypten (: I, 7) war das wichtigste der Diadochenreiche. *Ptolemaios* (= Pt.) *I. Soter* (323-285 vChr) wehrte Angriffe des Antigonos und Perdikkas ab und sicherte - seit 305 als König - das Land und die Herrschaft im östlichen Mittelmeer durch die Cyrenaika, die Südküste Kleinasiens und das immer wieder umstrittene Cypern. Nach der Schlacht bei Gaza (312) fiel ihm auch Syrien und Palästina zu (Grenze am Eleutheros). Pt. I. schuf die neue Hauptstadt → Alexandrien, die unter seinem Mitregenten und Nachfolger *Pt. II. Philadelphos* (285-246) als Stadt und Hafen (Pharusleuchtturm) sowie als geistiges Zentrum weltberühmt wurde. Hier erstand eine Pflanzstätte des → Hellenismus (für das Judentum s. → Aristeasbrief, → Philo). Pt. II. mühte sich um die Wirtschaftsbelebung (Sklavengesetze, u.a. erwähnt bei Josephus, Ant. XII, 2, 3); neben die den Einheimischen belassene Gerichtsbarkeit traten auch königliche Wandergerichte (in Pred 7, 19 gemeint?). Seit 274 beginnt der über ein Jh. währende Kampf mit den → Seleukiden um den Besitz von Syrien und Palästina. Pt. II. hielt die Position, *Pt. III. Euergetes* (246-221) stieß bis an den Euphrat vor und sicherte so das syrische Vorfeld. Unmittelbar betroffen wurden in diesen Kriegen bes. die Küstengebiete (Phönikien); die des Hinterlandes wie Samaria und Judäa blieben - auch hinsichtlich ihres Kultus - im ganzen unbehelligt. Wertvolle Einblicke in die Verwaltung der Königslehen u.a.m. gewährt die Korrespondenz des Zenon mit Apollonios, dem Finanzminister unter Pt. II. Die Zenon-Papyri enthalten auch Briefe des Ammoniters Tobia. Von dessen Nachkommen weiß Josephus (Ant. XII, 4-11) Einzelheiten (zT freilich romanhaft) zu berichten, während die geschichtlichen Ereignisse des ausgehenden 3. Jh.s nur beiläufig Erwähnung finden. Den Vorstoß des Seleukiden Antiochus III. konnte *Pt. IV. Philopator* (221-204) bei Gaza (217) abwehren, doch erwies sich die Einordnung der Ägypter in sein Heer als nicht unbedenklich; seitdem verstummten die Ansprüche der Einheimischen auf Beteiligung in der Verwaltung nicht mehr. Das Bild seiner Regierung enthält allerlei unerfreuliche Züge (übertrieben in den Legenden des 3. → Makkabäerbuches; daß sich Pred 8, 2ff auf ihn und 4, 13-16 auf seinen Sohn beziehen sollen, ist höchst fraglich). Noch im Kindesalter folgte ihm *Pt. V. Epiphanes* (203-180), in dessen Regierungszeit Ägypten wesentliche Machtpositionen verlor. Antiochus III., der mit Philipp V. von Makedonien einen Geheimvertrag geschlossen und so freie Hand gegen Ägypten hatte, wurde zunächst noch zurückgedrängt (vgl. Ant. XII, 3, 3), aber sein Sieg über den Heerführer Skopas bei den Jordanquellen (Paneas) - 200 (nicht 198) vChr - brachte ihm die Oberherrschaft über Südsyrien und Palästina ein. Mancherlei Wirren bezeichnen die Zeit *Pt.' VI. Philometor* (180-145). Er gestattete den Juden den Bau eines Tempels in → Leontopolis. Zweimal tauchte → Antiochus IV. in Ägypten auf; Pt. VI. unterstellte sich Rom, das nach der Niederzwingung der Makedonen (Schlacht bei Pydna 168) im östlichen Mittelmeergebiet immer stärker zur beherrschenden Macht wurde. Ohne praktischen Ertrag blieb für Pt. VI. das Hin und Her seiner Stellungnahme zwischen den Seleukiden Alexander Balas und Demetrios (146). Bürgerkriege veranlaßten seinen Nachfolger *Pt. VIII. Euergetes II.* (145-116) zum Nachgeben gegenüber den Einheimischen. Die Entdeckung des direkten (Handels-)Seewegs nach Indien (118) konnte der geschwächten Position des Landes nicht mehr helfen; als letzter außerägyptischer Bereich ging damals auch die Cyrenaika verloren. Letzte Herrscherin aus dem Geschlecht der P. war Kleopatra, die nach der Schlacht bei Aktium (31) in Ägypten ihrem Leben ein Ende machte (30 vChr).

A. Bouché-Leclercq, Hist. des Lagides I-IV, Paris 1903-07 - H. Gressmann, Die ammonitischen Tobiaden (SAB 1921, 663-671) - W. Schubart, Ägypten von Alexander d. Gr. bis auf Mohammed, 1922 - P.G. Elgood, The Ptolemees of Egypt, London 1938 - M. Rostovtzeff, The Social and Economic Hist. of the Hellenistic World I-III, Oxford 1941; dt. 1955 - H. Bengtson, Griech. Gesch., (1950) 1960² (Lit.) - F.M. Abel, Hist. de la Palestine I, Paris 1952 - O. Plöger, Hyrkan im Ostjordanland (ZDPV 71, 1955, 70-81) - B. Mazar, The Tobiads (IEJ 7, 1957, 137-145. 229-238) - PW XXIII/2, 1600ff (H. Volkmann).

K. Galling

Ptolemäus, gnostischer Lehrer (→ Gnosis: III), wohl um 160-180, nach Hipp. VI, 35 neben → Herakleon Haupt der italischen Schule der Valentinianer. Bei Epiph. pan. 33, 3-7 ist sein »Lehrbrief an Flora« erhalten, eine exoterische Schrift über den Ursprung und damit die Autorität des at. Gesetzes; neben göttlich(-demiurgisch) inspirierten Abschnitten stünden Zusätze Moses (nach Mt 19, 8) und Interpolationen der Ältesten (vgl. Mk 7, 5). Das von Iren. I, 1-8 und Clem. Alex. Exc. 43-65 überlieferte System kann ebenfalls auf P. zurückgeführt werden. Wie Herakleon bildete er die Theologie → Valentins unter Berücksichtigung großkirchlicher Lehre weiter. Er arbeitet vor allem die Ambivalenz des Psychischen zwischen dem Pneumatischen und dem Hylischen heraus; das mythische Urbild des Psychikers ist der Demiurg, der nur unwissend war, sich aber bekehrte und am Ende einen Heilsort außerhalb des Pleroma erhalten wird. Auch das Pneumatische hat eine Geschichte. Der Pneumatiker wird durch die Bindung an das Psychische erzogen und über die »Gestaltung nach dem Sein« durch den Empfang der Gnosis zur »Gestaltung nach der Erkenntnis« geführt und damit reif für die 3. Stufe, den eschatologischen Eingang ins Pleroma. Im Mythos führt dies zu einer Spaltung der Sophia: unter der bereits ins Pleroma zurückgekehrten oberen Sophia steht jetzt die niedere Weisheit (Enthymesis, Achamoth), die noch auf die Vollendung wartet.

Texte mit Kommentar: F. Sagnard, Clément d'Alexandrie: Extraits de Théodote (SC 23), 1948 - G. Quispel, P.: Lettre à Flora (SC 24), 1949. - Über P.: F. Sagnard, La gnose valentinienne et le témoignage de s. Irénée, Paris 1947 - G. Quispel, La lettre de P. à Flora (VigChr 2, 1948, 17-56) - W. Foerster, Die Grundzüge der p. Gnosis (NTS 6, 1959/60, 16-31). - Weiteres s. → Gnosis: III, → Valentin.

G. Kretschmar

Pubertät, *religionsgeschichtlich*. Den Übergang vom Kind zum Erwachsenen betrachten viele Völker vom Aspekt des Übersinnlichen. Zu Maßnahmen sozialer, erzieherischer und brauchtumsmäßiger Natur, Klausuren, harten Trainings und Erprobungen treten religiöse und mythische Vorstellungen, Kulte und Riten. Dem Jugendlichen drohen einerseits außernatürliche Gefahren, anderseits erfolgt ein positives Eingreifen übermenschlicher Mächte. Im Hinblick auf die Geschlechterdifferenzierung (→ Geschlechtliches) vollzieht sich die → Begehung der Reife in der Regel für Knaben und Mädchen getrennt. Bei ersteren stehen kollektive → Initiationen in den → Stamm im Vordergrund, bei letzteren individuelle Veranstaltungen (Feiern der ersten → Menstruation). Die P.sfeiern für Knaben, die sich über Monate, sogar Jahre erstrecken können, kennzeichnen u.a. Dramatisierungen verschiedener Wesen (Stammvater, Natur- und Totengeister, Herold des Höchsten Wesens) durch Männer mit furchterregenden Effekten (zT zu pädagogischen Zwecken), der Gedanke einer mystischen Umwandlung der Kandidaten (»Sterben« als → Kinder, »Wiederaufleben« als Männer), das Moment der Geheimhaltung, beglaubigende Mythen über die Einsetzung der P.sfeier durch Gott, den ersten Menschen oder → Kulturbringer. Eine Sonderform ist das individuelle Erwerben eines persönlichen Schutzgeistes zur P. in → Visionen oder → Träumen in der Einsamkeit bei nordamerikanischen → Indianern.

L.WALK, Initiationszeremonien u. P.sriten der südafrik. Stämme (Anthropos 23, 1928, 861-966) - UdG II-VI - H.HEDEMUS, Wesen u. Aufbau der Erziehung primitiver Völker (Baessler Archiv 16, 1933, 105-163) - H.DRIVER, Girl's Puberty Rites in Western North America (Anthropol. Records 6, 2), Berkeley 1941 - J.HAEKEL, Jugendweihe u. Männerfest auf Feuerland (Mitt.en d. Anthropol. Gesellsch. 73-77, Wien 1947, 84-114) - DERS., Schutzgeistsuche u. Jugendweihe im westl. Nordamerika (Ethnos 12, 1947, 106-122) - D.L.R.LIBBY, Girls' Puberty Observances among Northern Athabascans (Diss. Univ. California), 1952 - H.BADER, Die Reifefeiern bei den Ngada (Mittelflores), 1953 - B.BETTELHEIM, Symbolic Wounds: Puberty Rites and the Envious Male, Glencoe/Ill. 1954 - A.J.RICHARDS, Chisunga: A Girl's Initiation Ceremony among the Bemba of Northern Rhodesia, London 1957. - Weitere Lit. s. → Initiation. *J.Haekel*

Pückler, Graf *Eduard von,* Jurist, * 13.9.1853 in Rogau (Schlesien), † 31.9.1924 in Schedlau, führender Gemeinschaftsmann, erfuhr 1878 in Görlitz seine Lebenswende. Er gründete die St. Michaelsgemeinschaft im Norden Berlins mit vielen evangelistischen und diakonischen Zweigarbeiten und war Mitbegründer des → Gnadauer Verbandes (Vorsitzender 1894-1906) und der DCSV (Vorsitzender 1895-1912; → Studentenverbände, 2).

H.v.REDERN, Berufen mit hl. Ruf. Leben u. Dienst des Grafen P., 1925 - H.v.SAUBERZWEIG, Er der Meister, wir die Brüder, 1959. *H.Brandenburg*

Pufendorf, *Samuel Freiherr von* (seit 1694), * 8.1.1632 in Dorf-Chemnitz (Sachsen), † 26.10.1694 in Berlin, 1661 der erste deutsche Prof. des Natur- und Völkerrechts in Heidelberg, 1670 in Lund, 1677 Historiograph und Staatssekretär König Karls XI. von Schweden in Stockholm, 1686 brandenburgischer Historiograph und Geheimer Rat in Berlin. P.s Bedeutung liegt in der Fortbildung der Gedanken von → Grotius und → Hobbes zu einem in sich geschlossenen, nicht mehr »christlichen«, sondern rationalen System des → Naturrechts. Aus der »socialitas« des Menschen entwickelte er ein System der Pflichten und die besondere Bedeutung der Staatsgewalt als höchsten Abschlusses einer natürlich-sittlichen Gesellschaftsordnung. Auch der Kirchenbegriff P.s ist von seinem Gesellschaftsverständnis wie der Verpflichtung des Staates stark bestimmt, für das Wohl aller zu sorgen (woraus sich die Pflicht zur → Toleranz ergibt), aber auch von der Idee des Gnadenbundes. Das Naturrecht stimmt mit der christlichen Offenbarung überein, da beide ihren Ursprung in Gott haben. Unter calvinistischen Herrschern bewährte sich P. als treuer Lutheraner. Er war noch kein Aufklärer. Sein Rationalismus bejahte »eine praktische, von Erfahrung geleitete Sozialvernunft«, die unter Betonung der natürlichen → Gleichheit der Menschen dem Gedanken der → Humanität und der → Menschenrechte den Weg bereitete.

Vf. bes.: De statu Imperii Germanici, 1667 (Neuausg. v. F.SALOMON, 1910; dt. v. H.BRESSLAU, 1922); De iure naturae et gentium libri 8, 1672 (Neuausg. lat. u. engl., London 1934); Eris scandica, 1686; De habitu christianae religionis ad vitam civilem, 1687; De rebus gestis Friderici Wilhelmi..., 1695; Briefe an Thomasius 1687-93, hg.v. E.GIGAS, 1897. - Über P.: H.v.TREITSCHKE, S.P. (PrJ 35, 1875, 614-655; 36, 1875, 61-109 = Hist. u. polit. Aufs. IV, [1897] 1920², 38 bis 138) - RE XVI, 315 ff - ERIK WOLF, Grotius, P., Thomasius, 1927 - DERS., Große Rechtsdenker, (1939) 1951³, 306-366 (vollst. Bibliogr., Lit.) - N.BOBBIO, Leibniz e P., 1947 - HIRSCH I, 78 ff - U.SCHEUNER, S.P. (Die Großen Deutschen V, 1957, 126-138) - H.WELZEL, Die Naturrechtslehre S.P.s, 1958 - H.RABE, Naturrecht u. Kirche bei S.v.P., 1958 (Lit.). *H.Hohlwein*

Pulleyn (Pull[an]us, Polanus etc), *Robert* (ca 1080 bis nach 1146), * in England, frühscholastischer Theologe. Nach Studien in Frankreich, vielleicht in Paris bei → Wilhelm von Champeaux und in Laon bei → Anselm, war P. möglicherweise 1113 Archidiakon in Exeter, sicher seit ca 1133 Lehrer in → Oxford, 1139 Archidiakon von Rochester. 1142 ging er, ohne sein Kirchenamt aufzugeben, wohl auf Initiative → Bernhards von Clairvaux als Nachfolger von → Gilbert Porreta nach Paris, wo → Johannes von Salisbury sein Schüler war. 1144 kreierte Lucius II. P. als ersten Engländer zum Kardinal, 1144/45 zum Päpstlichen Kanzler. P.s Werke, bes. das Sentenzenbuch, standen bald im Schatten des → Petrus Lombardus, sind jedoch wichtig für die Geschichte der vorlombardischen Theologie. Geistig den → Viktorinern und der Schule von Laon nahestehend, methodisch verwandt mit → Abaelard, verband P. die positive Methode (Betonung von Autorität und Tradition) mit der dialektisch-spekulativen. Kein Schulgründer, aber selbständig gegenüber den Schulrichtungen seiner Zeit, erfreute sich P. besonderer Wertschätzung bei den Gegnern der Dialektik (zB des hl. Bernhard).

Werke: Libri Sententiarum VII (MPL 186, 639 ff); De contemptu mundi, ed. F.COURTNEY, Gregorianum 31, 1950, 192-223; Predigten ungedruckt. - Über P.: RE XVI, 318 ff - LANDGRAF, passim (s. Reg. s.v. Robertus Pullus) - F.COURTNEY, Cardinal R.P. An English Theologian of the Twelfth Century (AnGreg 64), 1954 (Lit.).
L.Boehm

Pupper, *Johann* (ca 1400-75[?]), von Goch (Geldern), quietistischer Mystiker aus der Devotio moderna, besuchte (in Zwolle?) eine Schule der → Brüder vom gemeinsamen Leben, leitete das 1448 entstandene Brüderhaus in Harderwijk und begründete 1451 das Brüderhaus in Gouda. 1454 studierte er in Köln und leitete seit 1459 das von ihm gegründete Augustinerkanonissenkloster Thabor bei Mecheln. P. schrieb De libertate christiana (Druck 1521), die Epistola apologetica (Druck 1761), den Dialogus de quattuor erroribus circa legem evangelicam exortis (Druck 1761) sowie Fragmenta aliquot (Druck mit Luthers anonymer Vorrede [WA 10/II, 327 ff; vgl. WAB 2, 586] 1522). P. war kein »Vorreformator« (so Ullmann 1842). Er verharrte in der kath.-augustinischen Gnadenlehre, war aber Gegner des Mönchtums, extremer Nominalist, gegen Vernunftspekulation und gegen »die Bücher des Todes« der Philosophen. Die hl. Schrift war ihm alleinige Norm, daneben, untergeordnet und soweit übereinstimmend, nur noch die altkirchlichen Väter. Luther nennt P. »vere Germanus et gnesios Theologus«.

Neudr. von De libertate u. Fragmenta, ed. F.PIJPER, in: Bibliotheca Reformatoria Neerlandica VI, 1909. - Über P.: A.KNAAKE, J.v.G. (ThStKr 64, 1891, 738-782) - O.CLEMEN, J.P.v.G., 1896 - RE VI, 740 ff; XXIII, 565 - EC VI, 887. *E.Barnikol*

Purimfest → Feste: II, 6 a, → Estherbuch.

Puritaner

1. Der Ausdruck »P.« und »Puritanismus« (= P.mus) schillert zwischen der kirchenpolitischen Grundbedeutung (→ Presbyterianer, dh Anwälte einer urchristlich-demokratischen Kirchenverfassung im Gegensatz zur anglikanisch-kath.-episkopalen) und der Gleichsetzung mit ethischer Prüderie und bis zur Natur- und Schönheitsfeindschaft getriebenen Nüchternheit aus Sittlichkeitsfanatismus im Namen des Christentums.

Seinen *Ursprung* hat der P.mus in dem Bestreben, die anglikanische Loslösung der Kirche von Rom (→ England: I, 3) in einer weitgehenden Übernahme der festländischen Reformation zu vollenden. In diesem Sinne gebraucht das Wort zuerst und betont Th.Cartwright

1580, soweit nicht ältere lat. Zeugnisse (studium purioris religionis u.ä.) vorliegen, die erst noch systematisch aufgesucht werden müssen. Infolge der Flüchtlingsaufenthalte von Engländern in der Schweiz und der Aufmerksamkeit Calvins auf England stand von vornherein die ref. Theologie (→ Bullinger [zB für J. → Hooper], → Calvin, → Beza) im Vordergrund. Die luth. Prägung trat kaum ins Blickfeld, nachdem W. → Tyndale 1536 in Antwerpen hingerichtet worden war. Erschwerend kam für die Befürworter der konsequenten Reformation hinzu, daß → Elisabeth I. sich (möglicherweise) für ihren gemäßigten, stark konservativen kirchlichen Kurs auf Melanchthons CA berief (J.E.Neale). Andererseits ist es unzutreffend, den englischen P.mus mit dem schottischen Presbyterianismus unter → Knox und A. → Melville gleichzusetzen oder von ihm abzuleiten. Dieser ist vielmehr immer als Fremdkörper in England empfunden worden. Durch die fast 200 Jahre dauernden Kämpfe, die ursprünglich um die Herrschaft, dann um die Duldung der P. in der Kirche Englands geführt wurden, bes. durch die Läuterung, die die P. selbst nach dem Scheitern der Revolution → Cromwells durchmachten (Hauptgestalten: R. → Baxter, J. → Bunyan, Th. → Manton, J. → Alleine), prägten sie das gesamte Christentum englischer Sprache mit, vor allem in Richtung auf einen bis in die tägliche Lebensgestaltung reichenden Biblizismus. So hat namentlich die deutsche, zT auch die nordamerikanische Anglistik im 20.Jh. die Schlüsselstellung der P. für das Verständnis der englischen Wesensart erkannt. Dies macht die Literatur über die P. außergewöhnlich vielschichtig.

2. Man kann zwischen Früh-, Hoch- und Spät-P.mus unterscheiden. a) Der *Früh-P.mus* setzte mit der kirchlichen Reformtätigkeit unter Edward VI. ein (1547-53; → England: I, 3). Wie später in den Flüchtlingsgemeinden, bes. in Frankfurt/M., fand ein erbittertes Ringen um die Verwirklichung der Genfer Grundsätze und praktischen Maßnahmen statt. Zunächst siegte mit → Bucer (1549-51 in Cambridge) die vermittelnde Richtung. Er vermochte es, den liturgischen Radikalismus J.→ Hoopers zu brechen. Nach dem röm.-kath. Zwischenspiel unter Maria und dem Erzbischof R. → Pole wachten unter Elisabeth I. die Streitigkeiten erneut auf, als Th. → Cartwright seit 1570 die Kirche von England in Verfassung, Gottesdienst und Lehre (in dieser Reihenfolge!) als widerbiblisch angriff und J. → Whitgift sie verteidigte. Gleichzeitig lehrte W. → Perkins in Cambridge im Sinne des P.mus und bildete eine Schule. Bei ihm erscheint als P.mus nicht ein gesteigerter Calvinismus, sondern eine um den Gewissensbegriff (grundlegend 2Kor 13, 5) gesammelte Analyse der menschlichen Seele, ihres Heilsweges und der drohenden Gefahren, unter immer stärkerer Bezugnahme auf die Bibel und mit antiröm.-kath. Spitze. Von Perkins ging in einem über 1 Jh. dauernden Entwicklungsprozeß, der die Andachtsliteratur des spanischen und französischen Katholizismus einbezog und die jesuitische Beichtkasuistik aufnahm, die eigentümliche Gestalt puritanischer Predigt- und Erbauungsliteratur aus. Man könnte sie eine Fortsetzung des spätmittelalterlichen Nominalismus, einen rationalen Empirismus nennen. Hier wurde die zugleich gläubige und verstandesmäßige Beobachtung der eigenen Seele fortgeführt, die W. → Langland im Piers Plowman und E. → Spenser in der Faerie Quene geübt hatten. Sie schematisierte, durchbrach aber immer wieder das Schema zugunsten der seelischen Wirklichkeit und der konkreten Erfahrung (führende Schriften: Arthur Dent, The Plaine Man's Pathway to Heaven, 1616; Lewis → Bayly, The Practice of Piety, ca 1615; William Whately, New Birth, 1619). Kein anderes christliches Land hat eine derartige Fülle an erbaulichen Traktaten hervorgebracht, und nirgends sonst (außer der niederländischen Imitatio Christi des → Thomas a Kempis) ist soviel davon in andere Sprachen übersetzt worden. Zugleich wurde in dieser Verbindung rationaler und empirischer Betrachtungsweise der eigentümliche Charakter der englischen Aufklärung im Denken wie in der Charakterbildung vorbereitet (vgl. Cragg, Schücking [s. Lit.]), der es mit sich brachte, daß sie dort - bis auf den vorübergehenden → Deismus - weniger als Bruch wirkte als in Frankreich, Italien und Deutschland. - b) Der *Hoch-P.mus* drückte seine kirchenverfassungsmäßigen und liturgischen Ziele seit 1645 (Hinrichtung → Lauds) mit Gewalt durch und setzte sich gerade mit der brutalen Abschaffung des Anglikanismus (Vertreibung der Bischöfe und Pfarrer, Beschädigung der künstlerisch wertvollen Kirchen) sowie mit der Verurteilung des Schönen, bes. der überaus volkstümlichen Bühne, ins Unrecht. Seine Herrschaft wurde weithin als Schreckensherrschaft empfunden. Die Streitigkeiten im eigenen Lager verstärkten diesen Eindruck, so daß der Großteil der Bevölkerung 1660 gern zur anglikanischen Restauration zurückkehrte, allerdings durch die erzwungene Uniformität bitter enttäuscht wurde. In einem geduldigen, opferbereiten Ringen haben die P. in dieser Phase des c) *Spät-P.mus* sich zu stillen Biblizisten entwickelt und jetzt erst die eigentliche Blüte ihrer Erbauungsliteratur hervorgebracht, die - durch ihren sachlichen Wert, durch ausgesprochen versöhnliche Gestalten wie R.Baxter und durch das Märtyrertum J.Bunyans und anderer - weit über ihre Kreise das gesamte englische Christentum durchdrang. Die von M. → Weber postulierte und konstruierte Behauptung, die P. seien durch Askese und Sparsamkeit die Urheber des modernen → Kapitalismus, ist heute widerlegt.

Qu.: G.W.Prothero, Statutes and Political Documents of the Puritans 1558-1625, (1898) 1958^{2} - Puritans, ed. P.G.E.Miller u. T.H. Johnson, 1938 - G.R.Cragg, From Puritanism to the Age of Reason, 1950 - W.H.Frere-C.Douglas, Puritan Manifestoes, 1957.

Allg.: Unter der englischsprachigen Lit. überwiegt die nordamerik. bei weitem, da die kirchenpolit. Verhältnisse Englands im 16./17.Jh. die P. zur Auswanderung nach Nordamerika zwangen (→Pilgerväter), so daß sie die geistigen Grundlagen der Neuen Welt in ihrem Sinne bestimmten. Vgl. als Standardwerke: W.Haller, The Rise of Puritanism, (1938) 1956^{3} - P.G.E.Miller, New England Mind: From Colony to Province, 1953; The 17th Century, 1954. - Weitere engl. Lit.: D.Neal, The Hist. of the Puritans, (1750) 3 Bde, 1837^{2} - R.Brook, The Lives of the Puritans to 1662, 3 Bde, 1813 - J.B. Marsden, Hist. of the Early Puritans to 1642, 1850 - Ders., Hist. of the Later Puritans 1642-62, 1850 - J.Brown, The English Puritans, 1910 - G.B.Tatham, The Puritans in Power, 1913 - ERE X, 507ff - M.M.Knappen, Tudor Puritanism, 1938 - H.Davies, Worship of the English Puritans, 1948 - B.M.Reilly, Elizabethan Puritans' Conception of the Nature and Destiny of fallen Man, 1948 (röm.-kath.) - G.S.Wakefield, Puritan Devotion, 1957 - G.R.Cragg, Puritanism in the Period of the Great Persecution 1660-88, 1957 - J.Marlowe, The Puritan Tradition in English Life, 1957. - Dt. Lit.: RE XVI, 323 ff (zT irreführend, s. 1) - H.Schöffler, Protestantismus u. Lit., (1923) 1960^{2} - Ders., Die Anfänge des P.mus, 1932 - L.L.Schücking, Die Familie im P.mus, 1929 (grundlegend zur Wesensdeutung) - A.Lang, P.mus u. Pietismus, 1941 - M.Schmidt, Die Problematik des P.mus im Lichte seiner Erforschung (ZKG 60, 1941, 207-254; Lit.) - Ders., Biblizismus u. natürl. Theol. in der Gewissenslehre des engl. P.mus (ARG 42, 1951, 198-219; 43, 1952, 70-87) - Ders., Eigenart u. Bedeutung der Eschatologie im engl. P.mus (ThViat 4, 1952, 205-267) - Ders., Christentum u. Kirche in Großbritannien (in: Englandkunde, hg.v. P.Hartig, 1960^{4}, [203-238] 221 ff) - J.Chambon, Der P.mus, 1944.

M.Schmidt

Purpur, eine violettrote, lichtbeständige → Farbe. Der Saft der P.schnecke diente bereits im 13.Jh. vChr zum Färben kostbarer Gewebe. So ist der P.mantel das »indumentum regale« (vgl. Mk 15, 17 par). Purpurn war das Obergewand des jüd. Hohepriesters. Ein P.vorhang trennte das Allerheiligste (Ex 26, 1 u.ö.), eine P.decke lag auf dem Schaubrottisch (Num 4, 7). Seit Papst Paul II. sind Gewand und Hut der → Kardinäle purpurn.

RE V, 755ff - BRL 153. 429f - PW XXIII/2, 1959, 2000ff (Lit.).
F.Merkel

Pusey, *Edward Bouverie,* * 22.8.1800 in Pusey (Berkshire), † 16.9.1882 in Ascot Priory (Berkshire), seit 1845 (Konversion → Newmans) Führer der Oxfordbewegung (→ Hochkirchliche Bewegung: I). Nach orientalistischem und theologischem Studium in Christ Church (Oxford) wurde P. 1824 Fellow am Oriel College ebd. 1825-27 ging er nach Göttingen, Berlin und Bonn, wo er von der jungen »Erweckungstheologie« (→ Ewald [, 1], → Tholuck, → Schleiermacher, → Eichhorn [, 3]) einen starken Eindruck empfing. Gegen den Hochkirchler J.H.Rose versuchte er den Rationalismus als Folge toter Orthodoxie verständlich zu machen, die auch England drohe. Seit 1829 königlicher Prof. des Hebräischen an Christ Church und Domherr, schloß er sich seit 1834 der Oxfordbewegung an und verlieh ihr durch seine patristischen Kenntnisse und den Nachweis ihrer Anschauungen aus den → Caroline Divines wissenschaftlichen Glanz. Literarisch wirkten bes. seine Universitätspredigten. In allen Streitfragen der Kirche arbeitete er die anglokath. Stellung scharf heraus, so in der ablehnenden Haltung gegen die Verbindung mit dem deutschen Luthertum im Bistum Jerusalem 1841-46, in der Abendmahlsfrage 1843-46, wo er für Realpräsenz und Opfer eintrat, in der Tauffrage (Fall → Gorham) 1847, in der Frage der Bibelkritik (Essays and Reviews) 1860, in der Wiedervereinigung mit der röm. Kirche 1865-70, wo er dogmatisch tridentinisch, kirchenrechtlich »gallikanisch« dachte, in der Verteidigung des Athanasianum 1870, in der Ablehnung der Allversöhnungslehre (gegen Farrar) 1879. Grundlage seines Kirchenbegriffs war die apostolische Sukzession der Bischöfe, in der Ursprünglichkeit (Apostolizität), Ganzheit (Katholizität) und Selbständigkeit bzw. Unableitbarkeit (Autonomie) enthalten seien. P. vollzog den Übergang zum Ritualismus als *der* Erscheinungsform der Kirche, durch die dem schlichten Menschen ihre Würde anschaulich zu machen sei. Dadurch verlor die Oxfordbewegung ihren rein akademischen Charakter und faßte auch in London Fuß.

H.P.Liddon, Life of E.B.P., 4 Bde, 1893-97 (IV, 395ff: Bibliogr.) - RE XVI, 349ff - G.W.E.Russel, Dr.P., 1907 - ERE X, 517ff - G.L. Prestige, P., 1933 - DThC XIII, 1363ff - DNB XVI, 496ff - R.Mehlis, Die relig. Entwicklung des jüngeren P. (Diss. Göttingen), 1954. - Vgl. die Lit. zu → Hochkirchliche Bewegung: I.
M.Schmidt

Pût (hebr. pûṭ), im AT gelegentlich genanntes Land bzw. Volk, das die → Völkertafel (Gen 10, 6; vgl. 1Chr 1, 8; Jub 9, 1) von Ham herleitet und das Ägypten (Jer 46, 9; Ez 30, 5; Nah 3, 9) und Sidon (Ez 27, 10) Söldnertruppen stellt. LXX in Jer und Ez, Josephus (ant. I, 132f) und andere antike Schriftsteller identifizieren P. mit *Libyen* an der Nordküste Afrikas westl. von Ägypten. Daß diese Gleichsetzung richtig ist, beweist die Aufzählung der zum persischen Reich gehörenden Länder in Inschriften Darius' I., wo sich ägypt. ṯmḥw (= Libyen) und keilschriftl. putija/puṭa entsprechen (Posener). Die verbreitete Gleichsetzung mit dem aus ägypt. Quellen als Ziel von Handelsexpeditionen bekannten pwn.t (an der arabischen oder afrikanischen Küste des Roten Meeres) ist auch aus sprachlichen Gründen nicht haltbar (die ägypt. Feminin-Endung müßte hebr. t, nicht ṭ werden).

A.Herrmann, Die Erdkarte der Urbibel, 1931, 79 - G.Posener, La première domination perse en Égypte, Kairo 1936, 186f - G.Hölscher, Drei Erdkarten (SAH 1944/48, 3), 1949, 25f.
R.Bach

Puvis de Chavannes, *Pierre* (1824-98), * in Lyon (wo eine Schule für kirchliche Malerei bestand: Flandrin, Orsel, Chenavard u.a.), † in Paris, darf als der bedeutendste Wandmaler Frankreichs im 19.Jh. angesprochen werden (→ Malerei: V, 2b). Früh nach Paris gekommen, bildete er seinen lyrisch-monumentalen Stil, wobei er der Ingres-Tradition, bes. einem Chassériau Anregung verdankte. Unter dem Einfluß der italienischen Malerei *vor* → Raffael steigerte er seine Kunstweise immer mehr zu einer verhaltenen, archaisierenden Strenge und Feierlichkeit. - Hauptwerke P.' - der nur auf Leinwand malte, keine eigentlichen Fresken schuf - befinden sich im Museum von Amiens, im Treppenhaus des Kunstpalastes von Marseille, im Rathaus von Poitiers, in Paris (Pantheon, Sorbonne, Rathaus), Rouen (Museum) und Boston (Bibliothek). Er bevorzugte heimatliche oder auch antik-mythologische Idealmotive mit symbolistischem Einschlag. In seinem berühmten Pantheon-Zyklus der hl. → Genovefa (Schutzheiligen von Paris) hat er aber auch wundervoll den legendarisch-christlichen Ton getroffen. - Vgl. → Impressionismus: I.

C.Mauclair, P.d.Ch., 1928 - Déclairieux, P.d.Ch. et ses œuvres, 1928.
G.F.Hartlaub

Pythagoreer. Der von *Pythagoras* aus Samos (→ Griechisch-römische Philosophie, 2 a β) in Süditalien gestiftete ethisch-religiös-politische Bund bestand, trotz mehrfacher politischer Verfolgungen, von ca 520 bis 320 vChr. Die philosophischen Theorien der P. auf die Schulgenerationen oder einzelne P., wie *Philolaos* (dessen Fragmente wahrscheinlich unecht sind), *Alkmaion, Eurytos, Archytas* u.a. aufzuteilen, war schon → Aristoteles, unserer Hauptquelle, unmöglich, der (Met. A 5) summarisch von der Philosophie der »sog. P.« spricht. Die Forschung der P. war nicht Selbstzweck; im Zusammenhang mit der Lehre von der → Seelenwanderung schrieben sie der Einsicht in die Weltordnung (κόσμος) kathartische Kraft zu. Jedoch schieden sich in der Schule bald die »Akusmatiker«, die den sittlich-asketischen Leitsprüchen und Tabusetzungen des Schulgründers folgten, von den »Mathematikern«, deren Forschungen und Spekulationen in Mathematik, Astronomie und Akustik die Philosophie und Wissenschaft der Zeit nachhaltig beeinflußten. - Die Philosophie der P. ist durch den Grundgegensatz von *Grenze* und *Unbegrenztem* (Maß und Dimension) bestimmt. Dies Verhältnis wurde wohl ursprünglich an der schwingenden Saite sinnenfällig; die Tonhöhe ist durch die Länge eindeutig bestimmt, dem Wohlklang wichtiger Akkorde entspricht die Durchsichtigkeit der Zahlenverhältnisse der Saitenlängen. Diese Entdeckung erweiterten die P. zu der Behauptung, die Prinzipien der Zahlen seien die Prinzipien der Dinge überhaupt, alles sei »eigentlich« Zahl. Dabei wurden die Zahlen nicht abstrakt, sondern als raumerfüllende Punktraster vorgestellt. Die Zehnzahl genoß besondere Verehrung, ihr zuliebe wurde die Menge der 9 um ein Zentralfeuer kreisenden Himmelskörper um die (unsichtbare) »Gegenerde« vermehrt. Kugelgestalt und Achsendrehung der Erde wurden zuerst im Kreis der P. *(Archytas* bzw. *Hiketas)* gelehrt. Auch sittliche Verhältnisse wie Gerechtigkeit, Ehe usw wurden von den P.n auf Zahlen zurückgeführt. - Wesentliche Motive der späteren griechischen und europäischen Philosophie sind in den Theorien der P. keimhaft angelegt. Mit der Lehre von einer eigentlichen (Zahlen-)Welt hinter den Erscheinungen steht der metaphysische Dualismus → Platons in Verbindung, der im »Timaios« auch wesentliche Teile der pythagoreischen Naturphilosophie zu freier Verwendung aufnahm. Von der pythagoreischen Verknüpfung der Theorie mit dem Zweck der Katharsis ist auch heute noch im sittlichen Pathos der reinen zweckfreien Forschung etwas wirksam. Die große Entdeckung der P., die Korrelation von Qualitativem (Töne, Akkorde) und Quantitativem (Saitenlängen) hat den europäischen Rationalismus und Apriorismus vielleicht erst möglich gemacht, jedenfalls im Ursprung beeinflußt. Die Wiederbelebung der Schule im 1.Jh. nChr orientierte sich mehr an der legendären Gestalt des Pythagoras als an den Leistungen der P. (→ Neupythagoreer, → Griechisch-römische Philosophie, 2 c).

E.SACHS, Die fünf platonischen Körper, 1917 - E.FRANK, Plato u. die sog. P., 1923 - Ü I, 61ff. 43*ff (Lit.) - K.KERÉNYI, Pythagoras u. Orpheus, Amsterdam (1938) 1939² - K.v.FRITZ, Pythagorean Politics in Southern Italy, New York 1940 - W.A.HEIDEL, The Pythagoreans and Greek Mathematics (Amer. Journal of Philology 51, 1940, 1-33) - V.CAPPARELLI, La sapienza di Pitagora, Padua 1941 - B.VAN DER WAERDEN, Zur pythagoreischen Algebra (Math. Annalen 118, 1941, 286-288) - DERS., Die Harmonielehre der P. (Hermes 78, 1943, 163-199) - J.E.RAVEN, Pythagoreans and Eleatics, Cambridge 1948 - G.S.KIRK-J.E.RAVEN, The Presocratic Philosophers, ebd 1957, 216ff. 307ff. *G.Patzig*

Pythias-Ritter *(Knights of Pythias)*, eine nichtsektiererische, durch Eid verbundene Bruderschaft in den USA, proklamiert Freundschaft, Nächstenliebe und Wohlwollen und erstrebt Verbreitung des Lichts der Sittlichkeit und Erkenntnis sowie Förderung des Guten. Sie will eine Wiederbelebung der → Pythagoreer in den Formen mittelalterlichen Rittertums sein. Die erste Loge des Ordens wurde am 19.2.1864 mit 13 eingetragenen Mitgliedern während des amerikanischen Bürgerkriegs von dem Regierungsangestellten J.H.Rathbone gegründet, der die Anregung dazu aus dem Spiel »Damon and Pythias« des irischen Dramatikers John Banim (1798 bis 1842) gewann. Trotz Zwistigkeiten unter den ersten Führern wuchs die Organisation sehr schnell (1895: 450000, 1923: 908454 Mitglieder, mit Logen auch im Fernen Osten, in Europa, Australien und Neuseeland). Bis 1936 sank die Mitgliederzahl auf 344401; zZ (1960) wird sie 135000 kaum überschreiten. Die Oberste Loge (gegr. 1868, Sitz in Cedar Rapids, Iowa) beaufsichtigt 55 Großgebiete in den USA und Kanada mit ca 2500 örtlichen Logen. Mitglieder können nur körperlich gesunde Männer der kaukasischen Rasse werden; sie müssen an ein höchstes Wesen glauben und unterschreiben, daß sie weder Kommunisten noch Faschisten noch Mitglieder einer politischen Umsturzorganisation sind. Es gibt den Rang der Pagen, Esquires und Ritter. Die Mitglieder stammen vorwiegend aus dem Mittel- und Arbeiterstand. Das Ordensprogramm betont den Dienst an der Gemeinschaft (durch von Pythiern betreute Klubs), praktische Nächstenliebe sowie Förderung patriotischer und demokratischer Ideale. - Nebenorganisationen des Ordens sind: der »Dramatic Order Knights of Khorassan« (gegr. 1894) mit den »Nomads of Avrudaka« als eigener Frauenorganisation; die »Pythias-Sisters« (gegr. 1889), eine weibliche Nebenorganisation; die »Princes of Syracuse« für Jungen zwischen 14 und 18 Jahren; die »Pythian Sunshine Girls«, eine Parallelgesellschaft für Mädchen. Die »P. von Nord- und Südamerika, Europa, Asien und Afrika« (gegr. 1869) sind eine nichtanerkannte Negernachahmung der P. - Den röm. Katholiken und den Kommunikanten einiger streng luth. Kirchen in den USA ist Mitgliedschaft bei den P. von ihren Kirchen verboten. - Seit dem 1. Weltkrieg entfalteten die P. in Deutschland keine Aktivität mehr, doch wird eine solche zZ wieder in Aussicht genommen.

J.VAN VALKENBURG, The Knights of Pythias Complete Manual and Text-Book, (Philadelphia 1877) Canton/Ohio 1892⁵ - Supreme Constitution and Supreme Statutes of the Order of Knights of Pythias, Minneapolis (1914) 1938⁶ - Pythian International (Vierteljahrs-Zs. der Obersten Loge) 11, 1958, 9-32. - Lit.: J.D.WEEKS, Hist. of the Knights of Pythias, Cincinnati 1871 - J.R.CARNAHAN, Pythian Knighthood, ebd (1888) 1889/90² - J.VAN VALKENBURG (Hg.), The Jewels of Pythian Knighthood, ebd 1889 - W.D.KENNEDY, Pythian History, Chicago 1904 - A.PREUSS, A Dictionary of Secret and other Societies, St. Louis 1924, passim - CH.W.FERGUSON, Fifty Million Brothers, New York 1937, 72ff - TH.GRAEBNER, A Handbook of Organizations, St. Louis 1948, 180ff. *A.C.Piepkorn*

Python. Nach früh bezeugter (hymn. Hom. Apoll. 282ff) und in zahllosen Versionen vorliegender mythischer Tradition tötet Apollon, bevor er Kultstätte und → Orakel von Delphi in Besitz nimmt, deren Hüter, den schlangengestaltigen P. Das Wort P. begegnet vielfach in Orts- und Kultnamen des delphischen Bereichs. Das Fest der Stepterien hatte den → Drachen-Kampf Apollons und die die spätere kathartische Praxis bestimmende → Reinigung des Gottes von dieser Blutschuld zum Aition. Der historische Kern des Traditionskomplexes ist wohl die Verdrängung eines sehr alten, vielleicht vorgriechischen orakelspendenden Kultempfängers mit chthonischem Charakter (→ Schlange) durch den direkt aus Thessalien kommenden Apollon. In der späten Allegorese spielt der P.-Mythos keine besondere Rolle.

M.P.NILSSON, Griech. Feste, (1906) 1957, 151ff - ROSCHER III, 3370ff. 3400ff - NILSSON I, 633. 646 - H.W.PARKE-D.E.W.WORMELL, The Delphic Oracle I, 1956, 9. 22. 108. 310. 375 - J.E.FONTENROSE, P. A Study of Delphic Myth and its Origin, Berkeley 1959. *A.Dihle*

Q

Quadratus, ältester Apologet (→ Apologetik: II), übergab Kaiser Hadrian (117-138) eine Verteidigungsrede für das Christentum (Euseb, h.e. 4, 3, 2: einziges Fragment). Das geschah kaum in Athen (so R.M.Grant unter Rückgriff auf Euseb, Chronik a. 2140; Hieronymus [vir. ill. 19; ep. 70, 4] identifizierte Q. nach Euseb, h.e. 4, 23, 3 mit dem späteren Bischof Q. von Athen), wo Hadrian 125/26 bzw. 129 nChr weilte, sondern anläßlich des kleinasiatischen Aufenthaltes 123/24 bzw. 129. Dorthin weist das Fragment auch durch den Hinweis auf durch Jesus Geheilte und vom Tode Erweckte als gegenwärtige Zeugen (Papias), ferner Eusebs Notiz, die Apologie sei durch Ausschreitungen gegen die Christen veranlaßt worden. Den Autor deshalb mit dem »Apostelschüler« und Propheten Q. von Euseb, h.e. 3, 37, 1; 5, 17, 2, sein verlorenes Werk aber mit dem → Diognetbrief (Andriessen) zu identifizieren, liegt kein Grund vor. Person und Werk bleiben im Dunkel.

R.M.GRANT, The Chronology of the Greek Apologists (VigChr 9, 1955, 25-33) - ALTANER § 20, 1 (Lit.). *C.Andresen*

Quäker

1. Name - 2. Geschichte - 3. Persönlichkeiten - 4. Botschaft - 5. Wirken - 6. Krisen - 7. Organisation

1. Der *Name* Q. (»Zitterer«) war ursprünglich ein Spottname; er wurde den Q.n erstmalig durch Richter Bennett um 1650 auf Grund von Konvulsionen und ekstatischen Zuständen angehängt. Die Q. fanden ihn nicht zutreffend, haben aber die bei ihnen bisweilen auftreten-

den Vorgänge, die auf innere Erschütterungen beim Empfang göttlicher Offenbarungen schließen lassen, religionspsychologisch zu erklären und zu rechtfertigen gesucht. Sie selbst bezeichneten sich als »Kinder des Lichtes« (Children of the Light) oder als »Freunde in der Wahrheit« (Friends in the Truth), ihre Gemeinschaft als »Gesellschaft der Freunde« (Society of Friends).

2. Die eigentliche Wiege des Q.tums war der Preston-Patrick-Bezirk in Westmorland. Die Q.bewegung bildete die Fortsetzung der religiösen Erweckung bei den → »Seekers«, mit denen George → Fox nach Abschluß seiner persönlichen inneren Kämpfe in Verbindung trat. Die Gewinnung dieser separatistischen, mystischen Kreise war der schöpferische Augenblick in der Geschichte des Q.tums. Wie die Bewegung der »Seekers« (Gottsucher) den geistigen Boden im englischen Volk für das Q.tum vorbereitete, so auch die ihnen wesensverwandten »Familists« (→ Niclaes), deren Haltung weitgehend auf die Q. überging. Sie bezeichneten sich als »Family of Love«. Lag das Schwergewicht des jungen Q.tums damit zuerst im Norden Englands, so wurde 1654 London zum Hauptquartier der Q.bewegung, die durch den Anschluß von Baptistengruppen und einzelnen bedeutenden Persönlichkeiten rasch anwuchs. Gleichzeitig grenzte sie sich immer entschiedener gegen die enthusiastischen »Ranters« (Rasende, wegen ihres sittlichen Libertinismus) wie gegen die chiliastisch gesinnten, Christi Parusie für das Jahr 1666 erwartenden → Quintomonarchisten sowie gegen die sozialrevolutionären Strömungen der → »Levellers« und der »Diggers« ab. Da sich einstige Anhänger dieser Sekten später mehr und mehr den Q.n anschlossen, wurde in der öffentlichen Meinung das Q.tum als Sammelbecken aller Sektierer und Verschwörer gegen die Staatsführung durch Oliver → Cromwell und nach der Restauration gegen die Stuarts betrachtet. Gegen die Q. richtete sich darum vor allem die Erneuerung der »Uniformitätsakte« 1662 als eine Erweiterung der Strafandrohungen gegen alle Nonkonformisten (→ England: I, 5). 1664 traten die »Konventikelakte« in Kraft, die 1670 bestätigt wurden und zur Unterdrückung der Q. dienen sollten. 1673 wurde die Toleranzerklärung Karls II. zugunsten der Q. infolge Widerstandes von seiten des Parlaments zurückgenommen. Nach Veröffentlichung der »Testakte« entstanden neue Verfolgungen der Q. Durch diese Gesetze war das Q.tum als staatsfeindlich erklärt worden. Deshalb wurden 1661-89 über 12000 Q. gefangengenommen; mehr als 300 starben an Entbehrungen in den Kerkern oder an den Folgen erlittener Mißhandlungen. Mit der Indulgenz-Erklärung Jakobs II. (1687) wurden die Strafgesetze für Q. aufgehoben. Das Toleranzedikt von 1689 gewährte ihnen wie allen andern Nonkonformisten (→ Dissenters) Religionsfreiheit.

3. Zu den bedeutenden Persönlichkeiten der Q. gehört nächst ihrem Begründer *George → Fox* dessen spätere Gattin *Margarete Fell* (1614-1702). Als Witwe des Richters Fell, in dessen Haus Fox bereits im Anfang seines Wirkens Aufnahme gefunden hatte, war sie schon vor ihrer Verheiratung mit Fox (1669) die Seele der Q.-bewegung und bot in ihrem Haus Swarthmore-Hall Asyl für verfolgte Q. und Q.-Prediger (Publishers of Truth). 1664 wurde sie zu lebenslänglicher Gefangenschaft und Vermögenseinziehung verurteilt und 4½ Jahre lang in unwürdiger Lage gefangengehalten. Hervorzuheben sind ferner *William → Penn* als Hauptmitarbeiter von George Fox und *Robert → Barclay* als Apologet der Q. (Theologiae Apologia, 1676). Weitere Mitkämpfer, die zu zweien als Prediger umherzogen oder bei denen Q. Aufnahme fanden, waren Thomas Ellwood (erster Herausgeber des »Journal« von Fox), Thomas Lower, William Caton, Isaac Penington, Thomas Curtis, Thomas Aldam, Thomas Taylor, Richard Farnsworth, Alexander Parker, Robert Widders, James Lancaster, John Stubbs, John Burnyeat, William Dewsbury, Francis Howgill, Edward Burrough, Richard Huberthorne, George Whitehead, John Audland, John Camm, James Parnell, George Harrison, John-ap-John, Thomas Holme, William Ames. Erwähnenswert für das frühe Q.tum sind Frauen wie Mary Fisher, Katharina Evans, Sarah Chevers.

4. Die *Botschaft* ist der aus eigener Erfahrung entstandene und durch das biblische Zeugnis gerechtfertigte Hinweis auf das »Innere Licht« (The Inward Light) als Quelle der Offenbarung Gottes an jeden Menschen. Sie genügt, um eine zuverlässige Grundlage für ein neues Leben im Geist und in der Wahrheit zu schaffen. Als der Geist, der Gottes Macht in den Herzen kundtut, ist das »Innere Licht« auch »Gottes Saat« oder »Same Gottes«. Es ist etwas Neues, Göttliches und Jenseitiges, darum auch fähig, eine Wiedergeburt geistiger Art hervorzurufen und dem menschlichen Tun, seiner ganzen Aktivität neue, höhere Ziele zu setzen. Dieses »Innere Licht« kann in jedem Menschen zum Aufleuchten gebracht werden, da in jedem, gleichviel welcher Nationalität oder Rasse, Standes oder Geschlechtes »etwas von Gott« vorhanden ist. Um in den Glanz des »Inneren Lichtes« zu treten, ist vor allem das schweigende Gebet (silent Prayer) der richtige Weg. Bei der Erleuchtung durch das »Innere Licht« wird stets der Sieg über die gleichzeitig erkannte und bereute Sünde und alle Mächte der Finsternis offenbar. Die Q. betrachten das »Innere Licht« nicht als einen ständigen Besitz oder als eine stetig fortwirkende Kraft, sondern als Quelle der plötzlich auftretenden, immer unvermittelten Offenbarungen und Erleuchtungen, als ein Erleben der Gegenwart Gottes und Empfang seiner Wegweisungen und Anordnungen, nicht nur im allgemeinen, sondern in jedem konkreten Fall. Das »Innere Licht« ist gleichbedeutend mit dem Innewohnen des Christus im Innersten des Menschen, den er damit beherrscht und zum Gehorsam führt. So bekannte Edward Burrough: »Während wir auf den Herrn im Schweigen warten, was oft durch Stunden hindurch gemeinsam geschieht, empfangen wir vielfach den auf uns niederströmenden Geist; unsere Herzen werden dadurch froh gemacht, unsere Zungen gelöst, unser Mund geöffnet und die Herrlichkeit des Vaters geoffenbart.« Die »schweigende Andacht« (silent Worship) ist noch heute für den → Gottesdienst (: V B, 2c) der Q. bezeichnend. – Aus der Botschaft vom »Inneren Licht« ergaben sich praktische individual- und sozialethische Grundsätze und Forderungen: a) Forderung unbedingter Wahrhaftigkeit und deshalb Ablehnung jeder Eidesleistung; b) Dringen auf Ehrlichkeit in Handel und Wandel; c) weitgehende Anspruchslosigkeit in der Lebenshaltung, Verzicht auf Luxus und Vergnügen; d) Verweigerung der Begrüßung durch Hutlüften vor hochgestellten Personen und heuchlerische Höflichkeit; e) Ablehnung der heidnischen und weltlichen Tages- und Monatsbezeichnungen; f) Anrede anderer Menschen ohne Unterschied des Ranges mit »Thou« statt »You«; g) Vermeidung jeder Mitwirkung bei kriegerischen Handlungen (→ Krieg: IV; die Q. gehören daher zu den sog. »historischen Friedenskirchen«, → Friedensbewegung); h) Abweisung aller Verpflichtungen zur Zahlung des Zehnten an die Kirchen; i) Bekämpfung der Trunksucht und des Verkaufs von berauschenden Getränken, Verpflichtung zur Abstinenz.

5. Das *Wirken* der Q. bezog sich seit den Anfängen auf alles, was ihnen durch Erleuchtung zur Aufgabe gemacht wurde, sobald sie darüber zu einem einmütigen Be-

schluß (Minute) gelangt waren. Die Erkenntnis einer Notlage an einem bestimmten Ort und in besonderen Verhältnissen veranlaßte schon G.Fox und bis in die Gegenwart immer wieder die Q., ihre Stimme dagegen zu erheben, Abhilfe zu verlangen und mit persönlichen Opfern die geeigneten Maßnahmen zu treffen. Dazu gehören die Vorschläge von John Bellers (1654-1724) zur Behebung sozialer Notstände und die Siedlungsprojekte von William Allen (1680-1724). Einen wichtigen Beitrag zur sozialen Entwicklung des englischen Volkes bildete die Schaffung eines vorzüglichen Schulwesens, zunächst für Kinder aus Q.familien, um ihnen den sozialen Aufstieg zu ermöglichen (Ackworth School), dann auch für die breiten Volksschichten durch die Sonntagsschulen, in denen arbeitende Kinder und Jugendliche Elementarunterricht erhielten; Erwachsenenschulen dienten als Fortbildungsschulen für begabte Arbeiter. Auf den Q. Joseph Lancaster geht auch das von ihm angewandte System der Beiziehung fortgeschrittener Schüler als Hilfslehrer zurück. - Bes. bedeutsam war der Einsatz und Einfluß der Q. für eine Reform des Strafvollzuges durch Peter Bedford, Stephen Grellet und Elisabeth → Fry. - Am nachhaltigsten hat das Q.tum bei der Abschaffung von Sklavenhandel und Sklavenhaltung mitgewirkt: durch häufige Petitionen an das Parlament, unaufhörliche Aufklärung der Öffentlichkeit über die wirkliche Lage der Sklaven, Gründung von Organisationen zur Beseitigung der → Sklaverei, Untersuchung über die tatsächlichen Zustände bei den Sklaven und die Auswirkungen angeblicher Verbesserungen (John Woolman, Joseph Sturge), Errichtung einer Untergrundstraße zur Erleichterung der Flucht von Sklaven aus den Südstaaten nach Kanada. - Beispielhaft waren Gründungen und Leitungen industrieller und Handelsunternehmungen (cooperative stores) nach den quäkerischen Prinzipien von Treu und Glauben sowie die damit verbundene Fürsorge für Arbeiter (London Lead Company). - Nach dem 1. und 2. Weltkrieg bemühten sich die Q. um die Behebung des Elends bei den besiegten Völkern und nach der russischen Revolution um die Beseitigung der Hungersnöte. Dazu kam die Mitwirkung in der Flüchtlingshilfe und bei der Verständigung unter den Völkern. 1917 wurde das American Friends Service Committee gegründet, zunächst zum Zweck der Unterstützung von → Kriegsdienstverweigerern. Aus ihm erwuchs die große Hilfsorganisation, der 1950 etwa 4 Mill. Dollar zur Verfügung standen.

6. Zu verschiedenen Zeiten hatte das Q.tum *Krisen* zu bestehen, bes. in seinen Anfängen. Eine der gefährlichsten entstand durch James Naylor. Durch ekstatische Zustände und Visionen erhielt er ein messianisches Selbstbewußtsein, das dank seiner impulsiven Persönlichkeit und hohen Geistesgaben durch die Gewinnung zahlreicher Anhänger gestärkt wurde. Er zog 1655 als künftiger König des Reiches Christi unter Gesang und Jubelruf in Bristol ein. Gefangengenommen und wegen Gotteslästerung gebrandmarkt, bereute er aber seine schwärmerische Haltung, durch die er das Q.tum als zweiter Führer nach George Fox in der öffentlichen Meinung diskreditiert hatte. - Ein weiterer Mitarbeiter von Fox, John Perrot, wurde durch seine Ablehnung aller gottesdienstlichen Ordnungen und die von ihm ausgehende Verschärfung vorhandener Spannungen zur Belastung für die Bewegung. - Auch die Separation von John Story und John Wilkinson gefährdete zeitweilig die Einheit des Q.tums. Sie entstand vor allem wegen der Ablehnung des Mitwirkens von Frauen in kirchlichen Angelegenheiten. Es kam 1677 zum endgültigen Bruch und zur Ausstoßung der Separatisten. - Eine der folgenschwersten Krisen entstand für die Q. durch die Eigenwilligkeit und den Abfall von George → Keith. Die Auseinandersetzung mit der Theologie der methodistischen Erweckungsbewegung führte 1828/29 im amerikanischen Q.tum zu einer Spaltung in Orthodoxe (Hicksites, → Hicks) und die konservativen Wilburites (nach John Wilbur, 1774-1856), doch spielen diese Gruppierungen im heutigen Q.tum Amerikas kaum mehr eine Rolle. Im Gefolge der Erweckungsbewegung unter → Finney und → Moody kam es vor allem im mittleren Westen sogar zur Entwicklung einer Gemeindeorganisation mit festem Pfarramt.

7. Seit 1668 war Fox bestrebt, seine Anhängerschaft in eine klare, feste *Ordnung* zu bringen und sie auch von andern, schwärmerischen Strömungen genügend zu distanzieren. Er erwartete allerdings, daß die Botschaft vom »Inneren Licht« die ganze Menschheit erfasse, und sandte darum missionierende »Freunde« bis nach der Türkei und Ägypten aus. Zugleich hoffte er auf eine neue Gesellschaftsform, die den Grundgedanken des Evangeliums besser entspräche, als dies bisher von den Kirchen erstrebt wurde. - Vor 1656 bestand kaum eine straffe Q.organisation. Der Name »Gesellschaft der Freunde« ist erst seit 1665 nachweisbar. Immerhin wurde auf einer Versammlung in Balby eine »Magna Charta« des Q.tums mit 20 Ordnungen aufgestellt. Sie zeigen Ansätze zu organisierten Kirchenformen und klaren Prinzipien. Danach finden wöchentlich lokale Versammlungen (Worship Meetings, Meetings for Sufferings) statt. Dazu kommen monatliche Versammlungen (Monthly Meetings) zur Besprechung der kirchlichen Angelegenheiten einer Ortsgruppe. Aus Abordnungen der lokalen Versammlungen wurden die vierteljährlichen Versammlungen (Quarterly Meetings) zur Erledigung der Geschäfte für die Q. einer Landschaft gebildet. Alljährlich finden in der Pfingstzeit die Jahresversammlungen statt, die sich mit den Aufgaben des Q.tums in einem Land oder in der Welt befassen. - Alle Versammlungen haben den Zweck, unter Leitung von gewählten Aufsehern auf Grund einstimmiger Beschlüsse über Vorschläge zu entscheiden, Vollmachten zu erteilen und Maßnahmen zur Kirchenzucht zu treffen. Die von jeher bestehenden Organisationsformen sind auch heute noch gültig, trotz Anpassungen (bes. in den USA) an vorhandene Bedürfnisse. Dazu kommen noch Unterorganisationen zur Durchführung bestimmter Aufgaben. Mittelpunkt des Q.tums ist das Friends House, Euston Road, London N.W. 1 sowie das Woodbrooke College, Selly Oake bei Birmingham. In Deutschland haben die Q. ihr Zentrum in Bad Pyrmont. Weltkonferenzen der Q. fanden 1920 in London, 1937 in Swarthmore College, 1952 in Oxford statt. Sie zählen insgesamt etwa 170000 Mitglieder, davon ca 120000 in Amerika, 20000 in England. Die deutsche Q.gruppe umfaßt etwa 500 Mitglieder. Weit größer ist die Zahl der »Freunde der Freunde«, der Menschen, die sich von der schlichten, praktischen Frömmigkeit der Q. angezogen fühlen.

H.WEINGARTEN, Independentismus u. Q.tum, 1861 - R.M.JONES, Quakers in the American Colonies, London 1911 - DERS., The later Periods of Quakerism I. II, ebd 1921 - DERS., The Faith and Practice of the Quakers, ebd (1927) 1938[5] - W.C.BRAITHWAITE, The Beginnings of Quakerism, ebd 1912 - DERS., The second Period of Quakerism, ebd 1919 - A.JORNS, Studien über die Sozialpolitik der Q., 1912 - Christian Discipline of the Society of Friends I-III, London 1917-25; Bd I. II dt.: Christl. Leben - Christl. Wirken, 1951 (Quellensammlung) - A.LOTZ, Sklaverei, Staatskirche u. Freikirchen, 1929 - A.R. FRY, Die Weise der Q., (1935) 1946[2] - TH.SIPPELL, Werdendes Q.tum, 1937 - E.RUSSELL, Hist. of Quakerism, New York 1942 (Lit.) - H.G. ALEXANDER, Quakerism and India, Wallingford/Pa. 1945 - H.ALBRECHT, Was ist uns Q.tum?, 1947 - E.SIEVEKING, Die Q. u. ihre sozialpolit. Wirksamkeit, 1948 - P.HELD, Der Q. George Fox, 1949 (Lit.) - DERS., Q. im Dienst am Nächsten, 1956 (Lit.) - W.COMFORT,

Unter Freunden, 1950 - TH.E.DRAKE, Quakers and Slavery in America, New Haven 1950 - G.B.BURNET, The Story of Quakerism in Scotland 1650-1850, London 1952. - Zs.en: The Friend, Philadelphia 1827ff; The American Friend, ebd 1894ff; The Friends Intelligencer, ebd 1944ff; Friends Journal, 1955ff; Der Q., Paderborn (43. Jahrg. 1961). - Vgl. die Lit. zu → Fox. *P.Held*

Quandt, *Johann Jakob* (1686-1772), ev. Theologe, * und † in Königsberg, studierte u.a. im pietistischen Halle und in den ref. Niederlanden, hier bes. orientalische Sprachen, indem er auf den Lehrstuhl für Orientalia in → Königsberg hoffte. Doch wurde er 1714 Prof. der Theologie, 1718 Pfarrer der Löbenichtschen Kirche und 1721 Hofprediger in seiner Vaterstadt, von Friedrich Wilhelm I. und Friedrich d. Gr. gleicherweise geschätzt. Eine (sZ überbewertete) Rhetorik vereinte er mit luth. Orthodoxie. Mit seinem Landsmann und Freund Gottsched gründete Q. 1741 eine Gesellschaft zur Sprachreinigung. 1735 u.ö. gab er die »Neue Sammlung alter und neuer Lieder« heraus, ein gut luth. Gesangbuch. Im Kirchengesang pietistischem und bes. rationalistischem Einfluß wehrend, bevorzugte er das in Ostpreußen entstandene Kirchenlied; sein Gesangbuch wurde in orth. Kreisen Nordostpreußens noch 1944 benutzt.

A.NIETZKI, D.J.J.Q., 1905 - R.FUEHRER, Die Gesangbücher der Stadt Königsberg, 1927 - RGG³ IV, 1666f. *S.Fornaçon*

Quaresmio *(Quaresmi), Francesco* (* 4.4.1583 in Lodi, † 25.10.1656 in Mailand), OFM, lehrte Philosophie, Theologie und kanonisches Recht, war Guardian, Kustos und Provinzial in Mailand. Mehrmals in päpstlichem Auftrag im Orient, war er insonderheit Guardian von Aleppo und Präsident der → Kustodie des Hl. Landes (1618-19), ging 1620 nach Europa und kehrte 1625 nach Jerusalem zurück. Zwischen 1627 und 1629 lebte er in Aleppo als päpstlicher Kommissar und als Vizepatriarch der Chaldäer und → Maroniten von Syrien und Mesopotamien. Sein palästinakundliches Werk »Historica, theologica et moralis Terrae Sanctae elucidatio« (2 Bde, Antwerpen 1639; Venedig 1880/82, ed. Cyprian de Tarvisio) verfaßte er zwischen 1616 und 1626. Nach Missionen in Deutschland, Frankreich, Belgien und Holland wurde Q. 1637 Guardian des Klosters S. Angelo in Mailand und war 1645-48 Generaldefinitor und -prokurator. Seine zahlreichen Werke waren für Orientalisten, Exegeten und Historiker des hl. Landes von großem Wert.

CYPRIANUS DE TARVISIO, Vita F.Q., in: Elucidatio (s.o.) I, IX-XIII - M.DA CIVEZZA, Storia universale delle missioni francescane VIII-XI, Florenz 1895, 597ff - DThC XIII, 1442ff - EC X, 380 - V.CRAMER, Das Rittertum vom Hl. Grabe im 16.Jh. (Das Hl. Land in Vergangenheit u. Gegenwart IV, 1949, 85-90). *W.Göbell*

Quartadezimaner nennt man eine Gruppe von Christen der alten Kirche hauptsächlich in Kleinasien und Syrien, die die quarta decima (= 14. Nisan) als Tag des christlichen Passa feierten. Ihr Fest, das nur den Abend des 14. und die Nacht zum 15. Nisan umfaßte, wurde durch stellvertretendes Fasten für die Juden, durch Lesung und Erklärung von Ex 12 sowie die Feier der Agape und Eucharistie am frühen Morgen begangen. Weiter läßt sich eine intensive eschatologische Erwartung am Passafest beobachten. Diese Form der Passafeier geht wahrscheinlich auf die Urgemeinde zurück, wurde jedoch später durch das heidenchristliche Osterfest zurückgedrängt (→ Ostern, 1). Zu Nicäa 325 nChr wurden die Q. als Judaisten exkommuniziert. Stellenweise hat sich ihr Passa jedoch bis ins 5.Jh. gehalten.

B.LOHSE, Das Passafest der Q. (BFChTh 54), 1953 (Lit.) - A. STROBEL in ZNW 49, 1958, 157-196 u. NTS 4, 1957/58, 210-215 - B.GÄRTNER, John 6 and the Jewish Passover (CN 17), 1959. *B.Lohse*

Quatember (ieiunia quattuor temporum), vorgeschriebene Fasttage (Mittwoch, Freitag und Samstag; → Fasten: II) der röm. Kirche in der 1. Frühlings-, der Pfingst-, der 3. September- und der 3. Dezemberwoche, waren ursprünglich röm. Lokalfeste, in denen wohl altröm. Naturfeste nachleben (feriae sementinae, messis und vindemiales). Die heutige Ordnung schuf 1078 Gregor VII. Seit Gelasius I. sind die Q. auch Ordinationszeiten. - »Vierzeitenfeste« in älteren luth. KOen (Bugenhagen; Niedersachsen) hängen jedenfalls dem Namen nach mit den kath. Q.tagen zusammen.

L.EISENHOFER, Hdb. d. kath. Liturgik I, 1932, 482f - DERS.-J. LECHNER, Grundriß d. Liturgik d. röm. Ritus, 1953⁶, 135ff (Lit.) - Leiturgia I, 486f. *H.Hohlwein*

Queiß, *Erhard von* († 1529), * in Storkow (Lausitz), bis 1523 Kanzler des Herzogs Friedrich von Liegnitz, dann auf Veranlassung des Hochmeisters → Albrecht von Preußen Bischof von → Pomesanien. Seit 1524 Anhänger der Ev. Bewegung (1.1.1525 Mandat zur Förderung der Reformation, 22 Thesen), verzichtete er 1527 zugunsten des Herzogs auf die weltliche Herrschaft im Bistum. - Vgl. → Ostpreußen, 3.

P.TSCHACKERT, Urkundenbuch zur Reformationsgesch. des Herzogtums Preußen I, 1890, 39ff. 102ff. 140ff; II (s. Reg.) - H.LAAG, Die Einführung der Reformation im Ordensland Preußen (NKZ 36, 1925, 857-873). *H.Laag*

Quellen (Q. = Quell[e]). Seit jeher gilt → Wasser und vorwiegend Q.wasser als lebenspendend und -erhaltend, weil nur fließendes Wasser »lebendig« ist und macht. So ist das Urbild der Gesundheit und des Heils der ans Wasser gepflanzte Baum (Ps 1, 3; Hi 29, 19; Ez 47, 12; Apk 22, 1ff), und menschliche Siedlungen sind vorwiegend vom Vorhandensein von Q.n abhängig. Die Q. muß selbst mit dem Einsatz des Lebens geschützt und verteidigt werden. - Die älteste Religion war weithin → Naturdienst. So ist es erklärlich, daß Q.n als hl. Kultorte verehrt wurden (→ Heilige Stätten: I), was auch von den Germanen bezeugt ist (→ Germanische Religion, 6). Am bekanntesten ist neben dem Weihgeschenk für die hl. Q. von Adania (Dittenberger, Syll. 736, 84ff) das Q.opfer des Horaz (Carm. III, 13) geworden. Dort wird die Q. zur Gottheit selbst erhoben (vgl. den römischen Gott Fons, zB CIL VI, 32493; selten Fontanus, Fontana, Fontus). Oft erscheinen Q.n als Aufenthalt männlicher und vorwiegend weiblicher Wassergeister (Wassermann, Nöck; Nixen, Nymphen, Camenen; → Geister: I), auch von Tiergestalten (meist → Drachen, Neh 2, 13). Bisweilen wird die Q. als Attribut einer Göttin verehrt, so als ihr Kind, ihre Milch (Pausanias IX, 34, 4) oder Träne (Ovid, Metam. IX, 659ff). In ähnlichem Sinne werden oft Q.geister unter die Schutzherrschaft eines Gottes gestellt (wie die Nymphen unter die des Apollo) oder einem Gott gleichgesetzt. So weiß u.a. die griechische Mythologie und der → Mithras-Kult von gespendeten Q.n als Gnadenzeichen der Wassergötter für die Menschen. Allgemein ist der Glaube an die heilende und wunderbare Kraft der Q. mit der Gabe der → Weissagung (vgl. → Mantik) beim Spiegelbild und Versiegen (Todeszeichen!). Auch gelten Q.n als Eingang in die Unterwelt und → Hölle. Neben der feindlichen Einwirkung der Q.geister auf den Menschen steht ihre freundliche Gesinnung. Als Schutz gegen böse Q.geister gelten Marien-Q.n, zB die Marien-Q. in Bad Elster (Vogtl.). Q.märchen und -sagen mit dem Glauben an ihre Zauberkraft sind uralt. Zwischen den Wurzeln der Weltesche (→ Weltenbaum) Yggdrasil entspringen die Weisheits- und Schicksals-Q. Bei Jahwe ist die »Q. des Lebens« (Ps 36, 10; vgl. Spr 10, 11; 13, 14;

14, 27; 20, 7). »Am Ende der Tage« wird vom Tempel zu Jerusalem »lebendiges Wasser« fließen (Ez 47, 11ff; Sach 14, 8). - Bei der Bildung von Glaubensvorstellungen über Q.n und ihre Geister spielt christlicher Einfluß nur eine geringe Rolle. - Vgl. → Jungbrunnen, → Lebensbaum, → Lebenswasser.

ERE XII, 704ff - G.Hölscher, Gesch. d. israelit. u. jüd. Religion, 1922 (s. Reg.) - Chant (s. Reg.) - HWDA I, 1673ff; IX, 127ff - M. Wähler, Thüringische Volkskunde, 1940, 452ff - Eliade § 67 (Lit.) - Fr.Jones, The Holy Wells of Wales, Cardiff 1954 - Nilsson I (s. Reg.) - Thompson (Index s.v. Well) - BThH² 681ff - ThW VI, 112ff - K. Latte, Röm. Religionsgesch., 1960, 76ff. *E.R.Lange*

Quenstedt, *Johann Andreas* (1617-88), * in Quedlinburg, Neffe J. → Gerhards, Schwiegersohn → Scharfs und Schwiegervater (!) → Calovs, war als Helmstedter Theologiestudent (1637-44) Schüler von → Calixt und → Horn(ejus), wuchs aber in → Wittenberg (1644ff) als Adjunkt der philosophischen Fakultät (1646), Prof. der Logik und Metaphysik (1649) und der Theologie (1649 ao., 1660 o. Prof.) ganz in die dortige → Orthodoxie (, 3 a) hinein. Er war kein schöpferischer Geist, faßte aber die Ergebnisse der luth. Orthodoxie von → Hütter bis Calov geschickt und übersichtlich zusammen und schuf mit seiner »Theologia didactico-polemica sive Systema theologicum« (1685) *das* Kompendium der Theologie der luth. Hochorthodoxie (Anlehnung an J.F. → Königs »Theologia positiva acroamatica«). Man hat ihn deshalb vielfach den »Buchführer« oder »Schriftführer« der Orthodoxie genannt. Als gerecht und milde auch in der Polemik und als aufgeschlossen für die Reformforderungen der Zeit (sog. Reformorthodoxie) erweist sich Q. vor allem in seiner »Ethica pastorum et instructio cathedralis« (1678).

Biogr. fehlt. Vgl. die Leichenreden von A. → Sennert (H.Pipping, Memoria theologorum, 1705, 229ff) u. C.Löscher (mit Lebenslauf nach Notizen Q.s), 1688 - J.P.Niceron, Nachrichten v. berühmten Gelehrten XX, 1760, 130ff (Bibliogr.) - A.Tholuck, Der Geist der luth. Theologen Wittenbergs, 1852, 214ff - Ritschl IV - Elert, ML I. II - J.Baur, Die Vernunft im Systema theologicum des J.A.Q. (Theol. Diss. Erlangen), 1961 (Masch.; demnächst gedr.). - Vgl. die Lit. zu → Orthodoxie, bes. die Arbeiten von Leube. *F.Lau*

Quesnel, *Pasquier (Paschasius)*, * 14.7.1634 in Paris, † 2.12.1719 in Amsterdam. Nach dem Studium an der Sorbonne lehnte Q. die angebotene akademische Laufbahn wegen seiner Sympathien mit A. → Arnaulds Theologie ab und trat 1657 bei den → Oratorianern ein (1662 Leiter des Pariser Instituts). Bes. der Bibel zugetan, wurde er durch seine »Réflexions morales sur le NT« berühmt, die er 1670-87 von einzelnen Stellenerläuterungen zur Gesamterklärung ausweitete. Verschiedene Bischöfe, vor allem Felix Vialart de Herse und L.A.de → Noailles, empfahlen sie. Charles Mallet von der Sorbonne griff sie 1676 wegen jansenistischer Anschauungen über Gnade, Prädestination und Freiheit an. Den ausbrechenden Kämpfen wich Q. durch Austritt aus dem Oratorium und Übersiedlung nach Brüssel (1685) zu Arnauld aus. Dort wurde er 1703 verhaftet, konnte aber nach Amsterdam entfliehen; seine Papiere gingen nach Paris und dienten dort als Waffe gegen den → Jansenismus. Durch die Machenschaften der Jesuiten, bes. Michel Letelliers, Ludwigs XIV. Beichtvater, wurden die Réflexions morales 1708 vorläufig, 1713 durch die Constitutio Unigenitus endgültig verurteilt (Denz. 1351ff). Die deutsche ev. Theologie (→ Pfaff) fühlte sich dadurch mit verdammt. Die Réflexions fanden in deutsche Bibelwerke (zB von J.P.Lange, 1856/57) Eingang und erfreuten sich in Frankreich größter Beliebtheit.

RE XVI, 383ff - DThC XIII/2, 1460ff (Lit.) - L.Ceyssens, Les Papiers de Q. saisis à Bruxelles et transportés à Paris en 1703 et 1704 (RHE 44, 1949, 508-551) - J.F.Thomas, La querelle de l'Unigenitus, 1950. - Vgl. die Lit. zu → Jansenismus. *M.Schmidt*

Quétif, *Jacques* (6.8.1618 bis 2.3.1698), OP (1635), * und † in Paris, seit 1652 ebd Bibliothekar des Konventes St-Honoré. Q. machte sich bes. um die Literaturgeschichte seines Ordens verdient. Sein Quellenmaterial wurde von J.Echard OP (1644-1724) vervollständigt und in den »Scriptores Ordinis Praedicatorum« herausgegeben (2 Bde, Paris 1719/21; 3 Suppl.-Bde, 1721-23; fortges. v. R.Coulon, Paris 1909ff).

Quétif-Echard II, 746f - A.Mortier (→ Dominikaner) VII, Paris 1914, 336ff - R.Creytens, L'œuvre bibliogr. d'Echard, ses sources et leur valeur (AFP 14, 1944, 43-71) - M.Gasnier, Les Dominicains de St-Honoré, Paris 1950, 188ff - EC X, 410. *W.Werbeck*

Quietismus

1. Begriff - 2. Ostasien - 3. Antike - 4. Katholizismus - 5. Pietismus und Erweckungsbewegung - 6. Schwärmerischer Pietismus und andere Geistesbewegungen - 7. Luth. Q. - 8. Das bleibende Problem

1. Unter Q. versteht man in der Kirchengeschichte eine mystizistische Richtung im Katholizismus des 17.Jh.s, die mit anderen kritischen religiösen Bewegungen der Zeit (→ Puritaner, → Quäker, → Jansenismus, → Pietismus) gegenüber einer veräußerlichten Kirchlichkeit für eine Verinnerlichung der Frömmigkeit eintritt. Im weiteren Sinne bezeichnet Q. Passivität, → Gelassenheit oder Gleichgültigkeit zB gegenüber dem Lebensgefühl und den Idealen einer bestimmten Religionswelt oder eines Kulturkreises. Dieser Indifferentismus taucht oft in ausgesprochenen Krisen- und Übergangssituationen auf. Der Q. ist in allen Hochreligionen und ausgeprägten Kulturen feststellbar und durchaus nicht ohne schöpferische Impulse.

2. In *Ostasien* geht der Q. auf → Laotse zurück. Wie das Tao, die Urkraft (→ Taoismus), alles durchdringt, »durch Nicht-tun alles tut«, so wird auch der Mensch im Nicht-tun, dh in der vollen Hingabe an den natürlichen Ablauf der Dinge alles erreichen, was sein Glück bedingt. »Indem er das Nicht-tun tut, ist alles geregelt.« So wird die Welt von innen her wieder zurechtgebracht. Hier liegt das Geheimnis wahrer Herrschaftskunst. - Dieser chinesische Q. hat sich im japanischen Zen-Buddhismus (→ Japan: II) mit der Kraft und Beweglichkeit des japanischen Charakters zu einer verfeinerten Lebenskultur entfaltet. Der in Ostasien verbreitete Genuß von Tee hat seinen Ursprung in diesem religiösen Bemühen, den Geist in seelisches Gleichgewicht zu versetzen und aller störenden äußeren Geschäftigkeit zu entziehen (sog. Teepfad). Diese Anpassung an den chinesischen Q. hat in alle Lebenslagen, in die Körperhaltung, das öffentliche und private Leben, die Baukunst und die ganze Kulturgesittung eingewirkt.

3. In der *griechisch-römischen Kulturwelt* ist der Q., zB bei den Epikureern (→ Epikur), Ausdruck eines Ruhebedürfnisses in einer verfeinerten und in sich unsicher gewordenen Gesellschaft und weniger ein ethisches Programm. Diese q.e Stimmung durchdringt als Unterton die griechische Philosophie im → Hellenismus, bes. seit dem Aufkommen des → Neuplatonismus. In den Kulten und Philosophemen der Spätantike gewinnt sie die verschiedensten Färbungen.

4. Im *Christentum* gehört der Q. wesentlich in die Geschichte der → Mystik (: V-VII) und ist in der Form des libertinistischen, antinomistischen oder perfektionistischen Q. als »Wucherung am mystischen Baum« abgewehrt worden. Im 5. und 6.Jh. erhoben die → Euchiten die völlige Apatheia oder Indifferenz zum Ideal ihres immerwährenden Gebetes und standen mit unter der

Anklage, daraus für ihren Lebenswandel amoralische Folgerungen zu ziehen. Um die Mitte des 13.Jh.s tauchte eine pantheistisch-q.e Mystik bei den → Brüdern und Schwestern des freien Geistes auf. Sie wirkte auf das Beginentum (→ Beginen), fand bei den → Tertiariern der Franziskaner Eingang und übermittelte über die Reformationszeit hinaus den → Täufern q.e Gedanken. Den Begharden wurde ein religiöser Indifferentismus nachgesagt, der die bisher in der mystischen Kontemplation gepflegte Betrachtung der Menschheit Jesu als einen Abstieg von den Höhen bewerte, auf denen sich der gottschauende Geist bewegen darf. Das Mißtrauen gegenüber dem Q. als Laienbewegung im 17.Jh. ist wohl auf die Verurteilung der spanischen → Alumbrados zurückzuführen. In seinen Exercitia spiritualia hat sich Ignatius von → Loyola scharf von ihrer q.en Mystik abgegrenzt. Anderseits erklärt sich die rasche Verbreitung des Q. in den romanischen Ländern im 17.Jh. als heftige Reaktionserscheinung auf das in den → Exerzitien bewußt gelenkte und eingegrenzte Gebet der Betrachtung, das den Neigungen der auf das Überbewußte versessenen spanischen Spätscholastik durchaus entsprach. Das neue Ideal der q.en Mystik ist das *wortlose* → *Gebet,* in dem nur der Gedanke der Gegenwart Gottes lebt, das Gebet der Beschauung, des Passivwerdens, des Verzichtes auf jede Methode (→ Gelassenheit). Durch → Therese von Avila, → Johannes vom Kreuz und → Franz von Sales ist diese q.e Mystik, die sich innerhalb der tradierten mystischen Sprache entwickelte, kirchlich unangreifbar geworden, da sie alle Identitätsmystik vermied. Da sie zugleich im Rahmen der → Gegenreformation mit deren Umsetzung in mystische Erfahrung und mystischer Erfahrungen in menschliche Aktivität blieb, also keine antinomistische, libertinistische und perfektionistische Abweichung duldete, konnte sie sich durchsetzen und sich unter Einfluß von → Molinos, Mme de → Guyon und → Fénelon weiterentwickeln. Erst als sich hier eine auf eigene Erlebnisse berufende q.e Laienfrömmigkeit, die »heilige Indifferenz« eines »amour désintéressé«, eines »laissez faire Dieu« nicht mehr klar in das institutionelle Leben der Kirche eingrenzte, griff die Kurie ein (→ Mystik: VI, 5).

5. Diese Verurteilung hat einerseits dem → Rationalismus (→ Aufklärung) ungewollt den Weg mit geöffnet, andererseits die → Erbauungsliteratur über alle Konfessionsgrenzen hinweg angeregt. Die q.e Laienfrömmigkeit hat über Holland mit Amsterdam als Druckort unmittelbar durch → Labadie, → Bourignon und → Poiret, den eifrigsten Propagandisten des passiven Q., auf den ref. → Pietismus eingewirkt und über → Tersteegen in die ref. bestimmte → Erweckungsbewegung. Im luth. Pietismus wurde das Erbe des Q. in G. → Arnold, A.H. → Francke, → Zinzendorf und → Jung-Stilling wirksam als Ausdrucksform der Liebe Gottes zum Menschen und der menschlichen Liebe zu Gott, auch mit seiner q.en Gebetstheologie als Anleitung, in der Zeit der vorherrschenden Physikotheologie das Problem der Übereinstimmung mit der Vorsehung zu bewältigen. So dringt der Q. tief in den Protestantismus ein (→ Mystik: VII, 3b) und verbreitet sich in vielfältiger Wirksamkeit. In Matthias → Claudius, der q.e Werke übersetzt, wirkt sich diese Beschäftigung in jener heiter-gelassenen Überlegenheit gegenüber der Aufklärung aus im Gegensatz zu der Gereiztheit anderer Gegner des Rationalismus unter den Führern der Erweckungsbewegung.

6. Im *schwärmerischen Pietismus* wirkt der französische Q. in der Berleburger Bibel (→ Haug) nach. Darüber hinaus lieferte Mme de Guyon, welche die klassischen Formeln des passiven Q. prägte, weitgehende Impulse zur Entstehung des Sentimentalismus (→ Empfindsamkeit in der französischen und deutschen Literatur des 18.Jh.s). Einflüsse, die ebenso stark von Therese von Avila ausgehen, wirkten im Sinne der schönen Seele auf → Pestalozzi, → Goethe und K.Ph. → Moritz. Therese von Avila gab auch Anregungen zur Erfassung psychologischer Tiefenerkenntnisse des Seelenlebens bis zur Psychologie des Unbewußten.

7. Einen Sonderfall latenter q.er Gefahren lieferte das *deutsche Luthertum.* Über ein Ruhebedürfnis seiner Epigonen in der 2. Hälfte des 16.Jh.s hinaus, das auch bei anderen neuentstehenden Kirchengruppen wie zB den → Quäkern in ihrer sog. q.en Periode zu beobachten ist, ist hier eine q.e Stimmung nicht gewichen. Luthers mißverstandene → Zwei-Reiche-Lehre, → Melanchthons Obrigkeits- und Untertanenlehre, der Charakter der luth. Landeskirchen als Zwangs- und Obrigkeitskirchen (→ Kirchenregiment), die Verkürzung des luth. Berufsgedankens (→ Beruf: III, 3), das Mißtrauen gegen jede Laienaktivität als »Aufstand von unten« nach den Erfahrungen des → Bauernkrieges, die geschichtliche Not und Enge in und nach dem 30jährigen Krieg, die erschreckende Mittelmäßigkeit fast aller luth. Fürsten nach der Reformation, das Ausbleiben der Jugend höherer Stände im Pfarrernachwuchs haben einer q.en Neigung des Luthertums im staatlichen und sozialen Leben und damit dem → Säkularismus Vorschub geleistet, einer Erscheinung, die in gewissem Maße für das gesamte deutsche Landeskirchentum typisch geworden ist. Der Calvinismus dagegen ist durch seine christokratische Gesellschaftslehre und sein Verständnis der Reformation als einer unvollendeten kein in diesem Ausmaß geeigneter Nährboden für den Q. geworden.

8. Das bleibende *sachliche Problem* des Q. ist die Frage nach einer rechten Ordnung des geistlichen Lebens, nach Verinnerlichung und Verpersönlichung in einer Gebetstheologie, nach rechter Aufnahme von Wort und Gebot, nach reformatorisch verstandener »Gelassenheit«, zuletzt nach der immer noch nicht beendeten Erörterung einer Berechtigung und Begrenzung einer personalen, nicht einer Identitätsmystik.

M.Frhr.v.Waldberg, Zur Entwicklungsgesch. der »schönen Seele« bei den span. Mystikern, 1910 - F.Heiler, Das Gebet, (1918) 1923⁵ - M.Wieser, Deutsche u. roman. Religiosität, 1919 - DThC XIII/2, 1537ff - EC X, 412ff (Lit.) - R.A.Knox, Christl. Schwärmertum. Ein Beitrag zur Religionsgesch., dt. 1957 - E.Schering, Mystik u. Tat. Therese von Jesu, Joh. vom Kreuz u. die Selbstbehauptung der Mystik, 1959 (Lit.). - Vgl. die Lit. zu den im Text genannten Artikeln, bes. zu → Mystik: VI. *E.Beyreuther*

Quinisextum → Konzile, 3.

Quinquagesima → Fastenzeit.

Quintomonarchisten. In ihrer Ideologie möglicherweise auf den Täufer Melchior → Hofmann zurückgehend, wurden die Q. der Exponent für den apokalyptischen Zug in der Großen Revolution in → England (: I, 4) unter → Cromwell, verschwanden aber völlig mit der Wiederkehr fester Institutionen unter den Stuarts. Sie erwarteten nach Dan 7 den Anbruch der fünften Weltmonarchie unter Jesus Christus, die die vier anderen (Assyrer, Perser, Griechen, Römer) ablösen sollte. Notfalls wollten sie dazu durch Gewalt mithelfen. Ihre früheste Erscheinungsform waren die Kongregationalisten in Norfolk 1649 unter John Tillinghast. 1653 bildeten sie unter Praisegod Barebone ein Gegenparlament gegen Cromwell aus 140 Mitgliedern. Als sich Cromwell 1654 gegen sie erklärte, folgten ihm andere, den Q. bis dahin freundlich gesinnte Kongregationalisten wie John → Owen, Thomas Goodwin, Philip Nye, Sidrach Simpson. Unter apokalyptischem Vorzeichen wurden 1656 die 1260 aus England vertriebenen Juden wieder aufgenommen. Den Gipfel der Schwärmerei der Q. bildete im selben Jahre der Einzug von James Naylor als König Jesus Christus in Bristol. Unter den vielen Spielarten waren Thomas Harrison und William Strong mehr realpolitisch, John Canne, W. → Dell und der von ihm beeinflußte J. → Saltmarsh spiritualistisch, John Rogers fanatisch gerichtet.

E.ROGERS, The Life and Opinions of a Fifth-Monarchy Man, 1867 - H.WEINGARTEN, Die Revolutionskirchen Englands, 1868 - TH. SIPPELL, W.Dells Programm einer »luth.« Gemeinschaftsbewegung, 1911 - DERS., Zur Vorgesch. des Quäkertums, 1912 - G.F.NUTTALL, Visible Saints. The Congregational Way 1640-60, 1957.

M.Schmidt

Quirinius, *Publius Sulpicius* († 21 nChr), röm. Feldherr und Konsul, leitete von 12 vChr bis 16 nChr in verschiedenen amtlichen Stellungen den orientalischen Teil des Imperiums. Da Q. in Syrien Zensusmaßnahmen durchgeführt hat, ist es durchaus möglich, daß er auch außerhalb seines unmittelbaren Machtgebietes ebensolche inaugurierte oder von den reformfreudigen Vasallenkönigen zur Hilfeleistung aufgefordert wurde. Die volkstümliche Tradition, die Lk 2, 1 wiedergibt und die in die letzten Jahre des → Herodes weist, enthält in sich nichts Unwahrscheinliches. Sie wird die ersten Schatzungsmaßnahmen um so eher mit seinem Namen haben verbinden können, als Q. nach der Einverleibung → Judäas i.J. 6 sogleich die Schatzung gegen erhebliche Widerstände zu Ende führte (Josephus, Ant. XVIII, § 26). Wenn Lukas die Schatzung als eine universale bezeichnet, so mag er das unter dem Eindruck der Zensusmaßnahmen der Jahre 74/75 geschrieben haben.

TH.MOMMSEN, Res gestae divi Augusti, 1883², 161ff - SCHÜRER I, 508ff - DEISSMANN, LvO 4f - W.LODDER, Die Schätzung des Q. bei Flavius Josephus, 1930 - H.BRAUNERT, Der röm. Provinzialzensus u. d. Schätzungsbericht des LkEv (Historia 7, 1957, 192-214) - E.STAUFFER, Jesus, 1957, 26ff.

E.Bammel

Quirós, *Pedro Fernandez de,* * um 1565 in Evora (Portugal), † um 1615 in Panama, nach Magellan größter Entdecker im Pazifik, genialer Nautiker, leidenschaftlicher Gegner gewaltsamer Kolonialpolitik, kühner Visionär einer Civitas Dei in der Südsee. Als erster sucht Q. den sagenhaften Australkontinent, sticht 1605 mit 3 Karavellen von Peru erneut in See und entdeckt zuletzt »Espiritu Santo« in den Neuen Hebriden. Er hält die Insel für die Nordspitze des neuen Erdteils, gründet dort »Neu Jerusalem« als künftige Missionsgemeinde, stiftet den »Ritterorden vom hl. Geist«, entwirft eine umfassende, ganz vom Ethos getragene Lebensordnung für eine Welt, »in der alles neu sei«, gelangt zu Reformen und Erkenntnissen, die seiner Zeit weit vorauseilen und an Tolstoi, Damaschke, A.Schweitzer u.a. erinnern. Doch ein Sturm zerschlägt den Flottenverband und damit eine der edelsten, dabei realsten Utopien der Geschichte.

O.KÜBLER-SÜTTERLIN, Kolumbus Australiens. Das Wagnis des P.F.de Q., 1956 (Lit.).

O.Kübler

Quistorp, 1. *Johann* (1584-1648), luth. Theologe, * in Rostock, 1614 Prof., seit 1645 auch Sup. daselbst, hat in seinen Pia Desideria praktisch-kirchliche Reformvorschläge dargelegt. In seiner Stellung zu den Wiedertäufern, zu → Grotius und zum → Thorner Religionsgespräch hat er weitgehende Toleranz bewiesen.

2. *Johann* (1624-69), Sohn von 1, * in Rostock, seit 1649 Prof. und Diakonus, seit 1668 auch Sup. daselbst, hat die Pia Desideria seines Vaters 1659 unter dem Titel Epistola ad sacras antistites, 1663 in erweiterter Fassung, herausgegeben. Die Q.s forderten die Aktivierung des Gemeindelebens durch Straffung der Disziplin, Beteiligung der Ältesten an der kirchlichen Arbeit, Förderung des Bibelstudiums sowie durch Hausbesuche, Beichte und Konfirmation. Sie verurteilten die beherrschende Rolle der Kontroverstheologie, die künstlerische Ausgestaltung der Gottesdienste und die Profanierung der christlichen Feste. Als Vorläufern des → Pietismus kommt ihnen wie allen Vertretern der Rostocker Reformbewegung eine kirchengeschichtlich bedeutsame Stellung zu.

H.F.TADDEL, Versuch einer vollst. Nachricht von dem unter den Rostocker Gelehrten seit beinahe 200 Jahren berühmten Q.schen Geschlechte (in: Erneuerte Berichte von Gelehrten Sachen in dem Jahre 1767) - H.WITTE, Memoriae Theologorum, 1675, 676ff; 1684, 1679ff - H.LEUBE, Die Reformideen in der dt. luth. Kirche zZ der Orthodoxie, 1924 - K.SCHMALTZ, KG Mecklenburgs III, 1952.

E.Peschke

Qumran

1. Übersicht über die Texte - 2. Die Gemeinschafts-Siedlung - 3. Bedeutung für das AT - 4. Bedeutung für das Judentum - 5. Bedeutung für das NT - 6. Weitere Funde im Gebiet der Wüste Juda

1. Die Hss., die als »Schriftrollen vom Toten Meer« (Dead Sea Scrolls) bekannt geworden sind, wurden 1947 bis 1956 in Höhlen nahe der Nordwestecke des Toten Meeres entdeckt. Den Namen Q.-Texte bekamen sie nach einer Ruine Chirbet Q. und einem Tal, dem Wadi Q., über dem die Ruine liegt. Die Höhlen befinden sich in dem Gelände nördlich und südlich von der Ruine, die sich, als sie 1951-56 von R.de Vaux und G.L.Harding ausgegraben wurde, als Hinterlassenschaft der Gemeinschaft erwies, die die Hss. hervorgebracht hatte (s. 2). Die zufällige Entdeckung der ersten Höhle führte zu einer eifrigen Suche in jener Gegend von seiten der Beduinen und zu systematischer Erforschung und Ausgrabung durch die Archäologen mit dem Ergebnis, daß 11 Höhlen (1-11Q) mit Hss. in der Nähe des Wadi Q. gefunden wurden (zu weiteren Funden s. 6). Die Q.-Texte stammen von einer jüdischen Sekte, vielleicht den → Essenern, die die Stätte von Chirbet Q. von vor 100 vChr bis 31 vChr und dann wieder von 4 vChr bis 68 nChr bewohnte.

Zu dem Q.-Material gehören einige Rollen, die mehr oder weniger vollständig erhalten sind, und eine große Menge von Fragmenten, deren Größe von wenigen Quadratzentimetern bis zu einer oder mehreren fast vollständigen Textkolumnen reicht. Mit Ausnahme einer Kupferrolle und einer relativ kleinen Zahl von Papyrusurkunden sind die Schriftrollen aus Leder (→ Brief und Buch, 1). Sie wurden alle in einem Zeitraum von ca 300 Jahren geschrieben (3.Jh. vChr bis 1.Jh. nChr).

Annähernd ein Viertel der Q.-Texte sind → *Bibelhandschriften* (: I, 2). Außer Est findet sich jedes Buch des hebr. Kanons (s. 3). Bei einigen Büchern konnten Teile von 10 oder mehr Abschriften festgestellt werden, bes. von Dtn, Pss, Jes und den kleinen Propheten. Eine besondere Kategorie bilden die *Kommentare,* die den at. Text nach den Grundsätzen der Gemeinde auslegen. Erhalten sind ein fast vollständiger Kommentar zu Hab 1 und 2 (→ Habakukkommentar) und Kommentarfragmente zu Pss, Jes, Hos, Mi, Nah und Zeph, ferner zwei Werke - die »Testimonia« und das »Florilegium« -, die in ähnlicher Weise ausgewählte Verse mehrerer Bücher kommentieren. Übersetzungen biblischer Bücher sind nicht zahlreich; doch sollen größere Teile eines aram. Targums zu Hi in 11Q gefunden worden sein, und Fetzen einer wörtlichen aram. Übertragung von Lev fanden sich in 4Q. Auch gibt es in 4Q LXX-Fragmente von Lev und Num. Eine aram. Rolle aus 1Q, das Gen-Apokryphon, paraphrasiert Teile der Gen (s. 3d).

Unter dem, was von den → *Apokryphen* (: I) und → *Pseudepigraphen* in den Hss. erhalten ist, befinden sich

Teile von 3 aram. und einer hebr. Abschrift von Tob, einige Fetzen des hebr. Originals von Sir und kleine Teile der EpJer auf Griechisch. Man hat mehr als 10 hebr. Hss. des Jub unterschieden und etwa die gleiche Zahl von aram. Hss. von Teilen des Hen. Ein TestLev und ein TestNaph können zu den Quellen der TestXII gehört haben. Die schon früher aus 2 mittelalterlichen Hss. bekannte → Damaskusschrift erscheint in umfangreichen Fragmenten aus 4Q (7 Hss.), 5Q und 6Q (je 1 Hs.).

Doch gibt es auch Werke, die vor den Q.-Funden ganz unbekannt waren. Die → *»Sektenregel«* ist durch eine Rolle aus 1Q (daher 1QS) und Teile von 10 anderen Hss. aus 4Q vertreten. Dieselbe Rolle enthielt ursprünglich auch die »Ordnung der Gemeinde« (1QSa) und eine Sammlung von Benediktionen (1QSb). Diese 3 Werke enthalten gesetzliche, theologische und liturgische Texte. Ähnliches Material begegnet auch in anderen Schriften, deren längste die Rolle der → *Hodajoth* (Loblieder) aus 1Q ist (1QH). Eines der außergewöhnlichsten Dokumente ist die »Kriegsregel« (→ *Milḥamā*, 1QM) mit Anweisungen für den endzeitlichen Krieg zwischen den Kindern des Lichts und den Kindern der Finsternis. Andere Texte handeln vom Festkalender, den Priesterabteilungen (mišmarôt), von astrologischen Spekulationen oder Zukunftsvisionen. Vier Höhlen lieferten Fragmente einer aram. »Beschreibung des himmlischen Jerusalems«. Die Kupferrolle verzeichnet ca 60 Stellen in Palästina, wo angeblich riesige Schätze vergraben sind.

Textausgaben: Burrows, QMss - Sukenik, DSS - D.Barthélemy, J.T.Milik u.a., Q. Cave I (DJD I), Oxford 1955 - N.Avigad-Y.Yadin, A Genesis Apocryphon, Jerusalem 1956. - Einzelausgaben u. Textproben in RB, PEQ, JBL, BASOR, ZAW, AAH sowie in VT Suppl. 4. - Grundlegender Überblick über die Texte aus 2-6Q in RB 63, 1956, 49-67; engl. in BA 19, 1956, 75-96.

Konkordanz: K.G.Kuhn (Hg.), Konkordanz zu den Q.texten, 1960.

Übers.en (zT mit Kommentar): H.Bardtke, Die Hss.funde am Toten Meer, (1952) 1953^2 - Ders., Die Hss.funde am Toten Meer. Die Sekte von Q., 1958 - M.Burrows, The Dead Sea Scrolls, New York 1955; dt. (1957) 1958^2 - Ders., More Light on the Dead Sea Scrolls, ebd 1958; dt. 1958 - Th.H.Gaster, The Dead Sea Scriptures, ebd 1956 - A.Dupont-Sommer, Les écrits esséniens découverts près la mer Morte, Paris (1959) 1960^2; dt. 1960 (mit Bibliogr. der Arbeiten von Dupont-Sommer zu Q.) - J.T.Milik, RB 66, 1959, 321-357 (franz. Übers. der Kupferrolle) - J.Maier, Die Texte vom Toten Meer I. II, 1960.

Gesamtdarst.en: J.M.Allegro, The Dead Sea Scrolls, Harmondsworth 1956; dt. 1957 - J.T.Milik, Dix ans de découvertes dans le Désert de Juda, Paris 1957; engl. (stark erweitert) 1959 - Y.Yadin, The Message of the Scrolls, London 1957 - F.M.Cross jr, The Ancient Library of Q. and Modern Biblical Studies, New York 1958 - K. Schubert, Die Gemeinde vom Toten Meer, 1958 - O.Eissfeldt, EinlAT, 1961^3, §§ 104-112 - J.Hempel, Artikel »Q.« (erscheint in PW XXIV, 1962). - Vgl. die Lit. zu 2-6 sowie zu den Einzelartikeln.

Bibliogr.: C.Burchard, Bibliogr. zu den Hss. vom Toten Meer (BZAW 76), 1957 (1556 Nummern!). Ferner fortlaufend in IZBG, Bibl, Revue de Q. (1958ff). *M.Burrows*

2. Etwa 1 km südlich der ersten Grotte, in der man Hss. fand, liegt Chirbet Q. Ausgegraben von 1951-56, erwies es sich als *Mittelpunkt der Gemeinde*, die uns die Schriften von Q. hinterließ. Unter Jonathan (160-143 vChr) oder eher Simon (143-134; → Judentum: I, 2) ließ sich die Gemeinschaft auf den Ruinen einer israelitischen Siedlung - wohl ʿîr hămmælăḥ von Jos 15, 62 (→ Ausgrabungen: III) - nieder (Periode I a). Bald darauf, wohl zZ Hyrkans I. (134-104 vChr) erforderte die Entwicklung der Gemeinde eine beträchtliche Ausdehnung der Anlage (Periode I b): a) Ein Hauptgebäude mit Turm, Innenhof und Gemeinschaftsräumen; südlich davon ein großer Versammlungsraum, der auch als Speisesaal diente, mit einem Anbau, in dem man das Eßgeschirr der Gemeinde fand; nach Südost eine Töpferei. b) Ein Nebengebäude mit Vorratsräumen. c) Zwischen beiden Bauten ein offener Platz mit Zisternen und Werkstätten. Andere Zisternen und zwei Bäder fanden sich bei den Gebäuden. Diese Periode I b endet 31 vChr durch Feuer und Erdbeben. Doch besetzt zwischen 4 und 1 vChr dieselbe Gemeinde den verlassenen Ort von neuem (Periode II). Mit geringen Änderungen bleibt der Plan der gleiche. Aus dieser Zeit sind vor allem Schreibtische und Tintenfässer aus dem »scriptorium« des Hauptgebäudes erhalten. Periode II endet mit einer Zerstörung, welche Münzfunde und geschichtliche Nachrichten auf 68 nChr datieren; sie bedeutet das Ende des Gemeinschaftslebens in Q. (→ Essener, 3). Östlich der Anlage liegt ein großer Friedhof mit ca 1100 Gräbern eines besonderen Typus (→ Begräbnis: II, 1). Verglichen mit den wenigen Wohnräumen in den Bauten beweisen die vielen Gräber, daß der größere Teil der Gemeinde außerhalb wohnte. Bei der Erforschung des Steilhangs (1952) fanden sich 26 von der Gemeinde benützte Grotten oder Felsspalten, darunter die Grotten mit Hss. 1-3Q und 6Q, zu denen (1956) 11Q hinzukam. Andere Mitglieder bewohnten in die Mergelterrasse gegrabene Räume nahe den Gebäuden (davon mit Hss. 4-5Q, 7-10Q). - Zwischen Ch. Q. und ʿAin Feschcha (3 km südlich) liegt eine durch kleine, etwas salzige Quellen bewässerte Ebene. Man konnte dort Vieh halten und zumindest Dattelpalmen anbauen. Bei ʿAin Feschcha fand man 1958 einen Hof mit Werkstätten: ein Gebäude, dem sich südlich ein Pferch und ein Schuppen, nördlich Becken (Gerberei? Fischteiche?) in einer Umfriedung anschließen. Man erkennt in der Anlage 2 Perioden, die den Perioden I b und II von Q. entsprechen. - Die Nachbarschaft Ch. Q.s und ʿAin Feschchas, der Grotten und der Gräber, die Einheit der Keramik in Q., Feschcha und den Grotten, die gleichen Münzreihen in Q. und Feschcha erweisen, daß das Ganze, mit den Hss. aus den Höhlen, zur gleichen Gemeinschaft gehörte. Die Zerstörung Q.s 68 nChr bildet also die Zeitgrenze für die Hinterlegung der Manuskripte und der in ihnen erwähnten Ereignisse aus dem Leben der Gemeinde. Die Werkstätten Q.s und Feschchas und die Möglichkeit von Viehzucht und Anbau zwischen Ch. Q. und Feschcha erklären, wie trotz der Armut der Gegend eine Gemeinde von schätzungsweise 200 Mitgliedern dort 2 Jh.e lang leben konnte.

Grabungsberichte zu Ch. Q.: R.de Vaux, RB 60-63, 1953-56; zu den Höhlen: Ders., RB 60, 1953, 540-561; D.Barthélemy-J.T. Milik, DJD I, Oxford 1955; M.Baillet-J.T.Milik-R.de Vaux, DJD III, ebd 1961; zu Feschcha: R.de Vaux, RB 66, 1959, 225-255. - Allgemein: R.de Vaux, Les manuscrits de Q. et l'archéologie (ebd 87-110) - Ders., L'archéologie et les manuscrits de la Mer Morte (Schweich Lectures 1959), London 1961. *R.de Vaux*

3. *Bedeutung für das AT.* a) Die bisher in Q. bekanntgewordenen Bibeltexte haben in bezug auf die Endredaktion der kanonischen Bücher keine Überraschungen gebracht. Sie haben lediglich bestätigt, daß für den Abschluß des literarischen Prozesses das 3.Jh. vChr die untere Grenze darstellt. Dies gilt - mit Ausnahme von Dan (s. 3 d) - auch vom → Predigerbuch, das kaum nach 200 vChr entstanden sein kann, da 4QQoh[a] (175-150 vChr) bereits eine textliche Vorgeschichte aufweist und somit nicht mit dem Original identisch ist.

b) Grundlegende Bedeutung haben die Q.texte (→ Bibelhandschriften: I, 2) jedoch für die *Textgeschichte* (→ Text: I). Mit Sicherheit läßt sich bereits heute (Stand 1960) sagen, daß wir hierdurch erstmals in der Geschichte der Forschung über den MT hinauskommen und damit in der Lage sind, die maßgebenden Hypothesen zur Geschichte des Textes zu überprüfen. Da die bisherigen Veröffentlichungen von Hss. (s. 1) nicht alle

3 Teile des at. Kanons (→ Bibel: I A) in gleicher Weise berücksichtigen, müssen sich die folgenden Ausführungen auf den Pentateuch und die »Acht Propheten« beschränken. - Im *Pentateuch* sind die Gen-Fragmente am wenigsten ertragreich, da sie im wesentlichen dem MT entsprechen. Dagegen führen die 4Q-Hss. der übrigen Bücher weiter. So hat eine Klassifizierung von 4Q-Texten ergeben, daß zwar der größere Teil als vormasoretisch in der Linie des MT liegt, daß daneben aber zwei Stränge laufen, von denen der eine als vorsamaritanisch auf den Textus receptus der → Samaritaner hinführt, während der andere einen Typus verkörpert, der eng mit der hebr. Vorlage der LXX verwandt ist. Außerdem begegnen zahlreiche Überschneidungen, die zeigen, daß man sich um Ausgleich bemüht hat, ohne allerdings der fließenden Tradition gegenüber normative Richtlinien zu besitzen. Hieraus folgt, daß der →Pentateuch, obwohl als »das Gesetz« heilig im Vollsinn des Wortes, vor der Tempelzerstörung textlich noch nicht standardisiert war. Ferner beweist die Existenz eines vorsamaritanischen Typus, daß vor diesem Zeitpunkt offenbar noch keine endgültige schrift-dogmatische Trennung zwischen Juden und Samaritanern bestand, und schließlich ist die Entdeckung der hebr. LXX-Vorlage nicht nur für die Geschichte der alexandrinischen Version (→ Bibelübersetzungen: I) von grundlegender Bedeutung, sondern hierdurch wird auch ihr textkritischer Wert im Verhältnis zum MT erwiesen, wie ihn bes. →Wellhausen nachdrücklich betont hat. Offenbleiben muß zZ noch die Frage, wie es zur Aufspaltung des Textes in drei Hauptstränge gekommen ist, die spätestens im 4.Jh. vChr erfolgt sein muß. - In den *»Früheren Propheten«* dominiert nach dem derzeitigen Befund die LXX-Vorstufe. Bes. aufschlußreich ist die Hs. 4QSam^a^, die sich bislang auf 47 bei insgesamt 57 Kolumnen (1.2Sam) hat ergänzen lassen. Nach F.M.Cross jr. verkörpert der Text dieser Hs. nicht nur den hebr. LXX-Prototyp, sondern er hat auch dem Chronisten (→ Chronikbücher) vorgelegen; denn dort, wo dieser vom MT abweicht, stimmt er mit 4QSam^a überein. In diesem altertümlichen Text, der in 4QSam^b ein noch älteres Seitenstück hat, liegt demnach ein Typus vor, der spätestens in der 2. Hälfte des 4.Jh.s vChr sowohl in Palästina als auch in Ägypten maßgebend war; zudem weicht er nicht nur stark vom MT ab, sondern ist ihm auch weit überlegen. - Unter den *»Späteren Propheten«* ist die bekannte Jes-Hs. 1QJes^a dadurch bes. wertvoll, daß sie als Vulgärtext bisher ungeahnte Durchblicke in die vorchristliche Sprach- und Traditionsgeschichte vermittelt. Im übrigen liegen die Hss. zu Jes (zB 1QJes^b), Ez und dem Dodekapropheton auf der vormasoretischen Linie. Anders jedoch das → Jeremiabuch (, 1); von ihm sind zwei Rezensionen nachweisbar: die eine stellt die Vorstufe zum MT dar, die andere (4QJer^b) entspricht dem um ein Achtel kürzeren LXX-Text. Damit ist die bisher umstrittene These bewiesen, wonach Jer (MT) und Jer (LXX) auf zwei unterschiedliche Ausgaben zurückgehen, nicht aber in LXX die hebr. Vorlage willkürlich gekürzt ist.

c) Einen besonderen Glücksumstand für die Forschung bedeutet es, daß in den biblischen Texten von Murabba'āt (Zeit: um 130 nChr; s. 6) das Gegenstück zu Q. gefunden wurde. Ein Vergleich zwischen beiden veranschaulicht und bestätigt die Arbeit, die die pharisäisch-hillelitischen Rabbinen bei der Reorganisation des → Judentums (: I, 3) um 100 nChr an Text und Kanon geleistet haben. Hierbei haben sie sich offenbar nicht völlig willkürlich für eine zufällig vorhandene Textgestalt entschieden, sondern für den Typus, der, wie Q. zeigt, im 1.Jh. nChr dominierte. Daß es sich dabei nicht immer um den besten Text handelt, ergibt sich aus einem Vergleich zwischen 4QDtn 32, 43 und LXX einerseits sowie MT andererseits. Entscheidend war für sie vielmehr die Abgrenzung gegen die samaritanische Tradition und gegen die jetzt auch von den Christen gebrauchte LXX. Mit der Exkommunikation von Samaritanern und Christen wurde der vorsamaritanische Typus ebenso ausgeschieden wie die hebr. Vorlage zur LXX, und dies geschah so gründlich, daß sich erst nach über 1800 Jahren der über die Entstehung des MT gebreitete Schleier zu lüften beginnt. Im Rahmen einer dogmatisch fest durchgebildeten Kanonidee (→ Bibel: I B, 2) haben die Rabbinen den Text, der auch in seiner vormasoretischen Gestalt noch fluktuierte, endgültig im Konsonantengefüge fixiert, so daß er nach Ausweis von Murabba'āt um 130 nChr bereits derart festlag, daß alle später noch belegbaren Varianten für die Exegese praktisch bedeutungslos sind. Damit hat insbesondere P. de → Lagarde zumindest im Prinzip Recht behalten, wenn er alle mittelalterlichen Hss. auf einen in der Zeit → Akibas geschaffenen Archetypus zurückführt. Die rabbinische Normierung des Textes erstreckt sich außerdem auf Schriftduktus und Sprachgestalt. In Q. steht noch der kanaanäisch-althebr. Duktus (→ Bibel: I C, 2), der Vorläufer des samaritanischen Alphabets, neben der aram.-jüd. Schrift, unbeschadet dessen, ob es sich jeweils um einen vorsamaritanischen oder vormasoretischen Texttypus handelt (vgl. zB 4QEx^a und 4QNum^b). Seit dem 2.Jh. nChr dagegen gilt als Grundsatz, daß nur »assyrisch«, dh aram.-jüd. geschriebene Texte als liturgisch einwandfrei anzusprechen sind (Mischna Jadajim 4, 5). Ebenso zeigt MT im Gegensatz zu seinem Prototyp in Q., daß eine Reihe altertümlicher Formen, die zT noch im Samaritanischen begegnen, ausgemerzt worden sind (→ Bibel: I C, 1). Während also die Rabbinen den Kanon durch Auswahl und Abgrenzung formal und material abgeschlossen haben, spiegeln die Q.-Hss. noch eine ähnliche Kanonvorstufe wider, wie sie auch in LXX vorliegt (→ Bibel: I B, 1). Dementsprechend begegnen in Q. neben Sir-Fragmenten zum ersten Mal auch hebr. und aram. Originalstücke aus Tob, ferner Fragmente u.a. zu Jub und Hen, die bisher nur aus kirchlicher, wohl auf judenchristlicher Vermittlung beruhender Seitenüberlieferung bekannt waren. Wenn in Q. - im Gegensatz zum rabbinischen Kanon - bisher Est nicht belegt ist, so beruht dies entweder auf Zufall, oder es ist ein Zeichen dafür, daß die zadokidischen Priester von Q. das volkstümliche Purim-Fest, dessen Kultlegende das → Estherbuch darstellt, ablehnten.

d) Auch *gattungs- und formgeschichtlich* vermitteln die Q.texte oft unerwartete Einblicke in alte Traditionen. So ist auf der einen Seite das → Danielbuch als jüngstes Buch des Kanons in der heutigen, hebr.-aram. Mischgestalt belegt (1QDan 2, 2-6), zum anderen zeigen 4Q-Fragmente - ähnlich wie die LXX-Zusätze -, daß der Daniel-Zyklus weit über Dan hinausreicht. Dies gilt bes. von 4QOrNab, dem »Gebet Nabonids«. Hier liegt offenbar der Rest einer alten Weisheitserzählung vor, die in der östlichen Diaspora mit Nabonid als geschichtlichem Haftpunkt entstanden ist und insofern in Dan (3, 31 - 4, 34) nachwirkt, als die Geschichte von Nebukadnezars Wahnsinn nichts anderes ist als die Verselbständigung und Materialisierung eines Traumes Nabonids, der ursprünglich nur einen Dispositionspunkt im Gesamtaufriß der alten Erzählung darstellte. Außerdem sei noch auf das sog. Gen-Apokryphon aus 1Q verwiesen. Dieser Midrasch, der u.a. bedeutsame Einblicke in die vorchristliche Geschichte des Aramäischen wie auch der → Targum-Literatur vermittelt, bietet zB eine Erzählung von → Noahs wunderbarer Geburt (1QGenApokr 2; vgl. äthHen 106 und Jub 4, 28), die nicht einfach als legendäre Fortbildung von Gen 5, 28f zu verstehen ist, sondern einen späten, im Stile der TestXII-Literatur (→ Testamente) gestalteten Ausläufer eines alten, vielleicht vorisraelitischen Mythos um Noah darstellt, dem letztlich auch Gen 5, 28f entstammt. Zur Auslegung des AT unter dem Aspekt der Ereignisse im 2. und 1.Jh. vChr s. 4.

e) Es mag mit der langen Tradition der Zadokiden zusammenhängen, die sich über Babylonien auf → Zadok, den Oberpriester Salomos in Jerusalem, zurückführten, daß die außerbiblischen Texte zu einem guten Teile *religionsgeschichtlich* ausgesprochen altertümliche Vorstellungen enthalten. Das gilt zB sowohl von der Anthropologie wie von der Eschatologie. Im Gegensatz zur rabbinischen Anthropologie wird in Q. der Mensch noch als Ganzheit gesehen; seine Zugehörigkeit entweder zum »Reiche des Lichts« oder zum »Reiche der Finsternis« hat nichts zu tun mit einem auch nur bedingten Leib-Seele-Dualismus. Hinsichtlich der → Eschatologie (: III) aber begegnet in Q. die altertümliche immanente Heilserwartung, die in den militanten Priestertraditionen von 1QM, die auf Num 2 fußen, ihren Ausdruck findet.

Zusammenfassend kann gesagt werden, daß die Q.-texte mit ihrer starken Verwurzelung in Israels Vergangenheit ein für die Wissenschaft vom AT und älteren Judentum äußerst wichtiges Material darstellen, dessen Wert man gründlich verkennen würde, wenn man es als »Sektenliteratur« auf ein Nebengleis abschöbe.

Vgl. die Lit. zu 1. Ferner: P.Kahle, The Cairo Geniza (Schweich Lectures 1941), (1947) 1959²; dt. 1961 - R.Meyer, Der gegenwärtige Stand der Bearbeitung der Texte von Chirbet Q. (FF 30, 1956, 305-308) - Ders., Das Q.fragment »Gebet des Nabonid« (ThLZ 85, 1960, 831-834) - P.W.Skehan, The Q. Manuscripts and Textual Criticism (VT Suppl. 4, 1957, 148-160) - F.M.Cross jr, The Ancient Library of Q. and Modern Biblical Studies, New York 1958, 120ff - ThW VII, 109ff.

R.Meyer

4. In den Hss. von Q., bes. in den großen Schriften aus 1Q (s. 1), tritt uns eine *jüd. Sondergemeinde* entgegen, die sich von dem uns bekannten → Judentum (: I) des Zeitalters Jesu erheblich unterscheidet. Es ist heute so gut wie allgemein anerkannt, daß es sich bei den Leuten von Q. um die essenische Gemeinde handelt (→ Essener).

a) Schon in der *Entstehung* zeigt sich ein wesentlicher Unterschied: Während die → Sadduzäer in der Hauptsache die Gruppe der alten Adelsfamilien darstellten und die → Pharisäer von Haus aus ein genossenschaftlicher Zusammenschluß von Laien sind zum Zwecke der praktischen Durchführbarkeit einer getreuen Tora-Erfüllung, gehen die Essener auf die bewußte Gründung und Gestaltung eines einzelnen Mannes zurück, des *»Lehrers der Gerechtigkeit«* (= L.d.G.). Sein Name ist unbekannt, er wird stets nur mit seinem Titel genannt. Sein Gegner war gemäß den pᵉšarîm der »Frevelpriester«, womit offensichtlich der damals am Tempel in Jerusalem amtierende Hohepriester gemeint ist. Der »Frevelpriester« ist sehr wahrscheinlich mit dem Makkabäer Jonathan identisch († 143 vChr; → Judentum: I, 2). Dann fällt das Auftreten des »L.d.G.« in die Zeit um 150 vChr. (Die andere Deutung, der »Frevelpriester« sei Hyrkan II. und das Auftreten des »L.d.G.« datiere etwa um 104/103 vChr, sein Tod 65-63 vChr, ist weniger wahrscheinlich.) Dem fügt sich auch am besten die Geschichtsdarstellung in Dam 1, 5-11 ein: 20 Jahre nach der »Zeit des Zorns« - der Religionsverfolgung unter → Antiochus IV. Epiphanes - trat der »L.d.G.« auf, also um 150 vChr. Er war selbst priesterlicher Abstammung und hat wohl schon am Tempel in Jerusalem Anhänger um sich gesammelt mit dem Ruf zu strengerer Tora-Erfüllung angesichts des herannahenden Weltendes und Weltgerichtes. Er mußte aber aus Jerusalem weichen und zog mit seinen Anhängern »in die Wüste« gemäß Jes 40, 3, und zwar eben nach Q., das bis zu ihrem Untergang 70 nChr das Zentrum der essenischen Gemeinde war. - Der unmittelbare Anlaß zur Exilierung ist sehr wahrscheinlich das Bemühen des »L.d.G.« gewesen, am Tempel einen neuen Kalender einzuführen. Dieser *»essenische Kalender«* (→ Chronologie: III, 2) ist ein Sonnenjahr von 364 Tagen (= genau 52 Wochen) mit 12 Monaten zu je 30 Tagen und bei jedem Vierteljahr ein Zusatztag. Das Jahr beginnt also stets mit dem gleichen Wochentag, einem Mittwoch; dadurch fielen alle Feste Jahr für Jahr auf den gleichen Wochentag, und zwar keines auf einen Sabbat. So ist der Sinn dieses Kalenders das Streben nach strengerer Sabbatheiligung. Der »L.d.G.« ist aber damit in Jerusalem nicht durchgedrungen. Der Kalender mußte später auch in Q. aufgegeben werden, weil bei ihm keine Interkalation vorgesehen war und er dadurch in zunehmendem Maße vom tatsächlichen Sonnenjahr abwich.

Der »L.d.G.« hat seine Gemeinde als den erneuerten Gottesbund gegründet. Sie ist die göttliche Heilsgemeinde in der letzten Zeitperiode vor dem Ende, auf das sie sich vorbereitet. Vom »L.d.G.« sagt seine Gemeinde, daß er ihr die wahre Auslegung der Tora (→ Gesetz: III) gegeben, dh sie die richtige, strenge Tora-Erfüllung gelehrt habe, und daß er ihr den wahren Sinn der Worte der Propheten erschloß (dh ihre apokalyptische Deutung auf die Jetztzeit). Man nimmt heute allgemein an, daß ein Teil der → Hodajoth von ihm selbst verfaßt ist. So sind diese Hymnen wichtige Zeugnisse dafür, wie er selbst seine Sendung verstand: »Du (Gott) hast mich gestützt mit deiner Kraft und hast mich besprengt mit deinem hl. Geist, so daß ich nicht wanke« (1QH 7, 6f); »durch mich hast du das Antlitz vieler erleuchtet« (4, 27). Während er gewöhnlich von seiner Gemeinde als »deinem (Gottes) Bund« spricht, nennt er sie auch einmal »diejenigen, die in *meinen* Bund gekommen sind« (5, 23). Wie er seine Gemeinde als den von ihm geschaffenen »Gottesbau« versteht (7, 8f), so an anderen Stellen auch als Gottes »ewige Pflanzung«, als deren Gärtner er sich beschreibt (8, 21-26). Er spricht von den Bedrängnissen und Verfolgungen, die er erleiden mußte. Sogar aus den Reihen seiner eigenen Gemeinde ist ihm Feindschaft und Verleumdung entgegengetreten. Aber durch Gottes Gnade konnte er das alles überwinden. Darüber hinaus wissen wir über seinen Lebensweg nichts. Insbesondere sagen die Texte nichts darüber, daß er, wie manche meinen, vom »Frevelpriester« nicht nur verfolgt, sondern auch hingerichtet wurde; auch darüber nichts (trotz gegenteiliger Ansichten), daß seine Gemeinde ihn als eine endzeitliche, messianische Heilsgestalt angesehen und verehrt habe.

b) Auf diesem vom »L.d.G.« gelegten Grund entfaltete die Gemeinde ihr *Selbstverständnis* und ihre Besonderheit. Ihre wichtigste Aussage ist, daß sie der »ewige Gottesbund« ist. Israel hat den Sinai-Bund verlassen und durch seinen Ungehorsam gegen die Tora gebrochen. Allein die essenische Gemeinde hält den Bund aufrecht und erneuert ihn ständig. Das jährliche Bundeserneuerungsfest (Liturgie in 1QS 1-2) war wohl ihr Hauptfest. Die »schauerlichen Eidschwüre«, die nach Josephus (bell. II, 139) der Neueintretende auf sich nehmen mußte, bestanden nach 1QS 5, 7ff und Dam 15, 8ff in nichts anderem, als daß der Eintretende »kommen soll in den Bund Gottes und den Eid auf sich nehmen soll, umzukehren zur Tora Moses gemäß allem, was er befohlen hat, mit ganzem Herzen und mit ganzer Seele hinsichtlich allem, was von ihr geoffenbart ist den Zadokiten, den Priestern, den Bewahrern des Bundes«. Das Wesentliche ist also für die Gemeinde die strengste Erfüllung der Tora. So ist auch die Praxis ihrer Gesetzeserfüllung, ihre → Halacha, noch strenger als die pharisäische und die spätere rabbinische (vgl. bes. die Gesetzessammlung in Dam 9ff).

Nicht die leibliche Abrahamskindschaft, die Zugehörigkeit zum auserwählten Volk, begründet die Teilhabe am ewigen Heil, sondern allein die Zugehörigkeit zu dieser ausgegrenzten Heilsgemeinde. Sie allein ist der hl. »Rest«, sie allein sind »die Auserwählten«. Alle anderen, auch alle anderen Juden, sind Frevler und Gottlose und werden der Verdammnis anheimfallen. Dieses neue *Erwählungsbewußtsein* hat die Gemeinde durch den Gedanken der göttlichen Prädestination begründet: Für die Menschen hat Gott schon vor ihrem Sein all ihr Sinnen und Denken festgesetzt; bei ihrem Sein erfüllen sich demgemäß ihre Taten unabänderlich (1QS 3, 15f). Wer von Gott zum ewigen Heil bestimmt ist, das erweist sich daran, daß er zu dieser Gemeinde gehört. Wer nicht eintritt, erweist sich damit als von Gott zur ewigen Verdammnis bestimmt. Diesen konsequenten Prädestinationsgedanken hat die Gemeinde im Rahmen eines dualistischen Denkens entfaltet, durch das sie sich vom übrigen Judentum unterscheidet. Es stammt nicht aus dem AT, sondern letztlich aus der iranischen Religion (→ Iran: II. IV). Es ist die Lehre von den zwei Geistern, dem »Geist der Wahrheit« und dem »Geist des Frevels«, deren Gegensatz alles menschliche Sein bestimmt. Sie heißen auch die »Geister des Lichts und der Finsternis« oder auch »der Lichterfürst« und »der Engel der Finsternis« (vgl. 1QS 3, 20f). Der Grundgegensatz ist der zwischen Gott und → Belial, dem → Teufel (: II). So stehen sich gegenüber die Angehörigen dieser Gemeinde und alle außerhalb von ihr als die beiden »Parteien« der Menschen, einerseits »die Söhne des Lichts« oder »Leute der Wahrheit« oder »Leute des Loses Gottes«, andererseits die »Söhne der Finsternis«, die »Leute des Frevels«, die »Leute des Loses Belials«. Doch ist dieser → Dualismus (: II, 2) nicht konsequent durchgeführt, sondern dem jüd. → Monotheismus (: II) ein- und untergeordnet. Gott hat beide Geister geschaffen. Aber: Den einen Geist liebt er, den anderen haßt er auf ewig. Dem entspricht die eschatologische Erwartung: Gott wird am Ende Belial und alle Leute seiner Herrschaft auf ewig vernichten.

Das *Geschichtsdenken* der Gemeinde ist apokalyptisch. Die Welt ist Herrschaftsbereich Belials. Am Anfang steht ein großer Abfall, als welchen man die Verbindung der abgefallenen Engel mit den Menschentöchtern Gen 6, 1-4 ansieht. Der Geschichtsverlauf ist ein immer tieferes Versinken in Widergöttlichkeit, Abfall und Frevel. Am Ende wird Gott alles Böse durch einen Weltenbrand vernichten. Danach werden die Söhne des Lichts auf einer erneuerten, verklärten Erde »ewiges Leben« und »ewige Freude« »im ewigen Licht« genießen. – Als *Heilsgestalten* dieser Endzeit erwartet die essenische Gemeinde nicht allein den → Messias (: II. III) aus Davids Stamm, wie das übrige Judentum, sondern drei Heilspersonen: den Propheten (vgl. Dtn 18, 15), den »Messias Aarons«, den endzeitlichen gesalbten Hohenpriester, und den »Messias Israels«, den endzeitlichen König aus dem Stamme Juda, den Nachkommen Davids. Dabei ist der »Messias Israels« dem »Messias Aarons« im Rang untergeordnet. – Der Zeitpunkt, an dem sich die Gemeinde im Geschichtsablauf stehen sieht, ist die Zeit des großen Abfalls, die »letzte böse Zeit«. So wartet sie auf das bald bevorstehende Ende und »bereitet in der Wüste den Weg des Herrn« gemäß Jes 40, 3. Dieses Bewußtsein, die »letzte Generation« zu sein, bestimmt auch ihre Interpretation des at. Wortes. Was die Propheten von der endzeitlichen Herrlichkeit gesagt haben, gilt dieser Gemeinde und ihr allein. Und alles, was sie von Bedrängnissen, Trübsalen und Verfolgungen gesagt haben, erkennt diese Gemeinde als sich erfüllend in den Schicksalen und Widerfahrnissen, die ihren Gründer getroffen haben und sie selbst in der Jetztzeit treffen.

Als ständige Vorbereitung auf das Eschaton geht es der essenischen Gemeinde um die Erhaltung und ständige Erneuerung jenes höchsten Grades von Reinheit und Heiligkeit, wie ihn der Priester während der Zeit seines Tempeldienstes in Jerusalem hat. Die Gemeinde ist ja aus einer Priestersezession hervorgegangen. Neben Priestern gehörten ihr aber auch gewöhnliche Israeliten an, wie ja auch am Tempel ein mâʿamad, eine »Standmannschaft« als Repräsentanz des Volkes an den Opferhandlungen teilnahm. In Q. konnten keine *Opfer* mehr dargebracht werden. Man hat zwar gemeint, die Q.gemeinde habe doch Opferhandlungen vorgenommen, und zwar wegen des seltsamen Fundes einiger großer Tonkrüge mit angebrannten Tierknochen. Aber dagegen spricht, daß sich bei der Ausgrabung auch nicht die Spur eines Altars und der dazugehörigen Einrichtungen gefunden hat. Es ist auch bei einer gesetzlich so strengen Gemeinde undenkbar, daß sie entgegen der Tora außerhalb des Tempels geopfert habe. Andererseits hat sie aber sicher auch nicht Tempeldienst und Opfer überhaupt abgelehnt. Auch das wäre ja gegen die Tora. Vielmehr hat sie Opfervorschriften aufgezeichnet für die endzeitliche Vollendung im »neuen Jerusalem«, wo dann wieder legaler Tempeldienst möglich sein wird. Die Leute von Q. müssen aber jedenfalls die (außerhalb des Tempels stattfindende) Verbrennung der roten Kuh geübt haben, mit deren Asche gemäß Num 19 das Reinigungswasser bereitet wurde (→ Reinigungen: II). – Neben der Besprengung mit Reinigungswasser haben die Leute von Q. täglich wiederholte *Tauchbäder* geübt, wie sie für die Priester bei den Kulthandlungen im Tempel vorgeschrieben waren. Sie haben ihnen aber, wie 1QS 3, 4-12 zeigt, einen neuen, sakramentalen Sinn gegeben: Anstelle der Opfer vermitteln die Tauchbäder dem Untertauchenden »Sühne«, Gottes Vergebung der Sünden. Dabei wird an der genannten Stelle ein magisches Verständnis abgewehrt: nicht jedes beliebige Tauchbad vermittelt ex opere operato Sündenvergebung, sondern nur ein solches, das innerhalb dieser Gemeinde und im Gehorsam gegen ihre Ordnungen und Gebote geschieht. – Auf den Tempeldienst geht auch die zweite kultische Besonderheit der Essener zurück, ihr tägliches *Kultmahl* (1QS 6, 4-6; 1QSa 2, 17-22; Jos. bell. II, 129ff). Nach dem Tagesdienst im Tempel nahmen die Priester in einem besonderen Raum ihr hl. Mahl ein, bei dem speziell die Stücke von den heiligsten Opfern gegessen wurden. Dieses Kultmahl haben die Essener im Exil beibehalten, natürlich nun ohne spezielles Opferfleisch. Es ist die tägliche Hauptmahlzeit der Gemeinde. Nur die Vollmitglieder dürfen daran teilnehmen, und auch sie nur im Zustand priesterlicher Reinheit. Wer durch Disziplinarstrafen auf kürzere oder längere Zeit »von der Reinheit ausgeschlossen« ist, kann auch nicht am Mahl teilnehmen. Ein Priester präsidiert und spricht die Benediktionen über dem Brot und Wein des Kultmahles. Brot und Speise dürfen (wie es den Vorschriften am Tempel entspricht) nur in höchster kultischer Reinheit zubereitet sein. Sicher haben die Essener auch diesem Kultmahl besondere religiöse Bedeutung beigelegt, doch sagen die Q.texte darüber nichts; Josephus sagt nur: »Sie preisen Gott als den Spender des Lebens.« – Dieselbe Grundhaltung des »Priesters im Dienst« hat auch veranlaßt, daß die Q.leute im *Zölibat* lebten (ein Priester durfte während des Tempeldienstes keinen geschlechtlichen Umgang haben). Der Grund für die Ehelosigkeit ist also nicht etwa eine asketische Ablehnung der Ehe (→ Askese: III, 1). Daß es den Essenern vielmehr um die priesterliche Heiligkeit ging, zeigt Dam 12, 1f: »Niemand darf mit einer Frau schlafen in der Stadt des Heiligtums, womit sie die Stadt des Heiligtums durch ihre Unreinheit verunreinigen.« Josephus erwähnt zwei Gruppen von Essenern, von denen die eine zölibatär lebte, die andere aber die Ehe hatte. Damit stimmt überein, daß die → Damaskusschrift von der Ehe spricht, allerdings nur in der Form strenger Monogamie auf Lebenszeit sowohl für die Frau wie auch für den Mann (auch dies geht bereits über die Ehevorschriften des übrigen Judentums weit hinaus), während die → Sektenregel (1QS) Ehelosigkeit der Mitglieder voraussetzt. Offensichtlich war 1QS die Regel für den engsten Kreis des Ordens, der in Q. selbst lebte, während Dam die Regel für die »weltlichen« Laienbruderschaften war, die im Lande verstreut Einzelgemeinden bildeten. – Auch eine weitere Besonderheit gegenüber dem übrigen Judentum, die *Gütergemeinschaft,* ist vielleicht durch das Streben nach priesterlicher Reinheit und Heiligkeit bestimmt. Nach 1QS gibt der nach seinem Noviziat neu als Vollmitglied Aufgenommene sein Eigentum an den Orden ab, und »es wird vermischt mit dem Geld der Gesamtheit«, das seinerseits durch einen von der Gemeinde gewählten »Verwalter« (m^{e}baqqer) verwaltet wird. Das Mitglied ist also persönlich besitzlos, seinen Unterhalt erhält es von der Gemeinde. Bei den Laienbruderschaften im Land, von denen Dam spricht, ist allerdings für die Mitglieder auch von Privatbesitz, Gewerbe und Handel die Rede. Daß Geld und bes. Reichtum etwas Böses sind, wird aber immer vorausgesetzt. Den Grund dafür nennt Dam 6, 15f: »Man muß sich enthalten von dem frevlerischen Geld, das unrein ist durch (nicht erfüllte) Gelübde und durch (nicht abgeliefertes) Banngut und durch (nicht entrichtetes) Geld des Heiligtums.« Wegen dieses Verzichtes auf Geld und Besitz bezeichnen sich auch die Q.leute als »die Armen« (→ Armut: I, 1) und nehmen damit diesen schon vom AT vorgegebenen Ehrentitel der Frommen neu für sich auf. – Hierher gehört wohl auch der Bericht des Josephus, daß die Essener ständig weiße Gewänder tragen (in den Q.texten nicht erwähnt). Es handelt sich wahrscheinlich um die Kleidung, wie sie der »Priester im Dienst« trägt; dafür spricht auch das Vertauschen des hl. Gewandes nach dem Kultmahl mit den gewöhnlichen Kleidern (Jos. bell. II, 131).

Dies alles macht es verständlich, daß die Gemeinde auf sich den Titel *»die Heiligen«* anwendet. Meistens sind in den Q.texten zwar mit den »Heiligen« die Engel bezeichnet. An einigen Stellen aber ist der Titel doch eindeutig Bezeichnung der essenischen Gemeinde. Der innere Kreis des Ordens, der in Q. lebte, wird darüber hinaus bezeichnet als »die Leute der vollkommenen Heiligkeit«. – Vor allem hat sich daraus bei den Q.leuten eine theologisch wichtige Konsequenz ergeben – wiederum singulär gegenüber dem sonstigen palästinischen Judentum –, nämlich die Übertragung des Begriffes *»Tempel«* auf die Gemeinde: Sie ist »ein Haus der Heiligkeit für Israel«, dh für die gewöhnlichen Israeliten, und »ein Kreis des Allerheiligsten für Aaron«, dh für die Priester (1QS 8, 5f). Damit ist eine Transponierung der Begriffe »Heiliges« und »Allerheiligstes« vom tatsächlichen Tempel auf die ausgegrenzte göttliche Heilsgemeinde vollzogen. Sie allein ist der eigentliche Tempel Gottes. Die gleiche Transponierung ist auch für die Opfer im Tempel vorgenommen; vgl. 1QS 8, 8-10 und bes. 9, 3-5: Die Gemeinde ist dazu da, »die Sühne zu schaffen für Vergehen und Verfehlung, für Übertretung und Sünde, und ist dazu da, Gottes Wohlgefallen für das Land zu erreichen *ohne* das Fleisch von Brandopfern und *ohne* die Fettstücke von Schlachtopfern; denn die Hebe der Lippen (dh der Lobpreis Gottes) nach der rechten Ordnung ist der richtige Opferduft, und die Vollkommenheit des Wandels ist das (wirkliche) freiwillig dargebrachte Speisopfer, das Gottes Wohlgefallen erwirkt.« So haben die Q.leute den schon von den → Propheten (: II B. C) angebahnten Schritt vollzogen vom Tempel und vom Opferkult zur Gemeinde und ihrem Gottesdienst, zu Lobpreis und Gebet.

Mit dem Gedanken des »Priesters im Dienst« verbindet sich in der Q.gemeinde ständig der andere des Soldaten im *»hl. → Krieg«* (: II). Auch er hat entscheidend die Struktur dieser Gemeinde bestimmt. Der dualistische Gegensatz (s.o.) ist eine Kampfsituation. Gott hat »ewige Feindschaft gesetzt« zwischen den beiden gegensätzlichen »Abteilungen« der Menschen. Darum gilt es, »zu lieben alle Söhne des Lichtes«, zugleich aber auch »zu hassen alle Söhne der Finsternis«. So ist der Gläubige Kämpfer Gottes in der Welt gegen Satan und Sünde, gegen deren Anfechtung er ständig auf der Hut sein muß. Demgemäß ist die ideale Gliederung der Gemeinde die militärische in Tausender-, Hundert-, Fünfziger- und Zehnerschaften, und der Eintritt in die Gemeinde wird mit dem Ausdruck für die militärische Musterung (paqād) bezeichnet. Das Mindestalter für den Eintritt ist 20 Jahre (das Alter der Militärdiensttauglichkeit gemäß Num 1). In dieser Vorstellung der Truppe im hl. Krieg hat wohl auch die strenge Rangordnung der Gemeinde ihren Grund, die jährlich neu festgesetzt wird. Jeder ist zu unbedingtem Gehorsam verpflichtet, der Niedrigere gegenüber dem Höheren. Dabei können sich auch die Motive des Priesterdienstes und des hl. Krieges gegenseitig korrespondieren: Der Begriff des mă'amad (s.o.) hat in den Q.texten oft auch den militärischen Sinn der »stehenden Truppe«. Und wenn die Ehelosigkeit ihren Grund hat in dem Streben nach der Reinheit des Priesters im Dienst, so ist das zugleich dieselbe Reinheit, wie sie vom Soldaten im hl. Krieg gefordert ist. – Diese Kampfsituation hat eschatologische Ausrichtung. Sie mündet am Ende ein in den großen Endkampf Gottes gegen den Satan, den er mit seinem Himmelsheer, den Engeln, den »Starken des Himmels« führt. Den eschatologischen Endkampf schildert am ausführlichsten die »Kriegsregel« (→ Milḥamā). – Ihren bedeutsamsten Ausdruck finden diese Vorstellungen in dem Gedanken der Einheit von irdischer und himmlischer Gemeinde bzw. Kampftruppe Gottes. Das Heil, das der Gläubige mit der Zugehörigkeit zu ihr erlangt hat, besteht darin, »daß er nun stehen kann in der Mannschaft mit der Heerschar der Heiligen (= Engel) und eingetreten ist in die Einheit mit der Gemeinde der Himmelssöhne (= Engel)« (1QH 3, 21f). So sind die Gläubigen sowohl in ihrer Heilssituation der Auserwähltheit wie in ihrer Aufgabe, dem Kampf, eine Einheit mit Gottes himmlischen Heerscharen.

Überblickt man die Struktur und die Lebensformen der essenischen Gemeinde, so ist es verständlich, daß man sie vielfach als eine Art jüd. »Mönchsorden« und Q. als das essenische »Kloster« bezeichnet hat. Aber derartige Begriffe sind mißverständlich. Die Motive für die Ausbildung der »mönchischen« vita communis in Q. sind genuin jüdisch, allerdings Ausprägungen einer ganz besonderen Entstehung und somit ganz besonderer theologischer Grundkonzeptionen, die gegenüber dem sonstigen Judentum völlig einzigartig dastehen; sie sind aber wesentlich anderer Art als die Motive bei der Ausbildung des christlichen → Mönchtums (: II). – Man kann die essenische Gemeinde auch nicht als »Sekte« bezeichnen. Dagegen ist zwar nicht anzuführen, daß sie selbst sich so gerade nicht versteht, sondern als das richtige, allein wahre Judentum. Das pflegen auch sonst Sekten gegenüber der Orthodoxie zu tun. Entscheidend aber ist, daß es bis 70 nChr eine jüd. Orthodoxie noch gar nicht gab, daß vielmehr Sadduzäer und → Zeloten, Pharisäer und Essener innerhalb des palästinischen Judentums nebeneinander bestanden, ohne daß sich eine dieser Ausprägungen als »orthodoxe« durchgesetzt hätte. Und hier erschließen uns gerade die Q.texte die erstaunliche Variationsbreite der Denkweise und Lebensformen des palästinischen Judentums der Zeit Jesu. Sadduzäer und Zeloten, und auch die Essener, sind mit dem Jahre 70 nChr untergegangen. Die pharisäische Richtung hat diese Katastrophe überlebt. Ihre Tradition setzt sich weiter fort in der rabbinischen Literatur. Damit ist sie in der Zeit zwischen 70 nChr und dem Bar-Kochba-Aufstand 132–135 nChr zu der die ganze Zukunft bestimmenden jüd. Orthodoxie geworden.

G.Molin, Die Rollen von ʿEn Fešḥa u. ihre Stellung in d. jüd. Religionsgesch. (Judaica 7, 1951, 161–213) – K.G.Kuhn, Die Sektenschrift u. d. iran. Religion (ZThK 49, 1952, 296–316) – Ders., Die beiden Messias Aarons u. Israels (NTS 1, 1954/55, 168–179) – Ders., Zum heutigen Stand d. Q.forschung (ThLZ 85, 1960, 649–658) – A.Dupont-Sommer, Nouveaux aperçus sur les manuscrits de la mer Morte, Paris 1953, 109ff – K.Elliger, Studien zum Habakukkommentar vom Toten Meer (BHTh 15), 1953, 226ff – A.Michel, Le Maître de Justice, Avignon 1954 – A.Jaubert, La date de la Cène, Paris 1957. – Vgl. ferner die zu 1 zitierte allg. Lit. u. Bibliogr.

5. Johannes der Täufer, Jesus und die Urgemeinde lebten in nächster zeitlicher und örtlicher Nachbarschaft mit den → Essenern, bes. mit ihren im Lande verstreuten Einzelgemeinden von Laienbruderschaften. Daß daher Ähnlichkeiten, Verbindungen und Berührungen bestanden, ist von vornherein wahrscheinlich, obwohl die »Essener« im NT nirgends erwähnt werden.

a) Eine erste Verbindung bildet sehr wahrscheinlich, wie heute weithin anerkannt ist, → *Johannes der Täufer*. Der Sinn seiner → Taufe (: II) als βάπτισμα μετανοίας εἰς ἄφεσιν ἁμαρτιῶν (Mk 1, 4) ist der gleiche, wie ihn bereits die Essener mit ihren Tauchbädern (s. 4) verbunden hatten: Beide vermitteln Gottes Sündenvergebung, die aber nur auf Grund der vorherigen »Umkehr« (tᵉšûbā) des Untertauchenden gewährt wird. Die Taufe ist bei Johannes Zubereitung auf das Eschaton, an dem Gott die Gläubigen mit »hl. Geist«, die Verlorenen aber mit dem »Feuer« des Weltenbrandes taufen wird (Mt 3, 11 par). Auch die Q.leute sprechen einerseits vom Weltenbrand, andererseits von der eschatologischen »Besprengung mit dem Geist der Wahrheit wie mit Reinigungswasser« (1QS 4, 21). Auch sonst spricht manches dafür, daß der Täufer von der Q.gemeinde beeinflußt, vielleicht sogar einmal ihr Mitglied gewesen ist. Der Unterschied liegt in der radikalen Aktualisierung der Naherwartung beim Täufer. Darum lebt er nicht in esoterischer Abgeschlossenheit, sondern ruft *alle* zur Umkehr und zur Taufe. Weil das Ende unmittelbar bevorsteht, hat er auch nur die Einmaligkeit der Taufe gegenüber den immer wiederholten Tauchbädern der Essener. Darum kennt er auch keine der Taufe vorangehende Noviziatszeit. Bei seiner Wirksamkeit war er sicher nicht – vielleicht: nicht mehr – ein Mitglied der Q.gemeinde, denn sie steht offensichtlich im Widerspruch zu deren Ordnung. Vielleicht wurde er wegen seiner neuen Verkündigungs- und Tauftätigkeit aus dem Orden ausgeschlossen, wofür auch seine merkwürdige Kleidung und Ernährungsweise sprechen können (vgl. Banus bei Jos., Vita 11 und Jos., bell. II, 143f über ausgestoßene Essener).

b) → *Jesus* (, 3. 7) ist auf Grund seiner Taufe mit Johannes dem Täufer verbunden. Vielleicht wurde er dadurch indirekt mit essenischem Gedankengut bekannt. In der Tat zeigen sich in seiner Verkündigung manche Berührungspunkte. Wie die Q.texte (s. 4) sieht auch → Jesus (, 10 d β) Welt und Zeit in einer dualistischen Kampfsituation. Sein Wirken ist Brechung von Satans Herrschaft, Einbruch in sein Haus, Bindung des Satans (Mt 12, 29 par), wodurch die Herrschaft Gottes geschieht (Lk 11, 20). Das ist eschatologisches Geschehen, das Gott hinausführen wird zum endgültigen Kommen seiner Herrschaft, um das Jesus seine Jünger im → Vaterunser beten lehrt. Hier liegt eine Ähnlichkeit der Denkstruktur mit derjenigen der Q.leute vor, wie sie so ausgeprägt zwischen Jesus und dem sonstigen Judentum nicht besteht. – Die essenische und die christliche Gemeinde haben darin die gleiche Struktur, daß ihr Grund und Beginn das Wirken und die Verkündigung eines Einzelnen war. Wenn der »L.d.G.« (s. 4a) sagt, daß die Glieder seiner Gemeinde die zum ewigen Heil Erwählten sind, so sagt andererseits Jesus, daß das Bekenntnis zu ihm bzw. die Verwerfung seiner Person die Entscheidung bedeuten über die Errettung bzw. Verwerfung des Menschen im Endgericht (Mk 8, 38 par). Besagt das Tempelwort Jesu (Joh 2, 19) ursprünglich, daß er in kürzester Frist den Tempel, dh die Heilsgemeinde der Endzeit neu errichten wird, so liegt hier die gleiche Übertragung des Begriffes »Tempel« auf die Gemeinde vor, wie sie die Leute von Q. vollzogen haben. Und wenn der »L.d.G.« seine Anhänger »meine Gemeinde« nennt und sie als festes Haus bezeichnet, das auf einen Felsen gegründet ist, so entspricht dem unmittelbar Mt 16, 18: »Auf diesen Felsen will ich meine Gemeinde bauen« (die Parallele behält ihr Gewicht, auch wenn Mt 16, 18 nicht ursprüngliches Jesuswort ist; → Kirche: II). – Auch Jesus gibt, wie der »L.d.G.«, eine neue, radikalere Tora-Interpretation. Auffällig ist die Verwandtschaft bei dem Wort Jesu über Ehescheidung (Lk 16, 18), das besagt: Scheidung kann eine einmal vollzogene Ehe weder für den Mann noch für die Frau aufheben. Wer sich wiederverheiratet, bricht die vorherige Ehe. Das entspricht genau dem Gebot der Monogamie auf Lebenszeit sowohl für den Mann wie für die Frau, wie es Dam 4, 20f für die essenischen Laienbruderschaften vorschreibt. Auch dort wird dieses Gebot mit Gen 1, 27 begründet wie in Mk 10, 6. – Solchen Berührungen stehen nun aber tiefgreifende *Unterschiede* gegenüber. Die Toraverschärfung in den Q.texten zielt auf eine kasuistisch möglichst genaue Befolgung des Gesetzes, bes. in bezug auf Sabbatheiligung und kultische Reinheitsbestimmungen. → Jesus (, 10 c) geht es völlig unkasuistisch um das ganze Ja zum Willen Gottes nach der eigentlichen Intention des Gebotes. Worte Jesu wie Mk 2, 27 oder 7, 15ff müssen für die Ohren eines Esseners eigentlich noch mehr als für das übrige Judentum ein Frevel gegen die Tora gewesen sein. Der Unterschied liegt zugleich darin, daß die Essener eine Priestergemeinschaft waren mit strengem Abschluß von allen Sündern, während Jesus und seine Jünger betonten Laiencharakter zeigen. Jesus verkündet eine Frohbotschaft an alle, gerade an die Zöllner und Sünder; er lädt sie alle ein zu Gottes großem Abendmahl (Lk 14, 21ff). Das alles steht im Gegensatz zum Essenertum.

c) Der Tod Jesu am Kreuz und die Gewißheit seiner Auferstehung und damit seiner baldigen Ankunft vom Himmel her als des zum Weltgericht kommenden Menschensohnes sind die wesentlichen Aussagen, auf denen der Glaube der *nachösterlichen Gemeinde* gründet. Sie weiß Jesus als den für die Endzeit verheißenen → Messias (: IV). Solche »christologischen« Gedanken finden sich in den Q.texten in bezug auf den »L.d.G.« nicht. Die endzeitliche Vollendung ist in Q. wie im sonstigen Judentum rein zukünftig, nicht schon in einer historischen Person anhebend gedacht. Dieser grundlegende Unterschied hindert aber nicht, daß im Selbstverständnis und in der Struktur der Urgemeinde essenische Züge wiederkehren. Es kann kein Zufall sein, daß alle Selbstbezeichnungen der essenischen Gemeinde (s. 4) nun auch solche der Christen sind. Sie sind »die Heiligen«, »Berufenen«, »Auserwählten«, »Armen« (Gal 2, 10), »die Söhne des Lichts«. Sie sind »der neue → Bund (: III) Gottes«, der aber im Unterschied zur Q.gemeinde deshalb neu ist, weil er durch den Sühnetod Jesu, also christologisch begründet ist. Die christliche Gemeinde versteht sich ebenso wie die essenische als *die* ausgegrenzte eschatologische Heilsgemeinde Gottes und hat deshalb auch die gleiche Methode der → Schriftauslegung (: III), nämlich die Ausdeutung des AT auf die eigene Jetztzeit als Endzeit. - Wichtig ist auch der Zusammenhang in gewissen Gemeindebräuchen. So steht die Ordnung für die Gemeindezucht Mt 18, 15-17 entsprechenden essenischen Bestimmungen sehr nahe. Als »die Armen« verachteten die ersten Christen wie die Essener den »ungerechten Mammon« und hatten darum - zumindest eine Zeitlang - wie die Leute von Q. Gütergemeinschaft. Dem entspricht die Ernährung der Gemeinde durch ein tägliches Kultmahl, das »Herrenmahl« (→ Abendmahl: I, → Agapen). Wiederum bestand die Ähnlichkeit zum essenischen Mahl, nämlich daß es wie jenes täglich stattfand, nur in der Frühzeit der christlichen Gemeinde. Entscheidend ist jedoch der theologische, genauer: christologische Unterschied: Die Kultmahle der Q.gemeinde waren Fortführung der hl. Priestermahlzeiten im Tempel, das Herrenmahl war die Fortführung der Mahlgemeinschaft mit Jesus in der Erwartung ihrer Wiederherstellung in der endzeitlichen Vollendung.

d) Auch → *Paulus* zeigt sowohl in seiner Begrifflichkeit wie in seinem theologischen Denken mannigfache Berührungen mit den Q.texten. So redet zB der Abschnitt 2Kor 6, 14 - 7, 1 durchaus in Q.terminologie: Die Grundantithesen sind »Gerechtigkeit« gegen »Gesetzlosigkeit«, synonym mit »Licht« gegen »Finsternis« und »Christus« gegen »Belial«. Paulus verwendet hier den Namen → »Belial«, der in den Q.texten die geläufige Bezeichnung des Teufels ist; nur stehen sich bei den Essenern »Gott« und »Belial«, bei Paulus »Christus« und »Belial« gegenüber. Der Gegensatz ist identisch mit »Tempel Gottes« gegen »Götzen« bei Paulus wie in Q., wobei es wichtig ist, daß an beiden Stellen als »Tempel Gottes« die Gemeinde bezeichnet ist. Auch der Gegensatz »Werke der Finsternis« gegen »Waffen des Lichtes« (Röm 13, 12) ist spezifisch essenische Terminologie. Theologisch bes. bedeutsam ist die Ähnlichkeit zwischen Paulus und Q. bei dem Begriff der »Gottesgerechtigkeit«. Hier wie dort ist damit eine vom Menschen nicht leistbare, sondern *von Gott gewirkte* Gerechtigkeit gemeint, die das ewige Heil des Menschen begründet (→ Rechtfertigung: I). Hier wie dort wird gesagt, daß der Mensch, weil er »Fleisch der Sünde« ist, zum Sündigen verführt wird und unfähig ist, Gottes Willen zu tun. Gott wohlgefällig kann er nur werden, indem Gott selbst seine Gerechtigkeit schafft. Dabei wird aber auch der Unterschied deutlich: Die Q.leute halten den jüd. Grundgedanken fest, daß Gerechtigkeit vor Gott nur durch Erfüllung seiner Gebote zu erlangen ist. Aber sie sagen, von sich aus könne das kein Mensch; nur der prädestinierte Angehörige dieser Gemeinde hat die von Gott gewirkte Gerechtigkeit, die allein die Erfüllung der Gottesgebote *ermöglicht*. Für Paulus ist die → Gerechtigkeit (: III) von Gott gewirkt worden durch das Kreuz Christi, also christologisch begründet, und ist so Gottes freies Gnadengeschenk »ohne des Gesetzes Werke«.

e) Entsprechungen zu Q. zeigen bes. der → *Epheser-* und → *Kolosserbrief*. Schon der »hymnische« Sprachstil des Eph mit seinen breit ausgesponnenen Sätzen und den plerophorischen synonymen Genitivverbindungen entspricht, wie sich an vielen Parallelen zeigen läßt, dem Sprachstil der Q.texte. Eph 4, 17ff zeigt eine paränetische Tradition, die bis in Einzelheiten hinein derjenigen der Q.texte entspricht. Der essenische Grundgedanke von der Kampfsituation, in der der Gläubige steht, kehrt in Eph 6, 10ff wieder. Wichtig ist dabei, daß die essenische Vorstellung von der Kampfeinheit der irdischen Gemeinde mit dem Himmelsheer in ihrem Kampf gegen die Einheit der irdischen Frevler mit dem teuflischen Engelsheer auch im Eph den Gedankengang bestimmt (vgl. Eph 6, 12).

f) Am stärksten wird sich wohl die Auswertung der Q.texte für das Gesamtverständnis und die religionsgeschichtliche Einordnung des *JohEv* auswirken. Denn → Johannesevangelium (, 2c) und → Johannesbriefe zeigen ein ausgeprägt dualistisches Denken, das in Terminologie und Struktur demjenigen der Q.texte recht nahe steht. Dabei beziehen sich die dualistischen Kategorien wie in Q. auf das, was der Mensch *tut*. → Licht und Finsternis meinen menschliche Existenzweisen. Dabei ist zugleich hier wie dort der Gedanke, daß die mit dem Dualismus gegebene Ausrichtung des Willens des Menschen entweder auf das Rechte, Göttliche, oder auf das Böse, Teuflische, durch Gottes → Prädestination bestimmt ist. Entsprechen sich so in der Struktur als Existenzdualismus die Denkformen im johanneischen Schrifttum und in Q., so entsteht die Frage, wie beides sich zu dem andersartigen Dualismus der → Gnosis verhält. Denn in der Gnosis meinen Licht und Finsternis nicht menschliche Existenzweisen, sondern substanzmäßige Bestandteile der Physis von Welt und Mensch. Die Strukturanalyse sowohl des johanneischen wie des Q.-Dualismus macht es u.E. notwendig, auch das Wesen und die Entstehung des gnostischen Dualismus und dessen Verhältnis zu den Q.texten wie zum NT neu zu prüfen und zu bestimmen.

K.G.Kuhn, Die in Palästina gefundenen hebr. Texte u. d. NT (ZThK 47, 1950, 192-211) - Ders., Jesus in Gethsemane (EvTh 12, 1952/53, 260-285) - F.F.Bruce, Q. and Early Christianity (NTS 2, 1955/56, 176-190) - J.M.Allegro, The Dead Sea Scrolls, London 1956 - The Scrolls and the NT, ed. K.Stendahl, New York 1957 (Aufsatzband) - J.A.T.Robinson, The Baptism of John and the Q. Community (HThR 50, 1957, 175-191) - H.Braun, Spätjüd.-häret. u. frühchristl. Radikalismus I. II (BHTh 24), 1957 - M.Burrows, Die Schriftrollen vom Toten Meer, (1957) 1958², 269ff - Ders., Mehr Klarheit über die Schriftrollen, 1958, 31ff - J.v.d.Ploeg, The Excavations at Q., London 1958, 189ff - G.Baumbach, Q. u. d. JohEv, 1958 - F.M.Cross jr, The Ancient Library of Q., London 1958, 146ff - H.Braun, Röm 7, 7-25 u. d. Selbstverständnis des Q.-Frommen (ZThK 56, 1959, 1-18) - S.Schulz, Zur Rechtfertigung aus Gnaden in Q. u. bei Paulus (ebd 155-185) - S.Wibbing, Die Tugend- u. Lasterkataloge im NT (BZNW 25), 1959 - R.Mayer-J.Reuss, Die Q.funde u. d. Bibel, 1959, 85ff - W.Eiss, Das Amt d. Gemeindeleiters bei d. Essenern u. d. christl. Episkopat (WO II, 1959, 514-519) - H.Kosmala, Hebräer - Essener - Christen, Leiden 1959 - H.W. Huppenbauer, Der Mensch zwischen zwei Welten (AThANT 34), 1959. - Weiteres in den Bibliogr.n (s. 1). *K.G.Kuhn*

6. Die Entdeckungen im Raum von Q. (s. 1) haben seit 1951 eine Reihe *weiterer Funde im Gebiet der Wüste Juda* nach sich gezogen, die in keinem unmittelbaren sachlichen Zusammenhang mit den Funden und der Gemeinde von Q. stehen, vielmehr ganz disparater Natur sind und den Zeitraum vom 4.Jt. vChr bis zum MA umspannen. Sie lassen erkennen, daß das zerklüftete, unübersichtliche und schwer zugängliche Gelände der Wüste Juda immer wieder Bedrängten als Zuflucht gedient hat, bes. auch während des 2. jüd. Aufstandes gegen Rom (132-135/36 nChr) unter → *Simon ben Kosiba*, genannt *Bar Kochba:* aus dieser Zeit stammen die historisch bedeutsamsten der neuen Texte.

a) Im *wādi murabbaʿāt* (einem tief eingeschnittenen Tal

17 km südl. chirbet qumrān) wurde eine Gruppe von vier Höhlen im Spätsommer 1951 von Beduinen entdeckt und im Frühjahr 1952 von R. de Vaux und G. L.Harding systematisch untersucht; im Frühjahr 1955 brachten Beduinen aus einer fünften Höhle umfangreiche Reste einer einzelnen Hs. (des Zwölfprophetenbuches); die Funde befinden sich jetzt im Palestine Archaeological Museum im arab. Teil von Jerusalem. Keramik und andere Objekte fanden sich aus dem Chalkolithikum (4.Jt. vChr, sogar Holzgeräte und vielleicht Flechtwerk!), dem 18./17. und 8./7.Jh. vChr sowie aus röm. und arab. Zeit; von den Münzen datieren 1 von 40/37 vChr, 5 aus der Zeit von 42/43 bis 69/70 nChr, je 1 von 113/14 und 119/20, 9 aus dem 2. Aufstand, ferner 3 röm. unbestimmbaren Datums (zT mit Gegenstempel der X. Legion) und 2 arab. (8.Jh. und später). - *Texte:* Ein Papyrus-Palimpsest, beschriftet (nach anscheinend zwei noch früheren, ganz ausgelöschten Texten) zunächst mit einem noch teilweise lesbaren Brief, dann mit einem Verzeichnis von vier Namen und Zahlzeichen, beides in hebr. Sprache und althebr. Schrift und aus dem 8.Jh. vChr, die älteste bisher in Palästina entdeckte Hs. und die älteste semitische Hs. überhaupt. Aus dem 1.Jh. vChr bis 2.Jh. nChr zahlreiche meist fragmentarische Texte auf Papyrus und Leder sowie Ostraka, auf hebr. (mischnisch), aram., griech., vereinzelt lat. und nabatäisch; darunter hebr. Fragmente von Gen, Ex, Num, Dtn, Jes und (bes. umfangreich) des Zwölfprophetenbuches, alles in engster Übereinstimmung mit dem MT, dessen Konsonantentext nun also nachweislich zwischen den beiden Aufständen fixiert worden ist und dessen älteste Zeugen diese Hss. sind; ein vollständiges Phylakterium, das (anders als die in Q. gefundenen) bereits den rabbinischen Normen entspricht; daneben rechtsgeschichtlich aufschlußreiche profane Urkunden aller Art (Ehe-, Kauf-, Pacht-Verträge usw) und Briefe, vor allem zwei hebr. Originalbriefe des Simon ben Kosiba, dessen wirklicher Name hier erstmals bekannt wurde (doch die Annahme, es handle sich um Autographen oder zumindest eigenhändige Unterschriften Simons, erwies sich durch die Funde von 1960 [s. 6 e] als unhaltbar). Die hebr., aram. und griech. Texte jüd. Herkunft erweisen (wie die Münzen) eine Benutzung der Höhlen im 1.Jh. vChr sowie im 1. und vor allem im 2. jüd. Aufstand (die 6 nach der Freiheitsära des 2. Aufstands datierten Urkunden zeigen, daß diese Ära bereits Ende Okt. 132 [Mur 22: 14. Mārḥešwan des Jahres 1] und noch Anfang Okt. 135 [Mur 30: 21. Tišrî des Jahres 4] verwendet wurde [nicht, wie Milik, DJD II, 1961, 125 irrtümlich berechnet, 131 bzw. 134]); die von röm. Truppen stammenden griech. und lat. Texte reichen bis zum Ende des 2.Jh.s herab. Schließlich fanden sich verschiedene griech. und arab. Texte aus dem 10./11.Jh.

b) An einem *nicht genau bekannten Fundort* in der südlichen Wüste Juda (wahrscheinlich im *wādi sejāl,* zwischen Engedi und Masada) entdeckten Beduinen im Sommer 1952 Texte (jetzt ebenfalls im Palestine Archaeological Museum), die dort offenbar während des 2. Aufstands deponiert worden sind; als spätestes Datum begegnet das 3.Jahr der »Befreiung Israels«. Neben hebr. Fragmenten von Gen, Num (2 Hss.), Dtn und vor allem Pss sowie einem vollständigen Phylakterium (sachlich den Funden im wādi murabbaʿāt entsprechend, s. 6 a), ferner Fragmenten eines hymnischen hebr. Textes sowie verschiedener hebr., aram., nabatäischer und griech. Urkunden (darunter ein hebr. Brief an Simon ben Kosiba) sind bes. bedeutsam umfangreiche Reste einer Hs. des Zwölfprophetenbuches in einer bisher unbekannten griech. Übersetzung, die den hebr. Text exakter wiedergibt als LXX, aber noch nicht so pedantisch wie Aquila; sie scheint Aquila, Symmachus und Justin bekannt gewesen zu sein.

c) Israelische archäologische Expeditionen stießen im Frühjahr 1960 im Raum zwischen Engedi und Masada auf verschiedene weitere Spuren des 2. jüd. Aufstands (wie auch anderer Perioden); an drei Stellen (vgl. 6 d. e) traten auch Hss. aus dieser Zeit zutage, die sich jetzt im israelischen Teil Jerusalems befinden. - Zunächst entdeckte Y.Aharoni im Januar 1960 in einer Höhle im *nāḥăl ṣæʾælîm* (= arab. wādi sejāl) zwei Fragmente eines Phylakteriums sowie eine Handvoll hebr., aram. und griech. Fragmente.

d) Im April 1960 fand P.Bar-Adon im *nāḥăl mišmar* (= wādi maḥras) kleine Fragmente je einer hebr. und griech. Hs.

e) Ebenfalls im April 1960 stieß Y.Yadin in einer Höhle im *nāḥăl ḥæbær* (= wādi chabra) neben anderen Objekten, die von einer Belagerung einer Aufständischengruppe durch röm. Truppen zeugen, auf ein Bündel von 15 gut erhaltenen Briefen des Simon ben Kosiba, überwiegend kurze Befehle an einen Unterführer. Davon sind 9 aram., 4 hebr., 2 griech.; das Material ist bei 1 aram. Brief eine Holztafel, sonst stets Papyrus. Angesichts der Verschiedenheit der Sprache (bemerkenswert die durchgängige Dreisprachigkeit der Dokumente aus dem 2. Aufstand!), der Schrift und selbst der Unterschriften kann es sich freilich (vielleicht mit einer Ausnahme) nicht um Autographen Simons handeln, vielmehr dürften die Briefe in Simons Namen von seinen Adjutanten geschrieben worden sein. - Im März 1961 sind am gleichen Ort erneut noch weit zahlreichere Texte entdeckt worden, die weitere Einblicke vor allem in die Zeit des 2. Aufstands versprechen.

f) Erst aus dem 5. bis 8.Jh. nChr stammen die Funde, die im Sommer 1952 von Beduinen und dann im Frühjahr 1953 von einer belgischen Expedition unter R. de Langhe in *chirbet mird* gemacht wurden, den Ruinen des (an der Stätte der hasmonäischen Burg Hyrkania 492 vom hl. → Sabas gegründeten, dort bis zum 9.Jh. bestehenden) Klosters Castellion, ca 10 km westlich von chirbet qumrān. Hier traten vor allem Fragmente von Bibel-Hss. zutage, auf griech.: Weish (LXX), Mk, Joh, Apg; auf christlich-palästinisch-aram.: Jos, Mt, Lk, Apg, Kol; daneben ein griech. Fragment der Andromache des Euripides sowie verschiedene christlich-palästinisch-aram. und arab. Briefe. Die griech. Texte befinden sich zZ in Louvain, die übrigen im Palestine Archaeological Museum.

Eine abschließende Textausg. liegt nur zu a vor: P.Benoit, J.T. Milik, R.de Vaux, Les grottes de Murabbaʿât (DJD II), Oxford 1961 (Lit.). - Textproben u. Lit.: Zu b: D.Barthélemy, Redécouverte d'un chaînon manquant de l'hist. de la Septante (RB 60, 1953, 18-29; Lit. dazu bei: F.M.Cross jr, The Ancient Library of Q., Garden City/N.Y. 1958, 21 Anm. 35) - J.Starcky, Un contrat nabatéen sur papyrus (RB 61, 1954, 161-181) - J.T.Milik, Un contrat juif de l'an 134 après J.-C. (ebd 182-190; dazu RB 62, 1955, 253f; Bibl 38, 1957, 264-268) - Ders., Le travail d'édition des manuscrits du Désert de Juda (VT Suppl. 4, 1957, 17-26, bes. 20f) - Ders., Deux documents inédits du Désert de Juda (Bibl 38, 1957, 245-268, bes. 255-264; dazu: J.J. Rabinowitz, Bibl 39, 1958, 486f). - Zu c-e: B.Rothenberg, Der Aufstand des Bar Kochba (Frankfurter Allg. Zeitung vom 28.5.1960) - Briefl. Mitteilung von Y.Yadin. - Zu f: R.de Vaux, RB 60, 1953, 85 - J.T.Milik, Une inscription et une lettre en araméen christo-palestinien (ebd 526-539).

C.-H.Hunzinger

R

Raabe, *Wilhelm* (1831–1910), * in Eschershausen (Weserland), † in Braunschweig, Juristensohn aus alter Beamtenfamilie. Der frühe Tod des Vaters (1845), der Mißerfolg auf der Schule in Wolfenbüttel, die mißglückte Buchhändlerlaufbahn in Magdeburg (1849–53) sind Lern- und Leidensstationen, aus denen ihn die Einsamkeit der Großstadt Berlin (1854–56) ins erste Selbstbewußtsein des Dichters erhebt: »Die Chronik der Sperlingsgasse« (1856) schafft durch alle Unreife des Stils hindurch ersten Schriftstellerruhm. R. wagt die Heirat und den Weg aus der Kleinstadtenge (1856–62 in Wolfenbüttel) heraus: in Stuttgart (1862–70) reift Schwabens bodenständiges Klima den Dichter aus. Sein bekanntestes Werk entsteht, die Trilogie »Der Hungerpastor« (1863), »Abu Telfan« (1867), »Schüdderump« (1870). Es ist symbolischer → Realismus auf christlichem Grund. Zwei Symbole prägen sich unvergeßlich ein: die Schusterkugel, die im künftigen Theologen Hans Unwirrsch den »Hunger nach dem höchsten Gut« erweckt, wie Jakob → Böhme sagt; und der »Schüdderump«, als ein Pestkarren (zum Schütten dienender Rumpf) symbolisch für jedes Gefährt, das im erweckten Todesschreck Teufelszüge birgt, Züge der Kanaille im Menschen. Das wird das künftige Generalthema R.s sein: die Kanaille im Menschen aufzudecken und als das Urböse zu bekämpfen. Wie den Hungerpastor von Jugend an die Kugel zum Licht hinzieht, so wächst unterm Rattern des Schüdderump die junge Heldin Tonie, vom Alter betreut und geformt, einer Seelenschönheit zu, einem Seelenrang, der sich dem Kanaillezugriff enthebt, in ein Sterben, das einem Verklärtwerden gleicht. Wenn »Abu Telfan« kein solches Symbol hervorbringt, so liegt das am Zwielicht, an der Tragikomik des Mittelwegs, den der deutsche Untertan von 1860 notgedrungen wählt. Das politische Thema, Kampf gegen den Philister im Untertan, wird von R. erst im »Stopfkuchen« symbolisch durchgestaltet. – 1870 geht R. nach Braunschweig in die selbstgewählte Einsamkeit. Das Alterswerk prägt einheitliche Züge aus. So entschiedene Symbole wie Schusterkugel und Schüdderump bringt es nicht mehr hervor; als Ganzes stellt es die Vollendung des symbolischen Realismus in R.s Altersstil dar. Nach krisenhaften Zwischenjahren eröffnen die »Alten Nester« (1877–79) eine Folge von 15 Romanen, die alle demselben Ziel dienen: gegen den Schüdderump des Daseins Gestalten ins Leben zu rufen, die den Alltag durchwirken, indem sie andern zu Helfern werden. Das ist R.s Art der Religion. Just Everstein, der Bauer vom Steinhof (»Alte Nester«), greift wie ein »Uhrmacher« ein, wo die Uhren des Miteinander falsch gegangen sind. Marten Marten (»Das Horn von Wanza«, 1880), der Nachtwächter mit der Laterne, wird in unbesieglicher Lebensheiterkeit zum »Stein im Gewölbe«, der das Ganze trägt. Hauptheld des Miteinander aber ist »Stopfkuchen« (1890), trotz des Spottnamens von der Schule her. Mit dem Aufdecken der Mordtat wird er wahrhaft der, der Licht ins Dunkel bringt. Als eine »Natur und ein Gemüte« spürt er hellsichtig das Urböse im Menschen, wie es »durch Gottes und Satans willen« in jedem bereit liegt, auf und hält mit Gleichmut ein weises Gericht. Unter den Frauengestalten steht Phöbe obenan (»Unruhige Gäste«, 1884): die »luth. Nonne« in ihrem Kurs auf Christus ist zuletzt die einzig Ruhige unter den Weltleuten. Auf derselben Bank im Himmel aber wie Phöbe soll nach einem Briefwort R.s »Rotkäppchen« sitzen, der »Gassenschmetterling« im Berlin der Gründerzeit (»Im alten Eisen«, 1886), um der Warmherzigkeit willen, mit der sie dem Großstadt-Gemütsschwund entgegenwirkt. – Was sich so im Alterswerk aufbaut, hat R. selbst den »Zusammenhang der Dinge« genannt. Er meint den Herzenszusammenhang und läßt ihn standhalten in den beginnenden Gleichgewichtsstörungen der Zeit. Damit steht R.s Realismus zwischen Goethe- und Ibsenzeit, in der sich → Freud ankündigt. So kühn R. im Alter bis ins »Neurasthenische« vordringt (»Lar«, 1889; »Akten des Vogelsangs«, 1895), hält er immer Heilungen bereit. »Gottes Wunderwagen« im letzten Roman »Hastenbeck« (1898) wird der symbolische Ausdruck dafür. Den Glauben an eine göttliche Ordnung hat er nie aus dem Blick verloren.

GesW, hg.v. W. Brandes, 18 Bde, 1913 ff – Sämtl. Werke, hg.v. K. Hoppe, 20 Bde (bisher 12), 1951 ff – Briefe (»In alls gedultig«), hg.v. W. Fehse, 1940 – F. Meyen, W.-R.-Bibliogr., 1956. – Über R.: W. Fehse, W.R., 1937 – S. Hajek, 1950 – H. Pongs, W.R., 1958.

H. Pongs

Rabaut, *Paul* (1718–94), Pfarrer der zweiten »Wüstengeneration« (→ Frankreich: I, 6), * in Bédarieux (Dep. Hérault). 1738 Vikar in Nîmes, studierte er seit 1740 an dem von A. → Court geleiteten Seminar in Lausanne und wurde 1742 Pfarrer in Nîmes, wo die Verfolgungen seine Arbeit aufs äußerste erschwerten. Trotz einer ausgesetzten Kopfprämie entging R. immer wieder dem Tode. Als Held und Heiliger verehrt, zog er sich 1785 vom Pfarramt zurück, wurde aber unter der Schreckensherrschaft eingekerkert und starb kurz nach seiner Freilassung. R. verdankt seinen Ruhm der vor allem aus seinen zahlreichen Briefen hervorleuchtenden inneren Heiterkeit und dem mutigen gewaltlosen Eintreten für die Anerkennung der Protestanten in Frankreich (Toleranzedikt 1787). Drei seiner Söhne sind zu Ansehen gelangt: *Jean-Paul,* gen. Saint-Etienne (1743–93), *Jacques-Antoine,* gen. Pommier (1744–1820) und *Pierre,* gen. Dupuis oder Le Jeune (1746–1808). R.-St-Etienne, Schüler von Court und wie sein Vater Pfarrer, wurde Mitglied und Präsident der Constituante und später des Nationalkonvents, wo er für religiöse »Freiheit«, nicht nur »Toleranz«, kämpfte. Während der Schreckensherrschaft starb er als Girondist auf dem Schaffott. Seine Brüder wurden verbannt. R.-Pommier kehrte später als Pfarrer nach Paris zurück; er gilt als Miterfinder der Pockenimpfung.

R. vf. Briefe, Predigten, Broschüren (u.a. Précis du catéchisme d'Ostervald, 1774); umfangreiches Material im BSHPF, passim. – P.R., ses lettres à A. Court 1739–55, hg.v. A. Picheral-Dardier (m.

biogr. Skizze v. Ch.Dardier), 2 Bde, o.J. (1884) - P.R., ses lettres à divers 1744-94, hg.v. Ch.Dardier, 2 Bde, 1892 - Zwei Predigten u. 16 Predigtentwürfe, hg.v. Ch.-L.Frossard, 1886. - Über R.: A.Borrel, P.R. et ses trois fils, 1854 - E. u. E.Haag, La France protestante VIII, 1858, 344ff - F.Lichtenberger, Encycl. des sciences relig. XI, 1881, 73ff - RE XVI, 385ff (Lit.) - A.Monod, Les sermons de P.R. (Thèse Lettres Paris), 1911 - C.Rabaud, Les héros de la foi: P.R., apôtre du Désert, 1920 - L.Rauzier-Fontayne, Monsieur Paul, o.J. (1940). - Über R.s Söhne: A.Borrel (s.o.) - Oeuvres de R.-St-Etienne, hg.v. M.Collin de Plancy, 2 Bde, 1826 - Boissy d'Anglas, Discours et opinions de R.-St-Etienne, 2 Bde, 1827 - J.-A.Dartigue, R. de St-E. à l'Assemblée Constituante de 1789, 1903 - Lichtenberger (s.o.) 80ff - RE XVI, 392ff. *R.Voeltzel*

Rabbiner, aus hebr. rabbî »mein Meister« über mittellat. rabbinus, war früher der anerkannte Schriftgelehrte einer jüd. Gemeinde; der Lehrer wahrte die Sukzession durch Ordination (sᵉmîkā) des Schülers. Der R. lehrte frei und unentgeltlich (vgl. Abot II, 2) an einem Lehrhaus Exegese der Tora, traf religionsgesetzliche Entscheidungen, sprach Recht, vollzog Trauungen und Scheidungen und vertrat die Gemeinde nach außen. Dieses Rabbinat alten Stils besteht gegenwärtig noch im Orient. Im heutigen *Israel* ist oberste religiöse Autorität das dem Ministerium für religiöse Angelegenheiten unterstellte Hauptrabbinat, bestehend aus je einem Ober-R. aschkenasischer und sefardischer Prägung und dem Obersten R.-Rat; ihm untersteht in jedem der 7 Bezirke ein rabbinisches Gericht. Das Parlament sprach den R.n 1953 die Jurisdiktion über Eheschließung und -scheidung zu. Die Ausbildung der R. erfolgt in Talmudschulen. - Im Westen und in den USA hat die Emanzipation des 19.Jh.s den R. modernisiert, am meisten in den sog. Reformgemeinden. Hier ist er Prediger, Religionslehrer und Seelsorger mit Hochschulstudium (als Theologe und Orientalist), akademischem Grad und Examen. Als Ober-, Bezirks- und Landes-R. vertritt er einen größeren Bezirk. Ausbildungsstätten waren früher in Deutschland Berlin (Lehranstalt, dann Hochschule für die Wissenschaft des Judentums) und Breslau (Jüd.-theol. Seminar), in Ungarn Budapest. Heute gibt es bedeutende Anstalten in England, Frankreich und vor allem in den USA: Hebrew Union College in Cincinnati, Jewish Institute of Religion und Jewish Theological Seminary in New York, Dropsie College in Philadelphia. - Zum Rabbinismus vgl. → Judentum: II. III.

A.Feldmann, The Rabbi and his early Ministry, 1941 - M.M.Berman, The Role of the Rabbi, 1941 - S.W.Baron, The Jewish Community, 3 Bde, 1942. *E.L.Dietrich*

Rabelais, *François* (ca 1490-1553), neben → Montaigne der bedeutendste Prosaschriftsteller im Frankreich des 16.Jh.s, wurde früh für den geistlichen Stand bestimmt. 1530 zog er die Mönchskutte aus, studierte Medizin und wurde 1532 Arzt in Lyon. Schon in seine Mönchszeit fällt sein stetig wachsendes Interesse für den Humanismus (Briefwechsel mit G. → Budé) und für die Ziele der Reformation. Er wurde berühmt durch sein satirisch-groteskes Buch von »Pantagruel« (1532), der einem Geschlecht von Riesen angehörte. Bereits hier spottet er über das verderbte Klerikerlatein, die Sorbonne und die juristischen Praktiken. In der Geschichte von Pantagruels Vater »Gargantua« (1534) persifliert R. die zur Sophistik herabgesunkene Sorbonne-Scholastik und das Erziehungswesen und preist die humanistische Bildung sowie das Ideal einer durch den Geist des Humanismus geformten freien Gesellschaft. Nach der berüchtigten Plakataffäre findet er in dem Kardinal J.du Bellay einen Beschützer und Gönner. Erst 1546 erscheint das 3. Buch (»Le Tiers Livre«), wo Pantagruels Freund Panurge die Frage aufwirft, ob er sich verheiraten soll. Die ergebnislosen Reisen zu vielen gelehrten Männern bieten R. die Möglichkeit, groteske Abenteuer einzuflechten, und dies noch mehr im 4. Buch (»Le Quart Livre«, 1552), wo Pantagruel und Panurge auf der Suche nach dem Orakel der »Dive Bouteille« sind. Das (postume) 5. Buch kann wohl kaum R. zugeschrieben werden. - Seine religiöse Haltung kann mit der von → Erasmus verglichen werden: Über dem Gezänk der Parteien steht der den neuen Ideen des 16.Jh.s aufgeschlossene Mensch. Er greift die Auswüchse in der röm. Kirche ebenso an wie den fanatischen Protestantismus seiner Zeit.

Oeuvres, ed. A.Lefranc, 5 Bde, 1912-32 (wegen des reichen Kommentars unentbehrlich), ferner die Ausg. v. J.Plattard, 5 Bde, 1929 u., am handlichsten, die Oeuvres complètes in der Bibl. de la Pléiade, ed. J.Boulenger, 1934. - Über R.: J.Plattard, F.R., 1939 - L.Febvre, Le problème de l'incroyance au XVIᵉ siècle: La religion de R., 1947. *P.M.Schon*

Rabenaasstrophe. »Ich bin ein rechtes Rabenaas, ein wahrer Sündenkrüppel« usw ist ziemlich sicher Parodie. Die vermutlich parodierten Kirchenlieder gehören dem → Barock an, dort finden sich derartige Verschrobenheiten auch bei bedeutenden Dichtern. Die R. ist in keinem Gesangbuch, vor 1840 gar nicht nachweisbar. Wahrscheinlich stammt sie von dem mit → Engels befreundeten Fr.W.Wolff, der sie als Probe »aus einem alten Gesangbuche« ohne Verfasserangabe 1840 in den »Schlesischen Provinzialblättern« (Bd 112, 359ff) veröffentlichte. Die von Katholiken aufgebrachte Meinung, die R. sei von Luther, hielten guten Glaubens auch ev. Geistliche für richtig! Als Karikatur abgeschmackter Choralstrophen hat die oft zitierte R. (zB Th.Mann, Buddenbrooks V, 5) eine kritische Funktion.

Grimm, Dt.WB VIII, 1893, 7f - ChW 13, 1899, 42f - W.Nelle, Die R. u. einige andere Seeschlangen (MGkK 7, 1902, 323-327. 358 bis 362; Lit.) - C.Hitzeroth, Joh.Heermann, 1907, 47ff. *P.Klemm*

Rabula *(Rabbulas),* syrischer Schriftsteller († 436), zuerst Staatsbeamter, dann Einsiedler, seit 411 Bischof von → Edessa. Mit Schärfe bekämpfte er Heiden, Juden und Reste gnostischer Sekten. Auf dem Konzil von → Ephesus 431 hielt er es zunächst mit den Antiochenern, wurde dann aber aus nicht erkennbaren Gründen eifrigster Anhänger und Vertrauensmann → Cyrills in Kleinasien. Durch seine Zweisprachigkeit konnte er auch in Syrien gute Dienste leisten. Seine Schriften über Kirchenzucht und Gottesdienst sowie die von ihm veranlaßte Revision der syrischen Bibel (Peschitta; → Bibelübersetzungen: III, 2a) haben viel zur Festigung des syrischen Kirchenwesens (→ Syrien: III) beigetragen.

Syr. Texte bei J.J.Overbeck, S.Ephraemi Syri, Rabbulae... opera sel., Oxford 1865, 159ff; das wichtigste dt. bei G.Bickell, BKV¹, 1874. - Über R.: F.C.Burkitt, Early Eastern Christianity, London 1904, Kap. II - A.Baumstark, Gesch. d. syr Lit., 1922, 71ff - Bardenhewer IV, 388ff - P.Peeters, RechSR 18, 1928, 170-204 (zur syr. Vita R.s) - W.Bauer, Rechtgläubigkeit u. Ketzerei..., 1934, 30ff - M.Black, R. of E. and the Peshitta (BJRL 33, 1950/51, 203 bis 210) - Ders., ThLZ 77, 1952, 705-710 - A.Vööbus, Early Versions of the NT, Stockholm 1954 - Altaner § 76, 3 - A.F.J.Klijn, NovTest 3, 1959, 1-27, bes. 4ff. *† R.Abramowski (M.Black)*

Racine, *Jean* (1639-99), * in La Ferté-Milon, der zweite große franz. Dramatiker, durch dessen Werk die Krönung der klassischen Tragödie des 17.Jh.s erfolgte. Im Gegensatz zu seinem großen, den Jesuiten ergebenen Vorgänger → Corneille stand er von Kindheit an im Banne des → Jansenismus. Nach dem frühen Tod der Eltern gelangte er in die religiöse Bildung von → Port-Royal. Die dort gebotene strenge, weltabgewandte Erziehung und die in R. bald erwachende Lebenslust und tiefe Neigung zur Dramatik haben mit ihrer Gegensätzlichkeit weitgehend sein Leben und Schaffen bestimmt. - Nach fehlgehenden Versuchen, die Priesterlaufbahn einzuschlagen, wandte er sich endgültig dem Theater zu, wo er seinen Ehrgeiz nach Ruhm bald zu befriedigen hoffte. Und nun, von der »Thébaïde« (1663) bis zu seinem Meisterwerk, »Phèdre« (1677), erfüllten sich diese Erwartungen - er wurde der Vollender der klassischen franz. Tragödie. Andererseits hatten diese durch keine Warnungen seiner Verwandten zu hemmende Neigung und Tätigkeit in dem der Welt und ihren Versuchungen zugewandten Theaterleben alsbald den Bruch mit Port-Royal zur Folge, der lange Zeit anhalten sollte. R.s Stücke gehören nach Ursprung und Motiven dem bekannten Gebiet griechischer, römischer, orientalischer Stoffe an, sind aber vom Geist der höfischen Epoche umgeprägt und gedämpft. Gleichwohl lodern in den mit erlesener Sprachführung und Verskunst geglätteten dramatischen Kämpfen die menschlichen Leidenschaften. Anders aber als bei Corneille siegen nicht die vernunftbestimmten Willenskräfte, sondern im Gegenteil zeigt R. seine ins allgemein Menschliche erhobenen Gestalten vor allem in ihren Schwächen - dies wohl neben stärkster eigener Erfahrung ein Rest seiner Religiosität. Die Höchstleistung dieser Kunst, »Phèdre« (1677), sollte wohl Port-Royal den Weg zur Aussöhnung ebnen, die sich auch nach dem durch Intrigen bewirkten Mißerfolg des einzigartigen Stückes bald vollzog. Aber mehr noch: von nun an gab R. für Jahre alle dramatische Tätigkeit auf. In den Jahren nach 1677 (Ernennung zum Historiographen des Königs, zusammen mit Boileau) erscheint er als ein Gewandelter, als der rührend besorgte Vater seiner Kinder, die er von jeder Neigung zum Theater abhält, als frommer Christ, der erhebende religiöse Hymnen dichtet und ein »Abrégé de l'histoire de Port-Royal« schreibt. Während der völlige Mangel erhaltener Briefe aus der Glanzzeit seines dramatischen Schaffens bis heute ungelöste Rätsel über den zweifellos außerordentlich sensiblen Dichter aufgibt, läßt die relativ gut bewahrte »correspondance« dieser letzten Jahrzehnte den Menschen R. erkennen, der nach einem unruhvollen, von allzu menschlichen Leidenschaften erfüllten Leben die vanitas vanitatum begriff und in den von Kindheit an in ihn gelegten religiösen Kräften eine sichere Zuflucht suchte. Ihnen verdankte R. auch mit seine letzte dramatische Leistung, zu der ihm der Wunsch der frommen Gattin Ludwigs XIV., der Madame de Maintenon, Anregung bot: In den beiden für die jungen Mädchen von St. Cyr verfaßten, von biblischer Sprachführung und Gedankenwelt erfüllten religiösen Schöpfungen »Esther« und »Athalie« (1689, 1691) hat R. ein letztes Mal seine ungebrochene lyrisch-dramatische Kraft bewährt.

K.VOSSLER, R., 1926 - FR.MAURIAC, La vie de J.R., 1928 - J.LICHTENSTEIN, R. poète biblique, 1934 - R.PICARD, La carrière de J.R., Paris 1956 - R.JASINSKI, Vers le vrai R., ebd 1958 - W.WILLIGE, Dramat. Dichtungen u. geistl. Gesänge. Franz.-dt. GA, 1956.

F.Neubert

Rad. Die älteste Darstellung des R.es findet sich auf der sumerischen Kalksteinplatte Ur 8557 (Antiqu. Journ. VIII, 1928, Taf. V, 1) in der Form eines elliptischen, aus drei Stücken zusammengefügten, durch Stricke (?) zusammengehaltenen Scheiben-R.es. Die Entstehung des Speichen-R.es liegt noch im Dunkeln. Es begegnet seit dem Neuen ägyptischen Reich an den Reise-, Streit- und Jagdwagen der Ägypter, Hethiter und Assyrer. Nach den ägyptischen Darstellungen zu urteilen, scheint die ältere Form das vierspeichige R. gewesen zu sein, das aber seit der Mitte der XVIII. Dynastie hinter dem sechs- und (seltener) achtspeichigen zurücktritt und sich nur noch sporadisch findet, während sich das mehrspeichige R. bis über das Ende des neuassyrischen Reiches hinaus dauernd gehalten hat. So ist das Speichen-R. im vorderen Orient jünger (durch die → Mitanni mitgebrachter irano-indischer Import?) als das → Kreuz, so daß von der Entstehung des Kreuzes aus dem R. mit Weglassung des R.kranzes hier nicht die Rede sein kann. - *Symbol*charakter gewinnt das R. in doppelter Weise. Einmal als *Sonnenzeichen* bereits im steinzeitlichen Norden und sodann im bronzezeitlichen Europa in weitester Verbreitung. Darstellungen wie die Sonnenscheibe von Trundholm (Abb. bei Haas, Bilderatlas I, Abb. 30) lassen keinen Zweifel an der Deutung als R. aufkommen. Mindestens ist hier ein altes → Kreis-Motiv sekundär als R. verstanden worden, und zwar handelt es sich um das R. des Wagens, auf dem die → Sonne über den → Himmel fährt, also das nordische Gegenstück zur ägyptischen Sonnenbarke. Das R. kommt gelegentlich zusammen mit dem → Hakenkreuz vor, so etwa in Troja. In der Eisenzeit degeneriert das R. zum bloßen Schutzzeichen oder wird zum Gottesattribut, bes. des keltischen Sonnengottes und in dessen Nachfolge des gallo-römischen Jupiter. - Die zweite Symbolverwendung findet das R. als *R. der Wiedergeburten im → Buddhismus.* In den durch die (6) Speichen gebildeten Feldern werden die verschiedenen möglichen Schicksale abgebildet, das Ganze aber von dem Totengott gehalten (Abb. bei Haas, Scherflein der Witwe, S. 3). In der frühbuddhistischen Kunst, die die Darstellung → Buddhas vermeidet und durch Symbole ersetzt, dient das R. zur Andeutung der Predigt von Benares als der Botschaft von der Befreiung aus dem Kreislauf der Wiedergeburten (vgl. Jak 3, 6?).

O.MONTELIUS, Das Sonnen-R. u. d. christl. Kreuz (Mannus 1, 1909, 53-69. 169-186) - PW 2. R. I/1, 1148ff. 1295f - A.NEUBURGER, Die Technik d. Altertums, 1919 - ERE XII, 736ff - G.KITTEL, Probleme d. Spätjudentums, 1926, 141ff - H.WIRTH, Der Aufgang d. Menschheit I, 1928 - RLV XI, 9f. 10ff (Lit.) - HWDA VII, 463ff - A.SALONEN, Landfahrzeuge des alten Mesopotamien, Helsinki 1951 - R.PETTAZZONI, The Wheel in the Ritual Symbolism of some Indo-European Peoples (Suppl. to Numen I, Leiden 1954, 95-109) - THOMPSON (Index s.v. Wheel) - W.KIRFEL, Symbolik des Hinduismus u. des Jinismus, 1959 (s. Reg.). *J.Hempel (C.H.Ratschow)*

Rad, *Gerhard von,* Alttestamentler, * 21.10.1901 in Nürnberg, PDoz. 1930 Leipzig, o. Prof. 1934 Jena, 1945 Göttingen, seit 1949 Heidelberg, Mitglied der Heidelberger Akademie der Wissenschaften, D.D. (Glasgow). In Fortführung der formgeschichtlichen Forschung (→ Formen: I) und der Arbeiten von → Alt sucht er die im AT bezeugten Traditionen und deren Ursprung in sakralen Institutionen und Akten auf (→ Bibelkritik: I, → Bibelwissenschaft: I, 2a) und begründet darauf eine »Theologie der geschichtlichen und prophetischen Überlieferungen« des AT.

Vf. bes. (vielfach in mehreren Auflagen u. in Übers.en in fremde Sprachen): Das Gottesvolk im Dtn (BWANT III, 11), 1929; Das Geschichtsbild des chronistischen Werkes (ebd IV, 3), 1930; Die Priesterschrift im Hexateuch (ebd IV, 13), 1934; Das formgeschichtl. Problem des Hexateuchs (ebd IV, 26), 1938; Dtn-Studien (FRLANT NF 40), 1947; Der Hl. Krieg im alten Israel (AThANT 20), 1951; Das erste Buch Mose. Genesis (ATD 2-4), 1949-53; TheolAT I. II, 1957/60; Ges. Studien zum AT (ThB 8), 1958. *M.Noth*

Rade, *Martin,* ev. Theologe, * 4.4.1857 in Rennersdorf (Oberlausitz), † 9.4.1940 in Frankfurt/M., stammte aus einem luth. Pfarrhause; seine Jugend verbrachte er in dem herrnhutischen Berthelsdorf. Während des Studiums in Leipzig wurde die Begegnung mit → Harnack für ihn entscheidend. 1882 war er Pfarrer in Schönbach, 1892-99 in Frankfurt/M., seit 1900 lehrte er syst. Theol. in Marburg. - R.s eigentliche Lebensleistung liegt in der 1886 mit W.Bornemann, P. → Drews und Fr. → Loofs gegründeten und bis Ende 1931 unter seiner Schriftleitung stehenden → »Christlichen Welt« vor. Seine Weitherzigkeit sowie die Fähigkeit, Menschen für eine Aufgabe zu gewinnen, kam der Zeitschrift hervorragend zugute. Zugleich war er Anreger und genialer Förderer eines theologischen Diskussionsstils, für den die ChW einzigartiger Ausdruck geworden ist. R. gehörte zu den Initiatoren des → Evangelisch-sozialen Kongresses, dessen Arbeit er durch seinen Schwager F. → Naumann noch bes. nahegekommen ist. Als Verfechter der Gewissensfreiheit hat er sowohl im → Apostolikum-Streit wie in den verschiedenen Disziplinarfällen (→ Jatho, Traub) eine besonnene Stellung eingenommen. Nach 1918 gehörte er zu den wenigen ev. Theologen, die für eine positive Haltung zum neuen Staat eintraten. Der demokratischen Partei und Fraktion angehörend, hat er tätig an der preußischen Verfassunggebenden Versammlung teilgenommen. Seiner Ansicht über den Ausgang der Reichspräsidentenwahl von 1925 hat er offen Ausdruck gegeben und das Aufkommen eines neuen Nationalismus in seiner Rückwirkung auf den deutschen Protestantismus mit Sorge beobachtet. Er erhoffte viel von einer Zusammenarbeit der Christen, wie sie im → Weltbund für Freundschaftsarbeit der Kirchen angestrebt wurde. Anderseits ist die Krisis des sog. freien Protestantismus auch an R. nicht spurlos vorübergegangen. In den Jahren des → Kirchenkampfes hat er sich weder für die eine noch die andere Seite entscheiden können, sondern ist einen eigenen Weg gegangen, der ihm durch seine theologische Grundauffassung und die nie aufgegebene Hoffnung auf einen »besseren Liberalismus« vorgeschrieben schien.

Vf. bes. (kleinere Schriften s. RGG² IV, 1679): M.Luthers Leben, Taten u. Meinungen, 3 Bde, 1884-87; Glaubenslehre, 3 Bde, 1924 bis 1927. Mit-Hg. der ZThK, 1907-17. – Über R.: 40 Jahre ChW, 1927 – J.RATHJE, Die Welt des freien Protestantismus. Leben u. Werk v. M.R., 1952 (dazu K.KUPISCH, ZdZ 8, 1954, 14-18). *K.Kupisch*

Radhakrishnan, *Sarvapalli,* indischer Philosoph und Staatsmann. * 5.9.1888 in Tiruttani (Südindien), erhielt R. seine Ausbildung am Madras Christian College und wirkte als Prof. der Philosophie an den Universitäten Madras, Maisur und Kalkutta, war 1936-52 Spalding Prof. of Eastern Religions and Ethics in Oxford, leitete die indische UNESCO-Delegation seit 1946 und war Mitglied vieler Kommissionen, die sich mit dem indischen Erziehungswesen beschäftigten. 1949-52 war er indischer Botschafter in Moskau, 1952 wurde er Vizepräsident der indischen Republik. R. verfaßte zahlreiche Werke in Englisch, welche die Philosophie der Hindus in moderner Form darstellen und der Auseinandersetzung zwischen Ost und West dienen wollen. Entsprechend der Vedânta-Lehre → Shankaras sieht er in allen Religionen Vorstufen der transzendenten Wahrheit und lehnt jeden einseitigen Totalitätsanspruch eines bestimmten Glaubens ab; er bekämpft daher gleicherweise Nationalsozialismus, Marxismus und die dialektische Theologie von K.Barth (Die Gemeinschaft des Geistes, 1952, 297ff). Auch durch Übersetzungen und Interpretationen indischer hl. Schriften (Bhagavadgîtâ 1949, Dhammapada 1950, Source Book of Indian Philosophy 1957) sucht R. für seine liberalen religiösen Anschauungen zu wirken. Seine Ansichten werden ausführlich diskutiert im 8. Bande der »Library of Living Philosophers« (ed. P.A.Schilpp, New York 1952; dort auch Autobiogr. und vollst. Bibliogr.). – Vgl. → Hinduismus: III, 3; → Indien: III, 4.

Vf. bes. (meist London): The Philosophy of R.Tagore, 1918; The Reign of Religion in Contemporary Philosophy, 1920; Indian Philosophy I. II, New York (1923/27) 1955 (dt. 1955/56); The Hindu View of Life, 1926 (dt. 1928); The Religion we need, 1928; An Idealist's View of Life (Hibbert Lectures 1929), 1932; Kalki or the Future of Civilization, 1929; East and West in Religion, 1933; Eastern Religions and Western Thought, 1939 (dt.: Die Gemeinschaft des Geistes, 1952); India and China, Bombay 1947; Religion and Society, 1947 (dt. 1953); Recovery of Faith, 1956. – Mit J.MUIRHEAD gab R. das Sammelwerk »Contemporary Indian Philosophy« (London 1952²) heraus u. veröffentlichte mit zahlreichen Mitarbeitern eine für indische Studenten bestimmte »Hist. of Philosophy Eastern and Western«, 2 Bde, London 1952/53. *H.v.Glasenapp*

Radierung → Graphik.

Radikalismus, *sozialer.* Radikal wurden zunächst nur diejenigen Bestrebungen genannt, die im 18.Jh. in England auf eine Parlamentsreform drangen. Als ein Jh. später H. → Spencer (1850) unter R. verstand, einen → Staat nach dem Wesen des idealen Menschen verwirklichen zu wollen, war in diese Formel bereits die historische Erfahrung eingegangen, daß die bestehenden sozialen, ökonomischen und politischen Verhältnisse an der Vorstellung dessen, was sein solle, gemessen wurden. Liberale und demokratische, aus dem rationalen → Naturrecht (: I, 3b) der Aufklärung gefolgerte Forderungen hatten inzwischen theoretische und praktische Gestalt anzunehmen begonnen (so im frühen → Sozialismus und in der → Arbeiterbewegung). Der Begriff des s.R. wird in der Folgezeit synonym mit → Kommunismus und → Anarchismus gebraucht und auf die Marxsche Gesellschaftstheorie ebenso wie auf den Bolschewismus (→ Kommunismus: III) angewandt. Schließlich wird er auf sozialkritische Theorien überhaupt übertragen (ob sie sich – wie bei Zenon – naturrechtlich oder – im → Messianismus – religiös-chiliastisch fundieren oder in der Form von → Utopien auftreten), die einen Widerspruch zwischen der Idee (einer besseren, neuen, vernünftigen usw Ordnung) und der Faktizität postulieren; ferner auf soziale Bewegungen (Aufstände, Revolten), die sich auf jene Theoreme stützen und, im Abendland, auf die Bibel oder die Natur berufen (zB die Diggers [→ Levellers], Th. → Müntzer, → Täufer), oder eine Veränderung der Herrschafts- und Gesellschaftsstruktur oder zumindest deren Modifikation anstreben (zB → Bauernkrieg), wobei häufig, wenn auch fälschlich, vorausgesetzt wird, daß es sich hierbei nicht bloß um den Ausdruck von Klassenkämpfen (→ Klasse), sondern vor allem um die rebellischen Äußerungen nur der plebejischen »Unterschichten« handle. Die Ausweitung des Begriffs hat neuerdings, zusammen mit der Furcht vor einer sozialen → Revolution, dazu geführt, jegliches kritische Denken als subversiv zu bezeichnen und der Intransigenz zu bezichtigen, weil es die gegebenen wirtschaftlichen und politischen Tatsachen, die allenfalls eine soziale Reform zuließen, nicht genügend beachte: s.R. wird damit unter die »ungesunden« → Ideologien eingereiht.

E.GOTHEIN, Polit. u. relig. Volksbewegungen vor d. Reformation, 1878 – E.BERNSTEIN, Sozialismus u. Demokratie in d. großen engl. Revolution, (1895) 1908² – K.KAUTSKY, Vorläufer d. neueren Sozialismus, (1903) 1947 – M.BEER, Allg. Gesch. d. Sozialismus u. d. sozialen Kämpfe, (1919ff) 1924 – E.BLOCH, Th.Münzer als Theologe d. Revolution, 1921 – DERS., Freiheit u. Ordnung. Abriß d. Sozial-Utopien, 1947 – H.RITSCHL, Die Kommune der Wiedertäufer in Münster, 1923 – H.GIRSBERGER, Der utop. Sozialismus d. 18.Jh.s in Frankreich, 1924 – G.P.GOOCH, English Democratic Ideas in the 17th Cent., 1927 – H.GRUNDMANN, Religiöse Bewegungen im MA, 1935 – S.MACCOBY, English Radicalism 1786-1832, 1935 – D.GUERIN, La lutte de classes sous la première République, 1946 – M.LEROY, Hist. des idées sociales en France, 1946-54 – W.-E.PEUCKERT, Die große Wende, 1948 – W.SCHENK, The Concern for Social Justice in the Great Puritan Revolution, 1948 – A.GALANTE-GARRONE, Fil. Buonarotti e i rivoluzionari dell'Ottocento, 1951 – G.GONNET, Il valdismo medievale, 1951 – R.BERNHEIMER, Wild Men in the MA, 1952 – C.FRANCOVICH, Gli Illuminati di Weishaupt e l'idea egualitaria in alcuna società segrete del Risorgimento (in: Movimento Operaio, Juli/Aug. 1952) - L.B.McFarlane, John Wycliffe and the Beginning of English Non-Conformity, 1952 - Th.Ramm, Die großen Sozialisten als Rechts- u. Sozialphilosophen I/1. 2, 1954/55 - S.Bernstein, Essays in Political and Intellectual Hist., 1955 - M.Brandt, Die wiklifische Häresie u. die sozialen Bewegungen in Split gegen Ende d. 14.Jh.s, 1955 (tschech.) - F.G.Heymann, Johan Zizka and the Hussite Revolution, 1955 - H.Voegt, Die dt. jakobin. Lit. u. Publizistik 1789-1800, 1955 - N.Cohn, The Pursuit of the Millenium, 1957 - R.Zaniewski, L'origine du prolétariat romain et contemporain, 1957 - G.D.H.Cole, A Hist. of Socialist Thought, 1958-60 - M.Dommanget, Les idées politiques et sociales d'A.Blanqui, 1959 - E.J.Hobsbawn, Primitive Rebels, 1959 - E.Lampert, Studies in Rebellion, o.J. *H.Maus*

Radowitz, *Joseph Maria von* (1797-1853), Offizier und Politiker, Sprößling einer ungarischen Familie, * in Blankenburg a. H., seit 1823 in preußischen Diensten. Der hochgebildete, gläubige Katholik, der eine Schülerin Schleiermachers zur Frau hatte, bekannte sich zu den politischen Idealen der Brüder → Gerlach und war Mitbegründer des »Berliner Politischen Wochenblattes« (1831). Im → Frankfurter Parlament vertrat er die äußerste Rechte, gehörte zur »Kamarilla« Friedrich Wilhelms IV., dessen Außenminister er auch kurze Zeit war. Als praktischer Politiker ist er jedoch gescheitert, weil die Dialektik des Lebens seinen politischen Dogmen und abstrakten Prinzipien entgegenstand.

Vf. u.a.: Neue Gespräche aus d. Gegenwart über Staat u. Kirche, 2 Bde, 1851; Ges. Schr., 5 Bde, 1852/53; Briefe u. Aufzeichnungen, 1922. - Über R.: P.Hassel, J.M.v.R., Bd I, 1905 - F.Meinecke, R. u. d. dt. Revolution, 1913 - H.Goetting, R. (in: Dt. Aufstieg, hg.v. H.v.Arnim u. G.v.Below, 1925, 105-110) - W.Windelband, R. (in: Die Großen Deutschen III, 1936, 357-369) - E.Ritter, R., 1948. *K.Kupisch*

Radziwill, altes polnisches, ursprünglich litauisches Adelsgeschlecht, 1515 in den Reichsfürstenstand erhoben.

1. *Nikolaus* (Mikołaj, 1515-65), *»Der Schwarze«* (Czarny), Wojewode von Wilna und Kanzler von Litauen, seinerzeit der mächtigste und reichste Mann des Großfürstentums, bekannte sich 1553 offen zum Protestantismus. In Wilna erbaute er eine ref. Kirche, in den Pfarrkirchen seiner ausgedehnten Besitzungen führte er ref. Gottesdienst ein. Zahlreiche Adelsfamilien folgten seinem Beispiel. 1557 weilte J. → Laski als Gast bei ihm. Den Theologen Lubelczyk, Statorius u.a. stellte er die Mittel für die Herstellung einer polnischen → Bibelübersetzung (: V, 2 l β) zur Verfügung. 1563 konnte diese, für die Entfaltung des polnischen Protestantismus (→ Polen) bedeutsame, Brester (Brześć) Bibel veröffentlicht werden. Bald darauf wandte R. sein Interesse den → Antitrinitariern zu, die sich in Pińczów vereinigt hatten und nun große Hoffnungen auf ihn setzten. Die Versuche des römischen Nuntius A.Lipomani, ihn für den Katholizismus zu gewinnen, hat er entschieden zurückgewiesen.

2. *Nikolaus* (1512-84), *»Der Rote«* (Rudy), Großhetman von Litauen, seit 1566 Wojewode von Wilna, hat nach dem Tode seines Vetters Nikolaus (s. 1) die Belange des ref. Protestantismus in Litauen vertreten.

3. *Nikolaus Christoph* (1549-1616), genannt *»Waise«* (Sierotka), ältester Sohn von 1, trat 1567 zum Katholizismus über. Seine drei jüngeren Brüder, unter ihnen *Georg* R. (1590-1600 Bischof von Krakau), konvertierten 1572 unter dem Einfluß des Jesuiten P.Skarga ebenfalls. Dieser Vorgang war für den jähen Niedergang des polnischen Protestantismus und den baldigen Rücktritt zahlreicher Adelsfamilien zur römischen Kirche beispielhaft. In seiner vom Geist der Gegenreformation erfüllten polnischen Adelsgeschichte (»Herbarz« [Wappenbuch], 1584) vermerkt B.Paprocki, Gott habe zum Lohn für die Verdienste des Fürsten Nikolaus R., »des hervorragenden Verteidigers und Wächters der Republik«, seine Söhne von den calvinischen Irrtümern abgebracht.

4. *Luise Charlotte* (1667-95), Gattin des Markgrafen Ludwig von Brandenburg, heiratete nach dessen Tod (1687) den kath. Pfalzgrafen Karl Philipp von Neuburg.

5. *Elisa* (1803-34), Tochter des Statthalters von Posen *Anton Heinrich* R. (1775-1833) und seiner Gattin, der Prinzessin Luise Friederike von Preußen, ev., war die Jugendliebe Kaiser Wilhelms I. Der Briefwechsel Wilhelms I. mit Elisa R. ist für das Verständnis seiner Frömmigkeit von Bedeutung.

Die hist. Stellung des Hauses R., 1892 - H.Merczyng, Mik.R. Sierotka u. sein Übertritt zum Katholizismus (in: Przegląd histor. 12, 1911, 2ff; poln.) - B.Hennig, Elisa R., 1911 - K.Völker, KG Polens, 1930 - B.Satlow, Wilhelm I. als summus episcopus der altpreuß. Landeskirche (Theol. Diss. Halle), 1960. *E.Peschke*

Räte, *Evangelische* → Evangelische Räte.

Rätesystem. Der Rätegedanke spielt seit über 50 Jahren in vielfach schillernder Weise eine bedeutende Rolle in der Geschichte der sozialistischen → Arbeiterbewegung und des → Kommunismus (: III). Seine Wurzeln gehen auf → Marx, Proudhon und Bakunin zurück. Er enthält ein antistaatliches und utopisches Element; die Idee der → Gleichheit und einer direkten Produzentendemokratie bringt ihn in die Nähe des → Anarchismus, die der direkten revolutionären Aktion ist mit dem → Syndikalismus verwandt. Den sozialen Nährboden des Rätegedankens bildete die neue Klasse des → Proletariats, die ursprüngliche Organisationszelle der Rätebewegung ist der Industriebetrieb (→ Betrieb). Daraus entsteht die Forderung einer »Betriebs- und Wirtschaftsdemokratie«, unter gleichzeitiger Ablehnung des → Parlamentarismus. - Man könnte die Räte als typische Organisationsform der Revolutionen im 20.Jh. bezeichnen. Die ersten Sowjets der Arbeiter- und Soldatendeputierten (russ. sovet = Rat) entstanden spontan als Streik- und Revolutionsausschüsse in den russischen Revolutionen von 1905 und 1917. Russisches Vorbild und Nachkriegssituation ließen 1918/19 auch in Deutschland, Österreich und Ungarn Arbeiter- und Soldatenräte entstehen, die sich aber als politische Körperschaften nicht durchsetzen konnten. → Lenin hat in der Oktoberrevolution 1917 die ohne sein Zutun entstandenen Arbeiter-, Soldaten- und Bauernräte als Sprungbrett zur Macht benutzt, sie zur formellen Staatsmacht erhoben und dadurch ein politisches R. in Rußland errichtet. Die Kommunistische Partei legitimierte ihre Herrschaft durch die Sowjets; diese wurden als Träger der »Diktatur des Proletariats« ausgerufen und unauflöslich mit der Partei verbunden. In der weiteren Entwicklung des Sowjetsystems (Verfassung von 1936) wurden die spezifischen Merkmale des ursprünglichen klassenmäßigen R.s parlamentarischen Formen angeglichen. - Indessen wurden die Bolschewiki schon sehr bald der Verfälschung des »reinen« Rätegedankens bezichtigt. Die verschiedenen linken Strömungen im europäischen Kommunismus, von 1918 bis zum heutigen »Revisionismus«, fanden ein weites Feld der Kritik, wenn sie die tatsächlichen Zustände in den kommunistischen Staaten an den Zielen der Räte-Idee maßen. In diesem Zusammenhang spielte auch die 1950 in Jugoslawien gesetzlich eingeführte »Arbeiterselbstverwaltung« in den Betrieben - ein ökonomisches R. - eine bedeutende Rolle in den ideologischen und politischen Auseinandersetzungen in Osteuropa. 1956 bildeten sich in Polen und Ungarn revolutionäre Arbeiterräte - ein deutliches Zeichen für die Wandlungen des Rätegedankens, der als Ausdruck des Protestes gegen die kommunistische Staats- und Wirtschaftsordnung aufgegriffen wurde, während er früher eine Kampfparole der Kommunisten darstellte.

Die Parteien u. das R. (Sammelwerk), 1919 - F.GUTMANN, Das R., seine Verfechter u. seine Probleme, 1922 - W.TORMIN, Zwischen Rätediktatur u. sozialer Demokratie. Die Gesch. der Rätebewegung in der dt. Revolution 1918/19, 1954 - O.ANWEILER, Die Rätebewegung in Rußland 1905-1921, 1958 - DERS., Der Rätegedanke in Osteuropa (Österr. Ost-Hefte 2, 1960, 89-97). *O.Anweiler*

Rätsel. Das R. gehört zu den ältesten Überlieferungen; seine Form reicht von der einfachen Prosafrage und primitiven Parallelismen über Zwei- und Vierzeiler bis zur strophischen Durchformung, vom Volks-R. bis zum Kunst-R. Das R. spielt mit der Sprache und ihren Zweideutigkeiten. Mittel der Verrätselung sind Beschreibung, Metapher, → Personifikation, Erzählung und Gespräch. Gegenstände des R.s sind häufig der Mensch und seine Körperteile, die Tier- und Pflanzenwelt, Naturerscheinungen oder Gegenstände des täglichen Lebens. Eine ursprüngliche R.funktion ist die Wissensprüfung bei → Initiationen, Brautwerbung und Hochzeit (zB → Simsons R., Ri 14). Die altindischen R. des Rigveda (→Veden) enthalten das Spezialwissen der Priesterkaste. In der → Edda sind → Zwerge und → Riesen R.partner der Götter (Wafthrudnir- und Alwislied). Die R. der Hervara-Saga bringen ein Wettgespräch über mythologisches Wissen zwischen Odin und dem König Heidrek. Der Scharfsinnige als Partner eines R.wettkampfes auf Tod und Leben findet sich vom altgriech. R. der Sphinx bis zum R.märchen der neuzeitlichen Volksüberlieferung, in dem der R.löser die Hand der Königstochter gewinnt. Eine altertümliche Examens- und Gerichtssituation enthalten die Halslöse-R.: ein Verurteilter kann sich durch die Aufgabe eines für seine Richter unlösbaren R.s von der Hinrichtung retten. Schon im MA wird das R. zur bloß unterhaltenden Spielform. Seit dem 7.Jh. kennen wir lat. Mönchs-R. mit biblisch-theologischem Inhalt. Umfangreich ist die stabreimende altenglische R.literatur des Exeterbuches (8.Jh.). Eine Reichenauer Hs. des 10.Jh.s bringt das noch heute bekannte Volks-R. vom Vogel federlos in lat. Übertragung. Zahlreiche R. kennen die mhd. Spruchdichtung (Reinmar von Zweter, Freidank, Meister Boppe, Hardegger), das mhd. Streitgedicht (Wartburgkrieg, 13.Jh.) und die Meisterlieder des 15.Jh.s. Das Traugemundslied (14.Jh.) zeigt das R. als Ausweisfrage der wandernden Handwerker. Das erste gedruckte R.-buch (Straßburg 1505) greift die älteren R. auf, die von hier aus in immer neue Sammlungen übernommen werden. Mit Schillers Turandot setzt eine neue Welle des Kunst-R.s ein (G.A.Bürger, Goethe, Schleiermacher, Brentano, Th.Körner, Grillparzer, J.P.Hebel, W.Hauff).

J.B.FRIEDERICH, Gesch. d. R.s, 1860 - K.SIMROCK, Das dt. R.buch, 1874³ - F.LOEWENTHAL, Studien zum german. R., 1914 - R.PETSCH, Das dt. Volks-R., 1917 - A.AARNE, Vergleichende R.forschungen (FFC 26-28), Helsinki 1918-20 - W.PORZIG, Das R. im Rigveda (Germanica, Festschr. E.Sievers, 1925, 646-660) - DERS., Das R. der Sphinx (Lexis 3, 1953, 236-239) - A.JOLLES, Einfache Formen, (1930) 1956² - A.TAYLOR, A Bibliogr. of Riddles (FFC 126), Helsinki 1939 - DERS., English Riddles from Oral Tradition, Berkely 1951.
L.Röhrich

Räucherungen. In den Rauchriten fließen sehr verschiedenartige Momente zusammen, die sich auf drei Grundelemente zurückführen lassen. Das erste ist die ekstatisch-rauschartige Wirkung bestimmter R. Die Schamanen (→ Schamanismus) - wie auch die → Bon-Religion - kamen durch den Rauch zur → Ekstase, wie von Skythen und Thrakern die → Rausch-Anwendung durch Rauch berichtet ist oder wie die Ekstase der Korybanten durch Rauchatmung hervorgerufen wurde. Die → Inspirations-Mantik (→ Mantik) hat es häufig (Delphi) mit Rauch-Ekstasen zu tun. - Das zweite Element ist die Macht des Duftes als Genuß wie als Abschreckung. Der Duft des Opfers labt die Götter. So wird der Duft selbst zum → Opfer (: I), und das Rauchopfer ist Duftopfer (als Blumenopfer wie als Opfer der Räucherkerzchen). Rauch als Duft gehört zum → Kultus. Wie der Duft anzieht, so schreckt der Gestank. Man kann Dämonen vertreiben, indem man Hornspäne verbrennt, wie die Key in Neuguinea taten. Diese abwehrende Wirkung ist wohl aus dem Gegensatz geschlossen. - Das dritte Element ist die kathartische Wirkung ätzender Rauchentwicklung, die der Heilkunde und ihren religiösen Hintergründen stets bedeutsam war. In den assyrischen Kulten war die reinigende Bedeutung der R. wohl die bestimmende. Schwefel räucherte man im griechischen Kult ebenfalls zu kathartischen Zwecken. - Zwischen diesen drei Elementen wechseln die als → Macht interpretierten Raucharten hin und her, wobei es typisch ist, daß der Rauch als Rauch kultisch wichtig und erwähnungswert ist, aber nicht der Wacholder, das Pech oder das Harz. Offenbar ist also der Rauch als solcher mit einer Symbolkraft als des unstet Ziehenden, als des Konturen Verwischenden wie des mächtig Emporwallenden von Bedeutung gewesen. - Vgl. → Rein und unrein, → Reinigungen, → Weihrauch.

E.G.C.F.ATCHLEY, Hist. of the Use of Incense in Divine Worship, London 1909 - PW 2. R. I/1, 1914, 267ff; 2. R. VI/1, 1936, 706ff; X/2, 1919, 1909f - ERE VII, 201ff - L.B.HOLLAND, The Mantic Mechanism at Delphi (AJA 37, 1933, 201-214) - ThW IV, 268f - HWDA (s. Reg. s.v. räuchern) - RÄRG 624ff - NILSSON II, 359f - THOMPSON (Index s.v. Incense). *C.H.Ratschow*

Raffael (Raffaello Santi, * 6.4.1483 in Urbino, † 6.4. 1520 in Rom), Sohn des Malers Giovanni Santi, Schüler des Pietro Perugino in Perugia, dessen Stil seine ersten Werke noch nahestehen (Sposalizio, 1504, Mailand). Im Herbst 1504 ging R. nach Florenz, wo er in intensivem Studium in den formal überlegenen Stil der großen florentinischen Meister von Masaccio und Donatello (→ Malerei: III, 7) bis zu den Zeitgenossen → Leonardo und → Michelangelo einzudringen versuchte. Gleichzeitig entwickelte sich rasch seine persönliche Ausdruckssprache (Madonna im Grünen, Wien; Grabtragung Christi, 1507, Rom). Im Herbst 1508 kam er, vermutlich von → Julius II. berufen, nach Rom. Der monumentale Auftrag der Fresken in den vatikanischen Stanzen ließ ihn rasch zur höchsten Meisterschaft aufsteigen (Stanza della Segnatura 1508-11, Stanza d'Eliodoro 1511-14, Stanza dell'Incendio 1514-17). Schon in der 1. Stanze mit den Fresken der »Disputa« (Verherrlichung der Eucharistie, s. Taf. 8 Abb. 1) und »Schule von Athen« (Darstellung der antiken Geisteswelt) erreichte R. im klassischen Ausgleich von lebensvoller Realität und idealer Allgemeingültigkeit die Stufe der Hochrenaissance (→ Malerei: III, 8). Auch die »Sixtinische Madonna« (Dresden), vermutlich 1513 im Auftrag Julius II. gemalt, gehört noch der Stufe der Hochklassik an, ebenso die Fresken in der Villa Farnesina (Triumph der Galathea und Geschichte von Amor und Psyche, um 1514). In der 2. Stanze mit der »Vertreibung des Heliodor«, der »Messe von Bolsena« und der »Befreiung Petri« gelangte R. zur höchsten malerischen Freiheit, aber auch zu dramatischen und räumlichen Spannungen, die über die Harmonie der Klassik bereits hinausführen. Die Folge der Bildteppiche für die Sixtinische Kapelle (Kartons 1515/16) stellt Szenen aus der Apg mit höchster Dramatik und erhabener Eindringlichkeit dar. In seinem letzten Gemälde, der »Transfiguration« (begonnen 1517), gab R. die klassischen Stilprinzipien preis und schuf eine Komposition von grandioser Dynamik und äußerster Schärfe der Kontraste. Als Architekt (→ Kirchenbau: IV, 1a) bemühte er sich um das Problem des Zentralbaus (Grabkapelle für Agostino Chigi, Rom, S. Maria del Popolo). Von nachhaltiger Wirkung auf die Folgezeit waren seine Ideen für die dekorative Ausgestaltung von Innenräumen, vor allem das Motiv der Groteske (Loggien des Vatikans, Villa Madama in Rom). - Vgl. → Renaissance: II.

H.GRIMM, Das Leben R.s, 1886 - O.FISCHEL, R.s Zeichnungen, 8 Bde, 1913ff - DERS., R., 2 Bde, London 1948 - E.CAMESASCA, Tutta la pittura di Raffaello, Mailand 1956 - H.BIERMANN, Die Stanzen R.s (Diss. München), 1957 - W.SCHÖNE, R., 1958. *R.Oertel*

Raffay, *Sándor* (Alexander), ung. ev. Bischof (12.6. 1866 bis 4.11.1947), 1896 Prof. an der ev.-luth. Theol. Akademie in Preßburg, 1908 Pfarrer in Budapest, 1918 bis 1945 Bischof des Montandistrikts. R. übersetzte das NT neu ins Ungarische (1929), gab eine neue Agende heraus (1932) und hatte führenden Anteil an der Ausarbeitung der neuen ung. Gottesdienstordnung. Er war ein einflußreicher Prediger und bedeutender kirchlicher Organisator. Während seines Episkopates entstanden im Montandistrikt mehr als 30 neue Gemeinden, viele Kirchen wurden gebaut. Mit Morehead und Ihmels hatte er tätigen Anteil am Zustandekommen des ersten (Eisenacher) Luth. Weltkonventes (→ Lutherischer Weltbund: I). R. vertrat ein zwar rational-liberal bestimmtes, doch konfessionell ausgerichtetes Luthertum. *J.Sólyom*

Ragaz, *Leonhard* (28.7.1868 bis 6.12.1945), seit 1902 Münsterpfarrer in Basel, früh dem Los des Arbeiters verbunden, setzte sich anläßlich eines Streiks für dessen Rechte ein. Bestärkt durch die Ideen der christlichen Sozialisten Englands (→ Carlyle) und → Kutters Buch »Sie müssen«, überwand er den Nationalismus der → Christlich-Sozialen und ging zum → Sozialismus über, in dem er ein Zeichen der Offenbarung Gottes sah. 1906 wurde R. zum Mitbegründer und Führer der → religiös-sozialen Bewegung. Um eine religiöse Begründung des Sozialismus bemüht, trat er - seit 1908 Theologie-Prof. in Zürich - 1913 der Sozialdemokratischen Partei bei. 1921 legte R. sein Lehramt nieder, um sich in einem Arbeiterviertel Zürichs ganz der Sozial- und Volksbildungsarbeit zu widmen. Unter dem Eindruck des realistischen Reich-Gottes-Gedankens des jüngeren → Blumhardt sah er im Gegensatz zu Staat und Kirche als Institutionen der »Welt« das Kommen des → Reiches Gottes in einer demokratisch-genossenschaftlich gefügten Gesellschaftsordnung, in der Verwirklichung der Nachfolge Christi, des franziskanischen Armutsideals und von → Tolstois Gedanken der Gewaltlosigkeit sowie in der Friedensarbeit des → Völkerbundes. Nach 1918 war R. ein Führer der internationalen → Friedensbewegung.

Vf. u.a.: Das Evangelium u. der soz. Kampf der Gegenwart, (1906) 1907²; Weltreich, Religion u. Gottesherrschaft I. II, 1922; Der Kampf um das Reich Gottes in Blumhardt, Vater u. Sohn - u. weiter!, (1922) 1925²; Von Christus zu Marx - von Marx zu Christus, 1929; Sinn u. Werden der religiös-soz. Bewegung, 1926; Gedanken, (1938) 1951² (vollst. Bibliogr.); Mein Weg I. II, 1952. - Hg.: Neue Wege, Blätter für relig. Arbeit, 1906-45 (enthalten 958 Aufsätze von R.). - Über R.: A.LINDT, L.R., 1957 - M.MATTMÜLLER, L.R. u. der relig. Sozialismus I, 1957 (Lit.). *G.Bormann*

Rahlfs, *Alfred* (29.5.1865 bis 8.4.1935), * in Linden bei Hannover, 1891 PDoz. für AT, 1901 ao., 1919 o. Prof. in → Göttingen. Die von seinem Lehrer P. de → Lagarde geforderte methodische Erforschung der LXX sah R. als seine Lebensaufgabe an (→ Bibelübersetzungen: I, → Septuagintaforschung). Das LXX-Unternehmen der → Akademie (: I, 2c) der Wissenschaften in Göttingen, 1908 auf Betreiben von R.Smend gegründet, hat R. bis kurz vor seinem Tode geleitet. Sein Ziel blieb es, den Text der LXX zu durchforschen und in einer kritischen Ausgabe vorzulegen. Eine Handausgabe von ihm erschien 1935. - Vgl. → Literarkritische Schule.

Vf. u.a.: Sept.-Studien I: Studien zu den Königsbüchern, 1904; II: Der Text des Sept.-Psalters, 1907; III: Lucians Rezension der Königsbücher, 1911; viele Einzelunters.en in den Mitt. des Sept.-Unternehmens 1909-28 (diese bis 1925 gleichzeitig in NGG), darin: Verz. der griech. Hss. des AT, 1914; Nissel u. Petraeus, ihre äthiop. Textausg.n u. Typen (NGG 1917, 268-348). - Über R.: J.HEMPEL, FF 11, 1935, 192 - W.BAUER, NGG, Jahresbericht über das Geschäftsjahr 1934/35, 60-65 (Lit.). *E.Große-Brauckmann*

Rahtmann, *Hermann* (1585-1628), * in Lübeck, Diakonus (1612) und Pastor (1626) in Danzig. Von → Schwenckfeld, S. → Franck, V. → Weigel u.a. beeinflußt, löste R. bes. durch sein Hauptwerk »Jesu Christi: des Königs aller Könige und Herrn aller Herren Gnadenreich« (1621) einen das ganze Luthertum erregenden Streit über die Beziehung zwischen Wort und Geist aus (R.scher Streit) und veranlaßte die luth. Theologie, ihre Lehre vom Wort als → Gnadenmittel systematisch auszubauen (→ Wort Gottes: III) und bes. ein eigenes Lehrstück »De efficacia scripturae sacrae« aufzustellen (→ Calov). Der Hl. Geist wurde nach R. den Autoren der hl. Schriften unmittelbar gegeben, so daß sie das ihnen verbal inspirierte Gotteswort irrtumslos niederschrieben. Aber dem Worte selbst wohnt keine lebenzeugende Kraft inne; erst der unabhängig vom Wort dem Leser geschenkte Gottesgeist läßt das Wort an ihm heilsam wirksam werden. Prädestinatianische Konsequenzen zog R. nicht. Von den luth. Fakultäten nahm nur Rostock bedingt für ihn Stellung. - Vgl. → Orthodoxie, 3a.

Bibliogr. bei J.G.WALCH, Bibliotheca Theol. Sel. II, 1758. - Zum R.schen Streit: Censuren u. Bedenken von theol. Fakultäten u. Doctoren zu Wittenberg, Königsberg, Jena, Helmstädt, 1626 - J.G.WALCH, Hist. u. theol. Einl. in d. Religionsstreitigkeiten der ev. luth. Kirchen I, 1730, 524ff; IV, 1739, 577ff - M.v.ENGELHARDT, Der R.ische Streit (ZHTh 24, 1854, 43-131) - R.H.GRÜTZMACHER, Wort u. Geist, 1902, 220ff - RE XVI, 410ff - RITSCHL IV, 158ff u.ö. *F.Lau*

Raimund, 1. *von Aguilers,* Kanoniker von Le Puy, nahm als Kaplan Raimunds von Toulouse am 1. → Kreuzzug teil, dessen Verlauf er 1098/99, soweit Augenzeuge, vom Balkanzug bis zu den Kämpfen bei Askalon in der »Historia Francorum qui ceperunt Iherusalem« farbig, aber wundergläubig darstellte.

Beste, aber nicht zureichende Ausg.: Recueil des hist. des croisades, Hist. occident. 3, 1866, 229-309. - N.JORGA, Les narrateurs de la 1re croisade, Paris 1928, 1-16 - WATTENBACH-HOLTZMANN I, 792 (Lit.) - ST.RUNCIMAN, Gesch. der Kreuzzüge I, 1957, 317. *J.Leuschner*

2. de Vineis (delle Vigne) *von Capua* († 1399 in Nürnberg), OP, seit 1380 Generalmagister des zu → Urban VI. haltenden Teiles des Ordens, den er zur ursprünglichen Disziplin zurückzuführen suchte. Für den Einfluß der → Dominikaner und für die Sache des (römischen) Papsttums wirkte R. bes. als Beichtvater und Reisebegleiter der → Katharina von Siena (1374-77 war er Leiter des dortigen Ordensstudiums) und als Verfasser ihrer ersten Vita (Legenda maior).

Opuscula et litterae, ed. H.M.CORMIER, Rom (1895) 1899² - AS Apr. II, 790ff; Apr. III, 861ff - Registrum litterarum, ed. TH.KAEPPELI (Monumenta [→ Dominikaner] XIX), Rom 1937. - Über R.: RGG² IV, 1689f (Lit.) - LThK VIII, 616 (Lit.) - VSB X, 132ff - EC X, 501 - → Dominikaner (u.a. MORTIER III, 1907, 491ff) - → Katharina v. Siena (FAWTIER I, 118ff - LEVASTI 523 [Lit.]). *M.A.Schmidt*

3. *Martin(i)* (ca 1220-86), spanischer Dominikaner, der sich durch gute Kenntnis des Hebräischen, Aramäischen

und Arabischen hervortat. Im Dienste der von seinem Orden betriebenen Mission an den Muslim weilte er 1250 und 1268/69 in Tunis. In Barcelona war er 1264 Mitglied einer Zensur-Kommission für das jüdische Schrifttum und seit 1281 Lehrer des Hebräischen. Mit islamischen und jüdischen Anschauungen setzte er sich in seiner Explanatio symboli (1257) auseinander. Wie im Capistrum Iudaeorum (1267) wollte er auch in seinem Hauptwerk Pugio fidei adversus Mauros et Iudaeos (1278; gedr. Paris 1651, Leipzig 1687) vor allem den Juden die Messianität Jesu aus dem AT beweisen. Die mittelalterliche Methode der Textinterpretation erlaubte es ihm, seinen Beweis mit einer Unmenge jüdischer Zitate zu stützen. Bis ins 16.Jh. beeinflußte dieses Werk die antijüdische Polemik.

RE XVI, 413ff (Lit.) - A.L.WILLIAMS, Contra Iudaeos, Cambridge 1935, 248ff - A.BERTHIER, Un Maître orientaliste du XIIIe siècle: Raymond Martin O.P. (AFP 6, 1936, 267-311) - EC X, 502f (Lit.).

R.Schwarz

4. *von Peñafort* (ca 1175-1275), Kanonist, studierte und lehrte in Barcelona und Bologna, um 1220 Kanonikus, seit 1222 Dominikaner, von Gregor IX. mit der Neubearbeitung der → Dekretalen betraut (→ Kirchenrecht: II A, 3), übernahm auch die Neuordnung der dominikanischen Konstitutionen; Kreuzprediger gegen die Mauren und Mitbegründer des Ordens der → Merzedarier.

Hauptwerk: Summa de poenitentia, 4 Tle, verf. 1222-36, zahlr. Ausgaben (Rom 1603 u.ö.). - Vgl. HN II, 361ff - Dict. pratique des connaissances religieuses V, 1027 - LThK VIII, 619f - A.WALZ in: Angelicum 12, 1935, 346-396 - DThC XIII/2, 1806ff - EC X, 504f - ST.KUTTNER in: ZSavRG Kan. Abt. 39, 1953, 419-434.

P.Holtermann

5. *von Sabunde* (richtig: Sibiuda), katalanischer Philosoph, Arzt und Theologe; * in Barcelona, † 1436 in Toulouse. Als Prof. in Toulouse verfaßte er 1434-36: Liber creaturarum seu Liber de homine. Beeinflußt von Raimundus → Lullus, lehrt er im Interesse der Einheit der Wahrheit die Beweisbarkeit der Glaubensgeheimnisse (Trinität, Inkarnation), neigt zum Realismus der Universalien und feiert die Bedeutung der Liebe für die philosophische Spekulation. Im Index Pauls IV. (1557) wurde das ganze Werk, im Index Pius' IV. (1564) nur der Prolog verboten; daher erschienen die späteren Ausgaben ohne Prolog. Er beeinflußte → Nikolaus von Kues (seit 1450) und → Pascal, wurde 1569 von → Montaigne übersetzt und in den Essais (II, 12) warm verteidigt und von → Mabillon (1691) empfohlen.

Ausg.n (unter dem nicht authent. Titel »Theologia naturalis«): HAIN 14066-14069; Sulzbach 1852. Krit. Ausg. fehlt; bekannt sind 13 Hss., die älteste (1436) in Toulouse. Bearbeitungen: PETER DORLAND († 1507), Viola animae, Köln 1499; J.A.COMENIUS, Oculus fidei, 1661 (1707 indiziert). - Über R.: F.NITZSCH, Quaestiones Raimundianae (ZHTh 29, 1859, 393-435) - J.H.PROBST, Le Lullisme de R. de S., Toulouse 1912 - M.DORER, Montaignes Apologie des R.v.S. u. ihre Bedeutung für den Skeptizismus (PhJ 40, 1927, 414-442; 41, 1928, 71-82) - T.CARRERAS ARTAU, Orígenes de la filosofía de Raimundo Sibiuda, Barcelona 1928 - J.AVINYÓ, Breu estudi critic del filòsof català Ramon Sibiuda, ebd 1935 - J.ALTÉS ESCRIBÁ, Raimundo Sibiuda y su sistema apologético, ebd 1939 - C.DE BOER, Montaigne als Apologet van Raymond Sebond, 1941 - J.CARRERAS ARTAU, Historia de la filosofía española II, 1943, 143ff - EC X, 505 (Lit.).

F.Stegmüller

6. *von Toledo,* Gascogner, 1109 Bischof von Osma, 1125-52 Erzbischof von → Toledo. R. verteidigte den Primat Toledos, sorgte für Kultivierung (Bewässerung) der Tajo-Region und förderte Gelehrte, die Werke arabischer Philosophen und Naturwissenschaftler und des Aristoteles aus dem Arabischen über das Kastilische ins Lateinische übersetzten, bes. Johannes Hispanus, → Dominicus Gundissalinus und Gerhard von Cremona (→ Islamische Philosophie, 5). Eine Übersetzer*schule* ist *nicht* nachweisbar.

A.GONZÁLEZ PALENCIA, Noticias sobre Don R. (Span. Forsch. I/6, 1937, 90-141 = DERS., Moros y cristianos en España medieval, Madrid 1945, 101-176) - DERS., El arzobispo Don R. de T., Barcelona 1942. - Zur sog. Übersetzerschule: M.DE WULF, Hist. de la philos. médiévale I, 1934⁶, 67ff. 77f (Lit.); II, 1936⁶, 54f - BEStPh 17, 1950, 29f - Aristoteles Latinus I/2, 1955, 908. 1010. 1093 - M.GRABMANN, Mittelalterl. Geistesleben III, 1956, 93f - LThK² I, 862 (Lit.). - Zum jeweiligen Forschungsstand vgl. die Zs. »Al-Andalus« (bes. 17, 1952, 129-151; 18, 1953, 17-49).

J.Leuschner

Rakauer Katechismus, im Anschluß an Vorarbeiten Fausto → Sozzinis von den Sozinianern Valentin Schmalz, Johannes Völkel und Hieronymus Moskorowski verfaßt. Er kam 1605 in Raków, dem geistigen Mittelpunkt der → Sozinianer und Tagungsort ihrer Generalsynode, in zwei Ausgaben, als Kleiner und Großer Katechismus, in polnischer Sprache, dann 1608 in deutscher und 1609 in lat. Bearbeitung heraus. Der R.K. stellt in acht Abschnitten (Hl. Schrift, Heilsweg, Gotteserkenntnis, Person Christi, Prophetentum, Königtum und Priestertum Christi, Kirche) das sozinianische Gedankengut dar, ein biblisch genormtes, rational reduziertes, durch adoptianische, arianische, pelagianische und antitrinitarische Akzente geprägtes System der christlichen Religion. Als Glaubenshilfe und zusammenfassende Darlegung der sozinianischen Lehrmeinungen, nicht als dogmatisch verpflichtende Bekenntnisschrift, wurde der R.K. zum starken Einigungsband der polnischen → Antitrinitarier.

O.FOCK, Der Sozinianismus, 1847, 183ff - HARNACK, DG III, 784ff - K.VÖLKER, KG Polens, 1930, 247ff. - Zur neueren Lit. über die poln. Antitrinitarier vgl. A.STARKE, Zur Reformationsgesch. Polens (ThLZ 79, 1954, 595-602) - K.KREJČÍ, Gesch. der poln. Lit., 1958, 539f.

E.Peschke

Rama (eigtl. ha-ramā, dh die Anhöhe), Name von 8 im AT genannten israelitischen Orten. Am bekanntesten sind: 1. R. in Benjamin, an der von Norden nach Jerusalem führenden Hauptstraße gelegen (Jes 10, 27b-32; Hos 5, 8f), heute er-rām. R. wurde vom israelitischen König Baesa ca 900 vChr als Grenzfestung auszubauen versucht, aber vom judäischen König Asa annektiert (1Kön 15, 17ff). In der Nähe von R. lag das Rahelgrab (Jer 31, 15), das man später bei Bethlehem lokalisierte (Glosse in Gen 35, 19). - 2. R. in Ephraim (= Ramathaim, Arimathaia), Vaterstadt, Wohnsitz und Begräbnisstätte → Samuels. In seleukidischer Zeit war R. Hauptstadt eines südsamarischen Bezirks, der von Demetrius II. 145 vChr zur Provinz Juda geschlagen wurde (1Makk 11, 34), heute wahrscheinlich rentīs, 25 km östl. von Jaffa.

F.M.ABEL, Géographie de la Palestine II, Paris 1938, 427ff (Lit.).

H.Gese

Ramabai (1858-1922) war das erste Brahmanenmädchen, das, gegen das Verbot ihrer Kaste, Sanskrit lernte und *Pandita* wurde. Jahrelang zog sie mit ihrem Vater von Heiligtum zu Heiligtum, ohne inneren Frieden zu finden. Mit 16 Jahren konnte sie Tausende von Versen des Bhagavata Purâna vortragen. Jung mit einem Nichtbrahmanen verheiratet, verlor sie ihre Kaste, wurde mit 19 Jahren schon Witwe, wandte sich von der Vielgötterei ab und wurde Christin. Christus den Erlöser und das Leben aus dem Hl. Geist gewann sie aber erst später. Aus eigener Erfahrung kannte sie die Not der Witwen. So wurde deren Rettung ihr Lebenswerk: zuerst das Heim in Poona, dann die große Siedlung Mukti Sadan.

N.MACNICOL, P.R., Calcutta 1926; dt. 1930. *F.Melzer*

Râmakrishna, indischer Mystiker (1834-86). Einer armen orthodoxen Brahmanenfamilie in Kamarpukar

(Bengalen) entstammend, hieß R. ursprünglich Gadâdhar Chattopâdhyaya; den Namen R. nahm er später als Asket an. Obwohl ohne Kenntnis des Sanskrit und des Englischen, beschäftigte er sich frühzeitig mit philosophischen Problemen. Zuerst war er als pûjârî (Ministrant) in einem Tempel in Kalkutta tätig, seit 1855 als Priester im Kâlî-Tempel von Dakshineshvar. 1859 wurde er mit der fünfjährigen Brahmanin Shâradâ verheiratet; sie zog 1871 zu ihm und lebte bei ihm als seine Schülerin in Armut und Keuschheit. Inzwischen hatte er den Tempeldienst aufgegeben und widmete sich ganz dem → Yoga und dem Gebet. Auf die Ausbildung seiner Anschauungen waren von Einfluß die Unterweisungen der Nonne Bhairavî über die Weltenmutter → Kâlî und des Asketen Totâpuri über die Lehre → Shankaras. Bedeutsamer waren für ihn jedoch seine systematisch geübten → Kontemplationen. In Zuständen der Verzückung glaubte er Kâlî und → Vishnu zu schauen und bemühte sich, die in sich so verschiedengearteten Glaubensformen des Shaktismus und Vishnuismus (→ Hinduismus: I, 3) zu realisieren. Später dehnte er seine Bestrebungen zur Erfassung des Göttlichen auch auf Islam und Christentum aus, so daß er zeitweilig wie ein mohammedanischer Heiliger lebte und Jesus Christus in einer Vision sah. Diese Fähigkeit, sich in verschiedene religiöse Vorstellungswelten zu versetzen, entspricht der vom Vedânta entwickelten Anschauung, daß alle religiösen Ansichten und Einsichten gleicherweise berechtigt sind, weil jede persönliche Gottheit eine Erscheinungsform des überpersönlichen Absoluten ist, das jenseits aller Vielheit steht. - Durch Weisheit und Herzensgüte gewann R. viele Verehrer und übte auf die religiösen Reformbewegungen seiner Zeit tiefen Einfluß aus. Sein bedeutendster Schüler war Narendranâth Datta, genannt Vivekânanda (1862-1902). Dieser schloß die Anhänger des Meisters 1897 zur Organisation der R.-Mission zusammen, die nicht nur in Indien, sondern auch in Europa und Amerika durch ihre Sendboten (Svâmîs) eine erfolgreiche Werbetätigkeit entfaltet (→ Mission: I). Da R. selbst nichts Schriftliches hinterlassen hat, dienen die von seinen Schülern aufgezeichneten Aussprüche R.s diesen als geistiger Wegweiser.

F.Max Müller, R., his Life and Sayings, London 1898 - ERE X, 567ff - The Gospel of R., transl. by S.Nikhilananda, Mylapore 1947² - The Sayings of R. (1120 Aussprüche), ebd 1949⁷ - O.Wolff, Indiens Beitrag zum neuen Menschenbild: R., Gandhi, Sri Aurobindo, 1957 (Lit.). Ferner zahlreiche Werke über R. in engl. (u.a. A.Huxley, Isherwood), franz. (u.a. R.Rolland) u. dt. Sprache. Unter den seiner Bewegung gewidmeten Zs.en ist »Prabuddha Bharàta or Awakened India« (65.Jahrg. Calcutta 1960) die bedeutendste.

H.v.Glasenapp

Râmânuja (1018-1137), ein südindischer Brahmane aus Kâncî (Conjeeveram), ein Vaishnava (→ Hinduismus: I, 3b), der als Schüler und Nachfolger Yâmunâcâryas in Shrîrangam wirkte. Auf Yâmunas Gedanken aufbauend, zugleich angeregt von den emotionalen Bhaktihymnen der tamilischen Âlvârs, schuf er unter Auslegung der traditionellen Schriften - der Brahmasûtras des Bâdarâyana, der → Bhagavadgîtâ und → Upanishaden - ein theistisches System, das in der Philosophie als »qualifizierter Monismus« (vishishta advaita) bekannt ist. - Für R. gibt es drei ewige Prinzipien: die höchste Seele oder Gott (Ishvara), die unbeseelte Welt (acit) und die individuelle Seele (cit). Gott, Einzelseelen und Welt erscheinen als Einheit, die Brahma benannt ist, in gleicher Weise wie der Mensch, der, aus Körper und Seele bestehend, als Einheit aufgefaßt wird. Wenn die Brahmasûtras in Brahma zugleich die causa materialis wie auch die causa efficiens sehen, so erklärt R. dies so, daß Gott der »innere Lenker« (antaryâmin) der äußeren Welt und der Einzelseelen ist, die seinen Körper bilden. Die → Schöpfung erfolgt in der Weise, daß sich die subtile Materie (prakrti) unter Leitung Gottes entfaltet, wie es etwa das → Sânkhya lehrt. Wenn Welt und Seelen auch neben Brahma keine Wirklichkeit haben, so sind sie doch als Körper Gottes mit ihm als Lenker real. Den Illusionismus der Mâyâlehre → Shankaras lehnt R. ab. Für die → Erlösung (: I) gilt das Wissen nur als ein Mittel. Erst der → Bhakti-Yoga, die liebende Versenkung in Gottes Wesen kraft Gottes → Gnade, oder das Sich-Gott-Anheimgeben (prapatti) führen zur Erlösung, in der die mit Sattva-leib versehene Seele in ewiger Gemeinschaft mit Ishvara lebt, ohne in den samsâra zurückzukehren.

Schriften R.s: Gîtâbhâshya (Komm. zur Bhagavadgîtâ), ed. V.N. Apte, Poona 1936 (engl. v. J.A.B.van Buitenen, den Haag 1953); Vedârthasamgraha (»Zusammenstellung des Sinnes des Veda«), ed. J.A.B.van Buitenen, Poona 1956 (mit Übers.); Shrîbhâshya (Komm. zu den Brahmasûtras), ed. V.Shastri Abhyankar, Bombay 1914-16 (engl. v. G.Thibaut, SBE 48, Oxford 1904; v. D.B.V.K.Ramanujachari, 3 Bde, Kumbakonam 1930); Vedântadîpa (»Leuchte des Vedânta«), ed. in: Benares Sanskrit Ser. 17, Benares 1904. - R.Otto, Siddhânta des R., (1917) 1923². - Über R.: Chant II, 156ff - S.Radhakrishnan, Indian Philosophy II, London (1927) 1955; dt. 1956 - Bh.Kumarappa, The Hindu Conception of the Deity as culminating in R., ebd 1934 - O.Lacombe, La doctrine morale et métaphysique de R., Paris 1938 - S.Dascupta, A Hist. of Indian Philosophy III, Cambridge (1940) 1952 - P.N.Srinivasachari, The Philosophy of Vishishtâdvaita, Adyar 1946 - H.v.Glasenapp, Philos. der Inder, (1949) 1958² - EF III, 1845 - A.Hohenberger, R., 1960.

H.Losch

Râmâyana. Das R., die Geschichte Râmas, ein etwa im 1.Jh. vChr von Vâlmîki verfaßtes Epos von ca 24000 Doppelversen, gilt als das erste indische Kunstgedicht, sein Verfasser als das nie wieder erreichte Vorbild höchster Dichtkunst. Seine relativ geschlossene Form unterscheidet es grundlegend vom → Mahâbhârata. Der Text ist in drei regionalen Rezensionen des Nordens, Ostens und Südens erhalten, zu denen sich zahlreiche handschriftliche Divergenzen gesellen. Von den 7 Büchern des R. erweisen sich das 1., in dem Râma als → avatâra des → Vishnu erscheint, und bes. das 7. auf Grund innerer Widersprüche als sekundär. - *Inhalt:* Râma, der Sohn des Königs Dasharatha von Koshala (Oudh), mit Sîtâ, der Tochter Janakas von Videha vermählt, wird auf Wunsch Kaikeyîs, der zweiten Frau Dasharathas, zugunsten deren Sohnes Bharata von der Nachfolge ausgeschlossen und für 14 Jahre verbannt. In die Verbannung im Dandakawald folgen ihm seine treue Gattin Sîtâ und sein Bruder Lakshmana. Dort wird Sîtâ von dem 10köpfigen Dämonenkönig Râvana geraubt und nach Lankâ entführt. Mit den Affen unter Hanumats Führung dringt Râma nach Lankâ (später Ceylon) vor, tötet Râvana und gewinnt Sîtâ zurück, die jedoch wegen ihres Aufenthaltes bei Râvana verstoßen wird. Doch der → Feuer-Gott Agni gibt sie als rein und unschuldig dem Gatten zurück, als sie bereits den Scheiterhaufen bestiegen hat. Die Rückkehr nach Ayodhyâ schloß die ursprüngliche Geschichte, der das 7. Buch eine abermalige Verstoßung anhängt: in Vâlmîkis Einsiedelei gebiert Sîtâ die Zwillinge Kusha und Lava, die bei einem → Pferde-Opfer vor Râma das R. vortragen. Sîtâ, die sich einer → Reinigung durch → Eid unterziehen soll, wird von der → Erde in ihren Schoß zurückgenommen. - Man sieht im R. die Erinnerung an das Vordringen der → Ackerbau-Kultur aus dem Norden, während die helfenden Affen und Bären Angehörige totemistischer Stämme sind, deren Nachkommen noch heute die gleichen Tiere als Stammessymbole kennen. Râma und Sîtâ sowie Hanumat haben als vergöttlichte Idealgestalten zahlreiche Verehrer gefunden (→ Hinduismus: I, 3b) bis in die Kolonialgebiete Hinterindiens und des Archipels. In der Umgestaltung durch → Tulsî Dâs hat sich das R. bis heute lebendig erhalten.

Zahlreiche Ausg.n, zB die mit dem Komm. Govindarâjas u.a., Bombay 1910-13. Übers.: A.ROUSSEL, 3 Bde. Paris 1903-09; R.T.H. GRIFFITH, 5 Bde, Benares-London 1870-74 (in 1 Bd 1895); M.N. DUTT, 7 Bde, Calcutta 1892-94; dt. nur das 1. Buch: J.MENRAD, 1897. - Lit.: A.WEBER, Über das R., 1870 - H.JACOBI, Das R. Gesch. u. Inhalt, 1893 - A.BAUMGARTNER, Das R. u. die Râmalit. der Inder, 1894 - C.V.VAIDYA, The Riddle of the R., Bombay-London 1906 - D.C.SEN, The Bengali R., Calcutta 1920 - W.STUTTERNHEIM, Râma-Legenden u. Râma-Reliefs in Indonesien, 1925 - H.v.GLASENAPP, Zwei philos. R.s (AAMz 1951, 6) - E.WALDSCHMIDT in: Historia Mundi II, 1952. Vgl. ferner die Lit.-Geschichten von L.v.SCHROEDER (1887), M.WINTERNITZ (I, 1908) u. H.v.GLASENAPP (1929).
H.Losch

Rambach, 1. *August Jakob* (1777-1851), ev. Theologe, * in Quedlinburg, 1802 Diakonus zu St. Jakobi in Hamburg, 1818 ebd Nachfolger seines Vaters *Johann Jakob* (1737-1818) als Hauptpastor an St. Michaelis, 1834 Senior des Ministeriums. R. hat bes. als Hymnologe gewirkt und war Mitarbeiter am Hamburger Gesangbuch von 1843.

Vf. u.a.: Über D.Martin Luthers Verdienst um den Kirchengesang, 1813. - Hg.: Anthologie christl. Gesänge aus allen Jh.en der Kirche I-VI, 1817-33. - Über R.: RE XVI, 425f.

2. *Johann Jakob* (1693-1735), ev. Theologe, * in Halle. Durch Schule und Studium war R. mit A.H. → Francke verbunden. Nach der Promotion in Jena (1720) wurde er 1723 Adjunkt, 1726 ao. Prof., 1727 o. Prof. (Nachfolger Franckes) in → Halle, 1731 Prof. primarius und Sup. in → Gießen, 1732 dazu Pädagogiarch am Pädagogium. - In der kurzen Zeit, die ihm zur wissenschaftlichen Arbeit verblieb, hat R. Außergewöhnliches geleistet. Für den Pfarrer im Amt schrieb er homiletische Betrachtungen, katechetische Anweisungen (→ Katechetik, 2) und erbauliche Schriften. Er gründete das »Hessische Hebopfer«, eine wissenschaftliche Zeitschrift für Gebildete aller Fakultäten. Von seinen Schriften zur Verbesserung des Kirchen- und Schulwesens erlebte das »Erbauliche Handbüchlein für Kinder« mehrere Auflagen und wurde in fremde Sprachen übersetzt. 1733 gab er das »Neueingerichtete Hessen-Darmstädtische Kirchengesangbuch« heraus, 1735 das »Auserlesene Hausgesangbuch« (→ Gesangbuch: I, 2b). R. trat auch selbst als Lieder- und Kantatendichter hervor. Große Bedeutung erlangte seine Predigttheorie. Er bekämpfte die »Formkünstelei« und lehrte, die → Predigt (: I, 4) müsse der »Erbauung der Zuhörer« dienen. Auf dem Gebiet der → Hermeneutik (, 1b. 2f) machte sich R. durch seine »Institutiones hermeneuticae sacrae« (1723) verdient.

Hess. Hebopfer I, 6, 1735, 617ff (Autobiogr.) - STRIEDER XI, 1797, 186ff (vollst. Bibliogr.) - A.RITSCHL, Gesch. des Pietismus II, 1884, 385ff - W.M.BECKER, Aus den Anfängen der pietist. Bewegung in Hessen (Beitr. zur hess. KG 1, 1903, 269-275) - W.DIEHL, Die Schulordnungen des Großherzogtums Hessen III (MG Paedagogica 33), 1905, 124ff - DERS., Hassia sacra II, 1925, 94f - P.DREWS in: Die Univ. Gießen 1607-1907, Bd II, 1907, 256ff - M.SCHIAN, J.J.R. als Prediger u. Predigttheoretiker (Beitr. zur hess. KG 4, 1911, 89-149) - DERS., Orthodoxie u. Pietismus im Kampf um die Predigt, 1912 - H.STEITZ, J.J.R. (Mitteilungsblatt des Ev. Pfarrervereins in Hessen u. Nassau 7, 1958, 413f).
H.Steitz

Rambaud, *Jules,* franz. ev. Theologe, * 10.2.1870 in Nyons (Drôme), 1903-06 Generalsekretär der franz. christlichen Studentenvereinigung, 1906 Pastor der → Belgischen Missionskirche in Lüttich, 1911-14 Generalsekretär der deutschen Gesellschaft für Ausbreitung des Evangeliums, im 1. Weltkrieg franz. Sanitäter, dann belgischer Divisionspfarrer. 1920 gründete R. die → Evangelisch-christliche Einheit zur deutsch-französischen Versöhnung durch das Evangelium, »Vater der Fremdenlegionäre«. Im 2. Weltkrieg örtlich interniert, † 4.6.1949 in Altona.

Vf. u.a.: Ut omnes unum sint, 1913; Lieben u. nicht verzweifeln, 1921; Seelsorgearbeit an ev. Fremdenlegionären dt. Zunge, 1927. - Vgl. Ev. Kirchenbote, Sonntagsblatt für die Pfalz, 1949, Nr. 28 u. 29.
† F.Preger

Ramin, *Günther,* Organist und Chordirigent, * 15.10. 1898 in Karlsruhe, † 27.2.1956 in Leipzig. R. war Thomaner in Leipzig, wurde 1918 Organist der Thomaskirche und 1940 Nachfolger seines Lehrers → Straube als Thomaskantor. Er übte eine umfangreiche Lehr- und Konzerttätigkeit (auch als Cembalist) aus, bes. in Leipzig und Berlin. R., der auch geistliche Musik komponierte, war einer der führenden deutschen ev. Kirchenmusiker, vor allem als Bachinterpret.

CHARLOTTE RAMIN, G.R., 1958 (Bibliogr.). *W.Osthoff*

Ramismus → Ramus, Petrus.

Rampolla *del Tindaro, Mariano* (1843-1913), päpstlicher Diplomat, * in Polizzi (Sizilien), † in Rom. 1882 Titularerzbischof und Nuntius in Madrid, 1887 Kardinal und, als Nachfolger → Jacobinis, Staatssekretär → Leos XIII. In der »Römischen Frage« gegenüber → Italien unnachgiebig, vertrat der diplomatische Lehrmeister → Benedikts XV. seit 1890 eine Politik des Ausgleichs mit → Frankreich (: I, 8; → Ferrata), die zuletzt scheiterte. Die dadurch geweckten Befürchtungen des Dreibundes (Deutschland-Österreich-Italien) führten im Konklave nach dem Tode Leos XIII. zu dem österreichischen → Exklusive, das sicher nicht allein die Wahl R.s vereitelte. Staatssekretär des neuen Papstes → Pius X. wurde → Merry del Val. R., schon seit 1902 Präfekt der → Bibelkommission, lebte hinfort zurückgezogen in hohen Kurienämtern (1909 Sekretär des Hl. Officium).

G.P.SINOPOLI DI GIUNTA, Kard. M.R.del T., dt. 1929 (populär-panegyrisch) - EC X, 517ff (Lit.) - F.ENGEL-JANOSI, Österreich u. d. Vatikan II, 1960, 2 ff. - Vgl. die Lit. zu → Papsttum: III. *G.Maron*

Ramsay, *Andreas Michael,* genannt Chevalier R. (1686-1743), anglo-französischer Schriftsteller, Sohn eines presbyterianischen Bäckers in Ayr, Schottland. R. studierte in Edinburgh, verzichtete aber auf Ordination aus Widerwillen gegen Calvins Prädestinationslehre. Vor 1708 schloß er sich einem Kreis schottischer Mystiker an, der unter dem Einfluß der Mmes → Bourignon und → Guyon und des P. → Poiret stand. 1710 ging R. zu Poiret nach Rhynsburg, Holland. Zugleich besuchte er die nahe Universität Leiden, bes. die Vorlesungen von Boerhave. Im selben Jahr wanderte er weiter nach Cambrai zu Erzbischof → Fénelon, der ihn in sein Haus aufnahm, zur röm. Kirche bekehrte und vier Jahre bei sich behielt. 1714-16 war R. bei Mme Guyon in Blois; seitdem lebte er meist in Paris. Als Vertreter der schottischen Emigranten nach 1715 verlieh ihm der Regent, Herzog von Orleans, den Titel Chevalier de St. Lazare und eine Staatspension (1722). Jakob Stuart berief R. 1724 für 1½ Jahre nach Rom als Erzieher seiner Söhne Karl Eduard und Heinrich. Den Antrag, Erzieher des 3. Sohnes Georgs II. von England zu werden, lehnte R. 1728 ab. Im späteren Leben war R. hervorragendes Mitglied der Freimaurer. - R. vertritt den neuen Typ des hofmännischen Mystikers. Seine Laufbahn ist durch seine Gönner Poiret, Fénelon und Guyon bestimmt. Er schrieb »La vie de Fénelon« (1723), lehnte aber den Auftrag ab, das Leben der Guyon zu schreiben. Seine sonstigen literarischen Leistungen, »Les voyages de Cyrus« (1727), »Philosophical principles of natural and revealed religion« (postum 1748) u.a., sind mittelmäßig.

Die gesamte ältere Lit. über R. ist durch G.D.Henderson, Chevalier R., 1952, überholt. Zum Verhältnis R.-Fénelon vgl. A.Lombard, Fénelon et le retour de l'antique (Mém. de l'univ. de Neuchâtel 23, 1954, 79f). *A.Ehrhardt*

Ramus, *Petrus* (Pierre de la Ramée; 1515-72), * in Cuth bei Noyon, Opfer der Bartholomäusnacht, humanistischer Philosoph und ref. Laientheologe, wurde durch seine Lehrbücher zur Dialektik und Rhetorik zum Begründer der einzigen, gegenüber dem scholastischen und prot. → Aristotelismus selbständigen Bildungsform im nachreformatorischen Zeitalter. 1536 griff R. mit seinen Magisterthesen (»Quaecumque ab Aristotele dicta essent, commentitia esse«) in den Streit um den in die Pariser Artistenfakultät eindringenden averroistischen Renaissance-Aristotelismus aus der Schule des → Pomponazzi ein. Die religiöse Gefahr dieser Richtung sah er mit den Humanisten der »réforme française« (→ Budé, → Faber Stapulensis, Joh. → Sturm, J. → Agricola u.a.) im Panpsychismus, im diesseitigen Glückseligkeitsstreben und im Satz von der doppelten Wahrheit. Antoine de Govean, sein Kontrahent seitens der Sorbonne, gehörte zu den »libertins« (den von Calvin sog. »Atheisten«) der Pomponazzischule. In der Apologetik entstand schon bei R. die typische Beschränkung der »christlichen Philosophie« auf die Grundsätze der späteren Aufklärungstheologie: Unsterblichkeit der Einzelseele, Vorsehung Gottes und die Moral des bene vivere (vgl. die Wirkung auf → Duplessis-Mornay und → Grotius). Im anschließenden Kampf gegen den scholastischen Aristotelismus ging R. von der humanistischen Besinnung auf die Quellen des Christentums einerseits und auf die dem menschlichen Denken eigenen Prinzipien andererseits aus. - Den Weg zur Reformation fand R. schrittweise von der »réforme française« über das für ihn ausschlaggebende Religionsgespräch zu Poissy 1561 bis zum Eintritt in die franz.-ref. Gemeinde in Heidelberg 1569. Doch stieß er auch im prot. Bereich auf den Widerstand der Aristoteliker (→ Ursinus, → Erastus, → Schegk, → Beza). Aufnahme fand er in den Kreisen der Zürcher Biblizisten. Seine postum hg. »Commentariorum de Religione Christiana libri IV« (1576 u.ö.) tragen alle Züge der spätzwinglianischen Theologie → Bullingers und → Gualthers. Seinem wissenschaftlichen Pragmatismus entsprechend war ihm die Theologie die »ars Deo vivendi«. 1571 geriet R. in einen folgenreichen Gegensatz zum Aristotelismus der Genfer Orthodoxie (Beza) über die Verwendung des Substanzbegriffs in der Abendmahlslehre, dessen Eliminierung er forderte, und über eine neue demokratische Kirchenordnung, mit der er - wie in Frankreich 1561 schon Morelli - die Genfer Pastoralaristokratie ersetzen wollte. - Seine pragmatische Lebensphilosophie wurde im Calvinismus vielfach (→ Olevian, → Piscator, → Arminius, → Camero, → Amyraut, → Amesius, Temple, → Milton u.a.) als prot. Überwindung der aristotelischen Tradition begrüßt. → Herborn, Bremen, → Saumur, → Altdorf, → Cambridge, Harvard und eine Reihe der neugegründeten → Reformierten »Hohen Schulen« und Gymnasien waren zeitweise ganz ramistisch beherrscht. Seine Lehrbücher zur Dialektik (Dialecticae libri duo, 1553 u.ö.) wurden zT auch an luth. und kath. Schulen (zB Salamanca) benutzt. Während die prot. → Orthodoxie ihre formalen Prinzipien aus dem scholastischen, humanistischen und jesuitischen Aristotelismus bezog, wurde der Ramismus im 16. und 17.Jh. in der Föderaltheologie (→ Bund: IV), bei den → Arminianern und → Puritanern, im Amyraldismus und bei manchen häretischen Humanisten (→ Acontius, → Curione, → Dudith u.a.) zur Grundlage neuer Bewegungen im Calvinismus.

Ch.Waddington, P.R., sa vie, ses écrits, ses opinions, Paris 1855 - P.R.Lobstein, P.R. als Theologe, 1878 - G.Würkert, Die Enzyclopädie des P.R., 1898 - M.Guggenheim, Beiträge zur Biogr. des P.R. (Zs. f. Philos. u. philos. Kritik 120, 1903, 140-153) - RE XVI, 426ff (Lit.) - F.P.Graves, R. and the Educational Reformation of the 16th Cent., London 1912 - M.M.Dassonville, La genèse et les principes de la dialectique de P. de la R. (Revue de l'Univ. d'Ottawa 23, 1953, 322-359) - J.Moltmann, Zur Bedeutung des P.R. für Philos. u. Theol. im Calvinismus (ZKG 68, 1957, 295-318) - R.Hooykaas, Humanisme, science et Réforme. P. de la R., 1958 - W.J.Ong, R., Method and the Decay of Dialog, 1958. *J.Moltmann*

Ranke, *Leopold* (1865: *von*), Historiker, * 21.12.1795 in Wiehe a. d. Unstrut, † 23.5.1886 in Berlin; der Vater war Jurist, die Vorfahren luth. Pastoren. Nach dem Studium der Theologie und Philologie in Leipzig wurde R. 1818 Gymnasiallehrer in Frankfurt/O., seit 1825 ao., seit 1834 o. Prof. der Geschichte in → Berlin, 1832 Mitglied der Akademie, 1841 Preußischer Historiograph. - R. ist der Begründer der neueren Geschichtsschreibung, sowohl was die Methode der Quellenbenutzung und -analyse angeht, wie die Sicht und das Verständnis der → Geschichte (: III, 2) überhaupt. Der → Historismus als Lebensprinzip hat in ihm seinen wirkungsvollsten Vertreter gehabt. Er war der letzte, im 19.Jh. vielleicht einzige Historiker, der noch in dem vollen Bewußtsein eines inneren Zusammenhangs der abendländischen Völkerwelt lebte. Der Atem eines geistigen Universalismus weht durch alle seine Werke. Von den Erstlingsbüchern spannt sich über die klassischen Gipfelleistungen (»Die römischen Päpste« und »Deutsche Geschichte im Zeitalter der Reformation«) bis hin zu der »Preußischen«, »Französischen«, »Englischen Geschichte« und den zahlreichen Monographien ein Bogen originaler Schöpferkraft, die der 85jährige, schon Halbblinde, noch bewies, als er die monumentale »Weltgeschichte« zu diktieren begann, die mit ihren 9 Bänden bis zu jenen Zeiten reicht, mit denen der junge Gelehrte einst begonnen hatte. Völlig kontemplativ gerichtet, sah er die Geschichte als eine »Hieroglyphe Gottes«, die Arbeit des Historikers selbst als einen priesterlichen Dienst.

R. ist durch eine tiefe religiöse Bewegung zur Geschichte gekommen, deren Grundzüge in dem »Lutherfragment« von 1817 vorliegen. Christliches Erbe, verbunden mit humanistischer Bildung, dazu frühe Einflüsse von → Fichte und neuplatonische Vorstellungen in goetheschem Sinne verschmolzen sich in ihm zu einer idealistischen Geschichtstheologie, in der der biblische Offenbarungsbegriff aufgelöst wurde zugunsten einer Inkarnation Gottes in der Menschheitsgeschichte. Machte diese religiös-philosophische Spekulation auch allmählich einer empirischen Betrachtungsweise Platz, so blieb doch der panentheistische Grundzug bestehen, erkennbar etwa am Verständnis der Christologie im Sinne des antiken Prometheus-Mythos (vgl. Weltgeschichte III, 170). Es waren die Elemente der Theologie und Anthropologie der Goethezeit, die R. zu seinen Begriffen der Entwicklung und der Individualität kommen ließen und seine Ideenlehre in der Vorstellung des »Real-Geistigen« bestimmten, das bes. für sein Verständnis vom Primat des Staates bedeutsam war. → Hegels Panlogismus und Fortschrittsgedanken ablehnend, fühlte er sich in den »halkyonischen« Tagen der → Restaurations-Epoche zu Hause. Er teilte deren Furcht vor der Revolution, stand den sozialpolitischen Bewegungen letztlich fremd gegenüber, auch dem liberalen Nationalgedanken. Friedrich Wilhelm IV. war er zugetan, zu → Bismarck und seiner staatsmännischen Leistung hat er nur zögernd und sehr spät einen Zugang gefunden. Seine konservative Nationalidee bewegte sich auf altreichischem Boden und blieb mit dem Europagedanken verbunden. -

R. hat als Universitätslehrer nur auf eine erlesene Schar von Schülern gewirkt, von denen J. → Burckhardt, der als sein Nachfolger in Aussicht genommen war, die Grenzen des Meisters am nüchternsten erkannt hat. Nicht zu unterschätzen ist R.s Wirkung auf Theologen wie → Harleß, → Hofmann, → Löhe, Luthardt, → Wichern. Seine Reformationsgeschichte, mehr noch sein Geschichtsdenken überhaupt, in dem ein verhaltener Vorsehungsglaube, zuweilen mit theistisch klingenden Bekenntnissätzen, spürbar war, dazu die konservative, den erhaltenden und tragenden Daseinsmächten, wozu er auch die Kirche rechnete, zugewandte Gesinnung, haben das Geschichtsbild der führenden prot. Kreise lange geprägt.

Sämtl. Werke, 54 Bde, 1867-90; Weltgesch., 9 Tle, 1881-88; Das Briefwerk, hg.v. P.Fuchs, 1949; Neue Briefe, ges. v. B.Hoeft, hg.v. H.Herzfeld, 1949; von den Hauptwerken zahlreiche Sonderausgaben; das »Lutherfragment« in: Dt. Gesch. im Zeitalter d. Reformation, Akademie-Ausg. VI, 311-399; Einige Jugendarbeiten, hg.v. L.Keibel (HZ 137, 1928, 214-256). - Über R.: aus der älteren Lit. (vgl. H.F.Helmolt, R.-Bibliogr., 1910; RGG² IV, 1700f) die Biogr. v. E.Guglia (1893) u. H.F.Helmolt (1921). - Neuere Lit. u.a.: F.Meinecke, Die Entstehung d. Historismus, (1936) 1959 (= Werke III) - Ders., R. u. Burckhardt, 1948 - Ders., Deutung eines R.wortes (Werke IV, 1960, 117-139) - Ders., R. (ebd 254-263) - H.Oncken, R. (Die Großen Deutschen III, 1936, 203-221; ebd NF III, 1957, 293-312 von C.Hinrichs) - H.v.Srbik, Zu R.s Universalismus u. Nationalbewußtsein (MIÖG 52, 1938, 355-384) - Ders., Geist u. Gesch. vom Dt. Humanismus bis z. Gegenwart I, 1956, 239ff - Th.Schieder, R. u. Goethe (HZ 166, 1942, 260-286) - W. Schultz, Der Einfluß luth. Geistes auf R.s u. Droysens Deutung d. Gesch. (ARG 39, 1942, 108-142) - K.Kupisch, Die Hieroglyphe Gottes (ThViat 1, 1948/49, 178-196) - L.Dehio, R. u. d. dt. Imperialismus (HZ 170, 1950, 307-328) - W.Kaegi, J.Burckhardt II, 1950, 121ff - J.A.v.Rantzau, Das dt. Geschichtsdenken u. d. Nachwirkungen R.s (Gesch. in Wiss. u. Unterr. 1, 1950, 514-524) - H.Herzfeld, Politik u. Gesch. bei L.v.R. im Zeitraum von 1848-1871 (in: Festschr. f. G.Ritter, 1950, 322-431) - C.Hinrichs, R.s Lutherfragment von 1817 (ebd 299-321) - Ders., R. u. d. Geschichtstheol. d. Goethezeit, 1954 - Ders., Schelling u. d. »Konflikt d. mod. Welt« in R.s »Epochen d. neueren Gesch.« (in: Festg. f. H.Herzfeld, 1958, 79-96) - F.Baethgen, Zur geistigen Entwicklungsgesch. R.s in s. Frühzeit (in: Festschr. f. H.Rothfels, 1951, 337-353) - Ed.Vischer, L.v.R.s »Neuere Gesch. v. 1833« (Schweizer Zs. f. Gesch. 3, 1953, 385-425) - St.Skalweit, R. u. Bismarck (HZ 176, 1953, 277-290) - H.Bornkamm, Luther im Spiegel d. dt. Geistesgesch., 1955, 37ff - R.Vierhaus, R. u. d. soziale Welt, 1957 (Lit.). *K.Kupisch*

Raphael, neben → Michael und → Gabriel u.a. einer der höchsten Engel, im Judentum (→ Geister: II, 4) wie in der Kirche (→ Engel: I. II, 2); zuerst bezeugt im → Tobitbuch, äthHen, 1QM 9, 15. Der Name R. weist vielleicht auf einen ursprünglichen Zusammenhang mit dem Totenreich (vgl. hebr. r^{e}pa'îm »Totengeister« und dazu Ugaritisches [Hempel]), vgl. auch R.s Funktion in Tob, wo das Motiv des »dankbaren Toten« auf R. übertragen ist, sowie äthHen 20, 3; 22, 3ff, wonach R. über die Geister der Verstorbenen gesetzt ist. Im Vordergrund steht jedoch unter seinen mannigfaltigen Funktionen das *Heilen* (hebr. rapa'), vgl. schon Tob 3, 17; 12, 14; äthHen 40, 9; Rabbinisches (Bill.); Origenes princ. I, 8, 1 u.ö.

Bill. II, 97f; III, 805ff - Bousset, Rel. 325ff - J.Hempel, Heilung als Symbol u. Wirklichkeit im bibl. Schrifttum (NAG 1958, 3, bes. 264ff) - RAC V, 252ff (J.Michl). *C.-H.Hunzinger*

Rapoport, *Salomo Juda Löb* (Abkürzung Schir; 1790 bis 1867), * in Lemberg-Galizien, † als Oberrabbiner in Prag. R. war einer der Führer der Aufklärungsbewegung (→ Judentum: II, 5) und zugleich Mitbegründer der Wissenschaft vom → Judentum (: III, 2). In seiner Frühzeit konnte er trotz Verfolgung durch Chassiden (→ Chassidismus) und Orthodoxe in Tarnopol viel für die geistig-sittliche und soziale Hebung seiner Volksgenossen leisten. Auf wissenschaftlichem Gebiet hat er sich durch literarhistorische Biographien der Geonim (→ Judentum: II, 1) und durch seine umfassende Korrespondenz (u.a. mit → Luzzatto) verdient gemacht. Von seiner talmudischen Realenzyklopädie erschien nur der erste Teil. Der deutschen Reform (→ Judentum: III, 3) stand er ablehnend gegenüber.

Das Centenarium S.J.R.s (Österr. Wochenschrift), 1890 - J.H. Weiss, Zikrōnōtaj, 1895 - S.Bernfeld, Tōl^{e}dōt šîr, 1899 - M. Balaban, Aus der Korrespondenz S.L.R.s (Jewish Studies in Memory of G.A.Kohut, New York 1935, 47-71) - M.A.Waxman, A Hist. of Jewish Lit. III, (1936) 1960³. *E.L.Rapp*

Ras Schamra → Ugarit, 1.

Raschi, Abkürzung für *Rabbi Schelomo Jizchaki* (1040 bis 1105, * und † in Troyes), der bedeutendste jüdische Bibel- und → Talmud-Erklärer, dessen Kommentare bis heute allen rabbinischen Bibel- und Talmudausgaben beigedruckt sind. Sein Pentateuchkommentar (die älteste bekannte hebr. Inkunabel, Reggio 1475) wurde in zahllosen Ausgaben gedruckt (zB A.Berliner, 1905²) und oft übersetzt (lat. Breithaupt 1710, dt. J.Dessauer 1887, S.Bamberger 1935³ u.a., engl. M.Rosenbaum-A.M.Silbermann 1929-32). Er kommentierte auch fast alle anderen biblischen Bücher, außer Esra-Neh, Chr und Teilen von Ez und Hi; die ihm zugeschriebenen Notizen zu diesen Büchern stammen von anderen Verfassern. Die Nachwelt gab ihm den Ehrentitel Parschandata (Est 9, 7) = Erklärer des Gesetzes. Zum Pentateuchkommentar gibt es mehr als 100 Superkommentare. R. war Schüler der rheinischen jüdischen Gelehrten von Speyer, Mainz und bes. Worms. Die dort nach ihm genannten Gebäude sind späteren Ursprungs. Sein Leben ist mit vielen Legenden ausgeschmückt. - R.s Kommentare (→ Schriftauslegung: II) zeichnen sich durch Klarheit aus. Nach eigener Angabe sucht er stets nur den einfachen Wortsinn (Peschat) und lehnt die verwirrenden midraschischen Erklärungen ab; er verdankt seine Volkstümlichkeit vor allem dem reichen Gebrauch auch der → Haggada. Neben etwa einem Dutzend deutscher Wörter sind mehr als 3000 französische in seinen Kommentaren eine wertvolle Quelle für das Altfranzösische. - Zur sog. R.-Schrift vgl. → Bibel: I C, 2.

RE XVI, 432ff (Lit.) - A.Darmestetter-D.S.Blondheim, Les gloses franç. dans les commentaires talmudiques de R., 2 Bde, 1929/1937 - J.Levinson, Quntras Raši, 1940 - J.Pereira Mendoza, R. as Philologist, 1941 - R. Anniversary Volume (American Academy for Jewish Research), 1941 - S.Kleinmann, Jalquṭ Raši, 1942 - J.L. Hakohen Maimon, Sēfer Raši, 1956 (hebr.) - S.Federbusch, R., his Teaching and Personality, 1958 (hebr.). *E.L.Rapp*

Raselius, *Andreas* (ca 1563-1602), Komponist, studierte 1581 in Heidelberg, wurde dort 1583 Lehrer am kurfürstlichen Paedagogium, 1584 Kantor in Regensburg und 1600 Hofkapellmeister in Heidelberg. Neben → Haßler, → Lechner, → Eccard und M. → Prätorius zählt R. zu den bedeutenden prot. Meistern der Generation vor → Schütz. Mit einer Abhandlung »Hexachordum seu quaestiones musicae practicae« (1589) ist R. auch als Theoretiker hervorgetreten.

Hauptwerke: Cantionale (Motetten), 1588; Teutsche Sprüche aus den sonntägl. Evangeliis, 1594; Neue teutsche Sprüche auf die ... Fest- u. Aposteltage, 1595; Regenspurgischer Kirchenkontrapunkt (5st. Kantional), 1599. Auswahl in DTB 29/30. - Über R.: J.Auer, A.R., 1892 - L.Roselius, A.R. als Motettenkomponist (Diss. Berlin), 1924. *S.Hermelink*

Rasputin (eigentlich Novykh), *Grigorij Jefimowitsch* (1871-1916), russ. Abenteurer, * in Pokrowskoje/Sibirien, † in Petersburg. Ein Bauernsohn mit offenbar starken hypnotischen Gaben, der verbotenen Sekte der

»Chlysten« (Geißler) verbunden, kam R. durch Bischof Theophan, den Beichtvater am Zarenhof, mit mystisch-spiritualistischen Hofkreisen in Verbindung, etwa seit 1905 auch mit der Zarenfamilie. Als »Staretz« gewann er trotz aller Gegenmaßnahmen politischer und kirchlicher Persönlichkeiten zunehmenden Einfluß auf die Zarin Alexandra Feodorowna und über sie auch auf Zar Nikolaus II., vor allem als es ihm 1912 und 1915 gelang, den an einer Bluterkrankheit leidenden Thronfolger zu retten. Während er am Hof den Heiligen spielte, führte er ein stadtbekannt unsittliches Leben und vertrat die Anschauung, man müsse sündigen, um Vergebung zu erlangen. Im Kriege nutzte er seinen Einfluß dazu aus, nur ihm ergebene Männer zu Ministern ernennen zu lassen und die Duma auszuschalten. Durch hochstehende russische Persönlichkeiten wurde er im Palais des Fürsten Jussupow unter schauerlichen Umständen ermordet.

O.v.Taube, R., (1923) 1925² - B.Almasoff, R. u. Rußland, 1924 - M.Ssolovev-Rasputina, Die Wahrheit über R. (Aufzeichnungen seiner Tochter), dt. 1925 - A.Wyrubowa, Glanz u. Untergang der Romanows, 1926 - R.Fülöp-Miller, Der hl. Teufel, (1927) 1931² - A.Markow, R. u. die um ihn, 1928 - F.Jussupoff, R.s Ende, dt. 1928 - M.W.Rodzjanko, Erinnerungen, 1927 - K.Nötzel, R. Zerstörung einer Legende, 1933 - A.Spiridowitsch, R., 1935 - V.Gitermann, Gesch. Rußlands III, 1949, 473 ff. *H.Hohlwein*

Rasse

I. Rasse und Rassenvorurteile - II. Rasse und Religion - III. Rassenfrage im Bereich der jungen Kirchen

I. Rasse und Rassenvorurteile

Der moderne R.nbegriff hat seinen Ursprung im biologischen Denken des 18.Jh.s. Linné benutzte ihn, um die Menschheit nach hervorstechenden Erbmerkmalen zu klassifizieren. Eine erste umfassende Einteilung der R.n gab Buffon im 6. Band seiner Naturgeschichte. In Deutschland haben vor allem Kant und Blumenbach den R.nbegriff eingeführt. Den Anstoß zur Beschäftigung mit dem R.nproblem gaben die durch Reisebeschreibungen vermittelten Entdeckungen verschiedenartigster Menschentypen in außereuropäischen Gebieten. Der häufig gewaltsame und meist kolonisatorische Charakter dieser ersten Kulturkontakte spiegelte sich im Ethnozentrismus der Theorie: Die Untersuchungen gingen vom Normtyp des Europäers aus, und die Farbigen erschienen als positiv oder negativ verzerrte »Abweichungen«. Mit der Entdeckung der Mendelschen Vererbungsgesetze (→ Vererbungslehre) bot sich die Möglichkeit, den R.nbegriff genetisch-biologisch exakt zu begründen. R.n sind nach E.Fischer »Gruppen (in Fortpflanzungsgemeinschaft) mit gemeinsamem Besitz bestimmter Gene, die anderen fehlen«. Sie entstehen auf der Basis sprunghaft auftauchender, oft geringfügiger Änderungen in den Erbanlagen (Mutationen) durch langfristig wirkende umweltbedingte Auslese und Isolation der betreffenden Bevölkerung. Bei der Herausbildung von R.n handelt es sich also um einen fortlaufenden Prozeß. Gegenwärtig sind drei Groß-R.n (Europiden, Mongoliden und Negriden) festzustellen, denen verschiedene Varietäten (Indianer u.a.) zugeordnet werden können.

Der Tatbestand unterschiedlicher R.n gewinnt dadurch große soziale Bedeutung, daß er ausgeprägte emotionale Grundhaltungen hervorruft. Damit entsteht die Gefahr einer *Ideologisierung* (→ Ideologie) *des R.nbegriffs*. Eine Grundvoraussetzung hierfür ist seine Ausweitung auf seelische Eigenschaften, die seine Verbindung mit einem am jeweiligen Standort des Betrachters gemessenen Kulturniveau nahelegt. Die R.nabstufungen werden dann bewertet, die Andersartigkeit erscheint als Minderwertigkeit. Einen zweiten Schritt zum Ausbau der R.nideologie brachte die Historisierung und schließlich die Politisierung des R.nbegriffs im 19.Jh. Auf der Basis eines aristokratischen Kulturpessimismus sah Gobineau in der R.nmischung die Verfallsursache der Kulturen. Die Geschichte wurde monokausal biologistisch determiniert. Beeinflußt durch die Unmöglichkeit, im Zeitalter der Nationalstaaten die Habsburger Donaumonarchie völkisch zu integrieren, arbeitete Gumplowicz eine Gesellschafts- und Staatslehre aus, deren Grundlage der »R.nkampf« zwischen verschiedenen Klassen im Staate bildet. Damit setzte er den R.nbegriff mit den spezifischen Merkmalen sozialer Schichten gleich. Nun genügte nur ein Schritt bis zu dem »anthroposoziologischen Gesetz« Vacher de Lapouges: »Der Schädelindex nimmt an jedem Ort von den niederen zu den höheren Klassen ab, während der Anteil der Langschädeligen zunimmt.« Diese Verbindung der R.nideologie mit sozialdarwinistischen Elementen, zu der auch H.St.Chamberlain wesentlich beitrug, war vorzüglich geeignet, die herrschende Schicht in ihrer Exklusivität zu rechtfertigen, ob es sich dabei um die spätfeudalistischen Überreste in den mitten im Industrialisierungsprozeß stehenden europäischen Ländern, um aufstrebende bürgerliche Kreise, die ihre nichtadelige Herkunft durch »reinrassige« Abstammung kompensierten, um die »Vorherrschaft des weißen Mannes« in den Kolonialgebieten (→ Rasse: III) oder um die Einwanderungspolitik in den überseeischen Siedlungsgebieten handelte.

War der R.nideologie lange Zeit nur ein Platz in der hypothetischen Spekulation im Bereich der Wissenschaft zugewiesen, so änderte sich ihre Rolle grundlegend, sobald sie zur Festigung des Selbstverständnisses ganzer Sozialschichten und Völker und zur Begründung imperialistischer Politik herangezogen wurde. Damit erhielten die schon sehr alten *R.nvorurteile* in den breiten Bevölkerungsschichten erst ihre pseudowissenschaftliche Rechtfertigung. Als meist stereotype affektive Einstellungen sind Vorurteile überall dort zu finden, wo angesichts einer prinzipiellen Orientierungslosigkeit und mangelnder Einsicht Verhaltensunsicherheit besteht. Das Vorurteil dient dann als Theorieersatz zur primitiven Situationserklärung und integriert gleichzeitig die Verhaltensweisen der jeweiligen Gruppe, indem es sie rechtfertigt. Kommen starke Affektstauungen hinzu, wie sie in existentiellen Konfliktsituationen (Krieg, Wirtschaftskrise) bestehen, so nehmen die Vorurteile rasch einen aggressiven Charakter an.

Der ursprüngliche Grund der R.nvorurteile ist wohl in der Fremdenfurcht zu sehen. Der Andersartige erscheint als unbegreiflich und bedroht das Ordnungsdenken, indem er die eigenen sozialen Normen in Frage stellt. Derartige Grundhaltungen werden bereits sehr früh durch Erziehung vermittelt und sind Teil des kulturellen Selbstverständnisses. Gerade die Offensichtlichkeit vermeintlicher R.nunterschiede (zB die Hautfarbe), die bei der Ambivalenz ideologisch gefärbter populärer R.nbegriffe beliebig manipulierbar sind, kann dazu dienen, das Zusammengehörigkeitsgefühl einer Gruppe oder eines Volkes zu stärken. Bes. gefährlich wirkt sich das R.nvorurteil dort aus, wo es eine Abwehrhaltung gegen die fremdrassige Minorität sanktioniert und damit ein Ventil für aggressive Akte (Pogrom, Lynchjustiz) öffnet. Die Geschichte des →Antisemitismus zeigt deutlich alle Stadien des R.nvorurteils und seiner gesellschaftlichen Konsequenzen: Beschränkung des Lebensraums und der Lebenschancen, Heiratsverbot, R.ntrennung (Ghettos) und schließlich in Verbindung mit totalitärer Herrschaft planmäßige Ausrottungsversuche. In der Gegenwart ist das R.nproblem bes. durch die → Emanzipation der farbigen Völker von der Kolonialherrschaft akut geworden (→ Nationalismus: II). Sie wirkt sich auch auf die Gebiete aus, in denen fremdrassige Minoritäten (USA) oder eine dominierte Majorität (Südafrikanische Union) gesellschaftlich benachteiligt werden.

Es ist wissenschaftlich eindeutig erwiesen, daß der R.nbegriff nicht zur wertenden Erklärung kultureller Unterschiede herangezogen werden kann. Die Kulturvölker der Gegenwart sind Mischvölker, und das Entstehen neuer R.n durch Kreuzung läßt sich beobachten. Die gegenwärtigen R.nunterschiede stehen also nicht fest, sondern sind einem ständigen Wandel unterworfen. Viele negative Merkmale einer rassischen Minorität erklären sich durch Umwelteinflüsse, weil sie bei Angehörigen der herrschenden R. in gleicher sozialökonomischer Lage ebenfalls nachzuweisen sind. Die Züchtung einer »Herren-R.«, wie sie der → Nationalsozialismus propagierte, ist ein der geschichtlichen Erfahrung der Menschheit zuwiderlaufender utopischer Gedanke.

Die Bekämpfung von R.nvorurteilen darf sich jedoch nicht allein auf die Kritik der R.nideologien beschränken, sondern muß das gesamte Wertsystem der Beteiligten zu wandeln versuchen. In dem Maße, in dem der Mensch lernt, sich mit seiner Lage selbständig auseinanderzusetzen, und die Gesellschaft allen ihren Gliedern hinreichende Anpassungs- und Orientierungshilfen vermittelt, wird das R.nvorurteil als Verhaltensstabilisator überflüssig. Da die R.nideologie immer auch als säkularer Religionsersatz auftritt, kommt der christlichen Botschaft eine entscheidende Rolle bei ihrer Überwindung zu.

L.Gumplowicz, Der R.nkampf, (1883) 1909² - A.de Gobineau, Essai sur l'inégalité des races humaines, Paris 1884 - G.Vacher de Lapouge, Les sélections sociales, ebd 1896 - H.St.Chamberlain, Die Grundlagen d. 19.Jh.s, 1898 - E.Baur, E.Fischer u. F.Lenz, Menschliche Erblehre u. R.nhygiene, (1927) 1936⁴ - F.Boas, R. u. Kultur, 1932 - ESS XIII, 25ff (Ders.) - E.Voegelin, R. u. Staat, 1933 - O. Klineberg, Racial Differences, New York 1935 - J.Barzun, Race. A Study in Modern Superstitions, ebd 1937 - H.Blumer, Race Prejudice, Honolulu 1940 - G.Myrdal, An American Dilemma, (1944) 1956² - The Race Question in Modern Science, hg.v. der UNESCO, 11 Bde, Paris 1951ff; daraus dt.: Die moderne Wiss. zur R.nfrage, 5 Bde, 1953 - F.Pollock, Gruppenexperiment, 1955 - P.Heintz, Soziale Vorurteile, 1957 - K.Haselden, The Racial Problem in Christian Perspective, 1959 - Überwindung von Vorurteilen (Schriftenreihe der Friedrich-Ebert-Stiftung), 1960. - Weiteres s.→Rasse: II. III.

F.Fürstenberg

II. Rasse und Religion

1. Historisch - 2. Phänomenologisch-systematisch. - R. = Rasse, Rel. = Religion

1. Geschichtlich ist keine eindeutige Kombination einer bestimmten Rel. oder Religiosität mit einer bestimmten (anthropologisch-zoologisch verstandenen) R. nachweisbar. Die → Religionsgeschichte verwendet daher mit Recht - von wenigen, zT durch außerwissenschaftliche Überlegungen bestimmten Ausnahmen abgesehen - nicht rassische, sondern politisch-geschichtliche, ethnologische und kulturhistorische Gesichtspunkte als Einteilungsprinzipien für ihren Stoff. Nur dort kommt diese Anordnung der Rel.sgeschichte dem R.-Gedanken scheinbar nahe, wo man annehmen könnte, daß der historischen Einheit der religiösen Gruppe bzw. dem individuellen religiösen Erlebnis in bestimmten historischen Bezügen eine rassentypische Einheit zugrunde liegt. Geht man von der *Rel.* aus, wie es historisch allein möglich ist, so kann man zB a) fragen, ob der → *Schamanismus* nicht eine Rel. vorwiegend mongoloider Völker sei. Dagegen spricht jedoch: α) daß der Schamanismus auch in anderen R.n- und Kulturgebieten, zumindest übertragen, vorkommt, so im nordisch-germanischen seidr (vgl. D.Strömbäck u.a.), spurenweise bei den Indogermanen Vorderasiens (vgl. Meuli, Wiesner) und im Ekstatikertum auf islamischer Grundlage (H.A. Winkler); β) daß eine psychopathogene Erklärung in Verbindung mit bioklimatischen Verhältnissen nicht grundlos versucht werden konnte (u.a. Ohlmarks); γ) daß es umstritten ist, ob der Schamanismus überhaupt eine Rel. oder nicht vielmehr eine religiös-kulturelle Äußerungsform ist. - b) Die *Welt-Rel.en* sind unzweifelhaft nicht rassebedingt, sondern auf national und zivilisatorisch geprägter Grundlage eines R.ngemischs in bestimmten kulturhistorischen Situationen entstanden, ohne daß man aus den Mischungsverhältnissen Konsequenzen ziehen oder sie überhaupt nur analysieren könnte. - c) Die Religiosität der → *Mystik* ist nicht nachweislich mit einer bestimmten R. verbunden, wenngleich sich die »Mystiken« in ihren Ausdrucks- und Erlebnisformen nach Typen differenzieren, die möglicherweise rassisch mitbestimmt, andererseits aber eindeutig durch zivilisatorisch-ethnische Faktoren bedingt sind. - d) Beispiel religiöser Gemeinsamkeiten auf rassischer Grundlage könnten gewisse oft apostrophierte *gemeinsame Züge der Religiosität der Arier* bzw. der »Urarier« sein, wenn die »Arier« (»Indoeuropäer«) als echte R.ngemeinschaft, nicht als bloße Sprach- und Völkerfamilie oder als noch engeres historisch-soziologisches Gebilde angesehen werden könnten (→ Indogermanen). Das historische Kompositum dieser Rel. kann nicht mit dem biologischen Simplex einer R. identifiziert werden. - e) Auch in abgeschlossenen frühen Hochkulturen mit einer charakteristischen Religiosität, wie der ägyptischen, läßt sich eine bestimmte Rel. nicht als Äußerung einer einheitlichen R. erkennen (vgl. eindeutig F.Falkenburger, Craniologie égyptienne, 1947).

2. Daß das Thema R. und Rel. eine befriedigende historische Behandlung nicht zuläßt, liegt u.a. an der Verschwommenheit und unbestimmten Anwendung des Begriffes »R.« (im Englischen weit auffallender als im Deutschen!). Aus dem Zoologischen und Medizinisch-Biologisch-Anthropologischen ist die Vokabel »R.«, soweit sie Menschengruppen bezeichnet, heute im volkstümlichen und publizistischen Sprachgebrauch völlig in die Bereiche des Emotionalen abgeglitten. Sie wird in der Regel aus einer Kombination von zivilisatorischen, ethnisch-nationalen und politisch-sozialen Vorurteilen gegen bestimmte, als fremdartig empfundene Menschengruppen heraus angewendet. Das sehen auch die R.ntheoretiker (»R.nvorurteil ist Völkerantipathie«; v.Eickstedt, in: Das ist der Mensch, 1959, 51). »R.« ist hier ein historisch gewonnener und mit kulturellen und völkisch-geschichtlichen Tatsachen vermischter *Wertbegriff*. Naturwissenschaftlich-medizinisch dagegen ist »R.« primär ein *biologischer Begriff* (»homologe Organe«, »homologe Verhaltungen und Handlungen«; v. Eickstedt, aaO 49), der vor allem physische Unterschiede (Klineberg) involviert und in dem Erblichkeit, Umwelt und Anpassung zusammenspielen; erst sekundär nimmt er historische Beziehungen (»menschlicher Organismus in Reinkultur, nämlich ohne jede Zivilisationsbewirkung; diese aber ist es, die die Völkercharaktere bestimmt«; v.Eickstedt, aaO 51) und eine Bedeutung für das Bewußtseins- und Innenleben des Menschen an (»rassenpsychische Eigenschaften ...in den vitalen Grundlagen und im personellen Stil«; »R. bedeutet Erlebensform«; ebd 53). Schon aus diesem Grunde kann Rel. nicht unmittelbar rassebezogen auftreten, weil sie nach unseren Kenntnissen historisch ein Zivilisationsgebilde ist. Die Frage R. und Rel. müßte, abstrakt formuliert, lauten: »Biologie und Rel.«, und schließlich: »Physiologische Chemie und Rel.«. Zweifellos sind gewisse *religiöse Verhaltens- und* even-

tuell sogar *Erlebensformen* durch die ganzheitlichen rassischen Verhaltensformen typisch geprägt, da »stets der gegebenen äußeren Form ein gemäßes inneres Verhaltenspotential zugeordnet ist« (ebd 50), offensichtlich aber nie die *Erlebnis- und Wertbildungen und -grundlagen*. Der Hinweis auf die »R.npsychologie« oder gar auf die rein hypothetische Größe einer »R.nseele« (vgl. → Naturmythologie) führt nicht weiter, weil hier ebenfalls zwei heterogene Sachverhalte bzw. zwei wissenschaftliche Aporien kombiniert werden. Schon 1936 hat v.Eickstedt auf die bloß »intuitive Schilderung von als typisch angenommenen Verhaltensweisen rassenkörperlich gezeichneter Einzelner oder Gruppen« bei Günther hingewiesen. Eine *ganzheitliche Betrachtung des Menschen* scheint für die Zusammengehörigkeit von R. und Rel. bzw. für die Beeinflussung der Rel. durch die R. ins Gewicht zu fallen. Dennoch ist zu bedenken, wie weit beide Größen rein entwicklungsgeschichtlich voneinander entfernt sind, und daß das Tier wohl R., aber nicht Rel. besitzt. R. mag viele, sicherlich jedoch nicht alle menschlichen Verhaltensweisen bestimmen. Eine exakte Erforschung des Verhältnisses von R. und Rel. müßte von einer statistischen Erfassung des typischen religiösen Verhaltens zahlreicher Individuen des jeweils gleichen reinen rassischen Phänotypus ausgehen. Der heutige historische und ethnologische Befund ermöglicht sie zweifellos nicht.

F.Hertz, R. u. Kultur, 1925³ - K.Leese, R., Rel., Ethos, 1934 - E.v.Eickstedt, R.nkunde u. R.ngesch. der Menschheit, (1934) 1937ff² - Ders., Grundlagen der R.npsychologie, 1936 - W.Schmidt, R. u. Volk, 1935 - H.Muckermann, Grundriß der R.nkunde, 1935 - O.Klineberg, Race differences, New York 1935 - Ders., R. u. Psychologie, 1953 - W.Berger, Was ist R.? Versuch einer Abgrenzung ihrer Wirksamkeit im seelischen Bereich, 1936 - W.E.Mühlmann, R.n- u. Völkerkunde, 1936 - C.M.Schröder, R. u. Rel., 1937 - J.W.Hauer, Glaube u. Blut, 1938 - Ders., R. u. Rel., 1941 - L.F. Clauss, R. u. Charakter, 1942 - P.Marti, Rel., R. u. Volkstum, Bern 1946 - P.Lester-J.Millot, Grundriß d. Anthropologie (Les races humaines, dt. v. F.Falkenburger), 1947 - G.Mensching, Rel., R. u. Christentum, 1947 - H.Moritz, R., Konstitution u. Seelenleben, 1947 - R.Benedict, Die R.nfrage in Wiss. u. Politik, 1947 - F.Boas, Race, Language and Culture, New York 1949 - C.G. Campbell, Race and Rel., London 1953 - J.Comas, R. als Mythos, dt. 1953 - M.Leiris, R. u. Kultur, 1953 - G.E.Simpson-J.M.Yinger, Racial and Cultural Minorities: An Analysis of Prejudice and Discrimination, rev. Ed. New York 1958 - L.Hanke, Aristotle and the American Indians: A Study in Race Prejudice in the Modern World, London 1959.

K.Goldammer

III. Rassenfrage im Bereich der jungen Kirchen

1. Historischer Hintergrund - 2. Gegenwärtige Lage - 3. Stellungnahme der Missionen und Kirchen

1. In den Gebieten der → »jungen« Kirchen ist die R.nfrage durch das Zusammentreffen folgender Faktoren zu einem akuten Problem geworden: a) Die koloniale Expansion machte Asien und Afrika wirtschaftlich und politisch zu einem »Anhängsel« des Westens. Asiaten und Afrikanern kam weithin nur insofern Bedeutung zu, als sie den Interessen des Westens dienten (s. Little). - b) Neben dem Hauptziel der → Mission (: III C. D), nämlich der Bezwingung des Heidentums, standen als Ziele die Zivilisierung der »Primitiven«, die Aufklärung der Abergläubischen, die Erziehung der Ungebildeten. - c) Im 19.Jh. war der Missionar ipso facto ein Mann des Westens, der augenscheinlich zu den »Eingeborenen« kam, um sie wirtschaftlich, politisch und/oder religiös zu erobern. Regierung, Industrie und Mission lagen in den Händen von Leuten aus dem Westen. - d) Somit galt der Angehörige der weißen R. stets als Herr, Arbeitgeber und Lehrer, während der Einheimische immer Diener, Untergebener und Schüler war. Das Ergebnis war die weit verbreitete Ansicht, die weiße R. sei von Natur jeder anderen R. überlegen. - e) Vielerorts wurde die These verfochten, daß die weiße R. von Gott dazu bestimmt sei, über andere R.n zu herrschen. (Vorläufer: J.A.de Gobineau und H.S.Chamberlain; vgl. dazu M.F. Ashley Montagu, Man's Most Dangerous Myth: The Fallacy of Race, New York 1952.) Das extremste Beispiel hierfür ist die Theorie, auf der die Apartheid-Politik der Regierung der → Südafrikanischen Union seit 1948 basiert. (Eine ausführliche Apologie der Apartheid bei N.J.Rhoodie-H.J.Venter, Apartheid, Kapstadt-Pretoria 1959.) - f) Nur wenige Missionare bekannten sich zu der wissenschaftlich völlig unhaltbaren Theorie der »weißen Vorherrschaft«; in der Praxis wurde sie aber in der kolonialistischen Situation von den meisten kritiklos akzeptiert. - g) Die einheimischen Christen waren meist so dankbar für die Gabe des Heils, daß sie bereit waren, den Missionar zeitlebens als Lehrer und Wohltäter zu ehren. Da ihnen an einigen Stellen nur die Missionen Arbeitsmöglichkeiten geben konnten, wurden sie in gleichem Maße von der Mission wirtschaftlich abhängig, wie sie ihren Landsleuten gesellschaftlich entfremdet wurden. - So wurden die R.nunterschiede im Gebiet der »jungen« Kirchen weitgehend noch zu Klassenunterschieden zwischen den Angehörigen des Westens und den Einheimischen, und zwar innerhalb der Kirche wie der Gesellschaft.

2. Das Zögern oder gar Widerstreben des Westens, dem zunehmenden → Nationalismus (: II) Rechnung zu tragen, ist die Wurzel der heute in weiten Teilen Asiens und Afrikas herrschenden *R.nspannung*. - Die Ablehnung der westlichen Herrschaft durch die asiatischen Völker kam erstmals nach Japans Sieg über Rußland (1905) zum Ausdruck. Die einschränkende Einwanderungspolitik der USA seit 1890, die in dem berüchtigten Oriental Exclusion Act von 1924 (aufgehoben 1954) gipfelte, ließ das rassische Selbstbewußtsein in Asien derart anwachsen, daß Japan - wenn auch nur kurzfristig - im Pazifik ein Reich unter der Parole »Asien den Asiaten« gründen konnte. Japans Niederlage im 2. Weltkrieg hat die steigende Flut des asiatischen Nationalismus keineswegs eingedämmt. Dazu ist der (pan-)afrikanische Nationalismus getreten. Die Konferenz von Bandung (Indonesien) i.J. 1955 zeigte ein Zusammengehörigkeitsbewußtsein zwischen Asiaten und Afrikanern, einschließlich der Araber, das als solches auf einer eindeutig antiwestlichen Haltung rassischen Charakters beruht. Die »jungen« Kirchen leben also inmitten einer Gesellschaft, die hin- und hergerissen wird durch die Spannung zwischen herrschenden und unterdrückten rassischen Gruppen. Gleichzeitig unterliegt die Kirche eigenen Spannungen zwischen weißen Missionaren und einheimischen Führern und zwischen Christen aus dem Westen, die der herrschenden R. angehören, und den Einheimischen, die lediglich als solche zur unterdrückten Gruppe gehören. Wie kann in einer solchen Situation die rassische Spannung innerhalb der Kirche beseitigt werden, und wie kann die Kirche als über den R.n stehende Gemeinschaft der Gläubigen dazu beitragen, sie in der ganzen menschlichen Gesellschaft auszumerzen?

Auf diese Frage kann es keine allgemeingültige Antwort geben. Charakter und Intensität der R.nspannung sind in allen Ländern verschieden. In *Afrika* gibt es Gebiete, wo praktisch keine festen weißen Siedlungen bestehen (zB in West-Afrika), wo sich durch europäische Siedler und asiatische Händler eine vielrassische Gesellschaft herausbildet (zB bes. in Ost- und Zentral-Afrika), und wo die weiße Vorherrschaft schon lange fest begründet ist und jede nur mögliche Anstrengung zu ihrer Verewigung gemacht wird (zB in der Südafrikanischen Union, in Süd-Rhodesien, Angola und Mozambique). In ganz Afrika wird die Solidarität der Afrikaner in wachsendem Maße unter dem Banner des Pan-Afrikanismus intensiviert. Sobald ein westafrikanisches Land unabhängig wird, stärkt es den Geist des afrikanischen Nationalismus unter den Südafrikanern, während es die Demütigungen, denen jene unterworfen sind, um so stärker empfindet. Die offene oder unterirdische Spannung zwischen Weiß und Schwarz in ganz Afrika entlud sich bes. 1952 im Mau-Mau-Aufstand in → Kenya, 1959 im Nyassaland-Aufstand, 1960 in Sharpeville, Süd-Afrika. Die Krise im früheren belgischen Kongo (1960-61) deutet an, daß auch nach Erreichung der Unabhängigkeit immer noch das Problem der ethnischen Spannung zwischen den einzelnen Stämmen bleibt. - Wo diese Spannung in *Asien* besteht, handelt es sich um religiös-kulturelle und ethnische Gruppen innerhalb derselben R.nfamilie. Das zeigt bes. die Spannung zwischen den hinduistischen Tamil und den buddhistischen Singhalesen in → *Ceylon* (1958). Die Kirchen bestehen hier aus Angehörigen beider ethnischer Gruppen; sie werden weitgehend mit der früheren Kolonialmacht identifiziert und deshalb von beiden Gruppen abgelehnt. In → *Indonesien* hat die Spannung zwischen Indonesiern und Chinesen mehr politische und wirtschaftliche als rassisch-ethnische Gründe. In → *Indien* und → *Pakistan* bestehen die Spannungen vorwiegend zwischen religiös-sprachlichen Gemeinschaften. Auch hier wird die christliche Gemeinde im allgemeinen als mehr dem Westen zugehörig und somit der einheimischen Kultur und Gesellschaft entfremdet betrachtet. In *Formosa* (→ Taiwan) sehen sich die Christen untereinander einer dreifachen Spannung zwischen Taiwans (Formosa-Chinesen), Gebirgsstämmen (Ureinwohnern) und Einwanderern vom Festland gegenüber. - In all diesen verschiedenen Situationen wirkt durchgängig die allgemeine Meinung, daß die verschiedenartig unterdrückten Völker ihre rassische Diskriminierung und Ausbeutung in erster Linie oder im Grunde dem christlichen Westen verdanken (s. Little 9). Daher kann das, was die Kirche zu diesem Problem nur *sagt,* kaum Gewicht haben. Die Aufgabe der Kirche wird noch dadurch sehr erschwert, daß sich einheimische Christen fast immer in der Spannung zwischen dem Anspruch der Kirche einerseits und des Nationalismus andererseits befinden.

3. Den R.ngegensätzen wurde zwischen den Weltkriegen erhöhte Aufmerksamkeit seitens der Missionen gewidmet. Zu den ersten Arbeiten gehören R.E.Speer, »Of One Blood: A Short Study of the Race Problem« (1922) und »Race and Race Relations« (1924) sowie J.H. Oldham, »Christianity and Race Problem« (1924). Die Jerusalemer Konferenz des → Internationalen Missions-Rates (1928) befaßte sich ausführlich mit dem Problem. Es stand auf der Konferenz für Praktisches Christentum in Oxford 1937, der Konferenz des IMC in Tambaram 1938 und den Vollversammlungen des Ökumenischen Rates (WCC) in Amsterdam 1948 und Evanston 1954 zur Diskussion (s. Visser't Hooft 46ff). Der hervorragende Evanston-Bericht der Sektion V bildet seitdem den Leitfaden für die theologische Arbeit und die praktischen Versuche zur Lösung des R.nproblems; seine Grundsätze haben sich bisher in vielen Krisen bewährt. Zur Durchführung der Erklärung von Evanston hat der WCC ein Sekretariat für rassische und ethnische Beziehungen ins Leben gerufen. Nationale Christenräte und andere Körperschaften in vielen asiatischen und afrikanischen Ländern führten in Zusammenarbeit mit dem Referat für Kirche und Gesellschaft eine ökumenische Studie »Allgemeine christliche Verantwortung in Gebieten raschen sozialen Umbruchs« durch, die für die »jungen« Kirchen hilfreich sein will (s. »Dilemma and Opportunities: Christian Action in Rapid Social Change«, Genf 1960, 26-29). Im Dez. 1960 hielten 8 zum WCC gehörende Kirchen der Südafrikanischen Union in Johannesburg eine Beratung ab, auf der sie sich mit den R.nproblemen in diesem Lande auseinandersetzten. In einer Erklärung legten sie ihre Haltung bezüglich der R.nbeziehungen in Übereinstimmung mit den Grundsätzen von Evanston fest (vgl. ER 13, 1961, Nr. 2). - Vgl. ergänzend → Sekten: V.

W.Freytag, Die junge Christenheit im Umbruch des Ostens, 1938 - W.A.Visser't Hooft, The Ecumenical Movement and the Racial Problem, Paris 1952 - K.Little, Race and Society, ebd 1952 - R.B.Manikam (Hg.), Christianity and the Asian Revolution, Madras 1954 - M.Conant (Hg.), Race Issues on the World Scene, Univ. of Hawaii Press 1955 - A.Lind (Hg.), Race Relations in World Perspectives, ebd 1955 - D.M.Paton (Hg.), Church and Race in South Africa, London 1958. - Vgl. die Lit. zu → Nationalismus: II.

D.Kitagawa

Rat der EKD → Evangelische Kirche in Deutschland: I, 5.

Ratherius (ca 890-974), * bei Lüttich aus vornehmem Geschlecht; Oblate, dann Mönch in Lobbes (Hennegau); ging 926 mit seinem vertriebenen Abt Hilduin zu dessen Vetter, König Hugo von der Provence. Dreimal Bischof von Verona (931-34; 946-48; 962-68) und einmal von Lüttich (953-55), konnte sich R. seines schwierigen Charakters und widriger politischer Umstände wegen in keinem Amt halten. Misanthrop nach Anlage und Denken, benutzte er seine bedeutende Begabung fast ausschließlich zur Polemik gegen seine Gegner. Dabei nahm er aus → Gregors d. Gr. Moralia die Anweisung, Polemik und Selbstkritik miteinander zu verbinden.

Werke hg.v. P. u. H.Ballerini, 1765, abgedr. in MPL 136. Krit. Ausg. d. Briefe v. Fr.Weigle, MG, Briefe d. dt. Kaiserzeit I, 1949. - Lit.: s.Weigle, aaO 8-10 - G.Misch, Gesch. d. Autobiogr. II/2, 1955, 519ff - H.M.Klinkenberg, Versuche ... zur Autobiogr. bei R.v.Verona (AKultG 38, 1956, 265-314).

H.M.Klinkenberg

Ratichius → Ratke, Wolfgang.

Rationalisierung ist ein Sammelbegriff für alle Maßnahmen, die den Wirkungsgrad wirtschaftlicher Tätigkeit durch den zweckmäßigsten Einsatz der Produktionsfaktoren erhöhen. R. setzt also eine zielstrebige, rein zweckrationale Grundhaltung des wirtschaftenden Menschen voraus, die selbst ein Ergebnis der modernen Wirtschaftsentwicklung (→Kapitalismus) ist. Umfassende R.sbestrebungen hängen eng mit dem Eintritt einer Volkswirtschaft in die intensive Phase der Industrialisierung (→ Industrie: I) zusammen, in der die planvoll durch »wissenschaftliche Betriebsführung« gesteuerte Kombination von → Arbeit und → Kapital zu einer »Vergeistung der Betriebe« (Sombart) führt. An die Stelle intuitiven Erfahrungswissens tritt die abstrakte Sachlogik, verkörpert durch den rasch wachsenden Einsatz von theoretisch geschulten Ingenieuren und Betriebswirten. Während in den Anfängen der R.sbewegung eine durch den Taylorismus gekennzeichnete totale Anpassung des arbeitenden Menschen an die Eigengesetzlichkeit der → Technik angestrebt wurde, hat sich auf Grund praktischer Erfahrungen heute die Auffassung durchgesetzt, daß die inneren Widerstände gegen die R. nur durch Berücksichtigung der Grundbedürfnisse des arbeitenden Menschen überwunden werden können.

Die *Ansatzpunkte für eine R.* sind so vielfältig wie die Kosten verursachenden Faktoren. Das traditionelle Anwendungsgebiet der R. ist der innerbetriebliche Produktionsprozeß (→ Betrieb: II). Hierbei steht die Verbesserung des Zusammenwirkens von Mensch, Material und Ausrüstung durch umfassende Fertigungsvorbereitung (Arbeitsgestaltung im Sinne moderner → Arbeitswissenschaft, Normung und Typung von Werkzeugen und Produkten, besseren Materialtransport u.a.) im Vordergrund. Besondere Bedeutung hat die R. des Arbeitsablaufs durch Spezialisierung und fortschreitende Mechanisierung (Beispiel: Fließfertigung) erlangt. Ein anderer R.simpuls geht vom betrieblichen Rechnungswesen aus, das das Unternehmen zahlenmäßig durchschaubar und kontrollierbar zu machen sucht. Immer stärker werden auch die Bereiche der Verwaltung und des Vertriebs von der R. erfaßt. Im »R.s-Kuratorium der Deutschen Wirtschaft« (RKW, gegr. 1949), das die Tradition des 1921 geschaffenen Reichskuratoriums für Wirtschaftlichkeit fortführt, ist eine zentrale Stelle für die Koordinierung der R.sbestrebungen und den ständigen Erfahrungsaustausch geschaffen worden.

Die volkswirtschaftliche R. steht zwar weniger im Blickpunkt der Öffentlichkeit, ist jedoch eine notwendige Ergänzung einzelbetrieblicher Maßnahmen. Mit Hilfe der staatlichen → Wirtschaftspolitik lassen sich durch richtige Beeinflussung der Daten des Wirtschaftsprozesses Fehldispositionen vermindern, die Produktionsfaktoren strukturell besser ausnützen und die notwendigen Anpassungsprozesse abkürzen.

Die *Auswirkungen der R.* sind vor allem in Zeiten wirtschaftlicher Rückschläge Gegenstand heftiger Auseinandersetzungen. Aus betriebswirtschaftlicher und technischer Sicht wird der kostensparende und leistungssteigernde Effekt der R. durchweg positiv beurteilt. Schwieriger wird eine Beurteilung unter sozialen Gesichtspunkten. Jede R. wirkt sich mittelbar oder unmittelbar auf den Charakter der von ihr erfaßten Arbeitsvollzüge aus. Sie macht also eine Verhaltensänderung der Betroffenen im Sinne einer Anpassung nötig. Diese wird um so weniger Widerstand wachrufen, je mehr die psychophysischen Bedürfnisse berücksichtigt werden und je sinnvoller die getroffenen Maßnahmen den Beteiligten erscheinen. Fortwährende R. ändert darüber hinaus die Berufsqualifikationen. Dies ist am deutlichsten an den Auswirkungen der Automatisierung festzustellen. Die These von der allgemeinen »Verwässerung« der Facharbeit hat sich jedoch bisher ebensowenig bewahrheitet wie der Optimismus einer umfassenden Hebung des Anforderungsniveaus. Fest steht aber der tiefgreifende soziale Umschichtungsprozeß, in dessen Verlauf durchaus tragische Einzelschicksale auftreten können. Schließlich ist zu betonen, daß auch die Arbeitsbeziehungen durch R. beeinflußt werden. Je mehr die sachlogische Planung, Durchführung und Kontrolle der Arbeitsvollzüge fortschreitet, desto stärker wird die gegenseitige Abhängigkeit bei vorgegebenem Verhalten. Es wird also ein hohes Maß an Sachlichkeit und Selbstdisziplin erforderlich. Der Spielraum menschlicher Kontakte wird im Sinne des Betriebszwecks funktionalisiert. Dies wird stets dann als selbstentfremdender Zwang empfunden, wenn die Einsicht in die Zusammenhänge fehlt.

Im Mittelpunkt der *gesamtwirtschaftlichen Folgen der R.* steht das Problem der technologisch bedingten → Arbeitslosigkeit. Anhänger der Freisetzungstheorie behaupten, eine fortschreitende Ausschaltung der menschlichen Arbeit aus der Produktion und jetzt auch zunehmend aus der Verwaltung führe zur Arbeitslosigkeit, wenn nicht gleichzeitig eine entsprechende Verkürzung der → Arbeitszeit erfolge. Demgegenüber berufen sich die Vertreter der Kompensationstheorie darauf, daß R. die → Produktivität erhöhe, also die Wirtschaftstätigkeit anrege und intensiviere, und daß die freigesetzten Arbeitskräfte bei genügend großer sozialer Mobilität dementsprechend neue Arbeitsplätze fänden. – Abgesehen von der Zeitdifferenz zwischen der Aufgabe des alten Arbeitsplatzes und der Einrichtung eines neuen besteht im Zeitalter der strategischen Marktbeeinflussung (→ Konkurrenz, → Monopol) jedoch ein Unterschied zwischen einzelbetrieblicher und gesamtwirtschaftlicher Produktivitätssteigerung. Darüber hinaus ist der R.seffekt konjunkturabhängig (→ Wirtschaftsphasen). Bei Knappheit an Arbeitskräften und starker Güternachfrage wird R. zur Vermeidung von Preissteigerungen notwendig, in der Depression sollte sie einem intensiveren Arbeitskräfteeinsatz nicht im Wege stehen.

Aus diesen Zusammenhängen ergibt sich die Forderung, R. nicht nur unter wirtschaftlich-technischen, sondern auch sozialen Gesichtspunkten zu betrachten und die gesamtwirtschaftlichen Auswirkungen nicht außer acht zu lassen. R. ist kein Ziel in sich selbst, sondern ein Mittel zur Erhöhung des volkswirtschaftlichen Wohlstands. Sie ist aber auch nicht die einzige und überall und stets richtige Methode hierfür. Auch im Hinblick auf die R. ist die sozialethische Forderung zu stellen, die → Eigengesetzlichkeit der wirtschaftlich-technischen Abläufe nicht absolut zu setzen, sondern sich im praktischen Verhalten um einen Ausgleich der verschiedenen Interessenlagen zu bemühen und damit vom starren Schematismus zum verantwortlichen Handeln zu gelangen.

W. Sombart, Der moderne Kapitalismus III/2, 1927 - F.v. Gottl-Ottlilienfeld, Vom Sinn der R. (Veröffentlichungen des RKW Nr. 31), 1929 - HWSt, ErgBd 1929, 708ff - H. Thielicke-K. Pentzlin, Mensch u. Arbeit im technischen Zeitalter. Zum Problem der R., 1954 - F. Pollock, Automation, 1956 - H. Hilf, Arbeitswissenschaft, 1959.

F. Fürstenberg

Rationalismus

I. Philosophisch - II. Rationalismus und Supranaturalismus, kirchengeschichtlich

I. Philosophisch

1. Begriff - 2. R. als philosophische Lehrmeinung

1. Unter R. verstehen wir diejenige philosophische Lehrmeinung, die im Gegensatz zum → Sensualismus und Empirismus (→ Apriorismus) von der Annahme ausgeht, daß der → Vernunft als Erkenntnisquelle gegenüber der sinnlichen Erfahrung der Primat zukommt. Der *erkenntnistheoretische* R. behauptet, daß dem Menschen in angeborenen oder in apriorischen Vernunftbegriffen ein von der Sinneswahrnehmung unabhängiges Wissen der → Wirklichkeit gegeben sei und daß dieses reine begriffliche Wissen den unbedingten Vorrang vor der durch die sinnlichen Vermögen vermittelten Erfahrungserkenntnis habe. Dadurch wird das reine → Denken konstitutiv und normativ für die Wahrheit der Erkenntnis überhaupt. *Methodischer* R. heißt dasjenige Verfahren in der Philosophie, das in Übereinstimmung mit der Mathematik versucht, unabhängig von der Erfahrung oder unter weitgehender Vernachlässigung derselben das Wissen zu einem rational aus Grundsätzen ableitbaren System zu machen. Als *metaphysischen* R. bezeichnet man die Lehre von der Identität von Denken und → Sein sowie die Lehre von der auf Grund einer angenommenen durchgängigen Bestimmtheit der Wirklichkeit durch die Vernunft bestehenden Übereinstimmung von Vernunft und Wirklichkeit. Die wesentliche Voraussetzung des R., durch die er sich fundamental vom → Skeptizismus und → Kritizismus unterscheidet, beruht darauf, daß alles Seiende durch die Vernunft erkannt werden kann und die theoretische Ableitung oder Erklärung der gesamten Wirklichkeit aus der Vernunft möglich ist. Der *rechtsphilosophische* R. konstituiert im Gegensatz zur historischen Betrachtungsweise das Wesen aller in der Geschichte in Erscheinung getretenen Rechtssysteme in

einem überzeitlichen, absolut gültigen → Naturrecht. Der *ethische* R. (→ Intellektualismus) lehrt unter Vernachlässigung der Bedeutung des Willens und der emotionalen Kräfte, daß für das Zustandekommen einer sittlich guten Handlung allein die Erkenntnis und das Wissen des Guten entscheidend sind.

2. Obwohl auch die antike und mittelalterliche Philosophie zT schon stark rationalistische Elemente aufweist, wie zB die Überzeugung von der restlosen Erkennbarkeit der Welt durch die menschliche Einsicht, ist der R. als *Lehre* erst in der Neuzeit systematisch begründet worden. Vorbereitet wurde dieser für die Neuzeit höchst charakteristische Denkansatz durch die im Spätnominalismus beginnende Aufhebung des bis dahin gültigen Verständnisses der Verbindung von Seele und Leib und durch die dabei erfolgende scharfe Trennung der sinnlichen und geistigen Vermögen des Menschen. Der alte Topos von den angeborenen → Ideen oder Begriffen, die nicht erst durch Abstraktion und Induktion aus der sinnlichen Erfahrung gewonnen werden müssen, bekommt in dieser problemgeschichtlichen Konstellation eine neue, systematische Bedeutung und dient fortan in mehr oder weniger abgewandelter Form als Grund der Möglichkeit einer aprioristisch-deduktiven Behandlung der Wissenschaften. → Descartes, der den R. methodisch begründet, macht die Lehre von den ideae innatae zum punctum saliens seiner Wahrheitssicherung. Das Vermögen der Einsicht in die ewigen, notwendigen Wahrheiten ist das lumen naturale. Der Geist erfaßt so diese Wahrheiten durch sich selbst. Weitergebildet vor allem von → Spinoza und → Leibniz, fand der R. in Deutschland seinen Höhepunkt in der Philosophie von Chr. → Wolff. Eine tiefgreifende Wirkung auf das gesamte Geistesleben Europas übte der R. in der → Aufklärung aus. → Kant überwand schließlich die Einseitigkeiten des R. durch die Frage nach der Möglichkeit der Erfahrung und durch seine Lehre, daß alle Einzelerkenntnis überhaupt nur auf dem Boden der Erfahrung möglich ist, daß aber das Formale der Erfahrung überempirisch ist, womit Kant zugleich auch die Einseitigkeiten des Empirismus überwand. Gleichwohl bleibt Kant in seinem Denken dem R. näher als dem Empirismus. Der sog. universelle R. → Hegels ist → Idealismus. Gegner des R. sind vor allem die → Romantik, der Irrationalismus (→ Irrational) und die → Lebensphilosophie. In der Gegenwart manifestiert sich der R. bes. in der Vor- oder Alleinherrschaft des mathematisch-naturwissenschaftlichen Wissenschaftsideals, was die durchgängige Rationalisierung aller Lebensbereiche, aber auch den damit verbundenen modernen → Pragmatismus zur Folge hat.

F. Bechtel, Die positive Theol. u. der moderne R., 1894 - W. Dilthey, Die Autonomie des Denkens. Der konstruktive R. u. der pantheist. Monismus (Ges. Schr. II, [1914] 1957[5], 246-296) - H. Heimsoeth, Die sechs großen Themen der abendländ. Metaphysik u. der Ausgang des MA, (1922) 1954[3] - Ders., Metaphysik der Neuzeit, 1929 - R. Hönigswald, Die Philos. von der Renaissance bis Kant, 1923 - Eisler II, 579ff - E. Cassirer, Die Philos. der Aufklärung, 1932 - G. Krüger, Die Herkunft des philos. Selbstbewußtseins (Logos 22, 1933, 225-272 = G.K., Freiheit u. Weltverwaltung, 1958, 11-69) - W. Philipp, Das Werden der Aufklärung, 1957. - Vgl. ferner die Lit. zu den genannten Denkern u. Richtungen sowie zu → Erkenntnistheorie u. → Idealismus.

K. Oehler

II. Rationalismus und Supranaturalismus, kirchengeschichtlich

1. Begriffsbestimmung, Begrenzung, Bewertung - 2. Geschichtliche Voraussetzungen: Offenbarung und Vernunft in der europäischen Geistesgeschichte - 3. Lösungsversuche: a) in der vernünftigen Orthodoxie, b) der Neologie, c) dem R. und S. - 4. Auswirkungen auf Frömmigkeit und theologische Wissenschaft - 5. Ausbreitung - 6. Die Überwindung von R. und S.

1. R. ist die religionsphilosophisch-theologische Begründung und Deutung religiöser Offenbarungstatsachen im Gegensatz zum »blinden« Offenbarungsglauben und zur → Mystik. Theologiegeschichtlich gesehen ist er der letzte Abschnitt der Aufklärungstheologie, beginnend etwa um 1790, daher nicht gleichzusetzen mit der → Aufklärung (: III). Nach Röhr ist »R. eine allgemeine Denkart, die auf jedes Gebiet des menschlichen Lebens, Denkens und Wissens anwendbar und deren Prinzip ist: nichts für wahr zu halten, als was nach klaren und unbezweifelbaren Vernunftgründen wirklich dafür gehalten werden kann. Der *christliche* R. ist die Maxime, die positive oder geschichtliche Religionslehre Christi und seiner Apostel darum für glaubwürdig zu halten, weil sie in der vernünftig-sittlichen Natur des Menschen begründet ist.« Im Gegensatz dazu ist S. »die Denkart, nach welcher man eine von Gott unmittelbar und übernatürlich mitgeteilte Erkenntnis glaubt, die als solche schlechthin über die Vernunft erhaben ist« (Wegscheider).

»Rationistae« oder »Rationalistae« wurden bereits am Ende des 16. Jh.s u.a. von D. → Hoffmann die Helmstedter Aristoteliker (→ Caselius, C. und J. → Martini u.a.) sowie frühe Vertreter der Aufklärung in Holland (Anhänger von → Descartes), die → Sozinianer, Deisten und Vertreter der → Natürlichen Theologie genannt. In unterscheidendem Sinne sprachen von R. → Kant 1793, seit 1801 → Gabler, die 1807 anonym erschienene Schrift »Aufhellungen der neueren Gottesgelehrten in der christlichen Glaubenslehre von 1760-1805« und F.V. → Reinhard in seinen »Geständnissen« (1810).

In dem Bemühen, den R. zu überwinden, setzten → Romantik, → Erweckung und → Restauration den R. weithin mit der Aufklärung gleich. → Tholuck verurteilte ihr abstraktes Räsonnement statt geschichtlicher Vertiefung, Gleichgültigkeit gegen die Wahrheit an sich und Interesse nur am praktischen Wert für das Subjekt. Für → Hegel stand der R. der Philosophie entgegen, denn er habe den Himmel leer gemacht und alles zu endlichen Verhältnissen heruntergesetzt; seine Form sei unfreies Räsonnieren, nicht Begreifen. Demgegenüber haben → Dilthey, → Troeltsch und → Hirsch den R. wieder positiv bewertet. Dilthey deutet die Geschichte des R. als den »Verlauf der Arbeit, in welcher Schichten der Dogmatik, wie sie sich historisch gebildet haben, nacheinander wieder abgetragen werden«. Die theologische Kritik des R. bilde daher die Grundlage für die historische Gedankenarbeit gerade der Männer, die wie B.G. → Niebuhr, → Grimm, Hegel, → Ranke sich vom theologischen R. schroff abwandten. Hirsch sagt: »Solange es ev. Theologie geben wird, die diesen Namen verdient, wird sie das, was hier an Fragen und an Einsichten zutage gefördert ist, als unvergeßliche Erinnerung in sich tragen. Es gibt einen Weg durch den R. hindurch zu tieferer Erkenntnis der christlichen Wahrheit, als er errungen hat. Es gibt keinen ehrlichen und zum Ziele führenden Weg der Theologie am R. vorbei oder zurück hinter ihn« (V, 70).

2. Die *Wurzeln des R.* reichen bis auf → Erasmus, → Herbert von Cherbury, → Bayle, → Vico und → Locke zurück. Mit der Kritik der christlichen Überlieferung im Lichte der Vernunft verband sich das Suchen nach der »natürlichen« oder der vernünftigen Religion. Aus dem humanistischen Ideal und dem von der Philosophie und den empirischen Wissenschaften entwickelten Maßstab der Vernunft erwuchs die erste radikale Kritik am Christentum. Offenbarungsglaube und Vernunft gerieten in einen unüberbrückbar erscheinenden Gegensatz. »Vernunft« ist freilich nicht mehr der dem Menschen eingeborene göttliche Funke, sie ist ein

Stück Natur, daher mit der Entwicklung des Menschen verbunden. Wesentlich ist ihr Unterscheidungsvermögen; sie genügt sich selbst, sie täuscht weder noch kann sie getäuscht werden. Nach C.Ch.Dumarsais (1676 bis 1756) ist sie das, was für → Augustin die Gnade war: das Licht, das jeden in diese Welt Kommenden erleuchtet und aufklärt. - Aber auch die »Offenbarung« war in ihrer Gültigkeit fragwürdig geworden, denn zu viele Offenbarungsansprüche verschiedener Konfessionen und Religionen bestanden nicht nur nebeneinander, sie bestritten sich auch gegenseitig, um sich selbst zu behaupten. So mußte sich zwangsläufig die Forderung erheben, die auf so vielen Gebieten bewährte → Vernunft zum Kriterium der überlieferten Offenbarungswahrheiten zu machen.

In diesem die Menschen tief aufwühlenden »Prozeß gegen Gott« formten sich schon früh drei Gruppen: a) Die konservativeren Denker ließen neben der natürlichen Religion dem Offenbarungsglauben Raum. b) Im → Deismus (: III) galt nur die → natürliche Religion; die geschichtliche Ausprägung des Christentums mußte sich daher schärfste Kritik gefallen lassen (→Voltaire). c) Aus der Leugnung jeder natürlichen oder positiven Religion und der übernatürlichen Naturerklärung erwuchsen → Materialismus, → Atheismus und reiner Diesseitsglaube (Holbach). - Aber es fanden sich auch Verteidiger des alten Offenbarungsglaubens. In *England* traten den Latitudinariern (→ Broad Church Party) und Deisten rationalisierende Apologeten wie → Bentley und → Butler entgegen. In *Frankreich* verband sich die vornehmlich durch Voltaire vermittelte Kritik am Christentum mit den Ideen von R. → Simon, radikalisierte sich aber dort bis zur Christentumsfeindschaft, so daß Verteidiger des Christentums wie → Bergier und Nonnotte ohne Erfolg blieben. Während sich in *Italien* die Theologie gegen den Angriff auf das Christentum erfolgreich zur Wehr setzen konnte (Th.M.Marmachi, A.v. → Liguori u.a.), drang sie in der Form gallikanischer und deistischer Gedanken weit in *Spanien* und *Portugal* vor. Auch in *Holland* hatte sich, von den → Arminianern vorbereitet, unter dem Einfluß von Descartes eine rationalisierende Theologie entwickelt (→ Bekker, → Roëll).

3. Auf *Deutschland* wirkten vornehmlich die vielgelesenen Schriften der Deisten und ihre Widerlegungen. Der Angriff auf das Christentum fand eine Theologengeneration vor, die unter dem Einfluß der Philosophie von Chr. → Wolff und seiner Schule die zwingende Unerbittlichkeit des Vernunftbeweises kennengelernt hatte und bejahte. Sie hatte zudem in der Auseinandersetzung mit dem → Pietismus eingesehen, wie brüchig das orthodoxe Lehrsystem und wie wichtig auch in Dingen der Religion die persönliche Glaubensüberzeugung war. So nahm sie das Thema »Offenbarung und Vernunft« auf in dem Entschluß, den Angriff auf das Christentum abzuwehren. J.L. → Schmidt, der → Tindals berühmtes Werk »Christianity as old as the Creation« 1741 ins Deutsche übersetzte, kann auf Grund der Folgerungen, die er daraus zog, als der erste deutsche Vertreter des R. bezeichnet werden. »Er greift mit einfacher Entschlossenheit sofort das Ziel, das am Ende dieser Bahn (sc. der Entwicklung des Wolffianismus) steht: die Verwandlung des Christentums in ein System sittlich-religiöser Erkenntnis, das der biblischen Offenbarung gemäß und zugleich durch und durch vernünftig ist« (Hirsch II, 418). Im Unterschied zur Reformation wurde somit der Theologie das Thema von außen gestellt, derart freilich, daß die an der neuen Bildung und Wissenschaft geschulte Laienvernunft in den problematisch gewordenen Betrieb der Theologenzunft einbrach.

a) Überzeugt von der Harmonie von Offenbarung und Vernunft, dazu ihrem Eid auf die Bekenntnisse getreu, verteidigten die sog. *Übergangstheologen* (S.J. → Baumgarten, → Buddeus, → Mosheim, → Pfaff, die beiden → Walch u.a.) gegenüber den offenen und versteckten atheistischen Strömungen den Offenbarungsglauben mit der Behauptung, er könne nichts enthalten, was der natürlich-vernünftigen Gotteserkenntnis zuwider laufe. Gegenüber der → Orthodoxie sind sie insofern fortschrittlich, als sie auf das Moralisch-Praktische am Christentum und auf die mit der hl. Schrift begründeten fundamentalen Wahrheiten hinweisen. Sie geben auch dem Intellektualismus Raum, etwa indem sie die »Bekehrung« mit der Änderung der Erkenntnis verbinden und die Predigt lehrmäßig-praktisch gestalten. Die Wandlung, wenn nicht Auflösung des geschlossenen theologischen Lehrsystems kündigt sich auch dadurch an, daß einzelne Disziplinen wie die → Kirchen- (Walch, Mosheim) und → Dogmengeschichte (Pfaff) sich zu selbständigen Wissenschaften entwickeln. Eine ähnlich gerichtete *»vernünftige Orthodoxie«* (→ Aufklärung: III, 3a) entstand gleichzeitig in der ref. Schweiz (→Turrettini, S. →Werenfels, → Ostervald, J.J. → Zimmermann). - Andere deutsche Theologen, die *»theologischen Wolffianer«* wie → Reinbeck, → Carpov, Canz, F.A. → Schultz, gingen noch einen Schritt weiter, indem sie die Vernunft nicht nur innerhalb der Prinzipienlehre, sondern auch gegenüber den einzelnen Lehrstücken der Dogmatik anwandten. Sie faßten die Offenbarungswahrheiten zu einem geschlossenen System zusammen, so daß es vor der Vernunft bestehen konnte. - Neben ihnen haben die Vertreter der *Physikotheologie* ihre besondere Glaubenshaltung. Um den Hamburger J.A. Fabricius geschart, haben Männer wie J.Christoph und J.Christian Wolf, → Reimarus, B.H. → Brockes und M.Richey Gottes Existenz aus den Wundern seiner Schöpfung bewiesen. - Wie stark sich alle diese Theologen tatsächlich der Orthodoxie verbunden wußten, geht aus ihrer Ablehnung umstrittener Persönlichkeiten ihrer Zeit wie → Edelmann, → Wettstein und J.L. → Schmidt hervor. Bestimmend für die zukünftige Entwicklung wurde das von ihnen anerkannte Prinzip, daß sich die Offenbarung vor der Vernunft nicht nur legitimieren *könne*, sondern auch *müsse*.

b) *Neologen* nennt man diejenigen Theologen, deren Wirken etwa in die Zeit von 1740-90 fällt, deren Nachwirkungen aber bis ins erste Drittel des 19.Jh.s reichen (→ Aufklärung: III, 3b). Zu ihnen gehören A.F.W. → Sack, → Jerusalem, → Spalding, → Töllner, →Steinbart, → Heumann, → Nösselt, → Gruner, J.A.Eberhard (1739-1809), → Semler (mit Einschränkung), → Ernesti, J.D. → Michaelis, J.Chr. → Döderlein, → Lüdke, A.H. → Niemeyer, → Herder (mit Einschränkung), →Griesbach, J.G. → Eichhorn, L.T. → Spittler, G.J. → Planck, → Zollikofer u.a. Als Diener ihrer Kirche und zugleich als Männer der prot. Freiheit glaubten sie sich verpflichtet, mit der Bildung ihres Volkes zu gehen und zu dessen Nutzen die theologische Lehrart aufzubessern. Noch in dem Glauben an übernatürliche Offenbarung gegründet, machten sie sich an die Überprüfung und Rechtfertigung der einzelnen Dogmen vor der Vernunft und dem »moralischen Bewußtsein«. Unter »moralisch« verstanden sie das, was im Gegensatz zum Physischen oder Magischen sittlich-vernünftig oder sittlich-religiös ist. - Dieses Beginnen hatte weitreichende Folgen: Glaube und Religion werden von der Theologie geschieden, zwischen Bibel und Dogma wird eine klare Abgrenzung vollzogen, nur noch die Lehre der Schrift soll gelten, »da der größte Teil des gesamten Inhaltes der Bibel aus natürlich bekannten Wahrheiten besteht, welche alle vernünftigen Menschen zu erkennen imstande und gehalten sind« (Semler). Aus diesem *biblizistischen* Prinzip (→ Biblizismus) und der kritischen Arbeit am Bibeltext (→ *Bibelkritik)* folgern die Neologen, daß die Bibel u.a. wegen des örtlich und zeitlich Bedingten sowie des »Judenzenden« vieler Bibelstellen unmöglich in ihrer Gesamtheit für den Christen bindend sein könne. Indem nur das gelten soll, was zur »geistlichen Aufbesserung« dient, wird der altprot. Begriff des Wortes Gottes und des Kanons aufgelöst. Schwierigkeiten zwischen dem Glauben an die → Inspiration (: II, 5) des Textes und seiner philologisch-grammatischen Auslegung hilft die Lehre von der → Akkomodation überwinden. - Moralisch sind das Verständnis der Kirche und des Predigtamtes. An der *Kirche* werden ihre Sichtbarkeit und ihr menschlich-gesellschaftlicher Charakter betont; jedes hierarchisch-sakramentale Kirchenverständnis liegt dieser Generation fern. Darum steht das *Predigtamt* unter dem Zeichen seiner allgemeinen Nützlichkeit. Da das Menschlich-Natürliche eigentlich dem Christlichen gleichzusetzen ist, wird die natürliche Religion immer da am besten erkannt, wo das Licht des Evangeliums die Geister aufgeklärt hat (Spalding). Das Predigtamt befriedigt auch das Bedürfnis des Staates nach öffentlichen Sittenlehrern, weil die Prediger Tugend und Pflicht aus der Erkenntnis der menschlichen Abhängigkeit von Gott und der gerechten Vergeltung begründen und damit »die Menschen in ihrer Beziehung auf Gott, auf ihr Gewissen und auf die zukünftige Welt glücklich machen«, indem sie sie »unterrichten und ermuntern, Gott zu gefallen, die Ruhe eines guten Gewissens zu genießen und zu einer glücklichen Ewigkeit geschickt zu werden« (Spalding). - »Die Liebhaber der moralischen Religion hatten schon lange die alten historischen Redensarten nur als Hülle und Gemälde angesehen, worunter die moralischen Christen lauter allgemeine Wahrheiten selbst fanden und zu ihrer jetzigen Wohlfahrt immer mehr anwendeten« (Semler). In diesem Sinne bemühten sich daher die Neologen um den Kern der biblischen Lehre, bes. um die Gestalt Jesu, indem sie die einzelnen dogmatischen Aussagen auf ihre Brauchbarkeit für das zeitliche und ewige Glück der Menschen hin überprüften. Dabei wurden eine ganze Reihe von Lehrsätzen wie der von der Erbsünde, der Ewigkeit der Höllenstrafen, der Verdammnis der Heiden oder dem dreifachen Amt Christi beiseite geschoben und praktisch aufgegeben. Für → Christologie (: II, 8a) und Trinitätslehre (→ Trinität: III) wurde die Möglichkeit eines subjektiven Widerspruchs der Vernunft zugestanden. - Das geschah in fruchtbarer wissenschaftlicher Arbeit (s. 4b), aber auch in theologischen Kämpfen wie dem von → Heumann entfachten Streit um die Abendmahlsworte, dem Teufelsstreit (→ Teufel: III, → Semler, → Teller), dem Streit um die Geltung der Bekenntnisschriften (Büsching, → Lüdke) sowie um die stellvertretende Genugtuung Christi (→ Christologie: II, 8a). Das Christentum wurde tiefgreifend umgeformt, erweicht und vereinfacht. Sein Wundercharakter und der Offenbarungsglaube blieben bestehen. Unbeantwortet blieben die Fragen nach dem Verhältnis der natürlichen Religion zur christlichen Heilslehre, des wissenschaftlich-rationalen Weltbildes zum christlichen Gottesglauben sowie der geschichtlichen Erscheinungsform der Kirche zu dem biblischen Zeugnis von ihr. Die Tür zum reinen R. war damit geöffnet, daß »an die Stelle der Glaubensartikel leitende Ideen« traten. »Damit ist der Weg zum → Neuprotestantismus beschritten. Die Neologie ist der Anfang der großen deutschen Bemühung, das Wesen des Christentums in freier menschlicher Besinnung auf den Gehalt des Evangeliums neu zu bestimmen« (Hirsch IV, 25).

c) Um 1780 war die aus dem Altprotestantismus überkommene Form von Theologie und Kirche weithin zerbrochen. Im Mittelpunkt des Glaubens der neuen Generation stand Jesus und seine Lehre, vernunftgemäß verstanden und dargeboten. Der Schritt der Theologie zum R. wurde wiederum von außerkirchlichen Kräften gefördert: durch eine vom kirchlichen Christentum gelöste Bildung und Dichtung (→ Wieland, → Lessing, F. → Nicolai und die von ihm herausgegebene Allgemeine deutsche Bibliothek, M. → Mendelssohn), durch die Einwirkung der vernunftgemäß gestalteten Erziehungslehre (→ Philanthropinisten), durch die in Verbindung mit den Wolfenbüttelschen Fragmenten (→ Reimarus) von Lessing gestellte Frage, was eine Offenbarung im Sinne der Neologen solle, die nichts offenbare, wenn ihr Inhalt der menschlichen Vernunft ohnehin zugänglich sei, schließlich durch die von → Kant aufgestellte These, jeder Religionsglaube sei »ein bloßer Vernunftglaube, der sich jedermann zur Überzeugung mitteilen läßt«. Kant bestritt weder die Möglichkeit noch die »Notwendigkeit einer Offenbarung als eines göttlichen Mittels zur Introduktion der wahren Religion«, denn hierüber könne kein Mensch etwas ausmachen. Er erkannte auch die hl. Schrift als Norm des Kirchenglaubens an, forderte aber, daß sie in einem Sinne ausgedeutet werden müsse, »der mit den allgemeinen praktischen Regeln einer Vernunftreligion zusammenstimmt«; da gemäß 2Tim 3, 16 »die moralische Besserung des Menschen den eigentlichen Zweck aller Vernunftreligion ausmacht, so wird diese auch das oberste Prinzip aller Schriftreligion enthalten«. Kant verwandte auch für die grundsätzliche Einordnung der Offenbarung in die Vernunft die drei Schlagworte, unter denen in den folgenden Jahrzehnten die Auseinandersetzung darüber geführt wurde: *Naturalismus* (K.F. → Bahrdt), *Rationalismus* und *Supra-,* auch *Supernaturalismus.* Versuche der Staatsregierungen, diese Entwicklung in den Kirchen aufzuhalten (zB das → Wöllnersche Religionsedikt), blieben wirkungslos. Indem die Theologen den Offenbarungsglauben als Erkenntnisquelle kritisch behandelten, spalteten sie sich in die Gruppe der Rationalisten und Supranaturalisten.

Die Vertreter des *christlichen R.,* auch R. vulgaris genannt (→ Henke, → Loeffler, W.T.Krug [1770-1842], → Tieftrunk, → Niethammer, → Röhr, → Wegscheider, H.E.G. → Paulus), radikalisierten die Neologie, indem sie den Vernunftbegriff auf Verstand und Moral einengten und sich um Volkstümlichkeit ihrer Lehrformen bemühten. Die geschichtliche Offenbarung lassen sie nur als mittelbar und natürlich gelten, weil Jesu Erscheinung in den gesetzmäßig-natürlichen Ablauf des Weltgeschehens hineingehört. Damit wird allen überlieferten wunderbaren und mythischen Vorstellungen der Boden entzogen. Vernunft und Gewissen bezeugen die Gültigkeit der religiös-sittlichen Erkenntnisse und bestimmen den christlichen Glauben. Das Verhältnis von Offenbarung und Vernunft bringt der R. auf die Formel: Vernunftreligion entsteht, indem der Mensch auf freie vernünftige Weise den Geist Jesu in sich aufnimmt. Der R. scheidet nicht mehr nur zwischen biblischer und kirchlicher Lehre. Er spürt der Entstehung der Dogmen nach und nimmt sich wegen ihrer erwiesenen Zeitbedingtheit die Freiheit, sich nahezu völlig von der überkommenen Lehre in allen ihren Teilen zu lösen. Sein Materialprinzip besagt: »Gott, der allheilige und allgütige Schöpfer und Lenker aller Dinge, hat durch Jesus Christus allen Menschen Weg und Mittel eröffnet, durch höchstes Streben nach einem zu Gott sich bekehrenden rechtschaffenen Wesen Gott angenehm zu werden und das ewige Heil zu erlangen.« Sein Formalprinzip ist »die

Idee Gottes als des allheiligen Schöpfers und Lenkers des Weltalls, wie sie auf Grund des unserm Geiste einwohnenden moralischen Gesetzes unter Beistand der Schrift von uns erkannt wird« (Wegscheider [s. Hirsch V, 22f]). Die Lehren von der Bibel, von Gott und Jesus Christus als dem Heiland der Menschen werden in ihrer biblisch-kirchlichen Form nach kritischen Erwägungen unter sittlich-religiösen Ideen den Einsichten der Vernunft angepaßt. Die Vernunft wird zum Maßstab der Offenbarung. In der Überzeugung, daß das Christentum zu immer höherer Vollkommenheit fortschreite, konnte der R. auch behaupten, daß »Glaube an Christum, Zurechnung seines Verdienstes, Rechtfertigung für eine schon längst in ihren Vorfahren begnadigte Christennation nicht weiter die gewöhnliche Anwendung verstatte« (Teller).

Im *Supranaturalismus* behielt oder gewann der Glaube an eine unmittelbare, übernatürliche Offenbarung wieder seinen Platz. Der S. stützte sich dabei auf den Gedanken Kants, daß die menschliche Vernunft keinerlei Möglichkeiten habe, auf dem Gebiete der göttlichen Mitteilung zu einem Urteil zu kommen. Der S. erhob Jesus zum Garanten der göttlichen Autorität der hl. Schrift; doch hinderte das den S. nicht, die Bibel ganz nach Art des R. seiner vernünftigen Einsicht nach auszulegen. Es bestanden eine »Tübinger Schule«, in der sich um G.Chr. → Storr die beiden → Flatt, → Süskind und → Steudel sammelten, und eine norddeutsche Gruppe (F.V. → Reinhard, G.Chr. → Knapp, → Tittmann, → Kleuker, E.Sartorius).

Zwischen R. und S. gab es Vertreter eines *rationalen S.* oder *supranaturalen R.*, auch Offenbarungs-R. genannt (→ Stäudlin, E.G. → Bengel, v. → Ammon, K.L. Nitzsch, → Tzschirner, → Bretschneider u.a.). Auch für sie war das Christentum eine vernünftige Religion; lediglich seinen Ursprung hielten sie für eine Tat der göttlichen unmittelbaren Offenbarung und verstanden sie als einen Akt der göttlichen Erziehung. Die eigentliche Bedeutung des S. und seiner Nebenformen liegt aber darin, daß er die konservativen theologischen und kirchlichen Kräfte anzog und damit die Überwindung des R. einleitete.

4. a) In ihrer Verteidigung des Christentums hat sich die Aufklärungstheologie auf Fundamentalartikel zurückgezogen und dabei wesentliche reformatorische Grundwahrheiten preisgegeben. Für ihre *Frömmigkeit* bezeichnend ist ein lebendiges Vertrauen auf → Gott (: V, 15), der als liebender Vater und gütige Vorsehung verstanden wird, daneben Ehrfurcht vor Jesus als weisem Tugendlehrer und Vorbild für Nächstenliebe und Redlichkeit. Der Glaube an den unendlichen Wert der Menschenseele verbindet sich mit einem Verantwortungsgefühl für alles irdische Tun in der Gewißheit von Lohn und Strafe im Jenseits. Mit diesem praktisch orientierten Christentum glaubten seine Vertreter das genuine Christentum darzustellen wegen der »intima atque inseparabilis Christianismi cum Rationalismo amicitia et concordia« (Wegscheider). Luther verehrten sie als den heroischen Streiter für Vernunft und Geistesfreiheit und leiteten daraus ihr Recht ab, in Luthers Geist über Luther hinauszuschreiten. – Diese rationalistische Frömmigkeit findet ihren Ausdruck in der → *Predigt* (: I, 4; → Reinbeck, → Mosheim, → Jerusalem, → Spalding, → Sack, → Zollikofer). In »demonstrierender Methode«, nur noch äußerlich an ein Wort der Bibel gebunden, sucht sie vordringlich den Verstand des Hörers anzusprechen mit dem Willen zu erbauen und zu bessern, zielt also auf religiöse Grundwahrheiten und sittliche Bewährung. Die Frömmigkeit des R. äußert sich ferner in der *geistlichen Dichtung* von → Gellert, J.A. → Cramer, J.A.Hiller, B.Münter, F.V.Buttstedt, K.F.Harttmann, in der → Erbauungsliteratur (→ Zschokke), in der Umgestaltung der *Gesangbücher* (→ Gesangbuch: I, 2c), in der Einführung des → Totensonntags und der Ausbreitung des → Reformationsfestes, aber auch in der Zunahme der Unkirchlichkeit, der Verminderung der Zahl der Gottesdienste, der Wochenbetstunden und der Abendmahlsfeiern. Die kirchliche Sitte wurde vom R. nicht geschützt.

b) Von besonderer Bedeutung sind die *wissenschaftlichen* Leistungen dieser Theologen. Hatte in der Orthodoxie die gesamte Theologie im Dienste der Dogmatik gestanden, so löste sich zunächst die → Kirchengeschichte (: I, 2f) von ihrem apologetisch-polemischen Auftrag und wurde pragmatisch behandelt. Die → Dogmengeschichte folgte, bes. bemüht, die zeitliche Bedingtheit und Wandelbarkeit der Dogmen aufzuzeigen. Die eindringliche Beschäftigung mit der Bibel ließ eine historisch-kritische → Bibelwissenschaft (: I, 1d; II, 3), eine biblische Einleitungswissenschaft sowie eine → Biblische Theologie entstehen. Sie entdeckte auch die außerchristlichen Einflüsse auf Bibel und Dogmatik und bereitete damit der → Religionswissenschaft den Weg. Aus der Polemik wurde auf Grund der toleranten Haltung gegenüber den anderen Religionen die Symbolik (→ Konfessionskunde). Die Arbeit der → Dogmatik litt unter dem Streben nach einseitig begrifflicher Klarheit und dem Mangel eigener Konzeption, da sie sich darauf beschränkte, die biblische und kirchliche Lehre zu jedem Dogma darzustellen, und dazu Stellung nahm. Waren die Ergebnisse dieser Arbeiten im einzelnen grundlegend und wegweisend für die folgenden Generationen, so krankten sie doch weithin daran, daß die Forscher ihre vorgefaßte vernünftige Meinung in die Quellen hineintrugen.

5. a) In ihrer engen Anlehnung an das allgemeine Bildungsbedürfnis der Zeit konnte sich diese Form des Christentums weit verbreiten, ohne doch je die orthodoxe und die pietistische Glaubenshaltung gänzlich verdrängen zu können. Das wird daran deutlich, daß es ihr nur gelang, auf das *Kirchenregiment* in Preußen mit Sack, Spalding, Teller, in Thüringen mit Loeffler, Röhr, Bretschneider, in Braunschweig mit Jerusalem, in Sachsen mit gemäßigten Supranaturalisten wie Tzschirner, Ammon, Reinhard Einfluß zu gewinnen. An den *Universitäten* war der R. nur in → Frankfurt/O. mit Töllner und Steinbart, in → Halle mit Semler, Gruner, Nösselt, Wegscheider, Gesenius, Eberhard, in → Jena - unter der Gewährung besonderer Lehrfreiheit - mit Döderlein, Griesbach, Gabler, Eichhorn, H.E.G.Paulus, in → Helmstedt mit Teller und Henke vertreten. In Württemberg gab es überhaupt nur den S. – Vgl. ferner → Schweiz: I B, 2d; → Frankreich: II, 2; → Niederlande: I, 5; II, 2a; → Dänemark: I, 4; → Norwegen: I, 3; → Schweden: I.

b) Auch die *kath. Kirche* wurde von der Aufklärung erfaßt (→ Josephinismus). In Deutschland bildeten Würzburg (→ Erthal) und Mainz (→ Dalberg) Mittelpunkte. Wenn auch stets der Grundsatz galt, die Vernunft sei nur Werkzeug, nicht Richter, so suchten doch zB J.M.Feder, A.J.Onymus, M.I. → Schmidt, G.Zirkel, → Isenbiehl, F.A. → Blau, → Hedderich, → Werkmeister, → Oberthür und G. → Hermes die Heilswahrheiten des Katholizismus in rationalistischem Sinne zu deuten, indem sie das Christentum mit Humanität gleichsetzten, die Kirche als Religionsgesellschaft, Religion als religiöse Belehrung verstanden, Ordensstand und Aberglauben bekämpften und für kirchliche Einigung eintraten (→ Febronianismus, → Wessenberg, → Reichskirche). Mit ihrem Bemühen um liturgische Reformen, Bibelverbreitung und kritische Forschung blieben sie nicht ohne Einfluß auf den Katholizismus ihrer Zeit. In Sess. III c. 4 entschied das → Vatikanum de fide et ratione, indem es zwischen der Erkenntnis mittels der Vernunft und der durch den göttlichen Glauben zu unterscheiden lehrte. Zugleich stellte es fest, daß kein Widerspruch zwischen Glauben und Vernunftwahrheiten möglich sei, weil Gott sowohl Glaubens- wie Vernunftwahrheiten gegeben habe und sich nicht widerspreche.

6. Neben der Neologie hatte sich schon der → Sturm und Drang, neben dem R. die → Romantik gebildet, die sich beide bes. gegen den Intellektualismus und Moralismus des R. wandten. Auch der deutsche → Idealismus (: II) mit seiner spekulativen Deutung des Dogmas stand im Gegensatz zum R. Religiös erwuchs dem R. in der → Erweckungsbewegung der eigentliche Gegner. Ihr Kampf gegen den R. wurde durch die geschichtlichen Ereignisse begünstigt. Da der R. keine hinreichende Sinngebung der Geschichte bot, wurde diese seine Schwäche in den Erschütterungen der franz. Revolution und des Unterganges Preußens 1806/07 offenbar. Hatte schon → Reinhard in seiner Neujahrspredigt 1800 Luthers Rechtfertigungslehre gleichsam wiederentdeckt, Cl. → Harms 1817 seine Thesen gegen den R. geschrieben, A. → Hahn sogar den Ausschluß der Rationalisten aus der Kirche gefordert (→ Leipziger Disputation; → Luthertum: II, 2), so verbanden sich schließlich die Erweckungsbewegung und die wiedererstandene Orthodoxie (→ Menken, → Tholuck, → Neander, → Hengstenberg) zum Kampf gegen den R. Sie verdrängten alle rationalistischen Neuerungen aus dem Kirchenleben und erzeugten »aus sich heraus die konservative Welt- und Geschichtsansicht der preußisch-norddeutschen Restauration« (Hirsch V, 96 f). Indem die Orthodoxie in unkritischer Weise dem Wahrheitsbewußtsein des R. ihre Glaubenshaltung entgegenstellte, führte sie in der Religiosität des deutschen Volkes den tiefen Riß herbei, der sich im Fortleben des R. in Teilen des Bürger- und Bauerntums wie in den mannigfachen Spannungen zwischen den theologischen Richtungen (→ Systematische Theologie: II A, 2) und den kirchlichen Parteien im 19.Jh. ausdrückte (→ Protestantenverein, → Positive Union). Das große Thema »Offenbarung und Vernunft« wurde seit der Mitte des 19.Jh.s von neuen Problemen wie dem Verhältnis der Kirche zum Staat, zur modernen Gesellschaft und zahlreichen theologischen Einzelfragen überdeckt. Unter dem Einfluß von → Kierkegaard und der → Dialektischen Theologie wurde es in der Gegenwart wieder neu aufgenommen. In der Erkenntnis der Spannung, in der die auf Offenbarung gegründete Botschaft der Kirche zum Wahrheitsbewußtsein des modernen Menschen steht, bemüht sich die gegenwärtige Theologie um ein neues Verständnis von → Offenbarung (: VI) und um die Erhellung ihrer Zuordnung zur Vernunft im Glauben.

Qu.: J.F.BUDDEUS, Theses theologicae de atheismo, 1716; dt. 1717 - I.G.CANZ, Philosophiae Wolffianae consensus cum theologia, 1735 - J.G.LUDOVICI, Ausführl. Entwurf einer vollst. Historie der Wolffischen Philos., 3 Bde, 1737f - E.C.CANZ, Compendium theologiae purioris, 1756 - J.L.v.MOSHEIM, Elementa theologiae dogmaticae, 1758 - S.J.BAUMGARTEN, Ev. Glaubenslehre, 3 Bde, 1759f - J.G. TÖLLNER, Wahre Gründe, warum Gott die Offenbarung nicht mit augenscheinlicheren Beweisen versehen hat, 1764 - DERS., Beweis, daß Gott den Menschen bereits durch seine Offenbarung in der Natur zur Seligkeit führt, 1766 - J.J.SPALDING, Über die Nutzbarkeit des Predigtamtes und deren Beförderung, 1772 - J.A.ERNESTI, De theologiae historicae et dogmaticae coniugendae necessitate et modo universo, 1773 - J.S.SEMLER, Versuch einer freien theol. Lehrart, 1777 - DERS., Über hist., gesellschaftl. u. moral. Religion der Christen, 1786 - G.E.LESSING, Über den Beweis des Geistes u. der Kraft, 1777 - F.V.REINHARD, Versuch über den Plan, welchen der Stifter der christl. Religion zum Besten der Menschheit entwarf, (1781) 1798^{4}; Neudr. 1830 - CH.M.WIELAND, Über den freien Gebrauch der Vernunft in Glaubenssachen, 1787 - W.A.TELLER, Die Religion der Vollkommnern, (1792) 1793^{2} - I.KANT, Die Religion innerhalb der Grenzen der bloßen Vernunft, 1793 - J.F.RÖHR, Briefe über den R., 1813 - J.A.L.WEGSCHEIDER, Institutiones theologiae christianae dogmaticae, (1815) 1844^{8} - J.A.H.TITTMANN, Über S., R. u. Atheismus, 1816.

Darst.en u. Einzelunters.en: K.F.STÄUDLIN, Gesch. des R. u. S., 1826 - K.v.HASE, Anti-Röhr, 1837 - W.E.H.LECKY, Hist. of the Rise and Influence of the Spirit of Rationalism in Europe, 2 Bde, 1865f - J.F.HURST, Hist. of Rationalism, 1901 - L.ZSCHARNACK, Lessing u. Semler, 1905 - RE XVI, 447ff - L.OLLÉ-LAPRUNE, La raison et le rationalisme, 1906 - W.DILTHEY, Weltanschauung u. Analyse des Menschen seit Renaissance u. Reformation (Ges.Schr. II), (1914) 1957^{5} - A.RAETZ, Reformversuche in der kath. Dogmatik Deutschlands zu Beginn des 19.Jh.s (Diss.), 1918 (Lit.) - P.WERNLE, Der schweiz. Prot. im 18.Jh., 3 Bde, 1923-25 - DERS., Der schweiz. Prot. in der Zeit der Helvetik, 2 Bde, 1938/42 - M.DUBOIS, De Kant à Ritschl, 1925 - E.TROELTSCH, Ges. Schriften IV, 1925, 261-429 - K.ANER, Die Theol. der Lessingzeit, 1929 (Lit.) - W.MAURER, Aufklärung, Idealismus u. Restauration, 2 Bde, 1930 - RGG^{2} IV, 1713ff - HKG IV, 77ff. 157ff (Lit.) - LThK VIII, 645ff - K.JASPERS, Vernunft u. Existenz, (1935) 1949^{3} - H.THIELICKE, Offenbarung, Vernunft u. Existenz, (1936) 1959^{4} - DThC XIII/2, 1688ff (Lit.) - F.SCHNABEL, Dt. Gesch. im 19.Jh. IV, (1937) 1955^{3} - H.E.WEBER, Reformation, Orthodoxie u. R. I/1. 2; II, 1937-51 - P.GRAFF, Gesch. der Auflösung der alten gottesdienstl. Formen in der ev. Kirche Deutschlands II, 1939 - P.HAZARD, Die Herrschaft der Vernunft. Das europ. Denken im 18.Jh., 1949 - HIRSCH I-V - M.WERNER, Der prot. Weg des Glaubens, 1955, 365ff - A.SCHLINGENSIEPEN, Das Sozialethos der luth. Aufklärungstheol. am Vorabend der industriellen Revolution (Diss. Göttingen), 1955 - Leiturgia II, 306ff; IV, 699ff - I.RÖBBELEN, Theol. u. Frömmigkeit im dt. ev.-luth. Gesangbuch des 17. u. 18.Jh.s, 1957 - W.PHILIPP, Das Werden der Aufklärung, 1957 (Lit.) - H.STEPHAN-M.SCHMIDT, Gesch. der ev. Theol. seit dem dt. Idealismus, 1960^{2}, 60ff. - Vgl. ferner die Lit. zu den Personenartikeln, die KGen der Länder u. die Geschichten der Universitäten u. theol. Fakultäten.

H.Hohlwein

Ratisbonne, kath. Judenmissionare. 1. *Marie Théodore* (28.12.1802 bis 10.1.1884), * in Straßburg, † in Paris. 1827 vom Judentum zum Katholizismus übergetreten, ursprünglich Jurist, wurde er 1830 Priester, seit 1840 in Paris. Dort gründete er mit seinem Bruder (s. 2) 1843 die Frauenkongregation der Sionsschwestern (Schwestern Unserer Lieben Frau von Sion). Seit 1850 leitete er die Erzbruderschaft der christlichen Mütter.

2. *Marie Alphonse* (1.5.1814 bis 6.5.1884), Bruder von 1, * in Straßburg, † in Ain Karim bei Jerusalem, konvertierte 1842 und wurde 1847 Priester und Judenmissionar. 1855 baute er in Jerusalem für die Sionsschwestern das Kloster Ecce Homo mit Waisenhaus sowie die Waisenhäuser St. Johann im Gebirge und St. Peter und erweiterte ihre zunächst auf die Erziehung übergetretener Jüdinnen gerichtete Arbeit auf Liebestätigkeit und Mission in Palästina.

M.Th.R. vf. u.a.: Hist. de St. Bernard et de son siècle, 2 Bde, (1841) 1903^{11}; Manuel de la mère chrétienne, 1859 (dt. 1860); Réponse aux questions d'un Israélite de notre temps, 1878 (dt. 1905^{2}). - Über 1: Le Père M.Th.R., 2 Bde, Paris 1904 (anonym). - Über 2: TH.DE BUSSIÈRES, A.M.R., 1859; dt. 1926. - Über 1 u. 2: CathEnc XII, 699f - Les Pères R. et Notre-Dame de Sion, 1928 - LThK VIII, 648 - EC X, 548. *H.Hohlwein*

Ratke *(Ratichius), Wolfgang* (1571-1635), Pädagoge, * in Wilster (Holstein), † in Erfurt, studierte in Rostock luth. Theologie und prot. Scholastik, war 1603-10 Sprachlehrer in Amsterdam (Einfluß Hollands: orientalische Sprachen, natürliche Religion, → Coornhert, Toleranz, Muttersprache) und verkündet dann vor und im 30jährigen Krieg in Deutschland als »Didacticus« ein utopisches Generalreformationsprogramm: eine »Harmonie des Glaubens, der Natur (Vernunft) und der Sprachen«, eine »einträchtige« Religion. Zu diesem neuen *ordo* führt eine nova *methodus*: neue deutsche »einheitliche« Lehrbücher (»Grammatiken«), neue (staatliche) Schulen und Lehrer, neue Unterrichtsmethoden (bes. sprachliche), die deutsche Sprache im Unterricht, Hebräisch als erste Fremdsprache (»Gottessprache«), dann Chaldäisch, Syrisch, Griechisch, Latein (Lernzeit ½–1 Jahr nach der Imitationsmethode). R. plante rd 350 harmonische deutsche Lehrbücher (bis zur »Wurmlehre«) und arbeitete rd 20 aus (für Theologie, Philosophie, deutsche Grammatik; Schulorganisation). Die durch Offenbarung und Gnade »erleuchtete« Vernunft ist Instanz für ordo und methodus (diese bedingen sich gegenseitig, vgl. → Descartes). Die rechte Lehre und Schule führen zur wahren Kirche und Religion. Luther und Melanchthon sind die großen »Lehrer«. Die (ars) didactica ist sowohl System als auch formale Didaktik. Um die schärfere Charakterisierung bemüht sich die »ratichianische« Bewegung. – Von den »ratichianischen« *Schulversuchen* (Augsburg, Weimar, Köthen [1619–22], Magdeburg) und *Schriften* hat sich R. distanziert. Sie entsprachen seinen letzten Zielen nicht und beschränkten sich meistens auf Latein- und Deutschunterricht. Die Schriften sind ein Gewebe von (psychologischen, logischen und spekulativen) Gedanken R.s und seiner Mitarbeiter. Begriffe wie »Anschauung«, »Natur«, »methodus«, »inductio«, »realia« (zu diesen gehört zB für R. eine Engelslehre) müssen geistesgeschichtlich sorgfältig geprüft werden. Die methodischen Formulierungen sind zT vortrefflich (nur eines auf einmal), zT einseitig (alles durch das Gehör, pythagoreisches Schweigen), zT sachlich falsch. In den sprachmethodischen Erörterungen sind fast alle sprachmethodischen Probleme behandelt worden. – Manche der Gedanken R.s wirkten sich trotz des Krieges und der konfessionellen und scholastischen Differenzen auf das Schulwesen aus (Helwig, → Jungius, J. → Kromayer, Evenius, Ludwig von Anhalt, → Ernst der Fromme, → Comenius). Seine rationale und zugleich spekulative Natur erzeugte viel Feindschaft, aber auch treue Freundschaft (→ Meyfart, Fürstin Anna Sophia, die Tante Ernsts d. Fr.) – Erst nach Edition und Analyse der gesamten »Ratichiana« (Lehrschriften, Gutachten, Protokolle, Briefe) kann der Didacticus R. als religiöse und pädagogische Persönlichkeit gerecht beurteilt werden (bes. seine Erkenntnis pädagogischer Kategorien und seine Bedeutung für die deutsche Sprachgeschichte). Sein System der »Harmonie« muß man geschichtlich einordnen in die Versuche der prot. Scholastik, in neuen Systembildungen dem Geist der Zeit des Übergangs (vom Konfessionalismus des 16.Jh.s zum Rationalismus des 17.) Gestalt zu geben.

Ratichianische Schriften, hg.v. P.STÖTZNER, 2 Bde, 1892/93 – Die neue Lehrart. Päd. Schriften R.s, hg. u. eingel. v. G.HOHENDORF, 1957. – G.VOGT, W.R., 1894 – C.F.LINDERSTRÖM-LANG, W.R., Kopenhagen 1903 – EHP VII, 1908², 194ff (Lit.) – K.SEILER, Das päd. System W.R.s, 1931. *M.Luckow*

Ratpert († um 890), aus Zürich, Mönch und Lehrer in → St. Gallen, schuf religiöse Dichtungen, zB einen – nur in lat. Übersetzung Ekkehards IV. erhaltenen – deutschen Lobgesang auf den hl. → Gallus, sowie Begrüßungsverse für vornehme Gäste. Seine »Casus S. Galli« (bis 883) sind eine wertvolle Geschichtsquelle, auch dort, wo es um den Kampf des Klosters gegen die Ansprüche des Bistums Konstanz geht.

MG PL IV, 317ff; SS II, 59ff – G.MEYER V.KNONAU, St. Galler Mitt. zur vaterländ. Gesch. 13, 1872, 1–64 – TH.MAYER, Schweizer. Zs. für Gesch. 2, 1952, 474–524 – VerfLex V, 932f. *H.Löwe*

Ratramnus († nach 868), seit 825/30 Mönch in → Corbie, trat von → Augustin her in der Frage der → Prädestination für → Gottschalk und in der Lehre vom → Abendmahl (: II, 2a) gegen → Paschasius Radbertus auf (→ Berengar von Tours). In »Contra Graecorum opposita« verfocht er 868 den päpstlichen Primat gegen → Photius.

MPL 121 – MG Epp VI, 149ff; PL III, 715ff – A.WILMART, RBén 43, 1931, 207–223 – C.LAMBOT, R.de Corbie. Liber de anima, Lille 1951 – J.N.BAKHUIZEN VAN DEN BRINK, R., De corpore et sanguine Domini, Amsterdam 1954. – MANITIUS I, 412ff – A.CAVALLIN, La Scuola Cattolica 68, 1940, 254–274 – C.GLIOZZO, La dottrina della conversione eucaristica in Paschasio Radberto e R., Palermo 1945 – EC X, 945f. *H.Löwe*

Ratzeburg, *Bistum,* um 1062 von → Adalbert von Bremen gegründet, im → Wenden-Aufstand 1066 vernichtet, 1154 von Heinrich dem Löwen neu begründet, der dem Bischof und dem mit Prämonstratensern besetzten Domkapitel die Insel im R.er See als Sitz übergab. Seit etwa 1170 wurde der Dom, die wohl am besten erhaltene romanische Basilika im Gebiet der Ostseeländer, erbaut. Nach dem Sturz Heinrichs des Löwen (1180) konnten die Bischöfe, deren Diözese das Land Lauenburg und das östliche Mecklenburg umfaßte, die Reichsunmittelbarkeit durchsetzen und gegenüber den Herzögen von Sachsen-Lauenburg und Mecklenburg behaupten. Die Reformation drang erst nach dem Tode des Bischofs Georg von Blumenthal († 1549) unter seinem Nachfolger, Herzog Christopher von Mecklenburg, ein. Im Westfälischen Frieden 1648 kam das Stift an das Haus Mecklenburg, 1701 an die Linie Mecklenburg-Strelitz. 1937 wurde der Dombezirk ein Teil Schleswig-Holsteins. Kirchlich gehört der Dom zur mecklenburgischen Landeskirche; doch sind die Patronatsrechte 1937 an Preußen, 1945 an Schleswig-Holstein übergegangen.

G.M.C.MASCH, Gesch. des Bisthums R., 1835 – K.JORDAN, Die Bistumsgründungen Heinrichs des Löwen, (1939) Neudr. 1952 – O. KÄHLER, Zur Gesch. des Bistums u. Domes zu R. (Zs. f. schlesw.-holst. Gesch. 74/75, 1951, 244–275) – Der Dom zu R., acht Jh.e, 1954. *K.Jordan*

Ratze(n)berger, *Matthäus* (1501–59), * in Wangen/Allg., Arzt, studierte seit 1516 in Wittenberg. Seit ca 1525 Stadtphysikus in Brandenburg (Vertrauensmann der ev. Kurfürstin Elisabeth), dann Leibarzt des Grafen Albrecht von Mansfeld und 1538/46 des sächsischen Kurfürsten Johann Friedrich, den er auch in theologischen Fragen beriet, dessen Unwillen er sich aber im Schmalkaldischen Krieg durch aufdringliche Warnungen vor Landgraf Philipp und den kurfürstlichen Beratern zuzog. R. war ein unbedingter Anhänger Luthers, mit dem er weitläufig verschwägert war. Mit Melanchthon überwarf sich R. nach dessen Ablehnung, an die neue Universität Jena überzusiedeln. Als Gnesiolutheraner bekämpfte er rücksichtslos die Philippisten als Verfälscher der reinen Lehre; tatkräftig förderte er die Jenaer → Lutherausgabe (, 4). Seine handschriftlichen Aufzeichnungen über Luthers Leben sind historisch unbedeutend.

C.G.NEUDECKER, Die handschriftl. Gesch. R.s über Luther u. seine Zeit, 1850 – G.L.PLITT, Die vier ersten Lutherbiographien, 1876 – ADB XXVII, 372ff – RE XVI, 471f – RGG² IV, 1724 – WAB XI, 59f – SCHL. II, 163; V, 226. *H.Volz*

Raumer, *Karl von* (1783–1865), * in Wörlitz (Anhalt), ist als Mineraloge und Pädagoge bedeutsam, bes. aber durch sein Wirken in der akademischen Jugend, seine Begeisterung am nationalen Wollen, seine Ergebung in die geistliche → Erweckung (: I, 5b). Schon als Student in Freiburg und Halle in enger Fühlung mit den führenden Männern des deutschen Geistes, las er in Paris → Fichtes Reden und ging zu → Pestalozzi nach Iferten. 1811–19 war er Prof. in Breslau (Teilnehmer am Freiheitskrieg), 1819–23 in Halle. Als Freund der Burschenschaft und der Turnbewegung verfolgt, mußte er 1823 Preußen verlassen und ging an die von Dittmar im Geiste Pestalozzis geleitete private Erziehungsanstalt nach Nürnberg. Als Prof. der Naturgeschichte in → Erlangen (seit 1827) rief R. die Studenten zur Teilnahme für die heimatlosen Arbeiter auf und wurde ein Mitarbeiter in der Heidenmission und den Anfängen der Jugendarbeit, mit der er die Weckung des Sinnes für alte Kirchenlieder verband (»Sammlung geistlicher Lieder«, [1831] 1846²).

Vf. u.a.: Gesch. d. Pädagogik I-IV, 1843-54; V, hg.v. G.Lothholz, 1897; Selbstbiogr., 1866. - Über R.: RGG² IV, 1725f - G. Merz, Das bayer. Luthertum, 1955, 48f. † *G.Merz*

Rausch. Die im R. erfahrene Ausschaltung des bewußten Lebens hat in der Religionsgeschichte unterschiedliche Wertungen gefunden. Eine religiös positive Einschätzung sieht im R.zustand die Möglichkeit der Teilhabe an einem mächtigeren, numinosen Leben. Sie heiligt daher die berauschenden Mittel, bes. den alkoholischen R.trank, der dann in → Mythos und → Kultus eine bedeutsame Rolle spielt. Nach indischer Anschauung (→ Indien: II) stärkte der Trank des Soma die Heldenkraft des Gottes Indra (zB Rigveda 9, 8, 1). Die griech. Götter leiteten ihre Unsterblichkeit vom Genuß des Nektar her. Die kultische Verwendung des hl. R.-tranks erfüllt den Trinkenden mit göttlicher Kraft und führt ihn in die Gemeinschaft der Götter: »Wir haben jetzt Soma getrunken; wir sind Unsterbliche geworden; wir sind zum Lichte gelangt; wir haben die Götter gefunden« (Rigveda 8, 48, 3). Die Religion der → Indogermanen kannte einen ursprünglich aus Honig gewonnenen Met (altindisch madhu, altiranisch madu, griech. methy, ahd. methu, litauisch madù). In den → Veden und im → Avesta heißt der sakramentale R.-trank Soma (iranisch Haoma). Der R.trank der alten Mexikaner wurde Pulque genannt; unerlaubtes Pulque-Trinken zog die Todesstrafe nach sich. Neben der Einigung mit dem Göttlichen und der Erlangung der Unsterblichkeit befähigt der R. auch zur Erleuchtung. Der Schamane (→ Schamanismus) tritt im R. mit → Geistern in Verbindung, die ihm Auskünfte erteilen. Die Sprache des → Sufismus verwendet die Trunkenheit als Bild für die Erfahrung des Unaussprechlichen. - Religiös negative Wertungen des R.s führen zur Bekämpfung und zum Verbot von R.mitteln. → Zarathustra fragte seinen Gott Ahura Mazda (→ Ormazd) im Hinblick auf den Haoma: »Wann wirst du den Unflat (mūthrem) dieses R.tranks treffen?« (Yasna 48, 10). Der → Buddhismus (: I) sieht den R. unter dem Aspekt einer Verhinderung der zur Meditation notwendigen geistigen Konzentration. Das fünfte buddhistische Hauptgebot verbietet daher den Genuß von R.getränken für Mönche und Laien. Statt dessen hat der Buddhismus die Verbreitung des Tees als eines anregenden, aber nicht berauschenden Getränks gefördert. - Als eigentümliches mythisches Motiv erscheint der R. im ägyptischen »Buch von der Himmelskuh«. Eine Empörung der Menschen gegen die göttliche Ordnung veranlaßte den Sonnengott Re, die Löwengöttin Sachmet mit deren Vernichtung zu beauftragen. Als Re seinen Entschluß bereut, gelingt es ihm durch eine List, die Sachmet an ihrem Vorhaben zu hindern. Re läßt das Land, wo sie die Menschen töten wollte, mit blutrot gefärbtem Gerstenbier überfluten. Die Göttin trank es, wurde berauscht und erkannte die Menschen nicht mehr. - Vgl. → Dionysos, → Ekstase, → Mysterien, → Wein.

G.Roeder, Urkunden zur Religion des alten Ägypten, 1923, 142ff - G.Nioradze, Der Schamanismus bei den sibir. Völkern, 1925 - Ph.de Félice, Poisons sacrés, ivresses divines, Paris 1936 - P.Boyancé, Le culte des Muses, ebd 1937, 209ff - H.S.Nyberg, Die Religionen des alten Iran (MV[Ä]G 43), 1938 - G.Sverdrup, R.trank u. Labetrank im Glauben u. Kultus unserer Vorfahren (ANVAO 1940, 5) - Ch.Maystre, Le livre de la vache du ciel dans les tombeaux de la vallée des rois (BIFAO 40, 1941, 53-115) - M.Eliade, Le chamanisme et les techniques archaïques de l'extase, Paris 1951; dt. 1957 - H.Brunner, Die theol. Bedeutung der Betrunkenheit (ZÄS 79, 1954, 81-83) - H.Lommel, König Soma (Numen 2, 1955, 196-205) - van der Leeuw § 74 - R.Ch.Zaehner, Mysticism, Sacred and Profane, Oxford 1957. *G.Lanczkowski*

Rausch, *Emil* (1807-84), ev. Theologe, 1832 Pfarrer in Kassel, Mitarbeiter in der Erweckungsbewegung, Mitbegründer des Missionsvereins. 1839 Pfarrer in Rengshausen, Gründer des Beiserhauses, einer mit Druckerei und Verlag verbundenen Rettungsanstalt für verwahrloste Kinder. Als renitenter Pfarrer (→ Kurhessen-Waldeck, 7) wurde R. 1873 seines Amtes enthoben.

R.Schlunck, Die 43 renitenten Pfarrer, 1923, 47f. *H.Steitz*

Rauschen, *Gerhard,* kath. Kirchenhistoriker, * 13.10. 1854 in Heinsberg (Rhld.), † 12.4.1917 in Bonn, 1897 PDoz., 1902 Prof. für KG in Bonn, Begründer und Herausgeber des Florilegium patristicum (seit 1904).

Vf. u.a.: Die Legende Karls d. Gr. im 11./12.Jh., 1890; Grundriß der Patrologie, (1903) 1910³ (NB v. J.Wittig, 1921⁶·⁷, v. B. → Altaner, 1931¹¹). - Über R.: F.Lauscher, Die kath.-theol. Fakultät der Rhein. Friedr.-Wilh. Univ. 1818-1918, 1920 - LThK VIII, 656. *K.G.Steck*

Rauschenbusch, 1. *August Christian Ernst* (1777 bis 1840), ev. Theologe, Sohn des Pfarrers *Hilmar Ernst* R. (1745-1815), * in Bünde/Westf., † in Altena, 1802 luth. Pfarrer in Cronenberg bei Elberfeld, 1808 Schulrektor in Schwelm, 1814 Feldprediger der »Bergischen Brigade«, seit 1815 Pfarrer in Altena. R. war Mitherausgeber des antirationalistischen »Bergischen Gesangbuches« (1808) und arbeitete seit 1815 auch am Rheinischen Gesangbuch und am Agendenentwurf von 1829 mit.

Vf. u.a. (vgl. RGG² IV, 1726): Reflexionen über den Pietismus, 1803; Clarenbachs u. Fliestedens Märtyrertum, 1829. - Über R.: F.A.Schmidt, Neuer Nekrolog der Deutschen, 1840, Nr. 152 - C. Krafft in: Theol. Arb. aus dem rhein. wissenschaftl. Predigerverein 12, 1892, 142-145 - ADB 53, 223f - W.Kosch, Dt. Lit.-Lex. III, 1956, 2168 (Bibliogr.). *H.Hohlwein*

2. *Walter* (4.10.1861 bis 25.7.1918), amerik. baptistischer Theologe, * in Rochester, aufgewachsen in Gütersloh, studierte am deutschen Theologischen Seminar in Rochester. 1886-97 Pfarrer der 2. deutschen baptistischen Gemeinde im ärmsten Hafenviertel von New York, 1897-1902 Prof. für NT am deutschen baptistischen Seminar von Rochester, seit 1902 Prof. für KG am Baptist Theological Seminary ebd. 1907 leitete R. durch die Proklamation eines → »Social Gospel« als sozialtheologisches Korrektiv eines »Personal Gospel« in einer Zeit schwerster Wirtschaftsdepression eine Wende der amerik. Theologie ein (→ Vereinigte Staaten: I. II).

Vf. u.a.: Christianity and the Social Crisis, 1907; For God and the People. Prayers of the Social Awakening, 1910 (dt. 1928); Unto Me, 1912; Dare we be Christians, 1914; A Theology for the Social Gospel, 1917 (dt.: Die relig. Grundlagen der soz. Botschaft, 1922, eingel. v. L.Ragaz). - Über R.: ChW 1908, Nr. 34; 1909, Nr. 22-23 - A.M.Singer, W.R. and his Contribution to Social Christianity, Boston 1926 - K.Naumann, Die Theol. des social gospel in Amerika, dargest. an W.R. (Theol. Diss. Tübingen), 1943 - Reinh.Müller, W.R., 1957 (Lit.). *E.Beyreuther*

Rauscher, *Joseph Othmar,* Kardinal, * 6.10.1797 in Wien, † 24.11.1875 ebd. Zunächst Jurist, 1823 Priester, Schüler von Cl. → Hofbauer, Prof. für KG und Kirchenrecht in Salzburg, Lehrer und Erzieher Kaiser Franz Josephs, 1849 Fürstbischof von Seckau, 1853 Fürsterzbischof in Wien, 1855 Kardinal. R. ist der eigentliche Überwinder des → Josephinismus in → Österreich (, 5). In dem von ihm ausgehandelten, 1855 abgeschlossenen Konkordat (Mirbt Nr. 598) wird der Klerus den Bischöfen völlig ausgeliefert, ebenso der Religionsunterricht an allen Schulen, die Ehegerichtsbarkeit u.a.m. Die Bischöfe werden vom Kaiser zwar vorgeschlagen, aber nicht auf die Verfassung, sondern nur auf den Kaiser verpflichtet. R. versuchte vergeblich, die 1867 einsetzende Rückwendung zum Staatskirchentum zu verhindern. In deren Konsequenz wurde das Konkordat 1874 aufgekündigt, da durch die Unfehlbarkeitserklärung (→ Vatikanum) der Vertragspartner sein Wesen geändert habe. - R. war persönlich Gegner des neuen Dogmas, stimmte am 13.7.1870 mit Nein und reiste ab, unterwarf sich aber schon im August.

Vf. u.a.: Die Gesch. d. christl. Kirche I. II, 1824/29; Observationes quaedam de infallibilitatis ecclesiae subjecto, Neapel 1870 (die in Wien ersch. dt. Übers. wurde von ihm aufgekauft, um sie aus der Welt zu schaffen); Die letzten Dinge, 1888; Hirtenbriefe usw, 9 Bde, 1858-89. - Über R.: ADB 27, 449ff - C.Wolfsgruber, Kard. R., 1888 - M.Hussarek, Arch. f. österr. Gesch. 109/2, 1922, I-XV. 447 bis 811; dazu Heinr. Singer, Mitt. d. Vereins f. Gesch. d. Deutschen in Böhmen 62, 1924, 95-116. 165-262 - LThK VIII, 657f.

K.G.Steck

Rautenberg, *Johann Wilhelm* (1791-1865), luth. Theologe, * in Moorfleth bei Hamburg, † in Hamburg, wo er seit 1820 Pfarrer an St. Georg war. Von → Twesten entscheidend geprägt, Vertreter der luth. Orthodoxie und der → Erweckung (: I, 5c), ist sein Wirken als Prediger und Seelsorger eng mit der Kirchengeschichte → Hamburgs (: II, 4) verbunden. In der 1825 mit → Onkken eröffneten → Sonntagsschule erhielt → Wichern, der dort seit 1832 Oberlehrer war, den Anstoß zur Gründung des Rauen Hauses. R. wirkte auch auf Amalie → Sieveking.

Hg.: »Denkblätter« (Predigten), 1821-33. Von H.Sengelmann hg.: Festliche Nachklänge, 1865; Hirtenstimmen, 1866 (Sammlungen von R.s geistl. Liedern); Predigten, 1866/67. - Über R.: ADB XXVII, 457ff - RE XVI, 473ff - M.Gerhardt, J.H.Wichern I, 1927, 114ff u.ö. - H.Lehmann, J.W.R., 1936 - W.Jensen, Die hamburg. Kirche u. ihre Geistlichen seit der Reformation I, 1958, 194f (Lit.).

H.Hohlwein

Rautenstrauch, *Franz Stephan,* OSB, * 29.7.1734 in Blottendorf (Böhm. Leipa), † 30.9.1785 in Erlau (Ungarn). 1750 Benediktiner in Braunau, 1773 Abt, 1774 Direktor der theologischen Fakultät in Prag, dann auch in Wien, Prof. für Philosophie und Kirchenrecht. Als Anhänger eines gemäßigten → Josephinismus entwarf R. den Reorganisationsplan für die theologischen Studien in den kaiserlichen Erblanden (1782), der die Ausbildung des Klerus im Sinn einer stärkeren Betonung der biblischen Exegese, der KG und der Praktischen Theologie bestimmte und bis 1857 gültig blieb.

Vf. u.a.: Institutiones juris ecclesiastici usibus Germaniae accomodatae, (1769) 1774; Anleitung der syst.-dogmat. Theologie, 1774; Synopsis juris publici et privati, 1776. - Über R.: H.Zschokke, Die theol. Studien u. Anstalten in Österreich, 1854 - C.v.Wurzbach, Biogr. Lexikon des Kaisertums Österreich 25, 1873, 67ff - ADB 27, 459f - RE XVI, 475 - HN V, 510f - LThK VIII, 657. *K.G.Steck*

Ravasz, *László,* ungarischer ref. Theologe, * 29.9. 1882 in Bánffyhunyad (Siebenbürgen), studierte Theologie und Philosophie in Klausenburg und Berlin, 1907 Prof. der Theologie in → Klausenburg, 1921 Bischof des ref. Kirchendistriktes an der Donau und Pastor in → Budapest, 1937 geistlicher Präsident des Generalkonvents und der Generalsynode der Ref. Kirche von Ungarn, Vizepräsident der Ungarischen Akademie der Wissenschaften; seit 1948 im Ruhestand. R. vertritt traditionstreu die kulturelle, soziale und ökumenische Sendung des Protestantismus und sieht deren Grundlage in der kirchenerneuernden Predigt, für die er selbst formvollendete Beispiele gibt.

Vf. u.a.: Einl. in die prakt. Theol., 1907; Homiletik, 1915; Paulus in Athen, 1928; Das Problem der prakt. Bibelerklärung, 1940; Predigten, Reden u. Aufsätze, 20 Bde, 1910-42 (alles ung.); Hungarian Protestantism, 1927. - Über R.: R.-Festschr., 1941, mit dt. Auszügen u. Bibliogr. *I.Török*

Ravenna

I. Erzbistum - II. Archäologische Denkmäler

I. Erzbistum

Erste Spuren des Christentums lassen sich in Classe, dem Hafen von R., bereits aus dem Ende des 2.Jh.s nachweisen, doch ist die Diözese mit Bischof Severus, der an der Synode von Serdika (342) teilnahm, erst für das 4.Jh. bezeugt. Der hl. Apollinaris, nach der Legende ein Schüler des Petrus, soll der erste Bischof von R. gewesen sein. Seine größte Bedeutung erlangte R., als der kaiserliche Hof dorthin verlegt und R. um 430, zZ des Petrus → Chrysologus, Metropole wurde. Diese Bedeutung behielt R. unter dem Gotenkönig Theoderich (→ Goten, 3), der R. zu seiner Hauptstadt machte, und später während des byzantinischen Exarchats bei (Erzbischof → Maximian). Während der Langobarden- und Karolingerherrschaft in → Italien stellte sich R. gegen → Rom und beanspruchte eine immer größere Selbständigkeit, die im Liber Pontificalis Ecclesiae Ravennatis des Agnellus (9.Jh.) zum Ausdruck kommt. 1047 stand R. in Norditalien vor → Mailand an erster Stelle. Nach dem Zwischenspiel Wiberts (Gegenpapst → Clemens III.) begann für R. der allmähliche Abstieg, der in der Loslösung Bolognas und weiterer in einer neuen Provinz zusammengefaßten Diözesen seinen Höhepunkt erreichte (1582). - Gegenwärtig (1960) hat das Erzbistum R. 7 Suffragan-Diözesen: Bertinoro, Cesana, Comacchio, Forlì, Rimini, Sarsina und Cervia (seit 1947 für ständig an R. angeschlossen).

P.F.Kehr, Italia Pontificia V, 1911, 13-112 (Qu., Lit.) - LThK VIII, 660ff - EC X, 558ff - AnnPont 1960, 456. *R.Manselli*

II. Archäologische Denkmäler

Zeugen vorrömischer Zeit in R. sind einige etruskische Kleinfunde. Die Kaiserzeit hinterließ wenige Spuren (Reste der Porta Aurea, einige schöne Reliefs, provinzielle Stelen und Sarkophage, Reste des Aquädukts). Als R. 402/04 Residenz wird, entstand die (abgerissene) fünfschiffige Kathedrale; ihr Taufhaus wurde um 450 umgebaut und mit Mosaiken ausgestattet. Dieser ersten Blüte gehören S. Giovanni Evangelista und S. Croce (verstümmelt) mit dem sog. Mausoleum der Galla Placidia (ursprünglich Laurentiusmartyrium?) an; dessen Mosaiken und die des Dombaptisteriums zeigen die 1. Phase dieser Kunst in R., deren Denkmäler seinen Ruhm schufen. Neue Blüte bringt die Goten-Zeit: erzbischöfliche Kapelle und Baptisterium der Arianer mit wichtigen Mosaiken, S. Spirito (Anastasis Gothorum) um 500; Palatium Theoderichs (ergraben) und seine Hofkirche S. Apollinare Nuovo um 520 (→ Mosaiken der Gründungszeit: christologische Szenen, Propheten, Christus und Madonna zwischen Engeln thronend, Palatium und Classis, zT bei Katholisierung verändert, zT falsch restauriert, um 560 Züge der Jungfrauen und Märtyrer); Grabmal Theoderichs um 520/30 (zweigeschossig, wohl nie vollendet, mit gewaltigem Kuppelstein gedeckt; eigenartigstes Denkmal R.s, dessen Formableitung und Deutung umstritten sind); nach 540 sind S. Apollinare in Classe und S. Vitale (→ Kirchenbau: II, 3a; s. Taf. 19 Abb. 3. 4) mit bedeutenden Mosaiken vollendet (in S. Ap. in Cl. 6.-12.Jh.; in S. Vitale erhalten die hervorragenden Mosaiken in Presbyterium und Apsis, um 547, bes. wichtig die Kaisermosaiken). Erhalten sind, zT verändert, weitere Kirchen, wichtige Architekturplastik und das Mosaik aus S. Michele in Affricisco (jetzt Berlin), das um 545 den Umbruch zur frühbyzantinischen Kunst andeutet. Dem 7.Jh. gehört der sog. Palast Theoderichs an, wohl die Vorhalle der einstigen Kirche S. Salvatore. Der hohe Stand der östlich beeinflußten Plastik (→Malerei und Plastik: I, 2c) wird durch die Sarkophage (4.–8.Jh.; s. Taf. 52 Abb. 5) sowie durch Ambonen und Schrankenplatten (6.–7.Jh.) bewiesen.

Wichtige Lit. wird regelmäßig aufgeführt in: Principale bibliografia su R. romana paleocristiana e paleobizantina (zuletzt: VIII Corso di cultura sull' arte ravennate e bizantina, R. 1961, 13–45). – Vgl. die Lit. zu → Malerei und Plastik: I, bes. F.W.Deichmann, Frühchristl. Bauten u. Mosaiken von R., 1958 (Text-Bd in Vorbereitung). *K.Wessel*

Raynald(us), *Oderich* (1595–1671), * in Treviso, † in Rom, 1618 → Oratorianer, 1650–56 Generalsuperior. Im Auftrage seines Ordens setzte R. die »Annales ecclesiastici« des → Baronius für die Jahre 1198–1565 fort (8 Bde, Rom 1646–63; in 1 Bd ebd 1677; Bd IX aus dem Nachlaß gedr. 1676/77, aber erst 1685/86 approbiert und publiziert). Obgleich nicht durchweg zuverlässig, gilt R. als bester Fortsetzer des Baronius, bes. wegen der eingefügten Urkunden.

Neuausg. v. G.D. → Mansi, 15 Bde, Lucca 1747–56. – A.Marchesan, Lettere inedite di O.R., Treviso 1896. – Über R.: Mansi in der Praefatio zu Bd I – RE XVI, 479f (Lit.) – EC X, 926. *W.Werbeck*

Realismus

I. Philosophisch – II. Deutsche Literatur des Realismus

I. Philosophisch

1. Begriff – 2. R. als philosophische Lehrmeinung

1. R. heißt diejenige philosophische Lehrmeinung, die im Gegensatz zum → Idealismus von der Annahme ausgeht, daß dem → Bewußtsein eine selbständige → Wirklichkeit gegenübersteht. Wird der Versuch unternommen, diese als vom Bewußtsein unabhängig verstandene Wirklichkeit von ihr selbst her spekulativ zu begründen, so spricht man von *metaphysischem* R. Die Erklärung des Erkenntnisprozesses (→ Erkenntnistheorie) unter Zugrundelegung der Annahme einer in ihrem Selbstsein erkennbaren Wirklichkeit führt zum *erkenntnistheoretischen* R. Als *naiver* R. besteht er in der Überzeugung, daß die Wirklichkeit in ihrem Ansichsein so ist, wie sie in der sinnlichen Wahrnehmung gegeben ist. Als *wissenschaftlicher* R. ist er die Lehre, daß in der Sinneswahrnehmung die ansichseiende Wirklichkeit nicht unmittelbar selbst gegeben ist, sondern erst eine wissenschaftliche Analyse der Sinnesdata die eigentliche Wirklichkeit, dh die wahre Natur des in der sinnlichen Wahrnehmung Gegebenen offenbart. Als *kritischer* R. ist er die Lehre, daß die Existenz einer vom Bewußtsein unabhängigen Außenwelt auf Grund einer abwägenden Prüfung unserer Erfahrungen und der zu diesem Ansatz nötigenden gedanklichen Annahmen behauptet werden darf und daß eine progressive Erkenntnis der Welt des an sich Wirklichen möglich ist. Diese letzte Annahme, die Möglichkeit einer Erkenntnis des Wirklichen an sich, macht den entscheidenden Unterschied zwischen dem R. und dem → Phänomenalismus aus.

2. Der R. ist das Ergebnis einer Reflexion auf die Beziehung zwischen Erkennendem und Erkanntem. Dieser Reflexion vorgelagert ist die natürliche Weltansicht, die Einstellung des praktischen Lebens, die diesseits aller Theorie ist. Auf ihre Voraussetzungen befragt, ergibt sie allerdings eine ganz bestimmte Theorie, nämlich die des sog. naiven oder natürlichen R., der als solcher aber eben nicht mehr der Ausdruck einer unreflektierten Haltung, sondern ein theoretischer Standpunkt ist. Danach sind die ansichseienden Dinge genauso beschaffen wie das durch die Sinne vermittelte Bild von diesen Dingen, denen auch die Qualitäten der Sinnesempfindung zugeschrieben werden. Das Wahrgenommene ist das Reale. Die Kritik an diesem Standpunkt ging vor allem von der → Naturwissenschaft aus, die den naiven Glauben an Dinglichkeit und Anschaulichkeit alles Realen zuerst erschütterte. Diese Entwicklung begann in der Weise, daß man in den Gegenständen der sinnlichen Erfahrung bestimmte mathematische Beziehungen feststellte (→ Pythagoreer) und das mathematische Denken sich von der sinnlich erfahrbaren Wirklichkeit distanzierte. Damit war ein für die Geschichte des Denkens fundamental bedeutsamer Ansatz gemacht. Er wird durch die Überzeugung gekennzeichnet, daß die sichtbaren Dinge nicht das wahrhaft Reale sind und daß das wahrhaft Reale keine jener Eigenschaften hat, die wir in der sinnlichen Erfahrung den Dingen beilegen. Diese Denkrichtung fand unter den Vorsokratikern zwar in → Parmenides ihren bedeutendsten Vertreter, wurde aber, was die Grundstruktur dieses Ansatzes betrifft, auf das wirksamste begünstigt und gefördert durch die Vertreter der Korpuskulartheorien (Empedokles, Anaxagoras, Leukipp, Demokrit; → Griechisch-römische Philosophie, 2 a γ). Die Ideenlehre → Platons bezeichnet den Höhepunkt dieser Revolution des Realitätsgedankens in der antiken Welt. Danach sind die Dinge, die wir wahrnehmen, nur unvollkommene Nachahmungen oder Abbilder des wahrhaft Seienden, der → Ideen, die als die Prinzipien sowohl des → Seins als auch des Erkennens gedacht sind. Es war ein lange Zeit weit verbreitetes Vorurteil, diese Lehre als Idealismus zu bezeichnen. Die Inhalte des Ideenwissens sind nicht autonom gestiftete, sondern in der noetischen Erkenntnis empfangene Inhalte: sie sind Gegebenheiten, nicht Produktionen des Bewußtseins. Auch die Behauptung der Apriorität besagt als solche nichts über die Subjektivität des Erkennens. Für Platon soll die Apriorität des Wissens gerade die Erkenntnis des Seienden in seinem Ansichsein garantieren. Die Kritik des → Aristoteles an der platonischen Ideenlehre richtet sich vor allem gegen das selbständige, von der sinnlichen Welt getrennte Fürsichbestehen der Ideen. Die Lösung des Problems, die die aristotelische Eidoslehre formuliert, ist aber nur eine unvollkommene Überwindung der in der platonischen Ideenlehre enthaltenen → Aporie, da dasselbe Problem unter den von Aristoteles veränderten ontologischen Voraussetzungen in modifizierter Gestalt wiederkehrt. Der viel zitierte R. des Aristoteles ist daher im Grunde nur eine Variante des platonischen R.: er ist die unterschiedliche Deutung desselben Grundphänomens.

Seine philosophie- wie theologiegeschichtlich gleichermaßen wirkungsmächtige Fortsetzung findet der platonische und der aristotelische R. im R. der → Scholastik. Angeregt durch → Porphyrius und → Boethius, taucht in der Frühscholastik die Frage auf, wie die Allgemeinbegriffe, die Universalien, ontologisch zu verstehen sind. Die Beantwortung dieser Frage (→ Universalienstreit) hat sich im wesentlichen in drei Lehrmeinungen manifestiert. Nach dem *extremen* R. haben die Universalien eine von den konkreten Individuen unabhängige, selbständige Existenz, gehen ihnen voraus und liegen ihnen zugrunde (ante res). Nach dem *gemäßigten* R. (repräsentativ von → Thomas von Aquino vertreten) sind die Begriffe nach dem Vorbild der aristotelischen Eidoslehre in den sinnlich wahrnehmbaren Einzeldingen existent (in rebus), das Allgemeine wohnt dem Individuellen als dessen Wesen (quidditas) inne. Nach dem → *Nominalismus* sind die Universalia nur

Namen oder Wörter (flatus vocis, voces) zur nachträglichen Zusammenfassung des Ähnlichen (post res), die aber als solche keine Entsprechung in der Wirklichkeit haben. Während dem R. die Gesamtheit gleichartiger Individuen als Einheit der Art gilt, liegt diese Einheit für den Nominalismus nur in dem gemeinsamen Namen. Es gibt für ihn nur eine reale Einheit, das ist die Einheit des Individuums. Im 14.Jh. hat Wilhelm von → Ockham (, 3 d) in Reaktion gegen den traditionellen R. den Nominalismus der Frühscholastik zum (realistischen) Konzeptualismus abgewandelt, der über den bloßenVokalismus des Frühnominalismus hinausführt, aber gleichwohl mit ihm in der Leugnung der Realität des Allgemeinen übereinstimmt. Indem so nur das Einzelne als real anerkannt wird, bahnt sich eine neue, empirisch induktive Betrachtungsweise der äußeren Natur und der psychischen Erscheinungen an, die ein neues Zeitalter ankündigt.

Mit dem in der Spätscholastik wirkungsmächtig werdenden neuen Realitätsbegriff verändert sich auch die erkenntnistheoretische Problemstellung. Auf die das Einzelne erfassende Wahrnehmung und Erkenntnis fällt jetzt das entscheidende Gewicht, und damit wird das Problem der Gewißheit unserer Wahrnehmungen und Erkenntnisse zum unabweisbaren Problem. Die Polarität von → Subjekt und Objekt wird jetzt zum philosophischen Problem erster Ordnung. Diese Topographie der Wirklichkeit nach einer subjektiven und einer objektiven Sphäre ist nicht, wie oft dargestellt wird, eine Erfindung des → Descartes, sondern diese ontologische Topographie und die ihr korrespondierende erkenntnistheoretische Problematik waren in der philosophischen Tradition gründlich vorbereitet. Sie haben in Descartes ihren klassischen Repräsentanten gefunden. Descartes' Bedeutung liegt in der Radikalisierung eines tradierten Problembestandes. Durch diese Radikalisierung spitzte sich das Problem der Wirklichkeitserkenntnis zur Frage nach der bis dahin noch nicht grundsätzlich bezweifelten Realität der Außenwelt zu. Selbst die antike Skepsis hatte nur die Erkennbarkeit des im übrigen in seinem Ansichsein anerkannten Seienden in Frage gestellt und erreichte nicht den Grad der von Descartes inaugurierten modernen Skepsis, wonach die Realität allein noch in dem vom Bewußtsein Objizierten besteht. Dieser Standpunkt des Idealismus beruht auf der Überzeugung, daß das Bewußtsein seine Grenzen niemals transzendieren kann und alles Vorgestellte das Vorgestellte des Bewußtseins ist (»Satz des Bewußtseins«). In der Auseinandersetzung mit dieser idealistischen These und ihren Konsequenzen hat sich der R. als philosophische Lehrmeinung in der Neuzeit behaupten müssen. Als die wertvollste Hilfe in dieser spekulativen Gigantomachie erwies sich letzten Endes immer wieder die Evidenz der natürlichen Realitätsthese, ebenso die Feststellung, daß wir als Handelnde, um überhaupt handeln zu können, an die eigenständige Realität der Dinge glauben müssen und das auch normalerweise tun (»R. der Ohrfeige«, K.Huber). Eine Vermittlung zwischen Idealismus und R. unternahm → Kant in seinem transzendentalen Idealismus. Aber dieser Vermittlungsversuch, wonach alle unsere Erkenntnis nur auf Erscheinungen geht, bleibt im Grunde idealistisch. Das trifft auch für die gescheiterten Versuche des → Neukantianismus zu. Seit dem Durchbruch einer neuen → Ontologie (, 4) zu Beginn des 20.Jh.s hat sich das Problem des R. fast ganz auf die Frage nach der Realitätserfahrung reduziert. Von besonderer Bedeutung sind in dieser Richtung die unterschiedlichen Ansätze von → Husserl, → Scheler, N. → Hartmann, → Heidegger und → Sartre, die aber zT auch rein idealistische Elemente aufweisen. Am wirkungsvollsten wird der R. durch die moderne → Naturwissenschaft vertreten, deren Haltung durch ihn bestimmt ist.

E.v.Hartmann, Krit. Grundlegung des transzendentalen R., (1871) 1885[3] - W.Wundt, Über naiven u. krit. R., 1896 - O.Külpe, Die Realisierung I, 1912 - H.Heimsoeth (→ Rationalismus: I) - A. Messer, Der krit. R., 1923 - Eisler II, 622ff - N.Hartmann, Diesseits von Idealismus u. R. (KantSt 29, 1924, 160-206 = Kleinere Schr. II, 1957, 278-322) - Ders., Zum Problem der Realitätsgegebenheit, 1931 - Ders., Der Aufbau der realen Welt, 1940 - Ders., Neue Wege der Ontologie, 1949[3] - C.F.v.Weizsäcker, Das Verhältnis der Quantenmechanik zur Philos. Kants (1941; jetzt in: Zum Weltbild der Physik, 1958[7], 80-117). - Vgl. ferner die Lit. zu den genannten Denkern u. Richtungen sowie zu → Erkenntnistheorie, → Idealismus u. → Ontologie.

K.Oehler

II. Deutsche Literatur des Realismus

1. Der Begriff R. in der Literaturwissenschaft - 2. Geschichtliche Voraussetzungen des R. - 3. Entwicklung Hauptthemen und gestaltende Kräfte - 4. Gattungs- und Formfragen

1. Seiner Herkunft aus der Philosophie (→Realismus: I) und seinem Gebrauch in der bildenden Kunst zufolge zielt der Begriff R. auch in der Literaturgeschichte vor allem auf den weltanschaulichen Gehalt einer Dichtung bzw. das »Was« des Dargestellten, weniger auf das »Wie« der Darstellung. Als Stilbegriff ist der R. bisher nur unzureichend geklärt. So versteht man allgemein unter R. in der Dichtung die Darstellung der Wirklichkeit in ihrer empirischen Gegebenheit. Dabei meint »Wirklichkeit« neben dem Bereich der Natur und der alltäglichen Umwelt des Menschen auch die geistig-religiösen und gesellschaftlich-politischen Verhältnisse einer Zeit sowie die durch sie bedingte Situation des Menschen. R.e Züge im Sinne der Darstellung alltäglicher, niederer oder häßlicher Wirklichkeit finden sich in der Literatur zu verschiedenen Zeiten, etwa in der Spätantike oder dem späteren MA. Verwendet man den Begriff R. als Epochenbegriff, so bezieht man ihn auf den Zeitabschnitt, der von 1830 bis in die 80er und 90er Jahre des 19.Jh.s reicht. In dieser Zeit entstehen in Frankreich, Rußland, England, Amerika und im deutschen Sprachbereich Dichtungen, die den R. als eine der wesentlichsten Strömungen der Literatur des 19.Jh.s ausweisen. Wenn man von deutscher Literatur des R. spricht, ist es nötig, die Zeit von 1830 bis zur Jh.wende einerseits als Einheit zu sehen, andererseits sich deutlich voneinander abhebende Phasen zu unterscheiden. Zu Beginn dieses Zeitabschnitts steht ein kritisch-revolutionärer Flügel (Junges → Deutschland) einer mehr idealisierend-konservativen Richtung (→ Biedermeier) gegenüber: die Jahre 1855-85 bilden die eigentliche Blütezeit des R.; um 1885 tritt die naturalistische Schule in den Vordergrund (→ Naturalismus: II). Es handelt sich dabei um jeweils verschieden akzentuierende Strömungen der gleichen Bewegung, nicht aber um selbständige Perioden. Eine Reihe bedeutender Dichter des 19.Jh.s wie zB → Büchner, → Hebbel, Grillparzer, → Gotthelf oder → Stifter bleibt sogar weitgehend außerhalb allzu enger Zuordnungen zu einer der genannten Richtungen, gehört aber gleichwohl in den Gesamtzusammenhang des R.

In der deutschen Literaturgeschichte wird der Begriff R. erstmals 1885 bei A.Stern (s. Lit.) zu einem wesentlichen Gesichtspunkt für die Betrachtung des 19.Jh.s; Stern versteht den R. als »Drang, das Leben in seiner vollen Unmittelbarkeit und im Reichtum seiner Einzelerscheinungen zu erfassen«. Diese Auffassung bestimmt im wesentlichen alle späteren Darstellungen, auch wenn sie einzelnes differenzieren, so etwa die von R.M.Meyer, Bieber, Walzel, Cysarz, Viëtor und Alker (s. Lit.). Ihren bedeutendsten Vertreter hat die Deutung des R. als Wirklichkeitsdarstellung in E.Auerbach gefunden (s.

Lit.); in bezug auf das 19.Jh. engt er den R. freilich weitgehend auf die »Erfassung der zeitgenössischen Wirklichkeit« ein. Die normative Verwendung dieses R.-Begriffs, die bei Auerbach gelegentlich spürbar wird, ist die Voraussetzung für die Arbeiten des marxistischen Literaturwissenschaftlers G.Lukacs (s. Lit.). In seinen dem R. geltenden Schriften untersucht Lukacs die Literatur des 19.Jh.s daraufhin, wieweit sie die nach → Marx objektiven Gesetze der Entwicklung der bürgerlich-kapitalistischen Gesellschaft widerspiegelt. Das Maß der Genauigkeit dieser Entsprechung wird zum Maßstab für den Rang einer Dichtung. Während der R. als Kunstlehre im westlichen Europa und Amerika seit 1900 weitgehend seine Gültigkeit verloren hat (auch wenn r.e Dichtungen noch im 20.Jh. entstehen), stellt er als *sozialistischer R.* die offizielle Kunstdoktrin der Sowjetunion und der übrigen sozialistischen Staaten dar. Der sozialistische R. will die dem »neuen gesellschaftlichen, menschlichen Gehalt des Sozialismus ... adäquate Gestaltung« sein (Lukacs). Demgegenüber sind in der nichtmarxistischen Literaturwissenschaft Zweifel laut geworden, ob der Begriff R. als Ordnungskategorie überhaupt brauchbar sei. »Der Begriff des Realen hat einen so verschiedenen Sinn, bei Keller einen anderen als bei Gotthelf, bei Gutzkow einen anderen als bei Fontane, daß wenig Vertrauen auf die charakterisierende Kraft dieses Wortes bleibt«, schrieb H.Bieber schon 1928 und schlug vor, auf den Terminus R. ganz zu verzichten. 1957 erklärte R.Brinkmann, daß sich »der übliche Begriff des R. im Sinne einer ›getreuen‹ Aufnahme der tatsächlichen Wirklichkeit in die Dichtung« nicht halten lasse; er hat zu zeigen versucht, wie im Laufe des 19.Jh.s eine »zunehmende Subjektivierung gerade in der Erfassung der neuen Fülle ... des Tatsächlichen« eintritt, und fordert einen R.-Begriff, »der mehr an den Gegebenheiten der Dichtung gewonnen ist als an dem bloßen Inhalt ihrer Sätze«. Sicher muß die Tragfähigkeit des Begriffs R. für die Literaturwissenschaft durch Untersuchungen der »Strukturformen der Dichtung selbst« (Brinkmann) erprobt werden; dabei wird man aber weder von den religiös-philosophischen noch den historisch-soziologischen Gegebenheiten des 19.Jh.s absehen dürfen, auf die gerade die Dichtungen dieser Zeit in besonderer Weise bezogen sind.

2. R.e Strömungen in der Kunst treten immer dann auf, wenn die metaphysischen Energien eines Zeitalters nachlassen und die in seinen religiösen und moralisch-politischen Wertungen gründenden typisierenden und idealisierenden Formtendenzen an Kraft verlieren. Positiv ausgedrückt: Voraussetzung für das Entstehen des R. ist, daß für die Welterfahrung des Menschen Bereiche bedeutsam werden, die sich nicht mehr in einem idealistisch-optimistischen Sinne deuten bzw. einem vorgegebenen, als sinnvoll verstandenen Ganzen einordnen lassen. Ob r.e Züge außerhalb des hohen Stils auftreten, wie in der antiken Komödie oder dem barocken Roman, oder ob man den R. des 19.Jh.s ins Auge faßt: immer wird die Endlichkeit des Menschen, zu der auch die Enge seiner sozialen Wirklichkeit gehört, ernst genommen und gegen eine als einseitig und voreilig empfundene idealisierende Überhöhung der Wirklichkeit ausgespielt. In diesem Sinne muß man den R. als eine *Haltung des Menschen zur Welt* verstehen, und zwar als eine Haltung, »die jedes Übersteigen der Wirklichkeit, jede Überstiegenheit oder Übersteigerung ablehnt« (Tillich 67). R. bedeutet also eine Bejahung der Immanenz gerade in ihrer Endlichkeit. Zum R. gehört daher auch Resignation. Der R. des 19.Jh.s setzt ein, als die Versuche der idealistischen Philosophie und Dichtung, die Wirklichkeit als »Einheit von Wesen und Existenz« zu verstehen (Hegel), sich angesichts der bedrängenden Probleme sozialer, ökonomischer und wissenschaftlich-technischer Art als unzureichend erweisen. Die fortschreitende Auflösung der alten, ständisch gegliederten Gesellschaft, der beginnende Kapitalismus und der wachsende Einfluß des politischen Liberalismus, der Siegeszug der positivistischen Naturwissenschaften und, damit zusammenhängend, die zunehmende Technisierung und Mechanisierung des gesamten Lebens - das sind wesentliche Tendenzen, die dem R. den Boden bereiten. Nun erst treten Konsequenzen zutage, die im Wesen der Neuzeit angelegt sind und die deutlich machen, in welchem Maße R. in der Neuzeit das meint, was das MA → Nominalismus nannte: »Ideen sind nichts; es kommen nur individuelle Fälle vor«, der individuelle Fall aber »hat nichts mehr mit der Idee gemein als nur den Namen, und es kommt auf ein Wortspiel hinaus«, notiert der Theoretiker des R. in Deutschland, O.Ludwig (Shakespeare-Studien, hg.v. M.Heydrich, 1874, 316f). Im Sinne dieses neuzeitlichen Nominalismus darf man als die Grundkategorie des R. die *Individuation* bezeichnen. Auch wo die Vereinzelung nicht in dieser Radikalität gesehen wird - gerade die deutsche erzählende Dichtung des R., etwa die Kellers, versucht noch einmal einen schöpferischen Ausgleich von Einzelsein und Teilhabe -, bleibt das Recht des Individuellen doch unabdingbar. Es setzt sich schließlich gegenüber den überlieferten, auf Ganzheit bezogenen Werten immer stärker durch, so daß am Ende des R. der Einzelne weitgehend isoliert und auf sich verwiesen erscheint.

3. Die Erfassung der zeitgenössischen Wirklichkeit, die Einbeziehung der gesellschaftlichen Problematik geschieht am nachdrücklichsten im französischen R. So verschiedenen Dichtern wie Stendhal, Balzac und → Flaubert ist gemeinsam die »Entschiedenheit, mit der sie die Gestalten ihrer Schöpfungen in Übereinstimmung mit den Lebensbedingungen und Verhältnissen des damals gegenwärtigen gesellschaftlichen Lebens Frankreichs bringen«, so daß man für sie als Sammelbegriff statt R. *Aktualismus* vorgeschlagen hat (H.Friedrich 26). Im französischen Roman des R. wird aber auch schon die Psychologie zum Mittel einer entlarvenden und relativierenden Kritik den Machtgruppen der Gesellschaft wie dem Einzelnen gegenüber. Das gesellschaftskritische Moment, die Bedeutung der Psychologie und die Stimmungen des Fatalismus und Pessimismus sind ebenso zB für den russischen r.en Roman von großer Bedeutung. Er kennt zwar auch die Lebensgläubigkeit und das Vertrauen auf die Kraft des Lebendigen, etwa in → Tolstois »Krieg und Frieden«, die Motive jedoch, die für die gesamteuropäische Entwicklung wesentlich werden, sind der Nihilismus, für den Turgenjew in seinem Roman »Väter und Söhne« das Stichwort gibt, das Thema der Langeweile als Ausdruck eines inhaltlos gewordenen Daseins bei Gontscharow und der mit einem radikalen Individualismus verbundene Atheismus, gegen den der späte → Dostojewskij seine ganze religiöse Energie aufbietet.

Die deutsche Literatur des R. gilt demgegenüber häufig als provinziell oder altmodisch; man beklagt ihren Mangel an Weltläufigkeit und politisch-gesellschaftlicher Problematik, ihre »Versponnenheit im Althergebrachten des Winkels« (Auerbach 479). Diese Kritik beruft sich auf die Rückständigkeit der politischen Verhältnisse in Deutschland, bes. nach 1848, oder verweist auf die Erscheinungsjahre deutscher und ausländischer Literatur (1851 kommt in Amerika → Melvilles »Moby Dick«, in Deutschland Storms »Immensee« heraus; 1857, gleichzeitig mit Flauberts »Madame Bovary«, Stifters »Nachsommer«). Eine solche Kritik verkennt freilich die anders geartete Kunstabsicht der gleichzeitigen deutschen Dichtung. Im Gegensatz auch zur dramatischen Dichtung Grabbes und Büchners, deren weltanschauliche Positionen nicht weniger weit vorgetrieben sind wie die der französischen oder russischen Literatur, erstrebt die deutsche erzählende Dichtung des R., in wesentlich stärkerem Maße an die Tradition gebunden, einen Ausgleich zwischen den Kräften des Alten und Neuen. Er gelingt indessen nur in wenigen Fällen überzeugend. Diese Sonderentwicklung der erzählenden Literatur im deutschen Sprachbereich hat man mit dem Terminus *poetischer R.* gekennzeichnet. Er stammt von → Schelling (aus der 14. seiner »Vorlesungen über die Methode des akademischen Studiums« von 1802); O.Ludwig benützt ihn, um seine Vorstellung eines künstlerischen R. als Vermittlung von Idealismus und Naturalismus begrifflich zu fassen. Beide seien einseitig und entweder mehr um Einheit oder mehr um Mannigfaltigkeit des Dargestellten bemüht; der poetische R. dagegen suche jene Mitte »zwischen der objektiven Wahrheit in den Dingen und dem Gesetze, das unser Geist hineinzulegen gedrungen ist« (aaO 265). In dieser Welt der Dichtung soll der Zusammenhang sichtbarer sein als in der wirklichen (ebd 264). Daß es nicht auf das bloß Tatsächliche als das Zufällige und Willkürliche, sondern auf das Charakteristische ankomme, diese Überzeugung eint die als Realisten bezeichneten Dichter wie Gotthelf, Stifter und die → Droste; Keller, → Raabe und → Fontane; C.F. → Meyer, → Storm, Alexis, Freytag, Auerbach und Anzengruber, obwohl sie Ludwigs Schriften nicht kannten. In diesem Streben nach einer Verbindung von Mannigfaltigkeit und Einheit wirken Kräfte des deutschen → Idealismus (: II) nach, die sich auch in der Geltung bekunden, die das Drama als höchste Dichtungsgattung gegenüber dem Roman bis tief in das 19.Jh. hinein behält. Gemeinsam ist den großen deutschen Erzählern die Ablehnung der → Romantik und das Mißtrauen gegen alle Formen der Übersteigerung; gemeinsam ist ihnen auch die Bereitschaft, sich wieder der Grenzen des Menschen bewußt zu werden und sich auf den Anspruch und das Maß des Wirklichen einzulassen. In dieser Haltung liegt zugleich der Grund für die Bedeutung, die das Ethische in der deutschen Dichtung des 19.Jh.s gewinnt. Indem für Keller, Raabe oder Fontane das Echte den entscheidenden menschlichen Wert darstellt, wird der Gegensatz von echt und unecht zu einem wesentlichen Strukturmoment ihrer Romane. Der Erzähler bewahrt sich den Sinn für das unverstellt Menschliche und vermag daher den Formen der Anmaßung und des Scheinhaften mit Ironie zu begegnen oder den Bereich des Wesens mit einer wesenlos gewordenen Wirklichkeit durch die Kraft des Humors auszusöhnen. Der Humor muß als eine der wesentlichsten Komponenten in der Dichtung des deutschen R. angesehen werden. Die Lebensgläubigkeit, derer er bedarf, ist aber keineswegs unangefochten; ihr korrespondiert eine tiefe Trauer um die Todesverfallenheit alles Kreatürlichen, die sich bis zu einem bitteren Pessimismus steigern kann. Dennoch gelingt es der großen r.en Dichtung von Stifter bis Fontane immer wieder in einzelnen Werken, die epische Atmosphäre der Gelassenheit und des Vertrauens auf die Fülle des Lebendigen zu verwirklichen, das um die Vorläufigkeit allzu starrer Entscheidungen weiß. Die Beziehung der einzelnen Dichter des R. zum *Christentum* ist komplex und kaum auf eine einfache Formel zu bringen. Zentrale Bedeutung hat es in der deutschen Dichtung, von der Droste abgesehen, nur bei Gotthelf. Bei den anderen Realisten kann man schwerlich von einer kirchlich-konfessionellen Gläubigkeit sprechen. G.Keller steht mit seiner Absage an die christliche Transzendenz nicht allein da (für Storm zB war das Kreuz ein »Bild der Unversöhnlichkeit«). Dennoch wird man weder Keller noch den übrigen deutschen Realisten Religiosität absprechen können. In der Erfahrung der Kreatürlichkeit des Menschen zB werden christliche Motive wirksam, gegen die das liberale Kulturchristentum der Zeit flach wirkt.

4. Einer der literaturgeschichtlich aufschlußreichsten Vorgänge im Zusammenhang mit dem Entstehen des R. ist das Absterben des großen Dramas als einer auf das Absolute bezogenen, das Einzelne zum Typischen überhöhenden Gattung und seine Ablösung durch den *Roman,* der »auch die Prosa des wirklichen Lebens mit in seine Schilderungen einbezieht« (Hegel). Auch die Versuche Grabbes und Büchners, ein »r.es« Drama zu schaffen, finden nach Hebbel und Grillparzer im 19.Jh. keinen Boden mehr. In den formalen Elementen dieses Dramas wird das Moment der Individuation bes. deutlich (weitgehende Selbständigkeit, dh Vertauschbarkeit der Einzelszene, Auflösung des Dialogs, das Aneinander-vorbei-Reden als Gesprächsform der Gestalten u.a.m.). Die Erfahrung einer komplexen, immer weniger durchschaubaren Wirklichkeit, in welcher der Einzelne eine eigene, von Zusammenhängen überpersönlicher Art losgelöste Bedeutung erlangt, findet ihren eigentlichen literarischen Ausdruck indessen im Roman. Er gehört zu einer Zeit, die zwar noch eine »Gesinnung zur Totalität« hat, für die aber »die Lebensimmanenz des Sinnes zum Problem geworden ist« (Lukacs, Theorie d. Romans 245). Der Roman nimmt daher seinen Ausgang von der »individuellen Begebenheit«, die nach Hegel den »Mittelpunkt für das Ganze abgibt«. Dieser Vorrang des Individuellen und die Möglichkeit, kritische Reflexion und das Pragmatisch-Wissenschaftliche, etwa als Historie oder Psychologie, in die Darstellung einzubeziehen, ordnen dem R. den Roman als adäquate Ausdrucksform zu. Dabei wird auch an den Formelementen des Romans (Verteilung der epischen Grundformen, Zeitgestaltung, Erzählperspektive usw) eine zunehmende Verselbständigung einzelner Elemente deutlich. Der Erzählerbericht verliert seine integrierende Funktion (Stifter, Keller) zugunsten mehr neutraler Erzählweisen (Fontane), so daß am Ende (bei Raabe) nicht mehr der Vortrag des kategorial geordneten Geschehens, sondern die häufig verschachtelten, von Reflexionen durchsetzten Erinnerungen Einzelner das Entscheidende sind. – Eine zweite Darbietungsform, die bes. im deutschen R. eine wichtige Rolle spielt, ist die *Novelle.* Sie wird für den R. bedeutsam durch ihre Konzentration auf den Einzelfall und das »unmittelbare Interesse an der Empirie und ihren Paradoxien« (v.Wiese). Sie vermag einmal, im Sinne der Goetheschen Bestimmung als Konflikt zwischen dem »Gesetzlichen und dem Ungebändigten«, das Tragische in sich aufzunehmen, so daß die Novelle für Storm die »Schwester des Dramas« werden konnte; sie kann andererseits mehr im Bereich des Zwischenmenschlichen verbleiben, ihre Konflikte sind dann mehr ethischer Natur. Nicht zuletzt bietet die Novelle die Möglichkeit zu symbolischer Verdichtung eines Geschehens, worin sie der Kunstabsicht des deutschen R. bes. entgegenkam.

A.Stern, Gesch. der neuern Lit. VII, 1885 – R.M.Meyer, Die dt. Lit. des 19.Jh.s, (1900) 1906[3] – G.Lukacs, Theorie des Romans, (Zs. f. Ästhetik u. allg. Kunstwiss. 11, 1916, 225-271. 390-431) 1920[2] – Ders., Essays über R., 1948 – Ders., Dt. Realisten des 19.Jh.s, 1952 – Ders., Wider den mißverstandenen R., 1958 – H.Bieber, Der Kampf um die Tradition, 1928 – H.Cysarz, Von Schiller zu Nietzsche, 1928 – P.Tillich, Über gläubigen R. (in: Religiöse Verwirklichung, 1930, 65-87) – O.Walzel, Dt. Dichtung von Gottsched bis zur Gegenwart (HLW), 1930 – H.Friedrich, Die Klassiker des franz. Romans, (1939) 1950[2] – H.Reinhardt, Die Dichtungstheorie der sog. Poetischen Realisten (Diss. Tübingen), 1939 – K.Löwith, Von Hegel zu

Nietzsche, (1941) 1958[4] - E.AUERBACH, Mimesis, (1946) 1959[2] - A. ZÄCH, Der R. (in: Dt. Lit. in Grundzügen, hg.v. B.BOESCH, 1946, 289-316) - E.ALKER, Gesch. d. Lit. von Goethes Tod bis zur Gegenwart I. II, 1949/50 - H.O.BURGER, Der R. des 19.Jh.s 1832-1889 (in: Annalen der dt. Lit., 1952, 621-718) - K.ZIEGLER, Das dt. Drama d. Neuzeit; J.KUNZ, Gesch. d. dt. Novelle; R.MAJUT, Gesch. d. dt. Romans (in: Dt. Philologie im Aufriß, hg.v.W.STAMMLER, II, 1954, 949-1298. 1739-1840. 2197-2478) - W.SILZ, Realism and Reality, Chapel Hill 1954 - F.KOCH, Idee u. Wirklichkeit I. II, 1956 - R. BRINKMANN, Wirklichkeit u. Illusion. Studien über Gehalt u. Grenzen des Begriffs R. für die erzählende Dichtung des 19.Jh.s, 1957 - F.MARTINI, Drama u. Roman im 19.Jh. (in: Gestaltprobleme der Dichtung, 1957, 207-238) - B.v.WIESE, Die dt. Novelle von Goethe bis Kafka, 1957 - G.KAISER, Um eine Neubegründung des R.begriffs (Zs. f. dt. Philologie 77, 1958, 161-176) - M.RYCHNER, Der Roman des 19.Jh.s (Propyläen Weltgesch., hg.v. G.MANN, VIII, 1960, 337 bis 366). *H.Ohl*

Realität → Wirklichkeit.

Rebmann, *Johannes* (1820-76), Missionar, * in Gerlingen (Württemberg), arbeitete 1846-75 im Dienst der englischen Kirchenmission (C.M.S.) zeitweilig zusammen mit → Krapf unter den Nika im heutigen → Kenya (→ Afrika: IV B, 2b). Erkundungsreisen zwecks Ausdehnung der Missionsarbeit führten ihn dreimal in das Gebiet der Dschagga. Dabei entdeckte er am 11.5.1848 den Kilimandscharo. Trotz geringer Erfolge und vieler Widrigkeiten blieb R. in Ostafrika, bis er die Arbeit weitergeführt wußte. Hervorzuheben sind seine geographischen Entdeckungen und linguistischen Sammlungen.

Vf. mit KRAPF: A Nika-English Dictionary, ed. F.H.SPARSHOTT, London 1897. Eigenbeschreibung seiner Reisen bei L.KRAPF, Reisen in Ostafrika II, 1858, 19-89. - Über R.: A.JEHLE, Der Entdecker des Kilimandscharo, o.J. *E.Dammann*

Rechenberg, *Adam* (1642-1721), sächsischer luth. Theologe, seit 1677 Prof. der alten Sprachen und Geschichte in → Leipzig, seit 1699 nicht ohne persönliche Bedenken 1. Prof. der Theologie. Durch seine 4. Ehe Schwiegersohn → Speners, wird der irenisch gesonnene und vielseitige Gelehrte durch den von ihm veranlaßten → Terministischen Streit (seit 1700) Gegenstand heftiger Kritik.

Vf. u.a.: Concordia latine, 1677 u.ö. (Neuausg. des → Konkordienbuches); Summarium historiae ecclesiasticae, 1697 u.ö. (epochemachend durch einen 1. Versuch einer Periodeneinteilung in der KG); Hierolexikon reale, hoc est biblico-theologicum historico-ecclesiasticum, 1714 (1. Versuch einer theol. Enzyklopädie). - Über R.: J.G. WALCH, Hist. u. theol. Einl. in die Religionsstreitigkeiten der ev. luth. Kirchen I-V, 1730-39 (s. Reg. in III u. V) - JÖCHER III, 1948ff; JÖCHER-ROTERMUND VI, 1508ff. *E.Beyreuther*

Recht

I. Ethisch - II. Recht und Religion - III. Recht und Kirche. - Vgl. → Rechtsphilosophie

I. Ethisch

1. Problemgeschichte - 2. Dogmatik

1. Das R. ist, vor allem im Blick auf seine strukturelle Eigenart, im abendländischen Kulturkreis erst in neuerer Zeit zu einem Gegenstand besonderer ethischer Fragestellung und Beurteilung geworden, aber auch zu einem spezifischen Sonderproblem der → Ethik, nämlich auf dem geistesgeschichtlichen Hintergrund der Auflösung einer nur wenig durchreflektierten Einordnung des R.s (wie der Sitte) in den Bereich einer allgemeinen Sittenlehre unter den Ideen der Ordnung der Werte oder des Sollens schlechthin, wie sie die Tradition vornehmlich des christlichen → Naturrechts (: II) jahrhundertelang darbot und zT noch heute geltend macht. In diesem Zusammenhang hatte man in der (Moral-)Theologie das natürliche R.sgesetz als einen Teil der Ethik behandelt, neben einem Bereich der Moral im engeren Sinn, und sich dabei zumindest formal den durch Platon, Aristoteles und die jüngere Stoa bestimmten Anschauungen in der Überlieferung griechisch-philosophischen R.sdenkens seit Sokrates angeschlossen. Seit dem 17.Jh. kommt jedoch eine autonome R.swissenschaft auf, die, auch in naturrechtlichen Gestalten, das R.sdenken von theologischen und moraltheologischen Begründungen löst (→ Grotius: si Deus non daretur) und nicht ohne kräftigen Anteil des Protestantismus (→ Pufendorf, → Thomasius) bei aller Suche nach einer ethica universalis (Pufendorf) zu einer Trennung von R. und → Sittlichkeit (: VI), → Legalität und Moralität, R.spositivismus und material-ethischem Natur-R. führt. Das Problem des R.s beginnt seitdem in den prot. theologischen Ethiken zu verschwinden. Voll ausgestaltet liegt jene Trennung bei → Kant vor, dessen Erkenntniskritik ein unwandelbares, übergeschichtliches Natur-R. als materiales Ideal-R. von ethischer Qualität ausschließt und die wesenhafte Positivität des R.s in Vollendung der Thesen eines naturrechtlichen Positivismus von → Hobbes statuiert. R. ist gesetzte und durchsetzbare, wirklichkeitsgestaltende äußere Ordnung sui generis. Das Natur-R. wird in die Ethik verwiesen, wobei seine Forderungen nur noch als ideale Richtpunkte ohne unmittelbar wirksame normative Funktion für die R.swirklichkeit des positiven R.s modifiziert weiterleben. Das R. verweist nur formal auf die Ethik als auf den Grund seiner R.mäßigkeit: »Das R.-handeln mir zur Maxime zu machen, ist eine Forderung, die die Ethik an mich thut« (Metaphysik der Sitten, Ak. Ausg. VI, 231). Zum Kritizismus Kants tritt die historische R.sschule (F.K.v.Savigny) und führt folgerichtig zu einer vollständigen Abwertung des Natur-R.s, die auch → Hegels Versuch, Positivität und Idealität des R.s in seiner Konzeption der Geschichte als eines notwendigen Prozesses der Selbstentfaltung des Geistes, von Vernunft und Sittlichkeit, zusammenzufassen, nicht zu überwinden vermochte. So spielt in der nachkantischen R.sphilosophie die »Trennungslehre« eine erhebliche Rolle. Der juristische Positivismus klammert mit seiner die R.sphilosophie selbst ablösenden Allgemeinen R.slehre die ethische Problematik des R.s aus, ohne sie freilich gänzlich aus dem R.sdenken beseitigen zu können. Zwar gilt für ihn der Satz, daß der R.sgeber jede beliebige Regel ohne Ausnahme zum geltenden R. bestimmen könne, aber die Frage nach der Rechtfertigung des R.s bleibt gleichwohl bestehen und gewinnt zB die Gestalt der Frage nach dem »richtigen« R. (R.Stammler). Sowohl die »Reine R.slehre« H.Kelsens mit ihren streng formalen Aussagen wie auch der Wertrelativismus der neukantianischen R.sphilosophie haben die Bezogenheit des R.s auf die (inhaltlich nicht eindeutig geklärte) R.sidee erneut hervorgehoben und damit das Problem der Rechtfertigung des R.s bzw. der inneren Verbindlichkeit des jeweils gesetzten R.s. Kelsen fragt gegenüber dem extrem-naiven R.spositivismus (Bergbohm), für den R. die Willenssetzung einer im einzelnen nicht begründeten »kompetenten Macht« ist, nach der überpositiven »Grundnorm« als der notwendigen Hypothese für eine Deutung des positiven R.smaterials als verbindliches Normensystem statt als nackte Gewalt, dh er fragt völlig wertfrei nach der eigengesetzlichen Verknüpfung, nach der »Zurechnung« von Tatbestand und R.sfolge innerhalb positiver R.sordnung. Dieser Formalismus lehnt zwar für sich ethische Fragestellungen an das R. ab, kann ihnen aber nicht verwehren, sich als inhaltliche Bestimmungen dann doch wahlweise mit der »Grundnorm« zu verbinden. Der hier auftauchende rechtsphilosophische Relativismus knüpft zunächst an die → Wertphilosophie (H.→ Rickert) an und läßt die R.sregel an der R.sidee

ausgerichtet sein, deren materiale Bestimmung aber schwankend ist (sittliche Persönlichkeit, Gemeinschaft, objektive Kulturwerte) und für die Rechtfertigung des R.s zurücktritt hinter die durch gesetzte R.sordnung zu garantierende R.ssicherheit (so zunächst lange Zeit Radbruch). Daher hat die neukantianische R.sphilosophie im Effekt den R.spositivismus eher gefestigt. Aber das Problem des Sollens als Grund der R.sgeltung weist immer wieder über den Positivismus hinaus und drängt dazu, den Relativismus übergeordneter Werte zu überwinden, etwa im Anschluß an die Wertphilosophie von M. → Scheler oder N. → Hartmann. »Gerechtigkeit und Menschenwürde, Treue und Zuverlässigkeit sind die sittlichen Grundlagen des R.s, der Inhalt der R.sidee« (Coing, R.sphilosophie 147). Es handelt sich dann um absolute Werte, die u.U. durch ein Natur-R. »praktikabel« gemacht werden müssen, als dessen Kernstück etwa die → Menschenrechte erscheinen. Aber das neuere Bemühen um eine R. gestaltende materiale Wertethik oder um die »sachlogischen Strukturen« des R.sstoffes, um ein Natur-R. *im* positiven R. (Welzel), stößt immer wieder bei seinem Verlangen nach einer absoluten apriorischen Ethik auf die Fragwürdigkeit einer vorhergehenden, als solche eben nicht absolut verbindlichen Wahl der Grundposition. Während daher die modifizierte Erneuerung naturrechtlicher Systeme (einschließlich des sich von vornherein weithin positivierenden → Thomismus) und damit die Wiederbelebung naturrechtlichen Denkens (auch bei der R.sprechung oberstrichterlicher Instanz) mit Recht auf mancherlei Widerspruch treffen, scheint die rechtsphilosophische Sicht auf den Menschen als sittliche Person unbestrittener zur Anerkennung bestimmter überpositivistischer und in ihrem Gehalt ethischer R.sgrundsätze zu führen, so zB, daß (ähnlich wie schon bei Kant) R.snormen, die die Personqualität des Menschen verletzen, unverbindlich sind, auch wenn sie zwangsweise durchgesetzt werden. Auch die → Wertethik führte ja nicht zu vom Menschen ganz unabhängigen Wertvorstellungen, Wertinhalten und Wertetafeln, sondern nur zu relativen, die sowohl durch das jeweilige Menschenbild wie die jeweilige geschichtliche Situation mitbestimmt sind. Zuletzt wird auch hier das positive R. durch den Gesichtspunkt der Selbstverwirklichung des Menschlichen, der eigenverantwortlichen Gestaltung menschlichen Lebens und Zusammenlebens ethisch legitimiert und begrenzt. Bewußt in die Mitte gerückt wird dies bei den existenzphilosophischen R.sbegründungen, die dann zugleich, wie zB der rechtsphilosophische Entwurf von Maihofer, die Spannung zwischen Ethik und R., → Autonomie und Heteronomie der Lebensgestaltung im Sinn einer notwendigen Polarität festhalten. Für Maihofer ist der Mensch in seiner Seinsstruktur bestimmt durch das Selbstsein und das »Alssein«, dh durch das Sein »als« Glied verschiedener Gemeinschaften. Da die Individualentscheidung der Person sich notwendig in bestimmten und geschichtlich wandelbaren Sozialgestaltungen vollzieht, tritt der Mensch damit »in die Sphäre der Ordnungen, damit auch in die Ordnung des R.s«, die sich ihrerseits nur in dieser Spannung zwischen Individual- und Sozialnatur des Menschen entfaltet und primär bzw. grundsätzlich die Gestalt eines institutionellen Natur-R.s mit geschichtlich wechselndem Inhalt gewinnt. Auch ohne die Erweiterung des existenzphilosophischen Ansatzes durch die Seinsstruktur des »Alsseins« würde die existenzphilosophische → Anthropologie (: II, 2) zur Erkenntnis des R.s als zwischenmenschliche Ordnung führen, die an der sinnvollen Entscheidung des Menschen zu seiner »Eigentlichkeit« sinnhaft orientiert sein, dh aber ethisch legitimiert sein muß. Verwandt ist schließlich auch ein rechtsphilosophischer Entwurf, der unter Rückgriff auf die »biblische Weisung« bzw. eine reformatorische Anthropologie das R. im »R. des Nächsten« durch die ethische Grundbeziehung auf das »Urrecht« der Personalität und die »Urverfassung« der Solidarität zu begründen sucht (Erik Wolf; → Rechtsphilosophie, 5). – Das Aufgreifen des R.sproblems in der neueren prot. Ethik entspricht diesen rechtsphilosophischen Bemühungen insofern, als es bei der theologischen Anthropologie der Rechtfertigungslehre (K. → Barth, Ernst Wolf u.a.) oder beim Gebot Gottes (so auch Erik Wolf) anzuknüpfen sucht, zT in Auseinandersetzung mit einem prot. modifizierten Natur-R. (E. → Brunner, W. Künneth u.a.), das seinerseits in den Allgemeinzusammenhang der Erneuerung naturrechtlichen Denkens hineingehört.

2. Auf dem Hintergrund der skizzierten Geschichte des Problems R. und Ethik lassen sich einige Gesichtspunkte zu einer ersten *Klärung der Sachfragen* gewinnen, sowohl a) für die unaufgebbare und philosophisch nicht zu überwindende Unterscheidung von R. und Ethik wie auch b) für die nähere Bestimmung und Ortung der sich immer wieder anmeldenden und als sachnotwendig aufdrängenden positiven Beziehung zwischen beiden.

a) α) R. ist als eine von Menschen gesetzte Ordnung in Sätzen zu denken, die schon darum weder absolut noch universal ist, während es in der → Ethik um letzte und allgemeine Gültigkeit geht. – β) Sowenig sich das Sittengesetz oder auch die bloß konventionelle Sitte gänzlich in R.ssätze umgestalten lassen und lassen dürfen, wenn es nicht zur Gefahr der Tyrannis eines radikalisierten Gesetzes kommen soll, so wenig ist alles und jegliches gesetzte R. von ethischen Prinzipien abhängig. Es gibt einen umfangreichen Bestand von rechtsverbindlichen Sätzen mit zugehörigen Sanktionen, die nur an der Natur der von ihnen zu ordnenden Sachen (zB Verkehrsregelung) orientiert sind und sein können. Dh aber: Sittengesetz und R. decken sich nicht hinsichtlich ihrer Bereiche; der Bereich des R.s ist auch nicht demjenigen der Ethik eingeordnet; beide Bereiche überschneiden einander. Der Verzicht auf das subjektive R. in bestimmtem Fall zB ist nur als ethische Entscheidung, nicht als R.spflicht denkbar, kann aber dann auch zur Pflicht werden (zB Verzicht auf subjektive R.e des Gläubigers). – γ) R. geht nur auf die äußere Handlung und deren Gesetzmäßigkeit. Es ist heteronom. »Gesetze der Freiheit, so ferne sie nur auf bloße äußere Handlungen und deren Gesetzmäßigkeit gehen, ... heißen ... juridisch« (Kant, VI, 214). – δ) Im Unterschied zur Radikalität der sittlichen Forderung sind die Forderungen des R.s begrenzt und zeigen den Kompromißcharakter zwischen der Gerechtigkeit bzw. dem R.sideal einerseits, individueller und sozialer Lebenswirklichkeit andererseits; sie sind darüber hinaus um den Ausgleich widerstrebender Interessen bemüht und damit um »Gerechtigkeit« im Sinn einer jeweils zweckdienlichen, äußeren Frieden stiftenden Ordnung der in der R.sgenossenschaft miteinander ringenden Kräfte. Es kann mithin dem R. nur um eine sich selbst beschränkende, höchst relative Verwirklichung der sittlichen Idee der → Gerechtigkeit gehen, die u.a. auch durch den Begriff des subjektiven R.s umschrieben wird. Das entspricht im Grunde der kantischen Definition, wonach R. der »Inbegriff der Bedingungen« ist, »unter denen die Willkür des einen mit der Willkür des andern nach einem allgemeinen Gesetze der Freiheit zusammen vereinigt werden kann« (VI, 230). Das R. ist ferner am Typischen interessiert, nicht am Einmaligen, und es wird im Rahmen des Typischen dem in Betracht kommenden R.sgenossen »zugeteilt« bzw. es kann von ihm »beansprucht« werden zur Erlangung bestimmter Forderungen in dem jeweiligen begrenzten Anspruchsbereich. Neben dem Typischen setzt so auch die Erreichbarkeit des Zieles dem R. jeweils von vornherein eine Grenze seines Anspruchs und damit seines konkreten Satzes. – ε) Die Durchsetzung von R. kann mit Zwangsgewalt verbunden sein; allerdings ist diese kein konstitutives (R. → Sohm u.a.), sondern nur ein konsekutives Merkmal und insofern kein eigentliches Begriffsmerkmal; wohl aber unterscheidet die Möglichkeit dieser Verbindung mit Zwang das R. von der Ethik.

b) α) Im Bereich der *R.stheorie* verweisen die Probleme der Rechtfertigung des R.s, dh die Frage nach seinem Daseinsgrund (soll R. sein?), nach seinem Geltungsgrund bzw. nach seiner inneren Verbindlichkeit, und nach der Hoheit (bzw. Heiligkeit) des R.s, dem wie der Gerechtigkeit »gedient« wird, auf eine die R.swirklichkeit transzendierende Begründung, die immer wieder in der Ethik als der Lehre vom Seinsollenden gesucht wird. Denn die Geltung von R. bloß auf Grund seiner Setzung (zB Baumgarten) setzt bereits ihrerseits einen Geltungsgrund für den dem R. entgegengebrachten Gesetzesgehorsam voraus und läßt zugleich die Frage nach der inneren Verbindlichkeit des gesetzten R.s offen. Die in diesen Fragenbereich gehörenden Lösungsversuche sind oben (s. 1) skizziert worden. Hinter ihnen steht u.a. auch die in der Anerkennung des hoheitlichen Anspruchs des R.s lebende Überzeugung, daß das R. die Gerechtigkeit auf Erden verwirklichen solle und wolle. Eine reine Zwangsordnung würde zB die latente Aufforderung zum (sittlichen) Widerstand in sich schließen. Zudem bietet die Ethik den Horizont der Selbstdeutung und Wesensauslegung von R. – β) Im Bereich der *Gesetzgebung* spielt die ethische Fundierung insofern eine erhebliche Rolle, als die R.ssetzung sich weithin an Leitbildern orientieren muß, zB am humanistischen (oder sozialistischen) Menschenbild, an sachlogischen Wesensstrukturen oder an »ewigen Wahrheiten« einer Ordnungsmetaphysik, die aber allesamt wiederum nur binden, soweit sie in einer zuletzt ethischen Grundentscheidung als bindend gewählt worden sind. Wegen der mangelhaften Evidenz der materialen ethischen Voraussetzungen und wegen des Scheiterns einer direkten Ableitung konkreter R.ssätze aus den Normen des Sittengesetzes haben jene Leitbilder aber nur die Funktion von allerdings unverzichtbaren Direktiven zusammen mit dem Blick sowohl auf das geschichtliche Erbe wie auf die Verantwortung für die Zukunft. Bestimmend kommt noch hinzu, daß auf dem Boden des Konstitutionalismus bzw. der freiheitlichen Demokratie die Gesetzgebung sich weltanschaulich offen verhalten muß und grundsätzlich nur der Verwirklichung der Gerechtigkeit und keinen anderen höheren sittlichen Forderungen oder Ideen zu dienen hat. – Ein bes. enger Zusammenhang mit der Ethik liegt dabei um des Schuldgedankens willen beim → Strafrecht vor. Ein reines Sicherungsstrafrecht würde die Hoheit und den Geltungsanspruch des R.s als R. aufs äußerste gefährden, ein reines Vergeltungsstrafrecht würde den Bezug auf den Menschen als sittliche Persönlichkeit grundsätzlich ignorieren. – γ) Im Bereich der *R.sprechung* bedarf die Anwendung des gesetzten R.s durch den Richter vielfach des Rückgriffs auf ethische Erwägungen (Problem der Billigkeit), die allerdings, zumal bei der Beschränkung auf das äußere Verhalten, im Blick auf die Gleichheit vor dem R. nur ausgerichtet sein können auf die Durchsetzung der Gebote der einfachen, elementaren Sittlichkeit (zB Dekalog). Diese finden sich konkret in Tradition und Sitte, aber auch in Gestalt neu erkämpfter Errungenschaften des sozialen Lebens (zB Prinzip der Sozialstaatlichkeit, Gleichberechtigung der Geschlechter, Abbau rechtlicher Standesprivilegien usw). Die ethische Problematik sammelt sich in diesem Bereich zuletzt in der Gestalt des gerechten Richters, im Pragma der Richterkunst.

c) Das Verhältnis von Ethik und R. hat auch für die Ethik erhebliche Bedeutung, sofern das R. durch die von ihm als erreichbar versuchte Eindämmung der Macht des Bösen und die relative Sicherung äußeren Friedens unter den R.sgenossen, sofern es durch die objektive R.ssicherheit die Freiheit zu sittlicher Entfaltung der Persönlichkeit ermöglicht und wahrt.

Außer der Lit. zu → Rechtsphilosophie: A.BAUMGARTEN, Moral, R. u. Gerechtigkeit, 1917 – DERS., R.sphilos. (HPh IV, C), 1934 – R.STAMMLER, Lehrb. d. R.sphilos., 1923 – H.NEF, R. u. Moral in der dt. R.sphilos. seit Kant, 1937 – K.BARTH, Rechtfertigung u. R., (1938) 1944² – K.LARENZ, Sittlichkeit u. R. (Reich u. R. in d. dt. Philos. I, 1943, 169–412) – E.BRUNNER, Gerechtigkeit, 1943 – J.KLEIN, Kanonist. u. moraltheol. Normierung in der kath. Theol., 1949 – DERS., Skandalon, 1958 – W.SCHÖNFELD, Grundlegung d. R.swiss., 1951 – DERS., Über d. Heiligkeit d. R.s, 1957 – H.SIMON, Der R.sgedanke in d. gegenw. dt. ev. Theol. (Jur. Diss. Bonn), 1952 – A. REINACH, Zur Phänomenologie d. R.s, 1953 – W.MAIHOFER, R. u. Sein, 1954 – ESL 841ff (L.RAISER) – ERIK WOLF, Das Problem d. Naturrechtslehre, 1955 – KL.RITTER, Zwischen Natur-R. u. R.spositivismus, 1956 – H.DOMBOIS, Mensch u. Strafe, 1957 – W. WEISCHEDEL, R. u. Ethik (Jurist. Studienges. Karlsruhe, H. 19), (1956) 1959² – F.WIEACKER, Gesetz u. Richterkunst (ebd H. 34), 1958 – THIELICKE, ThE II/2, 1958 – W.TRILLHAAS, Ethik, 1959.

Ernst Wolf

II. Recht und Religion

1. Religiöses Urerlebnis und R.sidee – 2. Religionsgeschichtlicher Befund – 3. Das R. und die Irrationalität der Gottesidee – 4. Der Emanzipationsprozeß und seine Grenzen – 5. Nomismus – 6. Menschen-R.e

1. Religiöses Urerlebnis und R.sbewußtsein sind in Tiefenschichten einander verwurzelt. Verbreitet ist zwar die Auffassung, dem → Erlebnis des → Heiligen entspringe primär kultisches, nicht aber ethisches Handeln, und erst nachträglich erfolge Auffüllung mit ethisch-rechtlichen Gehalten (R. und → Sittlichkeit sind zwar nicht identisch, bilden aber zwei sich schneidende Kreise). Aber das erlebte → Numinose weckt schon vom stadium nascendi an innerste »obligatio«, erhebt als »Augustum« höchsten Anspruch auf Dienst und drängt im Verlaufe weiterer Auswickelung in historischer Realität zu »Verantwortung«. Aus dem religiösen Urerlebnis resultiert daher eine Bildschau, in der das Bild des göttlichen »Richters« auf dem Hintergrund seines → Gesetzes niemals fehlt (→ Gericht Gottes).

2. Entsprechend präsentiert die → Religionsgeschichte in Quellenzeugnissen und im Kult die Götter als Spender, Hüter und Wahrer des R.s und der → Gerechtigkeit. In früh- und volksreligiösen Stadien sind Sakral- und R.sordnung weithin identisch und allgemein verbindlich (sakrales → Königtum, → Priestertum). *Ordal* (→ Gottesurteil; vgl. → Opfer, → Orakel) und → *Eid* werden zu anerkannten R.smitteln bei Beweisaufnahme und Urteilsfindung. Straf-R. und Strafvollzug stehen unter dem Schutz der Götter (→ Strafe). So bedeutet »Friedloslegung« in der → germanischen Religion (, 4) Ausstoßung aus Kult- und R.sgemeinschaft *zugleich*. Die Gottheit (→ Gott) gilt weithin als Bürge der Verträge und Schutzherr des Völker-, Staats-, Gast- (→ Gastfreundschaft) und Sklaven-R.s. Frühreligiöse → Geheimbünde, → Totemismus und Ahnenkult (→ Totenverehrung: I) sind mitbestimmend für das Personen- und Sachen-R. – In dem Maße, wie → Religion der Kollektivbindung entwächst und im Gewissen des einzelnen gründet, werden kollektive Ideale in persönlichem Glauben vertieft. Der *Mord* zB, bei den → Naturvölkern bes. wegen der Dämonie vergossenen → Bluts verwerflich, wandelt sich in der Volksreligion zum religiö-

sen Vergehen wegen Schädigung des Kollektivheils der Sippe. Er wird auf dem Boden der Weltreligion zu einem bes. gravierenden, das Heil des einzelnen berührenden Verbrechen. - Genaue Analyse gewisser Zentralbegriffe (→ tabu, tao [→ Taoismus], ṛta, dharma, asha, fridr, b^erît [→ Bund: II], agape), die, in das Medium der jeweiligen Kultur getaucht, den Lebensnerv der einzelnen Religionen treffen, zeigen deren rechtliche Relevanz und erhellen weiter die oben (s. 1) bezeichnete Urverwurzelung von R. und Religion.

3. Trotzdem erscheinen die Götter keineswegs immer »gerecht«. Sie bleiben in ihrer Irrationalität jenseits menschlicher R.sbegriffe und behalten als »Numina« den spannungsgeladenen Charakter des Unheimlich-Furchtbaren, zugleich aber Faszinierenden, der ihre Erhabenheit ausmacht und alle menschlichen Vorstellungsreihen, auch die Idee der Gerechtigkeit, sprengt. Obschon aus religiösem Leben geboren, erfährt damit »Gerechtigkeit« eine Überhöhung durch die Idee der *Heiligkeit*, die alle Gerechtigkeit zwar einschließt, in gewisser Weise aber auch relativiert (→ Gnade Gottes).

4. Die Wende vom Kollektivismus zum Individualismus bringt mit dem Aufkommen von → Rechtsphilosophie allmähliche *Emanzipation* des R.s von der Religion. Aber auch in säkularisierter Kultur schwindet der geheime Zusammenhang nie ganz. Alles R. ruht *mit* auf Werturteilen und Glaubenssätzen (zB Wertung des Menschen!). So findet die Loslösung ihre *Grenze* im Wesen des R.s selber. Sie bewahrt das R. vor Herabsinken in bloße Funktion der Macht. Bei voller gewaltsamer Trennung stirbt das R.

5. Heterogen-überbetonter (nicht aus der Urverwurzelung gespeister) Einfluß des R.s auf Religion führt leicht zu deren Erstarrung in *»Nomismus«*, oft in → Dogma und → Kultus, in hierarchisch-überbetonter Kirchenordnung (→ Kirchenrecht), bes. aber dort, wo Religion als Herrschaftsform auftritt (→ Theokratie) oder einen Gesellschaftsaufbau begründet (→ Kaste, → Indien). - Intoleranz und → Aberglaube erzeugen Unrecht aus scheinreligiösen Gründen; vgl. die Pervertierung des R.s in Ketzer- und → Hexen-Prozessen.

6. *Direkte* R.ssätze, denen das positive R. zu weichen habe, sind aus der Religionsgeschichte nicht zu erheben. Wohl aber lehrt sie: Daß der → Mensch als R.ssubjekt anerkannt ist, ist nicht Geschenk des Staates. Die Gottheit verleiht R.sfähigkeit (→ Asylrecht) und wehrt der Willkür. Hier wurzeln die → Menschenrechte.

W. Wundt, Völkerpsychologie IX, 1910 - K. Latte, Heiliges R., 1920 - Chant (s. Reg. s.v. Ordalien, Eid, Gottesurteil usw) - K. Bünger-H. Trimborn, Relig. Bindungen in frühen u. oriental. R.en, 1952 - W. Schilling, Religion u. R. (Urban-Reihe Bd 26), 1957 (Lit.). - Vgl. → Gerechtigkeit Gottes: I, → Sittlichkeit: II.

W. Schilling

III. Recht und Kirche

Der hier behandelte Problemkreis liegt zwischen dem theologisch-ethischen Problem des R.s, seiner theologischen Begründung, der »R.stheologie«, als einer unabweislichen Aufgabe der Dogmatik (→ Recht: I), und demjenigen des → Kirchenrechts (: I B) als dem R., welches die Kirche (= K.) - wie auch immer verstanden - hervorbringt, oder das der Staat der K. einräumt und in dem er von sich aus ihre R.sstellung regelt. Dazwischen steht die Tatsache, daß die K. (durch ihr Dasein und ihr Sosein) verwandelnd und umbildend auf die R.sgeschichte einwirkt. Dies geschieht sowohl durch ihre bloße Existenz als eigengeprägte Gemeinschaft als auch durch bewußte Geltendmachung bestimmter Lehren und Grundsätze als Forderung an die im weltlichen R.sbereich Handelnden. Das erstere ist die überwiegend unbewußt erwachsene Frucht des Kirchen-R.s, das letztere berührt sich soweit mit der R.stheologie, daß hier vorzugsweise Möglichkeit und Methode solcher Einwirkung zu erörtern sind. Wesentlich für alle Richtungen der Betrachtung ist die Erkenntnis der neueren Exegese, daß die → Kirche (: II) bereits im NT, bes. in den paulinischen Briefen, ursprüngliche R.selemente aufweist, und nicht als primär außerrechtlich-spirituale Größe verstanden werden kann (→ Kirchenverfassung: I). Von da aus wird die liberale R.sverneinung im kirchlichen Raum bestritten. Joh. Heckel hat darauf hingewiesen, daß Luther die Zentralbegriffe des Evangeliums nicht ohne die Einbeziehung ihrer rechtlichen Struktur habe neu erfassen können (Gnade, Rechtfertigung). Der R.sgehalt vieler nt. Begriffe (δικαιοσύνη, ἀπόστολος usw) ist bereits untersucht. Eine Gesamtsicht fehlt jedoch bisher ebenso wie die Erfassung der rechtsbildenden Wirkung des nt. Kultus. Dies wäre aber die Basis für das volle Verständnis der anschließenden rechtsgeschichtlichen Wirkungen. Der wissenschaftlichen Erfassung jener Wirkungen stehen auch immanente Hindernisse entgegen: je stärker dieser Einfluß ist, desto mehr verbindet er sich bis zur Ununterscheidbarkeit mit dem konkreten Gegenstande seiner Einwirkung, so daß eine zuverlässige Abhebung nicht mehr gelingt. Andererseits sind bloße Postulate der theologischen Ethik ohne Wirklichkeitsbezug wirkungslos und hier ohne Interesse. Die von der Dogmengeschichte her gebildete Theologie ist in der Versuchung, das nur Gedachte schon als wirklich zu betrachten. Andererseits kann die Lehre der K. sich nicht von ihrer geschichtlichen Durchsetzung, ihrer Durchsetzbarkeit, ihrem »Erfolg« in einem Syllogismus practicus abhängig machen. Das Verhältnis der K. zur R.swirklichkeit ist ein durchaus dialektisches: ihr tatsächlicher Einfluß unterbietet radikal auch die legitimen, kritisch begrenzten Forderungen, er ist aber zugleich im Bereich der vom Christentum erfaßten Völker sehr viel umfassender, als wissenschaftlich exakt erweislich. Er ist für die Geistesgeschichte des R.s in hohem Maße präjudiziell und bestimmend, und zwar weit mehr durch die Eigenbildungen des Kirchen-R.s als durch die ethische Forderung. Die kirchliche(n) Naturrechtslehre(n) ist (sind) grundsätzlich nur von der Theologie aufgenommene Philosophoumena über das R., in denen auf der Grundlage ontologischer Aussagen theologische Schlüsse gezogen und daraus Forderungen für die R.sgestaltung gegründet werden. Das → Naturrechts-Denken wirkt teils konservativ, teils kritisch und revolutionär. Es hat häufig die gedankliche Begründung für die wirksame Vertretung christlicher R.sgedanken geliefert, ist mit seinen rationalen Postulaten aber ebensooft ohne Einfluß auf den Gang der R.sgeschichte geblieben. Es darf jedoch nicht als phänomenologischer Entwurf mißverstanden werden. Der Unterschied von Ideengeschichte und Realgeschichte ist hier bes. zu beachten. Manches spricht dafür, daß die Entscheidungen des Kirchen-R.s und dessen Formbildungen denen des weltlichen R.s vorausliegen (»Gesetz der Präzession des Kirchen-R.s«). Die fehlende Gesamtbearbeitung setzt bei Theologen und Juristen systematische wie historische Kenntnisse in der anderen Disziplin und ein planmäßiges Zusammenwirken voraus.

Die rechtsgeschichtliche Wirkung der K. liegt naturgemäß überwiegend im Bereich des Personen-R.s und deshalb bes. im öffentlichen R., erstreckt sich aber mehr oder minder deutlich auf alle R.sgebiete. Die fundamentale R.statsache liegt schon in der Erscheinung der K. als solcher mit dem Anspruch unmittelbarer (rechtlicher) Eigenexistenz. Damit wird 1. das ganze bisherige Kultus-R. der antiken Welt umgebrochen, 2. im Maße ihrer öffentlichen Anerkennung eine weittragende Verfassungswandlung oder sogar Verfassungsänderung eingeleitet. Zugleich entsteht 3. das Analogieproblem, dh die Frage, wieweit diese Eigenständigkeit entsprechende Verfassungsprobleme aufwirft (K. als wahre, vorbildliche polis oder als Pseudomorphose des Staates). Die ekklesia gerade als rechtliche Größe zerbricht die Einheit von polis und Kultus (griechische Lösung) wie von Gottesvolk und auserwähltem Einzelvolk (jüdische Lösung). Sie hat jetzt eigenrechtlich verfaßte Völker sich als »Welt« gegenüber, macht sie auch im R.ssinne zur »Welt«. Seither ist auch der rechtliche Dualismus von → Kirche und Staat thematisch. Dies ist bes. für das Souveränitätsproblem von wesentlicher Bedeutung. Die Eschatologie wird zum geschichtlichen politicum. Der Satz Carl Schmitts, daß die präzisen Begriffe der modernen Staatsrechtslehre säkularisierte Begriffe der Theologie sind, ist zwar eine Überspitzung, bleibt aber beachtlich. Die durch die → Taufe (: VII) erworbene → Kirchenmitgliedschaft kann in einer neuen Verbindung von K. und Staat zur Bedingung der Vollbürgerschaft werden. Die Universalität der → Kirche (: VI B), die Gleichheit des Tauf-R.s wirkt in Richtung auf die Bildung eines einheitlichen Staatsbürger-R.s und fügt auch ständisch geordneten Gemeinwesen ein Element der Gleichheit hinzu, welches sich in der Moderne vielfach mit egalitären Bewegungen verbindet. Die Eschatologie wirkt ebenso konservativ als Bestätigung vorläufiger R.sordnungen (Sklaverei) wie in Richtung auf deren Umbildung und Aufhebung. Zwischen den christlichen Völkern verändern sich die Grundsätze des → Völkerrechts und des Kriegs-R.s (→ Krieg: IV), wenn auch oft nur im Prinzip und mit begrenzter Wirkung, aber doch nicht ohne konkrete Bedeutung. So ist die Unerlaubtheit bestimmter Waffen schon im MA theologisch erwogen worden. Unterschied und Gefälle wird in der säkularisierten Unterscheidung zwischen zivilisierten und nichtzivilisierten Völkern und der Vorstellung einer Gemeinschaft der ersteren sichtbar (19.Jh.). Im Ehe-R. (→ Ehe: VI) mildert und durchbricht die K. das (ständische wie nationale) Konnubial-R. und bildet ein eigenes (impedimentum disparitatis cultus), bis Ende des 18.Jh.s auch im ev. Kirchen-R. anerkannt. Als Bedingung kirchlicher Benediktion und Anerkennung der Ehe hat die K. in weitgehend gesetzlicher Weise at. und nt. Sätze auf das Ehe-R. angewandt und ein System der Ehehindernisse ausgebaut, die Unscheidbarkeit durchgesetzt, aber auch die Problematik der Geschichtlichkeit in das R.sdenken eingeführt und die noch heute im Abendland gültigen systematischen R.sbegriffe des Eheschließungs-R.s entwickelt. Die Lehre der Kirchenväter hat bis ins 2.Jt. einen bedeutenden Einfluß auf das → Erbrecht ausgeübt (Seelteil). – Die Weiterentwicklung des frühmittelalterlichen Straf-R.s beruht zu wesentlichen Teilen auf dem Einfluß der K. Dieser drängt, zB in den fränkischen R.en, grausame Strafen (Todes- und Leibesstrafen) stark zurück. Durch Ausbildung des → Asylrechts werden → Todesstrafe und Friedloslegung entscheidend eingeschränkt. Die K. fördert auch mit ihrer Disziplin die Landfriedensordnung. Sehr wirksam ist ferner die Verfeinerung der Erfassung der subjektiven Verbrechenstatbestände, ohne die das moderne, auch aus säkularen Quellen stammende → Strafrecht nicht denkbar ist. Das Buß-R. der K. entwickelt sich selbst allmählich zum Straf-R., es säkularisiert sich einerseits durch Anwendung auf weltliche Tatbestände, andererseits durch Hinzufügung geistlicher Pönformeln bei weltlichen Akten. Das kanonische wie das ev.-konsistoriale Ehe-R. legt in den Entscheidungen über Trennung von Tisch und Bett wie über Scheidung den Grund für das moderne → Ehescheidungs-R. Der Aufstieg des Schuldbegriffs in Ehe- und Straf-R. ist durch das kirchliche R.sdenken, seine gegenwärtige Krise durch den Fortfall dieser Voraussetzungen wesentlich bedingt. Die systematische Durchdenkung der Probleme des Prozeß-R.s und die Ausbildung bestimmter materieller Grundsätze haben das abendländische Prozeß-R. bis heute in hohem Maße bestimmt. Wesentlicher als die fast unübersehbare Fülle der einzelnen Einwirkungen sind drei durchhaltende Aspekte: Anerkennung und Schutz der Personalität, Geschichtlichkeit und Verantwortlichkeit des Handelns (Wirksamkeit der Handlungen, R.skraft, Schuld, Irrtum) und eine Ermäßigung des R.s aus dem Gedanken der Barmherzigkeit, der das traditionelle Problem des Ausgleichs von strengem R. und Billigkeit wesentlich anders akzentuiert. – Dem christlichen Ethos der → Arbeit (: III) und des Erwerbs entsprechen Elemente des Arbeitsrechts- und Arbeitsschutzes im MA, Einbindung und Beschränkung von Erwerb und Arbeit in Dorf- und städtischer Zunftverfassung, das kanonische Zinsverbot. Mit der kirchlichen Freigabe dieser auch immer weltlich begründeten Bindungen treten R. und Ethos auseinander; der rechtlich-ökonomischen Selbstgesetzlichkeit gegenüber tritt eine verschärfte ethische Forderung der K. auf den Plan, zunächst mit großer, oft dargestellter geschichtlicher Wirkung, dann in der Moderne im raschen Verfall. Die Trennung von R. und Ethos ist der Anfang vom Ende der hier zu beschreibenden fruchtbaren Begegnung von K. und R., deren fundamentaler Charakter und Folgen damit keineswegs einfach aufgehoben und abgebrochen sind. Im ganzen begründet das Tauf-R. die Persönlichkeits-R.e, die communio sanctorum die Wandlungen des öffentlichen und Völker-R.s. In dem durch beide gebildeten Raum entfaltet sich ein vielfältiger, aber zugleich auch begrenzter Einfluß.

Damit ergibt sich bereits die Frage nach dem objektiven Verlauf dieses Einflusses und der Methodik bewußter Einwirkung. Die gemeinschaftsbildenden Fakten des Sakraments-R.s stehen voran, die Forderungen folgen nach. Die K. beschlagnahmt und besetzt Teile des R.slebens (Ehe-R., Teile des Straf-R.s) und beansprucht Exemtion für die Asylflüchtlinge. Die konservative Eschatologie stellt sich zunächst auf den Boden der rechtlichen Gegebenheiten und verzichtet bewußt auf die Bildung einer sozialen Utopie. Sie fordert aber die Überbietung des Vorfindlichen durch eine bessere Gerechtigkeit und verliert mit einer unbefangenen Durchsetzungskraft die Verwandlung des Gegenwärtigen nie aus dem Auge. In der großen verantwortlichen Verbindung des konstantinischen Bundes schreitet die Lehre der K. ebensowenig zum Entwurf einer idealen Sozialordnung fort, wohl aber zur Ausbildung einer Soziallehre als »Dogmatik zweiter Hand«, eines Gesamtverständnisses der geschichtlichen und rechtlich-sozialen Wirklichkeit, in der sich der Glaubende zu verstehen und seinen Glaubensgehorsam zu bewähren hat. So werden sowohl die scholastischen wie die reformatorischen Sozialkonzeptionen (wie zB Luthers Lehre von den drei Hierarchien) verstanden werden müssen. Diese Konzeptionen wenden bleibende Gedanken auf wechselnde geschichtliche Lagen an und sind insoweit selbst relativ. In einer rasch sich wandelnden sozialen Welt wird die Lehre der K. sich mit Recht an den bleibenden Grunderkenntnissen der biblischen Anthropologie orientieren, aber immer in der Versuchung sein, die durchhaltenden Momente sozialer Gestaltung zu überschätzen, und sich vor falschen Gleichsetzungen hüten müssen. Auf die Aufgabe einer solchen orientierenden Hilfe für die Bewährung und Bewahrung des Glaubens, in welcher die großen, sich immer rechtlich ausprägenden Existenzbezüge des Menschen - Ehe, Sachherrschaft, Arbeit, Staat - ihren Platz finden müssen, kann sie nicht verzichten. Die K. kann nicht als ein abstraktes Subjekt ebenso abstrakten Einzelpersonen abgesehen von der rechtlich-sozialen Wirklichkeit, in der sie stehen, wesentlich individuelle und aktuelle Entscheidungen auflasten und abfordern. Ihr vergangenes Handeln ist in der gegenwärtigen Situation mit enthalten, und sie selbst wie ihre Glieder tragen eine Verantwortung gegenüber der Zukunft. Ihre Fehlentscheidungen heute können zu Katastrophen von übermorgen werden. Ihr Wächteramt fordert zu allererst die Bewahrung ihrer eigenen Gemeinschaftsgrundlagen, sodann die Unterscheidung der Geister innerhalb und außerhalb.

Vgl. außer rechtsgeschichtl. Werken die Lit. zu → Ehe: VI, → Erbrecht, → Kirchenrecht, → Naturrecht, → Strafe: II, → Strafrecht: I, → Völkerrecht. Ideengeschichtlich: E. Troeltsch, Die Soziallehren d. christl. K.n u. Gruppen (Ges. Schr. I), (1912) 1923[3] - Max Weber, Wirtschaft u. Gesellschaft, (1921) 1956[4]. - Ferner: P. Koschaker, Europa u. d. Röm. R., 1947 - V. Achter, Geburt d. Strafe, 1951 - F. A. v. d. Heydte, Die Geburtsstunde d. souveränen Staates, 1952 - W. Schilling, Religion u. R., 1957 - H. Liermann, Das kanonische R. als Grundlage europ. R.sdenkens (ZevKR 6, 1957/58, 37-51) - L. Buisson, Potestas u. Caritas, 1958. *H. Dombois*

Rechtfertigung

I. Im NT - II. Dogmengeschichtlich - III. Dogmatisch

I. Im NT

1. Religionsgeschichtliche Voraussetzungen - 2. Vorpaulinisches Christentum - 3. Paulus - 4. Nachpaulinisches Christentum

1. *Die religionsgeschichtlichen Voraussetzungen* der urchristlichen Botschaft von der R. zeigen sich zunächst in der dem *AT* geläufigen Einsicht in den konstitutiven Charakter der ṣᵉdaqā (→ Gerechtigkeit Gottes: II) für das Gottesverhältnis. Da der Begriff in diesen Zusammenhängen nicht eine Eigenschaft Gottes oder des Menschen, sondern die Wirksamkeit ihres Verhältnisses bezeichnet, ist R. die (Wieder-)Einweisung des Glaubenden in die von solchem Verhältnis bestimmte heilvolle Ordnung seines Daseins (Hi 33, 26). Die Bedeutung der im einzelnen komplexen Entwicklung liegt darin, daß hier eine Sprache bereitgestellt wird, die nicht am Sein, sondern an den Bezügen des Menschen orientiert (Gen 15, 6) und dem Begegnischarakter des Glaubens angemessen ist.

Ist schon im AT die Zuversicht, daß dem Frommen die Bedingungen seiner R. selbstverständlich zu Gebote stehen (vgl. zB Ez 18, 5-9), gelegentlich durchbrochen (zB Ps 143, 1f), so radikalisiert sich das Verständnis weiter in der im antiken Judentum vereinzelt aufbrechenden Erkenntnis, daß R. ihrem Wesen nach R. des Sünders ist (vgl. 4Esr 8, 36). Breit entfaltet begegnet sie in einer der Schichten des Schrifttums der Sekte von → *Qumran*. Im Lichte der mit dem Übertritt zu ihr erfahrenen Rettung und mit den die genuin jüdische Terminologie ergänzenden Mitteln eines metaphysischen → Dualismus (: II, 2) enthüllt sich nicht nur der allgemeine Zustand der Menschheit als Chaos (1QH 7, 32), Unrechtsdienst (1, 27), Mangel an Gerechtigkeit (4, 30; 7, 16ff), sondern auch die gegenwärtige Existenz des Sektenmitglieds als Staub (18, 12), Gebäude der Sünde (1, 22), außerhalb der Gerechtigkeit (12, 32; vgl. 16, 11), qualifiziert von Bosheit und Empörung (1QS 10, 11; 11, 9). - Vor solcher anthropologischen Folie arbeiten die soteriologischen Aussagen die göttliche Errettung als die Tat reiner Gnade aus. Gott, dem allein alle Werke der Gerechtigkeit zukommen (1QH 1, 26; 4, 31), der die Gerechtigkeit selber repräsentiert (17, 20), schenkt dem Frommen aus dem Quell seiner Gerechtigkeit (1QS 11, 5) ausschließlich (rāq) auf Grund seiner Güte (1QH 13, 16f) die R. (mišpaṭ), die Vergebung der Sünde (1QS 11, 14f) und Vollkommenheit der Lebensführung (2) wirkt. - Ist in diesen Aussagen R. als iustificatio impii, die verliehene Gerechtigkeit als iustitia aliena und die Existenz des Frommen in der Spannung des simul iustus et peccator begriffen, ansatzweise auch ein Zusammenhang zwischen Indikativ und Imperativ entdeckt, so bedeutet das doch nicht, daß damit die paulinische R.slehre nach ihren gedanklich explizierbaren Elementen vorweggenommen sei und ihre Originalität einzig in ihrer Bindung an die Person Jesu zutage trete (gegen Grundmann). Die Tatsache, daß das Bekenntnis der R. das Denken der Qumransekte nur vorübergehend bestimmte und selbst dann möglicherweise seinen Sitz im Leben vorwiegend in der Novizenbelehrung hatte (Schulz), demnach schon insofern in seiner Reichweite deutlich limitiert gewesen wäre, vermag die Frage nach dem Zusammenhang zwischen qumranischer und paulinischer R.slehre freilich nur erst anzubahnen. Entscheidend aber ist, daß dort anders als bei Paulus (s. 3) die Sünde als Gegensatz zum Gesetz (1QH 4, 10), R. als neue Ausrichtung auf den Heilsweg des → Gesetzes (: III, 4) verstanden wird (Braun) und demzufolge eine Antithese zwischen Glauben und Werken völlig außerhalb des Ansatzes bleibt, wie denn die für die qumranische Ethik charakteristische Kasuistik faktisch ein Zusammenwirken von göttlicher Gnade und frommer Leistung etabliert. - Der Sachbezug zwischen qumranischer und paulinischer R.slehre ist deshalb nicht als Analogie zweier nur in ihrer historischen Bindung verschiedener Ideenkomplexe zu beschreiben, sondern als Verhältnis eines von der intendierten Sache in seiner Begriffsbildung ungewöhnlich angemessen bestimmten, dennoch die Sache verfehlenden Vorverständnisses (→ Hermeneutik, 2 g) zu seiner Aufhebung durch die Sache selbst.

2. *Das vorpaulinische Christentum* entwickelt den neuen Sinn der R. erst ansatzweise zu begrifflicher Klarheit. a) In der Jesustradition meldet sich zwar deutlich ein Wissen um die Problematik des Gesetzes, sofern sich an ihm fromme Selbstsicherheit entzündet (vgl. Lk 15, 7; Mt 21, 31b; → Jesus Christus, 10 b). Aber Lk 18, 14 steht mit dem Gebrauch von δικαιοῦν vereinzelt, und gerade hier erscheint R. - obwohl → Sünde (: IV) nicht ausschließlich als Gesetzesübertretung verstanden ist - primär als Vergebung aufgelaufener Übertretungsschuld. - b) Diese Ebene ist grundsätzlich noch nicht verlassen, wenn in dem Röm 3, 24f zitierten und glossierten judenchristlichen → Bekenntnis (: III) die Gerechtigkeit Gottes durch die historische Bindung an den Sühnetod Christi zwar eindeutig als eschatologische Wirklichkeit, ihrem Wesen nach aber als die jüdischem Denken geläufige Eigenschaft göttlicher Gemeinschaftstreue bestimmt wird (Käsemann) und R. als darin begründete Vergebung der vor der Bekehrung begangenen Sünden gilt. Traditionsgeschichtlich ist diese Stelle insofern bedeutsam, als hier ein Verbindungsglied zwischen jüdischer (qumranischer?) und paulinischer R.slehre greifbar wird.

3. Wie wenig das Christusereignis zu der Einstellung heterodoxen Judentums auf gnadenweise R. einfach die historische Erfüllung liefert, bringt erst *die klassische Ausprägung der R.slehre in der Theologie des → Paulus* (, 3 c) reflektiert zur Sprache. Traditionsgeschichtlich stellt sie sich als Verbindung des bereits vor Paulus christianisierten Theologumenons der R. sola gratia (s. 2b) mit einem ebenfalls vorpaulinischen, nämlich im hellenistischen Christentum ausgebildeten (→ Paulus, 2b, gegen Wilckens) kritischen Gesetzesverständnis dar. Daß man sie nicht als das Produkt einer »einfachen halachischen Überlegung« auffassen darf, die aus der Über-

zeugung von dem Gekommensein des → Messias (: IV) gut jüdisch auf die Erledigung des → Gesetzes (: IV, 3) schließe (mit Wilckens gegen Schoeps), erhellt schon aus ihrer Zusammenfassung in Röm 10, 4. Denn Christus ist des Gesetzes Ende primär nicht in temporalem, sondern in grundsätzlich-anthropologischem Sinne, wie die Zuspitzung auf den → Glauben (: III, 4a) als den Ort, da sich solches Ende ereignet, deutlich macht. - Fällt das Ende des Gesetzes im Glauben mit der Eröffnung der → Gerechtigkeit (: III) zusammen (Röm 3, 21), so heißt dies, daß gesetzlicher Existenz R. prinzipiell unerschwinglich ist: einmal insofern, als das Gesetz völlige Erfüllung heischt (Gal 3, 10) und bereits auf Verletzung durch einzelne Tatsünden mit dem Verdammungsurteil antwortet (Röm 2, 12), zum andern viel fundamentaler insofern, als es überhaupt für den Weg zum Heil genommen wird. Gerade in korrekter Gesetzesobservation wirkt sich der Drang des Menschen zur Aufrichtung seiner eigenen Gerechtigkeit aus (Röm 10, 3; Phil 3, 9), die ihm Ruhm vor Gott einbringen soll (Röm 2, 17; 3, 27; 4, 2). Damit ist nicht ein psychologischer Sachverhalt gemeint. Vielmehr aktualisiert das Gesetz die Sünde, ohne daß dies der Mensch subjektiv wahrzunehmen braucht (Röm 7, 14ff): Indem er sich auf das Gesetz - übertretend oder gehorchend - einläßt, verfällt er der Begierde (7f) der Selbstbehauptung vor Gott. - Demgegenüber steht im Heilsereignis des Kreuzes (2Kor 5, 21) und der es vergegenwärtigenden Predigt (Röm 1, 17) die Gerechtigkeit Gottes als eschatologische Möglichkeit dem Menschen zur Entscheidung. Zur Wirklichkeit wird sie dem Glauben (Röm 1, 17; 3, 22; Gal 3, 8 usw; vgl. den paulinischen Zusatz in Röm 3, 25), der auf die eigenmächtige Gewinnung des Lebens im Tun verzichtet (Röm 3, 28; Gal 3, 12) und wie sein Typos Abraham wider alle Hoffnung sein Leben in der Preisgabe an den totenerweckenden Gott erwartet (Röm 4, 17f). - Vollzieht sich die dem Glauben geschenkte R. freilich als »Anrechnung« (Röm 4, 3ff; Gal 3, 6) der Gerechtigkeit, also als forensischer Akt, ist die Gerechtigkeit gerade darin *Gottes* Gerechtigkeit (Gen. auct. [Oepke]), daß sie als solche weltlich nicht aufweisbar wird, so ist doch die Alternative, ob die R. neue Qualität oder »nur« neue Geltung vermittle, als ontologisch ungeklärt abzuweisen. Der Mensch, der nicht mehr seine Selbstbehauptung betreibt, weil er bereits im eschatologischen Frieden mit Gott lebt (Röm 5, 1), ist eben damit zu einem verantwortlichen Gehorsam befreit (Röm 12, 2; vgl. Phil 1, 10), der als selbstvergessene Sachlichkeit auch phänomenal sichtbar wird.

4. Im *nachpaulinischen Christentum* begegnet die paulinische R.slehre noch in vereinzelten Aussagen des deuteropaulinischen Überlieferungszweiges (Eph 2, 8f; Tit 3, 5. 7), freilich formelhaft erstarrt. Immerhin hält sich in dieser Tradierung die Einsicht durch, daß die sachliche Geltung der paulinischen R.slehre nicht an dem geschichtlichen Gegenüber zum Judentum hängt. - Ein positiver Reflex der paulinischen R.slehre findet sich im NT sonst nirgends. Insbesondere ist weder der Begriff der Gerechtigkeit im MtEv (3, 15; 5, 6. 20; 6, 1. 33; 21, 32) als solcher aufzufassen - er meint vielmehr die ethische Rechtschaffenheit (Strecker) -, noch das Apg 15, 10 begegnende Gesetzesverständnis. Die Terminologie von Apg 13, 38 ist eine unverstandene Reminiszenz. - Zum Gegenstand der Polemik wird die paulinische R.slehre im → Jakobusbrief. Ob sein Verfasser den genuinen oder einen entartenden Paulinismus vor Augen hat, ist unklar und sachlich belanglos angesichts der Tatsache, daß mit dem Begriff des Glaubens als eines Fürwahrhaltens objektiver Tatsachen (2, 19) jedes Verständnis der R.slehre im Ansatz unterbunden ist und das sola fide folgerichtig preisgegeben wird (2, 24) zugunsten einer Aufwertung der Werke für den Heilserwerb, die den Menschen erneut auf den Weg der Selbstbehauptung weist.

Außer der Lit. zu → Gerechtigkeit Gottes: II. III u. → Paulus vgl. ThW II, 176ff (QUELL, SCHRENK); VI, 220ff (BULTMANN) - BAUER, WB[5] 391 (Lit.) - BULTMANN, NT 271ff - EKL III, 471ff. - Ferner: E.KÄSEMANN, Zum Verständnis von Röm 3, 24-26 (ZNW 43, 1950/51, 150-154) - W.G.KÜMMEL, Πάρεσις u. ἔνδειξις. Ein Beitrag zum Verständnis der paulin. R.slehre (ZThK 49, 1952, 154-167) - A.OEPKE, Δικαιοσύνη θεοῦ bei Paulus in neuer Beleuchtung (ThLZ 78, 1953, 257-264) - E.LOHSE, Glaube u. Werke. Zur Theol. des Jak (ZNW 48, 1957, 1-22; Lit.) - D.E.H.WHITELEY, St. Paul's Thought on the Atonement (JThS NS 8, 1957, 240-255) - H.BRAUN, Röm 7, 7-25 u. das Selbstverständnis des Qumran-Frommen (ZThK 56, 1959, 1-18) - S.SCHULZ, Zur R. aus Gnaden in Qumran u. bei Paulus (ebd 155-185; Lit.) - U.WILCKENS, Die Bekehrung des Paulus als religionsgesch. Problem (ebd 273-293) - G.BRÖKER, Die Lehre von der Sünde bei Paulus u. im Schrifttum der Sekte von Qumran (Diss. Leipzig), 1959 (Masch.) - G.STRECKER, Der Weg der Gerechtigkeit (Habil.-Schrift Bonn), 1959 (Masch.) - W.GRUNDMANN, Der Lehrer der Gerechtigkeit von Qumran u. die Frage nach der Glaubensgerechtigkeit in der Theol. des Apostels Paulus (Revue de Qumran 2, 1960, 237-259) - G.DELLING, Zum neueren Paulusverständnis (NovTest 4, 1960/61, 95-121, bes. 108ff; Lit.). *G.Klein*

II. Dogmengeschichtlich

1. Bis zur Reformation und im nachreformatorischen Katholizismus: a) Bis Augustin - b) Augustin und die mit ihm zusammenhängenden Lehrentscheidungen - c) Scholastik - d) Tridentinum - e) Nachtridentinischer Katholizismus - 2. Prot. R.slehre: a) Luther - b) Melanchthon - c) Osiander - d) Auseinandersetzungen im Luthertum des 16.Jh.s - e) Calvin - f) Seit der Orthodoxie

1. a) Thema und Begriff der R. ist von Paulus her (→ Rechtfertigung: I) und weil die → Paulusbriefe Bestandteil des nt. Kanons wurden, theologiegeschichtlich wirksam geworden. Doch ist dieses Thema ausdrücklich nur in der westlichen Kirche behandelt worden. Mag ostkirchlicher Frömmigkeit die *Sache* nicht schlechthin fremd sein, so ging doch die theologische *Reflexion* über Heilsgut und Heilsaneignung dort andere Wege, mehr an johanneische als paulinische Begriffe sich anschließend. Auch in der Theologie des Westens ist das Thema der R. jahrhundertelang nur gelegentlich erwähnt, nicht grundsätzlich durchdacht worden. In den Schriften voraugustinischer Väter begegnet eine Reihe von Formulierungen, in denen von der R. des Menschen durch die Gnade in Christus, von der R. aus Glauben, nicht durch Werke u.ä. geredet wird. Solche Wendungen, deren sprachlicher Anschluß an Paulus oft unverkennbar ist, finden sich zB in 1Clem 32, 4, bei → Justin (Dial. 92), → Irenäus (Contra Haer. IV, V, 5; XXVII, 2) und anderen (vgl. die Zitate in den Darstellungen der DG). → Ambrosius sagt sogar: Non iustificamur ex operibus legis. Non habeo igitur, unde gloriari in operibus meis possim..., et ideo gloriabor in Christo. Non gloriabor quia iustus sum, sed quia mihi remissa sunt peccata (De Jacob I, VI, 21). - Bei denselben Vätern finden sich aber auch Aussagen, die auf das Handeln des Glaubenden als heilsentscheidend, zumindest mitentscheidend, hinweisen. Diese Aussagen sind nicht nur zahlreicher, sondern stehen meist auch in größerer Nähe zu den theologischen und seelsorgerlichen Anliegen der Verfasser. Zunächst mag es dabei - etwa gegenüber gnostischem Libertinismus - oft einfach um die Feststellung gehen, daß wirklicher Glaube mit zuchtvollem Gehorsam gegen Gottes Willen eins ist und sich in Werken der Liebe fruchtbar erweist. Aber diese Feststellung wird häufig dahin gewendet, daß der Glaubende gerade und nur um dieser Fruchtbarkeit in Glaubens*werken* willen gerechtfertigt werde. Das juridische Verständnis der R. im Rahmen einer Vergeltungsordnung, das Paulus gerade ausgeschlossen hatte, macht sich geltend: Wenngleich die Tauf-

gnade einen neuen Anfang setzt und Kraft verleiht, bedeutet R. in letzter Instanz die Anerkennung der sittlichen Werte und Leistungen, die auf dieser Grundlage nun erbracht werden. Zu solchen Leistungen wird nicht nur um der Liebe und des Gehorsams, sondern um des Heiles willen aufgerufen. Schon bei →Hermas erscheinen diese Werke des Glaubens der Sache nach als Verdienste, die u.U. sogar über das von Gott ausdrücklich Geforderte hinausgehen können (sim. V, III, 3). Durch → Tertullian wird der *Begriff* meritum in der theologischen Tradition heimisch (→ Verdienst: IV). Für ihn wie für → Cyprian ist für die Sünden, die der Getaufte begeht, eine Genugtuung durch gute Werke möglich und notwendig. Bestimmte Werke (Fasten, Almosen) werden dabei besonders herausgestellt. So kann auch Ambrosius sagen: Pecuniam habes, redime peccatum tuum. ... Peccatis tuis venundatus es, redime te operibus tuis (De Elia XX, 76). – In dem Zeitraum von Paulus bis Augustin ist eine theologische Reflexion, in der ein Ausgleich zwischen der Formel »aus Glauben, nicht durch Werke« und der praktizierten Werklehre gesucht würde, noch kaum erkennbar. Man verstand unter denjenigen Werken, die durch die Bindung der R. an den Glauben ausgeschlossen werden, nur die Forderungen des at. Gesetzes, soweit es durch die nova lex Christi überholt war, und den Glauben, der R. erlangt, weithin nicht als aktuelles Vertrauen auf den Zuspruch des Evangeliums, sondern als Übernahme der christlichen Lehre und ihrer nova lex; und man bezog die dem Glauben zuteil werdende bedingungslose Vergebung auf die Sünden des heidnischen Vorlebens, die in der → Taufe (: III) getilgt werden. Praktisch ist damit freilich gerade für das Leben im Christenstand die R. aus Glauben, nicht durch Werke in eine R. durch Glaubenswerke verwandelt, wobei »Glauben« wesensgemäß etwas anderes werden muß als bei Paulus.

b) Durch → *Augustin* (: II, 3) kam es zu einer ersten ausdrücklichen Bearbeitung der Problematik Gnade-R.-Werke. Im Kampf gegen den → Pelagianismus brachte er – trotz neuplatonischer Einflüsse – eine in innerer Aneignung der Paulusbriefe erwachsene Theologie der Gnade zur Geltung: → Gnade (: IV, 1 b) wird ihrem eigensten Wesen gemäß nicht erworben, sondern geschenkt, und zwar denen, die als Gefangene der → Sünde (: V) keinerlei Freiheit haben, sich für dieses Geschenk im geringsten zu qualifizieren. Augustin hat damit den grundsätzlichen Gegensatz von → Gesetz (: V, 4) oder Evangelium bzw. Gnade als Heilsweg im Anschluß an Paulus neu erkannt; nämlich so, daß es sich dabei nicht um den Unterschied einer alten und einer neuen, milderen oder vertieften Bedingungsordnung handelt, sondern um die Ablösung von Bedingungsordnung überhaupt durch die un-bedingte, frei geschenkte Gabe. Er hat ferner dieses Angewiesensein und Empfangen frei geschenkter Gnade als bleibendes Existential des Christenlebens verstanden und nicht auf die Zeit vor der Taufe beschränkt. Denn für ihn bleibt die Gnade die wirkende und vollendende Kraft der Heiligung; selbst die Beharrung in der Glaubenshingabe an diese Kraft ist ein durch keine menschliche Anstrengung zu sicherndes donum Gottes (→ Perseveranz, → Prädestination: III). Spricht Augustin andererseits auch vom cooperari der → Gnade (: IV, 1 b) mit dem von ihr erweckten Verhalten des Christen, so ist dies doch nicht so sehr als ein partnerhaftes Zusammenwirken, sondern viel eher als ein Wirken des Menschen *in* dieser sein Wirken beständig wirkenden Gnade zu verstehen. – R. des Sünders geschieht also auf der ganzen Linie, von der Taufgnade über das heiligende und zum cooperari belebende Gnadenwirken bis in die Endvollendung hinein, aus dem souveränen Schenken Gottes. Augustin hat das mit einer von Luther oft aufgegriffenen Wendung auch so ausgedrückt: die Gottesgerechtigkeit, die rechtfertigt, ist nicht Gerechtigkeit, die Gott in sich selbst hat (und nach deren Maßstab er die menschlichen Leistungen abwägt und vergilt), sondern die er als seine eigene heilende und heiligende Kraft schenkend mitteilt. Augustin hat auch häufig vom iustificari fide gesprochen und damit dem Menschen in der reinen Annahme dieser Gabe seine Stelle gewiesen. Ja, er hat betont, daß selbst diese Annahme nicht Leistung, sondern Gabe ist, die aus dem Erwählen Gottes kommt. Innerhalb dieser Grundanschauung legt Augustin aber, an dem paulinischen Verständnis von R. gemessen mit einer gewissen Einseitigkeit, den Akzent auf den den Menschen wandelnden Effekt dieses Geschehens. Das Verständnis der R. als Sünde vergebender Selbsterklärung Gottes für den Menschen, des → Glaubens (: IV, 2) als Leben unter diesem in Christus personhaft gegenwärtigen Zuspruch Gottes, tritt demgegenüber etwas zurück. Gnade wird in erster Linie als umwandelnde Kraftmitteilung, als inspiratio dilectionis verstanden. So gewiß auch damit ein Moment der nt. R.sverkündigung zur Geltung kommt – prot. Kritik an Augustin dürfte an diesem Punkt bisweilen zu weit gegangen sein –, so wird man doch eine gewisse Verlagerung der Aufmerksamkeit von der Wurzel des Geschehens in dem Freisprechen Gottes auf seine Wirkung im Gerechtwerden des Menschen nicht verkennen. Ist jenes Handeln Gottes als der kausierende Ursprung der heiligenden Gnadendynamis von Augustin zweifellos anerkannt, so ist es doch nicht ebenso deutlich als deren in der Verkündigung beständig sprudelnde Quelle sichtbar gemacht. Vielleicht hat es diese Akzentverlagerung Augustin leichter gemacht, nun doch auch seinerseits den Verdienst-Begriff auf die Werke des Glaubenden anzuwenden. Doch hat er den Begriff der merita sofort dahingehend eingeklammert, daß Gott, wenn er das fromme Tun und Sein des Menschen belohne, nur seine eigenen Geschenke kröne. Immerhin stellt sich ihm das ganze Geschehen des ex iniusto iustum fieri als ein Prozeß dar, in dem die Gnade den Sünder so wandelt und vollendet, daß sie in ihm zur neuen Qualität seiner Seele wird und entsprechend qualifizierte Werke hervorruft, diese also für ihr Vollenden bedeutsam werden läßt. Damit bleibt in die grundlegende Sicht der R. als unverdienter Begnadigung doch noch, wenn auch in sehr feiner und verdeckter Form, die Kategorie der Vergeltungsordnung eingeblendet. Das ist für die Scholastik bedeutsam geworden (s. 1 c). – Die Gnadenlehre Augustins erlangte im Westen wenigstens in ihren Grundzügen kirchliche Anerkennung (vgl. Synode von Karthago 418, can. 3-5 [Denz. 103-105]; Synode von Arausio 529, can. 3. 4. 7 [Denz. 176. 177. 180]), wenn damit auch der (Krypto-) → Semipelagianismus nicht völlig ausgerottet war (→ Gregor d. Gr.).

c) Das im wesentlichen nur tradierende Früh-MA ist für die theologische Bearbeitung der R.slehre wenig ergiebig. Die Überlieferung der augustinischen Lehre und eine Werke und Satisfaktionen betonende Praxis in der Volksfrömmigkeit und im → Bußwesen (: II, 2) liefen nebeneinander her. Die theologische Arbeit der → *Scholastik* mußte beides zu vermitteln suchen. Ihre gemeinsame Grundlage blieb die Bindung an das augustinische sola gratia, ferner das Verständnis dieser Gnade als Eingießung göttlicher Kraft, der R. als Prozeß der Gerechtmachung. Identifizierte → Petrus Lombardus diese gerechtmachende Gnade mit der Einwohnung des Hl. Geistes selbst, so wurde sie von den Theologen des 12. und 13. Jh.s in Aufnahme aristotelischer Begrifflichkeit als die Eingießung (infusio) eines übernatürlichen habitus in die Seele bezeichnet. Damit verstärkte sich die Tendenz, im

R.sprozeß die Herstellung einer zuständlichen Qualität im Menschen zu suchen und den Abschluß der R. dann als ein diese Qualität anerkennendes Urteil zu verstehen. Das Verständnis der R. als Vergebung der Sünde durch die personale Zuwendung Gottes in Christus trat weiter zurück. Zwar nannte auch der Lombarde die iustificatio ein solvi a peccatis, und → Thomas von Aquino läßt das R.sgeschehen in der Sündenvergebung gipfeln. Aber diese remissio wurde gleichsam versachlicht als Beseitigung des Sündenzustandes verstanden, die aus der Eingießung des habitus der Gerechtigkeit resultiert. Daher nennt Thomas an erster und grundlegender Stelle unter den Momenten der R. die infusio gratiae, als zweites Moment die Bewegung des durch den eingegossenen habitus neu qualifizierten Willens zu Gott hin, als drittes die dieser Bewegung negativ entsprechende Abkehr von der Sünde und als Ergebnis des Ganzen die remissio der Sünde (S.th. I/II q. 113 a. 6. 8).

Ist dieses ganze Geschehen als Werk der Gnade verstanden, so mußte nun der traditionelle Begriff des Verdienstes (und die entsprechenden Motive des praktischen kirchlichen Lebens) ihm vermittelnd eingeordnet werden. Dies war grundsätzlich dadurch möglich, daß die Begnadigung einerseits als Qualitätserhöhung, somit als Befähigung zu qualifizierten Leistungen verstanden wurde, andererseits als eine Entwicklung, die der Vollendung erst entgegengeht und für deren Vollendung daher die »Übung« der verliehenen Qualität in entsprechenden Leistungen bedingend in Anschlag gebracht werden konnte. Ferner spielt seit → Alexander von Hales die Unterscheidung von meritum de condigno (= Verdienst, das dem Lohn äquivalent ist und ihn also im strengen Sinn zu beanspruchen hat) und meritum de congruo (= positive, aber geringfügige Leistung, die aus Güte mit einem ihren Wert weit übersteigenden Lohn beantwortet wird) eine wesentliche Rolle. Unter Verwendung dieser Begriffe gestaltete sich die systematische Konstruktion der Vermittlung von Gnade und Verdienst im R.sgeschehen bei den einzelnen Schulen der Hochscholastik etwas verschieden. Die *ältere Franziskanerschule* (Alexander von Hales, → Bonaventura) läßt das R.sgeschehen mit der gratia gratis data eines ersten anregenden Einwirkens Gottes beginnen. Geht der Mensch hierauf willentlich ein, so ist dies ein meritum de congruo, das an sich keine R. im eigentlichen Sinn zu beanspruchen hat, von Gott aber aus Güte mit der Eingießung der gratia gratum faciens, des eigentlichen habitus der Gerechtigkeit in der Seele, beantwortet wird. Nunmehr ist der Mensch befähigt, aber auch verpflichtet, gute Werke im Sinne vollgültiger merita de condigno zu erbringen. In dem Maße, in dem dies geschieht, verleiht ihm Gott weitere Befestigung und Mehrung seines Gerechtigkeitshabitus und schließlich den Eingang zur Seligkeit. Dieses scharfsinnige System konnte sowohl das sola gratia betonen: nichts ohne die anfängliche und schlechthin »umsonst« (gratis) gegebene Einwirkung Gottes, als auch die Mitwirkung des Menschen: keine R. ohne sein Eingehen auf diese erste Einwirkung, keine Vollendung ohne die Übung des R.shabitus in meritis. – Wesentlich strenger wird das menschliche Wirken bei *Thomas* dem sola gratia untergeordnet. Auch er kennt die erste Anregungsgnade und das Eingehen des Menschen auf sie, wertet dieses aber überhaupt nicht als meritum, sondern streng prädestinatianisch denkend als unmittelbare Wirkung der ersten Gnade. Auch bei ihm folgt dann die eigentliche R.sgnade und mit dieser überhaupt erst die Befähigung zu Werken, die als merita im Blick auf die Vollendung des Heilsweges gelten können. Doch bleiben diese stets nur merita de congruo; merita de condigno können sie nur im Blick auf Gott als den zu solchen Werken Bewegenden genannt werden. Eine die Seligkeit im strengen Sinn verdienende menschliche Leistung tritt also bei Thomas überhaupt nicht auf. Aber unter größten Restriktionen ist das R.sgeschehen doch auch hier so verstanden, daß das Wirken der Gnade nur auf dem Weg über einen Prozeß, der den Menschen anerkennbar macht, zum Ziele kommt.

In der von → *Duns Scotus* eingeleiteten und dann bes. von der Schule → *Ockhams* bestimmten spätscholastischen Theologie gewinnt die R.slehre neue Akzente. Bedeutsam für sie wird 1. der *Voluntarismus*, der das Verhältnis Gottes zum Menschen grundlegend als Willensentscheidung sieht und in ihm die Note des personalen Gegenübers stärker als bisher zur Geltung bringt; 2. damit zusammenhängend die *Akzeptationslehre*, wonach R. nicht so sehr als ontischer Prozeß im Menschen, sondern vielmehr als Willenserklärung und Annahmeakt Gottes verstanden wird. Dies scheint auf größere Nähe zum paulinischen R.sverständnis hinzuweisen, und formal gesehen hat diese neue Begrifflichkeit, zu der auch der Begriff der → Imputatio gehört, zweifellos der R.stheologie Luthers vorgearbeitet. Aber inhaltlich wird die Kluft zu Paulus weitaus größer als etwa bei Thomas. Denn der Ockhamismus läßt den annehmenden Willen Gottes nicht einem Menschen begegnen, der in realer Gefangenschaft des Bösen von Gott abgekehrt ist, sondern dem Menschen, der seinerseits die Freiheit des Willens hat und auch im Stande der Sünde behält, sich für Gott zu entscheiden. Der natürliche Mensch *kann* das Gesetz erfüllen, selbst einschließlich des Liebesgebotes, wenn er es auch faktisch vielfach nicht erfüllt. Der rechtfertigende Annahmeakt Gottes *könnte* also die Gestalt einer diese Gesetzeserfüllung belohnenden Reaktion haben – womit man bei reinem Pelagianismus angelangt wäre. Was die ockhamistische R.slehre davon trennt, ist die Erwägung, daß Gott zu einer solchen Reaktion auch bei vollkommener Gesetzeserfüllung des Menschen *grundsätzlich* nicht verpflichtet ist, und daß er *faktisch* beschlossen hat, R. nicht auf die natürliche Gesetzeserfüllung hin, sondern nur auf dem Wege der gnadenhaften Eingießung eines übernatürlichen habitus zu verleihen. Damit ist der Anschluß an das sola gratia und die ältere scholastische Tradition gewahrt, aber der innere Sinn dieser Gnadeneinwirkung für das Verhältnis zwischen Gott und Mensch ist ganz undurchsichtig geworden. An die Stelle der dem Sünder eingegossenen und ihn zum Gerechten wandelnden neuen Qualität tritt nicht etwa der den Sünder annehmende und befreiende Liebesakt Gottes in Christus, sondern die gewissermaßen abstrakt gewordene Freiheit Gottes, einem an sich zum Guten ebenso freien Menschen die R. nun eben nicht als unmittelbaren Lohn seiner Werke, sondern nur unter der Bedingung eines aus Gnade gewährten besonderen habitus zuzuerkennen. In der Erwägung, unter welchen Vor-Bedingungen die Habitusverleihung eintritt, wird dann schließlich doch der Anschluß an die natürlichen Leistungen des Menschen hergestellt: Zwar ist Gott nicht verpflichtet, sie mit Gnadeneingießung und R. zu beantworten, aber aus Gründen der Billigkeit darf erhofft werden, daß er dem Menschen, der aus eigener Freiheit das ihm Mögliche tut, die rechtfertigende Gnade nicht verweigert. So wird dem Begriff der merita, der zunächst durch die Betonung der unverpflichtbaren acceptatio entwurzelt scheint, doch wieder Raum gegeben. Die durchgeführte Theorie gestaltet sich ähnlich, aber noch semipelagianischer als in der franziskanischen Richtung der Hochscholastik: Der natürliche Einsatz des Menschen in Richtung auf Gott – ohne anregende gratia gratis data! – begründet ein meritum de congruo, das Gott aus Billigkeit mit der Eingießung des Gnadenhabitus beantwortet. Durch diesen werden die weiteren Werke des Menschen (die sich nicht wesentlich von den ohne Gnade möglichen moralischen Leistungen unterscheiden) akzeptabel als merita de condigno, denen der Lohn der Seligkeit zugesprochen wird. Dies, ein nur durch Formalismen verhüllter Semipelagianismus, ist die vorherrschende R.slehre, mit der sich die Reformatoren auseinanderzusetzen hatten. Daneben behält allerdings auch im Spät-MA die Theologie des Thomas ihre Vertreter und wird im Orden der Augustinereremiten augustinisches Gedankengut erneuert (u.a. bei → Ägidius von Rom, → Gregor von Rimini, → Hugolin von Orvieto, → Perez von Valencia).

d) Das → *Tridentinische Konzil* brachte in Auseinandersetzung mit den Reformatoren und in Abgrenzung gegen sie die R.slehre der röm.-kath. Kirche zu einem gewissen Abschluß. Das Ergebnis kann als schwebender Ausgleich zwischen der franziskanischen und der von Thomas vertretenen Linie der hochscholastischen R.slehre bezeichnet werden. Die pelagianisierenden Tendenzen des Ockhamismus wurden ausgeschieden. – Im einzelnen enthält das Decretum de iustificatione (Sess. VI, 13.1.1547; Denz. 792 a–843) folgende Hauptpunkte: Am Anfang des R.sgeschehens steht die Anregungsgnade. Sie ist schlechterdings praeveniens; aber der Mensch kann und muß aus den durch die Sünde nicht restlos aufgehobenen Kräften seines freien Willens (eidem gratiae libere assentiendo et cooperando, cap. 5; Denz. 797) mit einem Anfang von Glauben, Reue und Gottesliebe auf sie eingehen, um sich für den Empfang der eigentlichen R.sgnade vorzubereiten. Von einem meritum de congruo im Sinne der Franziskaner ist hier nicht direkt, wohl aber indirekt die Rede: die R.sgnade werde jedem nicht nur prout Spiritus vult, sondern auch secundum propriam cuiusque dispositionem et cooperationem zuteil (cap. 7, Denz. 799). Die eigentliche R.sgnade ist nicht nur Vergebung, Nichtzurechnung der Sünde, sondern realer Wandlungsvorgang im Menschen. Die reformatorische Heilsgewißheit wird als Ausruhen in der Gerechterklärung und Gleichgültigkeit gegen die Heiligung verstanden und abgelehnt: niemand kann im Blick auf die eigene Schwäche und den möglichen Mangel der eigenen Vorbereitung der R.sgnade unbedingt gewiß sein. Diese Feststellung ergibt sich folgerichtig daraus, daß das Maß der R.sgnade von der Vorbereitung des Menschen als abhängig und die R. selbst als ein qualitativer Umwandlungsprozeß verstanden wird, für dessen endgerichtlichen Abschluß das Mitwirken des Menschen mit maßgebend wird. Denn durch die Verleihung der wandelnden R.sgnade werden gute Werke möglich, aber auch wieder ihrerseits zur Voraussetzung für die Befestigung, Mehrung und Vollendung des R.sstandes. Sie haben insofern eine verdienstliche Bedeutung. Ihr Verständnis als bloße Frucht des schon geschenkten Heilsstandes wird zurückgewiesen (can. 24, Denz. 834). – Vgl. → Rechtfertigung: III, 5 a.

e) Nach der dogmatischen Festlegung der R.slehre im Tridentinum sind zu diesem Thema kirchliche Lehrentscheidungen nicht mehr erfolgt. Anlaß zu weiteren Auseinandersetzungen bot bes. das Schwebende der tridentinischen Aussagen über das Verhältnis von gratia praeveniens und liberum arbitrium beim ersten Zugang zum R.sgeschehen: Wieweit spielt die eigene Zuwendung und Vorbereitung des Menschen eine bestimmende Rolle? Diese Frage hat am Ende des 16.Jh.s im *Streit zwischen → Bañez und → Molina* die röm.-kath. Kirche noch einmal stark erschüttert. Molina vertrat die mitbestimmende Bedeutung und suchte sie mit der zuvorkommenden Erwählung Gottes in Einklang zu bringen: Gott habe diejenigen von Ewigkeit her zum Heil bestimmt, von denen er vorhergesehen habe, daß sie frei wollend auf die Anregungsgnade eingehen würden. Bañez stellte dem die strenge augustinische Position entgegen: Nur diejenigen werden auf die Gnade in eigener Entscheidung eingehen, die Gott von Ewigkeit her zum Heil bestimmt hat und denen das Vermögen dazu geschenkt wird. Das kirchliche Lehramt ließ die Streitfrage unentschieden; im ganzen dürfte der Wortlaut des Tridentinums der molinistischen Auffassung günstiger sein. – Der → *Jansenismus* griff im 17.Jh. bes. die Unterscheidung von »natürlicher« Moralität und dem durch die Gnade gewirkten Guten und die damit zusammenhängende Lehre von der relativen Möglichkeit auch des gefallenen Menschen zum Guten an. Die Gnade bewirkt nicht Überhöhung, sondern nur eine erste Wiederherstellung der sittlichen Natur des Menschen. Alles, was nicht aus der durch die R.sgnade gewirkten Gottesliebe hervorgeht, ist Sünde. Das kirchliche Lehramt hat zahlreiche Sätze Jansens in der Bulle Cum occasione (1653) und entsprechende Aussagen des Jansenisten → Quesnel in der Bulle Unigenitus (1713) als gefährlich und zT häretisch verurteilt. Die dem reformatorischen Denken nahestehenden Elemente des komplexen augustinischen Erbes wurden so weitgehend ausgeschaltet. Maßgebend für die kath. R.slehre bleibt das Verständnis des R.svorgangs als Synthese von Wirken Gottes und Mitwirken des Menschen, wie ihn das Tridentinum herausstellte.

Außer den Lehrbüchern der DG von Harnack, Seeberg, Loofs: A.Ritschl, Die christl. Lehre von d. R. u. Versöhnung I–III, (1870 bis 1874) 1895–1903⁴ – J.Gottschick, Augustins Anschauung von den Erlöserwirkungen Christi (ZThK 11, 1901, 97–213) – O.Scheel, Zu Augustins Anschauung von d. Erlösung durch Christus (ThStKr 77, 1904, 401–433. 491–554) – Ders., Aus der Gesch. d. ma. R.slehre (ThR 16, 1913, 58–75. 95–111) – RE XVI, 482ff – H.Denifle OP, Die abendländ. Schriftausleger bis Luther über Iustitia Dei (Rom. 1, 17) u. Iustificatio, 1905 – H.Mandel, Die scholast. R.slehre, ihre Bedeutung für Luthers Entwicklung (Diss. Greifswald), 1906 – K.Heim, Das Wesen der Gnade u. ihr Verhältnis zu d. natürl. Funktionen d. Menschen bei Alexander Halesius, 1907 – K.Holl, Die iustitia Dei in d. vorluth. Bibelauslegung d. Abendlandes (Festg. f. A.v.Harnack, 1921, 73–92 = Holl III, 171–188) – DThC VIII, 2077ff – C.Feckes, Die R.slehre des Gabriel Biel, 1925 – H.Rückert, Die R.slehre auf dem trident. Konzil (AKG 3), 1925 – E.Stakemeier, Glaube u. R., 1937 – H.Bornkamm, Iustitia dei in d. Scholastik u. bei Luther (ARG 39, 1942, 1–46) – J.Auer, Die Entwicklung der Gnadenlehre in d. Hochscholastik I. II, 1942/51 – Landgraf I – Die kath. Lehre von d. R. u. von d. Gnade, ausgew. u. eingel. v. W.Joest (QKK Reihe A, 2), 1954 – A.Zumkeller OESA, Hugolin v. Orvieto über Prädestination, R. u. Verdienst (Augustiniana 4, 1954, 109–156; 5, 1955, 5–51) – M.Schmaus, Kath. Dogmatik III/2, 1956⁵ (reiche Lit.) – Jedin II, 139ff. 201ff. 238ff (Lit.) – N.Toner OESA, The Doctrine of Justification according to Augustine of Rome (Favaroni) (Augustiniana 8, 1958, 164–189. 299–327. 497–515) – EKL III, 476ff. *W.Joest*

2. a) Für → *Luther* (: II, 4 e) ist R. charakteristischer und umfassender Ausdruck des Heilshandelns Gottes überhaupt und damit bestimmendes Zentrum des christlichen Glaubens. Die Unterschiede zum MA liegen weniger in einzelnen Punkten als in der ganzen theozentrisch-dynamischen Sicht. Die R. bekommt die beherrschende Stellung für Lehre und Frömmigkeit. Einsatzpunkt ist das neue Verständnis von »iustitia Dei« (Röm 1, 17). Gottes Gerechtigkeit als sein eigentliches Gottsein besteht darin, daß sie den sündigen Menschen in das rechte Verhältnis zu Gott setzt. Die iustificatio hominis ereignet sich in dem Christusgeschehen, das in der Verkündigung als Gottes Freispruchs- und Lebenswort wirkend auf den in der → Sünde (: V) gefangenen und vom → Gesetz (: V, 5) und → Zorn Gottes angefochtenen Menschen trifft, ihn von Schuld und Macht der Sünde losspricht und in das Kindesverhältnis zu sich versetzt. Das Heilswerk Christi und seine Zueignung durch das verkündigte Wort (»imputatio alienae iustitiae«) werden in lebensvollem Zusammen-

hang gesehen. Die →Imputatio der Gerechtigkeit Christi bedeutet nicht »Anrechnung« eines objektiven Gutes durch einen besonderen Akt, sondern worthaft wirkendes Herankommen dessen, was in Christus geschah, die wirksame Frei- und Gerechtsprechung des Sünders. Luthers R.slehre ist zwar nur auf der Folie seiner radikalen Sündenauffassung zu verstehen, aber nichts weniger als ein Notpostulat aus dieser. Die → Anthropologie (: III, 3 a) ist hier von der R. bestimmt. Die R. ist, mehr als nur Reparaturmaßnahme, Wiederdurchsetzung des ursprünglichen Gott-Mensch-Verhältnisses durch Gott und damit Anbruch der neuen → Schöpfung (: IV). Indem Gott in der R. sein wahres Gottsein erweist, wird hier sein Schöpferwort erneut mächtig auf die Vollendung hin (→Wort Gottes: III. IV). Im → *Glauben* (: IV, 4) gibt der Mensch der »Gerechtigkeit« Gottes über sich Recht (iustitia Dei passiva) und ist »richtig«, wie Gott ihn haben will. (Darum wird das Gesetz aus der R. selbst ausgeschlossen, doch sein Wirken, gegen → Agricola, als ihre notwendige negative Voraussetzung angesehen.) Neben der oben genannten Bedeutung von imputatio = Zusprechung der Gerechtigkeit Christi gilt die andere: Beurteilung des Glaubens als Gerechtigkeit. In dieser Sicht kann es keine Trennung zwischen Gerecht*erklärung* und Gerecht*machung* geben. Weil jene schöpferisch ist, ist die R. die anhebende Erneuerung. Da die wahre Gerechtigkeit des Menschen in der Gottesrelation besteht, so *ist* der Glaube das neue Leben in nuce und nicht nur ein Mittel zu diesem. Die im Glauben empfangene Imputatio bringt mit innerer Macht → gute Werke aus dem Menschen hervor, die der Forderung des Gesetzes entsprechen, aber darum nicht verdienstlich genannt werden dürfen. Die so gesehene R. verleiht dem Menschen nicht einen »habitus«, den er als Besitz bei sich hat; seine Gerechtigkeit gründet außerhalb seiner, und seine R. geschieht stets von neuem durch das an ihn herankommende wirkende Heilswort. Außerhalb dieser Relation bleibt der Mensch Sünder, innerhalb ihrer wird er schrittweise seiner Vollendung entgegengeführt.

b) Diese bei Luther nicht systematisierte, doch lebendig geschlossene Konzeption wurde durch → *Melanchthon* (, 5) zu einer eigentlichen R.*slehre* präzisiert. In ihrem Hauptpathos, der entschlossenen Hervorhebung des imputativen Grundcharakters der R. (auch gegen spiritualistische und mystische Auffassungen im werdenden Protestantismus wie gegen Osiander [s.u.]), hält diese das entscheidende Motiv Luthers fest; doch zeigen sich gewisse Veränderungen. Melanchthons methodischer Ausgangspunkt ist die persönliche R.sgewißheit, die Tröstung und Aufrichtung des durch das Gesetz geängsteten und von der Sünde angefochtenen Gewissens. Hand in Hand damit erhält die R.slehre eine streng objektive Fassung. Das Heilswerk Christi gilt als der objektive Ermöglichungsgrund der R. Das handelnde Wort Gottes wird zu einem Urteilsspruch verkürzt, das dem sündigen Menschen jene Gerechtigkeit Christi gnadenhaft anrechnet. Damit treten Satisfaktion und Imputation auseinander. Das Wortverständnis (Mitteilung dieses Geschehens und Urteils) und der Modus der Applikation sind verändert: der Glaube ist Anerkennung dieses Geschehens (assensus) *und* Vertrauen auf Gottes Barmherzigkeit (fiducia), das sich dieses Urteil aneignet. Ein anderer Unterschied zu Luther betrifft das Verhältnis von R. und Erneuerung. Während Melanchthon noch in der → Apologie unter iustificari sowohl »ex iniustis iustos effici seu regenerari« als auch »iustos pronuntiari seu reputari« (IV, § 72) begreift und dies letzte als das Eigentliche hervorhebt (§ 305), legt er seit dem Röm-Kommentar von 1532 - »docendi causa« - Wert auf die begriffliche Distinktion der einzelnen Aspekte des R.svorgangs und behandelt in seiner weiteren Darstellung der R. vornehmlich die Sündenvergebung als das Erste und Konstitutive, dem die Erneuerung erst folgt. Daraus ergibt sich die Nötigung, diese samt den guten Werken noch eigens *neben* der R. zu begründen.

c) Gegen die melanchthonische Fassung suchte *A.* → *Osiander* mit seiner R.slehre gewisse Motive Luthers, vor allem die Christusgemeinschaft und den inneren Zusammenhang von R. und Erneuerung, zu wahren und der Gefahr einer Veräußerlichung der R. zu wehren, gab dabei aber seinerseits das entscheidende reformatorische Grundmotiv preis. Nicht ohne Beeinflussung durch die → Mystik faßte er die R. als besonderen - sanativen, statt forensischen - Akt *nach* dem geschichtlichen Erlösungswerk Christi auf. Er besteht im unmittelbaren Eingehen Christi (nach seiner göttlichen Natur) in den Menschen und ist primär Gerecht*machung*. Auf Grund dessen, daß kraft dieser Einwohnung bei dem Menschen wirkliche Gerechtigkeit keimhaft schon vorhanden ist, *erklärt* ihn Gott für gerecht. Das R.surteil ist also aus einem schöpferischen (synthetischen) ein feststellendes (analytisches) geworden. Auch sind geschichtliche Begründung und worthafter Zuspruchscharakter der R. verlorengegangen.

d) Die Verkürzungen der melanchthonischen Fassung der R. samt ihrem osiandristischen Gegenbild riefen in der zweiten Generation des Luthertums *Auseinandersetzungen* hervor, die zur endgültigen Fixierung der luth. R.slehre in der → *Konkordienformel* führten. Hier werden die Hauptmotive Luthers lehrhaft zu wahren gesucht, doch ohne daß die lebendige Gesamtkonzeption seiner R.slehre erreicht wird. - Gegen Osiander betont FC III, daß das Primäre und alles Tragende der R., das, woran sich der Glaube allein zu halten hat, das voraussetzungslose Gnadenurteil Gottes ist. Wenn dieses als schöpferisches auch unmittelbar die Erneuerung bewirkt (gegen Melanchthon), so soll doch, um der festen Begründung der Heilsgewißheit willen, zwischen dem Begründenden (der R. als Gerechterklärung = R. im eigentlichen Sinne) und der Auswirkung (der Erneuerung und → Heiligung) *unterschieden* werden. Das forensische Moment wird innerhalb des durchgehenden Gesamtgeschehens bes. akzentuiert, doch nicht isoliert. Es wird emphatisch betont, daß der Mensch kraft der R. auch wirklich erneuert wird und daß es dazu nicht noch eines besonderen Aktes bedarf. Aber ebenso heftig wird abgewiesen, die Erneuerung mit der Begründung der R. zusammenzuwerfen.

Dadurch, daß in der Nachfolge Melanchthons die R. auf das Forensische *beschränkt* wurde, lebte das scholastische Problem der menschlichen cooperatio sowohl bei der Aneignung wie bei der Auswirkung des göttlichen Gnadenwirkens wieder auf. Die Begründung des Ethos wurde zu einer besonderen Aufgabe neben der R., und synergistische und moralistische Tendenzen drohten einzubrechen. - Im *synergistischen Streit* betonten die Melanchthon-Schüler → Pfeffinger und → Strigel die Fähigkeit und Notwendigkeit des menschlichen Willens, »sich der Gnade zuzuwenden« und so bei der R. mitzuwirken; die Gnesiolutheraner → Flacius und → Amsdorf behaupteten demgegenüber die völlige Unfähigkeit des menschlichen Willens, ja seine direkte Widersetzlichkeit gegen Gottes Gnadenwirken. FC II stellt dagegen die Sünden- und R.slehre mit Bezug auf die → Gnadenmittel dar, weist den → Synergismus der Philippisten ab und betont gegen die Gnesiolutheraner, daß das Gnadenwirken Gottes als schöpferisches den unfreien und widerstrebenden Willen des sündigen Menschen befreit und zur verantwortlichen Mitwirkung mit dem Willen Gottes befähigt, doch so, daß jener von diesem »unterfaßt«

bleibt. – Der *Streit um die guten Werke (»majoristischer Streit«)*: Angesichts der isoliert forensischen Fassung der R. suchten die Philippisten → Major und → Menius die → guten Werke noch eigens neben der R. zu begründen und sprachen dabei von der Notwendigkeit guter Werke zur Seligkeit, die zwar keine »necessitas meriti«, doch »necessitas coniunctionis seu consequentiae« sei. Dagegen sprach Amsdorf umgekehrt von der Schädlichkeit guter Werke zur Seligkeit, da sie dazu verleiten können, die R.sgewißheit auch auf sie, nicht allein auf Gottes Gnadenzuspruch zu setzen. FC IV macht für das Verhältnis von R. und neuem Leben wieder den durchgehenden schöpferischen Aspekt des göttlichen Handelns geltend: Kraft der Mächtigkeit des R.szuspruchs Gottes gehen die guten Werke aus dem Menschen, der ihn im Glauben ergreift, mit *innerer* Notwendigkeit hervor, ohne daß sie bewußt intendiert werden oder über sie wertend reflektiert wird. So deutlich die guten Werke als unmittelbare Auswirkung der R. betont werden, so entschieden wird abgewiesen, daß sie irgendwie, und sei es nachträglich, in den Grund des R.sglaubens mit einbezogen werden.

e) → *Calvins* R.slehre unterscheidet sich im einzelnen nicht wesentlich von der der FC. Sowohl eine auf das Forensische beschränkte wie eine mystische Fassung im Sinne Osianders werden abgewiesen, und der imputative Grundcharakter der R. wird festgehalten: R. ist allein im Glauben zu ergreifender absolut gnadenhafter Zuspruch der Sündenvergebung und Gerechterklärung sowie Aufnahme in das Kindschaftsverhältnis um Christi willen. Hierbei wird die Bezogenheit auf Christus stärker betont als in der FC: R. ist Teilgabe an Christi eigener Gerechtigkeit, die aber, auf seinem gott-menschlichen Werk beruhend (gegen Osiander), pneumatisch-personal zugeeignet wird. Von daher werden R. und Heiligung inniger zusammengesehen. Calvin, der mehr durch die Frontstellung gegen einen prot. Quietismus als gegen die röm.-kath. Gesetzlichkeit und Werkgerechtigkeit bestimmt ist, legt den Ton stark auf die wirkliche Umwandlung des Menschen in → Buße und → Wiedergeburt (die er in der Institutio *vor* der R. behandelt) und die Erneuerung und Heiligung sowie das rechte Verhalten der Christen in der Welt. Die aus dem Glauben kommenden Werke werden um der gerechtfertigten Menschen willen ebenfalls gerechtfertigt (»zweite R.«) und belohnt. Durch alles wird die Ehre Gottes verherrlicht. Hier liegt eine Akzentverschiebung gegenüber der luth. Fassung vor: der Mensch soll in der Kraft der R. vor allem zum Dienst Gottes und zur aktiven Erfüllung des Gesetzes befähigt werden; dieses erscheint geradezu als der *Zweck* der R. Das hängt mit Calvins von Luther verschiedener Sicht des Verhältnisses von → Gesetz (: V, 6) und Evangelium zusammen. Die Aktivität und Fruchtbarkeit wird leicht zum Gewißheitsgrund dafür, daß man sich im Heilsstand befindet. Ein Gefälle zu dem späteren ref. »syllogismus practicus« ist bei Calvin nicht zu verkennen. Seine Sicht der R. ist auch stark durch seinen → Prädestinations-Ansatz bestimmt, durch den die → Gnadenmittel ihre effektive und damit gewißheitbegründende Bedeutung verlieren und die Heilsgewißheit zur Gewißheit des Erwähltseins wird, die sich in den guten Früchten ausweist. Aufs Ganze gesehen steht die R. bei Calvin nicht mehr beherrschend im Zentrum des Systems.

f) Der Verlust der beherrschenden Mittelstellung der R. ging in beiden Lagern auf verschiedene Weise weiter: In der *ref.* → *Orthodoxie* wurde die R. teils in religiöse Selbstbeobachtung abgebogen, teils stark in ethische Bewährung hinein aufgelöst. In der *luth. Orthodoxie*, wo die R. nach wie vor formelhaft stark betont und auf die Korrektheit der R.slehre großer Wert gelegt wurde, wurde sie doch immer mehr von Erneuerung, Heiligung und Ethos abgehoben, auch aller religiösen Erfahrbarkeit entzogen und zu einem rein transzendenten Akt abstrahiert, der, zumal in seiner juridischen Ausprägung, ohne innere Beziehung zum Leben erschien. Diejenigen Elemente christlichen Glaubens und Lebens, die bei dieser Abstraktion der R. nicht mehr von ihr erfaßt wurden, wurden neben ihr in die verschiedenen Stufen der → Heilsordnung aufgeteilt, innerhalb der die R. wie ein Akt unter anderen dastand. So büßte sie ihre bestimmende Bedeutung für das christliche Leben ein. – Dies wurde vollends offenbar in der → *Aufklärung*, der schon wegen ihres deistischen Gottesbegriffs, ihrer optimistischen Anthropologie und ihrer humanisierten Christologie die inneren Voraussetzungen für ein echtes Verständnis der R. abgingen, und für die sie infolge der fast ausschließlichen Betonung der moralischen Besserung und tätigen sittlichen Bewährung ohnehin an Interesse verlor. Aus der R.sgewißheit wurde die Zuversicht, daß Gott dem ehrlichen Streben des Redlichen noch übrig bleibende Unvollkommenheit nachsehen werde. – Der → *Pietismus* suchte die reformatorische R.slehre zu erneuern, aus ihrer lehrhaften Erstarrung zu lösen, die R. wieder erlebbar werden zu lassen und ihre Gehalte (vor allem die → Sündenvergebung um der Heilstat Christi willen und die gnadenhafte Aufnahme in die → Gotteskindschaft) dem persönlichen Leben nahezubringen. Doch ihm fehlt die theozentrische Schau der Reformation. Für die R.sgewißheit wurde die religiöse Selbstbeobachtung entscheidend, und aller Nachdruck fiel auf die Vorgänge der → Bekehrung und → Wiedergeburt. Die R. wurde zu einer Bekehrungstheorie umstrukturiert, die teilweise stark in gesetzliche Forderungen des Heiligungsstrebens ausmündete und hier und da zum Perfektionismus führte.

Für → *Schleiermacher* bildet die Wiedergeburt kraft der unmittelbaren Erfahrung der Aufnahme in die Lebensgemeinschaft mit Christus das Zentrum der Frömmigkeit und den methodischen Ausgangspunkt der Theologie. Die Bedeutung der R. ist also etwas Sekundäres. Die R. wird der Bekehrung koordiniert: Wie diese die veränderte Lebensform auf Grund der Lebensgemeinschaft mit Christus ist, so ist die R. das auf dem gleichen Grund ruhende Bewußtsein der Veränderung des Verhältnisses zu Gott, negativ Aufhebung des Schuldbewußtseins und positiv Bewußtsein der Kindschaft. – Im Laufe des *19.Jh.s* wurden verschiedene Versuche unternommen, die reformatorische R.slehre zu erneuern und ihre bestimmende Bedeutung für Theologie und Frömmigkeit wiederzugewinnen, so bes. in der Theologie des konfessionellen → Luthertums (: II), aber auch in verschiedenen Zweigen der → Erweckungsbewegung, bes. der ostschwedischen (zB → Schartau) und finnischen (zB → Ruotsalainen). Eine Erneuerung der reformatorischen R.slehre ist nicht ohne Wiedergewinnung einer objektiven → Versöhnungs-Lehre möglich, diese aber hat die Wiedergewinnung der Lehre von Gesetz und Evangelium zur Voraussetzung. Hier liegt die Grenze von *A.* → *Ritschls* Versuch, der wohl – gegen Pietismus, Aufklärung und Schleiermacher – entschlossen den forensischen und synthetischen Charakter der R. neu zur Geltung bringen und diese auf das geschichtliche Werk Christi begründen will (wichtig ist auch seine Beziehung der R. auf die Gemeinde), dies jedoch nur unter Eliminierung des Zornes Gottes (Gesetz!) und Umdeutung der Versöhnung in die Gewißheit des Vertrauens zu Gott, dem Vater, erreicht. I.A.Dorner identifiziert denn auch geradezu R. und Versöhnung. – Einer echten Wiedergewinnung der reformatorischen R.slehre als Ansatz, der das dogmatische System durchgehend bestimmt, kommt *M.* → *Kähler* am nächsten. *H.* → *Cremer* erschloß von ihren paulinischen Wurzeln her ihre Bedeutsamkeit für die Dogmatik neu.

Im 20.Jh. haben die neuere Lutherforschung, die Erneuerung der Theologie wie auch das allgemeine Zeitgefühl Anstöße zu einem Neuverständnis der reformatorischen R.slehre gegeben. Man hebt Luthers R.slehre in ihrer ursprünglichen Gestalt von der forensischen Auffassung Melanchthons stark ab, sei es, daß man sie vorwiegend als Gerechtmachung interpretiert (Holl, E.Seeberg, Hirsch), sei es, daß man ihren theozentrisch-schöpferischen Aspekt als bestimmend hervorkehrt (Bring, Haikola u.a.). Doch fehlt es auch nicht an Versuchen, gerade das Forensische als Ur- und Hauptmotiv der R.slehre Luthers neu lebendig werden zu lassen (W. Walther, Elert, Althaus u.a.), wobei dieses durch neue theologische Motive bereichert wird, etwa: stärkere christologische Fundierung (zB Iwand), Geschehenscharakter der Verkündigung des → Wortes Gottes (zB Bizer), effektiver Charakter der → Sakramente (zB Prenter). Dabei wird auch versucht, die R.slehre neu für → Ethik und → Sozialethik fruchtbar zu machen, bes. in der schwedischen Lutherforschung. – Hintergrund und Mutterboden bildet in gewisser Weise das heutige allgemeine Lebensgefühl des Zerfalls der »Moderne« im humanistisch-idealistischen Sinne, das Krisenbewußtsein, die Gebundenheits- und Schicksalserfahrung u.ä. (wie sich denn auch die → Existenzphilosophie gewisse Züge der R.slehre für ihr Grundverständnis des Menschseins aneignet).

Zu 2 allgemein: A.Ritschl (s. 1) I, (1870) 1903⁴, 141ff – RE XVI, 502ff (Lit.) – Ritschl II; III, 199ff – Seeberg, DG IV/1, 268ff; IV/2, 400ff – RGG² IV, 1755ff (Lit.) – F.Kattenbusch, Die vier Formen d. R.sgedankens (ZSTh 10, 1933, 28-61. 203-250) – Elert, ML I, 64ff (Lit.) – H.E.Weber, Reformation, Orthodoxie u. Rationalismus I/1, 1937, 56ff. 224ff. 258ff; II, 1951, 1ff – E.Kinder, Die ev. Lehre v. d. R. (QKK Reihe B, 1), 1957 (Lit.) – EKL III, 478ff.

Zu 2 a: K.Holl, Die R.slehre in Luthers Vorlesung über den Röm... (ZThK 20, 1910, 245-291 = Holl I, 111-154) – F.Loofs, »Iustitia Dei passiva« in Luthers Anfängen (ThStKr 84, 1911, 461-473) – O.Scheel, Die iustitia dei passiva in Luthers reformator. R.slehre (Festschr. f. Th.Brieger, 1912, 93-115) – W.Walther, Neue Konstruktionen d. R.slehre Luthers (NKZ 34, 1923, 50-64) – K.Holl, Zur Verständigung über Luthers R.slehre (ebd 165-183) – W.Walther, Noch ein Wort zu Luthers R.slehre (ebd 668-675) – K.Holl, Das Ergebnis d. Auseinandersetzung über d. R.slehre (ebd 35, 1924, 47f) – K.Thieme, Zu den neuesten Problemen d. luth. R.slehre (ZThK 33, 1925, 351-381) – R.Hermann, Beobachtungen zu Luthers R.slehre (Festschr. f. R.Seeberg I, 1929, 239-256) – Ders., Luthers R.slehre u. ihre Bedeutung für unsere Zeit (ZSTh 21, 1950/52, 267-292) – H.J. Iwand, R.slehre u. Christusglaube. Eine Unters. z. Systematik d. R.slehre Luthers in ihren Anfängen, 1930 – P.Althaus, Gottes Gottheit als Sinn d. R.slehre Luthers (LuJ 13, 1931, 1-28 = Theol. Aufs. II, 1935, 1-30) – R.Bring, Das Verhältnis von Glauben u. Werken in d. luth. Theol., (schwed. 1933) dt. 1955 – W.Elert, Deutschrechtl. Züge in Luthers R.slehre (ZSTh 12, 1935, 22-35) – H.Bornkamm (s. Lit. zu 1) – A.Gyllenkrok, R. u. Heiligung in d. frühen ev. Theol. Luthers, Uppsala 1952 – W.Matthias, Imputative u. sanative R. Syst. Erwägungen zu Luthers R.slehre (Festschr. f. F.Delekat [BEvTh 26], 1957, 136-145) – E.Bizer, Fides ex auditu, 1958 – L.Haikola, Studien zu Luther u. zum Luthertum, Uppsala 1958, 124ff – R.Stupperich u. L.Haikola, Die R.slehre bei Luther u. Melanchthon (in: Luther u. Melanchthon. Bericht über den 2. Int. Kongreß f. Lutherforschung in Münster 1960, hg.v. V.Vajta, 1961).

Zu 2 b: F.Loofs, Die Bedeutung d. R.slehre d. Apologie (ThStKr 57, 1884, 613-688) – A.Eichhorn, Die R.slehre d. Apol. (ebd 60, 1887, 415-491) – A.Warko, Die Erbsünden- u. R.slehre d. Apol. (ebd 79, 1906, 86-132) – K.Thieme, Zur R.slehre d. Apol. (ebd 80, 1907, 363-389) – O.Ritschl, Der doppelte R.sbegriff in d. Apol. (ZThK 20, 1910, 292-338) – Ders., Die Entwicklung d. R.slehre Melanchthons bis z. Jahre 1527 (ThStKr 85, 1912, 518-540) – H. Engelland, Melanchthon, 1931, 13ff. 80ff. 237ff. 483ff – L.C.Green, Die Entwicklung d. ev. R.slehre bei Melanchthon bis 1521 im Vergleich mit der Luthers (Diss. Erlangen), 1955 (Masch.).

Zu 2 d: F.H.R.Frank, Die Theol. der Concordienformel I. II, 1858/61 – E.Luthardt, Die Lehre v. freien Willen u. seinem Verhältnis zur Gnade in ihrer gesch. Entwicklung, 1863, 149ff – H.Schmid, Die Dogmatik d. ev.-luth. Kirche, 1893⁷, §§ 41-49 – F.Loofs, Die R. nach den Lutherschen Gedanken in d. Bek.schr. (ThStKr 94, 1922, 307-382) – E.Schlink, Theol. d. luth. Bek.schr., (1940) 1948³, 134ff. 154ff (Lit.) – F.Brunstäd, Theol. d. luth. Bek.schr., 1951, 73ff.

Zu 2 e: W.Lüttge, Die R.slehre Calvins, 1909 – A.Lang, R. u. Heiligung nach Calvin (BFChTh 15, 1911, 547-576) – A.Göhler, Calvins Lehre v. d. Heiligung, 1934 – H.Heppe, Die Dogmatik d. ev.-ref. Kirche, hg.v. E.Bizer, (1935) 1958², 431ff – W.A.Hauck, Calvin u. d. R., 1936 – W.Niesel, Die Theol. Calvins, 1938, 120ff – P.Jacobs, Theol. ref. Bek.schr., 1959, 94ff. 126ff.

Zu 2 f: A.Ebrard, Sola! Wissensch. Beleuchtung von J.T.Becks R.slehre, 1871 – A.Sturhahn, Die R.slehre nach Beck, 1890 – E. Hirsch, Luthers R.slehre bei Kant (LuJ 4, 1922, 47-65) – Holl III, 351ff – P.Althaus, Zum Verständnis der R. (ZSTh 7, 1929/30, 727 bis 741 = Theol. Aufs. II, 1935, 31-44) – Ders., Die luth. R.slehre u. ihre heutigen Kritiker, 1951 – G.C.v.Niftrik, Sola Fide. De rechtsvaardigingsleer in de nieuwere theologie, 's-Gravenhage 1940 – W. Koepp, Die antithet. Paradoxtheol. des späten A.H.Cremer (ZSTh 24, 1955, 291-341) – B.Krug, Die R.slehre in d. finn. Erw.-Bewegung im 19.Jh., 1957.

E.Kinder

III. Dogmatisch

1. Begriff der R. – 2. R. und Glaube – 3. R. und Kirche – 4. R. und Heiligung – 5. Röm.-kath. Lehre: a) Zum tridentinischen Dekret – b) Zur gegenwärtigen Diskussion – 6. Zukunftsbedeutung der ev. R.slehre

1. Das Wort »R.« erinnert zweifellos an das Rechtsleben. Das ist auch von der ev. Dogmatik nie übersehen worden, wie denn ihre R.slehre im Zusammenhange mit der Versöhnungslehre steht (→ Versöhnung: VI) und in Auseinandersetzung mit dem röm. Bußsakrament entstanden ist. In beiden haben Rechtsbegriffe – jedenfalls faktisch – von jeher eine bedeutsame Rolle gespielt. Nachdrücklich daran erinnert haben neuerdings, außer J.Heckel (im Gange seiner Lutherarbeiten), zB W. → Elert (1935) und K. → Barth (1938, sowie in KD IV/1. 2). Elert weist auf die Bedeutung von »rechtfertigen« im Sinne von richten, verurteilen im germanischen Recht hin und zeigt Züge aus dem Anklage- und Urteilsverfahren auch bei Luther auf, bes. in dessen Zeichnung der Passion Christi (Christus der Missetäter an unserer Stelle). Barth hat seine R.slehre sehr betont auf Gedanken vom Recht Gottes und vom Richter (Christus), der sich selbst richten läßt, gegründet; und Lehrelemente sowie Gedankengänge, die bei Luther begegnen, finden sich auch bei ihm. – Aber Luthers Frage: »Wie kriege ich einen gnädigen Gott?« – der Satz wird von Barth in KD IV/1, 588 zu beiläufig behandelt – verstehen wir nicht (dies gegen Barths Ansatz überhaupt gemeint) im Sinne von: wie kriege ich einen Gott, der in der Gnade sein Recht wahrt und mir ein neues Recht gibt und setzt? – sondern: wo finde ich den, gewiß sein Recht nicht preisgebenden, Gott, wie er sich dennoch über sein Recht erhebt, bzw. seine Erhabenheit wohl über sein Recht, aber nicht über seine Liebe und Gnade zeigt? A. → Ritschl hat anders als Barth bei Erörterung der Frage, welche Eigenschaft Gottes in der R. wirksam sei, entschieden abgelehnt, daß die R. ein Akt seiner richterlichen oder gesetzgeberischen Tätigkeit sei (R. und Versöhnung III⁴, 85). Höchstens in begleitendem Sinne könne vom Richtertum dabei die Rede sein. Denn die Anerkennung der Gerechtigkeit Christi sei ohne vorausgehende Gnadenabsicht Gottes nicht zu denken, und Gott selber stelle den Mittler. Die R. geht nach Ritschl von Gott als dem Vater aus, sie besteht in der → Sündenvergebung (: III) und bedeutet die Adoption zur → Gotteskindschaft (: II). Als mit der Sündenvergebung gegebenes Gut ist sie bereits hier ewiges Leben und Seligkeit. – Wenn nun bei Ritschl der Begriff der objektiven Schuld, somit auch des Gesetzes, nicht wirklich ge-

würdigt wird - da seine Gedanken subjektiv am Schuld*bewußtsein* und an dessen Aufhebung orientiert sind (Versöhnung als Tilgung unseres, der Sünder, Mißtrauens gegen Gott) -, so dürfte trotzdem der Ansatz: Gott ist als der Gründer und Regierer seines Reiches (Analogie mehr die Familien- als die Staatsgemeinschaft) und als Vater der Rechtfertigende, richtig sein. - Barth unterstreicht - darin der Sache näher als Ritschl - stark die zu erledigende Schuld. Aber er tut es auf Grund des Rechtsgedankens (vgl. u.a. KD IV/1, 591). Und wenn auch »Gottes Recht« bei Barth im wesentlichen bedeuten soll, daß Gott »sich selber treu« ist und »mit sich selbst übereinstimmt«, so dürfte das mehr eine theologisch spekulative und weniger eine Heilsfrage sein. R. ist gewiß Bestätigung des Rechtes der Anklage gegen uns vor Gottes Forum (vgl. Elert 34), aber auch Durchstreichung der Schuld und Zusage des der menschlichen Sünde stets Herr gebliebenen Gottes durch den Sohn, in seiner Gemeinschaft wieder aufgenommen zu sein.

2. Mit der R.slehre steht und fällt nach → Luther (: II, 4 e) der rechte ev. → *Glaube* (: V). Eine Zusammenstellung der überraschend großen Zahl entsprechender Worte Luthers findet sich bei Fr.Loofs (ThStKr 1917, 324ff). Die R. aber zum Mittelpunkte eines dogmatischen Systems zu machen, trägt man mit Recht Bedenken. Das brächte zumindest die Gefahr mit sich, dogmatische Wahrheiten aus einem übergeordneten oder allgemeineren Begriff oder Gedanken abzuleiten. Die für solches Ableiten in Betracht kommende Notwendigkeit müßte dann eigentlich eine Notwendigkeit in Gott bzw. in seiner Offenbarungswahrheit sein; denn → *Gott* (: VI) ist ja der Rechtfertigende. Gott offenbart sich aber *geschichtlich;* und in die Geschichte Gottes mit den Menschen gehören Versöhnung und R. hinein. Wenn gleichwohl M. → Kähler seine »Wissenschaft der christlichen Lehre« als Apologetik, Dogmatik und Ethik um den »R.sglauben« kreisen läßt, so schirmen sein bes. ausgeprägter Sinn für den biblisch geschichtlichen Charakter der Offenbarung und sein entschiedenes Gegnertum gegen »Abstraktion und Absolutes« in der Theologie bei ihm solche Tendenzen ab.

Wenn sich heute - nicht zum ersten Mal - innerhalb der Theologie, und erst recht außerhalb ihrer, eine gewisse Müdigkeit gegenüber der R.slehre zeigt, so sollte gerade die zeitüberlegene Wahrheit der »R. per solam fidem« über den Horizont solcher Müdigkeit oder Ablehnung erheben - auch abgesehen von der Nacktheit des Bösen, zu dem der Mensch fähig ist, wie sie sich im Zeitalter zweier Weltkriege gezeigt hat, wie sie aber einem ernsthaften Studium der Geschichte überhaupt nicht verborgen ist. R. per solam fidem bedeutet ja, daß wir vor Gottes Forum nichts anführen können als allein Christus, der sich in diese Not hineinbegeben hat, bzw. Gott selber in Christus (→ Christologie: III). Der Sünder weiß Gott nichts mehr anzubieten und kann nur auf Gottes Zusage in seinem Sohn sein ganzes und einziges Vertrauen setzen. Da nun aber, trotz aller Bosheit, der Mensch auch als Sünder (→ Sünde: VI) kein schwarzer Teufel ist, und da viel Gutes als Schöpfungsgabe Gottes an ihn und durch ihn zur Entfaltung kommt, so zeigt Gottes trotzdem erfolgendes Urteil »Sünder« zugleich an, wie hoch der Mensch von Gott gewürdigt bzw. wie er von ihm gemeint ist. »Sünder« heißt nicht »Verbrecher« oder sittlicher Unrat. Der Mensch hat weder seinen Charakter als Geschöpf noch, wenigstens nach der Bibel nicht, als Ebenbild Gottes (Bestimmung zur Gemeinschaft mit Gott) verloren, wohl aber diese Gemeinschaft selbst. Sie war sein Vorzug; daß er diesen Vorzug preisgeben konnte, wird ihm allerdings aufs schwerste angerechnet. Ein Absinken des Sinnes für die R.slehre ist ein Absinken zugleich des Würdegefühls des Menschen, nämlich von Gott seines Umgangs gewürdigt zu sein.

3. Deshalb sollte aber die R.slehre stets als Wort zugleich nach außen, über die Kirche hinaus, als gültig dargelegt werden. Es ist richtig, daß die Botschaft des Evangeliums und der R. der *Kirche* anvertraut ist, und die → Kirche (: IV) ist die Gemeinschaft derer, die sich um diese Botschaft scharen. Aber deshalb gilt sie nicht bloß innerhalb der Kirche oder unter der Bedingung eines geistlich rechtlichen Anschlusses an sie. Das Evangelium ist Botschaft hinaus in alle Welt, wo auch immer sie verstanden wird, und Kirche findet sich dann unter dem Wort zusammen (vgl. Luther, WA 2, 191, 34ff u.ö.). Jesus Christus ist nicht für die Kirche, sondern für die sündige Menschheit Gottes gestorben. Nicht zuletzt deshalb wird die R. nicht kollektiv, sondern als auf den Glaubenden bezogen zu verstehen sein (fides specialis, vgl. AC IV, 45). Ihre Geltung gerade für die Person läßt sich weder aus Luther noch den Bekenntnisschriften fortdenken, wenn nach ihnen auch der Empfang der Sündenvergebung vornehmlich im Gottesdienst und im Sakrament stattfindet. Aber eben auch in der Gemeinde gilt er »nicht nur für Petrus und Paulus«, sondern gerade für »mich«.

4. Über das bis heute vieldiskutierte Verhältnis von *»R. und → Heiligung«* (: III, 2) ist hier nur in Kürze zu sagen, daß die Aneinanderreihung beider der Intention der Bekenntnisschriften nicht entspricht. Nach AC IV, 63f ist bereits der Glaube als Trost »neues und geistliches Leben«; er »gebiert (es) in den Herzen und ist ein Werk des Hl. Geistes« (so vielfach, zB AC IV, 248ff). Der Glaube ist selber bereits als Vergebung Gottes dessen Gemeinschaft mit uns, also Leben aus Gott bzw. in Christus, er *rechtfertigt* aber nur durch Berufung allein auf die uns geltende promissio, die Zusage der Vergebung. Melanchthon hat auch später stets daran festgehalten (vgl. Stupperich und Haikola), daß wir uns nicht auf das neue Leben selber vor Gott berufen könnten, obwohl er, wie erst recht Calvin, den »forensischen« Charakter der R. stärker ausbaute. Fügt man theologisch dann erst das »Effektive«, die → »guten Werke«, oder gar die »Wiedergeburt« zum geheiligten Leben, als gleichsam zweites hinzu, so steht man in der Gefahr, dem Leben des Glaubenden in seinem Lauf und Fortgang den unmittelbaren Zugang zu seiner Quelle zu verlegen. Der vom Calvinismus merklich bevorzugte »tertius usus legis«, also die Bedeutung des Gesetzes gerade für den Gerechtfertigten, läßt die Frage nach den besonderen Vorschriften entstehen, unter die sich das christliche Leben - auch hinsichtlich der (Kirchen-)Zucht - gestellt sehen soll, und beantwortet sie, wenigstens grundsätzlich, positiv. Aber muß nicht wahre Gotteskindschaft ihren Spielraum selber bemessen? Und ist, wenn etwas von der Art in Geltung gesetzter Sonderpflichten (gegenüber den Geboten und der Pflicht überhaupt) diesem Gedanken anhaftet, die Gefahr eines Bevorrechtungs- und Führungsanspruchs zu bannen? Auf eine nicht gesetzliche Einigung in Sachen christlicher Sitte und Lebensführung treffen solche Bedenken naturgemäß nicht zu.

5. a) Der Gehalt der Lehre von der R. per solam fidem wird sich durch Gegenüberstellung mit der *röm.-kath. Lehre* weiter klären. Diese bleibt dogmatisch an das → *Tridentinum* gebunden. Obwohl sein Decretum de iustificatione (→ Rechtfertigung: II, 1 d) die reformatorische Lehre als »irrig« bezeichnet, enthält es in seiner Beschreibung des R.*svorgangs* keineswegs für uns lediglich Untragbares. Aber eben um solche *Beschreibung,* wie die R. im Menschen *zustande kommt,* und erst recht wie das *neue Menschentum* aussieht, geht es dem reformatorischen Verständnis nicht vornehmlich, und soll es nicht vor-

nehmlich gehen. Vornehmlich geht es ihm vielmehr um die Frage, wie wir vor Gott dastehen und uns beurteilen dürfen. Uns ist zB das paulinische »gratis« nicht wie dem Tridentinum (cap. 8) ein Ausdruck dafür, daß nichts, was der iustificatio vorhergehe, sive fides, sive opera, die Gnade der R. selber verdiene; ev. gesehen hätte es dann im Grunde negativ abwehrende Bedeutung, während es positiv Gottes Schenken bedeutet. Auch sprechen wir nicht in dem Sinne von einem R.svorgang oder R.sprozeß, daß wir ihn nach einem Stadium erst anheben ließen, in dem selber, verglichen mit dem »Wachstum« (cap. 10) nach der R., unser Tun und Verhalten noch keinerlei Ewigkeitsbedeutung hätte. Solche Trennung und Unterscheidung ist vielmehr symptomatisch für die Darstellung der R. im Sinne eines zeitlichen Ablaufs, während es dem ev. Verständnis um die *Gültigkeit* der R. geht. Wann oder wie Gott »anfängt«, ist demgegenüber eine andere Frage; und von dem, was im Inneren oder im Verhalten des Menschen vorgeht und Fortgang gewinnt, ist dasselbe zu sagen. Im Blick auf das erste werden auch wir von der gratia praeveniens reden und manches ähnlich fassen wie der Katholizismus. Das zweite sodann steht weithin unter psychologischen und pädagogischen, nicht eigentlich den Glauben und seinen Gegenstand betreffenden, Aspekten und ist nicht zuletzt eine Aufgabe der Frömmigkeitspflege. Gewiß lassen sich auch da gewisse Berührungspunkte zwischen den Konfessionen finden. Nur gibt das ev. Verständnis mehr Raum für die Mannigfaltigkeit der Wege und für die persönliche Verschiedenheit der Menschen, als die normative Beschreibung des im Menschen sich vollziehenden Heilsgeschehens, wie das Tridentinum sie vornimmt, lehrmäßig offen lassen kann. - Ein solcher Unterschied hat aber noch den tieferen Grund, daß für den Katholizismus am neuen Menschentum die Seligkeit hängt. Neues Menschentum darf gewiß im Protestantismus nicht fehlen. Ist es freilich für das eigene Gewissen schwer erkennbar, so sehen es die Augen anderer und finden daran eine Stütze. Im Tridentinum (cap. 16) dagegen behalten Verdienst und gute Werke (die »Frucht der iustificatio«) ihre *maßgebende Bedeutung*. So gewiß sie ohne die von Christus eingeflößte Kraft nicht zustande kommen bzw. Gott nicht wohlgefällig (grata) seien, so tut doch dies menschliche, am Menschen und durch ihn in Erscheinung tretende, Verhalten und Handeln dem »göttlichen Gesetz genug gemäß diesem Erdenleben« (satisfacere pro huius vitae statu) und verdient, wenn die Frommen im Stande der Gnade sterben, das ewige Leben. Demnach ist offenbar das neue Leben, als tätiges gedacht, eine Art Initiation der ewigen Seligkeit. Wenn es sich dabei auch um Gottes eigene Gerechtigkeit handelt, uns von ihm durch »Christi Verdienst eingegossen«, so wird sie doch als »unsere« Gerechtigkeit bezeichnet, »weil wir durch sie, als uns inhärent, gerechtfertigt werden« (ebd). Die R. wie die Seligkeit beruhen danach auf der Inhärenz (dem Haften) der göttlichen Gerechtigkeit an uns, also auf ihrer Zu-uns-Gehörigkeit, auf dem, was sie aus uns macht.

Woher will man aber wissen, ob der in der röm. R.slehre (die »Heiligung« gehört ja bei ihr gleich mit hinein) vorgeschriebene Weg die gerade Straße in die ewige Seligkeit ist? Wenn Gott »alles in allem« sein wird (1Kor 15, 28), so ist die von ihm gewährte Gemeinschaft und seine Herrschaft alles. Daß das »Siehe, ich mache alles neu« (Apk 21, 5) seine Gestalt vornehmlich durch die effektive nova vita des christgläubigen Menschentums oder durch das es umschließende, richtiger wohl mit ihm gegebene und wachsende, Kirchentum gewinnt, darf kaum behauptet werden und kann leicht als anthropozentrisches bzw. ekklesiozentrisches Denken wirken. - Wenn A.Ritschl die R. als »synthetisches Urteil« bezeichnet (R. und Versöhnung III⁴, 104 und § 16), so entspricht das einer ähnlichen Problemlage. Es ist aber bei ihm nicht direkt gegenüber dem Katholizismus so formuliert, dessen Lehre in anderem Sinne auch »synthetisch« heißen könnte (das Christentum als »die Form einer der Sünde entgegengesetzten sittlichen Willensrichtung«), sondern gegenüber dem → Pietismus, bei dem Ritschl die R. als »analytisches« Urteil über den Glauben gefaßt sieht, der in der Bekehrung die Kraft zum sittlichen Handeln gewonnen hat. Gott beurteilt danach, meint Ritschl, den Glauben als Kraft so, wie er die »ausgeführte sittliche Handlungsweise« beurteilen würde. Die R. des Sünders wird dagegen von Ritschl »synthetisch«, also so gedacht, daß sie den Sünder in einen neuen, von ihm aus nicht begreiflichen Zusammenhang stellt, nämlich in ein verändertes Verhältnis zu Gott durch dessen sündenvergebenden »Willen«.

Das Tridentinum betont demgegenüber in cap. 7, daß wir »nicht bloß für gerecht erklärt werden (reputari), sondern vere iusti heißen und sind«, nämlich durch mancherlei Gaben des Hl. Geistes, je nach dessen Maß der Austeilung wie nach der eigenen dispositio und cooperatio. Die Eingießung von Glaube, Liebe und Hoffnung finde zugleich mit der Sündenvergebung statt. - Indem so die Gaben des Hl. Geistes und die theologischen Tugenden als ranggleich mit der R. dastehen, aber als das vere iustum esse von einem bloßen reputari unterschieden werden, wird verkannt, daß es für die reformatorische Position *nichts Wirklicheres* gibt als jene reputatio, die ja doch die Mitteilung der Gerechtigkeit Christi bzw. das Ergreifen Christi im Glauben ist. Man vergleiche daraufhin nochmals die Stellungnahme der AC zu Jak 2, 24 (bes. IV, 247ff), wo das pronuntiari (= reputari) samt dem »usus forensis« nicht sowohl ein »Urteil« bedeutet als vielmehr eine Titelverleihung, die zugleich eine Art von Qualitätsbezeichnung ist. Wenn dagegen das Tridentinum in dem stark polemischen cap. 9 (»Wider das eitle [leere] Vertrauen [fiducia] der Ketzer«) gegen das »aller pietas ferne Vertrauen« polemisiert als gegen ein Rühmen (iactare) von fiducia und certitudo remissionis peccatorum und gegen ein Ruhen (quiescere) darauf allein - so geht das faktisch gegen das zuversichtliche Ergreifen Christi und seiner Gerechtigkeit, während von einem trägen Ausruhen nach den reformatorischen Texten keine Rede sein kann. Die Unterstreichung einer »wirklichen« Gerechtigkeit gegenüber einer bloß angerechneten ist die Verkennung des Bekenntnisses, daß des Glaubenden »wirkliche« Gerechtigkeit Gott in Christus und die Verbundenheit mit ihm ist, sowie des klassischen Lutherwortes vom Glauben, daß er ein »lebendig, schäftig, mächtig Ding« und »immer im Tun ist«, auch ehe man fragt, ob etwas und was zu tun sei (WADB 7, 10, 9ff).

b) Die These des kath. Theologen Hans Küng, Barths R.slehre stimme im Grunde mit dem Tridentinum überein - von Barth nicht unterschrieben, wenn er auch Küngs Darstellung seiner R.slehre als zutreffend anerkennt -, ist noch in der Diskussion begriffen (vgl. schon v.Balthasar, 1951, und zZ bes. E.Schott in verschiedenen Veröffentlichungen, der aber bei Küng ein voll zutreffendes Verständnis der ev. R.slehre vermißt). Es steht auch kaum eine »Einigung in der R.slehre«, so ähnlich der Klang mancher Formulierung sein mag, in Aussicht, wo Luther in steigendem Maße den Gegensatz festgestellt hat. - Insbesondere dürfte Luthers »Gerecht und Sünder zugleich« mit dem röm.-kath. System nicht vereinbar sein - was aber zugleich durch genaueres Eingehen auf die → Sünde (:VI) zu erläutern wäre. So wenig das »Zugleich« als Laxheit gedeutet werden darf, vielmehr als Kampf gegen die bleibende Sünde zu verstehen ist, so ist es doch die Überzeugung von einer Art Ubiquität der Sünde, auch in dem Guten, was wir tun; und auch die reale Erfahrung kann den Tatbestand nicht leugnen. Die Sünde wird also auch nicht im Sakrament (Taufe und Absolution), selbst nicht auf Zeit, ausgetilgt – wie das kath. Dogma lehrt –, sondern sie wird vergeben. Gott selber ist in Christus unsere Gerechtigkeit (→ Christologie: III), und durch seinen Geist führt der Gerechtfertigte den steten Kampf gegen die Sünde. Auch dabei soll er auf Christus, auf Gott – und nicht auf sich – schauen, wie denn überhaupt Gott in seiner Zukehr zu uns und unser Blick darauf, nicht die Analyse des Menschen die Intention der R.slehre ist.

6. Eine Abkehr von der R.slehre mag die verschiedensten Gründe für sich anführen; sie muß sich aber über die eigentlich dazu treibenden Tendenzen klar sein. Führt sie die angeblich »mittelalterliche« Problematik ins Feld, so ist (mit Sorge) zu bedenken, wie stark gerade mittelalterliche Fragestellungen in der neueren Philosophie (Abwendung vom Kantischen Kritizismus, Ontologie, Metaphysik) wie im öffentlichen Leben (Rede vom »christlichen → Abendland«) wieder zur Geltung gekommen sind – und wie sehr Luthers Frage nach der R. gegenüber allem Autoritarismus die Bereinigung des persönlichen Gewissens vor Gott in den Mittelpunkt stellt und so gerade das »MA« überwinden hilft. – Wird das vermeintliche Kreisen des R.sglaubens um die eigene Sündigkeit und die Buße angeführt, so ist für Luther die realistische Erkenntnis des eigenen Unwertes vor Gott allerdings die fast selbstverständliche Voraussetzung in der Ernstnahme des Lebens. Aber über Selbstzergliederung und ausfragende Beichtspiegel will er eben durch den Blick auf Christus erheben. Sein Bußrat setzt mit dem »Gedenke deiner Taufe!« ein (vgl. WA 6, 528, 20ff). – Wird gegenüber der R.slehre ins Feld geführt, daß das Zeugnis vor der Welt, die Werbung für Christus oder auch der Aufbau des kirchlichen Lebens wichtiger sei, so verliert das alles, so wichtig es ist, an Tiefgang, wenn nicht beachtet wird, daß der Ruf zur Buße, mit dem man oft etwas schnell bei der Hand ist, nicht einfach gleich der Bußruf ist, mit dem Jesus einsetzt. Denn dieser Bußruf hat erst durch sein Leben, sein Kreuz und seine Auferstehung das lösende Wort bekommen. Ohne den »Trost des Gewissens« – der mehr als ein subjektivistisches Bedürfnis ist – kommt das soeben Genannte leicht auf die Bahn einer mehr menschlich unternommenen Bewegung. – Zuletzt noch ein Wort über das → *Gewissen*. Das Wort ist bereits aus dem NT bekannt, als von den Griechen, deren »sittlichen Ernst« es geprägt hat (Kähler), wie auch von den Christen gebraucht. Daß es in die R.slehre hineingehört, leuchtet ein. Von daher gesehen bedeutet eine Abkehr von ihr zugleich die Preisgabe des Haupteingangs in das menschliche Herz, den die Botschaft des christlichen Glaubens immer gehabt und beschritten hat. Der christliche Glaube ist gewiß noch etwas anderes als die menschliche Sittlichkeit. Aber man darf ihre Treffpunkte nicht aus dem Auge verlieren; und gerade in der R.slehre trifft der christliche Glaube auf sie. Wollte aber der christliche Glaube den Gedanken einer menschenverbindenden Sittlichkeit gerade in einer Zeit aufgeben oder gering einschätzen, in der die Erde durch den Verkehr immer kleiner wird und die Völker zusammenrücken, so würde er nicht wohlberaten sein.

A. Ritschl, R. u. Versöhnung III, (1874) 1895[4] – A. Köberle, R. u. Heiligung, (1929) 1930[3] – R. Hermann, Luthers These »Gerecht u. Sünder zugleich«, (1930) Neudr. 1960 – Ders., Ges. Studien zur Theol. Luthers u. der Reformation, 1960 – W. Link, Um die Reichweite u. die Tragkraft der R.slehre (EvTh 4, 1937, 55–80) – H. E. Weber, Reformation, Orthodoxie u. Rationalismus I/1. 2; II, 1937–51 – K. Barth, R. u. Recht, (1938) 1944[2] – Ders., KD IV/1. 2, 1953/55 – M. Lackmann, Sola fide. Eine exeget. Studie über Jak 2 zur reformator. R.slehre, 1949 – C. Stange, Der johann. Typus der Heilslehre Luthers im Verhältnis zur paulin. R.slehre, 1949 – E. Wolf, Die R.slehre als Mitte u. Grenze reformator. Theol. (EvTh 9, 1949/50, 298–308) – Ders., R. u. Recht (Kirche u. Recht, 1950, 5–26) – F. K. Schumann, Versöhnung u. R. (ELKZ 4, 1950, 370–374) – Ders., R. u. Erlösung, 1951 – P. Althaus, Die luth. R.slehre u. ihre heutigen Kritiker, 1951 – H. U. v. Balthasar, Karl Barth. Darst. u. Deutung seiner Theol., 1951 – D. Lerch, Zur Frage nach dem Verhältnis von R. u. Heiligung (JGPrÖ 67, 1951, 157–164) – J. Heckel, Lex charitatis. Eine jurist. Unters. über das Recht in der Theol. M. Luthers (AAM 1953, 36) – W. Künneth, Christologie u. R. (Festg. f. H. Schreiner, 1953, 208 bis 219) – Ders., R. im Atomzeitalter, 1958 – H. Küng, »R.«. Die Lehre K. Barths u. eine kath. Besinnung, 1957 – W. Dantine, Die Gerechtmachung des Gottlosen, 1959 – E. Schott, Annäherung an die ev. R.slehre in der neuesten röm.-kath. Theol. (MdKI 10, 1959, 21–27) – Ders., Einig in der R.slehre? (LuJ 26, 1959, 1–24) – G. Gloege, Zur Versöhnungslehre K. Barths (ThLZ 85, 1960, 161–186). – Vgl. ferner W. Elert, W. Matthias, R. Stupperich, L. Haikola (s. Lit. zu → Rechtfertigung: II, 2a). *R. Hermann*

Rechtsfähigkeit, *kirchliche*. Die k.R. steht in engem Zusammenhang mit dem kirchlichen Mitgliedschaftsrecht (→ Kirchenmitgliedschaft). Sie ist wie dieses von der Dogmatik des Taufsakraments bei den einzelnen Konfessionen abhängig. Nach *kath.* Recht wird der Mensch erst durch die → Taufe (: VII) zur persona und damit zum Rechtssubjekt in der Kirche (CIC c. 87). Die Kirche gewährt also kraft der ihr innewohnenden Autonomie die von der staatlichen verschiedene k.R. Dem liegt die dem mittelalterlichen Recht geläufige Auffassung zugrunde, daß man in einem Rechtskreis (zB dem staatlichen) rechtsfähig sein kann, in einem anderen (zB dem kirchlichen) keine R. besitzt. – Die *ev.* Kirche erkennt die vom staatlichen Recht zuerkannte R. jedes lebenden Menschen (§ 1 BGB) an und entscheidet kraft ihrer Autonomie nur über die Mitgliedschaftsrechte des einzelnen. Dabei kann wiederum die verschiedene Einstellung zur Taufe von entscheidender Bedeutung sein. – Auch die juristische Person kann k.R. besitzen. Die *kath.* Kirche gewährt sie durch Verleihung (Konzessionssystem). Sie ist jedoch, damit die von ihr geschaffenen juristischen Personen nach außen Rechtsgeschäfte tätigen können, auf deren Anerkennung durch den Staat angewiesen. Nach CIC c. 100 besitzen die kath. Gesamtkirche und der apostolische Stuhl R. kraft göttlichen Rechts (ex ipsa ordinatione divina). – Auch die *ev.* Kirche ruft im Zusammenwirken mit dem Staat juristische Personen des kirchlichen Rechts (zB Kirchengemeinden, Stiftungen, kirchliche Anstalten) ins Leben, nimmt aber keine volle Autonomie bei der Gewährung der k.R. für sich in Anspruch.

P. Gillet, La personnalité juridique en droit ecclésiastique, Malines 1927. – Weiteres bei → Kirchenmitgliedschaft. *H. Liermann*

Rechtsfähigkeit der Kirche. Die R. der ev. wie der kath. Kirche ist in der BRD auf Grund von Art. 140 GG, der die Kirchenartikel der WRV bestätigt, verfassungsrechtlich gesichert. Das unterscheidet sie von der R. aller erlaubten Vereine, auch der religiösen, und der R. aller → Religionsgesellschaften, welche sie »nach den allgemeinen Vorschriften des bürgerlichen Rechts« erwerben (Art. 140 GG in Verbindung mit Art. 137 WRV). Damit ist ein wichtiger Ertrag der Geschichte der → Kirchenverfassung (: VI, 5) im 19. Jh. festgehalten und gesichert. In der ev. Kirche sind Träger der R. nicht nur die Kirchgemeinden, Parochial- und Synodalverbände der verschiedenen Stufen, Anstalten, Stiftungen, Fonds, sondern auch die Landeskirchen als solche und die EKD. Träger der R. im Bereich der kath. Kirche sind die bischöflichen Stühle, Domkapitel, Anstalten, Kirchgemeinden und andere Verbände. Ähnlich liegt es bei

→ Altkatholiken, Altlutheranern (→ Luthertum: III B) und den jüdischen Kultusgemeinschaften.

Lit. s. → Kirche und Staat, → Körperschaft des öffentlichen Rechts. *(† E.Foerster) R.Bäumlin*

Rechtsmittel, in der kath. kirchlichen → Gerichtsbarkeit (: I) die Rechtsbehelfe, mittels derer ein Gerichtsurteil angefochten werden kann. Es sind die ordentlichen R. der Berufung an eine höhere Instanz und der Nichtigkeitsbeschwerde sowie die außerordentlichen R. des Einspruchs eines durch das Urteil in seinen Rechten verletzten unbeteiligten Dritten und des Antrags auf Wiedereinsetzung in den vorigen Stand (restitutio in integrum) wegen offenbarer und formeller Ungerechtigkeit des Urteils. Im kirchlichen Verwaltungsrecht entspricht ihnen der Einspruch gegen Erlasse der Ordinarien beim Hl. Stuhl (Rekurs).

cc. 1878-1907 CIC - cc. 402-434 De Iudiciis pro Ecclesia Orientali (AAS 42, 1950, 87-94). - Lehrbücher des → Kirchenrechts - DDC I, 764ff; VI, 1112f; VII, 428ff. 482ff. 661 ff. *H.Barion*

Rechtsphilosophie

1. Fragwürdigkeit und Notwendigkeit - 2. RPh. und Philosophie: a) Philosophische Grundfragen - b) Rechtsphilosophische Themata - c) Geschichtlichkeit und Gegenwart der RPh. - 3. R.sontologie: a) Ontische Vorstufen - b) Ontologischer Ansatz - c) Fundamentalontologie des R.s - d) Regionalontologie des R.s - 4. R.sethik: a) Ihr Problem - b) Ihre Eigenständigkeit - c) Ihr Thema: Gerechtigkeit - d) Gerechtigkeit als Relation, Funktion und Maßgabe des R.s - e) Die Grundrelationen und Grundfunktionen des R.s - f) Nichtgerechtigkeit, Ungerechtigkeit, Scheingerechtigkeit - 5. RPh. und R.stheologie: a) Personalität und Solidarität - b) Grundsätze des Nächsten-R.s. - R. = Recht, RPh. = Rechtsphilosophie. - Vgl. → Recht: I-III

1. Juristen und Philosophen zweifeln am Wert der RPh. und bedürfen ihrer. - Typische Einwände der Juristen gegen die RPh. sind: sie sei ambitiös, unpraktisch, überflüssig, unsachlich, phantastisch und widerspruchsvoll; juristischer Verständigkeit, Nützlichkeit, Positivität, Sachgemäßheit, Objektivität und Eindeutigkeit unangemessen. Die Einwände sind motiviert von der Sorge: RPh. mache ein nur-juristisches Denken fragwürdig; sie sind aber grundlos, denn RPh. beginnt, wo R.swissenschaft unzuständig, nicht zureichend, einseitig denkt; oder dogmatisch, opportunistisch, formalistisch bedingt ist. - Typische Einwände der Philosophen gegen die RPh. sind: sie sei mehr Technik als Theorie, regional (soziologisch-ideologisch) verhaftet, einem »uneigentlichen« Seinsmodus verpflichtet; philosophisches Denken aber sei absolut unbedingt, wesenhaft, ganzheitlich. Diese Einwände sind motiviert von der Sorge: RPh. mache nur-philosophisches Denken fragwürdig; sie sind aber grundlos, denn RPh. *muß* gegenständlich orientiert, Erfahrung reflektierend, auf geschichtliches Dasein sozialer Gefüge bezogen sein.

2. *RPh. ist Philosophie,* methodisch durch sie bestimmt. → Philosophie fragt nach dem Sein, RPh. nach dem R.-Sein.

a) *Philosophische Grundfragen* sind: α) *Die ontologische Frage* nach der *Seiendheit des Seins,* methodisch gefaßt als »*Gegebenheit* des Daseins« auf den Stufen: des *Sensualismus* (empirischen Positivismus), mit dem Ziel ursächlicher Erklärung des Wahrnehmbarseins von Daseiendem; des *Rationalismus* (begrifflichen Positivismus), mit dem Ziel intellektueller Vorstellung des Bewußtseins von Daseiendem; des *Voluntarismus* (teleologischen Positivismus), mit dem Ziel zweckhafter Gestaltung des Gewolltseins von Daseiendem; des *Existentialismus* (phänomenologischen Positivismus), mit dem Ziel intentionaler Entfaltung des Beschaffenseins von Daseiendem. - β) *Die ethische Frage* nach der *Gesolltheit des Seins,* methodisch gefaßt als »*Aufgegebenheit* des Daseins« auf den Stufen: des (anthropologischen) *Humanismus,* mit dem Ziel historischen (psycho-soziologischen) Verstehens des Gesolltseins von Daseiendem; des (relativistischen) *Idealismus,* mit dem Ziel kultureller Sinngebung des Gesolltseins von Daseiendem; des (normativistischen) *Moralismus,* mit dem Ziel sittlicher Ausrichtung des Gesolltseins von Daseiendem. - γ) *Die logische Frage* nach der *Bedingtheit des Seins,* methodisch gefaßt als »*Vorgegebenheit* des Daseins« auf den Stufen: der mathematisch-symbolischen *Logistik* (Axiomatik), mit dem Ziel rechnerischer Vorformung der Denkbarkeit von Daseiendem; der aprioristischen *Erkenntnistheorie,* mit dem Ziel systematischer Ausformung des Gedachtseins von Daseiendem. - δ) *Die metaphysische Frage* nach der *Notwendigkeit des Seins,* methodisch gefaßt als »*Hingegebenheit* des Daseins« auf den Stufen: des (absoluten) *Idealismus,* mit dem Ziel ganzheitlicher Deutung des Sinnseins von Daseiendem; des (religiösen) *Mystizismus,* mit dem Ziel innerlicher Schau des Wesenssinnes von Daseiendem.

b) Den so entstandenen »philosophischen Disziplinen« sind die *Arten der RPh.* (ihre *»Themata«*) nachgeformt: es »gibt« R.sontologie, R.sethik, R.slogik, R.smetaphysik. - *R.sontologie* befragt R. auf sein Wirklichsein in Institutionen und Normen: die *Struktur* ihres gegebenen Daseins entscheidet, ob etwas »sich für R. Ausgebendes« wirklich R. *ist;* sie legitimiert es als »zeitgerecht« und entwirft ein »Realmodell« von R. - *R.sethik* befragt R. auf sein Gesolltsein in Grundsätzen und Postulaten: das *Prinzip* ihres aufgegebenen Verbindlichseins entscheidet, ob etwas »sich für R. Ausgebendes« ist, wie R. sein *soll;* es legitimiert es als »ideegerecht« und entwirft ein »Idealmodell« von R. - *R.slogik* befragt R. auf sein Bedingtsein in Denkformen und Axiomen: der *Begriff* ihres vorgegebenen Gültigseins entscheidet, ob etwas »sich für R. Ausgebendes« ist, wie R. gedacht sein *kann;* er legitimiert es als »denkgerecht« und entwirft ein »Denkmodell« von R. - *R.smetaphysik* befragt R. auf sein Notwendigsein in apriorischen Sinngehalten: diese *Grundlage* ihres hingegebenen Sinnvollseins entscheidet, ob etwas »sich für R. Ausgebendes« ist, wie R. sein *muß;* sie legitimiert es als »sinngerecht« und entwirft ein »Schaumodell« von R.

c) Die *Geschichte der RPh.* erweist diesen viergliedrigen Aufbau als Beweggrund ihrer Entwicklung. Im Gang von der vorsokratischen R.sontologie (Anaximander, → Heraklit, → Parmenides) über die Wendung zur R.sethik bei den Sophisten (Protagoras, Hippias, Antiphon) und den sokratischen Umschwung zur R.slogik bis zur Vollendung der klassischen R.smetaphysik (→ Platon, → Aristoteles) ist er zuerst deutlich geworden. Sich stützend, ergänzend, überschneidend, bekämpfend wurden die Grundfrageweisen zuzeiten auch *einseitig* akzentuiert; so in der R.sontologie der spanischen Naturrechtler des siglo de oro, in der R.sethik des reformatorischen → Naturrechts (: II, 4), in der R.slogik des »mos arithmeticus«, in der R.smetaphysik des deutschen Idealismus. - Als R.sontologie (Maihofer), R.sethik (Coing), R.slogik (Engisch), R.smetaphysik (Fechner) wird RPh. noch gegenwärtig in Deutschland gelehrt. - Ein *heutiger Entwurf* der RPh. kann diese Tradition nicht ungeprüft übernehmen: R.sontologie und R.slogik (»Sachlogik« und »Denklogik«) sind sich jetzt ebenso nahe, wie R.sethik und R.smetaphysik seit jeher untrennbar sind.

3. *R.sontologie* fragt: *Ist* R.?

a) Auf den *Vorstufen* einer *R.sontik* antwortet α) der *Positivismus:* R. ist »gegebenes Objekt«, entweder Naturgegebenheit (ihr entspricht R.skosmologie, -biologie,

-psychologie, -soziologie) oder Geschichtsgegebenheit (ihr entspricht Universal- und Sozial-R.sgeschichte); β) der *Rationalismus:* R. ist »gegeben im Subjekt«, entweder Verstandesgegebenheit (ihr entspricht Allgemeine R.slehre, R.stheorie, jurisprudence) oder Vernunftgegebenheit (ihr entspricht R.slogik, Reine R.slehre, R.stopik); γ) der *Voluntarismus:* R. ist »gegebener Zweck«, entweder Machtgegebenheit (ihr entspricht R.sstrategie, ratio status, R.staktik, »konkrete Ordnungs-Lehre«) oder Plangegebenheit (ihr entspricht Interessenjurisprudenz, R.spolitik); δ) die *Phänomenologie:* R. ist »gegebene Sache selbst«, Wesensgegebenheit (ihr entspricht R.swesensschau [G.Husserl]).

b) Den *Ansatz zur heutigen R.sontologie* bildet die Anerkennung der »ontologischen Differenz«: der Nicht-Konvertibilität von R.sein und R.seiendem. → Heidegger entwarf keine R.sontologie, überhaupt keine »eigene RPh.«, legte jedoch in »Sein und Zeit« ihr den Grund. R. ist nichts »uneigentlich« Seiendes, kein »defizienter Seinsmodus«. Es hat seinen Wesensort nicht im Bereich der (an die »Uneigentlichkeit des Man« verlorenen) »Öffentlichkeit«; es »west« im Mit-Sein und Für-Sein (den Bedingungen eigentlichen Selbstseins). In Für-Sorge ist R. wesenhaft daseiend (Fechner), »eigentliches Mansein« (Maihofer). Infolge seiner »Eigentlichkeit« ist R. kein zuhandenes Instrument (»Mittel«-Werkzeug), sondern »Weisung« (Zeigzeug), sinnhaftes »signal« (Donius). – Entscheidend weiter führt Heideggers Bestimmung des Seins von Gerechtigkeit: »Das Gerechte bleibt jenes, was dem Rechten gemäß ist; aber was rechtens ist, bestimmt sich aus dem, was als Seiendes seiend ist« (Holzwege 277), verbunden mit den Sätzen: »Wahrheit gibt es nur, sofern und solange Dasein ist« und »Wir sind in der Wahrheit« (Sein und Zeit § 44 c). Eine interpretative Entfaltung dieser Sätze ergibt, daß R.swahrheit nur im R.sdasein gefunden (entdeckt) werden kann. R.-seiendes ist das wahrhaft Gerechte, das sich gemäß dem Rechten bestimmt. Das Rechte aber bestimmt sich aus dem, was als R.seiendes rechtseiend ist; dieses wiederum wird durch das Sein bestimmt. Diese (von dem woheraus sie denken in eben dasselbe zurückdenkenden) Sätze sind nicht tautologisch; sie »folgen« nicht deduktiv auseinander, widersprechen sich nicht »dialektisch«, sind nicht rational oder induktiv »verifizierbar«: es sind Wegmarken, die in eine Richtung des Denkens zeigen.

c) Vom Anfang der griech. R.sontologie her sie nachdenkend, entfaltet die fortdenkende Interpretation *Grundbestimmungen einer Fundamentalontologie des R.s.* α) Es gibt R.seiendes (ἡ γὰρ δίκη ἐστί), das in Wahrheit gerecht ist: »rechte Dinge« (τὰ δίκαια). Was wahrhaft gerecht ist, ist »gemäß dem Rechten« (Richtigen oder Sachgemäßen = κατὰ τοῦ δικαίου). Also ist das R.-seiende »das Rechte« (τὸ δίκαιον), ihm entspricht *der* »Rechte« (ὁ δίκαιος). Es spricht die Seiendheit des R.-seienden aus (ὁ λόγος δικανικός), das geschieht im »rechten Wort« (δίκαιος λόγος). Also ist das Entsprechende das R.mäßige (τὸ δικαίωμα), und alles, was als R.seiendes gerecht ist, wird durch seine »R.mäßigkeit« (ἡ δικαιότης) bestimmt. – β) Ist R.seiendes vom Sein bestimmt, so kommt es dem R.seienden zu, zu sein (ἡ δίκη). Das Zukommende ist »das Seine« (τὸ ἑαυτόν). Was dem Seienden als »das Seine« zukommt, ist: »zukömmlich« (δικαίως) zu sein. Darin ist es »im R.« (ἔνδικος), also ist das zukömmlich Seiende das wahrhaft Zukommende, das Rechte (τὸ δίκαιον). Es geschieht in R.lichkeit (δικαιοσύνη). Sie spricht sich aus im »geziemenden Reden« (τὰ δίκαια λέγειν). In alledem ist, was dem R.seienden je immer zukommt, das »äußerst Zukömmliche« (τὸ δικαιότατον). – γ) Das Zukommende ist zugleich das andern Entkommende (τὸ ἄδικον), im Entkommenlassen (ἀδικεῖν) des Zukommenden geschieht das Unzukömmliche (ἡ ἀδικία) durch den, der ein »Unrechter« (ἄδικος) ist. Dagegen wird im Zukommenlassen des Zukommenden (δίκην διδόναι) das Zukommende empfangen (δίκην δοῦναι). Es ist das Entsprechende, der (richtende) Spruch (θεμιτόν), in dem alles Zukommende (entsprechend) festgesetzt wird (θεμιστεύειν). Das Festgesetzte (θεσμός) ist der Grund, aus dem die Richtsprüche (θέμιστες) das Zukommende als Entsprechendes zusprechen. Er ist das Gründende (ἀρχή), Fügende (τύχη) und Bindende (ἀνάγκη) des R.seins (θέμις εἶναι).

d) Diese Grundlegung bestimmt die Grundstruktur einer *Regionalontologie des R.s.* Sie erfragt, *was* R. ist und *wie* es ist (quidditas et modalitas iuris).

α) Das *Was-Sein von R.* (seine »Substanz«) ist dreifach bestimmt: *Sachweltlich* (Dingwelt des R.s) sind es *sowohl R.seinrichtungen* (R.sinstitutionen), natürlich bedingt und begrenzt (soziales Gefüge, das den R.sraum des Daseins fügt); *als auch R.slagen* (R.szustände), politisch bedingt und begrenzt (soziales Geschick, das die R.szeit des Daseins zeitigt); *ferner R.sgegenstände* (R.sobjekte), kulturell bedingt und begrenzt (soziale Gebilde, die R.sgüter des Daseins bedeuten); *endlich R.sbeziehungen* (R.sverhältnisse), soziologisch bedingt und begrenzt (soziales Geflecht, das die R.sgestalt des Daseins bestimmt). – *Personweltlich* (Ichwelt des R.s) ist es *sowohl* die *R.sfähigkeit* aller Menschen, die Träger von Grund-(Menschen-)R.en und Grund-(Menschen-)Pflichten sind; *als auch* die *Handlungsfähigkeit* eines Jeden, der Träger von Individual-R.en (Privat-R.en) und entsprechenden Pflichten ist; *ferner* die *Verantwortungsfähigkeit* derer, die Träger von Korporations-R.en (Sozial-R.en) und entsprechenden Pflichten sind. – *Sozialweltlich* (Wirwelt des R.s) sind es Ich-Du-Entsprechungen der Ungleichheit (Obsorge, Streit) und Wir-Entsprechungen der Gleichheit (Mit- und Nebenmenschlichkeit). – Diese Phänomene sind stets *verbunden: Nur* sachweltliches R.sein bedeutete Institutionalisierung (Vergesetzlichung) des R.s (so die Imperativentheorie); *kein* sachweltliches R.sein bedeutete Rationalisierung (Verwissenschaftlichung) des R.s (so die Vorstellungstheorie). *Nur* personweltliches R.sein bedeutete Subjektivierung (Vertraglichung) des R.s (so die Anerkennungstheorie); *kein* personweltliches R.sein bedeutete Formalisierung (Normativierung) des R.s (so die Normentheorie). *Nur* sozialweltliches R.sein bedeutete Kollektivierung (Vermassung) des R.s (so die Plantheorie); *kein* sozialweltliches R.sein bedeutete Individualisierung (Atomisierung) des R.s (so die Interessentheorie). – Demgemäß entfaltet sich die *Regionalontologie* vom *Was-Sein des Unrechts.* Auch sie ist dreifach bestimmt: *Sozialweltlich* als *R.sverfehlung;* sie ist entweder Willkür (der Legislative, der Privatautonomie) oder Anarchie (Machtsprüche, Femejustiz) oder Tyrannei (autokratisch-bürokratische Verwaltung). *Personweltlich* erscheint Unrecht als *R.sverblendung;* sie ist entweder R.sentfremdung (R.sblindheit, R.sindifferenz) oder R.sstörung (R.sschädigung, R.sverletzung) oder R.smißbrauch der R.sgewalt (Entrechtung, Übermächtigung). *Sachweltlich* bewirkt Unrecht *R.sverkehrung* (Verlust des rechtlichen Sach-Sinns) oder *R.sverdrehung* (Widerrechtliches gilt für Rechtliches). – Aus diesen Gedanken folgt: es gibt kein absolutiertes Ichsein im R. (weder Selbstisolierung noch Selbstverfügung), aber auch kein Imrechtsein von Menschen ohne Ichheit (Subjektivität); es gibt kein absolutiertes Wirsein im R. (weder Entpersönlichung noch Versachlichung), aber auch kein Imrechtsein von Menschen ohne Wirheit (Sozialität); es gibt kein absolutiertes Dingsein im R. (weder Entmenschlichung noch Totaltechnisierung), aber auch kein Imrechtsein von Menschen ohne »Welthaben« (Institutionalität).

β) Das *Wie-Sein von R.* (seine »Funktion«) ist ebenfalls dreifach bestimmt: *Sachweltlich* funktioniert es *sowohl* im R.*sraum*: *normativ* (abstrakte Richtung [Regel] in Satzungen weisend), *dezisiv* (konkrete Anwendung in Verfügungen und Urteilen leistend), *instrumental* (aktuellen Zwecken in Plänen und Interessen dienend); *als auch* in der R.*szeit*: gegenwärtig geltend, Vergangenes bewahrend, Zukünftiges entwerfend. - *Personweltlich* funktioniert es *sowohl* im *R.-Halten* (Sich-ans-Recht-Halten) aller, die für sich (im R. bleibend) Grund-R.e festhalten und für andere (im R. lassend) Grundpflichten einhalten; *als auch* im *R.-Haben* (Sich-im-Recht-Behaupten) aller, die »ihre« R.e (Ansprüche, Anwartschaften, Interessen, Begünstigungen) wahrnehmen und anderen »ihre« R.e (Forderungen, Leistungen) zugestehen oder besorgen (Vertretung, Vollmacht); *endlich auch* im *R.-Gestalten* (Sich-ins-Recht-Setzen) aller, die etwas »im R. vermögen«, kraft privatrechtlicher Autonomie (Kündigung, Einrede, Verzicht) oder öffentlichrechtlicher Zuständigkeit (Verfügung, Anordnung, Ermessen). - *Sozialweltlich* funktioniert es *sowohl* im *R.setzen* gemäß der Privatautonomie (lex contractus) und der Korporationsautonomie (Statuten), *als auch* durch *R.-sprechen* (Gerichtsurteile, Verwaltungsentscheidungen), *endlich* im *R.entziehen* (Enteignung, Vollstreckung, Sanktion). - Entsprechend ist das *Wie-Sein von Unrecht: Sachweltlich* destruiert es *sowohl* das Gefüge des R.*sraums* durch *Scheinregelung* (formal richtige, material ungültige oder material richtige, formal ungültige R.ssätze), durch *scheinbare Entscheidung* (Fehlurteile, nichtige Verwaltungsakte), durch *Schein-Rechtstatsachen* oder *-geschäfte* (Potemkinsche Dörfer, Onkelehen); *als auch* das Geschick der R.*szeit* durch *Schein-Geltung* (unzeitgemäße, veraltete, vorgegriffene Scheinordnungen). *Personweltlich* wirkt es destruktiv durch vorgetäuschtes Sich-ans-Recht-Halten (Grund-R.e und Grundpflichten mißachten), durch vorgespieltes Sein-Recht-Behaupten (Geltendmachen ungerechtfertigter Ansprüche) oder scheinbar Anderen »ihr« R. geben (Schlechterfüllung, Nichtleisten, R.sbesorgung im Gegeninteresse), endlich durch scheinbares R.-Gestalten (kraft angemaßter Zuständigkeit oder Verfügungsmacht). *Sozialweltlich* wirkt es destruktiv durch illegitimes R.setzen, willkürliches R.entziehen und unsachliches R.sprechen.

4. *R.sethik* fragt: *Soll* R. sein? Ihr Erfragtes ist die *Valenz rechtlichen Existierens,* sein »Worumwillen« (οὗ ἕνεκα).

a) Nicht nur die Vielfalt ungleicher Antworten, die Frage selbst ist problematisch. - Liegt nicht im Sein das Gesolltsein? Ist nicht in der Notwendigkeit Freiheit enthalten? Muß nicht mit der Spaltung von Objekt und Subjekt die Trennung von Sein und Sollen »überwunden« werden? Verpflichtet nur das Gesollte, nicht auch das Seiende (an und für sich)? - Eine *Fundamentaldialektik des R.seins* kommt hier in Sicht, denn die Fragen lassen sich alle *umkehren:* Ist nicht (erst) Gesolltsein »eigentlich« Sein? Ist »ethische Existenz« (Kierkegaard) nicht erst wirkliche Existenz? Vollzieht sich in Freiheit nicht auch das (wahrhaft) Notwendige? Ist der Gegensatz von Sein und Sollen überhaupt »überwindbar«, zeigt er nicht vielmehr die Fundamentalstruktur allen R.seins an? Kann R.seiendes durch R.seiendheit verpflichten, wenn R.spflicht »Verantwortung« ist - nicht vor sich selbst, sondern vor dem »ganz Anderen«? - Die Sollensfrage erfragt das Selbe im R., wie die Seinsfrage - jedoch nicht das Gleiche. Darum ist sie notwendig und unüberhörbar. Aufgegebenheit des R.s ist nicht identisch mit seiner Gegebenheit - und doch ihr mitgegeben und eingegeben. R.gesolltsein ist nicht identisch mit R.dasein - jedoch in und mit ihm seiend.

b) Die *Eigenständigkeit der rechtsethischen Frage* zeigt sich im Bereich der RPh. darin, daß dem Gesolltsein von R. ein eigenes Wort: *»Gerechtigkeit«,* zugeordnet ist. Gerechtigkeit des R.s ist *das* Thema der R.sethik, wie Eigentlichkeit des R.s *das* Thema der R.sontologie ist. Ihr Verhältnis bedarf der Klärung: *Geht R.sethik in R.sontologie auf?* Nein. Denn sie erfragt nicht das Was-Sein und Wie-Sein, sondern das Warum-Sein und Wozu-Sein des R.s. Dieses ist aus dem Was- und Wie-Sein *nicht* ableitbar: Gerechtigkeit des R.s ist nicht (nur) seine Selbstgerechtigkeit; weder (nur) seine Sachgerechtigkeit noch (nur) seine Sozialgerechtigkeit. - *Geht R.sethik der R.sontologie vor?* Nein. Das Was-Sein und Wie-Sein von R. *folgt* nicht (erst) aus dem Warum- und Wozu-Sein von R. Eigentlichkeit des R.s ist nicht identisch mit seiner Gerechtigkeit. Was- und Wie-Sein des R.s *besteht* auch nicht (schon) in seinem Warum- und Wozu-Sein, denn Gerechtigkeit ist nicht von Eigentlichkeit des R.s isolierbar.

c) *Idealistische* RPh. fragt nach der *Idee* der Gerechtigkeit. Gemäß der Objekt-Subjekt-Spaltung unterscheidet sie formelle und materielle Gerechtigkeitslehren. α) *Modelle der formalen Gerechtigkeit* sind von der griech. RPh. aufgestellt worden. → Platon verstand sie als *»Das-Seine-Tun«* (τὰ ἑαυτοῦ πράττειν); gemeint war kein Individuell-Meines (Beliebiges), sondern ein Sozial-Zukommendes (Wesentliches); es bedeutete zugleich *»Jedem-das-Seine-Geben und Lassen«* (später von Ulpian ins lat. Denken umgedacht mit dem Spruch »suum cuique tribuere, neminem laedere«). → Aristoteles bestimmte dieses formal Gerechte als Mittleres (μέσον) zwischen Zuviel (ὑπερβολή) und Zuwenig (ἔλλειψις); es sei das Maßgebende (μέτρον) für »gleichartige Fälle«: *Gleiches müsse gleich, Ungleiches ungleich* behandelt werden. *Ersteres* fordert gleiche Verteilung im Ausgleich von Ansprüchen (Forderungen); diese »ausgleichende Gerechtigkeit« (τὸ δίκαιον διορθωτικόν) ist »arithmetisch« bestimmbar, ein Verhältnis des quantitativen Wertes von Gütern und Leistungen: privatrechtliche Nebenordnung. *Letzteres* fordert ungleiche Zuteilung im Gliedern von Zuständigkeiten (Funktionen); diese »austeilende Gerechtigkeit« (τὸ δίκαιον διανεμητικόν) ist »geometrisch« bestimmbar, ein Verhältnis des qualitativen Wertes von Personen und ihren Positionen: öffentlichrechtliche Über- und Unter-Ordnung. - *Beiden Modellen* zugeordnet ist eine innere Haltung (ἕξις): die *Rechtlichkeit* (δικαιοσύνη), die gerecht handeln will. - Der *Wert* des formalen Gerechtigkeitsmodells liegt im Hinweis auf die unendliche Aufgabe: durch stetes Korrigieren der austeilenden durch die ausgleichende, der ausgleichenden durch die austeilende Gerechtigkeit nähert sich die Tugend (ἀρετή) der Gerechtigkeit, ihrem Ziel (τέλος). - β) *Materiale Gerechtigkeitslehre* will die anthropologische Voraussetzung des »Je Meinen und Seinen«, des »Je Gleichen und Ungleichen« aufdecken; es geschieht durch Begründung des R.s in der menschlichen Natur (→ Naturrecht), Vernunft (Vernunft-R.), Geschichte (Historismus), Gesellschaft (Soziologie), Humanität (Anthropologie). Abhängig von jeweiliger philosophischer Systematik entwickelt sich idealistische RPh. hier im Anschluß an die großen Philosophen, ihre Weltanschauungen und Ideologien (zB Kantianismus, Hegelianismus) oder sie kehrt - enttäuscht und selbstkritisch - zur formalen Bestimmung der R.sidee zurück (Stammler, Graf zu Dohna), gerät dann freilich leicht zur RPh. »ohne R.« (Nelson). - γ) *Relativistische* RPh. erkennt, daß keine Idee von Gerechtigkeit ihren Vorrang vor andern beweisen kann, und ordnet deshalb die Gerechtigkeits*ideale* ins System kultureller Werte und Güter ein (Radbruch). Daraus ergibt sich ein *Grundschema:* die *Trias dialektisch verbundener Sachgerechtigkeit, Persongerechtigkeit, Sozialgerechtigkeit.* Jede Einzelfrage: gerechte Ehe? gerechtes Eigentum? gerechter Staat? stellt sich danach in Richtung dreifach möglicher Modelle »richtiger« Ordnung.

d) *Wesen der Gerechtigkeit* ist es, *Relation* (Verhältnismäßigkeit, Entsprechung, Gleichheit) und *Funktion* (Postulat, Angemessenheit, Richtigkeit) zu sein. α) Gerechtigkeit der Entsprechung erweist R. *einerseits* gesollt in *sachlicher Ordnung,* die, bezogen auf andere (soziale) Ordnungen, »das Rechte« ist, weil sie (objektiv) ihnen entspricht; *andererseits* gesollt in *personalem Verhältnis,* das, bezogen auf andere (soziale) Verhältnisse, »das Rechte« ist, weil es (subjektiv) ihnen entspricht. – β) Gerechtigkeit der Angemessenheit erweist R. *einerseits* gesollt durch *sachliches Ordnen,* das, bezogen auf anderes (soziales) Ordnen, »recht« ist, weil es (objektiv) ihm angemessen ist; *andererseits* gesollt durch *personales Verhalten,* das, bezogen auf anderes (soziales) Verhalten, »recht« ist, weil es diesem (subjektiv) angemessen ist.

e) *Grundrelationen* und *Grundfunktionen* der Gerechtigkeit sind: α) *Ordnungsmäßigkeit* (Legalität, Sicherheit), sie leistet die *Schutzfunktion* und bedeutet *positiv:* Gewährleistung des R.sfriedens (Gerechtigkeit ist nicht ohne sie), *negativ:* »Frieden um jeden Preis« (es gibt keine Gerechtigkeit durch Ordnung allein); *einseitig betont,* entartet sie zur Verstaatlichung des R.s, *einseitig unbetont,* zu seiner Verwilderung. – β) *Zweckmäßigkeit* (Nützlichkeit), sie leistet die *Nutzfunktion* und bedeutet *positiv:* Gewährleistung der »Interessen« (Gerechtigkeit ist nicht ohne sie), *negativ:* »Der Zweck heiligt die Mittel« (es gibt keine Gerechtigkeit durch Nutzen allein); *einseitig betont,* entartet sie zur Verwirtschaftlichung des R.s, *einseitig unbetont,* zu seiner Entfremdung vom Leben. – γ) *Wertmäßigkeit* (Rechtfertigung, Legitimität), sie leistet die *Trutzfunktion* und bedeutet *positiv:* Gewährleistung des R.sethos (Gerechtigkeit ist nicht ohne sie), *negativ:* »Ideologisierung des R.s« (es gibt keine Gerechtigkeit durch Wertsetzung allein); *einseitig betont,* entartet sie zur Verweichlichung des R.s, *einseitig unbetont,* zu seiner Entsittlichung. – Alle drei Merkmale der Gerechtigkeit funktionieren in *trialektischer* Relation. Sie erweisen so Gerechtigkeit als *Maßgabe des R.s – im* Gefüge des R.seins selbst (innerhalb der R.swelt) und *fürs* Gefüge des R.seins (außerhalb der R.swelt). Gerechtigkeit gibt Maß für die Entsprechungen nach innen wie nach außen: ihre Lehre vollendet sich im Entwurf einer Weltrelation und Weltfunktion des R.s.

f) Kann R. ohne Gerechtigkeit, ihr entgegenstehend oder sie selbst nur vorgetäuscht sein? Diese Frage stellt das *Problem der Nichtgerechtigkeit* (R.losigkeit), *Ungerechtigkeit* (R.swidrigkeit) und *Scheingerechtigkeit* (R.svortäuschung). α) *Nichtgerechtigkeit* ist *Ordnungslosigkeit,* also Beziehungslosigkeit (statt Entsprechung) und Maßlosigkeit (statt Maßgabe). Im einen Fall geht die Substanz des R.seins verloren, im andern wird sie verschleudert. Ihr Unwesen ist Verfall des R.gesolltseins durch *Funktionsschwund* der Gerechtigkeit: *Personales* Sollen verfällt zum »Ungesolltseinlassen«, gerät zu einem »Nichts-mehr-für-Recht-Halten« und »Jedes-sich-dafür-Ausgeben-lassen«; die Persönlichkeit gibt kein Maß mehr. *Sachliches* Sollen verfällt zum »Ungesolltsein-können«, mißrät zu einem »Nichts-mehr-recht-gemacht-sein« und »Jedes-gleich-richtig-sein-können«; die Sachlichkeit gibt kein Maß mehr. *Soziales* Sollen verfällt zum »Ungesolltseinwollen«, gerät zu einem »Nichts-mehr-im-Recht-gelten-lassen«; die Gemeinschaftlichkeit gibt kein Maß mehr. – β) *Ungerechtigkeit* ist *Ordnungsverkehrung,* also Beziehungsentstellung und Maßumkehrung (Vermessenheit). Im einen Fall wird die Substanz des R.s geschädigt, im andern wird sie vertauscht. Ihr Unwesen ist Perversion des R.gesolltseins durch *Funktionsverschiebung* der Gerechtigkeit: *Personales* Sollen verkehrt sich in »Müssen« (Genötigtsein), gerät damit zur Umkehrung (Verneinung) des Selbstseins; pflichtmäßiges Entscheiden endet. *Sachliches* Sollen verkehrt sich ins Belieben (Gewillkürtsein), gerät damit zur Umkehrung (Verneinung) des Sachlichseins; dinghafte Ortung schwindet. *Soziales* Sollen verkehrt sich ins Verdrängen (Übermächtigtsein), gerät damit zur Umkehrung (Verneinung) des Gemeinschaftlichseins; soziale Ordnung fehlt. – γ) *Scheingerechtigkeit* ist *Ordnungsvortäuschung,* also Beziehungsvorspiegelung und Anmaßung. Ihr Unwesen ist Verstellung des R.gesolltseins durch *Funktionsanschein* von Gerechtigkeit: *Personales* Sein verlarvt sich in ichhaftes Wünschen, eine formale »Haltungsethik« gibt sich für Verpflichtung aus: das Selbst hat keine Gerechtigkeit mehr. *Sachliches* Sollen verlarvt sich in unsachliches Begehren, ein formaler »Bedarfsfall« gibt sich für Notwendigkeit aus: es gibt keine Sachgerechtigkeit mehr. *Soziales* Sollen verlarvt sich in konventionelles Betreiben, ein formaler »Geschäftsbetrieb« gibt sich für Bedürftigkeit aus: es gibt keine Sozialgerechtigkeit mehr.

5. RPh. gründet und mündet in *R.stheologie.* Sie muß es, weil die R.sontologie und R.sethik die Frage nach dem Woher und Wohin des R.seins und R.gesolltseins weder stellen noch beantworten. Gewiß geschieht alle Entsprechung und Maßgabe unter Menschen im Sichverständigen (ὁμολογεῖν). Aber es gibt Verständigung unter Menschen nur, weil *Gott* sich dem Menschen verständlich gemacht, zu ihm gesprochen (sich offenbart) und (im Alten und Neuen Bund) mit ihm sich »verständigt« hat: das R.sein ist dem Menschen im Zuspruch Gottes eröffnet, er kann nur vor Gott im R. existieren. → Gerechtigkeit ist das weisende Wort Gottes: die »Biblische Weisung«.

a) In ihr sind sozialtheologische Fundamentalien des R.seins offenbar: *Personalität und Solidarität.* Personalität hat der sich dem Anruf Gottes stellende und vor ihm sich verantwortende Mensch; sie ist das *Urrecht vor* allen Grund-R.en (→ Menschenrechten), die es begründet und begrenzt. *Solidarität* ist die Verfaßtheit der Personen in der Gleichheit vor Gott: die *Nächstenschaft. Ihr* R.: das *R. des Nächsten,* gilt *vor* jedem Selbstbehaupten von menschlichem R. aus Natur, Vernunft oder geschichtlicher Tradition; *vor* jedem R.sanspruch aus Individualität oder Sozialität; *vor* jeder aus Sympathie entsprungenen Symbiose oder Assoziation; *vor* jedem zweckbedingten Zuteilen und Verteilen gemäß sozialer Gleichheit oder Ungleichheit. – R. ist danach, *theologisch* verstanden, das Herrschafts-R. Gottes (Ordnung der Christokratie) und das Dienst-R. am Nächsten (Ordnung der Bruderschaft).

b) Daraus ergeben sich *Grundsätze des Nächsten-R.s: »Der Nächste ist im R. zu lassen«,* sowohl in seiner mit Jedem übereinstimmenden Gleichheit, als auch in seiner von Jedem unterschiedenen, ihm widersprechenden Andersheit. *»Der Nächste muß im R. bleiben«,* darf nicht entpersonalisiert (versachlicht) werden. *»Dem Nächsten ist sein R. zu geben«,* es darf sich nicht R. von ihm genommen werden. *»Der Nächste muß zu seinem R. kommen«,* er muß darin jedem der Nächste sein dürfen und bleiben können – auch gegenüber den Funktionären sozialer Machtpositionen. *»Vom Nächsten darf das einem selbst Zukommende nicht erzwungen werden«;* was einem andern zukommt, ist nicht als Entkommenes zu schelten. – Alle sozialen Entsprechungen, deren *Distanz* sonst R.sverhältnis begründet, werden vom Nächsten-R., das jedem möglichen sozialen Verhältnis gegenüber den Vorrang hat, begrenzt - aber auch erst »eigentlich« begründet.

c) Rechtsphilosophische Anerkennung des rechtstheologischen Befundes der Personalität und Solidarität hülfe, den Graben, der Sein und Sollen im R. scheidet, zu übersteigen - denn: was vor Gott R. (recht) *ist, soll* für den Menschen R. (recht) sein. Erkenntnis der Schein-Alternative zwischen R.sontologie und R.sethik, »Ortung« und »Ordnung« des R.s, macht die RPh. frei für die Aufgaben ihrer Zukunft.

Neuere Lit., zu 1: ERIK WOLF, Fragwürdigkeit u. Notwendigkeit d. R.swissenschaft, 1953 - K.ENGISCH, Einführung in d. jurist. Denken, (1956) 1959^2. - Zu 2: A.VERDROSS, Grundlinien d. antiken R.s- u. Staatsphilos., (1946) 1948^2 - DERS., Abendländische RPh., 1958 - E.LUNO PENA, Historia de la Filosofía del Derecho I. II, Barcelona (1948/49) 1955^2 - ERIK WOLF, Griech. R.sdenken I-III/2, 1950-56 - H.WELZEL, Natur-R. u. materiale Gerechtigkeit, (1951) 1961^3 - L. STRAUSS, Natural Right and History, Chicago 1953; dt. 1956 - C.J. FRIEDRICH, Die Philos. d. R.s in hist. Perspektive, 1955 - M.VILLEY, Leçons d'hist. de la philos. du droit, Paris 1957. - Zu 3 a. b: A.GRAF ZU DOHNA, Kernprobleme d. RPh., (1940) 1959^2 - K.ENGISCH, Logische Studien zur Gesetzesanwendung (SAH 1941/42, 5 bzw. 1960, 1), (1943) 1960^2 - C.A.EMGE, Einführung in d. RPh., 1955 - G.HUSSERL, R. u. Zeit, 1955. - Zu 3 c: W.MAIHOFER, R. u. Sein, 1954 - DERS., Vom Sinn menschlicher Ordnung, 1956 - CH.DONIUS, L'analyse existentiale du droit, Straßburg 1955 - E.FECHNER, RPh., 1956 - R.MARCIC, Vom Gesetzesstaat zum Richterstaat, 1957 - G.STRATENWERTH, Das rechtstheoret. Problem der »Natur der Sache«, 1957. - Zu 4: G. RADBRUCH, RPh., (1914) 1956^5 - E.v.HIPPEL, Einführung in d. R.stheorie, (1932) 1955^4 - G.DEL VECCHIO, Lehrbuch d. RPh., dt. (1937) 1951^2 - H.COING, Die obersten Grundsätze d. R.s, 1947 - DERS., Grundzüge d. RPh., 1950 - F.v.HIPPEL, Die Perversion von R.sordnungen, 1955. - Zu 5: W.SCHÖNFELD, Über die Gerechtigkeit, 1952 - DERS., Über d. Heiligkeit d. R.s, 1957 - ERIK WOLF, R. des Nächsten, 1957.

Erik Wolf

Rechtstheorien → Rechtsphilosophie.

Recke-Volmerstein, *Adalbert Graf von der* (1791 bis 1878), * in Overdyk bei Bochum, † in Craschnitz/Schl. Der → Erweckungsbewegung, der → Christentumsgesellschaft und → Wichern verbunden, begründete er 1822 das Rettungshaus Düsselthal bei Düsseldorf. 1847 schied er aus der Leitung dieser Arbeit aus und wirkte an der Errichtung von Liebeswerken (u.a. Diakonissenmutterhaus mit Krankenanstalten) in Schlesien mit. - Vgl. → Innere Mission, 2.

ADB XXVII, 500ff - M.GERHARDT, J.H.Wichern, 3 Bde, 1927-31 (s. Reg.) - M.VÖMEL, A.v.d.R.-V. (Westfäl. Lebensbilder VII, 1959, 105-120; Lit.).

H.Hohlwein

Recursus ab abusu. Die Appellatio tamquam ab abusu, die Anrufung der weltlichen Gewalt gegen Überschreitung der Grenzen der geistlichen Gewalt, reicht in Frankreich bis in die Bestrebungen des späteren MA zurück, die geistliche Jurisdiktion zu begrenzen. Der appel comme d'abus diente, als Teil des Schutzrechts des Königs von den Parlamenten mit Strafgewalt gehandhabt, in späterer Zeit der Sicherung der gallikanischen Freiheiten (→ Gallikanismus). Allgemeine Anwendung erfuhr der R. aber erst als Bestandteil des staatlichen Kirchensystems der Aufklärung (→ Kirche und Staat, 2e). Dieses System ging von der unbeschränkten Hoheit des Souveräns über alle Vorgänge seines Landes aus, auch über die geistlichen Angelegenheiten, ausgenommen die rein dogmatischen Fragen. Das → ius circa sacra des Landesherrn schloß in sich das ius inspiciendi et cavendi, die Sorge, daß nicht das öffentliche Wohl durch die Kirche beeinträchtigt werde. Dazu gehört u.a. das → Plazet für kirchliche Anordnungen und Veröffentlichungen, das → Exklusive gegen Bestellung unerwünschter Personen zu kirchlichen Ämtern, das Verbot der Unterwerfung unter auswärtige kirchliche Obere, die Kanalisierung des Verkehrs mit Rom durch staatliche Stellen sowie auch der R., der in diesem Sinne Geistlichen wie Weltlichen gegen Verletzung ihrer Rechte oder der Staatsgesetze durch kirchliche Grenzüberschreitung gewährt wurde, aber auch zu einem eigenen Eingriffsrecht staatlicher Aufsichtsinstanzen ausgestaltet sein konnte. Im System des → Josephinismus weniger ausgeprägt, findet sich der R. zB im Preußischen Allgemeinen Landrecht von 1794 (§§ 56. 57 II, 11), im Bayr. Religions-Edikt vom 26.5. 1818 (§ 52: gegen Handlungen der geistlichen Gewalt, die Kirchengenossen über die festgesetzte Ordnung hinaus beschwerten) und noch in dem gemeinsamen Edikt der Staaten der oberrheinischen Kirchenprovinz (Württemberg, Baden, Hessen u.a.) vom 30.1.1830 (§ 36). Eine erhebliche praktische Bedeutung besaßen alle diese Bestimmungen nicht, da es an näheren Anordnungen über die Art staatlichen Einwirkens fehlte. Der R. lebte noch einmal in der → Kulturkampf-Gesetzgebung auf. Preußen sah in § 10 des Gesetzes vom 13.5.1873 eine Berufung gegen Mißbrauch der kirchlichen Disziplinarbefugnis an den besonderen staatlichen Gerichtshof für kirchliche Angelegenheiten vor (der 1886 aufgehoben wurde). - Indem die WRV (Art. 137) und das GG der BRD die Eigenständigkeit der Kirchen (→ Kirche und Staat, 3) und ihr Recht zur autonomen Regelung ihrer eigenen Angelegenheiten anerkennen, sind Vorschriften unmittelbarer staatlicher Kontrolle über kirchliche Rechtsakte mit dem Prinzip der Respektierung kirchlicher Organisationsbefugnis und Entscheidungsfreiheit nicht mehr vereinbar. Soweit Angelegenheiten des staatlich-kirchlichen Gemeinschaftsgebietes (Kirchensteuern, Friedhöfe usw) in Frage stehen, vermag der Einschlag allgemeinen staatlichen Rechts die Zuständigkeit staatlicher Gerichte zu begründen.

P.HINSCHIUS, Allg. Darst. d. Verhältnisses von Staat u. Kirche, 1883 - E.EICHMANN, Der R. nach dt. Recht, 1903 - G.CARON, L'appello per abuso, Mailand 1954 - K.HESSE, Der Rechtsschutz durch staatl. Gerichte im kirchl. Bereich, 1956 - EKL III, 484f.

U.Scheuner

Redemptoristen *(Congregatio Sanctissimi Redemptoris, CSSR)* oder *Liguorianer* heißen die Mitglieder der vom hl. A.M. von → Liguori 1732 gestifteten Priester-Kongregation vom Allerheiligsten Erlöser, die die Nachahmung des Erlösers in einem verborgenen Leben zum Ziele hat und sich der Missions- und → Exerzitien-Tätigkeit widmet. Der Wahlspruch lautet: »Copiosa apud eum Redemptio« (Ps 129 [130], 7). Benedikt XIV. bestätigte 1749 den Verband. Die erste Regel arbeitete der Stifter selbst aus; nach ihr sollten die Mitglieder die drei einfachen Ordensgelübde ablegen und sich verpflichten, keine Würden außerhalb der Genossenschaft anzunehmen, außer auf Befehl des Generaloberen und des Papstes. Neu bestätigt wurde die Regel am 25.2. 1922. Ergänzungen zu ihr sind die Konstitutionen, die vom Generalkapitel erlassen werden. Die Kongregation breitete sich bald in Neapel, Sizilien und im Kirchenstaat aus. Cl.M. → Hofbauer verpflanzte sie über die Alpen. Heute wirken die R. (8900 in 27 Provinzen) in Deutschland, Holland, Belgien, England, Frankreich, Spanien, Tschechoslowakei, Amerika, Australien, Indonesien, Kongo. Pius VI. eximierte sie 1781 von der bischöflichen Jurisdiktion. Der Rector major residiert im Collegium S.Alfonso in Rom; die Tracht ist neapolitanischer Sitte entsprechend ein Talar mit weißem Halskragen. Große Verdienste erwarben sich die R. in Amerika (→ Hecker), bes. um die Errichtung von Pfarrschulen und um Seelsorge an Mitgliedern des byzantinisch-slawischen Ritus. Mehrere zeichneten sich auch auf der Kanzel aus. Die Kongregation brachte 3 Heilige,

2 Kardinäle und 60 Bischöfe hervor. Auf wissenschaftlichem Gebiete trat schon der Stifter durch seine Moraltheologie hervor. Ihm folgten als Pädagoge Augustin Rösler († 1922), als Dogmatiker Wilhelm van → Rossum. Seit 1957 besteht in Rom die Academia Alfonsiana für Moral- und Pastoraltheologie. – Der weibliche Zweig des Ordens sind die von Benedikt XIV. 1750 bestätigten, rein beschaulichen *Redemptoristinnen* mit 31 Klöstern.

HEIMBUCHER II, 345ff – ESCOBAR II, 1081ff – M. DE MEULEMEESTER, Bibliogr. générale des écrivains rédemptoristes I–III, Löwen 1933–39 – DERS., Histoire sommaire de la Congr. du Très Saint-Rédempteur, ebd (1950) 1958² – DERS., Origines de la Congr. du Très Saint-Rédempteur, ebd 1953. – Zs.: Spicilegium historicum CSSR, Rom, seit 1953.
Ph. Hofmeister

Reden, *Friederike von,* Gräfin (1774–1854), geb. Freiin von Riedesel in Buchwald (Riesengebirge), widmete sich seit dem Tode ihres Mannes (1815) der von ihm begründeten Buchwalder Bibelgesellschaft. Durch die Brüdergemeine gefördert, wurde sie der Mittelpunkt der schlesischen → Erweckungsbewegung und half 1837 bei der Unterbringung der Zillertaler (→ Österreich, 3 e). Mit Unterstützung Friedrich Wilhelms IV. gab sie zur Verdrängung der rationalistischen Dinterschen Schulbibel die Hirschberger Bibel neu heraus und bestimmte den König, die von ihm gekaufte norwegische »Kirche Wang« in Brückenberg aufzustellen.

E. Fürstin REUSS, Fr.v.R., 1888 – RE XVI, 515f.
E. Beyreuther

Redenbacher, *Wilhelm* (1800–76), ev. Theologe und Volksschriftsteller in Bayern, wurde weiteren Kreisen durch seine Stellungnahme im bayrischen → Kniebeugungsstreit bekannt. In seinen Vorträgen »Wahrheit und Liebe« (1842) und »Simon von Kana« (1843) bezeichnete er das Niederknien ev. Soldaten vor dem Sanktissimum als grobe Abgötterei. Unter Berufung auf Apg 5, 29 rief er seine Amtsbrüder zu größerem Religionseifer und die ev. Soldaten dazu auf, »den tätigen Gehorsam hierin in christlicher Weise zu versagen«. Die Folgen aus dieser Haltung müsse man als »treuer Untertan« tragen. R. wurde 1844 vom Oberkonsistorium in den Ruhestand versetzt und 1845 zu einjähriger Festungshaft verurteilt, jedoch vom König begnadigt, um eine Erregung der Protestanten zu vermeiden. Er kehrte 1852 in ein Pfarramt nach Bayern zurück.

Vf. u.a.: Kurze Reformationsgesch., erzählt für Schule u. Familie, (1856) 1870⁴; Lesebuch der Weltgesch. I–III, 1860–67; Evangelienpostille. Für den schlichten Bürger u. Landmann, 1876. – Über R.: ADB 27, 516ff – RE XVI, 516ff – M. SIMON, Ev. KG Bayerns, (1942) 1952², 609ff.
E. Hotz

Reeg, *Ludwig* (1866–1941), ev. Theologe und Schriftsteller, * in Bad Vilbel, nach Pfarrdienst in hessischen Städten bereits 1905 im Ruhestand in Wiesbaden. Seine Schriften zeigen Gedankenreichtum, geistvolle Eigenständigkeit und dichterische Schönheit der Sprache. Für R. liegt der eigentliche Wert alles Lebens im Werden des Freien, Starken, Einsamen aus der Kraft der Gotteswirklichkeit (»Elitetheologie«). Von einer Italienreise beeindruckt, entfaltet er sowohl in seiner Erstschrift »Von der tiefen Wirklichkeit« ([1910] 1925⁸; franz. Genf 1920) wie in der Autobiographie »Der Heimweg« ([1917] 1925³) und den Schriften »Vom Raum des Lebens« (1932) und »Evangelium der Wirklichkeit« (1936) sein fast gnostisch bestimmtes Bekenntnis zur »Schönheit der inneren Kraft«. Als Individualist in Distanz zum Kirchentum, auf der Suche nach einem undogmatischen und unkonfessionellen Gottesbild, sieht er den auf Jesus allein gegründeten Glauben durch fremde Vorstellungen gefährdet. Glaube bedeutet für ihn eher Lösung als Erlösung, wie seine eigenwillige Sicht einer »unstarren« Verkündigung bei Paulus zeigt (»Paulus, ein Versuch Briefe zu lesen«, 1928). Jede Einordnung als Zwang empfindend, ist R. auf seine Art doch erfüllt »Vom neuen Willen zur Kirche« (1912) und vom Wissen um »Die Gemeinde« ([1920] 1923⁵). Von den großen Einzelnen der Geschichte angezogen, sucht er deren innere Kraft in ihrer Bedeutung für die Weltordnung zu ergründen (»Shakespeare und die Weltordnung«, erschienen 1950).

Vf. ferner: Das verborgene Leben, (1913) 1921³; Der Strom, 1921; Das Gedicht Gottes, 1924; Vom festlichen Warten, 1926; Die wunderbare Welt (deutende Erzählung der Bücher Mose), 1929.
K. Schuster

Reformatio Sigismundi ist die gebräuchliche Bezeichnung der »Reformation Kaiser Siegmunds« (so Hs. N). Sie galt lange als Werk des Kaisers → Siegmund, wurde indes erst 1438/39 verfaßt, wohl von einem südwestdeutschen Weltpriester, der während des Konzils in Basel war. Die verschiedenen Versuche, eine bestimmte Person als Autor nachzuweisen, überzeugen nicht. Die 1952 gefundene Hs. N repräsentiert annähernd die Urfassung. Die anderen Fassungen sind tendenziöse Bearbeitungen, von denen bes. V (1476–97 und 1520–22 jeweils 4mal gedruckt) nachhaltig wirkte und wohl auch Luther bekannt war. Die Bedeutung dieser ersten deutschsprachigen Reformschrift liegt in ihrer Volkstümlichkeit, ihrer lange anhaltenden Wirkung (Gegenschrift des → Cochläus 1533), der engen Verflechtung von Kirchen- und Reichsreform, den praktischen, alle Lebensgebiete umfassenden Vorschlägen (Priesterehe, Säkularisation der geistlichen Herrschaft, Fehdeverbot, Aufhebung der Leibeigenschaft) und ihrem kompromißlosen religiösen Ernst. – Die R.S. ruft nicht als »Trompete des Bauernkriegs« die »niederen Schichten« zum bewaffneten Aufstand auf; vielmehr liegt in der besonderen »Geschichtlichkeit«, dem Konservatismus, dem Rechtsbewußtsein, der bemerkenswerten Kirchenvorstellung, dem Spiritualismus und der eschatologischen Ergriffenheit des anonymen Verfassers der Schlüssel zum Verständnis dieses Bußrufes, dem Reform innere Erneuerung ist.

Die R.S., hg.v. K. BEER (Bh. z. d. Dt. Reichstagsakten), 1933 – Neue Ausg. demnächst v. H. KOLLER (MG Staatsschrr.). – K. BEER, Der gegenw. Stand der Forschung über die R.S. (MIÖG 59, 1951, 55–93) – H. KOLLER, Eine neue Fassung der R.S. (ebd 60, 1952, 143 bis 154) – DERS., Unters.en zur R.S. (DA 13, 1957, 482–524; 14, 1958, 418–468; 15, 1959, 137–162) – L. GRAF ZU DOHNA, R.S., Beitr. zum Verständnis e. Reformschr. d. 15. Jh.s (Veröff. d. Max-Planck-Inst. f. Gesch. 5), 1960 (Lit.).
L. Graf zu Dohna

Reformation

1. Der Begriff – 2. Seine Anwendung auf die Geschichte – 3. Die R. im engeren Sinne: Luthers reformatorischer Ansatz – 4. Die R. im weiteren Sinne: Die ev. Gruppen und Konfessionen – 5. National- und Landeskirchentum – 6. Die Kulturbedeutung der R. – 7. Die R. als universalhistorisches Phänomen. – Vgl. → Gegenreformation

1. Der mittelalterliche Sprachgebrauch verwendet »reformare« weithin parallel mit renovare, innovare, restituere, instituere, regenerare, reviviscere, suscitare, resuscitare, surgere, renasci. Danach erscheinen R. und → Renaissance als Synonyma; sie bezeichnen beide ein in der Verwirklichung begriffenes eschatologisches Geschehen. Sie nehmen dabei nt. Aussagen auf von der neuen Schöpfung der Welt und des Menschen. Es handelt sich um einen mysterienhaft-sakramentalen Vorgang. So empfängt Cola di → Rienzo Pfingsten 1347 in der Taufwanne Kaiser Konstantins die Weihe zur Wiederaufrichtung des hl. Römischen Reiches; in seinen Proklamationen verkündigt er nicht nur die Erneuerung der politischen und kirchlichen Ordnung, sondern die Wiederbelebung aller Lebensverhältnisse. Wie überall im MA, so durchdrin-

gen sich auch in diesem Vorstellungsbereich das Politisch-Soziale und das Religiöse. Und in die Erwartungen, die sich mit der kommenden R. aller Lebensgebiete verbinden, kommt im ausgehenden MA ein utopisch-schwärmerischer Zug, der in den Umwälzungen des 16.Jh.s vielfach nachwirkt. Dieser schwärmerische Erneuerungswille zieht bei Rienzo wie bei → Dante aus den monastischen Bewegungen des Hoch-MA seine Kraft. → Joachim von Fiore und → Franz von Assisi haben eine R. erstrebt. Ursprung und Ende sollen dabei einander entsprechen. Indem die R. die Vollendung schafft, führt sie zugleich in die Anfänge zurück: die Welt in den Zustand adamitischer Reinheit, die Kirche in die Form apostolischer Vollkommenheit. Damit fügt dieses Verständnis von R. zu dem utopisch-schwärmerischen einen gesetzlichen Zug hinzu: In der weltlichen Gesellschaft soll die R. das reine Naturrecht, in der Kirche die lex Christi und der Apostel verwirklichen.

Damit ist der Punkt bezeichnet, an dem der Begriff R. sich von dem der Renaissance differenziert. R. hat im MA vordringlich immer die Durchsetzung eines ursprünglich geltenden, inzwischen verachteten, jetzt aber wieder aufgerichteten Gesetzes zum Inhalt. Renaissance dagegen kann neben dem mysterienhaft-christlichen zugleich ein naturalistisch-heidnisches Element in sich bergen und die antike Vorstellung von einer im ewigen Kreislauf sich vollziehenden Wiederkehr aller Dinge aufnehmen. Mag auch die Rückkehr zum römischen Recht durch Renaissancemotive mit bestimmt sein, ausschlaggebend ist der gesetzliche Zug für den Begriff der Renaissance nicht; hier herrscht das Utopisch-Schwärmerische, eigentümlich Schwebende vor. Gerade dies tritt an dem Begriff R. zurück, so sehr es sich geschichtlich mit ihm verbunden hat.

R. im strengen Sinne bedeutet Rückführung zu einer Norm. Wer den Begriff gebraucht, schaut also zunächst zurück auf ein fest Gegebenes, nicht vorwärts auf ein bloß Erwartetes, das eben deshalb ein Unbestimmbares ist. Dabei ist die Norm, die verwirklicht werden soll, immer eine religiöse Norm; sie zu erfüllen liegt nicht in der Hand des Menschen, sondern ist ein Werk Gottes. In der R. gestaltet Gott den Menschen neu nach seinem Bilde, dem Bilde Christi. Das ist das Grundverständnis von R., das → *Augustin* dem MA übermittelt hat. R. in diesem Sinne ist also weder auf die eschatologische Vollendung noch auf den paradiesischen Urzustand gerichtet, sondern auf die Erneuerung, die von Christus her und auf Christus hin sich bis zum Ende der Tage vollzieht; R. bezeichnet so »eine ununterbrochene Kette von schöpferischen Formungen und erneuernden Umformungen« im Laufe der Geschichte (Ladner).

Die Norm, zu der die R. zurückführen soll, ist also zunächst kein Gesetz, sondern Christus, eine Person. Aber schon bei Augustin selbst fängt die Norm an, ein Gesetz zu werden; denn schon für ihn verknüpft sich R. mit den Forderungen des *Mönchtums*. Der Mönch verkörpert in sich am besten die »Form« Christi; die mönchische Gemeinschaft ist wahrhaft christliche Gemeinschaft, stellt den »Leib Christi« am besten dar. Das Mönchtum bedeutet daher die R. in Permanenz. Die Geschichte des → Mönchtums (: II) ist die Geschichte beständig sich erneuernder Umformungen, R.en. Dabei verengt sich das Verständnis der Norm, die dadurch erfüllt werden soll. Christus tritt als persönliche Gestalt zurück; aber er gibt für seine Nachfolger ein bindendes Gesetz, nach dem sie ihr persönliches und gemeinschaftliches Leben gestalten sollen. Für die franziskanische R. ist es enthalten in der Aussendungsregel von Mt 10; und alle R.en, die diese lebendigste und revolutionärste Erneuerungsbewegung des MA durchgemacht hat, gelten der Durchsetzung dieses Gesetzes Christi. In immer neuen Ansätzen belebt sich der Eifer um die reine Durchführung des apostolischen Lebens und die leidenschaftliche Erwartung, daß das ursprüngliche Christusgesetz, wenn es in der klösterlichen Gemeinschaft erst einmal verwirklicht sei, auch Kirche und Welt in Ordnung bringen werde.

Denn seit der cluniazensischen Reform (→ Cluny) hatte sich die Forderung nach einer R. von *Kirche und Welt* durchgesetzt. Die Norm dafür bietet das altkirchliche Recht, vom Decretum Gratiani als lex Christi verstanden und in den → Dekretalen maßgeblich ausgelegt. Aber die »R. der Kirche an Haupt und Gliedern«, die dann von den → Reformkonzilen in Pisa, Konstanz und Basel in Angriff genommen wird, geht - zum mindesten in der Erwartung der Völker - weit über diesen engen rechtlichen Rahmen hinaus. Die Christenheit will nicht nur einzelne Reformen, sie fordert die R. des *ganzen* öffentlichen Lebens. Dabei setzen sich typische Renaissancemotive durch und verbinden sich hinfort unauflösbar mit dem Begriff R.: Das *Naturrecht* bricht auf; die R. soll den ursprünglichen gottgewollten Zustand der menschlichen Gesellschaft wiederherstellen. Die *Verfallsidee* wird radikal angewandt, und alle späteren revolutionären Impulse gehen davon aus. Bedeutete R. bisher Reinigung, Besserung eines vorhandenen Rechtsgefüges, das auf Christus zurückgeführt und darum als unvergänglich betrachtet wurde, so droht der Begriff jetzt jede geschichtliche Konkretheit zu verlieren und apokalyptisch-utopische Züge anzunehmen. Joachimitische Tendenzen wachen auf, verbinden sich, wie zB bei Johannes von Lichtenberger, mit astrologischen Berechnungen, in der → Reformatio Sigismundi oder in der mittelalterlichen Kaisersage mit retrospektiven Träumereien. Unter dem Einfluß der Verfallsidee beginnt die herkömmliche Zweiteilung des Geschichtsverlaufs zu wanken. Der Ablauf der Geschichte wird unter das Gesetz des Dreitakts gestellt: Dem ursprünglichen Zustand folgt eine lange Periode der Zersetzung; diese wird durch eine unbestimmt lange der Wiederherstellung abgelöst, die Wiederkunft Christi in eine unerkennbare Ferne verdrängt. Alle eschatologische Erwartung konzentriert sich auf den Einbruch der Idealzeit. Die R. bedeutet nach der Inkarnation den zweiten Wendepunkt der Menschheitsgeschichte und macht deren dritten, entscheidenden Abschnitt aus.

Unter diesen Voraussetzungen ist der Begriff volkstümlich geworden. → Flugschriften und Gedichte des 15. und 16.Jh.s fordern die »reformatz« und konkretisieren ihre Wünsche und Erwartungen. Daneben aber bleiben die altrechtlichen Vorstellungen an dem Begriff haften; sie finden sich charakteristischerweise - zT im Zusammenhang mit der Rezeption des römischen Rechtes - bei den R.en der Reichsordnung, des Städterechtes und der Landrechte. So erläßt der Reichstag von Eger 1436 eine R. der Münzordnung und für die Femgerichte; 1442 faßt Kaiser Friedrich III. die Erlasse über den allgemeinen Landfrieden in eine R. zusammen; sein Sohn Maximilian I. folgt seinem Beispiel in vielen Fällen. In den Städteordnungen (Nürnberger R., 1479; Wormser R., 1498; Frankfurter R., 1509 [1578²]) wird der Begriff R. fast im technischen Sinne gebraucht, immer aber unter der Voraussetzung, daß »alt herkommen und gut gewonheiten erneüweret, reformiret« werden; wo der Begriff fehlt, wie im Freiburger Stadtrecht von 1520, wird deutlich das Ungenügende der alten Satzungen und die Notwendigkeit neuer hervorgehoben. Das territoriale Recht modernisiert das alte Landrecht, so die »R. der bayrischen Landrecht« von 1518, und gewährt dabei dem römischen Recht soweit Einfluß, »daß der gesamte Inhalt des alten Landrechts . . . immer wieder die Probe hat bestehen müssen, ob er vom Standpunkt des gemeinen Rechts aus richtig oder wenigstens erträglich sei«. Auch im neueren Stadtrecht setzt sich - im Unterschied zu den altrechtlichen R.en - eine Gruppe von R.en durch (zB Frankfurter R. von 1578), die die partikularen Sonderbildungen zugunsten des allgemeinen verbindlichen Kaiserrechts reformieren.

2. So birgt der Begriff R. in seinen verschiedenen Prägungen und Nuancierungen eine Fülle kräftigster geschichtlicher Motive in sich, die vom MA in die Neuzeit hinüberwirken. Wann und wodurch ist der Begriff R. aber zur Bezeichnung einer *geschichtlichen Periode* brauchbar geworden? *Luther* selbst hat den Begriff R. nur im altrechtlichen und kaum im utopisch-apokalyptischen Sinne gebraucht. Auch wenn er ihn - selten - auf sein eigenes Werk anwendet, weiß er sich nicht als Reformator, nicht als Bringer einer neuen Zeit. An der Zeitwende steht allein Christus mit seinem Evangelium. Es hat allezeit den Widerspruch herausgefordert, hat aber unwiderstehlich die Welt verändert. In der Geschichte stehen sich die Kainskinder gegenüber, die ihm trotzen, und die Söhne Abels, die es annehmen. Deshalb muß es auch allezeit Tumult erregen und Blutvergießen; Luther freut sich des Wortes, das solches schafft, und verachtet zugleich die äußeren Schrecknisse (WA 18, 626, 9ff). Luther gebraucht den Begriff R. nicht für umfassende Neuerungen, sondern im altrechtlichen Sinne der Vergangenheit und urteilt, eingedenk der Enttäuschungen des 15.Jh.s, meist nur negativ darüber. Dabei weiß er um die Notwendigkeit einer General-R. Aber er erwartet sie nicht unmittelbar, noch weniger will er sie selbst herbeiführen, sondern läßt einstweilen das Wort walten. »Die Zeit dieser R. aber kennt allein der, der die Zeiten geschaffen hat« (WA 1, 627, 27ff; 6, 258, 14ff; 422, 10. 17f; 425, 26; 438, 33; 18, 626, 9ff). Positiv redet Luther nur - und hier gebietet ihm sein Amt als Professor, Neues zu schaffen - von der R. der Universität und ihrer Fakultäten (WA 6, 457ff).

Angesichts der Beliebtheit des Begriffs wahrlich ein sparsamer Gebrauch, dazu nur in Luthers Anfangsjahren nachweisbar! Das enthusiastisch-apokalyptische Element fehlt völlig. *Melanchthon* hält sich selbst dem altrechtlichen Verständnis des Begriffs gegenüber betont zurück. In seinem Gutachten zum Schmalkaldischen Bundestag von 1537 stammt die Überschrift »De iure reformandi« von fremder Hand (CR 3, 240-258). Erst als der Kaiser 1544 den Entwurf einer christlichen R. ankündigt, sehen sich die Sachsen in der Lage, ihre Vorschläge in der »Wittenberger R.« von 1545 zusammenzufassen. Auf dem Augsburger Reichstag von 1548 wird dann wenigstens eine »R. guter policey« aufgerichtet, und im Streit um das Leipziger → Interim lassen 1550 sowohl → Pfeffinger wie → Flacius zu, einige Diaphora wie Konfirmation u.a. zu »reformieren«.

Jene vorsichtige Zurückhaltung dem Begriff R. gegenüber macht es äußerst schwierig, seine Übertragung auf Luthers geschichtliches Werk zu erkennen. Zu Luthers zweijährigem Todestag versucht Melanchthon eine geschichtliche Würdigung, ohne den Begriff zu verwenden (CR 11, 783-788). Er unterscheidet fünf Zeiträume in der KG, die alle durch bestimmte Personen und ihr Werk charakterisiert sind und deren letzter im Zeichen Luthers steht. »Durch Luther ist das Licht des Evangeliums wieder entzündet worden.« Aber das ist das Werk Gottes, der »die Kirche aufs neue zu den Quellen zurückgerufen hat«. Die Renaissancemotive sind bei dieser Geschichtsbetrachtung unverkennbar: Man will nicht mehr aus den Pfützen schöpfen, sondern aus der reinen Quelle; Luther übernimmt wieder das depositum fidei, das von den Propheten und Aposteln hinterlassen war. Aber der Dreitakt der Geschichte hat sich in dieser Fünfteilung noch nicht durchgesetzt. Luther steht noch in einer Reihe mit Augustin und den übrigen Lehrern der Kirche. Und nicht der menschliche Reformator, sondern Gottes wirkendes Wort steht an dem zuletzt wahrnehmbaren Wendepunkt der Geschichte.

Diese Haltung ist auch der luth. Kirchengeschichtsschreibung eigen geblieben. Flacius beschreibt anhand der altrechtlich verstandenen R.en des MA die »Zeugen der Wahrheit« und versteht die Reformordnungen des Spät-MA als Weissagungen auf Luthers Werk; die Anwendung des Namens R. auf dieses Werk ergibt sich sinngemäß, wird aber nicht ausdrücklich vollzogen. Das geschieht offenbar erst bei V.L.v. → Seckendorf; indem er 1688 Luther gegen den Jesuiten → Maimbourg verteidigt, setzt er den »Lutheranismus« der »reformatio religionis ductu D.Martini Lutheri« gleich. Er begrenzt die R. mit Luthers Todesjahr 1546 und zeigt anhand der sächsisch-thüringischen Quellen, wie die »Reinigung des kirchlichen Zustandes« durchgeführt worden ist. Das altrechtliche Verständnis von R. wirkt nach; nur wird das unveränderliche Ordnungsgefüge, das seit Luther wieder in Kirche und Gesellschaft in Geltung trat, nicht mehr durch das mit dem Gesetz Christi gleichgesetzte altkanonische Recht bestimmt, sondern durch das Wort Gottes, das Luther wieder ans Licht gebracht hat. Demgemäß gibt es für Seckendorf auch keine R.sgeschichte im umfassenden Sinne; daß Maimbourg die »Geschichte des Calvinismus« in sie einbezieht, rechnet er ihm als schweren Fehler an.

Inzwischen aber hatte die allgemeine Geschichtsschreibung diese Gesamtbetrachtung schon längst vollzogen. Der Sache nach hatte man dabei eine geschichtliche Gesamtbewegung im Auge, die von den Reformbewegungen des Spät-MA an bis in die eigene Gegenwart hinein reichte. Wo man den Begriff R. verwandte, verknüpfte man ihn eng mit den Motiven, die dem Wort »Renaissance« den Inhalt verleihen. Schon Zwingli hat die »Wiederherstellung des Christentums« erwartet (spes renascentis Christi et evangelii) und sein Werk diesen Hoffnungen dienstbar gemacht; ähnlich denken seine Freunde im südwestdeutsch-schweizerischen Humanistenkreis, auch sie Schüler des Erasmus. → Erasmus selbst betrachtet 1516 in der Vorrede zum NT (Allen II, Nr. 384) seine »Christliche Philosophie«, die aus den reinen Quellen des reinen Evangeliums geschöpft ist, als den »Anker zur Wiederherstellung und Erhaltung der christlichen Religion«. Die R. gründet sich also in diesen humanistischen Kreisen nicht wie bei Luther und den Seinen auf das ständig neu schöpferisch wirkende Wort, sondern auf die als religiöse und sittliche Norm verstandene lex Christi. Der augustinische Ursinn des Begriffs R. ist damit wieder erreicht. Aber er ist verwoben mit einer Geschichtsbetrachtung, die nicht die ständige Umformung des Bestehenden und seine immerwährende Ausrichtung auf Christus hin ins Auge faßt, sondern die ein Idealbild aus der Vergangenheit aufnimmt. Die altrechtliche R.svorstellung ist in dem Sinne umgebogen, daß das in seiner ursprünglichen Sprache und Gedankenwelt wiederentdeckte Bibelbuch und nicht das kirchliche Recht die Grundlage aller kirchlichen und weltlichen Gemeinschaftsordnung bildet. Mit dieser Entdeckung beginnt die R.; die Durchsetzung der biblischen Norm bildet ihren geschichtlichen Inhalt. Schon → Beza hat 1580 »die Renaissance und das Wachstum« der »Ref. Kirchen« von 1521-63 in seiner KG beschrieben. Offen bleibt, was man als Beginn dieser R. ansieht. Seit Ende des 17.Jh.s hat die allgemeine Geschichtsschreibung das byzantinische Reich von Konstantin bis zur Eroberung

Konstantinopels durch die Türken als eine Einheit angesehen, diesen Zeitabschnitt dem MA gleichgesetzt und damit die Neuzeit, den »Wiederaufstieg der Wissenschaften aus langer Barbarei« 1453 beginnen lassen. Die ref. Kirchengeschichtsschreibung hat diese Periodisierung bereits vorweggenommen. Wenn A. → Scultetus zum Jubiläumsjahr 1617 die »Kirchen-R. in Teutschland vor 100 Jahren angangen« beschreibt, so läßt er sie mit dem Humanismus, speziell bei → Gansfort oder 1514 bei der Reformtätigkeit Oekolampads in Weinsberg beginnen; andererseits stellt er wie schon → Hospinian Luther mitsamt der CA Invariata noch halb ins MA. Meist aber wird 1516 als das Jahr genannt, in dem Zwingli »als erster von allen die Kirche zu reformieren angefangen hat«. Als »der eine wahre und einzige Kanon der R.« gilt dabei die aus sich selbst erklärte Schrift. Die Aufklärung übernimmt alle diese Momente und fügt neue hinzu. Die *politische* Bedeutung der R. wird stärker hervorgehoben. Der Groninger Prof. Daniel Gerdes beschreibt 1744 die »Geschichte des im 16.Jh. allenthalben in Europa erneuerten Evangeliums«, schildert die R. also zuerst als eine *europäische* Bewegung und billigt ihr damit eine überkonfessionelle Wirkung zu. Das 19.Jh. versteht sie unter dem Eindruck der nationalen Befreiung zugleich als eine spezifisch *deutsche* Angelegenheit (→ Marheineke 1816), hebt aber auch ihre *soziale* Bedeutung hervor und läßt in ihr das jeweilige *Zeitbewußtsein* in Erscheinung treten. Jetzt umspannt der Begriff R. die gesamte politische und kulturelle Entwicklung des neuzeitlichen Europa.

Wenn wir auch eine solche Zerdehnung des Begriffs R. im Interesse historischer Genauigkeit vermeiden müssen, so nötigt uns doch der soeben dargestellte Gang der Entwicklung des Geschichtsbewußtseins, zwischen einer R. im *engeren* und im *weiteren* Sinne zu unterscheiden. Im engeren Sinn ist sie das Werk Luthers. Es muß gezeigt werden, was des eigentlich Reformatorische an Luther ist und welche Stellung ihm in der Entwicklung der R. zukommt (s. 3). Von daher kann deutlich werden, in welchem Maße und mit welchen Ergebnissen Luthers reformatorische Entdeckung die religiösen Bewegungen der Folgezeit beeinflußt hat; diese Bewegungen sind im weiteren Sinne in die R. einzubeziehen. In ihnen ringt Luthers Verständnis des Evangeliums mit dem geistig-religiösen Erbe des MA; das Ergebnis dieser Auseinandersetzungen prägt sich aus und dokumentiert sich in den Konfessionen und religiösen Gruppen des Protestantismus (s. 4). Ein Ergebnis jenes Ringens, und zwar auf politischem Gebiet, tritt in dem ev. Landeskirchentum zutage; hier haben wir es mit der politischen Auswirkung der R. zu tun, die nicht nur die deutschen Territorien umfaßt, sondern die politische Wirklichkeit Europas umgestaltet hat (s. 5). Anschließend muß die Kulturbedeutung der R. gewürdigt (s. 6) und endlich die R. in den Gesamtzusammenhang der abendländischen Geschichte hineingestellt werden (s. 7).

3. Die R. im engeren Sinne beruht auf Luthers *reformatorischer Entdeckung* und seiner im Zusammenhang mit ihr entwickelten und aus ihr erwachsenen ev. Lehre. Aber nirgends finden wir sie bei ihm in systematischer Entfaltung vor. Sie kann zwar systematisierend dargestellt werden (→ Luther: II), aber sie ist nicht als System wirksam geworden. Sie ist faßbar nur in der dauernden exegetischen Bemühung, in der ständigen Auseinandersetzung mit den römischen Feinden und den schwärmerisch irregeleiteten früheren Freunden. Nur in der Form direkten Zuspruchs, unmittelbarer Verkündigung ist sie von seinen Hörern aufgenommen worden; und sie haben sie sich nur aneignen können, indem sie von ihrem eigenen Besitz hinzutaten. Dieser Aneignungsprozeß macht die innere Geschichte der R. aus. In ihr bildet also Luthers Lehre die treibende Kraft, aber sie ist nie allein und nie chemisch rein, sondern nur im Ringen mit den geistigen und religiösen Mächten der Zeit wirksam geworden. Die R. im engeren Sinne ist die innere Geschichte Luthers selbst und seiner Theologie. Die Ergebnisse jenes Ringens machen die R. im weiteren Sinne aus; erst in der Ausprägung, die Luthers Gedanken dabei erhielten, sind sie für die Folgezeit wirksam geworden. Die Luther-Renaissancen - von Flacius an bis zur Gegenwart - haben zwar immer wieder versucht, das Eigentümliche jener Gedanken aus den Synthesen, die sie eingegangen waren, zu befreien und es in reiner Form in Geltung zu setzen. Aber diese Versuche lassen sich jedesmal nur so durchführen, daß dabei neue Synthesen entstehen, in denen Luthers reformatorischer Ansatz aufs neue fruchtbar wird. Die R. im weiteren Sinne ist da zu ihrem Ende gekommen, wo jener Aneignungsprozeß erstmalig abgeschlossen und das Eigentümliche von Luthers Theologie in die Konfessionen und religiösen Gemeinschaften des Protestantismus eingegangen ist.

So ist die R. stricte dicta in der Weise geschichtsmächtig geworden, daß sie in die R. late dicta auslief. Luthers reformatorische Lehre gewinnt geschichtliche Bedeutung zunächst nur so, daß sie in verkürzter, anders akzentuierter, manchmal auch mißverstandener und entstellter Form aufgenommen und weitergegeben wird. Daß dem so ist, hängt auch mit einer eigentümlichen Struktur jener Theologie zusammen. Sie besteht darin, daß die theologischen Aussagen nie rein thetisch, sondern immer nur dialektisch vorgebracht werden, aber so, daß sie sich in einer höheren Einheit zusammenfinden. Niemals ist diese Einheit rational zu begründen, immer kann sie nur von dem eigentümlichen theologischen Sachverhalt her sichtbar gemacht, nur im Glauben erfaßt werden. So gehören Buße und Glauben, Anfechtung und Gewißheit des Glaubens, Gericht und Gnade, Drohung und Verheißung, Gesetz und Evangelium, Buchstabe und Geist der Schrift, Verborgenheit und geschichtsmächtiges Handeln der Kirche, das an geschichtlichen Institutionen erkennbar ist, in spannungsreicher Einheit zusammen. Diese Einheit hat im widerspruchsvollen Wesen und Wirken Gottes ihren geheimnisvollen Grund: Gott handelt zugleich zur linken wie zur rechten Hand, er ist der verborgene und offenbare Gott zugleich (Deus absconditus - revelatus). In Christus ist diese spannungsreiche Einheit Gottes und seiner Offenbarungen, wenn auch nicht rational verständlich, so doch anschaubar geworden. Auch am empirischen gefallenen Menschen kommt sie zur Geltung (»simul iustus et peccator«). Es wäre eine falsche Systematisierung des reformatorischen Ansatzes, diese Spannungspaare, obwohl sie miteinander in Beziehung stehen, alle auf ein einziges zurückzuführen, aus einem einzigen ableiten zu wollen. An den Spannungen jeweils das Gegensätzliche und das Verbindende herauszuarbeiten, ihre Einheit in sich und in ihren Beziehungen zueinander darzustellen, ist die Aufgabe, die sich aus Luthers reformatorischer Theologie selbst ergibt und die der Reformator seinen Schülern hinterlassen hat.

Nicht in einer Einzelaussage Luthers, sondern in dem Komplex dieser Aporien und Spannungen liegt das Reformatorische seiner Theologie. Bei aller grundsätzlichen Freiheit gegenüber den Traditionen der Kirchenväter, bei aller grundsätzlichen Ablehnung der Scholastik werden - das sollte nicht geleugnet werden - überlieferte Elemente festgehalten. Aber sie sind eingeschlossen, umgeschmolzen in einen neuen Zusammenhang. Und dieses Neue ist wiederum kein nie Dagewesenes, sondern wird der Schrift entnommen in einer hermeneutischen Gesamtkonzeption, die die gesamte Schrift als Ausdruck des fordernden und vergebenden Gotteswillens begreift (→ Hermeneutik, 2 e). Damit scheidet sich das luth. Schriftverständnis von der Philosophia christiana des Erasmus und ihrem allegorisierenden Moralismus. Neu ist an der reformatorischen Verkündigung die Gesamtprägung der → Rechtfertigung (: II, 2 a). Die Folgerungen, die sich aus dieser »neuen« Lehre für Gottesdienst, Ordnung und Sitte der Christenheit ergeben, sind oft dargestellt worden; sie sind es vor allem, die die R. der Kirche erzwungen und augenfällig gemacht haben. Das ganze Ordnungsgefüge, auf dem Kirche und Staat bisher geruht hatten, wird dadurch aus den Angeln gehoben; nicht so, daß die gesetzlich verstandene Schrift zur Grundlage einer neuen Ordnung gemacht, sondern so, daß aller kirchlichen Ordnung durch das Evangelium ihr sakramental-rechtlicher, heilsmittlerischer Charakter entzogen und sie zu einem nur pädagogisch zu rechtfertigenden, in der Liebe begründeten Adiaphoron gemacht und daß die staatliche Ordnung unmittelbar aus Gottes Gesetz abgeleitet und in ihrer Gültigkeit an ihm gemessen wird. Die Freiheit der Kirche von staatlicher Machtpolitik und die Freiheit des Staates von klerikaler Bevormundung ist damit gefordert. – So sehr diese neue Rechtfertigungslehre in dem Ordnungsgefüge von Kirche und Welt neue Tatsachen schafft, birgt sie doch neue und schwer durchschaubare theologische Voraussetzungen in sich. Luthers → Christologie (: II, 7 a) ist – trotz ihrer Gebundenheit an die altkirchlichen Bekenntnisse – etwas grundsätzlich Neues. Niemand bisher hatte Christi Menschheit so tief in menschliches Elend und Niedrigkeit bis in die Qualen der Gottverlassenheit hineingebunden, hatte diese Menschheit zur Leiter gemacht, an der allein man zur Gottheit aufsteigen konnte, und hatte darum Menschheit und Gottheit Christi so unauflöslich aneinandergebunden, wie es in den Abendmahlsschriften geschehen ist. Und schließlich sind Luthers kühne Aussagen über die Verborgenheit und Offenbartheit in Gottes Wesen und Wirken – trotz aller Anklänge an die Scholastik – so einzigartig in der christlichen Theologie, daß man den Zugang zu ihnen nur schwer finden konnte und sie zumeist überging, wenn man sie nicht ausdrücklich bekämpfte.

So ist es kein Wunder, daß Luthers Zeitgenossen die Neuartigkeit seiner Theologie nicht gebührend erkannten und nur unvollkommen aufnahmen. Im allgemeinen haben sich alle seine Schüler an der dialektischen Struktur seiner theologischen Aussagen gestoßen; keiner hat sie in vollem Umfange übernommen. Gewöhnlich haben sie eine der beiden Spannungsseiten einseitig betont und die Spannung als Ganzes dadurch aufgehoben. Maßgeblich sind dabei für sie meist mittelalterliche Traditionen, denen sie in der Theologie und Frömmigkeit von Scholastik und Mystik her – oft durch Vermittlung des christlichen Humanismus – verhaftet bleiben und denen sie auch unter den neuen theologischen und kirchlichen Verhältnissen Gültigkeit zuerkennen. Aber auch das ganze Gewicht der politischen und sozialen Gegebenheiten und Ansprüche wirkt mit, die ursprünglichen Ansätze reformatorischer Theologie nicht voll zur Entfaltung kommen zu lassen. Die Einzelvorgänge können hier nur angedeutet werden. Aber entscheidend ist, daß sich Luthers Theologie nur unvollkommen durchgesetzt hat; die geschichtliche Bedeutung der R. ist dadurch bestimmt und beschränkt. Die *Intention* der R. im engeren Sinne deckt sich nicht mit dem *Tatbestand* der R. im weiteren Sinne.

4. Die ev. *Gruppen* und *Konfessionen* (→ Protestantismus: I) sind der Beweis für diesen geschichtlichen Tatbestand. Das gilt in erster Linie vom christlichen → *Humanismus* (: I). Auch wenn seine Vertreter nicht Vorreformatoren, Vorläufer Luthers waren, so hat er als Gesamtbewegung die R. doch vorbereitet und ist in seinen jungen, von Erasmus herkommenden Repräsentanten Luthers wichtigster Gesprächspartner geworden. In seiner internationalen Ausbreitung hat er die Weltwirkung der R. vorweggenommen und ermöglicht. Was Männer wie → Melanchthon, → Zwingli, → Oekolampad, → Bucer, → Calvin vom italienischen, niederländischen, deutschen und französischen Humanismus übernahmen, ist im einzelnen sehr verschiedenartig; erst recht aber ist das reformatorische Evangelium ihnen durch mancherlei Vermittlungen und in mancherlei Brechungen zugegangen und sind von ihnen je verschiedene Seiten seines Inhaltes bes. lebhaft aufgenommen worden. Einig sind sie als biblische Humanisten alle in der Anerkennung der Hl. Schrift als alleiniger Autorität für Glauben und Leben; dazu haben sie alle mit Luther gegen den Humanismus von dieser Autorität ihr Verständnis und ihre Würdigung der Kirchenväter abhängig gemacht. Nicht einig sind sie untereinander und mit Luther im inhaltlichen Verständnis der Schrift. Dabei sind sie in sehr verschiedenem Grade von der Spannung zwischen Gesetz und Evangelium ausgegangen. Das wirkt sich nicht nur im theologischen Ertrag ihrer Exegese aus; das bestimmt auch die Auffassung von der → Inspiration (: II, 4) der Schrift. Je stärker das Gesetz betont wird, um so größer wird die Annäherung an den Moralismus der Philosophia christiana im Sinne des Erasmus, um so energischer das Bemühen, die Ordnungen von Kirche und Welt mit den Forderungen der Bibel in Einklang zu bringen. Will der christliche Humanismus das Ordnungsgefüge des MA in einem Reich des Friedens und christlicher Bildung erhalten wissen, so glauben diese ev. Humanisten ein solches Ziel nur dann erreichen zu können, wenn der in der Schrift niedergelegte persönliche Gesetzeswille Gottes anerkannt und praktisch befolgt wird. In dem Willen, die Welt zu erneuern und ihr zu widerstehen, kommen Humanismus und R. vereint zum Zuge. Im westlichen Europa (Frankreich, Holland, England), wo sich ohnehin der Einfluß Luthers schwächer und der des Humanismus stärker geltend machte, hat diese Vereinigung von Humanismus und R. entscheidende Wirkungen im politischen, geistigen und religiösen Leben ausgelöst. Die theologischen Unterschiede, die sich dabei ergaben, sind von Luther und dem Luthertum sehr ernst genommen worden; sie haben in der Folgezeit konfessionsbildende Bedeutung gewonnen.

Die Unterschiede im inhaltlichen Verständnis der Schrift werden zT verschärft durch die Entgegensetzung von Buchstabe und Geist, Fleisch und Geist. Hierin stimmen christlicher Humanismus und mittelalterliche → *Mystik* (: VI) überein. Beide geben dabei ein neuplatonisches Erbe weiter, das von → Augustin und → Dionysius Areopagita her das ganze MA hindurch wirksam gewesen war. Auch die Mystik gehört zu den Mächten, die die R. vorbereitet haben, obschon ihr Einfluß auf den jungen → Luther (: I, 1) nur bestätigend und bekräftigend wirkte. Beim Gegensatz zwischen → Geist und Buchstabe, Geist und Fleisch ging es Mystikern und Humanisten in gleicher Weise um die Unmittelbarkeit geistlicher Erfahrung. In solcher Unmittelbarkeit steht auch der rechtfertigende Glaube coram Deo; aber dieser Glaube klammert sich in der Anfechtung an das ihm von außen zugesprochene Evangelium und beruft sich nicht auf die eigene Erfahrung. So steht die mystisch-humanistische Geisttheologie in klarem Gegensatz zum reformatorischen Rechtfertigungsglauben. Hier wird die Geistgnade nicht als eine übernatürliche Kraft gesehen, sie ist vielmehr vergebender und dadurch reinigender Wille. Und der Buchstabe steht hier nicht im Gegensatz zum

Geist, sondern er ist die Manifestation des Geistes; dieser wirkt durch ihn hindurch und bleibt immer an ihn gebunden.

Die humanistisch-mystische Auffassung vom Geist hat weitergewirkt bei → *Spiritualisten* und → *Täufern* der R. Beide Gruppen dürfen hier in dieser Beziehung zusammengefaßt werden. Allerdings haben es nur die Täufer zu kirchlichen Bildungen gebracht, die man – nicht der Zahl, aber der theologischen Art nach – mit den großen ev. Konfessionen vergleichen kann. Daß es zu solchen Bildungen überhaupt kam, ist Luthers befreiender Tat zu danken. Sie hat nicht nur – bis zum Einschreiten der Territorialmächte gegen die »Revolutionäre« – die politischen Voraussetzungen ihrer Entstehung geschaffen; Luther hat auch, wie Holl am Beispiel → Müntzers gezeigt hat, den Anstoß dafür gegeben, daß die in der Mystik – und Apokalyptik – des MA aufgestauten Kräfte sich mit Elementen aus der reformatorischen Verkündigung zu einer neuen Einheit verbanden. Man wird ihre auslösende, befreiende und läuternde Wirkung auf die Spiritualisten und Täufer nicht unterschätzen dürfen. Und doch, was sie zu eigenen kirchlichen Bildungen zusammenführte, gleichzeitig aber auch ihren dauernden Gegensatz gegen Luthers reformatorisches Evangelium begründete, ist ihr aus dem MA übernommenes Geistverständnis. In Luthers spannungsreichem Verständnis von Wort und Geist legen sie allen Nachdruck auf den Geist und verstehen ihn in seiner unmittelbaren Einraunung als den eigentlichen Gnadenmittler; für das buchstäbliche Wort bleibt dann nur noch der Charakter des Gesetzes. So leben diese kleinen Freiwilligkeitsgemeinden inmitten der großen, sich in ihren Bekenntnissen verfestigenden Volkskirchen unter strengen gesetzlichen Ordnungen überall, wo man sie duldet, als Propheten einer neuen, nicht mehr an irgendeinen Buchstaben gebundenen Kirchlichkeit, als Postulanten einer noch nicht verwirklichten Toleranz, je und dann geschüttelt von neuen Inspirationen, von revolutionären Zuckungen, von kühnen kritischen Durchblicken durch Schrift und Überlieferung der Kirche (→ Unitarier) – verlorene Kinder der R., ihr im weiteren Sinne zugehörig, obwohl verwurzelt im ausgehenden MA und die neuen Bewegungen von Pietismus und Aufklärung vorwegnehmend. Die in der Volkskirche verbliebenen Spiritualisten haben – bei aller Distanz ihr und manchmal auch Luther gegenüber – den Traum einer R. nie ausgeträumt. Männer wie → Weigel, → Arnd, Jak. → Böhme und J.V. → Andreä hoffen auf eine zweite R., die das bringt, was die erste vermissen ließ. – Eine ähnliche Rolle wie Spiritualisten und Täufer spielen seit dem 17.Jh. die spätmittelalterlichen Kirchen, vor allem die Überbleibsel des Hussitismus, Utraquisten und böhmisch-mährische Brüder (→ Brüderunität: I), nur daß sie nicht von Luthers R. entscheidende Anstöße bekommen haben, sondern erst von ihr und dann, wie die → Waldenser im südlichen Frankreich, vom Calvinismus überformt worden sind.

Der mystisch-humanistische Geistbegriff hat – auf dem Wege über die *Abendmahlslehre* – auch die konfessionelle Aufsplitterung der R.sbewegung selber zur Folge gehabt. Nur von hier aus läßt sich der Abendmahlsstreit (→ Abendmahl: II, 3) ganz verstehen. Die Aussage von Joh 6, 63 wird bei Zwingli und seinen Schülern in der Nachfolge von Erasmus im Sinne eines metaphysischen Gegensatzes verstanden: Der göttliche Geist kann nicht leiblich konkret werden; der Glaube wird Aberglauben, wo er sich an Fleischliches hält. Dieser – durchaus undialektische – Gegensatz von Fleisch und Geist wirkt nach auch in der *Christologie,* Anthropologie und im Verständnis von Glaube und Rechtfertigung. Sind Fleisch und Geist unvereinbare Gegensätze, so erscheint auch die Vereinigung von menschlicher und göttlicher Natur in Christus undenkbar. Der *Mensch* ist ein Glaubender nur, insofern er Geist ist; seine Leibhaftigkeit erscheint wie in der Mystik als Hindernis des geistlichen Lebens. Der Mensch, der dem Fleisch nach ein Sünder und dem Geist nach ein Glaubender ist, ist ein anderer als der, der als ganzer Sünder zugleich ganz gerecht ist. Und wenn die geistliche Gegenwart Christi an den *Glauben* des Menschen gebunden ist, so wird dem Glauben scheinbar eine schöpferische Gewalt zuerkannt: er nimmt die Heilsgegenwart nicht hin, sondern er setzt sie in Aktion. »Contentio est de fide« – dieses Eingeständnis → Billicans kennzeichnet den Abendmahlsstreit mit Recht (W.Köhler). Daß alle Grundprobleme christlichen Heilsverständnisses von hier aus strittig werden, zeigt, wie tief die Abendmahlsdebatte in die Entwicklung der Lehre eingreift. Sie stellt die reformatorische *Rechtfertigungslehre* selbst in Frage; im Ringen um die Christologie bringt sie die Probleme neu in Fluß, die man in → Chalcedon mehr negativ umschrieben als gelöst hatte.

Von da aus gesehen ist die *konfessionelle Aufsplitterung* der R. nicht nur das Ergebnis menschlicher Hartköpfigkeit und theologischer Beschränktheit. Es wohnt ihr eine tiefe geschichtliche Notwendigkeit inne. Die Tatsache der konfessionellen Spaltung zeigt, daß Luthers reformatorischer Ansatz sich gegenüber den Mächten der Überlieferung nur gebrochen durchsetzen konnte. Das geschieht aber auch im → Luthertum (: I) selbst. → *Melanchthon* steht sicherlich von allen genuinen Schülern Luther am nächsten; aber schon in den Bekenntnissen von 1530/31 hatte er Luther gegenüber offene Fragen, die er deshalb umging. Als er dann seit 1540 das Ergebnis seiner eigenen, stärker spiritualisierenden Abendmahlslehre in die CA eintrug, entfesselte er die Streitigkeiten, die schließlich im → Konkordienbuch und der → Konkordienformel ihren Abschluß fanden. Obwohl darin sowohl Melanchthon wie auch → *Flacius* in wichtigen Stücken verworfen werden, wirken beide entscheidend nach, Flacius nicht nur als Schüler Melanchthons, sondern im Schrift- und Heilsverständnis als Erneuerer scholastischer Lehren. Neben beiden steht als Vater des konfessionellen Luthertums *Joh.* → *Brenz,* der Luthers Ubiquitätslehre mit den Denkmitteln der Scholastik weitergebildet und zum Kriterium luth. Rechtgläubigkeit gemacht hat. Dabei waren diese Männer ernsthaft bemüht, das reformatorische Anliegen Luthers festzuhalten; aber sie haben, gebunden an die humanistischen, mystischen und scholastischen Traditionen ihrer Zeit, ihr Ziel doch nur unvollkommen erreicht.

Ebenso wird → *Calvins* Absicht, Luthers reformatorischen Ansatz zu halten, unbestritten bleiben. Fraglich ist, wie weit er ihn auf Grund eigener Lektüre oder durch Vermittlung Melanchthons und Bucers kennengelernt hat. Daß er im Consensus Tigurinus – trotz ernsthafter Kritik an Zwinglis Theologie im ganzen und im einzelnen – dessen Abendmahlslehre dennoch anerkannte, machte ihn in den Augen der Lutheraner zum Gegner Luthers. So ist er, sehr gegen seinen Willen, zum Vater einer ev. Konfession geworden, die in ihrem eigentümlichen Gepräge keineswegs ausschließlich von seiner Theologie bestimmt ist, sondern die Spuren ihrer westeuropäischen Umwelt deutlich an sich trägt: ihre stärkere Affinität zu einem *Humanismus,* der nicht wie in Deutschland schulmäßig erstarrte, sondern in lebendiger philosophischer und künstlerischer Entwicklung der Aufklärung entgegenreifte; damit im Zusammenhang stehend eine größere *Mannigfaltigkeit der Lehre* (trotz der → Dordrechter Synode, deren praktische Folgen sich kaum über Holland hinaus erstreckten), vom Zwinglianismus der deutsch-schweizerischen und vom abgeblaßten Melanchthonianismus der deutsch-ref. Kirchen bis hin zum prädestinatianischen Puritanismus und Presbyterianismus Englands und Schottlands (→ Puritaner, → Presbyterianer: I); die *Freiheit der Kirche vom Staate* im Gegensatz gegen den Absolutismus der westeuropäischen Nationalstaaten, in den Märtyrergemeinden → Frankreichs (: I, 4) nur mit schweren Opfern und Verlusten erkauft, im → England (: I, 3) der Stuarts zur allgemeinen demokratischen Freiheit ausgeweitet, in den → Niederlanden (: I, 2. 3) teils im Bunde mit, teils im Gegensatz zum oranischen Herrscherhause behauptet, in → Schottland (: I) zeitweilig zur theokratischen Unterordnung des Staates unter die Kirche führend; daneben ein *Staatskirchentum,* nicht nur in den Kantonen der → Schweiz und den ref. gewordenen Territorien Deutschlands, sondern vor allem in der anglikanischen Kirche, die bis zum Beginn des 19.Jh.s der ref. Konfession zugerechnet wurde. Die Vielgestaltigkeit dieser Konfession (→ Reformierte Kirche: I), die nur pars pro toto als *Calvinismus* bezeichnet werden kann, hat aus ihrem Schoße eine Fülle von Denominationen hervorgehen lassen, deren spezifisches Selbstbewußtsein das ref. Konfessionsbewußtsein jedoch nie ganz unterdrücken konnte, die aber mit ihren Konzessionen an den modernen Menschen auch spiritualistische und täuferische Tendenzen der R.szeit in sich aufgenommen haben. Alle diese ev. Konfessionen und Kirchengemeinschaften sind ohne die R. im engeren Sinne, ohne den reformatorischen Ansatz Luthers undenkbar.

5. In dem Augenblick, da im ausgehenden → Mittelalter der Ruf nach einer »R. der Kirche an Haupt und Gliedern« laut wurde, entstand, von Rom aus mühsam in Schach gehalten, das *National-* und *Landeskirchentum* (→ Kirchenverfassung: IV, 5 b). Es ist ein mittelalterliches Erbe, das von Luthers R. übernommen wurde, im politischen Raum geschichtsbildende Wirkungen entfaltete, sich aber zugleich der Kraft und des Inhaltes der ev. Lehre zu bemächtigen drohte. Die *gallikanische* Kirche hat sich als ganze der R. Luthers verschlossen, sie immer wieder unterdrückt und schließlich nur einer hoffnungslosen Minderheit von Protestanten beider Konfessionen eine Existenzmöglichkeit gelassen. Auch die → *Anglikanische Kirche* (: I) ist von Luthers R. nur in kurzen Augenblicken (Wittenberger Artikel von 1536) und nie bis ins Innerste berührt worden. Humanistische, später zwinglianische und calvinistische Einflüsse überwiegen. Das Staatskirchentum hat sich in ihr durchgesetzt wie sonst nirgends. In den beiden ref. Nationalkirchen *Schottlands* und der *Niederlande* haben die größere Mannigfaltigkeit religiösen Lebens und die stärkere Gewalt der Stände eine so feste Bindung an die Krone verhindert. Im *skandinavischen* Norden (→ Dänemark mit → Norwegen; → Schweden) hat das Eindringen der R. Luthers und die Entmächtigung der kath. Hierarchie die Durchsetzung eines starken Königtums erst ermöglicht. In allen diesen Ländern gibt es keine selbständig führende religiöse Persönlichkeit, sondern neben absolutistischen Herrschern nur theologische Vermittler, die Luthers Glaubensgedanken mehr oder weniger Raum geben, geschickte Organisatoren und Volkserzieher. In dem Bündnis zwischen Humanismus und R. erscheint diese fast überall als der schwächere Partner; im politischen Raum haben beide zusammen eher vorhandene Kräfte entbunden als neue hinzugefügt.

Anders ist die Lage in den *deutschen* Territorien (→ Deutschland: I, 2). Landesherren und Stadtmagistrate hatten im 15.Jh. längst nicht so viele kirchliche Freiheiten erringen, kirchliche Rechte an sich reißen können, wie die westeuropäischen Monarchien. Erst durch Luthers R. hat hier das *Landeskirchentum* Wirkraum und Inhalt gewonnen (→ Kirchenverfassung: VI). In den Visitationen hat es das, was dem MA als allgemeine R. vorgeschwebt hatte, partikular durchgeführt, zugleich aber an Radikalität überboten: das Klosterwesen wurde beseitigt, die Sittenzucht der verheirateten Pfarrer in die volkspädagogische Ordnung des werdenden Beamtenstaates eingefügt. Die Reduktion des sakramentalen Lebens auf die sonntägliche Pfarrmesse und die hervorragende Stellung, die der Predigt darin zukam, machen die ev. Landeskirche zur sittlichen Erziehungs- und Lehranstalt. Das Territorium wird zu einer sittlich-religiösen Erziehungsgemeinschaft, in der der im Sinne eines patriarchalischen Absolutismus regierende Landesherr persönlich zwar nicht immer das untadelige Vorbild abgibt, wohl aber die letzte Entscheidungsinstanz bildet. Eine Fülle frei gewordener kirchlicher Vermögenswerte werden damit - zur Begründung von Schulen, Dotierung von Pfarrstellen, für kulturelle Aufgaben - in die Hände der territorialen Gewalten gelegt. In einer Zeit, wo der rein weltliche machtpolitische Nationalstaat sich in Westeuropa durchzusetzen beginnt, wird im deutschen Landeskirchentum - freilich in kleinstaatlicher Enge - eine völlige Verchristlichung des öffentlichen Lebens erstrebt und zT erreicht.

Auf der anderen Seite barg diese Entwicklung auch die Gefahr einer Verweltlichung des kirchlichen Lebens in sich. Überhaupt muß man den Preis erwägen, der für diese Entwicklung bezahlt werden mußte. Luthers Gedanken waren anfänglich von einer *ev. Bewegung* durch die Lande getragen worden, nicht nur durch → Flugschriften und Volksprediger, auch durch das ev. → Kirchenlied (: I, 3 a) und das Zeugnis von Mund zu Mund. Im Unterschied dazu ist die R. ein Werk der Obrigkeit, durch Institutionen gesichert, nach volkspädagogischen Gesichtspunkten gesteuert. Wo ev. Bewegung und R. sich gegenseitig fördern - wie in vielen Gebieten Mittel- und Süddeutschlands, auch bei der Mehrzahl der ev. Städte -, tragen beide Gewinn davon. Aber die ev. Bewegung schleppt auch viel unev. Gut mit sich: mystische, apokalyptische, sozialrevolutionäre Vorstellungen. Im → Bauernkrieg waren diese Elemente gefahrdrohend ans Licht getreten; in Täufertum und Spiritualismus lebten sie fort. Wo man sie neutralisierte oder wohl gar unterdrückte, mußte der obrigkeitliche Zwangscharakter der R. drückend empfunden, die Einwurzelung ev. Lebens in den Gemeinden erschwert werden. Die Nachteile kleinstaatlicher Enge machen sich hier in den deutschen Territorien geltend. Ganz anders in den westeuropäischen Nationalstaaten. Ob nun die ev. Bewegung wie bei den Hugenotten steckenbleibt oder ob sie wie in Holland und im puritanischen England zur Befreiung vom spanischen Joche führt: immer hat sie sich mit einer nationalen Bewegung verbunden, die mit der Freiheit ihres religiösen Lebens zugleich die politische Freiheit verteidigte. Indem sich hier ev. Bewegung und R. wechselseitig durchdringen, wird das ev. Leben freiheitlich-national, und das freiheitlich-nationale Leben entwickelt sich christlich.

6. Damit ist zugleich etwas über die *Kulturbedeutung* der R. gesagt, die sowohl von der R. im engeren wie im weiteren Sinne ausgeht. Sie darf freilich nicht überschätzt werden; unsere neuzeitliche Welt ist nicht nur ein Kind der R. *Mathematik* und *Naturwissenschaft* zB haben sich, von Scholastik und Renaissancephilosophie ausgehend, neben den religiösen Auseinandersetzungen des 16.Jh.s her und ohne von ihnen beeinflußt zu sein entwickelt. Ihre großen Vertreter wie → Kopernikus, → Kepler, → Bruno und → Galilei haben eine über-

konfessionelle Frömmigkeit gepflegt. Auch der moderne *Staats-* und *Rechtsgedanke* hat seine Wurzeln stärker in der vorchristlichen Antike als im reformatorischen Christentum. Und doch hat die Zerschlagung des hierarchisch-sakramentalen Machtapparates der Kirche und ihres kanonischen Rechtes durch Luther eine ungeheuer befreiende Bewirkung ausgelöst. Mit den Kräften, die dadurch entbunden wurden, vor allem mit dem sozialrevolutionären *Enthusiasmus,* dem religiösen *Spiritualismus* und Utopismus, dem zersetzenden *Skeptizismus,* der von → Nikolaus von Kues bis Seb. → Franck die Gemüter beherrschte, hat schon Luther selbst vergeblich gekämpft. Aber soweit die Emanzipation dieser Kräfte die neuzeitliche Kulturentwicklung mitbestimmt hat, ist die R. indirekt dafür verantwortlich zu machen.

Direkt hat Luthers R. im engeren Sinne ein neues *Berufsethos* geschaffen, das die Kulturwirkungen der prot. Nationen in der Folgezeit wesentlich bestimmt hat: Seinen → Beruf (: III, 3) empfängt der Mensch unmittelbar von Gott, hat darin sein Christsein zu bewähren und Gott dafür unmittelbar Rechenschaft abzulegen. In verstärktem Maße gilt das von dem Beruf des *Regenten.* Er bekleidet ein göttliches Amt, verwaltet es aber auf Grund weltlichen Rechtes unabhängig von Klerus und geistlichem Recht, bleibt aber mit seinem Gewissen an Gottes Gebot gebunden. Verchristlichung und Versittlichung der staatlichen Gewalt - das ist wie im MA so auch in der R. ein Grundzug politischen Strebens im Abendland. Indem die R. dieses Streben unter die Verantwortung des einzelnen Politikers stellt, wird es persönlich vertieft und unabhängig von Erfolg und Mißerfolg, aber auch von den wechselnden Meinungen der Mit- und Nachwelt. Der Gedanke der christlichen *Freiheit* aber, die sich in der Verantwortlichkeit des Dienens gebunden weiß und die Luther der revolutionären Freiheit entgegenstellt, ist herrschend geblieben bis in die Ethik des deutschen Idealismus hinein. Dieses geschichtliche Urteil ist unabhängig davon, ob man im übrigen das Verhältnis zwischen dem luth. Denken und der deutschen *Philosophie* von → Leibniz bis → Hegel positiv bestimmt oder nicht. Und da die *Sprache* ein Element ist, das die denkerische Entwicklung vorwärts treibt, so darf hier nicht nur auf Luthers → Bibelübersetzung (: IV, 2) hingewiesen werden; vielmehr ergibt sich aus der Bedeutung, die der mündlichen Predigt in allen ev. Konfessionen zukommt, daß die volkstümliche Sprachgemeinschaft - im Unterschied zu den humanistischen Gelehrtenzirkeln - Bildungskräfte entfalten konnte, die nicht nur die deutsche und skandinavische Nationalliteratur befruchtet, sondern eine solche bei den west- und südslawischen Völkern überhaupt erst hervorgebracht haben. Sofern die → *Musik* (: V) der Neuzeit wortgebundene Kunst ist, hat sie in der Kirche des Wortes eine besondere Heim- und Pflegestätte gefunden.

7. In *universalem* Zusammenhang muß die R. zunächst in ihrem weiteren Sinne betrachtet werden. Sie hat in religiöser, politischer und kultureller Beziehung das Angesicht des neuzeitlichen Europa geprägt; vornehmlich in ihrer westeuropäischen, calvinistischen Gestalt hat sie an der Unterwerfung des Erdballs unter die europäische Zivilisation entscheidenden Anteil genommen. Aber sie kann nicht ohne weiteres mit unserer Neuzeit gleichgesetzt werden; wir leben in ihr zwar *von* der R., aber nicht *in* der R. → Pietismus, → Aufklärung, → Idealismus haben auf religiösem Gebiete neue Tatsachen geschaffen, und die → Restauration des 19.Jh.s ist nicht schlechthin auf den Standpunkt der R. zurückgekehrt. Die kulturelle Entwicklung der Neuzeit ist im einzelnen stärker vom Humanismus bestimmt als von der R.; und Aufklärung und Idealismus haben den Humanismus nicht nur vollendet, sondern auch überboten und abgelöst. Auf politischem Gebiet ist dem patriarchalischen Absolutismus der R.szeit längst der aufgeklärte gefolgt; was sich an absolutistischen Elementen in der modernen Massendemokratie oder im Einparteienstaat erhalten hat, hat zur R. nicht die mindeste Beziehung. So müssen wir die R. als einen besonderen Geschichtsabschnitt betrachten, der unserer → Neuzeit vorangeht, sie vom MA trennt und sie mit ihm verbindet. Der Dreitakt der Geschichte geht freilich darüber verloren. Die R. kann nicht mehr schlechthin als Wiederherstellung des Urchristentums und der Urkirche gefeiert werden; das Verhältnis zwischen nt. und reformatorischer Verkündigung ist problematisch geworden. Die R. erscheint daher auch nicht mehr als die Idealzeit, die nach einer Periode des Abfalls das Alte, Wahre wieder in Geltung setzte. Die R. ist eine Geschichtsperiode in der europäischen Geschichte neben anderen, einzigartig durch das Übergewicht und den Widerstreit religiöser Interessen. Wie alle andern aber hat sie von der Begeisterung zur Enttäuschung geführt; die Verheißung, unter der sie antrat, hat nur unvollkommene Erfüllung gefunden. Die steckengebliebene R. weist auf eine der ungelösten Fragen unserer Neuzeit. Wer der R. religiös verhaftet ist, kommt nicht davon los, sich um eine Antwort zu bemühen. Die → ökumenische Bewegung der Gegenwart hat eine solche Antwort noch nicht gefunden; sie wird ihre geschichtliche Sendung nur in dem Maße erfüllen, in dem ihr das gelingt.

So ist - aller geschichtlichen Begrenztheit zum Trotz - die R. der Christenheit eine in unübersehbare Zukunft hineinreichende Aufgabe. Als geschichtliche Periode beginnt die R. da, wo diese Aufgabe zuerst erkannt und in Angriff genommen worden ist. Sie kann also nicht erst 1517 einsetzen. Die Versuche, eine R. an Haupt und Gliedern herbeizuführen, beginnen da, wo die mittelalterliche Welt anfängt, sich selber fragwürdig zu werden: gegen Ende des 13.Jh.s, als das Kaisertum der Staufer versinkt und das weltbeherrschende Papsttum bald nach sich zieht (→ Mittelalter, 3. 4). Was in den letzten 2 Jh.en des MA nach vorwärts weist, gehört in die Geschichte der R. Die Elemente, die, durch Luthers Tat emanzipiert, die R. im weiteren Sinne ausmachen, bilden sich in dieser Zeit heraus. Erst durch die Synthese zwischen diesen Elementen und der reformatorischen Entdeckung Luthers wird die R. geschichtsmächtig.

Was aber bedeutet dann die R. im eigentlichen Sinne, was bedeutet Luthers ev. Lehre und prophetische Gestalt in diesem universalgeschichtlichen Zusammenhang? Auf ihn kann sich die Neuzeit nicht ohne weiteres berufen, sie kann sein Werk nicht direkt in ihre Gegenwart übernehmen. Aber Luther läßt sich auch - gerade in den Zügen, die uns fremdartig erscheinen - nicht einfach ins MA verbannen. Die zersetzenden Tendenzen, die von hier ausgehen und deren Gewalt er durch seine reformatorische Tat wider Willen entband, hat er sein Leben lang bekämpft. Sie haben ihm standgehalten, außerhalb und innerhalb der Konfessionskirche, die nach seinem Namen genannt wird. Und nach seinem Tode haben sie über ihn triumphiert: die Mystik mit ihrer individualistischen, ungeschichtlichen Frömmigkeit, mit ihrer Aufspaltung der Wirklichkeit nach Geist und Sinnlichkeit; das → Naturrecht mit seiner anthropozentrischen Ethik; der weltliche Beamtenstaat, der auch die Träger des geistlichen Amtes zu seinen Organen und die Glieder der christlichen Gemeinde zu untertänigen Objekten seiner Volkspädagogik macht; der skeptische Rationalismus der »Epikureer«, die Schrift und Tradition ihrer hemmungslosen Kritik unterwerfen. Wie ein Fels, der von der Brandung überspült wird, steht Luther mit seinem reformatorischen Anliegen in der Flut dieser Gewalten, die aus der Krisis des MA herkommen und die Neuzeit gestalten. Die R. im engeren Sinne ist keine geschichtliche Periode. Sie ist geheime Triebkraft und Korrektiv zugleich für die abendländische Geschichte der letzten 700 Jahre.

Zu 1 u. 2: Grimms Dt. WB VIII, 492 - SCHL. IV, 41005 a-41157. 41170-41218 a - P.WERNLE, Die Renaissance des Christentums im 16.Jh. (SgV 40), 1904 - K.BURDACH, R., Renaissance, Humanismus, 1918 - K.BORINSKI, Die Weltwiedergeburtsidee in den neueren Zeiten (SAM 1919, 1) - E.SEEBERG, G.Arnold, 1923 - P.E.SCHRAMM, Kaiser, Rom u. Renovatio, 1929 - H.COING, Die Frankfurter »R.« von 1578 u. das Gemeine Recht ihrer Zeit, 1935 - Quellen zur neueren Privatrechtsgesch. Deutschlands I/1. 2, 1936/38 - H.FRHR.V.CAMPENHAUSEN, Reformatorisches Selbstbewußtsein u. reformat. Geschichtsbewußtsein bei Luther 1517-1522 (ARG 37, 1940, 128-150 = DERS., Tradition u. Leben, 1960, 318-342) - W.-E.PEUCKERT, Die große Wende. Das apokalypt. Saeculum u. Luther, 1948 - W.K.FERGUSON, The Renaissance in Historical Thought, Cambridge/Mass. 1948 - Y.CONGAR OP, Vraie et fausse Réforme dans l'Eglise, Paris 1950 - J.TRIER, Holz. Etymologien aus dem Niederwald, 1952, 144-167 - G. LADNER, Die ma.liche Reform-Idee u. ihr Verhältnis zur Idee der Renaissance (MIÖG 60, 1952, 31-59) - F.DELEKAT, R., Revolution u. Restauration (ZThK 49, 1952, 85-119) - B.L.ULLMAN, Renaissance. The Word and the underlying Concept (in: DERS., Studies in the Italian Renaissance, Rom 1955, 11-25) - K.GRIEWANK, Der neuzeitl. Revolutionsbegriff, 1955 - W.v.LOEWENICH, R. oder Revolution (DERS., Von Augustin zu Luther, 1959, 250-260) - J.v.STACKELBERG, Renaissance, »Wiedergeburt« oder »Wiederwuchs« (Bibliothèque d'Humanisme et Renaissance 22, 1960, 406-420).

Zu 3 vgl. die Lit. zu → Luther: II.

Zu 5: SCHL. IV, 34166-34265 a - W.DIEHL, Ev. Bewegung u. R. im Gebiet der heutigen hessen-darmstädt. Lande, 1926 - K.BRANDI, Die dt. R., (1927) 1941³ - P.JOACHIMSEN, Die R. als Epoche der dt. Gesch., (1930) hg.v. O.SCHOTTENLOHER, 1951² - H.SCHÖFFLER, Wirkungen der R., (1936) 1960² - R.STADELMANN, Das Zeitalter der R. (in: Hdb. d. dt. Gesch., hg.v. A.O.MEYER, II, [1936] 1955², 1-125) - J.LORTZ, Die R. in Deutschland I. II, (1939) 1941³ - G.RITTER, Die Neugestaltung Europas im 16.Jh., (1941) 1950 - DERS., Die Weltwirkung der R., (1941) 1959² - FR.HARTUNG, Dt. Gesch. im Zeitalter der R., der Gegen-R. u. des 30jähr. Krieges (SG 1105), 1951 - H.J. GRIMM, The R. Era, New York 1954 - GEBHARDT-GRUNDMANN II, 1 ff - H.RÖSSLER, Europa im Zeitalter von Renaissance, R. u. Gegen-R. 1450-1650, 1956 - G.R.POTTER, The Renaissance (The New Cambridge Modern Hist. I), 1957 - Historia Mundi VI, 1958, 557-583 (O. BRUNNER, Humanismus u. Renaissance); VII, 1957 (Übergang zur Moderne) - E.HASSINGER, Das Werden des neuzeitl. Europa 1300 bis 1600, 1959 - F.LAU, Der Bauernkrieg u. das angebl. Ende der luth. R. als spontaner Volksbewegung (LuJ 26, 1959, 109-134).

Zu 6 u. 7: K.HOLL, Die Kulturbedeutung der R. (HOLL I, 468-543) - ELERT, ML II - P.ALTHAUS, Paulus u. Luther über den Menschen, (1938) 1958³ - W.v.LOEWENICH, Luther als Ausleger der Synoptiker, 1954 - DERS., Luthers Bedeutung für die Gesch. der menschl. Freiheit (DERS., Von Augustin zu Luther, 1959, 180-190) - H.RÜCKERT, Die geistesgesch. Einordnung der R. (ZThK 52, 1955, 43-64) - J.LECLER SJ, Hist. de la tolérance au siècle de la réforme I. II, Paris 1955 - H.BORNKAMM, Luther im Spiegel der dt. Geistesgesch., 1955.

W.Maurer

Reformationsbewegung → Adventisten: I, 3.

Reformationsfest. Eine jährliche Danksagung im Gottesdienst für die Reformation begegnet bereits im 16.Jh. Als Termin legen die KOen → Bugenhagens den Jahrestag der Reformationseinführung in den betreffenden Territorien fest; zB Braunschweig 1528: Sonntag nach dem 1.9.; Hamburg 1529 und Lübeck 1531: Trinitatis. Niedersachsen 1585 hat den Sonntag nach Johannes dem Täufer. Pommern 1568 ordnet die Feier des Martinstages (10.11., Luthers Geburtstag) an; auch Luthers Todestag (18.2.) wurde öfters gottesdienstlich begangen. Vorwiegend in Süddeutschland ist der Tag der Übergabe der CA (25.6.) als R. verbreitet, anderwärts auch der Kirchweihtag. Nach dem 30jährigen Krieg wurde das R. neu belebt. Johann Georg II. von Sachsen führte 1667 den 31.10. (Luthers Thesenanschlag) als Termin für das R. ein, der sich in der Folgezeit allgemein durchsetzte, auch wenn die gottesdienstliche Begehung dieses Tages meist am Sonntag vor- oder nachher erfolgt. Von besonderer Bedeutung war das Jubiläum von 1817 im Hinblick auf die Unionsbestrebungen (zB Preußen, Nassau). Während im 19.Jh. zB Preußen im Gefolge der liturgischen Restauration ein eigenes Gottesdienstformular für das R. herausgab, wird heute in der Regel der Tagescharakter nur durch De tempore-Stücke berücksichtigt. – Aufgabe des R.es ist vor allem der Aufruf zur ev. Selbstbesinnung und Selbstprüfung. Allerdings wird in der Gegenwart zB von P.Brunner auf Grund einer bestimmten Auffassung vom Kirchenjahr das R. als kirchlich legitimes Fest in Frage gestellt (vgl. dagegen → Kirchenjahr, 2).

SEHLING IV, 470; V, 358. 515; VI, 399 - G.ARNDT, Das R. in vergangenen Jh.en, 1917 - P.GRAFF, Gesch. der Auflösung der alten gottesdienstl. Formen in der ev. Kirche Deutschlands I, (1921) 1937², 144ff; II, 1939, 107f - RIETSCHEL-GRAFF (Reg.) - Unters.en zur Kirchenagende, hg.v. J.BECKMANN u.a., 1949, 204. 398ff - Leiturgia I, 521 (G.KUNZE).

K.Dienst

Reformationsfestspiele. Sinn und Aufgabe von R.n ist eine Rückbesinnung auf die Durchsetzung der neuen Lehre in einer bestimmten Stadt oder einem Territorium. Die damaligen Bedingungen und Verhältnisse sollen in ihrer Besonderheit verdeutlicht und der ganze Vorgang als kämpferisches Erringen bühnenwirksam vorgeführt werden. Solche örtliche Beschränkung beeinträchtigt zwar die Reichweite der Wirkung, doch kann man aus den realen Tatsachen spannende Einzelzüge zur Verlebendigung schöpfen. Dadurch wird das Politische, Gesellschaftliche und Kulturelle farbig verdeutlicht und das Religiöse als seelischer Konflikt zum Erlebnis gebracht. Meist begnügt man sich leider mit einem äußerlich historischen Bilderbogen und billigen Deklamationen. Selbst Karl Schönherr gelingt in »Glaube und Heimat« (1910) zwar der Kampf um die Heimat dramatisch ergreifend, jedoch bleibt die Glaubensüberzeugung dabei nur die notwendige Voraussetzung, wird nicht seelisches Zentrum und geistiges Problem. Ein achtenswertes Beispiel lieferte Tim Klein (1870–1944) für die Stadt Heilbronn a. N. (»Dennoch bleibe ich«). Hier werden die inneren Triebkräfte verdeutlicht und die entscheidende Tat im gemeinsamen Gang zum Abendmahl in beiderlei Gestalt anschaulich gemacht. Zum Vorlesen eignet sich sein Buch »Lebendige Zeugen. Deutsche Gestalten im Gefolge Christi« (1937 u.ö.). Die schweizerische Reformation feierten 1929 Rudolf Schwarz und Emanuel Stickelberger, der auch einen Zwingli-Roman (1925) schrieb. Einen eigenartigen Versuch machte F. → Spitta für die Wormser Lutherfeier. Er gestaltete eine gottesdienstliche Weihestunde nach der Art eines → Oratoriums aus Chorgesang, Schriftworten und Lutherzitaten, verbunden durch einen Erzähler. – Neben der Erinnerung an die Einführung der Reformation als territorialgeschichtliches Ereignis steht das Gedenken an markante Persönlichkeiten. Behandelt wurden: Melanchthon von A. Thoma; Gustav Adolf von O.Devrient, A.Thoma und P.Kaiser; Zwingli von C.A.Bernoulli (1905), der auch das interessante Drama »Der Papst« (1934) schrieb. Am eindrucksvollsten wird die Reformation durch die Gestalt Luthers repräsentiert; eine allgemeine Feier wird daher immer mit seiner Person und mit markanten Situationen seines Lebens verbunden sein und eben diese dramatisch und theatralisch ausgestalten (→ Lutherdramen).

R.WEITBRECHT, Verzeichnis dramatischer Spiele, die sich zu Aufführungen für das ev. Volk eignen, 1906; NB v. H.HÜTTENRAUCH, 1913, v. F.HOCHSTETTER, 1922 - F.SPITTA, Die Wormser Lutherfeier (MGkK 26, 1921, 9-23).

W.Flemming

Reformationszeit, Deutsche Literatur der

1. Die Ausbildung der »Schriftsprache« - 2. Die Bedeutung Luthers und seiner Bibelübersetzung - 3. Die Flugschriften - 4. Das Liedgut - 5. Die Fabeldichtung - 6. Drama und Fastnachtspiel - 7. Die Prosa. - R. = Reformation

1. Gegenüber früheren Epochen bietet die deutsche Literatur der R.szeit ein ganz anderes Aussehen. Schon die sprachlichen Formen sind stark verändert. Für dieses Neuhochdeutsche ist nicht eine einzelne Mundart wie beim ritterlichen Mittelhochdeutschen maßgebend, sondern mehrere geographisch und lautlich fast entgegengesetzte Eigenarten sind vereinigt. Ein solcher Ausgleich deutet auf den Verkehr und Handel, auf einen schriftlichen Austausch zwischen den Schreibstuben der Handelsstädte und der Fürsten. Über den Mundarten bildet sich eine *»Schriftsprache«* heraus. Sie wird von den Druckern aufgegriffen und verbreitet. Die rasche Verbilligung des Papiers und Druckes steht in Wechselwirkung mit dem zunehmenden Interesse breiter Kreise am Buch. Einblattdrucke und Broschüren vermitteln rasch und billig Neuigkeiten und befördern die Herausbildung einer öffentlichen Meinung. Das geistige Leben wird nun nicht nur in den gelehrten Kreisen der Humanisten, sondern ganz allgemein durch Druckwerke getragen und verbreitet. Das Literarische spielt im Unterschied zum MA eine entscheidende Rolle. Es erfaßt auch die Städte und das Bauerntum, soweit es mit der Stadtkultur im Zusammenhang steht. So wird der Geisteskampf der Zeit rasch Sache des ganzen Volkes. Kulturell führend sind die Städte mit ihrer als Zünfte organisierten Ordnung. Sie prägen auch die künstlerische Tätigkeit. Als ihre Seelsorger handeln und schreiben die Reformatoren, Luther wie Zwingli oder Bucer. Dementsprechend erwachsen neue Formen der Darstellung. Stets wird Volkstümlichkeit erstrebt; Wahrheit will man bezeugen, Gottes Wort für das Leben fruchtbar machen. Eine Prosakunst entsteht, in welcher alles Erregende und Errungene festgehalten wird. Dadurch wandelt sich die Funktion der Sprache. Die ursprünglich für den Handelsaustausch entstandene Gebrauchssprache verfeinert sich zur Literatursprache, sie wird vergeistigt zur Hochsprache als Gefäß der geistigen Existenz einer Kulturnation.

2. Entscheidend für diesen gewaltigen Fortschritt wurde die Schriftstellerei aller an der R. Beteiligten, voran → *Luthers* riesiges literarisches Werk. Bereits die 95 Thesen wurden als Einblattdrucke in einer nicht von Luther herrührenden Verdeutschung verbreitet. Er selbst hatte sich schon 1516 mit der Auslegung der 10 Gebote, 7 Bußpsalmen und des Vaterunsers direkt an den »einfältigen Laien« gewandt. Von 1518-23 gehört ein Drittel alles deutschsprachigen Schrifttums allein Luther. Rasch stieg in den Kampfjahren seit 1518 (71 Stücke) die Zahl deutscher Drucke. 1519 sind es 111, 1520 schon 208, 1525 gar 374, 1523 bereits 498. Groß ist Luthers Kunst, in schlicht volkstümlicher Weise das Wesentliche eindringlich zu machen. Alle Möglichkeiten der Darstellung wendet er wirksam an. Mahnend spricht der Prediger im Sermon (zB 1518 Ein Sermon oder Predigt von dem Ablaß und Gnade), programmatisch verdeutlicht das »Sendschreiben« (etwa 1520 An den christlichen Adel deutscher Nation von des christlichen Standes Besserung oder 1524 der Aufruf über das Schulwesen »An die Ratsherren aller Städte deutschen Landes«). Die sachliche Form des Traktats benutzt Luther für so wichtige Darlegungen wie »Von der Freiheit eines Christenmenschen« (1520), die zugleich auch lat. erschienen, während De captivitate Babylonica (1520) nicht von Luther selbst übersetzt wurde. Hier ist der Zusammenhang mit dem zeitgenössischen Brauch deutlich, der auch bei den anderen Formen besteht, und nicht zuletzt mit der erregten Art der Schelt- und Strafrede (Wider die räubischen und mördischen Rotten der Bauern, 1525) oder dem rabiaten Wüten der Streitschrift (Wider Hans Worst, 1545). Meist war als Reklame der Titel einer Flugschrift mit einem Holzschnitt ausgestattet. Das gab Anlaß, einen solchen in satirischer oder allegorischer Weise auszudeuten (1521 zusammen mit Lukas → Cranach: Passional Christi und Antichristi). So wird Luther nicht nur sachlich, sondern auch formal und stilistisch maßgebend für eine lebendige, volksnahe und herzhafte Darstellungs- und Ausdrucksweise. Sie bereichert und vertieft das religiöse Leben zumal des Bürgertums. Gegenüber der Zurückgezogenheit des mystischen Erlebens und der Spekulationen darüber (zB → Deutsche Theologie) erstreben Luthers Flugschriften die Erziehung und Erbauung aller, den Aufruf zur Verwirklichung im Alltagsleben, die Anweisung zu einem geordneten Gemeinschaftsdasein in Familie, Gesellschaft und Staat, bes. auch in der Gemeinde der Gläubigen und ihrem Gottesdienst. So wird eine neue Verhaltensweise des frommen Menschen verdeutlicht, die nicht wie beim Mönch neben dem Leben steht und streng jenseits gerichtet ist, sondern das gemeinsame Arbeiten an der Durchchristung des gesamten Daseins als Aufgabe empfindet. Eine christlich orientierte bürgerliche Kultur entsteht, die von den Städten getragen wird. Die Bibel gilt als alleiniger Maßstab und Wegweiser. - Schon längst hatten die bürgerlichen Laien nach eigener Bibellektüre begehrt. Aber die vorhandenen deutschen → Bibelübersetzungen (: IV, 1) waren nicht nur sehr teuer, sondern auch schwer verständlich und natürlich nach der Vulgata. Luther legt dagegen den Urtext zugrunde (→ Bibelübersetzungen: IV, 2). Voll gründlicher philologischer Schulung und Gewissenhaftigkeit auch im Kleinsten hat er immer wieder gebessert. Er will den Sinn des Originals lebendig erfassen und deutschem Sprachempfinden entsprechend wiedergeben; möglichst wörtlich, aber nicht nur äußerlich, sondern auch gemüthaft, »auf mein bestes Vermögen und auf mein Gewissen«, ohne gelehrte Tüftelei, schlicht-sachgemäß, nicht bloß wortgetreu und zugleich herztreffend. Auf Grund seiner dichterischen Sprachgewalt gelang Luther mehr als eine getreue Übersetzung, nämlich die *Eindeutschung* der Bibel. Mit genialer Treffsicherheit findet er das rechte Wort voll bündiger Kürze und Gemütskraft; Klarheit und Wohllaut erfüllen eine beseelte Satzfügung. Der unnachahmliche Tonfall vieler Formulierungen hat sich sofort seit 1522 dem Ohr und Herzen der Zeitgenossen eingeprägt. Sogar → Cochläus gab zu, daß durch Luthers Verdeutschung des NT das religiöse Empfinden des Volkes aufgerüttelt und ein wahrer Heißhunger nach Gottes Wort bei dem gemeinen Manne wachgerufen wurde. Die Bibel wurde zum Volksbuch, zum Kraftzentrum und inneren Besitz. Ihre Wirkung als geistige Kraft wirkte sprachlich wie allgemein poetisch in der deutschen Literatur weiter durch die Jh.e und trug wesentlich dazu bei, daß sich über Mundarten und regionale Druckersprachen hinweg jetzt schon eine allgemeine »Hochsprache« entwickelte als Trägerin des gesamten Geisteslebens. Selbst die Bezeichnung »Muttersprache« mit aller Herzlichkeit und Ehrfurcht wurde durch Luther populär.

3. Der Geisteskampf der 20er Jahre wird hauptsächlich mit den Mitteln der → *Flugschrift* ausgetragen. Sie war bei den Humanisten als libellus zu polemischen Zwekken beliebt, auch als tractatus. → Erasmus war berühmt als Essayist. Die Anklagerede der Antike wurde zur Klageschrift. Großes Aufsehen erregten 1518 die → Gra-

vamina nationis germanicae, worin im Auftrag Kaiser Maximilians die Beschwerden gegen Rom gesammelt waren. Sie wurden dann immer wieder auch in deutschen Schriften wiederholt, zB in → Huttens »Klagschrift an alle Stände deutscher Nation« (1520). In der Form der Prunkrede (oratio) hat schon vor Hutten → Wimpfeling die schärfsten Anklagen erhoben (Oratio vulgi ad Deum). Aus der Verteidigungsrede wird die Apologia. 1519 veröffentlicht Lazarus → Spengler seine »Schutzred eines ehrbaren Liebhabers göttlicher Wahrheit«. Energisch setzt sich der einstige Augustiner Michael Stysel (1487-1567) ein: »Von der christförmigen, rechtgegründeten Lehr Dr. Martini Luthers« (um 1523). Nicht weniger bezeichnend ist Heinrich von → Kettenbachs »Neu Apologia und Verantwortung Martini Luthers wider Papisten Mordgeschrei« (1523). Dabei spricht überall ein lebhaftes deutsches Nationalgefühl mit. Es pflegt sich mit allerhand politischen Folgerungen gegen Rom, aber auch mit sozialen Forderungen zu verbinden. Bei der Darstellung wird gern die Vision und eine prophetische Ausdrucksweise angewandt. Selbst Hans von Hermannsgrün nennt sein Reformprogramm für den Reichstag (1495) »Somnium«. Man hofft auf einen messianischen Kaiser. Weit verbreitet war die → Reformatio Sigismundi (wohl 1438/39 in Augsburg entstanden). Neuordnung des weltlichen und geistlichen Standes sowie soziale Gerechtigkeit verlangen die sog. Reformation Kaiser Friedrichs III. (»Teutscher Nation Notdurft«) und die Schrift des »oberrheinischen Revolutionärs«. Luther gibt noch 1527 die seit 1488 in lat. und deutschen Ausgaben verbreiteten »Weissagungen des Astrologen Johannes Lichtenberger« in der Verdeutschung von Stephan Roth neu heraus. Scharf rechnet auch Bischof Berthold Pirstinger in seinem → »Onus ecclesiae« (1524 u.ö.) mit den Mißständen ab, deren Wurzel er in der Verweltlichung der Kirche findet. Allein Luther verkündet das entscheidend Neue, das allgemeine → Priestertum mit der Freiheit des Christenmenschen als Grundlage. Daß sozial-revolutionäres Gedankengut hussitischer Herkunft gerade bei den Bauernaufständen wirksam wurde (→ Bauernkrieg), lassen deren Flugblätter und Programme erkennen. Seit 1517 breitete sich wieder der Bundschuh in Südwestdeutschland aus und zog die Bauern sofort auf Luthers Seite. Dieser bekundete 1520 nachdrücklich dem christlichen Adel seine Billigung einer Gesamtreform. Die junge Generation der Humanisten greift lebhaft in den Kampf der Meinungen ein. Sie stellt sich voll nationalen und sozialen Reformeifers auf die Seite des Volkes. Joachim → Vadian schafft 1521 die Figur des »Karsthans«, des biederen Bauern, der bibelfest seine Meinung siegreich zu behaupten weiß. Es ist der Typus des durch Luthers Schriften zur Selbständigkeit erweckten Laien. Das Gesprächbüchlein »Neu-Karsthans« zeigt die Gefahr der Radikalisierung. Der zum Losschlagen bereite Bauer wird von → Sickingen zurechtgewiesen. Sickingen und Hutten beim Studium von Luthers Büchern werden als Ritter Christi propagandistisch ausgemalt. Ebenso zeigt »Ein schöner Dialogus Cunz und der Fritz« (1521), wie Luther »den groben Bauern gelehrt gemacht«. Balthasar Stanberger (1523) läßt Petrus von einem Bauern bei der Feldarbeit über die schlimmen Zustände aufgeklärt werden. Begeistert wird Luthers Lehre vom allgemeinen Priestertum gepriesen. Hierauf baut auch Hans → Sachs eine »Disputation zwischen einem Chorherrn und Schuhmacher« (1524). Stets drängt eine weltgestaltende Frömmigkeit auf Umformung der drückenden Lebensverhältnisse. Als zweckentsprechende Darstellungsweise wird der Dialog oft recht geschickt benutzt. Er war lat. durch Erasmus' Colloquia (1518) für aktuelle Themen angewandt und 1520 als Waffe (Antibarbari) vorbildlich eingesetzt worden. Hutten kam durch die Lektüre von Lukian zu einer schärfer satirischen Zuspitzung, bes. im »Vadiscus« (1520). Auf Sickingens Anregung faßte er die schlagkräftigsten vier Dialoge im »Gesprächbüchlein« zusammen, das im Herbst 1520 auch in deutscher Fassung erschien. Damit ging er zur deutschen Schriftstellerei über. In einer Reihe von Sendschreiben setzt er sich für die neuen Ideen ein, in Klagschriften greift er direkt an (s.o.). In dem üblichen Reimpaar-Knittelvers faßt er die Kernpunkte zusammen als »Klag und Vermahnung gegen die unchristliche Gewalt des Papstes und der ungeistlichen Geistlichkeit« (1520). Ein zweiter Band mit vier Dialogen erschien 1521, der lat. Dialog »Arminius« erst 6 Jahre nach Huttens Tod. Neben den ritterlichen Humanisten tritt der ehemalige Franziskaner Johann → Eberlin von Günzburg. Er ist der sprachgewaltigste und tönereichste Volksschriftsteller dieser Jahre. Huttens Wahlspruch »perrumpendum est« macht er sich in der Verdeutschung »hindurch mit Freuden« zueigen. Er faßt die Einzeldrucke noch 1521 als »Die 15 Bundsgenossen« zusammen; jedesmal wird ein besonderer Mißstand vorgenommen. - Auf der Gegenseite verteidigt Joh. → Dietenberger Klosterwesen, Heiligenverehrung und gute Werke. Von geringer Ausdrucksfähigkeit bleiben die zahlreichen kleinen Schriften von Hieronymus → Emser. Mit viel Grobheit und wenig Witz schreibt Joh. → Cochläus, ohne Wärme Georg → Witzel. Resigniert klingen die Gespräche über Ketzer und Schismatiker (1539/41) des Juristen Konrad Braun. Auch Schwärmer und Wiedertäufer veröffentlichen zahlreiche Flugschriften. Zu ihnen gehören die theologischen Traktate von → Paracelsus. Thomas → Murner griff nach 6 Prosaflugschriften (1520-23) wieder zur gewohnten Verssatire in Reimpaaren: »Von dem großen Lutherischen Narren, wie ihn Dr. Murner beschworen hat« (1522), die eine Flut von Entgegnungen auf den »Murr-Narr« hervorrief. Er benutzte dasselbe Schema, das er schon 1512 in seiner »Narrenbeschwörung« zur Geißelung menschlicher Torheiten, dann in der »Schelmenzunft« (1512) und »Gäuchmatt« (1519) anwandte. Er blieb in der Nachfolge von Sebastian → Brants »Narrenschiff« (1494). Lediglich lokales Aufsehen erregte »Eine gemeyne Bicht oder Bekennung der Predicanten to Soest«, die 1539 unter dem Decknamen Daniel van Soest in Köln erschien. Mit scharfem Blick für charakteristische Einzelheiten, bes. vermittels mimischer Satire, wird das Treiben der Reformer als Werk des unkrautsäenden Satans entlarvt. Offenbar treibt diesen leidenschaftlichen Verteidiger der alten Kirche die Angst vor den dämonischen Kräften, die sich in den Pöbelaufständen wie in dem gleichzeitigen Wüten der → Täufer in Münster (1534/35) so erschreckend zeigten.

4. Für die Verbreitung der R. waren nach den Beobachtungen der Gegner die *Lieder* höchst wirksam. Schon im 15.Jh. herrscht eine allgemeine Sangesfreudigkeit, die mit reicher Produktivität verknüpft ist. Im geistlichen Bereich waren es die zahlreichen Sonderandachten, der Heiligenkult, die → Bittgänge und → Wallfahrten, die eine Menge von geistlichen Volksliedern hervorriefen. Es sind nur zT Neuschöpfungen oder ältere Leisen; Verdeutschungen (Media vita u.ä.) und → Kontrafakturen kamen dazu (→ Kirchenlied: II, 2). Diesem Ausdrucksstreben der religiös bewegten Menge kam Luthers musikalische und dichterische Begabung, seine Freude am Singen und seine Kenntnis zeitgenössischer Kunstmusik entgegen. Zunächst erschienen einzelne seiner Lieder als Einblattdrucke. Als die ersten Blutzeugen der R. in Brüssel verbrannt wurden, behandelt er dies im Stil des »Zeitliedes« (1523), das als Flugblatt verbrei-

tet wurde. Sein »Lob der Frau Musica« ist sein einziges weltliches Lied. Balladenähnlich wird Gottes Eingreifen gestaltet in »Ach Gott vom Himmel, sieh darein«; ganz persönlich wird Not und Berufung geschildert in »Nun freut euch«, wobei die Melodie einem bekannten Liebeslied entnommen ist. Die ganze Not des Bedrohtseins erfüllt »Erhalt uns, Herr«; für die Rettung dankt »Wär Gott nicht mit uns«; Märtyrermut durchklingt »Mit Fried und Freud«. Menschliche Sündennot schreit auf in »Aus tiefer Not« und dichtet zwei neue Strophen zur Antiphon Media vita hinzu. Bei der deutschen Ausgestaltung des → Gottesdienstes (: V B, 2 a) wurde die Gemeinde von vornherein aktiv durch Gesang beteiligt. So entsteht das deutsche ev. → Kirchenlied (: I, 3 a). Die → Psalmen (: II, 2) werden bes. vielfältig verwertet und herrschen bei den Reformierten vor. Lehrlieder sollen auch für das Leben Grundsätze einprägen. – Als wichtigste Sammlung für den Gottesdienst erschien 1524 das 4stimmige Chorgesangbuch des Wittenberger Kantors Joh. → Walter mit Vorrede und 8 Liedern von Luther (→ Gesangbuch: I, 1 c). Luther autorisierte die »Geistlichen Lieder« (1528) als Gemeindegesangbuch (Neuaufl. 1529). Bereits 1526 erschien ein niederdeutsches, 1536 ein schweizerisches, 1537 das erste kath. Gesangbuch. Eine reiche Produktion hält das ganze Jh. hindurch an und läßt gewisse Kreise neben dem mitteldeutschen um Wittenberg erkennen. Nur aus dem → Kantional der böhmischen Brüder, das Michael → Weiße 1531 herausgab (157 Lieder), nahm Luther 14 Lieder auf (1545). Eigene Liederkreise finden sich in Nürnberg und Königsberg, bei den Reformierten in Straßburg (Bucer) und Konstanz, sowie bei den Täufern und bei → Schwenckfeld. Da das Gesangbuch auch den häuslichen Andachten zugrunde lag, werden neben Morgen- und Abendlied alle wichtigen Situationen und Feste des bürgerlichen Lebens behandelt. Immer weiter gelingen schlicht-volkstümliche, gemütswarme Formulierungen. Auch die weltliche Liedproduktion hält an, ebenfalls nimmt die Kunstmusik an ihr regen Anteil und gestaltet sie mehrstimmig aus. Selbst die *Meistersinger* schlossen sich der neuen Lehre an, und ihre Hauptorte wie Nürnberg, Augsburg, Kolmar führten bald die R. ein. Da sie ursprünglich der Sängerchor einer Stadtpfarrkirche waren, also die ausgebildete → Sängerschule eines Ordens ersetzen wollten, waren sie an die Behandlung religiöser Themen gebunden. Statt sie weiter der scholastischen Dogmatik zu entnehmen, griffen sie nun zur Lutherbibel.

5. Luther gab auch die Anregung zur *Fabeldichtung* (→ Fabel: I). Zwar ließ er 1528 nur die von ihm ersonnene »neue Fabel vom Löwen und Papstesel« drucken. Erst 1557 wurden seine für 1538 belegten Prosabearbeitungen von 13 Stücken aus dem Äsop veröffentlicht. Er wollte schon 1530 (auf der Koburg) die Übersetzung von Steinhöwel reinigen. Bereits 1526 hatte Melanchthon in einer lat. Abhandlung den moralischen Nutzen dieser Gattung dargelegt und 1528 in der kursächsischen Visitationsordnung eine Behandlung des Äsop im Schulunterricht empfohlen; 1538 steuerte er für die Auswahl von → Camerarius eine rühmende Vorrede bei. Zahlreiche Schulordnungen folgten. Steinhöwel wurde seit 1535 mehrmals neu gedruckt. Eine Sammlung brachte 1571 → Mathesius heraus (darin auch die Luthers). Große Mode wird jedoch die Fabel in Reimpaarversen. Erasmus → Alber beginnt 1534 mit 17 Stücken (Etliche Fabel Esopi) und läßt 1539 ein »Buch der Tugend und Weisheit« mit 49 Fabeln folgen. Er malt breit aus, lokalisiert genau und nimmt satirisch auf seine Umwelt Bezug. Nicht minder gegenständlich mit aktuellen politischen und kirchlichen Anspielungen stattet Burkard → Waldis die 400 Stücke seines »Esopus« (1548) zu charakteristischen Zeitbildern aus, vergleichbar den »Kleinmeistern« der → Graphik. Auch Hans Sachs läßt auf einen Ansatz (1530–33) nun die Masse seiner 115 Stücke folgen (1545–49). Hartmann Schopper folgt 1566 mit 194 Holzschnitten von Virgil Solis. Reich illustriert ist auch der »Spiegel der natürlichen Weisheit« des Augsburger Meistersingers Daniel Holtzmann (1574), der die Cyrillschen Fabeln nach einer Prosaübersetzung von 1520 ziemlich hölzern versifiziert. Stets wird die Morallehre deutlich auseinandergesetzt, weil ja in der Lebenslehre die Kulturfunktion dieser Gattung besteht. Ähnlich nimmt man Einfluß auf Auswüchse und Mißstände in der Lebensführung durch breite Ausmalung mit satirisch-grotesker Übertreibung. Der lat. Grobianus (1549) von Friedrich Dedekind wird 1551 von Kaspar Scheidt zu 5000 Reimversen über das unflätige Benehmen ausgewalzt. Sehr beliebt wird die Personifizierung bestimmter Laster als »Teufel«, stets in Prosa. Den Anfang macht 1552 »Wider den Saufteufel« von Matthäus Friedrich (2. Aufl. 1557). Gegen die Pluderhosen wettert der »Hosenteufel« des Andreas → Musculus. Der Jagd-, Spiel-, Hoffartsteufel u.a.m. werden 1569 im Theatrum Diabolorum vom Frankfurter Verleger Feyerabend zusammengefaßt.

6. Auch auf das *Drama* übte Luther Einfluß. Er bezeigte sofort Verständnis, als Melanchthon nach Reuchlins Vorbild die Studenten zur Aufführung von Stücken des Terenz veranlaßte. Für die Schule wurden seitdem lat. Aufführungen empfohlen. Daraus entstanden selbständige lat. Stücke. Luther hatte bes. auf die Parabel vom Verlorenen Sohn hingewiesen, außerdem aus dem AT Susanna, Esther und Joseph empfohlen. Diese und andere biblische Stoffe wurden nicht nur in lat. Dramen, sondern auch in deutschen Stücken behandelt. Diesen gelingt die Susanna am besten, weil sie darin ein Vorbild der ehrbaren Hausfrau und Mutter und Gott als Schützer eines gemütvollen Familienlebens zeigen können (Sixt Birk 1532, Paul Rebhuhn 1535). Die Erzählung vom Verlorenen Sohn war bes. geeignet, bürgerlich das Verkommen des reichen Jünglings, religiös Gottes väterlich-verzeihende Liebe und Güte zu demonstrieren. Mit dem Acolastus (1529) schuf → Gnapheus sogleich das Musterstück mit ausdrücklich prot. Tendenz. Dagegen setzt Georg Macropedius (Langveldt, 1475–1558, Rektor in Utrecht) im Asotus (1537) das kath. Gegenstück. Im Hecastus (1539) greift er auch den Jedermannsstoff auf, den kurz vorher Christian Ischyrius behandelt hatte (Homulus, 1536). Jaspar van Gennep (1540) benutzt beide zu einer deutschen Bearbeitung in kath. Sinn. Von nachdrücklich prot. Standpunkt schreibt Thomas → Naogeorgus dagegen einen Mercator (1540). Dieser begabteste Dramatiker hatte schon 1538 im Pammachius den Antichrist in der Maske des Papstes vorgeführt (4mal deutsch übersetzt). Die deutschen Lehrstücke wurden ebenfalls von den Gymnasien aufgeführt. Dadurch sollten die volkstümlichen → Passionsspiele, die sich aus dem 15. Jh. in oft recht verweltlichter Form fortgeschleppt hatten, ersetzt werden. Volkstümlich gelangen Burkard Waldis ein »Verlorener Sohn« (1527 aufgeführt), eine »Judith« Joachim Greff (1536) und Sixt Birk (1535), der auch einen »Joseph« schrieb. Die Bearbeitung dieses Stoffes durch Thiebolt Gart (1540) ist dagegen noch ganz ausführlich und im Stil der älteren Passionsbühne. Vorwiegend der Freude am Stoff entsprangen die zahlreichen Stücke von Hans Sachs, die er teils der Bibel, doch auch vielfach der erzählenden Literatur entnimmt, wozu auch antike Stoffe gehören. Er behält dafür die ererbten Reimpaare (Knittelvers) bei. Nach dem Ende werden sie als Comedi oder

Tragedia bezeichnet. Bei diesen 125 Stücken fällt das Einerlei ihres Aussehens auf, da man keine Rücksicht auf die verschiedenen Völker oder Zeiten der Stoffe nimmt. Wirklichkeitssinn und religiös gefärbter Moralismus trachten nur nach handfester Greifbarkeit und verbürgerlichen alles in gleicher Weise zu erziehlicher Lebenslehre wie bei der Fabel oder Flugschrift.

Auch das *Fastnachtspiel* wird in dieser Richtung benutzt. Ursprünglich hatten Handwerksgesellen in der Trinkstube irgendeiner Zunft aus dem Treiben maskierter Gruppen eine improvisierte kurze Szene vorgeführt. Früheste Belege sind 1430 für Lübeck, 1441 für Nürnberg, 1449 für Eger, 1450 für Augsburg. Gegen Ende des 15.Jh.s wird als fester Brauch ein kurzes Stück öffentlich und mehrmals auf einer besonderen Bühne aufgeführt (in Nürnberg im städtischen Festhaus, dem Rempter, und in der Marthakirche). Hans → Sachs ist mit 85 Fastnachtspielen maßgebend und baut 1533-60 die derbkomische Situation zu einer lebendigen, mehrgliedrigen Handlung aus. Alles bleibt im Bereich des kleinbürgerlichen Alltags. Wohlwollende Menschenkenntnis übt mit gutmütigem Lachen Kritik an den Narrheiten der Mitmenschen und bringt am Schluß in volkstümlicher Formulierung eine Lehre, um die Ordnung im Gemeinschaftsleben zu stärken. War Sachs einst mutig für Luther im Lied von der Wittenbergisch Nachtigall (1523) eingetreten, so verfaßte er doch kein Kampfstück, in dem ein Papst auftrat. In der Schweiz dagegen wurden in Bern 1523 zur Fastnacht zwei schlagkräftige Spiele aufgeführt: »Vom Papst und seiner Priesterschaft« (Totenfresser) sowie »Von Papsts und Christi Gegensatz« (erweiterte Drucke 1524 u.ö.). Sie stammten von dem Maler und Ratsherrn Niclas → Manuel. Voll kecker Satire folgte 1525 »Der Ablaßkrämer« und 1526 das Streitgespräch »Barbali«, wo ein bibelfestes Mädchen das Klosterleben als gottwidrig, dagegen die Ehe als gottgewollt beweist. Nur fragmentarisch erhalten ist »Fastnachtschimpf von Nonnen und Mönchen«. Es sei nicht vergessen, daß dieser rastlose Vorkämpfer für die Reformation neben seiner staatsmännischen Tätigkeit noch Spottgedichte und Streitschriften verfaßte. Schon seit 1515 hatte Pamphilus → Gengenbach in Basel dem Fastnachtspiel eine ernste, volkserziehliche Tendenz gegeben, bes. im Nollhart (1517) Stände- und Zeitkritik.

7. Daneben gab es eine reiche erzählende *Prosa*. Ihrer Kurzform merkt man die Herkunft von der mündlichen Schnurre an. Solche drastisch-komischen Schwänke erscheinen in Sammlungen seit 1555 (Jörg Wickrams Rollwagenbüchlein). Sie dienen allein der »Kurzweil«, wie so bezeichnende Titel wie »Wegkürzer« (von Montanus 1557), »Wendunmut« (Wilh.Kirchhof 1562) verraten. Um eine Zentralfigur gruppieren die Streiche der Eulenspiegel (1515), Peter Leu (1550), Finkenritter (1560), Claus Narr (1572), die Schildbürger (1598). Die langen Erzählungen wurden durch die Romantiker mißverständlich als »Volksbuch« bezeichnet; erst seit 1550 werden sie in billigen Oktavdrucken volksläufig. Sie berichten von abenteuerlichen Begebenheiten. Ihre Stoffe entstammen zunächst älterer Versepik und sind oft französischen Vorlagen entnommen, daneben lateinischen (Troja, Alexander) und deutschen (Herzog Ernst, Tristan, Wigalois). Erste deutsche Originalschöpfung dürfte der »Fortunatus« (1509) sein, ein Ansatz zum bürgerlichen Roman. Erst Jörg Wickram gelangt allmählich zum bürgerlichen Familienroman mit lehrhaftem Ethos auf Grund ev. Glaubensgewißheit und zeigt die Einordnung des Heranwachsenden in die bürgerliche Gesellschaftsordnung (Knabenspiegel, 1554; Von guten und bösen Nachbarn, 1556). Sonst bleiben die Verfasser ungenannt, da die bloße Absatzspekulation der Verleger maßgebend war, selbst beim Faustbuch (1587). – Eine reiche *Nutzprosa* wird in vielen oft reich illustrierten Drucken verbreitet. Beliebt sind Reiseberichte. Weit verbreitet ist die Cosmographia des Seb. → Münster. Gern gelesen werden Chroniken, auch weltgeschichtliche Überblicke wie die Weltchronik von Hartmann → Schedel. Als bedeutende, eigenwillige Persönlichkeit ragt Seb. → Franck hervor, bes. mit der Geschichtsbibel (1531) und Germaniae chronicon (1583). Paracelsus schrieb seine medizinischen Werke deutsch wie auch Leonhart Thurneysser. Zahlreich sind die Arznei- und Kräuterbücher. – Die Entwicklung einer deutschen Prosa als Ausdruck des Gesamtlebens des Jh.s darf als wichtigste Errungenschaft und folgenreichste Erbschaft dieser bewegten Epoche gelten.

Texte: Dt. Dichter d. 16.Jh.s, hg.v. K.GOEDEKE u. J.TITTMANN, 18 Bde, 1867-83 - Neudrucke dt. Lit.-Werke des 16. u. 17.Jh.s, seit 1876 - Dt. National-Lit., hg.v. J.KÜRSCHNER, 1884ff - Lat. Lit.-Denkmäler d. 15. u. 16.Jh.s, hg.v. M.HERMANN u. S.SZAMATOLSKI, 19 Bde, 1891-1912 - Dt. Lit., hg.v. H.KINDERMANN, Reihe IX, 7 Bde (A.E. BERGER), 1930ff. - *Lit.:* GG II², 1886 - G.NIEMANN, Die Dialog-Lit. d. R.szeit, 1905 - E.MARTENS, Entstehungsgesch. von B.Waldis Esopus (Diss. Göttingen), 1907 - K.SCHOTTENLOHER, Flugblatt u. Zeitung, 1922 - G.MÜLLER, Dt. Dichtung von d. Renaissance bis zum Ausgang d. Barocks (HLW), 1926-29 - W.STAMMLER, Epochen d. dt. Lit. II/1: Von der Mystik zum Barock (1400-1600), (1927) 1950² (Lit.) - J.MAASSEN, Drama u. Theater d. Humanistenschulen in Deutschland, 1929 - K.MICHEL, Vom Wesen d. R.sdramas (Diss. Gießen), 1934 - RDL² (s. die betr. Art., Lit.). - Vgl. die Lit. zu → Flugschriften.

W.Flemming

Reformer, *schweizerische.* Unter dem Einfluß des deutschen → Idealismus und der jüngeren Tübinger Schule (F.Chr. → Baur, D.F. → Strauß) bildete sich in der Schweiz eine theologisch-kirchliche Reformbewegung. Ihr Systematiker wurde der in Zürich lehrende *A.E.Biedermann* (1819-85). Im Unterschied zum befreundeten Al. → Schweizer, dem Interpreten → Schleiermachers, entwickelte er eine spekulative Theologie in Anlehnung an die Dialektik → Hegels. Seine Schrift »Die freie Theologie, oder Philosophie und Christentum in Streit und Frieden« (1844) umriß das Programm der R. Nach der »Christlichen Dogmatik« ([1868] I. II, 1884/85²) ist das Resultat der kritisch-spekulativen Verarbeitung des Dogmas »der auf seinen reinen Gedankenausdruck gebrachte Inhalt des positiven Realprincipes des christlichen Glaubens, des in der religiösen Persönlichkeit Jesu durch göttliche Selbstoffenbarung ins Glaubensleben der Menschheit eingetretenen religiösen Heilsprincipes«. – In der Ostschweiz trat der Biedermann eng verbundene Württemberger *H.Lang* (1826-76) hervor. Pfarrer in Wartau (St. Gallen), Meilen und seit 1871 in Zürich, wirkte er als bedeutender Prediger und religiöser Schriftsteller im Sinne des theologisch-kirchlichen → Liberalismus (: III). Unter Langs Redaktion erschienen seit 1859 die »Zeitstimmen aus der ref. Kirche der Schweiz«. Neben ihm setzte sich *H.Hirzel* (seit 1857 Prof. in Zürich) tatkräftig für die Reform ein. In Bern standen die Brüder *E.F.* und *Ed.Langhans* (1829-80; 1832-91) in vorderster Linie. Zu ihnen stieß *Albert → Bitzius* (1835-82), Sohn von Jeremias → Gotthelf. 1871 ersetzte die Zeitschrift »Reform. Zeitstimmen aus der schweiz. Kirche« die »Zeitstimmen« und bernischen »Reformblätter«.

Die Bildung der kirchlichen Richtungen brachte dem schweiz. Protestantismus heftige Kämpfe (→ Schweiz: I B). Die im »Schweiz. Verein für freies Christentum« (gegr. 1871) zusammengeschlossenen R. errangen die Vorherrschaft an den theologischen Fakultäten und in den kantonalen Kirchen, wobei sie vom politischen Liberalismus unterstützt wurden. Doch kam es außer in Neuenburg, wo sich die bekenntnistreuen Kreise als

Eglise indépendante unter → Godet von der Staatskirche trennten, zu keinen Kirchenspaltungen. Die revidierten Liturgien und Kirchenverfassungen waren von der Reform bestimmt. Die Bekenntnisverpflichtung fiel dahin. Gegen Ende des 19.Jh.s verebbte der Richtungskampf. Der ev. Kirche stellten sich neue Aufgaben; die → religiös-soziale Bewegung begann in Erscheinung zu treten.

Die schweiz. R. betonten, daß sich die Kirche fortlaufend zu reformieren habe. Sie forderten Anpassung von Lehre und Verkündigung an die Erfordernisse der Zeit, Versöhnung von Glaube und Wissen, Freiheit der theologischen Forschung und der religiösen Überzeugung. In der Christologie machte sich der → Rationalismus geltend. Nachdruck wurde auf die Ethik gelegt. Bitzius und K.W.Kambli wandten sich der Sozialreform zu. An die Stelle der Staats- sollte die Volkskirche treten. Unter dem Einfluß → Ritschls, W. → Herrmanns und A. → Schweitzers löste sich der schweiz. kirchliche Liberalismus theologisch weitgehend von den R.n.

G.Finsler, Gesch. der theol.-kirchl. Entwicklung in der dt.-ref. Schweiz, 1881 - G.Schönholzer, Die relig. Reformbewegung in der ref. Schweiz, 1896 - E.Bloesch, Gesch. der schweiz. ref. Kirchen II, 1899, 337ff - E.Staehelin, Liberalismus u. Evangelium, 1934 - K.Guggisberg, A.Bitzius, 1935 - Ders., Der freie Protestantismus, (1942) 1952² - Ders., Bernische KG, 1958, 679ff - W.Nigg, Gesch. des relig. Liberalismus, 1937, 223ff - Fr.Schneider, A.E.Biedermann (Diss. Bonn), 1939 - L.Perriraz, A.Schweizer; A.E.Biedermann, Lausanne 1942 - K.Neck, Das Problem der wiss. Grundlegung der Theol. bei A.E.Biedermann, 1944.

R.Pfister

Reformierte Hohe Schulen in Deutschland. Unter den deutschen *Universitäten* erhielten → Heidelberg, → Frankfurt/Oder und → Marburg im 16. bzw. 17.Jh. ref. Gepräge. Ihnen gesellte sich seit 1655 *Duisburg* zu, das bis zu seiner Auflösung (1818) ref. blieb. Im übrigen suchten ref. Studenten in erheblicher Zahl ausländische Hochschulen auf, so bes. die niederländischen Universitäten und Basel.

Eine *Neubegründung* von Universitäten ref. Gepräges kam in Deutschland nicht in Frage, weil die nötigen Privilegien nicht zu erwarten waren (Duisburg besaß sie noch aus dem 16.Jh.). Die ref. Territorien errichteten vielmehr Bildungsanstalten nach dem Typ der »Akademie« oder des Gymnasium academicum oder Gymnasium illustre. Die Grundform dafür bildeten überwiegend → Straßburg bzw. → Genf und, von Genf bestimmt, die Hohe Schule zu Herborn. Die *»Hohen Schulen«* umfaßten theologische und juristische, vereinzelt auch philosophische und medizinische Lehrstühle. Ein Promotionsrecht stand ihnen nicht zu. Die Verfassung (Rektor und Senat) war vielfach derjenigen der Universitäten ähnlich.

Besondere Bedeutung erlangten unter den Ref.H.Sch. vor allem → *Herborn, Bremen* (beide 1584 gestiftet) und *Neustadt* (als Ersatz für das vorübergehend lutheranisierte Heidelberg für einige Jahre durch den Pfalzgrafen Johann Casimir 1578 eingerichtet; bestand als Hohe Schule nur bis 1585). Die übrigen blieben im ganzen auf kleinere Bereiche beschränkt. Zu nennen sind *Burgsteinfurt* (begr. 1591 durch Graf Arnold II. von Bentheim-Steinfurt), *Lingen* (niederländisch-oranische Gründung, 1697; nur wenige Jahre blühend), *Hamm* (Westfalen, 1650 vom Großen Kurfürsten gestiftet), *Hanau* (1665 begr., vornehmlich von Réfugiés besucht).

Die Blüte der H.Sch. von Herborn und Bremen leitet sich vornehmlich aus der besonderen Prägung der dort betriebenen *Theologie* her. Trotz der (in Herborn strengeren, in Bremen milderen) Vertretung der Beschlüsse von → Dordrecht herrschte im wesentlichen die Bundestheologie (→ Olevian; anders Joh. → Piscator, wieder anders Joh.Heinr. → Alsted und Joh.Heinr. → Alting, in Bremen vor allem Matth. → Martini und Ludw. → Crocius - Lehrer des → Coccejus - sowie später Fr.Ad. → Lampe). Diese Theologie (→ Bund: IV) hat einerseits durch ihren heilsgeschichtlichen Zug den sonst herrschenden Objektivismus gemildert (und damit wider Willen auch der → Aufklärung vorgearbeitet), andererseits und vor allem dem → Pietismus die Wege gebahnt. Wie stark beides sich in der Frühzeit verschlingen konnte, zeigt der Blick auf den Herborner → Comenius und den ebenfalls dorthin gehörigen → Althusius, der bundestheologische Aspekte in die Staatslehre übertrug. Für die Pädagogik ist vor und neben Comenius bes. W. → Zepper bedeutsam geworden.

K.W.Piderit, Gesch. d. Gründung u. Einweihung des Gymnasiums zu Hanau, 1865 - G.Heuermann, Gesch. d. ref. gräflich Bentheimischen Gymnasium illustre Arnoldinum zu Burgsteinfurt, 1878 - J.Leisler, Die Neustadter Hochschule, 1886 - H.Entholt, Gesch. d. Bremer Gymnasiums bis zur Mitte d. 18.Jh.s, 1899 - Eickhoff in: Festschr. d. 250jährigen Bestehens d. Kgl. Gymnasiums zu Hamm, 1907, 1ff - K.Tavernier, Urkundl. Beiträge z. Gesch. d. »Casimirianums«, 1912/16 - B.Beestermöller, Gesch. d. Akad. Gymnasiums in Lingen, 1914 - W.Rotscheidt, Zur Gesch. d. theol. Fakultät d. Univ. Duisburg, 1919 - W.Ring, Gesch. d. Univ. Duisburg, 1920 - G. Schrenk, Gottesreich u. Bund, 1923 - RGG² IV, 1785ff - H.Pixberg, Der dt. Calvinismus u. die Pädagogik, 1952 (Lit.) - J.Moltmann, Chr.Pezel u. d. Calvinismus in Bremen, 1958. - Vgl. die Lit. zu → Herborn u. zu den Personenartikeln; nachzutragen bei Althusius: Erik Wolf, Große Rechtsdenker, (1939) 1951³, 176-216 - E.Reibstein, J.A. als Fortsetzer der Schule von Salamanca, 1955.

O.Weber

Reformierte Kirche

I. Konfessionskundlich - II. Reformierte Kirchen der Gegenwart - III. Mission der Reformierten Kirche. - K. = Kirche. - Vgl. ergänzend → Christentum: IV B, → Konfessionsstatistik, → Protestantismus: I, → Reformation, → Reformierter Bund, → Reformierter Weltbund

I. Konfessionskundlich

1. Bezeichnung - 2. Entstehung - 3. Bekenntnisse - 4. Theologie - 5. KO - 6. Gottesdienstordnung

1. In der *Bezeichnung* »reformiert« (»nach der Ordnung des Evangeliums erneuert«, Calvin) drückt sich das Selbstverständnis der → Reformation aus; sie meint die K., die sich der Reformation unterzogen hat. Der Ansatz bleibt wirksam in dem Bemühen, nicht bei dem im ersten Anlauf Erreichten stehen zu bleiben, sondern nach Ausscheidung der Fehlentwicklungen in Lehre und Leben der K. die Begegnung mit dem Evangelium in allseitiger Ausprägung zu rechter Kirchlichkeit ständig neu zu bewähren (»ecclesia, quia reformata, semper reformanda«; das Schlagwort stammt wahrscheinlich aus Hugenottenkreisen und wurde vom frühen niederländischen Pietismus aufgenommen). Die Entwicklung zur reformatorischen Spaltungskirchlichkeit läßt den Namen zur Konfessionsbezeichnung werden; so gebraucht ihn Art. 7 des Osnabrücker Friedensvertrages 1648 (→ Westfälischer Frieden), der festsetzt, daß unter die durch den Vertrag geschützten Stände auch »die Reformierten« gerechnet werden sollen. Eine Bezeichnung nach einer der Führergestalten ließ das Wissen um die → Katholizität des Evangeliums, in dessen Geltungsanspruch sich die K. begründet findet, nicht aufkommen. Der Doppelausdruck »ev.-ref.« findet sich (zuerst?) 1595 bei → Zepper. Im angelsächsischen Raum entsteht aus dem Gegensatz zur Bischofsverfassung die Bezeichnung »presbyterianisch«, ursprünglich eine Parteibezeichnung im Kampf um die Reformation der K. in → England (: I, 3), dann der Name für K.n, die sich in den Neuenglandstaaten bilden (→ Presbyterianer: I). Beide Bezeichnungen bewahrt der → Reformierte Weltbund, wenn er sich die »Alliance of Reformed

Churches throughout the World holding the Presbyterian Order« (so seit 1954) nennt. Die in Verbindung mit der ref. K. vielgebrauchten Bezeichnungen »Calvinismus«, Puritanismus (zuerst belegbar 1562 bei dem franz. Dichter P.Ronsard; → Puritaner) und → Kongregationalismus nennen Richtungen und Ausprägungen ref. Kirchlichkeit in Theologie und Gestaltung des christlichen Lebens und der kirchlichen Ordnung.

2. Die mit dem Abendmahlsstreit zwischen Luther und Zwingli (→ Abendmahl: II, 3 a) anhebende Spaltungsbewegung bewirkt, nach Auffassung der luth. Theologie als Folge der Lehrverschiedenheit, die Verweigerung der kirchlichen Gemeinschaft, bes. der → Abendmahlsgemeinschaft. Früh einsetzende Versuche (→ Einigungsbestrebungen: II, 2), ein durch reformatorische Grunderkenntnisse bestimmtes und gemeinsam verantwortetes Wesen des Christentums (Bucer: substantia christianismi) zu erheben, scheitern, so daß die reformatorische Bewegung verurteilt ist, sich in *Spaltungs-K.n* darzustellen (→ Protestantismus: I). Der theologische Grund für diese Auswirkung der Auseinandersetzungen ist in der Unfähigkeit der reformatorischen Partner zu sehen, die für die Verarbeitung des biblischen Zeugnisses verwerteten Aussagemittel einander gegenseitig verständlich und annehmbar zu machen, woran die Rezeption der mittelalterlichen Substanz- und Seinsmetaphysik nicht geringen Anteil hat. Auf den Bildungsvorgang wirken in langer Reihe die Persönlichkeiten, die in den verschiedenen Gebieten die Reformation vorantreiben, bes. solche, die gerade in der Entstehungssituation die Gestalter der maßgebenden Theologie und Ordnungsformen sind; ihre Einflüsse darf man nicht auf die Wirkung → Zwinglis und → Calvins allein zurückführen. Die ref. Kirchlichkeit ist ursprünglich reicher an Entfaltungsmöglichkeiten, als im Zürcher und Genfer Vorbild beschlossen liegen. Die Entstehung ref. K.n ist weiter stark durch die politischen Machtkonstellationen bedingt, gerade auch in ihren Ordnungsformen und ihrer soziologischen Struktur. Neben Staats- und Territorial-K.n treten schon früh unterdrückte Minderheits-K.n. Den ref. K.n fällt die Aufgabe zu, die → Reformation in Westeuropa (→ Frankreich, → Niederlande, → Schweiz, → Schottland) und stellenweise auch in Osteuropa (→ Ungarn, → Polen, → Tschechoslowakei) weiterzutragen und unter heftigster Verfolgung und in kriegerischer Auseinandersetzung zu behaupten. Der Wille zu einspruchsfreier, kircheneigener Betätigung der → Kirchengewalt ist bereits in der Schweizer Reformation erkennbar und verbindet sich bes. in der englischen Revolution mit dem Drängen auf Glaubens- und Gewissensfreiheit. Er führt, bes. im Bereich amerikanischer ref. Kirchlichkeit, ungewollt zu dem Phänomen der »Pulverisation«. Im Zusammenhang damit stehen die für die Geschichte und Ausbreitung der ref. K. wichtig gewordenen Flüchtlings- und Auswanderungsgemeinden. Seit dem Beginn der Missionsbewegung (→ Reformierte Kirche: III) sind zahlreiche »junge« K.n hinzugekommen (→ Reformierte Kirche: II A).

3. Ein konfessionskundlich wichtiges Gesetz für die Bildung ref. K.n ist in der Erstellung von → *Bekenntnisschriften* (, 3) und → Kirchenordnungen (: II) zu sehen, wie sie zur Entstehungssituation jeder ref. K. gehören und bis in die Gegenwart hinein in strukturell ganz verschiedenen Bekenntnissituationen formuliert werden (→ Bekenntnisbildung), zB als Ausdruck der Grundfunktion kirchlichen Bekennens, aber auch zur Fixierung von Spaltungen und Unionen, als Katechismen und Entscheidungen in einzelnen Lehrfragen. Doch behaupten die Bekenntnisse der Entstehungszeit jeweils eine betonte Stellung. Abgeschlossene Corpora doctrinae kennt die ref. K. nicht. Funktion und Geltung der Bekenntnisse schwanken entsprechend den Tendenzen der theologischen, mehr noch der geistesgeschichtlichen Zeitströmungen (→ Reformierte Kirche: II A). Sie wirken als Lehrgesetz, bezeichnen Standort und Herkunft gegen anders Bekennende, werden als Grenzbestimmung gegen Lehrauswüchse gehandhabt, dienen als Predigttext und Lehrbuch. Sie machen Geschichte, indem sich die Bekenntnisorthodoxie immer wieder als ein beharrendes und bestimmendes Moment der Theologie- und K.ngeschichte erweist, auch dann, wenn sich an ihr gerade der Widerspruch entzündet. Die Grundfunktion der Bekenntnisse, die Beziehung der kirchlichen Verkündigung auf die Schrift festzuhalten und zu regulieren, wird seit der klassischen Zeit durch ihre Unterordnung unter die Schrift (subordinated standards, Revisionsvorbehalt) umschrieben: sie haben ihre Fähigkeit, »Glaubensartikel« zu sein, an der Schrift auszuweisen und unterliegen ständig der Nachprüfung. Der Gedanke, Bekenntnisse könnten nicht Gegenstände kirchlicher Ordnungsarbeit sein, ist der ref. K. fremd; denn sie gelten nicht als Hypostasen des Wortes Gottes. Bemühungen des Ref. Weltbundes, seit 40 Jahren, ein gemeinref. Bekenntnis zu fixieren, blieben bislang ergebnislos.

4. a) *Ref. Theologie* will als theologische Bemühung im Zusammenhang mit der kirchlichen theologischen Arbeit überhaupt den Anspruch der *Offenbarung Gottes* in Christus auf ein gehorsames Sagen und Denken wirksam herausstellen. Dabei wird die → Offenbarung (: VI, 3) als Selbstverherrlichung Gottes in Freiheit und Gnade durch Schöpfung und Erlösung verstanden, nicht so sehr als ein Systemprinzip, sondern eher als die thematische Beziehungswirklichkeit, die die theologischen Gedankenkomplexe ebenso bewegt, wie sie das Programm zur Gestaltung der kirchlichen Ordnung und des christlichen Lebens durchzieht. Damit hängt eine Neigung zu teleologischen Begriffen zusammen, die die als Seinswirklichkeiten erfaßten Offenbarungstatsachen zu Zielen, Zwecken, Nutzen, Frucht, durch Vorsehung, Vorherbestimmung, Ordnung, Gesetz, Abhängigkeit auf die heilsmittlerischen Vorgänge der Heilsgeschichte ausgerichtet sein lassen, die den Empfänger zur Einigung mit Christus und Gliedschaft in der Gemeinde bestimmen und zu Glauben, Gehorsam und bewährendem Verhalten fordern. Offenbarung geschieht als Selbstkundgabe Gottes durch seine Werke in Schöpfung und Vorsehung zur Erkenntnis und Verehrung und durch eine Offenbarungsgeschichte, die sich in der Schrift niederschlägt. Diese allein führt zum Heil, während die Werkoffenbarung vom Menschen wegen seiner sündigen Blindheit nicht vollzogen wird, obwohl Gottes Gnade und Geist ihn mit Fähigkeiten ausstatten, die ihm Gemeinschaftsleben in Menschlichkeit und Billigkeit wie in allerlei lebenswichtigen Fertigkeiten ermöglichen. Diese Gedanken unterstützen eine Ethik aus naturrechtlichen Konzeptionen.

b) Die Funktion der *Schrift,* letzte Autorität für die Christlichkeit der Religion, für Lehren und Handeln der K. zu sein, versucht man früh durch eine ausgebildete Inspirationslehre sicherzustellen (→ Inspiration: II, 4). Sie bestimmt die in der Schrift Redenden und auf sie Hörenden zu Empfängern mitzuteilender und anzunehmender Heilswahrheiten. Im Zerfallsprozeß dieser Anschauung kommt es zu heftigen Kämpfen und tiefgreifenden Spaltungen, die sich bis in die Gegenwart fortsetzen (→ Fundamentalismus, → Bibelwissenschaft). Sie beginnen mit der Konzeption der → Heilsgeschichte in der Föderaltheologie (→ Bibel: III, 4, → Bund: IV). Ref. Theologie ist in allen ihren theologie- und geistesgeschichtlichen Phasen in starkem Maße Bibeltheologie und von den geschichtlichen Wandlungen darum gerade an diesem Punkte empfindlich berührt.

c) In ihrer Thematik folgt die ref. Theologie der Tradition, doch ist die Durchführung *durch die geistesgeschichtlichen Strömungen* jeweils nicht unerheblich bestimmt. Unter ihnen wären die antike Philosophie in ihrer mittelalterlichen und auch später erneuerten Form, der → Humanismus, Cartesianismus (→ Descartes), → Positivismus und Evolutionismus zu nennen. An Aufkommen und Prägung anderer strukturierender Phänomene ist sie durch gewisse früh sichtbar werdende Ansatzpunkte beteiligt. → Pietismus und → Aufklärung wären hier herauszuheben. Ihr Eindringen hat lebhafte Spannungen, auch Spaltungen, erzeugt. Unter ihrem Einfluß werden die ref. K. und ihre Theologie so vielgestaltig, so sehr von gegensätzlichen Strebungen erfüllt, daß die durch 200 Jahre unbestreitbar vorhandene Struktureinheit wie aufgelöst erscheint. – Der gegenwärtige Zustand erscheint durch Bemühungen bestimmt, eine »Theologie des Wortes« wiederzugewinnen (K. → Barth, E. → Brunner); doch ist diese Absicht keineswegs gleichmäßig geprägt, da in ihr Formen orthodox repristinierender, heilsgeschichtlich konstruierender, biblizistisch vereinfachender, psychologisch und ethisch umformender Theologie im Streit liegen mit den Wirklichkeitsvorstellungen moderner Welterfassung im Sinne des Historismus und wissenschaftlicher Welterschließung. An allen Orten ref. Kirchlichkeit zeigt sich aber doch ein Einwirken der Neubesinnung auf das Wesen und den Auftrag rechter Theologie.

d) Für die *komparative Symbolik* hat die ref. Theologie manche Anhaltspunkte geliefert, unter denen die → Christologie (: II, 7), die Lehre vom → Abendmahl (: II, 3; III, 2) und der → Prädestination (: III) bes. hervorragen. Mit dem Wandel zur → Konfessionskunde taucht das Bestreben auf, zu dem Phänomen ref. Kirchlichkeit ein organisierendes Prinzip zu finden. Genannt werden: die Ehre Gottes und die daraus resultierende Bekämpfung alles Heidnischen in Lehre und Lebensform der Kirche; die Freiheit Gottes, der eine prädestinatianische Heilsbegründung und – in mißverständlicher Ausweitung dieses Ansatzes – ein deterministisches Welt- und Geschichtsbild zugeordnet erscheint. Dem metaphysischen Satz »Finitum non est capax infiniti« (Herkunft ungeklärt, vgl. Heppe, Dogmatik 42. 346) wird prinzipielle Bedeutung für zahlreiche Verhältnisbestimmungen zugeschrieben, bes. in der Christologie und Sakramentslehre (→ Sakramente: II, 2). Dadurch meint man ein Modellbild zu gewinnen, nach dem in der ref. Theologie behandelte Beziehungswirklichkeiten in diastatisch-dialektischer Bewegung vorgeführt werden: Gott und Mensch in der Schöpfung und Versöhnung, Gottheit und Menschheit Christi in der Christologie, Heilsgabe und Zeichen in den Sakramenten. Aufgabe des Geistes, der Gnade und des Wortes ist es, das Unverbundene einander recht zuzuordnen, was wiederum wegen des Widerstandes gegen jede Materialisierung der → Gnade (: IV, 3) in den → Gnadenmitteln zum Vorwurf des Spiritualismus führt.

e) Zu den »Unterscheidungslehren« zählt auch die Behandlung des *Gesetzes* in der ref. Theologie (→ Gesetz: V. VI). Macht das Gesetz als Forderung Gottes den Menschen als Sünder offenbar, so bleibt es doch Weisung Gottes an den erwählten und gerechtfertigten Sünder (→ Gesetz: VII). Dem entspricht die bleibende Dialektik von → Rechtfertigung (: II) und → Heiligung (: III): die Rechtfertigung geht in der Heiligung nicht auf, und Heiligung verschwindet nicht in Rechtfertigung. Früh zeigt darum ref. Theologie Interesse an der → Ethik und Ordnung des menschlichen Lebens: »Präzisität«, innerweltliche Askese, → »Social Gospel« sind insofern für die ref. Kirchlichkeit bezeichnend. Daß unter den ethischen Themen früh der → Staat (: IV), seine Ordnung und die Grenzen seiner Gewalt (→ Widerstandsrecht) erscheinen, hängt auch mit Erfahrungen zusammen, die die ref. K.n mit dem staatlichen Widerstand gegen die Reformation machten.

5. Die → *Kirche* (: III, 4 b), als Gemeinschaft der Erwählten (→ Erwählung: III) unsichtbar und in der Zukunft Gottes (→ Eschatologie: V, 4) in der ewigen Einheit mit ihrem Haupte Christus sich offenbarend, lebt sichtbar in geschichtlicher Wirklichkeit in ihrem Auftrag, dem sie sammelnden und auf Vollendung hin erhaltenden Wort und Geist ihres Herrn zu dienen, indem sie die dem Auftrag wesensgemäßen Funktionen wahrnimmt. Diese werden in der Predigt und den Sakramenten gesehen, wozu einige Bekenntnisse noch die Zucht als dritte nota ecclesiae stellen. Danach bestimmt sich die *ref. KO als Auftragsverfassung der kirchlichen Funktionengemeinschaft.* Das Kirchesein der Kirche vollzieht sich in der → Gemeinde (: I, 4; II, 3 c), die in den ihr aufgetragenen Funktionen lebt. Das Bildungsgesetz der konkreten KO wird als die Dialektik von Übereinstimmung der Ordnungsgrundlagen mit dem Worte Gottes – dieses als die Offenbarungswirklichkeit im Zeugnis der Schrift verstanden – und Herauswachsen ihrer Einzelheiten aus den wechselnden geschichtlichen Umständen gefaßt. – Die Auftragsfunktionen werden durch Gemeindeglieder wahrgenommen, die sich in den Gemeinden und Gemeindeverbänden zu den Leitungskörperschaften der *Presbyterien und Synoden* versammeln (→ Reformierte Kirche: II A). Die mit der Erfüllung der Funktionen Beauftragten gelten nicht als Vertreter der Gemeinden; denn die Ämter erwachsen nicht aus der Gemeinde als einer Personengemeinschaft, sondern aus dem Auftrag, durch den Christus als das Haupt die Gemeinde regiert (→ Kirchenrecht: I B, → Kirchenverfassung: VI, 3. 4). – Die *Gliedschaft* in der Gemeinde ist durch den Auftrag geordnet und konkret auf die → Sakramente (: II, 2) bezogen. Die → Taufe (: IV, 2) ist »um der Zulassung zur sichtbaren K. willen« eingesetzt (Müller 602), in der Teilnahme am → Abendmahl (: III, 2) vollzieht sich die Teilhabe an der im Sakrament gewährten Gegenwart Christi. Mit der Taufe ist ein Anspruch Christi auf den Menschen aufgerichtet, den die Gemeinde durch *Unterweisung* (→ Katechismus: II, 5) und Unterstellung unter die → *Kirchenzucht* (: II) zu erfüllen sucht; denn zum Abendmahl »sind nur zuzulassen, die vorher mit Erkenntnis vertraut gemacht werden und Erneuerung ihrer selbst zeigen« (Müller 638). Die Durchführung beider Maßnahmen gehört zu den Amtspflichten der Gemeindeorgane. Neben dem Kinderkatechumenat und der frühen Zulassung zum Abendmahl nach abgelegter Prüfung haben manche ref. K.n, bes. im niederländischen und angloamerikanischen, früher auch westdeutschen Bereich, an der Zulassung im fortgeschrittenen Lebensalter festgehalten, wodurch die Unterscheidung der Tauf- von der Abendmahlsgliedschaft unterstrichen wird (→ Konfirmation). – Zu dem Auftrag an die in ihrer Ordnung lebende Gemeinde gehört auch die → *Diakonie.* Nach dem → Heidelberger Katechismus Fr. 103 gehört das »christliche Almosen« zum Gottesdienst. Die Betreuung der Hilfsbedürftigen wird nicht dem Belieben frommer Gesinnung überlassen, sondern kirchlich geordnet. – Das *Verhältnis zum Staat* wird in der Entstehungszeit der Territorial-K.n stark unter dem Aspekt der Verpflichtung zur Subsidiarität der dem Evangelium verpflichteten Obrigkeit gesehen, damit die in ihrer Ordnung selbständige Kirche ihren Auftrag durchführen kann. Die grundsätzliche Trennung von → Kirche und Staat setzt

sich erst seit der amerikanischen und französischen Revolution durch.

6. Die Grundform der *Ordnung für die Gemeindezusammenkunft* ist die *Verkündigungsliturgie* (→ Gottesdienst: V B, 2), die auch für die Sakramente und Kasualien formulierte Belehrungen über den Sinn der Handlungen vorsieht. Doch kommen früh Bekenntnisliturgien vor, in denen sich das Sündenbekenntnis und der Gnadenzuspruch, vereinzelt mit der Lesung oder dem Gesang der Zehn Gebote und des Glaubensbekenntnisses verbunden finden. Die großartige Feierliturgie Zwinglis für das Abendmahl setzte sich nicht durch. Mittelpunkt der Zusammenkunft ist die *Predigt* über frei gewählte oder Reihentexte; Perikopensysteme halten sich zumeist nicht, was wieder mit der Auflösung des Kirchenjahres (→ Feste: IV) zusammenhängt. – Für den *Gemeindegesang* wird in allen ref. K.n der Reimpsalter (→ Psalmen: II, 2) und das Bibellied bestimmend; eine kritische, in einigen K.n bis zur Ablehnung sich versteifende Haltung läßt erst in der Neuzeit auch das neu entstehende → Kirchenlied (: I, 5-8) zu. In der Gegenwart zeigt sich vielerorts eine liturgische Erneuerung, die an das liturgische, bes. auch hymnologische Erbe anknüpft; neue Kirchen- und → Gesangbücher (: I) wurden in größerer Zahl geschaffen. – Im → *Kirchenbau* (: IV. V) führen die Grundsätze über das Wesen des Gottesdienstes als einer Versammlung der Gemeinde unter dem Wort zu eigenständigen Versuchen. Man erstrebt einen möglichst geschlossenen, nicht oder nur wenig gegliederten Raum, der von seiner Bestimmung her gestaltet wird. Dem Raum als solchem wird keine Sakralität, seiner Ausstattung kein »Verkündigungscharakter« zuerkannt. Da der letzte *Altar* auf Golgatha errichtet wurde, bedarf der Gottesdienstraum keines → Altars (: III C). *Bilder* werden im Vollzug des biblischen Bilderverbots (→ Bilder: II) und unter Hinweis auf die Sakramentshandlungen als die wahren, weil eingesetzten Bilder des Heilshandelns Gottes in Christus, samt Kruzifixen und Kreuzen entfernt. Kult- und Andachtsbilder gelten als Gegenstände magischer Religiosität und als frömmigkeitspsychologisch gefährliche Träger von Vorstellungen, die das Wesen der Anbetung und Verehrung Gottes »im Geist und in der Wahrheit« verdunkeln. Ebenso werden Benediktionen und das Konsekrationswesen verworfen, weil auch sie als Äußerungen magischen Lebensgefühls gelten.

Vgl. die Lit. zu den Einzelartikeln, ferner allgemein: M.GOEBEL, Die relig. Eigentümlichkeit der luth. u. der ref. K., (1837) 1907^{2} - M.SCHNECKENBURGER, Vergleichende Darst. des luth. u. ref. Lehrbegriffs I. II, 1855 - E.F.K.MÜLLER, Symbolik, 1896 - A.A.v.SCHELVEN, Het Calvinisme gedurende zijn bloeitijd I. II, 1943/51 - J.T.MCNEILL, The Hist. and Character of Calvinism, 1954 - P.JACOBS in: H.LAMPARTER (Hg.), Und ihr Netz zerriß, 1957, 281-315 - NIESEL, Symb. - Zu 1: H.HEPPE, Ursprung u. Gesch. der Bezeichnungen »ref. u. luth.« K., 1859 - W.RICHARD, Unters.en zur Genesis d. ref. K.nterminologie der Westschweiz u. Frankreichs, 1959. - Zu 2 (vgl. ergänzend die Art. über die betr. inner- u. außerdt. Länder sowie → Hugenotten): K.R.HAGENBACH (Hg.), Leben u. ausgew. Schriften der Väter u. Begründer der ref. K., 10 Bde, 1857-63 - J.P.WILLIAMS, What Americans believe and how they worship, New York 1952 - T.H.HANEKOM (Hg.), Ons Nederduits Gereformeerde Kerk, 1952 (Südafrika) - F.E.MAYER, The Religious Bodies in America, St. Louis 1954 - A. SIMPSON, Puritanism in Old and New England, Chicago 1955 - TCERK - I.KADAR, Die Kirche im Sturm der Zeit, 1958 (Ungarn) - J.A.FERREIRA, Historia da Igreja presbiteriana do Brasil I, 1959 - E.HAASE, Einführung in d. Lit. des Réfuge, 1959 - R.v.THADDEN, Die brandenb.-preuß. Hofprediger im 17. u. 18.Jh. (AKG 32), 1959 - CL.E.OLMSTEAD, Hist. of Religion in the US, 1960. - Zu 3 (vgl. → Bekenntnisschriften): H.A.NIEMEYER, Collectio Confessionum, 1840 - H.HEPPE, Die Bekenntnisschriften der ref. K.n Deutschlands, 1860 - PH.SCHAFF, Bibliotheca symbolica ecclesiae universalis, 1878, I, 354ff; III, 197ff - P.JACOBS, Theol. ref. Bekenntnisschriften, 1959. - Zu 4 (außer den Dogmatiken von H. → HEPPE-E.BIZER, H. → BAVINCK, CH.HODGE, L.BERKHOF, C.v.TIL, O.WEBER u. den Dogmen- u. Theologiegeschichten von O.RITSCHL, H.E. → WEBER, W. → KÖHLER): ALEX.SCHWEIZER, Die Glaubenslehre d. ev.-ref. K., 2 Bde, 1844/1847 - DERS., Die prot. Centraldogmen in ihrer Entwicklung innerhalb d. ev.-ref. K., 2 Bde, 1854/56 - H.STROHL, La pensée de la réforme, 1951 - P.CARTER, The Decline and Revival of the Social Gospel, 1956 - D.J.ELWOOD, The Philosophical Theology of Jonathan Edwards, 1960. - Zu 5: Z.GIACOMETTI, Qu. zur Gesch. d. Trennung von Staat u. K., 1926 - H.BOUWMAN, Gereformeerd Kerkrecht, 2 Bde, 1928/34 - D.NOBBS, Theocracy and Toleration, a Study of the Disputes in Dutch Calvinism from 1600 to 1650, New York 1938 - A.A.v.RULER, Het apostolaat der kerk en het ontwerp-kerkorde, 1948. - Zu 6: W.MAXWELL, An Outline of Christian Worship, (1936) 1956^{6} - E.WOLF-M.ALBERTZ, K.nbuch, 1941 - O.WEBER, Versammelte Gemeinde, 1949 - M.PATRICK, Four Centuries of Scotland Psalmody, (1949) 1950^{2} - CH.SCHNEIDER, L'évolution musicale de l'Eglise réformée de 1900 à nos jours, 1952 - H.HASPER, Calvijns beginsel voor de zang in den eeredienst I, 1955 - Z.HARSZATI, The Bay Psalm Book, 2 Bde, 1956 - W.JUNG, Zur Gesch. d. ev. Gottesdienstes in der Pfalz I, 1959.

J.Weerda

II. Reformierte Kirchen der Gegenwart

A. Verbreitung, Bekenntnisstand und Verfassung - B. Altreformierte Kirche

II A. Verbreitung, Bekenntnisstand und Verfassung

Die ref. K.n sind mit ca 46 Mill. Mitgliedern die zweitstärkste konfessionelle Gruppe des → Protestantismus. Nur in der Schweiz, den Niederlanden und in Schottland stellen die Reformierten die Mehrzahl der Bevölkerung dar; sonst sind sie überall in der Minderheit. Viele dieser K.n nennen sich nicht ref., sondern presbyterianisch und wollen damit mehr auf die K.nordnung als auf das ref. Bekenntnis hinweisen, an dem sie wie die sich ref. nennenden K.n festhalten. – Für Einzelheiten über Geschichte, Verfassung und theologische Prägung der in der folgenden Übersicht genannten K.n vgl. die Länderartikel.

1. Die bedeutendsten ref. K.n *Europas* befinden sich in Schottland, den Niederlanden, der Schweiz, Deutschland und Ungarn. Ungarn selbst zählt 2 Mill. Reformierte, doch gibt es daneben auch noch ref. K.n ungarischer Sprache in den angrenzenden Ländern, so in Rumänien (800 000), der Slowakei (150 000) und in der subkarpathischen Ukraine, UdSSR (fast 100 000). Mehr oder weniger große ref. K.n bestehen in Frankreich, Italien, Griechenland, Jugoslawien, Portugal, Spanien, Belgien, Österreich, Polen und Dänemark sowie in den Sowjetrepubliken Litauen und Lettland. Die ref. K. in Frankreich konnte 1959 die 400-Jahrfeier ihrer ersten Nationalsynode begehen, die dieser K. ihre Ordnung – die erste der ref. K. überhaupt – gab. Auf den Britischen Inseln gibt es neben Schottland eine bedeutende presbyterianische K. in Irland, in Wales und eine kleinere K. in England. Insgesamt hat Europa rd 18 Mill. Reformierte. – Auch in *Nordamerika* sind die Reformierten zahlreich (ca 15-16 Mill.). Die größte ref. K. der Welt ist die Vereinigte Presbyterianische K. in den USA mit über 3 Mill. aktiver Mitglieder, dh etwa 6-7 Mill. einschließlich der Kinder und solcher Mitglieder, die nur ein lockeres Verhältnis zur K. haben. Daneben gibt es in den USA zahlreiche andere ref. und presbyterianische K.n verschiedenen Ursprungs. So ist zB die Ev.Ref. K., die heute zur Vereinigten K. Christi gehört, deutschen Ursprungs, während die Ref. K. von Amerika von den Holländern herkommt. In Kanada gehört die Mehrzahl der Presbyterianer zur Vereinigten K. von Kanada, doch gehört ein Drittel der kanadischen Presbyterianer weiterhin zu einer rein presbyterianischen K. – Die ref. und presbyterianischen K.n in *Lateinamerika* (rd 1 Mill. Reformierte) sind meist die Frucht missionarischer Arbeit anderer, vor allem nordamerikanischer K.n. Außer in Uruguay und Argenti-

nien, wo die Reformierten hauptsächlich Nachkommen der → Waldenser sind, die im 19.Jh. von Italien nach Südamerika auswanderten, sind die ref. K.n das Ergebnis der Evangelisationsarbeit und völlig autochthon. Die stärkste ref. K. mit 500000 Mitgliedern weist Brasilien auf; 1959 feierte sie 100 Jahre Presbyterianismus in Brasilien. Daneben gibt es noch andere kleinere ref. K.n in diesem Land. Mexiko zählt rd 200000 Presbyterianer. Weitere organisierte ref. K.n existieren in Chile, Kolumbien, Venezuela, Guatemala, Honduras, Puerto Rico, Kuba, ferner in den Antillen auf Jamaika und Trinidad. - In *Afrika* (über 4 Mill. Reformierte) hat Südafrika die stärksten und ältesten ref. K.n dieses Kontinents (sie bestehen seit mehr als 3 Jh.en). Ihre größte, die Gefedereerde Nederduitse Gereformeerde Kerken, zählt allein rd 1700000, davon 1100000 Weiße und 600000 Bantu-Neger. Daneben gibt es noch andere ref. K.n afrikaandischer Sprache sowie eine presbyterianische K. englischer Sprache und eine presbyterianische Bantu-K. In Zentralafrika gehören die rd 500000 Reformierten zur Presbyterianischen K. von Zentralafrika. Unabhängige presbyterianische K.n gibt es in Ägypten (Ev. Koptische K. im Niltal mit rd 70000 Mitgliedern), Ghana (rd 200000), Nigeria (rd 50000), Kamerun (300000, zur Presbyterianischen K. von Kamerun, zur Ev. K. von Kamerun und zur Presbyterianischen K. von brit. Kamerun gehörig), Kongo (150000), Kenya (50000), Liberia, Mozambique, Basutoland (200000), Madagaskar (150000) und Togo (Ev. K. von Togo, rd 40000). Bis jetzt noch nicht unabhängige ref. K.n gibt es in Angola, Äthiopien, im Sudan und in Gabun. - *Asien* hat über 5 Mill. Reformierte, die vor allem in den ref. K.n Indonesiens zusammengefaßt sind (2,5 Mill.). Etwa 20 K.n der ref. Familie haben sich auf den verschiedenen indonesischen Inseln gebildet, davon die bedeutendsten auf Timor, den Molukken und auf Minahasa (Celebes). Die zweitstärkste ref. Gruppe in Asien (fast 1 Mill.) lebt in Korea. In den letzten Jahren spaltete sich die presbyterianische K. dieses Landes infolge theologischer Meinungsverschiedenheiten in drei K.n. Mehr oder weniger starke ref. K.n bestehen in Britisch-Borneo, Ceylon, China, Formosa, Indien (die bedeutendste K. Indiens, die Vereinigte K. in Nordindien [500000], bereitet ihre Union mit den Anglikanern und Methodisten mit dem Ziel einer ähnlichen K. wie die von → Südindien vor), im Iran, in Japan, Britisch-Malaya, Niederländisch-Neuguinea, Pakistan, auf den Philippinen, in Syrien und Libanon und in Thailand. - Die bedeutendsten Kirchen *Ozeaniens* (über 1,5 Mill. Reformierte) befinden sich in Australien, wo rd 1 Mill. vorwiegend zur presbyterianischen K. Australiens gehören. In Neuseeland bekennen sich fast 25% der Bevölkerung (rd 500000) zur ref. Glaubensfamilie. Die tatkräftige K. dieses Landes, in der Maori und Weiße vereint sind, macht stete Fortschritte. Reformierte gibt es auch auf Tahiti, in Neukaledonien und auf den Neuen Hebriden.

2. Eines der Merkmale der ref. K.n besteht darin, daß sie sich nicht alle an die gleiche *Bekenntnisschrift* halten. Einige K.n schreiben keine Bekenntnisschrift mehr vor, zB die Schweiz, wo früher die Confessio Helvetica Posterior galt. In den englisch sprechenden K.n gilt meist die → Westminster Confession, doch ist deren Einflußbereich begrenzt. Die K. von Schottland erklärt zB zur Ordination der Pfarrer: »Die K. von Schottland hält an der Westminster Confession als dem der Bibel untergeordneten Standardbekenntnis fest. Sie gesteht Meinungsfreiheit in jenen Punkten der Lehre zu, die nicht die Substanz des Glaubens angreifen, und nimmt sich das Recht, unter Führung des Hl. Geistes die der Bibel untergeordneten Standardbekenntnisse zu formulieren, auszulegen oder abzuändern, dies jedoch stets in Übereinstimmung mit Gottes Wort und den Grundlehren des christlichen Glaubens, die in diesem Bekenntnis enthalten sind. Über diese Übereinstimmung soll die K. allein urteilen.« Andere, noch heute gültige ref. → Bekenntnisschriften (, 3) sind die Confessio Gallicana, die Confessio Belgica, die Dordrechter Artikel (bes. in den Gereformeerde Kerken in den Niederlanden), die Confessio Helvetica Posterior und der → Heidelberger Katechismus. - Die *K.nordnung* ist nicht überall die gleiche. In den englisch sprechenden K.n spielt das »presbytery« (Gebietssynode) eine wichtige Rolle; es ordiniert Pfarrer und übt die Disziplin aus. In den K.n des europäischen Kontinents nimmt meist die Landessynode den Platz des »presbytery« ein. Die Führung der K. liegt beim Synodalrat, beim Nationalrat oder beim Moderamen (→ Moderator). Die holländischen K.n messen der »classis« eine gewisse Bedeutung bei, doch hat sie nicht die gleiche Macht wie das »presbytery«. In den ungarisch sprechenden K.n steht ein Bischof an der Spitze jedes Gebietes, der seine Autorität jedoch mit einem Laien, dem Oberkurator, teilen muß. Auch dort - wie in den anderen ref. K.n - herrscht das presbyterianische synodale System; für dieses ist die Stellung des Ältesten kennzeichnend. In allen führenden Gremien der K. - presbytery, classis, Synode usw - nimmt eine paritätische Zahl von Ältesten und Pfarrern an den Verhandlungen teil.

Die meisten ref. K.n gehören dem → Reformierten Weltbund an, der 1959 seine 18. Generalversammlung in São Paulo abhielt. Sie verfolgen auch mit Interesse die Entwicklung der → ökumenischen Bewegung. Die meisten nehmen aktiv daran teil, indem sie sowohl Mitglieder des Ref. Weltbundes als auch des Ökumenischen Rates der K.n sind.

Lit. s. → Reformierte Kirche: I. *M. Pradervand*

II B. Altreformierte Kirche

Zu Beginn des 19.Jh.s drang der damals herrschende Rationalismus und Liberalismus auch in die ev.-ref. K. der Grafschaft Bentheim (G.B.) und Ostfriesland (O.) ein. Die Grundlagen der ref. Lehre wurden preisgegeben oder entstellt. Die verbindliche Autorität des ref. Bekenntnisses wurde durch Einführung neuer, im Geist der Zeitströmung gehaltener Lehrbücher untergraben. Auch die alte K.nordnung galt nicht mehr als maßgebend. Neue rationalistische Liederbücher verdrängten den Psalmengesang. Gekürzte und grundlegend veränderte Formulare für Taufe, Abendmahl usw wurden gebraucht. Zahlreiche Gemeindeglieder äußerten ihre Besorgnis und Unzufriedenheit durch Proteste; sie baten um Rückkehr zur »Lehre und Ordnung des Wortes Gottes«. Doch ihre Bitten fanden kein Gehör. Infolgedessen ließ der Besuch der öffentlichen Gottesdienste nach, während von Laienpredigern geleitete »religiöse Privatversammlungen« an Umfang und Bedeutung immer mehr zunahmen. Die »verderblichen Zusammenkünfte« wurden verboten. Am 29.5.1837 wurden drei »führende« Männer aus der K. ausgeschlossen, die »Führer« und ihre Anhänger darauf zu Geld- und Gefängnisstrafen verurteilt. Als die K.nbehörde die Bitten der Unzufriedenen weiterhin zurückwies, die Feinde des Bekenntnisses aber duldete und begünstigte, kam es zum Bruch. Am 1.1. 1838 erfolgte die Bildung der ersten altref. K. in Uelsen und zwei Jahre später der zweiten altref. K. in Bentheim. 1842 wurde ein Vertreter vom Ministerium in Hannover nach der G.B. gesandt, »um die Parteiführer durch mündliche Belehrung von der Fehlsamkeit ihrer Ansichten zu überzeugen«. 1843 wurde die »Anordnung zur Beseitigung des Separatismus« erlassen. Daraufhin wanderten viele nach Amerika aus. Die Verfolgung und Bestrafungen hörten 1848 auf. Es entstanden 9 Gemeinden in der G.B. und 5 in O. Außerdem schlossen sich die freien ref. Gemeinden in Breslau und Görlitz den altref. K.n an. Die Zahl der Glieder beträgt heute über 5000, die von 10 Pastoren betreut werden. 1923 schlossen sich die altref. K.n vorläufig den Gereformeerden Kerken in Nederland als Partikularsynode an. Sie leben in der Hoffnung, daß sie bald wieder bei den erwachenden ref. K.n in Deutschland Anschluß finden können. Seit 1950 haben sie Korporationsrechte. Ihre Bekenntnisse sind der → Heidelberger Katechismus, die Confessio Belgica und die 5 Dordrechter Lehrsätze. Ihre K.nverfassung ist presbyterial. K.nzeitung ist »Der Grenzbote«. Predigten erscheinen in der Reihe »Gehilfen eurer Freude«. Ebenso ein Blatt für die Jugend und eins für die Evangelisation. Die altref. K.n nehmen gastweise an der → Arbeitsgemeinschaft der christlichen K.n in Deutschland teil. Der ökumenischen Bewegung gegenüber nehmen sie eine kritische und abwartende Haltung ein. Sie treiben auf Sumba (Sunda-Inseln) Mission.

J.Schoemaker, Gesch. der Oud-Gereformeerde Kerk, 1900 - E.Kolthoff, Wie steht es um die ref. K. in der G.B.?, 1905 - H. Smend, Die K.nverfassung der G.B. in ihrer geschichtl. Entwicklung, 1908 - E.Kochs, Zur Gesch. der Aufklärung in O. (Emder Jahrbuch 21, 1925, 138-196) - P.Bonfleur, M.Ph.Katerberg, 1927 - Gesangbuch der altref. K. (Psalmen, Lieder, Bekenntnisse, Formulare), (1936) 1951[2] - B.H.Lankamp, Wir denken an die Taten des Herrn, 1951 - Ders., Die altref. K. in Niedersachsen (U.Kunz, Viele Glieder - Ein Leib, 1953, 44-58). *B.H.Lankamp*

III. Mission der Reformierten Kirche (M. = Mission)

Weit verbreitet ist die Meinung, die calvinische Reformation sei wegen der Prädestinationslehre oder der Anthropologie → Calvins nicht missionsbildend gewesen. Der brasilianische M.sversuch 1556-58 deutet in andere Richtung. M.sgedanken im ref. Zeitalter finden sich bereits beim Zürcher → Bibliander, beim Straßburger Martin → Bucer, beim Leidener Adr.Saravia. Bibliander hatte sogar einen Plan für eine M. gefaßt, wurde aber von H. → Bullinger von der Ausführung zurückgehalten. - Im Rahmen der Ostindischen Kompagnie haben die Reformierten der Niederlande auf → Ceylon (Baldaeus), Formosa (→ Taiwan) und in Indonesien missionarisch gewirkt. In Leiden bestand 1623-33 ein M.sseminar (→ Walaeus). Die M. war aber abhängig von der Kolonialpolitik und verschwand Anfang des 18.Jh.s beinahe völlig. Zu Beginn des 19.Jh.s wuchs das M.sbewußtsein wieder, aber vorwiegend nicht bei den leitenden Stellen der Kirchen. Als (zT zwischenkirchliche) M.sgesellschaften entstanden: Nederl. Zendelinggenootschap 1797, Deutsche M.sgesellschaft 1799, → Basler M.sgesellschaft 1815, Société des M.s Evangéliques 1822 (→ Frankreich: IV). In den USA gründeten die Reformierten 1858 und 1859 ihre ersten M.sgesellschaften. Daß die M. Auftrag der Kirche als solcher sei, wurde vielfach erst im Laufe des 20.Jh.s erkannt. - So wenig kirchlich man in der Heimat dachte, so deutlich hat man in den M.sgebieten Kirche gründen wollen. Fast selbstverständlich entstanden in Afrika und Asien Kopien der Heimatkirchen. Zum Konfessionalismus ist es aber nicht oft gekommen. Der Einfluß der internationalen M.skonferenzen (→ Internationaler Missions-Rat) und die Notwendigkeit der Zusammenarbeit mit anderen Kirchen oder Konfessionen hat immer korrigierend gewirkt. Überdies war die M.sleitung selten »hochkirchlich« orientiert. - Die größten Kirchen ref. Tradition in Asien bestehen in → Indonesien (: IV; ca 3 Mill. Christen); die → Batakkirche auf Sumatra geht auf ref.-luth. (unierte) Tradition zurück (→ Rheinische M.sgesellschaft). In → Ghana hat die Basler M. eine Kirche ref. Charakters gegründet. Amerikanische Kirchen ref. Tradition arbeiten in Indien, Japan, Formosa, Korea und verschiedenen Teilen Afrikas. Es ist kaum möglich, ref. und presbyterianische M. (→ Presbyterianer: II) scharf zu unterscheiden, weil die meisten presbyterianischen Kirchen typisch ref. Bekenntnisschriften haben. Im → Reformierten Weltbund arbeiten presbyterianische und ref. Kirchen zusammen. Diese Arbeit hat sich bisher aber nicht auf die M.en ausgedehnt. Im allgemeinen sind die ref. Kirchen, auch diejenigen, die aus der M.sarbeit entstanden sind, zur ökumenischen Zusammenarbeit bereit, obwohl es zZ auch Spannungen und Hemmungen gibt (zB in → Korea, wo die ref. Kirche in pro- und antiökumenische Teile zerfallen ist).

H.D.J.Boissevain, De Zending in Oost en West I. II, 's Gravenhage 1934/43 - Latourette III-VII, 1939-45. *J.Blauw*

Reformierter Bund, gegr. im Aug. 1884 auf einer Tagung in Marburg. Im R.B. sind ref. Kirchen, Gemeinden und Einzelpersonen, verstreut über ganz Deutschland, »zur Wahrung und Pflege der Güter und Gaben der ref. Kirche« sowie zur Stärkung der Verbundenheit untereinander angesichts drohenden Untergehens in unierten Kirchen zusammengeschlossen. Bis 1933 in stiller Entwicklung, wußte sich der R.B. vor allem für den theologischen Nachwuchs verantwortlich. Dazu dienen die 3 ref. Studentenkonvikte in Göttingen, Halle und Erlangen. Seit 1904 unterhält die ref. Gemeinde Elberfeld ein Kandidatenstift, das 1928 als Predigerseminar der Ev. Kirche der altpreuß. Union anerkannt wurde. 1927 wurde die Theologische Schule in Elberfeld gegründet. Ebenso ließ sich der R.B. die Förderung einer dem ref. Bekenntnis entsprechenden Theologie angelegen sein. Auf den »Theologischen Wochen«, die Ende der 20er Jahre in Elberfeld gehalten wurden, ist wertvolle theologische Arbeit geleistet worden. Im → Kirchenkampf trat der R.B. zunächst nicht eindeutig auf die Seite der → Bekennenden Kirche. Zwar trug er zusammen mit dem Coetus ref. Prediger die 1. freie ref. Synode vom 3./4.1. 1934 in → Barmen, die die von K. → Barth verfaßte »Erklärung über das rechte Verständnis der reformatorischen Bekenntnisse« annahm. Aber die auf dem ref. Kirchenkonvent am 19.4.1934 in Osnabrück gefaßten Pläne zum Zusammenschluß aller ref. Kirchen und Gemeinden in Deutschland ließen eine schwankende Haltung erkennen. Erst auf der Hauptversammlung des Bundes in Detmold am 29./30.11.1934 erfolgte die einstimmige Festlegung auf die Linie der Bekennenden Kirche, in der der R.B. dann tatkräftig durch seinen Moderator H. → Hesse, aber auch durch die Pastoren Albertz, → Humburg, → Immer, Niesel, → Obendiek, de Quervain u.a. mitarbeitete. Neben dem R.B. versuchte der Ref. Kirchenausschuß mit den Organen der DEK zusammenzuarbeiten. 1946 übernahm das Moderamen wieder allein die Leitung und Vertretung aller ref. Gemeinden und Kirchen in der EKD. Der R.B. gab sich eine neue Ordnung, in der als Grundlage festgelegt wird: »Der R.B. bekennt sich zu Jesus Christus als dem einen Wort Gottes, wie es in der Hl. Schrift des AT und NT gegeben und wie es bezeugt ist in den altkirchlichen Glaubensbekenntnissen, in den ref. Bekenntnisschriften, insbesondere im Heidelberger Katechismus, und wie es bekannt ist in der Barmer Theologischen Erklärung von 1934.« Das Moderamen besteht aus gewählten und berufenen Mitgliedern und Vertretern von Kirchenleitungen. Die Hauptversammlung tritt alle 2 Jahre zusammen. Der → Moderator führt den Vorsitz. Organisatorisch ist der R.B. ein eingetragener Verein; im Blick auf seine Funktionen muß er als Kirche gelten. Der R.B. hat sich immer um die Einheit der EKD bemüht. »Die EKD wird es zur Kenntnis nehmen müssen, daß wir eine Konfession sind, die keine Konfession sein will« (Niesel). Das Verhältnis zum → Reformierten Weltbund gestaltete sich nach dem Krieg enger als in früheren Jahren. In seinem Executive Committee ist seit 1948 ein Vertreter des R.B.es. Das Organ des R.B.es ist die 1851 gegründete Ref. Kirchenzeitung, die bei der Bedrängnis des R.B.es im Kirchenkampf wiederholt verboten wurde und erst seit 1949 wieder erscheint.

FR. BRANDES, Ref. Kirchenkalender für Deutschland, 1889 - JUL. MÜLLER, Das gute Recht des ref. Bekenntnisses innerhalb der Union, 1894 - A. HEILMANN, Notwendigkeit, Wert u. Gründung des R.B.es, 1916 - Ref. Jb., 1925/26 u. 1927 - Synodalbeschlüsse der 1. u. 2. freien ref. Synoden 1934 u. 1935 - H. OBENDIEK, Der Weg der Reformierten heute, 1936 - Mitteilungen des R.B.es für Deutschland, hg.v. R. STEINER, 1946-48 - DERS., Der Weg der ref. Kirchen u. Gemeinden 1933-1950 (KJ 1950, 228-332) - Kundgebungen des R.B.es, hg.v. K. HALASKI, 1958. *R. Steiner*

Reformierter Weltbund (seit 1954: *Alliance of Reformed Churches throughout the World holding the Presbyterian Order*). Dieser älteste konfessionelle Weltverband wurde seit 1870 geplant, als einige amerikanische und schottische → Presbyterianer einen engeren Zusammenschluß der (organisierten) ref. Kirchen in der Welt erstrebten. Ein formuliertes ref. Bekenntnis war zur Mitgliedschaft unerläßlich; man dachte dabei an die Westminster-Confession, die sich aber nicht durchsetzen konnte. Ursprünglich sollte ein Damm gegen den aufstrebenden Modernismus aufgeworfen werden. Man zielte so auf eine »Pan-Presbyterian Alliance« (davon die spätere Bezeichnung: Presbyterianische Allianz), an einen → Konfessionalismus wurde aber nicht gedacht. Später wurde die Bedingung zum Eintritt erweitert und nunmehr nur die Anerkennung der presbyterianischen Gedankenwelt gefordert. Ein allgemein-ref. Bekenntnis wurde einige Male erwogen, doch kam es nie zustande. Im Laufe der Zeit ist der Nachdruck vom Dogmatischen stark auf das Praktische verlegt worden. Der R.W. hatte von Anfang an Kontakte zu Missionskreisen und hat so den Weg für die Gründung des → Internationalen Missions-Rates gebahnt. Hiermit hängt es zusammen, daß schon früh junge Missionskirchen aufgenommen wurden; ihr Einfluß ist im Zunehmen begriffen. - 1877 trat in Edinburgh die erste Generalversammlung zusammen. Diese »General Councils«, deren Beratungen in den »Proceedings« veröffentlicht werden, wurden alle 3, später alle 4, jetzt alle 5 Jahre abgehalten. Die letzte (18.) fand 1959 in São Paulo (Brasilien) statt, die nächste ist für 1964 in Frankfurt/M. geplant. Die Generalversammlung hat keine zwingende Autorität, sie ist nur Gesprächszentrum. Sie wählt ein Exekutivkomitee, das aus einem Präsidenten, 6 Vizepräsidenten und 16 Mitgliedern besteht. Es kommt jährlich zusammen. Seit 1921 ist die Bildung einiger Sektionen innerhalb des Ganzen im Werden. Europa und Nordamerika bestehen als solche schon längere Zeit, andere Sektionen werden vorbereitet. Sie haben einen eigenen Vorstand, der ebenfalls jährlich zusammentritt. Der theologischen Besinnung dienen 2 von einem Studiensekretär koordinierte Kommissionen. 1954 wurde eine Sektion gegründet, um die Möglichkeiten einer wirksamen Mitarbeit der Frau in der Kirche zu studieren. Der von einem Generalsekretär geleitete Sitz des R.W.es wurde 1949 von Edinburgh nach Genf verlegt. - Die Weltkriege haben die Arbeit des R.W.es nachhaltig beeinflußt. Von Anfang an wurde die Zusammenarbeit mit anderen Teilen der Weltkirche erstrebt. Dann weckte die → Ökumenische Bewegung reges Interesse. Indem der Bund für unterdrückte Minderheiten eintrat und Gewissensfreiheit befürwortete, hat er dem »Hilfswerk der Kirchen« (Interchurch Aid) vorgearbeitet. Indem er die Bedeutung der ref. Tradition für die Ausführung des Heilsplanes Gottes im Auge behält, weiß er sich zur Betätigung der Gemeinschaft mit der universalen Kirche berufen. Besseres Verständnis der eigenen und anderer Konfessionen wird als wichtiger Beitrag zum Weltfrieden gewertet.

Organ (vierteljährlich): The Reformed and Presbyterian World (früher: The Quarterly Register). Vgl. ferner die Proceedings der Generalversammlungen. *S. van der Linde*

Reformkatholizismus

1. Voraussetzungen und Motive - 2. Der RK. unter Leo XIII. - 3. Der M. nach 1900 - 4. Die kirchlichen Gegenmaßnahmen und ihr Erfolg - 5. RK. zwischen den Weltkriegen - 6. Neueste R.ideen - 7. R., K., Reformation. - R. = Reform, K. = Katholizismus, RK. = Reformkatholizismus, rk. = reformkatholisch, M. = Modernismus, m. = modernistisch

Vorbemerkung: Als RK. sind hier die verschiedenartigsten R.bewegungen und R.ideen im röm. K. seit dem Vatikanum I zusammengefaßt. Es handelt sich meist um einen literarischen RK. Die genannten Namen stehen dabei oft stellvertretend für tiefgehende und literarisch nicht faßbare Strömungen. Die Spannweite reicht von einem treu kirchlichen »Gegenwarts-K.«, der sich um R.en im Blick auf die Erfordernisse der Zeit bemüht, über einen »kritischen K.«, der prinzipielle R.en innerhalb der Kirche anstrebt, bis hin zu einem eigentlich häretischen »M.«, der den Boden des röm. K. streng genommen schon verlassen hat (Unterscheidung nach Przywara, StL III, 1373). - Die Zuordnung der einzelnen R.katholiken zu je einer dieser Gruppen bleibt gleichwohl schwierig, da der kirchliche Maßstab (in den Verlautbarungen Pius' X.) den M. nicht als komplexe Erscheinung, sondern als »System« zeichnet und alle individuellen Abstufungen außer acht läßt.

1. Der RK. der letzten 100 Jahre ist nicht zu verstehen ohne einen Blick auf die »Erneuerung« der kath. Kirche seit dem Beginn des 19.Jh.s. Diese wurde von den integralen Kräften des → Katholizismus angeführt (Papalismus-Romanismus, → Neuscholastik-Jesuitismus, Juridismus) und unter Verdrängung der R.kräfte auf ihren Kulminationspunkt im vatikanischen Dogma vom Universalepiskopat und dem unfehlbaren Lehramt des Papstes hingelenkt (→ Papat und Primat, → Infallibilität). Die Zeit nach 1870 ist gekennzeichnet von dem inneren und äußeren Ausbau der im → Vatikanum errungenen Stellung. Dieser bezog sich sowohl auf das Lehramt, das in der Verbindlichmachung der neuscholastischen Philosophie der kath. Welt die Grundlage eines einheitlichen Denkens schuf, als auch auf das Hirtenamt, das in Disziplin und → Kirchenrecht (: I A) die Grundlage eines einheitlichen Handelns ausbildete. - Die Reaktion gegen das *Lehramt* richtete sich vor allem gegen den → Neuthomismus, dessen Philosophie als einzige berechtigt sein sollte, Fundament des kath. Lehrgebäudes zu sein (fast alle R.katholiken und Modernisten); sie betraf die Frage der Bildung des Klerus und die Offenheit der Theologie gegenüber der zeitgenössischen Wissenschaft und Kultur; sie war schließlich gegen den Zusammenhang von Glaube und Vernunft gerichtet (Loisy, Tyrrell), in seltensten Fällen gegen das formulierte Dogma selbst (bes. Loisy in seiner späteren Zeit). Das *Hirtenamt* wurde betroffen von den zahlreichen R.vorschlägen für die kirchliche Disziplin: Index, Zölibat, Ordensleben, Laienfrage, Stellung der Katholiken zu Politik, Staat und sozialer Frage. Darüber hinaus gehen die Versuche, das starre, institutionalisierte röm. Einheitsverständnis unter einem Hirten und Lehrer selbst aufzulockern: Angriffe gegen den röm. Zentralismus, Forderung nach größerer

Vielfalt in der Liturgie, Betonung von »Universalismus«, »Weite« und »Katholizität«. Damit verbanden sich apologetische, missionarische oder auch ökumenische Ideen.

2. In kluger Zurückhaltung ließ → Leo XIII., der Nachfolger des ersten infalliblen Papstes, die Zügel des Hirtenamtes etwas lockerer. Die Zeit eines innerkath. Liberalismus brach an. Er fand seine Ausgestaltung zunächst im *Amerikanismus* I.Th. → Heckers († 1888). Hecker wollte die Protestanten für den K. gewinnen und forderte deshalb eine Einstellung auf amerikanische Art und Kultur bei gleichzeitiger Abwendung von der Scholastik und allzu »innerlicher« Frömmigkeit (Förderung der »aktiven« Tugenden). Die romanische Form müsse germanischen Inhalt gewinnen. Eigentlich nur als Ergänzung gedacht, führte der Amerikanismus doch zu einem gewissen Minimalismus in dogmatischer Hinsicht. Die französische Übersetzung (1897) einer Biographie Heckers (W.Elliott, 1891; s. Lit. bei → Hecker) fand begeisterte Aufnahme in Frankreich, hatte aber auch ihre Wirkung in Deutschland. - In → *Frankreich* (: II, 1) war die Kluft zwischen dem zeitgenössischen Denken und der kath. Kirche bes. groß. Die heftige Bewegtheit des französischen Geisteslebens vor und nach der Jh.wende zog wie von selbst auch die kath. Theologie in ihren Bann. Schon bald nach 1870 nahm die theologische Wissenschaft gewaltigen Aufschwung (Gründung der Instituts Catholiques [→ Paris: II, 4], die zu Zentren fortschrittlicher Exegese und Historie wurden), gefördert vom hohen französischen Klerus, der von gallikanistischen Tendenzen nicht frei war (Erzbischof Mignot von Albi). Priesterkongresse forderten R.en wissenschaftlicher und sozialer Natur sowie Zurückdrängung der veräußerlichten Devotion. Daneben steht Marc → Sangnier und seine Laienbewegung des »Sillon« (»Furche«, urspr. nur Name seiner Zeitschrift) mit seinem Kampf für christliche Demokratie und christlichen Sozialismus. - Ihm vergleichbar war in → *Italien* (, 5) der Priester Romolo Murri (1870-1944) und seine Democrazia Cristiana (eigene Zeitschrift »Cultura Sociale«). Mit seinem Programm: Durchdringung von Demokratie und Sozialismus mit kath. Geiste und politische Mitarbeit der Katholiken übte er gewaltige Anziehungskraft auf die Arbeiterschaft aus. Bischof → Bonomelli von Cremona versuchte, mit dem päpstlichen Anspruch auf den Kirchenstaat zugleich das päpstliche »Non expedit« aufzulösen und damit die befürchtete Auslieferung des Staates an den Atheismus zu verhindern. - In *Deutschland* stehen drei Universitätsprofessoren im Vordergrund. F.X. → Kraus, Verfasser der bekannten »Spektatorbriefe«, wandte sich gegen → »Ultramontanismus« und jesuitische Neuscholastik. Er erstrebte die Abkehr vom politischen und »Rückkehr zum religiösen K.«. Die bedeutendste Gestalt des deutschen RK. war H. → Schell, der einen »Ideal-K.« verfocht, zT unter Berufung auf R.vorschläge Kardinal → Mannings, Erzbischof Irelands und des Buches über Hecker. Seine R.schriften »Der K. als Prinzip des Fortschritts« (1897) und »Die neue Zeit und der alte Glaube« (1898) erregten Aufsehen. Er drängte weg von der Peripherie in der Religion (zB Marienverehrung, Rosenkranz) auf die Anbetung Gottes »im Geist und in der Wahrheit«. Das Kesseltreiben gegen diesen lauteren Mann, der in Rom der »planmäßigen Revolutionierung des Klerus« verdächtigt wurde, fand allgemeine Anteilnahme. Vielfach parallel zu ihm, wenn auch zurückhaltender und nicht spekulativ, sondern historisch unterbaut, wandte sich A. → Ehrhard gegen eine Betrachtung des MA als des Höhepunktes aller kirchlichen Entwicklung (»Der K. und das 20.Jh.«, 1901) und verteidigte seine Stellung gegen literarische Angriffe (»Liberaler K.«, 1902). Der Begriff RK. selbst stammt von dem mit Arbeiten über Jean Paul bekanntgewordenen Dr. Joseph Müller (* 1855). Sein Buch »Der RK., die Religion der Zukunft« (1898, indiziert 1901) behandelt neben »Apologetischen Grundfragen« und der »wissenschaftlichen R. des K.« in einem zweiten Teil auch »Praktische R.en« (zB Freigabe der Bibel, um die Gefahr eines Abfalls zum Protestantismus zu vermindern). 1901 gründete er eine eigene rk.e Zeitschrift »Renaissance«. Otto Sickenberger (* 1867) beklagt in seinen »Kritischen Gedanken über die innerkirchliche Lage« (2 Tle, 1902/04) neben dem Fehlen der »praktischen Vernunft im kath. Leben und Wirken« bes. den »extremen Antiprotestantismus im kath. Leben und Denken«. In zwei Flugschriften wandte er sich gegen Bischof → Kepplers grobschlächtige Rede über »Wahre und falsche R.« (1903). Neben diesen Männern gab es mancherlei R.vereine und -gruppen, zB die Krausgesellschaft in München seit 1904 (zeitweise unter dem Vorsitz von J. → Schnitzer). Der bedeutendste Kreis fand sich um die Zeitschrift »Das 20.Jh.« zusammen, 1902-10 von Th. → Engert geleitet, ein literarischer RK. und »Kultur-K.« um das 1903 gegründete »Hochland«. Dessen Gründer, Karl Muth (1867 bis 1944), versuchte mit Erfolg, »die literarischen Aufgaben der deutschen Katholiken« zu umschreiben (1899). Seine zunächst verneinte Frage: »Steht die kath. Belletristik auf der Höhe der Zeit?« (1898) beantwortete Muth später mit dem Hinweis auf die »Wiedergeburt der Dichtung aus dem religiösen Erlebnis« (1909). Daß selbst streng kirchlich gesinnte (Laien-)Kreise mit R.gedanken hervortraten, zeigt die Bittschrift der »Gesellschaft für christliche Kultur« in Münster um R. des → Index.

3. Gefährlicher als dieser RK. wurde für die röm.-kath. Kirche der mit eigentlichen R.vorschlägen kaum hervortretende theologische *Modernismus*. Unter weitgehender Übernahme der historisch-kritischen Methoden und Ergebnisse prot. Forscher (→ Holtzmann, → Weiß, → Jülicher, → Wrede) und in genialer Konzeption vertrat in *Frankreich* vor allem A. → Loisy eine radikale *Bibelkritik*, die sogleich auch kirchen- und dogmengeschichtliche Konsequenzen zeitigte. In seinem berühmten, gegen → Harnacks Dogmengeschichte und »Wesen des Christentums« geschriebenen Buch »L'Evangile et l'Eglise« (1902) entfernt sich Loisy in konsequenter Verarbeitung des Newmanschen Entwicklungsgedankens und des eschatologischen Verständnisses des Christentums weit von der kath. Lehre. Das Buch wurde vom Erzbischof von Paris verboten. Loisy unterwarf sich, verteidigte sich aber in einer weiteren Schrift »Autour d'un petit livre« (1903): eine geschichtliche Untersuchung könne kein Angriff auf die kath. Kirchenlehre sein. Loisy, der »Vater des kath. M.« (Heiler), hat viele seiner Zeitgenossen entscheidend beeinflußt (zB Buonaiuti); die anderen kritischen Exegeten (Msgr. d'Hulst, Lagrange, → Houtin) und Historiker seiner Generation (→ Duchesne, → Batiffol, → Delehaye) stehen ihm an Bedeutung für den M. und RK. nach. - Ebenfalls nicht unbeeinflußt von deutschen Denkern und Theologen (Kant, Schleiermacher, Ritschl, zT über den prot. französischen Religionsphilosophen Auguste Sabatier) war die französische Philosophie des 19.Jh.s (→ Frankreich: II. III) wichtigster Quellpunkt für eine neue *Apologetik*. L.Laberthonnière war um die religiöse Vertiefung der Immanenzphilosophie M. → Blondels bemüht. L.Ollé-Laprune baute seine Gottesbeweise nicht auf der Metaphysik, sondern auf der Moral auf. Der Mathematiker Ed. → Le Roy, Vertreter einer positivistischen Neuscholastik, versuchte eine Verschmelzung von → Bergsons Lebensphilosophie mit dem kath. Denken. G.Fonsegrive (1852-1917) mit seiner Zeitschrift »La Quinzaine« wollte überhaupt K. und modernes Geistesleben versöhnen.

Anti-Intellektualismus, antischolastischer philosophischer Agnostizismus und ein gewisser Immanentismus waren die gemeinsamen Kennzeichen dieser prinzipiellen und tiefgreifenden R.gedanken.

Eine völlig andere Färbung hatte der M. in *England*, wo der Geist Kardinal → Newmans kräftig nachwirkte und Kardinal → Manning i.J. 1890 »Neun Hindernisse« für die Ausbreitung des K. bezeichnet hatte (u.a. Unbildung des Klerus, Zurückdrängung der hl. Schrift, Sakramentalismus und äußeres Kirchentum, ungenügende Anknüpfung an die Voraussetzungen der Andersgläubigen, das Wirken der SJ). Der Wahlengländer Fr.v. → Hügel, der »Laienbischof der Modernisten« (Sabatier), beeinflußte nachhaltig den bedeutendsten religiösen Modernisten George → Tyrrell. Konvertit wie die genannten Kardinäle, Jesuit (1880–1907), wird er begeisterter Schüler des Thomas von Aquino, bis ihn das Studium von Newmans »Grammar of Assent« 1885 in seiner theoretischen Sicherheit irre macht. Französische Einflüsse bringen ihm die religiöse Erfahrung nahe: die hörende Kirche wird jetzt über die lehrende gestellt und zur Trägerin des kirchlichen Fortschritts gemacht, die »Lex orandi« bekommt den Primat vor der »Lex credendi«, Theologie ist nur um der Religion willen da. Trotz seines Kampfes gegen den »Sazerdotalismus«, seiner mystisch-immanentistischen Auflösung des kath. Dogmas, seiner scharfen Angriffe auf Pius X. 1907 und seines Bruches mit Orden und Kirche ist sein Werk eine Absage an den liberalen Protestantismus und eine Apologie des K. gegen ein verhärtetes röm. Kirchentum.

In *Italien* entwickelte sich ein mehr historischer und praktischer M. Salvatore → Minocchi griff die Frage der zeitgemäßen theologischen Bildung auf (Zeitschrift »Studi Religiosi« 1901–07). Bonnacorsi und nach ihm E. → Buonaiuti redigierten die »Rivista storico-critica delle scienze teologiche«. Durch Loisys Bibelkritik befruchtet arbeiteten die Exegeten Umberto Fracassini (1862–1950), der von Leo XIII. in die Bibelkommission berufen worden war, Giovanni Genocchi (1860–1926), der eine verbreitete Übersetzung der Evangelien herstellte, und der Barnabit Giovanni Semeria (1867–1931), der auch mit dogmengeschichtlichen Arbeiten hervortrat und das Bibelstudium förderte. Daneben standen die Laien Raffaele Mariano (1840–1912), der in einem von Hegel beeinflußten Ideal-K. die Einheit des Philosophischen und Religiösen fand, Alessandro Chiappelli (1857 bis 1931), der, ähnlich wie Mariano, auf ein R.papsttum hoffte, und A. → Fogazzaro, dessen Roman »Il Santo« (1905 im »Hochland« übersetzt) eine R. in franziskanischem Geiste propagierte. Seinen schärfsten Ausdruck fand der italienische M. in den gegen Pius X. gerichteten »Lettere di un prete modernista« (1908, verfaßt von Buonaiuti).

In *Deutschland* fand der konsequente M. wenig Verbreitung. Loisy wurde kaum übersetzt und gelesen, man blieb im Bereich der historizistischen Kritik. Die m.en Kämpfe der Zeit blieben hier meist auf kirchenpolitische Verwicklungen beschränkt, die vor allem die Stellung der theologischen Fakultäten betrafen. Die Zeitschrift »Das 20.Jh.« (seit 1910 »Das Neue Jh.«), von Ph. → Funk zu bedeutender Höhe geführt, ist eine umfassende Chronik der gesamten m.en Bewegung.

4. Die Indizierung Bonomellis, Jos.Müllers und H. Schells, die Amtsenthebung Genocchis und Loisys sowie die Enzyklika »Testem benevolentiae« (1899) gegen den Amerikanismus und die ersten Angriffe auf R.Murri bildeten nur das zögernde Vorspiel für den konzentrierten Angriff gegen RK. und M. unter → Pius X. (seit 1903). Als »religiöser« und »R.papst« begrüßt, schritt er sogleich energisch ein. Der Indizierung der Werke von Loisy, Houtin (1903), Laberthonnière und Fogazzaro (1906) folgte die Säuberung der → Bibelkommission, die Absetzung von Fracassini, Minocchi und Buonaiuti, schließlich die Unterdrückung der sozialpolitischen Bestrebungen Murris sowie die päpstliche Ermunterung zum Kampfe gegen Schell. Nach einem scharfen Angriff auf den italienischen M. in einem öffentlichen Konsistorium im April 1907 erging am 3. Juli ein Dekret »Lamentabili« des Hl. Offiziums, der sog. »neue → Syllabus« (Mirbt Nr. 652, Denz. 2001ff). Er enthält ein Verzeichnis von 65 Irrtümern der Modernisten, bes. aus Schriften Loisys. Am 8. Sept. folgte die umfangreiche Enzyklika »Pascendi« (Mirbt Nr. 653, Denz. 2071ff), in der die verschiedensten bibelkritischen, apologetischen, dogmatischen und rk.en Bestrebungen, scholastisch systematisiert und als »M.« bezeichnet, als »Sammelbecken aller Häresien« verdammt wurden. Der Hauptvorwurf lautete auf Agnostizismus und Phänomenalismus, Immanentismus, Symbolismus, Pantheismus und Atheismus. Die Anordnung von Gegenmaßnahmen schließt sich an (bes. Empfehlung der scholastischen Philosophie). – Während der »neue Syllabus« weniger beachtet wurde, löste die Enzyklika auf beiden Seiten heftige Bewegung aus. Mit großer Schärfe antwortete Tyrrell in der Times (1.–3. Okt.), kaum weniger scharf in Deutschland Jos. Schnitzer, in Frankreich Loisy (»Simples Réflexions«, 1908) sowie die anonymen Verfasser der Schrift »Lendemains d'Encyclique« (1908), der in Italien das »Programma dei Modernisti« (1907) entsprach. Dessen unbekannte Verfasser traf sogleich die Exkommunikation, in der Folge auch Murri, Loisy, Tyrrell und Schnitzer. Sangnier und sein »Sillon« wurden verurteilt, alle m.en Zeitschriften verboten (das »Neue Jh.« in Deutschland hielt sich bis 1914). – Pius X. fürchtete jedoch, den M. lediglich in den Untergrund zu drängen. Deshalb ersann er eine Maßregel, die jeden einzelnen kath. Theologen im Gewissen treffen sollte: durch Motuproprio »Sacrorum Antistitum« vom 1.9.1910 verlangte er einen (ursprünglich jährlich zu leistenden) → »Antimodernisteneid« auf die Kirchenlehre mit Einschluß der Enzyklika Pascendi und des »neuen Syllabus«. Allein auch dieser Weg führte nicht zum Ziele. Die Zahl der Eidesverweigerer war nur klein (am größten noch in Deutschland, bes. Diözese Rottenburg), die deutschen kath. Theologieprofessoren mußten ohnehin ausgenommen werden, da sich wegen ihrer staatlichen Stellung ernste Schwierigkeiten ergaben. So war das Hauptergebnis, daß der Papst »den offenen M. in einen latenten verwandelte« (Schnitzer).

5. Der M. war innerlich nicht besiegt. Das Jahr 1914 (Beginn des 1. Weltkrieges und Wechsel im Pontifikat) bezeichnet jedoch sein äußeres Ende. Nach dem Kriege war die geistige Umwelt völlig verändert. Die unterdrückten Impulse des RK. nahmen in der kirchlichen Erneuerungsbewegung der Nachkriegszeit anstelle der kritischen Haltung mehr die Form einer positiven Verwirklichung der zentralen Anliegen an, bes. auf der Grundlage eines neuerwachten mystisch-kirchlichen Bewußtseins (etwa Ph.Funk). »Ein Zurück zum Katholischen kreuzte sich mit einem Hin zu einem (objektiven) kath. M., für den Schleiermacher und Bergson die heimlichen Kirchenväter wurden« (Przywara, Radius 1960/4). Einzelne Impulse lebten, namentlich in Deutschland, fort und wurden fruchtbar in der Liturgischen Bewegung (→ Gottesdienst: V B, 1 h), in der Bibelbewegung, in der versuchten Überwindung eines Scholastizismus durch eine neue mystische Theologie und Anknüpfung an die Väter, bes. Augustin (Joh.Hessen), und in einem weiten universalistischen Verständnis des Katholischen (K.Adam). Das veränderte prot. Gegenüber (→ Dialek-

tische Theologie) führte zu einem neuen Gespräch zwischen den Konfessionen (R.Grosche, O.Karrer, A.Rademacher; → Una Sancta) und zu ökumenischen Bestrebungen im → Katholizismus (: II). Die Missionierung der Gebildeten machte sich der Kath. Akademikerverband zur Aufgabe. Von einzelnen Modernisten wirkte nur Buonaiuti († 1946) im alten Sinne weiter (1921 und 1924 exkommuniziert). Tyrrell war schon 1909 als Exkommunizierter gestorben, Loisy († 1940) fand nach einer Periode rein humanistischer Immanenzfrömmigkeit zu einer mystischen Religion der Liebe. J.Schnitzer und Hugo → Koch, die ihre Ämter hatten aufgeben müssen, widmeten sich einer intensiven Forschungsarbeit. Ein Nachklang des M. ist das Buch des wie → Engert während der M.krise ev. gewordenen Professors L. → Fendt »Die Lebenskräfte des kath. Dogmas« (1921), das eine Art Lebenstheologie vertritt. Auch Fr. → Heilers »Ev. Katholizität« gehört zu den ohne RK. und M. nicht denkbaren Bewegungen der Nachkriegszeit. Dichterische Ausgestaltung fand eine Nebenform des m.en religiösen Immanentismus bei Jos. → Wittig (1926 exkommuniziert). Die 30er Jahre sahen in Deutschland drei anonyme R.schriften. Angesichts des zur Macht drängenden Nationalsozialismus verfaßten kath. Theologen einen »Hilferuf aus der Gefangenschaft an die nichtkath. Welt« unter dem Titel »Der deutsche K. im untergehenden und im kommenden Reich« (hg.v. Graf E.Reventlow, 1932). Kampf gegen eine Romanisierung der kath. Kirche in Deutschland, gegen Diktatur des Kirchenrechts, Überspannung der Glaubenslehren und volksfremde Liturgie stand auf ihrem Programm. Ungleich bedeutender war das Buch »Der K. Sein Stirb und Werde« (hg.v. G.Mensching, 1937). Es greift den alten Gedanken der kath. »Inferiorität« auf, läßt als philosophische Voraussetzung die Position J.Hessens erkennen und fordert Rückführung der kirchlichen Dogmen auf religiöse Grunderlebnisse. Den zahlreichen kritischen Besprechungen (u.a. Sammlung von Aufsätzen aus ThGl: »RK.?«, 1938²) antwortete der gleiche Kreis 1940 mit dem Buch »Der K. der Zukunft« (hg.v. H.Mulert). Die Verfasser wollen kath. bleiben, leiden aber in ihrer Kirche und an ihr (Index, Zölibat, Unfreiheit der Wissenschaft, Veräußerlichung) und fordern u.a. Rückkehr zum Evangelium, Neuwertung der Reformation, religiöse Schau des Dogmas. - 1937 beklagte W.Everhard in seinem Buch »Bauschäden im Hause Gottes« die irdischen Gebrechen der Kirche. Der »Staub der Jh.e« müsse vom hochzeitlichen Gewand entfernt werden.

6. Von den *R.ideen der letzten Jahrzehnte* ist als wichtigste die Nouvelle Théologie in → Frankreich (: II, 1) zu nennen (→ Natur und Übernatur), die vor allem von Dominikanern den Vorwurf des »Neu-M.« erhielt und von → Pius XII. in der Enzyklika → »Humani generis« (1950) verurteilt wurde. Daneben steht in Deutschland die »Verkündigungstheologie«, die sich vor allem um die Aktualisierung der kath. → Predigt (: III) müht. Die Frage der R. in der Kirche untersuchte grundsätzlich der Dominikaner Y. → Congar (»Vraie et fausse réforme dans l'église«, Paris 1950), der auch einen Vorstoß in der Laienfrage wagte. Jos.Thomés Schrift über den »mündigen Christen« (1949) wurde 1955 indiziert, ebenso 1950 Jos.Kleins Bonner Antrittsvorlesung (1946) »Grundlegung und Grenzen des kanonischen Rechts« (= Skandalon, 1958, 88-113), in der er für eine »Kirche der freien Gefolgschaft« und »die Anerkennung der rechtlich nicht faßbaren freien Entscheidung zum Glauben« eintritt. In seiner Schrift »Kanonistische und moraltheologische Normierung in der kath. Theologie« (1949) wendet er sich »gegen die Juridifizierung der kath. Moral- und Pastoraltheologie« und betont die Notwendigkeit einer »Besinnung auf die ev. Elemente im Bereich der Verwirklichung des Christlichen innerhalb des Katholizismus« (Vorwort). Klein trat 1953 zur ev. Kirche über. An der »innerkirchlichen Gewissenserforschung« sind auch an maßgeblicher Stelle Laien beteiligt, so I.Fr.Görres, G. → Bernanos und G. → Papini. Den ersten Band einer »christlichen Ideologienkritik« hat R.Hernegger 1959 mit dem ohne Imprimatur veröffentlichten Buch »Volkskirche oder Kirche der Gläubigen?« vorgelegt. Auch die »Werkhefte kath. Laien« sind hier zu nennen. - Immer stärker in den Vordergrund tritt das Problem einer Aussöhnung von Naturwissenschaft und kath. Lehre. Der Paläontologe → Teilhard de Chardin SJ (1881 bis 1955), der sich um eine Verchristlichung der Evolutionstheorie bemühte, bekam Schwierigkeiten mit seinen Oberen. - Neuerdings wird die Frage nach der kath. R. eng verknüpft mit dem Suchen nach kirchlicher Einheit. Schon Arnold Rademacher hatte die Forderung einer R. der kath. Kirche als notwendige Vorbereitung für die Union bezeichnet (»Die Wiedervereinigung der christlichen Kirche«, 1937). Jos.Lortz hat dieses Thema in mehreren Arbeiten behandelt (u.a. »R. als religiöses Anliegen heute«, 1948); auch das Buch von H.Schütte »Um die Wiedervereinigung im Glauben« (1960³) will in gewisser Weise eine R.schrift sein. Schließlich ist hier H. Küng zu nennen, der seinem Buch »Konzil und Wiedervereinigung« (1960²) den bezeichnenden Untertitel »Erneuerung als Ruf in die Einheit« gab. Nicht nur von ihm wird → Johannes XXIII. als R.papst betrachtet, was zu der Hoffnung Anlaß gibt, das bevorstehende Konzil werde als »R.konzil« die Gegensätze zwischen den Konfessionen mildern.

7. Mit Recht setzt sich neuerdings die Erkenntnis durch, daß die (freilich mehr unausgesprochene) Anschauung, ausschließlich der → Protestantismus sei im Gegensatz zum röm. K. »ecclesia semper reformanda«, zu revidieren bzw. neu zu interpretieren ist (Küng: »reformieren kein ›reformatorisches‹ Reservat«). Der abendländische K. ist seit der Jahrtausendwende von einer nicht abreißenden Kette von R.bestrebungen durchzogen, unter denen die Reformation Luthers als Kind einer »Ur-Revolution« (Przywara) nur eine bes. extreme Form darstellt. In der Tat ist der *röm. K. eine Kirche der R.en,* weil er eine Kirche der Evolution ist, und eben deshalb zur Sanktionierung und Perennierung des je geschichtlich Gewordenen gezwungen. Alle R.en innerhalb des röm. K. sind deshalb eng auf diesen bezogen und unlösbar mit ihm verbunden. So legen alle R.katholiken ein warmes Bekenntnis zum K. ab. Wie schon → Jansenismus, → Deutsch- und → Altkatholizismus wollen auch alle R.katholiken kath. bleiben. Konversionen zum Protestantismus kommen kaum vor, eher noch ein Abgleiten in den Unglauben. Dagegen ist das bewußte Abrücken vom Protestantismus häufig (Loisy, Buonaiuti, Schnitzer). Tyrrell sagte noch als Exkommunizierter: »Für den Modernisten ist der K. mit all seinen Beimischungen und Entstellungen das einzig authentische Christentum.« Mit Söderblom wird man den RK. darum als »erzkath.« bezeichnen können. - Aber der RK. vertritt im Grunde einen »K. der Zukunft«, er will den K. katholischer machen als er ist, ja sogar besser kath. sein als der Papst. Damit kommt es zu einer indirekten Leugnung des obsequium in bezug auf das Lehr- und Hirtenamt des röm. Bischofs. Zwar halten die R.katholiken bewußt an der Autorität »des unverzichtbaren Lehramts« fest (Programm der ital. Modernisten), aber in der Hoffnung auf einen »R.papst« (wie schon bei → Joachim von Fiore so bei Fogazzaro, Mariano, Chiappelli, Tyrrell u.a., auch bei Heiler) tritt ein unröm. Ungenügen an der konkreten Kirche ans Licht. Damit er-

hebt sich der einzelne Gläubige über die Kirche, zB wenn die Exkommunikation nicht anerkannt und als wirkungslos bezeichnet wird (Loisy, Tyrrell, Verfasser des Programma, Schnitzer, Wittig). Man ist schon jetzt untrennbar verbunden mit der Kirche des Geistes: »Kann nicht der K. wie der Judaismus sterben müssen, um in einer größeren und erhabeneren Form weiterzuleben?« (Tyrrell). Hier mußte das Papsttum einen grundsätzlichen Angriff wittern und im M. lediglich Stolz, Ungehorsam und Widerspenstigkeit verkörpert finden.

Seit der Neuentdeckung der Reformation im Protestantismus mußte es noch deutlicher werden, daß der Unterschied zwischen allem kath. »Reformismus« (E. Troeltsch) und der Reformation in der Rückbeziehung Luthers auf das Grunddatum des Christentums liegt. Der RK. hat andere Normen, ihm ist daher die Reformation nur als eine Abstellung von Mißbräuchen allenfalls verständlich. Eine radikale Rückbeziehung auf das Evangelium Jesu Christi ist für alle »Kirchenverbesserung« nicht vonnöten, ja ist allem eifrigen Bessern durch den Blick auf den augenblicklichen betrüblichen Zustand der Kirche verschlossen. Der Vormodernist → Bourrier, der aus der Erkenntnis heraus ev. wurde, daß allein das Evangelium helfen könne, fand wenig Genossen. – Nach ev. Meinung geht es nicht um einzelne R.en in der Kirche Christi, es geht um das »nach-Gottes-Wort-reformiert«-Sein der Kirche. Der *Unterschied zwischen R. und Reformation* liegt also da, wo Luther sich von Wiclif und Hus unterschieden glaubte: »Lehre und Leben sind zu unterscheiden. Das Leben ist böse bei uns wie bei den Papisten; darum streiten und verdammen wir jene nicht um des Lebens willen ... Aber um das Wort, ob sie es rein lehren, darum kämpfe ich ... Es liegt alles am Wort, daß der Papst das Wort aufgehoben und ein anderes Wort geschaffen hat« (Herbst 1533, WATR I, Nr. 624).

Über RK. u. M.: K.Holl, Der M., 1908 (= Holl III, 437-459) - A.L.Lilley, Modernism, London 1908 - J.Kübel, Gesch. d. kath. M., 1909 - P.Sabatier, Les modernistes, Paris 1909 - N.Söderblom, Religionsproblemet inom katolicism och protestantism I: Modernismen, Stockholm 1910 - J.Schnitzer, Der kath. M. (Zs. f. Politik 5, 1911, 1-218; Darst.) - Ders., Der kath. M. (Klassiker d. Rel. 3), 1912 (Text-Bd) - Ders., RGG[1] IV, 2116ff - A.Houtin, Hist. du modernisme catholique, Paris 1913 - M.D.Petre, Modernism, London 1918 - E.Buonaiuti, Le modernisme catholique, Paris 1927 - J. Rivière, Le modernisme dans l'église, ebd 1929 (Lit.) - Ders., DThC X, 2009ff - F.Heiler, RGG[2] IV, 1795ff (Lit.) - A.Vidler, The Modernist Movement in the Roman Church, Cambridge 1934 - Hermelink III, 519ff - EKL II, 1417ff.

Zu 1 (RK. vor Leo XIII.) vgl. Schnitzer, Zs. f. Politik (s.o.) 3 ff. - *Zu 2:* A.Houtin, La question biblique ... I. II, Paris 1902/06 - Ders., L'Américanisme, ebd 1904 - G.Gazagnol, Die neue Bewegung d. K. in Frankreich, 1903 - E.Hocedez SJ, Hist. de la théol. III, Paris 1947 - F.Klein, Une hérésie fantôme, l'Américanisme, ebd 1949 - LThK[2] I, 434f. - *Zu 3:* A.ten Hompel, Indexbewegung u. Kulturgesellschaft, 1908 - G.Prezzolini, Wesen, Gesch. u. Ziele d. M., 1909 - W.Köhler, Reformismus in Italien (Wartburg 38, 1939, 67-79) - F.Heiler, A.Loisy, 1947 (Lit.). - *Zu 4:* F.Heiner, Der neue Syllabus Pius' X., (1907) 1908[2] - Ders., Die Maßregeln Pius' X. gegen den M., 1910 - A.Michelitsch, Der bibl.-dogmat. Syllabus Pius X., (1907) 1908[2] - J.Mausbach, Der Eid wider den M., 1911 - J.Bessmer SJ, Philos. u. Theol. des M., 1912 - A.Gisler, Der M., 1913[4]. - *Zu 5:* F.Heiler, Die rel. Bewegungen im röm. K. d. Gegenwart (IKZ 18, 1928, 236-257 = Im Ringen um d. Kirche, 1931, 174-197) - H.Hermelink, Innerkirchl. R.bewegungen im dt. K. d. Gegenwart (ThR NF 12, 1940, 189-235; Lit.) - J.Hessen, Geistige Kämpfe d. Zeit, 1959. - *Zu 6:* E.Kappler, Die Verkündigungstheol., Fribourg 1949 - Th.Deman, Franz. Bemühungen um eine Erneuerung d. Theol. (ThRv 46, 1950, 61-82) - EKL II, 1635ff (Lit.) - A.H.Maltha, Die neue Theol., 1960 (Lit.). - *Zu 7:* E.Troeltsch, K. u. Reformismus (Internat. Wochenschrift f. Wiss., Kunst u. Technik vom 4.1.1908, 15-26) - G.Maron, R. u. Reformation (MdKI 12, 1961, 41 ff). - Vgl. d. Lit. zu den im Text genannten Personen- u. Sachartikeln.

G.Maron

Reformkonzile *des Spät-MA.* Der Ruf nach Reformen der Kirche im späten MA ist nicht neu, auch die → Konzile (, 3) der älteren Zeit haben sich mit Reformen beschäftigt. Ihre Berufung und Leitung lag beim byzantinischen Kaiser, der Zeit, Ort und Teilnehmer bestimmte. Nach der Lösung der westlichen Kirche von → Byzanz (: II, 2) hat → Karl d. Gr. dieselben Rechte in Anspruch genommen, ebenso die Ottonen. → Otto d. Gr. leitete im Dez. 963 selbst die Synode, die → Johannes XII. absetzte und → Leo VIII. erhob, auch die in Ravenna, als 967 die Ostmission geordnet wurde. Otto III. führte den Vorsitz auf der Synode von Pavia und von Rom 998, und gemeinsam mit dem Papst im Januar 1001. Heinrich II. leitete 1014 in Ravenna den Beschluß über Rückgabe der Kirchengüter ein und wurde auf der Synode von Rom »fidelis patronus et defensor ecclesiae« genannt. Konrad II. saß im Lateran 1027 einer Synode vor, und Heinrich III. beseitigte 1046 in Sutri das päpstliche Schisma (→ Papsttum: II, 2 a). Vielfach ging es dabei auch um Reformen der Geistlichen: in Pavia wurde 1022 deren Ehelosigkeit dekretiert, 1046 die Simonie verboten. – Es war eine Verkettung politischer Umstände, die unter → Heinrich IV. die kirchliche Reform in Gegensatz zum Kaisertum brachte. Im Investiturstreit (→ Kaisertum und Papsttum, 5) nahmen die Synoden eine andere Form an. → Gregor VII. hatte nicht nur Berufung und Vorsitz, sondern dekretierte den Versammelten seinen Willen, wobei »Reform« vielfach mit dem Kampf um die → Libertas als »Los vom Kaisertum« gleichgesetzt wurde. So war die Synode von Piacenza im März 1095 ein Triumph → Urbans II. über den Kaiser und dessen schismatische Päpste. Noch triumphaler war die Versammlung von Clermont 1096 mit dem Aufruf zum → Kreuzzug und zur Bildung der Militia S. Petri unter Ausschluß des Kaisers. Die nächsten Laterankonzile stehen jeweils am Ende eines Sieges über das Kaisertum: 1123 nach dem Wormser Konkordat (→ Calixt II.), 1179 nach dem Frieden von Venedig (→ Alexander III.), 1215 nach der Absetzung Ottos IV. und der Nominierung → Friedrichs II. (→ Innozenz III.); Lyon brachte 1245 die Absetzung des Kaisers. Auch dabei ging es um Reformen: 1123 Verbot der → Simonie und der Priesterehe, 1139 Beilegung der Wirren um → Arnold von Brescia, 1179 Neuordnung der → Papstwahl und andere Reformdekrete. Die epochemachende Synode von 1215 ordnete die Überwachung der Bischofswahlen, die Inquisition und Erhebung der Kreuzzugszehnten. → Gregor X. lenkte 1274 auf dem 2. Konzil von Lyon in frühere Bahnen zurück: zur Debatte standen Reformen, Kreuzzug, Union mit den Griechen sowie Wiedereinsetzung des westlichen Kaisers als Defensor ecclesiae. Nach dem Tode → Nikolaus III. geriet das → Papsttum (: II, 2 c) ganz unter französischen Einfluß (→ Urban IV., → Clemens IV., → Martin IV., → Cölestin V.). → Bonifatius VIII. hat die Bedrohung der Libertas ecclesiae durch diese Entwicklung gesehen, aber den Kampf gegen den französischen Nationalstaat verloren. Damals wurde die Frage nach dem Verhältnis zwischen Papst und Konzil akut, als der französische König den Appell der Colonnakardinäle an ein Konzil gegen den Papst in seine politischen Pläne aufnahm. Er wollte als Defensor der Kirche das Konzil berufen, das den der Ketzerei angeklagten Papst verdammen sollte. Aber dessen gewaltsame Vorführung mißlang. Jedoch hörte die Forderung nach Verurteilung auch nach dem Tode Bonifatius VIII. nicht auf (→ Benedikt XI.). → Clemens V. hat sie nur dadurch verhindern können, daß er der Auflösung des Templerordens auf dem Konzil von Vienne (1310–12) zustimmte, das durch den französischen König beherrscht wurde. Die Streitschriften dieser Zeit, deren Verfasser mit der Universität → Paris (: II) in Verbindung stehen (Jean Lemoin, Johann von Paris), betonen die Beschränkung der plenitudo potestatis durch das Konzil. → Marsilius von Padua führt das weiter aus. Auf dieser Basis führt auch → Ockham (, 4) seinen Kampf gegen Avignon: In Glaubensfragen ist die Synode dem Papst überlegen, denn ein allgemeines Konzil kann ohne den Papst unter Beteiligung der Könige, Fürsten und anderen Laien einberufen werden. Das sind Leitsätze, die auch in den Schriften zZ der großen R. wiederkehren, die an Lemoin, Durandus und an deren Vorgänger anknüpfen können. Theoretisch Neues bringen sie nur in Verfahrensfragen und in der Betonung der vom Papst möglichst unabhängigen Landeskirchen. Die Ursache dieser Bewegung ist aber wiederum politisch. Sie wird hervorgerufen durch die Siege der Engländer, durch den starken Druck des kurialen Fiskalismus auf die französische Kirche und auf die Pariser Universität, ohne daß ein Herüberziehen der römischen Obödienz nach dem Tode → Clemens (VII.) noch möglich erschien. So forderte die französische Synode von Paris 1395 die Abdankung *beider* Päpste, und am 27.7.1398 kündigte Frankreich seinem Papst → Benedikt (XIII.) den Gehorsam. So begannen die gallikanischen Freiheiten (→ Gallikanismus), die auf der Pariser Versammlung von 1407 beschlossen wurden. Alle Redner forderten sie, nur im Temperament merkt man Unterschiede: mäßigend → Gerson und Clemanges, anders im Ton die ehrgeizigen Kardinäle → Petrus von Ailli und Fillastre, der reiche Staatsmann und Patriarch von Alexandrien, Cramaud, oder der gewissenlose Volksredner Jean Petit. Die Deutschen → Konrad von Gelnhausen und → Heinrich von Langenstein verließen bald Paris. Benedikt (XIII.) behielt nur Spanien, Schottland sowie die Grafschaften Foix und Armagnac. Die römischen Päpste von → Bonifatius IX. bis → Gregor XII. stützten sich auf Italien und Deutschland (Ruprecht von der Pfalz). England hatte an diesem diplomatischen Spiel wenig Anteil, dort war eine »Landeskirche« am weitesten durchgeführt. Das schon von Marsilius und Ockham angeführte Notstandsrecht griffen jetzt die Kardinäle beider Obödienzen auf, um zur Einheit zu kommen. Dabei macht sich das oligarchische Element der Kardinäle bemerkbar. Sie knüpfen an Lehren des Ostiensis und Jean Lemoin an und begründen damit die Einberufung des Konzils von Pisa, während der Papst Versammlungen nach Perpignan und Cividale berufen hatte. Unterstützt von den Franzosen setzt das *Konzil von Pisa* am 5.6.1409 Gregor XII. und Benedikt (XIII.) als Schismatiker und Häretiker ab und wählt am 26.6. Petrus Philargi (→ Alexander V.), der am 7.8. die Synode schloß (vgl. bereits Huguccio, Summa, ad Dist. 63 c. 23: cardinales possunt deponere papam propter haeresim). Aber das Schisma war nicht beseitigt, statt zwei hatte man drei Päpste. – In Deutschland war die Haltung gegenüber dem Pisaner Konzil nicht einheitlich (Streit Ruprechts und Wenzels). Auf dem Frankfurter Fürstentag vom Jan. 1409 neigten westliche Bischöfe unter Führung des Mainzer Johann II. (von Nassau) zu Frankreich, während Heidelberger Professoren (Postillen) sich gegen die Kardinalssynode aussprachen. Als → Johannes (XXIII.) vor Ladislaus von Neapel aus Rom fliehen mußte, wandte er sich an König → Sigismund wegen Einberufung eines Konzils. Der König schlug *Konstanz* als Tagungsort vor, und Johannes (XXIII.) erließ die Einladungsbulle. Bei reger Teilnahme wurde hier unter Sigismund als Defensor ecclesiae das (nach röm. Zählung) 16. allgemeine Konzil gehalten (5.11. 1414 bis 22.4.1418). Von den drei gestellten Aufgaben (causa fidei, unionis und reformationis) wurde die erste durch die Verurteilung der Lehren → Wiclifs und → Huß' schnell erledigt. Die zweite war schwieriger, weil Johannes (XXIII.) mit Hilfe italienischer Prälaten auf allgemeine Anerkennung hoffte. Aber man änderte das Abstimmungsverfahren, stimmte nach Nationen (4, nach Beitritt Spaniens 5) und verlangte Johanns Abdankung. Dieser floh am 21.3.1415 aus Konstanz und suchte bei Herzog Friedrich von Tirol Schutz. Durch energisches Eingreifen rettete Sigismund das Konzil. Es erkannte in der 3. bis 5. Session nach Dekretierung des Notstandes die Überordnung des Konzils an und setzte Johannes (XXIII.) ab, später (26.7.1417) auch Benedikt (XIII.). Gregor XII. hatte durch seinen Legaten Malatesta erklären lassen, daß er zur Abdankung vor dem Konzil bereit sei. Das geschah am 4.7.1415, und von diesem Datum ab bis zur Wahl → Martins V. (11.11.1417) regierte das durch den Legaten Gregors XII. berufene Konzil die Kirche allein. Somit gelten Urban VI. und Gregor XII. als rechtmäßige Päpste, während die Stellung der Pisanerreihe strittig ist. Manche halten Konstanz nur von der Berufung durch Gregors Legaten an als ökumenisches Konzil. Aus diesem Sachverhalt ergeben sich die späteren Kämpfe um die Gültigkeit der Session 3–5. – Auch der 3. Punkt der Tagesordnung, die Kirchenreform, kam voran. In der 39. Sitzung (9.10. 1417) wurden 5 Dekrete verkündigt: Bestimmungen über weitere Konzile, Maßnahmen gegen ein neues Schisma, Ablegung eines Glaubensbekenntnisses seitens des Papstes, Aufhebung des päpstlichen Spolien- und Prokurationsrechts. Für Einzelheiten nahm man Sonderverhandlungen mit den Nationen in Aussicht (Konkordate) und setzte Termin und Ort für ein neues Konzil fest. – Um dem Dekret »Frequens« nachzukommen, berief Martin V. zum April 1423 eine Synode nach Pavia ein. Sie wurde bald nach Siena verlegt und beschäftigte sich mit dem Ausgleich in der Hussitenfrage (→Huß, 2), vertagte aber die Reform auf ein neues Konzil. Dieses wurde auf Druck von England und Frankreich für 1431 nach *Basel* berufen. Aber vor der Eröffnung starb Martin V. Er hat eine geradezu ungeheure Aufgabe für die Reform der Kirche bewältigt (vgl. K.A.Fink, ThQ 126, 1946, 110–122) und auch bei der Berufung eines Konzils die Fürsten ausgeschaltet. Jetzt aber trat das ein, was er wahrscheinlich vermieden hätte: der Konflikt zwischen Konzil und Papst, der über die Verfassungsfrage der Kirche ausbrach und zu einer neuen Spaltung führte. Ohne rechten Grund hatte → Eugen IV. am 18.12.1431 das Konzil aufgelöst und ein neues zwecks Union mit den Griechen nach *Bologna* berufen, das später nach *Ferrara* und *Florenz* verlegt wurde, auch die Union mit den Griechen herbeiführte (→ Einigungsbestrebungen: I, 3). Basel erkannte jedoch die Auflösung nicht an, und die unglückliche Politik Eugens gegenüber den Hussiten gab der Konzilsidee neuen Auftrieb. Die Versammlung bestätigte den Konstanzer Beschluß von der Überordnung des Konzils, und Sigismund unterstützte dessen Hussitenpolitik. Auch der versöhnliche → Nikolaus von Kues stand zunächst auf der Seite des Konzils (De concordantia catholica libri tres, 1433), trat aber später auf die päpstliche Seite und wirkte als Legat für die Union. In Basel überwogen die niederen Geistlichen die Bischöfe und verstärkten damit die Abhängigkeit der Versammlung von weltlichen Fürsten. Die Beratungen führte man in Kommissionen, in denen auch die 4 Nationen vertreten waren, die Beschlüsse wurden in den Generalkongregationen gefaßt. Man beriet in 4 Gremien: deputatio fidei, pacis, reformationis, pro communibus. Nach dem Nachgeben des Papstes von 1433 brach aufs neue der Konflikt in der Unionsfrage aus. Der Führer der Mehrheit im Konzil, Kardinal d'Aleman, wollte mit den Griechen in Basel oder Avignon verhandeln. Eugen

IV. unterstützte die Minderheit und ging nach Ferrara. Darauf setzte Basel den Papst, der aus Rom vor einer Revolution hatte fliehen müssen, am 25.6.1439 als Häretiker ab und wählte → Felix V. Jetzt nahm Eugen IV., nachdem er in den Unionsverhandlungen mit den Griechen zum Ziel gekommen war, solche mit den Fürsten auf. Auch Frankreich erkannte ihn an, allerdings unter Wahrung der gallikanischen Freiheit in der Pragmatischen Sanktion von Bourges (7.6.1438). Friedrich III. trat 1445 mit Eugen in Verbindung, aber erst dessen Nachfolger → Nikolaus V. schloß mit ihm das Wiener Konkordat. Die Synode endete 1449 ruhmlos in Lausanne. Was damals von einem Kaiser zu erreichen gewesen wäre, hatte Sigismund in Konstanz bewiesen. Aber der Verfall des Reiches seit der Goldenen Bulle (1356) hatte zur endgültigen Abdankung des ursprünglichen Defensor ecclesiae geführt. → Dietrichs von Nieheim Schriften über die Kaiser sind ein kärgliches Nachwort, die Zersplitterung → Deutschlands (: I, 2 c) auch in kirchlichen Fragen war nicht aufzuhalten. Unter den Rovere-Päpsten haben die fürstlichen Gegner die konziliare Idee nochmals für ihre Zwecke auszunutzen versucht: unter → Sixtus IV. durch das operettenhafte 2. Konzil von Basel des Zamometic 1482 und Ludwigs XII. Ruf nach Pisa 1511 zur Stützung der Pragmatischen Sanktion, dem → Julius II. im 5. Laterankonzil 1512 begegnete. Die Bulle »Pastor aeternus« (19.12.1516; Mirbt Nr. 414) verdammte diese Bestrebungen und kehrte zur Konstitution Bonifatius' VIII. »Licet Romanus pontifex« zurück. Damit war die weitere Entwicklung festgelegt, die zwar im → Gallikanismus, → Jansenismus und → Febronianismus den Konziliarismus zeitweise wiederaufleben ließ, aber dennoch unaufhaltsam auf den Ausbau des päpstlichen Primats (→ Papat) und die Definierung der → Infallibilität des Papstes hindrängte (→ Vatikanum; c. 218 § 1 CIC: Romanus Pontifex ... habet ... supremam et plenam potestatem iurisdictionis in universam ecclesiam).

Qu.: Acta Concilii Constantiensis, hg.v. H.Finke, 4 Bde, 1896 bis 1928 - Concilium Basiliense. Studien u. Qu. zur Gesch. d.Konzils von Basel, hg.v. J.Haller u.a., 8 Bde, 1896-1936 - Concilium Florentinum, Documenta et scriptores, hg.v. G.Hofmann u.a., 7 Bde, Rom 1940-58 - Mansi XXVI-XXVIII - Dt. Reichstagsakten, Ältere Reihe, Bd I-XVII/2, 1, 1867-1956 - A.Mercati, Raccolta di Concordati..., Rom (1919) 1954². - Lit.: H.Finke, Forschungen u. Qu. zur Gesch. d. Konstanzer Konzils, 1889 - J.Haller, Papsttum u. Kirchenreform I, 1903 - J.Hollnsteiner, König Sigismund auf dem Konstanzer Konzil (MIÖG 41, 1926, 185-200) - H.Heimpel, Dietrich v. Niem, 1932 - Haller V - B.B.Tierney, Foundation of the Concilian Theory, Cambridge 1955 (dazu M.Seidlmayer, ZSavRG Kan.Abt. 43, 1957, 374-387) - Seppelt IV², 1957, 240ff. 484ff (reiche Lit.) - E.F.Jacob, The Conciliar Movement in Recent Study (BJRL 41, 1958/59, 26 bis 53; Lit.) - J.Gill SJ, The Council of Florence, Cambridge 1959.

F.Bock

Réfugiés → Hugenotten.

Regalien waren die dem König als solchem zustehenden Hoheits- und Vermögensrechte (regalia maiora und minora). Schon der fränkische König hatte das ausschließliche Münz-, Zoll- und Marktrecht (dh das Recht der Bewilligung von Marktgründungen). Dazu traten im MA das Geleitsrecht, das Recht des Judenschutzes, das Heimfallsrecht (dh das Recht der Einziehung erledigter Lehen), schließlich das Bergregal, das Fischerei- und Jagdregal usw. Teilweise übte der König die R. selbst aus, zT war ihre Nutzung übertragbar. Eine wichtige Funktion der R. war die, daß dem Nutzungsberechtigten mit ihrer Übertragung gewisse öffentliche Pflichten auferlegt werden konnten. - Die Bezeichnung »iura regalia« taucht erstmals im 12.Jh. im Zusammenhang mit dem → Investitur-Streit auf. Die Trennung der weltlichen Gewalt von der geistlichen erforderte auch eine Scheidung des bislang einheitlich betrachteten → Kirchengutes unter dem Aspekt des Verfügungsrechts über die einzelnen Vermögensmassen. Der R.besitz verpflichtete zum servitium regis, dh zu Dienstleistungen an den König. Auf der gleichen Wurzel beruhte das 1220 aufgehobene → Spolienrecht des Königs und das R.-recht (das Recht der finanziellen Zwischennutzung von Kirchengut im Falle der Vakanz), auf das Otto IV. 1209, Friedrich II. 1213 Verzicht leistete (Goldene Bulle von Eger). Das Privilegium primae conventionis Papst Paschalis' II. vom 12.2.1111, beruhend auf seinen Vertragsverhandlungen mit Heinrich V. (MG Const I, Nr. 90, S. 141), enthält eine hierfür bedeutsame Definition der R. - Eine zweite wichtige, nach Inhalt und Anlaß verschiedene Definition der R. geben die Gesetze → Friedrichs I. vom Ronkalischen Reichstag im Nov. 1158 (MG, aaO Nr. 175, S. 244f). Sie ist aus der Revindikationspolitik Friedrichs I. in Italien zu verstehen. Nach und nach gingen in Deutschland nahezu alle R. an die Territorialfürsten über und spielten eine bedeutsame Rolle für die Ausbildung der Landeshoheit.

J.Ficker, Über das Eigentum des Reichs am Reichskirchengute, Wien 1873 - A.Pöschl, Die R. der mittelalterl. Kirchen, 1928 - A. Erler, Die Ronkalischen Gesetze des Jahres 1158 (ZSavRG, Germ. Abt. 61, 1941, 127-149) - H.Thieme, Die Funktion der R. im MA (ebd 62, 1942, 57-88) - I.Ott, Der R.begriff im 12.Jh. (ebd, Kan. Abt. 66, 1948, 234-304).

A.Erler

Regen. Der R. als ersehnte und erbetete → Macht (: I) der → Fruchtbarkeit wie als gefürchtete Macht der Zerstörung spielt in allen Religionen eine große Rolle. Die Schwierigkeit, eine solche religiöse Potenz richtig zu erfassen und religiös einzuordnen, liegt in der rein praktischen Bedeutung des R.s. Ein mythographischer Schluß kommt hinzu: als undurchschaubare, zum → Himmel (: I) in Verbindung stehende Größe muß der R. eben mit Zeus oder Indra zu tun haben. Ein analogischer Erklärungsschluß rundet das Bild ab, daß der R. ja Fruchtbarkeit bringt und deshalb zB bei Indra als träufelnder Stier (vgl. → Stierdienst) dargestellt wird und so in den großen Zusammenhang von sog. Fruchtbarkeitssymbolen, -mythen und -riten gehört. So gewiß diese drei Deutungsansätze angemessen sind und Gedankenverbindungen wiedergeben, die zu den R.-»Kulten« und R.-Gottheiten gehören, so wenig hat man mit diesen rationalen Konklusionen das Moment erfaßt, woran sich religiöses Tun mit dem R. knüpft. Es kommt nämlich zuvörderst nicht auf den R. überhaupt an, sondern die Kontingenz des R.s ist das erregende, → Kultus wie → Mythos in Bewegung setzende Moment: R. zur rechten Zeit! Wie das Staats-»Orakel« von gNas-tschung den Anfang des R.s bestimmt, so gilt das Jahres-Opfer der Ewe dem R. in seinem Verhältnis zur rechten Zeit. Die religiöse Bedeutung des R.s entspringt dem Mysterium der Kontingenz, und die kultische Bedeutung des R.s kreist um das rechtzeitige Öffnen bzw. Schließen seiner Schleusen. Der R.-Zauber gehört zu den religionsgeschichtlichen Phänomenen, die seit der Aufklärung immer wieder als Erweis puren Afterglaubens dienen. Wenn aber der Kosmos eine mythisch wie kultisch apperzipierbare Einheit darstellt, dann ist der Gedanke nicht von der Hand zu weisen, daß Beginn wie Ende des R.s kultisch dargestellt und so verwirklicht werden kann. Für das Analogie-Denken früher religiöser Logik bietet die Praxis der R.-Kulte, in denen das Ausgießen oder Emporspritzen von → Wasser wie das Benetzen von R.-Steinen eine große Rolle spielt, bes. handgreifliche Beispiele.

ERE X, 561ff - E.Samter, Altröm. R.zauber (ARW 21, 1922, 317-339) - HWDA VII, 577ff - L.Franz, Religion u. Kunst der Vorzeit, 1937 - E.J. u. J.D.KRIGE, The Realm of a Rain-Queen, London (1943) 1947, 271ff - ELIADE §§ 53. 60 - G.ECKERT, Das R.mädchen. Eine mazedonisch-kaukasische Parallele (Tribus 1, 1951, 98-101) - AD.E.JENSEN, Mythos u. Kult bei Naturvölkern, (1951) 1959² (s. Reg. s.v. R.zeremonie) - W.H.J.RANGELEY, Mboka, the Rainmaker (Nyasaland Journal 1952, 8-27) - H.ECKHARD, Somakusa [Rain Magic] (Sinologica 3, 1953, 174-189) - J.ROUCH, Rites de pluie chez les Songhay (BIFAO 15, 1953, 1655-1689) - THOMPSON (Index s.v. Rain). - Weitere Lit. s. → Drache, → Gewitter, → Wetter.

C.H.Ratschow

Regenbogen. In fast allen Mythologien spielt der R. eine Rolle. Aber man kann seine mythische Bedeutung nicht typologisch festlegen oder eingrenzen. Der R. ist reines Vorstellungsbild als → Brücke zwischen Ober- und Unterwelt. Diese Aneignung findet sich im Altgermanischen, in Pueblo-Vorstellungen in Japan wie bei den Bashada in Süd-Abessinien. Dabei dient er als Götterweg, als Weg der Toten wie als Pfad für den → Urmenschen oder den ersten König vom → Himmel herab. Aber der R. kann auch Waffe des Gottes sein: der Bogen des Gottes in der Flut-Vorstellung des AT (Gen 9, 8ff) wie bei den Finnen und Indern, das Schwert des trô bei den Ewe. Sodann spielt der Aufsatzpunkt des R.s auf der Erde eine Rolle. Wo der Bogen aufsetzt, ist das Haus eines Totengeistes, wie die Baka annehmen. Dort sitzt, nach den Baja im Sudan, eine Eidechse und spannt ihren Unglücksbogen zu einer anderen Eidechse, die man fangen und töten muß, um den Bogen zu zerstören. Die Vorstellungen, die sich an den R. anschließen, sind ungemein vielfältig. Er kann gute wie böse Bedeutung haben. Eine vorwiegend mythische Einordnung läßt sich nicht erkennen.

ERE X, 371f - HWDA VII, 586ff - THOMPSON (Index s.v. Rainbow). - Weitere Lit. s. → Brücke. *C.H.Ratschow*

Regensburg. Neben der Keltensiedlung entstand 179 nChr ein Legionslager ohne Stadtrecht. In römischer Zeit ist ein christlicher Friedhof (Kirche St. Georg?), aber kein Bischof nachweisbar. Im 6.Jh. war R. Residenz der Agilulfinger Herzöge, seit Ludwig dem Deutschen Hauptstadt des Ostfränkischen Reiches und Sitz der letzten Karolinger. Als zweitgrößte Stadt Deutschlands und Metropole des Osthandels wurde R. 1250 gegen den Widerstand von Herzog und Bischof reichsunmittelbar. Im Spät-MA bestanden in R. 5 reichsunmittelbare Herrschaften: Bürgerschaft, Bischof, Kloster St. Emmeram und die beiden Kanonissenstifte Ober- und Niedermünster. 1542 wurde die Reformation eingeführt, 1541 fand das R.er Religionsgespräch statt (→ Einigungsbestrebungen: II, 1 b, → Gropper), 1663-1806 war R. Sitz des »Ewigen Reichstages«. 1810 kam die Stadt aus dem Besitz des Fürsterzbischofs von → Dalberg (seit 1802) an Bayern. - 739 übergab → Bonifatius die *Diözese,* die er damals errichtete, den Äbten von St. Emmeram zur Leitung (bis 974). 798 wurde sie dem Erzbistum → Salzburg, 1817 → München unterstellt. 973 wurde Böhmen mit Ausnahme des Egerlandes (bis 1821) abgetrennt. Bedeutende Bischöfe waren der hl. Wolfgang (972-94), → Albert d. Gr. (1260-62), Wilhelm Graf von Wartenberg (1649-61), → Sailer (1829-32), Wittmann (1832-33), → Senestréy (1858-1906), Buchberger (seit 1927). Das Gebiet des *Hochstiftes* war verhältnismäßig klein (1802: 26-32000 Untertanen). - Bestand des Bistums 1960: 1233380 Katholiken in 46 Dekanaten mit 596 Pfarreien (1438: 444), 70 Benefizien, 101 Exposituren, 1419 Welt- und 317 Ordenspriester.

Verhandlungen d. Hist. Vereins von Oberpfalz u. R., 100 Bde, 1832ff - F.JANNER, Gesch. d. Bischöfe von R. (bis 1507), 3 Bde, 1883 bis 1886 - A.BRACKMANN, Germania Pontificia I, 1911, 267ff - Matrikel der Diözese R., 1916 - Jahresbericht d. Vereins zur Erforsch. d. R.er Diözesangesch., 1926-53 - L.THEOBALD, Die Reformationsgesch. d. Reichsstadt R., 2 Bde, 1936/51 - J.WIDEMANN, Die Traditionen d. Hochstiftes R., 1943 - G.SCHWAIGER (→ Passau) - AnnPont 1960, 410. *J.Staber*

Reger, *Max* (19.3.1873 bis 11.5.1916), Komponist, * in Brand (Bayern), † bei einem Besuch in Leipzig, stammte aus einer kath. Lehrerfamilie und wuchs in Weiden (Oberpfalz) auf. R. studierte 1891-95 bei H. → Riemann in Sondershausen und Wiesbaden. 1905/06 hatte er in München eine Lehrerstelle für Kontrapunkt an der Kgl. Akademie inne, 1907 wurde er in Leipzig Universitätsmusikdirektor und Kompositionslehrer am Konservatorium, 1911 berief ihn sein Gönner Herzog Georg II. als Hofkapellmeister nach Meiningen. Seit 1915 lebte er in Jena (intensive freie Konzert- und Kompositionstätigkeit). - Mit Ausnahme der Oper und der Orchestersymphonie hat sich R. fast allen musikalischen Schaffenszweigen gewidmet. Als einer der bedeutendsten Komponisten seiner Zeit tat er den ersten Schritt, die ev. Kirchenmusik aus ihrem peripheren Dasein im 19.Jh. herauszuführen (→ Musik: V, 8). Trotz seiner vor allem durch K. → Straube herbeigeführten starken Begegnung mit Bach ist seine Musik nicht restaurativ, sondern in die Zukunft weisend und stilbildend. In seinem geistlichen Schaffen kommt neben großen Werken die gottesdienstliche Gebrauchsmusik zu neuer Geltung. Außer seinen hervorragenden Orgelwerken sind seine (von J.Smend und F.Spitta angeregten) Choralkantaten (unter Einbeziehung von Gemeindegesang), Motetten und Lieder sowie der 100. Psalm hervorzuheben.

GA hg.v. M.R.-Institut Bonn, 1954ff - F.STEIN, Themat. Verzeichnis der im Druck ersch. Werke von M.R., 1953. - Über R.: H.POPPEN, M.R., (1918) 1947³ - F.STEIN, M.R., 1939 (grundlegend, Lit.- u. Werkverz.) - O.SÖHNGEN, M.R.s Stellung in der kirchenmusikal. Entwicklung (MuK 13, 1941, 53-63. 79-87. 118-127. 135 bis 143 = Die Wiedergeburt der Kirchenmusik, 1953, 122-146) - DERS., M.R. u. die Kirchenmusik (Mitt.en des M.R.-Instituts 10), 1959 - K.STRAUBE, Briefe, 1952. - Cantate-Schallplatten: 2 Choralkantaten sowie geistl. Lieder, Toccata u. Fuge c-moll sowie a-moll, 2 Choralfantasien. *W.Blankenburg*

Regiment, *geistliches und weltliches* → Zwei-Reiche-Lehre.

Regino, Mönch und 892 Abt von → Prüm, seit 899 von St. Martin zu Trier, verfaßte ein Werk zur Besserung des Kirchengesangs, ein Handbuch des → Kirchenrechts (: II A, 1 c) für die → Send-Gerichte und eine Chronik von Christi Geburt bis 906, eine wertvolle Quelle, die Adalbert von Magdeburg bis 967 fortsetzte. Das Prümer Urbar (892/93) geht auf ihn zurück.

MPL 132 - De synodalibus causis ed. F.G.A.WASSERSCHLEBEN, 1840 - De harmonica institutione ed. E.DE COUSSEMAKER, 1867 - Chronicon ed. F.KURZE, 1890. - MANITIUS I, 695ff - P.FOURNIER u. G.LE BRAS, Hist. des collections canoniques I, 1931, 244ff - CH.E. PERRIN, Recherches sur la seigneurie rurale en Lorraine, 1935 - G. FLADE, ThStKr 106, 1934/35, 213-240 - DERS., Vom Einfluß des Christentums auf die Germanen, 1936 - H.LÖWE, Rhein. Vjbll. 17, 1952, 151-179 - K.F.WERNER, Welt als Gesch. 19, 1959, 96-116. *H.Löwe*

Regularkirchen, die den Klöstern gehörigen Kirchen (→ Pfarrer: II, 1).

Regularkleriker

1. Grundsätzlich - 2. Mindere R.

1. R. im weiteren Sinne sind alle Priester mit Ordensgelübden, im engeren Sinne die im 16. und 17.Jh. entstandenen → Orden zur Förderung der kirchlichen Reform. Zu den letzteren gehören die → Theatiner 1524, → Barnabiten 1530, → Somasker 1532, → Jesuiten 1534, die R. der Mutter Gottes 1583, → Kamillianer 1584, die

Minderen R. 1588 (s. 2), → Piaristen 1597 und die R. Mariens von der Unbefleckten Empfängnis 1673.

DDC III, 872ff - Canonicorum Regularium Sodalitates, 1954.

2. *Mindere R.* (CMR) heißen die Mitglieder des 1588 in Neapel von Johannes Augustin Adormo, dem hl. Franz Caracciolo und Fabricius Caracciolo gegründeten und von Papst Sixtus V. »Clerici Regulares Minores« genannten und genehmigten Ordens. Paul V. bestätigte 1605 und 1612 die Konstitutionen, die 1932 dem neuen Kirchenrecht angeglichen wurden. Die Mitglieder legen ein 4. Gelübde ab, weder ein Ordensamt noch eine kirchliche Würde erstreben zu wollen. Der hl. Franz Caracciolo führte die ewige Anbetung im Orden ein. Alexander VII. gewährte, daß immer ein Glied Consultor der S. Congregatio Indicis sei. Der Orden breitete sich in Neapel, Portugal und Spanien aus, von wo er aber 1834 vertrieben wurde. Er entfaltete in Seelsorge, Unterricht der Jugend und Krankendienst eine ersprießliche Tätigkeit. Die Generalkurie ist in Rom.

HEIMBUCHER II, 119ff - ESCOBAR I, 843ff. *Ph.Hofmeister*

Reguliert, *regularis,* im kath. Kirchenrecht 1. die zusammenfassende klosterrechtliche Qualifizierung aller vier Gruppen der eigentlichen → Orden (cc. 488 n. 7. 491 § 1 CIC); 2. im besonderen die *regulierten Chorherren,* zu denen die Augustiner-Chorherren (→ Augustiner, 1), die Kreuzherren (→ Kreuz, Orden und Kongregationen, 1 a) und die → Prämonstratenser gehören. *H.Barion*

Rehabeam, Sohn → Salomos, *König von → Juda* 926 bis 910 vChr (1Kön 12; 14, 21-31). Nachdem er in Juda und → Jerusalem kraft Erbfolge König geworden war, begannen Verhandlungen über einen Vertrag mit dem »Nordreich« (→ Israel: I, 10), das innerhalb des davidisch-salomonischen Großreichs seine Selbständigkeit nicht verloren und das Recht behalten hatte, die Königskrone von sich aus zu vergeben. Diese Verhandlungen scheiterten an der unnachgiebigen Haltung R.s, der sich weigerte, die unter Salomo unerträglich gewordenen Lasten der Israeliten zu erleichtern. Diese erhoben daraufhin → Jerobeam I. zu ihrem König. Damit zerbrach die Personalunion, die zwei Generationen hindurch zwischen Israel und Juda bestanden hatte, und mit ihr zwangsläufig auch das von → David geschaffene Großreich. Die → Stämme Israels blieben fortan bis zum Verlust ihrer nationalen Selbständigkeit in zwei meist rivalisierenden Kleinstaaten organisiert. Im Zuge der Konsolidierung seiner Herrschaft scheint R. das Kerngebiet Judas durch *Festungen* gesichert zu haben (2Chr 11, 5-12; von Junge erst → Josia zugeschrieben). Anläßlich des Feldzuges des ägyptischen Pharao Schoschenk nach Palästina (→ Jerobeam I.) mußte R. diesem einen Tribut aus dem Tempelschatz zahlen.

Vgl. die Darstellungen der Gesch. → Israels u. die Kommentare zu den → Königs- u. → Chronikbüchern. Zum Schoschenk-Feldzug s. die Lit. zu → Jerobeam I. - Zu den Festungen: G.BEYER, Das Festungssystem R.s (ZDPV 54, 1931, 113-134) - E.JUNGE, Der Wiederaufbau des Heerwesens des Reiches Juda unter Josia (BWANT IV, 23), 1937, 73-80 - A.ALT, Festungen u. Levitenorte im Lande Juda (ALT II, 306 bis 315). *R.Bach*

Rehabilitation hat Wiedereingliederung behinderter Personen in berufliches und gesellschaftliches Leben zum Ziel. Christliche → Krankenpflege und Fürsorge haben zwar schon immer in ihren Heil-, Schulungs- und Lehrwerkstätten bei den Körper-, Organ- und Sinnesgeschädigten die Fähigkeit zur Selbsterhaltung möglichst aus eigener Kraft und dadurch Gottvertrauen zu wecken versucht. Das von fast allen Kulturstaaten übernommene und gesetzlich geregelte R.sprogramm erstrebt darüber hinaus verantwortliche Teilnahme auch des Geschädigten - sofern im Vollbesitz der Intelligenz - am Gemeinwohl durch folgende Maßnahmen: 1. *medizinische:* Rückgewinnung der Arbeitskraft bzw. Ausgleich des körperlichen Schadens durch ärztliche und therapeutische Maßnahmen (→ Leiden: V), durch Versorgung mit Hilfsgeräten; 2. *schulische:* Schaffung theoretischer Voraussetzungen für einen dem Behinderten angemessenen Beruf; 3. *berufliche:* Vermittlung sinnvoller Tätigkeit durch Umschulung oder Ausbildung; 4. *ökonomische:* möglichst Erlangung wirtschaftlicher Unabhängigkeit, zB von öffentlicher Hilfe. Immer ist 5. die *gesellschaftliche* (soziale) R. oberstes Ziel. Die Durchführung der R. liegt in Händen der öffentlichen und karitativen Fürsorge, auch vieler Fachkräfte (Ärzte, Therapeuten, Pädagogen, Berufsausbilder, Psychologen, Arbeitsvermittler, Fürsorger), und erfolgt in Spezialkliniken, Umschulungs- oder Lehrwerkstätten. Die Kosten tragen in Deutschland Pflichtversicherung oder öffentliche Fürsorge. Christliche Fürsorge stellt ihre Einrichtungen der R. zur Verfügung, weil nach Gottes Willen in *jedem* Menschen Verantwortung für den Nächsten geweckt werden soll. Wichtigstes Anliegen ist ihr dabei die seelisch-geistige Gesundung der Geschädigten; deswegen kommt hier bes. der → Seelsorge Bedeutung zu.

H.HOSKE, Wiederherstellung der Lebenstüchtigkeit geschädigter Menschen, 1955 - W.DICKE, R. eine Weltaufgabe (Innere Mission 45, 1955, 360-365) - DERS., Problem der R. u. der karitativen Wohlfahrtspflege, 1956 - K.A.JOCHHEIM, Grundlagen der R. in der BRD, 1958 (Lit.). *W.Dicke*

Rej, *Nikolaus* (1505-69), Gutsherr von Nagłovic und Oksza, königlicher Sekretär, mehrmals Sejm-Abgeordneter, durch schöpferische Neugestaltung fremder Vorlagen, Übersetzungen und eigene Werke in polnischer Sprache »der Vater des polnischen Schrifttums«, ist die markanteste Persönlichkeit des ref. polnischen Adels im 16.Jh. Theologisch Autodidakt, verfolgte R. bei entschiedener Abgrenzung vom Katholizismus und Antitrinitarismus das Ziel einer überkonfessionellen ev. Kirche in → Polen. In religiös-ethischen Dramen und Dialogen, einer vielgelesenen Postille, einer Erklärung der Apk und einer anschaulich-realistischen, im polnischen Volkstum wurzelnden Erziehungstrilogie (»Lebensbild«, »Tiergarten«, »Menschenspiegel«) hat er seine kritischen und gestaltenden Ideen entfaltet.

A.BRÜCKNER, M.R., 1905 (poln.) - K.VÖLKER, KG Polens, 1930 - K.KREJČÍ, Gesch. der poln. Lit., 1958, 52ff. 539ff. *E.Peschke*

Reich Gottes

I. Im Judentum und NT - II. Theologiegeschichtlich - III. Dogmatisch

I. Im Judentum und NT

1. Im antiken Judentum - 2. Im NT

1. Der im NT vorliegende Ausdruck R.G. (Herrschaft Gottes) hat auch von der Sache her seine Voraussetzung im *antiken Judentum,* und dieses führt Zeugnisse über das → Königtum Gottes im AT in bestimmter Weise weiter. Das dem griech. βασιλεία τοῦ θεοῦ (τῶν οὐρανῶν) zugrunde liegende Äquivalent ist mălkûtaʼ dî JHVH in den Targumen und mălkût šamăjim im rabbinischen Schrifttum. Die junge Abstraktbildung entspricht der im AT vorherrschenden verbalen Aussage: Jahwe regiert als König (malăk). In den at. Aussagen (bes. in den sog. Thronbesteigungspsalmen und bei Dtjes) liegt der Akzent auf der Weltweite der Herrschaft Gottes, die geglaubt, gepriesen und erhofft wird. Der machtvolle Gott triumphiert über alles, was sich ihm

entgegenstellt. Nach Jes 24, 21-23 (4.Jh.?) entmächtigt Jahwe das Heer der Höhe und die irdischen Feinde, dann huldigen seine Ältesten (vgl. Ex 24, 9) ihm, der in Herrlichkeit auf dem Zion thront. Ihm huldigen aber auch die zum Zion wallfahrenden Völker (Sach 14, 9. 16). Jahwes Herrschaft und die erhoffte Herrschaft des → Messias (: III) können dabei kombiniert werden, aber es begegnen auch eschatologische Aspekte, in denen vom Messias keine Rede ist (Jub 1, 28; Sib III, 47ff; häufig in den TestXII [Eppel]). Mălkût gibt die Funktion des königlichen Herrschens an, daher fehlt es an Aussagen über die »politische« Ordnung eines räumlich zu denkenden »Reiches«. Das gilt auch vom → Danielbuch. Nach Dan 2, 36ff folgt zuletzt die unzerstörbare Königsherrschaft Gottes, die auf kein anderes Volk übergeht. In Dan 7 erhält entweder der → Menschensohn diese Herrschaft (älteste Schicht) oder die Engel (= die Heiligen des Höchsten) oder das Volk der Heiligen des Höchsten, dh die sich bewährenden Frommen (vgl. Noth). In jedem Fall geht dieses in Dan 7 gemeinte letzte Königtum, das noch diesem Aion angehört, dem R.G. voraus.

Die Aspekte der jüdischen → Eschatologie (: III) und → Apokalyptik (: II) haben eine große Variationsbreite, aber sie kulminieren alle darin, daß die notvolle Gegenwart dieses Aions in Bälde endet und ihr im kommenden Aion die neue und ewige Welt Gottes folgt. Die Frage: Was ist unter solchen Umständen zu *tun?* findet verschiedene Antworten. Die → Zeloten wollen am Kampf gegen die Feinde Gottes teilnehmen und so das Kommen des R.G. beschleunigen; dem Apokalyptiker (so bes. 4Esr) ist entscheidend, die »Zeichen der Zeit« zu beobachten und sich zu gedulden; dem → Pharisäer ist vordringlich, daß er durch treue Gesetzeserfüllung den Herrschaftsanspruch Gottes bejaht. Hier erhält der fordernde Charakter des Königtums Gottes seinen starken Akzent. Im Gehorsam gegen die Ordnungen Gottes und im → Bekenntnis (: II), bes. im täglichen Rezitieren des → Schma, nimmt der Fromme »das Joch des R.G. auf sich«. Und umgekehrt: wer »das Joch des R.G. von sich wirft«, dh das Gesetz nicht hält (Abfall) und fremden Göttern dient (Häresie), hat sich selbst ausgeschlossen von der vom Gotteskönigtum bestimmten Gemeinde Gottes. »Söhne des Lichts« und »Söhne der Finsternis« gibt es jetzt und hier aus der freien *Entscheidung* (Kuhn).

Der Herrschaftsanspruch, den Gott erhebt, gründet in seinem Heilshandeln an Israel (→ Erwählung: I). Ihm hat sich der Fromme zu unterstellen, auch wenn das Gotteskönigtum erst in einer (zwar nahen, aber jedenfalls) zukünftigen Stunde *sichtbar* in Erscheinung treten wird (Traktat Sopherîm 14 § 12: »Es möge sich offenbaren und erscheinen sein Königtum über uns in Eile und in naher Zeit!«). Die Beter sind die Frommen Israels, die das »Unser Vater, unser König« sprechen; aber das schließt nicht aus, sondern ein, daß auch ein Proselyt das »Joch des R.G.« auf sich nehmen kann (Bill. I, 176 i). Im Zusammenhang der mălkût šamăjim-Aussagen ist vom *Volk* Israel als solchem keine Rede, weil der jeweils personale Bezug des Glaubenden zu Gott in der Anerkennung des Herrschaftsanspruches unerläßlich ist. Andererseits ist das Erscheinen des R.G. etwas durchaus Reales, das darum auch den erwählten Frommen als ein neues Sein an einem bestimmten Ort erfahrbar wird. Die Stätte des R.G. *kann* dabei Palästina (Jerusalem als Nabel der Welt) sein, aber auch, wie bes. die Bilderreden des äthHen zeigen, ein verwandelter Kosmos und ein → himmlisches Jerusalem. Wenn in slHen 65, 10 gesagt wird: »Alle vergänglichen Dinge verschwinden, und es wird nur noch ewiges Leben sein«, so wird in dieser Apokalypse der Diaspora (→ Henochbücher, 2) deutlich, daß der Nachdruck auf einem totaliter aliter gegenüber der derzeitigen Existenz liegt und das Heilsgut der »neuen Existenz« ohne (politischen) Raum erwartet wird. - In den Texten von → *Qumran* (, 4) findet sich der Terminus mălkût nur selten, aber die Sache liegt auch hier im Blickpunkt der Erwartungen und Entscheidungen. So heißt es zB in 1QM VI, 6: »Aber dem Gott Israels wird das Königtum gehören, und an den Heiligen seines Volkes (vgl. Dan 7, 27!) wird er Kraft erweisen« (→ Milḥama). Die Gemeinde der Heiligen (= die Engel!), die Gottes Herrschaft im Himmel anerkennt, ist »in unserer (der Gläubigen) Mitte zu ewiger Hilfe« (1QM XII, 7). Im Zentrum steht das universale Herrsein Gottes; in 1QH X, 8 lautet der Lobpreis: »Du bist der Fürst der Engel und der König aller in Herrlichkeit und der Herr jeglichen Geistes und der Herrscher über alle Geschöpfe.«

Außer der Lit. zu → Apokalyptik: II, → Eschatologie: III, → Königtum Gottes im AT: G.Dalman, Worte Jesu I, (1898) 1930², 375ff - Bill. I, 172ff - Bousset, Rel. 213ff - G.F.Moore, Judaism in the first Centuries of the Christian Era I-III, New York 1927-30 - R.Eppel, Le piétisme juif dans les testaments des douze Patriarches, Paris 1930 - ThW I, 570ff (K.G.Kuhn) - J.Bonsirven, Le Judaïsme Palestinien en temps de Jésus Christ I, Paris 1934 - M.Noth, Ges. Studien zum AT, 1957, 274-290 (zu Dan 7) - R.Schnackenburg (s. 2) 1-47 - J.Gray, The Kingship of God in the Prophets and the Psalms (VT 11, 1961, 1-29). *K.Galling*

2. a) Im *NT* ist R.G. zentraler Begriff nur in der synoptischen Tradition (→ Evangelien, synoptische), hier allerdings in allen Schichten, von Jesus bis zur Redaktion des Mt und Lk. Jesus (und in seinem Gefolge Mk, Q und Lk) gebraucht den Ausdruck βασιλεία τοῦ θεοῦ; nur Mt bevorzugt βασιλεία τῶν οὐρανῶν. Daß dies sekundär ist, zeigt der Vergleich mit den Parallelen (Mk: Mk 1, 15/Mt 4, 17; Q: Lk 6, 20/Mt 5, 3). Ein Bedeutungsunterschied zwischen beiden Ausdrücken besteht auch im NT nicht (Mt 12, 28; 19, 24; 21, 31. 43). Die Nuancen im Verständnis des R.G. in den verschiedenen Traditionsschichten werden nicht durch die Wahl des Ausdrucks bestimmt. Das absolute βασιλεία findet sich u.a. in technisch gewordenen Wendungen der Gemeindesprache (»das Reich verkündigen« Mt 4, 23; Apg 20, 25).

Die wesentlichen *Sachfragen* sind: Wie wird das Wesen des R.G. beschrieben (»Reich« oder »Herrschaft«)? Wie verhalten sich Gegenwärtigkeit und Künftigkeit des R.G.? Wie R.G. und Menschensohn? Wie das Reich des Vaters und das Reich des Sohnes?

b) Im Begriff spiegelt sich die Umwandlung der R.G.-Erwartung Jesu in die → Parusie-Erwartung der Gemeinde. Doch ist die ursprüngliche Struktur der Verkündigung Jesu auch auf der Stufe der Gemeindetradition noch deutlich zu erkennen, da die Verknüpfung der Aussagen über das R.G. und über den Menschensohn zunächst nur eine lockere bleibt (Mk 8, 38/9, 1!). Erst in den späten Schichten wird sie enger, da hier der weitere Begriff des Reiches Christi (bzw. des »Menschensohnes«) eingeführt wird. So gibt auch die redaktionelle Zusammenfassung Mk 1, 14f das Thema der Predigt Jesu sachgemäß, wenn auch nicht begrifflich genau, wieder (da der Begriff des »Evangeliums« nicht auf Jesus zurückgeht).

c) Das Verständnis des R.G. ist - in Anknüpfung an die jüdische Tradition (s. 1) - durchweg eschatologisch (J.Weiß, A.Schweitzer; → Eschatologie: IV): Es ist »nahe herbeigekommen« (Mk: 1, 14; Q: Lk 10, 9. 11/Mt 10, 7). Daneben stehen allerdings Aussagen, in denen das R.G. schon da zu sein scheint; neben ἤγγικεν steht ἔφθασεν (Lk 11, 20/Mt 12, 28). Man findet den Ausgleich, wenn man sieht, daß die Alternative »gegenwärtig oder künftig?« in dieser Form aufzulösen ist (so schon J.Weiß). Jesus geht von der Apokalyptik aus. Daher bilden den Ansatzpunkt der Interpretation die futurischen Aussagen

(Mt 5, 19; 8, 11). Aber er überwindet die apokalyptische Frage nach Terminen durch die Konzentration auf den Existenzsinn der Ankündigung des Reiches (→ Jesus Christus, 10 d α): Gegenwart und Zukunft verhalten sich so, daß das R.G. sagbar und im Verhalten Jesu verstehbar geworden ist. Die Ankündigung ist auf diese Weise fest mit dem Da-Sein Jesu verbunden. So gewinnen angesichts des heute dargebotenen Heils futurische und präsentische Aussagen einen einheitlichen Sinn: Die Zeit ist als die *unsrige* zu Ende; was bleibt, ist: Frist zur Buße. Damit entschwindet die apokalyptische Sorge um den Zeitpunkt des Eintreffens. Nicht das Reich, seine Nähe usw wird aus der Perspektive einer apokalyptisch verstandenen Weltsituation bestimmt, sondern umgekehrt die Weltsituation aus der Perspektive des nahenden Reiches. Die Bewegung führt vom R.G. auf uns zu, nicht umgekehrt. Das R.G. wird nicht geschaffen, sondern es »kommt« (Mt 6, 10; Lk 17, 20); es wird gegeben (Lk 12, 32). Man kann es nicht erobern, sondern nur empfangen wie ein Kind (Mk 10, 15). Die einzig angemessene Weise, auf das Kommen einzuwirken, ist das Gebet um das Kommen des Reiches (Lk 11, 2). Auch die Forderung, nach dem R.G. zu trachten (Lk 12, 31), meint nichts anderes als den Aufruf zur Bereitschaft für das Kommen. Und die Worte vom »Eingehen« (Mk 10, 15; Mt 5, 20; 7, 21 usw) formulieren die Bedingungen für die Aufnahme in das R.G. bei seinem Eintreffen (Windisch). Überall liegt die Pointe darin, daß der Angeredete dem R.G. unmittelbar konfrontiert wird und darin schon heute sein ewiges Heil erfährt (vgl. den Stil und die Tempora in den Seligpreisungen). Die Verkündigung ist nicht formale Voraussage künftiger Ereignisse, sondern »Evangelium«: Das *Heil* ist greifbar nahe. Unter diesem Vorzeichen will auch der Ruf zur Buße verstanden werden. Der Heilsaspekt ergibt auch das Kriterium für die Einstellung zu der nunmehr eschatologisch verstandenen Welt. Diese liegt im argen, und die Menschen sind böse. Aber es wird nicht vergessen, daß sie → Schöpfung (: III) des Vaters ist. So ist die Einstellung auf das Reich wohl die Abwendung von der Bosheit der Welt, aber weder in der Form der Askese noch der kultischen Weihung »heiliger« Räume, Zeiten usw, sondern im Gehorsam gegen den Willen Gottes, der im radikal verstandenen Liebesgebot zusammengefaßt ist. Ein entsprechender, einheitlicher Existenzsinn ist auch in der doppelten Reihe von Worten über die *Zeichen* des Reiches zu erkennen: daß das R.G. plötzlich, ohne ankündigende Zeichen einbricht (Lk 17, 20f) und daß man die Zeichen der Zeit erkennen soll (Lk 12, 56). Der Ausgleich liegt darin, daß Jesus selbst das Zeichen des R.G., seiner Nähe ist (→ Jesus Christus, 10).

Die Konzentration auf die augenblickliche Anrede führt zu einer äußersten Reduktion der bildhaften Ausmalung. Das sieht man gerade an den Restbeständen von Bildern (himmlisches Mahl, Mk 14, 25; Mt 8, 11). Sie dienen ausschließlich zur Darstellung des Heils- und damit Entscheidungscharakters der jetzigen Botschaft. Immerhin berechtigt die Raumkomponente in der Vorstellung dazu, im NT nicht nur von der »Herrschaft«, sondern dem »R.«G. zu sprechen. Die Aussagen über dasselbe entsprechen weniger dem jüdischen Begriff der »Gottesherrschaft« als dem des »kommenden Äon« (Vielhauer). – Im Sinne dieser Reduktion fehlt die apokalyptische Epoche der kommenden θλῖψις; sie findet sich erst auf der Stufe der neuen Gemeindeapokalyptik (Mk 13, 19ff). Und das → Gericht (: III) ist nicht als Gemälde vorgestellt, so sehr es zum Wesen des Reiches, des Heils gehört, daß es die Scheidung mit sich führt. Auch die Gestalt eines eschatologischen Retters und Richters (des Menschensohnes) dürfte nicht in den Aufriß der Botschaft Jesu gehören (mit Vielhauer gegen Tödt; → Parusie, 2).

Die Aktualisierung der Eschatologie bestimmt auch das Verhältnis von Gottes Reich und Gottes *Volk*. Jesus sammelt dasselbe durch seine Predigt. Aber er organisiert es nicht (er gründet keine → Kirche). Wer zu den Erwählten gehört, wird erst im Gericht zutage treten. Damit ist jeder Anspruch auf Grund der Zugehörigkeit zum jüdischen Volk aufgehoben. Der einzelne ist als einzelner angesprochen und erfährt die Verheißung. Sachlich ist damit auch den »Heiden« der Zugang zum Heil eröffnet. Freilich entfaltet Jesus diesen Gedanken nicht thetisch, sondern kritisch (Mt 8, 11f). Vor allem denkt er nicht an Heiden*mission,* sondern erwartet – im Anschluß an die spätere at. Prophetie – die wunderbare Sammlung der Völker durch Gott selbst (J.Jeremias).

d) Die Predigt Jesu wird von der *Gemeinde* in der Weise aufgenommen, daß seine indirekte Christologie in direkte umgesetzt wird: Der Anbruch des R.G. wird mit der Parusie Jesu verknüpft. Der Prozeß der Verschmelzung ist im MkEv und in Q (Logienapokalypse Lk 17, 20ff) zu beobachten. Doch läuft er langsam ab (in Mk 13 fehlt der Begriff des R.G.! Doch ist vielleicht ein R.G.-Gleichnis aufgenommen, Mk 13, 28f). Die → Gleichnisse (: II, 3) werden auf die Gemeinde bezogen; in ihr haben Buße und Gehorsam ihren Ort. Ihr – nur ihr – ist das Verstehen des R.G. erschlossen (Mk 4, 11f; instruktiv der Vergleich mit den Parallelen). Auf der anderen Seite treten apokalyptische Neigungen wieder hervor (→ Eschatologie: IV). Doch wird deren Entfaltung gehemmt, da die Verknüpfung von Heilsansage und Bußruf in der Tradition gegeben ist und von den Propheten der Gemeinde immer wieder eingeschärft wird (Käsemann). So dominiert auch in der Weitergabe und Überarbeitung der Gleichnisse nicht eine apokalyptische, sondern eine paränetische Tendenz (instruktiv die Verwendung der Plötzlichkeit des Einbruches des R.G. als paränetisches Motiv).

e) In den späteren Schichten der synoptischen Tradition wird dann das christologische Verständnis der R.G.-Botschaft sichergestellt, indem in Anlehnung an die jüdische Erwartung des messianischen Reiches der Begriff des Reiches *Christi* (bzw. Menschensohnes) eingeführt wird. Dieser wird von Bedeutung werden, wenn es gilt, R.G. und Kirche gedanklich-begrifflich aufeinander zu beziehen. Die Bemühung darum spiegelt sich im Aufbau der Reden des *MtEv* (G.Bornkamm), weiter darin, daß es den Begriff der → Gerechtigkeit einführt (vgl. Mt 6, 33 mit Lk 12, 31). Damit ist die Bedingung für den Eintritt – nunmehr im »kirchlichen« Stil – angezeigt. Den Kommentar bietet die → Bergpredigt (Mt 5, 17-20, vgl. Mt 21, 43 und die Umformung von Mk 9, 33-37 in Mt 18, 1-5). Von einer neuen Gesetzlichkeit kann man nicht reden. Ihr wirkt gerade die kompromißlose Betonung des Gerichtes allein (!) nach den Werken entgegen, welche jede falsche securitas zerstört: Wir kennen unsere Werke nicht im voraus (Mt 25, 31ff; 7, 21, vgl. Lk 6, 46). Das Reich des Menschensohnes ist die *Welt,* nicht die Kirche (Mt 13, 38)!

Bei *Lukas* ist das Verständnis des R.G. durch seine Gesamtauffassung von Heilsgeschichte bestimmt. An die Stelle der Naherwartung tritt die Zeit der Kirche. Das R.G. ist überzeitlich-jenseitig. Sein Wesen ist an der geschichtlichen Gestalt Jesu zu erkennen. Bei der Parusie wird es sich sichtbar manifestieren. Die realistische Erwartung ist also nicht aufgegeben, aber kombiniert mit einer gewissen Spiritualisierung des *Begriffs* R.G. (als Inhalt der Predigt). Dazu kommt eine Verlagerung der → Hoffnung (: II) auf die individuelle Erwartung der → Auferstehung (: V).

f) Bei *Paulus* spielt der Begriff R.G. keine wesentliche Rolle. Er ist von der Parusie- und Auferstehungsterminologie fast ganz verdrängt. Wo er auftaucht, erscheint das R.G. als das zu »ererbende« künftige Heilsgut (1Kor 6, 9f; 15, 50); es ist also auch bei Paulus jenseitig/künftig; das gilt auch für Röm 14, 17; 1Kor 4, 20. Der Gedanke vom Messiasreich wird in 1Kor 15, 24 in bezeichnender Weise abgewandelt: Seine Zeit ist die Gegenwart zwischen Auferstehung und Parusie Christi. Der deuteropaulinische Eph setzt dann R.G. und Christi gleich (vgl. auch Kol 1, 13).

g) Im *JohEv* ist der Begriff fast ganz verschwunden (nur 3, 3. 5). Dagegen erfährt er in der → *Johannesapokalypse* eine besondere, dem eschatologischen Stil dieses Buches entsprechende Prägung. Es besteht ein fester Zusammenhang von Gottesreich und Reich Christi einerseits, von Gottes/Christus-Reich und Kirche andererseits. Christus hat die Gemeinde der Erwählten zur βασιλεία für Gott gemacht (1, 6; 5, 10). Daher erscheinen Herrschaft Gottes und Christi als identisch (11, 15), da Christus die Herrschaft des Vaters in der Welt durchführt. Dazu kommt nun aber die Aufnahme des selbständigen apokalyptischen Motivs vom messianischen Reich als einer Epoche, welche dem R.G. (bzw. dem neuen Äon) voraufgeht (20, 4, vgl. äthHen 91, 12ff; 4Esr 7, 28f; ApkBar [syr] 29, 3ff usw). Schon während desselben haben die Heiligen Anteil an der Herrschaft. Und nach dem Anbruch des R.G. werden sie in Ewigkeit »herrschen«, dh an der Herrschaft Gottes und des Lammes teilnehmen, und zwar, indem sie »dienen« (22, 3-5). Der Weg in diese Herrlichkeit führt durch die Drangsal der letzten bösen Zeit (1, 9 usw, vgl. den Ausblick Mk 13, 17ff par und die allgemeine Sentenz Apg 14, 22).

Vgl. die Lit. zu → Eschatologie: IV, → Gleichnisse: II, 3, → Jesus Christus, → Parusie, ferner die Darstellungen der TheolNT, ThW I, 579ff (βασιλεία) u. EKL III, 555ff. - J.Weiss, Die Predigt Jesu vom R.G., (1892) 1900^2 - H.Windisch, Die Sprüche vom Eingehen in das R.G. (ZNW 27, 1928, 163-192) - G.Gloege, R.G. u. Kirche im NT, 1929 - H.-D.Wendland, Die Eschatologie des R.G. bei Jesus, 1931 - E.F.Scott, The Kingdom of God in the NT, 1931 - R.Otto, R.G. u. Menschensohn, (1934) 1954^2 - C.H.Dodd, The Parables of the Kingdom, 1935 (Nachdrucke) - J.Héring, Le royaume de Dieu et sa venue, (1937) 1959^2 - G.Delling, Das Zeitverständnis des NT, 1940 - A.T.Cadoux, The Theology of Jesus, 1940 - F.C.Grant, The Gospel of the Kingdom, 1940 - O.Cullmann, Königsherrschaft Christi u. Kirche im NT (ThSt [B] 10), (1941) 1950^3 - H.B.Sharman, Son of Man and Kingdom of God, (1943) 1944^2 - H.Bietenhard, Das tausendjährige Reich, (1944) 1955^2 - W.G.Kümmel, Verheißung u. Erfüllung, (1945) 1956^3 - Ders., Futurische u. präsentische Eschatologie im ältesten Christentum (NTS 5, 1959, 113-126) - E.Lohmeyer, Das Vaterunser, (1946) 1954^2 - L.Cerfaux, La théol. de l'église suivant St. Paul, 1948, 293ff - Ders., L'église et le règne de Dieu d'après St. Paul (Recueil L.Cerfaux II, 1954, 365-387) - B.Noack, Das Gottesreich bei Lukas (SyBU 10), 1948 - R.M.Grant, The Coming of Kingdom (JBL 67, 1948, 297-303) - R.N.Ridderbos, De komst van het koninkrijk, 1950 - G.Lindeskog, Gottes Reich u. Kirche im NT (Ein Buch von der Kirche, 1951, 145-157) - E.Percy, Die Botschaft Jesu, 1953 - J.Bright, The Kingdom of God in Bible and Church, 1953 - T.F.Glasson, His Appearing and His Kingdom, 1953 - J.Dupont, Les béatitudes, (1954) I, 1958^2 - R.H.Fuller, The Mission and Achievement of Jesus, 1954 - H.Roberts, Jesus and the Kingdom of God, 1955 - M.Burrows, Thy Kingdom come (JBL 74, 1955, 1-8) - J.Jeremias, Jesu Verheißung für die Völker, 1956 - G.Bornkamm, Enderwartung u. Kirche im MtEv (The Background of the NT and its Eschatology, 1956, 222-260; auch in: G.Bornkamm u.a., Überlieferung u. Auslegung im MtEv, 1960) - M.Strege, Das R.G. als theol. Problem im Lichte der Eschatologie u. Mystik A.Schweitzers, 1956 - E.Fascher, Gottes Königtum im NT (Numen 4, 1957, 85-113) - F.Mussner, Die Bedeutung von Mk 1, 14f für die R.G.-Verkündigung Jesu (TThZ 68, 1957, 257-275) - Ders., Was lehrte Jesus über das Ende der Welt?, 1958 - E.Grässer, Das Problem der Parusieverzögerung in den synopt. Evangelien u. in der Apg (BZNW 22), (1957) 1960^2 - Ph.Vielhauer, Gottesreich u. Menschensohn in der Verkündigung Jesu (Festschr. G.Dehn, 1957, 51-79) - J.Bonsirven, Le règne de Dieu, 1957 - E.Lohse, Die Gottesherrschaft in den Gleichnissen Jesu (EvTh 18, 1958, 145-157) - H.E.Tödt, Der Menschensohn in der synopt. Überlieferung, 1959, 298ff - D.Bosch, Die Heidenmission in der Zukunftsschau Jesu (AThANT 36), 1959 - R. Schnackenburg, Gottes Herrschaft u. Reich, 1959 - E.Käsemann, Die Anfänge christl. Theol. (ZThK 57, 1960, 162-185) - Sammelband: Der hist. Jesus u. der kerygmat. Christus, 1960 - A.Rüstow, 'Εντὸς ὑμῶν ἐστιν. Zur Deutung von Lk 17, 20-21 (ZNW 51, 1960, 197-224). - Zum Ausdruck »die Schlüssel des Himmelreichs« s. ThW Art. κλείς, Πέτρος. - Über die gnost. Spiritualisierung des R.G. s. → Thomasevangelium. *H.Conzelmann*

II. Theologiegeschichtlich

1. Der theologische Ansatz - 2. Alte Kirche - 3. MA, Reformation und Altprotestantismus - 4. Pietismus und Aufklärung - 5. Idealismus und 19.Jh. - 6. Seit dem 19.Jh.

1. Die Theologiegeschichte des R.G.-Gedankens ist durchgängig bestimmt durch jene Spannung, die die biblische Verkündigung des R.G. zeigt. Es ist die Spannung zwischen den dem jüd. Erbe, bes. der jüd. → Apokalyptik (: II) zugehörigen Elementen im R.G.-Gedanken und ihrer Aufnahme, Wandlung und zT Überwindung in der Heilsbotschaft Jesu. Im Ansatz der R.G.-Theologie stehen nebeneinander eine streng mit der Botschaft Jesu verbundene bzw. auf Christus bezogene R.G.-Vorstellung (→ Reich Gottes: I, 2 c. d) und die beiden älteren Formen, ein gesetzlich-ethisches R.G.-Verständnis und ein apokalyptisches R.G.-Bild.

2. In der nachapostolischen Zeit scheint das apokalyptische Motiv zunächst die Führung zu gewinnen, zT verbunden mit der Idee des himmlischen Jerusalem und mit der Millenniumspekulation, zT auch phantastisch ausgestaltet in außerkanonischer → Apokalyptik (: III), aber wohl auch bei → Papias. Naherwartung und → Chiliasmus-Spekulation finden sich auch bei den Apostolischen Vätern (bes. Barn, auch Ign) und bei den frühen → *Apologeten* (→ Justin), bei denen das R.G. zur endzeitlich-kosmischen Monarchie Gottes oder zum Ort der Unsterblichkeit (das jetzt herrschende Seligkeitsziel!) wird. Das AT ist »Quelle« dieser Theologie. Bei → *Marcion* hingegen wird der Zusammenhang mit dem AT scharf abgelehnt und das R.G. als etwas völlig Neues proklamiert, in vereinseitigendem, aber entschlossenem Aufgreifen nt. Texte: »in evangelio est Dei regnum Christus ipse« (Adv. Marc. IV, 33). Tertullians Widerspruch hängt mit der enthusiastisch-ethischen R.G.-Botschaft des → *Montanismus* zusammen. Dort wird zunächst das Kommen des himmlischen Jerusalem in zeitlich bestimmter Nähe verkündet und der Geist der Endzeit in Gestalt des Parakleten in unmittelbarer »neuer« Prophetie beschworen und samt dem als pneumatische Größe gefaßten R.G. kritisch gegen die sich institutionalisierende Kirche gewendet. Die kirchenkritische Funktion des R.G.-Gedankens taucht so erstmals auf. → *Tertullian* verbindet auf dieser kritischen Linie das Enthusiastische der montanistischen Naherwartung mit dem Gedanken vom absoluten Herrschen Gottes und einem sittlichen Rigorismus, dem das R.G. als Lohn winkt, schon im 1000jährigen Zwischenreich, schließlich in der Endvollendung. Zugleich aber wird das R.G. auch spiritualistisch gefaßt als bereits jetzt in der Herrschaft Christi gegenwärtig. Die R.G.-Vorstellung wird also ansatzweise in einen heilsgeschichtlichen Ablauf eingeordnet, jedoch ohne daß die Verschiedenheit der Aspekte bereits ausgeglichen wäre. Das beginnt, nicht ohne Hilfe gnostischen »Geschichts«-Denkens und des Schemas der Danielischen → Weltreiche, bei → *Irenäus*. Sein Hauptinteresse gilt dem künftigen Seligkeitsreich. Bei → *Clemens von Alexandrien* ist die Gottesherrschaft spiritualisiert und das R.G. zugleich ethisches Ideal und Ziel des Vervollkommnungsweges. Bei → *Origenes* hingegen

tritt der eschatologische Charakter des R.G. hinter dem immanenten zurück, entsprechend einem spiritualistisch-individualistischen Verständnis von Lk 17, 21 (βασιλεία ἐντὸς ὑμῶν). Reich Christi ist die Fülle der Weisheit und Gerechtigkeit, in diesem Sinn ist Christus selbst das R.G. (αὐτοβασιλεία), das himmlische Jerusalem ist die Seele. Die »orthodox« festgehaltene kirchliche Eschatologie wird so in religiöse Zustände aufgelöst, die Kirche selbst der Idee nach als abbildlicher irdischer Gottesstaat begriffen. Gegenüber diesem origenistischen Spiritualismus wird der Realcharakter des R.G. in der dreifachen Gestalt irdischer Gottesherrschaft, des 1000jährigen Reichs und der paradiesischen Jenseitigkeit von → *Methodius von Olympos* u.a. auf der Linie kirchlicher Gemeinvorstellungen betont. – In der abendländischen Theologie wirkt die ethische Komponente stets stärker. Auch bei → *Cyprian* ist das R.G. wesentlich verheißener Lohn, wie schon bei Tertullian, für dessen Erreichung die Taufe bzw. die Zugehörigkeit zur Kirche die entscheidende Voraussetzung sind. Die Vorstellung vom Zwischenreich vor der Endvollendung lebt weiter, dh R.G. ist vor allem Gottes ewige Herrschaft nach dem Gericht. Das wird beides bes. ausführlich von → Lactantius unter breiter Heranziehung der apokalyptischen Tradition geschildert, aber doch spürbar nur noch traditionalistisch. Oder man bemüht sich um eine zeitgeschichtliche Deutung der einschlägigen Bilder der Apk, zT in Verbindung mit dem Danielischen Schema der Zeitalter einerseits (→ Victorin von Pettau, bes. → Ticonius), andererseits um ihre Spiritualisierung (→ Ambrosius, → Hieronymus). Mit dem »Sieg« der Kirche seit → *Konstantin* verbinden sich R.G.-Idee und antikes Friedensideal zu einer religiösen, auf das Imperium bezogenen Reichsidee mit dem Gedanken der »Symphonie« zwischen Staat und Kirche (→ Euseb von Cäsarea). Dieser politischen Theologie wird im Westen eine betont theokratische Auffassung der Kirche selbst als R.G. mitunter scharf polemisch entgegengestellt. Ihre Frucht ist die Konzeption der Idee des Gottesstaates (civitas Dei) als Vollendungsgestalt sowohl der Kirche wie mit ihr der menschlichen Sozialität durch → *Augustin*. Die irdische Kirche wird zugleich, wie schon bei Ticonius, als geschichtliche Gestalt des 1000jährigen Reichs begriffen, wodurch die apokalyptische Sicht des R.G. abgefangen und in der Kirche als regnum Christi institutionalisiert wird. In der Kirche, die nicht mit der civitas Dei als dem Reich der Wiedergeburt direkt zusammenfällt, führt die universale Gottesherrschaft ihren Kampf mit dem Reich der Finsternis. Sie ist das Stadium des 6. Zeitalters im geschichtlichen Fortschreiten des R.G. seit Adam. In der Kirche sind wir *im* R.G., in der Vollendung *das* R.G. (De civ. XX, 9). Durch sie setzt sich das R.G. auf Erden durch, wobei die Kirche auch die Hilfe des Staates beanspruchen darf, ohne Preisgabe ihrer Freiheit. Die Kirche wird R.G. genannt, soweit in ihr die Gläubigen in Gemeinschaft mit den Engeln und Heiligen an der Herrschaft Christi teilnehmen.

3. Diese augustinische Synthese tritt im MA wieder auseinander, einmal in die Vorstellung des klerikal beherrschten, sakramental beseelten → *Corpus christianum* als Ordnungsgestalt menschlicher Kultur in ihrem geschichtlichen Voranschreiten, sodann in die kirchenkritischen, spiritualistischen, gegen Ende des MA auch schon sozialrevolutionären apokalyptisch-chiliastischen Bewegungen, die das R.G. als *Utopie* entwerfen und die Zeichen der bevorstehenden Endzeit aufzuzeigen suchen (→ Joachim von Fiore, → Savonarola, Endkaiservorstellung, zT auch die Kreuzzugsideologie). Der Augustinismus mittelalterlicher Geschichtsphilosophie, bes. schön bei → Otto von Freising, rückt Reich und Kirche unter die Idee einer »Siegesgeschichte« Gottes, wie sie → Hugo von St. Viktor (De Sacramentis, prol. 2) bildkräftig entwirft. Die karolingische und die spätere päpstliche Imperiumsidee, beide wiederholt erneuert und gewandelt, identifizieren die civitas Dei mit der in regnum und sacerdotium zu universaler Einheit gegliederten Christenheit. Ketzer sind jetzt Hochverräter an dem einen Reich des einen Glaubens. Missionspflicht und → Kreuzzugs-Bewegung werden in der Idee des voranschreitenden R.G. begründet und dienen zugleich als Ventil für chiliastische Übersteigerungen. Die Krise bringt der Investiturstreit (→ Kaisertum und Papsttum, 5), sofern sich an ihm und an dem nachwirkenden Bild von ihm reformerische und kirchenkritische Tendenzen in der Reichsideologie kräftigen, verbunden mit einer zT revolutionären Spiritualisierung des R.G.-Gedankens. – Entsprechend verinnerlicht ihn die → Mystik (: VI) des Spät-MA: das R.G. wird identifiziert mit Gott selbst im Seelengrund. – Der → *Humanismus* zeigt die Anfänge einer moralistisch-kulturoptimistischen R.G.-Idee im Sinn etwa des goldenen Zeitalters von Wissenschaft und Frömmigkeit, orientiert an Christus als dem sittlichen Ideal. – In Abwandlung der spiritualistischen wie der mystischen und humanistischen Gedanken wird bei → Täufern und → Spiritualisten der Reformationszeit das R.G. zu einer gegen Natur, Staat und Kirche gerichteten Idee, die teils in das Gottesreich »restituierende« Weltumgestaltung in revolutionärem Utopismus (→ Müntzer, M. → Hofmann, Täuferreich in Münster), teils in Gleichgültigkeit gegenüber der Welt mündet (→ Schwenckfeld: das R.G. himmlisches Wesen und Gnadenreich der Wiedergeborenen; Seb. → Franck: R.G. das ewige Einfließen des inneren Lichts). Diese Linie wird in modernen Sozialutopien eines säkularisierten politischen Messianismus (K. → Marx, 3. Internationale, russische Revolutionsdenker, noch stärker depraviert auch im Nationalsozialismus) mannigfach abgewandelt und zT in geistesgeschichtlichem Zusammenhang fortgeführt. Wieder anders bei chiliastisch-apokalyptischen Sekten (→ Adventisten, → Irvingianer, → Mormonen, → Zeugen Jehovas u.a.). Hauptvertreter des Chiliasmus unter den Reformatoren, aber von den anderen abgelehnt, ist W. → Capito mit seinem Hoseakommentar (1528). – Für → *Luther* ist das R.G. identisch mit der Sündenvergebung bzw. mit der in ihr und der Rechtfertigung sich durch das Wort im Geist auswirkenden Erlösungstat des Gekreuzigten als verborgenes Reich des Glaubens, aber auch als geistliches Regiment Gottes in der Welt, unter dem sich die Herrschaft Christi im Berufshandeln der Christen heimlich durchsetzt. Der Gedanke der beiden Regimente Gottes, verschieden von der heutigen → Zwei-Reiche-Lehre, soll vor allem die Einheit der Herrschaft Gottes erläutern und das R.G. gegen papalistische Usurpation wie gegen schwärmerische Spiritualisierung und Vergewaltigung sichern. → *Melanchthon* setzt R.G. und wahre Kirche seit Adam gleich und begründet so eine prot. Verkirchlichung des R.G.-Gedankens. Die Kirche der reinen Lehre wird zur Anstalt des R.G. und führt das Heilsgeschehen fort. Bei → *Zwingli* wirken humanistische Motive und Zürcher Bibliokratie zur prot. staatskirchlichen Gestaltung des Corpus christianum mit dem R.G. als innerem Gehalt. Diesen Ansatz baut *M.* → *Bucer* mit der einzigen reformationszeitlichen Monographie zum R.G., De regno Christi (1557), aus und überträgt ihn ins Monarchistische. Im R.G. haben die Könige einen besonderen Auftrag. So wirkt es ins öffentliche Leben. Bei → *Calvin* schließlich sind luth. Ansatz und starke Betonung der dominatio Gottes verbunden, die den Christen in ihren Kriegsdienst zieht und das Volk Gottes

in den des Sieges gewissen Kampf gegen die Finsternis führt, nicht ohne die Forderung einer Verkirchlichung des Staates (Genfer »Theokratie«) einerseits, der Selbständigkeit der Kirche gegenüber dem Staat (vgl. Konsequenzen bei den → Puritanern) andererseits. R.G. ist bei Calvin also der Raum, in dem in Verwirklichung der Ehre Gottes sich seine Herrschaft als dynamische Wiederherstellung der Schöpfung in Form christokratischer Durchdringung der Gesellschaft in Staat und Kirche bekundet, während im Lager der luth. → *Orthodoxie* der Begriff des R.G. später fast nur noch beim dreifachen Amt Christi abgehandelt wird. Dabei werden regnum potentiae und regnum gratiae et gloriae, Naturreich und Gnaden- bzw. Herrlichkeitsreich unterschieden. Den Übergang von diesem Ansatz zur späteren idealistischen Moralisierung des R.G.-Gedankens bildet unter Erneuerung der humanistischen Auffassung *S.* → *Episcopius* (De optima regni Christi exstructione, 1612), während *Th.* → *Hobbes* das streng eschatologisch gefaßte R.G. durch den naturrechtlich (Vertragstheorie) konstruierten christlichen Staat vorbereitet werden läßt (Einwirkung des Puritanismus).

4. Der → *Pietismus* verbindet täuferisch-apokalyptische und calvinisch-christokratische Anschauungen mit prophetischer Geschichtsdeutung und biblizistisch-heilsgeschichtlichen Stufenschemata zu einer auf Umgestaltung der Welt gerichteten R.G.-Anschauung, die vielfach kirchenkritisch, nicht selten chiliastisch eingestellt ist. Die Kombinationen sind mannigfaltig (→ Spener [Behauptung und Hoffnung künftiger besserer Zeiten, 1693], J. → Lange, G. → Arnold, J.V. → Andreä, J.A. → Bengel, J.T. → Beck, F.C. → Oetinger, Ph.M. → Hahn, G. → Menken, S. → Collenbusch u.a.). Vorbereitet ist dieses R.G.-Denken durch *J.* → *Coccejus* (Panegyricus de regno Dei, 1660), der Bundesgedanken (→ Bund: IV) und R.G.-Idee verknüpft, beginnend mit dem gleich nach dem Fall einsetzenden Gnadenreich, im Vollsinn identifiziert mit dem Stand der Kirche des NT. Christus führt in ihr sein Reich in 7 kirchengeschichtlichen Stufen zum Sieg, zum irdischen Christusreich am Ende der Zeiten, auf das das Reich der Herrlichkeit folgt. Vermittler sind C. →Vitringa, F.A. →Lampe, Th. →Untereyck. Das R.G. wird so zum Orientierungspunkt kirchlicher Aktivität und wahren Christentums; es fordert aktive, missionarische (Judenmission!) Gemeinden. Es ist Zweck und Ziel der Welterschaffung und die Hauptsache in der ganzen Bibel. – In der → *Aufklärung* (: III) wird der R.G.-Gedanke wieder auf dem Hintergrund deistischer Weltanschauung, des Vorsehungsglaubens, eines Fortschrittsoptimismus und der Idee von einer Erziehung des Menschengeschlechts verdiesseitigt und moralisiert.

5. Die prot. Theologie des 19. Jh.s sieht die Welt in unendlichem Fortschritt begriffen und drängt die Christologie an den Rand. Ihr Verständnis des R.G. gestaltet die Theologie strukturell durch Säkularisierung des R.G.-Begriffs um; es geht im Gefolge der Aufklärung durch Säkularisierung des R.G.-Begriffs auf vier Deutungen des R.G. zurück: a) Für → *Kant* ist das R.G. der Begriff des höchsten Gutes, »der allein der strengen Forderung der praktischen Vernunft Genüge tut«. Er ist als die Idee der sittlichen Gemeinschaft, des menschheitsumfassenden »ethischen gemeinen Wesens«, vornehmster Inhalt der praktischen Vernunft und schließt in sich das in Christus manifestierte Ideal der sittlich vollkommenen Menschheit. Dessen Verwirklichung, obwohl moralische Pflicht, kann auch in der Kirche (deren Geschichte zudem der Prozeß einer Depravierung der R.G.-Idee ist) als irdischer Repräsentation des R.G. zwar allein durch fortschreitende Reinigung des reinen Vernunftglaubens, aber doch nur unvollkommen erreicht werden und muß durch Gott vollendet werden; entscheidend ist allerdings, was der Mensch aus sich selbst heraus tun muß. Das R.G. ist Aufgabe des menschlichen Strebens nach moralischer Vollkommenheit. – b) Demgegenüber zielt bei → *Fichte* die Vollendung des R.G. in der Geschichte auf die Errichtung einer geistigen Welt, in der sich Gottes verborgenes Wesen sichtbar macht und die im »Vernunftstaat« realisiert werden soll. Diese ist zugleich das Ziel der vernünftig-freien Entwicklung der menschlichen Gattung auf ihr wahres, ewiges Leben hin, auf Grund einer letzten, in Jesus exemplarisch gesetzten Einheit von Göttlichem und Menschlichem, der mystischen Identität mit dem Absoluten. – c) Bei → *Hegel* tritt beides stärker nebeneinander: R.G. beschreibt einmal den Zustand innerer menschlicher Vollkommenheit, das »reine Herz« oder die entweltlichte »Liebe zu Gott«; sodann ist R.G. der Endzweck der sich in dialektischem Prozeß auf ihn hin entwickelnden Welt- bzw. Kirchengeschichte zur vollendeten Realisierung der Idee der Freiheit bzw. der Sittlichkeit in der Selbstauslegung des Geistes in der Zeit. Sein Wesen ist der Geist der Versöhnung. Die Kirche geht daher mit dem Staat zuletzt in den »absoluten Staat« auf. – d) Für → *Schleiermacher* ist R.G. die Darstellung des dem christlich-frommen Selbstbewußtsein entsprechenden Lebens, in dem Natur und Vernunft zur Einheit zurückgeführt werden, und zwar in der Vervollkommnung der menschlichen Persönlichkeit. Die Menschwerdung Christi ist die »Naturwerdung« des R.G., das dann in der »Lebensgemeinschaft mit Christo« auf Grund der Weltregierung Gottes in der Geschichte sich als Erlösung verwirklicht, die der schöpfungsmäßigen Entwicklung des R.G. entgegenstehende Sünde überwindet, und in die der Erlöser die Erlösten hineinnimmt. Die Geschichte des R.G. ist die Geschichte der Menschwerdung auf Grund der Wiedergeburt in dem von Jesus »gestifteten«, als »Beginn einer höheren Entwicklung« gedachten neuen Gesamtleben. Das R.G. ist so Wachstumsziel der mit ihm als Gemeinschaft der Wiedergeborenen sachlich identischen Kirche. – Hegel, Schleiermacher und württembergischer Pietismus sind bei *R.* → *Rothe* zu dem Gedanken verbunden, daß die Entwicklung des R.G. die Entwicklung des Sittlichen als Bestimmung der materiellen Natur durch die Persönlichkeit ist; im Unterschied zu Schleiermacher geht aber nicht die Welt in die Kirche auf, sondern umgekehrt: im Geschehen der »Weltwerdung« Gottes ist der vollendete christliche Staat als absolute Theokratie, als Verchristlichung der mit der Idee der Erlösung durchdrungenen Welt das Ziel. – Die Erlanger Theologie, *J.Chr.K.v.* →*Hofmann*, knüpft, zT über Chr. →Krafft, an die pietistische Tradition (Lampe, Menken, Beck) der Bundestheologie in weithin selbständiger Konzeption des R.G.-Gedankens an. – *A.* → *Ritschl* hingegen verknüpft Kant und Schleiermacher, bemängelt aber an diesem das Fehlen der positiven Entfaltung des Gedankens, daß »Jesus selbst im R.G. den sittlichen Zweck der von ihm zu gründenden Religionsgemeinschaft« erkannt habe, und meint mit seinem im Zentrum seiner Theologie stehenden R.G.-Gedanken sowohl das NT wie die Reformation für seine Zeit sachgerecht zu interpretieren. Das R.G. ist das spezifische, durch Jesus Christus offenbarte Lebensideal des Christen, verwirklicht durch das Berufshandeln aus dem Motiv der Liebe in der sittlichen Organisation der Menschheit. Es ist das höchste Gut, das Gott als Endzweck der Welt realisieren will, seinem Wesen nach jedoch überweltlich. Mit der Menschwerdung tritt es in die Zeit ein. Die Schöpfung ist bereits auf das R.G. angelegt, darin selbst Mittel zur sittlichen Vereinigung der Menschheit. Es ist urbildlich in Jesus Christus

realisiert und in Gestalt seiner Gemeinde »gestiftet«. Die innerweltliche Form der Entwicklung des R.G. ist die Nächstenliebe; Kirche und Staat bleiben Mittel für das Ziel der Gemeinschaft sittlichen Handelns, durch die das R.G. bei Ritschl wesentlich als innerweltlich und ethisch bestimmt ist. Die Ent-Eschatologisierung des R.G. erreicht hier, nicht ohne Vergewaltigung der Zeugnisse des NT und des reformatorischen Erbes, eine dem Aufklärungsdenken verwandte Stufe.

6. Die notwendige, durch Ritschls »Christologie« herausgeforderte Auseinandersetzung mit dieser idealistisch-kulturprot. Interpretation des R.G. eröffnet *J.* → *Weiß* (Die Predigt Jesu vom R.G., 1898) durch die Wiederentdeckung des eschatologischen Charakters des R.G.-Gedankens im NT, obwohl er Ritschls Auslegung des als theologischer Zentralbegriff anerkannten R.G.-Gedankens als zeitgemäße Umdeutung dogmatisch noch gelten läßt. Die folgende Arbeit am NT hat dann das eschatologische Verständnis des R.G. kräftig in den Vordergrund gerückt (A. → Schweitzer u.a.), zT im Zusammenhang mit ausgesprochen erwecklichen Formen, wie vor allem bei *J.Chr.* → *Blumhardt* (R.G. = Chiffre für »Jesus ist Sieger«), der die kosmisch-dynamische Qualität des R.G. neu entdeckt, zT im Anschluß an den württembergischen Pietismus. Der jüngere → Blumhardt (Gedanken aus dem R.G., 1895) überträgt dies aus der Vertikale in die Horizontale: R.G. als Sendung der Gemeinde in die chaotische Welt, zeichenhaft im sozialen Umbruch am Werk befindliche Kraft der Weltverwandlung; bei *L.* → *Ragaz* als die »ewige Revolution der Welt« im Gegensatz zum gegenwärtigen Christentum als »Macht der Reaktion« verstanden und so in der → Religiös-Sozialen Bewegung wirksam: das R.G. tritt geschichtlich im → Sozialismus hervor, mit dem es aber nicht identisch ist. Bei *K.* → *Barth* liegen hier Ansätze (»Die Bewegung des Gottesreichs innerhalb der sozialen und kulturellen Gegensätze«, Römerbrief 1919, 367), die über Christus als Botschafter des R.G. zu dem Verständnis führen, daß er selber die Gottesherrschaft ist (eschatologische Fassung des R.G. in christologischer Verdichtung). Die Aufrichtung des R.G. »ist identisch mit der Existenz Gottes inmitten seines Volkes und so innerhalb aller Völker« (KD IV/2, 867), ist Wirklichkeit in Jesus Christus und in der Sendung der christlichen Gemeinde als der irdisch-geschichtlichen Existenzform Christi (KD IV/3, § 72). – Verwandt mit der neueren eschatologischen Sicht des R.G. sind auch theokratische Konzeptionen in der niederländischen Theologie (Ph.J. → Hoedemaker, A.A. van Ruler) und sozialethische Erwägungen im Gedankenkreis der Königsherrschaft Christi im Bereich der Ökumene (zB Studienheft Welt und Kirche unter der Herrschaft Christi, 1957/58) u.a. Vgl. zu Einzelheiten auch → Reich Gottes: III, ferner das R.G.-Pathos auch in der neueren Geschichte der → Mission (: III C), bei J. → Edwards bzw. in der Theologie des Revival zu Beginn, in der → China-Inland-Mission in der 2. Hälfte, in der kulturpropagandistischen amerikanischen Mission am Ende des 19.Jh.s, aber auch deutscherseits in Tambaram 1938.

J.WEISS, Die Idee des R.G. in der Theol., 1901 - E.BERNHEIM, Mittelalterl. Zeitanschauungen in ihrem Einfluß auf Politik u. Geschichtsschreibung, 1918 - F.GERLICH, Der Kommunismus als Lehre vom tausendj. Reich, 1920 - E.HIRSCH, Die R.G.-Begriffe des neueren europ. Denkens, 1921 - K.FRÖHLICH, Die R.G.-Idee Calvins, 1922 - DERS., Gottesreich, Welt u. Kirche bei Calvin, 1930 - G.SCHRENK, Gottesreich u. Bund im älteren Protestantismus, 1923 - W.PAUCK, Das R.G. auf Erden (Bucer), 1926 - H.GRUNDMANN, Studien über J.v.Floris, 1927 - R.FRICK, Die Gesch. des R.G.-Gedankens in der alten Kirche, 1928 - H.KITTEL, Oliver Cromwell, 1928 - K.MANNHEIM, Ideologie u. Utopie, 1929 - A.DEMPF, Sacrum Imperium, (1929) 1954^2 - W.SCHNEIDER, Gesch. u. Geschichtsphilos. bei Hugo von St. Victor (Diss. München), 1933 - G.TELLENBACH, Röm. u. christl. Reichsgedanke in der Liturgie des frühen MA, 1934 - E.BENZ, Ecclesia spiritualis, 1934 - F.HOLMSTRÖM, Das eschatolog. Denken der Gegenwart, 1936 - H.R.NIEBUHR, The Kingdom of God in America, New York 1937; dt. 1948 - W.NIGG, Das ewige Reich, 1944 - J. TAUBES, Abendländ. Eschatologie, 1947 - W.KAMLAH, Christentum u. Geschichtlichkeit, 1951 - E.STAEHELIN, Die Verkündigung des R.G. in der Kirche Jesu Christi (Quellensammlg.), bisher 5 Bde, 1951-59 - K.H.MISKOTTE, Naturrecht u. Theokratie (BEvTh 15, 1952, 29-72) - K.LÖWITH, Weltgesch. u. Heilsgeschehen, 1953 - ERNST WOLF, Heilsgesch. u. Geschichtsbewußtsein im europ. MA (Christentum u. Gesch., 1955, 34-48) - H.J.BIRKNER, Spekulation u. Heilsgesch. Die Geschichtsauffassung R.Rothes, 1959 - CHR.WALTHER, Typen des R.G.-Verständnisses, 1961 - G.SAUTER, Die Theol. des R.G. beim älteren und jüngeren Blumhardt (Diss. Göttingen), 1961. - Vgl. die Lit. zu → Reich Gottes: III. *Ernst Wolf*

III. Dogmatisch

1. Begriff - 2. Gegenwärtige ev. Dogmatik - 3. Die Souveränität des R.G. - 4. Die Realität des R.G. - 5. Die Universalität des R.G. - H.G. = Herrschaft Gottes

1. »R.G.« bezeichnet den Inbegriff der endzeitlichen H.G. in dreifacher Hinsicht: als Herrscher-Würde, Herrschafts-Vollzug und Herrschafts-Bereich. Im eschatologischen R.G. verwirklicht sich der prophetische Weltplan · Gottes (→ Weissagung und Erfüllung: III). Als Herrschafts-Zeit ist das R.G. wesenhaft geschichtsbezogen: »Gesamtausdruck für Gottes Pläne« (Zündel). Seine Wirklichkeit bildet den Inhalt der Hilfs- und Hulderweisungen Gottes, die sein → Heilsratschluß zum Inhalt hat. – Im Begriff R.G. sammeln sich die gewichtigen Aussagen über *Gottes* Wesen und Sein (s. 3), über Ereignis und Art seines Handelns an der *Menschheit* (s. 4) und über Ziel und Vollendung der von ihm geschaffenen und wiederzugewinnenden *Welt* (s. 5).

2. Die gegenwärtige ev. systematische Theologie hat in allen ihren Unterdisziplinen, aufs Ganze gesehen, den Grundbegriff der Verkündigung Jesu verloren. Noch *A.* → *Ritschl* hatte das R.G. als »religiöse Idee« und zugleich als »sittliches Ideal« bestimmt, dh als »höchstes Gut« und als »Aufgabe« gemeinschaftlicher Verwirklichung. Zwar drohte damit der Begriff R.G. ethisiert und immanenten Gestaltungskräften unterworfen zu werden. Trotzdem war die durch ihn bezeichnete Wirklichkeit, als auf die in Christus geschehene Offenbarung sich gründend, mit dem Gedanken der Erlösung verknüpft und gegen die Gefahr individualistischer und quietistischer Verengung geschützt. Die Neufassung des Begriffs schärfte der Kirche das Verantwortungsbewußtsein für die Welt und gab ihrer Stellung zur modernen Gesellschaft neue Antriebe. Freilich wurden die Möglichkeiten des Begriffs, der bei Ritschl seine Systemkraft erwiesen hatte, für die Verbindung dogmatischer und ethischer Überlegungen weder in seiner Schule noch in der zeitgenössischen Theologie recht genutzt. Zwar wurde »die erlösende Gottesherrschaft« verschiedentlich der Gliederung des dogmatischen Systems als »Fundamentalsatz« (Nitzsch-Stephan) oder als »organisierendes Prinzip« (R.Seeberg) dienstbar gemacht. Jedoch verdrängte meist die allzu schematische Behandlung den Begriff in einen Abschnitt des eschatologischen Schlußkapitels. – Hinzu kam, daß einerseits die »konsequente Eschatologie« (A. → Schweitzer) den Begriff zwar historisch neu auslegte, ihn aber theologisch radikal erledigte. Indem sie, unter Bezug auf die ausgebliebene → Parusie, an die Stelle der »göttlichen Intervention« den »Gedanken des durch sittliche Arbeit zu schaffenden Reiches«, dh die menschliche Aktion setzte, eliminierte sie das R.G. als dogmatisches Problem. Andererseits ließ die existentiale Interpretation der Eschatologie (R. → Bultmann) das Interesse der Systematiker am Begriff R.G. verkümmern. Die frühe → dialektische Theologie

speiste sich zwar aus Motiven der realistischen R.G.-Erwartung der beiden → Blumhardt sowie der Schweizer → Religiös-sozialen (→ Ragaz, → Kutter; → Reich Gottes: II, 6). Aber wenn man auch in Absage an den anthropologisch umklammerten »Kulturprotestantismus« entscheidende theologische Ansätze zurückgewann (→ Wort Gottes, → Offenbarung, → Glaube usw), so erhielt das »R.G.« keine die Dogmatik strukturierende Kraft. Am stärksten hat noch *K.* → *Barth* selbst den Gedanken der H.G. wirksam werden lassen. Indem er ihre Ankündigung mit der in Jesus Christus geschehenden Offenbarung zusammenfallen läßt (KD I/1, 323f), macht er sie zu einer dogmatischen Grundaussage, die heimlich alle Lehrstücke verbindet. »Jesus Christus ist selber das aufgerichtete R.G.« (II/2, 195). Die göttliche Prädestination, als lebendiger Akt verstanden, ist »die Theonomie, die als solche die Autonomie des Menschen will und beschließt« (II/2, 198). Das R.G. offenbart sich im Rufe Jesu in die Nachfolge: »inmitten aller Reiche dieser Welt ihnen allen gegenüber, ihnen allen widersprechend und widerstehend, [als] die in der Existenz des Menschen Jesus schon proklamierte, ja schon vollzogene Revolution Gottes« (IV/2, 614). – Die Antithetik der nt. → Eschatologie (: IV) stärker berücksichtigend, begreift *K.* → *Heim* das R.G. von der »Führervollmacht« Jesu her als »Herrschaft Jesu«, die mit der »satanischen Macht« in ständigem Widerstreit liegt (→ Dualismus: II). Erst durch die »große Schlußabrechnung« hindurch (→ Gericht Gottes: IV), in der Christus »die Schlußbilanz des jetzigen Weltzeitalters« zieht, erfolgt »die Heimkehr der ganzen befreiten Schöpfung zu Gott«. – Bes. eindringlich versteht *P.* → *Althaus* in kritischer Untersuchung der allgemeinen → Eschatologie (: VI) das kommende R.G. als Aufhebung und Vollendung der → Geschichte. In der kommenden Weltvollendung wird das überweltliche und übermenschliche R.G. machtvoll offenbar als → ewiges Leben und als neue Welt. – Diese Ansätze aufnehmend und weiterführend hat die gegenwärtige Dogmatik die at. und nt. Grundaussagen dreifach zu verarbeiten: sofern der Begriff des R.G. die Souveränität (s. 3), Realität (s. 4) und Universalität (s. 5) der H.G. aussagt.

3. Die *Souveränität* der H.G. gründet in *Gott* selbst.

a) Der lebendige → Gott (: VI) ist das Subjekt dieser Herrschaft. »H.G.« meint zunächst die Königs-*Würde* Gottes (→ Reich Gottes: I, 1). Insofern ist die Bezeichnung nur ein anderer Ausdruck für Gott selbst. Er meint Gott als den »königlich handelnden Herrn« (Schlatter). »H.G.« ist primär eine Aussage über das Wesen und Sein Gottes. Gottes Gottheit wird in ihr ausgesagt: Gott ist in unableitbarer und unbegründbarer Weise der Regent schlechthin. Reden wir von Gott, so können wir von seinem Königsein, seiner Majestät und Souveränität nicht abstrahieren. Wir meinen mit »H.G.« seine königliche Überlegenheit, Hoheit und Freiheit gegenüber allem, was nicht Er selbst ist. Sein Königtum ist ewig (Ps 145, 13; Dan 3, 33). Das hierin bezeichnete Geheimnis verbirgt aber nicht ein isoliertes Gottwesen, einen Gott an sich (Aseität, → Gott: VII), sondern den uns durch Jesus Christus geoffenbarten Vater in der Einheit mit dem Sohne und dem Hl. Geiste (→ Trinität: IV). Als der Dreieinige ist Gott König.

b) H.G. bezeichnet zugleich Gott als den, der seine Königs-Macht ausübt in einem Königs-*Regiment* über seinen Königs-Bereich. Sein Königs-Regiment ist identisch mit der Vollstreckung seines eigenen, in jeder Hinsicht freien Willens (→ Erwählung), der gebend und gebietend ist.

c) Sein Königs-*Bereich* ist zunächst die menschlichem Zugriff unzugängliche himmlische Welt (→ Himmel: II). In ihr geschieht ungebrochen und ungezwungen sein Wille (Mt 6, 10 b. c): ihm dienen huldigend die »Göttersöhne« (→ Engel: III) seines Hofstaates (1Kön 22, 19ff; Jes 6, 5; Hi 1, 6ff; 38, 7; Ps 29, 1ff; 95, 3 u.ö.). Zu seinem Reiche gehört aber auch die dem Menschen vorgegebene außermenschliche → Schöpfung (: IV) wie die → Geschichte (: I. II) der → Welt und der Menschheit (→ Vorsehung). In all diesen Hinsichten erweist sich Gott als »Regent der ganzen Welt« (Gen 18, 25). Auch wenn die at. Belege über Gottes Königstitel (Alt I, 345ff) spärlich und zT spät sind, sind sie implizit mit dem exklusiven Gottesgedanken (→ Gott: II) gegeben. Im NT wird, im Unterschied zum AT, mit dem rabbinischen und apokalyptischen Judentum das R.G. genauso wie seine Heilsgüter (Hebr; Apk; vgl. 2Kor 5, 1ff) als präexistent angesehen: es ist in vorweltlichem Akt den »Gesegneten des Vaters« zum »Erbe« vorherbestimmt (Mt 25, 34). – Die grundlegende Verbindung des Gottesgedankens mit dem des R.G. bewahrt jenen davor, in die Abstraktionen einer philosophischen Gottesmetaphysik abzugleiten. Sie befähigt die Dogmatik, die Lehre von den → Eigenschaften Gottes theologisch-konkret zu gewinnen und durchzuformen. Gott ist nicht nach menschlicher Analogie Individuum (→ Person), sondern untrennbar von einer Welt der Ordnung, mit deren Räumigkeit er in gewisser Weise identisch ist.

4. Die *Realität* der H.G. wird in Jesus *Ereignis*. Indem er durch das Evangelium die H.G. vergegenwärtigt (→ Gesetz: VI), qualifiziert er sie als *Gottes* Regiment im Gegensatz zu den berechtigten und unberechtigten Herrschaftsansprüchen der vergehenden Welt (→ Zwei-Reiche-Lehre).

a) In Jesu Auftreten erweist die H.G. ihre Wirklichkeit (→ Jesus Christus, 10 d). Indem er sie als die reine Zukunft Gottes ausruft (Mk 1, 15), läßt er sie im Wort (→ Sündenvergebung: II) und Werk (→ Wunder: IV) als Gegenwart anbrechen (Mt 11, 4f. 12f; 12, 28; Lk 10, 18; 17, 20f). Bereits im AT wird Gott als der wesenhaft Zukünftige (Ex 3, 14) und von der Zukunft her die Gegenwart Bestimmende verkündet (→ Eschatologie: II). Für Jesus aber ist die H.G., nach apokalyptischem Verständnis, eine zwei-dimensionale Wirklichkeit: sowohl Raum- wie Zeit-Größe. Als *Raum*-Größe ist die H.G. *das Jenseits*, das unserer Welt als dem Diesseits gegenübersteht. Sie wird nicht, sie *ist*. Sie ist das ständige Gegenüber der Welt: das ewige Himmelreich, in dem alles schon bereit liegt, was sich auf Erden ereignen wird. Die ewigen, entscheidenden Dinge stehen seit je in Bezug zu allem Hiesigen. Nicht überzeitlich, aber zeitüberlegen existieren sie »droben«. – Als *Zeit*-Größe ist die H.G. *die Zukunft*, die unsrer Welt als Gegenwart begegnet. Die H.G. ist nur, indem sie *geschieht:* als die in unsere Gegenwart hineinstürmende Zukunft. Sie ist die Zeit der sich entladenden Energien, die sich im Himmel angestaut haben, um loszubrechen. Die entscheidenden Ereignisse müssen erst, indem sie sich begeben, mit allem Jetzigen in Beziehung treten. Nicht überräumlich, aber raumentzogen sind sie im Anmarsch des »morgen« virulent. – Jesus versteht die H.G. in erster Linie zeitlich: sie ist die Zukunft der Welt. Aber diese Zukunft ist in ihm bereits Gegenwart: die Zeit steht im Zeichen der sich erschließenden Gottesnähe. Die H.G. ist in seiner Person gegenwärtig und zukünftig *zugleich*.

b) Die nachösterliche Gemeinde hat die in Jesus sich ereignende Wirklichkeit als *Herrschaft Christi* bezeichnet (Joh 18, 36; Kol 1, 13; Eph 5, 5; 2Tim 4, 1. 18 u.ö.), ohne die terminologische Unterscheidung zur H.G. aufzugeben (Joh 3, 3; 1Kor 4, 20; Röm 14, 17 u.ö.). Darin spricht sich die Gewißheit aus, daß die H.G. in der Person des durch Tod und Auferweckung erhöhten »Herrn«

geschichtliche Wirklichkeit wurde, die der Gemeinde bleibenden Raum gewährt: Inmitten der gottfeindlichen Welt sind die Glaubenden von der Macht des Gesetzes, der Sünde und des Todes befreit (Röm 5-8) und vor dem Verderben des bevorstehenden Gerichtes als »Söhne der Herrschaft« (Mt 13, 38) bzw. »des Lichtes, des Tages« (1Thess 5, 5) errettet (→ Erlösung: III). Die Herrschaft Christi ist eine Weise der H.G. Zeitlich ist sie die Vorläufigkeitsgestalt der H.G. und findet an deren Zukunft die Grenze (1Kor 15, 25ff; Apk 5, 10 u.ö.). Wirkmäßig ist sie die Schwachheitsgestalt der H.G. und steht mit ihrem Kommen »in Kraft« (Mk 9, 1) in Spannung. Die Reformatoren, voran Luther, verstanden die Herrschaft Christi - die eschatologische Spannung ermäßigend - als die geistliche Gewalt der göttlichen Barmherzigkeit: »verdeckt durch das Kreuz« (AC VII, 18), ein »Reich des Wortes bzw. des Glaubens«, identisch mit der »verborgenen« → Kirche, jedoch verschieden von der Kirche als Institution (→ Gemeinde I; thematisch behandelt von Melanchthon, Loci[3], art. XV = CR 21, 921ff). Sowenig wie das R.G. (1Kor 4, 20; Röm 14, 17) ist das Reich Christi irdisch organisierbar.

c) Als Reich der Vergebung ist es nicht nur dem »Reiche des Teufels« entgegengesetzt, dessen siegreicher Gegner Jesus ist (Mk 3, 20-30), sondern auch wesenhaft unterschieden von jeder Form staatlicher Herrschaftsausübung. Christi Reich ist kein »imperium«, dh keine Herrschaft, die machtmäßig darstellbar und durchsetzbar ist. Es ist vielmehr von seinem Herrn her (Mk 10, 45; Joh 13, 1ff) als »ministerium«, ja als »servitium«, dh als Knechtsdienst zu verstehen. Es ist eine ein für allemal im Worte (→ Kerygma) verwirklichte Herrschaft (→ Versöhnung) und als eine den Menschen sich spendende Wirklichkeit nur im Glauben zu empfangen. Als geglaubte Herrschaft ist das Reich Christi nicht nur Grund, sondern stets auch Grenze und Gericht über die Kirche und jede Form christlicher Gemeinschaft. Die als Reich Christi verstandene H.G. ist das Ende jeder Theokratie und somit der radikale Gegensatz gegen die Versuche, das »R.G.« mittels christlicher Ordnungen zu verwirklichen (Christokratie). Eine Suspendierung der Zwei-Reiche-Lehre würde nur die Preisgabe des Reichsgedankens besiegeln.

5. Die *Universalität* der H.G. ist von ihrem überweltlichen Ziel her begreiflich. Die H.G. ist die neue Welt Gottes selbst.

a) Das R.G. meint von jeher die Integration der von Gott geschaffenen, wider ihn rebellierenden, aber durch Jesus Christus versöhnten Welt (2Kor 5, 19): »den neuen Himmel und die neue Erde, wo die Gerechtigkeit wohnt« (2Petr 3, 13). Das R.G. und seine → *Gerechtigkeit* gehören wesenhaft zusammen (Mt 6, 33). Gottes Gerechtigkeit ist Gottes Bereich: ein Kraftfeld, in das er die Menschen einbeziehen will, um sie zu besonderen Taten zu ermächtigen. Sie stellt ein »soziales Heilsgut« dar, an dem auch der Kosmos beteiligt werden soll (Ps 72, 3). Universalität meint die neue gemeinschaftsgemäß lebende Menschheit in einer neuen, in all ihren Verhältnissen gewandelten Welt. Im Blick auf sie ist das gegenwärtige Dasein in eine paradoxe Spannung gestellt: weil die H.G. in Christus bereits gegenwärtig und in ihm das → Gesetz aufgehoben ist (Röm 10, 4), ist die Gerechtigkeit Gottes Geschenk; und: weil sie in Gott noch zukünftig und das Gesetz vorerst in Geltung bleibt, ist die Gerechtigkeit menschliche Aufgabe. Im neuen gemeinschaftlichen Sein gründet das neue gemeinschaftliche Sollen. Indem das NT den neuen Indikativ proklamiert, provoziert es den neuen Imperativ (→ Rechtfertigung und → Heiligung).

b) Die altprot. Dogmatik hat den universalen Bezug der H.G. auf *die Welt* innerhalb der Lehre vom dreifachen Amt Christi, genauer seines »königlichen Amtes« (→ Christologie: III, 2 a) abgehandelt: indem sie dem »Reiche der Gnade« ein »Reich der Macht« (sc. Christi) vor- und ein »Reich der Herrlichkeit« nachordnete. Die besonnene Kritik Schleiermachers (Glaubenslehre, § 105) hat diese Aussagen als Umfangsbestimmungen des einen »Reiches der Gnade« zugelassen. Zweifellos hat die Lehre vom »regnum potentiae« die Funktion, den heilsgeschichtlichen Zusammenhang von Schöpfung und Erlösung zu wahren und die Erhaltung christologisch zu verstehen (Barth, KD III/3, 91: servatio - conservatio). In Gottes *erhaltendem Weltregiment* wirkt sich seine Treue aus (→ Vorsehung). Zum Ziele gelangt, unterwirft sie Christus den Kosmos (Dantine) und macht die Glaubenden inmitten der sie bedrängenden Welt (→ Anfechtung) seiner Nähe gewiß. In der profanen Alltäglichkeit (→ Beruf, → Leiden) darf die Christenheit es je erneut lernen, die »Kämpfe Christi« mit durchzufechten, in denen er seine »sacrificia et politia« vollzieht und »sein Reich vor dieser Welt sichtbar macht« (AC IV, 189ff, lat. Text!).

c) Die Kirche ist angesichts der neu sich stellenden Weltprobleme zu neuer *Verantwortung* gerufen. Nicht zufällig liegen die Antriebe zur → Mission und zur → Ökumenischen Bewegung in der Botschaft von der H.G. Diese Botschaft sollte die Christenheit aus dem Schlafe untätiger Selbstgenügsamkeit und den Träumen von der → »Eigengesetzlichkeit der Lebensgebiete« aufschrecken und zur Mitarbeit aufrufen, das kommende R.G. als die anbrechende »neue Zeit« intensiver zu verkündigen. Dabei sollte es sich von selbst verstehen, nicht in den Aktivismus des → »Social gospel« zurückzufallen oder eine »christliche Gesellschaft« als Ziel einer »R.G.-Bewegung« (→ Kagawa) zu erhoffen. - Sowenig das R.G. aber Menschenwerk ist (→ Synergismus), sondern Gottes Tat und Gabe, sowenig ist es das Ergebnis einer → Entwicklung (: II). »Das R.G. hat eine Geschichte, aber es hat keine Entwicklung. Das zu sichern ist der Sinn des → Antichrist-Gedankens« (Althaus, RGG[2] IV, 1824). Der → Chiliasmus, in seinen religiösen wie säkularisierten Ausformungen, bleibt ausgeschlossen. Das R.G. »kommt wohl ohne unser Gebet von sich selbst« (Luther, Kl. Kat. III, 2), aber es kommt nicht ohne den Kampf, der seine Grundkategorie bildet und in dem Gott menschliche Niederlagen in seine Siege verwandelt: »Das *Reich* verdient sich die Söhne, nicht verdienen sich die Söhne das Reich« (WA 18, 694). Diese Erkenntnisse würden zumindest die systematische Theologie zur Neubesinnung nötigen.

Außer den Lehrbüchern der → Dogmatik u. → Ethik: RE XVI, 783ff - P. ALTHAUS, Die letzten Dinge, (1922) 1956[6] - H. BOEHMER, Der Zusammenbruch der modernen Apokalyptik (AELKZ 56, 1923, 404-406. 418-423. 434-439. 450-455 = Ges. Aufs., 1927, 223ff) - K. HEIM, Der ev. Glaube u. das Denken der Gegenwart II, (1935) 1937[3]; III, (1937) 1952[3]; VI, 1952 - H.R. NIEBUHR (→ Reich Gottes: II) - BARTH, KD II/1, § 28f; III/3, §§ 49. 51, 2; IV/2, §§ 64, 3. 67; IV/3, 2, §§ 69, 3. 72 - W. ELERT, Theokratie u. Bolschewismus (Zwischen Gnade u. Ungnade, 1948, 17-37) - DERS., Regnum Christi (ebd 72 bis 91) - W.A. VISSER'T HOOFT, The Kingship of Christ, 1948 - K.E. SKYDSGAARD, R.G. u. Kirche, 1950 - E. BRUNNER, Das Ewige als Zukunft u. Gegenwart, 1953 - G. GLOEGE, Das Friedensreich Christi (LR 4, 1954, 210-224) - ESL 854ff - H. BIETENHARD, Das tausendjährige Reich, 1955 - T.F. TORRANCE, Kingdom and Church, Edinburgh 1956 - M. STREGE (→ Reich Gottes: I, 2) - J. BOSC, L'office royal du Seigneur Jésus Christ, Genf 1957 - LThK II[2], 25ff - E. WOLF-W. SCHMAUCH, Königsherrschaft Christi (ThEx NF 64), 1958 - TH. FILTHAUT, Das R.G. in der katechet. Unterweisung, 1958 - G. FORCK, Die Königsherrschaft Jesu Christi bei Luther (ThA 12), 1959 - EKL III, 564ff - A. KIMME, Haupttypen der Christokratie (KuD 5, 1959, 117-132) - E. MÜLHAUPT, Herrschaft Christi bei Luther (NZSTh 1, 1959, 165 bis 184) - W. DANTINE, Regnum Christi - Gubernatio Dei (ThZ 15,

1959, 195-208) - R.SCHNACKENBURG, Gottes Herrschaft u. Reich, 1959 (kath.) - WKL 1228ff - F.LAU, Die Königsherrschaft Jesu Christi u. die luth. Zweireichelehre (KuD 6, 1960, 306-326) - CHR. WALTHER (→ Reich Gottes: II). *G.Gloege*

Reichenau, Kloster auf der Insel R., 724 von Karl Martell gegründet, von → Pirmin und Mönchen aus Westfranzien besetzt. Bischof Audoin von Konstanz war an der Gründung nicht beteiligt. Die Aufgabe, die friedliche Durchdringung Alemanniens einzuleiten, gelang erst, nachdem der alemannische Widerstand 746 gebrochen war. Abt Arnefrid wurde 736 Bischof von → Konstanz, blieb aber Abt; durch diese Zusammenlegung der Bischofs- und Abtswürde, die bis 782 währte, wurde das Kloster in die Diözese völlig eingegliedert. Seit Ende des 8.Jh.s stieg die R. zu größtem Ansehen, zu materieller Macht und zu einem hervorragenden Zentrum des geistigen und künstlerischen (→ Bibelillustration: I, 4; → Malerei und Plastik: II, 4) Schaffens auf. Liutward wurde Erzkanzler und später Bischof von Vercelli († 900), Abt Hatto Erzkanzler und Erzbischof von Mainz († 913). Abt → Walafrid Strabo († 848) trat als Dichter und Schriftsteller hervor, die Äbte Erlebald († 839), Witigowo († 997) und Berno († 1048) waren großzügige Bauherren (→ Kirchenbau: III, 2). Im 11.Jh. war Hermann der Lahme († 1054) als Geschichtsschreiber, Gelehrter und Musiker tätig. Um die Mitte des 11.Jh.s begann der Niedergang. Das betont hochadlige Kloster stand im Investiturstreit wohl auf der Seite der Gregorianer und Zähringer, hielt sich aber gegenüber dem kämpferischen Geist der Hirsauer Reform (→ Hirsau) zurück. Durch schlechte Wirtschaft, selbstsüchtige Vögte, adlige Lehensträger und mächtige Ministerialen büßte das Kloster seine wirtschaftliche und politische Macht ein. Der Versuch (Mitte des 12.Jh.s), durch Urkundenfälschungen die durch die selbstverschuldete Entwicklung verlorenen Rechte und Besitzungen zurückzugewinnen, mißlang. Der Verfall war auch durch die Bemühungen einzelner Äbte, selbst nach der Aufhebung der freiherrlichen Verfassung 1427 nicht mehr aufzuhalten. 1540 wurde die Abtei dem Bistum Konstanz inkorporiert, die Leitung einem Prior übertragen; 1757 wurde der letzte Konvent aufgelöst, 1802/03 erfolgte die Säkularisation.

Die Kultur der Abtei R., hg.v. K.BEYERLE, 1925 - TH.MAYER, Die Anfänge der R. (Zs. f. d. Gesch. d. Oberrheins 101, 1953, 305-352) - E.REISSER, Die frühe Baugesch. d. Münsters zu R., 1960. *Th.Mayer*

Reichensperger, 1. *August* (1808-95), kath. Politiker und Jurist, * in Koblenz und im Geiste des westdeutschen Liberalismus aufgewachsen, ist erst unter dem Eindruck des → Kölner Kirchenstreites zum gläubigen Katholiken und ultramontanen Politiker geworden. Als solcher war er im → Frankfurter und im Erfurter Parlament Vertreter der Großdeutschen. In Preußen war er als Mitglied des Abgeordnetenhauses von 1851-63 und 1879-85 Führer der kath. Fraktion, im Reichstag von 1871-84 Führer des → Zentrums, wie sich die kath. Fraktion seit 1859 nannte. Im → Kulturkampf trat er hinter → Windthorst zurück. - Als Sekretär des Kölner Dombauvereins hat sich R. sehr für den Ausbau des Domes eingesetzt, wie er überhaupt den neuromantischen Strömungen auf dem Gebiete der christlichen Kunst ein starkes Interesse entgegenbrachte. - Vgl. → Katholisch-sozial, 2.

Vf. u.a.: Erlebnisse eines alten Parlamentariers, 1882. - Über R.: L.v.PASTOR, A.R., 2 Bde, 1899 - H.ONCKEN, A.R. (in: Hist.-polit. Aufs. u. Reden II, 1914, 301-321) - ADB 53, 276ff.

2. *Peter* (1810-95), Bruder von 1, ebenfalls Jurist und mit ähnlicher politischer Entwicklung. 1848 war er Mitglied der preußischen Nationalversammlung, 1850 des Erfurter Parlaments. 1849-92 gehörte R. dem Preußischen Landtag, 1876-92 dem Norddeutschen bzw. Deutschen Reichstag an. Als Jurist war er wie sein Bruder im staatlichen Dienst, zuletzt 1859-79 Obertribunalrat in Berlin.

A.WEGENER, Die vorparlamentarische Zeit P.R.s, 1930. *K.Kupisch*

Reichsbruderrat. Der Ausdruck ist ungenau, hat sich aber früh durchgesetzt.

1. Der *Bruderrat der DEK* (R.) war nicht der erste unter den → Bruderräten. Ein »R.« bestand bereits seit dem 30.10.1933 als Bruderrat des → Pfarrernotbundes. Auch die Freien Synoden schufen solche Organe. Der »Nürnberger Ausschuß« konstituierte sich am 11.4.1934 als ein Arbeitsausschuß aus den meisten Landeskirchen. Er tagte sechsmal, bis die Synode in → Barmen ihn als Bruderrat der DEK bestellte und ihn bevollmächtigte, »die ihr gestellten Aufgaben durchzuführen und überhaupt für sie mit der Maßgabe zu handeln, daß in allen wichtigen Fragen die Entscheidung der Bekenntnissynode selbst eingeholt werden muß. Der Bruderrat hat das Recht, Ausschüsse der Synode zu bestellen. Er ist befugt, sich umzubilden und zu ergänzen.« Er bestand aus 12 Mitgliedern. Die Leitung lag bei Präses → Koch. Die Synode in → Dahlem erweiterte den R. auf 22 Mitglieder. Hier erhielt er die Berufung »zur Leitung und Vertretung der DEK als eines Bundes bekenntnisbestimmter Kirchen«. Am 22.11.1934 schloß der R. ein Übereinkommen mit den Landeskirchen von Bayern, Hannover (luth.) und Württemberg zur Bildung der 1. Vorläufigen Kirchenleitung (VKL). Auf der Synode in Augsburg erhielt der R. die »Aufgabe, Sorge für die Durchführung der Beschlüsse der Synode zu tragen und die VKL bei ihren Maßnahmen zu beraten«. Am 3.1.1936 kam es wegen der Kirchenausschüsse im R. zu einer Abstimmung, in der der ablehnende Kurs siegte (17:11). Die Synode von Oeynhausen (dort 31 Mitglieder) vermochte nicht, die Gegensätze zu überwinden (→ Kirchenkampf, 7, → Bekennende Kirche). Die Dahlemer Synode hatte aus der Mitte des R.es einen Rat für die Führung der Geschäfte berufen (Koch, → Asmussen, Fiedler, → Barth, Breit, M. → Niemöller; nach der Oeynhausener Synode: Asmussen, Kloppenburg, Lücking, Middendorff, M.Niemöller, von Thadden). Er war zusammen mit der nach der Oeynhausener Synode gebildeten 2. VKL an der für Hitler bestimmten Denkschrift von Mai 1936 verantwortlich beteiligt. Der R. hat als leitendes Organ immer unter Verfolgung gestanden (23.6.1937 Verhaftung von 8 Teilnehmern aus der letzten R.-Sitzung in Berlin). Durch schrittweise Zurückziehung der zum Luth. Rat gehörenden Mitglieder kam er zum Erliegen. Seine Funktion übernahm weithin die Konferenz der Landesbruderräte.

2. Der *Bruderrat der EKD* (R.) trat zuerst in Frankfurt am 22.8.1945 unter dem Vorsitz von M.Niemöller zusammen. 1947 legte er einen Entwurf für die Grundordnung der EKD vor und verzichtete in dessen Sinn 1948 in Eisenach auf kirchenleitende Funktionen, nahm aber zu manchen unerledigten und aktuellen Fragen Stellung: »Wort zum politischen Weg unseres Volkes« (8.8.1947); »Wort zur Judenfrage« (8.4.1948); »Wort zur Flüchtlingsnot« (7.1.1949); »Aufruf zur Bildung von Baugemeinden« (2.3.1949); »Gebt Gott recht!« (14.10. 1949); »Wort zur Frage der Wiederaufrüstung« (29.9. 1950). Leitung und Zusammensetzung haben gewechselt. Die Aufgabe ist geblieben und zT in die Grundordnung der EKD übernommen: »die Erkenntnisse des Kirchenkampfes über Wesen, Auftrag und Ordnung der Kirche zur Auswirkung zu bringen« und in gehorsamem

Hören auf das Wort nach dem zukünftigen Weg zu fragen.

W.NIEMÖLLER, Der Bruderrat der DEK (Bekennende Kirche. Festschr. M.Niemöller, 1952, 150-158) - H.MOCHALSKI, Der Bruderrat der EKD 1945-51 (ebd 159-163). - Akten des Präsidiums der Bekenntnissynode der DEK u. Akten des Bruderrates der EKD im Bielefelder Archiv des Kirchenkampfes. *W.Niemöller*

Reichsbrüderbund. Ev.R. nannte sich ein Gemeinschaftsverein, der 1878 in Lissa/Posen gegründet wurde. Im ersten Flugblatt wurde gesagt: »Unser Bund nennt sich ev., weil wir an das Evangelium glauben und überzeugt sind, daß die Menschheit nur durch das Erlösungswerk Jesu Christi befreit werden kann.« »Er nennt sich R., weil wir an die baldige Wiederkunft Jesu Christi zur Aufrichtung seines Königreichs glauben.« Der R. entstand aus der Arbeit der beiden württembergischen Evangelisten M.Blaich (1820-1903) und Joh. → Seitz († 1922 als Leiter des vielbesuchten Seelsorgeheims in Teichwolframsdorf/Sa.). Wie → Blumhardt hatte auch Seitz die Gabe der Krankenheilung. Beide Evangelisten gehörten ursprünglich der Gesellschaft des Deutschen → Tempels an, trennten sich aber, als sich deren Gründer → Hoffmann dem Rationalismus zuneigte. Durch ihre Arbeiten entstanden Kreise von Erweckten vor allem in Ostpreußen, Westpreußen, Posen und Pommern, die sich zu landeskirchlichen Gemeinschaften vereinigten. 1922 hatte der R. 14 eigene Evangelisten. Erst der 2. Weltkrieg zerstörte die Arbeit im Osten völlig und führte zur Auflösung des R.es. In Württemberg besteht der Württ. Brüderbund mit ca 40 Gemeinschaften; er fühlt sich als Erbe des R.es.

J.SEITZ, Erinnerungen u. Erfahrungen, (1919) 1922^3 - H.V.SAUBERZWEIG, Er der Meister, wir die Brüder, 1959. *H.Brandenburg*

Reichsbund für Religionsunterricht und religiöse Erziehung → Pädagogik: III, 1.

Reichsdeputationshauptschluß. Zur Erledigung besonderer Aufgaben bestellte im alten Deutschen Reich bis 1806 der Reichstag »Reichsdeputationen«, die ihre Beschlüsse in einem R. zusammenfaßten. Der bedeutendste ist der R. vom 25.2.1803. Durch Vertreter von Kurmainz, Böhmen, Sachsen, Brandenburg, Pfalz-Bayern, Hessen-Kassel, Württemberg, dem Hoch- und Deutschmeister und unter maßgeblichem Einfluß von Frankreich und Rußland erarbeitet, verfügte er die Auflösung sämtlicher geistlicher Fürstentümer mit Ausnahme des nach Aschaffenburg-Regensburg verlegten Staates des Kurfürsten-Erzkanzlers von Mainz (→ Dalberg) sowie des Johanniter- und des Deutschen → Ritterordens, die → Säkularisation des → Kirchenguts und die Mediatisierung der Reichsdörfer und Reichsstädte mit Ausnahme von Lübeck, Bremen, Hamburg, Frankfurt/M., Nürnberg und Augsburg. Mit dem freigewordenen Gebiet wurden die deutschen Fürsten für die Gebiete entschädigt, die sie durch die Abtretung des linken Rheinufers an Frankreich im Frieden von Lunéville (9.2. 1801) verloren hatten. Jedoch erhielten viele Länder mehr als sie verloren hatten. An die Stelle der erloschenen Kurfürstentümer Köln und Trier traten vier neue weltliche: Salzburg, Württemberg, Baden, Hessen-Kassel.

A.GASPARI, Der Deputationsrezeß mit hist., geograph. u. statist. Erläuterungen I. II, 1803 - A.SCHARNAGL, Zur Gesch. des R.es (HJ 70, 1950, 238-259) - HERMELINK I, 156f - GEBHARDT-GRUNDMANN III, 28ff (Lit.). *H.Hohlwein*

Reichsgottesarbeiter heißen in der → Gemeinschaftsbewegung die hauptamtlich als Prediger, Evangelisten usw tätigen Mitarbeiter. Der Ausdruck soll eine Abgrenzung vom konfessionell gebundenen Amt bezeichnen. 1904 wurde in Kassel die R.-Vereinigung gegründet. Sie zählt heute fast 1000 Mitglieder. Ihr Zweck ist gegenseitige Seelsorge und Unterstützung vor allem der Witwen und Waisen verstorbener Mitglieder. Geschäftsstelle in Denkendorf (Württ.). Zeitschrift: »Der R.«. *H.Brandenburg*

Reichskirche, im Herrschaftssystem → Karls und → Ottos d. Gr. die Kirche, die der Kaiser leitete und durch staatliche Organe verwalten ließ, deren Reichskonzile zugleich Reichstage waren. Diese *mittelalterliche deutsche R.*, in deren ideologischem Hintergrund die Vorstellung von einer R. → Konstantins d. Gr. eine gewisse Rolle spielt, trug die Herrschaft des deutschen Königtums sowie die kulturelle Entwicklung des Abendlandes. Ihre Form und ihre Grundlagen zerbrachen im Investiturstreit (→ Kaisertum und Papsttum, 5). Der Gedanke jedoch blieb im deutschen Episkopat bis zum Vatikanischen Konzil lebendig. Vom Konziliarismus (→ Reformkonzile) und → Episkopalismus getragen, durch den → Gallikanismus beeinflußt, fand der nationaldeutsche Protest gegen die Abhängigkeit des → Papsttums (: II, 2) von Frankreich nach langen Auseinandersetzungen in dem zwischen Friedrich III. und der Kurie abgeschlossenen Reichskonkordat 1448, das bis 1806 das Verhältnis der deutschen kath. Kirche zu Rom regelte, seinen Ausdruck. - Unter dem Einfluß des → Febronianismus, antikurialer und jansenistischer Strömungen wurde in der Emser Punktation (1786; → Emser Kongreß) die Ausschaltung des Papsttums aus der Verwaltung der deutschen Kirche gefordert. Diese Forderungen wurden nicht verwirklicht. Ebenso scheiterten die Pläne des Mainzer Erzbischofs v. → Dalberg in Verbindung mit → Oberthür, R.F.L.v.Stadion-Warthausen (1761 bis 1817) und I.H.v. → Wessenberg, nach dem → Reichsdeputationshauptschluß eine R. zu errichten, am Widerstand der Einzelstaaten, die sich von Einzelkonkordaten mit Rom mehr Vorteile versprachen. Die Bemühungen von Männern wie den Gebrüdern → Stolberg, des Freiherrn von → Fürstenberg, → Ronge, → Görres, → Sailer, → Möhler, A. → Günther und G. → Hermes um eine deutsche R. fanden mit dem → Vatikanum ein Ende (→ Deutschkatholizismus).

Die → *Reformation* hatte nicht nur die kirchliche Einheit Deutschlands gesprengt, sie fand selbst infolge der Ausbildung von → Landeskirchen in Deutschland zu keiner Einheit; dagegen entstanden R.en in → Dänemark-Norwegen und → Schweden. Nach dem Zusammenbruch des → Corpus Evangelicorum begann unter dem Einfluß von → Pietismus und → Aufklärung, verbunden mit den nationalen Einigungsbestrebungen, zu Beginn des 19.Jh.s auch das Bemühen um eine kirchliche Einigung des deutschen Volkes. Dabei liefen zwei Strömungen nebeneinander: a) Ausgehend von → Fichtes Forderung: »Es wird eine Religion festgesetzt, über die alle ohne Zwang und aus freier Einsicht einig sein können« und F.L.Jahns Wunsch (Deutsches Volkstum, 1810) nach »einer freigläubigen einigen deutschen Kirche, in der Staatskunst, Volkstumskunde und Völkerlehre alles Wirkliche einer Volksreligion hätten«, entfaltete sich eine *völkisch-nationale*, utopische Vorstellung einer R. Sie sollte eine der besonderen Eigenart des deutschen Volkes entsprechende Widerspiegelung des Gottesgeistes sein (→ Lagarde, H.St.Chamberlain, → Deutschgläubige Bewegungen, 2). - b) Eine Frucht der von *Männern der Kirche* wie G.J. → Planck, → Schleiermacher, F.S.G. → Sack, A.Müller-Weimar u.a. unternommenen Versuche, die ev. Landeskirchen zu einigen, waren die verschiedenen → Unionen (: I). Um 1848 wurden, wiederum dem Verlangen nach nationaler Einigung entsprechend, die Forderungen nach der »ev. prot. Kirche des Reiches« erhoben (v. → Hase, → Bunsen, Dorner, M.A.v.Bethmann-Hollweg). Sie erbrachten zwar keine R., aber doch den Zusammenschluß des deutschen Protestantismus in dem Werk der → Inneren Mission und die Eisenacher Kirchenkonferenz von 1852, die 50 Jahre hindurch die Einheit des deutschen Protestantismus darstellte. Zugleich erwuchs aus der Vertiefung des konfessionellen Bewußtseins die Erkenntnis, daß eine R. nur in der Form eines Kirchenbundes möglich sei. - Nach dem Erstarken des deutschen Nationalbewußtseins nach 1866 wurde der → Protestantenverein zum Vorkämpfer der »deutschen Nationalkirche«. Dem von W. → Hoffmann, E. → Herrmann und → Wichern auf der kirchlichen Oktoberversammlung 1871 in Berlin vertretenen Gedanken einer Ausdehnung der Preußischen Union auf ganz Deutschland widersetzte sich die Allgemeine Ev.-luth. Konferenz. Für die R. trat auch der → Evangelische Bund (v.Bamberg, → Beyschlag, Lechler) ein. 1901 gewann der Gothaer Erbprinz Ernst von Hohenlohe-Langenburg auch Wilhelm II. für den Gedanken einer Einigung der ev. Kirchen Deutschlands. So kam es 1903 zur Gründung des Deutschen Ev. → Kirchenausschusses, aus dem 1922 der Deutsche Ev. → Kirchenbund hervorging. - 1933 forderten die Deutschen Christen die R. (→ Deutsch-christliche Bewegungen, 2 b) und gaben damit den Anstoß zu den Verhandlungen der Landeskirchen über eine Verfassung für die R. (→ Kirchenkampf, 5). Während die DC eine R. luth. Gepräges, gegliedert in 10 Länderkirchen unter einem luth. Reichsbischof und einem ref. Reichsvikar propagierten, bewahrte die am 11.7.1933 von den Vertretern sämtlicher Landeskirchen angenommene Verfassung der DEK den Bestand der Landeskirchen, bes. ihre Selbständigkeit in Bekenntnis und Kultus. Der Versuch des »Rechtswalters« Jäger, den Ausbau der R. durch »Gleichschaltung« der Landeskirchen voranzutreiben, scheiterte am Widerstand der süddeutschen Landeskirchen (→ Kirchenkampf, 6).

M.Schiele, Die kirchl. Einigung des ev. Deutschland im 19.Jh. (SgV 50), 1908 (Lit.) - H.Weinel, Die dt. R. (Kunstwart, 1915, 129 bis 137) - Ders., Die Dt. Ev. Kirche, 1933 - O.Dibelius, Staatsgrenzen u. Kirchengrenzen, 1921 - Ders., Grenzen des Staates, 1949 - G. Holstein, Die Grundlagen des ev. Kirchenrechts, 1928, 378ff - J. Beckmann in: KJ 1933-44, 1948 - H.Rössler-G.Franz, Sach-WB der Dt. Gesch., 1958, 1012ff. *H.Hohlwein*

Reichslieder, das Gesangbuch der → Gemeinschaftsbewegung. Schon 1875 hatte der Methodistenprediger Ernst Gebhardt (1832-99) mit seiner Sammlung »Frohe Botschaft in Liedern« die englisch-amerikanische Heiligungsdichtung samt ihren Melodien in die deutsche Welt herübergeleitet und auf weite Kreise mitreißenden Einfluß gewonnen. 1892 erschienen dann im Verlag des norddeutschen Gemeinschaftsvereins erstmals die von Joh.Röschmann (1862-1901) zusammengestellten »R.«. Die Sammlung lehnte sich an die »Sacred Songs and Solos« von → Sankey an und bevorzugte alles, was »ein entschiedenes Bekenntnis enthielt, was scharf zwischen Errettet- und Nichterrettetsein unterschied«. Röschmann strich sogar aus manchem der aufgenommenen Kirchenlieder diejenigen Strophen, die ihm den Ruf zur Entscheidung abzuschwächen schienen. Von den 300 Liedern der 1. Aufl. waren 90 englischen Ursprungs, daneben erschien bevorzugt das pietistische Liedgut. Eine Neubearbeitung 1901 brachte 150 neue Nummern, dabei bewußt eine Verminderung des englischen Anteils zugunsten des deutschen. Und die Ausgabe von 1931 (Neudr. 1950) erstrebte laut Vorwort »eine Auswahl aus dem reichen Schatz des deutschen Kirchenliedes und des deutschen geistlichen Volkslieds«, unter Ausschaltung eines reichlichen Drittels vom alten Bestand. Trotz dieser Annäherung an die Lieder der ev. Gemeinde blieb als Grundton das missionarische Anliegen erhalten, die Fernstehenden zu locken und in ihr subjektives Fühlen einzudringen. So zieht sich durch diese Lieder - bes. durch die Melodien - ein drängendes Rufen, ein Anreizen durch oft überschwengliche Schlagzeilen, mitreißende Kehrreime, pochende Rhythmen, ja bisweilen durch einen Hang zu primitiver Stimmungsbetonung. Die Gefahr zumindest einer Verbiegung des reformatorischen Glaubensinhalts ist - trotz zweifellos vorhandener Wirkungskraft - nicht zu leugnen. - Altpietistisches Gepräge hatte der »Ev. Psalter« (hg.v. der → Evangelischen Gesellschaft für Deutschland, 1915). Stark englisch bestimmt war der »Rettungsjubel« (I. II, 1906/12).

P.Fleisch, Die moderne Gemeinschaftsbewegung, (1903) Bd I. II/1, 1912/14³ - H.Petrich, Unser geistl. Volkslied, (1920) 1924² - O. Söhngen, Zur Kritik des geistl. Volksliedes (Der Kirchenmusiker, Sept./Okt. 1950, 93 f). *W.Reichel*

Reichsreform

1. Allgemein - 2. Reichstag - 3. Reichsregiment. - Vgl. → Corpus Evangelicorum

1. Im 15.Jh. stand das Reich, von einer inneren Krise erschüttert, dem Angriff der Hussiten (→ Huß, 2) wehrlos gegenüber. Das Königtum hatte jede reale Macht eingebüßt; es hatte den auf Kosten des Reichsgutes und der Reichsfinanzen herangewachsenen Territorien immer mehr Befugnisse überlassen müssen. Angesichts der akuten Gefahr mußte sich König → Siegmund wegen Bewilligung einer Reichshilfe an die Stände wenden. Die Schwierigkeiten, die sich bei der Aufstellung des Reichsheeres und noch mehr bei der Einziehung der 1427 bewilligten Hussitensteuer ergaben, offenbarten deutlich die Mängel der Reichsverfassung und lösten Erörterungen über eine durchgreifende *Reichsreform* (R.) aus, deren Kernstück die Sicherung von Frieden und Recht wurde. Reformschriften, deren erste zZ der → Reformkonzile von Konstanz und Basel entstanden (zB → Nikolaus von Kues »Concordantia catholica«), behandelten neben der Kirchenreform auch die R. (ein Ratskollegium als Vertretung der Stände neben dem Kaiser; Errichtung eines ständigen Gerichts mit festem Sitz, ständischer Besetzung und ausreichender Exekutive). Einige dieser Forderungen begegnen auch in den Reichstagsverhandlungen der Jahre 1434-38. So wurde in einem Entwurf auf dem Reichstag (RT) zu Nürnberg 1438 die vollständige Beseitigung der Fehde, eine feste Ordnung der Gerichte und die Dezentralisation der Urteilsvollstreckung gefordert. Die Neuordnung scheiterte damals am Gegensatz zwischen König, Fürsten und Städten. Unter Friedrich III. kam es jahrzehntelang zu einem fast völligen Stillstand der R.bemühungen; in seinem Landfriedensgesetz von 1442 kehrte der Kaiser zu der alten Form der Landfriedensregelung zurück, die die Fehde unter Bindung an feste Formen zuließ. Erst als er angesichts der Entwicklung an der Ostgrenze auf RTen von 1466 und 1467 eine Reichshilfe gegen Türken und Ungarn forderte, meldeten die Stände ihre Wünsche auf Herstellung von Frieden und Recht erneut an, wurden aber vom Kaiser abgewiesen. Erst in den 80er Jahren entstand eine neue R.bewegung; ihr Wortführer war der Mainzer Kurfürst Berthold von Henneberg (1484-1504). Die neuen Verhandlungen setzten auf dem Frankfurter RT 1486 nach der Wahl Maximilians I. zum röm. König ein. In den folgenden Jahren wurde am Entwurf einer Heeres- und Steuerverfassung gearbeitet und die Frage der Errichtung eines vom Hofe getrennten Kammergerichts erörtert. Fortschritte konnten aber erst nach dem

Tode Friedrichs III. erzielt werden. Daß Maximilian nicht nur aus taktischen Erwägungen mit Rücksicht auf die Außenpolitik auf die Reform einging, sondern wirklich reformwillig war, kann als erwiesen gelten (Wiesflecker); freilich wünschte er die Akzente anders zu setzen als Berthold von Mainz. Das Ergebnis der Verhandlungen über Hilfsforderungen des Königs und Reformwünsche der Stände auf dem RT zu Worms 1495 waren eine Reihe von Reformgesetzen: Der sog. »Ewige Landfriede« brachte das vollständige und dauernde Fehdeverbot; um den allein noch zulässigen friedlichen Austrag von Rechtsstreitigkeiten zu gewährleisten, wurde das *Reichskammergericht* (RKG) geschaffen, in dem der ständische Einfluß maßgebend war und das nach röm. Recht verfuhr, wodurch die Rezeption des röm. Rechts als gemeines deutsches Recht zum Abschluß gebracht wurde. - Vor dem RKG wurde im 16. Jh. über die reichsrechtliche Anerkennung der prot. Regelung der Kirchengüterfrage gestritten; in den den prot. Ständen gewährten Stillständen war deshalb immer die Bestimmung enthalten, daß die Prozesse am RKG wegen Einziehung der Kirchengüter eingestellt werden müßten. Seit dem Augsburger RT von 1548 (→ Interim) war es eindeutig für die Erhaltung der alten Kirche tätig; erst durch die im → Augsburger Religionsfrieden enthaltene Bestimmung der paritätischen Besetzung mit Bekennern beider Konfessionen wurde es wieder arbeitsfähig. - Zur Deckung der Unkosten für das RKG und die Maximilian gewährte Reichshilfe wurde 1495 der »Gemeine Pfennig«, freilich nur auf vier Jahre, bewilligt. Für die Exekution in Landfriedensangelegenheiten wurde nur eine provisorische Regelung getroffen. In der »Handhabung Friedens und Rechts« sicherte der König die Durchführung der beschlossenen Ordnung in seinen Erblanden zu und verpflichtete sich, jährlich einen RT abzuhalten. Die Erhebung der Reichssteuer scheiterte am Fehlen einer Verwaltungsorganisation des Reiches und an der Säumigkeit seiner Glieder. Deshalb kehrte man endgültig seit 1521 auf Grund der verbesserten Reichsmatrikel zu dem System der Matrikularbeiträge zurück. Eine Exekutionsordnung und zugleich eine notdürftige Reichskriegsverfassung zu schaffen, gelang erst auf dem Augsburger RT 1555; in ihr erhielten die zehn (seit 1495 bzw. 1500 und 1512) bestehenden Reichskreise ihren festen Aufgabenbereich. - Wenn auch das Erreichte hinter dem Erstrebten weit zurückblieb, so kann man doch als Ergebnis der R. festhalten, daß es gelungen ist, einige Einrichtungen zu schaffen, die den Fortbestand des Reiches noch für Jh.e sichern halfen. Eine Modernisierung im Sinne der westlichen Nationalstaaten konnte bei der Grundstruktur des Reiches nicht gelingen und kann wohl nicht einmal als ursprüngliches Ziel der R.bewegung angesprochen werden (Angermeier).

2. Seit dem 14. Jh. entstand allmählich der *Reichstag;* Teilnahmerecht und -pflicht blieben ebenso wie Zuständigkeit und Verfahren lange ungewiß. Erst 1485-97 vollzog sich unter Führung Bertholds von Henneberg der Ausbau der RTs-Verfassung. Der RT wurde zu einer Organisation der Stände gegenüber dem Kaiser, der den RT auszuschreiben und die Proposition vorzulegen hatte, aber von den Verhandlungen ausgeschlossen blieb. Der RT gliederte sich in drei Kurien (Kurfürsten, Fürsten und Städte), die getrennt berieten. Ihre Beschlüsse wurden unter Leitung des Kurfürsten von Mainz aufeinander abgestimmt; sie wurden durch die Zustimmung des Kaisers gültig und seit 1497 in einem förmlichen Reichsabschied publiziert. Zur rascheren Erledigung anstehender Fragen wurde die Bildung von Ausschüssen üblich. Unklar blieb lange das Stimmrecht der Reichsstädte, für die erst der → Westfälische Friede das Zugeständnis des Votum decisivum bringen sollte. Auch die Frage, ob ein RTs-Beschluß bindende Kraft für nichterschienene Stände habe, blieb in der Schwebe. Die Beratungsgegenstände der RTe und damit auch die Reichsgesetzgebung waren praktisch unbeschränkt; die Durchführung stand aber bei den territorialen Gewalten, so daß das Reich praktisch nur Richtlinien geben konnte.

3. I.J. 1500 konnte die ständische Reformpartei Maximilian die Errichtung des *Reichsregiments* (RGT) abringen. Es setzte sich unter Vorsitz des Königs oder eines von ihm zu ernennenden Stellvertreters aus 20 Mitgliedern zusammen, die bis auf zwei für die habsburgischen Erblande von den Ständen präsentiert wurden. Das RGT sollte für die gesamte Innen- und Außenpolitik zuständig sein. Aus Mangel an Unterhaltsmitteln geriet es bald in Schwierigkeiten; auch kam es zum Konflikt mit Maximilian, der es 1502 auflösen konnte. → Karl V. mußte sich in der Wahlkapitulation zur Errichtung eines RGTs verpflichten, für das auf dem RT zu Worms 1521 eine Ordnung erlassen wurde; doch wurde seine Tätigkeit auf die Zeit der Abwesenheit des Kaisers aus dem Reich beschränkt. Nach des Kaisers Rückkehr löste es sich 1530 von selbst auf. In den ersten Jahren hatte das zweite RGT seinen Sitz in Nürnberg, wo es eine sehr rege Tätigkeit entfaltete und um die Weiterführung der R. bemüht war. Es arbeitete am Entwurf einer Exekutionsordnung, an einer Münzordnung und plante einen Reichszoll. Im Kreise der ständischen Regimentsräte wurde auch die Vorarbeit geleistet für die Vereinheitlichung des Strafrechts, wie sie in der »Peinlichen Hals- und Gerichtsordnung« Karls V. (Carolina) 1532 realisiert werden konnte. Da es dem RGT an einer eigenen Exekutive fehlte, konnte es sich mit seinen Mandaten gegenüber den Territorien nicht durchsetzen und war bes. in der Krise der Erhebung → Sickingens und erst recht im → Bauernkrieg nicht in der Lage, wirkungsvoll einzugreifen. Auch die religiöse Frage, in der ihm Interpretation und Ausführung des Wormser Edikts (1521) oblag, konnte es nicht meistern.

Dt. RTsakten, hg.v. der Münchener Hist. Kommission: Ältere Reihe (Wenzel bis Friedrich III.) 1-17 (weitere Bde in Bearbeitung), (1867ff) 1956ff²; Mittlere Reihe (Maximilian) in Bearb.; Jüngere Reihe (Karl V.) 1-4 u. 7 (weitere Bde in Bearb.), 1893ff - R. SMEND, Das RKG, Gesch. u. Verfassung, Bd I, 1911 - G.v. BELOW, Die R. (in: Im Morgenrot der Reformation, [1912] 1922⁴, 121-162) - F. HARTUNG, Die R. von 1485-95 (HV 16, 1913, 24-53. 181-209) - DERS., Dt. Verfassungsgesch. vom 15. Jh. bis zur Gegenwart, (1914) 1959⁷ (Lit.) - E. MOLITOR, Die R.bestrebungen des 15. Jh.s bis zum Tode Friedrichs III., 1921 - GEBHARDT-GRUNDMANN I. II passim (Lit.) - Aus RTen des 15. u. 16. Jh.s (Schriftenreihe der Hist. Kommission bei der Bayer. Akad. d. Wiss. 5), 1958 - H. WIESFLECKER, Maximilian I. u. die Wormser R. von 1495 (Zs. d. Hist. Vereins für Steiermark 49, 1958, 3-66) - H. ANGERMEIER, Begriff u. Inhalt der R. (ZSavRG 75, Germ. Abt., 1958, 181-205) - H.v. WEBER, Die peinliche Halsgerichtsordnung Kaiser Karls V. (ebd 77, 1960, 288-310).

I. Höß

Reichsschulgesetz → Schulgesetzgebung.

Reichsschulkonferenz, *Deutsche.* Das Reichsministerium des Innern veranstaltete vom 11.-19.6.1920 in Berlin die sog. R. Sie sollte sämtliche pädagogischen Fragen im Hinblick auf die veränderte politische und pädagogische Situation nach dem 1. Weltkrieg neu durchdenken und die Grundlage für eine künftige → Schulgesetzgebung schaffen, die in der Weimarer Verfassung noch weitgehend offengelassen worden war. Eine Versammlung von fast 700 Teilnehmern repräsentierte die an der Erziehung beteiligten Körperschaften: die Regierungen und Gemeindeverwaltungen, die Lehrerverbände aller Schularten, die Hochschulen, die Privatschulen, die Jugendbewegung, die Kirchen und die Gewerkschaften.

Hauptgegenstände der Beratung waren der Aufbau des Schulwesens (Schularten und organisatorische Zusammenfassung zur → Einheitsschule), Erziehungs- und Unterrichtsfragen (→ Arbeitsschule, Werkunterricht, → Kunsterziehung, Staatsbürgerkunde) und Fragen der → Lehrerbildung. In den Sitzungen kamen mannigfaltige Thesen und Auffassungen zum Vortrag. Obwohl es der Konferenz nicht gelang, zu einem Konsens zu kommen, trug sie dennoch dazu bei, das rege pädagogische Gespräch in Gang zu setzen, das die 20er Jahre erfüllt hat.

Die Dt. Schulreform, hg.v. Zentralinstitut f. Erziehung u. Unterricht, 1920 - Die R. 1920, Amtl. Bericht des Reichsministeriums des Innern, 1921 - Die R. in ihren Ergebnissen, hg.v. Zentralinstitut f. Erziehung u. Unterricht, o.J. *A.Niethammer*

Reichtum → Armut.

Reihing, *Jakob* (1579-1628), * in Augsburg, nach Philosophie-Studium in Ingolstadt (1594-97) Novize der Jesuiten in Landsberg, unterrichtet an Ordenskollegien, studiert 1602-06 Theologie und lehrt 1606-13 Theologie und Philosophie in München und Ingolstadt. Seit 1613 Hofprediger des Pfalzgrafen Wolfgang Wilhelm von Pfalz-Neuburg, verteidigt R. dessen Übertritt zur kath. Kirche (Muri civitatis sanctae, Köln 1615; Excubiae angelicae civitatis sanctae, Neuburg 1617) und ist für die Gegenreformation tätig. Am 5.1.1621 flieht er nach Stuttgart, tritt am 23.11. in Tübingen zum Protestantismus über und wird 1622 Prof. für Kontroverstheologie. Bis zum Tode war R. in literarische Fehden mit seinen jesuitischen Gegnern verwickelt.

Vf. ferner u.a.: Kath. Handbuch, 1620; Laquei pontificii contriti, 1621 (R.s Rede beim Übertritt); De vera Christi in terris ecclesia, 1622; Araneorum operae, 1623 (autobiogr.); J.R.s Retraktation u. gründliche Widerlegung seines falsch genannten Kath. Handbuchs I. II, 1626. - Über R.: RE XVI, 557f - K.SCHWINDEL, D. J.R., 1931 (Qu. u. Lit.). *W.Werbeck*

Reimarus, *Hermann Samuel* (22.12.1694 bis 1.3.1768), Philosoph und Theologe der → Aufklärung (: I. III), * und † in Hamburg, wo er nach kurzer Tätigkeit als Adjunkt der philosophischen Fakultät in Wittenberg (seit 1719) und als Rektor in Wismar (1723-27) Prof. der orientalischen Sprachen am Gymnasium Johanneum war. Schon früh von Zweifeln an der überlieferten Glaubenslehre ergriffen, von Chr. → Wolff beeinflußt, wurde R. zu einem Verteidiger der → natürlichen Religion, sowohl ihren französischen Verächtern (→ Lamettrie) wie den Vertretern des orthodoxen biblischen Christentums gegenüber. Persönlich ein frommer Mann, der sich zu Kirche und Abendmahl hielt, gründete er seinen Glauben auf die natürliche Vernunft und erkannte nur das Wunder der Schöpfung an. Aus der wissenschaftlichen Arbeit am AT und zeitgenössischen Bestrebungen, einen vom kirchlichen Dogma abweichenden Katechismus einzuführen, entstand in mehr als 20jähriger Arbeit die »Apologie oder Schutzschrift für die vernünftigen Verehrer Gottes«. Mit ihr wollte R. zum richtigen Verständnis der hl. Schriften und zur Reinigung der Kirchen führen. Tatsächlich löste er den Glauben an die biblische Offenbarung und ihre Wunder auf und erklärte die Anfänge der christlichen Religion rein vernünftig. Um theologische Streitereien zu vermeiden, teilte er den Inhalt des Werkes nur wenigen Freunden mit. Durch R.' Kinder erhielt → Lessing nach R.' Tode Kenntnis davon und veröffentlichte folgende 7 »Fragmente eines Ungenannten«: 1. Von Duldung der Deisten (1774); 2. Von Verschreiung der Vernunft auf den Kanzeln; 3. Unmöglichkeit einer Offenbarung, die alle Menschen auf eine gegründete Art glauben könnten; 4. Durchgang der Israeliten durchs Rote Meer; 5. Daß die Bücher des AT nicht geschrieben wurden, eine Religion zu offenbaren; 6. Über die Auferstehungsgeschichte (2-6: 1777); 7. Von dem Zwecke Jesu und seiner Jünger (1778). R. bestritt hier die Verbindlichkeit einer für alle Menschen gültigen Offenbarung, indem er die Bibel im Geiste → Voltaires und der englischen Deisten (→ Bolingbroke, → Toland u.a.; → Deismus: III) einer historisch-kritischen Untersuchung unterzog: Die Jünger hätten nach Jesu Tode in ihrer Enttäuschung an die Stelle des einfachen, praktisch-sittlichen Evangeliums Jesu unter Berufung auf Mitteilungen des Auferstandenen das christliche Heils- und Erlösungssystem gesetzt. R. bestritt die Geschichtlichkeit der Auferstehung und vertrat die These, die Jünger hätten den Leichnam Jesu gestohlen. - Die Veröffentlichung der Fragmente hatte den Fragmentenstreit zur Folge (1777ff; → Goeze, → Semler u.a.), beeinflußte aber auch → Basedows Erziehungspläne. Wenn es auch R. an religiösem Ingenium mangelte (Hirsch), so hat seine Arbeit doch den Anstoß zur → Leben-Jesu-Theologie gegeben. - Vgl. J.L. → Schmidt.

Vf. u.a.: Die (ab 1781^{5}: Abh.en von den) vornehmsten Wahrheiten der natürl. Religion, (1754) 1791^{6}; Die Vernunftlehre, (1756) 1790^{5}; Allg. Betrachtungen über die Triebe der Tiere, (1760) 1798^{4}. - Text der »Apologie« in den größeren → Lessing-Ausgaben u. bei L.ZSCHARNACK, Lessings theol. Schriften III, 1910 (mit Einl. über R.: 9-25). Über andere Teile der »Apologie«: C.A.E.SCHMIDT, Übrige noch ungedruckte Werke des Wolfenbüttlischen Fragmentisten, 1787; W.KLOSE in: ZHTh 1850-52 (Textabdrucke). Der gesamte Text ist noch nicht gedr., er liegt in 2 Hss. bei der Hamburger Staats- u. der Göttinger Univ.-Bibl. - Über R.: D.F.STRAUSS, H.S.R. u. seine Schutzschrift ..., (1862) 1877^{2} (Inhaltsangabe) - RE VI, 136ff - R.SCHETTLER, Die Stellung des R. zur Religion (Diss. Leipzig), 1904 - H.RICHARDT, Darst. der moralphilos. Gedanken des R. (Diss. ebd), 1906 - J.ENGERT, H.S.R. als Metaphysiker, 1908 - DERS., Der Deismus in der Religions- u. Offenbarungskritik des H.S.R., 1916 - H. KÖSTLIN, Das relig. Erleben bei H.S.R. (Diss. Tübingen), 1919 - A.C.LUNDSTEEN, H.S.R. u. die Anfänge der Leben-Jesu-Forschung, Kopenhagen 1939 - H.SIEVEKING, H.S.R. (Zs. d. Vereins f. Hamburg. Gesch. 33, 1939, 145-182; Lit.) - M.LOESER, Die Kritik des H.S.R. am AT (Diss. Berlin), 1942 - P.GRAPIN, La théol. naturelle de R., 1951 - HIRSCH IV, 144ff - W.KOSCH, Dt. Lit.-Lex. III, 1956^{2}, 2191. *H.Hohlwein*

Reimoffizien. Im MA wurden ganze kirchliche Offizien, mit Ausnahme der Psalmen und Lesungen, in gebundene Form gebracht, zunächst in Metrum und Rhythmus, etwa vom 12.Jh. an in Reime. Der älteste bekannte Verfasser solcher R. ist → Hucbald von St. Amand († 930). Er fand bald überall zahlreiche Nachahmer, u.a. → Julian von Speyer († ca 1250), der Franziskus und Antonius von Padua dichterisch verherrlichte. Häufig wurden Geschichten von Diözesan- und Ortsheiligen in Verse gebracht; die R. werden deshalb auch Historiae rhythmicae genannt. Sie waren bis ins 16.Jh. hinein sehr beliebt.

Texte bei G.M.DREVES-C.BLUME, Analecta Hymnica, Bd 5. 13. 17. 18. 24-26. 28. 41a. 45a, 1889-1904. - C.BLUME, Zur Poesie des kirchl. Stundengebetes im MA (StML 55, 1898, 132-145) - RE XVI, 558f - E.JAMMERS, Die Antiphonen der rhein. R. (EphLiturg 43, 1929, 199-219. 425-451; 44, 1930, 84-98). - Vgl. die Lit. zu → Julian von Speyer. *F.Merkel*

Reimpredigt. Vom 4.-6.Jh. findet sich in Syrien gelegentlich die Sitte, Predigten in gebundener Rede zu halten und zu veröffentlichen (→ Ephraem der Syrer, → Narses, → Jakob von Sarug). → Augustin bringt in seinen Predigten mitunter in metrischer Form gehaltene »clausulae«. - Unter R. versteht man jedoch eine bestimmte Gattung der *geistlichen Dichtung,* die, bes. in Oberdeutschland beheimatet, als selbständige Dichtungsart die Zeit vor der Höfischen Literatur bestimmt (ca 1050-1170). Unter dem Einfluß der Reformbewegung von → Cluny und → Hirsau geißelt sie nach Art einer Predigt die sittliche Verwahrlosung der Zeit (»Vom Recht«, ca 1140 in Kärnten; »Die Wahrheit«, ca 1150 in Österreich), lehrt die Weltgeschichte als Heilsgeschichte verstehen (Ezzolied = cantilena de miraculis Christi, 1063 in Bamberg; Annolied, ca 1090 in Siegburg), ruft zu Buße, Weltflucht und Einkehr auf (»Memento mori« von Nogger, ca 1070; »Vom gemeinen Leben« und »Vom Priesterleben« von Heinrich von Melk, ca 1160) und hat das »Leben Jesu« (von Frau Ava, ca 1120), die Erlösung (»Die Hochzeit«, ca 1140 in Kärnten?), die Auslegung einzelner biblischer Bücher (Wien-Millstätter Genesis und Exodus, ca 1075) oder die »Deutung der Meßbräuche« (ca 1100 im Elsaß) zum Gegenstand. Die Verfasser sind fast durchweg Priester oder Mönche. Gewisse Anzeichen (Anreden, »Amen«) lassen darauf schließen, daß einige der R.en wirklich gehalten worden sind.

ALTANER §§ 75. 76 - M.J.BRENNAN, A Study of the Clausulae in the Sermons of St. Augustine, Washington 1947 - G.EHRISMANN, Gesch. d. dt. Lit. bis zum Ausgang des MA II/1, 1959², 18-217 - K.H. HALBACH, Epik des MA (Dt. Philologie im Aufriß, hg.v.W.STAMMLER, II, 1960², 397-683, bes. 481ff; Lit.) - H.DE BOOR, Die Dt. Lit. von Karl d. Gr. bis zum Beginn d. Höfischen Dichtung (Gesch. d. Dt. Lit., hg.v. H.DE BOOR u. R.NEWALD, I, 1960⁴, 132-199; Lit.) - H.WOLF, Art. »Predigt« (demnächst in RDL²). *A.Niebergall*

Reims (früher Rheims), franz. *Erzbistum,* seit dem beginnenden 4.Jh. als Bistum der Remer bezeugt, unter → Bonifatius 744 (Synode zu Soissons) vorübergehend, seit etwa 770 endgültig Erzdiözese und Kirchenprovinz, bis zur Gründung der Metropole → Cambrai (1559) mit 11, dann noch mit 8 Suffraganen. Im Konkordat von 1801 wurde R. sogar als Diözese (zugunsten von Meaux) unterdrückt, doch im Konkordat von 1817 als Metropole erneuert. Unter den Bischöfen des MA ragen im 5.Jh. → Remigius, im 9.Jh. → Ebo, → Hinkmar, Fulko (Zeitgenosse → Flodoards), im 10.Jh. Gerbert (Papst → Silvester II.) hervor. - *Bestand* (1960) der Diözese R.: 470000 Katholiken (unter insgesamt 480000), 718 Pfarreien, 407 Welt- und 84 Ordensgeistliche, 16 Männer- (150) und 72 Frauenklöster (800). - Vgl. → Kirchenbau: III, 3.

A.LONGNON, Pouillés de la province de R., 2 Bde, Paris 1907/08 - L.DUCHESNE, Fastes épiscopaux III, ebd 1915, 76ff - U.STUTZ, R. u. Mainz in der Königswahl des 10. u. 11.Jh.s, 1921 - H.JADART, Bibliogr. rémoise et ardennaise, R.1922 - C.BRÜHL, R. als Krönungsstadt des franz. Königs (Diss. Frankfurt), 1949 - AnnPont 1960, 411. *F.Flaskamp*

Rein, *Wilhelm* (10.8.1847 bis 19.2.1929), * in Eisenach, wurde nach dem Studium (ev. Theologie und Pädagogik) Mitarbeiter am Pädagogischen Universitätsseminar Leipzig, 1871 Realschullehrer in Barmen (Verbindung mit → Dörpfeld), 1872 Seminaroberlehrer in Weimar, 1876 Seminardirektor in Eisenach, 1886 Honorar-Prof., 1912 o. Prof. der Pädagogik in → Jena. R. baute das Pädagogische Universitätsseminar aus mit Übungsschule und Ferienkursen zur Lehrerfortbildung und gewann größten Einfluß auf Schulunterricht und → Katechetik. Obwohl Herbartianer (→ Herbart, 2), überwand er den Schematismus der Formalstufenpädagogik durch Forderung individueller sittlicher Charakterbildung.

Vf. u.a.: Enzyklopädisches Hdb. der Pädagogik, (1894-99) 10 Bde, 1902-10²; Pädagogik in syst. Darst., (I. II, 1902/06) 1927³; Grundriß der Ethik, (1903) 1920⁶. Hg. u.a. der Zs. f. Philos. u. Pädagogik, seit 1914. - Über R.: Pädag. Lexikon, hg.v. H.SCHWARTZ, IV, 1931, 74f - Lexikon der Pädagogik der Gegenwart, hg.v. J.SPIELER, II, 1932, 698. *O.Klöden*

Rein und Unrein

I. Religionsgeschichtlich - II. Im AT - III. Im NT. - Ergänzend vgl. bes. → Reinigungen

I. Religionsgeschichtlich

Das im frühen Mittelhochdeutschen vor allem theologisch gebrauchte Wort r. ist etymologisch zum gotischen »hrains« und zu einer germanischen Wurzel *hrī̆ (»sichten, sieben«) zu stellen. Zur selben Familie gehört auch das griech. κρίνειν (s. É.Boisacq, Dict. étymologique, 1923², 518; Trübners Dt. WB V, 1954, 365ff). Ähnliche Ausdrücke des Trennens sind in den Sakralsprachen üblich (vgl. E.Pfister, Die Religion der Griechen und Römer, 1930, 115f). Wulfila übersetzte mit »hrains« bezeichnenderweise: καθαρός, κόσμιος, ἰάθη. - R. ist im Gegensatz zu u. eine Person oder Sache, die von einem durch religiöse oder profane Vorstellungen bestimmten Etwas getrennt ist. Dieses Etwas variiert in Umfang und Inhalt bei den verschiedenen Völkern und heißt (materiell, physisch) Schmutz, übertragen (kultisch, ethisch, moralisch) → Sünde u.ä. Als religionswissenschaftlicher Terminus vereinigt »r.« eine Gruppe von Vorstellungen, in deren historische Ausprägung die → Religionswissenschaft, die → Religionspsychologie, bisweilen sogar die Geschichte der Medizin einiges Licht bringen wollen.

Zum Verständnis gewisser Komponenten in dem Vorstellungskomplex von r. und u. muß man sich die fließenden Übergänge zwischen → Traum und Bewußtsein, Namen und Ding (→ Namenglaube: I), Stoff und Geist in manchen primitiven Kulturentwicklungen vor Augen halten. Wie sollten etwa die »Seelenfänger«, die deutlich an die neolithischen »Seelenlöcher« erinnern, anders gedeutet werden als mit Hilfe der Vorstellung einer feinmateriellen → Seele? Dasselbe gilt vom → Mana, Orenda u.ä. An dem Haltungs-, Handlungs- und Vorstellungskomponenten umfassenden Begriff → Tabu sticht vor allem die Scheu vor Berührung hervor. Der Eingeborene, der genötigt ist, seinen Häuptling anzurühren, sichert sich durch Riten vor Schaden. Im Häuptling wirkt eben eine besondere Kraft (→ Macht: I). Tabuisierte Objekte werden auch nicht immer deutlich als gut oder böse eingestuft, wie es der späteren Ethik entspräche. Bis in kultivierte Sakralsprachen hinein findet sich diese → Ambivalenz angedeutet (vgl. auch → Heilig: I, 5). Die geistigen Eliten eines Stammes, vor allem Priester und Schamanen (→ Priestertum: I, → Schamanismus), konnten aus historischen Ereignissen, Analogien, vielleicht auch aus eigener »Machtvollkommenheit« zu Anordnungen gekommen sein, die Hindernisse für den Verkehr mit dem Göttlichen beseitigen sollten. Möglicherweise ist als ein Ersatz für die hier zu erwähnende rituelle → Nacktheit eine Vorschrift in Griechenland anzusprechen, Tempel ohne Schuhe zu betreten. Es ist ferner ein tiefes menschliches Bedürfnis, sich zu wandeln (vgl. die → Mysterien-Kulte), bes. vor religiösen Handlungen, vor dem Betreten des → Tempels, vor hohen → Festen und Feiern (vgl. → Askese: I, → Entsündigung: I, → Fasten: I, → Keuschheit: I). Andererseits stellen → Reinigungen (: I) den Urzustand wieder her, oder Reinigungsvorschriften helfen ihn erhalten. - Die allem Religiösen anhaftende Scheu vor Neuerungen und die Skrupelhaftigkeit in der Beachtung der Kultvorschriften (→ Kultus) erklären es, daß aus dem religiösen Anschauungsvorrat vorhistorischer Kultepochen oft heterogene Elemente als Reinigungsvorschriften in die Buchreligionen eindrangen, dort systematisiert wurden und einen neuen Sinn bekamen (vgl. das »hl. Volk«). Gott wird als Inbegriff des R.en gedacht, und zu ihm gelangt nur das R.e (r. muß der Tote in Ägypten sein, → Mithras ist der Gott der R.heit, der babylonische Ea der Gott der Reinigungen; vgl. auch → Fegfeuer). Bestimmte Elemente, wie → Feuer und → Wasser, gelten als r. Zur Symbolisierung der R.heit dient die weiße → Farbe der → Kleidung, das Leinen (Ägypten), die Vornahme von Reinigungen. Den Reinigungsvorschriften haften noch immer Eigenschaften der alten Tabus an, bes. der Glaube an die materielle Übertragbarkeit der Unreinheit durch Berührung. Ein Unterschied entsteht: das vordem Tabuisierte wird immer mehr als u. eingestuft. Wenn nicht eine Gleichsetzung mit Sünde überhaupt (wie im → Shintoismus) erfolgt, so verwirrt das bisweilen und führt zu unberechtigter Hochschätzung starrer und äußerlicher Regeln. Im → Islam erscheint der Unterschied zwischen kultischer und ethischer R.heit sehr ausgeprägt (vgl. die kultischen Reinigungen vor dem Ṣalāt). Im allgemeinen sind nach den Ritualien Pollutionen, → Menstruationen, Coitus, der Zustand der Wöchnerin, das neugeborene Kind u. bzw. verunreinigend. Manches davon ist schon natürlicherweise ein Tabu (s. Nilsson). → Blut gilt ebenso als u., wiewohl es bisweilen auch als Reinigungsmittel verwendet wird. Ähnliches ist beim Harn der Fall. Überhaupt sind Absonderungen des Körpers u. (Nägel im Vidēv-dāt, → Schweiß), ebenso → Krankheiten, die man durch Dämonen verursacht denkt oder als → Strafe empfindet. Der Tote wirkt verunreinigend (→ Tod: I; vgl. aber BL 1421). Tobias verdient sich indessen ein Lob, weil er die kultische Unreinheit erträgt zugunsten der höheren ethischen R.heit. Wird der Totendämon als bes. gefährlich angesehen, so schreitet man bisweilen zu grausamen Verstümmelungen (μασχαλισμός). Warum bestimmte → Metalle, Lebensmittel, Tiere (diese natürlich bes. als Aas) u. sind, läßt sich im einzelnen Fall oft schwer deuten. In Griechenland durften zB Fische nicht geopfert werden. Berühmt ist das → Speiseverbot der Bohnen bei den → Pythagoreern. Auch Menschen sind u., schließlich Worte (etwa im Shintoismus).

Von den großen Religionsstiftern verwerfen die kultische R.heit, die nur im äußerlichen, mechanischen Vollzug gewisser Vorschriften besteht, bes. → Buddha und Jesus (→ Rein und unrein: III). Propheten bereiten diese Entwicklungen vor. Auch die Philosophie (Sokrates, Plato) kann zu einer Verinnerlichung des R.heitsbegriffes führen. In späteren Religionsepochen sickern zT wieder ethomagische Riten durch (späterer → Buddhismus, → Taoismus, die »Aussegnung der Wöchnerin« u.ä.). Schließlich entwickelt sich der R.heitsbegriff bisweilen zum Gegensatz von »gewöhnlich« (= u.). Hierher sind die Auffassungen von der u.en Materie als ganzer zu stellen, wie sie ausgeprägt im → Manichäismus und in der → Karma-Idee des → Jinismus vorkommen. Erinnert sei auch an den Gegensatz von → Ormazd und → Ahriman, der freilich auf einer höheren Ebene steht.

Die R.heitsvorschriften trugen wohl zur Ethisierung der Völker bei. Wenn aber Stämme niedrigster Kulturstufe, die vermutlich in ihren Auffassungen der ältesten Religion am nächsten kommen, das Fehlen animistischer Elemente zeigen, wenn andererseits die Kathartik deutlich auf → Magie hinweist, so ist zu folgern, daß vor allem die kultischen R.heitsvorschriften in der Religionsentwicklung sekundär aufgetreten sind. Die Entwicklungstendenz der großen Religionen strebt zudem fast immer der Durchsetzung von r.em Wollen und Handeln in ethischem Sinn und nur in diesem zu.

TH. WÄCHTER, R.heitsvorschriften im griech. Kult (RVV IX/1), 1910 - CHANT (s. Reg.) - HWDA IV, 1085ff (Kathartik); VII, 630ff (r., R.heit) - PW Suppl. VI, 146ff (Katharsis) - ChrRel - W. HELLPACH, Grundriß der Religionspsychologie, 1951 - L. MOULINIER, Le pur et l'impur dans la pensée des Grecs d'Homère à Aristote (Thèse Paris), 1952 - RÄRG 631ff - VAN DER LEEUW § 49 - Bibeltheologisches WB, 1959, 677f - F. HEILER, Die Religionen der Menschheit, 1959 (s. Reg. s.v. R.heit usw). - Weitere Lit. bei den im Text genannten Artikeln.

R. Hink

II. Im AT

1. Die Spannung zwischen r. und u. tritt im AT vielfältig in Erscheinung. Obwohl sich die Belege meist in den relativ späten priesterlichen Texten (→ Priesterschrift, → Heiligkeitsgesetz, Ez 40–48) finden, zeigt sich doch, daß sie wesentlich älter ist. Sie war gewiß von Anfang an Bestandteil der israelitischen Religion und ist durch die Auseinandersetzung mit der kanaanäischen Religion (→ Kanaan: III) nach der Landnahme wesentlich verschärft worden.

Die at. Vorstellungen von r. (ṭahôr) und u. (ṭamē') sind sehr verschiedener Herkunft und lassen sich nicht als geschlossenes System verstehen. Das zeigt sich u.a. auch an dem Verhältnis zu den Begriffen → »heilig« und »profan« (: II). Einerseits werden beide Gegensatzpaare in Parallele gesetzt (Lev 10, 10; Ez 22, 26; 44, 23): dem Heiligen muß R.heit entsprechen (Dtn 23, 11. 15; 2Chr 30, 17ff); u. kann als Gegensatz zu heilig auftreten (Lev 11, 44); »sich heiligen« hat oft den Sinn von »sich reinigen« (2Sam 11, 4). Andererseits wirkt aber Heiliges verunreinigend, so daß Parallelen zwischen heilig und u. bestehen (Lev 16, 27f; Num 19, 7; vgl. Smith, Stade, → tabu).

R. und u. sind im AT primär kultische Begriffe. Bei aller Verschiedenartigkeit der Vorstellungen liegt die Gemeinsamkeit darin, daß U.heit von Jahwe trennt. R.heit ist der Normalzustand, bei dem der Teilnahme am Kult nichts entgegensteht (Lev 7, 19b; Num 9, 13); U.heit dagegen schließt vom Kult aus (Lev 7, 20f; Num 9, 6ff). Deshalb ist im AT vor allem von der U.heit als dem Jahwewidrigen und von ihrer Beseitigung die Rede.

2. U.heit beginnt schon am Menschen selbst. *Geschlechtliche Vorgänge* (Lev 15, 16. 18; Dtn 23, 11; 1Sam 21, 5f), Menstruation (Lev 15, 19; 2Sam 11, 4) und Geburt (Lev 12), krankhafte Ausflüsse (Lev 15, 2f. 25) machen u. Dabei werden verschiedene Grade von U.heit unterschieden: sie dauert einen Tag (Lev 15, 16ff), sieben Tage (Lev 15, 19) oder noch länger (Lev 12) und erfordert verschiedenartige → Reinigungen (: II). Die U.heit gilt als übertragbar auf Personen und Gegenstände (Lev 15). – Auch Ehebruch (Lev 18, 20; Num 5, 13; Ez 18, 6), Unzucht (Gen 34, 5ff; Hos 5, 3) und andere geschlechtliche Verfehlungen (Lev 18) bewirken U.heit. In diesem Bereich ist bes. die scharfe Abweisung kanaanäischer sexueller Kultbräuche erkennbar (vgl. Lev 18, 24). – Als schwere Form körperlicher U.heit gilt der → *Aussatz*. Die Diagnose ist Sache des Priesters; sie ist zugleich und wesentlich Unterscheidung von r. und u. (Lev 13f). Auch Häuser können durch »Aussatz« u. werden (Lev 14, 44). – Der höchste Grad von U.heit haftet an einem *Toten* (→ Tod: II). Sie wird nicht nur durch Berührung der Leiche übertragen (Num 19, 11), sondern geht auf alle im gleichen Raum anwesenden Personen (V. 14) und auf offene Gefäße (V. 15) über. Auch die Berührung eines Gerippes und eines Grabes (V. 16) machen u. Durch unbeerdigte Leichen wird das ganze Land u. (Dtn 21, 23; Ez 39, 12ff). Diese U.heit bedroht sogar die Heiligkeit von Priestern (Lev 21, 1ff. 11; → Priestertum: II) und → Nasiräern (Num 6, 6ff); nach Hag 2, 12f ist ihre Ausstrahlungskraft stärker als die des Heiligen. Für ihre Beseitigung hat sich in Num 19 ein eigenartiges Sonderritual mit einer scharfen Ausführungsbestimmung (V. 20) erhalten (→ Reinigungen: II). Hinter diesem ganzen Vorstellungskomplex steht offensichtlich die Abwehr gegen den Totenkult (vgl. Lev 19, 31; 20, 6; → Trauerbräuche: II).

3. Als besonderer Bereich von U.heit werden bestimmte Gruppen von *Tieren* ausgegrenzt. Die Unterscheidung von r.en und u.en Tieren im Sinne der Opfer-

fähigkeit findet sich schon beim Jahwisten (Gen 7, 2; 8, 20). Nach Lev 27, 11ff sind als Gelübdeobjekte auch u.e Tiere zugelassen. – Die ausführlichen Bestimmungen über r.e und u.e Tiere in Lev 11 (vgl. die kürzere Parallele in Dtn 14, 3-21) haben es jedoch nicht mit dem Opfer zu tun. Hier wird zunächst zwischen Tieren, die gegessen oder nicht gegessen werden dürfen, unterschieden, wobei die nicht eßfähigen als u. gelten (V. 1 bis 23; → Speiseverbote: II); dann wird die Berührung von Leichen u.er Tiere als verunreinigend erklärt (V. 24-38); schließlich wird diese Bestimmung auf das Berühren und Essen von Leichen r.er Tiere ausgedehnt (V. 39f). Hinter diesen sehr komplexen Vorschriften stehen ganz verschiedene Motive: die Abwehr von Tierkulten, Disqualifizierung von Opfertieren anderer Religionen (zB das Schwein), schließlich wohl auch Ekel, vor allem gegenüber dem Kleingetier. Die priesterlichen Vorschriften haben diese uneinheitlichen Elemente zu systematisieren versucht.

4. Das AT kennt auch r.e bzw. u.e *Bereiche*. Vor allem das fremde *Land* ist u. (Am 7, 17; vgl. Hos 9, 3f; Ez 4, 13), weil es der Bereich der Verehrung fremder Götter ist (1Sam 26, 19); gelegentlich werden Nichtisraeliten einfach als u. bezeichnet (Jes 35, 8; 52, 1; Esr 6, 21). Israels eigenes Land wird u. durch falschen Kult (Jer 2, 7; Ez 36, 17f) und durch Verstoß gegen die R.heitsgesetze (Lev 18, 28; Num 35, 34; Dtn 24, 4); daraus ergibt sich, daß es in seinem Normalzustand als r. verstanden wird. – In Lev 14, 40f. 45 wird ein u.er Platz außerhalb der Stadt vorausgesetzt. – Die priesterschriftliche Vorstellung, daß ganz Israel in einem *Lager* lebt, versteht dieses als r., so daß es vor Verunreinigungen geschützt werden muß (Num 5, 2f); sie setzt außerdem bestimmte qualifizierte Orte außerhalb des Lagers voraus, die als r. bezeichnet werden (Lev 4, 12; 6, 4; Num 19, 9). – In Dtn 23, 10-15 sind R.heitsvorschriften für das Kriegslager überliefert (→ Krieg: II). – Bes. → *Tempel und* → *Altar* gelten als r. und sind ständig von Verunreinigung bedroht. Hier liegen die Begriffe r. und heilig eng beieinander; Verunreinigung, bes. durch Leichen (2Kön 23, 16; Ez 9, 7), bedeutet Profanierung (2Kön 23, 8. 10. 13). Tempel und Altar bedürfen regelmäßiger → Sühne wegen der U.heit der Israeliten (Lev 16, 16; in V. 19 stehen »reinigen« und »heiligen« in Parallele, vgl. Ez 43, 26). Als schwerste Verunreinigung gilt das Aufstellen und Verehren fremder Kultbilder im Tempel (Jer 7, 30; Ez 5, 11). So versteht das chronistische Geschichtswerk (→ Chronikbücher) Kultreformen als Wiederherstellung der R.heit (2Chr 29, 15ff; 34, 3ff; vgl. 1Makk 4, 36ff).

5. Die Vorstellung, daß fremder Kult u. macht, wird von den Propheten auf ganz Israel übertragen, oft in Verbindung mit dem zuerst von → Hosea verwendeten Bild des Ehebruchs (Hos 5, 3; Mi 2, 10[?]; Jer 2, 23; Ez 23, 7; Sach 13, 2). Für die zukünftige Heilszeit kündigen Jer und Ez eine Wiederherstellung der R.heit Israels an (Jer 33, 8; Ez 36, 25ff). Hier zeigt sich aber häufig eine Ausweitung der Begriffe r. und u. Jesaja sagt in seiner Berufungsvision von sich, daß er u.e Lippen habe und in einem Volk mit u.en Lippen wohne (Jes 6, 5); u. steht hier den Begriffen Schuld und → Sünde parallel (V. 7; statt »reinigen« heißt es hier »sühnen«). Ein ähnlicher Sprachgebrauch findet sich auch Jer 33, 8; Ez 39, 24; Jes 64, 5. In Ps 51 ist die Terminologie der kultischen Reinigung konsequent auf die Bitte um Sündenvergebung übertragen (bes. V. 4 und 9); auf diesem Hintergrund steht die Bitte um ein »r.es Herz« (V. 12).

Die Anwendung der Begriffe r. und u. auf das individuelle Gottesverhältnis findet sich im übrigen vor allem in der → Weisheitsliteratur, wo r. auch als Parallelbegriff zu gerecht erscheint (Spr 20, 9; Hi 17, 9). Im → Hiobbuch findet der Zweifel an der Möglichkeit, daß der Mensch vor Gott r. sein könne, seinen Ausdruck (4, 17; 14, 4); der Verfasser des → Predigerbuches bezweifelt den Wert einer Unterscheidung von r. und u. überhaupt (9, 2).

I. BENZINGER, Hebr. Archäologie, (1893) 1927³, 395ff – W.R. SMITH, Die Religion der Semiten, dt. 1899, 112ff – J. DÖLLER, Die R.heits- u. Speisegesetze des AT in religionsgeschichtl. Beleuchtung (ATA 7, 2/3), 1917 – W.H. GISPEN, The Distinction between Clean and Unclean (OTS 5, 1948, 190-196) – H. BARUK-Z. COHN, Introduction aux lois de Toumah: La pureté et l'impureté suivant la vie et la mort et suivant la personnalité morale (Revue de l'Hist. de la Médecine Hébraïque 23, 1954, 189-207). – Vgl. ferner die at. Theologien, bes. B. STADE, 1905, 134ff; G.v. RAD, (1957) 1958², 271ff.

R. Rendtorff

III. Im NT

Jesus hat zwar die R.heitsvorschriften des Gesetzes nicht aufgehoben (vgl. Mk 1, 40f par; Mt 10, 8; 11, 5 par; Lk 4, 27; 17, 14-17), aber er hat die Forderung der R.heit radikalisiert und damit inhaltlich neu bestimmt. Denn durch keinerlei rituelle Praktiken kann die R.heit gewonnen werden, so daß das Bemühen der Pharisäer als eitel erwiesen wird, weil sie nur auf die äußere R.heit bedacht sind (Mt 23, 25f par; Lk 11, 39f; Mk 7, 1-23 par Mt 15, 1-20). Nicht was von außen in den Menschen eingeht, verunreinigt ihn, sondern was aus dem Menschen herauskommt, das macht ihn u. (Mk 7, 15 par Mt 15, 11). Gefordert ist daher die R.heit des Herzens (Mt 5, 8), so daß tatsächlich die jüdische R.heitsgesetzgebung außer Kraft gesetzt wird. Jesus hat sich nicht gescheut, mit Zöllnern und Sündern Gemeinschaft zu haben, obwohl der Umgang mit ihnen nach jüdischem Verständnis verunreinigen mußte (Mk 2, 13-17 par; Lk 15, 2 u.ö.). Die Frohbotschaft, die Jesus bringt, reißt die Zäune ritueller Gesetzeskasuistik nieder und befreit den Menschen zu gehorsamer Nachfolge.

Die *christliche Gemeinde* hat sich zunächst nur zögernd entschlossen, die durch R. und U. gezogene Grenze zu überschreiten (Apg 10, 1 - 11, 18). Nachdem hellenistische Christen schon mit der Mission unter den Heiden begonnen hatten (Apg 8, 4ff), ist durch → Paulus das Problem grundsätzlich entschieden worden. Die rituellen Gesetzesvorschriften dürfen Juden- und Heidenchristen nicht voneinander scheiden, sondern im Glauben an die rechtfertigende Kraft des Kreuzes Christi sind Juden und Heiden zur einen Kirche zusammengeschlossen (Gal 2, 11-21). Im sog. Aposteldekret (→ Heidenchristentum, 8) wurde zwar von den Heiden die Erfüllung bestimmter ritueller Mindestforderungen verlangt (Apg 15, 20. 29). Paulus aber kennt diesen Kompromiß nicht, sondern stellt eindeutig fest, daß für den Christen die R.-heitsgebote ihre verbindliche Kraft verloren haben, denn alles ist r. (Röm 14, 20), bzw. den Reinen ist alles r. (Tit 1, 15). Diese → Freiheit (: I) des Christen gründet nach gemeinchristlichem Bekenntnis in der Heilstat Christi, der durch sein Blut die Sünden abgewaschen und uns gereinigt hat (Hebr 9, 14; Tit 2, 14; 1Joh 1, 7. 9). Die R.-heit wird durch die → Taufe zuteil (Eph 5, 26) bzw. nach dem JohEv durch das Wort, das Jesus zu den Jüngern gesprochen hat (Joh 15, 3; vgl. auch 13, 1-20).

ThW III, 416ff (Lit.) – E. LOHMEYER, Kultus u. Evangelium, 1942 – BThH 477ff – W. GRUNDMANN, Die Gesch. Jesu Christi, (1957) 1959², 142ff – H. BRAUN, Spätjüd.-häret. u. frühchristl. Radikalismus II, 1957, 62ff.

E. Lohse

Reina, *Cassiodoro de* (ca 1520–94), ev. Theologe, * in Montemolin/Spanien, trat in das Kloster San Isidoro zu Sevilla ein, floh um 1557 aus Spanien, kam über England und Holland nach Deutschland und schloß sich 1558 in Frankfurt/M. den Reformierten an. 1559 wurde er Prediger der ev. Spanier in London, kam 1563/64 über

Amsterdam wieder nach Frankfurt und nahm 1578 die Stelle eines Predigers der luth. Gemeinde in Antwerpen an. 1585 erneut in Frankfurt, gründete er am 31.8. eine niederländische Gemeinde Augsburgischer Konfession und war seit 1593 deren Pfarrer. R. erlangte Bedeutung durch seine spanische → Bibelübersetzung (: V, 2 i 3), gedr. 1569 in Basel.

H. DECHENT, KG der Stadt Frankfurt a. M. I, 1913. *H. Steitz*

Reinach, *Salomon,* franz. Archäologe, fruchtbarer Schriftsteller mit polyhistorischen Neigungen, der sich auch, von der anthropologisch-ethnologischen Religionswissenschaft angeregt, als rationalistisch-humanitär gerichteter Religionsforscher mit interessanter essayistischer Methodik betätigte. * 29.8.1858 in St. Germain-en-Laye, 1893 Conservateur an den franz. Nationalmuseen, 1901 Direktor des Musée des Antiquités Nationales in St. Germain-en-Laye, 1902 Prof. an der Ecole du Louvre, Mit-Hg. der RevArch, † 4.11.1932 in Paris.

Vf. zahlr. Werke (viele Kataloge u. archäol. Studien), u.a.: Epona, 1895; Répertoire de la statuaire grecque et romaine I-VI, 1897-1930; Répertoire des peintures du moyen âge et de la renaissance I-VI, 1905 bis 1923; Cultes, mythes et religions I-V, (1905ff) 1912-23[2-3]; Orpheus, hist. générale des religions, (1907) 38 franz. Auflagen (engl. newly rev. and enlarged, [1930] 1942[2]); Vorrede zu F. GOBLET D'ALVIELLA, L'évolution du dogme catholique, 1912. - Über R.: La Grande Encycl. 28, 1903, 325 (mit ält. Bibliogr.) - E. POTTIER, S.R. (RevArch 36, 1932, 137-154) - SEYMOUR DE RICCI, Bibliogr. de S.R., Paris 1936 (mit Biogr.). *K. Goldammer*

Reinald *von Dassel* (ca 1118/20-67), aus sächsischem Grafengeschlecht, war nach dem Studium Propst mehrerer sächsischer Stifter, wurde 1156 von → Friedrich I. zum Kanzler ernannt, behielt aber auch nach seiner Erhebung zum Erzbischof von → Köln und Erzkanzler von Italien (1159) maßgebenden Einfluß auf die Reichspolitik. Ein leidenschaftlicher Verfechter der kaiserlichen Rechte gegenüber dem Papsttum, hatte er an der Durchführung der ronkalischen Beschlüsse in Ober- und Mittelitalien besonderen Anteil. Nach der Eroberung Mailands (1162) brachte er die Dreikönigsreliquien nach Köln. Seine Territorialpolitik festigte die Stellung der Kölner Kirche. 1167 erlag er einer Seuche im kaiserlichen Heerlager vor Rom.

J. FICKER, R.v.D., 1850 - Reg. d. Erzbischöfe von Köln, bearb. v. R. KNIPPING, II, 1901, 110-162 - W. FÖHL, Studien zu R.v.D. (Jb. Köln. Gesch. Ver. 17, 1935, 234-259; 20, 1938, 238-260) - A. STELZMANN, R.v.D. u. seine Reichspolitik (ebd 25, 1950, 60-82) - F. HEER, Die Tragödie des hl. Reiches, 1952. *K. Jordan*

Reinbeck, *Johann Gustav* (1683-1741), ev. Theologe, * in Celle, † in Schönwalde bei Berlin. Vom halleschen Pietismus wie von Chr. → Wolff beeinflußt, theologisch → Breithaupt und → Anton verbunden, wurde er 1709 Adjunkt, wenig später Prediger in Berlin, 1717 Propst von Berlin-Cölln, 1729 auch Konsistorialrat. R. vertrat den theologischen Wolffianismus (→ Rationalismus: II, 3), dem er infolge seines Einflusses auf Friedrich Wilhelm I. auch das preußische Kirchentum zunächst öffnen konnte. Als Prediger bemühte er sich um die »demonstrierende Methode«, dh klare Definitionen und Gedankenführung sowie den Nachweis, daß Glaube und Vernunft übereinstimmen. Seine in Gottscheds »Grundriß einer Lehrart, ordentlich und erbaulich zu predigen« entfalteten Grundsätze über die Predigtweise wurden durch Kabinettsordre von 1739 für die Ausbildung der Kandidaten maßgebend. - Vgl. → Alethophile.

Vf. u.a.: Betrachtungen über die in der Augspurgischen Confession enthaltenen u. damit verknüpften Wahrheiten, 4 Tle, 1731-41 (fortgesetzt in 5 Teilen 1743-47 von J.G. CANZ); Erörterungen der philos. Meinung über die harmonia praestabilitata, 1737; Philos. Gedanken über die vernünftige Seele u. die Unsterblichkeit, 1741; Predigtsammlungen, u.a.: Gedächtnis u. Leichenpredigt, 1742; Fortgesetzte Sammlung ausgew. Predigten, (1743) 1750. Hg.: Freiwilliges Hebopfer von allerhand theol. Materien (Zs. zur Erklärung dunkler Stellen im AT u. NT), 5 Bde, 1731ff. - Über R.: G.v. REINBECK, Leben u. Wirken des Dr. J.G.R., 1842 - RE XV, 691; XXI, 462f - ADB XXVIII, 2ff (Bibliogr., Lit.) - HIRSCH II, 90 - Leiturgia II, 306f. *H. Hohlwein*

Reinhard, *Franz Volkmar* (12.3.1753 bis 6.9.1812), luth. Theologe, * in Vohenstrauß (Oberpfalz), 1777 PDoz. in Wittenberg, 1780 ao. Prof. für Philosophie, 1782-92 zugleich o. Prof. für Theologie, 1784 Propst an der Schloßkirche und Assessor des Konsistoriums, 1792 Oberhofprediger, Mitglied des Oberkonsistoriums in Dresden. R. fand, sonntäglich vor 3-4000 Zuhörern predigend, in ganz Deutschland andauernde Bewunderung. Einen Ruf als Staatsrat in die oberste Kirchenbehörde Berlins lehnte er 1809 ab. Seine heftig umstrittene, aber von der Sächsischen Regierung begrüßte Reformationsfestpredigt vom 31.10.1800 bahnte in → Sachsen eine Wiederentdeckung Luthers mit an. Ihre Wirkung darf aber nicht überschätzt werden (→ Luthertum: II, 2, → Erweckung: I, 5 b), da der flache → Rationalismus (: II) noch lange die Kanzeln beherrschte.

Vf. u.a.: Versuch über den Plan, welchen der Stifter der christl. Religion zum Besten der Menschheit entworfen, (1781) 1830[5]; System der christl. Moral I-IV, 1788-1810; Geständnis, seine Predigt u. seine Bildung zum Prediger betreffend, (1810) 1811[2]; Predigten, 43 Bde, 1815-21. - Über R.: ADB XXVIII, 32ff - RE XVI, 560ff - F. BLANCKMEISTER, F.V.R. (BSKG 25, 1911, 71-99; Lit.) - P. GABRIEL, Der Streit um R.s Reformationsfestpredigt vom Jahre 1800 (ZKG 41, 1922, 94-131) - HIRSCH IV, 162ff; V, 80ff. *E. Beyreuther*

Reinigungen

I. Religionsgeschichtlich - II. Im AT und Judentum. - R. = Reinigung. - Vgl. → Rein und unrein

I. Religionsgeschichtlich

Unter R.en versteht man Handlungen, Riten und Zeremonien, die den in seinen historischen Wurzeln oft kaum deutbaren Zweck verfolgen, einen bestimmten, durch Tradition und religiöse Vorstellungen definierten, physischen, kultischen oder geistigen Zustand einer Person oder Personengruppe und soweit möglich sonstiger Objekte oder Vorgänge herzustellen bzw. wiederherzustellen. Die R.svorschriften basieren auf dem Empfinden des Menschen, einer dämonischen → Macht (: I) verfallen zu sein, oder verfeinern dieses, wobei die R.szeremonien oft mit apotropäischen Zügen ausgestattet erscheinen (in Neuguinea, R. vor der Bärenjagd [→ Bärenfest], der Basutos nach dem Kampf) und von dem Einfluß der Dämonenwelt befreien sollen. R.en sind ferner bei Vorgängen erforderlich, die eine enge Verbindung mit dem Göttlichen und Unheimlichen vermuten lassen (vgl. → Tabu), zB Sexualprozesse, → Menstruation, → Geburt, Ohnmacht, → Schlaf, → Krankheit, → Tod. Ebenso zwingen Religio und Pietas den Betenden oder Opfernden zu R.en (→ Heilig: I, 6, → Weihen: I). R.en sind gelegentlich (vor dem → Gebet, Betreten des Kultraumes), oder sie werden regelmäßig wiederholt (vgl. Februar von februa). Die Creek- und Seminol-Indianer verbinden sie mit dem Fest der ersten Früchte (vgl. Bechuanas; → Erstlinge). Lustrationen in Rom und shintoistische R.sfeste zeigen stark juridische Formen.

Verun-R.en werden oft als materiell und übertragbar empfunden. → Wasser ist das vorzüglichste R.smittel von starker symbolischer Kraft. Über seine zur R. erforderliche Beschaffenheit unterrichtet minutiös das Sakralrecht (→ Reinigungen: II, Vidēv-dāt [→ Avesta, 5], Islam, kath. Taufwasserweihe). Wasserbecken zum Waschen von Händen und Füßen finden sich vor ägyptischen und shintoistischen Tempeln, in Hellas auch vor Trauerhäusern (vgl. Tîrtha). Neben → Räucherungen, Bekleidungen, → Salbungen, Kauen von Natron zeigt die ägyptische → Magie oftmalige → Waschungen. Im → Islam (: I, 3) können sie (Wuḍu, Ghusl) durch Abreiben mit Sand (Tayammum) ersetzt werden (vgl. AT). Abwaschen nach vorherigem Beschmieren mit Lehm oder Kleie kennen die → Attis- und → Sabazios-Mysterien. Flüsse wirken reinigend. Mit der christlichen Taufe allerdings nur äußerlich vergleichbar sind die in → Polynesien, → Mexiko, → Peru, bei Proselyten, → Mandäern, Lappen u.a. üblichen → Taufen (: I). Andere R.smittel bzw. -arten sind: Pflanzensäfte, die man trinkt (Creek) oder mit denen man sich einreibt (bei den Bechuanas), Ochsen- (Gômez) und Rinderharn (Nirang), Beräucherungen mit → Weihrauch und Schwefel, → Feuer, Kuhmist, Zedern- und Ysopasche, Ölzweige, Widderfelle, Wolle, verbrannte Tierteile, das Schütteln der Kleider (beim Capac Situa Raymi in Peru), Abschaben, Auskochen, Ausglühen, Unbrauchbarmachen (der Gegenstände), Schlagen mit Riemen (bei den römischen Lupercalien), Beichte (zB bei den Irokesen), → Fasten, Kasteiungen (Mithras, ägyptische Mondbuße), der Blick (eines Hundes im Iran), Durchgehen zwischen Hälften eines Hundes oder durch Triumphbogen u.a., ferner die Zeit. Wichtig ist die geäußerte Absicht (im Islam). Im Zusammenhang mit dem → Opfer (vgl. AT, Suovetaurilia, Piacula, Ferkel in Griechenland) tritt → Blut und die Besprengung mit ihm als R.smittel auf. Lebende Tiere (Vogelopfer, → Sündenbock), ja Menschen (Iphigenia, Pharmakoi) sollen die Verun-R. übernehmen. – Als subjektive Bedingung für die R.en wird oft nur äußerliches Mittun empfunden (bes. eindrucksvoll ist die Auseinandersetzung deswegen im AT und NT, vgl. → Shintoismus). Das späte Judentum (Philo), die Religionen des Ostens und das Christentum betonen die Gesinnung. – Vgl. → Bußwesen: I, → Entsündigung: I.

FRAZER (s. Reg.) - PW X, 2513ff (Katharmos); XIII, 2029ff (Lustratio); Suppl.-Bd VI, 146ff (Katharsis) - ERE X, 455ff - A.MICHELITSCH, Allg. Religionsgesch., 1930 - EI[1] IV, 658f (Ṭahāra) - ThW III, 416ff - RÄRG 633ff - NILSSON I, bes. 101ff - VAN DER LEEUW § 49 - F.KÖNIG, Religionswiss. WB, 1956, 447f - J.HAEKEL, Religion (in: L.ADAM-H.TRIMBORN, Lehrbuch d. Völkerkunde, 1958, 40-72; Lit.) - K.LATTE, Röm. Religionsgesch., 1960 (Reg. s.v. Lustratio). - Vgl. die Lit. zu → Rein und unrein: I sowie zu den im Text genannten Artikeln.
R.Hink

II. Im AT und Judentum

1. Die at. Angaben über R.en bilden ebensowenig wie die Aussagen über → Rein und Unrein (: II) ein geschlossenes System. Es lassen sich auch nicht immer scharfe Grenzen gegenüber den Vorstellungen von → Heiligung, → Entsündigung, → Sühne usw ziehen. Hier muß speziell von äußeren Riten die Rede sein, die der Beseitigung einer Unreinheit dienen. R.smittel ist in der Regel → Wasser, mit dem Körper und Kleider gewaschen werden (→ Waschungen); gelegentlich wird »lebendiges«, dh fließendes Wasser gefordert (Lev 15, 13). – Mehrfach werden in älteren Texten R.en vor Beginn einer Kulthandlung erwähnt (Gen 35, 2), die aber auch als »heiligen« bezeichnet werden (Ex 19, 10. 14); in der nachexilischen Zeit werden sie als notwendig vorausgesetzt (2Chr 30, 17ff; Esr 6, 20; Neh 12, 30). Für die Priester (→ Priestertum: II) sind besondere Vorschriften für R.en vor den Kulthandlungen überliefert (Ex 30, 17ff; Lev 16, 4 [V. 24ff fordern auch R.en *nach* bestimmten Kultakten, vgl. Num 19, 7ff]). Auch zu den Weiheriten für Priester und → Leviten gehören R.en (Ex 29, 4; Num 8, 5ff). – Im übrigen dienen R.en vor allem der Beseitigung einer ganz bestimmten Unreinheit. Die Vorschriften sind zusammen mit den Bestimmungen über → Rein und Unrein (: II) überliefert. Dabei werden je nach dem Grad der Unreinheit verschiedene R.en gefordert. In der Regel dauert die Unreinheit mindestens bis zum Ablauf des Tages. In leichten Fällen erlischt eine nur durch Berührung entstandene Unreinheit dann von selbst (Lev 11, 24; 15, 10 a). Die nächste Stufe ist das Waschen der Kleider (11, 25. 28); es ist auch nach Beendigung der Quarantäne bei Aussatzverdacht vorgeschrieben (13, 6. 34). Bei Unreinheit im geschlechtlichen Bereich wird Waschen des Körpers gefordert (15, 16. 18), meistens in Verbindung mit dem Waschen der Kleider (15, 5ff). – Auch Gegenstände werden mit Wasser gereinigt (11, 32; 15, 17); nach Lev 15, 12 sind Tongefäße von der R. ausgeschlossen und müssen zerbrochen werden. – Zur Beseitigung schwerer Unreinheit treten zu den Waschungen → Opfer (: II) hinzu. Am achten Tag nach der Beendigung krankhafter Ausflüsse sind zwei Tauben als Opfer darzubringen (Lev 15, 14f. 29f). Nach der Geburt eines Knaben müssen nach 7 + 33 Tagen, nach der eines Mädchens nach 14 + 66 Tagen ein Lamm und eine Taube (ersatzweise nur zwei Tauben) geopfert werden (Lev 12, 6ff). Bes. ausgedehnte R.en sind nach der Heilung vom → Aussatz vorgeschrieben. Der literarisch uneinheitliche Text von Lev 14, 1ff vereinigt verschiedene Riten und Opfer, die sich über 8 Tage erstrecken. Die von einem Toten ausgehende Unreinheit muß durch ein besonderes R.swasser beseitigt werden, das aus der Asche einer roten Kuh gewonnen wird. Das Ritual dazu ist in Num 19 – außerhalb der priesterlichen Gesetzessammlungen – erhalten.

2. Im nachbiblischen *Judentum* wurden die at. R.svorschriften in einer äußerst komplizierten Kasuistik weitergebildet. So entwickelte sich ein System der verschiedenen Grade der Unreinheit, der verschiedenen Arten von Gefäßen und der Art ihrer Verunreinigung (Mischnatraktat Kelim), verschiedener Arten von Wasser und seiner Reinigungsfähigkeit (Traktat Miqwaoth) usw. Es entstanden auch neue R.svorschriften ohne at. Begründung, vor allem über das Händewaschen (Traktat Jadajim). Die → Pharisäer und andere strenge Gruppen (→ Essener; → Qumran, 4) übten die R.en, vor allem Händewaschen und Tauchbäder, regelmäßig, um auch vor unbemerkten Verunreinigungen gesichert zu sein. – Die R.svorschriften sind im 6. Seder der → Mischna (, 3) gesammelt.

SCHÜRER, s. Reg. - W.BRANDT, Die jüd. Baptismen (BZAW 18), 1910 - DERS., Jüd. Reinheitslehre u. ihre Beschreibung in den Evangelien (ebd 19), 1910 - ThW III, 421ff (R.MEYER). - Weiteres s. → Rein und unrein: II.
R.Rendtorff

Reinkens, *Joseph Hubert* (1.3.1821 bis 4.1.1896), * in Burtscheid/Aachen, † in Bonn, erster altkath. Bischof in Deutschland, studierte in Bonn und München, lehrte in → Breslau seit 1850 KG (o.Prof. 1857); 1853-58 Domprediger, 1867/68 Studienaufenthalt in Rom. Geprägt durch die Verbindung mit dem Breslauer Erzbischof M.v. → Diepenbrock (Schüler → Sailers) verkörperte R. positiv kath. Liberalität. Er stand J.B.Baltzer (→ Breslau: II, 3) nahe und wurde wegen Nichtannahme der Dogmen des → Vatikanums 1872 exkommuniziert. Seine Weihe am 11.8.1873 in Rotterdam vermittelte den deutschen → Altkatholiken über die Hierarchie von Utrecht die Apostolische → Sukzession. Die Regierungen von Baden, Hessen und Preußen erkannten R. als Kath. Bischof an. Ihm gelang die Konsolidierung seiner Gemeinden in kath.-konservativem Sinn, die Verbindung der altkath. Bistümer in Holland, der Schweiz und Deutschland in der »Utrechter Union« von 1889 (→ Utrechter Deklaration) und die erste Annäherung an die

Anglikanische Kirche durch die Bonner Unionskonferenzen 1874/75 und persönliche Besuche in England und USA. Seiner Gelehrtennatur bedeutete das unter ungewöhnlichen Bedingungen ausgeübte Bischofsamt eine Bürde, die er nur aus Überzeugungstreue und Pflichterfüllung nicht ablegte.

Vf. u.a.: De Clemente presbytero Alexandrino, 1851; Die Lehre d. hl. Cyprian v. d. Einheit d. Kirche, 1873; Melchior v. Diepenbrock, 1881; Amalie v. Lassaulx, (1878) 1881²; Hirtenbriefe, 1897. - Über R.: J.M.REINKENS, J.H.R., 1906 - RE XVI, 580ff.

W.Küppers

Reinkingk, *Theodor (Dietrich) von* (1590-1664), bedeutender Rechtsgelehrter und Staatsmann des 17.Jh.s, 1617 Prof. in Gießen, bald danach in wechselnden politischen Diensten als hessischer, mecklenburgischer, bremischer und dänischer Kanzler und Gerichtspräsident. 1646-48 war R. bremischer Gesandter bei den westfälischen Friedensverhandlungen. - Von streng luth. Bekenntnis und zugleich betont kaisertreuer Reichsgesinnung war R. wissenschaftlicher Gegner des Limnäus und bes. des Bogislaus Chemnitz (Hippolithus a Lapide). Sein Hauptwerk »Tractatus de regimine seculari et ecclesiastico« ([1619] 1736¹⁰) galt bis in die Mitte des 18.Jh.s als Standardwerk des Reichsstaatsrechts. Wie die zeitgenössischen Systeme der jungen deutschen Publizistik ist es methodisch dem Empirismus zugewandt und will der praktischen Erfassung des geltenden deutschen *Reichsstaatsrechts* dienen. Gleichwohl bleibt R. stärker als andere (Limnäus, → Conring) den mittelalterlichen (und römisch-rechtlichen) Grundlagen des Reichs als einer geschichtstheologischen Größe verhaftet. Gegen → Bodin und andere verteidigt er die Staatsform des Reichs als Monarchie und versucht im kaiserlichen Amt die Kriterien des Bodinschen → Souveränitäts-Begriffs zu erweisen. R. ist jedoch kein kaiserlicher Absolutist: Auch die Souveränität des Kaisers steht unter dem ius divinum et naturale, dem ius gentium und bes. den leges fundamentales (Goldene Bulle, Wahlkapitulationen, Land- und Religionsfriede); nur das einfache Gesetz ist ihr verfügbar. Das starke ständische und aristokratische Element der Reichsverfassung steht nach R. dem monarchischen Charakter des Reichs nicht entgegen, da es nicht die Staatsform (forma status), sondern nur die Ausübung der Reichsgewalt (forma administrationis) betreffe. Nach der luth. Lehre besitzen die Reichsstände (nicht die Untertanen) bei Verletzung der leges fundamentales das → Widerstandsrecht gegen die kaiserliche Gewalt. - In der *Rechtsquellenlehre* nimmt R. die teilweise Fortgeltung des kanonischen Rechts kraft reichsgesetzlicher Rezeption durch die Reichsstände an, soweit es nicht der Schrift widerspricht. - Teil des Verfassungsrechts ist ferner ein Abriß der *politischen Ethik* als Fürstenspiegel (»Biblische Policey«, 1653); hier bekämpft R. die Lehre von der Staatsräson nach → Machiavelli. - Richtungweisend für die Ausbildung der Wissenschaft vom ev. → Kirchenrecht (: II B, 3) durch Ben. → Carpzov waren R.s *staatskirchenrechtliche Ideen,* bes. zur Begründung des landesherrlichen → Kirchenregiments. Sie sind eine Kompilation, Angleichung und Umdeutung heterogener traditioneller Begriffe des Staatsrechts wie der Theologie. Als staatsrechtliche Titel in säkularisierter, theologisch ungebundener Prägung werden präsentiert: der → Augsburger Religionsfriede von 1555, die Territorialherrschaft, die mittelalterliche advocatia ecclesiae und das byzantinische Staatskirchenrecht (mit der Rezeption des Corpus juris civilis). Das Gewicht liegt auf dem Gedanken des → Territorialismus: Der Übergang der Bischofsrechte auf die ev. Landesherren als Folge des Religionsfriedens stelle nur eine Restitution des ihnen schon kraft ihrer Territorialherrschaft zustehenden Kirchenregiments dar (Restitutionslehre des → Episkopalismus). Hinzu treten theologische Begriffe, die eine Verpflichtung des Landesherrn auf den wahren Glauben in sich schließen, seine Herrschaftsrechte auf einen Teilbereich des äußeren Kirchenwesens beschränken, an die Mitwirkung der Geistlichen und des Kirchenvolks binden und die geistlichen Funktionen aus dem Kirchenregiment ausklammern. Entnommen sind sie der luth. Reformation (→ Cura religionis, Custodia utriusque tabulae), den ref. oberrheinischen Theologen (→ Pareus; → Ius circa sacra) und vor allem der Dreiständelehre der luth. Orthodoxie (J. → Gerhard).

STRIEDER XI, 277ff (Bibliogr.) - ADB XXVIII, 90ff - R.STINTZING, Gesch. d. dt. Rechtswiss. I/2, 1884, 189ff - M.HECKEL, Staat u. Kirche nach d. Lehren d. ev. Juristen Deutschlands in d. ersten Hälfte d. 17.Jh.s (ZSavRG, Kan.Abt. 42, 1956, 117-247; 43, 1957, 202-308).

M.Heckel

Reisach, *Karl August Graf von,* Kardinal, * 6.7.1800 in Roth (Franken), † 22.12.1869 in Contamine (Savoyen). Zunächst Jurist, wurde R. nach Studien am Collegium Germanicum in Rom 1830 Studiendirektor an der Propaganda, 1836 Bischof in Eichstätt, 1841 Koadjutor des Erzbischofs von → München-Freising, 1847 dessen Nachfolger. R. hatte in der Beilegung des → Kölner Kirchenstreits vermittelt und war seit der Würzburger Bischofsversammlung 1848 führend im Streben nach größeren Freiheiten für die kath. Kirche. Bei den Wittelsbachern fiel er darum in Ungnade. 1855 wurde er Kurienkardinal in Rom, 1869 zum ersten Legaten des → Vatikanums ernannt, † kurz nach dessen Eröffnung.

A.STEINHUBER, Gesch. des Kollegium Germanikum... II, (1895) 1906², 479ff - J.B.GÖTZ, Kard. K.A.Graf v.R. als Bischof v. Eichstätt, 1901 - K.HOLL, Zum Entwicklungsgang des Kard. R. (HPBl 162, 1918, 269-281. 341-351. 417-426) - FR.VIGENER, Ketteler, 1924 (s. Reg.) - J.SCHMIDLIN, Papstgesch. II, 1934 (s. Reg.) - LThK VIII, 750f.

K.G.Steck

Reiser, *Friedrich* (1401-58), ein vom Hussitentum (→ Huß, 2) beeinflußter Waldenser aus Deutach in Schwaben, 1432 in Prag vom taboritischen Bischof Nikolaus von Pelhrimov zum Priester ordiniert. 1433 gehörte er der hussitischen Delegation zum Basler Konzil an und wurde dort offenbar von demselben Nikolaus zum Bischof geweiht. In engem Kontakt mit hussitischen Führern reorganisierte er waldensische Gemeinden in Deutschland, Österreich und der Schweiz. R. wurde 1458 von der Inquisition in Straßburg ergriffen und dort am 6. März verbrannt.

W.BÖHM, F.R.s Reformation des Kaisers Sigmund, 1876 - H. HAUPT, Hussitische Propaganda in Deutschland (Hist. Taschenbuch, 6. Folge, 7, 1888, 233-304) - A.JUNG-W.SCHMIDT, F.R., 1915 - F.M. BARTOŠ, Das Hussitentum u. das Ausland, Prag 1931, 243ff (tschech.) - H.KÖPSTEIN, Über den dt. Hussiten F.R. (Zs. f. Geschichtswiss. 7, 1959, 1068-1082).

V.Vinay

Reisner, *Adam* → Reusner.

Reitz, *Johann Heinrich* (1655-1720), ref. Theologe, * in Oberdiebach (Kurpfalz), Rektor der Lateinschule in Frankenthal, 1681 Pfarrer in Freinsheim. 1689 durch die Franzosen vertrieben, wurde R. Inspektor der Kirchen und Schulen des Oberamtes Ladenburg, nach erneuter Vertreibung (1694) Pastor in Aßlar. 1695 Hofprediger und Inspektor der Grafschaft Solms-Braunfels, 1697 wegen seines Bekenntnisses zum Philadelphismus abgesetzt. Nach unsteten Wanderjahren lebte R. seit 1711, versöhnt mit der Kirche, als Leiter einer Lateinschule in Wesel. - Vgl. → Separatisten.

Vf. u.a.: Moses u. Aaron, 1684 (Lat. Übers. des Werkes des Oxforder Prof. TH.GOODWIN über jüd. Altertümer, mit eigenen Anm.en); Ein kurzer Begriff des Leidens, der Lehre u. des Verhaltens

J.H.R.ens, 1698; Historie der Wiedergeborenen, 5 Tle, (1724) 1740 bis 1750⁶. - Über R.: JÖCHER III, 2001 - JÖCHER-ROTERMUND VI, 1762 - ADB XXVIII, 170ff - RE XVI, 584ff (Lit.). *E.Beyreuther*

Reitzenstein, *Richard* (2.4.1861 bis 23.3.1931), * in Breslau, 1888 ebd PDoz. für klassische Philologie, 1889 ao. Prof. in Rostock, 1892 o. Prof. in Gießen, 1893 in Straßburg, 1911 Freiburg i. Br., 1914 Göttingen, † ebd. R. war als Vertreter der → Religionsgeschichtlichen Schule bahnbrechend, auch für die → Bibelwissenschaft (: II, 5), in der Erforschung des antiken → Synkretismus und der → Gnosis, deren Hauptkomponente er seit seinem → »Poimandres« (1904) aus Ägypten, seit 1916 aus Iran ableitete. - Vgl. → Kultgeschichtliche Methode: I, 2.

Bibliogr. in: Festschr. R.R. zum 2.4.1931 dargebracht, hg.v. E.FRAENKEL u.a., 1931. Daraus neben den latinist. Arbeiten am wichtigsten (außer unter → Gnosis: I, → Mandäer, 3): Die hellenist. Mysterienreligionen, (1910) 1927³; Historia Monachorum u. Historia Lausiaca (FRLANT 24), 1916; Die Göttin Psyche in der hellenist. u. frühchristl. Lit. (SAH 1917, 10); Zur Gesch. der Alchemie u. des Mystizismus (NGG 1919, 1-37); Das iranische Erlösungsmysterium, 1921; Vorchristl. Erlösungslehren (KÅ 1922, 94-128); Weltuntergangsvorstellungen (KÅ 1924, 129-212); Plato u. Zarathustra (Vorträge der Bibl.Warburg IV, 1927, 20-37); Die Vorgesch. der christl. Taufe, 1929. *C.Colpe*

Rekabiter. Hauptquelle über die R. ist Jer 35. Die hier erzählte prophetische Gleichnishandlung bezeugt die Treue der R. zu ihren Grundsätzen, die katechismusartig aufgezählt werden (V. 6f). Die Gebote sind negativ-apodiktisch formuliert: »Ihr sollt keinen Wein trinken, kein Haus bauen, keinen Samen säen, keinen Weinberg pflanzen noch (dergleichen) besitzen.« Positiv formuliert sind das Gebot: »Ihr sollt in Zelten wohnen« und die Verheißung: »Daß ihr viele Tage lebt in dem Land, in dem ihr als Fremdlinge weilt.« Diese Gebote, für die Hieronymus von Kardia bei Diodor Siculus XIX, 94 nabatäische Parallelen bietet, werden auf einen mit 'abînû = unser Vater (Stifter?) bezeichneten Jonadab ben Rekab zurückgeführt. Die Gruppe ist in Familien gegliedert, Frauen, Söhne und Töchter werden genannt (V. 8). Die nomadische Lebensweise bedingt Viehhaltung oder Handwerk als Existenzgrundlage. Ein Restbestand aus Israels Nomadenzeit sind die R. schwerlich, da die Gebote als Kritik an den Lebensformen des Kulturlandes offenbar auf Grund widriger Erfahrungen mit dem Kulturland bewußt gegensätzlich formuliert erscheinen und nichts von der Anziehungskraft, die sonst das Kulturland auf Nomaden auszuüben pflegt, bekunden, wohl aber eine starke Bindung an den als Gott der Wüste anerkannten Jahwe bezeugen. Der Rechtsstellung nach waren die R. Schutzbürger bzw. Schutzverband in Israel wie jeder nichtansässige Landlose (→ Fremde: II). Da Jonadab ben Rekab in der Revolution des → Jehu als Eiferer für Jahwe bekannt ist, wird man die Entstehung der Gruppe zweckmäßig in der Zeit des → Elia annehmen und sie als Auswirkung der großen jahwistischen Erweckungsbewegung unter den Omriden (→ Omri) ansehen dürfen. Dazu würde die in 1Chr 2, 55; 4, 12 (LXX) bezeugte Herleitung von den → Kenitern passen, die selbst als eifrige Jahweverehrer, Handwerker und Zeltbewohner bezeugt sind. Über das Streifgebiet der R. - Nordisrael (2Kön 10, 15-23) oder Juda (Zuflucht in Jerusalem Jer 35!)? - läßt sich nichts Sicheres ausmachen. Neh 3, 14 wird ein Vorsteher des Bezirks von Beth-Hakkerem, Malkijja, der Sohn Rekabs, erwähnt. Da diese genealogische Angabe für sich allein steht, kann sie nicht mit den R.n in Verbindung gebracht werden. - Die R. stellen einen Ausläufer der prophetischen Erweckungsbewegung dar, der in der Fixierung auf ein bestimmtes Lebensideal erstarrt war, ohne die theologische und sittliche Weite prophetischen Jahwezeugnisses bewahrt zu haben. Jeremia lobt nur ihre Treue gegenüber ihrem Lebensideal, ohne zu diesem selbst Stellung zu nehmen.

RE XVI, 480ff - RGG² IV, 1736 - BL 1424f - BARROIS II, 423ff - R.DE VAUX, Les institutions de l'AT, 1958, 32f. *H.Bardtke*

Reklame → Werbung.

Rekonziliation, im kath. Kirchenrecht 1. die Wiederheiligung einer durch Mord, schweres Blutvergießen, Benutzung zu unanständigen oder anderen verwerflichen Zwecken, Bestattung eines Ungläubigen oder gerichtlich Exkommunizierten geschändeten heiligen Stätte (Kirche, Friedhof) durch einen zuständigen Priester. - 2. die Wiederaussöhnung eines öffentlichen Sünders oder eines notorisch Zensurierten mit der Kirche durch Unterwerfung unter die Lossprechung in der Beichte oder seitens eines in foro externo bevollmächtigten Geistlichen.

Zu 1: cc. 1172-1177. 1207 CIC. - Lehrbücher des → Kirchenrechts - DDC III, 738ff; IV, 253ff. 266f. *H.Barion*

Rekurs → Rechtsmittel.

Reland(us), *Hadrian(us)* (1676-1718), ref. Theologe, * in Rijp bei Alkmar, lehrte 1699 in Harderwijk Physik und Metaphysik, seit 1700 in Utrecht Orientalia und Sakralaltertümer. Von seinem weitverzweigten Schrifttum (u.a. klassische, arabische und persische Literatur) erlangten besondere Beachtung sein sachlich wertendes Buch über die Religion Mohammeds (1705), das ihm auf kath. Seite (Index!) den Verdacht einer proislamischen Propaganda einbrachte, und seine beiden den Sakralaltertümern Israels (1708) und der Geographie Palästinas (1714) gewidmeten Werke, die mehrfach aufgelegt und in viele Sprachen übersetzt wurden.

Vf. u.a.: De religione Mohammedica, 1705; Antiquitates sacrae veterum Hebraeorum, 1708; Palaestina ex monumentis veteribus illustrata, 1714. - Über R.: RE XVI, 587ff - H.FISCHER, ZDPV 63, 1940, 20f (zur Pal.-Karte des R.). *K.Galling*

Relativismus

1. Wahrheits-R. - 2. Ethischer R. - 3. Relationismus

1. *Wahrheits-R.* nennt man die Überzeugung von der Relativität (dh Bezogenheit und damit je verschiedenen Bedingtheit) der → Wahrheit. Der Wahrheits-R. leugnet seiner Grundthese gemäß die Möglichkeit absoluter Wahrheitskriterien. Er beruft sich auf eine unausweichliche, von Fall zu Fall wechselnde oder »zufällige« Bedingtheit des → Erkennens durch das Erkenntnissubjekt. Mit »Erkenntnissubjekt« ist entweder das je verschiedene individuelle Subjekt oder ein jeweiliges Gruppensubjekt oder eine allgemein-menschliche Struktur, die grundsätzlich hätte anders sein können (also »zufällig« ist), gemeint. Nicht selten werden auch zeitbedingte äußere Umstände und Einflüsse, denen der konkrete Mensch ausgesetzt ist, zur Begründung der Relativität der Wahrheit angeführt.

In der Geschichte der abendländischen Philosophie ist der Begriff der »wahren Erkenntnis« zuerst von den *Sophisten* (→ Griechisch-römische Philosophie, 2 b α) ausdrücklich relativiert worden. Für Protagoras ist der Mensch das »Maß aller Dinge«, dh wahr ist, was dem individuellen Subjekt unter den Bedingungen seines Wahrnehmens als wahr erscheint. Darüber hinaus gibt es keine allgemeine Wahrheit. - Während bei den Sophisten die Leugnung allgemeingültiger Erkenntnis vornehmlich der Hinlenkung des Menschen auf sein individuelles Ich und die praktischen Fragen der Lebensbewältigung diente, wurde später in der pyrrhonischen und nachfolgenden *Skepsis* die Behauptung von der Relativität aller menschlichen Urteile zu einer systematischen Begründung des Zweifels und einer hieraus abgeleiteten Forderung nach Zurückhaltung ausgebaut.

In neuerer Zeit tritt mit dem stark an Einfluß gewinnenden → *Psychologismus* (bes. des 19.Jh.s; jedoch auch schon im englischen Empirismus, zB bei → Hume) der Wahrheits-R. in einer zT versteckten Form auf. E. → Husserl hat den relativistischen Kern des Psychologismus in seinen »Logischen Untersuchungen« überzeugend freigelegt. Sofern man versucht, Regeln des Erkennens auf Psychologie der Erkenntnis zu gründen, wird der Inhalt einer Tatsachenwissenschaft, die es mit zeitlich verlaufenden psychischen Akten zu tun hat, zur Begründung der Wahrheit als solcher herangezogen. Selbst die logischen Gesetze sind dabei nur relativ zu solchen Tatsachen, die der »zufälligen« Konstitution der Spezies Mensch zugehören, dh, die sich grundsätzlich auch anders denken ließen. Ebenso kann der → Biologismus, der das Erkennen als einen Akt der Lebenserhaltung und Lebensförderung unter biologischem Gesichtspunkt betrachtet, wie überhaupt jede *pragmatisch-positivistische* Richtung, bei der das Erkennen ganz und gar äußeren Zielen und Zwecken untergeordnet wird, als R. gekennzeichnet werden.

Eine weitere Tendenz, die dem R. leicht erliegt, entspringt dem modernen, mit starken Impulsen aus der Romantik sich entwickelnden *Geschichtsbewußtsein*. Die → Geschichte (: III) bietet ja gerade hinsichtlich des für den Menschen Belangvollen das Bild wechselnder philosophischer, weltanschaulicher und religiöser Lehren. So erhebt sich die Frage, ob nicht die Leugnung eines über den verschiedenen »Typen der Weltanschauung« stehenden Wahrheitskriteriums (zB bei → Dilthey) zu einem → Historismus führt, der als spezifische Art des R. letztlich Wahrheit überhaupt auflöst. In der Tat bleibt ein Historismus, der wie bei O. → Spengler auf dem Boden radikaler Skepsis steht, im leeren Relativieren stecken. Es sei jedoch betont, daß der Aufweis der Geschichtlichkeit der Wahrheit (zB der Geschickhaftigkeit der Wahrheit bei → Heidegger), sofern diese als das dem fragenden Denken nie Ausschöpfbare, sondern letztlich Verborgene angesprochen wird, keineswegs einer ungebundenen oder gar isolierenden Relativierung Raum gibt, sondern vielmehr zu immer neuer Versammlung des schon Gedachten auf die *eine* Wahrheit aufruft. Die Ansprechung der Wahrheit als das dem fragenden Denken Unausschöpfbare enthält überdies keine Vorentscheidung, die dem sog. Absolutheitsanspruch (dh dem Ausschließlichkeitsanspruch) der biblischen Offenbarung entgegensteht.

Zur allgemeinen *Kritik des Wahrheits-R.* kann zunächst darauf hingewiesen werden, daß eine Relativierung des Begriffes »wahr« bereits dessen rechtverstandenem Sinn widerspricht. Andererseits ist hervorzuheben, daß der Mensch einem Sich-Binden, das Wahrheitsanspruch erhebt, nicht radikal entgehen kann. Deshalb bleibt der R. ein bloßes Wortbekenntnis, denn als Überzeugung würde er sich selbst den Boden entziehen. Methodisch besteht das πρῶτον ψεῦδος des R. meist darin, daß er eine spezifische Erkenntnis vom Seienden für die Relativierung der Wahrheit beansprucht, ohne dabei die Notwendigkeit der Absolutsetzung dieser Erkenntnis zuzugeben.

2. Wie beim Wahrheits-R. der Begriff der Wahrheit, so wird beim *ethischen R.* der Begriff des Guten relativiert und jede allgemeingültige Norm für sittliches Handeln geleugnet. Auch hier im Bereich des Wollens wurde die Subjektivität erstmalig von den Sophisten ausdrücklich zum Grundsatz erhoben, und zwar hauptsächlich von den »jüngeren Sophisten«. In der pyrrhonischen Skepsis diente der ethische R. wie der Wahrheits-R. der Festigung des Zweifels und der Seelenruhe. Beim Psychologismus und Biologismus der neueren Zeit vollzieht sich die Relativierung der ethischen Werte in erster Linie auf dem Boden utilitaristischer Prinzipien. Hinsichtlich des Historismus gilt das unter 1 für den Wahrheits-R. Gesagte. Ebenso ist die allgemeine Kritik am ethischen R. die gleiche wie die am Wahrheits-R. Der Mensch entgeht als Handelnder dem Sich-Entscheiden und Bekennen so wenig wie den echten Bindungen überhaupt.

3. Zu unterscheiden von den genannten beiden Bedeutungen des Begriffs R. ist der Gebrauch dieses Ausdrucks im Sinne des *Relationismus*. »Relativität« besagt hier, daß unsere Erkenntnis nur Beziehungen zwischen den Dingen, nicht aber das Seiende »an sich« und »unbedingt« erfaßt. Diese Beziehungen werden meist als nur erkenntnisimmanent angenommen, und die in ihnen sich vollziehende »Realisierung« der Gegenständlichkeit gilt oft als abhängig vom jeweiligen »Stand« der Erkenntnis. Jedoch liegt keine Relativierung in dem Sinne vor, daß eine einmal konstituierte »Erfahrung« auf neuem Stand wieder hinfällig wird. (Das wäre Wahrheits-R., vgl. 1.) Als eindeutiges Beispiel zum Relationismus wird der Marburger → Neukantianismus angesehen. Er wehrte sich mit Nachdruck dagegen, ein dem Erkennen und Erleben selbständig gegenüberstehendes »Sein-an-sich« zum Ausgangspunkt der philosophischen Untersuchung zu machen. Die Frage nach einem unbedingten Seinsgrund meldete sich jedoch in neuer Weise zuletzt auch bei ihm als ein noch unbewältigtes Problem (vgl. das → Absolute).

E.Husserl, Logische Unters.en I, (1900) 1928[4] - K.Heussi, Die Krisis des Historismus, 1932 - E.May, Am Abgrund des R., (1941) 1943[3] - I.Thyssen, Der philosophische R., (1941) 1947[2] - E.Wentscher, Relative oder absolute Wahrheit?, 1941 - H.Wein, Das Problem des R., (1942) Neudr. 1950. *E.Richter*

Relativitätstheorie, gemeinsamer Name für zwei von A. → Einstein begründete Systeme, welche die klassische Physik (→ Naturwissenschaft: I) begrifflich und sachlich vervollständigen. Einstein ging von unerklärten Beobachtungstatsachen aus, die er dann in der R. befriedigend theoretisch erfassen konnte. Zugrunde gelegt wird eine Kritik physikalischer Grundbegriffe, die sich an den → Positivismus (E.Mach) anlehnt. So werden unbeobachtbare Entitäten (Äther) für nicht existent erklärt, und aus der Beobachtung nicht unterscheidbare Phänomene (Schwere und Trägheit) werden als wesensmäßig gleich angesehen. Von der positivistischen Haltung, die in der R. zumindest als heuristisches Prinzip verwendet wird, ist Einstein später bei der modernen → Atomtheorie abgerückt. - Die *spezielle R.* (1905) gibt eine heute allgemein anerkannte und verwendete Theorie der elektrischen und magnetischen Phänomene, zu denen auch das Licht gehört. Im 19.Jh. hatte man die Existenz eines absoluten Bezugssystems (Äther) angenommen, in bezug auf welches die Lichtgeschwindigkeit einen festen Wert (c = 300000 km/sec) habe. Danach sollten wegen der Bewegung der Erde gegen den Äther Unterschiede bei der Ausbreitung von Lichtsignalen in verschiedenen Richtungen feststellbar sein, als Folge eines »Ätherwindes«. Präzise Experimente zeigten, daß ein solcher Ätherwind nicht nachweisbar ist, sondern daß die Lichtausbreitung unabhängig ist von den Bewegungszuständen des Beobachters und der Lichtquelle. Einstein gelang es dann, in der speziellen R. eine Theorie anzugeben, in der alle gleichförmig-geradlinig gegeneinander bewegten Bezugssysteme gleichberechtigt sind, also keines von ihnen als »Äthersystem« bes. ausgezeichnet ist. Da nun die Geschwindigkeit eines Lichtsignals gleich *c* gemessen wird von jedem mit noch so großer Geschwindigkeit bewegten Beobachter, erhält die Lichtgeschwindigkeit eine absolute Rolle: physikalische Wirkung (Energie und Materie) kann sich nicht schneller als das Licht bewegen. Damit ist eine Kritik des physikalischen Zeitbegriffs verbunden, die sich u.a. in einer Relativierung des Begriffs der Gleichzeitigkeit äußert. Die Feststellung der Gleichzeitigkeit zweier räumlich getrennter Ereignisse ist vom Bewegungszustand des Beobachters abhängig, sie ist relativ. Eine absolute Zeit ist nach der R. nicht beobachtbar und wird daher in die R. nicht aufgenommen. Eine Konsequenz dieser Relativierung des Zeitbegriffs ist das sog. Uhrenparadoxon: Eine von der Erde aus durch den Weltraum bewegte Uhr (etwa in einem Raumschiff, das auf der Reise Beschleunigungen erfährt) hat bei ihrer Rückkehr einen kürzeren Eigenzeit-Abschnitt hinter sich gebracht als eine auf der Erde gebliebene, ihr sonst in jeder Hinsicht gleiche Uhr; sie geht gegenüber der letzteren nach. Auch die Maßgrößen der Längendimensionen und der Masse eines Objektes sind vom relativen Bewegungszustand von Beobachter und Objekt abhängig. Diese Konsequenzen der R. sind durch Beobachtungen der Physik der → Atome an Teilchen mit sehr hohen Geschwindigkeiten voll bestätigt worden. Die spezielle R. faßt elektrisches und magnetisches Feld zu einer wesensmäßigen Einheit zusammen, was eine befriedigende begriffliche Abrundung der klassischen Physik bedeutet. Die in der R. vorausgesagte Äquivalenz von → Materie und → Energie hat sich in der Atomphysik quantitativ bestätigt (Atomenergie). - Die *allgemeine R.* (1915) formuliert die Naturgesetze so, daß sie für jeden (auch beschleunigten) Beobachter dieselbe formale Gestalt haben. Sie liefert eine Theorie der Gravitation. Gedankenexperiment: Ein Physiker in einem abgeschlossenen Raumschiff kann durch kein Experiment zwischen einer Beschleunigung seines Schiffes nach oben und einer nach unten wirkenden Schwerkraft unterscheiden. Die schon von → Galilei beobachtete Äquivalenz von Trägheit und Schwere (Körper, die gleiche Massen haben, dh einer Beschleunigung den gleichen Trägheitswiderstand entgegensetzen, fallen im Schwerefeld ohne Luftwiderstand gleich schnell) war in der Mechanik → Newtons nicht erklärt worden. Sie dient jetzt als Grundlage der allgemeinen R. Die Massenverteilung erzeugt im Weltall ein metrisches Feld, das von der euklidischen Geometrie bes. in der Nähe großer Massen abweichen kann, wenn auch in hinreichend kleinen Raumteilen stets mit guter Annäherung die euklidische Geometrie und die spezielle R. gelten. (Zweidimensionales Analogon: Die Maßverhältnisse auf einer Kugeloberfläche sind nur im Kleinen die der euklidischen Ebene.) Ihre Überzeugungskraft zieht die allgemeine R. mehr aus ihrer begrifflichen Einfachheit als aus den wenigen sie bestätigenden Beobachtungstatsachen, welche auch durch andere Hypothesen erklärt werden können (Lichtablenkung im Schwerefeld der Sonne, säkulare Drehung der Bahn des Planeten Merkur). Wichtig sind die vielfältigen kosmologischen und kosmogonischen Möglichkeiten, die die allgemeine R. eröffnet hat. Das Weltall kann geschlossen sein, dh endliches Volumen haben, ohne begrenzt zu sein (Analogon: Kugeloberfläche). Der Radius kann sich mit der Zeit ändern. Das vor einigen Milliarden Jahren durch eine »Urexplosion« entstandene und sich seitdem ausdehnende Weltall ist die gegenwärtig bevorzugte Vorstellung, welche mit anderen Schätzungen über das Alter der Materie (Zerfallszeit radioaktiver Substanzen) gut übereinstimmt. Einsteins Versuche zur Aufstellung einer Gravitation und Elektromagnetismus zugleich umfassenden Feldtheorie, welche einem naturwissenschaftlichen → Monismus entsprangen, haben bisher nicht zu befriedigenden Resultaten geführt. Auch zur Vereinigung von R. und Quantenmechanik gibt es nur wenige Ansätze. - Die *philosophische Relevanz* einer physikalischen Theorie wie der R. sollte nicht überschätzt werden; sie liegt in einer Kritik physikalischer Begriffe, nicht in einer empirischen Entscheidung zwischen philosophischen Systemen. Insbesondere kann die R. nicht als Stütze für den → Relativismus herangezogen werden. Mit allen auf → Descartes aufbauenden Philosophen dürfte die R. in Einklang stehen, bes. auch mit → Kant. Die Umdeutung empirischer Begriffe sagt nur wenig über Kants → Kategorien und über → Zeit und (euklidischen) Raum als Formen der reinen → Anschauung aus. Am nächsten steht die R. wohl dem → Fiktionalismus.

A. EINSTEIN, Über die spezielle u. die allg. R., (1917) 1954^{16} - DERS., Vier Vorlesungen über R., 1922 - J. WINTERNITZ, R. u. Erkenntnislehre, 1923 - H. WEYL, Philos. der Mathematik u. Naturwiss. (HPh), 1928 - P. JORDAN, Schwerkraft u. Weltall, 1952 - P.A. SCHILPP (Hg.), Albert Einstein als Philosoph u. Naturforscher, dt. 1955 (Lit.). - Weiteres s. → Einstein.

D. Laugwitz

Religiöse Kindererziehung, *rechtlich.* Für die r.K. besteht in Deutschland seit dem Reichsgesetz über die r.K. vom 15.7.1921 (RGBl. S. 939) eine reichseinheitliche, jetzt bundesrechtliche Regelung, die sich im ganzen bewährt hat. Das Gesetz schont die religiöse Individualität des Kindes und der Eltern; es hob sich im Zeitpunkt seines Erlasses von den damals herrschenden allgemeinen Familienrechtsgrundsätzen durch bemerkenswerte Gleichstellung beider Elternteile ab und paßt sich auch insoweit den Gegenwartsforderungen an. Das Gesetz regelt zweierlei: die Religionsmündigkeit und die Bestimmungsgewalt über die religiöse Erziehung des Kindes vor Erreichung der vollen Religionsmündigkeit.

Zur *Religionsmündigkeit* kennt das Gesetz drei Stufen: Wo nach dem Gesetz (§ 2 Abs. 3, § 3 Abs. 2) das Vormundschaftsgericht zur Entscheidung berufen ist, hat es das betroffene Kind zu hören, wenn es das 10. Lebensjahr vollendet hat (§ 3 Abs. 2). Hat das Kind das 12. Lebensjahr vollendet, so kann es nicht gegen seinen Willen in einem anderen Bekenntnis als bisher erzogen werden. Nach Vollendung des 14. Lebensjahres ist das Kind in vollem Umfange religionsmündig (§ 5). Das gilt für den Austritt aus einer Religionsgemeinschaft, den Eintritt und Übertritt, und auch, was unter Hinweis auf Art. 7 Abs. 2 GG zu Unrecht vereinzelt bestritten worden ist, für die Teilnahme am → Religionsunterricht und für ähnliche Entscheidungen.

Soweit danach bis zur Vollendung des 14. Lebensjahres - von der Vollendung des 12. Lebensjahres ab beschränkt - die *Bestimmungsgewalt kraft elterlicher Personensorge* maßgebend ist, gilt folgendes: Verträge über die religiöse Erziehung eines Kindes sind ohne Rechtswirkung (§ 4). Eltern, die in der Personensorge für das Kind nicht beschränkt sind, bestimmen über dessen religiöse Erziehung in freier Einigung. Die Einigung ist jederzeit widerruflich und wird durch den Tod eines Ehegatten gelöst (§ 1). Für den Fall, daß eine solche Einigung nicht oder nicht mehr besteht, verweist das Gesetz (§ 2 Abs. 1) auf die allgemeinen Bestimmungen des BGB über das elterliche Sorgerecht. § 2 Abs. 2 fügt aber hinzu, daß während bestehender Ehe von keinem Elternteil ohne die Zustimmung des anderen bestimmt werden kann, das Kind solle in einem anderen als dem zur Zeit der Eheschließung gemeinsamen Bekenntnis oder in einem anderen Bekenntnis als bisher erzogen oder vom Religionsunterricht abgemeldet werden. Wegen dieser Einschränkung hat die Verweisung auf die allgemeinen

Sorgerechtsbestimmungen des BGB keine nennenswerte praktische Bedeutung, zumal das BGB selbst, nachdem das Bundesverfassungsgericht (BVerfGE 10, 59) dessen §§ 1628, 1629 Abs. 1 für nichtig erklärt hat, gleichfalls stets eine Einigung unter den Elternteilen voraussetzt. Für den Fall der Nichteinigung kann nach § 2 Abs. 3 des Gesetzes wie nach allgemeinem Recht die Entscheidung und Vermittlung des Vormundschaftsgerichts angerufen werden.

Steht die Personensorge für das Kind einem *Vormund* oder *Pfleger* zu, so sind folgende Fälle zu unterscheiden: Hat neben einem Vormund oder Pfleger auch der Vater oder die Mutter das Sorgerecht, so geht bei einer Meinungsverschiedenheit darüber, in welchem Bekenntnis das Kind erzogen werden soll, die Meinung des Vaters oder der Mutter vor, sofern ihnen nicht das Recht der religiösen Erziehung auf Grund des § 1666 BGB entzogen worden ist (§ 3 Abs. 1). Hat ein Vormund oder Pfleger allein das Sorgerecht, so bedarf er zur Bestimmung über die religiöse Erziehung des Kindes der Genehmigung des Vormundschaftsgerichts. Dieses hat gegebenenfalls die Eltern, Verwandte und Lehrer des Kindes zu hören, immer auch das Kind, wenn es das 10. Lebensjahr vollendet hat. Eine schon erfolgte Bestimmung über die religiöse Erziehung können Vormund und Pfleger niemals ändern (§ 3 Abs. 3).

Jedem Elternteil kann im Falle des Mißbrauchs die Sorge für die religiöse Erziehung nach § 1666 BGB entzogen werden. Nach den allgemeinen Vorschriften (§§ 1671, 1672 BGB) richtet es sich, wer bei geschiedener Ehe oder bei dauerndem Getrenntleben der Eltern mit der Personensorge auch die Bestimmung über die r.K. hat. *W.Weber*

Religiös-sozial

1. Charakteristik - 2. Werden und Entwicklung - 3. Wirkungen. - Vgl. → Religiös-sozialistische Bewegung, → Sozialismus: II

1. R.-s. nennt sich die von → Kutter und → Ragaz ausgehende, wesentlich auf die Schweiz beschränkte, dem Internationalen Bund Religiöser Sozialisten zugehörige Bewegung. Sie unterscheidet sich von den → Christlich-Sozialen, → Kirchlich-Sozialen und → Evangelisch-Sozialen durch eine entschiedene Bejahung des → Sozialismus (: II) als Ausdruck des Gotteswillens in der Gegenwart. Ihr Bekenntnis läßt sich in zwei Worte fassen: Der lebendige Gott und sein Reich für die Erde. Gott ist in der Geschichte hervortretende Realität. Zentral und entscheidend ist das Auftreten Jesu Christi. Doch ist die Offenbarung damit nicht abgeschlossen. Auch Reformation und Sozialismus gelten als ein Hervortreten Gottes, Siege seines Reiches. Damit hängt die Geschichtlichkeit von Gottes Reich zusammen; man kann von einer Entwicklung des Reiches reden. Davon zu unterscheiden ist das Eschaton. Dieses hat natürlich keine Entwicklung. Insofern gehört zwar der Sozialismus zur Geschichte des Reiches Gottes, ist aber nicht selbst eschatologisches Reich. Von da aus wird der Sozialismus religiös interpretiert, bei Kutter mehr im Sinn des Gerichtes über die kapitalistische Gesellschaft, bei Ragaz mehr im Sinn der Verheißung für eine Neuordnung der Welt.

2. Von einer r.-s.n Bewegung kann man seit 1906 reden. Sie wurde ausgelöst durch Kutters »Sie müssen« (1903) und Ragaz' »Das Evangelium und der soziale Kampf der Gegenwart« (1906). Die Wurzeln sind ein neues Verständnis der Bibel (→ Reich Gottes: II, 6), der Einfluß der beiden → Blumhardt sowie spezifisch schweizerische Traditionen (Zwingli, Calvin, Pestalozzi). Anfänglich hatte die Bewegung eine breite Basis. Ihr 1906 gegründetes Organ »Neue Wege« schien die bestehenden kirchlichen und theologischen Richtungsgegensätze hinter sich zu lassen. Das Eintreten für den Sozialismus führte jedoch zur Entfremdung zwischen Ragaz und P.Wernle. Folgenschwerer war der Bruch mit Kutter. Theologisch lag bei Kutter der Akzent mehr auf Gott und dem Wort, bei Ragaz mehr auf dem Reich und der Nachfolge. Jener betonte, daß Gott allein es machen müsse, dieser die Bedeutung des menschlichen Einsatzes. Politisch verhielt sich Kutter gegenüber der Sozialdemokratischen Partei distanziert, während Ragaz ihr aus »Solidarität mit dem Proletariat« beitrat (1913). Das Aufkommen der → Dialektischen Theologie, die unter Anknüpfung vorwiegend an Kutter aus der r.-s.n Bewegung hervorgegangen ist, aber mit dem geschichtlichen Verständnis des Reiches Gottes und der damit zusammenhängenden religiösen Deutung des Sozialismus brach, führte zur Abwanderung des theologischen Elementes. In der Folge wurden Ragaz und seine Schüler M.Gerber, R.Lejeune, P.Trautvetter u.a. allein bestimmend. Die Bewegung entfaltete in den Jahren 1919-39 eine lebhafte politische Aktivität bes. im Sinne des Antimilitarismus. Als die Sozialdemokratische Partei 1935 die militärische Landesverteidigung bejahte, traten Ragaz und einige prominente Freunde aus ihr aus. Nach dem Tode von Ragaz kam es 1948 über der Beurteilung des Kommunismus und der russischen Politik zu einer Spaltung. Die so entstandene Neue r.-s.e Vereinigung (Organ: Der Aufbau) ist im Gegensatz zur R.-s.n Vereinigung (Organ: Neue Wege) betont nichtkommunistisch.

3. Die r.-s.e Bewegung hat das Fernziel »der Erneuerung der Sache Christi in der Christenheit« (Ragaz), die zugleich eine Erneuerung des Sozialismus und damit die Beseitigung der Schranken zwischen christlichem Glauben und proletarischem Wollen bringen wollte, nicht erreicht. Dagegen sind starke Impulse auf Theologie, Kirche und Sozialismus von ihr ausgegangen. Die eschatologische Orientierung machte die bürgerliche Christlichkeit problematisch und ermöglichte ein tieferes Verständnis gerade des revolutionären Sozialismus. Die Betonung des Endes der Wege Gottes im Leiblich-Konkreten führte zu einer »radikal« verstandenen Verantwortung im Politisch-Sozialen und zur Entdeckung einer »christlichen Weltlichkeit«. Das wachsende Bewußtsein der sozialen und politischen Verpflichtung der Kirche ist von ihr angeregt worden. Der direkte Einfluß auf die schweizerische Sozialdemokratie war von 1912-20 ebenfalls bedeutend. Er trug wesentlich dazu bei, daß der Beitritt zur 3. Internationale unterblieb. Auch die indirekten Einwirkungen sind gewichtiger, als gemeinhin angenommen wird. Heute ist die Bewegung in eine geistige Stagnation geraten. Eine Weiterführung auf veränderten theologischen Grundlagen und unter bewußtem Verständnis des Sozialismus als eines bloß säkularen und somit relativen Entwurfs innerweltlicher Gestaltung betreibt A.Rich.

M.Gerber, J.Matthieu, C. u. L.Ragaz, D.Staudinger, Ein sozialist. Programm, Olten 1919 - RGG² IV, 1857f - R.Lejeune-L. Ragaz, Die Botschaft vom Reiche Gottes (Ein r.-s.s Bekenntnis), Zürich 1933 - M.Gridazzi, Die Entwicklung der sozialist. Ideen in der Schweiz bis zum Ausbruch des Weltkrieges (Diss. Zürich), 1935, 281ff - L.Ragaz, Von der r.-s.n Bewegung, ihrem Sinn u. Werden (Neue Wege, 1936, 7-13. 61-70. 183-189. 230-242. 282-288) - M. Mattmüller (→ Ragaz) 117ff - Ders., Religiöser Sozialismus. Parteizugehörigkeit u. christl. Gewissen im Denken u. Leben von L. Ragaz (ZEE 4, 1960, 321-341) - A.Lindt (→ Ragaz) 64ff. *A.Rich*

Religiös-sozialistische Bewegung, entstanden aus dem Wirken der Männer, die als Christen Sozialisten waren oder sich für die durch den → Sozialismus aufgedeckten Tatbestände verantwortlich fühlten (→ Carlyle,

→Kingsley, →Saint-Simon, →Lamennais, Chr.→Blumhardt, →Wichern, →Ketteler, →Naumann, →Stoekker, →Kutter, →Ragaz). Nachdem der 1. Weltkrieg den von den Schweizer →Religiös-Sozialen, die seit 1910 mit ihren Freunden in anderen Ländern verbunden waren (u.a. →Fallot, →Gounelle, W. →Monod, Ch.Gide, →Passy, W. →Rauschenbusch), für Sept. 1914 nach Basel einberufenen »Internationalen Kongreß für soziales Christentum« verhindert hatte, schien nach dem Sturz der Monarchie 1918 und im Blick auf die notwendige Neuordnung der Kirchen auch in Deutschland der Weg frei für eine r.-s. B. Ihr ging es um die Klärung des Verhältnisses von Kirche und Arbeiterschaft, christlichem Ethos und Sozialismus. So entstanden, zunächst unabhängig voneinander, drei Gruppen: a) 1919 in *Baden* aus der »Volkskirchlichen Vereinigung« der *»Volkskirchenbund ev. Sozialisten«*, dem sich ähnliche Gruppen in der Pfalz, in Württemberg, Bayern und Thüringen anschlossen. Es ging ihm »um die Sammlung aller lebendigen religiösen Triebkräfte des ev. Volkes in einer großen, umfassenden volkskirchlichen Gemeinschaft, ... die Umbildung der Kirche zu einer r.-s.n Lebensgemeinschaft«. Diese Kirche sollte die Sache der Unterdrückten zu der ihren machen und - ohne sich einer Partei zu verschreiben - sich »des sozialistischen Ideals bedienen, das in hohem Maße diesen Zielen vorgearbeitet« habe. Sie sollte ferner gegen engstirnigen Nationalismus, für weltumspannende Brüderlichkeit und internationale Verständigung eintreten, mit dem Ziel einer in Christus geeinten Menschheit. Diese süddeutsche Gruppe arbeitete im wesentlichen innerkirchlich. - b) In *Berlin* bildete sich aus dem Zusammenschluß des von →Dehn und B.Göring 1919 gegründeten »Bundes sozialistischer Kirchenfreunde« mit dem etwa gleichzeitig entstandenen »Bund Neue Kirche« am 3.12.1919 der *»Bund religiöser Sozialisten«*. Er kämpfte gegen »die herkömmliche Ausschaltung der christlichen Forderungen bei der Lösung politischer, wirtschaftlicher und gesellschaftlicher Aufgaben« und wünschte »den Grundsatz der Brüderlichkeit in gerechter Umformung der innen- und außenpolitischen Verhältnisse durchgeführt zu sehen«. Wenn er auch als kirchenpolitische Gruppe bei den Kirchenwahlen aufgetreten war, stand er der Kirche doch neutral gegenüber. Er verband sich 1922 mit der »Vereinigung der Freunde für Religion und Völkerfrieden«. Nach Annahme der preußischen Kirchenverfassung (1922) trat er zur Kirche in schärferen Gegensatz und verstärkte seine Arbeit innerhalb des Proletariats mit religiösen Feierstunden, Jugendunterweisungen und Diskussionen. In Ostpreußen und Schlesien wurden Bezirksgruppen gegründet. - c) Unter Wahrung seiner Eigenart, einer betonten Distanz zu allem Kirchlichen, die sich in der Aufnahme von Protestanten, Katholiken, Freidenkern und Monisten wie in der Bejahung des Klassenkampfgedankens ausdrückte, gehörte auch der im Jan. 1919 gegründete *»Kölner r.-s. Arbeitskreis«* zum Berliner Bund. - Diese Gruppen schlossen sich im Aug. 1924 in Meersburg zur *»Arbeitsgemeinschaft* (1926: Bund) *der Religiösen Sozialisten Deutschlands«* zusammen. Ihr Organ wurde »Der religiöse Sozialist. Sonntagsblatt des arbeitenden Volkes« (seit 1949 als Zeitschrift »Christ und Sozialist« fortgeführt), seit 1929 auch die »Zeitschrift für Religion und Sozialismus« (bis 1933). Ihr Symbol war das schwarze Kreuz auf rotem Feld. Ihrer theologischen Arbeit diente bes. der Kreis um P. →Tillich und G. Wünsch. - Der äußere Erfolg der r.-s.n B. war gering. Es gelang ihr weder, sich innerhalb der Landeskirchen durchzusetzen noch nennenswerte Kreise der Arbeiterschaft oder der SPD für das Christentum zu gewinnen. Die Gründe dafür lagen in der unzulänglichen Herausarbeitung des Christentum und Sozialismus Verbindenden, im Wirken der →Dialektischen Theologie (Diastase!), in der Entwicklung einer antimarxistischen Front und in der Ausbreitung des Nationalsozialismus. Dieser setzte der Arbeit der r.-s.n B. 1933 zunächst ein Ende.

Als der »Bund religiöser Sozialisten« 1948 in Kassel wieder ins Leben gerufen wurde, handelte es sich um einen totalen Neuanfang; denn das Verhältnis von Christentum und Sozialismus, Kirche und →Sozialdemokratie (: III) hatte sich grundlegend in positivem Sinne geändert. Der Bund (Sitz in Frankfurt/M.) besteht aus kleineren Gruppen und einer Anzahl Einzelner, die auf Vortragsabenden und gelegentlichen größeren Veranstaltungen, u.a. regelmäßig auf den ev. Kirchentagen, ihre Gedanken in der Öffentlichkeit vertreten. Den Begriff eines »religiösen →Sozialismus« (: II) als einer Sonderform des Sozialismus lehnt er ab, vertritt vielmehr das ev. Christentum auf dem Boden des demokratischen Sozialismus auf Grund der Zugehörigkeit seiner Mitglieder zu den sozialdemokratischen Parteien und den ev. Kirchen, durch Mitarbeit in den Parlamenten und kirchlichen Körperschaften. - Der Bund will »als Ärgernis und Dynamik beider, der Kirche und der sozialistischen Bewegung« wirken: in der Kirche, indem er ihr »für die Wichtigkeit und den inneren Wert der sozialistischen Bewegung und für die sozialistischen Ziele als geeignete Mittel zur Realisierung des Willens Gottes gegenüber Staat und Gesellschaft« die Augen öffnet (van Biemen), in der sozialistischen Bewegung, indem er ihr vornehmlich zu einer Klärung ihres Bildes vom Menschen hilft und sich eingehend um den marxistischen Materialismus kümmert. Der Bund, der seit 1957 die zusätzliche Bezeichnung: »Gemeinschaft für Christentum und Sozialismus« führt, sieht die von der Internationale der sozialdemokratischen Parteien in Bentveld (9.-11.3. 1953) einstimmig angenommene Entschließung, daß das Christentum in Europa eine der geistigen und ethischen Quellen des Sozialismus sei, als eine Lösung von der marxistischen Ideologie und eine Frucht seines Wirkens an. Die Entschließung bewirkte die Umgestaltung der Programme der sozialdemokratischen Parteien (in Deutschland im Godesberger Grundsatzprogramm der SPD vom 15.9.1959). Der »Internationale Bund der Religiösen Sozialisten« mit Sitz in Bentveld/Holland umfaßt die meisten westeuropäischen Länder, in Übersee bes. die USA und Japan.

Auch innerhalb des *Katholizismus* gab es seit 1929 eine r.-s.B. (u.a. »Arbeitsgemeinschaft sozialistischer Katholiken« in Wien), doch waren und sind ihre Möglichkeiten durch die Enzyklika »Quadragesimo Anno« (→Katholisch-sozial, 3) beschnitten. Deren Gültigkeit bestätigte der Osservatore Romano 1960 mit dem Satz: »Der Sozialismus, auch in seinen gemäßigteren Formen, und wenn er auch Marx und die Sozialisierung und den Klassenkampf verwirft, ist mit dem Bekenntnis zum Katholizismus nicht zu vereinbaren, und niemand kann gleichzeitig ein guter Katholik und ein wahrer Sozialist sein.«

G.Soecknick, Rel. Sozialismus der neueren Zeit unter bes. Berücksichtigung Deutschlands, 1926 (Lit.) - H.Dietrich, Wie es zum Bund der rel. Sozialisten kam, 1927 - Erw.Eckert, Was wollen die rel. Sozialisten, 1927 - W.Lütgert, Der christl. Sozialismus im 19.Jh., 1927 - Th.Steinbüchel, Das Problem »Religion u. Sozialismus« von Kettelers Tagen bis auf unsere Zeit (1927; in: Sozialismus, 1950, 272 bis 337) - G.Wünsch, Christl. Sittlichkeit u. sozialist. Wirtschaft, 1927 - Ders., Das Recht u. die Aufgabe der rel. Sozialisten in Kirche u. Arbeiterschaft (Zs. f. Religion u. Sozialismus, 1930, H. 5, 282-298) - Ders., Reich Gottes-Marxismus-Nationalsozialismus, 1931 - Ders., Ev. Ethik des Politischen, 1936, 366ff - Ders., Rel. Sozialisten - gestern u. heute (Christ u. Sozialist, 1959, 3-19) - R.Liechtenhan, Der rel. Sozialismus in der Schweiz (Ekklesia III, Lfg. 10, 1935, 218-254) -

L.Ragaz, Die Gesch. der Sache Christi, 1945 - N.Berdjaev, Au seuil de la nouvelle époque, 1945 - G.Prüfer, Das Testament des Abendlandes. Probleme u. Wege des rel. Sozialismus, 1947 - W.Banning, Der Kommunismus als politisch-soziale Weltreligion, dt. 1953 - A.van Biemen, Die heutige Aufgabe des rel. Sozialismus (Christ u. Sozialismus, 1955, 17-20) - E.Heimann, Vernunftglaube u. Religion in der mod. Gesellschaft, 1955 - A.Rich, Christl. Existenz in der industriellen Welt, 1957. - Zs.en (außer den im Text genannten): Socialist Christian, 1851f. 1883-91. 1934ff - Christianisme social, 1887ff - Tijd en Taak. Onafhankelijk Weekblad voor Evangelie en Socialisme, 1904ff; Organ van de Protestantsche Christelijke Werkgemeenschap in de Partij van de Arbeid, 1948ff - Neue Wege. Blätter für soz. Arbeit, 1906ff - Der Aufbau, 1919ff - Broderskap, 1928ff - Doorbraak, 1948ff - Christ u. Sozialist, 1949ff - Mededelingen van de Werkgemeenschap van Christenen in de Belgische Soz. Partij (Protestantse Afdeling), 1956ff. - Vgl. die Lit. zu → Religiös-sozial, → Sozialismus: II. *H.Hohlwein*

Religion

I. Erscheinungs- und Ideenwelt - II. Typen der Religion - III. Religionsgeschichtliche Entwicklung - IV. Begriff und Wesen der Religion. - Vgl. ergänzend → Phänomenologie der Religion, → Religionsgeographie, → Religionsgeschichte, → Religionspädagogik, → Religionsphilosophie, → Religionspsychologie, → Religionspsychopathologie, → Religionssoziologie, → Religionswissenschaft

I. Erscheinungs- und Ideenwelt

1. Begriff - 2. Die Objekte, 3. die Medien, 4. die Weisen, 5. die Inhalte der religiösen Begegnung - 6. Antwortendes Handeln

1. Eine religionswissenschaftliche Erörterung der Erscheinungs- und Ideenwelt, der Typologie und der Entwicklung der R. setzt voraus, daß man sich über das klar ist, was unter R. zu verstehen ist. Eine solche Definition hat sich frei zu halten von dogmatisch oder religionsphilosophisch begründeten Vorentscheidungen und ausschließlich die → Religionsgeschichte zur Grundlage zu nehmen. Aber auch dann bleibt ein Minimum an Vorverständnis, nämlich dies, daß alle jene in der Geisteswelt der Menschen bezeugten → Erfahrungen von als heilig bezeichneten Wirklichkeiten (→ Heilig) und die Reaktionen darauf R. genannt werden. Wir definieren deshalb R. als erlebnishafte Begegnung mit heiliger Wirklichkeit und als antwortendes Handeln des vom Heiligen existentiell bestimmten Menschen. Diese Definition, in der die in jeder R. enthaltenen Grundelemente - Begegnung mit dem Heiligen und Antwort des Menschen - unterschieden werden, enthält für diese Grundelemente mit Absicht nur formale Strukturbezeichnungen für Beziehungen zum Heiligen, die in der geschichtlichen Wirklichkeit mit sehr verschiedenen Gehalten erfüllt sein können. Die Mannigfaltigkeit der Objekte, Weisen und Inhalte der Begegnung mit dem Heiligen sowie die typischen Formen antwortenden Handelns bilden die Erscheinungs- und Ideenwelt der R.

2. Das eine Objekt, mit dem alle R. es zu tun hat, ist *heilige* Wirklichkeit, die indessen von den ihr begegnenden Menschen in strukturmäßig verschiedener Weise erfahren und vorgestellt wird: als → *Macht* (: I) und als *Mächte* (→ Geister, Dämonen, Engel: I), als *Götter* und als → *Gott* (: I) und als das impersonal *Göttliche*. Nicht als zeitlich erster Erfahrungs- und Vorstellungsform des → Numinosen, aber als einer typischen und nie untergehenden Strukturform begegnen wir der Witterung heiliger *Macht*, die sich in Dingen und Personen mannigfach manifestieren kann. Impersonale Macht und Dämonen sind nahe verwandt; denn die Dämonen sind personifizierte Macht (vgl. → Personifikation), ohne daß sie im Vollsinne bereits göttliche Personen sind. Sie nähern sich der Personalität sowohl ihrer äußeren Gestalt wie auch ihrer inneren Struktur nach; denn sie haben einen Willen, aber einen dämonischen Willen. Während nun in der Strukturform des Polydämonismus der Mensch sich in momentanen und wechselnden Kontaktsituationen mit unberechenbaren, unheimlichen und unfaßbaren Mächten befindet, ist die Strukturform des → Polytheismus dadurch gekennzeichnet, daß hier die Ahnung einer festen → Ordnung der numinosen Wirklichkeit aufleuchtet. In dieser Ordnung haben große Götter ihren festen Platz und ihre konstanten Funktionen. Aus dieser Konstanz der Funktionen, die auf verschiedene Götter verteilt sind, ergibt sich sowohl ein festes Verhältnis der Götter zueinander als auch für den Menschen die Gewißheit, innerhalb der verschiedenen Lebensgebiete verläßlich wirkender Schutzmacht gegenüberzustehen. Zwar bleibt die Tendenz zur numinosen Vielheit, also zu irgendeiner Art des Polytheismus in bestimmten Schichten (auch innerhalb der monotheistischen Universal-R.) immer erhalten, aber die Wendung zur Einheit im bewußten Gegensatz zur Göttervielheit ist ein Charakteristikum der Universal-R. Die Einheit des Numinosen begegnet in der R.sgeschichte in der doppelten Form des personal *einen* Gottes (→ Monotheismus), zu der, wie → Pettazzoni jüngst zeigte, der Glaube an sog. »höchste Wesen« (→ Hochgottglaube, → Urheber) nicht gehört, und des neutral einen Göttlichen, für die sich der Begriff *Theiomonismus* vorschlagen läßt (vgl. → Pantheismus: I).

3. Die Erscheinungswelt der R. kennt zahlreiche irdische Phänomene, die als *Medien* die Begegnung mit heiliger Wirklichkeit vermitteln können. *Naturgegenstände* wie → Berge, → Bäume, → Erde, → Feuer, → Steine, → Wasser, Tiere (→ Tierkult), → Sterne oder Naturerscheinungen wie die des → Gewitters, der → Fruchtbarkeit usw (→ Naturdienst, → Naturgottheiten, → Naturmythologie) können sowohl impersonale Macht als auch persönliche Gottheiten oder dämonische Mächte repräsentieren. Aber auch die ganze außermenschliche *Welt* (→ Weltbild: I) und ihre Ordnungen können zu Medien der religiösen Begegnung werden. Darüber hinaus gibt es allenthalben in der Erfahrungswelt der R. Phänomene, die zwar auch im Bereich des Natürlichen liegen, aber als → *Wunder* betrachtet werden und als solche ebenfalls Medien der Begegnung mit dem Heiligen sind. Wenngleich aller → *Kultus* die religiöse Begegnung bereits voraussetzt und »antwortendes Handeln« ist, so dient er doch andererseits in seinem stets wiederholten Vollzug als Medium immer erneuter religiöser Begegnung. Im Kultus und außerhalb seiner ist das heilige → *Wort* in der großen Mannigfaltigkeit seiner Formen das wichtigste Medium. Eine besondere Form heiligen Wortes bilden die heiligen → *Schriften* der R.en, die ebenfalls Medien der Gottesbegegnung sind oder sein können. Abgesehen von diesen dinglichen Medien wirken natürlich in hervorragendem Maße die großen schöpferischen Persönlichkeiten, → Propheten, R.sstifter, Heilige als Medien (vgl. → Heiligenverehrung), als → *Mittler* zwischen Mensch und Gottheit. - Alle diese und etwa noch zu nennende Medien der religiösen Begegnung haben dies gemeinsam, daß sich ihre mediale Funktion nicht notwendig und per se vollzieht, sondern von irrationalen Faktoren abhängt, die einer wissenschaftlichen Untersuchung nicht zugänglich sind; denn offenbar sind weder die naturhaften Phänomene noch die begrifflichen Aussagen noch auch die religiösen Persönlichkeiten für jedermann Medien numinoser Begegnung. Daß jene Phänomene irdischer Wirklichkeit, die wir als Medien nannten, transparent werden gegen numinose Wirklichkeit und dann zu echten Medien der religiösen Begegnung werden, hängt entweder von der → Gnade einer Gottheit oder vom Vorhandensein oder Entstehen eines »sensus numinis« (R.Otto) ab.

4. *Weisen der Begegnung* sind die in der R.swelt bezeugten Arten des inneren Kontaktgewinnes mit der

Gottheit oder dem Göttlichen. Die Urform solcher Begegnung ist das religiöse → *Erlebnis* (: I). Man darf diesen Begriff, wie es oft geschehen ist, nicht auf das Gefühl beschränken. Er-lebnis ist eigentlich ein Ergreifen eines Objektes mit dem ganzen Leben, so daß das Ergriffene das eigene Leben erfüllt und existentiell bestimmt. Ein religiöses Grunderlebnis ist die → *Vision*, die häufig mit einer *Audition* verbunden ist. Vorwiegend in der → Mystik erscheint die Gottesbegegnung als → *Erleuchtung* und als *Erkenntnis*. Natürlich gehört auch die → *Ekstase* zu diesen vorwiegend mystischen Formen der Gottesbegegnung. Die Struktur dieser oft durch allerlei äußere Mittel geförderten Zustände (vgl. → Rausch, → Schamanismus) besteht darin, daß das eigene Seelenleben und Bewußtsein weithin oder restlos ausgelöscht oder ausgeleert wird, damit göttliche Mächte statt dessen von dem Menschen Besitz ergreifen. Vor allem in prophetischer Frömmigkeit ist der → *Glaube* im Sinne vertrauender und gehorsamer Hingabe an Gott die ihr entsprechende Weise der Begegnung.

5. Wenn das Objekt der erlebnishaften Begegnung die Welt des Heiligen ist, dann sind ihre *Inhalte* zunächst die Erlebnismomente des → *Heiligen*. Diese Erfahrung der Wirklichkeit, des Wesens und des Willens der Gottheit ist jedoch nicht zu trennen von der Erfassung der Situation des Menschen der Welt des Heiligen gegenüber. Der → Mensch gewinnt von der religiösen Begegnung aus ein neues *Existenzverständnis:* sei es, daß er sich (in den Volks-R.en) einbezogen sieht in die heilvolle numinose Einheit von Sippe, → Stamm und → Volk, sei es, daß (in den Universal-R.en) der einzelne seine ichhafte oder ichsüchtige Existenz als Isolierung von der numinosen Wirklichkeit erfaßt und nach → *Erlösung* aus dieser Unheilssituation verlangt.

6. Die in der obigen (s. 1) Definition der R. ausgesprochene Verbindung von religiöser Begegnung und antwortendem Handeln ist exemplarisch in der Geschichte von Jakobs Traum (Gen 28) ausgesprochen: Jakob, auf einem Stein ruhend, träumt von der Himmelsleiter und begegnet der »schauerlichen« (vgl. V. 17) Wirklichkeit Gottes. Das danach vollzogene *antwortende Handeln* besteht darin, daß Jakob den Stein als Malstein aufstellt, Öl darauf gießt und ein Gelübde tut. Die erste Form antwortenden Handelns ist also *Symbol-* und *Kultstiftung* (→ Symbole: I, → Kultus). Unter den Kulthandlungen steht das → *Opfer* voran, das sich durch die ganze Welt der R. in äußerer → Begehung oder in irgendeiner vergeistigten Form durch die Jt.e erhalten hat. Andere Urformen des Handelns im Kultus sind → Drama und → *Tanz,* der einen doppelten Sinn hat: einerseits bringt er Macht hervor, andererseits wird aus überschüssiger Macht heraus getanzt, wie es in den ekstatischen Tänzen geschieht. Mit dem Tanz hängt die → *Musik* eng zusammen, die den Rhythmus des Tanzes begleitet, und eine Form der Musik ist das heilige *Lied,* das als Kultlied und als persönliches Glaubenslied erscheint. Auch das → *Gebet,* bes. als Ausdruck des Dankes und der → Anbetung, gehört zu den Urformen antwortenden Handelns. Aber auch *ethisches Handeln* (→ Sittlichkeit: II) kann vielfach als Antwort auf die Begegnung mit dem Heiligen verstanden werden.

N.SÖDERBLOM, Das Werden d. Gottesglaubens, (1916) 1926² - R.OTTO, Das Heilige, (1917) 1958²⁹·³⁰ - A.JEREMIAS, Die außerbibl. Erlösererwartung, 1927 - R.PETTAZZONI, La confessione dei peccati, 1929; franz. 1931/32 - DERS., L'omniscienza di Dio, 1955; dt. 1960 - G.MENSCHING, Die Idee der Sünde, 1931 - DERS., Religiöse Ursymbole d. Menschheit (Stud. Generale 8, 1955, 362-370) - DERS., Die R. Erscheinungsformen, Strukturtypen u. Lebensgesetze, 1959 - O. KARRER, Das Religiöse in d. Menschheit u. d. Christentum, (1934) 1949⁴ - H.v.GLASENAPP, Unsterblichkeit u. Erlösung in d. ind. R.en (SGK 14, 1), 1938 - DERS., Glaube u. Ritus der Hoch-R.en, 1960 - C.H.RATSCHOW, Magie u. R., (1947) 1955² - E.O.JAMES, The Beginnings of R., 1948 - DERS., The Concept of Deity, 1950 - H.SCHÄR, Erlösungsvorstellungen u. ihre psycholog. Aspekte, 1950 - ELIADE - DERS., Das Heilige u. das Profane, 1957 - J.P.STEFFES, R., in: R.swiss. WB, 1956, 703 ff - VAN DER LEEUW - Encycl. Française XIX/2, 1957 - K.GOLDAMMER, Die Formenwelt des Religiösen, 1960.

G.Mensching

II. Typen der Religion

1. Die Grundstrukturen: Volks-R. und Universal-R. - 2. Natur- und Kultur-R. - 3. Dynamistische, animistische und theistische R. - 4. Fordernde und schenkende R. - 5. Offenbarungs- und Buch-R. - 6. Gewachsene und gestiftete R. - 7. Mystische und prophetische R. - 8. Nichtmissionierende, missionierende und wandernde R.en

1. Wir unterscheiden Grundstrukturen der R. und innerhalb ihrer Typen der R. Auf das Phänomen der Grundstrukturen stößt man, wenn die geschichtliche Tatsache der Beschränkung bestimmter R.en auf einzelne Völker oder Länder und der Ausbreitung anderer R.en in zahlreichen bzw. grundsätzlich in allen Völkern der Erde auf ihre Gründe hin untersucht wird. Es gibt *Volks-R.en* und *Universal-R.en,* die sich indessen nicht nur durch die äußere Tatsache unterscheiden, daß die einen nur von je *einem* Volke getragen werden, während die anderen Bekenner in vielen Völkern haben. Dieser Tatsache liegen folgende Strukturunterschiede der R. selbst zugrunde: während in den R.sformen der Frühzeit, den Volks- oder Stammes-R.en, Träger jeweils eine vitale Gemeinschaft (→ Familie, → Stamm, → Volk) ist, die zugleich R.sgemeinschaft ist, wird die R.sform menschlicher Spätzeit, die Universal-R., primär von einzelnen getragen, die sich zu spezifischen religiösen → Gemeinschaften zusammenschließen. - Der zweite Strukturunterschied besteht darin, daß in der Volks-R. das Heil im Sinne positiven Kontaktes mit der numinosen Wirklichkeit, der Götter- oder Gotteswelt, gegeben ist, während die Universal-R. ihren Ausgang von einem vorgefundenen existentiellen Zustand des Unheils nimmt, in dem sich der einzelne, also jeder Mensch vorfindet. Während also in den Volks-R.en das vorgefundene Heil bewahrt und gepflegt (cultus = Pflege) werden muß, so daß aktuelle Störungen des Kontaktes mit der numinosen Welt durch Verfehlungen (→ Sünde und Schuld) mit Hilfe von Sühnopfern (→ Sühne, → Opfer) beseitigt werden, geht es in den Universal-R.en um die Aufhebung unheilvoller Existenz durch Gewinnung des in ihnen angebotenen Heils (→ Erlösung). - Der dritte Strukturunterschied liegt darin, daß die Gottheiten der Volks-R. in ihrer Herrschaft auf Volk, Stamm oder Land beschränkt sind. Von hier aus versteht man, daß sich im → Henotheismus (zB Altisraels) der Glaube an den eigenen *einen* Gott mit der Vorstellung verträgt, daß andere Völker zahlreiche andere eigene Götter haben. In den Universal-R.en dagegen ist die Gottheit oder das Göttliche universal, dh auf die ganze Welt und die ganze Menschheit bezogen. - Auf der Basis dieser Grundstrukturen entstanden zahlreiche Typen der R., deren Wesen darin besteht, daß sie durch grundlegende (und nicht zufällig äußerliche) Gemeinsamkeiten zB der Gotteserkenntnis, des Heilsweges und Heilszieles usw gebildet werden.

2. Unter Natur-R.en sollen nicht etwa R.en verstanden werden, deren Divinationsgebiet die Natur ist; denn Naturdivination gibt es in zahlreichen R.en auch anderer Typen. Vielmehr bezieht sich der Typengegensatz von *Natur-R. und Kultur-R.* auf die Träger dieser R.sformen: Natur-R.en werden von → Naturvölkern, Kultur-R.en von Kulturvölkern getragen. Beide Typen gehören also zur Grundstruktur der Volks-R.

3. Von der Gotteserfahrung aus, die jeweils in einer R. im Mittelpunkt steht, ergeben sich markante Typen: *dynamistische* R., in der der Glaube an impersonale, stoffgebundene → Macht dominiert und die daher eine nahe

Beziehung zur → Magie hat; *animistische* R. (→ Animismus), in der der Glaube an personhafte Geistwesen (→ Geister, Dämonen, Engel) überwiegt; *theistische* R. (→ Theismus), in der der Glaube an große Götter (→ Gott) grundlegend ist. Theistische R. kann sowohl polytheistisch wie auch monotheistisch (→ Monotheismus und Polytheismus: I) sein. Der Unterschied zwischen beiden Typen liegt nicht so sehr in der Zahl der Gottheiten als vielmehr in der divergenten beiderseitigen Haltung. Der Monotheismus ist weniger ein Protest gegen die Vielzahl der Götter als eine ausdrückliche Betonung der Einzigartigkeit, des totalen Andersseins der Gottheit und ihrer absoluten Allmacht.

4. Die Typenpolarität der *fordernden und schenkenden R.* ist von den beiden Grundformen des Heilsgewinnes abgeleitet. Es gibt in der R.swelt zwei Weisen, im Heilszustande sich zu erhalten bzw. ihn zu gewinnen: Erfüllung göttlicher Gebote (→ Gesetz: I) einerseits und Annahme verdienstlos angebotenen Heils (→ Gnade Gottes) andererseits. Beide Typen treten auf dem Boden der Universal-R. nicht selten in eine für den Gang der religionsgeschichtlichen Entwicklung äußerst wichtige Spannung.

5. Unter dem Gesichtspunkt des Ursprungs der religiösen Vorstellungsinhalte gibt es zwei Typen, die in manchen Fällen zusammenfallen, aber doch grundsätzlich verschieden sind: *Offenbarungs-R. und Buch-R.* → Offenbarung im eigentlichen Sinne tritt in drei Formen in der R.sgeschichte in die Erscheinung: als Offenbarung des fordernden Willens der Gottheit zB im Mazdaismus (→ Iran: II), in der israelitischen R., im → Islam; als Offenbarung des schenkenden Heilswillens zB im Christentum, in manchen Sekten des → Hinduismus (: I, 3) und des Mahâyâna- → Buddhismus (: I, 7) und in den → Mysterien-R.en; als Offenbarung der impersonalen Heilswirklichkeit im Akt der Erleuchtung im Hînayâna-Buddhismus, in der Vedânta-Mystik und in anderen Formen impersonaler → Mystik. Zwar wird in den meisten R.en, in denen solche Offenbarung im Mittelpunkt steht, diese in hl. → Schriften niedergelegt, ohne daß dadurch allein bereits der Typus der Buch-R. gegeben wäre; denn unter Buch-R. versteht man nicht nur R. mit hl. Schriften, sondern R., in denen das hl. Buch als solches zentrale Bedeutung hat und vielfach auch kultische Verehrung genießt. Der Islam zB ist sowohl Offenbarungs- als auch Buch-R. (→ Koran). Das Christentum zu Jesu Zeit war Offenbarungs-R., aber keine Buch-R.

6. Hinsichtlich des geschichtlichen Ursprungs einer R. kann man zwei Typen unterscheiden: *gewachsene und gestiftete R.* Man wird jedoch zu fragen haben, ob hier prinzipielle Unterschiede bestehen; denn auch am Entstehen und Werden von Volks-R.en, die keinen Stifter haben, wirkten namenlose Einzelne durch zahllose kleine und vielfach nur kurze Zeit gültige Stiftungen mit. Andererseits wird auch jede gestiftete R., die vom Geist eines historisch bekannten Stifters geprägt und dauernd bestimmt wird, wieder zu einer wachsenden R.

7. Die Typen der *mystischen und prophetischen R.* hat zuerst → Söderblom klar erkannt und dargestellt. Eine ausführliche Analyse gab → Heiler (Das Gebet, [1918] 1923[5], 248ff), worauf hier verwiesen sei.

8. Unter dem Gesichtspunkt vorhandener oder grundsätzlich fehlender Missionsmotive (→ Mission: I) ergeben sich drei Typen: reine, dh auf die jeweiligen Völker beschränkte Volks-R.en haben keine Missionstendenz, Universal-R.en breiten sich entweder durch bewußte Mission aus oder sie wandern (wie zB die Mysterien) und verbreiten sich, bildlich gesprochen, durch »Ansteckung«.

F. L. Parrish, The Classification of R.s (Diss. Yale), 1941 - Wach, Types - van der Leeuw 669ff - G. Mensching, Die R., 1959, 65ff.

G. Mensching

III. Religionsgeschichtliche Entwicklung

1. Begriff und Träger der E. - 2. Bisherige Theorien - 3. E. als Wandlung. - E. = Entwicklung

1. Die Beantwortung der Frage nach religionsgeschichtlicher E. setzt sowohl die Klärung dessen, was unter E. verstanden werden soll, als auch die Feststellung voraus, wer Träger etwaiger E. sein könnte. Der Begriff der → Entwicklung (: I. II) ist biologischen Ursprungs und bedeutet zunächst, daß aus Keim und Anlage sich Organismen unter dem immanenten Zwang ewiger Gesetze entwickeln. Ob dieser E.sbegriff in der R.sgeschichte anwendbar ist, wird zu prüfen sein. Von diesem - wertfreien - E.sbegriff ist ein anderer zu unterscheiden, der eine Vervollkommnung, also einen Wertfortschritt aussagt. Drittens kann man den Begriff E. sowohl des in ihm liegenden Momentes des Gesetzlich-Zwingenden wie auch des Wertgesichtspunktes entkleiden und ihn einfach synonym mit »Wandlung« gebrauchen. E. wäre dann ein Sammelbegriff für eine Fülle sehr verschiedenartiger und auf verschiedene Weise motivierter Wandlungen innerhalb der R.sgeschichte. Nach wessen E. soll nun gefragt werden? Zunächst kann man, wie es oft geschehen ist, nach der E. *der* R. fragen. Diese Fragestellung setzt die Annahme voraus, daß es sich in der R.sgeschichte um eine einheitliche Größe R. innerhalb einer sich einheitlich entwickelnden Menschheit handelt. Da *die* R. jedoch geschichtlich nur in den Einzel-R.en existiert, müßten, wenn man zu Recht von einer E. *der* R. sprechen soll, entweder alle R.en an diesem E.sprozeß teilhaben, oder sie müßten Stufen in diesem E.svorgang bilden. Eine solche die Einzel-R.en umgreifende E. ist wissenschaftlich nicht festzustellen, da ihr Ziel willkürlich und dogmatisch in einer der Einzel-R.en gesehen werden müßte. Daher ist es sinngemäßer, sich auf die Einzel-R.en zu beschränken und nach ihrer E. zu fragen. Dabei müßte sowohl überlegt werden, in welchem Sinne nach E. gefragt werden soll, als auch, was man innerhalb der betr. R. als entwicklungsfähig ansieht, den Ritus etwa, oder die religiöse Haltung des tragenden Subjektes, oder die Gottes- und Heilsvorstellung?

2. Wir fragen zunächst nach den wichtigsten *Theorien*, die zu diesem Problemkomplex bisher aufgestellt wurden. Am Ausgang der Aufklärung ist → *Lessing* zu nennen, der zuerst den Gedanken der E. auf die Geschichte der R. anwandte. Er leitete damit eine geschichtliche Betrachtung der R.en ein, zu der die → Aufklärung wesensmäßig unfähig war. Die E. in der R.sgeschichte ist nach Lessing als Bewegung hin zu der bereits in den positiven R.en verhüllt enthaltenen Vernunft-R. (religio naturalis) zu verstehen, die mit ihren allgemeinen Wahrheiten von Gott und Welt am Ende einer der »Erziehung des Menschengeschlechtes« dienenden E. steht. Die Humanität ist demnach der Sinn der religionsgeschichtlichen E., und die → »natürliche R.« ist nicht wie bei anderen Aufklärern die ursprüngliche R., die von den sich später entwickelnden positiven R.en verdeckt und entstellt wurde, sondern die Endform der E. → *Herder* dehnt den E.sgedanken auf die ganze Menschheitsgeschichte aus, so daß nicht nur die R.s-, sondern auch die Weltgeschichte überhaupt als Prozeß der Erziehung der Menschheit angesehen wird. → *Hegel* endlich, der die → Geschichte (: III, 2 c) als dialektische E. und Verwirklichung des »objektiven Geistes« deutete, macht in seiner »Philosophie der R.« den Versuch, auf Grund einer Wesensschau der Einzel-R.en den E.sgang der Idee der R. in der R.sgeschichte aufzuzeigen. Das Ziel dieser E. ist nach Hegel die absolute R., die er im Christentum geschichtlich verwirklicht sieht. - Ein zweiter Typus des E.sgedankens begegnet in Frankreich. Die

»soziologische Schule« von → *Durkheim, Hubert* und *Mauss* sah in der R. ein vorwissenschaftliches Stadium der Menschheits-E., das durch die Wissenschaft überwunden wurde. Ähnlich dachten → *Comte* und → *Spencer*. Es ist die Auffassung des → Positivismus. - *W.* → *Wundt* ist der bekannteste Vertreter einer dritten Form der Einordnung der R. in ein E.sschema. R. hat sich nach Wundt aus etwas entwickelt, das noch nicht R. war, aus dem Stadium des → Animismus, den Wundt als Ergebnis »personifizierender Apperzeption« (vgl.→Personifikation) ansieht. Aus Animismus, Dämonismus, → Fetischismus erhob sich nach Wundt der Glaube an einen Gott. Erst in diesem Augenblick entstand R., deren höchste Stufe philosophische Ideen von Grund und Ziel des Seins, dh Weltanschauungen ohne Mythos und Symbol sind. - Die präanimistische E.stheorie, wie sie bes. *K.Th.Preuß* vertrat, läßt die E. der R. von einem Stadium dynamistischer Zauberpraxis (→ Macht: I) ausgehen. - Gegen die These von der E. der R. aus Animismus oder → Präanimismus wendet sich heute auf Grund völkerkundlicher Zeugnisse *A.E.Jensen,* der in seinem Buche »Mythos und Kult bei Naturvölkern« ([1951] 1959²) nachweist, daß Animismus und Dynamismus keineswegs die einheitlichen Glaubensformen der → Naturvölker sind, daß sie ferner nicht in geschichtlicher E. aufeinander folgen und daß sie nicht nur in Natur-, sondern auch in Universal-R.en vorkommen. In der R.sgeschichte eine gradlinige E. zu konstruieren, bedeutet eine Vergewaltigung der Tatsachen. Gegen eine solche Konstruktion spricht ferner sowohl die Tatsache des → Hochgottglaubens, der, wie immer man ihn auch verstehen mag, jedenfalls nicht in das E.sschema paßt, als auch die Unmöglichkeit, von einem einheitlichen Ziel und Sinn des religionsgeschichtlichen Werdens zu sprechen, denn in den späten Universal-R.en stehen sich ganz verschiedene religiöse Typen und Werte gegenüber, zB personales und impersonales Heilsziel, impersonale Mystik und personaler Theismus. Wie will man hier mit einem Stufenschema weiterkommen? - Den umgekehrten Weg in der Deutung der R.sgeschichte geht P. *W.* → *Schmidt* mit seiner Degenerationstheorie. Schmidt geht von dem sog. → Urmonotheismus aus, der Besitz der frühen Völker gewesen sein soll. Was sich im Fortgang der R.sgeschichte zeigte, sei eine E. abwärts zu Dämonenglaube und Polytheismus. Im Christentum werde dann die Uroffenbarung wiederhergestellt und vervollständigt.

3. Statt des mehrdeutigen Begriffs E. dürfte es ratsam sein, von den Phänomenen her den Begriff *»Wandlung«* zu verwenden. Wie oben (→ Religion: II, 1) gezeigt wurde, weist die R.sgeschichte zwei Grundstrukturen auf: Volks- und Universal-R. Zwischen beiden liegt eine zeitliche Zäsur. Sie ist mehrfach schon bemerkt worden, ohne freilich auf den Wandel von der Volks- zur Universal-R. bezogen worden zu sein. Karl → Jaspers zB spricht in seinem Buch »Vom Ursprung und Ziel der Geschichte« (1949) von einer »Achsenzeit«, die er in die Jh.e von 800 bis 200 vChr legt: »Dort liegt der tiefste Einschnitt der Geschichte. Es entstand der Mensch, mit dem wir heute leben.« Das Neue liegt darin, daß »der Mensch sich des Seins im Ganzen, seiner selbst und seiner Grenzen bewußt wird«. Wir behaupten nun, daß der Übergang von der Volks- zur Universal-R. mit diesem Wandel der Existenzauffassung zusammenhängt bzw. ihn voraussetzt.

Liegt nun hier eine E. vor? Zweifellos nicht in dem Sinne, daß Volks-R.en sich organisch und kontinuierlich zur Universal-R. entwickelten. Es liegt vielmehr etwas Neues vor, das nicht aus dem Vorhergehenden erklärt werden kann, sondern das mit jenem Wandel des Existenzbewußtseins zusammenhängt, den man mit dem in jedem Menschenleben sich wiederholenden Prozeß der Ichwerdung und der Verselbständigung des Individuums in Analogie setzen kann. An diesem Bewußtseins- und Existenzwandel haben freilich nicht alle Menschen teilgenommen. Was der einzelne an Möglichkeiten erreichte, überträgt sich nicht ohne weiteres auf alle. Damit erklärt sich ein wichtiges Phänomen der R.sgeschichte: Die Tatsache, daß typisch primitive Haltungen im Bereich der Universal-R. keineswegs fehlen, sondern als Volksglaube fortleben, weist darauf hin, daß es sich jeweils um Strukturen menschlichen Geistes handelt, von denen die mit dem Wandel des Existenzbewußtseins des einzelnen zusammenhängende universalreligiöse Haltung nie die Masse miterfaßte, die daher bei ihrer frühreligiösen Haltung blieb.

Fragen wir nach etwaigen E.en innerhalb der einzelnen Volks-R.en, so ist jener Bewußtseinswandel an vielen Stellen zu erkennen, zB in der in Griechenland um 500 vChr und später bei den Sophisten und bei → Sokrates und → Plato zu beobachtenden Kritik am → Mythos und in dem damit sich vollziehenden Übergang vom Mythos zum Logos. Aber auch abgesehen von diesen grundlegenden Veränderungen finden sich allenthalben Wandlungen, zB durch neue Werterkenntnis im Sinne einer Ethisierung der R. durch neue religiöse Bewegungen. Die als »Göttervereinigung und Götterspaltung« von A. → Bertholet beschriebenen Wandlungen innerhalb des → Pantheons einer R. sind keine E. zum Vollkommeneren hin; denn der Prozeß der Göttervereinigung steht nicht notwendig am Ende, sondern weckt häufig eine Gegenbewegung, die eine ferne und abstrakte Gottheit wieder in nahe und anschauliche Einzelkräfte spaltet. Auch die vielfach zu beobachtenden Wandlungen vom Dämonismus über den Polytheismus zum → Monotheismus bilden deshalb keine gradlinige E., weil selbst innerhalb einer monotheistischen R. polytheistische und dämonistische Tendenzen auftauchen und es auch in animistischen und dynamistischen R.en große Götter gibt. Prinzipiell gilt dasselbe auch von den Universal-R.en. Innerhalb ihrer Geschichte kommen häufig Neuschöpfungen durch Reformatoren vor, die ebenfalls Wandlungen bedingen. Aber auch hier wird sichtbar, daß es sich dabei nicht um E. handelt, da die Reformatoren ja gerade Rückbildungen anstreben. E. zu höherer Vollkommenheit einer R. ist schon deshalb nicht wissenschaftlich erweisbar, weil zu ihrer Feststellung Maßstäbe nötig wären, die unabhängig von persönlichen Glaubensurteilen sind. Solche Wertmaßstäbe aber gibt es nicht. Die feststellbaren Wandlungen innerhalb der Einzel-R.en, die aus sehr verschiedenen Motiven hervorgehen, lassen sich also nicht unter ein E.sschema subsumieren. Der lange Zeit in der → Religionswissenschaft herrschende Evolutionismus muß daher als überwunden gelten. - Vgl. → Religionsgeschichte, 1. 3.

UdG I-XII - H. Frick, Über d. Ursprung d. Gottesglaubens u. d. R. der Primitiven (ThR NF 1, 1929, 246-265; 2, 1930, 65-93) - J. Folliet, Naissance et mort des religions (in: M. Brillant-R. Aigrain [Hg.], Hist. des religions V, Paris 1956, 305-340) - J. Goetz, Evolutions de la religion (ebd 341-374) - W. Koppers, Entwicklung, in: R.swiss. WB, 1956, 189ff - A. Closs, R.skategorien, ebd 733ff - G. Mensching, Die R., 1959, 285ff.

G. Mensching

IV. Begriff und Wesen der Religion

A. Religionsphilosophisch - B. Theologisch

IV A. Religionsphilosophisch

1. Formal-logische und objektive Wege der Begriffsbestimmung - 2. Das Engagement als innerer Weg der Wesensbestimmung - 3. Wesen der R. an Kierkegaards Beispiel der Religiosität A und B - 4. Die Methode der Reduplikation als Weg zu Begriff und Wesen

1. Die Begriffs- und Wesensbestimmung der R. ist ein fast unlösbares Problem. Will man einen Begriff, der alle konkreten R.en einschließt, gewinnen, so muß sein Inhalt, dh die Anzahl seiner Wesensmerkmale, um so kleiner sein. Suchen wir nach dem Wesensbegriff der R., so müssen wir von allen nichtwesentlichen Merkmalen absehen; wenn wir dagegen auf die konkreten R.en hinsehen, erkennen wir, daß es keinen gemeinsamen Nenner gibt. Nimmt man als allgemeinste Formel »R. als Glaube an transzendente Mächte« und fügt noch zur Konkretisierung hinzu, daß es sich darum handelt, sich von ihnen abhängig zu fühlen, sie für sich zu gewinnen oder sich zu ihnen zu erheben, so kommen wir schon in Schwierigkeiten in der Anwendung dieser Formel auf die Buddhisten und Taoisten, die entweder überhaupt keinen Gott oder nur eine Vorstellung höherer Mächte, die mit dem Weltprozeß nichts zu tun haben, besitzen, ganz zu schweigen von den noch weithin unbekannten Einzelzügen der prähistorischen R. und den stammesmäßig weitzersplitterten Primitiv-R.en. Auch die Vorstellung eines → Urmonotheismus ist methodologisch in keiner Weise gesichert, da es nicht angeht, theologische Begriffe vollausgereifter Hoch-R.en aut die untheologischen Mythen der Natur-R.en zu übertragen. Das Problem einer gemeinsamen → Urreligion ist noch ebenso ungelöst und vielleicht wesensmäßig unlösbar, wie auch die Grenzen zwischen Stammes-, Volks- und Welt-R.en fließend sind. Der Tendenz zur Uniformität tritt die zur Herausbildung von Sonderformen ebenso stark entgegen. So hat man verschiedene Methoden versucht, um zu einem Wesensbegriff zu kommen, von denen die wichtigsten folgende sind: a) Die *Abstraktionsmethode,* die die R.shistorie versucht. J. → Kaftan zB glaubte auf diesem Wege zu einer Bestimmung zu kommen, die unter Absehen von allen Besonderheiten das allen R.en gemeinsame Wesen heraushöbe. Damit aber erreicht man nur derart abstrakte Allgemeinheiten, daß sie praktisch ohne Wert sind. - b) Die *Additionsmethode,* die bes. bei der Wesensbestimmung des → Christentums angewendet wurde. Auch hier zeigt sich die Schwierigkeit, bei den verschiedenen historischen, soziologischen, geographischen Varianten einen gemeinsamen Nenner zu finden. Der kath. Standpunkt, daß das Wesen des Christentums die Summe aller seiner Dogmen sei, wäre nur bei Annahme eines statischen R.sbegriffs möglich. Aber ein Blick auf die Geschichte der R. zeigt, daß es da nichts Fertiges und Feststehendes gibt, sondern nur etwas sich dynamisch Entfaltendes. Außerdem ist der Wesensbegriff nicht die Summe aller Merkmale aller Dogmen, das Notwendige wird so nicht vom Zufälligen geschieden und damit das Problem des Wesensbegriffs verfehlt. - c) Der *Subtraktionsmethode* bediente sich der Rationalismus, indem er die empirisch-historisch gewordenen R.en als Depravationsformen ausschied, um das apriorische echte Wesen, die Wahrheit der R.en zu gewinnen. Er gelangte so zu einer angeblich allen Völkern und Kulturen gemeinsamen natürlichen R., während die Additionsmethode in der historischen Entwicklung eine Vervollkommnung sah. Aber dies Verfahren beruht auf der gleichen Illusion wie die Additionsmethode, weil sie mit einem statischen R.sbegriff rechnet. Derselben Überzeugung ist d) die *Identitätsmethode* der Orthodoxie oder bestimmter Sekten. Die Perfektibilität wird hier geleugnet, da das Wesen der R. bzw. des Christentums ein für allemal gegeben sei und für alle Zeiten identisch bleibe. - e) Die *Isolationsmethode* isoliert einen bestimmten Zug an der R. und identifiziert damit das Wesen der R. Diese Methode haben wir zB bei → Schleiermachers Gefühl der schlechthinnigen Abhängigkeit, ähnlich bei → Wobbermin, der R. als glaubendes Ahnen einer Überwelt faßt, von der der Mensch sich abhängig weiß. Ebenso wird die Isolationsmethode von R. → Otto wie aber auch von bestimmten Richtungen der → Religionspsychologie (Gruehn: religiöses Erleben als höherer Denkakt) benutzt. Historisch wird sie von A. → Nygren angewandt in seiner → Motivforschung, die wiederum eine Seite an einer historischen R. als Wesen der R. isoliert. Aber das ist eine rein praktische Auswahl, die nichts mit den logischen Erfordernissen eines Wesensbegriffes zu tun hat. - f) → Hume, → Feuerbach und → Freud sind Anhänger der *Evolutions-* oder *genetischen Methode,* die die R. aus religionsfremden Motiven entwickelt. Dadurch ist die R. keine Urgegebenheit mehr, die aus einem religiösen → Apriori entspringt. In einem bestimmten Zeitpunkt der Entwicklung werden nichtreligiöse Phänomene plötzlich R. und können auch wieder zu solchen werden, die nicht mehr R. sind. Es ist aber kein Nachweis zu führen, wieso Hoffnung und Furcht zu R. werden. Man kann den Wesensbegriff der R. auch nicht von einer primitivsten Stufe her gewinnen, da zum Begriff des Wesens die Gültigkeit für alle Stufen gehört. - g) Die *Interpretationsmethode* will nachweisen, daß die R. in ihrem eigentlichen Wesen etwas anderes ist, als sie erscheint. Das klassische Beispiel ist → Hegel, aber auch die → Gnosis, die behaupten, R. käme erst in der philosophischen Erkenntnis zu ihrem wahren Wesen, das in der R. nur eine Art In-Bausch-und-Bogen-Wissen des Glaubens sei. Kierkegaard polemisiert dagegen, daß damit die R. »zum Asyl für blöde Köpfe werde«. R. ist dagegen eine Sphäre für sich und kann nicht zu etwas anderem uminterpretiert werden, zB zur Libido Freuds oder zur subjektiven Wunschwelt Feuerbachs und der Positivisten. - h) Die *Funktions-* oder *Variationsmethode* faßt zwar den R.sbegriff dynamisch, doch wird das Wesen als Funktion einer Reihe von Faktoren gefaßt, die teils Konstante, teils Variable sind, welche sich von Zeit zu Zeit ändern und nicht völlig zu übersehen sind. Es sind auch Faktoren im Wesen der R. denkbar, die wir überhaupt nicht kennen, sowohl potentieller wie aktueller Art. Der Funktionsbegriff aber gehört in die Naturwissenschaften und nicht in die Welt der historischen Größen wie der R., wo er nicht zu einer vollkommenen Wesensbestimmung führt, eben weil sie unbekannte Faktoren einschließt. Der R.sforscher muß eine Reihe von Phänomenen als nichtreligiös ausschließen, was bei der Funktionsmethode niemals möglich ist. Der Begriff der wahren und echten R. muß fest umrissen sein, womit die Frage nach Wesensbegriff und Wahrheit der R. untrennbar miteinander verknüpft sind.

2. Alle diese nie voll befriedigenden Versuche zeigen, daß für eine Wesensbestimmung der R. offenbar bloß formal-logische und objektive Kriterien nicht genügen, sondern daß man zu sinnvollen Aussagen nur kommen kann, wenn man religionsphilosophisch von der R. des eigenen *»Engagements«* (G.Marcel) ausgeht und vom gewonnenen Wesensbegriff analog zum Wesenskriterium der R. überhaupt sich weitertastet. Man kann nur wissen, was R. ist, wenn man sich selbst für eine R. entschieden hat und sich über die daraus folgenden Daseinsentscheidungen klar wird und dadurch existentielle Wesensbestimmungen gewinnt. Der Wesensbegriff der R. ist, wie → Jaspers im »Philosophischen Glauben« sagt, unbedingte Wahrheit, die nur durch existentielle Entscheidung und Wagnis des Lebens bezeugt, aber nicht wie die allgemeingültigen Wahrheiten der Mathematik und Naturwissenschaften bewiesen werden kann, denn dadurch wäre sie bedingt. So kann das Wesen der R. nicht mit Hilfe von Abstraktions- und anderen objektiven Methoden bestimmt werden: Nur von der existentiellen Entscheidung für eine religiöse Überzeugung kann ich

zur Wesensanalyse dessen, was R. ist, vorstoßen, indem ich die Existenzbestimmung meiner Konfession zu umreißen versuche im Spannungsfeld der polaren Dialektik zwischen objektiv - subjektiv, transzendent - immanent, irrational - rational. Es handelt sich zwar jedesmal um Äußerungen einer objektiven (bewußtseinsunabhängigen) Offenbarung, die aber nur existentiell wird in Aneignung durch existierende Subjekte, also um transzendent Gegebenes, das in der Sprache der Immanenz verstanden werden muß, dh um die Entscheidung für etwas Überrationales, die aber doch in rationaler Artikulation ihren Ausdruck finden muß. So gibt es Allgemeinheit der R. nur als bis ins Unendliche sich individualisierende Mannigfaltigkeit religiöser Existenzhaltungen. Auch die Einheit der unendlich vielen Offenbarungsaspekte in allen echten R.en facettiert sich in dieser konkreten Mannigfaltigkeit. Das zeigt sich an der Fülle historischer Bekundungen im Christentum, aber ebenso in allen andern Stifter-R.en wie in den unendlichen Stammesnuancen der Primitiv-R., aber ebenso auch in den Nuancierungen der verschiedenen Ausprägungen natürlicher R., eben weil jede religiöse Existenz von ihren originären Entscheidungen ebenso wie von situationsbedingten Zeithintergründen aus ihre R. lebt. Überall wirkt die Offenbarungskraft der Transzendenz durch die individuell-persönliche Existenzentscheidung hindurch. In ihrem Reichtum an Ausprägungen in lebendigen Existenzen zeigt sich aber gerade das Wirksamsein einer religiösen Einheitsmacht in der Mannigfaltigkeit. Erst an der Sättigung mit der Fülle geschichtlicher Existenz zeigt sich das Wirken transzendenter ewiger Mächte im Phänomen der R. Zeitliches und Ewiges treffen sich in einer einzigartigen paradoxalen Spannung in der geschichtlichen Notwendigkeit konkreter R.en. Die Universalität des Gottesgedankens oder des Begegnens transzendenter Mächte vergegenwärtigt sich gerade in der individuellen Vielfalt konkreten religiösen Verhaltens. Vielleicht kann von hier aus ein existentieller Sinn für den sonst zu allgemeinen »religionspsychologischen Zirkel« Wobbermins gewonnen werden. Statt wie bisher »*er*lebte R.« sollte lieber gesagt werden »*ge*lebte R.«, dann kommt in den Satz: »Wir können die geschichtlichen Tatbestände, nämlich die Ausdrucksformen religiösen Lebens in der Geschichte, nicht anders als nach Maßgabe unserer eigenen religiösen Erfahrung, also unseres eigenen religiösen Bewußtseins verstehen« ein neuer Charakter persönlich-aktiver Glaubensentscheidung herein. Es handelt sich nicht bloß um psychologisch-empirisches Bewußtsein, sondern um unsere Entscheidung angesichts des wesensmäßigen religiösen Paradox des Zusammentreffens von → Transzendenz und Immanenz, von ewigem Objekt und zeitlichem Subjekt, von rationalen Aneignungsweisen und überrationalen Offenbarungsgehalten in logischen Artikulationsformen, die sich selbst vom Metalogischen begrenzt und aufgehoben wissen eben im und am Paradox als zentraler Einbruchsstelle des Religiösen. Der Ernst der existentiellen Entscheidung angesichts des Risikos des nicht mehr direkt und allgemein (dh objektiv) Mitteilbaren des religiösen Paradox (credo quia absurdum) verursacht die Transzendenz aus dem Bereich des Objektiv-Empirischen in das Normative und Wertsetzende. Erst damit hat der Gläubige den Wertmaßstab gewonnen, um wahre und echte von unechter R. zu unterscheiden. Maßgebend sind hier nicht die objektiven Institutionen, Kulte oder Dogmen, sondern das persönliche Sich-Entscheiden für das Wagnis der paradoxen Offenbarung, in der die eigenartige Subjekt-Objekt- wie transzendent-immanente Einheit im religiösen Akte hergestellt wird. Nur in der ewig erneuerten Aktualität und Dynamik dieses existentiell-religiösen Entscheidens kann der Begriff und das Wesen der R. erfaßt werden. Nur in der Möglichkeit, paradoxe Offenbarung der Transzendenz zu hören und zu ergreifen, kann die Wesensgestalt der R. sich äußern als schöpferische Funktion, die die ganze Existenz des Menschen vom Kern her neu- und umgestaltet; erst in der Aktualisierung ist der objektive wie subjektive, der transzendente wie immanente Faktor sinnvoll bestimmt und eingesetzt. Der religiöse Akt wird so zum Urmodell aller schöpferischen Subjekt-Objekt-Einigung überhaupt. Hier ist das Zentrum gewonnen, von dem aus alle nur partikularen Methoden der Wesensbestimmung sich als Teillösungen ergänzen können, aber wohlgemerkt nur in der Dynamik der religiösen Existenzentscheidung, nicht als aneinandergereihte Summe von Einzelverfahren. Erst an dieser Zentralentscheidung, die immer mehr ist als bloße Erfahrung und Erlebnis, die sich stets vom äußerlich Empirischen zum normativen Wertergreifen in der Entscheidung erhebt, hat die Formulierung Schleiermachers von der schlechthinnigen Abhängigkeit, die Weiterführung Wobbermins mit Geborgenheitsgefühl, Ritschls Verlegung des Religiösen auf die sittliche Entscheidung (eben als Ausdruck der alle Empirie übersteigenden und erst möglichmachenden Wertsetzung) ihren Sinn. In der Aktualität dieser Entscheidung wird → Tillichs Zielbezogenheit der R. als »Richtung auf das Unbedingte« (vgl. Jaspers' »unbedingte Wahrheit« der Existenzentscheidung) wie R.Ottos Erleben des »Heiligen« sinnvoll ergänzt zur religiösen Existenzkategorie. Erst indem man dies Paradox in eigener Entscheidung auf dem Hintergrund von Nichts und Verzweiflung in die Aktualität eigenen Ergreifens der Transzendenz aufnimmt, wird das Heilige etwa zur Wesenskategorie des Religiösen, nun aber in einem viel volleren und reicheren, aber auch abgründigeren Sinne als R.Ottos Heiliges. Wir können uns von unserem christlichen Urerlebnis oder besser der Ur*entscheidung* nun hineinversetzen in das Herzstück anderer R.en und sehen in ihm das gemeinsame Wesenselement alles Religiösen. Natur- und Kultur-R., primitive wie prophetische R. (und vielleicht auch die prähistorischen R.en) zeigen doch dies Gemeinsame: die subjektive existentielle Entscheidung zur Bejahung und Ergreifung eines transzendenten, übervernünftigen, alle bisherigen Ideenassoziationen zerbrechenden Paradoxen, das in dieser Entscheidung von der gesamten Existenz des Menschen als höchster Wert ergriffen und aktualisiert wird, gewiß mit großen Unterschieden, eben diese Unterschiede als Stufen einer dynamischen Entfaltung, aber nicht einer geschichtlich-immanenten Entwicklung des religiösen Paradox des Überweltlichen sichtbar machend aus dem persönlichen Zentrum der Entscheidung eines religiösen Engagements. Immer ist es diese lebendige, dynamische R., nicht bloß das Gewand von Dogma, Gesetz und Institution, von dem dabei auszugehen ist.

3. Machen wir uns diesen Wesensbegriff am Zentralgedanken des religiösen Paradox in → *Kierkegaards Unterscheidung von Religiosität A und B* klar, um Umfang und Inhalt des Begriffs R. möglichst scharf abzugrenzen und zu umreißen. Die Religiosität A, die Religiosität der »verborgenen Innerlichkeit«, steht noch nahe beim ethischen Stadium. Sein Pathos ist das Schuldbewußtsein, welches noch nicht das Sündenbewußtsein ist. Aber das Individuum ist ethisch verantwortlich für den Gebrauch seiner Zeit und bedarf des »ungeheuren Umweges« des Absterbens und Leidens, um zu erkennen, wieviel Zeit es im weltlichen Dasein vergeudete. Die Schuld wird ein entscheidender Bestandteil seines Existenzzustandes, eine Schuld, die nicht abgewälzt wer-

den kann, weil das Gottesverhältnis beständig zur Stelle ist. Sein höchster Ausdruck ist das ewige Erinnern seiner Schuld und seine Bereitschaft, ein ewig Pönitierender zu sein. Diese Religiosität ist »eine solche qualitative Veränderung, daß sie sich nicht erklären läßt aus einer einfachen Entwicklung nach und nach« (S.V. VII, 544). Die Religiosität A war nach Kierkegaard wesentlich schon im Heidentum vorhanden und hat Sokrates als ihren wesentlichen und exemplarischen Träger. Erst wenn diese Religiosität A in einem Individuum aufgewacht ist, ist die Voraussetzung der eigentlichen R. des absoluten Paradox, der Religiosität B, im Individuum gegeben. Sie ist die ausgeprägteste Form von Christentum, in der sich die Idee von R. aufs individuellste und damit konkreteste ausgestaltet, und sie muß deshalb beispielhaft hier angeführt werden für eine zu Ende durchgeführte existentielle religiöse Entscheidung, damit wir an ihr Begriff und Wesen von R. überhaupt gewinnen. Noch das Schuldbewußtsein der Religiosität A befand sich in der Immanenz. In der Religiosität B, die die Religiosität A in ihrem ethisch-religiösen Pathos zur Voraussetzung hat, kommt als entscheidend neues Moment hinzu, daß das Individuum *in der Zeit* sich existentiell verhalten soll zum Ewigen *in der Zeit,* also sich entscheiden soll für das Transzendente, das sich in Christus in der Gestalt der Immanenz inkarniert. Der Spannungsbogen des Religiösen zwischen Objekt - Subjekt, Transzendenz - Immanenz, irrational - rational ist also hier in seiner gesteigertsten Form dargestellt. Das Ewige ist an einer bestimmten Stelle, und dies ist gerade der Bruch mit der Immanenz. Was dies zu einem Bruch mit allem Denken verschärft, ist, daß dasjenige, was seinem Wesen nach unhistorisch, metahistorisch, ewig ist, gedacht werden soll als historisch-zeitlich begrenzt, geworden in einem bestimmten Zeitmoment. Kierkegaard sagt: »Ein Mensch ist nach seiner Möglichkeit ewig und wird sich dessen in der Zeit bewußt: das ist der Widerspruch in der Immanenz. Aber daß der nach *seinem Wesen* Ewige in der Zeit entsteht, geboren wird, wächst, stirbt, ist ein Bruch mit allem Denken« (VII, 570). Das »Pathos des Religiösen« ist hier bis zu dem Grad verschärft, daß das Schuldbewußtsein vom Sündenbewußtsein abgelöst wird, das ausdrückt, daß das Individuum hier ein völlig neues Existenzmedium erreicht hat, gänzlich verschieden von dem Allgemein-Menschlichen. Im Schuldbewußtsein wurde die Identität des Subjekts mit sich selbst bewahrt und die Kontinuität nicht gebrochen: »Das Schuldbewußtsein ist eine Veränderung des Subjekts im Subjekt selbst.« Aber das Sündenbewußtsein, das das Individuum nicht von sich selbst, sondern nur durch die Offenbarung bekommen kann, bezeichnet einen entscheidenden Bruch innerhalb des immanenten Subjekts. Kierkegaard sagt: »Das Sündenbewußtsein ist doch die Veränderung des Subjekts selbst, welches zeigt, daß außerhalb des Individuums eine Macht dasein muß, die ihn darüber aufklärt, daß er dadurch, daß er geworden ist, ein anderer ist, als er war, ein Sünder geworden ist. *Diese Macht ist Gott in der Zeit*« (VII, 575). Existenzhaltungen außerhalb des Entgegennehmens der Offenbarung sind die Möglichkeiten des Ärgernisses, entweder als ein leidendes Ärgernis oder als eines, welches das Paradox als Torheit verspottet. Die Möglichkeit eines solchen tiefen Falles schafft für den Glaubenden eine wachsende Spannung und wird so ein Glied in der aktuellen, dynamischen Religiosität B als »verschärftes Pathos«. Ein weiteres Spannungsmoment ist der Schmerz der Sympathie. Er entsteht dadurch, daß der Vertreter der Religiosität A mit jedem sympathisieren kann, da sie die allgemeine menschliche Grundlage gemeinsam haben, aber der Gläubige der Religiosität B kann wesentlich nur mit dem Christen sympathisieren. »Der, welcher mit der ganzen Leidenschaft seiner Seele seine Seligkeit auf eine Bedingung gründet, die ein Verhältnis zu etwas Historischem ist, kann natürlich nicht gleichzeitig diese Bedingung für einen Narrenstreich ansehen« (VII, 577). Hiermit ist dann in der religiösen Existenzentscheidung der Sondercharakter der R., für die man sich in seinem konkreten Dasein entschlossen hat, eben durch die damit gesetzte höchste Wertnorm begründet. Es kann also keine nivellierende Gleichmacherei aller R.en geben für den, der das Wesen der R. allein entdecken kann in *seiner* religiösen Existenzentscheidung. Von diesem Zentralpunkt religiöser Einsicht her wird nicht nur der Wesensbegriff existentiell gesetzt, und nur in ihr kann der Wesensbegriff von R. überhaupt erreicht werden, sondern damit zugleich auch eine Wertordnung, die kein niveauloses Koordinieren, sondern nur ein von der zentralen Wertentscheidung existentiell begründetes, organisches Sub- und Superordinieren kennt, eine individuelle Stufung konkreter R.en, die allein dem Wesen von R. als eines wertmäßig Nicht-Indifferenten gerecht wird.

4. Nicht Vergleichung von außen gesehener historischer R.en konnte uns also zur Wesenserkenntnis der R. führen, sondern allein das engagierte Aufsuchen einer bestimmten, sogar ganz individuell bestimmten Weise von R. Wir konnten uns so auch nicht zufrieden geben, anstelle des Wesens der R. das Wesen und den Begriff des Christentums überhaupt zu suchen. Wir mußten die prononcierteste Form gegenwärtigen Christentums am Beispiel Kierkegaards aufspüren, um daran zu lernen, daß Begriff und Wesen der R. sich nur offenbart in einer bestimmten, individuellen, konkreten Existenzentscheidung für eine bestimmte R. in einem ganz bestimmten Zeitpunkt und einem ganz bestimmten Einzelnen, einem exemplarischen Individuum. Es kann nun auch nicht der Weg sein, diese »existentielle R.« durch Abstraktion wieder in ein Abstraktes zu verwandeln und so zum Wesen der R. zu gelangen, sondern es muß unsere Aufgabe sein, an und in der Konkretheit der individuellen Existenzentscheidung das Exemplarische für Begriff und Wesen der R. zu sehen. Eine exemplarische Einsicht in Begriff und Wesen der R. kann nur eine existentielle und dh leidenschaftlich-subjektiv engagierte Stellungnahme zur Transzendenz sein. Es ist damit nicht gesagt, daß es nur die Kierkegaardsche sein muß, nur ist sie deshalb zur exemplarischen Wesensanalyse geeignet wie keine zweite, weil sie heute genau das ausdrückt, was mit konkreter, dh existentieller Wesenserkenntnis des Religiösen gemeint ist. Obwohl in seinen pseudonymen Schriften noch im Pathos der Distanz zum Religiösen stehend, hat er dies Pathos gleichsam als Kunstgriff benutzt, um überhaupt davon reden zu können. Zugleich hat er aber in seiner erbaulichen Schriftstellerei den Weg der indirekten Mitteilung in der Reduplikation, der lebenden Verdoppelung dessen, was man lehrt, gezeigt. Diese *Methode der Reduplikation* mußte auch die unsere sein. Soll Begriff und Wesen der R. rational artikuliert werden, so kann es nur geschehen als Paradox, das zugleich alles Rationale in seine Schranken verweist und angesichts der Offenbarung korrigierend aufhebt: ZB begründet sich das Historische nur aus dem Metahistorischen der transzendenten Offenbarung. So kann die historische Gestalt der jeweiligen R. nicht von außen her Weg zur Wesenserkenntnis sein, da dies Historische seine Schranke findet am Paradox des Ewigen, das jeweils nur in einer konkreten historischen R. existentiell ergriffen werden kann, und auch das Historische im Christentum selbst muß noch gesehen werden am Paradox, daß der ewige Gott in einem bestimmten historischen Zeitabschnitt Mensch wurde. Wir können daran leidend oder

spottend Ärgernis nehmen je nach unserer Existenzentscheidung, an diesem Kernstück unserer R. kommen wir nicht vorbei, wir müßten dann das Wesen von R. überhaupt verfehlen. Von daher sehen wir auch, daß es in der Welt der R. keine συμπάθεια τῶν ὅλων geben kann, sondern nur das Engagement für eine ganz bestimmte R. in einem bestimmten Zeitabschnitt und einer bestimmten Individualität. In dieser individuellen Existenzentscheidung aktualisiert sich R., und nur als solche ist sie existent. Ich kann auf Grund meiner Existenzentscheidung, die angesichts des Paradox ja ein radikaler Bruch mit meinem gewöhnlichen immanenten Dasein ist, der ständig neu zu vollziehen ist, sowenig zu einem gleichgeschalteten Generalisieren und Nivellieren aller R.en unter einem bestimmten, möglichst allgemeingehaltenen Wesensbegriff kommen, wie ich andere existentielle Haltungen als meiner R. gleichgestellte verstehen und würdigen kann. Allerhöchstens auf dem Wege des Analogieschlusses, aber wohl wissend um dessen Grenzen, kann ich annehmen, daß ähnlich wie bei der Kernentscheidung vor dem Paradox meiner R. auch die Zentralerlebnisse der anderen R.en gelagert sein mögen. Aber eine solche Sehweise ist allenfalls noch auf der Stufe der Religiosität A als der Grenzsituation der Immanenz möglich. Vielleicht wäre unter den notae dieses allgemeinen religiösen Begriffs und Wesens auch daran zu denken, wie grundsätzlich jede religiöse Existenzentscheidung die Gesamtstruktur der Persönlichkeit verändert. Es wäre für das Wesen des religiösen Denkens kennzeichnend, daß es zunächst in der Gestalt der Intuition gegenüber dem diskursiven, formal-logischen Denken auftritt, daß die Einsichten des Offenbarungserlebens als illuminative und irradiative Erleuchtung und Durchstrahlung empfunden werden, durch die der ganze Mensch in einem dreifachen Sinne aus seiner Endlichkeit der Transzendenz genähert wird im religiösen Entscheidungsakt: Das Begegnen der Transzendenz und unsere Entscheidung dafür wird erlebt als *dilatatio,* Entschränkung unseres Seins, als *sublevatio* oder Hinausgehobensein über die Schranken des Immanenten und Rationalen und als *alienatio,* als existentielle Veränderung und Überwindung unseres gesamten Ichs. Aber freilich sind die notae dieser Begriffsbestimmung nur gültig für die Religiosität A, die Wahrung der Kontinuität innerhalb der Immanenz, nicht für die eigentliche Religiosität B der einsamen Entscheidung des Einzelnen in conceptu Dei, worin erst R. in ihrem Wesen realisiert wird. R. konkretisiert sich doch erst für eine Existenz im christlichen Bereich in der Religiosität B, dem absoluten Paradox, das in seiner letzten Konkretion aber auch die letzte Einsamkeit der Entscheidung verlangt und nicht auf andere R.en übertragbar ist. In der religiösen Existenzentscheidung steht jeder wieder vor dem radikalen Anfang, den keine Institution, kein Gesetz, keine objektive Sicherheit mir abnehmen kann und darf. Gegen diesen wesensmäßigen Prozeß der Institutionalisierung von R., womit ein Sterben dynamischer R. eingeleitet ist, erhebt eben Kierkegaard die Forderung des »Gleichzeitigwerdens mit Christus«, dh, was als objektiver Lehrgehalt erscheint, muß existentiell lebendig werden in der persönlichen Reduplikation (Verdoppelung im Leben) des Lehrgehaltes, und das kann nur eine »je meinige«, nicht übertragbare individuelle Entscheidung sein. So ist R. das Persönlichste und Individuellste der jeweiligen Existenzentscheidung vor dem Paradox einer transzendenten Offenbarung, die der notwendige Ursprung, Gegenpol und Sinngebung aller daraus abgeleiteten ethischen, kulturellen, sozialen und allgemein-menschlichen, schließlich auch kosmischen Entscheidungen und Erkenntnisse ist. Ringt man sich nicht zu dieser konkreten Wesenserkenntnis in der dynamischen religiösen Entscheidung durch oder versucht statt dessen, in formal-logische Abstraktionen auszuweichen, so werden alle allgemeinen Begriffe von R. entleert und damit nicht-existent.

S.Kierkegaard, Samlede Vaerker, Kopenhagen (1901-06) 1920 bis 1936^2 - Ders., Philosophische u. theol. Schriften, hg.v. H.Diem u. W.Rest, Bd III, 1959 - H.Stephan, Glaubenslehre, (1920) 1941^3 - H.Scholz, R.sphilosophie, (1921) 1922^2 - G.Wobbermin, Das Wesen der R., 1921 - RGG^2 IV, 1877ff - R.Otto, Das Gefühl des Überweltlichen, 1932 - L.Richter, Der Begriff der Subjektivität bei Kierkegaard, 1934 - Dies., Immanenz u. Transzendenz im nachreformator. Gottesbild, 1954 - Dies., Existenz im Glauben, (1955) 1956^2 - J.Hessen, R.sphilosophie, 1948 - B.Malinowski, Magic, Science and R. and Other Essays, Boston/Ill. 1948 - E.Frank, Philosophisches Erkennen u. relig. Wahrheit, 1950 - W.J.Goode, R. among the Primitives, Glencoe/Ill. 1951 - K.Jaspers, Der philos. Glaube, 1951 - S.Holm, R.sfilosofi, Kopenhagen 1955; dt. 1960 - N.H.Søe, R.sfilosofi, ebd 1955 - G.Lebras, Etudes de sociologie religieuse, Paris 1955-56 - van der Leeuw - J.H.Fichter, Die gesellschaftl. Struktur der städtischen Pfarreien, 1957 - A.Camus, Der Mythos von Sisyphos. Mit komm. Essay v. L.Richter, 1959 - W.Brede Kristensen, The Meaning of R., 1960.

L.Richter

IV B. Theologisch

1. Das Zurücktreten des R.sproblems in der neueren ev. Dogmatik - 2. Theologiegeschichtlicher Überblick: a) Alte Kirche - b) Scholastik - c) Luther - d) Calvin - e) Orthodoxie - f) Aufklärung - g) W. Herrmann und E.Troeltsch - h) K.Barth und P.Althaus - i) G.Rosenkranz und H.Kraemer

1. Die Tatsache gibt zu denken, daß die neuere ev. → Dogmatik eine theologische Beurteilung von R., ja die Beschäftigung mit dem Problem von R. nur noch in Rudimenten oder gar nicht mehr kennt. So fehlt eine Erörterung dieser Probleme fast ganz bei W.Elert, E. Brunner, O.Weber, H.Vogel, Fr.Buri u.a. Drei Momente wirken hier ineinander: a) Man ist geneigt, für die außerchristlichen R.en → Feuerbach recht zu geben und sie als Projektionen menschlicher Notwendigkeiten abzuwerten. Dabei kann man die eigene Position nur sturmfrei halten, sofern man das Christentum a-religiös oder anti-religiös zu interpretieren versucht. b) Die Einsicht der → Religionsphänomenologie, daß R. nur in den R.en da sei, wirkt so, daß man die Frage nach »der« R. nicht mehr stellen zu brauchen meint. Das Zurücktreten der → Religionsphilosophie in der deutschen ev. Theologie - zB gegenüber der skandinavischen Theologie - in den letzten 40 Jahren ist eine Folge jenes Eingehens auf die phänomenologische Position. c) Drittens ist dieser Vorgang ausgelöst durch die Theologie K.Barths (s. 2 h), in der die ev. Grundeinsicht von der → Rechtfertigung des Sünders auch dahingehend vertieft wurde, daß der Mensch außerhalb der Rechtfertigung gerade mit seinen R.en in flagranten Widerspruch zu Gott tritt. Die R. wurde so zur Chiffre der Gottferne und Gottwidrigkeit des »natürlichen Menschen«.

Die theologische Frage nach der R. hat aber noch eine andere Seite, nämlich die Frage nach dem R.-Haben des Menschen, von der → Hegel meinte, sie gehöre zum Menschen als Menschen, und von der die Scholastik als Frage nach dem Habitus handelte. Dieses R.-Haben des Menschen taucht seit dem Aufkommen der → dialektischen Theologie nur noch als Kampf-Objekt auf, und zwar in der Bestreitung des sog. »Anknüpfungspunktes« bzw. des »Vorverständnisses« (→ Anknüpfung). Dieser »Pendelausschlag« war nach der theologischen Arbeit des 19.Jh.s notwendig, denn mit den bis zu R.A. → Lipsius und W. → Herrmann ungebrochen reichenden Wirkungen Kants und Schleiermachers waren die theologischen Fragen nach dem R.-Haben des Menschen in gefahrvoller Weise ethizistisch und psychologisch verstellt. So verständlich aber die dialektische Theologie als Reaktion ist, so wenig ist der Schade zu übersehen, der durch das Ausklammern dieser Fragen entstand. Zu den Folgen gehört neben der theologischen Verlegenheit, den »frommen« Christen nicht mehr wahrnehmen zu können, die Unfähigkeit, das Welt-Verhältnis des Christen einleuchtend begründen zu können. Liturgismus auf der einen und → Säkularismus auf der anderen Seite kennzeichnen diese Verlegenheiten. Die ev. Theologie steht nahe an einem »religiösen« Vakuum ihrer Ansätze in einer Zeit, in der die R.en Asiens mit der tiefwirkenden Kraft ihrer religiösen Überzeugung in den Stammländern der Reformation werbend auftreten.

2. a) Die *alte Kirche* hat bei ihrem Kampf mit den spätantiken Kulten und mit der →Gnosis in harter Auseinandersetzung mit dem Problem der R. gestanden. → Justin, →Tertullian, →Irenäus, → Clemens von Alexandrien und → Origenes haben ihre Theologie auch an dem Problem der R. ausgerichtet. Ihre Schlüsse sind für die theologische Einordnung der R. bis heute maßgebend geblieben. Das wesentliche Mittel in der theologischen Wertung der R. war die *Lehre vom Logos spermatikos*. Der → Logos, das Offenbarungsprinzip des christlichen Glaubens, hat Weltbedeutung. Er tritt in den Fragen der Menschheit nach den Göttern und in den wahren Antworten der R.en wie der Philosophen hervor. R. und Philosophie enthalten wahre, vom einen Logos bewirkte Einsichten, die das Kommen der christlichen Offenbarung vorbereiteten. Der Logos ist das eine große, universal wirksame Weltprinzip, das die Brücke zwischen R. und Christentum bildet (→ Antike und Christentum, 1; → Apologetik: II, 2 b). - Neben der Logoslehre steht die *Abwehr der dämonisch verdorbenen Züge am Heidentum*. Die Dämonen entstellten die Klarheit des Logos und breiteten Finsternis und Aberglauben über die R.en. Dies Moment dämonischen Verderbens braucht man in der Beurteilung der R.en stets, wo man ein zugrunde liegendes, R. und Christentum einendes Prinzip an den Anfang stellt. Mit den Dämonen läßt sich der Abfall in Götzendienst am einleuchtendsten erklären. Mit ihnen verband man andererseits auch den Gedanken der Nachahmung und Imitation des Wahren (→ Apologetik: II, 2 c). - Ein drittes Moment ist die *Lehre von der Synkatabasis*. Gott hat sich im AT der menschlichen Schwachheit akkommodiert, und so gewiß zwischen jüdischen und heidnischen Opferriten nahe Verwandtschaft zu bestehen scheint, so gibt es doch erzieherische Stufen, durch die Gott die Menschen auf seine Offenbarung in Christus hinführt. Die Synkatabasis-Lehre bringt Gottes Liebe zum Ausdruck, die mit der Menschheit einen ihr angemessenen Weg von den Heidentümern über das Judentum zum Christentum ging. - Die drei genannten Momente nehmen die wesentlichen später beigebrachten Gesichtspunkte vorweg. Die allen R.en einschließlich des Christentums zugrunde liegende, in Gottes Wesen gegebene Einheit kann als Postulat in seiner Berechtigung ja gar nicht geleugnet werden. Aber in der alten Kirche meinte man, daß die Welt-Vernunft es war, die die eine große Klammer um R.en und Philosophie legte. Der Gedanke (vgl. schon die Glosse zu Mal 1, 11), daß letztlich der eine Gott allerorten Gegenstand der religiösen Verehrung sei, ist hier auf die Vernunft-Struktur allen Daseins gewendet und fand da Beachtung, wo sich die R.en der Antike mehr oder weniger alle der Interpretation auf die Welt-Vernunft geöffnet hatten. Das Moment dämonischen Verderbnisses bot alle Möglichkeiten, um die nötigen Korrekturen von Fall zu Fall anzubringen. Der Gedanke des Synkatabasis aber erlaubte es, diese Auffassungen in das Bild des die Menschheit in einer großen Entfaltung zu sich lenkenden Vater-Gottes einzupassen.

b) Die → *Scholastik* löst das theologische Problem der R. aus der weitgespannten Erörterung eines denkerisch erfaßten Offenbarungsbegriffes. Während dabei zB → Abaelard das Schwergewicht auf die Kundbarmachung des reinen Sittengesetzes legte und die nt. Offenbarung auf die Bergpredigt zuspitzte, ging es → Thomas von Aquino um die Erleuchtung des Intellekts, der mit seinen eigenen Mitteln Gottes nicht voll innewerden kann. Beide konnten R. und Christentum so aufeinander beziehen, daß ihr Neben- und Gegeneinander als Für- und Nacheinander hervortrat. Das außerchristliche Denken erschien nicht in ausschließendem Gegenüber zum Glauben. Zwar gibt es im Heidentum mit seiner Götzenanbetung auch einfache Falschheit, die der Wahrheit der christlichen Offenbarung kontradiktorisch gegenübersteht (S.Th. I, 17, 4 ad 3). Aber im ganzen ist mit der »natürlichen Einsicht« eine einige Grundlage von Heiden- und Christentum ergriffen. Diese Grundlage ist nicht mehr der Logos spermatikos, sondern die Natur des Menschen als intellectus. Heiden und Christen partizipieren an dieser natura und stehen miteinander Gott gegenüber. Auch die christliche → Offenbarung (: VI, 2) löscht die dem intellectus naturae rationalis möglichen analogen Schlüsse auf Gott nicht. Auch sie wandelt diese Analogien nicht in univoke Aussagen. Aber sie fügt ihnen Wesentliches hinzu und hebt sie über bloße Schlüsse hinaus, denn sie kann anstelle einer Wesensbestimmung Gottes seine Wirkungen (effectus) angeben und die Schlüsse daher bei Gott als ihrem Gegenstande halten (S.Th. I, 1, 7 ad 1). Man muß daher die Gotteserkenntnis der R.en theologisch der christlichen Gotteserkenntnis wie eine praeambula zuordnen. Vielleicht sollte man dabei nicht zu rasch von »zwei Stockwerken« sprechen. Es sind zwei verschiedene Höhen auf wesentlich gleichartiger Grundlage. - Mit der Einführung des Naturbegriffs in die theologische Bewältigung der Frage nach den R.en hat das MA eine für die Zukunft bedeutsame Weiche gestellt. Die Frage nach der R. ist damit gegenüber der Diskussion in der alten Kirche verschoben: Dort wurde unter dem Stichwort des Logos von dem einen göttlichen Subjekt in R.en und Christentum aus gedacht; hier wird unter dem Stichwort der natura rationalis von dem einen menschlichen Subjekt und seinen Fähigkeiten aus gedacht.

c) *Luther* hat sich zur Frage der R.en insofern in traditionellem Sinne geäußert, als es ihm selbstverständlich ist, daß Gottesverehrung - soweit sie auf der Einsicht, daß ein Gott sei, beruht - eine Sache des Menschen als vernünftigen Wesens sei. Wie die Tradition kann er im Schema des normalen Mehr und Weniger in Christentum und R. denken (vgl. zB WA 19, 206f: Der Prophet Jona ausgelegt, 1526). Der Begriff der Natur, der Gott zB das Grundwissen um die Gebote eingepflanzt hat, spielt dabei eine Rolle (→ Luther: II, 4 a). - Luther hat die Frage nach der R. theologisch nun aber noch ganz anders bewältigt. Er erkannte den tiefsten und eigentlichsten Gegensatz zwischen R.en und Christentum darin, daß R. die Möglichkeit darstellt, mit der Schuld »handelnd« fertig zu werden. Dabei ist es gleich, ob dieses Handeln vornehmlich sittlich werkhaft oder vornehmlich auf eine Gottheit gerichtet, also gottesdienstlich verläuft. Jeder Versuch, sich die Gerechtigkeit vor Gott zu erwerben, ist außerchristlich, besser außer-evangelisch. Von diesem Grundsatz seiner reformatorischen Konzeption aus hat Luther nicht nur den Kern aller R. zutreffend erkannt, sondern er hat ihren zentralen Unterschied zum Evangelium bestimmt. M.a.W.: R. und Christentum verhalten sich wie → Gesetz (: V, 5) und Evangelium. Damit war gegenüber der weitherzigen theologischen Behandlung der R. ein neues Moment nicht nur der Deutung von R., sondern auch der Bewältigung des Unterschiedes von R. und Christentum ins Spiel gebracht. In der Anwendung des theologischen Schemas von Gesetz und Evangelium war die Frage nach den R.en auf eine neue Basis gestellt, denn Luther erfaßt von hier aus die Frage nach der R. im Horizont des 1. Gebotes, was ihm zu der Wesensbestimmung von R. verhilft, die das religiöse Subjekt und Objekt in einen Griff nimmt: »Also daß einen Gott haben nichts anderes ist, denn ihm von Herzen glauben und trauen.« Die R. ist eine jedem zugängliche Erfahrung, die in der Tiefe menschlichen Lebens vor Gott gemacht, aber erst da zurechtgebracht wird, wo sie sich von Gott ihrer Undurchführbarkeit überführen läßt. Die zentrale Frage nach der → Rechtfertigung steht mit der Frage nach der R. theologisch auf dem Spiel. Luther war daher an Zeugnissen der Fremd-R.en aufs vitalste interessiert, versuchte zB selbst den → Koran zu edieren und kam auf das Problem der R. immer erneut zurück. Mit seinem neuen Ansatz unterscheidet er sich nicht nur grundsätzlich von der Tradition, sondern ebenso stark von Melanchthon und Calvin wie von der ev. Theologie der folgenden Jh.e.

d) *Calvin* hält in seiner Institutio am normalen Schema der Lösung fest. Gottes- und Selbst-Erkenntnis gehören zusammen (I, 1, 3), aber die Gotteserkenntnis bedarf der religio und der pietas (I, 2, 1). Sie ist als »Wahrnehmung der Macht und Güte Gottes« oder als »eine Art Empfindung für die Gottheit« dem Menschen als Menschen eigen. Dieser sensus bildet einen »Keim der R.« (semen religionis) im Menschen, der auf einen sehr starken »Eindruck vom Dasein der Gottheit« verweist (I, 3, 1). Es gibt eben eine notitia Dei im natürlichen Menschen, die erweist, daß R. keine Erfindung sein kann (I, 3, 2). Man kann den divinitatis sensus nicht aus dem Menschen herausreißen, denn er ist ja nicht angelernt, sondern mit ihm da (I, 3, 3). Aber das semen religionis wird vom Menschen nicht durchgehalten (I, 4, 1). Alle verstricken sich in Aberglauben und wenden sich gegen Gott. Aus Eitelkeit und unentschuldbarem Trotz machen sie sich Götter, vor denen sie Gott nicht mehr erkennen können. Zwar beweist auch noch die Finsternis abergläubischer Gottesfurcht die »Notwendigkeit«, nach Gott zu fragen (I, 4, 4), aber den rechten Weg finden sie nicht. So kommt es zu einem neuen Ansatz von Gotteserkenntnis, dem »höchsten Ziel des seligen Lebens«, das darin gegeben ist, daß Gott im Bau der Welt erfaßt werden kann (I, 5, 1), ja, wenn man die Augen aufmacht, erfaßt werden *muß*. Aber auch dieser Ansatz zerrinnt aus Schuld, und es folgt dann die wahre Gotteserkenntnis aus der Schrift (I, 6). – Calvin folgt also dem in der Tradition üblichen Schema des Nacheinanders von R. und Christentum und beurteilt die R. als schuldhafte Abkehr vom sensus deitatis wie von der Erkenntnis der Welt als dem Werke Gottes. Diese Erörterung entbehrt der tiefen Problematik, die in der R. steckt, und tut so, als wäre das Gegeneinander von R. und Christentum mit dem üblichen Nacheinander zu bewältigen. Calvin hat mit seiner dürren Schematik allerdings sehr tief in die Grundlegung der orthodoxen Dogmatik und bis in die Aufklärung hinein gewirkt.

e) Die → *Orthodoxie* geht das Problem der R. von der scholastischen Lösung der natura aus an und möchte die traditionellen Elemente, die Luther und Calvin beide weitergaben, fortführen. Dabei muß man allerdings sehen, daß das Interesse der sog. revelatio naturalis oder generalis nicht um das Problem der R. kreist, sondern ein innerchristliches Problem lösen helfen soll, nämlich das an der hl. Schrift als einziger Offenbarung entstehende Problem der Aneignung des Zeugnisses. Wichtig ist aber, daß der Begriff R. in der Orthodoxie die Prägung des Oberbegriffes annimmt, unter dem man R.en und Christentum bezeichnen kann. Zwar zeigt der Begriff zumal bei den Wittenbergern bis zum Ende des 17.Jh.s (zB bei → Quenstedt) die reichsrechtliche Prägung der Konfessionszugehörigkeit, so daß Mohammedaner u.a. unter den Begriff der Häresie subsumiert werden können. Aber bei den Jenaer Theologen – beginnend mit J. → Musäus – wird der R.sbegriff als Kennzeichnung der mit dem Menschen gegebenen Gottesverehrung verwendet; er umfaßt also auch die außerchristlichen R.en. → Buddeus sagt daher, daß zu seiner Zeit der Begriff religio sowohl die Frage möglicher Gotteserkenntnis wie des Kultus und der Gottesverehrung umfasse (Inst. I, § 4). Aber diese ganze R., die der ratio entnommen werden kann und »verissima« ist, reicht nicht aus, denn wenn sie auch um Gott und das Ewigkeitsziel weiß, so vermag sie die wahren media weder zu erkennen noch zu verwirklichen. Die »R. an sich« reicht also nicht aus, um das Höchste Gut zu erreichen. Wieviel mehr ist das der Fall, wenn wir die vorfindlichen R.en mit all ihrem Aberglauben und ihrer ganzen Gottlosigkeit betrachten! – Die Orthodoxie hat dem alten Schema von Weniger und Mehr in R.en und Christentum nichts hinzugefügt. Sie hat zB in Ph. → Nicolai dazu das uralte Imitatio-Motiv wieder hervorgeholt und als theologische Begründung der → Mission (: III C, 1) verwendet. Sie kehrt über Luther hinweg zu den alten Geleisen zurück und gibt der Aufklärung den Natur- und Vernunftbegriff an die Hand, mit dem diese dann die R. abgesehen von theologischer Fragestellung beschreibt.

f) Die → *Aufklärung* hat der theologischen Bewältigung des Problems der R.en keine neuen Impulse gegeben. Sie hat die alten Schemata von Natur und ratio als Grundphänomene möglicher Gotteserkenntnis nur verabsolutiert, indem sie die natura rationalis zum selbst genugsamen Autor des ganzen Inbegriffes von R. machte. → Semler hat im Zusammenhang seiner Bestimmungen des Wesens des → Christentums (: V, 1 a) die Religiosität zum natürlich-menschlichen Grundbestand erhoben. → Lessing hat dem wieder das alte Schema erzieherischen Nacheinanders gegeben. → Kant reduzierte dann das Problem auf die »R. innerhalb der Grenzen der bloßen Vernunft«, dh auf die Moral, die »unumgänglich zur R.« führt. → Schleiermacher aber gewinnt einen theologischen Beurteilungsstand dadurch wieder, daß er in den »Reden« die Religiosität als Aktivität des Universums oder des Unendlichen erfaßt und so das Problem aus der Anthropologie in die Theologie hinübernimmt. Zwar ist er in der »Glaubenslehre« über das Entwicklungsschema, an dessen Spitze die monotheistischen R.en rangieren, nicht hinausgekommen. Aber daß »auch von den unvollkommenen Gestaltungen der Frömmigkeit … mit Recht gesagt werden könne, daß sie auf Offenbarung beruhen« (§ 10, Zusatz), stellt das theologische Problem der R. wieder her. Schleiermacher hat damit die »moderne« Theologie insofern reorganisiert, als sie »anstatt der natürlichen Theologie als Ausgangspunkt die Untersuchung der Tatsache und des Wesens der R. überhaupt nimmt« (Troeltsch). Aber mit Schleiermacher war für die Theologie die Zeit der spekulativen theologischen Bewältigung des Problems der R. abgeschlossen. In der Mitte des 19.Jh.s gleitet die Frage nach der R. mit → Feuerbach hinüber in den Bereich einer positivistisch arbeitenden, am Material orientierten R.sforschung. Das theologische Problem der R. hat sich dem – auch in negativer Reaktion – nicht zu entziehen vermocht.

g) Die beiden bedeutendsten Entwürfe einer theologischen Erfassung der R. um die Jh.wende haben W. → Herrmann und E. → Troeltsch vorgelegt. *Herrmann* sieht die gemeinsame Grundlage von R. und Christentum als »das in dem elementaren sittlichen Vorgang hervorbrechende Bewußtsein der Freiheit«, der »Bedingung für das Leben der R.«. Diese R. ist allerdings nicht ohne weiteres erkennbar, sie ruht verborgen in den Tiefen individueller besonderer Erfahrung. R. gehört der Geschichte an und nicht der Natur! Als das geschichtliche Dasein »im Zusammenleben mit Menschen« geschieht das Erleben von Offenbarung, »wenn wir uns von einer geistigen Macht ergriffen wissen, die als die Erscheinung reiner Güte auf uns wirkt«. Die Aneignung solcher Offenbarung geschieht da, »wo sich die geistige Macht, die wir erlebt haben müssen, von den einzelnen Arten ihrer Offenbarung ablöst und für unser Bewußtsein das selbständige Leben gewinnt, das unserem Erlebnis reiner Hingabe entspricht«. Herrmanns R.sbegriff ist im Zusammenhang des anhebenden → Vitalismus gedacht und verbindet damit die kantische Bestimmung von Sittlichkeit als Art von R. Eine Wissenschaft von der R. kann es nach Herrmann nicht geben. Es gibt nur ihr Erleben. Die R. muß zum »Bewußtsein ihrer Innerlichkeit« gebracht sein, »die jeder Objektivierung widerstrebt«, dann erst ist sie erkennbar. Die christliche R. aber ist darin anderen R.en überlegen, daß sie den beschriebenen Inbegriff von R. zum Inhalt von R. überhaupt macht. »Wo wir uns in Vertrauen und Ehrfurcht vor der Güte einer Person beugen«, da tritt die innere Wandlung ein, mit der sich der Mensch »in der Bewegung der Geschichte befindet«. Es ist die Bewegung der R., deren Gipfel das Christentum darstellt. - Demgegenüber ist *Troeltsch* grundsätzlich von der Erkennbarkeit von R. und von ihrer Allgemeinheit als menschlichem Phänomen überzeugt und versucht, dies methodisch abzusichern. Er kämpft für die Eigenständigkeit der Erkenntnis des Geschichtlichen. Für Troeltsch ist R. »etwas im Zentrum völlig Selbständiges, auf dem Zusammenhang des Menschen mit der übersinnlichen Welt Beruhendes«. Darüber hinaus gründet R. in einem »religiösen → Apriori« (, 2). Die R. gehört zum Menschen. Das Christentum ist auch eine R. Seine Eigenart aber erhellt im sachlichen religionsgeschichtlichen Vergleich. Die ganze R.sgeschichte bewegt sich auf ein Ziel zu, was am R.svergleich auch objektiv erhellt wird. Das Christentum steht in dieser Bewegung. Ob es der Zielpunkt sei, läßt sich aber nur noch in »persönlicher Entscheidung« erheben. - Herrmann und Troeltsch machen beide die Frage nach der R. zum Ansatzpunkt dogmatischer Arbeit. Beide zeigen wesentliche Einflüsse des → Neukantianismus, und beide verwenden die Geschichte kategorial. Aber während Herrmann alles auf das »Erleben« baut, baut Troeltsch alles auf die sachliche religionsgeschichtliche Forschung. Beide sehen in den R.en einen Entfaltungsgang geschichtlicher Art. Aber während das Geschichtliche bei Herrmann als Grundbestimmung des Sittlichen erfaßt ist und als solches dem naturhaften gegenübertritt, stellt es sich bei Troeltsch als geschichtlich zeithafte Abfolge einer gerichteten Bewegung dar.

h) Die dialektische Theologie *K.* → *Barths* hat in dieser ganzen Frage neu angesetzt, indem sie die R.en und das Christentum im ausschließenden Gegensatz verstand. »Gottes Offenbarung als Aufhebung der R.«, das ist der Leitgedanke des Ganzen. Von der → Offenbarung (: VI, 3), dh von der Selbstdarbietung Gottes aus ist R. Unglaube. Das meint Barth nicht als hochmütiges Verdikt, denn das gilt von der Offenbarung aus auch über die christliche R. Die christlichen Kirchen unterstehen dem Verdikt von R., denn von »wahrer R.« kann man nur in dem Sinne sprechen, wie man von einem »gerechtfertigten Sünder« spricht. Die wahre R. verdankt der »Gnade« bzw. der »Offenbarung« Gottes in Christus allein ihr Dasein. Daher kann Barth sagen: »Die christliche R. ist die wahre R.« Diesen Satz kann Barth mit seiner These von Gottes Offenbarung als Aufhebung der R. dann dialektisch verbinden und christologisch auflösen. Die R. ist ja in ihrem Gegensatz zur Offenbarung als der große qualitative Abstand von Mensch und Gott ausgeprägt. Daher erscheint die christologische Lehrformel wie der logische Schlußsatz zu beidem, denn: »In Jesu menschlicher Natur hat der Mensch Gott, statt ihm mit Götzendienst und Werkgerechtigkeit zu widerstehen, den Gehorsam des Glaubens dargebracht, und also der Gerechtigkeit und dem Gericht wirklich Genüge getan, und also seinen Freispruch und also auch und gerade den Freispruch, die Rechtfertigung seiner R., wirklich verdient.« Das ganze Schema, nach dem diese Gedanken angeordnet sind, ist von der Bestimmung der R. als eines menschlichen Tuns her verständlich.

Neben und gegen Barth hat *P.* → *Althaus* das Problem der R. theologisch erfaßt. Althaus hat schon 1927 die Forderung nach einer »Theologie der R.en« erhoben. Die → Religionsgeschichte bringt den Glauben von Christus zur Selbstbewußtheit, und darum muß die Theologie immer auch religionsvergleichend sein. Sie kann der R.sgeschichte aber auch helfen, da sie in besonderer Weise das Verständnis der R.en fördert und aus positivistischer und evolutionistischer Enge löst. Althaus führt die Theologie vor das »Doppelverhältnis« des Christentums zu den R.en, indem es einerseits »Erfüllung der in allen R.en verstreuten Wahrheitsmomente« ist, andererseits aber »als der Gegensatz der Wahrheit gegen die Lüge« erscheint. Man hat Althaus oft mißverstanden, wenn man seine spätere Ausführung dieser Gedanken (→ »Uroffenbarung«) so deutete, als wolle er damit in das alte Schema von Evolution geschichtlicher oder psychologischer Art zurücklenken. Mit der Uroffenbarung geht Althaus vielmehr den R.en als nach Gott aufgeworfener Frage nach, die selbst erst vom christlichen Glauben her erkennbar und nur in ihm beantwortbar ist.

Barth und Althaus sind von Herrmann und Troeltsch tief geschieden. In neuartiger Weise stellen sie die Wahrheitsfrage, so daß für beide kein glattes Überführen von R. in Christentum mehr möglich ist. Die »Geschichte« ist aus ihrer Mittelpunkts-Stellung verdrängt, und die »Wahrheit« der christlichen Botschaft wie des Glaubens hat eigenes Gewicht. Während Barth das Problem von R. theologisch an dem ausschließenden Gegensatz von Gott und Mensch aufhängt, geht Althaus auf die Religiosität zu und verhandelt das subjekt-bezogene Irren, Fragen und Antworten des Menschen in den R.en. Barth kann sein antithetisches R.sverständnis zur objektiven Gottes-These christologisch lösen. Althaus muß nach dem verborgenen Wahrsein in allem Leiden unter der Unwahrheit forschen. Er kann daher keine klaren Ergebnisse ziehen, sondern nur hinweisen auf jenes Unruhigsein des Menschen nach Gottes Wahrheit. Er kann dem Selbstverständnis der Religiosität in den R.en daher sehr viel näher auf den Fersen bleiben, als es Barth möglich ist. Er kann auch sehr viel deutlicher zeigen, wie diese Religiosität in das Christentum einbezogen ist und von ihm erfüllt wie abgewiesen wird.

i) Zwei Entwürfe aus der jüngsten Vergangenheit stammen von Theologen, die selbst R.swissenschaft betreiben; innerhalb der Theologie selbst ist ja die Frage nach den R.en zurückgetreten (s. 1). Daran ist einerseits die unübersehbare Fülle des religionsgeschichtlichen Materials schuld. Andererseits ist aber die → Religionswissenschaft umorientiert: sie ist inzwischen »selbst theologisch« geworden, was äußerlich an ihrer Verbindung mit der → Missionswissenschaft sichtbar wird. Daß in dieser Entwicklung eine Gefahr liegt, kann nicht übersehen werden. Bei der starken Spezialisierung der mit den außerchristlichen R.en befaßten Einzelwissenschaft ist eine klare Entfaltung religionswissenschaftlicher Systematik notwendig.

G.Rosenkranz faßt seine »Ev. → Religionskunde« als »theologische Interpretation« der R.en auf. Die Wahrheitsfrage stellt sich neu als Begegnung der R.en mit dem Christentum. Dabei kommt Rosenkranz zu folgender Einsicht: Während die R.en den Menschen an das »Was« ihrer Wirklichkeit heranführen und ihn mit all ihren Mythen, Riten usw an dieser Frage zu trösten und ihm weiterzuhelfen suchen, dreht das Christentum, wie Jesus es tat (vgl. Lk 10, 25ff), die Frage herum und führt mit dem Fragen nach dem »Wie der Wirklichkeit« an des Menschen menschliches Sein in der Welt heran. Christentum und R.en leben also in einem andersartigen Frage-Horizont. Dieser tiefe Unterschied ist an die Einmaligkeit Jesu von Nazareth gebunden und hat in ihm seine Wahrheit, und das macht diesen Unterschied zu mehr als zu einer rationalen Einsicht. Eine rationale Einsicht ließe sich vielleicht noch mitteilen. Dieser Unterschied läßt sich nur mit dem ganzen Sein bewähren. Im Blick auf die tiefe Daseinsnot der außerchristlichen R.en will die Frage nach den R.en liebend, auf dem Boden der Frage-Umstellung Jesu gelebt sein. – *H.Kraemer* faßt R. mit Kultur überhaupt und Philosophie zusammen als Spielart der menschlichen Bewältigung des Lebensproblems. Christus ist daher »sowohl der Richter wie der große Umgestalter aller R.en«. Das ist so, weil das Christentum von der Offenbarung her der einzige Ort ist, an dem die mögliche »ultimate und normative Wahrheit« zur Erscheinung gekommen und angenommen ist. Das Maß, das an die R.en anzulegen ist, ist streng biblisch-theologisch, was wohl so viel heißen soll, daß Christus bzw. der Niederschlag seines Wirkens im nt. Zeugnis zum Maßstab gemacht wird. Inhaltlich gibt Kraemer dies Maß als die »göttliche Dialektik« an, die als »sich selbst vergessende Liebe – rettender Zorn umschrieben werden« kann. Dieser »göttlichen« steht als »menschliche Dialektik« gegenüber: »Rebellion und Flucht – Suche nach Gerechtigkeit und Tasten nach der Wahrheit«. Mit diesen Dialektiken zeigt Kraemer einerseits den Unterschied zwischen R. und Christentum, denn die R.en bestehen als verschiedene Formen der »menschlichen Dialektik«. Andererseits will er zeigen, wie die R.en mit ihrer »Suche nach der Gerechtigkeit« und ihrem »Tasten nach der Wahrheit« an die göttliche Offenbarung streifen. Aber man muß sagen, daß die ganze von den R.en entwickelte Frömmigkeit doch nur Verhüllungen für »neue Wiederholungen des Falles (eritis sicut Deus)« seien. Die R.en sind also letztlich, wie der Exkurs über ihre Frömmigkeit zeigt, doch nur im Gegensatz zum Christentum. – Rosenkranz und Kraemer zeigen das Hineinwirken der theologischen Diskussion um Althaus und Barth in die religionswissenschaftliche Forschung. Beide sind tief unterschieden. Der theologische Begriff von R. wird bei Rosenkranz von einem großen Ernst getragen, das letzte Anliegen der R.en zu vernehmen und zu zeigen, wie die eine Frage nach der Wirklichkeit sich bei R.en und Christentum andersartig stellt. Bei Kraemer gilt den R.en gegenüber zwar die immer wieder zitierte Fairneß, aber im Grunde verachtet er ihr Bemühen als Neuauflage des Sündenfalles und wertet sie sehr grundsätzlich ab. Sein letztes Wort ist eine Exklusivität des Christentums, die eine Wahrnehmung des Christentums in seiner religiösen Wirklichkeit – und damit seiner akuten Fragen – ebensowenig zuläßt wie eine Wahrnehmung des Ringens um die Wahrheit in den R.en. Beide Entwürfe sind aus der Begegnung heraus geschrieben und zeigen, daß die theologische Frage nach der R. heute nicht nur ein brennendes theoretisches, sondern ein akutes praktisches Problem ist.

Außer den neueren Lehrbüchern der → Dogmatik: Fr.Nitzsch, Lehrbuch d. ev. Dogmatik, (1889-92) 3. Aufl. bearb. v. H.Stephan, 1912 - E.Troeltsch, Die Selbständigkeit der R. (ZThK 5, 1895, 361 bis 436) - Ders., Die Absolutheit d. Christentums u. d. R.sgesch., (1902) 1929³ - RE XVI, 589ff (W.Herrmann) - H.Vossberg, Luthers Kritik aller R., 1922 - M.Schlunk, Die Welt-R.en u. d. Christentum, 1923 - A.Schweitzer, Das Christentum u. d. Welt-R.en, 1924 - K.Holl, Urchristentum u. R.sgesch. (ZSTh 2, 1924, 387-430 = Holl II, 1-32; selbst. 1925) - P.Althaus, Mission u. R.sgesch. (ZSTh 5, 1927/28, 550-590. 722-736 = Theol. Aufs. I, 1929, 153-205) - Ders., Der Wahrheitsgehalt d. R.en u. d. Evangelium (Theol. Aufs. II, 1935, 65-82) - R.Otto, Die Gnaden-R. Indiens u. d. Christentum, 1930 - E.Brunner, Die Christusbotschaft im Kampf mit d. R.en, 1931 - W.Holsten, Christentum u. nichtchristl. R. nach d. Auffassung Luthers, 1932 - H.W.Schomerus, Parallelen zum Christentum als religionsgesch. u. theol. Problem, 1932 - H.Frick, Das Evangelium u. d. R.en, 1933 - F.Brunstäd, Allg. Offenbarung, 1935 (= Ges. Aufs., 1957, 111-140) - G.Rosenkranz, Um eine theol. Schau d. R.sgesch. (ZMR 51, 1936, 169-179) - Ders., Ev. R.skunde, 1951 (Lit.) - G.Mensching, Volks-R. u. Welt-R., 1938 - Barth, KD I/2, 272ff - C.Meinhof, Mensch u. Gottheit in d. R.en, 1942 - N.Söderblom, Der lebendige Gott im Zeugnis d. R.sgesch., 1942 - N. Micklem, Was ist R.?, 1952 - W.Freytag, Das Rätsel d. R.en u. d. bibl. Antwort, 1956 - H.Kraemer, R. and the Christian Faith, 1956; dt. 1959. - Vgl. d. Lit. zu → Anknüpfung, → Natürliche Religion und Theologie.

C.H.Ratschow

Religionsfreiheit. Die R. ist das Grund- oder → Menschenrecht, das gegenüber dem → Staat die Freiheit gewährleistet, den Glauben ohne Benachteiligung seitens des staatlichen Rechts zu bekennen (*Glaubensfreiheit* im engeren Sinne). Moderne Verfassungen gewährleisten die R. vielfach im Sinne einer allgemeinen Weltanschauungsfreiheit, die nicht nur ein christliches Bekenntnis, sondern selbst antireligiöse Weltanschauungen schützt (so etwa Art. 4, 1 GG). Ausdrücklich ausgeschlossen werden vom modernen rechtsstaatlichen Verfassungsrecht etwa die Beschränkung der politischen Rechte aus Gründen des religiösen Bekenntnisses, die Besteuerung für Zwecke einer religiösen Gemeinschaft, der der Besteuerte nicht angehört, und der Zwang zur Teilnahme am Religionsunterricht in öffentlichen Schulen. Art. 4 Abs. 3 GG schließt nun auch aus, daß jemand gegen sein Gewissen zum Kriegsdienst mit der Waffe gezwungen werden darf. Zur R. gehört sodann – wenn auch in den Verfassungen oft für sich und unter besonderer Umschreibung der Grundrechtsschranken geregelt – die *Kultusfreiheit,* dh die Gewährleistung freier kollektiver Ausübung eines Bekenntnisses im Gottesdienst, und die »Freiheit der Vereinigung zu → *Religionsgesellschaften*« ohne Beschränkungen (zB Genehmigungsvorbehalte) durch das staatliche Recht (Art. 140 GG in Verbindung mit Art. 137 Abs. 2 WRV). Neben ihrem Sinn als Individualrecht des einzelnen gegenüber dem Staat kommt der R. auch eine institutionelle Bedeutung zu. In negativer Hinsicht schließt sie ein Staatskirchentum aus, das bürgerliche Rechte von der → Kirchenmitgliedschaft abhängig machen wollte. Weiter ist die R. auch insofern ein wichtiges – wenn auch nicht für sich allein konstitutives – Moment der staatskirchenrechtlichen Zuordnung von → *Kirche und Staat,* als die Eigenständigkeit der Kirche die R. des einzelnen Kirchengliedes gegenüber dem Staat voraussetzt. In Widerspruch zum Wesen der → Kirche und des → Kirchenrechts muß die R. als Glaubensfreiheit dagegen dann geraten, wenn sie auch als innerkirchliches Grundrecht gelten soll – so kraft staatlichen Rechts in manchen schweizerischen Landeskirchen und (auf anderen Voraussetzungen beruhend) gemäß der Bremer Kirchenverfassung von 1920.

Außer der Lit. zu → Kirche und Staat: R.Smend, Glaubensfreiheit als innerkirchl. Grundrecht (ZevKR 3, 1953/54, 113-125).

R.Bäumlin

Religionsgeographie. Die R. hat es mit den Beziehungen zwischen → Religion und Raum zu tun. Da diese Beziehungen wechselseitig sind, handelt es sich sowohl um die Frage nach dem Einfluß des Raumes auf Entstehung oder Gestalt der Religionen als auch um den Einfluß der Religionen auf die Gestalt des Raumes. Die Abhängigkeit der Religion vom Raum, vor allem vom Klima, ist bereits im Altertum (Hippokrates), bes. aber seit der Aufklärung behauptet worden: von → Montesquieu im »Esprit des lois« (1748), dann in den ersten religionsgeographischen Werken von H.Kasche (Ideen über religiöse Geographie, 1795) und C.F.Stäudlin (Kirchliche Geographie und Statistik, 1804), mit materialistischer und sensualistischer Einseitigkeit etwa von H.Th. Buckle (History of Civilization in England, 1865), im Sinne der »Geopolitik« von H.Frick (Deutschland innerhalb der religiösen Weltlage, 1941^2). Man hat zB auf den Einfluß der nahen Wüste auf die Entstehung der monotheistischen Religionen oder auf den Zusammenhang eines bestimmten → Schamanismus mit sub- oder hocharktischen Lebensverhältnissen hingewiesen. Exakte Feststellungen lassen sich nur über die Abhängigkeit bestimmter Kultformen vom Raume treffen, in weit geringerem Maße über die von Vorstellungen und vom inneren Leben einer Religion. Man wird solche Abhängigkeit stets durch das Urdatum der Bezogenheit des Menschen auf Gott eingeschränkt sehen müssen.

Der Einfluß der Religionen auf die Gestalt des Raumes, vor allem durch ihren → Kultus und ihr Ethos (→ Sittlichkeit: II), ist dadurch bedingt, daß das Verhältnis des Menschen zum Raum keineswegs allein durch den Kampf ums Dasein bestimmt ist. Wie die Religionen, in denen der Mensch in die Natur eingegliedert ist (→ Naturdienst, → Naturgottheiten, → Naturmythologie), in denen er sich aber dennoch nicht mit dem Gegebenen abfindet - selbst → Geburt und → Tod sind nicht Empfang und Verlust des Lebens ohne die sie umgebenden Riten -, sind auch die, die Scheidung oder Rückzug von der Welt gebieten, an der Gestaltung des Raumes beteiligt. Es gilt freilich, nicht voreilig den gestalteten Raum als Auswirkung der gleichzeitig in ihm herrschenden Religion zu verstehen, vielmehr muß man auch die Möglichkeit der Pseudomorphose in Rechnung stellen. Der Raum kann seine Gestalt durch eine vergangene Religion erhalten haben. Diese von einer Religion einst gestaltete Landschaft kann ihrerseits auf die gegenwärtige religiöse Haltung einwirken. Für die in der Mission viel behandelte Frage der Bodenständigkeit der Kirche bedeutet dies, daß der Glaube der Kirche in der Gestaltung des Raumes Ausdruck gewinnen will, daß er aber andererseits stets Einflüssen ausgesetzt ist, die von dem von der bisherigen Religion gestalteten Raum ausgehen. Im einzelnen geht die R. der religiösen Bedingtheit aller Beziehungen des Menschen zu seiner Umwelt nach: seiner Wohn-, Siedlungs- und Wirtschaftsweise. In den naturalistischen Religionen (→ Religionsgeschichte) hat das Haus eine religiöse Funktion und ist durch diese nach Einrichtung und Material bestimmt (→ Ecke, heilige). Zu den Lebenden gehören die Toten; religiöse Vorstellungen bestimmen die verschiedene Anlage ihrer Behausungen (→ Totenverehrung). Das Haus der Gottheit - ob ein Bau, → Berg, → Hain, → Wasser o.ä. - bestimmt das Verhältnis zur Landschaft und diese selbst. Durch alles dies werden Ort und Art der Siedlung, auch → Akkerbau und Viehzucht bestimmt. Durch die Religion ist Bevölkerungsaufbau, -zunahme und -abnahme bestimmt (Notwendigkeit männlicher Nachkommen einerseits für das eigene Heil, → Askese und → Mönchtum andererseits), ebenso Seßhaftigkeit (heiliges Land in irgendeinem Sinne) und Nomadentum (Wandermönchtum, Wallfahrten, Kreuzzüge, Mission). Schließlich haben auch die → heiligen Zeiten deutliche wirtschaftliche und kulturelle Auswirkungen und verlangen zT Bevölkerungsbewegungen. Wenn es in der christlichen Kirche grundsätzlich keine heiligen Dinge und Zeiten gibt, sondern Gott allein heilig ist, der durch sein Wort den Menschen anredet und regiert, wenn der Glaube an den Schöpfer eine neue Haltung zur Welt als der Schöpfung Gottes gibt, die nicht selbst göttlich ist, so sind die angedeuteten Vorstellungen und Zusammenhänge dennoch - illegitim - wirksam geblieben. Andererseits hat die Kirche durch ein bestimmtes Wirtschaftsethos die entsakralisierte Welt gestaltet und ihren Glauben in Zeichen (Kultbauten, kultischen Zeiten, frommer Lebensführung und Sitte, in Sammlung und Sendung von Menschen usw) ausgedrückt, die äußerlich oftmals der Gestaltung der Umwelt in den naturalistischen Religionen analog oder gleich, von ihnen aber durch die Freiheit unterschieden sind, in der der Christ sie legitim gebraucht.

O.PESCHEL, Völkerkunde, 1897 - K.HAUSHOFER (Hg.), Raumüberwindende Mächte, 1934 - P.FICKELER, Grundfragen der R. (Erdkunde 1, 1947, 130-144; Lit.) - P.DEFFONTAINES, Géographie et religions (Géographie humaine 21), 1948 - DERS., Valeur et limites de l'explication religieuse en géographie humaine (Diogène 1953 Nr. 2, 64-79) - X.DE PLANHOL, Le monde Islamique. Essai de géographie religieuse (MR 34), 1957.

W.Holsten

Religionsgeschichte

1. Wesen - 2. Aufgabe und Methode - 3. Geschichte. - R. = Religion, RG. = Religionsgeschichte, RW. = Religionswissenschaft

1. Im Unterschied zur systematischen → Religionswissenschaft, die am Gewordenen interessiert ist, hat es die RG. mit dem Werden der R.en zu tun. Beide Disziplinen hängen trotz aller Verschiedenheit miteinander zusammen. Die Arbeit der RG. ist von dem R.sverständnis abhängig, mit dem die systematische RW. arbeitet; sie sieht anders aus, wenn in dieser der Ton auf dem einheitlichen Wesen aller R. liegt, und anders, wenn der Ton auf den individuell-geschichtlichen Gestalten der R. liegt. RG. hat es dann entweder mit dem Werden der R. oder mit dem Werden der R.en zu tun. Im ersteren Falle ist die Frage nach dem Anfang der → Religion (: III) und ihrer Geschichte unausweichlich. Um sie geht es in der Lehre vom → Urmonotheismus wie in den bedeutendsten religionswissenschaftlichen Theorien des 19.Jh.s (→ Totemismus, → Fetischismus, → Animismus, → Mana-Glaube oder Dynamismus [→ Macht: I]), die im Zusammenhang mit der ethnologischen Forschung (→ Ethnologie) gewonnen wurden. Da diese sich überwiegend mit den sog. primitiven Völkern (→ Naturvölker) befaßte, glaubte sie, in ihren R.en die Anfänge der R. wiederzufinden; sie stand im Banne des Entwicklungsdogmas, das am Anfang das Niedere, das Unentwickelte anzunehmen zwingt. Abgesehen davon, daß in der Bezeichnung »primitiv« und ihrer Verwendung als anfänglich, unentwickelt, kulturlos die europäische Zivilisation -ohne eigentlichen Grund - als Maßstab verwendet wird und - wiederum ohne eigentlichen Grund - die heutigen sog. primitiven Völker und R.en als Bild oder Rest der Menschheitsanfänge angesehen werden, handelt es sich hier um ein ungeschichtliches Denken. Denn maßgebend ist für das Verständnis der religiösen Entwicklung das Beispiel biologischer → Entwicklung und damit letztlich die Erforschung eines uralten und zugleich immer gegenwärtigen Untergrundes aller geschichtlichen R.en. Der Ursprung der R. ist nicht eine historische, sondern eine »metaphysische« Frage (Kitagawa); sie führt über den Bereich der Geschichte hinaus. Das zeigt selbst R. → Ottos nicht evolutionistische R.stheorie. Das Gefühl und Erleben des → Numinosen ist

sowohl als Erwachen der R. im einzelnen Menschen wie als Beginn der religionsgeschichtlichen Entwicklung zu verstehen. R.Otto sieht zwar »am Anfang der religionsgeschichtlichen Entwicklung gewisse seltsame Dinge stehen, die ihr wie ein Vorhof vorangehen und hernach noch tief in sie hineinwirken«, eine Art Vor-R. Jene Dinge aber »sind selber erst möglich und erklärlich aus dem Gefühl des Numinosen«. Dies Urerlebnis (→ Erlebnis: I), dieser Ursprung sei es der R. des einzelnen Menschen, sei es der der Menschheit, ist jedoch eine ungeschichtliche Abstraktion, weil der wirkliche Mensch, mit dem es die Geschichte zu tun hat, immer in einem geschichtlichen Zusammenhang steht und durch ihn bedingt ist. Dem Gefühl und dem Erleben des Numinosen geht in jedem Fall das Wissen um das → Heilige (Gott) und seine Verehrung vorauf, es findet immer in geschichtlichen Gemeinschaften, im Rahmen institutioneller R.en statt. Mit der Frage nach dem Anfang hat es die RG. nicht zu tun.

Ebenso wird der Bereich der Geschichte überschritten, wo man eine universale RG. konstruiert, wo man mehr als an ihrem Anfang an ihrem Ziel interessiert ist. In solchen Fällen spekulativer Geschichtskonstruktion handelt es sich vielleicht um säkularisierte Heilsgeschichte. Solche Konstruktionen erleben ihren Höhepunkt in → Hegels R.sphilosophie, unter deren Einfluß E.v. → Hartmann und O. → Pfleiderer stehen. Sie werden auch dann nicht verschmäht, als die RG. sich von der Philosophie emanzipiert und es gilt, einer unübersehbar gewordenen Fülle von Material Herr zu werden. Für Max → Müller stellt sich die RG. als unbewußtes Fortschreiten zum Christentum dar. C.P. → Tiele sieht zwar auch Entartungen und Verfall in der Geschichte der R., aber es erscheint ihm doch »im Großen und Ganzen, wenn man die gesamte und zugängliche Entwicklung übersieht und mit großen Perioden rechnet, das sehr verwickelte und aus voneinander sehr verschiedenen oder analogen Entwicklungslinien zusammengesetzte Gebilde der RG. als ein Gang von niedrigeren zu höheren Stufen«. Daß die Richtung solcher Entwicklung vielfach in zunehmender Ethisierung der R. oder ihrer Annäherung an die moderne abendländische Kultur gesehen wird, zeigt W. → Boussets »Wesen der R., dargestellt an ihrer Geschichte« (1903); für ihn ist der Maßstab des Höher oder Tiefer faktisch die moderne abendländische Kultur, freilich als das Ergebnis der Geschichte des Christentums, das eben wegen dieser Verbundenheit mit der abendländischen Kultur der - einstweilige - Höhepunkt der religionsgeschichtlichen Entwicklung ist. R. als ein Phänomen des menschlichen Geisteslebens steht dort ihrem Wesen nach der → Kultur überaus nahe und unter dem Gesetz: »Überall ist Werden, Entwicklung, zur Vollkommenheit strebende Unvollkommenheit.« Das Christentum aber, das selbst dieser Entwicklung unterliegt, ist »die vollkommenste species des genus« R.

2. RG. als geschichtliche Wissenschaft, die auf spekulative Konstruktionen verzichtet, hat es mit den R.en als geschichtlichen Gegebenheiten zu tun. Zu ihnen gehören auch die sog. primitiven R.en (→ Naturvölker). Von dem Begriff primitiv ist in diesem Zusammenhang die Vorstellung von einem Anfang und von Kulturlosigkeit oder -armut fernzuhalten. Er kann wohl eine bestimmte Art von R. bezeichnen, aber nichts über ihren Wert oder ihre Stelle in einer Entwicklungslinie aussagen. Man muß sich vielmehr bewußt sein, daß die primitiven R.en R.en der Jetztzeit mit einer eigenen langen, vielleicht sehr langen Geschichte sind und neben, nicht unter sog. Kultur-R.en (→Religion: II) zu stehen kommen. Die RG. ist sodann nicht in erster Linie an den Konvergenzen, sondern an den Deszendenzen interessiert; sie beachtet die geschichtliche Abhängigkeit der R.en voneinander und ihr Einwirken aufeinander. Es geht ihr wesentlich nicht um Parallelen und Vergleiche, sondern um das Besondere und Einmalige. Sie kann sich dabei weder auf die Geschichte der Mythen und Lehren, des Kultes oder der religiösen Innerlichkeit beschränken noch aber auch sich mit der gleichzeitigen und gleichmäßigen Beachtung aller drei Elemente der R. zufrieden geben. Denn wenn R. eine Gesamthaltung, die »Seele eines Lebenssystems ist«, wenn es sich um eine »vollständige gegenseitige Abhängigkeit aller Lebenskreise - des wirtschaftlichen, sozialen und religiösen« (H.Kraemer) handelt, dann hat A. → Harnack mit Recht darauf hingewiesen, »daß das Studium jeder einzelnen R. von dem Studium der gesamten Geschichte des betreffenden Volkes schlechterdings nicht losgelöst werden darf. Zu dieser Geschichte gehört vor allem die Sprache des Volkes, sodann seine Literatur, weiter seine sozialen und politischen Zustände. Die R. allein studieren zu wollen, ist ein noch kindlicheres Unterfangen als das, statt der ganzen Pflanze nur die Wurzel oder nur die Blüte zu untersuchen.« Eine von Sprache und Geschichte losgelöste RG. ist für Harnack »heilloser Dilettantismus«. Wie Hegel für die spekulative Konstruktion der RG. von größter Bedeutung war (s. 1), so kann → Herder als Bahnbrecher einer eigentlichen RG. gelten, wenn er die Art und die Würde der einzelnen Völker hervorhebt, deren Nationalcharakter wie in ihrer Kultur und Sprache auch in ihrer R. erscheint. Die RG. hat von daher nicht etwa die Erlaubnis, spekulative Konstruktionen von der Welt- auf die Volksebene zu verlegen, sondern die Aufgabe gewissenhafter Interpretation aller Zeugnisse. Es geht ihr um die Herausarbeitung des Selbst- und Menschenverständnisses in den R.en. Dabei gilt es, der möglichen Pseudomorphose, dh der Tatsache Rechnung zu tragen, daß bestimmte Begriffe, Lehren und Handlungen, wenn sie von einem Volk zu einem anderen oder von einer Zeit in eine andere hinüberwandern, Ausdruck eines wesentlich anderen Selbst- und Menschenverständnisses werden können, als sie vorher zum Ausdruck brachten. Hermeneutik ist darum die grundlegende Methode der RG.

Sucht die RG. die geschichtliche Eigenart einer jeden R. zu erfassen, so kann sie zwar Parallelen und Konvergenzen durchaus verwerten, aber auch, durch Voreingenommenheit nicht gehemmt, Gegensätze entdecken. Geht man von einem einheitlichen Wesen der R. aus, das sich in den einzelnen R.en verschieden gestaltet, so haben die verschiedenen Gestalten alle ihr, wenn auch abgestuftes, Recht. Wo man es mit den geschichtlichen R.en zu tun hat, ist immer die Möglichkeit einander ausschließender Gegensätze gegeben. Im Gegensatz zu Einteilungen der R.en in Volks- und Welt-R.en, in Natur- und Kultur-R.en, in monotheistische und polytheistische, die sekundäre Gründe haben und relative Unterscheidungen vornehmen, ist eine wesentliche Gruppierung dadurch gegeben, daß in der einen Gruppe von R.en sich der Mensch als Wesen versteht, das in den Kosmos eingegliedert ist oder sich einzugliedern hat, in der anderen als ein Wesen, das sich als in der Geschichte zur Entscheidung gerufen versteht. Im letzteren Falle handelt es sich um die R. des AT und des nachbiblischen Judentums, das Christentum und den Islam. Die erste Gruppe läßt sich als die der primitiven R.en bezeichnen, »nicht in dem Sinn des Anfangsstadiums des Kulturlebens oder der ursprünglichen Lage des Menschen«, sondern im Sinne eines Selbst- und Daseinsverständnisses, wie es in sog. primitiven Stämmen am deutlichsten zutage tritt, sich aber in den sog. höheren Kulturen ungebrochen erhalten hat. Dies eben ist ein Kennzeichen dieser R., daß sie jeden Bruch verabscheut und konservativ ist wie die Ordnung der Natur, des → Makrokosmos, in dem der Mensch als Mikrokosmos lebt. Diese Orientierung an der Natur läßt keine absoluten Kontraste zu, sondern nur relative, komplementäre Gegensätze; darum haben die flagrantesten Widersprüche in und zwischen religiösen Lehren und Gestaltungen nebeneinander Raum wie in der Natur Weizen und Unkraut, Zeugen und Morden. In den Bereich dieser R.en gehört die → Mystik insofern, als sie die prinzipielle Einheit von Gottheit und Mensch vertritt. So grundlegend nun diese beiden Gruppen von R.en voneinander unterschieden sind, so wenig sind sie chemisch rein geschieden. Denn die »primitive« R. dringt immer wieder ein in das alte Israel wie in das Christentum, in das nachbiblische Judentum wie in den Islam, als unterirdischer → Aberglaube und geheimer Abfall wie als - vermeintliche - Erhebung zur Mystik. In dem Maß und der Art ihres Eindringens begründet sie die Unterschiede zwischen Judentum, Christentum und Islam, insofern als im → Judentum und → Islam das in der Geschichte ergangene, eschatologische Wort Gottes an den Menschen in eine Sammlung von Geboten oder eine Ideologie verwandelt wird und Gott und Mensch trotz theoretischen größten Abstandes voneinander auf den Weg zur Einheit gebracht werden, während im Christentum die Verkündigung wider diese Versuchungen in stetem Kampfe steht.

Nimmt man RG. als Geschichte und die R.en als geschichtliche Erscheinungen ernst, dann ist es dem R.shistoriker nicht möglich, den R.en in der Weise objektiv gegenüberzustehen, daß er sich außerhalb ihrer stellt und sie gleichsam vor sich aufstellt, um sie nach Art von Gegenständen, Pflanzen oder Tieren zu ordnen und zu untersuchen. Er steht selbst immer in dieser Geschichte und kann aus ihr nicht heraustreten, wenn er nicht aus seinem Menschsein heraustreten will. Er hat nicht einen Kosmos der R.en zu erarbeiten, den man anschauen und überschauen kann, sondern er ist zur Stellungnahme gefordert; er begegnet den R.en und ist in dieser Begegnung nicht zu einer Wertung, sondern zur Entscheidung gerufen.

3. Da die Unterscheidung von RG. und RW. erst jungen Datums ist, sind die *Geschichte der RG.* und die der RW. nicht voneinander zu trennen. Da RW. mit einer gewissen Distanz zur R. überhaupt oder doch zu einer bestimmten, der eigenen oder fremden, zusammenhängt, finden sich Ansätze zur RW. bereits in der Antike seit der griechischen Aufklärung. Soweit es sich um Sammlung von religionsgeschichtlichen Stoffen handelt, ist RG. so alt wie Geschichtsschreibung überhaupt; man kann bereits Herodot zu ihren Anfängern zählen. Religionsgeschichtliche Stoffe vermitteln dann Autoren des christlichen Altertums, vor allem → Augustin, im MA Chronisten, Konzilsakten, Beichtbücher, Aufzeichnungen von Missionaren und Reisenden. Eine ungeheure Akkumulation von religionsgeschichtlichem Material ergibt sich mit der Entdeckung der außereuropäischen Welt; die Missionare, bes. auch die → Jesuiten, haben daran hervorragenden Anteil. Systematische Verarbeitung wird kaum versucht; Beachtung verdient in dieser Beziehung Roger → Bacon († ca 1292). Zur eigenen, christlichen R. ist noch keine Distanz da. Sie wird durch Reformation und Humanismus geschaffen, obwohl beide scharf unterschieden werden müssen. Indem für Luther das Wort Gottes in seiner Doppelgestalt als Gesetz und Evangelium für die Gottesbeziehung allein maßgebend wird, wird das Christentum unter Kritik gestellt, und der Katholizismus seiner Zeit wird ihm zum Schlüssel für das Verständnis aller nichtchristlichen R. Im Humanismus tritt die Distanz zum Christentum durch die Aneignung fremder, letztlich mystischer Religiosität ein, die von (Neu-)Platonismus und Kabbala bestimmt ist; es wird der bis heute wirksame »universale Theismus« mit seiner Überzeugung mächtig, »daß die Gottheit in den verschiedenen R.en und Philosophien gleicherweise wirksam gewesen sei und noch heute wirke« (W.Dilthey). Die deistische → Aufklärung entwickelt dabei eine besondere Liebe zur chinesischen R., in der sie eine bes. reine Gestalt der natürlichen, vernünftigen und sittlichen R. und des deistischen Gottes zu finden meint. Die Wendung zum religiösen Gefühl und Erlebnis seit → Schleiermacher wird Ursache für Indienbegeisterung. Der Emanzipation der RW. von der Theologie entspricht eine um so engere Bindung an die Philosophie, deren spekulative Konstruktionen über die Tatsachenforschung dominieren. Im Verlauf des 19.Jh.s erfolgt die Emanzipation auch von der Philosophie und der Anschluß an die Philologie und Ethnologie, der aufs neue eine ungeheure Akkumulation des religionsgeschichtlichen Materials bringt. Im einzelnen handelt es sich im 19.Jh. zunächst um die RG. der philosophischen → Romantik, die »die einzelnen religiösen Äußerungen als Symbole einer Uroffenbarung verstand«; als bedeutendste Vertreter sind G.F.Creuzer (Symbolik und Mythologie der alten Völker, 1810-22) und → Schelling (Philosophie der Mythologie und Offenbarung, 1841) zu nennen, dessen Theorie vom Verlauf der RG. durch Max Müller wirksam wurde. Der Übergang zur romantischen Philologie erfolgt dadurch, daß die Uroffenbarung sich bei Schleiermacher und Herder in eine religiöse Menschheitsanlage verwandelt. Nachdem Herder auf die »Stimmen der Völker« achten gelehrt hatte, ist Max → Müller durch indologische Studien und vor allem die von ihm begonnene Herausgabe der klassischen Schriften der orientalischen R.en in wissenschaftlicher Übersetzung (SBE, 1879ff) für die Philologie in der RW. und für ihre Erschließung religionsgeschichtlicher Quellen repräsentativ und Begründer der vergleichenden RW. geworden. Sie hatte vor ihm schon der Begründer der vergleichenden Philologie, J. → Grimm (Deutsche Mythologie, 1835) vertreten, nach diesem W. → Mannhardt (Wald- und Feldkulte, 1875-77) und H.Usener (Religionsgeschichtliche Untersuchungen, 1889; Götternamen, 1896). Mannhardt wiederum hat eingewirkt auf W. → Grønbech und ist stark benutzt von J.G. → Frazer (Hauptwerk: The Golden Bough, 1890ff). Durch den namentlich von diesem in die RW. einbezogenen Folklorismus wird ihre Verbindung mit der Ethnologie hergestellt, der es um die Erforschung bes. der primitiven R.en geht - von größtem Einfluß wurde E.B. Tylors Hauptwerk »Primitive Culture« (1871; dt. 1873) mit dem → Animismus als Zentralbegriff - und die weithin in den Bann des Evolutionsdogmas geriet, vor allem in H. → Spencers Hauptwerk »The Principles of Sociology« (1877) sowie durch E. → Durkheim und seine Schüler. Diesem Evolutionismus tritt der Anti-Evolutionismus A.Langs (The Making of R., 1898) gegenüber, der in P.W. → Schmidt seinen eifrigsten Verfechter gefunden hat (Der Ursprung der Gottesidee, 1912 bis 1955). Die Erschütterung des Evolutionismus und die Fülle des gewonnenen Materials haben zum Vorherrschen der Monographien in der RW. geführt, die zum nicht geringen Teil Philologen, Ethnologen, Orientalisten, Soziologen, Psychologen und anderen Fachwissenschaftlern zu verdanken sind.

A.Harnack, Die Aufgabe d. theol. Fakultäten u. d. allg. RG., 1901 - N.Söderblom, Natürl. Theol. u. allg. RG., 1914 - Ders., Der lebendige Gott im Zeugnis d. RG., dt. 1942 - RGG² IV, 1892ff (Lit.) - G.Mensching, Gesch. d. RW., 1948 - Ders., Die R., 1959 (Lit.) - J.Wach, On Teaching Hist. of R.s (Pro regno pro sanctuario. Festschr. f. G.van der Leeuw, 1950, 525-532) - C.J.BLEEKER u.a. (Hg.), Proceedings of the 7th Congress for the Hist. of R.s 1950, Amsterdam 1951 - W.HOLSTEN, Das Kerygma u. d. Mensch, 1953 (Lit.) - P.MEINHOLD, Goethes Deutung der RG. (Saeculum 4, 1953, 165 bis 200) - DERS., Die Konfessionen im Urteil Goethes (ebd 7, 1956, 79-106) - J.WILBOIS, La place de la religion parmi les disciplines de l'esprit (M.BRILLANT-R.AIGRAIN [Hg.], Hist. des religions I, Paris 1953, 23-28: kath.) - R.PETTAZZONI, Essays on the Hist. of R.s (Suppl. to Numen I), 1954 - C.J.BLEEKER, The Relation of the Hist. of R.s to Kindred Religious Sciences (Numen 1, 1954, 142-152) - ChrRel² - V.VAN BULCK, RG., in: R.swiss. WB, 1956, 722ff - M.DAVID, Vue comparée des idées de Herder et de B.Constant sur l'étude des religions (Numen 3, 1956 14-27) - U.BIANCHI, Problemi di storia delle religioni, Rom 1958 - J.M.KITAGAWA, The Hist. of R.s in America (The Hist. of R.s. Essays in Methodology, ed. M. ELIADE u. J.M.KITAGAWA, Chicago 1959, 1-30) - H.RINGGREN-Å.V. STRÖM, Die R.en der Völker, 1959 - W.SCHULTZ, Schleiermachers Deutung der RG. (ZThK 56, 1959, 55-82). *W.Holsten*

Religionsgeschichtliche Schule

1. Begriff - 2. Vorläufer - 3. Eigenart: a) Literarkritik - b) Fremdeinflüsse und Eigenständigkeit - 4. Ausklang. - Vgl. → Bibelwissenschaft: I. II

1. Als R.Sch. bezeichnete sich, einen 1904 von A.Jeremias polemisch geprägten Namen zögernd aufnehmend (Bousset 1907), ein »durch wechselseitige Freundschaft engverbundener Kreis« junger Göttinger Gelehrter, »deren primus inter pares der geniale Eichhorn war« (Gunkel 1920). Ihre ersten Vertreter waren → Gunkel (1888), → Bousset (1892), Joh. → Weiß (1892), W. → Wrede (1897), Wernle (1899), nach 1900 auch → Heitmüller (1903) und, in Kiel durch A. → Eichhorn angeregt, → Greßmann (1905). Ihr Systematiker wurde → Troeltsch. Starke Anregungen von ihnen bildeten im NT vor allem → Dibelius und → Bultmann, im AT → Mowinckel selbständig weiter. Auch in der »ersten Generation« hat die Zusammengehörigkeit eine freimütige Auseinandersetzung (zB in Rezensionen) nicht gehemmt. Als philologische Mitforscher und Berater haben namentlich Zimmern, Wendland und → Reitzenstein stärkeren Einfluß geübt. Als Verleger dienten Vandenhoeck und Ruprecht (SAT, SNT, FRLANT) und J.C.B.Mohr (RV, RGG).

2. Als positive *Anreger* bezeichnete die R.Sch. → Harnack, → Wellhausen, auch → Duhm und mit Einschränkung → Lagarde, als Gegenpol aber, an dem sich ihr Widerspruch entzündete, → Ritschl. Hingegen hat sie einen Zusammenhang mit der Aufklärung und der Romantik - mit Ausnahme → Herders (s.u.) - insofern mit Recht bestritten (Bousset 1904), als ihre Interessen in der Tat nicht in der Vernunftkritik an der Trinitäts- und Sakramentslehre oder an den Wundern mit Einschluß der Auferstehung im Stile des 18.Jh.s verwurzelt sind. Aber eine Parallelität der Problematik ist durch das hier wie dort lebendige *geschichtliche* Fragen gegeben. Bei → Mosheim bahnte ein neuer Wissenschaftsbegriff sachlich-menschlicher Erkenntnis den Weg zu philologisch-kritischer Erfassung vergangener Vorgänge. → Lessings (wie Herders) Begeisterung für das soeben bekanntgewordene → Avesta schlug die Frage nach der Bedeutung des Iran für die → Biblische Theologie an. Die Debatten über den Einfluß Platos auf die Kirchenväter als Ursache ihres - weithin als Depravation empfundenen - Abstands vom NT bereitet das Problem der Hellenisierung des Christentums, die Beeinflussung → Gablers durch Heynes Entdeckung des (»poetischen«) Mythos das Thema des »erlösten Erlösers« vor. Die Anregungskraft von Herders Geschichtsphilosophie und seiner Wertung des in Mythos und Dichtung faßbaren geistigen Lebens der Völker wie des einzelnen hat die R.Sch. selbst bekannt. Sein »Testament« wollte Gunkel vollstrecken helfen. Nicht minder deutlich ist - über → Vatke und Wellhausen - der Einfluß des Hegelschen Entwicklungsgedankens, so wenig gerade die Betonung der Berührungen mit den Fremdreligionen ein eingleisiges Schema duldet. Hierin liegt zugleich Zusammenhang mit und Eigenständigkeit gegenüber dem kirchlichen → Liberalismus (: III) begründet, auch hinsichtlich des Ringens um die → Absolutheit des Christentums und das Recht der Mission (Bousset 1907).

3. Wichtiger als die entfernteren Vorläufer ist für eine »Schule« die geistige und wissenschaftliche Lage, von der sie sich unmittelbar abhebt.

a) Hinsichtlich der maßgeblichen Quellen setzt die R.Sch. die um 1880 geltenden Ergebnisse der *Literarkritik* voraus (→ Literarkritische Schule): im AT Wellhausens Datierung der vier → Pentateuch-Schichten (J, E, D, P), im NT die synoptische Zweiquellentheorie mit Vorzugsstellung der Mk-Erzählungen (→ Evangelien, synoptische, 1 c). Hinsichtlich der johanneischen Literatur wird die »kritische« Haltung entscheidend verstärkt durch den herausgestellten Zusammenhang mit der → Gnosis im weitesten Sinne (Bultmann 1957). Die Bedeutung der literarkritischen Arbeit wird dabei insofern eingegrenzt, als das Alter einer Idee und ihr erstes schriftliches Vorkommen streng voneinander geschieden werden. Ihm kann eine lange mündliche Tradition oder auch eine schriftliche Vorgeschichte in einer fremden, das AT oder NT beeinflussenden Religion voraufgegangen sein. Der Schöpfungsmythos in der Form von Gen 1 und der endzeitliche Drachenkampf von Apk 12 sind keine freien Schöpfungen der »Schriftsteller«, sondern jede für sich und beide in ihrem aufeinander Bezogensein als »Schöpfung und Chaos in Urzeit und Endzeit« gehören (nicht nur) mit dem babylonischen Weltordnungslied in einen großen Überlieferungszusammenhang, in dem auch der (nicht allein zeitgeschichtlich zu erklärende) → Antichrist der Apk als Zeuge einer (dualistischen) Geheimtradition darinsteht (Gunkel 1895, Bousset 1895). Die Erkenntnis des eschatologischen Charakters der Verkündigung Jesu im Gegensatz zur ethisch-innerweltlichen Auffassung Ritschls verstärkt das Gewicht dieser für die gesamte → Apokalyptik fruchtbaren Erkenntnisse auch für den Messianismus (Greßmann-Schmidt 1929). Zugleich aber wurde die literarkritische Analyse ergänzt durch die Formgeschichte (→ Formen und Gattungen: I. II), die für die Prosaüberlieferung des AT die allgemein geläufigen Gattungen des → Märchens, der → Sage und Legende nutzte, im NT jedoch (Dibelius 1919, Bultmann 1921) eigene aufwies (zB die »Streitgespräche«) mit je verschiedenartigem »Sitz im Leben«. Die kultische Verwurzelung der von Gunkel, auch an der Hand altorientalischer Parallelen, erarbeiteten Psalmengattungen in bestimmten Festen (Thronbesteigungstag) und magischen Riten (→ Segen und Fluch) hat Mowinckel unterstrichen. Die bei dem allen auftauchende Frage nach dem Verhältnis von Tradition und Redaktion wie von mündlicher und schriftlicher Überlieferung ist noch heute Gegenstand der Diskussion.

b) Wichtiger aber als diese Hineinstellung in die außerbiblische Umwelt war der R.Sch. die Erkenntnis, daß die Religion des AT und NT selbst ein Stück »Geschichte« darstellt, einen nach den »Gesetzen« des geistigen und sozialen Lebens ablaufenden Prozeß, wie er etwa in W. → Wundts »Mythus und Religion« seinen klassischen Ausdruck gefunden hat. Innerhalb dieses Rahmens nimmt sie freilich eine charakteristische Sonderstellung ein. Sie betont nicht nur gegenüber der biologischen Einebnung des Menschen in die Entwicklungsreihe des Organischen die Eigenständigkeit der seelischen und geistigen Vorgänge als solcher, sondern in deren Umkreis gegenüber einer einseitigen Höchstwertung des rationalen Denkens und des ethischen Verhaltens die Bedeutung der dichterischen Gestaltungskraft und der »geheimen Erfahrungen« in den »Wirkungen des Heiligen Geistes« (Gunkel 1888/1915). Auch »ekstatische« Erlebnisse und die zT auf solche sich gründenden oft phantastischen Bilder der Apokalyptik - auch der außerkanonischen! - sind nicht lediglich Depravationen des religiösen Lebens. Die Anknüpfung des NT an diese Geistesströmung im Gegensatz gegen seine einseitige unmittelbare Herleitung aus dem AT bedeutet im Sinne der R.Sch. ebensowenig eine Entwertung wie die Heranziehung der hellenistischen → Mysterien oder die Hineinstellung des Kyriostitels in den Gesamtbereich spätantiker Würdeprädikationen (Bousset 1913). Auch war nicht die Abhängigkeit von vorgegebenen Formen, sondern die umprägende Kraft des im AT wie im NT lebendigen Glaubens, auch in der Erkenntnis des Gegensatzes Jesu gegen das rabbinische Judentum (Bousset 1892), das letzte Forschungsziel der R.Sch., und sie sah darin ihren Gegensatz gegen den → Panbabylonismus oder gegen Erscheinungen wie Drews' Christusmythe.

4. Die Blütezeit der R.Sch. fällt in die Periode der religionsgeschichtlichen Forschung als solcher (→ Religionsgeschichte), die allgemein an der Bibel nicht vorüberging (vgl. etwa Kap. VIII bei Söderblom, Das Werden des Gottesglaubens, [1915] 1926²). So standen neben ihr für das Judentum Baldensperger (1888) und → Dalman, für die Phönikische Religion (vor den Ugaritfunden) → Baudissin, für den Hellenismus → Deißmann und Bertram (LXX), für den Zusammenhang auch des AT mit den ägyptischen Mysterien R. → Kittel, der die Existenz einer R.Sch. als solcher zu bestreiten geneigt war (1921). So schroff die Formeln »Das Urchristentum des Paulus und des Johannes ist eine synkretistische Religion« (Gunkel 1903) und »Das Judentum ist nicht synkretistische Religion geworden« (G.Kittel 1932) gegeneinanderstanden und so hart die Auseinandersetzung über hellenistisches oder rabbinisches Judentum in seiner Bedeutung für das NT geführt wurde (Greßmann DLZ 1926 gegen G.Kittel, BWANT III/1, 1926): die Gegensätze beruhten mehr auf den Ergebnissen als auf der weithin durchgesetzten Methode. In ihr wehrt sich der Individualismus gegen das heraufziehende Zeitalter der Massengesellschaft, indem er die schöpferische Persönlichkeit (Propheten!) feiert und gegen eine kultische Verfestigung der Religion angeht. Soll man mit Kattenbuschs Charakterisierung Lagardes von neuer Romantik sprechen? - Im Gegensatz zur Durchsetzung von Fragestellung und Methode der R.Sch. vor 1914 steht nun freilich nach 1920 ein entscheidender *Rückgang*. Er beruht einmal auf der menschlichen Tragik des relativ frühen Todes ihrer Führer (Bousset 1865-1920, Troeltsch 1865-1923, Greßmann 1877-1927). Sodann aber auf dem Widerstreit der → Dialektischen Theologie gegen den »Religionismus«. Indem sie in der Bibel nur Offenbarung, nicht Religion gelten ließ, riß sie einen Graben auch gegenüber den räumlich, zeitlich und ausdrucksmäßig nächstverwandten auf. Aber keine Dogmatik kann die von der R.Sch. aufgezeigten Gegebenheiten aus der Welt schaffen, zumal die Texte von → Ugarit, → Qumran und Nag Hamadi den Zwang zu religionsgeschichtlicher Arbeit verstärkt haben. Auch wo im Interesse terminologischer Klarheit bei der Strukturanalyse der subjektiven Seite der »Religion« lieber von »Frömmigkeitsgeschichte« gesprochen wird, steht die Arbeit auf den Schultern der R.Sch., deren Anregungen bei aller Einzelkritik auch an wesentlichen Positionen (zB dem iranischen Charakter des »Erlösermythos«) nicht ausgeschöpft sind. Auch der noch nicht ausgekämpfte Streit um die → Entmythologisierung setzt - in stärkerem Maße als die Thesen von D.F. → Strauß - die Forschungen der R.Sch. voraus, die das existentiell zu interpretierende Material bereitgestellt haben.

RGG² IV, 1898 ff (Lit.) - H.Schmidt, In memoriam H.Gunkel (ThBl 11, 1932, 97-103) - H.F.Hahn, OT in modern Research, 1954, 119ff - E.G.Kraeling, The OT since the Reformation, 1955 (s. Reg. s.v. Gunkel) - Kraus 295ff - J.Hempel, AT u. Religionsgesch. (ThLZ 81, 1956, 259-280) - G.W.Ittel, Urchristentum u. Fremdreligionen im Urteil der R.Sch. (Diss. Erlangen), 1956 (oberflächlich) - A.Robert-A.Feuillet, Introduction à la Bible I, 1957, 324ff (H.Cazelles); II, 1959, 679ff (A.Feuillet) - G.Sprondel, Bibliogr. H.Greßmann (ZAW 69, 1957, 211-228) - W.Bodenstein, Neige des Historismus, 1959, 34ff - R.Smend, Das Mosebild von H.Ewald bis M.Noth (BGE 3), 1959 - C.Colpe, Die R.Sch. I: Darst. u. Kritik ihres Bildes vom Erlösermythus, 1960 - E.Barnikol, A.Eichhorn (WZ Halle 9, 1960, 141-152; mit Briefen an E.Franz, vgl. dessen Aufsatz Schlesw.-Holst. Kirchenblatt 14, 1913, 269ff) - W.G.Kümmel, Der exeget. Ertrag des 19.Jh.s, 1960. - Zu 1: W.Glawe, Die Hellenisierung d. Christentums in d. Gesch. d. Theol. von Luther bis auf d. Gegenwart, 1919 - Hirsch II, 354ff (zu L.v.Mosheim).
J.Hempel

Religionsgesellschaften

1. Begriff - 2. Übersicht - 3. Staatskirchenrechtlicher Status

1. Schon die Frankfurter Paulskirchenverfassung (Art. V) hatte den Begriff »R.« im Sinne eines nivellierenden Allgemeinbegriffs verwendet, der sowohl die großen Kirchen als auch die sonstigen R. umfassen sollte. Die WRV (Art. 137) war ihr darin gefolgt. Heute unterscheidet man auch terminologisch wieder zwischen den Kirchen (röm.-kath. Kirche, ev. Landeskirchen) einerseits und den sonstigen R. auf der anderen Seite, und zwar so deutlich, daß man die großen Kirchen ausschließt, wenn man den Begriff R. verwendet. Nur in diesem eingeschränkten Sinne sind die R. auch hier gemeint. Zum Unterschied von den »religiösen Vereinen« setzt aber der Begriff der Religionsgesellschaft voraus, daß die Religionsgesellschaft sich der religiösen Anliegen ihrer Mitglieder nach Art der Kirchen universell und in einer Weise annimmt, die die Zugehörigkeit zu anderen R. ausschließt.

2. Der Kreis der R. ist vielgestaltig und nicht leicht zu gliedern. Als nichtchristliche Religionsgemeinschaften heben sich die jüdischen Kultusgemeinden (Synagogengemeinden) ab. Ebenso sind die russ.-orth. Kirche in Deutschland und die nach dem Vatikanum aus der röm.-kath. Kirche hervorgegangene Altkath. Kirche (→ Altkatholiken) klar individualisiert. Alle übrigen R. bekennen sich mehr oder weniger zum reformatorischen Christentum. Der Bund Ev.-Ref. Kirchen in Deutschland und die Ev. Brüder-Unität in Deutschland sind sogar der EKD angegliedert. Bei den sog. → Freikirchen ist das Verhältnis zu den Landeskirchen distanzierter, jedenfalls dem Ursprung nach. Als »Freikirchen« verstehen sich heute die »Verbündeten Ev.-Luth. Freikirchen« (→ Luthertum: III B), unter denen die Altlutheraner, die Ev.-luth. Freikirche und die Selbständige Ev.-Luth. Kirche an erster Stelle stehen, ferner der Bund Ev.-Freikirchlicher Gemeinden (→ Baptisten: I, 2 c), die → Methodisten-Kirche, die → Evangelische Gemeinschaft (, 3), der Bund → Freier Ev. Gemeinden in Deutschland und die Vereinigung der deutschen → Mennoniten-Gemeinden. Der Zusammenhang mit dem auf deutschem Boden gewachsenen reformatorischen Kirchenwesen lokkert sich stärker bei der → Heilsarmee und den → Quäkern, der → Neuapostolischen Gemeinde, den → Adventisten, den → Mormonen, den → Zeugen Jehovas, der → Christian Science, der → Christengemeinschaft, dem Bund → Freireligiöser Gemeinden in Deutschland, den → Unitariern u.a.m. Hier wird schon der Übergang zu den zahlreichen Sekten fließend.

3. Den R. ist die Freiheit der Gründung verfassungsrechtlich garantiert, ebenso die religionsgesellschaftliche Autonomie »innerhalb der Schranken des für alle geltenden Gesetzes«. Sie bleiben → Körperschaften des öffentlichen Rechts, soweit sie es bisher waren. Anderen kann dieser Status verliehen werden, wenn sie durch ihre Verfassung und die Zahl ihrer Mitglieder die Gewähr der Dauer bieten (Art. 140 GG in Verbindung mit Art. 137 WRV). Auf Grund früher erteilter Privilegien sind zB die Ev. Brüder-Unität, die Altlutheraner, die Altkatholiken, die Mennonitengemeinden, die Synagogengemeinden, die freien ref. Gemeinden und eine Anzahl freier luth. Gemeinden als Körperschaften des öffentlichen Rechts anerkannt. Einigen Freikirchen, vor allem dem Bund der Baptistengemeinden, der Methodisten-Kirche in Deutschland und der Ev. Gemeinschaft ist der Körperschaftsstatus in der Weimarer Republik zugesprochen worden. Diese Verleihungspraxis ist in den letzten Jahren in einzelnen Bundesländern ausgeufert und hat auch R. in den Genuß des Körperschaftsstatus gebracht, deren geringe Öffentlichkeitsbedeutung dafür keine Rechtfertigung liefert.

Auch diejenigen R. aber, die Körperschaften des öffentlichen Rechts sind, stehen damit den Kirchen nicht gleich; vielmehr bleibt ihr Status hinter dem der heute durchweg »vertragsgesicherten« Kirchen weit zurück. Sodann muß unterschieden werden zwischen den R. mit alten Körperschaftsrechten, die sich auf konkrete früher erteilte Privilegien berufen können, und den neu als öffentliche Körperschaften anerkannten Gemeinschaften. Für diese erschöpft sich der Körperschaftsstatus im wesentlichen in der Titulatur und in einigen verwaltungsrechtlichen Vorzügen.

Außer der Lit. zu → Körperschaft des öffentlichen Rechts: E. Bopp, Der Anspruch der R. auf Verleihung der Rechtsstellung einer öffentl. Körperschaft (Die Öffentl. Verwaltung 5, 1952, 516-519) - K. Algermissen, Aufbau u. Organisationen des nichtkath. Christentums in Deutschland (KH 24, 1952-56, 466-486) - U. Kunz, Viele Glieder - Ein Leib, 1953 - K. Hesse, Schematische Parität der R. nach dem Bonner Grundgesetz? (ZevKR 3, 1953/54, 188-200) - W. Weber, Die kleinen Religionsgemeinschaften im Staatskirchenrecht des nationalsoz. Regimes (Gedächtnisschrift f. W. Jellinek, 1955, 101-112) - Algermissen[7] - Hutten - J. Lehmann, Die kleinen R. des öffentl. Rechts im heutigen Staatskirchenrecht, 1959 - P. Mikat, Kirchen u. Religionsgemeinschaften (Die Grundrechte IV/1, 1960, 111-243).

W. Weber

Religionskongresse (R. = Religion). Bereits der Mogulkaiser → Akbar († 1605) war von seiner mystischen Frömmigkeit (→ Sufismus) aus bemüht, eine tolerante (→ Toleranz) Haltung, die er selbst den verschiedenen R.en gegenüber einnahm, auch unter diesen R.en selbst zu verwirklichen. Deshalb veranstaltete er allwöchentlich Gespräche zwischen Vertretern verschiedener R.en. Jahrhunderte vergingen, bis aus gleichem Geiste 1894 in Chicago ein Weltkongreß der R.en stattfand, auf dem u.a. Vivekananda, der bedeutendste Schüler → Râmakrishnas und Missionar seiner Lehre, über die Einheit der R.en sprach. Der Sinn dieses Kongresses und der meisten später veranstalteten war keineswegs der, eine universale Misch-R. aus den verschiedenen geschichtlichen R.en zu schaffen. Vivekananda selbst betonte, der Sinn liege in der Versöhnlichkeit, die Hilfe und nicht Kampf bringe. Nicht solle der Christ Hindu oder Buddhist werden, noch der Hindu Buddhist oder Christ. Aber jeder Bekenner dieser R.en müsse den Geist der anderen R.en und ihrer Anhänger aufnehmen und doch seine Eigenart im Glauben bewahren. - Auf deutschem Boden fand 1910 in Berlin ein »Weltkongreß für Freies Christentum und religiösen Fortschritt« statt, auf dem Prof. Vasvani im Geiste Vivekanandas erklärte: »Die Welt-R.en sind nicht Konkurrenten, sondern sie sind Brüder. Warum schließen wir uns nicht zusammen und bilden eine Familie des Glaubens zur Ehre des Vaters, der in allen wirksam ist?« 1921 gründete R. → Otto den »Religiösen → Menschheitsbund«, dessen Ziel sein sollte, im Austausch religiöser Ideen und in ethischer Zusammenarbeit eine Art religiösen Weltgewissens zu bilden und so dem Frieden der Welt zu dienen. In England rief Sir Francis Younghusband 1936 den »World Congress of Faiths« ins Leben, dem dann der in Deutschland 1938 neu belebte »Religiöse Menschheitsbund« als »Deutscher Zweig des Weltbundes der R.en« eingegliedert wurde. Dieser »Weltbund der R.en« hielt 1957 in Bremen eine Tagung ab, auf der u.a. F. → Heiler über die »Einheit und Zusammenarbeit der R.en« sprach. - 1948 trafen sich Mitglieder des im selben Jahr aufgelösten Weltbundes für internationale Freundschaft der Kirchen (→ Ökumenische Bewegung, 1) zusammen mit Vertretern nichtchristlicher R.en in New York zum »Kongreß der R.en für den Frieden und die Vereinten Nationen« und gründeten die »World Alliance for International Friendship through R.«. - Seit 1954 veranstaltet in Japan alljährlich die von Yonosuke Nakano begründete Ananai-Kyo Weltkongresse der R.en (World R. Congress on the Foundation of the World Peace through R.). Die »International Association for Liberal Christianity and Religious Freedom« (→ Freies Christentum) behandelte 1958 auf ihrem Kongreß in Chicago das Thema: »World's religions can meet the needs of the world«. Ähnliche Ziele verfolgen das »World Parliament of R.s«, die »Universal Religious Alliance« und das in Indien entstandene »Vishva Dharma Sammelan (World Conference of all R.s)«.

R. Garbe, Kaiser Akbar von Indien, 1909 - Weltkongreß für Freies Christentum u. relig. Fortschritt. Protokoll der Verhandlungen, 1910 - F. Heiler, Um die Zusammenarbeit der Christenheit mit den außerchristl. R.sgemeinschaften (Mitt.en des Inst. f. Auslandsbeziehungen 5, 1955, 30-35) - Ders. (Hg.), Die R.en der Menschheit, 1959, 877ff. - Weitere Lit. s. → Menschheitsbund; als Zs. noch: R.en u. Konfessionen, Zürich.

G. Mensching

Religionskunde, *Evangelische*

1. Begriff und Geschichte - 2. Gegenwartsprobleme. - R. = Religion, Rk. = Religionskunde

1. Ev. Rk. ist neben der systematischen Besinnung auf die → Mission (: III B), neben der Situationserhellung einzelner Länder und Kontinente einschließlich ihrer geschichtlichen Bedingtheit (vgl. die Länderartikel) und neben der Erfassung der ökumenischen Verflochtenheit der Missionsarbeit und der daraus resultierenden kirchlichen → Einigungsbestrebungen (→ Ökumenische Bewegung, → Internationaler Missions-Rat) einer der Hauptzweige der ev. → Missionswissenschaft (: I). Ev. Rk. hat die Aufgabe, eine theologisch gegründete Kenntnis der religiösen Erscheinungsformen, bes. der dynamischen Vorgänge in der Gegenwart, zu vermitteln und die theologische Ausarbeitung der mit dem Faktum nichtchristlicher R.en gegebenen Probleme durchzuführen.

Die Bemühung um eine Ev. Rk. ist verhältnismäßig jungen Datums. Im Zusammenhang mit der Neubesinnung auf die theologischen Grundlagen der Missionsarbeit im biblischen Zeugnis, die der sog. → Dialektischen Theologie der 20er Jahre parallel läuft, steht der Versuch, über eine bloß apologetische Einstellung zu den R.en hinaus, wie sie sich etwa in der Fragestellung der → »Absolutheit des Christentums« zeigte, zu einer gegründeten theologischen Sicht der R.en zu kommen. Mit diesem Ansatz unterscheidet sich die Ev. Rk. grundsätzlich von der Behandlung der R.en in früheren missionswissenschaftlichen Werken, wie etwa der »Missionslehre« von G. → Warneck. Bes. wichtig für die Entwicklung der Ev. Rk. ist H.Fricks Abhandlung über »Das Evangelium und die R.en« (1933). Bei ihm wird die Selbstverständlichkeit, mit der man Christentum und Evangelium gleichzusetzen gewohnt war, durchbrochen und deutlich gemacht, daß das Christentum als geschichtliche Gestaltung in der Reihe der R.en steht, daß aber zugleich der Einzigkeitsanspruch, den das Evangelium hinsichtlich des Heils in Christus enthält, unaufgebbar ist. Einen Markstein bildet auch H.Kraemers Arbeit zur Vorbereitung auf die Weltmissionskonferenz in Tambaram 1938: »The Christian Message in a Non-Christian World«. Bei Kraemer hat sich in neuer Weise die Erkenntnis durchgesetzt, daß die asiatischen R.en Totalitäten sind, aus denen man nicht einzelne Elemente herausbrechen und zu neuen Synthesen mit dem Evangelium zusammenfügen kann. Vielmehr ist die Person des Zeugen, des Missionars, der einzige Punkt, an dem → »Anknüpfung« geschieht. Die anschließende Diskussion darüber, ob das Verhältnis zwischen dem vorchristlichen religiösen Erbe und der Botschaft des Evangeliums durch »continuity« oder durch »discontinuity« gekennzeichnet sei, ist jedoch noch nicht abgeschlossen. Von bleibender Bedeutung sind wegen der Verbindung der Frage nach den R.en mit der Begründung der → Mission (: III A) ferner die Bemühungen von K. → Hartenstein und W.Freytag, die neu gewonnene eschatologische Sicht der Mission und der Kirche zum Ausgangspunkt für das Verständnis der R.en zu nehmen. In diesem Zusammenhang ist aufschlußreich, daß Hartenstein die Kirche (nicht das Christentum) mit den R.en in Beziehung setzte, während Freytag auf Grund der biblischen Aussagen über die »Völker« eine neue theologische Deutung der R.en versuchte: R.en leben aus Gottes Kraft gegen Gott. Zusammenfassend, erstmalig unter dem Titel »Ev. Rk.« (1951), hat G.Rosenkranz im Rahmen missionswissenschaftlicher Arbeit eine Einführung in die Probleme der R.en gegeben (→ Religion: IV B, 2i).

2. Die *gegenwärtigen Aufgaben und Probleme* der Ev. Rk. umfassen im wesentlichen vier Fragenkreise, die sich in einzelnen Arbeiten zT notwendig überschneiden.

a) Die *theologische Deutung* des Phänomens der R.en unter missionswissenschaftlichen Gesichtspunkten steht erst in ihren Anfängen. Bes. wichtig sind die Arbeiten von J.Blauw über die biblischen Aussagen zur Frage des Heidentums und über die theologischen Konsequenzen aus der biblischen Behandlung des nichtbiblischen Glaubens. Neben dieser biblischen Begründung ist aber eine systematisch-theologische Durchdringung dieser Fragen notwendig, zu der sich wichtige Gesichtspunkte schon in W.Holstens Studie über »Christliche und nichtchristliche R. nach der Auffassung Luthers« (1932) finden. Vor allem ist die Frage zu klären, mit welchem theologischen Recht überhaupt von den R.en oder der R. als einer Gesamtheit gesprochen werden darf. In diesem Zusammenhang beansprucht die Aufnahme der religionsphänomenologischen Betrachtungsweise (→ Phänomenologie der Religion) durch die Ev. Rk. und die theologische Durchdringung des damit gegebenen Verstehensproblems verstärkte Aufmerksamkeit. Zu diesem Ansatz gehört die Konzentration auf die *Menschen* fremder R.en, die das Gegenüber des Worts bilden, und die Überwindung des auf apologetische Abwege führenden Vergleichs von Lehrsystemen christlichen und nichtchristlichen Ursprungs. Ebenso ist damit grundsätzlich die falsche Fragestellung der Ursprungstheorien (→ Animismus, Dynamismus) einschließlich der Theorie des → Urmonotheismus, die in der evolutionistischen Periode der → Religionswissenschaft wurzelt, überwunden. Für die systematisch-theologische Arbeit ergibt sich damit aus den bisherigen Ergebnissen der Ev. Rk. die Frage, ob die R.en ihren dogmatischen Ort nicht in der theologischen Anthropologie, statt wie im 19.Jh. in den Prolegomena zur Dogmatik, haben sollten.

b) Die Durchführung von *Einzelstudien* über die vorhandenen R.en ist noch nicht zum Abschluß gebracht. Zwar hat die R.swissenschaft eine ungeheure Fülle von Einzeldaten bereitgestellt; die hermeneutischen Voraussetzungen vieler dieser Einzelstudien sind aber nach gegenwärtigen Ergebnissen unzulänglich. Von daher ist zu hoffen, daß weiterhin solche Missionare und Forscher, die in unmittelbarem Kontakt mit Nichtchristen sind, an Einzelstudien weiterarbeiten.

c) Die Ev. Rk. muß nach ihrer methodischen Seite dahin ausgebaut werden, daß sie der *»primitiven« Unterschicht* auch der sog. Hoch-R.en stärker gerecht wird. Es liegt an der philosophisch bestimmten Anfangsperiode der R.swissenschaft, daß diese primitive Schicht weitgehend vernachlässigt ist und infolgedessen vielfach das Bild der asiatischen R.en einschließlich des Islam der faktischen Bindekraft, die die R.en auf die Masse der Bevölkerung haben, nicht entspricht. Vor allem läßt sich aus dem alten Bild, das die R.swissenschaft von diesen R.en hatte, nicht die politische Aktivität erklären, die von den Menschen dieser R.en in Loyalität zu ihrer religiösen Überlieferung gegenwärtig entfaltet wird. Die Ev. Rk. wird sich dabei immer mehr der Methoden und Ergebnisse der modernen → Ethnologie und → Religionssoziologie, zumal der kulturgeschichtlichen Methode in der Ethnologie und der »social anthropology«, kritisch bedienen müssen.

d) Es gehört zu den Erkenntnissen aus der Arbeit der Ev. Rk., daß die gegenwärtigen Wandlungen in den R.en ein Vorgang von dynamischem Ausmaß sind. Es gilt also einen Zugang zu den R.en zu gewinnen, der diesen Wandlungen Rechnung trägt. Über erste zusammenfassende Darstellungen wie etwa die von G.Vicedom über »Die Mission der Welt-R.en« (1959) hinaus muß in Einzelstudien der Versuch gemacht werden, den Wandel in den R.en, ihre neue Diesseitigkeit, die Erneuerung ihres Sendungsbewußtseins und ihre erhebliche Aufnahmefähigkeit für säkularisierte Stücke aus dem abendländischen christlichen Erbe (zB Personbegriff, geschichtliches Denken, Menschenrechte, Frauenrecht, Parlamentarismus, technische Lebenseinstellung usw) zu analysieren und richtig zu interpretieren. Dadurch könnte auch die inhärente Wandlungsfähigkeit der nichtchristlichen R.en, bis hin zur Aufnahme von ideologischen Komponenten (vgl. zB die marxistischen Einflüsse im gegenwärtigen burmesischen Buddhismus), grundsätzlich stärker als bisher ins Blickfeld der Forschung gerückt werden. Besondere Verdienste um die Erhellung des gegenwärtigen Wandels in den R.en haben sich bereits in der kurzen Zeit ihres Bestehens die Studienzentren erworben, die im Rahmen der ökumenischen Studienarbeit in Jerusalem, Indien, Ceylon, Burma, Hongkong und Japan der Begegnung mit den nichtchristlichen R.en dienen und in deren Publikationen eine Fülle von noch nicht genügend ausgewertetem Material enthalten ist. Daneben gewinnen neuerdings die bedeutsamen Veränderungen in den sog. primitiven R.en Afrikas, der Südsee und Lateinamerikas immer mehr an Gewicht, in denen prophetische und messianische Bewegungen und Kulte zu neuer religiöser und politischer Gestaltung drängen (→ Propheten: I, 3, → Sekten: V).

Alles dies darf aber nicht so verstanden werden, daß damit die Arbeit der R.swissenschaft in ihren verschiedenen Disziplinen ersetzt werden könnte. Die Ev. Rk. kann und will die »Emanzipation der R.swissenschaft« (Wach) nicht rückgängig machen. Es geht nicht darum, daß man eine »christliche R.swissenschaft« versucht, sondern die Ergebnisse religionswissenschaftlicher Arbeit sollen theologisch relevant gemacht, und umgekehrt soll die Arbeit der R.swissenschaft von missionswissenschaftlichen Fragestellungen her befruchtet werden. So ist die Ev. Rk. ein notwendiger Teil in der Entfaltung und Ausarbeitung der theologischen Disziplin der Missionswissenschaft, die der Vorbereitung, Zuspitzung und kritischen Überprüfung der kirchlichen Verkündigung an das eigentliche Gegenüber des Evangeliums dient, an die Menschen also, die noch nicht zur Kirche gehören.

Außer den im Text genannten Arbeiten: J.WACH, R.swissenschaft, 1924 - WACH, Types - K.HARTENSTEIN, Die Kirche u. die R.en (EMZ 1, 1940, 6-21) - G.VAN DER LEEUW, Der Mensch u. die R., 1941 - E.KELLERHALS, Der Islam. Seine Gesch., seine Lehre, sein Wesen, (1945) 1956² - B.SUNDKLER, Bantu Prophets in South Africa, London (1948) 1961² - J.BLAUW, Goden en Mensen. Plaats en Betekenis van de Heidenen in de Heilige Schrift, Groningen 1950 - DERS., Gottes Offenbarung u. die R.en (EMZ 11, 1954, 21-29) - ChrRel (Lit.; kath.) - W.HOLSTEN, Das Kerygma u. der Mensch. Einführung in die R.s- u. Missionswiss. (ThB 1), 1953 - W.FREYTAG, Der Islam als Beispiel einer nachchristl. R. (EMZ 12, 1955, 97-104) - DERS., Das Rätsel der R.en u. die bibl. Antwort (Das Gespräch, H. 1), 1956 - K.CRAGG, The Call of the Minaret, New York 1956 - DERS., Sandals at the Mosque, London 1959 - H.KRAEMER, R. u. christl. Glaube, 1959 - J.HERMELINK, Verstehen u. Bezeugen. Der theol. Ertrag der »Phänomenologie der R.« von G. van der Leeuw (BEvTh 30), 1960 (Lit.) - D.T.NILES, Brief an einen Buddhisten, 1960 - G.ROSENKRANZ, Der Weg des Buddha, 1960 - P.D.DEVANANDAN, Das Evangelium u. der moderne Hinduismus (Weltmission heute, H. 17/18), 1961 - H.J.MARGULL, Aufbruch zur Zukunft. Missionswissenschaftl. Studie chiliastisch-messianischer Bewegungen in Afrika u. Südostasien, 1962. - Ferner Beiträge in: EMZ, IRM. -Zs.en der unter 2 d genannten Studienzentren: R. and Society. Bulletin of the Christian Institute for the Study of R. and Society, Bangalore 1954ff - Quarterly Notes on Christianity and Chinese R. Christian Study Centre on Chinese R., Hongkong 1957ff - Operation Reach, Near East Christian Council, Beirut 1958ff - Japanese R.s (Quarterly). The Christian Center for the Study of Japanese R.s, Kyoto 1959ff.

J.Hermelink

Religionslehrer

1. Die Amtsbezeichnung - 2. Die geschichtliche Wandlung des Begriffes »R.« - 3. Die Ausbildung des R.s. - RU. = Religionsunterricht

1. Das Wort »R.« bezeichnet ein sehr verschiedenartig strukturiertes Amt. Man versteht zunächst darunter einen Lehrer, der in der → Volksschule, → Mittelschule oder höheren Schule (→ Gymnasium) neben anderen Fächern RU. erteilt. Da nach Art. 7, 3 GG der → Religionsunterricht in öffentlichen Schulen mit Ausnahme der bekenntnisfreien Schulen ordentliches Lehrfach ist, pflegt man von den Lehrern, die nicht Fachlehrer sind (Volksschule, Mittelschule), anzunehmen, daß sie auch RU. erteilen, also u.a. R. sind. Nach Art. 7, 3 GG darf jedoch kein Lehrer gegen seinen Willen verpflichtet werden, RU. zu erteilen. R. wären demnach alle Lehrer an Volks- und Mittelschulen, die den RU. nicht *ausdrücklich abgelehnt* haben. Allerdings ist eine weitere Einschränkung insofern zu machen, als in manchen Ländern der BRD (zB Württemberg) seit 1945 die Gepflogenheit besteht, daß nur *die* Lehrer RU. erteilen, die sich dazu *ausdrücklich bereit erklärt* haben. - Unter den Lehrern, die aus den Pädagogischen → Hochschulen oder dem Pädagogischen Institut der Universität Hamburg hervorgegangen sind, befindet sich eine ansehnliche Gruppe, die das Wahlfach »Religion« (besser: »Theologie«) haben. Sie haben also eine theologische Grundbildung, die sie im besonderen als R. qualifiziert, ohne daß sie dadurch innerhalb der Volks- und Mittelschulen zu Fachlehrern würden. Der Mangel an R.n führt jedoch dazu, daß sie meist einen größeren Teil ihrer Stundenzahl dem RU. widmen. - An Höheren Schulen wird der RU. in der Hauptsache durch Fachlehrer erteilt, die durch ein auf ihre Aufgabe zugeschnittenes theologisches Studium die Fakultas für den RU. erworben haben. In manchen Bundesländern wird der RU. an Gymnasien zT nebenamtlich von Pfarrern erteilt (zB Niedersachsen), in anderen werden Pfarrer als Studienräte hauptamtlich eingestellt (zB Baden-Württemberg und Bayern). - Zu diesen Gruppen von R.n kommen seit 1945 die in landeskirchlichen Seminaren ausgebildeten Katecheten. Eine einheitliche gesetzliche Regelung für ihre Beschäftigung im Dienst der öffentlichen Schulen fehlt noch. Sie werden im allgemeinen in den Schuljahren 1-6 sämtlicher Schularten beschäftigt, bei besonderer Eignung auch darüber hinaus. - Da der RU. an → Berufsschulen in den Ländern der BRD sehr unterschiedlich geordnet ist, läßt sich über die R. an diesen Schulen nichts Allgemeingültiges sagen. Der Unterricht wird meist von Volltheologen gegeben, teils als geordneter Fachunterricht, teils in größeren Zeitabständen als Aussprachestunden. - In der DDR liegt der RU. ganz in der Hand kirchlicher Katecheten.

2. Trotz des uneinheitlichen Bildes, das das Amt des R.s von außen bietet, ist die Auffassung von seinem Auftrag einheitlich. Während man zu Beginn des 20.Jh.s den Begriff »R.« noch recht allgemein faßte, führten die Erfahrungen des → Kirchenkampfes zu einer klar umrissenen Begriffsbestimmung. Da die ev. → kirchliche Unterweisung (: II) der Sache nach an das Evangelium gebunden ist, kann sie nur von Lehrern erteilt werden, die sich zu ihm bekennen und ihr Amt als Glieder der ev. Gemeinde auszuüben gewillt sind. Die am 23./24.9.1950 zwischen Vertretern westdeutscher Kirchenleitungen und Mitgliedern des Hauptvorstandes und von Landesverbänden des Allgemeinen Deutschen Lehrer- und Lehrerinnen-Verbandes vereinbarten »Rengsdorfer Thesen zum ev. RU.« (Text bei Niemeier-Uhsadel) stellen ausdrücklich fest, daß diese persönlich verantwortliche Bindung des R.s eine kirchliche Aufsicht ausschließt. »Der Lehrer ist als Glied der Gemeinde ebenbürtiger Partner im Lehrdienst.« Die Kirche fühlt sich vielmehr verantwortlich, darüber zu wachen, daß niemand zum RU. gezwungen werden darf oder Anstellungen im Schuldienst durch staatliche oder kommunale Behörden davon abhängig gemacht werden, daß der Bewerber auch den RU. übernimmt. »Keinem Lehrer darf beamtenrechtlich ein Nachteil daraus erwachsen, daß er aus Gewissensgründen die Erteilung des RU.s ablehnt.« Die kirchliche Gebundenheit des ev. R.s wird in einigen Ländern dadurch betont, daß neben dem staatlichen Lehrauftrag eine kirchliche Bevollmächtigung in der Form einer gottesdienstlichen Amtseinführung (Vokation) erfolgt.

3. Der R. wird auf Universitäten, Pädagogischen Hochschulen oder kirchlichen Seminaren ausgebildet. Die Studierenden des Lehramts an höheren Schulen können in verschiedenen Fächerkombinationen das Fach »Religion« wählen. Es wird erstrebt, ihren theologischen Studiengang so zu regeln, daß durch Schwerpunktbildung eine Erleichterung gegenüber dem vollen Theologiestudium eintritt, ohne die wissenschaftliche Qualität zu schmälern. Als sprachliche Vorbildung werden allgemein das Große Latinum und das Graecum verlangt. Das Hebraicum wird empfohlen. - Im Studium für das Lehramt an Volks- und Mittelschulen an der Universität Hamburg gibt es die Möglichkeit, neben dem Hauptstudium (Pädagogik) als Wahlfach Theologie zu wählen. Sprachen werden nicht gefordert. Die ev.-theol. Fakultät bietet für diese Studenten soweit nötig besondere Vorlesungen an. - An den Pädagogischen Hochschulen aller Länder der BRD gibt es eine theologische Gesamt-

ausbildung durch einen Theologiedozenten. - Beachtliche Bedeutung haben in manchen Ländern die kirchlichen katechetischen Seminare gewonnen. Sie stehen mancherorts in Verbindung mit der diakonischen Ausbildung unter Schwerpunktbildung bei der Katechetik. Auf diesem Wege werden vor allem pädagogisch begabte junge Leute für das Amt des R.s ausgelesen. In der DDR ist die Ausbildung der kirchlichen Katecheten Aufgabe der Seminare und Oberseminare. - Die *Fortbildung* der R. geht, abgesehen von dem Angebot der staatlichen Institute für Lehrerfortbildung, in den Religionspädagogischen Arbeitsgemeinschaften von Lehrern und Pfarrern vor sich. In einigen Ländern (zB Württemberg, Hessen) gibt es das Amt des Schuldekans oder des Studienleiters, der für diese Arbeit verantwortlich ist; in andern kommen die Arbeitsgemeinschaften durch die Initiative der kirchlichen Katechetischen Ämter oder freie Verabredungen von Lehrern und Pfarrern zustande. Die Arbeitsgemeinschaften haben sich als Gelegenheiten des Erfahrungsaustausches vielfach bewährt. Den Lehrern kommt die theologische Bildung der Pfarrer zugute, die Pfarrer erfahren eine pädagogische und didaktische Förderung, die in ihrem Studium meistens zu kurz gekommen ist. Ein nicht geringer Gewinn dieser Zusammenkünfte ist die Überwindung des Mißtrauens, das aus der Zeit der geistlichen → Schulaufsicht noch nachwirkte.

H.Kittel, Der Erzieher als Christ, 1951 - G.Niemeier-W.Uhsadel, Kirche u. Schule, 1956 (darin Sammlung wichtiger Dokumente) - A.Reble, Lehrerbildung in Deutschland, 1958.

W.Uhsadel

Religionspädagogik

I. In ev. Sicht - II. In kath. Sicht. - P. = Pädagogik, R. = Religion, RP. = Religionspädagogik, RU. = Religionsunterricht, p. = pädagogisch, r. = religionspädagogisch. - Ergänzend vgl. bes. → Katechetik, → Kirchliche Unterweisung, → Pädagogik

I. In ev. Sicht

1. Begriff - 2. Geschichtliche Entwicklung - 3. Heutige Bedeutung

1. Der *Begriff* »RP.« bezeichnet eine Epoche der → Katechetik. Er kann daher nur im Rahmen der geschichtlichen Entwicklung der Katechetik verstanden werden (s. 2). Darüber hinaus bezeichnet er heute den p.en Aspekt einer theologischen Disziplin und bleibt daher im akademischen Gespräch zwischen Theologie und P. unentbehrlich (s. 3).

2. Bemühungen um eine »RP.«, eine Erziehungs- und Unterrichtslehre für die christliche Gemeinde, finden sich schon im Altertum. Da der altkirchliche → Katechumenat den Katechumenen in einer Stufenfolge in das Leben der Gemeinde einführte, bedurfte es einer Darstellung und Begründung dieses Weges. Seit → Origenes scheinen drei Stufen allgemein üblich geworden zu sein (vgl. In Jesum Nave, hom. 4). Auf der ersten, einer Vorstufe, verläßt der Unterrichtete »Ägypten«, um auf den Empfang des göttlichen Gesetzes vorbereitet zu werden. Auf der zweiten Stufe gilt der Unterrichtete bereits als christlicher Katechumen. Er durchschreitet das »Rote Meer« und macht die Stationen der »Wüstenwanderung« durch, um das göttliche Gesetz kennen zu lernen und das von der Herrlichkeit des Herrn leuchtende Antlitz des Mose zu sehen. Er darf bereits am ersten Teil des Gemeindegottesdienstes, der Predigt, teilnehmen. Die dritte Stufe führt ihn nach dem »Durchschreiten des Jordan« in das »Gelobte Land«. Er wird in das Geheimnis der Taufe und das gottesdienstliche Leben der Gemeinde eingeführt. Er darf nun knieend an dem großen Fürbittengebet teilnehmen, das vom Predigt- zum Sakramentsgottesdienst überleitet. Der Sinn dieses am biblischen Heilsweg orientierten Stufenganges ist nicht nur eine lehrhafte Unterweisung, sondern ein fortschreitendes Anteilgeben am Leben der Gemeinde, das jeweils an eine persönliche Entscheidung gebunden ist, ohne daß diese Entscheidung einen Anspruch begründete. - → Augustins berühmte Schrift »De catechizandis rudibus« ist eine Anweisung an den Diakon Deogratias für die Unterweisung der accedentes, also der ersten Stufe, geht allerdings hinsichtlich des Stoffes schon sehr viel weiter. In erzählender Darbietung sei die biblische Geschichte und die Geschichte der Ausbreitung und Verfolgung der Gemeinde zu behandeln; dazu kommen die Zehn Gebote und das Doppelgebot der Liebe, zuletzt die Lehre von der Auferstehung und dem Jüngsten Gericht. Als Ziel gilt, daß durch die Erkenntnis der Liebe Gottes Glaube und Liebe des Hörers geweckt werden. Vom Ziel her wird auch die Methode bestimmt: Rücksicht auf die Herkunft des Hörers und seinen Bildungsstand, individuelle Behandlung, fürsorgliche Beobachtung des Aufnahmevermögens, Geduld mit Schwerfälligen. - Diese erste ausgeführte Katechetik findet in der Reformationszeit ihre Entsprechung in A. → Hyperius' »De catechesi« (postum 1570). Hyperius ordnet den Stoff seiner Erziehungs- und Unterrichtslehre nach Hebr 6, 1-2: die Lehre von der Buße auf Grund des Dekalogs, vom Glauben nach dem Apostolikum, von der Taufe, vom Wandel der Getauften, von der Handauflegung oder Konfirmation, von der Auferstehung der Toten, vom Jüngsten Gericht, vom Heiligen Abendmahl. Methodisch verlangt Hyperius zunächst Einprägung der Katechismustexte, sodann lehrhafte Erläuterung, abschließend Belegung des Gelernten durch Bibelworte. Auf das Lebensalter der zu Unterrichtenden soll Rücksicht genommen werden. Die Jugend soll das Gelernte zu Hause wiederholen. Sie ist bes. zum Gottesdienst der Gemeinde und zur Ehrfurcht vor der Bibel und dem geistlichen Amt anzuhalten. Das Ziel ist auch für Hyperius Erziehung zum Leben mit der Gemeinde. - Schon 50 Jahre später bietet die nächste systematische Katechetik ein anderes Bild: J.J. → Rambachs »Der wohlunterrichtete Katechet« (1722), ebenso »Der wohlunterwiesene Informator« (1736), bleibt ganz im Bereich einer rationalen, auf den Willen des Schülers wirkenden Unterweisung, die methodisch durch Fragen vorgeht, deren Ziel das Bibellesen ist. Von der Art solcher - an → Spener und A.H. → Francke orientierten - Katechisation gibt das die sog. Zergliederungsmethode verwendende Werk Johann Hübners »Zweimal 52 auserlesene biblische Historien« (1714; 107. Aufl. 1859!) ein eindrückliches Bild. - Die Folgezeit ist durch einen didaktischen Methodismus gekennzeichnet, der - ob pietistisch oder rationalistisch - auf eine individualistische Frömmigkeit gerichtet ist. Auch der Lutheraner J.L.v. → Mosheim änderte mit seiner »Sokratik«, die er der Zergliederungsmethode entgegenstellte, daran nichts. Die → Sokratik wird vielmehr zur Wegbereiterin einer rationalistischen RP., gegen welche Männer wie Cl. → Harms, Chr. → Palmer, G.v. → Zezschwitz und Th. → Harnack versuchten, die Traditionen der Katechetik aufrechtzuerhalten oder zu erneuern. Auch → Schleiermachers Versuch, die Katechetik an der Tatsache der Kirche zu orientieren, blieb wirkungslos, während seine religionsphilosophischen Gedanken lebhafte Aufnahme fanden. Neben ihnen drängten → Pestalozzis Religiosität, → Rousseaus natürliche R. und der Herbartianismus (→ Herbart) immer stärker von einer kirchlich gebundenen Erziehungs- und Unterrichtslehre (Katechetik) zu einer allgemeinen »RP.«. In dem Maße, in dem sich die → Erziehung aus der kirchlichen Bindung löste und eine »autonome« wissenschaftliche → Pädagogik entstand, versank die Katechetik zu einem Winkeldasein. An ihre Stelle trat als *p.e* Disziplin die RP.

Während sich die → Katechetik lange Zeit auf allgemeine theologische Erörterungen der katechetischen Aufgabe und die Weitergabe methodischer Techniken beschränkte, unternahm es die RP., die erzieherische und unterrichtliche Aufgabe des RU.s p. und psychologisch zu durchdenken und in einen Zusammenhang mit den p.en Zeitproblemen zu stellen. Das Hauptwerk dieser RP. ist R. → Kabischs »Wie lehren wir R.? Versuch einer Methodik des ev. RU.s für alle Schulen auf psychologischer Grundlage« ([1910] 1931⁷; von der 4. Aufl. an durch H.Tögel hg. und stark überarbeitet). Kennzeichnend für die Wendung zur RP. ist, daß Kabisch nicht von den Gegebenheiten des Evangeliums und der christlichen Gemeinde, sondern von der Frage nach dem Wesen der R. ausgeht. »Die R. ist unmittelbarste Wirklichkeit des über sich selbst hinaus gesteigerten Lebens.« Im Anschluß an W.James sieht Kabisch darin eine »sthenische Affektion«, »eine freudige, befreiende, die körperliche Kraft fördernde Erregung, die uns wie ein tonisches Mittel erfrischt«. Sie überwindet »melancholische Gemütsstimmungen« und verleiht »dem Menschen Geduld und dem Leben Würde, Bedeutung, Verklärung« (5. Aufl. S. 5). In solchen »religiösen Kraftgefühlen« sieht Kabisch den »Urgrund des Lebens Jesu«, »das eigentliche religiöse Erlebnis, dem all sein Tun entquillt« (aaO 9). Von hier aus wird nun die jene Epoche lebhaft beschäftigende Frage erörtert, ob R. lehrbar sei. Der Meinung, daß nur die geschichtlichen Erscheinungsformen der R., nicht R. selbst übermittelt werden könne, hält Kabisch entgegen, daß R. zwar nicht unmittelbar, wohl aber mittelbar lehrbar sei, wenn nämlich die Phantasie es ermögliche, die religionsschöpferischen Ereignisse und die Wirkung religionsschöpferischer Persönlichkeiten nachzuerleben. Es ist für den großen Schwung der RP. Kabischs kennzeichnend, daß er einer erlebnisstarken Darstellung religiöser Ereignisse und Persönlichkeiten zutraut, daß sie religiöses Leben in den Schülern weckt. Dafür führt Kabisch zwei Gründe an. Da er mit Schleiermacher das Gefühl als den Ort der R. betrachtet, meint er, daß sie übertragbar sein müsse; denn Gefühle seien zwar nicht lehrbar, aber sie stecken an, – eine Formulierung, die Kabisch von dem Hamburger Lehrer A.E.Krohn übernimmt. Zum anderen mache das Kind selbständige religiöse Erfahrungen. Die Erfahrungs-R. des Kindes werde durch die Formen anschaulichen Denkens, die dem Menschen eigen sind, zur Phantasie-R. ausgestaltet. Die Aufgabe des RU.s sei es demnach, »eine rechte Erfahrungs-R. und eine rechte Phantasie-R. im Sinne des ev. Christentums in den Seelen der Kinder zu begründen« (aaO 73). Von diesem Ansatz aus durchdenkt Kabisch den gesamten Bereich des ev. RU.s: »Der RU. will objektive R. vermitteln, um subjektive zu erzeugen« (aaO 101). Kabischs »Entwurf eines Lebensbildes Jesu für die Schule« (aaO 214–231) gehört zu den eindrucksvollsten Dokumenten der RP. jener Zeit, zeigt freilich auch, wie weit sie sich von einem biblischen Verständnis ihrer Aufgabe entfernt hat. In der Sicht dieser RP. ist der → Religionslehrer Beauftragter »des notwendig kulturfreundlichen Staats, der die R. als hohes Kulturgut pflegt, aber dabei an die bestehenden R.sgemeinschaften Anschluß nimmt« (aaO 267). Von einer Erziehung zum Leben in der Gemeinde ist nicht die Rede. »Der Schulunterricht erzieht zur religiösen Selbständigkeit des Individuums innerhalb seiner Kulturwelt, der pfarramtliche Unterricht zur religiösen Betätigung des Gemeindegliedes innerhalb der kirchlichen Gemeinschaft. Der RU. der Schule will die Kinder religiös, der Konfirmandenunterricht will sie kirchlich machen« (ebd). – Noch deutlicher kennzeichnet F. → Niebergall die Grundauffassung jener RP.: »Das allerletzte Ziel des Schul-RU.s ist verständnisvolle Teilnahme an der Bildung und dem Kulturleben der Zeit, das des Konfirmandenunterrichts ein selbständiges und sicheres religiöses Eigenleben und Teilnahme am Leben der kirchlichen Gemeinde« (Der Schulreligions- und der Konfirmandenunterricht, 1912, 12). Damit ist die Trennung zwischen schulischer und kirchlicher Unterweisung klar ausgesprochen. Die Lehrer aller Schulen nahmen diese Entwicklung mit Begeisterung auf, zumal eine größere Zahl von Hilfsbüchern erschien, die einem Unterricht in diesem Sinne ausgezeichnete Hilfe leisteten. Als Beispiele seien genannt: H.Scharrelmann, Herzhafter Unterricht, 1903; O. und E.Zurhellen, Wie erzählen wir den Kindern die biblischen Geschichten?, 1906; H. Tögel, Der Werdegang des Christentums. Für Zwecke der Schule geschaut und gestaltet, I: Das Volk der Religion, II: Der Herr der Menschheit, III: Die ersten Christen, 1916–20. – Die an den theologischen Fakultäten gelehrte Katechetik hatte diesem wirksamen didaktischen Enthusiasmus nichts zur Seite zu stellen, wenn auch einige ihrer liberalen Vertreter mit lebhafter Zustimmung und tätiger Anteilnahme auf die r.e Bewegung eingingen. Aufs Ganze gesehen war das Ergebnis zweierlei Vorbildung für Pfarrer und Religionslehrer. Es kam hinzu, daß die RP. das theologische Interesse so stark mit einem religionsgeschichtlichen verband, daß auch nichtchristliche Lehrer mitgehen konnten. Der Spielraum reichte von einem Unterricht »im Sinne des Evangeliums« bis zur Forderung einer bloß religionskundlichen Unterweisung oder religiösen Lebenskunde. Die RP. als eine sehr aktive Disziplin der Schul-P. und die Katechetik als Disziplin der Theologie standen in schroffem Gegensatz einander gegenüber, mit dem sich vielfach Ressentiments gegen die Kirche, bes. die geistliche → Schulaufsicht, verbanden. Die p.e, didaktische und psychologische Unwissenheit der meisten Pfarrer mußte den Lehrern das Aufsichtsverhältnis unerträglich machen, zumal den Pfarrern in ihrer Verlegenheit nichts anderes übrig blieb, als lediglich theologische Kritik zu üben.

Aber auch aus den Reihen der Schulpädagogen selbst erhob sich theologische Kritik. O. → Eberhard bemühte sich mit großem Erfolg, reformdidaktische Bestrebungen mit einem bekenntnisgemäßen Unterricht zu verbinden. Seine Veröffentlichungen über die → Arbeitsschule und Erlebnis-P. im ev. RU. fanden in Kreisen von Lehrern, die den Zwiespalt zwischen schulischem und kirchlichem Unterricht nicht bejahen konnten, ein lebhaftes Echo. Die »Gesellschaft für Ev. P.« arbeitete in ähnlicher Richtung. Magdalene von → Tiling und der Kreis »Schule und Evangelium« bemühten sich von der Theologie → Gogartens aus um eine neue Gestalt des ev. RU.s unter Beachtung psychologischer Erkenntnisse. – Auf anderer Ebene lagen die Arbeiten der theologischen Vertreter der Katechetik, zB F.Delekat, Von Sinn und Grenzen bewußter Erziehung, 1927; H.Schreiner, P. aus Glauben, 1930; R.Hupfeld, Das Erziehungsideal einer ev. P., 1930; E.Pfennigsdorf, Wie lehren wir Evangelium?, 1930; W.Koepp, Die Erziehung unter dem Evangelium, 1932; auch M.v.Tiling, Grundlagen p.en Denkens, 1932. Sie gehören nicht zur RP. im engeren Sinne, sondern sind Beiträge zu einem theologischen Durchdenken der Probleme einer allgemeinen P. Ein Ansatz zu einer theologischen Erneuerung der ev. Unterrichtslehre war Th.Heckels Schrift »Zur Methodik des ev. RU.s« (1928). Die entscheidende Wendung aber führte G.Bohnes Buch »Das Wort Gottes und der Unterricht« (1929) herauf. Bohne greift den zentralen Satz der RP. an, daß der RU. der Schule R. innerhalb der Kultur zu pflegen habe. R. sei vielmehr die große Störung allen kulturellen Bemühens. Der Auftrag des ev. RU.s ist, dem Kinde die Heilsbotschaft von der Erlösung durch Jesus Christus nahezubringen und es zum Hinhören anzuleiten, weil diese Botschaft schon das Kind angeht. Das Wort Gottes fordert auch von ihm schon einen Entscheid (→ Jugend-, → Kinderpsychologie: II). – Die lebhafte Diskussion, die um Bohnes Buch entstand, hat im Zusammenhang mit der → dialektischen Theologie den Weg zu einer völligen Umgestaltung der RP. gebahnt. Der → Kirchenkampf trug wesentlich dazu bei, aus dem Neuansatz konkrete Folgerungen zu ziehen. Die Einheit von schulischem und gemeindlichem Unterricht wird wieder gesehen und die Aufgabe biblischer Unterweisung und Hilfe zum Leben in der Gemeinde auch im Schulunterricht anerkannt. Die RP. wandelt sich zu einer kirchlichen Erziehungs- und Unterrichtslehre (→ Kirchliche Unterweisung: I, 2 c; II). Sie kehrt zur → Katechetik zurück. Kennzeichnend für diese Entwicklung sind außer den schon genannten die Arbeiten von O.Hammelsbeck, M.Rang, H.Kittel, K.Frör, W.Uhsadel, A.Burkert, H.Angermeyer, S.Wolf u.a. (s. Lit.). Es ist bes. hervorzuheben, daß diese neue Katechetik die Intentionen der früheren RP. in sich aufgenommen und in vielfältiger Weise die Forderungen und Anregungen der p.en und didaktischen Reformbewegung verarbeitet hat. Das zeigen zT schon die Titel der neueren und neuesten Werke (s. Lit.).

3. Man könnte fragen, ob es angesichts dieser Entwicklung heute überhaupt noch sinnvoll ist, von RP. zu reden. Der zeitbedingte Versuch, den Begriff → Religion aus der theologischen Sprache zu verbannen, führt zu einer Abblendung von Tatsachen, an denen die Theologie nicht vorbeigehen darf. Die These, R. sei »vom Menschen her«, das Evangelium »von Gott her«, geht von einem falschen Begriff von R. aus. Wird er richtig interpretiert, so hat er auch seinen Ort in der theologischen Terminologie, und es bestehen keine Bedenken mehr, von RP. zu reden. Sodann ist zu beachten, daß der Begriff RP. als Bezeichnung für eine erziehungswissenschaftliche Disziplin genauso sein geschichtliches Recht hat, wie etwa Sozial- oder Berufs-P. Dieses Recht zu bestreiten, wäre romantisch und würde das akademische Gespräch zwischen Theologie und → Pädagogik (: III) beeinträchtigen, wenn nicht unmöglich machen. Schließlich aber gibt die beschriebene Entwicklung der RP. das Recht, RP. und Katechetik heute als zwei Aspekte derselben Sache anzusehen: sie sind ev., kirchliche Erziehungs- und Unterrichtslehre. Dabei ist es selbstverständlich, daß der p.e Aspekt Probleme herausstellt, die vom theologischen her nicht gesehen werden können, und umgekehrt. So erweist sich das heutige Verhältnis von RP. und Katechetik als eine belebende Spannung innerhalb des Systems der Wissenschaften.

O.Hammelsbeck, Der kirchl. Unterricht, (1939) 1947² – M.Rang, Hdb. für den bibl. Unterricht, (1939) 1947² – W.Uhsadel, Die Kirche im Erziehungswerk. Die reform-p.en Schulversuche in ihrem Verhältnis zur Kirche, 1939 – Ders., Ev. Erziehungs- u. Unterrichtslehre, (1954) 1961² – H.Kittel, Vom RU. zur Ev. Unterweisung, (1947) 1956³ – Ders., Ev. Unterweisung u. Reform-P., 1947 – K. Frör, Neue Wege im kirchl. Unterricht, 1949 – A.Niebergall, Der Dienst der kirchl. Unterweisung, 1949 – A.Burkert, Methodik des kirchl. Unterrichts, (1951) 1956² – G.Giese, Erziehung u. Bildung in der mündigen Welt, 1957 – H.Angermeyer, Die ev. Unterweisung an höheren Schulen, 1957 – M.Stallmann, Christentum u. Schule, 1958 – S.Wolf, Ev. Unterweisung u. innere Schulreform, 1959 – H.Stock, Studien zur Auslegung der synopt. Evangelien im Unterricht, 1959 – R.Scholl, Ev. R.smethodik, 1960. – Weitere Lit. s. → Arbeitsschule, → Katechetik, → Kirchliche Unterweisung: II, → Religionslehrer.

W.Uhsadel

II. In kath. Sicht

1. Begriffliches – 2. Entwicklung und heutiger Stand – 3. Belege und Dokumente – 4. Zur Thematik – 5. Probleme

1. RP. ist hier verstanden in ihrer spezifisch christlichen Erscheinungsform als Lehre und Theorie einer religiösen Bildung und Erziehung, die die kath. Kirche den Jugendlichen vermittelt. Die terminologische Entwicklung der Begriffe RP., RU., Katechese, Katechetik, Kirchliche Unterweisung, Kirchlicher Unterricht ist im kath. Raum noch nicht abgeschlossen. Unter »kirchlichem Unterricht« hat man hier im engeren Sinne nur die kircheneigenen Formen religiöser Erziehung und Belehrung verstanden: ältere mehr traditionelle Formen wie Erstbeicht- und Kommunionunterricht, Christenlehre, neuere Formen wie Glaubensstunde, Kinderseelsorgestunden, Bibelkreis usw. Der Begriff »kirchliche Unterweisung« blieb fremd, die Bezeichnung »RU.« vorherrschend, wie sie auch bestimmend blieb in den Texten und gesetzgeberischen Dokumenten des neueren Verfassungs- und Schulrechts, wenn sich auch von innen, vom Theologischen her eine deutliche Neuorientierung anbahnt. Der dem Aufklärungszeitalter entsprungene, mit allen Belastungen des Fachlichen behaftete Begriff »RU.« tritt allmählich in der r.en und katechetischen Bewegung zurück gegenüber der Bezeichnung »Katechese«, um auch schon im Wort anzudeuten, daß es sich beim RU. um ein geistliches Phänomen handelt, das mit »Fach« und Profanunterricht nicht vergleichbar ist.

Die innere Zuordnung der beiden Disziplinen RP. und → Katechetik (, 4) wird vom Theologischen befruchtet und gefördert. Theologisch gilt in wachsendem Maße das → Katechumenat, das ganz auf das christliche Leben abzielt, als Vorbild für die Überwindung eines bloßen »RU.s«. Hier geht es nicht um ein fachliches Wissen, sondern um eine erzieherisch und kultisch orientierte Bildung mit dem Ziel des religiös-sittlichen Lebens aus dem Glauben, umgriffen und getragen von der Wirklichkeit und Wirksamkeit der christlichen Gemeinde, in der freiwilligen und freitätigen Eingliederung in das Gottesreich der Kirche.

Je mehr der RU. selbst durch Besinnung auf den eigentlichen Inhalt religiöser Bildung und Erziehung eine Vertiefung und Erneuerung erfährt, wird kath. RU. als Teil des kirchlichen Katechumenats empfunden, eingeordnet in den Zusammenhang der christlichen Erziehung, wie sie sich im Lebensganzen von Familie und Gemeinde, Schule und Kirche verwirklicht (vgl. Richtlinien der Fuldaer Bischofskonferenz für den kath. RU. in der Volksschule, 1946). Es ist zu erwarten, daß von hier aus auch die Forderung, den RU. in das Katechumenat übergehen zu lassen und dafür die entsprechende, sinngemäße Bezeichnung zu wählen (Kirchliche Unterweisung o.ä.), ihre Erfüllung findet. Die Ausdrücke »RU.«, »R.slehre«, »R.slehrer« sind nicht auf dem Boden der Offenbarung, sondern einer deistischen R.sphilosophie erwachsen (F.X.Arnold).

2. Seit der Jh.wende hat die r.e Bewegung im kath. Raum eine bedeutende Entwicklung erlebt, die sich zunächst mehr mit dem »Wie«, mit der Methode und Praxis des RU.s beschäftigte. Impulse gaben die beiden Katechetischen Kongresse (Wien 1912, München 1928), die vor allem zur Auseinandersetzung mit der Reform-P. führten (→ Arbeitsschule, Erlebnismethode, Fragen der → Strukturpsychologie und der Wert-P.). Die »Münchener Methode«, die an die Stelle der neuscholastischen Textanalyse das psychologisch-entwickelnde Verfahren setzt und bald 20 Jahre lang im Brennpunkt der r.en Bewegung stand, setzte sich allmählich, wenn auch in mancher Hinsicht modifiziert, durch.

Mit dem Gestaltwandel des kirchlichen Lebens und der mit → Pius X. eingeleiteten liturgisch-kerygmatischen und sakramental-biblischen Erneuerung beginnt eine Neubesinnung auf das »Was«, auf Inhalt, Ziel und Mittelpunkt der RP. Die Erkenntnis bricht sich Bahn, daß der RU. nicht von der P., sondern nur von der Theologie her gesunden kann. Seit → Jungmanns Werk »Die Frohbotschaft und unsere Glaubensverkündigung« (1936) wird RU. in wachsendem Maße als Sonderfall der Verkündigung der christlichen Heilslehre verstanden, mit dem Auftrag, Kindern, die getauft sind und von Gott durch die Kirche den Glauben empfangen haben, die Frohbotschaft zu bringen, daß Gott sie in Gnaden aufgenommen hat. Nicht das Kind, nicht die Persönlichkeit des Lehrers, sondern allein Gott und seine Gnade und das Wirken des Hl. Geistes sind der Ausgangspunkt. Die Annahme und Verwirklichung des Glaubens sind wesenhaft Geschenk Gottes und nicht Folge menschlicher oder methodischer Geschicklichkeit. Das Spezifische des christlichen Erziehungsziels liegt im Glauben an das in Christus gesprochene Heilswort und im Empfang des in Christus verwirklichten Heilsgeheimnisses. Als Aufgabe der religiösen Bildung und Erziehung wird erkannt, daß der Mensch existentiell in seiner Ganzheit mit seinem vollen Leben Christus begegnet im Wort und Sakrament, den beiden Wesensformen der Wirklichkeit des Herrn. Der Lehrer kann nur mäeutischen Dienst, gewiß unentbehrlichen, aber doch nur bescheidenen Dienst leisten und das Wort Gottes zum »Schallen« bringen; er kann Glauben nicht schaffen, nur vorbereiten. Wollte er sich mehr zutrauen oder anmaßen, vergriffe er sich an der Majestät Gottes und an der personalen Würde des Kindes. Seine Aufgabe ist es, die natürlichen Voraussetzungen schaffen helfen, die Aufgeschlossenheit und Empfänglichkeit von Vernunft, Gemüt und Wille wekken und entfalten, um durch die rechte Art der Verkündigung die Offenbarung Gottes dem Kinde vernehmbar zu machen. Der Lehrer erfüllt seinen Auftrag in freier Willensentscheidung, gesandt und bevollmächtigt von seiner Kirche (→ Missio canonica); er weiß darum, »daß der RU. aufs tiefste gefährdet wird, wenn der Katechet nicht durch sein Beispiel Zeugnis für die Lehre ablegt« (Richtlinien aaO).

3. Sichtbare *Dokumente und Belege* für die neue Gewichtsverteilung in der katechetischen Bildungsarbeit sind der neue → Katechismus (: I, 7) und die neuen Diözesan-Gesang- und Gebetbücher, die in wachsendem Maße Gegenstand, Hilfs- und Arbeitsmittel der RP. werden. Der *»Kath. Katechismus der Bistümer Deutschlands«* (1955) darf als die reichste und reifste Frucht der r.en Reformbewegung betrachtet werden, die, von der Münchener Methode eingeleitet, von der Verkündigungstheologie ihre starken Anstöße erhielt. Er ist im wesentlichen von Münchener Katecheten gestaltet (erster Entwurf und Lesetext von Kl.Tilmann). Nach dem Ablauf des Intellekt-Primats mit der typischen Form des Frage- und Antwort-Katechismus, der mit der Überfülle von Definitionen, Abstraktionen und Klassifikationen mehr einem apologetischen »Glaubens-Kompendium« entsprach, wendet sich der neue Katechismus unter voller Auswertung neuer psychologischer und p.er Erkenntnisse, in der Durchgestaltung lebens- und zeitnahe, vor allem aber christus- und bibelnahe, an das Kind in der Ganzheit seiner Kräfte und Bezogenheiten. Er ist kein trockenes Lernbuch, sondern in der Form des Lehrstück-Katechismus ein ernsthafter Versuch zum Lebensbuch und Familienbuch! Zahlreiche Übersetzungen des Katechismus in fremde Sprachen sind in Bearbeitung oder liegen bereits vor. – Der neue Katechismus ist »Einheitskatechismus« und von allen deutschen Bistümern eingeführt. Die gleiche Einheit konnte im Bereich der → *Schulbibel* noch nicht erzielt werden. Drei Schulbibeln standen seit der Jh.wende vornehmlich zur Diskussion: die »Biblische Geschichte« von Schuster-Mey-Knecht (1. Ausg. 1847), die Schulbibel von Jakob Ecker (1906) und eine Schulbibel von Paul Bergmann (1927), die sich trotz hoher Vorzüge in bibelnaher Textgestaltung nicht durchsetzen konnte. Die nunmehr 1957 für die west- und norddeutschen Bistümer eingeführte »Kath. Schulbibel« geht zurück auf die Schulbibel von Ecker, die von einer bischöflich eingesetzten Redaktionskommission in Trier von Grund auf neu gestaltet wurde. – Der Charakter des christlichen Glaubens als Frohbotschaft tritt auch in den zahlreichen neuen *Diözesan-Gesang- und Gebetbüchern* zutage, die nach 1945 in fast allen Bistümern gestaltet wurden und im ganzen durch kraftvolle religiöse Bewegtheit und biblisch-liturgische Grundorientierung gekennzeichnet sind. Viel neues Liedgut, unter Bevorzugung der alten Kern- und Erblieder, aber auch mit zahlreichen Anleihen beim ev. Kirchenlied, hat Eingang gefunden und sich schnell durch Schule und Katechese in den Pfarrgemeinden eingebürgert (→ Kirchenlied: I, 9).

4. Mit dem liturgisch-biblischen Grundanliegen stehen gegenwärtig folgende p.-didaktischen Grundfragen und Folgerungen im Vordergrund und bestimmen weithin die katechetischen Bemühungen in der Theorie und Praxis: a) Die sorgfältige Beachtung des jugendpsychologischen Ordnungsprinzips, in der Besonderheit der Altersstufenzugehörigkeit und in dem Bewußtsein, daß nur das an göttlicher Wahrheit wirklich fruchtbar werden kann, was vom Kinde wirklich aufgenommen wird. – b) Die Begegnung mit der Reform-P.: die Formen neuzeitlichen Unterrichts verdienen Beachtung, soweit sie sachlich verantwortlich begründet und kath. Glaubensverkündigung gemäß sind. Eine RP., die am didaktischen Formalismus und Materialismus festhält, gefährdet Stellung, Wirkung und Glaubwürdigkeit der religiösen Bildung. Die Struktur des modernen Unterrichts mit größerer Offenheit für die verschiedenen Möglichkeiten der Gestaltung kann wesentliche Hilfe für einen lebensvollen und lebenswirksamen RU. sein: das Lehrgespräch, das Bild, das szenische Spiel, die Gruppenarbeit, der Unterrichtsgang, werkmäßiges Gestalten, Zeichnen und Malen, auch die wohldurchdachte und geordnete Verwendung neuzeitlicher Unterrichtshilfen (Schulfunk, Spielfilm, Bildkarte und Bildband) und Arbeitshilfen (Werkheft, Klebebild usw). Dabei sind die Gefahren einer gewissen »Betriebsamkeit«, einer Verniedlichung wie unwürdiger Modernisierung gleicherweise zu sehen. Immer gilt das alte: »Sancta, sancte!« – c) Die Entfaltung religiösen Lebens: R. ist nicht Wissen und Sagen, sondern Wollen und Wirken, Liebe und Leben (Göttler). Darum ist Klima und Atmosphäre der R.sstunde sowie der Lebenszusammenhang mit Pfarr- und Schulgemeinde so wesentlich: Einordnung in ein Schulleben mit christlicher Schulsitte und Heiligem Opfer, der Schulgottesdienst ist nicht peripheres Anhängsel, sondern die Mitte religiöser Bildung. Hierher gehören auch die Bemühungen zur Erneuerung der Gebetserziehung, zur Wiedererweckung des Kirchenliedes, die Mitfeier des Kirchenjahres mit Festgedenken und Fürbitte, mit Tauf- und Heiligengedächtnis, Anregung zu karitativem Tun, zu brüderlichem Nächstendienst und missionarischer Hilfe.

5. Neue Richtlinien und Lehrpläne sind auf Grund der neuen Lehrbücher (Katechismus und Schulbibel) für die religiöse Unterweisung in Vorbereitung. Folgende Probleme und Grundsatzforderungen beleuchten die gegenwärtige Situation: a) Die immer wieder erhobene Forderung nach Stoffbeschränkung. Jedes Zuviel an Reflexion und Stoff im religiösen Bereich wirkt schädlich. Tiefe der Betrachtung ist wichtiger als Vielfältigkeit des Gelernten. – b) Das Problem des einheitlichen RU.s in einer Hand. Die heutige künstliche und unnatürliche, erst seit der Aufklärung datierende Aufspaltung und iso-

lierte Behandlung der religiösen Bildung in unverbunden nebeneinander herlaufenden Sonderfächern (Biblische Geschichte und Katechismus) müßte abgebaut werden zugunsten einer engen Verflechtung der beiden Disziplinen zu innerer Geschlossenheit und wirkkräftiger Bildungs- und Lebensganzheit. (Einzelne Bistümer, zB Paderborn und Osnabrück, kennen seit langem nur den RU. in einer Hand, und zwar in der Hand des Lehrers, mit gutem Erfolg!) Der erste Schritt zur Erfüllung dieser Forderung ist ein einheitlicher Lehrgang für die religiöse Unterweisung in der ganzen Grundschule, in organischer Verbindung von Bibel und Katechismus, unter Führung der Bibel (Auftrag der deutschen Bischofskonferenz 1957 an den Deutschen Katechetenverein zur Gestaltung eines einheitlichen R.sbüchleins für die Unterstufe; Vorläufer: das R.sbüchlein des österreichischen Katecheten W.Pichler [1913] und die Paderborner »Kath. Glaubensfibel« [1951]).

A.Weber, Die Münchener katechet. Methode, 1905 - M.Gatterer, Katechetik, 1911 - P.Bergmann, Bibl. Leben I. II, 1920 - Ders., Das hl. Meßopfer mit seinen Weltanschauungs- u. Lebenswerten, 1928 - A.Allgeier, Bibel u. Schule, 1922 - J.Göttler, R.s- u. Moral-P., (1923) 1931² - R.Guardini, Liturg. Bildung, 1923 - H.Kautz, Neubau des kath. RU.s I-III, 1923-26 - H.Mayer, Katechetik, (1924) 1939³ - A.Heinen, Kath. Bildungswerte, 1929 - L.Bopp, Katechetik, 1935 - M.Pfliegler, Der RU., 3 Bde, 1935 - J.A.Jungmann, Die Frohbotschaft u. unsere Glaubensverkündigung, 1936 - Ders., Christus als Mittelpunkt relig. Erziehung, 1939 - Ders., Katechetik, (1953) 1955² - H.Rahner, Eine Theol. der Verkündigung, 1939² - F.X.Arnold, Dienst am Glauben, 1948 - H.Strunz, Katechumenat u. Ganzheitsbildung, 1948 - A.Heuser-J.Solzbacher, Kath. RU., 1949 - F.M.Willam, Der Lehrstück-Katechismus, 1949 - Th.Kampmann, Die Gegenwartsgestalt der Kirche u. die christl. Erziehung, 1951 - Ders., RP. u. Katechetik heute (Katechet. Blätter 83, 1958, 97-104. 145-149. 193-199) - Ders., Erziehung u. Glaube, 1960 - H.Fischer (Hg.), Einführung in den neuen Katechismus, (1955) 1956³ - R.Peil, Katechetik, 1955 - Ders., Hdb. der Liturgik für Katecheten u. Lehrer, 1955 - H.Hilger, Gottes Wort u. unsere Antwort, 1956 - R.Seewald, Bilderbibel, 1957 - A.Heuser, Zur r.en Lage der Gegenwart (in: R.er Aufbruch, Sonder-H. von »Erbe u. Entscheidung« 12, 1958, 13-35) - A.Merlaud, Das Kind in der Seelsorge, 1958 - A.Boyer, Das Kleinkind u. seine relig. Entwicklung, 1959 - Th.Thun, Die R. des Kindes, 1959 - Fr.Grütters, Realschule heute u. kath. RU., 1960 - W.Sayler, J.Göttler u. die christl. P., 1960 - A.Thome, Berufsschulkatechese als personale Glaubens- u. Gewissensbildung, 1960.

Vorbereitungswerke u.ä.: O.Hilker-Th.Gerber, Hl. Quellen I-III, 1932-35 - D.Schaefer, Liturgischer RU., 1934 - B.Bergmann, Werkbuch zum dt. Kirchenlied, (1939) 1953² - Ders., Lebendiges Schulgebet, (1949) 1953⁴ - H.Rösseler, Christl. Glaube I. II, 1947/48 - T.Burger, Lehrstunden zum kath. Katechismus I, 1955 - F.Schreibmayr-Kl.Tilmann (Hg.), Hdb. zum kath. Katechismus I-III, 1955 - J.Goldbrunner, Katechismusunterricht mit dem Werkheft I-III, 1955/56 - P.Eismann-J.Wiggers, Vorlesebuch zum kath. Katechismus I-III, 1955-58 - J.N.Pemsel, Der Katechet zeichnet mit der Jugend, 1956 - Schriften zur kat. Unterweisung, I: R.Peil, Handreichung zur Katechese mit dem neuen Katechismus, 1956; II: J.Solzbacher, Das Lied in der kat. Unterweisung, 1956; III: A.Burgardsmeier, R. u. Seele des Kindes, 1957; IV: Chr.Pesch, Das Bild in der kat. Unterweisung, 1957; V: H.Gross-F.Mussner-Chr.Pesch, Leitfaden zur kath. Schulbibel, 1958; VI: J.Solzbacher, An der Schwelle der Reifezeit, 1959; VII: Th.Filthaut, Grundfragen liturg. Bildung, 1960; VIII: A.Schreck, Arbeitsmittel in der kat. Unterweisung, 1961 - A.Heuser, Christus gestern u. heute. Eine KG für junge Christen in Realschulen, 1957 - L.Lentner, Das Wort Gottes in der Schule, 1957 - P.G.Eberlein, Schulfunksendungen im RU., 1961 - F.Andreae-L.Leitheiser-Chr.Pesch, Hdb. zur Kath. Schulbibel I-III, 1961.

Zs.en: Katechetische Blätter. Der Jugendseelsorger, Zs. f. kath. RP. u. Jugendseelsorge, 1875ff - Saat u. Sämann, Hilfen f. d. kat. Arbeit, 1946ff - Lumen Vitae, hg.v. Centre International d'Etudes de la Formation Religieuse, Brüssel 1946ff (seit 1950 franz. u. engl. Ausg.) - RU. an höheren Schulen, 1958ff. *B.Bergmann*

Religionsphänomenologie → Phänomenologie der Religion.

Religionsphilosophie

I. Systematisch - II. Religionsphilosophen. - Ph. = Philosophie, R. = Religion, RPh. = Religionsphilosophie, ph. = philosophisch, r. = religionsphilosophisch

I. Systematisch

1. Begriff und Aufgabe - 2. Kritik der herkömmlichen RPh. - 3. Die Notwendigkeit recht verstandener r.er Arbeit

1. Wie schon der Begriff → Philosophie, ist auch der Begriff RPh. so vieldeutig, daß es kaum möglich ist, ihn einigermaßen allgemeingültig und präzise zu definieren. Klar ist jedoch, daß sich die RPh. abgrenzt auf der einen Seite von rein empirischen Untersuchungen der R.en und des religiösen Lebens, wie sie die → Religionsgeschichte, → Religionsphänomenologie oder → Religionspsychologie bieten, auf der anderen Seite von der systematischen Darstellung des Gedankeninhalts einer bestimmten R., wie sie die → Dogmatik liefert, oder von der → Erbauungsliteratur.

In der Regel unterstreicht man, daß die RPh. eine streng ph.e Disziplin ist. Man erstrebt nicht nur einen lückenlos systematischen Zusammenhang in der Darstellung, sondern man erkennt auch nur rein rationelle Argumente und Methoden an. Nichts akzeptiert man auf Autorität hin oder auf der Grundlage einer nicht jedem normalen Menschen zugänglichen Glaubenserfahrung. Hier erheben sich aber große Probleme. Zunächst: Was heißt hier »rein rationell«? Ist der »natürliche« Mensch wirklich im Besitz einer unversehrten Vernunft, einer »recta ratio«? Oder ist die Fähigkeit des Menschen, seine Vernunft richtig zu gebrauchen, so durch die Sünde geschwächt, daß er zwar de jure richtige ph.e Erkenntnis erlangen kann, während er de facto an entscheidenden Punkten versagt? Kann etwa nur die durch die Gnade sanierte Vernunft die echte ph.e Erkenntnis vollziehen? Ferner und hiermit zusammenhängend: Wie ist überhaupt das Verhältnis des r.en Denkens zu derjenigen R., die wissentlich oder vielleicht mehr oder weniger unwissentlich der gegebene Hintergrund des Forschens der betreffenden RPh. ist? Beschreitet der Philosoph, ohne es zu wissen, einen Weg auf ein im voraus gegebenes Ziel hin? Oder weiß er es, ohne anerkennen zu wollen, daß dies die strenge Rationalität seines Philosophierens beeinträchtigt? - Vielleicht versteht der R.sphilosoph, daß hier von keiner alles beherrschenden Rationalität im strengen Sinne die Rede sein kann. Die R., die er bei seiner ph.en Arbeit im Blick hat, ist nicht zwingend beweisbar. Er beschränkt sich dann vielleicht bewußt darauf, seine Gedankenführung plausibel zu machen, intellektuelle Schwierigkeiten zu beseitigen usw. Er gibt zu, daß an entscheidenden Stellen nur eine persönliche Wahl weiterführen kann, und beschränkt sich darauf, diese Wahl als eine legitime oder vielleicht als die wahrscheinlichste Möglichkeit zu erweisen. Er versucht etwa eine möglichst klare Trennungslinie zu ziehen zwischen dem, was seiner Ansicht nach logisch beweisbar ist und somit eine indiskutable, weltanschauliche Grundlage abgibt, und dem, was nur durch göttliche Offenbarung oder freie menschliche Entscheidung dem Menschen zuteil wird. Er gibt zu, daß hier eine für die Ph. unüberbrückbare Kluft besteht. Aber vielleicht meint er doch, daß der Philosoph von seiner Seite der Kluft ahnen kann, wie die andere Seite aussehen muß, so daß der Sprung über die Kluft erleichtert wird.

Der R.sphilosoph erkennt vielleicht die übernatürliche Offenbarung als eine ihm prinzipiell unzugängliche Domäne an. Er beschränkt sich bewußt darauf, eine vorbereitende Arbeit zu tun, die ph.e Grundlage für ein gläubiges Weiterschreiten zu geben, und überläßt dann das Weitere dem Theologen. Aber eine solche Grenzziehung ist schwer vollziehbar. Der R.sphilosoph wird durch sein eigenes ph.es Denken gefesselt, und sein Verstehen dessen, was prinzipiell dem Theologen zukommt, wird durch seinen ph.en Gedankengang und dessen Methode beeinflußt. Oft ohne es zu wissen, übt er von seinem ph.en Ausgangspunkt her Kritik an der religiösen Auffassung, auf die er nur hinleiten möchte. Die ph.e Grundlage bestimmt den weiteren Bau des Hauses mit, um so mehr natürlich, wenn der R.sphilosoph sich zuletzt auch als Dogmatiker enthüllt. Deshalb sieht die Dogmatik anders aus, je nachdem, ob die ph.e Grundlage wesentlich durch Plato oder Aristoteles oder den Nominalismus, durch Descartes oder Kant, Hegel oder eine Form des modernen Existentialismus gegeben wird. Es kann natürlich auch so sein, daß man von vornherein eine bestimmte religiöse Auffassung vertritt und demgemäß seine ph.e Grundlage findet. Das Fichte-Wort »Unsere Ph. wird die Geschichte unseres eigenen Herzens« bewahrheitet sich oft auch hier.

Am reinsten ließe sich die RPh. als rein ph.e Disziplin durchführen, falls es möglich wäre, eine religiöse oder antireligiöse oder agnostische Lebensanschauung rein rationell zu begründen und zu entfalten, ohne jede Bindung an eine »geoffenbarte« oder geschichtlich gegebene R. So wollten es die Vertreter der sog. → »Natürlichen Religion« des 17. und 18.Jh.s. Dies war der ursprüngliche Sinn des englischen Wortes »free-thinker«. Mit reiner Vernunft, wie man meinte, kam man zu einer religiös-moralischen Auffassung, die man, wenigstens anfänglich, als die vernünftige Urreligion der Menschheit betrachtete, die aber tatsächlich eine rationalistisch-moralistisch »gereinigte« Form des Christentums war, noch dazu deutlich beeinflußt durch Traditionen aus der antiken Ph. Die »natürliche R.« war somit gar nicht rein rationell gegeben, sondern wie die anderen R.en eine geschichtlich gewordene Größe. Und das Denken ihrer Vertreter war gar nicht »frei«, sondern eingestellt auf diese Größe als Endziel der ph.en Argumentationen. - Auch → Kant wollte in seiner r.en Arbeit streng rationell verfahren. Von der Ethik, wie er sie verstand, kam er, wie er meinte, mit Notwendigkeit an die Gegebenheiten seiner RPh. Auch falls er keine R. gekannt hätte, müßte er gemäß seiner eigenen Auffassung mit sachlicher Notwendigkeit an die Postulate der praktischen Vernunft kommen. Die R. innerhalb der Grenzen der bloßen Vernunft ist ein notwendiges Endergebnis seines gesamten Philosophierens. Aber auch das ist eine Täuschung. Auch seine »vernünftige« R. ist eine geschichtlich gewordene Größe, bei der noch dazu die luth. und pietistischen Erbteile leicht erkennbar sind. - In den letzten Jh.en sind andere Denker, die ebenfalls rein rationell verfahren und ungebunden durch religiöse Traditionen irgendwelcher Art denken wollten, zu ganz anderen Ergebnissen gekommen. Man meint als ehrlicher Denker jede R. ablehnen zu müssen, wie etwa → Comte, → Feuerbach, →Marx oder →Nietzsche. Oder man findet eine scheinbare »Rettung« des religiösen Gefühls in der Behauptung, die R. habe es mit dem Unerkennbaren (The Unknowable) zu tun. Oder man sucht seine Zuflucht in einem → Agnostizismus, der zwar nüchtern und redlich aussieht, aber davon lebt, daß er behauptet, es gebe keine zuverlässige Offenbarung. Daß aber diese Forscher auch nicht rein rationell zu ihren Ergebnissen kommen, sondern daß auch hier persönliche Glaubensentscheidungen für die Argumentation bestimmend sind, ist einleuchtend.

Überhaupt darf wohl folgendes festgestellt werden: Die Auffassung, wonach die reine Vernunft die richtige R. ausfindig machen könnte, ist heute in maßgebenden Kreisen kaum mehr anzutreffen. Die Auffassung, wonach die reine Vernunft alle R. destruieren könnte, lebt wohl noch, ist aber bei weitem nicht so siegesbewußt wie vorher. Eher meint man noch, der RPh. bleibe die Aufgabe, die gegebenen R.en zu reinigen, die für ein geschultes Denken unannehmbaren Elemente auszumerzen usw. Vielleicht will man sich bewußt nicht an eine bestimmte R. binden. Man konstruiert aber auch keine neue, meint jedoch durch ph.es Besinnen feststellen zu können, welche R.sformen als »ponderable« Größen gelten können (so zB H.Scholz). - Charakteristisch ist es nun aber, daß viele Philosophen der Gegenwart die r.e Aufgabe als noch bescheidener ansehen. Die RPh. könne die Wahrheitsfrage weder ganz noch teilweise entscheiden. Ihr bleibe nur die rein »sprachanalytische« Aufgabe, zu klären, was die spezifisch religiösen Grundbegriffe wie Gott, Glaube, Wunder, Offenbarung, ewiges Leben bedeuten. Oder RPh. beschränke sich darauf, rein ph. nachzuweisen, daß die religiöse Frage, die Frage nach dem »Ewigen«, keine zeitgebundene Fragestellung sei, wie etwa die Positivisten oder Marxisten meinen, sondern die für das ganze menschliche Dasein und unser Kulturleben als solches unumgängliche Frage. Die Antwort auf diese Frage, etwa daß Gott ist oder was er ist, könne aber die RPh. nicht geben. Hier gehe es um eine rein persönliche Entscheidung, wo jede Wissenschaft, auch die Ph., inkompetent bleibe. Die RPh. behandelt somit nur die Gültigkeitsfrage, nicht die Wirklichkeitsfrage, und wohlgemerkt nur die Frage nach der Gültigkeit der religiösen Fragestellung (so bes. A. → Nygren).

2. Parallel mit dieser Selbstbeschränkung seitens der r.en Forschung geht nun in der prot. Theologie ein oft ganz klarer *Protest* gegen jede, auch die modernste und bescheidenste Form der traditionellen RPh. Wenn alles davon abhängt, daß sich Gott als Person, wann und wo er will, offenbart; wenn Gott kein Objekt unseres Suchens und Forschens werden kann, ohne seiner Gottheit entkleidet zu werden; wenn Gottes → Offenbarung (: VI) in dem Sinne souverän ist, daß sie nicht nach etwaigen »Anknüpfungspunkten« im menschlichen Wesen oder Dasein fragt (→ Anknüpfung), sondern das besagt, was Gott nun einmal will, ob es mit unserem Denken und Ahnen übereinstimmt oder nicht; wenn wir in der kreatürlichen Welt keine → analogia entis ausfindig machen können, wodurch wir »analogisch« das göttliche Wesen, wenn auch nur teilweise und anfangsweise verstehen können, so ist die RPh. als ph.e Disziplin ein hoffnungsloses Bemühen. Daß die älteren oder jüngeren → Gottesbeweise versagen, wissen wir nicht durch die Philosophen, obwohl die heutige Ph. diese Einsicht in ihrer Weise zu bestätigen scheint, das wissen wir gerade als Theologen, von der Art der göttlichen Selbstkundgebung her. Und wenn die christliche Offenbarung ein Anstoß für die Vernunft ist, ein Paradox, das niemals plausibel gemacht werden kann (→ Kierkegaard), so muß es geradezu als lächerlich erscheinen, das Christentum der Vernunft unanstößig oder noch dazu wahrscheinlich zu machen. - Ferner: Wie ist es vom menschlichen Forscher aus gesehen überhaupt möglich, RPh. zu betreiben? Man sucht sich einen neutralen Standort aus, wo die Frage noch unentschieden ist, ob es einen Gott gebe oder wie und was er etwa sei. Allmählich nähert man sich dann kraft der eigenen Vernunft der Beantwortung. Gibt es aber einen solchen neutralen Ort? Ist nicht der Mensch entweder Gott gehorsam oder ungehorsam? Und wie könnte vollends der Christ sich darauf einlassen, seinen Glauben an Gott auszuklammern, sich in allem Ernst so zu benehmen, als wäre ihm Gottes Existenz zweifelhaft? Kann ein Christ mit einem »De omnibus, auch de Deo, est dubitandum« und nicht mit einem »Credo ut intelligam« anfangen? Und wenn er es viel-

leicht nur scheinbar tut, kann man das als ph. saubere Arbeit anerkennen? – Schließlich zur Beschränkung auf »sprachanalytische« Fragen: Kann man mit der Frage nach dem Sinn etwa des Begriffs »Gott« anfangen? Als wäre Gott eine Art von Allgemeinbegriff, unter den die verschiedenen möglichen Gottesauffassungen subsumiert werden könnten. Als ob man von Gott reden könnte, ohne Christus zu erwähnen. Als ob Gott nicht der Dreieinige oder auch ein Nicht-Gott wäre. Und wie steht es mit dem ph.en Beweis der Gültigkeit, der Unumgänglichkeit der religiösen Frage? Als ob es nicht auch für einen ernsthaft denkenden Menschen sehr wohl möglich wäre, diese Frage auszuklammern. Als ob es ein Ergebnis rechtschaffener ph.er Forschung und nicht ein freies Gnadengeschenk Gottes sei, wenn diese letzte Frage aufbricht.

3. So richtig diese tiefgreifenden Angriffe auf die herkömmliche RPh. sind, so groß ist nun andererseits die Gefahr, daß man sich durch diese Kritik verleiten läßt, sich der r.en Problematik zu entziehen. Eine prinzipielle Auseinandersetzung mit dem jeweiligen Kulturbewußtsein, wie es von maßgebender ph.er Seite verstanden wird, ist unbedingt notwendig. Kann der Theologe keine ph.e Einführung in die Theologie bewerkstelligen, so muß er sich verpflichtet wissen, eine theologische Einführung in die Ph. zu erarbeiten, und zwar nicht nur als historisch-kritische Darstellung der Ph.geschichte, sondern wirklich in grundsätzlicher Weise. Wie steht es heute mit dem alten Problemkomplex Glaube und Wissen, Offenbarung und Vernunft? Kann ein moderner Mensch mit gutem intellektuellem Gewissen ein gläubiger Christ sein? Nötigt der heutige Stand der → Naturwissenschaft zu einer tiefgreifenden Änderung in der christlichen Denkweise, etwa zu einer mehr oder weniger radikalen → »Entmythologisierung«? Was bedeutet der Sieg der → »Abstammungslehre« oder die heutige Atomphysik oder das → Einsteinsche Weltbild für den Glauben? Wie steht es mit den Ergebnissen der → Parapsychologie oder der → Tiefenpsychologie? Inwiefern hat die menschliche Ratio die Fähigkeit, die Offenbarung zu verstehen und darüber zu reflektieren, ein lückenloses dogmatisches System zu bauen? Was bedeutet in diesem Zusammenhang die »existentialistische« Auffassung von dem Sein in der nichtobjektivierbaren Gegenwart usw? Zwar werden einige dieser Fragen in den dogmatischen Arbeiten erörtert, viele aber gar nicht oder nur ganz unzureichend behandelt. In Deutschland hat sich Karl → Heim sein Leben lang mit Fragen dieser Art beschäftigt. Auch Emil → Brunner kann hier erwähnt werden, ebenso Roger Mehl u.a. Die Not ist aber, daß gerade diejenigen Theologen, die den traditionellen Begriff der RPh. als theologisch unhaltbar ablehnen, hier zu wenig leisten. – Ob man dann eine Arbeit wie die hier angedeutete »RPh.« nennen will oder nicht, ist ziemlich unwesentlich. Entscheidend ist, daß sie getan wird, und zwar immer aufs neue, wie es die neuen Ergebnisse der Wissenschaften und der Philosophen notwendig machen.

K.Heim, Glaubensgewißheit, (1916) 1949^{4} – Ders., Der ev. Glaube u. das Denken der Gegenwart, 6 Bde, (1931–52) $1953\text{-}57^{2-5}$ – A.Nygren, Religiöst Apriori, 1921 – H.Scholz, RPh., (1921) 1922^{2} – A.Titius, Natur u. Gott, (1926) $1929\text{-}31^{2}$ – E.Przywara, RPh. kath. Theol. (HPh II, E), 1927 – E.Brunner, RPh. prot. Theol. (HPh II, F), (1927) 1948^{2} – Ders., Wahrheit als Begegnung, 1938 – Ders., Offenbarung u. Vernunft, 1941 – M.Heidegger, Sein u. Zeit I, (1927) 1957^{7} – Ders., Was ist Metaphysik?, (1929) 1955^{7} – Ders., Holzwege, (1950) 1952^{2} – Ders., Zur Seinsfrage, 1956 – E.Grisebach, Gegenwart, 1928 – K.Barth, Fides quaerens intellectum, (1931) 1958^{2} – E.S.Brightman, A Philosophy of R., 1940 – E.Frank, Philosophical Understanding and Religious Truth, 1945; dt. 1950 – A.Richardson, Christian Apologetics, 1947 – R.Mehl, La condition du philosophe chrétien, 1947 – Ders., De l'autorité des valeurs, 1957 – K.Jaspers, Der philos. Glaube, 1948 – S.Holm, R.sfilosofi, Kopenhagen 1955; dt. 1960 – N.H.Søe, R.sfilosofi, ebd 1955 – I.T.Ramsey, Religious Language, 1957 – H.Ott, Denken u. Sein. Der Weg M.Heideggers u. der Weg der Theol., 1959.

N.H.Søe

II. Religionsphilosophen

1. Vor 1900: a) Abgrenzung und Vorgeschichte – b) Die kritische RPh. – c) Intuitive RPh. – d) Spekulative RPh. – e) Der Angriff auf die R. – 2. Nach 1900: a) Erneuerter Idealismus – b) Pragmatismus – c) Wert-Ph. – d) Auseinandersetzung mit dem Historismus – e) Gegenwart. – Ergänzend vgl. bes. → Russische Religionsphilosophie, → Theologie und Philosophie

1. a) Die methodische Beschäftigung der Ph. mit der → Religion ist eine relativ späte Sache. Sie setzt die Emanzipation der Ph. vom allgemeinen Kulturbewußtsein und vom öffentlichen Glauben voraus; sie ist nicht selbst der Träger dieser Emanzipation, sondern der Ausdruck eines reif gewordenen Zustandes. Sowohl die R. als auch die Theologie, aber auch die im allgemeinen Glauben eingebettete Ph. sind frühere Phasen, welche die RPh. im eigentlichen Sinne schon voraussetzt. Der bloße Gebrauch der → Vernunft in Sachen der R. trifft auch für die Theologie zu und ist noch kein Kennzeichen der spezifischen RPh. Ein geschichtlicher Überblick über die RPh. kann sich daher nicht bei der Erforschung des ph.en Einflusses auf die Theologie aufhalten (→ Theologie und Philosophie), wie auch die Darstellung des weltanschaulich-religiösen Gehaltes der → Philosophie überhaupt über die Grenzen des Themas führen würde. In diesem so begrenzten Sinne sucht die RPh. teils den Gesichtskreis der Ph. hinsichtlich der von der R. intendierten Wirklichkeit zu integrieren (Ph. als »Lebens- und Weltanschauung«); teils folgt sie dem Emanzipationsmotiv insofern, als sie den Gedanken »Gott und Welt«, »Gott und Mensch« und die Eigenart der R. abgesehen von der positiven R., ja evtl im Gegensatz zu ihr von der Vernunft her bedenkt; teils unternimmt sie es, die Aussagen der positiven R. von der Vernunft her kritisch zu deuten, zu interpretieren, mitunter sogar außer Kraft zu setzen, zu entlarven oder akkomodierend zu bestätigen.

Der methodisch verfahrenden RPh. hat die → Aufklärung den Boden bereitet und sie zT an Leidenschaft der Auseinandersetzung weit überboten. Die Ausweitung des Gesichtskreises der modernen Welt, das Nachlassen der Bindekraft der Kirchen und die konfessionellen Verhältnisse im modernen Staat erregten das → Toleranz-Problem, die Frage der Gleichberechtigung der Meinungen (→ Grotius). Die Überzeugung von der Unabhängigkeit der Moral von den Dogmen (P. → Bayle) und der Zweifel an der Vernünftigkeit der übernatürlichen Offenbarung bewegten das Denken. Die wahre R. muß allgemeingültig sein und im Sinne einsichtiger Grundwahrheiten (→ Herbert von Cherbury) jedem zugänglich (→ Natürliche Religion). Das Grundproblem des Zeitalters, das Verhältnis von Vernunft und Offenbarung, wurde in verschiedener Temperatur teils harmonisierend gelöst (→ Locke, → Toland), doch immer unter Vorrang der Vernunft, teils doch so, daß das Interesse an der geschichtlichen Offenbarung merklich verblaßte (→ Hume, → Lessing). In der RPh. nach Kant hat eigentlich nur → Spinoza aus jener Zeit eine deutliche Nachwirkung gehabt, der erste »R.sphilosoph« ohne Bindung an eine Kirche. Nicht seine problematische Methode, aber seine Grundüberzeugungen werden zu weithin nachwirkenden Motiven der RPh.: Die deutende Vernunft dringt durch die inadäquaten (imaginierenden) Auffassungsweisen der überlieferten (biblischen) Vorstellungen hindurch; die Gesetzmäßigkeit der Welt und der natürlichen Vorgänge werden mit dem Gedanken Gottes versöhnt, der nicht äußere, sondern innere Ursache aller Dinge ist. Die Gesetzmäßigkeit der Welt bedarf keiner willkürlichen Teleologie. Gott ist Substanz, welche aus unendlichen Attributen besteht; der amor Dei intellectualis befreit den Geist aus der Knechtschaft der Leidenschaften.

b) Mit → Kant hört die ph.e Beschäftigung mit der R. auf, eine naiv metaphysische Fragestellung zu sein. Aber der Hinweis → Lessings auf die »ewigen Vernunftwahrheiten« wird von ihm so aufgegriffen, daß er die Fragen der R. als theoretisch unlösbare auf dem Felde der praktischen Vernunft ansiedelt. Gott, Freiheit und Unsterblichkeit sind Postulate der praktischen Vernunft. R. ist Erkenntnis unserer Pflichten als göttlicher Gebote. Je nachdem, ob ich etwas als göttliches Gebot und dann erst als meine → Pflicht erkenne, oder umgekehrt, ist die R. »geoffenbart« oder »natürlich« (Kritik der Urteilskraft IV, 1). R. wird so ganz und gar unter dem Primat der Moral entworfen, was bis in einzelne christliche Lehrsätze durchgeführt werden kann (R. innerhalb der Grenzen der bloßen Vernunft, 1793). Immerhin stellt die Lehre vom → Höchsten Gut, einem »letzten« Ausgleich von Moralität und Glückseligkeit, dann doch so etwas wie eine Transzendierung der Grenzen der reinen Moralität dar. Die Kritiker Kants, selbst in den Reihen seiner unmittelbaren Nachfolger, haben frühzeitig empfunden, daß im Bilde dieser vernünftigen R. das Spezifische der R. verloren zu gehen droht. So hat schon → Jacobi, der geniale kritische Kommentator der Ph. seiner Zeit, in erneuerter Anknüpfung an Spinoza der religiösen Unmittelbarkeit (intellektuale Anschauung) Bahn zu brechen versucht, und → Fries hat in seiner Lehre von Glauben und Ahndung (Wissen, Glauben und Ahndung, 1805) Kants RPh. korrigiert. Doch haben später im 19.Jh. A. → Ritschl und seine Schule (→ Ritschlianer) in teils vergröbernder Form wieder an Kant angeknüpft. Die enge Verbindung von R. und Moral ist auch bei → Fichte der Kern der RPh. R. ohne Moral ist Aberglaube. Auch bei Fichte geht der Gehorsam gegen Gott und gegen die Vernunft in eins. Freilich ist die Moral bei ihm geradezu eine die Welt konstituierende Macht. Die Zentralstellung des Begriffes der Offenbarung entspringt dem Hindrängen auf das Ereignis der Austilgung der Selbstsucht und zum Einswerden mit Gott. In gleichsam heilsgeschichtlichen Stufen kommt es zu der Vernichtung ebenso der falschen Weltansichten, der unzureichenden Gottesbilder, wie zu der Vernichtung unser selbst, der eigentlichen Negation, wie es in der Anweisung zum seligen Leben (1806) in fast mystischen Wendungen heißt. Die Nachwirkungen Fichtes bei → Schleiermacher wie bei → Kierkegaard sind ebenso unverkennbar wie im einzelnen oft schwer zu ermitteln. Schleiermachers Bedeutung für die RPh., mannigfach verflochten mit seiner Theologie, ist kaum zu überschätzen. Trotz der romantisch-dichterischen Form der Reden über die R. (1799) und der Monologen (1800) ist seine R.stheorie der kritischen Ph. zuzurechnen. R. ist ihrem Wesen nach nicht Erkennen oder Handeln, sondern »Gefühl und Geschmack für das Unendliche«, sie ist »Anschauung des Universums« (die Formel wurde später aufgegeben) oder nach der in der Glaubenslehre (2. Aufl.) eingehend transzendental-ph. begründeten Formel »das Gefühl schlechthinniger Abhängigkeit«. Die passive Grundstimmung kontrastiert stärkstens mit Fichte. Daß aber die Bindung an diese eine, nämlich unsere Wirklichkeit nirgends überschritten wird, verrät die kritische Besinnung. Die Ambivalenz zwischen transzendental-ph.er und empirischer, ja mitunter, wenn auch fälschlicherweise, sogar psychologischer Deutbarkeit hat Schleiermacher eine weite wie vielfältige Nachwirkung gesichert.

c) In seinem Denken sind freilich noch ganz andere Elemente verborgen, die in der Zeit lagen. Schon in → Hamann, dem Freunde Kants und Wegbereiter des → Sturm und Drang, dem Gegner der Aufklärung, war die stete Erinnerung an das Irrationale, an das »Urbare« und ein neues Erfassen des biblischen Glaubens lebendig. → Herder brachte gegen die → Transzendentalphilosophie die Vielfalt und Eigenständigkeit, ja die Gottgewirktheit des geschichtlichen Lebens zur Geltung. Nachwirkungen von → Leibniz und des (unhistorisch verklärten) Spinoza waren bei ihm ebenso wie bei → Goethe lebendig. Der Glaube an das Unergründliche und die Gesinnung der Ehrfurcht (Wilhelm Meisters Wanderjahre I/2, Kap. 1) entzogen sich aller ph.en Formulierung und waren doch stärkster Ausdruck einer intuitiven R.sauffassung und Keim einer späteren fruchtbaren Entfaltung der RPh. So entzieht sich auch → Novalis und sein »magischer Idealismus« einer deutlichen Bestimmung; hier ist der Blick nicht nur von den Ursprüngen geschichtlichen Lebens und seinen Geheimnissen gebannt, sondern in schöpferischem Traum auf zukünftige Wirklichkeit gerichtet, auf eine R. der Zukunft (Die Christenheit oder Europa, 1799). In Novalis vor allem gewinnt die RPh. der → Romantik etwas Form- und Regelloses, Ausschweifendes. Und doch sind die hier zutage tretenden Denkmotive auch ph. nicht zu unterschätzen; denn sie drängen hin zu einer R. der unmittelbaren Wahrnehmung, der Ahnung (Fries), des Gefühls (Schleiermacher), zum immer neuen Versuch, die Eigenständigkeit der R. im Gemüt (→ De Wette, Über die R., 1827) festzuhalten und die Spekulation nicht zu weit von der geschichtlichen R. abirren zu lassen (Schleiermachers Reden).

d) G.W.F. → Hegel hat in seiner RPh. (Vorlesungen über die Ph. der R.) eine ganze Epoche spekulativer RPh. eröffnet und zugleich die unübersehbare Zahl anderer nachfolgender spekulativer Entwürfe weit überboten. R. ist Wissen von Gott, unbefangen denkende Vernunft in der Weise der Vorstellung, sie ist Wissen des göttlichen Geistes von sich durch Vermittlung des endlichen Geistes. Aber dieses religiöse Bewußtsein (die R. des Geistes, der Wahrheit und Freiheit) bedarf eines Zu-sich-selbst-kommens durch geschichtliche Stufen: von der Natur-R. durch die R. der geistigen Individualität zur absoluten R. Das schon bei Fichte vorhandene Motiv einer spekulativ entworfenen R.sgeschichte ist hier vollkommen ausgeführt und zu einem unlöslichen Bestandteil der RPh. gemacht. Die absolute R. des Geistes ist das Christentum, dessen Dogmenbestand aus dem lebendigen Begriff selbst entwickelt wird, so daß dann die wirkliche Geschichte der Offenbarung gleichsam wie eine nachträgliche Bestätigung hinzukommt. – Erhebt sich Hegels RPh. in großartiger Geschlossenheit und als Mitte seines gesamten Systems der Vernunft, so ist die RPh. → Schellings, des vielseitigen, wandelbaren Denkers von unruhiger Genialität, nicht einfach zu fassen. Schon seine frühe Natur-Ph. wandelt sich ihm zur RPh. Die Identität von Geist und Natur entschleiert sich ihm als Gottheit. Über die Phase der → Identitätsphilosophie hinweg treten dann, etwa seit 1804, die religiösen Probleme stark in den Vordergrund (Ph. und R., 1804). In Überwindung der pantheistischen Grundstimmung gelangt er in der Ph. der Freiheit zur Differenz des Identischen, zum Gedanken der Persönlichkeit Gottes, zur Gottebenbildlichkeit des Menschen und zu einer Ph. des Bösen, dessen »Notwendigkeit« er wie die des Guten statuiert. In die Spekulation dieser Epoche ist wiederum eine spekulative Konstruktion der Geschichte, des »Weltprozesses« einbegriffen. In der letzten Epoche seines Denkens, der »Ph. der Mythologie und der Offenbarung«, tritt dann der spekulativ-geschichtliche Aspekt insofern in den Vordergrund, als er aller R. den Charakter der Offenbarung zuspricht, aber die Geschichte der R.en doch als die fortschreitende Offenbarung Gottes versteht, die, ähnlich und doch anders als bei Hegel, im Christentum gipfelt, das »die Wahrheit des Heidentums« ist. Auch er entwickelt hier das christliche Dogma in eigenwilliger Spekulation, was dann starke Nachwirkungen in der heilsgeschichtlichen Theologie (v. → Hofmann) gehabt hat. – Überhaupt ist die historische Wirkung dieser beiden größten Vertreter der spekulativen RPh. gar nicht abzusehen. Schellings Spuren durchziehen in Fülle das dunkle, unzusammenhängende und doch geistvolle Denken Fr.v. → Baaders. Von Schelling ging auch K.Chr.F. Krause aus (Grundwahrheiten der Wissenschaft, 1829), dessen großangelegtes Werk eine harmonisierende Fortführung der idealistischen Systeme darstellt. In der Lehre von der Erkenntnis Gottes als Wesensschauung und im Ausgang von der Selbstschauung sind die Motive der großen Vorgänger leicht wahrzunehmen. Die Anstöße Hegels in der ev. Theologie führen zu einem förmlichen Hegelianismus. Hier sind zu nennen W. → Vatke, Ph.K. → Marheineke, A.E.Biedermann, Chr.H.Weiße, R. → Rothe; unter den ph.en Nachfahren der (jüngere) I.H. → Fichte, J.K.F.Rosenkranz, E. → Zeller, Ad.Lasson, G.Th. → Fechner, H. → Lotze u.a. Bes. ist auf die Fernwirkung Hegels in der → russischen Religionsphilosophie hinzuweisen, wo sich sein Denken in merkwürdiger Weise mit Elementen der orthodoxen Spekulation gemischt hat.

e) Der RPh. seit Kant kommt weithin die Bedeutung zu, das christliche Gedankengut in einem säkularisierten Zeitbewußtsein lebendig gehalten zu haben. Doch wiegen die gegenläufigen Erscheinungen schwer. Der Urheber der Soziologie, A. → Comte, hat sein spekulatives Geschichtsbild bezüglich der R. negativ entworfen: auf das Zeitalter der Theologie und dann der Metaphysik folgt das des → Positivismus. Die von ihm entworfene R. des Positivismus soll den Menschen als großes Wesen verehren. Der metaphysische → Agnostizismus der Zeit, auf dem Hintergrunde des Aufblühens der realen Wissenschaften und der Technik, ließ weithin der R. nur noch die Chance einer vordergründigen Würdigung, wie sie bei → Mill (Three Essays on R., 1874) und → Spencer (First Principles, 1862) erfolgte. In Deutschland war das Gesamtwerk → Feuerbachs von Anfang an eine leidenschaftliche, auch populäre Effekte nicht scheuende Ph. der Umkehrung aller R. Alle Theologie soll zur Anthropologie werden, die Kandidaten des Jenseits zu Studenten des Diesseits. Bis in die einzelnen religiösen Gedanken und Dogmen wird das Prinzip durchgeführt, daß sie nur Projektionen menschlicher Wünsche, Ideen, Leiden und Beglückungen sind. Die von ihm richtig erkannte Nichtobjektivierbarkeit der religiösen »Gegenstände« wird als Irrealität gedeutet, aber die fiktive Welt der R. hat dann doch insofern eine kaum zu überschätzende »reale« Bedeutung, als sie auf den Menschen, sein Verhalten und seine Erwartungen zurückwirkt: der aufs »Jenseits« vertröstete Mensch versäumt seine »diesseitigen« Notwendigkeiten. Feuerbachs Lehre ist in die RPh. von → Marx und später → Lenin unverkürzt, aber nicht ohne Modifikationen übernommen worden. Daß die R. keinerlei Realitätsgehalt habe, ist für Marx und Lenin selbstverständlich. Bedeutsam ist sie überhaupt nur hinsichtlich dessen, was sie über den Menschen aussagt und was sie aus ihm macht. Aber dieser Mensch wird jetzt im → Marxismus im Horizont seines gesellschaftlichen und somit geschichtlich wandelbaren Zustandes gesehen. – A. → Schopenhauer hat im Zusammenhang seines Systems nur beiläufig eine RPh. entwickelt. Was an den geschichtlichen R.en über eine reine Deutung des Daseins hinausgreift, verfällt auch bei ihm schneidender Kritik. Aber die Daseinsdeutung (Dasein selbst als rückgängig zu machende Schuld) hat ihn fasziniert und – bei grundsätzlicher Neigung, dem Buddhismus den Vorzug vor dem Christentum zu geben – einer Interpretation religiöser Lehren im Sinne seiner eigenen Ph. geneigt gemacht. → Nietzsche, der die Schopenhauerschen Denkmotive im gegensätzlichen Sinne durchprobte, hat eben den Verdacht der Lebensfeindlichkeit gegen die R., bes. gegen die christliche gewendet. An der R. ist der Mensch zu erkennen. Neben vernichtenden Urteilen stehen andere, die der R. die Macht der Verfeinerung des Menschen zubilligen. Die Würdigung des religiösen Mythus ist ambivalent, je nachdem er die Bejahung oder Verneinung des Lebens aussagt. – Feuerbachs RPh. hat in E.Dühring (1833-1921) nachgewirkt, Schopenhauer ist in dem wohl letzten ausschweifenden Metaphysiker Ed.v. → Hartmann und seiner pessimistischen Weltlehre ein Nachfolger erwachsen. Auf der Basis einer radikalen Leugnung jeden eigentlichen Erkenntnisgehaltes der R. wechseln die Spielarten der Ablehnung zwischen kompromißloser Verneinung (M. → Stirner, Der Einzige und sein Eigentum, 1845) und der Zubilligung des Bedürfnisses nach einer Ergänzung der Wirklichkeit durch eine selbstgeschaffene Idealwelt (F.A.Lange, Geschichte des Materialismus, 1866).

2. a) Die Erneuerung der RPh. im 20.Jh. geschah zusammen mit einer *Erneuerung des deutschen → Idealismus* (: II) in der Grundstimmung des religiösen → Liberalismus. R.Eucken (Der Wahrheitsgehalt der R., [1901] 1920⁴) ging vom Primat des Geisteslebens vor der Natur aus. Auf diese »Metaphysik« ist die R. angewiesen. Die R. des Geisteslebens ist Universal-R., die sich aber in einer »charakteristischen« R. entfalten und in den Nöten des Lebens bewähren muß. Durch die Betonung der Bedeutung der R. für das Geistesleben kam in diese Theorie ein pragmatischer Zug. Der Marburger → Neukantianismus hatte auch auf dem Gebiete der RPh. seinen stärksten Vertreter in H. → Cohen (R. und Sittlichkeit, 1907; Der Begriff der R. im System der Ph., 1915). Er fragte nach der Idee der R. und war, bei Annahme eines engsten Zusammenhanges von R. und Ethik, auf der Suche nach der Eigenart der R. Die Transzendenz Gottes bedeutet bei absoluter Korrelation von Gott und Mensch die Suffizienz des Menschen für die Behauptung seiner Sittlichkeit. Die R. verhilft dem Menschen zur Wiederherstellung seiner sittlichen Freiheit. Im gleichen Geiste entwarf auch P. → Natorp seine RPh. (R. innerhalb der Grenzen der Humanität, [1894] 1908²), wobei ihm der Gemeinschaftsgedanke in den Vordergrund trat und die Reinigung der religiösen Begriffe zur Sittlichkeit hin Leitgesichtspunkt der Kritik war. Eine große Zusammenfassung der RPh. des Marburger Neukantianismus bot Cohens Schüler A.Görland (RPh. als Wissenschaft aus dem Systembegriff des kritischen Idealismus, 1923). J.Volkelt verband in seiner Schrift »Was ist R.?« (1913) die Grundhaltung des kritischen Idealismus mit einer eindrucksvollen Analyse des religiösen Erlebens. Fr. → Brunstäd schließlich erneuerte in seinem Buch »Die Idee der R.« (1922) in einem kraftvollen Entwurf den Hegelianismus. Für ihn ist der Wertwiderstreit das Urphänomen des Daseins. Die Wahrheit der R. liegt in dem »Hindurch-zugreifen« zur Synthesis a priori, zur transzendentalen Realität. Die → Persönlichkeit ist das Unbedingte. Der R. kommt kein besonderes Wertgebiet zu, weil sie, so verstanden, alles durchdringt.

b) Nur kurz sei auf den → *Pragmatismus* eingegangen. W.James (The Varieties of Religious Experience, 1903⁵) sieht die Wahrheit der R. darin, daß sie für das Leben förderlich ist. Der Anspruch der → Religionspsychologie auf r.e Relevanz am Anfang des 20.Jh.s hat hier seinen Ursprung. Er führt zu einer Deutung der Dogmen von ihrem praktischen Sinn her, so bei Ed. Le Roy (Dogme et critique, 1907), J.Dewey (Experience and Nature, 1926) u.a. In dieser pragmatischen Deutung wurzelt vor allem auch die von der Psychoanalyse S. → Freuds ausgegangene R.stheorie, welche für die religiösen Lehren freilich von vornherein nur noch den Charakter der Illusion übrigläßt.

c) Schon H. → Lotze hatte in die RPh. den Begriff des Wertes bzw. des Werturteils eingeführt, freilich in dem spezifischen Sinne eines Urteils über »Bedeutungen« im Unterschied von reinen Tatsachen. Dieser *Wertbegriff* wurde nun im 20.Jh. von zwei Seiten her grundlegend für die RPh. Für den badischen Neukantianismus gehört die RPh. zu den Wertwissenschaften (→ Wertphilosophie). Das Reich der religiösen Werte deutet auf eine besondere Erfahrungsweise aller übrigen Werte hin. W.Windelband (Das Heilige, 1902, in: Präludien II, 1915⁵, 295 bis 332) zeigt, wie sich im Gewissen ein geistiger Lebensgrund enthüllt. R. ist Hinausleben über die Erfahrung. Dieses religiöse Gefühl bestimmt sich notwendig in Vorstellungen und organisiert sich in Gemeinschaften. Diesen Zusammenhängen widmet Windelband dann eine eindringliche Analyse. H. → Rickert folgt diesen Wegen und versucht, die Geltung der religiösen Werte von den theoretischen Aussagen abzugrenzen, und untersucht eingehend die Stellung der religiösen Werte und Güter im System der Werte. Diese Gedankengänge finden sich auch bei J.Cohn, der für die RPh. die Methode einer »teleologischen Ergänzung« vorschlägt, nämlich der zur »Welt« gehörigen Wertgebiete über die Welt hinaus (R. und Kulturwerte, 1914). Die großartigste Ausführung dieses Gedankens brachte R. → Otto in seinem klassischen Buch »Das Heilige« (1. Aufl. 1917). Von der Mannigfaltigkeit der Erfahrung des Heiligen, das eine eigenartige Deutungs- und Bewertungskategorie ist, die nur auf religiösem Gebiet vorkommt, trennt er alle möglichen benachbarten Kategorien, auch die Ethik. Liebe und Furcht, Schrecken und Hingezogensein, in rationalen und irrationalen Momenten - das alles sind Erfahrungen des → Numinosen. Im tremendum, im fascinosum, im sanctum gibt das → Heilige sich kund und wird auf Grund einer ursprünglichen Anlage erfahren. Von hier aus führt Otto zu einer Analyse der geschichtlichen Entstehung und weiteren Entwicklung der R., wobei die Begriffe der Divination, der Offenbarung in ihren Modalitäten, das Verhältnis von Vernunft und Geschichte u.a.m. untersucht werden. Auch M. → Scheler hat sich zur Bestimmung der Eigenständigkeit der R. auf die Wertlehre gestützt. Aber er ist - in seiner früheren Schaffensperiode - doch weitergegangen, indem er in seiner RPh. (Vom Ewigen im Menschen, 1921) auch eine eingehende Lehre von den religiösen Akten und Typen entwickelte, es dabei aber nie bei diesen Phänomenen bewenden ließ, sondern bis in den Bereich des religiösen »Gegenstandes« vordrang und die Konformität der religiösen und der metaphysischen Ordnung zur Achse seiner RPh. machte.

d) Auf die RPh. konnte es nicht ohne Einfluß bleiben, daß der Aufschwung der historischen Forschung das Tatsächliche, die Vielfalt, das Werden und Vergehen der geschichtlichen R.en ins Bewußtsein hob. Darum gehen von W. → Dilthey (Typen der Weltanschauung, 1911; Einleitung in die Geisteswissenschaften, 1883) stärkste Impulse für die RPh. aus, auch wenn er selbst hier nicht unmittelbar tätig wurde. Einerseits eine bedeutsame Erforschung der »religiösen Weltanschauung« und ihrer Bildungsgesetze, andererseits Abwehr des → Psychologismus und Ausbildung einer neuen Methode geisteswissenschaftlichen Verstehens (→ Hermeneutik) von Typen und Strukturen auch des religiösen Lebens - das alles war von stärkster Nachwirkung. Auch hier hatte keine Metaphysik mehr Platz. Keine Weltanschauung, kein System der Werte kann Allgemeingültigkeit beanspruchen. E. → Spranger führte in seinen »Lebensformen« ([1914] 1950⁸) diese Grundanschauung noch weiter aus, um sich in späteren Werken selbst Themen der RPh. zuzuwenden (Die Magie der Seele, 1947; Der unbekannte Gott, 1954). Der aus den Konsequenzen des → Historismus herandrängende Relativismus wurde dann das bewußt aufgegriffene Zentralproblem, an dem der Theologe E. → Troeltsch zum R.sphilosophen wurde. Die ursprüngliche Frage war die nach der → Absolutheit des Christentums; sie erweiterte sich ihm alsbald zu der nach dem Verhältnis des historisch Relativen zum Absoluten. Sowohl seine historischen Arbeiten - die bedeutenden, in der RE verstreuten Artikel wie sein Werk über die Soziallehren der christlichen Kirchen und Gruppen (1912) - als auch das nachgelassene Werk über den Historismus und seine Probleme (1925) überragen gerade in ihrer Unvollendetheit und Dringlichkeit das meiste, was in der Epoche sonst zur RPh. beigetragen wurde. Nicht unwichtig für die Zukunft war dabei auch, daß die religiöse Entscheidung angesichts der unmöglichen Objektivierbarkeit dem Subjekt selbst überantwortet wird (so auch in G.Simmels anregender Arbeit »Die R.«, 1906).

e) Alle diese Denkarbeit hat unmittelbare Gegenwartsbedeutung. Doch mag für die *gegenwärtige Lage* zusätzlich und versuchsweise noch folgendes ergänzt werden: Durch die Anregungen der phänomenologischen RPh. (M.Scheler) kam es zu einer beachtlichen Neubelebung der kath. → Neuscholastik, deren RPh. ja aus sachlichen Gründen mit den dogmatischen Prinzipien nahezu zusammenfallen muß. Doch ist hier der selbständigen Leistungen von R. → Guardini, E.Przywara, J. → Maritain, G. → Marcel u.a. ausdrücklich zu gedenken. Der literarische Nachlaß von → Newman kam jetzt zu neubelebter Wirkung. Mitunter wurden moderne Fragestellungen abseits des Thomismus (H.Schell, J.Hessen) aufgegriffen, und die gewichtigsten Beiträge zum Denken der Zeit verbergen sich oft im Gewande des Essays (Th.Haecker). - Auf dem Boden des Protestantismus war die sog. → Dialektische Theologie für die RPh. insofern von überraschender Wirkung, als sie zunächst einem Angriff auf Begriff und Sache der »R.« gleichkam (→ Religionsphilosophie: I, 2). Das hatte zur Folge, daß wenigstens auf prot. Boden die RPh. eine so grundsätzliche Einbuße an Bedeutung und Interesse erlitt, daß sie weithin aus dem theologischen Lehrbetrieb, ja aus der Literatur verschwand. Auch hier ereignete sich eine Nachwirkung aus dem 19.Jh., indem → Kierkegaard als Kronzeuge dieser Umwertungen empfunden wurde. F. → Gogartens frühe Schriften (Die religiöse Entscheidung, 1920; Illusionen, 1926) sind zwar der Sache nach RPh., aber sie bestätigen doch nur das Erliegen des Interesses an der R. im herkömmlichen Sinne. Nicht anders ist es mit E. → Brunners frühen Schriften. Nur zwei Denker machen eine Ausnahme, um so auffälliger, als sie bewußt dem prot. Bereich zugehören. Es ist einmal H. → Scholz, der ursprünglich von einer Analyse der religiösen Erfahrung ausging und die Wahrheit der R. in der Wahrheit des religiösen Existentialurteils, ohne objektive Kriterien fand. In enger Zusammenarbeit mit K. → Barth wurde er später zu einem strengen Wächter und Ratgeber bezüglich des wissenschaftlichen Weges und Anspruches der Theologie. Zum andern ist P. → Tillich zu nennen, der, unerachtet stärkster Aufgeschlossenheit für die Zeit, sich nie scheute, seine Theologie philosophisch zu legitimieren und in Erneuerung älterer (hegelscher) und jüngerer (phänomenologischer) Denkformen auch das Anliegen der RPh. aktuell zu halten. Es wird überhaupt durch den Aufstieg des religionsgeschichtlichen Interesses, durch die Wiederkehr der unerledigten Probleme des Historismus, durch eine Erneuerung der → Hermeneutik und durch die erneuerte Frage nach der Bedeutung der → Vernunft dafür gesorgt sein, daß die RPh. nicht stirbt.

Lit., soweit nicht im Text, bei den einschlägigen Artikeln. Ferner: RE XVI, 597ff - RGG[1] IV, 2206ff; RGG[2] IV, 1914ff - EISLER II, 696ff - LThK VIII, 783ff - EC X, 737ff - EKL III, 594ff (jeweils Lit.). - F.A.LANGE, Gesch. des Materialismus, (1866) 1926[11] - O.PFLEIDERER, Gesch. der RPh. von Spinoza bis auf die Gegenwart, (1878) 1893[3] - P.TILLICH, Die Überwindung des R.sbegriffs in der RPh. (1922, = GesW I, 1959, 365-388) - DERS., RPh. (1925, = ebd 295 bis 364) - DERS., Die relig. Lage der Gegenwart, 1926 - N.HARTMANN, Die Ph. des dt. Idealismus, 2 Bde, 1923/29 - E.PRZYWARA u. E.BRUNNER (→ Religionsphilosophie: I) - J.HESSEN, RPh., 2 Bde, (1948) 1955[2] - HIRSCH I. IV - U.A.PADOVIANI, Il problema religioso nel pensiero occidentale, Mailand 1951 - S.HOLM, R.sfilosofien i det tyvende aarhundrede, 2 Bde, Kopenhagen 1952. *W.Trillhaas*

Religionspsychologie

1. Vorformen - 2. RPs. als empirische Wissenschaft - 3. Krise und Grenzen der RPs. - 4. Weiterführende Fragen. - Ps. = Psychologie, R. = Religion, RPs. = Religionspsychologie, p. = psychologisch, r. = religionspsychologisch

1. Daß sich die Ps. mit der → Religion beschäftigt, ist eine durchaus moderne Sache. Als solche ist RPs. ebenso ein spezieller Zweig der allgemeinen → Psychologie (: I) als auch ein Teilgebiet der → Religionswissenschaft. Indessen ist das Interesse, dem die RPs. dient, so alt wie die Beschäftigung der R. mit der »Seele«. Es hat seinen Ursprung in der religiösen Selbstbeobachtung (Selbstprüfung) und in der früh und allgemein verbreiteten Metaphysik der »Seele«. Die einschlägige frühchristliche Literatur verrät natürlich allenthalben die Spuren des Einflusses der griechischen Philosophie, bes. des → Platonismus. Zu nennen sind → Tertullian, De anima (ca 210/11), → Gregor von Nyssa, Gespräch mit Makrina über Seele und Auferstehung (ca 380), vor allem aber → Augustins Confessiones. → Melanchthons De anima gehört ebenfalls in diese Reihe. Unschätzbar ist der Beitrag der Mystiker zur religiösen Seelenkunde; die »Seelenburg« (Morades) der → Therese von Avila ist in sich ein ganzes Kompendium der Ps. Brief, Tagebuch, Autobiographie, Essay, Fragment und Aphorismus über sich selbst und über menschliche Dinge, an der Spitze → Pascals Pensées und → Kierkegaards Schriften, bes. die Tagebücher, das alles ist eine bis heute noch unausgeschöpfte Fundgrube für die Erkenntnis des religiösen Seelenlebens. Verglichen damit ist die wissenschaftliche RPs. eine blasse Angelegenheit geblieben.

2. Der Anstoß zu einer wissenschaftlichen RPs. kam um die Jh.wende aus *Nordamerika*. Er war von vornherein gekennzeichnet durch einen entschlossenen Empirismus und durch eine Schärfung des methodischen Bewußtseins. Die Schule von G.St.Hall hat sich mit den religiösen Erscheinungen des Jugendalters, bes. (so Hall selbst) mit der Häufigkeit von Bekehrungen befaßt. Von seinen Schülern sind zu nennen E.D.Starbuck (The Psychology of R., 1899), J.H.Leuba (Studies in the Psychology of Religious Phenomena [Amer. Journal of Psych. 7, 1896, 309-385]; The Psychological Origin and the Nature of R., London 1921), vor allem aber William James (Varieties of Religious Experience, 1902; dt. hg.v. G.Wobbermin, 1914[2]). Das Interesse dieser amerikanischen Forschung war wesentlich den auffälligen religiösen Erscheinungen wie der Bekehrung, der Wiedergeburt, der Mystik zugewendet und hat sich erst verhältnismäßig spät dem religiösen Durchschnitt und Alltag zugewendet. Methodisch waren die amerikanischen Anstöße dadurch auf lange Zeit hinaus bestimmend, daß die Gewinnung und Auswertung eines möglichst reichen statistischen Materials - Autobiographien, Tagebücher, vor allem aber Fragebogen - zur Hauptaufgabe gemacht wurde. Die Fähigkeit befragter Personen, überhaupt zu antworten und unbefangen zu antworten, sowie die Absicht, aus solchen Materialien auf induktivem Wege allgemeingültige Erkenntnisse zu gewinnen, setzten dem Verfahren von vornherein eine Grenze. Durch die sog. *Würzburger Schule* (O.Külpe, K.Bühler, K.Marbe) wurde dieses Verfahren auch in Deutschland heimisch. Von hier gingen die Theologen aus, welche in einem möglichst reinen und strengen Sinne das Experiment zur Grundlage des wissenschaftlichen Arbeitens machen wollten: W. → Stählin (in einer ersten, später verlassenen Phase seines Wirkens; Begründer von »Archiv für RPs.«, 2 Bde, 1914/21), K.Girgensohn (Der seelische Aufbau des religiösen Erlebens, 1921) und W.Gruehn, der das »Archiv« seit 1929 unter erweitertem Titel herausgab (Hauptwerk: Die Frömmigkeit der Gegenwart. Grundtatsachen der empirischen Ps., 1956). In der gleichen Grundstimmung der Zeit, wenn auch in freierer Auffassung der Methode und in bewußter Überschreitung der programmatischen Neutralität der Würzburger Schule, wirkten K.Beth (Zeitschrift für RPs., seit 1926) und G. → Wobbermin, der in seine r.en Arbeiten starke systematisch-theologische Interessen einmischte, indem er, unter sehr eigenwilliger Berufung auf → Schleiermacher, die Wechselbeziehung zwischen den übersubjektiven Gegebenheiten des Glaubens und der p.en Struktur, den »r.en Zirkel« zur Mitte seiner Theologie erhob.

Eine weitere Bereicherung kam in das Gesamtbild der RPs. am Anfang des 20.Jh.s durch W. → Wundt. Er löste nämlich die RPs. aus ihrer selbstverständlichen Verbindung mit der Individual-Ps. und verband sie mit der Massen- und → *Völkerpsychologie*. Im 4.-6. Bd seiner Völker-Ps. hat Wundt das religiöse Leben vorwiegend ethnographisch und mit starkem Interesse an seiner Genesis geschildert. Das Interesse an der R. der → Naturvölker hat von da an bis heute die R.sforschung beherrscht. Wundt ist auch insofern von weitreichender Bedeutung geworden, als die RPs. zu den rein p.en Gesichtspunkten noch die religionsgeschichtliche Sicht hinzugewinnt, wodurch ihr ganz neue und bisher nicht berücksichtigte Bezirke des religiösen Lebens erschlossen werden. Am Anfang dieses Weges steht N. → Söderblom (Das Werden des Gottesglaubens, [1915] 1926[2]), es folgen Fr. → Heiler (Das Gebet, [1918] 1923[5]), Rud. → Otto (Das Heilige, [1917] 1958[29.30]), Tor Andrae (Die letzten Dinge, 1940), um nur die wichtigsten Erscheinungen zu nennen. Das alles ist nicht mehr Ps. im engen und strengen Sinne, aber es zeigt auch, wie der Ansatz der RPs. allenthalben zu einer Überschreitung der ursprünglichen Grenzen drängt, die dem Programm der RPs. sowohl hinsichtlich der Methode wie der Zielsetzung gezogen sind. - Eine solche Ausweitung kam schließlich aus jener Richtung, welche überhaupt die Grenzen der Ps. ausgeweitet hat, nämlich von der → *Tiefenpsychologie*, sei es in der Form der Psychoanalyse, sei es als Individual-Ps. Allerdings standen von Anbeginn zwei Gefahren an diesem Wege. Einmal neigten diese Theorien zu einer Umdeutung des religiösen Lebens und seiner spezifischen Ausdrucksformen. Die Umdeutung im Sinne des »das ist ja nichts anderes als...« drohte hier bes. den Erscheinungen des religiösen Lebens ihren ursprünglichen Sinn zu rauben. Ferner ist es der Psychoanalyse und ihren Anhängern immer eigen gewesen, rasch zur »Anwendung« ihrer Erkenntnisse und Methoden überzugehen.

Die ursprüngliche und reine RPs. war durch ihr Bekenntnis zur Empirie, dh durch ihre entschlossene Orientierung am gelebten Leben ausgezeichnet. Keine vorgängige Theorie sollte die unmittelbare Erfassung des religiösen Lebens und seiner Erscheinungsformen entstellen. Praktisch wählte man dann freilich zur Ausführung dieses Programmes den Weg der Experimental-Ps. Das p.e Experiment ist dadurch gekennzeichnet, daß eine bestimmte Ausgangslage hergestellt wird, daß ein Reiz ausgeübt und dadurch eine Reaktion herbeigeführt wird, die gemessen, registriert und u.U. statistisch verallgemeinert werden kann. In diesem Sinne können Gedächtnisleistungen, Sinnesempfindungen, Konzentrationsfähigkeit und Phantasie der »Versuchspersonen« registriert und p.e Gesetzmäßigkeiten ermittelt werden. In der RPs. versagen aber diese methodischen Elemente der Experimental-Ps. weithin. Man kann kein »religiöses → Erlebnis« als Ausgangslage »herstellen«, als Reiz kommt immer nur die Frage in Betracht, und als Reaktion dementsprechend die Antwort der »Versuchsperson«. Das Verfahren steht und fällt mit der Fähigkeit der befragten Personen, die Frage zu verstehen und bei der Beantwortung keine eigene Theorie, nichts von Vorurteilen u.dgl. einfließen zu lassen. Praktisch ist dieses Verfahren immer an eine bestimmte Bildungsschicht gebunden. Ferner wird durch die Methoden der experimentell verfahrenden RPs. immer nur das erfaßt, was in das individuelle Bewußtsein eingetreten ist. Was aber einerseits im Unbewußten liegt und andererseits ins Überindividuelle reicht, das kann durch keine Art von Experiment am wachbewußten Einzelnen gebildeter Herkunft hinreichend ermittelt werden. Nicht zuletzt läßt sich der Wert von Gesetzmäßigkeiten bezweifeln, die auf solchem Wege ermittelt worden sind. Wahre Wesenseinsichten, die den Namen verdienen, können nach grundlegender Regel phänomenologischen Verfahrens auch an einem einzelnen Phänomen zu originärer Gegebenheit gebracht werden. Es bedarf dazu keiner Häufung ähnlicher Fälle zu ganzen Versuchsreihen, so wichtig die Orientierung am konkreten Fall überhaupt immer bleibt. Es genügt dazu aber auch keine bloße Befragungsmethode, sondern es bedarf des Verstehens, das durch → Dilthey und → Spranger zur Grundlage der geisteswissenschaftlichen Ps. gemacht und weithin methodisch geklärt worden ist. Auch hier ist die Bindung der p.en Forschung an die Erfahrung unabdingbar, aber sie ist etwas grundlegend anderes als die experimentelle Methode. Was M. → Scheler im Sinne einer verstehenden Ps. in seiner früheren Periode über das Wesen der Reue oder der religiösen Liebesakte in phänomenologischer Beschreibung ausgesagt hat, reicht über den durchschnittlichen Ertrag r.er Experimente weit hinaus.

3. Das alles deutet auf eine *Krise,* die in der Konzeption der RPs. selbst schon angelegt ist. Ganz abgesehen von methodischen Erwägungen läßt sich nicht übersehen, daß uns die religiösen Überlieferungen, also hl. Schriften, Offenbarungen, kurz: die → Religionsgeschichte, vor religiöse Erscheinungen stellt, die im Vergleich mit unserem eigenen seelischen und religiösen Erleben absolut inkommensurabel sind, die uns zwar »betreffen«, wecken, zum Glauben rufen können, die wir aber, als uns und unserer Zeit zu fern, nicht mehr p. verstehen können. Grundsätzlich gilt, daß fremdes, ja schon einigermaßen fernes religiöses Erleben nicht mehr zum Gegenstand der RPs. gemacht werden kann. Wir können solche fremden und fernen religiösen Erscheinungen nur noch unter dem Vorbehalt eines wirklichen Verstehens und unter Ausklammerung der Wahrheitsfrage, ja unter Absehung von der Einfühlbarkeit vorsichtig beschreiben und vielleicht darüber hinaus in ihrer wiederkehrenden Typik erfassen. Damit sind wir aber bei der → Religionsphänomenologie, deren hohe, die ältere RPs. überschreitende Leistungsfähigkeit van der → Leeuw in seiner Phänomenologie der R. ([1933] 1956²) dargetan hat.

Die Krise der RPs. ist auch geschichtlich unübersehbar gewesen, als ihre Aktivität nach dem 1. Weltkrieg erlahmte. Das hatte mehrere Gründe. Einmal teilte die RPs. das Schicksal der allgemeinen Ps., die zwar im → Psychologismus um 1900 zu einer Schlüsselposition in der Wissenschaft, bes. in der Philosophie aufgerückt war, dann aber unter der Kritik am Psychologismus (→ Husserl, Logische Untersuchungen, 1900/01) radikal aus dieser Stellung verdrängt wurde. In der Theologie bedeutete die sog. → Dialektische Theologie einen Angriff auf das moderne Denken, das mehr noch als im → Historismus in seinem Psychologismus getroffen werden sollte. Die Wegwendung des Interesses vom Menschen und seinen psychischen Strukturen allein auf Gott, auf sein Wort und seine Offenbarung ließ keine r.e Arbeit mehr zu. In Deutschland wurde durch diese Theologie der Krisis wenigstens die Zuversicht zur experimentellen RPs. und die Hoffnung auf hier zu gewinnende Früchte bis heute gelähmt. Das hatte aber auch den sachlichen Grund, daß man sich in den Anfängen der Arbeit an der RPs. dem Ideal einer Objektivität und neutralen Exaktheit verschrieben hatte, das sich zum Erweis seiner Strenge jeder Art von Wahrheits- und Sinnfrage zu enthalten hatte. Nun ist gewiß die Wahrheitsfrage Sache der Theologie. Aber kann man den religiösen Akt je verstehen, wenn man ihn seines Herzens, eben der Frage nach der Wahrheit beraubt? Kann man – und das ist nicht dasselbe – den religiösen Akt, religiöse → Erfahrung und religiöse Gewißheit verstehen, wenn man absieht von dem »Sinn«, den diese Äußerungen der R. im Gesamtgefüge des Menschseins haben? Alle bewußten und unbewußten religiösen Akte und Verhaltensweisen »offenbaren« ja etwas über den Menschen! Diese Akte und Verhaltensweisen verstehen heißt aber dann, den Menschen verstehen. Hierin zeigt sich wiederum eine Krise der RPs.; denn sie kann nicht bei ihrer eigenen und ursprünglichen Fragestellung verharren, sondern sie muß sich, wie das heute ja oft in der Ps. sichtbar wird, zur anthropologischen Fragestellung ausweiten. Eine RPs., die den anthropologischen Aspekt gewaltsam zurückdrängt, würde darauf verzichten, ihren Beitrag zum Verstehen des Menschen im vollen Maße zu erfüllen.

4. Nichts kann zugleich so sehr zugunsten der RPs. sprechen wie die Tatsache, daß allenthalben an ihren Grenzen *weiterführende Fragen* sichtbar werden. Schon die Selbstbescheidung der RPs. in ihren Grenzen kann sie zu neuer Fruchtbarkeit für die Praxis der Kirche, etwa der → Seelsorge und der Sozialarbeit erwecken. Es ist dazu nur erforderlich, daß die RPs. sich nicht in das Ghetto einer methodischen Gesetzlichkeit einsperrt, sondern sich dem wirklichen Menschen zuwendet und seinem Verstehen unvoreingenommen öffnet. Aber die RPs. kann nicht bei sich selbst bleiben. Dem Verstehen religiösen Lebens ist immer durch die seelische Kapazität dessen, der verstehen will, eine Grenze gezogen. Diese Grenze aber weckt neue Fragen, nämlich nach den Geheimnissen des fremden religiösen Lebens und seiner uns vielleicht verborgenen Wahrheit. Die R.sphänomenologie führt uns in die Vorhöfe dieser fremden Wahrheiten ein. Ihrer ursprünglichen Konzeption nach ist die RPs. ferner an das Individuum gewiesen, an seine Erfahrung, seine Gewißheiten, Freuden und Leiden usw. Aber das ist ja niemals das ganze religiöse Leben. Man

kann nicht die sozialen Akte und vollends die sozialen Bezüge ausklammern. Damit aber überschreitet die Fragestellung die Grenzen der RPs. zur → Religionssoziologie hin. Und letztlich ist auch daran zu erinnern, daß die RPs. in ihrer Grundidee auf die Beachtung von Formalien des religiösen Lebens gewiesen ist; denn jede »inhaltliche« Frage, dh jede Frage der religiösen Wahrheit überschreitet ihre Kompetenzen. »Reine« RPs. muß sachlich neutral bleiben. Das ist jedoch immer nur in Grenzen möglich. Schon in der Unterscheidung der → Religionspsychopathologie von der RPs. kann etwa bei der Diagnose von Wahnvorstellungen keine Enthaltung von Urteilen über den Inhalt des religiösen Erlebnisses mehr stattfinden. Umgekehrt ist aber eine Reihe von religiösen Grundbegriffen zu nennen, die eine p.e Interpretation geradezu herausfordern. Mag sich die Interpretation auch nicht in einer p.en erschöpfen, so kann sie jedenfalls nicht unter Außerachtlassung der Ps. erfolgen. Folgende Themen seien genannt, angesichts deren die Theologie ohne p.es Bewußtsein und ohne p.en Hinblick »blind« verfährt: Glaube, Zweifel, Anfechtung und Vertrauen, Gebet, Liebe, Hoffnung, Furcht, guter Wille, Sehnsucht, Gehorsam, Gewissen, Bekehrung, Nachfolge. So wichtig es ist, sich über die Grenzen der RPs. und ihrer Erkenntnismöglichkeiten Klarheit zu verschaffen, so wichtig ist es für die Theologie, sich der RPs. unbefangen zu bedienen, um nicht bei entscheidenden Themen einem blinden Spiel mit bloßen Begriffen zu verfallen.

Außer der im Text genannten Lit.: ERE X, 662ff. 668ff - RGG[1] IV, 2209ff; RGG[2] IV, 1921ff - EISLER II, 727f - LThK VIII, 786ff - EC X, 724ff - EKL III, 609ff (jeweils Lit.). - R.MÜLLER-FREIENFELS, Ps. d. R. (SG 805/06), 2 Bde, 1920 - R.HERMANN, Zur Frage d. r.en Experiments (BFChTh 26, 5), 1922 - G.WUNDERLE, Das rel. Erleben, 1922 - O.HOFMANN, RPs. I, 1923 - E.BERGGRAV, Religionens terskel, 1924; dt.: Der Durchbruch d. R. im menschl. Seelenleben, 1929 - R.ALLIER, La psychologie de la conversion chez les peuples non-civilisés, 2 Bde, 1925 - F.H.MARNECK, Glaubenslose R., 1931 - P.E. JOHNSON, Psychology of R., New York (1945) 1959[2] - W.TRILLHAAS, Die innere Welt, RPs., (1946) 1953[2] - E.SPRANGER, Die Magie d. Seele, (1947) 1949[2] - W.HELLPACH, Grundriß d. RPs., 1951 - WACH, Types - L.W.GRENSTED, The Psychology of R., 1952 - W. BERNET, Inhalt u. Grenze d. rel. Erfahrung, 1955 - A.TH.BOISEN, R. in Crisis and Custom. A Social and Psychological Study, 1955 - R. AFFEMANN, Ps. u. Bibel, 1957 - W.H.CLARK, The Psychology of R., New York 1958 - V.GRØNBAEK, R.spsykologi, Kopenhagen 1958 - R.POTEMPA, Persönlichkeit u. Religiosität, 1958 - W.CANZIANI, RPs. als empirische Wissenschaft (Der Psychologe 11, 1959, 409-480) - L.RICHTER, Zum Situationsbewußtsein der gegenwärtigen RPs. (ThLZ 85, 1960, 333-342). - Vgl. die Lit. zu → Erfahrung, → Frömmigkeit, → Psychologie, → Psychotherapie, → Religion.

W.Trillhaas

Religionspsychopathologie. Das Verhältnis von → Krankheit und Religion ist ein altes Problem. Von zwei Seiten her besteht ein lebhaftes Interesse an seiner Klärung. Einmal muß die Wissenschaft vom krankhaften Seelenleben, die → Psychiatrie bzw. die Psychopathologie den krankhaften Erlebnisformen religiösen Inhalts nachgehen; denn wenn das ganze Seelenleben pathologische Züge aufweist, dann müssen sich diese ja auch auf das religiöse Leben erstrecken. Zugleich besteht auch ein Interesse auf der Seite der Religionswissenschaft und der Theologie, das krankhafte religiöse Leben, zB religiösen Wahn, Halluzinationen u.dgl., vom »normalen« religiösen Leben zu unterscheiden. Die R. ist dementsprechend ebenso ein Teilgebiet der → Religionspsychologie wie der allgemeinen Psychopathologie. Ihr Gegenstand ist die Erforschung religiöser → Erlebnisse, die sich aus einer krankhaften Grundlage, näherhin aus psychischen Defekten erklären. Gibt es hier klare Regeln? Rufen bestimmte Abnormitäten, Psychopathien oder Psychosen, bestimmte »religiöse« Erlebnisse hervor? Ist mit einer Begünstigung oder typischen Färbung solcher religiösen Erlebnisse durch bestimmte Krankheiten zu rechnen? - Der Problemkreis der R. muß scharf abgegrenzt werden gegen drei Mißverständnisse. Einmal ist eine religiöse Erfahrung oder Glaubenseinsicht nicht darum schon in sich krankhaft, weil sie krankheitsbedingt ist. Wie im allgemeinen Geistesleben (vgl. → Dostojewski oder → Nietzsche), so kann auch hier eine psychopathische Grundlage der religiösen Erfahrung Tiefe und scharfe Konturen verleihen, ohne sie inhaltlich zu erschüttern. Zum anderen sind nicht alle abnormen Veranlagungen, wie etwa die Verschrobenheiten eines Genies, schon deshalb als krankhaft zu bewerten, weil die Spielarten des Lebendigen hier erheblich von der »Norm«, dh vom Durchschnitt abweichen. Und schließlich sind von dem religiösen Erleben auf krankhafter Grundlage sorgfältig zu unterscheiden Mißbildungen der Religion in sich, also »unechte« Glaubensüberzeugungen, Umdeutungen erotischer Erlebnisse in religiöse, Religion aus Ressentiment, Aberglaube u.dgl. Das alles setzt ja noch keine krankhafte Grundlage voraus. - Diese Übersicht zeigt bereits, wie kompliziert die Probleme der R. sind und wie schwer krankhaftes religiöses Leben als solches erkannt werden kann. Ungewöhnlichkeit oder Seltenheit eines religiösen Erlebnisses allein genügt niemals, es als krankhaft zu bezeichnen (mystische Erfahrungen!). Bei aller Vorsicht mögen folgende Merkmale eines krankhaften religiösen Lebens, also eines in schwerer seelischer, aber organisch bedingter Störung begründeten Erlebens genannt werden: Der erkrankte Mensch ist hilflos. Er wird in seiner Willensfreiheit gelähmt; Art und Weise seines seelischen Erlebens, sogar dessen Inhalt und Stil werden ihm von seiner Organstörung her vorgeschrieben. Bei einem phasenweise auftretenden Erleben ist es dem erkrankten Menschen selbst unheimlich mit seinen Erlebnissen. Man wird von da aus als ein weiteres Merkmal krankhafter religiöser Erlebnisse auf psychopathischer Grundlage die Veränderung des Persönlichkeitsbildes nennen können. Der Kranke »ist nicht mehr, der er war«. Er ist »eigentlich ganz anders«. Bei schizophrenen Schüben kann das dann wie ausgelöscht sein, sobald die Phase vorüber ist. Ganz allgemein wird man sagen können, daß das krankhafte religiöse Leben »aus dem Rahmen fällt«. Es ist oft in sich unlogisch, unklar, es kann den anderen Menschen nicht mitgeteilt werden. Es ist nicht »einfühlbar« (Jaspers), ja geradezu sinnlos. Selbst außerordentliche mystische Erfahrungen, Prophetien, Gebete persönlichster Art sind immer noch mitteilbar, Prophetien sind geradezu auf Mitteilung angelegt. Krankhaftes religiöses Erleben aber ist nicht mitteilbar. Es ist meist durch starke Egozentrik charakterisiert. Es steht oft sogar im Widerspruch zu allgemeinen rechtlichen und sittlichen Überzeugungen. In der Diagnose werden sich Psychiatrie und → Seelsorge begegnen und sich im Dienste des kranken Menschen gegenseitig zu einem nüchternen Urteil verhelfen. - Vgl. → Psychotherapie, → Religionspsychologie.

K.JASPERS, Allg. Psychopathologie, (1913) 1959[7] - O.BUMKE, Lehrbuch der Geisteskrankheiten, (1919) 1948[7] - K.SCHNEIDER, Die psychopathischen Persönlichkeiten, (1923) 1950[9] (Lit.) - DERS., Zur Einführung in die R., 1928 - DERS., Klinische Psychopathologie, (1946) 1959[5] - DERS., Über den Wahn, 1952 - F.KRAUS, Allg. u. spezielle Pathologie der Person, 1926 - W.v.WEISL, Zwischen Religion u. Krankheit (Religionspsychologie, hg.v. K.BETH, H. 4, 1928, 1-50) - RGG[2] IV, 1927ff (Lit.) - A.NIEDERMEYER, Grundriß der Pastoralmedizin I, 1936/37 - DERS., Hdb. der speziellen Pastoralmedizin V, 1952 - S.S.TOMKINS (Hg.), Contemporary Psychopathology, Cambridge 1943 - W.TRILLHAAS, Die innere Welt, Religionspsychologie, (1946) 1953[2], 171ff - H.J.WEITBRECHT, Beiträge zur R., insbes. zur Psychopathologie der Bekehrung, 1948 - A.LECHLER-A.MADER, Psychopathie, 1949 - J.G.MCKENZIE, Nervous Disorders and Religion. A Study of Souls in the Making, London 1951 - O.J.HARTMANN, Medizinisch-pastorale Psychologie, 1952. *W.Trillhaas*

Religionssoziologie

1. Problemgeschichte - 2. Gegenwärtige Arbeitsgebiete - 3. R. und Theologie. - S. = Soziologie, s. = soziologisch

1. Die ersten *Ansatzpunkte für r.e Fragestellungen* reichen bis in das Zeitalter der → Aufklärung zurück. Die sozialphilosophische Kritik an traditionellen Zuständen und Vorstellungen erstreckte sich auch auf religiöse Phänomene. Ihre Prägung durch die soziale Umwelt und deren Veränderung wurde zunehmend erkannt. Der stark polemische Charakter dieser Darstellungen (→Voltaire) verhinderte jedoch eine objektive und gegenwartsnahe Erforschung der vielschichtigen Zusammenhänge zwischen → Religion und → Gesellschaft. Bis in das 20.Jh. ist aber von der radikalen Religionskritik bes. der Junghegelianer (D.F. → Strauß, L. → Feuerbach) und Sozialisten (→ Marx, → Kautsky) ein wesentlicher Impuls für die Entwicklung der R. ausgegangen. Besondere Bedeutung kommt hierbei einer Auffassung zu, die sich als *Kompensationsthese* bezeichnen läßt. Die Religion hat aus dieser Sicht die soziale Funktion eines Kompensators für innerweltliche Frustration. Von Marx (Religion als »Opium des Volks«) bis zu → Freud läßt sich diese Grundauffassung verfolgen, deren Einfluß auch in der gegenwärtigen R. (zB bei Yinger) noch festzustellen ist. - Einen zweiten Ansatzpunkt r.er Forschung boten die historischen und evolutionistischen Tendenzen des 19.Jh.s. Vergleichende Sprachstudien (F.Max → Müller), die Arbeiten der historischen Rechtsschule (bes. von O.F.v.Gierke und R. → Sohm), historische Untersuchungen wie die von Fustel de Coulanges über die antike Stadt, vor allem aber die ethnologischen Forschungen (→ Bachofen, Ratzel, H. → Spencer, J.G. → Frazer, L. → Lévy-Bruhl, W. → Schmidt, B.Malinowski; → Ethnologie) schufen die Grundlagen für eine vergleichende → Religionswissenschaft und damit die Möglichkeit, das Religionsphänomen in seiner sozialen Wirklichkeit differenzierter zu sehen. Diese Arbeiten lieferten als zweite Grundhypothese der R. die *Integrationsthese*. Die Religion wird aus dieser Sicht als wesentlicher Integrationsfaktor der Gesellschaft gesehen, meist unter Hinweis auf ihre Funktion als normatives Wertsystem und damit als Grundlage der gesellschaftlich sanktionierten Verhaltensweisen. Sehr deutlich kommt diese Auffassung in den Arbeiten → Durkheims und seiner Schule sowie bei den Vertretern des Funktionalismus zum Ausdruck. Die Integrationsthese, die häufig zur sozialen Rechtfertigung kirchlicher Institutionen gedient hat, führt leicht zu einer soziologistischen Interpretation religiöser Phänomene. - Neben der philosophischen Betrachtung und der historischen bzw. ethnologischen Detailforschung trugen die zunächst vorwiegend seelsorgerlichen und sozialethischen Auseinandersetzungen der kirchlichen Praktiker mit den sozialen Problemen der Industrialisierung zur Entwicklung r.er Fragestellungen bei. Wenn auch diese Arbeiten häufig in moralisierendem Wunschdenken befangen blieben, so zeigte sich doch allmählich die Tendenz, durch sorgfältige Sammlung und Analyse von qualitativem und quantitativem Tatsachenmaterial Unterlagen für die praktische Arbeit zu erhalten. Moralstatistische Untersuchungen (A.v. → Oettingen), sozialwissenschaftliche Erhebungen (F.Le Play und seine Schüler in Frankreich, Ch.Booth und S.Rowntree in England) und monographische Auswertungen von Arbeiterbefragungen (→ Dehn, Piechowski) sind die Vorläufer der modernen soziographischen Richtung in der R. Kernproblem dieser Studien war der fortschreitende Abfall weiter Bevölkerungskreise von der Kirche bzw. ihre Indifferenz gegenüber religiösen Fragestellungen. Diese Tendenz wurde als *Säkularisierungsthese* bes. durch Max → Weber wissenschaftlich formuliert. Die Auseinandersetzung mit dieser dritten Grundfragestellung der R. hat der modernen, vorwiegend empirischen r.en Forschung wohl den nachhaltigsten Impuls gegeben.

Die *Anfänge einer eigenständigen r.en Forschung* fallen in Deutschland mit dem Versuch zusammen, durch systematische Untersuchungen der von den Vertretern des historischen → Materialismus (: III) postulierten monokausalen Abhängigkeit der Religion von der Gesellschaft ein Bild differenzierterer Wechselbeziehungen entgegenzusetzen. Im Lebenswerk von *Ernst* → *Troeltsch* und *Max Weber* nimmt diese Aufgabe eine hervorragende Stellung ein. Troeltsch hat in seinen »Soziallehren der christlichen Kirchen und Gruppen« den Einfluß der verschiedenen christlichen Gemeinschaftsideen auf die theologische Dogmatik und die sozialen Institutionen analysiert. Weber hat von seiner klassischen Arbeit über die prot. Ethik und den Geist des → Kapitalismus bis zu seinen Untersuchungen über die Wirtschaftsethik der Weltreligionen zu zeigen versucht, wie religiöse Ideen durch Beeinflussung sozialer Verhaltensweisen die Gesellschaftsstruktur prägen und verändern. Aber auch in seinen anderen Schriften klingt immer wieder die Bedeutung wertrationaler bzw. charismatischer Haltungen durch. Auch seine kultur-s.e Leithypothese von der fortschreitenden »Entzauberung der Welt« durch Rationalisierung, in entfernter Verwandtschaft mit A. → Comtes Dreistadiengesetz, weist auf den engen Zusammenhang zwischen religiös geprägter Weltanschauung und sozialer Daseinsgestaltung hin. - Die vor allem hinsichtlich der »Typen religiöser Vergemeinschaftung« bei Weber feststellbaren Ansätze zu einer grundlegenden Begriffsbildung und Systematisierung der R. wurden von *Joachim* → *Wach* fortgeführt. Seine Absicht war es, eine vergleichende R. auf hermeneutischer Grundlage zu schaffen. In deren Mittelpunkt stand der enzyklopädische Versuch, unter Heranziehung eines alle Kulturbereiche und Geschichtsepochen umfassenden ethnologischen und religionsgeschichtlichen Tatsachenmaterials religiöse Verhaltensweisen und Institutionen sowie ihre Beziehungen zur Gesellschaft zu typisieren. So vermittelt Wachs r.es Lebenswerk einen ungemein kenntnisreichen Überblick über die Formen religiös bestimmter Vergesellschaftung (→ Gemeinschaften), dem allerdings die bei Weber noch angestrebte gegenwartsbezogene Aussagekraft weitgehend fehlt. - Ähnlich wie Wach hat auch *Gustav Mensching* seine R. vorwiegend vom religionswissenschaftlichen Standpunkt aus aufgebaut. Als Ergebnis seiner vergleichenden Untersuchungen gelangt er hinsichtlich religiöser Gemeinschaftsformen zu einer Reihe von Idealtypen, die den Einfluß Tönnies'scher Kategorien widerspiegeln. Sie reflektieren die von Mensching postulierte Entwicklung vom archaischen Kollektivismus über den Individualismus zu einer höheren kollektiven Ordnung. - Wachs und Menschings Werke schließen die Periode r.er Forschung ab, die durch universelle Problemstellung und durch historisch-vergleichende Forschungsmethoden gekennzeichnet war. Ihre bleibende Bedeutung für die R. liegt vorwiegend in der Formulierung wichtiger Grundhypothesen und in der Systematisierung der Phänomene und Begriffe.

Die neuere R. versucht die Begrenztheit einer rein historischen Fragestellung durch Aktualisierung des Forschungsansatzes und die Gefahr willkürlicher Typenbildung durch Anwendung exakter empirischer Methoden zu überwinden. Bewußt wird zunächst auf eine makro-s.e Globalanalyse des Phänomens »Religion« zugunsten mikro-s.er Detailstudien innerhalb einer bestimmten gegebenen Sozialstruktur verzichtet. An die Stelle einer historisch-formalen Kategorisierung tritt die Bestandsaufnahme der empirisch erfaßbaren sozialen Merkmale religiösen Verhaltens. Den entscheidenden Anstoß zu dieser Entwicklung gaben in Frankreich die Untersuchungen von G. → Le Bras, deren Ziel und Methode er schon 1931 in seinem Aufsatz über die religiöse Praxis und die Vitalität des französischen Katholizismus dargestellt hat, in Holland die Arbeiten J.P.Kruijts über Unkirchlichkeit, in den USA die unter dem methodologischen Einfluß von W.J.Thomas und F.Znaniecki zwischen 1921 und 1933 durchgeführten Untersuchungen des Institute of Social and Religious Research. In Deutschland fanden die empirischen Ansätze etwa seitens der Vertreter einer religiösen → Volkskunde zunächst keinen Nachhall. Vor allem die Forschungen von Le Bras lösten zunächst im kath. Bereich, später aber auch in prot. Kreisen eine unübersehbare Fülle soziographischer Studien aus. Die Ursache für diese Breitenwirkung liegt vor allem in der durch die Säkularisierungstendenz in allen Industrieländern gegebene Herausforderung der Kirchen und in dem großen Bedürfnis nach exakten Unterlagen für kirchenpolitische Beschlüsse und Maßnahmen. Damit wächst allerdings auch die Gefahr routinemäßiger »Auftragsforschung«, in deren Rahmen die R. zur Soziographie bzw. Statistik kirchlicher Einstellungen einerseits und kirchlicher Verwaltungslehre andererseits zu verkümmern droht. So gewinnen die Bestrebungen besondere Bedeutung, die auf eine theoretische Fundierung der Einzelforschung zielen und dadurch das Stadium der reinen Bestandsaufnahme und Zustandsschilderung zu überwinden suchen.

2. Obwohl der Hauptakzent r.er Forschung gegenwärtig auf der Sammlung von Unterlagen über das Sozialverhalten von Individuen und sozialen Gruppen sowohl im kirchlichen Bereich als auch gegenüber der Religion überhaupt liegt, werden doch zunehmend kirchliche Institutionen und – mit wissens-s.er Fragestellung – kirchliche Lehrmeinungen s. untersucht. Hierbei tritt der Gesichtspunkt sozialer Umwelteinflüsse auf die religiösen Phänomene wieder stärker hervor, während die gesellschaftsprägende Kraft der Religion weniger betont wird. Darüber hinaus wird auch – bes. in den USA – die traditionelle Erforschung der Wechselwirkungen zwischen Religion und Gesellschaft weiterverfolgt.

Die Bemühungen um eine *S. des religiösen Verhaltens* mußten sich zunächst mit dem Einwand auseinandersetzen, die Sphäre des Glaubens verschließe sich einer direkten Erforschung durch den Soziologen. Die von Le Bras in seinen Untersuchungen durchgeführte Reduktion des Phänomens »Religiosität« auf die empirisch wahrnehmbare kirchliche Praxis öffnete hier einen Weg, die sozialen Auswirkungen religiöser Grundhaltungen und eventuell auch deren soziale Bedingtheit – die allein ja den Soziologen interessieren – exakt zu untersuchen. Selbstverständlich sagen die zahlreichen Monographien über die nach wechselnden Kriterien (Gottesdienstbesuch, Teilnahme am Abendmahl usw) abgestufte → Kirchlichkeit verschiedener Bevölkerungskreise vor allem aus prot. Sicht nicht ohne weiteres etwas über das Maß der zugrunde liegenden Religiosität aus. Sie gestatten jedoch wertvolle Rückschlüsse auf die kirchliche Lage der Gegenwart und ihre sozialen Determinanten. Ein wichtiges Ergebnis liegt zB in der Feststellung, daß kirchliche Aktivität und Klassenschichtung in sehr viel differenzierterem Zusammenhang stehen, als bisher angenommen wurde. Mit Ausnahme von vereinzelten Monographien, wie etwa Kösters Arbeit über die »Kirchentreuen« und Wölbers Analyse der religiösen Einstellung junger Menschen, sind die s. bedingten Strukturwandlungen prot. → Frömmigkeit allerdings noch nicht umfassend analysiert worden.

Im Mittelpunkt einer *s.en Erforschung kirchlicher Institutionen* standen bisher die Pfarreien (→ Gemeinde: III, → Pfarrsoziologie). Die soziale Schichtung ihrer Mitglieder wurde in direkte Beziehung zu den festgestellten kirchlichen Verhaltensweisen gesetzt und auf dieser Basis eine Typologie der Pfarreien ausgearbeitet. Da jedoch die traditionelle Einheit von bürgerlicher und kirchlicher Gemeinde nicht mehr vorausgesetzt werden kann (vgl. Rendtorff), ist die Auffassung der Pfarrei als soziales Gebilde selbst fragwürdig geworden. Die begriffliche Trennung zwischen Kern- und Randgemeinde (entsprechend der Intensität der Teilnahme am kirchlichen Leben) kann nur als vorläufige Lösung betrachtet werden. Mit großer Dringlichkeit stellen die Ergebnisse der pfarr-s.en Forschung die Frage nach der s.en Realität der → Volkskirche.

Neuerdings ist auch der *Pfarrerberuf* Gegenstand s.er Analysen geworden, die den Bedeutungswandel seiner sozialen Funktionen deutlich dokumentieren (→ Pfarrer: III). Sie geben zugleich Aufschluß über die Reaktionsweisen der Pfarrer in dem umfassenden Anpassungsprozeß, der das in der vorindustriellen Gesellschaft gegebene Sozialprestige ihres Berufs gemindert, zugleich aber auch größere Freiheit in der Wahl des sozialen Wirkungsfeldes gebracht hat.

Die s.e *Analyse ideologischer Elemente* in den Religionsgemeinschaften hat sich bisher vorwiegend auf historische Phänomene, zB die mittelalterlichen Häresien und ihre sozialen Hintergründe konzentriert. Mehr und mehr wird aber erkannt, daß etwa auch die kirchlichen Stellungnahmen zu gegenwartsbezogenen Sozialproblemen ebenso wie Grundsatzdiskussionen über das Volkskirchen- bzw. Freiwilligkeitskirchenprinzip eine s.er Forschung zugängliche Dimension haben. Die s.e Analyse auf diesem Gebiet ist bes. geeignet, die weltlichen Elemente im kirchlichen Leben darzustellen und so den Beteiligten die Freiheit zu ihrer Gestaltung aufzuzeigen. Einen wichtigen, aber wenig bearbeiteten Fragenkreis für die r.e Forschung stellen die säkularen → Ideologien dar, die als »Diesseitsreligionen« wirken.

Das umfassende *s.e Studium größerer Religionsgemeinschaften* ist vor allem in den angelsächsischen Ländern im Rahmen der → Sekten-Forschung weiterentwickelt worden (→ Kirche: VII). Aber auch in den Entwicklungsländern wurden insbesondere synkretistische Gemeinden (→ Synkretismus: II) im Zusammenhang mit den sozialen Problemen des Kulturkontaktes studiert (u.a. von G.Balandier und R.Bastide). In der Problemstellung wirkt bes. in den USA noch der Einfluß Max Webers nach, indem nach der Beziehung zwischen religiösen Einstellungen und sozialen Verhaltensweisen und nach der Stellung der betreffenden Gruppen im Rahmen der Gesamtgesellschaft gefragt wird. In Ländern mit ausgeprägten Mehrheits- oder Minderheitsverhältnissen zwischen den Bekenntnissen, wie zB in Holland, wird der s.en Analyse der Auswirkungen dieser Situation auf die beteiligten Gemeinden und die interkonfessionellen Sozialkontakte besondere Aufmerksamkeit gewidmet. Die S. der großen Denominationen und Kirchen sowie der nichtchristlichen Religionen, die stets schon eine Fülle von Detailergebnissen voraussetzt, wird – oftmals durch Missionsprobleme angeregt – vorwiegend im Rahmen religionswissenschaftlicher und ethnologischer Untersuchungen betrieben.

Untersuchungen der Beziehungen zwischen Religion und Gesellschaft werden im Anschluß an traditionelle Fragestellungen der R. (M.Weber, R.Tawney, B.Groethuysen u.a.) vor allem auf dem Gebiet wirtschaftlicher Verhaltensweisen und Institutionen durchgeführt. Hingegen sind die nicht minder wichtigen Verbindungen zwischen religiöser Grundorientierung und politischer Haltung oder zwischen Religion und Erziehungssystem usw bisher wenig erforscht worden.

Während die R. in ihren Anfängen das Werk einzelner Gelehrter war, schreitet jetzt die *Institutionalisierung der Forschung* rasch voran. In der BRD wird neben den Erhebungen fach-s.er Universitätsinstitute und gelegentlichen Enqueten der privaten Meinungsforschungsinstitute von prot. Seite am Institut für christliche Gesellschaftswissenschaften der Universität Münster und am Institut für christliche Gesellschaftslehre der Universität Tübingen, von kath. Seite vor allem am kath. Institut für Sozialforschung in Königstein/Taunus, am Institut für christliche Sozialwissenschaften der Universität Münster und am pastoral-s.en Institut in Essen empirische Forschung getrieben. Seit 1959 finden jährlich die Europäischen Kolloquien über die S. des Protestantismus statt.

3. Eine R., die alle Sozialphänomene im religiösen Bereich in ihre Forschung einbezieht und gegenwartsbezogene Aussagen anstrebt, muß um eine grundsätzliche Klärung ihres *Verhältnisses zur Theologie* bemüht sein. Hierbei sind vor allem zwei Mißverständnisse zu vermeiden. Einerseits muß der Auffassung widersprochen werden, die R. habe sich auf bloße Kirchenstatistik bzw. Meinungsforschung im kirchlichen Raum zu beschränken und die Interpretation der gesammelten Fakten dem Theologen zu überlassen. Ihr liegt der Verdacht zugrunde, die R. könne sich einer normativen Analyse der Religion unter rein säkularen Gesichtspunkten nicht enthalten und müsse sie dadurch notwendig zu einem Reflex auf soziale Umwelteinflüsse reduzieren. Andererseits wird auch gelegentlich die Erwartung vertreten, es könne der R. gelingen, Aussagen über die moderne Welt zu machen, die sich direkt als Bausteine theologischer Erkenntnis verwenden lassen. Sie beruht auf der stillschweigenden Voraussetzung, auch Glaubensaussagen müßten die gewandelte Struktur einer mündig gewordenen Welt reflektieren und die R. könne der Theologie in diesem Anpassungsprozeß die Richtung weisen. – Beiden Mißverständnissen gegenüber kann sich die R. auf ihre eigentliche Fragestellung berufen, die sich auf die *weltlichen* Aspekte religiösen Sozialverhaltens und religiöser Institutionen erstreckt. Sie beschreibt und analysiert diese Aspekte in rein säkularen Begriffen, die nicht ohne weiteres in die theologische Sprache übertragbar sind. Wo die Sphäre des Glaubens und der Verkündigung von der r.en Analyse berührt wird, erscheint sie stets nur in ihrer sozialen Dimension. – Das Gespräch zwischen R. und Theologie wird um so fruchtbarer sein, je mehr die Ergebnisse r.er Forschung von den Theologen als Herausforderung verstanden werden, das Spannungsverhältnis zwischen Kirche und Welt ernst zu nehmen und sich immer wieder mit den Aussagen über die Struktur der Welt auseinanderzusetzen. Die besondere Chance einer prot. R., die sich nicht auf bloße Hilfsfunktionen im Rahmen eines normativen Denksystems beschränken muß, liegt darin, der Kirche mit der Erkenntnis ihrer weltlichen Bindung zugleich die Freiheit zur Gestaltung dieser Bindung im Bewußtsein ihres überweltlichen Auftrags zu vermitteln.

Vgl. → Sozialforschung, → Soziologie: I.

Allg. Darst.en: E.TROELTSCH, Die Soziallehren d. christl. Kirchen u. Gruppen, (1912) 1923³ - E.DURKHEIM, Les formes élémentaires de la vie religieuse, Paris (1912) 1937³ - MAX WEBER, Ges. Aufs. zur R. I-III, (1920/21) 1947⁴ - J.WACH, Einführung in d. R., 1931 - DERS., R., 1951 - DERS., The Comparative Study of Religions, New York 1958 - H.WEBSTER, Taboo. A Sociological Study, Stanford 1942 - DERS., Magic. A Sociological Study, ebd 1948 - G.MENSCHING, S. der Religion, 1947 - F.BOULARD, Premiers itinéraires en sociologie relig., Paris 1954 - G.LE BRAS, Etudes de sociologie relig. I. II, Paris 1955/56 - M.YINGER, Religion, Society and the Individual, New York 1957 - P.HONIGSHEIM, R. (in: G.EISERMANN [Hg.], Die Lehre von d. Gesellschaft, 1958, 119-181).

Religiöses Verhalten: P.PIECHOWSKI, Proletarischer Glaube, 1927 - G.DEHN, Proletarische Jugend, 1929 - J.P.KRUIJT, De onkerkelykheid in Nederland, Groningen 1933 - L.POPE, Millhands and Preachers, New Haven 1942 - P.M.KITAY, Radicalism and Conservatism toward Conventional Religion, New York 1947 - J.KERKHOFS SJ, Godsdienstpraktyk en sociaal milieu, Brüssel 1953 - E.PIN, Pratique religieuse et classes sociales dans une paroisse urbaine, Paris 1956 - E.R.WICKHAM, Church and People in an Industrial City, London 1957 - R.KÖSTER, Die Kirchentreuen, 1959 - F.FÜRSTENBERG, Der Strukturwandel prot. Frömmigkeit als s.es Problem (Archives de Sociologie des Religions 8, 1959, 71-80) - H.O.WÖLBER, Religion ohne Entscheidung, 1960.

Religiöse Institutionen: J.J.NAVAGH, The Apostolic Parish, New York 1950 - J.H.FICHTER, Southern Parish I: The Dynamics of a City Church, Chicago 1951 - DERS., Social Relations in the Urban Parish, ebd 1954; dt.: Die gesellschaftl. Struktur d. städt. Pfarrei, 1957 - DERS., S. der Pfarrgruppen, 1958 - A.LEONI, Sociologia e geografia religiosa di una diocesi, Rom 1952 - L.M.SMITH, The Clergy: Authority, Structure, Ideology, Migration (ASR 18, 1953, 242-248) - J.CROTTOGINI, Werden u. Krisis d. Priesterberufs, 1955 - J.DELLEPOORT, De priesterroepingen in Nederland, Den Haag 1955 - DERS. u.a., Die dt. Priesterfrage, 1961 - N.GREINACHER, S. d. Pfarrei, 1955 - T.RENDTORFF, Die soziale Struktur d. Gemeinde, 1958 - J.FREYTAG, Die Kirchengemeinde in s.er Sicht, 1959 - D.GOLDSCHMIDT-F.GREINER-H.SCHELSKY (Hg.), S. d. Kirchengemeinde, 1959 - F.FÜRSTENBERG, Kirchenform u. Gesellschaftsstruktur (Sociologisch Bulletin 14, 1960, 100-112) - G.WURZBACHER u.a., Der Pfarrer in d. modernen Gesellschaft, 1960.

Ideologische Elemente: P.HONIGSHEIM, Zur S. d. mittelalterl. Scholastik (in: Hauptprobleme der S. II, 1923, 189-212) - DERS., S. d. Mystik (in: M.SCHELER [Hg.], Versuche zu einer S. d. Wissens, 1924, 323-346) - O.GUNDLACH, Zur S. d. kath. Ideenwelt, 1927 - J.MONNEROT, S. d. Kommunismus, 1952 - O.H.V.D.GABLENTZ, Die Krisis d. säkularen Religionen (in: H.-D.WENDLAND [Hg.], Kosmos u. Ekklesia, 1953, 243-261) - E.WERNER, Pauperes Christi, 1956 - H.BRAUN, Spätjüd.-häret. u. frühchristl. Radikalismus I. II, 1957 - J.MATTHES, Ideologische Züge in d. neueren ev. Sozialarbeit in Deutschland (LR 10, 1960/61, 30-55).

Religionsgemeinschaften: H.R.NIEBUHR, The Social Sources of Denominationalism, New York (1929) 1957³ - N.ANDERSON, Desert Saints: The Mormon Frontier in Utah, Chicago 1942 - J.H.STROUP, The Jehova's Witnesses, New York 1945 - B.G.M.SUNDKLER, Bantu Prophets in South Africa, London (1948) 1961² - W.J.GOODE, Religion among the Primitives, Glencoe/Ill. 1951 - S.HARRIS, Father Divine, Garden City 1953 - E.G.LÉONARD, Le protestant français, Paris 1953 - H.DESROCHE, Les Shakers américains, ebd 1955 - W.HERBERG, Protestant, Catholic, Jew, Toronto 1955 - M.SKLARE, Conservative Judaism, Glencoe/Ill. 1955 - R.N.BELLAH, Tokugawa Religion, ebd 1957 - W.GODDIJN OFM, Katholieke minderheit en Protestantse dominant, Assen 1957 - R.LEVY, The Social Structure of Islam, Cambridge 1957.

Religion u. Gesellschaft: B.GROETHUYSEN, Die Entstehung d. bürgerl. Welt- u. Lebensanschauung in Frankreich I. II, 1927/30 - R.H. TAWNEY, Religion u. Frühkapitalismus, Bern 1946 - K.VONTOBEL, Das Arbeitsethos d. dt. Protestantismus, Bern 1946 - J.M.YINGER, Religion in the Struggle for Power, Durham 1946 - A.B.HOLLINGSHEAD, Elmstown's Youth, New York 1949 - L.E.EBERSOLE, Church Lobbying in the Nation's Capital, ebd 1951 - S.R.SCHRAM, Protestantism and Politics in France, Alençon 1952 - A.MÜLLER-ARMACK, Religion u. Wirtschaft, 1960 - H.SCHÖFFLER, Wirkungen d. Reformation, 1960 - S.RADHAKRISHNAN, Religion u. Gesellschaft, o.J.

R. u. Theol.: J.HASENFUSS, Der Soziologismus in d. modernen Religionswiss., 1955 - H.SCHELSKY, Ist die Dauerreflexion institutionalisierbar? (ZEE 1, 1957, 153-174; hierzu Diskussion ebd 254-291) - W.STARK, Social Theory and Christian Thought, London 1958.

Zs.en u. Bibliogr.n: Sociologisch Bulletin, Utrecht 1946ff - Social Compass, Den Haag 1953ff - Archives de Sociologie des Religions, Paris 1956ff - Lettera di sociologia religiosa, Rom 1956ff - Sociologie des religions. Tendances actuelles de la recherche et bibliographie. Current Sociology V, 1956 - Quaderni di sociologia religiosa, Rom 1957ff.

F. Fürstenberg

Religionsstatistik (Karte 22 nach Sp. 1056). Als Statistik, zunächst der Beschreibung des Staates dienend, von → Schleiermacher in die Theologie eingeführt wurde (Kurze Darstellung des theol. Studiums, 1830², §§ 195. 232-250), hatte bereits J.P.Süssmilch in seinem Hauptwerk »Die göttliche Ordnung in den Veränderungen des menschlichen Geschlechts aus der Geburt, dem Tode und der Fortpflanzung desselben erwiesen« (1741) auf statistischer Grundlage und für die R. prinzipiell wegweisend »Gedanken der Gesetzmäßigkeit in den scheinbar zufälligen menschlichen Ereignissen« entwickelt. Freilich stellt R. nicht über Gott, sondern über die Religionen, ihren Zustand und ihre Dynamik Untersuchungen an. Es gilt dabei, hinter die Zahlen zu kommen und sie als Sigla für Zustände und Dynamik der Religionen zu lesen. R. hat die Religionsvergleichung (→ Religionswissenschaft) zur Voraussetzung, da Gesetzmäßigkeiten in religiösen Erscheinungen und Vorgängen sich nur ermitteln lassen, soweit diese vergleichbar sind. Wenn R. zur Religionserkenntnis beitragen soll, ist in der Verwertung statistischer Zahlen dreierlei zu beachten: 1. Was in der Statistik zusammengefaßt wird, kann sehr verschiedener Art sein. Einer sog. primitiven Religion, dem Konfuzianismus, Hinduismus oder dem Islam, dem Judentum oder der Kirche gehört man in sehr verschiedener Weise an, durch Geburt oder Entschluß, ausschließlich einer Religion oder mehreren gleichzeitig. Der → Kultus hat jeweils nicht nur eine sehr verschiedene Form, sondern eine sehr verschiedene Funktion im Ganzen, und darum sind Zahlen über Teilnahme am Kult von ganz unterschiedlicher Bedeutung. Zahlen über Kultbauten, über das Mönchtum oder über Finanzen in den verschiedenen Religionen lassen ihre verschiedene Bedeutung im ganzen außer acht. 2. Statistische Zahlen betreffen ausschließlich Umfang und meßbare Lebensäußerungen der institutionellen Religionen; das innere Leben wird nur indirekt in ihnen greifbar, sie bieten also nur ein Durchschnittsbild. Die Gesetzmäßigkeit, die aus ihnen abzulesen ist, darf nicht als Gesetz verstanden werden und schließt Freiheit zu persönlicher Entscheidung nicht aus, die zahlenmäßig nicht zum Ausdruck kommen kann. Denn 3. kann in der R. nur die rechtliche Zugehörigkeit zu einer religiösen Gemeinschaft, nicht der persönliche Bekenntnisstand erfaßt werden. Dabei sind weder der eine noch der andere Terminus noch ihre Unterscheidung in allen Religionen gleichbedeutend. Die R. wird da irreführend, wo rechtliche Zugehörigkeit und persönlicher Bekenntnisstand weit auseinanderklaffen. Das ist da der Fall, wo eine Staatsreligion herrscht oder eine im Volke herrschende Religion jeden Andersgläubigen bedroht; wo moderner → Synkretismus eingerissen ist oder alter Synkretismus sich erhält; wo man sich, wie etwa in Japan oder früher in China, je nach Situation zum → Shintoismus und → Buddhismus bzw. zum Konfuzianismus und Buddhismus gleichzeitig bekennen kann; schließlich da, wo unter religiösem Firnis → Säkularismus oder → Materialismus mehr oder weniger herrschend geworden ist. Obwohl die Zahlen der R. nur Aussagen über den religiösen Durchschnitt enthalten, ist der einzelne nicht außer acht gelassen; er ist in dem Gesamtbild mitberücksichtigt, hat immer Anteil an dem Durchschnitt und ist durch ihn bestimmt, selbst wenn er sich in persönlicher Entscheidung wider ihn stellt. Wenn nun aber auch über das innere Verhältnis zu Gott keine direkten Aussagen zu erwarten sind, so kann die R. um so mehr über das Verhalten zur Umwelt und zum Nächsten, über die Stellung der Religion zu politischen, soziologischen, kulturellen, moralischen (Kinderzahl, Selbstmord u.a.) und wirtschaftlichen Gegebenheiten und Verhältnissen aussagen. Die Zahlen der R. sind dabei zu anderen Zahlen in Beziehung zu setzen. Es ergeben sich dann deutliche Zusammenhänge zwischen Religionen und den genannten Lebensgebieten. Nur diese Zusammenhänge lassen sich durch Statistik beweisen. Man wird durchaus in den meisten Fällen offenlassen müssen, ob Religion allein das Bedingende in diesen Zusammenhängen ist oder ob sie gar selbst durch Klima, Boden, Rasse und andere Naturgegebenheiten mitbestimmt ist (→ Religionsgeographie). Die R. hat lediglich die Aufgabe wissenschaftlicher Erkenntnis, nicht der Propaganda. In der Christenheit muß vor einem doppelten Mißbrauch gewarnt werden. Das Zählen kann zum Fluch werden, wenn es dazu verführt, auf Macht zu bauen und Macht auszubauen. Die Nichtachtung der Zahl aber - in dem Bewußtsein, die kleine Herde zu sein - ist ebenso Nichtachtung des Wirkens und der Gaben des Gottes, dem das Zählen nach dem Zeugnis der Hl. Schrift nicht fremd ist. - Vgl. die Aufstellung bei → Konfessionsstatistik und die Karte 22 nach Sp. 1056, ferner → Statistik, kirchliche.

A.v.Oettingen, Moralstatistik I, 1868 - R.v.Ungern-Sternberg u. H.Schubnell, Grundriß der Bevölkerungswissenschaft, 1950 - Th.Ohm, Die Religionen in Asien (Veröffentl. d. Arbeitsgemeinschaft f. Forschung des Landes Nordrhein-Westfalen, Geisteswiss. 28, 1954, 11-37; mit Karten u. Statistik) - A.Bouffard, Propagation of the Faith, New York 1958. - Weitere Lit. s. → Konfessionsstatistik, → Religionssoziologie, → Statistik. *W.Holsten*

Religionsunterricht, rechtlich

1. Verfassungsrechtliche Grundsätze - 2. Kirchenvertragliche Vereinbarungen - 3. Allgemeine Prinzipien - 4. Variierende Einzelausgestaltung. - R. = Religion, RU. = Religionsunterricht. - Vgl. ergänzend bes. → Kirchliche Unterweisung, → Schule und Kirche: I

1. Seitdem in den letzten Jahrzehnten des 19. und im Anfang des 20.Jh.s deutlich geworden war, daß laizistische Strömungen auf eine Entkonfessionalisierung des Schulwesens und auf Abschaffung des RU.s in den öffentlichen Schulen abzielten, entstand als Gegenwirkung das Bestreben, die Beibehaltung des RU.s durch entsprechende *Verfassungsklauseln,* später auch durch kirchenvertragliche Vereinbarungen zu sichern. Deshalb wurde in die WRV (Art. 149) die Bestimmung aufgenommen, daß der RU. ordentliches Lehrfach der Schulen mit Ausnahme der bekenntnisfreien (weltlichen) Schulen sei und daß er in Übereinstimmung mit den Grundsätzen der betreffenden R.sgesellschaft unbeschadet des Aufsichtsrechts des Staates erteilt werde. Ähnlich schreibt Art. 7 Abs. 3 GG vor: »Der RU. ist in den öffentlichen Schulen mit Ausnahme der bekenntnisfreien Schulen ordentliches Lehrfach. Unbeschadet des staatlichen Aufsichtsrechtes wird der RU. in Übereinstimmung mit den Grundsätzen der R.sgemeinschaften erteilt. Kein Lehrer darf gegen seinen Willen verpflichtet werden, RU. zu erteilen.« Von dem ersten der drei Sätze macht Art. 141 GG eine Ausnahme zugunsten solcher Länder, in denen am 1.1.1949 eine andere landesrechtliche Regelung bestand; gemeint ist mit dieser »Bremer Klausel« das Land Bremen.

In einigen Länderverfassungen (Baden-Württemberg, Bayern, Hessen, Nordrhein-Westfalen, Rheinland-Pfalz, Saarland) finden sich entsprechende Bestimmungen. Diese verdienen neben Art. 7 Abs. 3 GG Interesse, soweit sie die Regelung des Grundgesetzes ergänzen oder präzisieren. So hebt Art. 18 der Verfassung von Baden-Württemberg hervor, daß der RU. von den Beauftragten der R.sgemeinschaften erteilt und beaufsichtigt werde. Art. 136 der Verfassung Bayerns betont, daß der RU. ordentliches Lehrfach aller Volksschulen, Berufsschulen, mittleren und höheren Lehranstalten sei und daß die Lehrer zur Erteilung des RU.s der Bevollmächtigung durch die R.sgemeinschaften bedürften. Nach Art. 14 der Verfassung von Nordrhein-Westfalen braucht der Lehrer gleichfalls diese Bevollmächtigung; weiterhin sind Lehrpläne und Lehrbücher für den RU. im Einvernehmen mit der R.sgemeinschaft zu bestimmen. Diese haben das Recht, sich nach einem mit der Unterrichtsverwaltung vereinbarten Verfahren zu vergewissern, daß der RU. in Übereinstimmung mit ihren Lehren und Anforderungen erteilt wird. Ähnliches wie in Bayern und Nordrhein-Westfalen bestimmen Art. 34 der Verfassung von Rheinland-Pfalz und Art. 29 der Verfassung des Saarlandes. Bremen schließlich sieht in Art. 32 seiner Verfassung vor, daß die allgemein bildenden öffentlichen Schulen Gemeinschaftsschulen sind »mit bekenntnismäßig nicht gebundenem Unterricht in Biblischer Geschichte auf allgemein christlicher Grundlage«. Es heißt weiter, daß Kirchen, R.s- und Weltanschauungsgemeinschaften das Recht haben, außerhalb der Schulzeit in ihrem Bekenntnis oder in ihrer Weltanschauung diejenigen Kinder zu unterweisen, deren Erziehungsberechtigte dies wünschen.

2. Hinzu kommt das Recht der → *Konkordate* und → *Kirchenverträge*. Hier steht Art. 21 des Reichskonkordats voran mit der Klausel, daß der kath. RU. in den Volks-, Berufs- und Mittelschulen sowie höheren Lehranstalten ordentliches Lehrfach ist und in Übereinstimmung mit den Grundsätzen der kath. Kirche erteilt wird. Lehrstoff und Auswahl der Lehrbücher sollen im Einvernehmen mit der kirchlichen Oberbehörde festgesetzt werden. Den kirchlichen Oberbehörden soll Gelegenheit gegeben werden, im Einvernehmen mit der Schulbehörde zu prüfen, ob die Schüler RU. in Übereinstimmung mit den Lehren und Anforderungen der Kirche erhalten. In Art. 4-8 des bayerischen Konkordats finden sich entsprechende Bestimmungen. Art. XI des badischen Konkordats begnügt sich damit, den Art. 149 WRV vertraglich zu bekräftigen.

Unter den ev. Kirchenverträgen enthalten die bayerischen Kirchenverträge von 1924 Vorschriften, die dem bayerischen Konkordat parallel laufen. Entsprechendes gilt für den badischen Kirchenvertrag von 1932 (Art. VIII) im Verhältnis zum badischen Konkordat. Niedersachsen hat in Art. 5 des Loccumer Vertrages von 1955 niedergelegt, daß die Landesregierung und die Kirchenbehörden Bestimmungen über die Einsichtnahme in den ev. RU. und über Richtlinien, Lehrpläne und Lehrbücher für den ev. RU. vereinbaren werden. Weiter greift Art. 6 des Kirchenvertrags Schleswig-Holsteins von 1957 aus. Auch hier heißt es, daß der RU. ordentliches Lehrfach an den öffentlichen Schulen ist. Lehrer, die keiner ev. Kirche angehören, dürfen - von Ausnahmen abgesehen - zur Erteilung des ev. RU.s nicht herangezogen werden. Der RU. ist in Übereinstimmung mit den Grundsätzen der ev.-luth. Kirche zu erteilen. Die Lehrplanrichtlinien für den ev. RU. werden im Einvernehmen mit den Kirchen aufgestellt, die Lehrbücher im Einvernehmen mit ihnen zugelassen. Die Kirche hat das Recht der Einsichtnahme in den ev. RU. Sie übt dieses Recht durch den zuständigen Schulaufsichtsbeamten aus, sofern dieser der ev.-luth. Kirche angehört und die Befähigung zur Erteilung von RU. besitzt. Liegen diese Voraussetzungen nicht vor oder verzichtet der Betreffende auf die Beauftragung, so bestellt das Land im Einvernehmen mit der Kirche andere Schulaufsichtsbeamte oder geeignete Lehrkräfte der entsprechenden Schulart. Geistliche und sonstige kirchliche Lehrkräfte bedürfen für die Erteilung des RU.s des staatlichen Lehrauftrags. Sie unterstehen in Ausübung dieses Lehrauftrags der staatlichen Schulaufsicht. Der Kirchenvertrag Hessens von 1960 (Art. 15) schließlich räumt gleichfalls den Kirchen das Recht ein, sich durch Einsichtnahme zu vergewissern, daß Inhalt und Gestaltung des RU.s den Lehren und Ordnungen der Kirche entsprechen. Er sieht vor, daß Lehrpläne und Lehrbücher für den RU. im Einvernehmen mit den Kirchen bestimmt werden. Er stellt fest, daß für die Geistlichen und kirchlich ausgebildeten R.slehrkräfte, denen ihre Kirche die Befähigung zur Erteilung von RU. zuerkannt hat, die staatliche Genehmigung zur Übernahme des ev. RU.s als erteilt gilt.

3. Diese Übersicht läßt erkennen, daß die Rechtslage des RU.s in der BRD (für die DDR vgl. → Schule und Kirche: I, 2) zwar in allen wesentlichen Grundzügen einheitlich ist - diese Einheitlichkeit wird schon durch Art. 7 Abs. 3 GG und nach der kath. Seite durch Art. 21 RKonk. bewirkt -, daß sich aber für die *Einzelausgestaltung* manche Variationsmöglichkeiten bieten.

Läßt man den singulären Fall Bremens beiseite, so gilt überall, daß der RU. ordentliches Lehrfach der öffentlichen Volks-, Mittel- und Berufsschulen sowie der höheren Lehranstalten ist, soweit sie nicht »bekenntnisfreie Schulen« sind. Aus der Behandlung als ordentliches Lehrfach ergibt sich, daß der Personal- und Sachaufwand dafür vom Schulträger aufgebracht und daß der RU. in den planmäßigen Schulbetrieb eingegliedert werden muß, dessen integrierender Bestandteil er ist. Überall ist ferner zu beachten, daß kein Lehrer gegen seinen Willen verpflichtet werden darf, RU. zu erteilen. Ebensowenig dürfen die Schüler zur Teilnahme am RU. gezwungen werden; vielmehr entscheiden darüber ihre Erziehungsberechtigten nach dem Gesetz über die → religiöse Kindererziehung von 1921 oder, nach Vollendung des 14. Lebensjahres, die Schüler selbst. Von der Vollendung des 12. Lebensjahres ab kann gegen den Willen des Schülers keine Veränderung der bisherigen Lage mehr vorgenommen werden. - Einheitlich gilt ferner, daß dem Staat auch über den RU. die allgemeine staatliche → Schulaufsicht zusteht. Auf der anderen Seite kann er nicht von sich aus über die inhaltliche Ausgestaltung des RU.s verfügen. Der RU. ist vielmehr kirchlich-konfessionell gebunden; er ist in Übereinstimmung mit den Grundsätzen (und der Ordnung) der jeweils in Betracht kommenden R.sgemeinschaft (in aller Regel werden dies die röm.-kath. Kirche und die örtlich zuständigen ev. Landeskirchen sein) zu erteilen. Da der Staat von sich aus im Zweifel nicht verbindlich entscheiden kann, ob diese Übereinstimmung gewahrt ist, ist insoweit die beaufsichtigende und gegebenenfalls hinweisende und korrigierende Mitwirkung der R.sgemeinschaften (Kirchen) unerläßlich. Die Mitwirkung hat sich auch auf die Gestaltung der Lehrpläne und die Zulassung der Lehrbücher für den RU. zu erstrecken; sie muß ferner, mindestens in extremen Fällen, die Befugnis umschließen, mit den kirchlichen Auffassungen nicht übereinstimmende R.slehrer abzulehnen.

4. Bei den weiteren *Einzelheiten* fächert sich die rechtliche Gestaltung und tatsächliche Handhabung auf. Ob etwa die kirchlichen Oberbehörden selbst - im Einvernehmen mit der Schulbehörde - die Inspektion des RU.s vornehmen, wie Art. 21 RKonk. es vorsieht, oder ob die Kirche, wie im Beispiel Schleswig-Holsteins, mit der Einsichtnahme in den RU. im allgemeinen den staatlichen Schulaufsichtsbeamten betraut, kann von Fall zu Fall verschieden sein. Nirgendwo ist ferner präjudiziert, wieweit der RU. von Lehrkräften der Schulträger oder von solchen erteilt wird, die die Kirche ihrerseits hierzu abordnet. Hier taucht allerdings die Frage auf, wieweit zu der Abordnung eines Geistlichen oder sonstigen kirchlichen R.slehrers noch eine staatliche Beauftragung hinzutreten muß. Sie ist in der Tat, da es sich um ein ordentliches Lehrfach im öffentlichen Schulwesen handelt, unerläßlich und kann allenfalls, wie in Art. 15 des hessischen Kirchenvertrages, generell ausgesprochen werden. Auf der anderen Seite setzt die ev. Kirche bei den → Re-

ligionslehrern, die sie nicht aus ihrem eigenen Personalbereich abordnet, im Prinzip eine vocatio, die kath. Kirche im entsprechenden Falle die Erteilung der → missio canonica voraus. Art. 22 RKonk. klärt diesen Sachverhalt dahin, daß bei der Anstellung von kath. R.slehrern eine Verständigung zwischen dem Bischof und der Landesregierung stattfindet und daß Lehrer, die wegen ihrer Lehre oder sittlichen Führung vom Bischof zur weiteren Erteilung des RU.s für ungeeignet erklärt worden sind, nicht als R.slehrer verwendet werden dürfen, solange dieses Hindernis besteht. Die Handhabung der vocatio und ihrer Rücknahme bei ev. R.slehrern ist weniger geklärt. Die Kirchenverträge Bayerns von 1924 unterscheiden hier zwischen einem Erinnerungs- und Beanstandungsrecht der Kirche bei R.slehrern an höheren Lehranstalten und einer Bevollmächtigung durch die Kirche bei den R.slehrern an Volksschulen. Der Kirchenvertrag Schleswig-Holsteins läßt es für die Qualifikation zum R.slehrer genügen, daß der Lehrer der Kirche angehört. Zwischen diesen Extremen gibt es mancherlei Variationen. Die Vokation kann dabei auch in die Mitwirkung der Kirche bei der R.slehrerausbildung und bei der Abnahme der R.slehrerprüfung verlegt werden.

G. Anschütz, Die Verfassung des Dt. Reichs, 1933[14] (Neudr. 1960), zu Art. 149 WRV - H. v. Mangoldt-F. Klein, Das Bonner Grundgesetz I, 1957[2], zu Art. 7 GG - H. Peters, Elternrecht, Erziehung, Bildung u. Schule (Die Grundrechte IV/1, 1960, 369-445).
W. Weber

Religionsvergehen. In den R. schützt das deutsche Strafrecht (vgl. §§ 166f StGB vom 15.5.1871 in der Fassung vom 25.8.1953, im wesentlichen übernommen in §§ 187f des Entwurfs eines StGB 1960) das religiöse Empfinden des Einzelnen und den religiösen Frieden als Teil der Sittenordnung, indem es die → Gotteslästerung, die öffentliche Beschimpfung von → Religionsgesellschaften oder deren Einrichtungen und Gebräuchen, die Verübung beschimpfenden Unfuges an Orten religiöser Versammlung sowie die durch Gewalt oder Drohung bewirkte Verhinderung oder Störung des Gottesdienstes oder Hinderung Einzelner an der Ausübung des Gottesdienstes unter Strafe (Gefängnis bis zu 3 Jahren) stellt. Die R. haben einen verfassungsrechtlichen Hintergrund, der ihre Abgrenzung und Auslegung mitbestimmt. Sie verschaffen den Grundrechten der Bekenntnisfreiheit (Freiheit des Glaubens, des Gewissens und des religiösen Bekenntnisses, Art. 4 Abs. 1 GG) und der ungestörten Religionsausübung (Art. 4 Abs. 2 GG) gegenüber strafwürdigen Angriffen Geltung. Dies führt für den strafrechtlichen Schutz zur Gleichberechtigung der christlichen Kirchen mit jeder anderen im Staat bestehenden Religionsgesellschaft. Darüber hinaus werden verschiedentlich wegen der diesbezüglich verfassungsrechtlichen Gleichstellung (Art. 4 Abs. 1 und Art. 140 GG in Verbindung mit Art. 137 Abs. 7 WRV) auch weltanschauliche (zB auch areligiöse, materialistische) Bekenntnisse und Vereinigungen als taugliche Angriffsobjekte der R. angesehen. Damit verlieren die R. jedoch ihren spezifischen Unrechtsgehalt gegenüber den allgemeinen Delikten der Beleidigung und Verletzung der persönlichen Freiheit. Soweit die R. Äußerungsdelikte sind, hat die gesetzliche Typisierung der Begehungsweise (öffentliche Beschimpfung, Erregung von Ärgernis) den Bereich strafrechtlich irrelevanter Ausübung der Bekenntnis- und → Religionsfreiheit und des Grundrechtes der freien Meinungsäußerung (Art. 5 GG) etwa durch sachliche, wenn auch scharfe Kritik an religiösen Vorstellungen und Einrichtungen abzugrenzen. Geistige Auseinandersetzungen dürfen nicht als R. vor dem Forum der Strafgerichte entschieden werden. - In thematischer Abwandlung beziehen die R. die Störung der Totenruhe (§ 168 StGB) mit ein. Der Schutzgedanke bezieht sich auf die Pietät, die der sterblichen Hülle, den Überresten und der Ruhestätte eines Verstorbenen entgegengebracht werden. Der Strafrechtsentwurf 1960 erweitert diesen Schutzbereich durch Einbeziehung von (auch rein säkularen) Bestattungsfeiern. - Als *kirchliche Straftatbestände* sind R. Bestandteil eines umfassenden geistlichen → Strafrechts (: III) der *kath. Kirche,* vor allem in cc. 2314f CIC (bes. Apostasie, Häresie, Schisma, akath. Eheschließung und Kindererziehung) und cc. 2320f (bes. Delikte gegen die Meßordnung, Blasphemie, Sakrileg, Ablaßhandel, Schändung von Kirchen und Friedhöfen).

Lehrbücher u. Kommentare zum → Strafrecht - Eichmann-Mörsdorf III, 414ff. 424ff.
G. Wendt

Religionswissenschaft

1. Wesen - 2. Gegenstand und Methode - 3. Das Verhältnis der systematischen RW. zu den anderen Disziplinen der RW. - 4. Theologische RW. - R. = Religion, RG. = Religionsgeschichte, RW. = Religionswissenschaft

1. Die RW. ist eine junge Wissenschaft; sie ist von der älteren → Religionsgeschichte zu unterscheiden. Versteht man unter RW. die Gesamtheit der Studien, die es mit der R. und den R.en zu tun haben, so ist RG. ein Glied in der Kette religionswissenschaftlicher Disziplinen, wie → Religionssoziologie, -psychologie, -philosophie, -phänomenologie. Es dient jedoch der Klarheit, wenn man RW. nicht in diesem weiteren, sondern im engeren Sinn, als systematische RW. versteht, die von der RG. zu unterscheiden ist wie etwa systematische Theologie von der historischen oder Rechtssystematik von Rechtsgeschichte, obschon die Aufgabe der systematischen RW. nicht die Erarbeitung eines Systems ist. Diese vor allem von M. → Scheler und dann J. → Wach geforderte Unterscheidung kann keine Trennung sein. Denn die systematische RW. ist eine empirische, nicht eine normative Wissenschaft und darum nicht ohne die empirische Grundlage möglich, die die RG. bietet, während diese ohne die Kategorien, die die systematische RW. herausarbeitet und bereitstellt, auf ein unfruchtbares Katalogisieren beschränkt wäre. Die RG. ist am Werden interessiert, die systematische RW. am Gewordenen; jene bietet Längsschnitte, diese Querschnitte; jene hat es mit dem Einmaligen zu tun, diese mit dem - im weitesten Sinne - Typischen. Gegenstand der RW. ist die Fülle der R.en. Dem grundsätzlich empirischen Charakter der RW. entspricht es, daß sie nicht R.slehre, nicht Verkündigung ist; sie will erkennen und verstehen, nicht bezeugen. Sie scheint damit ganz klar von der → Theologie geschieden. Sie wird erst möglich, wenn eine gewisse Distanz zur eigenen R. erreicht ist, und ihre Ausbildung in der Neuzeit vollzieht sich in der Emanzipation von der Theologie. Die RW. hat dennoch die Theologie nicht nur zur Voraussetzung, sondern ist ihr auch in ihrem geheimen Wesen verpflichtet geblieben. Denn die Distanz, die kritische Haltung gegenüber der eigenen R., wird im Namen der Vernunft eingenommen; RW. ist »ein Kind rationalistischer Weltbetrachtung«, schon in ihren Ansätzen in der Antike. Als Anfänger einer selbständigen RW. ist → Herbert von Cherbury zu betrachten, der in seinen Schriften »De veritate« (1624), »De causis errorum, una cum tractatu de religione laici« (1645) und »De religione gentilium« (1645) R. rein menschlich-vernünftig begründet. John → Spencer stellt in seinem Werk »De legibus Hebraeorum ritualibus et earum rationibus« (1683/85) das AT in religionsgeschichtlichen Zusammenhang. David → Hume schließlich macht zwar, bes. in »The Natural History of R.« (1757), dem Satz der Aufklärung ein Ende, daß die natürliche, allen Menschen von Natur eigene R. die Ver-

nunft-R. sei, und hat die Meinung vertreten, daß alle R.en, von den niedersten bis zum Theismus, menschliche Gebilde, »Gebilde der Leidenschaft und der Einbildungskraft«, Aberglaube sind. In jedem Fall aber ist RW. in diesem Zeitalter R.slehre, Verkündigung der Vernunft. Den Wandel, der mit der Überwindung der Aufklärung eintritt, hat G.Mensching dahin charakterisiert, »daß er von verschiedenen Seiten auf eine Erfassung des Irrationalen im Wesen und Erscheinungsbilde der R. hinausläuft«. An die Stelle der Vernunft tritt das Gemüt, das Gefühl, das Erlebnis, an die Stelle der ratio des religiösen Rationalismus das religiöse Urerlebnis. Dies → Erlebnis wird vom Sittlichen und vom Kultischen nach Möglichkeit unterschieden oder geschieden, am entschiedensten von R. → Otto in seinem epochemachenden Buch »Das Heilige« (1917), das geradezu als reformatorische Tat in der RW. begrüßt wurde und wirkte. Bei näherem Zusehen ergibt sich wiederum, daß es sich in der so begründeten RW. um eine R.slehre, um Verkündigung handelt, weil nämlich als die eigentliche R., die diesen Namen mit ganzem Recht verdient, die → Mystik erscheint, die, in derselben Grundkonzeption wie die idealistische Philosophie wurzelnd, sich eng mit der Aufklärung berührt und mit → Aufklärung und → Idealismus in gemeinsamem Gegensatz zum christlichen Gottesglauben steht. RW. weiß sich also zwar in einem Gegensatz zur christlichen Theologie, ist aber immer wieder selbst Theologie geworden.

Das ist nicht zufällig. Denn RW. hat es mit dem homo religiosus zu tun, mit dem Menschen, der sich in der R. über sich selbst ausspricht. Umgekehrt hängt das Verständnis der R. vom Verständnis des Menschen, vom Selbstverständnis ab. Und dieses wiederum hängt vom Glauben ab. Darum gilt von der RW. im besonderen: »Welche Methoden wir wählen, das hängt letztlich davon ab, welche Weltanschauung wir als für uns wahr und damit verpflichtend anerkennen« (G.Rosenkranz). Es ist also in jedem, nicht nur im Falle der Theologie so, daß die Erforschung der R.en bzw. des religiösen Menschen durch die eigene, eingestandene oder uneingestandene, R. des Forschers beeinflußt oder auch beeinträchtigt ist. Die Beeinträchtigung ist dann am größten, wenn die Illusion einer absoluten Voraussetzungslosigkeit nicht durch die Erkenntnis und das Eingeständnis der faktischen Voraussetzung zerstört wird. Der RW.ler vermag den homo religiosus nur zu erforschen, wenn er sich als homo religiosus einschließt, der er auch als antireligiosus ist, obschon er festzuhalten hat, daß Erkennen und Wählen einer R. zweierlei ist, und daß religionswissenschaftliches Erkennen nicht die Aufgabe hat, eine neue R., eine R. des RW.lers, eine neue Haltung zum tremendum (Goodenough) zu verkünden oder eine Einigung der R.en zu schaffen.

2. Wenn die neuzeitliche RW. mit der Entdeckung im Zusammenhang steht, daß »hinterm Berge auch Menschen wohnen«, so ist ihr das Vergleichen als *Methode* in die Wiege gelegt. Im Vergleichen entdeckt man zunächst Parallelen in den verschiedenen R.en. Parallelen sind zwar auch schon im christlichen Altertum beobachtet worden. Sie wurden als Deszendenzen verstanden, als Entlehnungen aus einer Uroffenbarung oder auch der historischen Offenbarung oder als teuflische Nachäffungen der Offenbarung. In der Neuzeit werden sie als Konvergenzen betrachtet; von ihnen hat im Gegensatz zu Deszendenzen vor allem R.Otto gesprochen. Die Rede von den Konvergenzen hat, wie die neuere RW. überhaupt, zur Voraussetzung, daß die Unterscheidung von göttlicher Offenbarung und menschlichem R.sgebilde, von Wahrheit und Lüge, preisgegeben und Ausgangspunkt die »zugrunde liegende einheitliche gemeinsame Anlage der Menschheit überhaupt« geworden ist, »die, weil sie einheitlich ist, auf verschiedenen Gebieten Ähnliches hervorbringen kann«, wenn auch »diese gemeinschaftliche Grundkraft bei aller Parallelität doch wieder im Einzelnen sich individuell und verschieden gestaltet« (R.Otto). In der Feststellung und Untersuchung solcher Konvergenzen gilt es dabei wiederum zu erkennen und nicht zu werten, wenn anders die RW. eine empirische, nicht eine normative Wissenschaft ist. Auf diese Weise wird es möglich, Typen und Kategorien herauszuarbeiten und zu klassifizieren. Dabei ist die Gefahr zu vermeiden, das Besondere über dem Gemeinsamen aus dem Auge zu verlieren. Sie ist dann bes. groß, wenn man sich mit der Vordergründigkeit der Erscheinungen zufrieden gibt und darauf verzichtet, von den fertigen Produkten zu dem zugrunde liegenden Produzierenden, zu dem homo religiosus, durchzustoßen, der sein Selbstverständnis in Worten und Handlungen ausdrückt, die ihm zT aus religiösen Zusammenhängen überkommen sind, in denen sie ganz anderes bedeutet haben; die RW. muß mit »Pseudomorphose« rechnen.

Wenn sie aber zum Realgrund der Phänomene durchstößt, dann kann das Individuell-Besondere so stark hervortreten, daß die Gemeinsamkeit sehr gering wird oder sogar verloren geht. Das geschieht in dem Maße, wie RW. in persönlicher Begegnung von Angehörigen verschiedener R.en sich vollzieht, so daß statt vor der Überbetonung des Gemeinsamen vor der Überbetonung des Besonderen gewarnt werden muß und die Aufgabe gestellt ist, zu neuer Gemeinsamkeit durchzudringen. Es tut sich auf der einen Seite eine tiefe Kluft zwischen westlicher und östlicher religiöser Haltung auf. Dieser Gegensatz hat zwar seinen letzten Ursprung in dem Gegensatz des christlichen Glaubens zu allen R.en, aber auch die bewußt säkulare RW. des Westens ist von der Prägung durch christliches Erbe nicht frei. Mag es ihr auch mehr oder weniger vollkommen gelingen, etwa den Gedanken der absoluten Geschiedenheit von Schöpfer und Geschöpf zu überwinden, so macht es ihr doch immer wieder Mühe, von der Einheit alles Seins her zu denken, in der die Begriffe Schöpfer und Geschöpf keinen Raum haben, die gleichzeitige Zugehörigkeit eines Menschen zu mehreren R.en zu begreifen; der religiöse Mensch ist ihr zunächst immer gerade da, wo sie sich um dies alles bemüht, der Mensch, den sie gegen den persönlichen Gott, den Schöpfer, zur Geltung bringt, während östlicher R. diese Geltung des Menschen fremd ist. Auf der anderen Seite wird eine neue Gemeinschaft möglich. Während bisher weithin RW. in Sammlung und Analyse von Fakten bestand, der RW.ler reiner akademischer Intellekt sein konnte, der sein Material überschaute, ohne engagiert zu sein oder sein zu müssen, ist er nunmehr in eine Begegnung und einen Dialog hineingestellt. Er hat es nicht mehr in erster Linie mit Systemen, sondern mit Personen zu tun. Seine Forschung wird verantwortlicher, denn sie wird von den Anhängern der dargestellten R.en zur Kenntnis genommen. »Keine Feststellung über eine andere R. ist gültig, wenn sie nicht von Gläubigen jener R. anerkannt werden kann« (W.C.Smith). Der westliche RW.ler bekommt den asiatischen nicht nur als Informationsquelle, aber auch nicht nur als Kritiker, sondern als Mitarbeiter, denn dieser redet auch über das Christentum und über westlichen Säkularismus. Der RW.ler bleibt nicht Beobachter, sondern wird in einem bestimmten Sinn Teilnehmer am religiösen Leben der Menschheit.

Von daher erscheint das Vergleichen und Klassifizieren in einem neuen Licht; es erfährt eine Begrenzung. Solange man es in der RW. mit Material, auch mit Gedankenmaterial, und Systemen zu tun hat, hat das Vergleichen uneingeschränkte Gültigkeit. Hat man es aber mit Personen zu tun, tritt das Vergleichen genauso an die zweite Stelle wie die Systeme. Im menschlichen Leben, das ein geschichtliches ist, haben wir es nicht mit Vergleichbarem im strengen Sinne zu tun, wie in der Naturwissenschaft, sondern mit Analogem, weil geschichtlich-persönliches Leben unwiederholbar ist. Diese Analogien können nicht im eigentlichen, strengen Sinne als verschiedene Äußerungen des gleichen, ihnen zugrunde liegenden Wesens verstanden werden. So wenig wie die Aufklärung wird das religiöse Erlebnis Schleiermachers (und Ottos), obwohl er auf die geschichtlichen R.en achten lehrt, in denen allein R. begegnet, dem Geschichtlich-persönlichen gerecht. Denn es ist letztlich Sache des von Geschichte und Gemeinschaft gelösten Individuums. Die RW. aber hat es in Wirklichkeit nicht mit religiös-autonomen Individuen zu tun, sondern mit religiösen → Gemeinschaften. »Der einzelne Mensch wächst in die R.sgemeinschaft hinein wie in die Sprachgemeinschaft; er übernimmt von ihr die R., wie er die Sprache von der Volksgemeinschaft übernimmt.« »An dem Feuer dieser R. – nicht durch ein autonomes religiöses Erlebnis – entzündet sich die Flamme seines eigenen religiösen Lebens« (W.Baetke).

3. Sofern RW. es mit dem religiösen Erlebnis zu tun hat, ist sie an der → *Religionspsychologie* interessiert. Dieser hat man infolge der R.sauffassung → Schleiermachers, wahrscheinlich auch infolge des Mißverständnisses der Reformation als Verinnerlichung, ein ganz wesentliches Interesse geschenkt. Sie behält ihre Bedeutung für die RW. in dem Maße, wie Psychologie für die mitmenschliche Begegnung Bedeutung hat. Sie kann dadurch zum Verständnis der R.en bzw. der religiösen Menschen beitragen, aber sie kann so wenig Grundlegung der RW. sein, wie Personen letztlich durch die Psychologie erfaßt werden können. – Sofern R. Gemeinschaftssache ist, hat es RW. mit der → *Religionssoziologie* zu tun. Das kann nicht in dem Sinne der Fall sein, daß R. aus sozialen Verhältnissen und Vorgängen zu erklären sei. Wohl aber kann die Struktur einer religiösen Gemeinschaft und ihr religiöses Handeln im → Kultus, mit dem der → Mythos funktionell verbunden ist, oft besseren Aufschluß über eine R. geben als ihre → Lehren oder die Gefühle ihrer Anhänger. »›Heilig‹ im religiösen Sinn kann immer nur etwas sein, was einer Glaubensgemeinschaft ›heilig‹ ist, der Begriff des Heiligen setzt diese Gemeinschaft voraus« (W.Baetke). – So gewiß die RW. nicht eine normative, sondern empirische Wissenschaft ist, so gewiß kommt sie ohne die Hilfe einer normativen Wissenschaft, der → *Religionsphilosophie,* nicht aus. Daß RW. und R.sphilosophie immer wieder miteinander vermischt worden sind, hängt damit zusammen, daß RW. R.sphilosophie voraussetzt, wie umgekehrt R.sphilosophie, sofern sie sich nicht rein konstruktiv verhalten will, nicht ohne Beziehung zur RW. auskommt. Die R.sphilosophie, die es mit der Idee und dem Wesen der R. und ihrer Stellung im System der Kultur oder der Werte oder im Prozeß des Geistes zu tun hat, bedarf des von der RW. bereitgestellten empirischen Materials. Die RW. empfängt von der R.sphilosophie die Kritik ihrer Erkenntnis und die Klärung ihrer Begriffe und stellt ihr die Frage nach Wahrheit und Wert der empirischen R., die aus der Empirie selbst nicht zu beantworten ist.

4. Für die *Theologie* besteht kein Grund, ihrerseits gegenüber der RW. Distanz zu wahren. Theologische RW. ist ein legitimes Unternehmen. Sie geht freilich nicht von einer Idee und einem Wesen der R. aus, sondern von dem Gott, der in Jesus Christus sich enthüllt hat. Sie stellt nicht am Ende die Frage nach der Wahrheit, ihr ist – in Jesus Christus – die Wahrheit über den Menschen und sein Verhältnis zu Gott gegeben. Sie sieht die Beziehungen des Menschen zu den mancherlei Gottheiten, die er in Mythen, Lehren und Riten gestaltet, auf dem Hintergrunde jener Bezogenheit jenseits aller Beziehungen. Die Götter der R.en sind Ausdruck der Urweigerung, sich zu dem Schöpfer legitim zu verhalten, ihm zu Preis und Dank zu existieren; hinter den Göttern steht, obwohl sie Schöpfungen des Menschen sind, die Macht des Gottes, dem Preis und Dank verweigert wird und der sie mit Macht ausstattet. Das Evangelium ist die Enthüllung des Zornes Gottes über diesen religiösen Menschen und das Wort von der Vergebung, das zum – rechtfertigenden – Glauben ruft. Damit wird freilich ein Entweder-Oder eingeführt: es geht auf der einen Seite um »transempirische Verwirklichung« in dem Sinne, »daß der Mensch . . . versucht, die Identität seines wahren Selbst mit der göttlichen Wirklichkeit zu erfahren und zu ergreifen« (H.Kraemer), auf der anderen Seite um den Gehorsam gegen das in der Geschichte ergangene Wort Gottes. Da aber der Glaube immer neu zu vollziehende Abkehr vom Unglauben ist, ist die Grenze zwischen Glaube und R. nicht etwa identisch mit der zwischen Christentum und nichtchristlichen R.en; dem Glaubenden sind die R.en in ihrer Tiefe durchaus nicht fremd; ihm ist ein besonderes Maß von Verstehen gegeben. Jenes Entweder-Oder gibt der RW. den Charakter des Dialoges und führt über ihn hinaus zur Kommunikation, in der Verstehen und Bezeugen in der Selbsthingabe an den anderen geschehen.

R.Otto, Das Gesetz d. Parallelen in d. RG. (Vischnu-Nārāyana, 1923, 203–229) – RGG² IV, 1954ff (Lit.) – W.Baetke, Das Heilige im Germanischen, 1942 – G.Rosenkranz, Zur Methodik der RW. als geisteswissenschaftl. Disziplin (In Deo omnia unum. Festschr. f. F.Heiler, 1943, 25–37) – Ders., Ev. R.skunde, 1951 – Ders., Wege u. Grenzen religionswiss. Erkennens (ZThK 52, 1955, 225–253) – A. Bertholet, Parallèles de l'hist. de la religion (HUCA 23, 1950/51, 561–578) – H.Frankfort, The Problem of Similarity in Ancient Near Eastern R.s, Oxford 1951 – Eliade – E.O.James, The History, Science and Comparative Study of R. (Numen 1, 1954, 91–105) – C.J.Bleeker (Hg.), Anthropologie religieuse (Suppl. to Numen II), Leiden 1955 – O.Karrer, R.sbegründung, in: R.swiss. WB, 1956, 710ff – J.P.Steffes, R.svergleichung, ebd 756ff – Ders., RW., ebd 759ff – H.Kraemer, R. and the Christian Faith, 1956; dt. 1959 – van der Leeuw – E.Rothacker, Die vergleich. Methode in den Geisteswiss. (Zs. f. vergleich. Rechtswiss. 60, 1957, 13–33) – E.Perry, The Gospel in Dispute. The Relations of Christian Faith to other Missionary R.s, New York 1958 – J.Wach, The Comparative Study of R.s, 1958 – W.C.Smith, Comparative R.: Whither and Why (The Hist. of R.s. Essays in Methodology, ed. M.Eliade u. J.M.Kitagawa, Chicago 1959, 31–58) – E.R.Goodenough, RW. (Numen 6, 1959, 77–95) – S.A.Pallis, Idées fondamentales de l'étude des religions (ebd 157–174).

W.Holsten

Reliquiare (R. = Reliquiar, Rel. = Reliquien)

1. R. (Lipsanothek) ist der zur Aufbewahrung der → Reliquien bestimmte Behälter. Im Unterschied zu R.en in Privatbesitz haben die dem öffentlichen Rel.kult dienenden R.e den Charakter von *kirchlichem Kultgerät,* gelten als »Seitenstücke des eucharistischen Ziboriums und der . . . Monstranz« (Braun). Kirchliche Segnung ist nicht vorgeschrieben, aber für die als Kultgerät dienenden R.e »angemessen«. Das *Weiheformular* findet sich schon im Ordo Vulgatus des 10.Jh.s (Hittorp, De div. officiis et mysteriis, Paris 1610, 134f), geht aber wohl auf ältere Tradition zurück. Den Text für das Hoch-MA gibt Durandus von Mende († 1296; Andrieu). Hauptthema ist die Virga Aaron, die in der Arche des Alten Bundes verwahrt wurde: Gott, der dem dürren Aaronstab Blüte und Frucht verlieh, der ihn zum Zeichen setzte für Christi Auferstehung – die als Blüte bezeichnet wird, welche Frucht trägt in der Kirche –, der möge auch den R.en, wo immer sie umgeführt werden, Kraft ver-

leihen, das Böse zu vertreiben, und durch Fürbitte der Heiligen, die sie behausen, den Gläubigen Zuversicht auf ewige Freuden stärken. Für die *Bedeutung* der R.e ist also bestimmend die Teilhabe der Rel. an Christus und seiner Auferstehung - daher auch der Platz der R.e in (auf, über) dem Altar - sowie die ihnen als »Gehäuse« der Heiligen zugeschriebene magisch-apotropäische Wirkung. Sie bilden das → Heiltum der Kirchen, das an Festen gezeigt und - auch bei besonderem Notstand - umgeführt wird. Sie sind Gegenstand kultischer Verehrung und können, da sie die → Verdienste (: IV) der Heiligen bergen, die zum »thesaurus ecclesiae« gehören, mit → Ablaß ausgestattet sein.

2. Die *Geschichte der R.e* verläuft parallel der von → Heiligenverehrung (: II) und Rel.kult, Buß- und Ablaßpraxis (→ Bußwesen: II). Wie bei diesen liegt die reichste Entfaltung in der 2. Hälfte des MA. Entsprechend wächst bis zum Spät-MA der Wortschatz an *Benennungen* für R.e. Braun nennt im Lateinischen mehr als 70 termini, deren Untersuchung zum Verständnis von Schriftquellen wie zur Kenntnis der Vielfalt von *R.typen* und *-formen* wertvoll ist. »Reliquiarium« wird erst im späteren MA allgemein übliche Bezeichnung. - *Voraussetzung* für die R.e sind die seit dem 4.Jh. sich entfaltende Verehrung der → Märtyrer und des Hl. Kreuzes (→ Helena) - verbunden mit Wallfahrt zu den → Heiligen Stätten (: III) - und der Rel.kult. Führend ist dabei der christliche Osten. Eine älteste R.form ist der *Altar*, seit er Rel. barg (→ Martyrion). Eine innere Begründung gibt → Paulinus von Nola, Ep. 32, 11 (CSEL 29, 287, 1ff). Kreuz-Rel. werden seit dem 4.Jh. »fast durch die ganze Welt verbreitet« (→ Cyrill von Jerusalem, Katechese 4, 10 [I, 100 Reischl]) in Behältern wie → *Ampullen* (für »Öl vom Lebensholz«; s. Taf. 16 Abb. 1), *Ringen, Röhrchen, Kreuzen*. Zahlreich erhalten sind kleine aufklappbare Kreuzchen; zur Heiligkeit des Inhalts kommt hier die der Kreuzform (→ Kreuz: II) hinzu. Als Anhänger (Enkolpion) getragen bilden die Klein-R.e - auch in *Kapselform* - kraftbegabte Phylakterien, wie sie auch das antik-heidnische und jüd. Brauchtum kennt. Dem R. für Kreuzpartikel eignet höchste Würde und, wie schon → Ätheria berichtet (Peregrinatio 37, 1ff Geyer), »kostbares« Material. Aus Kupfer mit vergoldetem Silber bekleidet ist das 41 cm hohe Justinus-Kreuz, 6.Jh., im Schatz von St. Peter, Rom. - In dieser *frühchristlichen Zeit* wie auch im *Früh-MA* ist der Formenschatz einfach. Neben dem Genannten sind es: *Sarkophage*, die Rel. enthalten (→ Martyrion); *Kästchen* und *Büchsen* (RDK III, 36ff), wie sie sich, meist in schützenden Behältern, in frühchristlichen Altargräbern fanden (Grado: Silber; Samagher bei Pola: Elfenbein; S.Vitale Ravenna: Marmor); im Früh-MA kommen ferner hinzu: schreinchenartige Tragtaschen, *Bursa-R.e* (RDK III, 232ff); *Plenar-R.e*, dh Lektionare, deren Buchdeckel Rel. eingefügt sind (RDK III, 1ff: Buch-R). *Tafel-R.e* sind einfach, mit Verschlußplatte oder aufklappbar gearbeitet als Triptychen und Diptychen, wobei der Osten die ersteren zu bevorzugen scheint; im Westen wird später auch *Retabelform* entwickelt. Hervorzuheben sind die byzantinischen *Staurotheken*, Tafel-R.e mit Kreuz-Rel. (R. im Dom zu Limburg, 2. Hälfte 10.Jh.). Der seit dem 10.Jh. wachsende Formenreichtum erreicht im *Hoch-* und *Spät-MA* höchste Blüte: kleine und große *Schreine*, in der Gotik zunehmend architektonisch ausgestaltet, *Turm-* und *Kuppel-R.e; Scheiben-R.e* (12./13.Jh.); *ziborienförmige R.e*, die wie das eucharistische Ziborium seit dem 13.Jh. aufkommen. Auch für Profanzwecke geschaffenes Gerät wird verwandt, wenn es sich durch Kostbarkeit *(Flaschen, Vasen, Kannen, Trinkgefäße, Hörner)*, Alter (*antike Vase*, Reichenau: Krug der Kana-Hochzeit) oder Absonderlichkeit *(Straußenei)* auszeichnete. Als Material diente auch Textil: *Rel.-Bursen* (RDK III, 231f) und *-Tüchlein* mit aufgenähter Reliquie. Die einst große Fülle und die Formenvielfalt (auch *Tiere*) wird in den Abbildungen alter Heiltumsverzeichnisse anschaulich. Bei durch Rel. geheiligten → *Herrschaftszeichen* (Kronen, Hl. Lanze, Adler) ist die Grenze zwischen kirchlicher und Staatssymbolik fließend. Bei *»redenden«* R.en zeigt die Form die Art der enthaltenen Rel. an: Körperteile wie *Arm-* (RDK I, 1106ff), *Bein-, Rippe-* usw, auch Sach-Rel. Wichtig sind die *Kopf-* bzw. *Büsten-R.e* (RDK III, 274ff) sowie *ganzfigurige Statuetten:* mit ihrem Aufkommen, Ende des 1.Jt.s, geht die Entstehung der sakralen Vollskulptur zusammen. Fast alle sakralen Ganzstatuen sind zunächst insofern R.e, als sie zur Aufnahme von Rel. eingerichtet waren. Auch für den Platz der Statue auf dem Altar ist dies eine Legitimierung. - Die → Kreuzzüge und die Eroberung von Konstantinopel 1204 brachten kostbare Rel.schätze in den Westen, wo die R.e Nachahmung fanden. Als Eigenheit *byzantinischer R.e* erscheint, daß sie ein Herausnehmen oder Berühren der Rel. gestatten, während die R.e des Westens die Rel. verbargen - bezeichnenderweise mit Ausnahme des Kreuz-R.s. Erst das Hoch-MA mit seinem Bedürfnis nach »heilbringender Schau« schafft im Abendland Formen zur Sichtbarmachung der Rel. *Ostensorien* stellen in Art der gleichzeitig entstandenen Monstranz (→ Allerheiligstes) die Rel. zur Schau, geschützt von durchsichtigem Material (Glas, Kristall) oder traforiertem Gehäuse, eine bis zur Gegenwart - in Varianten - meistverbreitete R.form. In *nachmittelalterlicher Zeit*, mit unter Wirkung der Reformation, geht der Rel.kult und damit auch die Vielfalt der R.e zurück. Wesentlich Neues entsteht nicht mehr. Bestehende Formen werden weitergebildet, im → Barock prächtig ausgestattet.

3. *Künstlerische Ausgestaltung*, Bildwerk und reiches Dekor (Perlen, Steine, Email- und Metallarbeit, Schnitzwerk, Malerei, Stickerei), bekundet die Verehrungswürdigkeit der Rel. Zugleich gibt sie den R.en ihre hohe *kunstgeschichtliche Bedeutung*. Höhepunkt bildet das 12. und 13.Jh. mit den großen Prachtschreinen der Rhein-Maas-Kunst (→ Kunsthandwerk: II, 4. 5). Ihr großartiger Figurenschmuck, vorab aus der Hand des Nikolaus von Verdun, Meister des Kölner Domschreins, ist wichtig für die Entwicklung der Plastik überhaupt (→ Malerei und Plastik: II, 6). *Inhaltlich* ist bes. das figürliche Bildwerk von hohem Interesse (Symbole, Themen der Heils- und Heiligengeschichte). Oft sind erläuternde Inschriften beigegeben. - Zur Interpretation des Bildwerks vgl. → Liturgie: VI, 2.

F. Pfister, Der Rel.kult im Altertum I. II, 1909/12 - DACL III, 1100ff (Châsse). 3205ff (Cuve-Reliquaire); XIV/2, 2294ff (Reliques et Reliquaires; Lit.) - F.J. Dölger in: AuC 3, 1932, 81-116 - LThK VIII, 805ff - Jos. Braun, Die R.e d. christl. Kultus u. ihre Entwicklung, 1940 (grundlegend; Lit.) - M. Andrieu, Le Pontifical Romain au moyen âge III (StT 88), 1940, 529ff - E. Meyer, Reliquie u. R. im MA (Festschr. f. C.G.Heise, 1950, 55-66) - H. Keller, Zur Entstehung d. sakralen Vollskulptur in d. otton. Zeit (Festschr. f. H.Jantzen, 1951, 71-91) - Ders., Zur Entstehung d. Rel.büste aus Holz (Studien f. H.Kauffmann, 1956, 71-81) - H. Fichtenau, Zum Rel.wesen im früheren MA (MIÖG 60, 1952, 60-89) - P.E. Schramm, Herrschaftszeichen u. Staatssymbolik I, 1954, § 13; II, 1955, § 22; III, 1956, § 38 - R. Rückert, Zur Form d. byzantin. R.e (Münchner Jb. d. bild. Kunst, 3. Folge 8, 1957, 7-36) - H. Schnitzler, Rhein. Schatzkammer I. II, 1957/59. - Vgl. auch die Lit. zu → Kunsthandwerk: II.

Erika Dinkler-v. Schubert

Reliquien

1. Religionsgeschichtlich - 2. Im Christentum

1. R. sind Überbleibsel eines »heiligen«, dh mit zauberhafter Kraft (→ Mana, Orenda; → Macht: I) gelade-

nen Menschen, in denen diese Machtgeladenheit fortdauert. Sie sind in erster Linie dessen Leichnam oder Teile desselben (Schädel, Knochen, bes. Finger und Zehen, Armbein, Kinnbacken, Haare), in zweiter Linie Gegenstände, welche er getragen hat, insbesondere Kleider und Waffen. Im primitiven Umkreis sind solche Machtträger teils Krieger, gerade auch feindliche, teils Häuptlinge und → Zauberer, in der Antike → »Heroen«, über deren Leichnam ein eigenes Gehäuse (hērōon) errichtet wurde, in den Hochreligionen ausgesprochen religiöse Persönlichkeiten, Heilige im engeren Sinn des Wortes (→ Heiligenverehrung). In den höheren Religionen werden die R. mehr mit der Seele des Heros oder Heiligen im Zusammenhang gesehen; in der → Volksfrömmigkeit bleibt der Nachdruck auf der in den R. aufgespeicherten Zauberkraft. Jener Typus der R.verehrung wird von Pfister als animistisch, dieser als orendistisch bezeichnet. Als Träger von Zauberkraft und Glückbringer werden die R. häufig von ihrem Herkunftsort, dem Grab, an andere Orte verbracht (Translation). Die R. werden in derselben Weise verehrt wie andere hl. Gegenstände. Sie werden berührt und geküßt, damit ihre Heiligkeitskraft auf Seele und Leib des Verehrers übergehe; sie werden in → Prozession umhergetragen, auch werden vor ihnen wie vor Götter- und Heiligenstatuen Lichter angezündet; sie werden für Zauberhandlungen aller Art verwendet.

Von den Hochreligionen hat der → *Buddhismus* (: I) den Kult der R. (Skr. sharîraka oder dhātu) am stärksten entwickelt. → Buddhas Asche wurde an 8 adelige Familien verteilt und in R.behältern beigesetzt, von denen einer in Pipravâ (Nepal) aufgefunden wurde. Die älteste Form des buddhistischen Sakralbaus ist der schon in vorbuddhistische Zeit zurückgehende stûpa (→ Kunst: II D, 3 a), der die Form eines Rundhügels oder einer Kuppel trägt und die Aschenbehälter Buddhas und der Heiligen birgt. Aus ihm ging die nach oben sich verjüngende Pagode hervor (aus singhalesisch dagaba, Skr. dhâtugarbha, »Schoß der Reliquie«). Im tibetischen → Lamaismus, in welchem vornehmlich die R. des Dalai Lama verehrt werden, entsprechen den Pagoden die Tschorten. Außer der Asche erlangten auch fiktive Buddha-R. Verehrung, so der Riesenzahn in Kandy, Buddhas Haare, Nägelteile und Fußspuren. – Auch der → *Jinismus* kannte stûpas mit R. der Jina oder Tîrthankara. – Im → *Islam* (: I) nimmt der R.kult einen geringeren Raum ein. Als R. werden die Barthaare → Muhammeds verehrt, die nach der Legende von seinen Jüngern aufbewahrt wurden. Einzelne Moscheen, zB der Felsendom in Jerusalem und Moscheen in Konya und Istanbul, besitzen ein oder mehrere solcher Haare, die in Glasflaschen verwahrt und (bes. in der Nacht vor dem 27. Tage des Fastenmonats) den Gläubigen gezeigt werden. Auch Fetzen von angeblichen Kleidern des Propheten werden gezeigt, desgleichen seine in Felsen eingeprägten → Fußspuren. Die Gräber von Heiligen (walī, pīr) werden verehrt und von Pilgern besucht; an ihnen werden Eide geschworen, weil der Heilige Macht hat, einen Meineid zu rächen. Die Muslime verehren aber häufig auch die R. christlicher Heiligen.

2. Der *christliche R.kult* nahm seinen Ausgang vom Märtyrergrab (→ Märtyrer: II, → Martyrion) unter dem → Altar (: III A, 3 a) der → Basilika (vgl. → Petrustradition). Vom 4.Jh. an wurden im Osten, später auch im Westen die Überreste der Märtyrer und anderer Heiliger geteilt, ja förmlich zersplittert, damit möglichst viele an ihrer Wunderkraft (dynamis, charis) teilhaben konnten. In der orth. Kirche werden solche R.splitter in ein seidenes Tuch (antiminsion) eingenäht, in der lat. Kirche in eine Steinplatte (sepulcrum) eingemauert, die bei der Kirchweihe der Altarmensa eingefügt (depositio) oder auf einen beweglichen Tisch aufgelegt wird. In beiden Kirchen wurde es Regel, daß nur über R. die Eucharistie gefeiert werden darf. Die R. werden vielfach auch in → Reliquiaren aufbewahrt. – Zu diesen R. kommen Gegenstände, die vermeintlich von Christus und den Heiligen getragen oder berührt worden sind, voran Stücke des angeblich von Kaiserin → Helena wieder aufgefundenen Kreuzes Christi, ferner der ungenähte Rock Christi (Hl. → Rock in Trier), das → Turiner Grabtuch, das Schweißtuch der → Veronika, die Windeln Jesu, sein Schmachszepter und die Dornenkrone, das Hemd und der Gürtel Marias, das von der hl. Familie in Nazareth bewohnte Haus (in → Loreto), die Treppe des Richthauses des Pilatus (Scala Santa in Rom). Schon die Vielzahl der gleichen R. (mehrere Schädel, Arme, → Nägel, »hl. Röcke«) beweist deren fiktiven Charakter. – Der primitive Managlaube lebte auch darin weiter, daß mit R. berührte Objekte selbst zu R., dh Machtträgern werden (Sekundär-R.), so Holzstücke, die mit dem angeblichen Kreuz Christi berührt worden sind (»Kreuzpartikel« in Ostensorien), oder Stoffstücke, die auf Gräber, R. oder Reliquiare gelegt wurden (brandea). Schon im christlichen Altertum wurden Tücher aufbewahrt, die in das Blut von Märtyrern getaucht waren. Selbst das Öl aus den über den Heiligengräbern brennenden Ampeln wurde zur machthaltigen Quasi-Reliquie.

Bei der R.verehrung haben Fiktion und Betrug eine große Rolle gespielt. Dies wird bes. deutlich bei R. wie der Vorhaut, dem Schweiß und Blut Christi, der Milch Marias (Kalkstein aus der »Milchgrotte« in Bethlehem). R. wurden im MA gehandelt; um ihren Besitz wurden sogar Diebstähle unternommen und Kriege geführt. Gegen den R.-Aberglauben wandte sich zu Beginn des 5.Jh.s → Vigilantius, im 8.Jh. → Claudius von Turin, im 11.Jh. → Guibert von Nogent (De pignoribus sanctorum). Der byzantinische Kaiser Konstantin Kopronymus (8.Jh.; → Bilder: III, 2) suchte den R.kult abzuschaffen. Auf die Polemik der sog. Vorreformatoren (→ Waldenser, → Wiclif) folgte der Kampf der Reformatoren, bes. Calvins (Traité des reliques). Gegenüber diesen Angriffen erklärte das → Trienter Konzil (Sess. XXV), daß »die hl. Leiber der hl. Märtyrer und anderer mit Christus Lebender, die lebendige Glieder Christi und ein Tempel des hl. Geistes waren und die von ihm zum ewigen Leben auferweckt und verherrlicht werden, von den Gläubigen verehrt werden müssen, und daß durch sie viele Wohltaten von Gott den Menschen geschenkt werden« (Denz. 985). In der heutigen röm. Kirche wird die R.-verehrung durch besondere Vorschriften geregelt (CIC cc. 1281 ff) und von der Congregatio Rituum kontrolliert. Alle für öffentliche Verehrung bestimmten R. müssen durch bischöfliches Siegel als authentisch bestätigt sein, wobei freilich eine ununterbrochene Tradition als genügender Beweis für die Echtheit angesehen wird. Auf luth. Boden werden vereinzelt die Gebeine von mittelalterlichen Heiligen in Gotteshäusern aufbewahrt und in Ehren gehalten, so der Schrein der hl. → Birgitta in ihrer Kirche zu Vadstena (Schweden); vgl. aber → Elisabeth, 7.

Allgemein: ERE X, 650 ff – VAN DER LEEUW 262 ff.

Zu 1: V.A.SMITH, The Jaina Stupa ..., Allahabad 1901 – FR.PFISTER, Der R.kult im Altertum (RVV V/1. 2), 1909/12 – J.J.M.DE GROOT, Der Thūpa (AAB 1919, 11) – G.GOMBAZ, L'évolution du stupa en Asie, Louvain 1933-37 – A.H.LONGHURST, The Story of the Stupa, Colombo 1936 – R.KRISS u. H.KRISS-HEINRICH, Volksglaube im Bereich des Islam I, 1960.

Zu 2: ST.BEISSEL, Verehrung der Heiligen u. ihrer R. in Deutschland, 1890/92 – E.A.STÜCKELBERG, R. u. Reliquiare, 1896 – DERS., Gesch. der R. in der Schweiz, 1902/07 – E.LUCIUS, Die Anfänge des Heiligenkults in der christl. Kirche, hg.v. G.ANRICH, 1904 – RE XVI,

630ff - H.SIEBERT, Beiträge zur vorreformat. Heiligen- u. R.verehrung, 1907 - U.MIONI, Il culto delle reliquie, Turin 1908 - H.DELEHAYE, Les origines du culte des martyrs, Brüssel (1912) 1933² - DERS., Sanctus. Essai sur le culte des saints dans l'antiquité, Paris 1927 - P. SAINTYVES, Les reliques et les images légendaires, ebd 1912 - RGG² IV, 1961ff - P.LEFEUVRE, Courte histoire des reliques, Paris 1932 - LThK VIII, 807ff - HWDA VII, 681ff - DThC XIII/2, 2312ff - A. GRABAR, Martyrium I. II, Paris 1946 (s. Reg.) - F.W.DEICHMANN-A. TSCHIRA in: JdI 72, 1957, 44-110 (Lit.) - J.JEREMIAS, Heiligengräber in Jesu Umwelt, 1958 - EKL III, 618f - TH.KLAUSER, Christl. Märtyrerkult, heidn. Heroenkult u. spätjüd. Heiligenverehrung, 1960. - Vgl. die Lit. zu den im Text genannten Artikeln, bes. zu → Reliquiare.

F.Heiler

Rembrandt, *Harmeneszoon van Rijn* (15.7.1606 bis 4.10.1669), holländ. Maler, * in Leiden, besucht die Lateinschule und wird bei Pieter Lastmann ausgebildet. Ab 1631 in Amsterdam, heiratet er Saskia van Uylenburgh (Sohn Titus 1641-68) und lebt nach deren Tode (1642) mit Hendrickje Stoffels († 1663) zusammen (1654 Tochter Cornelia). Um die Gläubiger zu befriedigen, muß nach 1656 R.s gesamter Besitz veräußert werden. - In einer Zeit, in der die kirchliche Bild-Tradition unter dem Einfluß ref. Theologie in den Niederlanden weithin abgerissen war, widmet R. etwa ein Drittel seines Werkes biblischen Bildvorwürfen. Gegen die Richtung der Zeit, in der das Genrebild, das Stilleben vorherrschten, begründet er einen neuen Stil der biblischen Darstellung (→ Malerei: IV, 5 b). Wohl kann der junge R. gelegentlich biblische Stoffe geradezu vergewaltigen um eines malerischen Effektes willen; doch ist seit den Jahren nach Saskias Tod eine zunehmende religiöse Verinnerlichung festzustellen.

1. R. gehörte der *ref. Kirche* an und hat - soweit wir wissen - trotz Konflikten mit dem ref. Kirchenrat (1653 Ausschluß Hendrickjes vom Abendmahl) diese Zugehörigkeit nicht gelöst. Dennoch lassen sich Belege dafür anführen, daß R. in enge Berührung mit doopsgezinden Kreisen (→ Mennoniten) getreten ist und von dorther religiöse Impulse empfangen hat. - Nach einer zeitgenössischen Überlieferung (Baldinucci), die auf den R.-Schüler Bernhard Keihl zurückgeht (1641/42 in R.s Werkstatt), gehörte der Künstler zu jener Zeit der »Religion der Menisten« an. Im gleichen Jahr malt und radiert R. den führenden Geistlichen der waterländischen Mennoniten C.Cl.Anslo. Der R.-Schüler S.v.Hoogstraaten, wahrscheinlich auch Govert Flinck und J.A. Backer waren mennonitischer Herkunft. Neuere Archivfunde zeigen, daß R. schon in seinen ersten Amsterdamer Jahren in Beziehungen zu mennonitischen Familien gestanden hat; u.a. war der Kunsthändler Hendrick van Uylenburgh, in dessen Haus der junge R. mehrere Jahre malte und lebte, »Gliedmaß und Bruder« der waterländischen doopsgezinden Gemeinde in Amsterdam. Darüber hinaus lassen sich in R.s biblischen Darstellungen Motive aufweisen, die nicht unter ref. Voraussetzungen, wohl aber bei Annahme doopsgezinder Einflüsse verständlich werden. - In kritischer Auseinandersetzung mit dieser These hat Visser't Hooft R.s Beziehungen zu Kreisen ref.-humanistischer Prägung hervorgehoben.

Nahe Beziehungen unterhielt R. zu den *spanisch-portugiesischen Juden* Amsterdams. R. erwirbt sein Haus in der Jodenbreetstraat nicht, um ins »Gettho« zu ziehen, sondern als Nachbar wohlhabender jüdischer Kaufleute (da Pinto, Belmonte), wie bereits H.van Uylenburgh seine Kunst-Akademie in derselben Straße begründete. - Unter R.s Porträts kann man deutlich Darstellungen polnischer, »ashkenazischer« Juden von solchen spanisch-portugiesischer, »sephardischer« Juden unterscheiden (unter letzteren der Arzt Ephraim Bueno; der R. nahestehende Leiter des Rabbinen-Seminars Manasse ben Israel). »Das jüdische Porträt bei R. ist sephardisch, der (bewußt) jüdische Typus ashkenazisch.« Während in den Werken des jungen R. ein phantastisch drapiertes Idealbild des »Orientalen« begegnet (in der Art seines Lehrers Lastmann), spiegeln die späteren biblischen Darstellungen die Begegnung mit der Wirklichkeit des jüdischen Menschen (vgl. die frühe mit der späteren Fassung des Bildvorwurfs »David vor Saul«, Bredius [= Br.] 490 mit Br. 526). Wo es darum geht, die Pharisäer als Gegenspieler Jesu zu charakterisieren, wählt R. bewußt jüdische Typen, und zwar solche ashkenazischer Juden, enthält sich aber im Unterschied zur mittelalterlichen Judendarstellung jeden Karrikierens. Für die Christus-Gestalt des »Emmaus-Mahles« (Br. 578) wählt R. einen betenden spanisch-portugiesischen Rabbinenschüler als Modell (Br. 625). R. ziehen die Leidensfähigkeit und Erlösungssehnsucht des jüdischen Menschen an, die er als Ausdruck einer christlichen Haltung aufnimmt.

2. Unter den Werken R.s belegen bes. die *Zeichnungen* (über 600 zu biblischen Szenen!) die Auseinandersetzung des Künstlers mit der Botschaft des Evangeliums.

R. illustriert die Bibel nicht gleichmäßig; vielmehr sind es einzelne Erzählkreise, die er - oft Jahrzehnte hindurch - immer aufs neue gestaltet (Abraham-Hagar-Szenen, Josephs-Geschichten, Tob, Gleichnisse Jesu usw). Überraschend ist die häufige Ineinssetzung von eigener Lebenssituation und dargestelltem biblischem Bericht: in grober Weise in dem frühen Gemälde »Simson droht dem Schwiegervater« (Br. 499), vertieft in dem »Gebet Manoahs und seines Weibes« (Br. 509), bis hin zur »Heimkehr des verlorenen Sohnes« (Br. 598; C.Neumann nennt dieses Bild »R.s letztes Wort«) und dem bei R.s Tod unvollendet auf der Staffelei stehenden Bild des »Greisen Simeon« (Br. 600). - Auch in der Neigung des alten R., Gewaltige und Mächtige dieser Erde darzustellen, aber so, daß zugleich die ganze Brüchigkeit menschlicher Existenz sichtbar wird, spiegelt sich R.s eigenste Lebenserfahrung wider. Doch schlägt diese »Ironisierung des Monumentalen« (R.Hamann) nur deshalb nicht in Skepsis und Menschenverachtung um, weil dieser so gefährdete Mensch (vgl. das Selbstbildnis aus der Sammlung Carstanjen, Br. 61) für R. im Letzten von Gottes Gnade gehalten ist.

Immer aufs neue ringt R. um die *Wiedergabe der Gestalt Christi,* bes. des Christus-Antlitzes (→ Christusbild, 2 e). Um 1634 ist es ein leicht idealisierender Christus-Typ, der sich an Vorlagen anschließt (langgelocktes Haar; spitzer Bart, der in der en face-Sicht eingekerbt ist, also in zwei Spitzen ausläuft; das edle Antlitz). Der junge R. wagt es nicht, die Christus-Gestalt voll in den Realismus seiner Kunst einzubeziehen. Um 1648 erscheint etwas völlig Neues in R.s Werk: das Christus-Porträt (Ölskizzen aus Anlaß des Bildvorwurfs vom »Emmaus-Mahl«). R. überwindet allmählich die individuellen Züge seines jüdischen Modells (s.o., Br. 625) und gelangt zu einer neuen Objektivierung (Br. 627). Es entsteht der herbe Christus-Typ der 50er Jahre (äußere Merkmale: rundgeschnittener Bart, kürzeres strähniges Haar, herberer Ausdruck des Gesichtes). Während in den Gemälden bis zuletzt ein »gewisser Rest romanischen Ebenmaßes« (M.Eisler) in R.s Christus-Bildern spürbar bleibt, ist die Christus-Gestalt in den Radierungen der 50er Jahre am stärksten in R.s eigenste Empfindungsweise eingegangen. Vgl. für die Wandlung des Christus-Typus die beiden Fassungen des »Gesprächs Jesu mit der Samariterin« (Rad. B 71 mit B 70) sowie den Christus des »Hundertguldenblatt« mit dem predigenden Christus der »Petite tombe« (B 74 mit B 67; s. Taf. 60 Abb. 4 und → Graphik, 2). R. durchbricht alle idealisierenden Übermalungen, welche die Jh.e über die Christus-Gestalt gelegt hatten, und findet zurück zur Gestalt des jüdischen Rabbi, wie sie die synoptischen Evangelien zeigen. - Dem innersten Anspruch der Christus-Gestalt gibt R. - vornehmlich in seinen Zeichnungen - Ausdruck durch ein von ihm geprägtes *Lichtsymbol;* es ist nicht ein Heiligenschein (den nur der junge R. kurze Zeit als stereotypes Ausdrucksmittel aus der Tradition übernimmt), sondern eine sternenartig aufzuckende Strahlung, mit der R. die Gestalt Christi in actu des gläubigen Innewerdens umgibt (der für den Gärtner Gehaltene bzw. der vermeintlich fremde Pilger wird als der Auferstandene erkannt, Val. 511. 525; die Samariterin erkennt in Jesus den Messias, Val. 423). R. gestaltet nicht das »kultische Bild«; wohl aber kann man mit den Hunderten von biblischen Darstellungen des Künstlers eine ganze R.-Bibel gestalten. Gegenüber der Rede von der »künstlerischen Unproduktivität des Protestantismus«, der nur auf dem Gebiete der Kirchenmusik schöpferische Kräfte entbunden habe (J.S. → Bach, H. → Schütz), ist auf R. zu verweisen, dessen Werk aus demselben Quellgrund ev. Christseins erwächst.

Ausg.n: W.R.Valentiner, R. Des Meisters Handzeichnungen, 2 Bde, 1925/34 - A.Bredius, R.s Gemälde, 1935 - W.Cuendet, R., Radierungen, 1947 - L.Münz, R.s Etchings, 2 Bde, London 1953 - O.Benesch, R.s Drawings, 6 Bde, ebd 1954-57. - *R.-Bibeln:* hg.v. C.Hofstede de Groot, Amsterdam 1906; hg.v. F.W.Bredt, 1921; hg.v. E.Wettergren, Stockholm 1952/53; R. erzählt das Leben Jesu, hg.v. W.Sumowski, 1959. Eine R.-Bibel der Württ. Bibelanstalt ist in Vorbereitung; R.-Bibel in 14 Dia-Reihen in der Eichenkreuz-Bildkammer Kassel-Wilhelmshöhe.

Bibliogr.: Lit. bis 1935: O.Benesch, R. Werk u. Forschung, 1935 (abgedr. in Thieme-Becker, Künstler-Lexikon, Bd 24); *für 1933 bis 1943:* H.van Hall, Repertorium voor de Geschiedenis der Nederlandsche schilder- en graveerkunst, 2 Bde, Den Haag 1936/44; *seit 1943:* Bibliography of the Nederlands Institute for Art History (erscheint fortlaufend).

Monographien: C.Neumann, (1901) 2 Bde, 1924⁴ - C.Hofstede de Groot, Die Urkunden über R., 1906 - W.Weisbach, 1926 - R. Hamann, 1948 - J.Rosenberg, Harvard Univ. Press 1948.

Lit. zu 1: K.Vos, R.s geloof (De Gids 27, 1909, 39-72) - E. Schmidt-Degener, R. u. der holländ. Barock, 1928 - J.Bab, R. u. Spinoza, 1934 - L.Wencelius, Calvin et R., Paris 1937 - Fr.Landsberger, R., the Jews and the Bible, Philadelphia 1946 (Lit.) - H.-M. Rotermund, R. u. die relig. Laienbewegungen seiner Zeit (Nederlandsch kunsthist. Jb., 1952/53, 104-192; Lit.) - H.van de Waal, R.s Radierungen zur Piedra gloriosa (Imprimatur, 1954/55, 52-61) - W.R.Valentiner, R. and Spinoza, London 1957 - H.F.Wijnman, Uit de kring van R. en Vondel, Amsterdam 1959. - *Zu 2:* J.van Rijkevorssel, R. en de traditie, Rotterdam 1932 - R.Obermüller, R.s Werk u. das Problem der christl. Kunst (MGkK 38, 1933, 10 bis 28) - W.A.Visser't Hooft, R.s Weg zum Evangelium, (franz. 1947) 1955 - H.E.van Gelder, R. en de heilige Schrift, Amsterdam 1948 - W.Nigg in: Maler des Ewigen, 1951, 239-315 - H.-M.Rotermund, The Motif of Radiance in R.s bibl. Drawings (Journal of the Warburg Institute, London 1952, 101-121) - Ders., Wandlungen des Christustypus bei R. (Wallraf-Richartz-Jb. 18, 1956, 197-237) - Ders., Unidentifizierte bzw. mißverstandene Zeichnungen R.s zu bibl. Szenen (ebd 21, 1959, 175-208) - L.Münz, R.s Vorstellung vom Antlitz Christi (in: Festschr. Kurt Bauch, 1957, 105-226). - Speziallit. zu bibl. Einzelszenen s. EKL III, 621. *H.-M.Rotermund*

Remigius, 1. *von Auxerre* († um 908), Schüler und Nachfolger Heirics, wirkte seit 893 mit → Hucbald von St. Amand als Lehrer in Reims, nach 900 in Paris, wo → Odo von Cluny sein Schüler war. Seine Kommentare zu Grammatikern und Dichtern, zu Boethius und zur Bibel, aus der Lehrtätigkeit erwachsen, zT von Heiric abhängig, überlieferten die Errungenschaften des karolingischen Humanismus.

MPL 131 (101 u. 117 unter den Namen → Alkuins u. → Haimos) - MG Epp V, 635ff. - Manitius I, 504ff; II, 808f; III, 1063 - J.R.Geiselmann, ThQ 114, 1933, 222-244 - A.Vaccari, Bibl 26, 1945, 52-99 - P.Courcelle, Latomus 7, 1948, 247-254 - M.de Marco, Aevum 26, 1952, 465-467. 495-517 - R.B.C.Huygens, ebd 28, 1954, 330-344 - C.E.Lutz, Traditio 12, 1956, 65-86.

2. Erzbischof *von Lyon* (852-875), griff im Streit um die → Prädestination scharf → Hinkmar von Reims und → Johannes Scotus an (Synode von Valence 855), ohne eindeutig für → Gottschalk einzutreten. In seinem Auftrag schrieb → Florus.

MPL 121. - Harnack, DG III, 295ff - A.Wilmart, RBén 42, 1930, 149-162.

3. Bischof *von Reims* (ca 459-533), aus senatorischer Familie, vertrat die Bevölkerung Nordgalliens gegenüber Chlodwig (→ Franken), den er - wohl 498 - taufte. Die Legende der dabei benutzten Ampulla sacra kannte schon → Hinkmar von Reims.

MG Epp III, 112ff - MG SS Mer. III, 239ff - MPL 65, 963ff. - K.F. Stroheker, Der senatorische Adel im spätantiken Gallien, 1948, 207f - Wattenbach-Levison I, 103. 123. *H.Löwe*

Renaissance

I. Geschichte der Renaissance - II. Renaissance als Stil - II. Renaissance und Religion

I. Geschichte der Renaissance

1. Begriff und Theorien der R. - 2. Die allgemeinen Voraussetzungen der R. - 3. Das neue Bild des Menschen - 4. Das neue Bild der Welt - 5. R. und Reformation

1. Der *Begriff* der R. (rinascità = Wiedergeburt) wurde zuerst durch G.Vasari († 1574) in seinen Künstlerbiographien verwandt, um die wahre, an der Antike gebildete Kunst Italiens von der barbarischen vorher abzuheben. Die → Aufklärung wandelte den kunstgeschichtlichen zu einem historischen Begriff für das 15./16.Jh., in dem sie Ansatz und Rechtfertigung ihres eigenen Strebens nach Überwindung der kirchlich-politischen Traditionen des MA und Heranbildung eines freien, fortschrittlichen und selbstverantwortlichen Menschentums fand. Dieses Geschichtsbild wurde für den Liberalismus des 19.Jh.s verbindlich durch Bd VII der »Histoire de France« (1837) von J. → Michelet, noch mehr durch J. → Burckhardts Buch »Die Kultur der R. in Italien« (1860). E.Gebhart fand 1879 in »Les origines de la R. en Italie« deren Ursprünge bereits bei → Dante und in der mittelalterlichen Frömmigkeit Italiens. H. Thode sah »Franz von Assisi und die Anfänge der Kunst der R. in Italien« (1885) verbunden im gleichen subjektiven Frömmigkeitstyp des Individualismus. Das Problem einer R. im MA wurde auch für Deutschland durch K.Burdachs Werk »Vom MA zur Reformation« (1912 bis 1937) gestellt, das die frühhumanistischen Bestrebungen Kaiser → Karls IV. und der → Rienzo, → Petrarca, Johannes von Neumarkt u.a. sichtbar machte. Die Kunsthistoriker A.Schmarsow und C.Neumann zeigten, daß die R. außerhalb Italiens zumeist nur eine Reifung und Klärung der → Gotik darstelle; die R.-Vorstellungen müßten nach Ländern und Nationen differenziert werden. G.Dehio leugnete für die Kunstgeschichte die Bedeutung einer R. überhaupt und schloß unmittelbar an die Kunst des MA die des Barock an. Unter seinem Einfluß schränkte E.Walser (»Gesammelte Schriften zur Geistesgeschichte der R.«, 1932) Burckhardts Thesen dahin ein, daß die R. nur auf einzelnen Lebensgebieten einen Bruch mit dem MA bedeutet, dieses jedoch in seiner Melancholie wie in Philosophie und Naturwissenschaft noch lange nachgewirkt habe. Die Annahme einer Kontinuität zwischen → Mittelalter, R. und → Barock bzw. → Klassizismus fand ihren Niederschlag in den Werken von D.Frey »Gotik und R. als Grundlage der abendländischen Weltanschauung« und G.Weise »Die geistige Welt der Gotik« (1929/39). - Dem für das historische Verständnis unerläßlichen Bedürfnis einer Epochenscheide dürfte es entsprechen, den Beginn der R. etwa

mit der Zeit um 1430 anzusetzen. Seit damals werden die die mittelalterlichen Lebenswerte zerstörenden neuen Kräfte übergewichtig und bestimmen schließlich die neuzeitliche europäische Kultur. - Der Begriff R. wurde schon 1839 durch J. Ampère erweiternd auf die Bestrebungen → Karls d. Gr. und → Ottos d. Gr. angewandt, antikes Bildungsgut für ihre Völker zu übernehmen. Heute ist das Phänomen der R. anerkannt als ein für Europa spezifischer und sich immer wiederholender Vorgang innerer Erneuerung aus den Gesetzen des Ursprungs.

2. *Die allgemeinen Voraussetzungen der R.* waren vor allem in der zunehmenden Erschütterung der geistlichen und weltlichen Herrschaft des Adels und seiner Lebenswerte gegeben. In → Italien (, 3) führte der Kampf zwischen Päpsten und Kaisern und der Zusammenbruch der Staufermacht nach 1250/68 zuerst im Abendland zur Auflösung der alten Ordnungen. Immer neue Schichten des Bürgertums traten in den nun hochkommenden Städten in die Führung ein. Doch in dem zerrüttenden Kampf aller gegen alle war schließlich die Tyrannis einzelner rücksichtsloser Großkapitalisten oder Condottieri das letzte Heilmittel. Unter formaler Aufrechterhaltung der fast überall herrschenden Demokratie nützten sie deren Machtmittel zum Aufbau einer militärisch-finanziellen Herrschaft, an die sie die während der inneren Kämpfe bindungslos gewordenen zahlreichen Existenzen durch Hof und Verwaltung banden. Nord- und Mittelitalien, die sich im Kampf zwischen → Ghibellinen und Guelfen zermürbt hatten, wurden durch die Visconti in Mailand, die Medici in Florenz/Toscana, die Este und Gonzaga in Ferrara bzw. Mantua und durch Venedig in neuen größeren Einheiten zusammengefaßt. Dabei wurde den Machthabern die Kunst zur Helferin, die den Untertanen die neugeschaffene Wirklichkeit in großen kirchlichen Werken, aber auch in Bauten wie Rathäusern und Palästen nahebrachte. Indem damit Adel und Großbürgertum an den neuen Hof gebunden wurden, wurden auch ihre Ideale romantisierend umgebogen (Botticelli, Ariosto). Als seit etwa 1450 auch das päpstliche Rom diesen neuen Lebensstil annahm, war nur noch das unabhängig gebliebene Siena ein Hort mittelalterlicher Ideale, die - dank der engen Verbindung zum Reich - formal auch in Mailand noch erhalten wurden. Ähnliche Wirkungen zeitigte für Frankreich und England ihr 100jähriger Krieg (1339-1453). Dem Aufbau einer neuen Königsverwaltung diente ebenso die Unterordnung der Kirche (Pragmatische Sanktion von Bourges 1438) wie das Bündnis mit dem Großbürgertum, das dem Königtum die Kapitalien für Kriegführung und Verwaltung stellte und mit großen Monopolen und Staatsämtern gelohnt wurde. Sein Aufstieg war in Italien, Frankreich, England und Deutschland durch die großen Pestzeiten 1349ff begünstigt worden, die mit der Schrumpfung der Bevölkerung und der Verarmung von Adel und Bauerntum zur Erschütterung des zünftigen Handwerks, mit dem Aussterben zahlreicher Geschlechter zur Vermögensansammlung geführt hatten. Der Aufstieg der erst 1370 vom Lande in Augsburg eingewanderten Fugger war typisch dafür. Auch in Deutschland vollzog sich eine Neubildung, wenngleich in geringerem Maße, da hier das 14.Jh. zwar erbitterte Kämpfe der Dynastien und Stände, aber keine totale Krise wie in Süd- oder Westeuropa sah. So behaupteten sich im Reich schon dank der bedeutenden Stellung der geistlichen Fürstentümer mittelalterliche Vorstellungen und Lebensformen länger und stärker, mit Ausnahme der dem Herzog von Burgund gehörigen und damit in den 100jährigen Krieg verwickelten Gebiete. Erst die bedrohliche Einwirkung des seit 1453 erstarkten Frankreich und mehr noch Burgunds auf den Westen des Reiches und auf Italien seit 1494 führten zur stärkeren Aufnahme der burgundisch-italienischen R.-Vorbilder, für die dann Maximilian I. und → Karl V. Schrittmacher wurden. Gleich anderen Herrschern wurde auch ihnen die R. ein Mittel der inneren Vereinheitlichung ihrer verschiedenen Länder und Traditionen. Wie maßgeblich für die Durchsetzung der R. die Hilfe des Großbürgertums war, zeigte ihre geringe Resonanz in den europäischen Randländern mit bedeutungslosem oder fremdem Bürgertum. In Spanien förderten zwar die »kath. Könige« Ferdinand und Isabella ebenso die R. wie nach ihnen die Habsburger; sie scheiterten damit aber am Widerstand der feudal-provinzialen Traditionen. In Polen und Ungarn suchten zwar einzelne tatkräftige Nationalkönige wie Matthias Corvinus von Ungarn († 1490) und Sigismund I. von Polen († 1548) Vorbilder der italienischen R. zur Stärkung ihrer Macht nachzuahmen. Sie fanden damit Resonanz beim deutschen Bürgertum ihrer Städte, aber zugleich stärksten Widerstand ihres Adels; dadurch wurde die R. auf Hof und Stadt beschränkt. Ähnlich lagen die Verhältnisse in den skandinavischen Königreichen. Im Großfürstentum Moskau blieb es bei ersten Übernahmen europäischer Technik, da Iwan III. angesichts der Stärke der seine Herrschaft tragenden kirchlichen Orthodoxie und der Bedeutungslosigkeit des Bürgertums die »lateinischen« Ideen Maxim Greks abwehren mußte. Indem Fürsten und Bürger, die sich der R. erschlossen, überall die Vorstellungen des Adels und des mit ihm verbundenen Bauerntums wie Klerus angriffen, beriefen sie sich gegenüber der von diesen Ständen repräsentierten Vergangenheit fast durchweg auf die Vorvergangenheit der volkhaften bzw. christlichen Ursprünge. Damit bahnte sich ein geschichtliches, aber zugleich auch relativierendes Denken an.

3. *Das neue Bild des Menschen,* in seinen Grundzügen weitgehend durch → Nikolaus von Kues verkündet, sah den Menschen zwischen Welt und Gott gestellt. »Der Mensch ist Gott, zwar nicht absolut, weil er Mensch ist; er ist der menschliche Gott.« Als Mittler zwischen beiden Sphären lag es ihm an, die Wirklichkeit universal zu erfassen und sich damit zu Gott hinzubilden; aus der mystischen Aufgabe der »Hinbildung« zu Gott erwuchs die der persönlichen »Bildung«. Durch sie, nicht durch Blut, Stand oder Geschlecht, durch das Streben nach Erkenntnis der Wahrheit, nicht durch ihren Besitz, war jeder Mensch ausgezeichnet, hatte er seinen sozialen Rang. Diese Auffassung machte erstmals die → Frau (: III B, 3 a) zum aktiven Mitträger der Kultur; wenn auch oft als sehr männliche virago, trat sie nun in Geistesleben und Politik in allen Ländern hervor. Da die Individualität und ihre Bildung von Gott gewollt war, aus ihm stammte und zu ihm hinführte, konnte nicht mehr die mittelalterliche Imitatio, die Nachahmung oder Neufassung überkommener Vorstellungen höchster Wert sein, sondern nur die Originalität. So fand die R. im »Genie« als Inbegriff der Spontaneität und Energie einen menschlichen Höchstwert, eine Autonomie, die sich aus dem Zerfall überindividueller Bindungen ergab. In großartiger Kombination von sinnenhafter Beobachtung und geistiger Durchdringung schilderten deshalb Künstler wie Masaccio, Donatello und Mantegna, van Eyck und van der → Weyden, Witz und Multscher den Menschen nicht mehr typisch, sondern realistisch, naturgetreu, wobei das Häßliche und Absonderliche ebenso ethischen und ästhetischen Rang erhielt wie das rein Körperliche und das Sexuelle (→ Malerei und Plastik: III). Gewiß verhinderten christliche und traditionelle Hemmungen das volle Ausleben, mehr noch vielfach die entsetzliche, seit 1494 immer mehr sich verbreitende

»Franzosenkrankheit« der Syphilis; aber Kunst, Mode und Sittenschilderungen zeigen bis zum Ende des 16.Jh.s eine neue Bejahung der Sexualität. Das neu errungene Wissen um die Veränderlichkeit der Individualität, ihr Aufblühen und Vergehen, schloß zugleich eine tiefere Erkenntnis der Vergänglichkeit ein; die christlichen Jenseitsvorstellungen wurden zweifelhaft oder belangloser. Jetzt erlangten die → Totentänze höhere Bedeutung. Tiefe Melancholie und Angst vor dem Tode wühlten ebenso in den Menschen der R. wie Furcht vor dem Alter. Gegenüber dem Wissen um die Vergänglichkeit wurde um so mehr der Wille zum Leben, die Kraft der Jugend betont. Sie war der R. anders als dem MA die Zeit der Entscheidungen des Lebens, der höchsten Kraft, die es zu pflegen und zu bewahren galt. Der Genuß der geistigen und sinnlichen Schönheiten der Welt, des Augenblicks, wurde damit zur Kunst erhoben, und die Künstler zeigten, wie sich der Mensch dabei steigerte und entfaltete. Es galt, die Wechselhaftigkeit des Schicksals zu meistern, der neben Chronos immer wieder dargestellten Göttin Fortuna auf dem drehenden Rade. Geistig geprägte Willenskraft (virtù) bestimmte nach Machiavellis Beobachtung den typischen R.-Menschen und sicherte ihn durch Gewinn von Macht. Solche Macht war letztlich immer geistig begründet, ob Castiglione in seinem Werk über den »cortegiano« universale Bildung als Mittel der Selbstbehauptung forderte oder ob für Fr. → Bacon Wissen Macht war. Dieses Streben nach Macht, dem MA wegen der Herrschaft von Kirche, Recht und Sitte nicht möglich, gehörte zur R. Es fand in → Machiavellis »La ragione del principe« (1514) seine zusammenfassende Darstellung und Systematik. Macht überwand die Vergänglichkeit durch das Andenken großer Taten und ihre Verewigung in Geschichtsschreibung, Literatur und Kunst. Ruhm, anerkannt durch die wiederaufgenommenen Dichterkrönungen oder durch Adelsverleihung, erstritten sich Schriftsteller und Künstler ebenso wie Großkaufleute und Fürsten. So entstanden große Reiter- und Grabdenkmäler, wie sie sich die Medici in Florenz, die Valois in St. Denis, die Wettiner in Freiberg und Kaiser Maximilian I. errichteten. So ließ man sich von »Fürsten der Kunst« wie → Tizian, → Dürer oder → Holbein d. J. porträtieren - die R. war eine Hochzeit des Porträts -, um durch diese neuen Mittler der Unsterblichkeit die Vergänglichkeit zu überwinden. Das Bild des Menschen erhielt damit eine - vitale oder geistige - heroische Monumentalität, die sich bewußt an der Antike schulte und zur Verdeutlichung ihres rationalen Sinngehalts zielbewußt die Allegorie wählte. Ihr großes Magazin wurde die antike Mythologie. Damit verband sich von Anfang an das Suchen nach dem wahren Gesetz des Menschen, ebenso deutlich an Künstlern wie Alberti, → Leonardo oder Dürer wie an → Erasmus oder Th. → Morus. Der Individualismus der R. konnte freilich nicht zu einer neuen Ethik vorstoßen, sondern ihr nur Ansätze liefern. Für sie wurden die Philosophie der → Stoa, des → Cicero und → Seneca mit ihrer heroischen Gelassenheit gegen Fortuna und Anpassung an die necessità ebenso bedeutsam wie die Schriften des Erasmus, der neben Krieg und Gewaltübung Frieden und bürgerliche Arbeit, neben der Vernunft die Triebhaftigkeit (»Encomion moriae«) als gestaltende Kräfte anerkannt wissen wollte. Wohl aber begründete die R. eine neue Ethik der Liebe und der Freundschaft als der freigewählten Harmonie gleichgerichteter Geister. Auf ihrer Grundlage bildeten sich überall humanistische Kreise und aus ihnen vielfach Akademien, in denen sich Gleichgesinnte fanden, ohne Rücksicht auf Herkunft oder Beruf. Hier suchte man in der Disputation das Wissen um menschliche Leistung und natürliche Welt in ein Gesetz zu bringen - oft genug freilich mit dem Ergebnis einer gefährlichen Überschätzung der Formel.

4. *Das neue Bild der Welt* als eigenständiger, von religiösen, christlichen Bezügen freier Erscheinung wurde durch die nach dem Fall Konstantinopels 1453 von griechischen Flüchtlingen (→ Bessarion) mitgebrachte Philosophie des Plato und Aristoteles nicht bewirkt, sondern durch sie nur geistig unterbaut; großenteils schon vorher bekannt, fand sie erst bei der durch die R. geänderten seelischen Lage Europas Resonanz, erwies sich freilich oft als Hemmung bei der Erforschung der neuen Wirklichkeit. Diese Erforschung entwickelte sich zunächst noch ganz mittelalterlich als Kampf um die rechten Autoritäten, durch kritische Prüfung kirchlicher Handschriften und Texte. Aus der philosophischen Text- und Wortkritik wurde dabei eine echte Sachkritik, die unter Heranziehung antiker Texte wie eigener Beobachtungen die Erscheinungen in ihren größeren Zusammenhängen - auch solchen nicht-kirchlicher Art - erkennen lernte. Die hohe scholastische Kultur des rational geprägten Wortes führte dabei zunächst zu einem Rückgriff auf das klassische Latein und zu seiner Erneuerung als Verständigungsmittel aller wahrhaft Gebildeten, wodurch freilich die lebendige Entwicklung des mittelalterlichen Latein abgeschnitten wurde. Daneben traten, bes. im Bereich von Theologie und Philosophie, Griechisch und Hebräisch als Sprachen der Bibel und des frühen Christentums und erschlossen neue Erkenntnisse. Indem die Wirklichkeit der Natur und des Menschen weitgehend von Laien erforscht wurde, wurde zunächst die weitgehende Übertragung der antiken Schriftsteller in die Volkssprachen, dann deren Verwendung in der Wissenschaft nötig. Allgemein verbreitete sich im 16.Jh. die Überzeugung, daß nur die Volkssprachen der Wirklichkeit entsprächen. Dank des Aufstiegs Italiens, Spaniens und Frankreichs lösten im 16.Jh. deren Sprachen das Latein als Sprache der Gebildeten weithin ab. Um sie und die Welt kennenzulernen, unternahmen junge Adlige und Großbürger zum Abschluß ihrer Bildung eine Kavaliers- oder Bildungstour an die namhaftesten Höfe und Universitäten Europas.

Der Mensch erhielt ein richtiges Bild seiner selbst, als Vesalius 1543 in seinem Werk »De humani corporis fabrica« die Unrichtigkeit der anatomischen Vorstellungen des Galenus nachwies. Gleichzeitig lenkte → Paracelsus die Erkenntnis der Krankheiten in neue Bahnen durch Verwertung der → Alchemie, die er zur wissenschaftlichen Chemie zu verwandeln begann. Die Bedürfnisse der Medizin wie der Medikamentik veranlaßten die eingehende Erforschung der Tier- und Pflanzenwelt, wobei die Entdeckungsfahrten neues Vergleichs- und Erkenntnismaterial lieferten. Die Intensivierung des Schiffbaus wie der Kriegskunst (Artillerie, Befestigungswesen) führten zur wissenschaftlichen Prüfung, Verwertung und Klärung der Physik und hier bes. der Statik und Ballistik (Stevin), mehr noch der Algebra, Mathematik, Stereometrie und Geometrie, unter Wiederaufnahme antiker Leistungen (Euklid, Pythagoras). Die durch Regiomontanus und Peurbach erfolgte Anwendung der Mathematik auf Geographie und Astronomie schuf die Grundlagen der Vermessungslehre, ermöglichte Längen- und Breitenbestimmungen und lieferte damit der durch Portugiesen und Spanier seit 1450 vollzogenen Entdeckung und Besitznahme Afrikas, Amerikas und Asiens die entscheidenden Hilfsmittel. Diese war vorbereitet durch die geographischen Forschungen der Toscanelli und Beheim. Die Arbeit des → Kopernikus »De revolutionibus orbium coelestium«, wie das Werk des Vesalius 1543 erschienen, gab zwar zunächst eine durch Widersprüche in den antiken Autoren veranlaßte Hypothese, regte aber zu bestätigenden Forschungen an. Die Erde und der Mensch rückten aus dem Weltmittelpunkt, die Stellung des Menschen wurde – wie in der perspektivischen Darstellungsform – relativiert, seine Abhängigkeit von Raum und Zeit sichtbar. War dem MA die Zeit mehr ein vorgestellter Gegensatz zur ewigen Überzeitlichkeit gewesen, so wurde sie dem seiner Veränderlichkeit und Vergänglichkeit bewußten Menschen der R. persönliches Erlebnis und deutlich an der allgemeinen Verbreitung der Uhr und ihrer Verwandlung zur Taschenuhr (Henlein) wie an der Kunst, die die anachronistische Darstellung zeitlich aufeinanderfolgender Geschehnisse in einem Bilde zunehmend aufgab. Die Geschichtsforschung und -schreibung erhielt einen zentralen Platz. Dadurch gewann die historische Entwicklung der Völker und Nationen an Gewicht; bald machten sich auch Bürger und Fürsten die Geschichte in ihrem Kampf gegen Adel und Kirche wie gegen politische Rivalen zunutze. Der Kampf gegen die Autoritäten und Spekulationen der Scholastik führte auch hier zur Suche nach der wirklichen Autorität des Ursprungs und seines Gesetzes, nach den Quellen, aus denen sich wiederum oft ein neues Verständnis gegenwärtiger Erscheinungen ergab. Die neue historische Tendenz bewirkte die Erarbeitung und Verbreitung der ursprünglichen Texte der Bibel wie der Kirchenväter (→Humanismus: I). Die quellenkritische Entlarvung der → Konstantinischen Schenkung durch Nikolaus von Kues und L. → Valla diente mit der Zerstörung des kirchlich-päpstlichen Führungsanspruches der sich entwickelnden Autonomie der weltlichen Geschichte, der die Bekanntschaft mit den antiken Historikern und ihren Darstellungen (Sueton, Livius, Polybius, Tacitus) Vorbild und Anreiz wurde. So verdankt die Historie der R. nicht nur die Entdeckung der Zeugnisse der Antike über die Ursprünge der europäischen Völker, sondern auch das Interesse für deren mittelalterliche Quellen. In der Geschichtsdarstellung ihrer Länder wurden für Italien die Werke von → Bruno, → Guicciardini und → Machiavelli repräsentativ, für Frankreich von Commines, für Deutschland Enea Silvio Piccolomini (→ Pius II.), → Wimpfeling, → Beatus Rhenanus, Thurmayr und → Melanchthon. Die Geschichtsschreibung der R. suchte die Steigerung des nationalen Selbstbewußtseins und den Einsatz der Geschichte für die ethische und politische Erziehung und war deshalb der staatlichen Führung eng verbunden.

Indem das Fürstentum die Einheit des Landes in der Einheit der Dynastie zu betonen begann, setzte es zu deren Sicherung zunehmend das Prinzip der Primogenitur durch. Neben das Prinzip persönlicher Herrschaft aus dem Gottesgnadentum trat das ihrer überpersönlichen Sicherung durch erste staatliche Institutionen, ein neues fürstliches Beamtentum und ein vom Fürsten gesetztes Recht. Während das Königtum in Frankreich an die große Behördenorganisation des 13./14.Jh.s anknüpfte und sie zentralisierend erneuerte, schuf das Tudor-Königtum erste zentrale Behörden. Im Reich entstanden sie erst seit dem Wormser Reichstag 1495 (→Reichsreform). Für Deutschland wurde das Vorbild der Tiroler Behördenorganisation wichtig, in der durch Maximilian I. aufgebauten Zentralverwaltung der habsburgischen Erblande, deren Nachahmung durch die Wettiner bald Schule machte. Das römische Recht lieferte dazu fast überall die Begründung und regte zu großen Rechtskodifikationen an, bes. in Deutschland (Carolina, Reichspolizeiordnung, Konstitutionen deutscher Territorien und Städte des 16.Jh.s), wo das römische Recht dank seiner subsidiären Geltung vereinheitlichend wirkte. Wesentlich der Neubildung eines Beamtentums aus Bürgers- und Adelssöhnen diente die fürstliche Förderung humanistischer Vorkämpfer und des durch Gutenberg erfundenen Buchdrucks. Errichteten Frankreich und England neue Lehranstalten für die Erlernung alter und neuer Sprachen, so übertraf sie darin bei weitem Deutschland, wo die Landesfürsten, bes. in Sachsen und Württemberg, zahlreiche Stadtschulen, über ihnen Fürstenschulen (→ Bildungswesen, 5) und als ihre Krönung bedeutende → Universitäten begründeten (zwischen 1450 und 1550 allein 11). Dabei wurde fast durchweg dem Spezialstudium das an der neuen (Philosophischen) Fakultät der bonarum artium vorgeschaltet, in der die neuen Ideen der R. am unmittelbarsten zur Geltung kamen. Hohe Bedeutung erkannten Fürsten und ständische Magistrate auch dem Theater zu, das mit dem geistig gebändigten seelisch-körperlichen Ausdruck der Persönlichkeit zugleich die Menschen- und Weltkenntnis fördern sollte. Die seit 1560 in Florenz (Peri und V.Galilei) und Venedig entwickelte Oper wurde bald eines der wichtigsten pädagogisch-politischen Mittel des Fürstentums. Julius und Justus Scaliger vollzogen die klare Scheidung zwischen Dichtung und Geschichte, wobei sie dieser das Reich des Individuellen, jener das des Typischen zuwiesen. Die Scaliger sowie Heinsius und Ronsart trennten begrifflich klar Tragödie, Komödie und Lyrik und stellten jede dramatische Darstellung unter das Gesetz der Einheit von Zeit, Ort und Handlung. Für alle diese Kulturleistungen wurde der fürstliche Hof zum neuen Sammelpunkt. Da die Befriedung des Landes (im Reich Fehdeverbot 1495) den Fürsten die Aufgabe der Burgen und das Wohnen in der ungeschützten Ebene, nahe den Städten, gestattete, wurde die Errichtung von Schlössern möglich, bei denen die von L.B.Alberti weiterentwickelten Ideen des Vitruvius angewandt wurden. Wie in den großen Gartenanlagen der R. die Natur in geometrischen Formen geordnet wurde, schufen die Fürsten nun auch in ihren Städten große regelmäßige Platzanlagen, bes. in Italien. Dürer entwarf den Plan einer Königsstadt, in der die Bereiche von Verwaltung, Kirche und Gewerbe planmäßig geordnet und von einer regelmäßigen Befestigung umschlossen waren.

Bei der Finanzierung ihrer neuen Hof- und Verwaltungsbedürfnisse meist durch ihre Stände gehemmt, suchten die Fürsten neue Geldquellen durch planmäßige Verbindung mit dem Großbürgertum zu erschließen und die Macht der Zünfte einzuschränken. Überall wurden dabei die kirchlichen Hemmungen des Wirtschaftslebens (Zinsverbot) gelockert. Wie die französischen Könige J.Coeur, so begünstigten die Habsburger die Fugger und die Tudor die Kapitalbildung großer Monopolkaufleute unter eigener Gewinnbeteiligung. Während sich aus solchen Vorgängen am Ende des 16.Jh.s in Frankreich der Merkantilismus entwickelte, begründete Kurfürst August von Sachsen gleichzeitig einen Kameralismus, der in der Intensivierung und Rationalisierung der Landwirtschaft wie der Wohlfahrt des ganzen Landes vorbildlich wurde (→ Wirtschaftsgeschichte: I).

Sehr spät erst, nach 1580 gewann die durch das Landsknechtwesen und die Verwendung von Artillerie gewandelte Kriegskunst eine neue rationale Prägung durch die Oranier. Der friedliche internationale Verkehr erfuhr schon seit dem 15.Jh. eine Vertiefung durch die Herausbildung einer Diplomatie; in Italien und hier bes. in Venedig entwickelt, wurde sie bald zum Werkzeug aller Dynastien und Republiken, um durch die Berichte der Diplomaten genaue Kenntnisse über die europäischen Kräfte und Tendenzen zu erhalten. Deren Zusammenfassung unter den Ideen von Kirche und Reich war durch die neuen nationalen bzw. territorialen Bildungen unmöglich geworden. Dafür entwickelte der böhmi-

Karte 22

KARTE DER RELIGIONEN

Herausgegeben von Prof. D. Martin Schlunk † und Dr. Horst Quiring in Ve
3. verbesserte Auflage 1960, Evang. Missionsverlag

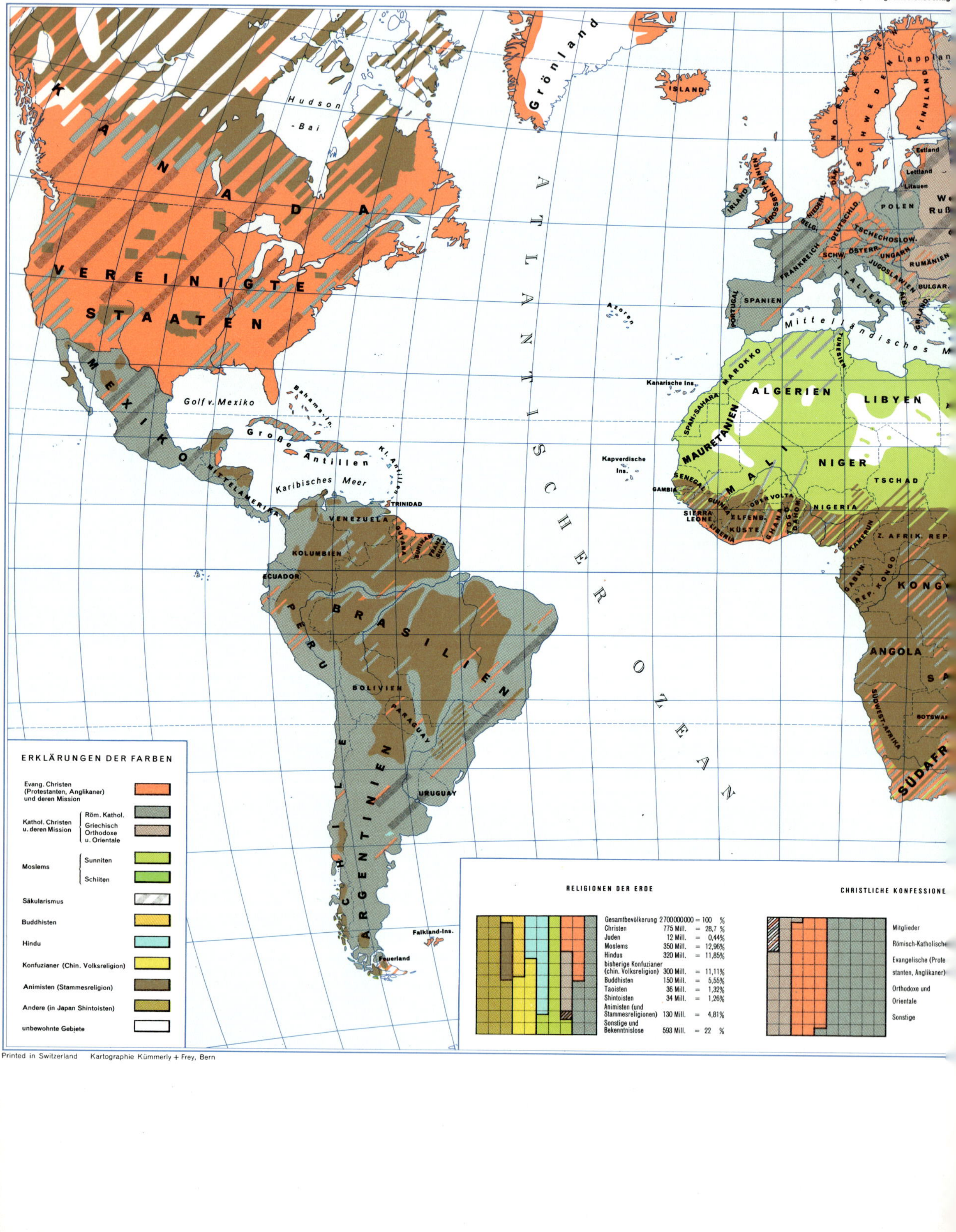

RELIGIONEN DER ERDE

Gesamtbevölkerung	2700000000	=	100 %
Christen	775 Mill.	=	28,7 %
Juden	12 Mill.	=	0,44%
Moslems	350 Mill.	=	12,96%
Hindus	320 Mill.	=	11,85%
bisherige Konfuzianer (chin. Volksreligion)	300 Mill.	=	11,11%
Buddhisten	150 Mill.	=	5,55%
Taoisten	36 Mill.	=	1,32%
Shintoisten	34 Mill.	=	1,26%
Animisten (und Stammesreligionen)	130 Mill.	=	4,81%
Sonstige und Bekenntnislose	593 Mill.	=	22 %

Printed in Switzerland Kartographie Kümmerly + Frey, Bern

D MISSIONEN DER ERDE

: International Missionary Council, London und Missionary Research Library, New York
d Geographischer Verlag Kümmerly & Frey, Bern

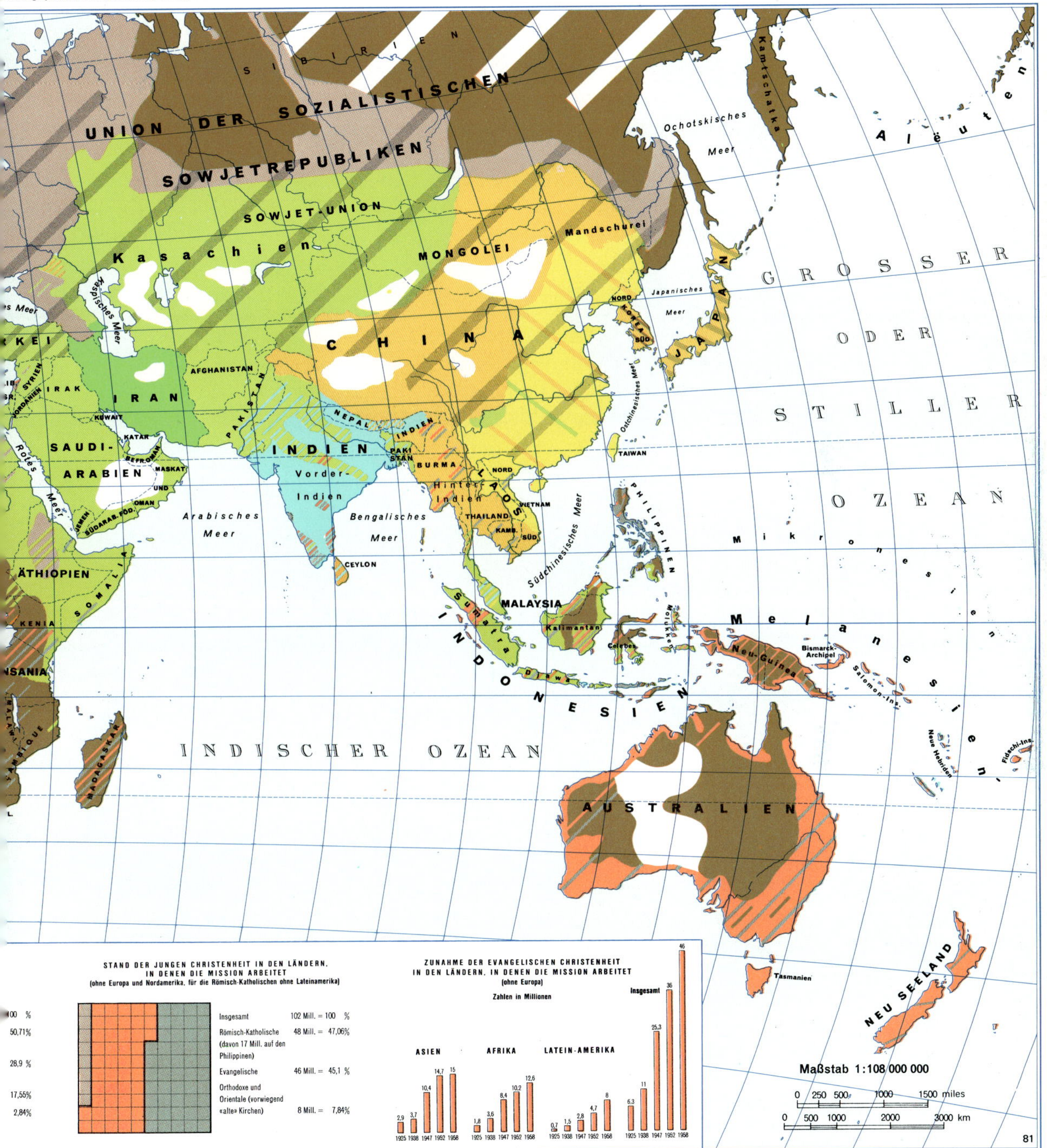

sche Utraquistenkönig Georg Podiebrad nach 1463 die Idee einer europäischen Föderation. Maximilian I. versuchte, die fragwürdig gewordene Reichsidee durch eine Versippung der europäischen Dynastien zu ersetzen, mit deren Hilfe dann Karl V. innere Autonomie der Königreiche und europäische Gemeinschaft zu verbinden hoffte. Aber nicht diese Politik setzte sich durch, sondern die ebenfalls zuerst in Italien entwickelte Idee des Gleichgewichts, dem Handel wie der Naturwissenschaft der R. entnommen: im Gleichgewicht erschien die Freiheit der einzelnen Staaten und ihrer Bürger wie ihre lebendige Entwicklung gewährleistet.

5. *R. und → Reformation* werden von kath. Seite häufig als Kinder desselben widerkirchlichen Geistes bewertet, obwohl nicht nur das Luthertum und der Calvinismus, sondern auch die kath. Reform sich Wesentliches aus dem Erbe der R. aneigneten. Tatsächlich sind beide durch dieselbe neue Wirklichkeit bestimmt, die sich seit 1430 bildete, stellten aber völlig gegensätzliche Antworten auf die Frage nach der wirklichen Welt des Menschen dar. → Luther - von der R. nie tiefer berührt und Angehöriger eines damals sehr traditionsgebundenen Volkes - fand die Antwort in der personalen Hingabe an die geschichtliche und rational nicht erfaßbare Gottesoffenbarung. Die R., an die Geistmenschen gerichtet, ermangelte nicht nur einer breiteren Resonanz, sondern auch des Glaubens, der Berge versetzt. Nichts ist für sie typischer als ihr Versagen bei der Bildung eines universalen philosophischen Weltbildes, das erst im 17.Jh. aus den Kräften der Konfessionen entstand. Erst diese haben auch mit den vielfachen Anregungen und Entdeckungen der R. die Welt entscheidend umgestaltet.

C.CIPOLLA, Storia delle Signorie italiane dal 1300 al 1530, Mailand 1881 - W.DILTHEY, Weltanschauung u. Analyse des Menschen seit R. u. Reformation (Ges. Schr. II), (1913) 1957[5] - E.FUETER, Gesch. d. europ. Staatensystems 1492-1559, 1919 - F.MEINECKE, Die Idee der Staatsräson, 1923 (= Werke III, 1957) - A.v.MARTIN, Peripetien in der seelischen Entwicklung der R. (DVfLG 5, 1927, 456-484) - J.HUIZINGA, Das Problem der R. (in: Wege der Kulturgesch., 1930, 83-139) - W.MAURER, Das Verhältnis des Staates zur Kirche nach humanist. Auffassung, 1930 - W.ANDREAS, Deutschland vor der Reformation, (1932) 1959[6] - G.ATKINSON, Les nouveaux horizons de la R. française, Paris 1935 - H.GUMBEL, Dt. Kultur vom Zeitalter der Mystik bis zur Gegenreformation (HKultG), 1936-39 - R.T.DAVIES, The Golden Century of Spain 1501-1621, London 1937; dt. 1939 - W.GOETZ, Die Entwicklung des Wirklichkeitssinnes vom 12.-14.Jh. (AKultG 27, 1937, 33-73) - G.RITTER, Machtstaat u. Utopie, 1940 - DERS., Die Neugestaltung Europas im 16.Jh., 1950 - R.STADELMANN, Persönlichkeit u. Staat in der R. (in: Vom Erbe der Neuzeit, 1942, 32-69) - W.-E.PEUCKERT, Theophrastus Paracelsus, 1944 - H.BARON, Die polit. Entwicklung der ital. R. (HZ 174, 1952, 31-56) - P.MEISSNER, England im Zeitalter von Humanismus, R. u. Reformation, 1952 - A.HAUSER, Sozialgesch. der Kunst u. Lit. I, 1953 - H.RÖSSLER, Europa im Zeitalter von R., Reformation u. Gegenreformation 1450-1650, 1956 - G.R.POTTER, The New Cambridge Modern Hist. I: The R. 1493-1520, Cambridge 1957 - K.SACHERL, Psychologischer u. soziologischer Geniebegriff (Studium Generale 10, 1957, 44 bis 55) - Actes du colloque sur la R. (Sorbonne, 30.6.-1.7.1956), Paris 1959 - A.BUCK, Die Rangstellung des Menschen in der R. (AKultG 42, 1960, 61-75). - Schriftenreihe: Travaux d'humanisme et de R., Genf, seit 1950. - Vgl. die Lit. zu → Humanismus: I.

H.Rößler

II. Renaissance als Stil

Der Ursprung des R.-Stiles läßt sich geschichtlich genau fixieren, da seine entscheidenden Züge nahezu gleichzeitig im Werk dreier großer Künstler hervortraten, die in enger Verbindung miteinander standen. Zwar zeigten sich in der italienischen Kunst schon zu Beginn des 14.Jh.s Tendenzen, die als Vorstufen zur R. zu betrachten sind. Aber erst *um 1420* setzte in *Florenz* die neue Stilbewegung ein, die zur systematischen Lösung der Probleme führte, mit denen sich zT schon → Giotto und seine Zeitgenossen beschäftigt hatten. *Brunelleschi, Donatello* und *Masaccio* schufen die Grundlagen für die Früh- und Hoch-R. (→ Malerei und Plastik: III, 7). Die Voraussetzung dafür war das damals erwachende Bewußtsein von der Eigenständigkeit der bildenden Kunst, die nun den gleichen Rang für sich in Anspruch nahm wie die → Artes liberales in der Vorstellungswelt des MA. Man griff dabei auf das Vorbild der antiken Kunst zurück, ähnlich wie die Humanisten auf die Autorität und das formale Vorbild der klassischen Schriftsteller. In der antiken Kunst fand man die Gesetze der Harmonie und die Prinzipien einer auf genauer Beobachtung beruhenden Naturwiedergabe verwirklicht, die man durch systematisches Studium der antiken Denkmäler zu ergründen suchte. In der Baukunst kam es zu einer Wiederbelebung des antiken Formenapparates mit seiner sinnfälligen Betonung der Wechselwirkung von Last und Stütze und seiner klaren, proportionalen Gliederung der Wandflächen und Baukörper. Der an den einfachsten geometrischen Grundformen orientierte Zentralbau wurde zum Idealtypus der R.-Architektur (→ Kirchenbau: IV). Wissenschaftliche Methoden wurden für die künstlerische Praxis herangezogen, vor allem Elemente der Mathematik und der darstellenden Geometrie. In der vermutlich von Brunelleschi geschaffenen »Zentralperspektive« glaubte man das Verfahren gefunden zu haben, das eine objektiv richtige Wiedergabe des natürlichen, von einem bestimmten Betrachter gesehenen Raumes ermöglichte; man übersah dabei, daß diese Konstruktion den Sehvorgang gewaltsam vereinfachte und die Freiheit der künstlerischen Gestaltung einengte. In der Darstellung des Menschen trat das Modellstudium an die Stelle der bis dahin üblichen typisierenden Gestaltungsweise. Die natürliche Statik und Ponderation des menschlichen Körpers, die Mechanik der Bewegungen wurde in ihrer Gesetzlichkeit und im Zusammenhang mit der neuen perspektivischen Raumvorstellung systematisch erfaßt. Zugleich erwachte ein erhöhtes Interesse für die Ausdruckskraft der menschlichen Physiognomie und Gebärdensprache. Während viele Künstler der Früh-R. dafür auf die schon vorgeprägten »Pathosformeln« der antiken Kunst zurückgriffen, hat → *Leonardo da Vinci* auch dieses Problem durch intensives Naturstudium zu lösen versucht. Hier lag eine der Voraussetzungen für das Aufblühen der *Bildniskunst,* dh der Darstellung der individuell geprägten Einzelperson; ihr Ursprung reicht allerdings schon bis ins Trecento zurück. - Ganz allgemein setzte sich in Malerei und Plastik die Auffassung durch, daß das Kunstwerk ein Abbild der Wirklichkeit zu sein habe. Dies wird schon in den theoretischen Schriften des *Leone Battista Alberti* klar ausgesprochen. Zugleich suchte man aber auch nach einer idealen Norm, nach allgemeingültigen, rational zu begründenden Regeln für die menschliche Proportion und für die harmonischen Maßverhältnisse in der Baukunst; beides sah man in enger Analogie. Die Schönheit, die man - nach Alberti - als Harmonie aller Teile verstand, sollte mit konstruktiven Mitteln herbeigezwungen werden.

Bei den großen Meistern der ersten Generation blieb dieses rationale Element noch eingebettet in die schöpferische Intuition und überragende künstlerische Gestaltungskraft, mit der sie ihr neues Stilwollen verwirklichten. Zugleich standen sie noch fest auf dem Boden der Überlieferung. *Brunelleschi* knüpfte in seinen wichtigsten Bauten an Raumformen an, die schon das Trecento entwickelt hatte. Der Bildhauer *Donatello* ging aus der Florentiner Dombauhütte hervor und blieb noch lange mit dieser verbunden. Die Fresken des frühverstorbenen *Masaccio* standen als Werke der Monumentalmalerei noch in der von Giotto begründeten Tradition.

Doch schon bei *Uccello* bemerken wir ein einseitiges Interesse an konstruktiven Problemen. Die perspektivische Sehweise negierte die ästhetische Geschlossenheit der Bildfläche und geriet dadurch in Konflikt mit den Forderungen der monumentalen Bildkomposition. Von ähnlicher Wirkung waren auch die neuen, verfeinerten Methoden der zeichnerischen Vorbereitung, vor allem in der Wandmalerei. Während noch im Trecento auch die größten Gemälde unmittelbar auf der Wandfläche selbst entworfen wurden, mußten jetzt zahlreiche Einzelstudien in einem mühsamen Arbeitsprozeß zum Ganzen vereinigt werden. Dies führte um 1450 zur Einführung des »Kartons«, dh einer originalgroßen Pause, die zur Übertragung der Komposition auf die Wandfläche diente. Es war unvermeidlich, daß dadurch die spontane Frische der Erfindung und der monumentale Charakter der Fresken in Frage gestellt wurde.

Die schwerste Gefährdung, vor allem für die religiöse Kunst, entsprang aus der Forderung, daß die darstellende Kunst sich ganz auf den Bereich der innerweltlichen Realität zu beschränken habe. Viele der überlieferten Bildthemen der christlichen Kunst wiesen jedoch über diese Sphäre hinaus. Während Masaccio es verstanden hatte, den neuen Wirklichkeitsbegriff der R. unmittelbar in den Dienst der religiösen Aussage zu stellen - zB in seinen Fresken der »Trinität« und der »Schattenheilung Petri« (s. Taf. 58 Abb. 1) -, griffen schwächere Künstler auf die traditionellen symbolischen Darstellungsmittel zurück, die dieser Vorstellungsweise widersprachen. In der Malerei → *Fra Angelicos* begegnen wir zum ersten Male dem Phänomen einer spezifisch religiösen Kunst, die bewußt auf entscheidende Elemente der aktuellen künstlerischen Entwicklung verzichtet. Andere Meister versuchten, dieser Krise der religiösen Kunst durch die Einführung neuer Bildmotive zu begegnen, so *Fra Filippo Lippi* in seiner »Anbetung im Walde« (Berlin). Im ganzen aber führte die R. im Laufe des Quattrocento unaufhaltsam zu einer Verweltlichung der darstellenden Künste. Hand in Hand damit ging eine wachsende Neigung zum Zierlichen und Preziösen, zu romantischer Umdeutung der antiken Motive oder auch zu bürgerlich-nüchterner Darstellung der Wirklichkeit. An die Stelle des großzügig-malerischen Vortrags bei Masaccio trat ein Stil, der plastische Härte mit linearer Bewegtheit verband. *Botticelli* schuf mit diesen Mitteln Werke von zartem Lyrismus und schließlich von hochpathetischer, echt religiöser Ausdruckskraft. Doch führte von hier aus kein Weg in die Zukunft. Der Durchbruch zur Hoch-R. war vielmehr erst möglich, als man sich auf den heroischen Geist der Begründer der R. besann und die von ihnen vertretenen Stilprinzipien wieder in voller Reinheit zur Geltung brachte. Dies geschah zuerst durch *Leonardo*, der die Fülle der Wirklichkeit nicht nur in universaler Breite beobachtete, sondern auch von neuem zu einer geistig-künstlerischen Einheit zusammenfaßte. Die Realität ist für ihn nicht nur eine Anhäufung von Einzelobjekten, sondern ein Ganzes, dessen Teile nur in gegenseitiger Abhängigkeit voneinander bestehen können. Zugleich vermochte er, wie sein Fresko des Abendmahles zeigte, auch die psychische Wirklichkeit geistiger Vorgänge eindringlich darzustellen. → *Raffael* knüpfte an Leonardos Erkenntnisse an und schuf das ideale Menschenbild der Hoch-R., das die Harmonie von körperlicher und geistiger Vollkommenheit veranschaulicht. Seine klassischen Kompositionen beruhen auf dem freien Ausgleich aller Kräfte, der auch für die Architektur der Hoch-R. bezeichnend ist (*Bramante*). → *Michelangelo* betonte den heroischen Zug in seinen Gestalten und brachte geistige Energie durch körperliche Dynamik zum Ausdruck.

Endlich war die italienische Kunst wieder imstande, dem religiösen Empfinden ihrer Zeit angemessenen Ausdruck zu verleihen. Der universale Geist des noch nicht von Glaubenskämpfen gespaltenen Christentums fand in Raffaels Fresken der Stanza della Segnatura seine erhabenste, monumentale Darstellung. Die Epoche der Hochklassik, deren bedeutendste Werke in → *Rom* (: II) geschaffen wurden, umfaßte allerdings nur eine Spanne von wenigen Jahren (ca 1508-14). Schon die Werke Raffaels aus seinen letzten Lebensjahren weisen über die Stufe der reinen Klassik hinaus, und gegen 1520 zeigten sich in *Florenz* die ersten Ansätze zu einem neuen, antiklassischen Stil, dem *Frühmanierismus* (→ Manierismus). Seine Begründer, *Pontormo* und *Rosso Fiorentino*, gingen von den Errungenschaften der Hoch-R. aus, unterwarfen jedoch den klassischen Formenkanon einer bewußten Umformung und Übersteigerung, die man lange als bloße Entartung im Sinne des »Manierierten« mißverstanden hat. In Wahrheit kommt darin der Protest gegen die idealisierenden Tendenzen der Klassik zum Ausdruck. Die inneren Gegensätze, die schon der Früh-R. anhafteten und die in der Hoch-R. nur mit höchster Anspannung aller Kräfte überwunden worden waren, traten nun offen hervor. Die manieristische Formkrise war nur der äußere Ausdruck einer tiefgreifenden Krise des kulturellen und religiösen Bewußtseins. Zweifellos enthielt zwar der Manierismus auch formalistische, durch die Eigengesetzlichkeit der künstlerischen Entwicklung bedingte Elemente, aber in seinen bedeutendsten Werken spiegelt sich die innere Not einer von tiefen Zweifeln und Spannungen zerrissenen Generation. Vor allem Pontormo hat religiöse Darstellungen von völlig neuartiger, ergreifender Eindringlichkeit geschaffen.

Nur in *Venedig* konnte sich - in der Kunst → *Tizians* und seiner Zeitgenossen - die Hoch-R. länger behaupten, etwa bis um 1540. Und nur hier kam es zu einer kontinuierlichen Entwicklung, die man als *Spät-R.* bezeichnen kann. Der Manierismus, vor allem durch *Tintoretto* vertreten, setzte in Venedig viel später ein als in Florenz und wurde weitgehend assimiliert, ohne daß es zu einer radikalen Stilkrise kam. In der Baukunst des *Palladio* setzten sich klassizistische Tendenzen durch, die schließlich den Weg für den *Frühbarock* bereiteten (→ Barock: I), den Stil des ausgehenden Cinquecento im Zeichen der Gegenreformation.

H. Wölfflin, Die klassische Kunst, (1899) 1924[7] - A. Philippi, Der Begriff der R., 1912 - W. Weisbach, R. als Stilbegriff (HZ 120, 1919, 250-280) - F. Saxl, Rinascimento dell'Antichità. Studien zu den Arbeiten A. Warburgs (Repertorium f. Kunstwiss. 43, 1922, 220-272) - F. Landsberger, Die künstlerischen Probleme der R., 1922 - A. Haseloff, Begriff u. Wesen der R.kunst (Mitt. d. Kunsthist. Instituts in Florenz 3, 1929-32, 373-392) - J. Huizinga (→ Renaissance: I) - H. Kauffmann, Über »rinascere«, »Rinascita« u. einige Stilmerkmale der Quattrocentokunst (Concordia Decennalis, Festschr. d. Univ. Köln, 1941, 123-146) - E. Panofsky, R. and R.s (The Kenyon Review, Ohio 1944, 201-236) - R. Wittkower, Architectural Principles in the Age of Humanism, London 1949 - W. Paatz, Die Kunst der R. in Italien, 1953. - Vgl. die Lit. zu → Kirchenbau: IV, → Malerei und Plastik: III.

R. Oertel

III. Renaissance und Religion

Die Religion der R. ist widerspruchsvoll wie diese selbst. Die klassischen Werke des 19. Jh.s sehen in ihr das wesensmäßig Heidnische, so → Burckhardt, Monnier und Symonds; ähnlich im 20. Jh. → Croce, Gentile und Cassirer, der die Verlagerung des Schwerpunkts vom Jenseits zum Diesseits, von Gott zu Mensch unterstreicht. Grundelemente der - als prometheisch verstandenen - R. sind nach dieser Auffassung Freiheit, Emanzipation, Individualismus, die dem Menschen gegebene Möglichkeit, sein Schicksal zu formen. Entgegengesetzter Ansicht ist Toffanin; nach ihm bedeutet der Humanismus der R. ein Wiedererstarken des Katholizismus; die eigentliche Auflösung von Kirche und Christentum gehe von den Sekten aus. Eine Mittellinie vertreten Walser, Garin und Kristeller, der Säkularismus nur insofern sieht, als mit der R. neue Zielsetzungen aufkommen, die nicht ausgesprochen religiösen Charakter haben.

Sieht man die R. zusammen mit dem →Humanismus, so ist auch bei dieser Bewegung zu bedenken, daß sie komplex und hinsichtlich des religiösen Skopus nicht einheitlich ist (Pflege von Form und Dichtung auf dem Boden der wiederbelebten antiken Literatur einerseits, Humanitas als Ideal des gebildeten Menschen anderseits). Dem Humanisten dient die antike Mythologie zum Gewand für christliche Themen - rein formal, ohne daß er das Heidentum selbst zu restituieren beabsichtigt. Die antike Philosophie wird mit dem Christentum vermischt, wie es bereits die Kirchenväter getan hatten. Längst schon hatte das frühe Christentum von der → Stoa die Lehre einer Naturgesetzlichkeit übernommen (→ Naturrecht: II, 1. 2), die von der Vorstellung eines vernünftigen Universums ausgeht und vom Gedanken einer kosmischen Gemeinschaft geprägt ist; ebenso soll auch der Mensch Konflikte vernunftmäßig beilegen oder zumindest unter Bewahrung der Menschlichkeit. Für die R. und ihre Friedensliteratur wurden diese Ideen wieder Hauptpunkte, verbunden mit verwandten Gedanken aus AT und NT.

Das antike Epikureertum - in seiner vulgären Form als fleischliche Lust - hatte in der R. keinen Vertreter, wenn moderne Interpretatoren recht haben, daß Lorenzo → Valla im 3. Teil von De voluptate nicht seine eigene Meinung zum Ausdruck bringt. Das verfeinerte Epikureertum, im Sinne der »beata tranquillitas«, findet sich bei Autoren wie → Celtis und → Mutian, eine mit der christlichen »pax Dei« und »vita contemplativa« nicht unvereinbare Haltung. Die politische Ethik der Sophisten ist bei → Machiavelli vertreten, der aber eine Einzelerscheinung bleibt; das politische Schrifttum des 16.Jh.s steht überwiegend in der Tradition des Moralismus.

Das eigentlich charakteristische neue Element im religiösen Leben der R. war der → Neuplatonismus. Neu bes. dadurch, daß er die Geheimlehren des Orients mit aufnahm: die Orakel der → Sibyllinen und Zoroasters, die → Kabbala und die als christliches Dokument verstandenen → Hermetica. Das Herzstück dieser Religion war die Vorstellung, daß der Mensch, im Zentrum einer großen Seinskette stehend, die Freiheit besitzt, ab- oder aufzusteigen bis zur Vereinigung mit Gott. Diese Gedanken hatten bereits die Kirchenväter aufgegriffen. Der Unterschied liegt nur darin, daß der Neuplatonismus keinen Mittler benötigt. In dieser Hinsicht steht die Frömmigkeit mancher R.-Neuplatoniker → Plotin näher als dem Evangelium. Die Elemente der R. sind jedoch keineswegs neu; jahrhundertelang hatten die Schriften des → Dionysius Areopagita abendländisches Denken beeinflußt; → Picos De dignitate hominis läßt sich mit → Bonaventuras Itinerarium mentis ad Dominum vergleichen.

Man kann nicht sagen, daß der Humanismus der R. zum → Skeptizismus geführt habe. Was an Skeptizismus da war, rührt aus zwei mittelalterlichen Bewegungen her; einmal dem Ockhamismus (→ Ockham), der die Möglichkeit verneinte, theologische Grundsätze (bes. die Lehre von der → Trinität) rational zu demonstrieren, dabei aber doch auf Grund von Offenbarung und Autorität der Kirche gläubig blieb. Man hat diese Position als »doppelte Wahrheit« charakterisiert; richtiger würde man von doppelter Logik sprechen. Solange die kirchliche Autorität bestand, prävalierte die theologische Logik; als sie in der Reformation zerbrach, führte dieser Ockhamismus zum Antitrinitarismus, wie bei → Servet. Die andere Bewegung war der → Averroismus. Er legte Aristoteles dahin aus, daß er die Seele nicht unsterblich sein, sondern beim Tode in der Weltseele aufgehen lasse. → Pomponazzi vertrat diese Position, glaubte aber - mangels rationaler Beweise für die Unsterblichkeit - an die Autorität. Auch diese Haltung konnte im Skeptizismus enden und tat es auch, ohne aber dabei zum Atheismus zu führen. Systeme, die dem Christentum widersprechen, treten erst am Ende des 16.Jh.s mit → Bruno, → Campanella und Vanini auf.

Es gab freilich ein Element in der Religion der R., das auflösend fürs Christentum war, nicht Abwendung von der Religion als solcher, sondern Hinwendung zu einer Universalreligion, in der das spezifisch Christliche verwischt wurde; ein Synkretismus, der das Christentum zu einer der vielen Weltreligionen machen wollte in der Art von Bocaccios und → Lessings Gleichnis von den drei Ringen. → Nikolaus von Kues entdeckte, daß selbst Gegensätzliches wahr und in letzter Harmonie vereinbar sein könne. Nach → Thomas von Aquino können auch die vorchristlichen Heiden durch impliziten Glauben ans Dogma gerettet werden. → Erasmus hielt nur ein Minimum an Dogma für notwendig. Die Florentiner Neuplatoniker glaubten die Lehre von der Trinität auch in nichtchristlichen Religionen zu finden, Servet eliminierte die Trinitätslehre völlig aus dem Christentum. Seb. → Franck endlich unterlegte auf Grund von Allegorie allen Religionen den gleichen Sinn.

Was die Weltfreudigkeit der R. angeht, so ist zu bedenken, daß die Idee von der Natur als Widerschein von Gottes Herrlichkeit keineswegs unreligiös ist; sie spricht sogar stärker im Sonnengesang des hl. → Franz als in → Petrarcas Erzählung von der Besteigung des Mont Ventoux. Die Pflege des Ruhms in der R. haben Petrarca und Colucci Saluti im Sinne der Bereitschaft verstanden, das eigene Werk dem Urteil eines Kollegengremiums zu unterwerfen. - Neben dieser Weltfreude steht ferner die intensive Beschäftigung mit dem Tode, die das ganze 14. und 15.Jh. erfüllt. Die Humanisten wandten sich zwar von Maria und den Heiligen als Schutzpatronen zu dem Glauben, daß keinen ein Leid treffen könne, der »integer vitae« sei. Der Schrecken des Todes aber war damit nicht ausgetrieben, wie es → Luther und → Loyola bezeugen. Macht man geltend, daß der Mensch dem bedrückenden Fatalismus der Astrologie nicht auf Grund von Wissenschaft, sondern von »virtù« enthoben war, so ist dies ein Sieg eher der christlichen Theologie. Es ist schwerlich Zufall, daß Luther - weniger Humanist als Melanchthon - Astrologie ablehnte, Melanchthon sie aber bejahte.

Das Auflösende der R. liegt in ihrem Synkretismus, Relativismus und im Tolerieren aller Religionsformen. Daß sie nicht irreligiös war, zeigt das Verhalten der Humanisten in der religiösen Krise des 16.Jh.s. Die ältere Generation blieb der Kirche treu; am Ende der Periode endeten einige wenige wie mittelalterliche Ketzer auf dem Scheiterhaufen. Die jüngere Generation aber wandte sich vom undogmatischen Synkretismus ab und hin zum flammenden Dogmatismus von Wittenberg oder von Rom.

Lit.-Übersicht bei C. Angeleri, Il problema religioso del Rinascimento, Florenz 1952 - F. Chabod, Il Rinascimento (in: Problemi storici e orientamenti storiografici, ed. E. Rota, Mailand 1948; engl. in: F. Ch., Machiavelli and the R., London 1958). Vgl. bes.: P. Wernle, R. u. Reformation, 1912 - E. Cassirer, Individuum u. Kosmos in der Philos. d. R., 1927 - R. Stadelmann, Vom Geist des ausgehenden MA, 1929 - J. Huizinga (→ Renaissance: I) - E. Walser, Studien zur Weltanschauung der R. (in: Ges. Studien zur Geistesgesch. d. R., 1932, 96-128) - P. O. Kristeller, Paganism and Christianity (in: The Classics and R. Thought, Cambridge/Mass. 1955, 70-91). - Zum Skeptizismus: G.SPINI, Ricerca dei Libertini, Rom 1950 - P.O.KRISTELLER, El mito del ateismo renacentista y la tradición francesa del libre pensamiento (Notas y Estudios de Filosofía 4, 1953, 1-14). Vgl. auch KRISTELLERS Aufsätze: Florentine Platonism and its Relations with Humanism and Scholasticism (ChH 8, 1939, 201-211); The Scholastic Background of Marsilio Ficino (Traditio 2, 1944, 257-318 = Studies in R. Thought and Letters, Rom 1956, 35 bis 97); Marsilio Ficino e Lodovico Lazzarelli (Annali della R. Scuola Normale Superiore di Pisa. Lettere, Storia e Filosofia, Ser. II, Bd VII, 1938, 237-262 = Studies... 221-247). - Zum Todesproblem: A.TENENTI, Il senso della morte e l'amore della vita nel Rinascimento, Turin 1957. - Zur Rettung der Heiden bei Thomas u. Erasmus: C.R. THOMPSON, Inquisitio de fide, New Haven/Conn. 1950; dazu H.BARON, ARG 43, 1952, 254-263. - Zur Friedenslit. der R.: R.H.BAINTON, The Querela Pacis of Erasmus (ARG 42, 1951, 32-48). - Ausgezeichnete Einführung in die Werke einzelner Geister der R. bei: E. CASSIRER u.a., The R. Philosophy of Man, Chicago/Ill. 1950.

R.H.Bainton

Renan, *Ernest,* * 27.2.1823 in Tréguir (Bretagne), † 2.10.1892 in Paris. Zum kath. Theologen bestimmt, wird R. in Paris ausgebildet (zunächst durch → Dupanloup), verläßt jedoch unter dem Einfluß des Studiums der kritischen deutschen Theologie und Philosophie i.J. 1845 das Seminar St. Sulpice. Nach der 1848 verfaßten geschichtsphilosophischen Abhandlung »L'avenir de la science« (ersch. 1890) ist seine Grundstimmung ein positivistisch-wissenschaftliches Erkenntnisstreben, motiviert durch eine optimistische Beurteilung der kultur- und geistesgeschichtlichen Entwicklung. Die Frucht eines Orientaufenthaltes (1860/61) ist neben »La mission de Phénicie« (2 Bde, 1864-74) das berühmte »La Vie de Jésus« (1863, Bd 1 der »Histoire des origines du Christianisme«, 7 Bde, 1863-83), in dem R. das Leben Jesu unter dem Eindruck der palästinischen Landschaft romantisch verklärt und - mit Anleihen bei der »natürlichen« Wundererklärung - in der Form eines nach immanenten Gesetzen verlaufenden Entwicklungsganges schildert. In glänzendem Stil geschrieben, aber methodisch unscharf, quellenkritisch oft unentschieden und harmonisierend, popularisiert das Werk die Ergebnisse der historisch-kritischen Exegese der 1.Jh.-Hälfte (→ Leben-Jesu-Theologie). Die fast allgemeine Ablehnung läßt die 1862 ausgesprochene Berufung zum Prof. für semitische Sprachen am Collège de France scheitern. 1870 wird R. rehabilitiert. Der Krieg drängt ihn an die Seite des französischen Nationalismus (vgl. schon die Briefe an D.Fr. → Strauß, Sept. 1870 und 1871), zugleich eines philosophischen Skeptizismus. 1878 zum Mitglied der Académie Française gewählt, festigen die Arbeiten des letzten Jahrzehnts seinen hervorragenden Ruf als Orientalist (seit 1881 Mitbegründer und -herausgeber des CIS), Schriftsteller (»Souvenirs d'enfance et de jeunesse«, 1883), Historiker (»Histoire du peuple d'Israel«, 5 Bde, 1887-93) und Philosoph (»Drames philosophiques«, 1888). R. war der anerkannte Repräsentant des französischen → Liberalismus (: III).

Oeuvres complètes ed. H.PSICHARI, bisher Bd 1-9, Paris 1947-60. - Bibliogr.: H.GIRARD u. H.MONCEL, Bibliogr. des œuvres de E.R., ebd 1923 - Bibliogr. de la Litt. franç. 2, 1933, 594-614; 1948, 349f; 2, 1954, 506f. - Über R.: RE XVI, 649ff (ältere Lit.) - A.SCHWEITZER, Gesch. d. Leben-Jesu-Forschung, (1906) 1951⁶, 180ff. 647ff - J.POMMIER, La jeunesse cléricale d'E.R., St. Sulpice 1933 - EItal XXIX, 48ff - J.CHAIX-RUY, »L'Averroès« d'E.R., Alger 1950 - R.DUSSAUD, L'œuvre scientifique d'E.R., Paris 1951 - H.PSICHARI, La Prière sur l'Acropole et ses mystères, ebd 1956. - Biogr.n von W.KÜCHLER (1921 dt.), J.PSICHARI (1925 franz.), H.PSICHARI (1937 franz.), PH. VAN TIEGHEM (1948 franz.), J.TIELROOY (1948 holl., 1958 franz.), A. CRESSON (1949 franz.) u.a. - Vgl. auch die Darst.en zur Gesch. d. franz. Lit.

G.Strecker

Renata *von Ferrara* (1510-75), * in Blois, † in Montargis, Tochter Ludwigs XII. und der Anna von Bretagne, 1528 mit Herzog Ercole II. von Este (1508-59) in Ferrara vermählt. Mit ihrem Gefolge (Leibarzt J.Sinapius, Olympia → Morata) war R. eine Anhängerin → Calvins, dem sie - wie auch anderen franz. Reformierten (zB → Bolsec, → Marot) - 1536 Zuflucht geboten hatte. Sie blieb mit ihm bis zu seinem Tode im Briefwechsel. Ihre Zuneigung zur Reformation (→ Italien, 3) führte zum Ehekonflikt. Bei einem Besuch Papst Pauls III. erwirkte R. 1543 ein Breve, das sie 1554 vor der Inquisition rettete. 1560 zog sie sich auf Drängen ihres intoleranten Sohnes nach Montargis in Frankreich zurück; dort war sie vielen verfolgten Hugenotten eine königlich milde Schutzherrin.

E.H.J.MÜNCH, R.v.Este u. ihre Töchter, 1831 - Some Memorials of Rénée de France, Bosworth 1859 - R., Herzogin v. F., 1869 - F. BLÜMNER, R.v.F., 1870 - B.FONTANA, R. di Francia, duchessa di F., 3 Bde, Rom 1889-99 - RE XVI, 655ff (Lit.) - E.RODOCANACCHI, Rénée de France, Paris 1896 - C.v.CHLEDOWSKI, Der Hof von Ferrara, 1913, 240ff.

G.Weiß-Stählin

Renato, *Camillo,* Sizilianer, als Glaubensflüchtling 1542 im Veltlin, seit 1546 in Chiavenna (beides italienisch Graubünden), wird Wortführer der dorthin geflüchteten italienischen Häretiker (→ Italien, 4) und gerät in Streit mit Pfarrer Mainardi. Die Synode in Chur und → Bullinger in Zürich suchen jahrelang vergeblich zu vermitteln. 1550 exkommuniziert, widerruft R. 1551. 1554 protestiert er gegen die Hinrichtung → Servets. Noch Anfang der 70er Jahre weilt er in Graubünden. - Der Streit entzündete sich an der Sakramentslehre: Das Abendmahl als bloßes Gedächtnismahl, die Taufe als Bekenntnis der unabhängig davon durch den Geist gewirkten Wiedergeburt seien eigentlich überflüssig. Wegen seiner Verwerfung der Kindertaufe galt R. als Anabaptist. Doch entstammen seine Gedanken - anders als bei den Zürcher → Täufern, zu denen es keine historischen Verbindungen gab - einem Spiritualismus, der die Trinitätslehre auflöst und den Wiedergeborenen verherrlicht (»Renatus« war Selbstbenennung). Sein Einfluß unter seinen Landsleuten reichte weit.

Bullingers Korrespondenz mit den Graubündnern I, hg.v. T. SCHIESS (Qu. z. Schw. Gesch. 23), 1904 - P.DALBERT, Die Reformation in den ital. Talschaften Graubündens (Diss. Zürich), 1948 - H.A. DE WIND, »Anabaptism« and Italy (ChH 21, 1952, 20-38). - Vgl. die Lit. zu → Antitrinitarier.

H.Fast

Rendtorff, 1. *Franz* (1860-1937), * in Gütergotz bei Potsdam, wurde nach mehrjährigem Dienst im Pfarramt 1896 Studiendirektor des Predigerseminars in Preetz/Holstein, 1902 PDoz. und 1906 Honorar-Prof. für Prakt. Theol. in → Kiel und 1910 o. Prof. der Prakt. Theol. und des NT in → Leipzig, 1912 auch Direktor des Prediger-Collegiums zu St. Pauli. Schon früh in der Diasporaarbeit des → Gustav-Adolf-Vereins stehend, wurde er 1916 dessen 6. Präsident und baute nach dem 1. Weltkrieg dessen Auslandsarbeit in vorbildlicher Weise wieder auf.

Vf. u.a.: Kirche, Landeskirche, Volkskirche, 1911; Die Gesch. des christl. Gottesdienstes unter dem Gesichtspunkt der liturg. Erbfolge, 1914. - 1919-34 Hg. der »Ev. Diaspora«, des Zentralorgans der dt. ev. Diasporaarbeit. - F.R. zum Gedächtnis, 1937 - J.HEUBACH, Gedenket an eure Lehrer ... (Ev. Diaspora 31, 1960, 69-72).

F.Lau

2. *Heinrich* (9.4.1888 bis 18.4.1960), ev. Theologe, Sohn von 1, * in Westerland/Sylt, 1919 Pastor, 1921 Volksmissionar, 1924 Direktor des Predigerseminars Preetz, 1926 o. Prof. für Prakt. Theol. in Kiel. Seit 1930 Landesbischof in Mecklenburg-Schwerin und Honorar-Prof. in Rostock, wurde R. 1933 zum Rücktritt genötigt und war bis 1945 Pastor in Stettin. Seit 1945 wieder Prof. in → Kiel (em. 1956), verband R. mit seiner akademischen Tätigkeit den volksmissionarischen Dienst (→ Evangelisation), bes. als Betreuer der von ihm ins

Leben gerufenen Bibelwochen, für die er auch die Einführungshefte schrieb.

Vf. ferner u.a.: Pflüget ein Neues, 1924; Die Gewissenspflicht der Kirche gegenüber der Schule, 1926; Gott wartet (Reden), 1928; Kirche u. Konfirmation, 1928; Getrostes Wandern (1Petr), (1929) 1951[7]; Auslegung des Eph, Kol, Phlm (NTD 8), (1933) 1959[8]; Hörer u.Täter (Jak), 1953. - Bibliogr. in: Sammlung u. Sendung (Festschr. zum 70. Geb.), 1958, 344-352; Nachtrag: ThLZ 86, 1961, 313 f.

W.Jannasch

Rennes, franz. *Erzbistum* mit den Suffraganen Vannes, Saint-Brieuc, Quimper, umfaßt das Département Ille-et-Vilaine mit 6737 qkm, 586000 kath. Einwohnern, 389 Pfarreien und 1140 Priestern. Der Erzbischof von R. führt gleichzeitig die Titel von Dol und Saint-Malo. Ein Bischof von R. wird erstmalig in Verbindung mit der Synode von Angers (453) genannt. Damals gehörte R. zur Kirchenprovinz → Tours. 1859 wurde R. Metropole für die Bretagne (außer Nantes). Die Erzdiözese ist eines der kirchlichsten Gebiete in Frankreich. Sie zählt u.a. 6 weibliche Diözesanverbände.

LThK VIII, 827f (Lit.) - AnnPont 1961, 413. *E.Jarry*

Renouveau catholique (= kath. Erneuerung), philosophische, sozialkritische und bes. literarische Bewegung, deren Träger seit etwa 1875 Frankreich auf seine christliche Überlieferung zurückzuführen und gleichzeitig die Niederlage von 1870/71 moralisch zu überwinden suchen. Künstlerische Neuorientierung sucht außerdem Naturalismus und dekadente »fin-de-siècle«-Stimmung abzulösen. Der R.c. erwuchs als allgemeine Wiederbelebung religiösen Gefühls und kirchlicher Aktivität großenteils aus innerer Umkehr zuvor laizistischer Denker und Dichter (sog. »Konvertiten«-Generation glaubensloser »Taufscheinkatholiken«: → Coppée, → Huysmans, → Bourget, → Brunetière, → Claudel, → Jammes, → Péguy), vielfach angeregt durch religiöse Dichtung zwiespältiger »Wegbereiter« des R.c. (sog. »poètes maudits«: → Baudelaire, → Verlaine, A.Rimbaud), aber auch durch die spiritualistische Lebensphilosophie von H. → Bergson. Den allgemeinen Affekt gegen Positivismus und Materialismus, Indifferentismus und Relativismus, Naturalismus und Ästhetizismus entfachten leidenschaftliche Bekenntnisdichter und Polemiker (J.Barbey d'Aurevilly, E. → Hello, L. → Bloy) sowie tendenzbewußte Romanciers (P.Bourget, H.Bordeaux, R.Bazin, E.Baumann), mystische Lyriker und Dramatiker (Claudel, Péguy), in ständiger Verbindung, bei wechselseitiger Beeinflussung, mit den christlichen Philosophen M. → Blondel, J. → Maritain, G. → Marcel und E. → Mounier. - Theoretische Zielsetzungen und Bekenntnisse, niedergelegt in Briefen, Tagebüchern, Interviews (J.Lefèvre, Une heure avec..., 1925-33), Vorworten, ästhetischen Schriften (H.Bremond, Prière et Poésie, 1926; J.Maritain, Art et Scolastique, 1920) sowie in der kath. Literaturkritik (H.Massis, R.Vallery-Radot) und Literaturgeschichtsschreibung (H.Bremond, G. Goyau, J.Calvet, Ch.Du Bos), bezeugen gemeinsame Substanz verschiedenartigster Autoren: 1. Idealistische Auffassung des Dichterberufes (religiöses Sendungsbewußtsein, Apostolat, Verpflichtung auf Dogma und Gewissen, Dienst und Rückhalt an der Gemeinde, Schöpfertum als Gnade). 2. Ethische Grundhaltung der Werke: beim »direkten Weg« durch Darstellung des Heiligen und des Vorbildlichen, beim »indirekten Weg« durch Interpretierung des Sündhaften im Sinne der Moraltheologie (»Hölle als Welt ohne Gott«), durch Aufzeigen von Gnade und Erlösungsmöglichkeit. 3. Erschließung religiöser Thematik: christliche Geschichte und Legende (zumal patriotischer, französischer Tradition), Problematik christlicher Existenz, mystische Transzendierung des Diesseits (zB Motiv der Zuwendbarkeit von Verdiensten an Verstorbene). 4. Ergreifen besonderer formaler Möglichkeiten: charakteristische Gattungen (Bekenntnisdichtung, Priesterroman, Hagiographie, Mirakel- und Mysterienspiel) und Stilformen (transzendierender Symbolismus, Hymnik, Liturgik). 5. Ringen um Erweiterung oder Revision theologischer Erkenntnis (Poesie der Mystik, Romane der »Experimentalhäresie« bzw. des »heilsamen Skandals«). 6. Apologetik und Polemik im Sinne der Ecclesia militans. - Gefährdungen der »Dichtung aus dem Glauben« können sich ergeben durch Dogmatismus, Intoleranz, Moralismus und Utilitarismus (Tendenz- und Thesenliteratur) oder (aus orthodoxer Sicht) durch undogmatischen Extremismus, der zur Indizierung oder Entziehung der Druckerlaubnis führen kann. - Größte Intensität wurde vor 1914 erreicht (Agathon, Les jeunes gens d'aujourd'hui, 1912; Claudel, Uraufführungen, u.a. Hellerau 1913; Péguy und die »Cahiers de la Quinzaine«). Das Kriegserlebnis (H. Ghéon, L'Homme né de la guerre, [1919] 1926[2]; P.Cazin, L'Humaniste à la guerre, 1920) weckte und beeinflußte bes. G. → Bernanos und F. → Mauriac. Die Zwischenkriegszeit brachte - gegen zunehmenden Widerstand der Anhänger von → Gide, Proust, Valéry - die Hauptwirkung der »Romanciers catholiques« Mauriac und Bernanos sowie der Zeitschriften »Revue des Jeunes«, »Esprit«, »Vigile« und der zentralen Publikationsreihe »Le Roseau d'Or« (bei Plon) unter J.Maritain. Gleichzeitig entzogen sich namhafte zeitweilige »Weggefährten« (J.Rivière, J.Cocteau, H. de Montherlant), während Claudel sich international als Dramatiker der Katholizität durchsetzte. - Priesterdichter wie L. Le Cardonnel blieben atypische Grenzfälle einer Bewegung, die nach 1945 zahlreiche, aber weitgehend isolierte Nachfolger gefunden hat, in der Lyrik bes. P.Emmanuel und P. de la Tour du Pin.

H.Platz, Geistige Kämpfe im modernen Frankreich, 1922 - H. Hatzfeld, Religiöser Aufbruch im geistigen Frankreich von heute, 1933 - Kath. Leistung in d. Weltlit. der Gegenwart, 1934 - H.Weinert, Dichtung aus dem Glauben, mit einer allg. Bibliogr. zum R.c., (1934) 1948[2] - K.Pfleger, Geister, die um Christus ringen, (1934) 1952[6] - M.Bougier, Essai sur la Renaissance de la poésie cath. de Baudelaire à Claudel, Montpellier 1942 - G.Sylvestre, Poètes cath.s de la France contemp., Montréal 1943 - P.-H.Simon, La litt. du péché et de la grâce 1880-1950, Paris 1957 - Ch.Moeller, Litt. du XXe siècle et christianisme, bisher 4 Bde, Paris 1959[8]; dt. bisher 1 Bd, 1960. - Vgl. die Lit. zu den Einzelartikeln. *H.K.Weinert*

Renqvist, *Henrik* (1789-1866), finnischer Pfarrer, religiöser Schriftsteller, Leiter einer Erweckungsbewegung. Nach schweren Seelenkämpfen kam er durch The Hand-maid of Repentance von Arthur Dent (finn. Übers. 1732) zur Klarheit. Sein tiefer Ernst als Seelsorger brachte ihn in Konflikt mit seinen Vorgesetzten; er wurde als Gefängnisprediger strafversetzt (1824-36). Später wirkte er unbehindert als Gemeindepfarrer. Durch erweckte Gefangene verbreitete sich die Erweckung. Die dem Pietismus eignende mystische Innerlichkeit kam bei R. stärker zum Vorschein als bei anderen kirchlichen Vertretern der Erweckung in → Finnland (: I, 3). Gemeinsames Kniegebet charakterisiert diese »Beterbewegung«, in deren Geiste eine Volkshochschule wirkt. R. veröffentlichte 60 Schriften, neben Übersetzungen (u.a. J. → Arnds Vier Bücher vom wahren Christentum) auch viele Originalschriften. Trotz großer Armut gab er seine Bücher im Selbstverlag heraus.

I.Salonen [Salomies], H.R. I. II, 1930/31. *L.Pinomaa*

Repristinationstheologie → Konfessionalismus.

Requiem. Das R. oder die Totenmesse ist nach dem Anfangswort des → Introitus benannt. Das Gebet für die

Verstorbenen geht auf synagogalen Brauch zurück; die → Messe (: II, 3) für die Verstorbenen gehört zu den ältesten Votivmessen. Das MA kannte viele Formulare für sie; heute gibt es nur ein einziges (mit 4 Varianten bei den Orationen). Der musikalische Teil (aus Proprium und Ordinarium bestehend und daher umfangreicher als die sonstige musikalische → Messe [: IV]) umfaßt: Introitus (R.), → Kyrie, → Graduale (R.), → Tractus (Absolve), → Sequenz (Dies irae), → Offertorium (Domine Jesu Christe), → Sanctus und Benedictus, → Agnus Dei (die Verse enden im R.: dona ei[s] requiem und requiem aeternam) sowie → Communio (Lux aeterna). Es fehlen der Versus Gloria Patri, das → Gloria in excelsis, das → (H)alleluja und das → Credo, und zwar deshalb, weil diese Gesangsarten jünger sind als das R. Doch entsteht leicht der Eindruck, daß sie der Trauer des Tages widersprächen. Auch wird leicht in die an sich typischen Choralmelodien ein besonderer Ernst hineinempfunden; sie sind daher gern als cantus firmus bei den mehrstimmigen Kompositionen verwendet worden. Während sonst De tempore-Meßtexte selten mehrstimmig vertont wurden, hat die häufige Verwendung des R.s, die große Anteilnahme der Bevölkerung an ihm, die Möglichkeit großer Kunst- und Prunkentfaltung und die erwähnte Beschränkung auf ein Formular die Komposition von großen Totenmessen sehr begünstigt. Als solche seien aus einer großen Zahl genannt die R.s von Pierre de la rue, Jacobus de Kerle, → Palestrina, Lassus, Vittoria, Cavalli, Jomelli, → Mozart (vollendet von Süßmeyer), → Cherubini, → Berlioz, → Bruckner, → Verdi usw. Die Behandlung der Sequenz (Dies irae), die am wenigsten einen festliegenden liturgischen Charakter hat, ist bes. kennzeichnend für den jeweiligen Stil der R.-Kompositionen. Palestrina beläßt ihr noch die gregorianische Melodie, Cavalli nimmt sie in das kompositorische Werk auf, Berlioz erstrebt bei ihr mit Hilfe von 4 Blasorchestern einen großen, aber unliturgischen Effekt, Verdi gestaltet sie dramatisch. - Das »Deutsche R.« von → Brahms ist eine freie, unliturgische Komposition. - Vgl. → Exsequien.

O.Ursprung, Kath. Kirchenmusik, 1933. *E.Jammers*

Rerum novarum (»Die Sucht nach Neuerungen«), Enzyklika → Leos XIII. vom 15.5.1891, die erste sog. Sozialenzyklika der Päpste (→ Katholisch-sozial, 3), der bis dahin nur Anklagen und Warnungen angesichts der »todbringenden Seuche« des Sozialismus (vgl. Quod Apostolici muneris vom 28.12.1878) vorausgegangen waren. R. n. verwirft zunächst die sozialistische Eigentumslehre: sie schade denen, denen zu helfen sei, widerspreche dem natürlichen Recht des Menschen auf Eigentum, räume dem Staat, der nach dem Individuum und der Familie rangiere, zu viele Rechte ein und gefährde die öffentliche Ruhe und Ordnung. Die christliche Lösung wird als die einzig echte proklamiert; sie könne nicht ohne Mithilfe des Staates, der Arbeitgeber und -nehmer verwirklicht werden. Ausgehend von der bleibenden Ungleichheit der Menschen wird die Klassenkampfparole verworfen, jeder der streitenden Teile an seine Pflichten erinnert und auf die geistliche und soziale Mithilfe der Kirche hingewiesen. Arbeitgeber und -nehmer werden zu organisierter gegenseitiger Hilfe aufgerufen, wobei vor allem die kath. → Arbeiterbewegung (, 3) gewürdigt wird. - Die Enzyklika ist antirevolutionär gehalten und gemeint. Dennoch stellt sie die Magna Charta kath. Sozialarbeit dar, weil zum ersten Mal von höchster Stelle positive Richtlinien kamen. Die Fronten waren freilich längst verfestigt, und daher sind von R. n. nicht die Wirkungen ausgegangen, die ihr meist zugeschrieben werden.

Text: ASS 23, 1890/91, 641-670 - K.Lugmayer, Urkunden zum Arbeiterrundschreiben Leos XIII., 1927 - Ders., Die gesellschaftl. Rundschreiben Leos XIII. u. seiner unmittelbaren Vorgänger, 1930 - G.Gundlach, Die soz. Rundschreiben Leos XIII. u. Pius XI., (1931) 1953 - E.Marmy, Mensch u. Gemeinschaft in christl. Schau, Dokumente, 1945, 373-417 - P.Jostock, Die soz. Rundschreiben, 1948. - Lit.: O.Schilling, Die Staats- u. Soziallehre Leos XIII., 1925 - A.M. Knoll, Der soz. Gedanke im mod. Katholizismus I, 1932 - J.Schmidlin, Papstgesch. II, 1934, 365ff - O.v.Nell-Breuning, Beitr. zu einem WB d. Politik, H. 3: Zur sozialen Frage, 1949 - E.Muhler, Die Soziallehre der Päpste, 1958. - Ev.: A.de Quervain, Gesetz u. Freiheit, 1930 - Ders., Ethik II/3, 1956 - K.D.Schmidt, Die kath. Staatslehre (QKK, A 4), 1955. - Vgl. Lit. zu → Katholisch-sozial.

K.G.Steck

Res sacrae → Kirchengut, 4.

Resen, *Hans Poulsen* (2.2.1561 bis 14.9.1638), * in Resen (Jütland), dänischer Theologe, studierte in Kopenhagen, kam 1586 nach Wittenberg (1588 Magister) und unternahm eine Studienreise nach Italien und Genf. 1591 wurde er Prof. der Dialektik, 1597 der Theologie in → Kopenhagen. R. begann als philippistischer Schultheologe, schlug aber seit 1600 eine mehr luth. Richtung ein. Er wandte sich entschieden gegen den Calvinismus und gegen gewisse Formen des Philippismus, die in den Kryptocalvinismus übergingen. Seine → Bibelübersetzung (: V, 2 k α; 1607) nach den Grundsprachen wurde für fast alle späteren dänischen grundlegend. R. führte eine Reform der dänischen Lateinschulen durch, die damals eine Konkurrenz in den Jesuitenschulen Ostdeutschlands hatten. Im Exorzismuskampf wahrte er den streng luth. Standpunkt. Seine Verteidigungsschrift »De sancta fide« (1614) konnte als befriedigende Rechtfertigung für R.s theologische Auffassung gelten. Als Bischof des Stifts Seeland (seit 1615) führte er die luth. Orthodoxie in → Dänemark (: I, 2) endgültig zum Sieg, den sein Nachfolger → Brochmand noch ausbaute.

B.Kornerup, Biskop H.P.R. I (1561-1615), 1928 - Kirkehist. Saml. 6. Rk., I, 1933-35, 297-304. 534-547; II, 1936-38, 33-83. 680 bis 687 - DBL XIX, 390ff - Hal Koch-B.Kornerup, Den Danske Kirkes Historie IV, 1959, 182ff. 221ff. 310ff. *W.Göbell*

Reservatio mentalis → Wahrhaftigkeit.

Reservation, im kath. Kirchenrecht die Vorbehaltung von Jurisdiktionsbefugnissen. Die wichtigsten R.en betreffen: 1. bestimmte Angelegenheiten, die der Papst entweder kraft positiven Rechtes an sich gezogen hat (zB die Ernennung der Bischöfe) oder die ihrer Natur nach nur er erledigen kann (vor allem die Ausübung der nichtkollegialen unfehlbaren → Lehrgewalt). Diese Angelegenheiten heißen *causae maiores.* - 2. die Lossprechung von Sünden. Diese sog. reservatio casuum beschränkt sich hinsichtlich der dem Hl. Stuhl als solche, nicht durch → Zensuren reservierten Sünden auf die falsche Anzeige eines Priesters wegen Sollizitation beim kirchlichen Gericht. Die R. von Sünden durch Ortsordinarien und in exemten klerikalen Klostergenossenschaften durch den höchsten Oberen darf nur sehr sparsam geübt werden und kann praktisch stets umgangen werden. - 3. die Lossprechung von → Zensuren. - 4. die Verleihung von Benefizien für den Hl. Stuhl. Dem Hl. Stuhl sind unbeschadet der Möglichkeit, sich die Verleihung jedes → Benefiziums vorzubehalten, von Rechts wegen außer den Konsistorialbenefizien (→ Konsistorium) reserviert: die Kapitelsdignitäten (Propst und Dechant); alle Benefizien, die durch den Tod, die Beförderung, den Verzicht oder die Versetzung von Kardinälen, Legaten, höheren römischen Kurialbeamten und von Mitgliedern des päpstlichen Hofstaats (auch Ehrenprälaten) erledigt werden; Benefizien, die durch den Tod des Benefiziaten in Rom frei werden oder wegen → Simonie ungültig verliehen worden sind; Benefizien, auf die der Papst durch Eingriff in ihre Erledigung oder Besetzung seine Hand gelegt hat; vakante Benefizien, die nicht binnen 6 Monaten besetzt werden.

cc. 220. 893-900. 1431-1435 CIC - c. 164 De ritibus orientalibus... pro Ecclesiis Orientalibus (AAS 49, 1957, 480). - Lehrbücher des → Kirchenrechts - DDC II, 685ff; IV, 24 ff; VII, 27. 635 ff.

H. Barion

Reservatrechte. Im Recht des alten deutschen Reiches wurden kaiserliche R. die Befugnisse des Kaisers genannt, die er ohne Mitwirkung der Reichsstände ausüben durfte. Von hier leitet sich wohl der Sprachgebrauch ab, der im 19. Jh. unter den zum landesherrlichen → Kirchenregiment gehörenden Befugnissen diejenigen als R. bezeichnete, die dem Landesherrn zur eigenen Ausübung zustanden. Im Unterschied zur → Kirchenhoheit leiteten sich die landesherrlichen Befugnisse über die ev. Kirche aus der Übertragung der → Kirchengewalt auf den Fürsten ab (→ Summepiskopat). Unter diesen regimentlichen Rechten unterschied das 18. Jh. (Schnaubert) die vom Landesherrn persönlich ausgeübten (iura reservata) und die anderen zur Ausübung übertragenen (iura vicaria). Im 19. Jh. wird die Kirchengewalt in steigendem Maße selbständigen kirchlichen Instanzen anvertraut und damit zur eigenen kirchlichen Zuständigkeit, deren Aufsicht und letzte Entscheidung aber dem Landesherrn vorbehalten wurde. Im Gegensatz dazu bilden die vom Landesherrn der persönlichen Wahrnehmung vorbehaltenen Rechte die R. Hierzu gehören a) Beteiligung an der kirchlichen Gesetzgebung (Sanktion, Erlaß von Verordnungen, soweit nicht übertragen); b) Ernennung der kirchenregimentlichen Beamten, in kleinen Kirchen auch der Pfarrer; c) Befugnisse gegenüber der Landessynode (Einberufung, Ernennung berufener Mitglieder, Schließung, Auflösung); d) Entscheidung von Beschwerden gegen kirchenregimentliche Bescheide. Seit 1918 hat der Begriff der R. im ev. Kirchenrecht seine Bedeutung verloren. - Über R. im kanonischen Recht s. → Reservation.

A. J. Schnaubert, Grundsätze des Kirchenrechts der Protestanten in Deutschland, (1794) 1805³ - P. Schoen, Das ev. Kirchenrecht in Preußen I. II/1. 2, 1903-10.

U. Scheuner

Residenzpflicht ist die Pflicht des Pfarrers oder sonstigen kirchlichen Amtsträgers, um der geordneten Seelsorge und Sakramentsverwaltung willen am Amtsort zu wohnen und sich nicht ohne Genehmigung zu entfernen. Ähnliche Pflichten obliegen dem → Beamten. Schon in der alten Kirche (Nicäa) war das Verlassen des Kirchenortes wie der Diözese verboten und wurde durch päpstliche Dekretalen immer wieder eingeschärft. Das → Tridentinum suchte sie auch durch Ferien- und Urlaubsregelung zu sichern. Aus der R. folgt auch heute noch, daß jeder Pfarrer nur eine Pfarrei als Anstellungstitel besitzen darf. - Amtssitz ist das Pfarrhaus oder die Dienstwohnung; Ausnahmen bedürfen der Genehmigung. Bei Entfernung vom Amtsort, auch nur für einen Tag, ist die Stellvertretung sicherzustellen. Urlaub bedarf der formellen Genehmigung; in einigen Gliedkirchen der EKD ist Entfernung für wenige Tage aus dienstlichen oder dringenden persönlichen Gründen auch ohne Genehmigung zulässig, aber alsbald anzuzeigen. Verläßt ein Pfarrer usw schuldhaft seinen Dienst, so tritt Verlust der Dienstbezüge ein.

RE XVI, 674ff - Feine (s. Reg.) - Eichmann-Mörsdorf I, 473f.

E. Ruppel

Reskript, im kath. Kirchenrecht der schriftliche Bescheid der Römischen Kurie oder eines Ordinarius auf einen Antrag in einer Angelegenheit des verwaltungsmäßigen Ermessens. Die (im CIC fehlende) Unterscheidung in rescripta gratiae und iustitiae ändert daran nichts, sondern faßt nur die R.e, die einen Ermessensbescheid innerhalb eines Rechtsstreites enthalten, zu einer besonderen Gruppe zusammen. Die R.e unterliegen sehr ausgedehnten Vorschriften über die Anforderungen an die Person des Antragstellers, der nicht ausdrücklich, etwa durch bestimmte Zensuren, behindert sein darf, ferner an die Wahrheitsgemäßheit des Antrags, der meist alle nach römischem Amtsbrauch notwendigen Tatsachen und wenigstens einen wahren Grund enthalten muß, und über die Ausstellung, die Auslegung, den Vollzug, der vielfach durch einen eigens bestellten Vollstrecker vorgenommen wird, und das Kraftloswerden der R.e, das bei befristeten durch Zeitablauf eintritt und im übrigen durch Widerruf, im Falle einer entsprechenden Klausel auch durch Erledigung der reskribierenden Stelle, sowie durch ein entgegenstehendes neues Gesetz, das frühere R.e widerruft oder von einer dem Reskribierenden übergeordneten Instanz stammt, bewirkt wird.

cc. 36-62 CIC. - Lehrbücher des → Kirchenrechts - DDC VII, 607 ff.

H. Barion

Responsen (hebr. t^{e}šûbôt), *rabbinische,* von Koryphäen rabbinischer Gelehrsamkeit erteilte Gutachten religiösen und religionsgesetzlichen Inhalts; sie bildeten sich als ein Nebenzweig der schon vorhandenen Kodizes (→ Mischna usw), weil die sog. mündliche Tora (→ Halacha) die → Kasuistik (: II) förderte und die Zeit- und Ortsbedingtheit der jüdischen Gemeinden immer neue Anfragen (š^{e}'êlôt) notwendig machte. Schon in talmudischer Zeit gab es solche Anfragen, vgl. Temura XIV; Roš ha-Šana 2 a; Baba M. 114 a; Baba B. 41 b; Sanh. 29 a u.a. In der nachtalmudischen Zeit nahmen die Anfragen und mit ihnen die R.-Literatur beträchtlich zu; oft waren sie von Spenden zur Erhaltung der Lehrhäuser begleitet. Die R. wurden selbst wieder zur Quelle späterer Gesetzeskodizes (Šulḥan 'Arûk, Bêt Jôsêp) und gelehrter Anmerkungen (h^{a}gahôt) dazu. Sie sind in zahlreichen Sammlungen zusammengefaßt, aber viele existieren auch heute nur handschriftlich. An der Spitze stehen die R. der Gaonen (→ Judentum: II, 1), der Schulhäupter des nachtalmudischen Zeitalters in Babylonien (bis ca 1000 nChr). Die Gaonen kamen durch die R. mit fast allen jüdischen Kolonien der damaligen Welt in Verbindung. Ihre R. betrafen alles, was jüdische Frömmigkeit interessierte: Exegese, Talmuderklärung, Rein und Unrein, Ehe- und Wirtschaftsfragen, Auftreten von Pseudo-Messiassen u.a.m. Oft besteht die Antwort des Gaon nur aus dem Wort »muttar« (erlaubt) oder »asûr« (verboten). In der Zeit des Islam gaben manche ihre R. auf arabisch. Viele R. sind verloren. Auf Grund der R. entstanden die ältesten liturgischen Formulare der Synagoge (R. des Gaon Natronai 853, des 'Amram 856, auf Anfragen aus Spanien) und die ältesten Literaturverzeichnisse (Brief des Gaon Šerira ca 910 an die Gemeinde von Kairuan). In gaonäische R. sind manchmal spätere rabbinische R. eingearbeitet. Jüdische Tradition unterscheidet die Periode der älteren R. (vom Abschluß des → Talmud bis zum Šulḥan 'Arûk) und die der jüngeren aus der Zeit danach. Sie sind auch eine wichtige Geschichtsquelle; zB ist das 9./10. Jh. der jüdischen Geschichte fast nur aus den R. bekannt. Nach den Gaonen gaben die spanischen, französischen, italienischen und deutschen Rabbinen R. Bedeutende R.-Sammlungen stammen von → Maimonides (12. Jh.), Ašer ben Jeḥiel (um 1300), → Meïr von Rothenburg (13. Jh.), Josef di Trani (17. Jh.), David Azulai (18. Jh.). Auch Amerika hat eine eigene R.-Literatur.

J.MÜLLER, Schlüssel zu den R. der Gaonen, 1891 (hebr.) - J.D. EISENSTEIN, The Development of Jewish Casuistic Lit. in America, 1905 - Thesaurus of the Gaonic Responsa, ed. B.LEWIN, 1928 (hebr.).
E.L.Dietrich

Responsorium. Sein Kerngedanke ist der Kehrvers (Responsum = R.). Bereits der davidische Psalter versieht einzelne Psalmen mit Kehrversen. Diese Technik entwickelte sich dann in zwei Bahnen: Das R. des Volkes oder Chores trat zum chorisch vorgetragenen Psalm hinzu. Dabei wahrte es eine verhältnismäßig einfache Form: aus ihm wurde die → Antiphon, oder aber es ergänzte den kunstvollen Vortrag des Solisten und trat mit ihm in Wetteifer. Dabei wurde der Psalm auf 1 oder 2 Verse beschränkt. Das R. wurde zunächst vom Solisten gesungen, so daß die Form R. (Solist), R. (Chor), Vers (Solist), R. (Chor) entstand: das ist die eigentliche Form des Responsoriums, die allerdings im MA noch verkürzt wurde. Es tritt in der Regel als Gegenstück zur Lektio auf: dem Vortrag der Epistel in der Messe durch den Lektor entspricht das Meßresponsorium, dh das → Graduale, den Lesungen der Nokturnen die großen Responsorien des → Stundengebets (: II), den kleinen Capitula die kleinen Responsorien, die nur noch aus einem Vers und einem R. bestehen.

P.WAGNER, Einführung in die greg. Melodien III, 1921 - W.APEL, Gregorian Chant, 1958.
E.Jammers

Restauration, historischer Begriff, der die Wiederherstellung oder Wiedereinsetzung der durch Gewalt beseitigten Träger politischer Macht (zB Stuarts 1660; Bourbonen 1814) bezeichnet, bes. aber als die vom → Wiener Kongreß beschlossene Neuordnung des europäischen Staatensystems verstanden wird. In dieser Bedeutung trat die R. mit dem Schlagwort der »Legitimität« den aus der franz. Revolution stammenden Ideen und Einrichtungen entgegen. Nicht alle von der Revolution und ihren Folgeerscheinungen beseitigten Ordnungen wurden restauriert, zB nicht das von Napoleon beseitigte geistliche Reichsfürstentum. Ebenso blieben die durch Säkularisierung und Mediatisierung von den deutschen Fürsten erlangten Besitzvergrößerungen unangetastet. Repräsentativer Staatsmann dieser Epoche ist der österreichische Staatskanzler Metternich; ihre religiös-politische Sanktion fand sie in der Hl. → Allianz; reaktionären Charakter erhielt sie mit den → Karlsbader Beschlüssen. – Am nachhaltigsten hat von der R. die *kath. Kirche* profitiert. Die Rückkehr → Pius' VII. nach Rom und die dank der Diplomatie → Consalvis auf dem Wiener Kongreß durchgesetzten kirchenpolitischen Ansprüche der Kurie waren der Auftakt für eine R. des Katholizismus überhaupt. Sicherten → Konkordate und ähnliche Abmachungen mit einer Reihe von Ländern der kath. Kirche ihren Platz in der erneuerten Staatengesellschaft, so haben vor allem in Frankreich Publizisten wie Montlosier, de → Bonald und de → Maistre ein vom Katholizismus getragenes Ordnungsdenken propagiert und sind damit von großem Einfluß auf die Gesamtkonzeption der R. gewesen. - Den Namen gab der Zeit der Berner Konvertit K.L.v.Haller mit seinem Werk »R. der Staatswissenschaften oder Theorie des natürlich-geselligen Zustandes der Chimäre des künstlich-bürgerlichen entgegengesetzt« (6 Bde, 1816-43). Haller erkannte den Zusammenhang von → Aufklärung, Revolution und absolutistischem Staat und trat für ein aus der Familie und den Korporationen sich aufbauendes, patriarchalisch-ständisches Gemeinwesen ein. Seine Gedanken fanden besonderen Anklang bei den preußischen Konservativen um den preußischen Kronprinzen Friedrich Wilhelm (IV.) - u.a. bei den Brüdern → Gerlach, → Stahl - mit ihrem christlich-germanischen Staatsideal, wobei sie an den Obrigkeitsbegriff Luthers und an die ostelbischen agrarpolitischen Verhältnisse anknüpften. Ihren Niederschlag fand die restaurative Theorie bes. im »Berliner Politischen Wochenblatt« (1831-41), in deren Aufsätzen wesentliche Ansätze der franz. R.s-Publizisten (bes. von de → Maistre) aufgenommen wurden. Dieses konservative Staats- und Gesellschaftsbild hat auch die religiöse → Erweckung (: I) übernommen; diese gehört mit zu den charakteristischen Erscheinungen der R.szeit. Für die Erneuerung der luth. Orthodoxie war in diesem Zusammenhang → Hengstenberg mit seiner Ev. Kirchenzeitung repräsentativ. - Die R. prägte auch die Spät- → Romantik (Dichtung, Malerei, Musik) und die Neuorientierung der Geschichtsschreibung. Vor allem → Ranke hat die R. als eine seinen Studien günstige Zeit gepriesen. Im Blick auf das von den öffentlichen Aufgaben ferngehaltene Bürgertum ist die R. die Zeit des → Biedermeier, einer in die Sphäre des Privaten zurückgedrängten, hier jedoch überaus fruchtbaren Kultur.

Die R. war eine durch die allgemeinen Verhältnisse nach dem Niedergang Napoleons bedingte Übergangszeit. Sie hat von der von ihr bekämpften, aber schließlich doch siegreichen Nationalstaatsbewegung her meist eine negative Beurteilung erfahren. Vereinzelt schon vor 1914 (Meinecke, Troeltsch), in stärkerem Maße erst nach 1918 hat man unter dem Eindruck der Krise des modernen bürgerlichen Nationalgedankens und der Neigung weiter Kreise zu einem konservativen Ordnungsdenken begonnen, der R. auch einen positiven, eigenständigen Charakter zuzuerkennen, ohne doch zu übersehen, daß ihr ein wirklich schöpferischer Impetus fehlte. Die R. war nach aufwühlenden Ereignissen eine Epoche der Beruhigung und als solche notwendig. Einen Anspruch auf Dauer konnte sie nicht erheben, weil sie über zuviel unerledigte, im Augenblick vielleicht auch nicht zu lösende Fragen hinwegschritt, deren Beantwortung aber doch allein den Weg in die Zukunft wies. In der Verbindung mit der Reaktion erwies sich, daß nicht nur die Kräfte, die sie niederhalten wollte, stärker waren, sondern daß sie sich selber auf Doktrinen stützte, die dem Leben widerstritten.

H.v.TREITSCHKE, Dt. Gesch. II-V, 1882ff - F.MEINECKE, Weltbürgertum u. Nationalstaat, (1907) 1928⁷ (= Werke V, im Erscheinen) - E.TROELTSCH, Die R.sepoche am Anfang des 19.Jh.s, 1913 (= Ges. Schr. IV, 1925, 587-614) - C.SCHMITT, Polit. Romantik, (1919) 1925² - H.v.SRBIK, Metternich, 3 Bde, (1925) 1954 - F.SCHNABEL, Dt. Gesch. II-IV, (1933) 1949 - G.J.GIGNOUX, R., Paris 1947 - U.SCHRETTENSENGER, Der Einfluß K.L.v.Hallers auf die preuß.-konservative Staatstheorie u. Praxis (Jur. Diss. München), 1949 - HERMELINK I - G.A.REIN, R. als Phase der geschichtl. Entwicklung, 1954 - O.H.v.D. GABLENTZ, Reaktion u. R. (in: Festg. f. H.Herzfeld, 1958, 55-78) - W.SCHEEL, Das »Berliner Polit. Wochenblatt« u. die polit.-soziale Revolution in Frankreich u. England (Diss. Göttingen), 1960.
K.Kupisch

Restitution → Rechtsmittel.

Retabel → Altar: III, 5 b.

Reticius *von Autun* (Augustodunum) war einer der drei gallischen Bischöfe, die → Konstantin zunächst mit der Schlichtung des donatistischen Streits beauftragt hatte (→ Donatismus), und nahm darum am röm. Schiedsgericht (313) teil. Nach Hieronymus (vir. ill. 82) war er Verfasser eines »grande volumen adversus Novatianum« und eines Kommentars zum Hhld, an dem Hieronymus trotz stilistischen Vorzügen exegetische Mängel zu rügen fand (ep. 37). Die Bücher sind bis auf zwei Zitate verloren.

BARDENHEWER II, 663f - DThC XIII, 2571f - QUASTEN II, 413f.
H.Kraft

Rettungshäuser (R. = Rettungshaus), bezeichnet die aus der → Erweckungsbewegung hervorgegangenen → Erziehungsanstalten für gefährdete und verwahrloste Jugend. Das heute nicht mehr gebräuchliche Wort ist für eine ganze Epoche der Jugendhilfe kennzeichnend. - Die Not der Jugend nach den Napoleonischen Kriegen führte dazu, daß an zahlreichen Stellen in Deutschland die von → Pestalozzi ausgehenden Anregungen, »Auferziehungshäuser« zu schaffen, durch Persönlichkeiten der Erweckungsbewegung aufgenommen wurden. Die veränderte Zielsetzung fand in dem Namen ihren Ausdruck, der zunächst die religiöse Rettung der Kinder meinte. Das Werk J. → Falks in Weimar (Lutherhof, 1819) ging aus dem Wirken der von ihm 1813 gegründeten »Gesellschaft der Freunde in Not« hervor und war durch kraftvolle Originalität ausgezeichnet. 1820 gründeten Chr.H.Zeller (1779-1860) und Chr.F.→Spittler in Beuggen ein R., das vom pietistischen Geiste der Deutschen → Christentumsgesellschaft getragen war, unter der tüchtigen Leitung Zellers rasch aufblühte und die »Süddeutsche R.bewegung« auslöste, die vor allem in Württemberg wirkte. Für Zeller war die Aufgabe seiner Häuser, »Missionsanstalten« inmitten der Heimat zu sein, in denen vor allem die Frömmigkeit gepflegt werden sollte. Am Niederrhein wirkten in ähnlichem Sinne die Grafen v.d. → Recke-Volmerstein, die 1819 in Overdyk ein R. gründeten (1822 nach Düsselthal verlegt). Alle diese Bestrebungen hat J.H. → Wichern durch die Gründung des Rauhen Hauses in Hamburg (1833) aufgenommen und für die Jugendhilfe angesichts der werdenden Industriegesellschaft fruchtbar gemacht. Von hier ging eine »Norddeutsche R.bewegung« aus, die rasch auch ins Ausland drang. Die Eingliederung der R.er in die werdende staatliche und kommunale Jugendhilfe (→ Jugendfürsorge) hat ihren Grundcharakter in mancher Hinsicht gewandelt, ohne ihre Bedeutung zu mindern. - Für die R.er ist das Familienprinzip, die Arbeitserziehung und die christliche Zielsetzung der Erziehung bezeichnend geblieben. In der bewußt überschaubar gehaltenen Erziehungswirklichkeit soll »persönliche Liebespflege« und eine Lebensgemeinschaft geschenkt werden, die bergende und helfende Kräfte vermittelt. »Alle Erziehung ist nur ein Angebot« (Wichern), das in Freiheit ergriffen werden soll. - Die R.bewegungen haben als bahnbrechend für die Methodik und die Praxis der modernen → Sozialpädagogik zu gelten.

J.H.Wichern, Rettungsanstalten für Kinder im dt. Sprachgebiet (in: Schmids Encycl. d. gesamten Erziehungs- u. Unterrichtswesens VII, 1868, 300-476 = Ges. Schr. VI, 1908, 67-266) - K.Krohne, Erziehungsanstalten für die verlassene ... Jugend in Preußen, 1901 - Hdb. der Heimerziehung, hg.v. F.Trost, 1952, 46ff (Lit.).

K.Janssen

Retz, *Jean-François-Paul de Gondi de* (1613-79), kath. Theologe und Politiker, * in Montmirail (Champagne), 1643 Koadjutor des Pariser Erzbischofs (seines Onkels Henri de R.), 1652 Kardinal, 1654 Erzbischof von Paris, 1662 Abt von St. Denis. R. war eine durchaus weltliche Natur, erfüllt von politischem Ehrgeiz, ein Gegner → Mazarins und neben Condé einer der wichtigsten Anführer der Fronde. Nach seinem erzwungenen Verzicht auf die erzbischöfliche Würde erfüllte er im Auftrag Ludwigs XIV. verschiedene diplomatische Missionen in Rom. Seine Memoiren (Bd I-V der GA seiner Werke, ed. A.Feillet u.a., 10 Bde, Paris 1870-96) sind von bedeutendem historischem Quellenwert.

L.Batiffol, Biogr. du Card. de R., Paris 1929 - EC X, 825f - A. Buisson, Le Card. de R., Paris 1954 - E.H.Kossmann, La Fronde, Leiden 1954 - J.Castelnau, R. et son temps, Paris 1955 - P.G.Lorris, Le Card. de R., ebd 1956 - A.Latreille u.a., Hist. du Catholicisme en France sous les Rois très chrétiens, ebd 1960, 346ff. *H.R.Guggisberg*

Reu, *Johann Michael* (16.11.1869 bis 14.10.1943), ev. Theologe, seit 1889 in Amerika, 1890 Prof. am Wartburg Theological Seminary der American Lutheran Church in Dubuque (Iowa), Begründer der amerikanischen → Luther-Akademie. R. erforschte bes. die Geschichte der Katechismen auf deutschem Boden.

Vf. u.a. (vgl. RGG² IV, 1997): At. Perikopen nach d. Ausw. v. Thomasius, 2 Bde, 1901/05 (engl. 1958); Qu. zur Gesch. d. kirchl. Unterrichts im ev. Deutschland zw. 1530 u. 1600, 11 Bde, 1904-35; Explanation of Luther's Small Catechism, (1904) 1960; Catechetics, (1918) 1926²; Homiletics, (1922) 1934⁴; D.Mart.Luthers Kleiner Katechismus. Die Gesch. s. Entstehung, s. Verbreitung u. s. Gebrauchs, 1929 (engl. 1929); The Augsburg Confession. A Collection of Sources with an Historical Introduction, 1930; Luthers German Bible. A Historical Presentation and Collection of Sources, 1930; Lutheran Faith and Life, 1935; Church and the Social Problem, 1936; In the Interest of Lutheran Unity, 1940; Luther and the Scriptures, 1944. - Seit 1904 Hg. von: Kirchl. Zeitschrift, Chicago u. Columbus (darin zahlr. Aufsätze). *H.W.Surkau*

Reublin, *Wilhelm,* * ca 1484 in Rottenburg/Neckar, studiert in Freiburg und Tübingen, verzichtet 1510 auf die Pfarrei Griessen, 1521 Leutpriester an St. Alban in Basel, predigt gegen Messe und Fastengebote und wird im Juli 1522 nach Tumulten ausgewiesen. Im Herbst in Zürich, Ende 1522 nach Witikon gewählt, heiratet er als erster Priester der Schweiz öffentlich und gerät in den Kreis der späteren → Täufer. In Witikon verzichtet man im Frühjahr 1524 erstmalig auf die Kindertaufe. Als ein Wortführer der Täufer muß R. im Januar 1525 die Stadt verlassen. Durch ihn kommt das Täufertum nach Schaffhausen (Griessen), Waldshut (→ Hubmaier), Straßburg, Horb (→ Sattler), Reutlingen, Eßlingen. 1528/29 liegt er in Straßburg gefangen. 1530 verursacht er in Mähren eine Spaltung der Täufer in Austerlitz, wird aber aus der von ihm gegründeten Gemeinde in Auspitz wegen heimlichen Geldbesitzes ausgeschlossen. Nach einem letzten Evangelisationsversuch in Rottenburg (1531) trennt er sich vom Täufertum. Er taucht bis 1559 mehrere Male zwischen Zürich, Basel, Augsburg und Znaim auf; ein unruhiger, unzuverlässiger, viel heimgesuchter Geist.

Mennonitisches Lexikon III, 477ff (Lit.) - Quellen z. Gesch. der Täufer VII (Elsaß I), hg.v. M.Krebs u. H.G.Rott (QFRG 26), 1959.

H.Fast

Reuchlin, *Johannes* (1455-1522), * in Pforzheim, war durch eine Schwester Großonkel → Melanchthons. Universitätsstudien in Freiburg i. Br., Paris, Basel, Paris förderten humanistische Interessen (→ Humanismus: I). Sie vertieften sich während des juristischen Studiums in Orleans und Poitiers. Entscheidend war 1482 die Reise nach Italien in Begleitung des Grafen Eberhard von Württemberg. Als dessen Berater und Agent trat R. eine politische Laufbahn an (1484 Beisitzer am Hofgericht in Stuttgart, Advokat, durch zweimalige Heirat mit der politisch aktiven bürgerlichen Ehrbarkeit des Landes versippt, wirtschaftlich unabhängiger Grundbesitzer). Gleichzeitig knüpfte er die Freundschaft mit → Ficino, die, auf späteren Italienreisen (1492, 1498) verstärkt und auf → Pico von Mirandola ausgedehnt, ihn zum wichtigsten Repräsentanten des Platonismus nördlich der Alpen werden ließ. Als Latinist und Gräzist auch schulmäßig tätig, ist R. von → Erasmus schnell überflügelt worden. Ein Aufenthalt in Heidelberg (1496 bis 1498), durch politische Schwierigkeiten nach Herzog Eberhards Tode herbeigeführt, bringt die humanistisch-politische Invektive »Sergius« hervor; wie die Bauernkomödie »Henno« zeigt sie R.s Beherrschung der Regeln antiker Dichtung und sein Verständnis zeitgenössischer Wirklichkeit. Ohne Konkurrenz steht R. da als Hebraist (erste Berührung mit der hebr. Sprache 1482, umfassendes Studium bei jüd. Lehrern seit 1486). Seine Rudimenta linguae Hebraicae (1506) begründen die hebr. Sprachwissenschaft; sein Kommentar zu den 7 → Bußpsalmen wird maßgebend für → Bibelübersetzung (: IV, 2) und Exegese. Den starken Einfluß der seit 1480 zugänglich gewordenen → Kabbala zeigen seine beiden Hauptwerke De verbo mirifico ([1494] 1514²) und De arte cabalistica (1517). – Der angesehene Richter des Schwäbischen Bundes (1502-13) geriet durch ein Gutachten, das er dem Kaiser über die jüd. Schriften erstattete (1510), sowie durch seinen gegen Pfefferkorn gerichteten »Augenspiegel« (1511) in Streit mit der Kölner Universität (→ Gratius) und den Dominikanern (→ Hochstraten). Ein von diesen durchgeführter Prozeß führte über einen für R. günstigen Schiedsspruch in Speyer (1514) zu seiner Verurteilung durch den Papst (1520), deren Folgen er durch seine Unterwerfung und den Eintritt in den Weltpriesterstand abbog. Die gewaltige Erregung der gebildeten Öffentlichkeit ließ die Humanisten zu seinen Gunsten eingreifen. Besonders trat der Kreis um → Mutian für ihn ein (→ Spalatin, → Crotus Rubeanus; vgl. Luther, WAB 1, Nr. 9). Die → Epistulae obscurorum virorum, die bes. aus diesem Kreise hervorgingen, machten auch Humanisten zu radikalen Parteigängern R.s, die seinen eigentlichen wissenschaftlichen Tendenzen ferner standen, entfremdeten ihm aber gemäßigte Geister wie Erasmus und vereinsamten den alternden R. Eine kurze akademische Wirksamkeit in → Ingolstadt (1520/21) und → Tübingen (1521/22) führte ihm noch einmal einen größeren Schülerkreis zu.

L. Geiger, J.R., 1871 - Ders., J.R.s Briefwechsel, 1875 - J. Wille, J.R. (Zs. f. Gesch. d. Oberrheins 76, 1922, 249-275) - K. Schottenloher, J.R. u. d. humanist. Buchwesen (ebd 295-312) - W. Brambach, R.s Bibliothek (ebd 313-321) - K. Christ, Die Bibliothek R.s in Pforzheim, 1924 - J. Haller, Die Anfänge der Univ. Tübingen, 1927, passim - E. Beutler, Forschungen u. Texte zur frühhumanist. Komödie (Mitt.en aus d. Hamburger Staats- u. Univ.-Bibl. 2, 1927, 103-148) - H. Dippelt, R.s griech. Studien (Das Gymnasium 49, 1938, 16-26) - W.-E. Peuckert, Pansophie, (1941) 1956² - J.L. Blau, The Christian Interpretation of the Cabala in the Renaissance, New York 1944, passim - H. Rupprich, J.R. u. seine Bedeutung im europ. Humanismus (Festg. J.R., hg.v. M. Krebs, 1955, 10-34) - K. Preisendanz, Die Bibliothek R.s (ebd 35-82) - H. Decker-Hauff, Bausteine zur R.-Biogr. (ebd 83-108) - K. Hannemann, R. u. die Berufung Melanchthons nach Wittenberg (ebd 108-138) - M. Krebs, R.s Beziehung zu Erasmus v. Rotterdam (ebd 139-155) - J. Benzing, Bibliogr. d. Schriften R.s im 15. u. 16. Jh., 1955 - L.W. Spitz, R.s Philosophy (ARG 47, 1956, 1-20). - Weiteres s. Schl. II, 17841 bis 17889; V, 48848-48857 a. *W. Maurer*

Reusch, *Franz Heinrich* (4.12.1825 bis 3.3.1900), altkath. Theologe, * in Brilon/Westf., † in Bonn, dort seit 1858 Prof. für AT (1873/74 Rektor). Geistig mit der Tübinger und Münchener Schule verbunden, wurde R. als Herausgeber des »Theologischen Literaturblattes« (1866-77) in die Krise um das → Vatikanum hereingezogen. Seit dem Entzug der kirchlichen Lehrbefugnis (1872) las er vorwiegend systematische Theologie für altkath. Hörer und publizierte auf historischem Gebiet. Als theologischer Lehrer, Pfarrer in Bonn, Generalvikar, Mitglied der Synodalrepräsentanz und Herausgeber des »Rituale« und »Gebetbuches« maßgebend an der Formung des Kath. Bistums der → Altkatholiken beteiligt, verfolgte R. die konservative Linie begrenzter Reformen innerhalb der gesamtkath. Tradition mit ökumenischem Ausblick nach Wiedervereinigung auf altkirchlicher Grundlage. Die Aufhebung der Zölibatsverpflichtung durch die 5. Synode 1878 ließ R. alle kirchlichen Ämter niederlegen, ohne seine kirchliche Mitarbeit völlig zum Erliegen zu bringen.

Vf. u.a.: Bibel u. Natur, (1862) 1876⁴; Der Prozeß Galileis u. die Jesuiten, 1879; Der Index der verbotenen Bücher I. II, 1883/85. Hg. (in Gemeinschaft mit → Döllinger): Bericht über die Unionskonferenzen, Bonn, 1874/75; Die Selbstbiogr. des Kardinals Bellarmin, 1887; Gesch. der Moralstreitigkeiten in der röm.-kath. Kirche seit dem 16. Jh. I. II, 1889. - Über R.: J.F.v. Schulte, Amtl. Altkath. Kirchenblatt, 1900, 155-169 (Bibliogr.) - L.K. Goetz, F.H.R., 1901 - RE XVI, 689ff. *W. Küppers*

Reusner (besser: *Reisner*), *Adam* (ca 1500-82), Schriftsteller, * und † in Mindelheim, studierte 1518 in Ingolstadt bei → Reuchlin alte Sprachen, 1523 bei Luther Theologie, war 1526-28 Sekretär Frundsbergs in Italien, 1532-48 Stadtschreiber in Mindelheim. Schon vor 1536 Amanuensis → Schwenckfelds, edierte er dessen Werke postum. 1548 durch kath. Pfarrer in Haft gebracht und vertrieben, lebte er in Lauingen, Augsburg und wieder in Mindelheim. Den trefflichen Altsprachler machten neben historischen und mystischen Werken ca 60 Lieder bekannt; davon kamen 6 in Gesangbücher. »In dich hab ich gehoffet« (EKG 179) ist weltverbreitet.

Wackernagel I, 476. 590ff. 779; III, 133ff - ADB 28, 150ff - K. Schottenloher, Jakob Ziegler u. A.R., 1908 - Corpus Schwenckfeldianorum, bisher 17 Bde, 1907-60 (s. Reg.). *S. Fornaçon*

Reuß, *Eduard* (1804-91), * und † in Straßburg; dort 1834 ao., 1836 o. Prof. für NT, von 1864 an für AT (über das er schon vorher gelesen hatte) am Prot. Seminar (→ Straßburg: II), seit 1838 zugleich an der staatlichen Theol. Fakultät; bei der Eingliederung des Seminars in die ev.-theol. Fakultät der neuen dt. Universität 1872 deren erster Dekan; 1888 emeritiert. Zur Verbesserung der Studien gründete R. 1828 die »Theol. Gesellschaft«, deren Seminarbetrieb er bis zu ihrer Auflösung 1886 leitete. Ein begeisternder Lehrer und hervorragender Vertreter der historisch-kritischen → Bibelwissenschaft (: I. II), ist R. eine der bedeutendsten Gestalten der Straßburger Fakultät. In der nt. Wissenschaft leitete er neben H.J. → Holtzmann die Überwindung der Tendenzkritik F.Chr. → Baurs ein (Gesch. der hl. Schriften NTs, [1842] 1887⁶; Histoire de la théologie chrétienne au siècle apostolique, 2 Bde, [1852] 1864³). Für das AT behauptete R. schon 1834 in einer Vorlesung die Posteriorität der sog. »Grundschrift« (heute: → »Priesterschrift«) gegenüber den Propheten des 8. und 7. Jh.s und bereitete damit der → Pentateuch-Theorie von → Graf, → Kuenen und → Wellhausen den Weg. Durch Vorlesungen und Werke in franz. Sprache (Histoire... [s.o.]; La Bible. Traduction nouv. avec introductions et commentaires, 16 Bde, 1874-81; zahlreiche Abh.en in der von T. → Colani hg. Revue de Théologie et de Philosophie chrétienne) hat R. der franz. prot. Theologie die dt. kritische Bibelwissenschaft übermittelt.

Vf. weiter u.a.: Gesch. der hl. Schriften ATs, (1881) 1890²; Das AT, übers., eingel. u. erläut., 7 Tle in 6 Bden, 1892-94 (postum hg.v. A. Erichson u. L. Horst). - Hg. (mit J.W. → Baum u. A.E. Cunitz) der GA der Werke Calvins im CR, 59 Bde, 1863-1900 (Bd 47-59 aus R.' Nachlaß hg.v. A. Erichson). - E.R.' Briefwechsel mit ... K.H. Graf, hg.v. K. Budde u. H.J. Holtzmann, 1904. - Über R.: Th. Gerold, E.R., 1882 (Bibliogr.) - RE XVI, 691ff - A. Causse, La Bible de R. ... (RHPhR 9, 1929, 1-31) - E. Rochat, Le développement de la théol. franç. au XIXe siècle, 1942, 187. 222ff - Kraus 222ff u.ö. - W.G. Kümmel, Das NT, 1958, 191ff u.ö. *E. Kutsch*

Reuter, 1. *Hermann* (1817-89), Kirchenhistoriker (lehrte anfänglich auch syst. Theol.), * in Hildesheim, 1843 PDoz. in Berlin, 1852 ao. Prof. in Breslau, seit 1855 o. Prof. in Greifswald, Breslau (1866), Göttingen (1876), zugleich Konsistorialrat (Breslau) und seit 1881 Abt zu Bursfelde. In seinen Arbeiten löste er sich von den Konzeptionen F.Chr. → Baurs und A. → Neanders und erkannte nur *eine* historische Methode an. Programmatisch war es, daß er auch »die politische Partie der KG« berücksichtigt wissen wollte. Dabei vertrat er die Überzeugung, daß »die dogmatische Bildung allein die rechten Kriterien an die Hand gibt, an denen die kirchenhistorischen Facta richtig zu schätzen sind«. Es war weiterhin sein Verdienst, das Interesse an der KG des MA neu geweckt zu haben. Mit Th. → Brieger begründete er 1876 die ZKG.

Vf. u.a.: Gesch. Alexanders III. u. d. Kirche sZ, 3 Bde, (1845) 1860 bis 1864²; Gesch. d. relig. Aufklärung im MA vom Ende d. 8. bis z. Anfang d. 14.Jh.s I. II, 1875/77; Augustinische Studien, 1877. - Über R.: TH.BRIEGER, in: ZKG 11, 1889 - ADB 53, 310ff - RE XVI, 696ff. *K.Kupisch*

2. *Quirinus* (1558-1613), * in Mosbach, † in Heidelberg. In Heidelberg erzogen, kam R. mit seinen ref. Lehrern an das Casimirianum nach Neustadt. 1580-82 war er in Breslau Erzieher im Hause des Bischofs → Dudith, seit 1583 Pfarrer in Neustadt, Bensheim, Neuhausen und Speyer. 1598 Leiter der Sapienzanstalt in Heidelberg, 1602 Prof. des AT, 1607 Rektor der Universität.

Hg. der Werke des → Ursinus, 1612-13. Bibliogr. bei M.ADAM, Vitae Germ. Theol., 1706, 390ff. - Über R.: RE XVI, 703ff (Lit.) - ADB XXIX, 328f - H.NEU, Pfarrerbuch der ev. Kirche Badens, 1939, 484. *F.Hauss*

Reuterdahl, *Henrik* (10.9.1795 bis 28.6.1870), schwedischer Theologe und Kirchenpolitiker, 1845-55 Prof. der KG in → Lund, 1852-55 Kultusminister, 1855-56 Bischof von Lund, 1856-70 Erzbischof. R. begann seine wissenschaftlichen Veröffentlichungen als Schüler → Schleiermachers und arbeitete an der Erneuerung der Theologie. Zusammen mit J.H. → Thomander gab er 1828-32 und 1836-40 »Theologisk Quartalskrift« heraus. Als Kirchenpolitiker war R. ausgesprochen konservativ und schrieb auch in dem Kampfblatt des kirchlichen Konservatismus »Svensk kyrkotidning« (1855-63). R.s wichtigstes Werk »Svenska kyrkans historia« (I-IV, 1838 bis 1866) behandelt die schwedische KG bis 1533; es zeichnet sich durch gründliche Archivarbeit und kritische Analyse der Quellen aus.

R.s Selbstbiogr. hg.v. L.WEIBULL, 1920; Bref till H.R. (Briefe an H.R.), hg.v. G.AULÉN, 1915. - G.AULÉN, H.R.s teologiska åskådning, 1907. *S.Kjöllerström*

Reval, *Bistum,* gegr. 1219 vom dänischen König Waldemar II., der es 1240 nach längerer Sedisvakanz neu dotierte und den Ripener Domherrn Thorkill zum Bischof weihen ließ. Die Einkünfte des Bistums bestanden aus Zehnten und Tafelgütern, es besaß aber keine Landesherrschaft und kein Territorium. Ursprünglich Suffragane von → Lund, besuchten die Bischöfe dennoch die Rigaer Synoden und galten nach 1346 als livländische Prälaten, seit 1521 gar als Reichsfürsten. Beim St. Marien-Dom gab es nur ein kleines Kapitel unter Führung des Dekans. Der kath. Gottesdienst wurde erst 1561 abgeschafft, 1569 ein prot. Bistum durch Schweden begründet. - Vgl. → Baltische Länder.

G.V.HANSEN, Die Kirchen u. ehemaligen Klöster R.s, (1873) 1885³ - G.KÄSTNER, Das refundierte Bistum R., 1876 - R.HASSELBLATT in: Mitt.en aus der livländ. Gesch. 14, 1890, 461ff - E.V.NOTTBECK-W. NEUMANN, Gesch. u. Kunstdenkmäler der Stadt R., 2 Bde, 1904 - L.ARBUSOW JUN., Die Einführung der Reformation... (QFRG 3), 1921, bes. 278ff. 316ff - P.JOHANSEN, Die Estlandliste des Liber census Daniae, 1933. *P.Johansen*

Réveil. Als »R.« bezeichnet man den Zweig der Erweckungsbewegung des frühen 19.Jh.s in der französischsprechenden Schweiz und in Frankreich (→ Erweckung: I, 4). Der Ursprung liegt in einem Studentenkreis in *Genf,* in dem sich Einflüsse der Brüdergemeine → Zinzendorfs, der schottischen und englischen → Erweckung (: I, 1; R. → Haldane) und der Frau v. → Krüdener zu einer pietistisch-individualistisch gefärbten Erneuerung der Orthodoxie verbanden. Dem Aufbruch des R., der seinen wirksamsten Vertreter in H.L. → Empaytaz fand, stellte sich die rationalistisch gerichtete Genfer Pfarrerschaft entgegen: Ein Reglement vom 3.5.1817 untersagte die Predigt über die christologische Zweinaturenlehre, die Erbsünde, die Gnadenlehre und die Prädestination. Damit wurden tatsächlich die zentralen Lehren des R. bezeichnet. Seine Entwicklung drängte zur Bildung von Freikirchen: Eglise du Bourg-de-Four, seit 1837 in La Pélisserie, und die Chapelle du Témoignage des strengen Prädestinatianers H.A.C. → Malan. Die geistigen Kräfte des R. wurden in der 1831 gegründeten »Société évangélique« (→ Evangelische Gesellschaft) und in der von ihr getragenen orthodoxen theologischen Schule (bedeutendster Lehrer J.H. → Merle d'Aubigné) organisatorisch zusammengefaßt. Daraus erwuchs 1849 die »Eglise libre«. - Durch Henri Pyt, Ami → Bost, Felix → Neff, Malan u.a. wurde der R. nach → *Frankreich* (: I, 8) getragen, wo er auch bei den Herrnhutern und am Werk eines → Oberlin im Steintal anknüpfen konnte. In Frankreich mußte sich der R. weniger gegen eine rationalistische Theologie als vielmehr gegen eine tote Orthodoxie und erstarrte Kirchlichkeit durchsetzen. Bedeutend waren hier die Einflüsse des englischen → Methodismus (Charles Cook). Mittelpunkte bildeten sich in Paris (Chapelle Taitbout) und Lyon, hier um den hervorragendsten Theologen und Prediger des R., Adolphe → Monod, der 1832 eine Freikirche gründete. Ein Teil der Bewegung führte unter der Leitung von Frédéric → Monod 1849 zur »Union des Eglises libres« mit orthodox-reformatorischem Bekenntnis. Der R. wirkte auf die welsche Schweiz zurück und strahlte bis in die → Niederlande (: I, 6; II, 2 c) aus. Auch die Nationalkirchen in Frankreich und der Schweiz wurden um die Mitte des Jh.s zT vom Geist des R. durchdrungen.

Der R. wollte in einer Zeit des Abfalls und der Gleichgültigkeit die echte reformatorische Lehre erneuern. Doch sind für ihn neben der orthodoxen Rechtfertigungs- und Gnadenlehre das Drängen auf individuelle Bekehrung und Heiligung sowie auf persönliche Heilandsliebe und die bewegliche freikirchliche Organisation charakteristisch. Auch der religiöse Gesang wurde durch den R. reich angeregt (Malans »Chants de Sion«). Die Theologie des R. umfaßt innerhalb dieser Gemeinsamkeiten viele Standpunkte von der kirchlichen Orthodoxie bis hin zu sektiererischen Neigungen (→ Frankreich: II, 2). Die wertvollsten Anregungen des R. gingen in die Theologie A. → Vinets über.

L.MAURY, Le R. religieux dans l'église réformée à Genève et en France (1810-1850), 2 Bde, Paris 1892 - E.ROCHAT, Le développement de la théol. prot. française au XIXe siècle, Genf 1942. *E.G.Rüsch*

Révész, 1. *Imre* (1826-81), ung. ref. Pfarrer und Geschichtsforscher, gelehrter und tapferer Verteidiger der kirchlichen Autonomie der ung. Protestanten gegen das Kaiserliche »Patent« vom 1.9.1859 (→ Ungarn), später Führer der Konfessionell-Orthodoxen gegen den liberalen ung. Protestantenverein.

Vf. u.a. (meist ung.): Grundsätze der prot. Kirchenverfassung, 1856; J.Erdösi, 1859; Die Autonomie der prot. Kirche Ungarns. Eine Apologie gegen dt. Gelehrte. In: Prot. Kirchenzeitung 1861, Nr. 41. 42. 45. 52; M.Dévai Biró, 1863; Calvins Leben u. der Calvinismus, (1864) 1909³. - Hg.: Magyar Prot. Egyházi és Iskolai Figyelmezö (Ung. Prot. Kirchl. Beobachter), 1870-78. - Über R.: I.RÉVÉSZ d. J., Das Leben von I.R. d. Ä., 1926 (ung., Bibliogr.) - DERS., Abschnitte aus der Kirchenpolitik des Bach-Regimes, 1957 (ung.).

2. *Imre,* * 30.6.1889, ung. ref. Theologe und Geschichtsforscher, Enkel von 1, 1914 Prof. der KG in

Klausenburg, 1920 Pfarrer in Debrecen, 1930 ebd Prof. für KG, 1938 Bischof, seit 1949 im Ruhestand. R. gehört zu den führenden Männern der ung. Ref. Kirche der 30er und 40er Jahre.

Vf. u.a. (meist ung.): Die Lehren von M.Dévai Biró, 1915; Die Gesch. d. ung. Protestantismus, 1925; Hungarian Protestantism (mit L.Ravasz u. J.I.Kováts), 1927; Das Debrecener-Erlautaler Bekenntnis u. d. Tridentinum, 1934; Melius u. Calvin, 1936; Ung. ref. KG, Bd I, 1938; »Tegnap és ma és örökké« (Sammelband), 1944; Die nationale Synode in Szatmárnémeti u. die erste ung. ref. Erweckung, 1947; M.Sinai u. seine Zeit, 1959. Weiteres s. 1. *M.Bucsay*

Réville, *Jean* (1854-1908), Sohn von *Albert* R. (1829 bis 1906), * in Rotterdam, 1880 Pfarrer im Mömpelgarder Land, 1883 als Nachfolger seines Schwiegervaters A.-J. → Coquerel Religionslehrer am Lycée Henri IV in Paris, nach der Promotion (1885) Dozent für KG und Patristik an der Ecole des Hautes Etudes (1886) und der Freien Prot. Fakultät (1894; → Paris: III), 1907 Nachfolger seines Vaters am Collège de France. R. gilt als Vertreter der Religionsgeschichtlichen Schule; er war seit 1884 Hg. der RHR.

Vf. u.a.: Le Logos d'après Philon d'Alexandrie, 1877; La doctrine du Logos dans le IVème Evangile et dans les œuvres de Philon, 1881; La religion à Rome sous les Sévères, 1885 (dt. [1888] 1906²); Le livre d'Hénoch, 1894; Les origines de l'épiscopat, 1894; Paroles d'un libre croyant. Prédication moderne de l'Evangile, (1898) 1909² (dt. 1902); La valeur du témoignage historique du Pasteur d'Hermas, 1900; Le IVème Evangile. Son origine et sa valeur historique, (1900 bis 1901) 1902²; Le protestantisme libéral, ses origines, sa nature, sa mission, 1903 (dt. 1904); Le prophétisme hébreu, 1906; Les origines de l'Eucharistie, 1908. - Über R.: P.Alphandéry, RHR 57, 1908, 269-282 - E.de Faye, ebd 283-292 - W.Lüttge, Religion u. Dogma, 1913, 72f. *R.Voeltzel*

Revius, *Jacobus* (1586-1658), niederländ. ref. Theologe, * in Deventer. R. studierte in Leiden und Franeker, war Pfarrer in Zedden, Winterswijk und 1614 in Deventer, wo er an der Gründung des Athenaeum Illustre beteiligt war (1630). 1641 wurde er Regent (Verwalter) des Staatenkollegiums für Theologiestudenten in Leiden. R. war ein Gegner der → Arminianer und des → Descartes. Er wurde bekannt als vortrefflicher Dichter (→ Kirchenlied: I, 7), als Revisor der Staatenübersetzung des AT, als Historiker (Historia pontificum Romanorum, 1632; Daventria illustrata, 1651) sowie als Übersetzer der Confessio belgica, des → Heidelberger Katechismus und der Dordrechter KO ins Griechische 1623 (→ Lukaris).

E.J.W.Posthumus Meyjes, J.R., zijn leven en werken, 1895 - RE XVI, 710ff - W.A.P.Smit, De dichter R., 1928 - Over-Ysselsche Sangen en Dichten 1639, ed. Ders., 2 Bde, 1930-35 - Protestantse poëzie der 16de en 17de eeuw, 1940, XXIII-XXV. 124-211. *J.N.Bakhuizen van den Brink*

Revolution, *Begriff und Problem.* Eine R. bedeutet im allgemeinen eine Umwälzung der bestehenden gesellschaftlichen Verhältnisse, um eine neue Ordnung zu schaffen. Historisch betrachtet ist die R. eine Bewegung, die eine Menschengruppe, eine Klasse, eine Gesellschaft, einen Staat oder ein Volk, welche bis dahin in einem anderen System lebten, an die Macht bringt. So läßt sich R. etwa durch folgende Charakteristika definieren: plötzlicher Bruch der Legalität, Machtergreifung durch die Vertreter einer führenden → Klasse, Änderung der wirtschaftlichen und kulturellen Zustände. Zwar sind nicht alle Elemente dieser Definition notwendig, um von R. sprechen zu können, es ist aber unbedingt erforderlich, daß die R. eine wirkliche Veränderung herbeiführt, daß sie also siegreich hervortritt, sonst handelt es sich nur um einen Aufruhr. Im Volksbewußtsein ist der R.sbegriff mit dem Gedanken eines plötzlichen Traditionsbruchs verbunden. Obwohl diese Auffassung schon lange die der Historiker ist, könnte sie bezweifelt werden. So haben zB die bekannten R.en des Altertums keine Veränderungen in den wirtschaftlichen oder sozialen Verhältnissen hervorgerufen, während die Völkerwanderung als wirkliche R. betrachtet werden kann. Es ließe sich ferner fragen, inwieweit man die wirtschaftlichen Umwälzungen des 16.Jh.s und die mit der Reformation verbundenen Bewegungen als R.en bezeichnen könnte, ebenso wie man gewöhnlich von der industriellen R. spricht. Endlich hat ja die R. von 1848, wenigstens in Frankreich, geringere Wirkungen gehabt als Hitlers Machtergreifung. Bis vor kurzem jedoch überschattete die Geschichte der französischen R. von 1789 (→ Frankreich: I, 7) alle philosophischen und soziologischen Auffassungen der R. Tatsächlich hat dieses Ereignis die politische, ökonomische und soziale Entwicklung der Welt geprägt, insofern es als ein Sieg der Kräfte der Zukunft über diejenigen der Vergangenheit betrachtet wurde.

K. → Marx und F. → Engels haben dem Begriff der R. einen neuen Sinn verliehen, indem sie in ihr nicht nur ein politisches Ereignis, sondern auch und vor allem einen sozialen Umsturz, eine wirkliche → »Emanzipation« sahen. Die Marxisten betrachten die R. als den Übergang in eine entgegengesetzte Ordnung, als »einen totalen Bruch in den Verhältnissen«, haben also eine gleichsam eschatologische Auffassung von R. Indem der → Marxismus den Hegelschen Begriff vom Übergang der Quantität zur Qualität wieder aufnahm, hat er die R. als den Sieg der »Guten« (des → Proletariats) über die »Schlechten« (das → Bürgertum) angesehen, so daß »das von aller Menschlichkeit beraubte Proletariat das Menschliche in seiner Totalität übernimmt und so wieder zum Menschen wird« (Marx). Die Marxsche Theorie der proletarischen R. wurde von → Lenin in seiner Lehre von der »Diktatur des Proletariats« weiterentwickelt und 1917 in Rußland verwirklicht. Im Laufe der letzten Jahrzehnte hat sie Anhänger in der ganzen Welt gefunden. Hierzu trug der Umstand bei, daß die europäische Wirtschaftsentwicklung (→ Kapitalismus) die Entstehung national-revolutionärer Ideen sozialistischer Prägung auch in den nichteuropäischen traditionellen Gesellschaften begünstigt hat. Die Emanzipationsbestrebungen der farbigen Völker (→ Kolonialismus) haben dem Begriff der R. eine neue Aktualität verliehen. Während die westlichen R.en in England und in Amerika vorwiegend politischen Charakter trugen, war die französische R. zugleich auch eine geistige und soziale R., welche die Ausbreitung der liberalen (→ Liberalismus) und fortschrittlichen (→ Fortschritt) Ideen in der Welt erleichterte und somit die Gegen-R. schuf. Die R.en des Marxismus und → Faschismus im 20.Jh. waren ökonomische und soziale, oft auch nationale R.en. Diese Merkmale kennzeichnen noch stärker die zeitgenössischen R.en in den Entwicklungsländern. So sind sie trotz ihres anti-westlichen Charakters den anderen R.en des 20.Jh.s verwandt. Insofern sie nach dem westlichen Beispiel totale oder totalitäre R.en sind, tragen sie auch zur Angleichung an den Westen, zur Vereinheitlichung der Welt bei, wozu die früheren westlichen Reformbewegungen - die christlichen Missionen und die Kolonisation - nicht imstande waren.

Trotz der sozialen Funktion jeder R., den gesellschaftlichen Strukturwandel zu beschleunigen und damit zur Anpassung an neue Lebensbedingungen beizutragen, bleibt die Fragwürdigkeit des revolutionären Vorgehens bestehen, die durch die Maßlosigkeit des Machtkampfes (→ Macht: IV) gegeben ist. Das Phänomen der R. weist wie das des → Krieges auf den Spannungscharakter jeder säkularen Ordnung hin, die durch Widersprüche geschaffen wird und durch Widersprüche schließlich zerfällt.

Über *R. und Christentum* s. → Widerstandsrecht.

G.SOREL, Réflexions sur la violence, Paris 1908 - W.I.LENIN, Staat u. R., Moskau 1917 - O.SPENGLER, Der Untergang des Abendlandes I. II, 1918/22 - G.LUKACS, Gesch. u. Klassenbewußtsein, 1923 - Das Wesen der R. (Verhandlungen d. 3. Dt. Soziologentages), 1923 - H.SEE, Evolution et R.s, Paris 1929 - A.GURWITSCH, Das R.sproblem in d. dt. staatswissenschaftl. Lit., 1935 - R.ARON, Le grand Schisme, Paris 1948 - C.E.LABROUSSE, Comment naissent les R.s? (in: Actes du congrès hist. du centenaire de la R. de 1848, ebd 1948, 1-29) - C.BRINKMANN, Soziologische Theorie der R., 1948 - J.MONNEROT, Sociologie du Communisme, Paris 1949 - A.CAMUS, L'homme révolté, ebd 1951 - G.LEFEBVRE, La R. française, ebd 1951 - F.STERNBERG, Kapitalismus u. Sozialismus vor dem Weltgericht, 1951 - C.C. BRINTON, The Anatomy of R., New York 1952 - K.GRIEWANK, Der neuzeitl. R.sbegriff, 1955. *F.G.Dreyfus*

Reymond, *Arnold* (1874-1958), Prof. der Philosophie in Neuchâtel und seit 1925 in Lausanne, * in Vevey (Waadt), studierte mit seinem Freund René Guisan an der Theol. Fakultät der waadtländischen Freikirche. Seine Dissertation über das Problem der religiösen Erkenntnis (1900) zeigt einen Ausweg aus dem Dilemma von Wissenschaft und Glauben. Da R. das Bekenntnis seiner Kirche nicht unterschreiben konnte, trat er nach dreijährigem Pfarramt zurück und widmete sich der Philosophie und Wissenschaftsgeschichte, ohne jemals die Beschäftigung mit den Bedingungen des christlichen Denkens aufzugeben. Im Rahmen des französischen Spiritualismus vertritt R. einen ausgesprochen prot. Standpunkt.

Vf. u.a.: Logique et mathématiques, 1908; Hist. des sciences exactes et naturelles dans l'antiquité, (1924) 1955²; Les principes de la logique et la critique contemporaine, (1932) 1957²; Ges. Aufsätze in: Philosophie spiritualiste, 2 Bde, 1942. - Über R.: A.VIRIEUX-REYMOND u.a., A.R., Turin 1956 (Bibliogr.) - RThPh 1940 u. 1959. *H.Meylan*

Rhaw *(Rhau), Georg* (1488-1548), Komponist, Theoretiker und Musikdrucker, studierte in Erfurt und Wittenberg und wurde 1518 Thomaskantor und Universitätslektor in Leipzig, wo er bei Eröffnung der Leipziger Disputation 1519 u.a. mit der Aufführung einer eigenen zwölfstimmigen Messe hervortrat. Als Anhänger Luthers gab er seine Ämter aber auf, wandte sich nach Wittenberg und eröffnete dort 1525 eine Musikaliendruckerei, die bald zum bedeutendsten frühprot. Unternehmen dieser Art wurde (→ Gesangbuch: III, 1). Zur Verbreitung der reformatorischen Liedweise trug bes. die für den Kantoreigebrauch bestimmte Sammlung »Newe deudsche geistliche Gesenge mit vier und fünf Stimmen« (1544) bei, in der R. eine Auswahl von 123 Tonsätzen der namhaftesten Zeitgenossen bietet (Neudr. v. J.Wolf, DDT 34; vgl. → Kirchenlied: II, 3). Die zahlreichen Drucke der Offizin zeigen R. als Mann von umfassender Bildung, bestrebt, auf breiter Basis das Musiziergut seiner Zeit für den Gottesdienst bereitzustellen. Viele Auflagen erlebte R.s kleine theoretische Abhandlung »Enchiridion musices« (zweiteilig 1518/20; Faksimile des I. Teils, Ausg. von 1538, hg.v. H.Albrecht, 1951).

Weitere Druckwerke: Selectae harmoniae, 1538; Symphoniae jucundae, 1538; Officia paschalia, 1539; Vesperarum precum Officia, 1540; Opus decem Missarum, 1541; Sacrorum Hymnorum liber I, 1542; Tricinia, 1542; Postremum vespertini Officii opus, 1544; Officiorum ... de nativitate ... opus I, 1544; Bicinia gallica, latina et germanica, 1544 (Neudr. o.J. v. K.AMELN). - GA der Drucke hg.v. H.ALBRECHT, 1955ff. - Über R.: H.JOACHIM, Die Drucker Johannes Grünenberg u. G.R. in Wittenberg (Centralblatt für Bibliothekswesen 24, 1904, 433-439) - W.WÖLBING, G.R. (Diss. Berlin), 1922 - W.GOSSLAU, Die religiöse Haltung in der Reformationsmusik, 1933. *S.Hermelink*

Rhegius (Rieger), *Urbanus* (1489-1541), * in Langenargen bei Lindau, studierte in Freiburg und Ingolstadt, Schüler → Ecks, Humanist, poeta laureatus, Dr. theol., 1519 zum Priester geweiht. Als Prädikant in Augsburg (1520/21 am Dom, seit 1524 an St. Anna) wurde er in Predigt und Flugschriften - auch Zwingli gegenüber - immer mehr zum überzeugten Anhänger Luthers. Auf Bitten Herzog Ernst des Bekenners übernahm er 1530 das Amt eines Superintendenten im Fürstentum Lüneburg (→ Hannover). Auch im Kirchenregiment blieb R. der Mann des pastoral-seelsorgerlichen Wortes. Nur für die kirchlich selbständigen Städte Lüneburg (1531) und Hannover (1536) hat er KOen aufgesetzt. Von dem Bemühen um einen in Leben und Lehre verantwortungsbewußten Pfarrerstand zeugen seine auf Besonnenheit in der Verkündigung dringenden Formulae caute loquendi (1535, dt. 1536, neu hg.v. A.Uckeley 1908; → Bekenntnisschriften) und der Entwurf des Examen episcopi in ducatu Luneburgensi wie zahlreiche exegetischer und dogmatischer Belehrung, der Warnung und Tröstung gewidmete Schriften. Auch an wichtigen allgemeinen Entscheidungen der deutschen Reformationsgeschichte (→ Wittenberger Konkordie 1536, Tag von Schmalkalden 1537 u.a.) hat R. mitgewirkt.

Opera U.R., latine edita, 1561 - Dt. Bücher u. Schriften, 1562 - SEHLING VI/1. 2. - Über R.: G.UHLHORN, U.R., 1861 - FR.ROTH, Augsburgs Reformationsgesch. I, 1901² - RE XVI, 734ff - WOLF, QK II/2, 156ff - LThK VIII, 888f - EKL III, 648. *Ph.Meyer*

Rheinberger, *Joseph* (1839-1901), * in Vaduz, † in München, wo er seit 1859 nacheinander verschiedene angesehene musikalische Stellungen hatte. R. war in seiner Zeit ebenso als Lehrer wie als fruchtbarer Komponist vor allem in der kath. Kirche hoch geschätzt. Aus seinen Kompositionen ragen zahlreiche Orgelwerke bes. hervor; auch geistliche Vokalmusik schuf er.

R.MOLITOR, J.R. u. seine Kompositionen für Orgel, 1904 - TH. KROYER, J.R., 1916. *W.Blankenburg*

Rheinische Missionsgesellschaft (RMG), entstand am 23.9.1828 durch Zusammenschluß der Gesellschaften in Elberfeld (gegr. 1799), Barmen (1818), Köln und Wesel. Einflüsse des Pietismus vom Niederrhein, der → Christentumsgesellschaft von Basel und englischer Missionsanfänge wirkten hier zusammen. Erweckte Laien, Kaufleute und Fabrikanten, wußten sich verpflichtet, das Evangelium in die Heidenwelt zu tragen. Bald bildeten sich Freundeskreise im Rheinland, in Westfalen, Hessen und Nassau, Waldeck, Kurhessen, Lippe, in der Grafschaft Bentheim und Ostfriesland, auch in Thüringen und Ostpreußen. Das konfessionell vielfarbige Bild dieses Hinterlandes wurde für die RMG bestimmend. In ihr arbeiten Lutheraner, Reformierte, Unierte und Gemeinschaftschristen zusammen; innere Spannungen sind dadurch kaum je entstanden. - Da Barmen schon seit 1825 ein Missionsseminar hatte, konnte die RMG bereits 1829 die ersten Boten nach Südafrika senden (→ Afrika: IV B, 1 b). Von der Kapprovinz dehnte sie ihre Arbeit nach → Südwestafrika aus. 1834 begann sie auf → Borneo, 1847 in → China (: IV C, 1), 1887 auf → Neuguinea. Ihr größtes Arbeitsfeld fand sie in → Indonesien (: IV): seit 1861 unter den → Batak auf Sumatra mit der Arbeit von L.I. → Nommensen, seit 1865 auf Nias, wo es 1916 zu einer großen → Erweckung (: II, 2) kam, und seit 1901 auf den Mentaweiinseln. Die Fülle dieser Aufgaben mußte nach dem 1. Weltkrieg eingeschränkt werden. 1924 wurde Borneo an die → Basler Mission abgegeben, 1933 Neuguinea an amerikanische Lutheraner. 1951 fand die Arbeit in China durch die politischen Umstände ein Ende. - Nach dem 2. Weltkrieg wurde der Missionsdienst der RMG zur Mitarbeit in den entstehenden Kirchen in Indonesien und Südwestafrika. 1960 begann ein neuer Pionierdienst in West-Neuguinea. In Asien und Afrika arbeiten zZ 150-160 Kräfte. Die Kirche unter den Batak zählt 740900, die auf Nias 180000 und die in Südwestafrika fast 100000 Getaufte. - Seit 1957 werden im Barmer Missionsseminar auch Pastoren für Südamerika ausgebildet. - Die Kirchen der BRD haben im letzten Jahrzehnt in zunehmendem Maße den Dienst der RMG mit in ihre Verantwortung genommen. In der Leitung der RMG machten sich bes. verdient: Fr. → Fabri (1859-87), Aug.Schreiber (1889 bis 1903, vorher Missionar auf Sumatra) und Joh. → Warneck (1932-37).

A.Bonn, Ein Jh. Rheinische Mission, 1928. - Berichte (seit 1840) u. Jahresberichte (seit 1830) der RMG. *H.Berner*

Rheinland

1. Umfang - 2. Frühzeit und MA - 3. Reformation - 4. Der rhein. Protestantismus bis zur Einführung der Union - 5. Die ev. Kirche im 19. und 20.Jh. - 6. Der Katholizismus

1. Auf Grund von Beschlüssen des → Wiener Kongresses wurde 1822 aus den preußischen Rheinprovinzen Jülich-Kleve-Berg (Reg.-Bez. Kleve, Düsseldorf, Köln) und dem Großherzogtum Niederrhein (Reg.-Bez. Aachen, Koblenz, Trier) die preußische *Rheinprovinz* gebildet (Oberpräsidium in Koblenz; dort 1826 ein Konsistorium für die ganze Rheinprovinz), deren Umfang in den überwiegenden Teilen dem gegenwärtigen Bereich der Ev. Kirche im R. entspricht (heute 26390 qkm; über 3,7 Mill. Seelen = 35% der Einwohner). Hingegen gehört der Kreis Wetzlar mit den Kreisgemeinden Wetzlar und Braunfels zur Rhein. Kirche, obwohl das Gebiet 1932 an Hessen-Nassau gelangt ist.

2. Über die *Anfänge des Christentums* im R. s. → Germanien. Die Stadt → Trier (: I) gehörte zu den Urstätten gallischen Mönchtums. Nach der Völkerwanderung (→ Franken) missionierten iroschottische Mönche im R. (→ Disibod, → Suidbert, → Willibrord). Seit dem 7. und 8.Jh. mehrten sich die Klostergründungen (Abteien Stablo-Malmedy, → Echternach, Werden, Kornelimünster, Gerresheim, Deutz, Siegburg). Bestimmend für die rhein. Kirchengeschichte wurden die Erzbistümer → Köln (: II) und → Trier (: II) sowie → Köln (: III) mit seiner Universität. → Katharer, → Waldenser und → Brüder vom gemeinsamen Leben entfalteten eine rege Tätigkeit und bereiteten die spätere Laien-Emanzipation vor (→ Beginen). In Köln wirkten die Scholastiker → Albert d. Gr., → Duns Scotus, → Thomas von Aquino und der Mystiker → Eckehart. Ferner ragen hervor → Rupert von Deutz, → Cäsarius von Heisterbach, → Nikolaus von Kues, Joh. → Tritheim, → Thomas a Kempis. Vorreformatorisch wirkten Johann → Pupper von Goch († 1475), Joh. → Ruchrat von Oberwesel (1479 verurteilt) und Wessel → Gansfort aus Groningen († 1489).

3. Die *Reformation* drang von Wittenberg durch zuziehende Augustiner in das R. (H.Hummel). Namentlich Dominikaner und Franziskaner leisteten Widerstand (Verbrennung der Bücher Luthers in Köln 1520; Martyrium A. → Clarenbachs und P. → Fliestedens in Köln 1529). Im rhein. Oberland hatte die reformatorische Bewegung in den 20er Jahren u.a. bei Adelsherrschaften Rückhalt. An der Westgrenze erhob sich seit 1527 in Jülich das Täufertum (→ Täufer). Die »Wassenberger Prädikanten« (Joh. → Campanus, Joh. → Klopriss, H.v.Tongern) beunruhigten weithin. Auch am Niederrhein und auf dem Hunsrück fand die Reformation Eingang. Der Kölner Reformationsversuch des Erzbischofs und Kurfürsten → Hermann von Wied scheiterte jedoch im Schicksalsjahr der rhein. Reformation 1543 an dem von → Gropper geleiteten Widerstand. Die herzogliche Regierung in Düsseldorf betrieb eine humanistische Reformpolitik, beraten durch den Schüler des Erasmus und Freund Melanchthons, → Konrad von Heresbach. Die von Herzog Johann III. erlassene KO (1532), nach Luthers Urteil »bös teutsch und bös evangelisch«, schuf in den jülich-klevischen Ländern »neue kirchliche Körperschaften mit eigenen, unabhängigen Verfassungen« (Aug. Franzen). Doch → Karl V. unterwarf im Geldernschen Erbfolgekrieg den Herzog von Kleve (1543) und unterdrückte 1546 die Reformationsbestrebungen Hermanns von Wied vollständig. Die Begründung der → Jesuiten-Niederlassung in Köln, 1560 in Trier, leitete die → Gegenreformation im R. ein, zunächst am Niederrhein, nach Beginn des jülich-klevischen Erbfolgestreites (1609 bis 1672) auch im rhein. Oberland. Das R. litt schon vor dem 30jährigen Kriege unter den mit gegenreformatorischen Maßnahmen verbundenen Einfällen der Spanier und unter der Verflechtung mit dem Freiheitskampf der → Niederlande (: I). War es im R. auch nicht zu einer »Reformation von oben« gekommen, so gewährten doch einzelne Herrscher kraft des → Augsburger Religionsfriedens den Evangelischen landesherrlichen Schutz (pfälzisches Fürstenhaus, die Rheingrafen, → Philipp von Hessen, Grafen von Nassau-Saarbrücken, Wied, Sayn, Solms und Moers). Einwandernde ev. Flüchtlinge - 1545 Kaufleute und Handwerker wallonischer Herkunft, 1553 aus den Niederlanden, Frankreich und aus → Laskis Londoner Fremdengemeinde, 1567 Niederländer - und die Verbindungen mit der → Pfalz verbreiteten das ref. Bekenntnis (unter Widerstand der luth. Theologen wie → Heßhus in Wesel, → Hamelmann in Düsseldorf und Essen), ordneten die verschiedenen ev. Gruppen, prägten ein Konfessionsbewußtsein und gründeten die »nach Gottes Wort ref. Kirche«. Der Weseler Konvent der Fremdengemeinden vom 3.11.1568 arbeitete der Synode zu Emden im Okt. 1571 vor (presbyterial-synodale Verfassung). → Calvin nahm durch Briefe lebhaften Anteil an der Entwicklung. Mit den Rechtsformen calvinischer Herkunft verschmolz die von den pfälzischen Reformierten übernommene Lehre, Liturgie und Unterweisung (→ Heidelberg, → Herborn). Diese »Kirchen unter dem Kreuz« bildeten einen überterritorialen Kirchenverband, der sich dem Grundsatz → »Cuius regio, eius religio« erfolgreich widersetzte. Von den niederländischen Muttergemeinden mußten sich die jülichsche, klevische und bergische Provinzialsynode trennen (erste Generalsynode zu Duisburg 1610). Die von ihnen konstituierte ref. Gemeindekirche am Niederrhein hatte ihren Schwerpunkt in den Einzelgemeinden. In der Hand des Presbyteriums lag das Kirchenregiment, dessen Kern die Kirchenzucht bildete. Die Gemeinden verband die Synodalordnung zu einem presbyterial und synodal verfaßten Organismus. Sie galt aber nicht für alle ref. Gemeinden im R. (kein Pfarrwahlrecht in Kurpfalz, Vordersponheim, Herzogtum Simmern und Pfalz-Zweibrücken). Die luth. Gemeinden in Berg, Jülich, Kleve (Synoden in Lennep, Düren und Dinslaken 1612; Übernahme der Pfalz-Zweibrücker KO) und Essen schlossen sich auf presbyterialer Grundlage zu Generalsynoden (Generalkonventen) zusammen (»Summarischer Begriff« 1677 für Jülich und Berg; Ev.-Luth. KO für Kleve-Mark 1687). Für die Reformierten bestand 1655-1818 eine theol. Fakultät in Duisburg.

4. Herzog Johann Wilhelm IV. war 1609 ohne männliche Erben gestorben. Seine Länder Jülich, Kleve, Berg, Mark und Ravensberg wurden von Pfalz-Neuburg und Kurbrandenburg gemeinsam verwaltet. Die bis dahin luth. Herrscher, von denen 1613 Wolfgang Wilhelm zur kath. Kirche und Johann Sigismund (→ Brandenburg: II, 3) zum Calvinismus übertrat, ließen 1666/67 in sämtlichen Gemeinden feststellen, welches Bekenntnis im

Normaljahr 1624 öffentliche Religionsübung hatte. Darauf gründete sich der Religionsvergleich vom 26.4.1672, worin der rechtliche Besitzstand jeder einzelnen Kirchengemeinde genau festgelegt wurde. Nach der Teilung behauptete die jülich-bergische ref. Kirche ihre Unabhängigkeit, da sie unter dem kath.-pfalz-neuburgischen Fürsten und zugleich unter dem Schutzverhältnis des Brandenburgers (Resident in Düsseldorf) stand. Ihre KO (1671 von der Generalsynode für die vier Länder beschlossen) hat das Erbe der Kirche unter dem Kreuz festgehalten. Andererseits geriet die klevisch-märkische ref. Kirche unter das ius episcopale ihres ref. Landesherrn. - Zwischen den Reformierten und den Lutheranern entbrannten im 17.Jh. konfessionelle Kämpfe. Gleichzeitig brachten die Kriege Ludwigs XIV. den Gemeinden Unterdrückung, Not, auch Untergang. Erzwungene Simultaneen führte die → Rijswijker Klausel (1697) herbei. Der Labadismus (→ Labadie) hatte separatistische Bestrebungen zur Folge (Heinrich Schlüter in Wesel) und leitete zum → Pietismus (, 3 d) über (W.Hoffmann, Th. → Untereyck in Mülheim, J. → Neander und B. → Crasselius in Düsseldorf, Fr.A. → Lampe in Duisburg). → Spener und → Francke wirkten auf das R. ein, → Tersteegens Einfluß ging in Schrift und Lied über es hinaus und überdauerte die Aufklärung. Die → Brüderunität (: II) erhielt 1750 eine Stätte in Neuwied. Sekten entstanden zu Ronsdorf im Bergischen (→ Ronsdorfer Sekte) und unter Sam. → Collenbusch. Das Volksschulwesen wurde durch das General-Landschul-Reglement von 1763 erneuert und 1784 in Wesel ein Lehrerseminar errichtet (Joh.J.Hecker). Die Aufklärung führte auch zu Gesangbuchreformen: das bergische Gesangbuch »Singende und klingende Berge« (1697) der luth. Gemeinden mußte dem von J.W. Reche (1800) und einem neuen (1808) weichen; das Stolberger Gesangbuch von 1802 war ein »Unionsgesangbuch« beider prot. Gemeinden. Die rhein. → Erweckungsbewegung (→ Untereyck, → Jung-Stilling, → Hasenkamp, → Collenbusch, → Krummacher), bes. im Wuppertal beheimatet, gelangte durch Chr. → Krafft auch nach Erlangen. Die Truppen der franz. Republik brachten Religionsfreiheit, die Säkularisation aber auch Armut über die Gemeinden. Die franz. Lokalkonsistorien auf dem linken Rheinufer (→ Organische Artikel von 1802) vereinheitlichten das Kirchenwesen.

5. Schon vor Einführung der → *Union* (: I) im R. gab es Ansätze zB in Stolberg, Simmern (1802), Koblenz, durch die luth. Synode Düren 1807 und die Vereinigung in Neuß, Geldern und Köln. Die Gemeinden in Bonn, Aachen, Koblenz, Köln und Trier waren von Anfang an Unionsgemeinden. Lediglich in Jülich und Berg zeigte sich Widerstand, bes. in Elberfeld. Bereits die beiden Synoden für den Niederrhein und das obere R. (Duisburg und Koblenz 1818/19) sprachen sich für die Konfessionsvereinigung aus. Die Verknüpfung der Annahme der Agende (→ Agendenstreit) mit der Gewährung einer KO, also der Versuch, staatlicherseits »die Gottesdienstordnung als Vorspann der Kirchenverfassung zu benützen«, erwies sich als unglücklich und ist im R. nie vergessen worden. Der Widerwille gegen die neue Agende lag weniger bei den Pfarrern als in den Gemeinden. Mit der Errichtung staatlicher Konsistorien (Düsseldorf 1814, Köln 1816, gemeinsam Koblenz 1826) drang die landesherrliche Konsistorialverfassung und die im → Territorialismus der östlichen Teile → Preußens heimische Unterscheidung zwischen inneren und äußeren Angelegenheiten der Kirche in den Westen ein. Das → Kirchenregiment wurde den Synoden ganz genommen und den Staatsbehörden übertragen. In die Neuorganisation des Staates (Frhr.v. → Stein) wurde der Neubau des Kirchenwesens in den preußischen Westprovinzen mit einbezogen. Am Ende des Kampfes um die Freiheit der Kirche (1817-35) stand aber der Sieg der alten Presbyterialverfassung in Gestalt der »KO für die ev. Gemeinden der Provinz Westfalen und der Rheinprovinz« vom 5.3.1835 (geändert am 5.1.1908, Neufassung vom 6.11.1923; → Kirchenverfassung: VI, 5). An ihrem Zustandekommen war Präses → Roß wesentlich beteiligt. Die königliche Bestätigung der Agende mit besonderen Bestimmungen und Zusätzen für beide Provinzen war am 19.4.1834 vorangegangen. Die Niederländisch-ref. Gemeinde in Elberfeld unter → Kohlbrügge blieb selbständig (Toleranzedikt 1847), ebenso altluth. Gemeinden in Düsseldorf, Elberfeld, Essen, Köln, Radevormwald, Saarbrücken. Bedeutsam für das kirchliche Leben waren u.a. K.I. → Nitzsch, R. → Rothe, J.P.Lange (1802-84, seit 1854 Prof. für syst. Theol. in Bonn), Th. → Christlieb, A.Wolters (1822-77; seit 1874 Prof. für prakt. Theol. in Bonn) und rhein. Präsides wie F.F.Graeber (1835-46), G.A.L. Schmidtborn (1847-51, dann General-Sup.), Fr.Nieden (1865-77, dann General-Sup.), St.Fr.Evertsbusch (1877 bis 1888).

Für das innerkirchliche Leben des ev. R.s wurden die Gründungen christlicher Gesellschaften und Anstalten der Äußeren und Inneren Mission bedeutsam: → Rheinische Missionsgesellschaft 1828, Bergische → Bibelgesellschaft (, 2 a) 1814, Wuppertaler Traktatgesellschaft 1814. Neue Arbeitsgebiete der → Inneren Mission entstanden: 1822 Rettungsanstalt Düsselthal durch Graf A.v.d. → Recke-Volmerstein, 1822 Rhein.-Westfälische Gefängnisgesellschaft und 1836 Diakonissenanstalt → Kaiserswerth durch Th. → Fliedner, 1845 Erziehungsverein in Neukirchen/Kr. Moers, 1845 Diakonenanstalt in Duisburg, 1854 erste »Herberge zur Heimat« durch Cl.Th. → Perthes in Bonn (alle seit 1852 vereinigt im »Provinzialausschuß für Innere Mission« in Langenberg). Aus den zahlreichen Gemeinschaftskreisen (→ Gemeinschaftsbewegung) gingen 1848 die → Evangelische Gesellschaft für Deutschland in Elberfeld, 1883 die Evangelistenschule → Johanneum in Barmen und 1889 die → Allianz-Mission-Barmen hervor. Das Aufkommen der Industriegemeinden stellte vor neue Aufgaben. Karl → Marx aus Trier und Fr. → Engels, Fabrikantensohn aus Barmen, die beide mit der Erweckungsbewegung in Verbindung kamen, aber nicht von ihr ergriffen wurden, fanden für ihre sozialistischen Gedanken bei der Kirche kein Verständnis. Pietistisch-kirchliche Kreise und der Kommunismus im Wuppertal zeigen dagegen eine gewisse Verbindung (vgl. Kupisch). Die Synoden befaßten sich mit einem Unionskatechismus (1856) und Gesangbuch sowie den gesamtkirchlichen Fragen der altpreußischen Union. Der Ev.-Theologische Verein in Bonn (1849) und der Rhein. Wissenschaftliche Predigerverein (1868; → Hundeshagen, Kamphausen, Krafft, Präses Fr.Nieden) mit seinen »Theologischen Arbeiten« fanden unter den rhein. Pfarrern namhafte Mitarbeiter. Bei den theologischen Richtungskämpfen (Bonner Ferienkursus Herbst 1895; »Vereinigung der Freunde des kirchlichen Bekenntnisses« in Barmen, 9.4.1894) brach die Frage nach der »Grenze der Lehrfreiheit für ev. Pfarrer« auf (→ Lehrzuchtverfahren gegen → Jatho und G.Traub).

Nach dem 1. Weltkrieg wurden von der Rhein. Kirche Eupen und Malmedy an Belgien abgetreten (1920), geriet das → Saargebiet unter fremde Verwaltung, mußten die Spartakusunruhen an der Ruhr, die Besetzung des linken Rheinufers und der Einmarsch der Franzosen in das Ruhrgebiet überstanden werden. Der Aachener Pfarrer Walther → Wolff, seit 1919 Präses der rhein. Provinzialsynode, verlieh dem Amt des Präses ein bis in die Generalsynode und den Ev. Oberkirchenrat hineinwirkendes Gewicht. Die von ihm geleiteten rhein. Synoden und Kirchentage, der Ausbau der kirchlichen Selbstverwaltung, das Wirken des neuen Provinzialkirchenrats mit 8 Sonderausschüssen, die Errichtung provinzialkirchlicher Pfarrämter, Eröffnung des rhein. Predigerseminars 1930 in Düsseldorf und Visitation der rhein. Gemeinden haben nicht nur Wolffs Wort von der kirchenbildenden Wirkung des Protestantismus bewiesen, sondern auch von der synodalen Selbstverwaltung her die Voraussetzungen für eine erneuerte Rhein. Kirche mitgeschaffen. Innerhalb der Ev. Kirche der altpreußischen Union haben rhein. und westfälische bekenntnistreue Gemeinden und Pfarrer einen wesentlichen Anteil am → Kirchenkampf (Freie ev. Synode im R.; 8 Synoden der → Bekennenden Kirche in R. und Westfalen von 1934-39; Bekenntnissynode der DEK in → Barmen; Präses Paul → Humburg, Pastor Karl → Immer, Pfarrer Paul → Schneider, Karl → Barth in Bonn, Wilh.J.Beckmann, H. → Held, Joh. Schlingensiepen u.a.; Theologische Schule in Wuppertal). Der letzte General-Sup. im R. seit 1928 war Ernst Stoltenhoff (em. 1949, † 1953). Vom Kriege wurde das R. schwer betroffen. - Seit der Begründung der → Evangelischen Kirche in Deutschland (: I) und der Neuordnung der Ev. Kirche der Union, an der Präses Held maßgeblich beteiligt war, haben sich die Rhein. und die Westfälische (→ Westfalen) Kirche mit eigenen Landessynoden und Kirchenordnungen (KO vom 2.5.1952 für die rhein. Kirche) selbständig entwickelt. Im Amt des Präses sind die Funktionen des Präses, des Generalsuperintendenten und Konsistorialpräsidenten vereinigt. Das Landeskirchenamt, dessen sich die Kirchenleitung zur Durchführung ihrer Aufgaben bedient, ist eine Kollegialbehörde. Nachfolger von Präses Held ist seit 8.1.1958 Prof. Joachim Beckmann. - Wesenszüge der Rhein. Kirche sind das auf die Verfassungsgeschichte der anderen Gliedkirchen der EKD einwirkende presbyterial-synodale Element im Aufbau und in der Kirchenleitung und die Achtung des anderen Bekenntnisses.

6. Der *Katholizismus* im R. erlebte nach den verlustreichen → Säkularisationen (Aufhebung der kath.-geistlichen Territorien und vieler Klöster durch den → Reichsdeputationshauptschluß, 25.2.1803) eine tiefgehende geistliche Erneuerung. Durch die → Zirkumskriptionsbulle De salute animarum (1821; → Preußen, 3) erfolgte eine Neueinteilung: Erzbistum → Köln für die Reg.-Bez. Aachen, Köln und Düsseldorf; Bistum Trier für die Reg.-Bez. Koblenz und Trier. Nur kurz bestand das Bistum → Aachen (1801-21), das erst 1930 wiederbegründet wurde; am 1.1.1958 wurde das Bistum → Essen für fast das ganze Ruhrgebiet errichtet. - Der Streit um die Aufsicht über die Universitätstheologie (Hermesianismus [G. → Hermes]) und der Kampf mit der preußischen Regierung um die Mischehen (→ Kölner Kirchenstreit) führten zum Kulturkampf hin. Die Wallfahrten zum hl. → Rock in Trier 1844 hatten die Trennung zahlreicher Katholiken von der röm. Kirche zur Folge (→ Deutschkatholizismus). Konflikte mit den ev. Gemeinden im R. brachten der Kampf um die Mischehe, das Vordringen der Prozessionen in konfessionell gemischten Orten und die Not mit den Simultankirchen im Oberland (s. 4); zu deren Bestand fügte Preußen nach 1815 noch neue hinzu, zB 1857 den wiederhergestellten Altenberger Dom, um dessen → Simultaneum neuerdings ein Rechtsstreit geführt wurde (vgl. Weber). Nach dem → Vatikanum (Versammlung in Königswinter 1870) entstand eine altkath. Kirche mit 9 Gemeinden im R. (→ Altkatholiken). Der → Kulturkampf wurde im R. sehr hart geführt bis zur Aufhebung aller nichtkaritativen Orden (Gefangennahme des Erzbischofs → Melchers von Köln). Das R. wurde ein Mittelpunkt des sozialen Katholizismus (→ Katholisch-sozial), wobei Berlin in der Gewerkschaftsfrage der Gegner Kölns wurde. Die 1842 begonnene, von den preußischen prot. Herrschern geförderte Vollendung des Kölner Doms wurde am 15.10.1880 mit der Einweihung abgeschlossen. Das kath. → Vereinswesen (: II) erhielt sein Gepräge unter der Einwirkung der wirtschaftlichen Entwicklung im R.: 1846 Gesellenverein in Elberfeld (→ Kolping), 1876 → Görres-Gesellschaft in Bonn, 1889 Kath. Lehrerverein Deutschlands in Bochum, 1897 Caritasverband in Köln, 1904 Verband kath. Arbeiter- und Knappenvereine Westdeutschlands, ferner Bonifatius-, Canisius- und Borromäusvereine. Die Restriktionen des NS-Staates brachten den Orden und Genossenschaften im R. große Einbußen an Nachwuchs. Für den Wiederaufbau karitativer Anstalten im R. leistete das Land Nordrhein-Westfalen erhebliche Zuschüsse. Ordensleute und freie Kräfte erneuerten und vermehrten nach 1945 die Arbeitsgebiete der → Caritas. Aus Ostdeutschland vertriebene Orden errichteten im R. neue Niederlassungen. Der Zustrom der Flüchtlinge brachte erhebliche Bevölkerungsverschiebungen und rief Veränderungen in den Seelsorgebezirken hervor.

H.Fr.Jacobson, Gesch. der Qu. des ev. Kirchenrechts der Provinzen R. u. Westfalen, mit Urkunden u. Regesten, 1844 - M.Goebel, Gesch. des christl. Lebens in der rhein.-westfäl. ev. Kirche I-III, 1849 bis 1860 - H.Heppe, Zur Gesch. der ev. Kirche R.s u. Westfalens I, 1867 - F.Back, Die ev. Kirche im Lande zwischen Rhein, Mosel, Nahe u. Glan I. II, 1872/74 - G.Lüttgert, Ev. Kirchenrecht in R. u. Westfalen, 1905 - E.Simons, Urkundenbuch zur rhein. KG I. II, 1909/23 - J.Hashagen, Der rhein. Protestantismus u. die Entwicklung der rhein. Kultur, 1924 - H.Noetel, KO vom 6.11.1923 (Kommentar), 1928 - H.Forsthoff, Rhein. KG I: Die Reformation am Niederrhein, 1929 - E.Dresbach, Pragmat. KG der preuß. Provinzen R. u. Westfalen, 1931 - Niesel, BS - J.V.Bredt, Die Verfassung der ref. Kirche in Cleve-Jülich-Berg-Mark, 1938 - O.R.Redlich, Staat u. Kirche am Niederrhein zur Reformationszeit, 1938 - W.Göbell, Die Rhein.-Westfäl. KO vom 5.3.1835, 2 Bde, 1948/54 (Lit.) - Ev. Kirchenrecht in R. u. Westfalen. Sammlung kirchl. Gesetze, 1-5, 1950-51 - KO der Ev. Kirche im R. vom 2.5.1952 - K.Kupisch, Vom Pietismus zum Kommunismus, 1953 - Unsere Kirche im rhein. Oberland, hg.v. E.Gillmann, 1954 - Karte der Ev. Kirche im R., hg.v. Landeskirchenarchiv in Düsseldorf, 1954 - W.Maurer, Der Augsburg. Religionsfriede u. die R.e (Monatshefte f. ev. KG des R.s 4, 1955, 129-140) - W.Weber, Das Simultaneum am Dom zu Altenberg (ZevKR 4, 1955, 31-70) - A.Rosenkranz, Das Ev. R. I. II, 1956/58 (II, 589-781: Abriß einer Gesch. der Ev. Kirche im R.) - H. Frost, Die Rechtsstellung des Kirchenkreises der Ev. Kirche im R., 1958 - H.Müller, Die rhein. Diaspora (Monatshefte f. ev. KG des R.s 8, 1959, 73-121) - EKL II, 1597ff (Niederrhein); III, 652ff (R.). - *Zs.en:* Theol. Arbeiten aus dem Rhein. Wissenschaftl. Predigerverein, 1872ff (12 Bde); NF 1897ff (25 H.e); 3. F. 1934 (1 H.) - Monatshefte f. rhein. KG, 1907-43; seit 1952: Monatshefte f. ev. KG des R.s - Rhein. Vierteljahrsblätter, 1931ff. - Archiv der Ev. Kirche im R., Düsseldorf. *W.Göbell*

Rhellikan (eigentlich: Müller, aus Rellikon, einem Weiler im zürcherischen Bezirk Uster), *Johannes* (ca 1478-1542), Anhänger Zwinglis, tüchtiger Hebraist, wurde von Zürich den Bernern nach ihrer Disputation 1528 als Lehrer geliehen. Er kehrte im Gefolge des → Megander- → Bucer-Handels 1538 nach Zürich zurück und wurde 1541 Pfarrer in Biel.

Vgl. Zwingli, Opera (1914ff) Bd VIII, 386. *O.E.Straßer*

Rhenius, *Carl T.E.* (1790-1838), aus Westpreußen, Schüler J. → Jänickes, luth. ordiniert, von der C.M.S. 1814 nach Südindien entsandt, wirkte mit großem Erfolg in Tinnevelly auf von der dänisch-hallischen Mission bereitetem Boden (→ Indien: IV, 4c). Differenzen wegen der bischöflichen Ordination und des anglikanischen Rituals führten 1835 zu seiner Entlassung. Unterstützt von Freunden in Indien, Deutschland und Amerika führte er, konfessionell nicht festgelegt, doch allgemein als einer der tüchtigsten Missionare der Zeit anerkannt, sein Werk unabhängig weiter. Nach seinem Tod wurden die Gemeinden bald wieder vereinigt.

Vf. u.a.: A Review of a Work entitled »The Church...«; Union of All Christians, beide Tinnevelly 1834; zahlr. tamulische Schriften (Übers. d. NT, Evangelienharmonie, Grammatik u.a.). - Über R.: J.RHENIUS, Memoir of the Rev. C.T.E.R., London 1841 - G.PETTITT, The Tinnevelly Mission of the C.M.S., ebd 1851 - H.CNATTINGIUS, Bishops and Societies, ebd 1852, 122ff. 167ff - EMM NF 12, 1868, 257-289 - P.RICHTER, K.R. (Beibl. z. AMZ 1900, 83-98).
H.-W.Gensichen

Rhodon, aus Kleinasien stammender Theologe der 2. Hälfte des 2.Jh.s. Nach eigener Angabe war R. in Rom (dh vor 172) Schüler des → Tatian. Seine Werke, u.a. ein Kommentar zum Sechstagewerk, sind verloren bis auf 2 Fragmente einer antimarcionitischen Schrift an Kallistion, darunter den Bericht über ein Streitgespräch mit → Apelles, in dem R. als Rationalist und als Verteidiger der at. »Prophetien« auftritt. Ein Schlüsselbegriff seiner Kritik ist die von Tatian übernommene Diairesis der Platoniker. Ob und in welcher Form er die geplante Auflösung zu Tatians »Problemata«, einem Werk zum AT, gegeben hat, muß offen bleiben.

Einzige Qu.: Euseb, h.e. V, 13. - Lit.: A.HARNACK, Gesch. d. altchr. Lit. I, 1893, 599; II/1, 1897, 313f - DERS., R. u. Apelles (Gesch. Studien f. A.Hauck, 1916, 39-51).
M.Elze

Ribadeneira, *Petrus von* (1526-1611), * in Toledo, einer der ersten Novizen des Ignatius von → Loyola, studierte in Paris, Löwen und Padua, versah 1549-52 die Oberaufsicht über die Studien und die Professur für Rhetorik am Kolleg zu Palermo, seit 1552 am Collegium Germanicum (1553 Priester). 1556-60 war er in den Niederlanden, 1558-59 vorübergehend am englischen Hof, dann nacheinander Provinzial von Etrurien, Kommissar von Sizilien, Assistent für Spanien und Portugal u.a. Ab 1573 in Toledo, wurde er Ratgeber und Vertrauter höchster kirchlicher und staatlicher Stellen und ein Gegner der spanischen Separatisten der SJ. Seine zahlreichen Schriften verfaßte R. in meisterhaftem Latein und klassischem Kastilisch.

Vf. u.a.: Vita Ignatii Loyolae, Neapel 1572; Flos Sanctorum I. II, Madrid 1599-1601 (→ Hagiographie); Illustrium scriptorum religionis SJ catalogus, ebd (1602) 1613². - Über R.: J.M.PRAT, Hist. du Père R., Paris 1862; dt. 1885 - BACKER-SOMMERVOGEL VI, 1724ff - P.TACCHI-VENTURI, Storia della Comp. di Gesù in Italia II, Rom (1910) 1950², 316ff - R.LAPESA, »La Vida de San Ignacio« del P.R. (Revista di filologia española 21, 1934, 29-50) - SCHL. 17998-17999 - EC X, 1016f.
I.Ludolphy

Ribbeck, *Konrad Gottlieb,* ev. Theologe, * 21.3.1759 in Stolp/Pommern, † 26.6.1826 in Berlin, 1780 Pfarrer in Wilsleben und Winningen bei Halberstadt, 1786 in Magdeburg, 1800 ebd Konsistorialrat, 1805 geistlicher Oberkonsistorialrat und Oberschulrat in Berlin, zugleich Propst von St. Marien und St. Nikolai. Ein gemäßigter, wohlmeinender Rationalist, → Hanstein eng verbunden, hat sich R. als Prediger und Seelsorger um die Erneuerung des kirchlichen Sinnes der Berliner nach den Befreiungskriegen bemüht. Dem Königshause eng verbunden, Beichtvater der Königin Luise, gehörte er auch der 1814 von Friedrich Wilhelm III. gebildeten Kommission zur zeitgemäßen Erneuerung des ev. Kirchenwesens an und arbeitete an der Erneuerung des Magdeburgischen und des Berliner → Gesangbuches (: I, 3 b) mit.

J.G.MEUSEL, Das gelehrte Teutschland, 1796ff², VI, 337f; X, 474f; XI, 638; XV, 150f; XIX, 330f (Bibliogr.) - H.DÖRING, Die dt. Kanzelredner, 1830, 336ff - K.H.SACK, Gesch. der Predigt, 1866, 226ff - L.STIEBRITZ, Zur Gesch. d. Predigt..., 1875, 37f - ADB XXVIII, 802ff.
H.Hohlwein

Ricaldo *da Monte Croce* († 1320 in Florenz), OP, 1288 bis 1301 (?) in Armenien, Türkei, Persien und Mesopotamien als Apologet und Missionar unter → Jakobiten, → Nestorianern und Mohammedanern (→ Islam: II. III) tätig.

R.s kenntnisreiche Improbatio Alcorani wurde 1500 zu Sevilla gedruckt, dann aber durch verschiedene Drucke der lat. Rückübers. der griech. Übers. des Demetrius Kydones (beide MPG 154, 1035ff) bekannt; erstere dt. v. Luther 1542 (WA 53, 261ff). - Andere Werke: Liber peregrinationis, hg.v. J.C.M.LAURENT, Peregrinatores medii aevi quattuor, (1864) 1873², 105ff - Epistulae V, hg.v. R. RÖHRICHT (Archives de l'Orient Latin II/2, Paris 1884, 258-296). - Über R.: P.MANDONNET, Fra Ricoldo de M.-C. (RB 2, 1893, 44 bis 61. 182-202. 584-607) - BiblMiss IV, 1928, 37f (Lit.) - LThK VIII, 886 - U.MONNERET DE VILLARD, Il Libro della peregrinazione ... di frate Ricoldo da M., Rom 1948 - EC X, 886f (Lit.) - N.DANIEL, Islam and the West, Edinburgh 1960, bes. 10f. 441.
M.A.Schmidt

Ricardo, *David* (1772-1823), englischer Nationalökonom. Durch Erfolge im Börsengeschäft früh vermögend und unabhängig, widmete er sich wissenschaftlichen Studien, bes. auf dem Gebiet der Volkswirtschaftslehre. Seit 1819 hatte er auch einen Sitz im Parlament. Nach kleineren Arbeiten zur Währungs- und Handelspolitik Englands brachte sein Hauptwerk (s. Lit.) eine Wendung im wirtschaftswissenschaftlichen Denken. Nicht mehr auf die »Ursachen« des Volkswohlstandes, sondern auf die Ablaufsgesetze wirtschaftlicher Prozesse als solcher richtet sich R.s Interesse. Die Zusammenhänge des Wirtschaftens, die Probleme der Verteilung des Volkseinkommens, also der Beteiligung der wirtschaftenden Menschen am Gesamtergebnis der → Wirtschaft durch Preise, Löhne (→ Lohn: I), Renten und Zinsen, werden in den Mittelpunkt der Untersuchung gerückt. Zwar ist diese Fragestellung selbst durch die Bedingungen der fortgeschritteneren Industrialisierung vorgegeben; aber in der theoretischen Analyse löst sich R. weitgehend von sozio-politischen und philosophischen Bindungen. Grundlegend für die Lehrgeschichte der Nationalökonomie wurde R.s Ansatz in der Werttheorie. Indem er wie A. → Smith nach einem objektiven, »letzten« Bestimmungsfaktor wirtschaftlichen Wertes sucht, gelangt er zu einer »Arbeitswerttheorie«, nach der sich die Tauschwerte von Gütern so zueinander verhalten wie die in ihnen enthaltenen Arbeitsmengen. Als Erklärung wirtschaftlicher Abläufe kann eine solche Theorie weder logisch noch historisch befriedigen. Ähnliches gilt auch für die anderen Bestandteile des von R. errichteten Lehrgebäudes. Bes. gewirkt hat seine Theorie aber durch ihren Einfluß auf Karl → Marx und dessen »Mehrwertlehre« (→ Marxismus, 4). - Vgl. → Freihandel, → Liberalismus: I, 3 c, → Wirtschaftstheorie.

Vf. bes.: On the Principles of Political Economy and Taxation, London 1817; dt. 1821. - GA: The Works and Correspondence of D.R., 10 Bde, Cambridge 1951ff. - Über R.: HWSW IX, 13ff (Lit.).
H.W.Gerhard

Ricci, 1. *Matteo* (1552-1610), SJ (→ Jesuiten, 5), * in Macerata, † in Peking, traf 1583 als Missionar in Südchina ein. Sein Wirken - ab 1601 am Kaiserhof in Peking - eröffnete die 3. Epoche christlicher Mission in → China (: IV B) und hatte dank seiner Kenntnisse in Mathematik und Astronomie, bes. aber weil er die chinesische Sprache und Kultur gründlich studierte, sich chinesischen Bräuchen anpaßte und seine Verkündigung zum Konfuzianismus in Beziehung setzte, beachtliche Erfolge. Daß er, methodisch Richtiges erkennend, in seiner Anpassung zu weit ging, schuf ihm Gegnerschaft, die später zum → Ritenstreit führte.

Opere Storiche del P.M.R., hg.v. P.T.VENTURI (I: Commentari, II: Epistole), Rom 1911-13 - Fonti Riccione, hg.v. P.D'ELIA, 3 Bde, Rom 1942-49. - Über R.: K.S.LATOURETTE, A Hist. of Christian Missions in China, London 1929, 92ff - J.RICHTER, Das Werden der

christl. Kirche in China, 1928, 47ff - H.BERNARD, P.M.R. et la Société Chinoise de son temps, Tientsin 1937 - LATOURETTE III, 339ff - V.CRONIN, The Wise Man from the West, London 1955 - J.BETTRAY, Die Akkommodationsmethode des P. M.R. in China, Rom 1955 - H.BENARD-MAITRE, Le Père R. et les Missions de Chine (Hist. Universelle des Missions Cath., hg.v. S.DELACROIX, II, Paris 1957, 19-37).
G.Rosenkranz

2. *Scipione de'* (9.1.1741 bis 27.1.1810), * in Florenz, † in Rignano, Neffe des Jesuitengenerals Lorenzo R., 1766 Priester, 1775 Generalvikar in Florenz, 1780 Bischof von Pistoja und Prato, zusammen mit Bertolini Berater und Förderer der den → Josephinismus ausweitenden Religionspolitik seines Gönners, des Großherzogs Leopold I. von Toscana, theologisch zugleich stark durch Spätwirkungen des → Jansenismus bestimmt. 1783 gründete R. unter Mithilfe von josephinistischen Professoren (Tamburini, Zola u.a.) eine theologische Akademie in Prato, setzte sich für Reformen im Kultus (Verminderung der Feiertage und Prozessionen) und der Volksfrömmigkeit (Ablehnung des Ablasses und des Herz-Jesu-Kults als »Cardiolatrie«) und vor allem des Bruderschafts- und Ordenswesens ein, mit zT radikalen Konsequenzen. Ein jansenistischer Katechismus und jansenistische Bücher, Aufhebung der Jugendunterweisung durch die Orden sollten u.a. die innerkath. Reform in die Breite wirksam werden lassen. Die Diözesansynode von Pistoja im Sept. 1786 übernahm das Reformprogramm mit dem Ziel eines Nationalkonzils. Der auf einer Bischofsversammlung in Florenz 1787 vereinte Widerstand der anderen Bischöfe des Großherzogtums und ein in Prato inszenierter Volksaufstand (»Madonnentumult«) ließen den Plan scheitern. Neue Aufstände nach dem Fortgang Leopolds als deutscher Kaiser nach Wien (1790) nötigten R. 1791 zur Resignation. → Pius VI. verurteilte 1794 (Const. Auctorem fidei; Denz. 1501ff, Mirbt Nr. 551 [Auszug]) 85 Sätze der Synode von Pistoja. R. unterwarf sich, bei neuerlichem Tumult verhaftet, 1799 und nochmals 1805, ohne seine Einstellung gänzlich aufzugeben.

Sammlung von gedr. Hirtenbriefen u. schriftl. Aufzeichnungen R.s in der Nationalbibl. Florenz. Memorie di Sc. de'R...., publicate con documenti a cura di A.GELLI, 2 Bde, Florenz 1865 - Acta et Decreta Synodi dioecesis Pist., Pavia 1788 - Acta Congregationis... Florentiae celebratae, Bamberg 1790ff. - Über R.: M.DE POTTER, Vie et mémoires de R., 3 Bde, Brüssel 1825; dt. 4 Bde, 1826 (indiziert) - G.VENTURI, Il vescovo de'R. e la Corte romana fino alla sinodo di Pistoia, Florenz 1885 - F.SCADUTO, Stato e chiesa sotto Leopoldo I di Toscana, ebd 1885 - H.REUSCH, Der Index d. verbotenen Bücher II, 1885, 966ff - RE XVI, 743ff - M.RODOLICO, Gli amici e tempi di Sc. de'R., Florenz 1920 - A.JEMOLO, Il giansenismo in Italia prima della revoluzione, Bari 1928 - LThK VIII, 870f - DThC XII, 2134ff (Syn. de Pist.); XIII, 2662f - B.MATTEUCCI, Sc. d'R., Brescia 1940 (Bibliogr.) - E.DAMIG, Il movimento giansenista a Roma, Città del Vaticano 1945 - EC X, 872ff.
Ernst Wolf

Richard *von Mediavilla* (ca 1249-1307/08), OFM, Doctor solidus, 1283 Mitglied der Kommission, die die Schriften → Olivis zensurierte, 1284-87 Magister der Theologie in Paris. R. hält, bes. in der Metaphysik, an der von → Bonaventura überkommenen, augustinischen Tradition seines Ordens fest. In der Erkenntnislehre und in manchen theologischen Fragen folgt er → Thomas von Aquino. Er ist kein Vorläufer des → Duns Scotus.

Vf. einen Sentenzenkommentar (1282-84, redigiert 1295, gedr. Venedig 1507-09, Brescia 1591 [Buch IV schon Venedig 1489, Paris 1504]), 45 Quaestiones disputatae (1284, gedr. nur q. 13 in De humanae cognitionis ratione, Quaracchi 1883, 221-45), 3 Quodlibeta (1285 bis 1287, gedr. Venedig 1507 u.ö.), Quaestio de gradu formarum (ed. R.ZAVALLONI, s.u.), 4 Sermones (1281-83). - Über R.: E.HOCEDEZ, R. de Middleton, Löwen-Paris 1925 - J.LECHNER, Die Sakramentenlehre des R.v.M., 1925 - J.REUSS, Die theol. Tugend der Liebe nach der Lehre des R.v.M. (FS 22, 1935, 11-43. 158-198) - LThK VIII, 874f - DThC XIII, 2669ff - F.OTT, Die Lehre von der Kirche... bei R.v.M. (FS 26, 1939, 142-166) - R.ZAVALLONI, R. de M. et la controverse sur la pluralité des formes, Löwen 1951 - EC X, 859ff (Lit.).
B.Decker

Richard, *François Marie Benjamin* (1.3.1819 bis 28.1. 1908), Kardinal, * in Nantes, † in Paris, 1844 Priester, 1846-49 am franz. Seminar in Rom, dann Generalvikar von Nantes, 1872 Bischof von Belley, 1875 als Titularerzbischof von Larissa Koadjutor des Erzbischofs Guibert von Paris, 1886 sein Nachfolger und 1889 Kardinal. R. suchte, obwohl ursprünglich Royalist, im Sinne der Politik → Leos XIII. die Aussöhnung mit der Republik zugleich mit der Abwehr liberaler Regungen in der Theologie bei seinem Klerus durchzusetzen, im Kampf gegen Modernismus (→ Reformkatholizismus; Denkschrift, zT in das Dekret »Lamentabili« → Pius X. vom 8.7.1907 übernommen) wie gegen Versuche einer stärkeren Anpassung an die Trennung von Kirche und Staat (zB durch Einrichtung kath. Kultvereine).

Vf. u.a.: Vie de la bienheureuse Françoise d'Amboise, 2 Bde, 1865 (dt. 1892). - Über R.: H.ODELIN, Le card. R. Souvenirs, Paris 1908 - M.CLÉMENT, Vie du card. R., ebd 1923 - E.LECANUET, La vie de l'Eglise sous Léon XIII, ebd 1930 - YV. DE LA VERGUE, Le bon cardinal R., ebd 1930 - LThK VIII, 877 - EC X, 878.
Ernst Wolf

Richelieu, *Jean Armand Du Plessis de* (1585-1642), franz. Staatsmann, 1622 Kardinal, 1631 Herzog. Zum Soldaten bestimmt, wurde R. aus Familienrücksichten Geistlicher (1608 Bischof von Luçon). Durch sorgfältig gepflegte Verbindungen zum Hof geriet R. in die Parteiungen nach dem Tode Heinrichs IV. (→ Frankreich: I, 4). 1617 wurde er als Staatssekretär (seit 1616) in den Sturz des Marschalls d'Ancre verwickelt. R. kehrte in sein Bistum zurück, bis er 1624 wieder in den königlichen Conseil eintrat und (seit 1629 offiziell) zum leitenden Minister Ludwigs XIII. wurde. Seitdem hat R. durch die Überwindung der inneren Gegensätze und die Vorbereitung des Sieges über Spanien (1659), von den »Interessen« des franz. Staates geleitet, seinen Ruhm begründet. Im Gegensatz zu den partikularistischen Absichten seiner Gegner ist er immer mehr in die großen Aufgaben der inneren Konsolidierung und Selbstbehauptung Frankreichs im Zeichen des königlichen Absolutismus hineingewachsen. Sein Geständnis, daß er keine anderen Feinde als die Feinde des Staates gekannt habe, kennzeichnet Größe und Grenze seiner Stellung: überall anregend, fördernd, auch mit Härte durchgreifend, für die große Sache lebend. Dieser Politik fiel auch die politische Stellung der → Hugenotten zum Opfer (Einnahme von La Rochelle 1628). In dem Gnadenedikt von Nîmes 1629 wurden jedoch den Hugenotten nach Zerstörung der militärischen Sicherungen ihre religiösen und bürgerlichen Rechte bestätigt. Diese Regelung sah R. nicht als endgültig an; er verzichtete aber ausdrücklich auf Gewalt, um die Konversion der Protestanten herbeizuführen (»la voie de douceur«). Sein Ziel war die Glaubenseinheit in einigen fundamentalen Dogmen im Geiste einer humanistisch-rationalen Theologie in Verbindung mit der neustoischen Theorie der vita activa (J.Lipsius). Diese findet ihre höchste Ausformung im Staatsmann, der »fort par raison, non par passions« ist, dh überlegen durch moderation, die Abwägung des Möglichen. R. hat seine politischen Erfolge auf diese Norm seines Handelns zurückgeführt. Die Zentralisierung der Staatsverwaltung, der Aufbau einer starken Land- und Seemacht, seine merkantilistisch angelegte Wirtschaftspolitik, seine Kultur- und Religionspolitik (Gründung der Académie Française 1635) und seine weitgespannte Bündnispolitik, die Frankreich (an der Seite Schwedens) 1635 zur Teilnahme am 30jährigen

Krieg führte, dienten der Konstituierung Frankreichs als »Großer Macht« (Ranke).

Mémoires ed. PETITOT, 10 Bde, 1823ff; ed. MICHAUD et PONJOULAT, 1837ff; ed. H.DE BEAUCAIRE, 1908-31 - Lettres, instructions diplomatiques et papiers d'état ed. G.D'AVENEL, 8 Bde, 1853 bis 1877 - Testament politique (zuerst Amsterdam 1688) ed. L.ANDRÉ, 1947⁷; dt. hg.v. W.MOMMSEN, 1926 (Auswahl u. kleinere Schriften). - Über R.: L.v.RANKE, Franz. Gesch. II (Sämtl. Werke IX), 1874, bes. 399ff - G.D'AVENEL, R. et la monarchie absolue, 4 Bde, (1884ff) 1895² - G.HANOTAUX, Hist. du cardinal de R., 6 Bde, 1893-1947 - G.FAGNIEZ, Le père Joseph et R., 1894 - W.ANDREAS, R. (in: Meister d. Politik I, 1922, 593-634), Neuaufl. 1958 - W.MOMMSEN, R. als Staatsmann (HZ 127, 1923, 210-242) - L.BATTIFOL, R. et le roi Louis XIII., 1934 - C.J.BURCKHARDT, R. (bis 1630), (1935) 1947¹² - R.v.ALBERTINI, Das polit. Denken in Frankreich zZ R.s, 1951 - E.HASSINGER, Das polit. Testament R.s (HZ 173, 1952, 485-503). *R.Nürnberger*

Richeôme, *Louis* (1544-1625), franz. Jesuit, * in Digne (Provence), trat 1565 der SJ bei und studierte unter Juan → Maldonatus im Collège de Clermont. 1589 wurde er Rektor des neu eröffneten Collège des Godrans in Dijon, aus dem später → Bossuet hervorging. In der Zeit der Verfolgung bekleidete R. die höchsten Ämter seines Ordens und wirkte 1607-16 als »Beistand« Frankreichs in Rom. Als die SJ durch Heinrich IV. in Frankreich wieder zugelassen wurde, hatte sie dies weitgehend der publizistischen Aktivität R.s zu verdanken. R. genoß den Ruf umfassender humanistischer Gelehrsamkeit und war zugleich ein populärer Prediger und ein scharfsinniger, sachlicher Kritiker des Protestantismus und des → Jansenismus. In seiner von lebensbejahender Frömmigkeit erfüllten geistigen Haltung erweist er sich als Vorläufer des → Franz von Sales.

H.BRÉMONT, Hist. littéraire du sentiment religieux en France I, 1916, 18ff - BACKER-SOMMERVOGEL VI, 1815ff - DThC XIII, 2697f (Lit.). *H.R.Guggisberg*

Richer, *Edmond* (1560-1631), kath. Theologe, * in Chaource-sur-Armance (Champagne), studierte in Paris (1592 Dr. theol.). Ursprünglich ein Anhänger der Ligue, wurde R. zZ Heinrichs IV. zu einem der bedeutendsten Verfechter des → Gallikanismus. Seine Berühmtheit verdankt er namentlich der Ausgabe der Werke → Gersons (1607) sowie der Schrift »De ecclesiastica et politica potestate« (1611, erweitert 1629), in welcher er die konziliare Lehre vertritt und die absolute Monarchie ablehnt. 1608 wurde R. zum Syndikus der Pariser theologischen Fakultät ernannt. Von seiten Roms war er scharfen Angriffen ausgesetzt, die 1612 zu seiner Absetzung führten. 1629 wurde er von → Richelieu zum Widerruf gezwungen.

E.PRECLIN, E.R., sa vie, son oeuvre, le Richérisme (Revue d'hist. moderne 5, 1930, 241-269. 321-336) - DThC XIII, 2698ff (Lit.) - EC X, 882f - A.-G.MARTIMORT, Le Gallicanisme de Bossuet, Paris 1953, passim - A.LATREILLE (→ Retz) 299ff. *H.R.Guggisberg*

Richter, 1. *Aemilius Ludwig* (15.2.1808 bis 8.5.1864), ev. Kirchenrechtslehrer (Leipzig, Marburg, seit 1846 Berlin), hat auf die Entwicklung der Kirchenrechtswissenschaft im 19.Jh. entscheidend eingewirkt (→ Kirchenrecht: II B, 4). Seine historischen Arbeiten dienen vielfach zugleich aktuellen kirchenrechtlichen Fragen. Durch seine praktische Arbeit im preußischen Ev. Oberkirchenrat und im preußischen Kultusministerium stand R. inmitten der kirchenpolitischen Auseinandersetzungen seiner Zeit. Seine Bestrebungen waren auf den Ausbau der synodalen Verfassung der Ev. Kirche der altpreußischen Union gerichtet. Die von ihm erhobene Forderung nach einer freieren staatskirchenrechtlichen Stellung der Religionsgemeinschaften hat bis zur Gegenwart fortgewirkt. Die heutige Rechtslage, welche auf der Weiterentwicklung von Grundrechten der Reichsverfassung von 1849 beruht, geht auf von R. vertretenes Gedankengut zurück. Er hat dabei, obwohl überzeugter ev. Christ, in objektiver Weise die von ihm als richtig erkannten Forderungen der kath. Kirche vertreten. Eine ganze Generation deutscher Kirchenrechtslehrer (v. → Schulte, O. → Mejer, → Hinschius, → Friedberg, Hübler, Dove) ist aus R.s Schule hervorgegangen.

P.HINSCHIUS, Zs. f. Rechtsgesch. 4, 1864, 351-379 - R.W.DOVE, ZKR 7, 1867, 273-404 - RE XVI, 754ff. *H.Liermann*

2. *Christian Friedrich* (1676-1711), ev. Kirchenliederdichter, * in Sorau, 1698 von A.H. → Francke in Halle als Inspektor des Pädagogiums, 1699 als Arzt für sämtliche Anstalten angestellt, erfand wirksame Arzneien, die dem Waisenhaus reichen Gewinn brachten. Ebensosehr Seelsorger wie Arzt, verfaßte R. erbauliche Traktate und 25 geistliche Lieder, u.a.: »Es glänzet der Christen inwendiges Leben«, »Hüter, wird die Nacht der Sünden«, »Es kostet viel, ein Christ zu sein«, »Es ist nicht schwer, ein Christ zu sein«, »Hier legt mein Sinn sich vor dir nieder«. Da R.s Lieder großenteils mehr Betrachtungs- als Gemeindelieder sind, enthält der Stammteil des EKG nur noch die ersten beiden (265. 266).

KOCH IV, 354ff - Hdb. z. EKG II/1, 1957, 222. *E.Wunderlich*

3. *Julius* (1862-1940), ev. Missionswissenschaftler, wurde nach 15jähriger Pfarrtätigkeit 1913 PDoz., 1914 ao., 1920 der erste o. Prof. für → Missionswissenschaft (: I) in → Berlin. Daneben war R. Vorsitzender bzw. stellvertretender Vorsitzender der Brandenburgischen Missionskonferenz, des Deutschen Ev. Missionsausschusses und der Gesellschaft für → Missionswissenschaft. R. hat die Arbeit G. → Warnecks ausgebaut, theologisch ist er kaum über ihn hinausgegangen. Dagegen unternahm er eine umfassende Missionsgeschichtsschreibung. Durch zahlreiche Reisen und persönliche Verbindungen wurde er eine der bedeutendsten ökumenischen Persönlichkeiten seiner Zeit. Die Entwicklung von Mission und Kirche in allen Kontinenten hat R. in 30 Büchern und vielen Aufsätzen dargestellt, die noch heute Beachtung verdienen.

Vf. u.a.: Allg. ev. Missionsgesch., 5 Bde, 1906-32; Weltmission u. theol. Arbeit, 1913; Ev. Missionskunde, (1920) 1927², 2 Bde; Gesch. der Berliner Missionsges. 1824-1924, 1924; Das Heidentum als Missionsproblem, 1928; Die Briefe des Apostels Paulus als mission. Sendschreiben, 1929; Das Buch der dt. Weltmission (Hg.), (1935) 1939²; Erlebnisse u. Begegnungen in vier Erdteilen, 1936; Der Dienst der Kirche an der heutigen Menschheit, 1936; Dt. ev. Missionsfelder, 1940. - Hg.: Die ev. Missionen, 1894ff; Mit-Hg. der AMZ (1911-23), der NAMZ u. der Allg. Missionsstudien (1924-40). - Über R.: J.R. zum Gedächtnis (EMZ 1, 1940, 164-169). *G.Brennecke*

4. Adrian *Ludwig* (1803-84), Maler, Radierer und Holzschneider, * in Dresden, wirkte nach Aufenthalt in Rom bei J.A.Koch und im Kreise der → Nazarener (1823-27) vornehmlich in seiner Vaterstadt, zuletzt als Prof. an der Akademie. Von der Darstellung der italienischen Landschaft wandte sich R. jener der feiertäglich verklärten und märchenhaft staffierten heimatlichen Landschaft im Sinne der späten → Romantik zu (Überfahrt am Schreckenstein, 1837; Brautzug im Frühling, 1847; beide Gemälde in Dresden). Seine auf Umriß und Linie eingestellte Sehweise führte ihn jedoch immer mehr von der Malerei zur → Graphik, thematisch von der Landschaft zur Figur. Bes. die späten Holzschnittfolgen (Vaterunser, Sonntag, Unser täglich Brod u.a.) erfreuten sich in ihrer kleinbürgerlichen Beschaulichkeit einer überwältigenden Volkstümlichkeit. Die Problematik der Epoche blieb dieser Kunst freilich verschlossen (→ Malerei und Plastik: V).

L.R., Lebenserinnerungen eines dt. Malers, 1885 u.ö. - J.F.HOFF-K.BUDDE, A.L.R., Verzeichnis seines graph. Werkes, 1922² - U. THIEME-F.BECKER, Künstlerlexikon XXVIII, 1934, 298ff - K.J. FRIEDRICH, Die Gemälde L.R.s, 1937. *K.Lankheit*

Richter in Israel. Die Gestalten der »großen« und der »kleinen« R. des AT (vgl. → Richterbuch) sind historisch sehr verschieden zu beurteilen. Während die »großen« charismatische Führer auf militärisch-politischem Gebiete waren, deren Wirksamkeit zT deutlich stammesgeschichtlich begrenzt erscheint (zB Ehud, → Jephta [anders → Debora-Barak, auch → Gideon]), steht hinter den »kleinen« wahrscheinlich eine rechtsgeschichtliche Institution von übergreifender Bedeutung. Die Liste Ri 10, 1-5; 12, 8ff, zu der auch 12, 7 gehört, nennt außer Herkunft und Begräbnisort der 6 »kleinen« R. stets die Zahl ihrer Amtsjahre, die anders als bei den »großen« R.n nie rund ist, erweckt also ganz den Eindruck eines amtlichen Dokuments, das, wenn es nicht bruchstückhaft überliefert wäre, eine Chronologie der sog. R.zeit ermöglichen würde. Dabei fällt auf, daß die R. wechselnden Stämmen angehören und in einem Dokument offenbar amphiktyonischen Charakters aufgeführt werden. Da von militärisch-politischer Tätigkeit keine Rede ist, liegt es nahe, sich ihr »Richten« (špṭ) im eigentlichen Sinne des Wortes vorzustellen. Da aber die Gerichtsbarkeit in dieser Frühzeit Sache der Gentil- bzw. Lokalverbände ist (→ Gerichtsverfassung in Israel), kann es sich höchstens um Rechtshilfe in außerordentlichen Fällen handeln. Es hat daher viel für sich, sich das Amt der »kleinen« R. nach Analogie einer Institution zu denken, die sich unter ähnlichen kulturgeschichtlichen Verhältnissen im germanischen Bereich entwickelt hat. Bei der Besiedlung Islands wurde schließlich zur Einführung und Weiterentwicklung eines allgemeinen, von Norwegen importierten Rechts über den bereits bestehenden Things ein Allthing gegründet, auf dem es einem »Gesetzessprecher« oblag, das gemeinsame Recht jeden Sommer wenigstens zu einem Stück vorzutragen und, wenn es ihm nötig erschien, auch Änderungen vorzunehmen, die Gültigkeit erlangten, wenn sie drei Sommer ohne Widerspruch verkündet waren. (Auch das Christentum ist auf diese Weise in Island eingeführt worden.) Der Gesetzessprecher war längere Zeit im Amt, aber seine Würde war nicht erblich. Solche Gesetzessprecher sind höchstwahrscheinlich auch die »kleinen« R. in Israel gewesen, deren Amt in den Stämmen reihum ging und es mit der Verkündigung des für alle gültigen amphiktyonischen Rechtes zu tun hatte; bei diesem Recht handelte es sich wie in Island zT auch um ursprünglich fremdes Recht, zB kanaanäisches Bodenrecht. Daß diese Aufgabe der Rechtsbildung die der Rechtsauslegung und Rechtsanwendung in besonderen Fällen nicht ausschloß, liegt auf der Hand. Die Bedeutung der »kleinen« R. für die Erstarkung des israelitischen Volksbewußtseins ist nicht zu unterschätzen und im allgemeinen gewiß größer gewesen als die der »großen«. Nach der Entstehung des → Königtums hat dieses offenbar mit Erfolg versucht, seine Stellung durch die Übernahme der Funktion des amphiktyonischen Gesetzessprechers auszubauen. Damit dürfte es zusammenhängen, daß noch Mi 4, 14 doch wohl für den König der Titel »Richter Israels« erscheint.

A.ALT, Die Ursprünge des israelit. Rechts (BAL 86, 1), 1934, 31ff (= ALT I, 300ff) - O.GRETHER, Die Bezeichnung »R.« für die charismat. Helden der vorstaatl. Zeit (ZAW 57, 1939, 110-121) - M.NOTH, Das Amt des »R.s Israels« (Bertholet-Festschr., 1950, 404-417; dazu A.WEISER, ATD 24, 1956², 271). - Vgl. → Richterbuch. *K.Elliger*

Richterbuch

1. Inhalt - 2. Entstehung - 3. Zeugnis. - Vgl. → Richter in Israel

1. Das R. (hebr. šôphᵉṭîm) ist mit seinen drei Hauptteilen, dem Eroberungsbericht (1), den Richtergeschichten (2-16) und zwei »Anhängen« (17-21), übersichtlich gegliedert. Die Landnahme ist nach Ri 1 im Unterschied zum → Josuabuch als Unternehmen einzelner → Stämme Israels, nicht des ganzen Volkes gedacht. Dabei ist am ausführlichsten von Juda (mit Simeon), danach in süd-nördlicher Folge von Benjamin, Joseph, Sebulon, Asser, Naphtali und Dan die Rede. Die Eroberung gelingt nach diesem Bericht wegen der überlegenen Bewaffnung der Landesbewohner (Kampfwagen) nur teilweise; Jerusalem und die wichtigsten Städte in den Ebenen konnten nicht eingenommen werden. Im Hauptteil werden zwölf → »Richter« genannt: Othniel (3, 7-11), Ehud (3, 12-30), Samgar (3, 31), Barak (und → Debora 4. 5), → Gideon (und Abimelech 6-9), Thola (10, 1f), Jair (10, 3-5), → Jephta (10, 6-12, 7), Ibzan (12, 8-10), Elon (12, 11f), Abdon (12, 13-15) und → Simson (13-16); sieben von ihnen (in 3. 10. 12) sind also nur mit kurzen Notizen bedacht (»kleine Richter«). Das Auftreten der »Richter« ist nach einem festen Schema geschildert: die Israeliten werden Jahwe untreu und dienen anderen Göttern; deswegen gibt Jahwe sie eine Zeitlang in Feindeshand; aber auf Israels Schreien zu Jahwe hin erweckt er ihnen einen Retter, der die Feinde besiegt und Israel befreit. Danach hat das Volk so und so viele Jahre Ruhe, bis der Kreislauf von neuem beginnt. Dieses Schema bildet aber nur den Rahmen der R.-Geschichten; es verrät sich durch seine Geschichtsschau und Sprache als deuteronomistisch (s. 2) und ist in 2, 11-23 programmatisch entworfen. Während im Rahmen alles unter gesamtisraelitischem Aspekt gesehen ist, berichten die alten Erzählungen von Stämmen oder Stämmegruppen. Aber auch nach der Abtrennung des Rahmens bleibt ein komplexer Bestand. Ist der Bericht von Othniels Sieg über Kusan Risathaim vollständig vom Schema durchdrungen, so wird die Befreiung von Moab durch Ehud in einer anschaulichen und wahrscheinlich sehr alten Geschichte erzählt, die einige Dubletten aufweist. Von der entscheidenden Schlacht um die Jesreel-Ebene unter Baraks und Deboras Führung handelt sowohl das prosaische c. 4 wie das uralte, leidenschaftliche → Deboralied in 5 (von A.Weiser [ZAW 71, 1959, 67 bis 97] als Kultlied gedeutet). Gegenstand des uneinheitlichen Sagenkranzes von 6-8 sind Gideons Berufung, Siege über die → Midianiter, Ablehnung des Herrschertums und Abgötterei; sein von einer Kanaanäerin geborener Sohn Abimelech hat nach der Erzählung von c. 9 in → Sichem vorübergehend ein Königtum errichten können, das in der tiefsinnigen Jothamsfabel (V. 8 bis 15) seine treffende Charakterisierung findet. Die c. 10-12 enthalten die von den Angaben über fünf »kleine Richter« umrahmte, mehrsträngige Jephtageschichte; dagegen scheinen die Simsonsagen einheitlich zu sein. Mehrere Hände sind an den Berichten über Michas Bilderdienst und seine Verpflanzung nach Dan (17f) und über die in Benjamin vorgefallene Schandtat und den Vernichtungskampf gegen den schuldigen Stamm (19-21) beteiligt. Auffällig ist das Fehlen jeglicher Spuren einer deuteronomistischen Überarbeitung in c. 1. 9. 17-21 sowie in den Notizen über die »kleinen Richter« (außer Othniel). Entweder hat der deuteronomistische Bearbeiter diese Stücke »neutralisiert«, oder sie sind nachträglich eingefügt (vielleicht wiedereingefügt) worden.

2. Die Entstehung des R.s ist mit Hilfe einer Urkunden- oder einer Fragmentenhypothese erklärt worden: entweder sind im R. ältere die Volksgeschichte in großem Zusammenhang darstellende Quellenschriften ineinandergearbeitet worden, oder eine Mehrzahl unzusammenhängender Fragmente wurde von sammelnder

Hand zusammengestellt. Bei der ersten Lösung liegt es am nächsten, an die alten Pentateuchquellen, den →Jahwisten (nach Eißfeldt zweischichtig) und → Elohisten zu denken; bei der zweiten sind weiterhin die Fragen zu klären, ob an einen allmählichen Kristallisationsprozeß oder eine planmäßige Sammlung zu denken ist, und ob diese erst durch die deuteronomistische Redaktion (→ Deuteronomistisches Geschichtswerk) oder bereits früher zustande kam; als »Verfasser« des Buches kann »der Deuteronomist« angesichts der Tatsache, daß nur etwa ein Zehntel des Bestandes (60-65 von 618 Versen) mit einiger Wahrscheinlichkeit für ihn in Anspruch zu nehmen ist, schwerlich bezeichnet werden. Die sich widersprechenden Hypothesen stehen bis heute in unentschiedenem Kampf nebeneinander; von einem siegreichen Neuen und überholten Alten kann nicht die Rede sein. Die Argumente der Urkundenhypothese, daß die Quellen des Pentateuchs die Richterzeit einbezogen haben müssen, und daß eine »atomistische« Analyse den Zusammenhang getrennter Stücke des R.s untereinander verkennt oder übersieht, sind nicht entkräftet. Andererseits ist die Herausschälung der einzelnen fortlaufenden Quellenfäden im R. bes. problematisch und kann niemals mehr gelingen. Die festgefahrene Situation in der wissenschaftlichen Aussprache über die Entstehung des R.s scheint die Einsicht zu fordern, daß eine letzte Klarheit nicht mehr zu gewinnen ist und auch weitere Hypothesen nicht dazu verhelfen.

3. Andere Fragen warten darauf, zu Schwerpunkten der Forschungsarbeit erhoben zu werden. Vor allem verdient die Tatsache besondere Beachtung, daß das *Zeugnis* und Selbstverständnis der so verschiedenartigen Bestandteile dieses einen Buches unschwer auf einen Nenner zu bringen ist. Sowohl im Deboralied wie in den ein halbes Jahrtausend jüngeren deuteronomistischen Versen, aber ebenso in den Sagen, Geschichtserzählungen und selbst den listenartigen Aufzählungen wird der Gott Israels als die größte Wirklichkeit des Lebens bezeugt. Das Volk steht zu Jahwe im Verhältnis der totalen Abhängigkeit, der Verpflichtung zum Gehorsam, der Schuld und der gerechten Bestrafung, aber auch des Vertrauens auf Jahwes Barmherzigkeit und Hilfe. Wie für Volk und Stamm, so gilt das selbstverständlich auch für den einzelnen. Als »Helden«-Sagen dürfen die Erzählungen des R.s nur mit Vorbehalten bestimmt werden: alles Heldische ist wachsam und folgerichtig vermieden oder geschwärzt. Der Erzähler hat - ebenso wie der Dichter und der deuteronomistische Bearbeiter des R.s - die feine Witterung dafür, daß die Glorifizierung der menschlichen Tat und Leistung sich nicht mit dem Jahweglauben verträgt. Zeugnisse für eine Zwölf-Stämme-Amphiktyonie mit zentraler, von den Stämmen in monatlichem Turnus betreuter Kultstätte sind im R. nicht enthalten. Das Ergriffenwerden einzelner Richter durch den »Geist Jahwes« (3, 10; 6, 34; 11, 29; 13, 25; 14, 6. 9; 15, 14; → Geist: II) hat mit der Kultpraxis offensichtlich nichts zu tun.

Kommentare: S.ÖTTLI, 1893 - G.F.MOORE, (1895) 1898² (1949) - K.BUDDE, 1897 - W.NOWACK, 1902 - C.F.BURNEY, (1918) 1920² - V.ZAPLETAL, 1923 - A.SCHULZ, 1926 - J.GARSTANG, 1931 - K.GUTBROD, 1951 - H.W.HERTZBERG, 1953 - J.DE FRAINE, 1956. - Lit. s. in den Kommentaren, at. Einl.en u. → Richter in Israel; ferner: E. TÄUBLER, Biblische Studien. Die Epoche der Richter, hg.v. H.-J.ZOBEL, 1958. - Zu 3: E.JENNI, Vom Zeugnis des R.es (ThZ 12, 1956, 257-274) - G.v.RAD, TheolAT I, 1957, 326ff. *F.Maass*

Zur *Auslegungsgeschichte* (s. auch → Schriftauslegung: IV):

Qu.: 3.Jh.: Origenes (MPG 12; GCS VII, ed. W.A.BAEHRENS, 1921). - 5.Jh.: Augustin, Locutiones bzw. Quaestiones in Heptateuchum (MPL 34; CSEL 28, 1. 2) - Theodoret v. Cyrus (MPG 80). - 6.Jh.: Prokop v. Gaza (MPG 87, 1). - 7.Jh.: Isidor v. Sevilla (MPL 83). - 8.Jh.: Ps.-Beda Venerabilis (MPL 93). - 9.Jh.: Hrabanus Maurus (MPL 108). - 12.Jh.: Rupert v. Deutz (MPL 167) - Hugo v. St. Viktor (MPL 175 u. 177) - Irinbert v. Admont (ed.B.PEZ, Thes. anecdot. noviss. IV/1, 1723, 129-440). - 15.Jh.: Alphonsus Tostatus (Opera X, Venedig 1728). - 16.Jh.: Luther (??; WA 4) - Martin Borrhaus, Basel 1557 - Petrus Martyr Vermigli, Zürich 1565 - Ludw.Lavater, ebd 1585 (Predigten) - David Chyträus, Frankfurt 1589 - Benedikt Arias Montanus, Antwerpen 1592 - Marcellinus Evangelista, Venedig 1598. - 17.Jh.: Nik.Serarius, Mainz 1609 - Joh.Michelbach, Leipzig 1712 (Predigten) - Joh.Habermann, Wittenberg 1617 - Joh.Drusius, Franeker 1618 - C.Magallianus SJ, Lyon 1626 (Ri 1-7) - Jacques Bonfrère SJ, Paris 1631 - C.Villaroel OESA, Madrid 1635 - Fr.Balduin, Wittenberg 1646 (Predigten) - Arthur Jackson, London 1646 - Aloys.Novarinus, Lyon 1646 - Chr.Vega SJ, ebd 1663 - Frans Burmann, Utrecht 1675 - J.A.Osiander, Tübingen 1682 - Seb.Schmid, Straßburg 1684. - 18.Jh.: Jac.Felibien, Paris 1704 - Joh.Clericus, Amsterdam 1708 - L.Helbig, Köln 1717.

Lit.: R.HERMANN, Die Gestalt Simsons bei Luther, 1952.

W.Werbeck

Ricius, *Paul* († nach 1540), jüdischer Konvertit, Lehrer der Philosophie in Pavia, Arzt in Nürnberg und Salzburg, Leibarzt Kaiser Maximilians I. (1514). R. war guter Kenner des → Talmud und der → Kabbala. → Erasmus erkannte ihn als Gelehrten an, mit → Hutten und → Pirkheimer stand er in Briefwechsel. Mit Joh. → Eck geriet er über den Sternenhimmel in Streit (Disputation in Ingolstadt 1519). Sein Versuch, auf dem Regensburger Konvent (1532) zwischen Altgläubigen und Lutheranern zu vermitteln, wurde von → Campegio und → Aleander zurückgewiesen. Luther erwähnt R. in den Tischreden (I, 90, 2; IV, 613, 15). Leben und Werke des R. bedürfen noch der Untersuchung.

Werke bei JOH.PISTORIUS, Scriptores artis Cabbalist. I, 1582 - M. ADAM, Vitae germanorum medicorum, 1620, 9f - Supplementa Melanchthoniana VI/1, 1926, 32 (Bibliogr.) - SCHL. II, 178; V, 230.

W.Delius

Rickert, *Heinrich* (1863-1936), Philosoph, * in Danzig, Prof. in Freiburg i. Br. (1891) und Heidelberg (1916). Durch W.Scherers Positivismus von der Literaturwissenschaft enttäuscht, durch den Empiriokritizismus eines Avenarius und die Auseinandersetzung mit → Nietzsche und → Marx in einen ihm heillos scheinenden → Relativismus gestürzt, fand R. seinen Auftrag in der Begegnung mit W.Windelband, neben dem er zum Hauptvertreter des Heidelberger → Neukantianismus wurde. Die Habilitationsschrift »Der Gegenstand der Erkenntnis« ([1891] 1928⁶) bestimmt den Bewußtseinsinhalt als allein möglichen Erkenntnisgegenstand. Indem R. das Urteil als eine Leistung deutet, wird ein Begriff der Geltung gewonnen, der das Sollen als Anerkennungskorrelat allem Sein überordnet. Dieser Primat der praktischen Vernunft ergibt eine Philosophie der Werte, die »Kant als Philosoph der modernen Kultur« (1924) sehen läßt und die durch geschichtliche Wertverwirklichung geschaffene Kulturwelt erklärt (→ Kulturphilosophie, 6). Windelbands Unterscheidung der Natur- und Kulturwissenschaften in nomothetische und idiographische führt R. weiter zum Nachweis, daß der gemeinsame Bezugspunkt in der prophysischen Welt einer vorwissenschaftlichen Einheit objektiver Wirklichkeit liegt. Dieses zwischen dem der Wirklichkeit und der Werte gelegene dritte Reich der Prophysik ist das des immanenten Sinnes, dh des Wirklichkeit und Wert verbindenden Subjekts. Erst die »heterologische« Methode, die das Begreifen der ausschließlich aus theoretischen Gegenständen bestehenden erkennbaren → Wirklichkeit ermöglicht, fordert die Differenzierung: Naturwissenschaft betrachtet die Wirklichkeit unter dem Aspekt des Allgemeinen, Geschichtswissenschaft unter dem des Individuellen (→ Geisteswissenschaften, 5). Die von hier aufgezeigten »Grenzen der naturwissenschaftlichen Begriffsbildung« ([1896] 1929⁵) bewähren ihre Gültigkeit nur im Rahmen der erkennenden Bewältigung der gegenständlichen Welt. Unbegrenzt und damit allen Methodenpluralismus überbietend ist dagegen der Anspruch des »erkenntnistheoretischen Subjekts«, das als Prinzip aller Erkenntnis sich selbst dem Zugriff gegenständlichen Erkennens entzieht. Als Repräsentant der Werte, durch deren Anerkennung auch das legitime Urteil über immanentes Sein erst »möglich« wird, ist es Subjekt nicht allein im Gegensatz zu Körpern, sondern zu allen empirischen Objekten (→ Determinismus, 2). Wie im System der Marburger das Problem des Individuellen, so führt bei R. der Wertbegriff über den → Kritizismus hinaus. Das Alterswerk »Grundprobleme der Philosophie« (1934) eröffnet eine symbolistische Metaphysik und formuliert einen ontologischen Seinsbegriff, der den ursprünglich statuierten Gegensatz von Sein und Wert zurücklassen muß.

Vf. ferner u.a.: Das Eine, die Einheit u. die Eins, (Logos 2, 1911, 26-78) 1924²; Vom System der Werte (Logos 4, 1914, 295-327); Die Philos. des Lebens, (1920) 1922²; Goethes Faust, 1932. - Über R.: A.FAUST, H.R. u. seine Stellung innerhalb der dt. Philos., 1927 - F.BÖHM, Die Philos. H.R.s (KantSt 38, 1933, 1-8) - R.ZOCHER, H.R.s philos. Entwicklung (Zs. f. dt. Kulturphilos. 4, 1938, 84-97) - G.RAMMING, H.R. u. K.Jaspers, Bern 1948 (Lit.). *H.Blankertz*

Ridley, *Nicholas* (ca 1500-55), → Märtyrer (: III, 1 a) der englischen Reformation (→ England: I, 3). * in Unthank Hall (Northumberland), studierte R. 1518-26 in Cambridge (Pembroke Hall), wo er 1524 Fellow wurde, darauf an der Sorbonne und in Löwen. Seit 1537 Kaplan des Erzbischofs Th. → Cranmer, übte er auf diesen den bestimmenden Einfluß in reformatorischer Richtung aus, um so mehr, als sich sein eigener Übergang zu ihr ganz allmählich vollzog. Erst 1545 verwarf er endgültig die Transsubstantiation. 1547 wurde R. Bischof von Rochester. 1549 leitete seine Predigt die Reformation der Universität Cambridge ein. 1550 wurde er Bischof von London, wo er bes. für Behebung der Armut sorgte. Ehe er 1553 den reichen Bischofssitz Durham übernehmen konnte, machte der Thronwechsel von Eduard VI. zu Maria seiner Laufbahn ein Ende. Infolge vorausgegangener politischer Äußerungen galt er als Marias ausgesprochener Feind, kam in den Tower und wurde nach einem erfolglosen Bekehrungsversuch zum röm. Katholizismus am 16.10.1555 mit Hugh → Latimer in Oxford verbrannt. Die Errichtung des Denkmals für die beiden Märtyrer fand 1837 den heftigen Widerspruch der Oxfordbewegung (→ Hochkirchliche Bewegung: I, 3).

Works (Kleine Schriften) ed. H.CHRISTMAS, 1841. - Über R.: J. → FOXE, Acts and Monuments, 1563 u.ö. (Hauptquelle) - G.RIDLEY, The Life of N.R., 1763 - RE XVI, 771ff - DNB XVI, 1172ff - J.G.RIDLEY, N.R., London 1957. *M.Schmidt*

Riedel, 1. *Franz Xaver* (1737-75), kath. geistlicher Liederdichter, wie sein Freund, der um die Hebung der deutschen Literatur in Österreich verdiente Michael Denis, Jesuit und Lehrer am Theresianum in Wien, gleich jenem bes. von → Klopstock beeinflußt. R.s metrische Umdichtungen biblischer Gesänge, vor allem aber seine »Lieder der Kirche, aus den röm. Tagzeiten und Meßbuche übersetzt« (1773; → Kirchenlied: I, 9) fanden, zu den besten ihrer Art gehörig, großen Beifall und haben sich zT bis heute im kath. Gottesdienst erhalten.

R.GIESSLER, Die geistl. Lieddichtung der Katholiken im Zeitalter der Aufklärung, 1928, 151ff - LThK VIII, 887 (R.); LThK² III, 228 (M.Denis). *W.Jannasch*

2. *Johann Friedrich* (1798-1860), Missionar der Nederl. Zendingsgenootschap, * in Erfurt. R. trat 1822 in die Missionsschule → Jänickes ein, lebte 1827-29 in Rotterdam und kam 1830 in Batavia an. 1831 fand er in der Minahassa (Sulawesi) zusammen mit J.G.Schwarz sein Arbeitsfeld. R.s Arbeit in Tondano knüpfte an die Arbeit der Kolonialmission an. Die Anfangsschwierigkeiten entstanden am Widerstand heidnischer Priester. R. verstand es aber, das Vertrauen der Bevölkerung zu erwerben (ärztliche Tätigkeit, Aufnahme von Kindern in sein Haus). Im ganzen wurden durch ihn 9341 Taufen vollzogen. Aus der Arbeit ist die seit 1934 selbständige Minahassakirche erwachsen (→ Indonesien: IV, 3 b).

R.GRUNDEMANN, J.F.R., 1873 - P.STEINER, J.F.R., 1921. *G.Menzel*

3. *Karl,* Chordirigent, * 6.10.1827 in Kronenberg b. Wuppertal, † 3.6.1888 in Leipzig. R. studierte erst spät Musik, seit 1849 am Leipziger Konservatorium. Aus seinem 1854 in Leipzig gegründeten Männerquartett entwickelte sich der von ihm geleitete berühmte R.-Verein, der sich vor allem der Pflege geistlicher Chormusik widmete. Neben eigenen Chorkompositionen gab R. zahlreiche ältere deutsche Komponisten (zT in anfechtbaren Bearbeitungen) heraus.

Der R.-Verein zu Leipzig, hg.v. A.GÖHLER, 1904 (mit Biogr. R.s). *W.Osthoff*

Riedemann, *Peter* (1506-56), bedeutender Vorsteher, Sendbote und Theologe der huterischen Brüder (→ Huter), * in Hirschberg (Schlesien). R. erlernte das Schuhmacherhandwerk. Wahrscheinlich als Wanderprediger trat er in Oberösterreich in Verbindung mit Täufern. 1529 in Gmunden gefangengenommen, verfaßte er im Gefängnis seine erste »Rechenschaft«. 1532 floh er nach Linz, dann nach Mähren, wo er der Gemeinschaft der Brüder beitrat. 1533 wurde er als Sendbote nach Franken geschickt, in Nürnberg verhaftet, 1537 freigelassen. 1539 nach Hessen gesandt, 1540 dort gefangengenommen, schrieb er in der leichten Haft sein dogmatisches Hauptwerk »Rechenschaft unserer Religion, Leer und Glaubens«, die Hauptquelle für Lehre und Gesellschaftsordnung der huterischen Brüder (Erstdruck 1565, seither wiederholt aufgelegt). 1542 kehrte R. nach Mähren zurück und wurde Mitvorsteher der Bruderschaft; † auf der Haushabe Protzka in der Slowakei. R. hinterließ ein reiches schriftstellerisches Werk (u.a. Sendschreiben, 45 Lieder).

W.WISWEDEL, Bilder u. Gestalten aus d. Täufertum I, 1928, 169ff - Mennon. Lexikon III, 1958, 500ff (Lit.) - Mennonite Encyclopedia IV, 1959, 259ff. 326ff (Lit.). *G.Mecenseffy*

Rieger, 1. *Georg Konrad* (1687-1743), ev. Theologe, Schüler u.a. von J.A. und A.A. → Hochstetter, Freund → Bengels; Repetent in Tübingen, Vikar in Stuttgart, 1733 Pfarrer an St. Leonhard, 1742 Dekan und Hospitalprediger. R. verbindet luth. Rechtfertigungslehre mit kirchlich-pietistischer Frömmigkeit und betont den Zusammenhang von Bekehrung und Heiligung durch Gebet, Arbeit und Selbstverleugnung. Seine Predigten, Kasualansprachen und historischen Studien hatten großen Einfluß auf den schwäbischen → Pietismus.

Vf. u.a.: Die Kraft der Gottseligkeit I. II, 1732/36; Herzpostille, (1742) 1853³; Richtiger u. leichter Weg zum Himmel, 1744 (mit Lebenslauf). - Über R.: W.CLAUS, Von Bengel bis Burk (Württ. Väter I), 1877 - R.RIEGER, G.C.R.s Predigten (Diss. Tübingen), 1952 (vgl. ThLZ 79, 1954, 176). - Vgl. die Lit. zu 2.

2. *Karl Heinrich* (1726-91), Sohn von 1, ev. Theologe, durch Elternhaus und Studium dem → Pietismus verbunden; Vikar in Brenz, 1750 Repetent in Tübingen, besucht u.a. die Franckeschen Anstalten, 1754 Diakonus in Ludwigsburg, 1757 Hofkaplan, 1779 Hofprediger, 1783 Stiftsprediger und Konsistorialrat in Stuttgart, Mitbe-

gründer der → Christentumsgesellschaft. R. wendet sich als Hofprediger gegen das sittenlose Treiben der Gesellschaft und des Hofes und mäßigt im Konsistorium den durch → Griesinger bewirkten Einfluß der Aufklärung.

Vf. u.a.: Predigten u. Betrachtungen über die ev. Texte, 1794; Betrachtungen über das NT I-IV, (1828) 1875[5] (mit Lebensabriß). - Über R.: W.CLAUS, Von Brastberger bis Hofacker (Württ. Väter II), 1888. - Zu 1 u. 2: JÖCHER-ROTERMUND VI, 2128ff (Bibliogr.) - ADB XXVIII, 542ff - RE XVI, 774ff - F.FRITZ, Die ev. Kirche Württ. im Zeitalter des Pietismus (Blätter für württ. KG NF 55, 1955, 68-116; 56, 1956, 99-167) - J.ROESSLE, Von Bengel bis Blumhardt, 1959.
B.Maurer

Riemann, *Hugo* (18.7.1849 bis 10.7.1919), † in Leipzig, dort seit 1901 Prof. (→ Musikwissenschaft), einer der fruchtbarsten, vielseitigsten und einflußreichsten Musikforscher. Er baute, von Rameau ausgehend, die funktionelle Harmonielehre aus und lieferte ein auf der romantischen Musik fußendes System einer dynamisch bedingten Rhythmik und Metrik, das er in seinen Analysen und praktischen Ausgaben anwendete. Die inadäquate Übertragung dieses Systems auf die frühere Musik wirkte sich allerdings - auch in seinem bedeutenden Handbuch der Musikgeschichte (1904-13) - ungünstig aus. Grundlegend war seine Geschichte der Musiktheorie (1898). R. gebührt das Verdienst der Entdeckung der sog. Mannheimer Schule (→ Musik: V, 7). Sein bekanntes Musiklexikon erschien in 1. Aufl. 1882.

W.GURLITT, H.R. (AAMz 1950, 25), 1951. *Thr.Georgiades*

Riemenschneider, *Tilman* (Till, Dill), Bildhauer und Bildschnitzer in Würzburg (ca 1460-1531), * vermutlich in Heiligenstadt (Eichsfeld). Nach Wanderjahren offenbar in Erfurt, am Oberrhein und in Schwaben fand R. 1483 Aufnahme in die Würzburger Zunft. 1485 erhielt er das Meisterrecht, 1505 wurde er in den Stadtrat, 1509 in den Oberen Rat berufen und für 1521 zum Bürgermeister gewählt. 1525 als Ratsherr auf der Seite der aufständischen Bauern, erlitt er dafür Folter, Ausstoßung aus dem Rat und Vermögensabgabe. Beziehungen zur Reformation sind nicht bekannt; der Grabstein zeigt ihn mit dem Rosenkranz in der Hand. - Hauptwerke: 1493 Adam und Eva für Marienkapelle Würzburg (Mainfr. Museum), 1496 Grabmal Fürstbischof Scherenberg (Dom; s. Taf. 58 Abb. 3), 1499 Kaisergrab (Bamberg, Dom), 1516 Grabmal Fürstbischof Bibra (Würzburg, Dom); über zwölf große, vielfigurige Schnitzaltäre (→ Malerei: III, 10), davon unverändert erhalten nur: Marienaltar in Creglingen, Hl. Blutaltar in Rothenburg o. T. Einzelfiguren, meist als Reste untergegangener Altäre, in zahlreichen Kirchen Frankens und vielen Museen (bes. Würzburg, München, Berlin, London, auch in den USA). Spätwerke: Steinernes Marienbild (Mainfr. Museum), Rosenkranzmadonna (Volkach), Beweinung (Maidbronn b. Würzburg). - R.s Wirken beschließt das MA in Franken; neben der bravourösen Beherrschung des Materials (Stein und Holz) kennzeichnet ihn die schlichte Volkstümlichkeit und fromme Verinnerlichung seiner Gestalten. Mehrere Romane und Dramen, auch Spielfilm und Oper behandeln R.s Leben.

J.BIER, T.R., 2 Bde, 1925/30 - U.THIEME-F.BECKER, Künstlerlexikon XXVIII, 1934, 331ff - K.GERSTENBERG, T.R., (1941) 1955[4] - M.H.v.FREEDEN, T.R., (1954) 1959[2]. *M.H.v.Freeden*

Rienzo, *Cola di* (Nicola di Lorenzo; 1313-54), * in Rom, wurde Notar und kam 1343 als Abgesandter des Volks nach Avignon, um von Clemens VI. ein Jubeljahr für 1350 zu erbitten. Dort schloß er Freundschaft mit → Petrarca und kehrte als Notar der städtischen Kammer nach Rom zurück. Durch seine Beredsamkeit und die Hoffnung auf eine politische und religiöse Erneuerung faszinierte er das Volk. Die Adelsherrschaft wurde gebrochen, er selbst zum Tribun ernannt (20.5.1347). Altrömische Reminiszenzen, panitalienische Ideale aus Petrarca und joachimitische Einflüsse (→ Joachim von Fiore) wirkten ungeordnet nebeneinander. R. träumte von einer universalen Funktion Roms für die Einheit Italiens und eine Wiedergeburt der Menschheit. Er rief die Städte Italiens zur nationalen Einigung auf und versammelte am 1. Aug. ihre Vertreter. Er beanspruchte für Rom die Jurisdiktion über die Welt und für das röm. und ital. Volk das Recht der Kaiserwahl. R. verlor die Gunst des Volkes durch sein prunkhaftes Auftreten, wurde durch seine Pläne dem Papst verdächtig und mußte am 15.12.1347 die Stadt verlassen. Er floh zu den Fraticellen in die Abruzzen und kam 1350 nach Prag, um → Karl IV. für seine Sache zu gewinnen. Dieser ließ ihn verhaften und nach Avignon ausliefern. Innozenz VI. sandte R. 1354 nach Rom zurück, damit er dem Kardinal → Albornoz bei der Restauration des Kirchenstaates helfe. Er wurde zum Senator ernannt und war nur noch ein Werkzeug der päpstlichen Politik und ein kleiner Tyrann. Das Volk ermordete ihn während eines Aufstandes.

K.BURDACH-P.PIUR, Briefwechsel des C.d.R., 5 Tle, 1912-29 - Vita di C.d.R. (14.Jh.), neu hg.v. A.M.GHISALBERTI, Florenz 1928 - P.PIUR, C.d.R., (Wien 1931) Mailand 1934[2] - K.BRANDI, Ausgew. Aufsätze, 1938 - EC III, 1941ff - E.DUPRÉ-THESEIDER, Roma dal comune di popolo alla signoria pontificia 1257-1377, Bologna 1952 - K.H.HÖFELE, R., 1958. *V.Vinay*

Riesen. Vorstellungen von riesigen übernatürlichen Wesen sind bei allen Völkern bekannt, denn das Furchtgebietende erscheint einfacher Religiosität in körperlich-riesenhafter Vergrößerung. In mehreren Religionen steht am Anfang der Welt ein Ur-Riese: aus Ymirs Körper wird die Welt geschaffen (→ Schöpfung: I). Die Vorstellung von einem urweltlichen R.geschlecht kennt die altnordische Überlieferung (Thors Kämpfe mit den R.) ebenso wie schon die antike Welt (Giganten, Titanen, Kyklopen). Literarische Ausgestaltung finden die R.sagen in der Heldenepik des MA, wo die Bezwingung von R. zu den Aufgaben eines Helden gehört. Der Glaube an R. fand Rückhalt an Erzählungen des AT über die Rephaiter, zB Og von Basan (Dtn 3, 11; als verstorbene Könige auch in → Ugarit). Auch der → Philister Goliath gilt als Riese. In die christliche Legende dringt mit → Christophorus ein Riese ein. In der neuzeitlichen Volkssage werden die R. meist nicht mehr erlebt (Sturm- oder Gespenster-R. sind sehr selten), sondern nur aus den Spuren erschlossen: Erklärungssagen deuten zB die Herkunft einzelner Berge, Felsen, großer Bauten oder → Fußspuren als R.werke. In Verhältnissagen wird die Gestalt des R. ins Komisch-Groteske gesteigert (Hunger und Durst der R.) und zeigt oft nur noch wenig Dämonisches (zB R.spielzeug). Im Gegensatz zur gewaltigen Körperkraft des R. steht sein dumpfer Verstand, der in zahlreichen Schwänken verspottet wird. In vielen Sagentypen ist der betrogene → Teufel sekundär an die Stelle des dummen R. getreten.

PW Suppl. III, 655ff (Giganten); XI/2, 2328 (Kyklopen); 2. R. VI/1, 1484ff. 1491ff (Titan, Titanes) - J.R.BRODERIUS, The Giant in Germanic Tradition (Diss. Chicago), 1932 - J.DE VRIES, Altgerm. Religionsgesch. I, (1935) 1956[2], 241ff - V.HÖTTGES, Typenverzeichnis d. dt. R.- u. riesischen Teufelssagen (FFC 122), Helsinki 1937 - HWDA IX, 1121ff - I.M.BOBERG, Baumeistersagen (FFC 151), Helsinki 1955 - THOMPSON (Reg. s.v. Giant). *L.Röhrich*

Rietschel, *Georg* (1842-1914), ev. Theologe, * in Verden, seit 1868 im sächsischen Kirchendienst, 1878 Sup. und Direktor des Predigerseminars in Wittenberg, 1887

Pfarrer in Leipzig, 1889 ebd o. Prof. der Prakt. Theol. und Universitätsprediger, 1911 emeritiert. R. blieb auf Jahrzehnte einflußreich durch sein bahnbrechendes, gediegene geschichtliche Grundlegung und theologisch maßvolle, noch heute lehrreiche Entscheidungen zu den aktuellen Fragen ev. liturgischer Gestaltung vereinendes Lehrbuch der → Liturgik (I. II, [1900/08] 1951/52² hg.v. P.Graff).

Vf. ferner u.a. (vgl. RGG² IV, 2035): Gewährung der Abendmahlsgemeinschaft an Reformierte u. Unierte in ihrem Recht u. in ihrer Pflicht, nach dem Bekenntnis der luth. Kirche, 1869; Luther u. die Ordination, (1883) 1889²; Aufgabe der Orgel im Gottesdienst bis ins 18.Jh., 1893; Der ev. Gemeindegottesdienst unter dem Gesichtspunkt der Anbetung im Geist u. in der Wahrheit, 1894.

W.Jannasch

Riga

I. Erzbistum - II. Universität

I. Erzbistum

Das Bistum, 1186 in Uexküll an der Düna durch Meinhard für die Liven gegründet, wurde 1201 von Bischof → Albert (, 2) nach R. verlegt und 1207 Reichslehen. Das 1245 unter Albert II. Suerbeer geschaffene Erzbistum Preußen, Livland und Estland hieß seit 1253 Erzbistum R. und erhielt als Suffragane die Bischöfe von → Dorpat, → Oesel-Wiek, → Kurland, → Samland, → Pomesanien, → Kulm und → Ermland (zeitweilig) zugeteilt. Um die Stadt R. kam es zu erbitterten jahrhundertelangen Streitigkeiten mit dem Deutsch-Ordensmeister von Livland. 1452 wird im Kirchholmer Vertrage die Herrschaft über die Stadt geteilt. Residenz der Erzbischöfe war erst R., seit etwa 1418 Ronneburg. - Das Domkapitel war bis 1210 Augustiner-, bis 1274 Prämonstratenser-, bis 1394 wieder Augustinerstift, nachher dem Deutschen Orden inkorporiert. In der Reformationszeit (→ Baltische Länder, 2) versuchte Erzbischof Johannes Blankenfeld vergeblich, die Stadt R. kath. zu erhalten und seine geistlichen Rechte zu wahren. Der Dom zu St. Marien in R. wurde 1551 vom letzten Erzbischof Wilhelm von Brandenburg († 1563) der Stadt R. verkauft, das Kapitel 1566 von Polen aufgehoben. - Im 1. Weltkrieg erneuerte man das kath. Bistum R. (päpstliche Bulle 19.9.1918). Nach dem lettländischen Konkordat vom 30.5.1922 (→ Baltische Länder, 12) wurde es am 23.11.1923 zum Erzbistum erhoben (1930: 12 Dekanate, 127 Pfarreien, 450210 Seelen in Lettland, 2536 in Estland), seit 1937 mit Suffraganbischof in Libau.

P.v.Götze, A.Suerbeer, Erzbischof von Preußen, Livland, Estland, 1854 - H.v.Bruiningk, Messe u. kanon. Stundengebet nach d. Brauche d. R.er Kirche im MA, 1911 - L.Arbusow sen., Livlands Geistlichkeit (Jb. f. Genealogie, 1911/13, [1-432] 252ff) - W.Neumann, Der Dom zu St. Marien in R., 1912 - Hauck IV, 658ff-L.Arbusow jun. (→ Reval) - AnnPont 1960, 413. *P.Johansen*

II. Universität

Nach der Gründung der Republik Lettland (→ Baltische Länder, 12) wurde im Sept. 1919 das von den baltischen Ritterschaften und Städten 1862 gegründete Baltische Polytechnikum (Technische Hochschule) in die Lettländische Universität mit 11 Fakultäten umgewandelt. Am 4.2.1920 wurde die *theologische Fakultät* gegründet, die anfangs keinen konfessionellen Charakter tragen sollte und länger als ein Jahrzehnt ohne einen Prof. für Prakt. Theol. blieb. Als gesicherte selbständige Fakultät mit konfessionell ev. Charakter entwickelte sie sich erst auf Grund des Gesetzes über die Verfassung der Lettländischen Universität 1923, das 6 Lehrstühle vorsah: KG (L.Adamovičs, seit 1920; Forschungsgebiet vornehmlich das geistliche Leben der Letten mit Schwerpunkt in der Geschichte der lettischen Brüdergemeine); Urchristliche Religionsgeschichte und NT (K.Kundziņš, seit 1920; u.a. textkritische Untersuchungen zum JohEv im Anschluß an → Bultmann); Systematik (V.Maldonis, seit 1920; interessiert für Religionsphilosophie mit national-romantischem Einschlag); Religionsgeschichte Israels und AT (I.Benzinger, seit 1921, vorher in Berlin, Toronto und Meadville, Vertreter der panbabylonistischen Schule); Religionsgeschichte (G.Mensching 1927 bis 1936, seitdem in Bonn); Prakt. Theol. (E.Rumba). Das theologische Studium wurde nach vier Jahren mit dem Kandidatengrade abgeschlossen, der die Berechtigung zur Tätigkeit als Pastor und Religionslehrer gab. Die Hörerzahl stieg von 16 (1920) auf 234 (1934, von 8587 Studierenden an der Universität insgesamt). Die Hörer waren überwiegend Letten, daneben auch Deutsche. Seit der Hochschulkonferenz 1929 in R. bahnte sich eine Arbeitsgemeinschaft mit den theologischen Fakultäten der Nachbarländer an, wobei bes. die wissenschaftlichen Beziehungen zu den nordischen Staaten gepflegt wurden. Die geistige Grundrichtung der Fakultät war - im Gegensatz zur Kirchenleitung (→ Irbe) - der theologische Liberalismus. Die → dialektische Theologie fand keinen Eingang. Innerhalb der Fakultät wurde am 2.4.1937 eine Abteilung für Theologie der griech.-orth. Kirche gegründet. - Der theologischen Ausbildung der Pastoren und Religionslehrer an den deutschen Gemeinden und Schulen Lettlands diente außerdem die theologische Abteilung des 1921 gegründeten, 1927 durch ein Sondergesetz als private deutsche Hochschule bestätigten *Herderinstituts*. Hauptamtlich lehrten hier aus Deutschland berufene Neutestamentler, nacheinander J.Jeremias, C.Schneider, H.J.Iwand, H.Seesemann. Fast alle anderen Professoren und Dozenten der Abteilung (Fakultät) standen hauptamtlich im Kirchen- oder Schuldienst. Vertreten waren: AT (nacheinander M.Stephany, R.Abramowski); NT (nacheinander E.v.Schrenck, H.Wenschkewitz); KG (O.Pohrt); Symbolik und DG (H.Poelchau); Syst. Theol. (V.Grüner); Prakt. Theol. (H.Girgensohn). Die Zahl der Studenten lag zwischen 20 und 30. Die Studienordnung entsprach im wesentlichen derjenigen der reichsdeutschen theologischen Fakultäten. Die Herder-Hochschule wurde infolge der Umsiedlung der baltischen Deutschen im Herbst 1939 geschlossen.

Arbeitsberichte der Lettländischen Univ. (lett.) - L.Arbusow in: DLZ 45, 1924, 311-314 - Mehrere Art. in den beiden lett. Konversationslexika (Riga o.J., Stockholm 1950-55) - H.Wenschkewitz, Die christl. Kirchen in Lettland zwischen den beiden Weltkriegen (in: R.Wittram [Hg.], Balt. KG, 1956, 280-283. 294).

(† L.Arbusow) R.Wittram

Riggenbach, *Christoph Johannes* (1818-90), * und † in Basel, ref. Theologe, studierte Naturwissenschaften, Medizin und Theologie in Berlin und Bonn, wurde 1851 Prof. vornehmlich für NT in → Basel; seit 1878 präsidierte er der → Basler Missionsgesellschaft. Sein Biblizismus führte ihn zur Neubereimung von Pss auf Genfer Melodien; von diesen Psalmliedern werden heute noch 3 gesungen, ferner das einzige ev. Lied zur Weinernte: »Wir danken dir, o Vater, heut«. R.s Studien über den Basler Kirchengesang und über → Annoni sind kaum überholt.

Vf. u.a.: Ausgewählte Pss in großenteils neuer Übers., 1868; Der Kirchengesang in Basel seit der Reformation, 1870; Hieronymus Annoni, ein Abriß seines Lebens samt einer Auswahl seiner Lieder, 1870. - Über R.: RE XVII, 1ff. *S.Fornaçon*

Rijnsburger Kollegianten, holländische freisinnige Religionsgemeinschaft im 17. und 18.Jh., gegründet von den Geschwistern Van der → Codde, zuerst in Warmond, seit 1621 in Rijnsburg bei Leiden. Die K. zeigten eine arminianische, aber auch pietistische und sogar sozinianische Geisteshaltung. Sie weigerten sich, mit den Remonstranten (→ Arminianer) in einen Verband zu treten, weil sie kein geistliches Amt anerkannten. Als Bekenntnis galt ihnen nur die Hl. Schrift. Freie Prophetie aller Mitglieder, Erwachsenentaufe durch Untertauchen und das Ideal einer reinen Gemeinde hatten sie mit den → Mennoniten gemein. Im Laufe des 17.Jh.s wurden Kollegien gestiftet in Leiden, Rotterdam, Amsterdam und in einigen Orten in Nordholland, Friesland und Groningen. Rijnsburg blieb lange das Zentrum der Bewegung; hier trafen die Mitglieder jährlich zu Pfingsten und im August zu Taufe und Abendmahl zusammen. Bekannte Mitglieder waren: Frans Oudaen, der Dichter Dirck Raphaelsz. Camphuysen, der Amsterdamer Bürgermeister Coenraad van Beuningen, der Historiker Jan Wagenaar und der taufgesinnte Prediger Galenus Abrahamsz de Haan. Das Kollegium in Rotterdam behauptete sich am längsten (bis 1787).

J.C.van Slee, De Rijnsburger Collegianten, 1895 - C.B.Hylkema, Reformateurs I. II, 1900/02 - J.Lindeboom, Stiefkinderen van het Christendom, 1929, 337ff - Ders., Gesch. van het Vrijzinnig Protestantisme I, 1929, 96ff. *W.F.Dankbaar*

Rijssen, *Leonard van* (Rijssenius), holländischer ref. Theologe (ca 1636 bis ca 1700), * in Doesburg, 1655 Prediger in Tull en 't Waal, 1659 in Heusden, 1668 in Deventer, 1674 wieder in Heusden. R. war ein kampflustiger Anhänger des → Voetius und polemisierte in manchen Schriften gegen Cartesianer (→ Descartes) und Coccejaner (→ Coccejus), denen er nicht weniger als 559 Ketzereien nachwies.

Vf. u.a.: Synopsis impurae Theologiae Remonstrantium, 1661; De oude rechtsinnige waerheit verdonckert, 1664; Doot-Stuypen der Cartesianen en Coccejanen, 1667; Synopsis theologiae elencticae, 1671; Justa detestatio sceleratissimi libelli Adr. Beverlandi de peccato originali, 1680; F.Turrettini compendium theologiae ex theologorum nostrorum institutionibus theologicis auctum et illustratum, 1695. - Über R.: Jöcher III, 1751, 2336 - NNBW IV, 1190. *W.F.Dankbaar*

Rijswijker Klausel. Art. IV des R. Friedens (30.10. 1697) bestimmte die Restitution aller von Frankreich im Pfälzischen Erbfolgekrieg eroberten Gebiete an ihren früheren Besitzer, mit der Klausel, daß die durch die Reunionen und seit 1688 durch Frankreich eingezogenen pfälzischen Landesteile an Kurpfalz zurückgegeben werden sollten, jedoch die kath. Religion in den so restituierten Orten in dem Stand verbleiben sollte, in dem sie sich jetzt befand. Die Klausel war in Geheimverhandlungen des kath. Kurfürsten Johann Wilhelm (1690 bis 1716) mit der Kurie und mit Frankreich längst vorbereitet. Im Streit um die Auslegung kam dem Kurfürsten die franz. Diplomatie zu Hilfe. Der Gesandte Chamois legte eine Liste vor, in der alle Religionshandlungen der Franzosen verzeichnet waren. Darauf stützte sich der Kurfürst in den nächsten Jahren seiner Regierung. Jetzt erst begann die Religionsbedrückung von kath. Seite, da der Kurfürst die Klausel nicht als eine Beschränkung der Katholiken für den Stand zur Zeit des Friedensschlusses, vielmehr im Sinne einer möglichst weitgehenden Einschränkung der Reformierten ansah. - Die R.Kl. galt nicht für das Herzogtum Pfalz-Zweibrücken, da nach Art. IX des R. Friedens dieses frei und ganz zurückgegeben wurde. Hier wurde die kath. Religionsübung bes. in den Städten nur aus Toleranz zugelassen. Durch die R.Kl. erhielten jedoch die kirchlichen Verordnungen staatsrechtliche Bestätigung.

Actes et Mémoires des Négociations de la Paix de Ryswick, La Haye 1699 - J.C.Neuhaus, Der Friede von Ryswick, 1873, 276ff - M.Wagner, Unters. über die R. Religionsklausel, 1889 - RE XVIII, 273 - H.v.Srbik, Wien u. Versailles 1692-97, 1944. *G.Biundo*

Rilke, *Rainer Maria,* * 4.12.1875 in Prag, † 29.12.1926 im Sanatorium Val-Mont bei Montreux

1. Das Deutungsproblem - 2. Lebensstationen und Werkstufen - 3. Das sprachliche Weltbild des Spätwerks

1. Sieben Jahre später als Stefan → George und ein Jahr nach Hugo von → Hofmannsthal geboren, ist R. der bis heute wirkungsmächtigste Dichter der neuromantischen Generation (→ Impressionismus: II). Doch kann trotz vieler Untersuchungen und Deutungen der geschichtliche Sinn seiner Dichtung bisher nicht als wissenschaftlich zureichend erhellt gelten, und ihr ästhetischer Rang ist ebenfalls noch umstritten. R.s Wirkung war in erster Linie die eines religiösen Lyrikers. Aber die Frage nach der persönlichen Religiosität ist bei ihm noch weniger beantwortbar als bei andern neuzeitlichen Dichtern (→ Goethe, 1; → Baudelaire). Auch die Beschränkung auf das Werk, die Befragung der künstlerischen Aussagen auf ihren religiösen Sinn erbringt keine sicheren Ergebnisse. Denn es liegt ein sehr kompliziertes *Deutungsproblem* vor. - Ältere Forschung fand im »Stunden-Buch« die Ausdrucksformen mystischer Religiosität und entnahm ihm eine umfassende spekulative Theologie. Dann versammelte das Spätwerk alles Interesse auf sich und wurde u.a. als Zeugnis unmittelbarer Erfahrung von numinosen Wesen, einer Erschütterung durch das »Urphänomen des Mysterium tremendum und fascinans« gedeutet. Ihren Rückhalt im Werk haben solche Interpretationen einerseits in der Suggestionskraft der R.schen Gedichte, ihrer aus einer starken Phantasie des Gefühls erschaffenen Wirklichkeit, in der religiöse Urerfahrungen nachzuschwingen scheinen, anderseits in einer unerschöpflichen Fülle vieldeutiger Bilder und einander widersprechender Inhalte, über deren Verbindlichkeit und Sinn jeder Leser neu und anders entscheiden zu müssen glaubt. Ohne Entscheidungen kommen auch die meisten philosophischen Exegeten nicht aus, indem sie sich entweder an den traditionellen metaphysischen Motiven des Werks oder den modern ontologischen Denkformen und existenzphilosophisch deutbaren Sprachprägungen orientieren. Konträr zu den theologischen und philosophischen Auslegungen stehen sowohl die ästhetizistischen wie die psychologischen Interpretationen, die ihre Berechtigung gleichfalls in R.s Werk finden. Als poésie pure verstanden, sind R.s Gedichte dinghafte Kunstgebilde aus dem Material der Sprache und die Erlebnisse, Erfahrungen, Gedanken, die darin begegnen, nur Gestaltungs-»Vorwände«, unverbindlicher »Kunststoff«. Doch weisen die sprachkünstlerischen Figurationen mit verschiedenen Stilzügen immer auch zurück in den Bereich einer besonderen, persönlichen Not: R.s Lebensproblematik und »Schicksallosigkeit«. Über einer psychologisch beschreibbaren Konfliktsituation erhebt sich ein starker Wille zum großen dichterischen Werk, der sich als geheimes movens meist symbolistisch verklausuliert. So ist R.s Opus, obgleich äußerlich schmal, unabsehbar in seinen inneren Dimensionen und von größten Spannungen erfüllt, und das Deutungsproblem hängt mit einer problematischen, vielschichtig-widersprüchlichen Struktur der Sprache zusammen.

2. R.s Daseinsraum war Europa. Sein unruhvoller Weg führte ihn kreuz und quer durch den Kontinent, meist auf der Suche nach äußeren Entsprechungen und mäeutischen Hilfen für die sich im Innern bildende dichterische Welt. Die einzelnen *Lebensstationen* interessieren daher vor allem im Zusammenhang mit den *Stufen seines Werks.* Diese sind unlösbar mit bestimmten Landschaften verbunden, wie sie auch jeweils unter besonderen »Jahres-Regenten«, geistig-künstlerischen Leitbildern oder direkten Vorbildern, stehen. - Das Prag des ausgehenden

19.Jh.s bestimmte die literarischen *Anfänge* R.s. Auf der deutschsprachigen Insel inmitten des Tschechentums wuchs er als einziges Kind einer unglücklichen Ehe in engen bürgerlichen Verhältnissen und den Formen eines veräußerlichten Katholizismus heran. Der Vater, subalterner Eisenbahnbeamter, wünschte für ihn die Offizierskarriere, die ihm selbst verschlossen geblieben war. (Die Erfahrungen während der Militärschulzeit in St. Pölten und Mährisch-Weißkirchen, 1886-91, waren für R. so tiefgreifender Art, daß sie sich zeitlebens der künstlerischen Bewältigung, die er als dringende Aufgabe empfand, widersetzten.) Die exzentrische Mutter schürte die schriftstellerischen Ambitionen des Sohnes. So stand R.s Debut als Prager Caféhausliterat, das dem Abitur und dem Episode bleibenden Universitätsstudium noch vorausging, im Zeichen ehrgeiziger Betriebsamkeit.

Die Übersiedlung nach München (1896) brachte R. die seinem Leben die definitive Richtung gebende Begegnung mit Lou Andreas-Salomé, der einstigen Freundin Nietzsches, der er 1897 nach Berlin folgte. Während die Produktion der Prager Jahre den künftigen Dichter noch kaum verrät, zeigen die Gedichtbücher »Advent« und »Mir zur Feier« bei großer Nähe zum Jugendstil schon Ansätze zu Eigenem. Dokument des Durchbruchs zur *frühen Stufe* von R.s gültigem Werk ist das »Florenzer Tagebuch« von 1898. Aus dem Geist des europäischen Ästhetizismus und der → Lebensphilosophie der Jh.wende, in enger Anlehnung an → Nietzsche und in Spannung zu der mächtigen Persönlichkeit Stefan Georges ergreift und formuliert R. hier einen Glauben an die Kunst als Selbst- und Welterlösungsglauben und entwirft sich als »absolute«, monologische Künstlerexistenz. Auch die Verwirklichung ist vorgezeichnet: Verselbstung bis zur Selbstvergottung und Entselbstung bis zum Selbstopfer in der Hingabe an das irrationale »Es« des Lebens. Beide Wege, die R. in seinem Werk schöpferisch zu verbinden suchte, haben der Gott-Kreation durch die Kunst zu dienen. R. stellt sich hier in die religiöse Aufklärung des 19.Jh.s hinein, die die Religion auf Anthropologie zurückführte (→ Feuerbach). Auf sie traf er nicht nur bei Nietzsche, sondern auch bei Georg Simmel, Maeterlinck und vor allem bei → Jacobsen, der ihm bis in die mittlere Schaffenszeit Vorbild blieb. Von nun an befand er sich in mehr oder weniger offener Rivalität zum Christentum; fast alle biblischen Motive in seinem Werk sind als bewußte Kontrafaktur gestaltet. Im übrigen wird wegen der ebenfalls schon am Anfang des Weges konzipierten symbolistischen Mehrschichtigkeit der R.schen Dichtung nie ganz evident zu machen sein, wie weit der Existenzentwurf des »Florenzer Tagebuchs« im einzelnen verbindlich blieb, ob er je von innen her überwunden oder immer nur vertieft, sublimiert und nuanciert wurde. Zur ersten Verwirklichung des Entwurfs verhalfen die beiden russischen Reisen mit Lou Andreas-Salomé (1899 und 1900). Ihr unmittelbarer Ertrag ist die rasche, von R. als »Diktat« empfundene Niederschrift der ersten beiden Teile des »Stunden-Buchs« (ersch. 1905, zusammen mit dem 3. Teil, der schon Paris-Erfahrungen verarbeitet). Gleichzeitig entstehen in erster Fassung der »Cornet«, die »Geschichten vom lieben Gott« und das »Buch der Bilder«, das R. auf der Höhe impressionistischer Sprachkunst zeigt.

Die *mittlere Werkstufe* ist ohne die Großstadt Paris als übermächtige Wirklichkeit und geistige Landschaft nicht denkbar. Nach dem Worpsweder Zwischenspiel mit dem Versuch, seßhaft zu werden (Ehe mit Clara Westhoff), geht R. 1902 in die westeuropäische Metropole, die er kaum zu ertragen vermag, wohin er aber bis zum Weltkrieg von den vielen Reisen und Gastaufenthalten doch immer wieder zurückkehrt. (1903 flieht er nach Viareggio und Rom, 1904 ist er in Schweden, in den Frühjahren 1907 und 1908 auf Capri.) Paris wird ihm zur Schule des »Sehens«, »Fürchtens« und »Arbeitens«. Aus engem persönlichem Kontakt mit dem Bildhauer Rodin gewinnt er für sich die Einsicht, daß dichterische Realisation härteste Arbeit im Material der Sprache bedeutet, daß Kunst »gemacht« wird. Auch die französischen Lyriker → Baudelaire und Mallarmé, vor allem aber Cézanne (Ausstellung 1907) bestimmen ihn in dieser Richtung. Als Produkte der Werkstufe entstehen die »Neuen Gedichte« (ersch. 1907 und 1908), der bedeutendste Beitrag zu der jungen Gattung des sog. Dinggedichts, und die »Aufzeichnungen des Malte Laurids Brigge« (ersch. 1910). Mit diesem tagebuchartigen Werk, das eine neue Wirklichkeitserfahrung in neuer Form zu bewältigen sucht, steht R. am Anfang des modernen Romans und mitten in der Revolution der deutschen Prosa.

Im *Spätwerk* wirken mehrere landschaftliche Raumerfahrungen zusammen und tragen zur Konzeption und Gestaltung von R.s dichterischem »Weltinnenraum« bei: die Provence (1909); Ägypten (1911); die dalmatinische Felsenküste mit Schloß Duino, wo R. 1912 als Gast der Fürstin Thurn und Taxis sein Hauptwerk, die zehn großen Elegien, beginnt; Spanien (1912-13), das er mit den Augen → Grecos sieht; schließlich das Rhônetal im Schweizer Kanton Wallis. Hier konnte er 1922 in dem Schlößchen Muzot, seinem letzten Wohnsitz, die »Duineser Elegien« vollenden und durch die »Sonette an Orpheus« ergänzen (beide ersch. 1923). - Zwischen Beginn und Abschluß des Hauptwerks liegt eine tiefe Krise (1912-15), die durch den Weltkrieg, der R. in München festhielt, noch um Jahre verlängert wurde. (Ende 1915 für ein halbes Jahr Einberufung zum Militärdienst in Wien.) In der Krise erstrebte R. Seinserfahrung und Seinsvergewisserung in der Liebesbegegnung mit einem menschlichen Du und im Ringen mit dem »Engel«, dem übermenschlichen Du der »Elegien«. Es ging um den Durchbruch aus neuromantisch-solipsistischer Künstlerexistenz in eine dialogische Existenzform - ein Ziel, das ihm durch → Kierkegaard, den → Expressionismus, dessen Neuansatz er sofort erkannte, die Freundschaft mit Rudolf Kaßner und die Hinwendung zur deutschen Überlieferung, zu → Klopstock, → Hölderlin und → Goethe, nahegebracht wurde. Die Bemühungen, denen etwas Forciertes und Experimentelles anhaftet, waren zum Scheitern verurteilt. Die endgültige Wendung nach innen läßt sich verstehen als Rückkehr zum frühen Existenzentwurf auf höherer Ebene. R. zieht sich auf die reine Künstlersubjektivität zurück, die sich am Ende unter dem Bild des »erhörten Narziß« begreift. Über die Stufe der »Elegien« und »Sonette« führen die deutschen und französischen Gedichte der letzten Lebensjahre noch hinaus. R. gelangte in ihnen unter dem Einfluß Valérys, den er auch übersetzte, zu einer immer »innigeren«, abstrakt-figürlichen und zeichenhaften »Verwebung« seiner Sprachwelt, obgleich sein Schaffen schon von den Auswirkungen der Leukämie bedroht war, die zu seinem frühen Tode führte.

3. Trotz des gekennzeichneten Deutungsproblems (s. 1) läßt sich das in R.s Dichtung Objektivierte beschreiben, wenn man davon ausgeht, daß alles, auch was sich als gedankliche Aussage gibt, erst einmal der Setzung eines autonomen künstlerischen Kosmos, einer Welt aus Sprache dient. Das so verstandene *sprachliche Weltbild des Spätwerks* verdankt seine unverwechselbare Gestalthaftigkeit einer Raum-schaffenden Phantasie, die sich bis ins kleinste Stilistikum auswirkt. R. hat der Endlichkeit des Menschen, der Verfallenheit alles Sichtbaren an Schicksal und Vergänglichkeit (hier wird seine Bindung

an die abendländische Metaphysik deutlich) mit der Realisation einer dichterischen Raumwelt die »unendliche« Sinndimension des »Unsichtbaren« entgegengestellt. In dieser Welt hat der Mensch keinen festen Ort mehr, der neuzeitliche Perspektivismus ist aufgegeben. Als gestalterisches Fernziel zeichnet sich eine »offene«, aperspektivische, in einem unendlich ausgeweiteten Bewußtsein gespiegelte Welt der »Bezüge« ab. Annäherung an sie wird erreicht durch schnellen Wechsel der Perspektiven, durch Überschreiten aller im traditionellen Denken fixierten Grenzen und die Aufhebung der Antinomien des Daseins im »reinen Widerspruch« (Gesetz der → Komplementarität): »zu der stillen Erde sag: Ich rinne. / Zu dem raschen Wasser sprich: Ich bin« (Schlußverse der »Sonette an Orpheus«). Alles ist mit allem austauschbar, die Gegensätze schlagen unablässig ineinander um, wobei auf dem spontanen Geschehen des »Umschlags«, auf dem unobjektivierbaren Sinn-Jetzt zwischen dem Vorher und Nachher das gestalterische Schwergewicht liegt (5. Elegie). Die Dialektik von »Sein« und »Nichtsein«, von »présence« und »absence« (von Mallarmé übernommenes Begriffspaar) steht geistig-geschichtlich dem Wechsel von An- und Abwesenheit der Götter bei → Hölderlin (, 6) und dem Verständnis des εἶναι als »Anwesen« durch → Heidegger nahe; sie verweist innerhalb von R.s Werk auf die komplementäre Einheit von »Leben« und »Tod« und damit auf das »Ganze« des Daseins. Der in einer sich »objektiv« setzenden Innerlichkeit gebildete geistige Kosmos ist eine aus sich und in sich bewegte, gesetzhaft durchwirkte (vgl. bes. die Metaphorik der »Schwerkraft«), eine erlöste Welt, in der die Zeit nicht mehr als »die zerstörende« erscheint, sondern als »zyklische« dem Gesetz des umgreifenden Raumes untersteht. In dieser heilen Welt ist der »Engel« der »Elegien« die höchste mythische Figur in der Hierarchie der Seinsgestalten; ihr gehört auch der Mensch ursprünglich, im Unschuldsstande des Kindseins, an; in sie gehen der vergöttlichte orphische Dichter, die Liebenden, Helden, Heiligen und die jungen Toten ein, und in sie müssen – nach der Verwandlungslehre der 7. Elegie – die »Dinge« »gerettet« werden. Die Verwandlung des Sichtbaren ins Unsichtbare geschieht durch »Rühmung«, die die »Klage« in sich verwindet und sich als dichterische »Ontodizee« (in Analogie zum neuzeitlichen Theodizeedenken) verstehen läßt: »Nur das Nirgends ist böse, / alles Sein ist gemäß.« – So erstaunlich dieses sprachliche Weltbild als geistig-künstlerische Leistung ist, so sehr es in vielem in die Zukunft weist: von ihm gilt doch, daß es etwas Absolutes, vom Dichter Losgelöstes zu sein beansprucht, aber auf verschlungenen, von einer äußerst agilen spekulativen Phantasie begangenen Wegen mit seiner subjektiven Problematik verknüpft bleibt und mitgeprägt ist von einer zwiespältigen Tendenz zu Verkündigung und Lehre.

W.Ritzer, R.M.R. Bibliogr., Wien 1951. – GesW, 6 Bde, 1927; Sämtl. Werke, hg.v. E.Zinn, 5 (bisher 4) Bde, 1955ff; Tagebücher aus der Frühzeit, 1942. – Ges. Briefe, 6 Bde, 1936–39; Briefe, 2 Bde, 1950. – Briefwechsel mit L.Andreas-Salomé, 1952; mit M.v.Thurn u. Taxis, 2 Bde, 1951. – J.R.v.Salis, R.M.R.s Schweizer Jahre, (1936) 1952³ – W.Günther, Weltinnenraum, (1943) 1952² – H.Kunisch, R.M.R., 1944 – D.Bassermann, Der späte R., (1947) 1948² – W. Kohlschmidt, R.M.R., 1948 – Ders., Die entzweite Welt, 1953, 69 bis 97 – F.J.Brecht, Schicksal u. Auftrag des Menschen. Philosoph. Interpretationen zu R.M.R.s Duineser Elegien, 1949 – H.E.Holthusen, Der späte R., Zürich 1949 – Ders., R.M.R., 1958 – E.C.Mason, Der Zopf des Münchhausen, 1949 – W.Rehm, Orpheus. Der Dichter u. die Toten, 1950, 377–669 – O.F.Bollnow, R., (1951) 1956² – J.-F.Angelloz, R., Paris 1952; dt. 1955 – P.Demetz, René R.s Prager Jahre, 1953 – R.Guardini, R.M.R.s Deutung des Daseins. Eine Interpretation der Duineser Elegien, 1953 – E.Simenauer, R.M.R., 1953 – E.Buddeberg, R.M.R., 1955 – K.Leese, Ethische u. relig. Grundfragen im Denken der Gegenwart, 1956, 120–205 – I.Doll, R. in religionsgesch. Betrachtung (Diss. Heidelberg), 1957 (Masch.) – H.Meyer, Die Verwandlung des Sichtbaren (DVfLG 31, 1957, 465–505) – H.Singer, R. u. Hölderlin, 1957 – H.Mörchen, R.s Sonette an Orpheus, 1958 – U.Fülleborn, Das Strukturproblem der späten Lyrik R.s, 1960.

U.Fülleborn

Rinckart, *Martin* (1586–1649), * und † in Eilenburg, luth. Pfarrer, Dichter, Musiker. 1601 Thomasschüler in Leipzig unter Calvisius (→ Gabrieli-Schule), studiert er ebd bei C. → Becker, dessen Psalmbereimung er schätzte, und J.Mühlmann. 1610 wurde er Kantor in Eisleben, 1611 ebd Diakonus, 1613 Pfarrer in Erdeborn, 1617 in Eilenburg. Dem Reformationsgedenken widmete er 7 → Lutherdramen. Von seinen Liedern werden noch 3 gesungen, darunter »Nun danket alle Gott« (EKG 228), entstanden 1630 als Tisch-Gratias, von R. selbst mit einer Melodie versehen, die J. → Crüger leicht umformte. R.s sonstige Kompositionen zeigen flüssigen Villanellenstil.

M.R.s geistl. Lieder, hg.v. H.Rembe u. J.Linke, 1886 – EitnerQ 8, 1903, 243f – RE XVII, 13ff – Hdb. zum EKG II/1, 1957, 155f.

S.Fornaçon

Ringeisen, *Dominikus* (1834–1904), kath. Priester, errichtete 1884 die Ursberger Anstalten (Diözese Augsburg), die er zu einer führenden Pflegestätte für Geistesschwache, Taubstumme, Blinde und Körperbehinderte ausbaute. Zur Durchführung der Arbeit gründete er die 1897 kirchlich genehmigte St. Josefs-Kongregation. Durch liebevolle Pflege, Erziehung, Unterricht und Arbeitstherapie wollte R. seine Schützlinge »gut und glücklich« machen.

F.X.Kerer, D.R. von Ursberg, 1927 – LPäd (F) III, 1127.

K.Janssen

Ringeltaube, *Wilhelm Tobias* (* 1770), aus Schlesien, nach Studium in Halle und Ordination in Wernigerode 1796 als von der SPCK unterstützter Missionar für die dänisch-hallesche Mission (→ Indien: IV, 3) nach Indien ausgesandt. R. kehrte bald nach England zurück, trat in den Dienst der → Londoner Mission und wurde seit 1806 deren Pioniermissionar in Travancore. In aufopfernder Arbeit, den Indern so weit als möglich ein Inder werdend, hat er den Grund zu einer blühenden Kirche gelegt. 1816 verließ er Indien aus Gesundheitsgründen und ist auf der Heimreise verschollen.

Missions-Nachr. d. Ostind. Missions-Anstalt zu Halle 1878, 37ff; 1879, 61ff – R.Lovett, The Hist. of the LMS II, 1899, 21ff – W.Robinson, R. the Rishi, Sheffield 1902.

H.-W.Gensichen

Ringwaldt, *Bartholomäus* (1530–99), ev. Pfarrer, Dichter, * in Frankfurt/O., wo er von 1543 ab Schule und Universität besuchte. Seit 1556 im Kirchendienst, war er 1566–99 Pfarrer in Langenfeld (Neumark). Da in seiner Zeit reformatorische Impulse schwanden, wurde R. ein Warner der Christen vor Weltförmigkeit, nicht ohne eschatologische Aspekte. In Lehrgedichten, Schauspielen und über 200 Liedern (heute noch 6 gesungen, zB EKG 120. 167. 375) forderte er christliche Bewährung im Alltag.

Hdb. z. EKG II/1, 1957, 114ff (Lit.). 122; Sonder-Bd, 1959², 109. 191ff. 256. 564.

S.Fornaçon

Rink, *Melchior,* Täuferführer in Hessen, * ca 1493, erwirbt sich in Leipzig und Erfurt humanistische Bildung. 1523 wegen seiner reformatorischen Tätigkeit als Kaplan in Hersfeld ausgewiesen, gerät R. in Thüringen unter den Einfluß → Müntzers und nimmt am → Bauernkrieg teil. Als → Täufer taucht er 1527 mit → Denck und → Hätzer in Landau und Worms auf. Sein einflußreiches Wirken als Wanderprediger in der Gegend von Hersfeld gibt 1528 Anlaß zur Disputation an der Universität Marburg. Er wird des Landes verwiesen, kehrt zurück, ist zwei Jahre in Haft, predigt nach seiner Entlassung unbeirrt fort, bis er Ende 1531 wieder ins Gefängnis kommt. Noch 1551 liegt er dort. Als Täufer zeigt R. kaum noch Abhängigkeit von Müntzer. Er bringt den Einfluß des süddeutschen Täufertums in Hessen zur Geltung. Neben einem Brief an Eberhard von der Tann sind erhalten: ein Sendschreiben an die Gemeinde in Hessen (auch holländische Übersetzung), eine Widerlegung der Tauflehre J. → Baders und eine »Vermahnung und Warnung an alle, so in der Obrigkeit sind«.

Mennonitisches Lexikon III, 515f - Mennonite Encyclopedia IV, 336ff (jeweils Lit.) - R.Weiss, Die Herkunft der osthessischen Täufer (ARG 50, 1959, 1-16. 182-199) - J.S.Oyer, Anabaptism in Central Germany (Menn. Quart. Rev. 34, 1960, 219-248; 35, 1961, 5-37; vgl. die Juli-Nr. 1961). *H.Fast*

Rinteln, *Universität.* Entstanden aus dem 1610 von Graf Ernst von Holstein-Schaumburg mit vier Fakultäten gegründeten *»Gymnasium Academicum« zu Stadthagen,* wurde R. als Universität der Grafschaft → Schaumburg mit kaiserlichem Privileg (1620) am 17.7.1621 eröffnet. Als damals einzige luth. Volluniversität Nordwestdeutschlands konnte R. trotz mehrfacher Ausplünderungen im 30jährigen Krieg und trotz der kath. Okkupationsversuche von 1630-33 eine von Hessen bis nach Holstein reichende Wirkung ausstrahlen. - Die *»Academia Holsato-Schaumburgica«* wurde durch die Theologen Joh.Gisenius, Jos. → Stegmann, Balth. → Mentzer II, den Juristen Joh.Eichrodt, den Mediziner Joh.Pet.Lotichius und den Philosophen Andr.Heinr.Buchholtz zum Mittelpunkt der luth. Orthodoxie wie auch der geistigen »Weser-Renaissance«, wobei selbst → Paracelsus und das deutsche Recht hier frühzeitig Anerkennung fanden. Zu ihren Schülern gehörte Joh. → Rist. - Zur *»Academia Hasso-Schaumburgica«* wurde R. nach der Teilung Schaumburgs zwischen Schaumburg-Lippe und Hessen-Kassel, dessen luth. Landesuniversität (neben der ref. in → Marburg) R. seit 1647 war. Jedoch waren ref. Theologen in der philosophischen Fakultät als Lehrer zugelassen. Mit Joh.Henichius, einem Patenkind Joh. → Arnds, P. → Musäus und Heinr.Mart.Eccard wurden Schüler Georg → Calixts nach R. berufen. Das von Landgraf Wilhelm VI. veranstaltete *Kasseler Religionsgespräch* zwischen Theologen aus R. (Henichius, Musäus) und Marburg (Seb.Curtius, Joh.Heinius) sollte 1661 die Einheit von Lutheranern und Reformierten in den Fundamentalartikeln feststellen (→ Einigungsbestrebungen: II, 2 c), setzte jedoch die Rintelner Angriffen aus Wittenberg, Jena und Gießen aus. Auch die Wirksamkeit des → Molanus in R. galt der konfessionellen Verständigung. Zum Ansehen R.s trugen das »Spruchkollegium« der Juristen und die balneologischen Forschungen der Mediziner erheblich bei. - Mit dem Cartesianer Joh.Kahler fand die Aufklärung in R. Eingang. Joh.Jak.Plitt, Friedr.Wilh.Bierling, ein Freund von → Leibniz, und Gottfr.Schwarz, ein Marburger Schüler Chr. → Wolffs, führten die leibniz-wolffsche Philosophie in die theol. Fakultät ein. In der philosophischen Fakultät erlangten der Historiker Thom.Abbt, der Latinist Joh.Nic.Funck, ferner der Theologe und Literarhistoriker Ludw.Wachler besondere Bedeutung. Auf der neuen Professur für Ökonomik zeichnete sich Joh.Herm.Fürstenau aus. Um die Wende zum 19.Jh. lehrten in der theol. Fakultät Joh. M.Hassenkamp und Georg Friedr.Rullmann, beide als Herausgeber theol. Fachzeitschriften verdienstvoll, sowie J.A.L. → Wegscheider, der letzte Dogmatiker des Rationalismus. Ein Dekret Jéromes vom 10.12.1809 löste die Universitäten → Helmstedt und R. auf. Die verheißungsvolle Geschichte der *»Ernestina«* fand damit fast 200 Jahre nach ihrem Beginn ihr jähes Ende.

C.A.Dolle, Ausführl. Lebensbeschreibung aller Professorum Theologiae zu R., 1752 - F.K.Th.Piderit, Gesch. der hess.-schaumburg. Univ. R., 1842 - E.Schröder, Die Univ. R., 1927 - A.Woringer, Die Studenten der Univ. zu R., 1939 - R.Feige, Das Akadem. Gymnasium zu Stadthagen u. die Frühzeit der Univ. R., 1956.
W.Zeller

Ripelin, *Hugo* († ca 1270), auch *Hugo von Straßburg,* wohl einer der ersten deutschen Dominikaner, Prior in Zürich und Straßburg. R. ist hauptsächlich als Verfasser des Compendium theologicae veritatis bekannt, eines im Spät-MA überaus weit verbreiteten Handbuchs der Theologie, das in Aufbau und Gedankenführung vor allem vom Breviloquium → Bonaventuras abhängig ist.

Verz. von Hss., alten u. neuen Druckausgaben bei F.Stegmüller, Rep. Comm. in Sent. Petri Lomb. I, 1947, Nr. 368ff. - Hauck V, 257ff - K.Schmitt, Die Gotteslehre des Comp. theol. ver. des H.v. Str. (Diss. Münster), 1940 - VerfLex III, 1080f - G.Boner, Über den Dominikanertheol. H.v.St. (AFP 24, 1954, 269-286) - LThK² V, 519f. *B.Moeller*

Ripen *(Ribe),* dänisches Bistum (im südwestl. Jütland), 948 als Suffraganbistum von → Hamburg-Bremen mit → Schleswig und → Aarhus durch → Adaldag gegründet, seit Anfang des 12.Jh.s unter → Lund (: I). Domkapitel und Kathedralschule wurden 1145 errichtet. Im MA war R. neben Roskilde und Viborg eine durch Schiffahrt und Handel ansehnliche Stadt, der Bischof hatte eine bedeutende Stellung. Auf den letzten kath. Bischof Iver Munk (1499-1536) folgten als ev.-luth. Sup. Joh. → Wenth und als Bischof Hans → Tausen. Spätere Bischöfe waren → Hegelund und → Brorson.

B.Kornerup, Ribe katedralskoles historie I. II, Kopenhagen 1947/1952 - Ribe Bispesæde 948-1948. Festskrift i Tusindaaret, ebd 1948 - NTL III, 342ff - Ribe Stifts Aarbog. *W.Göbell*

Rist, *Johann* (1607-67), ev. Pfarrer, Dichter, * in (Hamburg-)Ottensen. Einer schwäbischen Hufschmiedsfamilie entstammend, studierte der dichterisch, musikalisch und zeichnerisch begabte Pfarrerssohn in Bremen, Rinteln, Rostock, Leiden, Utrecht und Leipzig Poesie, Pharmazie, Jura, Naturwissenschaften und Theologie, mehr ästhetisch als konfessionell geprägt. 1635 wurde er Pfarrer in Wedel (Holstein). Obwohl im 30jährigen Krieg zweimal an den Bettelstab gebracht, machte er als »poeta laureatus« (1653) und Gründer des Elbschwanenordens (1656) Hamburg zum Kunstzentrum des deutschen Nordens. Schöpfer von Dramen, weltlichen und geistlichen Poemen, holte R. Musiker von Rang (u.a. J. → Schop, Th.Selle, A. → Hammerschmidt, H.Scheidemann, Ch.Anton, H.Pape, M.Jakobi) heran, die seine Dichtungen mit eingängigen, zT höchst wertvollen Melodien versahen. Von seinen ca 700 Kirchenliedern (→ Kirchenlied: I, 3 c) singt man heute noch 15 (davon 8 im Stamm des EKG).

Geheimrat Detlev v. Ahlefeldts Memoiren, hg.v. L.Bobé, Kopenhagen 1896, 50. 107. 162f - RE XVII, 19ff - H.A.Plöhn, J.R. u. sein Geschlecht (Familiengeschichtl. Blätter 41, 1943, 223-230) - R.A.Schröder, GesW III, 1952, 651-685 - E.Sommer, Wer schuf das Lied »Sichers Deutschland, schläfst du noch«? (JLH 2, 1956, 127-130) - Hdb. zum EKG II/1, 1957, 185ff; Sonder-Bd., 1959², s. Reg.
S.Fornaçon

Ritenstreit. Schauplätze des R.s waren → Indien (: IV, 2) und → China (: IV B). In *Indien* entfesselte ihn die Tätigkeit des Jesuitenmissionars (→ Jesuiten, 5) Robert de Nobili, der 1605 in Madura eintraf und durch Gewinnung höherer Kasten die Massen zu gewinnen hoffte. Als Brahmane lebend, lernte er Sanskrit, stellte seine Botschaft als fünften Veda in die religiös-philosophische Gedankenwelt Indiens, behielt die Kasten bei, baute den von ihm getauften Brahmanen eine eigene Kirche und übernahm in Liturgie und Gemeindeleben

Hindu-Bräuche. Seine Absicht, die Mission aus der Bindung an Europa zu befreien, verführte ihn zu einer Anpassung, deren Bekämpfung durch seine Gegner sich in Äußerlichkeiten erschöpfte. Das trifft auch auf die Entscheidung → Gregors XV. zu, der 1623 in der Konstitution »Romanae sedis antistes« brahmanische Riten unter gewissen Vorbehalten billigte. Der Streit flammte um 1700 in Malabar wieder auf. Die Entscheidung des wenig sachkundigen Legaten Maillard de Tournon i.J. 1704 verurteilte Mißbräuche. Sie hat die Breven der nächsten Jahre (→ Clemens XI., → Innozenz XIII., → Benedikt XIII., → Clemens XII.) bestimmt, stieß aber auf unverminderten Widerstand der Jesuiten. Auf ihrer Linie lag schließlich das Verbot der malabarischen Riten durch Benedikt XIV. (Bulle »Omnium sollicitudo«, 1744). - In *China* entbrannte der R. daran, daß M. → Ricci und seine Anhänger den Ahnen- und Konfuzius-Kult als bürgerliche Einrichtungen duldeten. Ritengegner waren bes. Dominikaner und Franziskaner, die auch die von den Jesuiten geübte Wiedergabe des Gottesnamens durch die Ausdrücke T'ien (Himmel) und Shang-ti (Herr in der Höhe) als irreführend ablehnten. Viele verwarfen jede Form der Anknüpfung. Ein Religionsgespräch 1628 erklärte sich gegen die beiden Gottesbezeichnungen, billigte aber die Riten. 1635 sprach sich der Erzbischof von Manila gegen sie aus. Die Folge war ihr Verbot durch → Innozenz X. i.J. 1645. Es wurde 1656 gemildert. Aber 1700 entschied die Sorbonne gegen sie, nachdem schon 1692 der Apostolische Vikar von Fukien, Maigrot, sie verworfen hatte. Jetzt trat Kaiser Kanghi auf die Seite der Jesuiten. Als der 1707 von → Clemens XI. entsandte Legat Tournon gegen die Riten entschied, wurde er als sein Gefangener nach Macao gebracht, wo er 1710 im Gefängnis starb. Der Papst billigte Tournons Entscheidung. Zugeständnisse des Legaten Mezzabarba 1720 wurden 1723 durch → Innozenz VIII. aufgehoben. 1742 verbot → Benedikt XIV. (Bulle »Ex quo singulari«) die Riten endgültig. Katholiken haben sich bei der wissenschaftlichen Behandlung des R.s der Kritik an dieser Entscheidung zu enthalten. - Der R. erinnert an die noch ungelöste, aber in der kath. und ev. → Missionswissenschaft immer neu erörterte Aufgabe, das Evangelium so zu verkünden, daß es, von Europäismen befreit, den Asiaten in der Tiefe seines Menschseins, dh auch inmitten seiner Umwelt, trifft (→ Anknüpfung).

A. Huonder, Der chin. R., 1921 - J. Schmidlin, Kath. Missionsgesch., 1924, 376ff - J. Richter, Indische Missionsgesch., 1924, 64ff - Ders., Das Werden der Kirche in China, 1929, 50ff - J. Thauren, Die Akkomodation im kath. Heidenapostolat, 1927 - P. Dahnen, Robert de Nobili, l'Apôtre des Brahmes, 1. Apologie 1610, Paris 1931 - G. Rosenkranz, Der Nomos Chinas u. das Evangelium, 1936, 87ff - Latourette III, 269ff (Malabar). 349ff (China) - E. Jarry, La Querelle des Rites (Hist. Universelle des Missions Catholiques, hg.v. S. Delacroix, II, Paris 1957, 337-350). *G. Rosenkranz*

Rites de passage. Diesen Ausdruck hat A. van Gennep in seinem gleichnamigen Buch (Paris 1909; engl. 1960) in die religionsgeschichtliche Terminologie eingeführt zur Bezeichnung der besonderen Bräuche und Riten, die sich an einen »Übergang« knüpfen. Ein solcher Übergang besteht aus drei Teilen: 1. dem Scheiden von dem bisherigen Ort oder Zustand; 2. dem Aufenthalt im Zwischenraum oder Zwischenzustand und 3. dem Eintritt in den neuen Ort oder Zustand (vgl. ARW 18, 1915, 459). Die damit sich verbindenden Riten haben gerne kathartischen (reinigenden) Charakter: so schreitet man durch ein Tor oder etwas Ähnliches, um das einem anhaftende Übel hinter sich zu lassen (Chant II, 426, hier auch einige Beispiele). Ein R. d. p. ist zB das in Übergangsstadien allgemein vorkommende Scheren des → Haares (vgl. ARW 25, 1927, 203).

ERE VII, 317ff. Vgl. die Lit. zu → Initiation.
† A. Bertholet (M. Eliade)

Ritschl, 1. *Albrecht* (1822-89), ev. Theologe, * in Berlin als Sohn von 2, wandte sich, von K.I. → Nitzsch, J. → Müller und → Tholuck vorübergehend theologisch beeindruckt, durch Erdmann, Schaller und privates Hegelstudium philosophisch gebildet, der Tübinger Schule (F.Chr. → Baur) zu. Als PDoz. (1846-52), später Prof. (1852-64) in → Bonn widmete er sich zunächst nt. und patristischen Studien, deren Ergebnis er in der großen Monographie »Die Entstehung der altkath. Kirche« veröffentlichte. Bereits die erste Aufl. (1850) wich von Baur in wichtigen Punkten ab, die zweite (1857) sagte sich zugunsten einer unbefangeneren und im Ergebnis konservativeren Würdigung des biblischen Befundes vom Baurschen Schema geradezu los (→ Bibelwissenschaft: II, 4). Baur erblickte seitdem in R. einen Apostaten. Inzwischen hatte R. → Kirchen- und → Dogmengeschichte und → Dogmatik in sein Arbeitsgebiet einbezogen. Den Ertrag legte der 1864 nach → Göttingen Berufene in seinem dreibändigen Hauptwerk »Die christliche Lehre von der Rechtfertigung und Versöhnung« ([1870-74] 1888/89³) vor. Bd I behandelt das Thema dogmengeschichtlich, Bd II biblisch-theologisch, Bd III dogmatisch. Ab 1876 setzte R. zehn Lebensjahre an die Erforschung der »Geschichte des Pietismus«. Sein unter diesem Titel erschienenes Werk stellt in Bd I (1880) den → Pietismus in der ref., in Bd II (1884) und III (1886) in der luth. Kirche dar. Außerdem zeugen zahlreiche kleinere Schriften von R.s Schaffen.

R.s dogmatisches Interesse konzentrierte sich auf die Soteriologie. Folgende Lehre entwickelte er: Das Heil, das Christus gebracht hat, erweist sich im Religiösen und im Sittlichen, in der Sündenvergebung und im Reich Gottes. → Schleiermacher, dem R. sich an Weite des Blicks überlegen wußte, wofür ihm ein Jugenderlebnis symbolisch wurde, hat das Christentum einseitig als auf die durch Jesus von Nazareth vollbrachte Erlösung bezogen gedacht. Ebenso einseitig war die Rechtfertigungslehre Luthers, dessen wegweisende und einsame Größe R. im übrigen gegenüber den sog. Vorreformatoren und gegenüber Melanchthon stark betont. Das Christentum ist nicht einem Kreis, sondern einer Ellipse vergleichbar, deren anderer Brennpunkt das Reich Gottes ist.

Die → *Sündenvergebung* (= Rechtfertigung) besteht in der Aufhebung des Schuldbewußtseins Gott gegenüber. Denn → Sünde können nur mit freier Selbstbestimmung begangene, gegen das erkannte Gute gerichtete Handlungen sein. Darum gehören Sünde und Schuldbewußtsein zusammen, ja das Schuldbewußtsein ist der tiefste Ausdruck und zugleich die Strafe der Sünde, insofern sich in ihm das Mißtrauen gegen Gott, dh die Trennung von Gott, manifestiert. Die Lehre von einer göttlichen → Vergeltung durch Verhängung von Strafübeln ist als unterchristlich abzulehnen. Auch Luthers Lehre vom servum arbitrium (→ Luther: II, 4f) wie überhaupt der Gedanke einer Erb- (gleich Person-, Wesens-)Sünde sind Verirrungen. Sowohl Gott als der Mensch können nun die Sünde um der Wahrhaftigkeit willen nicht als ungeschehen ansehen. Das Schuldbewußtsein darf also nicht schlechterdings aufgehoben werden, sondern nur das mit ihm verbundene Mißtrauen gegen Gott, als zürne dieser dem Sünder. Das bedeutet: die göttliche Sündenvergebung muß als völlig gleichartig mit der Verzeihung unter Menschen gefaßt werden. Der von Gott beabsichtigte Erfolg der Rechtfertigung ist die → Versöhnung, dh der Vollzug einer gegenseitigen Übereinstimmung von Gott und Mensch: Der in der Sünde vollzogene Widerspruch des Willens gegen Gott wirkt nun nicht mehr fort, und der versöhnte Sünder ist nicht mehr nur Subjekt des Schuldbewußtseins, sondern zugleich auch Subjekt des Glaubens. Die → Rechtfertigung ist ein schöpferischer Willensakt Gottes, der die von ihm getrennten Menschen in die Gemeinschaft mit sich aufnimmt, und muß daher mit den Reformatoren und der → Orthodoxie (gegen Katholizismus und Pietismus) nach Analogie eines synthetischen (nicht analytischen) Urteils gedacht werden: Gott spricht den Sünder gerecht, nicht den Gerechten. Allerdings ist Gott dabei nicht als Gesetzgeber und Richter, sondern als Vater vorzustellen, wie überhaupt die traditionellen juristischen Kategorien aus der Rechtfertigungslehre auszuscheiden sind. Mit dem Rechtfertigungs- ist der Erwählungsgedanke zu verbinden, insofern die christliche Gemeinde als Ganzes in Christus erwählt ist (→ Erwählung: III, 4). Die göttliche Absicht der Rechtfertigung ist demnach nicht unmittelbar auf den einzelnen, sondern auf die Gemeinde gerichtet, welche die Mutter der Glaubenden ist. Nur in der Gemeinde hat der einzelne Vergebung und Gemeinschaft mit Gott. Der Gedanke einer → Unio mystica, überhaupt eines Privatverhältnisses zu Gott, ist verfehlt. Mystik und Pietismus sind scharf zu bekämpfen.

Das → *Reich Gottes* (: II. III) ist als universale sittliche Gemeinschaft der Endzweck des göttlichen Weltplans und der Endzweck des Menschen. Durch die Rechtfertigung wird der Mensch instand gesetzt, das Reich Gottes zu verwirklichen. Die Sünde ist nämlich in sittlicher Hinsicht ein »Ausdruck derjenigen Störung des bestimmungsmäßigen Wechselverhältnisses zwischen Sittengesetz und Freiheit, welche aus dem gesetzwidrigen Mißbrauch der Freiheit« hervorgeht. Durch die Aufhebung des Schuldbewußtseins und damit der Sünde in der Rechtfertigung wird also sittliches Handeln des Menschen erst ermöglicht. Die Erfüllung des Sittengesetzes (im Kantschen Sinn) obliegt dem Menschen, »weil der Endzweck, welchen Gott in der Welt verwirklichen will, eben durch das menschliche Geschlecht verwirklicht werden soll«. Der göttliche und der menschliche Endzweck, Verleiblichung Gottes in der Gesamtheit der sittlichen Geister und Vergeistigung des Menschen im Sinne höchster Sittlichkeit, fallen zusammen – und zwar auf Grund der Liebe Gottes. Denn Liebe ist der »stetige Wille«, der auf die »Förderung des erkannten oder geahnten Selbstzweckes« seines Objektes gerichtet ist: der Selbstzweck des andern wird in den eigenen Selbstzweck aufgenommen. Da das Reich Gottes auf der Liebe Gottes beruht und Liebe sich nur auf Gleichartiges richten kann, so muß in ihm die Nächstenliebe als die Übernahme des Selbstzweckes des Nächsten herrschen. Nächstenliebe ist zugleich Kennzeichen des Reiches Gottes und höchster Erfüllung des Sittengesetzes. Jesus hat das Reich Gottes in seiner Erscheinung verwirklicht und den Menschen sein Wesen und die Mittel seiner Erlangung mitgeteilt. Die vor- und außerchristliche Menschheitsgeschichte muß als Erziehung des Menschengeschlechts auf das Reich Gottes hin verstanden werden, wobei einzelne sittliche Güter (Familie, Volk u.a.) das Reich Gottes vorbereiten. Die → Kirche (: III, 4 e) ist nicht selbst das Reich Gottes, sondern ein Mittel zu seiner Herbeiführung durch sittliche Beeinflussung. Diese Unterordnung der Kirche unter den Zweck des Gottesreiches wurde von den Reformatoren bereits gesehen, aber erst von → Kant klar herausgestellt. Auch der Staat ist nicht Selbstzweck, sondern Mittel zum Zweck der allgemeinen sittlichen Gemeinschaft. Im Widerspruch zu aller Möncherei und Pietisterei wird das Reich Gottes nicht durch Weltflucht und Kontemplation, sondern durch die auf die Erfüllung der Zwecke des Nächsten gerichtete Ausübung der »weltlichen Berufsarten« verwirklicht. Treue im Beruf und Vertrauen auf Gott, welches im Glauben an die göttliche Vorsehung, in Demut, Geduld und Gebet ausgeübt wird, bilden zusammen die christliche Vollkommenheit. Mag auch die Pflichterfüllung im einzelnen unvollkommen sein, so ist doch der Christ in seiner Art ein Ganzer, weil ihn das sittliche Streben und das Gottvertrauen beseelt, das ihn befähigt, sich über die Welt zu erheben.

Die → *Christologie* (: II, 8 e) muß sich nach dem Kanon richten: Christus erkennen, heißt seine Wohltaten erkennen. Wir müssen theologisch fragen: Wie ist Christus für uns?, nicht metaphysisch: Wie ist er an sich? Die Gemeinde, die Christi Wohltaten, Sündenvergebung und Reich Gottes, erfahren hat und auf sie gegründet ist, muß bekennen, daß Christus ihr Herr und Gott ist. »Eine Auktorität, welche alle anderen Maßstäbe entweder ausschließt oder sich unterordnet, welche zugleich alles menschliche Vertrauen auf Gott in erschöpfender Weise regelt, hat den Wert der Gottheit.« Freilich handelt es sich hierbei nicht um eine dogmatische Spekulation im Sinne der altchristlichen Zwei-Naturen-Lehre, sondern um eine Aussage über den geschichtlichen Jesus auf Grund der historisch-kritisch ausgelegten Schrift (→ Inspiration: III, 3) – eine Aussage übrigens, die wir bei diesem selber nicht suchen dürfen; denn die Vorstellung von der Gottheit Christi und die Anwendung des at. Gottesnamens auf ihn ist erst aus der Gemeinde hervorgegangen: »Christus selbst war nicht in der Lage, sich unter diesem Attribute zu bezeichnen.« Christi Gottheit erweist sich in seiner Liebe, Gnade und Treue, in denen das eigentliche Wesen Gottes zu sehen ist, während Allmacht, Allgegenwart und Allwissenheit nur sekundär und bei Jesus nicht zu finden sind. Christi Gnade und Treue offenbaren sich in seinem Lebenswerk, das als Berufserfüllung im Sinne eines königlichen Prophetentums und eines königlichen Priestertums beschrieben werden muß. Indem Christus sich durch die ihm mit ganzer Macht widerstrebende Welt nicht beirren ließ und alle ihm widerfahrenden Übel einschließlich des Todes geduldig ertrug, überwand er die Welt und brach deren Macht. Christi Berufstreue im Leiden ist der Tatbeweis seiner Weltherrschaft und das Urbild des Reiches Gottes. Die juristische Deutung des Todes als stellvertretende Genugtuung ist abzulehnen. Der Tod Christi ist vielmehr »der kompendiarische Ausdruck dafür, daß Christus seine religiöse Einheit mit Gott und seine Offenbarungsstellung in seinem ganzen Lebensverlauf innegehalten hat«. Stiftung der Sündenvergebung ist identisch mit Gründung der christlichen Gemeinde, als deren wirksames Haupt Christus vorzustellen ist.

Die Lehre von → *Gott* (: V, 19) muß unter Abweisung aller natürlichen Theologie allein auf die Christusoffenbarung gegründet werden. Darum ist auszugehen von dem Satz: Gott ist Liebe. Damit haben wir den zureichenden Begriff von Gott, während der Begriff des Absoluten als »Idol« und »metaphysischer Götze« abzuweisen ist. Der Gegenstand der göttlichen Liebe ist die geschaffene Welt – aber nicht als Natur, sondern als die sittliche Einheit des Menschengeschlechts, für welche die Natur das Wirkungsfeld darstellt. Sündenvergebend kann die göttliche Liebe sein, ohne unsittlich zu werden, weil und sofern die menschliche Sünde in der Sicht Gottes Unwissenheit ist. Alles, was wir sonst von Gott aussagen: Persönlichkeit, Ewigkeit usw, ist Erscheinungsform seiner Liebe. Über Gottes Ansichsein sind Aussagen nicht möglich, aber für den Glauben auch nicht nötig. – Die Eigenständigkeit der Theologie beruht einerseits auf dem Ausgang von der Christusoffenbarung, andererseits auf ihrer Erkenntnistheorie. Während theoretisches Erkennen, bes. die → Metaphysik, mit Seinsurteilen arbeitet, hat die Theologie sich auf Werturteile zu beschränken. Alle Metaphysik in der Theologie muß zugunsten einer reinlichen Scheidung bekämpft werden.

Als Wortführer einer auf die biblische und reformatorische Heilsbotschaft gestützten, betont rationalen, charaktervollen und unerschütterten Frömmigkeit hat R. vielen Zeitgenossen aus der Seele gesprochen, bei andern, und zwar sowohl auf liberaler wie auf kirchlich-konservativer Seite, auch leidenschaftlichen Widerspruch gefunden. Gottvertrauen und Vorsehungsglaube sind das Rückgrat dieses Christentums, treue Berufserfüllung ihr Betätigungsfeld. Alle darüber hinausliegenden Probleme werden entschlossen beiseitegeschoben. Dadurch kommt es trotz des reichlichen Rückgriffs auf Bibel und Reformation zu einer Verharmlosung wesentlicher Stücke der Verkündigung, bes. in der Sündenlehre durch einen psychologistischen Schuldbegriff und in der Gotteslehre durch einen ethizistischen Liebesbegriff, wobei vergeltende Gerechtigkeit und Zorn Gottes durch Beschränkung auf die Sünde gegen den Hl. Geist praktisch eliminiert werden. Die von → Lotze beeinflußte Erkenntnistheorie, der R. selbst, wenn auch nur als Hilfskonstruktion, große Bedeutung beimaß, ist verfehlt. Der nt., der kirchen- und dogmengeschichtlichen, vor allem der Luther- und Melanchthonforschung, hat R. durch seine mit großer Gelehrsamkeit vorgetragenen aufreizenden Thesen kräftige Impulse gegeben. - Vgl. → Ritschlianer.

Vf. ferner u.a.: Die christl. Vollkommenheit, (1874) 1889²; Unterricht in der christl. Religion, (1875) 1886³ (beide kritisch hg.v. C. FABRICIUS, 1924). - Über R.: O.RITSCHL, A.R.s Leben I. II, 1892/96 (vollst. Bibliogr.) - RGG² IV, 2043ff (Lit.) - G.HÖK, Die elliptische Theol. A.R.s (UUÅ 1942, 3) - H.-O.WÖLBER, Dogma u. Ethos, Christentum u. Humanismus von R. bis Troeltsch, 1950 - BARTH, PrTh 598ff - P.WRZECIONKO, Der Einfluß der Philos. Kants auf die Theol. A.R.s (Diss. Münster), 1953 - HIRSCH V, 557ff - CHR.WALTHER (→ Rothe, 3) - W.KLAAS, R.s »Unterricht...« u. Karl Barths Abrisse der Dogmatik. Ein Vergleich (in: Antwort. Festschr. f. K. Barth, 1956, 388-398) - CHR.SENFT, Wahrhaftigkeit u. Wahrheit (BHTh 22), 1956, 124ff - EKL III, 660f - B.BERNDT, Die Bedeutung der Person u. Verkündigung Jesu für die Vorstellung vom Reiche Gottes bei A.R. (Diss. Tübingen), 1959. *E.Schott*

2. *Carl* (1783-1858), ev. Theologe, * in Erfurt. 1807 Kollaborator, 1809 Subrektor am Köllnischen Gymnasium in Berlin, 1810 Prediger an St. Marien in Berlin, 1817 Konsistorialrat, Mitarbeiter an der Agende von 1824 und dem Berliner Gesangbuch von 1829. 1827 wurde er General-Sup. und Bischof von Pommern in Stettin, 1829 Mitglied des Petersburger Komitees zur Schaffung des Allgemeinen Reglements mit der Agende für die ev.-luth. Kirche in Rußland. R. war ein eifriger, aber maßvoller Förderer der Agenden- und Unionssache und ihrer Durchsetzung in → Pommern gegen den Widerstand von Erweckten, Altlutheranern (→ Luthertum: III B) und Konfessionellen.

RE XVII, 34ff - S.SCHLAUCK, Bischof G.C.B.R. (in: Herbergen der Christenheit, hg.v. F.LAU, 1959, 96-127). *S.Schlauck*

Ritschlianer. A. → Ritschl wurde nach dem Erscheinen des 3. Bandes seines Hauptwerks (1874) rasch das Haupt einer Schule, die etwa ein Vierteljahrhundert lang einerseits eine große Anziehungskraft ausübte, andererseits lebhaften Widerspruch fand, bis um 1900 neue Erkenntnisse und Fragestellungen in den Vordergrund zu treten begannen, die über Ritschl entscheidend hinausführten. 1913 konnte A.Titius, der als Kaftanschüler mit den R.n zusammenhängt, bereits schreiben: »... in weiten Kreisen gilt sie (sc. die Ritschlsche Theologie) heute als veraltet. So viel an diesem Urteil auch bloße Modesache ist..., so läßt sich doch gar nicht leugnen, daß in der Tat jene Theologie in wichtigsten Punkten heute als überholt bezeichnet werden muß.« Der 1. Weltkrieg und die damit verbundenen Erschütterungen des gesamten Lebens riefen dann einen tiefgreifenden Stimmungswandel hervor, so daß an eine Erneuerung der Ritschlschen Theologie vollends nicht mehr zu denken war. Dieser Umschwung war aber nicht ein Abbruch, sondern eine Beschleunigung der in Gang befindlichen Entwicklung.

Die Männer, die sich in den 70er und 80er Jahren um Ritschl scharten, stammten großenteils aus den Kreisen der konfessionellen oder der → Vermittlungstheologie: W. → Herrmann hatte bei → Tholuck und J. → Müller seine theologische Ausbildung erhalten, A. → Harnack in dem luth. → Dorpat, Gottschick in Erlangen bei → Hofmann, Thomasius und → Frank, → Kattenbusch in Bonn, Berlin und Halle, → Schürer in Erlangen, Berlin und Heidelberg, Hermann Scholz in Gnadenfeld. Von den Genannten hatte keiner in Göttingen studiert; sie kannten Ritschl im wesentlichen aus seinen Veröffentlichungen. Angezogen wurden sie durch den energischen Rückgang auf die geschichtliche Offenbarung in der Person Christi, wodurch die Theologie von den philosophischen Zeitströmungen unabhängig wurde, sowie durch die Zuversicht, bei voller Handhabung der historisch-kritischen Methode die zentralen Offenbarungswahrheiten aus der Schrift erheben zu können. Auch der ethisch-praktische Zug und der Rückgang auf Luther wurden begrüßt. Wissenschaftliche Publikationsorgane der Schule wurden die 1876 gegründete und von Schürer geleitete ThLZ, in deren Redaktion 1881 Harnack eintrat, und die 1891 gegründete, von Gottschick geleitete ZThK. Für die Verbreitung Ritschlscher Anschauungen in den Gemeinden sorgte die 1887 gegründete kirchliche Wochenschrift → »Christliche Welt«, die von M. → Rade sehr geschickt geleitet wurde und bald einen großen Aufschwung nahm. In welchem Maß der theologische Nachwuchs zu Ritschl abgewandert war, zeigte sich bei der Besetzung der Professuren. → Gießen bekam als homogen mit R.n besetzte Fakultät schnell einen großen Zulauf. In → Berlin, → Marburg, → Tübingen, vorübergehend in → Leipzig, → Bonn, → Jena wirkten R. Auch Ältere schlossen sich Ritschl an, so Hermann Schultz und → Brieger.

Was die R. untereinander verband, war nicht so sehr die Gleichheit wissenschaftlicher Aufgaben und Ergebnisse, als vielmehr der methodische Ausgang von der biblisch-geschichtlich erfaßten Person Jesu als dem Offenbarer Gottes und Bringer des Heils. Im übrigen bestanden zwischen ihnen und auch zu Ritschl erhebliche Unterschiede. Th.Häring hielt an dem Verständnis des Todes Jesu als Sühnetod fest, J. → Kaftan an einem mit Christus in Gott verborgenen Leben der Seele. Beiden widersprach Ritschl: Häring gebe einem pietistischen Bedürfnis Raum, Kaftan der Mystik; der Christ sei vielmehr selig, indem er im Reiche Gottes sittlich handle. Dagegen ließen Gottschick, vor allem aber Harnack und Wendt, unter Berufung auf Ergebnisse der historisch-kritischen Forschung im wesentlichen nur den synoptischen Jesus gelten und kritisierten Ritschls Schriftprinzip, wonach alle nt. Schriften, bes. auch Paulus und Johannes, christologisch auszuwerten sind. Mit dem alten dogmengeschichtlichen Prozeß »der Umdeutungen und halben Anschlüsse« müsse gebrochen werden (Harnack); die »religiöse Lehre Jesu Christi als des Stifters der christlichen Religion« sei die »alleinige Norm zur Feststellung des echten Wesens der christlichen Religion« (Wendt). Die R. bekamen damit einerseits mit der konfessionellen, andererseits mit der liberalen Theologie (→ Liberalismus: III, 1) Fühlung. Die Grenzen der Schule begannen sich zu verwischen. Die großen wissenschaftlichen Leistungen der R. lagen zunächst weniger auf systematischem als auf historischem Gebiet: Harnacks umfangreiches Lebenswerk, bes. sein Lehrbuch der Dogmengeschichte, die Arbeiten seines Schülers → Loofs, die Werke von Kattenbusch, P. → Drews, K. → Müller und O.Ritschl sind hier zu nennen. Auch in der Praktischen Theologie (Drews, Gottschick) und in der → evangelisch-sozialen Arbeit wirkten R., darin die Spuren Ritschls, der → Stoeckers Sozialpolitik scharf abgelehnt hatte, verlassend. Große Arbeiten zur Symbolik (→ Konfessionskunde) lieferten Kattenbusch, Loofs, Mulert. Bedeutende systematische Konzeptionen wurden von Herrmann, Kaftan, Titius und → Wobbermin vorgelegt, die aber jeder in seiner Weise erheblich von Ritschl abwichen und zT bedeutend über ihn hinausführten, schon durch ihre Problemstellung: Glaube und Geschichte (Herrmann), die Einheit des Erkennens (Kaftan), Glaube und Naturwissenschaft (Titius), Theologie und Religionspsychologie (Wobbermin). Sind die Letztgenannten mit Ritschl noch mehr oder weniger verbunden, so ist der Rahmen der Schule bei anderen, die von ihm ausgegangen sind, entschieden gesprengt. Bender bekannte sich 1886 zu einer illusionistischen Religionstheorie und ging von der theologischen zur philosophischen Fakultät über. Dieser Einzelfall war von grundsätzlicher Bedeutung, weil er die offene Flanke der Ritschlschen Erkenntnistheorie grell beleuchtete. Ritschls Schwiegersohn J. → Weiß bestritt dem Ritschlianismus 1892 die nt. Grundlage durch den Nachweis des eschatologischen Charakters der Reich-Gottes-Erwartung Jesu. Ritschl ist durch seinen frühen Tod davor bewahrt geblieben, an Weiß dasselbe zu erleben, was Baur an ihm erlebt hatte. → Troeltsch erweiterte den geistes- und kulturgeschichtlichen Horizont der Dogmatik weit über den neukantischen Rahmen des Ritschlianismus hinaus und bezeichnete 1891 als das Grundproblem der Dogmatik, die religiöse Erkenntnis mit der zu einer Zeit herrschenden Bildung auszugleichen, um dadurch der Religion vollen Spielraum zu verschaffen. Der christliche Glaube wird hier in eine Abhängigkeit von Philosophie und Welterkennen gebracht, die bei Ritschl infolge der ungeklärten Voraussetzungen seiner Theologie (historisch-kritische Methode, idealistische Reich-Gottes-Idee!) zwar ansatzweise vorhanden ist, seinem Christozentrismus aber widerspricht. Weiß und Troeltsch gehörten mit andern ehemaligen R.n zur → Religionsgeschichtlichen Schule, die entscheidend dazu beigetragen hat, den Ritschlianismus zu antiquieren. Freilich darf nicht übersehen werden, daß auch der heftigste Gegenschlag, die → Dialektische Theologie, über W.Herrmann mit Ritschl zusammenhängt und ohne ihn nicht zu denken ist. Kann man Ritschl cum grano salis als Vater des »Kulturprotestantismus« bezeichnen und »darf man mit dem Begriff der späteren ›dialektischen Theologie‹ das Verdienst einer Überwindung des ›Kulturprotestantismus‹ verbinden, so muß man hinzusetzen, daß die geistigen Waffen dazu (man denke an Bultmanns Existenzialismus und an Barths Ablehnung der natürlichen Theologie) teilweise dem Arsenal entnommen sind, aus dem der ›Kulturprotestantismus‹ selber kam« (O.Weber, Grundlagen der Dogmatik I, 1955, 166). - Vgl. → Systematische Theologie: II.

RGG² IV, 2047ff (Lit.). - Vgl. ferner die Lit. zu → Ritschl, → Systematische Theologie: II sowie zu den im Text genannten Einzelartikeln. *E.Schott*

Rittelmeyer, *Friedrich* (1872-1938), * in Dillingen (Donau), 1902-16 ev. Pfarrer in Nürnberg, 1916-22 in Berlin, Mitbegründer der → Christengemeinschaft, 1922-38 mit Wohnsitz in Stuttgart deren erster Leiter (Vortragsarbeit und literarische Tätigkeit). R.s Weg führte von einer eigengeprägten liberalen Theologie zur → Anthroposophie. Beim Eintritt in den kirchlichen Dienst verband er die Zusage, nicht gegen die Bekenntnisgrundlage zu polemisieren, mit der Forderung, frei aussprechen zu können, was sich ihm als religiöse Wahrheit ergeben würde. Das Ziel seiner vielseitigen Wirksamkeit, die sich literarisch bes. in zwei mit C. → Geyer herausgegebenen Predigtbüchern dokumentierte, war die als Vergeistigung verstandene religiöse Entfaltung des Menschen. In der Lebenstat Jesu, aufgefaßt als Offenbarung, Erschließung und Übertragung der Gemeinschaft mit Gott, sah er dazu die entscheidende Hilfe. Seinem an religiöser Erfahrung und Ichentwicklung orientierten Denken blieb das Zeugnis von der im Glauben vollendeten Rechtfertigung des Sünders ein unannehmbares Dogma. Die intensive Auseinandersetzung mit allen geistigen Erscheinungen seiner Zeit brachte R. zur Beschäftigung mit der Anthroposophie und zur Begegnung mit R. → Steiner. Hier erschien ihm seine Hoffnung auf eine religiöse Erneuerung und eine »Neue Kirche« erfüllt, der Übergang zur Anthroposophie als Weg »von Jesus zu Christus«. Nun trat für ihn an die Stelle des liberalen Jesusbildes der anthroposophische Christus, von dem innerhalb des Steinerschen Weltbildes massiv-realistische Wirkungen zur Höherentwicklung des Menschen ausgehen. Aus dem Prediger des als zu subjektiv verurteilten ev. Gottesdienstes wurde der Priester der als heilsam objektiv empfundenen kultischen Menschenweihehandlung. Diese Wendungen vollzog R. innerhalb einer folgerichtigen Fortführung seiner Theologie. Seine religiösen Aussagen standen auch weiterhin unter dem Gesetz der Erfahrbarkeit, allerdings so, daß die Bindung an die eigene Erfahrung durch die Bindung an die sich als wissenschaftliche Erfahrung gebenden Schauungen Steiners abgelöst wurde. Das Ziel blieb die Vergeistigung des Menschen, die durch das anthroposophische Menschenbild bestätigt und methodisch erreichbar gemacht wurde. Damit behielt das menschliche religiöse Streben seinen entscheidenden Rang. Es wurde lediglich dadurch neu motiviert, daß R. von Steiner die Lehre von Reinkarnation und → Karma übernahm und damit die Aufhebung der Tatsünde dem menschlichen Werk zuwies.

Vf. u.a.: Gott u. die Seele, (1906) 1922; Leben aus Gott, (1911) 1912 (beides mit C.Geyer); Jesus, (1912) 1920; Christ u. Krieg, 1916; Meine Lebensbegegnung mit R.Steiner, (1928) 1953; Meditation, (1929) 1959; Christus, (1936) 1950; Aus meinem Leben, 1937; Briefe über das JohEv, (1938) 1954. - Über R.: E.Lüders, F.R., 1921 - Gedenknummer der Zeitschr. »Die Christengemeinschaft« 15, 1938, 29-56 - G.v.Rad, F.R. (ThBl 18, 1939, 127-131) - O.Palmer, F.R., 1950 - J.Rathje, Die Welt des freien Protestantismus, 1952, 293ff.
K.v.Stieglitz

Ritter, *Erasmus* († 1546), * in Bayern, Prediger in Rottweil, wurde 1522 nach Schaffhausen berufen, um den Einfluß des Zwinglianers → Hofmeister zu brechen. Dies nötigte R. zu gründlichem Schriftstudium und führte ihn nach der Zürcher Disputation 1523 zum ev. Glauben. Mit Hofmeister stand er beim Religionsgespräch zu Baden 1526 → Oekolampad wacker zur Seite. Der Bauernaufstand und täuferische Wirren verzögerten die Einführung der Reformation bis 1529. Streitigkeiten mit dem luth. gesinnten Kollegen Benedict Burgauer führten 1536 zu beider Entlassung. In Bern geriet R. wieder in einen zwinglisch-luth. Konflikt (zwischen → Megander und → Bucer) hinein. Klug nachgebend, wußte er sich als Zwinglianer doch in der »luth.« Strömung zu halten. R. hat viel dazu beigetragen, die von den Bernern 1536 eroberte Waadt kirchlich an Bern anzuschließen. Als einziger Berner Geistlicher trat er für die 1538 aus Genf vertriebenen → Calvin und → Farel ein. Bis zum Tode hielt er die freundschaftlichen Beziehungen zu den »welschen« Reformatoren aufrecht.

C.B.Hundeshagen, Die Conflikte des Zwinglianismus, Luthertums u. Calvinismus in der bernischen Landeskirche 1532-58, 1842 - RE XVII, 39ff - J.Wipf, Reformationsgesch. der Stadt u. Landschaft Schaffhausen, 1929. *O.E.Straßer*

Ritterorden, *geistliche*

1. Allgemeines - 2. Die internationalen R. - 3. Die deutschen R. - 4. Die R. der Iberischen Halbinsel

1. Die mittelalterlichen R. entstanden während der → Kreuzzüge als die reinste Verkörperung der militia Christi, der Verbindung von abendländischem Rittertum und Waffendienst für den Glauben. Sie verknüpften die Lebensordnung des → Mönchtums (: II, 4) mit dem Kampf für die Verteidigung oder Ausbreitung des Christentums, zT auch mit der → Krankenpflege (→ Hospitaliter). Während die Kreuzfahrer nur periodisch für den Kampf mit den Heiden zur Verfügung standen, waren die R. an den Fronten des Heidenkampfes stets einsatzbereit. - Die R. gliederten sich entsprechend der ständischen und taktischen Gliederung der weltlichen Heere in Ritter, für die sich das Prinzip adliger Abstammung entwickelte und die zumeist aus dem niederen Adel kamen, und servientes (sergeants, Sarjantbrüder), rittermäßig lebende Leute nichtadliger Herkunft, bes. aus dem städtischen Patriziat, die gleichfalls Kriegsdienst, aber auch einfachere Dienste leisteten, ferner in die Priesterbrüder für die gottesdienstlichen Pflichten und die Verwendung in Kanzlei, Verwaltung und Krankenpflege, und schließlich die Halbbrüder o.ä. für niedere praktische Dienste. Die R. waren fast alle exemt. - Durch die reichen Schenkungen, die den R. die materiellen Grundlagen für die Erfüllung ihrer Aufgaben sichern sollten, zT auch durch aktive Betätigung in der Wirtschaft (Johanniter, Templer und Deutschorden, letzterer namentlich in Preußen, im Fernhandel, hervorragend die Templer, auch die Johanniter im Kreditgeschäft, beide im Pilgerverkehr, spanische R. in Quecksilber-Bergwerken) stellten die R. eine bedeutende wirtschaftliche Macht dar; ihr äußeres und inneres Schicksal wurde hiervon mitbestimmt. - Die R. blieben der Aufgabe des Kampfes gegen die Heiden treu, solange diese Aufgabe bestand. Danach wurden sie zu Versorgungsanstalten für den Adel, bes. den niederen, in → Spanien zu einer Machtposition des Adels gegenüber den zentralistischen Bestrebungen der Krone. In den Kampfgebieten gegen die Heiden (Hl. Land, Preußen und Livland, Spanien) errichteten die R. mächtige Bauten, die, entsprechend dem Wesen der R., Kloster und Wehranlage in einer architektonischen Einheit verbanden. - Außer den im folgenden genannten R. gab es einige unbedeutende oder solche, die nicht eigentlich geistliche R. waren.

2. a) Der *Templerorden* (fratres militiae templi) wurde um 1119 von Hugo von Payens als Zusammenschluß von Rittern zum Schutz der Pilger gegründet. Als Sitz erhielt er einen Teil des königlichen Palastes in Jerusalem beim Tempel Salomos, nach dem der R. sich nannte. Die erste, unter Mitwirkung → Bernhards von Clairvaux in Anlehnung an die → Benediktinerregel verfaßte Ordensregel wurde 1128 auf der Synode von Troyes bestätigt. Die Ordenstracht bestand aus einem weißen (für die Sarjanten schwarzen) Mantel mit rotem Kreuz. Die → Exemtion des Ordens wurde 1139 von Innozenz II. ausgesprochen, zahlreiche Sonderrechte kamen hinzu. Der R. breitete sich schnell in den meisten europäischen Ländern aus. An der Spitze stand der Großmeister, oberstes Organ war der Konvent zu Jerusalem. - Der R. besaß, zT in großen Komplexen konzentriert, riesigen Grundbesitz in den Kreuzfahrerstaaten und großen Besitz in Europa. In seinen sehr umfangreichen Kreditgeschäften hielt er sich im großen und ganzen an das Zinsverbot des kanonischen Rechtes und dessen Ausweich- und Gewinnmöglichkeiten. Der Tempel zu Paris, in diesen Bankgeschäften führend, verwaltete auch den Schatz der französischen Krone. Der Reichtum der Templer in Frankreich, ihr Einfluß auf die Finanzverwaltung und persönliche Verschuldung veranlaßten König Philipp IV. (→ Frankreich: I, 4), den Templerorden zu vernichten. Der König ließ 1307 alle Templer in Frankreich verhaften und ihnen durch die → Inquisition den Prozeß machen. Die Anklagen lauteten auf Häresie, Idolatrie, widernatürliche Unzucht und schwarze Magie. Im Wechselspiel zwischen kirchlichen und weltlichen Instanzen wurde der Prozeß durchgeführt, die Geständnisse wurden durch Tortur erzwungen, die nicht Geständigen verbrannt. Auf Grund eines Mehrheitsbeschlusses des Konzils von Vienne (→ Konzile, 6) hob Clemens V. 1312 den Templerorden auf. Trotz aller Mißstände im Templerorden zeigen vor allem die gegen ihn außerhalb Frankreichs geführten Prozesse, daß die Anklagen nicht zutrafen.

b) Der *Johanniterorden* (Rhodiser, Malteser, Ordo militiae S. Johannis Baptistae hospitalis Hierosolimitani) entstand aus einem Hospital, das um die Mitte des 11.Jh.s von Amalfitaner Kaufleuten gegründet und mit Benediktinern besetzt wurde. Die hieraus hervorgehende, vom Benediktinerorden gelöste, lockere Gemeinschaft widmete sich der Krankenpflege. Sie erhielt ihre Ordensregel, die der → Augustinerregel bei beschränkter Heranziehung der Templerregel folgte, in den Jahren 1155/60. Damals hatte schon die erste militärische Tätigkeit nach dem Vorbilde der Templer begonnen, die bald in den Vordergrund trat; doch hielten die Johanniter an ihrer karitativen Arbeit fest. Die Privilegierungen entsprachen denen der Templer. Die Johanniter trugen einen schwarzen Mantel mit weißem, achtspitzigem Kreuz. Der Großmeister und als oberste Instanz das Generalkapitel leiteten den R. Er gliederte sich in 8 »Zungen«, diese in Großpriorate, Balleien und Komtureien. - Nach dem Verlust von Akkon (→ Kreuzzüge, 4) und vorübergehender Niederlassung auf Zypern eroberte der R. 1309 Rhodos, das sein Hauptsitz und namengebend wurde. Hier entfaltete er noch einmal eine Macht, die zeitweilig bis auf das kleinasiatische Festland ausgedehnt wurde. Der Aufbau einer Flotte machte die Johanniter zur Seemacht. 1522 ging Rhodos an Sultan Suleiman II. verloren. Kaiser Karl V. belehnte den R. 1530 mit Malta, so daß für ihn der Name *Malteser* aufkam. Er setzte die großen kriegerischen Leistungen gegen die Türken bis in das 18.Jh. fort. Mit dem Abflauen der Türkenkriege war auch für ihn die ursprüngliche Kampfaufgabe beendet. - Inzwischen hatte der R. in den ev. gewordenen Ländern seinen Besitz verloren, die Güter in Frankreich wurden nach der Revolution eingezogen (1792), weitere große Verluste folgten. 1798 wurde Malta von Napoleon besetzt. Der Sitz des Ordens wurde 1834 nach Rom verlegt. Nach Reorganisationen blieben die italienische und die deutsche Zunge bestehen. Der Orden gilt als souverän. Die ursprüngliche Pflicht der Krankenpflege ist auch die Aufgabe des heutigen Ordens. Diese ist auch verpflichtend für den *ev.* Johanniterorden, den Friedrich Wilhelm IV. von Preußen in Erinnerung an die seit 1540 ev., 1811 aufgehobene Ballei Brandenburg stiftete, und der 1852 seine Statuten erhielt. Es besteht auch eine Johanniter-Schwesternschaft.

3. a) Der *Deutsche Orden* wurde 1190 von Bremer und Lübecker Bürgern während der Belagerung von Akkon als Spital gegründet und 1198 in einen R. umgewandelt, für den betreffs der Krankenpflege, wie vorher, die Jo-

hanniterregel, im übrigen die Templerregel gelten sollte. Die eigene Regel wurde bis 1245 abgefaßt. Das Ordenskleid bestand in weißem Mantel mit schwarzem Balkenkreuz. Die Anknüpfung an ein nach dem 1. Kreuzzuge gegründetes deutsches Spital in Jerusalem drückte sich auch im Namen »ordo hospitalis S. Marie Theutonicorum Ierosolimitani« aus. Nicht von vornherein national begrenzt, gehörten dem R. doch fast nur Deutsche an. An der Spitze stand ein Hochmeister, oberste Instanz war das Generalkapitel. Die geistige Entwicklung des R.s wird in seiner religiösen Dichtung und seiner Geschichtsschreibung sichtbar. - Unter dem Hochmeister → Hermann von Salza (1211-39) begann der Aufstieg des Ordens, der die gleichen Privilegien erhielt wie die beiden älteren R. Der R. erwarb noch im 13.Jh. beträchtlichen Besitz im Hl. Lande, erhielt auch Schenkungen in Italien, Frankreich, Spanien und Griechenland, vor allem aber reiche Stiftungen in Deutschland. So entstanden als Verwaltungseinheiten die Balleien mit einem Landkomtur an der Spitze. Die deutschen, seit dem 15.Jh. auch die welschen Balleien unterstanden dem Deutschmeister. - Das dem R. 1211 von König Andreas II. von Ungarn übertragene Burzenland (→ Siebenbürgen) wurde ihm 1225 mit Gewalt wieder genommen. Der Orden begann auf Grund eines Angebotes Herzog Konrads von Masowien (1225/26) 1231 den Kampf um das heidnische Preußen, wo er seinen Staat errichtete (→ Ostpreußen). Durch die Vereinigung mit dem Schwertbrüderorden (s.u.) trat er in dessen territoriale Rechte in Livland ein. Auch der Dobriner Orden (s.u.) wurde ihm inkorporiert. 1309 kaufte der R. → Pommerellen aus der Hand der Askanier und verlegte im gleichen Jahr den Sitz des Hochmeisters, der nach 1291 in Venedig gewesen war, nach der Marienburg. 1346 wurde Estland vom dänischen Könige, 1402 die Neumark vom deutschen König Siegmund gekauft. Die Insel Gotland wurde von 1398-1408 besetzt. Die im 14.Jh. als Heidenkrieg begonnenen Kämpfe gegen die Litauer führten zum vorübergehenden Besitz des litauischen Schamaiten. Seit der Niederlage bei Tannenberg (1410) geriet der preußische Ordensstaat in eine latente Krise. Langsam entwickelten sich dieser und die deutschen Balleien, Hochmeister und Deutschmeister voneinander fort. 1466 ging das westliche Ordensland Preußen an die Krone Polen verloren. Im 16.Jh. machte der Verfall des R.s schnelle Fortschritte. Der restliche Ordensstaat Preußen ging 1525 verloren (→ Ostpreußen, 3), Kurland wurde 1561 weltliches Herzogtum, das übrige Livland eine Beute von Schweden, Polen und Russen (→ Baltische Länder, 2). Der außerdeutsche Besitz war um diese Zeit schon verloren, in den ev. Ländern Deutschlands wurde der Ordensbesitz säkularisiert. Hoch- und Deutschmeisteramt wurden vereinigt; Hauptsitz des R.s wurde Mergentheim. Wie schon in Ansätzen im 15.Jh., so fand der Deutsche Orden, bes. die Ballei Österreich, noch einmal im 17.Jh. eine große Aufgabe in den Türkenkriegen. - 1809 löste Napoleon den R. in allen Rheinbundstaaten auf. Nachdem der Orden 1938 in Österreich, 1939 in der Tschechoslowakei aufgehoben worden war, wurde er 1945 als klerikaler Orden wiederhergestellt und erfüllt heute, auch in Schwesternhäusern, in Österreich, Deutschland und Südtirol karitative Aufgaben (→ Deutschordenspriester).

b) Der *Schwertbrüderorden* (fratres militiae Christi), so nach dem roten Schwert neben dem roten Kreuz auf weißem Mantel genannt, wurde 1202/03 von dem Zisterzienser Theoderich in Livland zum Kampf gegen die dortigen Heiden gegründet (→ Baltische Länder, 1). Er nahm die Templerregel an und unterstand dem Bischof von Riga. Seit 1207 erhielt er ein Drittel des eroberten Landes zu eigener Herrschaft. Nach der schweren Niederlage bei Saule (1236) wurde er am 13.5.1237 mit dem Deutschen Orden vereinigt.

c) Der *Dobriner Orden* (militia Christi de Prussia) wurde von Bischof Christian von Preußen (→ Ostpreußen, 2) 1228 nach dem Vorbilde des Schwertbrüderordens zum Schutz Masowiens und der Mission in Preußen gegründet. Das Ordenskleid war ein weißer Mantel mit rotem Schwert und Stern. Die Ordensritter waren Niederdeutsche. Der R. erhielt Dobrin an der Weichsel als Sitz, wurde 1235 mit dem Deutschen Orden vereinigt, ein Rest 1237 in Drohiczin am Bug angesetzt, wo er 1238 in Kämpfen unterging.

4. a) Der R. von *Alcántara* wurde 1157 oder 1166 von Suero Fernández Barrientos zum Kampf gegen die Mauren gegründet und 1177 von Alexander III. bestätigt. Er übernahm die Zisterzienserregel und erhielt die Exemtion. 1213 überließ ihm der R. von Calatrava, von dem der R. von Alcántara bis 1183 abhing, die Stadt Alcántara am Tajo, nach der sich der R. nannte. Durch Ferdinand V. wurde 1494 die Großmeisterwürde mit der Krone Spaniens vereinigt.

b) Der R. von *Calatrava,* während der Verteidigung dieser Stadt durch den Zisterzienser Raimund de Fitero gegründet und 1164 von Alexander III. bestätigt, nahm die Regel der Zisterzienser an, deren Aufsicht er unterstand. Er übte seinerseits das Visitationsrecht gegenüber den R. von Aviz, Alcántara und Montesa aus. Sitz des Ordensmeisters war Almagro. Das Meisteramt wurde 1486 der Krone inkorporiert.

c) Der R. von *Santiago di Compostella* wurde ca 1160/1170 gegründet zum Kampf gegen die Heiden und zum Schutz der Pilger; daher übte er als einziger spanischer R. auch Krankenpflege aus. Seit 1174 war Uclés der Hauptsitz. Das Meisteramt wurde 1423 der Krone einverleibt.

d) Der R. von *Montesa* wurde 1317 von Jakob II. von Aragon als Ersatz für den aufgelösten Templerorden und zur Übernahme der Güter desselben gegründet. Der Orden folgte der Regel des R.s von Calatrava. Philipp II. übertrug 1587 das Meisteramt an die Krone.

e) Der R. von *Aviz (Evora)* wurde von Alfons I. von Portugal 1145 als R. »Nova Milicia« gegründet. Nach der Eroberung von Evora durch den R. (1166) nannte er sich nach dieser Stadt, nach dem Erwerb von Aviz seit 1211 hiernach. 1550 wurde das Meisteramt mit der portugiesischen Krone verbunden.

H.E.MAYER, Bibliogr. zur Gesch. der Kreuzzüge, 1960 (Bibliogr.n, Qu. u. Lit. zu den R. allgemein u. in den Kreuzfahrerstaaten) - DThC X, 1758ff - EC IX, 252ff - ESS X, 459ff - W.KUHN, R. als Grenzhüter des Abendlandes gegen das östl. Heidentum (Ostdt. Wissenschaft 6, 1959, 7-70). - Zu 2 a: M.SCHÜPFERLING, Der Tempelherren-Orden in Deutschland (Diss. Freiburg/Schw.), 1915. - Zu 2 b: C.HERRLICH, Die Balley Brandenburg des Johanniter-Ordens von ihrem Entstehen bis zur Gegenwart, (1886) 1904[4] - J.v.PFLUGK-HARTTUNG, Die Anfänge des Johanniterordens in Deutschland, 1899 - G.B.HAFKEMEYER, Der Malteser-R., 1956 - Comte M.DE PIERREDON, Hist. politique de l'ordre souverain de Saint-Jean de Jérusalem de 1789 à 1955, Bd I, Paris 1956 - L'ordre de Malte en Méditerranée 1530-1798, Monaco 1957. - Zu 3 a: R.TEN HAAF, Deutschordensstaat u. Deutschordensballeien, (1951) 1954[2] (Lit.) - K.HELM-W.ZIESEMER, Die Lit. des Dt. R.s (Gießener Beitr. z. dt. Philologie 94), 1951. - Zu 4: G.G.KING, A Brief Account of the Military Orders in Spain, New York 1921 - F.GUTTON, La chevalerie militaire en Espagne: l'ordre de Calatrava (Commission d'hist. de l'ordre de Citeaux 4), Paris 1955 - E.BENITO RUANO, Las ordenes militares españolas y la idea de cruzada (in: Hispania 16, 1956). - Zur Lit. über die R. in einzelnen Ländern u. Orten vgl. die einschlägigen Bibliogr.n. Vgl. auch die Lit. zu → Kreuzzüge, → Ostpreußen. *E.Maschke*

Ritualbücher (R. = Ritual). Die gottesdienstlichen → Begehungen (→ Ritus) gewinnen in allen Religionen feste Formen, denen die Tendenz zur Weitergabe an die Späteren innewohnt. Damit soll nicht geleugnet werden, daß das R.buch aus dem Bedürfnis der jeweiligen Gegenwart entsteht, woraus sich später Wachstumsvorgänge ergeben können. Bei den schriftlosen Völkern wird die Form in mündlicher → Tradition weitergegeben; immerhin gibt es zB auf den sog. Botenstäben der Südost-Australier Mitteilungen über Zeit und Ort von → Initiations-Feiern, Anzahl der Initianden, Kultphasen und Zeremonialgerätschaften (A.W.Howitt, The Native Tribes of South-East Australia, 1904, bes. 691ff). Wo aber geschrieben wird, schreibt man (wenigstens im Laufe der Zeit) die R.e auf. Das sei am Befund altmittelmeerischer Hochkulturen verdeutlicht. Dabei empfiehlt es sich, neben dem offiziellen Götterkult sowohl die → Totenverehrung wie den speziellen Umgang Einzelner mit göttlichen Mächten (→ Beschwörungen usw) zu beachten.

In → Ägypten (: II) wurde das R. für den täglichen Umgang mit dem Kultbild auf Papyrus und Tempelwände aufgezeichnet (A.Moret, Le rituel du culte divin journalier en Égypte, 1902). Die Ordnungen bestimmter Feste für einzelne Götter oder den Träger des (göttlichen) Herrscheramtes wurden ebenfalls schriftlich fixiert (etwa die sog. Stundenwachen für die Zeit zwischen Tod und Auferstehung des Osiris [→ Isis] auf Tempelwänden: H.Junker, Die Stundenwachen in den Osirismysterien usw, Denkschr. Akad. Wien 54, 1910, oder das sog. Thronbesteigungs-Festspiel auf Papyrus: K.Sethe, Dramatische Texte zu altägypt. Mysterienspielen [Unters. z. Gesch. u. Altertumsk. Ägyptens 10, 1928, 83ff]; zur Inhaltsbestimmung und Ordnung: Helck, Or 23, 1954, 383ff). Für die Bestattungszeremonien kennen wir das ursprünglich auf die Belebung von Statuen bezogene Mundöffnungs-R. (E.Otto, Das altägypt. Mundöffnungs-R., 1960) und das (in ganz späten Hss. bewahrte) Balsamierungs-R. (S.Sauneron, Rituel de l'embaumement, 1952). Wie differenziert die Dinge waren, möge die Existenz eines (demotischen) R.buches für die Beisetzung eines Apis-Stieres (W.Spiegelberg, ZÄS 56, 1920, 1ff) bzw. eine offenbar ad hoc zusammengeschriebene (späte, zT demotische) Totenliturgie bekunden (Ders., ZÄS 54, 1918, 86ff). In → Mesopotamien sind rituelle Vorschriften schon aus sumerischer Zeit überliefert, doch stammt die Masse des Stoffes aus neuassyrischer und neubabylonischer Zeit (zum Folgenden: H.Zimmern, Beiträge zur Kenntnis der babyl. Religion, 1901; F.Thureau-Dangin, Rituels accadiens, 1921; Übers.en auch in AOT 295ff und ANET² 331ff). Aus dem Götterkult seien die Vorschriften für den Verlauf des → Neujahrs-Festes in Babylon und die für einige Monate erhaltenen Stücke für den gottesdienstlichen Jahresablauf im Anu-Tempel zu Uruk (seleukidische Zeit, offenbar damals erst so formuliert) genannt. Auch kennen wir Vorschriften für die Tätigkeit einzelner Priesterklassen (etwa den Sühnepriester *kalû*). In die Grenzsphäre des Kultes gehören das R.buch über die → Waschungen des Königs im »Badehaus« (*bît rimki:* J.Laessøe, Studies on the Assyrian Ritual and Series *bît rimki,* 1955) und das Königs-R. überhaupt (bes.: Krönungs-R., u.a. mit dem Ruf: »[Gott] Assur ist König«: K.F.Müller, Das assyr. R. I: Texte zum assyr. Königs-R. [MVÄG 41, 3], 1937). Daneben sei auf die hier so verbreiteten Beschwörungstexte hingewiesen, die oft eine vollständige »R.tafel« enthalten (G.Meier, Die assyr. Beschwörungssammlung *Maqlû* [AfO Bh. 2], 1937; E.Reiner, *Šurpu,* A Collection of Sumerian and Accadian Incantations [ebd 11], 1958). Auch in der hethitischen Literatur nehmen R.bücher (einschl. Beschwörungen) einen breiten Raum ein (Übers.en: ANET² 346ff; zum Totendienst: H.Otten, Hethit. Toten-R.e, 1958). Dabei ist bemerkenswert, daß die fremden Gottheiten in der Sprache ihres Herkunftsgebietes angeredet werden (»protochattisch«, churritisch, luwisch). Es liegt in der Natur der Dinge, daß R.bücher überall in den Hochkulturen verbreitet waren; so haben sie in → China, → Japan und → Indien eine hervorragende Rolle gespielt (RGG² IV, 2056f). R.bücher der → Mandäer leben bis heute fort (M.Lidzbarski, Mandäische Liturgien, 1920; E.S.Drower, The Canonical Prayerbook of the Mandaeans, 1959). - Über christliche R.bücher vgl. → Liturgie: III.

S.Morenz

Ritualtötung

1. Religionsgeschichtlich - 2. Im Judentum

1. R. ist zwar vom → Menschenopfer und vom → Kannibalismus zu unterscheiden, weil es sich weder um ein einer Gottheit dargebrachtes → Opfer handelt noch der Verzehr von getöteten Menschen Mittelpunkt oder Ziel ist, ist aber von beidem nicht scharf zu trennen. Denn es ist einerseits nicht unbestritten, daß es sich beim Menschenopfer wirklich um ein einer Gottheit dargebrachtes Opfer handelt; es könnte sich um Vergegenwärtigung des ersten Sterbens, der um Zeugung und Töten kreisenden Urordnung handeln (→ Feste: I, 2). Andererseits steht der Kannibalismus fast immer in rituellen Zusammenhängen und ist nicht bloß eine Nahrungsfrage. Voraussetzung der R. ist die Überzeugung vom → Blut als wichtigsten Macht- oder Seelenträger; gleichzeitig gilt es als das wichtigste »heilige Gemeine« (van der Leeuw). In → Polynesien dienen die einst sehr zahlreichen R.en der Erhaltung und Stärkung der Machtstellung der eigenen Gemeinschaft. Tötung von Feinden im Kriege einschließlich der Frauen als derer, die dieses »heilige Gemeine« weitergeben, und vornehmlich der → Kinder, in denen man die Ahnen wiedergeboren glaubte, hat infolgedessen als R. zu gelten (vgl. → Kopfjagd). In dem Stamm der Kpelle in Liberia ist eine entsprechende R. in dem Leopardenbund zu beobachten, in dem ursprünglich Männer, die dem Leoparden als Totem angehören, verbunden sind, sich durch Anlegen einer Leopardenhaut und eiserner Krallen in Leoparden verwandeln, als solche Raubzüge und auch Morde ausführen. Im Mittelpunkt steht ein Bundeszauber, der von Zeit zu Zeit Menschenblut und Menschenfett braucht, wenn er wirksam bleiben soll. Wenn ein beauftragter Leopardenmensch sich des zum Opfer erkorenen Menschen, der aus dem eigenen Stamm, oft auch aus der nächsten Verwandtschaft des Beauftragten genommen wird, bemächtigt hat, läßt man am Versammlungsort das Blut des Opfers auf den Zauber tropfen und beschmiert ihn mit den Fetteilen, während die Fleischteile von den Mitgliedern des Bundes verzehrt werden. Ebenfalls nicht um ein eigentliches Menschenopfer dürfte es sich nach Strabos Bericht bei den Kimbern handeln, wenn bei ihnen Kriegsgefangenen die Kehle durchschnitten und aus ihrem in einen großen ehernen Kessel fließenden Blut geweissagt wurde. Um unblutige R. handelt es sich in den → Initiations-, insbesondere → Pubertäts-Riten in aller Welt, die immer wie Geburts- so auch Sterberitus sind und in denen »Toter« wie »Getöteter« häufig Tierkleidung anlegen. So nehmen auf Serang (Indonesien) die Novizen als solche, die dem Tod entgegengehen, von ihren Freunden entsprechenden Abschied; sie erwarten, daß ihnen die Geister der Verstorbenen »das Herz aus dem Leibe reißen und es ihnen erst auf das Gebet der erwachsenen Männer hin zurückgeben«. Verwandt sind diesen Vorgängen die Aufnahme in die → Mysterien-Kulte des Hellenismus und Bekehrungserlebnisse. - Vgl. → Schamanismus.

A.E.JENSEN, Das relig. Weltbild einer frühen Kultur, 1948 - A. SCHOCH, Rituelle Menschentötungen in Polynesien (Diss. Freiburg/Schw.), 1953 (Lit.) - B.LINDSKOG, African Leopard Men (Diss. Uppsala), 1954 - H.STRAUBE, Die Tierverkleidungen der afrik. Naturvölker, 1955 (Lit.) - VAN DER LEEUW.

2. Unter R. *im Judentum* versteht man den angeblich durch jüdisches Gesetz gebotenen Mord an Christen, deren Blut für kultische Zwecke, vor allem zur Herstellung des Passabrotes verwendet werde und nötig sei. R. wurde, nachdem sie anfangs den Christen von den Römern vorgeworfen war, seit 1236 (erster Nachweis) bis zur Gegenwart von den Christen den Juden vorgeworfen. Eine 1236 von Kaiser Friedrich II. bestellte Kommission ebenso wie moderne Gerichte und Sachverständige, bes. Franz → Delitzsch und H.L. → Strack, haben dieser Beschuldigung zwar ihr Recht absprechen, aber nicht das Leben nehmen können. Die kath. Kirche hat sie in zahlreichen päpstlichen Bullen verworfen. Sie steht zwar im Zusammenhang mit Blutglauben und -riten in der gesamten Religionsgeschichte, die in → Aberglaube und Volksmedizin weiterleben, dürfte aber ihren eigentlichen Grund darin haben, daß im MA die Christenheit als sakramentale Heilsanstalt verstanden wurde, die das Judentum als teuflisches Gegenstück und seine Zeremonien als teuflische Widersakramente empfand. In dem Maße, wie dieser Sakramentalismus magische Elemente und Züge annahm, wurden auch in das Judentum magische Züge hineingelesen, die in ihm auch Eingang gefunden hatten. Jene Verteufelung des Juden in Verbindung mit diesem »pathologischen Atavismus« machte den Nachweis unwirksam, daß die R. weder im biblischen noch im talmudischen Schrifttum eine Grundlage hat, und brachte die Beschuldigung auch dann immer wieder hervor, als der mittelalterliche Sakramentalismus vergangen war. Nachdem im modernen Rasse-→Antisemitismus das (nordische) Blut eine Art magisch-sakramentaler Qualität bekommen hatte, setzte sich die Verteufelung des Juden in säkularer Form fort, und der pathologische Atavismus wurde völlig hemmungslos.

RGG² IV, 2057 - J.TRACHTENBERG, The Devil and the Jews. The Medieval Conception of the Jew and its Relation to Modern Antisemitism, New Haven 1945³ - W.MAURER, Kirche u. Synagoge, 1953 (Lit.). *W.Holsten*

Ritus nennen wir die sozial stereotypisierte, zur Regelform gewordene Ablaufsganzheit eines als korrekt geltenden Verhaltens. In diesem Sinne mehr oder weniger ritualisiert ist das ganze Brauchtum des Menschen: → Geburt, → Initiation, Hochzeits- und Totenbräuche (→ Ehe: I, → Tod: I) sowie Kultbräuche im eigentlichen Sinne (→ Kultus) folgen Handlungsmustern, die den Stempel sozial gebilligter »Richtigkeit« tragen. Ein religiöser R. ist nicht nur sozial approbiert, sondern auch sanktioniert, dh er gilt als → heilig.

Der R. beruht auf dem menschlichen Bedürfnis nach Sicherheit. Bereits das Kind legt Wert auf die Einhaltung bestimmter Reihenfolgen, von denen nicht abgewichen werden darf. So wird die genaue Wiederholung der Aktabläufe zum Muster des Verhaltens und somit habituell. Praktisch gibt es natürlich von Kultur zu Kultur Abstufungen der ritualistischen Strenge. Diese ist am größten dort, wo Hierokratien bestehen. Im Extremfall (bei den alten Indern, den Polynesiern u.a.) wird auf die genaueste Wiederholung eines einmal eingespielten kultischen Ritualaktes der größte Wert gelegt; der geringste »falsche Schritt« (zB eine Auslassung oder Abänderung eines rezitierten Textes) kann nicht als solcher zurückgenommen werden, zwingt vielmehr zur Wiederholung des *ganzen* Ablaufs von Anfang an. Aus diesem Grunde muß der Charakter der Verlaufsganzheit beim R. bes. betont werden. - Natürlich ist die Unabänderlichkeit des R. nur intentional. Funktional kommt es unwillkürlich doch zu Abwandlungen, weil der R. als ein menschliches Verhalten dem geschichtlichen Wandel unterworfen ist.

Zur *kulturanthropologischen Genese* des R. ist Folgendes zu sagen: »Rituale« kann die neuere Verhaltensforschung auch bei Tieren beobachten, zB Kampf-, Rangordnungs-, Werberituale. Während aber diese tierischen Rituale instinktiv und starr sind, sind die Riten beim Menschen »gestiftet«, »eingespielt« (→ Drama) und - bei festgehaltener Forderung der Stereotypie - historisch variabel und theoretisch frei ausgestaltbar. Für die Entstehung, Schöpfung, Neu- und Umstiftung von Riten wie Tänzen (→ Tanz), Zeremonien, Kultakten, → Gesten (→ Handauflegung, »Mantras« usw) ist experimentell wichtig die Beobachtung neu auftretender religiöser Bewegungen (bei → Indianern, in → Afrika, → Melanesien usw; → Messianismus). Am Anfang stehen spontane Motilitätsimpulse Einzelner, ekstatische Zitter- und Schüttelzustände (→ Ekstase), → Zungenreden, Wundergebärden usw. Diese Akte werden imitiert und sozial standardisiert und können dann mehr oder weniger »künstlich« repetiert werden. Sie werden dadurch 1. kulturell-regelhaft, 2. somit in ihren Wirkungen entschärft und sozial neutralisiert, 3. konventionalisiert, dh wiederholbar auch für diejenigen, die von den ursprünglichen Sinnerfüllungen unberührt bleiben, aber mitmachen wollen oder müssen. Hierin liegt eine *immanente Tendenz des R. zur Veräußerlichung*. Daher ist für den R. beim Menschen, soll er funktionieren, in Abständen eine Neudeutung und Umstiftung und somit eine immer neue Sinnerfüllung unentbehrlich. - Sozialpsychologisch lebt der R. von der Hoffnung auf die Macht der Gebärde: Der äußeren Form soll (bes. nach kath. Auffassung) die innerliche ethische Erfüllung durch getreue → Observanz gleichsam einwachsen. Dem vielleicht nur konventionellen Mitmachen wird zugetraut, daß es auf die Dauer nach innen prägend wirken werde.

RÄRG 638ff - VAN DER LEEUW - W.E.MÜHLMANN, Umrisse u. Probleme einer Kulturanthropologie (Homo 7, 1956, 153-171) - DERS., Chiliasmus u. Nativismus, 1961 - J.CAZENEUVE, Les rites et la condition humaine d'après des documents ethnographiques (Thèse Paris), 1957 - H.v.GLASENAPP, Glaube u. R. der Hochreligionen, 1960. *W.E.Mühlmann*

Rivet, *André* (*Andreas Rivetus;* 1572-1651), ref. Theologe, * in St. Maixent (Poitou), 1595 Hauskaplan bei dem Herzog De la Tremoïlle und Prediger in Thouars, 1620 Prof. in → Leiden, 1632 Hofkaplan bei Friedrich Heinrich von Oranien im Haag und Erzieher seines Sohnes Wilhelms II., 1642 Kurator der von Friedrich Heinrich gestifteten »Illustre School« in Breda. R. war ein einflußreicher orthodoxer Calvinist, mit → Polyander, → Thysius und → Walaeus Mitarbeiter an dem berühmten dogmatischen Lehrbuch »Synopsis purioris theologiae« (1625); er polemisierte gegen Katholiken, → Grotius und → Amyraut.

Opera Theologica, 3 Bde, 1651-60; darin u.a.: Isagoge seu Introductio ad Scripturam sacram, 1627; Catholicus Orthodoxus, 1629 (gegen die Katholiken); Animadversiones, 1642 (gegen Grotius); Synopsis doctrinae de natura et gratia, 1635 (gegen Amyraut). - Über R.: A.EEKHOF, De theol. faculteit te Leiden in de 17e eeuw, 1921 - H.J.HONDERS, A.R., 1930 - G.P.VAN ITTERZON, De Synopsis purioris theologiae (NAKG 23, 1930, 161-213. 225-259) - A.G.VAN OPSTAL, A.R., 1937. *W.F.Dankbaar*

Robert, 1. *von Arbrissel* († 1117), ein bretonischer Priestersohn, in Paris gebildet, Kleriker in Rennes und Angers, wurde Eremit und Asket im Wald von Craon, wohin ihm viele folgten. Urban II. erlaubte ihm 1096 die Wanderpredigt. Sein wachsender Anhang (»pauperes Christi«, → Armut: II, 6), bes. Frauen aller Stände, und sein Reformeifer erregten Anstoß, bis er 1101 mit dem Doppelkloster → Fontevrault einen neuartigen Orden gründete.

Vita: MPL 162 - J.v.WALTER, Die ersten Wanderprediger Frankreichs I, 1903 - R.NIDERST, R.d'A. et les origines de l'ordre de Fontevrault, 1952 - E.WERNER, FF 29, 1955, 269-276. *H.Grundmann*

2. *von Melun,* * Ende des 11.Jh.s in England, † 27.2.1167 in Hereford, studierte in Paris als Schüler → Hugos von St. Viktor und → Abaelards, lehrte 1137-38 auf dem Genovevaberg zu Paris Dialektik, später in Melun Theologie, nahm 1148 an den Verhandlungen über die Lehre des → Gilbert Porreta in Reims teil, 1160 Archidiakon zu Oxford, 1163 Bischof von Hereford, stand in dem Streit zwischen König Heinrich II. und Erzbischof Thomas → Becket auf seiten des Königs. R. ist ein scharfsinniger, selbständiger Denker, der keiner Schule zugehört, obschon der Einfluß seiner Lehrer deutlich zu spüren ist.

Werke: Quaestiones de divina pagina (1140/57) (ed. R.M.MARTIN, Louvain 1932); Quaestiones de epistolis Pauli (1140/57) (ed. DERS., ebd 1938); Sententiae, eine großangelegte, unvollendete theol. Summe (vor 1160) (ed. DERS., ebd 1947, 1952; noch nicht abgeschlossen), von der auch eine nicht von R. angefertigte Abkürzung existiert. - Über R.: GRABMANN II, 323ff - F.ANDERS, Die Christologie des R.v.M. (FChLDG 15, 5), 1927 - DThC XIII/2, 2751ff - A.M. LANDGRAF, Einführung in die Gesch. der theol. Lit. der Frühscholastik, 1948, 69ff (Barcelona 1956, 114ff) - D. VAN DEN EYNDE, Nouvelles précisions chronologiques (Franciscan Studies 13, 1953, 86-100) - U.HORST, Beiträge zum Einfluß Abaelards auf R.v.M. (RThAM 26, 1959, 314-326). *L.Ott*

Roberts, *Evan,* Methodist, * in Loughor, walisischer Bergmann, 1904 auf der Predigerschule in Newcastle Emlyn, Führer der großen Erweckung in → Wales 1904/05. Diese war vorbereitet durch die 1903 nach Keswicks Muster (→ Keswick-Bewegung) eingerichtete Konferenz von Llandrindod und charakterisiert durch Betonung des »Geistes« (→ Geistestaufe; Gott »erschien R. als hl. Geist«), Vorwiegen des Gesanges, Hervortreten der Frauen (die fünf singenden Schwestern). Verzückungen, Gesichte, Auditionen und hellseherische Fähigkeiten spielten auch bei R. selbst eine Rolle. Die Erweckung in Wales wirkte nach in der deutschen und norwegischen → Gemeinschaftsbewegung (, 2).

Mrs. PENN LEWIS (zusammen mit E.R.), War on the Saints, 1912. - Vgl. die Lit. zu → Wales. *P.Fleisch (M.Schmidt)*

Robertson, *Frederick William,* gen. »R. of Brighton« (1816-53), * in London, einer der berühmtesten Prediger des 19.Jh.s, entstammte einer angesehenen Offiziersfamilie. Trotz väterlichen Drängens entschloß sich R. nur zögernd zum Beruf eines Pfarrers. Nach der Ordination (1840) führte eine Tätigkeit im Armenviertel von Winchester binnen Jahresfrist zu völligem Zusammenbruch. Wenig später kam es in Cheltenham zu einer zweiten Krise, als sich der reizbare und überempfindliche R., unglücklich in einer allzu untergeordneten Stellung, mit nahezu allen Freunden überwarf. 1846 übernahm er die englische Kirche in Heidelberg. Aus seiner deutschen Zeit rührt R.s starkes Interesse an deutschem Geisteswesen (er übersetzte zB → Lessings »Erziehung des Menschengeschlechts«). Die Gaben des kränklichen, aber von einem unbeugsamen Gerechtigkeitssinn und starkem Gefühl beseelten Mannes, dessen Stärke im Umgang mit Arbeitern lag - R. gründete in Brighton ein vielumstrittenes »Working Man's Institute« zur Hebung der Volksbildung -, traten aber erst zutage, als → Wilberforce ihn nach wenigen Monaten zurückrief. R.s Predigten, zunächst in Oxford, seit August 1847 in Brighton, haben ihn weit über die Grenzen Englands hinaus berühmt gemacht. »Seine großen Gedanken« (Carlyle), die keiner theologischen Schule verhaftet waren, seine dichterische Sprache, die sich bes. in R.s zahllosen Briefen niederschlug, und nicht zuletzt seine ungeheuchelte Nächstenliebe haben Menschen aller Schichten mitzureißen vermocht.

Vf. u.a.: Lectures on the Influence of Poetry on the Working Classes, London 1852; Lectures on S. Paul's Letters to the Corinthians, 8 Bde, ebd 1859; Literary Remains, 8 Bde, ebd 1885; R.s Sermons, 4 Bde, ebd 1885. - Über R.: ST.A.BROOKE, Life and Letters, ebd 1865 - DNB 48, 404ff - HIRSCH III, 331ff. *F.Schlingensiepen*

Robespierre, *Maximilian* (1758-94), Advokat und Politiker, * in Arras. Früh verwaist, erkämpfte sich der mittellose Jurastudent dank mannigfacher Förderung seinen Beruf. Die Krisis des Ancien régime führte ihn in die Politik, 1789 in die Nationalversammlung. Anfangs kein Gegner der Monarchie, geriet er durch die Entwicklung der Revolution (→ Frankreich: I, 7) bald in das Fahrwasser der Radikalen und wurde Führer der Bergpartei. Die Katastrophe des Königtums, an der er nicht eigentlich mithandelnd beteiligt war, ebnete ihm und seinen Freunden den Weg zur Macht. Als Haupt des Wohlfahrtsausschusses hat der »Unbestechliche« (L'Incorruptible) seine Gegner beseitigt (1793) und mit Wiederaufrichtung des Revolutionstribunals den Weg des blutigen Terrors beschritten, dem er zuletzt selbst zum Opfer fiel. In der Gesellschaftskritik, aber auch in der Wertung der »Natürlichen Religion« war er ein Schüler → Rousseaus. Als solcher stellte er den auch in der Kirchengeschichte nicht unbekannten, hier säkularisierten Typus dar, dem die zum unbarmherzigen Dogma erhobene Idee alles bedeutet. Das kam in seiner Sozialpolitik, deren kleinbürgerlicher Charakter nicht zu verkennen ist, aber auch in seiner Religionspolitik zum Ausdruck. Den → Atheismus (: II) als aristokratisch verwerfend, hat er die von ihm neu formulierten → Menschenrechte (1793) ausdrücklich unter den Schutz des »Höchsten Wesens« gestellt, das »volkstümlich« sei, weil es die verfolgte Unschuld schütze und das triumphierende Laster strafe. Diese deistische Ethik war die philosophische bzw. politische Rechtfertigung der tyrannischen Praktiken. Mit R. beginnt in der neueren Geschichte die Reihe der politischen → Ideologen, die in der Korrumpierung der Demokratie zur Despotie ein Gesetz der Tugend erblicken.

Oeuvres, ed. D.LAPONNERAYE, 3 Bde, Paris 1840; Discours et rapports, ed. CH.VELLAY, ebd 1908; Oeuvres complètes, ed. E.DÉPREZ u. E.LESUEUR, 2 Bde (nur die Schriften bis 1786), ebd 1910-13; Oeuvres de M.R., ed. M.BOULOISEAU, G.LEFEBRE, A.SOBOUL, 8 Bde, ebd 1950ff - Reden in dt. Auswahl, Reclam 8370-74. - Über R.: P.R. ROHDEN, R., 1935 (Lit.) - J.M.THOMPSON, R., Oxford 1935 - G. WALTER, R., Paris 1946 - F.SIEBURG, R., (1949) 1955 - J.L.TALMON, The Origins of Totalitarian Democracy I, London 1952 - M.de R. Beiträge zu seinem 200. Geb., hg.v. W.MARKOV, 1958 - A.MATHIEZ, Etude sur R., Paris 1958. *K.Kupisch*

Robinson, 1. *Edward* (1794-1863), amerik. Theologe, * in Southington (Conn.), lehrte 1823-26 und 1830-33 biblische Literatur in Andover, seit 1837 am Union Seminary in New York. Zwischen 1826 und 1830 studierte er bes. in Halle und Berlin (bei → Gesenius, Rödiger und dem Geographen C.Ritter). Theologisch konservativ - in der Linie von → Hengstenberg - war er bemüht, die deutsche Bibelwissenschaft in den USA bekannt zu machen. Von wegweisender Bedeutung waren seine geographisch-topographischen Studien im Bereich des hl. Landes, die auf 2 mit dem Beiruter Missionar Ely Smith durchgeführten Reisen (1838 und 1852) beruhten.

Methodisch wichtig war dabei die Aufnahme arabischer Orts-, Ruinen- und Landschaftsnamen.

Vf. u.a.: Bibl. Researches in Palestine, Mount Sinai and Arabia Petraea, 3 Bde, London 1841 (dt. 1841); Later Bibl. Researches in Palestine and the Adjacent Regions, ebd 1856 (dt. 1857). - Über R.: RE XVII, 55ff - Aufsätze von J.A.Bewer, F.M.Abel, A.Alt u. W.F. Stinespring in JBL 58, 1939, 355-387 - H.Fischer, ZDPV 63, 1940, 48-55 (zu den von H.Kiepert für E.R. gezeichneten Karten).

K.Galling

2. *Henry Wheeler* (1872-1945), engl. baptistischer Theologe und Alttestamentler, * in Northampton, † in Oxford. Nach Studium in Edinburgh, Oxford, Marburg, Straßburg 1900-06 Geistlicher in Pitlochry und Coventry, 1906 Tutor am Rawdon Baptist College, Leeds, 1920-42 Principal des Regent's Park College, London, an dessen Verlegung nach Oxford er maßgeblichen Anteil hatte. R.s Forschung galt bes. Problemen der Theologie des AT und der hebr. Psychologie.

Bibliogr. in: Studies in History and Religion, London 1942. - The Christian Doctrine of Man, 1911; The Religious Ideas of the OT, (1913) 1956²; The Cross of Job, 1916; The Cross of Jeremiah, 1926; The Cross of the Servant, 1926 (diese drei zus.gefaßt: The Cross in the OT, 1955); The Life and Faith of the Baptists, 1927; The Christian Experience of the Holy Spirit, 1928; The Hebrew Conception of Corporate Personality (BZAW 66, 1936, 49-62); The OT, its Making and Meaning, (1937) 1956; The Hist. of Israel, its Facts and Factors, 1938; Redemption and Revelation, 1942; postum: Inspiration and Revelation in the OT, 1946; Two Hebrew Prophets. Studies in Hos and Ez, 1948. - Über R.: E.A.Payne, H.W.R., 1946 - Ders. in DNB 1941-50, 1959, 727ff - E.G.Kraeling, The OT since the Reformation, 1955, 216ff.

E.Kutsch

3. *John* (ca 1576-1625), Pfarrer der → Pilgerväter. * in Gainsborough (Lincolnshire), studierte R. vielleicht in Cambridge (Überlieferung unsicher wegen der Häufigkeit des Namens) und war Schüler von W. → Perkins. Dann begegnet er als Seelsorger einer separatistischen Gemeinde in Norwich. Seit 1607 scheint er einer kleinen Separatistengemeinde in Scrooby Manor (Nottinghamshire) angehört zu haben, der sich auch der anglikanische Pfarrer Richard Clifton anschloß. Ihr Urheber, John Smyth, war 1606 nach Amsterdam ausgewandert und zog 1608 Clifton und R. nach. Dort vereinigten sich die Separatisten von Scrooby Manor mit einer anderen Gemeinde, an deren Spitze Francis Johnson (1562 bis 1618) als Pfarrer und Henry Ainsworth (1570-1622) als Lehrer standen. 1609 siedelten sie nach Leiden über. Von dort aus trat R. in Briefwechsel mit → Amesius und in ein Streitgespräch mit → Episcopius über die Kirchenverfassung. R. vertrat den konsequenten → Kongregationalismus, den er auch in mehreren Schriften gegen den Anglikanismus von J. → Hall verteidigte. 1617 tauchte zuerst der Plan auf, nach Nordamerika auszuwandern. Er wurde 1620 durch die Leidener Gemeinde verwirklicht, die als Schar der »Pilgerväter« nach New Plymouth (Mass.) zog.

Works, 3 Bde, London 1851 (mit Biogr. v. R.Ashton: I, XIII bis LXXIV). - F.J.Powicke, J.R., London 1920 - DNB XVII, 18ff. - Weitere Lit. s. → Kongregationalismus, → Pilgerväter.

M.Schmidt

4. *Theodore Henry,* Alttestamentler, * 9.8.1881 in Edenbridge (Kent), ausgebildet in Mill Hill School, St. John's College (Cambridge), Regent's Park College (London) und an der Universität Göttingen. R. lehrte Hebräisch und Syrisch am Serampore College in Bengalen (1908-15) und wurde zunächst Lektor (1915-27), dann Prof. (1927-44) am University College in Cardiff. 1926 hielt er die Schweich Lectures und las 1929 in Chikago, 1931 in Halle-Wittenberg als Gast-Prof. 1917-46 war er Sekretär, 1928 und 1946 Präsident der Society for OT Study. - R.s wichtigste Beiträge zur at. Forschung waren seine Arbeiten zu den Propheten und prophetischen Büchern, wobei er auch Fragen der literarischen Struktur und der dichterischen Formgebung behandelte.

Vf. u.a.: Die 12 kleinen Propheten (Hos bis Mi; HAT I, 14), (1935) 1954²; The Poetry of the OT, London 1947. - Bibliogr. 1906-46 in: H.H.Rowley (Hg.), Studies in OT Prophecy, presented to Th.H.R., Edinburgh 1950.

D.W.Thomas

Rochat, *Louis-Lucien* (1849-1917), ref. Theologe, * in Genf, 1876 Vikar in Cossonay (Kt. Waadt). 1877 gründete er den Schweizerischen Temperenzverein, aus dem zunächst der schweizerische und dann der internationale Bund der Vereine des Blauen Kreuzes hervorging. Bis 1900 stand R., nachdem er das Gemeindepfarramt aufgegeben hatte, als Präsident an der Spitze seiner Organisation.

Wichtigste Programmschrift: Nos Principes et la Parole de Dieu, 1879. - Über R.: A.Guillot, L.-L.R., Genf 1918 - Ch.-L.Delétra, L.-L.R., Lausanne o.J.; dt. Bern 1949.

H.R.Guggisberg

Rocholl, *Rudolf* (1822-1905), luth. Theologe, * in Rhoden (Waldeck), † in Düsseldorf, 1850 Pfarrer in Sachsenberg (→ Kurhessen-Waldeck). Aus konfessionellen Gründen trat R. 1861 in die hannoversche luth. Landeskirche über (Pfarramt in Brese, 1867 Sup. in Göttingen). 1878 schloß er sich wegen der staatlichen »Vergewaltigung der Kirche« (Traugesetze) den Altlutheranern an (→ Luthertum: III B), wurde Pfarrer in Radevormwald und 1881 Sup. und Kirchenrat in Breslau. In den Spuren Ph. → Nicolais und → Oetingers kämpft R. für einen biblisch-theologischen Realismus im Gottesbegriff (Leiblichkeit und Räumlichkeit), in der Lehre von Schöpfung, Erlösung und Vollendung und in der Abendmahlsauffassung. In seiner »Philosophie der Geschichte« (I. II, 1878/93) führt er die These durch, daß Jesus Christus als der Logos Gottes die Logik der Weltgeschichte sei.

Vf. ferner u.a.: Beiträge zu einer Gesch. deutscher Theosophie, 1856; Das Leben Phil. Nicolais, 1860; Christophorus. Altes u. Neues aus Wald u. Heide, (1862) 1928⁶; Joh.Georg Hamann, 1869; Des Pfarrers Sonntag, (1872) 1896²; Die Realpräsenz, 1875; Der letzte Tag, (1881) 1910³; Einsame Wege I. II, 1881/98; Gesch. der ev. Kirche in Deutschland, 1897; Altiora quaero. Drei Kapitel über Spiritualismus u. Realismus, 1899; Der christl. Gottesbegriff, 1900; Bessarion, 1904. - Über R.: H.Hübner, R.R., 1910 - Ders., Zum Andenken D. R.R.s (AELKZ 55, 1922, 808-813. 824-829) - Ders. in: Geschichtsblätter für Waldeck 23, 1926, 52-73 - W.Elert, R.R.s Philos. der Gesch., 1910 - Ders., Der Kampf um das Christentum, 1921, 248ff - RE XXIV, 419ff - Th.Rocholl, Ein Malerleben, 1921 - K.Kindt, Somnium Rochollianum (Die Leibhaftigkeit des Wortes. Festg. f. A.Köberle, 1958, 135-144) - K.U.Ueberhorst, Die Theol. R.R.s (Diss. Münster), 1960 (Lit.).

F.Hübner

Rochow, *Friedrich Eberhard von,* Sozialreformer und Pädagoge (→ Philanthropinisten), * 11.10.1734 in Berlin, † 16.5.1805 in Reckahn b. Brandenburg. Als Gutsherr wirkte R., der »Pestalozzi der Mark«, tatkräftig für das Landvolk, setzte sich für geregelte Armenfürsorge, Armenkassen, Abschaffung der Gespanndienste u.ä. ein und verwirklichte das auf seinen Gütern beispielhaft. Als eigentlichen Ansatzpunkt, die Not zu bekämpfen, betrachtete er die Hebung der Volksbildung, bes. die Verbesserung der Schulen und der Lehrerbildung. Der Unterricht sollte kindgemäßer und lebenspraktischer werden, durch sokratisch-entwickelnde Methode den Verstand üben, nicht bloß das Gedächtnis belasten. In diesem Sinne schuf R. Lehrerhandbücher und Schulbücher. Sein »Kinderfreund« (1776, Neudr. 1925) war das erste Volksschullesebuch. R.s Schule in Reckahn wurde Musteranstalt und pädagogischer Wallfahrtsort mit weitreichender Wirkung (»Geschichte meiner Schulen«, 1795).

R.s sämtl. päd. Schriften, hg.v. F.Jonas u. F.Wienecke, 4 Bde, 1907-10 - K.Vahlbruch, Das soziale Lebenswerk R.s, 1928 - R.Kieser, Die Aufklärung u. die Landschulreform des Domherrn von R. (Westermanns Päd. Beiträge 7, 1955, 217-226). *A.Reble*

Rochus, *der Heilige* (ca 1295-1327), * und † in Montpellier, pilgerte nach der legendären Vita des Venezianers Franz Diedo (1478) nach Rom, pflegte unterwegs in vielen Städten Pestkranke, steckte sich an, wurde aber wunderbar geheilt. Als Pestpatron gehört R. häufig zu den → Nothelfern. Seit Ende des 15.Jh.s entstanden, bes. von Venedig ausgehend, zu seinen Ehren zahlreiche Wallfahrtsstätten, Spitäler und Bruderschaften, die zT heute noch bestehen. Tag: 16.8.

AS Aug. III, 380-415 - G.Ceroni, S.R. nella vita, nel culto, nell' arte, Rom 1927 - A.Fliche, St.R., Paris 1930 - Ders. in: AnBoll 68, 1950, 343-361 - EC X, 1056ff (Lit.). *O.Rühle*

Rock, *Johann Friedrich* (1678-1749), wichtigstes »Werkzeug« und seit 1728 Leiter der → Inspirationsgemeinden in der Wetterau. Dort lebte er seit 1707 als gräflich-isenburgischer Hofsattler, nachdem er seine Heimat Württemberg wegen separatistischer Neigungen hatte verlassen müssen. Seine Hinwendung zur »stillen, inwendigen Mystik« blieb bestimmend für ihn, auch nachdem er 1714 seine erste Inspiration erlebt hatte. Er fühlte sich als Werkzeug, nicht als Inhaber der Inspirationsgabe und verteidigte auch in der Auseinandersetzung mit ehemaligen Freunden und Anhängern der Inspirationsgemeinden (zB → Zinzendorf und → Dippel) die Inspiration als »Wort Gottes in mir«. Unter der phantastischen Schale sind R. persönliche Redlichkeit und geistige Erkenntnisse nicht abzusprechen. Auf seinen 94 Reisen zu den »Prophetenkindern« in Deutschland und der Schweiz drang er in seinen »Aussprachen« unermüdlich auf Lauterkeit, Demut, Stille und Einkehr zu Gott.

Vf. u.a.: Aufrichtige Extrakta aus dem Diario der wahren Inspirationsgemeinden, 1736. - Über R.: M.Goebel, Gesch. des christl. Lebens in der rhein.-westf. ev. Kirche III, 1860 - ADB 28, 735ff - P.Wernle, Der schweiz. Protestantismus im 18.Jh. I, 1923. - Weiteres s. → Inspirationsgemeinden. *E.Hotz*

Rock, *der heilige*. Der ungenähte Rock Jesu (Joh 19, 23f) ist schon im christlichen Altertum (Tertullian, Cyprian, Augustin) und im MA (Petrus Damiani, Bernhard von Clairvaux) auf die Einheit der Kirche gedeutet worden. Die Legende, daß er wenigstens noch teilweise vorhanden sei, taucht in der Vita des ägyptischen Mönchsheiligen → Schenute auf († 451?). Die eigentlichen Legenden über das Schicksal des hl. R.s bildeten sich erst im MA. Maria soll ihn verfertigt, die Kaiserin → Helena aufgefunden haben. Bestimmte (nicht alle) Legenden konzentrieren sich schließlich auf Trier, wo man noch zu Beginn des 12.Jh.s nichts von seinem Besitz wußte. Diese Überlieferung gewann erst um 1120 Gestalt. Für die etwa 20 hl. R.e werden als Aufbewahrungsorte auch Jerusalem, Rom und Santiago di Compostella genannt; der hl. R. von Argenteuil bei Paris kann sich für seine Echtheit sogar auf ein Breve Gregors XVI. (1843) berufen. - 1512 wurde der Trierer R. erstmals ausgestellt, danach bis zur Mitte des 16.Jh.s alle 7 Jahre. Um die Mitte des 17.Jh.s wurde er rechts des Rheins in Sicherheit gebracht und wurde erst 1810 wieder in Trier ausgestellt. Seine Ausstellung i.J. 1844 war im Vormärz das bedeutsamste Zeichen für das Wiedererstarken des deutschen Katholizismus; damals sahen ihn in 59 Tagen über 1 Mill. Pilger, 18 Heilungswunder wurden gezählt. Aus dem ganz vom Pathos der Aufklärung bestimmten Protest des suspendierten schlesischen Priesters Joh. → Ronge gegen das »Götzenfest« entstand 1845 der → Deutschkatholizismus. Nach Beendigung des → Kulturkampfs wurde der hl. R. 1891 ausgestellt (ca 2 Mill. Pilger), im 20.Jh. bisher 1933 und 1959. - Der Trierer Domherr v.Wilmowsky entdeckte 1844, daß der R. keineswegs im ganzen Anspruch auf Echtheit erheben könne. Eine wissenschaftliche Untersuchung des in das Gewand eingenähten Stoffrestes aus Baumwolle, der allein als Reliquie anzusprechen wäre, hat bisher nie stattgefunden. Neuerdings versucht man auf Grund des archäologischen Befundes in Trier die Aufbewahrung einer besonderen Herrenreliquie zu erschließen. Aber der Streit um die Echtheit der → Reliquie ist für den Katholizismus irrelevant. Denn längst ist der hl. R. ein Zeichen des Glaubenssinnes, bes. des Trierer Landes, geworden, und der Kult gilt als cultus latriae relativus Jesus Christus selbst.

J.Gildemeister-H.v.Sybel, Der hl.R. zu Trier u. die 20 andern hl. ungenähten Röcke, (1844) 1845² - J.v.Görres, Die Wallfahrt nach Trier, 1845 - J.N.v.Wilmowsky, Der hl.R., eine archäol. Prüfung, 1876 - St.Beissel, Gesch. des hl.R.s, 1889 - C.Willems, Der hl.R. zu Trier, 1891 - RE XVII, 58ff; XXIV, 423 - K.Kammer, Der hl.R. in Trier, 1933 - B.Caspar, Der hl.R. im Herzen des Bistums Trier, 1959 - E.Iserloh, Der hl.R. u. die Wallfahrt nach Trier (Geist u. Leben 32, 1959, 271-279) - W.Bartz, Die Tunika des Herrn, Zeichen der ungeteilten Christenheit (Catholica 13, 1960, 304-311). *W.Sucker*

Rockefeller, eine Familie amerikanischer Kapitalisten und Wohltäter. Gründer der Familie war

1. *John Davison* R. sen., * 8.7.1839 in Richford/N.Y., † 23.5.1937 in Ormond Beach/Florida. 1853 kam er nach Cleveland/Ohio, wo er aktives Glied einer baptistischen Gemeinde war. 1862 wurde er Teilhaber einer Erdölraffinerie, die sich zur Standard Oil Company von New Jersey entwickelte. Sparsamkeit, Sorgfalt, Klugheit, Zähigkeit, Organisationstalent und Führergabe setzten ihn in die Lage, trotz öffentlichem Protest und einschränkenden Maßnahmen der Regierung seinen Besitzstand auf ein Vermögen von 1 Md. $ zu bringen. Als 1911 der Oberste Gerichtshof der USA die Auflösung der Standard Oil Company verfügte, zog sich R. aus dem Geschäft zurück und widmete sich der Verwaltung seines Vermögens. In der Wohltätigkeit war er ebenso ein Pionier wie im Geschäftsleben, nach dem Grundsatz: »Ich glaube, daß es jedermanns religiöse Pflicht ist, auf ehrliche Weise zu verdienen, was er nur kann, und herzugeben, was er nur kann.« Er stiftete mehr als 530853 00 $, davon 182851000 $ für die R. Foundation (1913 gegr., um »die Wohlfahrt der Menschheit in der ganzen Welt zu fördern«); 129209000 $ für den General Education Board (1902 geschaffen für »die Förderung der Erziehung in den USA ohne Unterschied von Rasse, Geschlecht oder Glauben«); 73985000 $ für die Laura Spelman R. Foundation (1918 zum Gedächtnis seiner Frau gegr., 1929 mit der R. Foundation vereinigt); 59931000 $ für das R. Institute for Medical Research (gegr. 1901); 34708000 $ für die Universität von Chicago; 27282000 $ für verschiedene baptistische Organisationen; 3858000 $ für den YMCA und YWCA.

2. *John Davison* R. jun., * 29.1.1874 in Cleveland/Ohio, † 11.5.1960 in Tucson/Arizona. R. vertrat seit 1897 seinen Vater bei dessen geschäftlichen Unternehmungen, widmete sich aber vor allem der Wohltätigkeit und dem Staatsdienst. Seine eigenen Spenden betrugen mehr als 473892000 $; darin sind enthalten: 86996000 $ für das Erziehungswesen (u.a. die Universität Heidelberg); 85166000 $ für religiöse Zwecke (u.a. den Sealantic Fund, den er gründete und der sich bes. mit der Hebung des prot. Theologiestudiums befaßte; den Ökumenischen Rat der Kirchen, den Nationalrat der Kirchen Christi in den USA, das Interchurch World Movement und die Riverside Church in der Stadt New York); 81240000 $ für Wohltätigkeitsorganisationen; 64148000 $ für die Erhaltung historischer Denkmäler in den USA und im

Ausland; 34721000 $ für Museen, Laboratorien und Bibliotheken; 21808000 $ für Krankenhäuser und Gesundheitsorganisationen; 20018000 $ für Organisationen, die der internationalen Zusammenarbeit dienen; 14652000 $ für den YMCA und YWCA.

R.B.Fosdick, The Story of the R. Foundation, New York 1952 - Ders., J.D.R., Junior: A Portrait, ebd 1956 - J.A.Nevins, Study in Power: J.D.R., Industrialist and Philanthropist, 2 Bde, ebd 1953 (in 1 Bd neu hg.v.W.Greenleaf: J.D.R., ebd 1959). *A.C.Piepkorn*

Rodbertus, *Karl Johann* (1805-75), Gutsbesitzer, Politiker und Nationalökonom. Ausgehend von → Ricardos Arbeitswertlehre wird R. als Kritiker der Gesellschafts- und Wirtschaftsordnung des → Kapitalismus einer der Begründer des wissenschaftlichen → Sozialismus. Krisen und Massenarmut erscheinen ihm als notwendige Folgen einer Wirtschaftsordnung, die auf der Illusion freien Marktwettbewerbs bei tatsächlicher Bindung durch Privateigentum an Boden und → Kapital beruht. R. glaubt, daß im privatwirtschaftlichen Kapitalismus die Erhöhung der Produktivität der → Arbeit zugleich mit der Verringerung des Arbeitsanteils am → Sozialprodukt eine Verringerung des Lohnanteils am Volkseinkommen bedeuten müsse (»Gesetz der fallenden Lohnquote«), während sich der Anteil der Eigentümer an Boden und Kapital erhöhe. Durch staatlichen Eingriff, zunächst durch gesetzliche Arbeitsnormen und → Lohn-Regulierung, dann aber auch durch gesetzliche Abschaffung des Privateigentums an Boden und Kapital, sollen nach R. diese Mängel behoben werden. Politisch hat R. allenfalls auf die Kathedersozialisten, kaum dagegen auf die → Arbeiterbewegung gewirkt. Unter der Devise »monarchisch, national, sozial« weist R. dem Staat, nicht dem → Proletariat als den Ausgebeuteten, die entscheidende Rolle in der sozialen und wirtschaftlichen Reform zu. Der Staatssozialismus erscheint ihm als die höchste Stufe der organischen Gesellschaftsentwicklung. Dabei ist für R. bezeichnend, daß er diese Entwicklung nicht als einen naturgesetzlichen Prozeß, sondern als Ergebnis bewußter Entscheidungen auffaßt: »Das, was die Gesellschaft zusammenhält, ist sittlicher Natur und wird durch sittliche Institutionen erhalten und vermehrt.«

Vf. bes.: Zur Erkenntnis unserer staatswirtschaftl. Zustände, 1845; Zur Beleuchtung der sozialen Frage, 1875. - Schriften, 4 Bde, hg.v. A.Wagner u.a., 1899. - Über R.: H.Dietzel, C.R., 2 Bde, 1886/88 - HWSW IX, 21 ff (Lit.). *H.W.Gerhard*

Rode, *Hinne* (Johannes), Geburts- und Todesjahr unbekannt, Friese, um 1520 Rektor der von → Brüdern vom gemeinsamen Leben geleiteten Hieronymusschule in Utrecht. R. hatte reformgesinnte Freunde, wurde anti-römisch und nahm sich der Abendmahlsdeutung des Wessel → Gansfort an, dessen Schriften → Hoen im Nachlaß des Pastors Joh.Hoek in Naaldwijk entdeckt hatte. R. reiste 1521 nach Wittenberg und erbat sich von Luther ein Gutachten über Hoens Interpretation dieser Deutung (Farrago Wesseli, Basel 1522). 1522 als Rektor abgesetzt, reiste er mit Georg Saganus zu → Oekolampad und nach Zürich (1523/24), wo er → Zwingli die »Epistola Honii« überreichte. Darin wird das »est« der Abendmahlsworte als »significat« interpretiert. R. war Herbst 1524 bei → Bucer in Straßburg, 1525 kurz in Deventer, seit 1527 ev. Pfarrer in Norden (Ostfriesland), wo der luth. Graf Enno ihn absetzte, später in Wolthuisen.

RE XVII, 61 ff - WA 10/II, 1907, 311 ff - J.Lindeboom, Het Bijbelsch Humanisme in Nederland, 1913, 159 ff - A.Eekhof, De Avondmaalsbrief van Cornelis Hoen (Faks.-Ausg.), 1917 - M.van Rhijn, Wessel Gansfort, 1917 - O.Farner, Huldr. Zwingli IV, 1960, 227 ff. *J.N.Bakhuizen van den Brink*

Rodriguez, 1. *Alfonso* (1531-1617), * in Segovia (Spanien), studierte im Jesuitenkolleg in Alcalá, ging dann seinem Kaufmannsberuf nach und trat nach dem Tode von Frau, Kindern und Mutter in den Jesuitenorden ein (1571). Er war mystischer Erlebnisse fähig, wirkte stark als geistlicher Führer und schrieb viele geistliche Schriften. 1825 selig-, 1888 heiliggesprochen; Tag: 30.10.

Obras spirituales, hg.v. J.Nonell, 3 Bde, 1856 f. - F.Goldie, The Life of St. A.R., London 1889 - Backer-Sommervogel VI, 1943 ff - Astrain (→ Jesuiten) III, 692 f - K.Kempf, Die Heiligkeit d. Ges. Jesu I, 1922, 46 ff - M.Dietz, Der hl. A.R., 1925 - Ders., Der hl. A.R. (ZAM 30, 1957, 418-425) - Tarragó, Magisterio espiritual ascético y místico de S.A.R., Barcelona 1935 - LThK VIII, 935.

2. *Alonso* (1537-1616), * in Valladolid, Jesuit seit 1557, Lehrer der Moraltheologie, Novizenmeister, Rektor am Kolleg in Monterey u.a., geistlicher Vater in Cordova. Sein Werk »Exercicio de perfection y virtudes cristianas« (3 Bde, 1609), eine bedeutsame asketische Schrift, ist in fast alle europäischen Sprachen übersetzt.

Backer-Sommervogel VI, 1946 ff; X, 813 - Astrain (s. 1) IV, 83 ff - E.Reyero, El grande asceta español, p. A.R., Valladolid 1916 - A.de Vassal, Un maître de la vie spirituelle (Etudes 150, 1917, 297 bis 321) - A.Pottier, Louis Lallement et les grands spirituel de son temps I, Paris 1927, 257 ff - C.A.Kneller, A.R., der Aszet (ZAM 9, 1934, 289-306) - EC X, 1083 f - A.de Wilt, Het boek »Ex. de per.« von A.R. en de Nederlanden (Ons geestelijk Erf. Tielt 29, 1955, 74 bis 110).

3. *Simon, de Azevedo* († 1579), Portugiese, 1534 Gefährte des Ignatius von → Loyola (→ Jesuiten, 2), ging wie → Xavier als zukünftiger Missionar nach Lissabon, blieb dort, richtete das Kolleg in Coimbra ein und wurde Provinzial (→ Goes, 2). 1553 mußte er diese Stellung verlassen.

Vf. bes.: Commentarius de origine et progressu Societatis Jesu, 1577. - Über R.: RGG² IV, 2069 - L.Koch, Jesuiten-Lexikon, 1934, 1553 ff - J.Wicki, Zwei Briefe des P.S.R. an Johann III. v. Portugal, 1553-54 (AHSJ 24, 1955, 327-335). *I.Ludolphy*

Roeber, *Paul* (1587-1651), * in Wurzen, nach dem Studium in Leipzig und Wittenberg 1614 Archidiakonus und Hofprediger in Halle, 1627 als Nachfolger B. → Meisners Prof. der Theologie in → Wittenberg, bald auch Stadtpfarrer und General-Sup. Als theologischer Schriftsteller unfruchtbar (erhalten nur Disputationen), wirkte R. durch seine exegetischen Vorlesungen und bes. durch seine Predigten, von denen ca 200 überliefert sind. Er spürte stark die Schäden der luth. Kirche, vermißte Kirchenzucht und ist der sog. Reformorthodoxie (→ Orthodoxie, 4) zuzurechnen.

H.Witten, Memoriae theologorum, 1675, 771 ff (787 f Bibliogr.) - A.Tholuck, Der Geist der luth. Theol. Wittenbergs, 1852, 42 ff - W.Friedensburg, Gesch. d. Univ. Wittenberg, 1917, 411 ff - H. Leube, Die Reformideen d. dt. luth. Kirche, 1924. *F.Lau*

Röhr, *Johann Friedrich,* ev. Theologe, * 30.7.1777 in Roßbach b. Naumburg (Saale), † 15.6.1848 in Weimar. R. studierte in Leipzig, wurde durch F.V. → Reinhards Empfehlung Hilfsprediger an der dortigen Universitätskirche, 1802 Hilfslehrer (Kollaborator) an der Fürstenschule Pforta, 1804 Pfarrer in Ostrau b. Zeitz, 1820 Oberpfarrer, Oberhofprediger, Oberkonsistorialrat und General-Sup. in Weimar. Schon als Student durch → Kant gefesselt, arbeitete er sein Leben lang an der Popularisierung von dessen Anschauungen sowie ihrer Anwendung auf die christliche Glaubenswahrheit und wurde zum Repräsentanten des kirchlichen → Rationalismus (: II, 3 c). Mit K.G. → Bretschneider in Gotha und J.Schuderoff in Ronneburg machte er → Thüringen zur Heimstätte dieser Richtung. In Streit- und Zeitschriften (Predigerliteratur 1810–14, Neue und Neueste Predigerliteratur 1815–19, Kritische Predigerbibliothek 1820–48) kämpfte er gegen die Neuorthodoxie in jeder Form, gegen seinen Gönner Reinhard ebenso wie gegen die als »Mystiker« denunzierten Vertreter der Erwekkungstheologie, aber auch gegen die »Rechtshegelianer«, → Schleiermacher und → Hase, der ihn in seinem »Anti-Röhr« (1837) erledigte.

Vf. u.a.: Briefe über den Rationalismus, 1813; Grund- u. Glaubenssätze der ev.-prot. Kirche, (1832) 1860[4]. - Über R.: RE XVII, 67ff - Hirsch V, 17ff. *M. Schmidt*

Roëll, *Hermann Alexander* (1653–1718), ref. Theologe, * in Dolberg (Grafschaft Mark), Hofprediger an deutschen und niederländischen Höfen, 1682 Pfarrer in → Deventer, zugleich Prof. an der Illustren Schule, 1686 Prof. in → Franeker, 1704 in → Utrecht. Als coccejanischer Cartesianer (→Coccejus, →Descartes) war R. nicht frei von »optimistischem Rationalismus«. Aber seine Kritik, bes. der Lehre vom ewigen Ausgang des Sohnes aus dem Vater, kann nicht mit der Schablone »Rationalismus« abgetan werden. R. meinte die ratio, diese große Gabe Gottes, höher werten zu müssen als zB sein Bestreiter Huber. Sein Auftreten erregte die Gemüter; noch lange warnte die Kirche vor dem »Roëllismus«.

RE XVII, 71ff - NNBW X, 821 (Lit.) - C.L. Thijssen-Schoute, Nederlands Cartesianisme, 1954. *S. van der Linde*

Römerbrief

1. Entstehung und Zusammensetzung der röm. Gemeinde - 2. Anlaß, Zeit und Ort der Abfassung des R.s - 3. Umfang - 4. Eigenart

1. Wer die röm. Gemeinde *gegründet* hat und wann in → Rom (: I) zum ersten Mal Christen zusammengekommen sind, ist nicht mehr feststellbar. Wahrscheinlich ist die Gemeinde sehr früh ohne Wirksamkeit eines bestimmten Missionars entstanden (vgl. Ambrosiaster, MPL 17, 47f). Ob zu den Erstbekehrten in Jerusalem (Apg 2, 10) bereits Juden aus Rom gehört haben, ist ungewiß. Da bei dem großen Verkehr alles in die Welthauptstadt strömte, sind auch bald Christen dorthin gelangt (Tacitus, Ann. XV, 44). Zur ersten Gemeinde haben Judenchristen gezählt, mit denen es in den röm. Synagogen zum Streit wegen Jesus Christus gekommen ist. Das ist der Sinn der Bemerkung Suetons (Vita Claud. 25): »Judaeos impulsore Chresto assidue tumultuantes Roma expulit« (nach → Orosius [Adv. Pagan. VII, 6, 15] fand diese Vertreibung i.J. 49 statt). Die sichersten Nachrichten über die Gemeinde in Rom sind dem R. selbst zu entnehmen. Sie muß schon lange vor Abfassung des Briefes entstanden sein (1, 8. 13; 13, 11; 15, 22f).

Für *jüd. Herkunft* eines Teils der Gemeinde sprechen Stellen wie 4, 1. 12; 7, 1; 9, 10, ferner die zahlreichen at. Zitate, die Erörterung der jüd. Frage 3, 1ff und 9, 1ff und die Abwehr von Vorwürfen 3, 1ff. 27ff; 7, 7ff. Die Debatte mit den Juden 2, 17ff ist ein Stilmoment wie in der Diatribe, ohne daß an eine konkrete Situation in der röm. Gemeinde gedacht zu werden braucht. Andere Stellen kennzeichnen die Mehrzahl der Leser eindeutig als *Heidenchristen* (1, 5f. 13; 6, 19; 9, 3ff; 10, 1f; 11, 13–31; 13, 13; 15, 15f). Da bereits zur Synagoge in Rom eine Reihe von Proselyten gehörte, wird auch die christliche Gemeinde bald eine größere Zahl von Nichtjuden zu ihren Gliedern gezählt haben. Ob es heidenchristliche Libertinisten (→ Heidenchristentum, 7) in Rom gab, ist aus 3, 8 nicht mit Sicherheit zu entnehmen, eher schon aus 6, 1ff. In 12, 3ff wendet sich Paulus an Pneumatiker, die in Gefahr standen, sich über die andern zu erheben und gegen die irdische Ordnung zu verstoßen (13, 1). Im R. sind die Worte gegen die Pneumatiker nicht so konkret wie im 1. → Korintherbrief. 14, 1ff behandelt Paulus die Frage der Schwachen und Starken. Im Kor sind die Schwachen Angefochtene, die aus Angst vor Berührung mit dem Heidentum kein Fleisch kaufen, im R. dagegen selbstbewußte Asketen, die sich zu Richtern über die Starken aufschwingen (14, 3f. 10. 13). Mit den Schwachen können nicht Judaisten gemeint sein, wie man aus 14, 5ff. 14. 20f; 15, 7ff gefolgert hat. Es fehlen die typisch judaistischen Forderungen, wie Beschneidung und Meiden der Tischgemeinschaft mit Nichtjuden. Aus 14, 5 ist zu schließen, daß es in Rom drei Gruppen gegeben hat. Einige Glieder hoben einen Tag bes. hervor. Wahrscheinlich beteiligten sie sich an der im Urchristentum entstandenen Sitte, am Mittwoch und Freitag zu fasten (Did 8, 1), indem sie nur Brot und Wasser zu sich nahmen (Herm sim V, 3, 7). Andere beachteten jeden Tag und enthielten sich stets des Fleisches (vgl. Jdt 8, 6). Dieses waren die Asketen, die sich auch sonst im Urchristentum fanden und die Paulus trotz ihres Rigorismus Schwache nennt. Schließlich gab es solche, die jederzeit alles aßen. Paulus interessieren nicht die Motive, die die Schwachen zur Ablehnung des Fleischgenusses führten, sondern es geht ihm um die Grundfragen christlichen Zusammenlebens. Die Grundsätze, nach denen er im Kor wie im R. den Streit schlichtet, sind dieselben.

2. Gewöhnlich schreibt Paulus seine Briefe an solche Gemeinden, die er gegründet und besucht hat. Warum er sich an die Römer wendet, darüber gibt er 15, 20ff selbst Auskunft: Nachdem er seine Aufgabe im Osten als erfüllt ansieht, will er sich in Spanien ein neues Arbeitsfeld suchen und auf der Durchreise die Gemeinde in Rom besuchen (→ Paulus, 2c); da ihm der Westen ganz unbekannt ist, soll sie ihm das Geleit geben. Über die Zeit der Abfassung sind wir durch 15, 25ff gut orientiert. Paulus ist im Begriff, die in Mazedonien und Achaja gesammelte Kollekte nach Jerusalem zu bringen. Der Brief ist also nach Abschluß der Tätigkeit in Griechenland, vielleicht aus Philippi geschrieben. Das genaue Jahr läßt sich wegen der Ungesichertheit der absoluten Chronologie (→ Christentum: I, 6) nicht bestimmen. Die Vermutungen schwanken zwischen Herbst 54 und Frühjahr 59 (wahrscheinlich Frühjahr 55).

3. Die Echtheit des R.s ist nie ernsthaft bestritten worden. Unklar dagegen ist, wo der ursprüngliche R. endete. Schlußformeln finden sich 14, 23; 15, 33; 16, 20. 24. 25ff. Wahrscheinlich umfaßte der R. ursprünglich nur 1–15. Die Doxologie 16, 25ff, die eine geprägte Terminologie wie in späterer Zeit hat und an Hymnen der Deuteropaulinen erinnert, stammt nicht von Paulus. 16, 17ff mit den scharfen Worten gegen Gnostiker paßt nicht in den R. Die lange Grußliste mit 26 Einzelpersonen und 5 bes. erwähnten Gruppen ist in einem Brief an eine unbekannte Gemeinde auffallend. → Aquila und Priscilla (16, 3, vgl. 2Tim 4, 19) wie auch die meisten anderen in Röm 16 erwähnten Männer und Frauen vermutet man eher in Kleinasien als in Rom. Sehr gut würden die Grüße in einen Brief nach Ephesus passen, zumal nach Apg 18, 26 und 1Kor 16, 19 Aquila und Priscilla sich dort befinden und man Epaenetas (16, 5), den Erstling Asiens, dort und nicht in Rom vermutet. Wie allerdings der verstümmelte Eph in den R. gekommen sein soll, bleibt trotz mancherlei Hypothesen unklar. Da $\mathfrak{P}^{46}$ die Doxologie nach 15, 33 bringt, ist anzunehmen, daß zZ der Niederschrift dieser ältesten Paulus-Hs. der R. mit 15, 33 geendet hat. Röm 16 ist also ein später hinzugekommener Nachtrag. Wenn → Marcion wie auch F.C. → Baur den Brief mit 14, 23 schließen lassen, so geschieht das aus der Erwägung, daß nach ihrer Meinung Paulus niemals Jesus einen Diener der Beschneidung genannt haben würde (15, 8 vgl. 25ff).

4. Der R. ist nicht nur der längste, sondern auch der theologisch bedeutsamste von allen → Paulusbriefen (→ Paulus, 3 a). Ganz ausgeschlossen ist die Ansicht, Paulus wende sich an judenchristliche Leser. In der röm. Gemeinde haben die Judenchristen nur eine ungefährliche Minderheit gebildet. Der R. ist auch nicht geschrieben, um der judaistischen Propaganda zuvorzukommen. Wie Paulus die Auseinandersetzung mit Judenchristen führt, zeigen Gal 1, 6f; 3, 1ff; 4, 8ff; 4, 21ff; 5, 2ff. Man darf den R. nicht als einen Monolog ansehen, den der Christ Paulus mit dem Pharisäer Saulus führt, als ob der Apostel Einwendungen, die aus seiner Vergangenheit kommen und die ihm sein jüd. Gewissen vorhält, beantwortet. Wie Paulus zu seiner Vergangenheit steht, hat er Phil 3 eindeutig gesagt. Ebensowenig ist der R. ein Kompendium doctrinae christianae. Er ist nicht eine Epistel, in der Paulus den geistigen Ertrag seines Denkens der Nachwelt schriftlich erhalten will. Betrachtet man den R. als literarische Gesamtdarstellung seines Evangeliums, so vermißt man Ausführungen über das Abendmahl, die Auferstehung und die Kirche. Das Wort ἐκκλησία kommt abgesehen von c. 16 im Gegensatz zu andern Briefen nicht vor, Leib Christi nur 12, 5. Der R. ist wie die andern Briefe des Apostels ein Gelegenheitsbrief - 1, 7. 15 sind die Worte »in Rom« erst später gestrichen -, aber ein Brief, der sich von allen andern Briefen in wesentlichen Stücken doch unterscheidet.

Paulus bereitet mit dem R. seine Spanienreise vor. Die Römer sollen wissen, wer er ist, wenn sie ihn aufnehmen und nach Spanien geleiten. Zu sehr hat er in den ganzen Jahren im Mittelpunkt der Diskussion mit Juden, Judenchristen und Pneumatikern gestanden. Manches ist mißverstanden und verdreht worden (3, 8), so daß in Rom ein falsches Bild von ihm und seiner Botschaft entstanden sein könnte (3, 1ff. 8; 6, 1ff. 15ff; 9, 1ff). Paulus gibt daher den Römern Rechenschaft über das von ihm verkündigte Evangelium. So kommt es, daß die Themen Gesetz, Rechtfertigung, Sohnschaft, Geist und Fleisch, Charismatiker, Starke und Schwache aus Gal und Kor im R. wiederkehren, nun aber nicht polemisch, sondern lehrhaft nach Weise der Diatribe behandelt werden. Daß die dialogische Form der Ausführungen nicht immer durch einen konkreten Anlaß in der röm. Gemeinde bedingt ist, sieht man auch daran, daß Paulus 1, 14 - 6, 23 gegen seine sonstige Übung die Anrede »Brüder« vermeidet, dafür ähnlich wie Epiktet die Anrede »Mensch« verwendet (2, 1. 3; 9, 20). In gewisser Hinsicht ist der R. der persönlichste Brief (1, 8-15; 9, 3; 10, 1; 11, 13f; 12, 3; 15, 14ff). Da er in ihm seine ganz persönliche Theologie entwickelt (7, 1; 8, 38; 9, 1; 10, 2; 11, 1. 11. 25; 12, 1), nennt er sich gegen seine Gewohnheit ganz allein als Absender. Gerade weil Paulus seine spezielle Christusbotschaft im R. darlegt (»mein Evangelium« 2, 16), zitiert er mehr als sonst viele Traditionsformeln (1, 3f; 3, 24f; 4, 17. 24f; 8, 2f. 28. 32. 34; 10, 9; → Formeln: II). Es finden sich auch Anklänge an Jesusworte (8, 15; 12, 14; 13, 10; 14, 14). Damit will Paulus dokumentieren, daß er in den Grundfragen des Bekenntnisses zu Jesus Christus mit der Urgemeinde zusammenstimmt.

Das Thema des R.s ist nicht die Rechtfertigung - dann hätte Paulus nur 1, 1 - 5, 11 zu schreiben brauchen -, sondern das Evangelium Gottes von Jesus Christus dem Herrn (1, 1-5). Zur Charakterisierung des Evangeliums zitiert Paulus eine Formel, die den jüd. Davidssohn und den erhöhten Gottessohn herausstellt. Weil es im R. bei der Verkündigung des Evangeliums um das Verhältnis von Juden- und Heidenchristen geht, darum betont Paulus einerseits den Zusammenhang des Evangeliums mit dem AT und die menschlich-geschichtliche Herkunft Jesu aus Israel (9, 5; 15, 8), andererseits die eschatologische Einsetzung Jesu als Gottessohn, der der Kyrios auch der Heidenchristen ist (10, 9; 15, 8f). In 1, 16f wird das im Briefpräskript genannte Thema aufgenommen und von der Wirkungskraft des Evangeliums gesprochen. Dieses und nicht das → Gesetz (: IV, 3; V, 1) schafft die Rettung für jeden, der glaubt. 1, 18ff gibt Paulus den Römern einen Einblick in die Art seiner Missionspredigt. Auch die Gerichtspredigt gehört entgegen anderslautenden Verleumdungen zum Evangelium (2, 16f). Darum spricht Paulus vom → Zorn Gottes (: III) und von der allgemeinen Schuldverfallenheit der Menschen (→ Sünde: IV). Die Heiden, die Gott in der → Schöpfung (: III) erkennen können, haben keine Entschuldigung. Als Strafe für die Vertauschung des Schöpfers mit den Geschöpfen tritt eine sündhafte Verkehrung des menschlichen Zusammenlebens ein (1, 21-31). Paulus führt diese Anklage im Stil der apokalyptischen Bußpredigt durch, beschränkt sich aber nicht auf biblisch-jüd. Traditionen, sondern verwendet ausgesprochen hellenistische Vokabeln, um sich den Griechen verständlich zu machen. In 2, 1-16 erfolgt die apokalyptische Gerichtspredigt nicht wie 1, 19ff im Stil einer Darlegung, sondern in Form des Gesprächs. Paulus wendet sich sowohl an den Juden (2, 3-7) wie an den Heiden (2, 9-13). Alle Menschen (2, 1. 6. 9), auch die sich moralisch Entrüstenden, entweichen nicht dem Zorne Gottes. 2, 17ff wird dann der Jude ganz speziell angesprochen. Ähnlich wird Paulus auch in den Synagogen gepredigt haben. In rhetorischem Dialog zeigt er an Hand des Dekalogs dem Juden, daß er schuldig ist. Den Verfehlungen des Heiden (1, 24-32) entsprechen in anderer Art die des Juden (2, 17-24). Auch die Beschneidung nützt ihm nichts, wenn er das Gesetz nicht hält (2, 25ff). In Diskussionen hauptsächlich mit Judenchristen zeigt Paulus in einem Exkurs (3, 1-9), daß die Juden, obwohl sie durch die Anvertrauung der Schrift einen großen Vorzug haben, doch schuldig sind. In einem aus Schriftzitaten gebildeten Lied (3, 10-18) enthüllt er die radikale und totale Schuldverfallenheit aller Menschen.

Nach der Anklagepredigt folgt die Verkündigung der von Jesus Christus ermöglichten → Gerechtigkeit (: III; vgl. Gal 2, 16ff). Dabei knüpft 3, 21 über 1, 16 an 1, 3 an. Die positive Seite des Evangeliums von Jesus Christus wird zunächst nur kurz, aber mit wichtigen Worten skizziert. Paulus nimmt die vom Judenchristen qumranischer Herkunft geprägte Verkündigung von der → Rechtfertigung (: I) aus Gnaden durch Christus auf und gestaltet sie im Sinne seiner Theologie um. Dem Universalismus der Sünde (3, 19f. 23) entspricht der des Heils (3, 22. 30). In c. 4 wird der Einwand abgewehrt, als ob Paulus durch den → Glauben (: III, 4 a) das Gesetz aufhebe (3, 31). In einem Midrasch wird an Abraham demonstriert, daß die universalistische Bedeutung des Evangeliums von der Glaubensgerechtigkeit schon im AT enthalten ist; denn Abraham empfing die Gerechtigkeit, als es noch keine Beschneidung und kein Gesetz gab, weil er glaubte, so daß er der Vater aller Glaubenden ist. Der Abschnitt endet mit einer christologischen Formel von Tod und Auferweckung Jesu (4, 25).

5, 1 knüpft an 3, 21ff an und führt die Gedanken weiter. Das Evangelium von Jesus Christus kommt zur stärkeren Entfaltung, so daß der Abschnitt in gewisser Weise der Mittelpunkt des ganzen R.s ist: der Gerechtfertigte hat Frieden; durch Jesus Christus hat er Zutritt zur → Gnade (: III, 2). Weil Christus für uns gestorben ist, als wir noch Sünder und Feinde waren, und er uns dadurch gerechtfertigt hat, wird er uns erst recht - im Gegensatz zu den Nichtglaubenden (1, 18; 2, 5. 8; 3, 5; 4, 15) - von dem Zorngericht erretten. Es ist ein Lobpreis auf Jesus Christus, durch den wir die → Versöhnung

(: IV) haben. 5, 12 ff ist nicht wie 5, 1 ff ein im Wir-Stil gehaltenes Bekenntnis von der Heilstat Christi, sondern die Größe des Heilsgeschehens wird in der Weise der Apokalyptik entfaltet, die das Weltgeschehen in große Epochen einteilt: Adam-Moses-Christus. Die Totalität der Verlorenheit wird durch den Universalismus der Erlösungstat Christi aufgehoben. Christus ist Anfänger einer neuen Menschheit. Der Abschnitt schließt mit den Worten: durch Jesus Christus unsern Herrn (5, 21), durch die auf das Thema 1, 3 ff hingewiesen wird.

6, 1 ff lehnt Paulus - an 5, 20 und 3, 7 f anknüpfend - einen Einwand von Gegnern ab. Er bedient sich sowohl der Anschauungswelt der → Mysterien wie der rabbinischen Rechtsanschauung (6, 7). Er wendet sich hauptsächlich gegen Heidenchristen (6, 19), die aus der Gnadenlehre libertinistische Konsequenzen zogen. Auch ohne das Gesetz meidet der Christ die Sünde; denn er ist mit Christus in der → Taufe (: II) gestorben, so daß er nicht autonom ist, sondern er kann und soll sich Gott zur Verfügung stellen. Auch diesen Abschnitt schließt Paulus wieder mit den Worten »in Jesus Christus, unserm Herrn«. - 7, 1 greift auf 5, 20 und 6, 14 zurück. In gewisser Parallelität zu 6, 1 ff wird im Gespräch mit Judenchristen die Frage nach Sinn und Aufgabe des Gesetzes behandelt. Es ist ein Angriff gegen eine falsche Bewertung des Gesetzes durch die Juden wie eine Apologie des Gesetzes gegen antinomistische Pneumatiker. Christus befreit durch seinen Tod vom Gesetz (7, 4, vgl. Gal 3, 13), das nicht Leben schaffen kann, sondern als Werkzeug der Sünde die sündhaften Leidenschaften weckt und den → Tod (: III) bringt. Diese Bedeutung hat das Gesetz sowohl in der Geschichte der Menschheit wie im Leben des einzelnen. In Form eines Bekenntnisses im Ich-Stil behandelt Paulus diese Fragen in rhetorisch-dialogischer Weise. Terminologie und Stil lassen vermuten, daß er sich 7, 7-25 ein Traditionsstück zu eigen macht. Die Sünde beherrscht den Menschen total, so daß er nicht zum Tun des Guten kommt (7, 14). Stärker als die → Qumran-Sekte betont Paulus die Zweigeteiltheit des Menschen, bei dem das Ja des Wollens und das Nein des Tuns immer zugleich da sind (7, 14-17). Dieser Zustand von Röm 7 ist auch für den Christen Paulus, obwohl c. 7 nicht vom Christen handelt, kein endgültig überwundener. Weil der Christ immer wieder unter die Herrschaft des Gesetzes und der Sünde fallen kann (8, 12 f), darum redet Paulus so leidenschaftlich erregt über diese Fragen. 7, 25 b ist wahrscheinlich eine Glosse. So schließt auch dieser Abschnitt mit »durch Jesus Christus, unsern Herrn«.

Röm 8 steht in Antithese zu c. 7. Paulus kommt wieder zur vollen Verkündigung des Evangeliums. 8, 1 entspricht 5, 1. Paulus entfaltet die Gedanken über neues Leben im Geist und die Gewißheit der zukünftigen → Erlösung (: III), die er 5, 5 und 7, 6 kurz angedeutet hatte. Was das Gesetz nicht zustande bringen konnte, das tat Gott durch die Sendung seines Sohnes in die Gleichgestalt des Sündenfleisches. 8, 3 spricht wie 1, 3 von der irdischen Existenz Jesu. Wie es bei ihm ein κατὰ σάρκα und κατὰ πνεῦμα gibt, so auch beim Christen (8, 4 f). Aber ἐν ὁμοιώματι σαρκός bei Jesus (8, 3) ist noch etwas anderes als das Im-Fleisch-Leben des Menschen (8, 8). Fleisch ist bei Menschen gleichbedeutend mit Sünde und Tod (8, 6 ff; → Fleisch und Geist: II). Geist dagegen ist die Gegenwart und Herrschaft Gottes. Die neue Existenz des Menschen im Geist ist möglich und wirklich durch die Sendung Christi. Der → Geist (: IV, 2) wird Geist Christi genannt (8, 9), ja, er wird Christus gleichgesetzt (8, 10). Wer den Geist hat, ist Gottes Kind (vgl. Gal 4, 6-8; 5, 18) und Miterbe Christi (8, 12-17). Die Enderlösung steht noch bevor. Paulus beschränkt sich bei der Schilderung der Erlösungstat nicht auf die Darstellung der neuen Existenz der Christen in dieser Zeit, sondern wie durch den Fall der Menschen die ganze Schöpfung in das Verderben gerissen wurde, so bringt nach jüd. Apokalyptik die eschatologische Erlösung der Kinder Gottes auch eine Veränderung der Natur, die Paulus in hellenistischer Weise als Befreiung von der Vergänglichkeit beschreibt. Paulus schließt den ersten großen Teil seines Briefes mit einem Jubellied auf die Liebe Christi, der gestorben, ja vielmehr auferweckt ist, zur Rechten Gottes thront und für uns eintritt (8, 34). Noch stärker als 5, 6 ff kommt hier die Heilsbedeutung des Todes Jesu, die Liebe und die Heilsgewißheit zum Ausdruck. »In Christus Jesus unserm Herrn« sind die letzten Worte des Abschnitts.

Obwohl Paulus der Heidenmissionar war, ist ihm die Judenfrage bei der Verkündigung des Evangeliums ein brennendes Problem gewesen. Das Evangelium ist eine Gottesmacht zur Errettung für jeden, der glaubt, bes. auch für die Juden (1, 16). Diese waren aber die schärfsten Gegner des Paulus. Weil er dauernd in Auseinandersetzung mit ihnen stand und ihm in seiner Missionsverkündigung oft die Frage nach dem Schicksal der Juden vorgelegt wurde, darum erörtert er dieses Problem; was 3, 1 ff nur kurz angedeutet war, wird 9-11 ausführlich behandelt. Tatsache ist, daß Israel, dem Gott große Gaben geschenkt hat (9, 4), das Evangelium von Jesus Christus ablehnt und damit die Glaubensgerechtigkeit nicht erlangt (9, 30). Aus leiblicher Nachkommenschaft Abrahams dürfen keine Ansprüche erhoben werden. Gott hat das Recht zu erwählen und zu verstocken (9, 6-29). Verwerfung und Annahme Israels erfolgt in der Begegnung mit dem Evangelium. Die Juden sind an Christus gescheitert (9, 33). Sie jagen dem Gesetz nach (9, 31) in Unkenntnis der eschatologischen Situation, daß Christus das Ende des Gesetzes ist (10, 4). Um gerettet zu werden, muß man den Herrn Christus bekennen (10, 9 ff), der für die ganze Welt und damit auch für Israel da ist (10, 21). Die Verwerfung Israels ist aber weder total (11, 1-10) noch endgültig (11, 11-24). Nach Bekehrung der Heiden werden auch die Juden zu Gott finden (11, 25-32). Wie c. 8, so schließt auch c. 11 mit einem Hymnus, der im hellenistischen Stil beginnt, dann at. Zitate mit hellenistischen Gebetsformeln und eine Benediktion aus jüd. Gebeten vereinigt.

Auch die Ausführungen c. 12 ff gehören zum Evangelium; denn die Paraklesen sind nicht Gesetzesimperative, sondern sind, da sie den Indikativ der Tat Christi zur Voraussetzung haben und sich an Christen wenden, nur eine andere Form des Evangeliums. Die Gemeinde wird durch die Barmherzigkeit Gottes gemahnt, in ihrem konkreten Dasein dem Evangelium gemäß zu leben. 12, 3-8 wendet sich Paulus ähnlich wie 1Kor 12, 4 ff an die Charismatiker und fordert sie auf, sich nicht zu überheben (1Kor 4, 6; 8, 1; 10, 24. 33), sondern sich in rechter Weise in die Gemeinde einzugliedern. In beiden Briefen wird vom Leib und den Gliedern gesprochen. Wie im Kor danach der Hymnus auf die Liebe folgt, so Röm 12, 9-21 eine Zusammenstellung at.-jüd. Spruchweisheit über die Liebe. Im Stil jüd.-hellenistischer Weisheitslehre behandelt Paulus c. 13 das in Rom aktuelle Problem der Stellung zum → Staat. 13, 11-14 geht er im Vergleich zu 1Thess 5, 1 ff und 1Kor 15 auf die Eschatologie nur ganz kurz ein. 14, 1 - 15, 13 greift er die Frage über die Starken und Schwachen auf, die 1Kor 8-10 diskutiert war. Immer wieder verweist Paulus auf die Tat Jesu (14, 9. 15) und sein Beispiel (15, 3. 7 f). Jeder ist seinem Herrn verantwortlich (14, 4 ff). In dialogischer Form versucht er zwischen Starken und Schwachen Frieden herzustellen. Auch dieser Abschnitt endet mit einem kunstvoll geformten Lobpreis, der hier aus Schriftzitaten besteht (15, 9-13).

Der Schluß des Briefes berichtet über die weitere Verkündigung des Evangeliums durch Paulus, der es nur dort predigen will, wo Christi Name noch nicht genannt wurde (15, 20). Faßt man den R. unter der Gesamtüberschrift »Evangelium Christi an Juden und Heiden« zusammen, dann erhält man einen geschlossenen Gedankenaufbau.

Ältere Lit. s. RGG^{2} IV, 2075. - *Kommentare:* W.SANDAY-A.C. HEADLAM, (1895) 1902^{5} (ICC) - H.LIETZMANN, (1906) 1933^{4} (HNT 8) - TH.ZAHN, (1910) 1925^{3} (KNT VI) - M.J.LAGRANGE, (1916) 1931^{4} (Etudes bibl.) - K.BARTH, (1919) 1922^{2} - DERS., 1956 - J.SICKENBERGER, (1919) 1932^{4} (HSchNT 6) - A.PALLIS, 1920 - F.S.GUTJAHR, 1923/27 - O.BARDENHEWER, 1926 - C.H.DODD, 1932 (Moffatt, NTC) - O.MOE, 1932 - A.SCHLATTER, Gottes Gerechtigkeit, 1935 - P.ALTHAUS, (1935) 1959^{9} (NTD 6) - J.HUBY, 1940, u. S.LYONNET, 1957^{2} (Verbum salutis X) - O.KUSS, 1940 (NT VI) - DERS., 1957ff - A. NYGREN, schwed. 1944, dt. 1951 - E.GAUGLER, 1945/52 (Prophezei) - O.MICHEL, (1955) 1957^{11} (MeyerK IV) - F.LEENHARDT, 1957 (Comm. du NT VI) - C.A.BARRETT, 1957 (Black's Comm. NT). - *Einzelnes:* M.RAUER, Die Schwachen in Korinth u. in Rom nach d. Paulusbriefen (BSt 21, 2. 3), 1923 - R.SCHUHMACHER, Die beiden letzten Kapitel d. R.s, 1929 - F.W.MAIER, Israel in d. Heilsgesch. (Bibl. Zeitfragen XII, 11/12), 1929 - T.W.MANSON, St. Paul's Letter to the Romans and Others (BJRL 31, 1948, 224-240) - T.M.TAYLOR, The Place of Origin of Romans (JBL 67, 1948, 281-295) - E.FUCHS, Die Freiheit d. Glaubens (BEvTh 14), 1949 - K.PRÜMM, Zur Struktur d. R.s (ZKTh 72, 1950, 333-349) - A.FEUILLET, Le plan salvifique de Dieu d'après l'épître aux Romains (RB 57, 1950, 336-387. 489-529) - DERS., La citation d'Habacuc 2, 4 et les huit premiers chapitres de l'épître aux Romains (NTS 6, 1960, 52-80) - S.LYONNET, Note sur le plan de l'épître aux Romains (RSR 39/40, 1951/52, 301-316) - G. BORNKAMM, Das Ende d. Gesetzes (BEvTh 16), (1952) 1958^{2}, 9-92 - G.FRIEDRICH, 'Αμαρτία οὐκ ἐλλογεῖται Röm 5, 13 (ThLZ 77, 1952, 523-528) - N.A.DAHL, Two Notes on Romans 5 (StTh 5, 1952, 37-48) - H.PREISKER, Das hist. Problem d. R.s (WZ Jena 1, 1952/53, 25-30) - J.JEREMIAS, Zur Gedankenführung in d. paulin. Briefen (Studia Paulina, Festschr. J.de Zwaan, 1953, 146-154) - G.SCHRENK, Studien zu Paulus (AThANT 26), 1954, 81-106 - J.MUNCK, Paulus u. d. Heilsgesch. (Acta Jutlandica 26, 1), 1954 - DERS., Christus u. Israel, eine Auslegung von Röm 9-11 (ebd 28, 3), 1956 - E.ORTIGUES, La composition de l'épître aux Romains (Verbum Caro 8, 1954, 52-81) - J.DUPONT, Le problème de la structure littéraire de l'épître aux Romains (RB 62, 1955, 365-397) - E.KAMLAH, Traditionsgeschichtl. Unters.en zur Schlußdoxologie d. R.s (Diss. Tübingen), 1955 (Masch.) - E.DINKLER, Prädestination bei Paulus (Festschr. f. G. Dehn, 1957, 81-102) - S.SCHULZ, Die Anklage in Röm 1, 18-32 (ThZ 14, 1958, 161-173) - T.FAHY, St. Paul's Romans were Jewish Converts (The Irish Theol. Quarterly 26, 1959, 182-191) - G.HARDER, Der konkrete Anlaß d. R.s (ThViat 6, 1959, 13-24) - W.SCHMITHALS, Die Irrlehre von Röm 16, 17-20 (StTh 13, 1959, 51-69) - W.MANSON, Notes on the Argument of Romans (NT Essays for T.W.Manson, 1959, 150-164) - H.BRAUN, Röm 7, 7-25 u. d. Selbstverständnis des Qumran-Frommen (ZThK 56, 1959, 1-18) - E.KÄSEMANN, Röm 13, 1-7 in unserer Generation (ebd 316-376) - DERS., Exeget. Versuche u. Besinnungen, 1960, 96-100 - E.TROCME, L'épître aux Romains et la méthode missionnaire de l'apôtre Paul (NTS 7, 1961, 148-153).

G.Friedrich

Zur *Auslegungsgeschichte* (s. auch → Schriftauslegung: IV, → Paulusbriefe):

Qu.: Griech. Katenen ed. J.A.CRAMER, Catenae Graecorum Patrum in NT IV, Oxford 1844. - Für die lat. Kirche vgl. W.AFFELDT, Verzeichnis der R.kommentare der lat. Kirche bis zu Nikolaus v. Lyra (Traditio 13, 1957, 369-406). - Die Auslegung lat. Exegeten zu Röm 1, 17; 3, 21 ff; 10, 3 f bei H.DENIFLE OP, Die abendländ. Schriftausleger bis Luther über Iustitia Dei u. Iustificatio, 1905. - 3.Jh.: Origenes (MPG 14; Katenenfunde ed. A.RAMSBOTHAM, JThS 13, 1912, 209-224. 357-368; 14, 1913, 10-22; ed. K.STAAB, BZ 18, 1929, 72-82; Edition nach dem Papyrusfund von Tura: J.SCHERER, Le Commentaire d'Origène sur Rom. 3, 5 - 5, 7, Kairo 1955). - 5.Jh.: Augustin (MPL 35; Expositio quarundam expositionum u. inchoativa Expositio [1, 1-7]) - Ps.-Hieronymus (MPL 30) - Cyrill v. Alex. (MPG 74). - 12.Jh.: Petrus Abaelard (MPL 178) - Wilhelm v. St. Thierry (MPL 180). - 14.Jh.: Ägidius v. Rom, Rom 1555. - 15.Jh.: Marsilius Ficinus, ed. in: Opera I, Paris 1641, 415-461 (vgl. W.DRESS, Die Mystik des Marsilio Ficino, 1929, 151 ff). - 16.Jh.: Luther, 1515/16 (WA 56) - Melanchthon, Wittenberg 1522, 1532, 1540 (CR 15), 1556 (CR 15) - Zwingli (ed. SCHULER-SCHULTHESS VI/2, 76-133) - Joh.Oekolampad, Basel 1526 - Joh.Campensis, Venedig 1534 - Jakob Sadoleto, Lyon 1536 - Dominicus Soto, Antwerpen 1550 - Hieronymus Osorius, Rom 1552 (Opera omnia) - Joh.Wild (Ferus) OFM, Mainz 1558 - Petrus Martyr Vermigli, Zürich 1561 - Martin Bucer, Basel 1562 - Rudolf Gualther, Zürich 1566 u.ö. - Cyr.Spangenberg, Straßburg 1566 (Predigten) - Kaspar Cruciger, Wittenberg 1567 - Corn.Musso, Venedig 1588 - Lukas Lossius, Frankfurt 1592 - Georg Mylius, Jena 1595 - David Chyträus, 1599. - 17.Jh.: Benedikt Pereira SJ, Ingolstadt 1603 - Friedr.Balduin, Wittenberg 1611 - Abr. Scultetus, Heidelberg 1619 - Adam Contzen SJ, Köln 1629 - Franz Suarez, Köln 1633 - Jakob Weller, Braunschweig 1655 - Joh.Crell, Amsterdam 1656 - Justus Feurborn, Gießen 1661 - Franciscus Gomarus, Amsterdam 1664 (Opera theol.) - Joh.Gerhard, Jena 1666 - Chr. Wittich, Amsterdam 1685 - Jakob Alting, ebd 1686 (Opera theol.) - Seb.Schmid, Hamburg 1694 - Aug.Varenius, ebd 1696. - 18.Jh.: Joh. Heinr.Heidegger, Zürich 1700 - Joh.Wilh.Zierold, Stargard 1701 - Philipp v. Limborch, Rotterdam 1711 - Sal. van Til, Haarlem 1721 - Joh.Fr.Buddeus, Jena 1728 - Campegius Vitringa, Franeker 1729 (Röm 1-8) - Joh.Jak.Rambach, Bremen 1730. - Weiteres s. bei M.LIPENIUS, Bibliotheca realis theologica II, Frankfurt 1685, 679 ff.

Lit.: VAL.WEBER, Krit. Gesch. der Exegese des 9. Kap. resp. der Verse 14-23 des R.s bis auf Chrysostomus u. Augustin einschließlich, 1889 - A.J.SMITH, The Latin Sources of the Commentary of Pelagius... (JThS 19, 1918, 162-230; 20, 1919, 55-65. 127-177) - N.BONWETSCH, Röm 7, 14 ff in der alten Kirche u. in Luthers Vorlesungen über den R. (NKZ 30, 1919, 135-156) - K.HOLL, Die iustitia Dei in der vorluth. Bibelauslegung des Abendlandes (Festg. f. A.Harnack, 1921, 73-92 = HOLL III, 171-188) - J.FREUNDORFER, Erbsünde u. Erbtod beim Apostel Paulus, 1927, 105 ff (zu Röm 5, 12-21) - O.BARDENHEWER, Augustinus über Röm 7, 14 ff (Miscellanea Agostiniana II, Rom 1931, 879-883) - P.ALTHAUS, Paulus u. Luther über den Menschen, (1938) 1951^{2} - PH.PLATZ, Der R. in der Gnadenlehre Augustins, 1938 - W.PARSONS, The Influence of Rom. 13 on Preaugustinian Christian Political Thought (ThSt 1, 1940, 337-364) - DERS., The Influence of Rom. 13 on Christian Political Thought from Augustine to Hincmar (ebd 2, 1941, 325-346) - H.BORNKAMM, Iustitia Dei in der Scholastik u. bei Luther (ARG 39, 1942, 1-46) - A.F.N.LEKKERKERKER, Röm 7 u. Röm 9 bei Augustin, Amsterdam 1942 - W.B.WEST, Ante-Nicene Exegesis of Romans and Galatians (Diss. Univ. Southern California), Los Angeles 1943 - M.ROCH, La doctrine de la mort et de la résurrection en Christ. Etude critique du comm. de J.Calvin sur Rom. 6, 1-14 (Diss. Genf), 1944 - H.M.FACCIO, De divinitate Christi iuxta S.Paulum (Rom. 9, 5), Jerusalem 1945 - K.H.SCHELKLE, Die Auslegung von Paulus' R. bei den Vätern (Habil.-Schr. Würzburg), 1948 (Masch.; zu Röm 1, 1-7; 2, 17 - 7, 25; 9, 1 - 11, 36; 13, 1-14) - DERS., Erwählung u. Freiheit im R. nach der Auslegung der Väter (ThQ 131, 1951, 17-31. 189-207) - DERS., Staat u. Kirche in der patrist. Auslegung von Röm 13, 1-7 (ZNW 44, 1952/53, 223-236) - DERS., Kirche u. Synagoge in der frühen Auslegung des R.s (ThQ 134, 1954, 290-318) - DERS., Paulus, Lehrer der Väter. Die altkirchl. Auslegung von Röm 1-11, (1956) 1959^{2} - H.K.GIERATHS, Knechtschaft u. Freiheit der Schöpfung. Eine hist.-exeget. Unters. zu Röm 8, 19-22 (Diss. Bonn), 1950 (Masch.) - P.S.DE ASCHÚTEGUI, La universalidad del conoscimiento de Dios en los paganos según los primeros teólogos de la Compañía de Jesús, Rom 1951 (zu Röm 1, 18-23) - J.PÉPIN, »Primitiae spiritus« (Rom. 8, 23). Remarques sur une citation paulinienne des Confessions de S. Augustin (RHR 140, 1951, 155-202) - R.ROXO, »Omnis creatura ingemiscit«. A teologia de Rom. 8, 19-22 na patrologia e en S.Tomás (Diss. Gregoriana), 1951 - D.M.STANLEY, Ad historiam exegeseos Rom. 4, 25 (VD 29, 1951, 257-274) - B. FISCHER, Zu Benedikts Interpretation von Röm 8, 15 (Colligere Fragmenta, Festschr. A.Dold, 1952, 124-126) - M.LACKMANN, Vom Geheimnis der Schöpfung. Die Gesch. der Exegese von Röm 1, 18 bis 23; 2, 14-16... vom 2.Jh. bis zum Beginn der Orthodoxie, 1952 - M.GRIGNASCHI, L'insegnamento di S. Paolo, Ep. ad Rom. 13, 1-7 in Marsilio di Padiva (Rendiconti di scienze morali della Accad. Nazionale di Lincei 8, 1953, 278-293) - A.-M. LA BONNARDIÈRE, Le verset paulinien Rom. 5, 5 dans l'oeuvre de S. Augustin (Augustinus Magister, Paris 1954, 657-665) - W.KEUCK, Sünder u. Gerechter. Röm 7, 14-25 in der Auslegung der griech. Väter (Diss. Tübingen), 1955 (Masch.) - S.LYONNET, Le sens de ἐφ' ᾧ en Rom. 5, 12 et l'exégèse des Pères grecs (Bibl 36, 1955, 436-456) - W.AFFELDT, Die Auslegung von Röm 13, 1-7 von Origenes bis zum Ende des 13.Jh.s (Diss. FU Berlin), 1956 (Masch.) - F.H.KEIENBURG, Die Gesch. der Auslegung von Röm 13, 1-7 (Diss. Basel), 1956 - E.KÄSEMANN, Röm 13, 1-7 in unserer Generation (ZThK 56, 1959, 316-376; Lit.).

W.Werbeck

Römische Religion

1. Die Wurzeln und die Frühzeit der röm. R. - 2. Bis zum 1.Jh. vChr - 3. Die Kaiserzeit. - R. = Religion

1. Von einer röm. R. kann man erst sprechen, seit Rom als selbständiges politisches Gemeinwesen mit eigener Organisation im kultischen Bereich auftritt. Die Erforschung ihrer ältesten *Wurzeln* geht in zwei Hauptrichtungen: Die eine führt zu dem lebhaften Gedankenaustausch, der für die mediterrane Welt zwischen dem 2. und 1.Jt. charakteristisch ist, die andere zu dem ältesten kulturellen Erbe, von dem die Völker indogermanischer Sprache (→ Indogermanen) weithin Elemente und Formen bewahrt haben. Die unmittelbarsten Grundlagen lassen sich immer deutlicher mit Hilfe der italischen Frühgeschichte aufhellen. Zu Beginn war Rom nur eine von etwa 30 in kultureller und religiöser Hinsicht verwandten latinischen Gemeinden, die einen religiösen Verband bildeten, in dessen Mittelpunkt der Kult des Iuppiter Latiaris des Mons Albanus stand. Eine auf verschiedene Indizien gegründete Hypothese besagt, daß Rom selbst aus dem Zusammenschluß verschiedener kleinerer, mehr oder weniger unabhängiger Siedlungen auf seinen Hügeln hervorgegangen ist. Dann muß sich aber auch seine öffentliche R. aus der gewollten Vereinigung verwandter, aber doch unterschiedlicher Traditionen gebildet haben, und zwar etwa zZ der Aufgabe des späteren Forums als Begräbnisplatz (es wurden dort Gräber aus dem 10.-8.Jh. gefunden). - Die Hauptschwierigkeit in der Erforschung der *ältesten Zeit* der röm. R. liegt darin, daß das gesamte zur Verfügung stehende literarische Material jüngeren Datums ist und von der hellenisierenden Tendenz bestimmt wird. Es fehlt jedoch für die archaische Periode nicht an wertvollen archäologischen, topographischen usw Daten. An der frühen Vergangenheit interessierte Schriftsteller bringen viele Nachrichten und ganze rituelle Texte (zB carmen Saliare) und Formeln. Ferner gelten bei dem einem Ritual innewohnenden konservativen Charakter auch später beschriebene Tatbestände für frühere Zeiten. Eines der wichtigsten Zeugnisse für die frühe röm. R. ist jener Teil des Festkalenders, den die späteren epigraphischen Kalendarien unverändert und von den übrigen Teilen deutlich abgesetzt überliefern. Er stammt aus dem 6.Jh. vChr und stellt für die R. des zusammengeschlossenen Roms eine Art Magna Charta dar (→ Chronologie: II, 2 a). Er enthält neben den monatlichen »idus« (ursprünglich Vollmondtage) 45 staatliche → Feste. Die Namen der Feste sind zT aus den Namen von Gottheiten gebildet (Vestalia, Volcanalia, Quirinalia usw), zT aus den Bezeichnungen für rituelle Handlungen (Armilustrium, Regifugium, Equirria usw). Die späteren Beschreibungen der Rituale ermöglichen es uns, die nur in den Festnamen und -daten bestehenden Zeugnisse des Kalenders zu vervollständigen. Andererseits setzen die Rituale bereits die priesterliche Organisation in der Form voraus, wie sie uns aus besser belegten Zeiten bekannt ist. Aus der Festordnung und der priesterlichen Organisation lassen sich die Hauptumrisse der R. gewinnen. Es handelt sich um eine polytheistische R. mit einem organisch zusammenhängenden → Pantheon, das trotz der offensichtlichen griechischen und etruskischen Einflüsse eine besondere Originalität besitzt. Die oberste Gottheit ist Iuppiter, dem man an den »idus« opfert, während die »kalendae« (der 1.Tag jedes Monats, ursprünglich Neumondtag) die der Iuno heiligen Tage sind. Andere große Gottheiten wie Mars haben ebenfalls mehrere Feste im Jahr. Zu den wichtigsten männlichen Gottheiten zählen Ianus, Quirinus, Consus, Volcanus, Liber usw, zu den weiblichen Vesta, Ceres, Pales, Ops usw. Den Gottheiten sind komplizierte, aber deutlich voneinander abgegrenzte Funktionen zugeordnet. Mit der Aufteilung der Feste setzt der Kalender Beziehungen zwischen den einzelnen Gottheiten fest. Gleiche Daten in verschiedenen Monaten (zB 9. Januar Ianus, 9. Juni Vesta) oder Daten, die dicht aufeinander (9. Juni Vesta, 11. Juni Mater Matuta) oder in einem regelmäßigen Abstand folgen (Feste von Consus und Ops im August und Dezember), dienen diesem Zweck. Eine ähnliche Tendenz läßt sich auch in den priesterlichen Funktionen feststellen (zB die Rolle des flamen Portunalis beim Quirinuskult, des flamen Quirinalis beim Consuskult usw). Die staatlichen Priester gliedern sich in vier collegia (pontifices, augures, duumviri - später quindecimviri - sacris faciundis und triumviri - später septemviri - epulones) und in einige sodalitates (Fetiales, Luperci, Salii usw). Zu den pontifices gehören auch der rex sacrorum, der in der Republik einige rituelle Aufgaben des Königs (vgl. → Königtum, sakrales) übernahm, die flamines (3 maiores - für Iuppiter, Mars und Quirinus - und 12 minores) und die Vestales. Während die eigentlichen pontifices für das Ritual im allgemeinen zuständig sind, haben die anderen priesterlichen Ämter ganz spezifische Funktionen: jeder flamen ist für eine einzige Gottheit da, die Auguren erforschen bei wichtigen öffentlichen Vorhaben die göttliche Billigung, die duumviri s. f. schlagen in den sibyllinischen Büchern (→ Sibyllinen) nach usw. Neben den großen Gottheiten, die für alle wichtigen Bereiche des archaischen Römertums zuständig waren, gab es bereits in der archaischen Zeit jene kleineren Gottheiten, die die Römer in peinlich genauer Weise anriefen (indigitare), um in sakraler Form noch unmittelbarer und genauer die glückliche Durchführung einzelner gefährlicher Unternehmungen oder die Überwindung kritischer Augenblicke im menschlichen Dasein zu sichern. Diese → Sondergötter nahmen sowohl im privaten (zB Educa und Potina für die erste Speise und den ersten Trank des Kindes) als auch im öffentlichen Kult (zB die 12 Gottheiten, die vom flamen Cerealis für 12 verschiedene Verrichtungen im bäuerlichen Jahresablauf angerufen wurden) eine Randstellung ein. Ein besonderer Zug der röm. R. ist zum Unterschied von allen anderen polytheistischen R.en das Fehlen der Mythologie. Da aber nicht nur der Vergleich mit den anderen R.en der mediterranen Welt und auch der indogermanischen Völker, sondern auch das Auftreten mythischer Elemente in den italischen Überlieferungen den sicheren Beweis erbringen, daß der → Mythos auch einen Bestandteil des röm. religiösen Erbteils ausmachte, kann dessen Fehlen nur als Ergebnis einer bewußten Entmythologisierung interpretiert werden. - Neben den staatlichen Kulten (durch die Behörden und Priester im Interesse des Staates, pro populo Romano, ausgeführt) gibt es die privaten Kulte (der gentes, Familien und anderer Formen des Zusammenschlusses und einzelner Personen), die sich meistens um dieselben Gottheiten konzentrieren. Von den Gottheiten der privaten Interessensphäre seien die Penaten, die Laren, die Haus und Feld beschützen, die Di Parentes (Ahnen) und die Di Manes (die Gottheiten der Abgeschiedenen) sowie der Genius der Einzelpersönlichkeit angeführt. Während einerseits auch der Staat zB seine Penaten hat und die → Totenverehrung insgesamt pflegt, haben andererseits auch die öffentlichen Feste ihren privaten Bereich, da sich die Interessen der Gemeinschaft als solcher und der Einzelpersonen häufig überschneiden. Die vergleichende Religionswissenschaft zeigt, daß die privaten Kulte sehr alt sind, älter als die Organisation des staatlichen religiösen Lebens und älter als der Staat selbst.

2. Obwohl die Ordnung des Festkalenders eine Kodifikationsabsicht offenbart, läßt diese die röm. R. keineswegs erstarren. Sie steht ständigen Erweiterungen und Neuaufnahmen offen. So werden zB die Kulte des Apollo, Mercurius, Castor usw nach der Redaktion des Kalenders zu Beginn des 5.Jh.s gegründet. Und es ist

beinahe ganz sicher, daß ebenfalls erst nach der Ordnung des Kalenders die Gründung eines Kultes erfolgte, der innerhalb der röm. R. bis zur Kaiserzeit eine zentrale Stellung einnehmen sollte: der kapitolinische Kult, und zwar des Iuppiter Optimus Maximus mit der Iuno Regina und Minerva. Das bezeichnende doppelte Epitheton des obersten Gottes, die Legenden, die sich um seine Gründung gerankt haben, die Überlieferung, die die Gründung des Kultes mit der Vertreibung der Könige zusammenfallen läßt, die Aufnahme des Ritus des »triumphus« in den Kult und die Festsetzung einer Ära, die vom Jahre der Gründung an rechnet mit dem dazu gehörigen Ritus, jährlich einen Nagel in die Tempelmauer einzuschlagen - das alles zeigt, daß der kapitolinische Kult für die Römer der Beginn einer neuen Epoche war. Wahrscheinlich bildete sich die Anschauung von einer neuen Epoche in den Jahren heraus, in denen Rom allmählich in Gegensatz zu seinen Nachbarn geriet und damit jenes Expansionsstreben einleitete, das es Jh.e später zur Herrin der antiken Oikoumene machen sollte. Von diesem Zeitpunkt an ist die Geschichte der röm. R. von der Auseinandersetzung zweier einander entgegengesetzter Tendenzen beherrscht: der Notwendigkeit, durch ständige Neuerungen den neuen Erfordernissen gerecht zu werden, und dem Wunsch, die eigene Überlieferung rein zu halten und die Neuerungen an sie anzupassen. Die Ereignisse, die Rom zur Herrschaft in seiner engeren Umgebung führen, finden ihren Niederschlag auf religiösem Gebiet: Rom macht sich die Kulte der besiegten Städte zu eigen, indem es zB durch die »evocatio« die Schutzgottheit des Feindes (Veii) übernimmt, oder indem es den Kult an seinem ursprünglichen Ort beläßt, aber unter pontifikaler Kontrolle, und ihn gleichzeitig auch in Rom einführt, nachdem man ihn vorher von allen streng lokalen Eigentümlichkeiten gereinigt hatte (Lanuvium). Dieser Haltung bleibt Rom auch später treu: so übernimmt es i.J. 205 auf Anraten der sibyllinischen Bücher den Kult der phrygischen Göttin Kybele aus Pessinus (vgl. → Muttergottheiten, 1). Der Kult, der in seiner ursprünglichen Form von eigens hierfür nach Rom geholten phrygischen Priestern durchgeführt wird, bleibt innerhalb des hl. Bezirks, während die Göttin unter dem lat. Namen Magna Mater Deum Idaea ihre öffentlichen Spiele in den herkömmlichen Formen des röm. Kultes bekommt. Die R. nahm bei gleichzeitiger Stärkung der traditionellen Kulte (neue Tempel für Consus, Palus, Ianus, Iuturna usw im 3. und 2.Jh.) die fremden Kulte in sich auf und bekämpfte nur die religiösen Richtungen, die von der traditionellen Richtung abwichen, dies aber mit größter Energie. Die blutige Unterdrückung der Bacchanalien (186 vChr) zeigt, daß Rom einen religiösen Individualismus, der die Interessen des Staates außer acht läßt, nicht duldet. Die Identifizierung fremder Götter mit den röm., die sog. »interpretatio Romana«, ist eine komplexe spontane Erscheinung, die ihre Wurzel im Polytheismus selbst hat. Beide Teile glauben an die Identität ihrer Götter, unter denen eine tatsächliche örtliche Vermischung erfolgt mit einem natürlichen Übergewicht der röm. Kultformen entsprechend dem Ansehen des kulturell überlegeneren Volkes.

3. Bei der ständigen Auseinandersetzung zwischen Altem und Neuem tritt im 1.Jh. vChr eine Wendung zugunsten des Neuen ein. Gegenüber den weit verbreiteten hellenistischen Formen (→ Hellenismus) erscheinen die überlieferten Institutionen veraltet. Über 60 Jahre hindurch bleibt Rom ohne flamen Dialis. Der Kalender wird willkürlich von politisch interessierten pontifices gehandhabt, und die Persönlichkeiten, die die politische Bühne beherrschen (zB Sulla, → Caesar, Antonius), neigen immer mehr dem hellenistischen Gottkönigtum zu. Aber noch einmal gelingt es, das Gleichgewicht herzustellen. Augustus tritt als Verfechter der überlieferten R. auf, läßt 82 Tempel wiederherstellen, verhilft den Priestern zu neuem Ansehen und lehnt (in Rom, aber nicht in den Provinzen) die Vergöttlichung seiner eigenen Person ab, obwohl er gleichzeitig die wichtigsten politischen und priesterlichen Ämter für dauernd übernimmt und dadurch die Gleichsetzung von Staat und Herrscher entscheidend fördert (→ Imperium Romanum). Der → Herrscherkult findet seine Rechtfertigung in der Tatsache, daß der Kaiser den Staat verkörpert, und erhebt so denselben Anspruch auf Redlichkeit gegenüber dem Staat wie früher der kapitolinische Kult. - In der Kaiserzeit gelang es den ursprünglich bekämpften → Mysterien, in Rom Fuß zu fassen. In dem äußerst buntfarbigen Rahmen der verschiedenen Kulte gab es keinen vernünftigen Grund mehr für religiöse Schranken. Die Einzelpersönlichkeit konnte ihr religiöses Verhalten nach eigenem Gutdünken einrichten, sofern nur die Ergebenheit gegenüber dem Staat und seiner R. durch den Kaiserkult gesichert war. Außerdem begann das Reich selbst, in kritischen Zeiten seine Hoffnung auf die soteriologischen Kulte zu setzen. So wurden bereits unter Claudius die → Attis-Mysterien von der Staats-R. anerkannt. Zu den wichtigsten Mysterien gehören die des → Mithras, die bes. beliebt waren wegen ihrer ablehnenden Haltung gegenüber ekstatischen Formen, ihrer hierarchischen Organisation, eines gewissen kämpferischen Geistes und jenes solar ausgerichteten → Synkretismus, der durch das Zurückweichen der genau unterschiedenen Formen des Polytheismus an Raum gewinnt. Nur das Christentum mit seinem ausschließlichen Monotheismus zeigt sich jeder Anpassung abhold. Es konnte daher nicht einfach ein Kult neben anderen vom Staate zugelassenen Kulten bleiben, auch nicht nach der rechtlichen Gleichstellung durch → Konstantin (313 nChr). Nach der vorübergehenden heidnischen Restauration unter → Julian (361-363) verbietet → Theodosius i.J. 391 die heidnischen Opfer; 399 wird die Zerstörung der nichtchristlichen Kultorte befohlen. Seitdem gibt es keine röm. R. mehr, obwohl viele ihrer Elemente in den christlichen liturgischen Formen wiederkehren, während andere zu geduldeten Volksbräuchen herabsinken und in dieser Form weiterleben.

Texte: K.LATTE, Die R. der Römer (RGL 5), 1927² - Ancient Roman R., ed. F.C.GRANT, New York 1957. - *Lit.:* L.PRELLER, Röm. Mythologie, (1858) 2 Bde, 1881/85³ v. H.JORDAN - G.WISSOWA, R. u. Kultus der Römer, (1902) 1912² - W.W.FOWLER, The Religious Experience of the Roman People, London 1911 - L.DEUBNER in: CHANT II, 418-505 - F.ALTHEIM, Röm. R.sgesch., 3 Bde, 1931-33 (engl. London 1938); NB 2 Bde, (1951/53) 1956² - C.KOCH, Der röm. Iuppiter, 1937 - DERS., Religio, hg.v. O.SEEL, 1960 - H.WAGENVOORT, Roman Dynamism, Oxford 1947 - A.GRENIER, Les religions étrusque et romain, Paris 1948 - H.J.ROSE, Ancient Roman R., London 1949 - G.DUMÉZIL, L'héritage indo-européen à Rome, Paris 1949 - DERS., L'idéologie tripartite des Indo-Européens, Brüssel 1958 - J.L.M.DE LEPPER, De Godsdienst der Romeinen, Roermond en Maslik 1950 - P.FABRE in: M.BRILLANT-R.AIGRAIN (Hg.), Hist. des religions III, Paris 1955, 293-432 - ChrRel² II, 141ff - J.BAYET, Hist. politique et psychologique de la religion romaine, Paris 1957 - K.LATTE, Röm. R.sgesch. (HAW V/4), 1960 (Lit.). - Laufende Bibliogr. in L'Année philologique u. Intern. Bibliogr. of the Hist. of R.s Iff, 1952ff.

A.Brelich

Römischer Katechismus *(Catechismus Romanus).* Während des → Tridentinums war 1546 angeregt worden, einen K. für die Kinder und Laien zu verfassen. Trotz mehrerer Anläufe kam er aber im Laufe des Konzils nicht zustande. Erst eine von → Pius IV. eingesetzte Kommission, der auch → Foscarari angehörte und deren Arbeit von → Borromäus gefördert wurde, schuf den

R.K. Nach einigen Umarbeitungen wurde er 1566 auf Geheiß → Pius' V. veröffentlicht. Diesem ersten von der röm. Kurie herausgegebenen K. wird noch immer der Vorrang vor allen ähnlichen kath. Werken zugesprochen. Seinen Aussagen kommt aber nicht eo ipso Unfehlbarkeit zu. In vier Abschnitten (De symbolo apostolico, De sacramentis, De decalogo, De oratione praesertim dominica) wird den Katecheten ein Leitfaden in die Hand gegeben, der sich stark an die → Professio fidei Tridentinae anschließt. Ein entsprechendes Handbuch für die Kinder und Laien ist nie erschienen. Methodische Veränderungen des R.K. (Einführung von Fragen und Antworten) vermochten es nicht zu ersetzen. Das trug mit dazu bei, daß der Einfluß des R.K. auf die Katechetik der röm. Kirche überraschend gering blieb. Bezeichnenderweise wurden die K.en des → Canisius u.a. durch den R.K. nicht verdrängt. Vom → Vatikanum wurde die K.frage wieder aufgegriffen, was verschiedene Versuche in der Neuzeit auslöste (→ Katechismus: II, 7).

P.PASCHINI, Il Catechismo Romano del Concilio di Trento. Sue origini e sua prima diffusione (Lateranum 1923, H. 2) - K.RAAB, Das K.problem in der kath. Kirche, 1934, 17ff - J.B.DE TÓTH, De auctoritate theologica Catechismi Romani, Budapest 1941 - EC III, 1123f - EKL I, 672 - O.BOESCH, Der Geschäftsgang des Konzils von Trient bis zum Catechismusbeschluß. Beitrag zur Vorgesch. des C.R., Rom u. Zürich 1956 (Lit.) - LThK² II, 978. *Gerh.Müller*

Rörer, *Georg* (1492-1557), luth. Theologe, * in Deggendorf (Bayern), studierte in Leipzig und Wittenberg, hier seit 1525 Diakonus an der Stadtkirche. 1537 wurde R. von Kurfürst Johann Friedrich für Luthers Werk freigestellt und 1553 von Kopenhagen, wohin er auf Einladung König Friedrichs III. 1551 gezogen war, nach Jena gerufen. Seine Sammlungen in der Jenaer Universitätsbibliothek (Luthers Handexemplare des AT und NT, 35 Hss.-Bände) enthalten zahlreiche Manuskripte Luthers, die von R. in Schnellschrift aufgenommenen Nachschriften von Predigten (Register in WA 22), Vorlesungen (vgl. WA 58/I, 270), auch solcher von Melanchthon, und die Bibelrevisionsprotokolle (WADB 3 und 4), ferner Abschriften von Briefen Luthers und seiner Zeitgenossen, Tischreden und Buchinschriften (vgl. WADB 11/II, CXXXIVff). R. wirkte auch als Korrektor von Luthers Einzelschriften, der Wittenberger (bis 1551) und der Jenaer → Lutherausgabe und der → Bibelübersetzung (: IV, 2).

Vgl. die Lit. zu → Bibelübersetzungen: IV, 2; → Lutherausgaben, 3. 4. - ADB LIII, 480ff - RE XXIV, 426ff - WOLF, QK (Reg.) - O.REICHERT in: Lutherstudien zur 4.Jh.feier der Reformation, 1917, 203-232 - E.THIELE, ebd 258f - H.VOLZ in: WADB 8, LXXVIIff; 10/II, 149ff - B.KLAUS, G.R. (ZBKG 26, 1957, 113-145; Lit.). *R.Jauernig*

Roessingh, *Karel Hendrik* (1886-1925), ev. Theologe, * in Groningen, 1914 remonstrantischer Pfarrer, 1916 Prof. in → Leiden für Ethik, Enzyklopädie und Religionsphilosophie. R. war freisinniger Theologe; von den freisinnigen Vätern unterschied ihn die Betonung von Sünde und Gnade. Ihn fesselten bes. die Fragen nach der Wahrheit, dem religiösen Apriori und dem Numinosen. Er wollte sich dabei weitgehend an Christus orientieren. Sein früher Tod hat verhindert, daß er sich zum »Systematiker des Rechtsmodernismus« (→ Moderne Richtung) hat entwickeln können. In vielem erinnert er an → Troeltsch, der ihn tief beeinflußt hat.

Verzamelde werken, 1926-29 - G.J.HEERING, R. u. seine Theol. (ZThK NF 8, 1927, 112-138) - DERS., Geloof en openbaring, 1954², 181ff. *S. van der Linde*

Rogall, *Georg Friedrich* (1701-33), * und † in Königsberg/Pr., 1725 Prof. der Philosophie und Theologie, 1727 zugleich Inspektor am Friedrichs-Kollegium, 1728 Konsistorialrat, 1731 Prediger am Dom. Obgleich ein Schüler A.H. → Franckes, stand R. der Philosophie Chr. → Wolffs nicht ablehnend gegenüber. Er brachte den Halleschen Pietismus nach → Ostpreußen. Von den Orthodoxen (u.a. J.J. → Quandt) heftig bekämpft, gelang es R. trotzdem, kurz vor seinem Tode A.Wolff und F.A. → Schultz nach Königsberg zu ziehen. R.s Gesangbuch »Kern alter und neuer Lieder« (1731) war lange Zeit im gottesdienstlichen Gebrauch.

A.NIETZKI, J.J.Quandt, 1905 - W.BORRMANN, Das Eindringen des Pietismus in die ostpreuß. Landeskirche, 1913 - R.FUEHRER, Die Gesangbücher der Stadt Königsberg, 1927, 116ff - TH.WOTSCHKE, G.F.R.s Lebensarbeit nach seinen Briefen, 1928. *R.Fuehrer*

Rogier van der Weyden → Weyden.

Rohden, *Gustav von* (1855-1942), ev. Theologe, * in Barmen, † in Ballenstedt/Harz, 1877 Oberhelfer im Rauhen Haus, 1882 Pfarrer in Helsingfors. Auf Grund seiner Erfahrungen als Gefängnisseelsorger (1895-1908) trat R. im Central-Ausschuß der Inneren Mission für eine umfassende Gefangenenseelsorge und ev. Sexualethik ein. 1908 wurde er Konsistorialrat in Berlin, 1912 Pfarrer in Spören Kr. Bitterfeld, 1919 Mitleiter der Frauenschule der Inneren Mission.

Vf. u.a.: Probleme der Gefangenenseelsorge u. der Entlassenenfürsorge, 1908; Sexualethik, 1918; Grundlagen der christl. Sittlichkeit, 1919; (mit TH.JUST:) 100 Jahre Gesch. d. Rhein.-Westfäl. Gefängnisgesellschaft, 1926. - Über R.: M.GERHARDT, Ein Jh. Innere Mission II, 1948, 172. 216f. *H.Hohlwein*

Rohlfs, *Christian* (1849-1938), Maler und Graphiker, * in Niendorf (Holstein), † in Hagen i. W., wo er seit 1901 als Lehrer und freier Künstler wirkte. Bis zur Jh.-wende schuf R. im Sinne des malerischen Stimmungsrealismus der damaligen Weimarer Schule und verarbeitete dann den französischen Pointillismus. Im beginnenden Alter schritt er zur Entwicklung eines eigenständigen → Expressionismus (: I) norddeutscher Observanz fort, der seiner Kunst eine selbständige Stellung neben den Malern der »Brücke« einräumt (→ Malerei: VI, 1 a). Seine Farben sind, anders als bei → Nolde, gedämpft und gedeckt, aber rein und licht; seine Malweise blieb offen und locker. Berühmt wurden seine Landschafts-, seine spirituellen Blumen-Aquarelle und -Pastelle, seine Städte- und Kirchenansichten (Soest). Doch hat R. als Graphiker auch Beiträge zu dem geleistet, was als Kunst »präreligiösen« Charakters aus dem deutschen Expressionismus hervorgegangen ist.

K.E.UPHOFF, C.R., 1923 - Kat. d. Gedächtnisausstellung (Landesmuseum Münster), Juli 1949 - P.VOGT, Katalog der Druckgraphik, 1954. - Vgl. die Lit. zu → Expressionismus: I. *G.F.Hartlaub*

Rohrbach, *Paul* (1869-1956), ev. Theologe und politischer Publizist, * in Livland, wandte sich nach dem Studium der Geschichte und Theologie bald politischen Zeitfragen zu und geriet in den Kreis um F. → Naumann. 1898-1902 war er Generalsekretär des → evangelisch-sozialen Kongresses, 1901-03 Redakteur von Naumanns politischer Wochenzeitung »Die Zeit«. Reisen in den nahen Orient sowie eine Tätigkeit als Kommissar für das Ansiedlungswesen in Deutsch-Südwestafrika bestärkten R. in der Überzeugung von der Notwendigkeit einer aktiven deutschen Weltpolitik. Er vertrat einen sog. »ethischen Imperialismus«. 1914 wurde er Leiter der Pressestelle einer neugeschaffenen Zentralstelle für Auslandsdienst. Er gewann hier schon früh Beziehungen zu dem späteren Kanzler Prinz Max v. Baden, den er durch Memoranden und Denkschriften im Sinne des R.- und Naumannkreises unterrichtete. Während der Friedensverhandlungen mit Rußland trat er für eine Abtretung der Randstaaten und der Ukraine ein.

Vf. u.a.: Der dt. Gedanke in d. Welt, 1912; Die Gesch. d. Menschheit, 1914; Polit. Weltkunde f. den Deutschen, 1938; Aufgang d. Menschheit. Der Gottesgedanke in d. Welt, 1953. - Über R.: Prinz MAX V. BADEN, Erinnerungen u. Dokumente, 1927, passim - TH. HEUSS, Fr.Naumann, (1937) 1949², passim. *K.Kupisch*

Rokycana, *Johannes* (ca 1390/92-1471), * in Rokycany bei Pilsen, kurze Zeit Mönch, 1415 Bakkalaureus, 1426 Priester, 1430 Magister, 1435 vom Landtag zum Erzbischof gewählt, Pfarrer an der Teinkirche in Prag, Schüler des theologisch von Matthias von → Janow und → Wiclif abhängigen → Jakobus von Mies, war der politische und geistige Führer der Utraquisten (→ Huß, 2). Gestützt auf die Prager Kompaktaten und unter Abgrenzung von den taboritischen Kräften, hat R. mit Geschick die Selbständigkeit seiner Kirche gegen die vordringende kath. Reaktion behauptet. Durch seine Predigten, in denen er an den bestehenden kirchlich-sittlichen Zuständen heftige Kritik übt, hat R. auf Bruder → Gregor und dessen Freunde starken Einfluß ausgeübt (→ Brüderunität: I).

Postilla Jany Rokycany I. II, ed. FR.ŠIMEK, Prag 1928/29 (tschech.). - JOS.MÜLLER, Gesch. der Böhm. Brüder I, 1922 - FR.ŠIMEK, Die Lehre M.J.R.s, Prag 1938 (tschech.). *E.Peschke*

Rolffs, *Ernst* (30.8.1867 bis 8.1.1947), ev. Theologe, * in Bremervörde, † in Göttingen, 1897 Pfarrer in Stade, 1902 in Osnabrück, 1921-27 ebd Sup.

Vf. u.a.: Das Indulgenzedikt d. röm. Bischofs Kallist (TU 11, 3), 1893; Urkunden aus d. antimontanist. Kampfe d. Abendlandes (ebd 12, 4), 1895; Persönliches Leben, Predigten, 1902; Das kirchl. Leben der ev. Kirchen in Niedersachsen, (1917) 1938²; Polit. Ethik, 1923; Harnacks Geist im Bild der Nachwelt (ChW 51, 1937, 877-882. 918 bis 923); Die Phantasie in der Religion, 1938. Hg.: Paulusakten, in: HENNECKE² 192ff. *H.Hohlwein*

Roll, *Heinrich* († 1534; genannt »Hendrik de Hollander«, »de roode Hendrik«), aus Grave a. d. Maas, war Karmeliter in Haarlem, ehe er zur ev. Bewegung stieß. Zuerst Hausprediger bei den Drosten in Ysselstein und Wassenberg, ging R. vermutlich nach Straßburg. Seine Schrift »De slotel van dat secreet des nachtmaels« zeigt Einflüsse von → Schwenckfeld und → Denck. 1532 durch die neue KO aus dem Jülichschen verdrängt, wandte er sich nach Münster, wo sich → Rothmann ihm anschloß. Zeitgenossen bezeichnen R. als eigentlichen Urheber des Münsterschen Täufertums. Aus der Stadt verwiesen, kehrte er bald zurück, ließ sich von holländischen Sendboten taufen und taufte selbst. Im Febr. 1534 begab er sich zur Werbung nach den Niederlanden. Möglicherweise war er mit den münsterschen Täufern zerfallen, denn er kehrte nicht nach Münster zurück. Heimlich wirkte R. noch im Bistum Lüttich. In Maastricht wurde er gefangengenommen und im Sept. 1534 verbrannt.

C.A.CORNELIUS, Gesch. d. Münsterischen Aufruhrs II, 1860, 163ff. 337ff - J.HABETS, De Wederdoopers te Maastricht, Roermond 1878 - CH.SEPP, Kerkhist. studien, Leiden 1885, 1-90 - K. REMBERT, Die Wiedertäufer im Herzogtum Jülich, 1899, 315ff - A. HULSHOF, Gesch. van de doopsgezinden te Stratsburg, Amsterdam 1905 - Bibl. Reform. Neerland. 5, 1909, 1ff - A.F.MELLINK, De Wederdoopers in de Noordelijke Nederlanden, Groningen 1953, 20ff - R.STUPPERICH, Münsterisches Täufertum, 1958 - Mennonit. Lexikon III, 1959, 529ff - M.KREBS-H.G.ROTT, Qu. zur Gesch. der Täufer VIII: Elsaß II, 1960. *R.Stupperich*

Rolland, *Romain,* * 29.1.1866 in Clamecy, † 30.12. 1944 in Vézelay, franz. Schriftsteller. Der bes. in Deutschland anerkannte Romancier (u.a. seiner burgundischen Heimat: Colas Breugnon, 1913), Dramatiker, Musikhistoriker, Essayist und Publizist kämpfte leidenschaftlich auf der idealistischen Grundlage eines Synkretismus von Theismus und Pantheismus für das humanitäre Ethos, im Persönlichen wie in der Weltpolitik (Autobiogr.: Quinze ans de combat, 1935; Bekenntnisschriften seit 1942: Le Voyage intérieur; Le Seuil; Le Périple). 1901-10 Prof. für Musikgeschichte in Paris (Histoire de l'Opéra avant Lully; Musiciens d'autrefois; Musiciens d'aujourd'hui), veröffentlichte er 1903-12 als führender Mitarbeiter → Péguys in dessen Zeitschrift den Musiker-Roman Jean Christophe (10 Bde), ein Monument deutsch-französischer Kulturbegegnung. 1913-37 bewußt distanziert in der Schweiz lebend, wirkte er trotz heftiger Angriffe als Kriegsgegner (Au-dessus de la Mêlée, 1915; Les Précurseurs, 1919; Journal des Années de Guerre 1914-19, ersch. 1952; Roman: Clérambault, Histoire d'une conscience libre pendant la guerre, 1918) und stiftete seinen Literatur-Nobelpreis (1915) dem Roten Kreuz und der Gefangenenfürsorge. Seine Déclaration d'Indépendance de l'Esprit (1919) wurde international unterzeichnet. Historisch-philosophische Dramen (frühe Renaissancetragödien, 3 Tragédies de la Foi [Saint-Louis] und das Théâtre de la Révolution, 8 Dramen 1898-1938), Beethoven-Interpretationen (Les grandes époques créatrices, 7 Bde, 1928-49) und Biographien (Beethoven, Händel, Michelangelo, Tolstoi, Péguy, Gandhi) zielen letztlich auf religiöse Deutungen, die das »Evangile universel«, der Abschluß des Essai sur la Mystique et l'Action de l'Inde vivante (I: Ramakrishna; II: Vivekananda) 1930 zusammenfaßt.

Cahiers R.R., ed. A.MICHEL, Paris 1948ff - W.TH.STARR, A critical Bibliogr. of the published Writings of R.R., Evanston/Ill. 1950 - DERS., R.R. and a World at War, ebd 1956 - R.ARCOS, R.R., Paris 1950 - J.-B.BARRÈRE, R.R. par lui-même, ebd 1955 (Lit.). *H.K.Weinert*

Roller, *David Samuel* (1779-1850), luth. Theologe, * in Heynitz bei Meißen, 1804 Erzieher in Dresden (Lehrer Th.Körners), 1811 Pfarrer in Lausa (W.v.Kügelgen sein Konfirmand). R. wirkte als fruchtbarer Neuerer in Kindergottesdienst, Diakonie, Bibeldruck, Gesangbuch und war als Original bekannt (Obstbaumpflanzer, Hausmittelhersteller). Seine 12 Lieder (u.a. »Wie sie so sanft ruhn, alle die Seligen, von ihrer Arbeit«, Kontrafaktur nach Aug.Stockmann) sind jetzt vergessen.

A.H.RÜHLE, D.S.R., 1878 - W.v.KÜGELGEN, Jugenderinnerungen eines alten Mannes, 1924 - ADB 53, 449f. *S.Fornaçon*

Rom

I. Stadt und Bistum - II. Kunstgeschichtlich - III. Forschungs- und Bildungsstätten

I. Stadt und Bistum

Die Bedeutung R.s als Mittelpunkt der abendländischen Christenheit (→ Italien, 1; → Römerbrief; → Kirchenverfassung: II, 4c) erhielt neben der Tatsache, daß es die Hauptstadt des → Imperium Romanum war, durch die Überlieferung vom Martyrium der Apostel → Petrus und → Paulus eine weitere Stärkung. R. büßte deshalb seine Bedeutung nicht ein, als das Reich geteilt (→ Byzanz: II) und die Hauptstadt des weström. Reiches nach → Ravenna verlegt wurde. Dies verstärkte sogar die religiöse Bedeutung R.s, die weder nach der Plünderung durch Alarich (410) noch durch die Monarchien Odoakers (476) und Theoderichs (493) eine Einbuße erlitt. Den Päpsten gelang es, ihre Selbständigkeit zu wahren (→ Papsttum: I). Der byzantinisch-gotische Krieg (→ Goten, 3) verheerte bes. R. mit seinem Gebiet entsetzlich. Er gab aber dem Papst seine freie und vollständige geistliche Macht wieder, die sehr bald durch die theologischen Gegensätze zwischen R. und

Byzanz (→ Dreikapitelstreit) und dann durch den Langobardeneinfall auch zu einer politischen Macht wurde. Dies trat deutlich in Erscheinung bei Papst → Gregor d. Gr. als Haupt der Kirche, aber auch als Haupt der röm. Respublica. Von R. aus verwaltete Gregor das große Erbe der Kirche in Sizilien und hielt die hierarchische Organisation der sich ausweitenden (→ Angelsachsen) abendländischen Kirche fest in der Hand. - Schwierig war die Lage R.s in den 2½ Jh.en der → Langobarden-Herrschaft. Man mußte die Freiheit der Stadt und damit der Kirche verteidigen, gleichzeitig aber um die Bekehrung der Eroberer, die noch großenteils Arianer waren, besorgt sein und ferner die durch den auch nach Italien hinüberspielenden byzantinischen Bilderstreit (→ Bilder: III, 2) bedrohte Orthodoxie reinhalten. Den Päpsten des 6.-8.Jh.s glückte dieses Unterfangen, und sie erhielten auch von König Liutprand die juristische Anerkennung ihrer Macht über Sutri, das den Kern des → Kirchenstaates bildete (728). - Als der Druck der Langobarden auf die Kirche zu gefährlich wurde, verschafften sich die Päpste die Unterstützung der → Franken-Könige, die in der Eroberung des langobardischen Italiens durch → Karl d. Gr. (774) und in dessen Kaiserkrönung (800) ihren Höhepunkt erreichte. Das religiöse und politische Ansehen R.s und der Kirche ging daraus erneuert und gestärkt hervor. Es hielt sich beinahe bis Ende des 9.Jh.s unversehrt. Im 10.Jh. wurden R. und das → Papsttum (: II, 1 c) zum Streitobjekt der großen röm. Familien. Dieser Krise suchten die sächsischen Kaiser abzuhelfen, bes. Otto III., der unter der Mitarbeit → Silvesters II. den Mittelpunkt des Reiches und einer in Sitten und Gebräuchen erneuerten Kirche wieder nach R. verlegen wollte. Das Wunschbild Ottos III. mußte mit seinem frühen Tode zu Grabe getragen werden. - Über die innere Ordnung der Stadt R. in diesen Jh.en weiß man wenig, während wir über die innere Organisation der Diözese besser unterrichtet sind. Dabei ist bes. auf die Herausbildung des Kardinalskollegiums hinzuweisen. Die → Kardinäle spielten vor allem im 11.Jh. eine wichtige Rolle, als von ihnen die Bewegung zur Kirchenreform ausging, die außer bedeutsamen Maßnahmen gegen → Simonie und Nikolaitismus auch in der Heranziehung der Kardinäle bei der → Papstwahl zum Ausdruck kam. Dadurch wurde sowohl der Einfluß der Bestätigung durch Klerus und Volk als auch der kaiserlichen Autorität eingeschränkt. Diese bedeutsame Stellung der Kirche im Okzident wurde weder durch das Schisma von 1054 (→ Byzanz: II, 2) noch durch den Investiturstreit (→ Kaisertum und Papsttum, 5) angetastet, auch nicht durch die aufkommende Spannung zwischen Papst und der Stadt R., als sich Mitte des 12.Jh.s R. zu einer freien Kommune erhob, indem es den Senat erneuerte und den Predigten → Arnolds von Brescia Gehör schenkte. Mit der Niederzwingung des Aufstandes in der Stadt durch → Friedrich Barbarossa (1155) war die Spannung nicht beseitigt. Sie hielt über 2 Jh.e an, auch zur Zeit der großen Päpste wie → Alexander III., → Innozenz III., → Gregor IX., die jedoch gerade auf Grund ihrer eigenen Auffassung von der Plenitudo potestatis die Größe R.s als Mittelpunkt der Christenheit herausstellten. Den Höhepunkt bildete i.J. 1300 die Ausrufung des → Jubiläumsjahres durch → Bonifatius VIII. Die Spannung zeigte sich ganz offen, als mit der Wahl des Franzosen → Clemens V. und mit der Französisierung des Kardinalskollegiums der Sitz der Kurie nach Avignon verlegt wurde (→ Papsttum: II, 2 d), während in R. eine Stellvertretung in spiritualibus blieb und ein Legat den Kirchenstaat regierte. In dieser Krise in den Beziehungen zwischen R. und der Kurie in Avignon trat Cola di → Rienzo auf, der von der Rückkehr der Stadt zu alter Größe und Macht träumte, dann aber vertrieben wurde und 1354 tragisch endete. - R. litt geistig und wirtschaftlich unter der Abwesenheit der Kurie und empfing daher jubelnd → Gregor XI., empörte sich wegen der Wahl → Clemens' (VII.) und lieferte so einen der Gründe für das Schisma im Westen. Nachdem das Schisma mit → Martin V., der das politische und wirtschaftliche Leben R.s und des Kirchenstaates reorganisierte, endgültig beigelegt war, behielt R. als politische Hauptstadt eines italienischen Staates und als Mittelpunkt der kath. Christenheit gegenüber dem Papsttum und innerhalb des Kirchenstaates eine Stellung bei, die für Jh.e in ihren Grundzügen unverändert blieb. Diese Lage änderte sich weder durch die Auswirkungen der Reformation noch der Gegenreformation, auch nicht während des kurzen revolutionären und napoleonischen Zwischenspiels. Trotzdem nahm R. an den Aufständen des Jahres 1848 teil und machte sich unter Führung von → Mazzini zur Republik. Am 17.3.1861 wurde R., während es noch Hauptstadt des Kirchenstaates war, zur Hauptstadt Italiens proklamiert und am 20.9.1870 besetzt. Die Stellung des Papsttums in R., das durch das von den Päpsten nie anerkannte Garantiegesetz geregelt wurde, wurde mit dem Lateranvertrag vom 11.2.1929 endgültig geordnet (→ Italien, 5). Darin anerkannte der italienische Staat in R. die Existenz des Vatikanstadtstaates (→ Vatikan) und einiger exterritorialer Gebäude, darunter S.Giovanni in Laterano, der bischöflichen Kirche R.s.

Die Stadt R. und die direkte Umgebung bilden das *Bistum* R., dessen Inhaber der Papst selbst ist (→ Papat und Primat, 2 b). In der Ausübung seiner Jurisdiktion als Bischof von R. wird er durch den Kardinalvikar vertreten. Mit den sog. → Suburbikarischen Bistümern, deren Inhaber seit dem 12.Jh. die Kardinalbischöfe sind, bildet R. die *Kirchenprovinz* R.; ihr Metropolit ist gleichfalls der Papst. - R. hat (1961) 2 Mill. Einwohner, davon ca 1,85 Mill. Katholiken in 184 Pfarreien.

Über die *ev. Gemeinden* in R. vgl. → Italien, 6.

F. Gregorovius, Gesch. der Stadt R. im MA, (8 Bde, 1859-72) neu hg.v. W. Kampf, 3 Bde, 1953-57 - Storia di Roma, hg.v. Istituto di Studi Romani, Bologna 1938ff (noch nicht abgeschlossen). Reichhaltige Lit. bei P.F. Kehr, Italia Pontificia I, 1906 - EItal XXIX, s.v. Roma - DACL XIV, 2514ff - EC X, 1095ff, bes. 1137ff.

R.Manselli

II. Kunstgeschichtlich

1. Allgemeines - 2. Frühchristliche Zeit - 3. Das 5.-11.Jh. - 4. Das 12.-14.Jh. - 5. Das 15.Jh. - 6. Das 16.Jh. - 7. Das 17.-18.Jh. - 8. Vom Klassizismus zum 20.Jh. - Vgl. ergänzend → Altchristliche Kunst, → Byzantinische Kunst, → Katakomben: I, → Kirchenbau: II-IV, → Kunsthandwerk: II, → Malerei und Plastik: I-V, → Mosaik-Kunst, → Orient-Rom-Frage

1. R. verdankt seine einzigartige Stellung in der Kunstgeschichte drei Konstanten: dem → *Papsttum* (Schöpfer und Bewahrer eigener Tradition; Schnittpunkt überregionaler Bezüge), der röm. *Antike* (geistige und monumentale Gegenwart) und der *Lage* (zwischen Meer und Gebirge, in der vom Tiber durchflossenen Campagna, an Hügeln). Papsttum (meist geistliches *und* weltliches Regiment) und röm. Kirche garantierten eine ungleichmäßige, aber selten (Avignonesisches Exil, Schisma) ganz unterbrochene Tradition der Bautätigkeit und Kunstförderung; das (trotz mächtiger röm. Familien) Fehlen einer Dynastie und wichtiger erblicher Würden gefährdete jedoch die Kontinuität im einzelnen Werk. Frömmigkeit, Großmut und Ehrgeiz von Päpsten (→ Leo I., → Julius II., → Urban VIII. u.a.), Nepoten (Aldobrandini, Borghese, Barberini u.a.m.) und Kirchenfürsten (zB D'Este, Farnese), die für die demon-

strative Kraft des Kunstwerkes aufgeschlossen waren, ermöglichten bedeutende Schöpfungen. Verpflichtung zur Erhaltung, ja Anpassung des Vorhandenen, meist Geheiligten an die sich verändernden religiösen, ästhetischen und praktischen Erfordernisse fügten langsam verwandelnd ständig Schicht auf Schicht. Vieles blieb historisch angefallenes Konglomerat; selbst große Werke sind den geschichtlichen Bedingtheiten sichtlich abgerungen (St. Peter, Kapitol). Wenige verdanken plötzlichen Aufschwüngen Entstehung *und* Vollendung (zB Stiftungen Konstantins; Fresken Cavallinis und Michelangelos; Berninis Cathedra Petri). Einseitige, ausschließende Kunstströmungen und Künstler (Gotik, toskanische Frührenaissance, Michelangelo) setzten sich schwer durch oder mußten ihnen zunächst fremde Züge aufnehmen. Die geistig und materiell immer gegenwärtige heidnische und christliche Antike bedeutete oft eher Fessel als Inspiration. Mehr als tausend Jahre war sie Steinbruch des neuen R.; Tempel wurden zu Kirchen (Pantheon = S. Maria ad Martyres). Monumentalität, Freude am kostbaren Material, am antiken Formenvokabular, aber auch Proportion und Schönheit drängten von dorther je nach Art und Grad des Verständnisses in die röm. Kunst. Was außerhalb voll schöpferischer Kraft war (zB der Reformgeist von → Cluny und Citeaux), bewirkte in R. oft nur eine Neuformulierung (zB der stadtröm. Basilika). Spezifische Bildprägungen konnten hier Jh.e nachwirken. Weder östliche (zB im 4.-8.Jh.) noch westliche Einflüsse (zB im 13.Jh.) brachten einschneidende Wechsel; sie erlagen immer wieder der röm. Formenwelt. - Selbst ohne große Künstlersöhne, hat es R. verstanden, *Fremde* anzuziehen, ja zu adoptieren. Man bevorzugte oft seine Landsleute: Medici-Päpste riefen Toskaner, → Gregor XIII. Oberitaliener, D'Este-Kardinäle Ferraresen usw. Vom 16.-18.Jh. stellten Comasken und Tessiner meist die begehrten Bauhandwerker, welche in R. häufig zu Bedeutung aufstiegen (u.a. Borromini). Auch schon bewährte Künstler wurden durch den geistigen Anspruch, die monumentale Tradition und das formenklärende Licht R.s zu neuen »röm.« Leistungen herausgefordert (Fra Angelico, Bramante, die Carracci u.a.m.). - Lage und Klima ergaben seit jeher besondere *Aufgaben:* Brücken, Aquädukte, Brunnen und Straßenbauten; der »hl. Stadt« erwuchsen zusätzliche Forderungen: Errichtung und Erhaltung der Patriarchalbasiliken, »tituli«, Stations-, Titel- und Wallfahrtskirchen, Klöster und Kollegien, Nationalkirchen. Bedeutsam sind die Papst- und Kardinalsgrabmäler sowie -kapellen. Der röm. Kommune wurde neuerlich das Kapitol zur Aufgabe; in Burgen, Palästen, Villen entwickelten sich lokale Eigenarten.

2. In den Anfängen der christlichen Kunst R.s vollzieht sich die Einrichtung von Grab- und Versammlungsräumen (→ Katakomben [: I], Privathäuser) mit Fresken (s. Taf. 51 Abb. 1-4), Sarkophagen und Kleinkunst innerhalb des Mischstils der Spätantike (→ Malerei und Plastik: I). Christliche Interpretation und wenige neue Motive lösen sie von diesem Hintergrund (→ Altchristliche Kunst). Mit den Kirchenbauten → Konstantins beginnt ein *neuer Anspruch* und die Verarbeitung von Einflüssen der kaiserlichen Hofkunst: nach Bestimmungen differenziert die fünfschiffigen ungewölbten Basiliken der lateranischen Papstresidenz und - mit Querschiff - über den Apostelgräbern (das spätere S. Paolo fuori le mura mit Arkaden statt Architrav), dreischiffige Exedra-Basiliken und Zentralbauten (→ Kirchenbau: II, 3 a, → Baptisterium, → Basilika). - Kaiserliche Pracht tritt auch an den vergoldeten Decken, Apsiswänden, → Mosaiken und dem reichen, zT figürlichen Gold- und Silberschmuck (Liber Pontificalis) zutage. Original (und zT in Zeichnungen) sind überliefert: dekorativ-symbolische Mosaiken von S. Costanza (Mitte 4.Jh.; s. Taf. 69 Abb. 2); herrscherlich thronend Christus zwischen Aposteln vor der Himmelsstadt in S. Pudenziana (um 400). An S. Maria Maggiore (ca 430; Langhaus: AT, Triumphbogen: apokryphe Marienszenen) begegnet ein lebendiger malerischer Stil. - In der Plastik (seit der 2. Hälfte des 3.Jh.s) treten verschiedene Sarkophag- und Bildtypen auf (s. Taf. 52 Abb. 1-3). Innerhalb des Wachsens des nachantiken Ausdrucksstils sind klassizisierende Phasen in der Mitte (Bassus-Sarkophag, vatikanische Grotten; lehrender Christus, Thermenmuseum) und - hieratischer - am Ende des 4.Jh.s festzustellen.

3. Im *5.-6.Jh.*, nach dem Verbot der heidnischen Kulte, lösen meist mittelgroße, querschifflose Basiliken (zB S.Maria Maggiore, S.Vitale, S.Sabina) die Hauskirchen ab; herausfallend die Rotunde S. Stefano (um 475). *Östliche Einflüsse* begegnen in der kreuzförmigen S. Anastasia (4.Jh.), dann u.a. an Chorteilen von S. Giovanni in Porta Latina, S. Pietro in Vincoli, SS. Apostoli (5. bis 6.Jh.). Die Emporen von S. Lorenzo und S. Agnese f.l.m. (6.Jh.) bilden den greifbaren Höhepunkt dieser Welle. - Gegenüber dem noch »antikisch« gelösten symbolischen Rankenmosaik von S. Giovanni in Fonte wirkt Leos d. Gr. Triumphbogen von S. Paolo starr, zeremoniell. Durch Kopien sind bekannt: Fresken von S. Paolo (Apg, AT) und St. Peter (innen: AT, NT; Fassade: Anbetung des Lammes; Atrium: Petrusgeschichte). Expressiv, aber wuchtig ist der Christus zwischen den Apostelfürsten in SS. Cosma e Damiano (ca 530). An Mosaiken Pelagius' II. in S. Lorenzo f.l.m. (4.Viertel 6.Jh.), S. Agnese f.l.m. (1. Hälfte 7.Jh.) und den Fragmenten vom Oratorium Johanns VII. (St. Peter, Anfang 8.Jh.) überwiegen byzantinische Einflüsse. Auf diversen Fresko-Schichten (6. 8.Jh.) der griechisch offizierten S. Maria Antiqua begegnen ein flächiger und ein mehr malerisch-antikisierender Stil. - In leoninischer Zeit ragen an Erfindungskraft die Reliefs der Holztür von S. Sabina hervor (ca 430). - Die *karolingische Epoche* (→ Kirchenbau: III, 1) bringt auch für R. eine »Renovatio«. Von östlichen Nachzüglern abgesehen findet eine Rückwendung zum einfachen frühchristlichen Typus statt (mit Querschiff: u.a. S. Prassede, 9.Jh.; ohne Querschiff: zB S. Marco, 8.-9.Jh.; S. Maria in Domnica, 9.Jh.). Zwischen Hadrian I. und Gregor III. wird das lateranische »Patriarchat« wesentlich erweitert. - Auch in den unbeholfenen Mosaiken ist der Anschluß an frühe Vorbilder (SS. Cosma e Damiano) belegbar; die Farbskala ist jedoch reduziert, die Bildmotive sind in die Fläche umgesetzt (S. Marco; S. Prassede, S. Zeno-Kapelle u.a.m.). Bes. frisch innerhalb dieses Ausdrucksstils sind die Himmelfahrt Christi (?) in S. Clemente (9.Jh.) und AT/NT-Fresken in S. Maria Egiziaca. - In der »Plastik« verdrängen »langobardische« Kerbschnittplatten die byzantinisierenden schola-cantorum-Schranken (u.a. S. Maria in Trastevere). - Das 10.-11.Jh. bringt den allgemeinen *Niedergang* (Fresken von S. Sebastianello, S. Urbano, Anfang 11.Jh.). Ein Unikum ist die Relief-Brunnenfassung in S. Bartolomeo (Stifter: Otto III.).

4. Die Architektur der *romanischen Epoche* (→ Kirchenbau: III, 2) setzt als Reaktion auf die Sarazenenzerstörungen (1084) ein. Es entstehen wieder traditionelle Basiliken, auch bei verkleinernden Ersatzbauten Paschalis' II. (SS. Quattro Coronati) und Gelasius' II. (S. Maria in Cosmedin), wo Pfeiler in die Arkadenfolge bzw. Emporen eingeschoben werden. Solche fremden Elemente sind aber vereinzelt; S. Clemente ist nur straffer und steiler proportioniert, ebenso - mit Querschiff - S. Crisogono und S. Maria in Trastevere (1. Hälfte 12.Jh.). In S. Saba kehren die Cluniazenser (um 1150) zur einfachen

Basilika zurück. Beim zisterziensischen Pfeilerbau von Tre Fontane (Anfang 13.Jh.) wird die begonnene Tonne durch den offenen Dachstuhl »verrömert«. Im 12.-13.Jh. dominiert die kleinmeisterliche »Protorenaissance« der sog. *Cosmaten* (Steinmetzenfamilien, in Inschriften als »magistri doctissimi« [sic] u.ä. verewigt); neben inkrustierten Altären, Kanzeln, Schranken, Fußböden usw zB: Civitacastellana, Domvorhalle, ca 1200; S. Paolo f.l.m. und Lateran, Kreuzgänge, 1. Drittel 13.Jh. Von in Ruinen nistenden Adelsburgen (zB Torre d. Milizie) abgesehen gibt es offenbar keine bemerkenswerte Profanarchitektur in dem in 4 Fraktionen (Lateran-, Vatikan-, Kapitol-Ort und Trastevere) zerfallenen R. des frühen MA. Erst 1143/44 wurde die Kommune neugegründet. - Mit den Klemensfresken (S. Clemente, Ende 11.Jh.) erscheint eine röm. Variante der westlichen Malerei: anschaulich und relativ locker im Raum. Sie strahlt auch auf Latium aus. In R. selbst entstehen die schlicht großformige Ausmalung in S. Giovanni in P. Latina (Ende 12.Jh.) und die Weltgerichtstafel von S. Paolo f.l.m. (Anfang 13.Jh.). Für die Apsis von S. Paolo mußte Honorius III. venezianische Mosaizisten erbitten. - Neben Bauplastik und Osterleuchtern (S. Paolo f.l.m., Ende 12.Jh.) ist im frühen MA keine röm. Großplastik nachweisbar; Reflexe vielleicht in Holz (zB Depositio, Tivoli, ca 1220).

Ab Mitte des 13.Jh.s beginnt ein künstlerischer Auftrieb (gestört durch das Avignonesische Exil [→ Papsttum: II, 2 d]). Die eigentliche → *Gotik* (→ Kirchenbau: III, 3) setzt sich jedoch nie durch. Die Franziskaner bauen um 1250 S. Maria in Aracoeli »frühchristlich«. Die Dominikaner verzichten 1280 in S. Maria s. Minerva auf Gewölbe. Bei seiner Erneuerung der Hauptkirchen gibt Nikolaus IV. u.a. S. Maria Maggiore das obligatorische »altchristliche« Querschiff. - Dieselbe Epoche steht Pate bei der *Neublüte der röm.* → *Malerei* (: II, 6; III, 2) und Mosaikkunst: 1270-90 P.Cavallinis Erneuerung der Langhausfresken (s.o.) von S. Paolo f.l.m., anschließend sein antikisch groß gesehenes Gerichtsfresko in S. Cecilia und die Marienmosaiken in S. Maria in Trastevere; um 1290 Torritis Apsidenkompositionen im Lateran und S. Maria Maggiore (näher an byzantinischer Tradition), 1308 Rossutis Fassadenmosaiken ebd. Cavallini und R. helfen → Giotto formen, der das »Navicella«-Mosaik von St. Peter schafft (Anfang 14.Jh.). - In neu einsetzender *Großplastik* (Grabmäler in und um R.) berührt sich die Cosmatentradition mit dem Toskaner A. di Cambio (Bonifaz' VIII. Grab, vatikanische Grotten; das »presepe« in S. Maria Maggiore und vielleicht der bedeutende Bronze-Petrus in St. Peter). - »Röm.« Leistungen des »dunklen« *14.Jh.s:* 1348 (unter → Rienzo) die Freitreppe von Aracoeli; 1376 (nach Avignon) von → Gregor XI. der letzte alte röm. Campanile an S. Maria Maggiore. Grabmäler (zT vom »letzten Cosmaten« P.Romano) leiten über das Schisma zur → Renaissance (: II).

5. Ab 1420 beginnt → Martin V. die *Erneuerung* des lange Vernachlässigten; die Ausmalung der Lateransbasilika von G. da Fabriano und Pisanello ist verloren. Mit Masaccio/Masolino (S. Clemente, Katharinenkapelle) und Donatello (1430/33: St. Peter, Tabernakel; S. Maria s. Minerva, Crivelli-Grab; Lateran, Grab Martins V.) erfolgt der Vorstoß der revolutionären toskanischen Frührenaissance (→ Malerei: III, 7). - Das antike R. wird zunehmend von Künstlern und Theoretikern studiert; humanistische Gelehrsamkeit, praktische Kenntnis der neuen Kunst und schöpferische Vorstellungskraft machen L.B.Alberti, den Freund Nikolaus' V., zur Schlüsselfigur des röm. Quattrocento (→ Kirchenbau: IV, 1 a). Unter seinem Einfluß entstehen u.a. großzügige Erneuerungsprojekte für das Vatikanviertel (Residenz seit Gregor XI.). Jedoch wird nur der Chor von St. Peter begonnen. Die Tendenz zur Einwölbung der Chorteile und Seitenschiffe sowie zur Einfügung von Pfeilerstützen ist auch bei späterer Erneuerung der Erzbasiliken und Stationskirchen (zB S. Maria Maggiore, S. Maria s. Minerva, S. Marco) wirksam, - eine vom altröm. Massen- und Gewölbebau beeinflußte, nicht mehr »altchristliche«, Variante. Vgl. auch die Neubauten → Sixtus' IV.: S. Maria del Popolo, S. Maria della Pace, S. Agostino. - Mit dem politischen Aufstieg der Päpste breitet sich die Stadt zwischen Vatikan und Kapitol aus; röm. »gelagerte« Paläste: Governo Vecchio, Capranica, Venezia (Hof-Ordnung und Benediktionsloggia vor S.Marco vom Colosseum abhängig) und B.Pontellis Hospital von S. Spirito (1474-82). - →Nikolaus V. beruft auch P. della Francesca (nichts erhalten) und → Fra Angelico (Fresken der päpstlichen Kapelle); dessen Gehilfe B.Gozzoli ist in Aracoeli tätig. Unter Sixtus IV. entstehen die Christus- und Moses-Szenen der sixtinischen Kapelle (1481-83) u.a. von D.Ghirlandaio, P.Perugino, S.Botticelli, L. Signorelli und Pinturicchio, umbrisch-toskanischen Vertretern des verfeinerten, bewegten reifen 15.Jh.s. Nur Pinturicchio wirkt weiter in R.; von ihm stammen die kostbar farbenfrohen »Appartamenti Borgia« Alexanders VI. Strenger sind die illusionistischen, von P. della Francesca herkommenden Fresken M.da Forlìs (SS. Apostoli; vatikanische Bibliothek, 1477-81); malerisch, erregter Filippino Lippis Arbeiten in S. Maria s. Minerva (Caraffa-Kapelle, 1488-93). - Trotz guter Aufträge (u.a. Gräber Eugens IV. und Pauls II.) waren nur zweitrangige Bildhauer am Werk: A.Filarete, G.Dalmata, M.da Fiesole sowie der Römer gewordene A.Bregno; Ausnahmen sind A. und P.Pollaiuolo (Bronzegrabmäler Sixtus' IV., 1489-93, und Innozenz' VIII., 1492-98, in St. Peter).

6. Unter → Julius II. und → Leo X. ist R. selbst Sitz der Großen; die röm. Varianten meist nicht ansässiger Meister weiterführend und bewußt die Herausforderung der antiken Denkmäler aufnehmend, überhöhen sie den gesamtitalienischen Beitrag der Frührenaissance im »neuen R.« zum Idealstil der *Hochrenaissance* (1500/20; → Renaissance: II). Am Übergang stehen u.a. S. Maria dell'Anima (Hallenkirche [!] der Deutschen) und die päpstliche »Cancelleria«. Beispielhafte Höhepunkte sind Bramantes Projekte (1505 ff) für St. Peter (*die* fruchtbare Bauaufgabe bis zum Frühbarock; → Kirchenbau: IV, 1 a und s. Taf. 24 Abb. 2), sein »Tempietto« (s. Taf. 25 Abb. 1, Fig. 22) und das Belvedere-Projekt. Auch »Stadtplanung« (Via Giulia) und größere Bürgerpaläste werden in Angriff genommen (A.Sangallo d.J.: Pal. Baldassini). Die klassische Stufe der → Malerei (: III, 8) verkörpert → Raffael (auch Architekt!). Als Plastiker steht neben A.Sansovino (Sforza-Gräber in S. Maria del Popolo) → Michelangelo, der jedoch auch als Architekt und Maler die Hochrenaissance zum → *Manierismus* hin sprengte. Neben ihm sind, von der »exemplarischen« Hochrenaissance ausgehend, die Maler-Architekten B.Peruzzi (Pal. Massimo, Farnesina) und G.Romano (Villa Lante) zu nennen, dann D. da Volterra, Vasari, Salviati, P. da Caravaggio, P. da Vaga mit Altarbildern und Fresken (zT Zyklen: Vatikan, Engelsburg, Cancelleria, Pal. Farnese usw) sowie Gugl. da Porta (typusprägend: Grabmal Pauls III.). - Dem Sacco di Roma (1527) folgen das Wiedererstarken des → Papsttums (: III, 1) und die → *Gegenreformation;* neben Weiterführung des krisenhaften Manierismus stehen jetzt normativ-klassizisierende Bestrebungen; repräsentativ ist der Architekt und Theoretiker G.B. da Vignola (Il Gesù [s. Taf. 25 Abb. 2 und Fig. 24], S. Andrea i.v. Flaminia). Zwischen solchen Extremen vollzieht sich das rasche *Wachstum R.s* nach 1550.

Unter → Gregor XIII. und → Sixtus V. werden die Höhen besiedelt, die Stadt mit Straßenfluchten zwischen Fixpunkten (Obelisken, Kirchen) durchstrahlt und Brücken, Aquädukte, Brunnen, Lehranstalten (Coll. Romano, »Sapienza«) und Kirchen für neue Orden erbaut (Jesuiten: Il Gesù; Oratorianer: Chiesa Nuova). Dabei schufen Giac. da Porta, D.Fontana, O.Mascherino u.a.m. eine strenge und großflächige, im michelangelesken (!) Detail phantasiebewegte, städtebaulich wirkungsvolle Architektur (zB Peterskuppel, Trinità da Monti; neben Kapitol, Lateransneubau usw auch Villen: Giulia, Medici, Montalto; außerhalb: Caprarola, Villa d'Este, Bagniaia). - Der gewaltige Baubetrieb zwingt die Maler (G.Muziano, die Zuccari, C.Nebbia, Cav. d'Arpino u.a.) und Plastiker (typisches Ensemble: Sixtinische Kapelle, S. Maria Maggiore) oft in dekorative »Ausstattungen«: prononcierte Historienmalerei, Märtyrerszenen; zT »Massenfertigung« zwischen trockener Manier und effektvoller Zuspitzung. Um 1600 versuchen die Gebrüder Alberti (Vatican, Sala Clementina) die Wand perspektivisch zu öffnen. Es entstehen die röm. gefärbten idealen Landschaftsgründe (M. und P.Brill, A.Elsheimer), auch »Kirchenlandschaften«.

7. Anfang des 17.Jh.s kommt es zur Vereinheitlichung und Konzentration (Blick auf Hochrenaissance) im *Frühbarock* (→ Barock: I), vertreten durch den raumplastischen Stil des reifen C.Maderno (S.Susanna; S. Peter, Langhaus). Eine Wende in der → Malerei (: IV, 2 a) ist schon bei M.da Caravaggio (naturalistischer Körperstil, straffe Komposition: S. Luigi dei Francesi, Contarelli-Kapelle) und A.Carracci (stark rationale Synthese von oberitalienischer malerischer Tradition, Michelangelo und der klassischen röm. Tradition: Galleria Farnese) zu beobachten. In der Plastik ist der Umschwung zögernder. - Ab ca 1625 tendiert man zu bewegter, spannungsvoller - nicht abstrakt fixierter - Zuordnung der organisch verstandenen Elemente *(Hochbarock)*. Damit wird auch konsequent eine überformende - weniger nur organisierende und ausschließende - Gestaltung des historischen Konglomerats des Stadtganzen möglich (Petersplatz; s. Taf. 24 Abb. 2). Die röm. Kunst gewinnt Geltung (seit dem 16.Jh. wird R. Lehrstätte der »oltramontani«, C.Lorrain) und breitet sich in Europa aus. Das »Gesamtkunstwerk« wird geformt (zB Berninis S. Andrea al Quirinale) und Vorhandenes uminterpretiert (S. Peter, innen; s. Taf. 59 Abb. 2). - Im → Kirchenbau (: IV, 1 a) verlagert sich der Akzent von den »standardisierten« Großanlagen der Gesù-Nachfolge (u.a. S. Andrea della Valle) auf kleinere, aber komplexere Vorhaben: zB Borrominis S. Ivo, P.da Cortonas SS. Luca e Martina, C.Rainaldis S. Maria in Campitelli. Man neigt zu freier Ordnung an Stadtpalästen (zB Borrominis »Propaganda Fide«), mehr noch an Villen: Sacchetti, Doria-Pamphilij, Falconieri/Frascati. - → Malerei und Plastik (: IV, 2) entfalten sich zwischen den auch theoretisch (Accademia di S. Luca, seit 1577) diskutierten Polen einer eher »klassizistischen« (u.a. G.Reni, Domenichino, A.Sacchi, N.Poussin und die Plastiker A.Alghardi, F.Duquesnoy) und einer die subjektiven, transitorischen Momente mehr betonenden Richtung (u.a. G.Lanfranco, Guercino, P.da Cortona, G.L.Bernini); daneben stehen »Romantiker« (S. Rosa) und das nördliche derb-realistische Genre der »Bamboccianti«. Gegen 1670 läßt die die echt röm. Fülle transzendierende Kraft und bindende Spannung nach. In der Freskomalerei dominiert nach Gaulli (Il Gesù) trotz P.Pozzos himmelaufreißenden Perspektiven (S. Ignazio) mit C.Maratti ein gedämpfter »cortonesker« Stil. Bei den Plastikern überwiegt nach E.Ferrata, A.Raggi usw - weiter im Banne Berninis - die gefälligere Kunst der Franzosen Legros und Monnot, dann die robustere C.Rusconis (zB Lateran-Apostel). Die akademisch beruhigte Spätstufe der Architektur beherrscht der große Lehrer C.Fontana (zB S. Marcello, Fassade). - Obwohl R. im 1. Drittel des 18.Jh.s nicht mehr führend war, gelangt es selbst zu einem *abrundenden Nachbarock:* bald klassizisierend (Rückbezug zum 16.Jh.: F.Fuga, S. Maria d. Morte; A.Galilei, Lateranfassade; N.Salvi, Fontana Trevi), bald mit Rokoko-Neigungen (G.Sardi, S. Maria Maddalena, Fassade; F.Raguzzini, Piazza S. Ignazio; G.Valvassori, Pal. Doria-Pamphilij; De Sanctis, Spanische Treppe). F.Fugas Umgestaltung von S. Maria Maggiore und G.B.Piranesis S. Maria del Priorato (nicht so seine spätbarocken Veduten!) bereiten den Neoklassizismus vor. Die von röm. Motivtraditionen beherrschte Skulptur übersetzt diese in unverbindlichere Form (Grabmäler Benedikts XIII. und Innozenz' XII. von P.Bracci bzw. F.d.Valle, St. Peter). In der Malerei wirken entsprechend B.Luti, C.Giaquinto (toskanische und neapolitanische Schule!) und, von Maratti her zum Neoklassizismus weisend, P.Battoni.

8. Die wachsende *wissenschaftliche Beachtung der Antike* führt unter → Clemens XII. und → Benedikt XIV. zum Aufbau des Museo Capitolino (erstes öffentliches Antikenmuseum, mit Albani-Sammlung). Betreuer der 2. Sammlung Kardinal Albanis wird J.J. → Winckelmann (1763 Intendant der röm. Altertümer - wie einst Raffael!). Mit der gelehrten Rückwendung zur griech. Klassik *endet die lebendige röm. Kontinuität.* Der klassizistisch erstarrte »Raffaelismus« R.Mengs' sowie Canova und → Thorwaldsen spiegeln das Einfrieren der röm. Tradition in retrospektiven Formeln; die Porträts bleiben überzeugend: Grabmäler Clemens' XII. (1784-92) bzw. - mit Entwürfen → Schinkels - Pius' VII. (1831). R. lockt jedoch weiter; neben Engländern, Franzosen usw zieht es viele Deutsche an (u.a. zunächst Carstens, Koch, Tischbein, Hackert, Kauffmann, Rauch; dann die → Nazarener, Ludw. → Richter und andere Romantiker [→ Romantik: I]; nach 1848: Feuerbach, Marées, Lenbach usw). R. wird stimulierender *Studienort,* ohne die eigene künstlerische Physiognomie noch zu entwickeln. - Von der neoklassizistischen Architektur (am Anfang: M.Simonettis Museo Pio-Clementino und R.Sterns »Braccio Nuovo« - Teile des 1773 begonnenen Museo Vaticano) ist die unter Napoleon geförderte *Stadtplanung* G.Valadiers (französische und englische Vorbilder; ausgeführt: Piazza del Popolo 1784-1816; Ausgrabungen, Restaurierungen) durch ihren teils dekorativen, teils technisch-organisatorischen Charakter wegweisend auch für das gründerhafte Nach-Risorgimento (G.Sacconi: Nationaldenkmal, 1884; G.Calderini: Justizpalast, 1888) und die faschistische Neuordnung (die Fora, das Kapitol und der Borgo, u.a. von Muñoz, M.Piacentini); neben unvermeidbaren *Korrekturen* kommt es zu unnötigen *»imperialen« Stilisierungen.* - Neuerdings ist vorbildlich die Front der Stazione Termini (von Montuori/Calini, 1947); auch einige gute Ordens- und Pfarrkirchen für die »junge« Millionenstadt sind entstanden.

Außer der Lit. zu → Rom: I sowie zu den eingangs u. im Text genannten Artikeln: E.Plattner-C.Bunsen, Beschreibung der Stadt R., 3 Bde, 1829-42 - A.Nibby, R. nel anno 1838, R. 1838 - P.Letarouilly, Edifices de R. Moderne, 5 Bde, Liège 1849 - P.Adinolfi, R. nell'età di mezzo, 2 Bde, R. 1881-82 - R.Lanciani, Storia degli Scavi di R., 4 Bde, R. 1903-10 - H.Jordan-Chr.Hülsen, Topographie der Stadt R. im Altertum, 1907 - G. u. Fr.Tomassetti, La Campagna Romana, 4 Bde, R. 1925 - F.Noack, Das Deutschtum in R., 2 Bde, 1927 - Chr.Hülsen, Le chiese di R. nel Medio Evo, Florenz 1927 - L.Schudt, Le Guide di R., 1930 - H.Egger, Röm. Veduten, 2 Bde, Wien 1932 - J.H.Haarhaus, R. Wanderungen durch d. ewige Stadt, 1936[3] - F.Hermanin, L'arte in R. dal sec. VIII al sec. XIV, R. 1945 - M.Armellini-C.Cecchelli, Le chiese di R., 2 Bde, R. 1952 -

L.Bruhns, Die Kunst der Stadt R., Wien 1951 - U.Montini, Le tombe dei Papi, R. 1957 - Topografia e Urbanistica di R. (Storia di R., Bd XXII), Bologna 1958. *K.Schwager*

III. Forschungs- und Bildungsstätten

1. Historische Institute - 2. Universitäten und Kollegien - 3. Archive und Bibliotheken

1. *Historische Institute* bestehen in R. seit der 2. Hälfte des 19.Jh.s; zu unterscheiden sind italienische, ausländische und kirchliche Institute.

a) Die *italienischen* Institute: Società Romana di Storia Patria (1876; Geschichte R.s, bes. im MA), Istituto Genealogico Italiano (1877), Istituto Storico Italiano per il Medio Evo (1883; ital. Geschichte im MA), Istituto per la Storia del Risorgimento Italiano (1906/17), Istituto di Numismatica (1912; Münz- und Siegelkunde des ital. MA), Istituto di Studi Romani (1925; Kulturgeschichte R.s), Istituto Italiano per il Medio ed Estremo Oriente (1933; allgemeine Kulturgeschichte des Nahen und Fernen Ostens), Istituto Storico Italiano per l'Età Moderna e Contemporanea (1934; Geschichte Italiens ab 1500, Nuntiaturberichte), Istituto Italiano per la Storia Antica (1935; Italien in der Antike) und das kommunistische Istituto Gramsci (1950; neuere Geschichte, Arbeiterbewegung, Zs. »Studi Storici«).

b) Die *ausländischen* Institute entstanden nach Öffnung des Vatikanischen Archivs 1881. Sie befassen sich mit den Beziehungen des eigenen Landes zur Kurie und zu Italien im MA und in der Neuzeit (→ Papstregister, Nuntiaturberichte, Musikgeschichte) und zu einem geringen Teil mit röm. Geschichte in der Antike. Zuerst wurde die École Française d'Histoire et d'Archéologie begründet (vor 1881); ihr folgten: Österreichisches Historisches Institut (1881), Magyar Történeti Intézet (1883, geschlossen), Accademia Polacca (1886, Neugründung 1945: Institutum Historicum Polonicum), Deutsches (ehem. Preußisches) Historisches Institut (1888, mit musikgeschichtlicher Abt.), Historisches Institut der → Görresgesellschaft (1888), American Academy (1894, mit historischer Abt.), Institut Historique Belge (1902), Nederlandsch Historisch Instituut (1904, auch Musikgeschichte), Československy Ustav Historicky (1887/1921, geschlossen), British School (1901, auch Geschichte), Escuela Española de Historia y Arqueología (1910, mit musikgeschichtlicher Abt.), Şcoala Română (1922, geschlossen), Instituto español de Estudios eclesiásticos (1949), Instituto Português de S. Antonio (1952).

c) Die *kirchlichen* Institute erforschen die Geschichte des jeweiligen Ordens: Istituto Storico Domenicano di S. Sabina (1930), Istituto Storico dei Minori Cappuccini (1930), Institutum Historicum Societatis Jesu (1932), Institutum Carmelitanum (1951). Ohne ein eigentliches Institut zu besitzen, geben folgende Orden eine Zs. heraus: Minoriten (»Miscellanea Franciscana« 1866ff), Augustiner (»Analecta Augustiniana« 1912ff), Unbeschuhte Karmeliter (»Analecta Ordinis Carmelitorum Discalceatorum« 1926ff), Regulierter 3. Orden (»Analecta Tertii Ordinis Regularis Sancti Francisci de Paenitentia« 1933ff), Serviten (»Studi Storici« 1933ff), Zisterzienser (»Analecta Sacri Ordinis Cisterciensis« 1945ff), Theatiner (»Regnum Dei« 1945ff), Benediktiner (»Benedictina« 1947-59), Basilianer (»Analecta Ordinis S. Basilii Magni« 1949ff), Redemptoristen (»Spicilegium Historicum« 1953ff).

2. a) Die staatliche Università degli Studi, deren Anfänge im MA liegen, hat alle Fakultäten mit Ausnahme der theologischen. An den päpstlichen Hochschulen dagegen wird Theologie, Philosophie, KG und Kirchenrecht, Missions- und Sozialwissenschaften gelehrt: Università Gregoriana (1552), ihr angegliedert 1928 das Istituto Biblico (1909) und das Istituto per gli Studi Orientali (1917); Università Lateranense (1824), mit ihr verbunden das Institutum Jesus Magister (1957) und das Istituto Pastorale (1958); Ateneo Urbaniano »de Propaganda Fide« (1627); Ateneo »Angelicum«(1580, Dominikaner); Ateneo S. Anselmo (1687, Benediktiner); Ateneo Antoniano (1883, Franziskaner); Istituto di Musica Sacra (1911); Istituto di Archeologia Cristiana (1925). Außerdem gibt es päpstliche Ordensfakultäten für Theologie, zB jene der Franziskaner-Konventualen (1905), der unbeschuhten Karmeliter (1935) und der Serviten (1895). Die → Waldenser besitzen die Facoltà Valdese di Teologia (1855).

b) Die zahlreichen nationalen und internationalen *Kollegien*, die den Gliedern des Welt- oder Ordensklerus der Ökumene zur Verfügung stehen, dienen zum größten Teil als Konvikte, einige sind zugleich auch Bildungsstätten. In den Kollegien des Weltklerus, die fast immer den Ehrentitel »Pontificio« führen, leben entweder in Ausbildung begriffene Priesterkandidaten (Seminaristen) oder bereits geweihte Priester, welche die erwähnten päpstlichen Hochschulen besuchen. Zur ersten Gruppe gehören: Collegio (= C.) Almo Capranicense (begr. 1456), Pontificio (= P.) C. Germanico-Ungarico (1552), P. C. Greco (1577), Venerabile C. Inglese (1578), C. Maronita (1584), P. C. Scozzese (1600), P. C. Irlandese (1628), P. C. Belga (1844), P. Seminario Francese (1853), P. C. Pio Latino Americano (1858), P. C. Americano del Nord (1859), P. C. Armeno (1883), P. C. Nepomuceno (1890), P. C. Spagnuolo (1892), P. C. Ruteno di S. Giosafat (1897), P. C. Etiopico (1919/30), P. C. Russo di S. Teresa del Bambino Gesù (1929), P. C. Pio Romeno (1930), P. C. Pio Brasiliano (1934), C. Lituano di San Casimiro (1948). Zur zweiten Gruppe der Priesterkollegien gehören u.a.: Convitto S. Luigi dei Francesi (1845), C. Teutonico di S. Maria dell'Anima (1859), P. C. Polacco (1866), C. Teutonico di S. Maria in Camposanto (1876), P. C. Canadese (1888), P. C. Portoghese (1900), P. Istituto Ecclesiastico Polacco (1910), P. C. Olandese Pio XI (1930), P. Istituto Ecclesiastico Ungherese (1940). In den Kollegien des Ordensklerus leben meistens in der Ausbildung befindliche »Fratres« (auch »Kleriker« genannt) und bereits geweihte Ordenspriester (»Patres«). Nur einige dieser Kollegien können genannt werden: C. dei Santi Teresa di Gesù e Giovanni della Croce (1902, Unbeschuhte Karmeliter), C. di San Lorenzo da Brindisi (1908, Kapuziner), C. di S. Francesco Saverio (1927, Jesuiten), C. del Verbo Divino (1928, Steyler Missionare). Die Adressen der Hochschulen und Kollegien findet man im AnnPont.

3. Von den ungefähr 300 staatlichen, städtischen, privaten, kirchlichen und ausländischen *Archiven und Bibliotheken* können nur die wichtigsten erwähnt werden.

a) *Italienische Archive:* Archivio (= A.) Centrale dello Stato (Dokumente der Zentralverwaltung bes. seit 1861), A. Storico del Ministero degli Affari Esteri, A. di Stato (Dokumente der Zentralverwaltung des Kirchenstaates und der Staatsverwaltung der Provinz R. seit 1870, mit Notariatsabt.), A. Notarile Superiore, Soprintendenza Archivistica per il Lazio, l'Umbria e le Marche (Archivpflege der nichtstaatlichen Archive, wichtig für Auskünfte), A. Storico Capitolino (mit Notariatsabt.), A. del Collegio degli Orfani di S. Maria in Aquiro, A. Storico del Banco di S. Spirito, A. Storico della Cassa di Risparmio e del Monte di Pietà. Archive der Familien Caetani-Sermoneta, Colonna, Doria und Sforza-Cesarini.

b) *Kirchliche Archive:* A. Segreto Vaticano (hier auch Archiv der Engelsburg und größerer Teil des A. Capitolare di S. Pietro), A. della P. Università Gregoriana (wichtig die Tridentinabestände), A. del Vicariato (zum großen Teil im A. Vaticano), A. Capitolare di S. Giovanni in Laterano, A. di S. Pietro in Vincoli, A. Capitolare di S. Pietro in Vaticano (Benutzung des größeren Teils in der Biblioteca Vaticana), A. di S. Maria Nuova, A. di S. Paolo fuori le mura, A. del Collegio P. Ungarico-Germanico.

c) Über sämtliche *Bibliotheken* informiert am besten der »Annuario delle Biblioteche« (mit Adressen). Italienische: Biblioteca (= B.) dell'Accademia dei Lincei e Corsiniani, B. Angelica, B. Casanatense, B. Nazionale Vittorio Emanuele, B. Vallicelliana (ihr angegliedert die Bibliothek der Società Romana di Storia Patria), B. della Camera dei Deputati, B. del Senato, B. Alessandrina (Universitätsbibliothek). An Privatbibliotheken seien jene der Familien Altieri-Pasolini, Bertini-Frassoni, Nelson-Gay, Misciatelli und Odescalchi genannt.

d) *Kirchliche Bibliotheken:* B. Apostolica Vaticana und B. della P. Università Gregoriana.

Zu 1 a: O. Morra, Istituto Studi Romani (Ministero dell'Educazione Nazionale, Accademie e Istituti di cultura), R. 1938, 617ff (Lit.) - C. Galazzi Paluzzi, L'Istituto di Studi Romani, R. 1941 - G. Cardinali, L'Istituto Ital. per la Storia Antica (StRo 2, 1954, 584f) - R. Morghen, L'Istituto Storico Ital. per il Medio Evo (ebd 714-717) - R. Ciasca, L'Istituto Storico Ital. per l'Età Moderna e Contemporanea (ebd 4, 1956, 87-89) - F. Pellati, L'Istituto Ital. di Numismatica (ebd 5, 1957, 463-465) - E. Re, La Società Romana di Storia Patria (ebd 7, 1959, 333-338) - Guida delle Istituzioni culturali di Roma, R. 1959 - Istituto Ital. per il Medio ed Estremo Oriente, Attività svolta dall'Istituto nel 1959, R. 1960 (Lit.) - Rassegna Storica del Risorgimento 47, 1960, 141-143.

Zu 1 b: P. Kehr, Das preuß. hist. Institut (IMWT 8, 1913, 2-42) - Ders., Geschichtsstudium u. Hist. Institut (ebd 8, 1914, 422-427) - H. Goetz, Ausländ. Wissenschaft in R. (Schweiz. Monatshefte 39, 1959, 143-152; Lit.) - E.N.I.T., Leben in Italien 9, R. 1959, Nr. 25, 1ff - Guida delle Istituzioni culturali di Roma, R. 1959 (mit Adressen).

Zu 1 c: A. Papillon, Le premier Collège Historique de l'Ordre des Frères Prêcheurs (AFP 6, 1936, 5-38) - D.F. Zapico-P. Leturia, Cincuentenario de Monumenta Historica S.J. 1894-1944 (AHSJ 13, 1944, 1-61) - Institutum Historicum Ordinis Fratrum Minorum Capuccinorum (1930-55), R. 1955 (Lit.) - Institutum Historicum Societatis Jesu, Catalogue des Publications, R. 1960.

Zu 2 a: Ad Athenaei Antoniani ... inaugurationem commemorandum editus (Acta Ordinis F.M. 53, 1934, 1-76) - N. Spano, L'Università di Roma, R. 1935 (Lit.) - EItal XXIX, 868ff (Lit.) - C. Stano, P. Facoltas theologica O.F.M. Conv. in Urbe (Miscell. francescana 45, 1945, 1-28) - T. Leccisotti, Il collegio S. Anselmo dalla fondazione alla prima interruzione (1687-1810) (Benedictina 3, 1949, 1-53) - Il P. Ateneo Angelicum. Storia e descrizione, R. 1950 - Gesellschaft des Göttl. Wortes... Gedenkblätter zum 75jähr. Jubiläum des Steyler Missionswerkes, Steyl 1950 - EC VII, 345ff; X, 1245ff (Lit.) - R.G. Villoslada, Storia del Collegio Romano dal suo inizio (1551) alla soppressione della Compagnia di Gesù (1773), R. 1954 (Lit. im Vorwort) - V. Vinay, Facoltà Valdese di Teologia 1855-1955, Torre Pellice 1955 - Il Santo Padre Giovanni XXIII e la P. Università del Laterano, Vatikanstadt 1959, 49ff - E.N.I.T., Leben in Italien 9, 1959, 132ff - AnnPont 1961, 1073ff.

Zu 2 b: A. Steinhuber, Gesch. des Collegium Germanicum Hungaricum in R., (1895) 1906² - M. Blum, Das Collegium Germanicum zu R. u. dessen Zöglinge aus dem Luxemburger Lande, 1899 - E. Veress, Ein röm. Collegium Germanicum et Hungaricum, Budapest 1917 (ung.) - A.V. Müller, Papst u. Kurie, ihr Leben u. Arbeiten, 1921, 216ff - Sacra Congregatio de Seminariis et Studiorum Universitatibus, Elenchus Seminariorium, Vatikanstadt 1934, 21ff - F. Ascarelli, Biblioteche e Istituti Stranieri in Roma, R. 1937 (Lit.) - EC III, 1952ff (Lit.) - Bonaventura (Furrer) ab Andermatt, Collegium Internationale S. Laurentii a Brundusio, R. 1958 - AnnPont 1961, 1091ff.

Zu 3 a: A. Bozzoni, Gli Archivi di Roma (Archivio Storico Italiano 16, 1872, 461-470) - F. Gregorovius, Das Archiv des Capitols in R. u. das Protocollbuch des Notars Camillus de Beneimbene von 1467-1505 (SAM 2, 1872, 491-518) - Ders., Das Röm. Staatsarchiv (HZ 36, 1876, 141-173) - L. Clédat, Les Archives ital. à Rome (Bibliothèque de l'Ecole des Chartes 36, 1875, 457-480) - A. Francois, Elenco di notari che rogarono atti in Roma dal secolo XIV all'anno 1886, R. 1886 - E. Celani, Le pergamene dell'archivio Sforza-Cesarini (ASRStP 15, 1892, 229-249) - G. Gabrieli, L'Archivio di S. Maria in Aquiro o »degli Orfani« in Roma e le carte di Giov. Faber Linceo (ebd 2, 1928, 61-77) - Rassegna degli Archivi di Stato, R. 1940ff - L. Guasco, L'Archivio Storico Capitolino, R. 1946 - Ministero degli Affari Esteri, Indici dell'Archivio Storico, 8 Bde, R. 1947-59 - R. Meucci, Elenco cronologico dei notari iscritti nel ruolo dei distretti riuniti di Roma Latina e Velletri, Subiaco 1950 - Ministero dell'Interno, Gli Archivi di Stato al 1952, R. (1952) 1954² (Lit.) - A. Bassotti, Carte della famiglia Boccapaduli (StRo 2, 1954, 343-348) - Archivi Storici delle Aziende di Credito I, R. 1956, 485ff (Lit.) - P. Pecchiai, L'Archivio dei Duchi di Sermoneta (Studi in onore di R. Filangieri I, Neapel 1959, 423-443) - A. Lodolini, Archivi extra muros dell'Archivio di Stato e del Vaticano in Roma (Archivi 27, 1960, 224-235; Lit.) - Ders., L'Archivio di Stato di Roma, R. 1960.

Zu 3 b: L. Gachard, Les Archives du Vatican, Brüssel 1874 - P. Fabre, Notes sur les archives du château Saint-Ange (Mélanges d'Archéol. et d'Hist. 13, 1893, 1-19) - P. Fedele, Tabularium S. Mariae Novae ab an. 982 ad an. 1200 (ASRStP 23, 1900, 171-237; 24, 1901, 159-196; 25, 1902, 169-209; 26, 1903, 21-141) - P. Kehr, Italia Pontificia I, R. 1906, 164ff (Lit.) - Ders., Röm. Analekten I: Die falschen Papsturkunden des Laterans (QFIAB 14, 1911, 1-37) - B. Trifone, Le carte del monastero di San Paolo dal secolo XI al XV (ASRStP 31, 1908, 267-313; 32, 1909, 29-106) - J. Schuster, La basilica e il monastero di S. Paolo fuori le mura, Turin 1934 - H. Jedin, Der Quellenapparat der Konzilsgesch. Pallavicinos, R. 1940, 85ff (Übersicht über die Tridentinabestände des Gregoriana-Archivs) - K.A. Fink, Das Vatikanische Archiv, R. (1943) 1951² - A. Lodolini, Archivi ecclesiastici in Roma (Archivi 27, 1960, 11-22; Lit.) - Ders., Archivi extra muros ... (s. 3 a).

Zu 3 c: L. Gachard, La bibliothèque des princes Chigi à Rome (Compte-rendu des séances de la Commission royale d'hist., Brüssel, 10, 1867-69, 219-244) - Ders., La bibl. des princes Corsini à Rome (ebd 11, 1869-70, 27-202) - L. Pastor, Le Biblioteche private e specialmente quelle delle famiglie principesche di Roma (Atti del Congresso Internaz. di Scienze Storiche III, R. 1906, 123-130) - P. Fontana, Le biblioteche pubbliche e private di Roma (Accademie e Biblioteche d'Italia 7, 1933, 305-315) - EItal XXIX, 880ff (Lit.) - EC X, 1257ff (Lit.) - J. De Olarra y Garmendia, Catálogo de los códices 418-498 de la Biblioteca de la Embajada de España cerca de la Santa Sede (Anthologica Annua 2, 1954, 457-691) - Annuario delle Biblioteche Italiane, Parte 3, R. 1959 (Lit.) - C. Ferrari-A. Pintor, La Biblioteca Universitaria Alessandrina, R. 1960 (Lit.).

Zu 3 d: Annuario delle Biblioteche Italiane, Parte 3, R. 1959 (Lit.).

H. Goetz

Romanik. Mit dem Begriff »R.« wird das gesamte bau- und bildkünstlerische Geschehen der ersten Stilepoche abendländisch-mittelalterlicher Kunst im Sinne einer geistig-künstlerischen Einheit erfaßt. Die ursprünglich nur auf die Architektur angewandte Stilbenennung ist, gewisse Formen und Motive vom »Römischen« herleitend, von den französischen Romantikern (de Gerville 1818) analog dem sprachgeschichtlichen Gebrauch eingeführt, von der deutschen Kunstwissenschaft übernommen (Waagen, Kugler) und, obwohl wenig zutreffend, weiterhin beibehalten worden. Die zeitlichen Grenzen der r.en Stildauer zwischen karolingischer Reichskunst und → Gotik (in Deutschland von 950-1250, in Frankreich bis 1150) sind ebenso fließend wie die der einzelnen, den inneren Stilablauf weniger wertenden als vielmehr gliedernden Stilstufen des Früh-, Mittel- und Spätromanischen (letztere auch Übergangsstil genannt, da die R. unrichtig als eine die Gotik vorbereitende Stilstufe und nicht als selbständige Stileinheit aufgefaßt wurde). In Gleichsetzung der Begriffe R. und »Abendland« - dieses als Synthese von Antike-Christentum-Germanentum (H. Focillon formuliert die R. als »la première définition de l'occident«) - wird die Entstehung der r.en Kunst auf das schöpferische Ineinanderwirken spätantik-christlicher Kunstüberlieferung mit nordisch-germanischem Gestaltungswillen zurückgeführt. Dieser Auffassung stehen jedoch die neuen Erkenntnisse der Grundlagenforschung mittelalterlicher Baukunst entgegen, wonach deren wesentliche Merkmale und Forminhalte im kleinasiatisch-syrischen, vornehmlich antiochenischen Kunst- und Kulturbereich ihre bis in die Vorantike reichenden Wurzeln haben (H.W.Beyer, Guyer). Damit erscheint aber der rassisch-germanische Anteil, dem die deutsche Kunstgeschichtsschreibung eine entscheidende und durch die Tatsache, daß die maßgeblichen r.en Kunstschöpfungen auf ausschließlich oder überwiegend germanisch besiedeltem Boden liegen, in gewisser Hinsicht bestätigte Bedeutung beimißt, weitgehend ausgeschaltet. »Die mittelalterliche Kunst ist in letzter Linie nicht ein Produkt der rassischen Eigenschaften der nordischen Völker, die die Antike umgeformt hätten, sondern ein Produkt der großen, übernationalen geistigen Strömungen aus der Zeit des untergehenden römischen Weltreiches« (Guyer). Die von der gemeinsamen Grundlage der karolingischen Kunst ausgehenden künstlerischen Vorgänge sind gekennzeichnet durch die jeweils mehr oder weniger in Erscheinung tretende mediterrane oder nordische Komponente innerhalb eines keineswegs kontinuierlich verlaufenden Umwandlungsprozesses, der nicht zuletzt die der R. eigentümliche Fähigkeit bezeugt, ältere, fremde und scheinbar heterogene Formen aufzunehmen und zu verwenden. So gewinnt mit der ottonischen Kunst in den sächsischen Stammlanden jene Baugesinnung Gestalt, die dank dem Vorherrschen des germanisch-deutschen Elements den strengen Charakter der r.en Frühstufe bestimmt und die entscheidenden stilistischen Grundzüge der deutschen R. festlegt. Deren reifste Ausformung ist der in einer neuerlichen Rückwendung zur Antike entwickelte monumental-repräsentative Wölbungsbau der Hoch-R. am Mittel- und Niederrhein. Im Westen Europas vollzieht sich die Stilentfaltung ungleich folgerichtiger (im südfranzösischen Raum stärker an die Baukunst des Mittelmeers gebunden) innerhalb einer Vielzahl landschaftlich, überlieferungs- und vorbildmäßig geprägter Bauschulen, die sowohl im ursprünglichen Wölbungsbau beharren als auch am basilikalen Prinzip festhalten und es später (in Nordfrankreich) mit dem der Wölbung unter Beibehaltung des Lichtraumes verbinden, vor allem aber den durch reiche, aus liturgischen Bedürfnissen und bestimmten Ordensregeln hervorgegangene Chorbildungen ausgezeichneten großräumigen Typus der Bischofs- und Pilgerkirche (und späteren Kathedrale) entwickeln.

Die stilistischen Merkmale und Eigenschaften des r.en Massenbaus, dessen stereometrische Formen – zu einer Einheit aufrechter, voneinander abhängiger Gruppen zusammengeschlossen – die vollständige Übereinstimmung des Außen- mit dem Innenbau zu erkennen geben, die Spannung zwischen richtungsbetonten und zentralisierenden Plangedanken, der »quadratische Schematismus« und Vertikalismus der Raumbildung, die tektonische Grundhaltung und das die ganze Struktur des Baukörpers durchwaltende mathematische Element sind auf Ordnungs- und Gestaltungsgesetze zurückzuführen, denen auch die Bildkünste unterworfen sind: Die figurale Plastik und Wandmalerei (diese als ein wesentlicher Bestandteil der r.en Raumwirkung) werden völlig in den Baukörper einbezogen und erhöhen dessen Ausdruckskraft architektonisch-funktionell, illustrativ-didaktisch und im Gesamten metaphorisch entsprechend dem Abbildcharakter des r.en Sakralbaus als einer »Gottes- und Himmelsburg«. – Die spiritualistische Deutung des r.en Stilphänomens geht von der Annahme eines selbständigen »r.en« Kulturzusammenhanges aus, dem ein universales, metaphysisches Weltbild zugrunde liegt, und sucht die wesensmäßigen und formalen Erscheinungen der r.en Kunst als sinnfälligen Ausdruck geistigen Geschehens (Symbolismus, hoher Grad der Abstraktion, Betonung des Typischen, Formalismus und Bedürfnis nach Isoliertheit, Autonomie und hieratische Ordnung) in den geistig-religiösen Verhältnissen der r.en Epoche und in den spezifischen Formen eines vom Glauben her gebildeten realistischen Denkens zu erfassen. In Verbindung mit der Frage nach den Trägern der r.en Kunstkultur (d. i. die die Gottesherrschaft stellvertretend ausübende geistliche und weltliche Macht innerhalb einer feudalen Gesellschaftsform) und nach den Formen des religiösen Lebens, soweit von ihnen unmittelbare formen- und typenbildende Impulse ausgingen, erweist sich die R. als eine monumental-repräsentative, aristokratisch-sakrale Kunst, deren (infolge des Fehlens sowohl eines umfassenden Systems als auch des sich aus natürlichen Verhältnissen ergebenden Maßstabes und einer für die Ausprägung der Formgebung verbindlichen »irdischen« Norm) »relative« Stileinheit nur in der geistigen Einheit des mittelalterlichen Weltbildes begriffen werden kann, insofern der Gegenstand ihrer künstlerischen Aussage die alles beherrschende Vorstellung Gottes ist. »Gott beherrscht eindeutig und übermächtig das Werden des r.en Werkes« (Gantner).

Zur *Geschichte* der R. vgl. → Glasmalerei; → Kirchenbau: III, 2; → Kunsthandwerk: II, 5; → Malerei und Plastik: II, 5.

O.Beyer, R., 1923 – H.W.Beyer, Der syr. Kirchenbau, 1925 – W.Drost, Romanische u. gotische Baukunst, 1944 – S.Guyer, Grundlagen der mittelalterl. abendländ. Baukunst, 1950 – J.Gantner-M.Pobé-J.Roubier, Gallia romanica, 1955. – Weitere Lit. bei den genannten geschichtl. Artikeln.
F.Wolf

Romanos, der »Melode« (wirkte ca 535–555), religiöser Dichter, * in Emesa (Homs) in Syrien, Heiliger der griech.-orth. Kirche (Tag: 1.10.). Unter Kaiser Anastasius I. (491–518) lebte er in Konstantinopel. Nach der Legende erschien ihm die Jungfrau Maria im Traum und hieß ihn eine Buchrolle essen. Als er erwachte – es war am Weihnachtstag –, bestieg er die Kanzel und trug sein berühmtes → Kontakion »Über die Geburt« vor. R. soll mehr als 1000 ähnliche Kontakia verfaßt haben. Von den ca 85 überlieferten sind nicht alle echt und manche unvollständig. Mit ihren fein durchgebildeten Versmaßen und dramatischen Dialogen stellen sie die reichste Entfaltung der byzantinischen Predigtdichtung dar. Doch ist gelegentlich die lyrische und dramatische Kraft des Dichters trockener theologischer Polemik zum Opfer gefallen; die orientalische Vorliebe für Breite macht die mehr epischen Kontakia langweilig. R.' beste Werke (zB die Kontakia über die Geburt, die Auferstehung, die Darstellung im Tempel, die Wiederkunft) sind von modernen Kritikern mit Recht »Meisterwerke der Weltliteratur« genannt worden. Offen ist immer noch die Frage, ob die Dichtungen → Ephraems († 373) R. zum Vorbild dienten. Doch besteht wenig Zweifel, daß er von älteren griechisch-kirchlichen Quellen stark abhängig ist. Seine Kontakia wurden offensichtlich in der Kirche wie Oratorien gesungen, wobei die Gemeinde in den Refrain einfiel; doch ist die Begleitmusik verloren. Die heutige Forschung will R. den Hauptteil des → Akathistos Hymnos zuschreiben, doch ist auch diese Frage keineswegs gelöst.

K.Krumbacher, Miscellen zu R. (AAM 24, 1907, 3. Abt.) – P. Maas, ByZ 24, 1923/24, 1–13 (Weihnachtslied) – Beck 425ff (vollst. Lit.).
C.A.Trypanis

Romantik

I. Kunstgeschichtlich – II. Literatur der Romantik – III. Kirchengeschichtlich. – R. = Romantik, r. = romantisch

I. Kunstgeschichtlich

1. Die heutige Kunstgeschichte gebraucht »R.« als historischen *Epochenbegriff* für die führende künstlerische Bewegung in der Zeit von 1760/80–1830/40. Manche

Forscher sehen in der R. eine zeitlos gültige Grundhaltung des Menschen, in dem »R.er« den irrationalen Typus schlechthin; die R. »um 1800« wäre dann nur die besondere Erscheinungsform einer latent stets vorhandenen Einstellung zur Welt. Vor allem die deutsche Forschung neigte zu antithetischer Herausarbeitung zweier polar entgegengesetzter Menschheits- und Stiltypen. G.Dehio hat in dem Deutschen den R.er überhaupt erkennen wollen: »gotisch, r., barock - was alles nur verschiedene Namen für dieselbe Sache sind« (Gesch. d. dt. Kunst III, 181). W.Pinder stellte der Bewegung um 1800 »die R. in der deutschen Kunst um 1500« entgegen (s. Lit.).

2. Die Herkunft des Begriffes R. aus der Literatur und der Literaturgeschichte (→ Romantik: II, 1) hängt der Kunstgeschichte noch immer an; bes. mißlich ist die schematische Übertragung der üblichen Periodisierung auf die Erscheinungen der bildenden Kunst. Zwar wurden die bildenden Künstler der R. weitgehend von literarischen Manifesten und Dichtungen beeindruckt, jedoch sollten die künstlerischen Zeugnisse unvoreingenommen gewürdigt werden.

3. *Negativ* gesehen ist die R. der Rückschlag auf den übersteigerten Rationalismus der → Aufklärung und die Folge der Auflösung der bisher gültigen Weltordnung. *Positiv* gesehen bedeutet sie den Durchbruch des Individuums zu subjektiver Freiheit, die Freisetzung der Kräfte des Gefühls - auch des religiösen - und der Phantasie und vor allem eine entscheidende Erweiterung des menschlichen Bewußtseins. Hierin liegen die Voraussetzungen der neuen r.en Kunst (→ Malerei und Plastik: V). R. und → Klassizismus haben dieselbe historische Wende zur Voraussetzung, sie sind nicht polare Gegensätze, sondern nur verschiedene Antworten auf dieselbe Situation. Deutlicher als in der Literatur trägt der Klassizismus in der Kunst selbst r.e Züge, so daß man mit Recht von »r.em Klassizismus« sprechen und diesen als Äußerung der R. betrachten kann. Die Benutzung gotisierender und antikisierender Formen nebeneinander durch Baumeister wie K.F. → Schinkel und Sir J.Soane ist bezeichnend. Doch ist die eigentliche Kunst der R. die Malerei.

4. Die gemeineuropäische Bewegung der R. zeigt *national* sehr verschiedene Ausprägungen. Von *England* nahm die R. wie der Klassizismus um die Mitte des 18.Jh.s ihren Ausgang. Eine sentimentale Modeströmung führte zur »Neogothic« (Strawberry Hill 1753-76). Der in der Schweiz geborene Maler J.H.Füssli (* 1741) wählte seine Vorwürfe u.a. aus Shakespeare und Milton. W. → Blake illustrierte in eigenwilligem Stil seine unter dem Eindruck J. → Böhmes geschaffenen mystisch-religiösen Dichtungen. In J.Constable (* 1776) und J.M.W. Turner (* 1775) erhob sich die englische Malerei zur höchsten Blüte, ihre Bilder wurden durch die momentane Erfassung der Natur, die lockere Pinselschrift und die visionäre Farbigkeit für die europäische Landschaftsmalerei des späteren 19.Jh.s von bestimmendem Einfluß. Die 1848 gegründete → Präraffaelitische Bruderschaft hielt demgegenüber an der Figuralkunst fest und pflegte einen sehr pretiösen Linienstil. - Die *deutsche* R. läßt drei Phasen erkennen. Die Früh-R.er Ph.O. → Runge und C.D. → Friedrich suchten für ihre neuprot. Religiosität eine persönliche Bildform jenseits der Tradition. Die jüngeren → Nazarener wie P. → Cornelius, J.F. → Overbeck, J. → Schnorr von Carolsfeld u.a. wandelten sich in persönlicher Haltung und in Formensprache von revolutionären Anfängen zu akademischen und restaurativen Idealen. Die Spät-R. - A.L. → Richter und M.v.Schwind (* 1804) - benutzte die r.en Stoffe nurmehr zu poetischer Überhöhung des Alltags und endete mit K.Spitzweg (* 1808) in schrulliger Abgeschlossenheit von der Wirklichkeit. - Die *französische* R. entwickelte sich in umgekehrter Richtung. Sie begann im Zeichen von → Chateaubriands »Genie du Christianisme« (1802), verherrlichte durch J.A.Gros (* 1771) den Imperator Napoleon und seine Kriege, wurde unter den genialen Meistern Th.Géricault (* 1791) und E.Delacroix (* 1798) die Vorkämpferin des Subjektivismus und führte schließlich mit H.Daumier (* 1808) und G.Courbet (* 1819) zu realistischer Erfassung der zeitgenössischen Wirklichkeit. Die Befreiung der Farbe aus den Fesseln der Linie bedeutete zugleich den Sieg der liberalen Idee. Delacroixs großes Gemälde »Die Freiheit führt das Volk« (1831) und A.Rethels Holzschnittfolge »Auch ein Totentanz« (1849) bezeichnen nach Thema und Auffassung, nach Bildgattung und Technik den Unterschied französischer und deutscher R. Nicht minder aufschlußreich ist die Tatsache, daß H.Daumier und K.Spitzweg in demselben Jahr geboren wurden.

G.Pauli, Die Kunst des Klassizismus u. der R. (Propyläen-Kunstgesch. XIV), 1925 - A.Neumeyer, Die Erweckung der Gotik in der dt. Kunst d. späten 18.Jh.s. Ein Beitrag zur Vorgesch. der R. (Repertorium f. Kunstwiss. 49, 1928, 75-123. 159-185) - Ders., Is there a romantic Style? (Parnassus 1937, 13-15) - L.Hautecoeur u.a., Le Romantisme et l'Art, 1928 - H.Schrade, Die r.e Idee v. d. Landschaft als höchstem Gegenstande christl. Kunst (Neue Heidelberger Jb.er 1931, 1-94) - W.Pinder, Die R. in der dt. Kunst um 1500 (in: Werk des Künstlers I, 1939/40, 3-41) - W.Boeck, Malerei der R. (R., ein Zyklus Tübinger Vorlesungen, 1948, 135-149) - K.Lankheit, Die Früh-R. u. d. Grundlagen der »gegenstandslosen« Malerei (Neue Heidelberger Jb.er 1951, 55-90) - The Romantic Movement, London 1959 (Ausstellungs-Katalog); dazu: K.Lankheit in Kunstchronik 13, 1960, 33-39 u. L.Grote in Festschr. E.Beutler 1960, 53-71.

K.Lankheit

II. Literatur der Romantik

1. Begriff - 2. Vor-R. - 3. Früh-R. - 4. Hoch-R. - 5. Spät-R. und Ausklang - 6. Nachwirkung und Kritik der R.

1. Die literarische Periode der deutschen R. beginnt in der Mitte der 90er Jahre des 18.Jh.s, dh kurz nach dem Ausbruch der französischen Revolution, und klingt aus mit der Pariser Julirevolution von 1830. Sie ist eine Gegenbewegung sowohl gegen den Rationalismus der → *Aufklärung* wie gegen die formbewußte und maßpredigende → *Klassik*. Allerdings ist sie in ihren Anfängen noch stark mit dem Erbe des 18.Jh.s verknüpft, bes. durch die Philosophie des deutschen → Idealismus (: II). Die deutsche R. ist ferner ein Teil einer europäischen Bewegung, die, wenn auch nicht immer gleichzeitig, in allen westlichen Ländern einschließlich Rußland und Amerika alle Lebensgebiete erfaßte.

Das *Wort* »r.« kommt ursprünglich von altfranzösisch »Romanz« (escrire) und bedeutete im 12.Jh., in der Volkssprache statt lateinisch zu schreiben. Für die vielen in der Volkssprache geschriebenen mittelalterlichen Versepen bürgerte sich der Begriff »roman« als Gattungsbegriff ein. Das Adjektiv »romanesque«, dann »romantique« bedeutete stets etwas, das in »Romanen« im Gegensatz zum wirklichen Leben vorkommt. Im 17.Jh. wird der Begriff »romantique« auf die unverdorbene natürliche Landschaft übertragen und gerät im 18.Jh. nach England als »romantic«, d.i. etwas Gefühlvolles, Sentimentales und Melancholisches. In diesem Sinne kommt es wieder nach Frankreich zurück und wird dort mit »pittoresque« gleichgesetzt und von Rousseau in der Bedeutung von »wildromantisch« in der 5. Rêverie (1777) gebraucht. Das englische »romantic« kommt auch nach Deutschland und wird wohl zuerst in Breitingers »Kritische Dichtkunst« (II, 283) von 1740 als »r.« übersetzt. Seit → Wieland ist es gang und gäbe und bezeichnet etwas Phantastisches, Märchenhaftes und Abenteuerliches. Gleichzeitig wird es auf ferne Vergangenheit bezogen, wie schon Herder in seinem Reisetagebuch von 1770 die ritterliche Dichtung des MA als »r.« bezeichnete. So sahen es auch die späteren R.er in ihrer Jugend (s. 3).

2. In diesem älteren Sinne des Wortes kann man von einer *vor-r.en Epoche* seit der Mitte des 18.Jh.s sprechen. Sie hat ihren Ursprung in *England,* wo früh eine Gegenbewegung gegen den Rationalismus einsetzte: eine Hingabe an die geheimnisvolle Gewalt der unverdorbenen Natur (Thomsons »The Seasons«, 1730), eine weltschmerzlich-gefühlsbetonte Religiosität (Edward → Youngs »Night Thoughts on Life, Death and Immortality«, 1742), ein Protest gegen die klassizistischen Regeln und ihre Herrschaft in der Dichtung auf Kosten der Originalität des Genies (Young in »Conjectures on Original Composition«, 1759), eine Besinnung auf die nationale Vergangenheit und ihre Dichtung im Gegensatz zur Antike (Macphersons »Ossian«-Dichtungen 1760-63) und dadurch angeregt eine neue Wertung der im Volke lebendigen Poesie (Bishop Percys »Reliques of Ancient English Poetry«, 1765). Die Hinwendung zum Hoch-MA fand in Richard Hurds »Letters on Chivalry and Romance« (1762) ihren Ansatzpunkt. Aus dem Geist der mittelalterlichen Gesellschaftsform und Dichtung deduzierte Hurd eine neue Auffassung vom Dichter und seiner Stellung in der Welt: er ist eine Welt für sich, lebt in enger Beziehung zu übernatürlichen, unsichtbaren, geheimnisvollen, göttlichen Kräften, seine Gestaltungsquellen sind Intuition und Inspiration. Das Außerordentliche, verbunden mit Gespensterhaftem wird dann im »gotischen Roman« entwickelt, der mit Sir Horace Walpoles pseudo-historischem Schauerroman »The Castle of Otranto« (1764) seinen Ausgang nahm und über Ritterdramen und -romane (»roman noir«) in Sir Walter Scotts Dichtungen seinen Höhepunkt erreichte. Gleichzeitig ging von England eine Welle der → Empfindsamkeit aus, die sich durch Richardsons Romane (»Pamela« 1740, »Clarissa Harlow« 1748) verbreitete. – In *Frankreich* kulminieren diese von England eindringenden Strömungen in → Rousseau. Seine Kulturauffassung (»Zurück zur Natur«), seine Staats- und Gesellschaftslehre, sein Kult des Ego und des Individuums, sein weicher, enthusiastisch beschwingter Stil drücken sich in dem Briefroman »La Nouvelle Heloise« (1761) und der Abhandlung »Du Contrat Social« (1762) aus. – In *Deutschland* sind auf der einen Seite vor-r.e Strömungen, bes. → Zinzendorf'scher Prägung sichtbar, auf der anderen spiegeln sich die irrationalen Strömungen Englands und Frankreichs im → Sturm und Drang wider. → Herder ist der Zentralpunkt neuer Lehren, die selbst wieder nach Frankreich, England und bes. dem Osten ausstrahlen. Die Auffassung vom Ursprung der Sprache, die Ansicht der Volkspoesie als allein echter Poesie, die Umbewertung gotischer Kunst (von Goethes Betrachtung des Straßburger Münsters ausgehend), die Besinnung auf das Eigenständige in der Nation – nicht nur der eigenen –, die Entdeckung → Shakespeares und die daraus resultierende Lehre vom Genie, das Fühlen der Immanenz Gottes in all diesen Erscheinungen sind Elemente, die immer wieder von der R. aufgenommen werden.

3. Die eigentliche deutsche *(Früh-)R.* beginnt mit einer Reise der beiden jungen Berliner *Ludwig Tieck* (1773-1853) und *Wilhelm → Wackenroder* nach Franken i.J. 1793. Bes. in Nürnberg entdecken sie, was sie als mittelalterliche Kunst ansehen. Ihr Erleben ist verschieden von dem der Vor-R.er, bes. der Stürmer und Dränger. Der Geist des (mittelalterlichen) Altertums macht sie fromm. Das Manifest dieser Richtung der frühen R. sind Wackenroders »Herzensergießungen eines kunstliebenden Klosterbruders« (1797): ein Mönch der Gegenwart versetzt sich in frühere Zeiten zurück und predigt eine Reformation der Kunst im Sinne der Kunstfrömmigkeit der alten Meister, wodurch die Gefahr auftaucht, daß die Kunst die Religion ersetzt. Neben der Malerei ist es bes. die Musik, die als »Kunst der Künste« die »echte Heiterkeit der Seele« hervorbringt, wie die Kunst überhaupt ein Abglanz höherer, himmlischer Harmonie ist. Gleichzeitig zeigen sich in Wackenroder auch innere Zerrissenheit und Zweifel, die in der tragisch-traurigen Geschichte Joseph Berlingers zum Ausdruck kommt und in einen ausweglosen Quietismus hineingerät: »Die Kunst ist eine verführerische, verbotene Frucht; wer einmal ihren innersten, süßesten Saft geschmeckt hat, der ist unwiederbringlich verloren für die tätige, lebendige Welt«; so Joseph Berlinger in einer Beichte (in den postum von Tieck herausgegebenen »Phantasien über die Kunst«, 1799), in der der Verfasser (Tieck oder Wackenroder?) davor warnt, daß man über dem Kunstwerk den Menschen vergessen könne, »den Gott gemacht hat«. Diese Zerrissenheit, ein Merkmal des r.en Wesens, zeigt sich noch stärker in Tiecks frühen Werken, bes. in dem vom Sturm und Drang und Wilhelm Heinse beeinflußten Roman »William Lovell« (1795) wie in den Volksmärchen, denen er eigene wie das Märchen vom blonden Eckbert (1796) einfügt. Das Märchen wird für die R., bes. durch Novalis, das vorzüglichste Ausdrucksmittel für ihre Weltanschauung, da es prophetische Darstellung sein und, rückwärts und vorwärts gerichtet, die Zeit vor und nach der »Welt« erfassen kann.

Während Wackenroder und Tieck mit der Heraufbeschwörung der Kunstfrömmigkeit, der Sehnsucht in ferne verschwommene Zeiten, mit der eigenartigen Form der Volkspoesie im Märchen, eine lyrische Stimmung erregen, beginnt mit *Friedrich → Schlegel* und *Friedrich von Hardenberg (→ Novalis)* die intellektuelle, räsonnierende und reflektierende Seite der Früh-R. Ausgehend von → Fichtes Wissenschaftslehre (1794), die das Ich in den Mittelpunkt der Welt stellt, gibt Schlegel dem Wort »r.« einen spezifischen Inhalt, er gestaltet es zum Begriff. Zunächst ganz in der »Gräcomanie« (Schiller) verhaftet, spricht er in dem Frühwerk »Die Griechen und Römer« (1794/95) noch abschätzig von der Phantasterei der »r.en Poesie«, die künstlich geschaffen sei, und sieht → Dantes Formprinzipien aus den »gotischen Begriffen der Barbaren« erwachsen. Erst → Goethes »Wilhelm Meister« gibt ihm endgültig eine neue Sicht, und es ist bezeichnend, daß sich der neue Begriff des Romantischen wiederum an einem Roman gestaltet: Der »Meister« ist der vollendete Roman, in dem die Willkür des Dichters frei schaltet, in dem das Leben zur Poesie und diese zur »Lebenskunstlehre« wird und in einem Schleier von Ironie Spiel und Wirklichkeit vermischt. So sind hier (im Gegensatz etwa zu Tiecks »Lovell«) Poesie und Prosa, Natur- und Kunstpoesie, alle Gattungen vermischt, um das Leben selbst zum Roman werden zu lassen. Die Poesie wird lebendig und gesellig und das Leben poetisch. Und diese »r.e« Ausdeutung des »Wilhelm Meister«, die die tieferen ethischen Anliegen Goethes vernachlässigt, wird dann die Grundlage zur Definition der r.en Poesie im berühmten 116. Fragment des Athenaeums, das nur im Zusammenhang mit dem brillanten kritischen Essay über »Wilhelm Meister« in der gleichen Zeitschrift (1798) verstanden werden kann. Im Gegensatz zu »anderen Dichtarten«, die fertig sind und vollständig »zergliedert« (dh interpretiert) werden können, ist die r.e Poesie noch im Werden, sie wird ewig nur werden, sie kann nie vollendet sein, ihre Theorie kann nie erschöpft werden. Weil sie nur auf das Unendliche zielt, ist sie »progressive Universalpoesie« und bestimmt, alle getrennten Gattungen der Poesie wieder zu vereinigen und sich mit anderen geistigen Bereichen, bes. der Philosophie, zu verschmelzen. Die r.e Poesie kann – dem klassischen Epos ebenbürtig - ein Spiegel der ganzen umgebenden Welt, ein Bild des Zeitalters werden. Aber im Gegensatz zum klassischen Formwerk ist das r.e formlos, eine potenzierte poetische Reflexion, die sich in einer endlosen Reihe von Spiegeln vervielfacht. In dieser Beziehung ist sie unendlich, weil sie formlos ist, und weil sie formlos ist, ist sie allein frei. Sie ist frei, weil ihr »erstes Gesetz ist, daß die Willkür des Dichters kein Gesetz über sich leide«. So wird die r.e Dichtart der Dichtkunst selbst gleichgesetzt, und ihr wird eine »grenzenlos wachsende Klassizität« zugesprochen, auf die sie in unerreichbarer Zukunft zuläuft.

Novalis geht weiter als Schlegel. Er sucht die Grenzen zwischen Realität und dem Überwirklichen zu sprengen, nach innen zu dringen und in seinem »magischen Idealismus« die Einheit zwischen Diesseits und Jenseits, Gott und Welt, Traum und Wirklichkeit, Natur und Geist, Leben und Tod herzustellen. Als Bergmann und Naturwissenschaftler geschult und in seinem Beruf fest in der Wirklichkeit stehend, sucht er die Welt bewußt zu »romantisieren«. »Romantisieren ist nichts als qualitative Potenzierung«, sagt er. »Indem ich dem Gemeinen einen hohen Sinn, dem Gewöhnlichen ein geheimnisvolles Ansehen, dem Bekannten die Würde des Unbekannten, dem Endlichen einen unendlichen Sinn gebe, so romantisiere ich es.« Dies ist nicht frivol zu verstehen, als bequemes Mittel poetischer Gestaltung, sondern als Eindringen in den tieferen Sinn der gewöhnlichen Dinge. Von der Suche nach einem Mittler zwischen Jenseits und Diesseits, zu dem das Ereignis des Todes seiner Braut geführt hatte, kommt Novalis zu einem festen Standpunkt im Christentum als der »symbolischen Vorzeichnung einer allgemeinen, jeder Gestalt fähigen, Weltreligion - das reinste Muster der Religion als historischer Erscheinung überhaupt und wahrhaftig also auch die vollkommenste Offenbarung«. Aus dieser Sicht heraus bestimmt er die Gesetze der Gemeinschaft - der ideale Monarch des »poetischen« Staats als Mittler zwischen Gott und Mensch -, legt er die historische Stellung des Christentums fest in dem alle bisherigen Anschauungen vom MA umstürzenden Aufsatz »Die Christenheit oder Europa« und sieht endlich im Gewissen den »eingeborenen Mittler jedes Menschen«, das die Stelle Gottes auf Erden vertritt, die Macht, die Erfahrung und irdische Wirksamkeit mit höheren Welten verbindet (»Heinrich von Ofterdingen« 2. Teil). Aus der Erfahrung seiner pietistischen Umgebung, aus dem Studium → Platos und → Hemsterhuis', bes. des letzteren Auffassung vom goldenen Zeitalter, aus → Kants Idee vom ewigen Frieden, aus der Aneignung mystischen Denkens von → Plotin bis → Baader, bes. aber aus Jakob → Böhmes »heitrer Fröhlichkeit«, aus den neuen Entdeckungen auf dem Gebiete der Physik ist dieses Weltbild entstanden, das der Poesie die Mittlerstelle zwischen Wissenschaften und Künsten zuspricht, aber auch den Zugang zum Göttlichen.

Diesen r.en Zugang zum Göttlichen hat → *Schleiermacher* in seinen »Reden über die Religion« (1799) mit der Wortgewalt eines enthusiastisch besessenen Propheten verkündet. Religion ist für ihn die Erkenntnis der Beschränktheit des Menschen, der Zufälligkeit seiner Form, und deshalb die Aufgabe, in stiller Ergebenheit die Notwendigkeit des Ganzen zu erfassen. Religion ist nicht ein Wissen oder Handeln, vielmehr ein andächtiges Anschauen und Fühlen des Universums, des Unendlichen im Endlichen. Lehrsätze und Doktrinen, eine organisierte Kirche gehören nicht zum Wesen der Religion. Der Mensch soll das Universum erforschen, es fortbilden, gleichzeitig aber als Drittes und Höchstes es kontemplierend betrachten. Da Religion gesellig ist, ist eine Kirche notwendig, aber die wahrhafte Kirche ist die Verbindung der wirklich Frommen, die Einwirkung religiöser Menschen aufeinander, eine vollkommene Republik, in der jeder abwechselnd Führer und Volk ist. Die Religion als solche individualisiert sich in der Fülle einzelner Formen, von denen das Christentum die höchste ist, da in ihm das »wahrhaft Göttliche« Ausdruck gefunden hat.

Schleiermachers »Reden« gaben den R.ern, einschließlich → Hölderlin, erst die letzte Richtung auf das Religiöse. Schleiermacher wollte das religiöse Phänomen in seiner Reinheit, als das absolut Primäre, herauskristallisieren, unabhängig von der Bildung; den R.ern aber wurde die Religion die »allbelebende Weltseele« der Bildung, das vierte unsichtbare Element neben Philosophie, Moral und Poesie. Schleiermacher hatte eine strikte Trennung von Staat und Kirche gefordert; die R.er, bes. Novalis, bauten den religiösen Sektor in den Staat hinein (»Staat und Kirche stehn und fallen zusammen«). Schleiermacher hatte als konsequenter Protestant das hierarchische Prinzip abgelehnt; Novalis hatte es in »Die Christenheit oder Europa« durch die Verherrlichung des mittelalterlichen Papsttums als bindendes Glied europäischer Einheit und Lösung der verworrenen Weltsituation empfohlen. Schleiermacher hatte, wie Hölderlin, seine ideale Kirche als eine in der Zukunft liegende Aufgabe angesehen; die Jenaer R.er sahen unmittelbar ein neues Zeitalter, das religiöse, anbrechen, eine neue »hl. Revolution« als Abschluß der weltlichen, Französischen ausbrechen und vermaßen sich, eine neue Religion zu stiften. Am fruchtbarsten wirkte auf die r.e Religions- und Weltauffassung und ihren dichterischen Ausdruck Schleiermachers Begriff der »hl. Wehmut«, welche den religiösen Betrachter der Zeit erfaßt, wenn er das »Heilige mit dem Profanen, das Erhabene mit dem Geringen und Nichtigen gemischt findet« und ihn eine unbefriedigte Sehnsucht nach der Totalität der Dinge, der Einheit des Mannigfaltigen ergreift.

Dichterisch schlägt sich die Gedankenwelt der frühen R.er nur in wenigen hervorstechenden Werken nieder. Tieck, der produktivste, leitet mit »Franz Sternbalds Wanderungen, eine altdeutsche Geschichte« (1798) im Gefolge des »Wilhelm Meister«, aber auf Wackenroders Klosterbruder fußend, den r.en Roman ein. Unter dem Einfluß von Schleiermachers Reden, Böhmes Mystik und dem spanischen Drama schuf er dann in »Leben und Tod der hl. Genoveva« (1800) die r.-christliche Tragödie. Demgegenüber versucht Fr. Schlegel in seinem einzigen beachtlichen dichterischen Werk, dem Künstlerroman »Lucinde«, Erzählung, Abhandlung, Brief- und Gesprächsform vermischend, die Theorie von der Willkür des Dichters zu verwirklichen, und predigt die Erhebung der sinnlichen Liebe zum religiösen Kult. Weit über diesen Werken steht die Dichtung des Novalis, in der die Verschmelzung von Weltbild und dichterischem Ausdruck in einer Weise gelingt, wie in der r.en Epoche nur noch in den Liedern → Eichendorffs; auch der Roman »Heinrich von Ofterdingen« ist in seiner klassischen Struktur, wenigstens im vollendeten ersten Teil, in der Transparenz seiner Sprache und der Tiefe seines Gehaltes unübertroffen.

4. Mit Novalis' Tode im März 1801 zerfällt der Jenaer r.e Kreis, der sich um die Zeitschrift »Athenaeum« (1798-1800) gruppiert hatte. Zu ihm hatten neben Hardenberg die Brüder Friedrich und August Wilhelm Schlegel mit ihren Frauen Dorothea und Karoline, Ludwig Tieck, Fichte, Schelling, der Physiker Johann Wilhelm Ritter und Schleiermacher gehört, der von Berlin her einwirkte. In der nun beginnenden *Hoch-R.* wirken die Gedanken und Dichtungen der Früh-R.er auf der

einen Seite in die Breite, auf der anderen werden sie aber auch verengt und in der Spät-R. (s. 5) schließlich verflacht.

Der Universalismus der Brüder Schlegel wirkt sich am reichsten in der Erschließung neuer geistiger Bereiche aus. Fr. → Schlegel findet in Paris den Gedanken einer europäischen Literaturgeschichte, dringt mit seinen Sanskritstudien in den Kulturkreis Indiens ein und wird der Begründer der vergleichenden Sprachforschung (»Über Sprache und Weisheit der Inder«, 1808). Die Brüder Boisserée eröffnen ihm die Einsicht in die mittelalterliche Malerei und die europäische Gotik. A.W. Schlegel, der mit seiner Shakespeare-Übersetzung (1797ff) die große Reihe bedeutender Übersetzungen von Werken der Weltliteratur eingeleitet hat (Dante, Ariost, Tasso, Cervantes, Calderon, Firdusi), erschließt die Blütezeiten der iberischen und italienischen Literatur und stößt in die morgenländische vor. Von jetzt ab wird die Welt der mittelalterlichen Literatur, deutscher wie romanischer, wirklich durchforscht und in großen Vorlesungsreihen und Studien der Schlegels und Tiecks lebendig gemacht. Diese Arbeiten gipfeln in den Werken der historischen Schule, in der sich Historiker, Juristen, Sprach-, Literatur- und Mythenforscher um eine organische Geschichtsauffassung bemühen, gleichzeitig aber durch Zurückgehen auf die Quellen (vgl. die Sammlung der »Monumenta Germaniae Historica« seit 1819) den verschiedensten Gebieten geistigen Geschehens eine wissenschaftliche Grundlage erarbeiten.

Die Verengung des universalistischen Weltbildes der Früh-R. besteht darin, daß die junge Generation des frühen 19.Jh.s der Entgrenzung der älteren Generation eine Begrenzung entgegensetzt und nach Bindungen sucht. Die nationale Bindung wird durch den Untergang des hl. Römischen Reiches und die politische Not, in die Deutschland verfiel, hervorgerufen. Besinnung auf das eigene Volkstum, seine Vergangenheit, sein literarisches Erbe beherrscht den Heidelberger Kreis, in dem sich 1806-08 Achim von Arnim, Clemens → Brentano, → Eichendorff und → Görres zusammenfinden und an deren »Zeitschrift für Einsiedler« die Brüder → Grimm, der junge → Uhland, → Kerner und der Maler → Runge teilnehmen. Eichendorffs »Des Knaben Wunderhorn«, Görres' »Deutsche Volksbücher« und Mythenforschungen und die Märchen- und Sagensammlungen der Brüder Grimm sind die Hauptergebnisse dieses Kreises. Er mündet in die nationale Erneuerungsbewegung ein, die zur gleichen Zeit von dem Kreis um den Freiherrn von → Stein ausgeht. Hier wurde versucht, die Gedanken der Französischen Revolution vom Recht des Volkes, am Staatsleben teilzunehmen, mit dem Geiste der englischen Selbstverwaltung und einer organischen Staatsverfassung zu verbinden. → Fichtes »Reden an die deutsche Nation« (1808), obwohl mißverständlich die Deutschen als Urvolk und Volk an sich verherrlichend, → Kleists »Hermannsschlacht« und → Arndts »Geist der Zeit«, obwohl blinden Nationalstolz und Welschenhaß predigend, vertreten dennoch, wie Steins Denkschriften, einen liberalen Radikalismus, der neben der äußeren Befreiung die innere vom Absolutismus und von Privilegien einzelner Stände fordert. Das Fallen der Standesschranken, Bauernbefreiung und Gewerbefreiheit, Selbstverwaltung durch Volksvertretungen, Erziehung für alle Stände wurden zT durchgeführt, zT geplant. Die universalistisch-europäische Aufgabe Deutschlands als Land der Mitte wird noch von den Schlegels, Fichte, Kleist und dem jungen Görres (Schaffung einer Universalrepublik im Gegensatz zu Napoleons Universalmonarchie) gesehen.

Demgegenüber bereiten sich andere Tendenzen vor. In Achim von Arnim zeigt sich eine Wendung von der Humanität zur primitiven Vitalität als Lebensquelle, wie sie sich in dem Zeitroman »Gräfin Dolores« (1806) entwickelt, wo mit der Französischen Revolution als Quelle alles Übels jeder Kosmopolitismus, der »Europa zu einem schönen humanen Ganzen zusammengefabelt« hat, verworfen wird. Dieser Primitivismus, an die niederen Instinkte appellierend, durchzieht manche von Kleists politischen Gelegenheitsschriften und tritt unverhüllt in den Werken und Reden Ludwig Jahns hervor. Intellektueller und wendiger spricht er sich in Adam → Müllers Werken aus, bes. in den »Elementen der Staatskunst« (1808), die die Lehre vom organischen Staat, von Novalis ausgehend, theologisch begründet, die gesellschaftlich-ökonomischen Voraussetzungen des Staatslebens analysiert, praktisch aber in die Lehre vom autarken, ständisch gegliederten korporativen Staat, auf mittelalterlichen Institutionen begründet, einmündet. Diese Ideen faßten dann Fuß in der Berliner R., wo sich in den Jahren 1810-13 preußische Adlige und Schriftsteller in der christlich-deutschen Tischgesellschaft unter der geistigen Führung Adam Müllers sammelten und gegen die Reformen Hardenbergs und für die Erhaltung der Besitzlage und der Vorrechte des Adels wirkten. Die »Berliner Abendblätter« (1810-11) waren eine Zeitlang ihr Organ, obwohl der Herausgeber Kleist selbst eine Mittelstellung einnahm und grundsätzlich an seinen Ansichten festhielt (vgl. H.Sembdners Forschungen). Diese Tendenzen mündeten nach den Befreiungskriegen in die → Restauration und Reaktion, die, durch die Hl. → Allianz eingeleitet, in der Staatslehre des Schweizers K.L.v.Haller (»Restauration der Staatswissenschaft«, 1816-26) gipfelt; seiner privatrechtlich-patriarchalisch-klerikalen Auffassung setzte → Hegel die Auffassung vom totalen Staat an die Seite, der den objektiven Geist in seiner höchsten Erscheinung auf Erden, ja das Irdisch-Göttliche selbst darstellt, wobei die monarchische Verfassung als die der »entwickelten Vernunft« allen anderen überlegen angesehen wird.

Die Bindung an den Staat ist in der Hoch- und Spät-R. stark mit der *Bindung an die Kirche* verbunden. Es ist vielleicht bezeichnend, daß die extreme r.e Staatsauffassung fast ausschließlich, mit Ausnahme Hegels, von → Konvertiten (, 2 b) zum Katholizismus getragen wird. Die Konvertitenbewegung begann mit dem Übertritt des Grafen Friedrich von → Stolberg (1800). Friedrich und Dorothea Schlegel, Adam Müller, Zacharias → Werner, → Baader und K.L.v.Haller (1820) folgten. Clemens Brentano und Görres kehrten zu ihrer angestammten Konfession zurück, während Eichendorff immer in ihr verwurzelt war. Für die Konvertiten bedeutete die kath. Kirche einen Ruhepunkt im sicheren Hafen nach unstetem und vergeblichem Drang ins Unendliche. Sie alle fußten auf unrichtig gedeuteten Gedanken des Novalis, der seine mystische Frömmigkeit und seine Bejahung des Christentums in einer kirchlich nicht gebundenen Form gefunden hatte. Es ist mit Recht bezweifelt worden, ob die Konvertiten nach ihrer Bekehrung noch R.er waren; jedenfalls lehnte die kath. Kirche selbst die Identifizierung mit der R. ab, und Eichendorff tadelte bei den frühen R.ern dilettierendes, bei den späteren überhitztes Katholisieren (vgl. auch v.Wiese und v.Martin).

Parallel zum Dogmatismus der Konvertiten läuft der *Spiritualismus* mancher späterer R.er, der ebenfalls dem Drang nach einer religiösen Erneuerung entsprang. Der Spiritualismus ist ein Seitenzweig der → Naturphilosophie und beruht auf Schellings Auffassung, daß die Natur eine bewußtlose Erscheinung der Vernunft darstellt. Die medizinische Theorie John Browns, Mesmers Annahme eines tierischen Magnetismus (→ Mesmerismus), Galvanis Entdeckung der animalischen Elektrizität und Ritters Wünschelruteversuche führten zu merkwürdigen Praktiken auf therapeutischem Gebiet und zur Anwendung der Hypnose als einer die Beziehung der Seele zu kosmischen Kräften enthüllenden Erscheinung. Genährt von Oken, Baader, Creuzer, Carus, Reil und Wolfart gipfelt diese Abart der Naturphilosophie, schon bei Novalis an → Paracelsus und Jakob Böhme anknüpfend, in J.W.Ritters Siderismus.

Dieses Eindringen in die »Nachtseiten der Naturwissenschaften« (vgl. G.H. → Schuberts gleichnamiges Buch, [1808] 1818^{2}), das die Phänomene des Traumes, der Telepathie, des Hellsehens und Somnambulismus, dh das Wirken des Unterbewußten in der Seele erschließen wollte, war nicht nur ein trotz aller Entartung wichtiger Beitrag der R. zur Seelenlehre, sondern auch der Springquell der bedeutendsten künstlerischen Leistungen der Hoch-R.: der Lyrik Brentanos und Eichendorffs, der Dramen und Erzählungen Kleists, der Malerei Runges und C.D. → Friedrichs, der Musik → Schuberts und Schumanns. → Kleist, dessen Stellung in der R. umstritten ist, bedeutet einen charakteristischen Neuansatz für die Entwicklung der R., die trotz aller Bindungsversuche eben doch das Prekäre der menschlichen Existenz in der Wirklichkeit von Anfang an gefühlt hat. Kleist ist in dieser Beziehung der Gegenpol zum Idealismus, und er hat, von dem r.en Sehnsuchtsgefühl umsponnen, dennoch die Wirklichkeit genau beobachtet und sie stilistisch mit den Mächten des Dunklen und Geheimnisvollen in Verbindung gebracht. Als Schöpfer der deutschen Novelle hat er die Synthese von Welträtsel und Wirklichkeit in Darstellung und Stil vollzogen und formal der Hoch-R. den Weg zur »Kurzgeschichte« geebnet, die neben der → Lyrik (, 2) ihre eigentliche Leistung ist. Sie zeigt sich in Einzelwerken wie Chamissos »Peter Schlemihl« (1814), Brentanos »Annerl und Kasperl« (1816), Arnims »toller Invalide« (1818), Eichendorffs »Taugenichts« (1826) und gipfelt in Hoffmanns Erzählungen (1814-25). In E.Th.A. → Hoffmann wird das Groteske, wie schon andeutend bei Kleist, zum Mittelglied zwischen Phantasiewelt und Wirklichkeit und ersetzt die früh-r.e Ironie.

5. Hoffmann steht schon am Rande der *Spät-R.*, die sich in Deutschland, im Gegensatz zu anderen Ländern, entweder in völlig wirklichkeitsfernem Versenken in die Vergangenheit verliert (Pseudo- bzw. Schauer-R.), in autoritätsgläubigem Theokratismus verharrt, wie bei Fr. Schlegel und Adam Müller im Wiener Kreis um Cl.M. → Hofbauer, oder resigniert das Gegebene annimmt und sentimental ausspinnt (die placide Seite des → Biedermeier). Fouqué, Hauff und Kerner stehen noch auf verhältnismäßig hoher Stufe; Rostorf (Novalis' Bruder) und Graf Loeben, beide Konvertiten und der letztere Schöpfer einer beachtlichen Fassung der »Loreley«, versinken völlig im Siderismus; das Schicksalsdrama, durch Werners »Der 24. Februar« (1815) eingeführt, zeigt die Neigung der Spät-R. zum Grauenhaften am bezeichnendsten. Ein Gefühl des Spätseins, des Epigonentums, des Genarrtwerdens von der Wirklichkeit mit dem Ergebnis des Weltschmerzes bemächtigt sich der Menschen der 20er Jahre, das sich in der Philosophie → Schopenhauers, in einem endgültigen Zerrissensein (→ Lenau) und Nichtwohinwissen (Immermanns »Epigonen«, 1836) widerspiegelt. Zur R. in der Kunst vgl. → Romantik: I.

6. Die R. hört nicht zu einem bestimmten Zeitpunkt auf. Sie wurde von Anfang an u.a. von Schiller und Voß bekämpft, nach zeitweise freundlicher Aufnahme auch durch Goethe (vgl. Jenisch); und doch wurden auch Schiller und Goethe in ihren Bann gezogen, ebenso wie H. → Heine zunächst eindringlich von ihr affiziert, dann einer ihrer scharfsinnigsten Kritiker wurde (»Die R.e Schule«, 1833). Von einer realistischen Strömung abgelöst (→ Realismus), setzten sich ihre negativen und positiven Tendenzen immer wieder durch, wie in Richard Wagner, in der »neu-r.en« Richtung zwischen 1890 und 1910 (vgl. die Wirkung von Ricarda Huchs Arbeiten zur R.), in der einflußreichen staats- und wirtschaftsphilosophischen Schule Otmar Spanns, in der »stählernen R.« des Hitlerreiches. – Die R. hat auf der einen Seite das Weltbild unendlich bereichert, durch sensitive Kritik, durch die Verfeinerung des sprachlichen Ausdrucks, die Erhellung dunkler psychologischer Bereiche, die Erweiterung des Gesichtsfeldes in fast allen Wissenschaften, durch die Vermählung der ästhetischen und religiösen mit der geschichtlichen Welt. Sie hat aber auch zerstörend gewirkt, durch die Überbetonung des Subjektiven und Ästhetischen und die Zersprengung der künstlerischen Formen, durch die Entbindung des Chaotischen und Primitiven im Menschen und das Aufgeben der Vernunft und des Intellekts, durch ihre Todessehnsucht und Lebensfeindlichkeit und ihren nihilistischen Paradoxismus, Elemente, die durchaus nicht ursprünglich notwendig in ihr angelegt waren. Politisch hat sie bedenklich gewirkt durch die einseitige Rückwendung zur Vergangenheit, durch die vom jungen Fr.Schlegel eingeleitete Wendung vom Apollinischen zum Dionysischen, durch den völkisch-erdgebundenen Mythos vom Volk und durch die theokratische Staatsauffassung. Es ist die Aufgabe der heutigen Wissenschaft, die Leistungen und Gefahren der R. klar zu erkennen und gerecht zu bewerten. Das Pendel ist in der Gegenwart, nicht unberechtigterweise, in scharfe Kritik umgeschlagen (vgl. Thomas Mann, Kohlschmidt, Friese, Praz); es sollte in Zukunft nicht wieder in bloße Schwärmerei zurückschlagen.

Vgl. außer der Lit. zu den im Text genannten Personen: R.Haym, Die r.e Schule, (1870) 1960^{7} - R.Huch, Blütezeit d. R., 1899; Ausbreitung u. Verfall d. R., 1902 (in 1 Bd, 1951) - O.Walzel, Dt. R., 2 Bde, (1908) 1923^{5} - F.Strich, Die Mythologie in d. dt. Lit. I, 1910 - Ders., Dt. Klassik u. R., (1922) 1949^{4} - J.Bab, Fortinbras oder der Kampf d. 19.Jh.s mit d. Geiste d. R., (1913) 1921^{3} - S.Elkuss, Zur Beurteilung d. R. u. zur Kritik ihrer Erforschung, 1918 - C.Schmitt, Polit. R., (1919) 1925^{2} - M.Deutschbein, Das Wesen des R.en, 1921 - J.Nadler, Die Berliner R. 1800-14, 1921 - P.Kluckhohn, Die Auffassung d. Liebe in d. Lit. d. 18.Jh.s u. in d. dt. R., (1922) 1931^{2} - Ders., Persönlichkeit u. Gemeinschaft. Studien zur Staatsauffassung d. dt. R., 1925 - Ders. (Hg.), R. (Dt. Lit. in Entwicklungsreihen, Reihe 17), 23 Bde, 1930-50 - Ders., Das Ideengut d. dt. R., (1941) 1953^{3} - G.Salomon, Das MA als Ideal in d. R., 1922 - R.Unger, Herder, Novalis u. Kleist. Studien über d. Entwicklung d. Todesproblems..., 1922 - Ders., »Hl. Wehmut« (Jb. d. Freien Dt. Hochstifts, 1940, 337-407) - A.Stockmann, Die jüngere R., 1923 - J.Körner, R.er u. Klassiker. Die Brüder Schlegel in ihren Beziehungen zu Schiller u. Goethe, 1924 - H.A.Korff, Humanismus u. R., 1924 - Ders., Geist d. Goethezeit III: Früh-R., (1940) 1957^{3}; IV: Hoch-R., 1953 - F.Schultz, »R.« u. »r.« als literarhist. Terminologien u. Begriffsbildungen (DVfLG 2, 1924, 349-366) - A.v.Martin, Das Wesen d. r.en Religiosität (ebd 367-417) - Ders., R.e Konversionen (Logos 17, 1928, 141-164) - L.P.Smith, Four Words: Romantic, Originality, Creative, Genius, Oxford 1924 - K.Friedemann, Die Religion d. R. (PhJ 38, 1925, 118-140. 249-276. 345-373) - S.v.Lempicki, Bücherwelt u. wirkl. Welt. Ein Beitrag zur Wesenserfassung d. R. (DVfLG 3, 1925, 339-386) - H.Brinkmann, Die Idee d. Lebens in d. R., 1926 - J.Petersen, Die Wesensbestimmung d. dt. R., 1926 - Ders., Das Goldene Zeitalter bei den dt. R.ern (in: Die Ernte, Festschr. f. F.Muncker, 1926, 117-175) - R.Ullmann-H.Gotthard, Gesch. d. Begriffes »r.« in Deutschland, 1927 - B.v.Wiese, Novalis u. die r.en Konvertiten (in: R.-Forschungen, 1929, 207-242) - A.Müller, Die Auseinandersetzung der R. mit d. Ideen d. Revolution (ebd 245-333) - F.Gundolf, R.er (F.Schlegel, Schleiermacher, Cl.Brentano, Achim v. Arnim, Büchner), 1930 - M.Praz, La carne, la morte e il diavolo nella letteratura romantica, Mailand-Rom 1930 - R.Aris, Hist. of Political Thought in Germany from 1789 to 1815, London

1936 - A.Béguin, L'âme romantique et le rêve, Marseille 1937 - R.Benz, Die dt. R. Gesch. einer geistigen Bewegung, (1937) 1956[5] - R.Haller, Die R. in d. Zeit d. Umkehr (1800-08), 1941 - W.Rehm, Experimentum medietatis. Studien zur Geistes- u. Lit.-Gesch. d. 19.Jh.s, 1947 - Ders., Orpheus. Der Dichter u. die Toten, 1950 - R. Ein Zyklus Tübinger Vorlesungen, hg.v. Th.Steinbüchel, 1948 - E.Ruprecht, Der Aufbruch der r.en Bewegung, 1948 - P.van Tieghem, Le romantisme dans la litt. européenne, Paris 1948 - K. Ziegler, Die Religiosität des Novalis im Spiegel der »Hymnen an die Nacht« (Zs. f. dt. Philologie 70, 1948/49, 396-418; 71, 1951/52, 256 bis 277) - W.Kohlschmidt, Nihilismus der R. (in: Form u. Innerlichkeit, 1955, 157-176) - E.Jenisch, Goethes Kritik d. R. (Goethe 19, 1957, 50-79) - F.Kermode, Romantic Image, London 1957 - G.Peterli, Zerfall u. Nachklang. Studien zur dt. Spät-R., 1958 - J.Friese, R. u. Wirklichkeit (Studium Generale 12, 1959, 665-683) - E.C.Mason, Dt. u. engl. R., 1959 - E.Klin, Zur Einführung in d. Methodologie d. dt. R. (Germanica Wratislaviensia 6, 1960, 59-74) - Athenaeum 1798-1800 (Neudr. mit Nachwort von E.Behler), Cotta 1960. *R.Samuel*

III. Kirchengeschichtlich

1. Grundfragen - 2. Erweckungsbewegung und Nationalprotestantismus - 3. Das Problem des Historismus - 4. R. und Restauration

1. Eine so komplexe Größe wie die r.e Bewegung ist auch in ihren kirchengeschichtlichen Auswirkungen nicht leicht zu erfassen. Die Bedeutung der R. für die Geschichte des 19.Jh.s im Ganzen ist durchaus umstritten. Außerdem fehlen spezielle kirchengeschichtliche Untersuchungen fast völlig. - Die R. begründet, im Gegensatz zur → Aufklärung (: III), keine eigene kirchengeschichtliche Epoche. Das hängt mit ihrem allgemeinen Charakter zusammen. Läßt sich die Früh-R. noch als einigermaßen geschlossene, geistig klar umrissene Bewegung begreifen, so wird im Fortgang immer deutlicher, daß die Bedeutung der r.en Bewegung vorzüglich in der unübersehbaren Fülle von Anregungen auf allen Gebieten liegt. Sie ist an den meisten geistigen Strömungen der Zeit mitbeteiligt, sie verändert, verklärt, belebt und verbindet die heterogensten Ideen, ohne doch nach 1815 als eindeutig abgegrenzte Größe in Erscheinung zu treten. So wird sie in vielen Gestalten eine der einflußreichsten geistigen Mächte zwischen 1815 und 1860. - Die Widersprüche, die das Bild des r.en Einflusses verwirren, liegen in der Natur des R.en selbst, das wegen seiner wurzelhaften Subjektivität inhaltlich nur ganz allgemein bestimmt werden kann. Andererseits läßt die exzessive Subjektivität der Früh-R. doch eine gewisse gemeinsame Grundgestimmtheit erkennen (gegen C.Schmitt), die sicher nicht bloß zufällig ist und die für die weitere Geschichte des r.en Einflusses charakteristisch wird. Das gilt in dreifacher Hinsicht. Mit der R. verbindet sich ganz generell ein Sinn für das *Irrationale,* der positiv in einer Steigerung des Gefühlserlebnisses, negativ in einer scharfen Frontstellung gegen die Aufklärung wie gegen → Hegel zum Ausdruck kommt. Hier führen die Verbindungslinien zur Erweckungsbewegung. Ferner ist die R. durch einen besonderen Sinn für das *Historische* gekennzeichnet, das zu einer der wichtigsten Kategorien r.en Denkens überhaupt wird. Dieses neugewonnene historische Bewußtsein hat die Begriffe Volk und Nation belebt und vielfach die Voraussetzungen für den Nationalprotestantismus geschaffen. In anderer Weise war es an der Entstehung der sog. historischen Schule beteiligt, deren Bedeutung für die Theologiegeschichte des 19.Jh.s kaum abzuschätzen ist. Endlich wird der r.e Sinn für das *Organisch*-Gewachsene im Gegensatz zu allem Künstlich-Gemachten auch für die KG bedeutungsvoll. Die r.e Neigung zu Legitimismus und Restauration, Orthodoxie und Konfessionalismus hat hier ihre Wurzeln, ebenso der Kampf gegen alle revolutionären, liberalen und kritischen Tendenzen.

2. a) Die engen Zusammenhänge zwischen r.er Schule und → Erweckung (: I, 5 b) werden vor allem in Berlin und Erlangen greifbar. Der Kreis, der sich in den Jahren 1816-19 um die Brüder → Gerlach, → Thadden und → Brentano in → *Berlin* sammelte und zu einem wichtigen Zentrum der Erweckungsbewegung in Preußen wurde, knüpfte an die Tradition der r.en »christlich-deutschen Tischgesellschaft« von 1811 an. Das Hauptinteresse war zunächst die »patriotisch-romantisch-genial-christliche Poesie«. Geist, Stimmung und Gefühl dieses Kreises bereiteten den Boden für die Erweckung selbst, die durch Prediger der frühen Erweckung vermittelt wurde: → Hermes (, 2), → Jänicke und → Kottwitz. Beiden Bewegungen gemeinsam war die starke Subjektivität, das Gefühlserlebnis, wie es in Brentanos und E.L.v.Gerlachs Beziehungen zu Luise → Hensel oder in Thaddens Briefen zum Ausdruck kommt; gemeinsam war auch die Neigung zu K.L.v.Hallers Ideen, die in diesem Kreis eine christlich-r.e Interpretation erfuhren. Die zunehmende Ablehnung → Schleiermachers, die Hinwendung zur Bibel, die Betonung von Sünde und Gnade als Grunderlebnissen des Glaubens weisen freilich darauf hin, daß die stärkere Tradition hier die der frühen Erweckung war, die die zahlreichen r.en Elemente schließlich ganz in ihrem Sinne umformte. Die Theologie dieser Richtung vertritt → Tholuck, der entsprechend r.e Elemente pietistisch umprägt. - Ähnliches läßt sich auch in → *Erlangen* (, 2) beobachten. Der eigentliche Initiator der bayrischen Erweckungsbewegung, Chr. → Krafft, ist von r.en Einflüssen völlig frei. Aber er trifft auf einen Kreis r.er Geister wie G.H.v. → Schubert, später K.v. → Raumer und vor allem → Schelling, der überhaupt, bes. durch sein Schriftverständnis, eine Schlüsselposition in der Vermittlung von r.em und Erweckungsgeist einnimmt. Auch hier setzt sich die Erweckungstradition schnell gegenüber der R. durch und bewirkt eine zunehmende Verkirchlichung und Konfessionalisierung. Sehr schön läßt sich diese Linie bei v. → Hofmann beobachten, der, als Student aufs engste mit der r.en Schule verbunden, seine entscheidende Prägung von der Erweckung erfährt und die r.en Elemente theologisch verarbeitet. - Daß eine Erweckungsbewegung auch ohne wesentliche r.e Einflüsse entstehen konnte, zeigt das Beispiel Württembergs. Trotzdem verdankt die Erweckungsbewegung der R. viel: Die r.e Subjektivität, die Proklamation der Religion des Herzens, der Irrationalismus und das Bewußtsein von der Ungesichertheit der Welt haben der Erweckungsbewegung weithin den Boden bereitet und ihrer Theologie die ersten Themen gestellt.

b) K.Holl hat gezeigt (Holl III, 302-384), wie in der großen religiösen Bewegung nach den Befreiungskriegen von Anfang an zwei Richtungen nebeneinanderher liefen: jene, die zur Erweckungsbewegung führte, und eine andere, der die Begriffe Volk, Vaterland, Freiheit zum Glaubensbekenntnis wurden. Dieser nationalprot. Richtung kommt für die KG im 19. und 20.Jh. außerordentliche Bedeutung zu. Ist schon an der Entwicklung jener Begriffe und ihrer religiösen Aufladung das r.e Denken wesentlich mitbeteiligt (vgl. F. → Meinecke, Weltbürgertum und Nationalstaat, [1907] 1957), so zeigt dann vor allem das Wartburgfest 1817, wie stark der Nationalprotestantismus vom r.en Geschichtsbild lebt: Vorbild ist das r. interpretierte MA (→Novalis!), in dem sich undogmatische, innige Frömmigkeit mit bewußter Deutschheit und reformatorischem Freiheitsstreben verbinden. Die Burschenschaften als die wichtigsten Träger nationalprot. Gedankenguts haben hier eine neue Art von Religiosität entwickelt, die bei fast völlig fehlender theologischer Substanz eine beträchtliche Modernität und Dynamik aufwies. Die Aufzeichnungen K.L.Sands (K.A.v.Müller, K.L.S., 1925) enthalten das ganze Arsenal nationalprot. Terminologie. Die weitreichende Nachwirkung dieses Gedankenguts erklärt sich u.a. daraus, daß fast die gesamte jüngere Theologengeneration für kürzere oder längere Zeit unter dem Einfluß der burschenschaftlichen Bewegung stand.

3. Durch die R. ist »der Historismus zum Schicksal des 19.Jh.s geworden« (F.Wieacker). Hier liegt zugleich die vielleicht wichtigste Auswirkung der R. auf die Theologie- und KG. Denn in demselben Maß, in dem es hier zu einer immer stärkeren Betonung der historischen Disziplinen kam, wirkten sich mittelbare und unmittelbare Einflüsse der R. aus. Nicht zufällig beginnt die neuere KGschreibung mit A. → Neander, dessen Monographien dem r.en Sinn für historische Individualität ihre Entstehung verdanken. Überhaupt kommt die Kirche jetzt als historisches Phänomen ins Bewußtsein, das quellenmäßig zu erforschen und darzustellen ist. – Steht die erste Generation der → De Wette, Neander und Schleiermacher unmittelbar unter r.em Einfluß, so nimmt die folgende Gedanken und Problematik der historischen Schule auf: neben die historische Einzeluntersuchung tritt der universale kirchengeschichtliche Entwurf. Die beiden Lösungsversuche, die die Jahrhundertmitte beherrschen, der historisch-kritische Ansatz F.Chr. → Baurs und der Tübinger Schule und der heilsgeschichtliche Entwurf v.Hofmanns und der Erlanger sind beide von der r.en Schule geprägt. Wie sehr dies für Baur gilt, zeigt seine erste Arbeit über »Symbolik und Mythologie oder die Naturreligion des Altertums« (1824), wo er, in der Nachfolge F.Creuzers, die Grundzüge seines Geschichtsverständnisses mit den Begriffen lebendige Einheit, organische Entwicklung, innerer Zusammenhang bestimmt. Tritt allerdings bei ihm das subjektive Moment der R. zugunsten Hegels zurück, so bildet für Hofmann gerade dies das entscheidende Erbe der R., freilich auch hier begrenzt durch einen starken christozentrischen Impuls. – Fast wichtiger noch als die Einzelleistungen ist der Einfluß des r.-historischen Bewußtseins auf die Gesamtproblematik. Erst durch die grenzenlose Verehrung alles Geschichtlichen und die aus ihr entspringende wissenschaftliche Entwicklung (→Historismus) wurde das Problem Glaube und Geschichte, das → Lessing noch vergleichsweise theoretisch behandeln konnte, konkret und akut. Nur auf diesem Hintergrund ist die Erschütterung zu verstehen, die → Strauß' Leben Jesu und die Arbeiten der Tübinger Schule bewirkten. Wie stark diese Impulse waren, zeigt der Ausgang des 19.Jh.s, der auch in der Theologie einen Sieg des Historismus auf der ganzen Linie bedeutete.

4. Gegen → Troeltschs These von der → Restauration als dem dialektischen Umschlag der R. in ihr Gegenteil (Ges. Schr. IV, 592) wird festzuhalten sein, daß die politische R. durch ihre Neigung zur Passivität, durch ihre Verehrung des Organisch-Gewachsenen und Geschichtlich-Gewordenen von Anfang an konservative Züge trug, wie das in ihrer Affinität zu K.L.v.Hallers (durchaus unromantischer) »Restauration der Staatswissenschaft« (1816ff) zum Ausdruck kam. Begünstigt durch die politischen Umstände traten diese Züge seit 1817 stärker hervor und wurden schließlich so bestimmend, daß um 1830 R. und Reaktion völlig identifiziert werden konnten. Es liegt hier – auch sachlich – eine Parallele zum Übergang der Erweckungsbewegung in den → Konfessionalismus vor. Aber auch die neue Generation des »Jungen → Deutschland«, die im Zeichen des modernen Liberalismus den Kampf gegen die ständisch-monarchisch-r.en Kräfte aufnahm, war selbst von der R. aufs stärkste geprägt. Ihr Organ waren die »Hallischen Jahrbücher« (hg.v. → Ruge und Echtermeyer, 1838–42). Die abgesteckten Fronten sind weitgehend zugleich kirchenpolitischer Natur: Auf der Seite der, im jungdeutschen Sinne, r.-reaktionären Kräfte sammeln sich Orthodoxie und Pietismus, während sich auf der jungdeutschen Seite vor allem die kritische Theologie befindet. In diesen Zusammenhang gehört D.Fr.Strauß' berühmte Streitschrift gegen Friedrich Wilhelm IV.: »Der R.er auf dem Throne der Cäsaren oder Julian der Abtrünnige« (1847). Die Frontbildung wird für das ganze Jh. bestimmend und verweist die Kirche endgültig auf die Seite der Restauration. Hier liegt einer der entscheidenden Anstöße für die Entfremdung des Bürgertums von der Kirche. – Die r.e Restauration wird noch einmal für 20 entscheidende Jahre geschichtsmächtig, als mit Friedrich Wilhelm IV. ein Vertreter der alten, r.-erweckten Generation den preußischen Thron besteigt (1840). In seine Umgebung zieht er eine Reihe von Männern, die die legitimistisch-konservativen Prinzipien religiös begründen und entfalten helfen: die → Gerlachs, → Bunsen, → Stahl, F.W. → Krummacher u.a. Ihnen allen und dem König ist die Überzeugung gemeinsam, daß die kirchlichen Kämpfe den eigentlichen Inhalt der Zeit bilden. Ihr Organ ist → Hengstenbergs Ev. Kirchenzeitung, seit 1831 auch das Berliner Politische Wochenblatt (H. → Leo, → Radowitz, Jarcke) und schließlich, ab 1848, die Kreuzzeitung. Hier vertrat der politische Konservatismus zugleich den Rechtsstandpunkt für Dogma, Bekenntnis und Liturgie. – Dem König selbst schwebte die Restauration der Kirche im »apostolischen Sinne« als Vollendung der Reformation vor. Auf historische Studien über die frühe Kirchenverfassung gestützt, versuchte er, durch Wiederbelebung von Episkopat und Diakonat eine vom Staat unabhängige, selbständige Kirche zu schaffen. Dabei geht es nicht um irgendwelche Neuerungen, sondern um »die gehorsame Annahme der apostolischen Legitimitäten«. Weit präziser als der König bestimmte F.J.Stahl, der Theoretiker der Restauration, das Verhältnis von Kirche und Staat als das einer fortdauernden Zuordnung. Auch für ihn ist die Legitimität Grundprinzip: Staat und Kirche sind beide entsprechend organisiert, der Staat monarchisch, die Kirche episkopal, wobei hier wie dort eine ständische Gliederung vorgesehen ist. Stahls Entwurf enthält die klare und umfassende Begründung der Formel »Thron und Altar«. – So wenig von diesen Gedanken im einzelnen Gestalt gewann, so tief und nachhaltig haben sie im ganzen gewirkt. Auch als nach dem Regierungswechsel in Preußen (»Neue Ära« 1861) offenbar wurde, daß die r.e Restauration politisch und geistig längst überwunden war, haben die Kirchen wesentliche Teile dieses Gedankengutes festgehalten. Sie allein blieben bis 1918 unverkürzt die Erben der Restauration, mit denen sich die politischen und sozialen Restaurationsversuche immer wieder gern verbanden. Dies hat zur falschen Diastase zwischen Kirche und moderner Welt wesentlich beigetragen.

Vgl. die Lit. zu den Personenartikeln u. zu → Romantik: II. Ferner zu 1: H.v.TREITSCHKE, Dt. Gesch. im 19.Jh. I–V, 1879–94 u.ö. – E.HIRSCH, Die R. u. d. Christentum, insbes. bei Novalis u. dem jungen Hegel (ZSTh 1, 1923/24, 28–43) – W.LÜTGERT, Die Religion d. dt. Idealismus u. ihr Ende I–III, 1923–25 – F.SCHNABEL, Dt. Gesch. im 19.Jh., (1929–37) I, 1948⁴; II–IV, 1949–51² – W.MAURER, Aufklärung, Idealismus u. Restauration II, 1930 – H.F.HEDDERICH, Die Gedanken d. R. über Kirche u. Staat, 1941 – HERMELINK I–III – HIRSCH III–V – BARTH, PrTh.

Zu 2 (außer der Lit. zu → Erweckung: I): L.ZSCHARNACK, Die Pflege d. relig. Patriotismus durch d. ev. Geistlichkeit 1806–15 (Harnack-Ehrung, 1921, 394–423) – K.S.PINSON, Pietism as a Factor in the Rise of German Nationalism, New York 1934 (dazu F.MEINECKE, HZ 151, 1935, 116f) – A.ADAM, Nationalkirche u. Volkskirche im dt. Protestantismus, 1938 – A.HEGER, Ev. Verkündigung u. dt. Nationalbewußtsein. Zur Gesch. d. Predigt von 1806-48, 1939 (Lit.) - R.WITTRAM, Kirche u. Nationalismus in d. Gesch. d. dt. Prot. im 19.Jh. (in: Nationalismus u. Säkularisation, 1949, 30-71) - H.KOHN, Romanticism and the Rise of German Nationalism (Rev. of Politics 12, 1950, 443-472).

Zu 3 (außer der Lit. zu → Historismus): E.ROTHACKER, Einl. in die Geisteswissenschaften, (1920) 1930² - G.v.BELOW, Das Verhältnis d. dt. Geschichtswiss. zur R. u. zu Hegels Philos. (Hist. Blätter 1, 1921, 5-30) - K.BORRIES, Die R. u. d. Gesch., 1925 - R.STADELMANN, Die R. u. d. Gesch. (in: R., hg.v. TH.STEINBÜCHEL, 1948, 153-175) - J.HABERMAS, Das Absolute u. d. Gesch. Von der Zwiespältigkeit in Schellings Denken (Phil. Diss. Bonn), 1954 (Masch.) - C.HINRICHS, Ranke u. d. Geschichtstheol. d. Goethezeit, 1954 - O.PÖGGELER, Hegels Kritik d. R., 1956 - K.SCHOLDER, F.Chr.Baur als Historiker (EvTh 21, 1961, 354-378).

Zu 4 (außer der Lit. zu → Restauration): F.BALDENSPERGER, Le grand schisme de 1830: »Romantisme« et »Jeune Europe« (Revue de litt. comparée 10, 1930, 5-16) - A.L.MAYER, Liturgie, R. u. Restauration (JLW 10, 1930, 77-141) - A.WILDHABER, Das Bild d. Reformation in d. jungdt. Epoche (Phil. Diss. Bern), 1936 - E.SCHAPER, Die geistespolit. Voraussetzungen der Kirchenpolitik Friedrich Wilhelms IV., 1938 (vollst. Lit.) - E.BENZ, Bischofsamt u. apostol. Sukzession im dt. Prot., 1953, 126ff (über Friedrich Wilhelm IV.). *K.Scholder*

Romanus, *Papst* Aug. bis Nov. 897, aus Gallese bei Civita Castellana (wie → Marinus I.), vermutlich von Parteigängern des → Formosus erhoben; sein Ende ist ungewiß.

RE XVII, 131 - DThC XIII/2, 2847 - LThK VIII, 974 - EC X, 1311. *H.Fuhrmann*

Ronge, *Johannes* (1813-87), einer der Führer des → Deutschkatholizismus, * in Bischofswalde (Schlesien), † in Wien. 1840 Kaplan in Grottkau, 1843 suspendiert wegen eines Artikels »Rom und das Breslauer Domkapitel« (die Nachfolge → Sedlnitzkis betreffend), 1843/44 Leiter einer Privatschule in Laurahütte/OS, 1844 wegen seines offenen Briefes an Bischof Arnoldi von Trier (gegen die Ausstellung des Hl. → Rockes) exkommuniziert. Nach den Anfangserfolgen des Deutschkatholizismus wandte sich R. 1848 auch der Politik zu, mußte außer Landes gehen und lebte 1849-61 in England. 1863 gründete er in Frankfurt/M. einen »Religiösen Reformverein« und widmete sich publizistischen und pädagogischen Vorhaben. In den mit flachem Pathos vorgetragenen Ideen R.s vermischen sich romantisch-burschenschaftliche und rationalistische Elemente mit stark antiröm. Affekten und politisch-liberalistischer Agitation.

KL III, 1603 (Lit.) - H.J.CHRISTIANI, J.R.s Werdegang, 1923 - ALGERMISSEN⁴, 1930, 199ff - W.KOSCH, Das kath. Deutschland III, 1938, 4045. *G.Maron*

Ronsdorfer Sekte, entstand aus einer seit 1726 in Elberfeld bestehenden apokalyptisch-chiliastischen philadelphischen Sozietät, deren Mittelpunkt Elias → Eller aus Ronsdorf und der inspirationsgläubige ref. Prediger Daniel Schleiermacher waren. Nach Ellers Verheiratung mit der inspirierten Anna von Buchel empfing die Sozietät durch diese »Zionsmutter« starken Auftrieb. Der von ihr geborene Sohn, der göttlich verehrt wurde, starb bald. 1737 zog sich Eller nach Ronsdorf zurück, um behördlichen Untersuchungen auszuweichen. Seine Anhängerschaft wuchs auf fast 1000 Seelen an. 1741 wurde Schleiermacher Prediger dieser Gemeinde, die 1745 das Stadtrecht empfing. Als 1744 die »Zionsmutter« starb, trennte sich Schleiermacher von Eller, der dafür den Prediger Wülffing aus Solingen berief. Nach Ellers Tod (1750) zerfiel die R.S.; 1768 wurde ein ref. Pfarramt gegründet.

J.A.ENGELS, Versuch einer Gesch. der relig. Schwärmerei im ehem. Herzogtum Berg, 1826 - M.GOEBEL, Gesch. des christl. Lebens in der rhein.-westf. Kirche III, 1860, 456ff - RE XVII, 131ff. *E.Beyreuther*

Roos, *Magnus Friedrich* (6.9.1727 bis 19.3.1803), württ. Theologe, * in Sulz a. N., 1757 Diakonus in Göppingen, 1767 Pfarrer in Lustnau und Dekan von Bebenhausen, seit 1784 Prälat in Anhausen. Er gehörte zu den nüchternen und gemäßigten Anhängern → Bengels, die sich von → Oetingers Richtung trennten. R. wahrte auch in eschatologischen Fragen Bengel gegenüber seine Freiheit. Nach anfänglichem Schwanken erwies er sich als bestimmendes Mitglied der Deutschen → Christentumsgesellschaft in → Württemberg. Dem Bischof → Spangenberg stand er durch einen jahrelangen Briefwechsel nahe. - Vgl. → Gemeinschaften, altpietistische.

Vf. u.a.: Einl. in die Bibl. Geschichten, (1774) 1876; Christl. Glaubenslehre, (1786) 1860; Christl. Hausbuch, (1792) 1871. - Über R.: ADB XXIX, 145ff - RE XVII, 135f - W.CLAUS, Württ. Väter, 1905², 125ff - H.HERMELINK, Gesch. d. ev. Kirche in Württ., 1949 (s. Reg.). *E.Beyreuther*

Rorate-Messe → Messe: II, 3.

Rosa *von Lima,* * 20.4.1586 in Lima, † 24.8.1617 ebd, 1668 selig-, 1671 heiliggesprochen. R. lebte 28 Jahre im Elternhaus, seit 1614 im Familiendienst als Dominikaner-Tertiarin. »Franziskanisches« Naturgefühl und Kreuzesmystik in inneren Leiden und äußeren Verfolgungen machten sie in der Volksverehrung zur »Blume der Heiligkeit Südamerikas«. Auch in europäischen Ländern, bes. Süddeutschland, wurde sie verehrt; in der Volkskunst mit Dornen und Rosen um das Haupt dargestellt.

AS Aug. V, 1741, 902ff - L.HANSEN, Rosa Peruana. Vita mirabilis..., 1725; engl. London 1847, dt. 1863² - F.M.CAPES, The Flower of the New World, 1899 - G.SCHREIBER, Deutschland u. Spanien, 1936, 299ff. *O.Karrer*

Roscel(l)in *aus Compiègne* (?) (ca 1050 bis nach 1120), frühscholastischer Dialektiker, galt als Begründer des → Nominalismus (→ Universalienstreit), in dessen Konsequenz ihn → Anselm von Canterbury (»De fide trinitatis«) des → Tritheismus bezichtigte. 1092 wurde R. auf einer Synode in Soissons verurteilt. Danach war er Lehrer in Loches (Indre et Loire), wo → Abaelard ihn hörte, der später R.s Universalienlehre angriff und daraufhin seinerseits von R. in der Trinitätslehre der Häresie denunziert wurde. Da R.s Schriften außer einem sehr bösartigen Brief an Abaelard verloren zu sein scheinen, lassen sich seine Lehren nur unsicher aus den Werken der Gegner (bes. Anselm und Abaelard) rekonstruieren.

F.PICAVET, R., philosophe et théologien, Paris (1896) 1911² - GRABMANN I, 297ff - J.REINERS, Der Nominalismus in d. Frühscholastik (BGPhMA VIII, 5), 1910 (mit Edition d. Briefes) - Ü II, 207ff (Lit.) - DThC XIII/2, 2911ff. *P.Classen*

Roscher, *Wilhelm Heinrich,* * 12.2.1845 in Göttingen, Sohn des Nationalökonomen *Wilhelm* R. (1817-94), Altphilologe, 1871 Oberlehrer an der Fürstenschule Meißen, 1882 Konrektor, 1894 Rektor des Gymnasiums Wurzen (Sa.), lebte seit 1905 in Dresden, † 9.3.1923 ebd. R. war ein fruchtbarer Erforscher der antiken Mythologie und Religionsgeschichte, die er in Verbindung mit → Ethnologie und → Volkskunde betrieb. Von bleibender Bedeutung sind bes. seine Arbeiten zur religiösen → Zahlensymbolik und antiken Medizin sowie das von ihm hg. »Ausführliche Lexikon der griech. und röm. Mythologie« (6 Bde und 4 Suppl.-Bde, 1884-1937, beendet von K.Ziegler).

Vf. außer zahlr. Unters.en in AGL bes.: Studien z. vergl. Mythologie d. Griechen u. Römer, 1873-75; Studien z. griech. Mythologie u. Kulturgesch. vom vergl. Standpunkte, 1878-90; Nektar u. Ambrosia, 1883; Ephialtes, 1900; Die Sieben- u. Neunzahl in Kultus u. Mythus d. Griechen, 1904; Enneadische Studien, 1907; Die Zahl 50 in Mythus, Kultus, Epos u. Taktik d. Hellenen, 1917; Hippokrates, 1918. *K.Goldammer*

Rose, *Goldene* (Rosa aurea) oder Tugend-R. heißt die vom Papst am Rosensonntag (Lätare) geweihte, mit Diamanten besetzte R. aus Gold. Als Sinnbild Christi, »der Blume des Feldes« und »Lilie des Tales« (Hhld 2, 1 Vulg.; Jes 11, 1), wurde sie seit dem MA, sicher vor 1050, an fürstliche Personen, auch an Städte, Klöster und Kirchen verliehen, damals gegen eine hohe Taxe an die Kurie. Bei der Weihe repräsentieren Gold, Weihrauch und Balsam die dreifache Substanz in Christus: Gottheit, Leib und Seele. Dem Empfänger sagt der Papst: »Nimm sie hin, ... der du edel und reich an Tugend bist, damit du in Zukunft noch mehr durch unseren Herrn Christus mit allen Tugenden reichlich geadelt werdest und der an den Wassern gepflanzten Rose gleichest.« 1519 erhielt → Friedrich der Weise diese Tugend-R. durch → Miltitz, 1521 Heinrich VIII. von → England (: I, 3) als »Defensor fidei« gegen Luther, 1868 die Königin Isabella von Spanien, 1887 die Amerikanerin Miß Caldwell, die 1½ Mill. Dollar für eine kath. Universität gespendet hatte, 1893 die belgische Königin Marie Henriette, 1925 die Königin Maria von Belgien.

E. Müntz, Les roses d'or pontificales (Revue de l'art chrétien 44, 1901, 1-11) - EC X, 1344ff - LThK² IV, 1041 (Lit.). *E. Barnikol*

Rosegger (eig. Roßegger), *Petri Kettenfeier,* * 31.7. 1843 in Alpl b. Krieglach (Steiermark), † 26.7.1918 in Krieglach, Sohn eines Kleinbauern, zunächst Schneiderlehrling, studierte 1865-69 an der Handelsakademie Graz. R. war ein heimat- und naturverbundener Erzähler (Die Schriften des Waldschulmeisters, 1875). Er wandte sich gegen Landflucht und Verstädterung (Jakob der Letzte, 1888; Erdsegen, 1900; Weltgift, 1903), schrieb aus dem eigenen Leben (Waldheimat, 1873/77; Als ich noch jung war, 1895; Mein Weltleben, 1898) und über religiöse Fragen (Der Gottsucher, 1883; Das ewige Licht, 1897; Mein Himmelreich, 1901; INRI, Frohe Botschaft eines armen Sünders, 1905). Im Gefolge der religiösen Auseinandersetzungen im damaligen Österreich war R. Bekenner eines verinnerlichten Gefühlschristentums mit Hinneigung zur ev. Lehre, blieb aber aus Pietät und Liebe zu den Kultformen katholisch. Seit 1876 gab er die Zeitschrift »Heimgarten« heraus.

Schriften in steir. Mundart, 1894-96 - GesW, 40 Bde, 1912-16 - Briefwechsel mit W. Kienzl, hg. v. H. Sittner, 1953. - Über R.: R. Latzke, P. R., 2 Bde, 1943/53 - J. Körner, Bibliograph. Hdb. d. dt. Schrifttums, 1949³, 426 - F. Haslinger, R. u. Stifter, 1955 - W. Kosch, Dt. Lit.-Lex. III², 1956, 2303ff (Lit.). *M. Enzinger*

Rosenbach, *Johann Georg* (1680-1747), pietistischer Laie, * in Heidelberg. Der liederliche Militärsattler wurde 1700 durch den Erlanger Notar Joh. Adam bekehrt und zog als Erweckungsprediger durch die Main- und Neckargegend. In Bamberg wegen angeblicher Verführung von Katholiken eingekerkert, in Heilbronn abgewiesen, fand R. 1703 in → Altdorf freundliche Aufnahme und sprach in Erweckungsversammlungen. Trotz guten Leumundszeugnisses von 6 Professoren sperrte ihn der Nürnberger Magistrat 10 Tage in den Turm. Die sog. R.ischen Händel führten zu Separationen und zum Weggang von Professoren (u.a. Joh. Mich. Lange). R. schloß um 1720 Frieden mit der Kirche und lebte im Waneschen Spital in Wunsiedel; von dort holten ihn Herrnhuter nach Ebersdorf.

Vf.: Wunder- u. gnadenvolle Bekehrung zweyer ... verlohren gewesener Schaafe, 1703; Wunder- u. gnadenvolle Führung Gottes oder hist. Erzehlung, was sich mit mir 1701-04 zugetragen, o.J. - Über R.: A. Ritschl, Gesch. d. Pietismus II, 1884, 343f - M. Simon, Ev. KG Bayerns, (1942) 1952², 467ff. *E. Beyreuther*

Rosenius, *Karl Olof* (1816-68), Sohn eines den neuen → Lesern nahestehenden Pastors in Norrland. Durch die Verbindung des jungen Hauslehrers R. mit dem amerikanischen Methodistenprediger George Scott begann eine neue Epoche christlicher Aktivität in → Schweden. Als Stadtmissionar mit amerikanischer Unterstützung in Stockholm tätig, gründete er mit Scott den »Pietisten« und redigierte seit 1834 die »Missionszeitung«. Im Zusammenhang mit der 1856 von ihm gegründeten und für die Innere und Äußere Mission bedeutsamen »Evangelisk Fosterlandstiftelse« entstanden zahlreiche Missionsvereine und Bethäuser. R. wurde Vorläufer des Neuevangelismus (→ Gemeinschaftsbewegung, 5) und der → Bornholmer. Gegenüber der Gesetzlichkeit des alten Pietismus vertrat er das »süße Evangelium«.

Vf. u.a.: Geheimnisse in Gesetz u. Evangelium, (1870) 4 Bde, 1929-38; Tägl. Seelentrost, 1915². - Über R.: E. Lönegren, C. O. R., o.J. - RE III, 327 - G. Westin, Der Weg der freien christl. Gemeinden durch die Jh.e, 1956 (s. Reg.). *E. Beyreuther*

Rosenkranz (Rosarium, Psalterium Beatae Mariae Virginis, Corona) bezeichnet die volkstümlichste Gebetsübung der röm.-kath. Kirche wie die dazugehörige Perlenschnur. Der Beter läßt die 58 Perlen durch die Finger gleiten und spricht mit den 3 Kreuzperlen beginnend das Credo und 3 → Ave Maria mit den Bitten um Glaube, Hoffnung, Liebe, dann bei den 5 größeren je ein Vaterunser und den je 10 kleineren dazwischen je ein Ave Maria. 10 der 50 Ave Maria werden mit einem Jesus-»Geheimnis« verbunden, dem freudenreichen (Weihnachtsfestkreis), dem schmerzensreichen (Passionszeit) und dem glorreichen (übriges Kirchenjahr). Außer diesem gewöhnlichen gibt es noch den großen oder dominikanischen R., dessen 150 Perlen den 150 Psalmen entsprechen, den mittleren, den kleinen, den englischen, die »Krone« usw.

Nach der Legende geht der R. auf → Dominikus zurück. Er ist jedoch in seiner Form während der Kreuzzüge vom Islam her eingedrungen und dann von den Dominikanern, Zisterziensern, Bettelorden und R.-Bruderschaften als Ausdruck marianischer → Volksfrömmigkeit gepflegt und verbreitet worden (→ Marienverehrung: I). Rose, Rosenhag (rosarium) und R. (corona) als Symbole mittelalterlicher Lebensfreude (auch Heilkraft) werden auf Maria als Spenderin himmlischer Freuden übertragen: ihr flicht der Beter mit oft wiederholten Grüßen (Ave Maria, Salve Regina usw) einen R., und sie vergilt ihm mit einem »unsichtbaren Rosendiadem geistlicher Gnaden«. In marianischem Überschwang erscheint das Ave als »Pater Noster de Notre Dame« oder gar als wirksamster Exorzismus. Gegen Ende des MA fügt sich unter den Nöten der Zeit die Meditation der Schmerzensmysterien in die Freudenfrömmigkeit des R.es ein. Die heutige Einheitsform gewann der R. erst 1573 bzw. 1596 mit der Einführung des R.festes (7. Oktober, R.monat). Während der Aufklärung hatten R. wie Marienfrömmigkeit an Bedeutung verloren. → Leo XIII. (10 R.enzykliken) und die Piuspäpste des 20.Jh.s haben die R.frömmigkeit wieder mächtig gestärkt, das ordnungsgemäß verrichtete R.gebet mit verschiedenen Ablässen bedacht (deren Wirkung an den Besitz eines geweihten R.es gebunden ist), als Bußleistung nach der Beichte empfohlen und als Heilmittel gegen Gottlosigkeit, Entchristlichung der Familie und Nöte der Zeit gepriesen.

Formal ist der R. verwandt mit ähnlichen Gebetsübungen in den *Ost-Religionen.* Im → Islam hilft die Perlenschnur zum Abzählen der 100 Namen (Eigenschaften) Gottes; sie gehört zu bestimmten dzikr-Übungen der Derwische, zur Betrachtung und Versenkung im → Buddhismus, bei den Jaina (→ Jinismus) und im → Hinduismus. - Vorform des R.es sind Steine oder Körner zur Bestimmung von Zahl oder Rhythmus von Gebeten. Das Abbeten einer bestimmten Zahl von »Vaterunsern« ist schon im 4.Jh. bezeugt (→ Paulus von Theben [† 347], nach Sozomenos), der Gebrauch von »Paternosterschnüren« im 11.Jh., ebenso der rhythmische Wechsel zwischen »Vaterunser« und »Ave Maria« als mönchische Ersatzleistung (150 »Vaterunser« und »Ave Maria« anstelle von 150 Psalmen). Das stellvertretende R.gebet (auch gegen Bezahlung) für Lebende und Tote ist heute noch üblich. Selbst als → Amulett gegen Dämonen (vgl. jüd. Gebetsriemen) wird der R. volksfromm verstanden. Die prot. Sorge, daß sich das → Gebet in sein magisches Gegenteil verkehren und Jesus mehr als Mariensohn denn als Gottessohn erscheinen könne (Subjektverschiebung im Gebet!), teilt der Katholizismus nicht. Nach Pius XII. ist der R. »das beste und wirksamste Mittel, die mütterliche Hilfe der Hl. Jungfrau herabzurufen«.

Kath. Katechismus - SCHOTT, Meßbuch - RE XVII, 144ff - F.HEILER, Der Katholizismus, 1923 - LThK VIII, 989ff (Lit.) - DThC XIII/2, 2902ff - F.M.WILLAM, Die Gesch. u. Gebetsschule des R.es, Wien 1949 (Lit.) - W.KIRSCH, Hdb. d. R.es, Wien 1950 (Lit.) - Enz. Ingruentium malorum (Pius XII.) in AAS 43, 1951, 577ff u. HerKorr 6, 1951/52, 58ff - Ablaßbuch, 1952³ - L.BERTSCHE, Der R. als Gebets- u. Lebensschule, 1958. - Zur Religionsgesch.: W.KIRFEL, Der R., Ursprung u. Ausbreitung, 1949 (Lit.). *J.Lell*

Rosenkreutzer. 1. Das 15.-18.Jh. ist die Zeit der geheimen Gesellschaften, die humanistische (Pomponius Laetus, → Ficino, → Celtis), pansophische und später deistische (Freimaurer) Tendenzen verfolgen. Aus der Philosophia adepta, in der → Paracelsus aufwuchs, wie der hermetisch-neuplatonischen Philosophie entstand im 16.Jh. die Pansophie (→ Mystik: VII, 3 a). Nach mehreren Vorstößen wurde in dieser 1604 der Entwurf einer Societas Roseae Crucis (Fama fraternitatis R.C. und Confessio fraternitatis R.C.) verfaßt. Als Autor dieser Schriften nahm - auf Grund einer Andreä mit Sicherheit zugeschriebenen alchemistischen »Chymischen Hochzeit Christiani Rosenkreutz« - Peuckert den Tübinger Studenten und späteren Generalsuperintendenten, den Planer einer »societas christiana« Joh.Val. → Andreä an. Arnold vermutet als Autor einen um ihn, zu den Füßen Besolds, sich rundenden Freundeskreis. Die genannten Schriften fordern, nachdem die Fama die Gründerlegende erzählte, eine Generalreformation: Philosophie (weltliche) und Theologie (geistliche Erkenntnis) sind einander unwidersprechlich und schaffen so ein neues Weltbild, in dem der liber naturae gilt, astrologische vor alchemistischen Bestrebungen rechte Wege sind und die geplante Bruderschaft als ein weltlicher Orden erscheint. - Die Societas hat Anfang des 17.Jh.s nur als Wunschbild bestanden. Es zeigen sich aber Versuche, sie zu verwirklichen. So traf → Leibniz 1667 in Nürnberg auf eine alchemistisch arbeitende rosenkreutzerische Gesellschaft, so versuchte Sincerus Renatus (Samuel Richter, Hartmannsdorf/Schles.) 1710 in seiner »Wahrhaften und vollkommenen Bereitung des philosophischen Steins der Brüderschaft aus dem Orden des Gülden- und Rosenkreutzes« eine Bruderschaft zu erwecken, so rief der Leipziger Schrepfer um 1774 die »Gold- und R.« zu einem Orden am preußischen Hofe auf, der den König (Friedrich Wilhelm II.) wie den berüchtigten → Wöllner zu Mitgliedern hatte und in der »Zeit der Verwirrung« in die → Freimaurerei eindrang. Um 1900 wird in den USA ein weiterer Versuch sichtbar, The Rosicrucian Fellowship, deren Führer Max Heindel war; hier hatte sich das Interesse von der → Alchemie auf die → Astrologie verlagert. Um 1950 wirbt ein »Orden vom Rosenkreuz«, der in über 50 Ländern aller Kontinente verbreitet sein will (deutsches Zentrum in Überlingen), um Mitglieder; jetzt sind die Ziele okkulte Probleme und die »Meisterung des Lebens«. Es zeigt sich, daß der alte Plan, okkult-romantisch abgewandelt, heute noch gilt, wie er durch die Jahrhunderte hindurch verlockte und betörte. - Vgl. → Häresie: II, 2 d.

RE XVII, 150ff - W.-E.PEUCKERT, Die R., 1928 - P.ARNOLD, Hist. des Rose-Croix et les origines de la Franc-Maçonnerie, 1955. *W.-E.Peuckert*

2. Die *»Internationale Schule der Rosenkreuzergemeinschaft, Lectorium Rosicrucianum«* (LR) hat ihren »Hauptquartiertempel« in Haarlem, einen weiteren Tempel »Renova« bei Utrecht und seit 1958 ein »Christian Rosenkreuz-Heim« in Calw. Die Kreise des LR zählen mehrere tausend Mitglieder. Die deutschen Anhänger wurden 1952 unter eigene »Verwaltung« gestellt. Nach der Lehre des LR entstand neben der Naturordnung Gottes durch den Sündenfall eine weitere, total verdorbene Naturordnung, die alles Leben und Wesen im Diesseits und Jenseits umfaßt und den Menschen in immer neuen Inkarnationen gefesselt hält. Allein der Transfigurismus der R., verkündigt durch die »Universelle Brüderschaft« mit Sitz in der Oase Shamballa (Wüste Gobi), kann ihn daraus erlösen. Die Transfiguration erfolgt in 3 Etappen: 1. »Ich-Zerbrechung«; 2. Persönlichkeitswechsel durch »Einsenkung des Christusstrahls«; 3. durch die »kosmischen Christuskräfte«, die in den Tempeln des LR empfangen werden, wird der himmlische Körper entwickelt und die unsterbliche Persönlichkeit wiederhergestellt. Der Einladung zur Transfiguration verleiht das LR besondere Dringlichkeit durch die Ankündigung, daß die gesamte jetzige Naturordnung in Bälde vernichtet werde. Die Kirchen werden schroff abgelehnt.

J.VAN RIJCKENBORGH, Was ist, will u. wirkt das LR?, 1950; Die Brüderschaft von Shamballa, 1950; Der kommende neue Mensch, 1954; Der Universelle Pfad, 1955; Die Universelle Gnosis, 1955; Die Gnosis in aktueller Offenbarung, 1956; Der Schatten der kommenden Ereignisse, 1956; Demaskierung, 1959. - Zs. »Der Eckstein« (monatlich, nur für Schüler, seit 1950). *K.Hutten*

Rosenmüller, 1. *Ernst Friedrich Karl* (1768-1835), Orientalist, Sohn von 2, * in Heßberg bei Hildburghausen, † in Leipzig; dort 1796 ao. Prof. für Arabisch, 1813 o. Prof. der orientalischen Sprachen. R. hat in mehreren großen Werken zur Bibelwissenschaft reiches Material aus Schriften von Rabbinen, Kirchenvätern und späteren Gelehrten zusammengestellt.

Vf. neben Werken zur Arabistik u.a.: Hdb. für die Lit. der bibl. Kritik u. Exegese, 4 Bde, 1787-1800; Scholia in VT, 11 Tle in 25 Bden, 1788-1835 (Tl IV-VII², 1821-28; Tl I-III³, 1821-34); Das alte u. neue Morgenland, oder Erläuterungen der hl. Schrift aus der natürl. Beschaffenheit, den Sagen, Sitten u. Gebräuchen des Morgenlandes, 6 Bde, 1817-20; Hdb. der bibl. Altertumskunde, 4 Tle in 7 Bden, 1823-31; Scholia in VT, in compendium redacta, 6 Bde, 1828-36. - Über R.: RE XVII, 156f - KRAUS 155. *E.Kutsch*

2. *Johann Georg* (1736-1815), ev. Theologe, * in Ummerstädt/Thür., † in Leipzig, nach Pfarrdienst in Thüringen 1773 Prof. (und Pastor) in Erlangen, 1783 in Gießen, 1785 in Leipzig, zugleich Pfarrer an der Thomaskirche und Sup., 1802 auch Prälat des Hochstiftes Meißen. R. war ein fruchtbarer Predigt- und Erbauungsschriftsteller, ein Umgestalter der Kirche im Sinn der Aufklärung (Abschaffung des Exorzismus, der Privatbeichte, des Wandelglöckchens, neues Gesangbuch), zugleich um das Schulwesen bemüht.

Vf. u.a.: Scholia in NT, 6 Bde, (1777-82) 1815-31⁶; Historia interpretationis librorum sacrorum in ecclesia christiana, 5 Bde, 1795 bis 1814. - Über R.: J.CHR.DOLZ, J.G.R.s Leben u. Wirken, 1816 - H. DÖRING, Die dt. Kanzelredner..., 1830, 341ff - ADB XXIX, 219ff - RE XVII, 157f - F.W.KANTZENBACH, Die Erlanger Theol., 1960, 57ff. *H.Hohlwein*

3. *Johann* (ca 1620–84), Komponist, studierte in Leipzig, wurde dort 1642 Hilfslehrer an der Thomasschule, 1651 Organist der Nikolaikirche und 1653 designierter Thomaskantor, ging aber, sittlicher Verfehlung verdächtigt, über Hamburg nach Venedig. Seit 1674 war R. Hofkapellmeister in Wolfenbüttel. R. zählt zu den führenden deutschen Meistern zwischen → Schütz und → Buxtehude. Seinen edlen fünfstimmigen Liedsatz »Welt ade, ich bin dein müde« hat → Bach unverändert in Kantaten übernommen.

Hauptwerke: Kernsprüche mehrenteils aus der hl. Schrift (3 bis 7stimmig mit Instr.), 2 Bde, 1648/52; Sonate da camera, 1670 (Orchestersuiten, Neudr. DDT 18) - Zahlr. weitere Instrumental- u. handschriftl. Kirchenmusik. - Über R.: A.HORNEFFER, I.R. (Diss. Berlin), 1898 - DERS., Werkverzeichnis in MfM 31, 1899 - K.NEF in BIMG 5, 1902 - F.HAMEL, Die Psalmenkompositionen J.R.s, 1933. *S.Hermelink*

Rosenzweig, *Franz* (1886–1929), studierte Geschichte und Philosophie in Berlin und Freiburg. Sein »Hegel und der Staat« (1920) veranlaßte → Meinecke, R. aufzufordern, sich zu habilitieren. R. lehnte ab; schon als deutscher Soldat an der mazedonischen Front hatte er sich entschlossen, sich dem Studium der jüdischen Religion zuzuwenden. Er kann als → Cohens Schüler angesehen werden, in dessen Altersphilosophie R. eine Abkehr von der Philosophie des Idealismus entdeckte. R.s Kritik aller bisherigen Philosophie hat viele veranlaßt, R.s Hauptwerk »Der Stern der Erlösung« ([1921] 1954³) als → Existenzphilosophie anzusehen; es erschien sechs Jahre *vor* → Heideggers »Sein und Zeit«. Beide Denker erheben den Vorwurf, daß die bisherige Philosophie die Tatsache des → Todes (: V) ignoriert habe. Aber sein aus biblischen und rabbinischen Quellen gespeister religiöser Optimismus trennt R. von dem → Nihilismus der meisten Existenzphilosophen und von ihrer Verwerfung der Vernunft. R. sieht in einer Union von Philosophie und Theologie die Rettung der modernen Philosophie. Er erkennt im menschlichen Wort die Möglichkeit, über die Grenzen einer an die aristotelische Logik gebundenen Philosophie hinwegzukommen. »Die Wege Gottes und die Wege des Menschen sind verschieden; aber das Wort Gottes und das Wort des Menschen sind identisch.« Diese Wortphilosophie, ähnlich wie die von F. → Ebner (Das Wort und die geistigen Realitäten, [1921] 1952²), ergänzt die → Logik durch eine Grammatik, ist aber nicht die positivistische Sprachphilosophie von A.J.Ayer und L. → Wittgenstein, sondern sieht in der grammatischen Analyse des gesprochenen Wortes und der geschriebenen Sätze die Möglichkeit metaphysisch-religiöser Erkenntnisse. Die praktische Konsequenz dieser Sprachphilosophie zog R. in der in seinem »Stern« enthaltenen Exegese biblischer Abschnitte und auch in seiner in Gemeinschaft mit → Buber unternommenen → Bibelübersetzung (: IV, 5) aus dem Hebräischen ins Deutsche. - Indem R. den Begriff der Schöpfung in die Philosophie einführte, führte er, an → Schellings unfertige Skizze »Die Weltalter« anknüpfend, entscheidend über → Hegel hinaus; der Idealismus, der den in Kultur und Staat schöpferischen Menschen allein beachtete, wird als ästhetische Weltanschauung kritisiert, und in dieser Kritik erinnert R. an → Kierkegaard. Aber Kierkegaards »Sprung« in den Glauben ist nicht R.s Haltung. R. greift hier auf die at. Haltung des Vertrauens (Ps 115, 9–10) zurück und schließt sein Hauptwerk mit den Worten, die 1Kor 13, 13 anscheinend wenig, aber doch entscheidend ändern: »Vertrauen ist der Same, daraus Glaube, Hoffnung und Liebe wachsen.« R. hat widersprochen, wenn man sein großes Werk ein »jüdisches« Buch nannte. Er hat darin eine Darstellung nicht nur des Judentums, sondern auch des Christentums gegeben. Seine Differenzierung zwischen paulinischem, petrinischem und johanneischem Christentum gibt ihm die Möglichkeit, den Begriff »Abendland« deutlicher zu fassen, als es → Spengler tat, dessen Pessimismus er nicht teilte. R. hält die westliche Zivilisation durch ihre griechischen, jüdischen und christlichen Komponenten für fähig, Weltzivilisation zu werden und Buddha und Laotse zu überwinden.

Vollst. Bibliogr. u. Lit. über R. bei N.GLATZER, F.R. His Life and Thought, Philadelphia 1953. Zur Anerkennung R.s im gegenwärtigen englisch sprechenden Judentum s. W.HERBERG, Judaism and Modern Man, New York 1959 - I.MAYBAUM, Jewish Existence, London 1960. *I.Maybaum*

Roser, *Isabel* († 1554), angesehene Gönnerin des Ignatius von → Loyola aus Barcelona, faßte 1541 den Plan, sich mit mehreren Freundinnen dem neuen Orden anzuschließen, reiste nach Rom und erreichte 1545 durch eine Bittschrift an Papst Paul III. eine förmliche Aufnahme in die SJ. Doch scheiterte die Entstehung einer weiblichen Genossenschaft von Jesuitinnen am Widerstand des Ignatius, der die Lösung der Gelübde erlangte. (Für die spätere Zeit vgl. jedoch → Englische Fräulein.) Nach einem verlorenen Prozeß gegen Ignatius wurde I.R., schließlich mit ihm versöhnt, Franziskanerin in ihrer Heimat.

L.KOCH SJ, Jesuitenlexikon, 1934, 1566 - H.RAHNER SJ, Ignatius v.Loyola, Briefwechsel mit Frauen, 1956, 301ff. 604ff. *G.Maron*

Rosinus, *Bartholomäus* (1520–86), luth. Theologe, * in Pößneck, studierte in Wittenberg, 1544 Schulmeister, 1551 Diakonus in Eisenach, 1559 Pfarrer und Sup. in Weimar, 1562 als Gnesiolutheraner abgesetzt und Sup. in Waldenburg (Sa.). 1567 nach Weimar zurückberufen, wurde er 1573 abermals entlassen und nach Regensburg berufen. R. war Mitarbeiter an der Reußischen Konfession (1567) und Verfasser eines exponierten Katechismus, der im Weimarland erst von Herders Katechismus abgelöst wurde.

Vf. u.a.: Fragstücke zu Luthers Katechismus (M.REU, Qu. d. bibl. Unterrichts, 1906, 788ff). - Über R.: O.MEUSEL, Die Reuss. Konfession (BSKG 14, 1899, 149–187; Lit.) - R.HERRMANN, B.R., seine Sippe u. Eisenacher Zeit (Mitt. d. Eisen. Gesch. Vereins 6, 1937, 22 bis 36) - DERS., Thür. KG II, 1947 (s. Reg.) - DERS., B.R. (Luther in Thüringen, hg.v. R.JAUERNIG, 1952, 212–220; Lit.). *R.Jauernig*

Rosmini *(R.-Serbati),* Graf *Antonio* (1797–1855), ital. Philosoph, Theologe und politischer Denker, * in Rovereto. Sein tiefgründiges System ist aus einem einzigen Guß und umfaßt sämtliche Bereiche philosophischen Denkens. R. stellt in jeder Hinsicht eine Verbindung moderner und älterer Denkweisen dar. Sein Ziel war die Schaffung eines solchen Systems, das sowohl den Anschluß an die Tradition christlichen Denkens wiederfände als auch in vollem Umfange modern wäre, jedoch die Verirrungen der modernen Philosophie, bes. den → Sensualismus und → Subjektivismus, zu überwinden vermöchte. Zu Unrecht wurde gegen ihn der Vorwurf des → Ontologismus erhoben; er lehrt nicht, daß Gott das unmittelbare Objekt des menschlichen Erkennens sei, sondern lediglich, daß das sehr wohl von Gott verschiedene »ideale Sein« (essere ideale indeterminato) als allem Erkennen vorgegeben dem menschlichen Geiste unmittelbar präsent sei und daß es erst durch die Sinneserfahrung determiniert werde. Die scholastische Abstraktionslehre lehnt R. ab. Im Mittelpunkt von R.s Denken steht die Frage nach dem Wesen und dem Wert der menschlichen → Person. Der Mensch wird zum Individuum durch seine fundamentale Selbsterfahrung (sentimento fondamentale). Ihre Würde empfängt jede menschliche Einzelperson durch ihre Teilhabe an der Seinsidee, die ein »absolutes und göttliches Element« in der Menschennatur darstellt. Die rechtsphilosophischen und politischen Ideen R.s sind eine bis ins letzte durchgeführte Anwendung seiner philosophischen Ideen auf die konkrete Einzelproblematik: jeder Einzelmensch hat als solcher unantastbare Rechte, die der Staat lediglich zu klären hat; der Staat hat das äußere Verhalten seiner Bürger zu regeln, darf aber nie die freie Ausübung von Rechten, die ja zugleich Pflichten sind, behindern.

1821 zum Priester geweiht, begründete R. 1828 die Kongregation des Istituto della Carità, die in Italien, England, Irland usw (Missionen) eine vielfältige Tätigkeit ausübt. R. nahm aktiven Anteil an dem nationalen Erwachen → Italiens (, 4) und galt eine Zeitlang in kirchlichen wie nationalen Kreisen als der geradezu von der Vorsehung zur Versöhnung der christlichen Tradition Italiens und seines nationalen Einheitswillens Berufene. Mit führenden Köpfen des geistigen (Tommaseo, → Manzoni) und politischen Italien verband ihn enge Freundschaft. → Pius IX. hatte in seiner »liberalen« Periode R. als Kardinalstaatssekretär ausersehen; aber 1849 wurden R.s kirchenpolitische Schriften indiziert. R. wurde durch den wachsenden Einfluß → Antonellis politisch in den Hintergrund gedrängt und zog sich ganz in die Stille seines Ordenshauses nach Stresa zurück. Er war ein Mensch von wunderbarer Harmonie und Ausgeglichenheit. Der Streit um seine Lehre dauerte nach seinem Tode an. Durch das Dekret »Post obitum« (1877) wurden 40 Sätze zensuriert (Denz. 1891ff); der Sinn dieser Zensur ist bis heute umstritten, eine Korrektur des Dekretes zu erwarten. Der geistige Einfluß des Philosophen R. wächst in Italien ständig und ist heute größer denn je.

Vf. bes.: Nuovo saggio sull'origine delle idee, 3 Bde, 1830; Principi della scienza morale e storia comparata dei sistemi morali, 1831ff; Il rinnovamento della filosofia in Italia proposta dal Conte T.Mamiani, 1836; L'antropologia in servigio della morale, 1838; Trattato della coscienza morale, 3 Bde, 1839; Filosofia della politica. La società e il suo fine, 1839; Filosofia del diritto, 1841; Sistema filosofico di A.R.-S., 1843 (dt. 1879); Psicologia, 1843; Teodicea, 3 Bde, 1845; Delle cinque piaghe della Santa Chiesa, 1848; Il Comunismo e il Socialismo, 1849; Introduzione alla filosofia, 1850; Logica, 1853; Aristotele esposto ed esaminato, 1857; Teosofia, 5 Bde, 1859ff; Saggio storico-critico sulle categorie e la dialettica, 1885; Compendio di etica e breve storia di essa, 1907. - Briefe: Epistolario completo, 13 Bde, 1905ff. - National-Ausg. der sämtl. Werke R.s, hg.v. E.CASTELLI u.a., seit 1934 (über 60 Bde vorgesehen; Bibliogr. in Bd I). - Über R.: K.WERNER, Die ital. Philos. des 19.Jh.s I, 1884 - G.B.PAGANI, La vita di A.R., 2 Bde, 1897; neu hg.v. G.ROSSI, 1959 - G.MORANDO, Esame critico delle XL proposizioni di R., 1905 - A.DYROFF, R., o.J. (1907) - F.PALHORIÈS, R., 1908 - G.ROVEA, Filosofia e religione in A.R., 1951 - P.PRINI, Introduzione alla metafisica di A.R., 1953 - A.HILCKMAN, A.R. (Hochland 46, 1954, 384-387) - DERS., A.R. - nach 100 Jahren (ebd 53, 1961, 440-451) - U.HONAN, Agostino - Tommaso - R., 1955 - G.MUZIO, La dottrina della conoscenza in S.Tommaso e in A.R., 1955. - Zs.: Rivista Rosminiana, seit 1906.

A.Hilckman

Roß, *Wilhelm Johann Gottfried* (1772-1854), ev. Theologe, * in Isselburg/Rhld., Student in Duisburg, 1793 Pfarrer in Homberg, 1795-1828 in Budberg, 1817 Sup. von Moers, 1818 Präses der Rheinischen Pronvinzialsynode, 1828-36 Oberkonsistorialrat und Propst an St. Nikolai in Berlin, 1836-46 General-Sup. von Rheinland und Westfalen (mit dem Titel Bischof). Als Landtagsabgeordneter auch politisch tätig, wirkte R. für Lehrerbildung und Schulwesen, die Union im → Rheinland und die Annahme der lebhaft umstrittenen preußischen Agende (in der revidierten Form von 1834). Er war dank intensiver Mitarbeit und charaktervoller Vermittlung in Berlin und am Rhein einer der Väter der rheinisch-westfälischen KO von 1835.

P.PIEPER, Bischof R. (Ev. Gemeindeblatt für Rheinland u. Westfalen 2, 1886, 255-257. 266-269. 286-290. 307-310. 321-323. 488-491) - W.BEYSCHLAG, Bischof R. (DEBl 22, 1897, 53-62) - J.HASHAGEN, Der rhein. Protestantismus, 1924, 37f. 40f - W.GÖBELL, Die rhein.-westf. KO v. 5.3.1835, Bd I, 1948, 152ff. 178f. 180ff. 214; Bd II, 1954, s. Reg. - U.ZIMMERMANN, Die preuß. Agende im Rheinland, 1956, 17ff.

J.F.G.Goeters

Rossetti, *Christina Georgina* (1830-94), englische Dichterin und Verfasserin von Erbauungsschriften. Durch ihre Brüder stand sie der künstlerischen Erneuerungsbewegung der → Präraffaeliten nahe. Ihre erste Dichtung Goblin Market (1862) lenkt die Aufmerksamkeit auf diese. Eine gefühlvolle Frömmigkeit auf den dogmatischen Grundlagen der → anglikanischen Kirche beherrscht ihr Leben und Dichten. Zweimal versagt sie sich der Ehe aus Glaubensgründen. Ein in den Gedichten immer wieder spürbar werdender Zwiespalt zwischen spontanem Begehren nach irdischer Liebe (s. bes. Monna Innominata) und Ausrichtung auf die Heiligung macht sie zur Repräsentantin einer von Schuld und Unwertsgefühlen beunruhigten Gruppe von Viktorianern, die in eine übersteigerte, ins Mystische vortastende Religiosität flüchten, weil sie den Gegensatz zwischen Gott und Welt in sich selbst weder zu lösen noch auszuhalten vermögen. Darin unterscheidet R. sich von George → Herbert und H.Vaughan, mit denen sie oft verglichen wird. - In den erbaulichen Prosaschriften (Seek and Find, 1879; Called by the Saints, 1881; Time Flies, a Reading Diary, 1883; u.a.) zeigt sich, daß sie die Bibel als System von Symbolen versteht.

Poetical Works (with a memoir by W.M.R.), London 1904 - Prosaschriften, ersch. b. Society for Promoting Christian Knowledge, ebd o.J. - Family Letters, ed. W.M.R., ebd 1908 - M.SAWTELL, S.R., her Life and Religion, ebd 1955 - H.N.FAIRCHILD, Religious Trends in English Poetry IV, New York 1957, 302ff.

G.Müller-Schwefe

Rossi, *Giovanni Battista de* (1822-94), Begründer der christlichen → Archäologie (: II) als Wissenschaft, * in Rom, † in Castelgandolfo. Schon als junger Jurist unter dem Einfluß von P.Marchi von archäologischen Studien eingenommen, widmete er sein Leben der Erforschung der heimatlichen Kunstdenkmäler, bes. der röm. → Katakomben und ihrer Monumente (Malereien, Sarkophage, Inschriften), die er mit Hilfe topographischer Quellen wiederentdeckte (1854 Auffindung der Papstgruft in S. Callisto aus dem 3.Jh.) und als erster methodisch-wissenschaftlich bearbeitete. Seine Hauptwerke sind: Inscriptiones christianae urbis Romae (I. II, 1861/1888), Roma sotterranea cristiana (I-III, 1864-77) und die Zeitschrift Bullettino di archeologia cristiana (1863 bis 1894), die er mit eigenen Aufsätzen bestritt. R.s Lebensarbeit wurde von seinen Schülern, bes. J. → Wilpert, fortgeführt.

G.FERRETTO, Note storicho-bibliografiche di archeologia cristiana, Città del Vat. 1942, 318ff - DACL XV/1, 18ff (Lit.; 92ff: vollst. Bibliogr.) - EC IV, 1453ff.

E.Schäfer

Rossum, *Wilhelm Marinus van* (1854-1932), kath. Theologe, 1873 Redemptorist, 1880 Priester, seit 1895 in Rom in verschiedenen Ämtern, 1911 Kardinal. Als solcher war er Vorsitzender der Päpstlichen Bibelkommission, 1915 Großpönitentiar und seit 1918 Präfekt der Propaganda-Kongregation. Er wirkte für die Zentralisierung der kath. Missionsarbeit in Rom und förderte die Bildung eines einheimischen Klerus. 1923 besuchte er Island, Skandinavien und Finnland und schrieb einen Bericht über »die religiöse Lage der Katholiken in den nordischen Ländern« (dt. 1924). Auch an der Kodifikation des Kirchenrechts war er beteiligt.

C.STANGE, Die Reise d. Kard. v. R. in die skandinav. Länder (ZSTh 3, 1925, 589-598) - LThK VIII, 1005f (Lit.).

G.Maron

Rostgaard, *Frederik* (1671-1745), dänischer geistlicher Liederdichter, u.a. als Geheimarchivar tätig. 1689 hielt er sich in Wolfenbüttel, 1690-92 in Gießen auf und wurde ein Freund der deutschen, bes. pietistischen Liederdichtung (→ Neumarks »Wer nur den lieben Gott läßt walten« von ihm 1693 in Oxford ins Dänische übersetzt). Er gab Sammlungen eigener und übersetzter deutscher Kirchenlieder heraus (1718, 1738, 1742), von denen 4 in dem »Danske Salmebog« von 1953 stehen. R. ist auch als literarischer Sammler tätig gewesen.

RGG[2] IV, 2112 (Lit.) - DBL XX, 1941, 189ff (Lit.).

A.Arvastson

Rostock, *Universität.* Im Einvernehmen mit dem Bischof von Schwerin und dem Rat der Stadt R. hatten die Herzöge Johann IV. und Albrecht V. beschlossen, in R. ein Studium generale zu errichten. Am 13.2.1419 gab Papst Martin V. die Erlaubnis zur Gründung der Universität. Am 12.11.1419 wurde sie durch ihren Kanzler, den Bischof von Schwerin, feierlich eröffnet. Mag. Petrus Stenbeke wurde Rektor. Die ersten Dozenten kamen aus Erfurt und Leipzig. Die Satzungen folgten dem Erfurter Muster. Die theol. Fakultät wurde, häretischer oder konziliaristischer Tendenzen wegen, erst 1432 errichtet. Innerstädtische Spannungen veranlaßten eine zeitweilige Verlegung der Universität nach → Greifswald (1437-43), dann nach Lübeck (1487). Als erste Bildungsstätte im hansischen Ostseeraum wurde R. bes. für die skandinavischen Länder von kultureller Bedeutung. - Um die Jh.wende fanden die neuen religiös-geistigen Kräfte auch in R. Eingang. Hier ist an erster Stelle der vielseitig gebildete niederdeutsche Geschichtschreiber und Theologe Albert Krantz († 1517) zu nennen. Die → Brüder vom gemeinsamen Leben gründeten 1475 die erste Buchdruckerei in R. Mag. N.Rutze verbreitete um 1500 in zwei Traktaten hussitische Ideen. Die Humanisten Conrad → Celtes (vor 1500), Hermann von dem → Busche (1503-07) und Ulrich von → Hutten (1510 bis 1512), ferner der Polyhistor und Förderer des Griechischen N.Marschalk (1510-25) und Janus Hadelius (1515) waren Wegbereiter der neuen Zeit.

Die *reformatorischen Ideen* wurden von den Studenten und Bürgern der Stadt frühzeitig aufgenommen. Handwerker und Hafenarbeiter aller Kirchspiele strömten seit 1523 zu den Predigten J. → Slüters an der Petrikirche. Die Universität begegnete jedoch den neuen Kräften unter dem Einfluß des Theologen B.Moller († 1530) mit hinhaltendem Widerstand. Auch als es der vom Ratssyndikus J. → Oldendorp geführten Reformpartei 1531/32 gelungen war, der Reformation in R. zum Durchbruch zu verhelfen, blieb die Professorenschaft bis 1542 überwiegend katholisch. Herzog Heinrich war bemüht, die Neubildung der Universität durch Berufung ev. gesinnter Dozenten (C.Pegel, A.Burenius) zu fördern. Den von ihm ernannten ev. Theologen wurde aber die Aufnahme ins Konzil verweigert. Erst durch die Formula Concordiae vom 11.5.1563 wurde der Friede hergestellt. Danach stand neben dem fürstlichen Patronat ein städtisches Kompatronat, neben dem fürstlichen ein rätliches Professorenkollegium, die gemeinsam, bei wechselnder Amtsführung, das Konzil bildeten. - Die ersten ev. Theologen der Universität waren H.Smedenstedt (1543-48), J. → Aurifaber (1550-54) und T. → Heßhus (1556-57). Dann hat der bedeutende Melanchthonschüler D. → Chyträus (1550-1600) der Universität und dem kirchlichen Leben des Landes das Gepräge gegeben. R. wurde zur Feste eines gemäßigten Luthertums. In diesem Geist lehrten ferner S. Pauli (1560-91), L.Bacmeister (1552-1608), der Orientalist J. → Draconites (1551-60), J. → Freder (1572-1604) und V.Schacht (1570-1607). Im gleichen Zeitraum wirkten der gefeierte Humanist J. → Caselius (1563-89) und → Keplers Lehrer Tycho Brahe (1598) in R. 1614 entstand eine Universitätsbibliothek. 1623 gründete J. → Jungius eine naturwissenschaftlich-philosophische Gesellschaft.

Im *17.Jh.* wandten sich die R.er Theologen in steigendem Maße praktisch-kirchlichen Fragen zu. Unter dem Einfluß genuin luth., mystischer bzw. ref. Ideen drängte man auf eine Reform des kirchlichen Lebens und der Frömmigkeit. Der Übergang von der Orthodoxie zum Frühpietismus erfolgte organisch, in feinen Nuancen und in vielfältiger Gestalt. P. → Tarnow (1604-33), J. → Tarnow (1614-29), J. → Quistorp d. Ä. (1614-48), J. → Quistorp d. J. (1649-68), Th. → Großgebauer (1653-61), J. → Lütkemann (1639-49) und H. → Müller (1659-75) sind die Repräsentanten dieser Reformbewegung. Als Vertreter einer entschiedenen Orthodoxie in diesem Zeitraum sind ferner J.Affelmann (1609-24), A.Varenius (1643-84), J.F. → König (1663-64), J. → Fecht (1690 bis 1716) und J.P.Grünenberg († 1712) zu nennen.

Die langwierigen Kämpfe zwischen dem Herzog und den Ständen, die im landesgrundgesetzlichen Erbvergleich von 1755 ihren Abschluß fanden, haben der Universität größten Schaden zugefügt. Nur die Theologen A.J. von → Krakevitz (1699-1721) und F.A.Aepinus (1721-50), die Mediziner G.Detharding und Chr.Eschenbach und der Jurist E.Mantzel sind hier zu erwähnen. Inzwischen hatten die pietistischen und spiritualistischen Kräfte der Zeit auch in → Mecklenburg (: II) an Boden gewonnen. Der Hof der Prinzessin Augusta in Dargun wurde seit 1719 zum Mittelpunkt, Herzog Friedrich (1756-85) zum Schutzherrn des Hallischen *Pietismus.* Als er 1758 Chr.A. → Döderlein, einen entschiedenen Pietisten, zum Prof. berief, verweigerten Universität und Rat diesem die Anerkennung. Da überführte der Herzog, gestützt auf ein kaiserliches Patent, 1760 sein Dozentenkollegium nach Bützow. Hier, an der »Friedrichs-Universität«, lehrten die herzoglichen Professoren fast zwei Jahrzehnte im Geist des Pietismus, während die Stadt mit dem rätlichen Kollegium den Lehrbetrieb in R. mühsam fortführte. In den Jahren 1760-89 fanden in Bützow insgesamt 771, in R. nur 414 Immatrikulationen statt. Von den Bützowern sind der Orientalist C.G. Tychsen († 1815), der Philosoph J.N.Tetens (1763-76) und der Jurist A.F.Reinhard (1774-80), von den R.ern der Theologe J.Hartmann († 1795) und der auch im Bützower Lektionsverzeichnis geführte J.D.Aepinus († 1784) zu nennen.

Nach dem Regierungsantritt Friedrich Franz I. 1785 konnten sich die Ideen der *Aufklärung* freier entfalten. Auf Grund des Erbvergleichs vom 13.5.1788 zwischen den Herzögen und der Stadt R. wurde die Universität nach R. zurückverlegt. 1827 wurde der Landesherr alleiniger Patron der Universität. Im Sinn der Aufklärung wirkten J.C.Velthusen (1789-91) und die Dogmenhistoriker Chr.D.A.Martini (1789-1804) und S.G.Lange (1798-1823). Ferner lehrten in R. der Exeget K.A.F. Fritzsche (1826-41), A.Hartmann († 1839), J.Ph.Bauermeister († 1851), G.F.Wiggers († 1859), der Mediziner J.W.Josephi († 1845), der Ökonom F.Chr.L.Karsten († 1829) und der Jurist F.Kaemmerer († 1841).

In der 2. Hälfte des 19.Jh.s stand die theol. Fakultät im Zeichen der *neuluth. Orthodoxie.* Die Neugestaltung der mecklenburgischen Landeskirche durch Th. → Kliefoth erfolgte in engem Zusammenwirken mit O.K. → Krabbe (1840-73), J.Chr.K.v. → Hofmann (1842-45), F. → Delitzsch (1846-50), F.A.Philippi (1852-83), J.Bachmann (1858-88) und A.W. → Dieckhoff (1860 bis 1894), unter Abgrenzung von J.Wiggers (ao. Prof. 1842 bis 1850) und M. → Baumgarten (1858 abgesetzt).

Kirchenrecht lehrten in diesem Zeitabschnitt u.a. E. → Huschke (1824-27), O. → Mejer (1851-74) und W. → Kahl (1879-83). - In den nächsten Jahrzehnten waren die Lehrstühle der theol. Fakultät wie folgt besetzt: AT: E.König (1888-1900), W.Volck (1900-04), J.Köberle (1904-08), E. → Sellin (1908-13), J.Hermann (1913-22), F.Baumgärtel (1922-28), G.Quell (1928-58); ferner lehrte A.Jepsen (Dozent 1925, ao. Prof. seit 1932). - NT: F.Nösgen (1883-1908), A.Seeberg (1908-16), H.Strathmann (1916-18), F. → Büchsel (1918-45). - KG: W. Walther (1895-1921), J.v. → Walter (1921-40), Vertretung (1940-45: O.Pohrt, J.Wagenmann); als Dozent lehrte E.Wolf (1925-31). - Syst. Theol.: L.Schulze (1870 bis 1907), R.Grützmacher (1907-12), H.Mandel (1912 bis 1918), P. → Althaus (1919-25), F. → Brunstäd (1925 bis 1945); ferner als Dozent A.Beyer (seit 1933). - Prakt. Theol.: F.Hashagen (1888-1912), G.Hilbert (1913-25), R.Hupfeld (1925-29), H.Schreiner (1932-37), Vertretung (1937-45: F.Engelke, W.Knevels, H.Werdermann); ferner lehrte H. → Rendtorff als Honorar-Prof. (1931-33).

Nach Kriegsende wurde die Universität am 25.2.1946 wiedereröffnet. Wie an allen → Universitäten der DDR erfolgte auch in R. eine grundlegende Neuordnung des Studiums. 1949 wurde die Arbeiter- und Bauernfakultät, 1951 die schiffbautechnische und die wirtschaftswissenschaftliche Fakultät errichtet. Am Aufbauprogramm der Stadt wurde die Universität in großzügiger Weise beteiligt. Der Lehrkörper zählt zZ (Herbst 1960) 177 Kräfte, davon 33 Professoren mit Lehrstuhl, 22 mit vollem Lehrauftrag und 30 mit Lehrauftrag. Die Studentenzahl beträgt 3571. - An der theol. Fakultät lehrten nach der Wiedereröffnung: AT: G.Quell (bis 1958), K.H. Bernhard (seit 1959), ferner A.Jepsen (bis 1947) und M.L.Henry (Dozentin 1953-59). - NT: K.Weiß (seit 1946). - KG: H.Leube (1946-47), Vertretung (1947-51: W.Elliger, M.Schmidt, W.Glawe), E.Peschke (1951-59), E.H.Pältz (seit 1959 mit der Wahrnehmung einer Dozentur beauftragt). - Syst. Theol.: M.Doerne (1947-52), W.Koepp (1952-55), H.Benckert (seit 1955), ferner A.Beyer (Dozent, seit 1951 Prof. mit Lehrauftrag). - Prakt. Theol.: G.Holtz (seit 1949). - Kirchenrechtliche Vorlesungen hielt seit 1948 H.G.Strasser. Die Zahl der Studenten beträgt durchschnittlich 80.

O.Krabbe, Die Univ. R. im 15. u. 16.Jh., 1854 - Ders., Aus dem kirchl. u. wissenschaftl. Leben R.s, 1863 - Ders., H.Müller u. seine Zeit, 1866 - Ders., D.Chyträus, 1870 - U.Hölscher, Gesch. d. Friedrichs-Univ. zu Bützow (Jb.er f. meckl. Gesch. u. Altertumskunde 50, 1885, 1-110) - A.Hofmeister-E.Schäfer, Die Matrikel d. Univ. R., 6 Bde, 1889-1922 - A.Hofmeister, Die Gesch. d. Entwicklung d. Landesuniv. (Festschr. d. 26. Vers. d. Vereins für Gesundheitspflege), 1901 - Erman-Horn II, 868ff - G.Kohlfeldt, R.er Professoren u. Studenten im 18.Jh., 1919 - G.Herbig-H.Reincke-Bloch, Die Fünfhundertjahrfeier d. Univ. R. 1419-1919, 1920 - H.Leube, Die Reformideen in d. dt. luth. Kirche zZ der Orthodoxie, 1924 - K.Schmaltz, KG Mecklenburgs I-III, 1935-52 - E.Schnitzler, Die Gründung d. Univ. R. (WZ Rostock 7, 1957/58, 149-165; Lit.). - Zur Gesch. Mecklenburgs vgl. ferner zahlr. Aufsätze in WZ Rostock 1ff, 1951/52ff.

E.Peschke

Rota Romana → Kurie, 4.

Rotes Kreuz. Das R.K. ist von der Person seines Schöpfers, Henri Dunant (* 8.5.1828 in Genf, † 30.10. 1910 in Heiden), nicht zu trennen. Der Einfluß des frommen Elternhauses bestimmte ihn schon in früher Jugend zu praktischer Hilfsarbeit an Notleidenden. So blieb es nicht aus, daß die erschütternden Eindrücke, die er im Juni 1859 auf dem Schlachtfeld von Solferino gewann, richtungweisend für sein Leben wurden. In seiner Schrift »Un souvenir de Solférino« (1862, dt. 1895) hat er nicht nur eine ergreifende Schilderung seiner Erlebnisse auf dem Schlachtfeld gegeben, sondern zugleich Vorschläge unterbreitet, deren Verwirklichung die Wiederholung der Vorgänge von Solferino verhindern sollte. Diese von vielen einflußreichen Persönlichkeiten Europas mit größter Aufmerksamkeit gelesene Schrift legte die Grundlage für die Weltorganisation, die den Namen »R.K.« trägt.

Dunants Vorschläge waren auf zwei Ziele gerichtet: auf die Gründung von Hilfsgemeinschaften, deren Aufgabe es sein sollte, die Militärsanitätsdienste zu unterstützen, sowie den Abschluß einer internationalen rechtsverbindlichen Übereinkunft, die den Hilfsgemeinschaften als Grundlage und Rückhalt dienen sollte. 1863 fand in Genf auf Einladung einiger privater Persönlichkeiten - dem General Dufour, dem Juristen Moynier, den Ärzten Dr. Mannoir und Dr. Appia und Dunant selbst - ein Kongreß mit Vertretern aus 17 Ländern statt. Das Ergebnis war eine an die Regierungen gerichtete Empfehlung, nationale Hilfsgesellschaften zu gründen, sowie der Vorschlag, daß die kriegführenden Mächte in Kriegszeiten die Feldlazarette, das Sanitätspersonal der Armeen, die freiwilligen Helfer und die Verwundeten als neutral, dh unverletzlich erklären und für die geschützten Personen ein gemeinsames Wahrzeichen bestimmen möchten. Bereits 1864 kam in Genf auf Einladung des Schweizer Bundesrats eine Diplomatische Konferenz zustande, an der die Vertreter von 16 Staaten teilnahmen. Die Erörterung der Empfehlungen von 1863 fand ihren Niederschlag in der »*Genfer Konvention* betreffend der Linderung des Loses der im Felddienst verwundeten Militärpersonen«. Diese Konvention wurde am 22.8. unterzeichnet und in den folgenden Jahren von allen bedeutenden Mächten ratifiziert. Sie enthält den von Dunant geforderten entscheidenden Grundsatz der Neutralisierung der Feldlazarette und ihres Personals sowie der Verwundeten. Als Kennzeichen des Schutzes und der Hilfe wurde auf Vorschlag von General Dufour das R.K. auf weißem Grunde - in Umkehrung des Schweizer Wappenzeichens - gewählt.

Auf der Grundlage dieser (ersten) »Genfer Konvention« entwickelte sich in den letzten 100 Jahren die große Weltorganisation des Internationalen R.K., die Hilfe gewährt ohne Unterschied der Nationalität, der Rasse, der Konfession oder der politischen Überzeugung. Geschichtlich und sachlich untrennbar von der Organisation des R.K. ist das ständig wachsende Werk der Genfer Konventionen, das heute 4 große Verträge mit rd 430 Artikeln enthält und dem sich 75 Staaten der Erde, unter ihnen alle Großmächte, angeschlossen haben. Die bedeutendste Konvention ist diejenige von 1949, die sich mit dem Schutz von Zivilpersonen in Kriegszeiten befaßt. - Das Genfer Komitee der Fünf konstituierte sich 1864 nach Abschluß der I. Genfer Konvention unter Wahrung seines Schweizer Charakters - es setzt sich aus höchstens 25 Schweizer Bürgern zusammen - als *Internationales Komitee vom R.K.* (IKRK). Seine Aufgabe besteht von jeher darin, die Gründung nationaler Gesellschaften zu fördern und vor allem dafür Sorge zu tragen, daß in den Ländern, die sich den Genfer Konventionen anschließen, nationale Gesellschaften gegründet werden. In Kriegszeiten fungiert das IKRK als unparteiische Instanz für den Schutz der Kriegsopfer und leistet Hilfe nach allen Seiten. In den beiden Weltkriegen hat sich das Komitee bes. der Kriegsgefangenen angenommen, die es durch seine Delegierten besuchen ließ. In Genf, dem Sitz des Komitees, wurde eine zentrale Auskunftsstelle eingerichtet, die bis heute Millionen von Botschaften und Auskünften zwischen Gefangenen - militärischen und zivilen - und ihren Angehörigen vermittelte. Vor allem aber ist es Aufgabe des Komitees, neue Vorschläge für das

Vertragswerk der Genfer Konventionen vorzubereiten. Die Entwürfe für die Konventionen von 1929 und 1949 sind seiner Initiative zu danken.

Die Gründung nationaler Rotkreuzgesellschaften begann bereits in den Jahren 1863/64. Heute gibt es 84 nationale Gesellschaften mit über 120 Mill. Mitgliedern. Das Jugendrotkreuz erfaßt hauptsächlich über die Schulen 45 Mill. Jugendliche im Alter von 10-18 Jahren. - Seit 1919 sind die nationalen Rotkreuzgesellschaften in dem *Weltbund der Liga der Rotkreuzgesellschaften* zusammengeschlossen (Sitz ebenfalls in Genf). Die Liga stellt ein Forum dar, in dem die Vertreter aller Nationen zusammenarbeiten. Sie fördert die Friedensarbeit der Rotkreuzgesellschaften und koordiniert deren Hilfsaktionen bei Naturkatastrophen. Der 1863 vorgesehene Aufgabenbereich ist längst erweitert. Aus der Sänitätshilfe hat sich die Fürsorge für alle Opfer kriegerischer Handlungen entwickelt, die in Friedenszeiten ihre Erfüllung in sozialen Aufgaben aller Art erfährt. So entfaltete sich die Friedensarbeit des R.K., das Hilfswerk für Kranke, Körperbehinderte, alte Menschen und Kinder, für die Opfer von Katastrophen im In- und Ausland. Das Wesentliche dabei bleibt, daß das R.K. Pionierarbeit leistet oder wie der Samariter im Gleichnis da einspringt, wo andere versagen. - Es ist Aufgabe der Liga, gemeinsam mit dem IKRK die alle vier Jahre stattfindende Internationale Rotkreuz-Konferenz vorzubereiten, die die höchste beschließende Instanz des R.K. darstellt. Die auf dieser Konferenz gefaßten Beschlüsse, an denen sowohl die Vertreter der durch das IKRK anerkannten Rotkreuzgesellschaften wie die Vertreter der Signatarmächte der Genfer Konventionen mitwirken, sind maßgebend für die Tätigkeit aller Rotkreuzgesellschaften.

Das Werk des R.K. und der Genfer Konventionen ist heute unentbehrlicher denn je. Das R.K. trifft nicht nur die ihm mögliche Vorsorge für Katastrophenfälle, sondern setzt vor allem seine geistige Kraft für den Frieden unter den Menschen und Völkern ein. Menschliches Erbarmen, geboren aus christlicher Nächstenliebe, war der Ausgangspunkt des R.K. und bleibt bestimmend für alle Taten, die unter seinem Zeichen geschehen.

Veröffentlichungen: Manuel de la Croix-Rouge internationale, 1950[10] (enthält alle wichtigen Staatsverträge, Statuten, Resolutionen usw des R.K.); Revue internationale de la Croix-Rouge, Genf, seit 1918. - Über das R.K.: M.HUBER, R.K., Grundsätze u. Probleme, Zürich 1941 - DERS., Das Internationale R.K., ebd 1951 - J.LOSSIER, Solidarität, Bern 1947 - J.PICTET, Les principes de la Croix-Rouge, 1958 - R.KRUG VON NIDDA, Henri Dunant, Genie der Menschlichkeit, 1959. *E.Gräfin Waldersee*

Roth, 1. *Karl Johann Friedrich* (1822: *von;* 1780-1852), * in Vaihingen/Enz. R. studierte unter bewußtem Verzicht auf Theologie in Tübingen Rechtswissenschaft; 1802 in Nürnberg Rechtskonsulent, 1806 in München Finanzrat, 1810 Oberfinanzrat, 1817 Ministerialrat, 1828 Präsident des Oberkonsistoriums. Als Mann von umfassender Bildung Mitglied der Akademie, führte R. 1835 bis 1850 für deren Gelehrte Anzeigen die Schriftleitung. Auch gab er → Jacobis Briefwechsel und → Hamanns Werke heraus. Durch Hamann entscheidend beeinflußt, ließ er zusammen mit → Niethammer »Die Weisheit Luthers« erscheinen. R. wurde Beschützer der → Erweckungsbewegung der bayerischen Kirche, die unter ihm eine völlige Neubesetzung ihrer Fakultät → Erlangen erhielt, den Rationalismus ausschied und den → Kniebeugungsstreit durchstand. 1848 versetzte ihn der neue König in den Ruhestand.

Vf.: Auswahl mündlicher u. schriftl. Äußerungen in der 1. Kammer der bayer. Ständeversammlung 1828-1847, 1852; Sammlung etlicher Vorträge in öffentl. Sitzungen der Akademie der Wiss. zu München, in den Jahren 1812-1830, 1851. - Über R.: E.D.V.GRUPEN, R. als Präsident des Oberkonsistoriums, 1855 - C.L.ROTH, Zur Erinnerung an C.J.F.v.R., 1856 - G.H.v.SCHUBERT, Vermischte Schriften 1, 1857, 204-248 - ADB XXIX, 317ff - RE XVII, 161ff - G.MERZ, F.v.R. (LuJ 17, 1935, 132-154) - E.TEUFEL, Der Briefwechsel der Brüder R. (ZBKG 21, 1952, 87-108. 181-226; 22, 1953, 50-111). *Matth.Simon*

2. *Stephan Ludwig* (1796-1849), ev. Pädagoge, Pfarrer und Publizist aus Mediasch (→ Siebenbürgen), wo er 1821-36 nacheinander auch Lehrer, Rektor und Prediger war. Von den untergründigen Spannungen des Vormärz beeindruckt, unterbrach R. das unbefriedigende Studium in Tübingen (1817-18, Promotion auf der Durchreise 1820), wurde enger Mitarbeiter → Pestalozzis (»Sprachunterricht«) und versuchte, 1820 heimgerufen, dessen Wollen in der »sächsischen Nation« fortzupflanzen. Während weitblickende Reformvorschläge für Volksschule und Lehrerbildung scheiterten, gediehen dem hingebungsvollen Landpfarrer (Nimesch 1837, Meschen 1847) Pläne wirtschaftlicher Erneuerungsarbeit (»Landwirtschaftsverein« 1843, Schwabenzuwanderung 1845). Doch wuchs R.s volkspolitische Erzieherwirkung vor allem durch die hellsichtige Klarheit seiner Schriften zur Lage seiner Dreivölkerheimat und durch sein mitreißendes Ethos (Jugendbund 1848). Allgemeine Verehrung wurde R. seit dem »Märtyrer«-Tod zuteil, den er als kaiserlicher Pazifikationskommisar von 1848 durch ein Standgericht der ung. Revolution öffentlich erlitt.

Ges. Schriften u. Briefe, hg.v. O.FOLBERTH, 6 Bde, 1927-39 (Bd 7 in Vorb.). - O.FOLBERTH, S.L.R., ein Opferleben für Siebenbürgen, (1937) 1959² - DERS., Der Prozeß S.L.R., 1959 (Lit.) - TH.HEUSS, Schattenbeschwörung, 1947, 189ff. *P.Philippi*

Rothad, Bischof *von Soissons* (ca 832-869), lag mit → Hinkmar von Reims im Streit über die Diözesangewalt. Als dessen Synode einen von ihm abgesetzten Priester restituierte, verweigerte er die Anerkennung. Hinkmar ließ R. trotz Ankündigung der Appellation nach Rom von einer Synode (862) absetzen und in Klosterhaft verweisen. Doch setzte ihn Papst → Nikolaus I. wieder in sein Bistum ein (865), gestützt auf die → Pseudoisidorischen Dekretalen, deren Gedankenwelt auch R. vertrat.

H.SCHRÖRS, Hinkmar von Reims, 1884 - HALLER II, 99ff.
H.Löwe

Rothe, 1. *Johann Andreas* (1688-1758), ev. Theologe, * in Lissa b. Görlitz, studierte in Leipzig, wurde Mitglied eines der Predigerkollegien in Görlitz, wo er sich mit dem aus der Geschichte des oberlausitzischen Pietismus bekannten Mag. Melchior Schäffer befreundete, und 1722 von → Zinzendorf als Pfarrer nach Berthelsdorf berufen. Seit 1737 war er Pfarrer in Hermsdorf b. Görlitz, seit 1739 in Thommendorf b. Bunzlau. Das Anfangsjahrzehnt Herrnhuts war das fruchtbarste in R.s Leben: er war Mitglied in Zinzendorfs »Vier-Brüderbund«, arbeitete an den Katechismen und ersten Gesangbüchern des Grafen mit, verfaßte einen umfangreichen exegetischen Anhang zu seiner »Ebersdorfer Bibel« und war ein kraftvoller Erweckungsprediger. Zwischen Zinzendorfs geistigem Übergewicht, den mannigfachen Wünschen und Widersprüchen der in Herrnhut wohnenden Pfarrkinder, den Forderungen der Behörden und seinen persönlichen Wandlungen von pietistischen Anfängen zu landeskirchlich-luth. Haltung sich einen (nicht immer eindeutigen) Weg suchend, brach R. 1737 mit der jungen Brüdergemeine. Zinzendorf, dessen Urteil über R. seit der Trennung zunehmend gerechter wurde, konnte ihn für sein Werk nicht zurückgewinnen. - Von R.s Liedern sind »Wenn kleine Himmelserben« (EG 335) und »Ich habe nun den Grund gefunden (EKG 269) im kirchlichen Gebrauch.

KOCH V, 240ff - ADB 29, 351ff - ZBG 5, 1911, 93-116 (s. auch Reg.); 6, 1912, bes. 71-108 (s. auch Reg.); 7, 1913, bes. 193-215 - E.TEUFEL, J.A.R. (BSKG 30, 1917, 1-69; 31, 1918, 1-111; dazu G. REICHEL, ZBG 13, 1919, 104-118; 14, 1920, 17) - Hdb. z. EKG II/1, 1957, 201ff (Lit.); Sonder-Bd, 1958, 421ff. *W.Jannasch*

2. *Johannes* (1628-1702), chiliastischer Prophet aus Amsterdamer Patriziergeschlecht. Nach melancholischer Jugend fühlte er sich von Gott zum Verkündiger berufen. Während er in den Niederlanden zunächst als harmloser Schwärmer galt, kam er 1654 in England ins Gefängnis. Die Revolution von 1672, deren Ereignisse er vorher verkündigt haben sollte, steigerte seine Wirkung. 1674 brach er mit einer um ein Banner gesammelten Schar zur Endschlacht gegen den Satan nach Norden auf, um das 5. Weltreich Daniels herbeizuführen. In Hamburg löste sich der Zug enttäuscht wieder auf. R. wirkte ungebrochen in Emden, Groningen, Antwerpen und Amsterdam und kanzelte die zum Babel verweltlichte Kirche und die Regierung, namentlich Wilhelm III. von Oranien (→ England: I, 6), in scharfen Schriften ab. Gegen die Gesetzlichkeit der Labadisten (→ Labadie) vertrat er eine spirituelle Liebesgemeinschaft. Einer 1676 beschlossenen Verhaftung kam die Familie durch Entmündigung zuvor und hielt ihn bis 1691 in Gewahrsam. Seitdem lebte er still in Amsterdam. Seine Verkündigung machte auf Q. → Kuhlmann tiefen Eindruck.

G.ARNOLD, Kirchen- u. Ketzerhistorie Th. III, Kap. 25 - W.P.C. KNUTTEL, J.R. (Ned. Spectator, 1895, 150. 158) - L.B.HYLKEMA, Reformateurs, 1900, 34ff - NNBW I, 1443ff - E.EYLENSTEIN, ZKG 41, 1922, 54ff. *H.Bornkamm*

3. *Richard* (1799-1867), ev. Theologe, * in Posen, früh von → Romantik (→ Novalis) und → Erweckungsbewegung (→ Kottwitz, → Tholuck) erfaßt, fand als Gesandtschaftsprediger in Rom (→ Bunsen) zu der ihm eigentümlichen Einheit von Christusliebe und Weltoffenheit. Als Seminardirektor in Wittenberg (1828-37) und Prof. in → Heidelberg (1837-49, 1854-67) und → Bonn (1849-54) entwickelte er ein theologisches System, welches mit Hilfe der Spekulation die innere Einheit zwischen Glauben und Wissen, zwischen Christentum und Kultur aufzuweisen versucht. R. gehört zur → Vermittlungstheologie, und zwar als ihr originellster Denker, als der Systembildner unter den Vermittlungstheologen.

R. geht mit → Schleiermacher von dem im unmittelbaren Selbstbewußtsein gesetzten Gottesbewußtsein aus. Während sich Schleiermacher aber darauf beschränkt, die christlich frommen Gemütszustände zu beschreiben und ihren Aussagegehalt zu erörtern (nach R. eine »bloß äußerliche Dialektik«), traut R. sich zu, mittels der dialektischen Spekulation in die Geheimnisse der Gottheit einzudringen und Gott in seinem Wesen zu begreifen. R. erstrebt eine Metaphysik der → Offenbarung, er will die Wahrheit an sich erkennen. Die Bibel läßt er insofern als Kanon gelten, als das Ergebnis der Spekulation im ganzen mit der Heilsverkündigung der Schrift übereinstimmen muß. Sollte sich das Gegenteil herausstellen, so ist R. bereit, seinen ganzen Gedankengang zu kassieren und von vorn zu beginnen. Die einzelnen Schritte der Deduktion dagegen dürfen nicht durch Berufung auf die Bibel, sondern müssen rein gedanklich begründet werden. Der Gottesbegriff, den er mit dieser »theosophischen« Methode findet, ist der der absoluten Person. Aus ihm ergibt sich notwendig die Schöpfung der Welt; denn die absolute Person denkt, indem sie sich selber denkt, auch ein von ihr unterschiedenes Sein. Dieses muß sie kraft ethischer Notwendigkeit (also in recht verstandener sittlicher Freiheit) ins Dasein rufen, um ihm an seinem Geist- und Personsein Anteil zu geben. Gott ist demnach kraft ewiger Selbstbestimmung Schöpfer. Das Schöpfungsziel ist ein Reich persönlicher Geister. Gott kann aber unmittelbar nur Materielles schaffen; denn persönliche Geister kann man nicht von außen setzen, sie werden durch Selbstbestimmung der dazu angelegten Geschöpfe. Darum ist die Schöpfung nicht abgeschlossen, sondern im Werden auf ihr Ziel hin; Schöpfung und Weltregierung bilden eine Einheit. Das Weltwerden ist nach R. entwicklungsgeschichtlich zu denken: die Seele (das Leben) ist aus der Materie entstanden, der Mensch aus dem Tierreich. Mit jeder höher organisierten Entwicklungsstufe ist die Schöpfung ihrem Ziel näher gekommen. Der Gedanke einer kausal bedingten Entwicklung von den einfachsten Formen bis zu den höchsten hat für R. nichts Anstößiges, weil er ihn von seinem Ansatz her mit dem Gedanken des göttlichen Schaffens verbindet. Gott ist es, der in dem von Stufe zu Stufe fortschreitenden Naturzusammenhang wirkt. Weil aber Gott überall am Werke ist, findet es R. ganz begreiflich, daß er dem Weltzusammenhang auch »durch absolute Kausalität einzelne neue Elemente einerzeuge«, dh Wunder tue. Eine Durchbrechung der Naturgesetzlichkeit erfolge dabei nicht. R. bekennt, daß der Wunderglaube ihm nie Schwierigkeiten gemacht habe.

In der Soteriologie kann R. den Entwicklungsgedanken nur eigentümlich gebrochen festhalten. Die → Sünde ist nach ihm einerseits eine unvermeidliche (und insofern von Gott gewollte) Durchgangsstufe im Werden der frei sich selbst bestimmenden Person. Andererseits ist sie das bedingungslos Auszutilgende und steht unter dem Austilgungswillen, dh Zorn, Gottes. Doch wird dieser in seiner Auswirkung dadurch gehemmt, daß für Gott die ethische Notwendigkeit besteht, dem Menschen die Hinwendung zu seinem bestimmungsmäßigen Ziel zu ermöglichen, dh die Erlösung zu bewirken. Letztlich steht es in der Selbstbestimmung des Menschen, in der Sünde zu verharren oder zur Hingabe an Gott zu gelangen. Wer in der Abkehr von Gott stirbt, ist der Vernichtung preisgegeben. Er muß sich in seiner Leiblosigkeit dämonisieren und, da das Verneinende sich nicht zum Ganzen gestalten kann, selbst auflösen. Die Selbstauflösung tritt spätestens dann ein, wenn diese materielle Welt, die von vornherein nur als Baugerüst für den Geist gedacht war, abgerissen wird. Unvergängliches Leben gibt es nur für die in der Gemeinschaft mit Gott stehenden Geister. - Die Durchführung der Erlösung erforderte (im Widerspruch zum Entwicklungsgedanken) einen absolut neuen Anfang des menschlichen Geschlechts, einen zweiten Adam, in welchem die abgebrochene Erschaffung des Menschen abschließend wieder aufgenommen wird. Dieser Neuanfang mußte durch eine göttliche Geschichte mit einem besonderen Kreis von Menschen vorbereitet werden, indem Gott sich diesen manifestierte und ihr Selbstbewußtsein inspirierte. In der Verbindung von Manifestation und Inspiration besteht Gottes Offenbarung. Sobald durch diese in der menschlichen Geschichte die notwendigen Voraussetzungen geschaffen waren, konnte der zweite Adam ins Leben treten, zwar aus der natürlichen Menschheit heraus, aber auf eine übernatürliche Weise, insofern die autonome Wirksamkeit des materiellen Prinzips bei seiner Erzeugung und Entwicklung aufgehoben war (Jungfrauengeburt). Im Zuge der Persönlichkeitsentwicklung des zweiten Adam vollzieht sich eine stete Gottwerdung des Menschen und dadurch eine wesenhafte Offenbarung Gottes. In der neuen aus der Materie in den Geist emporgehobenen Menschheit hat der neue Adam die Stellung des »Centralindividuums« (→ Christologie: II, 8 c), des prinzipiellen Mittelpunkts, in welchem die ganze Fülle des Besonderen unentfaltet gesetzt ist. Er ist die erschöpfende Kausalität für die absolute Verwirklichung des menschlichen Wesens. Sein vergeistigter Naturorganismus ist der Hl. Geist, unter dessen Wirkung sich das Reich des Erlösers entwickelt. – Am bekanntesten ist R. durch seine herausfordernde ekklesiologische These. Diese hat er zuerst 1837 in einer historischen Monographie (»Die Anfänge der christlichen Kirche und ihrer Verfassung«) ausgesprochen und sie dann in seinem Hauptwerk »Theologische Ethik« ([I-III, 1845-48] I-V, 1869-71²) in großem Stil systematisch begründet. Das Ziel der Tätigkeit des Erlösers ist das → Reich Gottes (: III), das wesentlich beides, religiöse und sittliche Gemeinschaft ist. Nun ist das vollendete Gottesreich Ergebnis einer geschichtlichen Entwicklung, an deren Anfang notwendig die → Kirche (: III, 4 e) steht. »Beginnen muß die vom Erlöser ausgehende neue Gemeinschaft ihre Entwicklung unter der Form der Kirche«, aber eben nur beginnen. Die Kirche war ein vorübergehender Notbehelf in einer tief ins Heidentum versunkenen Welt. Aber als die einseitig religiöse Form des menschlichen Lebens muß sie sich selbst als Durchgangsstufe zu der vollkommenen religiösen und sittlichen Gemeinschaft verstehen oder, wie R. in Anlehnung an → Hegel sagt, zum christlichen Staat. Mit der Reformation ist nach R. die Zeit der Kirche zu Ende gegangen. Was sich seitdem vollzieht und vollziehen soll, ist die Aussiedlung des christlichen Lebens aus der Kirche in den Staat, wobei allerdings ein Minimum an Kirche bis zum Jüngsten Tage bleiben wird. Entkirchlichung ist also nach R. nicht Entchristlichung, sondern im Gegenteil Vollendung des Gottesreichs durch Verchristlichung der Kulturmenschheit. – R. hat weder mit seinem System noch mit seiner These vom Aufgehen der Kirche im Staat Schule gemacht. Jenes basiert auf einer Überschätzung der Spekulation, diese ist durch den Gang der Geschichte widerlegt. Aber sein energischer Protest gegen kirchliche Gesetzlichkeit und fromme Engherzigkeit sowie seine unbefangene feinsinnige Würdigung geistig hochstehenden Menschentums sind von bleibender Bedeutung.

Vf. ferner u.a.: Zur Dogmatik, (1863) 1869²; Ges. Vorträge u. Abh.en R.R.s aus seinen letzten Lebensjahren, hg.v. FR.NIPPOLD, 1886. Postum hg.e Vorlesungen: Dogmatik, 1870; KG, 1875/76; Enzyklopädie, 1880; Gesch. der Predigt, 1881; Übersicht der theol. Ethik, 1895. – Über R.: A.HAUSRATH, R.R. u. seine Freunde I. II, 1902/06 – RGG² IV, 2117ff (Lit.) – H.KLEMM, Kirche, Staat u. Volk in einer Jugendschrift R.s (EvTh 7, 1947/48, 330-336) – BARTH, PrTh 544ff – HIRSCH V, 166ff. 395ff – H.-H.DAMM, Die Heiligung der Welt bei R.R. (Diss. Tübingen), 1955 – P.KESSLER, Die Sozialethik R.R.s (Diss. Marburg), 1955 – CHR.WALTHER, Der Reich-Gottes-Begriff in der Theol. R.R.s u. A.Ritschls (KuD 2, 1956, 115-138) – M.SCHMIDT, Die Interpretation der neuzeitl. KG (ZThK 54, 1957, [174-212] 188ff) – EKL III, 694f (Lit.) – H.-J.BIRKNER, Spekulation u. Heilsgesch. Die Geschichtsauffassung R.R.s (FGLP X, 17), 1959 – E.SCHOTT, R.R.s These vom Aufgehn der Kirche im Staat (Communio Viatorum, 1959, 257-270). *E.Schott*

Rothkirch, *Eberhard von* (1852-1911), * in Schottgau b. Breslau, † in Berlin, Offiziersanwärter, wurde nach einer schweren Verwundung bei Sedan Forstbeamter und nahm 1896 als Forstmeister seinen Abschied. Seit 1883 war R. Vorsitzender des durch → Schlümbach in Berlin gegründeten CVJM (→ Jugendvereinigungen: I, 1). Sein geistliches Leben verdankt er seinem Jugendfreund Ed. Graf → Pückler. Männliche Entschiedenheit, fröhliches Wesen, Güte sowie große Pflichttreue machten ihn zu einem hochbegabten Seelsorger für junge Männer. Er prägte die erste Generation der CVJM in Deutschland und war zugleich ein Vertreter der modernen → Gemeinschaftsbewegung.

U.v.HASSEL, E.v.R., 1912 – RE XXIV, 433ff – H.BRANDENBURG, Bannerträger des Evangeliums, o.J. *H.Brandenburg*

Rothmann *(Rottmann), Bernhard (Bernd),* * ca 1495 in Stadtlohn. Als Kaplan am St. Mauritz-Stift bei → Münster (: I, 2) begann R. 1530 mit der ev. Predigt. In Straßburg mit → Schwenckfeld und anderen → Spiritualisten und → Täufern in Berührung gekommen, übernahm er Zwinglis Abendmahlsauffassung (deswegen »Stutenbernd« genannt). R. schloß sich trotz Luthers und Melanchthons Warnung in Münster den Wassenberger Prädikanten an und vertrat in einer Disputation (7./8.8.1533) gegen H.v.d. → Busche deren Ansichten. Am 7.1.1534 ließ er sich durch holländische Melchioriten taufen und taufte fortan selbst. Während der Täuferherrschaft verlor er die Leitung, blieb aber »Worthalter« des »Königs«. In umfangreichen Traktaten rechtfertigte er die Theologie des Täufertums mit all ihren Folgerungen. Vermutlich ist R. bei der Eroberung Münsters am 24.6.1535 umgekommen. Nach anderer Überlieferung entkam er und lebte noch lange in Friesland.

R.s Schriften hg.v. R.STUPPERICH (Schriften d. münst. Täufer u. ihre Gegenschriften I), 1961. – Über R.: CH.SEPP, Geschiedskundige nachsporinge I, Leiden 1872, 55ff – H.DETMER, B.R., 1904 – RE XIII, 542ff – H.ROTHERT, B.R. (Westfäl. Lebensbilder I, 1930, 384-399) – W.KÜHLER, Gesch. der Nederlandschen doopsgezinden in de 16de eeuw I, Amsterdam 1932 – Mennonit. Lexikon III, 1959, 552ff. – Ferner die Arbeiten von CORNELIUS, REMBERT, HULSHOF, MELLINK, STUPPERICH (→ Roll). *R.Stupperich*

Rottenburg, *Bistum* der oberrheinischen Kirchenprovinz (→ Freiburg: I), aus politischen, aufgeklärt-absolutistischen Motiven errichtet für das seit 1803 stark vergrößerte → Württemberg mit 470000 kath. Neubürgern. Aus staatlicher Initiative wurden 1806 der kgl. kath. Geistliche Rat (als »Kath. Kirchenrat« bis 1934) und 1812 das Generalvikariat Ellwangen geschaffen, um den Einfluß der Diözesen → Augsburg, → Würzburg, → Speyer, → Konstanz und → Worms in den württembergischen Gebieten auszuschalten. Die Einbeziehung des württembergischen Anteils von Konstanz führte 1817 zur Verlegung des Generalvikariats nach R. Die Zirkumskription des Bistums erfolgte 1821, die erste Besetzung nach den Ergänzungsbullen von 1827 mit Bischof Johann Baptist Keller (1828-45). Das 19.Jh. ist vom Kampf um die kirchliche Autonomie gekennzeichnet. Unter Joseph Lipp (1848-69) wurde die bis 1924 gültige »Gesetzliche Regelung des Verhältnisses der Staatsgewalt zur kath. Kirche« getroffen. Ihre Einhaltung ersparte dem Land den »Kulturkampf«. Nach 1918 entfielen auch noch die Hindernisse für die Niederlassung von Orden und Kongregationen. U.a. wurden Neresheim (1921) und Weingarten (1922) von den Benediktinern neu besiedelt, Jesuiten ließen sich in Neuhausen, Ravensburg und Stuttgart nieder. Bedeutende R.er Bischöfe waren der Konzilienhistoriker J. → Hefele (1869 bis 1893), der Homiletiker P.W. → Keppler (1898-1926) und Joh.Baptista Sproll (1927-45), der 1938-45 wegen Widerstandes gegen Maßnahmen des Staates verbannt wurde. Seit 1949 wirkt als Bischof Carl Joseph Leiprecht. Statistik der Diözese im AnnPont 1961, 420.

JOS.ZELLER, Das Generalvikariat Ellwangen 1812-17, 1928 – F.STÄRK u.a., Die Diözese R. u. ihre Bischöfe, 1928 – A.HAGEN, Staat u. kath. Kirche in Württ. 1848-62, 2 Bde, 1928 – DERS., Die kirchl. Aufklärung in der Diözese R., 1953 – DERS., Gesch. d. Diözese R., 3 Bde, 1956-60 – M.MILLER, Neuwürttemberg, 1934 – ST. KRIESZMANN, Reihenfolge der Bischöfe, Domkapitulare u. Pfarreien d. Diözese R., 1950 – A.WILLBURGER-H.TÜCHLE, Gesch. d. kath. Kirche in Württ., 1954. *H.Heinrici*

Rottmann → Rothmann.

Rouault, *Georges,* Maler und Graphiker, * 27.5.1871 in Paris, † 13.2.1958 ebd. R. lernt zunächst bei einem

Glasmaler und ist 1891–95 an der Ecole des Beaux Arts Schüler von G.Moreau. Nach dessen Tode wird er 1898 Direktor des Musée Moreau, einer Stiftung seines Lehrers. Er malt religiöse Bilder und nimmt 1903–08 am Salon d'Automne teil. Seit 1905 entstehen vorwiegend blaue Bilder mit Richtern, Dirnen, Verbrechern, gemalt mit Aquarellfarbe auf Karton. 1910 findet R.s erste Kollektiv-Ausstellung in der Galerie Druet statt. 1914 beginnt er eine ausgedehnte graphische Arbeit; 1914–27 Radierungen »Guerre et Miserere«, die erst 1948 unter dem Titel »Miserere« erscheinen (s. Taf. 65 Abb. 1); 1918–19 Radierungen und Holzschnitte zu »Les Réincarnations du Père Ubu« (1932 erschienen), 1934–35 zu »Passion« (1939 erschienen). Ab 1918 entstehen Ölbilder, vorwiegend religiösen Inhalts, 1930–39 Bilder von Clowns, Pierrots, Richtern sowie visionäre Landschaften und Legenden. 1929 gestaltet er Bühnenbilder zu »Le Fils Prodigue« für das Diaghilew-Ballett (Musik von Prokofieff), 1945 farbige Fenster für die Kirche in Assy, Frankreich (→ Malerei: VI, 1 i). – An seinen Bildern hat R. oft jahrelang gemalt. Die Farbfläche erinnert an Email und, wenn die Konturen dick sind wie Bleiruten, an → Glasmalerei. – R. ist der Erneuerer der religiösen → Malerei (: VI, 1 a) in Frankreich. Er war strenger Katholik, kam aus dem Kreis um → Bloy, Suarès und → Maritain (→ Renouveau catholique) und sah noch im Teuflischen den Ausdruck einer prästabilierten göttlichen Weltordnung. Bloy hat ihn den »Hiob auf dem Misthaufen unserer Kultur« genannt. Er nannte sich selbst einen Zeitgenossen der Kathedralen. »Ich glaube nicht an das, was ich sehe, sondern an das, was ich nicht sehe.« Glaube, Entwurf und Handwerk sind bei ihm eines. – Vgl. → Expressionismus: I, 4; → Graphik, 2.

Vf. u.a.: Souvenirs intimes, Paris 1926; Paysages légendaires, ebd 1929. – Über R.: L.Venturi, G.R., (New York 1940) Paris 1948 – J.Th.Soby, G.R., Painting and Prints, New York 1947 – J.Maritain, G.R., ebd 1952 – Chr.Zervos, Approches de l'oeuvre de G.R. (Cahiers d'Art 27, 1952, 101–164). *W.Grohmann*

Rouen, franz. *Erzbistum,* umfaßt das Département Seine-Maritime mit 6146 qkm, 941000 Einwohnern (davon 900000 Katholiken), 812 Pfarreien und 702 Priestern. Das Bistum ist Ende des 3.Jh.s gegründet. Es umfaßte das Stammesgebiet der gallischen Vellocassen und war bedeutend größer als heute (1789: 1388 Pfarreien). Suffragane sind Bayeux, Avranches (heute in Coutances aufgegangen), Evreux, Sées, Lisieux, dh das Gebiet der alten Kirchenprovinz der Normandie. Die Erzbischöfe von R. führen den Titel eines Primas von Neustrien. Zu den berühmten alten Abteien gehörten Jumièges, Saint-Wandrille, Saint-Georges de Boscherville, Fécamp. Die Diözese war eine der bedeutendsten im alten Frankreich; sie besitzt zahlreiche romanische und gotische Kirchen.

LThK VIII, 1022f (Lit.) – AnnPont 1961, 420. *E.Jarry*

Rous, *Francis* (1579–1659), puritanischer Parlamentarier und Pamphletist, ging 1649 zu den Independenten über und wurde 1653 Sprecher des »Parlaments der Heiligen« (→ Cromwell, 1). Er verfaßte u.a. mystische Erbauungsschriften (»Interiora Regni Dei«) und eine noch heute in Schottland gebrauchte metrische Psalmenübersetzung.

DNB 49, 316f – R.M.Jones, Geistige Reformatoren, dt. 1925, 343ff. *† Th.Sippell (M.Schmidt)*

Rousseau, *Jean-Jacques,* * 28.6.1712 in Genf, † 2.7. 1778 in Ermenonville (Ile de France). – Das Werk R.s birgt eine – wesentliche Teile der geistigen Welt – umgreifende Konzeption; Literaturgeschichte, → Pädagogik (: I), Gesellschaftslehre und Religionsgeschichte verdanken ihm entscheidende Impulse. Als einer der großen Anreger der neueren Geistesgeschichte durchlebt und durchdenkt er die entscheidenden Lebensfragen der Menschheit noch einmal von Grund auf. Überall zeigt sich eine ursprüngliche Begegnung mit den Problemen, die selbst dann originell bleibt, wenn sie der Tradition verpflichtet ist. So bewegt er sich in seinen Hauptschriften nicht grundsätzlich von der zeitgeschichtlichen Linie fort; vielmehr nimmt er in verschärfender Form Tendenzen auf, die in der Literaturgeschichte schon aufweisbar sind bei Marivaux, d'Argenson, Abbé Prévost oder Richardson, in der Pädagogik bei → Montaigne, → Locke, → Fleury oder Crousaz, in der Gesellschaftslehre bei → Montesquieu und schließlich in der Religionsphilosophie bei Turretini, → Bayle und den → Enzyklopädisten. Die eigentliche dialektische Zuspitzung erfährt die Fragestellung erst durch die Dualität in der R.schen Anthropologie, die dem Menschen im zivilisatorischen Stande den natürlichen Menschen gegenüberstellt. Daß es sich hier um eine regulative Idee und nicht um ein revolutionäres Zurück zur Natur handelt, wird schon als Grundmotiv hinter der Antithetik der Bilder in den Preisschriften deutlich.

Die wesentlichen äußeren Stadien von R.s Lehr- und Wanderjahren sind nach der Kinderzeit im ev. Pfarrhause Lambercier in Bossey und der Lehrzeit beim Kupferstecher Ducommun in Genf die Begegnung mit Mme. de Warens in Annecy und Les Charmettes sowie der Übertritt zum Katholizismus im Kloster St. Spirito in Turin (1728). Mit dem Eintritt in die geistig-gesellige Welt von Paris 1742 beginnt die fruchtbare Schaffensperiode; sie wird eingeleitet durch die beiden kulturkritischen (→ Kulturphilosophie, 5) Schriften »Le rétablissement des sciences et des arts a-t-il contribué à épurer les moeurs?« (1750) und »Quelle est l'origine de l'inégalité parmi les hommes et si elle est autorisée par la loi naturelle« (1754), die als Antwort auf die Preisaufgabe der Akademie von Dijon zum ersten Mal die Gegensätzlichkeit der Bilder vom natürlichen und vom gesellschaftlichen Zustand heraufbeschwören. 1754 kehrt R. in Genf zum ref. Bekenntnis zurück. Nach dem Bruch mit den Enzyklopädisten erscheinen in rascher Folge die »Nouvelle Héloïse« (1761), der »Contrat social« (1762) und der Erziehungsroman »Emile« (1762), die zusammen mit den Preisschriften den Kern des Werkes ausmachen. Die Mehrzahl der weiteren Schriften tragen gegenüber dem hier entwickelten Grundgedankengang den Charakter der ergänzenden Deutung, wie zB der Brief an → Voltaire über den Optimismus (1756), der Brief an d' → Alembert über das Schauspiel (1758), die vier Briefe an Malesherbes über die Entstehungsgeschichte der Hauptwerke (1762) und der Brief an Christophe de Beaumont über das innere Anliegen des Glaubensbekenntnisses des savoyischen Vikars (1762); oder sie tragen den Grundzug der Rechtfertigung in vielen der Altersschriften, wie den »Briefen vom Berge« (1764), den »Bekenntnissen« (1763–70), den Dialogen »R. juge de J.-J.« (1772–75) und wie schließlich in dem versöhnenden Rückblick auf das Leben und Werk in den unvollendet gebliebenen »Rêveries du promeneur solitaire« (1776–78). Nur wenige Schriften entwickeln die Fragestellung der Hauptwerke weiter ins Prinzipielle wie in den »Considérations sur le gouvernement de la Pologne« (1771–72).

In der *R.-Forschung* lassen sich mehrere Etappen abheben. Neben den tendenziös anklagenden Arbeiten (Nourisson, Lemaître, Seillière, Lasserre) und dem Aufweis eines Bruches zwischen den individualistischen Grundabsichten der Hauptschriften und den sozialethischen Tendenzen des Gesellschaftsvertrages (Faguet, Schinz) hat seit Lanson und Bouvier eine Auslegung an

Gewicht gewonnen, die die gedankliche Einheit des Gesamtwerks zu begründen versucht. Diese innere Geschlossenheit des Werkes herausheben, heißt das Verhältnis der ihm zugrunde liegenden beiden Menschenbilder klären. Die hier angelegte Polarität deutet schon R. im zweiten Discours mit dem Bilde des Meergottes Glaukos, der unter den im Verlauf der Zeiten angesetzten Muscheln und Algen noch die ursprünglichen Ebenmaße birgt, die nur freigelegt sein wollen - gleichsam wie die ursprüngliche Güte und Harmonie der menschlichen Natur hinter den zivilisatorischen Überlagerungen. Natürliches Leben als Gegenbild zum entarteten zivilisatorischen Zustand bedeutet daher nicht ein Freisein zu maßloser Willkür oder Anarchie, sondern die Gestaltung des Lebens nach einer inneren Gesetzlichkeit, in der die intelligible Ordnung bestimmend ist. Die Ergründung der menschlichen Natur und ihrer Gesetzlichkeit mit dem Ziel, eine mögliche humane Existenz in der gegenwärtigen oder zukünftig besseren Gesellschaft auszumitteln, ist daher das gemeinsame Grundanliegen der Hauptschriften und im Blick auf die eigenen Metamorphosen auch dasjenige der Selbstbiographien. Daher wird in der Deutung des Werkes der existentielle Hintergrund immer bedeutsam bleiben. Die Alternative zwischen einer biographischen Methode und einer systematischen Gestaltung ist einseitig gestellt, denn jede wissenschaftliche Darstellung des Werks wird sinnvoll beide Seiten berücksichtigen müssen. - Das eigentliche kritische Organ für die R.-Forschung sind die schon 1905 von Bouvier begründeten »Annales de la société J.-J.R.« geblieben, in denen seither eine Fülle wertvoller Studien zur Chronologie des Lebensweges und der R.-schen Ideen erschienen sind; eine kritische Gesamtausgabe wird seit mehreren Jahren ebenfalls von der Société J.-J.R. vorbereitet.

Die *Fortwirkung* R.s ist umfassend. Der R.ismus ist daher keine begrenzbare Erscheinung, sondern ein immer und überall wirksames Ferment der neueren Geistesgeschichte. Romain → Rolland steht ebenso unter seinem Einfluß wie Lamartine, und selbst in so gegensätzlichen Strömungen wie dem deutschen → Sturm und Drang, der → Klassik und der → Romantik leben R.sche Leitmotive. Ihre Wirkung reicht von der Sehnsucht nach Natureinsamkeit und sittlich-religiöser Verinnerlichung bis zum Drang nach gesellschaftlicher Umgestaltung, von der Weckung des Sinnes für das Irrationale und individuell Ursprüngliche bis zum vordergründigen Bejahen und Auskosten dieses Lebens. Die Geschichte dieser Ideen ist unmittelbar durchwirkt mit einseitigen Auslegungen und Mißverständnissen. Diese vielschichtige Fortwirkung ist nicht zuletzt das Ergebnis einer anthropologischen Sichtweise auf das ursprünglich Angelegte einerseits und das ideell Mögliche andererseits, die in der pädagogisch-politischen Lehre über den gesellschaftlichen Zwischenzustand hinaus jene vorwärtstreibende Dynamik entfalten.

F. Brockerhoff, J.-J.R. Sein Leben u. seine Werke, 3 Bde, 1863 bis 1874 - E. Spranger, J.-J.R. Kulturideale, 1908 - P.-M. Masson, La religion de J.-J.R., 3 Bde, 1916 - P. Sakmann, J.-J.R., 1923 - E. Cassirer, Das Problem J.-J.R. (AGPh 41, 1932, 177-213. 479-513) - A. Ravier, L'Education de l'homme nouveau. Essai historique et critique sur le livre de l'Emile de J.-J.R., 2 Bde, 1941 - Barth, PrTh 153-207 - J. Guéhenno, J.-J.R., 1949 - B. Groethuysen, J.-J.R., 1949 - Hirsch III, 98ff - P. Burgelin, La philos. de l'existence de J.-J.R., 1952 - W. Ziegenfuss, J.-J.R. Eine soziologische Studie, 1952 - F. Glum, J.-J.R. Religion u. Staat, 1956 - H. Röhrs, J.-J.R. Vision u. Wirklichkeit, 1957 - M. Rang, R.s Lehre vom Menschen, 1959 - W. Ritzel, J.-J.R., 1959. *H. Röhrs*

Roussel, *Gérard* (ca 1500-50), Vorläufer der Reformation in → Frankreich (: I, 4), * in Vaquerie bei Amiens, kam 1520 nach Paris und wurde hier zu einem der treuesten Mitarbeiter und Gesinnungsgenossen des → Faber Stapulensis. Von der Verfolgung durch die Sorbonne bedroht, begab sich R. mit Faber nach Meaux, wo ihm der reformfreundliche Bischof Guillaume Briçonnet eine Pfarrstelle und später ein Kanonikat verschaffte. 1525 floh R. nach Straßburg, kehrte aber 1526 nach Frankreich zurück. Er genoß den Schutz Margaretas von Navarra und wurde 1536 Bischof von Oloron. Als solcher führte er in Liturgie und KO reformatorische Neuerungen ein, vollzog aber nie den Bruch mit Rom. Er erstrebte eine Reform ohne Schisma und bemühte sich um Vermittlung zwischen den Parteien.

Ch. Schmidt, G.R., prédicateur de la reine Marguerite de Navarre, Paris 1845 - M. Mann, Erasme et les débuts de la réforme française, ebd 1934 - R.-J. Lovy, Les origines de la réforme française, ebd 1959. *H. R. Guggisberg*

Rowland (oder *Rowlands*), *Daniel* (1713-90), Waliser Evangelist (→ Wales). 1733 in der anglikanischen Kirche ordiniert, wurde er bald als wandernder Erweckungsprediger bekannt. Gemeinsam mit H. → Harris gründete R. Gemeinschaften von Bekehrten (1737-47), die nach seinem Bruch mit der Staatskirche (1769) die Grundlage des Waliser calvinistischen Methodismus bildeten.

Biogr. von J. Owen, London 1840 - DNB XLIX, 1897, 350f - Journ. of Calvinistic Methodist Histor. Soc., Caernarvon 1927, 41-73. Eine neue Biogr., von E. Evans, erscheint demnächst. *D. Carter*

Rowley, *Harold Henry,* Alttestamentler, * 24.3.1890 in Leicester, besuchte das Bristol Baptist College, die Universität Bristol und das Mansfield College in Oxford. 1917-22 war R. Pfarrer, 1922-30 Missionar in China, dort 1924-29 Prof. an der Christlichen Universität von Shantung. 1930 wurde er Assistent am University College in Cardiff, 1935 Prof. in Bangor, 1945 an der Universität Manchester; 1959 emeritiert, seit 1947 Mitglied der Britischen Akademie. 1946-60 war er foreign secretary der Society for OT Study, 1950 deren Präsident, 1946-56 Herausgeber ihrer Book List; 1956-60 Mit-Hg. des JSS, 1957-58 Präsident der Baptist Union von Großbritannien und Irland.

Vf. bes.: Prophecy and Religion in Ancient China and Israel, London 1956; The Faith of Israel, ebd 1956. - M. Noth-D. W. Thomas (Hg.), Wisdom in Israel and in the Ancient Near East, presented to Prof. H.H.R. (VT Suppl. III), Leiden 1955 (mit Bibliogr. 1924-54). *D. W. Thomas*

Rowntree, *John William* (1868-1905). Aus alter → Quäker-Familie in York stammend, führend in der Kakaoindustrie, förderte R. mit persönlichem Einsatz die Arbeiterbildung und andere Sozialreformen. Er erstrebte eine Neuerweckung des Quäkertums durch Herausgabe der Zeitschrift »Present Day-Papers« und gab den Anstoß zur Gründung des Woodbrooke College in Selly Oak bei Birmingham durch George Cadbury. Mit der Sammlung von über 2000 Urkunden bereitete R. eine zuverlässige Geschichtsschreibung des Quäkertums vor, an deren Ausarbeitung er durch frühzeitige Erblindung gehindert wurde. R. besaß einen kritischen Geist gegenüber den alten Überlieferungen und verstand deren Problematik gegenüber den Erfordernissen der neuen Zeit. - Dabei bekannte er sich freimütig zu Christus als Offenbarer Gottes und versuchte seine Botschaft in zeitgemäße Begriffe zu übersetzen. Dadurch übte er starken Einfluß auf die junge Quäkergeneration aus, die ihn als geistigen Führer schätzte. R. forderte die Einheit von Glauben und Leben. Gemeinschaft mit Gott begriff er als einfaches, praktisches, aufrichtiges Christsein.

Vf. u.a.: Claim your Inheritance. Essays on Man's Relation to God, Philadelphia 1919. - Über R.: DNB 1922-1930, 731f. - Vgl. die Lit. zu → Quäker. *P.Held*

Ruarus, *Martin* (1589-1657), * in Krempe (Holstein), in Altdorf durch → Soner für den Sozinianismus gewonnen (→ Sozinianer), übernahm nach Reisen durch Holland, England, Frankreich und Italien als Nachfolger J.Crells das Rektorat des sozinianischen Gymnasiums in Raków. Vielseitig gebildet, hat R. auf weiteren Reisen und durch einen umfangreichen, theologisch und historisch bemerkenswerten Briefwechsel für seine Ideen geworben. Später in Danzig tätig, blieb er durch die Fürsprache polnischer Adliger vor der Ausweisung bewahrt (1638), mußte aber seine Wirksamkeit einschränken.

RE XVIII, 464 - L.Chmaj, M.R., Krakau 1921 (poln.) - K.Völker, KG Polens, 1930, 253ff - Zur Gesch. der poln. Antitrinitarier vgl. A.Starke, ThLZ 79, 1954, 595-602 - K.Krejčí, Gesch. der poln. Lit., 1958, 539ff. *E.Peschke*

Rube, *Johann Christoph* (1665-1746), geistlicher Liederdichter, * in Hohenebra (Thür.), Amtmann in Burggemünden bei Alsfeld (Oberhessen), dann in Battenberg. 1712 erschien seine Liedersammlung »Frühlingsblumen aus der geistlichen Erde«, 1737 »Poetisch-christliche Liedergedanken aus den Sonn- und Festtags-Evangelien und -Episteln eines frommen Rechtsgelehrten« (hg.v. H.A.Walther, R.s Schwiegersohn). R.s »Geistlicher Würtz-Kräuter- und Blumengarten« (5 Bde, 1744), ein Separatistengesangbuch, enthielt über 500 Lieder von ihm. Sein Lied »Der Herr bricht ein um Mitternacht« steht zB DEG Nord 348 und EKG Hessen 412.

Koch IV, 404 - ADB 29, 412f. *H.Steitz*

Ruben → Stämme Israels.

Rubens, *Peter Paul* (1577-1640), Barockmaler (→Malerei: IV, 5 a), * in Siegen/Westf., † in Antwerpen. Sohn eines emigrierten prot. Juristen aus Antwerpen, wohin die Mutter nach dessen Tod (1587) zurückzog; dort wurde R. humanistisch und kath. erzogen. Nach kurzem Pagendienst lernte R. malen bei A.v.Noort und O.v.Veen; 1598 Meister, zog er 1600 nach Italien, wo er als Hofmaler des Herzogs Vinc. Gonzaga bis 1608 blieb. Wieder in Antwerpen, heiratete R. 1609 Isabella Brant († 1626). Als Hofmaler Erzherzog Albrechts und der Infantin Isabella war er auch als Diplomat (Reisen zum span., franz. und engl. Hof) tätig und lebte ab 1635 mit seiner 2. Frau (verheiratet 1630) Helene Fourment meist auf dem Landsitz Steen. - R. war Maler-»Fürst« in jedem Sinne. Ihm gelang es (wie ähnlich nur → Dürer), nordalpine Gefühlstiefe mit südlichem Formensinn rein zu verschmelzen. Nur Vorurteil kann in R.' Weg nach Rom die Straße »zum Verderben der nordischen Kunst« sehen (F.Bock, RGG² IV, 2126); vielmehr gipfelt abendländische Malkultur im so gewordenen Werke R.': keiner verkörpert sichtlich so ausgewogen antikes, christliches und germanisches Erbe. Die scheinbar strotzende Katholizität der kirchlichen Gemälde R.' ist allein Ausdruck glühender Hingabe barocken Geistes, der Sinnlichstes als Übersinnliches erlebt (vgl. prot. Lieder!). Das Studium bes. der Antike, → Tizians, Caravaggios und der Carracci befruchtete den als Flamen dem Wirklichen wie dem Oberflächenreiz zugetanen Maler zu Schöpfungen, worin Monumentalität und pulsendes Leben zugleich mit tiefem Ernst gegenwärtig und von lauterem Geist geadelt sind. R.' europaweite künstlerische Wirkung beruht nicht zuletzt auf unzähligen Nachstichen durch eigens geschulte Stecher. Außer auf die schon genannten wichtigsten Gemälde (→ Malerei: IV, 5 a; s. Taf. 60 Abb. 3) sei noch verwiesen auf das Ehe-Selbstbildnis von 1609 (»Geißblattlaube«) und andere Darstellungen der eigenen Familie (bes. der 30er Jahre), aus denen des Malers väterliche Liebe und Güte ergreifend zu ersehen ist.

M.Rooses, L'oeuvre de P.P.R., 5 Bde, Antwerpen 1886-92 - Ders., R.' Leben u. Werke, dt. 1905 - J.Burckhardt, Erinnerungen aus R., 1898 (neu hg.v. H.Kauffmann, 1928) - E.Michel, R., Paris 1900 - Die Briefe des P.P.R., übers. u. hg.v. O.Zoff, 1918 - P.P.R., des Meisters Gemälde, hg.v. R.Oldenbourg, 1921⁴ - Ders., P.P.R., 1922 - Die Handzeichnungen von P.P.R., hg.v. G.Glück u. F.M. Haberditzl, 1928 - G.Glück in: U.Thieme-F.Becker, Allg. Lexikon d. bildenden Künstler XXIX, 1935, 137ff (Lit.) - L.v.Puyvelde, Skizzen des P.P.R., 1939 - O.Bock v. Wülfingen, R. in der dt. Kunstbetrachtung, 1942 - H.G.Evers, P.P.R., 1942 - Ders., R. u. sein Werk, 1944 - P.Arents, R.-Bibliogr., Antwerpen 1943 - Tekeningen van P.P.R., Katalog der Ausstellung Antwerpen 1956, vf. v. L.Burchard u. R.A.d'Hulst - J.S.Held, R., Handzeichnungen, 1960. *J.S.Kunstreich*

Rubrik (von ruber = rot), aus der Rechtssprache stammend, seit dem 14.Jh. im kirchlichen Sprachgebrauch, bezeichnet die rot gedruckten Vorschriften, die zwischen die liturgischen Texte eingeschoben (rubricae speciales) oder ihnen vorausgeschickt werden (r. generales, früher: ordines, consuetudines). Da nach c. 818 CIC *jede* R. verpflichtet, unterscheidet die Rubrizistik (der Zweig der Liturgik, der die von der Ritenkongregation [seit 1588] erlassenen R.en auslegt) nicht mehr zwischen verpflichtenden »r. praeceptivae« und anleitenden »r. directivae«, aber nach wie vor zwischen den für den Gottesdienst konstitutiven »r. essentiales« und weniger wichtigen »r. accidentales«.

EphLiturg, seit 1887 - LThK VIII, 1032f - G.Kieffer, Rubrizistik, 1947⁹ - L.Eisenhofer-J.Lechner, Grundriß d. Liturgik d. röm. Ritus, 1953⁶, 24ff. *E.Hertzsch*

Rubruk, *Wilhelm* (* 1210/30 in Rubrouc bei Saint-Omer, † ca 1270), OFM, kam 1248 (mit → Ludwig IX.?) ins Hl. Land, reiste 1253 von Konstantinopel aus nach Südrußland, um bei den dortigen Tataren zu missionieren, mußte schließlich zum Lager des Großkhans Mangu und mit diesem nach Karakorum reisen. Dort blieb er ein halbes Jahr, ohne seine dauernde Niederlassung durchsetzen zu können. 1255 kam R. wieder nach Akkon (als Prof. der Hl. Schrift), wo er seinen äußerst wertvollen ausführlichen Reisebericht (Itinerarium) abfaßte. Roger → Bacon verwertete ihn in seinem Opus maius.

Krit. Ausg.: A. van den Wyngaert, Sinica franciscana I, Quaracchi 1929, 147ff. - Übers.en: H.Herbst, Der Bericht des Franziskaners W.v.R., 1925 - F.Risch, W.v.R., Reise zu den Mongolen, 1934 (mit Erläuterungen). - Lit. über R. u. andere Missionare s. →China: IV A. B, → Johannes de Plano Carpini. - Über R.: A.Batton, W.v.R. (FS Bh. 6), 1921 - BiblMiss IV, 1928, 16ff (Lit.) - LThK VIII, 1033 - EC IX, 1429f - C.Schollmeyer, Die missionarische Sendung des Fraters W.v.R. (Ostkirchl. Studien 4, 1955, 138-146) - Guillermo de Rubruck (Misiones Franciscanas 39, Oñate 1955, 225-272) - T.Jansma, Oost-westelijke verkenningen in de 13. eeuw, Leiden 1959. *M.A.Schmidt*

Ruchat, *Abraham* (1680-1750), Pfarrer in Aubonne und Rolle (Waadt), 1721 Prof. an der Akademie → Lausanne. R. war der erste schweizerische Reformationshistoriker französischer Zunge. Beim Studium in Bern, Berlin und Leiden erwarb er sich schon in jungen Jahren das Rüstzeug für die methodische Archivarbeit. Seine Materialsammlung zu einer ungeschriebenen allgemeinen Schweizergeschichte lieferte den Stoff für die zum bernischen Reformationsjubiläum 1728 verfaßte »Histoire de la Réformation de la Suisse« (1516-36; 6 Bde, Genf 1727-28), einem Gegenstück zu → Hottingers Helvetischer Kirchengeschichte. Die Herren von Bern nahmen zwar die Widmung der ersten Bände an, untersagten aber die Veröffentlichung des 2. Teils (1537-66). Die erste vollständige Ausgabe veranstaltete L.Vulliemin (7 Bde, Lausanne 1835-38).

RE XVII, 184ff - H.VUILLEUMIER, Hist. de l'Eglise réformée du Pays de Vaud sous le régime bernois III. IV, 1930/33 - H.MEYLAN in: Große Schweizer Forscher, hg.v. E.FUETER, 1939, 99f. *H.Meylan*

Ruch(e)rat, *Johann*, meist *Johann von Wesel* genannt, sog. Vorreformator, tatsächlich ein Vertreter selbstkritischer Scholastik, * um 1400 in Oberwesel bei St. Goar/Rhein, † 1479 oder bald darauf. R. studierte (seit 1441/1442) und lehrte Theologie in → Erfurt (1456/57 Rektor). Spannungen mit dem dortigen Senat führten zu seinem Weggang. Sept. 1460 wirkt er als Prediger in Mainz, Febr. 1461 als Prof. in Basel, 1463 als Domprediger in Worms, wo ihn Bischof Reinhard Herbst 1477 nach vergeblicher Verwarnung in Heidelberg wegen seiner Predigten mit Spekulationen und Ausfällen gegen die Kirche absetzte. In Mainz, wohin ihn Erzbischof → Diether von Isenburg als Dompfarrer berief, wurde er wegen Zusendung eines Traktates an die Hussiten (→ Huß, 2) durch den Frankfurter Dominikanerprior angezeigt, von je drei Kölner und Heidelberger Theologen verhört und nach Verbrennung seiner Schriften und Widerruf am 21.2.1479 als fast 80jähriger zu lebenslänglicher Pönitenz inhaftiert. - R. lehrt in Übereinstimmung mit → Augustin und → Thomas von Aquino: Gott sei - durch Priester als Helfer - der Handelnde bei der Sündenvergebung. Die göttliche Strafe werde nicht erlassen, auch nicht durch den → Ablaß; solches zu behaupten, sei frommer Betrug der Gläubigen. Die Kirche ist »Vereinigung aller durch die Liebe verbundenen Gläubigen«. Diese Kirche Christi kennt niemand außer Gott. Den Kirchenvätern oder auch den allgemeinen Konzilien müsse man nicht glauben, sondern allein der hl. Schrift. Darum verwirft er die Ablaßlehre, die Erbsünde, die Transsubstantiation, das Filioque (→ Geist: V, 3), ferner Feste, Fasten, lange Gebete, Meßzeremonien, das hl. Öl und das Weihwasser als schriftwidrig. Nicht einmal die gelehrten und weisen Christen haben die Autorität, die Worte Christi auszulegen, sondern nur Christus selbst. Dem entspricht R.s Bekenntnis: »Ich verachte den Papst, die Kirche und die Konzilien. Ich liebe Christus. Das Wort Christi möge in uns reichlich wohnen.« Damit kam R., als einsamer Theologe, für seine Person durch Kenntnis und Kritik bzw. durch Bibel und Vernunft zu einer bemerkenswerten Aufhebung der autoritären mittelalterlich-kath. Kirchlichkeit.

G.RITTER, Studien zur Spätscholastik III: Neue Quellenstücke zur Theol. des J.v.W. (SAH 1926/27, 5) - LThK V, 536f - EC VI, 613 - R.SAMORAY, J.v.W. (Phil. Diss. Münster), 1955 (Masch.). *E.Barnikol*

Ruckteschell, *Nikolai von* (1853-1910), * in Sinferopol, luth. Pastor in St. Petersburg, seit 1889 in Hamburg-Eilbeck, einer der ersten Förderer des Gemeindegedankens, von starker Wirkung auf die heranwachsende gebildete, bes. akademische Jugend (»Klassischer Abend«).

Vf.: Personalgemeinde oder Lokalgemeinde, 1897. *† H.Beckmann (W.Jannasch)*

Rudbeck, *Johannes* (1581-1646), luth. Kirchenmann und Schulreformer, * im Kirchspiel Almby. R. studierte in Uppsala und Wittenberg, wurde 1604 Prof. der Mathematik in Uppsala, 1609 des Hebräischen, 1611 der Theologie, 1613 Hofprediger, arbeitete in der Bibelkommission mit und war 1619-46 Bischof im Stift Västerås. Hier gestaltete er die Pfarrkonvente zu Studienkreisen, um die wissenschaftliche Bildung zu fördern, und erneuerte das kirchliche und kulturelle Leben. Sein Kampf galt der Selbständigkeit der Kirche unter Leitung der Bischöfe gegenüber der Staatsmacht (Privilegia quaedam doctorum, 1636). - Vgl. → Schweden: I, 3.

B.R.HALL, Urval ur R.s predikningar och ur visitations- och domkapitels-protokoll, 1916 - Från J.R.s stift. En festgåva till R.ius-jubileet, 1923 - G.LINDBERG, J.R. som predikant, 1927 - HJ.HOLMQUIST (Hg.), Svenska kyrkans historia IV, Stockholm 1938 (Lit.) - H.CNATTINGIUS, J.R.ius och hans europeiska bakgrund, ebd 1946 (Lit.) - NTL III, 403ff. *W.Göbell*

Rudelbach, *Andreas Gottlob* (1792-1862), dänisch-deutscher Theologe der luth. Erweckungsbewegung (→ Erweckung: I, 5 b), lange Zeit mit → Grundtvig befreundet. Nach dem Studium in Kopenhagen dort PDoz., wurde R. 1828 von dem Fürsten Ludwig von Schönburg an Stelle → Hengstenbergs als Sup. nach Glauchau (Sachsen) an die Spitze der kleinen, kirchlich selbständigen Schönburger Landeskirche berufen. In dieser Stellung eröffnete er den Kampf gegen den in → Sachsen weithin herrschenden → Rationalismus (: II) und rationalen Supranaturalismus (v. → Ammon). Sein bedeutendster Schüler Moritz Meurer (1806-77) redigierte von der benachbarten Dorfgemeinde Callenberg aus das Organ der sächsischen Erweckungsbewegung, den »Pilger aus Sachsen« (seit 1835). Die persönliche Vertretung seiner Richtung wurde die Muldentaler Pastoralkonferenz (seit 1830), aus der die Allgemeine ev.-luth. Konferenz erwuchs (seit 1843; → Luthertum: II, 2). 1839 begründete R. mit → Guericke die »Zeitschrift für die gesamte luth. Theologie und Kirche«. 1845 kehrte er aus Protest gegen die vordringenden → Lichtfreunde nach Dänemark zurück und wurde Propst in Slagelse.

Vf. u.a.: Reformation, Luthertum u. Union, 1839 (Hauptwerk); Hist.-krit. Einl. in die Augsburg. Konfession, 1841. - Über R.: ZLThK 23, 1861, 1-67. 601-657; 24, 1862, 401-452 (»Konfessionen«, R.s Autobiogr. über seine Kindheit u. Jugend) - J.R.STOCHKOLM, A.G.R. (Kirkelig Kalender for Norge, 1877, 36-230) - J.P.KAISER, A.G.R., 1892 - RE XVII, 181ff - K.HENNIG, Die sächs. Erweckungsbewegung am Anfang des 19.Jh.s (Diss. Leipzig), 1929 (für die Vorbereitung) - M.SCHMIDT, Wort Gottes u. Fremdlingschaft, 1953, 31ff. *M.Schmidt*

Rudinger, *Esrom* (1523-90), * in Bamberg, † in Nürnberg, philippistischer Theologe und bedeutender Pädagoge der böhmischen → Brüderunität (: I). R. studierte in Leipzig und war Hauslehrer bei → Camerarius. 1546/47 in Leipzig, 1547/48 in Pforta Dozent, war er 1549-57 Rektor in Zwickau. Aus einer Wittenberger Professur für Physik, später für Griechisch (1557-74) wurde er während des majoristischen Streits (→ Major) als Kryptocalvinist vertrieben. Er übernahm bis 1583 die Adelsschule der böhmischen Brüder in Eibenschütz und war zeitweise Wortführer der Unität. Zuletzt lebte R. in Nürnberg und Altdorf.

Vf. u.a.: Libri Psalmorum paraphrasis latina, 1581. Theol. Schriften in Collectio Camerariana, Staatsarchiv München. - Über R.: J.F.A.GILLET, Crato v. Crafftheim I. II, 1860 - H.BALL, Das Schulwesen der böhm. Brüder, 1898 - RE XVII, 191ff - W.FRIEDENSBURG, Gesch. d. Univ. Wittenberg, 1917, 282ff. *J.Moltmann*

Rudolf *von Ems* (ca 1200-54), Ministeriale der Herren von Montfort (Burg Hohenems in Vorarlberg), verbindet als Dichter und Chronist staufisch ritterliche Gesinnung mit gefestigtem Frömmigkeitsbewußtsein und wissenschaftlichem Gelehrteneifer. R.s unvollendetes Spätwerk »Die Weltchronik« (rd 3600 Verse) war bis zu den ersten Bibelübersetzungen die wichtigste deutschsprachige Genesis-Wiedergabe und ist in mehr als 76 Hss. überliefert. Es behandelt die Zeit bis zum Tode Salomos (viele heilsgeschichtliche Exkurse). Die »Weltchronik« bietet zusammen mit R.s Gesamtwerk (»Der gute Gerhard«, »Barlaam und Josaphat«, »Wilhelm von

Orlens«, »Alexander«) eine Fülle von Äußerungen über die Demut vor Gott und Gottesgeschöpf (Heidenauffassung).

VerfLex III, 1121ff - H.DE BOOR, Gesch. d. dt. Lit. ... I, (1949) 1957², 176ff (Lit.). - Neuerdings: R.WISBEY in: Zs. f. dt. Altertum u. dt. Lit. 85, 1954/55, 304-311; 86, 1955/56, 293-301; 87, 1956/57, 65-80 - H.RUPP in: Dienendes Wort. Festg. f. E.Bender, 1959, 11-37.
F.W.Wentzlaff-Eggebert

Rudrauff, *Kilian* (1627-90), luth. Theologe, * in Schotten, 1650 Lehrer am Pädagogium in → Gießen, 1659 Prof. der Ethik, 1661 dazu der Logik und Metaphysik, 1675 Prof. der Theologie, zugleich seit 1677 Sup. der Alsfelder und seit 1683 der Marburger Diözese. R. machte sich um die Universität, die Stipendiatenanstalt und die Reform des Pädagogiums verdient. Im Gießener Pietistenstreit (1689-95) versuchte er zu vermitteln. Seine »Catechismusfragen Lutheri« bestimmten lange Zeit die Konfirmandenunterweisung.

STRIEDER XII, 1799, 136ff (Bibliogr.) - H.HEPPE, KG beider Hessen II, 1876 - W.DIEHL, Gesch. d. Gießener Stipendiatenanstalt (in: Die Univ. Gießen von 1607-1907, Bd II, 1907, 1-132) - W.KÖHLER, Die Anfänge d. Pietismus in Gießen (ebd 133-244) - W.DIEHL, Hassia sacra I, 1921, 239; II, 1925, 108f. *H.Steitz*

Rückert, *Friedrich* (1788-1866), * in Schweinfurt, † in Neuseß b. Koburg, wuchs auf dem Lande auf und hat auch später meist auf dem Lande oder in halbländlichen fränkischen Städten wie Coburg (1820-26, als Privatgelehrter) und Erlangen (1826-41, als Prof. für orientalische Sprachen) gelebt, seine Berliner Professur (1841-48) nur im Winter versorgend. Als echter Franke war er durch musikalische Weichheit, unersättliche Aufnahmefähigkeit und sprachspielerische Neigung gekennzeichnet, gleich → Jean Paul. Urerlebnis und Bildungserlebnis sind bei ihm nicht zu trennen; vielleicht war Lesen sein größtes Erlebnis und Übersetzen seine größte Lust. Der erste Ruhm war die goethesch freie Nachgestaltung orientalischer Lyrik, bes. der Ghaselen des sufischen Mystikers Dschelaleddin Rumi (um 1819). → Goethes Idee der Weltliteratur und des »alten Wahren« hat er dann treuer als irgendeiner aufgenommen und durch unzählige Meisterübersetzungen, meist aus den orientalischen Literaturen, verwirklicht. Es ist auch jener gleichsam ganymedische Panentheismus, der R.s Haltung geprägt hat, so in dem umfangreichen Lehrgedicht »Die Weisheit des Brahmanen«, aber nicht ohne Spuren des Mystischen und eines dankbar-trunkenen Inneseins der Allgegenwart Gottes, Östliches und Westliches in mildernder Verschmelzung musisch vergeistigend. In jüngeren Jahren noch pluralistisch-indifferent, wächst er allmählich in diese Synthese hinein, die einem freisinnigen Christentum nahe ist, wie er es später auch persönlich, nun nicht mehr kirchenfremd, dargelebt hat. Charakteristisch ist sein wacher Sinn für Demut: »Wer sagt, ich bin Gott nah! der ist ihm fern geblieben; / Wer sagt: Ich bin Gott fern! der ist ihm nah durch Lieben.«

Ges. poet. Werke, hg.v. H.RÜCKERT, 12 Bde, 1867-69 - R.-Nachlese, hg.v. L.HIRSCHBERG, 2 Bde, 1910/11. - C.BEYER, F.R., 1868 - F.MUNCKER, F.R., 1890 - O.LOERKE in: Hausfreunde, 1939 (= Die Schriften, Bd II, 1958, 431-480) - J.PFEIFFER, Der Lyriker F.R. (Zwischen Dichtung u. Philos., 1947, 77-89 = Über das Dichterische u. den Dichter, 1956, 80-90) - R.A.SCHRÖDER in: Die großen Deutschen V, 1957, 258-265. *P.Stöcklein*

Ruet, *Francisco de Paula* (1826-78), Begründer der sog. »zweiten Reformation« in → Spanien, * in Barcelona. Sohn eines Obersten und ursprünglich Sänger, kam R. in Turin mit der Waldensergemeinde in Verbindung. Durch de → Sanctis zur ev. Lehre bekehrt, predigte er 1855 zum ersten Mal in Barcelona. Bald gefangengesetzt, wurde er nach 7 Monaten Kerkerhaft wegen Ketzerei zum Scheiterhaufen verurteilt. Am 18.9.1856 wurde das Urteil in lebenslängliche Verbannung verwandelt. Nach Gibraltar gebracht, gründete er dort eine ev. Gemeinde. Durchreisende, unter ihnen Matamoros, verbreiteten die ev. Lehre heimlich in Spanien. Nach kurzem Wirken in Nordafrika kehrte er 1868 in das durch die Revolution befreite Spanien zurück und gründete in Madrid die erste ev. Gemeinde, die er bis zu seinem Lebensende betreute. Von kühnem Bekennermut erfüllt, war R. der erste Verkündiger des Evangeliums in Spanien nach der Reformationszeit.

RE XVII, 193ff - LIESELOTTE HOFFMANN, Protestanten in romanischen Ländern, 1956. *L.v.Eltz-Hoffmann*

Rufinus, *Tyrannius* (ca 345-410), altkirchlicher theologischer Schriftsteller und Übersetzer, * in Concordia bei Aquileja. R. studierte mit → Hieronymus in Rom und trat dann in ein Kloster zu Aquileja ein. 371 reiste er im Gefolge der reichen Römerin Melania d. Ä. in den Orient. Dort gewann ihn → Didymus, das Haupt der Katechetenschule in Alexandrien, für die Theologie des → Origenes. Als R. der Melania nach Jerusalem folgte, trat er in den → origenistischen Streitigkeiten als Anwalt des Origenes auf. Diese Parteinahme entzweite ihn mit seinem alten Freund Hieronymus, der damals gleich ihm in → Palästina (: I) lebte. 397 kehrte R. nach Rom zurück und begann sofort mit der Übersetzung der Hauptschrift des Origenes »De principiis«, um dadurch den Westen für Origenes zu gewinnen. Allerdings änderte er dabei einige anstößige Aussagen, vor allem subordinatianischer Art, von denen er behauptete, daß sie durch die Gegner des Origenes gefälscht worden seien (vgl. R.: De adulteratione librorum Origenis). Hieronymus, den R. zudem noch im Vorwort dieser Schrift als Anhänger des Origenes benannt hatte, reagierte mit einem empörten Protest und einer Gegenübersetzung. Der alte Gegensatz brach dadurch wieder auf und steigerte sich zu einem häßlichen persönlichen Streit, in den sogar → Anastasius von Rom eingreifen mußte. Am Ende gab R. resignierend seinen Feldzug für Origenes auf. 400 kehrte er in sein Heimatkloster Aquileja zurück, von wo ihn erst der Westgoteneinfall vertrieb; † auf der Flucht in Messina. - R.' Bedeutung beruht auf seinen Übersetzungen, durch die er Schriften griechischer Theologen dem lateinischen Westen vermittelte. So sind uns die 4 Bücher »De principiis« des Origenes nur in R.' Übersetzung vollständig erhalten. Zu seinen anderen wichtigen Übersetzungen (Verzeichnis bei Altaner) gehören: Schutzschrift des → Pamphilus; die → Pseudo-Clementinen; Schriften des → Basilius, → Gregor von Nazianz und → Evagrius Ponticus; Historia Monachorum (Original: Palladius?); KG des → Eusebius von Cäsarea mit 2 Fortsetzungsbüchern bis zum Tode Theodosius d. Gr.

Eigene Schriften des R.: Commentarius in symbolum apostolorum; Auslegung des Jakobsegens; 2 Streitschriften gegen Hieronymus (alle MPL 21, 295ff, zT auch CSEL). - Über R.: RE XVII, 197ff; XXIV, 437 - ALTANER § 85 (Lit.). *P.Löffler*

Ruge, *Arnold* (1802-80), philosophischer Publizist, *in Bergen a. Rügen, † in Brighton. Wegen Beteiligung an der Burschenschaft mußte R. 1825-30 eine Festungshaft verbüßen. 1832 wurde er PDoz. in → Halle, wo er 1837 mit Echtermeyer als Organ der Junghegelianer die »Hallischen Jahrbücher für Kunst und Wissenschaft« herausgab. Der preußischen Zensur 1841 nach Dresden ausweichend, nannte er die Zeitschrift »Deutsche Jahrbücher«. Als er auch hier das Feld räumen mußte, gründete er 1844 in Paris mit K. → Marx die »Deutsch-französischen Jahrbücher«, von denen jedoch nur 2 Hefte erschienen. Im → Frankfurter Parlament gehörte er zur äußersten Linken. 1850 emigrierte er nach England, wo er in Brighton als Lehrer tätig war. Nach 1866 wurde er zum Anhänger → Bismarcks und begrüßte die Reichsgründung, so daß ihm seit 1877 ein Ehrensold gewährt wurde. - Vgl. → Humanismus: II, 2.

Ges. Schr., 10 Bde, 1846-48; Lebenserinnerungen, 4 Bde, 1862 bis 1867; Briefwechsel u. Tagebücher 1825-80, 2 Bde, 1886. - Über R.: ADB 29, 594ff - W.NEHER, A.R. als Politiker, 1933 - R.GROPP, A.R. (450 Jahre Martin-Luther-Univ. Halle-Wittenberg II, 1954, 275-282). *K.Kupisch*

Ruhegehalt → Versorgung.

Ruinart, *Thierry* (10.6.1657 bis 27.9.1709), OSB, Patrologe und Historiker, * in Reims, wo er bei den → Maurinern von S. Remy eintrat. 1682 kam er als Mitarbeiter → Mabillons nach S. Germain-des-Près. † auf einer Reise nach der Abtei Hautevillers.

Vf. u.a.: Acta primorum martyrum sincera et selecta, 1689 (mehrere Neuaufl. mit biogr. Skizze; dt.: Wien 1832-34; eine berühmte, aber wenig krit. Sammlung); Historia persecutionis vandalicae, 1694; Apologie de la mission de S. Maur en France, 1702; Abrégé de la vie de Dom J.Mabillon, 1709; Ausg. der Werke Gregors v. Tours (MPL 59), der Epitome u. des Chronicon Fredegars. - Postum: Ouvrages posthumes de Mabillon et de R., 1794; Lettres des Bénédictins de S. Maur, 2 Bde, 1892/93 (Bibl. Nat., Fonds français, 19665-66) u. bei JADARD (s.u.). - Über R.: Annales S. Benedicti V, 1719, XXXIVf - H.JADARD, Dom Th.R., 1886 - E.DE BROGLIE, Mabillon et la société de S. Germain-des-Prés, 2 Bde, 1888 - D.FEULING, HPBl 144, 1910, 424-439. 505-516. *A.Hamman*

Rumänien, 1859-81 Fürstentum, 1881-1947 Königreich, seitdem kommunistisch beherrschte »Volksrepublik«, umfaßte bis 1912: 131020 qkm, 1919-40: 302244 qkm und hatte auf dieser Fläche (1920) 16262177 Einwohner, darunter 11695714 Orthodoxe, 1456147 Unierte, 1483929 röm. Katholiken (darunter viele Deutsche [Banater Schwaben] und Ungarn), 1346070 Evangelische (luth. Siebenbürger Sachsen, calvinistische Ungarn, ungarische Unitarier), 17596 zT unierte Armenier, ferner 834344 Juden (meist in der Moldau und Bessarabien) und 44087 Muslime (meist in der Dobrudscha). - Seit 1945/46 hat R. 237502 qkm mit (Dez. 1959) 18360000 Einwohnern, darunter fast 14 Mill. Orthodoxe (79 vH), 780000 Reformierte (Ungarn), 170000 deutsche (ein Drittel von 1929) und 34000 ungarische Lutheraner, 1174000 röm. Katholiken (Unierte 1948: 1573000), ca 10000 unierte Armenier, 66000 Baptisten, 30000 Siebenten-Tag-Adventisten, 138000 Juden. - Bei historischen Vergleichen ist zu berücksichtigen, daß der Gebietsbestand des Landes sehr geschwankt hat: 1856-78 gehörte das südl. Bessarabien, seit 1878 die nördl., 1913 bis 1940 auch die südl. Dobrudscha zu R. 1918-40 und 1941-44 besaß R. Bessarabien, 1941-44 überdies »Transnistrien« (zwischen Dnjestr und Bug), 1918-40 das Buchenland (die Bukowina), seitdem nur die südl. Hälfte, ferner seit 1918 Siebenbürgen, das Kreischland und Marmarosch (1941-45 nur den südl. Teil).

Die *Kirchengeschichte* R.s ist erst vom 14.Jh. an wirklich bekannt. Man kann zwar annehmen, daß erste Einflüsse des Christentums schon zur Zeit der Zugehörigkeit des (damals von Dakern bewohnten) Raumes zum Römischen Reiche (101/06-271 nChr) spürbar wurden; es ist aber immer noch nicht entschieden, wieweit sie nach der Aufgabe dieser Provinz durch Rom und die anschließenden Stürme der Völkerwanderung mit dem Einströmen von Slawen weiterbestanden. Für die Zeit bis zum 14.Jh. steht nicht einmal fest, von wem das Land besiedelt war. Die rumän. Forschung und viele ausländische Gelehrte bestreiten jeden Zweifel an der Kontinuität der romanisierten dakischen Bevölkerung, in die auch die Slawen und Reste der Hunnen, Gepiden und türkischen Steppenvölker eingeschmolzen worden seien. Die ungarische Forschung und ebenfalls ausländische Gelehrte vertreten die Ansicht, daß die Rumänen erst im 13./14.Jh. als wlachische Berg-Wanderhirten aus dem romanisierten nördl. Balkan ins Land gekommen seien und zuerst die Gebirge, dann die Ebenen besetzt hätten. Diese Meinung stützt sich auf die Tatsache, daß wir Nachrichten von »Rumänen« in diesem Raume erst aus dem 13./14.Jh. besitzen (vgl. die Karten bei Gáldi und Makkai, nach S. 29. 49. 64), und daß es Balkanrumänen (Aromunen, Kutzo-Wlachen, Istrier) noch heute gibt, die Reste der abgewanderten Bevölkerung sein sollen.

Auf jeden Fall unterstand das heutige R. kirchlich während des ganzen MA den bulgarischen Diözesen Silistria und Widdin (→ Bulgarien) und gehörte damit automatisch zur orth. Kirche mit slawischer Kirchensprache (bis 1648). Eine Reihe kirchlicher Ausdrücke sind lateinisch (besagen aber für die Autochthonie nichts, da sie aus dem Balkan mitgebracht sein können). Von Ungarn her gewann im späten MA auch der röm. Katholizismus (bes. durch Franziskaner) Einfluß. Von entscheidender Bedeutung wurde 1401 die Gründung eines Bistums in Suceava (Buchenland; heute in Jassy) und weiterer zwei Diözesen in Radautz und Roman (Moldau; 1413). Sie wurden zu Mittelpunkten nationalkirchlichen Aufschwungs, den die Moldau damals vor der Walachei (bzw. Oltenien) voraus hatte. In der Walachei bestand seit 1359 ein Erzbistum am Fürstensitz (Curtea de) Argeș (heute in Bukarest), seit 1370 ein weiteres Bistum; doch wurde das kirchliche Leben hier erst um 1508 durch einen ehemaligen Konstantinopler Patriarchen, Nephon, wirklich organisiert. Damals wurde Tîrgoviște kirchlicher und staatlicher Mittelpunkt der Walachei (Metropolitie), mit 2 Suffraganen. - In dieser Zeit besaß die lat. Kirche einen Einfluß, der den heutigen weit übersteigt. Seit dem 14.Jh. gab es, zT unter dem Schutze kath. Fürstinnen und mit Rücksicht auf den ungarischen Nachbarn geduldet, eine Reihe kath. Gemeinden und auch Bistümer (das schon 1227 gegründete war bald untergegangen und wurde erst 1332 neu gegründet): Argeș, Sereth, Bacau, ferner Baja (Batschka); ihre Inhaber waren vielfach Ungarn, auch Polen.

Die *Reformation* (beider Konfessionen) berührte die Donaufürstentümer selbst kaum, von Siebenbürgen her nur ganz am Rande (1543 rumän. Katechismus in Hermannstadt veröffentlicht; → Heraklides), förderte aber in der Abwehr die Herausbildung einer kirchlichen (zT polemischen) Literatur und damit die Pflege der rumän. Sprache, im 17.Jh. auch den Buchdruck (volkstümliche Literatur des Metropoliten Dositheos: Psalter, Heiligenlegenden, liturgische Bücher; Metropolit Anthimos der Walachei - ein rumänisierter Georgier - mit seinem Bibeldruck 1688). - Inzwischen waren beide Länder (die Walachei seit 1393, die Moldau seit 1484) unter *türkische Oberhoheit* geraten, doch blieb (freilich oft abgesetzten) einheimischen Fürsten (Hospodaren; rumän. Vodă/Wojewod) die Verwaltung überlassen. Das kirchliche Leben wurde praktisch nicht angetastet, wenn auch eine Reihe muslimischer Siedler ins Land kam. Ebenso wie bei den Balkanslawen konnte das fanariotische Griechentum seit dem 17.Jh. die geistige Führung übernehmen. Viele der nun gestifteten Klöster wurden griech. Mutterklöstern auf dem Athos, dem Sinai oder in Jerusalem übereignet und zogen ihrerseits griech. Mönche ins Land, die bald griech. Schulen begründeten. Der griech. Einfluß wuchs, als nach einem vergeblichen Versuch, sich an Rußland anzuschließen (1711), an die Stelle der einheimischen Hospodare Fanarioten traten, die bis zum griech. Aufstande (1821) das Heft in der Hand behielten. Fast alle Hierarchen waren damals Griechen. – Dem *Zusammenschluß* der beiden »Donaufürstentümer« Moldau und Walachei (1859) folgte 1863 die Säkularisierung des Klosterbesitzes (fast 1/5 des Landes) und die endgültige Ausschaltung des griech. Einflusses. 1865 wurde die Autokephalie der Kirche ausgerufen; sie wurde erst 1885 vom Ökumenischen Patriarchen anerkannt und damit endgültig sanktioniert (→ Autokephale Kirchen). 1872 regelte ein Gesetz die Errichtung eines Synods und die Wahl der Metropoliten und Bischöfe. In dieser Zeit wurde die lat. Schrift für das Rumänische eingeführt, das nun in seiner modernen Form Kirchensprache war.

Ganz unabhängig davon verlief die Entwicklung der Orthodoxie in → *Siebenbürgen* und dem benachbarten → Ungarn (Siebenbürgen gehörte von 1867 bis 1918 zu Ungarn). 1391 war hier (in Peri) ein Exarchat des Ökumenischen Patriarchats entstanden; im 15. bzw. 16.Jh. wurden die Bistümer in Feleac und Vad gegründet. Der nationale Gegensatz zwischen Ungarn, Siebenbürger Sachsen und Rumänen (die allein orthodox waren) brachte die Kirche in eine bedrängte Lage und hatte 1697/1700 die Abspaltung eines Teils der Gläubigen zur *Union* zur Folge (s.u.). 1783–1864 unterstand Siebenbürgen dem (serbisch besetzten) Erzbistum zu Karlowitz in Syrmien; erst 1869 gewährte Ungarn dank der kraftvollen Bemühungen des Bischofs Andreas, Grafen Şaguna (1848–73) eine Autonomie (Metropolitie Hermannstadt mit 2 Suffraganen). Nach dem *Zusammenschlusse mit R.* 1918/19 trat die siebenbürgische orth. Kirche mit der rumän. in engste Beziehungen. Doch erfolgte der formale Zusammenschluß aller Diözesen erst 1925, da die Siebenbürger sich manche Sonderrechte zu wahren verstanden. Alle Orthodoxen sämtlicher alten und neuen Landesteile wurden nun in einem *Patriarchat* zusammengefaßt, das Konstantinopel alsbald anerkannte und dessen erster Inhaber der Metropolit von Bukarest (seit 1919), Myron (Cristea; 1868–1939) wurde, bezeichnenderweise ein Siebenbürger, der gegen Ende seines Lebens als Ministerpräsident auch eine politische Rolle spielte. Der Kirche gehörten seither auch Ukrainer und Russen, auch Serben an, und gewisse Rumänisierungsversuche im kirchlichen Raume machten gelegentlich böses Blut (heute besteht ein ukrainisches bzw. serbisches Vikariat in Sighet bzw. Temeschburg). Ein Versuch, während des 2. Weltkrieges die »Sekten« (Altgläubige im nördl. Buchenlande, Baptisten, Adventisten) zu unterdrücken, mißlang gleichfalls. – Das neue Patriarchat wurde in fünf Metropolitien (Bukarest, Jassy, Tschernowitz, Chişinău/Kischinjów und Hermannstadt mit 13 Bistümern) eingeteilt. An vier Metropolitansitzen (außer Jassy, dessen Fakultät in Chişinău war) gab es theologische Fakultäten, an jedem Bischofssitze ein Seminar. Die rumän. theologische Forschung eroberte sich einen führenden Rang innerhalb der Gesamtorthodoxie und wahrte den Zusammenhang mit der ökumenischen Bewegung. Viele Professoren waren im Auslande (oft in Deutschland) ausgebildet, und die Zahl theologischer Zeitschriften war größer als in andern orth. Ländern (darunter Biserica Ortodoxă, seit 1882; Studii Teologice; Ortodoxia).

Von diesem Kapital zehrt die rumän. orth. Kirche noch heute, nach der Eingliederung des Landes in den »Ostblock« (seit 1944) und seiner Verwandlung in eine »Volksdemokratie« (1947), nach dem Wiederverlust Transnistriens, Bessarabiens, des nördl. Buchenlandes und der südl. Dobrudscha (dies schon 1940). Die theologischen Fakultäten sind 1950 von den Universitäten gelöst und auf die Akademien in Bukarest und Hermannstadt (sowie 8 Seminare) beschränkt worden; daneben gibt es »Nonnenschulen« in 2 Klöstern. Die Zahl der Theologiestudenten wurde auf 500 begrenzt, die Zahl der Bistümer (auch durch die Gebietsverluste) reduziert. Die Zahl der Priester beträgt 9800, der Mönche 8500 in 199 Klöstern, davon 71 für Nonnen. Der Religionsunterricht muß außerhalb der Schule erteilt werden und wird durch Katechesen nach Gottesdiensten und Vespern ergänzt. Klöster und Seminare dürfen Zöglinge mit 14 (im Rätebund: 18) Jahren aufnehmen. Die zentralen theologischen Zeitschriften blieben meist erhalten; daneben gibt jede der fünf Metropolitien (Bukarest/Ungro-Walachien, Moldau, Siebenbürgen, Oltenien, Banat; daneben 7 Bistümer) ein eigenes Organ heraus. Die Zahl selbständiger theologischer Werke ist auch jetzt noch erheblich (Übersicht bei Popan 54ff). Als einziger Kirchenfürst blieb über den Umsturz der Jahre 1945/48 der hochgeachtete Metropolit Nikolaus (Bălan) von Hermannstadt im Amt (1920–55).

Nach dem Tode des Patriarchen Nikodem (Munteanu; 1939–48) wurde der eben erst (Nov. 1947) ernannte Metropolit der Moldau, Justinian (Marina; * 1901) zum Patriarchen gewählt, dem man gute Verbindungen zur kommunistischen Partei nachsagte. Er betrachtete es als seine erste Aufgabe, die Unierten Siebenbürgens im Okt. 1948 in die Orthodoxie zurückzuführen. Wie weit das innerlich wirklich geschehen ist, läßt sich von außen nicht sagen (einige früher unierte Geistliche wurden später orth. Bischöfe). Offiziell besteht die Union jedenfalls nicht mehr, und die meisten ihr zugehörigen Bischöfe sind inzwischen (meist im Kerker) gestorben. Seitdem hörte man selten von Auseinandersetzungen zwischen Staat und Kirche; der Patriarch und die Synode fügten sich in die passive Rolle, die der Kommunismus der Kirche zuweist. Doch erhält sie noch Staatsbeiträge. Das religiöse Leben der Gemeinden wird als rege geschildert; die Zahl der Taufen soll etwa 90 vH, der kirchlichen Trauungen Orthodoxer 85 vH betragen; Kirchenschließungen werden selten gemeldet. Die (alle 5 Jahre wiederholten) »Priesterfortbildungskurse« scheinen nicht nur politischer Unterweisung, sondern auch der theologischen Bildung zu dienen. Sie mögen auch bisher Unierten gelten. – Die Beziehungen zu den übrigen orth. Kirchen des »Ostblocks« haben sich sehr intensiviert. Erst seit etwa 1956 scheinen die Mißhelligkeiten zwischen Patriarch und Regierung zuzunehmen; im Auslande sprach man von seiner (und einiger Bischöfe) zeitweiliger Verhaftung. – Das Glaubensbekenntnis ist offenbar intakt, und schwere Verfolgungen sind der Orthodoxie bisher erspart geblieben.

Seit 1950 stehen sich in Amerika und Kanada zwei unabhängige rumän. Emigrationskirchen unter den Bischöfen Valerian (Trifa; * 1914) in Gary/Indiana und (jetzt) Theophil (Ionescu) in Windsor/Ontario (Kanada) gegenüber. Dazu kommt ein Exarch des Bukarester Patriarchats (Andreas [Moldovan]). Die Spaltungen greifen auch auf die europäische Emigration über.

Die *unierte rumän.* Kirche in Siebenbürgen (bes. im Norden), im Erzbistum → Fogaraş (Sitz: Blasendorf) und drei Bistümern organisiert, hatte sich, von Österreich-Ungarn gefördert, bis 1948 auf 1 573 000 Seelen vergrößert. Seit 1918/19 wurde sie zwar nicht direkt behindert, rückte aber nach der Erklärung der Orthodoxie zur Staatsreligion (1923) an die zweite Stelle. Seit 1948 besteht sie offiziell nur noch in der Emigration.

Die *röm.-kath.* Kirche des Landes (darunter viele Banater Schwaben und Ungarn) erhielt nach langen Verhandlungen 1929 ein Konkordat (Primas in Bukarest und 4 Bistümer). Es wurde 1948 aufgehoben. Seitdem ist der Primas gestorben, der Nuntius ausgewiesen, und die meisten Bischöfe wurden inhaftiert. Das Leben der röm. Katholiken (1948: 1174000) ist sehr beengt, Einzelnachrichten sind spärlich.

Über die *luth. Siebenbürger* Sachsen, die ungarischen *Reformierten* und die *Unitarier* vgl. → Siebenbürgen, → Unitarier.

Allg. KG: N.Iorga, Gesch. der rumän. Kirche I. II, (1905) 1929/1932² (rumän.) - St.Metes, Gesch. der rumän. Kirche Siebenbürgens I. II, Hermannstadt 1935 (rumän.) - I.Lupas, Gesch. der rumän. Kirche, Krajowa 1942⁷ (rumän.) - M.Beza, The Rumanian Church, 1947. - *Allgemeines:* B.Spuler, Die Gegenwartslage der Ostkirchen, 1948 - W.de Vries SJ, Der christl. Osten in Gesch. u. Gegenwart, 1951 - R.Janin, Les églises orientales et les rites orientaux, Paris 1955⁴. - *Gegenwartslage:* F.Popan-Č.Drašković, Orthodoxie heute in R. u. Jugoslawien, Wien 1960. - *Unierte:* F.J.Vogel, Rom u. die Ostkirchen, 1959 - N.Pop, Kirche unter Hammer u. Sichel, 1953 (beschreibt die Eingliederung der Unierten vom unierten Standpunkt aus). - Dazu zahlr. Monographien u. Zeitschriftenaufsätze. - *Politische Gesch.:* N.Iorga, Gesch. der Rumänen u. ihrer Kultur, Hermannstadt 1929 - Ders., Istoria Românilor I-X, Bukarest 1936-39 - C.Giurescu, Istoria Românilor I-IV, ebd 1935-37 - G.I.Brătianu, Ein Rätsel u. ein Wunder der Gesch.: Das rumän. Volk, ebd 1942 - I.Lupas, Zur Gesch. der Rumänen, Hermannstadt 1943 - R.M.Markham, Roumania under the Soviet Yoke, Boston 1949. - *Vom ungar. Standpunkt aus:* L.Gáldi-L.Makkai, Gesch. der Rumänen, Budapest 1942. - *Laufende Berichterstattung:* B.Spuler in IKZ (halbjährlich seit 1939). - Vgl. die Lit. zu → Siebenbürgen.

B.Spuler

Rundfunk

1. Allgemein - 2. Pädagogisch - 3. R. und Kirche

1. Nach einer längeren technischen Vorgeschichte trat der R. in den Jahren nach dem 1.Weltkrieg an die Öffentlichkeit und wurde rasch ein immer einflußreicheres und wirksameres publizistisches Mittel. Die erste R.-Sendung in Deutschland wurde am 29.10., die erste Nachrichtensendung am 9.11.1923 von der Berliner Radio-Stunde AG ausgestrahlt. Aus der heutigen Welt-Öffentlichkeit ist der R. nicht wegzudenken. Vor allem in den Entwicklungsländern (Asien, Afrika, Lateinamerika), in denen vielfach noch das Analphabetentum überwiegt, hat er ungeheure Wirkungsmöglichkeiten. Politisch und wirtschaftlich hat der R. drei Grundformen der Organisation gefunden: Als *kommerzieller R.* wird er von der Wirtschaft getragen, die Programme werden mit → Werbung durchsetzt; Werbeeinnahmen finanzieren den Sender. - Als *Staats-R.* ist der R. Sprachrohr und Werkzeug der Regierung. Er untersteht einem Ministerium oder ist selbst eine staatliche Behörde. - Als *Anstalt des öffentlichen Rechts* hat der R. seine rechtliche Basis in Ländergesetzen und Staatsverträgen. Aufsichtsgremien, in denen die verschiedenen Kräfte der Öffentlichkeit vertreten sind, überwachen das Programm nach dem Maßstab der R.-Gesetze.

Je nach der politischen und wirtschaftlichen Struktur hat der R. andere Ziele, Programme, Leitbilder und eine andere Art des Umgangs mit dem Hörer. In jedem Falle gelten die Gesetze, die dieses publizistische Medium kennzeichnen. Die *»Eigengesetzlichkeit des R.s«* ergibt sich aus der Summe folgender Wesenszüge: a) Der R. wendet sich immer an die breiteste Öffentlichkeit. Innerhalb des Sendegebietes, das von Standort, Stärke und Welle des Senders bestimmt wird, kann jeder mithören, dem ein Empfangsgerät die technische Möglichkeit dazu gibt. - b) Das Programm des R.s ist in den Ablauf der Zeit einbezogen; es läßt sich vom Hörer nicht beliebig wiederholen. Die positive Seite dieses Merkmals ist die Gleichzeitigkeit zwischen Geschehen und Sendung, die R. und → Fernsehen allen anderen publizistischen Mitteln voraushaben. Aus der Situation des Hörers zu den verschiedenen Tageszeiten lassen sich zudem Rückschlüsse für die Programmplanung ziehen. - c) Die Senderichtung des R.s ist nicht umkehrbar. Der Weg vom Mikrophon zum Lautsprecher kann nicht in beiden Richtungen begangen werden. Ein realer Dialog zwischen Sender und Hörer im Augenblick der Sendung ist nicht möglich. - d) Die Sendungen des R.s sind nur akustisch wahrnehmbar; der R. ist »einsinnig«. Das Ohr als »innerlichstes Organ« gibt der Sendung einen Zugang von besonderer Qualität. Die ergänzende Phantasie des Hörers arbeitet ständig mit. - e) Der R. bietet ein diskontinuierliches Programm an, das beim Hörer ein Auswählen voraussetzt. Diese »offene Hörersituation« allein garantiert die menschliche Verwendung des R.s, nämlich die vom Einzelnen entschiedene Einbeziehung des Programmangebots in sein Leben. Eine nicht mehr individuell bestimmbare Hörersituation (»Berieselung«, pflichtmäßiges Hören, Lautsprecher mit zentraler Steuerung) macht den R. zum Werkzeug einer unmenschlichen Beeinflussung. - Diese Wesenszüge des R.s zeigen jedoch auch deutlich die *Grenze* dieses Mittels: seine große Möglichkeit ist die Information. Kommunikation oder gemeinsame Aktion der Hörer sind nur in einem mittelbaren, abgeleiteten Sinne möglich. Aktivitäten kann der R. nur anregen, nicht vollziehen. Die Isolierung um den Einzelnen kann nicht vom R., sondern nur vom Hörer selbst aufgebrochen werden.

In *Deutschland* hat der R. drei Phasen durchlaufen: Die Pionierzeit 1923-33 war durch kommerzielle Anfänge mit zunehmender staatlicher Beteiligung gekennzeichnet. Von 1933-45 war der R. Instrument des totalen Staates (Staats-R. in der Regie des Reichsministeriums für Volksaufklärung und Propaganda). Nach 1945 wurde der R. in der BRD als öffentlich-rechtliches System neu begründet (seit 1948/49 in deutscher Verwaltung), in der DDR als Staats-R. in der Verantwortung eines »Staatlichen R.-Komitees« (Radio DDR). Die 8 westdeutschen Sender haben sich in einer »Arbeitsgemeinschaft der öffentlich-rechtlichen R.-Anstalten in der BRD« (ARD) zusammengeschlossen. Anfang 1961 betrug die Zahl der angemeldeten Geräte in der BRD ca 16 Mill. (bei rd 5 Mill. Fernsehgeräten), in der DDR ca 3,5 Mill. (1 Mill. Fernsehgeräte).

Hans-Bredow-Institut Hamburg (Hg.): Internationales Hdb. für R. u. Fernsehen, jährl. erscheinend (Organisation, Besetzung, Technik) - R. u. Fernsehen, Vierteljahresschrift (Aufsätze, Berichte, Chronik).

U.Fick

2. Den Plänen zur Einrichtung des R.s lag in Deutschland die ideale Absicht zugrunde, ein Instrument zu schaffen, das vorab »*volkserzieherischen Aufgaben* dienen« sollte (H.Bredow 1919/26). Die Gründungsurkunde der BBC (British Broadcasting Company 1927) nannte ebenfalls als Aufgabe des R.s »Education« an erster Stelle (vor »Information« und »Recreation«). Auf die Dauer gewannen jedoch die publizistischen Zwecke der Unterrichtung, Unterhaltung, Meinungsbildung und Werbung den Vorrang vor der pädagogischen Motivation. Erzieherische Zielsetzungen blieben gleichwohl bei einigen »gezielten« Programmsparten maßgeblich. Dies gilt bes. vom Schul-, Kinder- und Jugendfunk. Es trifft auch für Sendereihen zu, die Erziehungsfragen aus Schule und Elternhaus erörtern oder im Stile der Volkshochschulen der Erwachsenenbildung zugedacht sind. Dem Bildungsfunk im weiteren Sinne können ferner gewisse Darbietungen zugerechnet werden, die wesentliche Themen auf akademischem Niveau behandeln und als Sendungen eines »Nachtstudios«, eines »Dritten Programms« (BBC) oder einer Funkuniversität ausgestrahlt werden (zB die von Paris aus redigierte »Université Radiophonique International«). Schließlich werden pädagogische Grundsätze bei der Überwachung der gesamten Sendedienste berücksichtigt, für die je nach der geltenden Rechtsnorm interne Instanzen (freiwillige

Selbstkontrolle: USA), offizielle Organe (R.-Beiräte: BRD) oder staatliche Zensurbehörden (R.-Komitee: Sowjetunion) sowie die öffentliche Kritik zuständig sind.

Der *Schulfunk* wurde in den meisten Ländern kurz nach der Aufnahme planmäßiger Sendetätigkeit von den R.-Anstalten in der Absicht eingerichtet, »den verschiedenen Unterrichtsstätten zur Verbreitung von Wissenschaft und Bildung ein volkstümliches Mittel an die Hand zu geben« (H.Bredow; zuerst 1924 in Deutschland, Großbritannien und den USA). Den Geleitworten der ersten Schulfunkstunde des Deutschlandsenders vom 17.5.1926 entsprechend konnte es sich bei seinen Beiträgen »nicht um Unterricht oder Ersatz des Unterrichts, vielmehr nur um eine den Unterricht belebende und abwechslungsreiche Beigabe handeln«. Seine Anwendung in der Schule wurde durch Tagungen, Lehrgänge und Veröffentlichungen (u.a. in Spezialzeitschriften) vorbereitet und überprüft. Untersuchungen über seine Reichweite ergaben, daß seine Bedeutung »mit dem Quadrat der Entfernung von den Bildungszentren« wächst (Bericht des Preuß. Kultusministeriums 1931) und für zahlreiche »Zaungäste« (Hausfrauen, alte Leute, Kranke) darin besteht, als Volkshochschulersatz benutzt zu werden. Als für den Unterricht vorzüglich geeignet haben sich weniger lehrplangebundene als lehrplanferne Schulfunksendungen erwiesen. Unter diesen haben wiederum Beiträge zu den Fachgebieten Geographie, Geschichte, Gemeinschafts- und Gegenwartskunde, Musik, Literatur und Fremdsprachen den Vorrang vor Fachbereichen wie Mathematik und Leibesübungen. Ferner erwies es sich als günstig, die einzelnen Sendungen mehr auf Schulstufen als auf Schularten abzustimmen, während bei der Wahl der Sendeform (Hörspiel, Funkerzählung, Hörfolge, Hörbericht, Interview, Gespräch, Vortrag) zusätzlich Thema und Gegenstand zu berücksichtigen sind. Hierfür lehrte die Erfahrung, daß Schulfunksendungen unterrichtlich um so ergiebiger sind, je mehr sie von der schulmäßigen Art des Unterrichts abweichen. Der Einbau von Schulfunksendungen in den üblichen Unterricht wird durch die Gebundenheit des Schulfunks an feste Sendezeiten und der Schule an starre Stundenpläne erschwert. Langfristige Planung, Herausgabe von Programmplänen und Schulfunkbeiheften, Erfahrungsaustausch in Schulfunkausschüssen, bes. auch die Genehmigung eines befristet verwendbaren Mitschnitts tragen zur Minderung dieser Schwierigkeiten bei. – Der *Kinderfunk* richtet sich bes. an die Sechs- bis Zwölfjährigen. Er kommt als Gast in die Familien, erfordert ein hohes Maß an pädagogischem Takt und hat erhebliche gestalterische Aufgaben zu bewältigen. Bevorzugt werden kleine Hörspiele und unterhaltsam anregende Spielsendungen; seine Stoffe entnimmt er im wesentlichen der Märchen- und der kindlichen Erlebniswelt und pflegt bes. das Spielen und Singen von Kindern für Kinder. – Der *Jugendfunk* arbeitet insofern unter erschwerten Bedingungen, als jugendliche Hörer sich vielfach dem Erwachsenen-Programm zuwenden. Er muß daher ungewöhnlichen pädagogischen Spürsinn beweisen, wenn er sich aktueller Jugendfragen annimmt und den Bedürfnissen junger Hörer verantwortlich zu entsprechen versucht.

So brauchbar und erwünscht, zT sogar unersetzbar einzelne Leistungen des R.s in pädagogischem Betracht auch immer sein mögen, so fragwürdig erscheint er, erzieherisch bewertet, als Gesamtphänomen. Zweifellos vermittelt er gelegentlich fruchtbare geistige Anregungen und vereinzelt sogar entscheidende Anstöße, fortwirkende Erlebnisse und tiefe Erschütterungen. Er ermöglicht breiten Hörerschichten eine vorher undenkbare Weltorientierung und Teilhabe am geistigen Zeitgeschehen, zumal wo er nicht bloße Wissensvermittlung, sondern Problemerschließung anstrebt. Gleichwohl bleibt der R. im ganzen ein pädagogisch höchst verdächtiger Gefahrenkomplex, dem selbst infolge des technisch bedingten Wegfalls unmittelbarer persönlicher Kontakte nur geringe Möglichkeiten zu wirksamer Korrektur des Hörerverhaltens zu Gebote stehen und der deshalb im Erziehungswesen Verhütungs- und Gegenmaßnahmen unerläßlich macht. Die Tatsache, daß das Angebot des R.s »Warenhauscharakter« hat, mutet dem Hörer Entscheidungen der Wahl und des Verzichtes zu, die den ohnehin schon weitgehend »außengesteuerten« Menschen in der für die heutige Gesellschaft kennzeichnenden reizanfälligen Konsumentenhaltung überfordern. Der R.-»Konsument« unterliegt schnell und bedenkenlos der nächsten Verlockung, wird unmerklich von ihr geprägt und ihrer für die Folge bedürftig. Die leichte Verfügbarkeit des Programmangebots führt selbst beim Wertvollen und Gültigen auf die Dauer zur Trivialisierung und hat im ganzen für Kinder und Jugendliche unausbleiblich ungute Verfrühungen zur Folge. Da der R. überdies in den Teufelskreis der konkurrierenden Massenmedien und Stimulantien der technischen Welt einbezogen ist, kann er von sich aus der durch ihn mitbewirkten geistigen und seelischen Desintegration nicht nur nicht zuvorkommen, sondern gerät seinerseits zwangsläufig in deren Sog. Daher bleibt der ausschlaggebende Teil der Aufgabe, die Hörer zu sinnvollem, dh bewußt wählendem und kritischem Gebrauch des Programmangebots zu erziehen, den pädagogischen Instanzen diesseits der Massenmedien überantwortet. Dabei ist die Feststellung lehrreich, daß in geordneten Familien eine deutliche Tendenz zum Seltenhören, in zerfallenden eine Sucht zum Dauerhören des R.s vorwiegt. Wichtig ist ferner die Erfahrung, daß die Erziehung der Schüler zu guten Hörgewohnheiten im Unterricht (sorgfältige Auswahl und Auswertung von Schulfunksendungen usw) die häuslichen Hörsitten günstig beeinflussen kann. Eine vollständige Immunisierung gegen die Gefahren des R.s setzt jedoch eine gute Ordnung des gesamten Erziehungswesens unabdingbar voraus.

In den Entwicklungsländern Afrikas, Asiens und Lateinamerikas gewinnt der R. mit zunehmender Ausbreitung als Hilfsmittel der Grunderziehung im Kampf gegen Unwissenheit und Analphabetentum neuerdings an Bedeutung. Freilich trägt er auch dazu bei, den Verfall überlieferter Formen bodenständiger Kultur zu beschleunigen.

Fünf Jahre Schulfunk in Hessen, 1951 – H.Heinrichs, Die Praxis des Schulfunks, 1958 – E.K.Fischer, Der R. als Volksbildner, 1960 – Bibliogr. des Schulfunks, hg.v. G.Kadelbach u. C.Freund, 1960.

G.Hausmann

3. Die Anfänge des R.s (s. 1) fielen in die Zeit, in der die ev. Kirche (= K.), zB mit der Einrichtung der Preßverbände (→ Presse: III), ein neues Verständnis ihres →Öffentlichkeitsauftrages entwickelte. Die K. hat sich die mit der R.technik gegebenen Möglichkeiten unverzüglich und ziemlich unreflektiert zueigen gemacht. Art und Umfang dieser Wahrnehmung resultierten aus der jeweiligen gesellschaftlichen Stellung der K. und aus den unterschiedlichen Organisationsformen des R.s. In allen Kontinenten und in beiden Konfessionen wurden außerdem – in den USA zT gleichzeitig bzw. als erste – kircheneigene Sender errichtet, deren Arbeit vorwiegend evangelistisch orientiert ist, die aber zT auch breiter angelegte Programme mit informatorischen und kulturellen Beiträgen ausstrahlen.

In Deutschland fanden die ersten Programmverhandlungen zwischen K. und R. 1924 statt. 1930 wurden in den K.nleitungen R.referate gebildet, von denen aus die kirchlichen Sendungen veranlaßt wurden: zunächst Nachrichten, Lesungen und »religiöse Feiern«, dann auch Morgenandachten, Vortragszyklen und Gottesdienstübertragungen. Diese Arbeit gewann formal und inhaltlich immer sachgemäßere Konturen, bis sie, nach vielen vorbereitenden Schwierigkeiten, 1939 vom NS-Staat gänzlich verboten wurde. – 1945 ergab sich eine neue Situation. Die Besatzungsmächte beteiligten die K. am R. nach differierenden, der politischen, finanziellen und juristischen Praxis ihrer eigenen Vorstellungen entsprechenden Gesichtspunkten. Während in der DDR ein Staats-R. entstand, der kirchliche Sendungen nur in geringem Umfang zuläßt (Radio DDR), ist die K. in den Aufsichtsgremien der 8 Sender in der BRD und in West-Berlin durch Delegierte vertreten. Ihnen kommt Mitverantwortung für sämtliche Sparten des R.s (einschließlich → Fernsehen) zu. Außerdem bestellen die K.nleitungen für jeden Sender Beauftragte, denen neben sonstigen Beratungsfunktionen (zB bei religiösen Schulfunkbeiträgen) die Regie der ausgesprochen kirchlichen Sendungen (Gottesdienste, Morgenfeiern, Andachten) obliegt. Sie sind auf der Ebene der EKD in einer »Ständigen Konferenz der Ev.R.arbeit« zusammengefaßt. Die parallele Arbeitsorganisation auf kath. Seite heißt: »Kath. R.arbeit in Deutschland« (KRD).

Jede westdeutsche R.anstalt unterhält eine *Abteilung K.nfunk*. Sie wird nicht von Angestellten der K., sondern von sachkundigen Redakteuren der Funkhäuser geleitet. Ihre Arbeit ist als notwendiger Bestandteil der Bemühung um ein den Hörerwünschen und -bedürfnissen korrespondierendes Programm und nicht als Publikations-Instrument kirchlicher Institutionen oder Personen zu verstehen. Der K.nfunk muß die Vielfalt der Erscheinungen kirchlichen Lebens möglichst angemessen und in ökumenischer Offenheit widerspiegeln. Aber er wird niemals nur Sprachrohr sein können, sondern je nach dem persönlichen Engagement seiner Sachbearbeiter immer auch eigenes publizistisches, theologisches und kirchliches Gepräge zeigen. Seine Thematik ist weitgespannt. Seine Programme umfassen formal alle Spielarten funkischer Darbietung. Sie machen etwa 7–8% des gesamten Wortprogramms aus. Der K.nfunk hat die Tatsachen und Interessen beider Konfessionen gleichermaßen zu berücksichtigen, wobei sich aufschlußreiche Konvergenzen der kath. und ev. K. beobachten lassen.

Der *internationale Kontakt* war bisher unzulänglich. Ökumenischer Austausch, Fruchtbarmachen der verschiedenartigen Erfahrungen geschieht nur vereinzelt. Das 1953 gegründete »World Committee for Christian Broadcasting« (WCCB) ist eine erste Gelegenheit der Begegnung und Koordinierung. In der kath. K. existiert seit 1928 die weltweite Hör- und Fernsehfunk-Arbeitsgemeinschaft UNDA.

Obwohl die K. das Mittel des R.s ausgiebig benutzt, ist sie in seiner Beurteilung und Verwendung nach wie vor unsicher. Die Fragen werden, wenn überhaupt, uneinheitlich beantwortet: Kann man Verkündigung technisch vervielfältigen, ohne sie grundlegend zu verändern? Produziert die K. nicht Surrogate, wenn sie Gottesdienste publiziert, Gebet und Segen auf Tonband konserviert und die Situation des persönlichen Gegenübers weitgehend ersetzt durch die Multiplikation der bloßen, von der leiblichen Anwesenheit des Menschen abgelösten Stimme? Was für Strukturveränderungen ergeben sich aus dem Tatbestand, daß die K. über den R. in unkontrollierbare Anonymität hineinspricht und ihre Predigt, jedenfalls quantitativ, mehr extra als intra muros zu vernehmen ist? Durch die Wirkung der K. im R. werden viele seither für konstitutiv erachtete Bedingungen der Teilhabe an ihr relativiert. Dieser interessante Sachverhalt hat Konsequenzen, die vom Verständnis des Kultischen bis zur Frage einer neuen Soziologie der K. reichen. Die Theologie hat diesen für die Situation der K. in der »Welt der Apparate« typischen Problemen bisher wenig Aufmerksamkeit gewidmet. Sie hat vergangene Kategorien angewendet und kaum die Möglichkeit eines sachgerechten Umgangs der K. mit dem R. zu eröffnen vermocht.

Apparatur u. Glaube, hg.v. R.Guardini u. H.Kahlefeld, o.J. – R. u. Fernsehen im Blick der K., hg.v. K.Becker u. K.-A.Siegel, 1957 (kath.) – Jb. der christl. R.arbeit, hg.v. H.-W.v.Meyenn u. G.Prager, seit 1958 (jährl.) – Schriftenreihe der Ev. Akademie für R. u. Fernsehen, bes. C.Westermann, R.gemeinde u. K.ngemeinde (K. vor Mikrophon u. Kamera, 1959, 37–57). *H.J.Schultz*

Runeberg, *Johan Ludvig* (1804–77), Nationaldichter Finnlands, 1830 Dozent für lat. Sprache und Literatur in Helsingfors, 1837 Lektor in Borgå. Seine ersten Dichtungen publizierte R. 1830. Der Entwurf des von ihm mit B.O.Lille und L.Stenbäck erarbeiteten Gesangbuchentwurfs von 1857 (auf der Grundlage des bis dahin in den schwedisch sprechenden Gemeinden Finnlands gebrauchten Gesangbuchs von 1695) enthielt 66 Kirchenlieder von R. Von ihnen wurden 49 in das schwedische Gesangbuch in Finnland von 1886 und 41 in das gegenwärtige von 1943 aufgenommen (→ Kirchenlied: I, 4).

Übers.en einiger Lieder bei F.Israel, Gedichte aus Finnland, Helsingfors 1920. – Über R.: W.Eigenbrodt, J.L.R.s Leben u. Werke, 1890 – W.Söderhjelm, J.L.R., 2 Bde, (1904/06) Stockholm 1929² (schwed.) – S.Belfrage, J.L.R. i sin religiösa utveckling, Uppsala 1917. *A.Arvastson*

Runge, 1. *Jakob* (1527–95), * in Stargard, studierte 1544 in Wittenberg, 1546 in → Greifswald, wurde hier 1548 Prof. der Rhetorik, 1552 Pastor an St. Marien und Prof. der Theologie, 1557 General-Sup. Durch Visitationen, Ausbau von Synoden und Synodalkonventen, Rückführung entfremdeten Kirchengutes, Bildung eines wirtschaftlich gesicherten und wissenschaftlich gebildeten Pfarrerstandes baute R. die ev. Kirche in → Pommern auf. Er lehnte die Annahme der → Konkordienformel ab, hatte scharfe Auseinandersetzungen mit Stralsund über Ordination, Institution und KO, mit Osiandristen, Flacianern, Wiedertäufern und Kryptocalvinisten und war federführend bei der Abfassung der KO von 1563, des Corpus doctrinae Pomeranicum (1564) und der Agende (1569). Einen Ruf Melanchthons nach Wittenberg lehnte er ab.

J.H.Balthasar, Kirchenhistorie Pommerns II, 1725, 387ff – Jöcher III, 2311ff – J.G.L.Kosegarten, Gesch. d. Univ. Greifswald I, 1857, 215f – ADB XXIX, 688ff – R.Dieckmann, Vorpommerns 2. General-Sup. (Monatsbl. d. Gesellsch. f. pomm. Gesch. u. Altertumskunde 17, 1903, 97–120). *H.Heyden*

2. *Philipp Otto* (1777–1810), führender Maler der deutschen → Romantik (: I), * in Wolgast (Pommern), besuchte 1799–1801 die Akademie in Kopenhagen, lebte 1801–04 in Dresden und später in Hamburg (die dortige Kunsthalle bewahrt fast sein gesamtes Werk). R. hat die Krisis um 1800 (→ Malerei: V) von allen bildenden Künstlern am deutlichsten gespürt und auf neuen Wegen die »Elemente der Kunst« wiederzufinden getrachtet; dabei gewann er überraschend moderne Erkenntnisse und entwickelte u.a. eine eigene Farbenlehre. In streng prot. Glauben aufgewachsen, wurde er durch L.Tieck auf die Schriften J. → Böhmes hingewiesen und suchte fortan wie → Novalis biblisches Christentum und panentheistische Naturmythologie zu vereinen. Dieser Identitätsgedanke, der ähnlich auch C.D. → Friedrichs Kunst beherrschte, wird in seinen Werken unmittelbar anschaulich (Ruhe auf der Flucht, 1805/06). Der Zyklus der

»Tageszeiten«, nur in der radierten Folge vollendet, ist der bedeutendste Entwurf eines Gesamtkunstwerkes der Romantik. In ihm haben die führenden Männer der Zeit jene Ideen verwirklicht gesehen: von → Steffens, → Kerner und → Perthes wurde R. ausdrücklich mit Novalis verglichen; Tieck, → Fichte, → Görres und → Brentano waren ergriffen von seinen Radierungen; → Goethe empfand sie beunruhigend »ganz wie die Beethovensche Musik«; Fr. → Schlegel mußte sie später vom kath.-nazarenischen Standpunkt aus als »Abweg« verurteilen. R.s Briefe und Schriften gehören zu den wichtigsten Dokumenten der romantischen Kunsttheorie.

Hinterlassene Schriften, 2 Bde, 1840/41 - Briefwechsel m. Goethe (Schriften d. Goethe-Ges. 51), 1940. - P.F.Schmidt, Ph.O.R., 1923 - Ch.A.Isermeyer, Ph.O.R., 1940. *K.Lankheit*

Ruotsalainen, *Paavo* (1777-1852), finnischer Bauer, Führer einer volkstümlichen Erweckungsbewegung mit weitgehendem, bis heute im kirchlichen Leben → Finnlands (: I, 3) spürbarem Einfluß. Die geistliche Autorität des ungeschulten Mannes war erstaunlich groß. R.s religiöse Gedanken ließen sich nicht in die üblichen Kategorien der pietistisch-herrnhutischen Frömmigkeit einordnen, sondern riefen heftige Auseinandersetzungen von seiten anderer Erweckungsführer (H. → Renqvist, F.G. → Hedberg u.a.) hervor.

A.Oravala, Der Prophet der Wildnis, 1925 - B.Jonzon, Studier i P.R.s fromhet, Uppsala 1935 - O.Tarvainen, P.R. als luth. Christ, 1944 - H.Nyman, Den bidande tron hos P.R., 1949 - Ders., P.R., ein Seelsorger Finnlands (LR 5, 1955, 38-53) - NTU III, 409 - B. Krug, Die Rechtfertigungslehre in der finn. Erweckungsbewegung im 19.Jh., 1957 - A.O.Schwede, Eines aber fehlt dir, 1960. *H.Nyman*

Rupert (*Hrodpert* etc), erster Bischof und Patron der Salzburger Kirche (→ Salzburg), Gründer des Petersklosters (um 700); rheinfränkischer Herkunft, nach einer nicht ganz zweifelsfreien Überlieferung zunächst Bischof von Worms. - Vgl. → Altötting.

Vita Hrodberti, ed. W.Levison in: MG SS rer. Merov. VI, 1913, 140ff. - Hauck I, 349ff - Wattenbach-Levison I, 143f - E.Zöllner, Woher stammte der hl. R.? (MIÖG 57, 1949, 1-22) - I.Zibermayr, Die R.legende (ebd 62, 1954, 67-82). *E.Zöllner*

Rupert *von Deutz* (ca 1070-1129), Benediktiner in St. Lorenz zu Lüttich, verfaßte zunächst eine Liturgieerklärung, die als »Jahr Christi« straffer und im Allegorismus gemäßigter als die des → Amalarius gefaßt ist. Im Investiturstreit aus Lüttich verdrängt, fand R. Aufnahme in Siegburg (um 1113) und wurde als Träger der Siegburger Reform um 1120 zum Abt von St. Heribert in Deutz bestellt. Er schrieb zahlreiche Werke, die über die bisherige kursorische → Schriftauslegung (: IV) hinausdrängten: überall fand er Allegorien und Typen, womit er eine geschlossene → Heilsgeschichte darzustellen versuchte (zuletzt in »De victoria Verbi Dei«). Wie er mit → Bernhard von Clairvaux neben und gegenüber der frühen → Scholastik die sog. Monastik begründete, so geht auf ihn der deutsche Symbolismus (A.Dempf) zurück, der sich über → Hildegard von Bingen und → Joachim von Fiore bis auf → Dante auswirkte. Weil sich → Wiclif auf R. berief, lehnten ihn die Kontroversisten → Bellarmini und → Possevino ab, so daß R.s Andenken erst wieder im 19.Jh. durch J.Bach, C.v.Schäzler und neuerlich durch M. de la Taille zu Ehren kam.

Werke (Neuausg. wird vorbereitet, vgl. Studien u. Mitt.en OSB 67, 1956, 317): MPL 167-170; MG SS XII, 624-637; AnBoll 55, 1937, 244-267. - Über R.: Hauck IV, 432ff - A.Dempf, Sacrum Imperium, (1929) 1954², 233ff - DThC XIV/1, 169ff - EC X, 1446ff - J.Beumer, R.v.D. u. seine »Vermittlungstheol.« (MThZ 4, 1953, 255 bis 270) - U.Jaeschke, Heilsgesch. als Christuspredigt in der Theol. des R.v.D. (Diss. Göttingen), 1956 (Masch.) - J.Semmler, Die Klosterreform von Siegburg, 1959 - W.Kahles, Gesch. als Liturgie. Die Geschichtstheol. des R.v.D., 1960 - R.Haacke, Die Überlieferung der R.schriften (DA 16, 1960, 397-436). *R.Haacke*

Rural Missions (Landwirtschaftsmissionen) sind nicht eine besondere Missionsmethode, sondern die Ausrichtung des gesamten missionarischen Handelns auf die Situation und die Probleme der Landbevölkerung. Auf der Konferenz von Jerusalem 1928 (→ Internationaler Missions-Rat, 6) zuerst zum selbständigen Thema gemacht und zuweilen vom → Social Gospel mitbestimmt (F.Buxton: »The Bible and the Plow will safe Africa«), wollen R.M. die Herrschaft Christi über alle Lebensbereiche geltend machen, den ganzen Menschen in seinen sozialen Bindungen ansprechen und die missionarische Botschaft als Einheit von Verkündigung, Dienst und Gemeinschaft verstehen (→ Comprehensive Approach). - Die *Notwendigkeit* eigener R.M. ergibt sich aus der Eigenart bäuerlicher Lebensformen, aus der Armut und sozialen Abhängigkeit der Landbevölkerung in den Entwicklungsländern und aus den negativen Auswirkungen des raschen sozialen Umbruchs auf die Strukturen der bäuerlichen Gesellschaft. - Die neben Verkündigung und Unterricht in R.M. angewandten speziellen *Methoden* sind: Verbesserung von Boden und Bodenbearbeitung, Gebrauch rationeller Werkzeuge und Arbeitsmethoden, Genossenschaften zur Beseitigung der chronischen Verschuldung, Bekämpfung des Analphabetentums, Grundkurse in Ernährung, Gesundheitspflege, Familienführung usw. Alle Einzelmaßnahmen führen erst da zum Ziel, wo der Aufbau einer tragfähigen Gemeinschaft gelingt, die durch ihr Beispiel zum Kristallisationspunkt einer Neuordnung des sozialen Lebens werden kann. Die Aufgabe des Missionars besteht vor allem in der Erziehung zur Selbsthilfe, die die vorhandenen Kräfte und Hilfsquellen nutzt und entwickelt. Neben Landwirtschaftsschulen und Musterfarmen gewinnt darum der Einsatz speziell ausgebildeter Missionare in den Dörfern selbst an Bedeutung (extension service). Neben dieser Direkthilfe nehmen R.M. durch Studium und Beratung an den Bemühungen zur Änderung der Grundbedingungen teil, wie sie von den Regierungen und der UNO in bezug auf Bodenreform, großräumige Entwicklungshilfen usw unternommen werden. - Die Arbeit wird zusammengefaßt in der 1930 durch J.R. → Mott u.a. gegründeten Organisation R.M. Inc., New York. Zu ihren Aufgaben gehört die Koordinierung der Planung, Forschung und Ausbildung, die Herausgabe von Fachliteratur und einer Vierteljahreszeitschrift »R.M.« sowie die Bereitstellung von Geräten und Maschinen. ZZ arbeiten etwa 250 ausgebildete Landwirtschaftsmissionare in allen Teilen der Welt.

Report of the Jerusalem Meeting VI, 1928 - Tambaram Series V, 1939, 485ff - The Christian Mission among Rural People (Studies in the World Mission of Christianity III), 1945 (Lit.) - J.M.Davis, New Buildings on Old Foundations (ebd V), (1945) 1947² - Ders., Missionary Strategy and the Rural Church (IRM 38, 1949, 401-411) - I.W.Moomaw-F.Price, Agricultural and R.M., A Selected Bibliography (Missionary Research Library, Occ. Bulletin VII, 10, 1956) - I.W.Moomaw, Deep Furrows, Methods and Results in R.M. Service, New York 1957 - Ders., Our Christian Mission to Rural People (IRM 49, 1960, 273-280). *M.Linz*

Rurer, *Johann* (ca 1480-1542), * in Bamberg, 1512 in Ansbach Chorherr und bald auch Hofprediger, 1523 Stadtpfarrer; neben dem Kanzler Vogler Hauptträger der Reformation in Brandenburg-Ansbach. Am 9.4. 1525 hielt R. erstmals deutsche Messe mit Laienkelch. 1527 mußte er das Land verlassen und wurde Prediger in Liegnitz bei Herzog Friedrich. Als Markgraf Georg nach dem Tod seines Bruders Kasimir die Regierung übernahm, wurde R. 1528 Stiftsprediger in Ansbach, 1537 auch Stiftsdekan. Zusammen mit → Althamer begründete er das ev. Kirchenwesen in der Markgrafschaft. R. begleitete 1530 den Markgrafen auf den Reichstag zu Augsburg; auch an den Religionsgesprächen zu Hagenau, Worms und Regensburg nahm er teil.

Vf.: Christl. unterrichtung eines pfarhern an seinen hern, 1526. - Über R.: RE XVII, 245f - RGG² IV, 2145 - M.SIMON, Ansbachisches Pfarrerbuch, 1957, Nr. 2501 (Lit.). *Matth.Simon*

Ruskin, *John* (8.2.1819 bis 20.1.1900), engl. Kulturethiker, 1870-84 Prof. der Kunstgeschichte in Oxford. Als junger Mann schloß sich R. den frühen christlichen Sozialisten an und erteilte Londoner Arbeitern in Volkshochschulkursen Unterricht in Kunstbetrachtung. Seitdem fesselte ihn lebenslang der Zusammenhang von Kunst, Wirtschaft, Ethik und christlichem Glauben. Leidenschaftlicher Ankläger des → Kapitalismus, strebte er nach einer systematischen Gesamtanschauung, die zugleich echte Lebensreform sein sollte. Im Gegensatz zur ästhetisierenden, spätromantischen Kunstanschauung trat er für eine ethische und realistische ein, die er bezeichnenderweise historisch stützte (bes. »Stones of Venice« I-III, 1851-53). Aus der Forderung der Naturwahrheit bestimmte er grundsätzlich und historisch den Gemütswert der Landschaft für den Menschen, verteidigte die Gotik, weil sie Opfer, Wahrheit, Macht, Schönheit, Leben, Erinnerung und Gehorsam als ihre Grundsätze gehabt habe, und lehnte die Renaissance ab. Die Kunst war ihm Maßstab der sittlichen Gesundheit oder Krankheit einer Kultur.

Autobiogr.: Praeterita, (1885-89) 1901. - Works ed. E.T.COOK u. A.WEDDERBURN, 39 Bde, 1903-12; bes. wichtig: Modern Painters, 5 Bde, 1843-60; The Seven Lamps of Architecture, 1849; The Political Economy of Art, 1857; Sesame and Lilies, 1865. - Über R.: J.BARDOUX, Le mouvement idéaliste et social dans la litt. anglaise au XIXe siècle: J.R., Paris (1900) 1931⁴ - E.T.COOK, The Life of J.R., 2 Bde, London 1911 - D.LEON, R., ebd 1949 - P.QUENNELL, J.R., ebd 1949 - J EVANS, J.R., ebd 1954 - DNB XXII, 1177ff - ODCC 1188f. *M.Schmidt*

Russell, 1. *Bertrand,* dritter Earl R., engl. Philosoph, * 1.5.1872 in Trelleck. R. war 1910-16 Fellow des Trinity College in Cambridge. Wegen seines energischen Pazifismus wurde er 1916 entlassen und kam 1918 sogar ins Gefängnis. Bis zu seiner Rückberufung nach Cambridge (1944) lebte er als freier Schriftsteller, berühmt und einflußreich, aber auch angefeindet wegen seiner unerschrockenen Kritik an unvernünftigen Traditionen in Staat und Kirche, Erziehung, Ehe und Moral. 1950 erhielt er den Nobelpreis für Literatur. - R.s Hauptverdienst in der Philosophie ist die Verschmelzung der Grundgedanken Freges und der Vorzüge der Notation Peanos zum Standardwerk der modernen → Logik (Principia Mathematica I-III, mit A.N. → Whitehead, [1910-13] 1925²) und die Anwendung der mathematisch-logischen Hilfsmittel auf philosophische Probleme (On Denoting [Mind 14, 1905, 479-493]). Die Philosophie R.s ist bestimmt von der Absicht, zwischen der Sinneserfahrung und den Resultaten der Naturwissenschaft als den beiden Gebieten größter Erkenntnisgewißheit zu vermitteln. So interpretiert er die Objekte der Naturwissenschaft als logische Konstruktionen aus Klassen von Sinnesempfindungen und vertritt, angeregt von W.James, einen neutralen → Monismus, d.i. die Ansicht, daß die letzten Bestandteile der Welt gegen den Geist-Materie-Dualismus neutral sind. R.s Schriften sind Beispiele einer undogmatischen philosophischen Argumentation, die keiner Schwierigkeit ausweicht und genau bestimmten Fragen nachgeht. Ihr literarischer Glanz und polemischer Witz kann aber gelegentlich auch die letzte Deutlichkeit der Sache verhindern. - Vgl. → Theologie und Philosophie: III.

Vf. ferner u.a. (jeweils London): German Social Democracy, 1896; The Philosophy of Leibniz, 1900; The Principles of Mathematics, (1903) 1937²; Our Knowledge of the External World, 1914 (dt. 1926); Principles of Social Reconstruction, 1916 (dt. 1921); Mysticism and Logic, 1918 (dt. 1952); Introduction to Mathematical Philosophy, 1919 (dt. 1953²); The Analysis of Mind, 1921 (dt. 1927); The Analysis of Matter, 1927 (dt. 1929); An Outline of Philosophy, 1927 (dt.: Mensch u. Welt, 1930); Marriage and Morals, 1929 (dt. 1930); Inquiry into Meaning and Truth, 1940; A Hist. of Western Philosophy, 1946 (dt. 1952²); Human Knowledge, its Scope and Limits, 1948 (dt. 1952); Human Society in Ethics and Politics, 1954; Logic and Knowledge (Essays 1910-50), 1956; My Philosophical Development, 1959. - Vollst. Bibliogr. bis 1944 in: P.A.SCHILPP (Hg.), The Philosophy of B.R., Evanston u. Cambridge (1944) 1946². - Über R.: C.A.FRITZ, B.R.s Construction of the External World, London 1952 - E.GÖTLIND, B.R.s Theory of Causation, Uppsala 1952 - E.RIVERSO, Il pensiero di B.R., 1958. *G.Patzig*

2. *Charles Taze* (1852-1916), Gründer der → Zeugen Jehovas, * in Pittsburg. Ursprünglich Kaufmann, kongregationalistisch erzogen und dadurch zur Frage nach der Rettung der Menschheit gedrängt, unter Einfluß der → Adventisten zu chiliastischem Bibelverständnis gelangt, glaubte R. 1874, in der Bibel »den Plan Gottes mit der Menschheit« entdeckt zu haben. Danach sollte auf Grund von Lev 26, 18; Jer 16, 18; Sach 9, 12 i.J. 1914 die Königsherrschaft Gottes auf Erden anbrechen. Als Pastor (1876) einer privaten Bibelklasse in Pittsburg gründete und schrieb er seit 1879 die Zeitschrift »Zion's Watch Tower and Herald of Christ's Presence«. Aus ihr entwickelte sich 1881 die »Watch Tower Bible and Tract Society«, deren Präsident und Rechnungsführer er bis zu seinem Tode war. Auf Weltreisen 1910 und 1911 warb er bes. unter den Juden in Ägypten und Palästina. Seine Anhänger verehrten ihn als den »größten Lehrer seit Paulus«.

Lit. s. → Zeugen Jehovas. *H.Hohlwein*

Russische Religionsphilosophie

1. Abgrenzung, Überblick, Bedeutung der russ. RPh. - 2. Die religionsfeindliche RPh. - 3. Die theologische RPh. der Geistlichen Akademien - 4. Die r.e Verteidigung der Orthodoxie durch Laien-Theologen - 5. Die r.e »Rechtfertigung der R. der Väter« durch Änderung, Erweiterung oder Reduzierung der überlieferten R. - Ph. = Philosophie, R. = Religion, RPh. = Religionsphilosophie, ph. = philosophisch, r. = religionsphilosophisch. - Vgl. → Religionsphilosophie

1. Unter RPh. verstehen wir erstens das ph.e Nachdenken über Wesen und Bedeutung der R. und zweitens die ph.e Darlegung und Begründung einer R. oder religiösen Weltanschauung. Beide Arten von RPh. waren im mittelalterlichen (vorpetrinischen) → Rußland in gewissen Ansätzen vorhanden, kamen aber erst seit der Freiwerdung des Denkens aus dem geschlossenen System der mittelalterlichen Weltanschauung im 18.Jh. zur Entfaltung. Sie erhielten in Rußland alsbald hervorragende geistesgeschichtliche, politische und soziale Bedeutung, weil hier eine aus dem Westen übernommene reife und fortgeschrittene R.skritik einer rational schwach ausgebildeten, aber tief im Volk verwurzelten und vom Staat privilegierten R. gegenübertrat. Andererseits ließ die Tatsache, daß die Orth. Kirche ph. kaum festgelegt war, freien Raum für mancherlei Entwürfe von Systemen einer christlichen Ph., in denen das überlieferte Glaubensgut mit verschiedenen Strömungen des neuzeitlichen Geisteslebens verbunden und dadurch modifiziert wurde. In der Ausgestaltung, die diese r.en Systeme etwa bei Dostojewskij, Tolstoj, Solowjew, Berdjajew gefunden haben, haben sie weit über die Grenzen Rußlands hinaus gewirkt.

2. Ansätze zu einer *religionsfeindlichen RPh.* finden sich schon bei den spätmittelalterlichen russ. Sektierern (→ Russische Sekten). Im 18.Jh. strömte die ph.e R.s-kritik der französischen → Aufklärung breit nach Rußland hinein. Eine neue Epoche des → Atheismus (: II) bedeutete auch für die russ. RPh. → Feuerbach. → Herzen, der durch Verzweiflung an einem ursprünglich vorhandenen konsequenten Providentialismus dem Atheismus schon nahe gekommen war, wurde (um 1845) durch Feuerbach endgültig überzeugt. Ähnlich und etwa gleichzeitig Belinskij, Tschernyschewskij, Dobroljubow, Bakunin; diese Strömung war so stark, daß fast alle geistig regen Russen mindestens vorübergehend von ihr ergriffen wurden, u.a. auch Dostojewskij, Tolstoj, Solowjew, Berdjajew, Losskij. → Lenin übernahm den Atheismus bereits als unumstößliche »wissenschaftliche Wahrheit« und unaufgebbaren Bestand der marxistischen Ideologie.

3. Angesichts der fortschreitenden Auflösung des mittelalterlichen Weltbildes und gegenüber dem radikalen und militanten Atheismus der linken Gruppe der russ. RPh. wurde es für die theologische Wissenschaft und überhaupt für alle Gebildeten, die am Christentum oder wenigstens am Gottesglauben festhalten wollten, zu einer Notwendigkeit, den eigenen Standpunkt gegen die ph.e Kritik ph. zu verteidigen und zu rechtfertigen. Zunächst war das eine Aufgabe der theologischen Wissenschaft, die bes. von den Ph.-Professoren der *Geistlichen Akademien* alsbald erkannt und in Angriff genommen wurde. Hier wurde schon seit dem 17.Jh. Unterricht in Ph. (meist nach westlichen Lehrbüchern) erteilt. Seit Beginn des 19.Jh.s wurden den großen Systemen der westeuropäischen Ph. eigene Entwürfe von Systemen einer christlichen Ph. entgegengestellt, wobei kritische Fragen der zeitgenössischen antireligiösen RPh. aufgenommen, aber auch die positiv religiösen Ideen der westlichen Philosophen (→ Jacobis, → Baaders, → Schellings, aber auch → Kants und sogar Feuerbachs) verwertet wurden. Die bedeutendsten Vertreter dieser »akademischen« RPh. waren F.A.Golubinskij (1797-1854), P.D.Jurkewitsch (1827-74), W.D.Kudrjawcew-Platonow (1828-91), W.I. → Nesmelow, heute (außerhalb der Sowjetunion) W.W. → Zenkowskij, G. → Florowskij u.a. Die Hauptthemen dieser Schule waren und sind die Frage nach dem Verhältnis von Wissen und Glauben, von Vernunft und Offenbarung; die Frage nach dem Gottesbeweis, oder, wo ein solcher abgelehnt wurde, nach Hinweisen auf die Existenz Gottes, die immer weniger aus der Betrachtung von Natur und Geschichte und immer mehr aus einer Analyse des menschlichen Bewußtseins gewonnen wurden; eng damit verbunden ist das Problem des Menschen, der Geschichte und der Kultur – von jeher eines der Hauptprobleme der russ. Ph. – Die zT hoch bedeutsamen Gedanken dieser Richtung der russ. RPh. haben wegen der Abkapselung der Geistlichen Akademien und der theologischen Wissenschaft vom öffentlichen Leben in Rußland nicht die gebührende Beachtung gefunden.

4. Im Gegensatz dazu hat die ph.e Verteidigung der Orthodoxie durch die → *Slawophilen* (bes. A. → Chomjakow, Iw. → Kirejewskij, Ju.Samarin) nachhaltig gewirkt. Die Slawophilen waren stark ergriffen von der modernen Geistesbewegung, gleichzeitig aber tief in der orth. Tradition verwurzelt; sie sahen das Heil Rußlands nicht in der fortschreitenden Verwestlichung und Verweltlichung, sondern in der Rückkehr zu den religiösen Kräften und Werten, die der russ. Kultur zugrunde lagen. Doch mußte nach ihrer Überzeugung die Kirche den Menschen, die die großen geistigen Umwälzungen des 19.Jh.s erlebt hatten, das überlieferte Glaubensgut in einer neuen Sprache und einem neuen Geiste darbieten. Samarin drückte das so aus: »Die Kirchenfrage hängt ab von der ph.en Frage, und das Schicksal der Kirche ist eng und unauflöslich verbunden mit dem Schicksal Hegels.« Religionsphilosophisch bedeutsam ist im Gedankengut der Slawophilen vor allem ihr Streben nach einer Synthese des kirchlichen Bewußtseins und der Wissenschaft, als deren letzter Ausdruck ihnen die zeitgenössische Ph. (bes. Schelling und → Hegel) erschien. Mit der hierin liegenden Anerkennung der westlichen Ph. verbanden sie aber eine scharfe Kritik des Rationalismus als des angeblichen Grundzuges der westeuropäischen Geistesrichtung. Die Verquickung der r.en Fragestellung mit der Kritik der westlichen Kultur ist eine der schwächsten Seiten der slawophilen RPh. – Die Orthodoxie war nach ihrer Anschauung diejenige Konfession, die mit der wissenschaftlichen Ph. zu vereinbaren sei. Ohne den *Inhalt* des überlieferten Glaubens an irgendeinem wesentlichen Punkte aufzugeben oder zu modifizieren, lehnten sie die bisherige *Form* der systematischen und historischen Darlegung und Beweisführung der Glaubenslehre als »scholastisch« ab. Die religiöse Wahrheit betrachteten sie als nicht demonstrierbar, als nicht garantiert durch ein unfehlbares Buch oder eine unfehlbare Institution; als ein Geistiges sei sie nur im Geist, dh in der Freiheit zu erfassen. Die Kirche kennt keine Autorität; »sie nimmt nur Freie in ihrem Schoße auf«. Nicht nur der Katholizismus, sondern wegen seines → Biblizismus erscheint auch der Protestantismus den Slawophilen als Autoritäts-R. – Als eine nicht nur den Intellekt, sondern den ganzen Menschen ansprechende, fordernde Wahrheit ist die R. nach Überzeugung der Slawophilen nur durch eine ganzheitliche Erkenntnis zu erfassen, an der neben dem Intellekt der Wille und das Herz beteiligt sind. So ist die Kirche nicht so sehr eine Institution zur korrekten Übermittlung von objektiven Wahrheiten, sondern ein Strom des Lebens, ein lebendiger Organismus. Nur als Glied dieses Organismus kann der Einzelne wahre Freiheit und Fülle und Kraft des geistigen Lebens finden. – Obwohl die strikte Ablehnung jeder äußeren Autorität durch die Slawophilen vielfach das Befremden streng kirchlicher Kreise erregt hat und ihre Lehre vom Wesen der Kirche deswegen oft als »halb-prot.« gekennzeichnet worden ist, sind diese Gedanken der Slawophilen im allgemeinen doch auch von der orth. Theologie rezipiert worden, und sie haben das Lehrsystem der Kirche aufgelockert und in fruchtbarer Weise bereichert. – In rigoroserer und kompromißloserer Weise hat in der 2.Jh.-Hälfte → *Leontjew* die Orthodoxie ph. verteidigt und gegen die modernen Geistesströmungen abgegrenzt. In tiefer Weise spürte er den Abstand nicht nur der sozialen, nationalen und demokratischen Bewegungen seiner Zeit von dem zentralen Anliegen des Christentums, das er vor allem als R. der persönlichen Rettung auffaßte, sondern auch in der R. eines Dostojewskij und Tolstoj sah er – völlig zutreffend – ein entschiedenes Abweichen von elementaren Lehren des Christentums im allgemeinen und der Orthodoxie im besonderen. Seine Argumentation in dieser Polemik war aber kaum noch ph., sondern in vielleicht bewußt herausfordernder und an Obskurantismus grenzender Weise kirchlich-theologisch. Das gleiche gilt von *L.I.* → *Schestow* (Schwarzmann), der mit einem großen Aufgebot an ph.er Gelehrsamkeit, mit tiefem Ernst, mit beißender Ironie und glänzendem sprachlichem Können vom Standpunkt eines irrationalen Offenbarungsglaubens aus den Rationalismus aller Zeiten und Schattierungen bekämpft.

5. Eine in sich sehr verschiedenartige Gruppe russ. r.er Denker hat gemeinsam, daß sie alle die »R. der Väter«, dh im allgemeinen das Christentum in seiner östlich-

orth. Ausprägung, nicht nur wegen der Formen der Verkündigung, sondern auch wegen seines Inhaltes nicht voll glaubten annehmen zu können; sie verwarfen es aber auch nicht vollständig (wie die religionsfeindliche RPh. tat), sondern versuchten es (nach einem Ausdruck Solowjews) »zu rechtfertigen, indem sie es auf eine neue Stufe des vernünftigen Bewußtseins erhoben«. – Am Beginn dieser Entwicklungslinie steht als Einzelgänger der Ukrainer → *Skoworoda,* ein Mystiker mit gewissen Tendenzen zum → Pantheismus oder mindestens → Panentheismus. Die Verbindung zur überlieferten Lehre und zur Kirche vermag er durch eine allegorische Auslegung der Schrift aufrechtzuerhalten. Im eigentlichen Rußland führte das Bekanntwerden mit der westeuropäischen konfessionellen, philologischen und ph.en Kritik an verschiedenen Lehrstücken und Gebräuchen des überlieferten Christentums in den gebildeten Kreisen bald zu einer tiefen Entfremdung gegenüber der kirchlichen Weltanschauung. Soweit sie nicht in R.sfeindschaft überging (s. 2), sondern an den Grundlehren der R. festhielt, modifizierte sie das überlieferte Christentum. *M.Lomonossow* (1711–65), entscheidend beeinflußt von Chr. → Wolff und → Leibniz, lebt in den Ideen der »frommen Aufklärung« und teilt deren r.e Anschauungen, fühlt sich getragen von der Vorsehung Gottes und findet in der von ihm mit rein wissenschaftlichen Methoden erforschten Natur das Lob Gottes. *A.N.Radischtschew* (1749–1802), bekannt mit der deutschen, französischen und englischen Aufklärung, aber auch mit → Herder, vertritt das System der »natürlichen R.«. Die im Rußland des 18.Jh.s sehr einflußreiche → Freimaurerei setzte an die Stelle der überlieferten R. eine esoterische, im Strom der westlichen mystischen Tradition stehende, vom Humanitätsideal erfüllte Religiosität. Die spiritualistische Bewegung zu Beginn des 19.Jh.s (Kaiser → Alexander I., Fürst A.N.Golicyn [1773–1844], A.F.Labzin [1766–1825] u.a.) nimmt die Idee des sich von den Konfessionskirchen unterscheidenden, über ihnen stehenden »inneren Christentums« auf. *M.M.Speranskij* (1772–1834) geht so weit, das »äußere Christentum« für das Reich des Antichrist zu halten. Die von ihm im Namen des »inneren Christentums« erhobene Forderung, daß die soziale Wirklichkeit an die Gebote Christi angepaßt werden müsse, leitet über zu der stark sozialen Färbung der außerkirchlichen religiösen Systeme des 19.Jh.s. – Die russ. Schellingianer der 20er und 30er Jahre finden in einem an → Schelling orientierten r.en System einen Ersatz für die überlieferte R., die nur für die Volksmassen gut sei. Auch P.Ja. → Tschaadajew stellt dem Christentum der Theologen und Schriftgelehrten das ph.e Christentum gegenüber, dessen Zentralidee für ihn die des Reiches Gottes ist, welches nicht klar unterschieden wird von der vollkommenen sozialen Ordnung der Erde. Die historischen Ausprägungen des Christentums – die Konfessionen – werden nicht nach dogmatischen Kriterien, sondern nach ihrer historischen Auswirkung beurteilt. – Das r.e System des anarchistischen Revolutionärs *M.Bakunin* (1814–75; → Anarchismus) ist ein von Fichte und Hegel geprägter Immanentismus. Gott offenbart sich in der Menschheit, sie ist »Gott in der Materie«; Sinn und Ziel der R. ist die Übertragung des Himmels auf die Erde; nicht durch Wissenschaft und Theorie ist Gott zu erreichen, sondern durch die Tat der Freiheit. Erst spät geht Bakunin von dieser R. der revolutionären Tat zum Atheismus über. – Noch radikaler als bei Bakunin kommt der Wille zur Tat, aber auch der religiöse Utopismus in dem r.en System *F.Fedorows* (1828–1903) zum Ausdruck. Nach Fedorow hat der Mensch von Gott den Auftrag, das Chaos des Seins in einen Kosmos zu verwandeln. Vor allem gelte es, den elementarsten Feind des Menschen und alles Lebens – den Tod – zu überwinden. Die Menschheit muß Christus nachfolgen in dem Sieg über den Tod; und nicht nur für uns selbst, sondern auch für die Väter, denen wir unser Dasein verdanken, müssen wir im »gemeinsamen Werk«, durch Vereinigung unserer moralischen, wissenschaftlichen und technischen Kräfte das unsterbliche Leben gewinnen. Die Kraft der Zeugung muß sich verwandeln in Kraft der Auferweckung. Der Maximalismus dieser Problemstellung hat auf Zeitgenossen (Dostojewskij, Solowjew, Tolstoj) und Nachfahren tief gewirkt. – Auch das r.e System → *Dostojewskijs* weicht von dem des kirchlichen Christentums erheblich ab, wenn Dostojewskij diesen Unterschied auch wenig betont. Im Mittelpunkt seiner religiösen Weltanschauung steht die Verehrung einer göttlichen Lebensurkraft, deren tiefstes Symbol ihm die »Mutter Erde« ist. Aus dem positiven Verhältnis zu ihr werden die sittlichen Normen abgeleitet, unter denen an erster Stelle All-Liebe und All-Verzeihen stehen. Christus ist das Fleisch gewordene Ideal der Menschlichkeit; Gott und Unsterblichkeit sind nicht durch Offenbarung verbürgte Fakten, sondern regulative Ideen, ohne die der Mensch die positive Beziehung zur Lebensurkraft verliert. Orth. Kritiker haben die Unterschiede, die Dostojewskijs »rosarotes Christentum« von dem der Kirche trennt, bemerkt und stark betont (bes. Leontjew [s. 4] und Rozanow [s.u.]). – Im Gegensatz zu Dostojewskij deckt → *Tolstoj* in radikaler Ehrlichkeit, die ein Grundzug seines moralischen Charakters war, den Zwiespalt zwischen seiner Weltanschauung und der der Kirche klar auf. Schonungslos zerpflückt er die offizielle Dogmatik, analysiert er den Zwiespalt zwischen wissenschaftlicher Erkenntnis und religiöser Vorstellungswelt im Bewußtsein der Gebildeten, die am überlieferten Glauben festzuhalten suchen. Sein eigenes Bestreben ist es schon 1855, »eine R. zu schaffen, die dem Entwicklungszustand der Menschheit entspricht, die R. Christi, aber gereinigt von Dogmen und Wundern, eine praktische R., die nicht ein künftiges Heil verspricht, sondern die Seligkeit auf Erden gibt«. Zentrum dieser vom Ende der 70er Jahre an von Tolstoj mit Leidenschaft gepredigten R. ist die (material an der → Bergpredigt orientierte) Ethik. Von der erfahrenen Wirklichkeit und Absolutheit der ethischen Forderung her wird ihm die Existenz einer (im übrigen unerkennbaren) anderen Seinsordnung gewiß. Damit steht er in seinem r.en System → Kant und → Fichte vielleicht doch näher als dem von ihm so geliebten → Rousseau. – *Wl.* → *Solowjew* modifiziert bei seinem Versuch, »den Glauben der Väter zu rechtfertigen, indem er ihn auf eine neue Stufe des vernünftigen Bewußtseins erhebt«, die überlieferte R. in doppelter Richtung: Erstens faßt er das Christentum wie Speranskij, Tschaadajew, Bakunin, Fedorow nicht so sehr als die R. der persönlichen Errettung auf, sondern vor allem als gemeinsames Werk der Menschheit zur Verwandlung der Welt, zur Überwindung des Todes, zur Verwirklichung der vollkommenen sozialen Ordnung in der universalen Theokratie, die die Übergangsstufe der Menschheit aus der Weltgeschichte in das Reich Gottes sein soll. Zweitens unterscheidet sich seine Auffassung des Verhältnisses Gott-Welt sehr wesentlich von dem der christlichen Lehre. Nach ihm ist die Welt nicht aus einem freien Schöpfungsakt Gottes entstanden, sondern aus einem innergöttlichen Geschehen, dem Abfall der Weltseele von der himmlischen Sophia, die ein Teil des göttlichen Pleroma ist. Der kosmologische und historische Weltprozeß ist die Rückkehr der Weltseele zur göttlichen All-Einheit. In dieser gnostischen Lehre fühlte sich Solowjew durch die mystische Erfahrung mehrerer Visionen der »himmlischen Freundin« bestärkt. Die Gottferne der Welt auf der einen, ihr Erfülltsein von göttlichen Ideen und Kräften auf der anderen Seite fand Solowjew durch seine → Sophiologie offenbar besser ausgedrückt und erklärt als durch die jüdisch-christliche Lehre von Schöpfung und Sündenfall. - Die russ. RPh. nach Solowjew (→ Berdjajew, S.N. → Bulgakow, → Florenskij, S.L.Frank [1877-1951], Wj. → Iwanow, → Karsawin, N.O.Losskij [* 1870], S.N.Trubeckoj [1862-1905] u.a.) wird sehr wesentlich bestimmt von dem weiteren Ringen um dieses Problem der Sophiologie und der All-Einheit, hinter dem das Problem des Verhältnisses Gott-Welt steht. - Stärker noch als von Solowjew und seinen Nachfolgern wurde die Göttlichkeit des Kosmos von einer stark unter → Nietzsches Einfluß stehenden Gruppe der russ. RPh. betont, deren charakteristische Vertreter → Mereschkowskij und vor allem W.W.Rozanow (1856-1919), zeitweise auch Berdjajew waren. Sie strebten nach einer Synthese von Christentum und antikem Heidentum, kritisierten den asketischen, lebensfeindlichen Zug des kirchlichen Christentums, vermißten in diesem die Heiligung des natürlichen und kulturellen Lebens, vor allem des menschlichen Schöpfertums. R.e Motive solcher und ähnlicher Art sind auch in der neueren russ. Literatur lebendig, bes. im russ. Symbolismus, aber auch bei M. → Gorkij, S.A. Jesenin (1895-1925) und B.Pasternak (1890-1960).

Textausgaben: Östl. Christentum. Dokumente, hg.v. N.v.Bubnoff u. H.Ehrenberg, 2 Bde, 1925 - Kirche, Staat u. Mensch (Kirche u. Welt II), Genf 1937 - Russ. R.sphilosophen. Dokumente, hg. u. übers. v. N.v.Bubnoff, 1956. - Darst.en u. Unters.en: Th.G.Masaryk, Zur russ. Geschichts- u. RPh., 2 Bde, 1913 - S.L.Frank, Die russ. Weltanschauung, 1926 - Dm.Iv.Čyževs'kyj (Tschiżewskij), Die Ph. in der Ukraine, Prag (1926) 1929² (ukr.) - Ders., Abriß einer Gesch. der Ph. in der Ukraine, Prag 1931 (ukr.) - Ders., Hegel bei den Slaven, Reichenberg 1934 - Ders., Hegel in Rußland, Paris 1939 (russ.) - W.Zenkowskij, Die russ. Denker u. Europa, ebd (1927) 1955² (russ.) - Ders., Gesch. der russ. Ph., 2 Bde, ebd 1948/50 (russ.; engl. 1953) - G.Florovskij, Wege der russ. Theol., ebd 1937 - Ws.Setschkareff, Schellings Einfluß in der russ. Lit. der 20er u. 30er Jahre des 19.Jh.s, 1939 - E.Porret, La philos. chrétienne en Russie, Nicolas Berdiaeff, Neuchâtel 1944; dt. 1950 - N.Berdjajev, Die russ. Idee, Paris 1946 (russ.) - A.v.Schelting, Rußland u. Europa im russ. Geschichtsdenken, Bern 1948 - Ludolf Müller, Schellings Einfluß in Rußland (APh 3, 1949, 53-81) - Ders., Russ. Geist u. ev. Christentum, 1951 - Ders., Der Einfluß des liberalen Protestantismus auf die russ. Laientheol. (Kirche im Osten 3, 1960, 21-32) - B. Schultze, Russ. Denker. Ihre Stellung zu Christus, Kirche u. Papsttum, Wien 1950 - Ders., Die Sozialprinzipien in der russ. RPh. (ZKTh 73, 1951, 385-423) - N.O.Lossky, Hist. of Russian Philosophy, London 1952 - N.v.Riasanovsky, Russia and the West in the Teaching of the Slawophiles, Cambridge/Mass. 1952; dt. 1954 - R.A.Klostermann, Probleme der Ostkirche, Göteborg 1955 - P. Scheibert, Von Bakunin zu Lenin I, Leiden 1956 - F.Stepun, Der Bolschewismus u. die christl. Existenz, 1959 - R.Slenczka, Die Einheit der Kirche als dogmat. Problem in der neueren ostkirchl. Theol. (Theol. Diss. Heidelberg), 1960. *L.Müller*

Russische Sekten

Die russ. S. gehören zu den charakteristischen Erscheinungen russ. Frömmigkeit. Sie sind zT so eigenartig, daß sie außerhalb des russ. Volkslebens gar nicht gedacht werden können. In der Hauptsache handelt es sich bei ihnen um eigenständige Äußerungen des russ. Frömmigkeitslebens. Nur in seltenen Fällen kommen daneben ausländische Anregungen in Betracht.

Zu allen Zeiten hat es in der russ.-orth. Kirche lehrmäßige Abweichungen gegeben, die der Kirche viel zu schaffen machten und bisweilen zu Absonderungen führten. Diese Erscheinungen entsprechen typischen Veranlagungen des russ. Volkes. Während die einen Gruppen sich von konservativen Neigungen leiten ließen, verschrieben sich andere mystischen, ekstatischen oder ethisch-rationalen Tendenzen. Geschichtlich gesehen setzen die einen byzantinische Erscheinungen fort, während die anderen an moderne geistesgeschichtliche und soziale Grundlagen anknüpfen. Über die im 14. und 15.Jh. auftauchenden Gemeinschaften der *Strigolniki* (→ Rußland: I, 3) und *Judaisierenden* (Židovstvujuščie) ist die Forschung noch zu keinem abschließenden Ergebnis gelangt. Ob es sich um manichäische, hussitisch-humanistische Einflüsse oder um einheimische freidenkerische Erscheinungen handelt, bleibt unentschieden. Bei den unzureichenden Quellen über sie läßt sich weder über ihre Herkunft noch über ihre Gedankenwelt Endgültiges aussagen. Sie sind auch bald völlig unterdrückt worden.

Erst mit dem 17.Jh. nehmen die russ. S. greifbare Gestalt an. Das wichtigste Ereignis auf diesem Gebiet ist die große Kirchenspaltung (Raskol) der *Altgläubigen* (Starovery oder Staroobrjadcy), aus der sich wiederum zahlreiche S. entwickelt haben. Den Anstoß zum Raskol gaben die Reformen des Patriarchen → Nikon (1653ff), der das gottesdienstliche Leben der russ.-orth. Kirche nach griechischem Muster reformieren wollte. Als er kirchliche Sitten wie das althergebrachte Sich-Bekreuzigen mit zwei Fingern, die Aussprache des Jesusnamens (Iissus statt Issus) und liturgische Formen abänderte, lehnten breite Schichten des Volkes den »neuen Glauben« ab. Um der Überlieferung willen lehnten sich die Altgläubigen auch gegen die Obrigkeit auf und verließen lieber Kirche und Heimat, als daß sie die »gottwidrige« Reform Nikons annahmen. Gegenüber den gewaltsamen Maßnahmen des Staates verhärteten sich die Altgläubigen in ihrem Fanatismus. Die Verfolgungen brachen ihren Willen nicht. Sie sahen im Staat eine Verkörperung des Antichrists, mieden jede Berührung mit ihm und meinten in der letzten Entscheidungszeit zu leben. - Eine Richtung der Altgläubigen *(Popovcy)* behielt Priester und Kultus in hergebrachter Weise. Da sie keinen Bischof hatten, der Priester weihen konnte, behalfen sie sich mit Überläufern aus der Staatskirche. Im 18.Jh. bauten sie in Moskau auf dem Friedhof von Rogoshsk ihren Mittelpunkt auf. Sie trieben dort ihre karitative Arbeit und richteten Druckereien ein, die die »alten Bücher« nachdruckten. Seit 1846 erhielten sie Bischöfe und Geistliche aus dem österreichischen Bistum Belokriniza. Die Popowzy haben sich bis zur Gegenwart gehalten und besitzen heute eine eigene Hierarchie. Der Sitz ihres Erzbischofs ist Moskau. Sie sollen noch 200 Priester für 300 Gemeinden haben. Diejenigen Popowzy, die sich verwaltungsmäßig 1801 der orth. Kirche anschlossen, wurden *Jedinovercy* (geeinte Gläubige) genannt. - Die radikalen Altgläubigen kennen keine Priester und keine Sakramente. Nach ihrer Auffassung ist mit Nikons Reform die Zeit des Antichrists angebrochen. Die Gemeinden der priesterlosen Altgläubigen *(Bezpopovcy)* werden von Ältesten und Lehrern geleitet und sind seit dem 17.Jh. in ihren Anschauungen immer weiter auseinandergegangen. Sie lehnten den Staat ab und verweigerten Eid und Kriegsdienst. Die radikalste Richtung *(Philippowzy)* trieb es sogar bis zur Selbstverbrennung. Eine gemäßigtere Richtung stellen die *Pomorzy* in den nördlichen Gebieten dar. Da sie keine Priester und keine Sakramente haben, konnte es bei ihnen auch keine Ehe geben. In der Ehefrage trennten sich die *Danilowzy* und *Fedossejevcy*. Die letzten verwarfen die Ehe, während die Danilowzy die Ehe als weltliche Angelegenheit ansahen. In ihren Glaubenslehren brachten sie es bisweilen zu seltsamen Ausprägungen. Einzelne Lehrer (nastavniki oder načetčiki) entwickelten eigentümliche Anschauungen, die oft an die gnostische Gedankenwelt erinnern. Ihre Gemeinden waren in allen Landesteilen vertreten und bestehen auch in der Gegenwart noch fort.

An der Friedenskonferenz 1952 nahmen Vertreter verschiedener Richtungen der Altgläubigen teil. Genaueres läßt sich über ihre Zahl und ihr gegenwärtiges Leben nicht feststellen.

Die mystisch-spekulative Tradition der orth. Kirche hat in neuerer Zeit verschiedene sektenhafte Erscheinungen gezeitigt. In Anknüpfung an mittelalterliche Überlieferungen wurde auf dem → Athos die Anschauung erneuert, daß der Name Gottes als besondere Hypostase anzusehen und zu verehren sei. Vom Hl. Synod 1913 verurteilt, fanden die *Imjaslavcy* (Namenverehrer) in kleineren Kreisen trotzdem Anhänger. Während des Bürgerkrieges führte diese Gemeinschaft im Kaukasus ein abgeschiedenes Leben. Sie behielt den orth. Gottesdienst bei, hatte aber ihre eigenen Ikonen. Geleitet wurde die Gemeinde von einem »Rat der Zwölf«. Die Imjaslawzy wurden 1927 aufgelöst, werden aber gelegentlich noch genannt. Es gibt auch innerhalb der orth. Kirche solche, die diese Richtung als rechtgläubig anerkennen wollen. – Eine ähnliche mystische Richtung vertraten die um 1900 in Kaluga auftretenden *Wozdychency* (Seufzer). Sie teilen die joachimitische Auffassung (→ Joachim von Fiore), daß nach dem Reich des Vaters und des Sohnes nunmehr das Reich des Hl. Geistes angebrochen sei. Gott dürfe aber nach Röm 8, 26 nur »mit Seufzen« verehrt werden. Auf diese Richtung haben auch die Lehren → Tolstojs eingewirkt. Im übrigen sind hier die Grenzen zwischen kirchlicher und sektiererischer Frömmigkeit fließend.

Ekstatische S. sind auf russ. Boden, vermutlich als Nachwirkung der → Bogomilen, frühzeitig nachweisbar. Sich selbst bezeichneten diese Ekstatiker als *Gottesleute* (ljudi božii) oder geistliche Christen, von den Gegnern wurden sie Chlysten (statt Christen) genannt. Die Anfänge sollen im 17.Jh. auf den flüchtigen Soldaten Danila Philippowič zurückgehen, der mit dem Anspruch auftrat, Gott selbst hätte in ihm Wohnung genommen. Seine Offenbarungen ersetzten die Hl. Schrift. Den Bauern Iwan Suslov ernannte er zu seinem Christus, die Bäuerin Akulina Iwanowa zur Gottesmutter. Im 17. und 18.Jh. breitete sich die Bewegung im Wolgagebiet aus und sprang nach Moskau über. Bei der geringen Verbindung der Gemeinden untereinander konnte es nicht ausbleiben, daß gleichzeitig mehrere Christusse und Gottesmütter auftraten. Im einzelnen haben sich die Gemeinden weit auseinandergelebt, wenn auch die gemeinsame Grundlage immer noch erkennbar ist. Das einzige Dogma, das alle Gottesleute festhalten, ist die Menschwerdung Gottes. Gott, Jesus, Maria und die Apostel und Propheten nehmen dauernd neue Gestalt an. Auf Grund der Selbstvervollkommnung kann der Mensch emporsteigen und selbst zu Gott werden. Im 19.Jh. faßte Awwakum Kopylov die Lehre der Gottesleute zusammen. Er verwarf die Hl. Schrift nicht mehr, sondern deutete sie allegorisch. Die Gemeindeorganisation besteht außer dem Christus und der Gottesmutter aus dem Steuermann des Schiffes und dem Lehrer. Gegenüber der Außenwelt muß vollkommenes Schweigen über das Gemeindeleben bewahrt werden. Im Gottesdienst tragen sie lange weiße Gewänder. Die Propheten beginnen sich zu drehen, die Gemeinde schließt sich mit ekstatischem Tanz an. Während des Tanzes singen sie ihre wehmütigen Lieder. Die Feier (radenje) endet mit allgemeiner Ruhe und gemeinsamer Mahlzeit. Die Nachrede dichtete ihnen viel Unsittlichkeit (sval'nyj grech) an. – Die Gottesleute sind seit 1900 unter verschiedenen neuen Bezeichnungen aufgetreten. Unter Wassilij Lubkov wurde die Bewegung nach dem Toleranzedikt von 1905 neu organisiert. Als »Neues Israel« hielt sie einen Kongreß in Rostow am Don ab, auf dem Lubkov einen Katechismus vorlegte, der 1906 als »Kurzer Katechismus der wesentlichen Glaubensprinzipien der neuen israelitischen Gemeinde« gedruckt wurde. Einen überweltlichen Gott kennen sie nicht. Gott ist nur in der menschlichen Seele zu finden. Diese Erkenntnis von »Gott in uns« vermittelt Christus. Alles Übernatürliche an Christus wird abgelehnt. Kirche, Kreuz und Sakramente gibt es nur im übertragenen Sinne. Sich selbst nannte Lubkov »Sohn des freien Äthers« und stellte 1911 ein »Programm des neuen jungen Lebens« auf. Ganz Rußland teilte er in 7 Provinzen ein, an deren Spitze je ein »Engel« stand. Die Gesamtbewegung wurde von zwölf »Aposteln« und 24 Ältesten geleitet. Das alte Chlystentum ist erheblich abgewandelt, die asketischen und ekstatischen Elemente sind vielfach durch ethisch-rationale verdrängt. Einst sehr stark verbreitet, sind von ihm nur geringe Reste übriggeblieben.

Eine widerliche Abart des Chlystentums waren die *Skopcy* (Selbstverstümmler). Diese Sekte wurde 1774 entdeckt. Sie stellt angeblich die Reaktion auf die geschlechtliche Zuchtlosigkeit bei den Chlysten dar. Nicht durch Abtötung des Fleisches, sondern durch Verstümmelung (Kastration) sollte die sittliche Reinheit erreicht werden. Unterschieden werden das »königliche Siegel« und die völlige Verstümmelung, die »zweite Reinheit«. Nur im Sündlosen, so lehrt der Begründer dieser Sekte, Kondratij Seliwanov, kann Christus Gestalt gewinnen. Wenn ihre Zahl 144000 erreicht habe, würde das 1000-jährige Reich anbrechen. Der Kult gleicht dem der Chlysten; die Verstümmelung, ursprünglich Bestandteil des Kultes, wurde später heimlich vollzogen. Da die ganze Praxis auf diese Handlung konzentriert war, verödete das fromme Leben. Die Skopzen führten ein zurückgezogenes Leben und suchten mit allen Mitteln Anhänger zu werben. 1914 wurde ihre Zahl mit 100000 angegeben. Ihr Zentrum im Dorf Tscherkisowo bei Moskau wurde 1930 zerstört. Als geschlossene Gemeinschaft besteht diese Sekte nicht mehr. – Als die Skopzen unter die Anklage der Menschenfeindlichkeit gerieten, wurde von einem Teil ihrer Anhänger das geistliche Skopzentum vertreten. Die Grundhaltung des Skopzentums wurde beibehalten, die Ekstase durch die Askese zurückgedrängt.

Die spiritualistischen S. wie die *Molokane* (Milchtrinker, weil sie an Fasttagen Milch trinken) und *Duchoborzy* (Geisteskämpfer) wollen nach ihrer eigenen Überlieferung auf westliche Einflüsse zurückgehen. Ob wirklich → Quäker, Anhänger Jakob → Böhmes oder Aufklärer des 18.Jh.s auf sie eingewirkt haben, bleibt fraglich. Die beiden S. gehören zusammen. Sie sind in den südruss. Gebieten entstanden und erhielten schon 1805 Religionsfreiheit. In geschlossenen Siedlungen durften sie sich in den Gouvernements Astrachan und Saratov niederlassen. Ihre stark aufklärerisch bestimmten Glaubensanschauungen haben die Molokanen in ihrer »Glaubenslehre der geistlichen Christen, die üblicherweise Molokanen genannt werden« (Genf 1905), und in einem Katechismus (1908) niedergelegt. Die Gemeinden sind presbyterial aufgebaut. Predigen darf jedes Gemeindeglied. Sie legen Wert auf strenges ethisches Verhalten, verbieten den Besuch von Theater und Club und bemühen sich, einen schriftgemäßen Lebenswandel zu führen. Vertreten sind sie im Kaukasus wie im Fernen Osten, in der Moldau wie im Gebiet von Tambow. – Vom Molokanentum zweigten sich »die Gemeinsamen« und die Neu-Molokanen ab, die sich später den Evangeliumschristen anschlossen. Von hier sind auch die *Sabbatfaster* (Subbotniki) ausgegangen, die stärker jüdischem Einfluß unterlagen. Molokanen und Sabbatfaster haben sich bis zur Gegenwart gehalten und wurden 1959 noch im Gebiet von Tambow festgestellt. – Stärker wach gehalten haben ihr spekulatives Anliegen die *Duchoborzen*. Einflüsse des 18.Jh.s haben auf sie eingewirkt. Ihr Name ist ihnen von den Gegnern gegeben, aber von ihnen selbst anerkannt worden. Zu Beginn des 19.Jh.s bauten sie ihre Gemeinden nach urchristlichem Prinzip an der Molotschna und in Transkaukasien auf. Die Leitung hatten Sawelij Kasputin und seine Erben in unumschränkter Weise inne. Der Letzte dieser Reihe, Pjotr Werigin, wanderte mit seinen Anhängern 1898 nach Kanada aus. Schriftlich fixierte Lehren haben die Duchoborzen nicht, sondern lassen sich durch innere Erleuchtung leiten. Die Bibel wird allegorisch ausgelegt, die Ethik ist streng. Der amerikanischen Obrigkeit bereiten sie gelegentlich Schwierigkeiten. 1957 sind 2500 Mitglieder dieser Sekte in die UdSSR zurückgekehrt.

Im russ. S.tum zeigen sich auch starke rationalistische Tendenzen. Diese Erscheinung ist bes. unter den Einwirkungen → Tolstojs hervorgetreten. Im Bauerntum wie in höheren Ständen fand Tolstoj Anhänger, die seine religiösen Anschauungen zu verwirklichen suchten. Fürst Chilkov, der seine Güter an die Bauern verteilt hatte, begründete eine Schule, in der er diese in der Weise Tolstojs selbst unterwies. Die Verkündigung fand in den zentralruss. Gebieten große Verbreitung. Die *Tolstovcy* lehnen Dogma und Kirche ab. Das Reich Gottes sehen sie im inwendigen Menschen, für den nur die Gebote der Bergpredigt maßgebend sind. Für die Belehrung des Volkes gaben sie einen Katechismus in 156 Fragen und Antworten heraus. Christliche Grundbegriffe werden im säkularen Sinn umgedeutet; Selbstprüfung wird Sakrament, freiwillige Armut Kreuz genannt. Größere Gemeinden haben die Tolstovcy nie gehabt. Ihre Kommunen bestanden bis zur allgemeinen Kollektivierung 1929. – In ähnlichen Bahnen wie die Tolstovcy ging Iwan Tschurikov, der seit 1904 in Petersburg starken Einfluß auf die arbeitende Bevölkerung ausübte. Die russ.-orth. Kirche belegte ihn 1911 mit dem Bann, da er in Tolstojs Weise kirchliche Auffassungen auflöste. Das Reich Gottes sollte durch menschliche Kraft, durch reines, nüchternes Leben verwirklicht werden. Nach der Revolution haben die *Tschurikovcy* Kommunen gegründet und in ihrer Weise die klassenlose Gesellschaft darzustellen gesucht. Von der großen Bewegung ist ein Abstinenzlerverein übriggeblieben. – Gemeinschaften rationalistischer Prägung sind in den Revolutionsjahren auch anderwärts entstanden. Teilweise hatten sie synkretistische Tendenzen und wollten ein Sammelort aller Religionen sein. Ihre positiven Forderungen bestanden meist in den von Tolstoj entlehnten Gedanken. Solche Gemeinschaften bestanden in der Hauptsache in den Großstädten und gaben sich verschiedene Namen, wie »Neutestamentliche Gesellschaft der Jünger Jesu«, »Gemeinde des einen Tempels« u.a. Diese Gruppen bestanden meistens nur so lange, wie ihre geistigen Führer wirken konnten. Ihre Wirkungsmöglichkeiten waren beschränkt, da sie nur persönlich werben und keine Druckschriften verbreiten konnten. – 1957 tauchte auf der Krim eine neuartige Gemeinschaft auf, die sich »Grundkern Christi« (Osnovnoe zveno Christa) nennt. Über ihre Lehren ist nichts bekannt geworden.

Apokalyptische Tendenzen, wie sie die Altgläubigen in ihrer Anfangszeit vertraten, tauchen im russ. S.tum auch später wiederholt auf. Unter den apokalyptischen S. sind zuerst die *Henochleute* (Jenochovcy) zu nennen. Diese Gemeinschaft trat um die Jh.wende an der unteren Wolga in bäuerlicher Umwelt auf. Auf Grund besonderer Offenbarungen wurde für 1900 der Weltuntergang erwartet. Bereits damals wurde diese Sekte aufgelöst, ihr geistliches Haupt, der Bauer Tscherkassov, in ein Kloster nach Susdal', seine Anhänger nach Polen verbannt. Eine Fortsetzung der Jenochovcy stellten in den Jahren des Bürgerkrieges die *Schaschkovcy* dar. Nach Dan 12 erwarteten sie den wahren Zaren Michael und das Hereinbrechen der Endzeit. Frömmigkeit und Kultus waren ganz einfältig. Die Schaschkovcy hielten sich an die Formen der orth. Kirche. 1924 wurden sie aufgelöst. Eine weitere Gemeinschaft dieser Art bildeten die *Fjodorovcy* (Stifter: Fedor Rybalkin), im Volksmund auch »Kreuzträger« (kresstonoscy) genannt. Bei ihnen verbinden sich traditionelle und mystische Elemente. Sie wurden infolge ihrer Naherwartung 1930 liquidiert. Auch unter anderen Namen (Vosnessency, Joasafovcy, Innokentievcy, Muraškovcy u.a.) begegnen weiterhin Gemeinschaften mit apokalyptischer Ausrichtung. In der Hauptsache werden Zeitereignisse auf das letzte Ende gedeutet. Daher gelten diese S. als staatsfeindlich.

Von *westlich bestimmten S.* sind auf dem Gebiet der UdSSR hauptsächlich die → Adventisten vom 7. Tage und die → Zeugen Jehovas vertreten. Neuerdings wird der russ. Ursprung der letzteren betont. Die um 1840 von Hauptmann Iljin begründete Sekte der Jehowisten soll den Anstoß zur amerikanischen Gründung gegeben haben (vgl. ZMP 1959, H. 12, 53f). Obwohl sie als staatsfeindlich gelten, tauchen sie immer wieder auf, in den letzten Jahren vor allem in Sibirien, Kasachstan, in der Ukraine und in der Moldau. – Auch die → Pfingstbewegung macht sich von Lettland und Litauen her stärker bemerkbar, indem sie sich stellenweise mit ähnlichen russ. Erscheinungen, den trjassuny (Zitterer), verbindet. Diese Gruppen prägen eigene Lebensformen aus, ebenso zT auch die Evangeliumschristen und russ. Baptisten (→ Rußland: III, 5).

Das eigentliche Problem der S. in der UdSSR ist die *Nachwuchsfrage*. Der Altersaufbau ist stellenweise derart, daß 85% zu den älteren Jahrgängen gehören und 15% zu den mittleren. Die Jugend geht den S. in stärkstem Maße verloren. In verschiedenen Gebieten wird freilich die Entwicklung nicht die gleiche sein. Genaue Untersuchungen liegen nur für vereinzelte Gegenden vor. Es könnte auch Bezirke geben, in denen die Entwicklung entgegengesetzt verläuft. Während die Baptisten in manchen Gebieten erheblich zugenommen haben, geschieht dieses Wachstum oft auf Kosten anderer Gemeinschaften. Am stärksten haben die Chlysten abgenommen, aber auch andere Gruppen, wie die Subbotniki. Die sowjetische Forschung interessiert sich für soziologische Strukturen und spricht von einer sektiererischen Ideologie, ohne sie in ihren Besonderheiten zu differenzieren. Die Familientraditionen bestehen weithin nicht mehr. Ehen werden nicht nur mit Gleichgerichteten geschlossen. Während auf diese Weise viele Glieder den S. verloren gehen, kommt von außen nur ein geringer Zuwachs. Die Frage, ob sich die Abwandernden der orth. Kirche anschließen oder das Heer der Indifferenten vermehren, kann noch nicht beantwortet werden. Es wird jedenfalls mit der Tatsache zu rechnen sein, daß im letzten halben Jh. das russ. S.tum, das einstmals auf 20 Mill. Menschen geschätzt wurde, auf ca 10% seines früheren Bestandes reduziert worden ist. Auf Grund der Erhebungen im Gebiet von Tambow wurde 1959 erklärt, daß bei einer gleichbleibenden Entwicklung das S.tum dieses an religiösen Gemeinschaften bes. reichen Gebietes vermutlich in 10–15 Jahren völlig verschwinden würde. Es vollzieht sich fraglos eine Vereinheitlichung: die Kristallisationspunkte sind einmal die orth. Kirche, zum andern die vereinigten Evangeliumschristen und Baptisten (→ Rußland: III, 5).

Wichtige Quellenwerke: V. Bonč-Bruevič, Materialien zur Gesch. u. zum Studium d. russ. S.tums u. des Raskol, 4 Bde, St. Petersburg 1908 ff (russ.) - I. AJVAZOV, Materialien zur Erforschung der russ. myst. S., 3 Bde, ebd 1915 (russ.). - Lit. (die des 19.Jh.s ist weithin überholt): RE XVI, 436 ff - K.K.GRASS, Die russ. S., 2 Bde, 1907/1913 - T.I.BUTKEVIČ, Übersicht der russ. S. u. ihrer Abarten, Petrograd 1915 (russ.) - F.C.CONYBEARE, Russian Dissenters (Harvard Theol. Studies 10), Cambridge 1921 - RGG² IV, 2159 ff - R.STUPPERICH, Russ. S.bewegungen der Nachrevolutionszeit (ZSTh 13, 1936, 241-274) - DERS., Russ. S. (Das Evangelium unter d. Völkern d. Ostens 8), 1938 - P.PASCAL, Avvakum et les débuts du Raskol, Paris 1938 - R.A.KLOSTERMANN, Probleme d. Ostkirche, Göteborg 1955, 218 ff - JOH.CHRYSOSTOMUS OSB, Die »pomorskie otvety« als Denkmal der Anschauungen der russ. Altgläubigen (Orient. christ. anal. 148), Rom 1957 - A.ERYŠOV, Das relig. Sektierertum u. sein Wesen, Kiew 1959 (russ.) - L.N.MITROCHIN, Die Erforschung des S.tums im Gebiet von Tambov (Voprosy filosofii, Moskau 1960, H. 1).

R.Stupperich

Rußland

I. Kirchengeschichte - II. Kath. Kirche in Rußland - III. Protestantismus in Rußland - IV. Jüdische Gemeinden in Rußland. - Karte 23 »Rußland und Balkan (im 19.Jh.)« s. Sp. 1241 f. - Vgl. ergänzend → Russische Religionsphilosophie, → Russische Sekten, ferner bes. → Orthodoxe Kirche

I. Kirchengeschichte

1. Die Anfänge; Bedeutung des russ. Mönchtums - 2. Die Zeit vom 10.-13.Jh. - 3. 1300-1589 - 4. Das Patriarchat 1589-1721 - 5. Die synodale Periode 1721-1917 - 6. Die Kirche in der Sowjetunion

1. Die Geschichte der russ. Kirche beginnt mit der Bekehrung des Großfürsten → Vladimir von Kiev, der 988/89 selbst die Taufe empfing und eine Massentaufe seines Volkes veranlaßte. Damit wurde das Christentum in seiner östlichen Form zur Staatsreligion erhoben, nachdem es bereits seit langem in R. Eingang gefunden hatte. Es war auch in seiner westlichen Form nicht unbekannt, und für Vladimirs Entschluß, sich der Ostkirche anzuschließen, mögen staatspolitische Erwägungen zunächst eine erhebliche Rolle gespielt haben. Dieser Entschluß wurde jedoch weit darüber hinaus für das geistige Schicksal seines Volkes bedeutsam. Eine Folge der Christianisierung, die nur hier und da auf nennenswerten Widerstand stieß, wenn sie auch das Heidentum nicht mit einem Schlage beseitigen konnte, war die entschiedene Frontstellung gegen das nichtchristliche Asien, das in Gestalt verschiedener Turkvölker damals bis in das heutige europäische R. hineinreichte. Der kirchliche Anschluß an → Byzanz (: II) förderte jedoch in der Folgezeit eine Entfremdung gegenüber dem Westen, die man sich freilich nicht so stark vorzustellen hat, wie das gemeinhin geschieht. Es mußten erst rein politische Ereignisse wie die Eroberung R.s durch die → Mongolen hinzukommen, um sie wirksam zu machen. Die Beziehungen zu Byzanz darf man sich andererseits nicht zu eng vorstellen, denn gerade am Anfang hat das südslawische kirchliche Zentrum Ochrida für den Aufbau der kirchlichen Organisation und die Verbreitung des Christentums in R. große Bedeutung gehabt. Aus → Bulgarien konnten auch die wichtigsten kirchlichen Schriften in dort schon vorhandenen Übersetzungen ohne wesentliche Sprachschwierigkeiten übernommen werden, so daß das Griechische niemals die Bedeutung erlangen konnte wie das Latein im Abendland. Es unterblieb demzufolge die für den Westen so charakteristische gleichzeitige Übernahme christlichen und antiken Kulturgutes, denn die alsbald in Kiev aufblühende eigene Übersetzungstätigkeit galt nur der christlichen Literatur. Das Fehlen der antiken Komponente macht sich im russ. Geistesleben bis in die Neuzeit bemerkbar. Die sprachliche Eigenständigkeit förderte andererseits die Nationalisierung der jungen russ. Kirche, obwohl ihr Oberhaupt, seit 1037 ein Metropolit von → Kiev, zunächst meist ein Grieche war. Der übrige Klerus war in der Frühzeit stark von Südslawen durchsetzt und später russisch; russisch war aber von Beginn an das *Mönchtum*, das für die tatsächliche Christianisierung der breiten Massen und die Durchdringung des gesamten geistigen Lebens mit christlichem Gedankengut von entscheidender Bedeutung wurde. 1051 wurde von einigen Eremiten ohne Förderung von seiten der Kirchenleitung oder der Fürsten das Kiever Höhlenkloster gegründet (→ Kiev, 2), das zu einem Nationalheiligtum werden sollte und wohl auch heute noch von gläubigen Russen als ein solches empfunden wird. Damit wurde ein wesentliches Stück ostkirchlicher Tradition übertragen und zu einem der wichtigsten Bestandteile des christlichen Lebens in R. gemacht. Das Mönchtum hat innerhalb der → Orthodoxen Kirche (: II, 5) eine eigene Bedeutung gewonnen. Es hat gelegentlich sogar im Gegensatz zur offiziellen Hierarchie gestanden und immer eine gewisse Unabhängigkeit von ihr zu wahren vermocht. Für die russ. Asketen waren der Berg → Athos und die Eremitengemeinschaften des Vorderen Orients das große Vorbild, dem sie auf ihre Weise nachzuleben suchten. Das Volk sah in ihnen die wahren geistlichen Führer, denn es erlebte an ihnen stärker als an den Amtsträgern der Kirche die umformende Kraft christlichen Glaubens. Eine andere Form der Überwindung des natürlichen Triebmenschen war unbekannt. So verschmolz das Bild des wahren Menschen mit dem des Heiligen, eine Vorstellung, die noch viele moderne Russen wie etwa Leo → Tolstoj beunruhigte. Dem Mönchtum fiel damit die eigentliche Seelsorge zu, die bei dem vornehmlich liturgischen Charakter der russ. Kirche und der Ostkirche überhaupt leicht zu kurz kommt. Sie sieht ihren eigentlichen Auftrag außer in der Verwaltung und Darbietung der Sakramente in dem Vollzug des → Gottesdienstes (: V A, 2), in dem das gesamte Heilswirken Gottes von der Erschaffung der Welt über die Erlösung durch Christus bis zu seiner Wiederkunft nacherlebt wird. Der dogmatische Gehalt der Liturgie war ebenso wie ihre Formen von der Tradition geheiligt und ein für allemal festgelegt. Wesentliche Veränderungen waren unmöglich, was der Kirche oft den Vorwurf der Starrheit eingetragen hat, der nur soweit berechtigt ist, als man Leben und Denken gleichsetzt. Die Bedeutung, die die russ. Kirche heute wieder sogar im sowjetischen Leben erlangt hat, ohne daß sich ihr Wesen geändert hat, und vor allem die Geschichte des russ. Asketentums und die religiöse Kraft, die von ihm ausgegangen ist, beweisen das Gegenteil.

2. Den Höhepunkt der Zeit vom 10.-13.Jh. bildet die Regierungszeit Jaroslavs des Weisen († 1054), dem es als erstem gelang, 1051 für kurze Zeit einen Russen, den gelehrten Kanzelredner Ilarion, auf den Metropolitenstuhl zu bringen. Es gab bereits eine russ. Führungsschicht innerhalb des Klerus, die imstande war, der Kirche ungeachtet des griechischen Oberhaupts ein nationales Gepräge zu geben. Es scheint sogar in Kiev eine deutliche antigriechische Strömung gegeben zu haben, die von den Fürsten begünstigt wurde. Die nationalkirchliche Entwicklung wurde auch dadurch gefördert, daß die Bischöfe weitgehend von Klerus und Volk ihrer Eparchien gewählt wurden, wobei das »Volk« entweder mehr durch die Fürsten oder durch die Volksversammlung (das »veče«) repräsentiert wurde. In → Novgorod, das von der Mitte des 12.Jh.s bis zu seiner Eroberung durch Ivan III. von Moskau (1478) auch in kirchlicher Beziehung eine Sonderstellung besaß, war das »veče« sogar entscheidend bei der Wahl des Bischofs (seit 1165 Erzbischofs) beteiligt, der neben seinem geistlichen Amt auch in gewisser Hinsicht das Staatsoberhaupt dieser Stadtrepublik war. Infolge der Erbstreitigkeiten unter den Teilfürsten aus dem Rurikgeschlecht verlor seit Mitte des 12.Jh.s Kiev seine Bedeutung als politisches Zen-

trum R.s, in dem sich drei neue Schwerpunkte bildeten: Vladimir-Suzdal' im Nordosten, Novgorod im Nordwesten und Halič im Südwesten. Die Kirche bildete immer mehr das einzige einigende Band zwischen den auseinanderstrebenden Teilen, schloß sich jedoch am engsten an die Fürsten von Vladimir an, was schließlich durch die Verlegung des Metropolitensitzes nach dieser Stadt 1299 auch äußerlich seinen Ausdruck fand. Dem ging allerdings ein für ganz R. epochemachendes Ereignis voraus: die mongolische Invasion von 1237 und die Zerstörung Kievs von 1240. Der Kirche fielen seitdem noch stärker als bisher nationale Aufgaben zu. Sie wurde von den → Mongolen (in R. Tataren genannt) sehr tolerant behandelt, mit einer Reihe von Privilegien (Steuerfreiheit u.a.) ausgestattet und ihr Eigentum geschützt. Die Metropoliten konnten alsbald zu Fürsprechern ihres Volkes am Hofe der Chane werden.

3. Die Zeit von 1300–1589 ist zunächst gekennzeichnet durch ein enges Bündnis von Kirche und Staat im Kampf um die nationale Selbständigkeit, sowohl gegenüber den Mongolen als auch gegenüber Byzanz. War es im Anfang ein Bündnis zweier gleichberechtigter Partner, so konnte es nicht ausbleiben, daß mit dem Erstarken der Staatsgewalt die Kirche in immer größere Abhängigkeit von ihr geraten mußte. Die Errichtung des Moskauer Patriarchats (1589), dh die endgültige jurisdiktionelle Loslösung der russ. Kirche von → Konstantinopel brachte daher ihr selbst nur geringen, dem Moskauer Staat jedoch beträchtlichen Prestigegewinn. Seit dem ersten Viertel des 14.Jh.s war → Moskau im Aufstieg begriffen, und die Kirche schloß sich ebenso wie ein Jh. früher an die stärkste Fürstenmacht an, ja sie hat ihren ganzen Einfluß geltend gemacht, um die »Sammlung des russ. Landes« unter Moskaus Führung zu unterstützen. Die Metropoliten dieser Zeit waren bereits zum größten Teil Russen, darunter eine Reihe hervorragender Persönlichkeiten; aber selbst der Grieche Feognost verlegte 1328 seinen Wohnsitz von Vladimir nach Moskau und wirkte im gleichen Sinne. Das 14.Jh. war jedoch vor allem bedeutsam durch die Wiederbelebung und Neugestaltung des russ. Asketentums. Dessen bedeutendster Vertreter war der hl. → Sergius von Radonež († 1392), der Gründer des Dreifaltigkeitsklosters in der Nähe von Moskau (→ Troice-Sergievskaja Lavra), das für viele ähnliche Gründungen in dem waldreichen Nordosten R.s zum Vorbild wurde. Das Tatarenjoch wurde als Strafgericht Gottes für die Sünden und den mangelnden Glaubenseifer des russ. Volkes empfunden und hatte eine Vertiefung des religiösen Bewußtseins zur Folge. Eine andere war, daß der durch die ganze russ. Geschichte spürbare Zug zur Landnahme im Nordosten durch die Unsicherheit in den südlichen und südöstlichen Gebieten besonderen Auftrieb bekam. In die Wälder zogen nicht nur die Eremiten, sondern auch vor den Tataren flüchtende Bauern, so daß die Klöster vielfach Mittelpunkte der Kolonisation wurden. Von ihnen aus ist auch zuerst bewußt Mission unter den heidnischen finnischen Stämmen des Nordens getrieben worden, so etwa um 1370 von dem hl. Stefan von Perm (→ Orthodoxe Kirche: IV). Ebenso wie seinerzeit in Kiev hatte die Kirchenführung an der Entstehung, Ausbreitung und missionarischen Wirksamkeit dieser Klöster nur geringen Anteil. Sie konzentrierte in jener Zeit ihre Wirksamkeit darauf, die Macht des Metropoliten mit Hilfe des Großfürsten von Moskau gegenüber den Eparchialbischöfen zu stärken und eine immer größere Zentralisierung der Kirchenleitung zu erreichen, was am Ende des 15.Jh.s schließlich auch gegenüber Novgorod und Pskov (Pleskau) gelang. An dem Widerstand gegen die Tatarenherrschaft nahm allerdings auch das Mönchtum teil. So gab der hl. Sergius dem Großfürsten von Moskau Dmitrij Donskoj ausdrücklich seinen Segen, als dieser sich 1380 zum ersten Waffengang mit den Tataren entschloß. Ende des 14.Jh.s wurden jedoch die ersten Risse in dem bisher so einheitlichen Gebäude der russ. Kirche bemerkbar. Eine erste bedeutende Ketzerbewegung, die sog. Strigolniki, die wohl nicht ohne westliche Einflüsse in den Handelsstädten Pskov und Novgorod um sich griff, wandte sich gegen Geistlichkeit und Lehre von den Sakramenten und war nur schwer zu unterdrücken. Vor allem aber war es die veränderte politische Lage im Südwesten, die schließlich 1448 und endgültig 1458 zur Spaltung der russ. Metropolie in eine von Kiev und eine von Moskau führte. Eine der wichtigsten Folgen der Mongolenherrschaft über Ost- und Zentral-R. war der zT freiwillige Anschluß der westlichen Teile des ehemaligen Kiever Reiches an die aufstrebende Großmacht Litauen. Nur Novgorod und die teilweise von ihm abhängigen angrenzenden Fürstentümer konnten eine gewisse Unabhängigkeit gegenüber beiden Mächten, dem litauischen und dem Mongolenreich, wahren. Die starke Militärmacht des litauischen Staates bot besseren Schutz gegen die Übergriffe der Tataren, ging aber auch selbst erobernd gegen Osten vor, so daß schließlich der gesamte Südwesten R.s einschließlich Kiev litauisch war. Das gespannte Verhältnis, das sich zwischen dem erstarkenden Moskau und Litauen ergab, machte eine Leitung der orth. Kirche im litauischen Machtbereich von Moskau aus unmöglich. Die Lage wurde noch schwieriger, als Litauen 1386 eine Personalunion mit Polen einging und alsbald polnisch-kath. Einflüssen erlag, die die bisher dominierenden russ.-orth. verdrängten. Eine weitere Erschwerung der Lage der orth. Kirche brachte die Florentiner Union von 1439 (→ Einigungsbestrebungen: I, 3, → Reformkonzile). Sie wurde, obwohl von den höchsten Würdenträgern der Ostkirche geschlossen, unter denen sich auch der Metropolit von Moskau Isidor befand, in Byzanz und erst recht in R. nicht anerkannt, diente aber als Rechtsgrundlage für das Vorgehen der röm. Kirche und des polnisch-litauischen Staates gegen die Orthodoxen in ihrem Machtbereich. Die Geschichte der Ostkirche war hier seitdem durch ihren Abwehrkampf gegen den Katholizimus bestimmt, der sich nur allzu oft der Machtmittel des Staates bediente, bes. seit der völligen Verschmelzung Litauens mit → Polen in der Union von Lublin von 1569. Die kulturelle Überlegenheit der Westkirche und die Privilegien des kath. Adels verlockten viele russ. Magnaten zum Übertritt; andere wurden zu bes. eifrigen Verfechtern des angestammten Glaubens. Die Kirche war auf ihre Hilfe angewiesen, ebenso auf die des Bürgertums. Es wurden sog. Bruderschaften gegründet, die die Mittel zur Erhaltung von Kirchen, Geistlichen und Schulen aufbrachten und darüber hinaus bedeutenden Einfluß auf das gesamte kirchliche Leben nahmen. Ein der Ostkirche an sich fremdes Element der aktiven Betätigung von Laien wurde hier wirksam. Sie war um so notwendiger, als es den Polen immer wieder gelang, den Metropolitenstuhl von Kiev mit Anhängern der Union zu besetzen, so daß die Gemeinden auf Selbsthilfe angewiesen waren. Es hat jedoch auch sehr tatkräftige orth. Hierarchen gegeben, zB den Metropoliten Petrus → Mogila, der 1631 ein am Vorbild der Jesuitenschulen orientiertes Kollegium in Kiev gründete, das der Ausbildung von Geistlichen dienen sollte und zum erstenmal lat. Bildung unter Ostslawen verbreitete. Die Auseinandersetzung mit dem Katholizismus hat durchaus belebend auf das theologische Leben gewirkt. Geistliche und Laien waren im Südwesten gebildeter und geistig beweglicher als in dem selbstzufriedenen Moskau und konnten bei dessen Modernisierung

im 17.Jh. eine bedeutende Rolle spielen. Eine gewisse Entfremdung zwischen Großrussen, Ukrainern und Weißrussen (auch die Herausbildung dieser Sprachen aus dem Gesamtostslawischen fällt in die Zeit der staatlichen Absonderung) war allerdings die Folge der verschiedenen politischen und kirchlichen Schicksale. Sie konnte nur in den Gebieten wenigstens teilweise überwunden werden, die im Laufe des 17.Jh.s wieder an Moskau kamen, so zB die → Ukraine links des Dnjepr, bei deren freiwilligem Anschluß 1654 konfessionelle Gründe eine erhebliche Rolle spielten. Diese Gebiete sind auch bis heute rein orth. geblieben, während in Galizien und Teilen des Wilnagebietes die Union größere Erfolge hatte und erst nach den polnischen Teilungen bzw. nach 1945 mit Gewalt beseitigt wurde.

Die Ablehnung der Union von 1439 in Moskau hat bedeutsame Folgen gehabt. Der bald darauf folgende Fall Konstantinopels 1453 wurde als Strafe für den Abfall und die eigene unverfälschte Rechtgläubigkeit als Garantie dafür gedeutet, daß man selbst vor einem solchen bewahrt bleiben werde. Hinzu kam, daß die Macht des Moskauer Staates unter dem energischen und bedeutenden Ivan III. wuchs, 1480 das Tatarenjoch, das nur noch nominell bestand, abgeschüttelt wurde und der Großfürst sich 1472 mit der Nichte des letzten byzantinischen Kaisers vermählte, dh auch in dieser Beziehung das Erbe des gesunkenen Zweiten Rom antrat. So konnte der Gedanke von Moskau, dem Dritten Rom, erstmals von dem Mönch Filofej von Pskov um 1510 ausgesprochen, auf fruchtbaren Boden fallen. Die praktische Bedeutung solcher suggestiven Losungen darf jedoch nicht überschätzt werden. Für die religiöse Begründung der Selbstherrschaft der Moskauer Großfürsten hatte dieser Gedanke Bedeutung, und sie selbst strebten den Zaren-, dh Kaisertitel an, den Ivan IV. sich auch zulegte. Ihre Politik aber war auch weiterhin durchaus auf Nahziele und keineswegs auf Weltherrschaft ausgerichtet. Im kirchlichen Bereich hat die Idee von Moskau, dem Dritten Rom, naturgemäß eine größere Rolle gespielt. Sie wurde noch 1589 bei der Begründung des Moskauer Patriarchats herangezogen, blieb aber auch da nicht unwidersprochen. Einer der eifrigsten Verfechter der engen Anlehnung der Kirche an den mächtig aufstrebenden zentralisierten und autokratisch regierten Staat, der in einer gottgewollten Harmonie zwischen kirchlicher und politischer Führung ein Hüter der Rechtgläubigkeit des Dritten Rom sein sollte, kam zwar aus dem Mönchtum. Es war → Josif von Volokolamsk, eine leidenschaftliche, harte Persönlichkeit, glänzender Organisator der Klostergüter und Schriftsteller. Doch wie immer in der Geschichte der russ. Kirche trat das Eremitentum als bremsende und verinnerlichende Kraft auf. In den »Starzen jenseits der Wolga«, den »Uneigennützigen«, erschien in dieser Zeit eines sich fast überschlagenden konfessionellen Nationalstolzes und pharisäischer Selbstzufriedenheit eine völlig andere, ja »modernere« Richtung, die noch jahrzehntelang die besten Geister R.s anziehen und beeinflussen sollte. Das Streitgespräch mit den »Josifianern«, das auf seiten der Eremiten zuerst von Nil Sorskij, später von dem leidenschaftlicheren »Fürst-Mönch« Vassian Kosoj und zT auch von dem gelehrten Griechen Maxim geführt wurde, entbrannte zunächst um zwei Fragen: die Behandlung von Ketzern und die Frage des Klosterbesitzes. Anlaß für die erste Polemik gab das Auftreten einer Sekte, der sog. »Judaisierenden« (→ Russische Sekten). Josif und seine Anhänger verlangten Todesstrafen und strengste Verfolgung der Ketzer, während Nil Belehrung, Bekehrung und in den schlimmsten Fällen Isolierung der Schuldigen für die einzig mögliche christliche Art des Vorgehens hielt. Zu seinem verinnerlichten asketischen Ideal gehörte auch die Ablehnung nicht nur des persönlichen, sondern auch des klösterlichen Besitzes. Er hatte auf dem Athosberge die Lehren der → Hesychasten kennengelernt und verband sie mit einer fast modern wirkenden Forderung des Studiums der Hl. Schrift und der Kirchenväter. Josif sah in den Klöstern Ausbildungsstätten für den höheren Klerus, der Verwaltungsaufgaben zu übernehmen hatte, und in einer gesicherten wirtschaftlichen Grundlage eine Vorbedingung für die Macht der Kirche überhaupt. Das Schlagwort vom Dritten Rom hatte für die Josifianer eine große, für die »Uneigennützigen« gar keine Bedeutung. Der außerordentlich große Landbesitz der Klöster - etwa ein Drittel der gesamten Nutzfläche des Landes - sollte jedoch in der Folgezeit zu einem Streitobjekt zwischen Kirche und Staat werden. Aber auch in einem tieferen Sinne war die erstrebte Harmonie zwischen Kirchen- und Staatsoberhaupt, die lange Zeit sogar in der Erwähnung des Metropoliten oder seines Segens in fürstlichen Urkunden auch rein weltlichen Charakters Ausdruck fand, nicht möglich. Der schärfste Konflikt erfolgte in der Regierungszeit Ivans IV., eines hochbegabten und zunächst von ehrlichem, auch kirchlichem Reformwillen (100-Kapitel-Synode, russ. Stoglav von 1550/51) erfüllten Herrschers, der jedoch später einem pathologischen Verfolgungswahn erlag und nicht nur überlebte Traditionen, sondern auch jedes Recht verletzte. Es ist ein Ruhmesblatt in der Geschichte der russ. Kirche, die man nur zu leicht zu allen Zeiten als willige Dienerin des Staates ansieht, daß gerade hier der höchste Hierarch, der Metropolit Filipp, mit aller Schärfe gegen den Mißbrauch der Macht durch den Zaren auftrat und 1568 seine mutige Tat mit dem Tode büßte. Obwohl am Ende des 16.Jh.s die Beziehungen zu den übrigen Patriarchen der Ostkirche eher lebhafter geworden waren als in den Jh.en vorher, sah man in Moskau 1589 den Augenblick für gekommen, die russ. Kirche von Konstantinopel zu lösen. Seit 1459 wurde der Metropolit von Moskau ohnehin von der russ. Geistlichkeit selbständig, meist auf Geheiß des Fürsten, gewählt ohne Bestätigung des Patriarchen von Konstantinopel, der ebenso wie die anderen Patriarchen des Orients zu einem Almosenempfänger Moskaus geworden war. An der Stellung der russ. Kirche im Staat und ihrer Zugehörigkeit zur Ostkirche änderte die Errichtung des Patriarchats von → Moskau nichts.

4. Kurz nach seiner Begründung begann die sog. »Zeit der Wirren«, in der auch der Kirche eine bedeutende Rolle und nationale Aufgabe zufallen sollte. Das Aussterben des Rurikidenhauses und das Auftreten des falschen Demetrius ließ alle lange angestauten sozialen und politischen Probleme aufbrechen. Das Eingreifen der Polen in die Auseinandersetzungen machte aus den sozialen Wirren einen nationalen Abwehrkampf, an dem der Patriarch Germogen aktiven Anteil nahm. Die Lavra des hl. Sergius wurde zu einer Festung und einem Waffenarsenal, von dem aus zT der Widerstand organisiert wurde. Dem 1613 gewählten jungen Zaren Michail Romanov stand sein Vater, der Patriarch Filaret, zur Seite und war der eigentliche Regent des Staates. Die ersten Romanovs regierten mit Hilfe einer Ständevertretung, des Zemskij Sobor, in der auch die Geistlichkeit vertreten war. Das folgenschwerste Ereignis des neuen Zeitalters war die Kirchenreform des Patriarchen → Nikon 1654. Sie bezog sich zwar nur auf die Verbesserung der durch Abschreiben fehlerhaft gewordenen kirchlichen Schriften - schon der erwähnte Maxim, der Grieche, war zu diesem Zweck nach Moskau berufen worden - und die Abänderung einiger gottesdienstlicher Zeremonien, rief jedoch einen Sturm der Entrüstung sowohl un-

KARTE 23:
RUSSLAND UND BALKAN
IM 19. JAHRHUNDERT
0 100 200 300 400
km
A B C D E F G
1 2 3 4 5 6 7 8 9 10
FINNLAND
LADOGA SEE
Sveaborg
St. Petersburg
Narwa
Reval
ESTLAND
Dorpat
Nowgorod
Pskow
LIVLAND
Riga
Mitau
Libau
KURLAND
Dünaburg
Polozk
Witebsk
Moskau
Tula
Smolensk
Memel
Kowno
Wilna
Tilsit
Königsbg.
LITAUEN
Minsk
Mohilew
Woronesch
Danzig
Stettin
PREUSSEN
Bialystok
Thorn
Berlin
Frankfurt
Posen
Gnesen
Warschau
Praga
Brest-Litowsk
Pinsk
PRIPET
Tschernigow
Kalisch
Lodz
Radom
Charkow
Leipzig
Dresden
POLEN
Lublin
WOLHYNIEN
Kiew
UKRAINE
Breslau
Sandomir
Berditschew
DNJEPR
DON
Königgrätz
Prag
Olmütz
Krakau
Lemberg
GALIZIEN
BÖHMEN
Brünn
Troppau
Tarnopol
PODOLIEN
Jekaterinoslaw
Taganrog
Asow
Leutschau
Nikolsburg
Kremnitz
Kaschau
BUG
Salzburg
Wien
ÖSTERREICH-UNGARN
Czernowitz
BESSARABIEN
Balta
JEDISAN
Cherson
Debreczin
Ofen
Pest
Graz
Großwardein
SIEBENBÜRGEN
Jassy
MOLDAU
Odessa
ASOWSCHES MEER
KRIM
Kertsch
Simferopol
Sewastopol
Klagenfurt
Klausenburg
Szegedin
Arad
Laibach
Fünfkirchen
Agram
Hermannstadt
Kronstadt
Ismail
Braila
Triest
Fiume
TEISS
DONAU
RUMÄNIEN
WALACHEI
Bukarest
DOBRUDSCHA
BOSNIEN
SERBIEN
Belgrad
Kalafat
Silistria
SCHWARZES MEER
Ancona
Serajewo
HERZEGOWINA
MONTENEGRO
Novibazar
Nisch
Plewna
Sistowa
BULGARIEN
Warna
Schipka-paß
Sofia
OST-RUMELIEN
Sinope
Uskub
Adrianopel
Konstantinopel
TÜRKEI
ADRIA
Ochrida
Saloniki
S. Stefano
Ankara
Neapel
Bari
Tarent
Brindisi
Monastir
Janina
Larissa
ÄGÄIS
Smyrna
Messina
JONISCHES MEER
Peta
Missolunghi
Athen
Tripolitza
Epidaurus
Navarino
SCHWEDEN
OSTSEE
Stockholm
Kopenh.
RUSSLAND

ter Geistlichen als auch unter Laien hervor. Moskau, das Dritte Rom, drohte, seinen Anspruch darauf zu verlieren, wenn man den »griechischen« Neuerern Recht gab und an den ehrwürdigen Traditionen etwas zu ändern wagte. Das vorschnelle und herrische Vorgehen Nikons verschärfte den Konflikt, aus dem schließlich die wohl bis heute nicht überwundene Spaltung (Raskol) in die sog. Altgläubigen (→ Russische Sekten), zu deren Sprecher der Erzpriester Avvakum wurde, und die Anhänger der offiziellen Kirche hervorging. Am Ende scheiterte Nikon an dem Versuch, den der Ostkirche fremden Primat der geistlichen Gewalt vor der weltlichen zu postulieren. Er drang weder beim Klerus, den er durch sein scharfes Vorgehen gereizt hatte, noch beim Zaren Alexej durch, wurde von einer Synode verurteilt und verbannt. Die zweite Hälfte des 17.Jh.s ist aber auch sonst eine Zeit reger theologischer Auseinandersetzungen. Sie wurden jetzt bes. durch ukrainische und weißruss. Theologen angeregt. Eine 1682 nach Kiever Muster gegründete Akademie sorgte für die Ausbildung der Geistlichen, und das Erscheinen zahlreicher theologischer Werke ist Zeugnis für eine rege Auseinandersetzung des alten Moskau mit neuen Gedanken an der Schwelle des petrinischen Zeitalters.

5. Von allen umwälzenden Reformen → Peters d. Gr. griff sein »Geistliches Reglement« von 1721 am tiefsten in das Leben der Kirche ein. Es setzte anstelle des Patriarchen an die Spitze der Kirche eine Staatsbehörde, den *Allerheiligsten dirigierenden Synod,* in der der sog. → Oberprokuror, ein Laie, eine ausschlaggebende Rolle spielen konnte. Das innere Leben der Kirche wurde jedoch von dieser Maßnahme nicht berührt, und es zeigte sich schon hier, wie sehr ihr grundsätzlich liturgischer Charakter allen Veränderungen ihrer äußeren Gestalt standhielt. Auch hat sich Peter ebensowenig wie die Moskauer Zaren irgendwelche Eingriffe in das Lehrgut der Kirche angemaßt, so daß das Schlagwort → »Cäsaropapismus« nur eingeschränkt auf die russ. Verhältnisse angewandt werden darf. Trotz seiner öffentlichen Verhöhnungen der Kirche war Peter weder ein Atheist noch ein Protestant, aber in seine Staatsauffassung paßte eine selbständige kirchliche Organisation nicht mehr. Sie war für ihn nur eine unter den vielen Institutionen des Staates, während seinem engsten Mitarbeiter am Geistlichen Reglement, Feofan → Prokopovič, der u.a. lebhaftes Interesse an den Franckeschen Einrichtungen in Halle zeigte, prot. Gedankengänge nicht fremd waren. Der Gedanke, daß die Kirche wichtige staatspolitische Aufgaben auf dem Gebiete der Volkserziehung zu übernehmen habe, blieb auch nach Peter mit wechselnder Stärke und verschiedener Akzentverteilung erhalten bis zu der berühmten Formel des Bildungsministers Uvarov von 1833, daß Autokratie, Orthodoxie und Nationalität (narodnost') die drei Säulen des russ. Staates seien. Die Frage der Klostergüter, die der moskovitische Staat nicht hatte lösen können, wurde von Peter und bes. von Katharina II. 1764 rigoros im Sinne einer Säkularisation entschieden, doch verblieb der Kirche immer noch ein bedeutender Landbesitz. So dürr und bürokratisch ihr Leben in der synodalen Periode anmutet und so wenig sie vielleicht gerade deswegen imstande war, den brennenden sozialen und politischen Fragen gerecht zu werden, so oft sie in ihrer nunmehr staatlich gelenkten Mission gegenüber den nichtchristlichen Völkern des Imperiums oder gegenüber anderen christlichen Konfessionen und Sekten sich staatlicher Mittel und nichtchristlicher Nächstenliebe bediente, das religiöse Leben wurde dadurch nicht berührt. Obwohl im Zeitalter Katharinas II. der »Voltairianer«, dh der Freigeist in religiöser Hinsicht eine charakteristische Figur der Hofgesellschaft war, brachte dasselbe 18.Jh. eine Erneuerung des Eremiten- und Starzentums hervor und zwei so hervorragende Gestalten wie Paisij → Veličkovskij († 1794) und einen der populärsten russ. Heiligen, → Serafim von Sarov († 1833). Von dem ersteren führt eine direkte Schülerlinie zu den Starzen der → Optina Pustyn', die bis an die Schwelle des 20.Jh.s diese Tradition aufrecht erhielten. In Optina haben die hervorragendsten Geister R.s Rat und Hilfe gesucht: von den an Hegel und Schelling geschulten → Slawophilen bis zu → Tolstoj, dem diese Welt allerdings letztlich verschlossen blieb. Die gebildeten Russen vor der Revolution waren weder so religions- noch so kirchenfremd, wie das oft angenommen wird. Gestalten wie → Chomjakov († 1860) und → Solov'ev († 1900) beweisen das Gegenteil. Bes. um die Jh.wende wurde das religiöse Interesse wieder sehr lebhaft, wenn auch nicht immer im Sinne christlicher und ostkirchlicher Tradition.

6. Trotz mancher Reformbestrebungen, bes. seit 1905, war die russ. Kirche wenig vorbereitet auf die Auseinandersetzungen, die das Revolutionsjahr 1917 und die Folgezeit mit sich brachten. Zwar wurde im Nov. 1917 die Patriarchatsverfassung wiederhergestellt, doch stand die Kirche alsbald der bewußt religionsfeindlichen bolschewistischen Regierung gegenüber und mußte gleichzeitig dem → Marxismus als Lehre, dem mächtig eindringenden naturwissenschaftlichen Denken und einer freilich recht groben Gottlosenpropaganda begegnen. Sie nahm den Kampf auf, und der Patriarch → Tychon sprach am 19.1.1918 das Anathema über die Bolschewisten aus. Die Regierung verkündete ihrerseits am 23.1. ein Dekret über Trennung von Kirche und Staat, das der Kirche die Rechte einer juristischen Person aberkannte, Schließung der kirchlichen Lehranstalten und Enteignung des gesamten kirchlichen Besitzes vorsah. Alsbald ging sie gegen die Geistlichen, bes. die Bischöfe vor, um das Kirchenvolk führerlos zu machen. Einen willkommenen Anlaß dazu bot auch der Streit um die in kirchlichem Gebrauch gebliebenen Wertgegenstände, die die Regierung zur Linderung der Hungersnot 1922 beanspruchte. Der Patriarch war zwar bereit, auch von seiten der Kirche Opfer zu bringen, wehrte sich aber gegen willkürliche Beschlagnahmungen, was zu seiner Verhaftung führte. In dieser Zeit trat eine zunächst gefährlich scheinende und von der Regierung unterstützte Spaltungsbewegung, die sog. »Lebendige Kirche« auf, die jedoch in wenigen Jahren bedeutungslos wurde. Eine Loyalitätserklärung des 1923 aus der Haft entlassenen Tychon änderte an dem Verhältnis von Kirche und Staat wenig, ebenso die sehr viel weitergehende seines Nachfolgers, des Patriarchatsverwesers → Sergius vom Juli 1927. Immerhin sicherte sie die Erhaltung einer Kirchenorganisation, wenn sich auch mindestens ein Teil der Gläubigen zunächst in eine in ihrer Verbreitung schwer abzuschätzende Katakombenkirche zurückzog. Das Religionsgesetz vom 8.4.1929 sicherte zwar die Kultusfreiheit, unterstellte aber die Kirchenorganisation völlig der staatlichen Kontrolle. Es kann, obwohl heute in manchen Punkten praktisch anders gehandhabt, als Rechtsgrundlage für das Bestehen religiöser Gemeinschaften in der Sowjetunion angesehen werden, da es offiziell nicht aufgehoben wurde. – Die Zeit der großen Säuberungen 1936/37 forderte abermals einen hohen Blutzoll. Freilich wurde ebenso wie früher die Anklage nicht wegen Zugehörigkeit zu einer Religionsgemeinschaft erhoben, sondern wegen staatsfeindlicher oder konterrevolutionärer Tätigkeit, Begriffen, die die weiteste Auslegung erfuhren, jedoch nach außen hin den Schein staatspolitischer Notwendigkeit wahren halfen. Erst der Ausbruch des Krieges und die vielen Beweise für mangelnde Loya-

lität der Bevölkerung sowie die Tatsache, daß in den von den Deutschen besetzten Gebieten die Kirchen geöffnet wurden, zwangen → Stalin dazu, seine Taktik zu ändern. Am 4.9.1943 empfing er Sergius, gestattete dessen Wahl zum Patriarchen und ließ nach Sergius' Tode im Febr. 1945 Neuwahlen zu. Die Gottlosenpropaganda wurde wesentlich eingeschränkt. Die Kirche ihrerseits dankte für die ihr gewährte größere Bewegungsfreiheit mit Unterstützung des sowjetischen Patriotismus und stiftete bedeutende Geldbeiträge für die Landesverteidigung. Der damals geschlossene Burgfriede währt bis heute. Die Kirche hat ihn zu nutzen verstanden und verfügt heute (lt. offiziellen Angaben) wieder über 2 Geistliche Akademien, 8 Priesterseminare und ca 20000 Kirchen und Bethäuser (gegenüber ca 60000 vor der Revolution und ca 4-5000 i.J. 1941). Jugendunterweisung und karitative Tätigkeit sind ihr weiterhin untersagt; andererseits bestehen wieder 69 Klöster, die als Produktionsgemeinschaften verschiedenster Art ihren Lebensunterhalt bestreiten. Es gibt 73 Eparchien und ca 30000 Priester (gegenüber ca 28 Bischöfen und 5000 Priestern i.J. 1941 und ca 130 Bischöfen und über 50000 Priestern vor 1917). Dem Patriarchen steht ein Gremium von 6 hohen Geistlichen zur Seite. Ein Kontroll(?)-Organ des Staates ist der Rat für die Angelegenheiten der russ. Orth. Kirche. In ihrem außenpolitischen Wirken geht die Moskauer Kirche weiterhin mit dem Staat konform: Friedenspropaganda, Einflußnahme auf die orth. Kirchen des Orients mit Ausnahme Konstantinopels, ebenso auf die russ. Emigrantenkirchen im Westen (→ Orthodoxe Kirche: III), reger Verkehr vor allem mit den prot. Kirchen außerhalb der Sowjetunion u.a.m. Die zahlreichen Loyalitätserklärungen des Patriarchen → Alexius und seiner Mitarbeiter können jedoch nicht darüber hinwegtäuschen, daß das Zusammenleben zwischen einer in ihren dogmatischen Grundlagen völlig unveränderten christlichen Kirche und einem weiterhin ebenso bewußt atheistischen Staat zum mindesten problematisch ist. Die sowjetische Presse stellt immer wieder mißbilligend fest, daß die Religion selbst auf die kommunistisch erzogene Jugend eine bedeutende Anziehungskraft ausübt, freilich nicht immer im orth. kirchlichen Sinn. Man sucht ihr mit naturwissenschaftlicher Unterweisung entgegenzuarbeiten, doch scheint der Erfolg nicht den Erwartungen zu entsprechen.

Allgemein: E.E.GOLUBINSKIJ, Gesch. d. russ. Kirche, Moskau 1880-1916 (russ.) - N.BONWETSCH, KG R.s, 1923 - A.LUTHER, Gesch. d. russ. Lit., 1923 - W.KLJUTSCHEWSKIJ, Gesch. R.s, (4 Bde, 1925) Zürich 1959 (seit Peter d. Gr.) - G.FLOROVSKIJ, Wege der russ. Theol., Paris 1937 (russ.) - Metr. SERAPHIM (Lade), Die Ostkirche, 1950 - I.NEANDER, Grundzüge d. russ. Gesch., (1956) 1958³ - E.BENZ, Geist u. Leben der Ostkirche, 1957 - D.TSCHIŽEVSKIJ, Das hl. R. Russ. Geistesgesch. I, 1959. - *Einzelnes:* H.SCHAEDER, Moskau, das Dritte Rom, (1929) 1957² - HANS KOCH, Byzanz, Ochrid u. Kiev (Kyrios 3, 1938, 253-292) - P.PASCAL, Avvakum et les débuts du Raskol, Paris 1938 - I.SMOLITSCH, Zur Periodisierung d. Gesch. d. russ. Kirche (Kyrios 5, 1940/41, 66-81) - DERS., Russ. Mönchtum, 1953 - G.P. FEDOTOV, The Russian Religious Mind I: Kievan Christianity, Cambridge/Mass. 1946 - G.STÖKL, Die polit. Religiosität des MA u. d. Entstehung d. Moskauer Staates (Saeculum 2, 1951, 393-415) - A. GUSTAFSON, Die Katakombenkirche, 1954 - A.M.AMMANN, Unters.en zur Gesch. d. kirchl. Kultur u. d. relig. Lebens bei d. Ostslawen I (988-1459), 1955 - J.SH.CURTISS, Die Kirche in d. Sowjetunion, 1957 - A.KISCHKOWSKIJ, Die sowjet. Religionspolitik u. d. russ. orth. Kirche, 1957 - Die russ. orth. Kirche, Veröffentl. d. Moskauer Patriarchats, 1958 - W.DE VRIES, Kirche u. Staat in d. Sowjetunion, 1959 - E.WINTER, R. u. d. Papsttum, 1960 - Kirche im Osten 3, 1960, darin u.a.: P.HAUPTMANN, Johann v. Kronstadt, 33-71; R.STUPPERICH, »Živaja Cerkov'« (Die lebendige Kirche), 72-103. - *Laufende Berichterstattung:* B.SPULER in IKZ; Irénikon, Chèvetogne/Belgien (kath.); Istina, London (kath.) - HerKorr (orth. Mitarbeiter). - Weitere Lit. s. bei den im Text genannten Artikeln.

I.Neander

II. Kath. Kirche in Rußland

Die Trennung zwischen → Byzanz (: II) und Rom im 11.Jh. wurde noch lange nicht zur Trennung zwischen Moskau und Rom. Die gegenseitige Entfremdung nahm erst im 13.Jh. zu. Die Päpste suchten die Spannung wenig erfolgreich zu beheben oder zu mindern. Der Riß erfolgte erst nach dem Konzil von Florenz (→ Reformkonzile) und der Ablehnung der florentinischen Unionsdekrete. → Einigungsbestrebungen (: III) hatten keine nennenswerten Ergebnisse. Die Gegensätze zwischen Moskau und Rom waren mehr liturgisch-ritueller als dogmatischer Natur. Vor dem 15.Jh. hat keine russ. Synode die kath. Kirche wegen Glaubensunterschieden verurteilt. In den neuen kath. liturgischen Büchern (seit 1940) des byzantinisch-slawischen Ritus wurden russ. Heilige beibehalten, die kurz vor dem 15.Jh. gelebt haben, zB → Sergius von Radonesch († 1392) und Stephan von Perm († 1396).

Nach der ersten Teilung Polens errichtete Zar Paul I. 1782 das lat. Erzbistum → Mohilew mit den Suffraganen Vilno, Kamenez, Luzk, Minsk, Pinsk und Samogitien (seit 1847). Der »Kodex für die kirchlichen Angelegenheiten der ausländischen Konfessionen« (im XI. Bd der russ. Gesetzessammlung) gewährte der kath. Kirche die volle Religionsfreiheit und andere kanonische Rechte (freien Verkehr mit dem Hl. Stuhl und der Hierarchie des Auslands, freie Wahl der Bischöfe, Wort- und Pressefreiheit, Ansprüche in Ehe- und Familienfragen, soziale karitative Tätigkeit, Verwaltung der Kirchengüter usw); diese wurden aber durch die Befugnisse des Innenministers zT wieder aufgehoben. Die Versuche von Jesuiten, die Katharina II. nach der Aufhebung des Ordens 1773 in R. aufgenommen hatte, R. in die kath. Einheit einzubeziehen, führten nur zu Einzelkonversionen (zB Madame Svetchin, Fürst → Gagarin), wurden jedoch von seiten der zaristischen Regierung schroff abgelehnt. 1815 wurden die Jesuiten aus R. ausgewiesen. Die kath. Kirche des slawischen Ritus in den durch die polnischen Teilungen zu R. gekommenen Gebieten wurde von R. nie anerkannt (nicht zuletzt auch wegen der Verbindung zum polnischen Aufstand von 1830), sondern 1838/39 bzw. 1875 mit der russ. Staatskirche vereint. Einige Erleichterungen traten um 1905 und 1909 ein.

Nach der Wiederaufrichtung Polens (1918-21) und der Gründung der baltischen Staaten (1918) betrug die Zahl der Katholiken in R. 1,5 Mill. Die durch den Friedensvertrag von Riga 1921 an das kath. Polen gefallenen 3 Mill. orth. Ukrainer und Weißrussen boten eine neue Möglichkeit für eine Union. Die Sowjetdekrete vom Januar 1918 und April 1929 (→ Rußland: I) galten auch für die kath. Kirche. Seit 1926 hat die kath. Hierarchie in R. folgenden Bestand: Erzbistum Mohilew mit Apostolischen Verwesern in Mohilew, Moskau, Leningrad und Kazan; Bistümer Minsk, Zytomir, Kamenez und Tiraspol (mit Apostolischen Verwesern in Odessa, Volga, Kaukasus, Tiflis); Generalvikare für den byzantinisch-slawischen (Moskau) und armenischen Ritus; ferner in Asien das Bistum Wladywostok und die Apostolischen Vikariate Zisbajkal und Transbajkal. Die Bischofssitze und Verweserstellen sind beim staatlichen »Rat für die Angelegenheiten der religiösen Gemeinschaften« (gegr. 1944) nicht registriert und daher zZ sämtlich unbesetzt. Durch die Eingliederung der baltischen Staaten, Ostpolens und der Westukraine (1940) stieg die Zahl der Katholiken in der UdSSR auf ca 7-8 Mill. Die Westukraine und Karpato-R. wurden 1946 bzw. 1950 mit dem Moskauer Patriarchat verbunden. Seit dem 2. Weltkrieg und bes. nach dem Tode Stalins (1953) wird Art. 124 der Sowjet-Verfassung weniger streng ausgelegt und angewandt. Eine merkliche Hinneigung der Staatsgesetze zum Naturgesetz (Ehe- und Familienkodex 1944, neue Kulturpolitik, Beschäftigung mit Fragen der Ethik und Moral) gibt neue Hoffnung für die Religion und die kath. Kirche.

J.GONDAL, Der Katholizismus in R., 1906 - F.HAASE, Die kath. Kirche Polens unter russ. Herrschaft, 1917 - F.MEFFERT, Das zarische R. u. die kath. Kirche, 1918 - L'église catholique en Russie, hg.v. Sekretariat des Erzbistums Mohilew, Warschau 1932 - LThK IX, 30f - J.M.SCHWEIGL, L'Art. 124 della Costituzione Sovietica, Rom 1946 - EC X, 1464f; XII, 805f - W.DE VRIES, Kirche u. Staat in der Sowjetunion, 1959 - AnnPont 1961. *J.M.Schweigl*

III. Protestantismus in Rußland

1. Anfänge - 2. Im 17.Jh. - 3. Im 18.Jh. - 4. Im 19. und 20.Jh. - 5. Die Evangeliumschristen-Baptisten

1. Der Protestantismus drang verhältnismäßig früh ins Innere R.s vor. Evangelische aus den polnisch-litauischen Grenzgebieten brachten die neue Lehre nach Moskau. Wie die Prozesse gegen Baškin, Fedor Kossoj u.a. 1553 zeigen, blieb die Ausbreitung innerhalb der russ. Bevölkerung auf einzelne Personen beschränkt. Auch in dem an Livland und Schweden grenzenden Bereich waren die Evangelischen russ. Herkunft nicht zahlreich. Der Moskauer Staat setzte alle Mittel ein, um die Ausbreitung des Protestantismus unter den Einheimischen zu verhindern. Die Abwehr wurde verstärkt, als durch Einwanderung und Umsiedlung Gefangener die Zahl der Protestanten wuchs. Gleichzeitig setzte die theologische Polemik ein. Obwohl Polen und Livland die Einwanderung vom Westen her zu hindern suchten, folgten doch zahlreiche Fachleute und Abenteurer der russ. Einladung. Als Konrad Schlitte 1548 im Auftrage des Zaren Iwan IV. Fachleute angeworben hatte und in Lübeck einschiffen wollte, konnte er trotz des Geleitbriefes Karls V., der die Kirchenunion erhoffte, sein Vorhaben nicht durchsetzen. Auf Bitten des Zaren sandte Christian III. von Dänemark 1552 Handwerker, vor allem Buchdrucker, und empfahl, Luthers Katechismus und die CA zu verbreiten. 1553 fanden englische Kaufleute den Seeweg ins Weiße Meer. Auf Betreiben Königin Elisabeths durften sie in ihren Handelshäusern unbehelligt ihren Gottesdienst halten. Auch holländische und schwedische Kaufleute erhielten Privilegien zum Handel bis nach Astrachan. Außer Handwerkern und Kaufleuten traten auch zahlreiche Söldner in russ. Dienste. Meist waren diese ev. Bekenntnisses. Ausländer »päpstlichen Glaubens« blieben infolge des Gegensatzes zu Polen unerwünscht. Erheblich größere Scharen von Protestanten kamen ins Innere des Reiches, als die Bevölkerung der eroberten Gebiete von Wyborg in die Knechtschaft verkauft wurde. Auch im Livländischen Kriege wurde die Bevölkerung der Städte Narva und Dorpat in ihrer Gesamtheit weggeführt und meist an der oberen Wolga angesiedelt. Hierher gelangte 1560 auch der letzte Ordensmeister Wilh.v.Fürstenberg, der drei Theologen in seiner Umgebung hatte. Unter den Gefangenen aus Dorpat befanden sich die Pastoren Tieman Brakel und Johann Wettermann. Mit ihrer Tätigkeit beginnen im Moskauer Staat luth. Gemeinden zu bestehen. Die Pastoren wanderten von Ort zu Ort und hielten Gottesdienste in Privathäusern. Obwohl Herzog Magnus von Holstein vielen Livländern die Rückkehr in die Heimat erwirkte, blieben die Gemeinden in Moskau, Nischnij-Nowgorod, Wologda und anderen Orten bestehen. Später kam die Gemeinde auf den Eisenwerken bei Tula hinzu. In Moskau wurden die livländischen Gefangenen und die Ausländer in der deutschen Vorstadt (Inozemnaja sloboda) angesiedelt. 1576 erbauten sie die erste luth. Kirche.

2. Als Zar Boris Godunov 1602 eine neue große Werbung im Ausland durchführte, war die Lage der ansässigen Evangelischen schon erheblich gemildert. In der Umgebung des Zaren befanden sich seitdem nicht wenige Protestanten. In der Ausländersiedlung wohnten Angehörige verschiedener Nationen und Konfessionen nebeneinander. Der erste aus Deutschland berufene Pastor war W.Hullermann aus Westfalen. Ihm folgten Pastoren aus Hamburg und Danzig. Im Laufe des 17.Jh.s wurde in Moskau außer zwei luth. auch eine ref. Kirche errichtet, und zwar für Holländer, Schotten und Engländer. Vorher gab es in Archangelsk schon eine ref. Gemeinde. Auch die aus Ausländern bestehenden Regimenter hatten ihre Militärpfarrer. Die deutschen Pastoren richteten sich nach ihrer heimatlichen KO. Die Gemeinden waren vollkommen selbständig, blieben jedoch mit den Heimatkirchen in Verbindung. Kurfürst Joh. Georg von Sachsen und Herzog → Ernst der Fromme waren ihre Patrone. Im 17.Jh. herrschte bei den Pastoren die orthodoxe Richtung vor. Durch den Synkretismus kam es zu Spannungen, die die Abfassung einer eigenen KO (1678) notwendig machten. Ihr Verfasser war Dr. Blumentrost, der einflußreiche Leibarzt des Zaren. Mystisch-spiritualistische Bestrebungen spielten keine wesentliche Rolle. Anhänger Jakob → Böhmes traten nur vereinzelt auf. Die Verbrennung des Enthusiasten → Kuhlmann 1689 erregte kein besonderes Aufsehen. Die Zahl der → Hugenotten, denen der Kurfürst von Brandenburg die Einreise nach Moskau erwirkte, war nur gering. Trotz ihrer geringen Zahl haben die Protestanten als Ärzte, Apotheker und Offiziere am Hofe oft eine große Rolle gespielt. Jede religiöse Einwirkung auf die einheimische Bevölkerung war ihnen allerdings von Anfang an untersagt. Ihre Rechtslage wurde durch das allgemeine Gesetzbuch von 1649 (Sobornoe uloženie) geregelt: Protestanten durften nur in der Sloboda Besitz haben, keine Dienstleute in ihren Häusern wohnen lassen und keine Leibeigenen besitzen. Religionsgespräche privater Art wurden nicht zugelassen. Solche konnten nur am Hofe geführt werden, wie es 1570 unter Iwan IV. mit Jan Rokyta, 1602 mit dem Hofprediger des Herzogs Hans von Holstein und 1643 des Grafen Waldemar der Fall war.

3. Erst unter → Peter d. Gr. änderte sich die Lage der Evangelischen völlig. Alle früheren Begrenzungen fielen fort. Bald nach seiner ersten Auslandsreise erließ der Zar 1702 ein neues Manifest, das Scharen von Ausländern nach R. zog, denen völlige Religionsfreiheit zugesichert wurde. Die Eroberung des Ingermanlandes und des alten livländischen Bereiches verstärkte die Bedeutung des Protestantismus im Zarenreich ganz erheblich und beförderte den Austausch zwischen ev. Gemeinden, die bis dahin unter verschiedener staatlicher und kirchlicher Leitung gestanden hatten. Auch das ev. Schulwesen nahm großen Aufschwung und wirkte befruchtend auf das russ. Schulwesen ein. Durch den Halleschen Pietismus ist diese Entwicklung bes. gefördert worden. Die aus Halle kommenden Pastoren und Lehrer bestimmten bald das Leben der Gemeinden. Der pietistische Geist wird für Jahrzehnte maßgebend. Auch an der Akademie der Wissenschaften machten sich die ev. Vertreter geltend. Das akademische Gymnasium machte große Fortschritte. Erzbischof Feofan → Prokopovič und seine Schüler förderten die Verbreitung theologischer Literatur und hielten den Verkehr mit deutschen Theologen aufrecht. Auch die politische Bedeutung einzelner ev. Staatsmänner kam den ev. Gemeinden im 18.Jh. sehr zugute. Nicht so sehr aus den Gemeinden als vom Staat her wurde eine verwaltungsmäßige Zusammenfassung des ev. Kirchenwesens gefördert. 1711 wurde der Zu-

sammenschluß der einzelnen Gemeinden zu einer Kirche eingeleitet. Der Zar ernannte Lic. Vagetius zum Superintendenten und gab ihm eine Instruktion. Die neue KO sollte von allen Gemeinden anerkannt werden. Die Aufklärung machte schnelle Fortschritte, und die konservativ ausgerichtete KO geriet bald in Vergessenheit. Seit 1734 unterstanden alle ev. Gemeinden dem Justizkollegium. Das Bestreben des Hl. Synod, Einfluß auf die fremden Konfessionen zu gewinnen, wurde abgewiesen. Erst die Reformtätigkeit zu Beginn des 19.Jh.s sollte eine neue Ordnung bringen. Der Geist der → Erweckungsbewegung machte sich auch im Protestantismus R.s bemerkbar. Die neuen geistigen Bestrebungen, die Mitwirkung in der Russ. → Bibelgesellschaft (, 2 f) und in der Mission gaben den ev. Gemeinden starken Auftrieb. Das Reformationsfest von 1817 hatte ähnliche Wirkungen wie in Preußen. An der Verfassung wurde jahrzehntelang gearbeitet, bis 1832 unter Mitwirkung des Bischofs Karl → Ritschl das »Gesetz für die Ev.-luth. Kirche R.s« geschaffen wurde. Durch die Neugründung der Universität → Dorpat war die Heranbildung des theologischen Nachwuchses inzwischen gesichert worden. Aufklärerische Tendenzen waren überwunden, und die Entwicklung verlief in den Bahnen der konfessionellen luth. Theologie. Dorpat stand im Austausch mit Erlangen und Rostock.

Zahlenmäßig war der Protestantismus in R. im 18.Jh. stark gewachsen. Das Herrnhutertum war seit 1740 in Livland eingedrungen (→ Baltische Länder, 5) und hatte später in Sarepta an der Wolga seine Siedlungen begründet. Das Manifest der Kaiserin Katharina (1763) löste eine große Einwanderungswelle bäuerlicher Kolonisten aus. Nicht nur die Religionsfreiheit, sondern auch Landzuteilungen und Steuerfreiheit wirkten anziehend. 25000 deutsche Kolonisten haben in den Jahren nach 1767 hauptsächlich auf der Wiesenseite der Wolga ihre Niederlassungen begründet. Die Entwicklung dieser Kolonien und ihres Kirchenwesens ist segensreich verlaufen. Unter hauptsächlich religiösen Aspekten vollzog sich 50 Jahre später die Einwanderung schwäbischer Kolonisten in Süd-R. und Transkaukasien. Die apokalyptischen Erwartungen, die von J.A. → Bengel ausgegangen waren, wichen bald der Ernüchterung. Die Ausbreitung vollzog sich sehr schnell, so daß das deutsche Bauerntum in R., das zum größten Teil dem ev. Bekenntnis angehörte, nach 150 Jahren die Millionengrenze überschritt und einen Landbesitz von 3 Mill. ha in seiner Hand vereinigte. Außer den deutschen bäuerlichen Siedlungen sind lettische, estnische und finnische zu nennen, die sich in großer Zahl vor allem über Sibirien erstreckten.

4. Auf Grund des Gesetzes von 1832 wurde die ev. Kirche in R. »verstaatlicht«. Der Staat machte seine Gewalt ebenso geltend wie in der russ.-orth. Kirche. Der Einfluß maßgebender ev. Kreise in der Hauptstadt verhinderte stärkere Angleichungen. Die Beziehungen zur Umwelt waren im Zeitalter der Russifizierung, die in erster Linie die → Baltischen Länder betraf, aber auch die übrigen deutschen ev. Gemeinden nicht unberührt ließ, gespannt. Die Ev. Allianz versuchte vergeblich zu intervenieren. Die ev. Öffentlichkeit in Deutschland konnte nichts ausrichten, da Bismarck diese Einmischung nicht wünschte. Nur einzelne theologische Schriften (Harleß, Dalton) unterrichteten die ev. Christenheit über den schweren Kampf. Die Beziehungen des Protestantismus in R. zur deutschen Heimatkirche waren im 19.Jh. trotz anhaltender Einwanderung stark gelockert. Nur Großstadt-Gemeinden konnten sie pflegen und bekannte deutsche Theologen einladen. Im übrigen waren die ev. Kirchen und Schulen auf ihr Eigenleben beschränkt. Die Pastoren kamen aus den eigenen Reihen oder aus dem Baltikum. Ausländer konnten nur für die wenigen ref. Gemeinden berufen werden. - Die Lage wurde seit der Jh.wende immer gespannter. Das ev. Kirchen- und Schulwesen litt im 1.Weltkrieg stark, als viele ev. Pastoren nach Sibirien verschleppt, die Wolhynien-Deutschen ausgesiedelt und der deutsche Besitz in den Grenzgebieten enteignet wurde.

Die ev.-luth. Kirche erhielt 1921 eine vorläufige, 1924 eine endgültige neue Verfassung. An der Spitze standen nun die beiden Bischöfe D. → Malmgren in Petersburg (Leningrad) und D.Meyer in Moskau. Die folgenden Jahre bedeuteten trotzdem den Todesgang. Von 197 Pfarrern (1914) waren (1924) 81 und (1936) noch 10 übriggeblieben. Ein Predigerseminar unter D. Malmgren konnte 57 Pfarrer vorbilden, bis es geschlossen wurde. Das Gesetz vom 8.4.1929 zerstörte das Gemeindeleben. Die Massendeportationen von 1941 haben die deutschen Kolonien in allen Teilen der UdSSR endgültig zugrunde gerichtet. Dieses Schicksal traf die → Mennoniten und Freikirchlichen ebenso wie die Lutheraner, mochten sie deutscher, schwedischer oder baltischer Herkunft sein. Die ev.-luth. Kirche hat als solche 1937 zu bestehen aufgehört. Nur in Westsibirien gibt es noch eine registrierte ev.-luth. Gemeinde. Über 1 Mill. getaufter ev. Christen hat keinen kirchlichen Zusammenhalt mehr und ist der Gefahr ausgeliefert, Glauben, Sprache und Volkstum zu verlieren.

5. Ein anderer Zweig des Protestantismus hat sich dagegen mächtig ausgebreitet: die *Evangeliumschristen-Baptisten*. Die englischen Evangelisten Lord Radstock und F.W.Bädeker lösten in den 70er Jahren des 19.Jh.s in St. Petersburg eine methodistische Bewegung aus, an deren Spitze Oberst Paschkov, Graf Korff und Fürst Lieven traten. 1909 wurde ein Bund der Evangeliumschristen gegründet. Diese Selbstbezeichnung wählten die »Paschkovzy« unter Berufung auf Phil 1. In der Ukraine entstand in den 60er Jahren des 19.Jh.s unter dem Einfluß schwäbischer Stundenhalter aus den deutschen Kolonien (Pastor Bonekämper) der sog. → Stundismus, der mehr und mehr baptistisches Gepräge erhielt (Stundobaptismus). Beide Bewegungen kamen aufeinander zu und verbreiteten sich trotz Verfolgung durch die Staatsgewalt über ganz R. Die russ. christliche Studentenbewegung (Baron Nikolai) trug das Ihre dazu bei. In den Gefangenenlagern des 1.Weltkrieges wurden viele Anhänger gewonnen. In den 20er Jahren hatten die Evangeliumschristen in I.S.Prochanov einen tatkräftigen Bundesvorsitzenden (→ Stundismus). Der bereits 1920 beschlossene Zusammenschluß des Bundes der Evangeliumschristen mit dem seit 1884 bestehenden Bund der russ. → Baptisten (: I, 2 c) kam erst auf einer gemeinsamen Konferenz im Okt. 1944 in Moskau zustande. Dieser Vereinigung trat im Aug. 1945 auch die russ. Pfingstbewegung bei. Heute zählt der Bund der Evangeliumschristen-Baptisten, an dessen Spitze eine aus 15 Mitgliedern bestehende Zentralleitung steht (Vorsitzender Ja.I. Židkov), ½ Mill. eingetragener Mitglieder. Die Zahl der regelmäßigen Gottesdienstbesucher wird auf 2-3 Mill. geschätzt. Es bestehen über 5500 Gemeinden. Etwa ebenso groß ist die Zahl der hauptamtlichen Prediger, denen 25000 Laienprediger zur Seite stehen. Das in Moskau erscheinende Monatsblatt des Bundes, »Bratskij Vestnik«, bringt häufig Berichte aus verschiedenen Gemeinden. Vielfach stehen ihnen die früheren ev.-luth. Gotteshäuser zur Verfügung. Es bestehen auch Beziehungen zum Weltbund der Baptisten.

A.W.Fechner, Chronik d. ev. Gemeinden in Moskau I. II, Moskau 1876 - Ivan Sokolov, Der Protestantismus in seiner Beziehung zur russ.-orth. Kirche, ebd 1880 (russ.) - H.Dalton, Verfassungsgesch. d. ev.-luth. Kirche in R., 1887 - DERS., Urkundenbuch d. ev.-ref. Kirche in R., 1888 - DERS., Miscellanea zur Gesch. d. ev. Kirche in R., 1905 - D.CVETAEV, Denkmäler zur Gesch. d. Protestantismus in R. I, Moskau 1888 (russ.) - DERS., Der Prot. u. die Protestanten in R. vor der Zeit der Reformen, ebd 1890 (russ.) - Die ev.-luth. Gemeinden in R. I. II, St. Petersburg 1909/11 - R.STUPPERICH, Die russ. Evangeliumsbewegung (Die Furche 20, 1934, 136-149) - DERS. (Hg.), KOen d. ev.-luth. Kirche in R. (Qu. z. ostdt. u. osteurop. KG 1/2), 1959 - DERS., Wege der Verständigung zwischen d. Protestantismus u. d. russ.-orth. Kirche (Ostdt. Wiss. 7, 1960, 229-248) - W.DELIUS, Der Protestantismus u. d. russ.-orth. Kirche, 1950 - J.SCHLEUNING, Die Stummen reden. 400 Jahre ev.-luth. Kirche in R., 1952 - H. MAURER, Die ev.-luth. Kirche in der Sowjetunion 1917-37 (Kirche im Osten 2, 1959, 69-79) - W.KAHLE, Die Begegnung d. balt. Protestantismus mit d. russ.-orth. Kirche, 1959 - W.GUTSCHE, Religion u. Evangelium in Sowjet-R. (1917-44), 1959 - H.PETRI, Kirche u. Schule in d. ersten Jahrzehnten ev. wolgadeutscher Gemeinden (Ostdt. Wiss. 7, 1960, 286-316) - H.ROEMMICH, Die Ev.-luth. Kirche in R. unter der Sowjetherrschaft (Heimatbuch der Deutschen aus R., 1961, 3-32) - E.AMBURGER, Gesch. d. Protestantismus in R., 1961.

R.Stupperich

IV. Jüdische Gemeinden in Rußland

Jüdische Niederlassungen größeren Umfangs in R. gehen auf die Teilungen Polens (1792-95) zurück. Die jüd. Bevölkerung R.s, die 1815 ca 1,2 Mill. betrug, wuchs innerhalb hundert Jahren fast um das Fünffache (1897: 5,2, 1915: 5,4 Mill.). Eine judenfeindliche Gesetzgebung sowie Pogrome erschwerten die wirtschaftliche und kulturelle Entwicklung der jüd. Gemeinden, konnten jedoch ihr inneres und äußeres Wachstum nicht aufhalten. Die Niederlassung der Juden wurde nach der Gesetzgebung von 1796-1804 auf 15 russ. und 10 polnisch-russ. Provinzen beschränkt. Durch eingeengte Berufsmöglichkeiten hervorgerufene Armut sowie das Anwachsen der Pogrome und des → Antisemitismus führten zu Auswanderungen, bes. nach den Vereinigten Staaten (1897-1915 ca 1,2 Mill. Juden). Zu den judenfeindlichen Maßnahmen gehören das Rekrutierungsgesetz (1827), das über 30 Jahre in Kraft blieb und durch das schon Zwölfjährige zum Militärdienst gepreßt wurden, das Verbot der Niederlassung in ländlichen Gebieten (1882), der numerus clausus an allen öffentlichen Erziehungseinrichtungen (1887/88), durch den die Zahl der jüd. Studenten innerhalb des offiziell zugelassenen Niederlassungsgebietes auf 10%, außerhalb auf 5%, in St. Petersburg und Moskau auf 3% begrenzt wurde, sowie das Zulassungsverbot für jüd. Juristen zu öffentlichen Gerichten (1889). Außerdem veranstaltete die Regierung Ritualmordprozesse gegen die Juden und veranlaßte 1891 eine Massenvertreibung von Juden aus Moskau. 1871 wurden die jüd. Gemeinden in Odessa, 1881 bis 1883 in der Ukraine, 1903 in Kishinew und Gomel und 1905 in mehreren hundert Ortschaften von Pogromen heimgesucht. Auf antisemitischen Einfluß im Militär geht die gewaltsame Evakuierung von über 200000 Juden aus den westlichen Provinzen im Mai 1915 zurück. Nach der Februar-Revolution mußte die vorläufige Regierung 140 antijüd. Gesetze abschaffen, ehe Gleichheit vor dem Gesetz eingeführt werden konnte (Erlaß vom 20.3.1917). Die bolschewistische Oktober-Revolution brachte auch den Juden Konfiskationen und Verfolgungen. Der Bürgerkrieg von 1918-21 war bes. in der Ukraine von Pogromen begleitet, die in 530 Ortschaften den Tod von 60000 Juden zur Folge hatten. 1926 betrug die jüd. Bevölkerung der Sowjetunion 2,6 und 1939 3,02 Mill. 1920-30 förderten die jüd. Gemeinden die Entwicklung eines jiddischen Theaters, jiddischer Literatur und Erziehung. Birobidzhan an der russisch-mandschurischen Grenze wurde zur Autonomen Jüd. Region erklärt, doch ließen sich nur ca 20-30000 Juden dort nieder, so daß das Experiment mißglückte. 1941-43 wurden von den 2 Mill. Juden in den von Deutschland besetzten russ. Gebieten 1,28 Mill. durch die Nationalsozialisten vernichtet. Die letzten Jahre der Ära Stalin waren durch ein Anwachsen des Antisemitismus gekennzeichnet: Juden wurden des »Kosmopolitismus« bezichtigt, jiddische Veröffentlichungen und Schulen verboten, mehrere hundert jiddische Schriftsteller und Kulturträger festgenommen und im Aug. 1952 liquidiert. Die kommunistische Politik gegen die Juden hat sich seither nicht geändert. Die jiddische Presse, jüd. Schulen und Synagogen sind nicht wieder eröffnet worden, Juden werden im Berufsleben und an den Universitäten benachteiligt. In der Sowjetpresse, bes. in der Provinz, erscheinen antisemitische Artikel. Die Zahl der in R. lebenden Juden beträgt (1959) 2268000, von denen 473000 jiddisch als Muttersprache angegeben haben.

S.DUBNOW, Weltgesch. d. jüd. Volkes IX. X, 1929 - Juden in der UdSSR (jiddische Anthologie), Moskau 1935 - L.SINGER, Das erneuerte Volk (jiddisch), ebd 1941 - L.GREENBERG, Jews in Russia I. II, New Haven 1944/51 - UJE IX, 278ff (Lit.) - G.ARONSON, Soviet Russia and the Jews, New York 1949 - S.M.SCHWARZ, The Jews in the Soviet Union, Syracuse 1951 - American Jewish Yearbook, passim.

G.Aronson

Rußmeyer, *Michael Christian* (1686-1745), ev. Theologe, studierte in Jena bei → Buddeus. A.H. → Franckes Freunde in der dänischen Regierung vermittelten R. nach langer Hauslehrertätigkeit in Hamburg, Stockholm, Altona und Kopenhagen 1719 auf Veranlassung von → Gebhardi eine Professur in → Greifswald. Hier nahm er sich eines schon bestehenden studentischen Collegium pietatis an und wirkte im Sinne → Speners. Die dabei entstehenden Kontroversen verhinderten nicht seine Berufung zum General-Sup. für Schwedisch-Vorpommern (1740).

JÖCHER III, 2321f - Vitae Pomeranorum, Sammlung der Greifswalder Univ.-Bibl., Bd 32 - ADB XXX, 3 - H.LOTHER, Pietist. Streitigkeiten in Greifswald, 1925.

E.Beyreuther

Ruthbuch

1. Überlieferungsort - 2. Inhalt und Aufbau - 3. Gattung und Stoffgeschichte - 4. Geschichtlicher Hintergrund - 5. Entstehungszeit - 6. Skopus. - R. = Ruth, Rb. = Ruthbuch

1. Das Rb. steht im hebr. Kanon innerhalb der »Schriften« unter den → Megillot und ist vom Judentum als Festrolle für das Wochenfest bestimmt worden. Die LXX und so auch die Vulgata und die Lutherbibel bringen das Büchlein nach dem Richterbuch, da seine Handlung in der Richterzeit spielt (1, 1).

2. Die Exposition schildert die Situation der Naëmi (hebr. nå'ªmî): anläßlich einer Hungersnot war sie mit ihrem Mann Elimelech und ihren Söhnen Machlon und Kiljon aus Bethlehem nach Moab ausgewandert, wo die Söhne Orpa und R. geheiratet hatten, dann aber wie ihr Vater gestorben waren. Nun will Naëmi nach Bethlehem zurückkehren (1, 1-6). Ihre Schwiegertöchter begleiten sie, werden aber von ihr aufgefordert, in Moab zu bleiben (1, 7-13). Orpa geht, aber R. zieht mit Naëmi (1, 14-19 a). In Bethlehem hält R. zu Naëmi und sorgt für sie und sich selbst durch Ährenlesen. Dabei kommt sie auf das Feld des Boas, eines reichen Verwandten, und wird von diesem um ihrer Bescheidenheit und ihres Fleißes willen freundlich behandelt (2, 1-17). Naëmi sieht darin den Segen Jahwes gegen Lebende und Tote und erzählt R., daß Boas einer der »Löser« der Familie sei (2, 18-23; s. 5). Auf den Rat der Naëmi trägt sich R. dem Boas zur Ehe an; dieser zeigt sich bereit, nennt aber zunächst einen näheren Verwandten als in Frage kommenden Löser (3, 1-15). Naëmi sieht ihren Plan durch Jahwe bestätigt und rät R., abzuwarten (3, 16-18). Am

nächsten Tage findet der Rechtshandel im Tor statt. Da der gefragte Verwandte ablehnt, übernimmt Boas die Witwe R. und den Acker des Elimelech und verpflichtet sich feierlich, »den Namen des Verstorbenen auf seinem Erbbesitz wiedererstehen zu lassen« (4, 1-12). R. gebiert ihm einen Sohn, den Naëmi adoptiert und der den Namen Obed erhält; er wird der Großvater → Davids (4, 13-17). Den Schluß bildet der Stammbaum des Perez mit dem Endglied David (4, 18-22). - Das Buch ist klar aufgebaut. Gunkel gliedert es in vier Hauptszenen (1, 7-18; 2, 1-17; 3, 1-15; 4, 1-12), die durch kleinere Stücke miteinander verbunden seien.

3. Das Rb. ist ein literarisches Kunstwerk. Nach seinem ausgeführten Erzählungsstil ist es literarisch als »Novelle« zu bezeichnen, inhaltlich ist es eine »Lehrerzählung« (→ Jonabuch). - Gunkel hat behauptet, daß ihm *stoffgeschichtlich* letztlich ein Märchenstoff zugrunde liege und in einem früheren Stadium der Erzählung Naëmi die einzige Frau der Geschichte gewesen sei. Staples und - vorsichtiger - Haller haben gemeint, den Mythos eines Fruchtbarkeitskultes in Bethlehem als Hintergrund aufdecken zu können. Diese Hypothesen sind zT durch die Namen der Söhne: Machlon = Krankheit und Kiljon = Schwindsucht angeregt; auch die (moabitischen) Namen Orpa und R. hat man deuten wollen. Mögen die Namen der Söhne auch künstlich gebildet sein, so ist damit noch nichts Wesentliches für die Stoffgeschichte gewonnen und weder die Märchen- noch die Kultmythoshypothese bewiesen. - Der Stammbaum Davids (4, 18 bis 22) ist später zugesetzt (vgl. 1Chr 2, 9ff). Es ist auch möglich, daß der Stoff der Erzählung ursprünglich einen anderen Namen für den Sohn R.s genannt hat (nach N.Peters »Ben-no'am«). Der gegenwärtige Textbestand hat aber schon die Reihe »Obed-Isai-David« als Abschluß der Erzählung gehabt.

4. Daß die Erzählung »nichts Geschichtliches« enthält (Gunkel, vgl. Eißfeldt), wird heute vielfach bestritten. Ist auch der Anteil des Erzählers an der Ausschmückung erheblich, so kann doch ein allerdings schwer zu fixierender Grundbestand des Erzählten der Geschichte angehören. Daß David seine Eltern in Moab in Sicherheit bringt (1Sam 22, 3), ist jedenfalls auffallend, wenn es auch nicht verwandtschaftliche Beziehungen Davids zu den Moabitern beweist. Die Nennung des Boas als Davids Großvater in 1Chr 2, 12-15 ist bemerkenswert und kann aus genealogischen Überlieferungen der davidischen Dynastie stammen (Rothstein-Hänel). Überdies wäre die Erfindung einer ausländischen Ahnfrau im Stammbaum Davids schwer denkbar.

5. Die *Entstehungszeit* des Rb.s ist umstritten. Wegen seiner Stellung im Kanon und aramäischer Worte in ihm, auch wegen seiner angeblichen Wendung gegen → Esras Mischehenpraxis wird es vielfach für spätnachexilisch gehalten (4.Jh.: Eißfeldt, Pfeiffer; nachexilisch: Rost, Kuhl). Demgegenüber weisen zB Rudolph, Hertzberg und Gerleman im Anschluß an ältere Ausleger darauf hin, daß die sprachlichen Indizien ebensowenig beweisend seien wie die Stellung im Kanon (vgl. die → Klagelieder!), manche Daten aber eine Ansetzung in der späteren Königszeit (vor oder um 700 vChr) nahelegen: Der Brauch der Schuhübergabe (4, 7f) scheine vordeuteronomisch zu sein und die Anschauung von der → Leviratsehe älter als das diesbezügliche Gesetz Dtn 25, 5-10; ebenso könnte die Ehe mit einer Moabiterin nach Dtn 23, 4 nicht ohne Tadel berichtet worden sein. - Haben auch diese Gründe nicht alle das gleiche Gewicht (um die gesetzlich geforderte Leviratsehe handelt es sich im Rb. nicht), so wird man sie überwiegend doch für eine Ansetzung in der vorexilischen Zeit anführen dürfen, zumal das Verhältnis Israels zu Moab noch ungetrübt erscheint und die Beachtung von Kult und Ritus völlig fehlt (Gerleman: Zeit Salomos).

6. Der *Skopus* des Rb.s ist sehr verschieden bestimmt worden: Verherrlichung der Witwentreue (Gunkel) oder der Pietät (Humbert), Einschärfung der Pflicht zur Leviratsehe (Bertholdt) oder zur großzügigen Beurteilung der Mischehe (Bertholet). Das alles sind aber wohl nur Nebenmotive. Die Intention des Buches findet ihre klassische Ausprägung in dem Wort 2, 12 vom »Sichbergen unter den Flügeln Jahwes« (Rudolph, vgl. Hertzberg). Durch das ganze Buch zieht sich die Botschaft von der Führung Jahwes, der alles schließlich zum guten Ende bringt. Das ist die »Lehre«, die der Erzähler mit seinem Büchlein geben will (vgl. 1, 6. 9; 2, 3. 12. 20; 4, 11f. 13ff) und die es im Typus dem jüngeren → Tobitbuch annähert.

Neuere Kommentare: H.Gressmann, (1914) 1922² (SAT I/2); E.Joüon, (1924) 1953²; A.Schulz, 1926 (HSAT); G.Smit, 1930 (TeU); W.Rudolph, (1939) 2. Aufl. in Vorb. (KAT XVI/2); M. Haller, 1940 (HAT I/18); H.W.Hertzberg, (1953) 1959² (ATD 9); G.Gerleman, 1960 (BK XVIII/1). - Lit.: H.Gunkel, R. (Dt. Rundschau 33, 1905, 50-69 = Red. u. Aufs., 1913, 65-92) - RGG² IV, 2180ff (Ders.) - W.E.Staples, The Book of R. (AJSL 53, 1937, 145-157) - A.Jepsen, Das Buch R. (ThStKr 108, 1937/38, 416-428) - Ders., Der Begriff des »Erlösers« im AT (Festg. f. R.Hermann, 1957, 153-163) - P.Humbert, Art et leçon de l'hist. de R. (RThPh 26, 1938, 257-286) - M.David, The Date of the Book of R. (OTS 1, 1942, 55-63) - H.H.Rowley, The Marriage of R. (HThR 40, 1947, 77-99 = The Servant of the Lord, London 1952, 161-186) - J.M. Myers, The Linguistic and Literary Form of the Book of R., Leiden 1955 - S.Segert, Zum Problem der metr. Elemente im Buche R. (ArOr 25, 1957, 190-200). - Vgl. ferner die at. Einl.en, zB O.Eissfeldt, 1961³, § 66 (Lit.). *J.Fichtner*

Zur *Auslegungsgeschichte* (s. auch → Schriftauslegung: IV):
Qu.: 5.Jh.: Theodoret v. Cyrus (MPG 80). - 9.Jh.: Hrabanus Maurus (MPL 108). - 12.Jh.: Irinbertus v. Admont (ed. B.Pez, Thes. anecdot. noviss. IV/1, 1723, 443-472). - 15.Jh.: Savonarola (ed. G.Baccini, Florenz 1889) - Alphonsus Tostatus (Opera X, Venedig 1728). - 16.Jh.: Victorin Strigel, Leipzig 1571 - Marcellinus Evangelista, Florenz 1586 - David Chyträus, Leipzig 1599. - 17.Jh.: Nik. Serarius, Mainz 1609 - C.Sanctius SJ, Lyon 1628 - Rich.Bernard, London 1628 - Jacques Bonfrère SJ, Paris 1631 - Joh.Drusius, Amsterdam 1632 - Didacus de Celada SJ, Lyon 1651 - Escobar y Mendoza, ebd 1652 - Frans Burmann, Utrecht 1675 - J.A.Osiander, Tübingen 1682 - Seb.Schmid, Straßburg 1696. - 18.Jh.: H.Monterde, Valencia 1702 - Jac.Felibien, Paris 1704 - L.Helbig, Köln 1717.
W.Werbeck

Ruysbroek, *Jan van* → Jan van Ruysbroek.

S

Saadja *ben Josef* (892-942), jüd. Religionsphilosoph, Haupt (Gaon) der Schule von Sura in Babylonien und die höchste jüd. Autorität seiner Zeit. Er war bestrebt, das damals sehr niedrige geistige Niveau seiner Glaubensgenossen zu heben, und hatte bes. mit den → Karäern zu kämpfen. S. gab dem jüd. Kalender seine bleibende Gestalt. Das AT übersetzte er ins Arabische und versah es mit einem wohldurchdachten Kommentar. Sein Hauptwerk, Kitâb al-Amânât wa'l I'tiqâdât (hebr.: Sefær ha-æmûnôt we ha-de'ôt; »Buch der Glaubenslehren und Erkenntnisgründe«, dt. hg.v. J.Fürst, 1845), war die erste systematisch-theologische Darstellung des jüd. Glaubens (→ Judentum: II, 1; → Jüdische Philosophie, 2 b; → Jüdische Theologie).

H.Malter, S.Gaon, Philadelphia (1921) 1942² - UJE IX, 289ff (Lit.).

S.Cohen

Saalfeld, *Johann Christoph* → Salfeld.

Saarland

1. Allgemeines - 2. Politische Geschichte - 3. Die Geschichte der Kirche

1. Seit 1.1.1958 gehört das S. (2567 qkm) wieder politisch, seit 5.7.1959 auch wirtschaftlich als 11. Bundesland zur BRD (→ Deutschland: II, 4 b). Von den 1 Mill. Einwohnern sind ca 3/4 kath., 1/4 ev. In der Hauptstadt Saarbrücken ist das Konfessionsverhältnis etwa 55:45. Die kath. Pfarreien gehören zu den Bistümern → Trier und → Speyer, die ev. Gemeinden zur Ev. Kirche im → Rheinland, zur Prot. Landeskirche der → Pfalz und zu Freikirchen und Gemeinschaften. Außerhalb stehen einige Sekten. - Bergbau und Hüttenindustrie, durch Fürst Wilhelm Heinrich im 18.Jh. begonnen, machen das S. im umgekehrten Verhältnis zu seiner Größe zu einem bedeutsamen Wirtschafts- und Handelsfaktor. Die Bergleute sind dank der früheren preußischen Grubenpolitik, die bis heute in neuer Gestalt fortgesetzt wird, durch Besitz eines eigenen Häuschens überwiegend bodenständig. Sie betreiben - neben kleineren Bauernhöfen in den Dörfern - selber nach der Schicht noch etwas Landwirtschaft.

2. Die *politische Geschichte* wurde nach der Kelten- und Römerzeit vom frühen MA an durch die Grafen und Fürsten bestimmt und in die Unruhe der großen Politik hineingezogen. Der 30jährige Krieg hat das Land völlig verwüstet bis zur fast gänzlichen Auslöschung der Bevölkerung. Mit besonderen Privilegien ausgestattete handels- und wirtschaftstüchtige ev. Kaufleute, bes. aus der Schweiz, förderten den Wiederaufbau. Durch politische Beunruhigungen ist das Grenzland bis zur Gegenwart die Ambition Frankreichs gewesen. Im Gefolge der Französischen Revolution fiel mit dem linken Rheinufer auch die Grafschaft Saarbrücken an Frankreich. Erst der zweite Pariser Frieden 1815 brachte durch die dringenden Vorstellungen einer Deputation die Übergabe des Landes an Deutschland und Preußen. Erfolglos erneuerte Abtrennungsversuche nach dem 1. Weltkrieg wurden durch vorläufige Unterstellung des S.es unter eine Völkerbundsregierung bis zur Abstimmung für Deutschland 1935 beendet. Nach dem 2. Weltkrieg wurde das S. einem französischen Sonderstatut mit völliger politischer und wirtschaftlicher Abtrennung von Deutschland unterworfen. Der Versuch, unter der damaligen saarländischen Regierung einen autonomen Europa-Staat zu schaffen, scheiterte 1958 an der durch Frankreich anerkannten Abstimmung der Bevölkerung gegen das Europa-Statut und führte mit der Auflösung der Wirtschafts-, Währungs- und Zollunion 1959 zum jetzigen Status.

3. Die *Geschichte der Kirche* ist mit der unruhigen politischen Geschichte in Nöten und Bedrängnissen verbunden. Die Reformation in ihrem luth. Gepräge wurde 1575 durch Graf Philipp III. legalisiert, nachdem sie in den Gemeinden längst Fuß gefaßt hatte. Die Gegenreformation hat das S. zum großen Teil mit Gewalt rekatholisiert. Theologische Streitigkeiten zwischen luth. und ref. Pfarrern wurden durch den Grafen mit Ausweisungen »befriedet«. Mit Auflösung des dynastischen Bandes in der Französischen Revolution hörte der kirchliche Zusammenhang mit Hessen auf, woher das S. seine Kirchenordnung bekommen hatte. Napoleons Herrschaft brachte mit der Religionsfreiheit die neue kirchliche Einteilung in Konsistorien und Generalkonsistorium in Mainz. Nach der politischen Eingliederung in Preußen wurde 1817 die Union eingeführt. Der Luth. Katechismus ist geblieben. Mit den politischen Abtrennungsversuchen nach dem 1. Weltkrieg wurde vergeblich auch eine kirchliche Abtrennung versucht. Nach dem 2. Weltkrieg wiederholte sich das gleiche in verstärktem Maße, wieder ohne Erfolg. Die gleichen Tendenzen zur Abtrennung der Kirchen erstreckten sich auch auf die kath. Pfarreien. Eine schwere Belastung zwischen den beiden Weltkriegen bedeutete der → Kirchenkampf. Dadurch, daß er als »Anti-Hitler-Kirchenkampf an der Saar« während der politischen Abstimmungsvorbereitungen diffamiert wurde, haben sich die im Widerstand gegen die Irrlehre der Deutschen Christen in Bekennenden Gemeinden zusammengeschlossenen Gemeinden und Pfarrer bis 1935 ebensowenig beirren lassen wie nach 1935 durch Eingriffe, Übergriffe, Verhaftungen und Ausweisungen. Nach der politischen und wirtschaftlichen Rückgliederung ist der auch in den kritischen Jahren nie unterbrochene Zusammenhang mit den Kirchenleitungen wieder zu einer unangefochtenen Gemeinschaft geworden.

A.Ruppersberg, Gesch. der ehem. Grafschaft Saarbrücken I. II, 1908 - Ders., Gesch. der Stadt Saarbrücken I. II, 1913 - Ders., Gesch. der Ev. Gemeinde Alt-Saarbrücken, 1924 - Ders., St. Arnual. Gesch. des Stiftes u. des Dorfes, 1930 - Erhalt uns, Herr, bei deinem Wort. 375 Jahre Ev. Kirche an der Saar, 1950.

† O.Wehr

Sabäer und Minäer. Saba', Ma'īn, Qatabān und Ḥaḍramaut sind die wichtigsten Reiche im vorislamischen Südarabien, von denen sich Saba' nach langen und wechselvollen Kämpfen schließlich behauptete und die anderen in sich einschmolz. Die einzigen zeitgenössischen und zuverlässigen Quellen, deren Datierung noch sehr umstritten ist (Beginn 9.-8.Jh. vChr, nach anderen wesentlich später; Ende 6.Jh. nChr), sind Steininschriften (bis heute mehrere Tausend bekannt). Aus ihnen lernen wir als früheste Staatsform eine → Theokratie kennen mit einem *mukarrib* (»Priesterfürst«) als Stellvertreter des Gottes, des eigentlichen Herrschers. Später tritt an ihre Stelle ein Königtum (Herrschertitel *malik*). Doch bleibt die enge Bindung an die Götter und die zentrale Stellung der Religion bis in die Spätzeit bestehen. Es gibt kaum eine Inschrift ohne eine Götteranrufung, so daß wir, trotz des Fehlens eigentlicher religiöser Texte (Rituale o. dgl.), über die Religion einiges erfahren. Zunächst zwar nur eine große Anzahl von Götternamen, doch lassen diese und die häufigen Symbolzeichen zT Schlüsse auf das Wesen einer Gottheit zu. Im altsüdarab. Pantheon spielt die Trias von Mondgott, Sonnengöttin und Venussterngott eine hervorragende Rolle; doch kann man weder *alle* Götter auf diese Trias reduzieren, noch gibt es *sichere* Anhaltspunkte, daß sie als Götterfamilie angesehen wurde. Der → Mond-Gott ist überall Reichsgott und in diesem Sinn oberster Gott; er heißt als solcher Wadd in Maʿīn, ʿAmm in Qatabān, Sīn in Ḥaḍramaut, ʾAlmaqah in Sabaʾ. Verschiedene Namen oder Beinamen des Mondgottes bezeichnen verschiedene seiner Erscheinungsformen. So dürfte etwa ʾAlmaqah als »Stier des Baʿalslandes« ein → Fruchtbarkeits-Gott sein, während ihn Symbolzeichen wie Blitzbündel, Donnerkeil und Totschläger (und auch einige Beinamen) wohl als Sturm- und Wettergott kennzeichnen. – Ungeachtet des Ranges des Mondgottes steht in den Anrufungen ʿAṯtar, der → Stern-Gott (männlich) immer an erster Stelle. Als zwei bes. charakteristische Züge ergeben sich aus seinen Beinamen einerseits Beziehungen zu Krieg und Kampf, wozu auch seine Funktion als Schutzgottheit gehört, andrerseits zum lebenspendenden → Wasser. – Die → Sonne (*šams*, weiblich) steht in der Trias als letzte. – Ein Gott, der seltener in den Inschriften, häufig in theophoren Personennamen begegnet, ist ʾIl. – In mehreren Texten aus der *mukarrib*-Zeit wird die Einrichtung religiöser »Gemeinden« *(gw)* erwähnt (später *šʿb* »Stamm« genannt). Es scheint sich dabei ursprünglich um eine Art Bundesschließung mit einer Gottheit zu handeln, wobei auch Opfer dargebracht wurden. – S. und M. kennt das AT (Gen 10, 7; 2Chr 26, 7), auch ihre Handelsgüter (Jer 6, 20; Ez 27, 22; Jes 60, 6); nach 1Kön 10 besuchte die Königin von Sabaʾ König → Salomo.

Textsammlungen: CIS IV/1-3; Répertoire d'Épigraphie sémitique V-VII, 1928-50. - Bibliogr.: Rép. d'Épigr. sém. V, 1928, I-LXXXIII. - A.JAMME, Le panthéon sud-arabe préislamique, Louvain 1947 - G.RYCKMANS, Les religions arabes préislamiques (L'hist. générale des religions, [1947] 1960³, 201-228. 593-605) - M.HÖFNER, War der sabäische Mukarrib ein »Priesterfürst«? (WZKM 54, 1957, 77-85) - DIES., Teil VI in: Mytholog. WB, hg.v. H.W.HAUSSIG (im Druck).

M.Höfner

Sabas (439-532), * in Kappadokien, als verlassenes Soldatenkind durch Verwandte aufgezogen, trat früh in ein Kloster ein, das er 456 verließ, um in das Mönchsland Palästina zu wandern. Nach kurzem Aufenthalt im Theoktistoskloster zog er sich 474 zur Anachorese in die jüdische Wüste zurück. Seit 483 nahm er selbst Anachoreten auf; so entstand die »Große → Laura« (heute Mār Sābā) am Steilhang der Kidronschlucht südöstl. von Jerusalem. S. genoß großen Ruhm, wenn auch manchen durch → Origenes beeinflußten Mönchen sein aufs Praktische gerichteter Sinn »bäurisch« erschien. Er entfaltete eine rege Bautätigkeit und gründete weitere Mönchsniederlassungen. 494 wurde er Archimandrit der palästinischen Lauren und Anachoreten und reiste als solcher 531 auch an den Hof. Das Leben des hochangesehenen Kämpfers für die chalkedonische Orthodoxie hat → Cyrill von Scythopolis anschaulich erzählt.

E.SCHWARTZ, Kyrillos v. Skythopolis (TU 49, 2), 1939. - Chronologie: F.DÖLGER, ByZ 40, 1940, 479; E.STEIN, AnBoll 62, 1944, 169-186 - EC X, 1505f (Lit.) - Klosterregel (?): E.KURTZ, ByZ 3, 1894, 167-170 - »S.-Typikon«: HOLL II, 182. *H.D.Altendorf*

Sabatier, *Paul* (1858-1928), * in St. Michel-de-Chatrillanoux (Cevennen), studierte Literatur, Medizin und Theologie, 1885 Vikar in Straßburg, 1889 in St. Cierge-la-Serre (Cevennen). Unter → Renans Einfluß spezialisierte er sich auf franziskanische Studien. Sein Hauptwerk, »Vie de S. François d'Assise« (1893), erlebte bis zur endgültigen Ausgabe (1931) 42 Auflagen und wurde in zahlreiche Sprachen übersetzt (dt. [1895] 1935⁵). Der Ertrag von S.s intensiven Quellenstudien liegt in zwei Sammlungen vor: Collection de documents pour l'histoire religieuse et littéraire du MA, 7 Bde, 1898 bis 1909, und Opuscules de critique historique, 18 Bde, 1903-19. S. weilte mehrfach in Italien, wo er 1902 in Assisi die Società Internazionale di Studi Francescani gründete. Trotz anfänglicher Hochschätzung in kath. Kreisen wurde sein Franziskusbuch 1894 indiziert. Man sah S. in bedenklicher Nähe zu Modernismus (→ Reformkatholizismus) und Liberalismus (vgl. L'orientation religieuse de la France actuelle, 1911, und die seit 1919 als Prof. in → Straßburg gehaltenen Vorlesungen).

Vf. ferner u.a.: A propos de la séparation de l'Eglise et de l'Etat, (1905) 1910⁶ (dt. 1907); Les modernistes, 1909; Etudes inédites sur S. François d'Assise, hg.v. A.GOFFIN, 1932. - Über S.: A.G.LITTLE, P.S., Historian of St. Francis, (1929) 1943² - G.MAUGAIN-H.LEMAITRE, P.S., 1931 (vollst. Bibliogr.) - H.J.COLWELL, Two French Protestant Pastors and Mystics: J.F.Oberlin and P.S., 1944 - H.STROHL, Le protestantisme en Alsace, 1950. *R.Voeltzel*

Sabazios, ein thrakisch-phrygischer Gott, dessen Kult auch in Griechenland und im röm. Kaiserreich verbreitet war. S. weist verwandte Züge zu → Dionysos auf, deren urtümliche Rohheit bei ihm stärker erhalten blieb. Er wird als Gott des → Ackerbaus, als Lebensgott und als Arzt verehrt, der die Frauen entbindet und den Kindern Wachstum schenkt. Dargestellt wird er als bärtiger Gott in phrygischer Kleidung und mit phrygischer Mütze. Dem S.kreise sind Votivhände zuzuweisen, die in röm. Kaiserzeit als Dank für glückliche Entbindung gestiftet wurden. Diese fast ausnahmslos rechten Bronzehände zeigen drei Finger ausgestreckt, die beiden anderen gekrümmt und eingezogen und stellen den Gestus der segnenden Hand des Gottes dar, die dieser den Gläubigen entgegenstreckt. Die beste Schilderung der S.feier ist in der Kranzrede des Demosthenes gegen Aischines (Or. XVIII, 259ff) erhalten. → Reinigungen (: I) und Abreibungen mit Ton und Kleie bereiteten auf die geheime Weihe vor, bei der eine → Schlange als → Inkarnation des Gottes durch den Schoß des Mysten gezogen wurde. Die jüdische Diaspora in → Kleinasien (, 1) verband Jahwe als Gott des Sabbats synkretistisch (→ Synkretismus: I) mit S.

F.CUMONT, Die or. Religionen im röm. Heidentum, (1906) 1931³, 59f. 231 Anm. 59-61 - P.WENDLAND, Die hellenistisch-röm. Kultur, (1907) 1912², 425ff - ROSCHER IV, 232ff - O.WEINREICH, Antike Heilungswunder (RVV VIII, 1), 1909, 16ff - PW 2. R. I/2, 1540ff. 1607 - W.IWANOW, Dionysos u. die vordionysischen Kulte, Baku 1923 (russ.) - H.GRESSMANN, Die or. Religionen im hellenistisch-röm. Zeitalter, 1930, 110ff - NILSSON I. II (s. Reg.) - DERS., Opuscula Selecta III, Lund 1960, 176ff. *G.Lanczkowski*

Sabbat ist der letzte Tag der 7tägigen Woche. Wesentlicher Inhalt des S. ist die Arbeitsruhe, die auch

Pflügen und Ernten sowie den Handel unterband (Ex 34, 21; Am 8, 5). Doch konnte man am S. reisen (2Kön 4, 23), auch Wachen ablösen (2Kön 11, 5. 11). Über die Entstehung des S. enthält das AT keine historisch zutreffende Nachricht. So fehlt es nicht an Versuchen, den S. von außerisraelitischen Einrichtungen abzuleiten. Da in vorexilischen Texten der S. mehrfach mit dem Neumond (→ Feste: II, 2) zusammen genannt ist (Am 8, 5; Hos 2, 13; Jes 1, 13; 2Kön 4, 23) und das hebr. Wort šäbbat der babylon. Bezeichnung für den 15. Monatstag šab/pattu ähnlich ist, sah man im S. einen ursprünglichen Vollmondstag (Meinhold, dagegen Budde; anders Snaith: S. vor dem Exil = Neumondstag, der Monat habe hier am Vollmond begonnen). Aber der šabattu ist nicht als Ruhetag belegt, und die hypothetische Umstellung des S. auf den 7. Wochentag zu Beginn des Exils bleibt unmotiviert und unbeweisbar; auch an nachexilischen Stellen steht der S. neben dem Neumond (Ez 45, 17; 46, 1; Jes 66, 23; Neh 10, 34; 1Chr 23, 31; 1QM II, 4; Kol 2, 16) ohne Unterschied gegenüber den älteren Belegen. Eine gewisse Analogie zum S. bieten die für einige babylon.-assyr. Monate belegten Mondphasentage (7., 14., [19.], 21., 28.); sie sind jedoch im Gegensatz zum S. »böse« Tage, und ihre Zählung beginnt mit jedem Monat neu, während der S. vom Mondumlauf unabhängig ist, so daß S. und 7tägige Woche kaum hier ihren Ursprung haben. Die Ableitung der Woche von einem 50-Tage-Schema (Lewy) scheitert daran, daß altassyr. ḫamuštum nicht »50«, sondern »$^1/_5$« bedeutet. Aber auch auf diesen »Fünftelmonat« = 6 Tage (Tur-Sinai) geht die at. Woche kaum zurück; denn das »Fünftel« von Mondmonaten, die 30 oder auch nur 29 Tage haben, beträgt nicht immer 6 Tage, und die zu postulierende Einführung eines zusätzlichen Ruhetages hätte das Schema gesprengt. – Der Institution des S. ist in Israel das → Erlaßjahr, vom Exil an S.jahr genannt, mit kultisch bestimmter Brache nach 6 Jahren Feldbestellung nachgebildet. Fände sich dieses Siebentjahr in → Ugarit (so Gordon u.a. [→ Erlaßjahr]), dann müßte dort auch die 7tägige Woche mit dem S. bekannt gewesen sein. Aber weder diese noch der Zyklus der Jahrwoche ist dort nachzuweisen (Kutsch). Nun war in Israel wie in seiner Umwelt die Frist von 7 Tagen für mancherlei Gelegenheit bekannt (Hochzeit Gen 29, 27; Ri 14, 12; Tob 11, 17; Trauer Gen 50, 10; 1Sam 31, 13; Hi 2, 13; Jdt 16, 25; Sir 22, 12; vgl. auch Ex 22, 30; 1Sam 11, 3). Wie hier »7« als kleine runde Zahl verwendet ist, so auch bei der Woche zur Einteilung der Zeit in regelmäßige kleinere Abschnitte. Als deren letzter Tag wurde der S. hervorgehoben; sein Name dürfte kaum von šæbă' »sieben« (so North), sondern von šabăt »aufhören« abgeleitet sein. Diese Einteilung ist wohl genuin israelitisch. Daß der S. ein von den → Kenitern als einem Schmiedestamm übernommener Saturnstag (vgl. Am 5, 26 MT) sei (u.a. Budde), ist aus den späten Stellen Ex 35, 3 und Num 15, 32-36 nicht wahrscheinlich zu machen; er war auch kaum ursprünglich (Jenni) ein Markttag (vgl. Am 8, 5). Die Verankerung des S.gebotes im → Dekalog spricht für ein hohes Alter des S. und läßt an Entstehung in der Frühzeit der Jahwegemeinde (→ Mose?) denken. Der S. war wohl von Anfang an nicht nur Ruhetag, sondern zugleich Feiertag für Jahwe (Ex 20, 10; Dtn 5, 13 u.ö.). Auf die Herausführung aus Ägypten nimmt die deuteronomistische Begründung des S.gebotes in Dtn 5, 15, auf Gottes Ruhen am Ende der Schöpfung (Gen 2, 1-3) als Urbild des S. die priesterschriftliche in Ex 20, 11; 31, 17 Bezug; und Ez 20, 12. 20; Ex 31, 13. 17 wertet den S. als »Zeichen« des → Bundes (: II) Jahwes mit Israel. Im → Exil wurde wie die → Beschneidung so auch die Beobachtung des S. in Abgrenzung gegenüber der Umwelt zu einem Bekenntnisakt. Seiner gesteigerten Bedeutung entspricht eine zunehmende Verschärfung des Ruhegebotes (Jer 17, 21f. 24. 27; Jes 58, 13; Neh 10, 32; 13, 15-22); der S.schänder wird mit dem Tode bedroht (Ex 31, 14f; 35, 2; Num 15, 32-36). In den Makkabäerkämpfen (→ Judentum: I, 2) unterließen sogar einmal fromme Juden am S. jeden Widerstand (1Makk 2, 32-41). Die erforderliche Präzisierung des Arbeitsbegriffes fand in schärferer Form ihren Niederschlag in Jub 2, 25. 29f; 50, 6-13 und in Dam X, 14 - XI, 18, in etwas milderer in den Mischnatraktaten Šabbat (bes. VII, 2), 'Erubin und Beṣa. Trotz der strengen Handhabung des S.gebotes sollte der fröhliche Charakter des S. erhalten bleiben. Zur Begehung des S. im Judentum vgl. → Gottesdienst: III, 2 b. c. 3. 5. – Jesu Kritik an den S.vorschriften stellte den Menschen über das S.gebot (Mk 2, 27; 3, 4; vgl. 2, 23-26. [28]; 3, 1-6 par; Lk 13, 10-17; 14, 1-6). Die christliche Gemeinde löste sich vom jüdischen S.gebot; nur bei Judenchristen spielte es noch eine Rolle (Mt 24, 20; HebrEv). Statt des S. feiert die Gemeinde den → Sonntag, den ersten Tag der Woche, als den Tag der Auferstehung Jesu (1Kor 16, 2; Apg 20, 7; Apk 1, 10).

J. Meinhold, S. u. Woche (FRLANT 5), 1905 – Ders., ZAW 29, 1909, 81-112; 48, 1930, 121-138 – J. Hehn, Siebenzahl u. S. bei den Babyloniern u. im AT (Leipz. semitist. Studien II, 5), 1907 – W. Nowack, Schabbat (S.) (Die Mischna... II, 1), 1924 – Ders., 'Erubin (Vermischungen) (ebd II, 2), 1926 – K. Budde, The S. and the Week (JThS 30, 1929, 1-15; dt.: ChW 43, 1929, 202-208. 265-270) – Ders., ZAW 48, 1930, 138-145 – E.G. Kraeling, The Present Status of the S. Question (AJSL 49, 1932/33, 218-228) – J. u. H. Lewy, The Origin of the Week... (HUCA 17, 1942/43, 1-152) – N.H. Snaith, The Jewish New Year Festival, London 1947, 81 ff – N.H. Tur-Sinai, S. u. Woche (BiOr 8, 1951, 14-24) – G.J. Botterweck, Der S. im AT (ThQ 134, 1954, 134-147. 448-457) – R. North, The Derivation of S. (Bibl 36, 1955, 182-201) – E. Jenni, Die theol. Begründung des S.gebotes (ThSt[B] 46), 1956 – E. Kutsch, ZThK 55, 1958, 25 ff – ThW VII, 1 ff (E. Lohse; Lit.) – Ders., Jesu Worte über den S. (BZNW 26, 1960, 79-89) – R. de Vaux, Les Institutions de l'AT II, Paris 1960, 371 ff. 456f (Lit.).

E. Kutsch

Sabbatai Zewi (1626-76), * in Smyrna, † in Dulcigno (Albanien), Urheber der größten messianischen Bewegung in der Geschichte der jüdischen Diaspora (→ Judentum: II, 4). Das Kommen des Messias wurde von den Kabbalisten (→ Kabbala) 1648, von den Christen 1666 erwartet. S.Z. trat 1648 in Smyrna als Messias auf, begab sich aber nach allgemeiner Ablehnung und Bann auf Reisen. Seit 1665 wuchs von Smyrna aus seine Anhängerschaft gewaltig. Als er 1666 in Konstantinopel den Sultan absetzen wollte, wurde er auf Schloß Abydos in Haft gehalten, das zum Wallfahrtsort fast der gesamten Judenheit wurde. Um der Todesstrafe zu entgehen, trat S.Z. zum Islam über und erhielt als Mehmed Effendi das Amt eines Türhüters (Sept. 1666). Da er auch nach seinem Übertritt enge Beziehungen zu Juden hatte und Synagogen besuchte, verbannte ihn der Sultan nach Dulcigno. Nach seinem Tode entwickelte sich eine sabbatianische Theologie. S.Z. hat keine eigenen Schriften hinterlassen. Seine Anhänger, die jüdisch-islamische Sekte der Dönmeh (türk. = Abtrünnige), die sich um S.Z.s Schwager Jakob Querido sammelte und heute noch etwa 10-15000 Anhänger hat (bes. in Saloniki), sind erst in der Gegenwart in Auflösung begriffen.

S. Dubnow, Weltgesch. d. jüd. Volkes VII, 1928 (526 Lit.) – J. Kastein, S.Z., der Messias von Ismir, 1930 – G. Scholem, Major Trends in Jewish Mysticism, New York (1941) 1946²; dt. 1957 – Ders., S.Z. u. die sabbatist. Bewegung während seiner Lebenszeit I. II, Jerusalem 1957 (hebr.). – Romane v. J. Wassermann (1906) u. S. Poljakoff (1927).

E. L. Rapp

Sabbatarier *(Sabbatisten, Sabbatarianer)* heißen verschiedene durch die Einhaltung des → Sabbats gekennzeichnete, sonst aber voneinander ganz unabhängige Gruppen. Bei ihrer Entstehung spielten jeweils biblizistische Gesetzlichkeit, hie und da verbunden mit der Erwartung der nahen Wiederkunft, oder jüdische Einflüsse eine Rolle.

1. Die Frage nach der Bedeutung des AT und der 10 Gebote führte schon in der Reformationszeit eine kleinere Gruppe von → *Täufern* unter Oswald Glait, erstmals um 1528 in Schlesien, zur Einhaltung des Sabbats. Glait zur Seite stand Andreas Fischer in Linz. Durch das Anwachsen der Bewegung beunruhigt, bat Leonhard von Liechtenstein → Capito um Stellungnahme. Capito gab den Auftrag wegen Arbeitsüberlastung an → Schwenckfeld weiter, der »Vom Christlichen Sabbath und Unterschied des AT und NT« (1532) schrieb und die mystische Theorie vom geistlichen Sabbat aufstellte. Luther schrieb 1538 einen »Brief wider die Sabbather«. In der Folgezeit werden die S. noch bis um 1600 erwähnt.

2. Im 16.Jh. zeigt sich auch in *Finnland* eine sabbatistische Strömung, vermutlich beeinflußt durch die vom russischen Juden Zacharias um 1475 hervorgerufene endzeitliche Bewegung.

3. Eine bedeutende sabbatistische Bewegung entstand 1588 in → *Siebenbürgen,* wo die unitarischen Lehren des Franz → Davidis bes. durch Andreas Eössy († 1599) in legalistisch-biblizistischer Weise weitergebildet wurden. In der ersten Hälfte des 17.Jh.s erlebte die Bewegung unter der geistigen Führung des Simon Péchi (ca 1560 bis 1643) eine Blüte. Verfolgungen dezimierten die Gemeinden, die bereits verschiedene jüdische Ansichten übernommen hatten. 1868/69 trat ein kleiner Rest zum Judentum über.

4. Die ersten *Seventh-Day Baptists,* für die neben den übrigen baptistischen Anschauungen (→ Baptisten: I) die Sabbatfeier kennzeichnend war, stammten aus der Zeit der englischen Reformation. 1664 brachte Stephen Mumford die Feier des Sabbats nach Newport/Rhode Island, wo er 1671 die erste Seventh-Day Baptist Church Amerikas gründete. – Als Abspaltung von den → Dunkers entstanden unter der Leitung von J.C.Beissel die Seventh-Day Baptists (German 1728), die lange Zeit in klösterlicher Gemeinschaft mit Gütergemeinschaft und Ehelosigkeit zusammenlebten (heute 140 Glieder in 4 Kirchen). – Im Sinne eines losen Zusammenschlusses wurde 1801 die Seventh-Day Baptists General Conference gegründet; sie umfaßt 62 amerikanische und 67 weitere Kirchen mit ca 9000 Mitgliedern.

5. In England feierten im 19.Jh. die *Neu-Israeliten* oder *Johanna-Leute* oder *Southcotians* (nach der Gründerin Johanna → Southcott) den Sabbat.

6. Zu den S.n gehören auch die → *Adventisten* und als Abspaltung von ihnen die → *Church of God.*

7. Im 19.Jh. feierte unter den → *russischen Sekten* eine Abart des Molokanentums veranlaßt durch jüdische Einflüsse den Sabbat. Organisator dieser seit 1825 unterdrückten S. war der Bauer Sundukow aus der Provinz Saratow.

Zu 1: Mennonitisches Lexikon IV, 1959, 3f. – Zu 3: S.Kohn, Die S. in Siebenbürgen, Budapest 1894. – Zu 4: E.T.Clark, The small Sects of America, (1937) 1949² – F.S.Mead, Handbook of Denominations in the US, (1951) 1956² – Encyclopedia of Southern Baptists II, 1958, 1195f. – Zu 7: R.Stupperich, Russ. Sekten, 1938, 39f. – Vgl. ferner RGG² V, 8f u. die Lit. zu → Adventisten: I, → Baptisten: I.
O.Eggenberger

Sabbatina (bulla), angeblicher Ablaßbrief Johanns XXII. für die → Karmeliter (datiert 3.3.1323), hat neben dem Schutzprivileg vom 13.3.1317 (Mollat 3114) keinen Platz. Die in der S. beschriebene Erscheinung Marias erinnert an das Gesicht Franz' von Lautern. Die Fälschung wird zuerst 1461 erwähnt und führt nach Mallorca, Sizilien und Genua. Somit ist auch die Bestätigung Alexanders V. eine Fälschung, die bereits Papebroch und Launoy nachgewiesen haben. In allgemeinen Ausdrücken haben spätere Päpste den Ablaß bestätigt, zuletzt Pius XI. (Indulgentiae maximae Sabbatinae).

F.Beringer, Die Ablässe I, 1921¹⁵, 178 – N.Paulus, Gesch. des Ablasses im MA II, 1923, 333ff – LThK IX, 51f.
F.Bock

Sabellius, von unbekannter Herkunft, seit ca 215 der konsequenteste Vertreter modalistischer Theologie in Rom (→ Christologie: II, 2 c). Von → Calixt I. exkommuniziert, tritt er für uns ins Dunkel zurück. Um 260 taucht seine Lehre in Libyen wieder auf, wird von → Dionysius von Alexandrien bekämpft und durch → Dionysius von Rom verurteilt. Von daher wird sein Name im → Arianischen Streit zur Waffe der Polemik, in der es sich nicht mehr um seine genuine Lehre handelt. Für S. sind Vater, Sohn und Geist drei Benennungen einer und derselben Person (Substanz), die er υἱοπάτωρ nannte. Es sind aufeinanderfolgende, personal nicht selbständige Offenbarungsstufen Gottes. S. wandte sich damit, stoisch beeinflußt, gegen die Logoslehre, die ihm weder die Einzigkeit Gottes noch die Gottheit Christi voll zu wahren schien. Eigene Werke hinterließ er nicht.

Harnack, DG I, 760ff – Seeberg, DG I, 573ff – C.Andresen, Zur Entstehung u. Gesch. d. trinitar. Personbegriffes (ZNW 52, 1961, 1-39).
M.Elze

Sabinianus, *Papst* 13.9.604 bis 22.2.606, aus Volterra (Toscana), vorher Diakon der röm. Kirche, von der röm. Geistlichkeit wahrscheinlich in Reaktion auf das persönliche Regiment → Gregors I. gewählt. Während einer Hungersnot soll er Getreide aus Kirchenspeichern nur gegen Geld ausgegeben haben.

A.Crivellucci, Il pontificato di Sabiniano (Studi storici 8, 1899, 203-211) – RE XVII, 295 – LThK IX, 54f – DThC XIV, 438f – O. Bertolini, Roma di fronte a Bisanzio e ai Longobardi, Bologna 1941, 252ff. 287ff.
H.Fuhrmann

Sacharja, Prophet am Ende des 6.Jh.s vChr, mit → Haggai am Wiederaufbau des Tempels beteiligt (520 bis 515). In Esr 5, 1; 6, 14 wird S. Sohn des Iddo, in Sach 1, 1. 7 dagegen Sohn des Berechja, des Sohnes des Iddo genannt. Wahrscheinlich liegt hier eine Verwechslung mit S., Sohn des Jeberechja (Jes 8, 2) vor, dem Sach 9-14 vielleicht einmal zugeschrieben wurde; doch ist möglicherweise Iddo einfach der Name einer Priesterfamilie, deren Haupt S. später war (wohl identisch mit dem S. von Neh 12, 16). Nach Sach 1, 1 (Okt./Nov. 520) begann S. mit prophetischen Reden, als Haggai tätig war; doch ist es möglich, daß einige seiner überlieferten Worte einer früheren Zeit angehören. Wie Haggai sah S. in den Aufständen zZ der Thronbesteigung des Darius (522-20) Zeichen, daß das letzte Eingreifen Gottes bevorstand, und drängte auf die Vollendung des Tempels als Vorbedingung dafür; beide Propheten bezogen ihre messianischen Hoffnungen auf den Davididen Serubbabel (→ Judentum: I, 1). Auch nachdem Darius die Aufstände niedergeschlagen hatte, ließ S. in seinem Drängen nicht nach (1, 7; Febr. 519) und wirkte mindestens bis Nov. 518 (7, 1), wahrscheinlich auch noch länger. Serubbabel vollendete den Tempel, wie S. gesagt hatte, doch die Hoffnungen auf Wiederherstellung des davidischen Königtums zerschlugen sich. Später wirkte S. als Priester weiter bis in die nächste Generation. – Vgl. → Sacharjabuch.

A.Bentzen, Quelques remarques sur le mouvement messianique parmi les Juifs aux environs de l'an 520 avant J.-C. (RHPhR 10, 1930, 493-503) – A.T.Olmstead, Darius and his Behistun Inscription (AJSL 55, 1938, 392-416) - DERS., Hist. of the Persian Empire, Chicago 1948 - K.GALLING, The Gola-List according to Esr 2/Neh 7 (JBL 70, 1951, 149-158) - P.R.ACKROYD, Two OT Historical Problems of the Early Persian Period (JNES 17, 1958, 13-27). - Vgl. die Lit. zu → Sacharjabuch, → Haggai, → Judentum: I. *J.Bright*

Sacharjabuch

1. Der Prophet S. (c. 1-8): a) S.s Visionen - b) Das Buch - c) S.s Botschaft - 2. Deutero-S. (c. 9-14). - S. = Sacharja, Sb. = Sacharjabuch

1. Das Sb. besteht aus zwei verschiedenen Teilen, von denen nur der erste (1-8) die Worte des Propheten → Sacharja enthält. C. 9-14 ist eine spätere Sammlung prophetischer Sprüche, die ihm sekundär zugeschrieben wurden.

a) Eine klar abgegrenzte literarische Einheit (1, 7 - 6, 15) bildet den Kern von 1-8. Sie besteht aus einer planvoll angelegten Reihe von Visionen (außer 3, 1-7, was manche für spätere Zufügung halten), die alle ähnlich gestaltet (Beschreibung der Vision, Frage des Propheten, Antwort des deutenden Engels) und - außer der ersten und der letzten, die sich in gewissem Maß entsprechen - in Paaren angeordnet sind. 1. Vision (1, 7-15): Reiter, die die Erde erkunden sollten, berichten, daß alles ruhig sei; es ist kein Anzeichen des erwarteten Umsturzes der Reiche vorhanden. Aber auf den Ruf des Engels: »Wie lange noch?« antwortet Jahwe, daß sein Ziel für Zion feststeht. Die 2. und 3. Vision entwickeln dieses Thema: 4 Hörner und 4 Schmiede (2, 1-4) stellen den Umsturz der Weltmacht dar, ein Mann mit einer Meßschnur (2, 5-9) die unermeßliche Größe des künftigen Jerusalem. Die 4. und 5. Vision handeln von den Führern der Gemeinschaft: Der Hohepriester Josua, vom Satan verklagt, wird freigesprochen und erhält neue Gewänder (3, 1-7); ein goldener Leuchter und 2 Ölbäume stellen Jahwe und die gesalbten geistlichen und weltlichen Führer der Gemeinschaft dar: Josua und Serubbabel (4, 1-6 a. 10 b-14). Die 6. und 7. Vision: eine fliegende Buchrolle (5, 1-4) und eine Frau, die in einem Epha nach Babylon getragen wird (5, 5-11), bedeuten die Reinigung der Gemeinschaft. Die 8. Vision (6, 1-8): 4 Wagen fahren nach den 4 Winden, um den Plan Gottes auszuführen. Da der Beginn der Heilszeit als unmittelbar bevorstehend erwartet wird, schließt der Abschnitt (6, 9-15) mit der symbolischen Krönung Serubbabels (so ursprünglich) als messianischer König. Dieser Abschnitt wird in 1, 7 auf Febr. 519 datiert. Umstritten ist jedoch, ob dieses Datum für den Empfang aller Visionen gelten soll oder - wahrscheinlich - für die Zeit, in der weit auseinanderliegende Erlebnisse niedergeschrieben und veröffentlicht wurden.

b) Diesem Kern wurde 1, 1-6 (datiert Okt./Nov. 520) später, aber wohl sehr bald als Einleitung hinzugefügt. Außerdem wurde verschiedentlich innerhalb von 1, 7 bis 6, 15 die ursprüngliche Ordnung durch Einfügung weiterer Sprüche verdorben: 1, 16f; 2, 10-17; 3, 8-10 und bes. 4, 6 b-10 a, das die 5. Vision völlig unterbricht. Das geschah zweifellos durch S. selbst, um die Wahrheit dessen, was er gesagt hatte, zu betonen und es auch einer etwas späteren Lage anzupassen, nachdem sich herausgestellt hatte, daß seine Vorhersagen sich nicht sofort erfüllen würden. Ganz klar ist das in 6, 9-15, wo Serubbabels Name durch den des Josua ersetzt und die Krone zu einer Votivgabe gemacht wurde, die im Tempel für das Kommen des messianischen Königs aufbewahrt werden sollte. - C. 7-8 bezeugen S.s weitere prophetische Tätigkeit. Der Abschnitt ist auf Nov. 518 datiert (7, 1) und beschäftigt sich vor allem mit der Fastenfrage (7, 2ff). Aber nur 7, 4-14; 8, 18f beziehen sich mehr oder weniger stark auf dieses Thema; es handelt sich also um eine Sammlung von Worten S.s aus verschiedenen Zeiten. Abgesehen von den Teilen, die das Fasten betreffen, und 8, 9-13 (das vom Wiederaufbau des Tempels handelt und der Botschaft des → Haggai nahe verwandt ist) sind diese Worte alle sehr kurz und handeln meist vom Glück Zions in der kommenden Heilszeit. Vermutlich wurde die Sammlung von S. selbst und seinen unmittelbaren Schülern etwa in der vorliegenden Form zusammengestellt.

c) Wie alle Propheten spricht S. in eine bestimmte Situation hinein. Er will sein Volk zum Wiederaufbau des Tempels ermutigen, der, obwohl schon 18 Jahre gestattet, noch kaum in Angriff genommen war (→ Judentum: I, 1). Da S. in den Aufständen von 522-20 Zeichen dafür sah, daß der Umsturz der Reiche bevorstand, glaubte er, daß Jahwe bald zurückkehren und seine Wohnung in Zion nehmen (1, 16; 2, 14; 8, 3) und daß Serubbabel als Messiaskönig die Krone Davids tragen würde. Doch muß das Volk erst zu Jahwe umkehren, damit er sich zu ihnen wenden kann (1, 3), muß sich von aller Befleckung reinigen und vor allem ihm ein Haus bauen, in dem er wohnen kann (8, 9-13). Auch nach Darius' Sieg versicherte S., der Plan Gottes sei unverändert und Serubbabel werde trotz aller Hindernisse den Tempel vollendet sehen (4, 6 b-10 a). In der Auffassung seiner Sendung, seinem Gebrauch der prophetischen Redeweise und in seiner Sorge um rechtes Verhalten (7, 8-14; 8, 16f) setzt S. die prophetische Tradition der Vergangenheit fort. Seine → Eschatologie (: II) entwickelt sowohl die Art des offiziellen Kultes im vorexilischen Juda als auch Deuterojesajas → Universalismus weiter (2, 15; 8, 22f). Bes. nahe steht er → Ezechiel, zB in seiner Sorge um die Reinigung des Landes und in der Unterscheidung zwischen einem weltlichen und geistlichen Vertreter des messianischen Amtes. S. steht aber ebenso im Übergang zum sich ausbildenden → Judentum (: I). Er beruft sich auf die früheren Propheten, weil sie besondere Autorität haben (1, 4; 7, 7. 12); er weist den Engeln (bei den Visionen vermitteln sie die Offenbarung) und dem Satan Funktionen zu; seine Visionen tragen Züge des heidnischen Mythos und sind Vorläufer der → Apokalyptik.

2. Das → Zwölfprophetenbuch endet mit drei anonymen Sammlungen mit gleicher Einleitung (9, 1; 12, 1; Mal 1, 1), von denen zwei dem Sb. angefügt, die dritte als → Maleachibuch überliefert wurde. Sach 9-11 (wozu 13, 7-9 gehört) zerfällt in zwei Teile: 9, 1 - 11, 3, ein in sich selbst uneinheitliches poetisches Stück, das vom Umsturz der Reiche, vom idealen König (9, 9f) und der Rückkehr der Diaspora handelt; und 11, 4-17; 13, 7-9 (Prosa mit dichterischem Schluß), das von den schlechten Hirten erzählt, die Israel plagen. C. 12-14 (ohne 13, 7-9) enthalten eine Sammlung kurzer Aussprüche (12, 1 bis 13, 6), die sich mit Jerusalems Rettung von seinen Feinden, der Ausgießung des Geistes und der Reue und Reinigung der Gemeinde beschäftigen, sowie weitere Sprüche (14), die den Tag Jahwes, den Angriff der Nationen auf Jerusalem, seine wunderbare Befreiung und sein endliches Glück beschreiben. Ob c. 9-14 das Werk eines (Deutero-S.) oder zweier (Deutero- und Trito-S.) anonymer Propheten oder eine Sammlung (bzw. Sammlungen) von unterschiedlichem Material sind, bleibt umstritten. Obwohl einst (u.a. weil 11, 12f in Mt 27, 9f als Jeremiawort zitiert wird) weithin als vorexilisch angesehen, wird heute allgemein zugegeben, daß 9-14 aus der späten nachexilischen Zeit stammen (zB zeigt 13, 3-6 ganz klar, daß die Zeit der Propheten zu Ende ist). Aber das genauere Datum ist umstritten. Am wahrscheinlichsten ist wohl die Zeit um das 4./3.Jh., obwohl auch so späte Datierungen wie die Makkabäerzeit verteidigt werden. Einige Stellen weisen jedoch in viel frühere Zeit; zB läßt 9, 1-8 (wo manche die Züge Alexanders

d. Gr. erwähnt finden) vermuten, daß die Kleinstaaten Palästinas und Syriens noch existieren; Gaza hat einen König (9, 5), Hadrach (9, 1) ist Ḫatarikka, das in Inschriften des 8.Jh.s als Kleinstaat in Nordsyrien erwähnt und von Assyrien erobert wird. Diese und andere Anzeichen (zB ein Angriff auf die Teraphim 10, 1f) führen manche zu der Annahme, daß mindestens 9, 1 - 11, 3 vorexilisches Material (aus dem 8.Jh.) enthält.

Kommentare s. → Zwölfprophetenbuch. Zu 1: J.W.ROTHSTEIN, Die Nachtgesichte des S. (BWAT 8), 1910 - H.G.MAY, A Key to the Interpretation of Zechariah's Visions (JBL 57, 1938, 173-184) - A. JEPSEN, Kleine Beiträge zum Zwölfprophetenbuch III (ZAW 61, 1945/48, 95-114) - L.G.RIGNELL, Die Nachtgesichte des S., Lund 1950 - K.GALLING, Die Exilswende in der Sicht des Propheten S. (VT 2, 1952, 18-36) - DERS., Serubbabel u. der Wiederaufbau des Tempels in Jerusalem (Festschr. f. W.Rudolph, 1961, 67-96) - W.EICHRODT, Vom Symbol zum Typos. Ein Beitrag zur S.-Exegese (ThZ 13, 1957, 509-522). - Zu 2: B.STADE, Deutero-S. (ZAW 1, 1881, 1-96; 2, 1882, 151-172. 275-309) - E.G.KRAELING, The Historical Situation in Zech. 9, 1-10 (AJSL 41, 1924/25, 24-33) - K.ELLIGER, Ein Zeugnis aus der jüd. Gemeinde im Alexanderjahr 332 vChr (ZAW 62, 1949/50, 63 bis 115) - A.MALAMAT, The Historical Setting of Two Biblical Prophecies on the Nations (IEJ 1, 1950/51, 149-154) - T.JANSMA, Inquiry into the Hebrew Text and the Ancient Versions of Zech. 9-14 (OTS 7, 1950, 1-142) - M.DELCOR, Les allusions à Alexandre le Grand dans Zach. 9, 1-8 (VT 1, 1951, 110-124) - DERS., Les sources du Deutéro-Zacharie et ses procédés d'emprunt (RB 59, 1952, 385-411).

J.Bright

Zur *Auslegungsgeschichte* (s. auch →Schriftauslegung: IV, →Zwölfprophetenbuch):

Qu.: 15.Jh.: Savonarola, Florenz 1497, Venedig 1514 u.ö. (Predigten). - 16.Jh.: Luther, 1527 (WA 23) - Urbanus Rhegius, Celle 1537 - Melanchthon, 1553 (CR 13) - Joh.Draconites, Wittenberg 1565 - Didacus de Stunica, Salamanca 1577 - Lambert Daneau, Genf 1578 - Joh.Jak.Grynäus, ebd 1581 - Hieronymus Osorius, Köln 1584 - Franciscus a Messana, Antwerpen 1597 - David Chyträus, Leipzig 1599. - 17.Jh.: Fr.Balduin, Wittenberg 1610 - Joh.Winckelmann, Frankfurt 1621 - William Pemble, London 1629 - Joh.de Reyrolis, Paris 1631 - Balth.Willius, Bremen 1638 - Ludw.Crocius, ebd 1638 - Joh.Tarnow, Rostock 1647 - Joh.Heinr.Ursinus, Frankfurt 1652 - J.G.Dorschaeus, Straßburg 1653 - Aug.Varenius, Rostock 1663 - Corn.van Hase, Bremen 1689 - Joh.Biermann, Utrecht 1699, dt. Basel 1710. - 18.Jh.: Sam.Bohlius, Rostock 1711 - Campegius Vitringa, Leeuwarden 1734 (bis Sach 4, 6).

Lit.: G.DIETTRICH, Išoʿdads Stellung in der Auslegungsgesch. des AT an seinen Kommentaren zu ... Sach 9-14 ... veranschaulicht (BZAW 6), 1902 - J.LÉCUYER, RechSR 43, 1955, 82-103 (zu Sach 3, 1-9).

W.Werbeck

Sachs, *Hans* (1494-1576), * und † in Nürnberg, Sohn eines Schneiders, besuchte 1501-09 die Stadtschule, wo er sich auch etwas Latein aneignete. Neben dem Schusterhandwerk erlernte S. den Meistersang bei Nunnenbeck. Schon auf der Wanderschaft (1511-16) dichtete er Eigenes, darunter 3 neue »Töne« (Text und Melodie). 1519 verheiratete er sich, wurde 1518 in die Meistersingerzunft und 1523 als Meister in die Schusterinnung aufgenommen. Seit 1520 liest er Luthers Schriften und ergreift offen Partei für ihn: Die Wittenbergisch Nachtigall (1523), 4 Prosadialoge (1524, darin jener zwischen Schuster und Domherren), ein allegorischer Vergleich (1524), geistliche Lieder (1524/25), 13 Psalmenlieder mit Melodien (1526). Für antipäpstliche Sprüche unter 30 Holzschnitten mit → Osianders Auslegungen erhält er einen Verweis vom Rat, der politische Schwierigkeiten für die 1525 zur Reformation übergetretene Stadt fürchtete. S. bleibt überzeugt ev., kennt und nutzt die Lutherbibel. Zu Luthers Tod verfaßt er ein Epitaphium (1546). Aus seiner Glaubensgewißheit wirkt er moralerziehlich, um bürgerliche Rechtschaffenheit und Tüchtigkeit zu stärken und zu vertiefen. Scharfer Blick für reale Einzelheiten paart sich mit verstehender Heiterkeit und läßt in Schwankerzählung, Fabel und Fastnachtspiel noch heute Wirksames gelingen. Er war unermüdlich dichterisch tätig und genoß großes Ansehen. - Vgl. → Kirchenlied: I, 3 a; II, 2; → Reformationszeit, Deutsche Literatur.

Krit. Ausg. hg.v. A.v.KELLER u. E.GÖTZE, 26 Bde, 1870-1908. - Über S.: R.GENÉE, H.S. u. seine Zeit, (1894) 1902² - RE XVII, 304ff - P.LANDAU, H.S., 1924 - SCHL. II, 18465-18769.

W.Flemming

Sachsen, *Volk*. Die S. werden zuerst um 170 nChr bei Ptolemaios anscheinend auf Grund von Nachrichten aus der Zeit um Christi Geburt erwähnt. Sie schlossen sich hiernach östlich der Elbe den Chauken an, wohnten also wohl in Südholstein und Mecklenburg. Im 4.Jh. wurden die Einwohner weiter Teile Nordwestdeutschlands als S. bezeichnet. Das Aufgehen verschiedener kaiserzeitlicher, vielleicht politischer Verbände (zB Chauken, Cherusker, Angrivarier, Ampsivarier) im S.-Stamm dürfte sich nicht durch Eroberung (so zB Lintzel, Lammers), sondern durch Einung (so zB L.Schmidt, Drögereit) vollzogen haben. Die archäologischen Funde bestätigen die Ablehnung der namentlich bei Widukind überlieferten »Stammessage« (zB Krusch, Stöbe, Drögereit), nach der die S. 531 die → Thüringer gemeinsam mit den → Franken vernichtet hätten. Dagegen bestätigen neueste Funde bei Beckum (Fürstengrab, Abbruch von Friedhöfen), daß an der Lippe, den Quellen entsprechend, der S.staat sich um 700 kriegerisch ausdehnte. Um 700 erreicht er durch freiwilligen Anschluß seine größte Ausdehnung auch im Südosten bis zur Unstrut. - Wohl im Laufe des 8.Jh.s bildeten sich unter dem Druck fränkischer Angriffe die drei Unterabteilungen der Ostfalen, Engern und Westfalen. Ihr gemeinsames Zentrum war - zumindest im 8.Jh. - die repräsentative Stammesversammlung zu Marklo(he)/Weser. Die Ausbreitung über See führte nach Raubüberfällen im röm. Gallien und Britannien (»Litus Saxonicum«) zur Landnahme in → Britannien. - Die S. befanden sich anscheinend im Zustand eines skeptischen Schicksalsglaubens, als → Karl d. Gr. (, 2) nach verschiedenen erfolglosen, früheren Missionsversuchen mit dem Schwert dem Christentum den Zugang nach S. erschloß, das recht bald dem neuen Glauben gewonnen war (→ Gottschalk, → Heliand).

H.WIEDEMANN, Die S.bekehrung, 1932 - H.DÖRRIES, Germanische Religion u. S.bekehrung (ZGNKG 39, 1934, 53-83) - R.DRÖGEREIT, Die Ausbreitung der nordwestdt. Küstenvölker über See (Neues Archiv f. Nieder-S. H. 23, 1951, 229-250) - DERS., Bonifatius, die angels. Mission u. Nieder-S. (JGNKG 52, 1954, 130-158) - DERS., Fragen der S.forschung in hist. Sicht (Niedersächs. Jb. f. Landesgesch. 31, 1959, 38-76) - FR.TISCHLER, Der Stand der S.forschung, archäologisch gesehen (35. Ber. d. Röm. Germ. Komm., 1954, 21 bis 215) - KL.HONSELMANN, Die Annahme des Christentums durch die S. im Lichte sächs. Quellen (Westf. Zs. 108/II, 1958, 201-218) - M.LINTZEL, Zur Alts. Stammesgesch. (Ausgew. Schriften I, 1960, 449-466) - XII. Sachsensymposion am 12./13.12.1960: Vorträge von A.GENRICH, W.NOWOTHNIG, H.SCHMIDT, W.WINKELMANN.

R.Drögereit

Sachsen, *Land und Provinz*

1. MA - 2. Reformationszeit - 3. Gegenreformation und 30jähriger Krieg - 4. Pietismus und Orthodoxie - 5. Übertritt des Herrscherhauses zum röm. Katholizismus und Folgen für die Landeskirche - 6. Aufklärung und Rationalismus - 7. Erweckungsbewegung und Neuluthertum - 8. Industrialisierung und Kirchenfeindschaft - 9. Kirchenkampf und Neuaufbau - 10. Die Ev. Kirche der Kirchenprovinz S. - Vgl. → Sachsen, Volk

1. Das Land S. im Umfang der heutigen ev.-luth. Landeskirche S.s bestand nur von 1815-1945, bis 1918 als Königreich, dann als Freistaat. Vor 1815 umfaßte der aus der alten Mark Meißen als Kerngebiet hervorgegangene Landesstaat der Wettiner, auf den durch Erwerb des Herzogtums S.-Wittenberg mit der Kurwürde 1423 der Name S. überging, ein sehr viel größeres Gebiet, das sich vor allem nach → Thüringen, in die 1815 gebildete Pro-

vinz S. und nach der Niederlausitz erstreckte. Eine Sonderstellung nahm stets die Oberlausitz ein. 1945 wurden Teile der ehem. preußischen Provinz → Schlesien an S. angegliedert. 1951 wurde das Land aufgelöst.

In seinem Nordteil seit dem 6.Jh. von Slawen sorbischer Sprache besiedelt (Wohngebiete um Leipzig-Pegau-Borna, Wurzen-Leisnig-Rochlitz, Riesa-Mügeln-Döbeln-Meißen-Dresden-Pirna, Kamenz-Bautzen-Görlitz), wurde das Gebiet in der Zeit Heinrichs I. deutscher Herrschaft unterworfen (Gründung der Burg Meißen 929) und von → Otto d.Gr. in die mit der Gründung des Erzbistums → Magdeburg und seiner Suffraganbistümer 968 geschaffene kirchliche Organisation einbezogen. Der Nordwesten wurde zu → Merseburg (981 bis 1004 aufgehoben), der Südwesten zu → Zeitz (um 1030 nach → Naumburg verlegt), das übrige zu → Meißen geschlagen. Vorher schon hatte Boso aus Regensburg, dann erster Bischof in Merseburg, Missionsversuche bei den Sorben angestellt, von deren Naturreligion (Verehrung heiliger Weiher und Haine) sein Nachfolger Thietmar berichtet. Er überliefert auch Missionstätigkeit der Bischöfe → Wigbert von Merseburg und Eiko (Eid) von Meißen. Das besiedelte Land wurde im 10. und 11.Jh. mit einem zunächst sehr weitmaschigen Netz von Pfarrkirchen überzogen. Sie waren sämtlich → Eigenkirchen, und selbst die Bistümer wurden als königliche Eigenkirchen aufgefaßt. Klöster und Stifter gab es zunächst nicht. Herren im Lande waren die ekkehardingischen, dann weimarischen und brunonischen Markgrafen, schließlich die Wettiner (1089/1125-1918). Unter den Bischöfen ragen → Thietmar von Merseburg als Verfasser eines Geschichtswerkes, Werner von Merseburg als Gregorianer, Eberhard von Naumburg als treuer Anhänger → Heinrichs IV. hervor. → Benno von Meißen, der einzige Heilige, den das Land hervorgebracht hat, vertrat im Investiturstreit (→ Kaisertum und Papsttum, 5) eine vermittelnde Richtung. Grundlegenden Wandel aller Lebensverhältnisse brachte die um 1100 im Westen des Landes einsetzende deutsche Ostsiedlung, die noch vor 1200 die Elbe überschritten haben muß und um 1250 abgeschlossen war. Weite bisher unbesiedelte Räume vor allem im Süden (Erzgebirge und Erzgebirgsvorland, Vogtland, südliche Oberlausitz), aber auch im nördlichen Heidewaldgebiet wurden gerodet und bedeckten sich mit deutschen Dörfern, die zwar nicht alle, aber doch vielfach Pfarrkirchen, meist adliger Gründung, erhielten. Das Eigenkirchenrecht wurde zu einem Patronatsrecht stark eigenkirchlichen Gepräges abgeschwächt. Seit der Mitte des 12., vor allem aber im 13.Jh. entstanden in großer Zahl Städte mit eigenen Stadtkirchen. Zur wirtschaftlichen Blüte trugen die Silberfunde von Freiberg bei. Die Bildung von Archidiakonatsbezirken und Erzpriestersitzen (sedes) wurde jetzt nötig. Eine Verschmelzung deutscher und slawischer Bevölkerung erfolgte. Sie kam spätestens im 15.Jh. zum Abschluß; nur in Teilen der Oberlausitz erhielt sich, von der Kirche gepflegt, die sorbische Sprache. 1091 wurde in Pegau ein Benediktinerkloster, 1114 in Wurzen ein Kollegiatstift gegründet. Weitere Klöster und Stifter folgten (bes. das Benediktinerkloster Chemnitz, die Zisterzienserklöster Altzelle, Buch und Grünhain, die Augustiner-Chorherrenstifter Zschillen, St. Afra in Meißen und St. Thomas in Leipzig sowie das Kollegiatstift Bautzen). In den Städten kamen seit etwa 1230 mehr die Franziskaner als die Dominikaner zur Wirkung. Etwa ein Drittel der Klöster waren Frauenkonvente, von denen Marienstern und Marienthal noch heute bestehen. Die Bischöfe von Meißen, deren Diözese 1399 exemt wurde, konnten in kleinen Gebieten um Wurzen und Stolpen-Bischofswerda eigene Landesherrschaft begründen, während das Territorium der Bischöfe von Naumburg um Strehla vom sich festigenden wettinischen Landesstaat aufgesogen wurde, der auch den Versuch des Bischofs von Merseburg, die Herrschaft über Leipzig zu erwerben, abwehren konnte. Klösterliche Landesherrschaft gab es nicht. Die hussitische Bewegung (→ Huß) fand in S. nur stellenweise Widerhall (Peter von Dresden); um Zwickau wurden waldensische Lehren (→ Waldenser) aufgenommen. Der Auszug der deutschen Universitätsangehörigen aus → Prag führte 1409 zur Gründung der Universität → Leipzig. Nach den Hussitenkriegen erholte sich das Land rasch und stieg zu wirtschaftlicher Blüte auf, begünstigt durch neue Silberfunde. Die wettinische Machtentfaltung im Reiche erreichte 1483, im Geburtsjahr Luthers, einen Höhepunkt; Wettiner waren damals Erzbischöfe von Magdeburg und Mainz. Infolge der Leipziger Teilung von 1485 (s. 2 a) konnte er nicht gehalten werden. Die Teilung war auch für den äußeren Verlauf der Reformation im Lande bestimmend, über deren geistige Vorbereitung im 15.Jh. man wenig weiß. *W.Schlesinger*

2. a) In die *Reformationszeit* trat die ehemalige Mark Meißen, nun »S.« genannt, infolge der Leipziger Teilung von 1485 gespalten ein: im Norden herrschte die ernestinische Dynastie mit den Residenzen Wittenberg und Torgau, im Süden die albertinische mit der Residenz Dresden. Der Gedanke, die beiden Landesteile so eng aneinander zu binden, daß sie, geographisch und wirtschaftlich aufeinander angewiesen, immer eine gemeinsame Politik treiben müßten, erfuhr durch die entgegengesetzte Stellungnahme zur Reformation seine Widerlegung in der Wirklichkeit.

Zu Ende des MA hatte sich S., durch den Erzbergbau wirtschaftlich führend geworden, am kirchlichen Stiftungseifer maßgeblich beteiligt und eine bedeutende Kunstblüte hervorgebracht (spätgotische Kirchenbauten in Freiberg, Annaberg [s. Taf. 23 Abb. 3], Zwickau, Schneeberg, Chemnitz, Leipzig, Dresden; Dome in Meißen, Freiberg, Wurzen; Dorfkirchen in Dölzig b. Leipzig, Rossau b. Hainichen, Ebersdorf b. Chemnitz; Wirksamkeit des Bildhauers Hans Witten aus Köln und seiner Schule). Der Humanismus fand im Schulwesen Eingang (Joh.Rivius aus Attendorn/Westf. in Zwickau, Annaberg, Marienberg, Freiberg, Meißen; P. → Mosellanus in Leipzig). Herzog → Georg der Bärtige (1471 bis 1539, seit 1500 Herrscher des albertinischen Landesteils), der Enkel des Hussitenkönigs Georg Podiebrad, hatte sich ganz in den Gedanken seiner Mutter Zedena hineingelebt, durch eine betont röm.-kath. Frömmigkeit den Abfall seines Großvaters von der Kirche zu sühnen. Er trieb daher eine vorbildliche reformwillige Kirchenpolitik, so daß die Verhältnisse im ganzen wenig Kritik herausforderten. Auch das Auftreten Luthers betrachtete er zunächst aufmerksam und beinahe wohlwollend, bis das eingeschränkte Bekenntnis des Reformators zu → Huß auf der Leipziger Disputation 1519 (→ Luther: I, 2) alle fernere Sympathie erstickte. Seitdem wurde er der eifrigste Gegner der ev. Bewegung unter den deutschen Fürsten. Im nördlichen Landesteil schritten die ernestinischen Kurfürsten von nachsichtiger Duldung (→ Friedrich der Weise 1463-1525, Kurfürst seit 1486) zu offener Förderung der Reformation Luthers fort (Johann der Beständige 1468-1532, Kurfürst seit 1525; Johann Friedrich der Großmütige 1503 bis 1554, Kurfürst 1532-47). Die Tatsache, daß die beiden Landesteile überall aneinandergrenzten, erfüllte von 1519-39 auch das südliche, albertinische Gebiet mit wachsender proreformatorischer Unruhe. Sie kam auf den Höhepunkt, als 1537 der jüngere Bruder Georgs,

Herzog Heinrich (1473-1541), in seinem Freiberger Ländchen und Georgs Schwiegertochter Elisabeth auf ihrem Witwensitz Rochlitz die Reformation einführten, beide aufs stärkste vom ernestinischen Hofe in Wittenberg und Luther selbst unterstützt. Vergeblich versuchte Georg seinen Bruder von der Thronfolge im gesamten albertinischen Landesteil auszuschließen. Nach seinem Tode (1539) siedelte Heinrich nach Dresden über und dehnte die Reformation - zT unter dem Widerspruch adliger Herren - auf das ganze Gebiet aus. Sein Sohn und Nachfolger → Moritz (1521-53, seit 1541 Herzog im albertinischen S., seit 1548 Kurfürst des albertinischen und ernestinischen Gebiets) blieb trotz seiner politischen Schwenkung auf dem Boden der Reformation. Nachdem der Vorschlag seines Rates Georg v. Carlowitz, die bestehenden Bistümer zu reformieren und damit die bischöfliche Verfassung zu erhalten, als undurchführbar aufgegeben worden war, schritt man zur Errichtung von Konsistorien nach ernestinischem Vorbild (1543 Leipzig, 1544-48 Merseburg, das 1549-61 als Bistum rekatholisiert wurde, 1545 Meißen). Außerdem ist Moritz die Begründung der 3 Landesmusterschulen aus Klostergut 1543 zu danken, der Fürstenschulen St. Afra in Meißen, St. Marien in Pforta b. Naumburg, St. Augustin in Grimma, sowie die Reorganisation der Universität → Leipzig im ev. Sinne. Die Wiederherstellung des ernestinischen Gebietes in bescheidenem Umfang (mittleres Thüringen) hatte zur Folge, daß 1548/58 als neue ev. Universität → Jena ins Leben trat. Moritz' Bruder August (»Vater August«, 1526-86, Kurfürst seit 1553) machte mit seiner dänischen Gemahlin (»Mutter«) Anna S. zur Heimstätte für die Bewahrung des Luther-Erbes (Förderung der → Konkordienformel; → Konkordienbuch Dresden 1580; Kirchen- und Schulordnung 1580 unter Einfluß J. → Andreäs - die größte und wegweisende KO des luth. Landeskirchentums überhaupt). Vorausgegangen waren die heftigen Streitigkeiten nach Luthers Tode, die, durch das Augsburger und Leipziger → Interim ausgelöst, auf Rechtfertigungslehre und Abendmahlsverständnis übergegriffen und → Melanchthons Theologie als kirchenpolitischen Faktor im Sinne eines bequemen Ausgleichs mit dem röm. Katholizismus wie auch als Brücke zum neu entstehenden Calvinismus ins Spiel gebracht hatten. Die Waffenschmieden für diese Lehrkämpfe (Wittenberg als Heimat der Philippisten, dh Melanchthonianer, Magdeburg und Jena als diejenige der Gnesiolutheraner [→ Flacius]) lagen teils im s.en Gebiet selbst, teils in seiner unmittelbaren Nachbarschaft. Von 1566-74 hatten die Philippisten, anfangs vom Kurfürsten begünstigt, in S. die Herrschaft erlangt und das Corpus Doctrinae Misnicum eingeführt, einen ausschließlich aus Schriften Melanchthons zusammengestellten Lehrkanon für den kirchlichen Gebrauch. Jedoch gingen sie dem Landesherrn zu weit. Seit 1574 schwenkte er auf eine orthodox-luth. Kirchenpolitik um und verfolgte die Philippisten als → Kryptocalvinisten mit harten Strafen. Durch vorbildliche Ordnungen in der Verwaltung, im Münzwesen, in der Schule, in der Land- und Forstwirtschaft, im Recht begründete er den Typus des luth. Landesvaters, den nach dem 30jährigen Kriege → Ernst der Fromme eindrucksvoll erneuerte. Seine enge Freundschaft mit Kaiser Maximilian II. legte nicht nur für lange Zeit die politische Gemeinsamkeit zwischen S. und Österreich fest, sondern milderte auch den konfessionellen Gegensatz erheblich. Sie war als Gegengewicht gegen die spanischen Einflüsse in Wien mit ein Grund für die relativ tolerante Haltung des Kaisers gegen den ev. Adel Österreichs (Religionskonzession 1568). In S. selbst konnte August durch den Rückhalt beim Kaiser die letzten röm.-kath. Gebiete (Bistum Meißen 1559, Naumburg 1561, Merseburg 1564) der Reformation zuführen. Seit etwa 1580 schwerfällig geworden, verfocht er die ev. Sache nur schwächlich. Sein Sohn Christian I. (1586-91) stand völlig unter dem Einfluß seines Kanzlers Nik. → Crell und verfolgte mit diesem und Andr. Paull eine habsburgfeindliche, frankreichfreundliche Politik, die zur Annäherung an die Hugenotten und die ref. Pfalz führte. In den darüber mit dem s.en Adel ausgebrochenen Kämpfen wurde Crell 1601 unter Christian II. als Kryptocalvinist und Vaterlandsverräter hingerichtet. Seitdem blieb die s.e Politik völlig im Fahrwasser Habsburgs und fiel für die Verteidigung der ev. Sache im 30jährigen Kriege weitgehend aus, so daß das Land nach dem Tode → Gustaf Adolfs die Härte der schwedischen Rache zu spüren bekam. Für die Treue zu Kaiser und Reich wurde Kurfürst Johann Georg I. (1586-1656, Kurfürst seit 1611) im Prager Frieden 1635 mit der bisher böhmischen Ober- und Niederlausitz belohnt. Damit kam zu dem geschlossenen luth. S. ein gemischt röm.-kath. und ev. Siedlungsgebiet hinzu, dessen kath. Bestandteil 1921 als faktische Grundlage für die Wiederherstellung des Bistums → Meißen (mit dem Sitz in Bautzen) dienen konnte. Die Selbständigkeit der Oberlausitz in der Kirchenverfassung (kein Superintendentenamt, sondern Gleichordnung aller Gemeindepfarrämter) blieb bis zur s.en Kirchenverfassung 1922/26 erhalten.

b) Die *innere Entwicklung* des ev. Christentums nahm an allen Erschütterungen und Bewegungen unmittelbar teil, alle theologisch-kirchlichen Spielarten fanden in der regsamen und begabten Bevölkerung ihre Stätte. Am Anfang stehen persönliche Freunde und Schüler Luthers (Nik. → Hausmann in Zwickau und Freiberg, Anton Lauterbach in Pirna, Hieronymus Weller von Molsdorff in Freiberg, Joh. → Pfeffinger in Leipzig), später folgen versöhnliche (Nik. → Selnecker in Dresden und Leipzig) und entschiedene Lutheraner (P. → Leyser I. in Wittenberg und Dresden). Stark bleibt immer der Einfluß Melanchthons und des Humanismus (G. → Major in Wittenberg, Heinr. Salmuth in Leipzig und Dresden und der ganze Philippismus). Schon früh meldeten sich selbständige Abweichungen von Luther (Jak. → Schenck in Freiberg, bes. Th. → Müntzer im ernestinischen Zwickau). Auch der mystische Spiritualismus brachte in Val. → Weigel in Zschopau b. Chemnitz eine seiner Hauptgestalten hervor, dem der bedeutendere und größere Jak. → Böhme in Görlitz folgte. Auffällig ist durch die ganze s.e KG bis zur Gegenwart hin der hohe Anteil der aus anderen deutschen Ländern Zugewanderten an der kirchlichen Führung - ein Hinweis auf die reichen, von den Landeskindern nicht genutzten Möglichkeiten. Unter ihnen ragte während des 30jährigen Krieges der Österreicher → Höe von Höenegg, der erste *Ober*hofprediger in Dresden, hervor. Wesentlich mit durch ihn gelangte dieses Amt in den Ruf der höchsten Stelle im ev. Deutschland. Gleichzeitig erlebten Kirchenlied und Kirchenmusik eine hohe Blüte: P. → Gerhardt, P. → Fleming, M. → Rinckart, G. → Neumark, Chr. Keymann waren Sachsen, ebenso A. → Hammerschmidt und H. → Schein, der die Tradition des Thomaskantorats in Leipzig begründete. H. → Schütz, der Oberfranke, wirkte als Hofkapellmeister in Dresden.

3. Die → *Gegenreformation* in den österreichischen Erblanden, bes. im s.en Nachbarlande Böhmen brachte einen Zustrom von ev. Exulanten ins Land; für sie wurde 1654 Johanngeorgenstadt im westlichen Erzgebirge gegründet. Als weiteres Zentrum erlangte Großhennersdorf b. Löbau Bedeutung, wo → Zinzendorfs Großmutter, Henriette Katharina v. Gersdorf geb. v. Friesen Schloßherrin war und ein Waisenhaus als Er-

ziehungsstätte errichtete. Unter den durch die ref. Religionspolitik Kurfürst Friedrich Wilhelms I. (→ Brandenburg: II, 3) aus Berlin Vertriebenen fanden Georg Reinhart in Leipzig und Paul Gerhardt in Lübben Aufnahme. Im ganzen herrschte in S. weniger ein polemisch akzentuiertes als ein stilles gemütvolles Luthertum, das seinen Schwerpunkt in der persönlichen Frömmigkeit und Familienkultur hatte. Aus einem s.en Landpfarrhause ging Sam. → Pufendorf hervor; vor ihm waren V.L.v. → Seckendorf und Philipp Bogislav v. Chemnitz führende Rechtslehrer aus s.em Stamm. Dagegen blieb das Land im literarischen Leben, außer im Kirchenlied, in provinzielle Enge gebannt (Schulkomödien Chr. → Weises in Zittau).

4. Wie im 16.Jh. die Kämpfe um Luthers Erbe zwischen Gnesiolutheranern und Philippisten vorwiegend auf s.em Boden ausgetragen wurden, so im 17. und frühen 18.Jh. diejenigen zwischen → *Orthodoxie* und → *Pietismus*. Der erste große Antipietist, J.F. → Mayer, war Sachse, und → Spener, der Führer der neuen Bewegung, wirkte 1686-91 als Oberhofprediger in Dresden. Wenn ihm auch im ganzen der erhoffte Erfolg versagt blieb, so gewann er doch in dem Chemnitzer Superintendenten Heinr.Hilliger und in dem Lockwitzer Pfarrer Chr.Gerber begeisterte Mitstreiter, in dem Annaberger G. → Arnold einen Schüler von höchstem Range. Zwischen den jungen (pietistischen) Magistern der Leipziger Universität und ihren (orthodoxen) Professoren brach 1689 der erste große Streit der Bewegung aus, der A.H. → Francke in die Führerrolle berief. Später waren die Universitäten → Wittenberg (Orthodoxie) und → Halle (Pietismus) die Zentren der Polemik, und nicht nur geographisch, sondern auch in der Arbeitsgesinnung, Wirtschaftsethik und im Staatsbewußtsein fiel der Gegensatz weithin mit dem zwischen S. und Brandenburg-Preußen zusammen. 1698-1701 spielte der → Terministische Streit in Leipzig. Der Begründer der Tamulenmission in Südindien, B. → Ziegenbalg, aus Pulsnitz in S. gebürtig, war Schüler Franckes. Die orthodoxe Seite wurde überlegen und entschieden von V.E. → Löscher vertreten, der 1709 als Sup. an die Dresdener Kreuzkirche kam. Die Zurücksetzung, die er wegen seiner Furchtlosigkeit vom Hofe und von der Landesregierung erlitt (1723 Übergehung bei der Neubesetzung des Oberhofpredigeramts zugunsten des mild pietistischen B.W.Marperger), hinderte seinen Einfluß im Lande nicht. In den 40 Jahren seiner Amtsführung leitete tatsächlich er die Kirche in einer staunenswerten Arbeitsleistung. Sein Fleiß und seine besonnene Haltung in schweren Stunden und Aufgaben (Ermordung des Pfarrers H.J.Hahn durch einen röm.-kath. Fanatiker 1726, Behandlung des Grafen Zinzendorf und der Herrnhuter, Fürbitte für Dresden bei Leopold von Dessau 1745) trugen ihm Vertrauen und Ansehen ein. Er darf in seiner kirchlichen Theologie und theologischen Kirchlichkeit als die größte Gestalt der s.en KG gelten. Der ausgesprochen wissenschaftliche Charakter ist dem s.en Superintendentenamt als Eigentümlichkeit verblieben und wurde durch das Superintendentenexamen vor dem Dresdener (Ober-)Konsistorium zur Institution erhoben. Im 19.Jh. brachte ihn A.G. → Rudelbach am stärksten zum Ausdruck. Aber auch der Pietismus hatte in S. seine großen Vertreter: Die überragende Gestalt des Grafen → Zinzendorf schuf auf neu-s.em Boden, in Herrnhut bei Löbau, die erneuerte → Brüderunität (: II).

5. Das luth. Kirchenbewußtsein des Landes hatte 1697 durch den Übertritt des Kurfürsten Friedrich August I. (des Starken) zum röm. Katholizismus um der polnischen Krone willen einen schweren Stoß empfangen, zumal er als Direktor des → Corpus Evangelicorum zum Schutze des ev. Bekenntnisses im Reiche verpflichtet war. Jedoch hatte dies keine Schwächung, vielmehr eine Verstärkung bewirkt. Die Landstände, dh die Vertreter des Adels, seit Georg dem Bärtigen in S. mit mehr Rechten an der Regierung beteiligt als in anderen deutschen Ländern, hatten seit 1570 von jedem neuen Herrscher eine Religionsversicherung gefordert und dies bei Friedrich August 1694, 1695, 1696 getan. Unmittelbar nach dem Übertritt 1697 ließen sie diese erneuern. Der Kurfürst und nunmehr polnische König übertrug seine landesherrliche → Kirchengewalt dem ev. Geheimratskollegium (im 19. und 20.Jh. durch die in evangelicis beauftragten Staatsminister ersetzt). Auf diese Weise erhielt die ev.-luth. Kirche S.s eine größere Freiheit vom Landesherrn und von staatlicher Einwirkung. Ihre Selbstverantwortung wurde begünstigt. Vor ihr war die brandenburgische Kirche 1613/14 durch den Übertritt des Kurfürsten Johann Sigismund zum ref. Bekenntnis in die gleiche Situation gelangt (→ Brandenburg: II, 3). Die damals von den Ständen durchgesetzte Bewahrung des Luthertums ging jedoch in der Folgezeit verloren, zT durch die betont ref. Religionspolitik des Großen Kurfürsten, hauptsächlich aber durch die unionistische Kirchenpolitik Friedrich Wilhelms III. seit 1817. In S. konnte sich das Luthertum dank der größeren Verschiedenheit der beiden Konfessionen erhalten. Der Katholizismus blieb auf die Hofkreise beschränkt. Immerhin erfolgten gelegentlich Eingriffe der Krone ins ev. Kirchenwesen. So mußte 1733 auf Befehl Friedrich Augusts II. die für die → Salzburger Emigranten gesammelte Kollekte zum Bau der Dresdener Frauenkirche verwandt werden.

6. Das durch die polnische Politik seiner Fürsten und die damit verbundenen Kriege verarmte Land erreichte im Siebenjährigen Kriege 1756-63 seinen Tiefstand und schied für eine Weile aus der geistigen und theologischen Führerrolle aus. Schon die frühen Bannerträger der → Aufklärung (Pufendorf, → Leibniz, Chr. → Thomasius) waren geborene Sachsen gewesen, hatten aber ihren Wirkungskreis außerhalb der Heimat gefunden. Jetzt wiederholte sich dies für → Lessing und den Abenteurer K.F. → Bahrdt. In Leipzig selbst vertrat J.A. → Ernesti mit kritischer Strenge auf philologischem Grunde theologische Aufklärungspositionen. Die theologisch-kirchliche Form der Bewegung, der → Rationalismus (: II), ergriff relativ spät von S. Besitz, behauptete aber dafür lange die amtliche Herrschaft. Hauptvertreter waren J.G. → Rosenmüller in Leipzig, Karl Chr.Tittmann in Dresden, G.F.Dinter, der Verfasser der vielbändigen Schullehrerbibel, in Görnitz b. Borna und Dresden. Der Oberhofprediger C.F.v. → Ammon, der 36 Jahre lang an der Spitze der Kirche stand, schwankte zwischen Rationalismus und rationalem Supranaturalismus und vereitelte nach Kräften das Eindringen der Erweckungsbewegung. Häufiger als radikale Elemente fanden sich Männer des Übergangs und der Vermittlung. Unter ihnen steht Chr.F. → Gellert obenan, der anspruchslose, gemütvolle Professor, in dem man gern die liebenswürdige Verkörperung des ober-s.en Stammescharakters erblickt. Er vereinte biblisch-orthodoxe Verwurzelung mit aufgeklärtem Moralismus, echtes, unmittelbares Empfinden für die Majestät Gottes in der Natur mit anthropozentrischem Nützlichkeitsdenken und schuf große wie hausbackene Kirchenlieder. Zum klassischen Vertreter des volkskirchlichen Rationalismus in S. wurde H.G. → Tzschirner. Seine ausgedehnte literarische Tätigkeit, die sich von der KG über die systematische zur praktischen Theologie erstreckte, und seine lebhafte, betont antikath. Publizistik sicherten ihm großen Einfluß. Ihm verwandt, aber stärker dogmatisch gerich-

tet war K.G. → Bretschneider, der aber nur in seiner Jugend dem Lande angehörte.

7. Gegen den weitverbreiteten Eindruck, als ob der Rationalismus die S. und Mitteldeutschland angemessene kirchlich-theologische Form sei, sprechen der stille Einfluß der Herrnhuter Brüdergemeine wie der Einzug der → Romantik in Freiberg (Bergakademie) und Dresden. In den ersten Jahrzehnten hat sich offenbar die tiefgehende Scheidung innerhalb des Landes vollzogen, nach der der Süden (Vogtland, Erzgebirge, Oberlausitz) der Kirche positiv, der Norden und die Mitte indifferent gegenüberstehen. Ebenso wurde der Süden die bevorzugte Heimstätte für die Freikirchen (bes. Methodismus, luth. Freikirche [Missourisynode]), Sekten (zB → Lorenzianer, → Hirt und Herde) und die landeskirchliche Gemeinschaftsbewegung. Die *Erweckungsbewegung* (→ Erweckung: I, 5 b) hat demzufolge im Süden stärkeren Rückhalt gefunden. An Einzelgestalten ragen Karl Gottlieb Stöckhardt in Röhrsdorf b. Meißen und G.H.v. → Schubert hervor, die der Romantik am nächsten stehen. Später wandelte sich die Bewegung von innen heraus zu einem milden *Neuluthertum* (→ Luthertum: II). Es hatte sich bereits 1800 in der Reformationsfestpredigt F.V. → Reinhards angekündigt, in der er dem aufklärerischen Moralismus widersprochen hatte. Später rief er mit seiner strengen Trennung zwischen Rationalismus und Supranaturalismus, zu dem er sich selbst bekannte, den Protest Tzschirners hervor. Seit 1810 fand der tschechische Exulantenprediger M. → Stephan in Dresden mit einer schlicht biblischen Verkündigung viel Gefolgschaft, u.a. den Kabinettsminister Detlev v. Einsiedel. Aus ihr entwickelte sich die neuluth. Gruppe, die 1838 nach Nordamerika auswanderte und unter C.F.W. → Walther die → Missourisynode begründete. Ein weiterer Ansatzpunkt ergab sich durch die kirchliche Selbständigkeit der Schönburgischen Rezeßherrschaften in Glauchau-Waldenburg. Graf Ludwig von Schönburg-Hinterglauchau berief 1829 A.G. → Rudelbach als Superintendenten nach Glauchau. Dieser vermochte durch konfessionelle Entschiedenheit und umfassende theologische Gelehrsamkeit eine geschlossene Pfarrerschaft in der Muldentaler Konferenz (Vorläuferin der Allgemeinen Ev.-Luth. Konferenz) um sich zu scharen. Hauptmitarbeiter waren Moritz Meurer (1806-77) und Albert Sigismund Jaspis (1809-85), Hauptorgan »Der Pilger aus S.« (1835-1934). Die Auswanderung Stephans und seiner Freunde trug in die neuluth. Erweckungsbewegung eine innere Spaltung, weil die Auswanderer diesen Schritt als Bekenntnisakt ansahen, die Zurückbleibenden ihn als »Kreuzesflucht« verdammten (Muldentaler Konferenzerklärung vom 13.9.1838). Literarisch wirkten Franz → Delitzsch und W. → Löhe. 1836 wurde die Dresdener (später → Leipziger) Mission im neuluth. Sinne gegründet. Seit der Tätigkeit von A. → Harleß in Leipzig und seit seiner Berufung zum Oberhofprediger (1850-52), die die Ära v. Ammon in schroffster Gegensätzlichkeit ablöste, war entschieden, daß die kirchliche Führung S.s neuluth. Charakter trug. Dies drückte sich bes. in der Leipziger theologischen Fakultät aus, obwohl sie stets auch für andere offen blieb. Aus ihr ging der systematische Theologe Ludwig Ihmels (1858-1933) als erster s.er Landesbischof hervor (1922). Im Sinne der Erweckungsbewegung war 1827 A. → Hahn nach Leipzig berufen worden. Mit seiner gegen die Rationalisten gerichteten Antrittsdisputation (→ Leipziger Disputation) wirbelte er viel Staub auf, ging jedoch schon 1834 nach Breslau. Eine Berufung → Tholucks mißlang. Als volkstümlicher Prediger war F. → Ahlfeld von großem Einfluß (1851-81 in Leipzig).

8. Die stürmische *Industrialisierung* des Landes ließ es zum bevorzugten Werbegebiet für den Marxismus werden, der hier seine antichristliche Komponente stark betonte, aber vor der überlieferten Kirchlichkeit des Erzgebirges zurückstellte. Von großer Bedeutung war die Tätigkeit Aug. → Bebels im Umkreis von Chemnitz, Glauchau, Zwickau. Die Kirchenführung ergriff in den Kämpfen der Arbeiterbewegung keine Partei und versäumte vor allem den Anschluß an die Gewerkschaftsbewegung. Die Gemeindepfarrer verhielten sich je nach Grundsatz und Anlaß verschieden. Eine von Ort zu Ort vorgehende Bestandsaufnahme ist dringlich. Viel zu spät setzte, vor allem auf Drängen Emil → Sulzes, die Zerschlagung der großstädtischen Gemeinden und Bildung übersichtlicher Einheiten ein. Seit 1868 gab es Kirchenvorstände. Im niedererzgebirgischen Industrierevier zwischen Chemnitz und Zwickau empfing Fr. → Naumann als Pfarrer in Langenberg (1887-92) die entscheidenden Impulse für seine sozialpolitische Lebensarbeit. Die theologischen Richtungskämpfe waren lebhaft, gefährdeten aber nie die Gemeinschaft unter den Pfarrern. Die führende Gestalt war seit 1884 der konservative F.W. → Dibelius. Ihm stand als Führer des Liberalismus, Leiter des Ev. Bundes und Förderer der → Los-von-Rom-Bewegung in Österreich Chr.Friedr.Meyer (1840-1910, Sup. in Zwickau) gegenüber. – Die Trennung von Kirche und Staat (1919) gab den Anstoß zu einer umfangreichen Kirchenaustrittsbewegung, die hier die höchsten Zahlen von Deutschland erreichte (Leipzig). Auch die Haltung eines Teils der Lehrerschaft hatte vorgearbeitet (Zwickauer Thesen gegen einen »kirchlichen« Religionsunterricht 1909). Andrerseits entwickelte die Kirche eine überraschende Abwehrkraft. Die christlichen Eltern- und Arbeitervereine, die Laienhelferschaften in den Gemeinden, die Innere Mission wurden stärker und gewannen höhere Bedeutung als anderswo. Gleichzeitig schritt überall im Lande die Pflege der musica sacra und Orgelbewegung voran. Unter den Kirchenmännern der Weimarer Republik ragten Gerhard Hilbert (1868-1935, 1915 Prof. der prakt. Theol. in Rostock, 1925 Sup. in Leipzig, Mitbegründer der Volksmission [→ Evangelisation]), Alfred Dedo Müller (* 1890, 1930 Prof. der prakt. Theol. in Leipzig) und Willy Gerber (* 1895, 1929 Sup. in Chemnitz, 1954 Oberkirchenrat in Dresden) hervor. 1927 begründete L. Ihmels das Predigerseminar Lückendorf mit dem Studiendirektor Martin Doerne (* 1900, Prof. der prakt. Theol. in Göttingen). F. → Rendtorff führte den Gustav-Adolf-Verein auf glanzvolle Höhe. Die s.e Kirchenverfassung von 1922 (eingeführt 1926) kennt als einzige in Deutschland eine verwaltungsrechtliche Zwischeninstanz zwischen dem Landeskirchenamt (Konsistorium) und dem Kirchenvorstand (Gemeinde): das »Bezirkskirchenamt«, neuerdings »Kreiskirchenamt«.

9. Für den → *Kirchenkampf*, dh den Einbruch der Deutschen Christen, gab der Tod von Landesbischof Ihmels (1933) die erwünschte Gelegenheit. Sein mit Hilfe der NSDAP ins Amt gebrachter Nachfolger Friedrich Coch (1887-1945) trieb durch Unfähigkeit, Trotz und Fanatismus eine Kirchenpolitik, die S. an die Spitze deutschchristlicher Zerstörung gelangen ließ (u.a. 28 Thesen zum inneren Aufbau der DEK von Walter Grundmann, Höchstzahl der Amtsentlassungen und Geldstrafen) und den Reichskirchenminister Kerrl 1935 veranlaßte, ihn durch den neugebildeten Landeskirchenausschuß von der Kirchenleitung auszuschließen. 1937 nahm Kerrls Nachfolger Muhs durch Einsetzung des kirchenfremden Nationalsozialisten Klotsche als Präsidenten des Landeskirchenamts, der sein Amt mit gezogener Pistole antrat, der s.en Kirche die geistliche Leitung völlig. Führer der → Bekennenden Kirche waren Hugo

Hahn (1885-1956, 1932 Sup. von Dresden-Land, 1937 des Landes verwiesen), Karl Fischer (1895-1941, Pfarrer in Dresden), Friedrich Delekat (* 1892, Prof. in Dresden, 1936 zwangsemeritiert, seit 1946 Prof. in Mainz), Georg Prater (* 1895, Pfarrer in Dresden, seit 1950 in Kiel). - 1945 begann der Neuaufbau unter der gemeinsamen Führung der Bekennenden Kirche und der Mittelpartei. Nach vorübergehender Leitung durch Franz Lau (* 1907, seit 1947 Prof. der KG in Leipzig) wurde H.Hahn Landesbischof. Ihm folgte 1953 Gottfried Noth (* 1905). Trotz aller Schwierigkeiten gelang es, fast alle Pfarrstellen zu besetzen und die finanzielle Lebensfähigkeit der Kirche auf freiwilliger Basis zu erhalten, vor allem die innere Einheit durch Pfarrerfreizeiten, kirchliche Vortragswerke und die Ev. Akademie Meißen (seit 1948) zu festigen. - 1936 trat die s.e Ev.-Luth. Kirche dem Rat der Ev.-Luth. Kirche Deutschlands (Luth. Rat), 1949 der VELKD bei. Seit 14.12.1950 besitzt sie eine neue Kirchenverfassung. Die Zahl der Glieder beträgt ca 4,1 Mill. Es bestehen 31 Kirchenbezirke mit 1226 Gemeinden, in denen zZ ca 1000 Pfarrer tätig sind.

10. Der → Wiener Kongreß 1815 nahm dem Lande S. 58% der Grundfläche und 42% der Bevölkerung, die als *»Provinz S.«* dem brandenburgisch-preußischen Staatsgebiet zugeschlagen wurden. Preußen hatte ursprünglich gewünscht, ganz S. einzuverleiben und das Erzgebirge und die Lausitz als Südgrenze gegen Österreich zu erhalten. Für die KG wurde das insofern bedeutungsvoll, als die Universität → Wittenberg aufgelöst und mit derjenigen in → Halle verbunden wurde, andrerseits das 1817 neuerrichtete Predigerseminar einen besonderen Glanz erhielt, der durch bedeutende Direktoren (H.L.Heubner, H.E.Schmieder und vor allem R. → Rothe) verstärkt wurde. Weiterhin nahm die neue Provinz an der altpreußischen → Union zwischen Lutheranern und Reformierten (seit 1817; → Preußen, 2) und dem damit zusammenhängenden → Agendenstreit voll teil. Diese beiden wichtigen Ereignisse, die unmittelbar nach ihrer Trennung vom übrigen S. erfolgten, verliehen ihr vom Anfang ihres Bestehens an ein eigenes kirchliches Bewußtsein. Dies wurde durch die ihr eigene Bewegung der → Lichtfreunde (seit 1841) in und um Magdeburg und deren Bekämpfung gesteigert, zumal sie in dem gegensätzlich eingestellten Bischof J.H.B. → Dräseke einen überragenden Prediger besaß. Die theologische Fakultät in Halle nahm im 19. und 20.Jh. einen führenden Rang ein, bes. wirkte der Geist → Tholucks lange nach und überwand den Rationalismus nicht ohne Gewaltsamkeiten. Im Kirchenkampf mußte der deutschchristliche Bischof Peter der BK der APU (geführt von Propst W.Staemmler) weichen, ebenso vermochte sich der Landeskirchenausschuß unter Joh.Eger (General-Sup. von Magdeburg i.R.) nicht durchzusetzen. Für das Verständnis der Union (Abendmahlsfrage) und der kirchenrechtlichen Autorität der Theologischen Erklärung von → Barmen wurde die Bekenntnissynode von Halle 1937 wichtig. - Nach 1945 wurde Ludolf Müller (vorher Sup. in Heiligenstadt) Landesbischof; ihm folgte 1954 Johannes Jänicke. Außerdem bedeutete die Mitarbeit J. → Schniewinds viel für den Wiederaufbau in und um Halle. Die Kirche erhielt 1950 eine neue Grundordnung. Das Kirchengebiet umfaßt 78 Kirchenkreise mit 2375 Kirchengemeinden und 1783 Pfarrstellen. Der Lutherstadt Erfurt und den ehem. Stolbergischen Herrschaften (Stolberg, Wernigerode) wurden durch Ordnungen von 1952 gewisse Sonderrechte eingeräumt, die auf ihrer früheren kirchlichen Selbständigkeit beruhen. Trotz der 1817 eingeführten innerev. Union bewahrten einige ref. Gemeinden ihr Eigenrecht und bilden einen eigenen Kirchenkreis (ca 19000 Seelen in 8 Gemeinden).

Eine ausführl. Bibliogr. ist aus Raumgründen nicht möglich. Eine neue KG S.s befindet sich in Vorbereitung: I (MA) von W.Schlesinger (im Druck), II (Reformation u. Frühzeit des Landeskirchentums, Orthodoxie) von F.Lau, III (vom Pietismus bis zur Gegenwart) von M.Schmidt.

Qu. für das MA: Codex diplomaticus Saxoniae regiae, hg.v. G.Gersdorf, H.Ermisch u.a., 1864ff. - Bibliogr. der s.en Gesch., hg.v. R. Bemmann u. J.Jatzwauk, I-III, 1918-32. - *Zs.en:* Archiv f. d. s.e Gesch. 1-12, 1863-74; NF 1-6, 1875-80 - Neues Archiv f. s.e Gesch. u. Altertumskunde, seit 1881 - BSKG 1-47, 1882-1942. - *Reihenwerke:* S.e Kirchengalerie, 1837ff; Neue S.e Kirchengalerie, 1901 ff (beide nach Ephorien geordnet) - Schriften der s.en Kommission f. Gesch., 1898ff - S.e Lebensbilder I. II, 1931/38. - *Gesamtdarstellungen:* C.W.Böttiger, Gesch. d. Kurstaates u. Königreiches S. I. II, 1830/36; 2. Aufl. u. Bd III v. Th.Flathe, 1867-73 - C.Gretschel-F.Bülau, Gesch. d. s.en Volkes u. Staates I-III, 1843-53 - K.Sturmhoefel, Illustrierte Gesch. d. s.en Lande u. ihrer Herrscher I. II, 1898/1909 - F.Blanckmeister, S.e KG, (1899) 1906² - R.Kötzschke-H.Kretzschmar, S.e Gesch. I. II, 1935. - Vgl. auch: P.Drews, Das kirchl. Leben d. ev.-luth. Landeskirche d. Königreichs S., 1902 - J.Fischer, Der Kirchenkampf in d. ev.-luth. Landeskirche S.s 1933 bis 1937 (Theol. Diss. Göttingen), 1959 - Th.Klein, Der Versuch einer »zweiten Reformation« in Kur-S. (Diss. FU Berlin), 1961 (zum Kryptocalvinismus 1586-91). - Außer den Genannten sind Hauptforscher für das MA: L.Bönhoff, H.Ermisch, O.Posse; für die Reformationszeit: H.Böhmer, E.Brandenburg, G.Buchwald, O.Clemen, H.Ermisch, F.Gess, H.Helbig, S.Issleib, G.Müller, H. Rössler; für die Neuzeit: E.Beyreuther, K.Hennig. - Zu 10: O. Wenig, Die Neuordnung d. kirchl. Verwaltung d. Provinz S. in d. Jahren 1815-17 u. ihre Vorgesch., 1940. *M.Schmidt*

Sachsenspiegel. Was Luthers → Bibelübersetzung (: IV, 2) für die nhd. Schriftsprache, bedeutet der S. für die vorausgegangene mhd. Zeit: er hat als erstes Werk in deutscher Prosa Epoche gemacht. Zugleich ist er die bedeutendste Rechtsquelle des deutschen MA, eine tief durchdachte, glänzend formulierte Abspiegelung des ostfälischen Rechts zZ → Friedrichs II. Verfasser ist der von 1209-33 urkundlich erwähnte Ritter und Schöffe *Eike von Repchow*. Die nur zT erhaltene lat. Urfassung entstand 1221/24, die erste deutsche 1224/27, eine erweiterte zweite noch vor Eikes Sächsischer Weltchronik von 1230/31. Nach Eikes Tode haben sich weitere Schichten angesetzt und ist sein Werk mehrmals ins Lateinische übersetzt, systematisiert und kulturgeschichtlich hochinteressant bebildert worden. Eike ist ein eindrucksvoller Vertreter der Weltfrömmigkeit seiner Zeit, ganz im Glauben ruhend, von beträchtlicher Bibelkenntnis. Gegenüber der Neufassung der Verwandtschaftsgrenze durch das IV. Laterankonzil weist er entschieden darauf hin, daß »der Papst kein Recht setzen könne, womit er unser Landrecht oder Lehnrecht kränke«. 14 Artikel des S.s (articuli reprobati) sind denn auch auf Betreiben des Augustinermönchs Johann Klenkok durch eine Bulle Gregors XI. 1374 verworfen und daraufhin in Hss. angezeichnet oder ausgelassen worden, ohne der Fortgeltung des S.s Abbruch zu tun. Seine noch im 13.Jh. entstandenen süddeutschen Nachbildungen, der Deutschenspiegel und Schwabenspiegel, sind von franziskanischem Geiste durchtränkt.

Ausg.: S. Landrecht, 1955; S. Lehnrecht, 1956, von K.A.Eckhardt in: MG Fontes jur. germ. NS I/1. 2 (ausführl. Lit.).

K.A.Eckhardt

Sack, 1. *August Friedrich Wilhelm* (1703-86), königlich-preußischer → Hofprediger in Berlin. S. stammt aus einer alten Harzgeroder Bürgerfamilie. Nach Theologiestudium in Frankfurt/O. und Leiden war er Hauslehrer in einer hugenottischen Adelsfamilie; dadurch und durch seine beiden Ehen gewann er engen Kontakt zu den Refugiés. 1731-40 Pfarrer an der ref. Gemeinde in Magdeburg, wurde er 1740 auf eine der Hofpredigerstellen in Berlin berufen. S. war ein guter Kanzelredner und hatte vielseitige geistige Interessen (Korrespondenz mit → Semler, → Wieland, → Klopstock u.a.). 1744 wurde er Mitglied der physikalischen Klasse der Berliner Societät der Wissenschaften. Bei Hofe unterrichtete er die Prinzen, u.a. den späteren König Friedrich Wilhelm II. - Theologisch gehörte S. zu der mittleren Generation der Aufklärer, die nicht mehr mit dem Pietismus und noch nicht mit dem Revolutionsgeist sympathisierte (→ Rationalismus: II, 3 b). Bei aller Kritik an Orthodoxie und Konfessionalismus blieb er doch in staatskirchlichem Denken befangen, das seine Maßstäbe aus den Ordnungsbegriffen der bürgerlichen Gesellschaft gewann. Daher hörte seine Toleranz bei der der Unruhestiftung verdächtigten Brüdergemeine auf.

H.Doering, Die dt. Kanzelredner d. 18. u. 19.Jh.s, 1830 - ADB XXXVII, 295ff - RE XVII, 318ff - R.v.Thadden, Die brandenburgisch-preuß. Hofprediger im 17. u. 18.Jh., 1959. *R.v.Thadden*

2. *Friedrich Samuel Gottfried* (4.9.1738 bis 2.10.1817), ev. Theologe, * in Magdeburg als Sohn von 1, † in Berlin, 1769 ref. Prediger in Magdeburg, 1777 Hof- und Domprediger in Berlin, 1780 Rat des ref. Kirchendirektoriums, 1786 ref. Oberkonsistorialrat im luth. Oberkonsistorium, 1804 auch Oberschulrat. 1816 wurde ihm zusammen mit → Borowski die Würde eines Bischofs verliehen. Den Neologen (→ Rationalismus: II, 3 b) zugehörig, stand S. im Gegensatz zum Naturalismus (→ Bahrdt) und dem Pantheismus → Schleiermachers. Um »wahre Aufklärung« im Sinne einer Befreiung der Kirche aus ihrer selbstverschuldeten Unmündigkeit bemüht, trat er für eine sich selbst tragende Religionsgesellschaft ein und widersetzte sich mit → Spalding, → Teller u.a. dem Religionsedikt von → Wöllner (1788). Als einer der führenden Kirchenmänner seiner Zeit arbeitete er mit Gutachten und Denkschriften an der Verbesserung des Kirchen- und Schulwesens und trat in der Überzeugung, daß die alten Bekenntnisse keine kirchenbildende Kraft mehr hätten, nachdrücklich für eine → Union zwischen Lutheranern und Reformierten ein.

Vf. u.a.: Amtsreden bei versch. wichtigen Veranlassungen, 1804; Selbstbiogr. bis 1806 in: Bildnisse ... jetztlebender Berliner Gelehrten, hg.v. M.S.Lowe, 1806; Über die Vereinigung der beiden prot. Kirchenparteien in der Preuß. Monarchie, (1812) 1818²; Briefwechsel zwischen Bischof S. u. Schleiermacher, hg.v. K.H.Sack in ThStKr 23, 1850, 145-162. - Über S.: H.Doering (s. 1) 361ff (Bibliogr.) - ADB 37, 307ff (Lit.) - RE XVII, 321ff - W.Wendland, 700 Jahre KG Berlins, 1930 - Hermelink I, 310f - A.Roseau, Zur Theol. u. Kirchenpolitik am Preuß. Hof 1786-1850, dargestellt an den Hofpredigern S., Eylert u. Strauß (Diss. Göttingen), 1956 - R.v. Thadden (s. 1) 126ff. 226ff (Lit.). *H.Hohlwein*

Sackmann, *Jakobus* (*Jobst;* 1643-1718), Pastor in Limmer b. Hannover, Nachzügler der plattdeutschen Predigt (→ Dorfpredigt). Gedruckt sind schlecht überlieferte Fragmente, voller Derbheiten und Possen, mit denen die zT nicht-dörflichen Hörer amüsiert wurden. S. gehört zu den Verderbern der plattdeutschen Kirchensprache. Die Ausmalungen sind peinlich. Kein guter Bauer wird solcher »Verkündigung« zugestimmt haben. Über Geistesverwandte s. H.Jellinghaus, Gesch. d. niederdt. Lit., 1923³, 43.

Ausg.n: Predigten, (1827²) 1864⁸; Plattdt. Predigten (mit biogr. Einl.), hg.v. A.Schulze, 1902; Die höchst ergötzl. Predigten des J.S. (Inselbücherei 476), 1935. Auswahl bei J.Spangenberg, Plattdt. Betrachtungen, Predigten u. Reden, 1881. - Über S.: S.Mohrmann, J.S., 1880. *G.Holtz*

Sacy, *Le Maistre de* → Le Maistre.

Sadduzäer (hebr. ṣaddûqîm). Der Name wird gewöhnlich von dem Hohenpriester → Zadok, in der jüd. Tradition von Zadok und Boethos, zwei Schülern des Antigonos von Sokho (2.Jh. vChr; Abot R.Natan 5) abgeleitet. Wahrscheinlich existierten die S. aber schon vor den Makkabäern und entstanden (so Lauterbach) als Standespartei der höheren Priesterschaft gegen die aufkommenden Schriftgelehrten, die ihnen alte Vorrechte, bes. das Recht der → Schriftauslegung, streitig machten. Darum sind ihre konservativ anmutenden Lehren Archaismen, die die Gegner preisgaben und als Häresie anprangerten. Die S. verwerfen die »mündliche Lehre« (→ Halacha) der → Pharisäer, deuten die hl. Schrift buchstäblich, ironisieren die darüber hinausgehenden pharisäischen Reinheitsvorschriften, lehnen (nach Apg 23, 8) die von außen eingedrungene Lehre von den Engeln und → Geistern und der → Auferstehung ab, leugnen (nach Josephus) die Vorsehung und verkünden die Alleinverantwortlichkeit des Menschen für sein Geschick. Streng in der Rechtsprechung, sogar unfreundlich gegen ihresgleichen (Josephus), sind sie gegen Unfromme und Heiden nicht so exklusiv wie die Pharisäer. Gesetzliche Unterschiede zwischen S.n und Pharisäern erwähnen Mischna und Talmud (Jadajim IV, 6; Berakot 22 a; Baba Qamma 72 a u.ö.). Die Nachrichten über die S. sind dürftig und unklar und stammen fast alle von Gegnern (Josephus, NT, Rabbinen, Kirchenväter). Im NT gelten sie als Opponenten der Pharisäer, bei den Rabbinen als Häretiker. Vielleicht bildeten sie keinen einheitlichen Verband, sondern zerfielen in mehrere Gruppen gleichen Ursprungs, die sich gegenseitig befehdeten. Die einzige erhaltene Urkunde aus ihren Kreisen dürfte 1Makk sein, denn dort treten König und Hoherpriester in Personalunion auf. Sie sind weniger eine Partei als ein aristokratischer, religiös-politisch wirkender Standesverband, dem sich ähnliche Verbände aus gleichen Kreisen zugesellten, zB die Boethusianer (von einem Alexandriner Boethos). Unter Alexander Jannäus (→ Judentum: I, 2) gelangten die S. zur Macht (Qidd. 66 a; abweichend Josephus, Ant. XII, 1, 5), paktierten mit den Hasmonäern gegen Asidäer und Pharisäer, erstrebten einen Staat nach dem Vorbild des hellenistischen Orients und verbündeten sich daher gerne mit heidnischen Mächten. 70 nChr gingen sie mit dem jüd. Staate unter. Die b^enê Ṣadôq der → Qumran-Texte sind keine S., höchstens eine den Jerusalemer Priestern feindlich gesinnte Splittergruppe von ihnen (de Vaux). Der Karäer al-Qirqisani (9.Jh. nChr) nennt gleich hinter den S.n die Sekte der Magharijja (»Höhlenleute«): vielleicht sah er in ihnen Erben der S.? Möglicherweise haben sich nach der Katastrophe von 70 nChr Reste der S. mit Verwerfung der »mündlichen Lehre« und priesterlicher Tradition abseits erhalten und bilden den Übergang zu den → Karäern des 8.Jh.s, woraus sich die karäischen Anklänge der Qumran-Texte erklären würden.

Vgl. außer der Lit. zu → Pharisäer: Schürer II, 475ff - R.Lescynsky, Die S., 1912 - Bill. IV, 339ff - J.Z.Lauterbach, Rabbinic Essays, 1951, 23-48 - E.Stauffer, Probleme der Priestertradition (ThLZ 81, 1956, 135-150) - ThW VII, 35ff (R.Meyer; Lit.). *E.L.Dietrich*

Sadeel, *Antonius,* Pseudonym des Antoine de la Roche → Chandieu.

Sadoleto, *Jacopo* (1477-1547), * in Modena, kam nach humanistischen Studien in Ferrara ca 1499 nach Rom, wo er Kleriker wurde. Wegen seines ciceronianischen Lateins ernannte ihn → Leo X. 1513 zum Brevensekretär (zusammen mit → Bembo). Dieses Amt behielt S. bis 1527; nur → Hadrian VI. (1522-23) verzichtete auf die Mitarbeit des »Poeten«. 1517 wurde er Bischof von Carpentras, wo er sich aber erst ab 1527 vorwiegend aufhielt. → Paul III. berief den gelehrten Humanisten 1536 in das Kardinalskollegium (→ Gegenreformation, 2 d) und in die Kommission für Kirchenreform (zusammen mit → Contarini u.a.; → Papsttum: III, 1), obwohl S.s theologisches Hauptwerk, ein Kommentar zum Röm, 1535 wegen semipelagianischer Äußerungen von der Kurie verboten worden war: S. hatte auf die griech. und voraugustinischen Kirchenväter zurückgegriffen und die Scholastik abgelehnt. Er versuchte auch, zur Einigung der Kirche beizutragen. Seine Rechtfertigungslehre, durch die er Luther hatte widerlegen wollen, bewirkte aber genauso wenig wie ein Schreiben an Melanchthon, die »Exhortatio ad principes et populos Germaniae«, die Verteidigung des »Consilium de emendanda ecclesia« gegen Joh. → Sturm und ein Brief an die Genfer (→ Calvin: I, 2 c). S. setzte sich für das Zustandekommen des → Trienter Konzils ein; auf dessen Lehrbildung hatte seine Theologie aber keinen Einfluß.

GA fehlt; Bibliogr. bei S.Ritter, Un umanista teologo, J.S. (Diss. Rom), 1912 u. R.M.Douglas, J.S., Humanist and Reformer, Cambridge/Mass. 1959 (Lit.). - A.Altamura, Il cardinale Oliviero Carafa in un'orazione inedita del S. (Rassegna storica napoletana NS 1, 1940, 317-328) - G.Battelli, Un grande umanista portoghese: Damiano di Geos e la sua corrispondenza col S. e col Bembo (Bibliofilia 42, 1940, 366-377) - G.Radetti, Umanesimo e riforma nella prima metà del sec. XVI (Giornale critico della filosofia ital. 35 [III serie, vol. X], 1956, 210-225). *Gerh.Müller*

Saeculum. Das Wort S. ist, falls man nicht etruskischen Ursprung anzunehmen hat, zu lat. serere, »säen«, zu stellen und bedeutet ursprünglich »Menschensaat«, »Menschenalter«, »Geschlechterfolge«. In der römischen Zeitrechnung und Geschichtsschreibung spielt es zunächst keine Rolle und bleibt auf den kultischen Bereich (ludi saeculares) beschränkt. Es gewinnt jedoch eine umfassende Bedeutung in der Zeit des Kaisers Augustus, die den Anbruch eines Zeitalters des Friedens erhofft. Damals wird es dem griech. → Aion, »Weltzeitalter« (→ Weltperioden), gleichgesetzt und mit der etruskischen Säkularidee (→ Etrusker) verbunden, nach der das Weltenjahr aus 10 saecula von jeweils ca 100 Jahren Dauer besteht. - Im Christentum bildet sich die neue Bedeutung »Welt« im Sinne des diesseitigen, sündigen Äons. Sie geht zurück auf das gelegentliche Verständnis von hebr. ʿôlam und bes. griech. αἰών in der Bedeutung »Welt« (vgl. die Gleichsetzung von αἰών und κόσμος 1Kor 1, 20; 2, 6; 3, 19), die Itala und Vulgata durch die Wiedergabe von αἰών durch S. aufnehmen. Diese Bedeutung kennzeichnet den Sprachgebrauch des MA, der S. als Gegensatz zu religio, dem mönchischen Leben, und saecularis, den weltlichen Menschen, als Gegensatz zu religiosus faßt. Der Plural saecula hat im mittelalterlichen Latein die Bedeutung »Zeiten«, »Zeitläufe«. - Die Vorstellung vom Geschichtsablauf in Jh.en bildet sich erst langsam aus. Entscheidend hierfür ist das Jahr 1300, das Papst → Bonifatius VIII. als erstes Jahr eines neuen Jh.s erstmals zum Anno Santo erklärt (→ Jubiläumsjahr). Aber erst die humanistische Geschichtsschreibung, die die mittelalterliche Einteilung der → Geschichte (: II B) in die 4 Weltreiche des Propheten Daniel durch eine zahlenmäßig-mechanische Aufgliederung ersetzt, bildet für die Vorstellung des Jh.s den Begriff durch Verwendung des Wortes S. Bedeutsam ist die schematische Anordnung des kirchengeschichtlichen Stoffes in den »Magdeburger Zenturien« (1559-74) des → Flacius, die centuria und saecula synonym gebrauchen. Dieser semasiologisch späte Gebrauch von S. in der Bedeutung »Jh.« wird von den romanischen Sprachen (franz. siècle, ital. sècolo, span. siglo) übernommen. Im Deutschen schwankt die Übersetzung von S. zunächst zwischen »hundertjährige Zeit«, »hundertjähriger Zeitlauf«, »Hundertjahr«, bis sich um 1700 »Jh.« allgemein durchsetzt.

W.Feldmann, Jh. u. seine Sippe (Zs. f. dt. Wortforschung 5, 1904, 229-237) - PW 2. R. I/2, 1696ff - K.Heussi, Altertum, MA u. Neuzeit in der KG, 1921 - G.Stadtmüller, S. (Saeculum 2, 1951, 152 bis 156; Lit.) - K.Latte, Röm. Religionsgesch., 1960, 246. - Vgl. die Lit. zu → Aion. *G.Lanczkowski*

Säkularisation

1. Begriff und Bedeutung - 2. S.en in der Geschichte - 3. S. im kath. Kirchenrecht

1. Der *Begriff* S. leitet sich her von lat. saeculum und saecularis. Die ursprüngliche, klassische Bedeutung dieser Wörter: »Zeitalter«, »Generation« bzw. »dauernd« (dh von langer zeitlicher Wirkung; → Saeculum) hat im Mittellateinischen, bes. unter dem Einfluß des Sprachgebrauchs Augustins, eine Verengung im Sinne von »Welt« bzw. »weltlich« (im Unterschied zu geistlich, kirchlich) erfahren, die auch für das ins Deutsche übernommene Wort S. begriffsbestimmend wurde. Im allgemeinsten Sinne bedeutet S. oder Säkularisierung somit »Verweltlichung«, dh die Lösung geistlicher oder kirchlicher Vorstellungen und Gedanken (in dieser Beziehung meist als → Säkularismus bezeichnet), ebenso die Lösung geistlicher (geweihter) Sachen und Personen aus ihrer göttlichen Bindung. In einem besonderen, technischen Sinne wird der Begriff S. in der politischen bzw. Kirchen-Geschichte (s. 2) und im kath. Kirchenrecht (s. 3) angewandt.

2. Die Historiographie, bes. die Wissenschaft der Kirchengeschichte und der kirchlichen Rechtsgeschichte, versteht unter S. die einseitig durch den Staat gegen den Willen der Kirche erfolgende Einziehung kirchlichen Vermögens, in erster Linie kirchlichen Grundbesitzes (→ Kirchengut), aber auch bloßer Nutzungsrechte, zu nichtkirchlichen Zwecken. Erstmals wurde der Begriff in diesem spezifischen - »geistlich« und »weltlich (säkular)« entgegen der mittelalterlichen Tradition in schärfste Antithese setzenden - Sinne von dem französischen Gesandten bei den Vorverhandlungen zum Westfälischen Friedensvertrag am 8.4.1646 gebraucht (J.G.v.Meiern, Acta Pacis Westphalicae publica II 15 § 14). Das geschichtliche Phänomen, das seitdem allgemein dieserart begrifflich determiniert wird, ist jedoch weit älter als das 17.Jh. Entfremdungen von Kirchengut hat es seit der Frühzeit der Kirche bis in die unmittelbare Gegenwart immer wieder gegeben, und zwar nicht nur in nichtchristlichen Herrschaftsbereichen wie dem spätantiken → Imperium Romanum, sondern auch unter dem Regime durchaus bekenntnistreuer kath. und ev. Herrscher in allen Teilen der Welt, zB in Österreich, Preußen, Württemberg, Spanien, Portugal, Südamerika.

a) Die Konfiskationen, die *im Röm. Reich* während der → Christenverfolgungen das Eigentum einzelner christlicher Gemeinden trafen, werden allerdings von der Geschichtswissenschaft überwiegend noch nicht als S.en im echten Sinne angesehen, da die Kirche vor → Konstantin d. Gr. (auch die christlichen Gemeinden) noch nicht die von der staatlichen Rechtsordnung verliehene Rechtsfähigkeit besessen hat, d. i. die Fähigkeit, Träger von (vermögenswerten) Rechten und Pflichten zu sein. Nach dem Verständnis der Historiker gelten allgemein erst die umfangreichen Beschlagnahmungen kirchlichen Grundbesitzes im christlichen Frankenreich als eigentliche »S.en«.

b) *Im fränkisch-deutschen Reich* (→ Deutschland: I) hat es insgesamt drei große S.sperioden gegeben: α) unter den Karolingern des 8. und 9.Jh.s, β) im Zeitalter der Reformation und der Aufklärung und γ) zu Beginn des 19.Jh.s im Zusammenhang mit den Napoleonischen Kriegen.

α) Unter dem karolingischen Hausmeier Karl Martell, der 715-742 für die dekadenten letzten Merowingerkönige die Geschicke des fränkischen Reiches lenkte

(→ Franken), wurde erstmals kirchlicher Grundbesitz in beträchtlichem Umfang zu einem bestimmten politischen Zweck säkularisiert. Unmittelbarer Anlaß dafür war die fränkische Heeresreform des 8.Jh.s, die im Zuge der militärpolitischen Entwicklung notwendig geworden war: die wachsende Ausdehnung des fränkischen Reiches ebenso wie die Heeresverfassung seiner damaligen Gegner (Araber!) verlangten im 8.Jh. die unaufschiebbare Ergänzung und allmähliche Ersetzung des zu Fuß kämpfenden Volksheeres durch ein schlagkräftiges Heer geschulter Panzerreiter. Die Aufstellung eines Reiterheeres aber bedingte wiederum die Ausstattung des neuen Ritterstandes mit Landbesitz als angemessener Existenzbasis. Da das ursprünglich sehr umfangreiche Königsgut der Merowinger durch verschwenderische Dotationen an weltliche Große und die Kirche (Prälaten und Klöster) nahezu verausgabt war, blieb Karl Martell keine andere Wahl als der Zugriff auf die Ländereien der Kirche, zumal dieser ausgedehnte Besitz zum größten Teil auf königlichen Schenkungen beruhte, so daß seine S. von den karolingischen Hausmeiern und Königen nicht als Unrecht gegenüber der Kirche empfunden werden konnte. Nach germanischer Auffassung gewährten Landschenkungen des Königs dem - weltlichen oder geistlichen - Empfänger grundsätzlich kein absolut freies Eigentum, blieb vielmehr das Gut stets weiterhin dem Interesse des königlichen Gebers verhaftet. Außerdem wurde im Falle des Kirchenguts eine Inanspruchnahme der der Kirche vom König geschenkten Ländereien für die Zwecke des Königtums noch durch den Gedanken der → Eigenkirche unterstützt. So hatte die Kirche auch schon vor Karl Martell auf Anweisung der Merowingerkönige häufig einzelne Besitzungen als sog. precariae verbo regis an weltliche Große zu Leihe geben müssen. Die unter Karl Martell und seinen Nachfolgern - seit → Karl d. Gr. im Zeichen des eigentümlichen Zuordnungsverhältnisses von → Kirche und Staat (→ Kaisertum und Papsttum) - säkularisierten Güter wurden gleichfalls unter prinzipieller Anerkennung des kirchlichen Eigentums als Benefizien lediglich zu Leihe, und zwar zu lebenslänglicher Leihe, vergeben, woraus sich durch die Verbindung von → beneficium und Vasallität das → Lehnswesen entwickelte. Theoretisch fielen die Benefizien gemäß den Beschlüssen der Reichstage von Lestines (743) und Soissons (744) beim Tode des Beliehenen an die Kirche zurück, doch besaß der König das - regelmäßig ausgeübte - Recht, das heimgefallene Gut an einen anderen Getreuen von neuem zu verleihen. In Anerkennung des kirchlichen Eigentumsrechts zahlte der Beliehene einen bestimmten Zins und einen Zehnten. Als sich herausstellte, daß die zunächst beabsichtigte Rückerstattung des säkularisierten Kirchenguts nicht zu verwirklichen war, führten Pippin (742-768) oder Karl d. Gr. den allgemeinen → Zehnten ein, der alle Grundbesitzer des fränkischen Reiches, freilich bei vielen Exemtionen, zur Ablieferung eines bestimmten Prozentsatzes vom Grundstücksertrag - nur in der ersten Zeit rechnerisch genau ein Zehntel - an die Kirche (Pfarrer) verpflichtete, unabhängig davon, ob der einzelne tatsächlich säkularisiertes Kirchengut besaß und bewirtschaftete oder nicht.

Die Auswirkungen dieser ersten großen S. waren für die Kirche außerordentlich gravierend. Mit den umfangreichen Ländereien wurde der Kirche im fränkischen Reich nicht nur der damals wichtigste reale Machtfaktor entzogen, vielmehr gerieten darüber hinaus zugleich auch die auf dem säkularisierten Grund und Boden stehenden Kirchen - meist bischöfliche Taufkirchen, aber auch Abteien - als Eigenkirchen unter den maßgebenden Einfluß laikaler Potenzen (→ Kirchenverfassung: IV, 5 a). Die Kirche hat daher ihren Protest gegen jene S.en niemals aufgegeben und noch im hohen MA die Restitution verlangt, so zB auf der röm. Synode des Jahres 1078. Zwar blieben alle Beschwerden und Forderungen wirkungslos, doch bewahrte der Ausgang des Investiturstreits (→ Kaisertum und Papsttum, 5; → Papsttum: II, 2 a) die Kirche für einige Zeit vor weiteren S.en größeren Stils, die die Kirche auch durch eine Abschichtung des Kirchenguts in verschiedene verselbständigte Vermögensmassen (mensa episcopalis und mensa capituli, Abtsgut und Konventsgut; → Mensa) zu verhindern suchte.

S.sideen blieben jedoch weiterhin lebendig und wurden im hohen und späten MA vor allem in Mittel- und Westeuropa immer wieder propagiert. Nachdem im Verlauf des Investiturstreits sogar Papst → Paschalis II. (1099-1118) einen prinzipiellen Verzicht des deutschen Klerus auf alle vom König bzw. Kaiser empfangenen Güter und → Regalien erwogen hatte und nachdem die röm. Kurie im 13.Jh. den Bogen ihrer politischen Machtentfaltung weit überspannt hatte, waren die bedeutendsten literarischen Befürworter der Säkularisierung alles Kirchenguts der französische Jurist Pierre Dubois (Petrus de Bosco, um 1300) sowie die Parteigänger Ludwigs des Bayern (deutscher König 1314-47; → Kirche und Staat, 2 c, → Papsttum: II, 2 d), Wilhelm von → Ockham und → Marsilius von Padua, in England der Theologe John → Wiclif. - Unter dem Einfluß dieser Theorien kam es seit dem 14.Jh. auch verschiedentlich wieder zu S.en größerer Art, bes. in → Frankreich, das unter Philipp IV. dem Schönen (1285-1314) von Papst → Clemens V. die S. des Templerordens (→ Ritterorden) erzwang und 1492 durch Parlamentsbeschluß ca 100 Klöster zugunsten der Krone säkularisierte. In Deutschland war es vor allem die Ausbildung der Territorialstaaten, die hie und da während des späten MA zu kleineren S.en führte und im 16.Jh. im Zusammenhang mit der Reformation und dem Aufkommen der modernen Staatsidee dann die zweite große deutsche S.swelle auslöste. Konkrete Forderungen in dieser Richtung, bes. hinsichtlich einer S. des Klosterguts, wurden nach dem Vorgang der sog. → Reformatio Sigismundi (1438) vor allem in den → Bauernkriegen laut.

β) Die wichtigsten S.en in der Zeit der → *Reformation* und dem anschließenden Zeitalter der → *Aufklärung* und des staatlichen Absolutismus waren: 1525 die Umwandlung des Gebiets des Deutschen → Ritterordens in ein weltliches Herzogtum Preußen (→ Ostpreußen, 2) durch den Hochmeister → Albrecht von Brandenburg-Ansbach, 1528 die Eingliederung des Bistums → Utrecht in das Herzogtum Burgund durch → Karl V., 1552 die Einziehung der Bistümer → Metz, → Toul und → Verdun durch Frankreich, ferner die S. des Erzstifts → Magdeburg und der Bistümer → Minden, → Halberstadt und → Kammin durch Brandenburg (endgültig 1648), die Umwandlung der Bistümer → Bremen und → Verden in weltliche Herzogtümer (1648 an Schweden) sowie der Stifte → Schwerin und → Ratzeburg in weltliche Fürstentümer (1648 an Mecklenburg), daneben S.en vieler Klöster (zB Hersfeld an Hessen-Kassel, Walkenried an Braunschweig-Lüneburg), vor allem 1782 die Aufhebung von über 700 (»unnützen«) Klöstern - das waren zwei Fünftel aller Klöster - in → Österreich (, 5) durch → Joseph II.

Die Einziehung von Bistümern, Klöstern und Stiftern und die Verwendung ihres Vermögens für staatliche Zwecke (im Rahmen des allgemeinen Staatsfiskus oder als staatliche Sondervermögen) blieb sonach nicht auf diejenigen Territorien beschränkt, deren Landesherren zum ev. Glauben übergetreten waren. Auch kath. Herrscher wie Karl V., Joseph II. und andere haben aus staatspolitischen Erwägungen mehr oder weniger umfangreiche S.en vorgenommen, – ein Beweis dafür, daß bei den S.en seit dem 16.Jh. die Reformation nur eines unter mehreren mitwirkenden Motiven darstellte, zumal die Reformatoren (Luther, Melanchthon) keineswegs eine prinzipielle Entfremdung des Kirchenguts befürworteten, vielmehr das → Kirchengut (, 5) in den prot. Territorien zunächst für kirchliche Zwecke (Pfarrbesoldung, Schulwesen, karitative Einrichtungen) verwendet wissen wollten und lediglich die Überschüsse der weltlichen Obrigkeit zugestanden. Die S.en des 16.–18.Jh.s sind in ihrer historischen Bedingtheit also ein äußerst komplexer Vorgang. Keinerlei Zweifel unterliegt es indessen, daß sie in jedem Fall wider alles überkommene Recht des Reiches geschahen. Ihre Legitimierung erhielten sie erst nachträglich durch den → Augsburger Religionsfrieden von 1555 mit der gesetzlichen Anerkennung des Besitzstandes von 1552 (Passauer Vertrag) und endgültig durch den → Westfälischen Frieden des Jahres 1648 mit der Fixierung des 1.1.1624 als »Normaltag« (→ Annus normalis). Weitere S.en verbot der Friedensvertrag von 1648 ausdrücklich, doch zeigt das Beispiel Josephs II., wie wenig sich selbst der deutsche Kaiser in seinem eigenen Territorium an das Reichsgesetz hielt. Der moderne Staatsgedanke im Zusammenhang mit der Idee des → Naturrechts und der Konzeption eines Landeskirchentums (→ Landeskirche) wirkten, unterstützt durch den enormen Finanzbedarf des absolutistischen Staates, immer stärker auf eine radikale Beseitigung alles kirchlichen Territorialbesitzes, der sog. Toten Hand, hin. Eine umfängliche staatsrechtliche Literatur des 18.Jh.s untersuchte eingehend das Problem der Existenz »geistlicher Staaten« sowie die Frage der Berechtigung zu S.en und führte im Verein mit der Belletristik scharfe Angriffe gegen allen kirchlichen Grundbesitz, in erster Linie wiederum gegen den der – in weiten Kreisen äußerst verhaßten – Klöster. Erwähnt seien nur: Chr. → Thomasius, der dem Staat wegen seines »dominium eminens« (Begriff von → Grotius) ein Dispositionsrecht über das Kirchengut zuerkannte, sofern nur durch die staatlichen Verfügungen nicht die Existenz der Kirche als solcher gefährdet werde; Johann J.Helferich mit seiner Schrift »De Ecclesia Romana« (1741), worin er das Recht des Landesherrn zur Einziehung von Kirchengut staatsrechtlich begründete; der Fürstbischof von Ermland Ignacy Krasicki mit seinem gegen die Klöster gerichteten satirischen Epos »Monachomachia« (1778); J.N.F.Brauer, der in seinen »Abhandlungen zur Erläuterung des Westphälischen Friedens« (1784) ein Obereigentum des Staates über das Kirchengut behauptete und die Kirchen als »Staatsgesellschaften« behandelte; schließlich die Preisaufgabe des (kath.) Fuldaer Domkapitulars und Regierungspräsidenten Freiherrn von Bibra über die Frage »Welches sind die Mängel der geistlichen Staaten und wie sind sie zu beheben?« (1785) mit den publizistischen Bearbeitungen von E.Klenk (1787), Friedr.Karl v. Moser (»Über die Regierung der geistlichen Staaten in Deutschland«, 1787, mit dem Vorschlag, die geistlichen Territorien in weltliche Staaten zu verwandeln und alle Klöster zu säkularisieren), Hofrat Schnaubert (1788), K.M.Fabritius (1797), J.v.Sartori u.a.

Nachdem während des 18.Jh.s mehrere weitgreifende S.spläne die politischen Mächte und die allgemeine Öffentlichkeit in Deutschland stark bewegt hatten, ohne jedoch zur Ausführung zu gelangen (insbesondere 1742/43 der Plan → Friedrichs II. von Preußen, im Zusammenhang mit dem Österreichischen Erbfolgekrieg die Bistümer Salzburg, Freising, Regensburg, Eichstätt und Augsburg sowie Passau zur Entschädigung Bayerns und Österreichs zu säkularisieren), machten das Beispiel der Französischen Revolution (s. 2 c) und die Napoleonischen Kriege den Weg für eine deutsche Total-S. frei.

γ) Die *deutsche Total-S.* im ersten Jahrzehnt des 19.Jh.s ist gemeint, wenn in Deutschland von *der* S. gesprochen wird. Ihre Vorgeschichte beginnt während des sog. Ersten Koalitionskrieges gegen Frankreich (1792–97) i.J. 1795, als durch den zwischen Frankreich und Preußen am 5.4.1795 geschlossenen Separatfrieden zu Basel und die dazugehörigen geheimen Abkommen vom 5.4.1795 und vor allem 5.8.1796 Frankreich von seiten Preußens im Besitz des eroberten linken Rheinufers bestätigt wurde und die Vertragschließenden eine rechtsrheinische Entschädigung Preußens für dessen linksrheinische Verluste durch die S. geistlicher Staaten ins Auge faßten. Nach Hessen-Kassel (Friedensvertrag vom 28.8.1795), Württemberg (7.8.1796) und Baden (22.8.1796) stimmte im Frieden von Campo Formio, der den Ersten Koalitionskrieg beendete (17.10.1797), auch Österreich der Abtretung des linken Rheinufers mit der Maßgabe zu, daß die betroffenen weltlichen Fürsten und Herren eine Entschädigung rechts des Rheins erhalten sollten, über deren Einzelheiten der sog. Rastatter Kongreß von 1797 bis 1799 jedoch keine Einigung erzielen konnte. Am 9.2.1801 – während des Zweiten Koalitionskrieges – mußte Kaiser Franz II. im Frieden von Lunéville namens des Reiches den Frieden von Campo Formio bestätigen. Damit blieb, was der deutsche Reichstag nachträglich (am 7.3.1801) billigte, das linke Rheinufer französisch; für ihre Verluste sollten die erblichen Reichsstände im Innern des Reiches (»dans le sein du dit Empire«) durch die S. des kirchlichen Besitzes und die Mediatisierung der Reichsstädte entschädigt werden (Art. VII).

Die gesetzliche Ausführung dieses S.sprogramms brachte der → *Reichsdeputationshauptschluß* (RDHS), der am 25.2.1803 von einer außerordentlichen Reichsdeputation in Regensburg unter Berücksichtigung französischer und russischer Vorschläge beschlossen, am 24.3. vom Reichstag angenommen und am 28.4.1803 vom Kaiser bestätigt wurde. Der RDHS war das letzte große Gesetz des alten Deutschen Reiches. Die Verteilung des säkularisierten Besitzes der Bistümer und Reichsstifte geschah durch das Gesetz selbst, für die S. der übrigen Klöster und Stifte enthielt das Gesetz dagegen lediglich eine Ermächtigung der Landesherren, so daß in einzelnen Staaten S.en durch Landesgesetz noch nach 1810 erfolgten, während umgekehrt in Süddeutschland Kirchengut bereits 1802, also schon vor dem Erlaß des RDHS, säkularisiert worden war.

Der die S. der *landsässigen Klöster und Stifte* betreffende § 35 RDHS lautete: »Alle Güter der fundierten Stifter, Abteien und Klöster, in den alten sowohl als in den neuen Besitzungen, katholischen sowohl als A.C. verwandten, mittelbarer sowohl als unmittelbarer, deren Verwendung in den vorhergehenden Anordnungen nicht förmlich festgesetzt worden ist, werden der freien und vollen Disposition der respektiven Landesherren, sowohl zum Behuf des Aufwandes für Gottesdienst, Unterrichts- und andere gemeinnützige Anstalten, als zur Erleichterung ihrer Finanzen überlassen, unter dem bestimmten Vorbehalte der festen und bleibenden Ausstattung der Domkirchen, welche werden beibehalten werden, und der Pensionen für die aufgehobene Geistlichkeit nach den unten teils wirklich bemerkten, teils noch unverzüglich zu treffenden näheren Bestimmungen«; dazu § 42: »Die S. der geschlossenen Frauenklöster kann nur im Einvernehmen mit dem Diözesanbischofe geschehen. Die Mannsklöster hingegen sind der Verfügung der Landesherrn oder neuen Besitzer unterworfen, welche sie nach freiem Belieben aufheben oder beibehalten können. Beiderlei Gattungen können nur mit Einwilligung des Landesherrn oder neuen Besitzers Novizen aufnehmen.«

Bezüglich der *Bistümer und Reichsstifte* bestimmte der RDHS im einzelnen folgende Entschädigungen durch S. (im summarischen Überblick): für Österreich die Bistümer → Trient und → Brixen mit allen darin gelegenen Kapiteln, Abteien und Klöstern (§ 1); für den Erzherzog Großherzog von Toskana das Erzbistum → Salzburg, die Propstei Berchtesgaden und ein Teil der Bistümer → Passau und → Eichstätt, ebenfalls mit allen Kapiteln, Abteien und Klöstern außer den im Bistum Eichstätt belegenen (§ 1); für Bayern die Bistümer → Bamberg, → Freising, → Augsburg und Teile der Bistümer Passau, Eichstätt und → Würzburg, ferner die Propstei Kempten und zwölf namentlich aufgeführte Abteien (§ 2); für Preußen die Bistümer → Hildesheim und → Paderborn, Teile der Bistümer → Mainz (Erfurt, Eichsfeld) und → Münster, weiterhin sechs Abteien (§ 3); für Braunschweig-Lüneburg das Bistum → Osnabrück, für Braunschweig-Wolfenbüttel die Abteien Gandersheim und Helmstedt (§ 4); für Baden das Bistum → Konstanz und Teile der Bistümer → Speyer, → Basel und → Straßburg, sowie zehn Abteien nebst Propstei und Stift Odenheim (§ 5); für Württemberg die Propstei → Ellwangen sowie sieben Stifter, Abteien und Klöster (§ 6); für Hessen-Kassel Teile des Bistums Mainz mit den darin gelegenen Klöstern, außerdem die Kapitel → Fritzlar und → Amöneburg, für Hessen-Darmstadt ebenfalls Teile des Bistums Mainz mit einigen Kapiteln, Abteien und Klöstern, ein Teil des Bistums → Worms, das kurkölnische Herzogtum Westfalen mit allen Kapiteln, Abteien und Klöstern, ferner zwei weitere Abteien und die Propstei Wimpfen (§ 7); für Holstein-Oldenburg das ev. Bistum und Domkapitel → Lübeck (§ 8); für Nassau-Usingen neben einer großen Zahl von Kapiteln, Abteien und Klöstern Teile des Bistums Mainz und Besitzungen des Mainzer Domkapitels sowie Teile des Kurfürstentums Köln, für Nassau-Weilburg Teile des Kurfürstentums Trier mit drei Abteien, für Nassau-Dillenburg die Bistümer → Fulda und → Korvey neben mehreren Kapiteln, Abteien, Propsteien und Klöstern (§ 12). Andere Reichsfürsten wurden vor allem mit Klöstern bzw. Abteien und einzelnen Ämtern seither bischöflicher Territorien entschädigt (§§ 3, 10, 11, 13ff); das Bistum → Chur wurde der Schweiz überlassen (§ 29). Erhalten blieben lediglich das Bistum → Regensburg und ein rechtsrheinischer Rest des Bistums Mainz (Fürstentum Aschaffenburg) als neues Territorium des Bischofs von Mainz, »Kurfürsten, Reichserzkanzlers, Metropolitan-Erzbischofs und Primas von Teutschland« (§ 25), ferner »aus Rücksicht für die Kriegsdienste ihrer Glieder« die Besitzungen des Deutschen Ritterordens und des Malteserordens, bis in den Jahren 1809/10 auch diese geistlichen Territorien schließlich säkularisiert wurden.

Bezüglich des *Vermögens der Domkapitel* bestimmte § 34 des RDHS: »Alle Güter der Domkapitel und ihrer Dignitarien werden den Domänen der Bischöfe einverleibt und gehen mit den Bistümern auf die Fürsten über, denen diese angewiesen sind. In den zwischen mehrere verteilten Bistümern werden die in den einzelnen Teilen befindlichen Güter dieser Art mit denselben vereiniget.«

Im ganzen gesehen verlor die kath. Kirche beiderseits des Rheins 4 Erzbistümer, 18 Bistümer und ca 300 Abteien, Stifte und Klöster mit einer Gesamtfläche von über 70000 qkm, mit annähernd 3 Mill. Einwohnern und mit Jahreseinkünften, die – ohne das Vermögen der säkularisierten Klöster! – die Höhe von 20 Mill. Gulden erreicht haben dürften. Die ev. Kirche verlor etwa ein Drittel soviel Landbesitz wie die kath. Kirche, vor allem in Preußen und Württemberg.

Die *Folgen* der S. der Jahre 1803ff waren für die Kirchen ebenso wie für die Allgemeinheit von umwälzender Bedeutung. Nicht nur wurde die politische Machtstellung des deutschen Klerus und die Verfassung der kath. Kirche in Deutschland zerschlagen (→ Kirchenverfassung: V), vielmehr vernichtete die S. zugleich unschätzbare Werte des geistig-kulturellen Lebens der ganzen Nation (Zerstörung und Verfall wertvollster Kunstgüter, Aufhebung von 18 kath. Universitäten und zahlreichen anderen Bildungsstätten). Die Tatsache, daß die S. letztlich einen segensreichen geistig-religiösen Erneuerungsprozeß innerhalb der kath. Kirche des 19.Jh.s einleitete, wiegt jene Verluste nicht auf. So sind die staatlichen Gewalten, die die S.en zu Beginn des 19.Jh.s durchführten, auch heute noch verpflichtet, den Schaden, der den Kirchen damals widerrechtlich zugefügt wurde, wenigstens zum Teil wiedergutzumachen. Die Form, in der dies geschieht, sind heute in der Regel → Staatsleistungen, deren Rechtsnatur freilich zT, bes. hinsichtlich der Seelsorgegeistlichkeit, umstritten ist, indem die Kirchen einen grundsätzlichen Rechtsanspruch auf Staatsleistungen unter Berufung auf den RDHS behaupten, die einzelnen Staaten bzw. Länder dagegen über einzelne rechtliche Bindungen aus dem RDHS (bezüglich des Unterhalts der Domkirchen) und aus den → Zirkumskriptionsbullen, → Konkordaten und → Kirchenverträgen hinaus nur zu freiwilligen Leistungen bereit sind. Die Tatsache, daß weitergehende Leistungen seit 1½Jh.en tatsächlich erbracht werden, legt allerdings für den Juristen die Frage nahe, ob hier nicht, wenn schon keine *gesetzliche* Verpflichtung auf Grund des RDHS, so doch eine *gewohnheitsrechtliche* Dotierungspflicht der einzelnen Staaten bzw. Länder besteht. Eine *moralische* Pflicht wird auch von staatlicher Seite kaum geleugnet, nicht zuletzt im Hinblick darauf, daß einzelne Staaten seinerzeit aus dem kirchlichen Grundbesitz das Mehr-, ja Vielfache dessen erhalten haben, was sie linksrheinisch an Territorialbesitz verloren hatten. – Besondere Erwähnung unter den Folgen der S. verdient noch, daß sich der regionale Aufbau der kath. Kirche Deutschlands, der infolge der Bestimmungen des RDHS völlig auseinandergebrochen war, während des 19.Jh.s nur sehr langsam auf der Grundlage der sog. Zirkumskriptionsbullen (Preußen, Hannover, Baden u.a.) und Konkordate (Bayern) wieder konsolidierte (in straffer Einordnung in den päpstlichen Zentralismus). Unter den soziologischen Folgen der S. ist beachtenswert die Wandlung im Berufsbild des kath. deutschen Adels, indem dieser von seinem bisherigen Betätigungsfeld in der geistlichen und weltlichen Leitung der Kirche auf den Offiziersstand und den Staatsdienst abgedrängt wurde.

c) Von den S.en *außerhalb Deutschlands* war die umfangreichste die S. in → Frankreich (: I, 7) während der Französischen Revolution. Hatte das Ancien Régime sich zur Linderung seiner Finanznot mit der Abschaffung des Zehnten und mit der allgemeinen Besteuerung des Kirchenguts begnügt, so wurden durch die revolutionäre Nationalversammlung auf Vorschlag des Bischofs von Autun, → Talleyrand (, 2), am 2.11.1789 sämtliche Güter der Kirche durch den Staat eingezogen: »Tous les biens ecclésiastiques sont à la disposition de la nation.« Ihre theoretische Rechtfertigung hatte diese S. schon vorher in der Lehre der französischen Kanonistik des 17. und 18.Jh.s gefunden, nach welcher Träger des Eigentums an den Kirchengütern der Klerus in seinen kollegialen Vereinigungen sein sollte, woraus die französischen → Enzyklopädisten die Folgerung zogen, daß infolge der rechtlichen Abhängigkeit der klerikalen Korporationen vom

Staat der Staat mit der Hoheit über die Rechtsfähigkeit der Korporationen auch die Verfügungshoheit über deren Vermögen besitzen mußte. Am 13.2.1790 wurden durch Gesetz ferner alle nicht der Krankenpflege, Erziehung oder Wissenschaft dienenden Orden, noch im gleichen Jahr auch 51 Bistümer und am 18.8.1792 alle noch übrigen religiösen Kongregationen aufgehoben. Ebenfalls 1792 wurden die päpstlichen Gebiete Avignon und Venaissin säkularisiert; 1809 erlitt der → Kirchenstaat - schon seit 1798 als »Röm. Republik« ein Teil Frankreichs - das gleiche Schicksal. Im Konkordat vom 15.7.1801 verpflichtete sich der französische Staat dafür zur Besoldung des Klerus.

Von sonstigen S.en außerhalb Deutschlands wurden bereits erwähnt die unter französischem Druck erfolgte S. des Templerordens und die französische Kloster-S. des Jahres 1492 (s. 2 b α). Im 18.Jh. wurden in Europa die Güter des → Jesuitenordens eingezogen, zunächst in Portugal 1759, Frankreich 1764, Spanien 1767, Neapel, Malta und Parma 1768, nach der Aufhebung des Ordens durch Papst → Clemens XIV. 1773 auch in den übrigen Staaten. Etwa zur gleichen Zeit (1772) säkularisierte Polen das Bistum → Ermland. Im 19.Jh. geschahen S.en vor allem in → Griechenland (griech.-orth. Klöster), in der → Schweiz, in → Spanien und → Portugal (Aufhebung der Klöster, in Spanien Einziehung des gesamten Kirchenvermögens als Nationaleigentum), in → Italien, wo - nach der Aufhebung bestimmter Orden und Kongregationen - im Zuge der Konstituierung des einheitlichen italienischen Nationalstaates am 20.9.1870 der seit 1814 wiederhergestellte → Kirchenstaat säkularisiert und Rom zur Hauptstadt des Königreichs Italien bestimmt wurde; 1890 wurde außerdem alles Kirchenvermögen in italienisches Staatsvermögen umgewandelt. Zu Beginn des 20.Jh.s wurden in → Frankreich (: I, 8) die Güter der neu erstandenen kirchlichen Vereinigungen eingezogen; wenig später erklärte das französische Gesetz, das die scharfe Trennung von Kirche und Staat einführte, noch einmal das gesamte Kirchenvermögen zu Staatseigentum. Ähnlich Portugal kurz darauf. Umfangreiche S.en lösten sodann die große Revolution in → Rußland und die kommunistischen Staatsumwälzungen in Osteuropa nach dem 2. Weltkrieg aus.

3. Im *kath. Kirchenrecht* kann nach cc. 638. 640ff CIC, sofern gewichtige Rechtfertigungsgründe vorliegen, ein Ordensgeistlicher, obwohl er die Profeß (→ Gelübde: IV, → Kloster: III) abgelegt hat, durch Indult des Papstes oder des Ortsordinarius (→ Jurisdiktion) aus dem Klosterverband für immer entlassen werden. Der CIC nennt diese dauernde Lösung »saecularizatio« im Gegensatz zur → Exklaustration, die nur für eine bestimmte Zeit von der Pflicht zum klösterlichen Gemeinschaftsleben entbindet. Der Säkularisierte wird aller Pflichten, die er als Kleriker seines Ordens besitzt, ledig, verliert aber dafür auch die besonderen Vorrechte, die das Kirchenrecht (→ Kloster: III) den Religiosen zugesteht.

Die *Quellen* zT abgedruckt bei K.ZEUMER, Quellensammlung z. Gesch. d. dt. Reichsverfassung in MA u. Neuzeit, (1903) 1913² - Z.GIACOMETTI, Qu. z. Gesch. d. Trennung v. Staat u. Kirche, 1926 - Protokoll d. außerordentl. Reichsdeputation I-VI, 1803.

Allgemein: RE XXI, 838ff - HdR V, 244ff - StL IV, 1161ff - LThK IX, 100ff (Lit.) - EKL III, 764ff - WKL 1289ff - H.RÖSSLER-G.FRANZ, Sach-WB z. dt. Gesch., 1958, 1103ff - FEINE - PLÖCHL.

Zu 2: A.CHR.GASPARI, Der Deputations-Rezeß I. II, 1803 - G.V. SCHMID, Die säkularisierten Bistümer Deutschlands I. II, 1858 - H. BRÜCK, Gesch. d. kath. Kirche im 19.Jh. I, (1887) 1902² - H.BRUNNER, Dt. Rechtsgesch. II, (1892) 1928² (bearb. v. CL.FRHR.V.SCHWERIN) - M.ANGLADE, De la sécularisation des biens du clergé sous la révolution, 1901 - HAUCK I - L.KÖNIG, Pius VII., die S. u. das Reichskonkordat, 1904 - A.PÖSCHL, Bischofsgut u. mensa episcopalis I-III/1, 1908-12 - DERS., Kirchengutsveräußerungen u. das kirchl. Veräußerungsverbot im früheren MA (AkathKR 105, 1925, 3-96. 349-448) - E.LESNE, Hist. de la propriété ecclésiastique en France, 1910 - W.v. HOFMANN, Die S.sprojekte von 1743 (Festschr. S.Riezler, 1913, 213 bis 259) - K.KÖRBER, Kirchengüterfrage u. Schmalkaldischer Bund, 1913 - J.B.SÄGMÜLLER, Die Idee von S. d. Kirchenguts im ausgehenden MA (ThQ 99, 1917/18, 253-310) - A.DOPSCH, Wirtschaftl. u. soziale Grundlagen d. europ. Kulturentwicklung II, (1920) 1924² - J.BUCHHOLZER, Die S. kath. Kirchengüter während d. 18. u. 19.Jh.s, 1921 - J.HASHAGEN, Laieneinfluß auf das Kirchengut vor d. Reformation (HZ 126, 1922, 377-409) - G.KALLEN, Der S.sgedanke in seiner Auswirkung auf d. Entwicklung d. mittelalterl. Kirchenverfassung (HJ 44, 1924, 197-210) - K.KASTNER, Die große S. in Deutschland, 1926 - H.MÜSSENER, Die S. der kath. Kirche in Deutschland, 1927 - H.LEHNERT, Kirchengut u. Reformation, 1935 - F.SCHNABEL, Dt. Gesch. im 19.Jh. IV, (1937) 1951² - H.MITTEIS, Der Staat d. hohen MA, (1940) 1955⁵ - F.MAASS, Der Josephinismus I-IV, 1951-57 - E.R.HUBER, Dt. Verfassungsgesch. seit 1789, Bd I, 1957. - Weitere Lit. s. bei den Artikeln, auf die im Text verwiesen ist, bes. bei den Länder-, Bistums- u. Klöster-Artikeln. Lit. über die S. des 19.Jh.s im einzelnen auch bei STUTZ 357; J.B.SÄGMÜLLER, Lehrbuch d. kath. Kirchenrechts I, 1925⁴, 103ff; LThK (s.o.); FEINE 536f.

Zu 3 s. die Darstellungen des → Kirchenrechts. *S.Reicke*

Säkularismus

I. Grundsätzlich und geschichtlich - II. In Asien und Afrika

I. Grundsätzlich und geschichtlich

1. Grundsätzlich - 2. Geschichtlich: a) Die latente S.g - b) Die akute S.n: α) Empiristisch-gnomische Aufklärung - β) Systematische Aufklärung - γ) Totalitäre Aufklärung - 3. Theologische Beurteilung. - S. = Säkularismus, S.g = Säkularisierung, S.n = Säkularisation. - Vgl. ergänzend bes. → Weltbild

1. S. entspringt einer Haltung, welche Menschen der Welt wie sich selbst gegenüber einnehmen in der Meinung, daß man die Welt wie sich selbst nur abgesehen von den Einreden der Religionen, Kirchen oder Glaubenssätze angemessen wie sachlich richtig erkennen könne. Aus dieser Haltung heraus vollzieht der Mensch die Trennung von Religion auf der einen, Kultur, Wirtschaft, Staat, Wissenschaft auf der anderen Seite. S. bezeichnet den vollzogenen Zustand dieser Trennung; der Vorgang selbst wird als S.g oder S.n bezeichnet. S.g oder S.n verhalten sich zum S. wie Akt zum Sein. Der Vorgang der S.g als »Verweltlichung« kennzeichnet den Übergang eines religiösen Gutes in die Eigenständigkeit seiner selbst. Diese Kennzeichnung umspannt in ihrer Allgemeinheit neben literarischen und liturgischen Formelementen, die verweltlicht werden, auch die → Säkularisation im kirchenrechtlichen Sinne. S.g bezeichnet sodann - zuerst in England in der 2. Hälfte des 19.Jh.s - den inneren Vorgang, in dem das öffentliche Leben ein »religiös indifferentes, der positivistischen Auffassung von Mensch und Gesellschaft sich öffnendes weltliches Gepräge annahm«. Als »Verweltlichung« charakterisiert S.g diese Vorgänge vom Gesichtspunkt der vorgegebenen Einheit aller Bereiche in der Religion aus und meldet so in der Bezeichnung einen Anspruch an, daß nämlich als Verweltlichung etwas geschieht, was »der Sache nach« nicht sein sollte.

2. a) Die S.g ist ein religions- und geistesgeschichtliches Phänomen, das im Entwicklungsgang aller Religionen immer wieder hervortritt. Die Forschungen bes. von P.Radin haben gezeigt, daß auch in den Primitiv-Religionen (→ Naturvölker) derartige Phänomene auftreten. Radin deutet sie so, daß auch hier immer schon eine »bestimmte Kategorie« von Menschen erkennbar ist, die den religiösen Grundüberzeugungen fremd gegenüberstehen, die sie säkular interpretieren und die sich aus der Macht ritischer Vollzüge auszuklammern verstehen. Radin erklärt diese Ansätze zu säkularisierenden Gedanken und Maßnahmen im wesentlichen aus der Erhebung eines »denkerisch veranlagten Typs« gegenüber dem religiösen Typ. Es kann nach dem ethnologischen Mate-

rial nicht geleugnet werden, daß es in allen Kulturen Menschen gibt, denen die → Religion als Sinn-Mitte ihres Lebens fernsteht, die sich ihrer als Organisations- und Machtmittel zu bedienen wissen, denen aber die Erfassung ihrer bindenden Kraft abgeht. Diese Menschen stellen eine *latente S.g* dar: Ihr Fragen nach den Gründen für persönliches Leiden, politisches oder wirtschaftliches Gelingen setzt säkular an. Radin beobachtete an ihnen mit Recht eine stark rationale Komponente, die sich in der Frage nach dem Grunde eigenständiger Lebensabläufe kundtut. Sie fragen nach der feststellbaren Kausalität, kommen teilweise auch zu Erkenntnissen, bleiben aber letztlich in der Resignation. Ganz analog kann man mit Tor Andrae und anderen vom individuellen und kollektiven Typus in den noch »unentwickelten Volksreligionen« sprechen. Der individuelle Typus grenzt an den rationalen, säkular erklärenden Menschen. Diese Menschen schließen sich dem religiösen Erfahrungsgut des Stammes zwar noch mehr oder weniger an, leben damit aber von Erfahrungen anderer. Sie konsolidieren ihre Erkenntnisse allerdings noch nicht zu stammesbestimmender Auffassung. Zu gewaltig ist die religiöse Grunderfahrung der soziologischen Ganzheit.

Es ist die Frage, wie man diese Phänomene einer latenten S.g - zumal in einzelnen Menschen - verstehen soll. Unter dem Gewicht der u.a. von → Feuerbach angelegten Grundeinstellung, den Anfang von Religion im Menschen zu suchen, legt es sich nahe, dies Phänomen psychologisch zu erklären und, wie Radin es tut, eine Typenlehre von religiösen, weniger religiösen und a-religiösen Menschen zu entwickeln. Die latente S.g gehört zu den Religionen, weil die Manifestation der Gottheit nicht immer und überall und jedem widerfährt, sondern hier und jetzt und ganz Bestimmten. Es gibt in allen Kulturen Menschen, denen die Gottheit nicht bezwingend nahe geworden ist. Sie bleiben in ihrer Lebensbewältigung und Weltdeutung auf die Kraft ihrer ratio angewiesen und bedeuten für die notwendige Stammeseinheit als Skeptiker eine Gefahr. Diese latente Gefahr führt zur methodischen Ausweitung manifestativer Erlebnisse auf den jungen Menschen im religiös empfänglichsten Alter bei Anbruch der → Pubertät. Die Jugendweihe als → Initiation macht den Versuch, die latente S.g zu bewältigen. Jeder junge Mensch - oder nur die jungen Männer - soll an der Maske oder im Inspirationsschlaf die Erfahrung der Gottheit machen, sofern er vollgültiges Glied des Stammes werden will.

b) In der latenten S.g wird deutlich, daß der von der Gottheit nicht erschlossene Mensch in seinem Bei-sich-selbst-Bleiben darauf angewiesen ist, sein Leben rational zu ordnen und den Grund von Lebensmöglichkeit darin zu suchen. Die rationale Welt- und Selbsteinsicht bleibt nun aber in den Religionen nicht beim Einzelnen, sondern faßt sich immer wieder in großen Schüben aufklärerischen Gepräges zusammen, in denen die latente S.g zur *akuten S.n* wird. Keine Religion ist ohne derartige Epochen, und keine Religion hat sich den Einflüssen dieser Epochen zu entziehen vermocht. Es ist wichtig, darauf hinzuweisen, daß die Volksreligionen an derartigen Aufklärungen tiefer leiden als die sog. Universalreligionen, ja daß die akute S.n für die Volksreligionen tödlich sein kann. Bes. G.Mensching hat sich diesem Unterschiede gewidmet (→ Religion: II, 1) und ihn mit der Rolle des religiösen Individualismus in Verbindung gesehen. Der religiöse Individualismus, der die Universalreligion als Wissen um persönliches Heil ganz anders prägen kann als die Volksreligion, ist gegenüber dem Individualismus akuter S.n nicht so anfällig wie die Eingebundenheit des Einzelnen in den volksreligiösen Umschluß.

α) Die erste große Form akuter S.n wird in der *Spruchdichtung* erkennbar, die man nach der at. Kennzeichnung als → Weisheitsdichtung charakterisiert. Man hat die grundsätzliche Analogie in den Spruchdichtungen der verschiedensten Religionen und Zeitalter längst erkannt. Die Sprüche der Hávamál in der Liederedda (→ Edda), die Proverbien (→ Sprüchebuch) wie die Sprüche des Ptahhotep, des Cheti und andere haben einen ganz analogen Charakter. Sie zeigen den Lehrer mit einem »penetranten Willen zur rationalen Auflichtung und Ordnung der Welt« (v.Rad) begabt. Sie sind weithin auch soziologisch analog veranlaßt als Königs- oder Regierungsweisheit. Hinter diesen Spruch-Korpora stehen einzelne Lehrer als Repräsentanten eines säkularisierenden Regierungswillens und einer gesellschaftlichen Klasse von »internationalem« Horizont. In diesen Kreisen wird nach der in allem Sittlichen und Natürlichen liegenden Ordnung gefragt und so einem Bedürfnis Ausdruck verliehen, das Begegnende nicht einfach hinzunehmen, sondern aus sich zu ordnen. Die Weisheits- und Spruchdichtung stellt sich dabei als Verdichtung der latenten S.g auch darin vor, daß sie an das Volks-Sprichwort anknüpft, es auch übernimmt, jedenfalls seinen Ton beibehält - zumal als dialektische Formulierung. Die Wahrheits-Findung verläuft im engsten Kontakt mit der Erfahrung, ja besteht in ihrer Aussage. Aber diese Erfahrung wird auf dahinter postuliertes Gesetz hin ausgesagt. Das Einmalige gibt die Gnome wieder als Repräsentanten eines Gesetzes. Um dieses Gesetzes willen wird der Spruch weitergegeben. Das Gesetz selbst jedoch wird nicht formuliert, sondern an der Erfahrung ausgesagt, weshalb die Gnome ungeheuer vielfältig, unabschließbar weiter wuchernd vor uns steht. In diesem ihrem Charakter liegt die Grenze gegenüber abschließender Schulbildung. Die Spruchdichtung systematisiert nicht, sondern verharrt am Erfahrenen!

Die Beachtung der Weisheit ist für das Phänomen der S.n so wichtig, weil sie zeigt, wie eine so streng aufklärerische Welt- und Selbst-Einschätzung, die das erfahrene Einzelne aber nicht zur systematischen Gesamtschau überhöht, im Zusammenhang mit Religion dasein kann. Die Weisheitsdichtung ist zwar im allgemeinen nicht mit religiösen Themen befaßt, aber sie kann sich durchaus zur Religion friedlich im Nebeneinander verstehen. Die strenge Rationalität der Weisheit verträgt sich nicht nur im AT mit Gottesfurcht und Glauben. Sie schließt den Götterspruch nicht aus und negiert den Glauben nicht - jedenfalls gibt es eine breite Spruchdichtung, die sich so verhält. Die Möglichkeit zu dieser Stellung liegt wohl allein in dem unsystematischen Charakter der Weisheitsdichtung begründet. Sie vermag sich so sehr am einzelnen Erfahrenen zu halten, daß sie sich nicht zur Emanzipation von Religion bzw. zur Religionsbestreitung erhebt. - Zugleich aber gerät die Spruchdichtung aus ihrer rationalen Haltung heraus in eine so grundsätzliche Skepsis und ans Tragische grenzende Resignation, daß sie der Religion doch fremd und auch zersetzend gegenübertreten muß (vgl. → Predigerbuch). In der ägyptischen Weisheit bildet die Maat (Wahrheit) zwar eine auch göttliche Beziehungsmitte der Sprüche. Aber die Sprüche gleiten nun doch hinüber in Sätze, deren Gültigkeit in der rationalen Zweckmäßigkeit oder auch in der einfachen Autorität des Lehrers, aber nicht in der göttlichen Maat begründet ist. Mit der Spruchdichtung haben wir große Komplexe akuter S.n vor uns, die als Fortsetzer jener latenten S.g sich zu Bewegungen zusammenfassen oder sich als gesellschaftliche Schicht vorstellen, in denen Welt und Selbst eigenständig aufeinander bezogen sind. Die Eigenständigkeit rationaler Zweckmäßigkeit, die am Einzelnen auf ein Gesetz abhebt, ohne es zu formulieren und zu abstrahieren, bildet das zentrale Moment säkularisierenden Denkens neben und dann gegenüber von Religion.

β) Die eigentliche Triebfeder in akuten S.nsvorgängen pflegt man *Aufklärung* zu nennen, wie sie sich in allen Religionen in immer neu ansetzenden Epochen vollzieht. Die Aufklärung ist akute S.n, insofern sie den eigenständigen Bereich von Denken der Religion gegenüberstellt und ihrem Einfluß theoretisch wie praktisch entzieht. Mit dieser Eigenständigkeit von Denken ist die Erkenntnis der Eigenständigkeit von Staat, Wirtschaft, Kultur – ja Welt gegeben. Diese Auffächerung der Lebensbereiche, die theoretische Begründung ihrer Eigenständigkeit wie ihre organisatorische Lösung von der Religion bringt einerseits die Religion zum Bewußtsein ihrer selbst und klärt andererseits das Selbstverständnis von Kultur, Staat, Wirtschaft und Wissenschaft durch. Die Eigenart und Wirkungsmacht dieser sog. Aufklärungen ruht in ihrem systematischen Charakter. Die systematische Grundsätzlichkeit und Abgeschlossenheit der aufklärerischen Erkenntnisse unterscheidet sie nicht nur von der Weisheits- und Spruchdichtung, sondern verleiht ihnen den aggressiven Schwung und gibt ihrem Wirken seine weitreichenden Folgen. In den Aufklärungen greift der denkende Mensch zur Erkenntnis der aus sich begründbaren Lebenszusammenhänge, ihrer immanenten Ordnung und Eigenart hindurch zu sich selbst, wie er in diesen Zusammenhängen als Verantwortlicher oder als Selbst dasein kann. Gegenüber der bezwingenden Gewalt der Manifestation der Gottheit erscheint der denkerische Ansatz, sofern er systematisch wird, als ein Heraustreten oder Befreitwerden oder Zu-sich-selbst-Kommen des Menschen. Es ist in der Eigenart des Denkens – und damit in der Eigenart des Menschen als denkenden Wesens – begründet, erst im systematischen Ganzen denkend zu sein und sich somit als Denkender stets auf dem Wege zur Emanzipation von der kontingenten Offenbarung zu befinden. Vor der Systematik des Denkens erscheint Religion als Heteronomie. Nur da, wo Glaube als reine Selbst-Bewußtheit erhebbar würde, ließe sich der Glaube der S.g einordnen und in die denkerische Systematik überführen. Wieweit dies möglich ist, zeigen zumal die asiatischen Religionen – zB → Buddhismus und Konfuzianismus –, in denen Manifestation und Selbst-Erkenntnis zum Verwechseln nahe beieinander stehen.

Die systematische Aufklärung der griechischen Antike, die bei → Homer ansetzt, zeigt nicht nur zuzeiten religionskritischen Charakter, wie etwa bei → Xenophanes, sondern schlägt im → Platonismus selbst religiöse Töne an und leitet von der Götter-Religion zu einer »Bildungs«-Religion über, die mystizistisch im → Neuplatonismus endet. Sie hat auf ihrem Wege die historisch und naturkundlich arbeitende Wissenschaft entwickelt und die rationale Zusammenordnung der Welt gegenüber der Gottheit wie die Selbst-Entdeckung des Menschen in seiner Welt-Verantwortung geboren. Das MA kennt analoge Vollzüge im → Averroismus, der in der Postulierung der Autonomie des Denkens die Frage nach der unter der Kirche geordneten Völkerwelt negativ beantwortet und bis auf den »Defensor pacis« des → Marsilius von Padua hin zur These von der Autonomie des Staates gegenüber der Kirche führt. Anders als in dieser Auseinandersetzung an dem Problem von Staat und Kirche schaffte sich systematische Aufklärung im → Nominalismus – zumal Wilhelms von → Ockham – Platz. Hier ging es um die Frage von Glauben und Wissen und um das Postulat, daß »etwas theologisch falsch und philosophisch wahr sein« könne. Diese Bewegungen versuchten sich noch im Rahmen der kath. Wahrheit zu halten, obwohl sie die zweifache Wahrheit postulierten und soweit auch ihre zersetzenden Wirkungen am Universalismus des Thomasischen Weltbildes gingen. Sie bereiteten den Boden für Renaissance, Humanismus und Reformation vor, die – bes. in der Reformation Luthers – in einem neuen Ansatz von den Quellen her das Gespräch so wendeten, daß die Wahrheit des Glaubens und die Weltlichkeit der Welt in neuartiger positiver Weise miteinander bestimmt werden konnten. → Luther (: II, 4) vermochte die ordinationes Dei dem Glauben so zu erschließen, daß er sie in ihrer Eigenständigkeit und Vernunftgehörigkeit wahrnehmen konnte und gleichwohl nicht von Gott und dem Glauben zu lösen brauchte. Für seine Welt war die Drei-Stände-Lehre wie die → Zwei-Reiche-Lehre und die Lehre vom usus politicus legis hinreichender Schutz gegen die Ver-Weltlichung und zureichender Ausdruck für die Weltlichkeit der Welt. Luther las die Bibel als »Gesetz und Evangelium« und nicht als weltanschauliches Lehrbuch. Damit schließt er praktisch das MA und seine These vom einen göttlichen ordo als Knebel für Geschichts- und Naturwissenschaft ab und gehört an den Anfang der forttreibenden geistigen Entfaltung. Diese kann sich aber überall da nicht auf ihn berufen, wo sie aus der nur glaubend zu bewährenden Wahrnehmung der Weltlichkeit der Welt eine glaubensfremde Verweltlichung oder eine bloße Rationabilität macht. Die Denkformen, unter denen Luther Gott und Welt meinte hinreichend miteinander erfassen zu können, wie die Zwei-Reiche-Lehre oder die Drei-Stände-Lehre, gehören einer uns fremd gewordenen Welt an. Die Sache aber, um die es ihm ging, brachte die systematische Aufklärung des MA zu einem positiven Endpunkt und zu einer fruchtbaren Zusammenfassung, indem Luther die Wahrheiten jener Aufklärungen aufzunehmen erlaubte, ohne die Hoheit Gottes und die Totalität des Glaubens vor der Welt resigniert streichen zu müssen.

γ) Die → Aufklärung des 17. und 18.Jh.s, die zunächst systematische Aufklärung war, hat eine Entwicklung in Gang gebracht, die zwar in allen Aufklärungen implizit vorhanden ist, die aber als naturwissenschaftlich denkende und technisch handelnde etwas explizit machte, was gerade unter dem Stichwort des S. singulär und spezifisch ist. Die Abscheidung des sog. Weltlichen vom Religiösen setzt im 17.Jh. ganz in den Fragestellungen an, wie sie aus dem 12.Jh. oder aus dem 5.Jh. vChr in Griechenland bekannt sind, wenn man etwa an Chr. → Thomasius und → Pufendorf oder an die Physikotheologen denkt. E.Hirsch hat in seiner »Geschichte der neuern ev. Theologie« gezeigt, wie dieser Verlauf von der Mitte des 17. bis zur Mitte des 19.Jh.s eine in sich stringente Folge von Ausfaltungen der einzelnen Denk- und Lebensbereiche aus dem Mutterboden von Theologie und Kirche war. Jedoch, soweit sich dieser Verlauf auch in den Gesetzmäßigkeiten denkerischer Welt- und Selbst-Eroberung hielt, so klar ist es, daß die S.n des 19. und 20.Jh.s auf dem Boden jener systematischen Aufklärung durch naturwissenschaftlichen und technologischen Positivismus ein spezifisches Gewicht allen anderen S.nen gegenüber an sich getragen hat. Dieses Spezifikum trat hervor als Erkenntnis von naturhaften und geschichtlich-soziologischen Gesetzmäßigkeiten, die – positivistisch interpretiert – einen Drang auf perfektionistischen Ausbau, ja eine immer stärker werdende »Eigenlebendigkeit« erwiesen. Ganz abgesehen von allen denkerischen Grundpositionen erhob die → Naturwissenschaft (: I) Fakten auf Grund von Gesetzlichkeiten, die technisch in zunehmendem Maße verwertbar wurden. Die Gesetzmäßigkeiten und ihre Verwertbarkeit schufen rein säkulare, jenseits von allem Menschlichen und Personalen liegende Strukturen, deren Charakter der Zwang als absolute Notwendigkeit ist. Die Strukturen wurden als solche erfaßbar. Sie wurden als agierende erkannt und erzwangen ihre Anerkennung. Sie brachten den Menschen in ihren Sog auf totalitäre Geltung hin. *Totalitär* war diese Geltung insofern, als sie den Gesamtbestand des Lebendigen zu umgreifen, unter die analogen Gesetze zu bringen und darin vor letzte Bedingtheit zu stellen meinte. An diesem ganzen notwendig positivistisch arbeitenden Welt-Erwerb hing das starke Gewicht von grundsätzlichem S. Dieser S. erstreckte sich analog auf Welt und Weltall (→ Weltbild: IV), Gesellschaft und Wirtschaft wie auf Bewußtseins- und Unterbewußtseinsphänomene, von denen aus speziell Religion und Glaube erhellbar zu werden schienen. Das Grundsätzliche und Totalitäre war die Eigenart dieses S. Hier waren es nicht mehr einzelne Denker, die die Wahrheit als Wahrheit auch gegenüber Religion und Glauben wagten. Hier taten sich vielmehr Strukturen von gesetzlich verknüpften Fakten auf, an denen weiterzuarbeiten kein Verantwortlicher sich versagen konnte. Man soll diese Vorgänge gewiß nicht mythisieren, sondern sie so nüchtern wie möglich sehen. Aber gerade dann wird ersichtlich, daß die grundsätzliche Technisierbarkeit und Organisierbarkeit aller Lebensbereiche – einschließlich Schule und Kirche – den Menschen den Bereichen denkerischer Welt- und Selbst-Erkenntnis machtlos entfremdet hat. Statt dessen sieht er sich transpersonalen Vollzügen sozialer, wirtschaftlicher, politischer Notwendigkeiten anheimgegeben. Das frei sich verantwortende Selbst drohte dabei einzuschrumpfen, und was früheren S.nen Ziel und Bestätigung war, drohte vor dem grundsätzlichen und totalitären S. seine Rolle ausgespielt zu haben. – Über diesen S. in seiner technokratischen Form ist viel verhandelt worden. Erregend ist bes. der Versuch von H.Freyer, zu diesem S. eine »Theorie des gegenwärtigen Zeitalters« zu entwerfen und an seiner Phänomenologie zu bewahrheiten. Freyer zeigt, wie aus bloß »sekundären Systemen« die Strukturgesetze hervorgehen, die das Handeln bestimmen. Die Frage nach der Wahrheit taucht ebensowenig auf wie die Frage nach Gott, ja diese Fragen können als solche im Zusammenhang dieser Systeme nicht mehr gestellt werden. Das Spezifische dieses S. kann als Verselbständigung sachlich und berechenbar gewordener → Eigengesetzlichkeiten beschrieben werden, die das Ganze von Leben als Welt und Selbst wie als Natur und Geschichte umfassen und zureichend definieren. – Hinter dieser ganzen Entfaltung stand als Treiber in zunehmendem Maße das »Geheimnis der großen Zahl«. → Kant hat es schon an der Moralstatistik seiner Zeit erhoben und die ihm eignende Zwangsmäßigkeit und Regel-Notwendigkeit beobachtet. Statistik ist nicht nur Dokumentation dieser Eigenart des S., sondern zugleich wichtigstes und von der zu bewältigenden großen Zahl erfordertes »Denk«- und Durchsetzungsmittel dieses S. Dieser S. versagte nicht nur dem Glauben sein Recht. Er brachte zugleich den Grund der Möglichkeit von Metaphysik zum Einsturz. Vitalismus und Existentialismus drückten sein Selbstverständnis aus. Sie gravieren auf die vor- und außer-denkerischen Gründe von reiner Lebendigkeit und reiner Befindlichkeit und konvergieren in mystizistischen Solipsismen. – Die 50er Jahre des 20.Jh.s scheinen nun zu zeigen, daß die Höhe dieses S. überschritten ist, insofern er in seiner Struktur erkannt und in seinen Folgen erfaßt ist. Ob aber der nächste Schritt über ihn hinaus schon getan ist, erscheint fraglich. Denn die erneuerte Christlichkeit der westlichen Welt besagt so lange nichts, solange sie nicht zeigen kann, wie die säkularistischen Zwänge der gesetzlich erfaßten Außen- und Innen-Welt des Menschen für die Freiheit und Würde selbstbewußten Menschentums lebbar werden. Zurückdrehen läßt sich das Rad des S. in seiner technokratischen Struktur keinesfalls.

3. Die *theologische Einordnung* des S. ist in der Moderne immer wieder versucht worden. Drei Typen solcher Beurteilung sind wert, genannt zu werden, wobei die einfache Negation des S. für uns ausscheidet. Sie ist gerade in den 20er Jahren viel vertreten worden. Aber sie kann nicht weiterhelfen, denn ihre bloße Negation verurteilt sie zur Ohnmacht und bleibt in phantastischer Lebensferne. – a) An *H.Schreiners* Phänomenologie der S.g ist der Erweis bes. wichtig, wieweit der moderne S. selbst Religion wurde und werden mußte und wieweit er von übernommenem Glaubensgut zehrt. Das ist inzwischen durch die Forschungen von A.Schöne typologisch erhärtet. Schreiners Einsicht faßt sich dahin zusammen, daß das Ende der S.g nicht Freiheit, sondern Zwang ist. Diese Erhebung bringt Schreiner unter der Einstellung des weithin selbst säkularisierten Christentums in eine Frontstellung für die echte Weltlichkeit gegen die dämonisierte Verweltlichung in Staat und Kirche. Es geht ihm um das »Ja zu jener Weltlichkeit, die uns mit der Eigenständigkeit des Schöpferlebens in Natur und Geschichte geschenkt ist«: die Freiheit von Kultur, Schule, Wohlfahrtspflege usw gegenüber dem totalitären Hang von säkularistischen und darum zum Zwang neigenden Staaten, Wirtschaften und Kirchen. Allerdings, um »die Welt zu gestalten, dazu gehört Abstand von der Welt«, und diesen notwendigen Abstand gibt allein der »Gehorsam des Glaubens«. Schreiner erkennt mit der Reformation, daß »der Prozeß der Verweltlichung ein unzerstörbares Wahrheitsmoment« enthält, und es geht ihm bei der theologischen Beurteilung des S. um Freilegung und Wahrung solcher echten Weltlichkeit, die den Glauben an Gott – den Schöpfer des Lebens, Wahrer und »Liebhaber des Lebens« und seinen Richter – zu ihrer Voraussetzung hat. Es geht bis in die praktischen Vorschläge hinein um die »Eigenständigkeit aller Wertgestaltung« aus dem in Gott gebundenen → Gewissen. An diesem Orte ist die Freiheit veranlagt und gewährleistet, die zuletzt aus Gottes liebender wie richterlicher Freiheit stammt. – b) Die nach 1945 erschienenen Werke → *Gogartens* kreisen eigentlich alle um das Verhältnis von Glaube und S.g. Dabei arbeitet Gogarten den zentralen Unterschied von S.g und S. so heraus, daß wir es beim S. mit dem S. der »Heilslehren oder Ideologien« zu tun haben, in dem das wagende Nichtwissen vor der Welt und ihrer Geschicklichkeit (so die S.g) nicht ausgehalten ist, sondern in dem man meint, »das Ganze von Welt verwirklichen zu können«. Der Glaube verhält sich zum S. ausschließend negativ. Zur S.g aber, die des Glaubens legitime Folge ist, verhält sich der Glaube positiv, und zwar »im Rückhalt«. Das heißt: Der Glaube hält sich zurück, in die der ratio vorbehaltenen Werke des Weltseins und Weltbesorgens einzugreifen. Der Glaube würde darin sich wie die Welt versehren. Er steht in Analogie zur Geschicklichkeit von Welt als nicht-wissendes Trauen auf die reine Zukünftigkeit des Heils bzw. Gottes. Nur so bleibt der Glaube beim Evangelium und nicht beim Gesetz. Er, der Glaube, weiß um das Ganze von Welt, indem er sie als → Schöpfung (: IV) glaubt. Aber er soll nicht denken, dies Ganze an der Welt aufnehmen oder auswirken zu können, denn er verfiele dabei ihrem Gesetz. Der Glaube gehört mit seinem Offensein für die reine Zukünftigkeit in die Sohnschaft und damit in das Gegenüber zur Geschicklichkeit. Aber er gerät damit nicht in ein Mehrwissen, das sich der Welt überformen ließe. Der Glaubende ist freigesetzt zur Sohnschaft und

zu säkularem, rational zu verantwortendem Handeln an Welt. Er steht in diesem Handeln nicht als Besserwisser, sondern wie alle anderen als einer, der vor der Geschicklichkeit sich zu wagen hat. Je säkularer er dies tut, desto echter nimmt er seine Welt-Verantwortung wahr, um die er vor seinem Gott weiß. – Schreiner und Gogarten stehen in einer ganz analogen Front gegen den S. für die rechte Weltlichkeit. Beide erkennen das Wahrheitsmoment in der S.g an, setzen dabei bewußt ein zentrales Interesse der luth. Reformation fort und sind von der Größe der Weltverantwortlichkeit des Christen durchdrungen. Was sie unterscheidet, ist die Rolle, die sie dabei dem Glauben zuschreiben. Für Schreiner ist allein der Glaube der Garant für echte Gestaltung, und wo er sich im »Rückhalt« hielte, verfiele die Gestaltung der die Konturen lösenden Abstraktion von ratio. Für Gogarten hängt alles davon ab, ob der Glaube es fertigbringt, beim Evangelium zu bleiben, sein Wissen um das Ganze vor der Geschicklichkeit des Weltdaseins nicht auszuspielen und gerade damit der Welt als Welt ihre Ehre zu geben. – c) Eine andersartige Fragestellung führt *W.Hahn* ein. Seine Fragestellung ist durch die Sätze → Bonhoeffers von der »religionslosen Verkündigung« wie durch die Scheidung von Christentum und Religion in der → Dialektischen Theologie mit bedingt. Evangelium als Anrede Gottes und christliche Religion als Antwort des Menschen seien klar auseinanderzuhalten wie actio und reactio. Aber es könne »kein Evangelium ohne christliche Religion geben«. Daher brauche man um diese nicht besorgt zu sein, wenn sie auch in ihren jeweiligen Formen zerfalle, wenn nur das Evangelium gewahrt bleibe. Die christliche Religion müsse sogar in ihren Formen »immer von neuem in S.nsprozesse hinein«, um zurückgeholt zu werden zum Evangelium. Das Modell, das hinter diesem Gedanken steht, ist das von Gehalt oder forma und Gestalt oder materia. Hahns These ist die, daß die S.n wohl die Gestalt getroffen habe, aber nicht den Gehalt. Seine ganze Aufmerksamkeit gehört dem Gestalt-Wandel und neuartigen Gestalt-Willen, der seit den 20er Jahren die säkularisierenden, auflösenden Tendenzen kirchentümlichen Daseins durchkreuzt. Diese neuen Gestalten werden aber »auch vom säkularisierten Menschen als echter Ausdruck unserer Zeit und als originale Gestalt anerkannt«. Obwohl also das Gesamtgebilde der christlichen Religion durch die S.n in seine Krise geraten ist, zeigen sich vom Evangelium her so starke neuartige Umgestaltungskräfte am Werke, daß man diesen Gesamtprozeß auch als notwendige Wiedergeburt verstehen kann. Der Gehalt, das Evangelium, wird als Handeln Gottes von keiner S.n angetastet. Die Gestalt aber, die christliche Religion, muß immer erneut einen Gestaltwandel vollziehen, den S.nsprozeß.

Mit diesen drei Entwürfen sind die drei entscheidenden Fragenkreise theologischer Beurteilung des S. gegeben: 1. die Unterscheidung von berechtigter S.g und hypertrophierendem S., 2. die Frage nach des Glaubens Tun in echter Weltlichkeit, 3. die Frage nach dem Religion-Haben des Christen. Es ist ja keine Frage, daß der Christ eben auch Religion hat (vgl. → Religion: IV B). Aber diese Religion ist doch nicht nur auswechselbare Gestalt. Sie sitzt vielmehr tief im Glauben, der vom Deus in vita gefordert wird. An dieser Religion vollzieht sich alle echte S.g. Aber ist damit nicht der Glaube im Innersten gefordert? Der → Glaube (: V) ist doch, wenn er überhaupt lebt, eine alles Denken und alles Tun durchformende Macht, der sich seinem Wesen nach nicht in den »Rückhalt« bannen läßt. An der Frage nach dem Religion-Haben des Christen entscheidet sich die Rolle des Glaubens im täglichen Leben, und mit der Charakterisierung dieser Rolle fällt die Entscheidung über die Möglichkeit von S.g.

A.D.White, A Hist. of the Warfare of Science with Theology in Christendom, New York-London (1896) 1932 - E.Troeltsch, Die Bedeutung des Protestantismus für die Entstehung der modernen Welt, (1911) 1928[5] - A.C.McGiffert, The Rise of Modern Religious Ideas, New York 1915 - W.Elert, Der Kampf um das Christentum, 1921 - F.K.Schumann, Der Gottesgedanke u. der Zerfall der Moderne, 1929 - Ders., Zur Überwindung des S. in der Wissenschaft, 1950 - H.Schreiner, Die S.g als Grundproblem der dt. Kultur, 1930 - A.E.Haydon, Modern Trends in World Religions, Chicago/Ill. 1934 - A.Wendel, S.g in Israels Kultur, 1934 - M.Horkheimer-Th.W Adorno, Dialektik der Aufklärung, 1947 - G.Mensching, Soziologie der Religion, 1947 - Ders., Die Religion, 1959 - A.Müller-Armack, Das Jh. ohne Gott, 1948 - Ders., Diagnose unserer Gegenwart, 1949 - Hirsch I-V - D.Bonhoeffer, Widerstand u. Ergebung, (1951) 1959[9] - Chr.Dawson, Religion u. Kultur, 1951 - P.Radin, Die relig. Erfahrung der Naturvölker, 1951 - Wach, Relsoz. - WB der Politik, H. 5, 1951, 353 ff (S.) - F.Gogarten, Der Mensch zwischen Gott u. Welt, (1952) 1956[2] - Ders., Verhängnis u. Hoffnung der Neuzeit. Die S.g als theol. Problem, 1953 - G.Ebeling, Die »nicht-religiöse Interpretation biblischer Begriffe« (ZThK 52, 1955, 296-360 = G.E., Wort u. Glaube, 1960, 90-160) - H.Freyer, Theorie des gegenwärtigen Zeitalters, 1956 - H.Thielicke, Das Ende der Religion (ThLZ 81, 1956, 307-326) - W.Philipp, Das Werden der Aufklärung in theologiegesch. Sicht, 1957 - F.Delekat, Über den Begriff der S.n, 1958 - A.Schöne, S.n als sprachbildende Kraft, 1958 - W.Hahn, S.n u. Religionszerfall (KuD 5, 1959, 83-98) - A.J.Toynbee, Das Christentum u. die Religionen der Welt, 1959 - EKL III, 768 ff - H.Arend, Vita activa, 1960 - K.Goldammer, Die Formenwelt des Religiösen, 1960 - M.Stallmann, Was ist S.g? (SgV 227/28), 1960. *C.H.Ratschow*

II. In Asien und Afrika

1. »Great Society« - 2. Autochthone Parallelen des S.? - 3. S. und Mission - 4. Kirchen in Asien und Afrika. - Vgl. → Mission: III D, → Nationalismus: II

1. Die weltgeschichtliche Situation in der 2. Hälfte des 20.Jh.s ist u.a. entscheidend gekennzeichnet durch die universale Etablierung der sog. *»Great Society«*, die weltweite, industrialisierte Gesellschaft, die sich von ihrem westeuropäisch-amerikanischen Entstehungszentrum aus unaufhaltsam über den Erdball ausgebreitet hat. »Keine Fernwanderung, keine Weltreligion, keine Geistesmacht, sondern das Äußerlichste vom Äußerlichen: eine bestimmte Technik, Waren zu produzieren und Arbeit zu organisieren, hat die weltgeschichtliche Situation heraufbeschworen, die im absoluten Sinne universal ist« (Freyer). In dieser neuen Weltzivilisation, die sich als eine Superstruktur über primäre Kulturen gelegt hat, treten Technik, Industrie und Naturwissenschaft in funktionellem Zusammenhang als gegenseitige Voraussetzungen auf (Gehlen). Jeder Mensch, der in diesem Bereich tätig sein will, muß sich eine Metamorphose zum homo technicus gefallen lassen. Das impliziert eine Änderung nicht nur des Bewußtseinsinhalts, sondern überhaupt der Bewußtseinsstruktur, natürlich auch einen Bruch mit der kulturellen Vergangenheit einschließlich des Abbruchs religiöser Traditionen. Man wird aufgefordert, als Daseinspositivist an der »Great Society« teilzunehmen. Die technokratische Zivilisation, »Tochter des Christentums« und vorbereitet und geformt in der Tradition der europäischen Aufklärung, war in ihrer ersten Phase eine rein »westliche« Angelegenheit. Inzwischen hat sie sich zu einem eigenständigen und eigengesetzlichen Phänomen entwickelt, das nicht länger adäquat aus seinen geistesgeschichtlichen Ursprüngen erklärt werden kann. Es wäre daher verfehlt, noch immer in West-Ost-Kategorien über die Verbreitung des industriellen Systems zu denken oder sie als eine *europäische* Kulturexpansion zu betrachten. Im Zuge dieses industriellen Systems ist in → Asien und → Afrika eine säkularistische Gesellschaft im Aufbau begriffen, dh eine Gesellschaft, in der private und öffentliche Entschei-

dungen ohne Berücksichtigung religiöser oder metaphysischer Imperative und Sanktionen getroffen werden.

2. In den letzten Jahrzehnten ist mancherorts die Frage erörtert worden, ob der moderne S. in Asien und Afrika *autochthone Parallelen* vorgefunden hat. Es wird dann zB auf die Aufklärungstendenzen hingewiesen, die es in verschiedenen asiatischen Kulturen gegeben hat, und auf die vielerlei Lebenslehren, die jede Metaphysik und Religion als müßige Spekulation abgetan oder sogar bekämpft haben. Man könnte etwa erinnern an agnostische Strömungen im indischen Geistesleben (Devanandan) oder an den Atheismus verschiedener hinduistischer Systeme (Gensichen). In Ostasien wäre auf eine bemerkenswerte Tendenz zur Profanisierung hinzuweisen, die das chinesische Volkstum in seinen verschiedenen Gliederungen in hervorragendem Maße geformt hat (Rosenkranz) und sich bes. stark auch in → Japan geltend machte (Spiegelberg). Der indische Theologe P.D. Devanandan hat es gewagt, einen *»asiatischen S.«* zu konstruieren, dessen Lehrsätze er folgendermaßen formuliert: a) Das Leben kann ohne Berücksichtigung anderer Werte als das Leben selbst interpretiert werden; b) der Schlüssel zu dieser Interpretation ist der Mensch; c) das Heil (= Wohl) besteht darin, daß der in das Leben eingebundene Mensch sich von dieser Bindung (religio!) befreit. Einen *»afrikanischen S.«* könnte man dann im neuen Konzept der *»Négritude«* vermuten: ein religionsfreier, totaler Humanismus, den man aus angeblich altem afrikanischem Erbgut herausdestilliert (zB Internationaler Kongreß der Negerschriftsteller 1956). – Auch wenn im Bereich der Ideen diese (und ähnliche) »Parallelen« nachgewiesen werden können, sollte man zunächst beachten, daß der S. im prägnanten Sinne eine geschichtlich einmalige Erscheinung ist. Autochthone Ansätze mögen Aufklärung und Freidenkerei vorweggenommen haben; aber damit ist noch nichts geschehen, solange die Lebensordnung nicht angetastet wird und man *innerhalb* dieser als ein rebellierender (Reform-)Konformist auftritt. Zum S. kann es erst kommen, wenn die Sozialstruktur als ein Gebilde gesehen wird, das sich auch umformen läßt, und wenn die Welt zu manipulierbarem Material verdinglicht ist, dh nur in der »offenen« Gesellschaft einer technisierten Welt. Zu einer Technik aber haben es die Völker Asiens und Afrikas von sich aus nicht gebracht. »In dem organischen Gefüge ihrer (sc. der Völker Asiens) mythisch-magischen Seinsordnung hat die Technik, als selbständiges Unternehmen des Menschen sich die Welt zu unterwerfen, keinen Raum« (Rosenkranz). Darum fängt auch die Geschichte des S. in Asien und Afrika erst im 19.Jh. mit der Industrialisierung an. In den Kontaktzonen mit dieser »modernen« Zivilisation ist das umstürzende Neuheitserlebnis aufgekommen, das zur Entfremdung von der Tradition geführt und die Abkehr von (zunächst) der Religion der Väter und (nachher) überhaupt von jeder Religion oder Metaphysik bewirkt hat. Die sog. autochthonen Parallelen sind Konstruktionen ex post facto.

3. Manchmal zu ihrer eigenen Überraschung hat die neuere *Mission* den S. fast überall als ihren Weggenossen angetroffen. Das Verhältnis dieser zwei »Großmächte« (G. → Warneck), die vielfach simultan in der afro-asiatischen Welt erschienen, ist aber so unterschiedlich und komplex gewesen, daß es unmöglich auf eine einzige Formel gebracht werden kann. Einige bedeutsame Züge lassen sich unterscheiden: a) In der Missionsarbeit pietistischen Gepräges hat man oft, infolge der Verengung der Botschaft auf das Individuum, die für die Neugestaltung der Gesellschaft entscheidenden Lebensgebiete dem S. überlassen. Diese Bereiche wurden dem »Heidentum« entrückt, dann aber ohne relevantes Modell der Existenzbewältigung den »Säuren der Modernität« ausgesetzt. So ist die Mission vielfach zum Initiator und Träger des S. geworden, den sie übrigens nur für eine sündige »Freundschaft der Welt« (Jak 4, 4) hielt. – b) Für die neue Problematik, die sich mit dem S. anmeldete, hat bes. A. → Duff ein offenes Auge gehabt. Sein *Education-Scheme* stellt einen großartigen Versuch dar, den Indern die Teilnahme an der »modernen Zivilisation« zu ermöglichen. Dabei hat er den S. als Kampfgenossen begrüßt; er sollte »die Hindus und Muslims von ihrer Metaphysik erlösen und so für die Wahrheit öffnen«. Duff war sich der Gefahr eines »educated agnosticism« bewußt, meinte aber, daß die Inder auf dem Wege der naturwissenschaftlichen Wahrheit, die von der falschen Religion emanzipiere, zur Wahrheit der (wahren) Religion gelangen würden. Auf dieser Linie haben weite Missionskreise noch lange mit dem S. als einer »Planierraupe« der → Mission (: III D) gerechnet. Wie noch am Anfang des 20.Jh.s der S. als praeparatio evangelica bewertet werden konnte, wird klassisch von J.N. → Farquhar gezeigt (The Crown of Hinduism, 1913). – c) Nach dem 1. Weltkrieg hat rasch eine völlig negative Beurteilung des S. die Oberhand gewonnen. Der Wegbereiter von gestern wurde nun als ein Wegbestreiter und Konkurrent der Mission entlarvt. Bezeichnend ist die Diskussion auf und nach der Weltmissionskonferenz von Jerusalem 1928 (→ Internationaler Missions-Rat, 6). Dort definierte Rufus Jones den S. als »eine Lebenshaltung und eine Lebensdeutung, die nur die natürliche Ordnung der Dinge in Betracht ziehen und die Gott oder einen Bereich geistlicher Realität nicht als wesentlich für Leben und Denken ansehen«. Eine ganze Reihe von Untersuchungen dieser »Menschheitsgefahr« (Oldham) folgte. Zum ersten Mal wurde die gesamte Missionsarbeit in Asien und Afrika unter dem Aspekt des S. studiert. Dabei hat sich gezeigt, daß die Zeit für eine Präzisierung des Problems noch nicht gekommen war; im großen und ganzen hat man den S. einfach als ein West-Ost-Problem betrachtet und manchmal gegenüber einer drohenden Europäisierung eine (unmögliche) retrogressive Anpassung an das alte Volkstum befürwortet.

4. *Die Kirchen in Asien und Afrika* sind jetzt gezwungen, sich selbständig mit dem S. in seinem dort eigentümlichen Gepräge auseinanderzusetzen. Im allgemeinen fällt auf, daß sich viele ihrer führenden Christen wieder zu einem positiven Verständnis der Säkularisation mitsamt ihren möglichen Folgen durchzuringen versuchen. In nächster Nähe erleben sie eine »sekundäre Religionisierung« des S. in ursprünglich religionsfreien, nationalen und Sozialreformbewegungen (Balandier). Darum setzt man sich fast überall für eine radikale Verweltlichung des sozial-politischen Lebens ein, wobei man erstaunlich wenig Angst vor der Ideologie hat. Und das nicht nur, weil man sich als Minorität gegen jede Bevorzugung einer religiösen Majorität schützen will und deshalb die Überführung des sozial-politischen Lebens in den weltlichen Bereich befürwortet (dieses Motiv spielt mit), sondern vor allem auch, weil man aus dem Evangelium aufs neue die Botschaft der Verweltlichung der Welt vernommen hat. Beispielhaft ist die Arbeit des Christian Institute for the Study of Religion and Society in Indien, dessen Veröffentlichungen (bes. Christian Participation in Nation-Building, 1960) schon jetzt viele Ansätze für eine Bewältigung der Probleme der Säkularisation und Anregungen zur Begegnung mit dem S. bieten.

A. Duff, India and India Missions, 1839 – The Christian Message. Jerusalem Report, Vol. I, 1928 – J.H. Oldham, Der S. als Menschheitsgefahr, 1929 – F.H. Spiegelberg, Die Profanisierung des japan. Geistes, 1929 – P. Schütz, Zwischen Nil u. Kaukasus, 1930 – S. Knak, Zwischen Nil u. Tafelbai, 1931 – G. Rosenkranz, Der Nomos Chinas

u. das Evangelium, 1936 - DERS., Die Völker Asiens u. die Technik (EMZ 13, 1956, 97-100. 129-143) - DERS., Europa in Asien u. Afrika (in: Erziehung zur Menschlichkeit. Festschr. E.Spranger, 1957, 555 bis 586) - W.PATON, Christianity in Eastern Conflicts, 1937 - W. FREYTAG, Die junge Christenheit im Umbruch des Ostens, 1938 - DERS., Kirchen im neuen Asien, 1958 - J.C.HOEKENDIJK, Kerk en volk in de Duitse zendingswetenschap, 1948 - R.J.MANIKAM, Christianity and the Asian Revolution, 1954 - G.BALANDIER, La sociologie actuelle de l'Afrique Noire, 1955 - A.GEHLEN, Die Seele im technischen Zeitalter, 1957 - The Church in Changing Africa (Report All-Africa Church Conference, Ibadan), 1958 - E.P.CLOWNEY, Secularism and the Christian Mission (Westminster Theol. Journal 1958, 19-58; Lit.) - H.-W.GENSICHEN, Aufstand gegen die Götter (in: Basileia. Festschr. W.Freytag, 1959, 252-266) - P.D.DEVANANDAN, Renascent Religions and Religion (in: The Ecumenical Era in Church and Society. Festschr. J.A.Mackay, 1959, 148-178) - DERS., The Gospel and Renascent Hinduism, 1959 - M.STALLMANN, Was ist Säkularisierung? (SgV 227/28), 1960.

J.C.Hoekendijk

Säkularisten (Secularists), englische Freidenkerorganisation, die auf den Sozialpolitiker George Jakob Holyoake (1817-1906) zurückgeht und vornehmlich durch dessen seine natürliche Welt- und Lebensansicht (»Secularism«) verbreitenden Schriften und Zeitungen gestaltet wurde. Sie war vorbereitet durch politisch-ethische Bewegungen im Anschluß an R. → Owen und die Chartisten; auch J. → Bentham und J.St. → Mill stehen im Hintergrund. Dem Gottesglauben und Jenseitsgedanken gegenüber stellt sich ein Teil der S., die allmählich mit anderen Freidenkerorganisationen verschmolzen, »agnostizistisch«. Der sozialdemokratische Parlamentarier Charles Bradlaugh (1833-91) gab dem Säkularismus zuerst als Präsident der Londoner Secular Society (seit 1858), dann als wandernder Agitator eine radikalere Richtung und verband mit der Bibelkritik, antichristlicher Polemik und Atheismus auch Propaganda für → Malthus. Daß man dabei noch immer den Wert religiös-kirchlicher Formen zu schätzen wußte, zeigt das »Rituale Holyakense sive Hierurgia secularis« für säkularistische Feierstunden, Begräbnisse, Namengebung u.a., das Bradlaughs Freund Austin Holyoake († 1874) zusammengestellt hat.

Schriften von G.J.HOLYOAKE (vgl. C.W.F.GOSS, Descriptive Bibliogr. of the Writings of G.J.H., London 1908): Secularism, the practical Philosophy of the People, 1854; Secularism, distinguished from Utilitarianism, 1855; Principles of Secularism, 1859; The Limits of Atheism, 1861; Origin and Nature of Secularism, 1896; ferner seine Zeitungen: The Reasoner, seit 1846, u. Secular Review, seit 1847. - Schriften von CH.BRADLAUGH: A few Words on the Christian Creed, 1850; The National Secular Society's Almanach, 1869; Heresy, its Utility and Morality, 1870; The Freethinker's Text-Book, 1876; Fruits of Philosophy, 1877; ferner seine Zeitschrift: The National Reformer, seit 1860. - G.J.HOLYOAKE, Sixty Years of an Agitator's Life, 1892 (Selbstbiogr.) - J.MCCABE, Life and Letters of G.J.H., 2 Bde, London 1908. - The Autobiogr. of Ch.Bradlaugh, 1873 - HYPATIA BONNER, Ch.Bradlaugh, Life and Work, 2 Bde, (1894) 1895² - J.M. ROBERTSON, Ch.B., London 1920 - ODCC 191. - Zum Ganzen: RE XVIII, 166ff - ERE XI, 347ff - ODCC 1236.

† L.Zscharnack (Ernst Wolf)

Sängerschule (schola cantorum), zumeist als die Gemeinschaft geschulter Choralsänger verstanden; ihr Chorgesang bildet die Ergänzung zum solistischen Gesang und vertritt die Gemeinde und hat deren notwendig einfache Melodien verdrängt. Die Schulung war vor Einführung der → Notenschrift bes. wichtig, da der → Choral mündlich überliefert wurde. - Wichtiger ist noch der geschichtliche Begriff der S. als Singknabeninstitut (entsprechend den östlichen Orphanotropia, dh Konservatorien oder Kinderverwahr-Instituten). Die röm. S. wird gern auf → Gregor I. zurückgeführt; doch läßt sich das Institut nicht mit Sicherheit über das 8.Jh. hinaus verfolgen. Der Chorgesang selber stand in Rom schon vor Gregor in Blüte, ausgeführt von etwa 7 Sängern, die von Mönchen der Basilikaklöster Roms oder den Weltklerikern des Laterans gestellt wurden. Die Einrichtung der S. könnte vielleicht im Zusammenhang mit der Einrichtung der Papstmesse (ca 7.Jh.) stehen. - Nach dem röm. Vorbild entstanden S.n auch im Norden überall dort, wo eine intensive Choralpflege möglich war. Bes. wichtig wurde die S. von Metz, von Reichenau und danach von St. Gallen. Aus den S.n wurden später allmählich Chorgemeinschaften für die mehrstimmige Kirchenmusik, die → Kantoreien. Die röm. S. selbst verlor an Bedeutung durch die S. von Avignon, die der mehrstimmigen Musik zugewandt war. Nach der Rückkehr der Päpste aus Avignon entwickelte sich dann in Rom aus beiden S.n die »Sixtinische Kapelle«.

A.SCHUBIGER, Die S. St. Gallens vom 8.-12.Jh., 1858 - F.X.HABERL, Die röm. Schola cantorum u. die päpstl. Kapellsänger bis z. Mitte d. 16.Jh.s (VfM 3, 1887, 189-296) - Grove's Dictionary of Music and Musicians, ed. E.BLOM, 1954⁵, VII, 822. 964.

E.Jammers

Säulen → Stele.

Säulenheilige → Mönchtum: II, 3 b.

Sagen und Legenden

I. Allgemeines - II. Im AT - III. Im NT - IV. Im Unterricht - V. Literaturgeschichtlich. - S. = Sage, L. = Legende

I. Allgemeines

1. Die S. ist eine geglaubte Erzählung, deren Inhalt raum- und zeitgebunden ist, so daß er sich auf bestimmte historische oder mythische Gestalten, Ereignisse oder Örtlichkeiten bezieht. In der Theorie unterscheidet sich die S. teils vom → Mythos (: II, 2), der ein göttliches, für die menschliche Existenz grundlegendes und bedeutungsvolles Geschehen darstellt, teils vom → Märchen (: I, 2), das sich als Unterhaltung in einer Phantasiewelt bewegt. In der Praxis sind aber, wie die gegebene Definition zeigt, die Grenzen zwischen diesen Gattungen fließend. Dasselbe Motivgut kann oft durch Wanderungen zu allen drei gehören, und die jeweilige Benennung der einzelnen Erzählung ist Sache des Wissenschaftlers, nicht des S.nerzählers, und hängt von ihrer aktuellen Funktion ab. Die Taten des → Herakles, obgleich dieser zu den → Heroen gerechnet wird und mythischer Herkunft ist, sind als örtlich lokalisierte Abenteuer S.n. Sobald aber Herakles göttlich verehrt wird und seine Handlungen als → Erlösungs-Taten exemplarische Bedeutung bekommen, müssen sie als Mythos betrachtet werden (vgl. → Gilgamesch). Die → Phönix-S. ist zwar auch typologisch ausgewertet worden, aber der Wundervogel selbst hat wohl kaum einen → Kultus gehabt. Andererseits hat sich mit dem mittelalterlichen → Alexanderroman soviel Märchenstoff verbunden, daß nur der geschichtliche Heldenname die Bezeichnung S. legitimiert. Der → Herr der Tiere erhält bei den → Jäger-Völkern → Opfer und → Gebet und ist hier ein wirklicher Wild- oder Jagdgott. In einer anderen Kulturschicht tritt er aber als Waldgeist auf; die noch mit ihm verbundenen Bräuche gelten als → Aberglaube, und er selbst gehört somit zur S. Wenn ein solcher Zusammenhang zwischen alten Religionsformen einerseits und Volksbräuchen und Volksglauben andererseits wirklich belegt werden kann (vgl. → Bärenfest), so erhält die S. religionsgeschichtlichen Quellenwert, der bisweilen bedeutend ist. Aber ein allgemeines, genealogisches Schema Mythos - S. - Märchen, wie es seit der Romantik die Brüder → Grimm, die Vertreter der → Naturmythologie, der älteren englischen und französischen → Ethnologie (→ Frazer, A.Lang, → Lévy-Bruhl; → Survivals) und der heutigen → Myth and Ritual-Schule immer wieder rekonstruiert haben, gibt es nicht. Von Fall zu Fall muß die oft sehr komplexe Art der S. unter Berück-

sichtigung einer Reihe von Umständen analysiert werden (→ Sagen: V). Die S. vom Tode des → Schlangen-Königs ist zB Gemeingut der → Indogermanen; ihre Ausformung im altindischen Epos scheint aber jünger zu sein als die der europäischen, mündlichen Tradition des 19.Jh.s. Die S. vom Tode des großen Pan ist germanischen Ursprungs, obgleich die antiken Belege viel älter sind. Die Polyphem-S. hat in heutigen alpenländischen Reliktgebieten eine ursprünglichere Gestalt als bei → Homer. Vorchristlicher Stoff und religionsgeschichtliche Tatsachen leben in S.n vom Erscheinen Verstorbener (→ Geheimbünde, → Männerbund, → Masken), vom → Bauopfer, → Menschenopfer (zB bei der Pest) und Opfer an die Hausgeister. Christliche Überlagerung ist häufig und fängt schon in der Bibel an (→ Sagen: II. III; → Drache). Es gibt aber auch eine Umwandlung des großen christlichen L.n- und Predigtschatzes und der zahlreichen Erzählungen, die sich um die Kirche, ihre Gebräuche und Geistlichen ranken, so daß eine S. dieses Ursprungs einen sekundären vorchristlichen Zug bekommt. So hat die S. von der Geisterkirche, die schon bei → Gregor von Tours begegnet, nichts mit alten Vorstellungen über den → Tod zu tun, sondern es handelt sich in der Urform um einen Gottesdienst der Seligen, an dem ein Heiliger als Begnadeter teilnimmt. Die Wiedergänger-S.n sind oft Nachklänge von Erzählungen über die → armen Seelen. Die S. vom → Erlöser in der Wiege geht auf die L. vom Kreuzholz zurück (→ Lebensbaum). Die Wirklichkeitsbeziehung kann mehr oder weniger stark sein (Venediger-, Freimaurer-, ätiologische S.n), und mehrere historische und Orts-S.n bezeugen eine bisweilen erstaunliche Erinnerungsfähigkeit. Die Geschichte ist jedoch in der S. öfters mit unhistorischen Elementen verwoben, verdreht und persönlich erlebt, bleibt aber auch in der Form der S. genau wie die Rechts-S. (vgl. → Sittlichkeit, → Vergeltung) ein nicht zu unterschätzendes sozialpsychologisches Dokument. In den sog. mythischen oder Natur-S.n kommt dagegen vor allem die übernatürliche Welt zum Vorschein: → Riesen, → Zwerge, Elfen, Wald-, Berg-, Erd-, Meer-, See-, Fluß-, Haus- → Geister (→ Naturdienst), die entweder kollektive, unbestimmte Namen haben (zB die Unterirdischen) oder lokal verschiedene Benennungen tragen, wie Kobolde, Wichtelmänner, Troll (Skandinavien). Andere beliebte Themen der S. sind der numinose bzw. geprellte → Teufel, → Hexen, die Wilde Jagd (schon bei Herodot), Werwölfe oder das zweite Gesicht. Schließlich darf auch die gegenseitige Beeinflussung der mündlichen S. und der schriftlichen Literatur nicht vergessen werden.

2. L. ist »die christliche Heiligengeschichte, die in frühchristlicher Zeit entstanden ist aus der Lesung während des Gottesdienstes oder in einer klösterlichen Gemeinschaft« (Sudhoff 692). Ist schon die Definition der S. in der Wissenschaftsgeschichte uneinheitlich und nicht allgemeingültig (vgl. → Sagen: V), so gilt das in noch höherem Maße von der L. Zur terminologischen Verwirrung hat auch das Fehlen gleichbedeutender Synonyme in den großen Weltsprachen beigetragen (S. = franz. légende, L. = franz. légende hagiographique). Das Wort L. wird kaum auf die christliche Gattung L. mit ihrem Ursprung in den geschichtlichen → Märtyrerakten und deren Verknüpfung mit Frömmigkeit, → Kalender (vgl. → Feste: IV) und → Liturgie der Kirche beschränkt (→ Hagiographie, → Heiligenverehrung: II). Einerseits spricht man zB von einer Kult-L. = Mythos, andererseits wird die Bezeichnung L. auf außerchristliche Verhältnisse übertragen (zB → Buddha-, → Muhammed- oder → Zarathustra-L.). Im wissenschaftlichen Begriff der L. liegt eine Erweiterung eines historischen Kerns durch unhistorische bzw. phantastische Elemente (vgl. für das NT → Sagen: III). Die Blütezeit der Heiligen-L. ist das MA (→ Legenda aurea), wo sie auch die christliche Kunst (→ Heiligenbilder, → Ikonologie) und die kirchlichen → Mysterienspiele weithin beeinflußt hat. Die ätiologische S. hat ihre Entsprechung in der ikonologischen L., die zB eine volkstümliche Erklärung der → Heiligenattribute darstellt. Nach der Kritik der Reformatoren und der Verachtung der Aufklärung ist die L. erst durch die Romantik wieder zu Ehren gekommen und in den letzten Jahrzehnten ein beliebtes Forschungsgebiet verschiedener Disziplinen geworden.

Zu 1: L.Röhrich (→ Sagen: V; reiche Lit.). Ferner: C.-M.Edsman, Ignis divinus (SVSL 34), 1949, 34ff. 166ff - R.Roux, Le problème des Argonautes. Recherches sur les aspects religieux de la légende, Paris 1949 - Ch.Downing, Russian Tales and Legends retold, London 1956 - R.T.Christiansen, The Migratory Legends. A Proposed List of Types with a Systematic Catalogue of the Norwegian Variants (FFC 175), 1958 - The Supernatural Owners of Nature (Acta Univ. Stockholmiensis. Comparative Religion, 1), ed. Å. Hultkrantz, 1961. - Vgl. → Volkserzählung.

Zu 2: S.Sudhoff (→ Sagen: V; Lit.). Ferner: H.Günter, L.nstudien, 1906 - Ders., Psychologie der L., 1949 - R.Kapp, Heilige u. Heiligen-L.n in England, 1934 - H.Neumann, Die Mutter des Religionsstifters (Diss. Leipzig), 1935 - HIsl (s. Reg. s.v. Legendarische Gestalten) - C.G.Loomis, White Magic, Cambridge/Mass. 1948 - H.Schauerte, Die volkstüml. Heiligenverehrung, 1948 - L.Boyer, Le saint dans les religions à mystères (RevSR 27, 1953, 1-16) - O.Wimmer, Hdb. der Namen u. Heiligen, 1956 - L.Massignon u.a., Les Sept Dormants d'Ephèse en Islam et en Chrétienté (REI 26, 1958, 1-11) - Altaner 192ff - RDL² II, 13ff - M.Zender (→ Patrozinienkunde). - Vgl. die Lit. zu → Hagiographie, → Heiligenverehrung: II.

C.-M.Edsman

II. Im AT

1. Verwandtschaft mit Mythos, Märchen und Geschichtsschreibung - 2. Ätiologie als formales Prinzip der S. - 3. Literarische Form der S.n - 4. Herkunft der S.n - 5. Hauptthemen der S.n in der israelitischen Überlieferung - 6. Theologische Bedeutung der S.n

1. S.n und L.n werden miteinander behandelt, da sie etymologisch gesehen synonym sind. Eine Differenzierung in zwei Gattungen (S. mit volkstümlich-kollektivem, L. mit geistlich-religiösem Gehalt) wird dem at. Tatbestand kaum gerecht, da das Hebräische, im Unterschied zB zu den poetischen und prophetischen Gattungen, keinen eigenen Namen für die Erzählungen geprägt hat, die wir als S.n und L.n betrachten. Die sehr allgemeine Bezeichnung »poetische Erzählung« bringt am besten die verschiedenen Aspekte der S.n zum Ausdruck. Diese poetischen Erzählungen weisen enge Verwandtschaft auf mit dem → Mythos (: III), dem → Märchen (: II) und der → Geschichtsschreibung (: I). Als S.n *mythischen Inhalts* sind vor allem diejenigen der Urgeschichte Gen 1-11 zu nennen; jedoch erscheint der Mythos nicht in seiner reinen Gestalt, denn diese Kapitel wollen Geschichte erzählen; an ihrer jetzigen Stelle sind sie als Einleitung zur Heilsgeschichte gedacht und zT von der geschichtlichen Erfahrung des Volkes Israels her geprägt, was ihre Perspektive von ihren sumerisch-akkadischen Vorlagen wesentlich unterscheidet. - Im AT gibt es zwar kaum eine Erzählung, die nur Märchen wäre, aber viele *märchenhafte Züge* sind in die S.n eingedrungen. S.n märchenhafter Art sind zB die von der Gefährdung der Ahnfrau wegen ihrer Schönheit (Sara, Rebekka), vom Streit der zwei Ehefrauen (Sara und Hagar), vom Sieg des Schwachen über den Starken (Joseph, Gideon, David), vom vollkommenen Urteil des weisen Königs (Salomo), von der wunderbaren Errettung des Helden (Mose, Elia), vom dankbaren Toten (→ Tobitbuch). Das Vorkommen dieser Themen in Literaturen, die sich kaum gegenseitig beeinflußt haben können, bestätigt ihren märchenhaften, dh allgemein menschlichen Ursprung. - Am meisten verbreitet sind die S.n *ge-*

schichtlichen Inhalts, die sich um einen historischen Kern entwickelt haben. Die Erzählungen von den Vätern, die die Prinzipien der Kausalität und Kontinuität außer acht lassen und deshalb der Gattung der S. angehören, beruhen zum größten Teil auf geschichtlichen Tatsachen. Die Erforschung des alten Orients rückt die Existenz der Patriarchen und ihre Wanderungen von Osten nach Westen in der 1. Hälfte des 2.Jt.s vChr immer mehr ins Licht der Geschichte, und wenn auch vieles in ihnen als Individualisierung stammesgeschichtlicher Elemente anzusehen ist, so befinden wir uns doch auf geschichtlich zuverlässigem Boden. Dieser ist bei weitem noch sicherer bei den Propheten-S.n, wobei Unstimmigkeiten zwischen den Angaben aus geschichtserzählenden Quellen und den S.n das ausschmückende Element leicht erkennen lassen.

2. Den Ursprung oder die Ursache von etwas Bestehendem zu erklären, ist das erste Anliegen der meisten S.n. Fragen der Kinder oder der Erwachsenen beantwortet der Familienvater oder ein beruflicher Erzähler, der eng mit dem Priesterstand verbunden ist, indem er eine erklärende Geschichte erzählt (vgl. Ex 12, 26; 13, 14; Jos 4, 6). Die *Ätiologie* umfaßt vielseitige Gebiete:

a) Manchen S.n geht es um die Erklärung einer *Naturerscheinung:* Warum sieht die Landschaft des Toten Meeres so öde aus (Gen 19)? Warum hat Zoar nicht das Los von Sodom und Gomorrha geteilt (Gen 19, 20)? Woher kommt die seltsame geologische Bildung, die einer Frauengestalt ähnlich ist (Gen 19, 26)? Woher kommen die großen Steine am Eingang der Höhle von Maqqeda (Jos 10, 16ff)? Ein megalithisches Denkmal in Basan wird in der S. zum Bett eines dortigen Königs (Dtn 3, 11). Quellen werden wegen ihrer Seltenheit und ihrer lebenspendenden Kraft ganz bes. gern Gegenstand mancher Ätiologien (Ex 15, 22ff; 17, 7 u.a.).

b) Die Ätiologie betrifft oft *Orts- und Personennamen.* Es gibt 45 etymologische Ätiologien in der Gen, 12 in Ex und Num, 2 in Jos, 5 in Ri, 8 in 1.2Sam, 2 in 1.2Kön, 2 in Ruth und 1 in Est. Sehr zahlreich in den ältesten Schichten, bes. beim → Jahwisten, werden sie vom → Deuteronomium und der → Priesterschrift völlig vermieden. Die Ätiologien sind in philologischer Hinsicht oft problematisch, obwohl sie nicht immer a limine abzuweisen sind. Ihr Wert liegt für den Erzähler und Hörer in der Tatsache, daß es Gott ist, der die Namen direkt oder durch Vermittlung des Ahnen gibt und dadurch einem Ort oder einer Person sein wahres Wesen verleiht.

c) Eine bes. beliebte Form der Ätiologie bezieht sich auf *Kultgegenstände, Kultbräuche* oder *Kultstätten.* Viele sind ἱεροὶ λόγοι, dh Gründungsberichte von → heiligen Stätten (: II). Die große Zahl dieser Kultsagen erklärt sich aus einem doppelten Grund: An den Heiligtümern wurde die israelitische Überlieferung gepflegt, zuerst mündlich durch die dortigen Priester und Propheten und bald auch durch diese schriftlich niedergelegt. Dazu kam ein apologetischer Zweck: Die meisten Heiligtümer waren vor ihrer Übernahme durch die Israeliten kanaanäischen Gottheiten geweiht; die Verbindung dieser Kultstätten mit den Vätern des Volkes sollte jegliche Spur von Heidentum austilgen. So wurden die kanaanäischen Kultstätten in Israel legitimiert, und dieser Prozeß wird wohl dank der gemeinsamen Züge zwischen → El und → Jahwe den geschichtlichen Tatbestand ziemlich genau widerspiegeln. Die Israelitisierung der Orts-S.n verschiebt den Akzent vom Ort auf die Person, der an diesem Ort die Gottheit erschienen war (vgl. die typische Formel Gen 12, 7); an die Stelle von Bethel, Sinai und Jerusalem rücken die Offenbarungsempfänger → Jakob, → Mose und → David. Einen hl. Gegenstand oder einen kultischen Brauch behandeln die S.n von der → Ehernen Schlange (Num 21, 4-9) und über die hl. → Lade (1Sam 4-6; 2Sam 6), wo das Wunderbare der L. mit historischen Erinnerungen verknüpft ist. Der Ursprung der Beschneidung wird dreimal erzählt und je auf Abraham (Gen 17), Mose (Ex 4) und Josua (Jos 5) zurückgeführt. Ex 1-15 sind zT eine erklärende und rechtfertigende Ätiologie der verschiedenen Riten des Passafestes (→ Feste: II, 3); in dieselbe Kategorie gehört auch der Bericht über die Einsetzung der Ältesten durch Mose (Num 11).

d) Andere Ätiologien sind *ethnologischen* Inhalts. Die S. will die Eigenarten eines Volkes, eines Stammes oder einer Stadt erklären. Woher kommen die Nomaden? Antwort: ihre unstete Lebensweise ist die Folge des Fluches über den Stammvater → Kain. Der Wohnort der Ismaeliten (→ Ismael) erklärt sich durch die Flucht der Hagar vor Sara. Warum hat Japhet einen so weiten Bezirk und warum ist Kanaan Sklave? Weil sie ihrem Vater → Noah gegenüber eine verschiedene Haltung eingenommen hatten (Gen 9, 21ff). Warum gibt es zwischen zwei Völkern nahe Beziehungen? Weil unter ihnen ein Verwandtschaftsgrad besteht (vgl. die S.n über die Jakobssöhne und die → Völkertafel in Gen 10). Warum wohnt Israel im Lande Kanaan? Weil dem Urvater eine Verheißung gegeben wurde; diese Verheißungen werden immer bes. feierlich formuliert, zB Gen 9, 25ff; 12, 2; 15, 18; 27, 27ff. Hier liegt ein interessanter Versuch vor, die Verschiedenheiten und die Einheit der Völker zu erklären, bei dem Israel durch sein Sagengestaltungsvermögen weiter und tiefer gedrungen ist als die anderen Völker des Altertums.

3. Die Mannigfaltigkeit der Fragen, auf die die S. antwortet, macht sie an sich schon äußerst lebendig; die Kunst der S.nerzähler und -schreiber hat H. → Gunkel meisterhaft charakterisiert. In ihrer ursprünglichen Form, zZ ihrer mündlichen Überlieferung, ist die S. kurz, das Hauptgewicht liegt auf der *Handlung.* Die Gedanken und Stimmungen Gottes oder der menschlichen Partner kommen nur durch ihre Handlungsweise zum Ausdruck. Die Handlung gipfelt oft in einem Wort, das ebenfalls kurz, aber bedeutungsvoll ist. Der Fortschritt der Handlung wird durch einzelne Szenen anschaulich gemacht; so entwickelt sich zB das Drama im Garten Eden in folgenden Szenen: a) die Sünde: Die Schlange verführt das Weib; Weib und Mann erliegen der Versuchung; die beiden verlieren ihre Unschuld. b) Das Gerichtsverhör: dieselben Szenen wiederholen sich in umgekehrter Reihenfolge. c) Das Urteil: über die Schlange, über das Weib, über den Mann. Die S.n lassen nur zwei oder drei Personen zugleich auftreten; sind es mehrere, so wird die Gleichzeitigkeit in ein Nacheinander umgewandelt. In der Handlung kommt der Charakter der Hauptperson zum Vorschein; von Abraham wird nicht gesagt, daß er gastfreundlich und zuvorkommend ist, aber in seinem Benehmen werden diese Eigenschaften Wirklichkeit. Manchmal bietet der Name Gelegenheit, den Charakter zu schildern; so ist Nabal tatsächlich ein Tor (1Sam 25, 25) und Jakob voller List. Selten wird ein moralisches Urteil über die Personen oder ihre Handlungsweise gefällt, aber der Erzähler drückt sich so aus, daß seine Hörer die beabsichtigte Wertung verstehen. – Einzelne S.n werden miteinander verbunden. Sobald eine Person im Mittelpunkt der S. steht, ist es sehr leicht, sie von einem Ort zum anderen wandern zu lassen, was übrigens durch die Wallfahrten des Volkes nahegelegt wurde. Von weit größerer Wirkung wurde die genealogische Verknüpfung der S.ngestalten; diese am hebr. Solidaritätsgefühl der Sippe genährte Kunst hat es verstanden, die Reste der Überlieferung über die vor-

mosaische Zeit in großartiger Weise auf eine einzelne Familiengeschichte zu reduzieren. So entstanden *S.n-kränze,* die schließlich alle ineinander verwoben wurden. Die längere Form der S. gehört einer späteren Zeit an, verrät zT die Arbeit des Schriftstellers und taucht hauptsächlich in der elohistischen Schicht auf; die Schilderung der Gedanken nimmt einen größeren Platz ein. Eine Erzählung wie Gen 22 wirkt durch ihre Wiederholungen, ihre Länge, ihre retardierenden Momente höchst dramatisch; dieselbe Tendenz ist bemerkbar in der Josephsgeschichte, die den Hörer bis zum glücklichen Ende in Spannung hält. Die Erzähler benutzen gerne den Kontrast, um Licht- und Schattenseiten recht zur Geltung zu bringen; die Karmelszene (1Kön 18) wird wirkungsvoller durch das vorhergehende Zusammentreffen Elias mit dem Minister Obadja. Den ausführlichen S.n-stil kann man als *Novelle* bezeichnen, obwohl das moderne Verständnis des Begriffs dem at. Tatbestand nicht ganz gerecht wird.

4. Die Mannigfaltigkeit der S.n läßt eine verschiedenartige *Herkunft* vermuten. Die meisten S.nstoffe hat Israel in seiner eigenen Geschichte gefunden, so zB die Väter- und die Exodus-S.n, in denen die fremden Motive märchenhafter oder mythischer Art ein sekundäres Element darstellen. Das fremde Element ist weit gewichtiger in der Urgeschichte, jedoch kann man annehmen, daß die mesopotamischen Traditionen den Vorfahren Israels vor ihrer Ankunft in Kanaan bekannt waren. Manches hat Israel dann auf kanaanäischem Boden vorgefunden, zB die Sage von Noah, dem ersten Weinbauer. Daniel und Hiob, die in Ez 14, 14 zusammen mit Noah erwähnt werden, sind kanaanäische Figuren, von denen die erste durch die Texte von → Ugarit bekannt ist und die zweite manche gemeinsamen Züge mit dem ebenfalls ugaritischen Helden Keret aufweist. Auch für die meisten Heiligtums-S.n ist kanaanäischer Ursprung wahrscheinlich. Nach Ägypten führt die Josephsgeschichte (→ Joseph), bes. die Motive der Traumdeutung und des ehebrecherischen Weibes. Die Parallelen mit Stoffen der griechischen S.nwelt stellen ein schwieriger zu lösendes Problem dar: »Die Übereinstimmung zwischen den israelitischen und den griechischen S.n ist zu auffällig, um zufällig zu sein« (W. Baumgartner). Jephta und Idomeneus, der Besuch der himmlischen Wesen bei Abraham und der Besuch von Zeus und Hermes bei Philemon und Baucis, Jona und Andromeda, Isaak und Iphigenie sind Beispiele für die Gemeinsamkeit beider S.n-welten. Am ehesten wird man an eine gemeinsame Quelle im östlichen Teil des Mittelländischen Meeres denken dürfen, von wo aus die Stoffe einerseits nach Griechenland, andererseits nach Kleinasien, Syrien-Palästina und Ägypten gewandert sind (vgl. die zahlreichen ägäischen Einflüsse auf die ugaritische Kultur). In Palästina sind die westlichen Stoffe mit denen mesopotamischer Herkunft verschmolzen worden.

5. Ihre definitive Form haben die S.n in der israelitischen Überlieferung erhalten. So sehr Israel fremde Stoffe aufgenommen hat, so stark war es auch bemüht, diesen Stoffen einen Ausdruck zu geben, der den großen Tatsachen seiner Geschichte und den Bekenntnissen seines Glaubens sachgemäß war. Folgende *Themen* waren schon in der mündlichen Tradition vorhanden:

a) *Das Thema des Urvaters.* Der Ahn stellt in seiner Person das ganze Volk dar und faßt es mit seinen Eigenschaften und Bestrebungen zusammen; den von H. Wheeler Robinson geprägten Begriff der »corporate personality« hat Israel theologisch ausgeweitet. Israel hatte gelernt, seine Geschichte unter dem Zeichen der Verheißung und des Glaubens zu verstehen, und durch seine Geschichte wurde es zum Volk der Hoffnung. Dem Urvater → *Abraham* wurde vielleicht eine Verheißung gegeben, aber diese hätte niemals so entscheidende Bedeutung gewonnen, wenn nicht Israel sich selbst in der Gestalt des Urvaters ausgedrückt gesehen hätte. Was die Kraft einer at. S. ausmacht, sind nicht die Erinnerungen an ehrwürdige Begebenheiten der Vergangenheit, sondern der in ihr ausgedrückte Glaube an die Treue der göttlichen Offenbarung. Sooft Israel die Abrahamsgeschichte erzählte, fand es sich in ihr wieder und stellte sich unter dieselben Verheißungen. Dasselbe gilt von → *Jakob,* der noch viel direkter der Ahn des Volkes ist und in dessen S.n die stammesgeschichtlichen Motive stärker anklingen als in der Abrahamsgeschichte. Von Jakob wird erzählt, daß sein Name in »Israel« umgewandelt wurde, d.i. der Name, durch den sich die → Stämme verbunden wußten im sakralen Verband der Amphiktyonie (Gen 32, 22ff). Hier haben wir das deutlichste Beispiel der Wandlung einer S. vom Stadium einer vorisraelitischen Lokal-S. von einem Flußdämon bis zum Ausdruck eines zentralen nationalen und religiösen Glaubensinhalts (vgl. K. Elliger, ZThK 48, 1951, 1-31).

b) *Das Thema des Helden* findet sich hauptsächlich in den S.n, die um die Person → *Moses* kreisen; hier ist das Maß der Idealisierung und der Lobpreisung weit größer als bei den Väter-S.n. In Ex ist Mose die einzige hervorragende Gestalt; der Held rückt alle anderen handelnden Personen in den Schatten: → Aaron spielt eine bescheidene Rolle, und → Mirjam, Hur, Nadab und Jethro sind kaum mehr als Statisten. Derselbe Polarisationsprozeß macht sich bei → *David* bemerkbar. Nicht nur werden ihm viele Psalmen zugeschrieben, selbst die Heldentaten anderer werden in der S. auf ihn übertragen; zB verdient die Angabe in 2Sam 21, 19, wonach Goliath durch Elchanan getötet wurde, mehr Glauben als die sagenhaft ausgestaltete - wahrscheinlich von der ägyptischen Sinuhe-Erzählung beeinflußte - Darstellung in 1Sam 17. Wenn auch der Held nicht in demselben Maß wie der Vater das Volk in sich zusammenfaßt, so ist er trotzdem Gegenstand einer Erwählung und einer Verheißung. Was Mose- und Davidsbund für das Volk bedeuten, kommt in den S.n von ihren Urhebern lebendig zur Geltung.

c) Der sagenbildende Prozeß hat sich auch der *Propheten* bemächtigt, und je gewaltiger ihre Erscheinung war, desto mehr wurden ihre Person und ihr Wirken ins Wunderbare und Typische gesteigert. → Elia und → Elisa sind Typen des Gottesmannes, der von Gott beschützt, wunderbar errettet und mit übermenschlicher Kraft ausgerüstet wird. Es ist meist ziemlich leicht, die S. von dem historischen Bild des Propheten zu trennen, zumal manche Angaben der Geschichtsquellen an sich schon das Unwahrscheinliche der S.n erkennen lassen. Die Gestalt des → Jesaja wird von allerlei S.nmotiven umsponnen; seine politische Tätigkeit läßt ihn zum Lenker der Weltgeschichte werden, und sogar die Naturgesetze müssen sich seinem Worte beugen (Jes 36-39). → Jeremia wird dasselbe Los zuteil, jedoch erst in der apokryphen Literatur (2Makk 15, 11-16). Manche Propheten-S.n, in denen das Novellistische das Historische überwiegt, sind Erklärungsversuche des Prophetismus im allgemeinen, zB der sonderbare Bericht von 1Kön 13 und das → Jonabuch, wo das Motiv des prophetischen Gehorsams noch wichtiger ist als das missionarische Interesse. Die *Märtyrer-S.* ist direkt aus der Propheten-S. herausgewachsen, denn die Propheten waren die ersten Märtyrer. Später haben das Exil und die makkabäischen Freiheitskämpfe dieser Gattung den meisten Stoff geliefert (Dan 1; 3; 6; 2Makk 6-7; 4Makk). Als in nachexilischer Zeit der Priester immer mehr an die Stelle des

Propheten trat, entstand die *Priester-S.* als selbständige Kategorie neben der Heiligtums-S., zB Lev 9-10; Num 16-17; 2Chr 26, 16ff.

6. Im allgemeinen haben sich die S.n in der israelitischen Überlieferung von der Erzählung zum Bekenntnis entwickelt. Wenn manche unter ihnen ursprünglich nur erfreuen und erklären sollten, sind sie in ihrer letzten Gestalt von einem starken religiösen Gehalt erfüllt. Die S. ist ein »dabar«; so rücken der Zweck der S. und des Mythos zusammen, indem sie beide auf das gültig Bleibende hinweisen. Die S.n des → Pentateuchs sind dem Grundthema des Werkes (vgl. Dtn 26, 5-10) untergeordnet. Dieser bleibende Gehalt der S.n kann in drei Punkten zusammengefaßt werden: a) Die S.n treten in den Dienst Israels, dh der → Erwählung (: I) und Einheit des Gottesvolkes. Die zahlreichen S.n aus der vormosaischen Zeit sollen diese Periode als Grundlage der nachfolgenden darlegen; die eigentliche Geschichte des Volkes wird durch die Väter-S.n prädestiniert, und zugleich soll dadurch zum Ausdruck gebracht werden, daß die besondere Erwählung Israels eine universale Betrachtung der Weltgeschichte nicht ausschließt. So erscheint die S. nicht als eine Deformation der Geschichte, sondern als ein Blick in die Gesetze und Zusammenhänge, die die Geschichte regieren. Die S.n geben Zeugnis vom Handeln Gottes an Israel und von Israels Versagen gegenüber Gott. Als Quelle der Geschichtsdeutung sind die S.n ebenso wichtig wie die Worte der Propheten. - b) Der Gott Israels wird zur Hauptperson der S. Die Gotteserscheinung mit der nachfolgenden Gottesrede ist immer der Höhepunkt der Erzählung. Gott wird allmählich der allein Handelnde; wenn der dramatische Ausdruck darunter etwas leidet, da der Mensch nicht mehr ein Partner Gottes ist, so wird der religiöse Gehalt um so tiefer. - c) Dank der Übernahme der allgemein menschlichen Elemente des Märchens (s. 1) hat die S. - trotz ihrer Verhaftung in der Geschichte - eine über Israel hinausgehende Gültigkeit. Die Personen, die in ihr handeln, sind nicht bloß Typen der Israeliten, sondern allgemein menschliche Typen. So haben wir den Typus des Menschen, dem alles gelingt, und dies Gelingen, lehrt die Jakobs-S., ist auf den göttlichen Segen zurückzuführen. Joseph ist der Typus des Weisen, Abraham der Typus des Menschen, der mit Gott wandelt und dessen kindlicher Gehorsam ein Beispiel für alle Menschen ist. Obwohl durchaus sekundär, tritt der Imitatio-Gedanke hier und da in Erscheinung (zB bei Henoch oder Adam im Paradies). Der Typus des bösen Menschen erscheint im Pharao, den Weisen Ägyptens oder in den Philistern. Die religiöse Pädagogik wird sich immer wieder in fruchtbarer Weise an diesem unerschöpflichen Reichtum der S.n erneuern.

Zusammenfassend kann gesagt werden, daß sich die Erforschung der S.n in zwei Richtungen zu bewegen hat: literaturgeschichtlich muß die S. auf ihre Einzelelemente untersucht werden, die allein ihren Reichtum recht zur Geltung bringen; traditionsgeschichtlich vermittelt die S.nüberlieferung Einblick in die bleibenden gestaltenden Triebkräfte des israelitischen Glaubens.

H.Gunkel, Genesis (HK I/1), (1901) 1922[5] - Ders., Elias, Jahve u. Baal, 1906 - Ders., Das Märchen im AT, 1917 - Ders., Die Geschichten von Elisa, 1922 - H.Gressmann, S. u. Gesch. in den Patriarchenerzählungen (ZAW 30, 1910, 1-34) - Ders., Moses u. seine Zeit, 1913 - O.Eissfeldt, Stammes-S. u. Novelle in den Geschichten von Jakob ... (FRLANT 36, 1923, 56-77; demnächst in: Kleine Schriften I) - Ders., Die Genesis der Gen, (1958) 1961[2] - A.Lods, Le rôle de la tradition orale dans la formation des récits de l'AT (RHR 88, 1923, 51-64) - Ders., Hist. de la litt. hébraïque, Paris 1950, 128ff - W.Baumgartner, Israelitisch-griech. S.nbeziehungen (Schweiz. Archiv f. Volkskunde 41, 1944, 1-29 = Zum AT u. seiner Umwelt, 1960, 147 bis 178) - H.J.Kraus, Gedanken zum theol. Problem der at. S. (EvTh 9, 1949, 319-328) - Ders., Zur Gesch. des Überlieferungsbegriffs in der at. Wiss. (ebd 16, 1956, 371-387) - G.v.Rad, Das erste Buch Mose (ATD 2), (1949) 1956[4], Einl. - Ders., Josephsgesch. u. ältere Chokma (VT Suppl. I, 1953, 120-127) - C.A.Keller, »Die Gefährdung der Ahnfrau« (ZAW 66, 1954, 181-191) - Ders., Über einige at. Heiligtums-L.n (ebd 67, 1955, 141-168; 68, 1956, 85-97) - Ders., Grundsätzliches zur Auslegung der Abrahamüberlieferung (ThZ 12, 1956, 425-445) - J.Fichtner, Die etymolog. Ätiologie in den Namengebungen der gesch. Bücher des AT (VT 6, 1956, 372-396).

E.Jacob

III. Im NT

1. Zum Begriff S. - 2. Kult- und Personal-L.n - 3. Die Erzählungsart der L.

1. Im Unterschied zum AT gibt es im NT keine Erzählungen, die als S.n sachgemäß gekennzeichnet wären. Das ist kein Zufall. Denn die Welt, die die S. gestaltet, ist die Welt der Familie und des Stammes, eine Welt also, die für die christliche Gemeinde vergangen war. Sofern sie sich als eschatologische verstand, war für sie all das nicht mehr von entscheidender Bedeutung, was als soziologische Bedingung für die Entstehung der S. zu gelten hat (vgl. etwa Mk 3, 35; Gal 3, 28). Wenn man in der älteren kritischen Forschung (zB D.Fr. → Strauß) von nt. S.n sprach, so war damit ein Begriff vorausgesetzt, der die S. als ungeschichtliche Erzählung definierte (vgl. Jolles).

2. Bei der L. sind zwei typische Ausprägungen zu unterscheiden: die *Personal-L.* und die (ätiologische) *Kult-L.* (Dibelius; Bultmann spricht von einer biographischen bzw. einer Glaubens- oder Kultus-L.). Für beide liefert das NT charakteristische Beispiele.

a) Eine ausgesprochene *Kult-L.* ist die → Abendmahls-Perikope. Dieses Urteil gilt sowohl für die eigentliche Einsetzung Mk 14, 22-25 par, wie Paulus 1Kor 11, 17ff durch seine Argumentation beweist, als auch für den ganzen synoptischen Abendmahlsbericht (Mk 14, 12-25 par). Die Einleitung Mk 14, 12-16, die die Findung des Saales ganz im Stil der L. beschreibt, ist später hinzugefügt. Sie spiegelt das Interesse judenchristlicher Kreise wider. In beiden Stadien des Überlieferungsprozesses ist die Absicht deutlich die, den geübten Brauch zu legitimieren. Man tat das, indem man zeigte, wie er entstand. - Häufig rechnet man zu den Kult-L.n noch Geschichten wie die Taufe und Verklärung Jesu, das Messiasbekenntnis (Mk) und die Leidensgeschichte (Bultmann, Dibelius, Bertram; → Formen: II, 1b). Denn hier bekunde sich in spezifischer Weise das Glaubensinteresse der Gemeinde; man habe so erzählt, um sich des Rechtes und Grundes des eigenen Glaubens zu vergewissern. In der Tat hat man später die Taufgeschichte als Kult-L. im engeren Sinne verstanden. Aber dabei handelte es sich um eine Verwendung der Geschichte, die sie selbst nicht unmittelbar nahelegte. Man kann fragen, ob sich die Einordnung der genannten Geschichten in die Gruppe der Kult-L.n rechtfertigen läßt. Daß sie vom Glauben der Gemeinde her gestaltet sind, ist gewiß unbestreitbar. Das genügt aber noch nicht; denn zum Stil der L. gehört, daß sie einen Vorgang oder Vollzug selbst schildert und damit als begründendes Geschehen darstellt (s. 3). Am ehesten würde dem das Messiasbekenntnis Mk 8, 27-30 entsprechen. Auch die Leidensgeschichte wäre zu nennen, wenn ihre Formung im Zusammenhang einer kultischen Begehung erfolgt wäre (G.Schille, allerdings kaum mit Recht).

b) Die *Personal-L.* nimmt in der nt. Literatur einen breiten Raum ein. Daß sie sich der Gestalt *Jesu* bemächtigte, ist verständlich. Die Analyse der Vorgeschichte im Mt- und LkEv fördert denn auch eine ganze Anzahl solcher L.n zutage. Ob in Mt 1, 18ff eine L. vorliegt, ist fraglich, obwohl L.nmotive nicht fehlen; denn Reflexion ist nicht die Art der L. Sie tritt dagegen in der Geschichte von den Magiern (2, 1ff) klar hervor. Ursprünglich selbständig, hat sie der Evangelist mit der Erzählung von der Flucht nach Ägypten verbunden, die ihrerseits wegen des sie tragenden Motivs eine L. zu nennen ist. Die Ankündigung der Geburt im LkEv (1, 26ff) ist zwar im Grunde eine Marien-L., die von der besonderen Gnade, der Maria teilhaftig werden soll, und ihrer demütigen Bereitschaft für das Wunder erzählen möchte. Zugleich soll der Leser aber die alles menschliche Maß überschreitende Größe dessen erkennen, mit dem Gott durch Maria die Welt beschenken wird. Über den legendenhaften Charakter der Geburtsgeschichte Lk 2, 1-20 darf die »historische« Einleitung, die Lukas ihr gibt, nicht täuschen. Himmlischer Glanz umstrahlt das Kind in der Krippe, und Hirten kommen, es anzubeten: so erzählt die L. In anderer, aber ebenfalls legendenhafter Weise gibt die Simeongeschichte (2, 25ff) von dem Rang des Jesuskindes Kunde. Alle drei Erzählungen waren ursprünglich selbständige, inhaltlich konkurrierende Überlieferungsstücke. Eine selbständige, aus Täuferkreisen stammende (s. Lk 1, 14-17!) L., die von den Umständen der Geburt → Johannes des Täufers zu berichten wußte, hat Lk 1, 5-25. 57-66 in seine Komposition eingearbeitet. Ihren Abschluß bildet die Geschichte vom 12jährigen Jesus im Tempel (2, 41ff). Durch ihren Inhalt unterscheidet sie sich erheblich von den bisher angeführten L.n. Die Art, wie sie die ungewöhnliche Weisheit und Frömmigkeit schon des Knaben schildert, legt es nahe, sie als »Heiligen«-L. zu charakterisieren. – Bei weitem geringer ist der Anteil der L.n an der Tradition vom Wirken Jesu. Zu nennen wäre hier die Versuchungsgeschichte (Mt 4, 1ff par) mit dem Motiv der Bewährung und die Erzählung vom Einzug in Jerusalem (Mk 11, 1ff par), deren literarischen Charakter der Umstand offenbart, daß Jesus auf geheimnisvoll-wunderbare Weise zu dem Reittier kommt. – Die Frage, zu welcher Erzählungsgattung die Geschichten von der → Auferstehung Christi (: I) gehören, ist zT schwer zu entscheiden, weil ihre alte Form nicht mehr erhalten ist (s. Joh 20). Sicher gehören jedoch zu den L.n die Geschichten vom leeren Grab (Mk 16, 1ff par) und den Emmausjüngern (Lk 24, 13ff).

Die verhältnismäßig geringe Zahl der Jesus-L.n erhellt, daß die Absicht, von Jesus im Stil der L. zu erzählen, am Anfang noch wenig zur Geltung kam. Aber schon Lukas läßt sich bei der Gestaltung seines Evangeliums weitgehend von ihr leiten. Das beweisen die bewußten Änderungen, die er etwa an der Tauferzählung (3, 21f), der Versuchungsgeschichte (s. 4, 1. 13) oder der Nazarethperikope (4, 16ff, wo ihm aber vielleicht eine von Mk 6 abweichende Quelle vorlag) vornahm. Vor allem ist zu beachten, daß er die Passion als Martyrium stilisiert. Charakteristisch dafür sind zB die Umgestaltung der Gethsemaneszene (22, 43ff), Jesu Gebet für seine Henker (23, 34) und die Beteuerungen der Unschuld Jesu im Munde des Pilatus und Herodes (23, 4. 14. 22); unter dem Eindruck des Sterbens Jesu bekennt der Centurio nicht mehr (so Mk 15, 39), sondern erkennt nur noch: »dieser Mensch war ein Gerechter« (Lk 23, 47).

c) Unter den L.n der synoptischen Tradition finden sich nun aber auch solche, die ein spezifisches Interesse an anderen Personen *(»Nebenpersonen«)* verraten. So erfahren wir von einer Maria und dem »guten Teil«, das sie erwählte (Lk 10, 38ff), dem frommen Entschluß des Zachäus (Lk 19, 1ff) oder der demütig-hingebenden Verehrung, die die »Sünderin« (Lk 7, 36ff) an Jesus wandte. Auch die Salbung in Bethanien wäre hier zu nennen (Mk 14, 3ff). Das Interesse an der Person des → Petrus schuf sogar eine ganze Reihe von Geschichten: Berufung (Lk 5), Seewandel (Mt 14, 28ff), Messiasbekenntnis (in der Mt-Fassung 16, 13ff), Verleugnung (Mk 14, 66ff par, s. bes. Lk 22, 61). Hier zeichnet sich schon ab, wohin die weitere Entwicklung tendiert: auf den Ausbau der *Apostel-L.* Lukas konnte sich ihrer schon bei der Abfassung der → Apostelgeschichte bedienen. Wenn auch sein Anteil bei der Wiedergabe oft nicht sicher auszumachen ist, so treten die Erzählungseinheiten aufs Ganze gesehen doch einigermaßen deutlich hervor. Zu den Erzählungen legendarischer Art wären zu rechnen: die Befreiung des Petrus (12, 1ff), des Paulus und Silas (16, 16ff) aus dem Gefängnis, die Bekehrung des Paulus (9, 1ff), die des Kämmerers aus Äthiopien (8, 26ff) und die Episode in Lystra (14, 8ff). Stark bearbeitet ist die Bekehrungsgeschichte c. 10f (Cornelius) und die L. vom Martyrium des → Stephanus (6, 8 - 7, 60). Im Stil der L. erzählen 9, 36-42 die Erweckung der Tabitha durch Petrus und 5, 1ff die Bestrafung von Ananias und Saphira, ohne freilich ausgesprochene Apostel-L.n zu sein. Die späteren L.n der apokryphen Apostelakten (→ Apokryphen: II) gleiten ganz in das Reich der Phantasie ab und entbehren der Zucht, die die der kanonischen Apg noch auszeichnet.

3. Der L. ist keine in äußeren stilistischen Merkmalen greifbare Form eigen. Sie ermangelt der festen Prägung, die andere Erzählungen der synoptischen Tradition kennzeichnet. Aber auch von den leitenden Erzählungsmotiven her läßt sich ihr Wesen nicht bestimmen. Dafür sind diese jeweils zu verschieden, also nicht durchgängig und allgemein charakteristisch. Dieser Umstand bedingt eine gewisse Unsicherheit bei der literarkritischen Analyse und Rekonstruktion der alten Erzählungseinheiten. Trotzdem hat auch die L. als eine literarische Form (im weiteren Sinne) zu gelten. Sie hat eine *spezifische Erzählungsart,* die sie von dem übrigen Erzählungsstoff deutlich abhebt.

Im Gegensatz zu den Paradigmen (Apophthegmen) und den Wundergeschichten (→ Formen: II, 1 b) zeigt die L. ein *biographisches Interesse.* Sie nennt die Namen der auftretenden Personen und zeichnet häufig ein intimes Porträt ihres »Helden« (vgl. zB die Geschichte von Zachäus oder dem äthiopischen Kämmerer). Auch zurückhaltender erzählende L.n wie etwa die älteren Petrus-L.n sind biographisch anschaulich. Diesem typischen Interesse entspricht der individuelle Zuschnitt des Erzählten. Die L. stellt betont einmaliges und besonderes Geschehen dar, das einer Verallgemeinerung widerstrebt. Es gehört zu ihrem Wesen, wie etwa in der Geburtsgeschichte Jesu oder des Täufers, die begleitenden Umstände des näheren zu schildern. Was die »Sünderin« Lk 7 tut, konnte nur sie tun. Was den Frauen am Grabe oder dem Petrus durch Jesu Wort (Mt 16, 17ff) widerfährt, kann sich nicht wiederholen. Es ist von seinem Damals und Dort nicht ablösbar. – Von daher versteht man auch die spätere Entwicklung zur legendären Vita. In dieser Entwicklung kommt zur Geltung, was die Einzel-L. ihrem Wesen nach bestimmt. Man kann noch einen Schritt weitergehen und behaupten, daß die nur eine Episode festhaltende L. mit umfassender Gebärde die Vita in ihrer beziehungsvollen Bedeutsamkeit vergegenwärtigt. Daß Petrus zB in der Urgemeinde als bedeutender Missionar galt, war die Bedingung dafür, daß man in der Art von Lk 5 seine Berufung erzählen konnte. In der L. wird anschaulich, was die Vita in ihrem für die Gemeinde oder eine begrenzte Gruppe innerhalb der Gemeinde bedeutsamen Gehalt auszeichnet. In einzelnen Fällen weisen die Erzählungen selbst auf diesen Zusammenhang hin: Lk 1, 66; 2, 19. 50ff. Dabei fiele nicht entscheidend ins Gewicht, wenn die genannten Sätze redaktionelle Zutat wären: sie sind auch als solche nur im Rahmen einer L. möglich.

Die L. interessiert nun aber nicht einfach die Lebensgeschichte eines Menschen, sondern die besondere *»Heiligkeit«*, die in ihr gegenständlich greifbar wird. In diesem Interesse schildert sie einerseits die außerordentliche Gottesbeziehung, deren der »Heilige« sich erfreut. Maria und Zacharias werden zB eines Engelbesuchs gewürdigt (Lk 1). Jesus ist kein gewöhnliches Menschenkind, sondern Sohn Gottes, erzeugt durch den hl. Geist und die Kraft des Höchsten (Lk 1, 35). Seinen alles Menschenmaß überschreitenden Rang tut in Lk 2 Engelwort den Hirten kund. Der »Heilige« steht unter Gottes besonderem Schutz: es kann ihm nichts passieren (s. die Flucht nach Ägypten oder die Befreiung des Petrus und Paulus/Silas aus dem Gefängnis). Überhaupt fügt Gott alles, wie er es will (s. die Findung des Reittieres für den Einzug in Jerusalem und vor allem die Bekehrungsgeschichten). In solchen Zusammenhängen bietet sich öfter Gelegenheit, von einem → Wunder (: IV) zu berichten. In ihm gewährt Gott seine Hilfe (in den eigentlichen Wundergeschichten stellt das Wunder die Epiphanie Gottes dar!). – Die »Heiligkeit« kann sich auf der anderen Seite auch in der Bewährung außergewöhnlicher Fähigkeiten oder einfach in der vorbildlich frommen Tat äußern. In diesem Sinne erzählt die L. vom 12jährigen Jesus im Tempel, von dem Liebeserweis der »Sünderin« (Lk 7), dem Entschluß des Zachäus oder der Frömmigkeit des äthiopischen Kämmerers. In diesen Erzählungen »objektiviert« die Gemeinde ihre eigene Haltung zum »hl.« Vorbild, das in frommer Betrachtung verehrt und in gewissem Sinn auch nachgeahmt werden will.

Diese ihre Art macht die Stellung der L. innerhalb der nt. Überlieferung zum Problem. Ihr Interesse an »Nebenpersonen« und deren beispielhaftem Wandel steht in deutlicher Spannung zur christologisch orientierten Verkündigung und zum Selbstverständnis der eschatologischen Gemeinde. Wenn man von Jesus selbst im Stil der L. erzählt, so ist das nicht weniger problematisch. Das christologische Bekenntnis ist hier zwar aufgenommen, aber es dient nur noch dazu, Jesu einzigartige »Heiligkeit« zur Geltung zu bringen. Seine eschatologische Verkündigung vermag die Form der L. nicht zu fassen. Man vergleiche etwa den Jesus der Gleichnisse mit dem der L.! Diesen bewundert, verehrt und betet man an (s. die Kindheitsgeschichten!); er fordert aber nicht Glauben und stellt nicht vor letzte Entscheidungen.

Das theologische Problem spiegelt sich in der Überlieferungsgeschichte wider. Die L.n machen aufs Ganze gesehen weder den wichtigsten noch den ältesten Teil der Tradition aus. Sie verdanken ihre Entstehung offenbar dem Einfluß der Umwelt, in der diese Erzählungsgattung weit verbreitet und beliebt war. – Dies und die Einsicht, daß die L. »erbauen« und keinen im modernen Sinne historischen Bericht geben möchte, begründet nun aber weiter einen Zweifel an der Geschichtlichkeit dessen, was sie berichtet. Damit soll natürlich nicht bestritten werden, daß auch in der Form der L. Kunde von wirklichen Begebenheiten erhalten werden konnte. Wer die historische Frage stellt, wird aber von den Ergebnissen der Stilanalyse und Traditionsgeschichte nicht absehen dürfen. Soweit es dieser gelingt, die Entstehung einer L. aus einem Theologumenon (Verkündigungsszene Lk 1, 26ff, nach einer Vermutung von Dibelius), durch Motivübertragung (Zug der Magier?, Flucht nach Ägypten Mt 2) oder aus dem »Gesetz der biographischen Analogie« (12jähriger Jesus) zu erklären, läßt sich von daher ein Urteil gewinnen. In anderen Fällen ist man darüber hinaus auf historische Kritik und Argumentation angewiesen. Aufs Ganze gesehen wird man sagen können, daß der Wert der L.n für die Kenntnis des historischen Jesus und der Geschichte der Urgemeinde nicht sonderlich hoch zu veranschlagen ist.

M. Dibelius, Die Formgesch. d. Evangeliums, (1919) 1961[4], 101ff. 178ff – Ders., Stilkritisches zur Apg (in: Eucharisterion f. H.Gunkel II, 1923, 27-49 = Aufsätze zur Apg, [1951] 1953[2], 9-28) – Ders., Gesch. d. urchristl. Lit. II, 1926, 95ff – Ders., Jungfrauensohn u. Krippenkind (SAH 1932, 4 = Botschaft u. Gesch. I, 1953, 1-78) – R. Bultmann, Gesch. d. synopt. Tradition, (1921) 1958[3], 260ff – Ders., Die Erforschung d. synopt. Evangelien, (1925) 1960[3], 44ff – G. Bertram, Die Leidensgesch. Jesu u. der Christuskult, 1922 – A. Jolles, Einfache Formen, (1930) 1956[2] – K. Grobel, Formgesch. u. synopt. Quellenanalyse, 1937, 5ff – H.W. Surkau, Martyrien in jüd. u. frühchristl. Sicht, 1938 – G. Schille, Das Leiden des Herrn (ZThK 52, 1955, 161-205).

G. Iber

IV. Im Unterricht

Das *Hauptproblem* bei der Behandlung von Stoffen sagenhaften oder legendären Charakters im Unterricht drückt sich in der Frage aus, die im Sinne eines Schülers so formuliert werden könnte: Ist das, was hier dargestellt wird, auch wirklich geschehen?

Die *Unterrichtsvorbereitung* hat von der sachlich so gegebenen hermeneutischen Problematik her mit der historisch-kritischen Exegese zu beginnen. – Zu denken ist hier vornehmlich an das biblische Überlieferungsgut, da die außerbiblische Literatur in der ev. → Kirchlichen Unterweisung (: II) nur selten Verwendung findet (zB → Christophorus-L.), im allgemeinen aber für diese Stoffe ähnliches gilt, während im sonstigen Unterricht (zB Deutschunterricht) S. und L. weitgehend unter anderer didaktischer Zielsetzung behandelt werden. – Je entschiedener nun aber nach dem historischen Hintergrund einer Perikope gefragt wird, um so mehr drängt sich dem Exegeten die Erkenntnis auf, daß vom historischen Befund allein her die eigentliche Aussage eines Textes nicht erfaßt werden kann. Die kritische Untersuchung ist nur dann sachgemäß, wenn sie im strengsten Sinne »immanent« (Rang) ist, dh alle Aussageelemente um der Erkenntnis des Ganzen willen miteinander betrachtet und sie nicht nach Gesichtspunkten gegeneinander abhebt und abwertet, die im Grunde von außen herangetragen werden. Das moderne Geschichtsbewußtsein deckt sich nicht mit dem der alten Zeit. Damals waren S.n und L.n wie die mythische Rede (→ Mythos) echte Ausdrucksform geschichtlichen Denkens, in der die Geschichte Gottes mit den Menschen zur Darstellung gebracht wurde. Die Erzähler der Bibel stehen in der *prophetischen Tradition*, wenn sie das dem Glauben ungegenständlich und unanschaulich Gegebene »in Bildern von typischer Gültigkeit anschaubar« machen (v. Rad). Geschichte von damals wird auf diese Weise eigene Geschichte. Der Exeget wird sich deshalb leiten lassen von dem, was der Textzeuge über seine Existenz und die seiner Zeit als eine von Gott und seinem konkreten Handeln bestimmte Existenz aussagt. In diesem Sinne geht es also um *»existentiale Interpretation«* jeweils des ganzen Textes.

Nach dem Vorbild der Bibel (Ex 12, 24ff u.a.) geschieht *Vergegenwärtigung* durch erzählende Weitergabe der Überlieferung. Indem den Schülern die in S.n und L.n bezeugten Taten Gottes in der Geschichte vermittelt werden, kommen sie zum *existentiellen Hören*, werden sie aus der Mittelbarkeit der Darbietung in die Unmittelbarkeit zu Gott geführt. Im Unterrichtsgespräch muß die Initiative beim Schüler liegen. Der Lehrer soll mit seinen eigenen Fragen und Bedenken möglichst zurückhaltend, jederzeit aber zu einer ehrlichen Antwort bereit sein. – Ein allgemeingültiger methodischer Plan für die Behandlung von S.n und L.n in den einzelnen *Altersstufen* wird schwerlich gegeben werden können. Bei Kindern bis etwa zum zwölften Lebensjahr wird man den Stoff erzählend direkt vermitteln. Dabei müssen die Einzelabschnitte in das Gesamtzeugnis der

Schrift eingeordnet und die Schüler auf ihren eigenen Glauben hin angesprochen werden. - Vor reiferen Schülern kann man schon ganz offen, bei sorgfältiger Beachtung ihrer kritischen Einwände, von »S.« und »L.« reden. Es ist aber zugleich aufzuzeigen, daß es sich hier um bildhaft-prophetisches Zeugnis handelt, dessen Grundaussage wahr ist, genauso wie sich in den nt. → Gleichnissen die ganze Christuswahrheit offenbart. - Auf der Oberstufe der höheren Schule besteht die Möglichkeit, vom Problem Historie-Geschichte her die Eigenart göttlicher Offenbarung in S. und L. zu verdeutlichen.

Vgl. die Lit. zu → Bibel: IV, → Bibelkritik: III, → Hermeneutik, → Kirchliche Unterweisung: II, →Wunder: VII. Ferner: K.BARTH, Das christl. Verständnis der Offenbarung (ThEx NF 12), 1948 - M. NOTH, Die Vergegenwärtigung des AT in der Verkündigung (EvTh 12, 1952/53, 6-17) - G.v.RAD, Typolog. Auslegung des AT (ebd 17 bis 33) - E.BUSCH, Die Botschaft von Jesus Christus, 1958, 37ff.

L.Schmidt

V. Literaturgeschichtlich

S.n, L.n, → Märchen (: I) sind Kategorien volkstümlicher Prosaüberlieferung. Ihr hohes Alter, ihre weite Verbreitung, ihre frühe schriftliche Fixierung lassen sie als ein bedeutsames Stück Weltliteratur, ihre Determination als »Einfache Formen« als Prototypen der Dichtung überhaupt erscheinen. Literaturwissenschaft, Mythologie, Ethnologie, Psychologie haben daher immer wieder die Fragen nach dem Alter, der Herkunft, der kulturhistorischen Hintergründe, der Phänomenologie, Biologie, Psychologie oder Ontologie dieser Erzählgattungen gestellt. Für zahlreiche Forschungsrichtungen sind sie die via regia zur Erkenntnis der einfachen dichterisch-schöpferischen Prozesse im Menschen gemeinhin. Die mythologischen Schulen sahen in ihnen Überreste alter Götter-, Natur- oder Astralmythen, die anthropologische Forschungsrichtung fand hier die Ubiquität menschlicher Denkgesetze; die historisch orientierten Wissenschaften suchten in ihnen die Rudimente alter Kultur- und Lebensformen; der psychologischen Erzählforschung dienen sie zur Erkenntnis des kollektiven Unbewußten, der monographischen Methode der Finnen zur Auffindung der Entstehungszentren und der philologischen Archetypen. Neueste Forschung bemüht sich mehr um die Erhellung der Phänomenologie, Biologie und Funktionalität dieser Erzählkategorien. S.n, L.n, Märchen usw sind danach Urformen menschlicher Aussage, die aus Träumen, Affekten und Denkprozessen erwachsen sind. Jede dieser Gattungen ist eine absolut verbindliche, spontane Aussage über die Auseinandersetzung des Menschen mit der Welt in und um ihn, und jede hat daher auch eine bestimmte Funktion. Die der S. etwa ist es, über die resignierende Einstellung des Menschen zum Weltgeschehen auszusagen, die der L., uns das Göttliche näher zu rücken, die des Märchens, eine sublimierte Welt transparent zu machen, in der sich alle Sehnsüchte des menschlichen Herzens nach Glück und Erfüllung zu mythischer Vollendung gestalten; die des Schwankes schließlich ist die Aussage über die Macht der geistigen Freiheit, die im Gelächter über alles Menschliche liegt. Alle Formen volkstümlichen Erzählens entspringen also Grundbedürfnissen der menschlichen Seele. Sie sind notwendig bedingte Formen oder ontologische Gattungsarchetypen, und der jeweils absoluten Immanenz ihrer Aussage entspricht auch die jeweils absolute eigene und reine Form. Zur Korrespondenz von absoluter Aussage und absoluter Form kommt die absolute Gewalt der Eigengesetzlichkeit. S., L. oder Märchen können das gleiche Motiv aufnehmen, sie verwandeln es zur nur ihnen eigenen und entsprechenden Aussage und Form. Paradebeispiel ist das at. → Jephta-Motiv (Ri 11, 29ff) vom unbedachten Verspruch des einzigen Kindes an eine jenseitige Macht. In der S. endet es tragisch mit dem wirklichen Opfer, im Märchen glückhaft mit der Erlösung durch die Beharrlichkeit der Liebe, in der L. heroisch durch den alle diabolischen Gegenmächte überwindenden Höllengang des Helden. Diese den Gattungen immanente Wirkungsmacht verwandelt auch die verbindlichen menschlichen Denkpostulate in die ihnen eigenen Aussageformen. Das Zeiterlebnis etwa ist ein völlig anderes in der S. als in der L. oder im Märchen. Lüthi hat das am Motiv von der zeitverschlingenden Entrückung gezeigt. In der S. erweckt das Erlebnis der Zeittäuschung den dumpfen Schauer vor dem unheimlich-unberechenbaren Numinosen, in der L. dient es zur Festigung der religiösen Sicherheit, im Märchen spürt man die hundert Jahre des Dornröschenschlafes nicht verrinnen. Die entsprechenden Gattungstopoi sind: tragischer Verfall des Menschen zu Staub und Asche in der S., seliges Sterben in Gott in der L., glückhafte Unveränderlichkeit des Daseins im Märchen. Es sind also innere Aussagenotwendigkeiten, die alles sinnhaft und gestalthaft in die entsprechenden Formen der L., der S. oder des Märchens umsetzen. Das Studium dieser »Einfachen Formen« gehört daher zu den wichtigsten Forschungsgebieten über die menschlichen Antriebe und Ideen und ihrer Offenbarung in der Sprache, es gehört zu den Grundstudien über das menschliche Wesen überhaupt. - Vgl. → Volkserzählung.

Wichtigste neuere Lit.: A.JOLLES, Einfache Formen, (1930) 1956² - W.-E.PEUCKERT, Dt. Volkstum in Märchen u. S., Schwank u. Rätsel, 1938 - M.LÜTHI, Das europ. Volksmärchen, (1947) 1960² - Studium Generale 11, 1958, H. 11 (Beiträge von K.RANKE über das Märchen, L.RÖHRICH über die S., S.SUDHOFF über die L., H.BAUSINGER über den Schwank) - H.ROSENFELD, L., 1961.

K.Ranke

Sagittarius, *Kaspar* (1643-94), Historiker, * in Lüneburg, studierte in Helmstedt, 1668 Rektor in Saalfeld, 1671 Student in Jena, 1674 ebd Prof. der Geschichte, 1678 Dr. theol., seit 1679 auch Inspektor und Reformer der Universitätsbibliothek, 1688 Ernestinischer Hofhistoriograph. S. begründet die wissenschaftliche Territorial-Geschichtsschreibung und verfaßt viele Werke über Thüringens Christianisierung, mittel- und norddeutsche Städte und Fürsten. Gegen jesuitische Angriffe verteidigt er die luth. Kirche und bekennt sich zum → Pietismus (, 3 b), der ihm »nichts anderes als das wahre Christentum, nämlich stetige Übung der Frömmigkeit (pietas)« ist.

RE XVII, 334ff - L.HILLER, Die Geschichtswissenschaft an d. Univ. Jena in d. Zeit der Polyhistorie 1674-1731 (Beitr. z. Gesch. d. Univ. Jena 6, 1937, XVI-XIX. 1-77; Bibliogr., Lit.) - Gesch. d. UB Jena 1549-1945, 1958 (s. Reg.; Lit.).

R.Jauernig

Sahak *der Große* (390-438), wehrte als Katholikos erfolgreich den Kampf um die kirchliche und politische Iranisierung → Armeniens ab. Zusammen mit → Mesrop erhielt er durch Schaffung der Schrift und einer Nationalliteratur die kulturelle Eigenständigkeit, als die politische verloren ging. Byzanz erkannte die Bedeutung dieser Tat an, zumal S. den kirchlichen und kulturellen Zusammenhang pflegte. Aber auch am persischen Hof war S. diplomatisch tätig. 428 wurde er zugleich mit König Artasches IV. abgesetzt, wodurch die Klerikerdynastie des → Gregor Illuminator und das Königtum der armenischen Arsakiden erlosch. Als 437 S. in sein Amt zurückkehren sollte, lehnte er ab, hatte aber in beschränktem Maße schon geraume Zeit wieder patriarchalische Rechte ausgeübt.

RE II, 67ff. 77 - F.N.FINCK, Gesch. d. armen. Lit., 1907, 82ff - A.BAUMSTARK, Die christl. Lit.en d. Orients II, 1911, 65. 75f - R.

Grousset, Hist. de l'Arménie, Paris 1947, 171 ff - G.Garitte, La Narratio de rebus Armeniae, Louvain 1952, 92 ff. *A.Böhlig*

Sailer, *Johann Michael* (17.11.1751 bis 20.5.1832), kath. Theologe, * in Aresing (Oberbayern), † in Regensburg.

a) S. wurde 1780 Prof. der Dogmatik in → Ingolstadt, verlor diese Professur aber 1781 wegen Übergabe der Güter des Jesuitenordens an den Malteserorden. 1784 wurde er als Prof. für Ethik und das neue Fach der Pastoraltheologie nach Dillingen berufen. Hier schuf S. mit seinen Freunden J.Weber und P.B. → Zimmer (»Dillinger Kleeblatt«) eine neue Form der Wissenschaftslehre: Von der kath. Aufklärung bestimmt, vermied er scholastische Begriffe, wandte sich aber gegen → Rousseaus Lehre von der Güte des Menschen und begründete die → Pastoraltheologie aus der Bibel und dem Urchristentum (vgl. → Predigt: III, 1 c). Mit der »Priesterschule S.s«, durch die zahlreiche künftige kirchliche Würdenträger, Universitätslehrer und Seelsorger geprägt wurden, legte S. den Grund für die Erneuerung des kath. Lebens um 1800. Infolge innerkirchlicher Intrigen, bes. von seiten jesuitischer Kreise, die ihn u.a. fälschlich der Zugehörigkeit zu den → Illuminaten bezichtigten und ihm seine Verbindungen zum Protestantismus vorwarfen, wurde er 1794 aus seinem Amte entlassen. → Montgelas berief ihn 1799 als Prof. nach Ingolstadt, 1800 kam S. mit der Universität nach Landshut (→ München: I, 1). Die Bemühungen des bayerischen Kronprinzen Ludwig um seine Ernennung zum Bischof von Augsburg scheiterten am Einspruch seiner Gegner bei der Kurie (u.a. → Hofbauer und → Consalvi). Eine Berufung nach Bonn (1818), der die Ernennung zum Bischof in Köln folgen sollte, lehnte S. ab. Erst nach sehr umfassenden Erklärungen S.s über seine Treue zur kath. Kirche und Lehre wurde er 1821 Domkapitular, 1822 Koadjutor und Weihbischof, 1825 Dompropst, 1829 Bischof in → Regensburg. Zahlreichen bedeutenden Zeitgenossen freundschaftlich verbunden (u.a. → Boos, Cl. → Brentano, → Diepenbrock, → Feneberg, → Goßner, → Wessenberg, M. → Claudius, → Lavater, J.G.Müller, → Jacobi, K.F.v. → Savigny, Anna Schlatter, der fürstlichen Familie → Stolberg-Wernigerode), vermittelte er der kath. Kirche eine Wiederbegegnung mit dem Geistesleben. Mit seiner tief kath. »Innigkeit« um Erziehung zum Opfer, zur Demut und zur Innerlichkeit als Voraussetzungen der Erlösung bemüht, half er die kath. Aufklärung überwinden. Als Bischof maßgeblicher Berater des bayerischen Königs, festigte er die kath. Restauration in → Bayern (, 3 a), u.a. durch Mitwirkung bei der Berufung von → Görres nach München.

Vf. u.a.: Kern aller Gebete, (1782) 1844[4]; Vollst. Lese- u. Gebetbuch für kath. Christen, (1783) 1846[5]; Vernunftlehre für Menschen, wie sie sind, (1785) 1830[3]; Glückseligkeitslehre aus Vernunftgründen, mit Rücksicht auf das Christentum, 1787 (neu hg.v. J.M.Nielen, 1926); Vorlesungen aus der Pastoraltheol. I-III, (1788 f) 1818 f[4] (mit ErgBd); Das Buch von der Nachfolge Christi. Neu übers. u. mit einer Einl. u. kurzen Anm.en hg., 1794 (zahlr. Neuaufl., zuletzt 1949 u. Reclam Bd 7663-65, 1950); Briefe aus allen Jh.en der christl. Zeitrechnung, 1800-04 (Neuaufl. zuletzt 1919); Grundlehren der Religion, 1805; Hdb. der christl. Moral I-III, 1817. - GesW, 40 Bde, 1830 bis 1841; ErgBd 1845. - Über S.: ADB XXX, 178 ff - RE XVII, 337 ff - H.Schiel, J.M.S. Leben u. Briefe I. II, 1948/52 (II, 641 ff: Bibliogr., Lit.) - G.Fischer, J.M.S. u. I.Kant, 1953 - Ders., J.M.S. u. J.H.Pestalozzi, 1954 - Ders., J.M.S. u. F.H.Jacobi, 1955 - F.W. Kantzenbach, J.M.S. u. der ökumen. Gedanke, 1955 - Ders., J.M.S. in ev. Sicht (MdKI 7, 1956, 21-24) - H.J.Müller, Die ganze Bekehrung. Das zentrale Anliegen des Theologen u. Seelsorgers J.M.S., Salzburg 1956 - W.Kosch, Dt. Lit.-Lexikon III, 1956[2], 2365. *H.Hohlwein*

b) Als hervorragender Lehrer, als Lehrerbildner, Berater in Schulfragen und Verfasser pädagogischer Schriften war S. auch *pädagogisch* von Einfluß. Seine Erziehungsgedanken sind geistig weiträumig, manches ist mit → Pestalozzi verwandt. Erziehung ist »Beistandleisten zum Menschwerden« bis zur Mündigkeit durch Entfaltung der Anlagen und Kräfte (»Potenzen«) gemäß den verschiedenen Alters- und Bildungsstufen nach der individuell-besonderen wie der allgemeinen Seite. Entscheidend ist die rechte Ein- und Unterordnung von Sinnlichem und Geistigem, bei diesem wieder von Erkenntnis, Sittlichkeit und Religion, deren zentrale Stellung in der Erziehungsaufgabe wie in der Erzieherhaltung S. sehr betont.

Über die wichtigsten Pflichten der Eltern in der Erziehung ihrer Kinder, 1778 (Neudr. 1951); Über Erziehung für Erzieher, 1807 (Haupt-Schrift, Neudr. 1947); Kleinere päd. Schriften u. Abh.en, hg.v. L.Radlmaier, 1911. - Über S.: L.Radlmaier, S. als Pädagog, 1909 - D.Hegele, Die Familienerz. S.s (Diss. Würzburg), 1939 - K. Bumiller, Die Bildungstheorie S.s (Diss. Bonn), 1945 - J.M.Nielen, S., o.J. (1949) - A.Resch, Menschenbild u. Menschenbildung nach S. (Diss. München), 1951 - A.Regenbrecht, S.s Idee der Erziehung, 1961 (Lit.). *A.Reble*

Saint Andrews. Keltische Bischöfe (Episcopi Scottorum) mit Sitz in St. A. gab es vom 9.Jh. bis 1093. Die Hierarchie der westlichen Kirche begann 1107 mit der Ernennung Turgots von Durham durch König Alexander I. Von 1472 bis zur Erhebung von → Glasgow (1492) war St. A. alleiniges Erzbistum für ganz → Schottland (: I). Nach der Hinrichtung von Erzbischof John → Hamilton (1571) waren die Bischöfe bis 1690 protestantisch. 1878 wurde erneut eine röm.-kath. Hierarchie begründet. Gegenwärtig ist St. A. mit Edinburgh ein röm.-kath. Erzbistum mit 4 Suffraganbistümern, ebenso Sitz eines Bischofs der schott. Episcopal Church. - Zur Universität vgl. → Schottland: III.

A.I.Dunlop, The Life and Times of James Kennedy, Bishop of St. A., Edinburgh 1950 - EC X, 1834 f - AnnPont 1961, 423 f. *M.Chibnall*

Saint-Martin, *Louis Claude de,* * 18.1.1743 in Amboise, † 13.10.1803 in Paris, franz. »Theosoph« und Anhänger Jakob → Böhmes. Nach juristischem Studium wurde er Offizier und lernte in Bordeaux den jüd. Portugiesen Martinez de Pasqualis (1715-79) kennen, der in der dortigen Freimaurerloge 1754 den Ritus der »Erwählten« (élus) oder »Priester« (cohens) eingeführt hatte (Vereinigung der Martinisten). Seitdem beschäftigte sich S.-M. unablässig mit Geheimwissenschaften, zT auch mit magisch-okkultistischen Experimenten, trat in Verbindung mit Cagliostro, las → Swedenborg und ließ sich mit tiefer Abneigung gegen die → Aufklärung erfüllen. Sein erstes Werk »Des erreurs et de la vérité ou des hommes rappelés au principe universel de la science« (anonym 1775) widerlegte die Ableitung der Religion aus der Furcht (dt. 1782). S.-M. verkehrte in Paris und im Ausland in Kreisen der Gesellschaft. 1786 war er in England, 1787 in Italien, 1788-91 in Straßburg, wo er starke Anregungen zum mystischen Bibelstudium empfing. Seit 1792 korrespondierte er mit dem theosophisch gerichteten Baron Kirchberger in Bern, der ihn in Verbindung mit → Lavater und → Jung-Stilling brachte. Die Französische Revolution begrüßte er als Modell des Endgerichts, wandte sich aber - obwohl selbst Gegner des klerikalen Katholizismus - gegen ihren Atheismus (Lettre à un ami: Considérations politiques, philosophiques et religieuses sur la Révolution française, 1795; dt. 1818). Seit 1794 wirkte er als Dozent an der Ecole normale zur Ausbildung von Lehrern. Seine weiteren Schriften (u.a. Ecce Homo, 1792; Le nouvel homme, 1792; Esprit des choses, 1800; Ministère de l'homme esprit, 1802) atmen den gleichen mystischen, antiaufklärerischen Geist. S.-M. wirkte literarisch und persönlich auf die

Gegner der Aufklärung und die Romantiker in Deutschland, bes. auf F.H. → Jacobi, M. → Claudius, F.v. → Baader, J.H.Jung-Stilling, J.F. → Kleuker, G.H.v. → Schubert.

E.GENCE, Notice biogr. sur L.C.de S.-M., 1824 - L.MOREAU, Réflexions sur les idées de L.C. de S.-M. le théosophe, suivies des fragments d'une correspondance entre S.-M. et Kirchberger, 1850 - G. CARO, Essai sur la vie et la doctrine de S.-M., 1852 - J.SCHAUER, Correspondance inédite de S.-M., 1862 - J.MATTER, S.-M., le philosophe inconnu, 1862 - RE XVII, 344ff - W.LÜTGERT, Die Religion des dt. Idealismus u. ihr Ende II, 1923, 108ff - F.LIEB, F.Baaders Jugendgesch., 1926, 188ff - D.BAUMGARDT, F.v.Baader u. die philos. Romantik, 1927, 109ff.
M.Schmidt

Saint-Simon, *Claude Henri de Rouvroy, Graf von,* *17.10.1760 in Paris, † 19.5.1825 ebd. Aus einer ursprünglich picardischen Familie hervorgegangen, eignete ihm zeitlebens der Sinn für Größe, Glanz und Vornehmheit. Ihn stellte er als echter Aufklärer in den Dienst einer umfassenden Lebensreform, die Forschung, Kenntniserwerb, Sozialgestaltung und praktisches Handeln in einer neuen Planwirtschaft zur Beglückung der Menschheit zusammenfügen sollte. So wurde S.-S. der Begründer des modernen → Sozialismus, und zwar der von → Marx »utopisch« genannten Spielart. Seine Schulbildung scheint gering gewesen zu sein. Ihn bildete das Leben, die Beobachtung und die eigene Erfahrung (u.a. 1779-83 Offizier im nordamerikanischen Unabhängigkeitskrieg). Die Französische Revolution begrüßte er begeistert, legte seinen Titel ab und nannte sich citoyen Claude-Henri Bonhomme. Nach ertragreichen Grundstückspekulationen im Gefolge der Revolution widmete er sich technischen und dann medizinisch-physiologischen Studien, um den Grund für einen modernen Lebensaufbau auf der Arbeit zu legen. Dabei verstand er »Arbeit« (l'industrie) im weitesten Sinne, der das geistige, wissenschaftliche, künstlerische Gestalten einschloß. Von da aus entwarf er die Grundzüge der ökonomischen Geschichtsauffassung, die die historischen Fortschritte aus den Veränderungen der beherrschenden Wirtschaftsprinzipien (Produktionsmittel) ableitete, nachdem er die anfänglich vertretene Deutung der Geschichte aus den Wandlungen im Wissensstand verworfen hatte. Dem MA als der Zeit des → Feudalismus, der Privilegien und des ungleich verteilten Grundbesitzes stellte er die Neuzeit gegenüber, in der die Arbeitsleistung den sozialen Wert bestimmt. Dabei glaubte er eine Religion der Zukunft voraussagen zu können, nachdem die Französische Revolution den Katholizismus, der dem feudalen MA zugeordnet war, hinweggefegt habe. Nähere Aussagen vermochte S.-S. nicht zu machen, außer dem Verzicht auf alle Dogmen bis auf die Vorstellung eines persönlichen Gottes und die praktische Liebe zu den Armen. - In A. → Comte erwuchs ihm ein Schüler, der aus seinen rasch hingeworfenen Gedanken den → Positivismus gestaltete. Saint-Amand Bazard (1791-1832) führte die wirtschaftswissenschaftliche Analyse genauer durch, während Barthélémy Prosper Enfantin (1798-1864) eine Art Sekte gründete, in der ein »Priestertum« der beiden Geschlechter, zT in sexueller Zügellosigkeit, das religiöse, staatliche und familiäre Leben gestaltete.

Oeuvres von S.-S. u. B.P.Enfantin, 47 Bde, Paris 1865-78. Bes. wichtig: De la réorganisation de la société européenne (mit A. THIERRY), 1814; L'industrie, 1817; L'organisateur, 1819; Du système industriel, 1821/22. - H.FOURNEL, Bibliogr. S.-S.ienne, Paris 1832. - Über S.-S.: RE XVII, 347ff - F.MUCKLE, H. de S.-S., 1908 - G.SALOMON, S.-S. u. der Sozialismus, 1919 - S.CHARLÉTY, Hist. du S.-S.isme, Paris 1931 (Lit.) - DThC XIV/1, 769ff - HIRSCH III, 223ff - HWSW IX, 79ff (Lit.).
M.Schmidt

Sakramentaler Segen heißt im röm.-kath. Ritus der Segen, der mittels des in → Monstranz oder → Ziborium eingeschlossenen → »Allerheiligsten« anläßlich einer öffentlichen Aussetzung des Sakramentes oder bei Prozessionen erteilt wird. Er wird durch eine von Gebeten eingerahmte Inzensierung (→ Weihrauch) des Sakramentes vorbereitet. Der den Segen spendende Priester hat die Hände mit den Enden eines auf seinen Schultern ruhenden Velums zu bedecken. - Der s.S. ist erstmals um 1300 für Hildesheim bei einer Fronleichnamsprozession und etwa gleichzeitig in einem Ordinarium von Bayeux bezeugt. - Während die Reformatoren mit ihrem Widerspruch gegen die kath. Sakramentslehre auch den s.S. verwarfen, gab das → Trienter Konzil die dogmatische Begründung für die Exposition des Altarsakramentes und alle damit verbundenen Vorstellungen und Riten.

E.MARTÈNE, De antiquis ecclesiae ritibus, 1737², III, 482 - BRAUN, LH 304 - P.BROWE, Die Entstehung der Sakramentsandachten (JLW 7, 1927, 83-103) - L.EISENHOFER, Hdb. der kath. Liturgik II, 1933, 324ff.
H.Hohlwein

Sakramentalien sind nach kath. Lehre »ihrem Wesen nach Sachen oder Handlungen, deren sich die Kirche in einer gewissen Nachahmung der Sakramente zu bedienen pflegt, um dadurch auf Grund ihres Gebetes bestimmte Wirkungen, bes. geistlicher Art, zu erlangen« (c. 1144 CIC). Dabei handelt es sich a) um Riten, die zum äußeren Vollzug der → Sakramente (: I) gehören; b) um selbständige religiöse Handlungen oder den religiösen Gebrauch geweihter oder gesegneter Sachen wie → Weihwasser, Kerzen (→ Kerzenweihe), liturgische Gewänder, → Skapuliere, Asche, Früchte, → Salz, Brot u.dgl.; c) um die geweihten oder gesegneten Sachen selbst. - Bei den selbständigen Handlungen handelt es sich um *Konsekrationen,* dh Weihungen oder Segnungen unter Verwendung von hl. Öl (→ Salbung: IV), so daß die geweihten Personen, Sachen oder Orte ihrer weltlichen Zweckbestimmung entzogen und dauernd dem göttlichen Dienst geweiht werden: Jungfrauen-, Abt-, Äbtissinnen-, Kirchen-, Altar-, Kelch-, Patenen-, Glockenweihe u.a. Bei den *Benediktionen* wird unterschieden zwischen *konstitutiven* Segnungen, durch die Personen und Sachen - ohne Verwendung von Öl - dauernd für den Dienst Gottes bestimmt werden, und *invokativen* Segnungen, die über Personen und Sachen den Segen Gottes herabrufen, zB Braut-, Mutter-, Früchte-, Feld-, Haussegen. - Der große → *Exorzismus* (: III) richtet sich gegen die dämonische Besessenheit eines Menschen. Für seine Vornahme durch einen des Exorzismus fähigen und würdigen Priester gelten besondere einschränkende Bestimmungen (c. 1151 CIC). Der kleine Exorzismus soll bei der Weihe des Wassers, des Salzes und des hl. Öles und in Verbindung mit der Taufe der durch die Ursünde über die Welt gekommenen Herrschaft des Teufels wehren. - »Rechtmäßiger Spender der S. kann nur ein Kleriker sein, der die entsprechenden Vollmachten erhalten hat...« (c. 1146 CIC). Der Umfang der *Spendegewalt* ist jedoch nach Weihegrad, Amt und besonderer Vollmacht abgestuft. Dem Papst ist die Weihe der → Pallien, der Goldenen → Rose und des Agnus Dei vorbehalten (Lammbilder, die aus Überbleibseln der Osterkerze gefertigt werden). Konsekrationen können nur konsekrierte Bischöfe vornehmen oder solche geistliche Personen, die sie auf Grund besonderer kirchenrechtlicher Bestimmungen oder eines apostolischen Indults vollziehen dürfen, wie Kardinäle, gefreite Äbte und Prälaten, Apostolische Vikare und Präfekten. - Da die S. praktisch das ganze Leben der kath. Kirche wie des einzelnen durchziehen, sind sie der *Zahl* und *Art* nach nahezu unbeschränkt; mit der fortschreitenden Technik ergeben sich noch immer neue Objekte für Segnungen (Telegraph, Seismograph, Flugzeuge usw). Doch dürfen zB Fahnen und Abzeichen weltlicher Vereine nur dann gesegnet werden, wenn sie nicht offen antikirchlich sind (politische Fahnen nach einem Entscheid der Ritenkongregation vom 20.3.1947 überhaupt nicht). - Wenngleich die S. mit den Sakramenten das äußere Zeichen, die Einsetzung durch die zuständige Autorität und die Hervorbringung einer übernatürlichen Wirkung gemeinsam haben, unterscheiden sie sich doch dadurch von ihnen, daß sie nicht von Christus, sondern von der Kirche eingesetzt sind, daß sie keine heiligmachende Gnade, sondern nur einen Gnadenbeistand vermitteln und nicht ex opere operato, sondern ex opere operantis ecclesiae wirken.

Eine begriffliche Trennung der S. von den Sakramenten erfolgte erst in der Scholastik, zuerst bei → Petrus Lombardus. → Thomas von Aquino nennt sie auch »sacra« (S.th. 1/II q. 108 a. 2 ad 2; 2/II q. 99 a. 1). Jedoch reichen ihre Ursprünge bis in die geistige Welt des NT und des AT herauf. Wußte sich die älteste Christenheit im Besitz des hl. Geistes, geschah ihr gesamtes Handeln »im Herrn« und wurde es durch Wort und Gebet geheiligt, so verbanden sich damit hl. Bräuche: einerseits aus dem at. Ritus, wie Waschungen, Besprengungen und Segnungen, andererseits aus der Welt der → Mysterien-Religionen: Wegblasen des Dämons, Anhauchen, Salbungen, Zu- und Absagen. Liturgiegeschichtlich läßt sich kaum nachweisen, auf welche Weise die hl. Handlung gegenüber dem Geistbesitz das Primäre wurde und den Geist vermittelte. Exorzismus, → Kreuzeszeichen und Weihwasser sind schon im 3.Jh. bekannt. Unter dem Einfluß des germanischen Brauchtums nahmen die schon von Augustin bekämpften abergläubischen Mißbräuche der S. noch zu; sie sind auch in der Gegenwart keineswegs gänzlich ausgeschlossen. Die grundsätzliche liturgische Ordnung für die S. schuf → Paul V. im Rituale Romanum 1614 (letzte Ausgabe 1952).

Die *Reformation* verwarf die S. (zB ASm III, 15), indem sie durch das »aus Glauben« auch das alte »im Herrn« und »im Geiste« wiederherstellte. Dennoch gibt es auch im ev. Christentum Weihungen und Segnungen (→ Konsekration, → Weihen: II). Dabei ist aber alles »Segnen« nur Fürbitte um Gottes Segen. Sachen werden durch Segensgebete in gottesdienstlichen Gebrauch genommen und sollen der Gemeinde um dieses Gebrauches willen teuer sein. In seiner Predigt zur Einweihung der Torgauer Schloßkirche (5.10.1544) sprach Luther vom »Weihwasser des Wortes«, dem »Räuchfaß des Gebetes« und der »Heiligung durch Gottes Wort«.

F. Probst, Kirchl. Benediktionen u. ihre Verwaltung, 1857 - Ders., Sakramente u. S. in d. 3 ersten christl. Jh.en, 1872 - F. Schmid, Die S. der kath. Kirche, 1896 - RE II, 588ff; V, 695ff; XVII, 381ff - G. Arendt, De sacramentalibus disquisitio scholastico-dogmatica, Rom 1900^{2} - A. Franz, Die kirchl. Benediktionen im MA I. II, 1909 - DACL II/1, 670ff - G. v. Holtum, Die Weihegewalt, eine Quelle der S. (Pastor Bonus 32, 1919, 27-33) - Ders., Von den spezifischen Wirkungen der S. (ebd 33, 1921, 303-308) - Ders., Die Einsetzung der S. (ebd 34, 1922, 281-284) - Braun, LH 304f - R. Guardini, Von hl. Zeichen, (1928) 1949 - B. Bartmann, Lehrbuch d. Dogmatik II, 1932^{8}, 244ff - L. Eisenhofer, Hdb. d. kath. Liturgik II, 1933, 423ff (Lit.) - L. Bopp, In liturg. Geborgenheit, (1934) 1936^{2} - Ders., Liturgie u. Lebensstil, 1936 - N. Dudli, Das Segensbuch der hl. Kirche, 1936 - H. Dausend, German. Frömmigkeit in d. kirchl. Liturgie, 1936 - LThK IX, 90f (Lit.) - J. Pinsk, Die sakramentale Welt, 1938 - DThC XIV/1, 465ff (Lit.) - H. Jone, Gesetzbuch d. lat. Kirche. Erklärung der Kanones II, (1940) 1952^{2}, 406ff - A. Hardte, Segnendes Handeln als Lebensäußerung u. Gestaltungsform der alten Kirche (Diss. Erlangen), 1944 - EC X, 1155ff (Lit.) - L. Eisenhofer-J. Lechner, Liturgik d. röm. Ritus, 1953^{6}, 327ff - F. Diekamp, Kath. Dogmatik III, 1954$^{11.12}$, 67ff - M. Schmaus, Kath. Dogmatik IV/1, 1957^{5}, 113ff - Eichmann-Mörsdorf II, 287ff. *H. Hohlwein*

Sakramentare (S. = Sakramentar) sind liturgische Bücher der frühmittelalterlichen lat. Kirche (Liber sacramentorum oder Sacramentarium), in denen die priesterlichen Gebete für die → Messe (: II) aufgezeichnet wurden, aber oft auch für andere Gottesdienste, Taufen, Ordinationen, Benediktionen. Von den griech. Euchologien (→ Gottesdienst: V A, 2 b) unterscheiden sie sich vor allem dadurch, daß in ihnen für die einzelnen Sonn- und Feiertage eigene Formulare angeboten werden. Um 700 beginnt an einigen Stellen die Verschmelzung der S.e mit den → Lektionaren, zunächst als »Lektions-S.« (so cod. 272 Monte Cassino nach Dold, Datierung nach Gamber). Daneben gibt es andere Zwischenstufen auf dem Wege zu den → Plenarien, dh Vollmissalen (zuerst in Mittelitalien im 10.Jh. aufgekommen, so Gamber), die auch die Gesangsstücke enthalten; sie setzen sich im Laufe des MA durch und machen seit dem 13.Jh. die alten S.e entbehrlich. Die nicht zum Meßgottesdienst gehörenden Gebete der S.e wandern in das Pontifikale und Rituale ab. Für die Zeit vom ca 7.-10.Jh. sind die S.e unsere wichtigste Quelle für die Geschichte der lat. → Liturgie (: III, 5). Das in ihnen aufgezeichnete Gebetsgut ist zT noch heute lebendig, nicht nur in der röm., sondern auch der luth. → Messe (: III) und im → Common Prayer Book. Die einzelnen erhaltenen Hss. und Fragmente liegen nur zT, oft erst seit kurzer Zeit, in modernen Editionen vor; über ihre geographische und zeitliche Herkunft gehen die Meinungen bisweilen noch weit auseinander. Über die geschichtliche Einordnung wird die Diskussion nach den neuen Thesen von Chavasse und Gamber, die viele bisherige Anschauungen mit einander zT widersprechenden Resultaten überholt haben, in nächster Zeit wieder in Gang kommen.

Auf relativ sicherem Grund stehen wir in Rom selbst. Seit dem 5.Jh., vermutlich mit → Leo d. Gr., begannen die röm. Bischöfe die Konzepte ihrer - abgesehen vom Kanon jeweils noch frei formulierten - Meßgebete in einem Archiv aufzubewahren; dieses Archiv ist der Ausgangspunkt der röm. S.e geworden. In einzelnen Libelli gesammelt mögen sie früh zu den röm. Presbyterial-Gottesdiensten herangezogen worden sein; früh drangen sie auch über den stadt-röm. Bereich hinaus. Im sog. *»Leonianum«* (cod. 85 Stiftsbibliothek Verona, ed. Mohlberg-Eizenhöfer-Siffrin, Sacramentarium Veronense [Rer. eccl. doc., ser. maior, Fontes I], Rom 1955/56) ist uns - am Anfang defekt - eine Sammlung fast ausschließlich röm. Meßformulare erhalten, nach 600 für eine norditalienische Gemeinde wohl aus derartigen Libelli gefertigt (Stuiber). Für die einzelnen Festtage werden verschiedene Formulare angeboten; die liturgische Freiheit des Zelebranten hat sich also auf die Auswahlmöglichkeit unter verschiedenen Gebeten verengt. Ein offizielles Liturgiebuch ist diese Sammlung aber kaum gewesen, auch noch kein S. im eigentlichen Sinne. Daß es vor dieser Zeit etwas derartiges in Rom bereits gegeben hat, ist unwahrscheinlich. Der erste offizielle Redaktor der röm. Liturgie war anscheinend → Gregor d. Gr., der die Messe gestrafft und gekürzt hat und (592?) feste Formulare für die päpstlichen Stationsgottesdienste nach den Monaten des Jahres geordnet zusammenstellte; Formulare für die gewöhnlichen Sonntage, die meisten Heiligentage und die Commune-Messen fehlten, diese Gottesdienste wurden von den Presbytern der Titelkirchen gehalten. Dies *»Gregorianum«* ist uns vor allem über das sog. *»Hadrianum«* zugänglich, das von → Hadrian I. am Ende des 8.Jh.s an Karl d. Gr. zur Einführung im fränkischen Reich übersandt worden war (rek. H. Lietzmann, Das Sacramentarium Gregorianum nach dem Aachener Urexemplar, 1921) und sich vom Gregorianum wohl nur geringfügig, vor allem durch die Einfügung der Formulare für einige neue Feste (durch Gregor II.?) unterschied (so Chavasse,

Gamber gegen Mohlberg u.a.). Die presbyterialen Gottesdienste scheinen von den Reformen Gregors zunächst nicht betroffen gewesen zu sein; nach Gamber hatte Gregor allerdings auch für sie eine Formularreihe zusammengestellt. Nach Chavasse geht auf diese in der Struktur vorgregorianische Presbyter-Liturgie an den Titelkirchen des 7.Jh.s der Grundstock des sog. *»Alt-Gelasianum«* zurück (cod. Vatic. reg. 316, ed. H.A.Wilson, The Gelasian Sacramentary, Oxford 1894; Neued. durch Mohlberg in Vorbereitung), in das allerdings eine Reihe gallikanischer Ordinations-, Benediktions- und andere Formulare aufgenommen seien (Gamber sieht in ihm die fränkische Bearbeitung des S.s Maximians von Ravenna, 546-553). Auf die Ordnung der presbyterialen Gottesdienste in den röm. Landgebieten, speziell St. Peter im Vatikan im 7.Jh. möchte Chavasse das *»Paduense«* (cod. D 47 Kapitelsbibliothek Padua, ed. Mohlberg, Die älteste erreichbare Gestalt des Liber sacramentorum anni circuli der röm. Kirche, 1927) zurückführen (Mohlberg sah in ihm den besten Zeugen des Gregorianum, Gamber deutet es als gregorianisiertes S. aus dem Patriarchat Aquileja).

Aus dem gallikanischen Liturgiegebiet sind nur die S.e der → Mozaraber und Kelten (bes. das Stowe-Missale) rein erhalten, bei den alt-gallischen Texten ist meist schon röm. Gut mit eingeflossen *(Missale Gothicum, Missale Gallicanum Vetus)*. Noch stärker gilt das von den sog. *»Junggelasiana«* oder *»Gelasiana des 8.Jh.s«* (nach Gamber oberitalienisch-fränkische Misch-S.e).

Für den Wunsch → Karls d.Gr., die röm. Liturgie für das Frankenreich verbindlich zu machen, bot das Hadrianum nur eine unvollkommene Grundlage. Um es den Bedürfnissen der Gemeinden anzupassen, die Formulare für jedes Fest benötigten, fügte → Alkuin ihm einen Anhang bei, dessen Material aus gallikanischer Überlieferung stammte, damit selbst aber auch viel röm. Gut enthielt (Ausg.: Wilson, The Gregorian Sacramentary under Charles the Great, 1915); er hat auch den Text des Hadrianum geglättet. Später ist dieser Anhang zusammen mit anderem Gut in das Hadrianum eingearbeitet worden; diese Misch-S.e sind der Grundstock für die lat. Liturgie des MA und damit alle von ihr abhängigen Gottesdienstordnungen geworden.

A.Dold, Von S., Comes u. Capitulare zum Missale (Texte u. Arbeiten I, 34), 1943 - E.Bourque, Etude sur les Sacramentaires Romains I, Rom 1949; II, Quebec 1952 - A.Stuiber, Libelli Sacramentorum Romani. Unters.en zur Entstehung des sog. Sacramentarium Leonianum (Theophaneia 6), 1950 - Kl.Gamber, Wege zum Urgregorianum (Texte u. Arb. I, 46), 1956 - Ders., S.typen (ebd 49/50), 1958 (Lit.) - A.Chavasse, Le Sacramentaire Gélasien, Paris-Tournai-New York-Rom 1958 (Lit.). - Vgl. die Lit. zu → Liturgie: III, 5, → Messe: II.

G.Kretschmar

Sakramente

I. Dogmengeschichtlich - II. Dogmatisch. - S. = Sakrament. - Vgl. ergänzend die Artikel über die einzelnen S.e

I. Dogmengeschichtlich

1. Alte Kirche - 2. Röm.-kath. und ostkirchlich-orth. Lehre - 3. Prot. Lehren

1. Im klassischen Sprachgebrauch ist »sacramentum« ursprünglich Bezeichnung für die Geldsumme, die von Prozessierenden an einem locus sacer hinterlegt wurde und bei Verlust des Prozesses den Göttern zufiel; daraus erwuchs die Bedeutung: Eid, speziell: sakral vollzogener Fahneneid, und überhaupt: ein kultisch festmachender und verpflichtender Weiheakt. → *Tertullian* führte den Begriff S. in die christliche Sprache ein (vgl. F.Kattenbusch, Das apostolische Symbol II, 1900, 94ff) zur Bezeichnung von Gegebenheiten der Heilsoffenbarung (auch dieser als ganzer), durch die Gott sich bindet und die für die Menschen unbedingt verpflichtend und unantastbar und unveräußerlich sind, u.a. die Kulthandlungen der → Taufe (: III) und des → Abendmahls (: II). Zugleich wurde mit »sacramentum« das nt. μυστήριον übersetzt, wodurch auch dessen tiefsinniger und vielschichtiger Bedeutungsgehalt in diesen Begriff hineinkam. Eine genaue Definition von S. und eine eigentliche Lehre darüber gab es zunächst ebensowenig wie in der Ostkirche in bezug auf die »Mysterien«, worunter hier, in Analogie zu den außerchristlichen → Mysterien, Taufe und Abendmahl zusammengefaßt wurden (für uns erstmalig durch → *Justin*), jedoch weit mehr als das: Daten der Heilsoffenbarung selbst wurden ebenso Mysterien genannt wie ihre gottesdienstliche Repräsentation und sonstige Kulthandlungen, etwa Salbungen (→ Chrisma), Priesterweihe (→ Ordination), Totengebräuche u.a. Entsprechend war der Begriff S. in der Westkirche bis ins 5.Jh. und darüber hinaus fließend; wenn bei ihm auch vorwiegend an Taufe und Abendmahl gedacht wurde, so war er doch nicht darauf beschränkt, und es wurde weniger auf ihn als auf die einzelnen Handlungen reflektiert. Fest stand nur, daß es sich bei S. um einen von Gott gesetzten äußerlichen Akt handelt, durch den die Teilnehmer übernatürliche Heils-, Heilungs- oder Reinigungsgaben empfangen und bei dem bestimmte Gebete und Formeln, auch die vorbereitende Weihe eine Rolle spielen. Dabei liegt in dem westkirchlichen Begriff S. stärker als in dem ostkirchlichen μυστήριον das Moment des rechtlich Verbindlichen. Ferner ist es allgemeine Überzeugung, daß die S.e mit besonderer Ehrerbietung zu behandeln und vor Profanierung zu schützen sind (→ Arkandisziplin) und daß nur wahre Glieder der Gemeinde an ihnen teilhaben dürfen, so daß sich in der Teilnahme an ihnen die Zugehörigkeit zur Ekklesia manifestiert. – → *Augustin* zeigte als erster direktes theologisches Interesse an dem Begriff S. als bestimmendem Oberbegriff für Taufe und Abendmahl (an die er hier stets denkt) und definierte ihn exakt. An seine Termini und Distinktionen knüpften sowohl die röm.-kath. als auch zT die reformatorischen S.slehren an. Augustin unterscheidet hinsichtlich der S.shandlungen »signum« (die äußere Handlung mit dem Element) und »res« (die göttliche Gnadenwirkung). Diese bezieht sich auf das Werk Christi, auf das die S.e des Alten Bundes vorausweisen und das die des Neuen Bundes als erfüllt vermitteln. Dabei werden äußere Handlung und Gnadenwirkung durch das verbum, das Stiftungs- und Weihewort, verknüpft. Die Heilswirkung des Abendmahls tritt nur ein, sofern dem sie konstituierenden Wort geglaubt wird. Augustin kann den Glauben hinsichtlich der S.e überhaupt so stark betonen, daß er fast die reale Teilnahme an ihnen ersetzt. Gleichwohl betont er die Heilsnotwendigkeit der S.e, zumal im Blick auf die → Kirche (: III, 2 d); diese kann ohne S.e nicht sein, und außerhalb ihrer ist kein Heil. Durch die ganze S.slehre Augustins zieht sich eine schwebende Doppeldeutigkeit von signifikativ-spiritualistischer und effektiv-realistischer Auffassung, so daß sich später die Vertreter beider Grundauffassungen auf ihn berufen konnten.

2. a) Im *westlichen* MA wird vor allem der exhibitive und effektive Charakter der S.e betont. Sie enthalten und übermitteln die → Gnade (: IV, 1 b. 2), und diese wirkt durch sie. Dabei reflektiert man immer mehr auf das *Sein* der substantiell gedachten Gnadenkräfte in den geweihten Elementen, so zB → Paschasius Radbertus (→ Abendmahl: II, 2 a). Daneben läuft eine spiritualistische Strömung, in der man die S.e mehr als Symbolhandlungen für das innerliche Wirken der Gnade auffaßt, so zB → Ratramnus und dann bes. → Berengar

von Tours (→ Abendmahl: II, 2 a). Im bewußten Gegensatz zur realistischen Auffassung und unter Berufung auf Augustin sieht Berengar in den konsekrierten Elementen nur ein Zeichen, Bild und Pfand der Gnade; empfangen wird diese rein geistig, mit dem Herzen. Berengars Anschauungen wurden verdammt, die realistische Auffassung setzte sich durch. Später finden sich spiritualistische S.sauffassungen etwa in der → Mystik (: VI), bei den → Waldensern und auch in der franziskanischen Theologie (zB bei → Bonaventura und → Duns Scotus), ohne jedoch in Gegensatz zur realistischen zu treten. Ausgesprochene Abwertungen der S.e finden sich nach dem Vorgang der → Euchiten und → Paulizianer bei den → Katharern. – Inzwischen wuchs die *Zahl* der als S.e angesehenen Handlungen; so wurden etwa seit dem 10.Jh. die Rekonziliation (→ Absolution) und die Eheschließung (→ Ehe: III B) dazu gerechnet, ferner, ostkirchlichem Beispiel folgend, die verschiedenen → Salbungen (: IV), so etwa die der Neugetauften (später als → Firmung von der Taufhandlung abgelöst) oder der Sterbenden (→ Ölung, letzte), doch auch die eines Königs usw; ferner die → Handauflegungen (: III) wie Priesterweihe (→ Ordination: III), → Bischofsweihe, Mönchsweihe usw; schließlich priesterliche Weiheakte wie Kirchenweihe, Weihe der Altäre, der vasa sacra usw; manchmal wurden alle kirchlichen Segenshandlungen, die geistliche Kräfte durch kreatürliche Medien vermitteln, S.e genannt. Bis ins 12.Jh. schwankt die Zahl stark; neben solchen, die an der alten Zweiheit festhielten, gab es andere, die 5, 7, 9, 12, ja 30 S.e (Hugo von St. Viktor) zählten (s. die Aufzählungen in RE XVII, 358ff), wobei es Klassifikationen in wichtige Haupt- und weniger wichtige oder nur partiell wichtige S.e bzw. S.e im weiteren Sinne oder s.sähnliche Handlungen (→ Sakramentalien) gab.

In der → *Scholastik* wurden die S.e systematisch in die Heils- und Kirchenlehre eingeordnet, exemplarisch bei → *Hugo von St. Viktor* (»De sacramentis christianae fidei«): Was Christus erworben hat, wendet er den Menschen nach den verschiedenen Seiten hin durch die einzelnen S.e zu, die teils zum Heil notwendig sind, teils die Heiligung fördern. In der Hochscholastik bildet sich die Siebenzahl (Taufe, Firmung, Buße [→ Bußwesen: II, 2], Abendmahl, Ordination, Ehe, letzte Ölung) heraus, zuerst nachweisbar bei → Petrus Lombardus. Von nun an gibt es einen festen S.sbegriff. Eine genaue S.enlehre bahnt sich an, zumal infolge der Präzisierung durch → *Thomas von Aquino*, der in bezug auf die augustinische Unterscheidung (s. 1) das »signum« noch in »materia« (das Element) und »forma« (das jenem gnadenhafte Wirkkraft verleihende Wort als Einsetzungs-, Weihe- und Spendewort) differenziert und hinsichtlich der »res« den je spezifischen »effectus gratiae« bei den einzelnen S.en bestimmt, Hand in Hand mit dem systematischen Ausbau der Gnadenlehre (→ Gnade Gottes: IV, 2). Im Blick auf das Verhältnis von S.svollzug und Gnadenwirkung lehrt die dominikanische Theologie das Ineinander von beiden: die geistliche Kraft liegt *in* den S.en, und diese repräsentieren *und* übermitteln sie, während die franziskanische Theologie beides unterscheidet: die Gnadenwirkung erfolgt »bei Gelegenheit« des S.svollzuges. Doch lehren beide die göttliche Initiative in den S.en, ihre Heilsnotwendigkeit und die Wirkkräftigkeit durch ihren Vollzug (ex opere operato), letzteres konditioniert auf seiten des Spenders durch die → Intention (, 2 a), das zu tun, was Christus und die Kirche wollen (doch ist die Wirkkräftigkeit der S.e nicht von der sittlichen Qualität des Spenders abhängig; so mit Augustin gegen den → Donatismus), und auf seiten des Empfängers durch das Bewußtsein, sich nicht in einer Todsünde zu befinden und der S.shandlung keinen Widerstand entgegenzusetzen (»non ponere obicem«).

Kirchlich verbindlich definiert und dogmatisiert wurde die röm.-kath. S.enlehre erstmalig durch das von Papst → Eugen IV. auf dem Konzil zu Ferrara-Florenz 1439 (→ Einigungsbestrebungen: I, 3) erlassene »Decretum pro Armenis« (»Exultate Deo«; Denz. 695ff), abschließend durch das → *Tridentinum* (Sess. VII; Denz. 843 a ff). Hier sind festgelegt: Siebenzahl, Einsetzung durch Christus, Unterscheidung von »materia«, »forma« und Spender (geweihter Priester bzw. Bischof mit der Intention), effektiver Charakter (die S.e enthalten und vermitteln Gnade), Verschiedenheit der Gnadenwirkungen im einzelnen, Heilsnotwendigkeit, Wirkung ex opere operato (sofern seitens des Empfängers »non ponitur obex«), Verleihung eines »character indelebilis« (→ Character sacramentalis) durch Taufe, Firmung und Priesterweihe. Eine Art offizieller Definition gibt der → Römische Katechismus (II, 1, 3. 8. 10). – Vgl. → Katholizismus: I, 5.

b) Die *orth. Kirche* hat sich, obwohl ihr ein präziser S.sbegriff eigentlich fremd ist, der röm.-kath. S.enlehre seit dem Unionskonzil von Lyon 1274 (→ Einigungsbestrebungen: I, 3) angenähert, ohne sie dogmatisch und auch rechtlich so bestimmt zu fassen. Demnach unterscheidet sie 7 Hauptmysterien (Taufe, Chrisma, Buße, Eucharistie, Priestertum, Ehe, Gebetsöl), die die Gnade übermitteln (→ Orthodoxe Kirche: II, 6). Als Bedingungen gelten: entsprechende Materie, Spendung durch geweihte Priester oder Bischöfe, Anrufung des Hl. Geistes samt der richtigen Formel, rechte Intention des Spenders sowie gebührende Haltung des Empfängers. Im 17.Jh. hat die orth. Kirche in Abwehr calvinischer Tendenzen des → Lukaris eine gewisse S.enlehre unter Übernahme röm.-kath. Kategorien ausgebildet (so etwa in der »Confessio Orthodoxa« von 1642), die aber nicht verbindliches Dogma ist.

3. Die *Reformation* bestritt die Siebenzahl der S.e und ließ nur Taufe und Abendmahl als solche gelten (zT noch die → Absolution [→ Beichte: II]), weil nur diese von Christus eingesetzt seien. Sie stellte das Gegründetsein der S.e im → Wort Gottes heraus und betonte, daß sie nur dort zum Heil wirkten, wo sie im Glauben empfangen würden. Als Haupt- → Gnadenmittel sah sie das gepredigte Wort an. In der Frage des Verhältnisses der S.e zu diesem gingen die Meinungen der Reformatoren auseinander; es zeigt sich darin eine verschiedene S.sauffassung. →*Luther* (: II, 3 c. 4 d), *Melanchthon* und die CA (IX–XIII) (die sich nicht an einem vorgegebenen Allgemeinbegriff von S. orientieren, vielmehr von den einzelnen konkreten Handlungen ausgehen und diese allein nach ihrem jeweiligen Stiftungs-, Mandats- und Verheißungswort interpretieren) betonen den effektiven Charakter dieser Handlungen: Gottes wirkendes Wort nimmt das Element in seinen Dienst und bringt so dem Menschen das real zu, was das für das S. konstitutive Verheißungswort aussagt. Vom Menschen aus gesehen sind die S.e reine Empfangshandlungen ohne jeden »Werk«-Charakter. Sie sind Vergewisserung und Unterpfand des Heilswortes, die den Glauben stärken, mehr: auch Vehikel des Inhaltes des Heilswortes, dem Glauben vorgegeben und ihn mit hervorrufend. Als solche sind sie der Predigt des Heilswortes grundsätzlich nebengeordnet: Gottes Heilswort wirkt am Menschen durch Predigt *und* S.shandlungen. Dabei versucht man nicht, die Wirkung beider gegeneinander abzugrenzen; es wird vielmehr einfach auf den Reichtum des göttlichen Gnadenhandelns und auf den Gehorsam gegenüber der Anordnung Gottes hingewiesen. Luther, Melanchthon und die CA geben keine systematische Verhältnisbestimmung von Predigt

und S.shandlungen. Sie betonen nur grundsätzlich, daß Gott durch beide miteinander das eine Gleiche am Menschen wirkt. »Idem effectus est verbi et ritus« (AC XIII, 5). Auch der Nichtglaubende wird real mit der Gabe des S.s konfrontiert; zum Heil jedoch gereicht diese nur, wenn sie im Glauben ergriffen wird.

→ *Zwingli* (der den Terminus S. als unbiblisch ablehnte) sah in Taufe und Abendmahl wesentlich symbolische Handlungen, einerseits als Erinnerungszeichen, durch die das von Christus erworbene und rein geistig zu empfangende Heil dem Christen sinnbildlich nahegebracht wird, und als Gedächtnishandlungen, andererseits und vor allem als Bekenntnis- und Erkennungszeichen, durch die der Christ und die Gemeinde ein Zeugnis ihres Glaubens ablegen und sich der Welt und untereinander zu erkennen geben. Mit der Begründung des Glaubens wie mit seiner Vergewisserung und Stärkung haben diese Zeichen nichts zu tun; sie setzen den Glauben voraus, und das handelnde Subjekt ist hier eigentlich der gläubige Christ, vor allem die gläubige Gemeinde. Im Blick auf diese sieht Zwingli die Kindertaufe (→ Taufe: III) gerechtfertigt. - Die auch von → *Oekolampad* und → *Bullinger* vertretene zwinglische S.sauffassung setzte sich in der ref. Kirche nicht durch, sondern wurde hier von der Calvins überholt; sie lebte, teils in späterer Verbindung mit der täuferischen (→ Täufer) Abwertung der S.e, in radikalisierter Form bei den → Sozinianern, → Mennoniten und → Quäkern fort.

→ *Calvins* (: II, 7) S.slehre ist von dem Anliegen getragen, zwischen der luth. und zwinglischen zu vermitteln. Zwingli gegenüber wird betont, daß Gott das Subjekt der S.shandlungen ist; diese sind von ihm zur Versiegelung und Bekräftigung seines Heilswortes, zur Vergewisserung und Stärkung unseres Glaubens, eingesetzt und sind *dann* auch Frömmigkeitsbezeugung und Bekenntniszeichen unsererseits (Inst. IV, 14, 1; Genfer Kat. 160; vgl. Heidelb. Kat. 66; Conf. Helv. post. 19). Gegen die luth. Auffassung wird geltend gemacht, daß die S.e nicht eigentlich mitwirkende Faktoren bei der Heilsübermittlung sind; diese geschieht vielmehr allein durch das gepredigte Wort. Die S.e kommen als »Siegel« und »Unterpfand« hinzu (Inst. IV, 14, 6f; vgl. Heidelb. Kat. 65-67). Dabei unterscheidet Calvin scharf zwischen dem Wirken des Hl. Geistes selbst und den S.en. Diese sind dessen »untergeordnete Werkzeuge« und empfangen von ihm ihre Kraft (Inst. IV, 14, 9; Genfer Kat. 311-313). Das Wirken des Geistes und der Vollzug der S.e liegen nicht ineinander, vielmehr besteht ein Parallelismus zwischen beiden. So sind die S.e auch nur für Glaubende wirkkräftig; für Ungläubige sind sie leere Zeichen. Doch für Glaubende haben die S.e in der Tat effektive Bedeutung (vgl. Conf. Scot. I, 21: die Behauptung, die S.e seien nichts als »mera et nuda signa«, ist als Irrlehre verdammt; vgl. auch Conf. Gall. 34; Conf. Helv. post. 19). Nach klassisch calvinischer Auffassung sind die S.e letztlich nur an Erwählten (→ Prädestination: III, 3 d) wirksam.

Bei den *freieren prot. Gemeinschaften* (→ Baptisten, → Kongregationalismus, → Methodismus, → Evangelische Gemeinschaft) treten, teils durch den → Pietismus beeinflußt, die S.e stark zurück. Sie haben für die Begründung des Glaubens kaum noch Bedeutung, da der Hauptakzent hier auf der persönlichen → Bekehrung (: IV) liegt. Die Taufe wird vor allem als Aufnahme in die Gemeinde im weiteren Sinne gewertet, der aber das Entscheidende noch folgen muß, wenn sie nicht, wie im Baptismus, überhaupt erst Versiegelung der persönlichen Glaubensentscheidung ist; und das Abendmahl hat vor allem als Gemeinschaftsmahl Bedeutung. - Der → *Aufklärung* waren die S.e fromme Bräuche mit symbolischem Gehalt und zur Beförderung der moralischen Gemeinschaft. Sie pflegte in ihnen die ehrfürchtige Erinnerung an den Stifter der christlichen Religion und betonte, daß der, der sich ihrer würdig bedient, der Wohltaten der Religion Christi gewiß und teilhaftig werde. - → *Schleiermacher* (der den Terminus S. noch entschiedener als Zwingli ablehnt und für die Wiedereinführung der Bezeichnung »Geheimnisse« eintritt) behandelt die S.e nur anhangsweise, sucht jedoch ihre Entleerung durch die Aufklärung dadurch zu überwinden, daß er ihnen eine gewisse objektive Bedeutung zuerkennt, als »fortgesetzte Wirkungen Christi, in Handlungen der Kirche eingehüllt und mit ihnen auf das innigste verbunden, durch welche er seine hohepriesterliche Tätigkeit auf die einzelnen ausübt und die Lebensgemeinschaft zwischen ihm und uns . . . erhält und fortpflanzt« (Glaubenslehre § 143, 2). Mit Schleiermacher beginnt das Bestreben, den S.en, die als nebensächlich gelten, den Anlaß zu kirchlichen Gegensätzen zu nehmen. So suchten die meisten Theologen des *19.Jh.s*, entsprechend ihrer jeweiligen Interpretation der S.e, zwischen der luth. und der ref. Auffassung zu vermitteln, wobei die Bedeutung der S.e im ganzen sehr zurücktrat. Dagegen knüpfte die »neuluth.« Theologie des 19.Jh.s (→ Luthertum: II) wieder bewußt an Luther und die luth. Bekenntnisschriften an und betonte die Wichtigkeit, den objektiven Charakter und die reale Wirkkräftigkeit der S.e. Dabei versuchte sie, das Verhältnis von Wort und S. und zT auch die besondere Wirkung der S.e neben der Verkündigung genauer zu bestimmen.

Außer der Lit. zu den Artikeln über die einzelnen S.e vgl. allgemein die Lehrbücher der → Dogmengeschichte, → Konfessionskunde (Symbolik) u. der → Dogmatik des 19.Jh.s - RE XVII, 349 ff; XXIV, 447 - RGG¹ V, 209 ff; RGG² V, 72 ff (jeweils Lit.). - Ferner: G.L.Hahn, Die Lehre v. d. S.en in ihrer geschichtl. Entwicklung innerh. d. abendl. Kirche bis zum Konzil v. Trient, 1864 - F.Probst, S.e u. Sakramentalien in d. 3 ersten christl. Jh.en, 1872 - R.Schmidt, Zur Charakteristik der luth. S.slehre (ThStKr 52, 1879, 187-252. 391-467) - H.Schmid, Die Dogmatik d. ev.-luth. Kirche, 1893[7], § 53 - N.Gihr, Die hl. S.e der kath. Kirche I. II, 1897/99 - H.v.Soden, Μυστήριον u. sacramentum in d. ersten 2 Jh.en d. Kirche (ZNW 12, 1911, 188-227) - J.de Ghellinck-E.de Backer-J.Poukens-G.Lebacqz, Pour l'hist. du mot »sacramentum« I, 1924 - J. Beckmann, Vom S. bei Calvin, 1926 - H.Hesse, Zur S.slehre des Heidelb. Kat. (Theol. Aufs., Festschr. f. K.Barth, 1936, 467-489) - W.Niesel, Die Theol. Calvins, 1938 - DThC XIV/1, 585 ff - W. Maurer, Bekenntnis u. S. I, 1939 - Chr.E.Luthardt, Kompendium d. Dogmatik, hg.v. R.Jelke, 1948[15], § 73 (Lit.) - E.Schlink, Theol. d. luth. Bek.schr., 1948[3], 247 ff (Lit.) - A.Kolping, Sacramentum Tertullianeum, 1948 - M.Keller-Hüschemenger, Der Symbolcharakter in Calvins Lehre von den S.en (ELKZ 2, 1948, 269-273) - E.Ellwein, Die göttl. Wirklichkeit des S.s, 1951 (zu Luther) - F. Brunstäd, Theol. d. luth. Bek.schr., 1951, 134 ff - E.Roth, S. nach Luther, 1952 - R.Prenter, Spiritus Creator, 1954, 133 ff. 247 ff - Landgraf III/1. 2, 1954/55 - E.Bizer, Die Entdeckung des S.s durch Luther (EvTh 17, 1957, 64-90) - H.Heppe-E.Bizer, Die Dogmatik der ev.-ref. Kirche, 1958[2], 468 ff - P.Jacobs, Theol. ref. Bek.schr., 1959, 110 ff - E.Kinder, Zur S.slehre (NZSTh 3, 1961, 141-174). - Vgl. auch die Lit. zu → Sakramente: II. *E.Kinder*

II. Dogmatisch

1. Luth. Lehre - 2. Ref. Lehre

1. Der Begriff des »S.s« ist kein biblischer Begriff. Das NT kennt keine Zusammenfassung bestimmter Gnadenerweisungen Gottes unter dieser Bezeichnung. Es ist daher ganz in das Belieben der Kirche und der theologischen Besinnung gestellt, welche Heilsgüter man unter dem Begriff des S.s zusammenfassen bzw. was man unter einem S. verstehen will. Dem entspricht es daher durchaus, daß in der dogmengeschichtlichen Entwicklung der Begriff des S.s zunächst sehr weit gefaßt war (→ Sakramente: I). Wenn in der kath. Lehre von den S.en schließ-

lich die Siebenzahl festgelegt wurde, so stellte die Reformation auch dies in Frage, da ihr vor allem die Einsetzung durch Christus entscheidend wurde. Das ergab eine Bestimmung der S.e, daß sie hl. Handlungen sind, »qui habent mandatum Dei et promissionem gratiae, quae est propria novi testamenti« (AC XIII, 4). Von da aus ergaben sich als S.e → Taufe, → Abendmahl und → Absolution (ebd, ferner AC XI, 60; XII, 41). Auch die CA rechnet in Art. IX–XIII die Lossprechung zu den S.en, wie denn auch → Luther (: II, 3 c. 4 d) drei S.e kennt: »Baptismus, Poenitentia, Panis« (WA 6, 501, 33; 503, 32f) und nur im strengen Sprachgebrauch, nämlich wenn man ein sinnliches Zeichen als zum Wesen des S.s gehörig annimmt, die S.e auf Taufe und Abendmahl beschränkt (WA 6, 572, 12f). → Melanchthon war bereit, außerdem den ordo des Predigtamtes und die Handauflegung der → Ordination ein S. zu nennen (AC XIII, 11. 12). Erweist sich so der S.sbegriff als offen, so wäre es methodisch falsch, von einem bestimmten S.sbegriff auszugehen, die einzelnen Gnadenhandlungen darunter zu befassen und von dem vorgefaßten S.sbegriff aus zu deuten. Vielmehr müssen die einzelnen der Kirche eingestifteten Gnadenhandlungen je für sich untersucht und aus ihrem eigenen Wesen begriffen werden, bevor der Versuch gemacht werden kann, gemeinsame Züge in einem S.sbegriff zusammenzufassen. Wird dieser Grundsatz nicht beachtet, so kann das dem Verständnis der einzelnen Gnadenhandlungen nur zum Schaden gereichen. Das ist zB der Fall, wenn das S. unbesehen völlig unter das Wort subsumiert und nur als eine andere Form des Wortes – als verbum visibile im Unterschied vom verbum audibile – begriffen wird.

Freilich kommt dem Wort entscheidende Bedeutung für das S. zu (→ Wort Gottes: IV). Es ist sowohl deutendes Wort, das den Sinn des S.s verstehen läßt, als auch schöpferisches Wort, ohne das kein S. zustande kommt, als auch zuteilendes Wort, das dem Empfänger die Gabe zueignet. Auch darf nicht vergessen werden, daß der ewige Logos, der Redende selbst, wie im verkündigten Gotteswort so auch im S. gegenwärtig ist. Insoweit ist daher die Wirkung des Wortes wie des S.s die gleiche, als beide mit demselben Christus verbinden. Das darf aber nicht hindern, nach der besonderen Art der S.e zu fragen. Dieses Proprium des S.s ist etwa in der gegenüber dem Wort objektiveren Art des S.s oder in der sich an den ganzen Menschen bis in die unbewußte Sphäre reichenden Wirkung, in der die Heilsgabe dem Einzelnen individualisierend zuteilenden Weise des S.s oder in der die Gemeinschaft untereinander bes. stärkenden Art des S.s gesehen worden. Aber das alles sind nur relative Unterschiede, die in gewisser Weise auch vom Wort ausgesagt werden können. Das Besondere des S.s liegt vielmehr darin, daß es den Empfänger mit dem ganzen Christus, nicht nur mit seiner geistig-persönlichen Art, sondern auch mit seiner Leiblichkeit, unmittelbar verbindet. Zugleich hat im Empfang des S.s nicht nur der personell-geistige Bereich des Empfängers, sondern auch seine Leiblichkeit Anteil an der S.sgabe. Da Christus sich im Element verhüllt, wird der ganze geistleibliche Christus von dem ganzen geistleiblichen Menschen empfangen.

Das setzt freilich voraus, daß das S. selbst Träger der Christusgegenwart ist. An sich hat das S. zunächst auch Zeichencharakter. Es ist sichtbares signum einer unsichtbaren Gnade, die nicht in ihm enthalten zu sein braucht, auf die es nur hinweist. Auch darin liegt eine große psychologische Hilfe für die Vergewisserung des Heils. Aber das luth. Verständnis des S.s hat darüber hinaus mit besonderem Nachdruck die Identität des S.s mit der Heilsgabe festgehalten; im S. selbst kommt die Heilsgabe wie in einem Vehikel und Träger zu uns. Nur so kann auch von der Heilsnotwendigkeit des S.s gesprochen werden. Wird von der Taufe ausdrücklich bezeugt, daß sie necessarius ad salutem ist (CA IX), so kann man hinsichtlich des Abendmahls immerhin auf Joh 6, 53f verweisen.

Da Christus selbst der Handelnde im S. ist, ist das Zustandekommen des S.s nach luth. Verständnis ganz unabhängig vom Glauben des Empfangenden. »Der Glaube macht nicht das S., sondern empfängt das S.« (Luther). Diese Objektivität der S.sgabe trägt den Christen und die Kirche hinüber über die Schwankungen der Zeit, gibt in der verhüllten Gegenwart des Herrn einen Vorschmack der eschatologischen Vollendung, läßt aber um so mehr auf diese Vollendung hoffen, »bis daß er kommt« (1Kor 11, 26). *E. Sommerlath*

2. Daß neben der Predigt des Evangeliums die beiden S.e, → Taufe (: IV) und → Abendmahl (: III), in der → Kirche (: IV) ihren unaufgebbaren Ort haben, ist in Christi Einsetzung und Befehl gegründet. Dogmatische Besinnung über das Wesen der S.e, wie sie in der *ref. Theologie* stets eine große Rolle spielte, kann diese Begründung nicht ersetzen, sondern ihr nur *nach*denken, um zu verstehen, was uns hier geschenkt ist. In diesem Sinn darf man von einem allgemeinen S.sbegriff reden: Das Gemeinsame an Taufe und Abendmahl (in den Bundeszeichen des AT [Beschneidung und Passa] vorgebildet) wird herausgehoben, nicht aus einem abstrakten S.sprinzip deduziert. Die Eigenart der Taufe als S. der Aufnahme in den Leib Christi und des Abendmahls als immer neuer Teilhabe daran darf nicht nivelliert werden. Das beiden S.en Gemeinsame konnte → Calvin (: II) in Anlehnung an → Augustin, aber ihn präzisierend, knapp dahin zusammenfassen: divinae in nos gratiae testimonium externo signo confirmatum, cum mutua nostrae erga ipsum pietatis testificatione (Inst. IV, 14, 1). Im Heid. Kat. (Fr. 66) heißt es: »Es sind sichtbare hl. Wahrzeichen und Siegel, von Gott dazu eingesetzt, daß er uns durch den Brauch derselben die Verheißung des Evangeliums desto besser zu verstehen gebe und versiegele.« Grundlegend ist, daß es sich um Zeugnisse und Instrumente der → Gnade Gottes (: V) handelt, die unsrer Schwachheit aufhelfen, nicht nur – obgleich auch – um Bekenntniszeichen (wie vor allem für → Zwingli). Für Calvin ist sacramentum primär nicht des Soldaten Eidschwur zum Feldherrn, sondern des Feldherrn Schwur, mit dem er den Soldaten in seine Schar aufnimmt.

Bei aller Mannigfaltigkeit im einzelnen lassen sich doch gewisse Grundzüge ref. Dogmatik in der S.slehre herausstellen: Entscheidend ist die enge Verbindung von Wort (→ Wort Gottes: IV) und S. Die Verkündigung trägt und begleitet die Austeilung der S.e in der Gemeinde. Hier wie dort handelt der gleiche Herr und schenkt das gleiche Heil. Im Gegensatz zu röm.-kath. Überordnung des S.s über die Verkündigung oder neuluth. Tendenz zum Überspringen der eschatologischen Grenze im S. ist das Wort das grundlegende → Gnadenmittel. Aber das S. entspricht in besonderer Weise unsrer leiblich-sinnlichen Existenz. Nicht eine in den Dingen liegende Symbolkraft, sondern ihre Indienstnahme durch das Wort ist ausschlaggebend. So aber wird das Heilsgeschehen hier nicht nur veranschaulicht, sondern uns auch Anteil daran gegeben. Es ist nicht nur von einer necessitas (allerdings ordinata, nicht absoluta) zu reden, sondern von einer besonderen Art des Entgegenkommens Gottes, die man nicht ungestraft verachtet.

Obwohl Gottes Handeln mit uns auch hier letztlich nicht rational aufzuklären ist, hat die Dogmatik zu rechtem Verstehen anzuleiten und Mißverständnisse abzuwehren. → Luthers (: II, 4 d) berechtigte Betonung der Externität der S.e gegenüber dem Spiritualismus muß nicht im Sinne einer massiven Identität von Zeichen und Sache aufgenommen werden. Christus bedient sich dieser Instrumente, tritt aber seine Vollmacht nicht an sie ab. Diese dienende Funktion der Mittel soll die traditionelle Unterscheidung von res und signum unterstreichen. Dabei darf die an ihrem Ort berechtigte Betonung des signifikativen und kognitiven Moments nicht in Frage stellen, daß Gott »im rechten Brauch« der S.e das gibt und wirkt, was sie darstellen und zusagen. Aber sie sind testimonia und instrumenta, nicht causa salutis. Sie wiederholen, verlängern und »repräsentieren« nicht das Heilsgeschehen in Christi Kreuz und Auferstehung, sondern indem sie es bezeugen, ist es dank der Treue Gottes zu seiner Verheißung selbst wirksam gegenwärtig.

Entgegen der Auffassung, die S.e wirkten ex opere operato, weist ref. Lehre mit Nachdruck auf die Freiheit des hl. → Geistes (: VI), der nicht an die Zeichen »angebunden« sei. Nur wenn hier der hl. Geist von Christus, seinem Wort und S., getrennt und einem Deus absolutus zugeordnet oder der Glaube als des Menschen Werk verstanden würde, führte das zur Entwertung der S.e. In Wirklichkeit soll hier nicht getrennt, sondern nur unterschieden werden gegenüber einer sakramentalistischen Ineinssetzung von Geist und S.en, welche letztere zu einer Begehung macht, mit der sich die Kirche an die Stelle ihres Herrn setzt. Die Gabe des S.s kann nur im Glauben recht empfangen werden, aber nicht der Mensch macht es wirksam. Ja, selbst der Unglaube, der sich der Heilswirkung beraubt, kann das Inkraftstehen der göttlichen Zusage nicht aufheben, wie die Unwiederholbarkeit der Taufe zeigt.

Gottes Ja zu uns in Wort und S. ruft nach unsrer Antwort. So gewiß gerade in den S.en Christus jeden persönlich beschlagnahmt, so dürfen sie doch nicht individualistisch verstanden werden, sondern gehören in die Gemeinde. Durch diese Bundeszeichen sammelt Gott sein Volk auf Erden, konstituiert und erbaut die sichtbare Gemeinde, die über alle Trennungen hinweg den Gekreuzigten und Auferstandenen als das eine Haupt der einen Kirche und den einen Herrn der Welt lobt und bekennt. *W.Kreck*

M.Kähler, Die S.e als Gnadenmittel, 1903 - C.Stange, Die Lehre von den S.en, (1920) 1927² - P.Bail, Die Haupttypen der neueren S.slehre, 1926 - O.Fricke, Die S.e in der prot. Kirche, 1929 - E.Sommerlath, S. u. Gegenwart, 1930 - P.Tillich, Relig. Verwirklichung, 1930 - O.Moe, Wort, Geist u. S. (Luthertum 45, 1934, 78-92) - A. Köberle, Wort, S. u. Kirche im Luthertum (ZSTh 12, 1934/35, 255 bis 295) - H.Vogel, Das Wort u. die S.e (ThEx 35), 1936 - H.Asmussen, Das S., 1948 - E.Metzke, S. u. Metaphysik, 1948 - E.Ellwein, Die göttl. Wirklichkeit des S.s, 1951 - J.G.Davies, Der hl. Geist, die Kirche u. die S.e, (engl. 1954) 1958 (engl. Lit.) - K.Rahner, Personale u. sakramentale Frömmigkeit (Ders., Schriften zur Theol. II, [1955] 1958³, 115-141) - H.Schillebeeck, S.e als Organe der Gottesbegegnung (Fragen der Theol. heute, hg.v. J.Feiner u.a., 1957, 379-401) - R.Koch, Erbe u. Auftrag. Das Abendmahlsgespräch in d. Theol. d. 20.Jh.s, 1957 (Lit.) - EKL III, 758 ff - O.Semmelroth, Vom Sinn der S.e, 1960 - T.F.Torrance, The Ministry and the S.s of the Gospel (Conflict and Agreement in the Church, Vol. 2), 1960. - Vgl. die Lit. zu → Sakramente: I, → Abendmahl: III, → Taufe: IV.

E.Sommerlath-W.Kreck

Sakramentshäuschen → Tabernakel.

Sakrileg, im kath. Kirchenrecht ein Delikt gegen die Gottesverehrung; es besteht in der Verunehrung gottgeweihter Personen, Sachen, Orte (Sacrilegium personale, reale, locale). An einzelnen Sakrilegien hebt das geltende Kirchenrecht hervor: Realinjurien gegen Kleriker, Verletzung der Keuschheit durch Majoristen oder Klosterleute, unwürdige Kommunion oder Beichte, Schändung von Kirchen und Friedhöfen, Profanation der Eucharistie, Leichen- und Gräberschändung.

cc. 119. 132 § 1. 592. 861. 907. 1172-77. 1207. 2320. 2325. 2328. 2329. 2343. 2359 CIC. - Lehrbücher des → Kirchenrechts - DDC VII, 830 ff. *H.Barion*

Sakristei. In der Ostkirche sind Vorbereitungs- und Aufbewahrungsraum (→ Prothesis und Diakonikon) Teile des Altarraums. Im Westen ist die S. vom Kirchenraum abgetrennt (secretarium), im Früh-MA häufig in der Nähe der Eingangstür, so daß der Klerus von der S. seinen Einzug (introitus) durch das Kirchenschiff zum Altar halten konnte; in romanischer Zeit wird die S. in die Nähe des Hauptaltars verlegt. Die verschiedenen Zweckbestimmungen zeigen die älteren Namen: pastophorium/treskammer = Schatzkammer; gerkammer oder gerwekammer = Kleiderkammer; armarium = Schrankraum; mutatorium = Umkleideraum; salutatorium = Begrüßungsraum. In die S., die nicht einmal für die röm. Kirche locus sacer ist, gehört kein »Nebenaltar«, wenn nicht die heizbare S. als »Winterkirche« benutzt wird (schon im MA weithin üblich). Die S. eignet sich für die ev. Einzelbeichte.

LKTh IX, 99f - L.Eisenhofer, Grundr. d. Liturgik d. röm. Ritus, 1950⁵, 75f - Leiturgia I, 431f (Lit.). *E.Hertzsch*

Salbung

I. Religionsgeschichtlich - II. Im AT - III. Im NT - IV. In der christlichen Kirche

I. Religionsgeschichtlich

Wo S. mit Öl oder Fett nicht nur der Hautpflege oder der Heilung dient, ist die reinigende und kräftigende Wirkung des Öls Ausgangspunkt der mit der S. verbundenen Vorstellungen. Im Hinblick auf die biblischen Aussagen über die S. interessiert hier bes. der Brauch der S. im Alten Orient. Dort gehörte seit den ältesten Zeiten neben Nahrung, Kleidung (und Wohnung) Salböl zu den lebensnotwendigen Dingen. Salböl und Salben verschiedener Arten dienten nicht nur der → Reinigung und dem Schutz der Haut sowie der Schönheitspflege, sondern auch medizinischen Zwecken sowie zu magischen Praktiken (Maqlu VII, 33-37: »Öl der Heilung«, »Öl der Beschwörung«, »Lebensöl«). Auch Götterbilder wurden bei Ägyptern, Hethitern und Babyloniern (Maqlu VII, 32: »Öl, das die Götter reinigt«) durch S. mit Öl gereinigt. - Übertragene Bedeutung hat die S. - ursprünglich wohl ein magischer Ritus - als selbständiger Rechtsakt oder dort, wo sie einen solchen begleitet. In Ägypten salbte der Pharao hohe Beamte bei der Einsetzung in ihr Amt, entsprechend diesem Brauch Thutmosis III. einen syrischen Vasallen bei der Einsetzung zum König, der dadurch Verpflichtungen, aber auch einen gewissen Schutz erhielt (Amarna-Tfl. 51, 4ff). S. der Könige bei ihrer Thronbesteigung ist für Ägypten und Mesopotamien vermutet worden (RÄRG; DBS VI, 708f. - MVÄG 43, 1, 1937, 21), jedoch nicht belegt. Der hethitische Thronfolger wurde (vom Volk: durch Priester? offenbar nicht von oder im Auftrag der Gottheit) zum König (Goetze 90; bes. MDOG 83, 1951, 56 Anm.) bzw. damit gleichbedeutend zum Priester der höchsten Staatsgottheit (AfO 18, 1957/58, 127) gesalbt. Ähnlich wie in Israel (→ Salbung: II) stellt hier die S. dar und bewirkt Übertragung von »Gewicht«, Potenz, Macht, Ehre. Zuwendung von »Ehre« war es auch, wenn befreundete oder abhängige Fürsten einem Mächtigen anläßlich seiner Thronbesteigung neben königlicher Kleidung wohlriechendes Öl zum Salben übersandten (Meißner I, 64 Anm. 2: einem Hethiter; Amarna-Tfl. 34, 50ff: einem Pharao) oder wenn ein Herrscher die

Tempelgründungsurkunde seines Vorgängers salbte (VAB IV, 1912, 224, 45; 226, 9). Zeichen der »Reinigung« als der Befreiung von Verpflichtungen ist die S. von Käufer und Verkäufer (!) bei einem Landverkauf in Tutub (JCS 9, 1955, 92 Nr. 59, 9f, ca 1800 vChr; vgl. ARM VIII, 1958, Nr. 13, 13'f) sowie die S. einer Sklavin durch ihren bisherigen Herrn bei ihrer Freilassung in einem akkadischen Text aus Ugarit (Syria 18, 1937, 253f; MRS VI, 1955, 110f; CAD Z [Bd 21], 1961, 29 b). Freimachung aus der Muntgewalt des Vaters für den Ehemann bedeutet wohl die S. einer (vornehmen) Braut durch den Bräutigam oder seinen Vater, die neben die Übergabe des Ehegeldes treten (Amarna-Tfl. 29, 21f) oder auch allein rechtswirksam sein kann (Mittelassyr. Gesetz § 42f; Amarna-Tfl. 31, 12-14; JKlF 2, 1952/53, 263ff. 268f). S. von Priestern bei der Amtseinsetzung ist weder für Ägypten noch für Mesopotamien und das Hethiterreich belegt.

ERE I, 549ff - PW 2. R. II 1920, 1851ff - B.Meissner, Babylonien u. Assyrien I. II, 1920/25 - H.Kees, Ägypten (HAW III, 1, 3, 1), 1933 - A.Goetze, Kleinasien (HAW III, 1, 3, 3, 1), (1933) 1955² - G.R.Driver-J.C.Miles, The Assyrian Laws, 1935, 410f. 168. 180ff. 482f - RÄRG 647ff - Sir A.Gardiner, JEA 39, 1953, 26 Anm. 9 - DBS VI, 701ff (E.Cothenet) - K.Rudolph, Die Mandäer II (FRLANT 75), 1961 - Kutsch (→ Salbung: II). *E.Kutsch*

II. Im AT

Wie seine Umwelt kannte auch Israel die S. mit Öl: zur Körper- und Schönheitspflege (Ex 30, 32; Dtn 28, 40; Ez 16, 9; Mi 6, 15; Ruth 3, 3; 2Chr 28, 15; Hhld 1, 3; 4, 10), zur Heilung (Jes 1, 6). S. ist Ausdruck der Freude (Ps 45, 8; Jes 61, 3; Pred 9, 8) und bereitet Wohlbefinden (Am 6, 6; Spr 27, 9; Ps 133, 2); deshalb unterbleibt sie bei Beobachtung von → Trauerbräuchen (2Sam 14, 2) und anderen Selbstminderungsriten (Dan 10, 3 vgl. 12; vgl. 2Sam 12, 20 mit 16ff). - In übertragener Bedeutung ist die S. von Königen Zuwendung von kabôd: »Gewicht«, auctoritas, Macht, Kraft, Ehre (vgl. Ri 9, 9: mit dem »Fett« des Ölbaums »›ehrt‹ man [kibbed] Götter und Menschen«, und Ps 92, 11). Nach allgemeiner Ansicht wurden in Israel und Juda alle Könige gesalbt. Das AT hat anscheinend zwei verschiedene Vorstellungen von der Königs-S.: 2Sam 2, 4. 7; 5, 3. 17 (David; vgl. 1Chr 11, 3); 2Kön 11, 12 MT (Joas); 23, 30 (Joachas); vgl. 2Sam 19, 10 (Absalom) liegt der S. (etwa durch Älteste, 2Sam 5, 3) und damit der Einsetzung zum König die Beauftragung durch das Volk zugrunde. Daß in dieser Weise jeder König gesalbt wurde, sagt das AT nicht ausdrücklich. Ein Sonderfall ist die S. Salomos im Auftrag Davids durch den Priester Zadok (und den Propheten Nathan), 1Kön 1, 39 (vgl. 34. 45). Wo dagegen die S. von Jahwe ausgeht (Saul 1Sam 10, 1 b LXX; 15, 17, David 2Sam 12, 7 vgl. Ps 89, 21, Jehu 2Kön 9, 3. 6. 12; 2Chr 22, 7; in Jahwes Auftrag durch einen Propheten: Samuel/Saul 1Sam 9, 16; 10, 1; 15, 1, Samuel/David 16, 12f, ein Prophetenschüler/Jehu 2Kön 9, 3. 6), wird der König durch die S. in ein bes. enges Verhältnis zu Jahwe gesetzt; er wird Jahwes Vasall, »Beamter (śär)« (David), für einen speziellen Auftrag (Saul, Jehu). Die Davididen galten wohl als Nachfolger Davids auf dem Thron (vgl. 2Sam 7) als »Gesalbte Jahwes«, ohne daß sie jeweils rite durch einen Propheten gesalbt wurden. Mit der S. durch Jahwe kann sich die Vorstellung von der Geistverleihung (1Sam 16, 13; 2Sam 23, 1f; vgl. Jes 11, 2) und bes. Schutz (1Sam 24, 7. 11; 26, 9. 11. 16. 23; 2Sam 1, 14. 16; 19, 22) verbinden. Beide Vorstellungen von der Königs-S. nehmen ältere Vorbilder auf, die den Israeliten wohl durch kanaanäische Vermittlung zugekommen sind: einerseits die S. von Königen durch das Volk bei den Hethitern (vgl. auch Ri 9, 8. 15), andererseits die S. eines Vasallenkönigs durch einen Pharao (Amarna-Tfl. 51, 4ff; → Salbung: I). - Der Begriff mašîaḥ »Gesalbter« konnte geradezu den Beauftragten (Jahwes) bezeichnen, auch ohne daß eine S. rite vollzogen war: so den Perserkönig Kyros (Jes 45, 1), die Patriarchen (Ps 105, 15 = 1Chr 16, 22); auch Propheten (1Kön 19, 16 vgl. 19; Jes 61, 1; 1QM XI, 7; Dam II, 12) wurden nie gesalbt. Nach dem Exil wurde die S. auf den → Hohenpriester übertragen (Lev 21, 10; Ex 29, 7; Lev 4, 3; 8, 12 u.ö. [P], später wieder Sir 45, 15; 2Makk 1, 10), zeitweise auch auf alle Priester ausgedehnt (Ex 28, 41; 30, 30 u.ö.). Hier ist S. → Heiligung (: I) und Ermächtigung zum Dienst für Jahwe. S. von Kultgeräten (→ Zelt, → Lade u.a.) »heiligt« diese zum kultischen Gebrauch (Ex 29, 36; 40, 9ff; Lev 8, 10ff; Num 7, 1; vgl. schon Gen 28, 18; 31, 13). Schilde werden durch S. für den hl. → Krieg (: II) geweiht (2Sam 1, 21; Jes 21, 5).

H.Weinel, mšḥ u. seine Derivate (ZAW 18, 1898, 1-82) - RGG² V, 80f - Dalman, AuS IV, 259ff - J.de Fraine, L'aspect religieux de la royauté Israélite (AnBibl 3), 1954 - D.Lys, L'onction dans la bible (EThR 29, 1954, Nr. 3, 3-54) - S.Mowinckel, He That Cometh, 1956 - M.Noth, Amt u. Berufung im AT, 1958 (= Ges. Stud. z. AT, 1960², 309-330) - R.de Vaux, Les institutions de l'AT I. II, 1958/1960 (dt.: Das AT u. s. Lebensordnungen I, 1960) - DBS VI, 716ff - E.Kutsch, S. als Rechtsakt im AT u. im Alten Orient (in: ZAW 74, 1962). *E.Kutsch*

III. Im NT

1. *Buchstäblich* (Verb: ἀλείφω): S. des Körpers, gewöhnlich mit Öl (so im NT; ἔλαιον Olivenöl, μύρον parfümiertes Salböl), ist üblich zum Schutz der Haut, bes. nach dem Waschen, unterlassen in Trauer und → Fasten, geschieht aber auch allgemein zur Erhöhung des Wohlbehagens, bes. S. des Kopfes (Mt 6, 17), durch die Gäste geehrt werden (Lk 7, 46); die nach Mk 14, 3 par an Jesus vollzogene S. wird V. 8 par als Vorwegnahme der S. seines Leichnams gedeutet (Joh 12, 3 S. der Füße Jesu, wie Lk 7, 38 anstelle des Hauptes, das zu berühren die Frau sich scheut). S. des Leichnams (als Brauch Šabb. 23, 5 vorausgesetzt; Ehrung des Toten? Milderung des Leichengeruchs?) Jesu ist Mk 16, 1; Lk 23, 56 beabsichtigt (vgl. Joh 19, 40). Bei Gebetsheilungen wird der Kranke durch S. »im Namen des Herrn« (vermutlich Christus) unter dessen Schutz gestellt Jak 5, 14; ähnlich wohl Mk 6, 13 (Rückübertragung christlicher Praxis). - 2. *Übertragen* (nur χρίω, 1Joh 2 χρῖσμα Salböl oder vollzogene S.): Die Vielfalt der möglichen Beziehungen der bildhaften Redeweise entspricht der der Deutungen der S. im AT (Begabung mit Kraft, mit Gottes Geist, Amtsweihe, Verleihung der Unantastbarkeit). Propheten als »Gesalbte« 1QM 11, 7; Dam 2, 12f. a) *S. Jesu* für Amt und Auftrag: von S. mit dem hl. → Geist wird (im Zusammenhang mit Heilungen) ausdrücklich Apg 10, 38 gesprochen, sie legt sich auch für Lk 4, 18 nahe (Jes 61, 1; S. bes. zur Proklamation der Heilsbotschaft; sonst wie Apg 4, 27); Apg 4, 27 wird wohl die Bestimmung zum Amt als S. bezeichnet. Dagegen stellt die S. des Erhöhten Hebr 1, 9 im Zusammenhang entsprechender Aussagen dessen besondere Auszeichnung auf Grund seines Gehorsams bildhaft dar. - b) *S. der Christen:* an die Erwählung durch Gott und damit die Unverletzlichkeit könnte 2Kor 1, 21 gedacht sein; andere deuten auf Taufe bzw. Geistempfang; jedenfalls wird die S. nicht nur einzelnen, sondern allen Gliedern des Gottesvolkes zuteil. S. mit dem Geist, der belehrt: 1Joh 2, 20. 27 (vgl. Joh 14, 26).

PW 2. R. I, 1851ff - M.Dibelius, MeyerK XV(7)10, (1921) 1959, 232ff - Bill. I, 426ff. 986f - A.Schmidt, Drogen u. Drogenhandel im Altertum, 1924, 25ff - ThW I, 230ff; IV, 807f - Dalman, AuS IV, 260ff - I.de la Potterie, L'onction du chrétien par la foi (Bibl 40, 1959, 12-69). *G.Delling*

IV. In der christlichen Kirche

Die rituellen S.en in der christlichen Kirche gehen alle auf jüdische und spätantike Bräuche bzw. auf biblische Tradition zurück. Seit etwa dem Ende des 2.Jh.s ist eine oder sind sogar mehrere *unmittelbar mit dem Taufakt* (→ Taufe: V) *verbundene S.en* bezeugt (u.a. Tert., De Bapt. 7. 8; Hippol., Trad. Ap.; Syr. Didaskalia). Die Zeugnisse über ähnliche Bräuche in gnostischen Kreisen (Tert., Adv. Marc. I, 14; Iren., Haer. I, 21; Klem. v. Alex., Excerpta ex Theodoto 22. 82; Orig., C.Cels. VI, 27) geben kein Recht, den Ursprung allgemein im Sektentum zu vermuten. Als *heiligender, die nt. Geistes-S. aktualisierender Ritus* ging die S. im syr. Bereich der Taufwaschung voran (noch heute kennen die → Nestorianer keine postbaptismale S.); anderswo folgte sie ihr nach. Daß die postbaptismale S. (oder in der stadtröm. Tradition eine zweite, vom Bischof gespendete S.) mit der → Handauflegung (: III) verbunden wurde, hat dazu geführt, daß sie als *Konfirmationsritus* schlechthin verstanden wurde. Als Materie der heiligenden S. wurde schon frühzeitig (u.a. Cyr.v.Jer., Myst. Kat. 2, 3; 3, 3; Ap. Konst. VII, 22. 27) ein duftendes Mischöl verwendet: das *Myron* oder → *Chrisma*. - Die heilende und stärkende S. mit einfachem Öl (exorzisiertes oder Katechumenenöl), die sich bald in fast allen Riten als *Vorbereitung zur Taufe* findet (im ägypt. Brauch sogar verdoppelt), läßt sich in älteren Quellen nicht immer klar von der heiligenden, rituellen Geistes-S. unterscheiden. Von jeher wurden *bei der Taufwasserweihe* das eine oder das andere, im röm. Ritus sogar beide Öle verwendet. - Bis zum 12.Jh. wurde im Osten wie im Westen bisweilen exorzisiertes Öl statt gesegneten Krankenöls verwendet für die seit etwa 400 bezeugte, auf Jak 5, 14f zurückgehende rituelle apotropäische S.: die von mehreren Priestern vorgenommene S. *(Euchelaion)* in den Ostkirchen (nur bei Nestorianern und Armeniern außer Gebrauch gekommen) und die im MA auch als Bußritus gewertete *letzte* → *Ölung* der Schwerkranken im lat. Westen. - Jünger sind die *als Imitation at. Vorbilder zu deutenden S.en von Kultgegenständen und Personen*. Eine Myron-S. des Altars, im 5.Jh. im syr. Osten bezeugt, war im 6.Jh. im außerröm. Westen üblich. Auch der Brauch, Kirche, Kelch, Patene (später Glocken) zu salben, ist zT vielleicht dem Osten entlehnt worden. Westeurop. Ursprungs sind die S.en bei den klerikalen Weihen (erstmals ca 725 bezeugt im Missale Francorum) und bei der Inauguration der Herrscher (visigotische Könige seit etwa 650; die neben der Krönung immer sekundär gebliebene S. der Kaiser seit 816), wobei es ungewiß ist, welcher Brauch der ältere ist. Nur die lat. Herrscher-S. ist, schwerlich vor dem 12.Jh., auch im Osten eingeführt worden. Erst seit ottonischer Zeit haben sich diese »neuen« S.en auch in Rom durchgesetzt. - Im Osten ist die *Weihe des Myrons* im allgemeinen den Patriarchen vorbehalten (vgl. CIC Orient. c. 285 § 2). In der lat.-kath. Kirche werden alle 3 *sacra Olea* jährlich durch den Bischof für sein Bistum gesegnet (CIC cc. 734. 735). Die Segnung des Krankenöls ist in seltenen Fällen auch einem Priester erlaubt (c. 945). - In den *Kirchen der Reformation* sind sämtliche S.en bald unterlassen worden. Die S.en vor und nach der Taufe finden sich in Luthers Taufbüchlein und in der auf Zwinglis Anregung von Leo → Jud entworfenen deutschen Taufordnung (beide 1523). Doch wurde im ersten → Common Prayer Book (1549) die postbaptismale S. beibehalten und eine Anweisung für eine (fakultative) Kranken-S. gegeben.

J.COPPENS, Le rite de l'imposition des mains et les rites connexes, Paris 1925, 41-48. 54-56. 323-360. 377-379 - DACL XII/2, 2116ff - B.WELTE, Die postbaptismale S., 1939 (vgl. H.ELFERS, ThGl 34, 1942, 334-341) - A.CHAVASSE, Etude sur l'onction des infirmes dans l'église latine du IIIe au XIe siècle I, Lyon 1942 - PH.HOFMEISTER, Die hl. Öle in der morgen- u. abendländ. Kirche, 1948 - Zur Entwicklung der S. in den röm. Ordines: M.ANDRIEU, Les Ordines Romani du haut moyen âge III-IV, Löwen 1951/56 (Einl. zu den OR XXX B, XXXV, XXXV B, XLI, XLII, XLV-XLVII; zur Gesch. der lat. Kaiserordines vgl. jetzt: Ordines Coronationis imperialis [Fontes Iuris Germ. antiqui in us. schol. 9], ed. R.ELZE, 1960) - C.ERDMANN, Königs- u. Kaiserkrönung im otton. Pontifikale (in: Forsch. zur polit. Ideenwelt des Früh-MA, 1951, 51-92) - EC IX, 219ff - M.ANDRIEU, Le sacre épiscopal d'après Hincmar de Reims (RHE 48, 1953, 22-73) - A.RAES, Où se trouve la confirmation dans le rite syro-oriental (L'Orient syrien 1, 1956, 239-254) - C.A.BOUMAN, De oorsprong van de rituele zalving der koningen (in: Dancwerc, Festschr. D.Th. Enklaar, Groningen 1959, 64-85).

C.A.Bouman

Saldenus, *Guilielmus* (1627-94), ref. Theologe, * in Utrecht, studierte ebd unter → Voetius und → Hoornbeek, wurde 1649 Pfarrer in Renswoude, 1652 in Kockengen, 1655 in Enkhuizen, 1664 in Delft, 1677 in 's Gravenhage. S. gehörte zur ref.-pietistischen Richtung der sog. Nadere Reformatie (→ Niederlande: I, 4), war befreundet mit H. → Witsius, wollte sich zu keiner der damaligen kirchlichen Parteien (Voetianer und Coccejaner) rechnen und setzte sich für den Frieden der Kirche ein. In vielen erbaulichen Schriften über die »praxis pietatis« trennte er die Wiedergeborenen von den Nichtwiedergeborenen und bekämpfte die weltliche Gesinnung, bes. das Theater.

Vf. u.a.: Neerlands interest, tot vrede der Kercke (unter Pseudonym Gelasius Mullens), 1664; D'overtuyghde Dina of Korte en nodige waerschouwingh tegen 't besien van de hedens-daegsche Schouwspelen, (?) 1667^{2}. - Über S.: W.GOETERS, Die Vorbereitung des Pietismus in der ref. Kirche der Niederlande, 1911, 100ff - J.VAN GENDEREN, Herman Witsius, 1953, 103ff - T.D.SMID, Bibliogr. gegevens over S. (NAKG 43, 1960, 253-257).

W.F.Dankbaar

Salesianer pflegt man zu nennen: 1. Die *Missionare des hl.* → *Franz von Sales* (M.S.F.S.) von Annecy, 1838 gestiftet von Bischof Josef Rey und dem ersten Generalsuperior Petrus Mermier zur Seelsorge an Armen und Landleuten, an der Jugend und zur Konversion der Irrgläubigen. Die Kongregation wurde 1843 vom Hl. Stuhl bestätigt, die Konstitutionen wurden 1889 und 1930 approbiert. Das Mutterhaus ist heute in Proupeine (Dep. Annecy). Die Kongregation zählt über 300 Mitglieder. - 2. Die Mitglieder der *Gesellschaft des hl. Franz von Sales* (S.D.B.), gegründet 1859 vom hl. Don Giovanni → Bosco in Turin zur Erziehung der verlassenen Jugend. Das Motto des Stifters war: »Herr, gib mir Seelen, alles andere nimm.« Die von Don Bosco verfaßten Konstitutionen wurden 1869 und 1923 genehmigt. Heute hat die Kongregation 68 Provinzen mit über 20000 Mitgliedern, die in allen Erdteilen zerstreut sind. Die S. sammeln die schulpflichtige Jugend in Knabenheimen, errichten Anstalten für Lehrlinge und Werkstätten zu deren Ausbildung. In den Missionsgebieten war vor allem der spätere Kardinal Johann Cagliero († 1926) tätig. Den S.n anvertraute Missionen finden sich heute bes. in Südamerika, Indien, China und Japan. Das Pontificium Athenaeum Salesianum wurde 1940 errichtet. Heiliggesprochen sind der Stifter und Dominikus Savio; für mehrere Mitglieder ist der Seligsprechungsprozeß im Gang. - 3. Die *Oblaten des hl. Franz von Sales* (O.S.F.S.), begründet 1873 vom Generalsuperior Alois Brisson in Troyes, 1887 von Leo XIII. bestätigt. Die Konstitutionen wurden 1897 definitiv approbiert und 1924 revidiert. Die → Oblaten üben die Tugenden des Priester- und Ordensstandes im Geiste des hl. Franz von Sales und widmen sich den Aufgaben der Seelsorge (Jugend und Mission). Der Verband hat zZ 7 Provinzen mit etwa 1000 Mitgliedern. Der derzeitige Generalobere D.Balducelli ist Ordensassistent der → Salesianerinnen.

Zu 2 (außer der Lit. zu → Bosco): C.SALOTTI, Der hl. Johannes Bosco, dt. 1955 - Don Bosco in aller Welt, 1959. - Zu 3: P.DUFOUR, Ein Werkzeug der Vorsehung. Leben des Dieners Gottes Alois Brisson, 1954. *Ph.Hofmeister*

Salesianerinnen (amtlich *Orden von der Heimsuchung Mariä,* auch *Visitantinnen*), vom hl. → Franz von Sales und der hl. Johanna Franziska von → Chantal 1610 in Annecy zu beschaulichem und tätigem Leben gegründet. Paul V. bestätigte den Orden mit der → Augustinerregel (Statuten 1618, 1626, 1928). Die Tracht ist schwarz mit silbernem Brustkreuz. Die S. waren zuerst in Frankreich tätig, aber schon früh auch außerhalb (seit 1744 im Orient, seit 1779 in Nordamerika). Die französische Revolution schloß viele Konvente, die aber bald wieder auflebten. Heute hat der Orden ca 200 Klöster (in der BRD 9 mit ca 400 Schwestern). Vielfach leiten die Nonnen Schulen und Internate für Töchter höherer Stände. Eine der bekanntesten S. ist die hl. Marie Marguerite → Alacoque (→ Herz Jesu). Jedes Kloster ist selbständig; 1951 wurden aber alle Klöster in eine aus 18 Föderationen bestehende Konföderation mit einer in Annecy residierenden Generalmutter zusammengeschlossen (Statuten 1955).

HEIMBUCHER I, 641ff - LThK IX, 116f. *Ph.Hofmeister*

Salfeld, *Johann Christoph* (1750-1829), hannoverscher luth. Theologe, * in Nettelkamp (Ülzen) als Sohn eines Pfarrers, 1774 Inspektor und 1791 Kurator des Lehrerseminars, 1788 Hofprediger und Konsistorialrat, 1792 Abt von → Loccum, 1817 Konsistorialdirektor. S. war ein Prediger im Stil rationalistischer Theologie und gemäßigter Aufklärung. Große Verdienste erwarb er sich um das Schulwesen und die Kirchenverwaltung Hannovers: Lehrerbildung, ländliche Industrieschulen, Gründung des Hannoverschen, Reform des Loccumer Predigerseminars, Förderer des Klosters, dessen Bestand er 1803-13 rettete.

Jährliche Beiträge zum Schul- u. Kirchenwesen Hannovers. - Über S.: Allg. Hann. Biogr. III, 1916 - F.SCHULTZEN, Gesch. d. Klosters (Loccum), 1913. *R.v.Thadden*

Salig, *Christian August* (1691-1738), ev. Theologe, * in Domersleben (Magdeburg), 1714 PDoz. in Halle, 1717 Konrektor in Wolfenbüttel. Vom Halleschen → Pietismus, Chr. → Thomasius und der Neologie beeindruckt, lieferte S. vorzügliche reformationsgeschichtliche Untersuchungen auf Grund der Bibliotheksschätze in Wolfenbüttel. Dabei versuchte er, sich abseits der dogmatischen Auseinandersetzungen seiner Zeit zu halten. Das trug ihm den Vorwurf des Indifferentismus ein, zumal er den von der Orthodoxie Verfemten (zB → Schwenckfeld, A. → Osiander) Verständnis entgegenbrachte.

Vf. u.a.: De Eutychianismo ante Eutychem, 1723; Vollst. Historie der Augsburg. Confession, 3 Bde, 1730-35; Vollst. Historie des Tridentinischen Conzils, 3 Bde, 1741-45. - Über S.: RE XVII, 394ff. *E.Beyreuther*

Salmasius, *Claudius* (Claude de Saumaise, 1588 bis 1653), hugenottischer Gelehrter und Publizist, * in Sémur-en-Auxois (Bourgogne), wurde von seiner Mutter im prot. Glauben erzogen, studierte in Paris (bei → Casaubonus) und Heidelberg. Schon früh fiel er durch seine philologische Gelehrsamkeit, bes. durch seine Kenntnisse in den orientalischen Sprachen auf. Als Nachfolger → Scaligers kam S. 1632 nach Leiden, wo er eine vielseitige publizistische Tätigkeit entwickelte. Sein Eingreifen in theologische, kirchenrechtliche und politische Fragen brachte ihn in Konflikt mit verschiedenen hervorragenden Zeitgenossen. Am bekanntesten ist seine Auseinandersetzung mit → Milton, in welcher S. für die göttliche Stiftung der Monarchie eintrat (Defensio regia pro Carolo I, 1649), wogegen der Sekretär → Cromwells die Republik verteidigte (Pro populo Anglicano defensio, 1651; Defensio secunda, 1654). S. reiste mehrfach nach Frankreich, schlug jedoch alle Berufungen aus und kehrte immer wieder nach Leiden zurück. 1650/51 weilte er am Hofe der Königin Christine von Schweden.

Vf. ferner u.a.: De primatu Papae, 1645 (mit dieser Schrift brach S. seine Beziehungen zum kath. Frankreich endgültig ab); De transsubstantiatione, 1646; De subscribendis et signandis Testamentis, 1648. - Über S.: E. u. E.HAAG, La France prot. IX, 149ff - RE XVII, 397ff - G.COHEN, Ecrivains français en Hollande, Paris 1920, 311ff - NNBW V, 649ff - J.H.HANFORD, A Milton Handbook, New York (1926) 1954⁴, 109ff - E.M.W.TILLYARD, Milton, London (1930) 1956⁴, 180ff. *H.R.Guggisberg*

Salmeron, *Alphons* (1515-85), * in Toledo, † in Neapel, schon in Paris Gefährte des Ignatius von → Loyola, 1541-42 apostolischer Nuntius in Irland, 1549 in Bologna Dr. theol., dann Prof. in → Ingolstadt. 1550 nach Verona berufen, half S. 1551 in Rom Ignatius bei der Abfassung der Konstitutionen der SJ, gründete 1551 das Jesuitenkolleg in Neapel, war 1555 auf dem Reichstag zu Augsburg, begleitete den Nuntius → Lippomani nach Polen und 1556-58 Kardinal Caraffa nach Belgien. 1558-76 war S. Provinzial von Neapel, 1561 Generalvikar und 1562 Theologe der Indexkommission. Mit → Laynez nahm er 1546, 1551 und 1562 am → Tridentinum teil und griff bei mehreren wichtigen Kontroversen ein.

Vf.: Kommentare zum ganzen NT, 16 Bde, Madrid 1597-1602 u.ö. - Briefe in Monumenta hist. SJ, 2 Bde, Madrid 1906/07 - Konzilsvotum über die doppelte Gerechtigkeit ed. ST.EHSES, RQ 27, 1913, 20*-30*. 129*-145* u. (nach einer besseren Hs.) J.OLAZARÁN, Estudios ecles. 20, 1946, 211-240. - Über S.: BACKER-SOMMERVOGEL VII, 478ff - DThC XIV/1, 1040ff (Lit.) - C.GUTIÉRREZ, Españoles en Trento, Valladolid 1951, 54ff - JEDIN II (s. Reg.). *I.Ludolphy*

Salome, griech. Form des jüd. Frauennamens šalôm »Heil«, dieser wieder Verkürzung des ursprünglichen, ab 3.Jh. vChr belegten š^e^lam-ṣijôn »Heil Zions«. Häufig auf jüd. → Ossuaren (vgl. P.B.Bagatti-J.T.Milik, Gli scavi del »Dominus flevit« I, Jerusalem 1958, 72-74. 79-81. 108f), erscheint der Name auch in den Dokumenten von Wadi Murabbaʿât (→ Qumran, 6). - 1. S., mit griech. Namen Alexandra, Frau des Hasmonäerkönigs Aristobul I. (104/03 vChr) und seines Bruders und Nachfolgers Alexander Jannai (103-76 vChr), nach dessen Tod allein Königin († 67 vChr), beendete als solche die pharisäerfeindliche Haltung des Jannai (→ Judentum: I, 2). - 2. Schwester → Herodes' d. Gr., hat viel zu den Familientragödien in dessen Hause beigetragen († 10 nChr). - 3. Tochter der Herodias aus ihrer ersten Ehe mit dem Herodessohn → Herodes (, 2), dürfte in dem historisch nicht gesicherten Bericht Mt 14, 3ff = Mk 6, 17ff gemeint sein. Sie war mit dem Tetrarchen Philippus und später mit einem Urenkel Herodes' d. Gr., Aristobul, verheiratet. - 4. Eine der galiläischen Frauen, die Jesus nach Jerusalem begleiteten und am Ostermorgen zum Grab gingen (Mk 15, 40; 16, 1). Aus dem Vergleich mit Mt 27, 56 läßt sich schließen, daß sie die Mutter der Zebedäussöhne war und also auch Mt 20, 20 gemeint ist. Aus der Kombination mit Joh 19, 25 ergibt sich die *Möglichkeit,* daß sie eine Schwester der Mutter Jesu war. Als Jüngerin erscheint sie auch in der → Pistis Sophia.

Zu 1-3: SCHÜRER (s. Reg.) - S.PEROWNE, Herodes d. Gr., dt. 1957 (s. Reg.) - DERS., Herodier, Römer u. Juden, dt. 1958 (s. Reg.; dort Taf. zu S. 97 Münzporträt von 3). - Zu 4: TH.ZAHN, Brüder u. Vettern Jesu, 1900, 340f. *W.Foerster*

Salomo, Sohn → Davids und Erbe seines Reiches um die Mitte des 10.Jh.s vChr (runde Angabe der Regierungsdauer: 1Kön 11, 42). Die Überlieferung des AT über ihn findet sich teils in einem zeitgenössischen Erzählungswerk (→ Geschichtsschreibung: I, 4), das die Frage der Thronfolge im Reiche Davids von den Anfängen bis zu S.s Eintritt in die Alleinherrschaft historisch entwickelt (1Sam 4-6; 2Sam 6. 7. 9-20; 1Kön 1-2), teils in einer jüngeren Darstellung von S.s Regierung, die nach sachlichen Gesichtspunkten angelegt ist und neben volkstümlichen Erzählungen sagenhafter Art auch viele Aufzeichnungen offizieller Herkunft enthält (1Kön 3-11, mit deuteronomistischen Zutaten). Die späte Nachbildung des Chronisten (2Chr 1-9) bringt keinen historischen Stoff hinzu.

1. Das komplizierte *Reichsgebilde* Davids, bestehend aus den Reichen → Juda und → Israel (: I, 9), dem Stadtstaat → Jerusalem (: II, 2) und den abhängigen Randstaaten Palästinas, hat S., der zur Sicherung der Thronfolge noch zu Davids Lebzeiten in die Mitherrschaft aufgenommen worden war (1Kön 1), zwar in der Hauptsache zusammenzuhalten vermocht, aber nach keiner Richtung hin vergrößert. Kriegerische Unternehmungen werden von ihm überhaupt nicht berichtet; daß er seine Wehrmacht (Heerbann und Fußsöldner) durch Schaffung eines königlichen Streitwagenkorps vervollständigte (1Kön 5, 6. 8; 9, 19), hat mit aggressiven Absichten nichts zu tun, und seine Festungsbauten (1Kön 9, 15. 17ff) sprechen sogar für bewußten Übergang zur Defensive (von den Festungen S.s in → Megiddo, Hazor und Geser haben die → Ausgrabungen [: III] mehr oder minder umfangreiche Reste aufgedeckt; die berühmten Pferdeställe von Megiddo stammen nach neueren Erkenntnissen allerdings erst aus etwas späterer Zeit [Y. Yadin]). Mindestens im Norden des Reiches scheint es unter ihm auch schon zu einem Rückgang des territorialen Besitzstandes gekommen zu sein: die phönizische Küste von Akko bis Sidon, die David annektiert hatte (2Sam 24, 6f), mußte S. dem selbständig gebliebenen König der Inselstadt → Tyrus (als Lehen?) überlassen (1Kön 9, 11ff); im nördlichsten Ostjordanland konnte er die Bildung eines neuen Aramäerstaates mit → Damaskus als Zentrum (zunächst als Vasallenstaat?) an Stelle der von David zerstörten kleineren Reiche (2Sam 8, 3ff) nicht verhindern (1Kön 11, 23ff). Ein gelegentlicher Übergriff des Pharao von Ägypten (welches?) richtete noch keinen Schaden an (1Kön 9, 16; Vorbote von 14, 25ff!), und die Randstaaten der → Ammoniter, → Moabiter, → Edomiter (doch vgl. 1Kön 11, 14ff) sowie die → Philister (1Kön 2, 39ff) blieben wohl in den von David geschaffenen Abhängigkeitsverhältnissen. Daß die Reiche Juda und Israel getrennte Größen blieben, die nur durch Personalunion verbunden waren, zeigt die Liste der zwölf Vögte und Gaue S.s in Israel (ohne Juda: 1Kön 4, 7ff). Jerusalem endlich, »Davids Stadt« (2Sam 5, 9), war königlicher Herrschaftsbereich im allerstrengsten Sinn.

2. Statt auf dem Wege territorialer Expansion versuchte S. seinem Reiche durch Ausbau der *diplomatischen Beziehungen* erhöhtes Ansehen zu verschaffen. In diesen Zusammenhang gehören seine Verschwägerungen mit selbständigen und abhängigen Dynastien (Ägypten: 1Kön 3, 1; 9, 16; palästinische Nachbarn: 11, 1ff), seine besonders enge Verbindung mit dem König von Tyrus (1Kön 5, 15ff; 9, 11ff. 27), sein Verkehr mit Südarabien (Saba: 1Kön 10, 1ff; → Sabäer); auch die Nachricht, er habe bis an den Euphrat geherrscht (1Kön 5, 4; vgl. 10, 29), beruht vielleicht auf derartigen Beziehungen zu den Staaten Mittel- und Nordsyriens. Der diplomatische Verkehr führt weiter zum *Austausch hochwertiger Kulturgüter* zwischen den Höfen und zur Ermöglichung eines *königlichen Monopolhandels* von Land zu Land (Import: Bauholz 1Kön 5, 20ff, Gold 9, 11. 28; 10, 10f; Export: Getreide und Öl 5, 25; Transit: Pferde 10, 28f). S.s berühmt gewordener Reichtum beschränkt sich aber nicht auf die Anhäufung materieller Güter aus dem Ausland, sondern umfaßt auch die *Einführung fremder Technik* (Metallbearbeitung: 1Kön 7, 13ff. 45f; Übergang zum Quaderbau: 5, 31 u.ö., durch die Ausgrabungen bestätigt; Schiffahrt auf dem Roten Meer: 9, 26ff). Und zu alledem kommt endlich noch die Pflege *geistigen Austausches:* S.s Weisheit in Form der Spruchdichtung (→ Weisheitsdichtung) steht in bewußter Konkurrenz zu dem, was nahe und ferne Völker auf dem gleichen Gebiet produzieren (1Kön 5, 9ff; 10, 1ff; die Weisheit des Inkubationsorakels von Gibeon 3, 4ff und der Wandersage von S.s Urteil 3, 16ff ist anderer Art). So zeigt sich S. nach jeder Richtung hin bestrebt, sein Reich in die Zusammenhänge der Weltpolitik hineinzustellen und ihm vollen Anteil an der Weltkultur zu verschaffen - der typische Exponent der zweiten Generation einer schnell erwachsenen Großmacht.

3. Diese entschiedene innere Umstellung ist jedoch lediglich Sache des Königs und seines Hofes, nicht auch der untertanen Bevölkerungen, die dafür noch gar nicht reif gewesen wären; nur sehr langsam und mittelbar konnten auch sie, zunächst die oberen Schichten, in die gemachten Kulturfortschritte hineinwachsen. Einstweilen strömte der neue Reichtum ausschließlich in die Residenz nach → *Jerusalem* (: II, 2) und verkörperte sich dort sichtbar in der *neuen Stadt,* die S. unmittelbar nördlich an die alte enge Davidstadt anschloß und zum großen Teil mit dem Komplex seiner Palastbauten und seines → *Tempels* (: II) für die → Lade Jahwes füllte, auch da wieder fremden Vorbildern folgend (ausführliche Beschreibung 1Kön 6-7, Tempelweihe 8). Die bauliche Verknüpfung des Tempels mit dem Palast zeigt, daß er in erster Linie als Hof- und Reichsheiligtum gedacht war; wie weit die Untertanen in Israel und Juda zur Beteiligung an seinem Kultus verpflichtet wurden, ist nicht auszumachen. Die Heiligtümer, die S. am Ölberg (also auf jerusalemischem Boden) für die Staatsgottheiten der Nachbarreiche erbaute (1Kön 11, 7f), waren gewiß eine rein höfische Angelegenheit im Dienste der äußeren Politik. Alle diese Neuerungen konnten bei den Israeliten und Judäern nur die Wirkung haben, daß ihnen die Hauptstadt, der Hof und die Person des Königs selbst immer fremder wurden. - Zudem verlor das → Königtum (in Israel, 2) unter S. mindestens praktisch den ihm von Hause aus eigenen Charakter eines nationalen *Heer*königtums, und da S. für seine politischen Ziele nicht mehr des Volkes in Waffen bedurfte, so war dieses von der persönlichen Fühlung mit ihm und vor allem von dem Einfluß auf seine Regierungshandlungen ausgeschlossen. Statt der Heeresfolge aber wurde jetzt der *Frondienst* bei den königlichen Bauten zur Hauptleistung der Untertanen für den Staat (die Behauptung 1Kön 9, 20ff, nur von den Kanaanäern, nicht von den Israeliten im Reich habe S. Frondienste verlangt, ist wohl falsch; vgl. 5, 27ff). Von dieser Wendung der Dinge, die ja mit S.s Gesamtpolitik aufs engste zusammenhing, leitet die Überlieferung sicher mit Recht eine gefährliche innere *Krise* unter S. und schließlich die Katastrophe des davidischen Gesamtreiches sofort nach S.s Tod ab: aus → Jerobeams I. Empörung (1Kön 11, 26ff) wurde seine Erhebung zum König im Reiche Israel, das sich damit der Herrschaft der Davididen und der Personalunion mit dem Reiche Juda für immer entzog (1Kön 12, 1ff). Die Frage ist historisch müßig, ob es zu diesem Ergebnis nicht auch ohne S. über kurz oder lang gekommen wäre; auf jeden Fall hat er durch seine oben gekennzeichnete Politik diese Entwicklung sehr beschleunigt, was freilich nicht verhinderte, daß die Erinnerung an

den unheimlichen Glanz seiner Regierung und an seine Weisheit kräftig fortlebte und ihn später sogar zum Autor einer ganzen Literatur machte (→ Sprüchebuch, → Predigerbuch, → Psalmen, → Salomo-Psalmen, → Salomo-Oden, → Salomo-Weisheit).

Vgl. die Darstellungen der Gesch. → Israels u. die Kommentare zu den → Königsbüchern. - A.ALT, Israels Gaue unter S. (BWAT 13, 1913, 1-19 = ALT II, 76-89) - DERS., Die Weisheit S.s (ThLZ 76, 1951, 139-144 = ALT II, 90-99) - M.NOTH, Die Bewährung von S.s »göttlicher Weisheit« (VT Suppl. 3, 1955, 225-237) - Y.YADIN, Solomon's City Wall and Gate at Gezer (IEJ 8, 1958, 80-86) - DERS., New Light on Solomon's Megiddo (BA 23, 1960, 62-68). - Weitere Lit. s. → Jerusalem: III, → Tempel: II. † *A.Alt (R.Bach)*

Salomo III. (ca 860-919), aus schwäbischem Adel, Mönch in St. Gallen, dort durch → Notker, zeitweise auch in Italien ausgebildet, war Kaplan und Notar Karls III. und Arnulfs, der ihn 890 zum Abt von → St. Gallen und Bischof von Konstanz erhob. Als tatkräftiger Politiker, Kanzler Ludwigs des Kindes und Konrads I., verhinderte er die Gründung eines schwäbischen Stammesherzogtums durch Burchard, Erchanger und Berchtold. Interessante Quellen zur Zeitgeschichte sind seine Gedichte und die sog. Formulae Salomonis, eine Sammlung von Urkunden und Briefen als Stilmuster, die S. mit seinem Bruder Waldo begonnen hatte, die aber erst Notker ergänzte und vollendete. Das Glossarium Salomonis geht wohl auf seine Anregung zurück.

MG PL IV, 296ff. 345 Nr. VII; Formulae 390ff - U.ZELLER, Bischof S. III., 1910 - MANITIUS I, 594ff - J.A.MCGEACHY, The Glossarium Salomonis (Speculum 13, 1938, 309-318) - W.V.D.STEINEN, Notkers... Formelbuch (Zs. f. Schweiz. Gesch. 25, 1945, 449-490) - VerfLex IV, 1953, 21ff. *H.Löwe*

Salomo-Oden

1. Einleitungsfragen - 2. Literarkritik und Formgeschichte - 3. Religionsgeschichte - 4. Theologische Thematik

1. Die 42 S.-O. waren bis zum Anfang des 20.Jh.s nur aus einem Zitat bei Lactantius (Inst. IV, 12, 3), aus zwei alten Kanonverzeichnissen und aus der koptisch-gnostischen → Pistis Sophia bekannt, in der fünf Oden (1; 5, 1-9; 6, 7-17; 22; 25) in c. 58. 59. 65. 69. 71 aufgeführt werden. Erst der Engländer J.Rendel Harris hat sie in einer syr. Hs. entdeckt und 1909 ediert. Diese aus dem 16.Jh. und aus dem Tigrisland stammende Hs. umfaßt auch noch die → Salomo-Psalmen, jedoch fehlen die ersten beiden Oden und der Anfang der dritten. Eine weitere neue syr. Hs. (mit wertvollen Varianten) wurde 1912 von Burkitt veröffentlicht. Beide Hss. gehen auf denselben syr. Grundtyp zurück, lediglich in 28, 16 und 38, 18 liegt eine Differenz vor. Die Oden selbst stellen kein Pseudepigraphon dar (gegen Th.Zahn und P.Battifol), da nichts in ihnen auf den israelitischen König hinweist. In der Datierungsfrage hat man sich schon bald auf die erste Hälfte des 2.Jh.s nChr einigen können. Schwieriger ist das Sprachenproblem, da sich Belegmaterial sowohl für ein griech. als auch semitisches Original beibringen läßt. Sehr wahrscheinlich geht der jetzt vorliegende syr. Text auf ein griech. Original zurück, dem vielleicht ein semitisches zugrunde liegt (Baumgartner). Eine Rekonstruktion des griech. Textes hatte schon 1911 W.Frankenberg versucht.

2. Die Epoche der *literarkritischen* Quellenscheidungen in den S.-O. ist nur von kurzer Dauer gewesen. Auch die These von Harnack - ein ursprünglich jüd. Grundstock sei christlich überarbeitet worden - hat sich nicht durchgesetzt. - Ein wesentlich größerer Erfolg war der Anwendung der *formgeschichtlichen* Methode beschieden. Drei Typen der literarischen Gattung sind deutlich zu erkennen (Abramowski): a) Zur *Lehrdichtung* gehören die drei Oden von der Gnade (32, auch 14 u.a.), vom Wort (12, vgl. weiter Ode 16) und vom Himmelsbrief (23). - b) *Gemeindelieder* sind Ode 4 (eine dreiteilige Dichtung, in der Gottes Ort und seine Gaben an die Gläubigen besungen werden), Ode 16 (die Wirkung des Geistes, seine Dauer, Kraft und Ausbreitung), die sog. Spiegelrede 13 und 20 (enthalten die meisten ethischen Vorschriften), Ode 30 (Einladung zur lebendigen Quelle des Herrn) und 39 (Schilderung der gewaltigen Ströme Gottes). Mischtypen sind u.a. Ode 8 und 9. - c) Die *Individualoden* sind am häufigsten anzutreffen; mehr als zwei Drittel gehört zu ihnen, in denen ein Einzelner analog dem Stil der at. und Qumran-Psalmen seine Gotteserfahrungen verkündigt: 1; 3; 7; 10f; 12, 1-3; 15; 16, 1-7; 17; 18, 1-10; 19, 1-5; 20f; 27ff; 35f; 38; 42. Didaktischen Stil enthalten zB 16, 8ff (Schöpfungspsalm), 19, 1ff (Jungfrauengeburt) und 20 (echtes Opfer). In 24 und 31 berichtet der Beter von Erlebnissen des Herrn. Reine Gebetsdarstellungen finden sich in 14 (Bittgebet) und 25 (Dankgebet), Hymnen in 22 und 26. Daß diese literarischen Gattungen nicht immer rein erhalten sind, versteht sich von selbst. Den kultischen Hinter- und Untergrund der Oden verrät vor allem 41, wo deutlich eine Liturgie - Gemeindehymnus, Einzelbekenntnis, Gemeindebekenntnis - zu erkennen ist.

3. Vorstellungswelt und Existenzverständnis der S.-O. sind eindeutig *gnostisch* (Gunkel, Greßmann, Bultmann u.a.). Der eigentlich gnostische Erlösermythos - Katabase (22, 1. 11), Fremdsein (17, 6; 28, 10; 41, 8) und scheinbares Unterliegen des Erlösers (28, 7f; 42), die göttliche Hilfe (22, 5ff; 41, 9), Überwindung der Hölle (42, 11ff), Erweckung der Gläubigen (42), ihre Befreiung (17, 8ff) und die Anabase des Erlösers (21, 2; 38, 1ff; vgl. Jonas 327f) - ist in den Oden ohne weiteres zu eruieren. Das gnostische Daseinsverständnis (→ Gnosis: I, 2 c) ist zugleich zentrierende Mitte für das verschiedenartige Projektionsmaterial: Christus ist der Prodromos durch die feindlichen Wasser (39); der Himmelsbrief (23); die Hochzeit des höllischen Äonenpaares auf Erden und ihr Taumelwein verführen die ganze Welt (38, 9ff); hierzu gehören auch die hypostatische Differenzierung und die Mythologisierung von Begriffen, Abstraktionen und Personen. Im Unterschied zu fast allen Formen der Gnosis wird andererseits die Entstehung der Welt und des Menschen nicht auf die gottfeindliche Tat des Demiurgen zurückgeführt. Der Dualismus bestimmt zwar die Soteriologie im Sinne des typisch gnostischen Prädestinationsgedankens (5, 4; 18, 12ff; 24, 10ff u.ö.), aber nicht die Kosmologie, denn Gott bzw. sein Wort haben die Welt geschaffen (12; 16; außerdem 4, 14f; 7, 9). Die Entstehung der gottfeindlichen Sphäre wird im bemerkenswerten Unterschied zu anderen gnostischen Systemen nicht in den Selbstentfaltungsprozeß der Gottheit einbezogen. Andererseits bieten 7, 20f; 22, 11f; 23 eschatologisches Bildmaterial. Dh: die mythologische Kosmologie ist zT unter dem Einfluß des at. Schöpfungsglaubens reduziert, zumindest modifiziert worden. Nichts spricht von hieraus gegen die Annahme einer Entstehung der S.-O. in einer relativ frühen Gnosis (Bultmann, Jch. 13f). Der christliche Charakter dieser Gnosis ist längst erkannt und herausgestellt worden: die Menschwerdung Gottes (7), Jungfrauengeburt (19, 6ff), Trinität (19, 2ff; 23, 22), es gibt nur einen Christus (41, 15ff), der Logos, Christus, der Sohn und der Erlöser sind ein und dieselbe Person (7, 7; 9, 3; 42, 18 u.ö), seine Geisttaufe (24), sein Kreuzestod (27, 3; 42, 1f), seine Auferstehung (42, 6) und der Siegeszug des Christus (6). Bes. auffallende Verwandtschaft besteht mit dem → Johannesevangelium (Bultmann, Index s.v.). Die Verbindung mit der mandä-

ischen Tradition (→ Mandäer), den → Thomasakten (hier bes. mit dem Perlenlied) und dem Christusmythos der → Ignatius-Briefe (Schlier, Abramowski) weisen in dieselbe Richtung. Johannes der Täufer aber wird nirgends erwähnt. Deutlich sind auch die Unterschiede zum nt. Kerygma: Fehlen des Jesus-Namens, Zentrum ist nicht das Passionskerygma des hellenistischen Christentums (Röm 8, 3; Phil 2, 6ff; Gal 4, 4ff und die Passionsgeschichte des MkEv im Unterschied zu Q!), sondern die Überwindung des Irrtums; Zurücktreten der ethisch-paränetischen Begrifflichkeit und damit im Zusammenhang das völlige Fehlen des Wortes Sünde!

Durch die Nag Hamādi-Papyri (→ Gnosis: III, 3 d) ist die Erforschung der S.-O. in ein neues Stadium getreten. Gemeint sind die auffallenden Parallelen mit dem sog. Evangelium Veritatis, der 2. Schrift des Codex Jung (Schenke, Grant). In beiden Texten ist die Welt ein Nichts (CJ 17, 18-25 = Ode 34, 4f), die Verirrung eine personifizierte widergöttliche Macht (CJ 22, 16-20 = Ode 38, 6-14) und die erlösende Erkenntnis im wesentlichen eine Erkenntnis des *einen* Gottes (CJ 24, 11-18 = Ode 6, 6; 7, 21 u.a.). Dasselbe gilt für den Prädestinationsgedanken, die Eschatologie und die Hadesvorstellung (Schenke). Auch die merkwürdigen »Brüste des Vaters« Ode 19, 1f werden in CJ 24, 9-11 erwähnt. Die S.-O. gehören demnach denselben gnostischen Kreisen Ägyptens an wie das Evangelium Veritatis. → Valentin als Verfasser dürfte aber kaum in Betracht kommen (mit Schenke gegen Malinine, Puech und Quispel).

4. Wie schon in den at. und jetzt in den Qumran-Psalmen (→ Psalmen: I, 4, → Hodajoth), so muß auch in den S.-O. die Frage nach dem »Ich«, dem einzelnen Verfasser und Sprecher, beantwortet werden. Dieses »Ich« zerfällt in zwei Personzentren: »Ich bin vereint, weil der Liebende den Geliebten fand; weil ich den Sohn liebe, werde ich Sohn« (3, 7). Dh: zwischen dem filius proprius (= Jesus Christus) und dem filius adoptivus (= das vergottete Gemeindeglied) ist zu unterscheiden (Abramowski). Von diesem filius proprius wird dann ganz im Sinne des Schemas des Erlösermythos gesprochen: er war bekannt vor Gründung der Welt (41, 5) und existierte als ein Gedanke Gottes (9, 3); Gott erniedrigte sich mit ihm (7, 3), er wurde von der Jungfrau geboren (19, 7), in ihm wohnt der lebenspendende Geist (28, 7), er kennt zwar die Unheilsmacht der dämonischen Wasser (39, 9ff), aber er wird schuldlos erniedrigt (28ff) bis zum scheinbaren Tode durch die Verfolger (4, 10ff); aber gerade seine Unterdrückung wurde ihm zur Erlösung (28, 10), und er beginnt sein Erlösungswerk (8, 9ff; 31, 3ff. 13). Daneben steht das 2. Ich, der filius adoptivus: dieser war in Krankheit, Irrtum, Schuld und Verfolgungen verstrickt (11; 15) und wurde dann durch die himmlische Anabasis einerseits (38) und die machtvolle Katabasis in die Unterwelt andererseits (17) gerettet. Wie Christus selbst tritt dieser Gerettete und Vergottete als Sohn Gottes (36, 3) die Weltherrschaft an (29, 8). Durch diese göttliche Verwandlung wird er das Haupt, den die Glieder grüßen (17). Zwischen beiden Söhnen besteht also nicht nur Schicksalsgleichheit (22), sondern beide sind vor allem eins durch die typisch gnostische Vorstellung von der Konsubstantialität! Der Sprecher glaubt an den Erlöser (29, 6), wird dann aber selbst zum erlösten Gottessohn (3, 7). Als Erlöser wird er dann für die Seinen selbst zum Befreier, spendet Erkenntnis und Fürbitte und wird von ihnen als Christus akklamiert. Dieses konsubstantiale Verwandlungsgeschehen ist kein eschatologisch-futurisches, sondern ein gegenwärtiges, das sich im Kult (Wassertrunk und Kleidung in ein lichtes Gewand 11; 6, 13ff; das Milchtrinken 21; der konkrete Gottesdienst 41, 1-7) expliziert hat. Das in den Oden vorliegende Bildmaterial – zB das »trennende Schwert« 28, 4 als ein ursprünglich orientalischer Ausdruck eines apotropäischen Hochzeitsbrauches wird zum Zeugnis innigster Gottesgemeinschaft (Baumgartner) – enthält allerdings noch viele ungelöste Fragen.

Ältere Lit. in RE XXIV, 375ff u. RGG² V, 87ff. – H. Schlier, Religionsgeschichtl. Unters.en zu den Ignatius-Briefen, 1929 – H. Jonas, Gnosis u. spätantiker Geist I, (1934) 1954² – R. Abramowski, Der Christus der S.-O. (ZNW 35, 1936, 44-69) – R. Bultmann, Das Evangelium des Johannes (MeyerK II[10]16), (1941) 1959 – R.M. Grant, The Odes of Solomon and the Church of Antioch (JBL 63, 1944, 363-377) – Ders., Notes on Gnosis (VigChr 11, 1957, 145-151) – W. Baumgartner, Das trennende Schwert OdSal 28, 4 (in: Zum AT u. seiner Umwelt, 1959, 274-281) – H.-M. Schenke, Die Herkunft des sog. Evangelium Veritatis, 1959 – A. Adam, Die ursprüngl. Sprache der S.-O. (in: ZNW 52, 1961).

S. Schulz

Salomo-Psalmen. Die 18 Lieder der S.-Ps. waren in der alten Kirche (→ Altchristliche Dichtung) im Inhaltsverzeichnis zur NT-Hs. A, unter den Apokryphen bzw. Antilegomena im »Verzeichnis der 60 kanonischen Bücher« und in der Stichometrie des Nicephorus bekannt. Jahrhundertelang verschollen, wurden sie 1626 vom Jesuiten de la Cerda erstediert. Ihre 8 griech. Hss. aus dem 10.-15.Jh. stellen sie meist zwischen bzw. hinter Weish und Sir (Swete III², XVIf). Die seit 1909 bzw. 1912 bekannten syr. Hss. aus dem 16. bzw. 10.Jh. (mitsamt einem syr. Fragment) sind Übersetzungen aus dem Griechischen, bes. verwandt mit der griech. Hs. R, aber textkritisch gleichwohl wichtig. Sinnlosigkeiten im griech. Text erweisen sich als Fehlübersetzungen aus einem – nicht erhaltenen – hebr. Urtext. Die S.-Ps. stammen also aus Palästina, mindestens zT aus Jerusalem. Sicher ist, daß 8, 15-21 auf die Eroberung Jerusalems durch den als Gottes Strafrute verstandenen Pompejus und auf den Sturz der Hasmonäerdynastie 63 vChr (→ Judentum: I, 3), 2, 26-30 auf den Tod des nunmehr eigener Willkür beschuldigten Pompejus beim ägyptischen Casius 48 vChr zurückblicken (die diesbezüglichen Texte aus Dio Cassius und Josephus vgl. bei A. Hilgenfeld, Messias Judaeorum, 1869, 25ff). In 17, 7 weist der »Fremdstämmige« wahrscheinlich auf → Herodes d. Gr. Die Abfassungszeit für die S.-Ps. liegt also zwischen 63 und 30 vChr. Ihre Verbindung mit dem Namen Salomo ist sekundär; die damals bereits abgeschlossenen David-Psalmen bekommen nun ihr Gegenstück in den S.-Ps.

Formal setzen die S.-Ps. die wesentlichen Gattungen der at. → Psalmen (: I, 4; Hymnus; Klage- und Danklied; belehrendes Lied; »ich« und »wir« wechseln öfter im gleichen Lied) und ihre Stileigentümlichkeiten (Versmaß; Parallelismus membrorum), freilich in einer gewissen Stilauflösung, fort. Die Reflexion und das didaktische Interesse drängen sich nun vor das Beten. Die Benutzung der S.-Ps. im Kult ist gleichwohl auf Grund der musikalisch-technischen Notizen (8, 1; 15, 1; 17, 1. 29; 18, 9) zu vermuten.

Die einzelnen Lieder der S.-Ps. können von verschiedenen Verfassern stammen; aber der Frömmigkeitstyp ist durchgehend der gleiche. Der Fromme erwartet als Gottes Bundestreue für sich die Errettung von individuellen und kollektiven Feinden, Bewahrung vor Nöten, erziehende Züchtigung und Reinigung von Sünden, die eschatologische Zusammenbringung des zerstreuten Volkes, die die politische Befreiung schaffende Sendung des David-Messias und das ewige Leben. Diese Hoffnung ruht auf den Verheißungen Gottes an Israel, auf dem Schöpfer- und Königsein Gottes. Freilich dürfen nur die Gerechten hoffen, die die Gerechtigkeit in einzelnen Guttaten auf Grund freier Entscheidung tun und so sich Leben ansammeln, die als die Armen (→ Armut: I, 2) Gott fürchten, aufrichtig lieben, anrufen, ihm Recht geben und für ihre Unwissenheitssünden Buße leisten und Züchtigung annehmen. Dies Heil gründet allerdings nur ausnahmsweise in Gottes Gerechtigkeit. Meist erscheint es als Barmherzigkeit, Nachsicht, Verschonung, als freundliches, nur erziehendes Gericht. Solcher Erweichung der Maßstäbe für die Frommen entspricht es, daß die Übertreter, unter ihnen die heuchlerischen Hasmonäer und der übermütige Pompejus, als Folie der Frommen benötigt werden (nur in 6 der 18 Lieder nicht) und daß nun nur die Übertreter strenge immanente und ewige, individuelle und kollektive Strafen zu erwarten haben. Ja, die Frommen erbitten rachedurstig diese Bestrafung. Die Übertretungen der Sünder werden breit herausgestellt: Verachtung und Vergessen Gottes; kultische Unreinheit im Tempel; Fehlen von Gerechtigkeit, Mitleid und Treue; Arglist im Reden; heimliche Unzucht; Materialismus. Der Synergismus der Frömmigkeit hat zur Folge, daß die Theodizee zur zentralen Frage wird und daß die Heilsgewißheit des Frommen schwankt zwischen Gottes Treue und einer eigenen Leistung, deren Ungenügen empfunden und doch auch wieder verdeckt wird.

Diese Haltung ist in manchen Zügen (etwa im Haß gegen die Hasmonäer) pharisäernah, wird aber auch für weitere jüd. Kreise typisch gewesen sein. So hat 11, 2-7 eine enge Beziehung zu dem von ihm wahrscheinlich abhängigen Bar 5, 5-9. Die messianischen Klänge in PsSal 17 und 18 gehören in den Gesamtrahmen der → Apokalyptik (: II). Mit → Qumran sind die S.-Ps. verbunden durch das Verlangen nach ritueller Tempelreinheit und durch die Erwartung des Endes; von Qumran unterschieden durch das Fehlen von Esoterik, von organisiertem Separatismus, Tempelablehnung, prädestinatianischem Dualismus, priesterlicher Messianologie und von radikalisierter Forderung. Die Gegner in den S.-Ps. dürfen nicht einfach mit den → Sadduzäern gleichgesetzt werden; denn diese sind weder identisch mit den der Unreinheit beschuldigten Priestern, noch sieht die - an sich unsadduzäische - Erwartung des ewigen Lebens in den S.-Ps. nach gezielter Polemik aus. Für das NT wichtig sind die S.-Ps. bes. wegen ihrer messianischen Hoffnung und wegen des in ihnen enthaltenen Frömmigkeitstypus.

Textausg.n: O.F.Fritzsche, Libri Apocryphi Veteris Testamenti, 1871, 569ff - O.v.Gebhardt, Ψαλμοὶ Σολομῶντος (TU 13, 2), 1895 - H.B.Swete, The OT in Greek III², 1899, 765ff - A.Rahlfs, Septuaginta, 1935, 471ff. - J.R.Harris-A.Mingana, The Odes and Psalms of Salomo I. II, 1916/20 (syr.). - *Übers.en:* Charles, AP 625ff. - J.Viteau, Les Psaumes de Salomon, Paris 1911. - W.Frankenberg, Die Datierung der Ps.-S., 1896, 66ff (hebr.). - J.Wellhausen, Die Pharisäer u. die Sadduzäer, (1874) 1924², 131ff - Kautzsch, AP 127ff - Riessler 881ff. - *Lit.:* RGG² V, 90f (Lit.) - H.L.Jansen, Die spätjüd. Psalmendichtung, 1937 - K.G.Kuhn, Die älteste Textgestalt der PsSal, 1937 (Lit.) - J.Begrich, Der Text der PsSal (ZNW 38, 1939, 131-164) - H.Braun, Vom Erbarmen Gottes über den Gerechten. Zur Theol. der PsSal (ZNW 43, 1950/51, 1-54) - H.-J.Schoeps, Handelt es sich wirklich um ebionitische Dokumente? (ZRGG 3, 1951, 322-336) - W.Pesch, Die Abhängigkeit des 11. salomon. Psalms vom letzten Kapitel des Buches Baruch (ZAW 67, 1955, 251-263) - O.Eissfeldt, EinlAT, 1961³, § 93 (Lit.). *H.Braun*

Salomo-Weisheit. Die S.-W. (→ Apokryphen: I) gehört zur israelitisch-jüd. → Weisheitsdichtung, hat aber eine sehr charakteristische Eigenprägung. Sie steht am Ende der at. Chokma (→ Weisheit), bezieht die Heilsgeschichte in ihr Blickfeld ein, nimmt apokalyptische Tendenzen auf und ist durch die hellenistische Welt bestimmt. Der Einfluß der Philosophie (Platon, Stoa) - vielleicht durch → Poseidonios vermittelt (Heinemann) - erstreckt sich im wesentlichen auf Wortwahl, literarische und »rhetorische« Formen und einzelne Formulierungen (zB 1, 7; 2, 2; 7, 22f; 8, 19f; 9, 15; 11, 17), deren philosophischer Gehalt freilich zumeist wieder at. umgeprägt wird; hier und da hat sie auch die at. Vorstellungen weitergeführt (Unsterblichkeit der Seele, Aufhebung der Diesseitsschranke in c. 1-5). - Das Buch enthält 3 *Teile:* c. 1-5 (Vom zeitlichen und ewigen Geschick der weisen Gerechten und der törichten Gottlosen), c. 6-9 (Mahnung »Salomos« an die Könige der Welt, Weisheit zu erwerben) und c. 10-19 (Vom Walten der Weisheit in der Geschichte als Urbild und Unterpfand ihres Wirkens in der Endzeit). Teil III bringt 2 Einschaltungen: 11, 15 bis 12, 22 (27) »Von der göttlichen Milde« und 13, 1 bis 15, 17 (19) »Von der Torheit des Götzendienstes«. Die stärkere Verwandtschaft der Anfangskapitel mit der hebr. Weisheit hat zu der These geführt, daß c. 1-5 (bzw. 9 oder 11) hebr. abgefaßt und vom Verfasser des Restes der S.-W. ins Griechische übersetzt worden seien. Dieser These widerspricht die formale Einheitlichkeit des Buches (Verwendung von Leitworten, Überleitungs- und Abrundungsversen und andere literarische Eigentümlichkeiten; vgl. Fichtner, ZNW). Überdies geschieht der Rückgriff auf die Schrift im ganzen Buch nicht am hebr. Text, sondern an griech. Versionen, die zT der LXX, zT dem späteren Symmachustext nahestehen (Fichtner, ZAW). Über der Einheit des Buches dürfen die formalen und sachlichen Differenzen zwischen den Teilen nicht übersehen werden: c. 1-5 Parallelismus membrorum, Anlehnung an Jes 40ff (Jeremias, Suggs); c. 6-9 stärker »philosophisch« bestimmt; c. 10-19 apokalyptische Tendenz, weithin gehobene Prosa. Sie erklären sich aus der typisch spät-chokmatischen Aufnahme verschiedenster Stoffe und Literaturformen. - Die S.-W. ist eine echt hellenistisch-jüd. *Propagandaschrift;* sie richtet sich an fromme und verweltlichte Juden und an hellenistische Heiden und verkündet ihnen die Überlegenheit der jüd. Weisheit über alle heidnische Religion und Philosophie. Von → Philo unterscheidet sie sich durch die fast völlige Vermeidung der Allegorese und das Fehlen eines philosophischen und theologischen Systems. Das Buch wird in der Mitte des 1.Jh.s vChr in Alexandria entstanden sein. Neuere Forscher möchten es mit → Qumran und speziell dem »Lehrer der Gerechtigkeit« in Verbindung bringen (Dubarle, Delcord, Philonenko). Ob die dafür angegebenen Argumente genügen, ist fraglich (griech. Hs. der S.-W. in Chirbet Mird [→ Qumran, 6f]?). Im NT finden sich mancherlei Anklänge an die S.-W. (Fichtner, Komm.; Ziener, Diss.); eine Abhängigkeit von ihr ist aber nicht eindeutig nachzuweisen.

Ältere Lit. u. Kommentare s. bei J.Fichtner, Weisheit Salomos (HAT II, 6), 1938 - R.H.Pfeiffer, Hist. of NT Times, New York 1949, 313ff - O.Eissfeldt, EinlAT, 1961³, § 89. Ferner: J.Fichtner, Die Stellung der Sap. Sal. in der Lit.- u. Geistesgesch. ihrer Zeit (ZNW 36, 1937, 113-132) - Ders., Der AT-Text der Sap. Sal. (ZAW 57, 1939, 155-192) - H.Bückers, Die Unsterblichkeitslehre des W.sbuches, 1938 - J.Heinemann, Synkrisis oder äußere Analogie in der W.S.s (ThZ 4, 1948, 242-251) - H.Eising, Die theol. Geschichtsbetrachtung des W.sbuches (Festschr. M.Meinertz, 1950, 28-40) - A.-M. Dubarle, Une source du livre de la Sagesse? (RSPhTh 37, 1953, 425-443) - ThW V, 676f (J.Jeremias) - P.Dalbert, Die Theol. der hellenist.-jüd. Missionslit., 1954, 70ff - M.Delcor, L'immortalité de l'âme dans le livre de la Sagesse et dans les documents de Qumran (NRTh 77, 1955, 614-630) - G.Ziener, Die theol. Begriffssprache im Buche der W. (BBB 11), 1956 - Ders., JohEv u. W.sbuch (Diss. Rom), 1957 - M.J.Suggs, Weish 2, 10 - ch. 5: A Homily based on the Fourth Servant Song (JBL 76, 1957, 26-33) - M.Philonenko, Le maître de justice et la Sagesse de Salomon (ThZ 14, 1958, 81-88).

J.Fichtner

Zur *Auslegungsgeschichte* (s. auch → Schriftauslegung: IV):

Qu.: 9.Jh.: Hrabanus Maurus (MPL 109). - 13.Jh.: Bonaventura (Opera omnia VI, Quaracchi 1893, 107-233). - 14.Jh.: Meister Eckehart (ed. G.Théry, AHDL 3, 1928, 321-443; 4, 1929, 233-394). - 16.Jh.: Nik.Selnecker, Leipzig 1568 - Vict.Strigel, ebd 1575 - Corn.

Jansen d.Ä., Antwerpen 1589. - 17.Jh.: Joh.Lorinus SJ, Lyon 1607 - Chr.de Castro SJ, Lyon 1613 - Laurentius de Aponte, 3 Bde, Paris 1629/40 (in 1 Bd 1651) - Corn. a Lapide SJ, Antwerpen 1633 - Sam. Bohlius, Rostock 1639 - Joh.Maldonatus SJ, Paris 1643 - Joh.Tossario, Basel 1653 - Petrus Gorse SJ, Paris 1655 - P.de la Coulardière, ebd 1673 - J.-B.Bossuet, ebd 1693. *W.Werbeck*

Saloniki

I. Archäologisch - II. Universität

I. Archäologisch

Bedeutsame Denkmäler in S. setzen erst im ausgehenden 3.Jh. ein; bes. wichtig ist der Palast des Galerius mit Triumphbogen, Hippodrom und großem Temenos mit Rotunde (jetzt H.Georgios, Kirche seit theodosianischer Zeit, wertvolle Mosaiken des 5.Jh.s). Grabungen müssen hier noch weitere Klärung bringen, da der ursprüngliche Zweck der Rotunde und eines Oktogons im Palast noch nicht klar sind. Sehr wichtige Monumente altchristlicher Baukunst sind H.Acheiropoietos (Eski Djouma, Emporenbasilika, 5.Jh.), H.David mit wichtigem Apsismosaik (Vision Ezechiels, 5.Jh.) und H.Demetrios (einschiffiger Bau des frühen 4.Jh.s heute in der Krypta, 412-13 großer Neubau, um 630 abgebrannt, wiederaufgebaut in heutiger Form: fünfschiffige Querschiffbasilika mit Stützenwechsel, Emporen in allen Seitenschiffen, im Transept umlaufend, große Krypta; 1917 erneut abgebrannt, 1926-48 restauriert); bedeutende Mosaiken des 5. und 7.Jh.s (ex voto, kein Gesamtprogramm) und wichtige Fresken sind erhalten. Nach der Mitte des 6.Jh.s entstand die H.Sophia, im Typ zwischen der Kuppelbasilika und der Kreuzkuppelkirche stehend, mit Mosaiken des 9.Jh.s. Hervorragende Kirchenbauten mittel- und spätbyzantinischer Zeit reihen sich an: Panagia Chalkeon, H.Katherina, H.Apostoloi (schöne Fragmente paläologischer Mosaiken), Prophet Elias, H.Panteleimon, H.Nikolaos Orphanos u.a.m. - Vgl. → Byzantinische Kunst, → Kirchenbau: II, 3 b, → Mosaik-Kunst, 1.

N.D.Papahadjis, Monuments of Thessaloniki, 1960 (Lit.). - Vgl. die Lit. zu den angegebenen Artikeln. *K.Wessel*

II. Universität

1. Die *Aristoteles-Universität* von S. wurde 1925 als Ersatz für die 1922/23 verlorengegangene zweite griech. Universität in Smyrna (neben der Universität von → Athen) gegründet. Von Beginn an sollte sie mehr praktischen, zur Berufsausbildung hinführenden Charakter haben, um den neugewonnenen Nordprovinzen zum baldigen geistigen und wirtschaftlichen Anschluß an Griechenland zu verhelfen. Deshalb wurde bei der Planung besonderes Gewicht auf den Ausbau der naturwissenschaftlichen Fächer gelegt und die Errichtung verschiedener Lehrstühle für fremde Sprachen vorgesehen. Der Unterrichtsbetrieb wurde 1926 zuerst von der philosophischen Fakultät aufgenommen; bis 1950 folgten die forst- und landwirtschaftliche, juristische, physikalisch-mathematische, medizinische und tierärztliche Fakultät, dazu eine polytechnische Abteilung. Seit diesem Zeitpunkt (dh nach Beendigung des Partisanenkrieges in Griechenland) gewinnt die Universität in S. auch als Zentrum von Wissenschaft und Forschung immer mehr an Bedeutung, so daß sie heute als eine der besten des Balkans gelten kann. Hatte sie 1926/27 mit 15 Prof. und 40 Studenten begonnen, so sind es zZ (1960/61) 79 o. und 14 ao. Prof., 37 Dozenten und 6691 Studenten.

2. Die schon im Grundgesetz von 1925 vorgesehene *theologische Fakultät* nahm ihre Arbeit erst 1942 auf. Seither gewinnt sie als Ausbildungsstätte für Priester und Religionslehrer an höheren Schulen bei ihrer fortschrittlichen und aufgeschlossenen Art in steigendem Maße an Bedeutung für die griech.-orth. und andere orth. Kirchen. Die Zahl der weiblichen Studenten ist bemerkenswert hoch: 1960/61 waren von 447 Studenten 308 Männer und 139 Frauen. Als o. Prof. lehren: S.Agouridis (NT), J.Kalogirou (DG und Geschichte der ökumenischen Bewegung), P.Christou (Kirchliche Literaturgeschichte, Väterschriften), B.Exarchos (Pädagogik und Katechetik), A.Chastoupis (AT), I.Kotsonis (Kanonisches Recht, Seelsorge), P.Polakis (KG), E.Theodorou (Liturgik, Homiletik), J.Trakas (Religionsgeschichte).

Wissenschaftl. Jb. der theol. Fakultät S., jährlich seit 1953. - P.Bizoudakis, Die neue griech. Univ. in S. (Zs. »Minerva« 5, 1929, H. 10) - V.Kyriazopoulos, Die Aristoteles-Univ. in S., 1959 (griech.) - Megali Ell. Enkyklopaideia XIX, 525f - Neoteron Enkykl. Lexikon Iliou XV, 412. *G.Möckel*

Salpeterer, genannt nach dem Bauern und Salpetersieder Johann Fridolin Albiez von Buch (»Salpeterhans«), gegen die Reformen → Josephs II. (Abschaffung von Heiligentagen) und der badischen Regierung (Schullesebuch) sich wendende kath. Laienbewegung der Gegend zwischen St. Blasien und Waldshut, ursprünglich (vielleicht beeinflußt von Nachwirkungen der Ideen → Hubmaiers) mehr politisch gegen die von St. Blasien ausgehenden Hörigkeitsbestrebungen eingestellt. Die S. kämpften auch gegen Ronges → Deutschkatholizismus. Erzbischof H.v. → Vicari von Freiburg suchte zu vermitteln. Die Bewegung ist allmählich im Sande verlaufen.

H.Hansjacob, Die S., 1870 - K.Rolfus, Die S., 1873. *† H.Stocks (Ernst Wolf)*

Saltmarsh, *John* († 1647), dichterisch-mystischer Prophet der Großen Revolution in England. S. studierte in Cambridge, war 1639 Pfarrer in Heslerton (Yorkshire) und ein eifriger Anwalt der anglikanischen Kirche. Unter dem Einfluß von Sir John Hotham wandelten sich seine Anschauungen nach und nach bis zur Forderung völliger Glaubens- und Gewissensfreiheit, die in brüderlichem Verstehen wahre christliche Einheit schaffe. Sie wiesen mit der Verwerfung gelehrter theologischer Bildung als Vorbereitung für den Pfarrerberuf in die Richtung des Quäkertums (→ Quintomonarchisten). Viele Flugschriften machten S. weithin bekannt (bes. Holy Discoveries and Flames, 1640; Dawnings of Light, 1645; Groanes for Liberty, 1647; Reasons for Unity, 1647; Sparkles of Glory, 1647). 1646 wurde er Heerespfarrer bei Sir Thomas Fairfax. In zahlreichen theologischen Streitigkeiten bewahrte er eine versöhnliche Haltung, die bes. von John → Durie anerkannt wurde.

DNB XVII, 709ff - W.Haller, Tracts on Liberty in the Puritan Revolution I (Commentary), 1934, 85 - L.F.Solt, J.S.: New Model Army Chaplain (JEH 2, 1951, 69-80). *M.Schmidt*

Salutatio → Liturgik: III.

Salvatorianer, *Gesellschaft des Göttlichen Heilandes (Societas Divini Salvatoris; SDS)*, am 8.12.1881 von Joh. Baptist Jordan (1848-1918) in Rom als »Societas Apostolica Instructiva« (Apostolische Lehrgesellschaft) gegründet. Die Gesellschaft will der Erhaltung und Verbreitung des kath. Glaubens dienen, bes. durch Lehren, Belehren und Unterricht; ihre Verfassung wurde 1911 approbiert. Das Presseapostolat gibt die religiöse Familienschrift »Der Missionär« und die Kinderzeitschrift »Manna« heraus. Missionen entstanden in Assam (Indien, 1889-1914), Kolumbien, Krakau, 1901 in Wealdstone (England) und Rio (Brasilien); 1892 Großstadtapostolat in Wien. Die Apostolische Präfektur Shauwu in China ging verloren. Die SDS (Generalat in Rom) umfaßt 10 selbständige Ordensprovinzen: 2 in Deutschland (Provinzialate in Köln und München), je eine in der Schweiz, Österreich, Polen, Belgien, England, Nordamerika, Kolumbien und Brasilien sowie die Vizeprovinzen in Rumänien und in der Tschechoslowakei. Neue Missionen erfolgten 1955 im Gebiet um Tunduru (Tanganyika) und um Kapanga (Kongo). In Logrono (Spanien) entstand ein Studienseminar für Ordensnachwuchs in Kolumbien; eine Neugründung erfolgte in Caracas (Venezuela). Ordenseigene Gymnasien bestehen in Wurzach (Württemberg) und in Steinfeld (Eifel) mit Ordenskonvikt für Nachwuchsschüler. Das missionsärztliche Institut in Würzburg (1922 von Christophorus Becker SDS begründet; → Ärztliche Mission, 2) bildet Missionsärzte aus und in der Krankenpflege Mitglieder aller Orden. - Die 1888 ebenfalls von J.B. Jordan begründeten *Schwestern vom Göttlichen Heiland (Sorores Divini Salvatoris, SDS)* sind selbständig und arbeiten in Schulen, Waisenhäusern und Missionsländern. Ihre erste Generaloberin war Theresia von Wüllenweber. Im Mutterhaus in Rom (1904) erscheint die Vierteljahrsschrift »Salvator Mundi Quarterly«, im Provinzialat in Horrem (Köln) die Zeitschrift »Begegnung«. In 152 Niederlassungen in Europa, Afrika, Nord- und Südamerika und Asien wirken 1972 Schwestern.

P. PFEIFFER, F. Jordan, Rom 1930 - HEIMBUCHER II, 411ff - E. FEDERICI, Il Padre F. Jordan, Rom 1948 - ESCOBAR II, 1491ff - Das Wirken der Orden u. Klöster in Deutschland I, 1957, 305ff. - M. AVELLINA (d. i. MARIA TIETZ), Ich suchte u. suchte. Lebensweg der Freiin Th. v. Wüllenweber, 1952 - Festschr. Ecce Ancilla Domini. Vita Wüllenweber, Rom 1957. *W. Göbell*

Salvianus *von Marseille* (ca 400-468/70), * in Trier, erlebte die Eroberung von Trier und Köln durch die Barbaren (Gub. VI, 72-81). In Übereinstimmung mit seiner Frau Palladia gelobte er Enthaltsamkeit, wurde Mönch in → Lerinum und dann Presbyter in Marseille. Mehrere von → Gennadius (Vir. ill. 68) erwähnte Werke sind verloren. Erhalten sind außer 9 Briefen: Ad ecclesiam oder Adversus avaritiam in 4 Büchern (ca 440), worin die Gläubigen ermahnt werden, ihre Güter der Kirche und den Armen zu vermachen, sowie De gubernatione Dei oder De praesenti iudicio in 8 Büchern (ca 450, unvollendet), sein bedeutendstes Werk. S. beweist, daß die Welt von der göttlichen Vorsehung regiert wird und daß die Barbareneinfälle Gottes gerechte Strafe für die gottlosen und verdorbenen Römer seien. Das Werk enthält interessantes geschichtliches Material, bes. über die religiöse, sittliche, wirtschaftliche und soziale Umwelt. - Nicht bewiesen ist der verschiedentlich behauptete → Semipelagianismus des S. Er preist die Frömmigkeit und Sittlichkeit der zum Christentum übergetretenen Barbaren (Vandalen und Goten, Arianer), befaßt sich aber nicht mit dem Schicksal des Reiches, sondern beurteilt die Ereignisse nach rein theologischen und ethischen Kriterien.

Ausg.n: MPL 53; MG AA I/1, 1877 (C. HALM); CSEL 8, 1883 (F. PAULY); CChr (im Druck: G. VECCHI, Ad ecclesiam u. Epistulae; M. PELLEGRINO, De gubernatione Dei). - Über S.: M. PELLEGRINO, S. di M., Rom 1940 (Lit.) - DERS., Dios juez en la historia según S. de M. (La Ciudad de Dios 170, 1957, 545-560) - ALTANER § 90, 6 (Lit.). *M. Pellegrino*

Salz, *liturgisch.* S. ist das unentbehrliche Gewürz, das die Speisen genießbar macht; weil es die Fäulnis verhindert, ist es Symbol der Beständigkeit. Deshalb muß es jedem heidnischen und jüdischen Opfer (Lev 2, 3; Mk 9, 49) beigegeben werden. Der »beständige« Friedensbund zwischen Gott und seinem Volke heißt geradezu »S.-bund« (Num 18, 19; 2Chr 13, 5; vgl. Mk 9, 50). Wie im heidnischen Rom die Neugeborenen am 8. Lebenstage (dies lustricus) S. bekamen, wird auch in der röm. Kirche den »Katechumenen« vor der → Taufe (: V) geweihtes S. gereicht, nachdem es feierlich exorzisiert worden ist (sacramentum catechumenorum, schon von Augustin erwähnt: Conf. I, 1, 5; de cat. rud. 26); denn dem S. wird apotropäische Kraft (ad effugandum inimicum) zugeschrieben. Da die heilsame Lehre (Tit 1, 9), die die Katechumenen empfangen, die Seele gesund erhält und die zur Seligkeit notwendige Weisheit verleiht, heißt das S. sal sapientiae, medicina perfecta und propitiatio in vitam aeternam. Wegen der reinigenden Kraft, die dem S. (nach 2Kön 2, 19ff) innewohnt, wird dem → Weihwasser für die Gläubigen und dem »gregorianischen Wasser«, das bei der Kirchweihe verwendet wird, S. beigemengt. Die röm. Kirche kennt auch eine Segnung des für das Vieh bestimmten S.es. - Die liturgische Verwendung des S.es, die Luther in der 1. Aufl. des »Taufbüchleins« (1523) noch empfiehlt, fehlt in der 2. Aufl. (1526) und in allen späteren ev. Taufordnungen.

V. HEHN, Das S., (1873) 1901² - ThW I, 229 - LThK IX, 139f - DALMAN, AuS IV, 49ff. *E. Hertzsch*

Salzburg, *Erzbistum.* Im Raum des um 475 zerstörten Juvavum gründete der fränkische Bischof → Rupert, der um 696 nach Bayern kam, die Klöster St. Peter und Nonnberg, in den umliegenden Gauen einige Stützpunkte (»Zellen«). → Bonifatius ordnete 739 die bayrische Kirche (kanonische Errichtung der Bistümer S., → Freising, → Regensburg, → Passau). 774 vollendete der irische Abt-Bischof → Virgil den Dom; sein Lebenswerk war die Missionierung Karantaniens. Nach der Eingliederung → Bayerns in das Frankenreich wurde S. 798 Metropole. Erzbischof Arno (785-821) gründete die Dombibliothek und entwickelte im Auftrag Karls d. Gr. eine weitausgreifende Mission in Pannonien. Zunächst eine Hauptstütze der kaiserlichen Kirchenpolitik, stand S. in den Kämpfen zwischen Sacerdotium und Imperium auf Seite der Päpste. Seine Erzbischöfe behaupteten vom 11.-13. Jh. eine machtvolle Position, die in der Gründung der Eigenbistümer → Gurk, → Chiemsee, → Seckau und → Lavant zum Ausdruck kam. Ihre Bischöfe wurden vom Metropoliten ernannt und ordiniert. Bis zum 18. Jh. erstreckte sich die Kirchenprovinz über 9 Diözesen (die genannten und → Brixen); das geistliche Reichsfürstentum umfaßte das Hochstiftsland und Gebiete in Österreich und Bayern. S. wurde früh (1518/20) von der Reformation ergriffen (Paul → Speratus), die im Erzstift tiefe Wurzeln schlug. Die kath. Restauration setzte nach der Mitte des 16. Jh.s ein. Erzbischof Wolf Dietrich (1587 bis 1612) ließ den fünfschiffigen spätromanischen Dom abbrechen. Erzbischof Paris Lodron (1619-53), der Gründer der Universität (1623), vollendete 1628 den frühbarocken Dom. Unter Erzbischof Max Gandolph wurden 1684/85 die → Deferegger landesverwiesen. Am 31.10.1731 erließ Erzbischof Leopold Firmian das »Emigrationspatent« für die Angehörigen der Augsburger oder Ref. Konfession (→ Salzburger Emigranten). 1802 wurde S. säkularisiert und fiel 1816 an → Österreich. Das Erzbistum wurde 1825 kanonisch neu errichtet. 1959 zählte es 411 000 Katholiken in 205 Pfarreien und Seelsorgestellen. Im Gebiet der Erzdiözese lebten (1959) 18 000 Protestanten.

H. WIDMANN, Gesch. S.s I-III, 1907-14 - LThK IX, 140ff (Lit.) - S.-Atlas, hg. v. E. LENDL, 1955 - G. MECENSEFFY, Gesch. d. Protestantismus in Österreich, 1956 - Der Dom zu S., Symbol u. Wirklichkeit, hg. z. Vollendung d. Wiederaufbaues, 1959 - J. WODKA, Kirche in Österreich, 1959 - AnnPont 1961, 432. *E. Wenisch*

Salzburger Emigranten sind im weiteren Sinn die luth. Christen, die in der Folge der → Gegenreformation (→ Österreich, 4) aus dem Erzbistum → Salzburg ausgewiesen wurden (→ Deferegger und Dürnberger Exulanten, → Schaitberger). Gegen die danach noch im Pinz- und Pongau verbliebenen Lutheraner, S.E. im engeren Sinne, ging seit 1728 Erzbischof Leopold Anton von Firmian (1727-44) vor, dabei maßgeblich beeinflußt von seinem »fanatischen, bis zur Grausamkeit harten« Kanzler Hieronymus Cristani von Rall. Als sich über 20 000 Bauern nach der Verhaftung von 35 Führern und vergeblichen Rekatholisierungsversuchen aus den Gerichten Wagram, Werfen, Bischofsheim, St. Johann, St. Veit und Gastein beim → Corpus Evangelicorum in Regensburg beschwerten, sich am 5.8.1731 in Schwarzach im »Letzten Ratschlag« auf das Salz (vgl. 2Chr 13, 5) feierlich verschworen und ihre Klagen auch vor Kaiser Karl VI. zu bringen versuchten, erließ nach dessen Eingreifen der Erzbischof am 11.11.1731 das vom 31.10. datierte Emigrationspatent. Um die Schutzbestimmungen des Trienniums umgehen und eine vollständige Ausweisung der Evangelischen erreichen zu können, bezeichnete er das Verhalten seiner Untertanen als Rebellion. Vermittlungsversuche des Corpus Evangelicorum beim Reichstag und beim Kaiser blieben erfolglos, wenngleich diesem die Angelegenheit im Blick auf seine Bemühungen um Anerkennung der Pragmatischen Sanktion sehr ungelegen war. Auch Androhungen von Repressalien gegen kath. Untertanen in ev. Ländern vermochten die Haltung des Erzbischofs nicht zu ändern. Am 24.4.1732 mußten die Lutheraner ihre Heimat verlassen. Während kath. Länder und Städte sich dem Durchzug dieses »aufrührerischen Gesindels« vielfach widersetzten, so daß der Erzbischof sich für ihre »friedliche Gesinnung« verbürgen mußte, wurden sie von ev. Städten herzlich aufgenommen. Etwa 14 000 S.E. zogen auf Grund eines Einladungspatentes (2.2.1732) von Friedrich Wilhelm I. nach Preußen. Vom König am 29.4.1732 in Potsdam begrüßt, wurden sie in dem durch die Pest verödeten Ostpreußen angesiedelt. Einzelne Gruppen waren in den ev. Gebieten des fränkischen und schwäbischen Reichskreises geblieben. Andere folgten durch Vermittlung des Augsburger Seniors S. → Urlsperger einer Einladung der »Society for the Promotion on Christian Knowledge«. und der »Trustees for the Establishing for Colony of Georgia in America« und gründeten in Georgien die Stadt Ebenezer. - 1732 und 1733 wurden noch weitere etwa 1000 Evangelische im Gasteiner Tal aufgespürt und zum Verlassen des Landes gezwungen.

J.G.Schelhorn, De religionis evangelicae in provincia Salisburgiensi ortu et factis, 1732 - J.Moser, Salzburger Emigrationsacta u. actenmäßiger Bericht von den geistl. Verfolgungen … im Erzbistum Salzburg, 1732 - C.F.Arnold, Die Vertreibung der Salzburger Protestanten u. ihre Aufnahme bei den Glaubensgenossen, 1900 - Ders., Die Ausrottung des Prot. in Salzburg unter Erzbischof Firmian u. seinen Nachfolgern (SVRG 67. 69), 1900/01 - RE XVII, 408 ff (Lit.) - M.Schmidt, Die Anfänge der Kirchenbildung bei den Salzburgern in Georgia (Festschr. Fr.Ulmer, 1937, 21-40; Lit.) - J.Erb, Die Wolke der Zeugen I, (1954) 1957⁴, 330 ff - G.Mecenseffy, Gesch. des Prot. in Österreich, 1956, 190 ff (Lit.).
H.Hohlwein

Salzmann, *Christian Gotthilf* (1.6.1744 bis 31.10. 1811), Pädagoge aus dem Kreis der → Philanthropinisten, * in Sömmerda, † in Schnepfenthal/Thür. Zuerst Pfarrer, ab 1781 Religionslehrer an → Basedows Philanthropin in Dessau, gründete S. 1784 in Schnepfenthal eine eigene → Erziehungsanstalt (: I, 1). Sie betonte das Familienprinzip, Natur- und Heimatverbundenheit, Leibesübungen, Wandern, Garten- und handwerkliche Arbeit. Im Sinne der → Aufklärung erstrebte S. einen natürlichen Religionsunterricht (Über die wirksamsten Mittel, Kindern Religion beizubringen, 1780). Nachhaltig gewirkt hat er auch durch seine pädagogischen Schriften und Volksbücher (über 100 Bde) mit stark volkserzieherischem Zug; am bekanntesten (neu hg.v. Th.Dietrich, 1960/61): Konrad Kiefer (1796; deutsches Gegenstück zu → Rousseaus Emile), Krebsbüchlein (1780), Ameisenbüchlein (1806; hohes Lied auf das Erzieheramt und Appell an die Selbsterziehung des Erziehers).

Ausgew. Schriften, hg.v. E.Ackermann, 2 Bde, (1889) 1896². - Über S.: B.Rost, S. der Philanthrop, 1915 - O.Bastian, Soziologie u. Sozialpäd. bei S., 1926 (Lit.) - I.Breddin, Volkskunde u. Volksideal bei S., 1937 - W.Schwab, Die Religiosität des S. (Diss. Marburg), 1941.
A.Reble

Sam, *Konrad* (1483-1533), Reformator von Ulm, * in Rottenacker bei Ehingen (Donau), Student in Freiburg und Tübingen. Schon 1520, als Prädikant in Brackenheim bei Heilbronn, ist er Anhänger Luthers. In Württemberg entlassen, wird er nach 1524 als Prädikant am Ulmer Münster mit kraftvoll-derber, stimmgewaltiger Beredsamkeit und durch seine scharfe Gegnerschaft gegen die röm. Kirche zum Volksprediger. Im Abendmahlsstreit erweist er sich in mehreren Schriften als einer der treusten Anhänger → Zwinglis in Deutschland. Er hat maßgebenden Anteil an der allmählichen inneren Umwandlung der Ulmer Bürgerschaft, die 1531 gegenüber dem unbeweglichen, vorsichtigen Rat die Neuordnung des Kirchenwesens (durch → Bucer, → Oekolampad und A. → Blarer) durchsetzt.

S.s → Katechismus (: II, 4) von 1528 bei F.Cohrs in MG Paedagogica 22, 1901, 75 ff. - RE XVII, 415 ff; XXIV, 448 - W.Köhler, Zwingli u. Luther I. II (QFRG 6/7), 1924/53 (Reg.) - J.Endriss, Das Ulmer Reformationsjahr 1531, 1931 - E.Naujoks, Obrigkeitsgedanke, Zunftverfassung u. Reformation, 1958, 57 ff u.ö.
B.Moeller

Samaria

1. Stadt - 2. Provinz und Landschaft - 3. Religion, Geschichte, Literatur der S.r. - S. = Samaria, S.r = Samaritaner, s. = samaritanisch

1. S. war während der letzten 1½ Jh.e des Bestehens des Staates → Israel (: I, 10. 11) dessen Hauptstadt und dann Hauptstadt der nach ihr genannten Provinz (s. 2). Die geschichtliche Bedeutung der am Rande eines fruchtbaren Talkessels 10 km nordwestlich von → Sichem in nicht ungünstiger Verkehrslage sich erhebenden Bergkuppe geht auf den Entschluß → Omris (878/77 bis 871/70 vChr) zurück, sich an dieser durch keine lokale Tradition belasteten Stelle (die älteste bei den Ausgrabungen gefundene eisenzeitliche Keramik kann höchstens eine ganz schwache voromridische Ansiedlung bezeugen) eine Residenz zu errichten (1Kön 16, 24). Da er den Hügel käuflich von seinem bisherigen Besitzer erworben hatte, blieb die Stadt sein und seiner Erben persönliches Eigentum, stand also über dem damals den Staat Israel beherrschenden Gegensatz zwischen dem israelitischen und dem kanaanäischen Bevölkerungselement (vgl. die ähnlichen Gründe, die → David zur Verlegung seiner Residenz nach → Jerusalem [: II, 2] veranlaßt hatten). Daß unter den Nachfolgern Omris eine zweite Residenz in → Jesreel bezeugt ist, läßt indessen erkennen, daß S. sich diesem Dualismus auf die Dauer nicht entziehen konnte, sondern im Gegenteil zu seiner Versteifung beitrug. Denn das Nebeneinander zweier Residenzen ist, wie Alt vor allem auf Grund von 2Kön 9f gezeigt hat, Ausdruck eben dieses Dualismus: Wie Jesreel die »israelitische« Residenz war, so war S. »das Zentrum des Kanaanäertums im Reich in der Form eines kanaanäischen Stadtstaates, der … durch Personalunion mit dem Reich Israel« verbunden war (Alt III, 268). Seinen kultpolitischen Ausdruck fand dieser Status S.s in der Errichtung eines Heiligtums für einen nicht näher bezeichneten → »Baal«, wahrscheinlich den tyrischen

Melkart, durch → Ahab (1Kön 16, 32, vgl. 2Kön 10, 18ff). Diese durch → Isebel geförderte Entwicklung wurde durch die Revolution des → Jehu gewaltsam beendet, der den Baaltempel zerstörte und die kanaanäische Oberschicht ermordete. Immerhin behielt er S. als, jetzt offenbar einzige, Residenz bei. Unter seinen Nachfolgern (→ Jerobeam II.) scheint sich dann, wie sich vor allem den Sprüchen des → Amos entnehmen läßt, wieder allerlei kanaanäisches Wesen in S. breitgemacht zu haben. Nachdem S. schon in den Kriegen mit den → Aramäern mehrfach belagert worden war (1Kön 20; 2Kön 6), fiel es i.J. 722/21 vChr nach dreijähriger Belagerung den Assyrern in die Hände, die es zur Hauptstadt der Provinz S. (s. 2) machten. Provinzhauptstadt blieb S. auch unter babylonischer und persischer Herrschaft. Unter Alexander d.Gr. wurde in S. eine makedonische Militärkolonie angesiedelt, und dadurch wurde S. zur ersten Stadt hellenistischen Zuschnitts im Siedlungsbereich der Stämme Israels. Diese Entwicklung setzte sich in der Ptolemäer- und Seleukidenzeit fort, wurde durch die Zerstörung S.s durch den Hasmonäer Johannes Hyrkanus (107 vChr) zeitweilig unterbrochen und erreichte ihren Höhepunkt unter → Herodes d. Gr., der die ihm vom Kaiser Augustus geschenkte Stadt mit aller Pracht ausbaute und seinem kaiserlichen Gönner zu Ehren *Sebaste* nannte (augustus = σεβαστός; daher der Name des am Ostrand der antiken Stadt liegenden arabischen Dorfes sebaṣṭje). Als römische Militärkolonie und Bischofssitz (erneuert durch die Kreuzfahrer) blieb die Stadt auch weiterhin von einiger Bedeutung, wurde aber allmählich von Neapolis (nāblus; → Sichem) überflügelt.

Die in den Jahren 1908-10 von amerikanischer und 1931-35 von englischer und jüdischer Seite unternommenen *Ausgrabungen* haben in erster Linie die zT noch über den Erdboden emporragenden Reste der hellenistisch-römischen Stadt aufgedeckt, so etwa den mächtigen Augustus-Tempel des Herodes. Es wurde aber auch eine Reihe von vorhellenistischen Siedlungsschichten freigelegt, darunter allein 5 Schichten aus der Zeit vor der assyrischen Eroberung. Da sich diese Schichten mit einer Sicherheit, wie sie sonst überaus selten ist, mit den literarisch überlieferten Nachrichten über die Baugeschichte der Stadt kombinieren lassen, sind die Ausgrabungen von S. von großer Bedeutung für die Datierung der eisenzeitlichen Schichten auch anderer Städte Palästinas. Die Bauschichten Omris und Ahabs sind durch eine rechteckige Zitadelle auf der Höhe des Hügels und vorzügliche Quadertechnik (→ Baukunst, 1. 2) charakterisiert. Unter den Kleinfunden sind bemerkenswert die Elfenbeinschnitzereien nach ägyptischem bzw. phönizischem Vorbild (→ Kunsthandwerk: I, 5). Die Stadt Jehus und seiner Nachfolger wirkt diesen Anfängen gegenüber ärmlicher; unter den Kleinfunden verdienen vor allem die Ostraka Erwähnung: aus der Regierungszeit Jerobeams II. stammende Begleitschreiben zu Öl- und Weinlieferungen an den Hof, die für die → Epigraphik (: I, 1 c), die Topographie und unsere Kenntnis der Gliederung des Staates in Verwaltungsbezirke von Bedeutung sind.

Vgl. die Darstellungen der Gesch. → Israels. - G.Dalman, Die Stadt S. u. ihre Verkehrswege (PJ 2, 1906, 27-43) - Schürer II, 195ff - R.Dussaud, Samarie au temps d'Achab (Syria 6, 1925, 314 bis 338; 7, 1926, 9-29) - J.W.Jack, S. in Ahab's Time, 1929 - BRL 437ff - A.Alt, Der Stadtstaat S. (BAL 101, 5), 1954 = Alt III, 258 bis 302 - A.Parrot, S., die Hauptstadt des Reiches Israel, 1957 - R.Bach, Zur Siedlungsgesch. des Talkessels von S. (ZDPV 74, 1958, 41-54). - Zu den *Ausgrabungen:* G.A.Reisner, C.S.Fisher, D.G. Lyon, Harvard Excavations at S. 1908-1910, 1924 - J.W.Crowfoot u.a., S.-Sebaste, Reports of the Work of the Joint Expedition in 1931 to 1933 and of the British Expedition in 1935: No. 1: The Buildings at S., 1942; No. 2: Early Ivories from S., 1938; No. 3: The Objects from S., 1957 - A.Alt, Archäol. Fragen zur Baugesch. von Jerusalem u. S. in der israelit. Königszeit (WZ Greifswald 5, 1955/56, 33-42 = Alt III, 303-325) - W.F.Albright, Recent Progress in Palestinian Archaeology: S.-Sebaste III and Hazor I (BASOR 150, 1958, 21 bis 25) - Y.Aharoni-R.Amiran, A New Scheme for the Sub-Division of the Iron Age in Palestine (IEJ 8, 1958, 171-184) - O.Tufnell, Hazor, S. and Lachish (PEQ 91, 1959, 90-105). - Zu den *Ostraka* von S.: H.Gressmann, Die Ausgrabungen in S. (ZAW 43, 1925, 147-150) - W.F.Albright, The Administrative Divisions of Israel and Judah (JPOS 5, 1925, 17-54) - M.Noth, Das Krongut der israelit. Könige u. seine Verwaltung (ZDPV 50, 1927, 211-244) - Ders., Der Beitrag der samarischen Ostraka zur Lösung topographischer Fragen (PJ 28, 1932, 54-67) - D.Diringer, Le iscrizioni antico-ebraiche palestinesi, 1934, 21ff (66ff: Lit.) - B.Maisler, The Historical Background of the S. Ostraca (JPOS 21, 1948, 117-133) - S.Moscati, L'epigrafia ebraica antica, 1951, 27ff - Y.Yadin, Recipients or Owners. A Note on the S. Ostraca (IEJ 9, 1959, 184-187).

2. Daß S. seit dem Ende des 8.Jh.s vChr zum Namen einer *Provinz* und später allgemeiner einer *Landschaft* wurde (2Kön 17, 24. 26; 23, 19; Lk 17, 11; Joh 4, 4. 5. 7; Apg 1, 8 u.ö.), geht auf den assyrischen Brauch zurück, die Provinzen des Reiches nach ihrem städtischen Vorort zu benennen. In ihrem *Umfang* blieb die assyrische Provinz S. weit hinter dem Staat Israel zurück. Das hing mit dem schrittweisen Vorgehen der Assyrer bei der Liquidierung des Nordreichs zusammen: Schon 733 vChr wurden die Provinzen Dor, Megiddo und Gilead abgetrennt, und der Rumpfstaat, der nur noch das Gebirge Ephraim umfaßte, wurde erst 722/21 assyrische Provinz. Daher bleibt in der Folgezeit der Name S. immer auf das Mittelstück des palästinensischen Gebirges beschränkt. Entsprechend der assyrischen Praxis (→ Exil) wurde die einheimische Oberschicht deportiert und durch eine fremde, aus anderen Provinzen zusammengebrachte Oberschicht ersetzt, die natürlich vor allem in der Stadt S. konzentriert wurde und sich gewiß nicht mit der einheimischen Bevölkerung vermischte. - Nach dem Übergriff → Josias auf die Provinz S. stellten die Babylonier bei ihrer Eroberung Palästinas offenbar zunächst die alte Ordnung wieder her, um dann aber bei ihrer Liquidierung des Staates Juda (587 vChr) dessen Gebiet der Provinz S. zu unterstellen. Diese provisorische Regelung (Genaueres s. → Exil) wurde in der Perserzeit die Quelle für fortgesetzte Spannungen zwischen S. und Jerusalem: Da die Perser die kultischen Rechte Jerusalems wiederherstellten (→ Exil, → Haggai, → Judentum: I, 1), glich die Provinz S. jetzt einer »Ellipse mit ihren zwei Brennpunkten«, dem politischen in der Provinzhauptstadt S. und dem kultischen in Jerusalem (Alt II, 354). Die daraus sich ergebenden Spannungen hörten erst auf, als die Perser in der Mitte des 5.Jh.s vChr Juda als eigene Provinz aus der Provinz S. herauslösten (→ Nehemia). Damit war die Voraussetzung geschaffen für eine Trennung auch auf kultischem Gebiet, die über kurz oder lang mit der Begründung des Heiligtums auf dem → *Garizim* (s. 3) erfolgte. Den Vorsprung, den das Heiligtum von Jerusalem der Provinz Juda verschafft hatte, holte die Provinz S. dadurch zunächst wieder ein. In der hellenistischen Zeit stehen sich die beiden Provinzen denn auch in voller Unabhängigkeit gegenüber: Die Religionspolitik → Antiochus' IV. trifft das Heiligtum auf dem Garizim ebenso wie das in Jerusalem; wie hier ein Kult für den Zeus Olympios eingerichtet wird, so dort ein Kult für den Zeus Xenios (2Makk 6, 2). Zu Widerständen gegen diese Religionspolitik scheint es in S. nicht gekommen zu sein (zu Juda s. → Judentum: I, 2). Der Zerfall des Seleukidenreiches und das Erstarken des Hasmonäerstaates (→ Judentum: I, 2) störten das Gleichgewicht wieder zuungunsten S.s: Zunächst wurden i.J. 145 vChr die Bezirke Aphairema,

Lydda und Ramathaim (sowie etwas später die Akrabattene), deren Bevölkerung sich kultisch nicht an den Garizim, sondern zu Jerusalem hielt, zu Juda geschlagen. Dann zerstörte Johannes Hyrkanus 128 vChr das Heiligtum auf dem Garizim, eroberte die ganze Provinz und verleibte sie seinem Staate ein. Erst das Eingreifen der Römer (63 vChr) stellte die Unabhängigkeit S.s von Jerusalem wieder her, die nur während der Regierungszeit des → Herodes und seines Sohnes Archelaus noch einmal verlorenging. Mit der endgültigen Einverleibung beider Gebiete in das römische Provinzialsystem und ihrer Aufteilung in Stadtgebiete ging die Geschichte S.s als einer eigenen administrativen Einheit zu Ende: Es zerfiel im wesentlichen in die Gebiete Sebastia und Neapolis.

SCHÜRER I. II passim (s. Reg.) - G.HÖLSCHER, Palästina in der pers. u. hellenist. Zeit, 1903 - L.HAEFELI, Gesch. der Landschaft S. von 722 vChr bis 67 nChr, 1922 - A.ALT, Das System der assyr. Provinzen auf dem Boden des Reiches Israel (ZDPV 52, 1929, 220 bis 242 = ALT II, 188-205) - DERS., Die Rolle S.s bei der Entstehung des Judentums (Festschr. O.Procksch, 1934, 5-28 = ALT II, 316-337) - DERS., Zur Gesch. der Grenze zwischen Judäa u. S. (PJ 31, 1935, 94-111 = ALT II, 346-362) - DERS., Lesefrüchte aus Inschriften. 4. Briefe aus der assyr. Kolonie in S. (PJ 37, 1941, 102-104) - V.SCHWÖBEL, Samarien. Das westpaläst. Mittelland (ZDPV 53, 1930, 1-47. 89 bis 135) - K.GALLING, Assyr. u. pers. Präfekten in Geser (PJ 31, 1935, 75-93) - M.AVI-YONAH, Map of Roman Palestine (QDAP 5, 1936, 139-193) - H.H.ROWLEY, Sanballat and the Samaritan Temple (BJRL 38, 1955/56, 166-198). - Weitere Lit. s. 3 u. → Judentum: I.

R.Bach

3. Von einer *s.en Religion* kann man in verschiedenem Sinne vor und nach dem → Exil sprechen. *Vor dem Exil* hatten die vom Nordreich ausgehenden separatistischen Tendenzen (→ Israel: I, 10) auch eine religiöse Komponente, zB in der Einführung des Stierdienstes in → Bethel und Dan (1Kön 12, 28-32) durch → Jerobeam I. und in der Errichtung eines Heiligtums für den tyrischen Melkart oder Baalsamem (1Kön 16, 32) durch → Ahab. Auch nach der Reaktion des → Jehu und trotz → Amos (vgl. 5, 26) wird im ganzen die Jahwereligion im Norden, zT wohl infolge der dortigen besonderen Wirtschaftslage, stärker mit Elementen aus den Kulten → Kanaans (: III) durchsetzt gewesen sein. Dies verstärkte und modifizierte sich, als nach der assyrischen Eroberung (722/21) die statt der Deportierten neu angesiedelten Fremdstämmigen neben Jahwe ihre einheimischen Götter weiterverehrten (2Kön 17). Die Liquidation der assyrischen und sonstigen Fremdkulte durch → Josia (622) auch in S. (2Kön 23, 15. 19f) unterbrach diesen Zustand nur vorübergehend.

Nach dem Exil gingen die Isolationsbestrebungen vom Süden aus. Sie begannen, indem → Haggai (2, 14) »dieses Volk« - die Bewohner der Nachbarprovinzen - für ansteckend unrein hielt, setzten sich im Ausschluß der S.r vom Tempel- und (später) Mauerbau sowie in der judäischen Ehegesetzgebung fort und gipfelten in der unter dem persischen Satrapen von Ebirnari neben dem Statthalter von S. gleichberechtigten Statthalterschaft des → Nehemia (seit 445 vChr). Die S.r wollten jedoch Jahweverehrer bleiben, was eher durch eine im 5. und 4.Jh. von Jerusalem ausgehende priesterliche Propaganda als durch ein Erstarken der Rudimente vorexilischer Jahweverehrung erklärt werden kann. So wurden sie geradezu gezwungen, ein eigenes Kultzentrum - auf dem → Garizim - einzurichten. Nur die Anhänger der sich nun hier entwickelnden Sonderobservanz pflegt man heute (nach Vulg. Samaritani) S.r zu nennen (Luther immer »Samariter« nach LXX und nt. Σαμαρῖται; Josephus auch Σαμαρεῖς), ohne sie zeitlich von ihren Vorfahren in neubabylonischer Zeit genau abgrenzen zu können. Für die Religion der S.r Ursachen in seit vorexilischer Zeit bestehenden ethnischen oder anderen Verhältnissen zu finden, erscheint nicht möglich und wäre nur eine unkritische Wiederholung der Meinung der Amoräer (→ Talmud), welche die S.r häufig faktisch des Heidentums bezichtigen (Josephus nennt sie meist Kuthäer).

Das *endgültige Schisma* wird mit Josephus ins Ende des 4.Jh.s zu datieren sein. Denn sein Bericht über das verschiedenartige Verhalten von Juden und S.rn zu → Alexander d. Gr. (Ant. XI, 315-324) dürfte den historischen Kern enthalten, daß die S.r sich erst nach dem Untergang des Perserreiches gegenüber dem von diesem privilegierten Jerusalemer Tempel selbständig machen konnten. Damals wird auch der Garizim einen Tempel erhalten haben (vgl. Jos., Ant. XIII, 74-79). Zu dieser Zeit waren Propheten und »Schriften« (→ Bibel: I) noch nicht gesammelt und wurden von den S.rn nach vollzogenem Schisma auch nicht mehr übernommen. Der fortan alleinigen Geltung des → Pentateuch entsprechend, fanden die Lehre von der → Auferstehung (: IV) der Toten und die → Apokalyptik (: II) bis in nach-nt. Zeit keinen Eingang bei ihnen. Als → Messias (: III) erwarten sie nur den Dtn 18, 15-19 verheißenen »Propheten wie Mose« und nennen ihn Ta'eb. Jüngere Texte deuten diesen Namen als »Wiederhersteller« (sc. des Kultus) oder »Zurückführer« (der Menschen oder seiner selbst zur Buße). Ursprünglich aber kann Ta'eb nur »der Wiederkehrende« bedeuten. Er ist kein Erlöser und weist vielleicht auf eine lange vor Joh 4, 25 entstandene Messianologie zurück; mit dem Hause Davids hat er jedenfalls nichts zu tun. Die S.r verstehen als seinen Typus einen Fürsten der Vorzeit, nach Moses meist Josua, und schreiben ihm königliche und prophetische Funktionen zu, ordnen ihn aber dem Priestertum unter. Der Ta'eb beendet die Zeit des Irrtums (pānūṭā); zu seinen Lebzeiten erfolgt die Bekehrung der Völker, bes. der Juden, zur s.en Religion. Nach seinem Tode sorgt das Synhedrium für die Zukunft, oder seine Nachkommen folgen als Könige.

Der *s.e Pentateuch* setzt das von → Esra promulgierte Gesetz voraus; seine etwa 6000 Abweichungen von der masoretischen Redaktion sind, soweit sie sich nicht schon in Qumran-Hss., der LXX (und damit oft im NT), bei Aquila und noch in mittelalterlichen masoretischen Hss. finden (→ Bibelhandschriften: I, 4), überwiegend sprachliche und orthographische Vulgarisierungen. Daneben gibt es sachliche Änderungen, die im Interesse der Rechtsmodernisierung (→ Bundesbuch!) oder des Kultus stehen; zB ist hinter Ex 20, 17 das Gebot eingefügt, ein Heiligtum auf dem Garizim einzurichten, und an 19 Stellen des Dtn wird die Erwähnung des hl. Ortes in die Vergangenheit verlegt und damit auf → Sichem bezogen. - Parallel zu den Juden schufen sich dann auch die S.r ihr Pentateuchtargum durch Übersetzung ins Westaramäische, das sich hier nach und nach zu einem neuen s.en Dialekt verselbständigte. Seine Besonderheiten harren noch letzter Erforschung. Dem s.en Targum folgten → Midraschim; die bekanntesten sind der Asatir und das → Haggada-Werk des Marqah (Marcus, 4.Jh.). Einige Hymnen des Marqah wurden auch in die s.e Liturgie aufgenommen, die vielfach selbständig ist, oft aber (zB beim Synagogengottesdienst) auch dem jüdisch-sephardischen Ritus nahesteht. Neben diese Werke treten in MA und Neuzeit Chroniken, die eine von der Landnahme an eigene und von vielen Legenden durchsetzte Sicht der Heilsgeschichte entfalten. Die mittelalterliche Literatur bezeugt zahlreiche Sondertraditionen, die sich bisher nicht datieren ließen (üppige Angelologie und Dämonologie, Totenauferstehung, jüngstes Gericht, Adam eine der 7 Emanationen Gottes vor der Schöpfung, der Mensch nach dem Bilde von Engeln geschaffen; Fundgrube für Folklore). Wertvolles Material wird noch in den unedierten Hss. enthalten sein, welche man bis heute aufbewahrt hat.

Die *S.rgemeinde* kann auf ein außergewöhnliches kontinuierliches Sonderdasein zurückblicken. Den S.rn stand und fiel ihre Eigenart stets damit, daß sie auf dem Garizim und nicht auf dem »Dunghaufen« von Jerusalem anbeteten. Nach der Praxis der → Mischna galten die S.r nur da als Israeliten, wo ihr Verhalten und ihre Genealogie der pharisäischen Gesetzlichkeit entsprach. Trotz solcher beiderseits festgehaltenen Unterscheidungsmerkmale gehören beide Religionen phänomenologisch eng zusammen und wurden sicher nicht zufällig von → Antiochus Epiphanes und den Römern 66 vChr bis 193 nChr gleich behandelt. Eine innere Evidenz, daß die phänomenal andersartige → Gnosis (: I) in S. offenbar originär von einem s.en Goeten (→ Simon Magus) ausgebildet werden mußte, ist nicht erkennbar. Übertritte von S.rn zum Christentum waren wohl in nt. Zeit nicht ungewöhnlich (vgl. Apg 8, 4-25; Joh 4, 4-42). In hellenistischer, römischer und byzantinischer Zeit hatten die S.r in Galiläa, Judäa, Ostjordanland, Syrien, Babylonien, Ägypten, Inseln des Roten Meeres und Rom eine → Diaspora, in der sie oft mit Juden und »Häretikern« zusammen verachtet wurden. Vom sunnitischen → Islam (: I), der seit 634/36 über die S.r herrscht (→ Palästina: II), übernahmen sie seit dem 9.Jh. Arabisch als Umgangs- und Literatursprache (Selbstbezeichnung as-sāmirah neben »Israeliten« und šāmrīn), wogegen im 14.Jh. eine hebr.-s.e Reaktion erfolgte; mit ihm teilen sie die Verehrung zB von Joseph und seinen 11 Brüdern, Eleazar, Ithamar, Pinehas (mit Ḫaḍir gleichgesetzt!) und Henoch/Idrīs, die besondere Art der Gesetzlichkeit und die bis zu formaler Absolutheit gehende Übersteigerung der Majestät Gottes (deshalb wird ᵆlohîm in den Singular gesetzt!). In MA und Neuzeit blieben sie vielen Pilgern und Reisenden persönlich und Gelehrten durch Briefwechsel bekannt. Nach Auskunft ihres gegenwärtigen Oberhauptes, des Priesters Amram Isaak, umfaßte die Gemeinde i.J. 1945: 189, 1950: 196, 1955: 204, 1960: 214 Personen in Nāblus; dazu komme eine Gruppe von (i.J. 1960) 132 Personen in Jaffa.

Ältere Lit.: RE XVII, 419. 428. 438ff. *Ausg.n der Chroniken* ebd 439f. 443 (h. i); XXIV, 450, dazu M.GASTER, The Samaritan Hebrew Sources of the Arabic Book of Joshua (JRAS 1930, 567-599). Chronologie bei J.HEMPEL, RGG² V, 100f. - TH.REINACH, Textes d'auteurs grecs et romains relatifs au judaïsme, Paris 1895, Nr. 120. 182. 201 c. 203 a - J.A.MONTGOMERY, The Samaritans. The earliest Jewish Sect. Their Hist., Theology and Lit., Philadelphia 1907 - A.E. COWLEY, The Sam. Liturgy I. II, Oxford 1909 - A.MERX, Der Messias oder Ta'eb der S.r (BZAW 17), 1909 - J.E.H.THOMSON, The Samaritans. Their Testimony to the Religion of Israel, Edinburgh-London 1919 - BILL. I, 538ff - M.GASTER, The Samaritans. Their Hist., Doctrines and Lit., London 1925 - DERS., Studies and Texts in Folklore, Magic, Medieval Romance, Hebrew Apocrypha and Samaritan Archeology I-III, ebd 1925/28 - DERS., The Asatir. The Sam. Book of the »Secrets of Moses«, ebd 1927 - DERS., The Sam. Oral Law and Ancient Traditions I: Sam. Eschatology, ebd 1932 - D.DAUBE, Zur frühtalmudischen Rechtspraxis (ZAW 50, 1932, 148-159) - J.JEREMIAS, Die Passahfeier der S.r u. ihre Bedeutung für das Verständnis der at. Passahüberlieferung (BZAW 59), 1932 - J.HEMPEL, Innermasoretische Bestätigungen des Samaritanus (ZAW 52, 1934, 254-274) - J.BEN-ZEWI, Das Buch von den S.rn, Tel Aviv 1935 (hebr.; wichtig für die Diaspora) - A.S.HALKIN, Samaritan Polemics against the Jews (Proceedings of the Amer. Acad. for Jewish Research 7, 1935/36, 13-59) - Comitato ital. per lo studio dei problemi della populazione, Ser. 5: Spedizioni scientifiche 2: I Samaritani, Vol. I, Rom 1938 - F.ROSENTHAL, Die aramaist. Forschung seit Th.Nöldekes Veröffentlichungen, Leiden 1939, 133ff (Pent.-, Targ.- u.a. Editionen; Forschungen P.KAHLES) - J.BOWMAN, Samaritan Studies (BJRL 40, 1958, 298-327) - ThW VII, 88ff (J.JEREMIAS).
C.Colpe

Samaritaner → Samaria, 3.

Samland, Bistum im Ordensstaat Preußen (→ Ostpreußen), wie die anderen preußischen Bistümer 1243 errichtet und 1255 der Kirchenprovinz → Riga eingegliedert, lag in der prußischen Landschaft S. zwischen dem Pregel, der Ostsee, der Memel und Litauen. Das 1285 gegründete Domkapitel wurde dem Deutschen Orden (→ Ritterorden, 3 a) inkorporiert; die Bischöfe waren daher alle Priesterbrüder des Ordens. Sitz des Bischofs war seit 1264 Fischhausen am Frischen Haff, des Domkapitels Königsberg-Kneiphof, wo 1333 der Dom erbaut wurde. Der Deutsche Orden überließ dem Bischof ein Drittel der Diözese in mehreren zersplitterten Teilen zu weltlicher Herrschaft. Bischof G.v. → Polentz führte die Reformation im Bistum durch. J. → Mörlin (1568 bis 1571) und T. → Heßhus (1573-77) waren ev. Bischöfe von S., Joh. → Wigand Verwalter (1578-87); dann wurde das Bistum aufgehoben und ein Konsistorium mit dem Sitz in Königsberg geschaffen.

Urkundenbuch des Bisthums S., hg.v. C.P.WOELKY u. H.MENDTHAL, H. 1-3, 1891-1905 - CH.KROLLMANN, Personalien der samländ. Bischöfe des 14.Jh.s (Altpreuß. Geschlechterkunde 2, 1928, 39-43) - P.SIEGMUND, Dt. Siedlungstätigkeit der samländ. Bischöfe u. Domkapitel (Altpreuß. Forschungen 5, 1928, 262-303).
E.Maschke

Sammlungsrecht. In der BRD gilt noch das Reichsgesetz vom 5.11.1934 (RGBl I, 1086; Änderungen: 26.9.1939 RGBl I, 1943 und 23.10.1941 RGBl I, 654), wonach öffentliche Sammlungen und ähnliche Veranstaltungen staatlicher Genehmigung bedürfen. S. ist heute Landesrecht, Art. 70 GG. Die Rechtsprechung (zB Urteil des Bundesgerichtshofs vom 11.3.1954) bejaht die Verfassungsmäßigkeit der wesentlichen Bestimmungen dieses Gesetzes. Für die Praxis gaben die Länder zT Richtlinien, um einer Rechtsunsicherheit zu wehren, ohne diese ganz beheben zu können; denn im Streitfall entscheiden die Gerichte, ob eine öffentliche Sammlung vorliegt; dabei wird das Merkmal der Öffentlichkeit nach den für Lotterien entwickelten Grundsätzen beurteilt. - Das *staatliche S.*, bes. die Prüfung, ob ein öffentliches Bedürfnis vorliegt, geht von wohlfahrtspolizeilichen Grundsätzen aus; man begegnet ihnen auch im Ausland, zB Frankreich, Österreich, Schweiz, nicht in USA. Ausgangspunkt könnte auch Sammlungsfreiheit sein, deren Begrenzung den Bürgern und der Absprache bes. ihrer karitativen Verbände überlassen bliebe; der Staat hätte nur Mißbräuche abzuwehren. - Anerkannt ist, daß die das *kirchliche S.* beschränkenden Gesetzesbestimmungen Verfolgungscharakter haben. Sie widersprechen der Verfassungsgarantie des Art. 140 GG. Folgerichtig wird in den neuen ev. → Kirchenverträgen (Niedersachsen 1955 Art. 14, Schleswig-Holstein 1957 Art. 16, Hessen 1960 Art. 19) das Recht der Kirche wieder anerkannt, von ihren Angehörigen freiwillige Gaben für kirchliche Zwecke zu sammeln. Die Kirchen haben dieses S. nach dem im GG garantierten Staatskirchenrecht. Die Konferenz der Innenminister hat sich auf *Richtlinien* für das kirchliche S. geeinigt (Abdr. im KAbl. Hessen und Nassau 1958, 164). Danach werden als nicht öffentlich solche Sammlungen (auch Haussammlungen, Spendenaufrufe) angesehen, welche die Kirche sowie ihre Gliederungen nach Beschluß ihrer zuständigen Organe in deren Bereich nur bei ihren Mitgliedern veranstalten. - Vgl. → Finanzwesen: II, → Kollektenwesen.

Spendenkontrolle als Staatsaufgabe (HerKorr 12, 1957/58, 542 bis 545).
R.Weeber

Sampson, *Thomas* (1517[?]-89), engl. radikaler Calvinist. Nach juristischer Ausbildung wurde S. Theologe und bereits in jungen Jahren ein geschätzter Prediger. 1552 wurde er Dean in Chichester. 1556 floh er nach

Straßburg und ermahnte von dort aus seine Gemeinde, in der Verfolgung unter Maria fest zu bleiben. Überall, wo er in den Flüchtlingsgemeinden auftrat (Frankfurt/M., Zürich), erregte er durch seinen calvinistischen Rigorismus Widerspruch und Unruhe, bes. verstimmte er P.M. → Vermigli. Nach dem Regierungsantritt Elisabeths I. zurückgekehrt, wurde S. 1561 Dean von Christ Church in Oxford. 1565 verlor er diese Stelle, weil er nicht bereit war, die übliche geistliche Tracht anzulegen. 1567 wurde er Krankenhauspfarrer in Leicester. S. wirkte bei der calvinistischen Bibelübersetzung ins Englische mit (Geneva Bible).

DNB XVII, 721f. *M.Schmidt*

Samson, *Hermann* (1579-1643), luth. Theologe, * in Riga, studierte in Rostock und Wittenberg, 1608 Prediger und Inspektor der Schulen in Riga, 1611 Pastor am Dom, 1616 Oberpastor an St. Peter. In Predigten und Schriften bekämpfte S. mutig die Jesuiten. 1622 von → Gustav Adolf zum Sup. von ganz Livland ernannt, war er seit 1633 auch Glied des Oberkonsistoriums in Dorpat, zugleich seit 1631 Prof. am Gymnasium in Riga. - S. wurde als Prediger, Schriftsteller und Lehrer sehr anerkannt. Seine Bemühungen als Sup., das völlig verwahrloste Kirchenwesen neuzuordnen (→ Baltische Länder, 3), waren weniger erfolgreich, obwohl er mehr als 70 Prediger ordinierte.

J.F.v.Recke-K.E.Napiersky, Allg. Schriftsteller- u. Gelehrtenlexikon IV, Mitau 1832, 22ff (Bibliogr.) - Chr.A.Berkholz, M.H.S., Riga 1856 - ADB 30, 312ff - A.Westrén-Doll, Die schwed. Zeit in Estland u. Livland (Balt. KG, hg.v. R.Wittram, 1956, 87-109). *W.Lenz*

Samuel. Der Ephraimite S., Sohn des Elkana aus → Rama (1Sam 1, 1 Ramathajim), wirkte am Ende der Richterzeit und während der Regierung → Sauls, erlebte aber die Machtübernahme durch → David nicht mehr (vgl. 1Sam 25, 1; 28, 3). Die *at. Überlieferungen* über ihn sind von Legende und Sage gestaltet; zT steht in ihnen nicht S., sondern Saul oder David im Mittelpunkt. Im wesentlichen handelt es sich um folgende Abschnitte: 1Sam 1, 1 - 4, 1 a, die »Kindheitsgeschichte« S.s, die in → Silo spielt; 7, 3 - 8, 22, S.s Sieg über die → Philister und Israels Verlangen nach einem König; ferner einzelne Stücke in 9-15 und 28, wo von S.s Mitwirkung an der Gründung des Königtums und von seinem Bruch mit Saul gesprochen wird. Auch die Überlieferung von Davids Aufstieg weiß von S.: nach 16, 1-13 hat er ihn zum König gesalbt, nach 19, 18-20 hat dieser bei S. in Rama Zuflucht gesucht. Die Hochschätzung S.s in Israel zeigt sich darin, daß seine Wirksamkeit im AT einen lebendigen Niederschlag gefunden hat (vgl. bes. Jer 15, 1; Ps 99, 6; ferner 1Chr 9, 22; 11, 3; 26, 28; 29, 29; 2Chr 35, 18; s. auch Sir 46, 16; Apg 3, 24; 13, 20; Hebr 11, 32). Der jüd. Tradition (baba batra 14 b) gilt er als Verfasser der → Samuelisbücher.

Dieser Stellung innerhalb der Tradition entspricht S.s *historische Wirksamkeit.* Trotz der legendären Art der Quellen hat die kritische Forschung, bes. auf Grund der »königfreundlichen« Abschnitte 9, 1 - 10, 16 und 11, an der Mitwirkung S.s bei der Stiftung des → Königtums in Israel wenig gezweifelt, vielmehr sein eigentliches Werk darin gesehen, daß er »erkannte, daß Israels Unglück seine Zerrissenheit sei und daß es für das Volk des Königtums bedürfe…«. S.s politische Tat sei es gewesen, »daß er den rechten Mann zu finden wußte und den geeigneten Augenblick abpaßte, wo die Begeisterung des Volkes nach glücklich beendetem Kriege alle Widerstände der führenden Geschlechter und den Partikularismus der Stämme überwand« (H.Gunkel in RGG² V, 105). Aber auch die Kindheitsgeschichte und die »königfeindlichen« Partien (c. 8 und 10, 17-27) lassen sich nicht als völlig unhistorisch erledigen. Das S.bild der Überlieferung ist allerdings völlig divergent: Nach 1Sam 1, 11 wäre er → Nasiräer gewesen, er wuchs am Gotteshaus zu Silo auf und verrichtete priesterliche Dienste am Heiligtum (2, 18; 3, 15, vgl. auch 7, 9; 13, 8ff); in 1Chr 6, 11ff ist er zum Leviten geworden. In 1Sam 9, 6-10 wird er als »Gottesmann« bezeichnet, was hier dasselbe wie »Seher« (ro'æ; 9, 9. 11. 18f) meint, nämlich einen Mann, der hellseherischen Rat zu geben vermag. In 3, 20 wiederum erscheint S. als → Prophet (: II A, 2) im Sinne eines Künders des Offenbarungswortes, und nach 19, 18ff wäre er Vorsteher einer ekstatischen Prophetenschar gewesen. Schließlich aber bezeugt c. 7, daß er die Israeliten sein Leben lang »gerichtet« habe (vgl. V. 6 und 15, auch V. 16-18 und 8, 1). Diese Komplexität des Bildes S.s läßt erkennen, daß er von den verschiedensten Kreisen für sich beansprucht wurde, also eine überragende Stellung innehatte. Das kann, wie die neuere Forschung erkannt hat (Hertzberg, Kraus, Weiser, Wildberger), nur das Amt eines → »Richters in Israel«, im Sinn der sog. kleinen Richter gewesen sein. S. war also Führer der Jahweamphiktyonie (→ Stämme Israels), deren geistige Welt er vertrat und verteidigte. Es wird durchaus historisch sein, daß er in enger Beziehung zum einstigen Sitz der → Lade in Silo und deren Betreuer → Eli stand. Nach der Zerstörung Silos durch die Philister und dem Tod der Eliden verkörperte er die Überlieferungen des Jahwebundes. So erscheint er als Führer Israels in → Mizpa. Es ist freilich ausgeschlossen, daß Israel unter S.s Führung einen so entscheidenden Sieg über die Philister errang, wie es 1Sam 7 darstellt, aber ohne S.s Einverständnis und Mitwirkung konnte das Königtum in Israel nicht errichtet werden. Angesichts der Lage Israels nach dem Verlust der Lade konnte sich S. der Forderung der Volksvertreter nach Schaffung einer zentralen militärisch-politischen Führung nicht entziehen. Doch hegte er als »Richter in Israel« offenbar schwerste Bedenken, das Wesen des Jahwebundes könnte durch den Ruf nach einem König, wie »alle andern Völker ihn haben« (8, 20), schwerwiegend tangiert werden. Er zögerte nicht, sich von Saul loszusagen, als dieser die alten Ordnungen des Bundes nicht respektieren (c. 15), ja politischen Erwägungen vorordnen wollte. Es ist also wohl verständlich, daß die spätere Zeit S. so hoch schätzte und auch die Legitimität des Königtums Davids dadurch zu begründen suchte, daß man S. als seinen geistigen Vater in Anspruch nahm.

Außer den Komm. zu den → Samuelisbüchern u. den Darst. der Gesch. → Israels: I.Hylander, Der literarische S.-Saul-Komplex, 1932 - R.Press, Sauls Königswahl (ThBl 12, 1933, 243-248) - Ders., Der Prophet S. (ZAW 56, 1938, 177-225) - A.Weiser, 1Sam 15 (ebd 54, 1936, 1-28) - Ders., S.s »Philister-Sieg« (ZThK 56, 1959, 253-272) - Ders., S. u. d. Vorgesch. d. israelit. Königtums (ebd 57, 1960, 141 bis 161) - W.A.Irwin, S. and the Rise of the Monarchy (AJSL 58, 1941, 113-134) - E.Robertson, S. and Saul (BJRL 28, 1944, 175-206; Lit.) - M.Buber, Das Volksbegehren (Lohmeyer-Gedenkschr., 1951, 53-66) - Ders., Die Erzählung von Sauls Königswahl (VT 6, 1956, 113-173) - H.W.Hertzberg, Die Kleinen Richter (ThLZ 79, 1954, 285-290) - I.Mendelsohn, S.s Denunciation of Kingship in the Light of the Akkadian Documents from Ugarit (BASOR 143, 1956, 17-22) - H.Wildberger, S. u. d. Entstehung d. israelit. Königtums (ThZ 13, 1957, 242-269) - H.-J.Kraus, Die prophet. Verkündigung d. Rechts in Israel (ThSt [B] 51), 1957, bes. 23f. *H.Wildberger*

Samuelisbücher

1. Die beiden S. erzählen von → Samuels Jugend und erster Wirksamkeit (I 1-7), Samuel und → Saul (dessen Salbung, Erfolge, Verwerfung; I 8-15), Saul und → Da-

vid als Rivalen (I 16-31), Davids Regierungsantritt und Herrschaft (II 1-8), Auseinandersetzungen im Hause Davids (II 9-20, mit 1Kön 1f). II 21-24 ist ein Anhang mit Stücken verschiedener Herkunft (Hinrichtung der Saulssöhne in Gibeon 21, 1-14; Davids Kriegshelden 21, 15ff; 23, 8ff; ein Psalm 22 [= Ps 18]; letzte Worte Davids 23, 1-5; Weihe der Tenne Araunas 24). Das Ganze ist im MT *ein* Buch. Die Zweiteilung ist in hebr. Texten erst seit 1448 nachweisbar und stammt aus der LXX, wo die S. mit den → Königsbüchern zusammen als vier Bücher βασιλειῶν gezählt werden (ebenso Vulg.: *Regum*).

2. Der *Text* der S. ist stellenweise sehr verderbt, auch weichen LXX-Lesarten oft vom MT ab. Die Textgeschichte ist deshalb häufig untersucht worden (seit O.Thenius 1842 und J.Wellhausen 1871); sie ist neuerdings durch Qumran-Hss., die der LXX näher stehen als dem MT, zum besonderen Gegenstand der Diskussion geworden (F.M.Croß jr, BASOR 132, 1953, 15-26; 141, 1956, 10-12; J.Hempel, ZAW 65, 1953, 296-298; F.Maaß, ThLZ 81, 1956, 337-340).

3. Nach jüd. Tradition stammen die S. entweder von Samuel allein (bBaba batra 14b) oder von ihm, Gad und Nathan (nach 1Chr 29, 29f). Diese Ansicht wurde von der christlichen Theologie übernommen und war bis ins 18.Jh. allgemein anerkannt. Mit J.G. → Eichhorn beginnt die *literarkritische* Erforschung der S.; Doppelungen und Widersprüche werden entdeckt. Bes. bei der Erzählung über Sauls Königswahl springt der Gegensatz zwischen einer anscheinend älteren *königsfreundlichen* (I 9 - 10, 16; 11; evtl 13f) und einer jüngeren *königsfeindlichen* Darstellung (I 8; 10, 17ff; 12, vielleicht 15) ins Auge; in 10, 24 a-27 liegt möglicherweise eine dritte Schicht vor. Auf zwei verschiedene Weisen wird erzählt, wie David an Sauls Hof kommt (I 16, 14ff und 17). Ebenso wird Davids Überwechseln zu den → Philistern (I 21, 11-16 und 27) und sein Zusammentreffen mit Saul in der Wüste (I 24 und 26) doppelt berichtet. Goliaths Tod wird I 17 auf David, II 21, 19 aber auf Elkana zurückgeführt (vgl. weiter I 31 mit II 1). - Der Quellenscheidung im Tetrateuch entsprechend, suchte man nach durchlaufenden Quellen. Das führte zu der Auffassung, daß sich auch in den S.n die Quellen J und E finden, diese Schriftwerke also nicht nur Gen-Jos, sondern auch Ri und Sam umfassen (zuerst bei K.Budde, Die Bücher Richter und Samuel, ihre Quellen und ihr Aufbau, 1890, und Die S. [KHC], 1902; sowie bei C.H. Cornill, ZWL 6, 1885, 113ff und ZAW 10, 1890, 96ff); zuletzt hat G.Hölscher nachdrücklich diese These vertreten. Ihrer Ansicht über den → Pentateuch entsprechend nehmen R.Smend (ZAW 39, 1921, 181-217) und O.Eißfeldt (Die Komposition der S., 1931) an, daß die *drei* Fäden L(J^1), J(J^2) und E den Grundstock der S. bilden.

Vom Ansatz der *Formgeschichte* her hat H.Greßmann (SAT, 1921²) den gegenwärtigen Bestand auf eine Reihe von selbständigen, sich zT überkreuzenden Einzelüberlieferungen zurückgeführt und durchlaufende Quellenschriften geleugnet. Diese Sicht wurde durch L.Rost (Die Überlieferung von der Thronnachfolge Davids [BWANT III, 6], 1926) umfassender begründet; seine Darstellung fand weitgehende Zustimmung. Ihm folgend, betrachtet man als *Vorlagen* der jetzigen S. a) die Jugendgeschichte Samuels (I 1-3), b) eine Kultätiologie des Jerusalemer Ladeheiligtums (→ Lade-Erzählung: I 4-6; II 6; vgl. A.Bentzen, JBL 57, 1948, 37ff), c) eine Saulsüberlieferung (I 9 - 10, 16; 11 [13f. 31]), d) die Erzählung vom Aufstieg Davids (I 16, 14 - II 5 [8]), e) die Überlieferung von der Thronnachfolge Davids (II 6, 20ff; 7; 9-20; 1Kön 1f). - Auch diese Komplexe sind (abgesehen von b) keine ursprünglichen Einheiten, sondern haben schon eine zT verwickelte Überlieferungsgeschichte hinter sich. Die Hauptmasse scheint aus der Umgebung Sauls und Davids *im Heer und am Hof* zu stammen, so vor allem die Thronnachfolgeüberlieferung, die das älteste Beispiel eigentlicher → Geschichtsschreibung (: I) in Israel, ja vielleicht in der Weltgeschichte überhaupt darstellt. An den Hof gehört aber auch die ehedem selbständig umlaufende → *Nathan-Weissagung* (II 7), deren alter Kern sich nur schwer herausschälen läßt; sie ist von erheblicher Tragweite für die politische und religiöse Geschichte der Folgezeit geworden (S.Herrmann, WZ Leipzig 3, 1953/54, 51-62; M. Noth, Ges. Studien zum AT, 1960², 334-345; G.v.Rad, TheolAT I, 1957, 306ff; E.Kutsch, ZThK 58, 1961, 137 bis 153). Annalenauszüge u.ä. sind in II 8; 10, 6 - 12, 31; 21, 15ff; 23, 8ff nachzuweisen. Die Leichenlieder Davids auf Saul und Jonathan sowie auf Abner (II 1, 18ff; 3, 33f) sind vielleicht authentisch. - Andere Abschnitte, wie die Ladeerzählung oder II 24, sind den *Traditionen des Kultes* entnommen. Schwer bestimmbar sind die Erzählungen, die aus frühen Prophetenkreisen herrühren; dazu gehört sicher ein gut Teil der Samuelgeschichten wie I 3; 15; 19, 18ff, vielleicht auch die Goliatherzählung I 17, die auf Vorstellungen vom hl. → Krieg (: II) zurückgreift (G.v.Rad, Der hl. Krieg im alten Israel, 1951, 47ff).

4. Schon lange hatte man die Verwandtschaft einiger Stellen der S. mit dem → Deuteronomium erkannt und auf eine *deuteronomistische Bearbeitung* geschlossen. Diesem Zusammenhang hat sich M.Noth mit seiner These vom → deuteronomistischen Geschichtswerk wieder neu zugewandt: Der gegenwärtige Erzählungsfortgang in den S.n sei erst vom Deuteronomisten geschaffen worden, der die älteren Erzählungskomplexe (s. 3) zusammengestellt und in sein größeres Werk eingeordnet habe. Dabei seien die aufgenommenen Überlieferungen kaum verändert und nur hier und da mit kleinen Zusätzen versehen worden. Nur in I 7f; 10, 17ff; 12 liegt nach Noth ein größerer deuteronomistischer Abschnitt vor, in dem das Aufkommen des Königtums als Abfall von Jahwe angesehen wird. Weiser hat dieser These widersprochen, wobei seine Gegenargumente im Blick auf c. 7 (ZThK 56, 1959, 253-272) wohl überzeugender sind als hinsichtlich c. 8 (ZThK 57, 1960, 142-161). Für Noth spricht, daß die S. in I 1-12 keinen Neuansatz geben, sondern die Schilderung des (deuteronomistischen) → Richterbuchs weiterführen und in der Darstellung Davids als Vorbild eines Königs auf den Inhalt der Königsbücher vorausweisen.

Kommentare: H.P.Smith, (1899) 1953 (ICC) - W.Nowack, 1902 (HK) - W.Caspari, 1926 (KAT) - G.B.Caird-J.Ch.Schroeder-G. Little, 1953 (IntB) - H.W.Hertzberg, 1956 (ATD). - *Zum Text:* J.Wellhausen, Der Text der Bücher S., 1871 - A.B.Ehrlich, Randglossen zur hebr. Bibel III, 1910 - H.Tiktin, Krit. Unters.en zu den Büchern S. (FRLANT 33), 1922 - P.A.H.de Boer, Research into the Text of 1Sam 1-16, 1938 - Ders., 1Sam 17 (OTS 1, 1942, 79-104) - Ders., Research into the Text of 1Sam 18-31 (ebd 6, 1949, 1-100) - H.J.Stoebe, Die Goliathperikope 1Sam 17, 1 - 18, 5 u. die Textform der LXX (VT 6, 1956, 397-413). - *Sonstiges* (außer der Lit. im Text): I.Hylander, Der literar. Samuel-Saul-Komplex (Diss. Uppsala), 1932 - Noth, ÜSt - G.v.Rad, Der Anfang der Geschichtsschreibung im alten Israel (AKultG 32, 1944, 1-42 = Ges. Stud. z. AT, 1958, 148-188) - G.Hölscher, Geschichtsschreibung in Israel (SVSL 50), 1952 - EKL III, 782f - H.-U.Nübel, Davids Aufstieg in der Frühe israelitischer Geschichtsschreibung (Diss. Bonn), 1959 - E. Jenni, Zwei Jahrzehnte Forschung an den Büchern Josua bis Könige (ThR NF 27, 1961, 1-32. 97-146). - Weitere Lit. s. → David, → Königtum in Israel, → Samuel, → Saul. *K.Koch*

Zur *Auslegungsgeschichte* (s. auch → Schriftauslegung: IV u. vgl. die zu → Königsbücher genannten Exegeten):

Qu.: 3.Jh.: Origenes (MPG 12 u. 14; GCS III, ed. E.Klostermann, 1901, 283-301). - 4.Jh.: Ambrosius, Apologia u. apol. altera (MPL 14) - Didymus v. Alex. (MPG 39; Fragmente zu 2Sam) -

Chrysostomus (MPG 54). - 5.Jh.: Ps.-Hieronymus (MPL 23) - Basilius v. Seleucia (MPG 85). - 6.Jh.: Ps.-Gregor d. Gr. (MPL 79). - 15.Jh.: Alphonsus Tostatus (Opera, Venedig 1728, Bd 11-13). - 16.Jh.: Joh.Bugenhagen, Basel 1524 - Justus Menius, Wittenberg 1532 (1Sam) - Hieronymus Weller, Frankfurt 1555/56 - Calvin (Predigten zu 1Sam: CR 29 u. 30; zu 2Sam: hg.v. H.Rückert, 1936-61) - Petrus Martyr Vermigli, Zürich 1564 (2Sam) - Martin Borrhaus, Basel 1577 - Konr.Pellikan, Zürich 1582. - 17.Jh.: Balth.Bidembach, Tübingen 1607 (Predigten) - Joh.Piscator, Herborn 1610 - Paul Laurentius, Leipzig 1615/16 (Predigten) - Joh.Drusius, Franeker 1618 - Franciscus de Mendoza SJ, 3 Bde, Lyon 1622/28/37 (nur 1Sam 1-15!) - Fabr.Paulutius, Rom 1625 - Andr.Crommius SJ, Löwen 1631 - Jacques Bonfrère, 1643 - J.H.Sopranus SJ, Lyon 1643 (1Sam 16 bis 2Sam 10) - E.de Naxera SJ, Excursus morales zu 1Sam, Lyon 1672 - Frans Burmann, Utrecht 1678 - Joh.Ad.Osiander, Tübingen 1687 - Seb.Schmid, Straßburg 1687. *W.Werbeck*

Sanballat → Judentum: I, 1.

Sanchez, *Thomas* (1550-1610), * in Cordova, 1567 Jesuit, war Novizenmeister in Granada, Beichtvater und Prof. der Theologie und des Kirchenrechts. Er wirkte stark als Moraltheologe. Wegen taktloser Offenheit in De sancto matrimonii sacramento (3 Bde, Genua 1602) warf ihm → Pascal laxe Moral vor. 1627 kamen die venezianischen Ausgaben von Bd III auf den Index, doch nur wegen ihrer Verstümmelungen. Sein Opus morale in praecepta decalogi (1613) wurde wegen der Aussagen über die Reservatio mentalis und das Wesen der Lüge angegriffen.

L.Koch, Jesuiten-Lexikon, 1934, 1588f - EC X, 1749 - F.Trösch, Das bonum prolis als Eheziel bei T.S. u. B.Ponce de Leon O.E.S.A. (ZKTh 77, 1955, 1-38. 169-211). *I.Ludolphy*

Sanchez y Ruiz, *Pablo* (1809-76), nach der Reformation der erste Spanier, der als ev. Prediger im 19.Jh. in → Spanien wirkte. Ursprünglich kath. Priester, auf der Seite Don Carlos' Feldgeistlicher im Karlistenkrieg (1833-40), floh S. nach Frankreich, wo er von Anhängern der prot. Erneuerungsbewegung gewonnen wurde. Anschließend arbeitete er für die Ausbreitung des Evangeliums in Nordafrika und Gibraltar, seit 1868 zusammen mit J.Vargas in Malaga, vorübergehend in Sevilla und seit 1870 an der englischen prot. Kirche in Huelva. Vom 11.-20.4.1871 nahm er an der 1. spanischen ev. Synode in Sevilla teil, wo er an der Ausarbeitung des gemeinsamen Glaubensbekenntnisses, der Kirchenverfassung und der Agende der ev. Spanier mitwirkte.

F.Fliedner, Aus meinem Leben, 1903. *L.v.Eltz-Hoffmann*

Sanchunjaton, »(Gott) Sanchun hat gegeben«, nach einer von → Philo Byblius abhängigen Angabe bei Eusebius, Praep. ev. I, 9, 20 ein sehr alter Zeit angehöriger Mann, der noch vor den Trojanischen Zeiten gelebt und wegen der Genauigkeit seiner Phönizischen Geschichte allgemeine Anerkennung gefunden hat; nach → Porphyrius, den Eusebius im Anschluß an diese Angabe zitiert, ein Berutier (aus Berytos, → 21 B 3), der noch vor den Trojanischen Zeiten die Überlieferungen von Hierombalos, einem Priester des Gottes Jeuo, empfangen hat und von dem König der Berutier Abibalos anerkannt wurde; nach anderen vereinzelten Nachrichten ein gelehrter Tyrier oder Sidonier, der zu den Zeiten der Semiramis in phönizischer Sprache eine Tyrische Geschichte und andere Schriften verfaßt hat. Daß S., Träger eines gut-phönizischen Namens, um die Mitte des 2.Jt.s vChr phönizische Schriften verfaßt und daß 1½ Jt.e später Philo von Byblos diese »übersetzt«, dh verarbeitet hat, darf früheren Zweifeln gegenüber jetzt als gesichert gelten. Fraglich bleibt nur, wieviel in Philos Schriften wirklich auf S. zurückgeht und wieviel Philo anderen Quellen entnommen oder aus eigenem hinzugetan hat.

Lit. s. → Philo Byblius. *O.Eißfeldt*

Sanctis (eigentlich De S.), *Luigi de* (1808-69), * in Rom, Kamillianer, 1837 »Qualificator« der Inquisition, 1840 Pfarrer, wurde durch die Lektüre der ev. theologischen Literatur beeinflußt und floh 1847 nach Malta, wo er eine ev. ital. Gemeinde gründete und 1848 das Blatt »Il Cattolico Cristiano« herausgab. 1850 kam S. nach Genf und gründete dort eine ev. ital. Gemeinde. 1852 rief ihn die Waldenserkirche als Evangelisten nach Turin. Nach 1854 wirkte S. als Prediger in der von den → Waldensern abgespaltenen Chiesa Evangelica Italiana. Zur Waldenserkirche zurückgekehrt, wurde er 1864 Prof. für Kontroverstheologie.

Vf. u.a.: La Confessione, (Malta 1849) Florenz 1894^{23} (dt. 1861); Roma papale, ebd (1865) 1882^{3} (dt. 1893). - Alete (= T.Chiesi), Biografia di L. De S., ebd 1870 - RE XVII, 470ff - V.Vinay, La crisi spirituale di L. De S. (Protestantesimo 14, 1959, 145-162). *V.Vinay*

Sanctus, die feierliche Anbetungsformel, als Trishagion mit nichtbiblischen Texterweiterungen noch in der lat. Karfreitagsliturgie, mit biblischem Text im Te deum und in der Präfatio der Messe. Das S. der Messe geht auf den synagogalen Morgengottesdienst zurück. Die Erweiterung durch das Benedictus, die bei mehrstimmigen Messen eigentlich erst nach der Wandlung gesungen werden soll, ist verhältnismäßig spät erfolgt. Ursprünglich wurde das S. vom Volk vorgetragen, in Fortsetzung der Melodie der Präfatio. Darauf weisen die einfachen Melodien der 18. Messe der Editio Vaticana und des Requiems hin. Später wurde es von der Schola übernommen. Neue, reicher ausgestaltete Melodien entstanden im MA, und das S. wurde zum 4. Gesang der gesungenen → Messe (: IV). In deutscher Übersetzung lebt es fort als Teil des → Altargesanges. Luthers Deutsches S. nimmt dabei eine besondere Stellung ein, da er den Bericht von der Vision des Jesaja hinzunimmt, während die anderen Übertragungen nur den eigentlichen Ruf - mit oder ohne → Tropen - bringen.

P.Wagner, Einführung in die gregor. Melodien I, 1911^{3}, 113; III, 1921, 455 - J.A.Jungmann, Missarum sollemnia II, (1948) 1958^{4} - Leiturgia II, 37ff. *E.Jammers*

Sanday, *William* (1843-1920), Bibeltheologe, Mitglied der Britischen Akademie, 1882 Prof. in Oxford, 1895 Kanonikus an Christ Church. S. vermittelte der anglikanischen Theologie die deutsche kritische Forschung liberaler Prägung, unter → Wellhausens Einfluß für das AT, dazu bes. für das NT auf dem Gebiet der Evangelien- und Leben-Jesu-Forschung.

Vf. u.a.: Inspiration (Bampton Lectures), 1893; Commentary on Romans (mit A.C.Headlam in ICC), (1895) 1955^{5}; The Criticism of the Fourth Gospel, 1905; The Life of Christ in recent Research, 1907; Studies in the Synoptic Problem, 1911 (mit anderen); Novum Testamentum S. Irenaei (mit C.H.Turner u.a.), 1923. - Über S.: JThS 22, 1921, 97-104 (Nachruf). 193-205 (Bibliogr.) - A.Schweitzer, Gesch. der Leben-Jesu-Forschung, 1951^{6} (s. Reg.) - E.G.Kraeling, The OT since the Reformation, 1955, 95 - ODCC 1214. *A.Strobel*

Sanders, *Henry Arthur* (22.10.1868 bis 16.11.1956), Philologe, seit 1890 Doz. für Latein, 1911-39 o. Prof. in Michigan, daneben 1928-31 Direktor der School of Classical Studies in Rom, 1936-37 Präsident der American Philological Association, machte sich verdient um die Biblische Textgeschichte und Textkritik (→ Text: II).

Vf. u.a.: The OT Mss in the Freer Collection I. II, 1910/17; The NT Mss in the Freer Collection I. II, 1912/18; The Minor Prophets in the Freer Collection and the Berlin Fragment of Genesis (mit C. Schmidt), 1927; Beati in Apocalipsin Libri XII, 1930; A Third-Century Papyrus Codex of the Epistles of Paul, 1935; The Text of Acts in Ms 146 of the Univ. of Michigan (mit J.Ogden), 1937; Latin Papyri in the Michigan Collection (mit J.E.Dunlap), 1947; Aufsätze bes. in HThR 1926ff. - Über S.: H.H.Rowley, The OT and Modern

Study, (1951) 1952², 248 - Who was Who in America vol. III, 1960 (s.v.). *A.Strobel*

San Francisco (Kalifornien), gegr. 1776 als Pueblo de Yerba Buena, seit 1847 S.F., Haupthafen und Wirtschaftszentrum der Pazifikküste von Nordamerika mit (1960) 742855 Einwohnern (Groß-S.F.: 2783359). - In der City gaben 1961 nur 264127 (35,6%) eine aktive religiöse Mitgliedschaft an. Den Hauptteil stellen die röm. Katholiken, die orth. Christen und die Juden. Die Baptisten zählen 11836, die Presbyterianer und Reformierten 10160, die Lutheraner 9548, die Prot. Episkopalkirche 6770, die Methodisten 5512, die Disciples of Christ und Churches of Christ 2129 und die United Church of Christ 1681. - S.F. ist Sitz des röm.-kath. Erzbistums von S.F., des Bistums von Kalifornien der Prot. Episkopalkirche, der Diözese von S.F. der russ.-orth. griech.-kath. Kirche von Amerika, des Erzbistums von Westamerika und S.F. der russ.-orth. Kirche außerhalb Rußlands, des Bistums von Kalifornien der russ.-orth. kath. Kirche (einer Außenstelle des Moskauer Patriarchats), des Bischofs der methodistischen Kirche für das Gebiet von S.F. und des »Bischofs« der buddhistischen Kirchen Amerikas (vorwiegend Japaner).

Im Gebiet von Groß-S.F. bestehen 43 anerkannte höhere *Bildungsstätten* mit (1960) 108082 Studenten. Die drei größten Institute unterhält der Staat Kalifornien: den Berkeley-S.F. Campus der University of California (gegr. 1873), 19344 Studenten; das S.F. State College (1899), 17638; das San Jose State College (1857) in San Jose, 14168. - Das größte Privatinstitut ist die Leland Stanford Junior University (1885) in Palo Alto, 8750; ihr Ableger in Stuttgart, »Stanford-in-Germany«, hat sie in Nordeuropa bekannt gemacht. - Von den *kirchlichen* Universitäten sind 8 röm.-kath., als größte die University of S.F. (1855) und als älteste Hochschule im Westen Amerikas die University of Santa Clara (1851), die beide den Jesuiten gehören. Außerdem bestehen im Gebiet von S.F. 5 weitere kircheneigene prot. Schulen und 7 theologische Seminare.

W.W.Ferrier, The Origin and Development of the Univ. of California, Berkeley 1930 - O.L.Elliott, Stanford Univ., the first 25 Years, Stanford 1937 - B.F.Gilbert, Pioneers for One Hundred Years, San Jose 1957 (Gesch. des San Jose State College) - E.R.Mirrilies, Stanford, the Story of a Univ., New York 1959 - M.Irwin (Hg.), American Universities and Colleges, Washington 1960⁸ - B.Y. Landis (Hg.), Yearbook of the Churches 1961, New York 1960 - AnnPont 1961, 436. *A.C.Piepkorn*

Sanftmut bezeichnet in der Umgangssprache und in der gelebten Sittlichkeit eine Charaktereigenschaft und eine → Tugend und bildet den Gegensatz zu Gewalt, Stolz und → Selbstbehauptung. In biblischer Terminologie ist griech. πραΰς (sanftmütig) Übersetzungsäquivalent von hebr. ʿanaw (→ Demut: II) und kennzeichnet den Armen (→ Armut: I) als einen, der sich Gott untergeordnet, aber auch von ihm getröstet weiß und dem Mitmenschen ohne Hochmut und Zorn begegnet. Wie es des Königs Amt ist, für die Wahrheit, die Armut (LXX πραΰτης) und das Recht einzutreten (Ps 45, 5), so charakterisiert den Heilskönig von Sach 9, 9f, daß er sanftmütig und auf einem Esel reitend in Zion einzieht. Gott straft die Hoffärtigen, stößt die Gewaltigen vom Stuhl und erhebt die Niedrigen (ταπεινούς, Lk 1, 51f). - Weder im AT noch im NT ist S. ein Prädikat Gottes; für Güte und Erbarmen Gottes bedient man sich anderer Termini (→ Liebe Gottes: II-IV). Wenn in 1Kön 19, 11ff die Elemente der → Theophanie (Sturm, Beben, Feuer) in einer lautlosen Stille ausklingen, der dann das Wort Gottes an Elia folgt, so zielt das »stille, sanfte Sausen« (Luther) nicht auf eine Charakterisierung Gottes (auch nicht in LXX). - Von den Synoptikern hat nur das MtEv den Terminus »sanftmütig«: im Zitat von Sach 9 beim Einzug Jesu (21, 5) und in 11, 29 als Selbstprädikation Jesu: Jesus weiß sich in der Armut und Schwachheit (πραΰς) und in der Niedrigkeit des Herzens (ταπεινὸς τῇ καρδίᾳ) ganz auf Gott gewiesen. Unter der Verheißung stehen die Sanftmütigen (Mt 5, 5), weil sie, Gottes gnädigen Willen voll anerkennend, sich aller Eigenmächtigkeit bei der Lebensbewältigung enthalten (vgl. auch Sir 1, 27). Jesus ruft die vom Leben Geschlagenen zu sich und verheißt ein »sanftes (χρηστός), leicht zu tragendes Joch« (Mt 11, 30). Wenn auch gewalthafte Töne in der Predigt des Evangeliums nicht völlig fehlen (Tempelreinigung) und Jesus zB mit den Pharisäern hart umgehen konnte, so bildet doch die S. ein Merkmal seines Reiches. Im Gegensatz zu den → Zeloten lehnt Jesus die Gewalt zur Verwirklichung des → Reiches Gottes (: I, 2) ab (Mt 26, 52). Die Seligpreisungen der → Bergpredigt (: I) sind trotz verschiedener Charakterisierung der Angeredeten letztlich in allem ein Hymnus auf die S. - freilich eine triumphale S., die mit Nachgiebigkeit und Schwäche nichts zu tun hat: die Sanftmütigen werden das Erdreich besitzen (Mt 5, 5)! So eignet auch dem gerechtfertigten Menschen das Merkmal der S., freilich nicht mehr als Charaktereigenschaft, sondern als Frucht des Geistes (Gal 5, 22), als eine der neuen Kreatur geschenkten Gabe, die zu betätigen sie sich bemühen soll (1Tim 6, 11). Gemäß den sog. Haustafeln sind Wohlwollen, Großmut, → Geduld, Mäßigkeit nahe mit ihr verwandt (Eph 4, 2; Kol 3, 12f; 2Tim 2, 25; 1Petr 3, 4). S. steht nicht nur im Gegensatz zur Gewalt, sondern auch zu Eigendünkel und Selbstsucht. Gerade weil sie nicht zu den Charaktereigenschaften gehört, schließt sie eine gewisse männliche Festigkeit nicht aus (2Tim 3, 22; 1Petr 3, 16), so sehr sie andererseits als Abbild der Geduld Gottes jeder Gewaltsamkeit enträt. In Jak 3, 13 werden »von S. und Weisheit geprägte Werke« als Zeichen rechter Weisheit und Klugheit im Wandel erwähnt. Während das griechische Denken Weisheit mit Mäßigkeit verband, versteht das NT Weisheit als die im Wissen um Gottes Langmut gegründete S. Die S. soll nicht nur die zwischenmenschlichen Beziehungen bestimmen, sie ist auch ein Zug geistlichen Wachstums: in Gal 5, 22 stehen als Geistesfrüchte Glaube und S. nebeneinander, und Jak 1, 21 mahnt zur Annahme des uns eingepflanzten Wortes »in S.«. S. besteht als Glaubenshaltung darin, daß wir das Wort in uns wachsen lassen, ohne ihm den Widerstand unseres Eigendünkels entgegenzusetzen. Sie hat darüber hinaus Zeichenwert, indem sie das Kommen des Reiches anzeigt. »Laßt eure S. (oder: euer Wohlwollen) allen Menschen kundwerden; der Herr ist nahe!« (Phil 4, 5). In dieser nach dem Bilde Jesu in uns gestalteten S. findet das Band zwischen sittlichem Leben und eschatologischer Erwartung einen hervorragenden Ausdruck.

A.v.Harnack, S., Huld u. Demut in der alten Kirche (Festg. f. J.Kaftan, 1920, 113-129) - A.Vögtle, Die Tugend- u. Lasterkataloge im NT, 1936 - C.Spicq, Bénignité, mansuétude, douceur, clémence (RB 54, 1947, 321-339) - RAC III, 206ff (Clementia) - ThW VI, 645ff - J.Maier, Die Texte von Qumran II, 1960, 83ff. *R.Mehl*

Sangnier, *Marc* (3.4.1873 bis 28.5.1950), franz. röm.-kath. Politiker, * und † in Paris, versuchte die kath. Kirche mit dem modernen demokratisch-sozialistischen Bewußtsein auszusöhnen. Bereits als Student gründete S. 1893 mit 3 Maristenzöglingen eine Vereinigung, die sich zuerst (nach dem Versammlungsort) »La Crypte«, seit 1894 nach ihrer Monatsschrift »Le Sillon« (Die Furche) nannte. Als Organ war das »Bulletin de la Crypte« vorausgegangen (1893). Beide wurden 1899 zur Halbmonatsschrift »Le Sillon« vereinigt. Der Bund breitete sich rasch aus (ca 500 Ortsgruppen). Seit 1902 fanden jährliche »Nationalkongresse der Studienzirkel und Volksinstitute« statt. Man erstrebte eine Umschichtung des Parteiwesens durch Aufnahme des sozialen Gedankens im Sinne einer kath. Soziallehre (→ Katholisch-sozial, 4). Weil der Bund Geistliche von der Leitung ausschloß, seit 1905 sein kirchliches Gepräge teils bewußt, teils unbewußt verlor und den demokratischen Gedanken immer mehr betonte als den sozialen, weil er insbesondere einen Idealstaat mit voller sozialer und bürgerlicher Gleichheit forderte und sich so vom röm.-kath. Ständestaat entfernte, wurde er von Pius X. am 25.8.1910 verdammt (AAS II, 610-633). Kurz vorher hatte S. im »plus grand Sillon« Katholiken, Protestanten und Freidenker zu einem neuen Gebilde zusammengeschlossen. S. unterwarf sich und gab die Leitung auf. Der Bund organisierte sich unter bischöflicher Führung neu als »Sillon catholique«. S. behielt die Schriftleitung seiner Zeitung »La Démocratie« und präsidierte dem 1. Internationalen demokratischen Kongreß 1921 in Paris.

Vf. u.a.: Le Sillon, esprit et méthodes, 1905; La politique nouvelle, 1912; La jeune République, 1912; Discours, 6 Bde (1893-1922), 1922; Albert de Mun (Réformateurs sociaux), 1932; Le pacifisme d'action, 1937; Autrefois, 1937. - Über S.: L.Cousin, Vie et doctrine du Sillon, 1907 - A.Monniot, Le Sillon devant l'épiscopat, 1909 - N.Ariès, Le Sillon et le mouvement démocratique, 1910 - H.Platz, Geistige Kämpfe im mod. Frankreich, 1922, 280ff - W.Gurian, Die polit. u. soz. Ideen des franz. Katholizismus, 1929, 300ff. - Weiteres s. → Katholisch-sozial. *M.Schmidt*

Sanhedrin → Synhedrium.

Sankey, *Ira David* (1840-1908), methodistischer Evangelistensänger, * in Pennsylvania, wirkte als Chorleiter, Sonntagschul-Sup. und Präsident einer Young Men Christian Association. Seit 1870 trug S. als Sänger entscheidend zu den Erfolgen der Evangelisationsversammlungen → Moodys bei. S. ist einer der Schöpfer des sog. englischen Lieds (→ Kirchenlied: I, 6 b). Seine in der anonymen Unterschicht amerikanischer Großstädte verwurzelten eingängigen Melodien erfuhren in den von ihm hg. »Sacred Songs and Solos« (1873) und »Gospel Hymns« beispiellose Verbreitung und bürgerten sich seit 1900 mit den → Reichsliedern auch in deutschen Gemeinschaftskreisen ein.

Th.Bruppacher, Was töricht ist vor der Welt, 48 Gemeinschaftslieder, Bern 1959; dazu E.Weismann in MuK 30, 1960, 199-203. *S.Hermelink*

Sânkhya (Sanskrit: Neutrum) ist der Name eines altindischen philosophischen Systems. Der Name hängt mit sankhyâ »die Zahl« zusammen und bezeichnet eine Methode, welche (Weltprinzipien u.dgl.) »aufzählt« oder auf der genauen Erwägung einzelner Punkte beruht. Als Urheber des S. gilt der mythische Weise Kapila. Das berühmteste klassische Werk der S.-Literatur ist die »S.-Kârikâ« des Îshvarakrishna (um 560 nChr ins Chinesische übersetzt, also wohl im 4.-5.Jh. nChr entstanden). In den 72 Lehrstrophen (kârikâ) wird das System wie folgt dargelegt: Es gibt 2 grundverschiedene ewige Weltprinzipien (→ Dualismus: I): 1. die Urnatur (prakriti), eine ungeistige, bewußtlose, aber aktive materielle Kraftsubstanz; 2. die Vielheit von rein geistigen, bewußten, aber inaktiven Einzelseelen (purusha). Die Prakriti ist der Urgrund aller stofflichen Elemente und Organe, auch der psychischen, die das Denken, Fühlen und Wollen ermöglichen. Sie befindet sich in einem ständigen Wechsel von Zuständen des Werdens, Bestehens, Sichauflösens ihrer Teile und der vorübergehenden Ruhe. Diese periodischen Wandlungen werden dadurch hervorgerufen, daß die 3 »gunas« (Fäden, dh Konstituenten), aus denen sie besteht, wenn sie sich im Gleichgewicht befinden, eine zeitweilige Ruhe entstehen lassen, sobald sie dann aber wieder miteinander kämpfen oder sich vermischen, die Weltentfaltung in Gang bringen. Die 3 Gunas sind: »sattva« das Lichte, Leichte, Freudige; »rajas« das Bewegliche, Anregende, Leidenschaftliche; »tamas« das Dunkle, Schwere, Hemmende. Wird das Äquilibrium der Gunas gestört, so entstehen aus der Urnatur im Wege sukzessiver Vergröberung die feinstofflichen Organe des Denkens (»buddhi« Vernunft, »ahankâra« Ichmacher, dh Selbstgefühl, »manas« sinnengebundener Verstand), die 5 Tat-Vermögen (karmendriya), dh die substantiellen Basen der Fähigkeit zu sprechen, greifen, gehen, entleeren und zeugen und die 5 Erkenntnisvermögen des Sehens, Hörens, Fühlens, Schmeckens und Riechens sowie die »feinen« Elemente (tanmâtra) von Raumäther, Luft, Feuer, Wasser und Erde. Wenn diese tanmâtras sich mischen, so kommen die entsprechenden »groben« Elemente (bhûta) ins Dasein. Mit der Prakriti gibt es also 24 »Dasheiten« (tattva), die bei periodischer Weltentstehung als kosmische Substanzen auftreten und später die stofflichen Hüllen individueller Wesen werden. Dieser aus der Urmaterie hervorgegangenen materiellen Welt stehen die Geistmonaden gegenüber, die nur *scheinbar* mit den auf Grund der Vergeltungskausalität der Taten (→ Karma) entstandenen Körpern und Organen verbunden sind, in Wahrheit aber mit ihnen so wenig zu tun haben wie der reine, farblose Kristall mit der roten Hibiskusblume, die hinter ihm steht. Gelingt es einer Einzelseele (purusha), den Wahn, daß sie mit dem Materiellen verbunden sei, zu überwinden, so erreicht sie durch diese »Unterscheidung« (viveka) die Erlösung, dh einen Zustand, in welchem sie infolge ihrer endgültigen Trennung von ihren materiellen Organen als aktionsloses geistiges Subjekt existiert, ohne zu denken, zu fühlen oder zu wollen. Das klassische S. erkennt zwar als orthodox-brahmanisches System (→ Vedische und brahmanische Religion) die Götter als dem Karma unterworfene Geistmonaden an, leugnet aber ausdrücklich das Dasein eines ewigen Weltenherrn (îshvara); es läßt vielmehr den Weltprozeß und die Belohnung und Bestrafung der guten bzw. schlechten Taten durch die dem Kosmos immanenten natürlichen und moralischen Gesetze vor sich gehen.

Über die Genesis des Systems bestehen verschiedene Anschauungen. R.Garbe glaubte, daß es in der hier skizzierten Form schon von einem vor → Buddha lebenden Weisen Kapila geschaffen worden sei; wahrscheinlicher ist, daß das *klassische* S. das Erzeugnis einer philosophisch hochentwickelten Spätzeit ist, das aus älteren Gestaltungen der Lehre erwuchs. Denn schon in den → Upanishaden und im → Mahâbhârata, bes. der → Bhagavadgîtâ ist vom S. und seinen Hauptbegriffen die Rede; hier erscheint es aber zumeist als eine Form des Vedânta: aus dem Absoluten, dem Allgeist sind einerseits die Prakriti und ihre Produkte, andererseits die vielen Einzelseelen hervorgegangen.

Vgl. die Werke zur Gesch. d. ind. Philos. (→ Vedische und brahmanische Religion). Spezialarbeiten: R.Garbe, Die S.-Philos., (1894) 1917^2 u. die von Garbe aus dem Sanskrit übersetzten Werke, bes.: Der Mondschein der S.-Wahrheit (AAM 1892) - E.H.Johnston, Early S., London 1937. *H.v.Glasenapp*

Sankt Blasien. Um 855/60 kamen von Rheinau → Blasius-Reliquien in eine von Sigemar gestiftete Zelle im Albtal; eine Neugründung erfolgte um 948/62 durch Reginbert; als Benediktinerkloster bestand St. B. seit 1036. Die Basler Bischöfe besaßen seit etwa 1040 Rechte an St. B., ebenso war der Einfluß Rudolfs von Rheinfelden sehr stark. Um 1070 wurden die Gewohnheiten von Fruttuaria eingeführt. Als Gründungen gingen von

St. B. aus Ochsenhausen (1093), Donauwörth (1093), Göttweih (1094), Ensdorf (1123). Bernold, Verfasser einer berühmten Chronik, lebte ca 1085-91 im Kloster († 1100 in Schaffhausen). Die Vogtei der Zähringer (1125-1218) ging an die Habsburger. Der Erwerb der Herrschaft Bonndorf 1613 gab die Grundlage zur Reichsfürstenwürde. Im 17./18.Jh. blühte das geistige Leben, bes. durch Abt Martin → Gerbert (1764-93), den Verfasser der Historia Nigrae silvae. 1803 kam das Kloster an die Grafen von Metternich, 1806 an Baden. Der Konvent gelangte 1809 nach St. Paul im Lavanttal.

A.Krieger, Topogr. WB Baden II, 1905, 733ff (Lit.) - G.Pfeilschifter, Die St. Blasianische Germania sacra, 1921 - A.Brackmann, Germania Pontificia II/1, 1923, 165ff (Lit.) - L.Schmieder, Das Benediktinerkloster St. B., 1929 - Wattenbach-Holtzmann I/3, 521ff - H.Büttner, St.B. u. das Bistum Basel im 11./12.Jh. (ZSKG 44, 1950, 137-148). *H.Büttner*

Sankt Gallen. Um 612 gründete der hl. → Gallus an der oberen Steinach eine Mönchssiedlung. Kirchlich hatte das Kloster einen Rückhalt an → Chur, ein großer Teil der Mönche stammte aus dem rätischen Gebiet. Seit König Dagobert I. (623-39) die Grenze zwischen dem burgundischen und rätischen Machtbereich zog, wurde das Kloster in das Einflußgebiet der → Alemannen einbezogen. Um 719 wurde der Alemanne Otmar nach St. G. berufen, um das Zönobium einzurichten. 747 wurde die → Benediktinerregel eingeführt und das Kloster der fränkischen Herrschaft untergeordnet. Abt Otmar, der die - überlebte - freie Stellung des Klosters erhalten wollte, wurde von den fränkischen Grafen in Haft gesetzt († 759). Nunmehr wurde der Bischof von → Konstanz, der bereits Abt der → Reichenau war, auch Abt von St. G. Sein Versuch, beide Klöster dem Bistum für dauernd zu inkorporieren oder sie zu Eigenklöstern zu machen, mißlang. 816 wurde St. G. wieder selbständig und erhielt 818 die Immunität. Seitdem begann der großartige materielle und kulturelle Aufstieg. Die Besitzungen lagen in der Nord- und Nordostschweiz, in Schwaben bis nördlich der Donau und im Breisgau verstreut; die geschlossene Klosterherrschaft reichte vom Bodensee bis zum Hochgebirge am Säntis. Nach der Aufhebung der Verbindung mit dem Bistum Konstanz begann Abt Gozbert mit großen Bauten (→ Kirchenbau: III, 1). Aus dieser Zeit stammt auch der berühmte Bauplan von St. G. (s. Abb. bei → Kloster: II [Bd III, 1673f]). Für die Blüte von Wissenschaft und Kunst (→ Malerei: II, 3) legen die Namen der Mönche Iso, Moengal, Ratbert, → Tutilo, → Notker Balbulus und → Notker Labeo sowie der vier → Ekkeharde Zeugnis ab. Die erhaltene, großartige Bibliothek und das Archiv des Klosters sind einzigartig. Im Investiturstreit stand St. G., bes. unter seinem großen Abt Ulrich von Eppenstein, dem späteren Patriarchen von Aquileja, tatkräftig auf der Seite des Kaisers. Im 12.Jh. übernahm → Friedrich Barbarossa die Vogtei und führte damit eine enge Verbindung des Klosters mit dem Reich herbei, die für seine rechtliche Stellung große Bedeutung hatte. In der Folge wurde die wirtschaftliche und politische Macht des Klosters zersetzt, Anfang des 15.Jh.s verlor St. G. die Herrschaft über Appenzell. Bald nachher traten an die Stelle der freiherrlichen Äbte solche bürgerlicher Herkunft. Der aus Wangen stammende Abt Ulrich VIII. Rösch (1457 [1463]-91) führte durch straffe Organisation und durch Kauf (Toggenburg) die Gründung des Klosterstaates herbei, der 1451 »zugewandter Ort« der Eidgenossenschaft wurde. Die Stadt St. G., die sich 1455 der Herrschaft des Abtes entzogen hatte, wandte sich der Reformation zu, das Kloster blieb kath. Seine Stellung wurde durch den Sieg der kath. Urkantone bei Kappel 1531 gesichert. Es führte in seinem Territorialstaat die Gegenreformation durch. An die Stelle des Klosterstaates trat der 1803 gegründete Kanton St. G.; das Kloster selbst wurde 1805 aufgehoben. Bis 1814 unterstand das Gebiet von St. G. kirchlich dem Bischof von Konstanz; in der Folge kam es zu einem Doppelbistum Chur-St. G. und 1847 zur Errichtung des Bistums St. G.

Umfangreiche Lit. bei R.Henggeler, Professbuch der fürstl. Benediktinerabtei der hl. Gallus u. Otmar, 1929, sowie in HBLS VI, 37ff. - Vgl. ferner: F.Blanke, Columban u. Gallus, 1940 - St. Gallus Gedenkbuch, hg.v. J.Duft, 1952 - Th.Mayer, Konstanz u. St. G. in der Frühzeit (Schweiz. Zs. f. Gesch. 2, 1952, 473-524 = Ders., Mittelalterl. Studien, 1959, 289-324). *Th.Mayer*

Sankt-Josephs-Gesellschaft für auswärtige Missionen *(St. Joseph's Society for Foreign Missions)*, 1866 von Herbert Vaughan (1832-1903; 1892 Erzbischof von Westminster, 1893 Kardinal) in der Nähe von London gegründet. Das Missionskolleg »St. Joseph vom Heiligsten Herzen« für auswärtige Missionen wurde 1871 nach Mill Hill (London NW 7) verlegt. Den dort ausgebildeten Priestern ist die Missionierung der Neger in Amerika und Afrika aufgetragen. P.Slattery errichtete in Baltimore das Seminar »St. Joseph« (1871), dessen Priester die seit 1892 selbständige *St. Joseph's Society* bilden. Die Väter der Gesellschaft vom hl. Joseph vom heiligsten Herzen (»Josephiten«) sind in den Negergemeinden der Südstaaten tätig. Andere Priester zogen von Mill Hill nach Madras (Indien), Borneo, Neuseeland, den Philippinen und nach Afrika.

Heimbucher II, 621ff - Escobar II, 1419ff. *W.Göbell*

Sankt Pölten, Suffraganbistum von → Wien (: I), entstanden im Zusammenhang mit der Kirchenpolitik → Josephs II. zur Verselbständigung der → Passau unterstellten österreichischen Gebiete. Es wurde mit Zustimmung → Pius VI. (Bulle vom 28.1.1785) errichtet. Der erste Bischof wurde der bisherige Inhaber des gleichzeitig aufgehobenen Stuhls von → Wiener Neustadt, H.J.v.Keerens, dessen Nachfolger 1794 der Exjesuit Siegmund Graf von Hohenwart (1803 Erzbischof von Wien). Von den späteren Bischöfen übten Frint (1827 bis 1834) und Wagner (1836-42) als Hof- und Burgpfarrer unter Franz I. weitgehenden Einfluß aus. Seit 1927 ist Michael Memelauer Bischof; ihm ist seit 1956 Franz Žák als Koadjutor mit dem Recht der Nachfolge beigegeben. Bestand 1960: 417 Pfarreien, 470 Welt-, 254 Ordenspriester, 350 männliche, 1268 weibliche Ordenspersonen, 615078 Seelen.

Das Bistum St. P. zum 100jähr. Jubiläum, 1884 - M.Riesenhuber, Die kirchl. Kunstdenkmäler des Bistums St. P., 1923 - J.Wodka, Das Bistum St. P., 1950 (Lit.) - AnnPont 1961, 439.
(† K.Völker) G.Maron

San Marino (bei Rimini), eine der kleinsten und die älteste Republik Europas mit 13000 meist kath. Einwohnern. Nach der Legende war ihr Gründer Marino, ein Steinmetz aus Dalmatien, der während der diokletianischen Verfolgung (303) zur Zwangsarbeit nach Rimini verbannt wurde. Er soll sich später in die Einsamkeit des nahen Monte Titano zurückgezogen haben, den ihm die Matrone Felicitas schenkte. Um M. sammelten sich mehrere gleichgesinnte Christen, und aus dieser religiösen Siedlung entwickelte sich später eine Stadtgemeinde. Ihre ältesten Statuten stammen aus dem 13.Jh.; die von 1599 sind im wesentlichen noch in Kraft. Die Unabhängigkeit von S.M. wurde oft durch den Kirchenstaat bedroht, jedoch 1797 von Napoleon und 1815 durch den Wiener Kongreß bestätigt. Während des ital. Risorgimento (→ Italien, 4) war S.M. ein Zufluchtsort für viele politisch Verfolgte. Der ital. Staat schloß 1862 mit S.M. einen Freundschaftsvertrag. Die alte aristokratische Regierung wurde 1906 durch demokratische Institutionen ersetzt. Kirchlich ist S.M. von den Diözesen Montefeltre und Rimini abhängig. Beim Vatikan ist S.M. durch einen Minister diplomatisch vertreten.

M. u. O. FATTORI, Ricordi storici della Repubblica di S.M., (S.M. 1869) Florenz 1956[8] (Lit.) - E. CAMUNCOLI, La Serenissima Repubblica di S.M., Rom 1931 - EC X, 1790ff. *V. Vinay*

Sánta, *Martin* → Kálmáncsehi Sánta.

Sara → Abraham.

Sarapis (in röm. Zeit auch *Serapis*). Ältere ägypt. Vorstellungen benützend, die sich an Osiris-Apis (der Name S. ist künstlich aus Osorapis gebildet) knüpften, dh an die memphitische Form des Jenseitsgottes Osiris (→ Isis), verbunden mit dem Orakelkult des Apis, schuf Ptolemaios I. in → Alexandrien unter Mithilfe eines ägypt. und eines griech. Theologen die neue Gottheit. Das rein hellenistische Kultbild, eine (Pluton- oder Zeus-)Statue des Bryaxis, wurde aus Sinope geholt. Die Absicht dieser religionshistorisch beispielhaften Schaffung einer Gottheit mag entweder gewesen sein, die Stellung des Ptolemäerreiches in der griech. Welt durch Verehrung eines Gottes mit ägypt. Zügen zu stärken, oder aber die beiden Bevölkerungsteile des Niltales, Griechen und Ägypter, um einen gemeinsamen Gott zu scharen. - S. ist, darin mit Osiris verwandt, Gott der Seligkeit nach dem Tode, zugleich aber Gebetserhörer und Helfer, Retter (→ Erlöser: I). Er heilt bes. durch → Inkubation. Als → Orakel-Gott hilft er in der Rechtsunsicherheit der Zeit. Er kommt der Angst und Not des einsamen Menschen in einer zerfallenden Gesellschaft entgegen, und diesem seinem Wesen verdankt er die zahlreiche Bekennerschaft in der hellenistisch-röm. Welt. An der Stelle von Mythen stehen Berichte über seine Wunderkraft (Aretalogien). Ptolemäische Weltreichsideen mögen bei seinem Wesen als Herr des Alls mitgespielt haben. »Es gibt nur einen Zeus - Sarapis« ist eine verbreitete Bekenntnisformel henotheistischen Charakters (→ Ägypten: III, 3), der, ebenso wie »S. siegt«, entsprechende christliche entgegengesetzt werden (O. Weinreich, Neue Urkunden zur S.-Religion [SgV 86], 1919). Über S. in frühchristlicher Zeit berichtet Phlegon (FHR II, 280): »Dort (in Ägypten) gibt es Christen, welche S. verehren, und Menschen, die sich Bischöfe Christi nennen, während sie sich S. geweiht haben.« - Die Hauptverehrungsstätten sind die Serapeen in Memphis und Alexandrien, doch finden sich solche Tempelanlagen in der hellenistischen Welt weit verbreitet. S. ist Wegbereiter ägypt. Gottheiten in das Abendland, wo er dann durch → Isis übertroffen wird. - Eine den S.-Anhängern eigentümliche Form der Ergebenheit ist die κατοχή. Der Gott »nimmt« einen Gläubigen für einige Zeit (auch viele Jahre) »fest«; dieser darf während der Haft, der mystischen Gottesbindung, den Tempelbezirk nicht verlassen. Er lebt vom Bettel oder eigenem Vermögen und erhält für Tempelhilfsdienste nur eine kleine Entschädigung. Zur Gottheit steht er in einem engen Verhältnis, das ein »Wahrsagen« ermöglicht.

U. WILCKEN, Urkunden der Ptolemäerzeit I, 1927, 7-95 (Lit.; Ergänzung: B.R. REES in BJRL 39, 1956/57, 513f) - RÄRG 649ff - NILSSON II (s. Reg.). - Zum Serapieion in Alexandrien: A. ROWE in BJRL 39, 1956/57, 485-512. - Zum memphitischen Serapieion: WILCKEN, aaO - J.PH. LAUER-CH. PICARD, Les Statues ptolémaiques du Sérapieion de Memphis, 1955. - Zum Kultbild: TH.A. BRADY in Harvard Studies in Class. Philol. 51, 1941, 61ff (Lit.) - R. PETTAZZONI, Il »Cerbero« di Sarapide (Mél. d'Arch. etc Charles Picard II, Paris 1949, 803-809). - Zu den κάτοχοι: WILCKEN, aaO 62ff - NILSSON II, 180 Anm. 2. *H. Brunner*

Sarcerius, *Erasmus* (1501-59), luth. Theologe, * in Annaberg, wurde nach dem Studium in Leipzig und Wittenberg Rektor der Lateinschule in Lübeck (unterbrochen durch Schulämter in Graz und Wien), 1536 in Siegen, 1537 Sup. des Grafen Wilhelm von → Nassau, Reformator der nassau-oranischen Lande und der Grafschaft Wied. Durch das → Interim 1548 vertrieben, war er Pfarrer in Leipzig, dann Sup. der Grafschaft Mansfeld in Eisleben, † als Pfarrer in Magdeburg. Für die Fortbildung der Pfarrer sorgte S. durch Bibelkommentare und Erklärung der Hauptbegriffe christlicher Lehre samt Darreichung methodischer Hilfsmittel. Er schuf eine Ordnung der Ordination und Visitation, schrieb über Ehestand und Eherecht und gab einen Katechismus heraus (1537). In den Lehrstreitigkeiten der Zeit ergriff er gegen → Melanchthon Partei. Auf dem Wormser Religionsgespräch 1557 forderte er mit → Schnepff, → Mörlin, → Strigel und → Stössel die Verwerfung der Anhänger → Osianders, → Majors und → Zwinglis.

Vf. u.a.: Loci aliquot communes, 1538; De consensu verae ecclesiae et ss. Patrum, 1540; Büchlein von der rechten u. wahren Bekenntnis der Wahrheit, 1557. - Über S.: G. ESKUCHE, S. als Erzieher u. Schulmann, 1901 - RE XVII, 482ff; XXIV, 450f (Lit.) - M. KÖNNECKE, Die ev. Kirchenvisitationen des 16. Jh.s in der Grafschaft Mansfeld, 1907 - P. DIESNER, E.S., der Reformator der Grafschaft Wied 1543-44 (Monatshefte f. rhein. KG 26, 1932, 3-9). *R. Dollinger*

Sarepta, hebr. Ṣarepăt, beim heutigen ṣarafand zwischen Sidon und Tyrus gelegen (→ 21 A 3), war eine bedeutende phönikische (→ Phönizier) Küstenstadt (Funde der Spätbronze- und Eisenzeit). Sie war Aufenthaltsort des → Elia während der Hungersnot in Israel (1Kön 17, 9f; Lk 4, 26). Seit Ende des 8. Jh.s vChr wurde S. wiederholt von den Assyrerkönigen erobert. In Ob 20 gilt die Stadt als ideale Nordgrenze des zukünftigen Israel. Im 5. und 6. Jh. nChr und wieder in der Kreuzzugszeit war S. Bischofssitz. Das muslimische Eliasheiligtum weli el-chaḍr ist auf den Trümmern der einstigen Kirche errichtet.

E. ROBINSON, Palästina III, 1842, 690ff - P. THOMSEN, Loca Sancta, 1907, 103 - D.D. LUCKENBILL, Ancient Records of Assyria and Babylonia, Chicago 1926/27 - R. DUSSAUD, Topographie hist. de la Syrie, Paris 1927, 42 - F.M. ABEL, Géogr. de la Palestine II, Paris 1938, 449. *H. Gese*

Sarkophage → Byzantinische Kunst, → Malerei und Plastik: I.

Saron (hăššarôn von jašăr, ohne Zusammenhang mit σαρωνίς = alte Eiche), bezeichnet eine Küstenebene Palästinas südl. vom → Karmel bis in die Gegend von Jaffa (→ Joppe). Von Dünen abgesehen äußerst fruchtbar - heute eng besiedelt -, im Altertum reich an Bäumen und Weideplätzen (Jes 35, 2; Hhld 2, 1). Von Kanaanäern bewohnt stand das Gebiet unter der Herrschaft Ägyptens (15./12. Jh.), später kam es unter die der Nordmeervölker (Bericht des Un-Amon über Dor). Nach Jos 17, 2 kam der nördl. Teil (Hepher = tell ibšar) zu Manasse, Dor blieb Desiderat (Ri 1, 27). Das »zu S. gehörende Aphek« (sic! Jos 12, 18) war Grenzort der → Philister (1Sam 4, 1). Als → David sie unterjocht hatte, konnte die S.-Ebene dem Großreich Davids zugerechnet werden (vgl. 1Chr 27, 29); organisatorisch bildete sie 2 »Kanaanäergaue« unter Salomo (1Kön 4, 10f). An Häfen (Dor) war man nicht interessiert, wie der Gauname »Bergrücken von Dor« zeigt. Seit 734 gehörte das Gebiet den Assyrern (Provinz Duru), vgl. Jes 8, 23 b. Bei der Ausweitung des judäischen Bereichs zZ Josias (Alt, anders Cross-Wright) schiebt sich der Gau Ekron bis vor die Tore Jaffas (vgl. Esr 2, 33; Neh 6, 2: Gebiet von Ono). Unter den Persern - ob für seine Loyalität im Aufstand des Megabyzos (450)? - erhielt der Sidonier

Eschmunazar »Dor und Jafo und die prächtigen Getreidefelder der S.-Ebene« (AOT 446f), was der Geograph Pseudo-Skylax bestätigt. Am Ende der Perserzeit (?) erhoffte man die Rückgewinnung des nichtsamarischen Gebietes von S. (Jes 65, 10). Um 100 jüdisch, wurde das Gebiet nach 63 römisch (Dor selbständig); Augustus verlieh → Herodes das von diesem auch als Hafen prächtig ausgebaute → Cäsarea (, 1).

F.M.ABEL, Géogr. de la Palestine I, Paris 1933, 414ff - K.GALLING, Denkmäler zur Gesch. Syriens u. Palästinas unter der Herrschaft der Perser (PJ 34, 1938, 59-79) - DERS., Die syr.-paläst. Küste nach Pseudo-Skylax (ZDPV 61, 1938, 66-96) - ALT II, 206-225. 276-288 - F.M. CROSS-G.E.WRIGHT, The Boundary and Province Lists of the Kingdom of Judah (JBL 75, 1956, 202-226). *K.Galling*

Sárospatak, Kleinstadt mit kaum 15000 Einwohnern im nordöstlichen Winkel Ungarns. Im Wohnturm der schönen Burg S. ist die heilige Elisabeth von Ungarn geboren. Die Besitzer der Burg im 16. bis 17.Jh. waren hervorragende Gestalten des Protestantismus in → Ungarn sowie der ungarischen Freiheitsbewegungen. - Die Stadt verdankt ihre Bedeutung der ref. *Hochschule.* Diese wurde 1531 vom Burgherrn Péter Perényi gegründet. Ihr erster Rektor war István Kopácsi, der Reformator von S. Sie stand in höchster Blüte in der Mitte des 17.Jh.s, als die Burg Eigentum des siebenbürgischen Fürsten György Rákóczi I. war, der die Religionsfreiheit der Protestanten in Ungarn durch siegreiche Schlachten gegen die Habsburger im Friedensvertrag von Linz (1645) erkämpfte. Auf Einladung seiner Frau Zsuzsánna Lorántffy und ihres Sohnes Zsigmond Rákóczi verbrachte → Comenius vier Jahre (1650-54) in S., um die Hochschule seinen pansophischen Plänen entsprechend zu reorganisieren. Dabei unterstützte ihn der Rektor der Hochschule, János Tolnai Dali, der den Puritanismus in Ungarn heimisch machte und mit Zs.Lorántffy einer seiner bedeutendsten Vorkämpfer war. - Nachdem sie die Verfolgungen der Gegenreformation in einem 32jährigen Exil (1671-1703) überstanden hatte, erstarkte sie im 18. und 19.Jh. zu einer der wichtigsten prot. Hochschulen in Ungarn mit einer theologischen und einer Rechtsakademie sowie Lehrerbildungsanstalt und Gymnasium. Damals studierten in S. u.a. der Erneuerer der ungarischen Sprache Ferenc Kazinczy, der Freiheitskämpfer Lajos → Kossuth und die führende Gestalt der neueren ungarischen Romanliteratur Zsigmond Móricz. Durch diese übte der spezifisch ref. Geist der Hochschule bedeutenden Einfluß auch auf das literarische, wissenschaftliche und politische Leben in Ungarn aus. - S. ist noch heute eine Schulstadt. Die Nachfolger der Hochschule sind zT die staatliche Pädagogische Comenius-Akademie sowie das staatliche Rákóczi-Gymnasium, zT die Wissenschaftlichen Sammlungen von S. Diese umfassen die mit der Gründung der Hochschule gleichaltrige Bibliothek (175000 Werke), das Ref. Kirchliche Museum und Archiv, ferner eine Sammlung von Dokumentationen; sie werden durch den Kirchendistrikt diesseits der Theiss verwaltet.

J.SZOMBATHI, Historia scholae seu collegii ref. Sárospatakiensis (Monumenta Protestantium Hungariae Ecclesiastica I), S. 1860 - J.GULYÁS, S. u. Umgebung, Budapest 1933 (ung.) - D.DERCSÉNYI-L.GERÖ, Die Burg von S., ebd 1957 (ung.). *K.Ujszászy*

Sarpi, *Paul* (1552-1623), venezianischer Theologe und polemischer Geschichtsschreiber, seit 1565/66 Servit, 1579 Provinzialoberer, 1585-88 Generalprokurator seines Ordens (OSM) an der röm. Kurie, dann wieder in Venedig. Während des 1607 beigelegten Streites der Republik mit → Paul V. wurde S. zum theologischen Staatskonsultor ernannt. Den 1607 Exkommunizierten gefährdete ein höchstwahrscheinlich von kirchenstaatlichen Elementen geplantes Attentat (5.10.1607). Seit 1612 arbeitete S. unter Einfluß gallikanischer Schriften (Gentillet, Ranchin, Thou, Gillot) an seiner Istoria del Concilio Tridentino, die von de → Dominis in London unter dem Pseudonym »Pietro Soave Polano« (Paolo Sarpi Veneto) herausgegeben wurde (1619). Bald folgten Übersetzungen (bis 1629 lat., franz., engl., deutsch). Es ist die 1. Geschichte des → Tridentinischen Konzils, gestützt auf authentische Nachrichten, vor allem aus venezianischen Archiven. Trotz des lückenhaften Materials erfaßt sie meisterhaft Gang und Eigenart des Konzils, doch macht die Tendenz, die Kirchenversammlung als den systematischen Versuch der Kurie darzustellen, jede wahre Kirchenreform zu verhindern, die Istoria zu einer Anklageschrift (dagegen → Pallavicino 1656). - S.s feindliche Einstellung gegen Kurie und Jesuitenorden ist genetisch noch nicht erhellt; wiederholte Bewerbungen um ein Bistum wurden in Rom abgelehnt, weil man am brieflichen und persönlichen Kontakt S.s mit führenden Protestanten (bes. Frankreichs) Anstoß nahm.

Werke, 6 Bde, Venedig 1677 (I, 1-326: Biogr. v. S.s Ordensfreund FULGENTIO MICANZIO); vollständiger: 8 Bde, Helmstadt (= Verona) 1761-68. Krit. GA v. M.D.BUSNELLI, G.GAMBARIN, R.AMERICO u.a. seit 1931 in den »Scrittori d'Italia« (bisher 7 Bde; III-V: Istoria del Conc. Trid., 1935). - Abschließende Biogr. ist erst nach Vollendung der GA zu erwarten. Bisher u.a.: A.BIANCI-GIOVINI, Brüssel 1836; A.G.CAMPBELL, London 1869; P.DE BALAN, Venedig 1887; A.PASCOLATO (mit Bibliogr.), Mailand 1893; A.ROBERTSON, London 1911; C.MANFRONI, Venedig 1924; G.GETTO, Pisa 1941. - Wichtige neuere Einzelunters.en: V.BUFFON, Chiesa di Christo e Chiesa Romana nelle opere di Frà P.S., Löwen 1941 - H.JEDIN, Das Konzil von Trient, Rom 1948 - L.SALVATORELLI, Le idee religiose di Frà P.S., Rom 1953 - JEDIN II, 3ff. 441ff (Tendenz u. Glaubwürdigkeit S.s). - Ferner: RE XVII, 486ff - DThC XIV/1, 1115ff - EC X, 1928f. *H.Wolter*

Sartorius *(Schröder), Jakob* (ca 1560-1626), ref. Theologe, * in Schönfließ (Neumark), 1580 Student in Marburg, 1585 Pfarrer in Rietberg, 1607 von den Paderborner Jesuiten vertrieben, schrieb dagegen seine heute verschollene »Brandfackel«, dann Pfarrer zu Ropperhausen (Hessen), in seinem »Kurzen, doch gründlichen Bericht« (Marburg 1612) strenger Verfechter von Calvins Prädestinationslehre.

H.HEPPE, KG beider Hessen II, 1876, 137f - W.BUTTERWECK, Gesch. der Lippischen Landeskirche, 1926, 144. 330 - F.FLASKAMP, Funde u. Forschungen I, 1955, 74ff. *F.Flaskamp*

Sartre, *Jean-Paul,* * 21.6.1905 in Paris, 1931 Gymnasial-Prof. für Philosophie in Le Havre, 1936 in Laon, 1937 in Paris, seit 1945 - vom Lehramt beurlaubt - Hg. der Zeitschrift »Les temps modernes«. - Durch seine philosophischen Werke, politische und literarische Abhandlungen sowie durch zahlreiche Dramen, Romane und Novellen, die seine Lehre veranschaulichen, ist S. einer der einflußreichsten und umstrittensten Denker des gegenwärtigen Frankreich. Er entwickelt seine → Existenzphilosophie in kritischer Anlehnung an → Hegel, → Marx, → Freud und bes. an → Husserl und → Heidegger zu einer phänomenologischen → Ontologie und philosophischen → Anthropologie (: II). In eingehenden Analysen stellt er dem *An-sich-Sein* der Dinge das *Für-sich-Sein* des Menschen gegenüber. Jenes, in seiner Seinsfülle, ist positiv bestimmt und mit sich identisch: es *ist* einfach und es ist *einfach.* Dieses, in seinem Seinsmangel, bestimmt sich negativ als *nicht* wie jenes, als in seinem eigenen Wesen unbestimmt: es gibt keine Natur des Menschen, seine Existenz geht seiner Essenz voraus. Der Mensch *ist* nicht, sondern er *verhält sich* zum → Sein und zu sich selbst und ist als solcher nicht mit sich identisch: der innere Zwiespalt, der sich im Selbstbewußtsein auftut und in der Unwahrhaftigkeit vertieft, ist für ihn konstitutiv, auch wenn es Nichts (néant) ist, was ihn entzweit (→ Nihilismus, 2). Der Mensch *ist* nicht, sondern er *hat zu sein:* er existiert als ein stets zu realisierender, aber nie bleibend realisierbarer Entwurf. Was er konkret zu sein hat, entscheidet er in freier Wahl, indem er sich engagiert. Schöpferisch wie seine ganze Existenz ist auch seine Moral, es gibt keinen Gesetzgeber außer ihm selbst. Der Mensch ist frei, seine Existenz ist → Freiheit (: III, 4). Sie ist seine Aufgabe – er ist »zur Freiheit verurteilt« – und seine Würde, die ihn von allem, was einfach ist, unterscheidet. Sie ist begrenzt nur durch die Freiheit der andern, auf die er verpflichtet ist wie sie auf die seine, und durch die jeweilige → Situation als ihren konkreten Spielraum. Andererseits empfängt jede Situation ihren Sinn erst durch den Entwurf, zu dem er sich entschieden hat. Auch die historische Situation sowie die → Geschichte (: III) als ganze hat keinen Sinn als den, den der sich entscheidende Mensch ihr gibt. In den späteren Schriften ist S. mit wechselnder Entschiedenheit für eine marxistische Geschichtsauffassung eingetreten; es läßt sich jedoch nicht ausmachen, ob dies die frühere Theorie bestätigt oder revidiert, weil aus dialektischen Gründen auch die Revision sich als Bestätigung erwiese. – Ein Grundentwurf des Menschen ist das Verlangen nach einer Vereinigung des *An-sich* und des *Für-sich.* Doch sein Verlangen ist vergeblich, weil das eine mit dem andern – als seiner Nichtung (néantisation) – unvereinbar ist. Das *An-sich-für-sich* ist ein Ideal, das der Mensch entworfen hat und »das die Religionen Gott nennen«. Aber es ist ein unmögliches Ideal. Es gibt Gott nicht, denn es kann ihn nicht geben; die → Gottesbeweise sind nicht schlüssig. Indessen bleibt dieser → Atheismus dem → Humanismus untergeordnet: »Selbst wenn es Gott gäbe, würde das nichts ändern..., der Mensch muß sich selbst wieder finden und sich überzeugen, daß nichts ihn vor ihm selbst retten kann, und wäre es ein gültiger Beweis der Existenz Gottes« (Ex. hum. 95).

Vf. u.a.: L'imagination, 1936; Esquisse d'une théorie des émotions, 1939; L'imaginaire, 1940; L'être et le néant, 1943; L'existentialisme est un humanisme, 1946; Réflexions sur la question juive, 1946; Baudelaire, 1947; Situations I-III, 1947-49; Saint Genet, 1952; L'affaire Henri Martin, 1953; Critique de la raison dialectique I, 1960. – Über S.: M. Natanson, A Critique of J.-P.S.'s Ontology, Lincoln 1951 (Lit.) – H.H. Holz, J.-P.S., 1951 – A. Stern, S., New York 1953 – W. Desan, The Tragic Finale, Cambridge/Mass. 1954 – M. Merleau-Ponty, Les aventures de la dialectique, Paris 1955 – J. Möller, Absurdes Sein?, 1959. – Vgl. die Lit. zu → Existenzphilosophie.

H. U. Asemissen

Sator arepo tenet opera rotas, ein Palindrom (versus recurrens, Boustrophedon, Krakinos), das meist als magisches Quadrat überliefert ist (Fig. 1) und, in griech. oder lat. Buchstaben geschrieben, vor- und rückwärts, ab- und aufwärts gelesen immer die gleichen 5 Worte ergibt.

SATOR
AREPO
TENET
OPERA
ROTAS

Fig. 1

ROTAS
OPERA
TENET
AREPO
SATOR

Fig. 2

```
          P
    A     A     O
          T
          E
          R
PATERNOSTER
          O
          S
    A     T     O
          E
          R
```

Fig. 3

Die *frühesten Belege:* Pompeji 2mal (ca 63 nChr); Aquincum = Alt-Ofen, Ungarn (ca 110 nChr); Dura-Europos, 4mal (Mitte 3.Jh.); Cirencester, Westengland (4.Jh. [?]). Sie alle haben die Wortfolge von Fig. 2, ab 5./6.Jh. die von Fig. 1. Älteste Verbindung mit christlichen Symbolen begegnet auf 2 Amuletten des 5./6.Jh.s aus Thesos und Kleinasien (Berlin). Die Verwendung der Formel in Mystik und Magie ist bis in die Neuzeit nachweisbar (Material bei Seligmann). – *Lösungsversuche des Geheimnisses* reichen vom Früh-MA bis in die Gegenwart: Die 5 Worte sollen die Namen der Nägel am Kreuze Christi sein (8.Jh.), die Namen der Hirten aus der Geburtsgeschichte (10.Jh.) oder der 5 Wunden Christi (16.Jh.); die Formel enthalte die Namen der hl. → Drei Könige und den Hinweis auf Nazareth (20.Jh.). Neueste Deutungen zielen auf stoische Herkunft (Hommel), auf at. Anklänge (Cumont), auf christlichen Ursprung (Rostovtzeff, Lietzmann). Die gleichzeitig von Grosser und Agrell gefundene Auflösung des Quadrats in das Pater-Noster-Kreuz mit A und O (Fig. 3), so verblüffend einfach und einleuchtend sie zuerst erscheint, wird durch die Pompeji-Graffiti unwahrscheinlich, da im 7. Jahrzehnt des 1.Jh.s bereits die lat. Version des Herrengebets in einer sonst griechisch sprechenden Gemeinde Italiens anzunehmen wäre, sowie eine vor Abfassung der Apk festliegende Symbolik von → A und O und sogar eine christliche Symbolik des → Kreuzes. Auch die viermalige Flankierung von T durch A und O (Fig. 2) ist nicht durch eine Kombination von Barn 9, 8 und Apk 22, 13 zu begründen und zwingt nicht zur Interpretatio christiana. – Carcopinos These, daß die pompejanischen S.-Quadrate erst nach Zerstörung der Stadt durch christliche Schatzgräber angebracht seien und daß der Entstehungsort der Formel in Lyon während der Verfolgung von 177 nChr wäre (Arepo sei keltisch und Ableitung von arepennis), wird jetzt durch den Fund in Aquincum endgültig widerlegt.

Bei der Beurteilung der S.-Formel ist von der Kompositionstechnik auszugehen. Für ein Palindrom steht nur eine begrenzte Anzahl von Worten zur Verfügung, die in der Umkehr einen Sinn ergeben (zB: Amor-Roma; Eva-Ave). Die Worte der Formel müssen einen gewissen Sinn ergeben; hier: »Der Säer Arepo hält das Werk, die Räder.« Demnach ist Arepo technisch bedingt durch Umkehr von »Opera«, dh Wortbildung für Eigenname und deshalb kein philologisches Problem. Das Quadrat ist also nicht das Ergebnis aus vorgegebenen Buchstaben oder als Kryptogramm Umsetzung einer vorausgehenden Formel, sondern ist selbst Ausgangspunkt. Die Anklänge an stoische Sätze oder auch an Ez 1 sind sekundär und ebenso *zufällig* wie die Auflösung in ein Pater-Noster-Kreuz. Vorchristliche Entstehung ist wahrscheinlich. Die große Verbreitung durch 2 Jt.e ist Folge der seltenen Vollkommenheit des Quadrats und des Volksglaubens, ein magisches Rebus vor sich zu haben.

S. Seligmann, Die S.-Formel (Hess. Blätter f. Volkskunde 13, 1914, 154-183) – F. Grosser, Ein neuer Vorschlag zur Deutung der S.-Formel (ARW 24, 1926, 165-169) – S. Agrell, Runornas talmystik och dess antike förebild, Lund 1927 – G. de Jerphanion, La voix des monuments N.S. 1938, 38-94 – D. Atkinson, The Origin and Date of the S. Word-Square (JEH 2, 1951, 1-18) – H. Fuchs, Die Herkunft der S.-Formel (Schweiz. Archiv f. Volkskunde 47, 1951, 28-54; Lit.) – H. Last, The Rotas-Sator Square (JThS NS 3, 1952, 92-97) – J. Carcopino, Etudes d'hist. chrétienne, Paris 1953, 11-91 – H. Hommel, Schöpfer u. Erhalter, 1956, 32-79 – L. Crozet, Credo secret antique dans un carré magique (Bull. Assoc. G. Budé, Suppl. Lettres d'Humanité 19, 1960, 572-578).

Erich Dinkler

Satornil *(Saturninus),* frühchristlicher Gnostiker (Ende 1. oder Anfang 2.Jh.?), nach Irenäus (adv. haer. I, 24, 1f) Schüler des Samaritaners → Menander, der in Antiochien lehrte. Seine Gruppe wird bereits von Justin (dial. 35) bekämpft. Beide Väter und das verlorene Syntagma Hippolyts nennen ihn zusammen mit → Basilides. Tatsächlich fehlt bei beiden Gnostikern der Sophia-Mythos. Der Anthropos-Mythos, den S. statt dessen vorträgt und der modifiziert im Apokryphon des Johannes wiederkehrt, kennt keinen Fall des Urmenschen: von Engelmächten unvollkommen nach dem Bilde Gottes geschaffen, wird er erst durch den göttlichen Lebensfunken zum eigentlichen Menschen. Hier ist deutlich jüd. Material verarbeitet, aber umgewertet: Der Gott des AT ist die oberste Engelmacht, nicht böse wie der ihm feindliche Satan, aber offenbar auch nicht eigentlich gut wie der oberste unbekannte Gott. Die Konsequenzen sind eine doketische Christologie und asketische Ethik. - Vgl. → Gnosis: III, 2 b. 4.

Lit. s. → Gnosis: III, → Valentin. *G.Kretschmar*

Sattler, *Michael* († 1527), * in Staufen/Breisgau. Der Benediktinerprior in St. Peter bei Freiburg wird durch Studium der Paulusbriefe ev., verläßt das Kloster, heiratet und wirkt seit Frühjahr 1525 im Zürichbiet als Täufer, von wo er am 18.11.1525 ausgewiesen wird. 1526 organisiert er in Straßburg eine Täufergemeinde, über deren Grundsätze er mit → Bucer und → Capito in Gegensatz gerät und die Stadt verläßt, um in der österreichischen Grafschaft Hohenberg zu missionieren. Im Febr. 1527 leitet S. die Täuferversammlung in Schleitheim/Kt. Schaffhausen, die zur Abwehr des nordostschweizerischen Libertinismus und des süddeutschen Spiritualismus in 7 Artikeln über Taufe, Bann (nach Mt 18), Brotbrechen (Gedächtnismahl), Absonderung (von der Welt, von kath. und ev. Gottesdienst), Hirtenamt (Gemeindewahl zu Predigt, Bann, Brotbrechen, nicht Taufe!, Ersatzwahl bei Verfolgung), Schwert (Ablehnung von obrigkeitlichem Amt und Kriegsdienst) und Eidesverweigerung die klassischen Merkmale genuinen Täufertums ausprägt, das älteste und wichtigste Bekenntnis der → Täufer. In Horb verhaftet, erleidet S. (20.?) Mai 1527 in Rottenburg den Märtyrertod.

Schleitheimer Artikel: W.Köhler, Brüderlich Vereinigung etzlicher Kinder Gottes, 1908 - H.Böhmer, Urkunden z. Gesch. d. Bauernkriegs u. d. Wiedertäufer (KIT 50/51), 1910 - B.Jenny, Das Schleitheimer Täuferbekenntnis 1527, 1951 (Lit.). - Zwinglis Widerlegung in CR 93, 103-155; niederl. Ausg.: Bibliotheca Reformatoria Neerlandica V, 1909, 583-650. - Über S.: F.Spitta, M.S. als Liederdichter (ZKG 35, 1914, 393-402) - L.v.Muralt-K.Schmid, Qu. z. Gesch. d. Täufer in d. Schweiz I, 1952 (s. Reg.) - M.Krebs-H.G. Rott, Qu. z. Gesch. d. Täufer VII: Elsaß I (QFRG 27), 1959, 68ff. 73. 80ff u.ö. - Mennonit. Lexikon IV, 1959, 29ff - Mennonite Encyclopedia IV, 1959, 427ff (Lit.). *J.F.G.Goeters*

Saubert, *Johann* (1592-1646), Bürgersohn aus Altdorf, 1616 ebd Alumneumsinspektor und Vesperprediger, 1618 Diakonus und Prof. der Theologie, seit 1622 auf verschiedenen Stellen in Nürnberg, zuletzt Prediger bei St. Sebald. S. erreichte eine Klärung des Bekenntnisstandes der nürnbergischen Kirche in luth. Sinn. Als eifriger Reformtheologe stand er mit allen Gleichgesinnten in Deutschland in Briefwechsel.

Vf. u.a.: Miracula Augustanae confessionis, 1631; Lutherus propheta Germaniae, 1632; Pietatis et justiciae restitutio ex scholis, 1633; Zuchtbüchlein der ev. Kirchen, 1632; Die Frage, warum Deutschland noch nicht geheilet worden, 1642. - Über S.: Will III, 428ff (Bibliogr.) - K.Braun, Der Nürnberger Prediger J.S. u. die Augsburger Konfession (ZBKG 6, 1931, 1-24. 74-86. 145-163) - O.Brombierstäudl, Der Hauptprediger J.S. als Bibliothekar in Nürnberg (Mitt.en d. Vereins f. Gesch. d. Stadt Nürnberg 44, 1953, 371-423). *Matth.Simon*

Saul, der erste *König des Reiches → Israel* (: I, 8) um 1000 vChr, ist uns historisch nicht ganz erkennbar. Ein großer Teil der ihn betreffenden Überlieferungen im AT gehört einem Erzählungswerke an (→ Geschichtsschreibung: I, 4), dessen Held sein jüngerer Gegenspieler → David ist und das schon deswegen, aber auch um seiner Vorliebe für das Anekdotenhafte willen kein zutreffendes Bild von S.s Herrschaft geben kann (1Sam 16 bis 2Sam 5, mit Zutaten jüngerer Herkunft); der Rest (1Sam 8-15) besteht nach Abzug aller sekundären Elemente aus einer sehr locker gefügten Erzählungsreihe halb sagenhaften Charakters, die im wesentlichen nur die Anfänge S.s behandelt (1Sam 9, 1 - 10, 16; 11, 1-11. 15; 13f. 15?). Eine zusammenhängende Darstellung seines Lebens ist daher unmöglich (Regierungsdauer trotz 1Sam 13, 1 unbekannt); was wir sicher sehen, sind nur die entscheidenden Umrisse seiner historischen Erscheinung. Als Angehöriger des kleinen Stammes Benjamin kann sich S. zunächst nur auf diesen stützen; in seinem Bereich, genauer in dem den Philistern abgenommenen festen Ort Gibea behält er auch als König seinen Wohnsitz (1Sam 13, 3; 22, 6 u.ö.). Aber sein Königtum ist nicht Stammeskönigtum, auf Benjamin beschränkt, sondern *Volkskönigtum,* vorbereitet durch die geheime Designation des Volksgottes Jahwe (vermittelt durch → Samuel: 1Sam 10, 1), öffentlich anerkannt durch die Huldigung der israelitischen Stammesaufgebote nach S.s erster Bewährung als militärischer Führer (Rettung von Jabes in Gilead: 1Sam 11), darum mit Recht als Königtum von Israel bezeichnet (→ Königtum in Israel, 2). Dieser grundsätzlich nationale Charakter der jungen Staatsbildung, an dem sich auch durch das mögliche Fernbleiben einzelner Randstämme nichts ändern würde (vgl. 2Sam 2, 9 und → Juda), hatte den Mangel an territorialer Abrundung zur Kehrseite: die den judäischen Süden und den galiläischen Norden vom Zentrum abschnürenden Restbestände des kanaanäischen Stadtstaatwesens (vgl. Ri 1) blieben ausgeschlossen (Gibeon: 2Sam 21, 2), was sich rächen mußte (vgl. die strategische Situation vor S.s letzter Philisterschlacht: 1Sam 29, 1; 28, 4). Innenpolitische Funktionen hatte S.s Königtum noch nicht, sondern war ein reines Heerkönigtum, nur dazu bestimmt, die Besitz- und Hoheitsansprüche der Nachbarn auf israelitische Gebiete abzuwehren. So kämpfte S. gegen die → Ammoniter des Ostens (1Sam 11) und die → Amalekiter des Südens (1Sam 15) - 1Sam 14, 47 fügt mit zweifelhaftem Recht die → Edomiter, → Moabiter und → Aramäer hinzu -, vor allem aber fortgesetzt gegen die → Philister des Südwestens, die in der Zeit vor S. ihr Herrschaftssystem über die israelitischen Stammesterritorien (das Westjordanland) ausgebreitet hatten. Es scheint S. gelungen zu sein, sie aus den Bergländern ganz zu verdrängen (1Sam 13f bezeichnet nur den Anfang); aber S.s Niederlage und Untergang in einer Entscheidungsschlacht an der Ebene von Jesreel (1Sam 31) vernichtete wohl sein ganzes Werk. Diese Katastrophe erklärt sich mindestens zum Teil aus der Ungleichwertigkeit des beiderseitigen Heerwesens: während sich die Philister seit alters auf ein ausgebildetes, stets schlagfertiges Berufskriegertum stützten (schwerbewaffnete Fußkämpfer, zT Söldner: 1Sam 17. 27; vgl. 2Sam 15, 18ff; 21, 15ff; 23, 8ff), hatte S. in der Hauptsache nur den schlecht gerüsteten und wenig geübten, immer nur für kurze Zeit von der Wirtschaft abkömmlichen Heerbann der israelitischen Stämme zur Verfügung. Zwar suchte S. anscheinend durch die Schaffung einer ständigen Gefolgschaft in seinem Dienst diesem Mißverhältnis abzuhelfen (1Sam 14, 52; 22, 6ff; nach S.s Tod im Dienst seiner Familie: 2Sam 2, 12ff; 4, 2ff); aber eine solche Truppe war ein Fremdkörper in der israelitischen Heeresverfassung, und das Beispiel Davids zeigt, daß sich von hier aus Konflikte ergaben, die S. in der Erfüllung seiner außenpolitischen Aufgaben lähmten. Die Überlieferung behauptet ferner und kaum ohne Grund, daß S. in seinen späteren Regierungsjahren schwermütig wurde, und führt diesen »bösen Geist« auf Jahwe zurück (1Sam 16, 14ff u.ö.). So blieb sein Königtum ein Anfang, dem keine geradlinige Fortsetzung folgen konnte, am allerwenigsten durch den Versuch seines Verwandten Abner, dem schwachen S.sohn Esbaal (entstellt: Isboset) die politische Erbschaft zu erhalten (2Sam 2f). Mit → Davids Aufstieg trat dann die israelitische Staatenbildung in ein völlig verändertes zweites Stadium.

Außer den Darstellungen der Gesch. → Israels, den Kommentaren u. der Lit. zu → Samuelisbücher u. der Lit. zu → Samuel: A.ALT, Die Staatenbildung der Israeliten in Palästina, 1930 (= ALT II, 1-65) - K.MÖHLENBRINK, S.s Ammoniterfeldzug u. Samuels Beitrag zum Königtum des S. (ZAW 58, 1940/41, 57-70) - W.BEYERLIN, Das Königscharisma bei S. (ZAW 73, 1961, 186-201). *† A.Alt (R.Bach)*

Saumur, *hugenottische Akademie,* gegr. 1604 unter der Statthalterschaft → *Duplessis-Mornays,* geschlossen 1685 mit Aufhebung des Ediktes von Nantes (→ Frankreich: I, 5). Die Theologie von S. hat die ref. → Orthodoxie (, 3 b) im 17.Jh. entscheidend beeinflußt. Die Wandlung Mornays vom → Monarchomachen zum irenischen Legitimisten war für den Geist der Akademie bestimmend. In S. wurde zuerst die absolutistische Staatstheorie → *Bodins* gegen den frühen hugenottischen und zeitgenössischen englischen Monarchomachismus aufgenommen, die antiaristotelisch-humanistische Philosophie des *P.* → *Ramus* verbreitet, ein natur- und geschichtswissenschaftlicher Humanismus angeregt (Textkritik: Cappellus; Kritik der KG: D. → Blondel; Kritik des biblischen Weltbildes: Borchart) und das Programm einer Vermittlungstheologie für den arminianischen (→ Dordrechter Synode) und den luth.-ref. Streit entworfen (→ Einigungsbestrebungen: II, 2 a). Schon im Werk des theologischen Vaters der Akademie, *John* → *Camero* (seit 1618 in S.), verbanden sich oppositionelle Strömungen innerhalb der ref. Orthodoxie zum System: ramistische Philosophie, Herborner Rechtfertigungslehre (→ Piscator), Pfälzer Föderaltheologie (→ Olevian) und Irenik (→ Junius, → Pareus). 1633 setzten Cameros Schüler und Nachfolger *Moyse* → *Amyraut* (bis 1664), *J.* → *Placaeus* (bis 1665) und *L.* → *Cappellus* (bis 1658) sein Werk fort. Amyrauts heilsgeschichtlich zwischen Universalismus und Partikularismus vermittelnde Prädestinationslehre gewann großen Einfluß auf den englischen Vermittlungspuritanismus (→ Baxter) und den deutschref. Universalismus (→ Bremen, → Bergius). Placaeus nahm die Erbsündenlehre → Zwinglis wieder auf. Mit Cappellus begann die moderne Bibelkritik (Einfluß auf R. → Simon und → Clericus). Ein großer Kreis hugenottischer Gelehrter wie → Blondel, Borchart, Testard, → Daillé u.a. nahm in enger Verbindung zum holländischen Triumvirat → Casaubonus, → Scaliger und → Salmasius den neuen philanthropischen Calvinismus von S. auf. Während Cameros Schüler Milletiére → Richelieus Reunionsversuche unterstützen konnte, suchten Amyraut und Daillé eine entschiedene, legitimistische Verteidigung des bedrohten Hugenottentums und arbeiteten darum an einem innerprot. Konsensus. Als letzter Theologe der Tradition von S. entwarf *Cl.* → *Pajon* eine deistische Prädestinationslehre und übernahm den → Okkasionalismus von → Malebranche. 1675 suchten die Schweizer Kantone in der Formula Consensus Helvetica die ref. Orthodoxie gegen die Neuerungen von S. zu retten. Dennoch gewann diese als erste gelungene Akkommodation ref. Theologie an den Geist der → Aufklärung Einfluß auf England, Nordamerika und deutsche Gebiete.

Vgl. die Werke von Camero, Amyraut u. Pajon. Ferner: Syntagma thesium theol. in Academia Salmuriensi variis temporibus disputatarum, 4 Bde, 1665. - A.SCHWEIZER, Die prot. Centraldogmen II, 1856, 439ff - E.MERCEAU, L'Académie prot. de S., 1908 - A.A.VAN SCHELVEN, Het Calvinisme gedurende zijn Bloeitijd I, 1943, 241ff - M.GEIGER, Die Basler Kirche u. Theol. im Zeitalter der Hochorthodoxie, 1952, 99ff - J.MOLTMANN, Prädestination u. Heilsgesch. bei M.Amyraut (ZKG 65, 1954, 270-303). *J.Moltmann*

Saurin, *Elias* (1639-1703), ref. Theologe, * in Usseaux (Dauphiné), 1661 Pfarrer in Venterol (Drôme) und Embrun, nach seiner Vertreibung 1664 an der wallonischen Gemeinde in Delft, 1670 in Utrecht. In der Frage der Gewissensfreiheit verteidigte S. eine mittlere Position zwischen → Jurieu, mit dem er eine literarische Fehde führte, und → Bayle. Seine Theologie ist von der Mystik → Fénelons, aber auch vom Rationalismus beeinflußt.

Vf. u.a.: Examen de la théologie de M.Jurieu, 1694; Réflexions sur les droits de la conscience, 1697; Défense de la véritable doctrine de l'Eglise réformée, 1697; Traité de l'amour de Dieu, 1701; Traité de l'amour du prochain, 1704. - Über S.: Récit de la vie et de la mort d'E.S., Amsterdam 1703 - J.CHAUFFEPIÉ, Nouveau Dictionnaire hist. et critique IV, 1756 - F.PUAUX, Les précurseurs français de la tolérance, 1880, 146ff - F.LICHTENBERGER, Encycl. des sciences relig. XI, 1881, 475ff - M.WIESER, Der sentimentale Mensch, 1924. *J.Roth*

Sava (urspr. Name *Rastko;* 1169-1235), Nationalheiliger der Serben (→ Jugoslawien, 2), Sohn des Großžupan Stefan I. Nemanja, floh 1193 auf den → Athos und gründete dort das serbische Kloster Chilandar, wohin ihm sein Vater als Mönch folgte (1196). 1208 nach Serbien zurückgekehrt (Archimandrit des Klosters Studenica), trat er in Opposition zur romfreundlichen Kirchenpolitik seines regierenden Bruders Stefan II., floh wieder auf den Athos (1216), bis Stefan 1219 nachgab und es zur Gründung des autokephalen Erzbistums Serbien mit S. als Erzbischof (Sitz: Žiča) kam. 1229 wallfahrtete S. nach dem Hl. Land und besuchte im Interesse der autokephalen Kirche Bulgariens 1233 nochmals den Orient. † in Tirnovo; Fest: 14. 1.

ST.STANOJEVIĆ, Der hl. Savas, Belgrad 1935 (serb.) - J.MATL, Kyrios 2, 1937, 23-37 - N.RADOJČIĆ, Glas serb. Akad. II, 91, 9, 1939, 179-258 - M.S.ARANICKI, Rastko Nemanjić, Wien 1940.

H.-G.Beck

Savigny, *Friedrich Carl von* (21.2.1779 bis 25.10. 1861), Jurist und Staatsmann, »Begründer« der historischen Rechtsschule, * in Frankfurt/M., † in Berlin. S. entstammt einer Refugiantenfamilie (burgundisch-lothringischer Reichsadel), studierte in Marburg, habilitierte sich hier 1800, wurde 1803 ao., 1808 in Landshut o. Prof., wo er zu A.v.Feuerbach und Gönner vorübergehend, zu → Sailer und dessen ev. Katholizismus dauernd Fühlung gewann, ebenso wie zum romantischen vorher durch seine Frau Kunigunde, Schwester des Cl. → Brentano. Dazu kam die Freundschaft mit → Görres. 1810 holte W.v. → Humboldt den auch als Hochschulpolitiker Befähigten nach Berlin. 1812 war er Rektor, 1817 wurde er Staatsrat in der Justizabteilung, schließlich als Lehrer Friedrich Wilhelms IV. 1841-48 konservativ eingestellter Minister des Gesetzgebungsministeriums. Dann zog er sich ins Privatleben zurück. - Von Vertretern des rational-abstrakten → Naturrechts, Germanisten und Hegelianern bald angefeindet, hat S. auf der Grundlage des röm. Rechts im Sinn eines juristischen Humanismus die Autonomie der Rechtswissenschaft als Historie und Philosophie verbindende innere Systematik und als Ausdruck der auch literarisch fixierten Nationalkultur begründet, bewußt als Reformator (»Kant der Rechtswissenschaft«) mit genau festgelegtem Arbeitsplan. Grundlegend: »Das Recht des Besitzes« ([1803] 1836[6]), die gegen Thibauts Forderung eines deutschen Nationalgesetzbuches, gegen die traditionsfeindliche Gesetzesmacherei, gerichtete Kampfschrift »Vom Beruf unserer Zeit für Gesetzgebung und Rechtswissenschaft« ([1814] 1840^3) und die »Geschichte des röm. Rechts im MA« ([6 Bde, 1815-31] 7 Bde, $1834\text{-}51^2$); zusammenfassend: das »System des heutigen röm. Rechts« (8 Bde, 1840-49; Quellen-RegBd 1851). 1814 gründete er mit Eichhorn und Göschen die »Zeitschrift für geschichtliche Rechtswissenschaft« (bis 1850, 15 Bde). Recht ist für S. die »Grenze, innerhalb welcher das Dasein und die Wirksamkeit jedes Einzelnen einen sicheren, freien Raum gewinnen«; es ist Ausdruck des sich geschichtlich entfaltenden Volksgeistes im Sinn organischer Kontinuität individueller Gestaltung; → Herder, die politische → Romantik und → Schellings Geschichtsmetaphysik stehen im Hintergrund. Mit der Erneuerung des röm. Rechts legte S. den Grund zum modernen Internationalen Privatrecht (»Obligationsrecht«, 2 Bde, 1851/53). Das Bild des Romantikers S. wandelt die neuere Beurteilung in das des Klassikers.

ADB XXX, 425ff - E.Landsberg in: R.Stintzing-E.Landsberg, Gesch. d. dt. Rechtswiss. III/2, 1910 - A.Manigk, S. u. der Modernismus im Recht, 1914 - E.Rothacker, Einl. in die Geisteswissenschaften, (1920) 1930^2, 37ff - A.Stoll, F.K.v.S., 3 Bde, 1927-39 (Biogr. u. Briefe) - StL IV, 1190ff - Erik Wolf, Große Rechtsdenker, (1939) 1951^3, 464-535 (Bibliogr., Lit.) - E.Wohlhaupter, Dichterjuristen I, 1953, 3-119 - F.Wieacker, F.C.v.S. (ZSavRG 72, 1955, 1-38; gekürzt in: Die großen Deutschen III, 1956, 39-51).

Ernst Wolf

Savonarola, *Hieronymus* (1452-98), * in Ferrara, empfand bereits in seiner Jugend die Verderbnis der Welt, wurde 1475 Dominikaner und wirkte seit 1482 als Bußprediger in Florenz und in verschiedenen Städten Norditaliens. 1490 rief ihn Lorenzo de' Medici, auf Wunsch → Picos von Mirandola, nach Florenz zurück; aber S. zog sich durch seine Predigt gegen die Leichtfertigkeit der Stadt und der Medici bald die Feindschaft Lorenzos zu. 1491 wurde er Prior des Klosters St. Marco, das er im asketischen Sinne reformieren und zu einem Werkzeug für die christliche Erneuerung Italiens machen wollte. S. erreichte 1493 die Trennung seines Klosters von der lombardischen Kongregation, um eine Kongregation von St. Marco zu bilden. Durch göttliche Offenbarungen (seit 1484) fühlte er sich berufen, ein baldiges Gericht Gottes und die darauf folgende Erneuerung der Kirche zu verkündigen. S. predigte gewaltig und kündigte politische Ereignisse als Tat Gottes an, zB den Siegeszug des »neuen Cyrus«, Karls VIII. von Frankreich, durch Italien und den Sturz der Medici. Das Volk achtete ihn als einen Propheten, und Fürsten zogen ihn zu Rate. Nach der Vertreibung der Medici beeinflußte S. die restaurierte demokratische Stadtverfassung im theokratischen Sinne, rief Christus zum König von Florenz aus und versuchte das private und öffentliche Leben nach dem Evangelium zu gestalten (Verbrennung der Eitelkeiten). Seine Gegner waren die Arrabbiaten, die Compagnacci (die Großen und die Lebenslustigen) und die von ihm angegriffene verderbte Kurie. Papst → Alexander VI. beschuldigte ihn 1495 der Häresie und falscher Prophetie. Der Ordensprokurator Franz Mei wollte 1496 durch die Errichtung einer röm.-tuszischen Kongregation S.s Reformprogramm für St. Marco unmöglich machen. S.s Widerstand führte am 13.5.1497 zur Bannung durch den Papst, der gegen Florenz, das sich der Liga gegen Karl VIII. nicht angeschlossen hatte, bes. verärgert war. Die Signorie war S. noch gewogen, der sich eine Weile von der Kanzel zurückzog, dann aber die Verkündigung wieder aufnahm und den Bann für ungültig erklärte. Er hoffte auf ein allgemeines Konzil. Im Febr. 1498 bedrohte der Papst die Stadt mit dem Interdikt. In der neugewählten Signorie waren die Anhänger S.s, die Piagnonen, in der Minderheit. Auf Betreiben der Compagnacci forderte der Franziskaner Franz von Apulien die Dominikaner zur Feuerprobe heraus, um die Gültigkeit des Bannes zu beweisen. Am 7.4. ließen die Gegner das Gottesurteil absichtlich nicht zustande kommen und schoben die Schuld auf S. Am nächsten Tag griffen die Compagnacci St. Marco an. S. wurde verhaftet und vor Gericht gezogen, erlag der Folter und verleugnete seine prophetische Sendung; dann nahm er seinen Widerruf zurück. Die Protokolle darüber wurden gefälscht. Mit Zustimmung der päpstlichen Kommissare wurde S. als Häretiker und Schismatiker zum Tode verurteilt und am 23.5. mit seinen Ordensbrüdern Dominikus und Silvester gehängt und verbrannt. - S. verband die spätmittelalterliche Erwartung einer Erneuerung der Welt durch einen »novus dux« mit der in der → Renaissance lebendigen Hoffnung auf eine »renovatio« der Christenheit. Er wurde nicht so sehr wegen seiner apokalyptischen Predigt gestürzt als wegen der finanziellen und politischen Interessen der Großen und der Kurie. Ob S. vom Geist → Joachims von Fiore berührt wurde, ist strittig. Als Thomist blieb er der kath. Lehre treu, und die Index-Kongregation erklärte 1558 seine Schriften für rechtgläubig. In der röm. Kirche hat er jederzeit Verehrer gehabt, die seine Heiligsprechung befürworteten.

Auswahl aus Schriften u. Predigten, dt. hg.v. J.Schnitzer, 1928; Le lettere di G.S., hg.v. R.Ridolfi, Florenz 1933; Edizione Nazionale delle opere di G.S., Rom 1955ff (vorgesehen 21 Bde). - Über S.: P.Villari, La storia di G.S., 2 Bde, (1859-61) Florenz 1930^5 - J.Schnitzer, Qu. u. Forschungen z. Gesch. S.s, 4 Bde, 1902-10 - Ders., S., 1924 - M.Ferrara, S., 2 Bde, Florenz (1930) 1952^2 (Lit.) - Ders., Bibliogr. Savonaroliana, ebd 1958 (von 1801-1956) - R.Ridolfi, Bibliografia delle opere di S., I: Cronologia e bibliogr. delle prediche, Florenz 1939 - Ders., Vita di G.S., 2 Bde, Rom 1952 - EC X, 1986ff - Le Procès de Savonarole, hg.v. R.Klein, Paris 1957.

V.Vinay

Saxo Grammaticus (ca 1150 bis in das 2.Jahrzehnt des 13.Jh.s), dänischer Geschichtsschreiber und Dichter, verfaßte seit ca 1185 auf Veranlassung Erzbischof → Absalons von Lund eine dänische Geschichte (Gesta Danorum). Die ersten 9 Bücher behandeln romanhaft (Hamlet, Rolf Krake) die mythische Vorzeit bis 950, die letzten bes. die Taten Absalons und König Waldemars I.

Letzte Ed.: Saxonis Gesta Danorum, hg.v. J.Olrik-H.Raeder, 1932; Index hg.v. F.Blatt, 1935-57 (dazu die krit. Bemerkungen v. L.Weibull, Scandia 7, 1934, 290-298 u. 9, 1936, 257-300; B.Axelson, ebd 204-227; V.Madsen, Om de nye Udgave of S. Danmarks Historie, 1936). - P.Herrmann, Erläuterungen zu den ersten 9 Büchern d. dän. Gesch. des S. Gr. I. II, 1901/22 (Übers. u. Komm.) - DBL XX, 591ff (Lit.) - L.Lukmann, British and Danish Traditions (Classica et Mediaevalia 6, 1944, 72-109) - EC X, 1996.

H.Fuhrmann

Scaliger, *Joseph Justus* (1540-1609), Historiker und Philologe, * in Agen (Garonne) als Sohn des Humanisten *Julius Caesar* S. († 1558), der sein wichtigster Lehrer war. Seit 1559 in Paris, trat S. 1562 zum ref. Glauben über. 1572-74 lehrte er an der Genfer Akademie (→ Genf: II); dann lebte er, ganz seinen Forschungen hingegeben, meist auf den Gütern seines Gönners Louis de la Roche-Pozay in der Touraine. Seit 1593 wirkte er an der Universität → Leiden. Zahlreiche Editionen und Kommentarienwerke (zB → Aristeasbrief, Manilius, Catull, Tibull, Properz) erweisen ihn als einen der größten Textkritiker seiner Zeit. Neben Arbeiten auf den Gebieten der Numismatik und → Epigraphik ist S.s größte Leistung die Begründung der wissenschaftlichen → Chronologie (: I; De emendatione temporum, [1583] 1598^2; Thesaurus temporum, [1606] 1658^2). Seine Kritik an der Echtheit des → Dionysius Areopagita und seine Ablehnung des gregorianischen Kalenders brachten ihn in Konflikt mit den Jesuiten (→ Petavius).

G.W.Robinson (Hg.), Autobiography of Joseph S., Cambridge/Mass. 1927 - RE XVII, 513ff (ältere Lit.) - G.Cohen, Ecrivains français en Hollande, Paris 1920, 187ff - NNBW V, 660ff - W.E.van Wijk, Het eerste leerboek der technische tijdrekenkunde, 's Gravenhage 1954 - C.M.Bruehl, J.J.S. Ein Beitr. z. geistesgesch. Bedeutung der Altertumswiss. (ZRGG 13, 1961, 45-65).
H.R.Guggisberg

Schade, *Johann Kaspar* (1666-98), ev. Theologe und Kirchenliederdichter, Freund A.H. → Franckes, seit 1687 mit → Spener im Collegium philobiblicum in Leipzig, 1691 Speners Diakonus in Berlin. Auf der Kanzel, in Konventikeln und Schriften polemisierte S. aus Gewissensanfechtung in großem Bußernst gegen die zu routinemäßig gewährte Absolution in der Privatbeichte (1697: »Die schändliche Praxis des Beichtstuhls« [»Satansstuhl, Feuerpfuhl«]). Erst sein früher Tod beschwichtigte den Beichtstreit, dessen äußeres Ergebnis die Aufhebung der Beichtpflicht durch den Kurfürsten war. Unter S.s Liedern sind vor allem »Meine Seel' ist stille zu Gott«, »Mein Gott, das Herz ich bringe dir« und »Meine Seel', ermuntre dich« bekannt geworden.

Koch IV, 222ff - P.Grünberg, Ph.J.Spener, 1893 (bes. I, 329ff; III, 233. 273. 298) - W.Wendland, KG Berlins, 1930. *K.Schuster*

Schaeder, *Erich* (22.12.1861 bis 18.2.1936), ev. Theologe, * in Clausthal, 1891 PDoz. für syst. Theol. in Greifswald, 1894 ao. Prof. in Königsberg, 1895 in Göttingen, 1899 o.Prof. in Kiel, 1918 in Breslau. S. forderte eine auf die Bibel gegründete »theozentrische Theologie« (→ Systematische Theologie: II, 2 a) gegenüber ihrer anthropozentrischen Verkehrung bei → Schleiermacher, → Hofmann und → Frank, R. → Seeberg und Grützmacher, → Cremer und → Kähler, Ihmels, → Schlatter, A. → Ritschl, → Herrmann, Häring, J. → Kaftan, Th. → Kaftan, → Troeltsch. Diese alle wurden einer eingehenden Kritik unterzogen und jenes fundamentalen Fehlers für schuldig befunden, Kähler am wenigsten, die Religionsgeschichtler am meisten. Anstelle des »Gott für uns« rückt S. das »Wir für Gott« in den Mittelpunkt. In der Gotteslehre betont er den Machtgedanken: Gott ist primär nicht Liebe, sondern Majestät, allmächtiger Herr. Die Glaubensbegründung stützt er auf den Geistgedanken: nicht das menschliche Glücks- oder Heilsverlangen, nicht Vernunftpostulate geben dem Glauben Gewißheit, sondern der in seinen Wirkungen erfahrene Geist, in welchem die Majestät, die Heiligkeit, die Liebe Gottes leben. - S.s Wächterruf wurde weithin gehört und bes. von der → Dialektischen Theologie aufgenommen. Von dieser blieb S. allerdings im ganzen durch seine undialektische Lehre vom Geist (→ Inspiration: III, 2) getrennt.

Vf. u.a.: Die Bedeutung d. lebendigen Christus für d. Rechtfertigung nach Paulus, 1893; Über d. Wesen d. Christentums u. seine modernen Darst.en, 1904; Die Christologie d. Bekenntnisse u. d. moderne Theol., 1905; Das Evangelium Jesu u. d. Evangelium von Jesus, 1906; Theozentrische Theol. I, (1909) 1925³; II, (1914) 1928²; Zur Trinitätsfrage, (1912) 1925²; Aus Theol. u. Leben, 1913; Die Sündlosigkeit Jesu, 1921; Das Geistproblem d. Theol., 1924; Das Wort Gottes, 1930. - Über S.: H.Stephan, Theozentrische Theol. (ZThK 21, 1911, 171-209) - F.Traub, Zur Dogmatik (MPTh 14, 1918, 312-318) - E.Brunner, Theozentrische Theol.? (ZZ 4, 1926, 182-184) - W.Schwarz, Was lernt die Öffentlichkeitsarbeit der Kirche von S.s Theol.? (NKZ 43, 1932, 674-687). *E.Schott*

Schäfer, *Theodor* (1846-1914), ev. Theologe, seit 1872 Pfarrer und Direktor der Diakonissenanstalt für Schleswig-Holstein in Altona. Als Vertreter der → Inneren Mission widmete er sich bes. der → Körperbehindertenfürsorge und der weiblichen Diakonie.

Vf. u.a.: Die weibliche Diakonie, 3 Bde, (1879) 1911³; Leitfaden der Inneren Mission, (1887) 1914⁵; Prakt. Christentum, 5 Bde, 1888 bis 1910; Diakonissen-Katechismus, (1895) 1899². - Hg.: Monatsschr. für Innere Mission, 1877/81-1910; Die Innere Mission in Deutschland, 6 Bde, 1878-83; Jb. der Krüppelfürsorge, 10 Bde, 1899 bis 1908. *K.Dienst*

Schaff, *Philipp* (1819-93), * in Chur (Graubünden), studierte Theologie in Tübingen, Halle und Berlin und folgte 1843 dem Ruf an das damals einzige Seminar der deutschref. Kirche in Amerika in Mercersburg/Pa. Neben J.W.Nevin machte er dieses zum Zentrum der deutschen Theologie in den USA. 1870 wurde er Prof. für christliche Symbolik und Enzyklopädie, 1888 für KG am Union Theological Seminary in New York. Der → Neander-Schüler eröffnete eine neue Periode der Behandlung der KG in den USA, stand dem Amerikanischen Komitee zur Revision der englischen Bibel vor und verhalf der deutschref. Kirche in Amerika zum Bestand, indem er notwendige Anpassungen an die amerikanische Umgebung befürwortete. Durch persönliche Beziehungen und mehrere Europareisen stellte er Verbindungen zwischen Kirchen und Theologie Amerikas und Europas her. Er war Mitbegründer der Ev. Allianz und erstrebte eine Vereinigung der Christenheit.

Vf. u.a.: Hist. of the Christian Church I-VI, 1882-92. - Hg.: The Creeds of Christendom I-III, (1877) 1893⁶; A Religious Encyclopaedia I-IV (auf der Grundlage von RE¹·²), 1882-87; Nicene and post-Nicene Fathers (engl. Übers. der Kirchenväter), Sect. I, 28 Bde, 1886-89; Sect. II, 14 Bde, 1890-1900; Encyclopedia of Living Divines, 1887. - Über S.: D.S.Schaff, Life of Ph.S., New York 1897 - RE XVII, 515ff - DAB XVI, 417f - ODCC 1221. *I.Ludolphy*

Schahrastānī, *Mohámmed ibn Abd Allāh,* * in Chorāsān zwischen 1074/75 und 1086/87, † 1153, bedeutender Religionshistoriker des Islams, als Theologe ausgebildet, stark philosophisch interessiert. In seinem »Buch der Religionsgemeinden und philosophischen Sekten« (1127) beschreibt er - weniger polemisch und apologetisch als seine Vorgänger - zuerst die Konfessionen des → Islams und die theologischen Meinungen innerhalb der Sunniten einschließlich der zT politischen Gründe von deren Entstehung. Es folgen Schilderungen der (morgenländischen) Christen, der Juden (wenig ergiebig), der »Sābier« (Täufer), weiter der → Manichäer und anderer Dualisten, endlich der Religionen → Indiens. Hier hat sich viel Wichtiges erhalten. Die Darstellung der griech. Philosophie und ihrer Nachwirkung im Islam ist aufs Ganze gesehen dürftig, enthält aber aufschlußreiche Partien über → Platon und Pythagoras.

Ausg. v. W.Cureton, I. II, (London 1842/44) Leipzig 1923²; v. Mhd.Badrān, Kairo 1950 (mit bisher unbekannten Abschnitten). - (Mangelhafte) dt. Übers. v. Th.Haarbrücker, I. II, 1850/51. - Über S.: EI¹ IV, 283f - GAL I, 428f; GALS I, 762 - J.P.de Menasce in: »Donum natalicium... H.S.Nyberg«, Uppsala 1954, 50-59.
B.Spuler

Schaitberger, *Joseph,* Salzburger Exulant und Erbauungsschriftsteller, * 19.3.1658 in Dürrnberg bei Hallein, † 2.10.1733 in Nürnberg. Von Beruf Bergmann, wurde S. bei einer Religionsverfolgung der ev. Dürrnberger (→ Deferegger) 1685 verhaftet. Da er seinen luth. Glauben nicht abschwören wollte, mußte er mit etwa 1000 weiteren Glaubensgenossen das Land verlassen und außer seinem Besitz auch seine Kinder zurücklassen, die kath. erzogen wurden. S. fand eine Zufluchtsstätte als Tagelöhner in Nürnberg, zuletzt im Wendelinstift. S. war der Dichter des einst vielgesungenen Liedes »Ich bin ein armer Exulant« und ist der geistliche Vater der → Salzburger Emigranten, die er durch heimliche Besuchsreisen, Briefe, Flugschriften, alte und neue Lieder stärkte und bei ihrem Durchzug durch Nürnberg 1731 noch begrüßen konnte. Seine Traktate mit ihrem leiderprobten Glaubenszeugnis wurden ein bis in die Gegenwart nachwirkendes Erbauungsbuch.

Vf. u.a.: Ev. Sendbrief, 1702; Wahrhaftiger Bericht von der Salzburgischen Reformation, welche im Jahre Christi 1686 vorgangen, in: J.CH.HILLINGER, Beytrag zur Kirchenhistorie des Ertzbischofthums Salzburg, 1732; Neuvermehrter ev. Sendbrief, in welchem 24 nützliche Büchlein enthalten sind (1733), Jubiläumsausg. 1886. - Über S.: ADB XXX, 553ff - RE XVII, 411f. 522. - Weitere Lit. s. → Deferegger, → Salzburger Emigranten. *H.Hohlwein*

Schalling, *Martin* (21.4.1532 bis 29.12.1608), ev. Kirchenliederdichter, * in Straßburg, Schüler Melanchthons in Wittenberg, seit 1554 Diakonus in Regensburg, dann Pfarrer in Amberg, Vilseck und wieder in Amberg als Hofprediger und General-Sup. der Oberpfalz. 1580 als Gegner der → Konkordienformel gefangengesetzt und aus dem Dienst entlassen, war er 1585-1605 Prediger in Nürnberg (erblindet). Sein Lied »Herzlich lieb hab ich dich, o Herr«, handschriftlich aus dem Jahre 1569, gedruckt 1571 erschienen, war → Speners Lieblingslied; die letzte Strophe ist als Schluß von Bachs → Johannespassion bekannt geworden.

KOCH II, 282ff - ADB XXX, 566ff - Hdb. zum EKG II/1, 1957, 132ff; Sonder-Bd, 1958, 385ff. *G.Raudnitzky*

Scham

1. S. und Geschlechtlichkeit - 2. S. und Liebe - 3. S. und Angst - 4. Die kirchlich-traditionelle Auffassung - 5. S. und Verdrängung - 6. Die S. und ihre Manifestationen - 7. Die Frage des Sich-bewußt-Werdens und das geistige S.gefühl - 8. Prüderie, Koketterie und Zynismus

1. Der Angelpunkt einer rein phänomenologischen Analyse der sinnlich-leiblichen S. ist ihr *Verhältnis zur Geschlechtlichkeit.* Eine solche Analyse hat bes. H.Lipps vorgenommen, der in der S. ein ebenso ursprüngliches Phänomen des menschlichen Daseins sieht, wie es die → Angst ist. Die S. gehört zur Widersprüchlichkeit im Wesen des Menschen, insofern der einzelne sich seiner selbst als geistiger Person in etwas so Allgemeinem wie der Geschlechtlichkeit bewußt wird. Der Mensch ist nicht zunächst ein Selbst und dann erst auch ein Geschlechtswesen, sondern sein Selbstbewußtsein ist in seiner Geschlechtlichkeit verankert, die wiederum etwas Allgemeines und Animalisches ist. Die Einheit des Menschen ist somit problematisch, seine Integrität ist bedroht, und die S. will vorbeugen, daß er in eine Situation gerät, die seine Integrität verletzt. Das ist aber nicht in dem Sinne zu verstehen, daß die S. gleichsam die vorwegnehmende Vorstellung eines gekränkten S.gefühls sei, sondern als S. ist sie gerade darin wirksam, daß sie die verletzbare Einheit vor dem Blick schützt. Die Einheit des zivilisierten Menschen wird ihm selbst zweideutig, wenn der Blick auf seine Nacktheit gerichtet ist. Jedoch nicht die Nacktheit als solche läßt das S.gefühl emporkommen, sondern die dem Blick ausgelieferte Blöße. Das Ungeschützte wird zur Blöße, weil es sich nicht gegen den Blick wehren kann, der es beansprucht. - Die S. verurteilt an und für sich nicht die Vorstellungen, die sie nicht aufkommen zu lassen wünscht, ebensowenig wie sie die Geschlechtlichkeit, aus der sie hervorgeht, beseitigen will; vielmehr liegt ihrer Abwehr eine Anerkennung zugrunde. In der S. liegt der Unterstrom einer Anziehung dessen, dem man widerstrebt (Scheler).

2. Die Rolle der S. im menschlichen Dasein, mit der sich bes. → Schleiermacher und → Scheler beschäftigt haben, zeigt sie in ihrem *Verhältnis zur → Liebe* (: IV). Die S. dient der Einheit des Sinnlichen und des Geistigen, die in der ungeteilten Liebe herrscht, und verhindert, daß das Begehren, wenn es von der Liebe gelöst ist, diese zerstört und nur die Wollust erstrebt. Dies geschieht nicht etwa durch Unterdrückung der Sinnlichkeit, sondern im Gegenteil dadurch, daß sie zum wesentlichen Element der Liebe gemacht wird. Die S. hält den Geschlechtstrieb zurück, bis die Liebe zwischen den Partnern klar und entschieden ist. Doch weicht sie freiwillig beim Stärkerwerden der Liebe und läßt den Geschlechtstrieb zum Ausdruck der Liebe werden. Daher verschiebt sich die Rolle, die die S. im menschlichen Dasein spielt. Zu Beginn ist die Einheit zwischen dem Selbst und der Leiblichkeit so verletzbar, daß die S. vorzugsweise dafür zu sorgen hat, die Einheit vor dem Blick zu schützen. Kommt später die Liebe als die Macht, die mit der Geschlechtlichkeit zusammengeht, hinzu, so wendet sich die S. nunmehr gegen die Isolierung des Geschlechtslebens vom Liebesleben.

3. → Kierkegaard urgiert die Disharmonie zwischen Geist und Leib dahin, daß zwischen S. und Angst nicht nur die Analogie besteht, daß keine von beiden einen bestimmten Inhalt haben kann, sondern daß die S. geradezu durch die → *Angst* gekennzeichnet ist. Kierkegaard sieht die S. unter dem Gesichtswinkel der Feindschaft zwischen Geist und Geschlechtlichkeit. Die personale Einheit und Integrität des Menschen ist für ihn nicht nur fragwürdig und verletzbar, sondern geradezu unmöglich. Der Mensch kann sich seiner Geschlechtlichkeit nur bewußt werden, indem er sich als ein Selbst verliert. Die Einheit wird von innen her verletzt und gesprengt. Darum ist die S. in Wirklichkeit Angst und bezieht sich auf einen Widerspruch im Menschen, der den Untergang des Selbst bedeutet. Die S. ist Angst, und zwar Angst vor nichts, da sie den Widerspruch verbirgt. Kierkegaard hat seine Auffassung der S. in der Konzeption des Gegensatzes Schuld - Unschuld gehalten: Der Mensch kann sich seiner selbst als Geschlechtswesen nur bewußt werden, indem er seine Geschlechtlichkeit zum Trieb macht - und Trieb ist Sünde. Die Angst in der S. vor dem Untergang des Selbst ist daher recht besehen eine Angst davor, sich selber im Trieb und dessen Sündhaftigkeit zu verlieren. Gewiß ist die Sinnlichkeit als solche nicht Sünde. Erst als erwachte und auf ein Ziel gerichtete Sinnlichkeit, die zum Trieb geworden ist, ist sie Sünde. Es ist aber die Frage, ob nicht hinter Kierkegaards Auffassung vom Trieb als Sündhaftigkeit die gnostische Scheidung zwischen Geistigem und Leiblichem steht, und ob nicht seine Unterscheidung zwischen einer schlummernden, unschuldigen und einer erwachten und schuldigen Sinnlichkeit eine Notlösung ist, um dem asketischen Gedankengang auszuweichen. Neben der geistesgeschichtlichen ließe sich auch eine psychologische Erklärung der Kierkegaardschen Auffassung geben. Wenn die S. verletzt wird, reagiert sie im S.gefühl, was den Schluß nahelegt, daß das, wovon die S. den Blick abwendet, das S.lose und daher die Geschlechtlichkeit als solche S.losigkeit sei. Dabei wird aber nicht berücksichtigt, daß die S. die Geschlechtlichkeit als solche nicht verdächtigt, sondern die Entstellung und Entwürdigung, die die Geschlechtlichkeit durch die Blöße oder Isolierung erfährt, zu verhindern sucht.

4. Wenn sich die *kirchlich-traditionelle Auffassung* darauf beschränkte, die → Ehe (: III B; V) in der Kindererzeugung und in der Vermeidung von Unzucht zu begründen, so lag dies daran, daß man ein Liebesverständnis im modernen Sinne noch nicht kannte und Liebe und Geschlechtstrieb nicht auseinanderhielt. Schleiermacher und später Scheler wandten sich scharf gegen die kirchlich-traditionelle Auffassung und machten geltend, daß Liebe Ausdruck verlange, aber niemals einem Zweck dienen könne. Es seien grobe Verletzungen des S.gefühls, wenn sich die Kirche mit ihren Gegnern darüber streite, inwieweit das Ziel des Geschlechtsaktes Kindererzeugung oder Lust sei, da man in beiden Fällen davon ausgehe, die Liebe könne Zwecken unterstellt werden (vgl. → Keuschheit: II).

5. *Verdrängung und S.* verhindern, daß etwas in den Blick gestellt wird, doch verhindert die Verdrängung eine Enthüllung, während die S. eine Blöße schützt. Verdrängt wird etwa ein Wunsch, der sich nicht mit den ethischen und ästhetischen Ansprüchen verträgt, die das Individuum akzeptiert hat. In der S. dagegen verhält man sich zu etwas, dessen Vorhandensein naturnotwendig und berechtigt ist, das aber als Blöße eine Beschauung nicht verträgt. Sowohl die pathogene Verdrängung als auch die S. sind unwillkürlich. Die Unwillkürlichkeit der Verdrängung hat den Charakter eines psychischen Mechanismus. Sie tritt ein, ohne daß man selber davon weiß. Um dem Konflikt vorzubeugen oder der Unlust zu entgehen, wird das Bewußtwerden in seinem Entstehen unterdrückt, dh die Verdrängung widerstrebt dem Bewußtwerden. In der S. weiß man, daß es nicht die Bewußtwerdung ist, gegen die man sich sträubt; die S. verschwindet nämlich nicht, wenn man sich bewußt macht, worauf sie gerichtet ist. – Auch → Freud hält diese beiden Begriffe auseinander, doch interessiert ihn nur die Verdrängung und nicht die S.

6. S.gefühl und Verlegenheit sind Alterationen: sie haben je ihre Ausdrücke und Gebärden. Der Verlegene weiß nicht, wo er seine Hände lassen und wie er seine Füße stellen soll; der S.hafte errötet. S.gefühl und Verlegenheit werden erfahren und können introspektiv und behavioristisch (→ Psychologie: I, 3) konstatiert werden. Die S. selbst dagegen ist keine Alteration und hat weder Ausdruck noch Gebärde, die ihr eigen sind. Sie kann daher weder introspektiv noch behavioristisch konstatiert werden, vielmehr äußert sie sich in bestimmten Formen der Verlegenheit und ist eine Voraussetzung des S.gefühls, das dann entsteht, wenn einen die S. nicht davor bewahrt hat, dessen man sich nun schämt. Wir wissen nur darum, was S. ist, weil wir introspektiv und behavioristisch konstatierbare Phänomene wie S.gefühl und Verlegenheit nicht deuten können, ohne daß die S. vorausgesetzt wird (H.Lipps).

7. Obgleich die S. darin besteht, etwas vor dem Blick zu schützen, sträubt sie sich nicht gegen das Bewußtmachen, denn sie ist nicht wie die Verdrängung ein unbewußtes Verhältnis zu dem, das nicht in den Blick gebracht werden soll. Das *Bewußtwerden* kann jedoch nicht darin bestehen, daß man sich eine Vorstellung von dem macht, worüber man sich schämt, wenn das S.gefühl verletzt wird. Sich ausmalen, wie das S.gefühl verletzt werden kann, heißt nämlich bereits, es zu kränken. Ebensowenig kann es die S. selber sein, die man sich bewußt macht, denn sie ist weder introspektiv noch behavioristisch festlegbar. Will man sie trotzdem dem inneren Blick sichtbar machen, kann man es nur in einer sentimentalen Entstellung tun, und will man sie behavioristisch sichern, bekommt man nur ihr Zerrbild, die Prüderie zu fassen. Nur indem wir uns auf die Rolle des S.gefühls, bes. des geistigen S.gefühls besinnen, können wir zur Klarheit darüber gelangen, worin das Bewußtmachen besteht. Das, wogegen die S. schützen will, ist ein Beschauen, das das Beschaute entstellt, Spontaneität lähmt, Intensität zu Monomanie oder etwa Güte zu Selbstgefälligkeit verwandelt. Die S. spornt damit an zu gestaltendem Erkennen. Nicht die neutrale Beobachtung und Reflexion ist nämlich die Alternative zur entstellenden Beschauung, sondern ein Erkennen, das darin besteht, dem Erkannten Form zu verleihen. Die S. macht den Menschen frei zu unternehmungsfreudigem Umgang mit anderen in einer gemeinsamen Beschäftigung mit den Dingen, indem sie ihn ablenkt vom Umgang mit dem Umgang und von der Beschäftigung mit der Beschäftigung. Sie bewahrt ihm die Kraft und Lebendigkeit der Gedanken und Gefühle dadurch, daß sie ihn anreizt, diesen in ihrer Intentionalität spontan zu folgen und sie in eine Form zu fassen. Sie verhindert, daß Gedanken und Gefühle erschlaffen und verderben in einer ständigen Umkreisung, etwa wenn man sein → Schicksal bespiegelt, anstatt es mit ihm aufzunehmen, wenn man um die Originalität des Einfalls besorgt ist, anstatt zur Wahrheit des Gedankens vorzudringen, oder wenn man sich mit der Eigenart und Seltsamkeit des Gefühls befaßt, anstatt ihm auf dem Weg zum Gegenstand zu folgen. Auf diese Weise dient die S. der Sachlichkeit und scheut keineswegs ein Bewußtmachen, soweit dies intentional gerichtet und formend und nicht beschauend und entblößend ist. Die Ursache, daß alles, was sich im Gemüt des Menschen regt, formende Erkenntnis verlangt und in der Beschauung verdirbt, liegt in der Zusammengesetztheit jedes einzelnen Gefühls und Gedankens, die ihnen ihre je eigene Stärke verleiht. Bei der passiven Beschauung, etwa in Neugier, fallen die Gefühle und Gedanken auseinander und verlieren ihre Intensität. Bei der geistigen S. steht daher die Integrität des Menschen auf dem Spiele, die damit steht und fällt, ob er imstande ist, sein Dasein in allen seinen Äußerungen, seiner inneren Zusammengesetztheit und Widersprüchlichkeit zusammenzuhalten.

8. *Prüderie* ist Mangel an S., die sich für S. ausgibt. Der Mangel verrät sich darin, daß der Prüde nur vom Unpassenden und Ungehörigen Abstand nimmt. Der Prüde nimmt die Haltung der S. ein, weil er weiß, daß S. etwas ist, was sich gehört. Seine Verlegenheit ist affektiert (H.Lipps). Prüderie stellt sich dann ein, wenn eine Reihe von traditionsbestimmten Ausdrucksformen des S.gefühls fortbestehen und eingehalten werden, während die S. selber sie verlassen hat (Scheler). – Die *Koketterie* ist eine willkürliche Nachahmung der unwillkürlichen S. Der Kokette tut, als entzöge er sich dem Werben des Partners, wobei das Sich-Entziehen in Wirklichkeit die Werbung verstärken will. Die Koketterie stellt eine endgültige Befriedigung des Geschlechtstriebes in Aussicht und reizt diesen durch Verzögern der Aussicht an, während die S. ihn zurückhält (Scheler). – Der *Zyniker* will die Zweideutigkeit aus der Welt schaffen, indem er die Dinge beim Namen nennt, da er meint, die Zweideutigkeiten beruhten allein auf der Verhüllung. Der S.hafte dagegen weiß, daß die Zweideutigkeiten auf Grund der Fragwürdigkeit der Einheit unseres Daseins eine ständige Möglichkeit sind, die nur durch die S. gebannt werden können (H.Lipps). Der Zyniker setzt sich mit Willen über die übliche Ausdrucksform der S.haftigkeit hinweg und tut, als gehe ihm jedes S.gefühl ab; und doch handelt er gerade aus einem überempfindlichen S.gefühl heraus, indem er trotzig gegen die herrschenden und leeren Formen des S.gefühls protestiert (Scheler).

F. Schleiermacher, Vertraute Briefe über Lucinde – S. Kierkegaard, Der Begriff der Angst, Kap. II § 2 – H. Lipps, Die menschliche Natur, 1941, 29 ff – M. Scheler, Über S. u. S.gefühl (GesW X, Bern 1957, 67–153) – W. Trillhaas, Ethik, 1959, 187 ff (Lit.).

K. E. Løgstrup

Schamanismus ist ein den zentralasiatischen und sibirischen Völkerschaften eigentümliches religiöses Phänomen; der Begriff »Schamane« (tungusisch: šaman) ist über das Russische in die wissenschaftliche Fachsprache gelangt. Die deutlichste Ausprägung findet der S. bei den arktisch-nordasiatischen Stämmen (→ Ainu-Religion, → Altaische Religion, → Bon-Religion, → Eskimo: I, → Finnisch-ugrische Religion), doch begegnet er auch in Südostasien, → Ozeanien, bei zahlreichen nord- und südamerikanischen Stämmen usw (→ Indianer: I). Man muß aber zwischen Religionen unterscheiden, in denen er dominiert (Sibirien, → Indonesien), und solchen, in denen er nur eine Nebenerscheinung darstellt.

Der Schamane ist zugleich → Medizinmann, Priester (→ Priestertum: I) und Totenführer (→ Tod: I), dh er übt die Heilkunst, regelt die öffentlichen → Opfer an die Himmelsgötter und geleitet die Seelen der Verstorbenen ins Jenseits. Voraussetzung dafür ist seine → Ekstase-Technik, dh die Fähigkeit, den Körper nach Willen zu verlassen und im Geiste weite Reisen zu unternehmen: zum → Himmel (: I), in die Meerestiefen oder die Unterwelt (→ Hölle: I), wobei die (vorgetäuschte oder echte) schamanistische Trance als zeitweises Verlassen des Körpers durch die → Seele betrachtet wird (→ Leib und Seele: I). Der Schamane hat als der eigentliche Ekstasespezialist zu gelten (vgl. → Mantik, → Musik: II, 2).

In Sibirien und Nordostasien ist der Schamanenberuf erblich oder wird durch spontane → Berufung (: I) oder »Erwählung« übertragen. Bisweilen ist die persönliche Entscheidung (Altaivölker) oder auch das Verlangen des Stammes (Tungusen) ausschlaggebend. Diese »eigenmächtigen« Schamanen gelten jedoch in Asien den erblichen oder direkt durch die Götter berufenen gegenüber als schwächer. Dagegen stellt in Nordamerika das bewußte Erstreben der schamanistischen Kräfte den Normalfall dar: diese werden hier im allgemeinen durch Schutzgeister in Tiergestalt mitgeteilt. In jedem Falle ist ein Schamane als solcher erst anerkannt, wenn er eine Reihe von → Initiationen bestanden und die traditionelle Unterweisung (→ Lehre) durch die anerkannten Meister erhalten hat. In Asien erstrecken sich die Prüfungen über einen verschieden langen Zeitraum; der angehende Schamane liegt dabei krank in seiner Jurte oder streift einsam umher, wobei sein Benehmen zuweilen exzentrische Formen annimmt. Die schwere psychopathologische Krise, in der sich die »Erwählung« vielfach äußert, wird von manchen Forschern speziell für den arktisch-sibirischen Raum als ritualisierter Ausdruck einer seelisch-geistigen Krankheit (bes. der arktischen Hysterie) bezeichnet. Die Unhaltbarkeit dieser Erklärung erhellt freilich daraus, daß der im Bewußtsein seiner überirdischen »Berufung« scheinbar Geistesgestörte nicht Schamane wird, wenn er nicht seine Krankheit als religiöses Phänomen ausgewiesen hat und sich selbst hat heilen können. Die Krise muß daher als Initiationsritus verstanden werden (mit Torturen des Initianden sowie anschließendem symbolischem Tod und → Auferstehung). Demgemäß sieht sich der Neophyt in seinen Träumen und Halluzinationen von Dämonen gepeinigt, sein Leib wird zerstückelt, sein Kopf abgeschnitten. Er steigt in die Unterwelt hinab oder zum Himmel empor und wird schließlich wiedererweckt, dh er erwirbt eine neue Persönlichkeit, genauer: eine neue Seinsweise, die ihm ungehinderten Verkehr mit der Ober- und Unterwelt gestattet. Nach der mystischen Erfahrung von Tod und Auferstehung erlangt der Schamane die Fähigkeit, die → Geister (: I) zu sehen und sich selbst wie ein Geist zu verhalten, dh seinen Körper zu verlassen und in der Ekstase alle kosmischen Regionen zu erreichen. – Aber die ekstatische Erfahrung allein genügt nicht. Der Neophyt muß von den Meistern in die religiösen Traditionen und Mythen des → Stammes eingeweiht werden; er lernt die Namen der Götter und Dämonen, ihre Mythen und Kräfte kennen; er wird angeleitet, die verschiedenen Krankheiten zu erkennen und zu heilen. Erst danach wird der Neophyt offiziell unter die Schamanen aufgenommen. Bei einigen sibirischen Völkerschaften erfolgt die Konsekration in einer öffentlichen Initiationszeremonie. Bei den Burjäten zB erklettert der Neophyt eine Birke, das Symbol des → Weltenbaums, und »fährt gen Himmel«. Die → Himmelfahrt (: I) ist für den sibirischen und zentralasiatischen S. charakteristisch, zB beim Pferdeopfer zu Ehren des Himmelsgottes Bai Ülgän (→ Pferd).

Die wichtigste Funktion des Schamanen liegt in der Heilkunst. Da → Krankheit (: I) als »Verlust der Seele« gilt, muß er zunächst feststellen, ob sich die Seele des Kranken weit vom Dorf entfernt hat oder sich, von Dämonen geraubt, gefangen im Jenseits befindet. Im ersten Fall ist die Heilung nicht allzu schwierig: der Schamane macht sich auf die Suche nach der verlorenen Seele, bemächtigt sich ihrer und vereinigt sie wieder mit dem Körper des Kranken. Im zweiten Fall muß er in die Unterwelt hinabsteigen und vom Herrn der Toten die Erlaubnis zur Rückführung erwirken oder mit den Dämonen um ihre Befreiung kämpfen. Der Abstieg ist ein kompliziertes und gefährliches Unternehmen. Ebenso bewegt erscheint die Reise des Schamanen ins Jenseits, wenn er die Seele eines Verstorbenen in ihre neue Behausung geleitet. Bei den Golden zB schildert er den Anwesenden eingehend die Beschwernisse des Weges, die Ankunft im Totendorf, die Begegnung mit den Seelen verstorbener Verwandter; er wiederholt das Frage- und Antwortspiel und übermittelt Grüße der Verstorbenen an die Lebenden. In anderer Form begegnet der ekstatische Abstieg in der Immersion des Eskimoschamanen, der bei drohender Hungersnot in die Tiefe des Meeres bis zum Palast der Mutter der Robben, Takanakapsâluk, vordringt und sie anfleht, reichen Fang zu gewähren.

Im allgemeinen verfügt der Schamane über mehrere Hilfsgeister, ohne von ihnen »besessen« zu sein. Sie helfen ihm bei der Suche nach der Seele eines Kranken und begleiten ihn zuweilen auf seinen ekstatischen Ausflügen. In manchen Gegenden reden die Hilfsgeister durch den Mund des Schamanen, so daß dieser schließlich wirklich als »besessen« zu gelten hat (→ Besessenheit). Seine Rolle erschöpft sich hier darin, daß er die Geister verkörpert und als ihr Sprachrohr fungiert (→ Inspiration: I).

Der S. stellt die mystische Erfahrung bes. in den primitiven und archaischen Religionen dar (→ Mystik: II, 1). Der »Himmelsflug« des Schamanen darf wohl als der älteste faßbare Ausdruck mystischen Erlebens betrachtet werden (ein Aufstieg zum Himmel ist bereits bei den australischen Medizinmännern reichlich bezeugt). Aber der Schamane ist nicht nur Mystiker. Er ist ebenso Bewahrer der traditionellen Stammeskultur, der Weise und sogar Dichter der primitiven Gemeinschaften. In Zentralasien wie in → Polynesien lieferten die Berichte seiner abenteuerlichen Himmel- und Höllenfahrten den Stoff für die epische Volksdichtung.

W. Radloff, Das Schamanenthum u. sein Kultus, 1885 - G. Nioradze, Der S. bei den sibir. Völkern, 1925 - M. Eliade, Le chamanisme et les techniques archaïques de l'extase, Paris 1951 (Lit.); dt. 1957 - Ders., Recent Works on Shamanism. A Review Article (Hist. of Religions I, Chicago 1961, 152-186) - H. Kirchner, Ein archäol. Beitrag zur Urgesch. des S. (Anthropos 47, 1952, 244-286) - D. Schröder, Zur Struktur des S. (Anthropos 50, 1955, 848-881) - A. Friedrich-G. Buddruss, Schamanengeschichten aus Sibirien, 1955 - H. Findeisen, Schamanentum, 1957 - M. Durand, Technique et panthéon des médiums Viêtnamiens, Paris 1959 - K. J. Narr, Bärenzeremoniell u. S. in der älteren Steinzeit Europas (Saeculum 10, 1959, 233-272).
M. Eliade

Schammai → Hillel.

Schaper, *Edzard,* Schriftsteller, * 30.9.1908 in Ostrowo (Posen), im ev. Glauben erzogen, 1952 zum kath. Glauben übergetreten. Die orth. Kirche des alten Rußlands war sein großes Jugenderlebnis. Sein dichterischer Weg ist eng verknüpft mit dem Schicksal Osteuropas, seinen politischen, geistigen und religiösen Problemen. S. bereiste Deutschland, Dänemark, England und den arktischen Norden. 1930 ließ er sich in Estland nieder. 1940 floh er nach Finnland, erwarb 1944 die finnische Staatsbürgerschaft und übersiedelte im selben Jahr nach Schweden. Seit 1947 lebt S. in der Schweiz. – Der Roman »Die Insel Tütarsaar« (1934) war sein erster Erfolg. 1936 entstand »Das Leben Jesu«. Bekannt wurde S. durch die großen Doppelromane »Die sterbende Kirche« (1935) und »Der letzte Advent« (1948), »Die Freiheit des Gefangenen« (1949) und »Die Macht der Ohnmächtigen« (1951), »Der Mantel der Barmherzigkeit« (1953) und »Der Gouverneur« (1954). Die Grundthematik bleibt sich in allen Dichtungen S.s, auch in seinen kürzeren Erzählungen (u.a. »Das Lied der Väter«, 1936; »Der große, offenbare Tag«, 1949; »Hinter den Linien«, 1952) sehr ähnlich, sie heißt: Die Bedrohung des Glaubens ist immer auch die Bedrohung des Menschen. Daß auch der moderne Zivilisationsbetrieb samt seinen Entartungen den Glauben und damit den Menschen bedroht, zeigt der Roman »Das Tier oder Die Geschichte eines Bären, der Oskar hieß« (1958). Den heiteren S. lernt man in dem Buch »Attentat auf den Mächtigen« (1958) kennen. »Bürger in Zeit und Ewigkeit« (1956) enthält wesentliche Daten seines inneren und äußeren Lebensganges.

M.Wehrli, E.S. (Geleitwort zu S.s Sammlung »Untergang u. Verwandlung«, 1952) – H.Friedmann-O.Mann (Hg.), Christl. Dichter der Gegenwart, 1955, 403–414. *W.Jacobs*

Schappeler, *Christoph* (1472–1551), Reformator, * und † in St. Gallen, hier seit 1503 lat. Schulmeister, 1513 Prediger in Memmingen. S. neigte seit 1520 zur Reformation und bekannte sich offen zu ihr, seit er neben → Vadian und Seb. → Hofmeister das 2. Züricher Religionsgespräch Herbst 1523 geleitet hatte. Im Febr. 1524 vom Bischof von Augsburg gebannt, fand er in der Durchführung der Reformation Rückhalt bei der Gemeinde und nach einer Disputation (Dez. 1524) auch beim Rat. Stärker von Zwingli als von Luther bestimmt, trat er für die soziale Verantwortung der Obrigkeit ein und wandte sich vor allem gegen den Zehnten. Obgleich er Aufruhr ablehnte, wurde der → Bauernkrieg in Oberschwaben sehr stark von seinen Gedanken beeinflußt. Zu den »Zwölf Artikeln«, die sein Schüler → Lotzer redigierte, schrieb er wohl die Einleitung und steuerte die Bibelstellen als Belege bei. So mußte S. aus Memmingen fliehen und war seitdem in wechselnden Stellungen in St. Gallen tätig.

Verantwortung u. Auflösung etlicher vermeinter Argument, hg.v. A.Goetze (Flugschriften aus den ersten Jahren der Reformation 2), 1908. – Über S.: F.Dobel, Memmingen im Reformationszeitalter, 1877 – A.Goetze, Neues von S. (HV 8, 1905, 201–218) – RE XVII, 523 ff – G.Franz, Die Entstehung der »Zwölf Artikel« (ARG 36, 1940, 193–213). *G.Franz*

Scharf, *Johann* (1595–1660), * in Kroppenstedt bei Staßfurt, war ca 1625–49 Prof. der Logik und Ethik in → Wittenberg und beschäftigte sich mit dem Aufbau einer Metaphysik, die ganz auf sich selbst gestellt und unabhängig von der Theologie, deshalb aber für diese auch ungefährlich war. Als erster Lutheraner wies er, Schüler von J. → Martini, konsequent die Gegenstände der natürlichen Theologie einer sog. Pneumatik zu und ließ die Metaphysik ganz zur Prinzipienlehre werden. Dem aristotelischen Erbe verpflichtet, wollte er durch dieses doch nicht die Theologie überfremdet wissen. S. trat 1649 noch in die theologische Fakultät ein und wurde hier zum energischen, aber nicht sehr einfallsreichen Polemiker gegen → Calixt und die Reformierten.

Vf. u.a.: Theoria transcendentalis primae philosophiae, 1624; Exemplaris metaphysica, 1625 u.ö.; Pneumatica sive Pneumatologia, 1629 u.ö. – Über S.: Jöcher IV, 222 ff (Bibliogr.) – P.Petersen, Gesch. d. arist. Philos. im prot. Deutschland, 1921 – M.Wundt, Die dt. Schulmetaphysik des 17.Jh.s, 1939. *F.Lau*

Scharnschlager, *Leopold* (ca 1490–1563), um 1530 aus Tirol vertrieben, bis 1534 in Straßburg, dann an unbekanntem Ort in der Nähe Pilgram → Marbecks, seit 1546 Lehrer in Ilanz (Graubünden), war einer der bedeutendsten oberdeutschen → Täufer. Mit Marbeck revidierte er → Rothmanns »Bekenntnisse« und verfaßte die gegen → Schwenckfeld gerichteten Bücher »Verantwortung« und »Testamenterläuterung«. Neun seiner Sendschreiben und ein Kirchenlied sind erhalten. Sein theologisches Denken geht aus von der in der Inkarnation begründeten Einheit von Sichtbarem und Unsichtbarem, Äußerlichem und Innerlichem: Die Taufe ist nicht nur Wasser, aber auch kein bloß geistiger Vorgang, sondern »Bund und Wasser miteinander heißt Taufe«. Ähnliches gilt für die Schrift, den Glauben, das Abendmahl und die Gemeinde. Als Ältester entwarf S. in diesem Sinne seine Gemeindeordnungen.

Mennonite Encyclopedia IV, 443 ff – Mennonitisches Lexikon IV 46 ff (jeweils Lit.) – Qu. z. Gesch. der Täufer VII. VIII (Elsaß I. II), hg.v. M.Krebs u. H.G.Rott (QFRG 26. 27), 1959/60. *H.Fast*

Schartau, *Henrik* (27.9.1757 bis 2.2.1825), schwed. Theologe, * in Malmö, studierte in Lund, 1785 ebd Prediger an der Domkirche, seit 1800 daneben Distriktspropst. S. wandte sich bald von einem entarteten Herrnhutertum ab, veranlaßt durch ein gründliches Schriftstudium und sein ursprüngliches Drängen nach verstandesmäßiger Durchdringung der Glaubensfragen. Er verwarf alles Sektenwesen und erbauliche Konventikel, lehnte Wissenschaft und Kunst nicht ab und stand bewußt auf dem Boden des luth. Bekenntnisses, vertrat also eine eigene Form der Erweckung (Einfluß von → Bengel und → Roos; → Schweden: I, 3 d). Vielen half er als Seelsorger, oft im Beichtstuhl. Nach seinem Tode wirkten seine nachgelassenen Arbeiten, bes. die ausführlichen Predigtentwürfe, auf die gesamte schwedische Kirche ein, was in Bohuslän bis heute noch unmittelbar spürbar ist.

RE XVII, 527 ff (Bibliogr.) – C.S.Lindblad, Vägvisare i H.S.s skrifter, Göteborg 1908 (Bibliogr.) – G.Rosendal, Rätte lärare I. II, Stockholm 1932 – C.Norborg, Arvet från S. Minnen och tankar, Göteborg 1951. *I.Ludolphy*

Schauman, *Frans Ludvig* (1811–77), 1847–65 Prof. der prakt. Theol. in → Helsinki, dann Bischof in Porvoo, wohl die bedeutendste Gestalt des kirchlichen Lebens in → Finnland (: I, 3) im 19.Jh. Auf Grund seines Entwurfes wurde 1869 das Kirchengesetz der Ev.-Luth. Kirche geschaffen. Neben Einwirkungen des Pietismus wie des Liberalismus ist der Entwurf in seiner synodalen Kirchenordnung stark von → Nitzsch (, 2), → Bluntschli und A.L. → Richter beeinflußt. Das Kirchengesetz selbst ist – mit vielen Änderungen – noch heute in Kraft. S. war auch auf politischem Gebiet eine bedeutende Persönlichkeit.

Bibliogr. von Sampo Kuusi in Xenia Ruuthiana, 1945, 174 ff. – Hauptwerke: Handbok i Finlands kyrkorätt I, 1853 (II ist in Steindruck erhalten); Praktiska theologin I–III, 1875. – V.T.Rosenqvist, F.L.S. I. II, 1927/28 (schwed.). *L.Pinomaa*

Schaumann, *Ruth,* Dichterin, Bildhauerin und Graphikerin, * 24.8.1899 in Hamburg, lebt seit 1918 in München, konvertierte 1924 zur kath. Kirche (→ Konvertiten), erhielt 1931 den Münchener Dichterpreis. – In ihrem Werk, das einen beachtlichen Beitrag zur neueren kirchlichen Kunst darstellt, erscheinen bildnerisches und dichterisches Talent dicht verwoben. Ihrer Sprache ist oft ein Ätherisch-Schwebendes eigen. Sie neigt zum Versponnenen, mitunter Gekünstelten. Gleichwohl entbehrt ihre Dichtung nicht bedeutsamer Thematik und poetischer Substanz. Dem verborgenen Reich der Seele, als dessen Hüterin das Fraulich-Mütterliche waltet, verleiht sie künstlerische Gestalt. Die Innigkeit, mit der R.S. sich in die Welt des Lebendigen und der Dinge einfühlt, trägt franziskanische Züge.

Vf. u.a., *Lyrik:* Die Kathedrale, 1920; Der Knospengrund, 1924; Das Passional, 1926; Der Rebenhag, 1927; Der Siegelring, 1937; Kommt ein Kindlein zur Welt, (1939) 1956[4]; Die Vorhölle, 1947; Klage u. Trost, 1947. - *Novellen u. Erzählungen:* Der blühende Stab, 1929; Siebenfrauen, 1933; Der Weihnachtsstern, (1939) 1957[4]; Der schwarze König, (1940) 1961[5]; Die Hochzeit zu Kana, 1949; Die Frau des guten Schächers, 1956. - *Romane:* Amei, (1932) 1949; Der Major, 1935; Die Übermacht, (1940) 1958[8]; Die Karlsbader Hochzeit, (1953) 1954[2]. - Über R.S.: R.N.MAIER, R.S., Wesen u. Wandlung der lyr. Form (Diss. Frankfurt/M.), 1935. *P.Geiger*

Schaumburg-Lippe, heute Landkreis in Niedersachsen. Die *ev.-luth. Landeskirche,* der von den 85000 Einwohnern 75800 angehören, geht auf die Reformationszeit zurück. Nachdem schon um 1537 Joh.Rhode in Lindhorst, Matth.Wesche in Obernkirchen und Eberhard Poppelbom in Oldendorf das Evangelium gepredigt hatten, wurde die Reformation durch Graf Otto am 5.5.1559 eingeführt, die Mecklenburgische KO von 1552 zur Nachachtung bestimmt, 1564 die erste Kirchenvisitation gehalten und die Verfassung geordnet (Konsistorium; Superintendent). Fürst Ernst, dessen KO (1614) sich gleichfalls eng an die Mecklenburgische anlehnt, förderte auch das höhere und niedere Schulwesen; ein Gymnasium illustre entstand in Stadthagen, eine Universität in → Rinteln. Nach dem Restitutionsedikt rückten 1630 Mönche aus Corvey in Rinteln ein. Josua → Stegmann, erst Sup. in Stadthagen, dann Prof. in Rinteln, hatte viel zu leiden. Erst nach der siegreichen Schlacht bei Hessisch Oldendorf 1633 war der Protestantismus in der Grafschaft sichergestellt (Konsistorialordnung 1648).

Über die reine Lehre wurde streng gewacht, obwohl die → Konkordienformel von den schaumburgischen Pastoren nicht unterschrieben war. Der Einfluß der Universität Rinteln, wo Helmstedter Geist herrschte, förderte einen mild luth. Standpunkt, auch den Reformierten gegenüber. Der Pietismus fand 1726 durch den aus Württemberg stammenden Sup. Hauber (Stadthagen) Eingang. Haubers Gesinnungsgenossin und Helferin war die Gräfin Joh.Sophie geb. Hohenlohe Gleichen, eine Freundin → Zinzendorfs, eifrige Förderin der ostindischen Mission und Gründerin des luth. Waisenhauses in Stadthagen, das Mittelpunkt der pietistischen Bestrebungen wurde. Zur Zeit des Grafen Wilhelm (1748-77) fand der Rationalismus Eingang, durch → Herder (1771 bis 1776) zunächst zurückgehalten, dann unter Froriep und Horstig bald alles überflutend. Kleine gläubige Kreise wurden aber durch Boten der Brüdergemeine lebendig erhalten. In demselben Geiste der Erweckung arbeitete die → Evangelische Gesellschaft aus Elberfeld, dazu einige junge Geistliche (Teudt, Bömers). Der Missionssinn erwachte (1840 erster Missionsverein, 1847 erstes Missionsfest in Bückeburg). Der inneren Erneuerung folgte durch Sup. Reiche eine Neuordnung des Gottesdienstes und kirchlichen Lebens. Die Konsistorialordnung von 1648 wurde durch die Kirchengesetze betr. Kirchenvorstand (1893), Synode (1900, 1902) und Kirchenregiment ersetzt. Bis Ende des 19.Jh.s bestand reine Konsistorialverfassung; nur in Bückeburg gab es schon 1851 eine Art Kirchenvorstand. Nach 1918 übernahm die Landessynode die bischöflichen Rechte und schuf durch Beschluß vom 28.11.1919 zwecks Ausübung des landesherrlichen Kirchenregiments den Landeskirchenrat, dessen Präsident der Landes-Sup. (seit 1948 Landesbischof) in Bückeburg ist. 1927 trat daneben das Landeskirchenamt als geschäftsführende Behörde mit den Rechten des früheren Konsistoriums. Für die Gemeindeverfassung (Kirchenvorstand) ist das Kirchengesetz von 1893 grundlegend. Das Frauenwahlrecht wurde 1953 eingeführt. Die Pastoren beruft der Landeskirchenrat; Gemeindewahl (Vorschlagsrecht) gibt es nur in Stadthagen.

Der *ev.-ref.* Kirche in S.-L. gehören die ev.-ref. Kirchengemeinden in Bückeburg und Stadthagen an, die gemäß § 1 des Landesgesetzes vom 17.3.1910 durch die Gesamtheit aller in ihren Bezirken wohnenden Einwohner ev.-ref. Bekenntnisses gebildet werden. Die ev.-ref. Gemeinde Bückeburg (gegr. 1631) ist nach der KO von 1839 Glied der Konföderation ev.-ref. Kirchen in Niedersachsen und mit der Gemeinde Stadthagen zugleich Mitglied des Bundes ev.-ref. Kirchen in Deutschland. Der räumliche Umfang der Gemeinden Bückeburg und Stadthagen deckt sich mit den Grenzen der früheren schaumburg-lippischen Kreise Bückeburg und Stadthagen. - Die *kath.* Einwohner erhielten 1809 gleiche Rechte mit den Lutheranern und Reformierten. Außer den beiden alten Gemeinden in Bückeburg und Stadthagen gibt es jetzt noch 5 weitere seit 1945 entstandene kath. Pfarrämter in den größeren Dörfern. Diese kath. Gemeinden sind → Osnabrück unterstellt. - Die Landeskirchliche Gemeinschaft arbeitet mit zwei Predigern und hat überall kleine feste Kreise. In Stadthagen gibt es eine kleine Gemeinde der luth. Freikirche (Altlutheraner). Die Erfolge der Sekten sind gering (kleine Apostolische Gemeinden in Bückeburg und Stadthagen, Mormonen in Stadthagen, zT auch Bibelforscher).

A.NOTHOLD, Historia Linthorstana, 1625; NB von H.RAUSCH, 1957 - H.HEIDKÄMPER, Die schaumburg-lipp. Kirche, (1900) 1917[2] - DERS., Die Erweckungszeiten in der schaumburg-lipp. Kirche, 1924 - DERS., J.Stegmann, 1940 - O.BERNSTORF, Der Weg zur Reformation im S.er Lande, 1959 (Lit.). *† H.Heidkämper (E.Kampermann)*

Schedel, *Hartmann* (1440-1514), * in Nürnberg, Humanist und Arzt, seit 1484 in Nürnberg. S. verfaßte eine 1493 in Nürnberg erschienene Weltchronik. Sein literarischer Nachlaß befindet sich in der Staatsbibliothek in München.

ADB 30, 661f - R.STAUBER, Die S.sche Bibliothek, 1908 - J. SCHNITZER, Der Nürnberger Humanist H.S. u. Savonarola (BBKG 19, 1913, 212-224) - LThK IX, 225. *Matth.Simon*

Scheeben, *Matthias Joseph* (1.3.1835 bis 21.7.1888), kath. Theologe, * in Meckenheim bei Bonn, † in Köln, Schüler des röm. Collegium Germanicum, 1859 Rektor und Religionslehrer am Kloster der Ursulinen in Münstereifel, seit 1860 Prof. der Dogmatik am Priesterseminar in Köln. S. verband spekulatives Denken und patristisch-scholastische Forschung und wurde so zu einem Bahnbrecher der → Neuscholastik. Er wollte »dem Souverän-Göttlichen im kath. Lehr- und Lebensganzen sein altes Recht« erkämpfen (L.Fendt in RGG[2] V, 136). Er verteidigte die Lehre von der päpstlichen → Infallibilität und bekämpfte daher den → Altkatholizismus.

Ges. Schriften, hg.v. J.HÖFER u.a., 1941ff. - Vf. u.a.: Marienblüten aus dem Garten der hl. Väter u. christl. Dichter, 1860; Natur u. Gnade, 1861 (= Ges. Schr. I); Quid est homo (Neuausg. der Schrift des Jesuiten A.Casini De statu naturae purae, 1724), 1862; Die Herrlichkeiten der göttl. Gnade nach E. → Nieremberg bearbeitet, 1862 (= Ges. Schr. I); Die Mysterien des Christentums, 1865 (= Ges. Schr. II); Das ökumen. Konzil von 1869, 1870/71; Hdb. d. kath. Dogmatik I-III, 1873-87, IV/1-3 verfaßt v. L.ATZBERGER, 1898-1903 (= Ges. Schr. IIIff). - Hg.: Kölner Pastoralblatt, 1867-88; Periodische Blätter zur wiss. Besprechung der großen relig. Fragen der Gegenwart, 1872-83. - Über S.: ADB XXX, 663f - K.ESCHWEILER, Die zwei Wege der neueren Theol.: G.Hermes - M.J.S., 1926 - M.J.S., hg.v. C.FECKES u.a., 1935 - M.J.S. Festschr. des Collegium Germanicum, Rom 1935 - LThK IX, 225ff - J.C.MURRAY, M.J.S.s Doctrine on Supernatural Divine Faith, Rom 1938 - DThC XIV/1, 1270ff - E.H.PALMER, S.s Doctrine of Divine Adoption (Diss. Amsterdam), 1953 - W.KOSCH, Dt. Lit.-Lexikon III, 1956², 2594 (Lit.).

H.Hohlwein

Schegk, *Jakob* (1511-87), Prof. der Philosophie und Medizin in Tübingen, gehört zu der von Italien ausgehenden Bewegung, die Aristoteles humanistisch behandelte, dh ohne scholastische Kommentare auf die Texte selbst zurückging und sie ihrem Wortlaut nach erklärte. Die Metaphysik, die den theologischen Fragen zu nahe kam, wurde beiseite gelassen. Auch S.s Erklärungen, die er in großen Kommentaren und kurzen Kompendien veröffentlichte, gelten vor allem der Physik und der Logik. Als einen Vertreter dieses Aristotelismus griff ihn Petrus → Ramus an, der bes. eine Erneuerung der Logik erstrebte, während S. gegen ihn die herkömmliche verteidigte. Der Streit ist für den Übergang zu einer moderneren Behandlung der → Logik nicht ohne Bedeutung. Zuletzt wurde S. in theologische Kämpfe hineingezogen, um den luth. Standpunkt der Tübinger Fakultät zu verteidigen; aber deren ref. Gegner glaubten bei ihm Anzeichen einer ihnen verwandten Sinnesart zu entdecken.

CHR.SIGWART, Kl. Schriften I, 1889², 256-291 (Bibliogr.).

M.Wundt

Scheibel, *Johann Gottfried* (1783-1843), * in Breslau, als Theologiestudent in Halle nicht vom Rationalismus beeinflußt, sondern durch G.Ch. → Knapp zum Bibelstudium geführt. In → Breslau (: II, 2) wurde er, ohne selbst Pietist zu sein, der Erweckungsprediger der Stadt. S. wirkte durch die Tiefe seiner Auslegung, den Ernst seiner Überzeugung, sein sittliches Bemühen und seine Seelsorge. Seine Aufgeschlossenheit für Zeitfragen gewann ihm die Gebildeten. Als Theologie-Prof. (seit 1811) beschäftigte er sich mit kirchen- und dogmengeschichtlichen Fragen und den Bekenntnisschriften. Dadurch wurde der aus der luth. Tradition Schlesiens Stammende als erster selbständig zu einem bewußt konfessionellen Luthertum geführt, mit dem er Züge der → Erweckung vereinte. Seit 1817 trat er offen gegen die von Friedrich Wilhelm III. gewünschte → Union auf. Bei ihrer Einführung am 25.6.1830 als Archidiakonus an St. Elisabeth suspendiert, wurde S. der Mittelpunkt der luth. Opposition nicht nur Breslaus (→ Luthertum: III B). 1832 verließ er Breslau, um den Kampf außerhalb Preußens literarisch fortsetzen und breite Kreise auf ihn aufmerksam machen zu können. Nach Stationen in Dresden, Hermsdorf (Beteiligung an der Verselbständigung der ev.-luth. Mission, → Leipziger Mission) und Glauchau (Mitarbeit in der Muldentaler Pastoralkonferenz) starb er in Nürnberg.

RE XVII, 547ff - M.KIUNKE, J.G.S. u. sein Ringen um d. Kirche d. luth. Reformation, 1941 (Lit.).

I.Ludolphy

Scheibler, *Christoph* (1589-1653), * in Armsfeld (Waldeck), 1610-24 Prof. der Logik und Metaphysik in Gießen, dann Sup. in Dortmund. Er war berühmt unter den Lehrern, die im Rahmen der aristotelischen Schulphilosophie die bloße Auslegung des Aristoteles verließen und zu selbständigen Darstellungen der Metaphysik übergingen. Von diesen hat er mehrere geliefert; die endgültige heißt »Opus metaphysicum« (2 Bde, 1617 u.ö.). Sie schließt sich in vielem an → Suarez an und ist auch von C. und J. → Martini beeinflußt. Während man aber in Wittenberg die theologischen Begriffe allmählich ausschied und so die Metaphysik als reine Ontologie darstellte, entwickelte S. die Begriffe von Gott, den Engeln und der Seele ausführlich. In Dortmund widmete er sich als Wortführer des Luthertums theologischen Aufgaben, bes. im Kampf gegen den Katholizismus.

STRIEDER XII, 299ff (Bibliogr.) - ADB XXX, 700ff - M.WUNDT, Die dt. Schulmetaphysik des 17.Jh.s, 1939, 119ff - Westdt. Ahnentafeln I, hg.v. H.C.SCHEIBLER u. K.WÜLFRATH (Publikationen der Ges. f. rhein. Geschichtskunde 44), 1939.

M.Wundt

Scheidt, *Samuel* (1587-1654), Komponist und bedeutender Organist, * und † in Halle a.S., seit 1603 dort Organist der Moritzkirche, 1608/09 Schüler von → Sweelinck in Amsterdam, 1609 Hoforganist und 1620 Kapellmeister des Markgrafen Christian Wilhelm von Brandenburg, der als Administrator des luth. Erzstiftes Magdeburg auf der Moritzburg in Halle residierte. 1628/30 war S. außerdem städtischer Musikdirektor seiner Vaterstadt. Von den Zeitgenossen als einer der »drei großen S« (mit H. → Schütz und → Schein) gerühmt, wirkte S. vor allem durch seine »Tabulatura nova« (3 Bde, 1624; Orgel- und Klaviermusik, Neudr. DDT 1) auf die deutschen Organisten des 17.Jh.s; neben freien Toccaten und Phantasien birgt dieses Werk in zahlreichen Lied- und → Choralbearbeitungen einen vielgestaltigen Reichtum instrumentaler Variationskunst. Ein zweites wichtiges Orgelwerk, die »Görlitzer Tabulatur« (1650), steht mit wertvollen Begleitsätzen zu 100 Kirchenliedern am Anfang der Geschichte des → Choralbuchs (→ Kirchenlied: II, 4). Als Orgellehrer weithin geschätzt, hat S. neben weiterer Instrumentalmusik auch ein gediegenes, umfangreiches Vokalwerk hinterlassen.

Weitere Werke: Cantiones sacrae, 1620 (8st. Motetten); Paduana, Galliarda..., 1621 (4-5st. Tanzsätze); Concertus sacri, 1621 (2-12st. Gesänge mit Generalbaß); Newe Geistl. Concerten, 4 Bde, 1631-40 (2st. Ges. m. Gb.); Krafft-Blümlein aus des Hl. Geistes Lustgarten abgebrochen, 1635 (2st. Ges. m. Gb.); 70 Symphonien, 1644 (3st. Instr.-Stücke m. Gb.). - GA hg.v. G.HARMS, fortges. v. CHR.MAHRENHOLZ, 1923. 1941ff (bisher 9 Bde). - Über S.: A.WERNER in SIMG 1, 1899/1900, 401-445 - DERS., ebd 13, 1911/12, 297-302 - CHR.MAHRENHOLZ, S.S., 1924 - DERS. in Mf. 1, 1948, 32-39 - DERS. in: Musicologica et Liturgica, Ges. Aufs., 1960, 103-135 - Gedenkschr. zu S.S.s 300. Todestag, 1954.

S.Hermelink

Schein, *Johann Hermann* (1586-1630), Komponist, * in Grünhain (Erzgeb.), † in Leipzig, war Singknabe in der Dresdener Hofkapelle, studierte seit 1608 in Leipzig Jura und veröffentlichte dort 1609 für das studentische Collegium musicum das »Venus Kränzlein«, eine Sammlung frischer Chorlieder und Tanzsätze. 1615 wurde S. Hofkapellmeister in Weimar und 1616 Thomaskantor in Leipzig. Mit → Scheidt und M. → Prätorius gehört S. zu den bedeutenden mitteldeutschen Kantoren neben H. → Schütz. Er verpflanzte die leichtflüssige Schreibart der italienischen Villanellen, Kanzonetten und Madrigale in die Umwelt des deutschen Liedes; dies kommt bes. seinen »Waldliederlein« (1621; 2-3st. → Generalbaß-Lieder) und der »Hirtenlust« (1624; deutsche Madrigale), aber auch seinen Kirchenwerken zugute. Unter diesen sind neben dem »Cymbalum Sionium« (1615; 30 5-12st. Motetten) und dem »Israelbrünnlein« (1623; 5-6st. Spruchmotetten »auf anmutige Italian-Madrigalische Manier«) bes. die »Opella nova« (I. II, 1618/26) zu nennen, in denen S. 58 geistliche Konzerte für 3-6 Solostimmen mit Generalbaß, zT mit Chor und Instrumenten, vorlegt. Von großem Einfluß wurde auch S.s »Cantional, oder Gesangbuch Augsburger Confession« (1627; → Kantional), das unter 312 4-6st. Choralsätzen viele eigene Weisen und zT auch Dichtungen S.s enthält, so das Lied »Machs mit mir, Gott, nach deiner Güt'« (→ Kirchenlied: II, 4). Für die Instrumentalmusik wurde S.s »Banchetto musicale« (1617; 5st. Variationssuiten) wichtig.

GA hg.v. A.PRÜFER, 7 Bde, 1901-23 (unvollst.) - Viele Neudrucke in prakt. Ausgaben. - Über S.: A.PRÜFER, J.H.S., 1895 - DERS. in MfM 30, 1898, 141-145 - DERS., J.H.S. u. das weltl. dt. Lied (BIMG II, 7), 1908. *S.Hermelink*

Scheler, *Max* (22.8.1874 bis 19.5.1928), studierte Medizin, dann Philosophie bei R.Eucken in Jena, habilitierte sich dort 1900, war Dozent in München bis 1910, dann Privatgelehrter in Göttingen, 1919 o.Prof. in Köln, 1928 in Frankfurt/Main. - S. hat die Wende von → Psychologismus und → Positivismus zu einer neuen Metaphysik mitbestimmt. - Die von → Husserl entwickelte Methode der → Phänomenologie verwendete S. in seiner Lehre von den → Sympathie-Gefühlen (Unterscheidung von Nachfühlen, Mitgefühl, Miteinanderfühlen, Einsfühlung, psychischer Ansteckung, Liebe, Haß), ebenso in seiner → *Ethik*. Deren Gesetze sollen nicht, wie bei → Kant, unbegründbare Imperative sein, sondern in der Intuition von Werten gründen. Die Werte seien nach nicht mehr definierbaren Modalitäten gestuft in: a) das Angenehme, das Unangenehme, denen sinnliches Fühlen entspreche; b) das Edle, das Gemeine, denen vitales Fühlen entspreche; c) das Schöne, das Häßliche, das Rechte, das Unrechte, die geistig erfühlbar seien; d) das Heilige, das Unheilige, denen Seligkeit und Verzweiflung entspreche. Das → Heilige (: I) werde im Gefühl einer Liebe erfaßt, die wesentlich Liebe zu einer Person sei. Die Werte seien → a priori erfühlbar und objektiv erfaßbar (→ Wertphilosophie). - Grundbegriff seiner *anthropologischen* Untersuchungen ist der Begriff der → Person. Der Mensch sei Person nicht als empirisches Ich, das in psychologischer Reflexion erfaßt werde, sondern als überempirisches, ungegenständliches, aber individuelles Ich, das in apriorischer Anschauung gegeben sei. Im Gegensatz zur Scholastik ist die Person nicht als → Substanz, sondern als eine veränderliche Bestimmung definiert. Diese Personlehre findet in der → Existenzphilosophie eine gewisse Fortsetzung. - Die → *Religionsphilosophie* S.s beruht auf der apriorischen, phänomenologischen Bestimmung des Heiligen. Es gehöre zum Wesen jedes endlichen Bewußtseins, eine Absolutsphäre zu haben. Im Aufweis dieser Sphäre, und nicht etwa in schließendem Denken, sei ein wirksamer Hinweis auf die Existenz Gottes möglich. - In seinen letzten Arbeiten vertritt S. einen evolutionistischen → Pantheismus. Blinder Drang und ohnmächtige Geistigkeit seien Attribute der Gottheit selbst, welche in der Geschichte sich realisiere und im Menschen sich vollende. - Die Philosophie S.s hat ihre Bedeutung mehr in der Breite und Vielfalt der Themen und Ansätze - außer den angeführten Gebieten hat S. bes. zur Kultur- und Wissenssoziologie und → Psychologie beigetragen - als in strenger Darstellung und Begründung.

Vf. bes.: Die transzendentale u. d. psychol. Methode, 1900 (Habil.-Schr.); Über Ressentiment u. moralisches Werturteil, 1913; Zur Phänomenologie u. Theorie d. Sympathiegefühle, 1913, seit 1923²: Wesen u. Formen d. Sympathie, 1948⁵; Der Formalismus in der Ethik u. d. materiale Wertethik, (1913/16) 1954⁴; Vom Ewigen im Menschen I (Religiöse Erneuerung), (1921) 1954⁴; Schriften zur Soziologie u. Weltanschauungslehre, 3 Bde, 1924; Die Wissensformen u. d. Gesellschaft, 1926; Die Stellung d. Menschen im Kosmos, (1928) 1947²; Mensch u. Gesch., 1929; Philos. Weltanschauung, 1929; Nachgelassene Schriften I: Zur Ethik u. Erkenntnistheorie, (1933) 1957². - Über S.: M.WITTMANN, M.S. als Ethiker, 1923 - J.GEYSER, M.S.s Phänomenologie d. Religion, 1924 - J.HESSEN, M.S., 1948 - E.BLESSING, Das Ewige im Menschen. Die Grundkonzeption d. Religionsphilos. M.S.s, 1954 - K.LENK, Von d. Ohnmacht d. Geistes, 1958 - DERS., Die Mikrokosmosvorstellung in d. philos. Anthropologie M.S.s (ZPhF 12, 1958, 408-415) - W.STEGMÜLLER, Hauptströmungen d. Gegenwartsphilos., 1960² (Lit.). *M.Käsbauer*

Schell, *Herman,* kath. Dogmatiker, * 28.2.1850 in Freiburg/Br., † 31.5.1906 in Würzburg. Nach dem Studium in Freiburg und Würzburg seit 1873 in der Seelsorge tätig, 1879-81 zu Studien in Rom, wurde S. 1884 ao., 1888 o. Prof. für Apologetik, christliche Kunstgeschichte und vergleichende Religionsgeschichte in → Würzburg, 1892 Universitätsprediger, 1896/97 Rektor der Universität. Beeinflußt von seinen Lehrern Sengler und Franz → Brentano, der modernen Tatphilosophie des 19.Jh.s nahestehend, war S. ein origineller Denker, der an Stelle der → Neuscholastik einen Mittelweg zwischen aristotelisch-thomistischer Seins- und scotistischer Willensmetaphysik suchte, wobei er sich gelegentlich neuplatonischer Denkweise näherte. S. war in erster Linie *Apologet,* der in moderner Sprache dem kath. Dogma gegenüber dem → Monismus (E.v. → Hartmann, A.Drews) eine neue biblische Begründung geben wollte, im ganzen der französischen Immanenzapologetik verwandt. Im Mittelpunkt seiner *Dogmatik* steht der Gottesbegriff. Gott wird verstanden als causa sui (anstatt des traditionellen ratio sui), womit S. im Gegensatz zum aristotelischen »ruhenden« Sein Gott als »ewiges persönliches selbstwirkliches Geistesleben« (actus purus) erfassen wollte. Das führte ihn in die Nähe der Lehre von der → Wiederbringung aller. In der Eschatologie vertrat er eine quasisakramentale Wirksamkeit von Tod und Leiden (dadurch die Notwendigkeit von Taufe und Letzter Ölung gefährdend). Katholizität faßte er auf als in der »Sprachenfülle des Pfingstfestes« gegründete Universalität. Von dorther sind seine *Reformschriften* zu verstehen, die ihn zum bedeutendsten Vertreter des deutschen → Reformkatholizismus (, 2) machten und Anlaß zur Indizierung mehrerer Hauptschriften wurden (1898). Eine formale Unterwerfung S.s vom 1.3.1899 und spätere Erklärungen vor seinem Bischof faßte er selbst nicht als Widerruf auf, sondern als Ausdruck seiner Treue zur Kirche. Sie brachten ihm nicht die erhoffte Ruhe, sondern einen zermürbenden Kampf, der über seinen frühen Tod hinaus fortdauerte. Sein Lebenswerk, das durch die summarische Indizierung und durch die Angriffe der ultramontanen Gegner (Commer, Stufler, Braun) der Vergessenheit anheimzufallen drohte, findet neuerdings wieder breiteres Interesse.

Vf. u.a.: Das Wirken des dreieinigen Gottes, 1885; Kath. Dogmatik I-III, 1889-93; Die göttl. Wahrheit des Christentums, Gott u. Geist I. II, 1895/96; Der Katholizismus als Prinzip d. Fortschritts, (1897) 1897⁷; Die neue Zeit u. der alte Glaube, (1898) 1898²; Apologie des Christentums I: Religion u. Offenbarung, (1901) 1907³, II: Jahwe u. Christus, (1905) 1908²; Christus, das Evangelium u. seine weltgesch. Bedeutung, 1903 u.ö. (zuletzt 1925); Kleinere Schriften, hg.v. K.HENNEMANN, 1908; Verherrlichung u. Gemeinschaft. Eine Auswahl aus dem Gesamtwerk, hg.v. P.-W.SCHEELE, 1957. - Über S.: O.BRAUN, Distinguo, 1897 - FR.X.KIEFL, H.S., o.J. (1907) - DERS., Die Stellung d. Kirche zur Theol. v. H.S., 1908 - RE XXIV, 452ff (DERS.) - E.COMMER, H.S. u. d. fortschrittl. Katholizismus, (1907) 1908² - K.HENNEMANN, Widerrufe S.s?, 1908 - DERS., S. im Lichte zeitgenöss. Urteile, 1909 - LThK IX, 232ff - DThC XIV, 1275ff - E.WINTER, F.Brentanos Ringen um eine neue Gottessicht. Nach d. unveröff. Briefwechsel F.Br.-H.S., 1941 - EC XI, 37ff - J.HASENFUSS, H.S. als existentieller Denker u. Theologe, 1956 (Lit.) - H.FRIES, H.S. (Hochland 52, 1960, 505-517) - P.WACKER, Glaube u. Wissen bei H.S., 1961. *G.Maron*

Schelling, *Friedrich Wilhelm Joseph,* * 27.1.1775 in Leonberg (Württ.), † 20.8.1854 in Bad Ragaz, studiert 1790-95 in Tübingen Philosophie und Theologie. Nach 3jähriger Hauslehrertätigkeit wird er 1798 ao. Prof. in → Jena. 1803 heiratet er Caroline geb. Michaelis (nach deren Scheidung von A.W.Schlegel). 1803-06 wirkt S. als o. Prof. in → Würzburg. 1806 wird er zum Direktor der Akademie der bildenden Künste in München ernannt. Seiner Gesundheit wegen siedelt er 1820 von München nach → Erlangen um, wo er gelegentlich Vorlesungen hält. 1827 nach → München zurückgekehrt, wird er

o. Prof. an der dort inzwischen neu gegründeten Universität, seit 1841 in → Berlin. 1846 gibt er die Vorlesungstätigkeit ganz auf.

S.s Philosophieren vollzieht sich weitgehend als Auseinandersetzung mit anderen Denkern, bes. mit → Fichte und → Hegel. Diese Auseinandersetzung ist aber ihrerseits bestimmt durch eine Grundfrage, die S. zeitlebens bewegt hat. Es ist dies die Frage nach dem Absoluten, die das Problem in sich schließt, auf welche Weise das → Absolute vom Menschen zu ergreifen und wie der Übergang von ihm zur endlichen Welt zu denken sei. Die Antworten S.s auf diese Frage haben sich im Lauf seines über 50 Jahre währenden Denkens wesentlich gewandelt. Diese Wandlung wurde von der Forschung jedoch verschieden beurteilt. Während die ältere Forschung die Philosophie des frühen und des mittleren S., die in der Zeit von 1800-06 im Identitätssystem ihren Abschluß findet, als den eigentlichen Beitrag S.s zum Deutschen → Idealismus (: II) betrachtete und die nun folgende Zeit (48 Jahre!) als unwesentlich abwertete, sucht die neuere Forschung (bes. K.Leese, H.Fuhrmans, W.Schulz) die große Bedeutung dieser späteren Perioden herauszuarbeiten.

S. wendet sich in seinen *Jugendschriften* (bes. »Vom Ich als Prinzip der Philosophie« und »Philosophische Briefe über Dogmatismus und Kritizismus«, beide 1795) gegen jedes dogmatische Philosophieren, das das Absolute als objektiv Vorhandenes zu bestimmen sucht. Alles dinglich Seiende kann vom denkenden Ich übergriffen werden. Das Absolute darf daher grundsätzlich nicht auf der Ebene der Dinge gesucht werden, sondern ist als das unbedingte Ich zu bestimmen. Dieses Ich ist vom empirischen Ich, das durch Gegenstände eingeschränkt ist, scharf zu unterscheiden. Man wird seiner nur unmittelbar inne in einer Anschauung, die im Gegensatz zur sinnlichen als intellektuelle zu bezeichnen ist. Ein Übergang von diesem unendlichen Ich in die Sphäre des Endlichen ist theoretisch nicht auszudenken, vielmehr ist das umgekehrte Vorgehen, dh das Streben des Endlichen zum Unendlichen hin, die einzige Möglichkeit, die Kluft zwischen beiden zu überbrücken. - Dieser an Fichtes praktische Philosophie erinnernde Ansatz wird von S. fraglich gemacht durch die Konzeption seiner → *Naturphilosophie,* die, ursprünglich nur als Ergänzung zu Fichtes → Transzendentalphilosophie gedacht, die entscheidende Abwendung S.s von Fichte herbeiführt. S. stellt die Einseitigkeit der Naturbetrachtung Fichtes heraus, der lediglich gezeigt habe, wie das Ich durch seine Selbstbestimmung dazu komme, sich die Natur als Außenwelt vorzustellen. Eine solche Deduktion der Natur durch das Ich sei aber nur möglich, wenn das Ich seinerseits als Produkt der Natur gedeutet werde. Natur stellt als ganze, so erklärt S. nun, eine Entwicklung dar, die sich als eine Umwandlung des Unbewußt-Dunklen ins Bewußt-Helle vollzieht. Diesen Weg von den ersten Stufen - den Phänomenen der Schwere und des Lichtes - bis zum Menschen hin aufzuzeigen, ist Aufgabe der Naturphilosophie. Zum Grundproblem wird für S. nun die Frage nach dem Subjekt dieser ganzen Entwicklung. Dies Subjekt kann nicht mit dem bewußten Ich identisch sein, da dieses ja erst Produkt der Entwicklung ist; es kann aber auch nicht als nur naturhaft unbewußt Wirkendes bestimmt werden; wie sollte es dann den denkenden Menschen hervorbringen? Dies Subjekt muß den Gegensatz von Natur und Geist übergreifen, es darf jedoch nicht von dem Prozeß abgelöst werden, denn dann würde es zu einem leblos dinglich Vorhandenen. Vielmehr bringt es sich selbst erst durch diesen Prozeß zu seiner eigentlichen Vollendung.

Die nähere Bestimmung dieses Absoluten sucht S. in seiner → *Identitätsphilosophie* zu entfalten. Bereits im »System des transzendentalen Idealismus« (1800) erklärt S., daß das Absolute in seiner Wirksamkeit nur verständlich werde durch die Kunst. Im künstlerisch schaffenden Genie seien in innerster Einheit die unbewußt-naturhafte und die bewußt-geistige Tätigkeit lebendig, deren Produktion in ihrem Produkt, dem Kunstwerk, anschaulich werde. In der »Philosophie der Kunst« (1802), die diesen Ansatz weiterführt, bezeichnet S. das Universum selbst als »absolutes Kunstwerk in ewiger Schönheit«. Er unterscheidet nun - und dies ist der eigentliche Ansatz der Identitätsphilosophie - zwei Sichtmöglichkeiten: die eine richtet sich auf die Welt der Erscheinungen, in der die einzelnen Dinge unvermittelt in Gegensatz zueinander stehen, die andere erhebt sich zur absoluten → Vernunft, deren Wesen die Ungeschiedenheit, dh die Indifferenz von Subjektivem und Objektivem ist. In der »Darstellung meines Systems« (1801) mutet S. jedem zu, das Denken dieses Wahren, in dem alles Eins ist, zu vollziehen. Diesen Gegensatz eines absoluten An sich und einer endlichen Welt sucht S. dadurch zu mildern, daß er erklärt, die absolute Einheit differenziere sich in sich selbst zur Ideenwelt. Das Vorbild dieser Differenzierung ist der naturphilosophische Begriff des Organismus, in dem das Ganze im Teil und der Teil im Ganzen ist. In allen → Ideen ist die absolute Einheit als wesentliches Sein. Sie kann sich jedoch in ihnen verschieden ausdrücken. Entweder ist das Subjektive oder das Objektive in höherer »Potenz« da, ohne daß jedoch der andere »Pol« fehlt, denn das Absolute als die Einheit von Subjektivem und Objektivem durchwirkt ja alles. So überwiegt in der Natur das Objektive, und zwar in gestufter Ordnung: die Natur ist objektives Subjekt-Objekt; im Geistigen dagegen ist die subjektive Potenz stärker, das Geistige ist daher subjektives Subjekt-Objekt. S.s Grundanliegen in dieser Epoche ist es jedoch - das zeigen bes. der Dialog »Bruno« (1802) und die sprachlich schön gestalteten »Aphorismen über die Naturphilosophie« (1806) -, immer wieder darauf hinzuweisen, »daß die absolute Identität dem Wesen nach in jedem Teil des Universums dieselbe ist«. Hegel hat in seiner »Phänomenologie« diesen Ansatz getadelt und erklärt, daß das solchermaßen als unterschiedslos bestimmte Absolute der Nacht zu vergleichen sei, in der alle Kühe schwarz sind.

S. hat die Frage nach dem Verhältnis des Absoluten zur Ideenwelt und vor allem zur Welt der endlichen Dinge in den folgenden Jahren näher zu klären gesucht. Bereits in »Philosophie und Religion« (1804) legt er dar, daß die Entstehung der endlichen Welt auf den Abfall des Menschen vom Absoluten zurückzuführen sei, und in den *»Untersuchungen über das Wesen der menschlichen Freiheit«* (1809) wendet er sich der Frage zu, wie sich die menschliche Freiheit zur göttlichen verhält. In Aufnahme von Spekulationen J. → Böhmes und F. → Baaders unterscheidet S. in Gott die »Natur Gottes«, die als dunkler Grund die dranghafte Begierde zur Existenz sei, und den »actu existierenden Gott«, der als verständiger und regelnder Wille in sich schon immer dies Dunkle ins Licht verklärt habe. Auch der Mensch ist von diesen beiden Prinzipien, dem Dunklen und Hellen, bestimmt. Aber eben, weil er wie Gott beide in sich trägt, kann er nun, im Gegensatz zu Gott, deren Rangordnung verkehren, dh den dunklen Grund über das Verständige setzen und so in die Welt Unordnung bringen. Gerade diese Tat aber bietet die Möglichkeit, daß sich Gott als versöhnende Liebe offenbare: indem er gegen die Unordnung ausdrücklich die ursprüngliche Ordnung wiederherstellt, verwirklicht er sich selbst. Auch Gott ist, wie S. sagt, Leben, und als solches hat er ein Schicksal.

In den *»Weltaltern«* (1811-15) will S. die Geschichte

Gottes als dessen Selbstverwirklichung erzählen. Er zeigt nun, wie Gott in einer vorweltlichen Vergangenheit sich zu sich selbst bringt. Ursprünglich in ein noch vorbewußtes stilles Sehnen versunken, er-blickt er schöpferisch die Ideen, an denen er sich seiner bewußt wird. So gibt er sich selbst die Möglichkeit seines freien Handelns, diese Ideen in der Schöpfung der Welt aus sich herauszusetzen. In der *»Darstellung des philosophischen Empirismus«* (einer Münchner Vorlesung, zuletzt vorgetragen 1836) betont S. dementsprechend die Freiheit Gottes gegenüber der Welt. Die Welt im ganzen ist durch die wesentliche Tatsache bestimmt, daß sich in ihr, wie bereits die Naturphilosophie gezeigt habe, das Subjektiv-Geistige gegen das Objektiv-Naturhafte durchsetzt. Aber diese Tatsache sei nicht, so sagt S. nun, aus der Welt selbst, sondern nur durch deren göttlichen Schöpfer zu erklären.

S.s Philosophieren findet seinen Abschluß und seine Vollendung in den *»Vorlesungen zur Philosophie der Mythologie und der Offenbarung«* (in den letzten Lebensjahrzehnten bis 1845 mehrfach vorgetragen). Diese eigentliche Spätphilosophie ist einmal durch die konkrete Erforschung mythologischen Gedankengutes und sodann durch die Reflexion auf die Möglichkeiten der Vernunft bestimmt. Diese Reflexion führt zur Einteilung der Philosophie in eine negative und eine positive - erst durch diese Unterscheidung glaubt S., den Pantheismus Hegels grundsätzlich überwinden zu können. S. hält mit seiner früheren Identitätsphilosophie daran fest, daß die Vernunft die Ideen in ihrem Wasgehalt ohne jeden Rückgriff auf die Erfahrung aus sich selbst heraus in einer »rein rationalen Vernunftwissenschaft« entwickeln könne. Wenn aber die Vernunft in einer höheren Reflexion sich fragt, ob sie sich selbst hervorbringen könne, dann erkennt sie, daß sie schon immer unvordenklich in ihren Vollzug eingesetzt ist: vor ihrem reinen Daß steht sie quasi attonita. Deswegen muß sie sich in ihrem Anspruch, das Erste zu sein, negieren, und dies bedeutet, daß sie Gott als die wirkliche Möglichkeit des reinen Sich-setzens über sich setzt - Gott ist also nicht, wie die Identitätsphilosophie lehrte, mit der Vernunft identisch. Das Wesen dieses Gottes sucht S. in der positiven Philosophie durch die Potenzenlehre zu verdeutlichen. In äußerst dialektischen Gedankengängen legt er die Strukturen dieser Potenzen dar, indem er sie zur → Trinität in bezug setzt. Als Vater ist Gott die potentia generandi, erste Potenz, die ein sich Gleiches, den Sohn, erzeugt, der als zweite Potenz die Aufgabe hat, Gott sichtbar zu machen (»Wer mich siehet, siehet den Vater«); die Einheit beider Bestimmungen ist der Geist als die dritte Potenz. Gott an ihm selbst - das ist das Entscheidende - ist mit keiner der drei Potenzen identisch, sondern »über sie hinaus« die absolute Freiheit. Die Potenzen - das soll dieser Begriff besagen - sind für Gott die Möglichkeiten, durch deren Verwirklichung er den Gang der Welt bestimmt. Nachdem Gott die Potenzen aus sich zur Welt herausgesetzt hat, und in dieser der Mensch sich gegen Gott erhoben hat - der Abfall ist auch hier die entscheidende Zäsur im Weltgeschehen -, beginnt der Prozeß der Vermittlung von Gott und Mensch. In der Mythologie als einer »Theogonie Gottes im Bewußtsein« erscheint Gott wesentlich in seiner ersten Potenz als dunkle Macht, der sich der Mensch unterwirft, »weil er diese Gottesvorstellung mit unwiderstehlicher Gewalt in sich erzeugen muß«. Das folgende Offenbarungszeitalter ist durch Christus, die zweite Potenz, bestimmt. Christus, eine reale geschichtliche Gestalt, führt die eigentliche Handlungsgeschichte Gottes mit dem Menschengeschlecht herauf. Aber auch diese Zeit wird überwunden werden durch das Zeitalter der dritten Potenz, des Geistes, in dem die »philosophische Religion« die Prinzipien, die in den beiden ersten Epochen nur unerkannt wirkten, in philosophisch begriffene umwandelt. Dieses jetzt noch ausstehende Zeitalter ist die letzte geschichtliche Epoche. Ihm wird die Aufhebung aller geschichtlichen Entwicklung in den Endzustand folgen. In diesem wird der vorgeschichtliche Anfang, in dem Gott noch ohne Welt war, auf höherer Ebene wiedergebracht: Gott wird alles in allem sein; der menschliche Geist wird zur Seele werden, in der das ewig begehrende Wollen zur Ruhe gebracht sein wird.

Sämtl. Werke, 14 Bde, 1856-61; Neudr. ed. M. Schröter, 1927ff. - Die Weltalter (Urfassungen), ed. M. Schröter, 1946 - Das Wesen der menschl. Freiheit, ed. H. Fuhrmans, 1950 - Hauptwerke auch in der Phil. Bibl. (F. Meiner). - Aus S.s Leben. In Briefen, 3 Bde, ed. G.L. Plitt, 1869f. - Über S.: G. Schneeberger, F.W.J.S. Eine Bibliogr., 1954 (verzeichnet 1012 Veröffentlichungen bis 1953). Danach: Hirsch IV, 411ff; V, 268ff - H. Fuhrmans, S.s Philos. der Weltalter, 1954 - Ders., Dokumente zur S.forschung (KantSt 47, 1955/56, 182-191. 273-287. 378-396) - R. Halblützel, Dialektik u. Einbildungskraft. S.s Lehre von der menschl. Erkenntnis, 1954 - H. Zeltner, S., 1954 - Verhandlungen der S.-Tagung in Bad Ragaz, Sept. 1954 (Studia Philosophica 14, 1954) - E. Benz, S., 1955 - K. Jaspers, S., 1955 - W. Schulz, Die Vollendung des Dt. Idealismus in der Spätphilos. S.s, 1955 - W. Wieland, S.s Lehre von der Zeit, 1956 - A. Hollerbach, Der Rechtsgedanke bei S., 1957. *W. Schulz*

Schelstrate *(Scheelstrate), Emanuel* (1648/49-92), kath. Theologe, * in Antwerpen, wo er zunächst Domherr war, bis er, von Innozenz XI. berufen, Kustos der Vatikanischen Bibliothek, später auch Kanonikus am Lateran und an St. Peter in Rom wurde. S. war ein eifriger Verfechter der päpstlichen Rechte gegen die Theorien des → Gallikanismus; daneben trat er durch Arbeiten zur Geschichte der alten Kirche hervor.

Vf. u.a.: Antiquitas illustrata circa concilia generalia et provincialia, 1678; Ecclesia Africana, 1679; Acta Constantiensis concilii, 1683; De sensu et auctoritate decretorum concilii Constantiensis, 1686 (gegen → Maimbourg); Antiquitas Ecclesiae ... illustrata I. II, 1692/97 (unvollendet). - Über S.: HN IV, 550ff - DThC XIV/1, 1278ff (Bibliogr., Lit.) - L. Ceyssens, La Correspondance d'E.S. (Bibl. de l'Institut Hist. Belge de Rome 1), 1949. *R. Ackermann*

Schelwig (auch *Schelgwi[n]g*), *Samuel*, * 8.3.1643 in Lissa (Polen), † 18.1.1715 in Danzig. Als Student in Wittenberg streng luth.-orthodox gebildet, wurde S. einer der Hauptbekämpfer des → Pietismus. 1668 Konrektor des Gymnasiums in Thorn, 1673 Prof. der Philosophie und Bibliothekar am akademischen Gymnasium (Athenäum) in Danzig, 1675 ebd Prof. der Theologie, 1681 Pfarrer an der Katharinenkirche, 1685 Rektor des Athenäums und Pfarrer an der Trinitatiskirche. Aus dem örtlichen Streit mit dem Pietisten Constantin Schütze entwickelte sich eine umfassende, bes. gegen → Spener und die pietistische Theologie gerichtete Polemik. Eine aktenmäßige Geschichte des Pietismus von 1681-1703, die S. als Manuskript hinterließ, ist verschollen.

Vf. bes.: Catalogus errorum Schützianorum, 1694 (Zusammenstellung der pietist. Irrtümer); Itinerarium antipietisticum, 1695 (Bericht über eine Reise S.s zu den Hochburgen der luth. Orthodoxie); Die sectirische Pietisterey aus D. Speners u. seines Anhangs Schriften I-III, 1696/97; Synopsis controversiarum pietisticarum, (1701) 1720³. - Über S.: ADB XXXI, 30ff - RE XVII, 553ff - Th. Wotschke, Eine verschollene Gesch. d. Pietismus (ZKG 46, 1928, 430-440). *M. Schmidt*

Schen(c)k, *Jakob* (ca 1508-46), aus Waldsee an der Aach (Württ.), 1536 Hofprediger Heinrichs von Sachsen in Freiberg. Des Antinomismus verdächtigt (→ Lehrzuchtverfahren: I, 1), wurde S. nach beendeter Untersuchung nach Weimar als Hofprediger berufen (1538), obwohl Luther zornig auf ihn war. 1541 holte ihn Heinrich als Prediger und Prof. nach → Leipzig (, 2). S. stieß auf den Widerstand von Rat, Pfarrerschaft und Fakultät.

In seiner Postille fand man Verstöße gegen die CA. Joachim II. berief ihn als Hofprediger nach Berlin (1544 bis 1546), von wo er mit seiner Frau über die Grenze abgeschoben wurde. Sein bisher nicht aufgeklärtes, wohl durch Hungern herbeigeführtes Ende findet vielleicht in seiner Melancholie eine Ursache (CR IV, 872; V, 786).

SCHL. II, 19042-19051 (Lit.). *W.Delius*

Schenkel, *Daniel* (1813-85), ev. Theologe, Schüler → De Wettes in Basel, dessen Nachfolger er 1850 wurde. 1851 ging er nach Heidelberg, wo der kampflustige, wandelbare, im Grunde zur → Vermittlungstheologie gehörende S. auch kirchenpolitisch hervortrat, indem er in → Baden eine liberale Ära im Kirchenregiment heraufführte. Er war 1863 Mitbegründer des → Protestantenvereins.

Vf. u.a.: Christl. Dogmatik v. Standpunkt d. Gewissens, 1858/59; Charakterbild Jesu, 1864. - Über S.: A.HAUSRATH, R.Rothe u. seine Freunde II, 1906 - HERMELINK II, passim - E.STAEHELIN, K.Barths Vorgänger auf d. Basler Lehrstuhl f. syst. Theol. (ThZ 12, 1956, [162 bis 187] 181f). *K.Kupisch*

Schenûte (Sinuthios, kopt. »Gotteskind«), der erste, fruchtbarste und bedeutendste Schriftsteller der koptischen Sprache und Kirche (→ Kopten: I; II, 7). S. war Archimandrit des Weißen Klosters bei Achmîm (daher seine Mundart saïdisch). 431 nahm er an der Seite → Cyrills von Alexandrien am Konzil zu → Ephesus teil, trat aber trotz einer gewissen griechischen Bildung theologisch nie hervor. Vereinzelt (zB in der Auferstehungslehre) wirken altägyptische Vorstellungen bei ihm nach. Doch war er strenger Gegner des Heidentums und half, nicht ohne Gewalttätigkeit, seine letzten Reste in → Ägypten (: IV) auszurotten. Sein Schrifttum besteht vor allem aus Predigten und Briefen. Die Predigten wurden noch nach seinem Tode im Gottesdienst gern benutzt. Lehrreicher sind für uns die Briefe, die ein wesentlich anschaulicheres Bild vom Leben in den koptischen Klöstern vermitteln als die Hinterlassenschaft des → Pachomius (von dem S. abhängig ist, ohne sein rechtlicher Nachfolger zu sein).

Ausg.n v. J.LEIPOLDT (mit W.E.CRUM), CSCO, 1906ff; E.AMÉLINEAU, Paris 1907. - Über S.: J.LEIPOLDT, S. von Atripe (TU 25, 1), 1903 - S.MORENZ, Altägypt. u. hellenist.-paulin. Jenseitsglaube bei S. (MIOr 1, 1953, 250-255) - ALTANER § 52, 8 (Lit.). *J.Leipoldt*

Schephela → Kanaan: I, 2.

Schérer, 1. *Edmond* (1805-89), franz. Theologe und Kritiker, * und † in Paris, studierte in Straßburg. Zunächst vom Pietismus erfaßt (das bekannte Kirchenlied »Je suis à toi« stammt von ihm), kam S. 1846 als Prof. für KG und Exegese an die Freie Theologische Hochschule in Genf. Durch seine Studien von der Orthodoxie entfernt, gab er 1849 das Amt auf und wurde als Mitarbeiter an der Straßburger Revue einer der Führer des franz. Liberalismus (→ Frankreich: II, 2). Es folgte die allmähliche Lösung von der Theologie und die Wendung zur literarischen Kritik, in der S. zu hohem Ansehen gelangte. 1875 wurde er Senator.

Vf. u.a.: Dogmatique de l'Eglise réformée, 1843; La critique et la foi, 1850; Lettres à mon curé, (1853) 1859²; A.Vinet, 1853; Mélanges de critique religieuse, 1860; Etudes sur la litt. contemporaine, 9 Bde, 1863-89 (Bd 10, 1895); Mélanges d'hist. religieuse, 1864. - Über S.: O.GRÉARD, E.S., (1890) 1891² - E.LOGOZ, Essai sur S. théologien, 1890 - E.ROCHAT, La Revue de Strasbourg, 1904 - RE XVII, 559ff - F.SUBILIA, La crise de la foi d'E.S., 1925 - H.THIEME, Bibliogr. de la litt. franç. de 1800 à 1930, Bd II, 1933, 746f (vollst. Bibliogr.). *J.Roth*

2. *Rudolf,* Ritter von (11.8.1845 bis 21.12.1918), kath. Theologe, * in Graz, † in Wien, 1869 Priester, 1875 Assistent und 1876 Prof. für Kirchenrecht in Graz, 1899 in Wien. Angefeindet und in Schwierigkeiten wegen des → Antimodernisteneides trat er 1913 zurück. Seine Domäne war das Eherecht.

Vf. u.a.: Das Eherecht bei Benedict Levita u. Pseudoisidor, 1879; Hdb. des Kirchenrechts I. II, 1886/98; Zur Gesch. des kanon. Eherechts (AkathKR 65, 1891, 353-390). - Nekrologe: E.EICHMANN, ZSavRG Kan. Abt. 9, 1919, 371-373 - C.HOHENLOHE, AkathKR 99, 1919, 117-121 - LThK IX, 244 - EC XI, 44. *Ernst Wolf*

Schering, *Arnold,* Musikforscher, * 2.4.1877 in Breslau, † 7.3.1941 in Berlin. Bis 1923 war er in Leipzig tätig, seit 1920 als Prof. in Halle, seit 1928 in Berlin. Sein umfangreiches Werk enthält wesentliche Beiträge zur Erforschung der ev. Kirchenmusik, darunter 2 Bde Musikgeschichte Leipzigs seit 1650 (1927/41) und zahlreiche Aufsätze, bes. auch Bach betreffend (u.a. im Peters-Jb. und in dem seit 1904 von ihm hg. Bach-Jb.).

Vf. ferner u.a.: Gesch. des Instrumentalkonzerts, (1905) 1927²; Gesch. des Oratoriums, 1911; Die niederländ. Orgelmesse, 1912; Die metrisch-rhythmische Grundgestalt unserer Choralmelodien, 1924; Beethoven u. die Dichtung, 1936. - Hg. u.a.: Ausgewählte Kirchenkantaten, DDT 58/59. - Über S.: H.OSTHOFF in: AfMf 6, 1941, 66-69. *Thr.Georgiades*

Scherzer, *Johann Adam* (1628-83), * in Eger, seit 1667 Prof. der Philosophie, dann des Hebräischen, zuletzt der Theologie in → Leipzig, war einer der philosophischen Lehrer von → Leibniz. S.s »Vademecum sive manuale philosophicum« (1654 u.ö.) und »Breviarium Eustachianum« (1663 u.ö.) wurden in dessen Nachlaß gefunden. S. hat, auch als Theologe (Breviculus theologicus, 1678), nicht durch eigene Gedanken, sondern durch einprägsame Stoffdarbietung gewirkt.

RGG² V, 152 - M.WUNDT, Die dt. Schulmetaphysik des 17.Jh.s, 1939. - Vgl. die Lit. zu → Leipzig, 2. *F.Lau*

Scheschbazar → Judentum: I, 1.

Schestow *(Schwarzmann), Leo* (1866-1938), russ. Religionsphilosoph, theozentrischer Existentialist. * in einer jüd. Familie in Kiew, studierte Jura in Moskau, Schriftsteller in Petersburg, seit 1920 Prof. der Sorbonne/Paris. Nach literarkritischen Studien (Shakespeare, Nietzsche, Tolstoj, Dostojewski) begann S. 1905 - unter dem Eindruck der 1. russ. Revolution und des Kiewer Pogroms - seine philosophischen Arbeiten, in denen er, an → Nietzsche geschult, dem verknechtenden Machtanspruch der allgemeinen, »ewigen Wahrheiten«, dh aller Spekulation und Scholastik von Aristoteles bis Hegel den Kampf ansagte, um den Primat der Offenbarung und die »gläubige Freiheit« herauszuarbeiten und eine entsprechende, »mystische« Philosophie und Ethik zu fordern. S.s größter Geisteserbe dürfte Boris Pasternak sein (Roman »Dr. Schiwago«, 1958). - Vgl. → Russische Religionsphilosophie, 4.

Vf. bes.: Apotheose der Bodenlosigkeit, Versuch eines adogmat. Denkens, Petersburg 1905; Potestas clavium, Berlin 1923 (dt. 1926); Auf Hiobs Waage. Über die Quellen der ewigen Wahrheiten, Paris 1929 (dt. 1929); Athen u. Jerusalem, nur dt. Graz 1938; Kierkegaard u. die Existenzphilos., 1939 (dt. Graz 1949). - Dt. ausgew. Texte bei B.SCHULTZE, Russ. Denker, 1950; bes. bei N.v.BUBNOW, Russ. Religionsphilosophen. Dokumente, 1956 (Bibliogr.). - Über S.: V.ZENKOVSKY, Gesch. d. russ. Philos. I. II, Paris 1948/50 (russ.; engl. 1953) - EKL III, 708ff (H.SCHAEDER). *Hildegard Schaeder*

Scheurl, *Christoph Gottlieb Adolf Frhr. v.* (1811-93), seit 1836 ev. Kirchenrechtslehrer in → Erlangen (1840 ao., 1845 o. Prof.). S.s Schriften sind bes. dem Verhältnis von Staat und Kirche im 19.Jh. und den damit zusammenhängenden seinerzeit aktuellen Fragen wie dem Eherecht gewidmet. Er war als Mitglied der Generalsynode der bayerischen luth. Landeskirche und des bayerischen Landtags lange Jahre (kirchen-)politisch tätig. Mit zahlreichen Schriften und Rechtsgutachten hat sich S. als Vorkämpfer des konfessionell bestimmten Luthertums um die luth. Kirche bes. verdient gemacht.

DZKR III. Folge 3, 1893, I-IV - RE XVII, 564ff (Bibliogr.) - K.GEBHARD, A.Frhr.v.S., 1912. *H.Liermann*

Schian, *Martin* (1869-1944), ev. Theologe, * in Liegnitz, † in Breslau, nach Kirchendienst in Dalkau (Schlesien) und Görlitz 1906 Pfarrer und PDoz. für Prakt. Theol. in Breslau, 1908 o. Prof. in Gießen, 1924 General-Sup. (1933 i. R.) und seit 1928 gleichzeitig Honorar-Prof. in Breslau. In Theorie (erziehenwollende Predigt) und Praxis setzte sich S. für innere Belebung der Laien, Ausbau lebendiger Gemeinden (seit 1925 Vorsitzender des Deutschen Ev. → Gemeindetages) und bewußtere Gestaltung des Pfarramtes ein. - Vgl. → Kirchenkunde.

Vf. u.a.: Unser Christenglaube, (1902) 1912²; Prakt. Predigtlehre, (1906) 1923³; Der ev. Pfarrer der Gegenwart, wie er sein soll, (1914) 1920²; Grundriß der prakt. Theol., (1922) 1934³; Hdb. für das kirchl. Amt, 1928; Kirchl. Erinnerungen eines Schlesiers, 1940. - Über S.: K.FEZER, Das Wort Gottes u. die Predigt, 1925, 70ff. 86ff - J.STEINBECK, In memoriam M.S. (ThLZ 69, 1944, 192; Lit.). *G.Roth*

Schichtentheorie. Die psychologische S., die wohl zu unterscheiden ist vom ontologischen Schichtungsgedanken (zB N. → Hartmanns), ist eine rein fachwissenschaftliche Angelegenheit und muß methodisch ohne metaphysische Vorurteile rein phänomengerecht durchgeführt werden. Der Gedanke, daß es unterhalb des hell und klar erlebenden »Ich«, seiner bewußten Erlebnisse und seiner willensgesteuerten Handlungen ein »Unbewußtes« (»Tiefenperson«, »Es«) gäbe, dh nicht nur sog. unbemerkte psychische Vorgänge, sondern einen organischen Bestandteil der Gesamtpersönlichkeit (Leib-Seele-Geist-Einheit des ganzen Menschen), ist zwar alt, wenn man an die vernunftgelenkten emotionalen Seelenrosse → Platons denkt oder an → Aristoteles' anima vegetativa und sensitiva unterhalb des von außen in die Gesamtperson eingefügten Nus (woran → Klages anknüpft), wurde aber erst im 20.Jh. wissenschaftlich ausgebaut. Danach wäre die Gesamtpersönlichkeit nicht eine homogen vorzustellende »Seele«, sondern ein hierarchisches Gefüge mehrerer Schichten, Zentren, Organe. Wer an die Leibesnähe bes. unserer Begierden, Schmerzerlebnisse, Schauder, Schocks, impulsiver Reaktionen usw einerseits, andererseits an ihre Beherrschbarkeit denkt, stößt ohne große Schwierigkeit auf den Gedanken, daß ein leibliches Wesen Regungen enthält, die aus anderen seelischen Zentren (Schichten) stammen als unsere »höchsten« Erlebnisse, Gedanken, verinnerlichten Gefühle. Der klassische Kampf der »Vernunft« mit den »Affekten« bietet ein anschauliches Modell dieses Vorstellungsganzen. Eine plastische Zeichnung dieser geschichteten Architektur mit endothymem Unterbau und noetischem Überbau bietet Ph.Lerschs »Aufbau der Person« ([1938] 1956⁷).

Da die noetischen Fähigkeiten beim menschlichen Säugling noch nicht entwickelt sind; da uns in Schlaf und Traum die Ich-Kontrolle fehlt, die im Rauschzustand in experimentell prüfbarer Weise abgebaut ist; da unsere elementarsten Triebe und Bedürfnisse (»Hunger und Liebe«, »Machtstreben«, »Renommiergehaben«, »Ermüdung«) vergleichend auch an Tieren studiert werden können; da der Aufbau des Gehirns (Stammhirn, Rindenhirn) unverkennbar Analogien zu dieser Schichtung zeigt, darf die Unterbauung der emotionalen Grundschicht durch eine Vitalschicht nicht außer acht gelassen werden. Eine biologisch entwicklungsgeschichtliche, pathologische, vergleichende, gehirnanatomische Methode bestätigen demnach das Schichtenbaumodell. Beispiel: Wenn ich ermüdet oder hungrig bin, ist ein animalisches Wesen »in mir« geschwächt; wenn erwachsene Menschen sich im Wasser infantil verhalten oder sich im Schlaf zusammenrollen, handelt ein »Kind in ihnen«. Wenn ein Papagei sein Weibchen lockt, geht der Ruf vom Stammhirn aus, hört er aber auf seinen Namen, so leistet dies ein Assoziationszentrum des »Neencephalums« (Edinger). Auch die Graphologie (P.Pophal) unterscheidet Pallidum-, Scriatum-, Rindenschriften. Das umfassendste Untersuchungsfeld bietet die lückenlose Beobachtung des grundsätzlich immer filmbaren menschlichen Verhaltens (Behavior). Jede Bewegung kann befragt werden, von welcher Schicht sie ausgehe, welche besonderen Reize sie auslöse, welchen Stil, Rhythmus, Tempo sie besitzt. Reflexe sind gewiß nicht vom Ich gesteuert; das Atmen, Kreislauf, Verdauen erst recht nicht; die zahlreichen Ausdrucksbewegungen, welche meine motorischen Organe machen, während mein Ich auf eine Aufgabe konzentriert ist, können unmöglich gleichzeitig von diesem Ich gesteuert werden usw. Die traditionelle Terminologie benennt viel zu viele Funktionen mit einem gemeinsamen Namen, die in Wirklichkeit sehr verschiedenen Schichten angehören. So ist Faszination nicht gesteuerte Aufmerksamkeit; Nachäffungstalent ist nicht geschulte Nachahmung, was auch für das Zeichnen gilt; Sympathie, Verführung und Verlockung etwa durch Tenorstimmen, magische Besessenheit sind keine Liebe; Furcht ist keine Ehrfurcht; rationale Orientierung an der Karte hat sogar primitive Orientierungsmöglichkeiten zerstört; die tiefbeseelte menschliche Mutterliebe hätte kaum das volle Ausmaß ihrer opferbereiten Kraft, wenn sie nicht durch einen animalischen Instinkt unterbaut wäre. Hier kommt alles nicht auf abstrakte Theoriebildung, sondern auf Anschauung, Beobachtung, differenzierende Interpretation an. Schichtentheoretisch ist es aber nicht unmißverständlich, nur von Unterbauungen und Überbauungen zu sprechen. Denn die »höheren« Leistungen sind großenteils gerade nicht kontinuierliche »Entwicklungsprodukte« der elementareren, so wie unsere Hände einst unausgewachsene Kinderhändchen waren; auch ist es nicht so, daß die höheren Formen auf ihre eigenen primitiveren Formen zurücksinken könnten. Sie sind vielmehr nach Analogie des Verhältnisses von »Althirn und Neuhirn« (Edinger) Überdachungen mehr oder weniger schlummernder und zugedeckter älterer Funktionszentren von großer Selbständigkeit, eigenem Stil und Rhythmus, die nach dem Fehlen der höheren Kontrollen im faktischen Verhalten wieder zur Dominanz gelangen. Infantiles Verhalten ist zB nicht Rückfall des Ich in eine ihm eigene Frühstufe, sondern emaniert aus einem eigenen System, das sich unterhalb der Personschicht in mehr oder weniger kräftiger Form konserviert hatte. Die Gesamtperson ist zwar eine relativ ausbalancierte Einheit; ihr Verhalten ist aber keineswegs das eines einheitlichen »Ich« oder einer homogenen »Seelensubstanz«, sondern fließt aus einem polyzentralen und mehrfach geschichteten Aufbau. - Vgl. → Persönlichkeit.

E.ROTHACKER, Die Schichten der Persönlichkeit, (1938) 1953⁵ - W.HEHLMANN, WB der Psychologie, 1959 (jeweils Lit.). *E.Rothacker*

Schicksal

I. Religionsgeschichtlich - II. Philosophisch - III. Theologiegeschichtlich und dogmatisch. - Vgl. → Determinismus

I. Religionsgeschichtlich

Die allgemeine Erfahrung, daß das, was den Menschen trifft, nicht von ihm, sondern von etwas außer ihm

Seiendem abhängig ist, kann sich auf zwei verschiedene Weisen auswirken. Entweder versteht man es als ohne Absicht von einer unpersönlichen, unerbittlichen Macht, dem S., gewirkt, oder man sieht dahinter eine Absicht und schreibt es einem persönlichen Gott oder Göttern zu. Beide Betrachtungsweisen schließen aber einander nicht aus; allgemein deterministische Ausdrücke wie »es war so bestimmt«, »seine (zugemessene) Zeit war abgelaufen« begegnen auch bei Personen, die sonst einen waltenden Gott anerkennen. Ferner kann das S. oder bes. das gute S., das → Glück, durch → Personifikation als Gottheit aufgefaßt werden, wie zB der westsemitische Gad und die griech. Tyche, oder ein Gott wird als vorwiegend schicksalspendender Gott betrachtet, wie zB der iranische Zervan (»die Zeit«; → Iran: II, → Aion). Bes. oft kommen S.sgöttinnen vor: die griech. Moiren, die altnordischen Nornen und die lettische Laima. - Die Frage, ob S.sglaube oder Götterglaube ursprünglich sei, wird verschieden beantwortet. Einige sehen im Glauben an eine S.sgottheit sogar den Ursprung der → Religion (Widengren), andere betonen die grundsätzliche Verschiedenheit beider Betrachtungsweisen. - Wird das S. als unpersönlich aufgefaßt, so findet der Glaube oft seinen sprachlichen Ausdruck in passiven Verben: »es wurde«, »es wurde beschert« (so altgermanisch und altarabisch), oder die → Zeit - die die Ereignisse enthält - vertritt das S. (so im iranischen Zervanismus und dessen Nachwirkungen bis in die neupersische Epik und im indischen Epos). Da die Zeit durch die Bewegungen der Himmelskörper bestimmt wird, erscheint auch der → Himmel (: I) als S.smacht, womit → Sternen-Glaube und → Astrologie zusammenhängen. Oft wird auch das S.slos verabsolutiert (so das altarab. manīja, das meist den Tod bezeichnet, und das pers. bächt). Immer erscheint das S. als unabänderlich und unentrinnbar. - Der Begriff des Bescherten aber schließt die Idee eines Bescherenden in sich. Im persischen Epos und der altarabischen Poesie erscheint bisweilen auch Gott als Geber des S.s. Bei → Homer teilt fast immer Zeus die αἶσα oder μοῖρα zu (→ Los), aber später gewinnt das S. eine gewisse Selbständigkeit und wird sogar den Göttern übergeordnet; im → Hellenismus wird es als εἱμαρμένη etwas Böses, von dem man → Erlösung braucht. Auch in der → germanischen Religion und bei den → Etruskern steht das S. über den Göttern. - Der andere Typus, das von den Göttern festgesetzte S., wird zB im alten → Babylonien (šîmtu) und → Ägypten (šaa) vertreten. Es kann als unabänderlich (so im → Islam und in → Qumran) oder durch das Verhalten des Menschen beeinflußbar erscheinen (so in Babylon). - Die resignierte Einstellung dem unentrinnbaren S. gegenüber wird als *Fatalismus* bezeichnet, aber der islamische Fatalismus ist eigentlich ein Sichfügen in den Willen Gottes. Die Versuche, durch → Mantik die Zukunft zu ermitteln, setzen ein festgesetztes S. voraus sowie die Möglichkeit, ihm unter gewissen Bedingungen zu entrinnen.

ERE V, 771 ff (Fate) - W.ENGEL, Die S.sidee im Altertum, 1926 - M.NINCK, Wodan u. germ. S.sglaube, 1935 - HWDA VII, 1045 ff - G.WIDENGREN, Hochgottglaube im alten Iran (UUÅ 1938,6) - W.CH. GREENE, Moira. Fate, Good and Evil in Greek Thought, Cambridge/Mass. 1944 - D.AMAND, Fatalisme et liberté dans l'Antiquité grecque, Louvain 1945 - J.KROYMANN, Fatum, fors, fortuna u. Verwandtes im Geschichtsdenken des Tacitus (Festschr. f. O.Weinreich, 1952, 71-102) - H.RINGGREN, Fatalism in Persian Epics (UUÅ 1952, 13) - DERS., Studies in Arabian Fatalism (ebd 1955, 2) - DERS., Dieu, le temps et le destin (Journal de psychol. 53, 1956, 407-423) - RÄRG 680f - NILSSON I. II (s. Reg.) - E.NEUMANN, Das S. in der Edda, 1955 - L.KAJANTO, God and Fate in Livy, Turku [Åbo] 1957 - S.MORENZ, Unters.en zur Rolle des S.s in d. ägypt. Religion (AAL 52, 1), 1960.

H.Ringgren

II. Philosophisch

1. S. und Philosophie - 2. S. und Geschichte - 3. S. und Freiheit - 4. S., Führung und Zufall

1. Vor dem 20.Jh. hat der Begriff S. in der Philosophie keine wesentliche Rolle gespielt. Da dies kein Zufall sein kann, hat man nach Erklärungen dafür gesucht. In der griech. Philosophie (→ Griechisch-römische Philosophie) war es deshalb nicht der Fall, weil dort stets das Erkennen des reinen → Seins erstrebt wurde. Die griech. Philosophie befand sich im Kampf gegen das S.; das Erkennen des reinen Seins - als Element, Zahl, Idee, Form, Logos oder Atom aufgefaßt - diente der Entdämonisierung des Seienden und sollte diesem die S.smächtigkeit entreißen (Tillich). Das S. konnte als das, was mit den philosophischen Überlegungen überwunden werden sollte, nicht zu ihrem Gegenstand gemacht werden. - Im → Idealismus, der die Welt aus dem Subjekt entfaltete, konnte es für das S. keinen rechten Platz geben, da mit dem Begriff des S.s die absolute Selbstverantwortung und die grenzenlose Freiheit des Subjekts in Frage gestellt wird. Auch der → Pantheismus weiß damit nichts anzufangen, weil dort wiederum die für den S.sbegriff so wesentliche Betonung des Individuellen und Personalen nicht mit der Auffassung der Auflösung alles Individuellen im kosmischen Geschehen und in der Seinseinheit in Einklang zu bringen ist. Dem → Rationalismus schließlich mußte das Unentschlüsselbare und Unbegreifliche, das dem S. anhaftet, widerstreben (Simmel). Auch eine moderne Philosophie, die sich von den exakten Wissenschaften her orientiert, läßt den S.sbegriff außer Betracht, da sie ihn von vornherein wegen seiner Unzugänglichkeit für Untersuchungen über Invarianz und Gesetzmäßigkeit ausschalten muß.

2. Erst mit einem philosophischen Verständnis für die → *Geschichtlichkeit* des menschlichen Daseins, wobei Geschichte nicht determinierte Geschehensabfolge, sondern Ereignis und → Entscheidung ist, rückt auch der Begriff des S.s ins Blickfeld der Philosophie. S. kann nur derjenige haben, der das, was ihm widerfährt, in dessen Geschehenscharakter aufnimmt, dh er muß die Unwiderruflichkeit und Einmaligkeit des Sich-Ereignenden wahrhaben wollen. - Die S.haftigkeit des → Daseins ist nach → Heidegger mit dessen Grundstruktur als Endlichkeit gegeben. Der Mensch kann nirgends frei beginnen, seine Möglichkeiten beruhen immer auf einem Erbe, das er übernimmt. S. haben heißt, in der Klarheit über die Endlichkeit des Daseins sich einer überkommenen Möglichkeit entschlossen überliefern und sie zugleich als die ureigenste und selbstgewählte Möglichkeit übernehmen. Doch kann sich der Mensch in der Unentschlossenheit oder im bequemen Ergreifen nächster Möglichkeiten der Übernahme des Daseins als S. entziehen und in der Dumpfheit und Oberflächlichkeit der S.slosigkeit dahinleben. Im Modus des S.s existieren heißt im Grunde seiner Existenz geschichtlich sein.

3. Der Mensch empfindet das S. als unentrinnbar, als etwas, dem er sich nicht widersetzen oder entziehen kann. Nur das, worüber man nicht verfügt, was man nicht selbst zuwege gebracht oder in Angriff genommen hat, kann S. mit sich bringen, zB das Elternhaus, in dem man aufgewachsen ist, die geschichtlichen Ereignisse, in die man hineingezogen wird, die Menschen, denen man verbunden ist, die eigenen Fähigkeiten und Mängel. In früheren Zeiten hatten auch der → Beruf, die soziale Position oder das Gewerbe S.scharakter; in der modernen Gesellschaft ist daraus mehr und mehr ein umwechselbarer »Job« geworden (→ Pluralismus). Doch alles, was andere Möglichkeiten ausschließt und einen Weg festlegt, die Aufgaben begrenzt, kann zu S. werden.

- Der Abenteurer und Spieler (→ Spielleidenschaft) versucht, das Leben ohne S. zu leben, er will sich nicht begrenzen lassen. - Empfindet der Mensch das S. als unentrinnbar, so bedeutet das nicht, daß seine Haltung darin passiv ist. Sein S. übernehmen heißt, es an dem Ort mit ihm aufnehmen, wo es einen hingestellt hat, und das ist das Gegenteil von einem Sich-Entziehen. S. steht also nicht im Gegensatz zur → Freiheit, vielmehr ist es Bedingung und Begrenzung der Freiheit. Nur wer Freiheit hat, hat S. (Tillich). - Seinem S. entzieht man sich, wenn man da, wo man die Möglichkeit gehabt hätte, mit ihm zu wachsen, zu kurz gekommen zu sein glaubt. Resigniert vergleicht man sich mit einem anderen, der mehr Glück hatte, wünscht sich an seine Stelle und verleugnet damit sein eigenes S. (Lipps). Auf andere Weise entzieht man sich dem S., wenn man sich in ihm spiegelt und sich vorstellt, wie schmeichelhaft oder sonderbar es sich in den Augen anderer ausnehmen mag. In der Selbstbetrachtung scheut man den Kampf mit den Daseinsmächten.

4. S. ist weder Führung noch Zufall. Der Glaube an eine *Führung* ist eine Mystifizierung des S.s, mit der man seine Unverständlichkeit zu beschwören versucht; es ist eine Objektivierung des S.sbegriffs, indem S. dahin vereinseitigt wird, daß es nur den Eingriff in unser Leben bedeutet, nicht aber unseren Kampf mit den Ereignissen. - Im Gegensatz zum → *Zufall* besteht S. für den Menschen darin, daß der Mensch nur dann S. hat, wenn er sich nicht damit abfindet, daß der Sinn oder die Sinnlosigkeit seines Lebens von einem Spiel des Zufalls abhänge, und gewillt ist, seinem Leben eine eigene Gestalt zu verleihen und den zufälligen Schickungen einen eigenen Sinn zu geben. Der Einzelne eliminiert das Zufällige, das ihm begegnet, indem er dafür aufkommt, was es ihm bedeutet. Was einen trifft, nimmt man auf in sein Dasein. Hat der Mensch aus lauter Phantasielosigkeit nicht den Willen, sein Leben zu gestalten, so hat er kein S., mag ihn auch das S. in Positionen bringen, die seinen Handlungen politische Bedeutung von weltgeschichtlichen Ausmaßen verleihen. Ein Mensch hat noch nicht S. dadurch, daß er das S. anderer mitbestimmt.

F.M.Cornford, From Religion to Philosophy, New York (1912) 1957 - M.Heidegger, Sein u. Zeit, (1927) 1953[7], § 74 - P.Tillich, Philos. u. S. (KantSt 34, 1929, 300-311) - Ders., Syst. Theol. I, 1955, 217ff. 238ff - H.Lipps, Unters.en zu einer hermeneutischen Logik, 1938, 26ff - Ders., Die menschl. Natur, 1941, 139. 148 - G.Simmel, Das Problem des S.s (Brücke u. Tür, Essays, 1957, 8-16).

K.E.Løgstrup

III. Theologiegeschichtlich und dogmatisch

1. Biblisch - 2. Theologiegeschichtlich - 3. Dogmatisch

1. Das *biblische Denken* gründet in der Offenbarung der Allmacht Gottes, seiner → Erwählung, seines die → Geschichte und die Geschicke der → Welt und des einzelnen umgreifenden und zielhaft leitenden Willens und Heilshandelns. Damit hat es von vornherein einen anderen Ansatz und eine andere Struktur als das auf die neutrale Anangke ausgerichtete und die Zeit kreisförmig vorstellende griech. Denken mit seinen von daher bestimmten S.svorstellungen (Moira, Nemesis, Pronoia, Tyche, Daimon). Wo es im Bereich des → Hellenismus zu einer Beziehung der beiden Sphären kommt, werden, bes. auf dem Wege über die → Stoa, nicht nur im Sprachgebrauch der LXX, des nachbiblisch-jüd. Schrifttums wie auch des NT, sondern auch in der Sache selbst Einflüsse des griech. S.sdenkens spürbar, wenn sie auch - nicht ohne Spannung! - dem biblischen Denken ein- und untergeordnet werden. Der Begriff des καιρός, das vor allem im LkEv vordringliche δεῖ der gottbestimmten Notwendigkeiten, die zwar unter der Herrschaft Gottes stehenden, aber sich auch dämonisch auswirkenden Mächte und Gewalten (→ Macht: II) haben schicksalhaftes Gepräge. Jedoch unterliegen all diese Geschehensnotwendigkeiten einschließlich des Geschickes Christi der Vorherbestimmung Gottes, haben seinem eschatologischen → Heilsratschluß zu dienen und erhalten ihre Bedeutsamkeit in dessen allein von Christus her lesbarem Ziel (Röm 8; 11; Apk 5). Damit sind aber die S.smächte und Notwendigkeiten ihrer Selbständigkeit beraubt, für den Glauben entdämonisiert und von vornherein im Willen Gottes verankert und »aufgehoben«. Alles Geschick, so undurchschaubar es sein mag, und gerade auch das Leidens-S. in der → Nachfolge Christi »muß denen, die Gott lieben, zum Besten dienen« (Röm 8, 28) und vermag nicht von der Liebe Gottes, die in Christus Jesus ist, zu trennen (Röm 8, 30f). Über den zugleich fordernden und begnadenden Willen Gottes ist aber alles S.hafte zugleich als Aufgabe der Bewährung und des Gehorsams auf unsere Verantwortung im Glauben und damit unsere Freiheit bezogen.

2. Die Theologie mußte sich notwendig bei ihrer Interpretation der Allmacht, der Vorherbestimmung und der → Vorsehung Gottes mit dem S.sgedanken auseinandersetzen. Sie hat ihren Weg in einhelliger Ablehnung sowohl des heidnischen Fatalismus wie auch der → Zufalls-Gläubigkeit genommen. So hat sich → *Augustin* in De civ. Dei (V, 1-10) gegen die → Astrologie, aber auch gegen → Ciceros im Interesse der Willensfreiheit gemeinte Leugnung des Vorherwissens Gottes gewandt und war darum bemüht, die stoisch schicksalhafte Vorsehung mit ihrer Kausaldetermination christlich zu verstehen. »Wer hier dem S. die Ehre geben will, weil er dem Willen oder der göttlichen Macht den Namen S. gibt, kann an seiner Meinung festhalten, aber muß seine Benennung ändern.« Die Vorsehung Gottes wird nur uneigentlich als S. bezeichnet. Die »connexio seriesque causarum« ist zwar von Gottes Ordnung her bejaht, schließt aber die Freiheit unseres Willens im Sinne einer gottgewollten Kausalität sui generis keineswegs aus. - Auch → *Thomas von Aquino* interpretiert in seinem Kommentar zu Boethius' De consolatione philosophiae (I. IV, Prosa VI) das S. von der göttlichen Vorsehung her. Hier werden zwei Ebenen unterschieden. Die Vorsehung gründet alles Geschehen prinzipiell umfassend in Gottes sinnvoller Schöpfungsordnung. Das S. liegt in Abhängigkeit davon im Konnex der zeitlichen Dinge und Ereignisse, gleichsam im Bereich der Exekutive, im geschichtlichen Vollzug. Die zeitliche S.serfahrung ist als solche in ihrer relativen Selbständigkeit bejaht, aber der ewigen Vorherbestimmung ein- und untergeordnet. - In eine eigentümliche Nähe zum S.haften ist → *Luther* (: II, 4f) vor allem in De servo arbitrio von der Alleinwirksamkeit Gottes und vom Deus absconditus her gekommen (der Mensch als »Reittier Gottes oder des Satans«). Luther macht sich lustig über den »lächerlichen Gott«, der das Zukünftige nur ungewiß voraussieht, wo doch schon die Heiden ihren Göttern ein unabwendbares S. zuschreiben (WA 18, 718). Vult enim Deus eadem, quae praescit (ebd 716). Ausdrücklich hat er sich auf das Fatum Vergils und der griech. Mythologie berufen (ebd 618). Und doch verbietet sich trotz aller determinierenden Funktionen in Luthers Gottesbegriff eine deterministische Interpretation seiner Theologie vom servum arbitrium. Seine Lehre vom unfreien Willen ist eindeutig soteriologisch motiviert (→ Willensfreiheit). Sie sieht den Menschen in seiner Verknechtung unter die Sünde, aus der ihn nur die in Christus dargebotene Rechtfertigung des Heilshandelns Gottes befreien kann. In diesem Akt der Gnade Gottes in Jesus Christus vollzieht sich die Wendung und Überhöhung alles S.haften, durch die wir

uns im Glauben zu unserer wahren Freiheit berufen und bestimmt wissen dürfen. – → *Calvin* hat sich (Inst. I, 16, 8) ausdrücklich gegen eine Verwendung des Wortes Fatum und gegen die Verwechslung des stoischen Allkausalitätsnexus mit der in Gottes souveränem und freiem Willen ruhenden Vorsehung gewehrt. Wenn nun in der ref. Orthodoxie bei *Fr.Burmann* oder *J.H.* → *Heidegger,* oder auch auf luth. Seite bei *Joh.* → *Gerhard* (Loci IV, Kap. XII § 154) im Anschluß an Augustin vom fatum christianum die Rede ist, dann geschieht das doch in Abwehr alles Fatalismus und in strenger Bezogenheit auf den freien Allmachtswillen der göttlichen Weltregierung. – Charakteristisch schicksalhafte Struktur trägt → *Schleiermachers* Definition der Religion als »unmittelbares Wissen« um »schlechthinnige Abhängigkeit«. Die Erläuterungen der §§ 3 und 4 seiner Glaubenslehre weisen die Affinität religiösen und schicksalhaften Erlebens auf. Hier wie da geht es um eine unmittelbare Beziehung zum Unbedingten, von dem her wir uns gesetzt sehen und dem gegenüber wir uns schlechthin abhängig fühlen. Aber auch Schleiermacher betont in § 49: »Ob das, was unser Selbstbewußtsein erregt, mithin auf uns einwirkt, auf irgend einen Teil des sog. Naturmechanismus zurückzuführen ist, oder auf die Tätigkeit freier Ursachen: Das eine ist vollkommen eben so wie das andere von Gott geordnet.« – Nicht unbeeinflußt vom christlichen Vorsehungsglauben hat der S.sgedanke bei *J.* → *Böhme,* → *Leibniz,* → *Herder,* → *Schelling,* → *Hegel,* → *Marx,* → *Schopenhauer* bis hin zu → *Nietzsche, O.* → *Spengler* und *M.* → *Heidegger* eine vielfach modifizierte Rolle gespielt. In der neueren Theologie ist er positiv bei *K.* → *Heim, P.* → *Tillich, W.* → *Elert, J.Konrad, H.Thielicke* aufgenommen und eingeordnet worden, während *K.* → *Barth* und *O.Weber* sich ihm gegenüber ausdrücklich abgesetzt haben.

3. Kritisch gefaßt, bedeutet S. im dialektischen Gegenüber zur freiheitlichen Selbstbestimmung den Inbegriff der auf ihre Bedeutung hin befragbaren, in unmittelbarer Erfahrung sich zur Ganzheit verkettenden unverfügbaren Momente unserer Lebensbestimmtheit. Die allem S.serleben inhärente Frage nach der Notwendigkeit und dem Sinn der unserem Wollen gegenüberstehenden Widerfahrnisse, ob sie nun teleologisch oder dysteleologisch beantwortet wird, sowie nach der sie uns schickenden Macht, wie immer sie verstanden werden mag, kennzeichnet die Grundstruktur des S.sgedankens. Unser Selbstverständnis vollzieht sich in der Begegnung unseres schicksalhaften und freiheitlichen Erlebens und erfährt darin den je eigenen Sinn seines S.s. In dieser Hinsicht ist das S.sverständnis eine Funktion des Selbstverständnisses. Im Glauben erfährt die Autonomie dieses Relationsgefüges seine theonome Neu- und Überformung. Das sich von Gott gesetzt und bestimmt wissende Ich begreift auch sein S. nur in Gott und von Gott her. Indem wir uns im Wissen um die Offenbarung in unserer Kreatürlichkeit von Gott her gesetzt, von seinem Wollen und Planen erwählt, in unserer → Geschichtlichkeit umgriffen und geleitet und durch sein Heilshandeln in unserer Existenz bestimmt sehen, sind alle determinierenden Funktionen von vornherein als in der → Vorsehung Gottes beschlossen erkannt. Es kann kein S. neben Gott geben, dessen Deutung in unserer Hand läge. Damit entfällt aller Fatalismus ebenso wie aller bloße Zufallsglaube. Wohl aber ist der Glaubensbewährung die Aufgabe gestellt, alles erfahrene Geschick aus Gottes Hand hinzunehmen und damit ihn als den Schickenden anzuerkennen. Gottes bestimmendes Walten ist sicher nicht aus unseren Widerfahrnissen zu erschließen. Es ist uns durch sein Wort offenbart. Aber eben darum vermag es sich auch, ohne daß wir in seinem Ratschluß gesessen hätten, je und dann an unserer Erfahrung zu bestätigen. Es schwebt nicht nur als eine für unser Erleben beziehungslos gedachte, unbegreifliche Ordnung über unserem Dasein, sondern kann sich sehr wohl an ihm für unseren Glauben manifestieren. »Denn ich seh in allen Dingen, wie so gut Ers mit mir mein« singt Paul → Gerhardt. Aber gerade auch im »Widerspiel« des Leidens fällt vom Kreuz her tröstliches Licht auf den Sinn unserer Geschicke. »Durch die Fenster des dunklen Glaubens lässet Er sich sehen« (Luther, WA 6, 202). Das hat seine große seelsorgerliche Bedeutung für die an unseren S.en aufbrechenden → Anfechtungen und → Theodizee-Fragen. Die in Gott beschlossenen determinierenden Funktionen seiner Schöpfung, seines allmächtigen Willens und seiner Vorsehung erhalten ihren eigentlichen Sinn durch ihre Hinordnung auf sein offenbarendes Heilshandeln. In seiner → Prädestination, in seinem uns unverfügbar begegnenden Wort und Geist, in der Sendung seines sich unter unser Schuldverhältnis stellenden und so die Mächte des Bösen für uns überwindenden Christus und seiner eschatologischen Erlösungsverheißung wissen wir unsere ganze Existenz, unsere S.haftigkeit samt der uns gewährten Freiheit, allein auf Gott bezogen, von ihm umschlossen und auf seinen Heilswillen ausgerichtet. S. und Freiheit in ihrer Wechselbezogenheit sind von daher unserem Glauben aufgegeben und erfahren darin allein ihren Grund, ihr Ziel und ihre unser Wissen und Vermögen überhöhende Lösung.

G.W.Leibniz, Von dem Verhängnisse, o.J. – Ders., Metaphysische Abh., 1686 (Philos. Werke ed. A.Buchenau u. E.Cassirer, II, 1924, 129ff. 135ff) – A.Schopenhauer, Transzendente Spekulation über d. anscheinende Absichtlichkeit im S. des Einzelnen, 1850 (Sämtl. Werke ed. A.Hübscher, Parerga u. Paralipomena I, 1938, 213ff) – W.Maeterlinck, La Sagesse et la Destinée, 1898 – A.Görland, Die Idee d. S.s in d. Gesch. d. Tragödie, 1913 – G.Heinzelmann, S. u. Vorsehung, 1923 – DThC IV, 631ff (Destin) – P.Tillich (Hg.), Kairos, 1926 – Ders., Das Dämonische, 1926 – Ders., Syst. Theol. I, 1955, 217ff – K.Heim, Der S.sgedanke als Ausdruck für d. Suchen d. Zeit (in: Glaube u. Leben, [1926] 1928^{2}, 406–429) – Ders., Die relig. Bedeutung d. S.sgedankens bei O.Spengler (ebd 374–405) – O.Piper, Grundlagen d. ev. Ethik I, 1928, 109ff – J.Lange, Verbrechen als S., 1929 – H.J.Iwand, Die grundlegende Bedeutung d. Lehre vom unfreien Willen für d. Glauben (1930; in: Um den rechten Glauben, 1959, 13–30) – Ders., Die Freiheit des Christen u. d. Unfreiheit d. Willens (1957; ebd 247–268) – Ph.Metmann, Mythos u. S., 1936 – E.Klemann, Die Entw. d. S.sbegriffes in d. dt. Klassik u. Romantik (Diss. Heidelberg), 1936 – Ch.Köhn-Behrens, Du bist dein S., (1937) 1939^{3} – H.Nohl, Charakter u. S., 1938 – W.Elert, Der christl. Glaube, (1940) 1956^{3}, Kap. 3 – Th.Rink, Der Mensch im S.sfelde, 1941 – H.Thielicke, Schuld u. S., 1943 – R.Motru, Zeit u. S., 1943 – O.Cullmann, Christus u. d. Zeit, 1946 – J.Konrad, S. u. Gott. Unters.en zur Philos. u. Theol. d. S.serfahrung, 1947 – Ders., S. als Sinn u. Aufgabe, 1947 – R.Guardini, Freiheit, Gnade, S., 1948 – L.Szondi, S.sanalyse, (1948) 1952^{2} – H.Preisker, Mensch u. S. in d. röm. Stoa u. im NT (FF 25, 1949, 274–276) – Barth, KD III/3, 1950, 139ff. 183ff – Bultmann II, 86f – F.Gogarten, Der Mensch zwischen Gott u. Welt, 1952, 424ff – R.Koehler, Der Sinn im Widersinn des S.s, 1953 – O.Weber, Grundlagen der Dogmatik I, 1955, 560ff.

J.Konrad

Schiff, in der Religionsgeschichte kultisch und mythologisch oft vorkommender Gegenstand; in der antiken poetischen, literarischen und politischen Metaphorik häufiges und ikonographisch gern verwendetes Bild. Entsprechend dem Gebrauch in der antiken Rhetorik (u.a. für den Staat) und in der christlichen Literatur ist das S. in der → altchristlichen Kunst bes. zum ekklesiologischen → Symbol geworden, zT in ausgeführter Allegorie (Mastbaum = Kreuz, Ruderer = Apostel usw), soweit es nicht bloß dekorativen Wert hat und mythologische Reminiszenz ist. Häufig begegnet es auf Ritzzeichnungen in den Katakomben, aber auch auf Sarkophagen, in der → Malerei (: I), den → Mosaiken und in der Kleinkunst. Im Anschluß an Lk 5, 3ff wird es mit Petrus zusammengebracht und geht so bes. in die mittelalterliche Kunst über (»navicella« von → Giotto im Atrium der röm. Peterskirche, 1298). Daneben tritt das S. als Bild für die Seefahrt des menschlichen Lebens ein. Die Bezeichnung des Langhauses der Kirchen als S. (seit dem MA?) kann allerdings aus Verderbung von ναός (> ναῦς > navis) entstanden sein.

ERE XI, 471ff - PW 2. R., 3. Hbd, 1921, 408ff; Suppl. V, 1931, 906ff - DACL XII/1, 1008ff - HWDA IX/2, 152ff - K.Goldammer, Navis Ecclesiae (ZNW 40, 1941, 76-86) - Ders., Das S. der Kirche (ThZ 6, 1950, 232-237) - H.Rahner, Antenna Crucis (ZKTh 65, 1941, 123-152; 66, 1942, 89-118. 196-227) - Ders., Griech. Mythen in christl. Deutung, (1945) 1957², 414ff - G.Stuhlfauth, Das S. als Symbol der altchristl. Kunst (RivAC 19, 1942, 111-141) - E.Peterson, Das S. als Symbol der Kirche (ThZ 6, 1950, 77-79) - J.-G.Hansen, Bildhafte Sprache des Aischylos: See u. S.fahrt in metaphorischer Verwendung (Phil. Diss. Kiel), 1955 (Masch.).

K.Goldammer

Schiller, *Friedrich (von),* * 10.11.1759 in Marbach a.N., † 9.5.1805 in Weimar.

Nach dem Bund mit Goethe, wohl im Bedürfnis klarer Selbstbesinnung, schrieb S. 1795 »Über naive und sentimentalische Dichtung«: eine Typologie (die erste der Art; vgl. später: klassisch-romantisch, apollinisch-dionysisch u.a.) und geschichtsphilosophisch fundierte Schau zweier polarer Daseins- und Dichtungsarten im Bezug zur Natur: der Naive *ist* Natur, der Sentimentalische sucht die verlorene; eine Huldigung an Goethe, das naive Genie, - nicht zuletzt aber, mittelbar, eine Bestimmung und Rechtfertigung der eignen, in sentimentalischer Zeit nicht naiven Art mit ihren Möglichkeiten künftiger Verbindung von Natur und Ideal. Die Schrift bezeugt, wie spät und zögernd sich S. gleichsam mit sich selbst verglich und in sich selbst hineinwuchs, - und wie er eben dadurch recht die Möglichkeit erhielt und ersah, über sich hinauszuwachsen. - »Die ›Räuber‹ kosteten mir Familie und Vaterland«: so S. über seine Flucht 1782 - in seines Lebens Mitte - aus Stuttgart, wo Herzog Karl Eugen den Genius seines Akademiezöglings, dem die Eltern - von einfacher Herkunft, der Vater männlich-patriarchalisch, die Mutter pietistisch - den geistlichen Beruf zugedacht und den er nach dem Medizinstudium nur kümmerlich bestallt, gewaltsinnig mit Fesseln bedrohte. Der Ausbruch ins Freie - zunächst nach Mannheim, wo sich Anstellung am Nationaltheater zerschlug - zeitigte nach dem grandiosen Erstling rasch »Kabale und Liebe«, »Fiesco« und zT »Don Carlos«, führte aber auch in Not und Irrsal, ehe 1785 Körner in Dresden Asyl und enthusiastische Freundschaft bot (»An die Freude«). Seit 1787 in Weimar, läßt S. das Feld des Dramas 8 Jahre brach. Er müht sich, schmerzlich empfundene Bildungslücken zu schließen, seine geistige und bürgerliche Existenz zu begründen (1789 Prof. in Jena, 1790 Ehe, 1791 aber Krankheit, die den Todeskeim zurückläßt). Das Studium der Geschichte, die Begegnung mit der »Simplizität« der Griechen, die Berührung durch → Kant, die geistvolle Freundschaft mit W.v. → Humboldt bahnen den Weg zur Klassizität. Im Bund mit → Goethe 1794 wird sie erreicht. 1795 kehrt S. von historischer und philosophischer Produktion über hohe »Gedankenlyrik« zum Drama heim. Er macht die Bühne - die in Weimar zieht ihn Ende 1799 dorthin zurück - zum Ort der »ästhetischen Erziehung des Menschen«. Nach jahrelanger Mühe am »Wallenstein« seines Handwerks endlich Meister, doch jedesmal geistig wie technisch neu ansetzend, hier auf Shakespeare, dort auf die Griechen blickend, immer die Herrschaft der Form über den Stoff sichernd, Künstler und Künder zumal, schafft er von 1799 an in rascher Folge seine klassischen Dramen. »Demetrius« blieb gewaltiger Torso. In dem ergreifenden Monolog der Mutter, den der Tod unterbrach, hat S. »seine eigene ›glühende Sehnsucht‹ nach dem ... Ewigen noch einmal gestaltet« (v.Wiese): »O warum bin ich hier geengt, gebunden, Beschränkt mit dem unendlichen Gefühl!« - In S.s Augen war sein Leben weithin Kampf mit widrigem Schicksal, der ihn doch weder bitter machte noch blind gegen Stunden der Gunst, die ihm den Glauben an »die Menschheit« stärkten. Seines Amtes und Ranges lang ungewiß, aber rastlos Großes wollend, suchte er jener Ungunst harmonisch-universale Selbstbildung und dichterisch-denkerische Leistung abzugewinnen. Seine Existenz ist oft »gespannt«, oft überhell bewußt und in der Tat »sentimentalisch«, doch auch heroisch, bes. in der Gelassenheit Aug in Auge mit dem Tod. Sie bezeugt die Macht des Geistes über Schicksal und Natur. Sie verwirklicht seine sittlich-religiöse Botschaft des Idealismus.

S.s Werk, im 19.Jh. Stolz und Schatz des deutschen Bürgertums, ein Kerngebiet moralisch-liberaler Bildungswelt, wurde doch seit der Frühromantik immer wieder in seinem Gehalt und Kunstrang angefochten, bes. im 20.Jh. im Vergleich mit dem Goethes, Kleists, Hölderlins. Man hat den Dichter als versetzten Rhetor oder Täter zu entlarven, den Denker tief in der Aufklärung westlicher Prägung befangen und so von der »Deutschen Bewegung« des Irrationalismus fast isoliert zu sehen gemeint; man hat das Jugendwerk gegen das klassische ausgespielt, hat S. Rhetorik und Theatralik, menschenfremden Idealismus, aufdringlichen Moralismus (Nietzsche: »der Moraltrompeter von Säckingen«) vorgerückt, organische Form, ursprungsnahe Sprache, subtilere Psychologie vermißt und das eigentlich Tragische geleugnet, das bei Kleist einbreche, bei S. allenfalls »Demetrius« beschatte, sonst aber vom Ethischen aufgesogen, in der Idee der Freiheit aufgehoben sei. - Solche Kritik wird nie mehr ganz verstummen. Sie ist in S.s Werk wie in deutscher Art begründet. Immerhin haben neuerdings die S.-Jahre 1955/59 Besinnung auf das Große, Besondre seines Geistes gefördert, Auflösung von Wert-Alternativen - Dichter oder Denker, Tragiker oder Ethiker u.ä. - angebahnt. Man darf heute wieder (bes. mit v.Wiese) die Union des Dichters und Denkers, Historikers und »Politikers« als organisch ansehen, kann auch (wie zB Staiger) die Verbindung von Dramatik und Pathetik, Tragik und Theatralik als in Deutschland seltenen, in der Romania wie einst in Hellas legitimen Wert begrüßen. Soll aber Sonderung sein, so muß (bes. mit Storz) der Primat des »Poeten«, des »Machers« betont werden: des Meisters in der Fügung großer Dramenbauten, worin weitläufige Stoffmassen durch Kunst organisiert und auf bedeutende Gehalte abgestimmt sind.

Der Vorrang des Dichters mindert nicht den Rang des *Denkers im deutschen → Idealismus* (: II), in der Geschichte des Geistes der Goethezeit. Systemdenker war S. nicht, wollte es nicht sein; aber er hatte philosophisch Eignes zu sagen (in einem Stil, der Begriffsschärfe mit hohem Sprachglanz verbindet). Seine Urfrage gilt der »Bestimmung des Menschen«: so eingangs seiner 1. Diss. (»Philosophie der Physiologie« 1779): »Gottgleichheit ist die Bestimmung des Menschen«: sein Geist soll, »mit Kräften der Gottheit geadelt, ... all den großen Plan des Ganzen entdecken, aus dem Plane den Schöpfer erkennen, ihn lieben, ihn verherrlichen«. Die Antwort auf die Frage wandelt sich in S.s Klassik (bes. zum Ethischen hin); die Frage selber bleibt in Kraft. Sie wurzelt tief in der Tradition der Philosophie des 18.Jh.s. Deren zwei Hauptzüge - Idealismus und Metaphysik Leibnizscher, Sensualismus und Psychologie schottisch-englischer Herkunft (mit zT materialistischer Tendenz) - wurden dem Karlsschüler vertraut und die Elemente seiner Theorie psycho-physischer Relation (2. Diss. 1780), die, in große Dichtung umgesetzt, in die »Räuber« einging. Die Polarität von Idealismus und Realismus (Materialismus) bewegt den Denker und sein Drama weiterhin (K.May). Der Jugend-Idealismus gipfelt in der »Theosophie des Julius« (»Philosophische Briefe«), die wie das Gedicht »Die Freundschaft« neuplatonischen Grund auftut: die Welt »ein Gedanke Gottes«, Bild seiner Liebe; die Liebe »in der Geisterwelt« daher »Widerschein dieser ... Urkraft«, »allmächtiger Magnet«; die Geister selbst vom »Weltenmeister« geschaffen als »selge Spiegel seiner Seligkeit«. Kants Kritizismus hat nach 1790 solche Spekulationen überholt, aber S. nicht, wie um 1800 Kleist, bestürzt und beirrt. Er festigte und läuterte seine idealistische Ethik, er klärte und förderte seine klassische → Ästhetik. »Das eigentümliche Ineinander ethischer, religiöser und ästhetischer Gedankenbildung bei Kant wurde bei S. als dem ersten in einer großen Ästhetik des Lebens fruchtbar« (E.Kühnemann). In der Heiligkeit und Unbedingtheit des Sittengesetzes, der Freiheit und Selbstbestimmung des Menschen fand er seine eigne innerste Wahrheit. Diese zeitlose Botschaft auf das Saeculum – Rokoko und Empfindsamkeit, Sinnen- und Gefühlskult – beziehend, verstand er Kants Rigorismus als notwendig, als den des »Drako seiner Zeit«. Darin lag ein Ausblick auf den milderen »Solon«, der nicht nur »die Knechte«, sondern auch »die Kinder des Hauses« bedächte. So entwickelt »Anmut und Würde« den Kantschen Dualismus von Geist und Natur, Pflicht und Neigung – ohne ihn als Ansatz aufzuheben – auf eine Synthese, ein klassisch-harmonisches Menschenbild hin: Pflicht und Neigung vereint die »schöne Seele«. (Der Begriff kommt von der Antike über → Shaftesbury und → Wieland zu S. und Goethe, der ihn aber im 6. Buch der »Lehrjahre«: »Bekenntnisse einer schönen Seele« anders faßt.) Erst in der Situation des Pathos, worin Natur vital aufsteht und die Würde des Menschen als Geistwesen bedroht, muß Vernunft in Herrschaft treten; allgemein aber gilt als »Bestimmung des Menschen«, nicht »einzelne sittliche Handlungen zu verrichten, sondern ein sittliches Wesen zu sein«. Das vermag er nur »aus seiner gesamten Menschheit«. Dies ist der Schritt zum klassischen Harmonie-Ideal, zugleich zu S.s Erziehertum. → Fichtes neueste Theorie der Wechselbestimmung von Ich und Nicht-Ich für die seinige von Stoff- und Formtrieb in Dienst nehmend, ergründet er in den Briefen »Über die ästhetische Erziehung des Menschen« den Anteil der Kunst, des ästhetischen Scheins und Spiels an dessen Sittigung, Humanisierung und »Integrierung«: der »Spieltrieb« hebt Stoff- und Formtrieb in sich auf und schafft das Kunstschöne als lebendige Gestalt; dieses ist »Symbol der göttlichen Vollendung und erhält damit die religiöse Sendung, den Menschen ... in der Ganzheit seines Menschentums wiederherzustellen« (E.Kühnemann). Mitten in den Jahren des französischen Umsturzes entwirft S. das Ideal eines »ästhetischen Staates«, von dem zeitlos Kraft ausstrahlt (doch darf es nicht, wie bei M.Gerhard, allein als S.s Vermächtnis gelten).

In S.s → Klassik stehen Ethik und Ästhetik der Tragödie, ein Zwillingsbaum, auf religiösem Grunde. Ihre Elemente, wie dieser Grund selbst, treten in der Theorie (bes. »Über das Erhabene«), in Gedichten (zB »Das Ideal und das Leben«), in Sentenzen der Dramen zutage. Schonungslos muß die tragische Bühne »das ernste Angesicht der Notwendigkeit« enthüllen, der das Leben ausgesetzt ist. Als Kunst weilt sie im Reich des Scheins und führt nur »künstliches Unglück« vor, aber auch dessen Anblick sammelt den Geist, stärkt ihn für den Angriff wahren Unglücks, verweist ihn auf das »Geistergesetz, das in unserm Busen gebietet«. Das Tragische ruft im Menschen den »reinen Dämon« auf: seine Kraft, wenn »das Schicksal alle Außenwerke ersteigt, auf die er seine Sicherheit gründete«, sich der »physischen Notwendigkeit« »freiwillig zu unterwerfen«, die ihm geschehende Gewalt geistig »zu vernichten«, »sich in die heilige Freiheit der Geister zu flüchten«. Vollbringt er dies, so schwindet »der ewge Abgrund« zwischen dem »Reich der Schatten« und des Ideals. Freilich, er läßt sich nur im Sprung überwinden: »Du mußt glauben, du mußt wagen, ... Nur ein Wunder kann dich tragen In das schöne Wunderland« (»Sehnsucht«). »Werft die Angst des Irdischen von euch«: so ruft S., und mit ihm der Geist seiner Tragödie, den Menschen zu; »Nehmt die Gottheit auf in euren Willen, Und sie steigt von ihrem Weltenthron« (dh: sie legt ihre furchtbare Erhabenheit ab und nimmt »intim« in euch Wohnung). Herakles wird Sinnbild solches Idealismus, der heroisch »des Lebens schwere Bahn« geht, »bis der Gott, des Irdischen entkleidet, Flammend sich vom Menschen scheidet«. Solcher »Übertritt des Menschen in den Gott« ist das letzte, höchste, wagemutigste Bild, das dem Sucher nach der »Bestimmung des Menschen« aufging.

S.s Theorie steckt den geistigen Horizont seiner klassischen Tragödie ab, ist aber nicht als Patentschlüssel zu brauchen, bes. nicht für die Jugenddramen. In diesen wird mehrfach eine Krise des Vertrauens und des unbedingten (nicht durch Erfahrung von außen bestimmten) Handelns zur Krisis des Menschseins. Karl Moor und Ferdinand versagen darin, Carlos besteht mit Mühe. Er wird über den Sturm-und-Drang-Subjektivismus hinausgeleitet, der Karl und Ferdinand in die Hybris verführt, sich zum Richter berufen zu wähnen. Karl, der früh den Wahn erkennt, doch sein zerstörtes Leben in düstrem Heroismus der »Verzweiflung« weiterschleppt und in stoisch gefärbter Selbstbejahung die Versuchung zum Freitod überwindet, erfährt am Schluß in Amalias Treue und Liebe die Unbedingtheit eines Menschen und findet dann die Kraft, sich der göttlichen Welt- und der menschlichen Rechtsordnung zu beugen, während Franz, der Nihilist, vor dem Gericht in jämmerlich-großer Pose zusammenbricht. Die *»Räuber«* erfüllt von allen Dramen S.s wohl das mächtigste religiöse Pathos; am Schluß ist es, als sei der christliche Vatergott als Richter sichtbar da. Doch dürfte die Meinung, er sei der »Held« des Dramas, den inneren wie den dramatischen Vorgang verwischen und entkräften. Schon hier schwingt sich die ethisch-religiöse Idee empor über elementare Größe, wie sie S. an sich fasziniert und bes. wieder den Fiesco versucht. – *»Kabale und Liebe«*, Standes- und Seelentragödie zumal, ist dazuhin in religiöser Sicht (nach W.Binder) eine Tragödie der Endlichkeit des Menschen: seines Glaubens und Anspruchs, im Ewigen existieren, den »ewigen Augenblick«, der ihm einmal aufging, halten zu können. Damit täte sich beim jungen S. ein mystisch-pietistischer Grund auf. – Der motiv- und schichtenreiche *»Don Carlos«* überhöht die ursprüngliche Familien- und Liebes- durch eine Freundschafts- und eine Ideentragödie. Der christliche Vatergott schwindet hier aus S.s Drama. Sittliche Läuterung und ideelle Verkündigung sind nicht vollkommen aufeinander abgestimmt; aber die Idee der Menschheit, die Posa vor Philipp mit fast heiliger Inbrunst vertritt und als »Traumbild eines neuen Staates« dem Infanten vermacht, erweist doch ihre Kraft in Posas Lebens- wie in Carlos' Liebesopfer. In der Selbstüberwindung zentriert auch das Fragment *»Die Malteser«*, das den christlichen Kern des historischen Geschehens idealistisch übersetzt. – In *»Wallenstein«* greift S. tiefgründig das Problem des geschichtlichen Handelns an. Entscheidung dafür macht unfrei, beschwört »Notwendigkeit« und Nemesis, bedeutet Bündnis mit »dunklen Mächten«, Bindung an den »bösen Geist«, dem »die Erde gehört«. Dem »Realisten« steht der Idealist gegenüber, der im Konflikt sich rein bewahrt und dem »Herzen«, der heilig-gesetzhaften Stimme im Innern folgt, darob jedoch den äußern Lebensgrund verliert. Den Realisten läßt S. am Ende nicht Enthebung »in die heilige Freiheit der Geister« erfahren oder gar vollziehen, wohl aber, ganz auf sich gestellt, zu undeutbarer Größe wachsen: von all seinen Gestalten ist Wallenstein wohl die irrationalste. - *Maria Stuart* dagegen - an sich ganz »physisches Wesen«, das sich wider Willen auch im Streit mit Elisabeth nochmals auf des Lebens Bühne reißen läßt und darauf triumphiert - ermißt danach, von Mortimer wild umworben und bedrängt, ihre heillose Lage und erfährt dann vor dem Tod, den sie als Sühne früher Blutschuld annimmt, die Befreiung des »reinen Dämons«: sie »geht dahin, ein schon verklärter Geist«. Die Enthebung vom Irdischen wird ausdrücklich als Akt des Augenblicks und der Synergie menschlicher Kraft und göttlicher Gnade bezeichnet. - Synergismus wirkt auch in *Johannas* Erlösung. Sie wird Opfer, aber - durch Annahme ihrer Verschuldung und Verstoßung - auch Überwinderin der auf Erden unvermeidlichen Kluft zwischen menschlicher Person und göttlicher Sendung, anfälligem Ich und unbedingter Idee. In der hochklassizistischen *»Braut von Messina«* (die sich abstraktions- und stilisierungssüchtig der analytischen Technik von Sophokles' »König Ödipus« bedient) läßt das Motiv der Schuld und Sühne Persönliches und Überpersönliches, Actum und Fatum spannungsvoll zusammentreten: der Brudermord aus Irrtum und Affekt ist Frucht von Ahnentat und -fluch, doch hinterher erkennend nimmt der Mörder die verhängte Tat als seine an und sühnt durch freien Tod: der »nur bricht die Kette des Geschicks«. - Nach Verherrlichung der politischen, religiös gerechtfertigten und sittlich begründeten Freiheitsidee im *»Tell«* läßt der *Demetrius*-Torso die Frage strittig, ob sich das Schicksal des betrogenen Betrügers, der durch die Aufklärung »sich und die Wahrheit auf immer geschieden« weiß, aber nicht zurückgeht, sondern zum Verbrecher und Despoten wird, doch seine Sicherheit und seinen Zauber einbüßt und schließlich fällt, - ob sich dies Schicksal noch im Geleit des Idealismus vollziehe, oder ob sich hier ein Realismus abzeichne, ein ganzheitliches Bild des Ich und seiner Existenz, deren düstre Wucht der Erhebung »in die heilige Freiheit der Geister« widerstehe. -

Mögen sich im 19.Jh. und anders wieder in der Zeit der Barbarei ungute Züge deutschen Wesens an S. gehängt haben: er war groß als Bildner und Erzieher. Ob er es einmal wieder vollen Maßes werden mag, ist offen. Er war es bes. dank jenem neuen, kühnen, zeitnotwendigen Bunde von Kunst, Moral und Religion. Die Wurzeln reichen durch die Kantische Schicht ins frühere 18.Jh., zT noch tiefer; das Gewächs ist Erzeugnis S.schen und klassisch-humanen Geistes. Spuren nach, die noch zu klären sind, brachte S. ein gutes Erbteil schwäbischen Pietismus mit. Aber es wuchert und blüht mehr kryptogam (als zB bei Hölderlin); der Verlust des »ewigen Augenblicks« (s.o.) ist mit dem christlichen Sündenfall, die Enthebung klassischer Gestalten mit dem pietistischen »Durchbruch« nur (noch) fern verwandt. Der Glaube, zu dessen Wagnis S. aufruft (s.o.), ist nicht geprägt vom christlichen Dogma, nicht Offenbarungsglaube. (Die heutige Rede von »theologischem« Fragen S.s trifft nur, wenn sie das Wort wörtlich nimmt; auch dann noch ist sein Fragen ebenso anthropo- wie theologisch.) Nach dem Schwunde christlicher Substanz der Jugenddramen klagt S. 1788 in der 1., scharfen Fassung der »Götter Griechenlands« - die doch für ihn »schöne Wesen aus dem Fabelland« sind - ob der Entseelung der modernen Welt letztlich den christlichen Monotheismus an. In der klassischen Tragödie wird Christliches wie das Abendmahl als Symbol für den klassischen Idealismus in Dienst genommen. Doch dieser läßt S. das Christentum auch neu, auf seine Weise, verstehen: als »einzige ästhetische Religion« (an Goethe, 17.8.1795), deren Telos für ihn (nach E.Spranger) eine »zweite höhere Harmonie nach ... Trennung und Kampf« ist. Das aber ist auch der Dichtung Sache: »der Einklang des Menschen mit dem Göttlichen in ihm selbst; das endlich errungene Mitwollen mit Gott; der Friede Gottes im menschlichen Herzen«.

Anders als → Hölderlin steht S. nie als ein vom Numen tief Betroffner, Beseligter, Verlaßner da. Anders als → Kleist zermürbt ihn nicht das Ringen darum, im Niederbruch der Ratio und in der »Gebrechlichkeit der Welt« zu glauben an den unbekannten Gott. Anders als → Goethe hat er nicht den gelassen-weisen Glauben an Gott-Natur, auch kaum Gespür für Chthonisch-Mutterhaftes, für Urbilder und Mythen der Existenz. Doch seine Geist-Religion ist edles Erbe des Abendlandes. Hölderlin und auch Goethe trugen religiöse Urelemente durch ihre religions- und mythenlos werdende Zeit. Den Freiheitsenthusiasten S. führte seine Art wie seine Zeit dazu, sich »religio« zu schaffen (wofür die Etikette »Ersatzreligion« unnütz ist). Darin liegt seine Größe wie seine Grenze. Der »religiöse Sinn der Klassik S.s« (G.Fricke) mag dem aufgehen, der nicht nur an das Göttliche »an sich«, sondern - trotz aller Einsicht in menschliche An- und Hinfälligkeit - auch »an den Menschen«, den »Gott in uns« noch glauben will und kann.

Lit. in Auswahl (vgl. auch die Lit. zu → Klassik): W.VULPIUS, S.-Bibliogr. 1893-1958, 1959. - *Ausg.n:* Sämtl. Werke, Säkular-Ausg., 16 Bde, 1904/05 - Werke (u. Briefw.), Nationalausg., 1943 ff (bisher 11 Bde) - Sämtl. Werke, hg.v. G.FRICKE u. H.G.GÖPFERT, 5 Bde, 1958/59 - Werke (Auswahl), hg.v. R.BUCHWALD, 3 Bde, 1955 - Dramat. Nachlaß, hg.v. G.KETTNER, 2 Bde, 1895 - Briefe, hg.v. F.JONAS, 7 Bde, 1892-96 - Briefw. zw. S. u. Goethe, hg.v. H.G.GRÄF u. A.LEITZMANN, 3 Bde, (1912) 1955[2] - Briefe, ausgew. v. R.BUCHWALD, 1955. - Marbacher S.buch I-III, 1905-09 - S., Reden im Gedenkjahr, 1955 - S. in unserer Zeit, 1955 - Jb. d. Dt. S.-Gesellschaft, seit 1957. - *Krit. Lit.-Berichte:* W.MÜLLER-SEIDEL, Der Deutschunterricht 4, 1952, H. 5, 97-115 - B.v.WIESE, DVfLG 27, 1953, 452-483 - K.VANCSA, Zs. f. dt. Philologie 79, 1960, 422-441.

Leben, Wesen, Werk: W.v.HUMBOLDT, Über S. u. den Gang seiner Geistesentwicklung (Vorw. z. 1. Ausg. des Briefw. zw. S. u. W.v.H., [1830] 1900[3]); Neuausg. 1952 (mit Nachw. v. TH.HEUSS) - K.v.WOLZOGEN, S.s Leben, 1840; Neuausg. 1905 - L.BELLERMANN, (1901) 1911[2] - E.KÜHNEMANN, (1905) 1927[7] - H.A.KORFF, Geist der Goethezeit II, 1930 - W.DILTHEY, in: Von dt. Dichtung u. Musik, 1933, 325-427 - H.CYSARZ, 1934 - H.SCHNEIDER, 1934 - R.BUCHWALD, 2 Bde, (1937) 1959[4] - H.BINDER, in: Schwäb. Lebensbilder IV, 1948, 233-303 - M.GERHARD, 1950 (einseitig) - H.NOHL, 1954 - A.ABUSCH, 1955 (aus marxist. Sicht) - W.F.MAINLAND, S. and the Changing Past, London 1957 - B.v.WIESE, 1959 - G.STORZ, 1959.

Lebensperioden u. literar. Beziehungen: M.GERHARD, S. u. d. griech. Tragödie, 1919 - K.TOGGENBURGER, Die Werkstatt d. dt. Klassik, 1948 - F.-W.WENTZLAFF-EGGEBERT, S.s Weg zu Goethe, 1949 - F.PRADER, S. u. Sophokles, 1954 - ERNST MÜLLER, Der Herzog u. das Genie. F.S.s Jugendjahre, 1955.

Dichtung: H.LANGE, S.s philos. Gedichte, (1886) 1910[3] - R.PETSCH, Freiheit u. Notwendigkeit in S.s Dramen, 1905 - G.FRICKE, Die Problematik des Tragischen im Drama S.s (Jb. d. Freien Dt. Hochstifts 1930, 3-69 = G.F., Vollendung u. Aufbruch, 1943, 375-443) - H. GUMBEL, Die realist. Wendung des späten S. (ebd 1932/33, 131 bis 162) - H.SCHNEIDER, Vom Wallenstein zum Demetrius, 1933 - P. BÖCKMANN, Die innere Form in S.s Jugenddramen (Dichtung u. Volkstum 35, 1934, 439-480) - M.KOMMERELL, S. als Psychologe (DERS., Geist u. Buchstabe d. Dichtung, [1940] 1956[4], 175-242) - K.MAY, F.S., Idee u. Wirklichkeit im Drama, 1948 - R.A.SCHRÖDER, S.s Gedichte (GesW II, 1952, 640-690) - E.L.STAHL, F.S.'s Drama, Theory and Practice, Oxford 1954 - A.BECK, Die Krisis des Menschen im Drama des jungen S. (Euphorion 49, 1955, 163-202) - E. STAIGER, Zu S.s »Agrippina« (DERS., Die Kunst der Interpretation, 1955, 132-160) - W. BINDER, S., »Kabale u. Liebe« (in: Das dt. Drama, hg.v. B.v.WIESE, I, 1958, 248-268) - A. BECK, S., »Maria Stuart« (ebd 305-321) - W. BINDER, S.s »Demetrius« (Euphorion 53, 1959, 252 bis 280).

Weltanschauung, Philosophie, Ästhetik, Religion: S. als Philosoph u. seine Beziehungen zu Kant (Festg. der KantSt, hg.v. H.VAIHINGER u. B.BAUCH), 1905 - K.VORLÄNDER, Kant, S., Goethe, (1907) 1923² - K.BORNHAUSEN, Die Religion S.s, 1911 - O.LEMPP, F.S. (Die Relig. der Klassiker 7), 1915 - A.DÖRRFUSS, Die Religion F.S.s, 1922 - FRANZ KOCH, S.s philos. Schriften u. Plotin, 1926 - G.FRICKE, Der relig. Sinn der Klassik S.s, 1927 - W.BÖHM, S.s »Briefe über die ästhet. Erziehung des Menschen«, 1927 - H.JENSEN, S. zw. Goethe u. Kant, 1927 - G.BAUMECKER, S.s Schönheitslehre, 1937 - E.SPRANGER, S.s Geistesart (AAB 1941, 13) - DERS., Nachw. zu S., Über naive u. sentimentalische Dichtung, 1953 - H.RÖHRS, S.s Philos. des Schönen (Euphorion 50, 1956, 55-70). *A.Beck*

Schilo (hebr. šîlō), schwer deutbares Wort im Orakel des Judaspruches des → Jakobsegens (Gen 49, 10). Die Stelle lautet: »Nie weicht das Szepter von Juda, noch der Führerstab von seinen Füßen, bis daß S. kommt, und ihm gehorchen die Völker.« Das in der Auslegungsgeschichte erkennbare starke Interesse an dem Vers hängt damit zusammen, daß hier eine der ersten messianischen Weissagungen (→ Messias: II, 2) erkannt wird. Zwar hat neuerdings Lindblom wieder eine zeitgeschichtliche Deutung vertreten: die in V. 10 a vorausgesetzte Suprematie Judas sei durch → David verwirklicht worden. Wenn S. das amphiktyonische Heiligtum → Silo meint und dieses als Repräsentant für Israel aufgefaßt werden darf, so kann an die Weissagung einer Erweiterung der zuerst nur auf Juda beschränkten Herrschaft Davids (in Hebron) auf Israel gedacht werden (»bis er nach Silo kommt«). Näher liegt doch wohl wegen der Fortsetzung mit der Schilderung paradiesischer Fruchtbarkeit die Deutung auf einen David noch überbietenden messianischen Herrscher, wobei allerdings das Wort S. sprachlich ungedeutet bleiben muß. Von den Textänderungen hat die Konjektur mošᵉlō »sein Herrscher« noch am meisten für sich.

A.POSNANSKI, Schiloh, 1904 (Auslegungsgesch. bis zum Ende des MA) - G.v.RAD, Das erste Buch Mose, 1953, 371f - J.LINDBLOM, The Political Background of the Shilo Oracle (VT Suppl. 1, 1953, 78-87) - J.COPPENS, La bénédiction de Jacob (ebd 4, 1957, 97-115 [112f Lit.]). *E.Jenni*

Schiner, *Matthäus* (ca 1465-1522), bedeutender Kirchenpolitiker des frühen 16.Jh.s. Als Bischof von → Sitten im Wallis (seit 1499) beherrscht er eine Schlüsselstellung in der politischen Konstellation jener Jahre und greift als geschickter Diplomat und energischer Heerführer in die große Politik ein. Zeitweise kann er die Eidgenossen in der unbedingten Gegnerschaft gegen Frankreich und im Eintreten für Papst und Kaiser einigen. 1511 wird er Kardinal. Sein vom Humanismus mitgeprägter, vorwiegend auf die Stärkung der episkopalen Gewalt gerichteter Reformeifer führt ihn für kurze Zeit mit → Zwingli zusammen, doch ist er 1521 in Worms einer der heftigsten und einflußreichsten Gegner Luthers, Mitverfasser des Wormser Edikts.

A.BÜCHI, Korrespondenzen u. Akten z. Gesch. d. Kard. M.S. I. II (Qu. z. Schweizer Gesch. NF III/5. 6), 1920/25 - DERS., Kard. M.S. als Staatsmann u. Kirchenfürst I. II (Coll. Friburg. NF 18. 23), 1923/1937 - G.DE REYNOLD, Kard. M.S. (Große Schweizer, 1938, 46-55) - L.CARLEN, Das Landrecht des Kard. S. (Arb. aus d. Jur. Sem. d. Univ. Freiburg/Schw. 14), 1955. *B.Moeller*

Schinkel, *Karl Friedrich* (1781-1841), * in Neuruppin, der bedeutendste deutsche Baumeister des 19.Jh.s, von universaler Begabung (auch Maler, Graphiker, Bühnenbildner, Zeichner für Kunsthandwerk). Schüler von Fr.Gilly (→ Klassizismus), seit 1810 in preußischen Diensten, zuletzt als Oberlandesbaudirektor. 1803, 1824, 1830 Reisen nach Italien, 1826 Reise nach Frankreich und England. - Für neue profane Bauaufgaben seiner Zeit hat S. mit dem Schauspielhaus in Berlin (1819-21), dem Alten Museum ebd (1824-30) und dem nicht ausgeführten Entwurf für ein Kaufhaus (1827) großartige Lösungen gefunden. In seinen Sakralbauten wird die Problematik des Historismus zum ersten Male sichtbar: Entwürfe zur Kirche auf dem Werderschen Markt in Berlin sowohl in antikisierendem wie in gotisierendem Stil (1821ff). Zu seinen Hauptwerken zählen ferner: Neue Wache in Berlin (1816), Nikolai-Kirche in Potsdam (1830-37; s. Taf. 28 Abb. 3) und der nicht ausgeführte Entwurf zu einem Dom als Denkmal der Freiheitskriege (1815). - Vgl. → Kirchenbau: IV, 2.

Bibliogr. des Schrifttums von S. (400 Nr.), bearb. v. P.O.RAVE, 1935. - A.FRHR.V.WOLZOGEN, Aus S.s Nachlaß, 4 Bde, 1862-64 - K.F.S., Lebenswerk, hg.v. P.O.RAVE, bisher 10 Bde, 1939-60. - A.GRISEBACH, K.F.S., 1924 - W.HERRMANN, Dt. Baukunst d. 19. u. 20.Jh.s I, 1932, 35ff. 70ff - P.O.RAVE, K.F.S., 1953. *K.Lankheit*

Schirmer, *Michael* (1606-73), ev. Kirchenliederdichter, * in Leipzig, Theologe, 1636 Subrektor, später Konrektor am Berliner Grauen Kloster, legte 1668 sein Amt nieder, nachdem er seit 1644 häufig von Nervenleiden heimgesucht war und schwere Familienschicksale erlitten hatte. Aus seinem reichen, meist poetischen Schrifttum sind die Kirchenlieder »Nun jauchzet, all ihr Frommen« und »O Heilger Geist, kehr bei uns ein« noch heute lebendig.

KOCH III, 333ff - ADB XXXI, 315 - Hdb. zum EKG II/1, 1957. 194f; Sonder-Bd., 1958, 21ff. 170f. *G.Raudnitzky*

Schisma, *rechtlich,* im kath. Kirchenrecht das Delikt der Kirchenspaltung. Es besteht in der Weigerung, sich dem Papst unterzuordnen oder mit den ihm sich unterordnenden - c. 1325 § 2 CIC sagt dafür zu weit: »mit den ihm unterworfenen« - Mitgliedern der Kirche Gemeinschaft zu pflegen. Das Delikt des S.s ist angesichts der → Lehrgewalt des Papstes in den Delikten der → Häresie (: I, 2) und Apostasie (→ Apostat) stets mitgegeben und ist, soweit es durch die Verweigerung der Unterordnung unter den Papst konstituiert wird, seit der Dogmatisierung des päpstlichen Primats (→ Papat und Primat, 2) vom Delikt der Häresie auch dann nicht mehr zu trennen, wenn der Schismatiker im übrigen alle Dogmen anerkennt. Das Delikt ist mit der ipso facto eintretenden → Exkommunikation bedroht.

cc. 1325 § 2. 2314 CIC. - Lehrbücher des → Kirchenrechts. *H.Barion*

Schlaf. Die religiöse Wertung des S.s beruht bei primitiven Völkern auf der weit verbreiteten Vorstellung, daß die → Seele den Körper im S. verlasse. Es ist daher gefährlich, einen Schlafenden plötzlich zu wecken, weil dann die Seele nicht rechtzeitig zurückkommen kann und der Erwachte sterben muß. Die Wiedervereinigung mit der Seele ist ebenfalls in Frage gestellt, wenn Haltung oder Äußeres eines Schlafenden so verändert werden, daß die Seele den Körper nicht wiederfindet oder vor ihm zurückschreckt. - Im S. erscheint nach antikem und at. Glauben die Gottheit dem Menschen (Gen 28, 11-22); das Erlebnis im → Traum hat die gleiche Realität wie alles äußere Geschehen. Besondere Bedeutung hat die → Inkubation, der S. an → heiligen Stätten (: I) zum Zwecke der Erlangung einer → Offenbarung (: I) durch die dort wohnende Gottheit (zB → Asklepios). - Eine enge Verwandtschaft besteht zwischen S. und → Tod (: I). In der → griechischen Religion ist Hypnos, der Gott des S.s, der Zwillingsbruder des Thanatos. Hypnos gilt aber auch als Freund des Apollon und der Musen und als gnädiger Gott, der Lethe, das Vergessen, schenkt (Ovid, Metam. XI, 603). Der Bildner menschlicher Traumgestalten ist Morpheus. – Das AT unterscheidet zwischen dem gewöhnlichen S. (šenā) und dem religiös bedeutsamen S. (tärdemā, LXX ἔκστασις; Gen 2, 21; 1Sam 26, 12; Jes 29, 10; Hi 4, 13; 33, 15). – In der indischen Religion (→ Indien: II) unterscheiden bereits die → Upanishaden zwischen dem gewöhnlichen S. (svapna) und einem Tief-S. (sushupti), in dem man keine Begierde mehr empfindet und die Seele frei von Verlangen und Leiden ist. Im → Buddhismus (: I) wird der Tief-S. zum Symbol und zur Antizipation des → Nirvâna. – Nach germanischem Mythos (→ Germanische Religion) versetzt Wodan die ungehorsame Brunhilde in einen Zauber-S. Das Motiv des Zauber-S.s, der beim Schlafenden die Vorstellung der Zeit aufhebt, findet sich oft in → Sagen (: I) und → Märchen (: I): S. des Barbarossa im Kyffhäuser, des Dornröschen und Schneewittchen, → Siebenschläfer-Sagen.

L. Deubner, De incubatione, 1900 – F. von der Leyen, Zur Entstehung des Märchens (Archiv f. d. Studium d. neueren Sprachen u. Lit.en 113, 1904, 252-261) – F. Heiler, Die buddhist. Versenkung, (1918) 1922² – O. Strauss, Indische Philos., 1925, 52 – Frazer u. Thompson (s. Reg. s.v. Sleep). – Vgl. die Lit. zu → Traum.

G. Lanczkowski

Schlange. Die S. hat durch ihre Unheimlichkeit von jeher die Aufmerksamkeit des Menschen auf sich gezogen. Ihr tödlicher Biß, ihr → Blick, ihre erstickende Umschlingung ließen sie als Träger bedrohlicher Mächtigkeit erscheinen; man suchte sich ihre → Macht (: I) zu eigen zu machen, verwendete sie als → Fetisch und häufig, bes. in → Australien, als Totemtier (→ Totemismus). Dem angeblich in ihrem Kopf enthaltenen S.nstein wurde heilsame Macht zugeschrieben – schien doch die S. durch das Abstreifen ihrer Haut ein Symbol steter Verjüngung und selbst der Unsterblichkeit zu sein. Vielfach gilt sie als dämonisches Tier, als ein ahrimanisches Wesen (so in → Iran; → Ahriman), als Verkörperung satanischer Kräfte (vgl. Gen 3) oder von ǧinnen (→ Arabien: I, → Geister: I). Verstärkt werden solche Tendenzen in der Vorstellung vielköpfiger S.n, wie der Hydra, oder des der S. verwandten → Drachens. Die amerikanischen Völker (Hopi, Azteken, Inka usw) kennen den Kult der Feder-S. (Quetzalcoatl); in mexikanischen Tempeln wurden die hl. Klapper-S.n mit Menschenfleisch gefüttert. – Sehr oft ist die S. dem → Wasser zugeordnet. Die indische Welt-S. Shesha, die germanische Midgard-S., die babylonische Tiâmat sind Verkörperungen der unheimlichen, noch kaum geformten Urmacht (→ Chaos). – Auch mit der → Erde wird die S. häufig verbunden; als Höhlenbewohnerin ist sie das typisch chthonische Tier (→ Chthonische Gottheiten) und gilt daher oft als Hüter der Gräber oder der Pforten der Unterwelt (→ Ägypten). Als Schatzwächter wird sie zum apotropäischen Hauswächter (Griechen, Germanen), der zu füttern ist oder unter der → Schwelle haust bzw. begraben wird. – Daneben ist die S. eines der wichtigsten Seelentiere: die → Seele entschlüpft dem Munde des Schlafenden oder Sterbenden in Gestalt einer S. (vgl. Sage von König Guntram). – Noch häufiger ist ihre Verbindung mit dem Bereich des → Geschlechtlichen (vgl. Gen 3); sie ist natürlicherweise ein phallisches Symbol (→ Phallische Kulte), in Indien mit dem linga verbunden. In zahlreichen Mythen und Märchen erscheint sie als Gatte oder Liebhaber, und viele Heroen (→ Dionysos, → Alexander, Augustus) entstammen der angeblichen Verbindung ihrer Mutter mit einem schlangengestaltigen Gott. In Südostasien begegnet die S.nprinzessin als Dynastiegründerin. Die S. wird in den → Mysterien-Kulten dem Einzuweihenden durch den Schoß gezogen. Als → Fruchtbarkeits-Spenderin wird sie sowohl wegen ihrer phallischen Eigenart als auch ihrer Beziehung zum Wasser verehrt (→ Afrika: II, 3, → China). – Auch an den → Himmel (: I) ist die S. projiziert worden: der → Regenbogen, die Wolken-S. Apophis, gegen die der ägypt. Sonnengott kämpft, aber auch der Blitz und die → Milchstraße sind als S. aufgefaßt worden. Ein Kult von besonderen S.ngottheiten findet sich schon früh, bes. in Afrika; einzelne mythische S.n galten als regelrechte Gottheiten, wurden aber später wieder zu Begleitern oder Emblemen spezieller Götter (zB → Asklepios; vgl. → Eherne Schlange). Im Christentum ist die S. das Symbol des Satans (→ Teufel: II. III), dem der Menschensohn den Kopf zertreten wird. – Vgl. → Ophiten und Naassener.

E. Küster, Die S. in d. griech. Kunst u. Religion (RVV 13, 2), 1913 – J. Ph. Vogel, Serpent Worship in Ancient and Modern India (AcOr[H] 2, 1924, 279-312) – Ders., Indian Serpent-Lore or the Nâgas in Hindu Legend and Art, London 1926 – RGG² V, 164f – G. W. Locher, The Serpent in Kwakiutl Religion, Leiden 1932 – HWDA VII, 1114ff – PW XVIII/1, 649ff; 2. R. II/1, 494ff – W. Hambly, Serpent Worship in Africa, 1937 – H. Leisegang, Das Mysterium der S. (ErJb 7, 1939, 151-250) – H. Ritter, Die S. in der Religion der Melanesier, 1945 – SDF II, 1029ff – J. F. Rock, The Na-khi Nâga Cult and related Ceremonies (Serie Orientale Roma IV/1. 2), 1952 – RÄRG 681ff – Eliade § 71 – Nilsson I. II (s. Reg.) – B. Aymar, Treasury of Snake Lore, New York 1956 – J. A. Oliver, Snakes in Fact and Fiction, ebd 1959 – RAC IV, 226ff. – Vgl. die Lit. zu → Drache.

A. Schimmel

Schlatter, *Adolf,* ev. Theologe, * 16.8.1852 in St. Gallen, 1880 PDoz. in Bern, 1888 o. Prof. für NT in Greifswald, 1893 in Berlin, 1898 in Tübingen, dort † 19.5.1938. – S. orientierte sich in seinen Problemen nicht an der durch den allgemeinen Stand der Forschung bedingten Diskussion – ohne diese jedoch zu ignorieren –, sondern versuchte, auf eigene »Beobachtung« der Tatbestände seine Arbeit zu gründen. Dies erschwert den Zugang zu ihm genauso, wie es ihm eine ständige Aktualität bewahrt. Diese »Beobachtung« hat sich auf die gesamte Wirklichkeit in Natur und Geschichte als Werk Gottes zu erstrecken und schließt historische und systematische Fragen ein. S. hat daher neben dem NT zugleich Dogmatik, Ethik und Philosophie in seine Arbeit einbezogen. Seine eigentliche Bedeutung liegt aber auf dem Gebiete der nt. Wissenschaft, die er durch seine Forschungen zur Religion und Geschichte des antiken Judentums sowie eine Fülle von exegetischen Einzeleinsichten gefördert und im Ringen um das Verständnis ihrer Aufgabe und ihre sachgemäße Methode weitergeführt hat. Sah er in der »Beobachtung« die Aufgabe historischer und theologischer Arbeit, so in der »Wahrnehmung« und im »Sehakt«, die vom »Lebensakt« nicht zu trennen sind, ihr Ziel. Er wollte die Exegese vor der bloßen Anknüpfung an die Problemgeschichte bewahren, um sie ganz auf die Sache zu beziehen: die den Glaubenden bewegende und tragende »Geschichte des Christus«. Zugleich meinte er damit auch die historische Aufgabe ganz ernst zu nehmen, weil der Blick in die Geschichte nicht bei Fakten und Ideen stehenbleiben dürfe, sondern den im Menschen selbst liegenden Grund konkreter Taten aufdecken müsse. Obwohl S., wie schon sein Ansatz zeigt, alles andere als ein »konservativer« Theologe war (vgl. u.a. seine Kritik an Luthers Rechtfertigungslehre), kam er doch in historischen Fragen meist zu Ergebnissen, die die Tradition bestätigen (Priorität des MtEv!). Hierin macht sich bemerkbar, daß er das Verhältnis von Glaube und Geschichte noch nicht in bewußter Klarheit aufgenommen hat.

Bibliogr. (über 400 Nr.): R. Brezger, Das Schrifttum von Prof. D. A. S. (BFChTh 40, 2), 1938. Zu ergänzen: Johannes der Täufer, 1880 (gedr. Basel 1956); A. S.s Rückblick auf seine Lebensarbeit

(BFChTh, Sonder-H.), 1952. - Über S.: J.Kühne (Hg.), Ein Vater in Christo. Erinnerungen an A.S., 1938 - S.-Gedenkheft: DTh 5, 1938, 119-187 - P.Althaus, A.S.s Wort an die heutige Theol. (ZSTh 21, 1950, 95-109) - W.Tebbe, Der literar. u. theol. Ertrag des S.-Gedenkens i.J. 1952 (DtPfrBl 53, 1953, 149f; Lit.) - U.Luck, Kerygma u. Tradition in der Hermeneutik A.S.s, 1955 - H.Beintker, Die Christenheit u. das Recht bei A.S., 1957. *U.Luck*

Schlegel, *Friedrich* (1772-1829), Schöpfer der frühromantischen Kunst- und Kulturphilosophie (→ Romantik: II), begann als klassischer Philologe und als begeisterter Verehrer der Griechen und → Winckelmanns, als dessen Schüler er seine (unvollendete) Geschichte der Poesie der Griechen und Römer (1798) schrieb. Doch ging es ihm hier schon weniger um die kritische Erkenntnis der antiken Dichtung als um die Sichtung eines Lebensideals, von dem er annahm, daß die Griechen es in ihrer Dichtung manifestiert hätten (→ Neuhumanismus: I). Er schloß sich hier an → Schiller an, an dessen Ideal der »schönen Seele«, der Harmonie zwischen dem natürlichen und geistigen Sein des Menschen, zwischen Natur und Freiheit, Trieb und Pflicht. Er wandelte dieses Ideal, das nur eine Übereinstimmung des Menschen in sich selbst forderte, sofort in ein säkularisiert religiöses Ideal um: der Mensch als Freiheit soll sich harmonisch einen mit dem umgreifenden Sein, als das die Natur begriffen wird. S. will so einem religiösen Bedürfnis genügen, das durch die moderne Philosophie unbefriedigt zu bleiben droht. Im jüdisch-christlichen Theismus hatte sich der Mensch in Gott bergen können; diesen persönlichen Gott gab → Fichte in seiner Wissenschaftslehre preis. Als umgreifendes Sein verbleibt nur noch der Geist und die Natur. Versuche, sich in ihnen zu bergen, führen zur säkularisierten Mystik und zum → Pantheismus. S. erfaßt Natur und Geist auch als geschichtliche Mächte. In der antiken Kultur soll die Natur, in der nachantiken Kultur der Geist die leitende Macht sein. So postuliert er die grundsätzliche Differenz der antik-klassischen und der nachantik-romantischen Kultur. - Die moderne Kultur möchte er durch die romantische Poesie zur vollendeten Versöhnung von Mensch und Sein führen. Hierfür kämpft er mit seinem Bruder August Wilhelm (1767-1845), mit → Novalis und Tieck in der Zeitschrift »Das Athenäum«, vorwiegend durch herausfordernde und kündende Aphorismen. - S. vertrat zuerst das Ideal der absoluten Freiheit des Geistes, der »romantischen Ironie«. Durch → Schleiermacher und Novalis gewann dieses Ideal mehr und mehr mystisch religiöse Färbung. Durch magische Phantasie soll die romantische Dichtung die Totalität des Seins beschwören. S. übernimmt diese Gedanken; zum Idealland der Romantik wird ihm jetzt Indien. Er begründet die → Indologie in Deutschland (Sprache und Weisheit der Inder, 1808). Inzwischen hatte er seine säkularisiert religiösen Erlösungsversuche als imaginär erkannt. Bis 1804 ist er zum positiven Christentum zurückgekehrt; 1808 konvertiert er zum kath. Glauben. Er erschließt und vergegenwärtigt jetzt vorwiegend christliche Kunst und Dichtung (Ansichten und Ideen von der christlichen Kunst; Romantische Sagen und Dichtung des MA). Literaturgeschichte und Philosophie vermittelt er durch Vorträge (in Wien). Die Geschichte der Dichtung erfaßt er jetzt als eine Geschichte des menschlichen Geistes auch in seinen religiösen Bezügen (1812). Seine Philosophie begründet er wieder in der von Gott her offenbaren Transzendenz (Philosophie des Lebens, 1827; Philosophie der Geschichte, 1828; Philosophie der Sprache und des Wortes, 1829).

Krit. Ausg. der Werke S.s, hg.v. E.Behler, seit 1958. - J.Körner, Briefe von u. an F. u. Dorothea S., 1926 (erschöpfende Bibliogr.) - F.Imle, F.v.S.s Entwicklung von Kant zum Katholizismus, 1927 - Fr.Gundolf, F.S. (in: Romantiker, 1930, 9-140) - B.v.Wiese, F.S., 1927 - O.Mann, Der junge F.S., 1932 - K.A.Horst, Ich u. Gnade. Eine Studie über F.S.s Bekehrung, 1951 - E.Bohle, F.v.S., 1956.
O.Mann

Schleier. Verhüllend und anreizend, das Verhüllte vor den Einflüssen der Umwelt und zugleich diese vor jenem schützend, das Reine und das Unreine anzeigend, hat der S. gegensätzliche Funktionen und Bedeutungen. Im Altertum trug ihn die häterische Frau und Göttin, im AT die öffentliche Dirne (Gen 38, 14ff: sich mit dem S. verhüllend hatte Thamar die Tracht der Hure angelegt). Doch auch die schamhafte Braut legte ihn an: lat. nubere (zu nubes, »Wolke«) bezeichnet das Heiraten als Verhüllen. Der römische Brautschleier war rot (flammeum); er ist es bei vielen Völkern von Ägypten und Griechenland bis nach China. Die Römer gestatteten indessen nur der Jungfrau, sich zu verschleiern. So wurde der S. zum Zeichen der gottgeweihten Jungfrau, der Braut Christi; sie nahm den S., wie ihn die weltliche Braut seit dem 4.Jh. bei der Einsegnung als »velatio nuptialis« empfing. Im MA wurde ein nunmehr weißer S. über dem aufgebundenen Haar zur Tracht der verheirateten Frau, und die Dirnen mußten jetzt auf den S. verzichten oder ihn durch eine besondere Farbe kennzeichnen. - Verhüllt wird aber auch das Haupt des Hinzurichtenden, damit sein brechender → Blick nicht Schaden stifte (Laxdoela Saga K. 37f; vgl. auch HWDA I, 699f). Und wie das Antlitz des Toten bedeckt wird, so schützt sich seine Witwe durch den Trauer-S. Bes. zu schützen hat sich die → Frau auch im Gottesdienst: böse → Geister (als solche verstandene ἄγγελοι) sind ihr hier (wie wohl schon der antiken Braut bei der Hochzeit) nahe und können lüsterne Blicke auf sie werfen; dem Manne, nicht ihnen zugehörend, hat sie deshalb ihr Haupt zu bedecken, und der S. ist ihr dann eine »Macht« (ἐξουσία) gegen das Böse (1Kor 11, 10; vgl. auch 2Kor 12, 7: ἄγγελος σατανᾶ). - Vgl. → Gebet: I, 6c, → Gesten.

Frazer X, 45ff. 55. 90ff - A.Jeremias, Der S. von Sumer bis heute, 1931 - HWDA VII, 1207ff - ThW III, 560ff - BL 1181f - Bauer, WB[5] 551f (ἐξουσία) - Thompson (s. Reg. s.v. Veil). *B.Rehfeldt*

Schleiermacher, *Friedrich* Daniel Ernst (21.11.1768 bis 12.2.1834), ev. Theologe und Philosoph.

I. Leben und Schriften

1. * in Breslau, wuchs S. dort und in Pleß bzw. Anholt in Oberschlesien auf, wo sein Vater (ref. Feldprediger) noch eine Pfarre verwaltete. 1783 kommt er mit seiner älteren Schwester Charlotte († 1831), nachher auch mit dem jüngeren Bruder Karl, in Anstalten der → Brüderunität (: II; Gnadenfrei, 1783-85 Pädagogium in Niesky, 1785-87 Seminar in Barby). Letzteres dogmatisch eng gebunden, drückt stark auf seinen, mit den zentralen Heilslehren (wie er meint) zerfallenden, jugendlichen Geist, der sich zuerst der brüdergemeindlichen Frömmigkeit gern geöffnet hatte. Enge Freundschaft verbindet ihn mit gleichgesinnten Freunden, u.a. dem späteren schwedischen Diplomaten Brinkmann und dem späteren herrnhutischen Prediger Albertini. S. weiß sich auch selber im Laufe der Zeit, und dann dauernd, wieder als Herrnhuter, wenn auch »höherer Ordnung«. Sein erwähnter Bruch mit der Brüdergemeine vollzieht sich unter schwerer Krise mit dem Vater, der damals ebenfalls herrnhutisch bestimmt war (vgl. Briefwechsel mit ihm), nachdem er etwa 12 Jahre lang rationalistisch gesonnen gewesen war (später dem Pietismus wieder mehr abgekehrt). Die starke innere Bewegtheit bei beiden war

wohl mit ein Erbe von S.s Großvater Daniel (→ Ronsdorfer Sekte). - S. studiert dann in Halle, von dem dortigen Prof. Stubenrauch, dem Bruder seiner Mutter, aufgenommen. Er macht sein Examen 1790 in Berlin und ist 1790-93 Hauslehrer in Schlobitten (Ostpreußen), auf dem Gut des Grafen Dohna. Eine männlich verschwiegene Liebe zu der jungen (früh verstorbenen) Gräfin Friederike leitet sein charakteristisches Verständnis für das weibliche Gemüt ein. Mit den Söhnen des Hauses, bes. mit Alexander v. Dohna, späterem preuß. Innenminister († 1831), auch mit Wilhelm v. Dohna († 1845), blieb er dauernd verbunden. Sein geistiges Werden spiegelt sich in den *»Denkmalen«* (Anhang zu Dilthey, Leben S.s [nur 1. Aufl.!]). Ab Mai 1793 lehrt S. am Gedikeschen Seminar in Berlin, will aber bei theologischer und philosophischer Arbeit bleiben und gewinnt in Landsberg/Warthe (1794-96) die innere Stellung zum Predigtamt, nicht zuletzt zur Katechisation. Der Tod seines längst mit ihm versöhnten Vaters (Herbst 1794) trifft ihn schwer (Br. I, 130). 1796 wird er Prediger an der Berliner Charité. In den folgenden Jahren wird sein aus der deutschen (nicht der westlichen) → Aufklärung geschöpftes Denken vertieft und überhöht durch seine Beziehungen zum romantischen Kreis (bes. zu Fr. → Schlegel) und zu dem geistig-geselligen Führertum Berlins, etwa im Hause des Arztes Markus Herz, eines nahen Freundes von → Kant. Henriette Herz, seine Frau, 4 Jahre älter als S. und ihn lange überlebend, war S.s geist- und verständnisvolle Freundin (nicht Geliebte). Zu S.s Freunden zählt seit 1802 auch der Buchhändler Georg Reimer. Mit Schlegel arbeitet S. literarisch, denkerisch und philosophiegeschichtlich viel zusammen. Doch bleibt die gemeinsam geplante Plato-Übersetzung, durch die S. fast ein Jh. lang das deutsche Plato-Verständnis aufs stärkste mitbestimmte, auf ihn allein gestellt. Zu nennen sind ferner die Berliner Geistlichen → Spalding und sein Schwiegersohn F.S.G. → Sack, beide maßvolle, kirchlich verdiente Aufklärungstheologen.

2. Bes. bedeutsam in S.s Leben sind die Jahre *um die Jh.wende*. 1799 schreibt er seine *»Reden über die Religion, an die Gebildeten unter ihren Verächtern«* (1806², 1821³; krit. Ausg. von B.Pünjer, 1879; Urform neu hg.v. R.Otto, [1899] 1926⁵), 1800 seine *»Monologen«*, das ethische Gegenstück dazu - beide nach Stil und Rhetorik uns fremdartig anmutend, aber nach dem Gehalt, die »Reden« theologie- und kirchengeschichtlich, bis heute von hoher Bedeutung, die »Monologen« ein wichtiger Vorgriff auf den Reichtum seiner sittlichen Gedankenwelt. 1800 erscheinen auch die *»Vertrauten Briefe über ›Lucinde‹«*, den Roman Fr.Schlegels, der in Sachen von »Liebe und Ehe« großes, meist peinliches, Aufsehen erregte. Schlegels sog. Roman ist heute, u.E. mit Recht, fast vergessen. Seine neuerliche Würdigung etwa durch H.A.Korff (Geist der Goethezeit III, 1956³), im Sinne einer eigentlich humanistisch-klassisch gemeinten »romantischen Ehe«, ist Kritik in meisterhafter literarisch-ethischer Gestalt, läßt aber die eigentliche ethische Problematik dahinter vermissen (das Eindringen in eine bestehende Ehe [Dorothea Veit, geb. Mendelssohn]). Ähnliches gilt von S.s Lucinde-Briefen, in denen er den Freund gegen alle vermeintlich heuchlerische Verdammung verteidigen will. Gewiß ist sein Büchlein (Briefwechsel verschiedener Personen) literarisch ein Kunstwerk (vgl. Wehrung) und ethisch nicht wertlos. Wichtig ist die Linie zwischen ihm und S.s gereiften, einflußreichen Predigten über den »Christlichen Hausstand« von 1818 (Einl. dazu von Joh.Bauer in »Auswahl« der Werke S.s Bd 3). Aber wenn auch in den Briefen (von »Ernestine« und »Karoline«) Beachtliches gegen die Lucinde zur Geltung kommt, so sind doch die Antworten des Hauptführers der Korrespondenz darauf (bes. sein Schlußbrief an »Ernstine«) gar zu sehr Widerlegungen. S., mag er auch »manches ... nicht billigen« (Br. III, 281f), tritt dem Bedenklichen in der »Lucinde« nicht deutlich genug entgegen. In dem Briefwechsel mit »Eleonore« (ebd) spiegelt sich S.s Neigung zur Gattin des Berliner Pfarrers Grunow (Beziehungen erst 1805 abgebrochen; vgl. außer Dilthey, M.Peters u.a. zur Sache, zugleich zu S.s späterer Denkweise, bes. J.Bauer aaO.)

Die *»Monologen«*, im wesentlichen auf derselben Grundlage wie die »Reden« (→ Schleiermacher: II, 1), werden in der engen Verbindung von »Schauen« und »Tun« dem Zusammenhang auch von Religion (hier namentlich im Hintergrunde bleibend) und Sittlichkeit deutlicher gerecht. Die Sittlichkeit ist wirksam tätige Durchdringung des Zeitlich-Endlichen durch das Unendliche, an dem wir (und ich) durch den »Geist« Anteil haben und somit »freie« Wesen sind. Sie vollzieht sich in den von S. später (Philos. Ethik) als »Organisieren« und »Symbolisieren« bezeichneten Funktionen, für deren Sinnerklärung aber hier bereits fast die beste Definition geprägt wird. »Ihr (der Menschheit) freies Tun ist auf ihn (ihren Leib, die Erde als »Stoff« betrachtet) hingerichtet, um alle seine Pulse zu fühlen, *alles sich in Organe umzuwandeln und alle seine Teile mit der Gegenwart des königlichen Geistes zu zeichnen und zu beleben*« (Mon. I). Natürlich sind diese Gedanken auch auf das Tun des Einzelnen sinngemäß zu übertragen. Sie verbinden sich mit dem Gedanken der Individualität, der aber, weil mit dem Wesen der Vernunft zusammenhängend, nicht bloß an einzelnen Menschen zur Erscheinung kommt. Schließlich ist der »Geist«, weil nicht der Zeit und ihrem Kausalablauf unterworfen, nicht an Jugend und Alter gebunden und vereinigt Aufnahmefähigkeit mit Reife (»Ewige Jugend schwöre ich mir zu«).

3. F.S.G.Sack, besorgt sowohl wegen »pantheistischer« und dogmatisch bedenklicher Haltung der »Reden« sowie mißtrauisch gegen seinen Verkehr (Schlegel; H.Herz?), legt ihm nach einer beiderseits ausführlichen schriftlichen Aussprache (Br. III, 275-286 - einer der hervorragendsten Briefe S.s) dringend nahe, im fernen *Stolp* eine erledigte Hofpredigerstelle anzunehmen (1802 bis 1804). S. entschließt sich dazu im Zuge seines Verhältnisses zu El.Grunow (vgl. Dilthey² 579). Während ihn Krankheit, geistige Einsamkeit und persönliche Enttäuschungen bedrücken, erscheinen außer dem ersten Plato-Bande die *»Grundlinien einer Kritik der bisherigen Sittenlehre«* (1803). Es handelt sich um eine streng kritische Untersuchung, vorerst der Prinzipien und dann der tragenden Begriffe der → Ethik, wodurch die Systeme erst ihren logischen Ort bekommen. Nachdrücklich werden außer der Antike zumal → Spinoza, → Kant und → Fichte besprochen, letztere beide bes. kritisch. Die größte Verehrung genießt Plato. - S. selber schwebt eine Ethik vor, die dem zugleich allgemeinen und individuellen Charakter des sittlichen Handelns gerecht werden soll. Nahe verwandt damit ist bemerkenswerterweise seine Würdigung der *Phantasie*, die »das Individuelle im menschlichen Geiste«, seine Grundkraft ist. Eine etwa sich auf den bloßen Vernunftbegriff festlegende Ethik würde das Allgemeinverbindliche vereinseitigen und das Vermögen, »frei zu verknüpfen und hervorzubringen«, verabsäumen. So vermißt S. auch zB eine ethische Würdigung der spezifisch weiblichen Sittlichkeit oder die der »mechanisch arbeitenden Gesellschaftsklassen«, überhaupt der mancherlei verschiedenen Art und Weise, in der die Menschen die Dinge behandeln, sogar die ethische Beachtung der beim gewohnten Handeln mitwirkenden Gedanken und Gefühle. Interessant ist weiter

seine Ablehnung des »Erlaubten« und der → Pflichtenkollision als vermeintlich legitimer ethischer Begriffe. Auch die Gleichrangigkeit von Güter-, Tugend- und Pflichtenlehre darin, daß jede »das ganze sittliche Gebiet umschließen kann«, wird bereits gelehrt.

4. Gern folgt S. dem Ruf nach → *Halle* zum ao. Prof. der Theologie und Universitätsprediger (1804-06; vgl. dazu bes. Dilthey). S. liest über philosophische Ethik, theologische Enzyklopädie, Dogmatik, christliche Sittenlehre, auch über NT (vgl. seine spätere, heute beachtliche Schrift über das LkEv, 1817). 1805 gibt er 2 weitere Bände Plato heraus und Ende 1805 die *»Weihnachtsfeier«*, ein stimmungs- und gedankenreiches Gespräch von Männern und Frauen, in dem das Fest und die Person Christi in das Licht von mancherlei Scheinwerfern gestellt wird, unter freundschaftlich eindringlicher Bestreitung freilich eines bloß historistisch-aufklärerischen Standpunktes (vgl. bes. die Einl. von G.Wehrung in der Neuausg. 1953). Einen Ersatz für die Freundschaft mit Fr.Schlegel findet er bei dem Naturphilosophen Henrik → Steffens. Dieser führt ihn auch in das Haus des Komponisten Reichardt in Giebichenstein ein. Nach endgültig fehlschlagender Hoffnung, Eleonore Grunow doch noch zu erringen (Br. II, 39), findet S. seinen Trost an der Freude über das Glück seines Freundes Eb.v.Willich und dessen Eheschließung mit Henriette v. Mühlenfels (* 1788), die dann nach v.Willichs frühem Tode 1809 S.s Gattin wird. Über die Ehe (vier Kinder) vgl. v.Willich's jr. wichtige Memoiren und M.Peters. - S.s Predigertätigkeit in Halle zielte bewußt auf die akademische Hörerschaft (Recht der Frömmigkeit wie der Spekulation). Er wirkt aber über diesen Kreis hinaus und wird seit 1806, unter der heraufziehenden Gefahr, zum politischen Prediger (vgl. J.Bauer; Dilthey² 821ff).

5. Nach Schließung der Universität Halle siedelt S. als ausgereifter Charakter, Theologe, Philosoph und Geistlicher im Sommer 1807 nach *Berlin* über. Hier hält er (freie) Vorlesungen und wirkt - auch durch Reisen - an der Festigung der vaterländischen Gesinnung mit sowie (durch nahe Beziehung zu W.v. → Humboldt) an der Vorbereitung der Universitätsgründung (→ Berlin, 1; »Gelegentliche Gedanken über Universitäten in deutschem Sinne...«, 1808). 1809 wird er Pfarrer an der Dreifaltigkeitskirche, 1810 Prof. an der Universität. Als Mitglied der → Akademie (: I, 2 b) der Wissenschaften (seit 1811) verfaßt er Vorträge und Abhandlungen von zT bis heute nicht erloschenem Glanz, bes. über die Grundbegriffe der philosophischen Ethik, über den Unterschied von Naturgesetz und Sittengesetz, über bedeutende griechische Denker usw (vgl. Werke III, 2 und Nachlaß. Zur Philos. 1). Als Professor hat er über sämtliche Disziplinen der Theologie (außer AT) und ebenso der Philosophie (außer Naturphilosophie) gelesen, nur daß wir neben der Glaubenslehre und der Enzyklopädie lediglich Nachschriften und eigene Aufzeichnungen haben. Über Einfluß und Nachwirkung seiner Predigten (→ Predigt: I, 5) vgl. RE XV, 711ff.

Weithin bemerkt wurde sein Eintreten für die → Union (: I), wie denn auch seine Glaubenslehre mit Recht als erste Unionsdogmatik bezeichnet wird. In der mit dem königlichen Unionsplan zusammenhängenden Agendeneinführung (→ Agendenstreit) hat S. mutig seine Bedenken geltend gemacht: *grundsätzlich* gegen Druck und Zwang von oben, damit das Recht der Gemeinde und eine daran orientierte Gewissensfreiheit der Geistlichen gewahrt bleibe; *im einzelnen* auch in bezug auf Stücke der Liturgie. So hat er sich als in seinem Gewissen gebunden erklärt, dabei auch auf seine ref. Herkunft deutend, das Zeichen des Kreuzes bei der Taufe und anderen liturgischen Handlungen nicht zu vollziehen und ebenso die »von der Gemeinde abgewendete Stellung des Geistlichen« nicht einzunehmen. Unter solchen Vorbehalten will sich S. im Febr. 1829 in die neue Aufgabe finden, möchte aber einen Konsistorialerlaß abwarten, der dann Ende April für alle Kirchen Berlins erfolgte (Dokumente: Br. IV, 443ff). Daß er für eine synodale → Kirchenverfassung (: VI, 5) eintritt, die gleichzeitig mit der Einführung der Union vorgeschlagene aber noch zu geistlich findet, entspricht einer seit langem von ihm verfolgten Linie (vgl. Werke I, 5). Verstimmung mit den Behörden, auch den politischen, tritt hier nicht zum ersten Male auf. Bereits 1813 sowie in den Jahren 1819 bis 1823 hat S. es mit der Zensur zu tun (vgl. Br. IV, 4, 413ff).

An abgeschlossenen theologischen Lehrbüchern legt er zwei gleichermaßen bedeutende vor, ein knapp gehaltenes, die *»Kurze Darstellung des theologischen Studiums«* ([1811] 1830²), und ein zweibändiges: *»Der christliche Glaube,* nach den Grundsätzen der ev. Kirche im Zusammenhange dargestellt« ([1821/22] 1830/31²). Das erste ist seine seit den Hallenser Anfängen oft (zuletzt 5stündig) gelesene Enzyklopädie, eine geniale Ableitung aller theologischen Disziplinen aus einer, zugleich übergreifenden, Grundaufgabe, nämlich der der Kirchenleitung. Sie klingt bei einem so spezifisch denkerischen Geist wie S. überraschend praktisch, ist aber zugleich durchaus ideell gemeint (→ Schleiermacher: II). Die Schrift (1910 [1961] vorbildlich hg.v. H.Scholz in Gegenüberstellung der §§ der 1. und 2. Auflage) verrät in hervorragendem Maße S.s Kraft, auf Grund einer Art von Wesensschau ein Gebäude aufzurichten, und seine Kunst, tiefreichende Einsichten in präziser Formulierung auszudrücken. - Der »Christliche Glaube« (→ Schleiermacher: II, 3) ist seine → Dogmatik, ein schlechthin originales System, wiederum von einem Grundgedanken getragen, von Anfang an viel umstritten, aber von unbestrittener Eindruckskraft, das S. zum dogmatischen Klassiker erhoben hat. Zu nennen sind ferner seine, die kritische Interpretation der → Pastoralbriefe einleitende, Abhandlung über den »sog. ersten Brief des Paulos an den Timotheos« (1807), ferner theologische Abhandlungen aus verschiedenen Gebieten in Zeitschriften, zB in den von seinen Schülern gegründeten, »vermittlungstheologischen« ThStKr (dort u.a. 1829 seine berühmten *Sendschreiben an* → *Lücke* über seine Glaubenslehre). Diese Abhandlungen samt der über das LkEv (s. 4) sind in Werke I, 2 zusammengestellt.

Eine außerordentliche Vielseitigkeit, eine Meisterschaft im Briefschreiben sowohl an persönlich Nahestehende wie an Gestalten des öffentlichen Lebens und der Wissenschaft, Herzensfreundlichkeit, Lauterkeit und männlicher Mut nach oben hin sind wesentliche Züge seines Bildes, dazu dauernde Liebe zu seinem Predigtamt, überzeugende und gewinnende Frömmigkeit und ein Gelehrten- und Denkertum ersten Ranges. Während seines Lebens nicht selten von allerlei Leiden heimgesucht, stirbt er 65jährig (vgl. die Aufzeichnungen seiner Frau: Br. II, 510-513).

Lit. s. → Schleiermacher: II. *R.Hermann*

II. Theologie

1. Die »Reden« - 2. Brief an Jacobi - 3. Die »Glaubenslehre« - 4. Zur pantheistischen Frage - 5. Die »Christliche Sitte« - 6. Das Ganze der Theologie

»In meinem Inneren verlebe ich die göttlichsten Momente - ich muß die tiefsten spekulativen Gedanken denken und die sind mir völlig eins mit den innigsten religiösen Empfindungen« (Br. II, 511f). Dies von S.s Witwe aufgezeichnete Wort, zwischen heftigen, nur durch Opium gelinderten, Schmerzanfällen und unter schwankenden Bewußtseinszuständen gesprochen, ist so charakteristisch, daß S. es sehr wohl in dieser Form gesagt haben kann. Es würde aber falsch verstanden, wollte man darin ein Bekenntnis zur philosophisch-metaphysischen Spekulation als der wahren Tiefe und Würde der Frömmigkeit sehen, wozu auch das noch schlicht von ihm selbst gespendete Abendmahl mit den Seinen nicht stimmen würde (ebd). »Völlig eins« heißt hier etwa: sie widersprechen ihnen in keiner Weise, und ich kann im Garten Gottes den oder den der alsbald sich wieder treffenden Wege einschlagen. – Es gibt ähnliche Worte von ihm, so das an Lücke, daß das Verhältnis von Glauben und Wissen verkehrt gefaßt werde, wenn daraufhin das »Christentum mit der Barbarei und die Wissenschaft mit dem Unglauben« gehen würde (Werke I, 5, 614), – so auch das Bild von der Voltaschen Säule (Br. II, 349ff): »Verstand und Gefühl bleiben auch mir nebeneinander, aber sie berühren sich und bilden eine galvanische Säule. Das innerste Leben des Geistes ist für mich nur in dieser galvanischen Operation, in dem Gefühle vom Verstande und dem Verstande vom Gefühle, wobei aber beide Pole immer voneinander abgekehrt bleiben.«

1. An den *»Reden«* ist S. in 3 Auflagen zwei Jahrzehnte seines Lebens hindurch an der Arbeit geblieben. In der *ersten* Rede ist das Wichtigste die Aufstellung des religiösen Begriffes von Mittlertum, der sich aber nicht sogleich auf Christus bezieht, sondern auf die Aufgabe, die besondere Träger und Sendlinge religiösen Lebens für ihre Mitmenschen haben. Der Ausdruck »religiöses Virtuosentum« darf uns ebensowenig stören wie manche andere Ausdrucksweise. Auch in der »heroischen« Vorstellungsform wird gedacht. – Die *zweite* Rede entwickelt das »Wesen der Religion«. Es geht um einen der Hauptgedanken S.s, nämlich daß die → Religion (: IV B, 2f), selbständig gegenüber Philosophie und Moral, ihrer durchaus eigenen Wurzel gewiß ist. In Anschauung und Gefühl hat sie ihr Leben. Die → Anschauung richtet sich auf das »Universum«. Der Ausdruck deckt sich nicht etwa mit dem Weltall, sondern hat viel mit der geistigen und geschichtlichen Welt zu tun. Er hat immer auch Bezug auf die Totalität alles Seienden und Geschehenden, ist aber schon deshalb schwer eindeutig zu bestimmen, weil »Universum« zu den »exoterischen« Begriffen gehört, die S. der Sprache der »Gebildeten« entnimmt (vgl. bes. Seifert). Überhaupt ist es dem Redner von vornherein um das »Ziel«, die *christliche* Frömmigkeit zu tun. Die in Rede II gezeichneten Anschauungen, in denen der Erlebende sich selber – was auch für alles Endliche gilt – als Glied des Universums, und damit erst in seiner echten Individualität erfaßt, sind also in gewisser Weise noch anonym gemeint (Seifert, O.Ritschl). Dasselbe gilt von den über solchem Erleben sich einstellenden Gefühlen von *Ehrfurcht* vor dem Universum und *Demut* im Blick auf mich, von *Liebe* zu den Menschen als Darstellern der Menschheit und dazu gehöriger *Dankbarkeit,* von *Mitleid* mit denen, die sich aufbäumen und vom Universum in der Gestalt der Nemesis zermalmt werden, und von *Reue* über das, was in uns selber dem Ganzen feind ist. – Die *dritte* Rede führt aus, daß man wohl Vorstellungen, aber nicht eigentlich Religion »lehren« kann, daß sie sich vielmehr im menschlichen Gefühlsleben gleichsam »von selbst« bilden muß. Wohl aber kann man Hemmungen entgegenwirken, so der »Wut des Verstehens« und der am Endlichen festhaltenden Frage bloß nach Zweck und Nutzbarkeit. – Die *vierte* Rede legt das Verhältnis von Religion und Gemeinschaft dar und spricht (noch in romantischem Gewande) von der Kirche. Demnach ist die Gemeinschaft aller Frommen in allen Glaubensweisen in höherer Harmonie die triumphierende, unsichtbare Kirche. In der feierlichen, noch nicht rituell normierten Kultversammlung stellt der Einzelne seine religiöse Individualität den anderen zur Gemeinschaft und Ergänzung in gegenseitigem Verstehen dar. Aber auch die streitende, sichtbare Kirche soll noch bleiben als Führerin für die die Religion Suchenden, sich aber vor dem Staatskirchentum soviel wie möglich hüten. – Es zeigen sich also bereits in Anfängen der für S. bleibend wichtige Gedanke, daß die → Kirche (: III, 4 d) die höchste Gestalt menschlicher Gemeinschaft sein soll – wie denn S. überhaupt der Theologe (und Philosoph) der Verbundenheit von Gemeinschaft und Individualität ist –, sowie die Auffassung des Kultus als Darstellung und Feier. – Die *fünfte* Rede, die man mit Recht als den Gipfel (anstatt als ein Anhängsel) des Werkes bezeichnet hat, faßt den Gemeinschaftsgedanken konkret und zugleich geschichtlich (unter Abweisung bloßer »natürlicher« Religion). Sie überblickt die Erscheinungswelt der Religion, dh der selbst wieder individuellen Religionsgebilde, und zeichnet das → Christentum (: V, 1 b) als *Religion der Religionen* und als ihre *Kritik.* Der christliche Glaube weiß um das überall sich regende Geheimnis von Erlösungsbedürftigkeit und Erlösung. Der Redner bringt die Tatsache des menschlichen Entgegenstrebens gegen das Göttliche, die → Sünde, den »Gebildeten unter den Verächtern« der Religion unter dem Titel einer »heiligen Wehmut«, die doch auch sie kennen, nahe und zeigt den Triumph des Mittlertums in der Person und dauernden Wirksamkeit des Erlösers auf. Das ist die »Zentralanschauung« des Christentums, wie jede »positive«, in der Geschichte Gestalt gewinnende, Religion ihre Zentralanschauung hat. Und sollte, was theoretisch nicht ausgeschlossen, aber faktisch nicht ins Auge gefaßt wird, eine andere »Zentralanschauung« die Elemente der religiösen Anschauungen und Gefühle um sich gruppieren, so wird die Erlösungsbedürftigkeit und der Empfang der Erlösung durch *den* Mittler als ein unauslöschliches Moment der Religion – wohl als eine Art »heiliges Recht« zu verstehen – nicht vergehen.

Die außerordentliche Wirkungskraft der »Reden«, gerade gegenüber der Aufklärung, ist bekannt. Die üblichen, zT gewiß nicht unberechtigten, Einwände gegen sie in Ehren! Auch wir meinen gegenüber S., daß die sog. Begriffe und Vorstellungen in der Religion: Offenbarung, hl. Schrift, Inspiration, Wunder usw nicht erst vom eigenen religiösen Erleben aus erfaßbar und dann gar auch von uns aus gleichsam produzierbar wären (Rede II), – und daß die Wahrheit des christlichen Glaubens nicht auf dem begrifflichen Boden: »positive« geschichtliche Religion überhaupt, zu gewinnen ist. Aber das ist hier nicht auszuführen. Der Ansatz zur *Notwendigkeit* der Religion (in Denken und sittlichem Tun sind wir die auf das »Universum« hin Handelnden, in der Religion handelt das »Universum« auf uns hin, Rede II) ist wichtiger. Ohne Religion – die im christlichen Glauben, unter dem Wirken des Erlösers, sich selber erst voll versteht – würde nicht nur dem menschlichen Wesen, sondern auch der Wirklichkeit nicht genug geschehen, und beide erschienen wie Fragmente (vgl. C.Stange). – Diese These ist die Errungenschaft der »Reden«, – und geschichtlich hat der christliche Glaube, der zugleich die Religion als Tatsache nicht verachtet, davon die Früchte geerntet. Ebenso ist der weiteren theologischen Arbeit S.s damit vorgearbeitet.

2. Als wichtig anerkannt ist S.s *Brief an* den Philosophen *Fr.* → *Jacobi* 1818 (Br. II, 349ff). Er bekämpft dessen: »ein Heide mit dem Verstande, mit dem ganzen Gemüt (aber) ein Christ«. Ist man dieses, so soll man, meint S., auch als Philosoph ein Christ sein. Das heißt aber nicht: philosophische Begriffe christianisieren oder das Christentum aus einer Art philosophischer Taufe he-

ben, sondern: die philosophische Aufgabe sich Herzenssache sein lassen und den Verstand mit seinen Funktionen – und seinen Grenzen – ebenso vom »Gemüt« her als gegebene Wirklichkeit erleben, wie er selbst das Gefühl als selbständiges Element des Bewußtseins, als Ort und Träger des Erlebens, anerkennen muß. Ist nun dieses Gefühl ein »christliches«, weiß es also vom »göttlichen Geist« und vom Erlöser als »Gottessohn«, so weiß es von etwas, das *grundsätzlich* auch vom »Besten«, was wir haben, unterschieden ist. Seiner auch ursprünglichen Verbundenheit mit der »Natur der Seele« und der Menschheit aber meint S. nachgehen zu sollen (ohne Furcht vor dem »Naturzusammenhang« [Gl.L.² § 34], fügen wir hinzu), und er sieht diese Selbstbesinnung des Erlebens auf sein Dasein und seine Verwurzelung in nahem Zusammenhang mit der »Reflexion« und Deutung der christlichen Erfahrung, die er Theologie nennt und in seiner Dogmatik als in einem gewaltigen Gebäude ausführt. Man hat (vgl. bes. W.Schultz) solches von »Gemüt« bzw. »Gefühl« inaugurierte Denken auch »existentielles« Denken genannt. Die Rede vom »frommen Gefühl« als »ursprünglichem Existentialverhältnis«, das »gar nicht von der Vorstellung ausgeht«, sondern dessen »ursprüngliche Aussage ist«, ist in der Tat ein Ausdruck S.s (vgl. bes. Werke I, 2, 586), so daß das existentielle Denken der Gegenwart sich mit auf ihn berufen kann. Doch ist die ebenfalls berechtigte Erkenntnisarbeit des »Verstandes«, die in der *Philosophie* Gestalt gewinnt und deren Gottesbegriff »transzendenter Grund« (S.s Dialektik) und »höchstes Wesen« heißt, etwas anderes. Sie geht *theoretisch*, soweit sie kommt, in der Bestimmung von Welt und Sein vor, wenn sie auch nicht ohne symbolische Ausdrücke nach einem Abschluß suchen kann; und der Mensch in seinem »endlichen Dasein« darf und soll zwischen dem Glaubensdenken und dem philosophischen Denken, zwischen »Gefühl« und Verstand, »oszillieren«. – Freilich nimmt schon die aus der religiösen → Erfahrung erwachsende »Reflexion« Elemente theoretischen und philosophischen Denkens auf. Daher birgt S.s u.E. im Grunde berechtigte Unterscheidung immerhin nicht wenige Schwierigkeiten in sich. Sie bestehen auch in der Glaubenslehre und in den philosophischen Vorlesungen (Dialektik, Ethik, Psychologie), schränken aber die hohe Bedeutung dieser Werke nicht ein.

3. Eine treffliche Analyse der *Glaubenslehre* (Gl.L.) bietet O.Kirn (RE XVII, 601 ff). Gegen S.s Willen sind die umfangreiche »Einleitung«, die viel Religionsphilosophisches enthält, und auch noch der erste Teil (dessen Mittelpunkt Schöpfung und Erhaltung bilden) sogleich, und eigentlich bis heute, fast stärker beachtet und debattiert worden als die ihm vor allen wichtigen Lehren von Sünde und Gnade, von Christus, von der Kirche und vom Heil. Er widerstand nur schwer dem Gedanken, die Reihenfolge der Hauptteile für die zweite Auflage umzukehren. Wir bedauern seine Entscheidung nicht, haben ihm aber zu glauben, daß es ihm vor allem um die Selbstbesinnung der *christlichen* Frömmigkeit geht (Teil II) und erst von da aus um das Verhältnis von Menschentum und Welt in Beziehung zu Gott, wie es als Bewußtseinsgehalt bereits von aller christlichen Frömmigkeit vorausgesetzt und dauernd festgehalten wird (Teil I).

S.s Verbleiben bei der ersten Anordnung scheint uns auch sachlich besser zu sein. Der Christ kann nicht von seiner Zugehörigkeit zu Christus, dem Erlöser reden, ebensowenig von seiner durch den Hl. Geist bewirkten Zugehörigkeit zu seiner Gemeinde, ohne auch (und, zumindest logisch gesehen, zuvor) von → Gott (: V, 17 b) und der von ihm geschaffenen → Welt zu reden. Obwohl S. der Initiator der christozentrischen Theologie im 19.Jh. ist, läßt er nicht die → Christologie (: II, 8 b) alle theologischen Aussagen usurpieren. – So stellt sich denn auch auf das »Gefühl der schlechthinnigen Abhängigkeit« – S.s berühmte, unübertroffene Fassung des Religionsbegriffs (Gl.L.² § 4) –, indem es zur Aussage seiner selbst kommt, die Beziehung auf Gott ein, und zwar ohne daß ein vermeintlich beweisender Schluß dazwischen tritt. »Gott ist uns gegeben im Gefühl auf ursprüngliche Weise.« »Gefühl« ist nicht ein sentiment, sondern bedeutet das »unmittelbare Selbstbewußtsein«, wie es von dem Cogito-Ich zu unterscheiden ist, das sich in dem »Ich denke mich« selbst objektiviert (S. gegen → Fichte, vgl. bes. Wehrung). Das Wort »Gefühl« können wir hier also als *Innewerden* verstehen, wobei der Mensch als Ganzer (Selbstbewußtsein), nicht bloß eine der seelischen Funktionen, beteiligt ist: der Mensch als Ganzer eben vom »Gefühl« her als Erlebender genommen. Und für »schlechthinnig« können wir »unbedingt« sagen, im Sinne von: über alle Bedingtheiten in der Welt hinausweisend, ihnen allen, die immer einer größeren oder kleineren freien Gegenwirkung Raum geben, also auch solcher Freiheit, bereits zugrunde liegend. »Schlechthin abhängig« ist eben das Existieren, die Wirklichkeit als solche. Man kann dafür eigentlich nur Schöpfung sagen (nicht »Natur«, die streng genommen ein Begriff der naturwissenschaftlichen Methode ist). Das Innewerden schlechthinniger Abhängigkeit setzt ein »Woher« nicht in kausalem, den Begriff »Welt« mitkonstituierendem, sondern in eigenem, über diesen Begriff hinausweisendem Sinne.

S. schreitet sodann zum Aufbau der Religion in der Mannigfaltigkeit ihrer Gestalten und Erscheinungen fort (Gl.L.² §§ 6–10), indem er das schlechthinnige Abhängigkeitsgefühl (oder »höhere Selbstbewußtsein«) mit dem Weltbewußtsein (oder »sinnlichen Selbstbewußtsein«) in Beziehung setzt (Stufen und Arten der Religion, Prinzip für die Individualgebilde der Religion). – Das Prinzip für das Christentum besteht darin (§§ 11 ff), daß in ihm alles an dem Glauben an Christus den Erlöser orientiert ist, wobei es um Erlösung von den Hemmungen geht (§ 5), die das im Menschen zuerst auf dem Plan befindliche, *sinnliche* Selbstbewußtsein dem Hervortreten, und erst recht dem maßgebenden Einfluß, des höheren Selbstbewußtseins entgegenstellt. Die → Sünde (: V. VI) besteht also darin, daß der Mensch an der Welt hängt und in ihr aufgehen, der Beziehung zu Gott aber nicht Raum geben, zumindest ihr nicht die Herrschaft überlassen will. Bei Christus aber, und deshalb kann er erlösen, ist keinerlei derartige Hemmung vorhanden. In seinem Stehen und Wirken in der Welt ist er mit Gott von Anfang an in völliger und ungetrübter Einheit, und seine erlösende und versöhnende Tätigkeit besteht eben darin, daß er uns in diese seine Geeintheit mit Gott hineinzieht: in die »Vollkräftigkeit« und in die »Seligkeit« seines »Gottesbewußtseins« (vgl. §§ 100. 101). – S. bemüht sich durch sein ganzes theologisches Denken hindurch (sozusagen von Herrnhut an), die Einzigartigkeit und Unvergleichbarkeit Christi herauszustellen. Gewiß spielt das Moment der → Erlösung (: V) auch in anderen Religionen eine Rolle. Doch ist es da nach S. ein Moment neben anderen. Im christlichen Glauben aber kommt durch die von Christus beschaffte Erlösung die Gemeinschaft überhaupt erst zustande, und deshalb kennt er nur eine Erlösung durch Christus, aber nicht eine »Erlösung von ihm« (§ 11). – Ob freilich S. dies sein Bestreben voll gelingt, ist fraglich und bereits früh in Zweifel gezogen, bes. dann von der Tübinger Schule (F.Chr. → Baur) und von D.F. → Strauß. Man fand in S.s Thesen mehr die Grundlagen für ein Erlösungs- und Christus*prinzip*, weniger solche für eine Person, an die wie an Gott zu glauben wäre; und ein Prinzip ruht nicht auf bloß zwei Schultern. In der Tat darf – das ist gegen S. zu sagen – das Wort »Sünde« nicht so sehr an Konflikte der menschlichen Natur mit ihrer höheren Bestimmung angeschlossen werden (wo es nämlich eher um *Symptome* der Sünde geht), als es vielmehr die in der Geschichte immer wieder zum Ereignis werdende und mit entsprechendem geschichtlichem Versagen gepaarte Überhebung der Menschheit und ihrer Glieder gegenüber dem Herrn von Zeit und Geschichte meint und die Zeitigung der ihm gegenüber sich aufhäufenden Schuld. Wäre die → Zeit ein Rad der Wiederkehr, so möchte sich das ausgleichen. In der nicht umkehrbaren Zeit dagegen verfestigt sich die Schuld. Mit der Einmaligkeit der Zeit hängt sowohl die schuldhafte Belastung des Menschentums zusammen wie auch die Einzigkeit des Erlösers, der kam, als »die Zeit erfüllt war«, und das Versöhnungs- und Erlösungswerk vollbrachte. S.s Satz etwa in der zweiten seiner Augustana-Predigten 1830 (bei Benrath 60), daß wir Gerechtigkeit vor Gott »nicht durch etwas Äußerliches (Gesetzeswerke) ... erlangen, sondern dadurch, daß wir Christus in uns aufnehmen«, greift der Sache (Schuldtilgung) eben vorauf. – Wiederum setzt beides, die Sünde wie die Erlösung, inhaltlich die Selbstoffenbarung Gottes in erwählter Geschichte voraus, in der Gott durch Tat und Wort gesagt hat, wer er ist – und wer wir sind –, und in der er selber sich seine Gegenwart gibt. → »Offenbarung« (: VI, 3) darf dann gerade nicht mit S. vornehmlich als »geschichtliche Urtatsache« eines »Individualgebildes« der Religion, einer eigengewachsenen Frömmigkeit bzw. »frommen Gemeinschaft« verstanden werden, – was mehr auf die psychologische Gestalt des Offenbarungsglaubens führt.

Aus Teil II der Gl.L., zu dem die bereits berührten Themen: Sünde, Erlösung, Christus dann in ihrer ausgeführten Gestalt gehören, und in denen die → Frömmigkeit sich unter dem Zeichen des Gegensatzes von Sünde und Gnade in der Reflexion über sich selber als zentral christliche erfaßt, heben wir noch einige Züge der Lehre von der → *Kirche* (: III, 4 d) heraus. Der Dogmatiker S. (wie der Philosoph) redet nicht vom individuellen Menschen, ohne zugleich von der Gemeinschaft zu reden. Auch die Einwirkung Christi, des »zweiten Adams«, geschieht durch den Hl. Geist auf dem Wege über die → Gemeinde (: I) bzw. die Kirche. Ihr *»Entstehen«* verdankt sie (§ 114) der aus der Welt *»erwählenden«* Kraft dieses Geistes; ihr *»Bestehen«* in und gegenüber der Welt ist in *»Wort und Sakrament«* verankert (das letztere bes. die sich gleichbleibende Gestalt des Evangeliums bedeutend); ihre *»Vollendung« (Eschatologie)* wird dereinst den Gegensatz der Welt zu ihr aufheben, wiewohl jetzt bereits der → Geist, als dessen Frucht die Kirche angesehen werden darf, an solchem Werke ist, – trotz aller Spannung, die sich auch innerhalb der Kirche selber zeigt. S.s »Polemik« (als zweiter Teil seiner »Philosophischen Theologie« gedacht, s. 5) betrifft die Trübungen und Gegensätze auf dem Gebiet von Lehre und Gemeinschaft *innerhalb* der Kirche. Im übrigen neigt S. zur Lehre von der → Wiederbringung aller Dinge. – In der Gl.L.² (s. §§ 115. 121, 1) entrollt S. auch ein sehr lebendiges Bild von der Gemeinde und von dem Füreinander und Zusammenwirken ihrer Glieder (»Hausgenossenschaft Gottes«), betont aber zugleich, daß der von Christus ausgehende Geist vor allem der Gesamtheit eignet, auch »Gemeingeist«, »Lebenseinheit der christlichen Gemeinschaft« (§ 116, 3) genannt; den »einzelnen gehört er immer nur als Gliedern (der Gesamtheit) an« (vgl. Christl. Sitte, 1843, 79). Das wirkt u.E. doch wie eine Art gemeinschaftspsychologischer Vorschrift für den Hl. Geist und leise katholisierend, wie denn auch die Erlösung nach der Gl.L. ihren Einsatz mehr beim neuen Menschentum als bei der → Sündenvergebung nimmt.

4. Daß S. im Grunde *»pantheistisch«* denke, wie ihm Sack bereits auf Grund der »Reden« vorwarf, hat er selber von Anfang an zurückgewiesen (vgl. dazu bes. Seifert). Bei → Spinoza sei ihm, sagt S., die Frömmigkeit seines Denkens eindrucksvoll, nicht seine Philosophie. Und der christozentrische Grundzug der gesamten Theologie S.s stimmt nicht mit → Pantheismus zusammen. Auch in seiner »Dialektik«, die freilich im Laufe der entsprechenden Vorlesungen das Bild immer erneuter Ansätze und Umformulierungen darbietet, ist die Formel von 1832 von der Welt als »Einheit unter Einschluß aller Gegensätze« und von Gott als »Einheit mit Ausschluß aller Gegensätze« (Wehrung 190) schwerlich identitätsphilosophisch gemeint, sondern als Suche nach dem »transzendenten Grunde«. Auch darf ja das »schlechthinnige Abhängigkeitsgefühl« nicht mit Determinismus, noch weniger mit »Naturalismus« verwechselt werden, da es der »relativen« Freiheit nicht weniger Raum gibt als der »relativen« Abhängigkeit, letzterer also in keiner Weise näher steht.

5. S.s *»Christliche Sitte«* ist wie seine philosophische Ethik, mit der sie trotz des bewußten Ansatzes bei der Frömmigkeit mancherlei Berührungspunkte hat, »deskriptive« → Ethik. Sie will also (vgl. C.Stange, Einleitung in die Ethik, 1901) nicht eigentlich vorschreiben, sondern das Prinzip des christlichen Handelns entwickeln. Fragt die Dogmatik: »Was muß *sein*« (dh welche Aussagen ergeben sich über Gott und Welt), weil das christlich fromme Selbstbewußtsein ist, so die Ethik: »Was muß *werden*«, weil... (Christl. Sitte § 23). Der »teleologische«, auf das »Reich Gottes« gerichtete Charakter der christlichen Frömmigkeit kommt darin zum Ausdruck. Wenn S. nun zwischen dem »wirksamen« und dem »darstellenden« Handeln unterscheidet, so erinnert das an die Gegenüberstellung von »organisierendem« und »symbolisierendem« Handeln. Unter den Titel des »darstellenden« fällt zumal das kultische Handeln in der »Christlichen Sitte«. Der Kultus ist bei S. bekanntlich Feier und gewiß auch Selbstdarstellung des Christentums, – wenngleich dazu zu sagen ist, daß er vor allem als Verkehr mit Gott durch sein Wort und als die Antwort der Gemeinde durch Gebet und Lobgesang verstanden sein will (Luther). Das »wirksame« Handeln wird von S. in das »reinigende« und »verbreitende« eingeteilt. Wenn er unter jenem vornehmlich sowohl die »Kirchenzucht«, auch die Hauszucht, wie die (nicht bloß einmalige) »Reformation« befaßt, je nachdem nämlich, ob die Gemeinschaft auf den Einzelnen wirkt oder dieser auf jene, so bemerkt man gleich die Großzügigkeit dieses Gedankens von »reinigendem Handeln«. Und wenn das »verbreitende Handeln« nicht nur die christliche Gestaltung von Ehe und Familie, sondern auch die christliche Gesinnung als Agens in mancherlei Gestalt (unter Wahrung freien Waltens des Hl. Geistes), nicht zuletzt im Gemeinwesen einschließt, so beweist das die Höhe von S.s christlichem Verantwortungsbewußtsein.

6. S. hat in einzigartiger Weise ein *Gesamtsystem der Theologie* entworfen. Der leitende Gedanke, unter dem er die theologischen Disziplinen als eine Einheit darstellt, erscheint zunächst als rein praktisch. Es handelt sich in der Theologie um »diejenigen wissenschaftlichen Kenntnisse und Kunstregeln«, die zu einer »zusammenstimmenden Leitung der Kirche«, also zum »Kirchenregiment«, erforderlich sind. Aber dahinter steht ein ideelles Moment. Die Aufgabe der Leitung besteht nämlich darin, die Kirche, der »Idee« oder dem Wesen des Christentums gemäß, aus der Gegenwart in die Zukunft hinüberzuführen, so also, daß sie diese Idee, soweit es zeitlich und

geschichtlich geschehen kann, realisiert. Die Theologie, die sie dazu benötigt, hat daher zunächst das Wesen des Christentums in seiner Eigenbedeutung als Religion, also im Vergleich mit den anderen Religionsgebilden, zu ermitteln (→Apologetik [: III, 2]) und es zugleich in seiner Reinheit gegenüber Mißbildungen herauszustellen (Polemik). Das ist - als *»Philosophische Theologie«* - das erste Hauptglied des Gesamtsystems (die »Wurzel« des »theologischen Studiums«, aus der die nächsten beiden als »Stamm« und als »Krone« erwachsen). - Für ihre Aufgabe bedarf die Leitung der Kirche weiter einer Kenntnis des gegenwärtigen Zustandes der Kirche, der wieder nicht ohne Einsicht in die Vergangenheit und auch nicht ohne Verständnis des ursprünglichen Christentums (einer Art klassischer Urzeit der Kirche) deutlich werden kann. Damit ist die Aufgabe der *»Historischen Theologie«* umrissen, die bei Umkehrung der Reihenfolge in Exegese, Kirchen- und Dogmengeschichte sowie Dogmatik und »Statistik« (→ Kirchenkunde) sich gliedert. - Daß so für S., vermerken wir, die → Dogmatik in die historische Theologie fällt, nämlich als Kenntnis der gegenwärtigen Lehre der Kirche, mag ihrer Rolle in der Geschichte der Theologie entsprechen, gibt aber nicht ihr Selbstverständnis wieder: sie fragt nach der Wahrheit, wird sich aber nicht selber bereits historisch. - Schließlich bedarf die Leitung der Kirche der Regeln, Normen und Weisungen, um der gegebenen Kirche in der Gegenwart, und zum Zwecke ihres Überganges in die Zukunft gerecht zu werden. Dazu dient die →*»Praktische Theologie«*, die in der Lehre vom »Kirchendienst« die Aufgaben in der Gemeinde zum Gegenstand hat, in der Lehre vom »Kirchenregiment« die der Gesamtkirche.

Durch die Beziehung auf den Religionsbegriff hat die Theologie mit der Philosophie Berührung (Ethik; →Theologie und Philosophie) und durch die Praktische Theologie mit dem Kirchen- und Gemeindeleben. Ferner gewinnen die Zeitbegriffe (Gegenwart, Vergangenheit und Zukunft) auf dem Grunde der Idee oder des Wesens des Christentums in der Folge von »Perioden« und »Epochen« ihre Konkretion, indem die »Perioden« Zeiten relativ ruhigen Fortganges sind, die »Epochen« dagegen Einschnitte, Neubrüche, Umgestaltungen von selbst kürzerer Dauer bedeuten, die dann wieder eine Periode einleiten. Irgendwie findet sich demnach in der ganzen Kirchengeschichte solches, das bereits besteht, und solches, das neu aufkommt; und die Selbstbesinnung der jeweiligen Gegenwart geht darauf, ob sie mehr lebenskräftige Vertretung und Pflege des Bestehenden oder mehr Ausblick auf das Neue ist. - Endlich ist noch zu erwähnen, daß die Theologie, von der hier die Rede ist, zwar allen Konfessionen viel zu sagen hat, aber sich doch als Konfessionstheologie spezifiziert, wie denn jede Konfession laut S. ihre eigene »philosophische Theologie« (Formel für das Wesen des Christentums nach Lehre und Gemeinschaft) haben wird. Daß ihm eine Aufhebung konfessioneller Gegensätze als das Ideal erscheint, steht für ihn nicht im Widerspruch dazu.

Ein Erster Meister vermittelt uns innerhalb dieser theologischen Werkstatt eine Fülle von weiteren Einblicken. Ob S. nun die »kritische« Methode definiert, und zwar als Vergleich des »spekulativ« (als wesensnotwendig) Aufgebauten mit dem »empirisch« zu Beachtenden; ob er in der »Polemik«, betr. Lehre und Gemeinschaft, die Unterscheidung zwischen Ketzerei und Schisma begründet, über das Kanonproblem spricht, hermeneutische Grundsätze entwickelt (→Hermeneutik, 2 f), die historische Darstellung nach Quer- und Längsschnitten erwägt, das Verhältnis von Dogmatik und Ethik behandelt, und vieles andere mehr, - immer wieder wirft er Fragen von dauernder oder sich jeweilig erneuernder Bedeutung auf (→ Systematische Theologie). Eine Kritik kann nur unter ernsthafter, nicht bloß rhetorischer, Würdigung des hier Geleisteten in Betracht kommen.

Ausgehend von dem Bestehen des geschichtlichen Christentums als Frömmigkeit und Gemeinschaft und der dies Bestehen tragenden Gewißheit wendet S. die Methoden des wissenschaftlichen Denkens, des psychologischen und historischen Verstehens sowie die Ordnungsmethoden für das Leben von Gemeinschaften auf diesen »positiven« Tatbestand an, der ihnen zugleich ihre Sachgebundenheit gibt. (Die Theologie als »positive Wissenschaft« - ein bes. von C.Stange aufgenommener und, im Sinne einer Wissenschaft von der in sich geschlossenen Lebensposition aus, weitergebauter Gedanke.) So kommt S. faktisch zu neuen und bedeutsamen theologischen Fragestellungen und Ergebnissen. Eine andere Frage ist es freilich, ob die theologischen Disziplinen durch einen organisierenden Hauptgedanken zur Einheit werden sollen - welche Wissenschaft wäre zum Vergleich heranzuziehen? -, und ob die hinter dem überraschenden Prinzip vom christlichen Kirchenregiment stehende These, daß es nämlich gelte, die Idee des Christentums durch seine Geschichte hindurch zu realisieren, nicht der Irrationalität des geschichtlichen Geschehens widerspricht.

Barth bietet in dem gewichtigen S.-Kapitel seiner Theologiegeschichte u.a. die oft schon geltend gemachten - auch von uns geteilten - Einwände gegen S.s Christologie unter zweifellos bedeutenden Gesichtspunkten dar, nicht ohne S.s Wollen mit großer Ehrerbietung zu würdigen. Es ist aber nach Barth die »Apologetik«, an deren Auffassung und Herausstellung S.s Bemühen auf zentraltheologischem Gebiet scheitere. Aber eben die Apologetik, dh die Frage, wie wir Glauben und Wissen als mein Glauben, und doch auch mein Denken, zusammen haben, oder vielmehr fortschreitend vollziehen können, ist die u.E. notwendige Frage, auf die Barth selber keine befriedigende Antwort gibt. Muß ich mich nicht auch über meine theologischen Begriffe und Voraussetzungen rechtfertigen, und kann ich das nur innertheologisch? - Barth unterschätzt die im schlechthinnigen Abhängigkeitsbewußtsein S.s (das er als »Gewirktsein« interpretiert, das aber Geschaffensein ausdrückt) liegende Bezogenheit auf den »transzendenten« Grund; und er grenzt Christus als den der Menschheit von Ursprung, von oben, als Logos mitgegebenen Erlöser zu sehr durch S.s Urbild-Gedanken ein.

GA: S.s Sämtl. Werke, 3 Abt.en: Zur Theol. (11 Bde), Predigten (10 Bde), Zur Philos. (9 Bde), 1835-64 (vielfach aus S.s Nachlaß zusammengestellt). - *Auswahlausg.* v. O.BRAUN u. J.BAUER, 4 Bde, 1910-13. - *Einzelausg.n* (s. auch RE u. RGG²): S. über Freundschaft, Liebe u. Ehe. Ausw. v. A.SAATHOFF (Bibl. der Gesamtlit., Nr. 2187 bis 2190), ca 1909 - E.v.WILLICH, Aus S.s Hause, 1909 (Memoiren seines Stiefsohnes) - C.STANGE, S.s Gl.L. (krit. Ausg. der Einl. [beide Auflagen]), 1910 - Dialektik, hg.v. R.ODEBRECHT, 1942 - Weihnachtsfeier, hg.v. G.WEHRUNG, 1953 - Monologen, hg.v. G.WEHRUNG, 1953 - Gl.L., hg.v. M.REDEKER, 1960 - Hermeneutik, hg.v. H.KIMMERLE (AAH 1959, 2). - *Zum Briefwechsel:* Aus S.s Leben in Briefen, hg.v. L.JONAS u. W.DILTHEY, 4 Bde, 1858-63 (I. II, 1860²) - S. u. seine Lieben. Nach Originalbriefen der Henriette Herz, 1910 - S.s Briefwechsel mit seiner Braut, hg.v. H.MEISNER, 1919 - Briefe S.s, ausgew. u. eingel. v. H.MULERT, 1923.

Über S. (ältere Lit. s. RE XVII, 587ff; RGG² V, 179): W.DILTHEY, Das Leben S.s I (bis 1802), (1870) 1922² - J.BAUER, S. als patriot. Prediger, 1908 - K.DUNKMANN, Die Nachwirkungen d. theol. Prinzipienlehre S.s (BFChTh 19, 2), 1915 - DERS., Die theol. Prinzipienlehre S.s nach der Kurzen Darst. u. ihre Begründung durch d. Ethik (ebd 20, 2), 1916 - G.A.BENRATH, S.s Bekenntnispredigten von 1830 (Diss. Königsberg), 1917 - W.ELERT, Der Kampf um das Christentum, 1921, 36ff - G.HOLSTEIN, Die Staatsphilos. S.s, 1922 - R.HERMANN, Prolegomena z. Begr. d. Offenbarung im Anschluß an S.s philos. Ethik (ZSTh 2, 1925, 19-36) - DERS., Zum Problem: Gewißheit u. Wissen in d. Religion (ebd 3, 1926, 248-297) - G. WEHRUNG, S. in der Zeit seines Werdens, 1927 - A.v. UNGERN-STERNBERG, S.s völk. Botschaft aus d. Zeit d. dt. Erneuerung, 1933 - R. HEINZE, Die Kulturauffassung S.s nach d. Ethik u. d. Christl. Sitte (Diss. Leipzig), 1934 - M. PETERS, Liebe u. Ehe in S.s Leben, 1934 - W. SCHULTZ, Das Verhältnis v. Ich u. Wirklichkeit in d. relig. Anthropologie S.s, 1935 - DERS., Die Grundlagen der Hermeneutik S.s (ZThK 50, 1953, 158 bis 184) - DERS., S.s Theorie d. Gefühls u. ihre theol. Bedeutung (ebd 53, 1956, 75-103) - DERS., S. u. d. Protestantismus (ThF 14), 1957 - G.v. BREDOW, Wertanalysen zu S.s Güterethik, 1941 - F. FLÜCKIGER, Philos. u. Theol. bei S., 1947 - BARTH, PrTh 379ff - DERS., KD (s. Reg.) - H.J. IWAND, S. als Ethiker (EvTh 11, 1951/52, 49-64) - HIRSCH IV, 490ff; V, 33ff. 160ff. 281ff - M. HUBER, S. u. J.J. Rousseau (Schweiz. Theol. Umschau 24, 1954, 73-85) - K. POHL, Die Bedeutung d. Sprache f. d. Erkenntnisakt in d. Dialektik Fr.S.s (KantSt 46, 1954/55, 302-332) - CHR. SENFT, Wahrhaftigkeit u. Wahrheit (BHTh 22), 1956, 1ff - H. LIEBING, F.Chr. Baurs Kritik an S.s Gl.L. (ZThK 54, 1957, 225-243) - H. SAMSON, Die Kirche als Grundbegriff d. theol. Ethik S.s, 1958 - EKL III, 801ff - F. KAULBACH, S.s Theorie d. Gesprächs (Die Sammlung 14, 1959, 123-132) - P.H. JØRGENSEN, Die Ethik S.s (FGLP X, 14), 1959 - K.-M. BECKMANN, Der Begriff d. Häresie bei S. (ebd X, 16), 1959 - P. SEIFERT, Zur Theol. d. jungen S. (NZSTh 1, 1959, 184-289; Lit., bes. zu den »Reden«) - H. FISCHER, Subjektivität u. Sünde. Kierkegaards Begriff d. Sünde mit ständiger Rücksicht auf S.s Lehre v. d. Sünde (Diss. Göttingen), 1960. *R. Hermann*

III. Bedeutung als Pädagoge

S. war eine ganz ursprüngliche und praktische Erziehernatur, zugleich ein großer Lehrer, in dem sich pädagogische und didaktische Leidenschaften verbinden. Als Hauslehrer in Schlobitten, als Mitglied des Gedikeschen Seminars und Lehrer im Kornmesserschen Waisenhaus, dann als Katechet im Pfarramt in Drossen, Landsberg, Stolp und Berlin, dem der Religionsunterricht noch wichtiger war als die Predigt, sammelte er seine Erfahrungen. Als Berater befreundeter Mütter wie später als Vater und Erzieher der von der Frau in die Ehe gebrachten und der eigenen Kinder wußte er diese Erfahrungen immer wieder praktisch zu nutzen: »Erfahrung habe ich genug und mache täglich mehr, und Lust auch und es ist mir bisweilen bange danach, daß ich nichts zu erziehen habe. Es scheint mir die unnachlässigste Pflicht jedes Menschen zu sein, andere zu erziehen, es mögen nun Alte sein oder Kinder, eigene oder fremde. Ich habe dieser Pflicht noch lange nicht Genüge getan« (1798). Und 1799 schreibt er: »Ich will alles mögliche tun, um irgendeine andere Art von Unterrichts-Beschäftigung zu bekommen; ich fühle es wirklich als ein dringendes Geistesbedürfnis dergleichen zu haben. Das eigene Lernen und Studieren ist ohne das etwas Einseitiges..., und ich kann ordentlich Gewissensbisse darüber empfinden.« Dieser Erfahrungsschatz und Drang zum Eingreifen befähigte S. dann zu tätiger Mitwirkung an der preußischen Unterrichtsreform, in der wissenschaftlichen Deputation und bes. bei der Begründung der Universität → Berlin, für deren Gestaltung die »Gelegentlichen Gedanken über Universitäten in deutschem Sinn« (1808) mitbestimmend wurden. Die Akademieabhandlung »Über den Beruf des Staates zur Erziehung« (1814) zeigt, wie S. aus praktischer Wirksamkeit und auf Grund seiner Erfahrungen nunmehr auch aus der kulturpolitischen Tätigkeit die Theorie erwuchs, die ihrerseits wiederum wie alles bei S. auf das Praktischwerden drängt. S. las über Pädagogik im Winter 1813/14 und 1820/21, zuletzt im Sommer 1826. Schon in den Reden »Über die Religion« (1799), bes. der dritten, und in den »Monologen« (1800) hatte er seine antiaufklärerische, romantisch bestimmte Grundeinstellung zur → Bildung zum Ausdruck gebracht; in der kritischen Besprechung von Zöllners »Idee über Nationalerziehung« (in »Jenaer Allg. Literaturzeitung« 1804) werden dann auch wesentliche Züge seines eigenen Systems der Erziehung und Schulorganisation greifbar. In den Vorlesungen tritt die Kritik an der zeitgenössischen → Pädagogik (: I) stark zurück, ebenso der Bezug zu dem eigenen System der Sittenlehre, zugunsten einer umgreifenden und in sich geschlossenen Darstellung, die durch eine stark dialektische Methode ermöglicht wird. Die → Pädagogik (: II) wird aus der Analyse der gegebenen Erziehungsaufgaben und -möglichkeiten entwickelt, unter Abgrenzung von der Politik und der Ethik. Der Doppelheit der Erziehungsziele: Entwicklung der Individualität und Einordnung in die Gemeinschaft (individuelle und universelle Aufgabe) entspricht die Mehrseitigkeit der Funktionen, die auch von der Vielfalt der am Bildungsvorgang beteiligten Mächte gefordert wird. Die Fülle der erzieherischen Aufgaben läßt sich unter fortschreitender Differenzierung in einer Reihe von sich wechselseitig bedingenden Gegensatzpaaren ordnen, die mit anderen verschränkt auftreten, so besonders: Bildung der Gesinnung - Entwicklung der Fertigkeiten, Unterstützen - Gegenwirken; hinzu tritt die Verteilung der Funktionen auf die Entwicklungsstufen und Gegenstandsbereiche. Die pädagogische Theorie bemüht sich, mit Hilfe der Methode der Dialektik auftretende Widersprüche aufzulösen oder doch zu mindern, die Anforderungen und Möglichkeiten der Erziehung mit Eigenart und Entwicklungsstand des Zöglings in einen organischen Zusammenhang zu bringen, wobei sich das Verhältnis von Tradition und Fortschritt in der Erziehung als dem geschichtlichen Wandel unterworfen erweist.

Manuskripte S.s sind nicht erhalten. Es ist zweifelhaft, ob es solche überhaupt gegeben hat. Nur für die Vorlesung 1813 finden sich eigenhändige Aufzeichnungen, die offensichtlich den Inhalt der einzelnen Stunden nachträglich fixierten. Im übrigen haben wir nur - allerdings vorzügliche - Nachschriften aus dem Hörerkreis. Von unmittelbarer Wirkung wissen wir wenig. Die Pädagogik wurde erst 1849 von C. Platz ediert. Einflüsse auf → Diesterweg, → Willmann, auch auf die Sozialpädagogik → Natorps lassen sich zeigen. S.s grundlegender Ansatz für die Entwicklung einer eigenständigen Erziehungswissenschaft ist erst im Zusammenhang mit → Diltheys Bemühungen um eine Begründung der Pädagogik als einer Geisteswissenschaft erkannt und von der modernen Theorie festgehalten worden. Aber auch viele seiner Überlegungen zu konkreten Erziehungsfragen sind heute noch von unverminderter Aktualität.

F.S.s Sämtl. Werke III, Bd 9: Erziehungslehre, hg.v. C. PLATZ, 1849 - S.s Pädagogische Schriften, hg.v. E. WENIGER, 2 Bde, 1957. - A. HEUBAUM, F.D.E.S. (EHP VI, 1899, 87-128) - A. REBLE, S. u. das Problem einer Grundlegung der Pädagogik (Bildung u. Erziehung 4, 1951, 801-815). † *E. Weniger*

Schlesien

1. Politische Geschichte - 2. Die Kirche im MA - 3. Reformation und Gegenreformation - 4. Die Kirche in der preußischen Zeit - 5. Die kirchliche Lage in der Gegenwart

1. S. umfaßt eine Landschaft, die sich in Form eines Eichenblattes von Nordwesten nach Südosten erstreckt (rd 37000 qkm). Die offenen Lößgebiete der s.en Mulde waren bereits in der jüngeren Steinzeit besiedelt. Dieser Bevölkerungsgruppe folgten in der jüngeren Bronze- und Eisenzeit Illyrer und ihnen im 6.Jh. vChr für etwa 1000 Jahre ostgermanische Vandalen (Teilstamm Silingen, hl. Berg Siling = Slenz = Zobten = S.). Mit ihrem Abzug drangen westslawische Stämme nach. Um 1200 setzte, herbeigerufen von der Fürstenfamilie der Piasten, starke deutsche Kolonisation ein, in deren Verlauf 63 Städte und 1500 Dörfer deutsch gegründet wurden und etwa 175000 Menschen einwanderten, eine Zahl, die die damalige slawische Bevölkerung S.s weit

übertraf. 1939 hatte die preußische Provinz S. etwa 5 Mill. Einwohner. – Die politischen Grenzen S.s haben sich mehrfach verändert. Das Kerngebiet ist erhalten geblieben. Früher gehörten zu S.: bis 1538 Crossen und Züllichau, bis 1343 Fraustadt, bis 1396 Schildberg und Kempen, bis 1742 Teschen und Troppau-Jägerndorf, bis 1921 Ostober-S. Zu S. kamen 1742 die Grafschaft Glatz und 1815 die Oberlausitz. – Um die Jahrtausendwende wurden die westslawischen Stämme in S. mit dem sich bildenden polnischen Staate vereinigt. Infolge von Erbteilungen erlangten die Teilstaaten immer größere Selbständigkeit. Das gilt bes. von S., dessen Herzöge seit 1163 praktisch selbständig waren. 1335 verzichtet Polen auf die Oberhoheit, die auf Böhmen übergeht. So wird S. Teil der böhmischen Krone, die seit 1526 die Habsburger inne haben. 1740/42 erobert Friedrich d. Gr. S. für Preußen. Bis 1945 ist die preußische Provinz Teil des Deutschen Reiches. 1945 wird der größte Teil S.s bis zur Oder-Neiße-Linie polnischer Verwaltung unterstellt. Die s.e Bevölkerung wurde ausgetrieben. Dabei kamen etwa 900000 ums Leben. Etwa 700000 wurden in Ober-S. polnische Zwangsbürger.

2. Um 1000 beginnt das Christentum unter den Slawen S.s Fuß zu fassen. Otto III. unterstellt i.J. 1000 das Bistum → Breslau (: I) dem Erzbistum → Gnesen. Allerdings scheint dies zugleich die Gründung des Bistums überhaupt gewesen zu sein. Nach starker heidnischer Gegenbewegung (1025–51) entwickelt sich das Christentum bis 1150 so, daß etwa 100 Pfarr- und Klosterkirchen entstehen. Die Bischöfe auf dem Breslauer Stuhl sind polnischer Nationalität. In breiten Strömen kommt mit den deutschen Kolonisten das Christentum endgültig ins Land. Durch die Eindeutschung kommt es zu harten Auseinandersetzungen zwischen den Breslauer Bischöfen und den s.en Herzögen. Der Streit endet mit der Machtstärkung der Breslauer Bischöfe, die in den Rang von Teilfürsten (Ottmachau-Neiße) treten. Andererseits wird das deutsche Kirchenrecht übernommen. Die Veränderung des Landes wirkte sich nun so aus, daß seit ca 1300 Deutsche Breslauer Bischöfe werden (Heinrich von Würben 1302). Das Domkapitel (rechtliche Unterstellung unter Gnesen bis 1821) sieht im 14.Jh. ein Absinken des polnischen Elements auf 10%. Unter Bischof Preszlaw von Pogarell (1341–76) erreicht die mittelalterliche Kirche in S. ihre größte Blüte. Im 15.Jh. setzt ein rascher Verfall ein. Die Hussitenkriege (→ Huß, 2) haben S. furchtbar verwüstet. Die Stimmung ist radikal antiklerikal, aber nicht antikirchlich oder gar antireligiös. Eine starke Laienfrömmigkeit durchzieht das Land. Der Humanismus regt sich bes. in den Städten und an den Fürstenhöfen. Die weltlichen Behörden müssen oft im Interesse der Kirche eingreifen. Nach dem Kolowratischen Vertrag von 1504 wird der Bischofssitz Klerikern vorbehalten, die in einem böhmischen Kronland (S., Mähren, Böhmen, Lausitz) geboren sind. Rom protestiert (1516), aber der Vertrag bleibt in Gültigkeit.

3. Die *Reformation* findet in S. rasch Eingang. Dabei entwickelt sie sich in besonderer Weise. Dies ist durch mehrere Umstände hervorgerufen: a) S. ist kein einheitlicher Staat, sondern eine Vielzahl von Territorien. Dadurch gibt es keinen einheitlichen Reformator S.s, keine einheitliche Einführung oder Ablehnung der Reformation, sondern eine durchaus unterschiedliche Stellungnahme zu ihr. b) Die Reformation in S. ist rein religiös bedingt. So erklärt der Fürstentag in Grottkau 1524: »daß man das hl. Evangelium frei und ungehindert predigen lassen nach Deutung der Hl. Schrift und demselben frei nachlebe unangesehen aller Menschen«. c) Die s.e Reformation ist betont konservativ. Das Verhältnis zum Breslauer Bischof ist lange Zeit ungetrübt, und er erscheint weiterhin als kirchlicher Oberherr. In Breslau leiten Johann → Hess und Ambrosius Moiban die ev. Bewegung in mildem Geist. Im Herzogtum Liegnitz-Brieg-Wohlau übt der fürstliche Ratgeber Kaspar v. → Schwenckfeld und nach ihm der Goldberger Schulmann Val. → Trotzendorf auf Adel und Herzog Friedrich II. entscheidenden Einfluß aus. In Ober-S. ist Markgraf Georg von Brandenburg-Jägerndorf der unbestrittene Führer der Reformation. In den Erbfürstentümern Glogau, Schweidnitz und Jauer, die seit 1526 den Habsburgern direkt unterstehen, sind die eifrigsten Förderer der luth. Sache die Landstände, dh in den Städten der Rat und auf dem Lande der Adel. Selbst im Bistumslande Neiße-Ottmachau klagt man, daß Stadt und Land voller Lutheraner sei und von den Neißer Domherren sich 5 zur luth. Lehre bekennen. Es ist zweifellos, daß die Reformation in S. das ganze Volk ergriff. Ein typischer Beweis dafür ist die Begründung, mit der der Konvertit Fr.Stapylus aus der bischöflichen Hauptstadt Neiße abreiste. Ein anderes Merkmal ist dies, daß das Evangelium sehr bald bei den Bauern fest gegründet ist, und zwar bei Deutschen ebenso wie bei Polen und Wenden. Die drei ersten Bischöfe des Reformations-Jh.s verschließen sich der ev. Bewegung nicht. In einzelnen Fällen wurde gewiß auch von ev. Seite etwa der Standesherren oder Stadträte Zwang ausgeübt; aber das sind Ausnahmen. – Die *Gegenreformation*, mit Bischof Martin Gerstmann (1574–85) zögernd einsetzend und von Bischof Karl von Österreich (1608–24) energisch fortgeführt, hat den größten Teil Ober-S.s und der Grafschaft Glatz zum Katholizismus zurück- und die konfessionelle Spaltung S.s herbeigeführt. Sie ist im Gegensatz zur Reformation weder eine Volksbewegung noch eine Geistesströmung unter den Gebildeten, sondern Zwangsmaßnahme des Habsburger Staates mit dem Ziel, den zentralistischen und konfessionell einheitlichen Staat zu erzwingen. Staatsverträge wie der s.e Majestätsbrief von 1609, der Dresdener Akkord von 1621 und Bestimmungen des → Westfälischen Friedens von 1648 werden rücksichtslos gebrochen. Dies geschieht mit militärischen Mitteln. Der Grundsatz → Cuius regio, eius religio kann als Begründung für die Rechtlichkeit dieses Vorgehens nicht angeführt werden, da die Habsburger in den angeführten Verträgen ihre Bewegungsfreiheit durch feierliche Zusagen selbst eingeschränkt hatten. Über die Anwendung brutaler Gewalt, wie sie im 17.Jh. in S. seitens der Habsburger – ganz im Gegensatz zum 16.Jh. – üblich war, schreibt erbittert der Jesuitenpater Nehrlich. Mit dem Friedensschluß von Münster 1648 wurde freie Religionsausübung des Augsburgischen Bekenntnisses nur noch den Fürstentümern Liegnitz-Brieg und Münsterberg-Öls sowie der Stadt Breslau zugebilligt. Das ganze übrige S. erhielt 3 Friedenskirchen (Glogau, Jauer und Schweidnitz [s. Taf. 27 Abb. 2]) als ev. Freistatt (→ Kirchenbau: IV, 1f). Sämtliche übrigen Kirchen (über 1200) werden 1653–54 von sog. Reduktionskommissionen beschlagnahmt. Die ev. Pfarrer werden ausgewiesen; 1666 folgen ihnen die ev. Lehrer. Die bürgerlichen Rechte werden den Evangelischen weitgehend entzogen. Die Bedrückung führt zu einer ungeheuren Auswanderungswelle, von der über 200000 Menschen erfaßt werden. An ihre Stelle treten bes. in Ober-S. kath. Polen. 1675 starb der letzte Piastenherzog von Liegnitz-Brieg-Wohlau. Sogleich setzte in diesem Herzogtum die Enteignung der Kirchen ein (bis 1700: 100 Kirchen). Obwohl sich der s.e Protestantismus treu zu halten suchte (Buschprediger, Kirchfahrten zu den Friedens-, Grenz- und Zufluchtskirchen), wäre sein Ende dennoch unausbleiblich gewesen. Die erste Hilfe wurde ihm durch den Schwedenkönig Karl XII. zuteil

(Garant des Westfälischen Friedens). Er erzwang von Kaiser Josef I. die Altranstädter Konvention von 1707. Sie bestimmte die Rückgabe von 130 enteigneten Kirchen im Fürstentum Brieg-Liegnitz-Wohlau und Münsterberg. In den Erbfürstentümern wurde den Evangelischen der Bau von 6 Gnadenkirchen genehmigt (Landeshut, Hirschberg, Sagan, Freystadt, Militsch und Teschen, 1737 auch Großwartenberg). Außerdem durfte das ev. Schulwesen wieder eingerichtet werden. Damit war der s.e Protestantismus fürs erste gerettet. - Das Jh. der Gegenreformation hat zu einer reichen literarischen Blüte geführt. Neben ev. »Mystikern« von Rang (Abr. v. → Frankenberg, → Tschesch, → Czepko v. Reigersfeld, der Konvertit → Angelus Silesius) stehen geistliche Dichter und Schriftsteller wie Joh. → Heermann, Benjamin → Schmolck, Caspar → Neumann, Johann Neunherz, Johann Schwedler, Fr. → Burg, Andr. → Gryphius und Apelles v. → Löwenstern.

4. Der Einmarsch → Friedrichs d. Gr. in S. (1740) bedeutete Rettung für die ev. Kirche und wirtschaftlichen Aufschwung für die Provinz. Ein neuer Staatsgrundsatz wurde von Preußen durchgesetzt: die Einheit des Staates beruht nicht mehr auf der Einheit der Konfession, sondern dem einheitlichen Staatsbewußtsein. Der Abbau der einseitigen Vormachtstellung der kath. Kirche in S. wurde gemäß dem Breslauer Frieden von 1742 nur sehr vorsichtig in die Wege geleitet. Die Evangelischen blieben vielfach im Nachteil. Sie erhielten auch dort, wo sie mit über 90% in der Mehrheit waren, weder ihre weggenommenen Gotteshäuser noch die anderen kirchlichen Gebäude und Einkünfte zurück. Bis 1752 mußten sie sogar weiterhin die Gebühren für Amtshandlungen, kirchliche Opfer und Naturalabgaben doppelt bezahlen, nämlich dem ev. Prediger und dem zuständigen kath. Pfarrer. Aber die Sache des Protestantismus in S. war eine echte Volksbewegung. Mitten im Kriege, als noch gar keine Entscheidung gefallen war, begannen die Evangelischen den Neubau ihrer Kirche mit Gotteshäusern und Pfarreien. Während des 1. S.en Krieges waren es bereits 170 und bis zum Beginn des 7jährigen Krieges 212 Gemeinden, die sich neu einrichteten. 1742 mußten daher die beiden Oberkonsistorien in Breslau und Glogau, 1744 eines in Oppeln geschaffen werden. 1742 erschien die Ev. Luth. Inspektions- und Presbyterialordnung für S. Der Kirchenbau dieser Zeit ist durch die »Bethäuser« samt Schule und Pfarrhaus gekennzeichnet. Auch den Reformierten wurde Religionsfreiheit gegeben, ebenso der Brüdergemeine (→ Brüderunität: II). Daneben entstanden böhmisch-hussitische Ansiedlungen mit tschechischer Gottesdienstsprache. Der Ausbau der Industrie in Ober-S. führte wie der der Heilbäder in der Grafschaft Glatz zur Neugründung vieler ev. Gemeinden. Beide Diasporagebiete hat der Gustav-Adolf-Verein betreut (1. Gustav-Adolf-Kirche Deutschlands 1844 in Reinerz). Die Gründung der Universität → Breslau (: II) 1811 mit eigener ev.-theol. Fakultät förderte das geistige Leben. 1815 bekam die ev. Kirche mit der Gründung des Ev. Konsistoriums in Breslau eine einheitliche Verwaltung. 1829 wurde die erste, 1903 eine zweite Generalsuperintendentur eingerichtet. Während M. → Schian (1924-33) den Sprengel Liegnitz betreute, hatte O. → Zänker (1925-33) den Sprengel Breslau/Oppeln inne. Seit 1934 war Zänker Bischof der ganzen Kirchenprovinz. - In das 19.Jh. fällt auch der Beginn der synodalen Mitverwaltung. 1819 findet die 1. Provinzialsynode statt; seit der Einführung der Kirchen- und Gemeindeordnung (1874) besteht sie aus Laien und Geistlichen. Mit dieser Mitverwaltung geht Hand in Hand ein reges Leben in der Pfarrerschaft. Das Entstehen kirchlicher Zeitungen bereicherte das kirchliche Leben. Bibelgesellschaften, Missionsvereine, Rettungshäuser, 2 Diakonen- und 8 Diakonissenhäuser mit ihren Anstalten sind dafür Zeichen. Bedeutende Männer der → Erweckung (: I, 5 b) wie → Schleiermacher, → Kottwitz und → Tholuck kommen aus S. Hier entsteht nach 1830 die Altluth. Freikirche (→ Luthertum: III B), die der s.en Kirche zahlenmäßig nur geringe Verluste brachte. Bei einem so kräftigen kirchlichen Leben ist der Anstieg von Sekten aller Art nicht verwunderlich. Die Kirchenaustrittsbewegung nach dem 1. Weltkrieg hatte nur in einzelnen Orten des Waldenburger und des Oberlausitzer Kohlengebietes stärkere Erfolge. Das gleiche gilt für die Austrittsbewegung nach 1933. - Das Verhältnis zur kath. Kirche war, nachdem die Spannungen der ersten preußischen Zeit nachgelassen hatten, bis in das 1. Viertel des 19.Jh.s recht brüderlich. Seit 1830 aber erklärte die Kurie wiederholt, daß in Mischehen sämtliche Kinder im kath. Bekenntnis zu erziehen oder die kirchliche Einsegnung der Ehe zu versagen sei. Im Bistum Breslau suchte Fürstbischof L.v. → Sedlnitzki an einer milderen Praxis festzuhalten. Er wurde daraufhin 1840 zur Abdankung gezwungen und trat 1863 zur ev. Kirche über. Der Gegensatz der Kirchen milderte sich allmählich, zumal die kurialen Praktiken überdies zur Bildung einer kleinen Altkath. Kirche mit 8 Gemeinden in S. führten. Dann hat bes. der → Kirchenkampf beide Kirchen zusammengeführt. Dazu kam, daß durch die zwangsweise Abtretung Ostober-S.s die kath. Kirche (1929 zum Erzbistum erhoben) ebenso wie die ev. einen herben Verlust erlitten hatte.

5. Die Lage der s.en ev. Kirche in der *Gegenwart* ist durch die Ereignisse der letzten 3 Jahrzehnte bedingt. Seit dem Konkordat von 1929 fühlten sich die Evangelischen benachteiligt und in der Kommunal-, Schul- und Beamtenpolitik vom politischen Katholizismus zurückgesetzt. Die ev. Kirche versuchte ihrerseits durch Akademikerarbeit, Presse und Schulungstagungen dem entgegenzuwirken. 1933 setzte dann mit dem Nationalsozialismus die allgemein antikirchliche Reaktion ein. Am 23.6. wurde General-Sup. Schian abgesetzt; ein Staatskommissar trat an seine Stelle. Sofort begann aber auch die kirchliche Widerstandsbewegung. An ihrer ersten Kanzelabkündigung gegen Reichsbischof Müller am 4.1.1934 beteiligten sich 200 Pfarrer. Auf dem Kirchentag der s.en Bekenntnisfront (Breslau 13.5.1934) sprach als Gast Bischof Zänker. An der »Vorläufigen S.en Synode« (ebd 10.5.1935) nahmen neben der → Bekennenden Kirche auch Neutrale und die Mittelgruppe teil. Bei Einsetzung der »Kirchenausschüsse« (Sept. 1935) kam es in S. zur Spaltung. Während Bischof und »Christophorisynode« mit diesen bedingt zusammenarbeiteten, wurde durch die theologische Erklärung »Von der Kirchengewalt« der »1. S.en Bekenntnissynode« (Naumburg/Queis 1.-4.7.1936) → »Barmen« aktualisiert. Nachdem viele Geistliche und Laien ausgewiesen, verhaftet oder sonst gemaßregelt worden waren, wurde Bischof Zänker 1939 beurlaubt und 1941 zwangspensioniert. - Nach dem Zusammenbruch 1945 wurde unter schwierigsten Verhältnissen der Versuch gemacht, die s.e Kirche wieder aufzubauen. Die deutsche kath. Kirche in S. hatte bereits am 6.7.1945 mit dem Tode von Fürstbischof Bertram zu existieren aufgehört. An ihre Stelle war die polnisch-kath. Kirche getreten. Auf der ev. Seite versammelte sich am 23.7.1946 die Synode der ev. Kirche in Breslau. Noch bestand eine Kirche, in der etwa 200 Pfarrer und 600 Lektoren den Gemeinden dienten, obwohl die meisten Gotteshäuser vernichtet oder bereits durch die polnisch-kath. Kirche beschlagnahmt worden waren. Die polnische Regierung hatte bereits die Ausweisung aller Deutschen angeordnet, und am 1. Advent 1946

wurde auch die ev. Kirchenleitung ausgewiesen. Was noch in S. vorhanden ist, sind Restgemeinden und Gemeindereste. In Ober-S. sind sie zwangsweise in die polnisch-ev. Kirche eingegliedert. In Mittel- und Nieder-S. werden sie zZ (1961) von einem Pfarrdiakon und einigen Lektoren in deutscher Sprache betreut. Die Ev. Kirche der preußischen Provinz S., die vor dem Kriege 2236256 Mitglieder zählte (neben 2146784 Katholiken, 3183 Altkatholiken, 15200 Altlutheranern, 40022 Juden, 3249 Brüdergemeine), besteht nicht mehr. In der DDR besteht die Ev. Kirche von S. westlich von Oder und Neiße als selbständige Kirchenprovinz der EKU (→ Preußen). Das Konsistorium, an dessen Spitze Bischof D. Hornig steht, hat seinen Sitz in Görlitz. Die Kirchenprovinz hat 5 Kirchenkreise, 74 rechtlich selbständige Kirchengemeinden und 78 tätige Geistliche (1955). Nach der »KO der Ev. Kirche in S.« vom 14.11.1951 umfaßt diese »kirchlich die Gemeinden der bisherigen Kirchenprovinz S.«. Das kirchliche Leben der s.en Kirche ist außerordentlich rege. Im Juni 1952 waren von 357180 Einwohnern im Bereich der Ev. Kirche von S. 275404 ev., 22236 kath., 59540 Sonstige. Ein Großteil der ev. Schlesier lebt in der BRD, wo sie sich zur kirchlichen »Gemeinschaft Evangelischer Schlesier e. V. (Hilfskomitee)« zusammengeschlossen haben. Ihrer Arbeit dient die innere und äußere Organisation der Gemeinschaft: Kirchentag der ev. Schlesier (alle 3 Jahre); Landesarbeitsgemeinschaften; s.e Pfarrkonvente; eigenes Kirchenblatt (S.er Gottesfreund) und eigenes Verlagswerk (S.e Ev. Zentralstelle, Verlag Unser Weg.)

V. Loewe, Bibliogr. der s.en Gesch., 1927. - Ed. Anders, Hist. Statistik der ev. Kirche in S., 1867 - Ders., Gesch. der ev. Kirche S.s, (1883) 1886² - C. Grünhagen, Gesch. S.s, 2 Bde, 1884/86 - M. Schian, Das kirchl. Leben der ev. Kirche der Provinz S., 1903 - Fr. Kampers, S.e Landeskunde, 2 Bde, 1913 - G. Loesche, Zur Gegenreformation in S., 2 Bde, 1915/16 - P. Conrad, Die Einführung der Reformation in Breslau u. S., 1917 - F. Bahlow, Die Reformation in Liegnitz (Mitt.en d. Gesch.- u. Altert.-Vereins Liegnitz 6, 1917, 97-288) - E. Michael, Die s.e Kirche u. ihr Patronat im MA unter poln. Recht, 1926 - Hist. Kommission (Hg.), Gesch. S.s I: Von der Urzeit bis zum Jahre 1526, (1938) 1961³ - G. Hultsch (Hg.), Das Ev. S. (Standardwerk, auf 5 Bde angelegt), I: H. Eberlein, S.e KG, (1932) 1952²; II: G. Hultsch, Silesia Sacra. S.e Ev. Kirchenstatistik, 1953; III: A. Wiesenhütter, Der ev. Kirchenbau S.s, 1954; IV: G. Hultsch u.a., Vom Diakonischen Werk in der Ev. Kirche S.s, 1957. - Vgl. die Veröffentlichungen des »Vereins für Gesch. S.s« u. des »Vereins für s.e KG«. - Vgl. auch die Lit. zu → Breslau: I. *G. Hultsch*

Schleswig, *Bistum,* 947/48 unter → Otto I. durch → Adaldag als Suffraganbistum von → Hamburg-Bremen errichtet, seit Anfang des 12.Jh.s unter → Lund (: I). Seit der Reformation (→ Schleswig-Holstein) ein ev. Bistum (→ Hussen, 1542), wird S. schon 1551 säkularisiert (das Stiftsgut wurde 1624 zum Amte Schwabstedt), besteht aber kirchlich im Gottorfschen, später Schleswigschen Amte der Generalsuperintendenten (P.v. → Eitzen, Th. → Kaftan) sowie seit 1925 (Bischof E. Völkel, bis 1933) und wieder seit 1947 fort (zZ Bischof Reinhard Wester).

Sønderjyllands Historie I-V, 1930-42 - Slesvigs delte Bispedømme (Festschr. zum 1000jähr. Jubiläum), Kopenhagen 1949 - P. Hirschfeld (Hg.), Die Kunstdenkmäler des Landes Schleswig-Holstein V ff, 1950ff (Stadt Flensburg, Kreise Flensburg, S., Eckernförde). - Vgl. die Lit. zu → Schleswig-Holstein. *W. Göbell*

Schleswig-Holstein

1. Christianisierung, nordisches MA und Spät-MA - 2. Reformation - 3. Orthodoxie, Pietismus, Aufklärung - 4. Das 19.Jh. und die Herausbildung der Ev.-Luth. Landeskirche S.-H.s - 5. Gegenwart seit 1920. - s.-h. = schleswig-holsteinisch

1. In der Erforschung der Christianisierung des Nordens hat sich eine fruchtbare Zusammenarbeit ergeben, bei der Nordistik und Frühgeschichte Hand in Hand mit der historischen und rechtshistorischen Forschung gehen. Im Schnittpunkt verschiedener Kultur- und Bevölkerungsgruppen gelegen, weist S.-H. nach der Völkerwanderungszeit um 800 drei Völker-, Sprach- und Kulturgruppen auf: im Westen die → Sachsen und → Friesen, im Norden neben Resten der nach → Britannien aufgebrochenen Angeln die vordringenden Dänen und im Südosten (Ost-H.) anstelle von ursprünglich wohl suebischen Völkerschaften die Slawen (→ Wenden). Die Sachsen in H. gliedern sich hernach in die Holsten, Stormarn und Dithmarscher. Drei historische Tatsachen charakterisieren die Lage S.-H.s auf der Völkerbrücke zwischen Nord und Süd: die Einbeziehung West- und Süd-S.s in den fränkisch-friesischen Wirtschaftsraum, dann einerseits der Anschluß an das christliche Abendland und die Kultur des Westens, andererseits die enge Beziehung zum germanischen Norden als Auswirkung der Wikingerzüge. - Der Angelsachse → Willibrord hat als erster unter den Dänen gepredigt und auf Helgoland getauft. → Ebo von Reims gründete als Missionslegat für den Norden in Welanao (Münsterdorf a. d. Stör b. Itzehoe) eine klösterliche Niederlassung und arbeitete dem Benediktiner → Ansgar in der nordischen Mission vor. Die Geschichte der Missionierung S.s zZ Knuds des Großen, der Bau von Kirchen und die Entstehung von Kirchspielen ist ein Teil der Kirchengeschichte → Dänemarks (: I, 1). Das Erzbistum → Hamburg-Bremen setzte neben Meldorf (814/24, Tauf- und Mutterkirche für Dithmarschen), Heiligenstedten und Schenefeld (gegr. vor 831 vermutlich durch Ansgar, für H.) in der Nachfolge Ansgars die nordische Mission trotz → Normannen-Einfällen und Druck der Slawen von ihrem ost-h.en Siedlungsgebiet her im 9. und in der zweiten Hälfte des 11.Jh.s fort. Die Krise des Karolingerreiches und Rückschläge der ottonischen Reichspolitik (982) trafen die Mission und werdende Kirchenorganisation in Nordalbingen. Unter → Adaldag entstand 948 als Suffragan neben → Ripen und → Aarhus das Bistum → Schleswig (seit 1103 unter → Lund). → Otto I. gründete das Bistum → Oldenburg im Hauptort Wagriens unter den Wenden (Ost-H.), Erzbischof → Adalbert die Bistümer → Ratzeburg und → Mecklenburg für die Slawenmission, die 1066 im Obotritenaufstand zugrunde ging. Die Schauenburger, 1110/11 durch Lothar von Supplinburg als Grafen von H. und Stormarn eingesetzt, betrieben die Kolonisation Ost-H.s; so konnten → Wizelin von seiner Gründung Novum Monasterium (Neumünster i. H.) her und sein Nachfolger Gerold Kirchen bauen und in der zweiten Hälfte des 12.Jh.s die Pfarrorganisation begründen. Heinrich der Löwe verlegte 1160 die Bistümer Oldenburg und Mecklenburg nach → Lübeck und → Schwerin und bezog in seine Kolonisations- und Kirchenpolitik auch das Mönchtum ein (Benediktiner von Braunschweig). Graf Adolf IV. erhielt durch den Sieg über die Dänen 1227 bei Bornhöved H. dem Deutschen Reich, schuf der Kolonisation wie der Hanse erneut Raum und stiftete Klöster in H., Hamburg und Kiel. Den Benediktinern und Zisterziensern folgten die Franziskaner und Dominikaner. Die Constitutio Valdemariana vom 15.8.1326 und ihre Bestätigung auf dem Reichstag zu Nyborg am 15.4.1386 hatte durch die Belehnung Gerhards VI. mit dem Herzogtum S. die Vereinigung H.s und S.s (das auch 1440 dänisches Lehnsherzogtum blieb) unter den Schauenburgern zur Folge. Nach dem Tode des letzten Schauenburgers (Adolf VIII., 1427-59) wurde sie in dem vom ständischen Staatsgedanken getragenen Ripener Vertrag (»dat se bliven ewich tosamende ungedelt«) vom 5.3. 1460 und der »Tapferen Verbesserung« (Kiel, 4.4.1460)

bestätigt. Der dänische König Christian I. wurde zum Herzog von S. und H. gewählt (Personalunion mit Dänemark) und erteilte der s.-h.en Ritterschaft ihre Privilegien. - Am Vorabend der Reformation unterstanden die Herzogtümer S. (mit den Bistümern Schleswig, Ripen, Odense) und H. (Hamburger Dompropstei für das Erzbistum Bremen, Bistümer Lübeck und Ratzeburg) den beiden Erzbistümern → Hamburg-Bremen und → Lund. Sieben Staatsgebilde waren zuständig: die Fürstentümer S. und H., das Königreich Dänemark (nur mit jütischen Enklaven in H.), die Bauernrepublik Dithmarschen, der Stadtstaat Hamburg (mit Enklaven in H.), das Gebiet um Pinneberg verbunden mit der Stammgrafschaft der Schauenburger an der Weser, die freie Reichsstadt Lübeck, das bischöflich-lübeckische Territorium um Eutin und das Herzogtum Lauenburg.

2. Die Lehre Luthers wurde in Husum schon 1522 von Herm. → Tast, in Flensburg 1526 von Gert Slewert, in Hadersleben 1525 von Joh. → Wenth und 1526 von Eb. → Widensee verkündet und breitete sich rasch im Lande aus. Die täuferischen Bestrebungen des Schwaben Melchior → Hofmann (Kiel 1527-29) wurden durch das Flensburger Religionsgespräch 1529 zurückgewiesen. Die *Reformationskirche* erstand durch Herzog Christian III. in den Ämtern Hadersleben und Törning (1528, vor der CA erste ev. KO im Norden und Urzelle der KOen für → Dänemark, → Norwegen und die Herzogtümer S. und H.), durch die Ordinatio ecclesiastica Regnorum Daniae et Norwegiae et Ducatuum Sleswicensis Holsatiae 1537, die Gottorper Synode vom 25.2.1538, Ernennung ev. Visitatoren 1538/39, Bestallung und Instruktion für die Superintendenten vom 1.4.1540 (Begründung des in S.-H. bedeutsamen Propstenamtes und erstes neues Kirchenrecht) und abschließend durch die niederdeutsch abgefaßte, aus der Ordinatio von 1537 übersetzte und mit → Bugenhagens Hilfe überarbeitete »Christlike Kercken Ordeninge« (am 9.4.1542 auf dem Landtag in Rendsburg angenommen). Der S.er Bischofsstuhl wurde 1542 mit dem Kopenhagener Prof. Tilemann von → Hussen neu besetzt, in H. dagegen - wohl mit Rücksicht auf → Lübeck - nur ein Propst eingesetzt (als erster und einziger: Joh.Anthonii in Itzehoe 1542-57). In der *Schauenburger Herrschaft* (Pinneberg, die heutige Propstei Altona, Barmstedt, Eppendorf, Rellingen, Quickborn, Wedel, Nienstedten, Uetersen, Seester, Herzhorn; nicht die Vogtei Haseldorf) wurde 1561 die Mecklenburger KO (1552) obrigkeitlich eingeführt. *Lauenburg* erhielt unter Herzog Franz II. nach dem Beitritt zur Konkordienformel (im Unterschied zur Gottorfschen Landeskirche, zum kgl. Anteil und zu Dänemark) seine eigene, von dem Lübecker Superintendenten Pouchenius verfaßte KO und wurde eine orthodox-luth. Staats- und Bekenntniskirche. Die Säkularisation des Bistums → Schleswig 1551 und die *Landesteilungen* vom Aug. 1544, von 1564 und vom Sept. 1581 (Flensburger Abkommen), welche unter Fortbestand der Personalunion mit Dänemark die Herzogtümer in einen Königlichen oder Glückstadter, einen Herzoglichen oder Gottorper Anteil (erst 1773 mit der kgl. Linie vereinigt), in das Gebiet der Gemeinschaftlichen Regierung und das Ländererbe Johanns des Jüngeren (Fürstentümer Sonderburg 1667, Norburg 1730, Plön 1761, Glücksburg 1779 mit dem kgl. Anteil wiedervereinigt) aufteilten, zersplitterten das Kirchenregiment. In *Dithmarschen* kam es nach dem Märtyrertod → Heinrichs von Zütphen (1524) erst mit der Reformierung der nahen Hansestädte 1529-32 zum Durchbruch der Reformation (bedeutende Theologen waren Nikolaus Boie d.Ä. in Wesselburen und Nikolaus Boie d.J. in Meldorf) und zum Ausbau einer eigenständigen Landeskirche. Ihre Einheit und Sonderexistenz wurde 1559 in der »Letzten Fehde« mit der Unterwerfung des freien Bauernstaates durch den erstarkten dänisch-h.en Fürstenstaat aufgelöst.

3. Die luth. → *Orthodoxie* hat durch Predigt und Volkserziehung die Untertanen in dem Agrarland S.-H. und seinen kleinen Städten in dem Glauben erzogen, der in der Staatskirche Geltung hatte. Die Ablehnung der → Konkordienformel in Dänemark und in S.-H. nach Überwindung der → Kryptocalvinisten (am Gottorfer Hofe, 1600-16) stand einer streng luth., der FC entsprechenden Theologie nicht im Wege. Bedeutsam für die bekenntnismäßige Entwicklung in S.-H. sind das Lüneburger Mandat von 1562, das die erste staatsrechtliche Bindung des Konfessionsstandes an die CA bringt (eine gleiche findet sich im Dithmarscher Landrecht 1567), und die 25 »Fremdenartikel« König Friedrichs II. von 1569, ein Sondersymbol der dänischen Kirchen, mithin auch des kgl. Anteils der Herzogtümer. Ferner erhielten die Gottorpschen Lande in dem von → Eitzen verfaßten Predigereid, der von 1574-1734 unterschrieben wurde, eine territorialkirchliche symbolische Schrift. Als symbolische Bücher galten hier die CA mit Apologie, Luthers Katechismen und Schmalkaldische Artikel. Im kgl. Anteil war außer CA und AC nur Luthers Kleiner Katechismus anerkannt; die Schmalkaldischen Artikel fehlten, das Konkordienbuch war verboten. Doch hat Stephan → Klotz für den kgl. Anteil neben den Schmalkaldischen Artikeln die FC als maßgebende Bekenntnisschrift in den Predigereid eingeschoben (1647). - Ein Vorläufer des → *Pietismus* war Paulus Egardus in Nortorf. Der nicht von Halle geprägte Typ des Pietismus fand durch Chr.E. zu Stolberg in Dänemark und den Herzogtümern Eingang, auf die Wernigerode 1730 bis 1770 während der absolutistischen Regierung Christians VI. einwirkte. Im 1737 gegründeten Generalkircheninspektionskollegium überwogen die Pietisten. Die Schulreformen gaben der Kirche überragenden Einfluß. Erst die Einführung der → Konfirmation erhob den Schulunterricht zur Sache der bürgerlichen Gemeinde. Der kgl. General-Sup. Josua → Schwartz kämpfte, unterstützt durch die Pröpstesynode (→ Klotz), für die luth.-orthodoxe Lehre und gegen jeden Chiliasmus. An der 1665 gegründeten Universität des gottorfischen Landes in → Kiel dagegen vertraten Peter → Musäus und Chr. → Kortholt eine selbständige, gemäßigtere Auffassung »lebendiger Orthodoxie« (→ Rostock). Theologische Kämpfe entbrannten um → Breckling in Handwitt b. Flensburg, → Dippel, O.Lorentzen Strandiger auf Nordstrand (1677-98), das Ehepaar → Petersen in Eutin und Anhänger des David → Joris in Eiderstedt (Prozeß 1642 in Tönning). Für die »fremden Religionsverwandten« wurden unbeschadet der Stellung des luth. Kirchenwesens als exklusiver Landesreligion religiöse Freistätten geschaffen: Altona ca 1597, kgl. Glückstadt 1616ff, gottorfische Friedrichstadt 1620, kath. Freistatt Nordstrand 1652. So entstanden Gemeinden von Katholiken, Reformierten, Remonstranten (→ Arminianer), → Mennoniten, Labadisten (→ Labadie), → Quäkern und Juden. - Die → *Aufklärung* fand im letzten Drittel des 18.Jh.s in den Herzogtümern S. und H. (Joh.H.Voß, H.Chr.Boje) verstärkt Eingang in der in den westeuropäischen Ländern geprägten Auffassung, hat aber im Unterschied zu dieser im Kirchenwesen ältere theologische Beweggründe. Es gibt beachtliche Unter- und Nebenströmungen, u.a. den Emkendorfer Kreis (→ Erweckung: I, 5 c, → Kleuker), pietistische Kreise und Anhänger des überlieferten Bibelglaubens. Als *kirchliche* Aufklärung bedeutet sie daher nicht uneingeschränkt eine Epoche der s.-h.en KG und hat unter

den Kieler Professoren sowie in → Cramer (Gesangbuch) und → Adler (Agende und Agendenstreit) Repräsentanten, die im Offenbarungsglauben beheimatet sind.

4. Das Wirken von Claus → Harms an St. Nikolai in Kiel (Thesenstreit 1817) und → Twestens Lehrtätigkeit an der Universität drängten den Rationalismus weitgehend zurück. Die s.-h.e Erhebung 1848 (Uwe Jens Lornsen, Nik.Falck, W.H.Beseler, Fr.Chr.Dahlmann), dänische Sprachverordnungen von 1851 für Mittel-S. und die Entlassung von s.schen Geistlichen führten zu schweren Gewissenskonflikten (Cl.Harms an Hengstenberg; Propst Nik. → Nielsen; Michael → Baumgarten; E.F.Versmann). Der Sieg Preußens im deutsch-dänischen Krieg (1864) brachte für die neue *preußische Provinz* (1867-1945) durchgreifende Änderungen. Auch das Kirchenwesen bildete sich nach einer »Übergangszeit« (Th.Kaftan) zu einer eigenständigen s.-h.en Landeskirche heraus, die nicht dem Ev. Oberkirchenrat in Berlin unterstellt wurde. Bei der Annexion durch Preußen drohte um den luth. Bekenntnisstand ein Kampf auszubrechen. Die Bischöfe Bertel Godt für S. (1864-85) und Wilh. Koopmann für H. (1855-71) sowie der Flensburger Konsistorialpräsident Fr.Mommsen in Kiel schufen durch die Wahrung des luth. Bekenntnisstandes die Voraussetzung für die Landeskirche, um deren Entstehung zwischen H.v. → Schubert und Franz → Rendtorff eine Kontroverse entbrannte. Um ihr Selbstverständnis mühten sich bes. Th. → Kaftan und Emil Wacker († 1910), ferner Carl Matthiesen (1866-1947) in Flensburg sowie Hans → Asmussen in Altona. Die s.-h.e Landeskirche hat, namentlich durch ihr Ev.-Luth. Konsistorium (1867/68) und ihre Gesamtsynoden in Rendsburg - vorausgegangen war eine Gemeindeordnung vom 16.8.1869 und die auch auf den Kreis Herzogtum Lauenburg ausgedehnte Kirchengemeinde- und Synodalordnung für die ev.-luth. Kirche der Provinz S.-H. vom 4.11.1876 - von 1876 bis zur Vollendung der neuen Kirchenverfassung vom 30.9.1922 Wesentliches für die kirchliche Aufbauarbeit der 20er Jahre geschaffen: Einführung eines neuen ev.-luth. Gesangbuchs 1884, des (nord-s.schen) Evangelisk-luthersk Psalmebog for de dansktalende Menigheder i Slesvig 1889 (auch nach der Abtrennung 1920-45 weithin in Gebrauch), das von Th.Kaftan verfaßte »Liturgische Handbuch« 1897, Neuordnung der Visitation, Gründung des nord-s.schen Predigerseminars in Hadersleben und des gegenwärtigen in Preetz, Lehrvikariat und Examensreform durch Th. Kaftan. Hervorzuheben ist die Belebung und Vertiefung, welche die Erweckungsbewegung »Indre Mission« 1880 bis 1910 in Nord-S. brachte (J.V. → Beck auf Seeland, Hans Tonnesen in Hoptrup, Laienprediger Lars Birk, Carl Matthiesen in Rödding; »theologischer Lehrmeister« der Indre Mission war E.Wacker in Flensburg). - Die theologischen Richtungen scharten sich um Zeitschriften wie »S.-H.-Lauenburgisches Kirchen- und Schulblatt« (eine Quelle s.-h.er Kirchengeschichtsschreibung), »S.-H.es Kirchenblatt«, »Volk und Kirche«, »Niederdeutsche Kirchenzeitung« und die Zeitschriften O. → Baumgartens (Monatsschrift für die kirchliche Praxis, seit 1907 »Ev. Freiheit«). Es entstanden die bis heute sehr bedeutsame (Wackersche) Luth. Konferenz, die Möllner theologische Lehrkonferenz und die Vereinigung der »Freunde der Christlichen Welt«. Bereichernd für das innerkirchliche Leben und die Mission vorbereitend wirkten Chr.Decker, Chr.Jensen, Th.Kaftan, C.Matthiesen, E.F.Versmann, E.Wacker u.a.m. Der Landeskirche als staatskirchlich geordneter Institution war 1867-1918 eine starke Beschränkung auferlegt, so daß der offizielle Rahmen nicht das gesamte kirchliche Leben in S.-H. umschloß; das wird an den freien Werken der Kirche, an der Mission und Diakonie deutlich. Es entstanden für die Verkündigung des Wortes Gottes durch Laienprediger der »Verein für Innere Mission« 1857; die Diakonissenmutterhäuser in Altona 1867, Flensburg 1874 und Bethanien in Kropp; der Landesverein für Innere Mission (1875) mit Anstalten in Rickling und Brüderhaus; die → Schleswig-Holsteinische ev.-luth. Missionsgesellschaft zu Breklum 1876; Schriftenmission und Presse (S.-H.er Sonntagsbote 1890); Seemannsmission (Altona, Büsum, Holtenau); Erziehungsverein 1881; Kieler Stadtmission 1909. Ferner arbeiten der Gustav-Adolf-Verein seit 1842, der luth. Gotteskasten seit 1886, der Ev. Bund und die Volksmission (1921, H. → Rendtorff). Das ev. Wochenblatt »Am Sehrohr der Zeit« (bis 1941 und 1946-49) erscheint seit 1949 als Gemeindeblatt »Die Kirche der Heimat«.

5. Die *Ev.-Luth. Landeskirche S.-H.s* hat 1920 mit der Abtretung Nord-S.s - wo Pastor Schmidt (-Wodder; 1869-1959) für das Deutschtum eintrat - an Dänemark kirchlich lebendige Gemeinden in den Propsteien Hadersleben, Apenrade, Sonderburg, Törninglehn und Tondern (außer 6 Kirchspielen in Südtondern) abgegeben und für 6 ihr angeschlossene, vom S.er Bischof visitierte Gemeinden (Freigemeinden) die Fürsorge übernommen (Kirchengesetz vom 27.10.1924). 1925 wurde Propst E.Völkel zum Bischof für S. gewählt. Das Altonaer Bekenntnis (»Wort und Bekenntnis der Altonaer Pastoren in der Not und Verwirrung des öffentlichen Lebens«, 11.1.1933; → Asmussen) steht am Beginn der Bekenntnisgemeinschaft (R.Wester, Vorsitzender des Landesbruderrats; ferner u.a. W.Halfmann, M.Pörksen, K.D.Schmidt, V.Herntrich, J.Bielfeldt, H.Treplin, J. Tramsen, J.Tonnesen). In Kiel tagte am 17.7.1935 die erste Bekenntnissynode. Die beiden bisherigen Bischofsämter waren schon 1933 aufgehoben worden (A.Mordhorst 1866-1951, in schwerer Zeit Vorsitzender des Landesvereins für Innere Mission; E.Völkel 1878-1957). Beide Sprengel waren bis 1945 unter Adalbert Paulsen als Landesbischof vereinigt. Im Aug. 1945 begann die Neuordnung der Landeskirche. Bischof von H. wurde 1946 Wilhelm Halfmann, von S. 1947 Reinhard Wester. Die Rechtsordnung vom 6.5.1958, bis zu deren Inkrafttreten am 1.1.1959 die Verfassung vom 30.9.1922 in der Fassung vom 13.5.1955 galt, hat eine ausführende Gesetzgebung eingeleitet. Die im Okt. 1956 eingeführte neue Ordnung der Gottesdienste nach der Agende I für ev.-luth. Kirchen und Gemeinden und die »Ordnung des kirchlichen Lebens« (Entwurf Bischof Wester) wurden im Zusammenwirken mit der VELKD erarbeitet. Die Landeskirche trat 1948 der EKD und der VELKD bei; ebenso gehört sie dem Luth. Weltbund und dem Ökumenischen Rat an. Ihre Mitgliederzahl beträgt ca 2,401 Mill. (87,6 % der Bevölkerung) in 22 Propsteien (von denen sich Stormarn, Blankenese und Altona seit 1937 zT oder vollständig im Hamburger Staatsgebiet befinden) und über 697 Kirchengemeinden. Der Sprengel des Landessuperintendenten von Lauenburg ist eine Propstei, die Geltung der FC hat einer Vereinigung bzw. Einverleibung 1877 nicht entgegengestanden. Oberstes Organ ist die Landessynode, welche die Kirchenleitung wählt; dieser steht als ausführendes Organ das Landeskirchenamt in Kiel zur Seite. Zusammen mit den Ev.-Luth. Kirchen in → Lübeck und Eutin hat die Landeskirche mit dem Lande S.-H. den → Kirchenvertrag vom 23.4.1957 in Fortführung des mit dem Staatsvertrag vom 11.5.1931 beschrittenen Weges geschlossen und eine Neuordnung des Verhältnisses von Staat und Kirche auf der Grundlage selbständiger Partnerschaft geschaffen. Eine rege Bautätigkeit bringt den Städten, bes. dem großen Siedlungsgebiet am Rande Hamburgs neue Kir-

chen und auch den Großkirchspielen (mit mehr als 22 Dörfern) endlich weitere Dorfkirchen. Im s.schen Landesteil arbeitet die dänische Volkskirche, unterstützt durch den Verein »Danske Kirke i Udlandet«, mit dem Ziel der Kirchwerdung. Ein Verein »Die Dänische Kirche in Süd-S.« wurde gegründet. Die Landeskirche hat die Heimatvertriebenen aus dem Osten als tätige Glieder gewonnen und lebendige Zentren kirchlichen Lebens erneuert oder neu geschaffen: Landvolkhochschule auf dem Koppelberg, Kirchliches Hilfswerk, Seminar in Breklum für Gemeindehelferinnen und Berufsschulkatecheten, Ev. Akademie in Schleswig, ständige Pastoralkollegs (Preetz, ferner in Hoisbüttel); neben dem Predigerseminar in Preetz ist sie am Seminar der VELKD in München-Pullach beteiligt. Dazu tritt das Männerwerk, die Frauen- und Jugendarbeit, Innere Mission, Sozialarbeit und Seemannsmission.

Die *kath. Kirche* wandelte das Apostolische Vikariat des Nordens (→ Nordische Missionen) nach Abtrennung von Dänemark und Norwegen 1868 für die neue preußische Provinz S.-H. in eine Apostolische Präfektur S.-H. um; sie ging 1930 im Bistum → Osnabrück auf. Der Anteil der kath. Bevölkerung beträgt 6%. Die kath. Kirche hat nach 1945 zahlreiche neue Kirchen, Pfarrämter und Seelsorgestellen errichtet und die Tätigkeit der Orden erheblich ausgebaut.

Allgemein: H.N.A.Jensen-A.L.J.Michelsen, S.-H.e KG, 4 Bde, 1873-79 - H.v.Schubert, KG S.-H.s I (bis zur Reformation), 1907; E.Feddersen, KG S.-H.s II (1517-1721), 1938 - O.Brandt, Gesch. S.-H.s, (1925) 1957⁵ - Hal Koch-B.Kornerup (Hg.), Den danske Kirkes Historie Iff, Kopenhagen 1950ff - O.Klose (Hg.), Gesch. S.-H.s, 1955ff. - Ferner: Bibliogr. zur s.-h.en Gesch. u. Landeskunde, bisher 5 Bde, 1928ff (seit 1951 hg.v. O.Klose) - Zs. d. Gesellsch. f. S.-H.e Gesch., 1870ff - Schriften d. Vereins f. S.-H.e KG, 1897ff.

Einzelnes (vgl. ergänzend die im Text genannten Personen- u. Bistumsartikel): G.Horstmann, Erinnerungen aus verlorenem Land, 1925 - P.v.Hedemann-Heespen, Die Herzogtümer S.-H. u. die Neuzeit, 1926 - W.Halfmann, Chr.Korthold, 1930 - Ders., Berichte der Kirchenleitung auf den Landessynoden in Rendsburg, 1947ff - O.F.Arends, Gejstligheden i Slesvig og Holsten fra Reformationen til 1864, 3 Bde, Kopenhagen 1932 - E.Brederek, Verzeichnis d. Geistl. u. Gemeinden in S.-H. 1864-1933, 1933 - H.Geil, Die verfassungsrechtl. Entwicklung d. ev.-luth. Landeskirche S.-H.s (Jur. Diss. Erlangen), 1935 - W.Jensen, Die Kirchenbücher S.-H.s, (1936) 1958² - Ders., Der Abschluß d. Reformation in S.-H. (Zs. d. Gesellsch. f. S.-H.e Gesch. 70/71, 1943, 189-223) - Ders., Das Flensburger Propsteibuch vom Jahre 1538 (Schr. d. Vereins f. S.-H.e KG II/10, 1949/50, H. 1, 35-78) - L.Siemen, Die s.-h.en Frauenklöster (Phil. Diss. Kiel), 1941 - C.Matthiesen, Aus meinem Leben, 1948 - J.Tonnesen, Ein s.sches Grenzlandgeschlecht, 1949 - E.Freytag, Aus d. Chronik d. Kirchspiels Sieverstedt, 1951 - O.Scheel, Pietismus, Christiansfeld u. Dalbyhof (Schr. d. Vereins f. S.-H.e KG II/11, 1952, 199-227; 12, 1953/54, 59-82) - P.Meinhold, Der Katholizismus in S.-H. in d. letzten 100 Jahren, 1954 - H.Beyer, Die Geestbauern u. Adlers Kirchenagende (Jb. f. d. S.sche Geest 3, 1955, 23-31) - W.Göbell, Th.Kaftan u. d. Norden (Grenzlandhefte 1), 1955 - Ders., E.Wallroth, General-Sup. f. H. (Zs. d. Gesellsch. f. S.-H.e Gesch. 79, 1955, 317-327) - Ders., J.G.Chr.Adler (ebd 82, 1958, 267-276) - Ders., Zur Entstehung d. S.-H.en Landeskirche (Festg. f. H.Rendtorff, 1958, 72-82) - W.Rustmeier, J.C.Dippel in S.-H. (Schr. d. Vereins f. S.-H.e KG II/14, 1956, 36-50; 15, 1957, 91-116; 16, 1958, 147-169; 17, 1959/60, 69-76) - O.Epha, Die Stellung d. Landessuperintendentur Lauenburg in d. s.-h.en Landeskirche (Der Konvent, 1. Sonder-Nr., 1957, 6-31) - E.Völkel, Erinnerungen aus meinem Leben, 1957 - Ev. Kirchenrecht f. S.-H., 2 Bde, 1957 (ergänzbare Rechtsquellensammlung) - H.Stoob, Gesch. Dithmarschens im Regentenzeitalter, 1959, 178ff - G.Mehnert, Ev. Kirche u. Politik 1917-19, 1959 - M.Redeker, Das Kieler Kloster in d. Gesch. S.-H.s u. seiner Landesuniv., 1960.

W.Göbell

Schleswig-Holsteinische ev.-luth. Missionsgesellschaft zu Breklum (kurz: *Breklumer Mission* [B.M.]), gegr. von P. Chr. → Jensen am 18.9.1876 in Breklum, nördl. Husum. Luthertum und Pietismus sind die Wurzeln dieser Mission. 80 Jahre war die Äußere Mission Aufgabe der Missionsgesellschaft, die Innere Mission Sache der »Pastor Christian Jensens Anstalten für Innere Mission«. Seit 1956 sind beide Missionen vereinigt, mit dem Schwergewicht bei der Äußeren Mission. Deren drei Arbeitsgebiete sind: 1. Indien. 1881 zogen die beiden ersten Missionare Pohl und Bothmann nach → Indien (: IV, 4c). Ergebnis dieser Arbeit ist die 37000 Christen umfassende Jeypurkirche im Süden der Provinz Orissa, selbständig seit 1950. - 2. Afrika. In Uha (→ Tanganyika) wurde die Pionierarbeit (1912-16) durch den 1. Weltkrieg abgebrochen; seit 1959 wieder in Tanganyika, diesmal im Rahmen der Luth. Kirche von Nordtanganyika. - 3. China. Von 1926-50 arbeitete die B.M. als Nachfolgerin der Kieler Chinamission in Südchina, bes. in Limchow, Pakhoi und Umgegend. Kleine, lebenskräftige Gemeinden entstanden. - Die Innere Mission Breklums umfaßt heute die literarische Arbeit (Breklumer Sonntagsblatt [seit 1870], Breklumer Volkskalender, Missionsbuchhandlung, Verlag), das Breklumer Seminar für missionarischen und kirchlichen Dienst (Gemeindehelferinnen, Organisten und Lehrkräfte für Religionsunterricht an Berufsschulen), die Volksmission und ein Krankenhaus für innere Krankheiten und Nervenleiden.

H.D.Bracker, Unter der Fahne des Kreuzes (Jubiläumsschrift), 1926 - M.Wendt, 25 Jahre Reich der Mitte, 1927 - E.Pohl, Aus den Anfängen der B.M., 1929 - P.Piening, In Gottes Namen fahren wir, 1939 - H.Dunker, Hand an den Pflug (Rückblick auf 75 Jahre unserer Missionsgesch.), 1951 - M.Pörksen, Junge Kirche im freien Indien, 1951 - Ders., Die Weite eines engen Pietisten, 1956 - W.Andersen, Unter dem Sendungsauftrag Jesu Christi, 1953.

M.Pörksen

Schlichtungswesen. Schlichtung (= S.) ist das Verfahren, das bei Interessenstreitigkeiten zwischen → Sozialpartnern über die Schaffung von Gesamtvereinbarungen bezweckt, den Beteiligten bei dem Ausgleich ihrer Interessen zu helfen und → Arbeitskämpfe zu vermeiden. - Grundsätzlich ist zwischen der S., die zu einer freiwilligen Einigung Hilfestellung geben will (conciliation), und der S. zu unterscheiden, die nach dem Schiedsgrundsatz eingreift (arbitration). Als S.smittel gibt es von der Einigungsstelle bis zum Schiedsamt eine Skala von Möglichkeiten. Jedes S.sverfahren hat drei Stufen: Vorbereitung, Betreibung und Verwirklichung. Im Einigungsverfahren wird das Amt des Schlichters meistens unmittelbar von den Parteien angeboten. Als Schlichter kommen nur Persönlichkeiten von hohem Ansehen und bekannter Unparteilichkeit in Frage. In manchen Ländern ist es üblich, eigens von der Regierung ernannte Beamte oder Gerichte mit der S. zu betrauen. Im Schiedsverfahren kann die S. leicht eine politische Angelegenheit werden. - Der aus England stammende S.sgedanke konnte in Deutschland erst nach der Anerkennung von Tarifverträgen und Betriebsvereinbarungen wirksam werden (→ Arbeitsrecht). Die *Demobilmachungs-Verordnung* vom 12.2.1920 führte die Verbindlichkeitserklärung von Schiedssprüchen ein. Sie hat das S.swesen stark kompromittiert und der Verantwortungsscheu der Interessenverbände Vorschub geleistet. Die *S.sverordnung* vom 30.10.1923 schuf einheitliche S.sstellen, die auf Anrufen einer Partei oder von Amts wegen tätig wurden. In der Regel endete das Verfahren mit einem Schiedsspruch als Einigungsvorschlag an die Parteien. Bei Nichtannahme konnte der Schiedsspruch für verbindlich erklärt werden. Während der nationalsozialistischen Herrschaft gab es kein S.sverfahren. Mit *Gesetz Nr. 35 des Kontrollrates* vom 20.8.1946 wurde das S.swesen wieder eingeführt. Es betont stark den Grundsatz freiwilliger Einigung. Die Verbindlichkeit von Schiedssprüchen wurde nicht vorgesehen. In der BRD haben sich inzwischen sowohl die Sozialpartner als auch das zuständige Ministerium dafür ausgesprochen, eine gesetzliche Regelung der S. überflüssig zu machen. Dieser Gedanke ist auch in der *Empfehlung 92* der Internationalen Arbeitskonferenz enthalten.

A.HUECK-H.C.NIPPERDEY, Lehrbuch des Arbeitsrechts, 1957/59[6] - W.WEDDIGEN, Grundzüge der Sozialpolitik u. Wohlfahrtspflege, 1957 - Internationales Arbeitsamt, Kollektivverhandlungen, Genf 1960. *P.Heyde*

Schlümbach, *Friedrich von* (1842-1901), methodistischer Erweckungsprediger, * im Württembergischen, † in Ohio. Mit 17 Jahren nach Amerika ausgewandert, im Bürgerkrieg Oberst, wurde er durch → Moody bekehrt. Seit 1878 Generalsekretär des internationalen Komitees der Jünglingsvereine, gründete er auf einer Evangelisationsreise durch Nord- und Ostdeutschland am 22.1.1883 in Berlin den ersten CVJM (→ Jugendvereinigungen: I, 1), dem weitere in Bremen und Wuppertal folgten, und prägte sie im Geiste methodistischer Frömmigkeit.

K.MATTHES-H.GERLACH, Allg. kirchl. Chronik 30, 1883, 224ff - P.FLEISCH, Die moderne Gemeinschaftsbewegung in Deutschland I, 1912[3], 54ff - M.GERHARDT, Ein Jh. Innere Mission II, 1948, 147f. *H.Hohlwein*

Schlüsselburg, *Konrad* (1543-1619), * in Oldendorf bei Rinteln, in Wittenberg 1568 wegen seiner Angriffe auf die philippistischen »Sakramentierer« (→ Cruciger, → Peucer, → Pezel) relegiert, in Jena 1569 Magister, folgte seinem Lehrer → Wigand 1574 nach Königsberg, mußte jedoch sein Pfarramt infolge Streitigkeiten mit → Heßhus 1579 aufgeben. Nach Vorlesungstätigkeit in Rostock (1580) übernahm er geistliche Ämter in Antwerpen (1581), Gadebusch (1582), Wismar (1583), Ratzeburg (1590) und Stralsund (1594 Sup.). Eine »errorum grassantium specialis condemnatio« bieten seine umfangreichen »Catalogi haereticorum« (13 Bde, 1597-1601) dar, Hauptwerk luth. Polemik und dogmengeschichtliche Quellensammlung zugleich.

C.H.TAMMS, C.S., 1855 - RITSCHL IV, 36 Anm. 20. *W.Zeller*

Schlüsselgewalt

I. Im NT - II. Kirchenrechtlich

I. Im NT

Der Terminus S. kommt von dem nur in Mt 16, 17-19 im Anschluß an das Petrusbekenntnis berichteten Wort Jesu an → Petrus. Die Stelle enthält eine Fülle sachlicher und exegetischer Probleme, von deren Beurteilung die Bedeutung von S. abhängt. Umstritten ist vor allem die Frage nach der Authentizität des Wortes. Das semitische Kolorit (Makarismus, Bar-Jona, Fleisch und Blut für Mensch, Pforten des Hades, das Schlüsselbild und das im Rabbinismus gut belegte Binden und Lösen für die Ausübung der Lehr- und Disziplinargewalt; vgl. die Komm. zSt, bes. Bill. I, 730ff; Bultmann, Synopt. Tradition 147ff; zur Auswertung von Qumran s. Betz) und vor allem das sicher ursprünglich aramäisch konzipierte Wortspiel mit Petrus (Kepha) weisen in eine frühe Zeit der Urgemeinde. Daher verbietet es sich, das Binden und Lösen aus der Zauberterminologie zu erklären (mit Bultmann gegen Dell u.a.). Trotz Mk 8, 27ff und Lk 9, 18ff (vgl. Joh 6, 67ff) ist der Zusammenhang des Schlüsselwortes mit dem Petrusbekenntnis wohl ursprünglich. Der Pauliner Markus hat es ausgelassen und unmittelbar nach seiner Geheimnistheorie, die das Bekenntnis beschließt, die (im LkEv fehlende!) Verfluchung des Petrus durch Jesus angeschlossen. Gegen alle neueren Rettungsversuche (Jeremias, Cullmann, Baumann, Betz u.a.) ist aber »die Kirchengründung auf Petrus im Munde Jesu undenkbar« (v.Campenhausen, Amt 140f); Jesu eschatologisches Bewußtsein (→ Jesus Christus, 9. 10; → Gemeinde: II, 2; → Kirche: II, 4) schließt sie aus (mit Bornkamm, Braun, Bultmann, Dibelius, Dinkler, Kümmel u.a.).

Die Jerusalemer Urgemeinde, wo → Jakobus, Petrus und → Johannes schon früh als die »Säulen« galten (Gal 2, 9; beachte die Reihenfolge!) und wo alsbald Jakobus, der Herrenbruder, die Führerrolle gespielt hat, ist schwerlich der »Sitz im Leben« unseres Wortes (vgl. Log. 11 und 12 des → Thomasevangeliums und s. dazu Cullmann, ThLZ 328f). Es ist vielmehr eine wohl auf syrischem Boden entstandene Osterlegende, die erst Markus ins Leben Jesu zurückprojiziert hat (vgl. Lk 5, 1ff, wo offenbar die in Joh 21, 1ff vorliegende Ostertradition ins Leben Jesu verlegt ist). Eine echte sachliche Parallele zu der Überlieferung von Mt 16, die Petrus zum Leiter der Urgemeinde bestimmt, ist Joh 21, 15ff (vgl. Lk 22, 32). Hier hat wohl eine »Petrus-Partei die in Mt 18, 18 noch der ganzen Gemeinde zugesprochene Vollmacht auf ihr Parteihaupt als den ersten Auferstehungszeugen beschränkt und sich selbst damit zur Sekte erklärt« (Käsemann, ZThK 57, 184). - Wie 18, 18 beweist, ist für Matthäus Petrus als der Bekennende nichts als der Repräsentant der Gemeinde (vgl. Clavier, Schweizer); ihm bedeutet die Schlüsselübergabe keine Verleihung einer besonderen »amtlichen« Vollmacht (→ Amt: II, → Apostolat). Das spätere Bußinstitut der Kirche (→ Bußwesen: II, → Schlüsselgewalt: II) ist hier noch gar nicht im Blick.

Der eschatologischen Gemeinde, die Gott Pfingsten schuf, ist die S. als Binde- und Lösevollmacht gegeben. In Joh 20, 19ff fallen Ostern und Pfingsten als Geistbegabung zusammen, und den Jüngern, die im JohEv noch keinerlei institutionelle Bedeutung haben, wird die Vollmacht verliehen, Sünde zu vergeben (→ Sündenvergebung: II) oder zu behalten (beachte die Umstellung gegenüber Mt 16 und das Perfekt an Stelle des Futur). Die Gemeinde aber hat diese Vollmacht nur als Trägerin des Wortes, das definitiv Leben und Tod verbreitet (Mt 10, 14f; Lk 10, 16; 2Kor 2, 14ff; 6, 2; Joh 5, 24 u.ö.; vgl. dagegen Mt 23, 13!). Wo das Wort verkündet wird, wird S. ausgeübt; auch die Feier der → Taufe und des → Abendmahles sind als Verkündigung von Christi Tod Handhabung der S. (1Kor 11, 26ff; Röm 6, 3ff). - S. ist also die eschatologische Dimension des → Kerygma. Sie reicht, wie Mt 18, 18 und 1Kor 5 beweisen, bis in die konkrete Gemeindedisziplin und schließt sicher auch die mutua consolatio fratrum ein (Eph 4, 32; Mt 18, 21ff u.ö.). - Im Kampf mit den → Häretikern um die reine Lehre wird die S. stärker institutionell gefestigt, und im Schatten des entstehenden Sakramentalismus wird die charismatische Diakonia der Gemeinde zum amtlichen Priestertum mit seinem Bußinstitut (Käsemann, ZThK 48, 182ff; Ders., Exeget. Vers.; Bultmann, NT 447ff).

Vgl. die Komm. zu Mt 16, die einschlägigen Art. im ThW, bei BAUER, WB u. in EKL sowie die Lit. bei den Verweis-Stichworten. - Ferner bes. A.DELL, ZNW 15, 1914, 38-46 - R.BULTMANN, Die Gesch. d. synopt. Tradition, (1921) 1958[3] (Lit.) - DERS., Die Frage nach der Echtheit v. Mt 16, 17-19 (ThBl 20, 1941, 265-279) - DERS., NT - BILL. I, 736ff - H.v.CAMPENHAUSEN, EvTh 4, 1937, 143-169 - DERS., Kirchl. Amt u. geistl. Vollmacht in d. ersten 3 Jh.en, 1953 - M.DIBELIUS, Jesus, (1939) 1949[2] - W.G.KÜMMEL, Kirchenbegriff u. Geschichtsbewußtsein in der Urgemeinde u. bei Jesus (SyBU 1), 1943 - E.SCHWEIZER, EvTh 6, 1947, 338-363 - E.KÄSEMANN, Ketzer u. Zeuge (ZThK 48, 1951, 292-311) - DERS., Sätze hl. Rechts (NTS 1, 1955, 248-260) - DERS., Amt u. Gemeinde im NT (Exeget. Versuche u. Besinnungen I, 1960, 109-134) - DERS., Die Anfänge christl. Theol. (ZThK 57, 1960, 162-185) - O.CULLMANN, Petrus, (1952) 1960[2] - DERS., ThLZ 85, 1960, 321-334 - H.CLAVIER, Πέτρος καὶ πέτρα (Nt. Stud. f. R.Bultmann, 1954, 94-109) - W.L.DULIÈRE, La péricope sur le pouvoir des clefs. Son absence dans le texte de Matthieu aux mains d'Irénée (NC 1954, 73-90) - R.BAUMANN, Fels der Welt, 1956 - G.BORNKAMM, Jesus von Nazareth, (1956) 1957² (Lit.) - O. BETZ, Felsenmann u. Felsengemeinde (ZNW 48, 1957, 49-77; hier Auswertung von Qumran) - H.BRAUN, Spätjüd.-häret. u. frühchristl. Radikalismus I. II, 1957 - F.OBRIST, Echtheitsfragen u. Deutung der Primatsstelle Mt 16, 18 f in der dt. prot. Theol. der letzten 30 Jahre (NTA 21, 3/4), 1961. *H.Thyen*

II. Kirchenrechtlich

1. Begriff - 2. Alte Kirche, MA und gegenwärtiges röm.-kath. Kirchenrecht - 3. Reformatorisches Verständnis

1. Außer S. (potestas clavium; potestas ligandi et solvendi) werden auch die Begriffe »Schlüsselamt«, »Schlüsselverwaltung« oder kurz »die Schlüssel« (claves) verwendet (vgl. auch → Kirchengewalt).

2. Fußend auf Mt 16, 19 und 18, 18 wurde in der nachapostolischen Zeit das Binden und Lösen im Sinne von Joh 20, 23 als Sündenvergebung verstanden (→ Kirchenzucht: I). Handelte ursprünglich hierbei die ganze Gemeinde mit Amtsträgern und Confessoren, so wurde seit Mitte des 3.Jh.s (→ Cyprian) die Handhabung der S. durch verschärfte Bußbestimmungen (→ Bußwesen: II, 1 d) auf den Bischof und die ihm unterstellten Kleriker konzentriert. Damit war für die theologisch und bes. kirchenrechtlich verschlungene und folgenreiche Lehrentwicklung das Fundament gelegt, die vom Kirchen- und Amtsverständnis her bestimmt wurde und ihre rechtliche Ausprägung in engstem Zusammenhange mit der Pönitentialpraxis und dem Bußsakrament (→ Bußwesen: II, 2) erhielt (vgl. Poschmann). Die mittelalterlichen Scholastiker haben die Lehre von der S. theologisch und kirchenrechtlich durchgebildet (vgl. Hödl). Bezüglich der rechtlichen und sakramentalen Bedeutung wurde sie am prägnantesten von → Thomas von Aquino formuliert, bereits auf dem Konzil zu Florenz 1439 (Denz. 699) und vollends in Abwehr der reformatorischen Auffassung auf dem → Tridentinum (Sess. XIV vom 25.11.1551; Denz. 894-906. 911-925) rezipiert und definiert. Ihre letzte und folgerichtige Ausprägung hat sie auf dem → Vatikanum (Sess. IV vom 18.7.1870; Denz. 1821-1840) in der exkathedralen Potestätsvollmacht des Papstes erfahren. Sie ist kirchenrechtlich in cc. 870-910 CIC formuliert. - Thomas definiert: Clavis est potestas ligandi atque solvendi, qua ecclesiasticus iudex dignos recipere et indignos excludere debet a regno (S. th. III Suppl. q. 17ff; vgl. auch → Petrus Lombardus Sent. IV d. 18). Entsprechend der Unterscheidung von potestas ordinis und potestas iurisdictionis (→ Kirchengewalt) unterscheidet er clavis ordinis und clavis iurisdictionis, wobei nur die erstere sakramentaler Natur ist und durch die Priesterweihe (→ Ordination: III. V) unverlierbar empfangen wird, ihr sakramentaler Gebrauch jedoch notwendig die Verleihung der clavis iurisdictionis voraussetzt. »Daher ist zur Spendung des Bußsakraments außer dem Besitz priesterlicher Weihegewalt hoheitliche Hirtengewalt (iurisdictio) erforderlich. Beide Gewalten verbinden sich zu einer Wirkeinheit« (Eichmann-Mörsdorf II, 69), die richterlichen Charakter trägt (actus iudicialis). Eine ohne die entsprechende oberhirtliche Gewalt erteilte Absolution ist nach kanonischem Recht ungültig und strafbar (c. 2366 CIC). Hoheitliche Hirtengewalt vollen Rechtes haben außer dem Papst (potestas suprema; potestas plena c. 218 CIC; Vatikanum, Denz. 1821ff. 1830f; → Papat, 2 a) nur die Bischöfe (c. 198 CIC; → Bischof: II, 2). Die S. bzw. Beichtgewalt des Pfarrers oder eines ihm gleichgestellten Priesters ist minderen Rechtes und ist entgegen der Regel c. 199 § 1 CIC nicht delegierbar (c. 873 § 1), sogar entziehbar (c. 880 § 2).

3. Die luth. *Reformation* entzündete sich an den theologischen und kirchenrechtlichen Grundlagen der → Ablaß- und Bußpraxis (→ Bußwesen: II, 3). → *Luther* rechnet »die Schlüssel« zu den notae ecclesiae, lehnt aber ihren gesetzlich-richterlichen Gebrauch prinzipiell ab und versteht Mt 16, 19 ausschließlich von Joh 20, 23 her, von der → Absolution und Retention der Sünden (WA 51, 480f; ASm VII; vgl. CA XXVIII u.a.). Er unterscheidet bei der → Buße poenitentia spiritualis seu evangelica, die sich nur in der »geistlichen Kirche« vollzieht (Herzensbuße; tägliche Reue und Buße), von der poenitentia ecclesiastica seu publica, die sich in der »äußeren Kirche« vollzieht (öffentliche, aber geistliche S.). Die erste kann ohne die zweite, die zweite aber niemals ohne die erste sein. Sie geschieht in foro ecclesiae und wird allein durch die notae externae ecclesiae - Wort und Sakrament - bewirkt. Hier handelt in der S. die geistliche Kirche äußerlich sichtbar, niemals aber dabei mit einer potestas iudicaria, sondern allein kraft der »ihr zur Ausübung der Barmherzigkeit anvertrauten« Vollmacht (WA 1, 540, 39). S. ist eine »ev. Gewalt« des Seelsorgedienstes auf Grund der Verkündigung des Wortes Gottes. Für Luther ist S. Taufgewalt, eine Gewalt des Christseins. Der Pfarrer handelt nicht auf Grund einer sakramentalen Potestät, sondern als rite vocatus der sichtbaren Kirche verkündet er bei der Ausübung des Schlüsselamtes Gesetz und Evangelium als »geistlicher Helfer«. Eine hierarchische Gewaltenordnung ist Luther unbekannt. Endlich hat er die kanonistische Lehre von der clavis errans (Fehlurteil bei der Schlüsselhandhabung) abgelehnt (WA 30/II, 481, 33; 486, 16 u.a.) und sich scharf gegen jeglichen richterlichen Akt der Gewissenserforschung und Satisfaktionszumessung in der Absolution gewandt. Er hat aus dem Bußsakrament die kirchliche Strafgewalt als »die andere Weise des Bindens und Lösens« herausgenommen (= Kirchenzucht) und will in der poenitentia publica kirchenzuchtlich nur die groben, öffentlichen Verbrechen (publica crimina), sofern sie das kirchliche Leben gefährden, in foro ecclesiae gemäß der ev. Regel Mt 18, 15 behandelt wissen. Nur von daher hält Luther an der → Exkommunikation fest, bejaht aber nur den sog. »kleinen Bann« (Excommunicatio minor, ASm IX), stets mit dem Ziel der Umkehr und Wiederaufnahme des Gebannten (WA 30/II, 456, 34 u.a.). - In diesem Sinne ist auch → *Melanchthons* Unterscheidung (mit kanonistischen Termini, aber im neuen Sinne Luthers) zu verstehen, wenn er das Handeln des geistlichen Amtes als potestas ordinis (hoc est ministerium verbi et sacramentorum) und die kirchenzuchtliche Gewalt als potestas iurisdictionis (hoc est auctoritatem excommunicandi obnoxios publicis criminibus, et rursus absolvendi eos, si conversi petant absolutionem) bezeichnet (AC 28, 13; auch Tract. de potest. [BSLK I, 489ff], Loci comm. 1535 [CR 21, 494. 501]). - → *Calvin* unterscheidet eine zweifache S., indem er Mt 16 und Joh 20 dem Ministerium verbi als geistliche Verkündigungsgewalt zuweist und in Mt 18 eine von Christus geordnete spiritualis iurisdictio seu disciplina der Kirche als Gemeindezucht (ius synedrii; Sittenzucht, in Genf durch das Consistoire ausgeübt) zu erkennen meint (Inst. III, 4; IV, 11. 12; Heidelb. Kat. Fr. 83). - In der luth. *Orthodoxie* wurde weniger die Ansicht Luthers, stärker diejenige Melanchthons durchgeführt, wobei die melanchthonische potestas iurisdictionis zur censura morum erweitert wurde (J.B. → Carpzov I., → Gerhard, → Hafenreffer) und sogar die potestas ordinis der Absolution wieder als »Gerichts-Handlung« beschrieben werden konnte (Carpzov; vgl. dazu bes. Elert, ML I, 310ff. 326ff). - → Großgebauer verstand S. nur bezüglich der groben öffentlichen Sünden und forderte zur Durchführung einen Gemeinde-Ältesten-Rat. Ihm folgte darin → Spener. - → Schleiermacher (Der christl. Glaube §§ 144f) sieht in der S. nur

noch »die Macht, vermöge deren die Kirche bestimmt, was zum christlichen Leben gehört, und über jeden Einzelnen nach Maßgabe seiner Angemessenheit zu diesen Bestimmungen verfügt« (Lehrs. § 145). Im weiteren 19.Jh. wurde im Zusammenhang mit der Neubesinnung auf das Wesen der Kirche und des Amtes (→ Luthertum: II, 3) auch die Frage nach dem rechten Verständnis und Gebrauch der S. erörtert (zB → Kliefoth, → Löhe, → Vilmar; dagegen → Höfling, → Harnack u.a.). Erst die jüngsten Arbeiten (v.Campenhausen, Roth, Heckel, Maurer u.a.) haben wieder auf das wirklich reformatorische Verständnis zurückgeführt. – In der »Ordnung des kirchlichen Lebens« der VELKD (1955) ist die S. in Abschn. V und XII, in derjenigen der EKU (1956) in Art. 47ff behandelt. – Eine neue, umfassende kirchenrechtliche Behandlung der S. nach ev. Verständnis steht noch aus.

Allgemein: RE XVII, 621ff - DThC XII, 722ff - LThK IX, 276ff; LThK² II, 130f. 805ff. 826ff - EKL III, 813ff. - Zu 2: cc. 870-910 CIC - Lehrbücher des → Kirchenrechts, bes. EICHMANN-MÖRSDORF II, 68ff. - K.MÖRSDORF, Der hoheitliche Charakter der sakramentalen Lossprechung (TThZ 57, 1948, 335-348) - DERS., Der Rechtscharakter der iurisdictio fori interni (MThZ 8, 1957, 161-173) - DERS., Kritische Erwägungen zum kanonischen Amtsbegriff (Festschr. f. K.G. Hugelmann I, 1959, 383-398) - J.TERNUS, Die sakramentale Lossprechung als richterlicher Akt (ZKTh 71, 1949, 214-230) - B.POSCHMANN, Buße u. Letzte Ölung (HDG IV, 3), 1951 (Lit.) - L.HÖDL, Die Gesch. der scholast. Lit. u. der Theol. der S., 1. Tl: ...von ihren Anfängen an bis zur Summa aurea des Wilh.v.Auxerre (BGPhMA 38, 4), 1960 (Lit.). - Zu 3: R.HERMANN, Das christl. »Selbstverständnis« u. der Glaube an Gott in Christo unter bes. Berücksichtigung der »Schlüssel des Himmelreiches« (ZSTh 14, 1937, 681-708) - DERS., Die Probleme der Exkommunikation bei Luther u. Th.Erastus (ZSTh 23, 1954, 103-136) - H.v.CAMPENHAUSEN (→ Schlüsselgewalt: I) - G.EBELING, Kirchenzucht, 1947 - J.HECKEL, Initia iuris ecclesiastici Protestantium (SAM 1949, 5), 1950 - E.SCHOTT, Anfänge ev. Kirchenrechts in Luthers 95 Thesen? (ZevKR 2, 1952/53, 113-138 [Kritisches zu HECKEL]) - E.ROTH, Die Privatbeichte u. die S. in der Theol. der Reformatoren, 1952 (Lit.) - W.MAURER, Die rechtl. Problematik der Lebensordnungen in der Ev.-luth. Kirche Deutschlands (ZevKR 3, 1953/54, 225-242) - DERS., Pfarrerrecht u. Bekenntnis, 1957, bes. 140ff. 183ff - H.DIEM, Lebensordnung oder Kirchenzucht (ZevKR 4, 1955, 291-307) - H.WEHRHAHN, Kirchenrecht u. Kirchengewalt, 1956, bes. 139ff - R.GÖTZE, Wie Luther Kirchenzucht übte, 1958 - J.HEUBACH, Das Verständnis des Schlüsselamtes bei Löhe, Kliefoth u. Vilmar (Festschr. f. E.Sommerlath, 1960, 313-324) - ERIK WOLF, Ordnung der Kirche. Lehr- u. Hdb. d. Kirchenrechts, 1961. - Vgl. auch die Dogmatiken von P. → ALTHAUS (§ 54), K.BARTH (KD IV/2, § 67, 4), W. → ELERT (§ 74, Lit.) sowie E.SCHLINK, Theol. der luth. Bekenntnisschriften, (1940) 1946². - Weitere Lit. s. → Bußwesen: II, → Kirchenzucht, → Kirchengewalt. *J.Heubach*

Schlunk, *Martin* (1874-1958), 1908 Inspektor, 1913 Direktor der → Norddeutschen Missionsgesellschaft, 1927 Hanseatischer Missionsdirektor in Hamburg, 1928 bis 1941 o. Prof. für → Missionswissenschaft in → Tübingen. 1910 bereits Delegierter bei der Weltmissionskonferenz von Edinburgh, war S. 1924-46 Vorsitzender des Deutschen Ev. → Missions-Tages und des Missions-Rates und in dieser Eigenschaft Führer der deutschen Delegation auf den Konferenzen von Jerusalem und Tambaram (→ Internationaler Missions-Rat). Unter seiner Leitung wuchsen die deutschen Missionen enger zusammen.

Vf. u.a.: F.Coillard u. die Mission am oberen Sambesi, 1904; Die Norddt. Mission in Togo, 1912; Die Schulen für Eingeborene in den dt. Schutzgebieten, 1914; Die Weltreligionen u. das Christentum, 1923; Die Weltmission der Kirche Christi, (1925) 1951². Hg. u.a.: Von den Höhen des Ölberges, 1928; Das Wunder der Kirche unter den Völkern der Erde, 1939. Mit-Hg.: NAMZ, 1924-39; EMZ, 1940 bis 1944. - Über S.: W.FREYTAG, M.S. (EMZ 15, 1958, 48-50). *J.Margull*

Schlußformel *der liturgischen Gebete.* 1. Die wichtigste S. ist der Abschluß (conclusio) der »Kirchengebete« (Orationen, Kollekten), der ursprünglich »durch Jesum Christum, unsern Herrn« lautete; das ist nicht als Berufung auf Christi Verdienst oder als Hinweis auf Christus als Übermittler der erbetenen Gnadengaben, sondern im Sinne von Hebr 7, 25 b zu verstehen. Erweitert wurde diese S. a) durch den Zusatz »deinen Sohn«, b) durch einen Lobpreis (in Form einer relativischen Prädikation), in dem die Einheit (unitas) der drei göttlichen Personen betont und die S. durch c) den Einschub »Gott« oder »wahrer Gott« vor arianischen Mißdeutungen geschützt wird. – 2. Als S. findet sich oft ein Lobpreis (Doxologie), zB bei den ostkirchlichen Fürbittgebeten (Ektenien) und am Ende des Kanons der röm. Messe. – 3. S. ist endlich das »Gloria patri«, das (in Messe und Hore) jedem Psalm angefügt wird, um zu manifestieren, daß die Kirche als neues Gottesvolk sich die at. Psalmgebete zu eigen gemacht hat (→ Liturgik: IV, 3). Ihm entsprechen die Gloria-patri-Strophen vieler älterer ev. Gemeindelieder.

J.A.JUNGMANN, Missarum sollemnia, (1948) 1958⁴, I, 488ff; II, 323ff - Leiturgia II, 390f. *E.Hertzsch*

Schma. Das S., so genannt, weil mit šᵉmaʿ »höre« beginnend, geht dem eigentlichen Gebet (→ Schmone Esre) voran und ist das → Bekenntnis (: II, 3) der jüd. Gemeinde zu Gottes Einheit und seinen Geboten. Jeder erwachsene männliche Jude ist verpflichtet, es täglich morgens und abends zu rezitieren (Ber. I, 1-4). Es besteht aus 3 Abschnitten des Pentateuch: Dtn 6, 4-8; 11, 13-21; Num 15, 37-41. Abends läßt man den 3. Abschnitt weg. Ein drittes Mal rezitiert man gerne den 1. Abschnitt des S. vor dem Einschlafen. Die jüd. Tradition führt das S. auf den Patriarchen Jakob zurück, der es in seiner Todesstunde seinen Kindern auferlegt habe. Es ist sicher sehr alt: nach Mischna Tamid V und Talmud Joma 37 b; Pes. 56 a; Meg. 23 b rezitierte man es schon zZ des Zweiten Tempels. Auch die Einleitung der LXX in Dtn 6, 4 über den MT hinaus erweist sein Alter. Jesus nennt es neben Lev 18, 19 als höchstes Gebot (Mk 12, 19). Vom Tempel ging es in die Synagoge über. Durch Umrahmung der 3 Abschnitte mit Hymnen (morgens zwei vorher und einer nachher, abends zwei vorher und zwei nachher) und Einschaltung einer Benediktion nach dem ersten Satz (»gepriesen sei der Name seines herrlichen Reiches immer und ewig«) wurde es liturgisch erweitert, daher respondierend vorgetragen. Frauen, Kinder und Sklaven brauchen das S. nicht zu rezitieren (Ber. III, 3), doch sollen es die Kinder lernen, sobald sie sprechen können (Sukka 42 a). Der Gebrauch der hebr. Sprache dabei ist nicht Vorschrift (Sota VII, 1). Eifrig diskutieren die Rabbinen über Haltung und Situation beim Vortrag. Für die Sterbestunde wird es als letztes Wort empfohlen, nachdem berühmte Märtyrer wie R. → Akiba ihre Seele mit dem darin enthaltenen Wort ʾæḥad »einer« ausgehaucht haben (Ber. 61 b). Zwei verschiedene Zitationen des S. (auf Phylakterien) fanden sich in → Qumran und Wādi Murabbaʿāt (Kuhn). – Vgl. → Gebet: III, → Gottesdienst: III.

Text des S. bei H.L.STRACK, Berakhot. Der Mischnatraktat Lobsagungen, 1915, 7*-9*. - M. → MAIMONIDES, Mischne Tora II (Sefer Ahaba, Hilkot qᵉriʾat šᵉmaʿ) - I.ELBOGEN, Der jüd. Gottesdienst, (1913) 1931³, 16ff u.ö. - BILL. IV, 189ff u.ö. - K.G.KUHN, Phylakterien aus Höhle 4 von Qumran (AAH 1957, 1). *E.L.Dietrich*

Schmalkaldische Artikel (SA.; L. = Luther). Die Konzilsausschreibung → Pauls III. (2.6.1536) und L.s lebensgefährliche Erkrankung veranlaßten den sächsischen Kurfürsten Johann Friedrich, am 11.12. → Luther (: I, 5) mit der Abfassung eines Bekenntnisses zu beauftragen, das auch eventuelle Konzessionen an die Katholiken berücksichtigen und zugleich sein »Testament« zur Verhütung künftiger innerprot. Streitigkeiten bilden sollte. Nach Billigung des (krankheitshalber von L. zT diktierten) konzessionslosen, die gesamte luth. Lehre umfassenden dreiteiligen Bekenntnisses durch → Jonas, → Bugenhagen, → Cruciger, → Amsdorf, → Spalatin, → Melanchthon (mit Vorbehalt betr. Papsttum) und Joh. → Agricola sandte L. dieses am 3.1.1537 dem Kurfürsten, der ihm am 7. voll zustimmte. Seine Absicht einer sofortigen Unterzeichnung durch alle kursächsischen Theologen ließ der Kurfürst (nach Unterschrift → Zwillings in Torgau) aus unbekanntem Grund fallen. Sein Plan, es dem am 10.2. in Schmalkalden zusammengetretenen Bundestag zur Annahme vorzulegen, scheiterte an dem durch Melanchthons Intrige und Landgraf → Philipp (wegen der Abendmahlsfrage) geschürten Widerstand der oberdeutschen Städte gegen ein neues Bekenntnis. Während den von Melanchthon in amtlichem Auftrag (als Ergänzung zum → Augsburger Bekenntnis) verfaßten Tractatus de potestate et primatu papae samt einem Bekenntnis zur Augsburger Konfession und deren → Apologie am 24.2. alle 33 anwesenden Theologen offiziell unterschrieben, unterzeichneten sie (außer den Oberdeutschen → Bucer, → Fagius, Ambr. → Blarer, Bonifacius Wolfhart und dem Hessen Joh. Fontanus) anschließend auf Bugenhagens Betreiben sowie die 10 Erfurter Geistlichen (am 4./5.3.) als persönliches Bekenntnis auch L.s Artikel, den seit dem 18.2. schwere Krankheit von allen Verhandlungen fernhielt.

Anläßlich der Konzilsprorogation (25.4.1538) veröffentlichte L. als Privatarbeit ohne Unterschriften, aber mit neuer Vorrede die (später - wohl zuerst am Weimarer Hof - so genannten) SA., deren Text er stark verschärfte. Joh. Friedrich († 1554), der seit Anbeginn größten Anteil an den SA. nahm, sorgte nicht nur 1543 für ihre Neuauflage, sondern verwandte sie auch erstmals in einem prot. Lehrstreit (1552 gegen → Osiander) und ordnete die Verpflichtung der Thüringer Ordinanden auf die (1553 von seinen Hofpredigern Joh. Stoltz und Joh. → Aurifaber erstmals mit den Unterschriften hg.) SA. an. Er und seine drei Söhne erreichten es, daß außer Thüringen (1571) auch andere deutsche Gebiete (Stadt Braunschweig 1563, Pommern 1565, Preußen 1567, Göttingen 1568, Nürnberg und Ansbach 1573, Braunschweig-Lüneburg und -Wolfenbüttel 1576), denen sich 1574 Kursachsen nach dem Sturz der → Kryptocalvinisten anschloß, die SA. als → Bekenntnisschrift anerkannten. Durch Aufnahme in das → Konkordienbuch (1580) wurden die SA. allgemein gültiges Bekenntnis der luth. Kirche, während der zunächst allein offizielle Tractatus fortan praktisch nur noch einen Anhang zu den SA. bildete.

K. Zangemeister, Die SA. vom Jahre 1537. Nach L.s Autograph (Faks.), 1886² - WA 50, 178-254 - RE XVII, 640ff - RGG² V, 202f - BSLK⁴ XXIV ff. 405ff. 1226ff (Lit.) - H. Volz u. H. Ulbrich, Urkunden u. Aktenstücke zur Gesch. von M.L.s SA. (1536-1574) (KIT 179), 1957 - E. Bizer, Zum gesch. Verständnis von L.s SA. (ZKG 67, 1955/56, 61-92; vgl. auch 68, 1957, 287-294) - H. Volz, L.s SA. (ZKG 68, 1957, 259-286). *H. Volz*

Schmalkaldischer Bund. Der ungünstige Abschied des Augsburger Reichstags (19.11.1530) hatte Luther und Melanchthon die Zustimmung zum → Widerstandsrecht gegen den Kaiser abgenötigt und die ev. Stände gezwungen, ihre Bündnispolitik zu ändern. Vom 26. bis 31.12.1530 verhandelten sie in Schmalkalden über ein Verteidigungsbündnis, in das beim endgültigen Abschluß (27.2.1531) die meisten Mitglieder des Torgauisch-Magdeburger Bündnisses von 1526 zusammen mit den oberdeutschen ev. Reichsstädten unter Straßburgs Führung eintraten (ohne Nürnberg und dessen Gefolgsstädte). Der Vertrag nahm den Kaiser nicht aus. Als Bekenntnis wurde die CA anerkannt, bis 1532 mit der Einschränkung, daß die → Confessio Tetrapolitana als übereinstimmend mit ihr anzusehen sei. An der Weigerung, dieses Bekenntnis zu übernehmen, scheiterte die von Hessen und Straßburg betriebene Aufnahme der Schweizer. → Zwinglis Tod förderte die Anlehnung der Oberdeutschen an den Bund, den Abschluß der politisch schon vorausgesetzten Abendmahlskonkordie und die alleinige Geltung der CA. Die trotzdem verbliebenen Spannungen verlangsamten den Fortschritt der Bundesverfassung (vorläufig abgeschlossen in Schmalkalden 2.7.1533) und führten zur Einsetzung des Kurfürsten und des Landgrafen als der beiden, zeitweilig miteinander konkurrierenden Hauptleute, konnten aber die durchschlagende politische Wirkung nicht aufheben. Obwohl die Einheit des S.B.es ausschließlich religiös begründet war, brachte er durch seine Existenz den Schwäbischen Bund zum Erliegen (1534), bot den Rückhalt für die Rückgewinnung → Württembergs (1534) und schwächte die anfänglich so bedrohliche Vormacht Kaiser → Karls V. und die habsburgische Hausmacht. So hat der S.B. den religionspolitischen Gegensatz ein halbes Menschenalter hindurch in der Schwebe gehalten, die Tätigkeit des Reichskammergerichtes (→ Reichsreform, 1) gehemmt, die friedliche Ausdehnung des deutschen Protestantismus gesichert (→ Deutschland: I, 2 a) und ihm durch die Verbindung mit England, Frankreich, Dänemark und anderen Staaten internationale Bedeutung verschafft. Den Höhepunkt der Bundesgeschichte bildet der Bundestag in Schmalkalden vom Febr. 1537 (→ Schmalkaldische Artikel), auf dem die Erstreckung für weitere 10 Jahre beschlossen wurde. Der Zerfall, herbeigeführt durch die von Landgraf → Philipp heraufbeschworene Vertrauenskrise und das Mißtrauen der Städte gegen die gegen Heinrich von Braunschweig-Wolfenbüttel siegreichen Fürsten (1542), wurde durch die Erfolge des Kaisers in Kleve und Köln offenbar und durch die Niederlage im Schmalkaldischen Kriege (1546/47) besiegelt.

O. Winckelmann, Der S.B. 1530-32 u. der Nürnberger Religionsfriede, 1892 - A. Hasenclever, Die Politik der Schmalkaldener vor Ausbruch des Schm. Krieges, 1901 - K. Müller, Luthers Äußerungen über das Recht des bewaffneten Widerstandes gegen den Kaiser (SAM 1915, 8) - J. Heckel, Widerstand gegen die Obrigkeit? (ZW 25, 1954, 156-168) - H. Volz (→ Schmalkaldische Artikel) - E. Fabian, Die Entstehung des S.B.es u. seiner Verfassung (Schr. z. Kirchen- u. Rechtsgesch. 1), 1956 - Ders., Die Schm. Bundesabschiede 1530/32, 1533/36 (ebd 7 u. 8), 1958 - Ders., Die Beschlüsse der oberdt. Schm. Städtetage 1 (1530/31), 2 (1531/32), 3 (1533/36) (ebd 9/10, 14/15, 21/24), 1959f. *W. Maurer*

Schmerz → Leiden: V.

Schmerzensmann → Andachtsbild, → Malerei und Plastik: III, 3.

Schmid, 1. *Christoph Daniel von* (1768-1854), kath. Theologe, Pädagoge, Jugend- und Volksschriftsteller; seit 1826 Domkapitular in Augsburg; mit → Sailer und → Feneberg befreundet. Besondere Verdienste erwarb sich S. um die → Jugendliteratur. Hier folgte er Sailers (vgl. → Fénelon) Forderung, Religion als Geschichte in einer der Gefühls- und Vorstellungswelt der Kinder entsprechenden Darstellung zu lehren, wobei sittlich-religiöse und moralisierende Tendenzen vorherrschen. Zur Kritik vgl. → Hebel.

GesW, 18 Bde, 1841-44 (u.a. Bibl. Geschichten, 1801); Lebenserinnerungen, 1853-57 (NB 1953); A. Werfer, Briefe u. Tagebuchbl., 1871. - Über S.: F. Eckert, Chr.v.S., 2 Bde, 1920f - J. Antz, Bildnis eines Jugendfreundes, 1932 - LThK IX, 283 - LPäd (F) IV, 15 (Lit.). *K. Dienst*

2. *Johann* (1594–1658), * in Bautzen, studierte in Straßburg und unternahm eine große Bildungsreise nach Frankreich, Holland und England, wodurch er starken Eindruck vom ref. Christentum empfing. 1623 wurde S. Prof. in Straßburg, 1629 Präses des Kirchenkonvents und in dieser Stellung Förderer der kirchlichen Reformbewegung, die Straßburg berühmt machte und ihm die Sympathien von → Lütkemann, J.V. → Andreä und → Saubert eintrug. Seine Predigt war betont praktisch auf Gewissensschärfung und -erforschung gerichtet. Er pflegte die Visitation und die Mitarbeit der Laien, beeinflußt sowohl von → Sarcerius als auch von ref. Vorbildern.

T.W.Röhrich, Mitt.en aus d. Gesch. d. ev. Kirche d. Elsasses II, 1855 – W.Horning in: Beitr. z. KG d. Elsasses 1–3, 1881–83 – P. Grünberg, Ph.J.Spener I, 1893, 110f – H.Leube, Die Reformideen in d. dt. luth. Kirche zZ der Orthodoxie, 1924, passim. *M.Schmidt*

Schmidt, 1. *Carl* (26.8.1868 bis 17.4.1938), ev. Theologe und Ägyptologe, * in Hagenow (Meckl.), † in Kairo, lehrte seit 1889 in Berlin alte KG (1909 ao., 1921 Honorar-Prof., 1928 o. Prof.). Seit 1901 war er zugleich wissenschaftlicher Beamter an der Akademie der Wissenschaften. S. war Spezialist für koptische KG.

Vf. u.a.: De codice Bruciano seu de libris gnosticis, qui in lingua coptica exstant, commentatio, 1892; Gnostische Schriften in kopt. Sprache aus dem Cod. Brucianus, 1892; Plotins Stellung zum Gnosticismus u. kirchl. Christentum, 1901; Fragmente einer Schrift des Märtyrerbischofs Petrus von Alexandrien, 1901; Die alten Petrusakten, 1903; Acta Pauli aus der Heidelberger kopt. Papyrus-Hs. Nr. 1, 1904; Koptisch-gnost. Schriften, 1905; Der 1Clem in altkopt. Übers., 1908; Altchristl. Texte bearbeitet (mit W.Schubart), 1910; Gespräche Jesu mit seinen Jüngern nach der Auferstehung, 1919; Pistis Sophia (kopt.), Kopenhagen 1925; Pistis Sophia übersetzt, 1925; Studien zu den Pseudo-Clementinen, 1929; Ein Mani-Fund in Ägypten (mit H.J.Polotsky), 1933; ΠΡΑΞΕΙΣ ΠΑΥΛΟΥ, Acta Pauli, 1936. – Hg. der TU (mit A.v.Harnack). – Über S.: A.Böhlig, In memoriam C.S. (Archiv f. ägypt. Archäologie 1, 1938, 126–129). *H.Hohlwein*

2. *Georg* (30.9.1709 bis 2.8.1785), * in Kunewalde (Mähren), † in Niesky/O.L., erlernte in seiner Heimat das Fleischerhandwerk und wanderte 1726 nach Herrnhut aus. Von dort wurde S. 1736 als erster Missionar der → Brüderunität (: II, 6) nach Südafrika gesandt. 1742 von → Zinzendorf auf schriftlichem Wege ordiniert, begann er die ersten Hottentotten zu taufen (→ Afrika: IV A, 4). Durch den Widerspruch holländischer ref. Prädikanten behindert, kehrte er 1744 zurück und diente fortan, meist als Taglöhner arbeitend, der Brüdergemeine in untergeordneten geistlichen Ämtern. 1792 erneut nach Südafrika ausgesandte Herrnhuter Missionare konnten an sein Wirken erfolgreich anknüpfen.

Nachrichten aus der Brüdergemeine, 1836, 467ff – R.Vormbaum, Ev. Missionsgesch. in Biographien IV/1. 2, 1858 – Karl Müller, G.S., 1923. *H.Motel*

3. *Hans* (1877–1953), ev. Theol. und Alttestamentler, * in Wolmirstedt, † in Halle; 1910/11 Mitarbeiter G. → Dalmans am Deutschen ev. Institut für Altertumswissenschaft des Hl. Landes zu Jerusalem, 1914 ao. Prof. in Tübingen, 1921 o. Prof. in Gießen, 1928 in Halle. S.s Forschung galt bes. den at. →Propheten und →Psalmen, wobei er sich, seinem Lehrer H. → Gunkel folgend, unter Heranziehung der vergleichenden Literatur- und Religionsgeschichte um Verständnis und Würdigung der Gattung (→ Formen: I) der at. Texte bemühte.

Bibliogr.: ThLZ 77, 1952, 438ff. Daraus: Jona (FRLANT 9), 1907; Die großen Propheten u. ihre Zeit (SAT II, 2), (1915) 1923²; Der Prophet Amos, 1917; Volkserzählungen aus Palästina (hg. mit P.Kahle), 2 Bde (FRLANT 17), 1918/30; Der Mythos vom wiederkehrenden König im AT, (1925) 1933²; Die Alkoholfrage im AT, 1926; Hiob. Das Buch vom Sinn des Leidens, 1927; Die Thronfahrt Jahves am Fest der Jahreswende im alten Israel (SgV 122), 1927; Das Gebet des Angeklagten im AT (BZAW 49), 1928; Der hl. Fels in Jerusalem, 1933; Die Pss (HAT I, 15), 1934. – Über S.: O.Eissfeldt in ThLZ 77, 1952, 437f; 78, 1953, 379–382. *E.Kutsch*

4. *Johann Lorenz* (1702–49), * als Pfarrerssohn in Zell bei Schweinfurt, studierte Theologie (bei → Buddeus in Jena), Philosophie und Mathematik. Seit 1725 Erzieher der jungen Grafen von Löwenstein in Wertheim, begann er hier eine seit längerem geplante → Bibelübersetzung (: IV, 3 b). Allerdings erschien nur der Pentateuch: »Die göttlichen Schriften vor den Zeiten des Messie Jesus, der erste Theil, worinnen die Gesetze der Jisraelen enthalten sind« (1735, anonym). Mit Hilfe der Methode von Chr. → Wolff wollte S. eine Grundlage schaffen für ein neues System der Theologie. Er betonte zwar, daß er nur der göttlichen Wahrheit gegen die Einwürfe ihrer Widersacher eine Basis geben wolle, verirrte sich aber in zahllose Künsteleien und Banalitäten. Er beseitigte alle messianischen Weissagungen auf Grund des Satzes, daß der Verfasser aus sich verstanden werden müsse. Die Wunder wurden meist natürlich erklärt. Beachtlich ist die gute Kenntnis des Hebräischen. – Um diese »Wertheimer Bibel« entspann sich ein heftiger literarischer Streit. Das Werk wurde 1737 auf Anordnung des Kaisers konfisziert und der Verfasser verhaftet. Die Löwensteinsche Regierung ließ ihn später entweichen. S. lebte schließlich in Hamburg und Altona als Korrektor und Übersetzer unter dem Namen Schröt(d)er. Dort gab er u.a. → Spinozas »Ethik« deutsch heraus, zusammen mit der Gegenschrift von Chr.Wolff. 1747 wurde er Hofmathematikus und Pagenhofmeister in Wolfenbüttel. → Lessing nannte ihn im 9. Antigoeze als mutmaßlichen Verfasser der Wolfenbütteler Fragmente, um von → Reimarus abzulenken.

J.N.Sinnhold, Ausführl. Historie der verrufenen sog. Wertheimischen Bibel I–V, 1737–39 – J.G.Walch, Einl. in die Religionsstreitigkeiten der ev. luth. Kirchen V, 1739, 1276ff – ADB XXXI, 739ff – RE III, 183f – F.Mauthner, Der Atheismus u. seine Gesch. im Abendlande III, 1922, 251ff – Hirsch II, 417ff. 435ff. *I.Ludolphy*

5. *Isaak Jakob* (1779–1847), russ. Staatsrat, * in Amsterdam, weilte als Handlungsgehilfe der Brüdergemeine zu Sarepta 1804–06 unter den Kalmücken. Im Frühjahr 1812 nach Moskau, im August nach Petersburg versetzt, verlor S. durch den Brand Moskaus seine Handschriftensammlung. In Petersburg übersetzte er Bibelteile ins Mongolisch-Kalmückische und erwies sich durch zahlreiche Veröffentlichungen als Kenner der mongolischen und tibetischen Sprache und Literatur. Auf seinen tibetischen Sprachstudien baute H.A.Jäschke auf. Durch seine buddhismuskundlichen Schriften beeinflußte S. über → Schopenhauer die abendländische Philosophie.

F.Babinger, I.J.S. (Ostasiat. Zs. 8, 1919/20, 7–21; Bibliogr.) – R.F.Merkel, Schopenhauer u. I.J.S. (AKultG 35, 1953, 85–90). *S.Raeder*

6. *Karl Ludwig* (5.2.1891 bis 10.1.1956), Neutestamentler, * in Frankfurt/M., 1918 PDoz. in Berlin, 1921 o. Prof. in Gießen, 1925 in Jena, 1929 in Bonn, 1935–53 in Basel. Exakter Philologe, Mitbegründer der Formgeschichte (→ Bibelwissenschaft: II, 6 a). Später galt sein Hauptinteresse der Beziehung von Kirche und Staat im Urchristentum. 1922–37 war er Schriftleiter der ThBl, 1945–53 Chefredaktor der ThZ.

Vf. u.a.: Der Rahmen der Gesch. Jesu, 1919; Art. Ekklesia im ThW III, 502ff; Polis in Kirche u. Welt, 1939. – Über S.: O.Cullmann, ThZ 12, 1956, 1–9. *O.Cullmann*

7. *Michael Ignaz* (1736–94), kath. Historiker, * in Arnstein (Unterfranken). Obwohl bei den Jesuiten ausgebil-

det, löste sich S. völlig von diesen und wandte sich der kath. Aufklärung zu. 1769 wurde er Vorstand des Adelsseminars, 1771 Universitätsbibliothekar und bald Prof. der deutschen Reichsgeschichte an der theologischen Fakultät in → Würzburg. Nach Vertreibung der Jesuiten hatte er wesentlichen Anteil an der Schulreform im Hochstift Würzburg. 1778 erschienen die beiden ersten Teile seiner »Geschichte der Teutschen«, deren günstige Aufnahme 1780 zu seiner Anstellung in Wien als kaiserlicher Hofrat und Leiter des Haus-, Hof- und Staatsarchivs führte. In Wien setzte S. sein Geschichtswerk bis zum Tode Kaiser Ferdinands III. (1657) fort. Abgeschlossen wurde es von J.Milbiller. Zum Erfolg des Werkes trug sein josephinistischer Geist bei, der jedoch mit Ideen → Montesquieus und Mösers verbunden war. Beachtlich sind der überkonfessionelle Standpunkt, den S. allerdings nicht für die Reformationszeit durchhielt, und die Tatsache, daß es sich um die erste wirklich nationale Geschichtsdarstellung handelt.

ADB XXXII, 6ff - G.Degenhard, Das Bild der dt. Gesch. bei M.I.S. (Diss. Göttingen), 1954. *I.Ludolphy*

8. *Wilhelm,* Völkerkundler, Linguist und Religionswissenschaftler, * 16.2.1868 in Hörde/Westf., † 10.2.1954 in Freiburg/Schw. Sohn einer kath. Arbeiterfamilie, trat S. 1883 bei den → Steyler Missionaren ein. 1892 Priester, studierte er 1893-95 orientalische Sprachen in Berlin, 1895-1905 wirkte er als Lehrer am Missionspriesterseminar St. Gabriel in Mödling bei Wien. S. kam über die Beschäftigung mit linguistischen Problemen Südostasiens und Ozeaniens zur Völkerkunde. 1906 begründete er die Zeitschrift → »Anthropos« und entfaltete alsbald eine umfassende Tätigkeit als Herausgeber, Schriftsteller und Organisator von Expeditionen zur Erforschung der Sprachen, Kulturen und Religionen der → Naturvölker. Seit 1921 wirkte er auch als Prof. an der Universität Wien. 1924 wurde er mit der Leitung der wissenschaftlichen Abteilung der Vatikanischen Missionsausstellung in Rom betraut, 1926-27 errichtete er daselbst das Päpstliche Lateran-Museum und wurde dessen erster Direktor. 1932 begründete er das Anthropos-Institut in Mödling, das 1938 nach Freiburg/Schw. übersiedelte. Von 1939-48 wirkte er ebd auch als Prof. für Völker- und Sprachenkunde. - Daneben hat S. eine umfangreiche Tätigkeit als Seelsorger und Apostel der Caritas und sozialen Fürsorge ausgeübt.

Sein umfangreiches wissenschaftliches Werk hat nur zT Bestand. Bahnbrechend wurden seine Arbeiten über das Verhältnis der austroasiatischen und austronesischen Sprachen. Sein methodologisches Programm in der → Ethnologie dagegen blieb, trotz der heftigen Polemik gegen den »Evolutionismus«, diesem verhaftet, und seine Auffassungen über Kulturkreise und Kulturschichten (→ Kulturkreislehre), zuerst umfassend niedergelegt in »Völker und Kulturen« (1924, zusammen mit W.Koppers), haben sich nicht halten lassen. Ebenso scheiterte sein Bemühen, Sprachen- und Kulturkreise zu parallelisieren (»Die Sprachfamilien und Sprachenkreise der Erde«, 1926). Der Versuch, die Pygmäen und Pygmoiden der Menschheit als Träger von »Urkulturen« zu erweisen (»Die Stellung der Pygmäenvölker in der Entwicklungsgeschichte des Menschen«, 1910), sollte durch zahlreiche Forschungsreisen hervorragender Missionsethnologen (Schebesta, Vanoverbergh, Gusinde, Schumacher u.a.) unterbaut werden; tatsächlich aber erzwingen die von diesen Forschern erarbeiteten Materialien eine völlige Revision der Theorie. - Eine umfassende Darstellung seiner Ansichten über den → Urmonotheismus und den religiösen Entwicklungsgang der Menschheit überhaupt gab S. in seinem Werk »Der Ursprung der Gottesidee« (12 Bde, 1912-55); wegen des Vorwaltens der vorgefaßten Konzepte ist es auch als Quellensammlung nur mit Vorsicht zu benutzen. Dasselbe gilt für die Zusammenfassung im »Handbuch der vergleichenden Religionsgeschichte« (1930) sowie für das dreibändige Werk »Das Eigentum auf den ältesten Stufen der Menschheit« (1937-42). - Vgl. → Feste: I, 1; → Hochgottglaube; → Monotheismus: I, 1; → Mutterrecht; → Religionsgeschichte, 3.

Festschr.: Publication d'hommage offerte au P. W.S., hg.v. W.Koppers, Wien 1928. - Vollst. Bibliogr. (ohne postume Schriften): Anthropos 49, 1954, 385-432. - F.Bornemann, P. W.S.s Aufsätze u. Vorträge (ebd 663-668) - Ders., P. W.S.s Vorlesungen über den Entwicklungsgedanken in der älteren Religion (ebd 669-682) - J.Haekel, Prof. P. W.S.s Bedeutung für die Religionsgesch. des vorkolumbischen Amerika (Saeculum 7, 1956, 1-39) - J.Henninger, P. W.S. Eine biogr. Skizze, 1956 (aus Anthropos 51, 1956, 19-60; mit Verzeichnis früherer biogr. Jubiläumsartikel u. der Nekrologe) - H.Baumann, P. W.S. u. das Mutterrecht (ebd 53, 1958, 212-228). *W.E.Mühlmann*

Schmidt-Rottluff, *Karl,* Maler, Graphiker und Kunsthandwerker, * 1.12.1884 in Rottluff, einem Vorort von Chemnitz (Sachsen). S.-R. studierte Architektur in Dresden (als Maler Autodidakt), war 1905 Mitbegründer der »Brücke« (→ Malerei und Plastik: VI, 1 a) und lebt seit 1911 in Berlin. 1931 Mitglied der Preußischen Akademie der Künste, wurde er 1933 ausgeschlossen und erhielt 1941 Malverbot. Seit 1947 lehrt er an der Hochschule für bildende Künste in Berlin (1952 Kunstpreis der Stadt Berlin). - 1906-09 Bilder eines »monumentalen Impressionismus«, 1910 dynamischer »Brücke«-Stil, 1911-12 farbiger Flächenstil, 1912-15 Betonung des Volumen. Nach dem Krieg entstanden numinose Bilder (»Gespräch vom Tod«, 1920). Trotz allmählich größerer Naturnähe sind seit 1945 Form und Farbe wieder vordringlich. - S.-R. ist der verschlossenste der »Brücke«-Maler, er vermeidet Assoziationen und bemüht sich um die geschlossene Form. Das Numinose führt gelegentlich zum Religiösen, bes. im Holzschnitt (→ Graphik): 1917 »Die Heiligen Drei Könige«, 1919 Folge von 9 Christus-Blättern (Verwandtschaft mit dem Bildzeichen-Stil der mittelalterlichen Miniaturen; s. Taf. 6 Abb. 4).

E.v.Sydow, Die dt. express. Kultur u. Malerei, 1920 - W.Valentiner, S.-R., 1920 - R.Schapire, S.-R.s graph. Werk, 1924 - W. Grohmann in: Thieme-Becker, Künstlerlexikon XXX, 1936, 170 - Ders., K.S.-R., 1956 (mit Werkverz. u. Bibliogr.). *W.Grohmann*

Schmiedel, *Paul Wilhelm* (22.12.1851 bis 10.4.1935), * in Zaukeroda (Sachsen), 1878 PDoz. für NT in Jena, 1893 Prof. in → Zürich. Für Jahrzehnte der beherrschende Lehrer der Zürcher Fakultät, widmete er sich als liberaler Forscher vor allem exegetischen und historischen Fragen (Kommentar zu Thess und Kor im Hand-Commentar zum NT, 1892²; zahlreiche Artikel in EB, hier die berühmte These von den 9 Grundsäulen für ein geschichtliches Jesusbild; teilweise Neubearbeitung von Winers Grammatik des griech. NT. Eine neue Konkordanz und eine Synopse blieben unveröffentlicht).

A.Meyer, PrM 25, 1921, 161-167 - L.Köhler, Jahresber. d. Univ. Zürich 1935/36, 61-63. *W.G.Kümmel*

Schmitt, *Carl,* * 11.7.1888 in Plettenberg, zählt zu jener Schule des Öffentlichen Rechts in Deutschland, die sich vom Positivismus abwandte und die Rechtsbetrachtung historisch, soziologisch und politisch zu erweitern suchte. Er begriff das Wesen der → Politik als Entscheidung über Freund und Feind. Er nannte Dezisionismus die an gegenrevolutionären Traditionen der Staatsphilosophie (de → Maistre, → Bonald, Donoso Cortés u.a.) anknüpfende Überzeugung, daß Ordnung nur durch normativ nicht faßbare, d.i. souveräne politische Dezisionen gestiftet werde. Im Dezisionismus sah er den Weg der Erneuerung des Rechtsdenkens zu »konkretem Ordnungs- und Gestaltungsdenken«. Er deutete die neuere Geschichte als Weg vom absoluten Staat des 18. über den neutralen Staat des 19. zum totalen Staat des 20.Jh.s, in dem die liberalen Neutralisierungen der Politik und die Spaltung zwischen → Staat und → Gesellschaft wieder aufgehoben würden. Durch sein einflußreiches Werk und seinen geistigen Weg hat S. bedeutenden Anteil an den Irrungen, aber auch den Klärungen in der geistigen und politischen Geschichte Deutschlands seit dem 1. Weltkrieg. S. kritisierte die Weimarer Republik als Entartungszustand des parlamentarischen Gesetzgebungsstaats und als pluralistischen (→ Pluralismus) Zerfall der politischen Homogenität. Demgegenüber begriff er die nationalsozialistische Machtergreifung als Wiedergewinnung einer Autorität, die mit »Artgleichheit und Führertum« wieder substantielles Recht in der Einheit von »Staat-Bewegung-Volk« verwirklichen könne. An den universalistischen Konzeptionen des → Völkerrechts kritisierte er, daß sie zur Rechtfertigung imperialistischer Interventionen und zu einem den Feind als Verbrecher diskriminierenden Kriegsbegriff führten. Demgegenüber verteidigte er die Konzeption eines europäischen Großraum-Reiches unter deutscher Hegemonie und postulierte für den Kriegsfall ein Interventionsverbot für »raumfremde«, außereuropäische Mächte. – Auf die eigene Verstrickung in die Entwicklung des Nationalsozialismus und die Erfahrungen aus dem 2. Weltkrieg zurückblickend sucht S. Rückbesinnung auf die geschichtliche Substanz rechtsstaatlicher Institutionen und auf den völkerrechtlichen »Nomos der Erde«, den er als eine Pluralität von Großraumordnungen mit wechselseitigem Interventionsverbot ansieht.

Vf. u.a.: Polit. Romantik, (1919) 1925^2; Die Diktatur, (1921) 1928^2; Polit. Theol., (1922) 1934^2; Verfassungslehre, (1928) 1956^3; Der Hüter der Verfassung, 1931; Der Begriff des Politischen, 1932; Staat, Bewegung, Volk, 1934; Über die drei Arten des rechtswiss. Denkens, 1934; Positionen u. Begriffe, 1940; Der Nomos der Erde, 1950; Verfassungsrechtl. Aufsätze, 1958. – Vollst. Bibliogr. in: Festschr. f. C.S., 1959, 275–330. – Über S.: P.SCHNEIDER, Ausnahmezustand u. Norm, 1957 (dazu H.HUBER, JZ 1958, 341 ff) – CHR. Graf v. KROCKOW, Die Entscheidung, 1958 (dazu G.LEDER, Neue polit. Lit. 1960, 216 ff) – J.FIJALKOWSKI, Die Wendung zum Führerstaat, 1958 (dazu K.SONTHEIMER, ARSP 1959, 621 ff). *J.Fijalkowski*

Schmolck, *Benjamin* (1672–1737), luth. Theologe, Kirchenlieddichter (→ Kirchenlied: I, 3 d), * in Brauchitschdorf bei Liegnitz, † in Schweidnitz. Schüler hauptsächlich in Liegnitz und in Lauban bei dem Pietisten Gottfried Hoffmann, Student in Leipzig, wurde S. 1697 Hilfsprediger bei seinem Vater und 1702 Pfarrer in Schweidnitz. Bis zur Altranstädter Konvention 1707 war sein Wirken von der Gegenreformation gezeichnet, die sich manchmal in seinen Liedern spiegelt – wie auch Orthodoxie, Pietismus und beginnender Rationalismus, deren Zwist er als Student erlebt hatte. Der II. Schlesischen Dichterschule zugerechnet, ist S. nicht frei von Barocküppigkeit, weiß aber auch sehr biblisch zu sprechen, zumal er seine Dichtungen oft nach der Predigt zitierte und sogleich von der Gemeinde singen ließ. Von seinen 1200 Liedern stehen 33 in heutigen Gesangbüchern (6 im EKG-Stamm). Melodisten seiner Texte waren vor allem G.Stölzel in Gotha (1726) und der Reformierte K.Bachofen in Zürich (1743).

Herrn B.S.s ... sämmtl. trost- u. geistreiche Schriften I. II, 1740/1744. – L.GROTE, B.S.s Lieder u. Gebete, 1860^2 – RE XVII, 661 ff – ADB 32, 53 ff – R.NICOLAI, B.S. (Bh. z. Correspondenzblatt des Vereins für Gesch. der Ev. Kirche Schlesiens XI/2), 1909 – Hdb. z. EKG II/1, 1957, 228 ff; Sonder-Bd, 1959^2, 78 ff. 175 f. 206 f. 239. 583. *S.Fornaçon*

Schmoller, *Gustav* (24.6.1838 bis 27.6.1917), Prof. der Volkswirtschaftslehre in Halle, Straßburg und (seit 1882) Berlin, führender Vertreter der sog. jüngeren historischen Schule der Nationalökonomie und als solcher zentrale Figur im »Methodenstreit« der 1870er Jahre. In dem Maße, wie diese Auseinandersetzung zwischen den Anhängern einer mehr abstrakt-deduktiven und einer mehr wirtschaftshistorisch und sozialpolitisch orientierten Wirtschaftslehre wohl doch als »akademisches« Mißverständnis erkannt wird, läßt sich auch die Bedeutung S.s für die Entwicklung der Volkswirtschaftslehre eher würdigen. Durch die Einbeziehung auch nicht-wirtschaftlicher »Daten« verliert S.s Wirtschaftslehre zwar an Allgemeingültigkeit, gewinnt aber dafür ein Maß an Wirklichkeitsnähe, das die → Wirtschaftstheorie potentiell zur Beantwortung auch solcher Fragen befähigt, die sich aus dem Verhältnis von Staat und Wirtschaft und aus der Einordnung der → Wirtschaft in ein umfassenderes System gesellschaftlicher Wertordnungen ergeben. Leitgedanke in S.s Werk ist »Gerechtigkeit in der Volkswirtschaft«. Die empirisch gewonnene Überzeugung, daß der Optimismus einer naturgesetzlich konzipierten Harmonielehre unbegründet sei, führt bei S. aber weder zu sozialrevolutionären noch sozialreaktionären Programmen, sondern zur entscheidenden Mitarbeit im »Verein für Sozialpolitik«, dessen Vorsitzender er 1890 bis 1917 war.

Vf. bes.: Zur Gesch. der dt. Kleingewerbe im 19.Jh., 1870; Grundriß der allg. Volkswirtschaftslehre I. II, (1900/04) 1923^2. – Hg.: Jb. f. Gesetzgebung, Verwaltung u. Volkswirtschaft, 1881 ff. – Über S.: C.BRINKMANN, G.S. u. d. Volkswirtschaftslehre, 1937 – HWSW IX, 135 ff (DERS.; Bibliogr., Lit.). *H.W.Gerhard*

Schmone 'Esre, dh »achtzehn« (Bitten), das rabbinische Hauptgebet (→ Gebet: III, → Gottesdienst: III, 2 a), auch einfach t^{e}fillā »Gebet« (im Talmud meint »Gebet« immer das S.E.), aram. ṣ^{e}lôtā, täglich dreimal, morgens und abends nach dem → Schma, nachmittags nach Ps 145 zu sprechen. Das S.E. heißt so, weil es ursprünglich aus 18 (jetzt 19) »Segenssprüchen« (b^{e}rakôt) besteht, die Simon der Flachshändler vor Ende des 1.Jh.s nChr im Auftrag des Synhedriums von Jabne unter Gamaliel II. »geordnet« (hisdîr), dh wohl in eine feste Reihenfolge gebracht hat; seitdem ist es tägliches Gebet (Ber. IV, 3; Tos. Ber. III, 25). Damals wurde die 12. Bitte gegen die Häretiker eingefügt. Das S.E. bestand also schon vorher, wahrscheinlich schon vor der Makkabäerzeit (vgl. Dan 6, 11). Die 14., 17. und 18. Bitte entstammen wohl der alten Tempelliturgie. Wegen des Verbotes, liturgische Texte aufzuschreiben (bis 500 nChr), blieb der Wortlaut lange schwankend (jBer 8 a). Noch heute gibt es Varianten und eine babylonische und eine ältere palästinische Rezension. Von Anfang an war das S.E. Gemeindegebet: jeder Bitte folgt die Antwort der Gemeinde im Hymnenstil, mit Lobpreis Gottes und einem die Bitte zusammenfassenden Epitheton. Der *Inhalt* des S.E. betrifft seelische, materielle und nationale Anliegen: Gesundheit, Segen der Arbeit, Erkenntnis, Buße, Vergebung, Erlösung, Heilung, Nahrung; ferner die Erfüllung eschatologischer Erwartungen: gerechte Obrigkeit, Kommen des Messias, Wiederaufbau Jerusalems, Sammlung der Zerstreuten, Auferweckung der Toten. Introitus (1.–3. Bitte) und Schluß (16.–19.) betet man täglich, das Mittelstück (4.–15.) nur an Werktagen; es wird an Sabbaten und Feiertagen durch andere Stücke ersetzt. Vielleicht liegt der Einteilung Zahlenmagie zugrunde (3 + 12 + 3). Zwischen der vorletzten und letzten Bitte wird der → Aaronitische Segen, im Schlußteil bei der Wiederholung durch den Vorbeter das Trishagion (Jes 6, 3) gesprochen. Auch Frauen, Kinder und Sklaven sollen das

S.E. dreimal täglich beten (Ber. IV, 1). Der Vorbeter spricht es in der Synagoge von vertieftem Platz aus (wegen Ps 139, 2), mit Richtung nach Jerusalem, und tritt danach drei Schritte zurück (wie vor dem König). Hinterher sind persönliche Bitten erlaubt. Da das S.E. stehend vorgetragen wird, heißt es bei den Sefardim auch ʿamîdā (»Stehen«).

Text bei H.L.Strack, Berakhot, 1915, 9*-12*. - P.Fiebig, Jüd. Gebete u. das Vaterunser (ChW 20, 1906, 967f) - Schürer II, 543ff - I.Elbogen, Der jüd. Gottesdienst, (1913) 1931³, 27ff u.ö. - Bill. I, 406ff; IV, 208ff - W.O.E.Oesterley, The Jewish Background of the Christian Liturgy, Oxford 1925 - C.W.Dugmore, The Influence of the Synagogue upon the Divine Office, 1944 - K.G. Kuhn, Achtzehngebet u. Vaterunser u. der Reim (WUNT 1), 1950.

E.L.Dietrich

Schmuck. Aus ursprünglich religiösen Motiven sind S. und S.bedürfnis in ihren verschiedenen Formen entstanden: dem direkten Körper-S. (→ Tätowierung, Bemalung, Abschleifen und Färben der Zähne bei der → Initiation, bes. als Mut- und Schmerzprobe), dem S. der Gewandung und der kunstvollen Verzierung von Gefäßen, → Waffen und Geräten. Eine rein kosmetische Erklärung kann die Ursprünge nicht erfassen, da zB Tätowierungen zT an verborgenen Körperstellen angebracht werden und beweglicher S. als → Grab-Beigabe verwendet wird. Doch ist der religiöse Ursprung wahrscheinlich nicht aus einem einzigen Prinzip zu erklären. Der Besitz geheimnisvoller → Macht (: I), der mit dem S. verbunden ist, kann verschiedene Intentionen haben. Beim → Amulett handelt es sich um ein vorwiegend apotropäisch wirkendes Zaubermittel, beim Talisman um einen glückbringenden Gegenstand. Die rechte Wirkung des S.s ist an den rechtmäßigen Besitzer gebunden; dem unrechtmäßigen bringt der S. Fluch und Verderben (Nibelungenhort). Damit ist der bedeutungsmäßige Übergang von einer religiösen Wertung des S.s zum Kennzeichen sozialer Unterschiede gegeben; der S. richtet sich nach Rang und Stellung des Trägers. Der Purpurstreifen an der Toga war bei den Römern den höheren Beamten vorbehalten. Bei den Azteken waren bestimmte S.muster der → Kleidung vom König verliehene Rangabzeichen. Durch besonderen S. ist der König (→ Königtum, sakrales) ausgezeichnet; Krone und Szepter sind machtgeladen. Im MA werden die kaiserlichen → Herrschaftszeichen als Machtträger verehrt. - Die Verwendung von sog. Maskotten im modernen Sport zeigt, daß sich der Übergang von einer religiös-magischen zu einer profan-ästhetischen Wertung des S.s bis heute nicht eindeutig vollzogen hat.

W.Wundt, Völkerpsychologie IV (Mythus u. Religion I), (1905) 1920³, 106f. 141. 144f. 289 - HWDA VII, 1255ff - Nilsson I, 200 - van der Leeuw § 3 - W.Krickeberg, Altmexikanische Kulturen, 1956, 110ff - Thompson (s. Reg. s.v. Ornaments) - RAC IV, 505ff (Lit.) - H.Tischner, Völkerkunde, 1959 (s. Reg.). *G.Lanczkowski*

Schnabel, *Tilemann* (ca 1475-1559), Augustiner in Alsfeld (Oberhessen), in Erfurt und Wittenberg »Schulgeselle« Luthers, der 1515 S.s Promotor zum Dr. theol. war. 1520 Provinzial der thüringisch-sächsischen Augustinerprovinz, gehörte S. seit 1521 der »ev. Bewegung« in → Hessen (: I, 2) an. Infolge Predigtverbotes durch → Philipp von Hessen begab er sich 1523 nach Ablegen der Mönchskutte zu Luther, der ihn als Prediger nach Leisnig (Mulde) sandte. Bei Einführung der Reformation in Hessen 1526 wurde S. durch Landgraf Philipp zurückberufen. Als erster Sup. der Diözese Alsfeld war er Mitberater verschiedener für die hessische Reformationsgeschichte entscheidender Gutachten sowie Mitunterzeichner der Ziegenhainer Kirchenzuchtordnung von 1538. Die → Täufer wie auch das → Interim in Hessen lehnte S. unnachgiebig ab.

Fritz Herrmann, D. T.S., (1905) 1925² - W.Diehl, Ev. Bewegung u. Reformation im Gebiet der hessen-darmstädt. Lande, 1926 - Urkundl. Qu. zur hess. Reformationsgesch. I-IV, hg.v. G.Franz, 1951-57. *W.Zeller*

Schneckenburger, *Matthias,* ev. Theologe, * 17.1. 1804 in Talheim bei Tuttlingen, † 13.6.1848 in Bern. Der Zögling des Tübinger Stifts wurde nach kurzer Repetenten- und Pfarramtszeit 1834 als Prof. für syst. Theol. an die neu gegründete Universität → Bern berufen. Gezwungen, auf die Bedürfnisse der ref. bernischen Kirche Rücksicht zu nehmen, entwickelte der württembergische Lutheraner eine vergleichende Dogmatik der ev. Bekenntnisse, die bes. durch ihre ausgebreiteten Quellenstudien noch immer von Bedeutung ist. Sein Hauptwerk ist die »Vergleichende Darstellung des luth. und ref. Lehrbegriffs« (postum hg.v. E.Güder, I. II, 1855). S. verfaßte zahlreiche, zT kritische, exegetische und historische Arbeiten, griff auch in die Auseinandersetzung um die Kirchenpolitik Friedrich Wilhelms IV. ein und nahm mehrfach gegen den Plan eines anglo-preußischen Bistums in Jerusalem Stellung.

Vf. ferner u.a.: Beiträge zur Einl. ins NT u. z. Erklärung seiner schwierigen Stellen, 1832 (De Wette gewidmet); Das anglo-preuß. Bisthum zu St. Jakob in Jerusalem u. was daran hängt, 1842; Die oriental. Frage d. dt.-ev. Kirche, 1843 (beide anonym ersch.); Die Berliner ev. Kirchenzeitung im Kampfe f. d. Bisthum Jerusalem, 1844; Zur kirchl. Christologie. Die orth. Lehre v. doppelten Stande Christi nach luth. u. ref. Fassung, (1844) 1861²; Vorles. über d. Lehrbegriffe d. kleineren prot. Kirchenparteien, hg.v. K.B.Hundeshagen, 1863. - Über S.: RE¹ XIII, 609ff (Lit.; gekürzt in RE³ XVII, 666ff) - ADB XXXII, 86ff - G.Tobler, Aus d. Leben d. Prof. M.S. (Bll. f. bernische Gesch., Kunst u. Altertumskunde 1, 1905, 46-53) - F.Haag, Die Sturm- u. Drang-Periode d. bernischen Hochsch. 1834 bis 1854, 1914 (553f Bibliogr.) - R.Feller, Die Univ. Bern 1834 bis 1934, 1935. *K.Scholder*

Schneidemühl, gegr. ca 1380, erhielt 1513 Magdeburger Stadtrecht, gehörte bis 1772 zu Polen, bis 1807 zu Preußen, 1807-15 zum Herzogtum Warschau, danach zu Preußen (Provinz → Posen bis 1919). Nach der Bildung der Provinz Grenzmark Posen-Westpreußen (1919) wurde S. Provinzialhauptstadt, gehörte seit Auflösung der Provinz Grenzmark (1938) als Regierungsbezirk zu Pommern und kam 1945 unter polnische Verwaltung (1955: 27400 Einwohner). - Die *ev. Gemeinden* der Provinz Grenzmark wurden zunächst vom Konsistorium in Stettin mitverwaltet. 1923 wurde S. Sitz eines Generalsuperintendenten, 1924 eines Konsistoriums und dadurch Mittelpunkt einer Provinzialkirche. Diese wurde 1947 nach Austreibung ihrer Glieder durch Dekret der polnischen Regierung ausgelöscht; ihr Erbe bewahrt ein Hilfskomitee. - Die *kath. Kirche* errichtete für den Bereich der Provinz Grenzmark 1920 eine apostolische Administration mit dem Sitz in Tütz, später in S. Bei der Neuordnung der kirchlichen Verhältnisse Ostdeutschlands 1930 wurde sie in eine Freie Prälatur umgewandelt und dem Erzbischof von Breslau unterstellt. Seit 1945 steht sie unter polnisch-kirchlicher Verwaltung (polnischer Titularbischof mit Sitz in Landsberg a.W.). Der vom Hl. Stuhl ernannte deutsche Kapitularvikar kann nicht amtieren.

Die Ostgebiete des Dt. Reiches, hg.v. G.Rhode, 1956³, 253ff. 320 - L.Heine, Gesch. des Kirchenkampfes in der Grenzmark Posen-Westpreußen 1930-40 (Arb. z. Gesch. d. Kirchenkampfs 9), 1961.

H.Hohlwein

Schneider, 1. *Carl Samuel* (1801-82), ev. Theologe und Politiker, * in Bielitz. Nach dem Theologiestudium (1825-28) in Wien war S. bis 1832 in Bielitz Rektor der ev. Schule, dann Pfarrer, 1858 schlesischer Senior, 1864 mährisch-schlesischer Sup. und wurde mehrmals Präsident der Wiener Generalsynode. Als einziger ev. Geistlicher zu dem von Wien nach Kremsier verlegten österreichischen Reichstag (1848) entsandt, trat er erfolgreich für die Gleichberechtigung der Evangelischen in → Österreich (, 5) ein. Berühmt wurde seine Rede vom 27.2.1849. An der Realisierung des provisorischen Protestanten-Gesetzes von 1849 hatte er wesentlichen Anteil. Die Belange der ev. Kirche vertrat er seit 1861 im schlesischen Landtag und als Reichstagsabgeordneter im Wiener Parlament. S. erwies sich daneben als kräftiger Förderer des ev. Schulwesens und ev. Sozialeinrichtungen.

Vf. u.a.: Erzählungen eines alten Pastors aus seinem Leben, 1880. - Über S.: C.Wurzbach, Biogr. Lexikon des Kaiserthums Österreich, 1876, 31 - R.E.Wagner, Der Bielitzer Zion in den Predigten seiner Pastoren, 1921 - G.Mecenseffy, Gesch. des Protestantismus in Österreich, 1956, 212f. *L.v.Eltz-Hoffmann*

2. *Eulogius* (ursprünglich *Johann Georg;* 1756–94), kath. Theologe, * in Wipfeld bei Würzburg, † in Paris. Nach gescheitertem Jurastudium trat S. 1777 bei den Franziskanern ein. 1780 wurde er Priester, 1784 Klosterlektor in Augsburg, nach Säkularisation 1786 Hofprediger in Stuttgart, 1789 Prof. der schönen Wissenschaften in Bonn. Hier löste er sich vollständig vom Orden und ging, wegen Rationalismus und Parteinahme für die Revolution entlassen, 1791 nach Straßburg. Als Prof. der KG und der geistlichen Beredsamkeit, Vikar des konstitutionellen Bischofs Brendel und Mitglied des Rates feierte er 1793 im Münster das Fest der »Göttin Vernunft« und legte sein Priesteramt nieder. Vorübergehend Bürgermeister von Hagenau, dann öffentlicher Ankläger des Revolutionstribunals, zog er mit der Guillotine durchs Land. Wegen seiner Prunksucht, Tyrannenlaunen und Maßlosigkeit wurde er, zwischen die deutsche und französische revolutionäre Partei geraten, verhaftet und in Paris hingerichtet.

Vf. u.a.: Predigt über d. christl. Toleranz, (1785) 1786; Katechet. Unterricht in d. allgemeinsten Grundsätzen d. prakt. Christentums, (1790) 1801²; Gedichte, (1790) 1813⁵ (mit seiner Bonner Antrittsvorlesung: Über d. gegenw. Zustand u. d. Hindernisse d. schönen Lit. im kath. Deutschland). - Hg.: Argos, 1791-93. - Über S.: F.C. Heitz, Notes sur la vie et les écrits d'E.S., 1862 (Bibliogr.) - F.H. Wegele, E.S. (HZ 37, 1877, 257-292) - E.Mühlenbeck, E.S. 1793, 1896 - L.Oliger, E.S. als Franziskaner (FS 4, 1917, 368-394; Lit.) - E.Nacken, Studien über E.S. in Deutschland (Diss. Bonn), 1933 - Ders., E.S. in Salzburg (Mitt. d. Ges. für Salzburger Landeskunde 74, 1937, 169-179; Lit.) - P.Paulin, Der humanist. u. philos.-theol. Bildungsgang E.S.s (Archiv f. elsäss. KG 9, 1934, 287-386) - M.Braubach, Die erste Bonner Univ. u. ihre Professoren, 1947.

3. *Johannes* (7.7.1857 bis 12.8.1930), ev. Theologe, * und † in Höxter/Weser, 1882 Pfarrer in Warburg, 1883 in Lichtenau, 1891 in Elberfeld, 1918 Referent im Ev. Oberkirchenrat Berlin, 1922 Honorar-Prof. mit Lehrauftrag für Kirchenkunde an der Universität Berlin, 1923 Leiter des Kirchenstatistischen Amtes im Deutschen Ev. Kirchenausschuß, 1924 Oberkonsistorialrat im Kirchenbundesamt. S. übernahm 1894 die Herausgabe des von seinem Vater 1873 begründeten Kirchlichen Jahrbuchs. Von seiner Persönlichkeit geprägt, wurde es eine Quelle für die → Kirchenkunde der Gegenwart. Zugleich begründete und entfaltete S. die ev. kirchliche → Statistik.

Vf. u.a.: Die Säkularisationen von 1810 u. die Dotationsansprüche der Kirche, 1910; Bekenntniskirche oder Zweckverband?, 1917; Was leistet die Kirche dem Staat u. dem Volk?, (1918) 1920³; Die kirchl. Statistik in ihrer apologet. Bedeutung, 1929. - Über S.: O.Zänker in: KJ 57, 1930, III-VI - H.Kapler in: Allg. Kirchenbl. f. d. ev. Deutschland, 1930, H. 8, 225-227.

4. *Paul* (29.8.1897 bis 18.7.1939), ev. Theologe und Märtyrer, * in Pferdsfeld bei Kreuznach, 1926 Pfarrer in Hochelheim Kr. Wetzlar, 1934 in Diekenschied (Hunsrück). Seine Maßnahmen zur Kirchenzucht im Sinne der → Bekennenden Kirche führten zu Zusammenstößen mit dem NS-Regime und wiederholten Verhaftungen. Als S. der Ausweisung aus dem Rheinland (1937) nicht nachkam, wurde er in das Konzentrationslager Buchenwald gebracht. Hier wurde er zum »Prediger von Buchenwald«, der von seiner Zelle aus an jedem Morgen mit lauter Stimme für seine Mithäftlinge eine Morgenandacht hielt, auch den auf dem Appellplatz Angetretenen ein tröstendes Bibelwort zurief. An den Folgen der Prügelstrafen und einer bewußt überdosierten Strophantinspritze starb er als ein treuer Zeuge Jesu Christi.

H.Vogel, Der Prediger von Buchenwald. Das Martyrium P.S.s, (1953) 1959⁴ - J.Erb, Die Wolke der Zeugen II, 1954, 518ff - A.Leber, Das Gewissen entscheidet, 1957, 146ff. *H.Hohlwein*

5. *Reinhold,* kath. Schriftsteller, * 13.5.1903 in Baden-Baden, † 6.4.1958 in Freiburg/Br. Der Vater war prot., die Mutter kath. S. wurde kath. erzogen und erst nach längerer kaufmännischer Tätigkeit Schriftsteller. Anlage zu Schwermut war von jungen Jahren an vorhanden. Früh beschäftigte sich S. mit → Nietzsche, → Schopenhauer und dessen Leidenslehre. Das Studium Kierkegaards und des span. Philosophen Miguel de Unamuno verhalfen dem Schöpferischen in S. zum Durchbruch. Als 27jähriger veröffentlicht er sein erstes Buch »Das Leiden des Camoes«. Der Lebensbericht »Verhüllter Tag« (1954) gibt Auskunft über die Wichtigkeit dieses Erstlings und über den inneren Werdegang des Dichters. Reisen nach Spanien, Portugal und ein Besuch des Escorial haben die erste der großen literarisch-historischen Arbeiten zum Ergebnis: »Philipp II.« (1931). Es ist die Geschichte vom tragischen Ende der kath. Weltmacht Spanien. Das Buch trägt den Untertitel »Religion und Macht«. Damit hat S. sein Zentralthema gefunden. In den »Hohenzollern« (1933) werden ähnliche Gedanken entwickelt. Hintergrund ist nun die prot. Welt Preußens. Das Buch beginnt mit der Geschichte des Deutschen Ordens und endet bei Friedrich Wilhelm II. 1936 folgt die Chronik »Das Inselreich« mit dem Untertitel »Gesetz und Größe der britischen Macht«. Die Auseinandersetzung mit dem Phänomen Macht steht auch hier im Zentrum. 1938 erscheint »Las Casas vor Karl V.«, Szenen aus der Conquistadorenzeit, in denen es erneut um die Frage geht, wie die Forderungen des Christentums und des weltlichen Machtbereichs gleichzeitig verwirklicht werden können. Dies bleibt S.s Grundfrage: Wie zeigt sich Gottes Wirken in der Historie und wie kommt es zu der immer wieder beobachtbaren Diskrepanz zwischen dem Reich Gottes und der Welt, in der wir leben? Ihre Ursache bleibt Geheimnis. Aber wir sind aufgerufen, uns dennoch über sie Gedanken zu machen. Wir können die Diskrepanz nicht aus dem Weg schaffen, aber wir können demütig sein und uns beugen vor dem undurchschaubaren Ratschluß Gottes. Hingabe, Opfer, Demut im Hinblick auf Gott sind für S. Tugenden von Kraft und Stärke (vgl. u.a. auch die Essay-Sammlung »Macht und Gnade«, 1940). – S. versuchte sich nach 1945 mehrfach an der dramatischen Form. Dem politischen Drama »Der Kronprinz« (1949) folgten 1951 »Der Traum des Eroberers« (ein Stück um die Gestalt Wilhelms des Eroberers) und »Zar Alexander«. 1950 erschien »Der große Verzicht« mit dem Untertitel »Szenen aus dem 13.Jh.«. Es stellt den »Engelpapst« Cölestin V., den Verfechter der Lehre Christi von der Gewaltlosigkeit, dem Herrscherpapst Bonifaz gegenüber, konfrontiert also wiederum die beiden entgegengesetzten Möglichkeiten von Macht und Demut - ein Beweis dafür, wie sich die Haltung im epischen Werk S.s in seiner Dramatik wiederholt. – S.

schrieb außerdem zahlreiche Essays, Betrachtungen und Abhandlungen. Wichtig sind seine »Sonette« (1939). 1958 erschienen seine Aufzeichnungen »Winter in Wien. Aus meinen Notizbüchern 1957/58«. 1960 wurde die Prosa-Arbeit »Innozenz III.« veröffentlicht, die schon 1931 fertig war, aber damals nicht erscheinen konnte. Sie schließt nach den Worten des Herausgebers (J.Rast) den Kreis der tragischen, europäischen Schicksalswerke des Dichters.

H.U.v.Balthasar, R.S., 1953 (Bibliogr.) - H.Friedmann-O.Mann (Hg.), Christl. Dichtung der Gegenwart, 1955, 375-390 - J.Rast, Der Widerspruch. Das doppelte Antlitz des R.S., 1959 - M.Doerne, Theologia tenebrarum. Zu R.S.s Spätwerk (ThLZ 86, 1961, 401-414). *W.Jacobs*

Schneller, *Johann Ludwig* (15.1.1820 bis 18.10.1896), * in Erpfingen (Württ.), Weberssohn, wurde Lehrer, dann durch C.F. → Spittler zum Inspektor der Pilgermissionsanstalt St. → Chrischona (Basel) berufen, um Handwerker als Missionare auszubilden, und nach 7 Jahren zur Leitung des ähnlichen Zielen dienenden Brüderhauses nach Jerusalem entsandt. Seine Lebensaufgabe ergab sich aus der Christenverfolgung im Libanon 1860. Mit 9 Knaben, die er von dort holte, gründete er das → Syrische Waisenhaus, das durch geordnete christliche Erziehung die »S.jungen« zu Handwerkern und Lehrern ausbildete. Für das arabische Volk und die ev. Kirche hat S.s Wirken Entscheidendes bedeutet.

L.Schneller, Vater S., ein Patriarch der ev. Mission im Hl. Lande, 1904 - H.W.Hertzberg, 75 Jahre dt. ev. Gemeinde Jerusalem, 1927. - Weiteres s. → Syrisches Waisenhaus. *H.W.Hertzberg*

Schnepf(f), *Erhard* (1495-1558), württ. Reformator, * in Heilbronn, studierte in Erfurt und Heidelberg, wo er 1518 vielleicht Luther kennenlernte. 1520 war S. ev. Prediger in Weinsberg, 1522 im Kraichgau, 1523 in Wimpfen, half 1526/27 bei der Reformation in Weilburg und wurde 1527 Prof. in → Marburg. 1534 berief ihn Herzog Ulrich nach → Württemberg, wo S. neben A. → Blarer von Stuttgart aus das »Land unter der Steig« reformierte (KO 1536, Eheordnung 1537). Er vertrat die luth. Abendmahlslehre (1525 Mitunterzeichner des von → Brenz verfaßten »Syngramma suevicum«), einigte sich aber mit Blarer in der Stuttgarter Konkordie auf eine vermittelnde Formel. S. nahm an den Gesprächen zu Hagenau, Worms und Regensburg (1541, 1546) teil. 1544 wurde er Prof. für AT und Dogmatik in Tübingen, 1549 nach seiner Vertreibung durch das → Interim Prof. für Hebräisch in → Jena und Visitator der ernestinischen Lande. In Jena geriet er zunehmend in Gegensatz zu den Wittenberger Theologen und unter den Einfluß der Gnesiolutheraner (→ Amsdorf, → Flacius, → Sarcerius, → Strigel u.a.).

Vf. u.a.: Konfession etlicher der fürnehmsten streitigen Artikel des Glaubens, 1540 (gedr. 1545); Confessio de eucharistia, 1555; Briefe, hg. in Bll. f. württ. KG NF 35, 1931, 115-119; 38, 1934, 258 bis 261. - Über S.: Jul.Hartmann, E.S., 1870 - RE XVII, 670ff; XXIV, 455f (Lit.) - J.Rauscher, Württ. Reformationsgesch., 1934, 114ff - Schl. II, 19281-19286; V, 49159f. *R.Dollinger*

Schniewind, *Julius,* Neutestamentler, * 28.5.1883, 1914 PDoz. in Halle (Einfluß → Kählers), Prof. ebd 1921, Greifswald 1927, Königsberg 1929, Kiel 1935, Halle 1936 (Kirchenkampf), † ebd 7.9.1948. Spezielle Arbeitsthemen: Euangelion, Synoptiker. S. wertet die Formgeschichte positiv aus, setzt sich mit → Bultmann theologisch auseinander, betont die Geschlossenheit der Theologie des NT, den »Kreuzeslogos« (Sündenvergebung; »Umkehr ist Freude«; Skandalon), geschehende (der geschichtliche Jesus, als der geheime Messias Träger der Botschaft von Gericht und Heil, ist »die Gottesherrschaft in Person«) und künftige (er weiß sich als den »Menschensohn-Weltrichter«) Eschatologie.

Bibliogr.: ThLZ 74, 1949, 166-168; J.S., Nachgelass. Reden u. Aufs., 1952, 201-206 (ebd 207 Lit. über S.). *G.Delling*

Schnitzer, *Josef* (1859-1939), kath. Kirchen- und Dogmenhistoriker, * in Lauingen (Bayern), † in München, 1893 ao. Prof. in Dillingen, 1902 o. Prof. für DG, Symbolik und Pädagogik in → München (: I, 3). S. war ein energischer Vertreter des deutschen → Reformkatholizismus (, 2. 4. 5). Seit 1908 wegen seiner scharfen Kritik an der Enzyklika »Pascendi« beurlaubt, wurde er 1913 in den Ruhestand versetzt (gleichzeitig Honorar-Prof. in der philosophischen Fakultät). Der Hauptanteil seines literarischen Schaffens galt einem neuen Bild → Savonarolas (gegen L.v. → Pastor). Ein unvollendet gebliebenes Werk über die Geschichte der Erbsündenlehre sollte eine Rechtfertigung des → Pelagius und eine Kritik Augustins und des Augustinismus werden. S. blieb innerlich stets Katholik. Verständnis für Luther hat er nie gewonnen. Er starb gleichwohl im päpstlichen Interdikt.

Vf. u.a.: Qu. u. Forschungen z. Gesch. Savonarolas I-IV, 1902-10; Hat Jesus das Papsttum gestiftet?, 1910; Der kath. Modernismus (Zs. f. Politik 5, 1911, 1-218; Darst.); Der kath. Modernismus (Klass. d. Rel. 3), 1912 (Text-Bd); Savonarola I. II, 1924; P.Delfin, 1926; H.Savonarola, Auswahl aus seinen Schriften u. Predigten (Das Zeitalter d. Renaissance II/10), 1928; Der Tod Alexanders VI., 1929. - Über S.: RGG² V, 220 - F.Heiler, J.S. (Eine hl. Kirche 21, 1939, 297-313). *G.Maron*

Schnorr von Carolsfeld, *Julius* (1794-1872), * in Leipzig, Maler, Zeichner und Holzschneider der deutschen → Romantik. Nach einem Wiener Studienaufenthalt schloß er sich 1818 in Rom dem Kreise der → Nazarener an. In München entstand seit 1827 die Folge der Wandbilder mit Themen aus den Nibelungen (Königsbau der Residenz). 1846 an die Dresdener Akademie berufen, schuf S. als sein graphisches Hauptwerk 240 Holzschnitte zur Bilderbibel (erschienen 1860; s. Taf. 6 Abb. 3). Ein spätes Historiengemälde stellt »Luther auf dem Reichstag zu Worms« dar (München, Maximilianeum). - S. war der beste Zeichner der deutschen Romantik; seine meisterhaften Blätter der Frühzeit (Bildnisse, Akte, Landschaften) zählen zu den Höhepunkten der deutschen Zeichenkunst überhaupt. Auch die frühen Gemälde sind von herbem Reiz. Später wurden ihm wie anderen Nazarenern der Wille zu heroischer Größe und das lähmende Vorbild → Raffaels zur Gefahr.

J.S.v.C.s Briefe aus Italien, 1886 - Künstlerische Wege u. Ziele. Schriftstücke aus d. Feder d. Malers J.S.v.C., 1909 - H.W.Singer, J.S.v.C., 1911 - A.Schahl, Gesch. d. Bilderbibel v. J.S.v.C. (Phil. Diss. Leipzig), 1936. *K.Lankheit*

Schöberlein, *Ludwig Friedrich* (1813-81), ev. Theologe, * in Kolmberg bei Ansbach, 1850 ao. Prof. in Heidelberg, 1855 o. Prof. in Göttingen, als solcher 1862 Konsistorialrat und 1878 Abt von Bursfelde. S. wirkte als Liturgiker bis in die Gegenwart durch seine kirchenmusikalischen Sammelwerke mit wichtigen Einleitungen. Er war Mitbegründer der Monatsschrift für Liturgie und Kirchenmusik »Siona« (1876ff).

Vf. u.a.: Der ev. Gottesdienst nach den Grundsätzen der Reformation, 1854; Schatz des liturg. Chor- u. Gemeindegesangs... in der dt. ev. Kirche, aus den Qu. vornehmlich des 16. u. 17.Jh.s geschöpft, 3 Bde, 1863-72 (Neudr. 1928/29); Musica sacra für Höhere Lehranstalten, Kirchenchöre usw, (1869) 1905⁵. - Über S.: RE XVII, 674ff - RGG² V, 221. *W.Jannasch*

Schoen, *Paul* (1867-1941), seit 1900 o. Prof. für Staats-, Verwaltungs-, Völker- und Kirchenrecht in Göttingen. S. repräsentiert die Richtung des ev. → Kirchenrechts (: II B, 4), welche das geltende Kirchenrecht mit den Methoden des modernen Staats- und Verwaltungsrechts zu durchdringen sucht und daher weniger historisch eingestellt ist. Hierin liegt die Bedeutung seiner Hauptwerke »Ev. Kirchenrecht in Preußen« (3 Bde, 1903-10) und »Das neue Verfassungsrecht der ev. Landeskirchen in Preußen« (1929), die den Stand des positiven Rechts vor und nach dem 1. Weltkrieg umfassend wiedergeben.

ZSavRG Kan.Abt. 31, 1942, 372. *H.Liermann*

Schönheit → Ästhetik.

Schönstatt-Bewegung. Die S.-B. entstand während des 1. Weltkrieges und erhielt 1919 unter dem → Pallottiner-Pater Joh.Kentenich ihre feste Form. Sie will das von V.Pallotti erstrebte »Kath. Apostolat« verwirklichen und die ihr zugehörigen Menschen zu praktizierenden Christen und überzeugten Trägern der christlichen Botschaft erziehen. Sie erstrebt die Anwendung der kirchlichen Mariologie auf das Leben, u.a. durch eine Weihe an die »dreimal wunderbare Mutter« und Bindung an ihr Heiligtum in Schönstatt (bei Vallendar a.Rh.). Maria gilt als Vorbild ihres apostolischen Wirkens und die marianische Frömmigkeit als Kraftquelle ihres Dienstes. Die S.-B. wird nach einem Generalstatut (1953) außer von den Pallottinern von 4 Gemeinschaften (meist Säkularinstituten) getragen: S.-Priester (fast 700 Mitgl.), Marienschwestern vom kath. Apostolat (2100 Mitgl. auf zahlreichen Arbeitsfeldern in aller Welt), Frauen von S. (480 Mitgl.) und Marienbrüder (26 Mitgl.).

A.Menningen, Die Erziehungslehre S.s, 1936 - M.A.Nailis, Werktagsheiligkeit, (1937) 1955⁷ - Herm.Schmidt, Organische Aszese, (1938) 1961⁷ - F.Kastner, Die Marienverehrung S.s (in: P.Sträter, Kath. Marienkunde III, 1951, 294-322) - Jos.Schmitz, Von der Gemeinschaft der S.priester, 1960. *K.Nitzschke*

Schöpfung

I. Schöpfung und Weltentstehung, religionsgeschichtlich - II. Im AT - III. Im NT - IV. Systematisch - V. In der kirchlichen Unterweisung. - S.r = Schöpfer. - Zum naturwissenschaftlichen Aspekt vgl. → Entwicklung: I

I. Schöpfung und Weltentstehung, religionsgeschichtlich

1. Wesen und Funktion des S.sglaubens - 2. S.smotive in mythologischer und philosophischer Ausgestaltung - 3. Lokale S.sberichte

1. Gegenüber einer rein intellektualistischen Auslegung des S.sglaubens der → Naturvölker, der alten Kulturvölker oder der heutigen Weltreligionen als einer einfacheren oder verwickelteren Spekulation über die Anfänge der Welt und der Menschen ist hervorzuheben, daß diese Erzählungen grundsätzlich echter → Mythos (: II, 3) sind, obgleich sie auch als → Sage oder → Märchen auftreten können. »Das S.sbewußtsein oder das religiöse Kausalbewußtsein ist das mit tiefem, metaphysischem Erkenntnisgehalt erfüllte Erlebnis der Abhängigkeit des Menschen in seinem Sein und Sosein von einer transzendenten Tiefe, von unbegreiflichen, geheimen Wirkensmächten, es ist das Erlebnis des Gewirkt- und Getragenseins von einer überweltlichen Macht« (Scharbau 17). S.sglaube bedeutet also eine Wirklichkeitsschau, für die göttliches → Gesetz, → Gerechtigkeit und → Ordnung nicht nur am Anfang entstanden sind, sondern immerfort walten oder neugeschaffen werden. Denn der → Makrokosmos und Mikrokosmos ist stets vom → Chaos bedroht (→ Drache) und bedarf der Wiederherstellung, Neu-S. oder → Erlösung. Diesem Zweck dienen die religiösen → Feste (: I) und deren → Kultus und → Liturgie. Die Kosmogonien bekommen also in diesen Zusammenhängen durch Rezitation oder dramatisches Vorführen (→ Drama) eine lebendige Funktion. Während die S.serzählungen früher als primitive Philosophie gewertet wurden, ist heute bisweilen die entgegengesetzte Tendenz vorhanden (→ Kultgeschichtliche Schule). Die Kosmogonien haben Beziehung zu jedem entscheidenden Moment im Leben der → Gemeinschaft und des Individuums, nicht nur zum Kult des → Neujahrs, wenn nicht diesem Wort eine sehr umfassende Bedeutung beigelegt wird. Sogar auf dem Gebiet der → Magie begegnet diese Verknüpfung der Gegenwart mit der Urzeit: Der finnische → Zauberer muß die Ursprungsrunen eines Dinges kennen, um → Macht (: I) darüber zu bekommen. Wer die Herkunft eines Geschöpfes weiß, kennt dessen ganze Wirklichkeit und beherrscht es.

Die berühmten Kosmogonien → Polynesiens sind in ihren Maori-Varianten ausdrücklich von rituellen Vorschriften begleitet. Der S.rgott Io, der große Gott, der Bleibende, Allvater, Quell aller Weisheit, Ursprung aller Dinge, der Unwandelbare, der Gipfel der Himmel, der allein Befehlende, der mit dem verborgenen Gesicht, der Elternlose, der Lebensspender, in dem alle Götter sind und der ihnen ihren Platz anweist, besteht seit Unendlichkeit in der Urfinsternis, spricht aber, um nicht unwirksam zu bleiben: »Finsternis, werde eine lichtenthaltende Finsternis. Und sofort trat Licht hervor.« Es gibt eine dreifache Anwendung dieser Uraussage in den hl. Handlungen der Maori: a) im Ritual für Einpflanzung eines Kindes in einen unfruchtbaren Schoß; b) im Ritual für Erleuchtung des Körpers wie der Seele (zB um Alte, Schwache und Gebrechliche wiederzubeleben); c) im Ritual für so entscheidende Lebensmomente wie → Taufe, → Krieg, → Tod (Handy 10f; vgl. → Rites de passage, → Initiation). Auch bei der Rezitation der Häuptlingsgenealogien, die vielfach mit der S. anfangen, wird die Bezogenheit auf die Urzeit nicht nur durch jene Tatsache selbst hervorgehoben, sondern deren Bedeutung wird auch direkt ausgesagt. So heißt es auf Tongareva: »Die Abstammung geht zurück bis auf den Himmel als Vater, die Abstammung geht zurück auf Atea. Binde sie, damit sie festhält; laß die Knüpfung fest sein..., damit sie hält« (Nevermann 99). Ethnologie und Religionsgeschichte werfen somit ein gewisses Licht auf die biblischen Genealogien. Die Stammtafeln auf Madagaskar, wo übrigens durch Einwanderung aus Malaya ein alter indirekter Zusammenhang mit Polynesien besteht, sind zB nach denselben Regeln (u.a. Auslassung bestimmter Ahnen) wie im AT und NT gestaltet (A.Parrot in: Fraternité évangélique, Paris, Févr. 1951, 2). Umgekehrt haben die biblischen Genealogien bei den Naturvölkern immer ein besonderes Interesse erregt. Auf altnordischem Gebiet ist es in dieser Hinsicht nicht viel anders als in Polynesien gewesen. So hat noch der letzte röm. Bischof von Hólar auf → Island (, 2), Jón Arason († 1550), eine Stammtafel mit 85 Gliedern verfertigt, die zwar mit Adam begann, aber auch die klassische und die altnordische Götterwelt berücksichtigte.

2. Nicht nur die Funktion der Kosmogonien (vgl. auch → Feste: I, 2 und s.u.), sondern auch einzelne S.smotive und ganze S.sberichte mit ihrem »Sitz im Leben« sind von der neueren Forschung vergleichend oder für sich untersucht worden. Die Fülle des Materials ermöglicht eine bessere Würdigung der Eigenart wie der Gleichheit der Mythen (→ Babylonien: III, 3). Ältere Systematik, zB S. gegen → Emanation oder des allmächtigen Gottes S. aus Nichts gegen Formung der Welt durch den Demiurgen aus einer Urmaterie, kann nicht immer aufrechterhalten werden. Kosmogonien

und → Theogonien gehen ineinander über oder sind verschiedene Aspekte desselben Geschehens. Die S. des → Menschen (: I, 2) steht meist mit der Weltentstehung in mehr oder weniger unmittelbarem Zusammenhang (→ Himmel: I, 2 b; → Manichäismus, 3; → Mythos: II, 3 b). – Zur Systematik der S.smotive s. → Mythos: II, 3 (vgl. auch → Ei). Hier sei noch ein konkretes Beispiel des sog. Ymir-Motivs (→ Makrokosmos, 2) erwähnt, das zugleich in der → Ritualtötung verankert ist (→ Akkerbau: I, 2, → Bauopfer, → Erde, → Fruchtbarkeit, → Menschenopfer, 1, → Opfer: I). Die Azteken (→ Mexiko: I, 3) erzählen u.a. über die S. folgendes: »Bevor die beiden Götter (sc. Quetzalcouatl und Tezcatlipoca) die Erdgöttin vom Himmel herunterbrachten, gab es schon das Wasser, von dem niemand weiß, wer es schuf. Auf diesem Wasser bewegte sich die Göttin, und als die Götter das sahen, sprachen sie zueinander: ›Es ist nötig, daß wir die Erde schaffen.‹ Dann verwandelten sich beide in große Schlangen, deren eine die Göttin an der rechten Hand und dem linken Fuß packte, die andere an der linken Hand und dem rechten Fuß; sie zerrten derart, daß sie mittendurch riß. Aus der Hälfte hinter den Schultern machten sie die Erde; die andere Hälfte brachten sie zum Himmel hinauf. Hierüber ergrimmten die übrigen Götter sehr. Um die Erdgöttin für den Verlust, den die beiden Götter ihr zugefügt hatten, zu entschädigen, stiegen alle Götter vom Himmel herab; sie trösteten sie und befahlen, daß aus ihr alle für die Erhaltung des Menschen notwendigen Lebensmittel hervorgehen sollten. Darum machten sie aus ihren Haaren Bäume, Blumen und Gräser, aus ihrer Haut die ganz zarten Kräuter und Blümchen, aus ihren Augen Brünnlein, Quellen und kleine Höhlen, aus ihrem Munde Flüsse und große Höhlen, aus den Nasenlöchern Bergtäler, aus den Schultern Berge. Zuweilen schrie die Erdgöttin in der Nacht und verlangte nach Menschenherzen. Dann wollte sie sich nicht eher beruhigen, als bis man sie ihr gab, und wollte nicht wieder Frucht tragen, als bis sie mit Menschenblut getränkt wurde« (Krickeberg 5f).

In der griechischen Naturphilosophie oder in der → Gnosis (: I) schwankt die Bedeutung der Urprinzipien zwischen persönlich-unpersönlich (→ Personifikation). Aber das ist keine neue Erscheinung, sondern dieses Oszillieren ist sehr alt. Ein moderner Forscher kann also den Inhalt der S.sberichte mehr philosophisch als mythologisch deuten, auch wenn beides in den alten Texten selbst steht. – Schon in der vedischen Literatur (→ Veden) taucht neben verschiedenen anderen S.smotiven das Substanzproblem auf: »Wer oder was ist Substanz? (Frage nach der transzendenten bewirkenden Ursache.) Wodurch, durch wen wird etwas gewirkt? ... Woraus hat jemand ... geformt? ... Woraus, worin besteht etwas? ... Woraus entsteht etwas? (Frage nach der Mater, dem Mutterschoß, dem Urquell.) Worauf steht etwas, worin gründet etwas? ... Wodurch besteht etwas? ... Worin ist etwas?« Hier kommen also die 4 → Elemente und der Äther, die Zeit (→ Aion), das → Leben (Prâna) und der Geist (Manas) in Frage, weiter das Problem der Einheit und der Vielheit mit der Sehnsucht des Einen nach Vielheit und den Göttern als Söhnen und Gehilfen des S.rs. Dieser selbst kann als Macher und Künstler oder als Ursetzer und Urordner auftreten, oder er ist Opferer bzw. Kraft- oder Lebensgeber. Die Wirklichkeit tritt als das ausgesprochene Wort Gottes in Erscheinung, aber die Vâc (Logos) wird auch als Urmutter und Gattin aufgefaßt. Oder die Vâc ist selbst S.r oder dessen Sohn. Das Schaffen kommt durch Denken zustande, oder es ist Namen- und Gestaltgebung (→ Namenglaube: I). Die S. wird auch als Zauber und Mâyâ bezeichnet: durch → Wort oder → Ekstase wird geschaffen. Der Mensch ist Ziel der S., und S.r und Heilsgott sind eins (Scharbau).

3. Zu den Kosmogonien der verschiedenen Religionen vgl. die Einzelartikel (zB → Ägypten: II, 1; → Altaische Religion, 3; → Babylonien: II, 2. 14; → Buddhismus: III, 2; → Japan: II; → Hinduismus: I, 2 b; → Konfuzius). Wie schon aus dem Obigen hervorgeht, können weder Funktion noch einzelne Motive aus dem Gesamtzusammenhang des Mythos losgerissen werden, sondern alles macht eine Einheit aus, die die ganze menschliche Existenz begründet und ihr Sinn und Bedeutung gibt. Das wird auch aus folgendem Dokument deutlich, das als Beispiel einer ausführlicheren S.sdarstellung lokaler Art dienen darf, weil es ein hohes, wirklich datierbares Alter hat: In einem jüngst edierten sumerischen Keilschrifttext von ca 2000 vChr (vgl. Bernhardt-Kramer) schildert der Verfasser, wie Enki, der Gott der Weisheit und des Kunsthandwerks, die »Befehle« des S.rgottes Enlil ausführt. Dieser Luftgott hatte nämlich zuerst Himmel und Erde, die vom Urmeer vereint erzeugt waren, voneinander getrennt und dann das ganze Weltall geplant: → Sonne, → Mond und Planeten, → Wind, Sturm und Orkan (→ Gewitter), Fluß, Gebirge (→ Berge) und Flachland. Er hat die Erschaffung des Menschen ausgedacht, »Stadt und Staat, Kanal und Graben, Feld und Bauernhof«, und die lebensnotwendigen Werkzeuge wie Spitzhacke, Ziegelform und Pflug erfunden. Zum Schluß hat er die ganze kosmische Ordnung mit festen Gesetzen geregelt. Enlil hatte aber nur die »Namen« von der künftigen S. ausgesprochen. Erst Enki war es, »welcher von Sumer, Ur und Meluḫḫa ›das Schicksal bestimmte‹; der alle Naturvorgänge und kulturellen Tätigkeiten, die für das Leben und Wohlergehen von Göttern und Menschen notwendig waren, mit Sorgfalt und Verständnis betreute und danach spezielle Gottheiten ernannte, denen die Verantwortung für ein ordnungsgemäßes Funktionieren dieser Dinge als Auftrag übergeben wurde.« Er war also ein wirklicher → Kulturbringer, der → Tempel und → Heilige Stätten einsegnete und die Fruchtbarkeit der Erde beförderte, indem er den Tigris mit lebenspendendem → Wasser füllte: als springender Stier (→ Stierdienst) paarte er sich mit dem Fluß als Wildkuh (→ Kuh). Seine S. wird bisweilen mit denselben Worten wie die S. Enlils geschildert. So »ruft« auch Enki das bebaute Feld ins Dasein. Schließlich richtet er die Grenzsteine (→ Grenze) auf, macht den Sonnengott Utu zum Aufseher des Weltalls und beauftragt die Göttin Uttu mit der Webekunst. Die Göttin der Liebe und des Krieges, Inanna, ist aber nicht zufrieden und erhält die Macht, »das Unzerstörbare zu zerstören« und »das Unvergängliche zu vernichten«.

Im Lichte dieses Materials treten einige Züge des biblischen S.sberichtes hervor, die bei einer »urgeschichtlichen« Auslegung leicht übersehen werden können: die Beeinflussung des ganzen Menschenlebens durch die Urereignisse, die übrigens immer wiederholt werden, wie → Ehe, Sündenfall und → Tod des ersten Menschenpaares. Diese funktionelle Exegese ist bezeichnenderweise in der christlichen Liturgie aufbewahrt worden. In den Sakramenten und hl. Handlungen der Kirche wird auf die vorbildhafte Ausgestaltung des menschlichen Schicksals in der Urzeit ständig Bezug genommen, wie auf die Heilstatsachen durch Jesus Christus in der Zeit der Erlösung oder Neu-S. Diese lebendig erhaltene Glaubensinterpretation hat bei der neuerdings stärker in den Vordergrund getretenen typologischen Exegese (→ Hermeneutik, 2 g) an Gewicht gewonnen. Denn hier geht es eben um die Gegenwartsbeziehung der biblischen Berichte, bes. derjenigen über S. und Neu-S. – Vgl. → Weltbild: I, → Weltende, → Weltperioden.

Allgemein: K.Ziegler-S.Oppenheim, Weltentstehung in Sage u. Wissenschaft, 1925 - UdG I-XII (s. Reg.) - RGG² V, 224ff - H. Schlieper, Die kosmogonischen Mythen der Urvölker (Diss. Bonn), 1931 - B.Bavink, Welt-S. in Mythos u. Religion, Philos. u. Naturwiss., 1950 - E.Dacqué, Die Urgestalt. Der S.smythus neu erzählt, 1951 - R.Pettazzoni, Myths of Beginnings and Creation Myths (Essays on the Hist. of Religions, Leiden 1954, 24-36; vgl. 37-42: Io and Rangi) - M.Leach, The Beginning. Creation Myths around the World, New York 1956 - M.Eliade, Kosmogonische Mythen u. magische Heilungen (Paideuma 6, 1956, 194-204) - Ders. u.a., La naissance du monde, Paris 1959 - U.Bianchi, Teogonie e cosmogonie, Rom 1960.

Einzelne Gebiete, Mesopotamien: DBS I, 714ff (Babylone et la Bible) - F.Schmidtke, Die Urgesch. der Welt im sumer. Mythus (At. Studien f. F.Nötscher, 1950, 205-223) - I.Bernhardt-S.N.Kramer, Enki u. die Weltordnung (WZ Jena 9, 1959/60, 231-256). - *Ägypten:* A.M.Frenkian, L'Orient et les origines de l'idéalisme subjectif dans la pensée européenne I: La doctrine théol. de Memphis, Paris 1946 - W.Czermak, Über den Monolog des Urgottes in einem Kapitel über die Welt-S. im altägypt. Totenbuch, Wien 1952 - A.Piankoff, La création du disque solaire, Kairo 1953 - S.Morenz-J.Schubert, Der Gott auf der Blume. Eine ägypt. Kosmogonie u. ihre weltweite Bildwirkung (Artibus Asiae, Suppl. 12), 1954 - R.Anthes, Atum, Nefertem u. die Kosmogonien von Heliopolis (ZÄS 82, 1957, 1-8). - *Griechenland:* C.-M.Edsman, S.rwille u. Geburt Jak 1, 18 (ZNW 38, 1939, 11-44) - Ders., S. u. Wiedergeburt (Festschr. K.Kundzinš, 1953, 43-55) - W.Staudacher, Die Trennung von Himmel u. Erde. Ein vorgriech. S.smythus bei Hesiod u. den Orphikern, 1942 - K.Vilhelmson, Laktanz u. die Kosmogonie des spätantiken Synkretismus (Acta et Commentationes Univ. Tartu, Ser. B 49), 1942 - H.A.Wolfson, The Platonic, Aristotelian and Stoic Theories of Creation in Hallevi and Maimonides (Festschr. J.H.Hertz, London 1942, 427-442) - U.Bianchi, ΔΙΟΣ ΑΙΣΑ, Rom 1953 - Ders. in SMSR 24/25, 1953/54, 60-75; 28, 1957, Fasc. 2, 115-133, u. Teogonie (s.o.), 1960, 111ff - G.Thomson, From Religion to Philosophy (JHS 73, 1953, 77-83). - Weitere Lit. s. → Chaos. - *Indien:* C.A.Scharbau, Die Idee der S. in der ved. Lit., 1932 - W.Koppers, Das magische Welt-S.smysterium bei den Indogermanen (Mélanges J.van Ginneken, Paris 1937, 149-155) - W.N.Brown, The Creation Myth of the Rig Veda (JAOS 62, 1942 85-98) - H.Günther, Die buddhist. Kosmogonie (ZDMG 98, 1944, 44-83) - H.Weide, At. u. altind. S.sglaube (ZRGG 1, 1948, 289-300) - V.Elwin. Myths of Middle India, London 1949 - A.W.Macdonald, A propos de Prajāpati (JA 240, 1952, 323-338) - E.Brehier, Les analogies de création chez Çankara et chez Proclus (Revue philos. 78, 1953, 329-333) - S.Kramrisch. The Ṛg Vedic Myth of the Craftsman (Artibus Asiae 22, 1959, 113-120). - *Mittel-, Südost- u. Ostasien:* A.Kühn Berichte über den Weltanfang bei den Indochinesen u. ihren Nachbarvölkern (Diss. Leipzig), 1935 - M.Hermanns, S.s- u. Abstammungsmythen der Tibeter (Anthropos 41/44, 1946/49, 275-298) - F.K.Numazawa, Die Weltanfänge in der jap. Mythologie, 1946 - A.E.Jensen, Die drei Ströme (Molukken), 1948 - A.Del Re, Creation Myths of the Formosan Natives, Tokyo 1951. - *Ozeanien:* E.S.C.Handy, Polynesian Religion (Bishop Museum Bull. 34), Honolulu 1927 - K.P.Emory, Tuamotuan Concepts of Creation (Journ. of the Polynesian Society 49, 1940, 69-136) - H.Nevermann, Götter der Südsee, 1947 - M.W.Beckwith, The Kumulipo, a Hawaiian Creation Chant, Chicago 1951 - J.F.Smithson, Kiho in Easter Island, a Procreation Formula (Journ. of Austronesian Studies 1, 1953, 34-51) - T.Monberg, Ta'aroa in the Creation Myths of the Society Islands (Journ. of the Polynesian Soc. 65, 1956, 253-281). - *Nordeuropa:* F.R.Schröder, German. S.smythen (Germ.-roman. Monatsschr. 19, 1931, 1-26. 81-99) - F.Börtzler, Ymir. Ein Beitrag zu den eddischen Welt-S.svorstellungen (ARW 33, 1936, 230-245). - *Amerika:* W.Krickeberg, Märchen der Azteken usw, 1928 - S.A.Fishler, In the Beginning, a Navaho Creation Myth, Salt Lake City 1953 - A.O'Bryan, The Diné, Origin Myths of the Navaho Indians, Washington 1956 - J.Haekel, Prof. W.Schmidts Bedeutung für die Religionsgesch. des vorkolumbischen Amerika (Saeculum 7, 1956, 1-39) - R.Pettazzoni, L'idée de création et la notion d'un Être créateur (Proceedings of the 32nd Intern. Congr. of Americanists, Kopennagen 1958, 238-244). - *Afrika:* H.Baumann, S. u. Urzeit des Menschen im Mythus der afrik. Völker, 1936 - E.L.R. Meyerowitz, Akan Traditions of Origin, London 1952. - Weitere Lit. s. zu den versch. Religionen u. Religionsgebieten sowie bei den im Text genannten Artikeln, bes. → Ei, → Erde, → Feste: I, → Himmel: I, → Makrokosmos, → Mythos: II.

C.-M.Edsman

II. Im AT

1. Sprachgebrauch - 2. Gen 1-2 - 3. Dtjes - 4. Hiob - 5. Verwandte Stellen und Sitz im Leben

S. bezeichnet im AT ein Handeln Gottes: das Bilden des Universums inmitten der Chaoswasser, das Befestigen der leuchtenden Körper am Himmel und das Erschaffen von Flora und Fauna für die Erde. Im zeitgenössischen kanaanäischen und mesopotamischen Polytheismus war S. ein Kampf zwischen den Naturmächten, der mit der Besiegung des (der) Chaosdrachen endete. Die alleinige Souveränität Gottes in Israel (→ Monotheismus: II) bedeutete, daß andere Mächte radikal abgewertet und die Natur weitgehend entmythologisiert wurde, so daß die S. nichts als ein außerordentliches, ihm allein vorbehaltenes Handeln Gottes war. In den beiden S.sberichten der Gen (1, 1 - 2, 4 a; 2, 4 b-25) wird die S.stat ausführlicher entfaltet; Bezugnahmen sind häufig in Dtjes und Hi, sonst nur gelegentlich (in den Pss).

1. Die *Sprache* der S.sberichte ist im allgemeinen anthropomorph. Gott erscheint als Baumeister, der in der Wassertiefe die Fundamente legt und auf ihnen das Bauwerk errichtet (banā, kûn, jasād, qanā; zB Ps 24, 2; Jes 45, 18; Am 9, 6; der gebräuchlichste Ausdruck ist einfach »machen«, 'aśā); oder er »breitet aus« (natā) den Himmel über dem Erdkreis wie ein Zelt (Jes 40, 22). Man vergleicht Jahwe auch mit dem Töpfer, der den Ton formt (jaṣār Gen 2, 7; Am 4, 13), und - seltener - mit dem Vater, der Kinder zeugt (Hi 38, 28; Ps 90, 2). Mit dem terminus bara' (zB Gen 1, 1) kommt das AT der Abstraktion »schaffen« vielleicht am nächsten. Seine Verwendung ist auf Gott allein beschränkt, und sein Objekt ist immer ein ursprüngliches und machtvolles Werk. Aber auch dieses Wort erscheint häufig im poetischen Parallelismus mit anthropomorphen Ausdrücken und kann ohne sie nicht verstanden werden. Das Universum stellte man sich als ein inmitten des Chaos errichtetes und ständig von ihm bedrohtes Bauwerk vor. Erde und Himmelsgewölbe ruhen auf den kosmischen Gebirgen der Tiefe (Ps 24, 2). Beide zusammen bilden einen freien Bezirk für die Luft und das trockene Land, wo Leben existiert. Die S. im AT befaßt sich also nicht mit dem kosmischen Raum, sondern mit diesem »Bauwerk«.

2. Die S.sberichte der → *Priesterschrift* (P) und des → *Jahwisten* (J) in Gen 1-2 beginnen in einer Art, die strukturell den ersten Zeilen des Enūma eliš, des babylonischen S.sepos (→ Babylonien: II, 14; III, 3), gleicht. Den Anfang bildet ein abhängiger Temporalsatz, der die chaotische Lage beschreibt (Gen 1, 1-2; 2, 4 b-5), während der Nachsatz eine kurze Angabe über das erste schöpferische Ereignis bietet. Diese und weitere Beobachtungen haben manche Forscher dazu veranlaßt, in Gen 1-2 eine »entmythologisierte« Version mesopotamischer Vorstellungen zu sehen, dargestellt in den Voraussetzungen der asiatischen Weltsicht des 2. und 1. Jt.s vChr. Innerhalb der formalen Ähnlichkeiten erscheinen jedoch grundsätzliche *Unterschiede* des Standpunktes: a) Im polytheistischen Bericht entstehen die Götter aus dem Chaos, während für Israel Gott unabhängig existiert und das Chaos beherrscht. - b) In beiden Fällen wurde der Mensch als Diener geschaffen, dessen Leben im Dienste der Gottheit besteht. Aber in Israel wurde die Berufung des Menschen in königlichen Kategorien verstanden; sein Auftrag ist die verantwortliche Herrschaft über alles Erschaffene auf Erden (vgl. Ps 8). Er erhält also durch seinen Auftrag eine besondere Würde. - c) Die babylonische Erzählung schließt mit der Errichtung und Einweihung des großen Tempels, Esaglia, während der Bericht bei P mit der Heiligung des → Sabbats abschließt (Gen 2, 1-3), dh die Zeit und die königliche Berufung des Menschen in der Zeit stehen im Mittelpunkt, nicht der Raum oder ein Gegenstand im Raum. - d) Der priesterliche Bericht in Gen 1, 1 - 2, 4 a ist viel stärker kosmologisch interessiert und ausgerichtet als der des Jah-

wisten (Gen 2, 4 b-25). Für beide ist jedoch die Erschaffung des Menschen Gottes wichtigste Tat (→ Mensch: II). Tatsächlich ist der jahwistische Bericht einfach Vorspiel zu dem zentralen Interesse des Verfassers, nämlich dem Problem des Menschen als Sünder und Rebell. Weder für P noch für J hat die S. ihren Zweck in sich selbst. Das Hauptanliegen ist, Gott als den S.r zu bezeugen, weil er der Herr der Zeit und der → Geschichte (: I) ist, und den Menschen als Sünder zu sehen (→ Sünde: II), für den die Verheißungen an Abraham (Gen 12) Gottes Antwort sind. So ist die S. kein kosmologisches oder »mythisches« Ereignis; sie ist Gottes erste machtvolle Tat in der Geschichte.

3. Bei *Dtjes* (→ Jesajabuch, 2) ist die Natur als S. absichtlich eng auf Gottes Erlösungswerk in der Geschichte bezogen. Sie ist kein unabhängiges oder isoliertes Thema der prophetischen Botschaft, sondern ein integrierender Bestandteil der Heilsgeschichte (zB Jes 40, 27-31; 44, 24 b-28). Der S.r ist der, der Israel berief und nun Neues hervorbringen wird (42, 5-9), um Israel und die ganze Menschheit zu erlösen (zB 43, 15-21; 45, 12-13). Der S.r ist Israels Ehegemahl, Israels Erlöser und der Gott der ganzen Erde (54, 5). S. ist hier eine der großen Taten Gottes von ehedem, für die er gepriesen wird; sie ist ein wesentlicher Teil der Soteriologie und wird als die Grundlage der Neu-S. Israels bezeugt. - Es sei noch vermerkt, daß die Doxologien in Am (4, 13; 5, 8; 9, 5-6) und in einigen Pss sich in ähnlicher Weise auf die S. beziehen (zB Ps 33; 65; 136; 146; 148). Von der S. reden heißt, den Herrn und Erhalter des Lebens erheben, der der Grund der gegenwärtigen Sicherheit und die Hoffnung für die Zukunft ist (zB Ps 102, 25-29).

4. Im → *Hiobbuch* wird nun freilich ohne soteriologischen Bezug von der S. gesprochen. Sie wird herangezogen, um das unvergleichliche Vermögen und Geheimnis Gottes anzuzeigen, vor dem sich der Mensch in Demut und Unwissenheit beugen muß (vgl. bes. Hi 38-41; auch 9, 5-12; 10, 8-9; 36, 24-33). Gottes machtvolles Werk von ehedem ist gerade die S. und nur sie, und die Weisheit ist der Weg zu ihr und gleichzeitig mit ihr da (Hi 28; Spr 8, 21-31). Von daher hat man argumentiert, daß Ps 8; 19 A und 104 (→ Psalmen: I, 4 a), die das S.sthema ebenfalls unabhängig von der Heilsgeschichte verwenden, im Zusammenhang mit der »Weisheit« in Israel stehen, die diese Art des Denkens übernommen hat (vgl. Gen 14, 19 die letztlich kanaanäische Wendung »S.r von Himmel und Erde«). Das mag allenfalls für Ps 19 A gelten, denn Ps 104 kann als erster Teil einer Trilogie angesehen werden, die Ps 105 und 106 mit umfaßt, und Ps 8 ist einfach eine poetische Wiedergabe, die Gen 1 bereits voraussetzt.

5. Die Natur als S. gehörte nicht zu den Themen, auf die sich die Geschichtsschreiber und Propheten Israels vor Dtjes zur Begründung des Glaubens oder zur Auslegung der Geschichte bezogen. So entsteht das Problem, welchen *Sitz im Leben* das S.sthema zwischen der jahwistischen Erzählung (Gen 2, 4 b-25) und der viel späteren Literatur der Exilsperiode hatte. Ein Leitfaden für die Lösung läßt sich wohl in den poetischen Anspielungen auf die kanaanäische S.sgeschichte finden, in denen Gott als Beherrscher des Chaos geschildert wird, weil er den Chaosdrachen (→ Leviathan, Rahab, Schlange) gebändigt oder erschlagen hat (vgl. Ps 74, 12 bis 17; 89, 10-11; Hi 3, 8; 26, 12; 41; Am 9, 3 b; Jes 27, 1; 51, 9-10). Ps 74 und 89 lassen sich als Bestandteile der liturgischen Literatur des jerusalemischen Königshofes auslegen; mit diesen Pss können wir den Gebrauch des S.sthemas im Gesang der Hanna (1Sam 2, 8 c-f) und in den Thronbesteigungs-Pss (zB 93; 96; vgl. auch 24, 1-2; 95, 4-5) verbinden. Jedoch ist an diesen Stellen der kanaanäische → Mythos (: III, 2 a. b) historisiert. Nur in Hi bleibt er deutlich in der Nähe seines kanaanäischen Hintergrundes, ohne Beziehung zur Heilsgeschichte. Vermutlich kam das S.sthema unter dem Einfluß der Kanaanäer im 10.Jh. in Israel in Gebrauch, wo es - außer in der → Weisheit - sehr rasch historisiert wurde. Die Berichte von P und J in Gen 1 und 2 scheinen jedenfalls auf sehr viel älterer Tradition zu beruhen.

Vgl. die Komm. zur → Genesis u. die Darst.en der TheolAT, bes. v. W.Eichrodt (II, 1961[4]), E.Jacob (franz. Neuchâtel 1958, engl. London-New York 1958) u. G.v.Rad (I, 1957, 140ff). Ferner: H.Gunkel, S. u. Chaos in Urzeit u. Endzeit, (1895) 1921[2] - G.v.Rad, Das theol. Problem des at. S.sglaubens (BZAW 66, 1936, 138-147 = Ges. Studien zum AT, 1958, 136-147) - Ders., Hi 38 u. die altägypt. Weisheit (VT Suppl. III, 1955, 293-301 = ebd 262-271) - P.Humbert, Emploi et portée du verbe bara (créer) dans l'AT (ThZ 3, 1947, 401 bis 422) - K.Galling, Der Charakter der Chaosschilderung in Gen 1, 2 (ZThK 47, 1950, 145-157) - G.Lambert, La création dans la Bible (NRTh 75, 1953, 252-281) - R.Rendtorff, Die theol. Stellung des S.sglaubens bei Dtjes (ZThK 51, 1954, 3-13) - S.Herrmann, Die Naturlehre des S.sberichtes (ThLZ 86, 1961, 413-424).

G.E.Wright

III. Im NT

1. Im Anschluß an das AT und Judentum steht auch das NT von Anfang an unter dem Bekenntnis zu dem in der S. lebendigen Vater und Herrn des Himmels und der Erde (Lk 10, 21 par). Er allein darf sich »S.r« nennen, und er sorgt für jedes Glied der S. (Lk 12, 22-31). Aus der at. Überlieferung stammt auch der Satz, daß Gott die Welt durch sein →Wort (: II) geschaffen hat, und daß er das Nichtseiende ins Sein ruft (Röm 4, 17; Hebr 11, 3). Gottes Wirken beschränkt sich aber niemals auf einen Akt der Vergangenheit, sondern setzt sich in der Gegenwart fort. Die S. wird so zur lebendigen Geschichte, in der sich Not und Rettung dieser S. Gottes offenbart (Röm 8, 18-23; Apk 5). Die apokalyptische Welt- und Geschichtsauffassung des Urchristentums (→ Geschichte: II A, → Weltbild: III) stellt den altbiblischen S.sgedanken bes. kräftig heraus, und → Eschatologie (: IV) ist dementsprechend auf Neuschaffung und Vollendung von Himmel und Erde ausgerichtet (Mt 19, 28; Apk 21).

2. Die S. tut sich dem Menschen so kund, daß er auf den Willen des Vaters besser achten lernt; der griechische Begriff der »Natur« taucht erst im hellenistischen Denken auf. So hat Jesus in → Gleichnissen und Parabeln auf Vorgänge in der S. hingewiesen, um das Geheimnis der Gottesherrschaft besser verständlich zu machen (Mk 4, 2 par). Zwischen dem täglichen Leben und dem jetzt auftretenden Wort und Zeichen liegt weder Bruch noch Übergang, sondern beides steht unter dem einheitlichen Wirken des Vaters. Gott nimmt die irdische Wirklichkeit noch ernster als der Mensch, lehrt sie daher aufs neue und andersartig zu verstehen. Alles Satanische und Dämonische ist unfähig, zu »schaffen«, es vermag allein zu gefährden und zu vernichten. Im Unterschied von → Qumran ist die Verkündigung Jesu zwar von prädestinatianischen Motiven durchsetzt, aber nicht von dorther bestimmt. Daß Gott den Frevler zum Gericht geschaffen habe (1QH 15, 17), begegnet in der Verkündigung Jesu nicht.

3. Im Nachweis des göttlichen → Zornes kann Paulus vom heidnischen Menschen behaupten, daß auch er unentschuldbar sei. Mit Hilfe hellenistischer Motive stellt er in Röm 1, 18-21; 2, 12-16 die Verantwortlichkeit des Heiden heraus: Gottes Gesetz ist in der S. auch dem Heiden erkennbar und weist ihn auf den S.r zurück. In der an Qumran erinnernden Prädestinationslehre des Paulus setzt sich Gott als der S.r jedem menschlichen Einwand gegenüber in seinem Eigenrecht durch. Da aber sein Heilsplan den allgemeinen Ungehorsam nur offenbart,

um sich *aller* zu erbarmen, ist die S. - anders als in Qumran - diesem Ziel untergeordnet (Röm 9-11).

4. In der Missionspredigt vor Heiden hat offenbar der Aufweis der S. und der Wohltaten Gottes eine besondere Rolle gespielt (Apg 14, 15ff; 17, 22ff). Vorausgesetzt wird auch hier, daß der in der S. wirkende und den Menschen durch Wohltaten verpflichtende Gott allen Menschen eine Möglichkeit zur Umkehr gesetzt hat, da das Gericht unmittelbar bevorsteht. Diese auf hellenistisch-jüdischen Voraussetzungen beruhende Verkündigung hat ihr Schwergewicht im gegenwärtigen Angebot der Umkehr; jener Aufweis steht nicht außerhalb der Umkehrpredigt, sondern macht sie bes. dringlich. In zahlreichen Gebeten und Hymnen wird in der Folgezeit die S. mit ihren Segnungen Anlaß zum Lobpreis der Kirche, sowohl im Juden- wie auch im Heidenchristentum (Did 10, 3; 1Clem 20; 33. 2ff; 59, 3; 60, 1). Dabei wird die at. und jüdische Tradition stark lebendig.

5. Wichtig ist die Einbeziehung des urchristlichen Heiles in das S.swirken Gottes. Vom Geber aller guten Gaben, dem Vater der Lichter, stammt auch die Geburt des Menschen durch das Wort (Jak 1, 17f; 1Petr 1, 23). Aus alter Überlieferung der Täufertradition stammt der Lehrsatz des JohEv, daß der Mensch aus Wasser und Geist gezeugt werden soll (Joh 3, 5. 8). Verwandt ist die paulinische Kampfthese, daß durch Jesus Christus die Maßstäbe der alten Weltzeit ungültig geworden sind und der Christ Neu-S. Gottes sei (2Kor 5, 17; Gal 6, 15). In weiten Umkreis gehört die Vorstellung der Erleuchtung, die auf den entsprechenden S.sakt Gottes zurückweist (2Kor 4, 6; Eph 5, 13f). Offenbar sind dies alte Motive der Täufertheologie und der Apokalyptik, in denen das Heil als eschatologische Neu-S. gefeiert wird (vgl. 1QS 4, 25; 1QH 11, 13f; 13, 11f). Vorstellung und Begriffsbildung weisen aufeinander hin.

6. Schon früh hat man im Urchristentum die Begriffe vom S.swort und der göttlichen Weisheit haggadisch auf Jesus übertragen. Wo man dies exegetisch unternahm, wollte man das Verhältnis der Offenbarung zur irdischen S. und zur Ordnung des menschlichen Lebens neu bestimmen, vielleicht auch schwärmerische Auffassungen in der Gemeinde zurückdrängen. Wir haben also einen charismatischen »Weisen« und eine ihm entsprechende Chokma-Tradition im NT zu suchen (Mt 23, 34; Jak 3, 15ff). Selbstverständlich standen sie in enger Beziehung zur synagogalen Lehrtradition, vor allem auch hellenistischer Färbung. Für Paulus ist Jesus Christus der erhöhte Herr, den er nach 1Kor 8, 6 und Kol 1, 15ff als S.smittler anerkennt und preist. In beiden Fällen kommt es ihm darauf an, daß Jesus Christus nicht Glied, sondern göttliche Voraussetzung der kosmischen S. ist. Allerdings ist auch diese Chokma-Tradition auf den geschichtlichen Heilsprozeß ausgerichtet, nicht von ihm losgelöst. Ganz ähnlich verarbeitet Hebr 1, 2ff eine bekenntnisartige Tradition, die Chokma-Züge hat; offenbar stammt sie aus der hellenistischen Synagoge (Weish 7, 25; Philo). Für das JohEv ist Jesus identisch mit dem Logos Gottes, aber dieser → Logos trägt ebenfalls Züge der Chokma-Tradition (Joh 1, 1-18). Diese steht offenbar in der Auseinandersetzung mit der rabbinischen Überzeugung, daß Gott die Welt durch die Tora geschaffen hat.

H. Gunkel, S. u. Chaos in Urzeit u. Endzeit, (1895) 1921² - W. Schencke, Die Chokma in der jüd. Hypostasenspekulation, Kristiania 1913 - Bousset, Rel. - G. F. Moore, Judaism I, 1927 - G. Bornkamm, Gesetz u. S. im NT (SgV 175), 1934 - E. Stauffer, Die Theol. NT, 1941 - ThW III, 1027ff (Lit. 999f) - W. D. Davies, Paul and Rabbinic Judaism, 1948 - G. Lindeskog, Studien zum nt. S.sgedanken I, 1952 - Bultmann, NT (s. Reg.) - J. Jervell, Imago Dei, 1960.

O. Michel

IV. Systematisch

A. Theologiegeschichtlich - B. Dogmatisch

IV A. Theologiegeschichtlich

1. Der christliche S.sglaube hat zum Kern die Gewißheit, daß derselbe Gott die in Jesus Christus erfüllte Verheißungsgeschichte gewirkt hat, der als »Vater [und] Herr des Himmels und der Erde« (Mt 11, 25) deren S.r ist (Ps 121, 2). Die S. »im Anfang« und die als Neu-S. verstandene Erlösung »am Ende« offenbaren, je verschieden, Gottes freie Allmacht und Güte. In der alten Kirche wird das vielschichtige Zeugnis von der S. mittels jüdischer Weisheit, platonischer Reflexion und stoischer Physikotheologie zu einer Kosmologie vereinheitlicht (Ansätze: 1Clem 19, 2-20, 12). Das »erste Gebot« lautet: glaube, daß der »eine« Gott »aus dem Nicht-Seienden das All machte« (Herm mand 1, 1)! Wie bei → Philo wird die S. als Gottes Wirken *und* Werk vorgestellt: »Gottes Wille (θέλησις) und Kraft (ἐνέργεια) ist der schöpferische und vorsorgende Grund (αἰτία) aller Zeit und aller Natur« (Irenäus [Stieren] I, fragm. 828). In Aufnahme und Abstoßung spätantiker Gedanken (→ Hellenismus) verarbeiten die sog. → Apologeten und altkath. Väter philosophische Vorstellungen, die sie zT zugleich theologisch füllen und sprengen.

a) Dem griechischen Axiom von der Welt-Immanenz des Göttlichen tritt, rational überformt, der biblische Gedanke von der Welt-Transzendenz des S.rs entgegen (→ Transzendenz und Immanenz). »S.« meint die ständig wirksame Welt-Beziehung Gottes, die durch seinen α) welt-*überlegenen* und β) welt-*zugewandten* Willen motiviert ist.

α) Das erste Motiv bezeichnet die seinsmäßige *Verschiedenheit* zwischen S.r und Geschöpf und schließt alle Versuche aus, sie relativierend einem kosmologischen → Monismus einzufügen. Bereits der Begriff »Gott« besagt dessen stete Geschäftigkeit (Theophilus, Ad Autol. I, 4 leitet θεός etymologisch von θέειν »laufen« ab!). Als Dreieiniger handelt er im Akt der S. kraft freier Selbstentschließung (libere et sponte: Irenäus, Adv. haer. IV, 20, 1 u.ö.). Anfangslos (ἄναρχος), ewig, niemandes bedürftig, schafft und erhält er die Welt *allein*, unter Ausschluß von Mittelursachen, zB des Stoffes (ὕλη: Aristides, Ap. 1; Tatian, Ap. 4f; Athenagoras, Leg. pro Christ. 4). »Durchs Wort seiner Majestät hat er das All erstellt, durchs Wort vermag er es umzustürzen« (καταστρέψαι: 1Clem 27, 4). Die Einführung des → Logos als S.smittler soll ursprünglich die Mithilfe geschaffener Geistwesen erübrigen (Tatian 7; Theophilus II, 10; Irenäus I, 21, 1; Diognet 7, 2). - Zusammengefaßt werden diese und ähnliche Äußerungen in dem Bekenntnis, Gott habe *alles* geschaffen *aus nichts* (ἐκ τοῦ μὴ ὄντος: Herm mand 1, 1; Aristides 4; οὐκ ὄντας ἐποίησεν: Justin, Ap. I, 10; ἐξ οὐκ ὄντων: Theophilus II, 4. 10; qui universa de nihilo produxerit: Tertullian, De praescr. 13). Dabei wird zT, wie schon bei Philo, in Abgrenzung gegen Platon zwischen freiem S.r (ποιητής) und auf den Stoff angewiesenem Weltbaumeister (δημιουργός) unterschieden (Ps.-Justin, Coh. ad Graec. 22). Kritisch bemerkt Tertullian, die Schrift spreche zwar nicht offen die S. ex nihilo (= nec ex materia) aus, impliziere sie aber sachlich (Adv. Hermog. 21). Auf die klassische Urstelle 2Makk 7, 28 (οὐκ ἐξ [sic!] ὄντων) wie auf Herm mand 1, 1 weist erst Origenes hin (In Joh. I, 17, 103).

β) Das zweite Motiv bezeichnet die wesensmäßige

Verbundenheit zwischen S.r und Geschöpf und wird gegenüber dem → Dualismus und Pessimismus der → Gnosis (: III) wirksam, für die S. Untat meist niederer, lebensfeindlicher Weltbildner ist; bes. gegen → Marcion, der die Welt als Ergebnis des nur-gerechten, despotisch grausamen Judengottes und der substantiell schlechten Materie ansieht und die Fortpflanzung der Menschheit »Fabrik des Unflats« nennt. - Demgegenüber weiß man: Obwohl die S. nicht Gott ist, ist sie als Gottes S. gut und er selbst nicht S.r des → Bösen (Hippolyt [?], Philos. X, 33). Bes. die Erschaffung des Menschen ist in Gott selbst, dh in seiner Güte und Weisheit begründet (Ps.-Athenagoras, De res. 12; Origenes, De princ. II, 9, 6). Als Zeichen seiner »Freundlichkeit und Sanftmut« (Diognet 7, 2ff) sandte er zwecks S. und Ordnung des Alls nicht einen untergeordneten Boten, sondern »wie ein König den Königssohn«: den Logos. Da dieser »vor aller S.« den Vater verherrlichte (Joh 17, 5), schuf Gott den Menschen allein zum Empfänger seiner Wohltaten (Irenäus IV, 14, 1).

b) Freilich beförderte das zweite Motiv die Gefahr, den biblischen S.sgedanken philosophisch nicht nur auszulegen, sondern umzugestalten. Hier hatte, außer der Physik der → Stoa und der → Neupythagoreer, der mittlere → Platonismus zT erweichend gewirkt, der platonische mit peripatetischen Elementen (→ Aristotelismus) verschmolz (Ü I, § 70). Die → *alexandrinische Theologie* machte die geheime Krise des altkirchlichen S.sgedankens sichtbar, weil sie erstmals die S.slehre systematisierte. So sieht → Clemens die Welt als Entwicklung *eines* Erziehungsplanes (παίδευσις), den einseitig des transzendenten Gottes Güte bestimmt. Umfängt diese den Menschen bereits innerhalb der S.sordnung, so wird des S.rs Heiligkeit ebenso außer Acht gelassen (Prädestination durch Pädagogie ersetzt [W.Völker]) wie die Härte des Daseins und die Herrlichkeit der Versöhnung. Nicht geringere Schwierigkeiten bedrücken die S.slehre des → Origenes. Um der Vollkommenheit Gottes, dh seines ewigen S.rtums willen, postuliert er die Ewigkeit der S., m.a.W. die zeitliche Anfangslosigkeit einer Welt von Vernunftwesen, die nur geistig wahrnehmbar ist (νοητὸς κόσμος). Durch vorzeitliche Abfallsbewegung der Geister wird Gott zur S. der körperhaften Welt (αἰσθητὸς κόσμος) genötigt: Gott beantwortet den Aufruhr durch Niederwerfung (καταβολή; dagegen ThW III, 623!) im S.sakt. Die sichtbare S. ist »Folge und Abbild des Geisterfalls« (H.Jonas). Die Wiederholbarkeit des Falls begründet den Kreislauf vieler S.en, der durch die → Wiederbringung aller (Apokatastasis) zum zeit-indifferenten Anfang endgültig zurückführt (gegen Jonas).

c) Die Anschauung von der »zwiefältigen Welt« (κόσμος διπλοῦς) lebt nicht nur in der Theologie der → Orthodoxen Kirche weiter (Conf. Orth. I, 18, 76f), sondern auch zT in den sog. ökumenischen Symbolen (→ Bekenntnisbildung), die für die abendländische Christenheit verbindlich wurden (»Himmel/Erde«; »Sichtbares/Unsichtbares« [Nicäno-Konstantinopolitanum]). Dogmatisch wurde sie im Osten durch → Dionysius Areopagita entfaltet, der den universalen S.svorgang im Gegenüber der »himmlischen« und der »kirchlichen Hierarchie« vergegenwärtigte; im Westen in der Lehre von den → Engeln (: III), die das Werk des Weltregenten in der sichtbaren S. vollstrecken (zB Thomas von Aquino, S. th. I, q. 50-64; 106-114). Sie spiegelt sich in der selbst von heutigen röm.-kath. Dogmatikern (zB Schmaus) zT als mißlich empfundenen alten Unterscheidung von »erster« und »zweiter S.«, derzufolge der »Wesensbestand des Weltgefüges« zunächst hervorgebracht, sodann im Sechstagewerk (Gen 1) entwickelt wird (vgl. Weish 11, 17-21). - Trotz Übernahme stoisch-aristotelischer wie platonischer Denkstrukturen hat man sich, im allgemeinen, gegen einseitig materialisierende wie spiritualisierende Auslegungen des S.sgedankens ebenso abgegrenzt wie gegen → Determinismus bzw. → Pantheismus dort, kosmogonischen Evolutionismus (→ Entwicklung, → Emanation; vgl. → Johannes Scotus Eriugena) bzw. kosmischen Nihilismus (Gnosis) hier. Vor allem hat das biblische Zeugnis von Gottes freiem Geschichtshandeln der altkirchlichen Theologie den Gedanken der → Kontingenz der S. (als Akt *und* Struktur) erhalten (Pannenberg).

2. Die Frage nach der Zuordnung der beiden S.smotive entsprach der nach der Beziehung »Unendlich/Endlich«. Differenzierter stellte sie sich als Frage nach dem Verhältnis von a) Gottes ewigem *Sein* (οὐσία) und b) seinem *Dasein* für uns (παρεῖναι) zunächst im Horizont der geschichtlichen → Offenbarung (: VI). Innerhalb der Lehre von der → Trinität (: III) wurde sie mittels der Unterscheidung a) ewig (ἀϊδίως) bzw. theologisch (θεολογικῶς) und b) ökonomisch (οἰκονομικῶς) beantwortet (Theodoret von Kyrrhos). »Das unendliche Sein Gottes wird nicht gegen ein endliches Sein, sondern gegen ein *Geschehen* abgegrenzt« (Elert).

a) Im Horizont der S.sproblematik hebt sie erst → *Augustin* ins Bewußtsein: als Frage nach dem einen, unwandelbaren Gott, der alles wandelt (Conf. I, 4). Indem er nach Gott und Welt, nach Bestand und Unbestand fragt, formuliert er erstmals das Thema »Sein und Zeit« (W.Kamlah). Die Frage nach der S. wird zur Frage nach der (zunächst: Bewußtseins-)Zeit (Conf. XI, 12-31). Die → Zeit ist selbst Gottes Geschöpf und existierte vor der S. noch nicht. Wer, wie → Porphyrius, die Offenbarung (Joh 1, 1ff) leugnet, muß auch die S. leugnen (De civ. X, 29). Die Welt hat einen Anfang. Sie ist »ex nihilo«, dh nicht *in*, sondern *mit* der Zeit geschaffen (De civ. XI, 5f). Obwohl Augustin an der rationalen Erfassung der Zeit wiederholt scheitert (zB Conf. XI, 14; De civ. XII, 16), hat er dem abendländischen Denken das Wissen eingeprägt: Gottes Handeln als S.r wie das Dasein der S. ist durch → Geschichtlichkeit qualifiziert.

b) Augustinische Traditionen sind wirksam im MA: → *Anselm von Canterbury* sucht mittels der personalen Kategorie »S.sordnung« (ordo rerum) das Gewicht der Sünde und die Notwendigkeit des Versöhnungswerkes Christi zu verstehen. → *Hugo von St. Viktor* gliedert den Gesamtstoff der Lehre geschichtstheologisch in die aufeinander bezogenen Werke der S. (conditio) und der Menschwerdung (restauratio) ein. → *Bonaventura* läßt das »Buch« der S. und das der Schrift sich gegenseitig interpretieren; in »apokalyptischem Antiaristotelismus« (G.Söhngen) deuten seine »Vorträge zum Sechstagewerk« (erste eschatologische Deutung von Gen 2, 2 durch 2Petr 3, 8 in Barn 15, 4f) die vom Anfang zum Ende hin befristete S. existentiell *als* Geschichte: S. wird zum Anruf an die Kirche, den endzeitlichen Frieden im Jetzt des Liebes-Zeitalters, des 7. S.stages, zu verhiesigen.

c) Nachdem inzwischen das 4. Laterankonzil (1215) die patristische S.slehre, bes. »gegen die → Albigenser«, definiert hatte (Denz. 428), erstrebte → *Thomas von Aquino* den rationalen Ausgleich zwischen den überlieferten S.smotiven in einem platonisch geläuterten Aristotelismus (S. th. I, q. 44-49). S. ist das Hervorgehen (processio: I, 44, 1; emanatio: 45, 1) alles Seienden aus der universalen Erst-Ursache (prima causa), dh aus Gott, der erste Wirk-, Form- und Ziel-Ursache ist (I, 44: causa efficiens bzw. agens; c. exemplaris; c. finalis). Eine anfangshafte S. wird zwar nicht geleugnet (gegen LThK IV, 320), ist aber nur »glaubbar, nicht wißbar oder beweisbar« (I, 46, 2 resp.). S. als Handlung bedeutet Überführung von Möglichkeit (potentia) in Wirklichkeit (actus). Alle Dinge sind durch → Teilhabe am Sein, bes. am Ursache-Sein Gottes mit ihm verbunden. Als Zweit-Ursachen (causae secundae) sind sie, von ihm bewegt, selb-ständig und selbst-tätig zugleich. So formiert Gott die geschaffene Welt (creatura) zur seinsmäßig gestuften Ordnung von Ursachen und Wirkungen (I, 104, 2). Mittels der doppelten Weltformel »Akt/Potenz *und* Teilhabe« wird auch die sich nach Gottes Plan (ratio gubernationis) vollziehende Erhaltung und Regierung der Welt beschrieben (I, 103-119). Wie allseitig Thomas den S.sgedanken, bes. hinsichtlich der Einwirkung des S.rs auf die Geschöpfe (I, 105), aber auch durchreflektierte, so sehr lähmte die beherrschende Kategorie der Ursächlichkeit die freie Lebendigkeit des S.rs. – Im späteren MA hat daher die franziskanische Willensmetaphysik gegenüber dem Kausalitäts-System das Kontingenz-Motiv geltend gemacht. Während → *Duns Scotus* die Beziehung S.r/Geschöpf auf das persönliche Gegenüber des in überlegenem Entscheid »annehmenden« Gottes zum Menschen (→ Prädestination) gründete, brachen bei → *Ockham* die beiden S.smotive in den → Okkasionalismus der potentia-absoluta- und den Positivismus der potentia-ordinata-Lehre auseinander. Der irrational selbstherrliche S.r (→ Gerson) fordert innerhalb der von ihm gesetzten S.sordnungen den eigenmächtigen Menschen zur »schöpferischen« Selbstverwirklichung heraus. In der Spannung von »Kontingenz und Konkretion« (W.Link) wird die biblische S.serfahrung folgerichtig zersetzt.

3. Erst durch die *Reformation* wurde die Kraft und Fülle des biblischen S.szeugnisses wiedergewonnen.

a) Noch unter augustinischen Voraussetzungen, versuchte → *Zwingli* durch die Motive von → Vorsehung und → Bund die Spannung zwischen Gottes Gerechtigkeit und Güte im S.rgedanken christologisch aufzuheben (zB CR 100, 102).

b) Aber erst → *Luther* sprengt den Zwang abstrakter Kausalitäts-Theorien, indem er die Methode der Schlußfolgerungen als »Theologie der Herrlichkeit« verwirft (WA 1, 353-365) und Gott aus einem Gegenstand der formalen Logik zum personal begegnenden S.r werden läßt. Damit wird die Welt für den Glaubenden zum Feld unmittelbarer Wirklichkeitserfahrung. Luther vermag mittels der Dialektik von → Gesetz (: V) und Evangelium die S.smotive in paradoxer Schärfe zu integrieren. Im Rückgang auf Paulus entdeckt er in der »passiven« → Gerechtigkeit Gottes (54, 186, 3ff) dessen ureigenes S.rhandeln. Die Tat, durch die Gott den Gottlosen gerecht spricht, macht alle seine anderen Werke im Glauben interpretierbar. Die rationale These von Gottes *All*wirksamkeit (Thomas) wird zur existentiellen Einsicht von seiner *Allein*wirksamkeit aktualisiert. Die soteriologisch verstandene S. »aus nichts« (40/III, 154, 11), die als Lebendigmachung »unter dem Gegenteil«, dh der Tötung, geschieht (1Sam 2, 6: 56, 375, 18ff), wird zur »Kategorie« des Handelns Gottes schlechthin (54, 402, 29ff). Das Geistgeschehen in Wort und Sakrament ist S.sgeschehen; und umgekehrt: die ganze S. ist Aus-sage und Ent-wurf seines Wortes (42, 17, 25f). Der in Christus mit dem Geschöpf identische S.r (39/II, 105, 4ff) läßt, selbst rastlos wirkend, keine Kreatur feiern (18, 711, 1). Welt-überlegen und welt-inwärtig zugleich, bleibt er ihrem Gesamtleben, der »Maske« seiner verhüllten Herrlichkeit, allgegenwärtig (40/III, 232, 1ff). In ihm verleiht er dem Menschen seinen irdischen Stand (Beruf).

c) Unter Voraussetzung dieser Einsichten hat → *Calvin*, nach der Gotteserkenntnis fragend, eine systematische S.slehre gestaltet (Inst. I, 1-15) und von ihr aus die → Vorsehung sozusagen als »angewandte« S. erklärt (I, 16-18). In Gottes verborgener Vorsehung gewinnt sein S.shandeln zielbezogene Kontinuität (→ Heilsratschluß) und bekundet seinen Anspruch, den verlorenen Menschen auf Christus hin zum Gehorsam zu verpflichten (II, 1-8: Gebote).

4. Während die altreformatorischen S.saussagen bes. den angefochtenen Menschen meinen und soteriologisch ausgerichtet sind (Gr. Kat., 1. Art.; Heidelb. Kat., Fr. 26-28), verwandelt die eindringende Aristoteles-Renaissance die S.slehre in theologische Kosmologie.

a) In ihrem Bann hat die altprot. → *Orthodoxie* die wesentlichen Bezüge der S.slehre scharfsinnig durchdacht, ihre Strukturen begrifflich geprägt und die Bezeichnungen der dogmatischen Fachsprache geregelt. Namentlich wurde der Grundbegriff des »Concursus divinus« (RE IV, 262ff), der die Beziehung der Vorsehung (providentia) zur Weltregierung Gottes (gubernatio) und deren Verhältnis zu den Zweit-Ursachen zu bestimmen hatte, durchgeklärt. So beachtlich diese Leistungen sind, so sehr hat die Rückkehr zum vergegenständlichenden Kausalitäts-Schema die S.slehre ihren Funktionen entfremdet und sie der Erschütterung durch die neuzeitliche → Naturphilosophie und → Naturwissenschaft ausgesetzt. Zwar suchte die christologisch begründete Physikotheologie den »kopernikanischen Schock« (W.Philipp) zu neutralisieren, indem sie die »Natur« als S., dh als Abglanz transzendenter Majestät (→ Herrlichkeit Gottes) erblickte. Aber der antiker Metaphysik verhaftete rationale Geist, der in der Orthodoxie heimlich, im → Rationalismus offen wirksam war (H.E.Weber), konnte die biblischen S.smotive gegen die siegende → Aufklärung nicht mehr überzeugend durchsetzen.

b) Einen neuen Ansatz wagte → *Schleiermacher* (Glaubenslehre §§ 32-49). Sich gegen → Deismus *und* Pantheismus abgrenzend, sah er S. als »das Werk der göttlichen Alleinbestimmung« im »Naturzusammenhang« gesetzt (§ 46). Aus der Erkenntnis, daß wohl der Satz von der Erhaltung der Welt, nicht aber der von ihrer Erschaffung uns im Selbstbewußtsein unmittelbar gegeben ist, schloß er, daß »S. eine Ergänzung ist zu dem Begriff der *Erhaltung*« (§ 36, 1), so daß jene »ganz« in dieser »aufgeht« (§ 38, 1). Unter Berufung auf → Quenstedts Lehre vom »concursus Dei« erklärt er, daß »Erhaltung« und »Naturursächlichkeit« »beide dasselbige sind, nur aus verschiedenen Gesichtspunkten angesehen« (§ 46, 2). Die positive Absicht, (mit der Überlieferung) keinen Raum- oder Zeitpunkt von der Allherrschaft Gottes auszunehmen (§ 37, 1), wird freilich gefährdet durch die negative Bestimmung, »daß Gott in der Erhaltung ebensogut als in der S. außer allem Mittel und Gelegenheit der Zeit bleiben muß« (§ 46, Zus.). Vor allem aber wird das menschliche Selbstbewußtsein, das »die Endlichkeit des Seins im allgemeinen vertritt« (§ 33), erheblich überfordert, wenn es bereits die gewichtigen Aussagen von der S. zu tragen hat. Immerhin ist die Aufgabe, dogmatische und philosophische Sätze zu entwirren (§ 33, 3), ebenso gesehen wie die, im Problem »Freiheit und Notwendigkeit« das Interesse von Frömmigkeit, Wissenschaft und Sittlichkeit »zusammenstimmen« zu lassen (§ 49, Zus.). – Schleiermachers Sorge hinsichtlich des S.*sbegriffs:* »Wie lange wird er sich noch halten können gegen die Gewalt einer aus wissenschaftlichen Kombinationen, denen sich niemand entziehen kann, gebildeten Weltanschauung?« (2. Sendschr. an Lücke) wurde durch die in der Theologie des folgenden Jh.s herrschende Unbekümmertheit nachträglich gerechtfertigt. Soweit die systematische Theologie nicht dem allgemeinen Rückzuge des Geistes aus der Metaphysik *und* der realen Welt (→ Neukantianismus) folgte, um sich auf soteriologische Probleme zu beschränken (A.

→ Ritschl) oder in ethische (W. → Herrmann) bzw. sozialethische Bereiche (→ Schöpfungsordnung) auszuweichen, wurde der S.sbegriff dogmatisch fast unbearbeitet mitgeschleppt. Die Lutherforschung leistete zwar (bes. in Skandinavien) Bedeutendes zur Wiedergewinnung des reformatorischen S.sdenkens, blieb aber zu einseitig der Historie verhaftet.

c) Erst *K.* → *Heim* stellte sich hier dem Relativismus wie Absolutismus des säkularisierten Weltbewußtseins. In intensiver Verarbeitung der neuesten Erkenntnisse der Naturwissenschaften (die Überwindung der »drei Absoluta«: Objekt, Zeit/Raum, Determination) versuchte er, vom Erleben der Jenseitigkeit Gottes her, die S. des Universums wie die des Menschen begreiflich zu machen. - Abseits aller Apologetik breitete *K.* → *Barth* seine »Lehre von der S.« aus (KD III/1-4). Er bezog »*die S.* als äußeren Grund des Bundes« und »*den Bund* als inneren Grund der S.« streng aufeinander (III/1, § 41). Kraft des in Jesus Christus erfüllten Bundes ist Gottes Schaffen sein »Ja« zu allem Geschaffenen: S. ist Wohltat, daß das Geschaffene »als durch ihn verwirklicht sein und als von ihm geschaffen gut sein darf« (§ 42). In existentieller Engführung wird zunächst die theologische Kosmologie durch die christologisch begründete Anthropologie (III/2) verdrängt, um später in ihren Motiven in traditioneller Reihenfolge: »Vorsehung« (III/3, § 48) und »Erhaltung« (§ 49) abgehandelt zu werden. - Wesentlich knapper formuliert *P.* → *Tillich*, die ontologischen Grundprobleme scharf erhellend, seine Sätze. »Die Lehre von der S. beschreibt kein einmaliges Ereignis. Sie deutet auf die Situation der Geschöpflichkeit [des Menschen; = Endlichkeit] und ihr Korrelat, das göttliche Schaffen« (Syst. Theol. I, 291). S. »geht der Unterscheidung von Essenz und Existenz voraus« (294). »Geschöpf sein heißt beides: wurzeln im schöpferischen Grund des göttlichen Lebens und sich selbst verwirklichen in Freiheit« (295). »Erhaltung ist dauerndes Schaffen, in dem Gott von Ewigkeit her Dinge und Zeit miteinander schafft« (301). »Erhaltende S.« bedeutet »ununterbrochene Dauer der Wirklichkeitsstruktur als der Basis für Sein und Handeln«. Gottes Welt-Immanenz »als ihr dauernder schöpferischer Grund« und seine Welt-Transzendenz »durch Freiheit« fallen zusammen. Die religiös erfahrene Transzendenz »ist der Bezug von [unendlicher] Freiheit zu [endlicher] Freiheit, der in jeder persönlichen Begegnung aktuell ist« (303). Damit gewinnt die Zuordnung der S.smotive eine neue Fassung, die allerdings hinter der feineren Unterscheidung von Seins- und Geschehens-Struktur (s. 2) zurückbleibt.

Allgemein: Lehrbücher der DG u. Theol.-Gesch. - *Qu.:* H.SCHMID, Die Dogmatik d. ev.-luth. Kirche, (1843) 1893^{7}, §§ 20f - H.HEPPE, Die Dogmatik d. ev.-ref. Kirche, (1861) hg.v. E.BIZER, 1958^{2}, loc. IX-XII - J.TURMEL, Hist. des dogmes IV, Paris 1935, c. I-IV (kath.). - *Ferner:* RE IV, 262ff; XVII, 681ff - DThC III, 2034ff - G.AULÉN, Den kristna Gudsbilden, 1927; dt.: Das christl. Gottesbild in Vergangenheit u. Gegenwart, 1930 - H.M.MÜLLER, Glaube an Gott den S.r als Glaube an Christus bei Luther (ThBl 7, 1928, 37-48) - K.A. VIERING, Grundformen d. Vorsehungsglaubens auf d. Boden d. Reformation bis zum Anfang d. dt. Erweckung (ZSTh 5, 1928, 498-549. 643-721) - ELERT, ML I, 355ff - K.STARITZ, Augustins S.sglaube (Diss. Breslau), 1931 - LThK IX, 319ff - G.BUCHWALD, Luther über die Welt als Mitwirkerin Gottes (LML 23, 1941, 49-73) - E.TH.PEDERSEN, S. u. Gesch. bei Luther (StTh Lund. III/1, 1949, 5-33) - T. BOHLIN, Den korsfäste Skaparen. Förhallandet skapelse-frälsning i Luthers teologi mot bakgrund av skolastiskt tänkande (Diss. Uppsala), 1952 - L.PINOMAA, S. u. Offenbarung bei Luther (StTh [Lund] 8, 1954, 77-85) - L.RICHTER, Immanenz u. Transzendenz im nachreformat. Gottesbild, 1954 - W.PHILIPP, Das Werden der Aufklärung in theologiegesch. Sicht (FSThR 3), 1957 (zur Physikotheol.) - G. ROST, Luthers S.sglaube u. Geschichtstheol. (Luth. Rundblick 6, 1958, 2-14) - EKL III, 835ff - P.ALTHAUS, Der S.sgedanke bei Luther (SAM 1959, 7, 3-18) - W.PANNENBERG, Die Aufnahme d. philos. Gottesbegriffs als dogmat. Problem in d. frühchristl. Theol. (ZKG 70, 1959, 1-45) - D.LÖFGREN, Die Theol. d. S. bei Luther (FKDG 10), 1960 (Lit.).

G.Gloege

IV B. Dogmatisch

1. Begriff - 2. Erkenntnis der S. - 3. Subjekt der S.: a) Transzendenz des S.rs - b) Welt-Überlegenheit - c) Welt-Zugewandtheit - 4. Akt der S.: a) S. im Anfang - b) Erhaltung - c) Concursus divinus - 5. Struktur der S.: a) Sprechendes Dasein - b) Widersprechendes Dasein - c) Beanspruchendes Dasein. - Vgl. → Anthropologie, → Natur und Christentum, → Naturwissenschaft, → Uroffenbarung, → Welt

1. Der *Begriff* »S.« ist für die christliche Heils- und Welterfahrung wie für deren theologische Erfassung grundlegend. Dogmatisch hat er seinen Sitz in der Lehre von → Gott, dem S.r *(creator)*: S. wird nur von Gott ausgesagt (s. 3). Der Begriff regelt umfassend die Aussagen über das Verhältnis des dreieinigen Gottes zu Mensch und Welt. Inhaltlich ist S. zunächst an der Israel widerfahrenden → Erwählung wie an der in Jesus Christus geschehenden → Versöhnung der Welt ausgerichtet. Formal wird »S.« in doppeltem Sinne gebraucht. Aktiv bedeutet sie Gottes Leben schaffendes Handeln: als *creatio* bzw. creare meint S. den Akt des göttlichen Erschaffens aller Dinge (s. 4). Passiv bedeutet sie die durch Gottes Schaffen ins Dasein gerufene vielgestaltige Wirklichkeit: als *creatura* meint S. sowohl das All wie jedes seiner Elemente in Natur und Geschichte in ihrer bleibenden Bezogenheit auf den S.r (s. 5). Für die Lehre von der S. ist die Zuordnung der drei Momente - Subjekt, Akt, Struktur der S. - unauflöslich und ihre Abfolge unumkehrbar.

2. Die *Erkenntnis* der S. geschieht im → Glauben: nicht in beobachtendem Erkennen, das sich in vergegenständlichender Aussage niederschlägt, sondern in hörendem An-erkennen, das Gottes Zuspruch und Anspruch vernimmt. Wie Israel S. (und Chaos) ursprünglich nicht an der Natur, sondern an seiner → Geschichte (Erwählung) erfuhr (vgl. Hos 2, 25), so gründet das Wissen der christlichen Gemeinde um S.r und S. in der Gewißheit des »Seins in Christus« als der »neuen S.« (2Kor 5, 17). Erst die Heilserfahrung ermöglicht die Erkenntnis, daß alles geschöpfliche Dasein von je, dh vor der Kundgabe des Heils, Gottes Werk ist. - Die S.s-*Aussagen* enthalten weder aus der Empirie gewonnenes, verifizierbares Wissen noch zu kosmologischer Theorie verfestigte Weltanschauung (→ Weltbild). Sie sagen den Glauben aus, der selbst Geschöpf einer Botschaft ist (→ Kerygma; → Sakramente). Als Glaubensaussagen treten sie auf der Ebene theologischer Reflexion in den Kreis wissenschaftlicher Seins-Erhellung. Erst die Unterscheidung von Glaubens- und naturwissenschaftlichen Aussagen zeigt, warum es wohl → Naturwissenschaften, aber keine »S.swissenschaft« geben kann (W.v.Rohden). Naturwissenschaftliche und theologische Sätze beinhalten hier zwar denselben Gegenstand: die Welt und ihre Erscheinungen, aber in kategorial je verschiedenem Sinne. Theologische Sätze stehen zu naturwissenschaftlichen, in dimensionalem Überstieg, »senkrecht«. Sie beziehen sich wohl *auf* empirische Wirklichkeit, das verdeckende Widerspiel der S., leiten sich aber nicht *aus* ihr her. Ihre Aussagen haben die dreifache Gestalt: a) der *eschatologischen An*-sage (→ Eschatologie): bereits Gen 1 beantwortet weniger die Frage nach Woher bzw. Woraus, sondern nach Wohin und Wie-lange-noch der S.; im Anfang der S. wird ihr Ende ausgerufen (L.Köhler, TheolAT, § 28); b) der *existentiellen Zu*-sage: die S. wird zum trostreichen Zeichen, durch das Gott seine Bundestreue der Menschheit (Gen 9, 12ff), der angefochtenen Gemeinde (Jes 40ff), dem Blutzeugen (2Makk 7, 22ff) verpfändet; c) der *doxologischen Zu*-sage (→ Bekenntnis: V), durch die der

Mensch Gottes An- und Zu-sage beantwortet (Ps 29; 65; 147). – Obwohl in a) die Welt, in b) der Mensch und in c) Gott die Mitte der Aussage bildet, lassen sich die drei Aussageweisen nicht voneinander lösen: »total engagiert«, kann sich der Glaubende weder vom S.r noch von der S. betrachtend distanzieren.

3. Das *Subjekt* der S. *(creator)* ist der dreieinige Gott (→ Trinität). Als der Lebendige setzt er außer sich Leben. Als der S.r vollzieht er die *»S. aus nichts«*. Diese dogmatische Formel ist primär Gottesprädikation und Inbegriff seiner »Wesensherrlichkeiten« (Vogel; → Eigenschaften Gottes). Sie hat eine dreifache Funktion:

a) »S. aus nichts« sichert Gottes strenge *Transzendenz* gegenüber der → Welt und die paradoxe Erkenntnis, daß seine Herrschaft (→ Reich Gottes: III) von jeher besteht, obwohl ihr Gegenstand nicht gleichewig ist (vgl. Augustin, de civ. XII, 16): S. und S.r sind wesensverschieden; wohl ist die S. seit je zeitlich mit dem S.r koexistent, nicht aber der S.r mit ihr. Die Formel verhütet die Verklammerung des S.rs mit der S. durch übergreifende Formalschemata: Gott ist weder (ontologisch) Welt*grund,* der die Einheit der Welt verbürgte; noch (kosmologisch) Welt*ursache,* die die folgenden Ursachenketten begreiflich machte; noch (metaphysisch) Welt*baumeister,* der aus vorgegebenem oder erzeugtem Material das All verfertigte.

b) »S. aus nichts« sichert des S.rs Welt-*Überlegenheit* gegenüber der S. (S.s-Motiv α): Als S.r ist Gott *freier Herr* über die Welt, der sich in souveräner Selbstmacht (Autokratie) seine S. unterwirft, sie aus eigener Selbstfülle (Autarkie) ernährt und, selbst keiner Instanz unterstehend, sie in kraftvollem Selbstwillen (Autonomie) seinem Gebote gehorchen läßt. Gen 1 ist doxologisches Interpretament des ersten Gebotes Ex 20, 2f in Form berichtender Sage.

c) »S. aus nichts« sichert des S.rs Welt-*Zugewandtheit* zu seiner S. (S.s-Motiv β): Gottes Schaffen ist Akt grundloser *Güte* (→ Gnade): sie wirkt die S. (Ps 136, 1–9), ergeht über alle Geschöpfe (Ps 36, 7), füllt die Erde (Ps 33, 5). Zwar behält das AT die *Vater*-Bezeichnung Jahwes dem Bundesverhältnis zu Israel vor (Dtn 32, 6ff: in S.s-Termini). Erst das Judentum verbindet »Herr« bzw. »König« und »Vater« zu *einem* Bekenntnis (Mal 1, 6; 3Makk 6, 2f; → Schmone ʿEsre [babyl. Rez.] 5f). Im NT (ThW V, 981ff) drängt die Erkenntnis Gottes, des Vaters Jesu Christi (2Kor 1, 3 u.ö.), zur Aussage, daß der S.r Herrscher und Vater zugleich ist (1Kor 8, 6; Eph 4, 6; vgl. Mt 11, 25; später 1Clem 35, 3: »der Vater der Aionen«). Gott offenbart in den S.swerken nicht nur seine »ewige Kraft und Gottheit« (Röm 1, 20; → Uroffenbarung). Heimlich durchwaltet seine Väterlichkeit die Welt bereits als S. Der Sohn ist S.s-Mittler (1Kor 8, 6; Kol 1, 15ff; Joh 1, 1ff; Hebr 1, 3): dieser Satz enthält nicht ein kosmologisches Theologumenon, sondern ist vielmehr soteriologisches Kerygma (→ Paulus, 3 b α); er besagt, daß das in → Jesus Christus erschienene Leben Maß und Art des S.r-Handelns des Vaters bestimmt (→ Christologie). Daß Gott den schmachvoll Getöteten zur Herrlichkeit erhöhte (Gott der »Totenerwecker Jesu«: Gal 1, 1; 2Kor 4, 4; Röm 4, 21; 8, 11), hebt die Frage der → Theodizee in jeder Form auf: unter dem Bösen verbirgt der S.r seine Güte. Bereits die S. der Welt bedeutet Gottes *teilnehmende Selbstherablassung:* »Kondeszendenz« (συγκατάβασις: Origenes), »Herunterlassung« (Zinzendorf), »Demütigung« (Hamann), »Knechtsdienst« (Bezzel). – Die Trinitätslehre wehrt spekulative Wucherungen ab: der Glauben und Leben schaffende → *Geist* (2Kor 3, 6; Joh 6, 33) hält als das »sich bezeugende Mit-sein Gottes« in seiner S. (Schumann) den Hörer unausweichlich in Rufnähe des S.rs. Ohne die Versöhnung auf S. (Lütgert) oder die S. auf Erwählung zu reduzieren (Barth), bleibt ihr Wechselbezug gewahrt. Der von Gottes Verheißung Betroffene glaubt »dem, der die Toten lebendig macht und das Nichtseiende (τὰ μὴ ὄντα) ins Dasein ruft« (Röm 4, 17f).

4. Gott vollzieht den *S.s-Akt (creatio)* in der Weise überlegenen Gebietens. Dadurch gibt er der Welt Dasein und stiftet ein bleibendes personales Verhältnis zu ihr. »Schaffen heißt gebieten« (WA 12, 382, 16). Existentiell: »Ich glaube, daß *mich* Gott geschaffen hat ...« (Kl. Kat. III, 1).

a) S. bedeutet *freie Setzung des Anfangs.* Die Wendung »S. aus nichts« macht keineswegs das »nichts« zum negativen Etwas (Quenstedt: [non] nihil privativum = schöpferisches Urseiendes), sondern schließt eine Gott vorgegebene negative »Urmöglichkeit« gerade als »Unmöglichkeit« (Bonhoeffer 12f) aus (*nihil pure negativum;* »ex nihilo« als terminus a quo = »post nihilum«). Dem spekulativen Idealisten galt »die Annahme einer S. als der absolute Grundirrtum aller falschen Metaphysik und Religionslehre«, ihr Ableugnen als »das erste Kriterium der Wahrheit«; »denn eine S. läßt sich gar nicht ordentlich denken« (Fichte, Werke [ed. Medicus] V, 191). Mit Recht, denn pointiert: »Der Artikel von der Erschaffung der Dinge aus nichts ist schwerer zu glauben als der von der Fleischwerdung« (WA 39/II, 340, 21f). – In Gen 1 stehen, in jüngerer und älterer Fassung, *Wort*-S. und *Tat*-S. in Spannung zueinander (v. Rad, ATD 2, 41): Gott »schafft« (stofflos) durch sein befehlendes *Wort* und »macht« (stoffbezogen) Dinge durch seine bildende *Hand.* Jenes drückt die Welt-Überlegenheit (α), dieses die Welt-Unmittelbarkeit (β) des S.rs aus; jenes die relative Freiheit der S. gegenüber Gott, dieses ihre Gebundenheit an ihn. Jedoch zielen die at. S.s-Aussagen auf die »Wortung« der Welt, die ihre »Bildung« bleibend in sich aufhebt: der S.s-Akt ist *Sprachgeschehen* (→ Sprache: IV), durch das Gott der Welt ihr Sein und den Dingen ihre Bestimmung zu-sagt (P. Brunner). Indem der S.r redet, ereignet sich S. (Ps 33, 9); indem er schweigt, vergeht sie (vgl. Ps 104, 29). Leibniz wandelt die Erkenntnis mathematisch ab: »Cum Deus calculat, fit mundus.« – Die Lehre von der S. (von → Zeit und → Welt) am Anfang scheidet notwendigerweise → Mystik und → Pantheismus aus.

b) So wahr Gott der Welt den Anfang gesetzt, so wenig ist sein Schaffen auf Vergangenes beschränkt. Er erhält ihren Bestand, indem er sie ständig neu schafft (WA 1, 563, 8: creare est semper novum facere). Hier ist der überkommene (ursprünglich in der → Vorsehungs-Lehre beheimatete) Begriff der *Erhaltung* (conservatio) als *»fortdauernder S.«* (creatio continua[ta]) neu zu durchdenken. Die mystisch-pantheistische Überlieferung (→ Neuplatonismus), in alter Zeit durch → Origenes, in neuerer (angeblich) durch Schleiermacher vertreten, hat den Begriff weitgehend diskreditiert. Als Gründe *gegen* ihn nannte man: er drohe »die Realität des Naturzusammenhanges und den ganzen Entwicklungsprozeß (!) des Naturlebens in einen bloßen Schein zu verwandeln« (G. Thomasius I³, 146); er mache »das Entstehen und Bestehen der Welt zweifelhaft« (Schlatter 37); er beraube »durch den Begriff einer diskontinuierlichen Kontinuität das S.rtum Gottes seiner schlechthinnigen Freiheit und Einmaligkeit« (Bonhoeffer 19); er sei »ein Rest, ein Nachklang der Lehre von der ewigen S. in dem Sinne der Ewigkeit der Welt« (Lütgert 150); er verdunkele »die Identität des Geschöpfes in seiner Kontinuität« (Barth, KD III/3, 79); er befördere »die Hineinnötigung Gottes in unsere Jederzeitigkeit« und bewirke ontologisch »die Einebnung des S.rglaubens« (O. Weber 556f); er bilde einen den Begriff »S.« aufhebenden Selbstwiderspruch (Ratschow 74). In der Tat »führt von dem ›im Anfang‹ schaffenden Gott kein Weg in die creatio continua« (ebd), wohl aber umgekehrt. Das beweist der Erkenntnisweg Israels, das aus lebendiger Gegenwartserfahrung täglicher S. »je und je« zum Lobpreis des S.rs »im Anfang« gelangt.

Hier ist → Schleiermachers richtige Absicht, die S. im Horizont gegenwärtiger Erhaltung zu verstehen, theologisch gültiger zu begründen. Während »S.« supralapsarisch die zeitüberlegene Tat des S.rs um-schreibt, will »Erhaltung« infralapsarisch (→ Sünde: V) sein geschichtliches Handeln be-schreiben. Die Vorstellung urständlich »reiner« S. ist uns versagt. Wir erfahren Gottes S. stets »gebrochen« durch Zeit und Fall. Bevor der Christ »gerecht und Sünder zugleich« (Luther) wird, ist der Mensch »Geschöpf und verderbt zugleich« (Schlink). Im Lebensstande ficht ihn der → Tod an. Zwei Momente, die schon im konkreten, auf das Hiesige bezogenen S.sbegriff bereitliegen, werden durch die Erhaltungsaussage entfaltet: die Momente α) des Widerstreites (→ Dualismus) und β) des Zieles (→ Telos): α) Der S.r *hält* in unbegreiflicher *Treue* seine S., allen drohenden Widerständen zum Trotz, *durch* (Aristides, Ap. 1: διακρατεῖν = conservare). Sünde, Tod, Nichtigkeits-Mächte machen dem S.r die S. streitig (Ps 89, 10ff; 18, 5ff). Nur durch Gottes heute erfolgendes Eingreifen bewahrt, vermögen seine Geschöpfe die Bedrohung zu durchstehen (Hollaz: persistere). »Gott erhält im Streit die Welt« (L. Köhler, § 29f). »S. ist Gottes Kampf für das Leben« (Prenter 220). – β) Der S.r *hält* in grundloser *Geduld* (Gen 8, 21f) die in sich gefährdete S. *aus* (Hollaz: sustentare) bis auf Christus hin, dh bis zur gegenwärtigen → Rechtfertigung (Röm 3, 25f) und zum künftigen → Gericht (2Petr 3, 9). Die eschatologische Befristung um Christi willen zeigt, daß Gott »die φθορά, den Verderb des schöpfungsmäßigen Seins in ihm selber, aufhält und es nicht ins reine Nichtsein verfallen läßt« (Schumann 241). Präzisiert man die »*Jeder*zeitigkeit« *der S.* (O. Weber) zur »*Jetzt*zeitlichkeit« *des S.rs* (Prenter), so gewinnt der S.sbegriff Klarheit und Kraft: Gottes S. wird von der »Erhaltung« her, unter Einbezug des Zeitfaktors, geschichtlich aktualisiert. Der Zwang des Kausalitätsprinzips, der noch den Einspruch gegen die »stetige S.« bestimmte, wird gebrochen und der → Deismus durch Tilgung des letzten Restes der Demiurgen-Vorstellung überwunden.

c) Besonderer Klärung bedarf der altprot. Begriff des *Concursus divinus* (RGG² I, 1716f). → Quenstedt versteht unter ihm den »Akt der göttlichen Vorsehung, durch den sich Gott mittels der allgemeinen Einwirkung (influxus generalis) durch sich selbst den Handlungen und Wirkungen der Zweitursachen als solchen, unmittelbar und zugleich mit ihnen und nach eines jeden Bedürfen und Erfordern, einschmeichelt (suaviter influit)«. Der Begriff hat die Funktion, jeden Vorgang in der Welt, bes. jede Wirkung menschlichen Willens als göttliche Wirkung zu verstehen (u.a.: Mt 10, 30; Apg 17, 28). Im Rahmen aristotelischer Terminologie läßt er, ohne die Freiheit des S.rs und des Geschöpfes anzutasten, beider Tätigkeit in »einer, unteilbaren Handlung« zusammenfallen. Wegen Anwendung zweier Totalaspekte, bei Abweisung von Teilaspekten, erschien der Begriff Schleiermacher geeignet, dasselbe Geschehen als göttliches *und* kreatürliches Tun zu interpretieren. Zugleich bot ihm die Unterscheidung von S. und Natur die Freiheit, den Wahrheitsgehalt verschiedener Aussage-Systeme gelten zu lassen (s. 2). Künftig müßte kritische Verarbeitung die scholastischen Kategorien des Seienden (causae, influxus usw) in Existentialien des Daseins überführen. Ist S. Sprachgeschehen, so ist der »concursus« nicht mehr mittels naturhafter, sondern nur noch personaler Strukturen zu analysieren. Dabei wäre die menschliche »cooperatio« als Grenzbegriff zu charakterisieren: das Geschöpf ist nicht Mit-S.r (concreator), sondern *nur* Mit-Wirker (cooperator: Luther).

5. Die *Struktur* der S. als Gesamtheit des Geschaffenen *(creatura)* ist durch Gottes S.rwirken vorgezeichnet. S. ist nicht nur Ereignis, sondern immer zugleich Beziehungs-Gefüge. Die S. gründet in → Kontingenz; sie besteht in Konstanz. Die Struktur der S. liegt in ihrer *Sprachlichkeit* (→ Logos, → Sprache: IV), die ihr vom S.r zukommt: S. begegnet als sprechendes, widersprechendes, beanspruchendes Dasein.

a) *Sprechendes Dasein.* Wenn Schaffen: gebieten heißt, so heißt Geschaffen-werden: gehorchen; Geschaffensein: im Gehorchen beharren. Beides meint Empfang und Vollzug des Lebens, in dem der S.r gegenwärtig ist, ohne in ihm aufzugehen. S. bedeutet durch S.r-Wort (→ Wort Gottes) geordnete Welt: »Kosmos«; durch S.r-Ruf geregelte Bewegung: »Natur«. In der Natur wahrnehmbare Ordnungszüge (→ Naturgesetze), die dem Beobachter eine universale Gesetzmäßigkeit zu bekunden scheinen (→ Determinismus), weisen den Glaubenden nicht auf eine stabile Ordnung (ordo) hin, sondern auf Gottes aktuelle An-ordnungen (ordinationes). Durch des S.rs Sprechen ('amăr) und Reden (dabăr) erhalten die Geschöpfe Sein, durch sein Nennen (qara') Aufgaben (Gen 1, 3ff). Sonne, Mond, Sterne sind zum Leuchten »bestellt« (Jer 31, 35f: [Volz] ḥoqeq; MT: ḥuqot). Er schloß mit Tag und Nacht Verträge (b^erît), setzte die »Satzungen« (ḥuqôt) von Himmel und Erde (Jer 33, 25; vgl. Hi 38, 31–35) und grenzte scheltend die Flut ein (Ps 104, 6f; 106, 9; Hi 38, 10f). – Gottes Lebendigkeit meint seine Gesprächigkeit. Darum ist Sprachlichkeit das Leben der S. (→ Uroffenbarung). Die S. wird durch die Rede des S.rs hervor-gerufen: die S. bejaht die Hervor-rufung durch die stumme Antwort ihres Zur-Stelle-Seins (Jes 40, 26; Apk 6, 1 u.ö.: »komm!«). Die S. existiert, indem sie den S.r preist (Jes 38, 19). Seine Majestät verkündigend (Ps 19 A) und der bedürftigen Mitkreatur helfend (WA 5, 38, 11ff [zu Ps 1, 2!]: omnis creatura servat legem caritatis), erhält sie sich selbst im Sein. Die ev. Theologie des 20. Jh.s hat im Rückschlag gegen naturfromme → Mystik (: VIII) die S. als ästhetisches Phänomen abgewertet. Damit drohte sie zT auch im Gebet der Gemeinde (vgl. → Asmussen, Gottesdienstlehre III) und in ihrem Lied (EKG) zu verklingen. Geht die S. auch nicht im Begriff des Schönen auf, so ist sie doch protologisch (Gen 1, 31: »ganz vollkommen«) *und* eschatologisch (Phil 2, 10f; Apk 5, 13) auf Schönheit hin »versiegelt« (Vogel).

b) *Widersprechendes Dasein.* Sprachlichkeit verleiht der S. Freiheit, dem S.r zu gehorchen oder sich ihm zu versagen (→ Anthropologie: IV). Zur Struktur der S. gehört die Möglichkeit des grundsätzlichen Neins gegen den S.r. Der Ursprung des unergründbaren Widerspruches liegt weder in Gott noch in gegengöttlichen Mächten, sondern im → Dasein selbst. Der S.r ermächtigte die S., sie-selbst zu sein. Nun bricht aus ihrer eigenen Tiefe Selbstbedrohung hervor (→ Dämonen). Im Drange, allein aus sich zu leben, gerät die S. in Selbst-Widerspruch und Selbstzerstörung: der Spende des S.rs sich weigernd, vermag sie nur noch aus ihrem eigenen Tode zu »leben«. Der Mensch wird »ein Nachbar des Nichts« (Schlink 289). Innerhalb der Struktur »S.« entsteht die »Struktur der Destruktion« (Tillich II, 69). Aber selbst so vermag die S. dem S.r nicht zu entrinnen. Die → Geschichte (: III C) wird zum Rechtsstreit Gottes mit ihr. Der → Zorn Gottes wird »vom Himmel her offenbart«. Der S.r liefert seine S. (Calvin, Inst. I, 18, 1: nicht »zulassend«) ihrem Selbstwillen, ihrem Übermut, ihrer → Angst aus (Röm 1, 18ff). Er verkehrt sein lebenwirkendes Gebot ins tötende → Gesetz. In den Mächten »Sünde/Tod/Teufel« (16.Jh.), den Problemen »moralisches/physisches/metaphysisches Übel« (18.Jh.), den Phänomenen »Schuld/Schicksal/Sinnlosigkeit« (20.Jh.) verbirgt der S.r als »unter dem Gegenteil«: »Gerechtigkeit/Leben/Sich-selbst«. Der Glaubende gewinnt die »Chance«, durch anfechtenden Widerspruch (→ Anfechtung) hindurch S.r und S. neu zu vernehmen (WA 18, 633, 7ff). Anfechtungsloser S.sglaube wäre nicht mehr Glaube (AC IV, 350ff).

c) *Beanspruchendes Dasein.* Im Glauben wird der Mensch des vom S.r erteilten Auftrages inne: die Erde zu beherrschen (Gen 1, 28; Ps 8, 7) und den Geschöpfen ihre Bestimmung zuzusprechen (Gen 2, 19f). Als Mandatsgebiet Gottes ist die S. eschatologisch befristet, dh für den Menschen unabgeschlossen und voll »unbegrenzter Verpflichtungen« (AC IV, 226). Dagegen droht der unbiblische Begriff → »Schöpfungsordnung« die S. als Institution (Prenter 192) bzw. »Ergebnis des S.s-Aktes« mißzuverstehen und infolge der »Resultat-Kategorie« »den Nerv des S.sglaubens« zu verlieren: »die Gewißheit, daß Gott *jetzt* am Werke ist und das Leben selbst [als Aspekt] zu Gottes gegenwärtiger Aktivität gehört« (Wingren 52). – Die S. ist be-anspruchendes Dasein, Ausdruck und Medium göttlichen Gebietens. Von je begegnet dem Menschen im Mitmenschen des S.rs Anruf. Verfehlt der Mensch diesen Ruf, so vergreift er sich nicht nur an Gott und seiner S., sondern an sich selbst. Erst in der Umkehr (→ Buße) wird er mit der S. sich selbst wiedergeschenkt. Glaubend erfährt er Gottes bestimmt akzentuiertes Reden in der S. als → *Wunder* (b^{e}rî'ā [Num 16, 20; Ex 34, 10; Jer 31, 22; Jes 48, 7], eigentl.: »S.«, schöpferisch Hervorgebrachtes) und erbittet ein solches im → *Gebet*. Wunder und Gebet korrespondieren miteinander als Modi der Sprachlichkeit der S.: im Wunder ereignet sich je die Redefreiheit des S.rs, im Gebet die des Geschöpfes. – Seine → Berufung in Christus (1Kor 1, 26) wird dem Menschen zum → Beruf (7, 20): den Glauben in der Liebe zu bewähren und den Mitmenschen (den Feind) als »Nächsten« zu behandeln (Lk 10, 25ff). – Das »Gebot des S.rs« ist »die Heiligung schon des geschöpflichen Tun und Lassens des Menschen« (Barth, KD III/4, 1 [umfassendste und konkreteste ev. Ethik]). Dem Fluch der Weltflucht (→ Askese) wie des willkürlichen Mißbrauches der S. entronnen, übernimmt er im Vertrauen auf den S.r universale »Verantwortung für seine Welt« (Gogarten). Wie Gott die S. in der Erhaltung kämpfend behauptet, so hat der Christ das im Glauben empfangene Heil im weltlichen Werk durchzuhalten (creatio: conservatio = fides: opus). Im Felde des hiesigen Lebens (βίος) sucht er die empfangene (und verheißene!) ewige Lebendigkeit (ζωή) zu bewahren (vgl. Bonhoeffers vier »Mandate« [→ Amt: III]: *Kirche; Ehe*/Familie; *Arbeit*/Kultur; *Obrigkeit*/Volk, Staat). In der »Achtung vor dem Leben« in all seinen Schichten (vgl. A. → Schweitzer) setzt er den »Mut zum Sein« ins Werk, der die Überwindung der Angst bedeutet (Tillich). Der Gefahr, sich an der Aufgabe universaler Verantwortung zu verheben, wehrt die tätige Freiheit und Freude. In der → Kirche (: IV) lebend, die selbst »Kreatur des Evangeliums« ist (WA 2, 430), bezeugt er der Welt die Hoffnung, daß letztlich Gott selbst die S. verantwortet.

Zum Naturwissenschaftlichen: R.Otto, Naturalist. u. relig. Weltansicht, (1904) 1929^{3} - A.Titius, Natur u. Gott, 1931 - E.Daqué, Die Urgestalt, der S.smythos neu erzählt, 1945 - B.Bavink, Welt-S. in Mythos u. Religion, Philos. u. Naturwiss., (1950) 1954^{2} - V.v. Weizsäcker, Am Anfang schuf Gott Himmel u. Erde, 1954 - H. Volk, S. u. Entwicklung, 1955 (kath.) - S.sglaube u. Evolutionstheorie (Vortragsreihe), 1955 - A.Neuberg, Entwicklung u. S., 1955 - I.Ludolphy, S.sglaube u. Entwicklungslehre - zwei unvereinbare Weltbilder? (Bek. zur Kirche, Festg. E.Sommerlath, 1961, 187-219).

Zum Systematischen (vgl. die Lehrbücher der → Dogmatik): H.Bezzel, Der Knecht Gottes, 1921 - F.Gogarten, Ich glaube an den dreieinigen Gott, 1926 - Ders., Der Mensch zw. Gott u. Welt, (1952) 1956^{2} - E.Hirsch, S. u. Sünde, 1931 - D.Bonhoeffer, S. u. Fall, (1933) 1955^{3} - Th.Haecker, S.r u. S., 1934 (kath.) - W.Wiesner, Die Lehre von der S.sordnung, 1934 - W.Lütgert, S. u. Offenbarung, 1934 - P.Althaus, Theol. der Ordnungen, (1934) 1935^{2} - E.Schlink, Die Verborgenheit Gottes des S.rs nach luth. Lehre (Theol. Aufs. f. K.Barth, 1936, 202-221) - Ders., Zum Gespräch des christl. Glaubens mit der Naturwiss. (Medicus Viator, Festg. R.Siebeck, 1959, 273-295) - G.Heinzelmann, Der Glaube an den S.rgott, 1937 - F.K.Schumann, Vom Geheimnis der S. (1937 = F.K.Sch., Wort u. Gestalt, 1956, 226-258) - Ders., Offenbarung u. S. (DTh 4, 1937, 195-209 = ebd 210-226) - E.Gerstenmaier, Die Kirche u. die S., 1938 - M.Schmaus,. Kath. Dogmatik II/1, (1938) 1954^{5} (Lit.) - H.E.Hengstenberg, Das Band zw. Gott u. S., 1940 (kath.) - Barth, KD III/1-4 - R.Prenter, Die Einheit von S. u. Erlösung (ThZ 2, 1946, 161-182; zu Barth, KD III/1) - Ders., Skabelse og Genløsning, Kopenhagen (1951/53) 1955^{2}; dt.: S. u. Erlösung, 1958/60 - G.Koch, Paläontologie oder theol. Schriftauslegung (ELKZ 2, 1948, 205-208) - Ders., Jesus Christus - S.r der Welt (ZThK 56, 1959, 83-109) - K.Heim, Der ev. Glaube u. das Denken der Gegenwart IV-VI, (1949-52) 1952-58$^{2.3}$ - M.Doerne, Christl. S.sglaube, 1950 - Thielicke, ThE I, 239ff; II/1, 328ff - M.Lackmann, Vom Geheimnis der S., 1952 - C.Stange, S. u. Heilsgesch. (ZSTh 23, 1954, 89-101) - C.-L.Runge, Natur u. S. im Spiegel des Wortes (ebd 24, 1955, 139 bis 147) - J.Brinktrine, Die Lehre von der S., 1956 (kath.) - G. Wingren, Skapelsen och lagen, 1958; dt.: S. u. Gesetz, 1960 - C.H. Ratschow, Das Heilshandeln u. das Welthandeln Gottes (NZSTh 1, 1959, 25-80) - P.Brunner, Gott, das Nichts u. die Kreatur (KuD 6, 1960, 172-193).

G.Gloege

V. In der kirchlichen Unterweisung

Ziel der kirchlichen Unterweisung zur S. ist, die Dankbarkeit für sämtliche Lebenseindrücke auf Gott zu lenken und zu einem ihm verantwortlichen Tun anzuhalten. Dankbarkeit bezeichnet dabei zugleich das Vermögen, sich in der Not zu bescheiden, und das Vertrauen, entsprechend der 3. Bitte des Vater Unser mit der vierten um das tägliche Brot zu beten. In solcher Dankbarkeit und Bitte leben wir in der Freiheit, zu welcher das 1. Gebot ruft (1. Gebot, Vater Unser und 1. Glaubensartikel in Luthers Katechismen!). Der Inhalt des S.sglaubens – 1. die Welt ist Gottes S., 2. der Wille Gottes ist gut – wirft Fragen und Zweifel auf. Der Glaube besteht darin, mit ihnen zu ringen und fertig geworden zu sein. Die Zweifel theoretischer Art verbinden sich mit Argumenten der Naturwissenschaft. Es ist zweckmäßig, an diese Fragen die Einsicht in die historische Bedingtheit der biblischen Texte anzuknüpfen. Andere Zweifel werfen das → Theodizee-Problem auf. Die Frage, ob sich der Glaube an Gottes Güte aufrechterhalten läßt, ist ein wesentliches Thema der Bibel (Hi; Ps 73, 23ff; Gethsemane und der Rechtfertigungsglaube!). Die Überwindung des Theodizee-Problems führt in die Freiheit des S.sglaubens (Jes 40, 27ff, EKG 250, 1; 292, 3). In diese Freiheit ruft Jesus (Mt 6, 25ff). S.sglaube ist christlicher Glaube (Phil 4, 4-6. 11-13). Von Gal 4, 1-5 her (vgl. F.Gogarten, Was ist Christentum?, 1956, 62ff) enthüllt sich die ganze Tiefe des S.sglaubens, dort kommt seine Intention zum Ziel.

Hat die kirchliche Unterweisung auch zunächst das »Verständnis der Verkündigung« durch »Belehrung«, dh »Bekanntmachung mit den wichtigsten Elementen der Überlieferung« vorzubereiten (Barth), so darf darüber doch nicht außer acht gelassen werden, daß ihr abgesehen davon einerseits noch eine treuhänderische literarische und historische Aufgabe zufällt, und daß sie andererseits bisweilen selbst den Charakter einer Verkündigung annehmen wird und muß. Dabei ist es notwendig, die Krisen der Glaubensentwicklung im Laufe eines Lebens im Auge zu haben. Deshalb müssen sich die theologischen und historischen Einsichten mit den psychologischen verbinden, und deshalb verbietet sich a) das Harmonisieren mit naturwissenschaftlichen Aussagen, b) Lehrbüchern einen heilsgeschichtlichen Aufriß zugrunde zu legen, der mit Gen 1 und 2 beginnt, c) der Weg von der Natur zu einem isolierten Schöpferglauben. Die Natur »spricht« als S. vom Wort her (Gen 15, 4ff). Dabei ist freilich elementares Betroffensein angesichts der Natur aufgenommen. Ferner verbietet sich ein Darbieten von Gen 1f im Grundschulalter in »starken, lebensvollen Bildern«, die »Erkenntnisse« vermitteln sollen, »über die auch der Erwachsene nicht hinauskommt« (Frör 17). So kann zwar das Gleichnis vom verlorenen Sohn sinnvoll eingepflanzt werden. Gen 1f, so eingepflanzt, werden aber den »Zehnjährigen ... fragwürdig..., Vierzehnjährigen ... unglaubwürdig..., Erwachsene...« kommen »darüber zur Resignation« (Kalusche 167), wenn sie nicht zu einer höheren Bildungsstufe gelangen; denn es hat sich unvermeidlich eine Weltentstehungslehre festgesetzt, auch wenn der Darbietende das nicht wollte (Kalusche 171). Die notwendige Anpassung an die gegenständliche Denk- und Redeweise bestimmter Lebensalter verbietet es, gerade die Siebenjährigen mit den zu Bildern gemachten Berichten zu beeindrucken. Gen 1 wird auch völlig verfehlt, wenn man das Kapitel als Geschichte erzählt, denn das literarisch komplizierte Gebilde ist keine erzählbare Einheit. Die »Lehre« geht auf diese Weise verloren. (Gen 2 freilich ist erzählbar.) Aber nur zwei der Volksschullehrpläne sehen eine Behandlung von Gen 1 und 2 erst (!) im 2. Schuljahr vor, der badische Plan nach dem 1. Schuljahr überhaupt nicht mehr!

Die unterrichtliche Behandlung von Gen 1f muß als geschichtliche Interpretation auf den entsprechenden Altersstufen erfolgen. Die Berichte müssen in ihrer religionsgeschichtlichen Eigenart und in ihrer Funktion als kerygmatische Texte gezeigt werden. Die religionsgeschichtliche Besonderheit von Gen 1 (Kosmologie in Gestalt einer Kosmogonie, die keine Theogonie ist und in der Gott als Fabrikator verdrängt ist), ferner Einzelzüge (zB Gen 1, 21 im Unterschied zu den Mischgestalten der religionsgeschichtlichen Umwelt; Gen 2, 20 a als Machtergreifung durch richtiges Benennen) sowie die Aussagen in Gen 1 über das Leben aus dem Wort, die Stellung des Menschen zwischen Gott und Welt, seine Freiheit zur Verantwortung für die anvertraute Welt, die Weltlichkeit der Welt im Gegenüber zum unweltlichen Gott als Herrn, die Freiheit der Forschung u.a. können zT im 7. und 8. Schuljahr schon erarbeitet werden (an Unterrichtsmitteln empfehlen sich u.a. religionsgeschichtlich vergleichende Lichtbilder). Daran kann in höheren Klassen angeknüpft werden, in denen eine Zusammenschau der einzelnen biblischen Aussagen, wissenschaftliche Auseinandersetzungen und die Erörterung der geistesgeschichtlichen Wirkungen hinzutreten müssen. »Die einzige sachgemäße Weise der Vergegenwärtigung« kerygmatischer Texte freilich »ist ihre Verkündigung« (Stallmann 248). – Die kirchliche Unterweisung zur S. sollte also nicht mit Gen 1f beginnen. In Frage kommende Texte (s.o., auch Ps 8. 19. 33. 104. 139. 147 u.a.) können vorher vom Bekenntnis des Katechismus her angeeignet werden (Stallmann 248, Lit.!). Am S.sglauben kann gezeigt werden, daß der Glaube auf einer anderen Ebene als der der beweisbaren Einsicht steht. Trotzdem besitzen viele Argumente etwas wie eine persönliche Beweiskraft. Die schönste – ergänzbare! – Beispielsammlung dürften hierzu die Dichtungen Paul → Gerhardts bieten.

Vgl. die Lit. zu → Bibel: IV, → Bibelkritik: III, → Christenlehre, → Katechetik, → Katechismus: III. Ferner: RGG³ V, 237f – M. STALLMANN, Die bibl. Gesch. im Unterricht (ZThK 51, 1954, 216–250) – K. FRÖR (Hg.), Die ev. Unterweisung an d. Volksschule I. II, 1955 – Lit.-Nachweis zur ev. Unterweisung (Schule u. Leben 9, 1958, 148 bis 155) – F. HAHN, Die heutige Theol. u. ihre Bedeutung für die ev. Unterweisung (Jb. des Ev. Bundes 3, 1960, 18–40) – W. KALUSCHE, Die Urgesch. in d. ev. Unterweisung (Der ev. Erzieher 12, 1960, 165–172) – A. BACH u.a. (Hg.), Gottes Wort in der Kirche II, 1960 (nicht heilsgeschichtl., sondern hist. Aufriß; der israelit. S.sglaube wird nach der Gesch. Israels mit dem erwählenden Gott behandelt).

P. Klemm

Schöpfungsordnung

1. Die Lehre von den S.en stammt aus dem Neuluthertum des 19. Jh.s (→ Luthertum: II); ihr Vater dürfte A.v. → Harleß sein, der allerdings noch von Schöpferordnungen sprach. Schon die Reformatoren (→ Luther wie → Calvin) sind terminologisch dem Begriff S. gelegentlich ganz nahegekommen. Die Lehre besagt, daß der Christ genau wie jeder andere Mensch, also vor und unabhängig von seinem Christsein, in bestimmten Lebensordnungen – → Volk, → Staat, → Rasse, → Ehe, → Familie, → Wirtschaft – steht und in ihnen unter eine Geboteordnung gestellt ist, die Gott als Schöpfer allen menschlichen Geschöpfen verordnet und die in (scheinbarem) Gegensatz oder in Spannung zu offenbarten biblischen Geboten steht, aber, weil vom Schöpfergott stammend, unbedingt bindet. Die Lehre ist ein Versuch neben anderen (Lehre vom → Naturrecht, → Zwei-Reiche-Lehre), zu einer wirklichkeitsgerechten → Ethik, speziell → Sozialethik zu kommen und dem gerecht zu werden, daß die ethische Normierung des Handelns in der Welt nicht ohne Befragung der Welt selbst und ohne Auseinandersetzung mit ihr erfolgen kann. Damit ist aber nicht unbedingt gesagt, daß die Wirklichkeit allein die Normen für ihre ethische Bewältigung enthielte, was auf eine völlige Loslösung der Gemeinschaftsethik von der biblischen Offenbarung hinauszulaufen schiene. Die Lehre von den S.en haben sich viele Ethiker zu eigen gemacht (Elert, Althaus, Gogarten, Brunstäd, Wünsch, E. Brunner usw), ihr freilich jeweils recht verschiedene Gestalt gegeben. In der Gefolgschaft von K. → Barth hat eine andere, einflußreiche Theologengruppe den Kampf gegen diese Lehre aufgenommen, und »Theologie der Ordnungen« wird weithin von vornherein geradezu als Irrlehre abgestempelt.

2. Gegenüber den mit ihr konkurrierenden und auch wieder verwandten Lehren vom Naturrecht und den Zwei Reichen hat die Lehre von den S.en *Vorzüge*. Sie gibt die Möglichkeit, zwischen den einzelnen Lebenskreisen zu differenzieren, Naturordnungen und geschichtliche Ordnungen zu unterscheiden, das Näheverhältnis zu Sünde und Liebesgebot je verschieden zu bestimmen, während die Zwei-Reiche-Lehre viel stärker in die Gefahr führt, allzu generalisierende und pauschalierende Aussagen zu machen. Dasselbe gilt für die Naturrechtslehre, die dazu noch die gesamte Sozialethik ziemlich unausweichlich unter ein einseitig gesetzliches Vorzeichen stellt (obendrein mit dem Odium eines Fiktionalismus behaftet ist), während die »gnädigen Ordnungen und Anordnungen« Gottes von vornherein auf das Evangelium von der Gnade weisen.

3. Die *kritischen Einwände* gegen die Lehre von den S.en beziehen sich zunächst darauf, daß in ihr wirklichkeitswidrig eine dauernde Gleichartigkeit des Ordnungsgefüges behauptet (»Statik« der S.en), das geschichtliche Werden sowohl der sog. Ordnungen selbst als auch der ethischen Normen verkannt und die theologische Ethik in den Dienst eines Konservativismus gestellt werde, den der oft revolutionäre Gang der Geschichte immer wieder Lügen straft und der vor der majestätischen Freiheit Gottes nicht bestehen kann. – Ein beinahe noch schwererer Einwand bezieht sich auf die

Rede von den *Schöpfungs*ordnungen: Die wirkliche → Schöpfung (: IV) ist zerstört; im Glauben hoffen wir auf ihre Wiederherstellung in der Erlösung. S. ist gleich Erlösungsordnung; zwischen beiden steht etwas, was man keinesfalls S. nennen, sondern vielleicht als Erhaltungsordnung bezeichnen darf. - Die Frage läßt sich noch schärfer stellen (E.Brunner): Muß nicht immer unterschieden werden zwischen wirklicher Gottesordnung und sie überfremdender und störender Sündenordnung, womit die fälschlich sog. S. ein noch viel düstereres Vorzeichen bekäme? Akut wird das Problem etwa beim → Krieg (: IV) als angeblicher S. (E.Hirsch). Ist er nicht alles andere als S., nämlich ein vielleicht nicht zu beseitigendes Element in der Struktur des geschichtlichen Lebens, aber ein sehr sündenvolles Mittel zur Lösung sündebedingter und sündegeladener geschichtlicher Konflikte? Alle derartigen Erwägungen haben die Lehre von den S.en in der Theologie der Gegenwart sehr suspekt werden lassen.

4. Es bedarf hierzu jedoch einiger *Klarstellungen*. Gewiß haben die sog. S.en sehr mit Sünde zu tun, insofern sie Mittel Gottes zur Gegenwehr gegen die → Sünde sind; am deutlichsten wird das bei der Strafrechtsübung des Staates. Insofern sind die S.en Ausdruck nicht des ursprünglichen, sondern des durch die Tatsache der Sünde alterierten Willens Gottes. Ferner sind die S.en immer in den Händen von sündigen Menschen, und deren sündiges Tun bestimmt alles obrigkeitliche, väterliche usw Handeln mit. Dadurch werden die S.en aber noch nicht zu sündigen Ordnungen, sondern zu Ordnungen mitten in der Sünde und bestimmt zur Eindämmung der Sünde. - Wenn man unter Schöpfung ein anfängliches Handeln Gottes versteht, dessen Ergebnis nun selbst weiter funktioniert und allenfalls der göttlichen Erhaltung bedarf, kann man die gegenseitigen Lebensordnungen nicht S.en, sondern höchstens Erhaltungsordnungen nennen. Die reformatorische und wohl auch die biblische Theologie kennen aber ein unablässiges Schaffen Gottes, eine creatio continua; und dieser Begriff von Schöpfung dürfte der Lehre von den S.en zugrunde liegen. Dann hat aber S. einen Bezug auf jeden einzelnen und jede Generation; zu verschiedener Zeit und in verschiedener Umwelt können S.en etwas sehr Verschiedenes sein und doch jeweils »mich« binden. - Der Christ steht nicht nur in mittelbarer Beziehung zum Schöpfer über die S.en, sondern auch unmittelbar durch das Wort der → Offenbarung (: VI). Der Konflikt zwischen S. und Schöpfergebot hat eine viel stärkere ethische Relevanz, als es dort kenntlich wird, wo die clausula Petri (Apg 5, 29) lediglich zum Anhang oder zur Fußnote der Ethik zu werden droht (vgl. Calvin, Inst. IV, 20).

5. Die wichtigste Frage, deren Beantwortung zur Entscheidung über die theologische Legitimität der Lehre von den S.en notwendig ist, lautet: Sind die S.en einfach vorfindlich und an der Wirklichkeit ablesbar (Wünsch; W.Stapels »Volksnomos«), so daß die Lehre von den S.en mit der Anerkennung einer theologia naturalis steht und fällt? Oder bedarf es, und wenn ja, in welchem Sinne bedarf es zur Erkenntnis der S.en der Offenbarung aus der Schrift? Daß die Erkenntnis der S.en als Ordnungen Gottes Geschenk der Erkenntnis des Glaubens ist, sollte für die ev. Theologie klar sein. Daß der Christ, der als solcher in den S.en handeln will und das in der Gestalt tun muß, in der die Liebe in den S.en allein Wirklichkeit werden kann, nämlich in → Gerechtigkeit, auf seinen Glauben gewiesen ist, sollte ebenfalls anerkanntes Axiom ev.-theologischen Denkens sein. Kontrovers ist vor allem, ob ich, um dessen gewiß zu werden, was je und dann die für mich (und auch gleichmäßig für den Nichtchristen!) verbindliche Gottesordnung ist, an Vernunft, Trieb, Instinkt oder die einfache Gehorsams- und Einordnungspflicht, oder ob ich auch dafür an das offenbarte Wort Gottes gewiesen bin. An der Frage, ob ein ganz bestimmter Krieg ein »gerechter« Krieg ist oder nicht, Geschehen innerhalb der oder Ausbruch aus den S.en, kann das Problem akut werden. Gerade dieses Beispiel macht deutlich, daß der Christ doch nicht an eine Auskunft aus dem Worte Gottes in der Schrift gewiesen, sondern zum Wagnis des Glaubens gerufen ist. - Vgl. → Uroffenbarung.

E.Brunner, Das Gebot u. d. Ordnungen, (1932) 1939³ - K.E.Olimart, Der Begriff der S. in d. ev. Theol. d. Gegenwart (Diss. Münster), 1933 - W.Künneth, Die bibl. Offenbarung u. d. Ordnungen Gottes (in: Ders. [Hg.], Die Nation vor Gott, 1933, 1-23) - W.Wiesner, Die Lehre von d. S., 1934 - P.Althaus, Theol. d. Ordnungen, (1934) 1935² - K.Heim, Christus u. d. S.en (AELKZ 71, 1938, 754 bis 758. 778-782. 802-806) - R.Gebhardt, Naturrecht u. S. als Möglichkeiten zur Erfassung d. Wirklichkeit in d. gegenw. theol. Ethik (Diss. Marburg), 1955. - Vgl. ferner die Darst.en der theol. → Ethik.

F.Lau

Scholastik

1. Allgemeines - 2. Gegenstand und Hilfsmittel der s.en Forschung - 3. Die Unterrichtstechnik - 4. Die literarischen Formen - 5. Die S. als Schulgemeinschaft, Bedeutung für die Entstehung der Universität - 6. »Früh-, Hoch- und Spät-S.«. - Vgl. ergänzend → Mittelalter, 3, → Mittelalterliche Literatur: I

1. Man faßt den Begriff der S. zu eng, wenn man ihn nur auf → Theologie und Philosophie bezieht. In der S. konstituiert sich die Wissenschaft des Hohen MA, dh außer Theologie und Philosophie die beiden Rechtsdisziplinen und die Medizin, und zwar im Gegensatz zu dem nicht mehr ausreichenden System der → Artes liberales. In diesem Bildungssystem, in dem die ärztliche Kunst überhaupt keinen Platz hatte und die Rechtskunde notdürftig mit der Rhetorik verbunden wurde, hatte die Grammatik die Führung. In dem Maß, in dem die Dialektik (= Logik) ihr diese Rolle abnahm, bildete sich die neue Wissenschaft aus, und die Klagen über den Rückgang der Artes gegen Ende des 12.Jh.s sind ein beredtes Zeugnis für den Fortschritt auf der andern Seite. Obwohl die Geschichtsschreibung in diesem Jh. eine große Höhe erreichte und von → Johannes von Salisbury als Abbild aller freien Künste gefeiert wurde, erhielt sie doch in der S. nie einen wissenschaftlichen Rang, weil sie sich in deren Wissenschaftsbegriff nicht einfügen ließ. Die Versuche der S.er, die Wissenschaft ihrem Ideal anzunähern, ermatten erst im 15.Jh., erhalten aber im 16.Jh. von verschiedenen Quellen her neuen Antrieb. - Zwei Disziplinen, die Philosophie und die Jurisprudenz, haben bei der Ausbildung der s.en Wissenschaft eine dienende, in Wirklichkeit aber den Prozeß bestimmende Funktion. In → Bologna (: II) schafft → Gratian, befruchtet durch die Vertrautheit mit dem Geist und den Methoden des röm. Rechts, das berühmte Handbuch des kanonischen Rechts (→ Kirchenrecht: II A, 2), das nach ihm benannte Decretum (um 1145). Die Ärzteschule von Salerno gibt um die Mitte des Jh.s ihren rein praktisch-empirischen Betrieb auf und schlägt durch die Übernahme philosophischer Gedanken und Methoden eine »theoretische, philosophische und s.e Richtung« ein (Kristeller). Die Ausbildung der s.en Theologie ist ohne den »Dienst« der Philosophie (»philosophia ancilla theologiae«) ganz undenkbar, wenngleich die Befruchtung nicht von der Philosophie allein ausging. Soweit sie in Betracht kommt, kann man zwei Etappen unterscheiden. In der ersten ist Philosophie identisch mit → Dialektik oder → Logik im Sinn der Logica vetus (dh der Einleitung des → Porphyrius, der Kategorien und der Lehre vom Satz [Peri hermeneias] des Aristoteles und der Topik Ciceros). Der führende Kopf ist → Abaelard. In der zweiten Etappe, die um die Mitte des Jh.s beginnt,

wird zunächst die ganze Logik des → Aristoteles, bes. seine Lehre vom Beweis, bekannt (→ Aristotelismus, 2 d). Das besagt, daß den Theologen erst jetzt bewußt wird, was Wissenschaft ist. Nach und nach werden nun durch Übersetzung nicht nur alle Werke des Aristoteles nebst den Kommentaren des → Averroes und wichtige neuplatonische Texte, sondern auch zahlreiche Schriften → islamischer und → jüdischer Philosophie und Wissenschaft (→ Avicenna, → Ǧazzālī, → Avicebron, → Maimonides usw) dem Abendland zugänglich. Die Auseinandersetzung mit den so verschiedenen Lehren trug zur Formung der Theologie so viel bei, daß man bereits am Ende des 13.Jh.s die Wegbereiter im 12. als Antiqui bezeichnete. - Entstanden ist die s.e Theologie nicht in den Klöstern, auch nicht durch → Lanfranc und → Anselm im Kloster Bec, sondern in den Schulen der aufblühenden französischen Städte: Laon (→ Anselm und Radulf von Laon), Melun (→ Robert von Melun), Paris (→Wilhelm von Champeaux und die Schule von St. Viktor [→ Viktoriner], → Abaelard) und Chartres (→ Ivo, Bernhard und Thierry von Chartres, Clarembaldus von Arras, → Gilbert Porreta). Die Klöster der alten Orden nahmen entweder an der neuen Theologie keinen Anteil oder lehnten sie ab (→ Rupert von Deutz), so daß die von J.Leclercq eingeführte Unterscheidung zwischen s.er und monastischer Theologie für das 12.Jh. weithin berechtigt ist (Ausnahme zB → Otto von Freising).

2. Der Gegenstand der s.en *Forschung* sind *»authentische« Texte,* dh Texte, denen Autorität zukommt (daher auctoritates). Theologen und Kanonisten gehen, wenn auch von verschiedenem Interesse geleitet, in gleicher Weise von der Hl. Schrift aus, von den Entscheidungen der Päpste, Bischöfe, Konzilien (canones) und von den Schriften der Väter als Zeugen und Interpreten der Tradition. Aber auch für die Philosophen gibt es zunächst keinen andern Weg. Das Bewußtsein, nur gestützt auf die großen Meister, die jetzt in den Gesichtskreis treten, Fortschritte in der Erkenntnis machen zu können (»wir sind Zwerge auf den Schultern von Riesen«, wie Bernhard von Chartres sagt), macht das Studium der neuen Literatur zu einer unumgänglichen Notwendigkeit. - Der theologischen Forschung erwächst gegenüber ihren Texten eine dreifache Aufgabe. Erstens gilt es, sie sprachlich und inhaltlich zu verstehen, wobei man den grammatischen Sinn (sensus) von der eigentlichen Meinung (sententia) des Autors unterscheidet. Hier setzt die Arbeit der Glossatoren ein. Es entsteht der bekannte Typus von Hss., in denen der zu erläuternde Text in der Mitte der Seite steht und die Glossen zwischen die Zeilen (glossa interlinearis) oder, wenn größeren Umfanges, auf den Rand notiert werden (glossa marginalis). Diese Randglossen bilden die Hauptsache, die → Glossa ordinaria, die sowohl in der Bibel wie im röm. und im kanonischen Recht erscheint. Da von den genannten Texten nur die Bibel und die dogmatischen Entscheidungen der Kirche als unfehlbar gelten, muß der Forscher zweitens die übrigen Autoritäten kritisch werten, zumal wenn sie miteinander im Widerstreit stehen. Abaelard hat in »Sic et non« nicht nur eine Fülle solcher widerstreitender Vätersentenzen zusammengestellt, sondern durch seine allgemeinen Regeln vor allem zu einer solchen Prüfung angeleitet. Am wichtigsten ist die dritte Aufgabe. Durch die Kanones- und Sentenzensammlungen, durch die Florilegien und aus der Beschäftigung mit den Schriften der Väter selbst (originalia) erhalten die Theologen eine Unmenge von Mosaiksteinchen, von denen von vornherein feststeht, daß sie zu *einem* Bild gehören. Die entscheidende Aufgabe des Bildners ist es, die Steinchen zu harmonischer Einheit zusammenzufügen. So ist die systematische Ordnung des Materials und schließlich die große Synthese der Leitgedanke der Forschung. Ihr methodisches Mittel ist die *Quaestio* (mit dem bekannten Schema: Utrum... Videtur quod... Sed contra est... Responsio... [Resp.] Ad obiecta). Ursprünglich aus konkreten Textschwierigkeiten, aus wirklichen Zweifeln oder Fragen der Schüler erwachsen, wird sie sehr bald zu *dem* methodischen Hilfsmittel s.er Forschung und Darstellung. Ihre Bedeutung liegt darin, daß sie vom Text befreit. Der Fragende ist nicht mehr bloßer Textexeget, sondern bemüht sich um das sachliche Problem selbst, und zwar mit Hilfe der Vernunft. Denn der Glaube fragt nicht. So wird methodisch auch das in Zweifel gezogen, was für den Glauben unbezweifelbar ist, wie die Existenz Gottes oder die Geistigkeit und Unsterblichkeit der menschlichen Seele. Die Quaestio wurde nun nicht nur in der Theologie, sondern auch im röm. und im kanonischen Recht ausgebildet (s. Lit.), im 13.Jh. wird sie in der Philosophie und in der Medizin heimisch.

3. Die S. hat zwei *Unterrichtsformen* ausgebildet: aus der Texterklärung erwuchs die *Lectio,* aus der Quaestio die *Disputatio.* Beide haben säkulare Bedeutung und bestimmen auch heute noch als Vorlesung und Übung den Charakter des akademischen Unterrichts. Die Aufgabe der Vorlesung hält Robert von Melun (um 1155) mit den Worten fest: »Was anders wird in der Lectura gesucht als der Sinn des Textes, den man sententia nennt?« Die Disputatio ist nicht eine Diskussion über einen dem Lehrbuch entnommenen Lehrsatz, sondern die Erörterung einer vom Lehrer oder den Schülern aufgeworfenen Frage in Rede und Gegenrede unter der Leitung des Lehrers. Ihm steht die endgültige Entscheidung (determinatio) zu, wobei alles auf deren sachliche Begründung ankommt (Thomas, Quodlibet IV, 18). Zu den Arten der Disputationen s. 4 c. Im späteren MA werden sie zT zu feierlichen Akten, vor allem bei der Promotion, die zugleich den Charakter von Prüfungen haben.

4. Die der S. eigentümlichen *literarischen Formen* erwachsen fast alle aus dem Unterricht. a) *Sentenzensammlungen und → Sentenzenwerke.* Beide gehören ausschließlich dem 12.Jh. an, beide dienen der Gesamtdarstellung der Theologie. Jene erweisen sich als die ersten Versuche, diese als die reife Frucht der dialektischen Behandlung der Glaubenswahrheiten unter ausgiebiger Verwendung von Väterzitaten (sententiae). - b) *Kommentare.* Wie der s.e Kommentar aus dem Unterricht entsteht, so soll er dem Unterricht dienen. Er wird nach dem Vorbild der älteren grammatischen Kommentare eingeleitet durch den (oft in besonderem Prolog gebotenen) Accessus ad auctorem, dh durch Angaben über den Autor, sein Werk, dessen literarische Gattung usw. Im Unterschied zu den Glossatoren, die schwierige Einzelheiten zu klären suchen, behandelt der Kommentator das betr. Werk (zB die Paulusbriefe) als einheitliches Ganzes. Er gliedert es durch Teilungen und Unterteilungen solange auf, bis jeder Abschnitt, ja jeder Satz seinen logischen Ort im Ganzen hat, an dem er verständlich gemacht werden kann. Dem Gegenstand nach kann man unterscheiden Kommentare zur Bibel, zu schwierigen älteren theologischen Schriften (→ Dionysius Areopagita, → Boethius, Opuscula sacra), zu → Petrus Lombardus und zu aristotelischen und pseudoaristotelischen Schriften. Auf die Fülle der Bibelkommentare (→ Schriftauslegung: IV A) sei ausdrücklich hingewiesen, um daran zu erinnern, daß die s.e Theologie nie den Kontakt mit der Hl. Schrift verloren hat. In den sog. Sentenzenkommentaren muß man die Texterklärung (expositio textus) und die ihr folgenden Quästionen unterscheiden, die den Text des Lombarden nur zum Anknüpfungspunkt nehmen und je nach der Zeit und der Schulzugehörigkeit der Verfasser viel-

fach variieren. Diese Quästionen sind natürlich die Hauptsache. Die vom Autor selbst redigierte und approbierte Ausgabe des Kommentars hieß ordinatio, die studentische Nachschrift reportatio. Bei den Aristoteleskommentaren, die für die Geschichte der Philosophie wichtiger, aber bisher weniger erforscht sind, kann man drei Formen unterscheiden: die Paraphrase (→ Albert d. Gr.), die strenge, »philologische« Texterklärung (→ Thomas von Aquino) und die Quästionenmethode (Roger → Bacon). – c) Der literarische Niederschlag der Disputationen sind die *Quaestiones disputatae.* Sie sind entweder Quaestiones ordinariae, dh die Niederschrift der regelmäßigen Disputationen, bei denen der Magister das Thema bestimmte, oder Quaestiones de quolibet (Quodlibeta; Blütezeit etwa 1260–1330), dh die Niederschrift der außergewöhnlichen, im Advent und vor Ostern gehaltenen Disputationen, bei denen jeder Fragen stellen konnte. Oft genug wurden Tagesfragen vorgebracht. – d) Von den → *Summen,* gleichviel welchen Inhalts, sind die als *Specula* bezeichneten Enzyklopädien zu unterscheiden, die mit modernen Konversationslexika zu vergleichen sind (→ Vincentius von Beauvais). – e) Zur Umgestaltung der *Predigtweise* vgl. → Predigt: I, 2.

5. Die S. erwächst aus der Schule und ist, soziologisch gesehen, *Lehrer-Schüler-Gemeinschaft* (die es in dieser Form in Byzanz nicht gibt). Die Magistri (»Meister«), die wir als die Begründer der S. anzusehen haben, sind in der gebildeten Gesellschaft des 12. Jh.s eine Neuerscheinung. Sie verdanken ihre Würde ihrer wissenschaftlichen und pädagogischen Leistung, die Schüler in großer Zahl anzog und oft jahrelang festhielt. Die Eigenlehren der Magistri treten schon in der 2. Hälfte des 12. Jh.s in den Sentenzen- und Quästionensammlungen neben die auctoritates. Da ihre Werke glossiert und bearbeitet werden, bilden sich Schulen im literarischen Sinn des Wortes: so die der → Viktoriner, → Abaelards, → Gilbert Porretas (die Porretani) usw. Seit Ausgang des 13. Jh.s bildeten sich die großen Schulen der Thomisten (→ Thomismus), Scotisten (→ Scotismus), Ockhamisten (→ Ockham, 5). – Auch die Studenten (scholares) sind ein neues Element in der Bildungsschicht des 12. Jh.s. Junge Leute aus ganz Europa strömen an den Hohen Schulen in Italien und Frankreich zusammen, um zu »studieren«. In Frankreich rückt → Paris (: II) gegen Ausgang des Jh.s an die erste Stelle, und hier führt das Bewußtsein von der Gemeinsamkeit der wissenschaftlichen Methode, der Unterrichtstechnik und der literarischen Formen zum korporativen Zusammenschluß der Lehrer und Studenten (universitas magistrorum et scolarium Parisiensium). M.a.W.: die originellste Schöpfung des MA, die → *Universität,* geht aus der S. hervor wie die Frucht aus der Blüte. In der neuen Korporation verstärkt sich die Stellung der Magistri in theologia so, daß sie, ohne der kirchlichen Hierarchie anzugehören, korporativ Urteile über theologische Lehren fällen. Ihre Autorität ist die von Fachleuten, und als Fachleute werden sie und ebenso die Doctores decretorum die qualifizierten Anwärter auf die höheren kirchlichen Ämter.

6. Die Unterscheidung von *Früh-, Hoch- und Spät-S.* (→ Mittelalterliche Literatur: I) ist ein Schema, das man nur mit aller Vorsicht verwenden sollte. Von den Anfängen s.er Wissenschaft führt ein kontinuierlicher Weg zu den großen Theologen des 13. Jh.s. Wie es aber eine falsche Vereinfachung wäre, sie aus ihrer vielgestaltigen Umgebung herauszulösen, so ist es nicht minder unberechtigt, mit → Duns Scotus oder → Ockham die Spät-S. zu beginnen und bei beiden nach Zeichen der Auflösung oder des Niedergangs zu suchen. Der kritische Geist, der sie und ihre Schüler beseelt, ist durchaus s. Im Bereich der Philosophie führt er sowohl in Oxford wie in Paris zur Ausbildung einer neuen und selbständigen Naturphilosophie. Was sich hier ändert, ist weniger das Bild der Natur als solches als vielmehr die wissenschaftliche Methode: man sucht nach Prinzipien, die eine von aller Autorität unabhängige empirische Erkenntnis der Natur ermöglichen (→ Thomas Bradwardine, → Buridan). In der Theologie des 14. Jh.s macht sich der kritische Sinn in dem Ruf »Zurück zu den Quellen« geltend, und die Spekulationen der Antiqui (dh der Theologen des 13. Jh.s) werden daraufhin geprüft, ob sie in den Quellen begründet sind. Dieser Sinn für »positive« Theologie ist bes. in der jüngeren Schule der Augustinereremiten lebendig. Leider gehen diese vielversprechenden Ansätze in den Wirren des Schismas (→ Papsttum: II, 2 c) zugrunde. – Der enge Zusammenhang von S. und Universität macht zweierlei verständlich. Erstens, sie lebt trotz der scharfen Ablehnung seitens der Reformatoren (vgl. bes. → Luther: II) weiter fort und wird an kath. und prot. (→ Orthodoxie) Universitäten gepflegt. Sie macht zwar tiefgreifende Wandlungen durch, behauptet sich aber als Barock-S. Zweitens, die Kritik an der S. erhebt sich außerhalb der Universitäten, wie die Geschichte der neueren Philosophie, angefangen von → Nikolaus von Kues, zeigt. – Über die Wiederbelebung der S. im 19. Jh. vgl. → Neuscholastik.

GRABMANN I. II – J. DE GHELLINCK, Le mouvement théol. du XIIe s., Brüssel-Paris (1914) 1948² – B. GEYER, Der Begriff der s.en Theol. (Festg. A. Dyroff, 1926, 112–125) – Ü II, §§ 15ff – RGG² V, 239ff – G. PARÉ, A. BRUNET, P. TREMBLAY, La renaissance du XIIe s. Les écoles et l'enseignement, Paris 1933 – LThK IX, 296ff – DThC XIV/1, 1691ff – A. M. LANDGRAF, Einführung in d. Gesch. d. theol. Lit. d. Früh-S., 1948 – DERS., Zum Werden der Theol. d. 12. Jh.s (ZKTh 79, 1957, 417–433) – M.-D. CHENU, Introduction à l'étude de S. Thomas d'Aquin, Paris (1950) 1954²; dt. 1960 – DERS., La théol. au XIIe s., ebd 1957 – DERS., La théol. comme science au XIIIe s., ebd 1957³ – EC XI, 121ff – J. LECLERCQ, L'amour des lettres et le désir de Dieu, Paris 1957, 108–145 (Reaktion der monast. Kreise) – O. LOTTIN, L'école d'Anselme de Laon et de Guillaume de Champeaux (Psychol. et Morale aux XIIe et XIIIe s., Bd 5), Gembloux 1959 – H. WEISWEILER, Die Arbeitsweise der sog. Sententiae Anselmi (Schol. 34, 1959, 190–232; mit Angabe der früheren Arbeiten) – Artes liberales. Von der antiken Bildung z. Wissenschaft des MA, hg.v. J. KOCH, 1959. – Zu 2 (Quaestio): ST. KUTTNER, Repertorium der Kanonistik, 1937, 243ff. 423ff – H. KANTOROWICZ, Studies in the Glossatores of the Roman Law, Cambridge 1938. – Zu 4 c: P. GLORIEUX, La litt. quodlibétique I. II, Le Saulchoir 1925/35 – L. MEIER, Les disputes quodlibétiques en dehors des universités (RHE 53, 1958, 401–442). Konkretes Beispiel: F. VERAJA, Le origini della controversia teol. sul contratto di censo nell XIII s., 1960. – Zu 4 d: A. DEMPF, Die Hauptform der ma.lichen Weltanschauung, 1926. – Zu 5: PH. DELHAYE, L'organisation scolaire au XIIe s. (Traditio 5, 1947, 211–258) – G. LE BRAS, Le docteur dans le droit de l'Eglise médiévale (Mélanges E. Gilson, 1959, 373–388). – Zu 6: ANNELIESE MAIER, Studien zur Naturphilos. d. Spät-S. I–V, 1949–58 – A. FOREST, F. VAN STEENBERGHEN, M. DE GANDILLAC, Le mouvement doctrinal du IXe au XIVe s. (Hist. de l'Eglise XIII), Paris 1951 – FR. COPLESTON, A Hist. of Philosophy II. III, London 1953 – E. GILSON, Hist. of Christian Philos. in the Middle Ages, New York 1955 – D. TRAPP, Augustinian Theol. of the 14th Century (Augustiniana 6, 1956, 146–274) – J. HIRSCHBERGER, Gesch. der Philos. I, 1960⁴ – J. PIEPER, »S.«. Gestalten u. Probleme der ma.lichen Philos., 1960.

Jos. Koch

Scholien (σχόλιον, Deminutiv von σχολή, kurzgefaßte Erklärung [Cicero, Att. XVI, 7, 3; Epiktet III, 21, 6; Galen XVIII, 847]) beschränken sich im Unterschied von den eigentlichen Kommentaren, die ein ganzes Buch fortlaufend erklären (→ Schriftauslegung: IV), auf die Erklärung einzelner Wörter oder Sätze (darum von den → Glossen des MA sachlich nicht verschieden). Ursprünglich sind sie meist Randbemerkungen, die teils Eigenes, teils Auszüge aus schon vorhandenen Kommentaren bieten. Die seit dem 3. Jh. vChr geschaffenen S. zu den griech. Klassikern wurden von dem alexandrinischen Grammatiker Didymus (1. Jh. vChr) gesammelt.

An diese Tradition knüpften die christlichen S. an, zuerst bei → Clemens von Alexandrien in seinen Hypotyposen, einem S.kommentar zur ganzen Bibel. Sein Schüler → Origenes hat die Bibel sowohl in Kommentaren (τόμοι) als auch in Homilien und in S. (GCS VIII, 318, 13ff) erklärt. Von der gleichen Art sind die S.kommentare des Hesychius von Jerusalem (5.Jh.) zu mehreren Büchern des AT, in lat. Sprache die Commentarioli zu den Pss von → Hieronymus, die Quaestiones Veteris et Novi Testamenti des Ps.-Augustinus und die Hiob-S. eines anderen Unbekannten (→ Julian von Aeclanum?). Auch einige patristische Autoren wie → Gregor von Nazianz (durch → Nonnus, Elias von Kreta u.a.), → Dionysius Areopagita (→ Johannes von Skythopolis und → Maximus Confessor) und → Johannes Klimakus (Johannes von Raithu) wurden mit S. versehen. Im 10.Jh. hat → Arethas von Cäsarea seine zahlreichen Hss. patristischer Autoren und des → Lucian von Samosata mit teils eigenen, teils übernommenen Rand-S. versehen.

K.KRUMBACHER, Gesch. der byz. Lit., 1897², 137ff - RE XVII, 732ff - PW 2. R., 3. Halbbd 625ff - G.ZUNTZ, Byzantion 14, 1939, 547-594 - BECK. *J.Schmid*

Scholten, *Johann Heinrich* (17.8.1811 bis 10.4.1885), ref. Theologe, * in Vleuthen, † in → Leiden, ebd seit 1843 ao., seit 1845 o. Prof. für NT und Dogmatik, seit 1877 für Prakt. Theol. und Religionsphilosophie. Indem sich S. vom biblischen Supranaturalismus und der → Groninger Schule löste, wurde er unter dem Einfluß der Tübinger Schule und der Glaubenslehre von A. → Schweizer zum Stifter der »Leidener Schule« und der → Modernen Richtung in Holland. Er war bemüht, die alten Glaubenswahrheiten für das moderne Denken fruchtbar zu machen. - Vgl. → Niederlande: II, 2 e.

Vf. u.a.: De leer der Hervormde Kerk en hare grondbeginselen, (1848) 1862⁴; Dogmatices Christianae Initia, (1853) 1858²; Geschiedenis van godsdienst en wijsbegeerte, (1853) 1863² (dt. 1868); Hist.-krit. Inleiding tot de schriften des NT, (1855) 1856²; De vrije wil, 1859 (dt. 1873); Symboliek en werkelijkheid, 1884. - Über S.: A.KUENEN, Levensbericht van J.H.S. (in: Jaarboek der Kon. Academie van Wetenschappen voor 1885; vollst. Bibliogr.) - RE XVII, 741ff (Bibliogr. der Werke in dt. Übers.) - G.B.WURTH, S. als systemat. Theolog (Diss.), 1928 - HERMELINK II, 201ff. *H.Hohlwein*

Scholz, *Heinrich* (17.12.1884 bis 30.12.1956), ev. Theologe und Philosoph, * in Berlin, † in Münster, Schüler und Freund A.v. → Harnacks, 1917 Prof. für syst. Theol. und Religionsphilosophie in Breslau, 1919 für Philosophie in Kiel, 1928 in Münster. 1936 erhielt er einen Lehrauftrag für Logistik und wurde 1943 erster deutscher Prof. für mathematische Logik und Grundlagenforschung. Hatte er ursprünglich im Sinne von R. → Otto Religion als eine Bestimmtheit des Lebensgefühls gedeutet, so sollte seine Hinwendung zur mathematisierten Logik, veranlaßt durch die »Principia Mathematica« von A.N. → Whitehead und B. → Russell, der Philosophie eine neue exakte Grundlage geben, die er auch in der Theologie vermißte und erst bei K. → Barth, mit dem er eng befreundet war, im Werden sah. - Vgl. → Religionsphilosophie: II, 2 e.

Vf. u.a.: Christentum u. Wissenschaft in Schleiermachers Glaubenslehre, 1909; Religionsphilos., (1921) 1922²; Eros u. Caritas, 1929; Gesch. d. Logik, 1931; Metaphysik als strenge Wissenschaft, 1941; Von großen Menschen u. Dingen, 1946; Zur Erhellung der Kunst u. des Genies, 1947. - Über S.: RGG² V, 245f - J.v.KEMPSKI, Bemerkungen zu H.S.' Grundlegung der Metaphysik (APh 2, 1948, 112-124) - A.HÜBSCHER, Philosophen der Gegenwart, 1949, 125ff. 169f - H.HERMES, H.S. zum 70. Geb. (Math.-Physikal. Semesterberichte 4, 1955, 165-170) - D.SCHELLONG, H.S. in memoriam (EvTh 18, 1958, 1-5). *H.Hohlwein*

Schop, *Johann* (ca 1590-1667), Komponist und bedeutender Geigenvirtuose, trat als solcher 1615 in die Wolfenbütteler Hofkapelle ein, wirkte dann am Kopenhagener Hof und wurde 1621 Leiter der Ratsmusik, später auch Organist der Jakobikirche in Hamburg. Neben wertvoller Instrumental- und geistlicher Vokalmusik schuf S. zahlreiche Liedweisen (u.a. zu J. → Rists »Himmlischen Liedern« I. II, 1641/42), unter denen sich einige der kernigsten Choralmelodien des 17.Jh.s finden (→ Kirchenlied: II, 4).

K.STEPHENSON, J.S. (Diss. Halle), 1924 - S.FORNACON in: Der Kirchenmusiker 6, 1955, 101-106. *S.Hermelink*

Schopenhauer, *Arthur,* Philosoph, * 22.2.1788 in Danzig, † 21.9.1860 in Frankfurt a.M. Als Erbe eines wohlhabenden Handelshauses auf Auslandsreisen zum Geschäfts- und Weltmann gebildet, konnte S. erst nach seines Vaters Tod (1809) die Universität Göttingen beziehen. Er studierte Medizin und Philosophie (bei G.E. Schulze, der ihm riet, nur Kant und Platon zu lesen). 1813 promovierte S. in Jena (»Über die vierfache Wurzel des Satzes vom zureichenden Grunde«). Im Weimarer literarischen Salon seiner Mutter Johanna S. trat S. in Verbindung mit → Goethe, der ihn als Adepten seiner Farbenlehre schätzte, bis ihn S.s Schrift »Über das Sehn und die Farben« (1816) verstimmte. In Dresden schrieb S. sein Hauptwerk »Die Welt als Wille und Vorstellung« ([1819] 2 Bde, 1844²). 1820 habilitierte er sich, unter → Hegels loyaler Mitwirkung, in Berlin. Nach völligem Mißerfolg als Dozent siedelte S. 1831, einer Choleraepidemie ausweichend, nach Frankfurt a.M. über, wo er sein Hauptwerk ergänzende Abhandlungen und popularphilosophische Essays - stilistische Meisterwerke - schrieb. Später Ruhm befreite ihn von dem Wahn, die akademische Welt habe sich verschworen, ihn totzuschweigen. - S.s Philosophie - Metaphysik im großen Stil - läßt sich als Gefüge kantischer, platonischer und romantischer Denkmotive auffassen, wobei seine Genialität in der Vereinigung so widerstrebender Elemente deutlich wird. Von → Kant übernahm er die These, daß die Welt der Erscheinung von apriorischen Bedingungen aller Erfahrung geformt ist. Er radikalisiert Kants Vernunftkritik, indem er die Anschauungsformen Raum und Zeit und die zwölf → Kategorien in die eine schon bei Kant dominierende Kausalitätskategorie zusammenlegt. Sie prägt die Welt als Vorstellung in vierfacher Funktion: als Grund des Werdens (Ursache-Wirkung), als Grund des Erkennens (Grund-Folge), als Grund des Seins (mathematisch faßbare Raum-Zeitstrukturen), als Grund des Wollens (Motivation). Subjekt-Objekt sind korrelativ, darum kann das eine nicht aus dem anderen abgeleitet werden. Die Frage nach der Realität der Außenwelt ist eine Scheinfrage; Kants Schluß auf → Dinge an sich hinter den Erscheinungen erweitert fehlerhaft den Bereich der → Kausalität auf das Transsubjektive. Die Realität der Objekte ist ihr Vorstellung-Sein, ihr Sein ist ihr Wirken. Anstelle der vier → Antinomien Kants setzt S. die eine: wie kann zugleich die Welt als Vorstellung von einem erkennenden Wesen, dies seinerseits von einer seine Existenz begründenden Kausalkette abhängen (Welt als Wille und Vorstellung I, § 7)? - Diese Antinomie löst S. - gewaltsam - durch Annahme zweier Weltaspekte: Vorstellung ist die Außenansicht der Welt; ihre Innenseite ist → Wille, dh dunkler, unstillbarer Drang, Trieb, der sich in immer neuen, höheren Formen objektiviert, zunächst in den mechanischen Naturkräften, dann in den Pflanzen und im Leib von Tier und Mensch: der Darmtrakt zB ist objektivierter Hunger, die Genitalien sind objektivierter Fortpflanzungstrieb usw. Ewige Typen solcher Objektivation sind die platonischen → Ideen, sie werden von der *Kunst* abgebildet. Architektur stellt die mechanischen Kräfte dar, Malerei und Skulptur schildern den Willen in der lebendigen Leiblichkeit, Dichtung spiegelt die Willensobjektivation in menschlichen Handlungen usw. Höchste aller Künste ist die Musik, sie allein vermag den Willen selbst zur Anschauung zu bringen. Die Kunst, als interesseloses, reines Anschauen der Ideen, entlastet uns zeitweise vom Druck des Daseins. Den Weg zu völliger Erlösung will S. in der → *Ethik* zeigen: Glück ist in dieser »schlechtesten aller möglichen Welten« nicht zu erlangen, da der Wille als solcher stets unbefriedigt bleiben muß und uns nur die Wahl bleibt zwischen Mangel und Langeweile. Auf Grund solchen nicht trivialen Pessimismus macht S. das → Mitleid zum Fundament der Moral. Gerechtigkeit läßt den Willen auch in anderen Individuen gelten; Mitleid erkennt seine Identität in allen Wesen. S. ist Determinist: Handlungen erfolgen notwendig unter der Einwirkung von Motivationen auf unseren Charakter. Er behauptet jedoch (mit unberechtigter Berufung auf Kants Lehre von der Freiheit), daß der Charakter als Wille, als Ding an sich, vom Individuum frei gewählt, ja daß der Wille fähig sei, sich selbst zu verneinen und auf dem Weg der Askese sich selbst zu vernichten. Als Zeugnis seiner Lehre nimmt S. Motive der indischen Philosophie und buddhistischen Verkündigung, auch Züge der christlichen Mystik und Asketik in Anspruch, wobei Begriffe wie »Sünde«, »Gnade«, »Erlösung« ihre Bedeutung gar sehr verändern. – Bei S. tritt die souveräne Vernunft, im deutschen → Idealismus zu selbstmächtiger Willkür aus aller Sachbezogenheit befreit, in den Dienst eines irrationalen Prinzips. Der seit den Griechen herrschenden Überzeugung von der Rationalität des Weltgrundes tritt hier zuerst die These entgegen, das Wesen der Welt sei nicht Idee, absoluter Geist, transzendentales Subjekt, sondern Drang, Trieb, Lebenswille. Die irrationalistische Philosophie der Folgezeit im → Voluntarismus, in der → Lebensphilosophie usw konnte in S. ihren Vorläufer sehen; die Resonanz einer gleichlaufenden, soziologisch bedingten Zeitströmung erhob S.s Pessimismus (→ Optimismus: II) zu gewaltiger Wirkung auf die Bildungswelt des ausgehenden 19.Jh.s, bes. in der Literatur und Kunsttheorie. E.v. → Hartmann, → Tolstoi, R.Wagner und → Nietzsche bekannten sich zu S.s Metaphysik. Die wissenschaftliche Philosophie der Gegenwart steht ihr, wegen des deutlichen Mißverhältnisses zwischen These und Argument, ziemlich fern. Jedoch bleiben S.s Schriften als Muster geistreicher Darstellung lesenswert, belehrend in der Fülle anschaulicher Belege und aus der Weltliteratur beigebrachter Zitate, von starker protreptischer Wirkung als verbreitete philosophische Anfangslektüre. Bes. wertvoll, eine der wenigen kongenialen Kantinterpretationen, ist die durch S.s ganzes Werk sich hinziehende Auseinandersetzung mit den Theorien Kants. S.s von hellsichtigem Haß inspirierte Ausfälle gegen die Universitätsphilosophie können gewissen Gefahren des akademischen Betriebs heilsam entgegenwirken.

Vf. ferner u.a.: Über den Willen in der Natur, 1836; Die beiden Grundprobleme der Ethik. 1841; Parerga u Paralipomena, 2 Bde, 1851. – GA (einschl. Briefe u. Nachlaß), 16 Bde, hg.v. P.Deussen u. A.Hübscher, 1911–42 – Sämtl. Werke hg.v. A.Hübscher, 7 Bde, (1937–42) 1946–50²; hg.v. W.Frhr.v.Löhneysen, 5 Bde, 1960ff. – Lit. über S. in Ü III, 133ff. 686ff (bis 1921) u. BPhil I, Nr. 15633 bis 15755 (Lit. v 1934–45). Seither: F.Copleston, A.S., Philosopher of Pessimism, London 1946 – H.Busch, Das Testament A.S.s, 1950 – K.O.Kurth, A.S. 1952 – A.Hübscher, S.. Biogr. eines Weltbildes, 1952 – Ders., A.S.. Mensch u. Philosoph in seinen Briefen, 1960 – H.Zint, S. als Erlebnis, 1954. – Bes. wichtig: J.F.Herbart, Rez. v. »Die Welt als Wille u. Vorstellung«, in Herbarts Sämtl. Werken, hg.v. G.Hartenstein, XII, 369ff – R.Haym, A.S., 1864 – F.Nietzsche, S. als Erzieher, 1874 – Th.Mann, S., Stockholm 1938 (= Th.M., Leiden u. Größe d. Meister, 1957², 167–215) – C.A.Emge (Hg.), Gedächtnisschrift f. A.S. (Philos. Unters. 6), 1938. – Seit 1912 erscheint das »Jb. d. S.-Gesellschaft«; ab 1948: »S.-Jb.« (Gesamtreg. in Bd 40, 1959).

G.Patzig

Schornbaum, *Karl* (1875–1953). Nach Studium vor allem bei H.v. → Schubert und → Kolde 1899 Katechet in Nürnberg, 1907 Pfarrer in Alfeld, 1917 Dekan in Roth, 1931 Direktor des Landeskirchlichen Archivs in Nürnberg, seit 1933 mit Lehrauftrag für bayerische KG in Erlangen. Seit seiner Dissertation über Markgraf Kasimir arbeitete S. – ein Meister im Aufspüren von Quellen und ihrer Auswertung – in zahlreichen Veröffentlichungen bes. in der von ihm geleiteten ZBKG über die verschiedensten Fragen der KG Bayerns, vor allem bahnbrechend über die Reformationsgeschichte von Nürnberg und Brandenburg-Ansbach-Bayreuth. Das auf seine Anregung 1931 errichtete Landeskirchliche Archiv wurde durch ihn zum ersten Kirchenarchiv neuen Stils und selbständigen Charakters.

Bibliogr. (232 Nummern) in: Festg. aus Anlaß des 75. Geb. von K.S., 1950. Daraus bes.: Die fränkischen Bekenntnisse (mit W.F. Schmidt), 1930; Qu. zur Gesch. der Wiedertäufer: Bayern I. II, 1934/51. – Über S.: H.Gürsching, K.S. (ZBKG 22, 1953, 145–150).

Matth.Simon

Schortinghuis, *Willem* (23.2.1700 bis 20.11.1750), ref. Theologe, * in Winschoten (Groningen), nach dem Studium in Groningen 1723 Pfarrer in Weener (Ostfriesland). Hier wurde S. für die pietistische Erweckungsfrömmigkeit gewonnen, wie sie im 18.Jh. an vielen Stellen auflebte. Enttäuscht über seine zweite Gemeinde Midwolda (seit 1734) äußert er pessimistische Kritik an einer geistlosen Kirche, die eigentlich nur Welt sei. Wie der von ihm verehrte van → Lodenstein ruft S. die Kirche zur Bekehrung auf, bes. in seinem bekanntesten Werk »Het innige christendom« (1740), das viele der angegriffenen Christen als »Hattemismus« (→ Hattem) und Mystizismus abwiesen. Das Werk ist sehr subjektivistisch gefärbt; betrachtet man es aber im Zusammenhang mit S.' Lehrschriften, wie »De geborene Christus«, so bleibt von »enthusiastischer Mystik« nicht viel übrig. In Konventikelkreisen leben viele seiner Gedanken fort.

M.J.A.de Vrijer, S. en zijn analogieën, 1941 (Lit.).

S.van der Linde

Schottland

I. Kirchengeschichte – II. Schottische Missionen – III. Universitäten

I. Kirchengeschichte

1. MA – 2. Seit der Reformation – 3. Die Kirchen in S. heute

1. Das Christentum kam erstmals gegen Ende des 4.Jh.s nach S., als Ninian, ein britischer Christ und wahrscheinlich röm. Staatsbürger, 397 eine Steinkirche in Candida Casa (Whithorn) baute und dem hl. Martin weihte. Es ist zweifelhaft, ob von seinem Werk irgend etwas die Wirren nach dem Rückzug der Römer überlebte, obwohl sein Ruhm fortbestand. Der nächste große Missionar, → Columba d. Ä., brachte 563 12 Mönche von Irland nach Hy (Iona) und errichtete ein Missionszentrum, das von überragender Bedeutung blieb und durch das Tochterkloster Lindisfarne dazu beitrug, die keltische Kirche nach Northumbrien zu verbreiten (→ Irland: I, 2). Nachdem sich 664 die Synode von Streaneshalch-Whitby für die Einführung röm. Gebräuche in → England (: I, 2) entschieden hatte, nahm der keltische Einfluß in Northumbrien ab. Manche Einrichtungen der schott. Kirche wurden allmählich angepaßt. Bischöfe erscheinen erstmals in Dunkeld um die Mitte des 9.Jh.s und später in → Saint Andrews; doch

wurden sie von den Konzilen des Kontinents als »episcopi vagantes« betrachtet, und der röm. Einfluß machte sich nicht vor dem 11.Jh. bemerkbar, als er sich von Northumbrien auszubreiten begann. Zu jener Zeit hatte die keltische Kirche viel von ihrer Lebendigkeit verloren. Einige Gruppen keltischer Mönche (Culdees oder Keledei), die nach einer bestimmten Regel lebten, konnten sich zT bis ca 1250 halten. Als die Normannen England erobert hatten, kam es bald zu einer Kirchenreform. Eine führende Rolle bei der Gründung von Klöstern nach der → Benediktinerregel spielten Margarete, die Tochter Eduard Aethelings, die 1068/69 Malcolm III. geheiratet hatte, und drei ihrer Söhne, die Könige von S. wurden. Der jüngste Sohn, David I., stellte die Bischofshierarchie in S. wieder her. Trotz gewisser Besonderheiten wurde jetzt die Ecclesia Scotticana ein integrierender Bestandteil der westlichen Christenheit. Einige Gegenden, die, obwohl unter der Krone, von fast unabhängigen Adligen beherrscht wurden, behielten ein gewisses Maß kirchlicher Unabhängigkeit: Galloway mit seinem Bischofssitz Withorn unterstand dem Erzbischof von → York, und die Bischöfe von Orkney und den Inseln (Sudreys) waren seit 1152 dem Erzbischof von →Drontheim unterstellt. Die anderen Bistümer blieben ohne Erzbischof, teils weil sie sich dem Versuch Yorks widersetzten, sie von sich abhängig zu machen, teils wegen der Rivalität zwischen St. Andrews und → Glasgow; 1192 wurden sie Rom selbst unterstellt. 1225 bekamen die schott. Bischöfe das Recht, auch ohne Erzbischof Provinzialsynoden abzuhalten. Diese Synoden blieben die oberste Kirchenleitung, bis 1472 der erste Erzbischofssitz in St. Andrews für die ganze schott. Kirche geschaffen wurde.

Vom 14.Jh. an zerstörten die Verwüstungen der Unabhängigkeitskriege gegen England und die Unordnung infolge des großen Schismas (→ Papsttum: II, 2 e) den Wohlstand der schott. Kirche und untergruben ihre Zucht. Dazu kamen noch Lehrstreitigkeiten, als sich die lollardische Bewegung (→Wiclif) nach Norden ausbreitete. Reformversuche blieben Stückwerk; man scheute davor zurück, wohlerworbene Privilegien anzutasten. In St. Andrews, Glasgow und Aberdeen gründeten für die Reform arbeitende Bischöfe im 15.Jh. Universitäten (→ Schottland: III). Am Ende des MA waren jedoch fast 85% der Gemeindepfründen an die Klöster, Kollegiat- und Bischofskirchen gefallen, während die geistlichen Pflichten meist schlechtbezahlten Vertretern zufielen. Obwohl Jakob I. und seine Nachfolger die alte Königspolitik fortsetzten, die Kirche mit Pfründen auszustatten und (nach außen) die Klosterreform zu fördern, waren sie doch weithin dafür verantwortlich, daß sich das verhängnisvolle System der Stellvertreter ausbreitete, wie auch für die schwere Steuer, die die meisten Klöster zwang, ihr Land an Adlige zu vergeben. Die Reformbemühungen der Konzile bis 1559 waren ernst gemeint, kamen aber zu spät.

2. Die *Reformation* drang nur langsam nach S. vor. Bald nach Luthers Thesenanschlag wurden seine ersten Bücher nach S. geschmuggelt. 1528 starb Patrick →Hamilton als Märtyrer, weil er Luthers Lehre gepredigt hatte; doch blieb das Ausmaß der Lehrstreitigkeiten gering. Seit Heinrichs VIII. Bruch mit Rom (→ England: I, 3) hofften einige Reformer vergeblich, mit England zu einem Bündnis zu kommen, das einen rascheren Wiederaufbau der Kirche in S. ermöglicht hätte. Erst nach Jakobs IV. Tod (1542), während der Minderjährigkeit seiner Tochter → Maria Stuart, bekam eine englandfreundliche Partei, die ihre Verheiratung mit Prinz Eduard betrieb, einigen Einfluß. Als Reaktion darauf entstand eine patriotische Partei unter Kardinal Beaton, so daß eine Zeitlang der Glaubensstreit durch politische Gegensätze verschärft wurde. George → Wishart, den Beaton wegen Ketzerei zum Feuertod verurteilte, wurde auch zu Unrecht verdächtigt, in eine Verschwörung gegen den Kardinal verwickelt zu sein; und die Ermordung Beatons einige Wochen später hatte ebensoviel politischen wie religiösen Haß als Ursache. Die französische Heirat der jungen Königin 1547 brachte den Hof endgültig ins kath. Lager. Inzwischen gingen überall im Lande örtliche Versuche zu einer friedlichen Reform weiter. Um 1559 hatten viele Gemeinden ihre Gottesdienstordnung reformiert und verwalteten sich durch Älteste und Diakone. Die Rückkehr von John → Knox aus dem Exil verstärkte zu dieser Zeit einen Aufstand des Adels gegen die franzosenfreundliche Herrschaft der Regentin, Maria von Guise. Nach deren Tode erklärte eine Ständeversammlung auf Betreiben von Knox und seiner Anhänger im Aug. 1560 die Autorität des Papstes für nichtig, verbot (wirkungslos) das Lesen und Hören der Messe und setzte die *Confessio Scotica* in Geltung. Die Reformer gewannen in Wirklichkeit nicht mehr als die Anerkennung ihres Gottesdienstes; viele organisatorische Fragen blieben ungelöst, und die endgültige Gestalt der ref. Kirche von S. wurde erst 1690 geschaffen (s.u.). Aber einige Grundsätze, wie sie Knox und seine Freunde in der Confessio Scotica festgelegt hatten, das »First Book of Discipline« und das »Book of Common Order«, waren entscheidend, als die Kirche ihre endgültige Form gewann. Obwohl die neue schott. Kirche zunächst manche Bräuche der luth. Kirche übernahm, war sie in der Lehre doch klar calvinistisch (→ Calvin). Die Unabhängigkeit in geistlichen Dingen war wesentlich, aber die Autorität der Gott gehorchenden Obrigkeit in ihrem eigenen Bereich wurde anerkannt und die Zivilverwaltung als gesetzmäßig betrachtet. Die Rechte der Laien wurden durch das Amt der »Ältesten« unterstrichen, und man erkannte die Notwendigkeit, das ganze Schulsystem des Landes zu erneuern, um eine angemessene Ausbildung der Geistlichen zu gewährleisten. Streng genommen war die schott. Kirche noch nicht presbyterianisch, da Knox nie auf der Gleichheit aller Geistlichen bestand und es zu seinen Lebzeiten keine Presbyterien gab, doch entwickelte sie sich in dieser Richtung. Knox' Nachfolger A. → Melville konnte ohne Schwierigkeiten den vollentwickelten Presbyterianismus der englischen Reformer unter Th. → Cartwright übernehmen (Second Book of Discipline, 1581; → Presbyterianer: I).

Zu den Fragen, die 1560 offengelassen wurden, gehörten das endgültige Schicksal der Pfründen, die Stellung der Bischöfe und die Patronatsrechte. Die Klöster überließ man dem Aussterben. 1587 bestätigte das Parlament ein Gesetz, das den Grundbesitz der Bistümer und Abteien der Krone zusprach, soweit sie nicht schon von Laien in Besitz genommen waren. Doch blieben die übrigen Gerechtsame, bes. die Erhebung des Zehnten, bestehen, so daß diese dem Lebensunterhalt der Geistlichen dienten. Die gesetzlichen Rechte der Patrone ließ selbst die streng presbyterianische Gesetzgebung von 1592 unberührt. Die Bischöfe wurden mit ungeklärtem Tätigkeitsbereich beibehalten, teils um im Parlament den geistlichen Stand zu bilden, teils weil die Stuarts den Episkopat als Bollwerk gegen die demokratischen Tendenzen des extremen Presbyterianismus erhalten wollten. Selbst radikale Presbyterianer waren zT bereit, Titularbischöfe mit der Aufgabe eines ständigen Moderators zu dulden. Aber die im 17.Jh. zunehmende Verhärtung der Fronten ließ alle Kompromißversuche zusammenbrechen. Zwar fand die vorsichtige Gesetzgebung Jakobs VI. (I.; → England: I, 3) zunächst Zustimmung. 1606 wurde der bischöfliche Grundbesitz wiederhergestellt, 1612 bekam der Episkopat die Anerkennung des Parlaments, und 1618 nahm eine parteiisch zusammengesetzte Generalsynode die »Fünf Artikel von Perth« an, die allerlei Gebräuche wie zB das Knien bei der Kommunion wiederherstellten. Aber der Versuch Karls I., am 23.7.1637 in der St. Giles' Cathedral von Edinburgh gewaltsam das Laudian Prayer Book (→ Laud) einzuführen, rief heftige Opposition hervor und brachte viele Gemäßigte dazu, den presbyterianischen »National Covenant« (1.3.1638) zu unterstützen. Die Generalsynode, die in Glasgow nach einer Pause von 20 Jahren zusammentrat, schaffte den Episkopat überhaupt ab. Die Anhänger des Covenant schlossen 1643 mit dem englischen Parlament den »Feierlichen Bund und Zusammenschluß« (Solemn League and Covenant). Obwohl dieses Bündnis sich als kurzlebig erwies, waren seine Folgen doch nachhaltig, denn die → Westminster-Synode schuf die → Westminster Confession, die von der schott. Kirche als Glaubensgrundlage angenommen wurde. Bei der Restauration von 1660 (→ England: I, 4) wurde der Episkopat wiederhergestellt; obwohl keine größeren Änderungen in der Form des Gottesdienstes erfolgten, wurde diese Neuerung von einigen Gruppen der Anhänger des Covenant angegriffen, und es folgte ein erbitterter Streit. Schließlich wurde 1690 nach der Revolution die presbyterianische Ordnung durchgesetzt und der Kampf um die Kirchenregierung beendigt. Das Unionsgesetz sicherte die presbyterianische Leitung der Kirche von S.; alle Professoren und Vorsteher an den Universitäten mußten die Westminster Confession unterschreiben. Seitdem war die Kirche von S. einer der wichtigsten Träger des schott. Nationalcharakters und Sprachrohr der Volksmeinung. Jedoch umfaßte sie nicht alle Schotten; manche Episkopale und radikale Anhänger des Covenant, sog. → Cameronianer, blieben ihr von Anfang an fern.

In vieler Hinsicht begann 1690 eine neue Phase der schott. KG. In den vergangenen 400 Jahren war das Schicksal der Bischöfe eng mit dem des schott. Adels verbunden gewesen, dessen Macht in Zeiten des Bürgerkriegs oder der Minderjährigkeit des Königs bes. groß war. Sein Einfluß auf den Episkopat, der vielfach auf ganz legalem Weg ausgeübt wurde, war manchmal sehr folgenreich gewesen. Die Härte des Kampfes in der Zeit des Covenant war zB durch Familienfehden im Hochland verschärft worden. Nach dem Revolutionsvertrag von 1690 verlor der schott. Adel seine politische Macht, und viele Familien wurden der Sympathie mit den Stuarts verdächtigt. Auf andere Weise beeinflußten sie aber die Kirche weiterhin. Seit das Gesetz der Königin Anna über die Patronate (1712) die Rechte der Patronatserben wiederhergestellt hatte, die Kirchenpfründen zu vergeben, entstand eine gefährliche Situation; sie wurde dadurch noch schlimmer, daß die meisten der Erben Lords waren und der Adel mehr zur Episcopalian Church hielt. Obwohl sie durchaus in der Lage waren, das Wissen und die Begabung eines Bewerbers für das Pfarramt zu beurteilen, konnten sie nicht immer richtig einschätzen, ob er für eine presbyterianische Gemeinde annehmbar war, und die von ihnen Benannten wurden oft schwer verdächtigt. Auch widersetzten sich viele Glieder der Kirche dem ganzen Patronatswesen. An dieser Patronatsfrage entzündete sich die Kirchenspaltung des 18.Jh.s: 1733 spaltete sich die *Secession Church* unter Ebenezer Erskin ab, 1761 die *Relief Church* unter Thomas Gillespie. Aber in wachsendem Maß wandten sich viele von den Kämpfen der früheren Zeit ab und versuchten, den Frieden auf möglichst breiter Basis zu gewinnen. Diese »Gemäßigten« neigten zu der offenen, weniger streng theologischen Haltung der Aufklärung des 18.Jh.s. Ihre Führer waren Männer wie der Moralphilosoph Francis Hutcheson aus Glasgow, der Historiker William Robertson aus Edinburgh und Alexander Carlyle, der → Hume gegen den Vorwurf des Atheismus verteidigte. Ihrem Einfluß war großenteils die sich ausweitende geistige Bewegung an den Universitäten zuzuschreiben, die zu Stätten von europäischer Bedeutung wurden. Diese Männer waren für das Patronat, denn sie glaubten, daß die Patrone – meist gebildete Männer – eher in der Lage sein würden, für einen geistig hochstehenden Pfarrerstand zu sorgen, als die Gemeinden. Doch hat die Kirche in der Zeit der Herrschaft der Gemäßigten keine bemerkenswerte Evangelisationsarbeit geleistet. Erst das Anwachsen der Bevölkerung in den Industriestädten wie die dringende Not der lange Zeit vernachlässigten Hochlandgemeinden brachte einen Wechsel. Im späten 18. und frühen 19.Jh. hat die evangelikale → Erweckung (: I, 1) die Kirche von S. nicht weniger verändert als die Kirche von England. Für diese Bewegung ist ihr missionarischer Eifer in der Heimat wie im Ausland (→ Schottland: II) bezeichnend. Ihre Führer waren u.a. die Brüder James und Robert → Haldane, die Gründer der Society for the Propagation of the Gospel at Home, Andreas Thomson, der Herausgeber des »Christian Instructor«, und der hervorragende Evangelist Thomas → Chalmers. Chalmers war auch die führende Gestalt der Kirche während ihres Streites mit dem Parlament über die Frage, ob die Patrone das Recht hätten, einer Gemeinde einen von ihr abgelehnten Geistlichen aufzuzwingen. Ebenso war er das Haupt der evangelikalen Partei, die der Meinung war, daß die Gerichte sich nicht in die geistlichen Rechte der Kirche einmischen dürften. 1843 kam es zum Bruch (»Disruption«), als Chalmers und etwa ein Drittel der Geistlichen aus Protest gegen diese Übergriffe die Staatskirche verließen und die *Free Church* gründeten. Diese Männer wollten geordnete Verhältnisse, aber angesichts des wachsenden Nationalismus und Legalismus traten sie für die volle geistliche Freiheit der Kirche als einen Grundsatz der Reformation ein. Sie hatten vieles mit den Gruppen gemein, die sich in Europa von anderen calvinistischen Kirchen trennten (→ Kuyper in Holland, später → Vinet und → Godet in der Schweiz). In wenigen Jahren hatten sie ein beträchtliches Vermögen beisammen und bauten Gemeindekirchen und Schulen im ganzen Land.

Bis dahin waren alle Spaltungen in der ref. Kirche auf Grund von Verfassungsfragen entstanden, nicht aus Lehrfragen: alle Presbyterianer erkannten die Westminster Confession an. Neue Belastungen erwuchsen der Kirche aus den neuen geistigen Strömungen um die Mitte der viktorianischen Zeit, bes. aus den Entwicklungstheorien von Darwin und Huxley sowie der historisch-kritischen Bibelwissenschaft, die einen bedeutenden Zweig der deutschen Theologie darstellte. Anhänger der → Broad Church Party wie John Tulloch und John Caird erschienen in S. und erregten den Widerspruch der Orthodoxen. Schließlich wurde eine Lösung gefunden, die für alle Gewissen annehmbar war. 1879 bzw. 1892 gaben die United Presbyterian Church und die Freikirche Erklärungen heraus, die die offizielle Haltung an einigen schwierigen Punkten modifizierten. Einige Jahre später stimmte die Generalsynode der Kirche von S. einer neuen Form zu, in der das Glaubensbekenntnis unterschrieben werden sollte; sie wurde vom Parlament ratifiziert und 1910 voll in Geltung gesetzt. Eine kleine Abspaltung (1882) von der Freikirche konnte die Lehreinheit der schott. Kirche nicht gefährden. Darüber hinaus gewann eine Bewegung langsam an Kraft, die auf größere Verwaltungseinheit hindrängte. Ein Teil der Secession Church war schon 1839 zur Staatskirche zurückgekehrt, und der Hauptteil der Secession und der Relief

Church hatte sich 1847 zur *United Presbyterian Church* zusammengeschlossen. Nach Aufhebung der Patronatsrechte (1874) vereinigte sich 1900 die United Presbyterian mit der Free Church zur *United Free Church;* diese wurde 1929 mit der Kirche von S. wieder vereinigt. Jedesmal hat ein kleiner Rest jeder separierten Kirche die Vereinigung abgelehnt, und so behaupten fast alle diese Gruppen ihre Unabhängigkeit bis heute.

3. *Gegenwärtig* umfaßt die *Kirche von S.* nahezu zwei Drittel der gesamten einer Kirche angehörenden Bevölkerung; sie gibt die Zahl ihrer aktiven Mitglieder mit über 1,25 Mill. an (ca 36% aller Erwachsenen). Sie ist die einzige presbyterianische Staatskirche, die es gibt; ihre volle geistliche Unabhängigkeit, die sie seit ihren frühesten Tagen gefordert hatte, ist 1921 und 1925 durch Parlamentsgesetze bestätigt worden, die auch ihr Einkommen gesichert haben. Ihre Glaubensnorm ist das Wort Gottes, wie es in der Hl. Schrift enthalten ist, ihre wichtigste abgeleitete Norm die Westminster Confession, mit einer modifizierten Form der Glaubensverpflichtung. Die Kirche von S. wird gemäß den presbyterianischen Grundsätzen durch eine aufsteigende Ordnung von Körperschaften demokratisch regiert: Jeder Kirchensprengel (Kirk session) sendet Beauftragte in ein Presbyterium, das ein bestimmtes Gebiet verwaltet. Aus jedem Presbyterium werden Geistliche und Älteste in die Synoden gewählt, die den Provinzlandtagen entsprechen, und in den Obersten Rat oder die Generalsynode, die jährlich in Edinburgh unter dem Vorsitz eines jährlich wechselnden Moderators zusammentritt. Obwohl die General Assembly jetzt ca 1600 Mitglieder hat und für Verwaltungsarbeit zu groß ist, haben ihre Verlautbarungen im öffentlichen Leben doch großes Gewicht und wohl auch Einfluß auf die Sozialgesetzgebung und Erziehung. Seit der Einführung metrischer Psalmen und Lieder ist der Gottesdienst weniger streng; auch gebrauchen einige Kirchen eine Liturgie, doch liegt der Nachdruck immer noch auf der Predigt. Der Stand der Ausbildung für das geistliche Amt ist hoch.

Die größte der unabhängigen presbyterianischen Kirchen ist die *United Free Church* (ca 24000 Mitglieder), die allen Verbindungen mit dem Staat widerstand und 1929 größere theologische Unabhängigkeit forderte. Die *Free Church* (»Wee Free«), die außerhalb der Union von 1900 blieb, umfaßt ca 150 Gemeinden mit etwa 10000 Kommunikanten und ist bes. stark auf den westlichen Inseln vertreten. Die *Free Presbyterians* (ca 3000) spalteten sich 1892 aus Gründen der Lehre ab. Eine sehr kleine Gruppe – die *Reformed Presbyterian Church* – ist ein Überrest der frühesten Abspaltung. Die *United Original Secession Church* wurde 1956 wieder mit der Kirche von S. vereinigt.

Die verschiedenen independentistischen Kirchen haben sich in S. niemals so weit verbreitet wie in England. Die *Kongregationalisten* zählen nur ca 35000, die *Baptisten* 20000 und die *Methodisten* 12500. Andere unabhängige Gruppen sind noch kleiner.

Von den nicht-presbyterianischen prot. Kirchen ist die *Scottish Episcopal Church* die mächtigste (ca 55000 Mitglieder). Sie umfaßt immer noch einen großen Teil der Großgrundbesitzer. In voller Gemeinschaft mit der Church of England benutzt sie ihr eigenes Scottish Prayer Book (1929) und hat ihr besonderes Kirchenregiment. Es gibt 7 Bischofsstühle, aber keinen Primas, da die Bischöfe der Reihe nach das Amt des »Primus« innehaben. In den letzten Jahren gab es eine Bewegung für engere Beziehungen mit der Kirche von S.

Die *röm.-kath. Kirche* mit über 500000 erwachsenen Mitgliedern und einer Gesamtmitgliedschaft von nahezu 750000 ist die zweitgrößte Kirche in S. Ihr Zentrum liegt in den Industriestädten, bes. unter den irischen Einwanderern in Glasgow. Die Hierarchie wurde 1878 wiederhergestellt (2 Provinzen: St. Andrews mit Edinburgh und Glasgow). – Die kath. Kirche ist die einzige, deren Statistik seit 1950 einen erheblichen Zuwachs zeigt (über 100000 Mitglieder); doch da dies die Zahlen der Taufen sind und andere Kirchen nur die Zahlen der Kommunikanten veröffentlichen, ist der Vergleich schwierig. Man schätzt, daß über 40% der erwachsenen Bevölkerung keinerlei Verbindung mit einer religiösen Körperschaft haben.

J.Dowden, The Medieval Church in Scotland, Glasgow 1910 – O.Dibelius, Das kirchl. Leben S.s, 1911 – A.R.MacEwen, A Hist. of the Church in Scotland (397–1560), 2 Bde, London 1913/18 – Hew Scott, Fasti Ecclesiae Scoticanae, rev. Edition, 8 Bde, Edinburgh 1915–50 – J.R.Fleming, A Hist. of the Church in Scotland (1843 to 1929), 2 Bde, ebd 1927–33 – M.B.MacGregor, The Sources and Lit. of Scottish Church Hist., Glasgow 1934 – G.D.Henderson, Religious Life in 17th Century Scotland, Cambridge 1937 – J.T.Cox (Hg.), Practice and Procedure in the Church of Scotland, Edinburgh 1948 – John Knox, Hist. of the Reformation in Scotland, ed. W.Croft Dickinson, ebd 1949 – J.Highet, The Churches in Scotland To-day, Glasgow 1950 – J.A.Duke, The Columban Church, Edinburgh 1957 – D.E.Easson, Medieval Religious Houses: Scotland, London 1957 – J.H.S.Burleigh, A Church Hist. of Scotland, Oxford 1960 – G.Donaldson, The Scottish Reformation, Cambridge 1960 – Bishops of Scotland to 1689, in: Handbook of British Chronology, ed. Powicke u. Fryde, London 1961. – Ferner: The Church of Scotland Year Book, Edinburgh; The Acts of the General Assembly of the Church of Scotland, ebd (jeweils jährlich).

M.Chibnall

II. Schottische Missionen (M. = Mission)

Wie anderswo, so wurde auch von S. aus M. von Gesellschaften begonnen, die bald von den Kirchen übernommen wurden. 1796 wurden die Glasgow und die Scottish M.ary Society gegründet. 1797 sandte die Glasgower M.sgesellschaft zwei M.are nach Sierra Leone. Die erfolgreichste Arbeit dieser »Ur-M.en« wurde in Jamaika (→Mittelamerika, 3 b) geleistet, wohin i.J. 1800 die ersten M.are der Schott. M.sgesellschaft entsandt wurden; 1847 wurde diese Arbeit von der United Presbyterian Church übernommen. 1821 begann die Glasgower M.sgesellschaft eine M. in Kaffraria (→ Afrika: IV B, 1 b); diese ging in den 40er Jahren – mit Ausnahme von Lovedale – in die Hände der Free Church und der United Presbyterian Church über. 1824 beschloß die Generalversammlung der Kirche von S. die Vorbereitung einer M., die von der Kirche selbst unternommen wurde. 1829 wurde als ihr erster M.ar A. → Duff ernannt, der seine große Erziehungsarbeit in Calcutta begann (→ Indien: IV, 4 c). 1823 hatte die Schott. M.sgesellschaft ihre M. im westlichen Indien begründet; sie ging 1835 mit ihrem führenden M.ar John Wilson an die Kirche von S. über. Diese begann im selben Jahre mit ihrer Arbeit in Madras, 1845 die Freie Kirche eine M. in Nagpur, 1857 die Kirche von S. im Pandschab. 1860 nahm die United Presbyterian Church die Arbeit in Rajputana auf, 1869 die Freie Kirche in Santalia (Bihar), 1870 die Kirche von S. im östlichen Himalaya-Gebiet, 1872 die United Original Secession Church in Seoni (Zentral-Indien). – In Calabar (Ost-Nigerien) gründete 1846 ein M.ar aus Jamaika, Hope Waddell, die erste schott. M., mit der der Name von Mary Slessor untrennbar verbunden ist. 1875 begann die Freie Kirche ihre Arbeit im nördlichen Nyassaland (→ Afrika: IV B, 2 c), 1876 gründete die Kirche von S. eine M. in Blantyre. Die 1891 begonnene M. in → Kenya wurde 1900 von der Kirche von S. übernommen. Als während des 1. Weltkrieges Basler und Bremer M.are die Goldküste und Togo verlassen mußten, wurde die Vereinigte Freie Kirche um Unterstützung gebeten; seit damals ist S. an der M.sarbeit im heutigen → Ghana beteiligt. - In → China (: IV C) nahm die United Presbyterian Church ihre Arbeit i.J. 1872 in Mandschuria auf, die Kirche von S. 1878 in Ichang. Die schott. M. in Süd-Arabien geht auf den gelehrten M.ar Ion Keith-Falconer zurück (→ Arabien: II, 2); nach dessen frühem Tode (1887) wurde die Arbeit von der Freien Kirche übernommen. Durch eine Gründung der Reformed Presbyterian Church, deren bekanntester M.ar John G. → Paton war, wurde die M. auf den Neuen Hebriden von 1852-1934 eine schott. Angelegenheit. Von 1873-1901 unterhielt die United Presbyterian Church eine M. in Japan, die danach von den Japanern in eigene Verantwortung übernommen wurde.

Infolge der Wiedervereinigung der Kirche von S. mit der Vereinigten Freien Kirche (1929; → Schottland: I, 2) kam der größte Teil der oben erwähnten M.en (mit Ausnahme derjenigen in China, von wo nach der Ausrufung der Volksrepublik alle M.are zurückgezogen werden mußten) unter die Leitung der Kirche von S. In wachsender Zahl sind oder werden diese M.en in die Arbeit der »jungen« Kirchen eingegliedert; zB gibt es eine Presbyterian Church in Jamaika und Ost-Nigerien. 1923 wurde in Südafrika die Bantu Presbyterian Church gegründet, 1924 in Nyassaland die Church of Central Africa Presbyterian. 1943 entstand die Presbyterian Church of East Africa, 1945 die Church of Central Africa in Rhodesien. Durch den Zusammenschluß mit den Free Churches of the Copper Belt (1958) entstand die United Church of Central Africa in Rhodesien. Ghana hat zwei presbyterianische Kirchen: die Presbyterian Church of Ghana und die Evangelical Presbyterian Church in Togo und Trans-Volta. In Indien folgte der Bildung der Presbyterian Church of India (1904) i.J. 1924 ein Zusammenschluß von Presbyterianern und Kongregationalisten in der United Church of Northern India. In Südindien führte die 1908 erfolgte Vereinigung von Presbyterianern und Kongregationalisten 1947 zur Gründung der Kirche von → Südindien.

Der Jahresbericht der schott. M.en von 1955 zählt 245715 Kommunikanten (224287 in Afrika und Jamaika, der Rest in Indien und Pakistan). Die Colleges in Afrika, Indien und Pakistan hatten 8000 Studenten, die Schulen in diesen Ländern sowie in Jamaika ca 300000 Schüler. In 42 Krankenhäusern und ärztlichen Betreuungsstellen in Afrika, Indien, Pakistan und Süd-Arabien wurden mehr als 64000 Patienten behandelt. 1960 hatte die Kirche von S. 153 M.are, 118 M.arinnen und 133 M.arsfrauen.

R. Hunter, Hist. of the M.s of the Free Church of Scotland in India and Africa, London 1873 - R.W. Weir, A Hist. of the Foreign M.s of the Church of Scotland, Edinburgh 1900 - R.H.W. Shepherd, Lovedale South Africa 1841-1941, Lovedale 1941 - E.G.K. Hewat, Vision and Achievement. A Hist. of the Foreign M.s of the Churches united in the Church of Scotland, Edinburgh 1960 - Jahresberichte der M.sgesellschaften.

E.G.K.Hewat

III. Universitäten

Die Gründung der ersten schott. Universität in *St. Andrews* ging zT auf die Schwierigkeiten zurück, die sich aus dem Großen Schisma (→ Papsttum: II, 2 e) für das Studium im Ausland ergaben. Um 1410 begannen in St. Andrews einige Magister Unterricht in Artes, Theologie und kanonischem Recht zu geben. 1411/12 verlieh ihnen Bischof Wardlaw eine Bestätigung und 1413 Benedikt (XIII.) den vollen Universitätsstatus. Bischof Kennedy, der zweite Kanzler, stiftete 1450 das College von St. Salvator. Es sollte eine Kollegiatkirche sowie ein Mittelpunkt des Lehrens und Lernens sein und wurde zum Muster für andere Gründungen. Von den beiden andern mittelalterlichen Universitäten wurde *Glasgow* 1450/51 von Bischof William Turnbull, *Aberdeen* 1496/97 durch Bischof Elphinstone gegründet. 1505 stiftete Elphinstone noch St. Mary's (später King's) College. Alle drei mittelalterlichen Universitäten waren vor allem zur Ausbildung von Geistlichen bestimmt, wobei Aberdeen bes. dem Wohl des Hochlandklerus diente; so gaben sie alle den Artes und der Theologie den Vorrang. Doch wurde in jeder auch das Rechtsstudium vorgesehen, und es wurden einige Laienstudenten zugelassen; aber die Entwicklung des weltlichen Gerichtshofs in Edinburgh zog die Juristen stärker dorthin. Die ersten Verfassungen sind mit denen von Orléans und Angers verglichen worden; aber die Tendenz, College und Universität zu einer einzigen Institution zu verschmelzen, ist mehr für die norddeutschen Universitäten kennzeichnend. Die schott. Universitäten waren praktisch sui generis. Während Glasgow nur armselige Stiftungen hatte, waren St. Andrews und Aberdeen besser versehen. King's College wurde unter seinem ersten Leiter Hector Boece - einem Gelehrten von internationalem Ansehen - im frühen 16.Jh. ein bedeutender Studienplatz.

Die Reformer von 1560 bezogen die Universitäten in ihre Pläne für ein erneuertes Erziehungswesen ein. Zwar blieb der umfassende Entwurf des First Book of Discipline auf dem Papier, und die Universitäten erhielten nur einen mageren Anteil an den Stiftungen, die von Klöstern und Kollegiatkirchen abgezweigt wurden. Doch waren sie jetzt den Einflüssen von seiten des Staates und der Generalsynode geöffnet und innerhalb ihres mittelalterlichen Rahmens umgebildet. Bes. in Glasgow ließ A. → Melville (seit 1574 Principal) den Unterricht aufleben, bevor er 1580 nach St. Andrews ging. Unter Melville wurde bes. das Collegesystem belebt; das Studium blieb auf die Theologie ausgerichtet. Die Professoren (Regents) begannen sich auf bestimmte Sachgebiete zu spezialisieren, während im MA jeder Professor den ganzen Lehrstoff durchgenommen hatte. Zwei Neugründungen dieser Zeit entsprangen dem wachsenden Interesse der Laien an besserer Ausbildung: In *Edinburgh* errichtete der Stadtrat 1582/83 mit Genehmigung Jakobs VI. ein College mit allen wesentlichen Zügen einer Universität, und 1593 gründete der Earl Marishal das *Marishal College* in Aberdeen als eine besondere Universität (1860 mit King's College vereinigt).

Im 17.Jh. wurden verschiedene, miteinander rivalisierende Pläne zur Universitätsreform aufgestellt. Da aber bei jedem Regierungswechsel die Methode gewechselt wurde, war die Gesetzgebung meist kurzlebig und wirkungslos. Die Ausweitung der Universitäten machte nach der Revolution von 1690 rasche Fortschritte. Mit dem Anwachsen der Zahlen wurde das Collegesystem langsam aufgeweicht oder abgeschafft. Neue Lehrstühle wurden gestiftet und der Lehrplan erweitert, so daß er auch Fächer wie Geschichte und Naturphilosophie umfaßte. Obwohl alle Vorsteher und Professoren die → Westminster Confession unterschreiben mußten, wurde der Unterricht im späteren 18.Jh. immer liberaler. Der Begründer der Schott. Schule, Francis Hutcheson (1694-1746), war seit 1730 Prof. der Moralphilosophie in Glasgow, und obwohl → Hume weder in Edinburgh noch in Glasgow einen Lehrstuhl bekam, hatte er doch Freunde an beiden Universitäten. Edinburgh hatte eine blühende medizinische Fakultät. Glasgow, wo Adam → Smith als Prof. der Moralphilosophie lehrte, war bahnbrechend in der Erforschung der Staats- und Wirtschaftswissenschaft. Im 19.Jh. wurden die Universitäten wie auch andere Verbände von den politischen Reformern stark kritisiert. 1826 und 1858 wurden königliche Kommissionen ernannt, deren Vorschläge 1878 aufgegriffen und in das schott. Universitätsgesetz aufgenommen wurden. Der Einfluß anderer Institutionen wurde beseitigt, überholte und sich widersprechende Statuten außer Kraft gesetzt. Die Colleges verloren ihre quasi-Autonomie, und der Lehrplan wurde erneuert. Alle vier Universitäten bekamen eine sehr ähnliche Form der Verwaltung. Der Senatus academicus wacht über Lehre und Ordnung. Alles Eigentum wird körperschaftlich vom Universitätsrat verwaltet, in dem der Senat, der Stadtrat und der General Council (alle Promovierten) vertreten sind. Der Kanzler wird vom General Council gewählt, der Regent von den Nichtgraduierten, die in Glasgow und Aberdeen nach Nationen abstimmen. 1889 erlaubte eine weitere Gesetzgebung die Zulassung von Frauen zu akademischen Graden. 1893 wurde das Universitätscollege von Dundee gegründet, das seit 1897 ein Teil der Universität von St. Andrews ist.

H.RASHDALL, The Universities of Europe in the Middle Ages, ed. F.M.POWICKE u. H.B.EMDEN, Bd II, Oxford 1936, Kap. XI. - J.D. MACKIE, The Univ. of Glasgow, Glasgow 1954. - R.G.CANT, The Univ. of St. Andrews, Edinburgh 1946 - DERS., The College of St. Salvator, ebd 1950. - Studies in the Hist. of the Univ. of Aberdeen, ed. P.J.ANDERSON, Aberdeen 1906 - G.D.HENDERSON, The Founding of Marishal College, Aberdeen, ebd 1947. - A.GRANT, The Story of the Univ. of Edinburgh, 2 Bde, London 1884. *M.Chibnall*

Schrautenbach, *Ludwig Carl Freiherr von* (1724-83), * in Darmstadt. Seit 1737 gemeinsam mit → Zinzendorfs Sohn Christian Renatus erzogen, 1748 mit Sophie Auguste Gräfin Reuß († 1753), einer Nichte der Gräfin Zinzendorf, vermählt, stand S. bis 1752 in wichtigen Missionen im Dienste der Brüdergemeine. Seitdem lebte er auf seinem Erbsitz Lindheim in der Wetterau, später eng mit dem Darmstädter Hof und J.H.Merck verbunden, von Karl August und Goethe in Weimar verehrt. Obwohl er Zinzendorfs Gunst verlor, blieb er der Brüdergemeine bis zum Tode treu. Durch seine kongeniale Biographie Zinzendorfs hat er sich selbst ein bleibendes Denkmal gesetzt.

Vf.: Religionsideen eines Ungelehrten (im Auszug hg. 1876); Der Graf von Zinzendorf u. die Brüdergemeine seiner Zeit (im Auszug hg. 1828, vollst. 1851, 1871²). - Literarischer Nachlaß im Unitätsarchiv Herrnhut. - Über S.: H.PRANG, Joh.H.Merck, 1949, bes. 90 ff - M.v.WICKEDE, L.C.v.S. (Archiv f. hess. Gesch. NF 25, 1956/57, 60-80) - DIES., Goethe im Bereich des Herrnhutertums an Hand des Lebensbildes von L.C.v.S. (ungedr., im Unitätsarchiv Herrnhut). *E.Beyreuther*

Schreiber, *Christian* (1872-1933), kath. Theologe, studierte am Germanikum in Rom, Prof. für Philosophie (1899) und Dogmatik (1903) in Fulda. 1921 wurde S. erster Bischof der wiedererrichteten Diözese → Meißen (mit dem Sitz in Bautzen). Neben dem organisatorischen Ausbau der Diözese galt seine Kraft dem Kampf um die Bekenntnisschule in Sachsen. 1929 Apostolischer Administrator in Berlin, wurde er 1930 erster Bischof des neuerrichteten Bistums Berlin.

A.STREHLER, Chr.S., 1933 (Bibliogr.) - LThK IX, 332 - EC XI, 87f. *G.Maron*

Schrempf, *Christoph* (28.4.1860 bis 13.2.1944), ev. Theologe und freigläubiger Philosoph, * in Besigheim/Württ., † in Stuttgart. In der Jugend dem Pietismus zugehörig, Stundengänger und eifriger Bibelleser, wurde die wissenschaftliche Bibelkritik von C. → Weizsäcker für S. eine »Schule zum Unglauben«. Nach kurzer Tätigkeit als Vikar und Repetent am Tübinger Stift wurde er 1886 Pfarrer in Leuzendorf. Hier kamen ihm bei der Vorbereitung auf eine Predigt über Mt 6, 33 Glaubenszweifel. Er begegnete ihnen zunächst damit, daß er sich selbst versprach, künftig bei Taufen nicht mehr das → Apostolikum (: II, 2) zu gebrauchen, da er Teile davon nicht für wahr hielt und wesentliche Gedanken des christlichen Glaubens, u.a. die Nachfolge Christi, darin vermißte. Als er seinen Entschluß der Gemeinde von der Kanzel aus mitteilte, verlangte diese bei der Kirchenregierung seine Absetzung. Gegen den Vorwurf der Kirchenleitung, S. habe durch seine Mitteilung den Glauben der Gemeinde verletzt, verwahrte er sich unter Hinweis auf seine sittliche Pflicht. Nach Eröffnung des Disziplinarverfahrens gegen ihn schrieb S.: »Die Lehr- und Gottesdienstordnung unserer Kirche ist unter den gegenwärtigen kirchlichen und theologischen Verhältnissen eine sittlich sehr bedenkliche Zumutung. Die übliche Verpflichtung des ev. Geistlichen ist... eine Schlinge für das Gewissen.« Am 3.7.1892 wurde S. »wegen Verfehlung gegen die übernommenen Dienstgeschäfte« frist- und pensionslos entlassen. - Der literarische Kampf, den S. mit der Veröffentlichung der »Akten zu meiner Entlassung aus dem Württ. Kirchendienst« eröffnete (1892; vgl. auch »Eine Frage an die ev. Landeskirche Württembergs« - nämlich ob er noch ein berechtigtes Glied der Landeskirche sei - und seine Zeitschrift »Die Wahrheit«, 1893 bis 1897), blieb ohne nennenswerte Wirkung auf die Landeskirche und ihre Pfarrerschaft. S. unterrichtete zunächst an einer Handelsschule und habilitierte sich 1909 für Philosophie an der Technischen Hochschule in Stuttgart. 1909 trat er aus der Landeskirche aus, forderte aber 1911 anläßlich des Falles → Jatho eine »Reform des ev. Pfarrerstandes«.

Mit seinen Stuttgarter Sonntagsreden und zahlreichen Veröffentlichungen zu den Grundfragen des Lebens sammelte er einen Kreis von Menschen um sich, die sich ebenfalls von der kirchlichen Lehre weitgehend gelöst hatten. Als religiöser Denker ist S. Individualist, der »mehr Angst als Verlangen« hat, sich »in religiösen Angelegenheiten mit anderen zu vergesellschaften: ich fürchte sofort, dadurch die Freiheit und Wahrheit des eigenen religiösen Lebens zu gefährden«. Darum will er das, was in der Geschichte der Menschheit zur Deutung des Lebens erarbeitet wurde, nur als Anregung und Hilfsmittel für seinen eigenen Kampf um den Sinn des Lebens benützen. Er sieht sich nicht innerhalb, sondern außerhalb der Geschichte der Christenheit, gründet sich nicht auf Jesus, sondern, neben ihm stehend, auf sich selbst. »Hätte er nicht existiert, so änderte das an meiner religiösen Stellung nichts.« Somit lösen sich für S. auch die Unterschiede zwischen Religion, Theologie und Philosophie völlig auf. - S. ist existentieller Denker. In der Auseinandersetzung mit → Kierkegaard hatte er gelernt, daß »existieren« wirklich und ohne Illusion leben heißt in dem Bewußtsein, nie endgültige und ewige Wahrheiten erringen zu können. Als sicheres Wissen kann nur das um die eigene Existenz und nur in der Entscheidung gelten. Darum steht er mit den Großen der Geistesgeschichte, den »Zeugen menschlicher Bedürftigkeit« (vgl. »Menschenlos«, [1900] 1948⁵), in einem beständigen Gespräch, in der Erkenntnis, daß es für ein echtes Dasein keine Siege gibt; denn »im Geisteskampf siegt man niemals über andere, sondern nur in und über sich selbst. Und umgekehrt: wer sich einbildet, einen Geistessieg über andere erfochten zu haben, der hat selbst eine geistige Niederlage erlitten«. Mensch sein bedeutet für S., eine eigene Geschichte zu leben: »Ich lebe nicht, ich werde gelebt; also lasse ich mich leben.« - Während die Wirklichkeit Gottes ihm nur eine Möglichkeit ist - der einzige Beweis für Gottes Existenz sind die Menschen, die als seine Kinder leben -, liegt der Schwerpunkt seines Daseins im »ewigen Leben«. Es hat seinen Grund in der Unzerstörbarkeit der Geist-Person und in der aus sich selbst notwendigen Fortsetzung der begonnenen eigenen Geschichte.

GesW, 13 Bde, 1930-35. I: Für die Kirche, wider die Kirche; II: Noch im Banne der Kirche; III: Noch im Banne der Moral; IV:

Über den Rubikon (darin: Menschenlos; Was unsereiner will); V: Auseinandersetzungen I: Kant, Lessing; VI: Auseinandersetzungen II: Goethe; VII. VIII: Diesseits u. Jenseits I. II; IX: Auseinandersetzungen III: Sokrates, Nietzsche, Paulus; X-XII: Auseinandersetzungen IV: Sören Kierkegaard; XIII: Mein Testament. - ErgBde hg.v. O.ENGEL, 1936-40, XIV: Die Grundlage der Ethik; XV: Gemischte Schriften; XVI: Das Vermächtnis. - Über S.: RGG² V, 260ff - H.HESSE u.a., Im Banne des Unbedingten (Festschr.), 1930 - DERS., Ch.S. (Die Neue Rundschau 46, 1935, 269-279) - DERS., Nachruf auf Ch.S. (Neue Schweizer Rundschau NF 11, 1943/44, 711-726) - O.ENGEL, Vom Verhältnis S.s zu Kant (KantSt 35, 1930, 511-516) - W.NIGG, Gesch. d. relig. Liberalismus, 1937, 263ff - H.HERMELINK, Gesch. d. ev. Kirche in Württ., 1947 (s. Reg.) - E.MÜLLER, Ch.S. Der umgekehrte Pietist (Schwäbische Profile, 1950, 167-199). *H.Hohlwein*

Schreuder, *Hans Paludan Smith* (1817-82), luth. Missionar, * in Sogndal, Sogn (Norwegen). Schon als Student vom Missionarsberuf ergriffen, trat er 1842 mit einem öffentlichen Missionsaufruf an die norweg. Kirche hervor. Im Sommer 1843 ging er nach Natal, um eine Mission im Zululand zu gründen (→ Afrika: IV B, 2 d). Am 6.6.1858 fand die erste Taufe statt. 1866 wurde S. zum Bischof für die ganze Mission der norweg. Missionsgesellschaft ordiniert. Mit dieser wegen seiner hochkirchlichen (streng episkopalistischen) Haltung in Spannung geraten, arbeitete er seit 1873 ganz selbständig, unterstützt von einem Ausschuß in Norwegen. Als erster bearbeitete er wissenschaftlich die Zulusprache (Grammatik, 1850).

Aktstykker til belysning af forholdet mellom biskop S. og det Norske Missionsselskab, 1876 - D.THRAP, Biskop H.P.S.s liv og virksomhet, 1877 - Det Norske Misjonsselskap 1842-1942, Bd I, 1943; Bd III, 1949. *E.Amdahl*

Schriftauslegung

I. Im AT - II Im Judentum - III. Im Urchristentum - IV. Christliche Schriftauslegung, theologiegeschichtlich - V. Praktische Schriftauslegung

I. Im AT

1. S. im engeren Sinne, dh Interpretation älterer at. Texte durch spätere Schriftsteller - wobei diese Texte oder Teile davon wörtlich zitiert werden -, ist im AT relativ selten. Sie ist aber nur ein kleiner Ausschnitt jener interpretierenden und aktualisierenden Beschäftigung mit vorgegebenen Stoffen, auf die wir allerorten im AT stoßen, und muß daher im Zusammenhang mit dieser gesehen werden, auch wenn hier der Terminus S. besser durch *»Traditionsauslegung«* zu ersetzen wäre.

2. Bereits die *alten Erzähler* (J, E) nehmen die ihnen überkommenen Traditionen nicht nur einfach auf, sondern deuten sie, vielfach unter Verschiebung ihres ursprünglichen Sinnes. Wenn etwa der → Jahwist die ursprünglich dem Kult verhafteten Stoffe in sein großangelegtes Schema von Verheißung an die Väter und Einlösung der Verheißung durch die Landnahme Israels hineinspannt, so stehen wir hier vor einer Neuinterpretation vorgegebener Traditionen, von denen viele noch aus dem Bereich der Kulturlandbewohner stammten, von Israel also erst angeeignet werden mußten. Auch dieser Aneignungsprozeß selbst, der zT gewiß schon weit vor dem Wirken der großen Erzähler lag, kann als erster Akt einer »Traditionsauslegung« gelten, wie etwa die Geschichte von Stoffen wie Isaaks Opferung (Gen 22) oder dem Jakobskampf (Gen 32) erweist. In der frühesten Zeit Israels, unmittelbar nach der Landnahme, beginnt also bereits jener Prozeß der Interpretation alter Traditionen, der später durch die S. im engeren Sinne völlig legitim fortgesetzt wird.

3. Analoges ist von den *Propheten* auszusagen; wir sehen sie »auf und ab von alten Überlieferungen abhängig, die sie aktualisieren und interpretieren« (G.v.Rad, Theologie II, 18). Weil sie aber von einem neuen Geschichtshandeln Jahwes zu künden haben, ist ihr Verhältnis zu den überkommenen Traditionen ein gebrochenes. Immerhin vollzieht sich für die Propheten dieses neue und letzte Handeln Jahwes doch in Analogie zu seinem bisherigen Geschichtshandeln; insofern können sie die alten Traditionen aufnehmen, indem sie sie jetzt nicht nur ausdeutend aktualisieren, sondern ihnen zugleich einen neuen Inhalt geben, sie damit umdeutend und umbiegend. → *Amos* nimmt in seinen Anklagen das alte Gottesrecht auf und gibt diesem dadurch eine bisher ungekannte Spitze. → *Hosea* zieht in stärkstem Maße die Ereignisse der Frühgeschichte heran, um zu zeigen, daß die bevorstehenden Geschehnisse zu jenen in einer Art »Kontrastanalogie« stehen. Bei → *Jesaja* zeigt sich eine sehr enge Bindung an Zionstradition und Davidsüberlieferung, zugleich erweisen sich die Vorstellungen vom hl. → Kriege (: II) Jahwes noch als recht lebendig. → *Jeremia* aktualisiert die Auszugs-, Bundes- und Landnahmeüberlieferung so, daß er sie zugleich wesentlich umgestaltet und in 31, 31-34 dem alten einen neuen Bund gegenüber- und entgegenstellt, der jedoch dem alten Bunde durchaus analog ist. Ob die Tempelrede (Jer 7, 5ff) auf den → Dekalog Bezug nimmt, Teile daraus frei zitierend, ist nicht sicher. Die *Fremdvölkerprophetie* bes. des Amos und des Jeremia - ob noch einer heilsprophetischen Frühperiode zuzuordnen? - greift auf Formeln des hl. Krieges zurück, dabei die Vorstellungen von den Kriegstaten Jahwes ins Universale ausweitend. Jeremia spricht manchmal expressis verbis von den älteren Propheten (7, 25; 26, 5; 28, 8). → *Ezechiel* benutzt (c. 20) ein festgeprägtes Schema vom Ablauf der Heilsgeschichte, gibt diesem aber eine neue Deutung. Vermutlich hat er auch die Weissagung Jeremias vom neuen Bund gekannt, aufgenommen und in einer bestimmten Hinsicht ausgedeutet. Bei *Dtjes* (→ Jesajabuch, 2) spielt die Exodustradition eine geradezu entscheidende Rolle: der bevorstehende Exodus vollzieht sich ganz ähnlich wie der Auszug aus Ägypten, überbietet diesen aber zugleich bei weitem. Überlieferungen von David, vom Zion, von einer Völkerwallfahrt zur hl. Stadt werden aufgenommen und neu interpretiert. Vielleicht ist der → Knecht Jahwes als ein neuer Mose gedacht; die Gottesknechtlieder wären dann eine aktualisierende Aus- und Umdeutung der Moseüberlieferung. Was ältere Propheten geweissagt haben, beginnt sich - so weiß es Dtjes - jetzt zu erfüllen. *Tritojesaja* (→ Jesajabuch, 3) zeigt sich von Stil und Pathos Deuterojesajas, dessen Verkündigung er manchmal in wörtlichen Zitaten aufnimmt, so stark bestimmt, daß man an ein Jüngerverhältnis (s. 4) denken muß; in völlig veränderter Lage sucht er Deuterojesajas Botschaft neu zum Reden zu bringen. Die anderen *nachexilischen Propheten* greifen meist auf verschiedene Formen der Zions- und Davidstradition zurück.

4. War die Erfüllung prophetischer Weissagungen scheinbar ausgeblieben, so würde sie sich eben später vollziehen, denn das Jahwewort ist auf alle Fälle wirkungsmächtig. Auch aus diesem Grunde wird die Botschaft der Propheten aufgezeichnet und den *Prophetenjüngern* anvertraut. Diese oder Spätere, die dann das Prophetenwort auf sich beziehen, geben in dem, was sie niedergeschrieben haben, vielfach Zeugnis von ihrem Verständnis der prophetischen Verkündigung. Dabei überrascht immer wieder, wie frei sie mit dem überkommenen Wort verfahren können. 2Sam 7, das die → Nathan-Weissagung in sich birgt, enthält zugleich eine ganze Auslegungsgeschichte dieser Weissagung. Alte Drohworte gegen die Völker werden erweitert oder auf neu ins Blickfeld kommende Nationen gedeutet; Drohworte gegen Israel werden in Heilsworte gewandelt bzw.

durch solche ergänzt, was durchaus als legitime Auslegung gilt. So enthält zB das Buch Jesaja mannigfache Belege für eine solche Uminterpretierung alter Jesajaworte durch Spätere (Hertzberg), aber auch die meisten anderen Unheilspropheten mußten sich eine umdeutende Auslegung ihrer Worte durch die Nachfahren gefallen lassen.

5. Bereits in vorexilischer Zeit begegnet in Israel das Phänomen der *Predigt*. Es spricht manches dafür, daß die → *Leviten* als Träger einer ausgedehnten Predigtpraxis anzusehen sind. Auf ihre Tätigkeit stoßen wir bereits allerorten im → *Deuteronomium*. Ihr Bestreben ist es, durch Aktualisierung der alten Gebote Mosezeit und Jetztzeit zu einer Einheit zusammenzuschließen und das Israel ihrer Zeit noch einmal mit der Mosegeneration »gleichzeitig« zu machen. Dabei werden die überkommenen Gesetze in Paränesen gekleidet, also in stark aufgelockerter Form weitergegeben, oder der Gesetzesverkündung gehen ein- und ausleitende Predigten zur Seite. Wir stehen hier also vor »gepredigtem Gesetz«. Diese levitische Predigtpraxis muß sich über Jahrhunderte hin erstreckt haben, denn noch die → *Chronikbücher* geben eindrückliche Beispiele ihrer Auslegung älterer Schrift-, vor allem Prophetenworte, die sie zT zitieren. Auch hier ist festzustellen, wie frei sie mit diesen Schriftworten in ihrer Ausdeutung umgehen.

6. Der Verfasser des → *deuteronomistischen Geschichtswerkes* (Dtr) erweist sich als Ausleger des Deuteronomiums – dessen Zentralisationsforderung ihm den Maßstab für jahwetreues Verhalten der Könige gibt – und der Propheten, deren verheißende und drohende Worte er als mächtige Beweger der Heilsgeschichte erkennt und ausdeutet. Dtr fußt auf der alten Zwölfstämme- wie auch vor allem auf der Davidstradition; er ist der erste, der beide eng zu verschmelzen wagt.

7. Auch die → *Apokalyptik* (: II) treibt Auslegung älterer Schriftworte; im → *Danielbuch* ist offensichtlich, wie stark hier Aussagen des Jesaja verwertet werden. Da für den Apokalyptiker der ganze Geschichtsablauf als geweissagt gilt, spielen die alten prophetischen Weissagungen eine große Rolle; wichtiger ist freilich die ausdeutende Exegese dieser Weissagungen durch den Apokalyptiker. Auch eine Aus- und Umdeutung älterer apokalyptischer Bilder wird versucht (zB Dan 7).

K.Elliger, Der Prophet Tritojesaja (ZAW 49, 1931, 112-141) – G.v.Rad, Die levit. Predigt in den Büchern der Chronik (Festschr. O.Procksch, 1934, 113-124 = Ges. Studien zum AT, 1958, 248 bis 261) – Ders., Dtn-Studien (FRLANT 58), (1947) 1948² – Ders., TheolAT I. II, 1957/60 – H.W.Hertzberg, Die Nachgesch. at. Texte innerhalb des AT (BZAW 66, 1936, 110-121) – H.W.Wolff, Das Zitat im Prophetenspruch (BEvTh 4), 1937 – E.J.Smith, The Decalogue in the Preaching of Jeremias (CBQ 4, 1942, 197-209) – G.Gerleman, Synoptic Studies in the OT (LUÅ 44/5), 1948 – W.Zimmerli, Zur Sprache Tritojesajas (Festschr. zum 70. Geb. von L.Köhler, Schweizer Theol. Umschau 3/4, 1950, 1-13) – E.Rohland, Die Bedeutung der Erwählungstraditionen Israels für die Eschatologie der at. Propheten (Diss. Heidelberg), 1956 (Mikrodruck) – L.M.v.Pákozdy, Theol. Redaktionsarbeit in der Bileamperikope (BZAW 77, 1958, 161-176).

F.Hesse

II. Im Judentum

Da der Ausgangspunkt der jüd. Religion die → Offenbarung (: III) des göttlichen Willens in der hl. Schrift, bes. der Tora, ist, ist S. die wichtigste Funktion der dazu Befähigten, der Schriftgelehrten, auf die sie (nach der jüd. Tradition: seit Esra) aus den Händen der Priester immer mehr überging. Eigentlich ist der größte Teil der nachbiblischen jüd. Literatur eine fortgesetzte S., vornehmlich der gesetzlichen Teile des AT; auch → Halacha und → Haggada meinen nichts anderes. »Deuten, auslegen« heißt darāš (eigentlich »fragen, forschen«); davon midraš »Auslegung«, was schließlich Bezeichnung für einen ganzen Literaturzweig geworden ist. Der → Midrasch folgt dem Bibeltext Wort für Wort, wobei die Bibel dem Ausleger als ein Ganzes gilt, das eine Lehre enthält. Erst im MA gibt es richtige Kommentare, dh Erklärungen philologischer und sachlicher Art, von denen die heute noch den rabbinischen Bibeln beigedruckten des → Raschi, → Ibn Esra, Nachmanides und David → Kimchi die bedeutendsten sind. Schon früh versuchen die Schriftgelehrten die S. zu methodisieren. Einigen Gesetzeslehrern schreibt die Tradition die Aufstellung sog. middôt (S.snormen) zu: dem → Hillel 7, angeblich aus Babylonien eingeführt (Tos. Sanh. VII, Abot R.Natan 37), dem R.Ismael ben Elisa 13 (eine Erweiterung derjenigen Hillels), dem R.Elieser ha-Gelili (zwischen 130 bis 160 nChr) 32 (aufgezählt hinter dem Traktat Berachot des babylonischen → Talmud). Die Normen des Hillel lehren den Schluß vom Kleineren aufs Größere (der sich auch im NT unter der Formel »um wieviel mehr« findet, zB Mt 6, 30; 7, 11; 10, 25 u.ö.), den Analogieschluß, den Schluß aus einer Hauptstelle oder zweien auf geringere Stellen, vom Allgemeinen aufs Besondere. R.Ismael wendet sich gegen überspitzte Deutung, wenn er verkündet: »Die Tora redet nach der Menschen Sprache« (Sifre zu Num 15, 31 § 112). Die Normen des R.Ismael erlangten so hohes Ansehen, daß sie ins Morgengebet aufgenommen wurden. Daneben gab es noch andere Regeln der S.: etwa den Schluß aus der Aufeinanderfolge von Versen, aus Wortspielen und -anklängen (zB erklärt Ber. Rabba LV, 7 den Namen des Berges Morijja aus 'ôra »Licht«, das von dort in die Welt kam; R.Me'ir, um 130 nChr, liest in Gen 3, 21 statt »Kleider aus Fellen« [ʿôr] »Kleider aus Licht« ['ôr] u.dgl.), auch aus der Einzahl oder Mehrzahl eines Wortes, aus seinem Zahlenwert (zB deutet R.Josua b. Lewi in Spr 8, 21 das Wort jēš = 310 auf 310 Welten, die dem Gerechten zuteil werden, ʿUqṣîn III, 12), aus Buchstabenvertauschung, aus Vokalisationsänderung usw. Viel Mühe geben sich die Rabbinen mit der Beseitigung von Widersprüchen im AT oder mit der Angleichung von Pred und Hhld an die gesetzlichen Teile der Bibel durch subtile Dialektik. Ein Bibelvers enthält *viele* Deutungen (dabar 'aḥêr »noch eine Deutung«; Sabb. 88 a: das Gotteswort birgt 70 Möglichkeiten; ʿErub. 21 a zu Hhld 5, 11: »Ein Hügel von Halachot auf dem andern«). Die Haggada bedient sich reichlich des Gleichnisses und des »Falles« (maʿaśæ; im NT im Sondergut des LkEv vertreten). Im allgemeinen besteht der Rabbinismus auf der wörtlichen Deutung (pešaṭ, Sabb. 63 a); aber vom Hellenismus her dringt auch die Allegorese ein. Zwischen → Allegorie und → Gleichnis (: II, 2) wird nicht unterschieden: beide heißen mašal. Bei dem Hellenisten → Philo ist die Allegorese die eigentliche S., obschon der Wortsinn vollgültig daneben steht. Philo ist überzeugt, daß alle Realien der hl. Schrift noch einen tieferen Sinn haben: Dinge und Lebewesen, Eigen- und geographische Namen, Zahlen usw werden allegorisch gedeutet. Der Midrasch kennt die Allegorese nur in sekundärer Gestalt, als sog. ăsmākta »Anlehnung« (an den Text). Er hat mit seinen Gleichnissen und Allegorien seinerseits wieder Philo beeinflußt. R. → Akiba deutet bereits das Hhld allegorisch auf die Liebe zwischen Gott und Israel (Mechilta zu Ex 15, 2; Hhld Rabba 8, 6f u.ö.). Vielleicht bedeutet die rabbinische Bezeichnung »Ausleger der angedeuteten bzw. schwierigen Dinge« soviel wie Allegoriker. Die Allegorese ist die vorherrschende Art der S. in den griech. (LXX, Aquila) und aram. (den sog. Targumen) Übersetzungen des AT (→ Bibelübersetzungen: I; III, 1). Im späteren Judentum fügt die Kabbala die mystische S. hinzu; nach Isaak → Luria gibt es einen vierfachen Schriftsinn: den Wortsinn (pešāṭ), den allegorischen (ræmæz), den abgeleiteten (homiletischen; deraš), den mystischen Sinn (sôd). Für die → Kabbala und den mit ihr verwandten → Chassidismus (18.Jh.) wird die letztere Art S. die Hauptsache: die Tora, die Braut Gottes, muß »enthüllt« (pšṭ hif.), dh ihres äußeren Sinnes entkleidet werden, um Gott, ihrem Bräutigam, zur Hochzeit zugeführt werden zu können. Den Schlüssel zur mystischen S. besitzt der Gerechte.

Die S. der Leute von → *Qumran* unterscheidet sich von der rabbinischen dadurch, daß sie ganz dem Sekteninteresse unterstellt ist: Ausgangspunkt und Ziel scheint die Offenbarung an den »Lehrer der Gerechtigkeit« zu sein, der das Ende der Zeiten kennt. Öfters findet sich der Ausdruck kăkkātûb »wie geschrieben steht«; aber wir wissen nichts Genaues über den Umfang des dortigen Kanons. Das der jüd. Exegese sonst so wichtige Gleichnis fehlt hier als Mittel der S. völlig: der monomane Sektencharakter ist ihm ungünstig. Auch hier werden Wortspiele und -anklänge, Schreib- und Lesevarianten zur S. mitbenutzt. Allegorie liegt in 1QS 8, 14f vor, häufiger in der → Damaskusschrift. Der Aaronsegen wird in 1QS 2, 2. 4 aufgefüllt. 1QS 11-18 bietet eine Paraphrase zu Dtn 29, 17. Die Auslegungen prophetischer Bücher (→ Habakukkommentar, Fragmente von Auslegungen zu Jes, Hos, Mi, Nah, Zeph) sind weder eigentliche Kommentare noch Midraschim, sondern sektiererische Gelegenheitsdeutungen ohne ersichtliche Methode; der die Auslegung eines Verses einleitende Terminus pišrô »seine Erklärung ist...« entspricht dem in der S. der → Karäer üblichen. Anderwärts findet sich Paraphrase biblischer Erzählung, nähert man sich also dem Midrasch (Gen-Apokryphon, Fragmente aus 4Q, Florilegium [→ Qumran, 1]); aber es ist fraglich, wie weit diese Stücke der Sekte angehören. Einige Forscher (Cullmann, Gärtner, Gaster) behaupten Ähnlichkeit der S. mit derjenigen im Hebr, in der Stephanusrede Apg 7 und im Jak. Jedoch bleibt - abgesehen von der unsicheren Datierung der Qumrandokumente - die Frage, ob diese Ähnlichkeit zwischen Urkirche und Qumran in der S. nicht zufällig, nämlich durch die gleiche Ausrichtung auf das messianische Ziel, bedingt ist.

W. Bacher, Die Agada der Tannaiten I, 1903² - Strack, Einl. 96ff - Bill. III, 388ff (zur alleg. S. der Rabbinen) - I. Heinemann, Altjüd. Allegoristik, 1936 - K. Stendahl, The School of St. Matthew (ASNU 20), 1954 - L. Ginzberg, On Jewish Law and Lore, 1955, 127 bis 150 - F. Maass, Von den Ursprüngen der rabbin. S. (ZThK 52, 1955, 129-161) - G. Bertram, Vom Wesen der Septuaginta-Frömmigkeit (WO II/3, 1956, 267-284) - R. P. Hanson, Allegory and Event, 1959 - O. Betz, Offenbarung u. Schriftforschung in der Qumransekte (WUNT 6), 1960. *E.L.Dietrich*

III. Im Urchristentum

1. Der Tatbestand - 2. Auslegungsmethoden - 3. Theologische Voraussetzungen

1. Die Urchristenheit hat als selbstverständliches Erbe aus dem Judentum dessen Hl. Schrift übernommen. Dem entspricht die Tatsache, daß die nt. Schriften ausschließlich die jüd. Hl. Schrift als »Schrift« zitieren, obwohl neben diese »Schrift« bereits die neue Autorität des »Herrn« und der Apostel getreten war (→ Bibel: II B, 1). Da es aber über die Sammlung des »Gesetzes« und der »Propheten« hinaus im 1.Jh. noch keinen abgeschlossenen jüd. Kanon gegeben hat (Sundberg), haben auch Jesus und die ersten Christen keinen *abgeschlossenen* Kanon des AT gekannt und zitieren gelegentlich Schriften, die nicht zum später festgelegten jüd. Kanon gehören (1Kor 2, 9; Jak 4, 5; Joh 7, 38; Jud 14f). Überhaupt darf man weder die spätere rabbinische noch die spätere christliche Anschauung von dem bis auf den Wortlaut festgelegten hl. Buch in das Urchristentum zurücktragen. Denn nicht nur zitieren die urchristlichen Schriftsteller vielfach aus dem Gedächtnis, kombinieren verschiedene Texte oder übernehmen die biblische Ausdrucksweise in ihre eigene Formulierung. Und nicht nur ist der Übergang vom eigentlichen Zitat zur Anspielung ein fließender, so daß oft nicht entschieden werden kann, ob ein Verfasser überhaupt einen bestimmten at. Text anführen will oder nicht. Sondern Jesus und die Urchristen sehen wie ihre jüd. Zeitgenossen die hl. Schrift im Zusammenhang einer lebendigen exegetischen Tradition, die ihnen nicht nur die Umbildung des einzelnen Textes von dieser Tradition her erlaubt (vgl. Röm 3, 20), sondern auch die Entstehung einer eigenen christlichen Schriftgelehrsamkeit veranlaßte, so daß man mit guten Gründen vermuten kann, die vom kanonischen AT abweichende targumartige Erweiterung mancher at. Texte im MtEv erkläre sich aus einer mit jüd. Methoden verwandten christlichen Schultradition (Stendahl).

Die Zitate at. Texte im NT bieten großenteils LXX-Text, ohne daß sich immer feststellen ließe, wie der benutzte Text im einzelnen gelautet hat. Daß Mt einen Teil seiner Zitate direkt aus dem hebr. Urtext übersetzt habe (Torrey, ähnlich Johnson), ist höchstens insofern richtig, als bei der Bildung der zu vermutenden Schultradition auch der hebr. Text neben dem aramäischen Targum eine Rolle gespielt haben wird (Stendahl). Und daß Paulus sich gelegentlich bewußt an den hebr. Text anschließe, ist sehr fraglich (Ellis). Die Einführungsformeln der Zitate entsprechen weithin den im Judentum üblichen, doch zeigt sich die eschatologische Grundvoraussetzung der urchristlichen Schriftbenutzung in den zahlreichen Einführungsformeln, die auf eine Erfüllung der at. Schrift hinweisen (Metzger). Die Verteilung der at. Zitate auf die nt. Schriften ist ungleich (von den Synoptikern hat das MtEv die meisten Zitate; bei Paulus finden sich ausdrückliche Zitate nur in Röm, 1.2.Kor, Gal; das JohEv hat relativ wenige Zitate; Hebr bewegt sich anhand zahlreicher Zitate voran; dagegen fehlen Zitate in Tit, Jud, 1-3Joh völlig, und die Apk redet ständig in at. Sprache, ohne ein direktes Zitat zu bringen). Diese Unterschiede beweisen aber nichts für die grundsätzliche Stellung der betreffenden Schriften zum AT, sondern sind durch den literarischen Charakter und die Zielsetzung der Schriften bestimmt.

2. Bei der Interpretation der at. Texte werden weitgehend exegetische Methoden des palästinischen und hellenistischen Judentums (→ Schriftauslegung: II) weitergeführt. Das gilt nicht nur insofern, als einzelne rabbinische Auslegungsgrundsätze angewandt werden (Schluß a minori ad maius 2Kor 3, 10f; Analogieschluß Mk 2, 24-26; etymologische Deutung Mt 2, 23; Hebr 7, 2; Zahlenwert der Buchstaben Apk 3, 18[?] usw) und auch gelegentlich die jüd.-hellenistische Methode der → Allegorie einem at. Text gegenüber (1Kor 9, 9) oder zur sekundären Deutung von Gleichnissen Jesu (Mk 4, 13-20; Mt 13, 36-43. 49f) angewandt wird. Das zeigt sich auch darin, daß das NT die Methode des → Midrasch, der ausschmückenden erbaulichen Geschichtsdeutung, vielfach anwendet und im Einzelfall auch einmal übernimmt (Apg 7; 1Kor 10, 4; Jak 2, 20ff), vielleicht auch gelegentlich voraussetzt (übertreibend Doeve). Das zeigt sich vor allem darin, daß die nt. Schriftsteller at. Texte völlig ohne Rücksicht auf ihren ursprünglichen Zusammenhang und Wortsinn verwenden. Man hat diesem Sachverhalt ausweichen wollen mit den Annahmen, daß die nt. Schriftsteller eine systematisch angelegte Sammlung at. Belegstellen (Testimonien) benutzten (Harris) oder immer aus einem größeren at. Komplex zitieren, weswegen die nt. Theologie in ihren Grundzü-

gen auf einer zusammenhängenden Gruppe von at. Texten aufgebaut sei (Dodd, Ellis, Lyonnet). Aber der Nachweis, daß sich die nt. Zitate gar nicht auf bestimmte Abschnitte des AT konzentrieren und daß im NT mehrfach derselbe at. Text in völlig verschiedenem Sinn verwendet wird (Sundberg, vgl. Stendahl), beweist die Unhaltbarkeit dieser Hypothesen. Verwenden also die nt. Schriftsteller at. Texte vielfach in einem Sinn, der dem Urtext nicht entspricht (Schmid), so fehlt doch keineswegs eine exegetische Methode. Denn zur Übernahme jüd. Methoden (s.o.) und zur Anführung des AT zur Stützung sittlicher Weisungen (Röm 12. 13) und zur Heranziehung at. Gestalten und Berichte als Vorbild oder Warnung (1Kor 10, 6ff; Hebr 11) tritt die →Typologie, dh die bei Paulus zuerst begegnende Anschauung, daß bestimmte Vorgänge und Gestalten der at. Heilsgeschichte als Vorausbildung der Heilsereignisse der eschatologischen Gegenwart geschehen und für die Christen aufgeschrieben sind (1Kor 10, 6. 11; Röm 5, 14; 15, 4; 1Petr 3, 21 usw). Dabei wird, anders als bei der Allegorie, die Geschichtlichkeit des Berichteten keineswegs bestritten, aber auch nicht von der Voraussetzung eines zyklischen Zeitbegriffs aus die Wiederkehr des Vergangenen erwartet (Bultmann), sondern in streng »prädestinatianischem« Sinn das eschatologische Geschehen in Christus und der Kirche als Verwirklichung des in der Vergangenheit Vorausgeschehenen betrachtet. In der typologischen Deutung des AT zeigt sich darum am klarsten die grundsätzliche Stellung der Urchristenheit zum AT.

3. Jesus und erst recht die Urchristen nach Ostern und Pfingsten sind von dem Glauben beherrscht, daß die Gegenwart die letzte Zeit vor dem von Gott seit alters verheißenen Endheil ist, ja daß dieses Endheil in der Gegenwart sich in Jesus und seiner Gemeinde anbahnt (→Eschatologie: IV). Von diesem Glauben aus erscheint das AT als Gotteswort, das seinen göttlichen Sinn erst von der erfahrenen oder unmittelbar erwarteten Erfüllung aus erhält. Darum wird das AT von Anfang an als → Weissagung (: II) verstanden (Mk 11, 1ff; 1Kor 15, 3ff; Lk 24, 27. 45-47), und von dieser Voraussetzung aus hat der Weissagungsbeweis die Schilderung des Lebens Jesu, vor allem in der Kindheits- und Leidensgeschichte, beeinflußt und hat das AT Vorstellungsformen zur Ausprägung des Christusglaubens und des eschatologischen Kirchenbewußtseins geliefert. Aber zweierlei ist dabei wesentlich. a) Die traditionell interpretierte Schrift ist nicht wie für die Juden in ihrem gesamten Inhalt und Umfang alleiniger Maßstab für das theologische Denken und kirchliche Leben der Urchristen, sondern die Überlieferung des Lebens Jesu und die Erfahrung der vom Geist geführten Gemeinde läßt gerade umgekehrt rückschauend das AT als den Hinweis auf die eschatologische Erfüllung erkennen. Darum fehlt der Urchristenheit zunächst durchaus die Überzeugung, daß das AT auch in seinen kultischen und zeremoniellen Bestandteilen für die Christen maßgeblich sei (vgl. aber schon 1Clem 42, 5). – b) Die Stellung zum AT ist von Anfang an eine kritische, indem → Jesus (, 10 a) die Vollmacht beansprucht, Gesetz und Propheten ihren wahren Sinn zu geben und Gottes ursprünglichen Willen im Gesetz herauszustellen (Mt 5, 17; Mk 10, 2ff), und indem Paulus die im geistgegebenen Glauben richtig verstandene »Schrift« (γραφή) dem von den Juden nicht verstandenen »Buchstaben« (γράμμα, 2Kor 3, 7ff) entgegenstellt (→ Geist und Buchstabe, 1). Und wenn auch im späteren NT die göttliche Urheberschaft für die Schrift und die Prophetie im Anschluß an jüd.-hellenistische Vorstellungen beansprucht wird (2Tim 3, 16; 2Petr 1, 21; → Inspiration: II, 1), so ist doch letzte Autorität immer der »Herr« geblieben, auf den die Schrift hinweist (Joh 5, 39), und das AT erhält seine Geltung und seine Grenze ausschließlich von daher, daß »in Christus die Hülle vernichtet wird« (2Kor 3, 14).

W.Dittmar, Vetus Testamentum in Novo, 1903 (bietet die Texte) – RGG[1] V, 389ff – R.Harris, Testimonies I. II, 1916/20 – O.Michel, Paulus u. seine Bibel (BFChTh II, 18), 1929 – DBS II, 23ff (Lit.) – W.G.Kümmel, Jesus u. der jüd. Traditionsgedanke (ZNW 33, 1934, 105-130) – ThW I, 742ff – J.L.Koole, De overname van het OT door de christelijke kerk, Hilversum 1938, 176ff – J.Bonsirven, Exégèse rabbinique et exégèse Paulinienne, Paris 1939 – G.Harder, Die Septuagintazitate des Hebr (Theologia viatorum, 1939, 33-52) – L.Goppelt, Typos (BFChTh II, 43), 1939 – C.C.Torrey, The Biblical Quotations in Matthew (Documents of the Primitive Church, New York 1941, 41-90) – S.E.Johnson, The Biblical Quotations in Matthew (HThR 36, 1943, 135-153) – J.van der Ploeg, L'exégèse de l'AT dans l'Épître aux Hébreux (RB 54, 1947, 187-228) – S.Amsler, La typologie de l'AT chez Saint Paul (RThPh 37, 1949, 113-128) – R.Bultmann, Ursprung u. Sinn der Typologie als hermeneutischer Methode (ThLZ 75, 1950, 205-212) – H.J.Schoeps, Aus frühchristl. Zeit, 1950, 211ff. 221ff – B.M.Metzger, The Formulas Introducing Quotations of Scripture in the NT and the Mishnah (JBL 70, 1951, 297-307) – T.W.Manson, The OT in the Teaching of Jesus (BJRL 34, 1951/52, 312-332) – C.H.Dodd, According to the Scriptures. London 1952 – C.Smits, Oud-testamentische citaten in het NT I. II, 's-Hertogenbosch 1952/55 – J.W.Doeve, Jewish Hermeneutics in the Synoptic Gospels and Acts (Diss. Leiden), 1953 – J.Dupont, L'utilisation apologétique de l'AT dans les discours des Actes (EThL 29, 1953, 289-327) – L.Cerfaux, L'exégèse de l'AT par le NT (Recueil L.Cerfaux 2, 1954, 205-217) – K.Stendahl, The School of St. Matthew and its Use of the OT (ASNU 20), 1954 – M.Karnetzki, Die at. Zitate in der synopt. Tradition (Diss. Tübingen), 1955 (Masch.; vgl. ThLZ 81, 1956, 492f) – S.Lyonnet, Saint Paul et l'exégèse juive de son temps (Mélanges bibl. en l'honneur de A.Robert, Paris 1956, 494-506) – E.E.Ellis, Paul's Use of the OT, Edinburgh 1957 – A.C.Sundberg, The OT in the Early Church (HThR 51, 1958, 205-226) – Ders., On Testimonies (NovTest 3, 1959, 268-281) – J.Schmid, Die at. Zitate bei Paulus u. die Theorie vom sensus plenior (BZ NF 3, 1959, 161-173).

W.G.Kümmel

IV. Christliche Schriftauslegung, *theologiegeschichtlich*

A. Alte Kirche und Mittelalter – B. Humanismus, Reformation und Neuzeit. – Vgl. ergänzend bes. →Bibelwissenschaft: I. II, →Geist und Buchstabe, → Hermeneutik, → Schriftprinzip

IV A. Alte Kirche und Mittelalter

1. Die Anfänge – 2. Von Origenes bis zur antiochenischen Schule – 3. Der Ausgang der griech. S. – 4. Die lat. S. bis zum Ende der alten Kirche – 5. S. im Früh-MA – 6. S. im Hoch-MA – 7. S. im Spät-MA

1. Für die *Anfänge* exegetischer Literatur auf dem Boden des Christentums liegen nur spärliche Zeugnisse vor. Sie beziehen sich auf den alexandrinischen Gnostiker → Basilides, auf den in Rom lehrenden → Marcion, auf die durch → Ptolemäus und → Herakleon vertretene Schule des → Valentin (, 1) und eine Reihe anderer Häretiker des 2.Jh.s. In Rom sind dann auch → Tatian und sein Schüler → Rhodon zu nennen. Dagegen kommen die »Auslegungen von Herrenworten« des Bischofs → Papias von Hierapolis ebensowenig wie die »Hypomnemata« des → Hegesipp als exegetische Werke in Betracht, und von den mehr oder weniger unzuverlässig bezeugten einschlägigen Schriften der Bischöfe →Theophilus von Antiochia und → Irenäus von Lyon sind keine solchen Nachwirkungen ausgegangen, daß wir noch irgendetwas Näheres von ihnen wüßten. Eine für die Folgezeit maßgebende Exegese wird erst in der alexandrinischen Schule ausgebildet. Hier verfaßt → Clemens unter Berufung auf die Vorträge seines Lehrers → Pantänus seine nur fragmentarisch erhaltenen »Hypotyposen«, und hier schafft → Origenes mit seinem umfangreichen exegetischen Schrifttum zugleich den Höhepunkt der gesamten altkirchlichen S., mit dem sich sein

älterer Zeitgenosse → Hippolyt von Rom nicht entfernt messen kann.

Dieser Überblick erlaubt zwei eng miteinander verbundene Feststellungen über die Anfänge der christlichen S.: Sie begegnet zuerst bei meist gnostischen Häretikern, und sie ist ein Erzeugnis des Schulbetriebs, nicht der Verkündigung. Die Häretiker des 2.Jh.s, die sich außerhalb des ungebrochenen Überlieferungszusammenhangs der christlichen Gemeinden gestellt sahen, hatten als erste ein lebensnotwendiges Interesse daran, gerade die Überlieferung selbst zu ihrer Rechtfertigung in Anspruch zu nehmen (→ Tradition: VI). Vorher war solche Inanspruchnahme in Form von Veränderungen an deren Bestand und Wortlaut erfolgt. Angesichts dieser von Unklarheiten belasteten Variabilität erwies sich ihre normative Fixierung als unumgänglich. Damit ergab sich zugleich die Aufgabe einer literarisch selbständigen Auslegung zum Nachweis der Übereinstimmung mit dieser Norm. So stehen die »Antithesen« des Marcion in unmittelbarer Verbindung mit der Aufstellung eines nt. Kanons (→ Bibel: II B, 2), und Tatians Werke lassen den Übergang noch deutlich erkennen: Die nt. Überlieferung prägt er in Form einer Evangelienharmonie und einer Bearbeitung der Paulusbriefe um, über den festliegenden Kanon des AT stellt er eigene »Problemata« auf. Derartiger kommentierender Umgang mit der Tradition fand sich nun dort vorgebildet, woher die häretischen Kreise auch weitgehend ihre äußere Organisation übernahmen: in den hellenistischen Philosophenschulen (→ Griechisch-römische Philosophie, 2 c). Diese lebten in bewußtem Traditionszusammenhang mit dem jeweiligen Schulgründer von der Auslegung seiner als kanonisch geltenden Schriften, Schulgegensätze waren Auslegungsgegensätze, Philosophie weithin Philologie der »klassischen« Texte geworden. Die zeitgenössische Schulliteratur bietet damit die nächste Parallele zu den ersten Werken christlicher S., deren Titel und Formen die Herkunft aus diesem Milieu anzeigen. So sind auch noch lange Alexandria und Rom ihre Zentren und nicht Bischöfe, sondern Lehrer ihre Träger.

Demgegenüber besteht kein direkter Zusammenhang mit der jüdischen → Schriftauslegung (: II). Hatte das AT auch von Anfang an seinen festen Platz in der christlichen Verkündigung, so kam es hier doch vor allem im Rahmen des Weissagungsbeweises zu Wort (→ Schriftauslegung: III, → Weissagung und Erfüllung: II), der eine Übernahme jüdischer Auslegungsmethoden ausschloß. Das gilt zB auch für den → Barnabasbrief. Wo das AT dann um seiner selbst willen zum Gegenstand der S. wird, ist für einen bestimmenden Einfluß jüdischer Exegese kein Raum mehr. Nur in Einzelheiten greift man immer wieder auf jüdische Texterklärungen zurück. Dagegen ist → Philo, dessen Name später in der Reihe der Kirchenväter erscheint, als Vertreter der hellenistischen Allegorese in die alexandrinische Schultradition eingegangen.

2. *Origenes* († 254) ist der bedeutendste Exeget der alten Kirche. Frühere Ausleger, auf die er sich beruft, werden durch ihn weit überholt, und alle spätere S. ist von ihm unmittelbar oder durch den Gegensatz bestimmt. So gebraucht er schon die drei wichtigsten Formen der S.: Scholien, dh Erklärungen zu Einzelstellen, Kommentare, dh fortlaufende Auslegungen ganzer biblischer Bücher, und Homilien, dh hier noch Lehrvorträge, nicht Predigten. Nur die ebenfalls in der Schulliteratur vorgebildete Gattung der »Fragen und Antworten« ist bei ihm nicht vertreten. Auch die Methoden seiner S. entsprechen hellenistischer Übung: Er legt ihr eine umfassende textkritische Arbeit zugrunde (für das AT die »Hexapla«) und zieht zur Ermittlung des buchstäblichen Textsinnes gängige Nachschlagewerke heran. Dann gelangt er auf dem Wege der Allegorese zur Feststellung des geistlichen Schriftsinns. Daß dieser die übergeordnete Bedeutung erhält (→ Geist und Buchstabe, 2 a), ist in der theologischen Gesamtkonzeption des Origenes begründet. Ihm kommt es nicht auf die in der Schrift bezeugten Daten der Heilsgeschichte an, sondern auf die in ihr offenbarte übergeschichtliche göttliche Wahrheit. Um derentwillen muß nun auch der ganze Kanon zum Gegenstand der S. werden. So schreibt Origenes Auslegungen zu fast allen biblischen Büchern (nur ein Teil davon ist erhalten). - Gegenüber dieser von systematischen Grundsätzen geleiteten S. erscheinen die exegetischen Werke Hippolyts († 235) als Gelegenheitsschriften. Sie übten auch wegen der umstrittenen Haltung ihres Verfassers keine nachhaltige Wirkung aus. Soweit sie erhalten sind (bes. zu Hhld und Dan), sind sie für uns die ältesten im vollen Wortlaut bekannten Beispiele christlicher S. - Hatten die Kämpfe um die → Gnosis (: III) in der Mitte des 2.Jh.s zur Ausbildung der christlichen S. geführt, so ergaben die innerkirchlichen Auseinandersetzungen im Verlauf des 3.Jh.s keine ähnlich starken Antriebe für die exegetische Arbeit. Sie betrafen im wesentlichen Fragen der Disziplin, und die führenden Theologen wie → Cyprian und → Dionysius von Alexandria haben keinen selbständigen Beitrag zur S. geleistet. So ist erst wieder der sonst am Rande stehende → Viktorin von Pettau († 304) zu nennen, der, weitgehend von Origenes abhängig, die S. in die lat. christliche Literatur einführt. → Hilarius von Poitiers († 367) bringt den Einfluß des Origenes im Westen weiter zur Geltung. Im griech. Bereich verfaßt der gelehrte → Eusebius von Cäsarea († 339) lexikalische Hilfsbücher zur S., worin ihm später → Epiphanius von Salamis († 403) und → Hieronymus folgen, und Kommentare in der Nachfolge des Origenes. Inzwischen brachte der → Arianische Streit wieder Bewegung in die S. Jetzt wird auch sie Sache der Bischöfe. Vor allem aber ist eine neue Kraft am Werk, die von *Antiochia* ausgeht (→ Antiochenische Theologie, 3). Ohne daß hier organisatorisch ein Gegenstück zur alexandrinischen Schule entstünde, bildet sich doch eine eigene Lehrtradition, als deren Initiator → Lucian († 312) angesehen wird. Er soll in Edessa unterrichtet worden sein, wo die S. ihre Blüte erst mit → Ephraem († 373) erreicht, ist aber ebenfalls von der hellenistischen Philologie abhängig. Vor allem ist seine Beschäftigung mit der Textkritik hervorzuheben. Unbeeinflußt vom → Platonismus, der in Alexandria vorherrscht, ist man später in Antiochia von einer heilsgeschichtlichen Schau der biblischen Offenbarung bestimmt. Die Allegorese, von den kappadozischen Theologen, bes. → Gregor von Nyssa († 394), weiter gepflegt und in Alexandria selbst noch von → Didymus dem Blinden († um 398) vertreten, wird in Antiochia als Spekulation angesehen und verworfen. An ihre Stelle tritt die eindeutige Betonung des typologisch aufgefaßten Literalsinnes. → Diodor von Tarsus († 392) arbeitet diese Position programmatisch aus, → Theodor von Mopsuestia († 428) ist ihr bedeutendster Vertreter. Ihm zur Seite steht Joh. → Chrysostomus († 407), der größte Prediger der griech. Kirche und für die griech. S. der folgenden Jh.e, die dabei von den erbaulichen Partien seiner Homilien absieht, die überragende Autorität.

3. Mit den dogmatischen Auseinandersetzungen im 5.Jh. (→ Christologie: II, 4), in deren Verlauf die Antiochener auch auf dem Gebiet der S. von → Cyrill von Alexandria († 444) bekämpft werden, tritt die Geschichte der S. in eine neue Periode ein. Wie die Berufung auf die Lehren der Väter ein ausschlaggebendes Argument in der theologischen Diskussion wird, so bildet sich allmählich

auch ein Kanon von Väterexegesen. Schon → Theodoret von Kyrrhos († um 460) verarbeitet in diesem Sinn den Ertrag der antiochenischen S. in seinem umfangreichen Kommentarwerk. In der Folgezeit treten dann an die Stelle selbständiger Kommentare die sog. → Catenen, in denen, meist frei von bestimmten theologischen Tendenzen, Ausschnitte aus älteren exegetischen Schriften zur fortlaufenden Erklärung der biblischen Texte zusammengestellt sind. Daneben beschäftigt man sich mit den authentischen Werken so gut wie gar nicht mehr. Sie sind deshalb mit ganz wenigen Ausnahmen verloren und können nur fragmentarisch aus den Catenen zurückgewonnen werden. → Prokop von Gaza († um 538) hat das erste Werk dieser Gattung geschaffen, die in der byzantinischen Zeit eifrig gepflegt wird, ohne daß noch, mit Ausnahme des → Photius († um 898), selbständige Exegeten von größerer Bedeutung tätig sind. Dieser Zustand ist bereits durch can. 19 des 2. Trullanischen Konzils von 692 ausdrücklich sanktioniert, der die S. der Väter zur verbindlichen Richtschnur erklärt und damit alle exegetischen Fortschritte erstickt. So tritt die S. im griech. MA an Bedeutung ganz zurück.

4. Im *Westen* setzt sich die Tendenz zur bloßen Kompilation älterer Auslegungen niemals mit gleicher Ausschließlichkeit durch. Die exegetischen Schriften der Väter werden hier als ganze weiter tradiert und sind deshalb im Gegensatz zu denen der Griechen meist auch für uns erhalten geblieben. Andererseits ist die lat. S. nie ebenso schöpferisch gewesen wie die griech., sondern in den von Alexandria und Antiochia vorgezeichneten Bahnen weiter gepflegt worden. Als wichtigster Vertreter der Allegorese ist → Ambrosius († 397) zu nennen, der an Origenes und → Basilius d. Gr. († 379) anknüpft. Der ihm bis ins 16. Jh. beigelegte Pauluskommentar des seither sog. → Ambrosiaster folgt dagegen mit größerer Selbständigkeit mehr der antiochenischen Richtung. Auch bei → Hieronymus († 420), dem sprachenkundigen Bibelübersetzer, tritt die grammatikalisch-historische Exegese immer stärker in den Vordergrund. Dasselbe ist, bei allem Gegensatz zu Hieronymus, über die Kommentare → Augustins († 430) zu sagen. In enger Verbindung mit seinen theologischen Kämpfen entstanden, führen sie freilich ungleich tiefer in die Probleme und Zusammenhänge des Textes ein. Ihr Gehalt wird deshalb für die spätere S. weithin konstitutiv. In der Schrift De doctrina christiana macht Augustin darüber hinaus den Ertrag des antiken Schulbetriebs noch einmal für die S. fruchtbar und gibt ihr damit methodische Richtlinien, die das ganze MA hindurch maßgebend waren. Hatte er dabei u.a. die Regeln des → Ticonius (um 380) aufgenommen, von dem wir noch eine geistliche Auslegung der Apk besitzen, so liefern auch andere seiner theologischen Gegner wie → Pelagius († nach 418) und → Julian von Aeclanum († um 454) wichtige Beiträge zur S. Sie stehen ganz in der Nachfolge der Antiochener, vor allem Theodors, und sind – wie das wichtige spätarianische »Opus imperfectum in Mt«, das als Werk des Chrysostomus umlief – zT unter fremden Namen in die Auslegungstradition des MA eingegangen. Schließlich vermittelt auch → Cassiodor († 583) antiochenisches Gedankengut, wenn er zur Einleitung in die Bibel neben → Eucherius von Lyon († um 455) die Schriften des Hadrian von Antiochia (um 425) und des → Junilius Africanus (um 550) nachhaltig empfiehlt. Die S. ist jetzt, nach dem Abflauen der dogmatischen Kontroversen, stärker vom enzyklopädischen Interesse der ausgehenden Antike bestimmt. So wichtig es für die Folgezeit ist, daß Männer wie → Isidor von Sevilla († 636) das Traditionsgut sammeln, so empfängt die S. doch die eigentlichen Antriebe jetzt von einer anderen Seite, nämlich vom Mönchtum. Es beginnt seinen Einfluß bes. mit → Gregor d. Gr. († 604) auszuüben. Seine theologisch ganz an Augustin orientierte Auslegung des Hiobbuches, deren Titel »Moralia« bereits die Tendenz seiner Exegese anzeigt, ist aus der klösterlichen Praxis der lectio divina hervorgegangen. Und für Jh.e wird nun die S. von den Klöstern übernommen.

5. Das hat zur Folge, daß in der *frühmittelalterlichen S.* die praktischen Erfordernisse der Liturgie und der → Predigt (: I, 2) den Stoff und die Methode der S. bestimmen. Man beschränkt sich vielfach auf die Auslegung der gottesdienstlichen Texte und konzentriert sich im übrigen stärker als bisher auf Gen, Pss, MtEv und Paulusbriefe. Daneben ziehen das → Hohelied (: II) und die → Johannesapokalypse (, 3 b) das Interesse der Frömmigkeit weiterhin in eigener Weise auf sich. Damit geht eine klare Bevorzugung des geistlichen Schriftsinns einher. Weithin fehlen auch für die Ermittlung des Literalsinns die sprachlichen Voraussetzungen, nur die S. der Iren spielt hier eine eigene Rolle. Man folgt den großen Vätern, vor allem Ambrosius, Hieronymus, Augustin und Gregor, deren Auslegungen man zusammenfassen und leichter zugänglich machen will. Vorbildlich ist darin der angelsächsische Mönch → Beda († 735), dessen Kommentare den reichen Schatz der Tradition verantwortungsvoll verwerten und im ganzen MA mit Recht hohes Ansehen genießen. Zunächst ist von ihm die S. der Karolingerzeit abhängig. → Alkuin († 804) stellt sie mit seiner Revision des lat. Bibeltextes auf eine einheitlichere Grundlage. Sein Schüler → Hrabanus Maurus († 856), der fruchtbarste Exeget dieser Zeit, verfaßt katenenartige Kommentare, worin ihm sein Schüler → Walafrid Strabo († 849) folgt. Theologisch selbständiger sind → Paschasius Radbertus († um 865), Christian von Stablo († um 880) und bes. → Johannes Scotus Eriugena († 870), der dank seiner griech. Sprachkenntnisse auch die S. mit sonst unzugänglichem Traditionsgut mystischer Prägung bereichert. → Remigius von Auxerre († 908) ist der letzte bedeutendere Exeget dieses Jh.s. Im Zuge der cluniazensischen Bewegung (→ Cluny) nimmt die Beschäftigung mit der S. stark ab, und in den jetzt entstehenden Domschulen treten zunächst die profanen Wissenschaften ganz in den Vordergrund. Erst in der Schule von Chartres ergeben sich mit → Fulbert († 1028) neue Anstöße für die S., die in der Kontroverse zwischen seinem Schüler → Berengar († 1088) und → Lanfrank († 1089) fortwirken. Gleichzeitig läßt der Investiturstreit ein aktuelles Interesse an der S. aufleben. In Reims durch Bruno von Köln († 1101) und mehr noch in Laon am Anfang des 12. Jh.s wird sie einem neuen Höhepunkt entgegengeführt.

6. Bei → Anselm von Laon († 1117) erreicht die seit Jh.en übliche Aufbereitung der exegetischen Tradition in der Redaktion der → Glossa ordinaria einen gewissen Abschluß. Im gleichen Stadium, in dem die kanonistische Tradition im Decretum Gratiani (→ Gratian) und die dogmatische in den Sentenzen des → Petrus Lombardus zusammengefaßt wird, wird der gesamte Bibeltext am Rand und zwischen den Zeilen mit erklärenden Anmerkungen versehen, die aus der älteren S. geschöpft sind. In dieser Form wird das Werk Anselms – für die wichtigsten Bücher, Pss und Paulusbriefe, noch verbessert durch Petrus Lombardus († 1160) – zum Standardwerk aller künftigen mittelalterlichen S. Denn bei aller Differenzierung des exegetischen Verfahrens bleibt die Traditionsgebundenheit bis zum Ende des MA das vorherrschende Moment, wenn auch keineswegs mit gleicher Ausschließlichkeit wie im griech. Bereich, wo die S. in den Catenen ja eine der Glossa in formaler Hin-

sicht durchaus verwandte Gestalt angenommen hatte. Durch relative Selbständigkeit gegenüber den traditionellen Autoritäten tragen schon → Rupert von Deutz († 1130) mit seinem heilsgeschichtlichen Biblizismus und → Abaelard († 1142) mit der Anwendung der dialektischen Methode jeder auf seine Weise zur theologischen Durchdringung der S. bei. Allmählich nimmt die Erörterung theologischer Probleme innerhalb der Exegese zu und schafft sich in Gestalt der Quaestiones eine von ihr unabhängige Gattung, die die seit alters gepflegte rein exegetische Quaestionenliteratur ablöst: Die systematische Theologie beginnt sich zu verselbständigen. Das hängt mit der Entwicklung des Unterrichts zusammen, die sich in Paris und hier vor allem im Chorherrenstift von St. Viktor anbahnt, wo Kloster und Schule eine fruchtbare Synthese eingehen (→ Viktoriner). So wirkt → Hugo von St. Viktor († 1141) auf ein System der theologischen Bildung hin, in dem das Studium des historischen Schriftsinns fundamentale Bedeutung erhält. Danach fördert Richard von St. Viktor († 1173) die S. im Sinne seiner mystisch bestimmten Theologie, Andreas von St. Viktor († 1175) unter verstärkter Aufnahme der Ergebnisse jüdischer Exegese im Sinne philologisch-historischer Texterklärung. → Petrus Comestor († 1179), bei dem die zusammenhängende Auslegung der Bibel die Form eines umfassenden Geschichtswerkes, der »Historia scholastica«, annimmt, führt das Programm der Viktoriner weiter, ebenso → Petrus Cantor († 1197) und Stephan → Langton († 1228), dessen Arbeit für die Korrektur und die → Kapitel- und Verseinteilung des Bibeltextes wichtig wird. Ferner entstehen für die homiletische Praxis Handbücher biblischer Begriffe und Beispiele. Auch in den Volkssprachen breitet sich jetzt die biblische Literatur aus. Und abseits von den Schulen nehmen Mystik und Spiritualismus die S. in ihren Dienst. → Bernhard von Clairvaux († 1153) mit seinen bedeutenden Sermonen über das Hhld ist Zeuge der einen, → Joachim von Fiore († 1202) der anderen Strömung. An Bernhard orientiert sich in der Folgezeit der ganze Zweig der mönchischen Exegese.

Auf diesen Voraussetzungen steht die S. in der Zeit der *Hochscholastik*, wo sie in ihren Formen durch den Lehrbetrieb der Universitäten geprägt wird. Man befaßt sich mit ihr in Vorlesungen und Disputationen und in den Hochschulpredigten. In der Überlieferung begegnen jetzt häufig studentische Nachschriften, sog. Reportationes, bes. für die stärker auf die theologische Problematik ausgerichteten Vorlesungen der Magister, denen die kursorische Lektüre der Glossa durch den Baccalaureus vorangeht. Inhaltlich beginnt sich die Rezeption des Aristoteles (→ Aristotelismus, 2 d) auszuwirken. Man bereitet die Auslegung durch eine minutiöse Untergliederung des Textes vor und sucht den Inhalt nach dem Schema der vier Ursachen (→ Aristoteles, 3 c) zu erschließen. Dabei wird bes. die Frage nach der eigenen Intention des Textes leitend (→ Hermeneutik, 2 d). Weitere Anregungen gibt die zunehmende Begegnung mit Juden und Heiden, mehr noch das Aufkommen der Häresien im Abendland und vor allem die Stiftung der Predigerorden. In dem durch diese Momente bestimmten Rahmen sind alle großen Theologen der Scholastik auch für die S. tätig gewesen, insofern diese zum Aufgabenbereich des Universitätslehrers gehörte. Hervorzuheben sind → Bonaventura († 1274), → Albert d. Gr. († 1280) und auch hier bes. → Thomas von Aquino († 1274). Ein Werk eigener Art ist dessen Evangelienkommentar, die »Catena aurea«, eine durch die Aufnahme neuer Beziehungen zur griech. Kirche veranlaßte Sammlung patristischer Exegesen. Auch die philologische Arbeit an der Bibel ruht nicht. Korrektorien und Konkordanzen werden geschaffen, diese bes. durch → Hugo von St. Cher († 1263), der auch eine fortlaufende Bibelerklärung mit dem hier erstmals verwendeten Titel → »Postille« verfaßt. Diese Arbeiten entstehen im Schoß des Dominikanerordens, innerhalb dessen dann u.a. Peter von Tarentaise († 1276) und Nikolaus von Gorham († 1295) die wissenschaftliche S. ihrer Zeit für die Predigttätigkeit fruchtbar machen. Bei den Augustinern ist → Ägidius von Rom († 1316) zu nennen, Petrus → Olivi († 1298) und Matthäus von Aquasparta († 1302) bei den Franziskanern, deren bedeutendster Beitrag zur S. die Postille des → Nikolaus von Lyra († 1349) ist. Er gibt bei genauer Rücksichtnahme auf Gliederung und Zusammenhang des Textes und unter dem Einfluß jüdischer Exegese dem Literalsinn den entschiedenen Vorzug, ergänzt aber sein Werk durch die ebenfalls die ganze Bibel begleitenden »Moralitates«. Dem geistlichen Schriftsinn bleibt auch in besonderer Weise das Werk des → Eckehart († 1327) zugewandt.

7. Lyras Postille ist zusammen mit der Glossa das Grundbuch der S. im späteren MA. Wichtige Zusätze zu ihr liefern → Paulus von Burgos († 1435) und Matthias Döring († 1469). Doch bleibt die ganze Spätscholastik exegetisch auffallend unfruchtbar. Alle Richtungen sind sich in der starken Betonung der übernatürlichen Autorität der Schrift einig. Die Bibel wird zum Kriterium im Kampf um die Erneuerung der Kirche bei → Wiclif († 1384) ebenso wie bei den Vertretern des Reformgedankens am Anfang des 15. Jh.s, zB → Petrus von Ailli († 1420) und Joh. → Gerson († 1429). Aber es gibt auf dem Gebiet der S. keine theologischen Kontroversen. Statt dessen nehmen Meditation und Volksfrömmigkeit die Bibel für sich in Besitz, wofür die »Vita Christi« des → Ludolf von Sachsen († 1377) und die → Armenbibel als Exponenten einer Fülle von erbaulicher Literatur genannt sein mögen. Die mystische Exegese des MA faßt → Dionysius der Kartäuser († 1471) in umfangreichen Kommentaren zusammen. Im Augustinerorden wirkt Jac. → Perez von Valencia († 1490). Während so in den Hochschulen des Spät-MA die S. weitgehend stagniert, beginnt, noch unbeachtet, bei Lorenzo → Valla († 1457) und Giannozzo Manetti († 1459) die humanistische Beschäftigung mit der Bibel und ihrem Text, die sich am Ausgang des MA mit der bei den → Brüdern vom gemeinsamen Leben gepflegten Bibelfrömmigkeit folgenreich verbinden wird.

Vgl. außer der Lit. zu den im Text genannten Art. durchgängig die zu den Art. über die einzelnen bibl. Bücher zitierte auslegungsgesch. Sekundär-Lit., ferner die Lit. zu → Bibelwissenschaft: I. II, → Geist und Buchstabe u. bes. zu → Hermeneutik (hier nicht wiederholt!).

Allgemeines: M. Lipenius, Bibliotheca realis theol. I. II, 1685 - Joh. Friedr. Mayer, Bibliotheca Biblica, (1709) 1711³; dazu: Karl Arnd, Bibliotheca Mayeri Biblica continuata, 1713 - M. Lilienthal, Biblischer Archivarius der Hl. Schrift ATs u. NTs, 1745/46 - A. Merx, Die Prophetie des Joel u. ihre Ausleger, 1879 - H. Denifle, Die abendländ. Schriftausleger bis Luther über Iustitia Dei u. Iustificatio, 1905 - H. Jordan, Gesch. der altchristl. Lit., 1911, 189 ff. 375 ff - G. Bardy, La litt. patristique des Quaestiones et Responsiones sur l'Écriture sainte (RB 41, 1932, 210-236. 341-369. 515-537; 42, 1933, 14-30. 211-229. 328-352) - DBS II, 73 ff (Ders.: Commentaires patrist. de la Bible) - W. Kamlah, Apokalypse u. Geschichtstheol., 1938 - R. M. Grant, The Bible in the Church, New York 1948 - DBS IV, 569 ff (G. Bardy, M. Jugie, C. Spicq: Exégèse patristique et médiévale) - RepBibl I-VII, Madrid 1950 ff - D. Lerch, Isaaks Opferung christlich gedeutet (BHTh 12), 1950 - Ders., Zur Gesch. der Auslegung des Hhld (ZThK 54, 1957, 257-277) - A. Vaccari, Scritti di erudizione e di filologia I. II, Rom 1952/58 - L. Vischer, Die Auslegungsgesch. von 1Kor 6, 1-11 (BGE 1), 1955 - F. Ohly, Hhld-Studien. Grundzüge einer Gesch. der Hhld-Auslegung des Abendlandes bis um 1200, 1958 - H. Riedlinger, Die Makellosigkeit der Kirche in den lat. Hhld-Kommentaren des MA (BGPhMA 38, 3), 1958 - J. D. Wood, The Interpretation of the Bible. Historical Introduction, London 1958 - ALTANER § 3, 10 - H.DE LUBAC, Exégèse médiévale. Le quatre sens de l'écriture I/1. 2. II/1, Paris 1959/61 - P.PRIGENT, Apocalypse XII. Hist. de l'exégèse (BGE 2), 1959 - K.P.KÖPPEN, Die Auslegung der Versuchungsgesch. (BGE 4), 1961.

Zu 1: E.A.W.GRÄFENHAN, Gesch. der klass. Philologie im Alterthum I-IV, 1843-50 - W.BOUSSET, Jüd.-christl. Schulbetrieb in Alexandrien u. Rom (FRLANT 23), 1915 - H.SCHÖNE, Ein Einbruch der antiken Logik u. Textkritik in die altchristl. Theol. (Pisciculi, Festschr. f. F.J.Dölger, 1939, 252-265) - O.GIGON, Die Erneuerung der Philos. in der Zeit Ciceros (Entretiens sur l'antiquité class. 3, 1957, 25-61) - Y.JANSSENS, Héracléon. Comm. sur l'Évangile selon S. Jean (Muséon 72, 1959, 101-152. 277-299) - R.BOON, Schriftbeschouwing en schriftverklaring van Clemens Alex. (NAKG NS 43, 1959, 131-143) - N.HYLDAHL, Hegesipps Hypomnemata (StTh 14, 1960, 70-113) - C.ANDRESEN, Zur Entstehung u. Gesch. des trinitar. Personbegriffs (ZNW 52, 1961, 1-39).

Zu 2: R.DEVREESSE, La méthode exégétique de Théodore de Mopsueste (RB 53, 1946, 207-241 = R.D., Essai sur Théodore de Mopsueste [StT 141], 1948, 55ff) - E.KLOSTERMANN, Formen der exeget. Arbeiten des Origenes (ThLZ 72, 1947, 203-208) - U.WICKERT, Studien zu den Pauluskommentaren Theodors v. Mopsuestia (Ev.-theol. Diss. Tübingen), 1957 (Masch.) - W.TELFER, The Fourth Century Greek Fathers as Exegetes (HThR 50, 1957, 91-105) - J.DANIÉLOU, Origène comme exégète de la Bible (TU 63, 1957, 280-290) - P.MAGNANINI, La θεωρία degli Antiocheni (Scritti in onore di G.Battaglia, 1957, 221-242) - T.E.POLLARD, The Exegesis of Scripture and the Arian Controversy (BJRL 41, 1958/59, 414-429) - R.P.C.HANSON, Allegory and Event. A Study of the Sources and Significance of Origen's Interpretation of Scripture, Richmond/Vir. 1959 - Origenes. Das Evgl. nach Johannes, übers. u. eingeführt v. R.GÖGLER, 1959.

Zu 3: R.SOUARN, L'exégèse de Photius (Bessarione, an. 3 vol. 4, 1898, 35-47) - J.SCHMID, Die griech. Apk-Kommentare (BZ 19, 1931, 228-254) - H.U.v.BALTHASAR, Die Hiera des Evagrius (ZKTh 63, 1939, 86-106. 181-206) - A.KERRIGAN, St. Cyril of Alex. Interpreter of the OT (AnBibl 2), Rom 1952 - A.LEVENE, Pentateuchal Exegesis in Early Syriac and Rabbinic Sources (TU 63, 1957, 484-491) - T.JANSMA, Investigations into the Early Syrian Fathers on Genesis (OTS 12, 1958, 69-181) - R.DEVREESSE, Les anciens commentateurs grecs de l'Octateuque et des Rois (StT 201), 1959 - BECK, passim.

Zu 4: J.B.KELLNER, Der hl. Ambrosius als Erklärer des AT, 1893 - T.HAHN, Tyconiusstudien, 1910 - A.D'ALÈS, Julien d'Éclane exégète (RechSR 6, 1916, 311-324) - A.SOUTER, The Earliest Latin Commentaries on the Epistles of St Paul, Oxford 1927 - M.COMEAU, S. Augustin exégète du IVe évangile, Paris 1930 - H.I.MARROU, S. Augustin et la fin de la culture antique, ebd (1938) 1949², 422ff - F.M.ABEL, Parallélisme exégétique entre S. Jérôme et S. Cyrille d'Alex. (Vivre et Penser, 1. sér., 1941, 94-119. 212-230) - G.DE PLINVAL, Pélage, Lausanne 1943 - DERS., Julien d'Éclane devant la Bible (RechSR 47, 1950, 345-366) - P.ROLLERO, La »Expositio evangelii sec. Lucam« di Ambrogio come fonte della esegesi agostiniana, Turin 1958 - G.BOUWMAN, Des Julian v. Aeclanum Kommentar zu den Propheten Osee, Joel u. Amos (AnBibl 9), Rom 1958.

Zu 5: M.L.W.LAISTNER, A Ninth-Cent. Commentator on the Gospel according to Matthew (HThR 20, 1927, 129-149) - DERS., Thought and Letters in Western Europe A.D. 500-900, London (1931) 1957², 298 ff - DERS., Some Early Medieval Commentaries on the OT (HThR 46, 1953, 27-46) - J.B.HABLITZEL, Angelom v. Luxeuil u. Hrabanus Maurus (BZ 19, 1931, 215-227) - J.DE BLIC, L'oeuvre exégétique de Walafrid Strabon et la Glossa ordinaria (RThAM 16, 1949, 5-28) - F.WEICHERT, Alcuin als Exeget (Ev.-theol. Diss. Münster), 1949 (Masch.) - H.WEISWEILER, Paschasius Radbertus als Vermittler des Gedankengutes der karoling. Renaissance in den Mt-Kommentaren des Kreises um Anselm v. Laon (Schol. 35, 1960, 363-402).

Zu 6: G.PARÉ-A.BRUNET-P.TREMBLAY, La renaissance du XIIe siècle. Les écoles et l'enseignement, Paris-Ottawa 1933 - G.CALANDRA, De historica Andreae Victorini expositione in Eccles., Palermo 1948 - B.BISCHOFF, Der Canticum-Komm. des Joh. v. Mantua für die Markgräfin Mathilde (Festschr. f. W.Goetz, 1948, 24-48) - M.-D. CHENU, Das Werk des hl. Thomas v. Aquin, Paris 1950; dt. 1960, 263 ff - DERS., La théol. au XIIe siècle, Paris 1957 - DERS., Lecture de la Bible et philosophie (Mélanges E.Gilson, 1959, 161-171) - J. LECLERQ, Origène au XIIe siècle (Irénikon 24, 1951, 425-439) - DERS., Écrits monastiques sur la Bible aux XIe-XIIIe siècles (MS 15, 1953, 95-106) - M.DUMONTIER, S. Bernard et la Bible, Paris 1953 - R. LOEWE, Herbert of Bosham's Commentary on Jerome's Hebrew Psalter (Bibl 34, 1953, 44-77. 159-192. 275-298) - DERS., The Jewish Midrashim and Patristic and Scholastic Exegesis of the Bible (TU 63, 1957, 492-514) - A.PENNA, Andrea di S. Vittore. Il suo commento a Giona (Bibl 36, 1955, 305-331).

Zu 7: P.MESTWERDT, Die Anfänge des Erasmus, 1917, 118ff - S.GAROFALO, Gli umanisti del sec. XV e la Bibbia (Bibl 27, 1946, 338-375).

M.Elze

Qu. zur *Auslegungsgesch.* s. bei → Schriftauslegung: IV B.

IV B. Humanismus, Reformation und Neuzeit

1. Der Humanismus - 2. Von Luther bis zum Abschluß der Bekenntnisbildung - 3. Das konfessionelle Zeitalter - 4. Nonkonformismus und Aufklärung in Westeuropa - 5. Der Pietismus - 6. Historisch-kritische S. und Repristination seit J.S.Semler

1. Der → *Humanismus* schuf in erster Linie technische und methodologische Voraussetzungen für die S. der Neuzeit (→ Bibelwissenschaft: I, 1 b; II, 1 c). Die grundsätzliche Kritik an der traditionellen lat. Bibelübersetzung (→ Valla) ging Hand in Hand mit selbständigen Bemühungen um die Herstellung eines besseren Textes (→ Faber Stapulensis, → Erasmus, Complutensische → Polyglotte). Die grammatikalische und lexikalische Erschließung der biblischen Sprachen (→ Reuchlin, → Pellikan) ermöglichte eine philologisch-buchstäbliche Exegese (zB → Cajetan, 1). Den Kommentaren Fabers und den Annotationen und Paraphrasen des Erasmus zum NT liegen eigene Textrezensionen und Übersetzungen zugrunde. Es liegt an der humanistischen → Hermeneutik (, 2 d), die neben der Unterscheidung von Geist und Buchstaben auch am rhetorischen Gegensatz von verbum und res festhält, daß die intensiven Bestrebungen, den Sinn der verba zu erhellen, für die S. theologisch unverbindlich bleiben. Erasmus fordert in der Tradition des → Origenes und → Hieronymus ausdrücklich die Allegorese, wo aus den verba die res, aus dem Buchstaben der Geist zu erheben ist; er praktiziert die tropische und figürliche S., wo er sich sachlich an bestimmte theologische oder philosophische Positionen gebunden fühlt. Faber, der stärker → Augustin folgt, schwächt die Bedeutung der littera ab, indem er sie in einen formalen, uneigentlichen und einen intentionalen, eigentlichen Literalsinn aufspaltet. Diese Inkonsequenz bleibt für die S. aller Konfessionen bis ins 18.Jh. je nach dem Maße charakteristisch, in dem sie den rhetorischen Ansatz des Humanismus aufnimmt.

2. Die Reformation gab der S. ihre einzigartig dominierende Stellung in der Theologie. → *Luthers* (: I, 1; II, 2) reformatorischer Durchbruch vollzog sich als hermeneutische und exegetische Neubesinnung. Seine S. verläuft anfangs ganz in den Bahnen und Begriffen der Exegese des MA. Im Gebrauch humanistischer Vorarbeiten beschränkt sie sich auf die Fragen der Textherstellung (beim Psalterdruck 1513: Korrektur der Vulgatavorlage aus Fabers Psalterium quincuplex) und der Philologie. Völlig neuartig gegenüber Scholastik und Humanismus ist das theologische Verständnis, das Luther im Verlauf der 1.Pss-Vorlesung von der Unterscheidung zwischen littera und spiritus gewinnt (→ Geist und Buchstabe, 3). Geistlich ist die S., die diese Unterscheidung vollzieht, und nicht die, in der es neben oder über dem sensus litteralis einen allegorischen Sinn gibt. So wird das Schema des doppelten Schriftsinnes überwunden: Der »geistlich«, dh recht, hermeneutisch wahr, theologisch, christologisch verstandene Literalsinn ist der geistliche Sinn. Das AT ist darum ad litteram, proprie christologisch auszulegen; eine Allegorese auf Christus erübrigt, ja verbietet sich. Der vierfache Schriftsinn wird entbehrlich, sobald erkannt ist, daß der christologisch verstandene Buchstabe, der historice vom opus Christi redet, dieses Werk stets zugleich als opus pro nobis, als Heilsgeschehen meint und darum den sensus tropologicus schon in sich enthält. Die neue S. kommt in den Vorlesungen bis 1519 hermeneutisch zum Abschluß. Die praktischen

Konsequenzen zieht Luther, bes. bei der Preisgabe der Allegorese, erst allmählich. Wo er diese auch später beibehält, dient sie ihm zur Entfaltung der applicatio. In der ursprünglichen Schärfe wird das Problem der S. noch einmal aktualisiert, als Luther sich mit den Schwärmern, Erasmus und den Schweizern auseinandersetzt. Er behauptet die eindeutige Klarheit des Buchstabens der Schrift, die der claritas ihrer res entspricht, gegen jede im Einzelfall nicht bewiesene Annahme von Sequelen, Figuren und Tropen. Zur Erhebung des Literalsinnes gehört für Luther neben der Feststellung der Wortbedeutungen und -verknüpfungen auch der Aufweis historischer Beziehungen. Die Grenze zur dogmatischen Interpretation ist fließend, auch der Übergang zur applicatio findet unvermittelt statt. Dies ist jedoch nicht bloß zeitbedingt, sondern hermeneutisch begründet. Denn die Schrift hat überall den einen zentralen Skopus, auf den hin sie auszulegen ist, Christus. Der sog. »Paulinismus« Luthers läßt sich nicht gegen »Luther als Ausleger der Synoptiker« aufrechnen, beides konkurriert weder quantitativ noch qualitativ miteinander. - Die Vorlesungen Luthers behandeln vorwiegend Texte des AT (Pss 1513 bis 1515, 1519-21; Dtn 1523-24; Kleine Propheten 1524 bis 1526; Pred 1526; Jes 1527-30; Hhld 1530-31; Gen 1535-45), aus dem NT nur Briefe (Röm 1515-16; Gal 1516-17, 1530-31; Hebr 1517-18; 1Joh 1527; Phlm, Tit, 1Tim 1527-28). Aus einigen sind Kommentare hervorgewachsen, zT von Luthers Schülern redigiert. Aufschlußreich für seine S. sind daneben die einzeln bearbeiteten Texte (viele Pss, Dekalog, Vaterunser, Magnifikat u.a.), die Predigten und Postillen, die Vorreden zur Deutschen Bibel und die in den übrigen Schriften faktisch betriebene Exegese. Die Verdeutschung der Bibel (→ Bibelübersetzungen: IV, 2) spielt bei Luther und seinen Schülern als Form der S. eine erhebliche Rolle. Darum gilt der Bibelrevision im Luthertum größere Aufmerksamkeit als anderswo. Die Trennung von Glosse und Scholie übt Luther nur in den Vorlesungen bis 1518. Dann herrscht die scholienartige explicatio, meist mit homiletischer applicatio verbunden, vor. Neben sie tritt der »Sermon«.

Das für Luther Gesagte gilt in gewissen Grenzen auch für die S. der anderen Reformatoren. → *Melanchthon,* der seit 1518 exegetische Vorlesungen hielt, hat das humanistische Interesse nie völlig überwunden. Es tritt nach Luthers Bruch mit Erasmus auch in der S. zutage (Kol 1527). Die aus einer Röm-Vorlesung hervorgegangenen Loci von 1521 wollen zwar eine Wissenschaftslehre reformatorischer Theologie sein, sind jedoch in Analogie zu rhetorischen Methodologien konzipiert. Rhetorische und dialektische Kategorien finden Eingang in die philologisch-historische Worterklärung; die Frage nach der theologischen res intendiert eine doctrina. Allegorese und Typologie werden wieder wichtig für den Übergang vom verbum zur res; Melanchthon gebraucht sie häufiger und weniger unbefangen als Luther. Ähnlich verhält es sich bei der S. → Bugenhagens. → Camerarius dagegen sucht durch die Erhellung des biblischen Sprachgebrauchs die Allegorien und Tropen in der Auslegung zu überwinden (Notatio figurarum sermonis in libris IV Evv., 1578; desgl.: ...in apostolicis scriptis, 1572). - Der Streit zwischen den Wittenbergern und Schweizern über das → Abendmahl (: II, 3) wird am Anfang von → Karlstadt nur partiell, seit dem Eingreifen → Zwinglis und → Oekolampads aber auf der ganzen Linie als Kampf um die S. geführt. Die Schweizer und zuerst (1524) auch → Bucer deuten die Einsetzungsworte figürlich bzw. tropisch. Franz → Lambert von Avignon bezieht dabei eine eigene hermeneutische und exegetische Position. - Allgemein sind die Schweizer und Oberdeutschen (außer → Brenz) in der S. stärker von Erasmus abhängig. Bucer, → Capito und → Pellikan statuieren in den Pss neben dem historischen Sinn (auf David) einen »mystischen« (auf Christus). Die Kommentare des erasmisch beeinflußten → Bullinger (MtEv, kath. Briefe) enthalten u.a. auch patristisches Material.

Bedeutend nach Umfang und Niveau ist der Beitrag → *Calvins* zur reformatorischen S. Seine Kommentare und Predigten umfassen außer Apk das ganze AT und NT. Er verfährt mit der Messiastypologie des AT sehr behutsam und läßt sie nur zu, wo das NT sie fordert. Den historischen Sinn der Pss bezieht er proprie auf David und Salomo. Tropen und Figuren werden aufgedeckt, falsche Zitationen im NT und Widersprüche in der synoptischen Überlieferung (zB bei den Jesus-Genealogien) namhaft gemacht. Im Gegensatz zu A. → Osiander ist Calvins Evangelienharmonie auf die Synoptiker beschränkt; die chronologischen Schemata faßt er in ein einziges zusammen.

Rabbinische Quellen und hebräische Spracherklärungen nehmen nach dem Vorgang Seb. → Münsters und P. → Fagius' die Kommentare von W. → Musculus und J. Mercer auf. Während Musculus in umfangreichen Exkursen dogmatische, polemische und moralische Reflexionen anstellt, begnügt sich Mercer mit streng historischer Auslegung. Sein Kommentar zu Hi (1573) hat an lexikalischer Gründlichkeit, Sorgfalt stilistischer Analysen, Reichtum der Realien und semitischer Sprachkenntnis kaum seinesgleichen im 16.Jh. Mercer entdeckt in Spr den Parallelismus membrorum, in Pred einen einheitlichen Plan; in Hhld stellt er buchstäbliche und allegorische Deutung nebeneinander (alle 1573). Weniger selbständig, aber wertvoll durch reiches Exzerptenmaterial sind seine Kommentare zur Gen und zu Hos bis Jon (1598).

Die S. wird im *Luthertum* durch die FC auf dem Stand fixiert, den sie mit → Flacius und → Chemnitz (Harm. IV Evv., fortgesetzt von → Leyser und → Gerhard) erreicht hat. Sie ist formal durch ein dogmatisch-polemisches → Schriftprinzip, material durch den hermeneutischen Kanon der → Analogie des Glaubens abgeschlossen. Der verbleibende Spielraum für ausführliche philologisch-historische Erörterungen (oft von erstaunlicher Präzision) wird meist nur zur Polemik und Apologetik genutzt (Erweis der Inspiriertheit des Buchstabens, einschließlich der masoretischen Punktation; → Inspiration: II, 4). Theologisch ist er durch das vorgegebene Gesamtverständnis von Schrift und Lehre neutralisiert. - Der röm. *Katholizismus* hatte im 16.Jh. einige beachtliche, wenngleich umstrittene Ansätze zur Literalexegese hervorgebracht (→ Cajetan [, 1], gegen ihn Ambrosius Catharinus → Politus; später Franz Vatablus, Isidor Clarius u.a.). Sie kommen vorerst nicht zur Geltung, weil das → Tridentinische Konzil die Unterordnung der S. unter das kirchliche Lehramt definiert. Dafür machen die Jesuiten die S. zur Domäne ihrer polemischen und erbaulichen Schriftstellerei (→ Bellarmin, → Cornelius a Lapide, Nik. Serarius u.a.). - Im *Calvinismus* setzte sich auf der → Dordrechter Synode eine reine Lehre durch, die im Kampf mit der Heterodoxie spiritualisierender Erasmianer erstarkt war. Trotz der Bekämpfung durch → Beza wirkte der rationale Moralismus → Castellios auf die S. der → Antitrinitarier, bes. der beiden → Sozzini und J. Crells, bei denen der mehrfache Schriftsinn und die figürliche Exegese wieder auftauchen, und auf die der antiprädestinatianischen → Arminianer ein. Diese wirkten nach ihrer Verurteilung in Dordrecht zT außerhalb der Niederlande weiter.

3. *Das konfessionelle Zeitalter* bleibt vorwiegend an der Entfaltung und Verteidigung der Lehre interessiert. Die

S. wird zur Hilfsdisziplin der Dogmatik, sie hat die dicta probantia zu erbringen. Hermeneutische, philologische, »antiquarische« und textkritische Fragen werden mit enormem Fleiß bearbeitet, stehen aber meist im Zusammenhang der Polemik. – Im *Luthertum* läßt die völlige Einebnung der Differenz von verbum Dei und scriptura sacra die eigentliche S. stagnieren; die Produktivität bleibt dabei quantitativ sehr groß (Joh. → Gerhard, Aeg. → Hunnius, M.Geier, Er. und Seb.Schmidt u.a.). Auch unkonventionelle systematische Entwürfe (→ Calixt, Joh. → Tarnow) bringen zunächst keine Auflockerung, in ihnen überwiegt ebenfalls das orthodoxe Schriftprinzip die Auslegung. – Trotz ihres erheblichen Umfangs ist die *kath.* S. der Epoche im Ertrag dürftig. Die Verwerfung des prot. Schriftprinzips führt zwar zu freizügigen, zT kenntnisreichen Arbeiten (zB A.Masius, B.Pereira, J.Bonfrère, Fr.Ribera; vgl. auch die Sammlungen von J.de la Haye, Biblia magna, 5 Bde, Paris 1643; Biblia maxima, 19 Bde, ebd 1660). Wirklich originelle Leistungen bleiben jedoch Ausnahme (A. → Calmet, Commentaire littéral sur tous les livres de l'AT et NT, 8 Bde, Paris 1724–26[3]). – Sehr viel differenzierter ist das Bild der *ref.* Orthodoxie. Während J. → Piscator und andere Deutsche sich ganz im Rahmen des konfessionellen Prinzips halten, sichern vor allem niederländische Exegeten, ohne die reine Lehre anzutasten, der S. einen Platz neben der Dogmatik und Polemik. Unabhängigkeit von der rabbinischen und kirchlichen Auslegungstradition erstrebten J. → Drusius, S. → Amama und L. de Dieu. Den Ertrag der zunehmend geförderten philologischen und historischen Hilfswissenschaften nutzt bereits J. → Coccejus, der der S. den Primat in der Theologie zurückgewinnen will. Dem steht jedoch sein föderaltheologisches Schema der Heilsgeschichte (→ Bund: IV) nicht minder im Wege als das analytische System der Orthodoxie. Seine Schüler Fr. → Burman (, 1) und S.van → Til folgen ihm in der systematischen Konzeption, sind aber in der S. selbständiger. Bei L. → Cappellus in Saumur wie bei seinem Hauptgegner, dem jüngeren → Buxtorf in Basel, steht die textkritische Arbeit am AT im Vordergrund.

4. Einen epochemachenden Aufschwung nimmt die S. bei den Theologen, die von der Orthodoxie ihrer Konfession verketzert werden und sich zu konfessioneller Indifferenz gedrängt sehen, sowie in den der modernen westeuropäischen Philosophie offenen Kreisen. Den größten Anteil haben hierbei die niederländischen → Arminianer. Bei H. → Grotius, J. → Clericus, J.Campegius → Vitringa und J.J. → Wettstein wird die S. unter Voraussetzung bibelkritischer Arbeit zum erstenmal ganz frei von dogmatischem Interesse betrieben. Grotius bestreitet die unbedingte und wörtliche Autorität des NT für die Exegese des AT. Der allegorische Sinn, den er neben den historischen stellt, ist teils erasmisches Erbe, teils Konzession an die herrschende Orthodoxie. Clericus verfährt in der historisch-philologischen Exegese noch konsequenter; ihm steht auch ein höheres Maß an Sprachkenntnis zur Verfügung. Vitringa (Kommentar zu Jes, 1714) erhebt die Kenntnis der Zeitgeschichte zur Bedingung des Verständnisses der Prophetie. Bei ihm laufen die Linien zusammen, die von der humanistischen und ref. S., von der Kritik des Cappellus und des Oratorianers R. → Simon herkommen und ihn zu einer überragenden exegetischen Leistung befähigen, der er die hohe Achtung noch im 18. und 19.Jh. verdankt. – Das Interesse an den Hilfsmitteln der S. wächst: antike und altorientalische Geschichte (F. → Spanheim d.J.), biblische Geographie (Vitringa) und Archäologie (P.Cunaeus, B.Arias Montanus), Chronologie (J.J. → Scaliger, D. → Petavius SJ), die sog. »Altertümer« zur Kultur-, Natur- und Rechtsgeschichte der Bibel (J.G. → Carpzov, Th.Goodwin, Drusius, Vitringa, J.H. → Hottinger, J.J.Scheuchzer, S.Bochart u.a.) und seit Grotius und J. → Vossius auch die Geschichte der Religionen werden herangezogen. John → Lightfoot (Horae hebraicae et talmudicae, 4 Bde, 1654–78) und Chr.Schöttgen wenden das Material der rabbinischen Theologie auch auf das NT an. Englische, französische, niederländische und später auch deutsche Exegeten notieren »Observationes«, Lesefrüchte aus der ganzen alten Literatur, die von englischen Sammlern publiziert werden (Critici sacri, hg.v. J. und R.Pearson u.a., 9 Bde, London 1660; M.Poole, Synopsis criticorum, 5 Bde, ebd 1669). – Aus kirchengeschichtlichen und politischen Umwälzungen in → England (: I, 6) erklärt sich die Schärfe der antikonfessionellen, laizistischen Kritik, die der → Deismus (: III) im Namen der Vernunft und der Natur an Schrift und Offenbarung übt. Seine Bibelkritik zielt vor allem auf das AT, das die → Puritaner zum Grundgesetz politischer und öffentlich-rechtlicher Gestaltungen gemacht hatten. Das Recht, die Institutionen und die Religion Israels werden von J. → Spencer und Th. → Hobbes vergleichender Betrachtung unterzogen. Ihre Kritik am → Pentateuch (, 2), die Isaak de → La Peyrère aufnimmt und → Spinoza methodisch und hermeneutisch vertieft, wird ebenso wie die bibelkritische Arbeit → Simons erst im 18.Jh. fruchtbar.

5. Im → *Pietismus* erhält die S. eine betont praktische Funktion. Sie wird von der Dogmatik unabhängig, bedient sich aber weiterhin der Philologie und Historie. Unter A.H. → Francke blüht die Orientalistik in Halle. Das gelehrte Material dient der Erhebung des sensus genuinus, doch ist dieser schon bei → Spener nur Mittel zum Zweck. Der Schriftgebrauch dominiert über das Schriftverständnis, die applicatio über den sensus. Das exegetische Interesse liegt betont auf dem NT, es wird erneut zum Kanon der Auslegung des AT. In der Kommentarliteratur (Spener: Röm, Gal, Eph, Kol, 1Joh; P. → Anton: Evangelien, Apg, Röm, Past; J. → Lange: 1.2Petr, 1–3Joh; ferner J.J. → Rambach, C.B. und J.H. → Michaelis) wirken sich die methodologischen und hermeneutischen Anweisungen Speners und Franckes aus. Sie gipfeln bei J.Lange in der Forderung nach »emphatischer« Auslegung der inspirierten Texte durch den inspirierten Leser. – Der württembergische Pietismus ist, soweit von J.A. → Bengel geprägt, nüchterner. Zwar bewirkte Bengel eine starke Akzentuierung der Apokalyptik, die bis dahin fast nur bei westeuropäischen Reformierten, Katholiken und Nonkonformisten bevorzugt war, doch steht sein scholienartiges Gnomon in NT (1742) auf der Basis einer soliden wissenschaftlichen S. Durch seinen Lehrer J.W. → Jäger fand ein modifiziertes föderaltheologisches Schema Eingang in die S. des Pietismus. Ein Einfluß der mystisch-asketischen S. des → Jansenismus (C. → Jansen: Pentateuch, Pss, Evangelien; P. → Quesnel: NT) oder des französischen → Quietismus (Mme → Guyon) auf den deutschen Pietismus ist literarisch nicht nachzuweisen. Der Widerspruch gegen die pietistische Emphasenlehre führte zu einer letzten Anstrengung der Orthodoxie (→ Löscher) und zur Erstarkung kritischer Bestrebungen in Hermeneutik und S., die zugleich geeignet waren, dem aufgeklärten Freidenkertum entgegenzutreten (J.A. → Turretini: Röm, Thess, 1739ff; S. → Werenfels u.a.).

6. Hatte Turretini die rein literarische Behandlung jeder einzelnen biblischen Schrift und J.A. → Ernesti die getrennte Untersuchung von AT und NT gefordert, so erhob J.S. → Semler die Einsicht in den geschichtlichen Charakter aller religiösen Überlieferung, also auch des Kanons heiliger Schriften, zur Maxime jeder »freien Un-

tersuchung« der Bibel. Er vereinte deistische Anregungen mit den kritischen Vorarbeiten von Wettstein, Simon und Bengel. Die nunmehr *historische* Kritik ist unabhängig von der moralischen oder erbaulichen Bewertung eines Textes, aber auch verselbständigt gegenüber Sachkritik und Hermeneutik. Exegetische Konsequenzen aus Semlers Entwurf zog J.D. → Michaelis (Paraphrasen und Kommentare zu Jer, Pred, Briefen des NT u.a.). Er begründete die primär literarkritische Einleitungswissenschaft, klammerte jedoch die Kanonkritik aus. Die S. im engeren Sinne erfährt vor allem vom Ausbau der Einzeldisziplinen, der → Bibelwissenschaft, der → biblischen Theologie und der → Textkritik wesentliche Förderung in den Details. Doch wird sie vorerst in den dogmatischen Streit zwischen → Rationalismus (: II) und Supranaturalismus hineingezogen. Die theologische Relevanz der historisch-kritischen Methode tritt erst eindeutig zutage, als die Reflexion über das Problem der Geschichte seit → Lessing, → Herder, der Romantik und der idealistischen Philosophie die alte Frage nach »Vernunft und Offenbarung« überwunden und den Blick für die Frage nach dem Verstehen von Geschichte und Offenbarung geschärft hat. Es ist das Verdienst → Schleiermachers, die S. mit der → Hermeneutik (, 2 f) auf dieser Ebene wieder zusammengeführt zu haben. Die Früchte zeigen sich in den exegetischen Werken seiner Schüler (F. → Lücke u.a.) und vor allem → De Wettes (Pss 1811 u.ö.; KeH, 11 Teile, 1835-48 u.ö.).

Vorbehalte der kirchlichen und dogmatischen Restauration, der Erweckungstheologie und der philosophischen Spekulation gegen die historisch-kritische S. zeitigen eine Reihe von Kompromissen, in denen der Rekurs auf einen ermäßigten Inspirationsbegriff (→ Tholuck), auf eine neue typologische Hermeneutik (→ Hofmann), auf das Postulat eines tieferen Schriftsinnes oder der dogmatisch indifferente, kirchenpolitisch jedoch höchst engagierte Rückzug auf rein empirische Forschung (→ Hengstenberg, → Ewald) miteinander abwechseln. In der Auseinandersetzung mit diesen Erscheinungen und zugleich mit den Radikalisierungen historischer Kritik (D.F. → Strauß) haben F.Chr. → Baur und sein Schüler und späterer Gegner A. → Ritschl den geschichtlichen Charakter aller Theologie durchdacht. Dabei blieb die Verbindung zur Hermeneutik jedoch weithin inexplizit. Diese wurde erst wieder von der systematischen Theologie (M. → Kähler, W. → Herrmann, E. → Troeltsch) zum Thema gemacht, von den Exegeten aber fast durchweg ignoriert. Die literarkritische S. zog im 19.Jh. reichen Gewinn von der Entfaltung der historischen Geisteswissenschaften, der orientalischen und → klassischen Altertumswissenschaft, der Historiographie und der → Religionswissenschaft. An der Wende zum 20.Jh. stand die → Religionsgeschichtliche Schule neben der eschatologischen S. A. → Schweitzers auf dem Höhepunkt. Sie hatte die Leben-Jesu-Forschung von → Reimarus bis → Wrede überwunden und wurde bald selbst in ihren Fragestellungen und Ergebnissen zuerst im AT (H. → Gunkel), dann im NT (M. → Dibelius, E. → Lohmeyer u.a.) durch die gattungs- und formgeschichtliche (→ Formen und Gattungen: I. II), seit R. → Bultmanns Anfängen auch durch die traditionsgeschichtliche Forschung ergänzt oder korrigiert. Eigenwillig und genial, jedoch methodisch nur schwer verifizierbar ist die exegetische Arbeit A. → Schlatters.

Die Konzentration der Theologie auf das »Wort« im Gefolge K. → Barths hatte von 1919-45 ein wachsendes Interesse an »theologischer«, dh praktisch-dogmatischer S., oft auf Kosten der historischen Kritik, ausgelöst. Ohne den Wert dieser Konzentration zu bestreiten, faßt Bultmanns Forderung nach existentialer Interpretation das hermeneutische und das Methodenproblem der S. zusammen. In der Kommentarliteratur ist sie jedoch bisher nur vereinzelt zum Zuge gekommen; nach wie vor überwiegt der Anteil der noch zu verarbeitenden bibelwissenschaftlichen Stoffmassen.

Vgl. die zu → Hermeneutik u. → Schriftauslegung: IV A angegebene allg. Lit.; dazu ergänzend: A.VINCENT, L'exégèse moderne et contemporaine de l'AT (Initiation biblique, Paris 1939, 304-317) - J.COPPENS, De geschiedkundige ontwikkelingsgang van de oudtest. Exegese vanaf de Renaissance tot en met de Aufklärung (Mededeelingen van de K. Vlaamsche Akad. van Wetenschappen ... van Belgie, Klasse der Letteren V, 4), Antwerpen-Utrecht 1943 - DBS IV, 627ff (A.ROBERT) - H.-G.GADAMER, Wahrheit u. Methode, 1960. - Vgl. ferner die auslegungsgesch. Lit. zu den Art. über die einzelnen bibl. Bücher, die Lit. zu den im Text genannten Personen- u. Sachartikeln sowie bes. zu → Bibel, → Bibelkritik, → Bibelübersetzungen, → Bibelwissenschaft, → Biblische Theologie und biblische Religionsgeschichte, → Formen und Gattungen, → Geist und Buchstabe, → Hermeneutik (, 2 e-g), → Jesus Christus, → Jesusbild der Gegenwart, → Paulus, → Schriftprinzip, → Text und Textkritik, → Typologie. *H.Liebing*

Zur *Auslegungsgeschichte* vgl. die Zusammenstellungen der Quellen bei den Artikeln über die einzelnen bibl. Bücher (auch zu → Pentateuch, → Zwölfprophetenbuch, → Evangelien, → Paulusbriefe, → Katholische Briefe). Im folgenden werden nur wichtigere Auslegungen zur ganzen Bibel sowie zum AT u. NT aufgeführt.

a) *Zur ganzen Bibel:* 12.Jh.: Anselm v. Laon, Glossa ordinaria u. interlinearis (gedr. meist zusammen mit den Postillen des Nik.v.Lyra [s.u.] sowie in MPL 113/14 [fehlerhaft]) - Petrus Comestor, Historia scholastica (MPL 198). - 13.Jh.: Hugo a S. Caro, 7 Bde, u.a. Basel 1502, Lyon 1645, Venedig 1703. - 14.Jh.: Nikolaus v. Lyra, Postilla u. Moralitates, 7 Bde, Basel 1502ff (mit den Additiones des Paulus v. Burgos u. den Replicae des Matthias Doering). - 15.Jh.: Dionysius der Kartäuser, 14 Bde, Montreuil-Tournai 1896ff. - 16.Jh.: Cajetan de Vio, (1527-34) 5 Bde, Lyon 1639 (AT: Gen - Jes; NT außer Apk) - Konrad Pellikan, 7 Bde, Zürich 1532-39 - Veit Dietrich, Wittenberg (1541/44) 1545 - Calvin, CR 23-55 - Erasmus Sarcerius, 2 Bde, Leipzig 1559 - Joh.Brenz, 7 Bde, Tübingen 1576-88 - Lukas Osiander, 8 Bde, ebd 1578-85 - Emanuel Sa SJ, Antwerpen 1598. - 17.Jh.: Petrus a Figueiro, 2 Bde, Lyon 1605 - Cornelius a Lapide, (1614ff) 10 Bde, Antwerpen 1681 (außer Pss u. Hi) - Joh.Mariana SJ, Paris 1620 - J.S.Menochius SJ, Köln 1630 - Jakob Tirinus SJ, 3 Bde, Antwerpen 1632 - Jak.Gordonius Lesmoraeus SJ, 3 Bde, Paris 1636 - Joh.Piscator, Herborn 1638/44 - Ludwig de Dieu, Leiden 1639-48 - Hugo Grotius, (1641/44) Amsterdam 1679 - David Pareus, 3 Bde, Genf 1642ff - Biblia magna commentariorum litteralium, ed. J.de la Haye, 5 Bde, Paris 1643 - Joh.Quistorp d.Ä., Rostock 1648 - Antonio de Escobar y Mendoza, 14 Bde, Lyon 1659-67 - Critici Sacri, ed. J.Pearson, 9 Bde, London 1660 (Frankfurt 1695², Amsterdam 1698³); 4 Suppl.-Bde, Amsterdam 1700/01 u. 1732 - Andr.Prückner, 2 Bde, Frankfurt 1663 - Matthäus Pole, 5 Bde, (London 1669) Frankfurt 1678-79 - Abr.Calov, 4 Bde, Frankfurt 1672 - Joh.Coccejus, 8 Bde, (Amsterdam 1673-75) Frankfurt 1689² - Seb.Schmid, Straßburg 1676 - Joh.Olearius, 3 Bde, Leipzig 1678-81 - Jak.Alting, 5 Bde, Amsterdam 1685-87. - 18.Jh.: Matthew Henry, (1704ff) 6 Bde, 1831-1835 - Augustin Calmet, (1717ff) 8 Bde, Paris 1724 bis 1726² - Joachim Lange, Bibl. Licht u. Recht, 7 Bde, 1732-38. - Weiteres bei M.LIPENIUS, Bibliotheca realis theol., Frankfurt 1685, I, 157ff; II, 734ff.

b) *Zum AT:* 15.Jh.: Alfonsus Tostatus, Venedig 1507-31 u.ö. (Gen bis 2Chr). - 16.Jh.: Joh.Maldonatus SJ, Paris 1643. - 17.Jh.: Thomas Malvenda OP, 5 Bde, Lyon 1650 (bis Ez 16) - Chr.Schotanus, 2 Bde, Frankfurt 1661 - Theod.Hackspan, 3 Bde, Altorf 1664 - Joh.Thilo, Leipzig 1680 - Ludw.Cappellus, Amsterdam 1689. - 18.Jh.: Joh. Clericus, 4 Bde, Amsterdam 1708-31 - Sim.Patrick u. W.Lowth, 4 Bde, London 1738.

c) *Zum NT:* 12.Jh.: Alulfus v. Tournai (MPL 79; Exzerpte aus Gregor d. Gr.). - 16.Jh.: Laurentius Valla, Paris 1505 - Erasmus v. Rotterdam, NT, Basel 1516; Paraphrasen, 1517-24 (außer Apk) - Aug.Marloratus, Genf 1561 - Victorin Strigel, Leipzig 1565 - M.Flacius Illyricus, Basel 1570 - Benedikt Arias Montanus, Antwerpen 1575/88 - Benedikt Aretius, Bern 1580 - Alfons Salmeron SJ, 16 Bde, (Madrid 1597-1601) Köln 1602-04. - 17.Jh.: Joh.Drusius, Franeker 1612 - G.Gordon, Paris 1632 - Daniel Heinsius, Lyon 1639 - Franz Gomarus, Amsterdam (1644) 1664² - H.Hammond, (London 1653) Frankfurt 1714² - Jonas Schlichting, Amsterdam 1656 - Joh.Crell, ebd 1656 - Joh.Pricaeus, London 1660. - 18.Jh.: Daniel Whitby, London 1703 - I. de Beausobre, 2 Bde, Amsterdam 1718 - Daniel Severinus Scultetus, Lüneburg 1720 - Jean Hardouin, Paris 1742 - Joh. Albr. Bengel, Tübingen 1742. *W. Werbeck*

V. Praktische Schriftauslegung

1. Begriff - 2. Abgrenzung - 3. Aufgabe. - p.S. = praktische Schriftauslegung

1. Seit Fr. → Niebergall seine »Praktische Auslegung« des AT und NT vorlegte, ist die Forderung nach einer p.S. immer wieder erhoben worden. Das HNT vervollständigte sich in der 2. Aufl. durch die beiden Bände von L. → Fendt. Verschiedentlich sind unter den Vorlesungen der Theologischen Fakultäten Praktisch-theologische Auslegungen einzelner Perikopen oder von ganzen biblischen Büchern angeboten worden. H.J. Iwand fragte in den »Göttinger Predigtmeditationen« 1954, ob den Lesern eine »Teilung zwischen wissenschaftlicher und praktischer Exegese« erwünscht sei, und erhielt in zwei Dritteln der Zuschriften eine bejahende Antwort. - Niebergall verstand p.S. als »Methodenlehre mit Beispielen« dafür, wie »eine geschichtliche Urkunde darauf angesehen werden« könne, »welchen Ertrag sie für die religiös-sittliche Beeinflussung unseres Geschlechts abwerfen kann«. P.S. ist wissenschaftliche Arbeit, die von einer erbaulichen Auslegung geschieden ist, Brücke zwischen geschichtlicher und praktischer Theologie auf Grund der Erkenntnis, »daß es sich in der Schrift um Güter und Ideale, also um praktische Dinge handelt«. Fendt stellt dem Praktiker nach der Exegese die »wahrhaft beunruhigende Frage: Bedeuten die Hauptpunkte des Textes auch für mich, meine Zeit, meine Gemeinde etwas? Und was bedeuten sie für uns?« P.S. soll die Hauptpunkte eines Textes finden, darlegen und »ihre Gültigkeit für uns« erweisen; sie ist streng an die Exegese und deren Resultat zu binden. Barth hat (Der Röm, 1922², Vorrede) die Aufgabe des Erklärens an die Exegeten zurückverwiesen und bestritten, daß es eine gesonderte p.S. als Aufgabe der → Praktischen Theologie gäbe. Nachdem die at. wie die nt. Wissenschaft entdeckt hat, daß die biblischen Texte ihren »Sitz im Leben« in der Predigt bzw. im Gottesdienst haben (→ Formen: I. II), herrscht weitgehend Einmütigkeit darüber, daß sachgemäße Exegese nicht voraussetzungslos betrieben werden kann (→ Hermeneutik, 2 g). Sie ist vielmehr theologische Exegese, welche die Schrift als Anrede Gottes voraussetzt. So gilt, daß »erst da in vollkommenem Maße wissenschaftliche Auslegung vorhanden ist, wo sie... praktisch« wird (Hupfeld), und es wird festgestellt: eine Exegese, welche die grundlegende Intention des biblischen Textes, seine Gezieltheit, seinen Zeugnischarakter noch nicht entdeckt hat, sei noch gar nicht dorthin vorgedrungen, »wo die eigentliche Lebendigkeit des Bibelwortes ans Licht treten will« (Steck). Weil das Wort sich im Raum dieser Welt verwirklichen will, ist es erst dann wirklich zur Sprache gekommen, wenn seine das Leben ergreifende und gestaltende Weisung zu Gehör kommt.

2. Diese Umschreibung zeigt, daß die Forderung nach einer p.S. nicht aus einer Verlegenheit gegenüber der »wissenschaftlichen« Exegese erhoben werden darf. Zwar wird oft ein Auseinanderfallen der exegetischen und praktischen Theologie beklagt, da der Exeget sich aus der Praxis des Amtes zurückzieht und der im praktischen Amt stehende Theologe die wissenschaftliche Arbeit aufgibt. Wie die Antworten an H.J. Iwand zeigen, besteht aber dann die Gefahr, p.S. lediglich als eine Handreichung zur Predigt oder für den Unterricht zu verstehen, die ihre Brauchbarkeit am besten dadurch erweist, daß ihr Ergebnis womöglich direkt dargeboten werden kann. Hier liegt jedoch ein absolutes Mißverständnis der p.S. wie auch der gegenseitigen Zuordnung von explicatio und applicatio vor. Das Schriftwort kann niemals »gehandhabt« werden, als ob in einem zweiten Akt nach einer »theoretischen« Exegese auf Grund irgendwelcher an den Text herangetragener Fragen ein »Ertrag« oder seine »Gültigkeit« abgesehen von dem Text selbst gefunden werden könnte. Der Ausleger darf und soll sich vor Augen halten, daß die Schrift ihre Mächtigkeit und Klarheit selbst aufschließt (→ Bibel: III); dafür gibt es keine bereitzustellende Methode, vielmehr ist die Freiheit der gnädigen Selbstoffenbarung Gottes und das Vermögen des Menschen, einen Text zu verstehen, scharf zu unterscheiden. P.S. kann keine Zutat zu einer anderen Form der S. sein; dann ist sie ohne Autorität und ebnet die lebendige Struktur des Schriftwortes in eine unverbindliche Sammlung von wenigen sich bald wiederholenden Allgemeinplätzen ein. Ebenso falsch ist es, p.S. dem Gemeindeglied oder dem Katecheten zuzuordnen, während für den Theologen eine wissenschaftliche Exegese notwendig sei. Der Theologe hat keine andere Stellung der Schrift gegenüber als das Gemeindeglied; auch er kann nur vom theologischen zum glaubenden Erkennen fortzuschreiten sich *bemühen*. P.S. darf darum nicht geringere Anforderungen stellen; sie beruht auf den gültigen Grundsätzen der → Hermeneutik, kann von anderen Arten der Auslegung lediglich aus methodischen Gründen unterschieden werden und integriert sie in sich. Mit allegorischer oder pneumatischer Exegese und einem bloßen → Biblizismus hat sie nichts zu tun. Gelegentlich wird p.S. mit der → Meditation (, 3) in eins gesetzt, zumal der Name p.S. mit Mißverständnis belastet ist; aber es scheint methodisch angebracht, den Teil der Arbeit am Text Meditation zu nennen, welcher die konkrete Gemeinde oder Klasse ins Auge faßt, für die der Text ausgelegt werden soll. Sie ist darum ganz konkret zu gestalten und kann dem Prediger oder Katecheten nicht abgenommen werden; gedruckte Meditationen können nur Hinweise dafür geben. Einmütigkeit sollte darüber herrschen, daß eine Meditation biblischer Texte keine andere Aufgabe hat als die Besinnung auf den Text und die Einstellung des Hörers auf den Text; sie darf nicht mit irgendwelchen religionspsychologischen Praktiken in Verbindung gebracht werden.

3. P.S. ist demnach *Auslegungsprinzip*. Sie geht von der Einheit des Schriftganzen aus, die über allen historischen und sachlichen Differenzierungen der Auslegung vorgegeben ist. Das Kontinuum, welches die Schrift zusammenhält, ist das Entscheidende. Das Verhältnis von Einzelerzählung und Gesamtgeschichte, von NT und AT ist auf die Einheit der Selbsterschließung Gottes mit dem Ziel einer biblischen Theologie weiter zu durchdenken. Je genauer dabei die bisherigen Methoden und Ergebnisse aufgenommen werden, um so mehr wird p.S. das Ineinanderhangen der einzelnen Aussagen aufzeigen können, um so weniger wird es zum Verwischen historischer Unterschiede kommen. Im Vertrauen auf die Selbstvergegenwärtigung und Selbstdurchsetzung der Schrift ist p.S. lediglich darum bemüht, den Weg dazu freizulegen und offenzuhalten. - Es genügt aber nicht, lediglich auf den Anredecharakter der Schrift zu verweisen; vielmehr hat die Schrift eine Inhaltlichkeit, von der nicht abstrahiert werden darf. Das Wort setzt in bestimmter Weise in Bewegung, die weit über eine Begegnung hinausgeht. In den at. historischen Texten wie den nt. Wundergeschichten zB konkretisiert sich, auf welche Formen des neuen Lebens das Wort aus ist. P.S. hält danach Ausschau und stellt zB auch die Auslegung der Väter (Gesangbuch!) in den Dienst des Wortes. Das geschieht nicht unter der Gleichung: wie damals, so heute.

Weil das Wort geschichtlich geworden ist, wiederholt sich seine Verwirklichung nicht einfach, so gewiß Gott in seinem Zuspruch und Anspruch immer derselbe und der Mensch in seinem Betroffensein durch diese Anrede der gleiche ist. – Der einzuschlagende Weg ist die doppelte Bewegung vom Wort zum Menschen und vom Menschen zum Wort. Diese Welt ist in das Licht der Verheißungen zu stellen. P.S. muß wissen, wie die Welt von heute in Wirklichkeit aussieht, und kann sich dabei zB von moderner Dichtung helfen lassen. Die ungeprüfte Übernahme sog. wertfreier Beobachtungsweisen, wie es gelegentlich mit soziologischen Fragestellungen geschieht, ist abzulehnen. Es darf nicht vergessen werden, daß die Erde des Herrn ist; der theologische Gesichtspunkt wird nicht zusätzlich herangetragen, er überfremdet die anderen nicht, noch schließt er sie aus. Es geht um den Blick im Licht des Wortes der Wahrheit, der diese Welt als auf die Vollendung der Herrschaft Gottes angelegte Schöpfung begreift.

Fr.Niebergall, Prakt. Auslegung des NT, (1909) 1923³ – Ders., Prakt. Auslegung des AT I-III, 1912-22 – RGG² IV, 1397ff – L.Fendt, Die alten Perikopen (HNT 22), 1931 – Ders., Die neuen Perikopen (ebd 23), 1941 – Ders., Exegese u. Verkündigung (ThLZ 73, 1948, 259-266) – Ders., Hist. u. theol. Exegese (Für Arbeit u. Besinnung 2, 1948, 41-43) – Ders., Erbauung u. Exegese (ebd 393-397) – Ders., Exegese u. Verkündigung (ThLZ 74, 1949, 321-330) – Barth, KD I/2, §§ 19-22 – Richtlinien für die Auslegung der Hl. Schrift (Amtsbl. d. EKD 3, 1949, Beil. H. 11, S. 13-16) – G.Lindeskog, Zwei Hauptfragen in der modernen schwed. Exegetik (ThLZ 75, 1950, 393-400) – H.A.Hesse, Die Bedeutung der Exegese des AT u. NT für die rechte Verkündigung der Kirche (Bek. Kirche, M.Niemöller z. 60. Geb., 1952, 88-93) – R.Hupfeld, Was ist prakt. Exegese? (Dienst unter dem Wort, Festg. f. H.Schreiner, 1953, 106-118) – W.Kasch, Das Problem der prakt. Exegese (MPTh 42, 1953, 159-164) – E.Treulieb, Meditation u. Verkündigung (ebd 322-339; 43, 1954, 395-407) – K.G.Steck, Der Dienst der Meditation u. die Aufgabe der Predigt, 1954 – J. Wolff, Anleitung zur Predigtmeditation, 1955 – H.Bardtke-H. Wagner, Von der Exegese zum Unterrichtsentwurf (WZ Halle 7, 1957/58, 751-766) – H.H.Esser, Aufgabe u. Leistung der Predigtmeditation (MPTh 47, 1958, 221-230. 283-295).

H.W.Surkau

Schriften, *heilige.* Wir verstehen unter hl. S. die religiöse Literatur der Völker schlechthin, dh einen immensen Bereich von Textgut in den verschiedensten Sprachen. Entsprechend dem Charakter der meisten Religionen, bei denen kultische Handlungen im Mittelpunkt stehen, machen die → Ritualbücher vielfach einen großen Anteil aus. Demgegenüber gewinnen hl. S. als unmittelbare → Offenbarung Gottes dort eine besondere und zentrale Funktion (Schriftverlesung als Kernstück des → Gottesdienstes), wo Gott im Hör-Akt als ein Redender erfaßt wird und historische bzw. religionspolitische Umstände den Aktionsradius des → Kultus einengen. Das war im Bereich der alten Mittelmeerwelt klassisch in Israel der Fall und wirkte auf Christentum und → Islam weiter. Die Muslims faßten diese Dreiheit (und einige weitere Gruppen) treffend als ahl al-kitāb »Leute des Buches« zusammen (vgl. EI² I, 264ff), wir sprechen von »Buchreligion« (→ Religion: II, 5; S.Morenz, ThLZ 75, 1950, 709ff).

An hl. S. läßt sich eine Fülle von Erscheinungen beobachten, wobei sich die Buchreligionen durch Akzentuierung bestimmter Dinge (zB Sicherung des Wortlautes oder Einheit des Textgutes als »Schrift«: γραφή, Arist 155, 1Petr 1, 20) herausheben. 1. Wichtig ist zunächst die Frage des *Ursprungs.* Entweder hat Gott den Text selbst geschrieben (so Thoth: P.Boylan, Thoth, the Hermes of Egypt, 1922, 92ff, und Jahwe: Ex 31, 18) bzw. diktiert (Jahwe: Ex 34, 27), oder er hat ihn dem Menschen eingegeben (→ Inspirations-Lehre, am stärksten in Griechenland entwickelt: J.Leipoldt, ZNW 44, 1952/53, 118ff). Außerdem wird oft auf hohes Alter Wert gelegt und im Zusammenhang damit zT Verfasserschaft religiöser Autoritäten fingiert. – 2. Der in den Buchreligionen so wichtigen *Verlesung* stehen anderwärts Vorschriften über *Geheimhaltung* entgegen (→ Arkandisziplin), die auf eine den hl. S. innewohnende Wirkungsmacht schließen lassen (zahlreiche Belege in der ägyptischen Totenliteratur, zB Totenbuch 161, 11ff und Buch vom Atmen [Pap. Louvre 3284 I 6]; für Rom vgl. die Sekretierung der → Sibyllinen [Lactanz, Unterweisungen I, 6, 13] und der Staatsriten [Valerius Maximus I, 1, 13]). – 3. Da hl. S. → Macht-Träger sind, spielen sie vielfältig ins *Magische* hinüber (→ Magie). Man schwört bei ihnen (→ Eid: I; vgl. Horaz, Epoden 17, 1ff) und trägt sie wie ein → Amulett (bab Taanith 20 b), ja schützt damit Stadt- und Haustore (Euseb, h.e. I, 13, 10, betrifft [Jesu] Brief an Abgar von Edessa) usw. – 4. Bei alledem sind hl. S. von einem reichhaltigen *Brauchtum* umkleidet. Ihre äußere Herstellung gilt oft als Privileg (in Ägypten steht sie dem sog. »Lebenshaus« zu: A.H.Gardiner, JEA 24, 1938, 157ff), der Umgang mit ihnen ist fest geregelt (Klasse der »Vorleser« in Ägypten: zuletzt J.Vergote, Joseph en Égypte, 1959, 80ff), und wenn sie in einer Buchreligion jedermann in die Hände kommen, so hat man sich vorher zu waschen (Chrysostomus, Homilien zu Mt 2, 6, betr. Evangelienbücher). Sie werden kostbar ausgestattet (etwa die Prachtbände der Manichäer in Ägypten: H.Ibscher bei H.J.Polotsky, Manichäische Homilien, 1934, XIII), oft mit Bildern versehen (Vignetten zu den Sprüchen des ägyptischen Totenbuches; ein Grenzfall: die Werbung für → Isis hat in griech.-röm. Zeit offenbar Bilderrollen benutzt, die ihrer Göttin das ägyptische Lokalkolorit gaben: K.Schefold, Athen. Mittlg. 71, 1956, 217f) und würdig aufbewahrt (in den → Synagogen Tora-Schrein für die Gesetzesrollen). – 5. Im Laufe ihrer Geschichte erfahren hl. S. vielfach *Deutungen,* die sich aus dem Bedürfnis nach Erklärung unverständlich gewordener Stücke (etwa in Form von Glossen) und aus dem Wandel von Vorstellungen herleiten (→ Schriftauslegung: I-IV). Dieser Wandel kann auf dem Wege der → Allegorie (: I) bis zur Auflösung des Wortsinnes führen; am radikalsten verfuhr der Homerdeuter Herakleitos (vgl. auch → Philo). – 6. Die Idee der *Einheit* von hl. S. verwirklicht sich zwar bisweilen auch in Kultreligionen (etwa: Einheit der heterogenen Sprüche des ägyptischen Totenbuches durch Titel und Anordnung: Morenz, Ägypt. Religion, 1960, 233f), findet aber ihre klassische Gestalt in der Buchreligion, wo → Josephus (gegen Apion I, 7f, § 37/40), 22 hl. S. der Juden zählend, auf die abgeschlossene Einheit der 22 hebräischen Buchstaben zielt und wo der Kanon als Sinnbild umgrenzter Einheit entsteht (→ Bibel: I B, 2). – 7. Auch in der *Pflege des Textes* gewinnen die Buchreligionen eine Sonderstellung; daß man am Wortlaut der hl. S. nichts ändern dürfe, wird im Judentum und von christlichen Zeugen oft gesagt (Josephus, aaO I, 8, § 42 und bab Megilla 7 a zu Spr 30, 6; Arist 310f und Philo, Leben des Mose II, § 34; Apk 22, 18f und [kopt.] Josephsgeschichte 30, 7 usw). Immerhin sei auf die Bewahrung alter und unverständlich gewordener hl. S. im konservativen Rom (Lieder der Salier: Quintilian I, 6, 40) und auf die Buchstabentreue in den auf Formelwirkung bedachten → Zaubersprüchen hingewiesen (Anreiz, ägyptische Wörter mit griech. Buchstaben zu schreiben und damit auch ihren Vokalbestand zu fixieren: H.Grapow, SAB 1938 Nr. 28, 24f). – Vgl. → Avesta, → Koran, → Veden.

RGG² V, 264ff – HWDA IX, 293ff – A.Bertholet, Die Macht der Schrift in Glauben u. Aberglauben (AAB 1948, 1), 1949 – J. Leipoldt-S.Morenz, Hl. S., 1953 (phänomenolog. Darst.) – G. Lanczkowski, Hl. S., 1956 (nach Religionen gegliedert).

S.Morenz

Schriftenverbreitung

1. Begriff und Aufgabe - 2. Geschichte - 3. Gegenwärtiger Stand. - Vgl. Christliches → Schrifttum in Asien und Afrika

1. S. *(Schriftenmission)* erwächst aus dem Missionsbefehl Jesu und bezweckt die Verkündigung des Evangeliums über die Grenzen der Kirchengemeinde hinaus. Das missionarische Wort will in unterschiedlichen Lebenskreisen durch gegenwartsbezogene, volkstümliche Kleinschriften (Flugblätter, Traktate, Broschüren) Glauben wecken und Menschen zu Christus führen. Neben der Klarheit über das Ziel der S. muß die stets neu zu fällende Entscheidung über ihre Art und Weise stehen.

2. a) Die neue Technik des Buchdrucks ermöglichte in der *Reformationszeit,* die ersten Schriften zur Massenverbreitung herauszubringen. Luther und seine Mitarbeiter erkannten im Gegensatz zur röm. Kirche rasch die einzigartige Möglichkeit, durch das in deutscher Sprache gedruckte Wort Menschen überall im Lande zu erreichen. Hausierer boten die reformatorischen → Flugschriften an (Anfänge der → Kolportage), die in handlichem Format erschienen, oft nur als kleine Hefte und Blätter (→ Reformationszeit, 2. 3). Die in Großauflagen (meist unsorgfältig) gedruckten Schriften waren billig und fanden ungeheuren Absatz (→ Buchhandel: II, 1). Zu den Flugschriften kamen die zahllosen → Flugblätter. Keine zeitgenössische Veröffentlichung kann sich in Verbreitung und Wirkung mit den »kleinen Sexternlin« vergleichen (s. Luthers Widmung seines Sermons »Von den guten Werken«). In italienischer Sprache erschien der weit verbreitete, anonyme Traktat »Von der Wohltat Christi«. In der 2. Hälfte des 16.Jh.s ließ die Massenverbreitung reformatorischer Schriften erheblich nach. - b) Während in der *Orthodoxie* S. durchweg Verbreitung von Streitschriften bedeutet, sorgte der *Pietismus* für Übersetzung und Verbreitung englischer Traktate (Puritaner → Baxter, → Bunyan; Methodisten → Wesley, → Fletcher), die vor allem die Notwendigkeit der Bekehrung hervorheben, brachte aber auch Eigenes hervor; so A.H. → Francke, dessen Predigten und Schriften (Pfennigartikel) einen Absatz von ca 500000 erreichten. Bemerkenswert ist auch die S. durch die *erneuerte → Brüderunität* (: II, 3; → Losungen). - c) Ein neuer Auftrieb der S. ergab sich in der 2. Hälfte des 18.Jh.s durch die Notwendigkeit der *Abwehr des Rationalismus.* Zu diesem Zwecke gründete J.A. → Urlsperger 1780 die Deutsche → Christentumsgesellschaft mit ihrem Zentrum in Basel. Bes. wirksam aber wurde in England der von der Schriftstellerin Hanna → More begonnene Abwehrkampf (in 2 Mill. Exemplaren verbreitete Kleinschriften), der Unterstützung und Fortführung durch die »Edinburgher Traktatgesellschaft« (gegr. 1796) und durch die »Religious Tract Society« (1799) fand. - d) Nach dem Vorbild und mit Hilfe der »Religious Tract Society« entstanden vor allem in der 1. Hälfte des 19.Jh.s auch in Deutschland bedeutende *Traktatgesellschaften* (u.a. 1811 Christlicher Verein im nördlichen Deutschland; 1814 Wuppertaler Traktatgesellschaft; 1833 Calwer Verlagsverein [→ Buchhandel: II, 3]). - e) Bes. in der *klassischen Zeit der → Inneren Mission* (, 3), aber auch in den folgenden Jahrzehnten (W. → Löhe, Th. → Fliedner, Fr.v. → Bodelschwingh) erhielt das volksmissionarische Schrifttum neue Impulse. → Wichern gründete 1842 in Hamburg die für die S. vorbildlich werdende »Agentur des Rauhen Hauses« und gab seit 1844 die »Fliegenden Blätter aus dem Rauhen Hause« heraus. 1849 wies er in seiner Denkschrift auf die Bedeutung der von den Traktatgesellschaften ausgehenden S. hin, mahnte aber zugleich im Blick auf die aus dem Englischen übersetzten (oft massiv-schablonenhaften) Traktate, in der deutschen ev. Kirche Eigenes zu schaffen. Wicherns Mahnung wurde nicht überhört. - f) Als einen »frischen Zweig der Inneren Mission« bezeichnete A. → Stoecker die Arbeit der Predigtverteilung. Die Auflage seiner sonntäglich verteilten *»Pfennigpredigten«* stieg in den Jahren 1881-92 auf nahezu 130000. Die Buchhandlung der Berliner Stadtmission übernahm die Verbreitung, bei der freiwillige Hilfskräfte mitwirkten. Die Zahl der in ganz Deutschland nach diesem Beispiel wöchentlich verteilten Pfennigpredigten betrug 1914 ca 250000. - g) Auch die in die → Gemeinschaftsbewegung (, 2) einmündenden Ströme der Erweckungsbewegung benützten die S. als Mittel der Evangelisation und Volksmission. - h) Im *20.Jh.* erhielt die Schriftenmission einen neuen Anstoß durch G.Hilbert, der Wicherns Ruf nach zeitgemäßer Volksmission weitertrug und 1916 »die stete Beobachtung der antichristlichen Strömungen, zumal auf literarischem Gebiet, und die Schaffung von Gegenschriften, bes. von Flugschriften volkstümlicher Art, durch eine Zentrale für Apologetik« forderte. Zu dieser Gründung kam es 1921 in Berlin-Spandau (→ Apologetik: IV, 5). Bis zu ihrer gewaltsamen Schließung 1935 gab die *Apologetische Centrale* wertvolle Kleinschriften zu wichtigen Gegenwartsfragen heraus. Der S. nehmen sich heute auch die neu gegründeten landeskirchlichen *Ämter für Volksmission* an. Seit 1945 publizieren in steigendem Maße die *kirchlichen Werke* in meist eigenen Verlagen Schriften, die sich nicht nur an fest geschlossene eigene Kreise wenden. Hohe Auflagen erreichen die Verteilschriften für die Festtage im Kirchenjahr (hg. vom Schriftenmissions-Verlag Gladbeck/Westf. u.a.).

3. → Evangelisation und Volksmission (, 2 a) laufen auch in der S. als Parallelen nebeneinander. Auf der evangelistischen Linie steht der Ruf an den einzelnen zur persönlichen Entscheidung und Bekehrung im Vordergrund. Auf der volksmissionarischen Linie wird der einzelne in die großen überpersönlichen Zusammenhänge gestellt. Beide Linien lassen sich ebensowenig streng voneinander trennen wie die einzelnen Schriftgruppen, die sich nach ihrem Inhalt etwa unterscheiden lassen als Schriften zu Glaubensfragen und -nöten, zur Seelsorge, zum Gemeindeaufbau, zur Frage Christ und Welt und zur Apologetik. Hinzu kommen erzählendes Schrifttum und Lebensbilder. Das gesamte volksmissionarische Schrifttum ist heute kaum noch zu überblicken. Hilfe für eine Orientierung ist gegeben im »Wegweiser durch das volksmissionarische Kleinschrifttum« (Beilage zu »Das missionarische Wort« ab 1957/4), der von Zeit zu Zeit auf den neuesten Stand gebracht wird.

RGG² V, 267ff (ältere Lit.) - W.ENGELMANN, Unser Werk. ABC der Inneren Mission, (1939) 1949² - EKL III, 853ff (Lit.). - Vgl. auch S.v.KORTZFLEISCH, Verkündigung u. »öffentl. Meinungsbildung«, 1960, sowie die Lit. zu → Evangelisation und Volksmission, → Innere Mission, → Kolportage.

F.Mybes

Schriftlesung → Perikopen.

Schriftprinzip

1. Begriff - 2. Geschichte - 3. Geltung. - S. = Schrift, P. = Prinzip

1. Der *Begriff* »S.P.« besagt, daß die hl. S. des AT und NT für die christliche Gemeinde als die entscheidende Quelle und Norm ihrer öffentlichen a) *Verkündigung,* b) *Erfahrung* und c) *Erkenntnis* zu gelten hat (→ Prinzip = un-bedingte, alles bedingende Voraussetzung). Diese drei Momente bilden die wesensnotwendigen Koordinaten des ev. verstandenen S.P.s. Nur soweit die S. Verkündigung ermöglicht, die Glauben wecken und Erkenntnis Gottes begründen will, läßt sich der Ausdruck »S.P.« rechtfertigen. Der Begriff, der der S. im Denken und Dasein der Kirche und Theologie beherrschenden

Raum zu verschaffen sucht, erweist sich primär als *kritisches* P.: bes. in bezug auf Größen, die er ausschließt, wird er voll verständlich.

2. *Historisch* sind dem reformatorischen S.P. zwei Tatbestände vorgegeben: in der alten Kirche die Bildung des biblischen → *Kanons* (: II), die einen Ausscheidungsprozeß darstellt (→ Bibel: I B; II B); im MA die Proklamation der S. als maßgebenden, die verweltlichte Kirche angreifenden Sozialprogramms (→ Bibel: III, 3; → Biblizismus). Das kritische P. *»sola scriptura«* wird bereits von → Grosseteste, R. → Bacon, → Wiclif verkündet; von den → Waldensern, → Hus, den böhmischen Brüdern (→ Brüderunität: I) je verschieden verwirklicht; von → Marsilius von Padua, → Ockham, → Petrus von Ailly, → Gerson u.a. gegen den Kurialismus des Spät-MA postuliert.

→ *Luther* (: II) übernimmt zwar formal vom MA a) das S.P., b) die → Inspirations-Theorie, c) die Auslegungs-Axiome »die S. ist ihr eigener Dolmetsch« und »Christus ist Inhalt der ganzen S.«. Materiell aber überwindet er das abstrakte Bibel-P. und seine Identifizierung von S. = Vernunft, S. = Evangelium = Gesetz, S. = göttliches = natürliches Recht. Er sprengt die formalistische Programmatik, indem er beim Studium der S. den Anruf des lebendigen Gottes vernimmt. Im *mündlichen* Worte wurzelnd, schafft die S., Gottes eigene Rede »viva voce« verlautbarend, Glauben und Heilserkenntnis (→ Bibel: III, 4). Das in der S. verwahrte mündliche Evangelium (evangelium vocale) wird zum Mutterschoß der Kirche, »vor« den Sakramenten (*prae* pane et baptismo!) zur »nota ecclesiae«, dh zum Feldzeichen, das Christi Aufgebot sammelt (WA 7, 720, 32ff). Luthers Theologie impliziert gegenüber dem Papsttum ein S.P.: »Die ›ersten P.ien‹ sollen ausschließlich die göttlichen Worte sein, aller Menschen Worte aber [nur] Schlußfolgerungen, die aus ihnen abgeleitet und auf sie wieder zurückzuführen und an ihnen zu beweisen sind« (WA 7, 98, 4ff). Jedoch fehlt ein explizites S.P. im (späteren) theoretischen Sinne. Die S. ist »Christi geistlicher Leib« (WA 7, 315, 24). Sie wird ganz auf die Predigt bezogen, diese aber als geistgewirktes Wort Christi erfahren. – Die drei durch die »particula exclusiva« (»allein«) ausgezeichneten Größen bestimmen sich wechselseitig: das *»sola scriptura«* wird nicht nur interpretiert, sondern auch qualifiziert durch das mit dem personal verstandenen »sola gratia« identische *»solus Christus«*. Beide aber werden durch das *»sola fide«* auf den Vollzug des Glaubens verwiesen, in dem der hl. Geist Christus als die wirksame Wahrheit der S. vergegenwärtigt. Luther kennt also kein absolutes S.-»P.«, sondern nur das Miteinander der drei »P.ien«: Christus – S. – Glaube. Innerhalb der S. wird ihm Christus, als Bringer von Gerechtigkeit und Leben, zum Sachkriterium (WADB 7, 384, 25f; WA 39/I, 47, 19f). – Das Verständnis der von Christus regierten S. hängt ebensosehr an der scharfen Unterscheidung (und Zuordnung) von → Gesetz und Evangelium wie an der strengen Bezogenheit (und Unterscheidung) von Wort und Geist (→ Geist und Buchstabe, 3): das Wort ist geisthaltig, der Geist wortgebunden (WA 48, 31, 6f). Mittels dieser S.-»Konzeption« vermag Luther sowohl das röm.-kath. Traditions-P. wie die Neutralisierung der S.-Autorität durch die »Schwärmer« zu bestreiten.

→ *Calvin* (: II) versteht, Luthers S.-Verständnis nahebleibend, die S. als »Schule des hl. Geistes« (Inst. III, 21, 3), rückt sie indes erstmals als Erkenntnis-P. an die Spitze des theologischen Systems (aaO I, 6ff). Darüber hinaus erhebt → *Melanchthon* die S. zum P. der Theologie schlechthin (Loci^3, praef. = CR 21, 603ff). Indem er sie zur Quelle der reinen, irrtumslosen Lehre erklärt, deren absolut wahren Sätzen mathematisch-axiomatische Gewißheit eignet, macht er sie zum *konstruktiven* Erkenntnis-P. der kommenden Orthodoxie. Immerhin hat die → Konkordienformel die kritische Funktion der hl. S. (als »einiger Richter, Regel und Richtschnur«; »Probierstein« aller Lehren und Lehrer) nachdrücklich betont (BSLK 767, 14ff; 769, 22ff) und zugleich Luthers Einsicht festgehalten, daß sie nicht nur Lehrnorm, sondern auch »Lehrbrunnen« (R.Hermann) sei (aaO 834, 16ff).

Erst die altprot. Theologie formte das klassische S.P. rational aus, am gründlichsten *J.* → *Gerhard*. Dabei wurde nicht die Gleichsetzung von Wort Gottes und S., die bereits Luther – »dialektisch« – vorgenommen hatte, verhängnisvoll, sondern die Übernahme von Begriffen und Strukturen der aristotelischen Logik. Weil die S. die Stimme des höchsten Richters ist, wird sie erstes und einziges »principium cognoscendi«, allein »norma et iudex controversiarum«. Gegenüber der röm.-kath. Autoritätsidee wird nur ihr unbedingte und unwidersprechliche Wahrheit sowie unmittelbare Selbstevidenz zugeschrieben. Der scheinbare Gewinn der apodiktischen Gewißheit, die das S.P. verlieh, wurde allerdings aufgewogen durch die Abblendung der christozentrischen und kerygmatischen Bezüge des nunmehr einseitig hervorgekehrten Erkenntnis-Momentes.

Die moderne literarisch-historische Bibelkritik hat (seit → Semler) *dieses* durch philosophische Überfremdung entstandene S.P. radikal erledigt. Versuche, es im 19.Jh. wiederzubeleben (→ Konfessionalismus), überschritten kaum die Grenze des Postulats. Zwar erkannte → *Schleiermacher* den Zusammenhang zwischen den reformatorischen Momenten: »Kunde von Christo« – »Hl. S.« – »Glaube an Christum« (Gl.L. § 128). Jedoch machte die Abwertung des AT (§ 132) seinen Ansatz unwirksam. Im Anschluß an → De Wette unterschied → *Twesten* (1826) die alleinige Autorität der Hl. S. als »formales P.« von der Rechtfertigung allein aus Glauben als »materialem P.« des Protestantismus. Wollte Kahnis (1864) drittens noch ein »Kirchen-P.« hinzufügen, so verrät die Suche nach P.ien die Unsicherheit der damaligen Dogmatik. Das inzwischen erfolgte Auseinandertreten der → biblischen Theologie in je eine Wissenschaft des AT und des NT besiegelte die Preisgabe des biblischen Kanons, dem gegenüber die Anwendung des Begriffes »S.P.« einst sinnvoll gewesen war.

3. Die Wendung der *neueren Theologie* zum → Kerygma (: II), wie sie, je verschieden, in der → Dialektischen Theologie und der formgeschichtlichen Forschung erfolgte, hat die Problematik des S.P.s von neuem aktualisiert. *K.* → *Barth* weist der S. zwischen der Offenbarung Gottes und der Verkündigung der Kirche – jene bezeugend, diese ermächtigend – Ort und Aufgabe zu. *R.* → *Bultmanns* kritisch-kerygmatische Konzeption hat mit der Frage nach dem Verstehen indirekt die nach der *Geltung* des S.P.s ausgelöst. Damit wird die Erörterung, in welchem Sinne es künftig vertreten werden kann, dreifach dringlich:

a) Das ev. S.P. empfängt seine Autorität durch die *Verkündigung* Jesu Christi, »wie er uns in der Hl. S. bezeugt wird« (Barmer Theol. Erkl., Th. 1). Indem Gottes Erbarmen (sola gratia) in der Person des erhöhten Herrn *(solus Christus)* der Welt begegnet, lehrt es die S. primär als personhaften Spruch verstehen. Zugleich setzt es die Kategorie des *personalen Gegenüber* von Gottes-Ruf und Menschen-Rede, die auseinander unableitbar sind. – Das S.P. setzt zwar wirkliche Überlieferung voraus, basiert aber nicht auf einem Traditions-*P.*, sondern schließt es radikal aus (→ Tradition: VII). Vom Kerygma her formiert, eröffnet es die Zwiesprache zwischen Gottes → Offenbarung und dem → Bekenntnis der

Kirche. Entsprechend der Differenzierung von S. und → Bibel (: III, 2) macht es die Unterscheidung zwischen S.P. und Bibel-P. notwendig.

b) Das ev. S.P. bewährt seine Kraft in der aus dem Wort geborenen → *Erfahrung* des neuen Seins. Indem Gottes Geist durch den → Glauben *(sola fide)* dem Menschen die neue Existenz gibt, läßt er ihn die S. als Freibrief zum Selbstsein verstehen *(→ Geschichtlichkeit)*. Zugleich gibt er der S. die geschichtliche Tiefendimension, die das unhistorisch-nivellierende Mißverständnis ausschließt, sie sei ein Lehrbuch ewiger Wahrheiten. – Das S.P. setzt zwar die Bibel-Texte als gegeben voraus, bindet aber nicht an den Buchstaben (→ Fundamentalismus, → Biblizismus), sondern an den in ihm sich zum Sprechen bringenden Sinn. Auf den Glauben ausgerichtet, ermächtigt es zu freier, verantwortlicher Auslegung (→ Bibelkritik).

c) Das ev. S.P. erzielt seine Klarheit in der im Glauben aufleuchtenden *Erkenntnis* der in den Texten verborgenen Verheißung. Indem der Glaube in der S. *(sola scriptura)* Gottes Weg mit der Welt beurkundet findet, vermag er von der Einheit und Ganzheit des hier dokumentierten Wirkens Gottes nicht mehr zu abstrahieren. Zugleich sieht er in der Zuordnung von AT und NT das Gefälle von → Weissagung und Erfüllung (→ Heilsgeschichte) im Medium eines Literaturkomplexes abgebildet. – Das S.P. setzt zwar die historische Vielfalt und Verschiedenheit von Einzelüberlieferungen innerhalb der S. voraus, verbietet es aber, den Gesamtzusammenhang ihrer *Geschichte* zu ignorieren. Von sich aus lenkt es das Verständnis auf die → Welt, die als angeredetes und anredendes Dasein (→ Schöpfung: IV B, 5) in der so horizontierten S. immer schon miteinbegriffen ist.

Das ev. S.P. bietet keine absolute Gewähr für die Sachgemäßheit theologischer Forschung oder kirchlicher Verkündigung. Als kritisches P. vermag es jedoch, kraft der Zuordnung seiner Aspekte, Irrgänge in Lehre und Predigt aufzudecken. Zumal in Zeiten der Autoritätsgläubigkeit ist es unentbehrlicher Anreiz zu eigenständigem Denken und Handeln.

Vgl. die Lit. zu → Bibel, → Bibelkritik, → Bibelwissenschaft, → Biblizismus, → Geist und Buchstabe, → Hermeneutik, → Schriftauslegung. – *Hilfsbücher:* LUTHER, WA 58/I, 62-79 (Ges.-Reg.) – H.SCHMID, Die Dogmatik der ev.-luth. Kirche, (1843) 1893[7], §§ 6-12 – H.HEPPE, Die Dogmatik der ev.-ref. Kirche, (1861) 1958[2] (hg.v. E.BIZER), loc. II – H.TURMEL, Hist. des Dogmes IV, Paris 1935, 369ff (kath.) – Die Lehrbücher der DG u. der Dogmatik. – *Ferner:* A.RITSCHL, Über die beiden P.ien des Protestantismus (ZKG 1, 1876, 397-413 = Ges. Aufs. [I], 1893, 234-247) – RE II, 686ff – P.GENNRICH, Der Kampf um die S. in der ev. Kirche des 19.Jh.s, 1898 (Lit.) – F.KROPATSCHECK, Das S.P. der luth. Kirche I, 1904 (MA) – K.BARTH, Das S.P. der ref. Kirche (ZZ 3, 1925, 215-245) – DERS., KD I/2, §§ 19 bis 21; IV/1, 404ff – H.VOGEL, Die Autorität des Richters u. das Zeugnis der Kirche (ThEx 26), 1935 – E.DINKLER, Bibelautorität u. Bibelkritik (SgV 193), 1950 – B.HÄGGLUND, Die Hl. S. u. ihre Deutung in der Theol. J.Gerhards, Lund 1951 – G.GLOEGE, Offenbarung u. Überlieferung (ThLZ 79, 1954, 213-236 = ThF 6, 1954) – R.HERMANN, Gotteswort u. Menschenwort in der Bibel, 1956 – DERS., Von der Klarheit der Hl. S., 1958 – W.MUNDLE, Sola fide – sola scriptura (ELKZ 12, 1958, 196-199 = Kirche u. Verkündigung, hg.v. H.BURGERT u. H.RISTOW, 1960, 102-108) – O.SEMMELROTH, Die hl. S. als Glaubensquelle – aus kath. Sicht (StZ 7, 1958, 36-50 = ebd 123-137) – G.EBELING, Wort u. Glaube, 1960 – H.BRAUN-W.ANDERSEN-W.MAURER, Die Verbindlichkeit des Kanons (SThKAB 12), 1960 – LThK[2] V, 115ff (Lit.) – WKL 1617ff – H.BEINTKER, Glaube u. Bibelverständnis (Communio Viatorum, 1960/1, 13-26) – C.H.RATSCHOW, Zur Frage der Begründung des nt. Kanons aus der Sicht des syst. Theologen (NZSTh 2, 1960, 150-160) – W.MARXSEN, Kontingenz der Offenbarung oder (und?) Kontingenz des Kanons? (ebd 355 bis 364) – W.JOEST, Offenbarungscharakter u. Autorität der Hl. S. (ZdZ 15, 1961, 201-208) – G.HORNIG, Die Anfänge der hist.-krit. Theologie. J.S.Semlers S.verständnis u. seine Stellung zu Luther (FSThR 8), 1961.

G.Gloege

Schrifttum, christliches, in Asien und Afrika. Am Anfang der christlichen Literatur in und für Asien und Afrika standen → Bibelübersetzungen (: VII). Ihnen folgten Gesang-, Gebet- und Erbauungsbücher. Später kamen meist an Ort und Stelle gedruckte Zeitungen und Zeitschriften dazu. Der nächste Schritt waren einfache Bibliotheken, die in Verbindung mit örtlichen Kirchen aufgebaut wurden. In → China (: IV C) und → Indien (: IV) entstanden Traktat- und Bibeldepots; christliche Literaturgesellschaften wurden in Städten, wie zB Schanghai und Hankau, Madras, Bangalore und Calcutta gegründet. Diese Literaturgesellschaften wurden ursprünglich von den Missionsgesellschaften unterstützt; heute erhalten sie sich auf Grund einer erfolgreichen Geschäftsführung fast durchweg selbst.

Eines der größten Hindernisse für eine zügige Entwicklung christlichen S.s war die Vielzahl der Sprachen, in die die christliche Botschaft übersetzt werden mußte (über 300 Sprachen in Indien und mehr als 200 in Afrika!). Eine andere ständige Schwierigkeit war und ist es, einheimische Schriftsteller zu finden, die aus dem Leben der Kirchen in Asien und Afrika heraus gut zu schreiben vermögen. Ihre Förderung ist weiterhin dringend wichtig. Ein zu diesem Zweck gegründetes Institut ist das Mindolo Ecumenical Centre bei Kitwe (Nordrhodesien). Hier werden unter Leitung der »Literacy and Literature Movement of North America« und der »United Society for Christian Literature of Great Britain« junge talentierte Afrikaner in die Kunst, einfach und gehaltvoll zu schreiben, eingeführt. Einige gehören bereits Zeitungs- und Zeitschriftenredaktionen an und versuchen das Evangelium in die Tagesproblematik zu »übersetzen«.

»Christliches S.« ist S. aus dem (christlichen) Glauben; sein Ziel ist die Verkündigung des Evangeliums in allen Lebensbereichen des Menschen, und zwar so, daß die Kraft des Evangeliums für die täglichen Entscheidungen deutlich wird. In jüngster Zeit dienen dieser Aufgabe auch illustrierte Zeitschriften in asiatischen und afrikanischen Sprachen. In Westafrika erscheint zB die christliche Illustrierte »Envol« in einer Anzahl afrikanischer Sprachen; die Zeitschrift »African Challenge« hat eine weite Verbreitung in englischer Sprache. Die anziehende, moderne Gestaltung im Illustriertenformat ist bei Afrikanern sehr beliebt. In Indien sind in einfachen Landgemeinden, deren Bevölkerung Bilder und einfache Zeichnungen verstehen kann, auch »Wandzeitungen« in Gebrauch.

Die journalistische und schriftstellerische Arbeit in den Kirchen wurde belebt durch das wachsende Bildungsniveau und den Entschluß der unabhängigen Regierungen Asiens und Afrikas, ihre Völker von der Unbildung zu befreien. Freilich steht man hier erst am Anfang. In den meisten Sprachgebieten ist die zur Verfügung stehende christliche Literatur leider gering, und zwar vielfach deshalb, weil die gebildeteren Christen Englisch lesen und sich Bücher aus Übersee beschaffen können. Mit der wachsenden Unabhängigkeit afrikanischer und asiatischer Länder (→ Nationalismus: II) wird jedoch auch den einheimischen Sprachen immer mehr Wert beigemessen, und dies wiederum bedeutet eine steigende Nachfrage nach Büchern in diesen Sprachen.

In jüngster Zeit sind zwei bedeutende Unternehmen entstanden. Das eine ist eine Reihe von kleinen, 80 Seiten umfassenden Büchern, die als *»World Christian Books«* von Bischof Stephen → Neill (London und Genf) herausgegeben und ausschließlich (zuerst in Englisch) für den Gebrauch der Kirchen in Asien und Afrika geschrieben wurden. Viele dieser weitverbreiteten Bücher wurden inzwischen in zahlreiche asiatische und afrikanische Sprachen übersetzt. Die bisher vorliegenden Titel dieser

Reihe bieten einen gedrängten Überblick über die Reichweite der christlichen Literatur und die Themen, die für die Kirchen in Asien und Afrika wichtig sind. Die Titel lauten: The Christian's God, Christian Giving, Mark's Witness to Jesus Christ, Christianity and Science, The Christian as a Citizen, The Christian Character, Reading the Bible Today, John's Witness to Jesus, From Brahma to Christ, Beginning from Jerusalem, Jesus and His People, Did Jesus Rise from the Dead?, The Cross is Heaven, Who is Jesus Christ?, Letter of Wise Counsel, Religious Liberty, Living with the Gospel, Livingstone in Africa, Christ's Messengers, Japanese Witness for Jesus Christ, One Lord - One Church, The People of God in the OT, Matthew's Witness to Jesus Christ, Psalms as Christian Praise, Paul to the Galatians, Luke's Witness to Jesus Christ, Christian Prayer, Design of My World, The Christian Family, Kagawa, Faithful Witnesses, Moses. – Das zweite große Unternehmen ist der *Council on Christian Literature for Overseas Chinese* in Hongkong. Diese Verlags- und Vertriebs-Organisation wird von verschiedenen Missionen unterhalten und ist die Nachfolgerin der früher auf dem chinesischen Festland bestehenden christlichen Verlags- und Vertriebsanstalten. Viele chinesisch sprechende Menschen in Formosa, Singapur, Malaya und auf den Philippinen sind für ihr christliches S. auf die Organisation in Hongkong angewiesen. Ein großer Teil der klassischen christlichen Literatur des Westens wurde inzwischen ins Chinesische übersetzt; einheimische Schriftsteller werden dazu ermutigt, original chinesische Arbeiten zu liefern. – Neben diesen beiden Unternehmen ist noch ein wichtiges Projekt in Afrika zu nennen. Jahrelang förderte das *International Committee for Christian Literature in Africa* die Produktion christlichen S.s in Afrika, führte jedoch seine Geschäfte von London aus. Das Londoner Komitee wurde nunmehr aufgelöst, und seine Mittel wurden an regionale afrikanische Räte für christliche Literatur verteilt.

In den meisten asiatischen und afrikanischen Ländern leben die Christen gegenwärtig noch weitgehend auf dem Lande; das Anwachsen städtischer und industrieller Siedlungen läßt jedoch mehr und mehr eine »Mittelklasse« von im allgemeinen gebildeteren Leuten entstehen. Dies bedeutet, daß der Bedarf an »guter« Literatur steigt; die christlichen Organisationen müssen solche zur Verfügung stellen, wenn die neue Intelligenzschicht Asiens und Afrikas den christlichen Glauben in ganz neuen Bezügen verstehen soll. Das christliche S. muß deshalb thematisch umfassend angelegt sein; Bücher über Ethik, Staatsbürgerkunde, Sozialfürsorge usw müssen zur Verfügung gestellt werden. *Cecil Northcott*

Schröckh, *Johann Matthias* (1733–1808), ev. Theologe und Historiker, * in Wien, † in Wittenberg. Schüler von → Mosheim, J.D. → Michaelis und → Ernesti, wurde er 1762 ao. Prof. in der philosophischen Fakultät in Leipzig, 1767 o. Prof. der Dichtkunst in Wittenberg, 1775 der Geschichte, die er im Sinne des Supranaturalismus und des Pragmatismus darstellte. – Vgl. → Kirchengeschichte: I, 2 f.

Vf. u.a.: Lebensbeschreibungen berühmter Gelehrten, (1764–69) 1790²; Allg. Biogr., 8 Bde, 1767–91; Christl. KG, 45 Bde, 1768–1812 (die letzten beiden Bde hg.v. H.G. → Tzschirner; Bd 1–13 1772 bis 1802²); Lehrbuch der allg. Weltgesch. zum Gebrauch beim ersten Unterricht der Jugend, (1774) 1816⁶; Historia religionis et ecclesiae christianae, (1777) 1828⁷; Allg. Weltgesch. für Kinder, 4 Bde, 1779 bis 1784. – Über S.: Selbstbiogr. in: J.R.G. Beyer, Allg. Magazin für Prediger V/2, 1792, 209–222 – J.G. Meusel, Das gelehrte Deutschland VII, 314; X, 627; XV, 381 (vollst. Bibliogr.) – K.L. Nitzsch, Über J.M.S.s Studienweisen u. Maximen, 1809 – H.G. Tzschirner, Über J.M.S.s Leben, Charakter u. Schriften, 1812 – F.C. Baur, Die Epochen der kirchl. Geschichtsschreibung, 1852, 169ff – ADB 32, 498ff – RE XVII, 779ff – K. Völker, Die KG-Schreibung der Aufklärung, 1921, 37ff – K. Aner, Die Theol. der Lessingzeit, 1929, 331ff – W. Nigg, Die KG-Schreibung, 1934. *H. Hohlwein*

Schröder, 1. *Joachim* (1613–77), luth. Pfarrer, seit 1637 in Rostock, entschiedener, von Sendungsbewußtsein erfüllter Vertreter der frühpietistischen Reformbewegung. In zahlreichen Schriften forderte S. eine Erneuerung des sittlich-kirchlichen Lebens durch Buße, Heiligung und Kirchenzucht. Seinen schwer realisierbaren, calvinistisch beeinflußten Reformvorschlägen sowie seinem Plan einer allgemeinen luth. Synode blieb der Erfolg versagt. Ergebnislos war auch sein Kampf gegen die traditionellen Schulaufführungen antiker Komödien in der Rostocker Johanniskirche und gegen den Gebrauch klassischer Literatur im Unterricht.

ADB XXXII, 515f – H. Leube, Die Reformideen in der dt. luth. Kirche zZ der Orthodoxie, 1924 – K. Schmaltz, KG Mecklenburgs III, 1952. *E. Peschke*

2. *Johann Heinrich* (1667–99), ev. Kirchenliederdichter, * in Springe (Hannover), Schüler A.H. → Franckes, seit 1696 Pfarrer in Meseberg bei Magdeburg, dichtete stark chiliastische Lieder. Um das Gedächtnis seiner dichterisch mit ihm wetteifernden Frau († 1697) zu ehren, verfaßte S. nach den Schlußworten ihres letzten Liedes das Lied »Jesu, hilf siegen, du Fürste des Lebens«, das gekürzt (7 von 14 Strophen) im EKG 260 steht. Sein bekanntestes Lied ist »Eins ist not! Ach Herr, dies Eine« (EKG 259), dessen von einem weltlichen Liebeslied herstammende Melodie mit ihren tänzerischen Rhythmen immer wieder Bedenken erregte, aber bisher durch die bessere von J.S. → Bach noch nicht allgemein verdrängt wurde.

Koch IV, 381ff; VIII, 426ff – Hdb. z. EKG II/1, 1957, 218. *E. Wunderlich*

3. *Rudolf Alexander*. * 26.1.1878 in Bremen, verbringt S., der nicht nur dichterisch und musikalisch, sondern auch zeichnerisch und malerisch begabt ist, nach dem Besuch des Humanistischen Gymnasiums zunächst einige Jahre in München, um sich als Architekt auszubilden. Gemeinsam mit A.W. Heymel und O.J. Bierbaum begründet er 1899 die Zeitschrift »Die Insel«. Aus der Begegnung mit H.v. → Hofmannsthal, der 1905 in einem Aufsatz in der »Neuen Rundschau« als erster auf die Bedeutung von S.s Lyrik hingewiesen hat, erwächst eine lebensbestimmende Freundschaft. Daneben werden u.a. wichtig die Beziehungen zu dem Maler L.v. König und zu R. Borchardt sowie die etwas entfernteren zu G. → Hauptmann und R.M. → Rilke. Steht die erste Lebenshälfte unter dem Zeichen der Wanderschaft (Paris, Berlin, Bremen), so die zweite unter dem des Dienstes an der christlichen Verkündigung; Anlaß der Wende ist der 1. Weltkrieg, ihr Denkmal die 1930 erschienene Gedichtsammlung »Mitte des Lebens«. Schon in den frühen Werken jedoch wie »Unmut. Ein Buch Gesänge« (1899), »Lieder an eine Geliebte« (1900), »An Belinde« (1902), »Sonette zum Andenken an eine Verstorbene« (1904), »Elysium« (1906), »Hama. Gedichte und Erzählungen« (1908), »Die Zwillingsbrüder. Sonette« (1908) ist in aller tändelnden Leichtigkeit oder lastenden Schwermut jene Unruhe spürbar, die erst dort gestillt werden kann, wo aus dem bodenlosen Nichts ein Grund entgegenkommt, der standhält. Nach dem Krieg lebt S. zunächst wieder in Bremen, das er aber 1936 endgültig verläßt, um mit seiner Schwester Dora nach Bergen in Oberbayern überzusiedeln. Dem → »Eckart«-Kreis um K. Ihlenfeld und O.v. → Taube und der → Bekennenden Kirche verbunden, wird er während des 2. Weltkriegs als Lektor in

den Dienst der Ev.-Luth. Landeskirche eingeführt und zur Abhaltung von Gottesdiensten berufen (→ Laiendienst).

Wenn S.s Werk im Längsschnitt bestimmt ist durch die Spannung von heidnisch-ästhetischer Schwebe und christlich-religiöser Gebundenheit, so im Querschnitt durch die dreifache Polarität von Gefühlswärme und geistiger Besonnenheit, dichterischer Gestaltung und deutender Reflexion, schöpferischem Eigenausdruck und nachschaffender Übersetzung. S. ist zunächst und vor allem Lyriker (→ Lyrik, 2); seine Möglichkeiten reichen hier von kostbarer Gewähltheit bis zu schlichter Innigkeit. Wie er über → Hölderlin und Platen hinaus die antike Odenform erneuert, so erfüllt er zugleich mit souveräner Meisterschaft das Sinngesetz der Elegie, des Sonetts, der Ballade und des Liedes. Dem Gehalt nach handelt es sich dabei um den Ausdruck einer inneren Sammlung, die das Vergängliche durch Treue überwindet. Die besorgte Treue zu Volk und Vaterland (»Deutsche Oden«, 1908-13) wurzelt in einer dankbaren Liebe zur niedersächsischen Stammesheimat. Der Treue zum antiken Erbe geht es um die Grundlagen einer wahrhaft lebendigen Bildung und damit um die Kontinuität abendländischen Daseins. Der Treue als Heilsbekümmerung aber antwortet die Gewißheit der immer schon entgegenkommenden Treue Gottes. Mit der Trennung der geistlichen Lyrik von der weltlichen erneuert S. einen Brauch, der bis in das 18.Jh. hinein gültig war, heute aber in seinem Sinn überhaupt erst wieder verstanden werden muß. Indem der Dichter dem Gott der biblischen Offenbarung begegnet, zerfällt jene unbestimmte All-Einheit, die einer säkularisierten Frömmigkeit als der eigentliche Boden der Poesie erschien. Während nun aber die geistlichen Gedichte aus der »Mitte des Lebens« den Zustand der einzelnen Seele ausdrücken, die in verborgener Innerlichkeit bekümmert ist um das Heil, tut S. mit dem »Lobgesang« (1937) den Schritt zum eigentlichen → Kirchenlied (: I, 3 e). In einer programmatischen Schrift über »Die Kirche und ihr Lied« hat S. selber gezeigt, wie das Kirchenlied einer gemeinsamen Glaubensbekräftigung und öffentlichen Glaubensbezeugung dient und sich in einer verbindlichen Ordnung von Vorstellungen und Ausdrucksmöglichkeiten hält. Der damit gegebenen Gefahr eines archaisierenden Nachtönens ist S. bei seiner auf den klassischen Liedbestand des 16. und 17.Jh.s zurückgreifenden Erneuerung des ev. Kirchenliedes freilich nicht immer entgangen, so gewiß ihm in manchen Stücken wie zB vor allem »Es mag sein« oder »Wir harren, Christ...« die beseelende Erfüllung der überlieferten Formen aus dem Ursprung unseres geschichtlichen Augenblicks gelingt. - Weil S. ein meditierender Dichter ist, stehen neben seiner Lyrik als notwendige Entsprechung die in seinen »Aufsätzen und Reden« entfalteten Erkenntnisse. Der Bogen der Betrachtung reicht von → Homer und Horaz über → Racine und → Goethe bis zu Th. → Mann und G.Hauptmann. Als Leitmotiv geht durch fast alle Beiträge die Frage nach der Verantwortung des Dichters hindurch: der politischen in bezug auf das Schicksal der Gemeinschaft, der erkenntnishaften in bezug auf die Wahrheit der Dinge, der religiösen vor dem Anspruch der Überwelt. Die Grenze schließlich zwischen nachschaffender Übersetzung und schöpferischer Gestaltung ist bei S. insofern fließend, als diese unter dem Gesetz der Wiederholung und jene unter dem der Aneignung steht. Wie die Eindeutschung von Homer (»Odyssee« 1910, »Ilias« 1943), Horaz (1935) und → Vergil (»Georgica« 1924, »Eclogen« 1926, »Äneis« 1952, »Bucolica« 1957) ihren eigentlichen Rechtsgrund in seinem christlichen Humanismus hat, so bestätigt sich diese wiederum in der Übersetzung von Racine. Die Bemühungen um → Shakespeare zielen gegenüber Schlegel-Tieck auf Entromantisierung, während sich in der Übersetzung der niederländischen und flämischen Lyriker G.Gossaert und G.Gezelle die landschaftliche mit der religiösen Motivierung verbindet.

S.s Grenzen und Schwächen liegen offensichtlich in der oft zum Selbstzweck werdenden Sprachkunst sowie der damit zusammenhängenden Neigung zur abrundenden und aufhöhenden Formel. Viele Gedichte jedoch aus den Zyklen »Elysium« und »Die Ballade vom Wandersmann« (1937), aber zB auch die Elegie »Der Jahrestag«, die vierteilige »September-Ode« und eine Reihe seiner geistlichen Lieder, von denen einige auch vertont und in die Gesangbücher aufgenommen worden sind, halten durch gestalthafte Notwendigkeit und menschliche Echtheit stand.

Die Aufsätze u. Reden, 2 Bde, 1939; Die weltl. Gedichte, 1940; Die geistl. Gedichte, 1949. - GesW Bd I-V, 1952, Bd VI, 1958. - R. ADOLPH, R.A.S.-Bibliogr., 1953. - Über S.: J.HOFMILLER, S. (in: Zeitgenossen, 1910, 289-313) - J.PFEIFFER, R.A.S.s Ballade u. Lobgesang, 1938 - DERS., R.A.S. (in: Dichtkunst u. Kirchenlied, 1961, 140-150) - K.BERGER, Die Dichtung R.A.S.s, 1954 - H.E.HOLTHUSEN, Tradition u. Ausdruckskrise. R.A.S. als Lyriker (in: Ja u. Nein. Neue krit. Versuche, 1954, 56-85) - R.ADOLPH, Leben u. Werk v. R.A.S. Ein Brevier, 1958. *J.Pfeiffer*

Schrörs, *Heinrich* (1852-1928), kath. Kirchenhistoriker, * in Krefeld, † in Bonn, 1885 PDoz. für Kirchenrecht in Freiburg, seit 1886 o. Prof. für KG in → Bonn. Der bedeutende Universitätslehrer griff literarisch temperamentvoll in den Tageskampf ein: zur Zeit des → Reformkatholizismus trat er für »zeitgemäße Erziehung« des Klerus ein und suchte einen Mittelweg zwischen Reform und Reaktion, im Weltkrieg verteidigte er Vaterland und Kirche gegen den Angriff des französischen Katholizismus. Erst nach der Emeritierung 1916 entstanden seine Werke zur kath. KG des frühen 19.Jh.s: Geschichte der kath.-theol. Fakultät Bonn 1818-1831, 1922; J.W.J.Braun, 1925; Die Kölner Wirren, 1927. Unvollendet blieben seine Arbeiten über Onofrio Panvinio († 1568) und → Döllinger.

Autobiogr. in: Die Religionswiss. in Selbstdarstellungen, hg.v. E.STANGE, III, 1927, 193-239 (Bibliogr.) - A.SCHNÜTGEN, Nachruf (Annalen d. hist. Vereins f. d. Niederrhein 114, 1929, I-XIX) - LThK IX, 335f (Lit.). *G.Maron*

Schubert, 1. *Franz,* Komponist, * 31.1.1797 in Wien (-Lichtenthal) als Sohn eines kinderreichen Schullehrers, † 19.11.1828. Er wurde 1808 als Sopranist in die Hofkapelle und die Konviktschule in Wien aufgenommen, war 1813-17 Schulgehilfe seines Vaters und machte sich 1818 selbständig, um sich ganz der Musik zu widmen. Im Mittelpunkt seines Schaffens steht das Lied (etwa 600 Lieder). Die zeitliche und räumliche Nähe zu den drei Wiener Klassikern (→ Musik: V, 7) - er war ein jüngerer Zeitgenosse Beethovens - ist eine wesentliche Voraussetzung für seine Musik. Gewisse Seiten seiner Instrumental- und Kirchenmusik verbinden S. auch mit den späteren Romantikern. Unter seinen 6 Orchestermessen stehen die in As-Dur (Nr. 5, 1819) und in Es-Dur (Nr. 6, 1828) an erster Stelle. Weitere geistliche Werke S.s: Gesänge zur Feier des hl. Opfers der Messe (sog. Deutsche Messe, 1826), Deutsche Trauermesse (1818), 4 Kyrie, 4 Tantum ergo, 7 Salve Regina, Stabat Mater (1815), das deutsche Stabat Mater von Klopstock (1816), Magnificat (1816), 6 Offertorien, Graduale (1815), Psalmen, 6 Antiphonen (1820). Er schrieb außerdem Musik für Klavier, Kammermusik, Sinfonien und Ouverturen für Orchester, Chöre, sowie Kantaten und zahlreiche, zT unvollendete Bühnenwerke.

GA, 21 Serien, 1888-97. - O.E.DEUTSCH, F.S., Die Dokumente seines Lebens u. Schaffens, 2 Bde, 1913/14 (engl. Neuausg. mit Kommentar, London 1946) - DERS., S., Thematic Catalogue, London-New York 1951 - DERS., S., Die Erinnerungen seiner Freunde, 1957 - Bericht über d. Int. Kongreß für S.-Forschung (Wien 1928), 1929 - W.KAHL, Verzeichnis des Schrifttums über F.S. 1828-1928, 1938 - W.VETTER, Der Klassiker S., 2 Bde, 1953. *Thr.Georgiades*

2. *Gotthilf Heinrich von*, * 26.4.1780 in Hohenstein (Niedererzgebirge), † 30.6.1860 in München. S. besuchte das Gymnasium in Weimar, wo er → Herder schwärmerisch bewunderte und → Jean Paul nahetrat. Seit 1799 studierte er zunächst Theologie, fühlte sich aber zur Naturwissenschaft hingezogen und erreichte die Erlaubnis des Vaters, zur Medizin überzugehen, die er in Jena betrieb. Dort empfing er den für sein Leben bestimmenden Einfluß → Schellings. Nach kurzer Tätigkeit als Arzt in Altenburg (Thür.), wo er den Roman »Die Kirche und die Götter« (1804) schrieb, studierte er in Freiberg (Sa.) Geognosie und Mineralogie bei Abraham Gottlob Werner (1749-1817), dem Lehrer vieler Romantiker, bes. des → Novalis. 1807-09 hielt S. mit Adam → Müller freie Vorlesungen für Gebildete in Dresden, wurde 1809 Direktor der Realschule in Nürnberg, 1816 Prinzenerzieher in Ludwigslust (Meckl.), 1818 Prof. der Naturkunde (Mineralogie, Botanik, Zoologie) in Erlangen, 1827 in München. In beiden Orten wurde er wie schon in Nürnberg einer der führenden Vertreter der → Erweckung (: I, 5 b), das eigentliche Bindeglied zwischen ihr und der → Romantik (: II). Außer Schelling gewann Franz v. → Baader stärksten Einfluß auf ihn. Bes. wichtig wurde eine Reise nach Palästina 1836-37. - S.s Bedeutung besteht darin, daß er die Wernersche Gesamtansicht der Natur (philosophisch und psychologisch) klärte und theologisch deutete (Handbuch der Geognosie und Bergbaukunde 1813, der Mineralogie 1816) sowie romantische Naturphilosophie mit schlichter Bibelfrömmigkeit verband.

Vf. ferner u.a.: Ansichten von der Nachtseite der Naturwissenschaften, 1808; Die Symbolik des Traumes, 1814; Altes u. Neues aus dem Gebiet der innren Seelenkunde I-V, 1817-41; Die Gesch. der Seele, 1830; Der Erwerb aus einem vergangenen u. die Erwartungen von einem zukünftigen Leben I-III (Selbstbiogr.), 1854-56; Vermischte Schriften I. II, 1857/60. - Über S.: M.ZELLER, G.H.v.S.s Jugendgesch., 1880 - DIES., G.H.v.S.s Tagewerk u. Feierabend, 1882 - F.R.MERKEL, Der Naturphilosoph G.H.S. u. d. dt. Romantik, 1913 - G.N.BONWETSCH, G.H.v.S. in seinen Briefen, 1918 - CHR.BERNOULLI-H.KERN, Romantische Naturphilos., 1926, 110ff. *M.Schmidt*

3. *Hans von* (12.12.1859 bis 6.5.1931), ev. Kirchenhistoriker, * in Dresden, † in Heidelberg, 1887 Lehrer am Rauhen Haus in Hamburg, 1891 Prof. für KG in → Straßburg, 1892 in → Kiel, 1906 in → Heidelberg. Der Schwerpunkt der zahlreichen Veröffentlichungen, die universalhistorisch (Grundzüge der KG, [1904] 1950^{11}), auch rechtsgeschichtlich, orientiert sind, liegt bei der »Geschichte der christlichen Kirche im Früh-MA« (1921) und der Reformation (bes. S.s letztes Werk über seinen Ahn L. → Spengler, s. Lit.). S. sieht die Reformation in der Verflechtung von bekenntnisbildenden und politischen Kräften und verfolgt die schöpferische Kraft des Glaubens in der Universalgeschichte in seiner vielgestaltigen Wirkung auf das geschichtliche Leben. - Als Sekretär der Heidelberger → Akademie (: I, 2 d) veranlaßte S. die Cusanusausgabe, als Vorsitzender des Vereins für Reformationsgeschichte die Supplementa Melanchthoniana, die »Quellen und Forschungen« und bes. die Herausgabe der Wiedertäuferakten. - In Wechselbeziehung zur wissenschaftlichen Arbeit steht eine reiche Tätigkeit im Dienst von Gemeinde und Kirche, Universität und Staat (Beziehung zu O. → Baumgarten, W. → Simons).

Bibliogr. in: H.v.S., Lazarus Spengler u. die Reformation in Nürnberg, hg.v. H.HOLBORN, 1934, XXXVI-XXXVIII. - Über S.: ebd IX-XXXV (H.HOLBORN) - ZW 7, 1931, 75-79 (H.BORNKAMM) - ChW 45, 1931, 763-765 (O.BAUMGARTEN) - KEN ISHIWARA, in der japan. Ausg. von H.v.S., Die weltgesch. Bedeutung der Reformation, Tokio 1931, 71-121 - ZSavRG Kan. Abt. 21, 1932, 521-526 (A.SCHULTZE). *Erich Dinkler*

Schubring, *Wilhelm* (13.3.1875 bis 6.7.1945), ev. Theologe, * in Erfurt, † in Berlin, 1901 Pfarrer in Alsleben, 1904 in Wundersleben, 1913 in Berlin an St. Thomas, 1918 an St. Marien. Als Vorkämpfer des freien Protestantismus war S. seit 1921 Generalsekretär des → Protestantenvereins.

Vf. u.a.: Kirchenpolit. ABC, (1921) 1925^{3}; Kirchenpolit. Quellenheft, 1926; Vom wahren Wesen des Kulturprotestantismus, 1926. - Hg.: PrBl, 1920-41; Polit. Predigten, 1930 (mit H.SCHLEMMER); Ev. Gedanken zur Gegenwart, 1934ff. *H.Hohlwein*

Schürer, *Emil*, Neutestamentler, * 2.5.1844 in Augsburg, † 30.4.1910, habilitierte sich 1869 in Leipzig und wirkte als Prof. in → Gießen (ab 1878), → Kiel (1890) und → Göttingen (1895). Mit seiner »Geschichte des jüd. Volkes im Zeitalter Jesu Christi (I-III, $1901\text{-}09^{4}$) wurde er der eigentliche Begründer der Wissenschaft vom antiken → Judentum (: I). Er wandte, auf theologische Sinndeutung verzichtend, die Gesetze kritischer Historiographie auf dies Gebiet an, indem er die antiken Quellen zur Grundlage für die Darstellung machte und erst dann und gelegentlich die rabbinischen Traditionen einfügte. Dieses Prinzip ermöglichte neben einem bis heute unangefochtenen Aufriß der politischen Geschichte die Aufhellung der Institutionen und der Struktur des Diasporajudentums. Als Herausgeber der ThLZ (1876-80. 1888-1910) hat S. die historisch-kritische Forschung auch über sein Fach hinaus maßgeblich bestimmt.

Vf. ferner u.a.: Die Gemeindeverfassung d. Juden in Rom, 1879; Die Predigt Jesu in ihrem Verhältnis z. AT u. z. Judenthum, 1882; Über den gegenwärt. Stand der joh. Frage, 1889; Die Juden im bosporan. Reiche u. d. Genossenschaften der σεβόμενοι θεὸν ὕψιστον (SAB 1897). - Über S.: RE XXIV, 460ff (Bibliogr.) - E.BAMMEL in: DtPfrBl 60, 1960, 225-227. *E.Bammel*

Schürman, *Anna Maria van* → Schuurman.

Schütz, 1. *Antal* (1880-1953), Piarist, bedeutendster Vertreter des Thomismus in Ungarn, seit 1916 Prof. der Dogmatik an der Universität Budapest. S. hat die erste großangelegte und ausführliche röm.-kath. Dogmatik in ungarischer Sprache geschrieben.

Vf. u.a. (jeweils Budapest): Dogmatik I. II, (1923) 1937^{2}; Summarium theol. dogmaticae, (1923) 1935^{2}; Die Elemente der Philos., (1927) 1948^{4}; Vorträge, Studien u. Aufsätze, 10 Bde, 1928-44; Mein Leben (Selbstbiogr.), 1942. - Auf dt.: Gott in der Gesch., 1936; Der Mensch u. die Ewigkeit, 1938; Christus mit uns, 1939. - Über S.: J.MOÓR, Philosophia perennis, Budapest 1941. *I.Török*

2. *Heinrich*, latinisiert *Sagittarius* (1585-1672), * in Köstritz a. d. Elster, † in Dresden, einer der größten deutschen Komponisten, war als Knabe Sopransänger in der Kapelle des Landgrafen Moritz von Hessen und Zögling des Collegium Mauritianum in Kassel, seit 1607 Student der Rechte in Marburg, und bildete sich 1609-12 auf Veranlassung und Kosten des Landgrafen bei G. → Gabrieli in Venedig zum Musiker aus. 1613-17 war S. Hoforganist in Kassel und seit 1617, mit Unterbrechungen, Hofkapellmeister in Dresden. 1628/29 unternahm S. eine zweite Studienreise nach Italien; als Kapellmeister war er vorübergehend in Braunschweig und dreimal mehrere Jahre in Kopenhagen tätig. Die Dresdener Kapelle hat er neu gebildet und zu einer damals bewunderten Höhe gebracht.

S. bedeutet in der abendländischen Musikgeschichte nach → Palestrina einen weiteren Höhepunkt und zugleich den Beginn der großen deutschen Musik. In seinem Werke verbindet sich die altev. Kantoreitradition mit der weltaufgeschlossenen, hochkultivierten italienischen Satzkunst des 16.Jh.s; Gabrielis venetianische Klangsinnlichkeit findet sich unverkennbar in S.' Erstlingswerk, einer Sammlung 5stimmiger italienischer Madrigale (1611) wieder. Daneben klingt aber ebenso stark schon hier die besondere Eigenart seiner Musik an, spürbar am ehesten im Ansatz und in der Ausgestaltung der Kadenzen, im Adel der melodischen Erfindung und in der elementaren Gewalt der sprachlich-musikalischen Deklamation. Auch bei S.' erstem Werk in deutscher Sprache, acht- und mehrstimmigen Psalmen und Motetten (1619) wirken venetianische Vorbilder nach, zB in der mehrchörigen Anlage und bes. in der Verwendung starker Instrumentalkapellen; dabei setzt mehr als alle Pracht und Vielfalt der Besetzung die Unmittelbarkeit in Erstaunen, mit der S. die Psalmen in ihrer strukturellen und poetischen Besonderheit erfaßt und wiedergibt. Anders geartet sind die beiden wenig später entstandenen Sammlungen vierstimmiger Stücke, die lat. Motetten auf Vulgata- u.a. Augustin und Bernhard von Clairvaux zugeschriebene Texte (1625) und die 150 Sätze zum Reimpsalter von C. → Becker (1628): hier in schlichtem → Kantional-Satz Note gegen Note eine Fülle verschiedenartigster musikalisch-rhythmischer Ausdeutung der von Becker angewandten Strophengestalten, dort kunstvolle, äußerst wendige und expressive → Polyphonie.

Von tiefgreifender Bedeutung wurde für S. in der Vollkraft reifer Meisterschaft die Begegnung mit → Monteverdi (1628/29). Ihr verdankt er die Vertrautheit mit dem Geist und der Technik des → Generalbaß-Satzes, der »Monodie« (→ Musik: V, 6 b). Es entstanden die großen Werke für Solostimmen mit Instrumentalbegleitung, die Geistlichen Konzerte, die Symphoniae sacrae, die Musikalischen Exequien (Begräbnismusik für Heinrich Postumus Reuß, 1636), in denen S. eine Durchdringung des musikalischen Satzes mit dem Geist der deutschen Sprache gelang, wie sie in dieser Art und Intensität nie wieder erreicht worden ist. S. geht vorwiegend der materiellen Gestalt, der Gliederung, dem Akzentspiel, dem rhythmischen Gefälle, der immanenten Sprachmelodie der deutschen Prosa nach. Auf diesem Wege dringt er aber zugleich deutend in die Tiefe ihres Sinngehaltes vor, der dabei eigenartige Leuchtkraft und Einprägsamkeit gewinnt. Aus dem bes. engen Verhältnis seiner Musik zur deutschen Sprache erklärt sich S.' Sorgfalt bei der Wahl der Texte; sie entstammen – von den lat. abgesehen – größtenteils der Lutherbibel (bes. den Psalmen). Daneben erscheint in größerem Umfang lediglich das Kirchenlied: → Choralbearbeitungen finden sich unter allen von S. gepflegten Gattungen, als einfacher Kantionalsatz, als → Motette, als Konzert für Einzelstimmen mit Generalbaß, als Choralvariationen (mit durchkomponierten Strophen), als mehrchöriges Werk, als großangelegte »Symphonia sacra«. Dabei weicht die Art, wie S. die Choralmelodie als musikalischen Baustein verwendet, wesentlich ab von der Tradition der mitteldeutschen Kantoren und Organisten, die zu → Bach hinführt, und erinnert in manchem eher an die freiere → Parodie-Technik → Lassos oder Palestrinas.

S.' Spätwerk kennzeichnet neben der Eindringlichkeit der musikalischen Diktion gleichzeitig eine Abgeklärtheit und Ruhe, deren abgewogene Ökonomie ebenfalls in vielem an die A-cappella-Kunst des 16.Jh.s gemahnt. Dies gilt bes. für die Zwölf geistlichen Gesänge (1657), eine Sammlung vierstimmiger liturgischer Stücke, die mit der Deutschen Messe (Kyrie, Gott Vater in Ewigkeit – All Ehr und Lob soll Gottes sein – Das deutsche Nicänum – Die Einsetzungsworte des Abendmahls – Ps 111) eines der gewichtigsten Werke von S. enthält. Denselben Geist atmen auch die großen deutschen Motetten, die S. 1648 als »Geistliche Chormusik« dem Leipziger Thomanerchor gewidmet und den jüngeren Komponisten seiner Zeit als Vorbild gediegener Satzkunst vorgestellt hat. Hierher zählen des weiteren die Choralpassionen (Rahmenteile und → Turbae vierstimmig a-cappella, alles übrige unbegleitete Einzelstimmen; → Passion) und das farbige Weihnachtsoratorium (1664), dessen Besonderheit in den 10 mit verschiedenartigen Instrumenten besetzten »Intermedien« (Vertonung der direkten Redeteile in Gestalt von Konzerten) und dem rhythmisierten Evangelistenrezitativ (einziges Beispiel bei S.) zu sehen ist, sowie das unvergleichliche deutsche doppelchörige Magnificat (1670), das zusammen mit einer (unvollständig überlieferten) Vertonung des ganzen 119. Psalms S.' letztes Werk darstellt.

Die weltlichen Werke von S. treten in den Hintergrund; bedeutende sind überdies verloren, so eine große Ballettmusik »Orpheus und Euridice« (1638) oder die oft als erste deutsche Oper genannte, von Opitz übersetzte Daphne Rinuccinis, die S. 1627 zur Vermählung des Landgrafen von Hessen geschrieben hat. Instrumentalwerke hat S. nicht hinterlassen. Das Gesamtwerk lebt in einer aristokratischen Atmosphäre; es zeugt, wie auch die erhaltenen Briefe, von S.' Persönlichkeit als der eines hochgebildeten, aufgeschlossenen, im ev. Glauben verwurzelten, überragenden Mannes.

Nachdem S. über 150 Jahre vergessen war, wurde er in der Romantik von C.v. → Winterfeld wiederentdeckt. Seit 1885 haben sich bes. F. und Ph. → Spitta für ihn eingesetzt, das Werk in einer Gesamtausgabe vorgelegt und sich um dessen Rückgewinnung für den Gottesdienst bemüht. Später hat u.a. die → Singbewegung das S.sche Werk gepflegt. Aus ihr ging 1929 die Neue S.-Gesellschaft (Sitz Kassel) hervor, die die Ausbreitung und das Verständnis des Werkes durch praktische Ausgaben und H.S.-Feste fördern will.

Hauptwerke (Opuszahlen von S.). Opus 1: Italien. Madrigale, 1611; 2: Psalmen Davids, 1619; 3: Auferstehungshistorie, 1623; 4: Cantiones sacrae (lat.), 1625; 5: Beckerscher Psalter, (1628) 1661³; 6: Symphoniae sacrae I (solist. mit Instr., lat.), 1629; 7: Musikal. Exequien, 1636; 8/9: Kleine geistl. Konzerte I. II (zT lat.), 1636/39; 10: Symphoniae sacrae II (solist. mit Instr.), 1647; 11: Geistl. Chormusik (29 5-7stimm. Motetten), 1648; 12: Symphoniae sacrae III (solist. mit Instr. u. Komplementchören), 1650 – Zwölf geistl. Gesänge, 1657; Weihnachtshistorie, 1664 – Handschriftlich: Die sieben Worte, um 1645; 3 Choralpassionen nach Mt, Lk u. Joh, um 1666; Ps 119 u. dt. Magnificat, 1670 – Dt. Madrigale auf Texte von Opitz, um 1625/30.

GA hg.v. PH.SPITTA, Bd 1-16, 1885-94; Bd 17 = 1. Nachtr. hg.v. A.SCHERING, 1909; Bd 18/19 = 2. Nachtr. hg.v. H.SPITTA, 1929 – H.S., Neue Ausg. sämtl. Werke, 1955ff. – S.-Werke-Verzeichnis, hg.v. W.BITTINGER, 1960. – Ges. Briefe u. Schriften hg.v. E.H.MÜLLER, 1931.

Über S.: F.SPITTA, H.S., 1886 – ADB 33, 753ff (PH.SPITTA) – A.PIRRO, H.S., Paris 1913 – A.EINSTEIN, H.S., 1928 – R.GERBER, Das Passionsrezitativ bei S., 1929 – H.J.MOSER, H.S., Leben u. Werk, (1936) 1954² (grundlegend) – H.HOFFMANN, S. u. Bach, zwei Tonsprachen, 1940 – J.PIERSIG, Das Weltbild des H.S., 1949 – G.WEIZSÄCKER, H.S., 1952 – W.EHMANN, Die Psalmen Davids 1619 in der Aufführungspraxis (MuK 26, 1956, 145-171) – H.H.EGGEBRECHT, H.S., Musicus poeticus, 1959 – DERS., Ordnung u. Ausdruck im Werk von H.S., 1961 – S.HERMELINK, Rhythmische Struktur in der Musik von H.S. (AfMw 16, 1959, 378-390). *S.Hermelink*

3. *Johann Jakob* (1640-90), aus einer aus Schwaben stammenden Frankfurter Familie. Zunächst Jurist, gab S. seinen Anwaltsberuf aus religiösen Gründen auf und widmete sich fast ausschließlich kirchlichen Fragen und

religiöser Schriftstellerei. → Speners Collegia pietatis förderte er von Anfang an eifrig, löste sich aber seit Speners Weggang nach Dresden ganz von der offiziellen Kirche, nachdem er sich schon vorher den Sonderversammlungen der Eleonore von Merlau auf dem »Saalhof« und ihrer und ihres späteren Mannes J.W. → Petersen chiliastischen Richtung angeschlossen hatte. Sein Lied »Sei Lob und Ehr dem höchsten Gut« (EKG 233) wird noch immer viel gesungen.

Vf. u.a.: Christl. Gedenkbüchlein zur Förderung eines anfangenden neuen Lebens, 1675; Christl. Lebensregeln, 1676. - Über S.: RGG² V, 276f - Hdb. z. EKG II/1, 1957, 209f (Lit.); Sonder-Bd, 1958, 358f. *W.Jannasch*

Schulandachten. Die Andacht in der Schule ist eine kurze *Sonderform des Gemeindegottesdienstes.* Kirchlicher Unterricht und Gottesdienst stehen in komplementärem Verhältnis zueinander. Liturgie und Wortverkündigung »richten unter« (Hammelsbeck) Gott und die in Christus offenbarte Wahrheit. Aus dem rein intellektuellen Erfassen wird in der → Andacht (: II) das Verstehen im Glauben, aus dem Gegenüber von Lehrer und Schüler die lebendige Begegnung mit Gott, aus einer Schar von Schülern die Gemeinde Christi. - Die Andacht *in der Klasse* wird in der Regel in knapp liturgischer Form mit Lesung, Singen und Gebet gehalten. Die Andacht *in der Schulgemeinde* hat ihr Zentrum in der Predigt, deren Sprache bildhaft-packend sein muß. Die einfachste Form umfaßt Lied, Schriftlesung und Auslegung, Gebet (mit Fürbitten), Segen. Die in einigen Kirchengebieten regelmäßig gehaltenen religiösen *Schulwochen* bieten eine gute Gelegenheit zur Einübung der Schüler in das gottesdienstliche Leben. Hier sollten die wieder neu erschlossenen liturgischen Formen, vor allem auch das Psalmengebet, zur festen Ordnung gehören. Immer wird es darum gehen, durch starke Mitbeteiligung, auch an der Verkündigung, wenn sie etwa dialogisch gestaltet wird, den Schüler dahin zu führen, daß er seinen Glauben in einer ihm gemäßen Weise ausspricht.

Vgl. die Lit. zu → Andacht: II, → Kirchliche Unterweisung: II. Ferner: W.Ziefreund, Der Schulgottesdienst in der Spannung zw. Predigt u. Gebet (Der ev. Erzieher 9, 1957, 117-125; Lit.) - O.Hammelsbeck, Krit. Bemerkungen zum Andacht-Halten (ebd 125-127) - Päd. Lexikon, hg.v. H.-H.Groothoff u. M.Stallmann, 1961, 7 ff (Lit.). *L.Schmidt*

Schulaufsicht

1. Geschichte - 2. Wesen und Aufgabe - 3. Inhalt

1. Der in der modernen → Schulgesetzgebung enthaltene Grundsatz, daß das gesamte Schulwesen unter der Aufsicht des Staates steht, ist in Deutschland das Ergebnis einer Entwicklung, die mit der Errichtung von Schulen durch Gemeinden und Staat begann. Solange es nur kirchliche Schulen gab, war die Beaufsichtigung aller schulischen Angelegenheiten durch kirchliche Organe unumstritten. Das änderte sich, als die Städte anfingen, Schulen zu begründen, und diese nicht nur unterhalten, sondern auch beaufsichtigen wollten. Ein erster Schritt zur Emanzipation der Schule von der kirchlichen Autorität war getan. Die Reformation trieb diese Entwicklung voran, da der Landesherr als summus episcopus mit dem → Kirchenregiment auch die Aufsicht über das Schulwesen übernahm. Die Identifizierung von Kirche und Territorialstaat, die im → Westfälischen Frieden Reichsrecht wurde, legte jedoch eine weitere Ausübung der S. durch kirchliche Organe nahe. Die selbstverständliche Inanspruchnahme von Geistlichen als S.sbeamte durch den Staat noch im 18.Jh. geht zB daraus hervor, daß Friedrich d.Gr. im Generallandschulreglement (1763) Geistliche bei unzureichender Pflichterfüllung in Schulsachen mit Enthebung vom geistlichen Amt bedrohte. Das hinderte jedoch den absolutistischen Staat nicht daran, im Preußischen Allgemeinen Landrecht (1794) ausdrücklich die »volle und alleinige Bestimmungsgewalt in der Schule« zu beanspruchen. Jedoch wirkten sich die mit der Aufklärung in Gang gekommenen Bestrebungen einer Trennung von → Kirche und Staat insofern aus, als die damaligen Schulgesetze die Tendenz erkennen lassen, die S.sbefugnisse auf weltliche, dh fachliche Organe zu übertragen. Mit dem preußischen S.sgesetz von 1872 setzte sich diese Tendenz durch, obwohl auf der örtlichen Ebene die S. noch immer meist von Geistlichen, die aber vom Staat ernannt sein mußten, ausgeübt wurde. Während in Preußen die letzten Ausläufer einer kirchlichen S. mit Art. 144 der Weimarer Verfassung abgeschafft wurden, hatten andere deutsche Länder schon früher diesen Schritt getan. In Art. 144 heißt es: »Das gesamte Schulwesen steht unter Aufsicht des Staates, er kann die Gemeinden daran beteiligen. Die S. wird durch hauptamtlich tätige, fachmännisch vorgebildete Beamte ausgeübt.« Die gesetzlich verankerte Möglichkeit einer Beteiligung der Gemeinden an der S. bringt zum Ausdruck, daß diese nicht mehr im Sinne des absolutistischen Staates ohne weiteres mit umfassender Bestimmungsgewalt über das gesamte Schulwesen gleichgesetzt wurde. Diese Auffassung haben Länderverfassungen und neue Schulgesetzgebung der BRD beibehalten, während in der DDR die staatliche S. ohne jede Einschränkung gilt.

Die Vielfalt der Formen der S. *in anderen Ländern* ist groß. Der Gedanke einer staatlichen S. - vielfach identisch mit einer fachlichen S. - hat sich meist durchgesetzt. Jedoch ist eine so deutliche Trennung von S. und Schulverwaltung wie in der BRD nicht erkennbar. Es gibt zentralgesteuerte S.sinstanzen in *Frankreich* und *Italien*. In *England* und in der *Schweiz* haben die örtlichen Schulausschüsse S.sbefugnisse. In England stellen die Königlichen Schulinspektoren die Verbindung zum zentralen Unterrichtsministerium dar. Charakteristische Abweichungen von den westeuropäischen Formen der S. bestehen in den *USA*. Hier liegt der Schwerpunkt der Schulverwaltung bei den örtlichen Schulbehörden. Die Schulausschüsse der Städte sind in allen äußeren und inneren Schulangelegenheiten selbständig. Es gibt auch ein State Board of Education der einzelnen Bundesstaaten. Dessen Kompetenzen beschränken sich im wesentlichen auf die Verteilung der Staatszuschüsse sowie auf die Ausarbeitung von Richtlinien, die der Durchsetzung der staatlichen Schulpolitik dienen sollen. Ein zentrales Bundesbüro für Erziehung hat keinerlei Anordnungsgewalt. Es ist vorwiegend Beobachtungs- und Sammelstelle.

2. Im Laufe der Entwicklung sind drei Merkmale für *Wesen und Aufgabe* der S. bestimmend geworden: a) S. ist ein vom Staat in Anspruch genommenes und ihn verpflichtendes Recht. b) Die Bestimmung der S. macht eine begriffliche und inhaltliche Abgrenzung gegenüber der Schulverwaltung notwendig. c) S. in einem demokratischen Staat besteht in einer vom Staat bejahten Begrenzung der Staatsaufsicht durch kommunale Mitwirkung und durch Kontrolle bzw. Beratung von Öffentlichkeit und Elternschaft.

a) In Art. 7 Abs. 1 GG und in zahlreichen Landesverfassungen und Schulgesetzen ist der Grundsatz des Aufsichtsrechts des Staates im Schulwesen bekräftigt worden. Die gesetzliche Festlegung dieses Grundsatzes macht deutlich, daß auch Schulen kommunaler und privater Träger (→ Privatschule) der Staatsaufsicht unterstehen. Organe der S. sind die staatlichen Unterrichtsverwaltungen der Länder als oberste S.sbehörden. In einigen

Ländern ist für die landwirtschaftlichen Fachschulen der Landwirtschaftsminister zuständig. Die meisten Bundesländer haben als mittlere S.sbehörden Regierungen, Oberschulämter oder Schulkollegien. Für Volks- und Mittelschulen besteht eine untere Aufsichtsinstanz auf Kreisebene mit Schulräten und Schulämtern. Die S. wird durch pädagogisch erfahrene Kräfte ausgeübt. Nicht pädagogisch vorgebildete Beamte und Angestellte in den S.sbehörden haben Verwaltungsaufgaben.

b) Eine Unterscheidung von Schulverwaltung und S. ist nur begrifflich möglich. Praktisch gehen beide Tätigkeiten bei den staatlichen Behörden ineinander über. Die in der Steinschen Städteordnung (1808) erstmals gebrauchte Unterscheidung nach äußeren und inneren Schulangelegenheiten bietet jedoch die Möglichkeit einer Abgrenzung beider Bereiche, obwohl es kaum eine schulische Tätigkeit gibt, die nicht sowohl eine äußere wie eine innere Seite hat. Trotzdem hat sich die Unterscheidung der Kompetenzen der Schulverwaltung in eine eigentliche Schulverwaltung und eine S. bewährt. Äußere Schulangelegenheiten sind die Einrichtungen und Tätigkeiten, welche die Voraussetzungen für die innere Schularbeit schaffen. Dazu gehören: Schulkosten, Sorge für Schulgebäude und -einrichtung, Anstellung der Lehrer, Rechts- und Verwaltungsangelegenheiten der Schulen. Innere Schulangelegenheiten sind schulfachlicher Art, wie Unterricht und Erziehung, Lehrplan und Methode, Schulzucht und Schulbesuch, Auswahl der Lehrer und Sorge für die Schüler. S. ist die Ordnung, Förderung und Überwachung der inneren Schulangelegenheiten, soweit diese nicht Aufgabe der Schulleitung einer Einzelschule sind.

c) Staatliche Schulen stehen unter staatlicher Aufsicht und Verwaltung. Bei Schulen anderer Träger hat der Staat lediglich S.sbefugnisse, die Schulverwaltung wird durch Organe des betreffenden Trägers ausgeübt. Eine Mitwirkung der Gemeinden bei der S. gibt es bei den Volksschulen, zT auch bei den Mittel- und Sonderschulen. Der Staat übt Aufsichtsbefugnisse mit Hilfe von Gemeindebeamten aus, indem er zB städtische Schulräte damit beauftragt. Auch die Mitwirkung der Eltern im Schulwesen gibt ihnen zwar keine S.sbefugnisse, trägt aber praktisch zur Einschränkung des staatlichen Kompetenzbereichs bei (→ Elternrecht). Der Religionsunterricht soll nach Art. 7 GG unbeschadet des staatlichen Aufsichtsrechtes in Übereinstimmung mit den Grundsätzen der Religionsgemeinschaften erteilt werden. Dies sichert den Kirchen im Religionsunterricht Mitwirkungsrecht bei der Lehrplangestaltung, das Recht der Einsichtnahme in die Unterrichtserteilung sowie Mitwirkung bei der Auswahl der → Religionslehrer zu.

3. Unter Hervorhebung jeder staatlichen Verwaltungstätigkeit, die nicht in erster Linie Verwaltung, sondern S. ist, lassen sich folgende *Inhalte* der S. kennzeichnen (Heckel): a) S. ist »Betätigung der Fachaufsicht über die Unterrichts- und Erziehungsarbeit der Schulen«. b) Zur S. gehört »Dienstaufsicht über die Lehrer sowie das staatliche Recht der Bestätigung solcher Lehrer, die nicht Landesbeamte sind«. c) S. ist »die Ausübung der Rechtsaufsicht über die Schulverwaltungsbetätigung der nichtstaatlichen Schulträger (Verwaltungsaufsicht)«. Diese Rechtsaufsicht hat die Rechtmäßigkeit, nicht die Zweckmäßigkeit der Verwaltung zu überwachen. d) Als Bestandteil der S. im weiteren Sinne gilt »die zentrale Planung und Leitung, Ordnung und Förderung des Schulwesens«, zB Aufstellen der Ferienordnung, Bekanntgabe verbindlicher Stundentafeln und Lehrpläne, Anforderungen für Schulbau.

W. Kahl, Zur Gesch. der S., 1913 - E. Hylla, Das Bildungswesen der Vereinigten Staaten (in: Amerikakunde, hg.v. P. Hartig u. W. Schellberg, 1952², 231-266) - B. Weissenrieder, Die Schulhoheit. Grundlagen u. Ausgestaltungsformen des staatl. Schulrechts, Freiburg/Schw. 1953 - Scool-Inspection: A comparative Study, Unesco, Paris 1956 - H. Heckel-P. Seipp, Schulrechtskunde, (1957) 1960².

W. Küchenhoff

Schulbibel

1. Daß grundsätzlich die *ganze* Bibel auch in die Schule gehört, ist den Reformatoren selbstverständlich. In der Praxis mußte man sich jedoch - von Latein- und Klosterschulen abgesehen, in denen kursorische Bibellektüre vorgeschrieben war (→ Bibel: IV, 1) - auf die drei »Bibelauszüge« → Katechismus (: II), → Spruchbuch und die Sammlungen »biblischer Historien« (Kinderpostillen für den Perikopenunterricht) beschränken; hinzu traten vereinzelt »echte« Bibelauszüge wie die »Kleine Bibel« (1610) des Straßburger Theologen und Schulmannes J. → Pappus. Später empfahl auch → Comenius Auszüge und Bearbeitungen der Bibel für die Hand der Schüler, bis diese das Evangelium im Urtext lesen könnten. Dagegen fordert A.H. → Francke (Kurzer Unterricht, 1702) die Lesung der Hl. Schrift »von Anfang bis zum Ende«. - So beginnt die (Problem-) Geschichte der S. eigentlich erst mit der allgemeinen Einführung der → Volksschule in der Zeit der Aufklärung. Den Reigen der S.n und Bibelauszüge - beides ist nicht dasselbe - eröffnete im prot. Bereich die »Kleine Kinderbibel« von Hager (1749), »darin die vornehmsten Glaubenslehren und Lebenspflichten zum Besten der zarten Jugend auf eine leichte und angenehme Art vorgetragen werden«. Für das kath. Volk schrieb Abt Felbinger 1767 »Kern der Biblischen Geschichten« und 1776 »Kurze Biblische Geschichte der Religion«. Während in Preußen die neuen ev. S.n (Seiler, → Zerrenner, Natorp u.a.) 1814 für den Schulgebrauch verboten wurden, kam es anderswo, bes. in Sachsen, zu neuen Bearbeitungen, aber auch seit 1845 (J. Kell, Notwendigkeit und Ausführbarkeit eines . . . Bibelauszugs) zu lebhafter Diskussion, ja zu einem »S.streit«: gegen pädagogische Gesichtspunkte didaktischer und vor allem sittlicher Art wurde das Prinzip der Schriftganzheit geltend gemacht. Ständeversammlung und Landessynode entschieden sich 1874 für das Verbleiben der Vollbibel in der obersten Klasse der Volksschule. Dem Drängen weiter religionspädagogischer Kreise kamen schließlich 1895 die Bremer und 1898 auch die Württ. Bibelgesellschaft entgegen mit der Herausgabe einer »Biblisches Lesebuch« genannten S. Diese und mehrere andere von namhaften Religionspädagogen herausgegebenen S.n (subjektivtheologische Auswahl!) wurden bis nach 1918 im ev. Religionsunterricht der Höheren Schulen allgemein verwendet. Sie klammerten nicht nur die »anstößigen« Stellen des AT aus, sondern suchten den allgemein an Schulbücher zu stellenden didaktischen Ansprüchen Rechnung zu tragen (Beschränkung des Stoffs auf das für die schulische Praxis Wichtige, Einführungen in die biblischen Bücher und zu einzelnen Texteinheiten, durchgehender Zeilendruck, dichterische Stücke in gebundener Form, zT Illustrationen, Karten, Tabellen u.a.).

2. Die erwähnten Biblischen Lesebücher werden heute nicht mehr gedruckt; benutzt wird jedoch in einigen Gebieten immer noch die »Schülerbibel« der Württ. Bibelanstalt, die sich neben der »Jugend- und Familienbibel« als Brücke zur Vollbibel bewährt hat und für die bes. Lehrer in gemischten Klassen dankbar sind. Doch ist allgemein festzustellen, daß heute auch für den Unterricht in der Schule - in der → Konfirmandenunterweisung ist es ohnehin stets bei der ungekürzten Bibel geblieben - die Vollbibel weit stärker benutzt wird. Dies erklärt sich zT auch daraus, daß die Bibelausgaben handlicher geworden sind und einige von ihnen die didakti-

schen Vorzüge der älteren S.n aufweisen (vgl. zB das revidierte NT 1956 mit seinen Überschriften, durchgehendem Zeilendruck und seinen Beilagen). Da sich anderseits viele der neueren »Biblischen Geschichten« zu »kleinen S.n« ausgeweitet haben - manche bieten sogar die Briefe des NT in Auswahl -, scheint ein unmittelbares Bedürfnis für eine besondere S. nicht mehr vorzuliegen. Auf *kath.* Seite hat sich das Prinzip der wortgetreuen S. (im Gegensatz zu den früheren freien, zT moralisierenden Textbearbeitungen) durchgesetzt, so in der Neubearbeitung der in den meisten deutschen Diözesen eingeführten Eckerschen S. (1957; → Religionspädagogik: II, 3). Einen neuen Weg geht die vorbildlich gestaltete S. der Diözese Rottenburg (heilsgeschichtliche Orientierung, knappe Einführungen in die meist wortgetreu dargebotenen Texte u.a.). Man muß sich auf ev. Seite fragen, ob eine ähnlich gestaltete S. (vor allem als »Biblisches Hausbuch«) über die bisherigen Versuche hinaus nicht einer bibelfremd gewordenen Generation einen neuen Zugang zur Mitte der Hl. Schrift eröffnen könnte. Freilich sollte man dann bei aller Worttreue auch über die neueste Revision des Luthertextes des öfteren hinausgehen.

RE II, 711ff - RGG² V, 280f - LPäd(F) I, 455ff - Reich Gottes, Auswahlbibel für kath. Schüler, 1960 - J.ERB, Schild des Glaubens, 1961³⁰ - F.ANDREAE u.a., Hdb. zur kath. S., 3 Bde, 1961. *W.Rott*

Schulbrüder. Klosterschulen und Kollegien waren stets nicht nur Stätten zur Heranbildung des ordenseigenen Nachwuchses, sondern oft mit einer äußeren Schule verbunden. Das Privatschulrecht (→ Privatschule, 4) ermöglicht gegenwärtig die Gründung zahlreicher kath. Privatschulen. Als S. sind in Unterricht, Erziehung und kirchlicher Unterweisung Erzieher vieler Kongregationen tätig, u.a. bes. die → Maristen und Maristen-S., → Piaristen, ferner 1. *Brüder der christlichen Schulen (Fratres Scholarum Christianarum,* FSC), 1681/84 von J.B. de → La Salle in Reims gegründet (1724 staatlich, 1725 kirchlich anerkannt). De la Salle richtete zunächst neben der Lehrerausbildung Elementarschulen ein, dann technische Schulen, Realschulen und Erziehungsanstalten. 1950 wurde er von Pius XII. zum Patron der Lehrer erklärt. Die 1850 in Koblenz errichtete S.-Schule ging im → Kulturkampf unter. Ihre Erziehungsarbeit galt schon wegen der Satzungen der S. als den → Jesuiten verwandt. Die deutsche Ordensprovinz hat ihren Mittelpunkt in Kirnach (Villingen, Baden) mit Heimschule, Juvenat und Noviziat für den Ordensnachwuchs. Ferner bestehen eine Handelsschule mit Heim in Honnef a.Rh., kath. Gemeindevolksschulen in Hamburg, Kolleg mit Oberreal- und Mittelschule in Illertissen (Bayern), dazu katechetischer Unterricht an Berufs- und Volksschule in Offenburg und ein Erziehungsheim in Bad Knutwil (Schweiz). Der Generalsitz der S. befindet sich in Rom. Die Mitgliederzahl beträgt etwa 16000, die Anzahl der Niederlassungen ca 1400 in 64 Nationen mit über 500000 Schülern. - 2. *Brüder des christlichen Unterrichts (Frères de l'instruction chrétienne, Petits Frères),* 1819 aus Gründungen des J.M.R. de Lamennais in St-Brieuc und des G.Deshayes in Auray hervorgegangen, Mutterhaus 1824 bis 1904 in Ploërmel, Bretagne; Generalat in St-Hélier (Insel Jersey). - 3. *Brüder der christlichen Schulen von der Barmherzigkeit,* 1842 in Montebourg von Generalvikar Delamarre nach dem Vorbild der Sœurs des Ecoles Chrétiennes de la Miséricorde der Ste Marie-Madeleine Postel (→ Schulschwestern) ins Leben gerufen. - 4. *Brüder der Christlichen Schulen von Irland,* 1802 von Edmund Ignaz Rice gegründet, Generalat in Dublin, sind in Irland, England, USA, Südafrika, Australien und Indien tätig. - 5. *Brüder der christlichen Lehre,* 1845 von Eugen Mertian in Hilsenheim (Elsaß) gestiftet; Kloster St. Landolin, Ettenheimmünster (Lahr, Schwarzwald).

HEIMBUCHER II, 433ff - G.RIGAULT, Hist. générale de l'Institut des Frères des Ecoles Chrétiennes, 8 Bde, Paris 1937-49 - EC V, 1709ff - ESCOBAR II, 1025ff. 1075 - Das Wirken der Orden u. Klöster in Deutschland I, 1957, 91ff. 400f. *W.Göbell*

Schulbuch. Lehrbücher nennt man sowohl Bücher, nach denen man lehrt und die oft nur der Lehrer zur Verfügung hat, als auch Bücher, die belehren, aus denen man lernt. Als S. gelten allgemein jene Lehrbücher, die man in der Schule verwendet, die sich in der Hand des Schülers befinden und die ihm geliefert werden oder von den Eltern anzuschaffen sind. Ob anderseits jedes S., zB ein Gedichtband, als Lehrbuch zu bezeichnen ist, hängt davon ab, wie weit man die Begriffe »lehren« und »lernen« faßt. Abgesehen vom Hinweis auf das jeweilige Fach wird ein S. zB als Leitfaden, Arbeits-, Übungs-, Hilfs-, Lehr-, Quellenlese- oder Aufgabenbuch und mehrere für verschiedene Stufen vorgesehene Bände eines S.s werden insgesamt oft als Unterrichtswerk bezeichnet.

Im S. spiegeln sich u.a. die pädagogischen Auffassungen der jeweiligen Zeit wider. Es sei hingewiesen auf die Einführung der katechisierend dargestellten »Biblischen Historien« Hübners anstelle der Bibel 1752 in Bremen und Verden; auf das erste Volksschullesebuch, den »Kinderfreund« E.v. → Rochows (1776), das »die Verbindung zwischen Fibel und Bibel« herstellen sollte; auf das Erscheinen besonderer S.er für die Realien im 19. und 20.Jh.; auf die Erziehungsbewegung in den ersten Jahrzehnten des 20.Jh.s, die das herkömmlich Schulische zu überwinden und den Unterricht dem Leben außerhalb der Schule anzupassen suchte und deshalb zB Lesebücher zT durch Ganzschriften ersetzte; auf die Abkehr vom Leitfaden und die Hinwendung zum Arbeitsbuch; auf die internationalen Konferenzen zur Umgestaltung der S.er für den Geschichtsunterricht.

ZZ ist festzustellen: 1. man versucht, die S.er neueren pädagogischen und im weiteren Sinne politischen Auffassungen anzupassen; 2. der Titel läßt ein S. oft nicht sogleich als solches erkennen, zB »Die gute Saat«, »Die Silberfracht«, »Deutsche Geschichte«; 3. zusätzlich werden Ganzschriften und Anthologien verwendet; 4. in den Klassen stehen Nachschlagewerke und Ganzschriften in einem oder in wenigen Exemplaren; sie werden von den Schülern im Unterricht benutzt. Ob man Bücher unter 3 und 4 als S. bezeichnen will, ist eine Ermessensfrage. - Über den Abdruck noch nicht freier Texte im S. vgl. § 19, 4 des Gesetzes betr. das Urheberrecht an Werken der Literatur und der Tonkunst. Die Feststellung: »Das Buch muß sich auch in seiner äußeren Gestalt als S. darstellen und nicht als Geschenkwerk für nicht der Schule angehörige Kreise« (C.Hillig, 385 Gutachten über urheberrechtliche und verlegerische Fragen, 1928, 110) zeigt, daß Bestimmungen des Urheberrechts neueren Tendenzen der S.-Umgestaltung entgegenstehen können. - In der BRD erfolgt eine Genehmigung oder Begutachtung der S.er durch die Kultusministerien der Länder. Die Zulassung nur weniger S.er hat Vor- und Nachteile. Wenn Lehrer in begründeten Ausnahmefällen mit anderen S.ern arbeiten möchten, wäre die Erteilung von Sondergenehmigungen erwünscht. Die Genehmigung der S.er für den Religionsunterricht erfolgt im Einvernehmen mit den Landeskirchenbehörden. - Lernmittelfreiheit besteht schon in mehreren Bundesländern. Nur vereinzelt jedoch verbleiben S.er bislang im Besitz der Schüler.

Deutschland u. Frankreich im Spiegel ihrer S.er, hg.v. Internationalen S.-Institut an der Kant-Hochschule Braunschweig, 1954 - W.DIEDERICH, Forderungen an das neue S. (Westermanns Pädag. Beiträge 10, 1958, 59-65). *G.Rentner*

Schuld → Sünde und Schuld.

Schuldkapitel, im kath. Klosterwesen die in manchen Klostergenossenschaften eingeführte Übung, Ordnungswidrigkeiten hinsichtlich der äußeren Beobachtung der Konstitutionen oder der Tagesordnung vor dem Klosterkonvent von sich selbst zu bekennen oder von anderen anzuzeigen. Anschuldigungen, die das Gewissensforum betreffen, sind nicht zugelassen. Das S. ist schon in der Regel Benedikts (c. 46) vorgebildet.

T.Halusa, Das S. der Ordensperson, (1911) 1912² - Lehrbücher des Klosterrechts (→ Kloster: III). *H.Barion*

Schule → Bildungswesen.

Schule und Kirche

I. Grundsätzlich - II. In den jungen Kirchen. - S. = Schul(e), K. = Kirche

I. Grundsätzlich

1. Der Auftrag der K. zur S. - 2. Geschichtliches - 3. Kirchliche Unterweisung in der S. - 4. S.formen - 5. Kirchliches S.wesen. - Vgl. ergänzend → Bildungswesen, → Deutschland: III, 6; IV, 4 b, → Elternrecht, → Erziehung, → Kirchliche Unterweisung, → Pädagogik: III, → Schulaufsicht

1. Mit Recht wird herkömmlich die K. neben → Familie (: IV) und → Staat zu den »Erziehungsmächten« gerechnet. Von ihrem Wesen und Auftrag her, Treuhänderin des ihr zur Weitergabe an alle Welt anvertrauten Evangeliums zu sein, weiß sie sich zur Wahrnehmung erzieherischer Verantwortung und zum Dienst an und in der S. gerufen und verpflichtet. Dabei ist die kirchliche Verantwortung nicht auf die in der S. erteilte christliche Unterweisung (Religionsunterricht) beschränkt, vielmehr ist sie vom Evangelium her auf die Gesamtaufgabe von → Erziehung und → Bildung bezogen und zu beziehen. Weil Erziehung a) »ein umfassendes menschliches Lebensphänomen« (W.Flitner), b) anleitende und begleitende Hilfe zum Menschwerden und Menschsein ist, c) nur in Freiheit und Wahrhaftigkeit geschehen kann, darf und kann sich die K., indem sie sich für die Ausrichtung der Christusbotschaft verantwortlich weiß, nicht von der Verantwortung für Erziehung und Bildung des Menschen, wo immer sie geschehe, dispensieren. Das Evangelium gibt der K. einen unmittelbaren Auftrag zur S. und macht die Sorge für sie zur regelmäßigen Funktion und unaufgebbaren Form kirchlichen Dienstes an der Welt. Im Bereich der Erziehung hat sie die Würde des Menschen zu bezeugen, die darin gründet, daß er von Gott geschaffen und durch Jesus Christus erlöst ist; sie hat darauf zu achten, daß die S. nicht zum Instrument ideologischen Zwanges gemacht, über der Sache nicht der Mensch, über der Leistung nicht die Erziehung vergessen wird; sie hat dazu mitzuhelfen, daß die S. den jungen Menschen leiblich, geistig und seelisch in den Stand setzt, die Aufgabe des Daseins menschlich zu bewältigen. Die Verantwortung der K. erstreckt sich über alle S.n, S.formen und S.fächer. Das hat nichts mit Klerikalismus als einer kirchlichen Bevormundung der S. zu tun - an einer Wiederbelebung der »geistlichen → Schulaufsicht« ist der K. nicht das Geringste gelegen -, sondern ist Angebot eines hilfreichen Dienstes, der die S. sich selbst und ihrem Auftrag, Menschen zu erziehen und zu bilden, zurückgibt.

2. Die oft gehörte Behauptung, die K. sei die Mutter des modernen → Bildungswesens und der S. als seiner Hauptträgerin, ist die ergänzungsbedürftige, durch eine falsch verstandene Apologetik hervorgerufene Überspitzung einer Teilwahrheit. Lange Zeit, bes. in ihren Anfängen, wurde die S. vornehmlich, wenn auch nicht ausschließlich, von der K. getragen. Jedoch war zunächst nicht der für das heutige S.wesen grundlegende Gedanke der allgemeinen Volksbildung das vordringliche Motiv der schulischen Bemühungen der K. Erst als sich im Zeitalter des aufgeklärten Absolutismus der Staat der S. annahm, konnte sich das neuzeitliche Bildungswesen in seiner ganzen Breite entwickeln. Aber auch nachdem sich die S. zu einem selbständigen Element des öffentlichen Lebens entwickelt hatte, nahm die gemeinsame Geschichte von S. und K. ihren Fortgang, erfuhr die S. vielfältige und bedeutsame Anregungen und Förderung seitens der K. Deshalb ist das heutige S.- und Bildungswesen ohne die Katechetenschulen der alten K. (→ Alexandria, → Augustin, → Origenes), die von Klerikern geleitete Hofschule → Karls d. Gr. (→ Alkuin), die mittelalterlichen Ordens-, Dom-, Stifts- und Pfarr-S.n, das blühende S.wesen der → Brüder vom gemeinsamen Leben, → Luther, → Melanchthon, → Bugenhagen, → Comenius, → Francke, → Zinzendorf (→ Brüderunität: II, 5 a), → Wichern u.a.m. ebensowenig denkbar wie ohne die staatliche Kulturpolitik und → Schulgesetzgebung der letzten 250 Jahre. K. und Staat traten in ein von fruchtbaren Spannungen erfülltes Zusammenwirken zur Förderung der S. Den engen Beziehungen von K. und S. trugen entsprechende rechtliche Regelungen Rechnung; nicht umsonst bezeichnete der → Westfälische Friede die S. ausdrücklich als ein annexum religionis. Als seit dem 18.Jh. der Gedanke der allgemeinen Volksbildung sich durchsetzte und das S.wesen sich von seinen weitgehend kirchlichen Anfängen löste und zunehmend verstaatlicht wurde (Preuß. General-Landschulreglement 1763), lockerten und verringerten sich zwar die rechtlichen Beziehungen, aber eine Verbundenheit zwischen S. und K. blieb bestehen. Noch bis 1918 betraute der Staat in Deutschland kirchliche Amtsträger mit schulischen Aufgaben (»geistliche → Schulaufsicht«) und ließ die Angelegenheiten der S. und der K. von einem gemeinsamen Ministerium (Kultusministerium) verwalten. Das Ende des landesherrlichen → Summepiskopats und die Trennung von → Kirche und Staat ließen die unmittelbaren administrativen Verbindungen zwischen S. und K. auf ein Minimum zusammenschrumpfen. In der Weimarer Republik kam es wiederholt zu S.kämpfen, die sich vornehmlich an den Fragen der S.form (s. 4) und des → Elternrechts entzündeten. Nach 1945 verlief die Entwicklung in den beiden Teilen Deutschlands (→ Bildungswesen, 7) sehr unterschiedlich. In der DDR wurden das staatliche S.monopol und die sozialistische Einheits-S. verwirklicht. Zwischen S. und K. bestehen keine unmittelbaren Beziehungen. Die christliche Unterweisung (→ Christenlehre) gilt als außerschulische Veranstaltung und hat mit großen Schwierigkeiten zu kämpfen. Ausnahmslos wird sie von kirchlichen Lehrkräften (Katecheten) erteilt, die für ihren Dienst an eigens dazu aufgebauten kirchlichen Einrichtungen (Katechetische Seminare und Oberseminare) ausgebildet werden. Die Einrichtung kirchlicher S.n, die staatliche Anerkennung genießen, wie freier S.n überhaupt (s. 5) ist nicht möglich. In der BRD und ihren die Kulturhoheit ausübenden Ländern hat sich das Verhältnis von Staat und K. auch hinsichtlich der S. mehr und mehr partnerschaftlich geordnet, dh als Begegnung von Partnern, die in Ausübung je ihres Amtes einander in gegenseitiger Ergänzung und Begrenzung begegnen und zuordnen müssen. Dieses Verhältnis findet seinen Niederschlag in Verfassungsbestimmungen der BRD und der Bundesländer hinsichtlich des Religionsunterrichts sowie in den → Schulgesetzgebungen der Länder bezüglich der S.formen (s. 4) und der Einrichtung freier S.n (s. 5), zu denen die von vielen Lan-

des-K.n gegründeten und unterhaltenen kirchlichen S.n gehören.

Die Verhältnisse im Ausland sind unterschiedlich. Während etwa in → *Frankreich* (: I, 9) bis zum S.gesetz vom 31.12.1959 der Staat durch den Verfassungsgrundsatz der Neutralität und Konfessionslosigkeit den K.n alle S.rechte streitig machte, hat sich in *Holland* seit 1920 nach langwierigem »S.krieg« der Grundsatz der Gleichberechtigung der (meist kirchlichen [»school med de bijbel«; → Kuyper]) → Privatschulen (»bijzonder school«) durchgesetzt, die vom Staat in gleicher Höhe wie die öffentlichen S.n subventioniert werden; der Autonomie und Initiative der Gemeinden ist damit im S.wesen ein weiter Raum gewährt, und der Staat überwacht nur die Qualität des Unterrichts und die Verteilung der öffentlichen Mittel. In den *USA*, wo das Erziehungswesen Angelegenheit der einzelnen Staaten ist, sind die Kompetenzen der staatlichen S.departements wie die Einflußmöglichkeiten der Gemeinden und Elternschaften außerordentlich variabel. Die Verfassung der *UdSSR* schließt dagegen eindeutig jeden Einfluß der K. auf die S. aus; neben der Freiheit religiöser Kulthandlungen (außerhalb der S.!) proklamiert sie eigens auch die Freiheit antireligiöser Propaganda (die auch ungehindert in die S.n hineinwirkt).

3. In Deutschland hat die Neuordnung des Verhältnisses von K. und Staat im Blick auf die S. mannigfache Ursachen, die sowohl politischer, erziehungswissenschaftlicher und erziehungspraktischer, geistesgeschichtlicher und kulturpolitischer als auch theologischer und kirchlicher Art sind. Während die → Pädagogik ihre Eigenständigkeit entdeckte und entfaltete, hatten K. und Theologie neue wissenschaftliche Erkenntnisse und die Erfahrungen des → Kirchenkampfes zu verarbeiten und auf den Religionsunterricht anzuwenden, der dadurch eine inhaltliche Umgestaltung erfuhr. Er wurde zur → Kirchlichen Unterweisung (: II), deren Auftrag es ist, die Schüler mit der Botschaft des Evangeliums im gegenwärtigen Bekenntnis von K. und Gemeinde bekannt und vertraut zu machen. Es ist Ausdruck des partnerschaftlichen Verhältnisses von Staat und K. im Blick auf die S., daß die staatliche Verfassung und Gesetzgebung dem so verstandenen Religionsunterricht - die Amtssprache hat sich von dem traditionellen Wortgebrauch noch nicht frei gemacht - Rechnung trägt, Raum gewährt und der K. den unmittelbaren Eingang in die S. gestattet (→ Religionsunterricht, rechtlich). Der K. obliegt allerorts die Verantwortung dafür, daß Inhalt und Gestaltung der kirchlichen Unterweisung ihren Lehren, Grundsätzen und Ordnungen entsprechen. Deshalb wird unbeschadet des staatlichen Aufsichtsrechts der K. das Recht der Einsichtnahme (Visitation) zugestanden, dessen Ausübung in den einzelnen Bundesländern unterschiedlich geregelt ist. In einigen ev. Landes-K.n bestehen eigene Visitationsordnungen, die sicherstellen sollen, daß die kirchliche Einsichtnahme nicht in der Weise einer behördlichen Dienstaufsicht nach Art der früheren »geistlichen Schulaufsicht« ausgeübt wird, sondern sich als brüderlicher Besuchsdienst und Hilfeleistung vollzieht.

4. Bis zum Beginn des 19.Jh.s war die *S.form* kein Gegenstand der Diskussion. Der christliche Grundzug des öffentlichen Lebens und die konfessionelle Geschlossenheit der meisten Gebiete machten die *Bekenntnis-S. (Konfessions- bzw. konfessionelle S.)* selbstverständlich, dh Lehrer und Schüler gehörten der gleichen K. an. Zum - zeitweise leidenschaftlich erörterten - Problem wurde die Frage der S.form seit der durch die Aufklärung inaugurierten Säkularisierung, den napoleonischen Staatsbildungen, dem → Reichsdeputationshauptschluß und der durch zunehmende Industrialisierung bedingten Binnenwanderung, die vielerorts eine konfessionelle Mischung der Bevölkerung herbeiführte. Der Gedanke der *Gemeinschafts-S. (Simultan-S.)* als einer gemeinsamen S. für Kinder verschiedenen Bekenntnisses, mit konfessionell getrennter christlicher Unterweisung, gewann an Boden und wurde zuerst 1817 in Nassau verwirklicht. In den Auseinandersetzungen über die S.form wurden die zunächst formalen Begriffe Bekenntnis-S. und Gemeinschafts-S. inhaltlich gefüllt und erfuhren pädagogische Begründungen. Während das Preuß. Volksschulunterhaltungsgesetz 1906 die Bekenntnis-S. als eine S. verstand, in der die Kinder von Lehrern des gleichen Bekenntnisses unterrichtet werden (formales Verständnis), wird seit 1918 geltend gemacht, daß in einer Bekenntnis-S. Erziehung und Unterricht im Geiste und nach den Grundsätzen eines bestimmten, Lehrern und Schülern gemeinsamen Bekenntnisses zu erfolgen haben; zur Begründung wird angeführt, daß nur von einem religiös und konfessionell klaren Standpunkt aus ein deutliches und faßbares pädagogisches Leitbild zu entwickeln und eine wirksame erziehende und bildende Arbeit der S. möglich sei. Demgegenüber betonen die Vertreter der Gemeinschafts-S., daß diese den wirklichen Verhältnissen Rechnung trage, der Gefahr der kirchlichen Bevormundung der S. wirkungsvoll wehre und im Ablauf des Schulalltags mit Selbstverständlichkeit zur Toleranz und Mitmenschlichkeit erziehe. In Art. 146 der WRV 1919 wurde die Gemeinschafts-S. als Regel-S. erklärt; das geplante Reichsschulgesetz, das ihre allgemeine Einführung anordnen sollte, kam wegen des Widerstandes der Verfechter der Bekenntnis-S. nicht zustande. Das GG der BRD enthält keine Bestimmungen über die S.form. In Ausübung ihrer Kulturhoheit haben die einzelnen Bundesländer hinsichtlich der Form der Volks-S. unterschiedliche Lösungen getroffen. Während die höheren S.n (abgesehen von einzelnen konfessionellen S.n meist stiftischen Charakters) Gemeinschafts-S.n mit konfessionell getrennter kirchlicher Unterweisung sind, gestalteten die Länder Berlin, Bremen, Hamburg, Hessen, Niedersachsen (mit Ausnahme des Landesteils Oldenburg) und Schleswig-Holstein die Volks-S. als Gemeinschafts-S., in Niedersachsen mit der Maßgabe, daß auf Antrag Bekenntnis-S.n eingerichtet werden können. In Bayern ist die Bekenntnis-S. die Regel; auf Antrag der Eltern können Gemeinschafts-S.n eingerichtet werden. In Nordrhein-Westfalen ist je nach Entscheidung der Eltern die Einrichtung von Bekenntnis-, Gemeinschafts- und Weltanschauungs-S.n möglich; überwiegend sind die S.n des Landes Bekenntnis-S.n. In Rheinland-Pfalz sind die öffentlichen Volks-S.n Bekenntnis-S.n oder christliche Simultan-S.n. Auch Baden-Württemberg kennt beide S.formen; dabei herrscht im Landesteil Baden die Gemeinschafts-S., im Landesteil Württemberg die Bekenntnis-S. vor. Laut Angaben des Kirchenstatistischen Amtes der EKD waren 1958 in der BRD 43,1% der Volks-S.n Gemeinschafts-S.n, 56,3% Bekenntnis-S.n; von diesen sind 17,2% ev., 39,1% kath.

Die kath. K. vertritt den Standpunkt, daß allein die Bekenntnis-S. den kirchlichen S.wünschen entspreche. Die Erziehungsenzyklika »Divini illius magistri« 1929 schreibt sie verbindlich vor; im Reichskonkordat 1933 ist sie staats-kirchenvertraglich festgelegt. Auf ev. Seite besteht in der Frage der S.form keine einheitliche Meinung. Der Stuttgarter K.ntag 1921 sprach sich für die Bekenntnis-S. aus. Die K.nkonferenz in Treysa 1945 forderte die christliche S., ohne sich in der Frage der S.form festzulegen. Auch die Synode der EKD 1958, die sich eingehend mit der Frage der S. und Erziehung befaßte, traf keine Entscheidung. Die ev. K. kann weder der

S.form den Rang eines ideologischen Absolutum beimessen noch in Firmenschildern und Plakatierungen das Entscheidende sehen; ihr ist es darum zu tun, daß die S. ihren Dienst in Freiheit und Wahrhaftigkeit tun kann und Raum für das Evangelium und seine Verkündigung läßt. Darum haben beide S.formen im ev. Raum ihre Vertreter. Theologische und pädagogische Einsichten, geschichtliche Gewordenheiten, landschaftliche Gegebenheiten, konfessionelle Notwendigkeiten (zB in der Diaspora) bedingen und begründen unterschiedliche Entscheidungen der einzelnen Landes-K.n und des einzelnen ev. Christen.

5. Da die Freiheit des Lehrens und Lernens zu den Grundrechten moderner Demokratie gehört, lassen demokratische Staaten neben dem öffentlichen ein privates S.wesen zu. Auch das GG der BRD sieht die Möglichkeit der Errichtung von freien S.n vor (→ Privatschule). Die ev. Landes-K.n in der BRD haben von der Möglichkeit, eigene S.n zu errichten, Gebrauch gemacht und unterhalten einige Volks-S.n in Berlin und eine größere Anzahl höherer S.n in allen Teilen des Landes. Die kirchlichen S.n sind in regionalen S.bünden organisiert, die sich zu einer Arbeitsgemeinschaft zusammengeschlossen haben; diese ist Mitglied der Arbeitsgemeinschaft der Verbände gemeinnütziger S.n. Aufgabe der kirchlichen S.n ist die Erarbeitung und Erprobung des besonderen ev. Beitrages zu dem Dienst der Erziehung. Eine ev. Lehre von der Erziehung zu entwickeln, das S.leben mit und unter dem Evangelium zu gestalten, die Möglichkeiten einer besonderen pädagogischen Prägung vom christlichen Glauben her zu verwirklichen und den Schwierigkeiten und Nöten des Erziehens heute vom Evangelium her zu begegnen, ist ihr Auftrag. Vielen kirchlichen S.n sind Internate angegliedert, die einen Ersatz für die vielfach fehlende oder unzureichende Familienerziehung (→ Familie: IV) schaffen sollen. Darüber hinaus unterhält die ev. K. zahlreiche Sonder-S.n für Körperbehinderte, Verkrüppelte, Blinde, Taubstumme, Schwachbegabte und Schwachsinnige. Auch Kinder, die wegen ihrer körperlichen oder geistigen Mängel zu den öffentlichen → Hilfsschulen nicht zugelassen werden können, erfahren hier eine ihrer Bildungsfähigkeit entsprechende Förderung. Die kirchlichen Sonder-S.n sind im Ev. Reichserziehungsverband (Sitz Münster i.W.) zusammengefaßt.

Vgl. die Lit. zu den eingangs genannten Artikeln. Ferner zu 1: O.Eberhard, K. u. S. in ihrem Lebenszusammenhang, 1927 - H. Schreiner, Pädagogik aus Glauben, 1930 - G.Merz, Kirchl. Verkündigung u. moderne Bildung, 1931 - M.v.Tiling, Grundlagen päd. Denkens, 1932 - F.Delekat, Das erzieherische Ethos prot. Christentums (HPäd I, 1933, 203-246) - W.Uhsadel, Die K. im Erziehungswerk, 1939 - H.Kittel, S. unter dem Evangelium, 1949 - Ders., Der Erzieher als Christ, 1951 - H.Lilje, K. u. S., 1949 - O.Hammelsbeck, Ev. Lehre von der Erziehung, 1950 - Ders., Glaube - Welt - Erziehung, 1954 - E.Osterloh, S. u. K. nach dem Zusammenbruch 1945 (KJ 1950, 372-422) - G.Bohne, Grundlagen der Erziehung, 1951 - K.Frör, Erziehung u. Kerygma, 1952 - G. Niemeier, Vom Dienst der K. an u. in der S. (KJ 1955, 232-309) - Ders.-W.Uhsadel, K. u. S., 1956 - G.Giese, Erziehung u. Bildung in der mündigen Welt, 1957 - G.Otto, Verkündigung u. Erziehung, 1957 - W.Stallmann, Christentum u. S., 1958 - H.Diem-W.Loch, Erziehung durch Verkündigung, 1960.

Zu 2: K.Schmid, Gesch. d. Erziehung I-V, 1884-1902 - E. Troeltsch, Die Trennung von K. u. Staat, der staatl. Rel.unterr. u. d. theol. Fakultäten, 1907 - P.Barth, Die Gesch. d. Erziehung in soziolog. u. geistesgeschichtl. Bedeutung, (1911) 1925² - E.Hirsch, Staat u. K. im 19. u. 20.Jh., 1929 - W.Jentsch, Urchristl. Erziehungsdenken, 1951 - E.Hylla-W.L.Wrinkle, Die S.n in Westeuropa, 1953 - E.Mülhaupt, Reformatoren als Erzieher, 1956.

Zu 3: G.Bohne, Das Wort Gottes u. d. Unterricht, (1929) 1932² - O.Hammelsbeck, Der kirchl. Unterricht, (1939) 1947² - G.Schmidt, Katechet. Anleitung, (1946) 1947³ - K.Frör, Neue Wege im kirchl. Unterricht, 1947 - H.Kittel, Vom Rel.unterr. zur ev. Unterweisung, (1947) 1956³ - M.Rang, Hdb. f. d. bibl. Unterricht I. II, 1947 - K.B. Ritter-W.Stählin, K. u. Menschenbildung, 1950² - W.Uhsadel, Ev. Erziehungs- u. Unterrichtslehre, 1954 - G.Giese, Die K. in d. Berliner S.n, 1955 - W.Zimmermann-H.Hafa, Zur Erneuerung d. christl. Unterweisung, 1957. - Vgl. ferner die S.gesetze der Länder der BRD (→ Schulgesetzgebung). - Zs.en: Die Christenlehre, hg.v. H.Hafa; S. u. Leben, hg.v. E.Vogt; Der Ev. Erzieher, hg.v. O.Hammelsbeck u. K.Ringshausen; Der ev. Religionslehrer an d. Berufs-S., hg.v. H.Hunger; Ev. Unterweisung, hg.v. H.G.Bloth.

Zu 4: G.Müller, Vom Sinn einer ev. S., 1931 - M.Stallmann, Zwischen Konfessionalität u. Liberalität, 1955 - H.Heckel-P.Seipp, S.rechtskunde, (1957) 1960² - J.Esterhues, Zur Gesch. d. Bekenntnis-S. (in: Grundsätze kath. S.politik, 1958, 87-110). - Ferner die S.gesetze der Länder der BRD.

Zu 5 außer der Lit. zu → Privatschule: Kl.Hunsche, Verzeichnis ev. S.n, Alumnate u. Internate, 1960⁶. - Zs.: Korrespondenzblatt ev. S.n u. Heime. *G.Niemeier*

II. In den jungen Kirchen

Der Übergang von der Missions-S. (→ Missionsschulwesen) zur Kirchen-S. ist eine Begleiterscheinung des Werdens → »junger« Kirchen und als solche durch die je verschiedenen Voraussetzungen dieses Werdens mitbestimmt. Die S. ist der Bereich, in dem die Mission vielfach noch verhältnismäßig großen Einfluß besitzt, auch wenn die »junge« K. anderweitig bereits einen hohen Grad von Selbständigkeit erreicht hat; die von der Mission jeweils entwickelte Auffassung von Wesen und Bedeutung der christlichen S. wird daher hier noch kräftig nachwirken. Die S. ist auch Hauptangriffspunkt für kirchenfremde Einflüsse, die sich in den verschiedenen Gebieten verschieden geltend machen. Alle diese Faktoren bedingen, daß die heutige Entwicklung völlig im Fluß ist und das Verhältnis von S. und K. strenggenommen nur von Gebiet zu Gebiet sachgemäß dargestellt werden könnte. Im folgenden werden nur einige Tendenzen angedeutet, die im Gesamtbild der Lage bes. deutlich hervortreten.

Allenthalben sieht sich die christliche S. maßlos gesteigerten Anforderungen gegenübergestellt. Auch wo die Mission bemüht war, die S. primär dem inneren Aufbau der Gemeinde dienstbar zu machen und die Vermittlung von Bildung diesem Ziel unterzuordnen, wie in den Gemeinde-S.n in → Neuguinea, ist das Streben nach extensiverer und intensiverer S.bildung nicht aufzuhalten. Die christliche S. wird unweigerlich in das Ringen um Gleichstellung mit der weißen Welt einbezogen. Sie hat diese Entwicklung selbst mitveranlaßt, zumal wo die Mission, wie in Afrika, lange ein Bildungsmonopol besaß. Sie ist mitverantwortlich für die Auflösung alter Bindungen und die säkulare Revolution der Gesellschaft, vermag es andererseits in manchen Fällen nicht zu verhindern, daß der Bildungsdrang, den sie befriedigen soll, die heidnisch-magische Identifikation von Wissen und Macht wiederaufleben läßt. In dieser Lage ist die »junge« K. als Trägerin der S.n äußerlich und innerlich, materiell und personell überfordert, zumal dort, wo gleichzeitig die Mission ihre Hilfe abbaut.

Die Regierungen, schon am → Missionsschulwesen durch Zuschüsse und auch Kontrolle zunehmend beteiligt, werden zwangsläufig dazu veranlaßt, dem Bildungsdrang durch eigene S.n zu genügen und schließlich ein einheitliches säkulares S.wesen zu schaffen, in dem die christliche S. immer weniger Lebensraum findet und in den Winkel gedrängt wird. Das Endergebnis kann entweder direkte Verstaatlichung der christlichen S.n einschließlich der Lehrerseminare sein oder, im günstigeren Fall, indirekte Verstaatlichung unter Zwischenschaltung besonderer Verwaltungskörperschaften (community schools in Südafrika). Der Ausweg in die völlig unabhängige Privat-S. ist für die K. in der Regel materiell nicht gangbar, wenn er ihr nicht aus ideologischen

Gründen sowieso nahezu verlegt wird (S.gesetz der kommunistischen Regierung von Kerala, 1958).

Wo sich der → Nationalismus (: II) mit dem Erstarken einer nichtchristlichen Mehrheitsreligion verbindet, ergeben sich weitere Behinderungen: Nicht nur die Durchdringung des gesamten Unterrichts mit christlichem Geist wird unmöglich; auch die biblische Unterweisung wird mehr und mehr eingeschränkt. In islamischen und buddhistischen Ländern wird die Erteilung islamischen bzw. buddhistischen Religionsunterrichts an christlichen S.n verlangt. In Indien werden im Zuge der Reorganisierung des S.wesens nach → Gandhis Grundsätzen auch die Lehrkräfte christlicher S.n in Fortbildungskursen angeleitet, interreligiöse Andachtsstunden zu halten. Neben der Diskrepanz von säkularer Erziehung und christlicher Menschenbildung wird damit noch der Konflikt zwischen der Entscheidung für Christus und dem im Interesse des Gemeinwohls verlangten synkretistischen Kompromiß in die christliche S. selbst hineingetragen.

Dies alles besagt nicht, daß nicht auch heute noch S.n der »jungen« K. so arbeiten könnten, daß sie »die K. und ihre Umwelt für das Reich Gottes vorbereiten« (M.A.C. Warren), also sowohl ihre kirchliche als auch ihre missionarische Bestimmung zu erfüllen vermögen, nicht zu reden von den Fällen, in denen die christliche S., etwa für bestimmte ländliche Bereiche, noch ein Erziehungsmonopol besitzt. Auch dann werden allerdings die Zahl und die Qualität der christlichen Lehrkräfte ebenso ausschlaggebend sein wie das Gesamtniveau des Unterrichts, das mindestens dem der Staats-S.n entsprechen muß. Um beides zu gewährleisten, wird es je länger je mehr erforderlich sein, über die Grenzen der Denominationen hinweg zusammenzuarbeiten und gegebenenfalls die Zahl der S.n zugunsten der Qualität zu reduzieren. Mit Recht wird heute auch der Schaffung christlicher Internate (hostels) besondere Aufmerksamkeit zugewendet. Zugleich wird man aber beizeiten Arbeitsformen suchen müssen, die auch da, wo der herkömmliche S.betrieb zunehmend eingeengt wird, eine unzweideutig christliche Einwirkung auf die Jugend und ihre Integrierung in die christliche Gemeinde ermöglichen. Gerade der Zerfall der einst für selbstverständlich gehaltenen Synthese von westlichem Wissen und christlichem Glauben kann hier neue Verantwortungen erkennbar machen und neue Kräfte freisetzen, angefangen von der christlichen Familie bis hin zu Kindergottesdienst, Konfirmandenunterricht und Jugendarbeit. Wenn heute im Gegensatz zu früher die Mehrzahl aller Schüler in Asien und Afrika lesen lernt, ohne dabei die Bibel in die Hand zu bekommen, ist die K. um so mehr verpflichtet, christlichen Lesestoff zu schaffen und zu verbreiten (vgl. die Erfolge der biblischen Korrespondenzkurse in Südindien). Schließlich ist auch da, wo es mit der christlichen S. alten Stils und der Schaffung einer trügerischen »christlichen Atmosphäre« zu Ende geht, der Auftrag der K. an ihre Umwelt nicht zu Ende, sondern gilt es neue Möglichkeiten zu erschließen, um durch den Dienst der Christen in ihren Berufen die Kräfte des Evangeliums für die Gesamtheit fruchtbar zu machen und die K. als die »creative minority«, die sie sein soll, wirken zu lassen.

Außer der Lit. zu → Missionsschulwesen: G.F.Vicedom, Strukturwandlungen u. S.fragen in Neuguinea (EMZ 12, 1955, 104-113) - C.Arangadan, The Assumptions of New Education and the Dilemma of Christians (The South India Churchman, Oct. 1957, 9-11) - E.M.Stowe, Education for Christian Living in the Christian World Mission (Occasional Bulletin from the Missionary Research Library New York, 8, 11, 20.12.1957; Lit.) - W.P.Fenn, Christian Colleges and the Future (ebd 11, 3, 25.3.1960) - B.Favre, Problèmes de l'éducation chrétienne en Afrique Centrale (NZM 15, 1959, 99-119) - Symposium: Christian Education among Non-Christian Peoples (Practical Anthropology 6, 1959, 29-42) - C.R.Taber-W.A.Smalley, What is Christian Education? (ebd 7, 1960, 36-42).

H.-W.Gensichen

Schuler, *Alfred* (1865-1923), deutscher Kulturphilosoph, * in Mainz, † in München. In enger Anlehnung an → Bachofens Gedankengut entwickelt S. ein Neuheidentum antisemitischer Prägung. Von S. ist nur ein spärlicher Nachlaß erhalten, der aus sieben i.J. 1917 gehaltenen Vorträgen über das Rom der kaiserlichen Zeit (»Vom Wesen der Ewigen Stadt«) und aus kurzen Fragmenten eines Aeolus-Romans besteht, der die Gestalten Neros und Jesu gegeneinander ausspielen sollte. S.s Darstellung eines übergeschlechtlichen Eros, seine Erwartung des »Sonnenkindes«, das »den quintessentiellen Kern aller Stoffe des Universums« enthalten soll, haben 1900-04 auf die Entstehung des Maximin-Mythos bei St.→George stark eingewirkt. Seine »Totenerotik«, seine Auffassung des Leben und Tod vereinenden »offenen Lebens« haben beim späten → Rilke sichtliche Spuren hinterlassen.

Fragmente u. Vorträge aus dem Nachlaß, hg. u. mit Einl. v. L.Klages, 1940. *C.David*

Schulgesetzgebung

1. Geschichtliches - 2. Allgemeine Grundsätze - 3. Gegenwärtiger Stand

1. Die Anfänge der S. in Deutschland gehen auf Schulordnungen im 13.Jh. zurück. In ihnen wurden mit dem Aufkommen von Stadtschulen u.a. die Rechte des Rates einer Stadt und die der Geistlichkeit bezüglich der Schulen festgelegt. Es wurde bestimmt, wer den »Schulmeister« anzustellen habe, wieviel Geld- und Sachwerte er erhalten solle, wie er die Kinder zu behandeln habe, welche Bücher er benutzen dürfe usw. Diese Schulordnungen wurden in der Reformationszeit erweitert und systematisiert, zumal jetzt infolge des Bundes von Kirche und Staat auch die Territorialstaaten Schulordnungen erließen. Die bedeutendste Schulordnung der damaligen Zeit war die »Kursächsische« von 1528, die auf Melanchthons und Luthers Mitwirkung zurückgeführt wird. Sie beschäftigte sich vor allem mit Organisation und Lehrplan des gelehrten Unterrichts und diente den zahlreichen von → Bugenhagen verfaßten Kirchen- und Schulordnungen als Vorbild. Landesschulordnungen in Kursachsen und Württemberg bezogen ausdrücklich die sog. Deutschen Schulen, nicht nur die Lateinschulen, ein. Die Württembergische Schulordnung des Herzogs Christoph von 1559 wollte nicht nur Luthers Plan eines allgemeinen Volksunterrichts verwirklichen, sondern befaßte sich zum ersten Mal mit der Regelung des gesamten → Bildungswesens von der Dorfschule bis zur Universität. Dem prot. Beispiel folgten die kath. Länder mit Schulordnungen in Bayern und Salzburg (1569), Konstanz (1607), Augsburg (1610) usw. In der Reformationszeit erfolgte somit erstmals eine »gesetzliche« Regelung des Schulwesens auf Landesebene, wobei die Schule nach wie vor als eine Institution der Kirche galt. Dies wurde im → Westfälischen Frieden ausdrücklich bestätigt. Jedoch wurde mit dem dort sanktionierten System des → Territorialismus und dem dadurch für Kirche und Schule gemeinsam geltenden Hoheitsrecht des Staates der Grundstein für eine jahrhundertelange, konfliktreiche Entwicklung des Verhältnisses von Staat und Kirche bei der Gestaltung des Schulwesens gelegt (→ Schulaufsicht, → Schule und Kirche: I).

Die eigentliche S. begann mit der Einführung der → Schulpflicht durch staatliche Anordnungen. Hier handelte es sich nicht mehr nur um die Regelung und Ordnung schulischer Einrichtungen, sondern um die Setzung neuen Rechts durch staatlichen Zwang. So kann etwa der »Schul-Methodus« von Herzog → Ernst dem Frommen von Gotha (1642), der nicht als Teil einer KO erschien, sondern selbständig das → Volksschulwesen ordnete und die Schulpflicht einführte, als eines der ersten eigentlichen Schulgesetze in Deutschland gelten. Die volle Entwicklung der S. und damit des Schulrechts im engeren Sinne setzte mit den großen Kodifikationen um die Wende vom 18. zum 19.Jh. ein, mit dem Generallandschulreglement (1763) und dem Allgemeinen Landrecht (1794) in Preußen, dem Gesetz über das »Elementarvolksschulwesen« in Sachsen (1835), mit Gesetzen in Württemberg (1836), Hannover (1845), Lippe (1849), Bayern (1861) usw. Weitere Schulgesetze, die Einzelfragen behandelten oder Gesamtregelungen vorsahen, entstanden in der Folgezeit sowohl in Preußen wie in den anderen deutschen Ländern. Ihr besonderes Merkmal war der immer stärker sich durchsetzende staatliche Einfluß im Schulwesen. Mit Hilfe der S. wurde in allen deutschen Bundesländern das staatliche Schulmonopol gefestigt. Auch wo der Staat nicht Träger von Schulen war, wie etwa bei den kommunalen oder privaten Schulen, beanspruchte er zumindest das Aufsichtsrecht, das zum Kernpunkt aller S. geworden ist. Die historische Entwicklung hat es mit sich gebracht, daß die S. den einzelnen Bundesländern überlassen ist. Die Kulturautonomie der Länder blieb sowohl 1871 wie 1918, praktisch auch trotz Zentralisierung 1933 und mit ausdrücklicher Begründung durch das Grundgesetz der BRD 1949, unangetastet. Lediglich die Weimarer Verfassung schuf in Art. 143-149 umfangreichere Grundlagen eines gesamtdeutschen Schulrechts und gab dem Reich das Recht, auf dem Wege der Gesetzgebung Grundsätze für das Schulwesen aufzustellen und in deren Rahmen die Reichsaufsicht über die Länder auszuüben (sog. Grundsatz- oder Rahmengesetzgebung, Art. 10 Ziff. 2, 15 Abs. 1; zitiert nach Heckel 12). Im Rahmen der »Grundrechte und Grundpflichten der Deutschen« enthielt sie folgende für die weitere S. des Reiches und der Länder und noch heute bedeutsamen grundlegenden Regelungen: a) Bildung der Jugend ist eine öffentliche Angelegenheit, bei der Reich, Länder und Gemeinden mitwirken (Art. 143). b) → Lehrerbildung hat nach den Grundsätzen zu geschehen, die für höhere Bildung allgemein gelten (Art. 143). c) Das gesamte Schulwesen untersteht der staatlichen Aufsicht und wird durch Fachleute ausgeübt. Die Gemeinden können beteiligt werden (Art. 144). d) Es besteht allgemeine → Schulpflicht mit grundsätzlich 8 Jahren Volksschule und anschließender Fortbildungsschule bis zum 18. Lebensjahr (Art. 145). e) Unterricht und Lernmittel an Volks- und Fortbildungsschulen sind unentgeltlich (Art. 145). f) Das öffentliche Schulwesen baut auf einer gemeinsamen → Grundschule mit mittlerem und höherem Schulwesen auf (Art. 146). g) Auf Antrag der Erziehungsberechtigten sind Volksschulen ihres Bekenntnisses und ihrer Weltanschauung einzurichten (Art. 146). h) Reich, Länder und Gemeinden stellen Erziehungsbeihilfen zur Verfügung, um den Zugang Minderbemittelter zu den mittleren und höheren Schulen zu ermöglichen (Art. 146). i) Private Schulen, jedoch keine privaten Volksschulen, können unter bestimmten Umständen genehmigt werden (Art. 147). k) Sittliche Bildung, staatsbürgerliche Erziehung und Erziehung zur Toleranz sind Erziehungsziele in allen Schulen (Art. 147). l) Die Erwachsenenbildung soll gefördert werden (Art. 148). m) Religionsunterricht ist ordentliches Lehrfach mit Ausnahme der bekenntnisfreien Schulen und wird in Übereinstimmung mit den Grundsätzen der Religionsgesellschaften erteilt. Über Erteilung des Religionsunterrichts entscheiden die Lehrer, über Teilnahme die Erziehungsberechtigten (Art. 149). Das Reich praktizierte jedoch S. auf dem Wege der Grundsatzgesetzgebung nur in zwei Fällen, und zwar durch das Grundschulgesetz (1920) und das Reichsgesetz über → religiöse Kindererziehung (1921). Im übrigen blieb in der Weimarer Republik die S. Sache der Länder. In den Jahren 1933-45 wurde 1938 das Reichsschulpflichtgesetz als einziges, das Schulwesen im gesamten Reich bindendes Schulgesetz erlassen (abgesehen von Besoldungsgesetzen und Staatsverträgen, soweit sie sich mit schulischen Angelegenheiten befassen). Die übrigen zentralisierenden Maßnahmen der damaligen Zeit wurden auf dem Verwaltungswege vollzogen, zB die Begründung eines Reichserziehungsministeriums und die Vereinigung der preußischen Unterrichtsverwaltung mit der des Reiches. Das Grundgesetz der BRD hat die Kulturautonomie der Länder in vollem Umfang wiederhergestellt (Art. 30 und 70) und sich in Art. 7 auf die Regelung einiger Einzelfragen beschränkt. Es hat auch auf die in der Weimarer Verfassung vorgesehene Rahmengesetzgebung verzichtet. Diese verfassungsrechtliche Lage, der 1945 notwendig gewordene Wiederaufbau des Schulwesens und die Anpassung der Schule an die moderne gesellschaftliche Entwicklung erklären die rege Tätigkeit der Länder im Bereich der S. seit 1945.

2. S. bildet den Kern des Schulrechts. Schulrecht umfaßt »die Gesamtheit der Rechtsnormen, die sich auf Schule und Schulwesen ... beziehen« (Heckel). Zu ihnen gehören nicht nur alle schulgesetzlichen Bestimmungen, die in Verfassungen oder Schulgesetzen einschließlich der auf Grund von gesetzlichen Ermächtigungen erlassenen Rechtsbestimmungen niedergelegt sind (Schulrecht im engeren Sinne), sondern auch Rechtssätze aus anderen Rechtsbereichen, wie Beamtengesetze, die zB Rechtsstellung und Besoldung der → Lehrer regeln, oder Verwaltungsgesetze, deren Grundsätze bei der Verwaltung des Schulwesens Anwendung finden. Verwaltungsanordnungen, Dienstanweisungen, Erlasse, Verfügungen und Ländervereinbarungen, die in der Beaufsichtigung, Verwaltung und Organisation des Schulwesens einen breiten Raum einnehmen, sind keine echten Rechtsquellen und gehören nicht zur S. Die neuere Entwicklung im modernen Rechtsstaat tendiert dahin, gesetzliche Regelungen zu erweitern und zu vermehren und den Ermessensspielraum in der Verwaltungspraxis einzuengen. Das gilt auch für die Entwicklung im Schulwesen. Eine Ausweitung der S. hat den Vorteil größerer Rechtssicherheit gegenüber einer gesetzlich nicht festgelegten Verwaltungspraxis, bringt jedoch den Nachteil einer größeren Unbeweglichkeit und Starrheit mit sich. Andererseits steht dem Vorteil der Beweglichkeit und Elastizität in der Verwaltungspraxis als Nachteil die fehlende Rechtssicherheit gegenüber. Vorteil und Nachteil gegeneinander abzuwägen, ist die Aufgabe des Gesetzgebers.

3. In der BRD regelt Art. 7 GG einige Einzelfragen, wie die → Schulaufsicht des Staates, die Stellung des → Religionsunterrichtes als ordentliches Lehrfach, das Recht zur Errichtung von → Privatschulen und die Aufrechterhaltung des Verbots von Vorschulen. Eigene Schulgesetze des Bundes bestehen nicht (Kulturautonomie der Länder). Jedoch finden einige Bundesgesetze auch im Schulwesen Anwendung, zB Beamten- und Besoldungsgesetze, Vorschriften der Gewerbeordnung, des Jugendwohlfahrtsgesetzes, des BGB und des StGB. Im wesentlichen ist aber S. in der BRD Landes-S. Jedes Bundesland hat in eigener Zuständigkeit das überkommene Schulrecht verarbeitet und neue Schulgesetze erlassen, wobei regionale und wirtschaftliche Gegebenheiten sowie die jeweilige politische Zusammensetzung

des Parlaments und der Landesregierung sich maßgebend ausgewirkt haben. Das erklärt die Vielfalt im Schulwesen, die aber nach Heckels Auffassung rechtlich weniger ins Gewicht fällt als im eigentlichen schulischen Bereich. Es könne trotz zahlreicher Verschiedenheiten in Organisation und Durchführung der Schularbeit von einer Schulrechtseinheit gesprochen werden. Bemühungen der »Ständigen Konferenz der Kultusminister« und des »Deutschen Ausschusses für das Erziehungs- und Bildungswesen« und anderer Gremien um eine Schuleinheit fallen nicht in den Bereich der S. Die Diskrepanz zwischen S. und tatsächlicher schulischer Situation weist darauf hin, daß gesetzliche Regelungen im wesentlichen nur Grundlagen und Voraussetzungen für das Schulwesen und für die Arbeit der Schule schaffen können.

Zum geltenden Recht in der deutschen Landes-S. gehören Verfassungsrecht, neue Schulgesetze, altes Landesrecht und altes Reichsrecht. Die Verfassungen der meisten Bundesländer enthalten Grundsätze und Vorschriften, die im wesentlichen die in der Weimarer Verfassung geregelten Fragen aufgenommen und ergänzt haben. Neue Schulgesetze sind seit 1945 in allen Bundesländern erlassen worden. Sie beschäftigen sich vor allem mit Organisation, Trägerschaft und Unterhaltung des öffentlichen und privaten Schulwesens, der Schulpflicht, der konfessionellen Gestaltung des Schulwesens, der Schulgeld- und Lernmittelfreiheit, der → Lehrerbildung und der → Eltern-Mitarbeit in der Schule. Die schulische Weiterentwicklung ist bes. aus folgenden Gesetzen zu ersehen: Einführung des 9. Schuljahres in Berlin, Bremen, Hamburg, Niedersachsen und Schleswig-Holstein; Förderung des Privatschulwesens und Einführung der Schulgeldfreiheit in allen Ländern; Schulkosten und Schulunterhaltungsgesetze in Bayern, Hessen, Nordrhein-Westfalen, Schleswig-Holstein; Schulverwaltungsgesetze in Bremen, Hessen, Niedersachsen, Nordrhein-Westfalen, Schleswig-Holstein; Verbesserung der Lehrerbildung durch grundlegende Regelung einer wissenschaftlichen Ausbildung an Pädagogischen → Hochschulen in Baden-Württemberg, Bayern, Berlin, Hamburg, Hessen, Niedersachsen; Schaffung von Voraussetzungen zur Intensivierung der Elternmitarbeit in allen Ländern; Förderung und Ausbau des Berufsschulwesens durch Gesetze in Bayern, Hamburg, Hessen, Niedersachsen, Rheinland-Pfalz. Neben dieser verfassungsrechtlich verankerten Neuordnung der S. besteht in den Bundesländern zT altes, dh aus der Zeit vor 1945 konzipiertes Landes- und Reichsrecht weiter. Es ist aber durch die neue S. zunehmend ergänzt und abgelöst worden. Es gelten vor allem noch das Grundschulgesetz von 1920 mit Ausnahme von Berlin, Bremen und Hamburg, die eine 6- statt einer 4jährigen Grundschulzeit eingeführt haben; weiterhin das Reichsgesetz über die religiöse Kindererziehung von 1921 mit Abänderungen durch die Landesverfassungen in Bayern, Rheinland-Pfalz und Saarland; das Reichsschulpflichtgesetz von 1938, das jedoch von den meisten Ländern durch neue Schulpflichtgesetze ersetzt wurde; verschiedene Reichsgesetze über die Rechtsstellung und Besoldung der Volks- und Mittelschullehrer, die in einigen Ländern noch als Grundlage für die Rechtsstellung dieser Lehrergruppen dienen; schließlich mit Einschränkungen das Reichskonkordat vom 20.7.1933, wobei jedoch nach einem Urteil des Bundesverfassungsgerichts vom 26.3.1957 die Länder die bekenntnismäßige Gestaltung des Schulwesens nach Art. 7 und 141 GG frei regeln können. Davon haben alle Länder durch verfassungsrechtliche Regelungen oder Schulgesetze Gebrauch gemacht.

In der *DDR* hat die S. einen grundlegend anderen Verlauf genommen. Ausgehend von dem »Gesetz zur Demokratisierung der deutschen Schule« (1946) erfolgte in zahlreichen Gesetzen, Verordnungen, amtlichen Bestimmungen, Richtlinien usw eine laufende Anpassung des Schulwesens an das sowjetische Vorbild und ein Ausbau des »demokratischen Zentralismus«, der zu einem einheitlichen, straff organisierten und zentral gelenkten Schulwesen geführt hat. Rechtlich bes. bedeutsame Allgemeinregelungen sind die Formulierung eines Bildungs- und Erziehungszieles, nach dem die Schule die Aufgabe hat, »die Jugend auf das Leben und die Arbeit im Sozialismus vorzubereiten und sie zu allseitig polytechnisch gebildeten Menschen zu erziehen« (Gesetz vom 1.12.1959); die Deklarierung bekenntnisfreier Gemeinschaftsschulen ohne Religionsunterricht, dessen Abhaltung außerhalb der Schulen den Religionsgemeinschaften überlassen bleibt; das Verbot von Privatschulen und eine Aufgliederung der → Lehrerbildung in Ausbildung von Lehrern für die Unterstufe (1.-4. Schuljahr), für die zehnklassigen, allgemeinbildenden polytechnischen Oberschulen (5.-10. Schuljahr) und für die erweiterte Oberschule (8.-12. Schuljahr).

Im *Ausland*, bes. in England (Education Act 1944), Frankreich (Schulgesetz von 1959), Schweden (Schulgesetz von 1950) und der Sowjetunion (Schulreform von 1958) hat die S. maßgebend zur Weiterentwicklung der Schule und zur Verwirklichung der → Schulreform beigetragen.

Schulrecht. Ergänzbare Sammlung der Vorschriften für Schule u. Verwaltung in Baden-Württemberg, Bayern usw. hg.v. P.Seipp u.a., 1954ff. - W.Landé, Die Schule in der Reichsverfassung. Ein Kommentar, 1929 - G.Giese, Dt. S., 1931 - Zur Entwicklung des Erziehungs- u. Bildungswesens in den Ländern der BRD. Ein Bericht der Ständigen Konferenz der Kultusminister, 1952 - H.v.Mangoldt, Das Bonner Grundgesetz, 1953 - L.Froese, Dt. S. (1763-1952), 1953 - Max Schulz, Erziehung, Schule u. Staat, Heft 5 der Reihe »Vergleichende Erziehung der Pädag. Arbeitsstelle«, hg.v. F.Hilker, 1955 - F.Heilmann-H.Birnbaum, Gesetze u. Verordnungen für die Schule der DDR, 1955 - H.Heckel-P.Seipp, Schulrechtskunde, (1957) 1960² - A.K.Steiner, State Scool Legislation, Washington 1957.

W.Küchenhoff

Schulhygiene *(Schulgesundheitspflege)*, Lehre von den Einrichtungen und Maßnahmen zum Schutz und zur Förderung der Gesundheit in den Schulen. Nach Schütz empfiehlt sich die Einteilung in technische, individuelle und soziale S. a) Die erste beschäftigt sich mit Größe (5 m² je Schulkind) und Lage des Schulgrundstücks (zentrale Lage im Schulbezirk, in verkehrsarmer, ruhiger Umgebung und möglichst einwandfreien Luftverhältnissen), dem Schulhausbau, den Klassenzimmern (Normalmaß für 35 Kinder 8 × 7 m, Luftraum je Kind 4 m³) und ihrer Einrichtung (bewegliche Tische und Stühle), den von den Klassenzimmern getrennten Kleiderablagen, der Turnhalle (mindestens 200-270 m², Höhe 5-6 m) und ihren Nebenräumen (Geräte- und Umkleideräume 30 bzw. 40 m²), den sanitären Anlagen wie Aborten (1 Sitz für 30 Knaben bzw. 15 Mädchen, 1 Pißbecken für 20 Knaben in entsprechender Höhe, Wasserspülung!), Waschgelegenheiten und Bädern, der Beheizung (am besten zentrale Warmwasserversorgung), Beleuchtung (Fensterfläche = $^1/_5$ der Bodenfläche, indirekte Beleuchtung, möglichst Leuchtstoffröhren) und Reinigung (täglich den Boden am besten mit staubsaugendem Bohnerbesen, die Heizkörper, Sitzflächen und Abortsitze feucht reinigen! Zweimal wöchentlich gründliche Reinigung mit Seife, Soda und warmem Wasser; viermal jährlich Generalreinigung des ganzen Gebäudes. Niemals Schüler zur Reinigung heranziehen!). - b) Die *individuelle* S. handelt von der normalen Entwicklung des Schulkindes, den Krankheiten im Schulalter und den besonderen gesundheitlichen Gefährdungen (Verhütung von Haltungsfehlern, Fußschäden, Augenschädigungen und Verkehrsunfällen). - c) Die *soziale* S. behandelt die gesetzlichen Vorschriften und Verwaltungsmaßnahmen (vor allem das Impfgesetz vom 8.4.1874 mit den Änderungen vom 11.2.1930, das Gesetz zur Vereinheitlichung des Gesundheitswesens vom 3.7.1934, das → Schulpflicht-Gesetz vom 6.7.1938, die Verordnung zur Bekämpfung übertragbarer Krankheiten vom 1.12.1938 und den Schulseuchenerlaß vom 30.4.1942), die Hygiene des Unterrichts, wie zB Fragen der Psychohygiene, der Ermüdbarkeit und der Überlastung der Schüler, des Zeitpunktes der Einschulung (7. Lebensjahr), des Schuljahrbeginns (möglichst im Herbst), der Wochenstundenzahl (wöchentlich 15-20 Stunden für Schulanfänger, 26 im 3. und 4., 30 im 5. bis 8. Schuljahr, nicht mehr als 32 Stunden vom 15. Lebensjahr an in mittleren und höheren Schulen; Gesamtarbeitszeit einschließlich der Hausarbeiten soll bei älteren Schülern 8 Stunden täglich nicht überschreiten), der Stundenplangestaltung (Wechsel von stark ermüdenden und mehr entspannenden Fächern, ungeteilte Unterrichtszeit!), der Stundenlänge (40 Minuten) und der Pausenordnung, der körperlichen Erziehung (tägliche Turnstunde!), der Verkehrserziehung, der Freizeit und des Unterrichts in Gesundheitslehre (persönliche Hygiene mit besonderer Berücksichtigung der Zahnpflege, Erziehung zur Sauberkeit), ferner die Befreiung von einzelnen Unterrichtsfächern, Nachhilfeunterricht und Fördereinrichtungen für Nichtschulfähige und körperlich Behinderte (Förderklassen für Debile, Hilfsschulen für Imbezille, Klassen für Schwerhörige und Schwachsichtige, Sprachheilkurse, orthopädische Schulturnkurse). Zu ihr gehört ferner die Tätigkeit des Schularztes (einer auf 2-3000 Kinder), der beratende, nicht behandelnde Funktion hat. Die Dienstanweisung für Schulärzte umfaßt u.a. folgende Verpflichtungen: Begutachtung der Pläne für Neubauten und Innenausstattung, laufende Besichtigung der gesamten Schulanlagen und der Hygiene des Unterrichts, jährliche Reihenuntersuchungen und Einzeluntersuchungen, regelmäßige Klassenbesuche, Beobachtung übertragbarer Krankheiten, Überwachung der Lehrer auf Tbc und Erstattung statistischer Jahresberichte. Überwachung des Zahnstatus durch den Schulzahnarzt. Der Schularzt wird unterstützt durch die Schulschwester (geprüfte Krankenpflegerin bzw. Fürsorgerin) und sorgt für die Fürsorge- und Wohlfahrtseinrichtungen für die Schuljugend, wie Schulspeisung, Schulkindergärten (für schulpflichtige, aber noch nicht schulreife Kinder; Leitung durch geprüfte Jugendleiterinnen oder Kindergärtnerinnen), Schulhorte (für die freie Zeit der Schulkinder; Leitung durch Lehrkräfte oder Schulpflegerinnen), Ferienkolonien für erholungsbedürftige Kinder, Erholungsfürsorge, Waldschulen und Kinderheilanstalten. - Die S. verdient vor allem in der Lehrerbildung größte Beachtung.

F.Schütz, S. (in: Esmarchs Hygienisches Taschenbuch, 1950, 285 bis 335) - M.Haberda, S. (Schulgesundheitslehre), Wien 1951 - LPäd (B) II, 578ff (Schulgesundheitspflege; Lit.). 583ff (Schulhausbau) - LPäd (F) IV, 123ff (S.) - W.Berger, Schulbau, 1951 - A.Arnold, Ärztl. Grundlagen der Schulturnbefreiung, (1955) 1958[3] - K.Triebold-E.Kühn, Hygienische Forderungen an den Schulbau, 1956 - K.Triebold u.a., Gesundes Schulleben, 1957 - Leitfaden für die Verbesserung der Lehrerbildung auf dem Gebiet der Gesundheit, hg.v. der Weltgesundheitsorganisation, o.J. *L.Englert*

Schullerus, *Adolf* (1864-1928), vereinigte als idealtypischer Vertreter des bildungs- und volksverbundenen siebenbürgisch-sächsischen Pfarrerstandes neuerer Zeit ernste theologische, pastorale und pädagogische Arbeit mit umfassender wissenschaftlicher Leistung als Germanist, Volkskundler, Historiker, schrieb feine Mundarterzählungen und bekleidete leitende Ämter im politisch-sozialen Bereich. Die erste Ausbildung erhielt S. im elterlichen Pfarrhaus (* in Fogarasch), dessen Erbe er nach Studien in Hermannstadt, Bern, Leipzig (Zarncke), Budapest 1900 in Großschenk antrat. Dazwischen war S. Volksschulrektor in Agnetheln (1887) und Seminar-Prof. in Hermannstadt (1889), wo er 1907-28 Stadtpfarrer, 1922 auch Bischofsvikar wurde. Beim spannungsvollen Übergang → Siebenbürgens in das 1918 entstehende Großrumänien leitete S. den deutsch-sächsischen Volksrat. Bleibende Bedeutung haben seine sprachwissenschaftlichen Arbeiten (sein Siebenbürgisch-sächsisches Wörterbuch: »die beste Leistung mundartlicher Lexikographie« [Wrede]), die sich eng mit volkskundlicher Forschung und KG verbanden. Als Theologe der Religionsgeschichtlichen Schule nahestehend, verwandte S. viel Kraft auf die Deutung und Erneuerung der pädagogischen Funktion seiner Volkskirche, bes. durch Predigt und Pfarrerfortbildung (Pfarrertage, Hochschulkurse usw). S. war u.a. korrespondierendes Mitglied der Göttinger Akademie der Wissenschaften.

Bibliogr.: Korrespondenzblatt des Vereins f. siebenbg. Landeskunde (dessen Hg. S. 36 Jahre war), 1928, 58ff (265 Titel). - Über S.: AVSL NF 46, 1931, 331-410 (Lit.). *P.Philippi*

Schulpflicht

1. Begriff - 2. Entwicklung - 3. Inhalt - 4. Sondervorschriften - 5. Schulzeitverlängerung

1. S. ist ein Bestandteil der → Schulgesetzgebung. Sie umfaßt den gesetzlichen Zwang zum Schulbesuch, die Festlegung des Personenkreises für einen Schulbesuch sowie Art und Weise und Dauer eines Schulbesuches. Ihre Begründung findet die S. im Erziehungsanspruch des Staates und im Recht des Kindes auf → Erziehung. S. schließt die Verpflichtung des Staates ein, die Voraussetzungen für ihre Erfüllung zu schaffen (»Beschulungspflicht«). Die Schulbenutzer - Erziehungsberechtigte und Schüler - haben nicht nur die Schulbesuchspflicht zu verwirklichen, sondern auch ihr Verhalten so einzurichten, daß Schularbeit und Schulleben funktionieren. Schulbesuchs- und Schulverhaltenspflicht ergänzen einander.

2. Ansätze zur S. sind bereits in der staatlich gelenkten Erziehung der Spartaner im 7.Jh. vChr erkennbar. Das Christentum führte durch das → Katechumenat eine Art religiöser S. ein. Ein Impuls des Staates findet sich erstmals bei → Karl d. Gr. Er forderte in seinem Edikt von 794 und in den → Kapitularien von 804, daß alle Untertanen ein Mindestmaß an religiösen Kenntnissen erwerben sollten. Der Gedanke einer allgemein verbindlichen S. kam erst in der nachreformatorischen Zeit und bes. nach der Entstehung der modernen absolutistischen Staaten auf. Während Luther für alle Kinder lediglich einen religiösen Unterricht am Sonntagnachmittag forderte, sah die Straßburger KO von 1598 eine gesetzliche S. vor und regelte auch die Ausbildung der unterrichtenden Küster. Mit den Schulordnungen der Landesfürsten kam es allmählich zu einer Einführung der S. Der Grundsatz des staatlichen Schulzwanges wurde erstmals 1607 in Anhalt-Bernburg festgelegt. Es folgten 1619 Weimar, 1642 Gotha, 1647 Braunschweig-Wolfenbüttel, 1649 Württemberg und Braunschweig-Lüneburg. In Preußen wurden die für die S. wichtigen Schulordnungen erst durch Friedrich Wilhelm I. unter Einfluß des → Pietismus geschaffen. Erste Regelungen von 1717 und später wurden durch das Generallandschulreglement (1763), das Allgemeine Landrecht (1794) und die Verfassung von 1850 ergänzt und bestätigt. Umfang der S. und Art und Weise ihrer Verwirklichung waren in den deutschen Ländern sehr unterschiedlich. Vielfach fehlten

die Voraussetzungen einer allgemein verbindlichen Durchführung der Vorschriften. Dies besserte sich jedoch im Laufe der Zeit, so daß Art. 145 der Weimarer Verfassung einen inzwischen erreichten Stand nur noch zu legitimieren brauchte. Hier heißt es: »Es besteht allgemeine S. Ihrer Erfüllung dient grundsätzlich die Volksschule ... und die anschließende Fortbildungsschule.« Dieser verfassungsrechtliche Grundsatz wurde im Grundschulgesetz von 1920, das die 4jährige gemeinsame Grundschulzeit in einer öffentlichen Volksschule anordnete, und durch Ländergesetze verwirklicht. Mit der Weimarer Verfassung wurde die bis dahin geltende Unterrichtspflicht, die nur die Pflicht zum Unterricht, aber nicht zum Schulbesuch einschließt, durch die Schulbesuchspflicht abgelöst. Das Reichs-S.gesetz von 1938 regelte die S. reichseinheitlich. Die Länder der BRD mit Ausnahme der Stadtstaaten haben im wesentlichen die Bestimmungen des Reichs-S.gesetzes mit geringen Abwandlungen übernommen, auch wenn sie eigene S.gesetze erlassen haben. In der DDR beruht die S. ebenfalls auf dem Reichs-S.gesetz. Die S. ist inzwischen in fast allen Ländern der Erde gesetzlich geregelt worden. Ihre allgemeine Verwirklichung ist jedoch noch nicht überall erreicht.

3. Die S. verpflichtet alle Kinder und Jugendlichen im Alter von 6–18 Jahren, die ihren Wohnsitz in einem Bundesland haben, zum Besuch einer allgemeinbildenden und berufsbildenden Schule. Bildungsunfähige sowie einige Gruppen ausländischer Kinder sind von der S. befreit. Die S. besteht in der Pflicht zum Besuch einer → Volksschule, die 8 oder 9 Schuljahre umfaßt, und einer an die Volksschule anschließenden → Berufsschule mit einer durchschnittlichen Dauer von 3 Jahren. Volks- und Berufs-S. können nach Besuch der → Grundschule in einer öffentlichen oder privaten → Mittel- oder höheren Schule (→ Gymnasium: II) abgeleistet werden. Es besteht die Möglichkeit und vielfach die Notwendigkeit einer Zurückstellung vom Beginn der S. für noch nicht schulreife Kinder, dh für solche, die zwar das gesetzliche Einschulungsalter erreicht haben, aber nach ihrer körperlichen und geistigen Entwicklung noch nicht fähig sind, mit Erfolg am Unterricht teilzunehmen. Eine vorzeitige Entlassung aus der S. ist nicht gestattet. Ein Ausschluß vom Besuch der Volksschule ist in schwerwiegenden Fällen gesundheitlicher oder sittlicher Gefährdung der anderen Kinder zulässig. Ausschluß bedeutet nicht Befreiung von der S. Die Behörden sorgen im allgemeinen für eine Ersatzerziehung. Wo ein geregelter Schulbesuch unmöglich ist, sind Ausnahmeregelungen, zB private Unterweisung, vorgesehen. – Berufs-S. gilt grundsätzlich für alle Jugendlichen, die im Anschluß an die Volksschule keine andere vollzeitliche Schule besuchen. Das Mindestmaß an Unterricht beträgt 4, das Höchstmaß 12 Wochenstunden. Die Berufs-S. endet im allgemeinen nach 3 Jahren oder nach Beendigung der Lehr- bzw. Anlernzeit. In Ausnahmefällen, zB Heirat, ist eine Befreiung möglich.

4. Bei Leistungsbehinderung infolge geistiger, körperlicher oder charakterlicher Besonderheiten ist die Erfüllung der S. in *Sondereinrichtungen* vorgesehen. Es gibt Sonderschulen oder -klassen für Schwachbegabte oder Schwachsinnige, für körperlich Behinderte wie Blinde, Sehschwache, Taubstumme, Schwerhörige, Sprach- und Bewegungsgestörte und für Schwererziehbare (→ Heilpädagogik, → Hilfsschule). Sie alle müssen ihre S. erfüllen, soweit entsprechende Einrichtungen vorhanden sind. Die Entscheidung über die Einweisung in eine Sonderschule trifft die → Schulaufsichts-Behörde im Einvernehmen mit Gesundheits- oder Jugendamt und möglichst auch mit den Eltern. Wenn zur Durchführung der S. die Einweisung in eine Anstalt oder in ein Heim erforderlich ist, muß die Zustimmung der Erziehungsberechtigten eingeholt werden. Wird diese verweigert, ist eine Entscheidung des Vormundschaftsgerichts notwendig. Für die Durchführung der S. sind die Erziehungsberechtigten und vom 14. Lebensjahr an auch die Schulpflichtigen verantwortlich.

5. Bestrebungen für eine *Verlängerung* der Volks-S. auf 9 und 10 Jahre und für eine Erweiterung der Berufs-S. sind das hervorstechendste Merkmal der modernen Entwicklung. Am weitesten fortgeschritten sind England, Schweden, die USA und die Sowjetunion.

E. Spranger, Zur Gesch. der dt. Volksschule, 1949 – A. Reble, Gesch. der Pädagogik, (1951) 1960[4] – J.L. Kandel, Die Verlängerung der Schulzeit. Eine internationale Übersicht, dt. 1952 – H. Heckel-P. Seipp, Schulrechtskunde, (1957) 1960[2]. *W. Küchenhoff*

Schulreform

1. Innere S. – 2. Organisatorische S.

Als Angleichung der tradierten Bildungsgehalte und Methoden aller Schularten an das jeweils bestmögliche Verständnis von → Erziehung und → Bildung wie als organisatorische Angleichung des überkommenen → Bildungswesens an die Bildungsbedürfnisse der jeweiligen Epoche ist S. spätestens seit Beginn der Neuzeit ein permanentes Motiv pädagogischer und kulturpolitischer Bemühungen. Von der Reformdidaktik des 17. Jh.s bis in die um 1890 anhebenden pädagogischen Reformbewegungen unserer Zeit (→ Religionspädagogik: I) sind in nicht abreißender Kette Einzelreformen und Gesamtprogramme einander gefolgt, an denen nahezu alle bedeutenden Pädagogen ihren Anteil haben. International dominieren dabei vor allem zwei durchgehende Tendenzen: Das Suchen nach den angemessensten Formen des Lehrens und Lernens, meist unter dem Stichwort des *»Naturgemäßen«*, wobei jedoch von verschiedenen anthropologischen Prämissen aus mit »Natur« Verschiedenes gemeint sein kann; und das Streben nach *Vereinheitlichung* der aus heterogenen Wurzeln stammenden Zweige des Schulwesens zu einem sinnvoll gegliederten Ganzen, in dem sich die Ablösung von der ständischen Gesellschaftsordnung spiegelt und durch gleiche Bildungschancen für jedermann soziale Gerechtigkeit intendiert wird.

1. Als *»innere S.«* bezeichnet man die Bemühungen, den Ertrag der pädagogischen Reformbewegungen für Erziehungsstil, Didaktik und Methodik innerhalb der Schulstuben fruchtbar zu machen. Die Suche nach »naturgemäßen« Formen kann dabei verschiedene Richtungen einschlagen: Das »secundum naturam« des → Comenius, das den Verbalismus des scholastischen Lehrbetriebs durch Autopsie und Autopragmasie überwinden wollte, nahm den »rerum ordo« der Schöpfung zum Richtmaß für die didaktische und methodische Ordnung; → Rousseau sah von seinem kulturkritischen Ansatz her das Ziel in der Anpassung aller pädagogischen Kunstformen an die »natürliche« Entwicklung; für → Pestalozzi standen das Gerechtwerden gegenüber der »Individuallage« des Kindes und die Suche nach der rechten »Elementarmethode« im Vordergrund der pädagogischen Reformen.

Bessere Sachangemessenheit durch Aktivierung der Kräfte des Anschauens und der Selbsttätigkeit, Entwicklungstreue und Individualisierung des Unterrichts waren auch Grundideen der S.bewegung seit 1890, in der – aus Quellen der Kulturkritik (→ Nietzsche, R. Hildebrand, → Lagarde, Langbehn u.a.), der → Lebensphilosophie und der → Jugendbewegung (: I) gespeist – das »Natürliche« zur Kampfparole gegen den Intellektualismus und Verbalismus wurde, der sich im Gefolge des Herbartianismus (→ Herbart, 2) verbreitet hatte. Das »Lebendige«, »Organische«, »Wahrhaftige« sollte der bloßen Konvention und Tradition in eigenständiger »Jugendkultur« (G.Wyneken) entgegengesetzt werden. Des Lektionenbetriebs und Formalismus der sog. »alten Lernschule« überdrüssig, kamen viele S.er um die Jh.wende zunächst zu einer Methodenfeindschaft und wollten alles aus den originalen Kräften des Kindes entwickeln (Pädagogik »vom Kinde aus«, »Erlebnispädagogik«, »Entschiedene S.«, Teilströmungen in →Kunsterziehung und → Arbeitsschule). Neben kultur- und gesellschaftskritischen Impulsen wirkte sich dabei eine Rousseau-Renaissance auch in Richtung auf bessere Erforschung der kindlichen Entwicklung aus, und die reformfreudige Lehrerschaft nahm an der neu entstehenden Kinderforschung (→ Kinderpsychologie, → Psychologie: II) wirksamen Anteil. Doch ist diese erste Phase der modernen S.bewegung durch große innere Gegensätze gekennzeichnet: Viele S.er wollten alle Schäden und Nöte der Schule aus jeweils einem Punkt kurieren und gerieten so miteinander in heftige Polemik, die die Sache der S. gelegentlich in Mißkredit brachte. Auch zeigten sich erhebliche Differenzen in der anthropologischen Grundauffassung vom Kinde: Den vorwiegend im deutschen, englischen und nordischen Raum wirksamen »Spontaneitätspädagogen«, deren Programm das »Wachsenlassen« und die »Entfaltung der schöpferischen Kräfte im Kinde« war, standen in den romanischen Ländern stärker rational orientierte Auffassungen gegenüber, nach denen das Kind als hilfloses, noch unfertiges, ungezügeltes Wesen und als »Kandidat« (E.Claparède) stärkerer (indirekter) Führung bedarf. Symptomatisch für diese Gegensätze war auch die Fehde zwischen der Pädagogik des deutschen → Kindergartens (→ Fröbel) und dem System der Maria → Montessori. Einflüsse des amerikanischen → Pragmatismus und der → Psychoanalyse auf die S.en in der westlichen Welt bereicherten das bunte Bild gegensätzlicher Strömungen.

Die Zeit nach dem 1. Weltkrieg konnte mit ihren lebhaften S.-Debatten im In- und Ausland zwar die Gegensätze nicht versöhnen, ermöglichte jedoch - nicht zuletzt durch Weiterentwicklung der wissenschaftlichen → Pädagogik, die sich der S.tendenzen kritisch fördernd annahm - Synthesen, in denen die wichtigsten Reformprinzipien, die oft in dialektischem Gegeneinander erst gemeinsam eine gute moderne Schule ausmachen, festzuhalten sind: Führen *und* Wachsenlassen, das Prinzip »vom Kinde aus« *und* das der »Mehrdarbietung« (W.Stern), »Gesamtunterricht« (B. → Otto, Leipziger Lehrerverein) *und* »Eigengesetz der Lehrfächer« (O.Wichmann), Individualisierung und Gruppenunterricht, Kern- und Kurssystem, Epochenunterricht (P.Petersen, Freie Waldorfschulen [→Anthroposophie, 4]), die Ideen des »learning by doing« (Dewey, Kilpatrick), der →Arbeitsschule (→ Kerschensteiner, Gaudig), der »Erlebnispädagogik«, der »Lebens-« und »Tatschule« (O.Decroly, A.Ferrière) und die mannigfachen Anregungen aus → Kunsterziehung und → Landerziehungsheimen gilt es heute noch als bereits seit den 20er Jahren bewährte Reformen in der Breite aller Schulstuben fruchtbar zu machen, auch wenn seitdem in Redeweise und Begründungen der früheren S.er viel naturalistische oder neuidealistische Metaphysik als unhaltbar entlarvt werden konnte.

In ihrer kulturkritischen und naturalistischen Grundhaltung haben die S.er des Jh.anfangs bei der Aktivierung des Kindes die Frage nach der Verbindlichkeit der Bildungsgehalte vielfach zugunsten bloß »formaler« → Bildung (, 3) und methodischer Reformen vernachlässigt. So konzentriert sich die Diskussion um die innere S. nach dem 2. Weltkrieg zunehmend auf die Frage nach dem »Wesentlichen«, »Fundamentalen«, »Elementaren« und »Exemplarischen« des Bildungskanons, den die Schule in der modernen Welt verbindlich zu repräsentieren hat. Das Problem der sog. »kategorialen Bildung«, innerhalb derer die Aufgabenkreise der politischen, sozialen und technischen Bildung besonderes Gewicht erlangt haben, ist jedoch nicht ohne Hinblick auf den spezifischen Bildungsauftrag und die Möglichkeiten der jeweiligen Schulart zu lösen und damit nicht ohne Zusammenhang mit den Reformen des Bildungswesens.

2. Trotz der vielfältigen *organisatorischen S.en,* die von den Reformdidaktikern des 17.Jh.s (→ Ratke, → Comenius) über die französischen Revolutionäre (Condorcet), die preußischen Reformer (→ Süvern) und die Lehrervereine des 19.Jh.s bis ins 20.Jh. als universelle, nationale oder soziale Vereinheitlichungsbestrebungen eine mehr oder weniger differenzierte → Einheitsschule zum Ziele hatten, ist die organisatorische Zuordnung der heterogenen Zweige des Schulwesens zueinander noch weithin ein offenes Problem. Zwischen der sozialen Forderung des gleichen Bildungsrechts für alle und dem Eigengesetz spezifischer, oft traditionsreicher Bildungswege und Schulformen besteht eine Spannung, die zwar durch Formelkompromisse verschleiert oder durch Radikallösungen einseitig behoben werden kann, bei deren Beseitigung aber jeder Gewinn an Einheit leicht mit dem Verlust an Eigentümlichem erkauft wird und umgekehrt. Die pädagogische Problematik konzentriert sich daher ebensosehr auf Differenzierung wie auf Vereinheitlichung der Bildungswege und ebensosehr auf Wahrung des spezifischen wie des gemeinsamen Bildungsauftrags aller Schultypen. Je früher und entschiedener die Differenzierung, desto schwieriger die nachträglichen Übergänge, die von der gesteigerten Mobilität der modernen Gesellschaft gefordert sind; je länger und weniger differenziert die gemeinsame Grundbildung für alle, desto größer die Gefahren der Nivellierung und der Mangel an Möglichkeit, dem gesteigerten Aufstiegsstreben der mobilen Gesellschaft noch wirkliche Qualifikationen durch besondere Bildungswege anbieten zu können. Aus diesem Dilemma haben die S.er verschiedener Länder unterschiedliche Auswege gesucht.

Die → Schulgesetzgebung im *Deutschland* der Weimarer Republik konnte trotz der in Art. 146 der Reichsverfassung proklamierten Gestaltung des Schulwesens zu einem »organischen« Ganzen nur die 4jährige → Grundschule als ersten Schritt zur Verbindung aller Schulzweige durch einen gemeinsamen Unterbau durchsetzen. → Volksschulwesen, → Mittelschulen und Höhere Schulen (→ Gymnasium: II) gingen nach der Gabelung inhaltlich und methodisch wie auch in ihrer → Lehrerbildung weiterhin ihre eigenen Wege. Die organisatorischen Einheitsbestrebungen im höheren Schulwesen der Vorweltkriegszeit (→ Einheitsschule) wurden in der preußischen S. von 1924/25 zugunsten von 4 grundständigen höheren Schultypen (Gymnasium, Realgymnasium, Oberrealschule, Deutsche Oberschule) aufgegeben und durch die ideelle Einheit im gemeinsamen sog. »deutschen Bildungsgut« ersetzt. Nach den Episode gebliebenen Gleichschaltungen der Nationalsozialisten spiegelt sich diese Differenzierung auch noch in der Dreiteilung des höheren Schulwesens der BRD wider (altsprachliches, neusprachliches und mathematisch-naturwissenschaftliches Gymnasium), innerhalb dessen die sog. »Auflockerung« und stundenplanmäßige Konzentrierung der Oberstufe im Hinblick auf die Hochschulreife eines der vordringlichen Reformprobleme ist.

Der Gedanke der nationalen Einheit des Schulwesens

ist indessen durch die Teilung Deutschlands und innerhalb der BRD durch föderalistische und konfessionelle Motive (→ Schule und Kirche: I) in den Hintergrund gedrängt. Während in der DDR ein straff vereinheitlichtes Schulsystem, dessen Schrittmacher zunächst die 8jährige Grundschule, neuerdings die 10klassige »Allgemeinbildende Polytechnische Oberschule« wurde, viele traditionellen Bildungswege abbaute oder unter sozialistischem Vorzeichen umgestaltete, hat in der BRD die Kulturhoheit der Länder zu einem bunten Bild unterschiedlicher S.en geführt. Mehrere Länder suchten der sozialen Einheit zunächst durch Verlängerung der Grundschuldauer näherzukommen. Als Vorbilder wirkten vielfach die S.en in *England* (Education Act 1944) und *Schweden* (Reformgesetz von 1950), die neben der relativ späten Gabelung der Bildungswege durch die Tendenz charakterisiert sind, die Stufe der »secondary education« als eine Einheit zu sehen, die mehr nach der Richtung als dem Niveau der Begabungen gegliedert ist. Diese Idee, Schultypen vorwiegend auf Begabungsrichtungen zu begründen, wirkte sich in den ersten Nachkriegsjahren auch in der BRD, vor allem in den S.en der Stadtstaaten Bremen, Hamburg und West-Berlin, in Ansätzen aber auch in anderen Ländern aus: Man bemühte sich, neben dem als »Wissenschaftliche Oberschule« bezeichneten Gymnasium die Volks- und Mittelschulen durch Umwandlung in sog. »Praktische« und »Technische Oberschulen« (auch »Werk-« und »Real-Oberschulen«) attraktiver zu machen. Doch haben diese S.en die wirklichen Nöte des Berechtigungswesens, symptomatisch gespiegelt im wachsenden Andrang zur höheren Schule, teils noch nicht lösen können, teils lieferten sie durch ihre – im Gegensatz zu England und Schweden – sehr schnelle Einführung, auf die die Öffentlichkeit kaum vorbereitet war, die Schulpolitik vielfach dem Kräftespiel zufälliger parlamentarischer Mehrheiten aus (Schleswig-Holstein und Hamburg machten bei Regierungswechseln wesentliche Teile ihrer S.en wieder rückgängig), was weithin zu Resignation führte. Nach Jahren der schulpolitischen Stagnation (Schulabkommen der Ministerpräsidenten der BRD vom 17.2.1955) legte dann der 1953 von Kultusministern und Bundesinnenminister nach dem Vorbild der englischen Royal Commissions berufene »Deutsche Ausschuß für das Erziehungs- und Bildungswesen« am 14.2.1959 einen »Rahmenplan zur Umgestaltung und Vereinheitlichung des allgemeinbildenden öffentlichen Schulwesens« vor. Kernstücke sind die auf niedersächsischen und hamburgischen Versuchen mit dem sog. »Differenzierenden Mittelbau« basierende »Förderstufe« (Aufstieg in die weiterführenden Schulen durch Selbstauslese und Bewährung in differenzierenden Kursen des 5. und 6. Schuljahres bei gemeinsamem Kernunterricht) und die Neugliederung des höheren Schulwesens in ein 7jähriges (modernes) Gymnasium und eine 9jährige (altsprachliche) Studienschule. Die Aufnahme dieses »Rahmenplans« in der Öffentlichkeit ist zwiespältig: Während er etwa der Arbeitsgemeinschaft Deutscher Lehrerverbände nicht weit genug geht, die die »Förderstufe« zum Obligatorium für alle Kinder machen und die höhere Schule durchgehend auf 7 Jahre beschränken will (»Bremer Plan« 1960), stehen Philologenverbände und Elternschaften der höheren Schulen dem 7jährigen Gymnasium und der »Förderstufe« weithin noch skeptisch gegenüber. Die Tendenz des »Rahmenplans« zur Aufwertung der Volksschule (Ausbau zur 9-, später 10jährigen »Hauptschule«) und zur Schaffung gehobener mittlerer Schulabschlüsse (11jährige Realschule), die den Andrang zur höheren Schule entlasten sollen, ist dagegen inzwischen Gemeingut der S.-Diskussionen geworden.

Etwa gleichzeitig mit dem westdeutschen »Rahmenplan« sind in Mitteldeutschland am 30.1.1959 durch das Zentralkomitee der SED »35 Thesen über die sozialistische Entwicklung des Schulwesens« veröffentlicht worden; Forderungen sind: Intensivierung der »Verbindung von Schule und Leben« (Chruschtschow), »polytechnischer Unterricht«, »Unterrichtstage in der Produktion« sowie Normalisierung des Weges zur Hochschule über Berufsausbildung und begleitende Betriebs- oder Abendoberschulen. Nach sowjetischem Vorbild zielt diese S. darauf ab, den neuerdings auch in der BRD viel diskutierten sog. »Zweiten Bildungsweg« (→ Industriepädagogik, 3 c) zum ersten und normalen Bildungsweg zu machen, während eine »Erweiterte Polytechnische Oberschule«, an die nach dem Abitur ein »berufspraktisches Jahr« anschließt, nur besonders Qualifizierten vorbehalten bleibt.

Über den Stand der S.en bis 1933 berichtet ausführlich das HPäd I-V; über die Entwicklungen bis zur Jh.mitte LPäd (B) II, 608-610 u. III, 499-617 sowie LPäd (F) IV, 173-178 (sämtlich mit Lit.). – TH.LITT, Führen oder Wachsenlassen, (1927) 1958⁷ – H.NOHL, Die pädag. Bewegung in Deutschland u. ihre Theorie, (1933) 1949³ – E.SPRANGER, Pädagogische Perspektiven, (1950) 1952² – W.FLITNER, Grund- u. Zeitfragen der Erziehung u. Bildung, 1954 – DERS., Die Schulfrage in Westdeutschland (ZP 1, 1955, 133-148) – H.CHIOUT, Schulversuche in der BRD, 1955 – Empfehlungen u. Gutachten des Dt. Ausschusses für das Erziehungs- u. Bildungswesen, 1955 ff – L.FROESE, Die geistigen Grundlagen des mitteldt. Bildungswesens (ZP 5, 1959, 372-386) – O.ANWEILER, Motive u. Ziele der sozialist. Umgestaltung des Schulwesens in Mitteldeutschland (Bildung u. Erziehung 12, 1959, 513-530) – W.KLAFKI, Kategoriale Bildung (ZP 5, 1959, 386-412) – Probleme einer S., 1959 – TH.WILHELM, Pädagogik der Gegenwart, (1959) 1960².

H.Scheuerl

Schulschwestern, die Mitglieder zahlreicher kath. weiblicher Genossenschaften, die entsprechend den → Schulbrüdern ganz oder vorwiegend in der Mädchenbildung tätig sind. Bes. genannt seien: 1. *Arme S. von Unserer Lieben Frau* (de Notre-Dame), auf Anregung des späteren Bischofs von Regensburg G.M.Wittmann 1833 von Karolina Gerhardinger (1797-1879) in Neunburg vorm Wald (Oberpfalz) ins Leben gerufen. Das Generalat kam 1841 nach München. In Deutschland bestehen 4 Provinzen mit ca 300 Niederlassungen und über 9000 Schwestern: die bayrische (Provinzialat in München), rheinisch-westfälische (Brede Kr. Höxter), frühere schlesische (jetzt Berlin-Marienfelde) und frühere sudetendeutsche (jetzt Auerbach/Oberpfalz). Weitere Niederlassungen entstanden schon früh in Gebieten mit deutschem Volkstum, u.a. in Polen, Böhmen, Rumänien, Ungarn, bes. in Nord- und Südamerika, 1932 auch in Schweden. – 2. *Genossenschaften von Tertiarinnen des hl. Dominikus:* a) Arme S. vom Dritten Orden des hl. Dominikus von der Buße in Speyer, 1852 von Bischof Nik.v.Weis für Unterricht in den Volksschulen der Pfalz als Zweig der Dominikanerinnen zu St. Magdalena gestiftet (105 Niederlassungen, 850 Schwestern; im Ausland 13 Niederlassungen, 80 Schwestern); b) Augsburg, Kloster St. Ursula, gegr. 1335, neuerrichtet 1826; c) Kongregation der hl. Katharina von Siena, Mutterhaus in Arenberg b. Koblenz (28 Niederlassungen, 797 Schwestern). – 3. *Genossenschaften von Tertiarinnen vom hl. Franziskus:* Mutterhäuser in Augsburg (St. Maria Stern), Dillingen/Donau, Ingolstadt, Sießen b. Saulgau (Württ.), Hallein (Bistum Salzburg), Wien, Judenau (Bistum St. Pölten), Vöcklabruck (Oberösterreich), Eggenberg b. Graz. – 4. *Schwestern der christlichen Schulen von der Barmherzigkeit* (Les Sœurs des Ecoles Chrétiennes de la Miséricorde), 1807 in Cherbourg von Maria Magdalena Postel (1756-1846) für ländlichen Unterricht gegründet, Mutterhaus seit 1832 in St-Sauveur-le-Vicomte (Manche), endgültig bestätigt 1901, Niederlassungen in Frankreich, Holland, England, Italien, Deutschland (1862 Mutterhaus in Heiligenstadt, Eichsfeld; ca 1060 Schwestern), ferner in Bolivien und auf Java. - 5. *Schwestern der christlichen Schulen* vom hl. Karl → Borromäus, 1685 in Lyon für Armenschulunterricht gegründet. - Vgl. auch → Borromäerinnen, → Englische Fräulein, → Herz Jesu (Orden, 2 b), → Herz Mariä (, 2), → Herzen Jesu und Mariä, → Joseph (Orden, 2 d), → Kreuz (Orden, 2), → Liebe (Orden, 2), → Paulus (Orden), → Petrus (Orden), → Salesianerinnen, → Ursulinen, → Vorsehungsschwestern.

HEIMBUCHER I, 465ff. 533; II, 33ff. 505ff - LThK IX, 351ff - ESCOBAR I, 341 - Das Wirken der Orden u. Klöster in Deutschland I, 1957, 137f.

W.Göbell

Schulte, *Johann Friedrich* (seit 1869: Ritter von), kath. Kirchenrechtslehrer, * 23.4.1827 in Winterberg/Sauerland, † 19.12.1914 in Obermais b. Meran. 1854 ao., 1855 o. Prof. in Prag, seit 1873 in → Bonn. 1854 warb S. für seine Idee einer Freikorps-Bruderschaft zur Verteidigung des bedrohten Kirchenstaates und gewann Bekanntschaft und Vertrauen vieler Bischöfe und führender kath. Laien. Seit dem 18.7.1870 neben → Döllinger die namhafteste Stütze altkath. Opposition gegen das Unfehlbarkeitsdogma, befürwortete S. gegen Döllinger die Bildung einer Notkirchenorganisation der → Altkatholiken. Über 40 Jahre war er ein führendes Mitglied der Kirchenleitung, gab der kirchlichen Gemeinschaft ihre Rechtsordnung und wurde ihr erster Geschichtsschreiber.

Vf. u.a.: Lehrbuch d. dt. Reichs- u. Rechtsgesch., (1861) 1892⁶; Lehrbuch d. kath. u. ev. Kirchenrechtes, (1863) 1886⁴ (mit Ausführungen zum altkath. KR); Die Macht der Röm. Päpste, 1871; Die Stellung der Konzilien, Päpste u. Bischöfe vom hist. u. kanon. Standpunkt u. die päpstl. Konstitutionen vom 18.7.1870, 1871; Gesch. d. Qu. u. Lit. d. Kanonischen Rechtes, 3 Bde, 1875-80; Der Altkatholizismus, 1887; Lebenserinnerungen, 3 Bde, 1908. - Über S.: M.MENN, F.v.S. als altkath. Schriftsteller (RIThı 15, 1907, 222-259) - AkathKR 95, 1915, 519-527 - IKZ 23, 1915, 3ff - MARIA V.SCHULTE, F.v.S.s Lebensabend, 1920 - Dt. Biogr. Jb. 1914-16, 1925, 86-88.

W.Küppers

Schultz, 1. *Clemens* (1862-1914), ev. Theologe, * in Hamburg, wurde nach mancherlei Hemmungen 1896 Pfarrer an St. Pauli, wo er bis zum Tode als der erfolgreichste Prediger und begehrteste Seelsorger Hamburgs und als ein für das ev. Deutschland vorbildlicher Gemeinde- und Jugendpfarrer wirkte. Mit als erster hat S. zusammen mit den Männern des → Evangelisch-sozialen Kongresses erkannt, daß die Veränderungen in Wirtschaft und Gesellschaft auch in der Gemeinde- und Jugendarbeit neue Formen verlangen, wie er sie dann bei der Sammlung der männlichen Jugend zwischen 14 und 18 bzw. 25 Jahren in der Polarität zwischen Freiheit der Persönlichkeit und Bindung an die Gemeinschaft auch praktisch geschaffen hat. Ausschlaggebend für seine großen Erfolge in den unkirchlichen Schichten des Bürgertums und der Arbeiterschaft war aber nicht eine neue Erkenntnis oder Methode, sondern ein besonderes Charisma im Umgang mit (jungen) Menschen. Das durch Anregungen von → Ruckteschell entstandene und von dem modernen Gedanken der Gemeinde und der Gemeindejugend bestimmte, aber durch und durch von der originalen Persönlichkeit geprägte Werk erhielt durch Walther Classen (1874-1954) eine gewisse Systematisierung und fand im Bund Deutscher Jugendvereine (B.D.J.; → Jugendvereinigungen: I, 1) eine Art Fortsetzung. Das 1926 im Sachsenwald eingeweihte »Cl.-S.-Heim« hält seinen Namen in der Hamburger Kirche (→ Hamburg: II, 4) lebendig.

Vf. u.a.: Die Halbstarken, 1912; Aufsätze, zT neu hg.v. W.CLASSEN: Cl.S., Ges. Schriften eines Jugendpflegers, 1918. - Über S.: H.MAURER, Cl.S., das Lebensbild eines Jugendführers u. Volksmannes, 1927 (Lit.); seitdem einzelne Art. in Zs.en, zuletzt in »Kirche u. Mann« (12/1955).

H.Maurer

2. *Franz Albert* (1692-1763), ev. Theologe, * in Neustettin, studierte in Halle bei Chr. → Wolff und A.H. → Francke, hielt hier philosophische und mathematische Vorlesungen, wurde dann 1723 unter Ausschlagung angebotener Professuren Erzieher der Kadettenanstalt in Berlin, 1724 Feldprediger in Mohrungen, der seinen Reitern Katechismus und Lesen beibrachte, 1728 Sup. in Rastenburg, 1729 Propst in Stolp, 1731 getragen vom ständigen Vertrauen Friedrich Wilhelms I. Pfarrer und Konsistorialrat, 1732 Prof. der Theologie in → Königsberg, Mitglied der Kirchen- und Schulkommission, Direktor des Friedrichkollegs, das er zum ostpreußischen Mustergymnasium machte. S. wurde mit dem Aufbau des Schulwesens in → Ostpreußen (Regulative 1735 im Geist A.H.Franckes) und in Litauen beauftragt. Der Universität verlieh er das Gesicht einer pietistischen Erziehungsanstalt nach hallischem Muster unter Einschluß der Methodik Chr.Wolffs, der in ihm seinen besten Schüler sah. In ständiger Spannung mit dem orthodoxen Oberhofprediger J.J. → Quandt übernahm er mit diesem die Generalinspektion des ganzen Kirchen-, Schul- und Armenwesens in Preußen (KO von 1734), auch hier für intensive Katechisation sorgend. »Tätiges Christentum« war das Ziel der sehr schulmeisterlich (»Schulmaior«) geordneten Erziehung; daher dominierte die theol. Fakultät. Die orthodoxe Klage über Verfall der Wissenschaft war nicht ganz unberechtigt. S.' Geist bestimmte die Reform Preußens trotz aller persönlichen Anfeindungen und Intrigen und trotz der Ungunst Friedrichs II. Die Ordnung von 1735 wurde erneut bestätigt und galt bis ins 19.Jh. Das Herrnhutertum konnte in Königsberg nicht Fuß fassen, ebenso zunächst auch nicht die Aufklärung Gottscheds. Außer einigen Programmen und Predigten hat der ganz der Praxis zugewandte S. nichts gedruckt. Aber er blieb bis nach der Jh.-Mitte die Königsberg beherrschende Gestalt. → Hamann und → Borowski haben ihn gehört, → Kant besuchte sein Gymnasium, M.Knutzen war sein besonderer Schüler.

B.ERDMANN, M.Knutzen u. s. Zeit, 1876, 22ff - ADB 32, 705f - A.NIETZKI, J.J.Quandt, 1905 - A.HEUBAUM, Gesch. d. dt. Bildungswesens I, 1905, 154ff - H.LANGEL, Die Entwicklung d. Schulwesens in Preußen unter F.A.S. (1733-63), 1909 - F.VOLMER, Friedrich Wilhelm I. u. d. Volksschule, 1909 - W.WENDLAND, L.E.v.Borowski, 1910 - L.GILDE, Beiträge zur Lebensgesch. des ... J.J.Quandt (Phil. Diss. Königsberg), 1933 - G.v.SELLE, Gesch. d. Albertus-Univ. zu Königsberg, 1944, 137ff.

Ernst Wolf

Schulz, *David* (29.11.1779 bis 17.2.1854), ev. Theologe, * in Pürben bei Freystadt (Niederschlesien) als Bauernsohn, studierte in Halle Theologie, vor allem aber Philologie bei Fr.A. → Wolf. 1809 wurde er ao. Prof. der Theologie und Philologie in Halle und im selben Jahre o. Prof. der theol. Fakultät in Frankfurt/O. 1811 ging er mit dieser Fakultät nach → Breslau (: II, 2). 1819 wurde er Mitglied des Kgl. Konsistoriums der Provinz Schlesien. S. war Mitglied des Provinzialschulkollegiums. Weil er die Erklärung vom 21.6.1845 gegen die kirchlich Konservativen mit unterzeichnet hatte, wurde er aus dem Konsistorium entlassen. Einer späteren Rückberufung leistete er mit Rücksicht auf seine Gesundheit und seine nicht mehr allgemein anerkannte theologische Stellung (A. → Hahn) keine Folge. Ein jahrelanges schweres Augenleiden ging dem letzten Zusammenbruch seiner Gesundheit voraus. Der zunächst angesehene, gelehrte und kraftvolle rationalistische Theologe, der ein Kollege und Freund D.v.Cölln war, begründete zwar keine eigene theologische Schule, stützte aber den → Rationalismus in Schlesien viele Jahre und erlebte später mit Schmerzen dessen Ablösung. S. hatte tiefgehenden Einfluß auf seine Studenten, auch wenn diese sich ihm nicht in allem anschlossen. Seine exegetischen und kritischen Schriften haben heute nur noch historische Bedeutung, ebenso die maßlosen polemischen, die sich gegen den Pietismus, das Gefühlschristentum → Schleiermachers, die Führer der luth. Separation (→ Luthertum: III B) und die Ev. Kirchenzeitung (→ Hengstenberg) richteten.

Vf. u.a.: Der Brief an die Hebräer, 1818; Die christl. Lehre vom Abendmahl, (1824) 1831²; Die christl. Lehre vom Glauben, 1834; Das Wesen u. Treiben der Berliner Ev. Kirchenzeitung beleuchtet, 1839. - Über S.: RE XVII, 804ff - ADB 32, 739ff - K.F.Arnold in: Festschr. z. Feier d. 100jähr. Bestehens d. Univ. Breslau II, 1911, 179ff - H.Kirchhofer, D.S., 1913. *I.Ludolphy*

Schund und Schmutz. Der oft gedankenlos gebrauchte Ausdruck bezeichnet zunächst jene Schriften, die ohne jeden literarischen Anspruch geschrieben, auf das Sensationsbedürfnis der Massen berechnet und durch billige Herstellung auch den wirtschaftlich Schwächsten leicht erreichbar sind. Er stammt aus dem Ende des 19.Jh.s, als die schon früher bekannte minderwertige Literatur zu einem viel begehrten Konsumartikel der rapide anwachsenden, allgemein des Lesens kundig gewordenen Bevölkerung wurde und eindringender, sinnvoller Umgang mit echter Literatur in den Mittelpunkt volksbildnerischer Bemühungen rückte. Der »Kampf gegen Schund und Schmutz« bedient sich juristischer wie erzieherischer Mittel, beide stehen in Wechselwirkung.

1. An *rechtlichen* Hilfen gab es bis zum 1.Weltkrieg nur den § 184 StGB, der Herstellung und Verbreitung »unzüchtiger Schriften, Abbildungen und Darstellungen« unter Strafe stellt, also nur die grob pornographischen Schriften erfaßt. Die Erfahrungen, welche während des Krieges mit umfassenden Verboten der stellvertretenden Generalkommandos gemacht wurden - das Verfahren war ähnlich rigoros und mit ähnlich durchschlagendem Erfolg wie später in der nationalsozialistischen Zeit oder heute in den kommunistisch regierten Ländern -, verstärkten nach dem Kriege die Bestrebungen, durch ein besonderes Gesetz der Gefahren Herr zu werden. Das »Gesetz zur Bewahrung der Jugend vor Schund- und Schmutzschriften« vom 24.12.1926 sollte dazu dienen, Schundliteratur wenigstens von Jugendlichen unter 18 Jahren fernzuhalten; aber abgesehen davon, daß es nur langsame Prozedur erlaubte, wurde sein Erfolg durch begriffliche Unsicherheit stark eingeschränkt. Der Ausdruck »Schund und Schmutz« koppelt zwei Begriffe verschiedener Inhaltlichkeit, eine Unklarheit, die für die Paraphierung des Gesetzes wie für seine Praktizierung nicht ohne unangenehme Konsequenzen bleiben konnte. Im Sprachgebrauch bezeichnet »Schund« vornehmlich das Wertlose, »Schmutz« das Verwerfliche. Nach dem Gesetz von 1926 ist nicht zu klären, ob das ganze Gebiet seichter Unterhaltungsliteratur in die Reichweite des Gesetzes einzubeziehen sei - eine Ausweitung, die unmöglich in der Absicht des Gesetzgebers gelegen haben kann -, es ist aber ebensowenig eindeutig, ob durch das Gesetz Schriften verwerflichen Inhalts von der Jugend ferngehalten werden könnten, sofern sie nur von einigem literarischem Niveau sind. Es war nach dem Gesetz sogar möglich, daß »der geschickte Schmierfink, weil er einen eleganten Stil betätigt, ungerechtfertigt bevorzugt« wurde (Schilling). Es ist deshalb ein bemerkenswerter Fortschritt, daß in der Gesetzgebung nach 1945 der Ausdruck »Schund und Schmutz« vermieden wird. Das Gesetz, durch welches den in Art. 5 Abs. 1 GG genannten Grundrechten Beschränkungen auferlegt werden, heißt »Gesetz über die Verbreitung jugendgefährdender Schriften« (GJS) vom 9.6.1953. Das Gesetz definiert - wenngleich nicht befriedigend, wie die Bemühungen um schärfere Fassung beweisen -, welche Schriften »in eine Liste aufzunehmen«, zu »indizieren« sind, und schreibt vor, daß diese indizierten Titel Jugendlichen unter 18 Jahren nicht zugänglich gemacht werden dürfen. Das Gesetz und die »Verordnung zur Durchführung des GJS« vom 4.3.1954 regeln die Einrichtung einer »Bundesprüfstelle«, ihr Verfahren und ihre Besetzung. Außer dem Vorsitzenden gehören ihr je 1 Vertreter der Kunst, der Literatur, des Buchhandels, der Verlegerschaft, der Jugendverbände, der Jugendwohlfahrt, der Lehrerschaft, der Kirchen und 3 Länderbeisitzer an. Entschieden wird mit ¾-Mehrheit. Antragsberechtigt ist nicht die Bundesprüfstelle selbst, und nicht das Publikum, sondern nur der Bundesinnenminister und die obersten Jugendbehörden der Länder.

Das Gesetz von 1953 verbietet in § 1, an Jugendliche »unsittliche, sowie Verbrechen, Krieg und Rassenhaß verherrlichende Schriften« heranzubringen; nach § 6 gilt dieses Verbot für »Jugendliche offensichtlich schwer gefährdende Schriften« und für solche, die »durch Bild für Nacktkultur« werben, auch ohne daß sie ausdrücklich in die Indizierungsliste aufgenommen sind. Die Formulierung des § 1 ist irreführend, da es kaum Schriften gibt, die offensichtlich Verbrechen, Krieg und Rassenhaß »verherrlichen«, und da eine Schrift nicht allein deswegen ohne Beanstandung bleiben kann, weil ihr dieser Charakter fehlt. Der § 6 ist insofern wichtig, als er auch das »Bild« einbezieht. Hierdurch ergab sich bei der Durchführung des Gesetzes als Forderung, die ganze Breite jugendgefährdender, durch mechanische Hilfsmittel in Massen hergestellter Erzeugnisse in den Griff zu bekommen: die billigen Reihen und ihre aus Amerika importierte Spielart der Comics und Horror-Comics, die von speziellen Verlagen an branchen-unkundige Ausgabestellen gelieferten »Leihbücher« - man schätzt, daß jährlich 1800 Titel mit einer Durchschnittsauflage von 1900 ausgeliefert werden, also jährlich 3,4 Mill. Exemplare -, die unter dem seriösen Etikett »Aufklärungsschriften« vertriebenen Bücher erotisch-perversen Inhalts, die meist durch Versandhäuser, oft in Verbindung mit »Sexualhilfsmitteln« vertriebenen Bildserien, Schallplatten, Tonbänder, Schmalfilme usw.

Nach den wenigen Jahren seit Inkrafttreten des Gesetzes sind heute merkbare Erfolge zu konstatieren. In der Öffentlichkeit werden die »indizierten« Materialien nicht gehandelt; daß unter der Oberfläche des Sichtbaren der Markt seine Käufer findet, ist allerdings nicht zu bezweifeln. Das Gesetz hat außerdem günstig gewirkt in Richtung auf Gründung oder Aktivierung freiwilliger »Selbstkontrollen«, wie sie für die → Presse (: I, 5), die Illustrierten Zeitungen, den → Film, den → Rundfunk in Übung gekommen sind. Für sie ist das Gesetz solange außer Kraft gesetzt, als ihre Selbstkontrollen zu sichtbaren Erfolgen führen. Das Gesetz ist eine Parallele zum »Gesetz zum Schutz der Jugend in der Öffentlichkeit« vom 4.12.1951 (→ Jugendschutz).

2. Alle Gegenwirkung mit Hilfe juristischer Machtmittel ist zur Ergebnislosigkeit verurteilt, falls sie nicht ergänzt wird durch positive, *erzieherische* Maßnahmen. Die Diskussion über die erzieherischen Probleme dieses Komplexes eröffnete Wolgast mit seinem Buch »Das Elend unserer Jugendliteratur« ([1896] 1950⁷; → Jugendliteratur). Seine These war, für die Jugendschriften seien die gleichen ästhetischen Kriterien wie für die Literatur der Erwachsenen gültig; eine Jugendschrift müsse ein Kunstwerk sein, sonst sei sie abzulehnen (→ Kunster-

ziehung). Gegenüber dieser unrealistischen These wurde u.a. von Ackerknecht (Jugendliteratur und deutsche Bildungsideale, 1914) eine psychologische Betrachtungsweise gefordert: für die Wirkung einer Schrift sei weniger ein objektives Kriterium echter Kunst als die entwicklungsbedingte Auffassungskraft des Lesenden entscheidend. Unter diesem Blickwinkel sei es unzureichend, Kunst der Nichtkunst gegenüberzustellen, sondern von Kunst sei zu unterscheiden der → »Kitsch« - »die moralisch einwandfreie, aber künstlerisch minderwertige Literatur«, als »Übergangswert« förderlich für das »Herauslesen« aus einer Entwicklungsstufe in eine höhere - und der »Schund« - die aus Gewinnabsichten geschriebene, unkünstlerische, sittlich gefährdende, antisoziale Wirkungen ausübende Literatur. Die sich an diesen theoretischen Gegensatz anschließenden Erörterungen und praktischen Erfahrungen haben allmählich zu einer Annäherung der Standpunkte geführt. Wichtig ist bes. der Hinweis, daß Schund alles das sei, was als Schund wirke, was als sensationeller Reiz empfunden werde; diese Schundwirkung müsse nicht allein der Schundliteratur zugeschrieben werden, sondern könne auch von literarischen Werken bedeutsamen Ranges ausgehen. Schundwirkung und ästhetischer Wert sind durchaus zweierlei. Diese an sich selbstverständliche Tatsache hat in der Gegenwart an Bedeutung gewonnen, da mit sich steigernder Vorliebe für das Extreme Werke an die Öffentlichkeit treten und durch billige Ausgaben allgemein zugänglich gemacht werden, die - »eine unlautere Konkurrenz zur soliden Pornographie von früher« - keine Grenzen anerkennen möchten in der Ausmalung von Brutalität, Sexualität, Perversion.

Es bleibt allerdings noch zu klären, ob die Wirkungen der Lektüre, der Bilder in den Illustrierten, der in Bewegung gesetzten Bilder auf der Leinwand oder im Fernsehapparat für Jugendliche so gefährdend sind, wie das allgemeine Urteil anzunehmen geneigt ist. Bei Gerichtsverhandlungen wird von den Tätern selbst gern die Verführung durch Lektüre oder Filmbesuche als Entschuldigung angeführt, oft hat die Konsumierung von aufreizenden Büchern alle Anzeichen einer »Süchtigkeit« des Täters - gleichwohl führt die Untersuchung daneben immer auf eine Kette anderer Verbrechensursachen, denen man mindestens die gleiche auslösende Kraft zurechnen muß. Schlechte Lektüre als Verbrechensursache ist zuverlässig kaum nachzuweisen, jedenfalls eine kriminalistische Seltenheit; wahrscheinlich ist sie weniger Ursache als Anzeichen der Verwahrlosung. Es wird sogar die These vertreten, daß durch brutale oder sexuelle Szenen in Schrift und Bild der Jugendliche weniger angereizt werde als daß er eine »Abreaktion« und damit eine Entschärfung seiner in der modernen Welt problematisch gewordenen Situation erfahre. »Das, was wir über die Wirkung eines Films oder einer Schrift tatsächlich wissen, ist sehr wenig im Vergleich zu dem, was wir eigentlich wissen müßten« (Maletzke). Dieses Dunkel aufzuklären, ist eine dringende Aufgabe, aber sie ist methodisch äußerst heikel, da eine Untersuchung leicht der Versuchung verfällt, die ethische Grenze des Experiments zu mißachten.

Zu welchen Ergebnissen weitere Untersuchungen auch führen mögen, sicher ist, daß neben der »negativen Schundbekämpfung« durch Gesetze mit gleicher Planmäßigkeit und Intensität *positive Faktoren* ins Feld geführt werden müssen. Folgende Faktoren seien genannt: Alle nur möglichen Gefährdungen finden um so geringere Angriffsflächen, je stärker die Ordnung ist, in welcher der Jugendliche aufwächst. Gesetz und Selbstkontrollen haben als gemeinsames Ziel, zu verhindern, daß die »gesunde Gesamtatmosphäre«, in der der Jugendliche lebt, gestört wird; diese Atmosphäre ist Voraussetzung bewußter erzieherischer Maßnahmen. Wo die herkömmlichen Erziehungsmächte Familie, Kirche, Schule - heute aus vielen Gründen ihrer bindenden Kraft nicht immer so gewiß wie in früheren Zeiten - vom Jugendlichen nicht anerkannt werden, kann der Jugendverein, das »Haus der Offenen Tür« oder ähnliches einen Boden bereiten helfen, auf dem das Unkraut der Gefährdung nicht zu gedeihen vermag. - Auf seinem Weg zur Mündigkeit ist für den Jugendlichen ein entscheidender Schritt, die im modernen Leben unaufhörlich sich aufdrängenden Reize zu bewältigen, die Gewinnung eigenen Urteils. Wenn es gelingt, den Jugendlichen zu befähigen, die Bedenkenlosigkeit des Angebots nicht mit wahlloser Hinnahme zu beantworten, sondern nach gutem Geschmack und sicherem Takt zu wählen, ist die Gefährdung machtlos. Das gilt selbstverständlich auch für die Erwachsenen, wie denn »Erwachsensein« keineswegs identisch ist mit Gefeitsein gegen die Gefährdung durch aufreizende Bilder oder Texte. Für die Gewinnung und Schärfung der Urteilsfähigkeit - eine Fähigkeit, die nicht ein für allemal erworben werden kann, sondern ihre Spannkraft nur durch stetige Übung erhält - ist die Schule von gleicher Wichtigkeit wie die verschiedenen Einrichtungen der Jugendpflege oder der Erwachsenenbildung (→ Volksbildungswesen). - Es genügt nicht, durch äußere Maßnahmen den Jugendlichen die anstößige Literatur aus dem Wege zu räumen, die »gute Literatur« muß ihnen zur Verfügung stehen. Von hieraus gesehen ist der in Deutschland zu lange vernachlässigte Aufbau des Büchereiwesens eine der dringendsten Aufgaben gegenwärtiger Kulturpolitik (→ Volksbüchereien). - Vgl. → Sexualpädagogik.

E. Ackerknecht, Büchereifragen, 1926 - Ders., Der Kitsch als kultureller Übergangswert, 1950 - R. Schilling, Schund- u. Schmutzgesetz. Hdb. u. Kommentar zum GJS vom 9.6.1953 - Ders., Literarischer Jugendschutz, 1959 - Ders., Schutz der Jugend vor gefährdenden Schriften. Kommentar zum GJS, 1961 - R. Bamberger, Jugendlektüre. Mit bes. Berücksichtigung des Leseunterrichts u. der Literaturerziehung, 1955 - K.W. Hesse, Schmutz u. Schund unter der Lupe, 1955 - Probleme der Jugendlit. Referate der 2. Literaturpäd. Tagung »Begegnung mit dem Buch« in Düsseldorf vom 20. bis 23.10.1955, 1956 - J. Langfeldt, Die ausländ. Gesetze zur Bekämpfung von Schund u. Schmutz (in: Bücherei u. Bildung 8, 1956, 200-208) - H. Bauer, Krachende Colts - Blutige Skalpe. Die moderne Schule im Kampf gegen Schmöker, Plund u. Schund, 1957 - E. Stümmer, Jugendschutz auf dem Gebiete des Schrifttums u. der Abbildungen, 1957 - G. Maletzke, Fernsehen im Leben der Jugend, 1959 - Selbstkontrolle von Presse, Funk u. Film, hg.v. M. Löffler, 1960 - Gesetz zur Änderung u. Ergänzung des GJS (18.1.1961), in: Dt. Jugend, 1961. - Zs.en: Bücherei u. Bildung. Fach-Zs. des Vereins Dt. Volksbibliothekare, 1948ff - Jugendschriften-Warte. Organ der Vereinigten Jugendschriftenausschüsse in der Allg. Dt. Lehrer-Zeitung, 1949ff - Dt. Jugend. Zs. f. Jugendfragen u. Jugendarbeit, 1953ff - Jugendlit. Monatshefte für Jugendschrifttum, 1955ff.

R. Joerden

Schupp, *Johann Balthasar* (1610-61), * in Gießen, wurde nach Studium und ausgedehnten Reisen Magister in Rostock (1631) und Marburg (1632), 1635 o. Prof. der Beredsamkeit, zugleich Prediger an der Elisabethkirche in Marburg, 1645 Hofprediger des Landgrafen von Hessen-Braubach und 1649 Hauptpastor an St. Katharinen in Hamburg. S. übte als Prediger große Anziehungskraft aus (Dankespredigten in Münster 1648 nach Abschluß und nach Ratifikation des → Westfälischen Friedens!), vor allem deshalb, weil er ins Leben griff und drastische Beispiele gebrauchte, einen volkstümlichen, derben Ton anschlug, aber nicht Polemik im herkömmlichen Sinne trieb. Dogmatisch orthodox, aber reformfreudig (→ Orthodoxie, 4), ist S. nicht nur wegen seiner Predigten, sondern vor allem auch wegen einer Reihe populärer Schriften (»Freund in der Noth«,

»Salomo oder Regentenspiegel«, postum erst »Ninivitischer Bußspiegel«) von seinen Hamburger Amtsbrüdern heftig angefeindet worden. Lieder von S. enthält das EKG und enthielten deutsche Landesgesangbücher schon nicht mehr.

Neuausg. von Schriften S.s in: Neudrucke dt. Lit.werke d. 16. u. 17.Jh.s, Nr. 222-229, 1910/11. - Über S.: P.LAMBECIUS, Programma in Schuppii obitum, 1661 - A.VIAL, J.B.S., 1857 - RE XVII, 806ff (Lit.) - J.LÜHMANN, J.B.S., 1907 - O.LERCHE in: Euphorion 18, 1911, 581-610 - H.LEUBE, Die Reformideen in der dt. luth. Kirche zZ der Orthodoxie, 1924. *F.Lau*

Schuster, *Ignaz* (1813-69), württembergischer kath. Landpfarrer, kirchenpolitisch und als Verfasser von Katechismen dem → Josephinismus entgegenwirkend. S.s »Katechismus der kath. Religion« (1845) war in revidierter Form 1849-87 erster Diözesankatechismus von → Rottenburg (statt des → Deharbe'schen). Seine »Biblische Geschichte« (1847) wurde in Neuauflagen und Übersetzungen weit verbreitet.

Vf. u.a.: Katechetisches Hdb., 5 Bde, 1846-53; Lesebuch für Volksschulen, 2 Bde (mit J.BUMÜLLER), 1852; Hdb. zur bibl. Gesch., 2 Bde, (1862-65) 1891[5]. - Über S.: ADB XXXIII, 102f - LPäd (F) IV, 219 - F.WEBER, Gesch. d. Katechismus in d. Diözese Rottenburg, 1939 (Lit.). *H.Heinrici*

Schuurman, *Anna Maria van* (1607-78), * in Köln als Kind niederländischer ref. Eltern, lebte seit 1623 in Utrecht und blieb unverheiratet. Hervorragende Gelehrsamkeit, Sprachenkenntnis (franz., deutsch, engl., ital., lat., griech., hebr., syr., chaldäisch, arab., äthiop.) und künstlerische Fähigkeiten (Stickerei, Glasmalerei, Zeichen- und Bossierkunst, Musik, Poesie) verschafften ihr Ruhm als »das Wunder ihres Zeitalters«. Sie stand unter dem religiösen Einfluß von → Voetius und korrespondierte mit vielen Gelehrten (u.a. → Vossius, → Spanheim, Huyghens). Im Alter von 60 Jahren ging sie zu der pietistischen Sekte von → Labadie in Amsterdam über, gab aus Weltentsagung und Mystik ihre Kunst und gelehrten Studien auf und reiste mit der labadistischen Hausgemeinde nach Herford, Altona und Wiewerd (Friesland), wo sie starb.

Vf. u.a.: Amica Dissertatio inter A.M.v.S. et A.Rivetum de capacitate ingenii muliebris ad scientias, 1638; Opuscula hebraica, graeca, latina, gallica, prosaica et metrica, 1648; Pensées sur la Réformation nécessaire à présent à l'Eglise de Christ, 1669; Εὐκληρία seu melioris partis electio, 1673 (dt. 1683). - Über A.M.v.S.: G.J.D.SCHOTEL, A.M.v.S., 1853 - UNA BIRCH, A.v.S., 1909 - W.GOETERS, Die Vorbereitung des Pietismus in der ref. Kirche der Niederlande, 1911 - NNBW I, 1465f - A.M.H.DOUMA, A.M.v.S. en de studie der vrouw, 1924 - C.W.ROLDANUS, Zeventiende-eeuwse geestesbloei, 1938, 76ff. *W.F.Dankbaar*

Schwab, *Johann Baptist* (1811-72), kath. Kirchenhistoriker, * in Haßfurt, † in Würzburg, 1834 Priester, 1840 ao., 1841 o. Prof. für KG und Kirchenrecht in → Würzburg. Nach glanzvollem Beginn stand S. seit 1849 als »nicht genug römisch« im Feuer ultramontaner Verleumdungen und wurde 1851 auf Antrag seines Bischofs G.A.v.Stahl in den Ruhestand versetzt (Nachfolger war → Hergenröther). S.s Programm: »auf eine Versöhnung des kirchlichen Bewußtseins und der wissenschaftlichen Weltanschauung hinzuarbeiten« macht ihn zu einem Vorläufer des deutschen → Reformkatholizismus. Die Auseinandersetzung zwischen Bischof und Professor ist vergleichbar den Vorgängen in → Marburg (, 11), → Gießen (, 6) und an anderen kath.-theol. Fakultäten (zB → Bonn, 2, G. → Hermes, → Hirscher). Im Ruhestand verfaßte S. eine Monographie über Joh.Gerson (1858) und über seinen Vorgänger Franz Berg (1869).

RGG[2] V, 320f (Lit.) - S.MERKLE, Die Vertretung der KG in Würzburg bis zum Jahre 1879 (in: M.BUCHNER, Aus der Vergangenheit d. Univ. Würzburg, 1932, 146-214; über S. 152-186). *G.Maron*

Schwachsinnigenfürsorge

1. Begriff des S.s - 2. Geschichte der S.F. - 3. S.igenerziehung und -betreuung - 4. Statistik. - S. = Schwachsinn, S.F. = Schwachsinnigenfürsorge

1. Mit S. bezeichnet man wesentliche Mängel der intellektuellen Begabung, durch die die Persönlichkeit in ihrer Verantwortlichkeit und Gemeinschaftsfähigkeit erheblich geschädigt ist. Von Pseudo-S. ist zu sprechen, wenn entsprechende Symptome durch neurotische Entwicklungsstörungen (etwa infolge schulischer oder beruflicher Überforderung) eingetreten sind. Höchst problematisch ist die Rede von einem »moralischen S.«, der neben intellektueller Vollsinnigkeit bestehen könne. Je nach dem Grade des Intelligenzdefekts unterscheidet man Idiotie (von fast rein vegetativem Leben bis zum Intelligenzquotienten 0,4), Imbezillität (I.Q. 0,5-0,7) und Debilität (I.Q. 0,8-0,9). - Die Ursachen des S.s sind vorwiegend in ererbten oder erworbenen Hirnschädigungen zu suchen. Ererbte Schädigungen können durch Mutationen, aber auch infolge von Schädigung der Erbmasse durch Strahlen und chemische Gifte entstehen. Erworbener S. ist auf Hirnerkrankungen, mechanische Schädigungen während der Geburt und in frühem Kindesalter und auf endokrine Ursachen zurückzuführen. Bes. auffällig sind der Mongolismus, der auf chromosomopathischer Grundlage entsteht, und der Kretinismus, der durch Ausfall der Schilddrüse hervorgerufen wird. - Meist gehen mit dem S. auch körperliche und nervöse Anomalien verschiedenster Art einher. Fast immer sind Sprache und Motorik des S.igen gestört. - Ärztliche Behandlung des S.s ist vorläufig auf wenige Formen beschränkt. Sie sucht einerseits vorzubeugen, aber auch die heilpädagogische Tätigkeit u.a. durch Psychopharmaka zu unterstützen.

2. In früheren Zeiten blieb der S.ige in seiner Familie und wurde von ihr mehr oder weniger angemessen versorgt. Erst die allgemeine Einführung der → Schulpflicht und die steigenden Anforderungen des industriellen Arbeitslebens ließen die Problematik dieser Menschen hervortreten. Die Entwicklung der → Hilfsschule (Guggenmoos 1816 und bes. der »Vater« des Hilfsschulwesens H.E.Stötzner seit 1864) und die Gründung von Anstalten, die sich der S.F. annahmen, fallen in die gleiche Zeit. Die erste Anstalt gründete K.Haldenwang in Wildberg (1837). Diese Gründung wirkte vor allem in Süddeutschland weiter. Für Norddeutschland wurde J.Disselhoff (1857) der entscheidende Anreger. Die Hilfsschule hat sich auf Kinder zu beschränken, die zwar schwachbegabt (debil), aber doch schulfähig sind, während die Anstalt eine angepaßte Umwelt auch für schwerer geschädigte Menschen darstellt.

3. Noch heute steht die Öffentlichkeit dem S.igen mit einer fatalistischen, wenn nicht geradezu feindselig-ablehnenden Haltung gegenüber. Diese Einstellung ist bei den Fortschritten der Medizin und der → Heilpädagogik nicht mehr zu rechtfertigen. Vielmehr ist zu fordern, daß durch das Zusammenwirken von Erziehern und Ärzten an einer Erweiterung der Grenzen der Bildungsfähigkeit gearbeitet wird, daß aber auch durch eine verständnisvolle Haltung der Öffentlichkeit die Anstaltsbedürftigkeit der geistig behinderten Menschen herabgesetzt werden kann. Die Heilpädagogik stellt gewiß nur einen, allerdings methodisch bes. sorgfältig durchgearbeiteten Bereich der allgemeinen Erziehungslehre dar. Es ist ihr aber gelungen, in erstaunlich hohem Umfange die Ertüchtigung des geistig behinderten Kindes für die Aus-

übung einer gesellschaftlichen Tätigkeit zu erreichen. Aber auch da, wo eine solche nicht erreicht werden kann, muß dem geistig Behinderten Hilfe zur Entfaltung seiner Persönlichkeit gegeben werden. Dies gilt auch dann, wenn der Behinderte nur im Rahmen der Anstalt tätig werden kann oder gar ständig pflegebedürftig bleibt.

4. Eine exakte *Statistik* über das Auftreten von S. ist angesichts der fließenden Grenzen nicht möglich. Früher schätzte man den Anteil der hilfsschulbedürftigen Kinder auf höchstens 3% der Schulkinder. Neuere Untersuchungen ergaben jedoch, daß in einer westdeutschen Großstadt 6,6% der Knaben und 4,2% der Mädchen als hilfsschulbedürftig zu bezeichnen waren. Mit einem Wachsen des Anteils ist zu rechnen, da die Fortschritte der Medizin bei der Behandlung von Unfällen und Hirnentzündungen in vielen Fällen das Leben erhalten, ohne die geistige Schädigung verhindern zu können, und da infolge der steigenden technischen und medizinischen Verwendung von radioaktiven Strahlen mit Schädigungen der Erbmasse zu rechnen ist. Damit tritt der geistig behinderte Mensch in den Rang eines sozialen Problems. Die Gemeindeseelsorge sollte bestrebt sein, die noch immer vorhandenen Überbleibsel unbarmherziger Intoleranz gegenüber diesen Menschen abzubauen. An der S.F. wirkt die → Innere Mission durch ihre Anstaltsfürsorge mit. Sie ist zusammengefaßt im Verband deutscher ev. Heilerziehungs-, Heil- und Pflegeanstalten.

J.Disselhoff, Die gegenw. Lage der Kretinen, Blödsinnigen u. Idioten in d. christl. Ländern, 1857 - H.Hanselmann, Einführung in d. Heilpädagogik, (1930) 1953[4] - W.Weygandt, Der jugendl. S., 1936 - L.Schlaich, Die Pflege u. Erziehung Geistesschwacher u. Epileptischer in Anstalten der Inneren Mission, 1953-57 - J.Lutz, S. im Lichte der neueren Forschung, 1956 - A.Busemann, Psychologie der Intelligenzdefekte, 1959 - C.E.Benda, Die Oligophrenien (in: Psychiatrie der Gegenwart II, 1960, 869-936). *K.Janssen*

Schwangerschaft, *religionsgeschichtlich.* Während der Zeit von der Empfängnis bis zur → Geburt des Kindes haben bei den meisten Völkern die Frauen (→ Frau: I), manchmal auch die Männer, die sog. pränatalen Maritalgebräuche einzuhalten, um eine gute Entbindung und ein gesundes, kräftiges Kind zu gewährleisten. Das Hauptmotiv dieser Bräuche, die auch das Verhältnis der Eltern zueinander und dasjenige zum Kinde festigen, ist es, schädliche Wirkungen und Gefahren abzuwehren. Bes. die Frauen sind hinsichtlich der Mahlzeiten Einschränkungen und → Tabus unterworfen. Bestimmte Fleisch- und Fischarten, aber auch Früchte, Süßigkeiten, Salz usw sind verboten. Die Begründungen dafür sind verschieden: damit das Kind nicht zu groß wird oder keinen Schaden nimmt, daß keine Miß- oder Fehlgeburt entstehe und die Geburt selbst leicht vonstatten gehe. Manchmal werden die → Speiseverbote (: I) auch auf den Ehegatten ausgedehnt. Bei dem Indianerstamm der Sampoil soll die Frau während der S. mäßig essen, da sonst ihre Gesundheit leidet und die Geburt schwierig wird. Außerdem dürfen Mann und Frau keine gesprenkelten Forellen essen, da das Kind sonst ständig schreit und sich wie eine Forelle schüttelt. Wird ein Kaninchen gegessen, bekommt das Kind schwache Beine. Habicht und Adler oder Tiere, die durch diese Vögel getötet wurden, sind mit Tabu belegt, da das Kind sonst Krämpfe bekommt. Wenn die Zeit der Niederkunft naht, darf überhaupt kein Fleisch gegessen werden. Der eheliche Verkehr wird für die ganze oder eine längere Zeit der S. nur von wenigen Stämmen verboten, häufig nur für die letzten ein bis zwei Monate. Andererseits wird er aber gerade für die Zeit der S. gefordert (zB bei den Kiwai-Papua), damit sich das Kind richtig entwickle oder die Frau nicht leide bzw. nicht im Wochenbett sterbe. Eheliche Untreue zur Zeit der S. gilt vielfach als Ursache einer Fehlgeburt oder eines Abortus. Überall ist man um die Erhaltung des Lebens sowohl des Kindes wie auch der Mutter besorgt. Nach Auffassung vieler Völker ist gerade die schwangere Frau unheilvollen Einflüssen von → Geistern und Mächten ausgesetzt; daher sind entsprechende Vorsichtsmaßnahmen zu beobachten und magische Riten (→ Magie) durchzuführen. Ebenso werden während der S. → Gebete (: I) und → Opfer (: I) an höhere Wesen gerichtet.

ERE X, 242ff - C.S.Ford, A Comparative Study of Human Reproduction (Yale Univ. Publications in Anthropology 32), New Haven 1945 - M.A.Carlucci, La »couvade« en Sudamerica (Runa 6, 1954, 143-174) - D.Dunselman, Kana Sera of Zang der Zwangerschap (Bijdragen tot de taal-, land- en volkenkunde 110, 1954, 52-63) - W.Schmidt, Gebräuche des Ehemannes bei S. u. Geburt (WBKL 10), 1954 - H.Huber, S., Geburt u. frühe Kindheit im Brauchtum der Bat'-Ewe (Annali Lateranensi 21, 1957, 230-244) - R.J.A.Fraser, The Unborn Child (Journal of the Royal Anthropological Institute 89, 1959, 117-127). - Vgl. die Lit. zu → Geburt. *E.Stiglmayr*

Schwangerschaftsunterbrechung. Jede beabsichtigte, künstlich herbeigeführte, vorzeitige Beendigung einer normalen Schwangerschaft ist eine S. (Interruptio graviditatis). Wird die Schwangerschaft vor der 28. Woche bewußt unterbrochen, so liegt eine künstliche Fehlgeburt vor (Abortus artificialis), bei der das Leben der Frucht immer vernichtet wird. Nach der 28. Woche, dh mit Beginn der Lebensfähigkeit des Kindes, spricht man von künstlicher Frühgeburt (Partus praematurus artificialis), bei der das Leben des Kindes erhalten bleiben kann. Im medizinischen Sprachgebrauch ist der Begriff S. (Interruptio) für den von einem Arzt lege artis und legal vorgenommenen Eingriff reserviert. Unter *»Abtreibung«* versteht man jede illegale S. (krimineller Abortus). Die Abtreibung und der Versuch sind in der BRD strafbar nach § 218 StGB, der unbedingte Gültigkeit hat. Von der Ärzteschaft wird jede Abtreibung kompromißlos abgelehnt. Obwohl eine gesetzliche Regelung fehlt, kann als sicher angenommen werden, daß die S. aus medizinischer Indikation gestattet, juristisch anerkannt und straffrei ist (E.Schmidt). Nach der Enzyklika Pius' XI. »Casti connubii« (31.12.1930; Denz. 2225ff) ist jede S. moral- und pastoraltheologisch nicht erlaubt, doch entspricht diese objektive Unerlaubtheit nicht immer einer subjektiven Schuld. Das gilt für unvorhergesehene Fälle (Casus perplexi), in denen als letzte Richtschnur das wohlunterrichtete Gewissen bleibt.

In Deutschland gibt es für eine S. nur *eine* Veranlassung: die *medizinische Indikation.* Wenn das Leben der schwangeren Frau durch die Schwangerschaft ernsthaft gefährdet ist und wenn diese Gefahr *nur* durch die S. beseitigt oder zumindest erheblich vermindert werden kann, ist der Eingriff notwendig und gerechtfertigt. In solchen Fällen wird das Leben der schwangeren Frau über das Leben des noch nicht geborenen Kindes gestellt. Gefahren für das Kind stellen keine Indikation für eine S. dar. 1952 betrug die Zahl der S.en in der BRD 8,58 auf 1000 Geburten (F.v.Rohden). - Die Berechtigung einer *sozialen Indikation* für die S. ist immer wieder heftig diskutiert worden. Die soziale Indikation ist weder in der BRD noch in der DDR anerkannt. »Die Ärzteschaft kann - bei allem menschlichen Verständnis der Zusammenhänge - unter keinen Umständen die soziale Indikation anerkennen, propagieren und praktisch zur Auswirkung bringen. Ihre Anerkennung würde praktisch die Freigabe der S. und die Straflosigkeit der Abtreibung bedeuten« (H.Naujoks). In manchen Ländern gibt es für die S. eine soziale Indikation. S.en werden hier wesentlich häufiger vorgenommen als in Deutschland, zB 1952 in Schweden 48,38 und in Dänemark 65,39 auf 1000 Geburten. Trotzdem soll in diesen Ländern die Zahl der kriminellen Aborte nicht abgenommen haben. – Eine *eugenische Indikation* für eine S. zur Verhütung der Geburt eines voraussichtlich erbkranken Kindes gibt es nach dem geltenden Recht nicht (→ Eugenik). – Sehr schwierig ist die Beurteilung einer *ethischen Indikation* für die S., wenn die Schwangerschaft als Folge eines Verbrechens entstanden ist. Resultiert aus einer solchen Schwangerschaft eine Gefahr für das Leben oder für die Gesundheit der betroffenen Frau, so kann die S. medizinisch gerechtfertigt sein. Besteht aber eine solche Gefahr nicht, so ist eine S. »eine gesetzlich nicht als berechtigt anerkannte Handlung« (Lork, Schrank-Koch, Naujoks u.a.).

In Deutschland entscheidet über die Notwendigkeit einer S. eine Gutachterstelle bei der Ärztekammer, von der zwei Fachgutachter und evtl ein Obergutachter mit der Erstattung von Gutachten beauftragt werden und zu dem vom Hausarzt gestellten Antrag auf S. Stellung nehmen. Ob, wann und wie der Eingriff auszuführen ist, entscheidet der Gynäkologe, dem die Frau überwiesen wird. Die erfolgte S. ist der Gutachterstelle mitzuteilen. Die Methode der S. ist abhängig vom Alter der Schwangerschaft und von dem Zustand der schwangeren Frau. Mit zunehmendem Alter der Schwangerschaft wachsen die Gefahren des Eingriffs. Die S. ist nicht völlig ungefährlich. Es können Verletzungen, Blutungen und Infektionen auftreten. Tödliche Ausgänge gibt es bei 0,5 bis 1% der S.en. – Vgl. → Geburtenregelung.

P.SCHRANK-K.-H.KOCH, Zs. f. Geburtshilfe u. Gynäkologie 130, 1949, 200-213 (S. bei Vergewaltigung) – K.M.LUTZ, Das Phänomen der Abtreibung in christl. Sicht, 1951 (Mikrokopie; vgl. ThLZ 77, 1952, 571f) – EB.SCHMIDT, S. u. Sterilisation nach geltendem u. künftigem Recht (Archiv f. Gynäkologie 180, 1951, 289-304) – H.NAUJOKS, Leitfaden der Indikationen zur S., 1954 – DERS., Gerichtl. Geburtshilfe, 1957 – F.V.ROHDEN, Die Entwicklung der legalen S. im Bundesgebiet im 1. Nachkriegsjahrzehnt (in: Schleswig-Holst. Ärzteblatt 9, 1956) – K.JANSSEN, Die Unterbrechung der aufgezwungenen Schwangerschaft als theol. u. rechtl. Problem (ZEE 4, 1960, 65-72) – A.KÖBERLE, Die S. in der seelsorgerl. Beratung (Die Innere Mission 50, 1960, 97-103) – H.J.GAMM (→ Sexualpädagogik).

H.W.Vasterling

Schwartz, 1. *Christian Friedrich,* * 8.10.1726 in Sonnenburg, † 13.2.1798 in Tanjore (Südindien), luth. Missionar, »der Königspriester von Tanjore«, bedeutendes, in englischer Einschätzung größtes Glied der Tranquebarmission (→ Indien: IV, 3). Er wirkte seit 1750 in Tranquebar, ab 1762 in Tiruchirappalli und seit 1772 in Tanjore (→ 15 C 4). Obwohl körperlich schwach, predigte er sonntags in 3 Sprachen, hielt täglich Heidenpredigt, diente Deutschen und Engländern, war Erzieher des Prinzen Serfojee, Helfer in schwierigen Situationen des Landes und der Christen und wurde auch Friedensvermittler (Entsendung zu Hyder Ali). Den großen Dichtersänger Vedanayagam hat er geprägt. Von »Konfessionswechsel« war bei ihm keine Rede, wenn er im Dienste an Anglikanern das Common Prayer Book gebrauchte. In Indien (Tanjore und Madras) wurden ihm zwei Denkmäler gesetzt.

A.LEHMANN, Es begann in Tranquebar, (1955) 1956², 262ff. 337 (Lit.).

A.Lehmann

2. *Eduard,* * 22.8.1858 in Kiel, Schüler von Usener, Buecheler, v.Wilamowitz, 1884 in Bonn PDoz. für klassische Philologie, o.Prof. in Rostock (1888), Gießen (1893), Straßburg (1897), Göttingen (1902), Freiburg (1909), 1914 wieder in Straßburg, seit 1919 in → München, † 13.2.1940. In steigendem Maße beschäftigte sich S. mit der alten KG. Unter seinen meisterhaften Editionen von Texten des 2.–6.Jh.s ragen die Ausgabe von → Eusebs KG und die der Akten der 5 ersten ökumenischen → Konzile als klassische Leistungen hervor, unübertroffen in der durchsichtigen Darlegung verwickelter Überlieferung. Der Drang, die Texte zu verstehen, brachte zahlreiche Abhandlungen hervor, in denen scharfe Analyse, Beherrschung auch der orientalischen Überlieferungen, überlegene Fähigkeit, chronologische, geographische, juristische Probleme zu sehen und zu lösen, eine überreiche Fülle an Entdeckungen zutage förderten. Die Kenntnis der altchristlichen Zeit von den judenchristlichen Anfängen bis in die Tage der monophysitischen Streitigkeiten hinein ist durch S. wesentlich gefördert worden. Isolierte Betrachtung von KG und DG wird durch umfassende Sicht ersetzt, deren Fundament Urkunden und Institutionen sind. Kirchengeschichte ist Bestandteil der Reichsgeschichte. Unvergeßliche Charakteristiken von Menschen und Zuständen sind dem geborenen Historiker gelungen. Ein eigengeprägter, sein Urteil nicht verhehlender Mann vergegenwärtigt vergangenes Leben. Als der letzte der großen Altertumsforscher einer vergangenen Epoche hat S. den größten Teil seines Lebens an die Geschichte der Kirche gewandt, als Editor den → Maurinern, als Geschichtsschreiber → Mommsen zur Seite tretend.

Ges. Schriften I-V, 1938-62 (II, 1-21: E.S., Wissenschaftl. Lebenslauf; IV, 329-344: vollst. Bibliogr.). – Über S.: A.REHM, SAM 1942, H. 4 – R.PFEIFFER in: Geist u. Gestalt, München 1959, I, 133-138.

H.D.Altendorf

3. *Josua* (1632–1709), ev. Theologe, * in Waldau (Pommern). S. studierte 1651–58 in Wittenberg (Schüler → Quenstedts), predigte in Stolp gegen calvinisierende Tendenzen (»Abgesagte Tolerantz«, 1661) und entwich nach Stockholm. 1668 Prof. der Theologie in Lund und deutscher Prediger am Dom, geriet er in Streit mit → Pufendorf und floh nach 3 Kriegspredigten 1677 nach Kopenhagen, wo er 1681 deutscher Hofprediger wurde. 1684 kgl. General-Sup. für Schleswig, seit 1689 zugleich für Holstein (→ Schleswig-Holstein), erneuerte S. die von → Klotz begründete Pröpstesynode, machte sie zum Glaubensgericht für die »rechte, reine Lehre« und führte einen heftigen Streit gegen den Pietismus (1691–1709), auch gegen H.Muhlius im Gottorfer Anteil. Er förderte durch die Pröpstesynode von 1691 die Einführung der Konfirmation.

E.FEDDERSEN, KG Schleswig-Holsteins II, 1938, 208ff. 356ff (Lit.) – DBL XXI, 451ff – Slesvigs delte Bispedømme, Kopenhagen 1949, 94ff.

W.Göbell

Schwarz, 1. *Gottfried* (1845–1920), ev. Theologe, * in Kornmünster (Württ.), 1869 im Dienst des Deutschen → Tempels Lehrer in Jaffa, leitet seit 1880 die deutsche Schule in Beirut und verwaltet ab 1887 die badischen Pfarrstellen Rosenberg und Binau. – Jesus ist ihm Menschheitsideal, dessen Ziel das freie Reich des Geistes. S. verwirft Sakramente, Trinitäts- und Rechtfertigungslehre, kirchliche Organisation und geistliches Amt. In dem trotz Belehrung, Warnung und folgendem Verbot weiter verbreiteten Flugblatt »60 Sätze gegen die Irrlehren der Christenheit« (1894, später: ... der Kirchen) behauptet er, die Kirchen predigten nicht das Evangelium, sondern hielten an alten Irrlehren fest und pflegten dadurch die Scheinheiligkeit. 1895 aus dem Kirchendienst entlassen, erhält er bis zu seinem Kirchenaustritt (1918) einen seiner Pension entsprechenden Unterhaltsbetrag.

Vf. u.a.: Hat die ev. Kirche das Evangelium?, (1891) 1892³; Justitia imputata?, 1891; Glaube u. Bekenntnis, (1892) 1893³; Das Blut Jesu Christi, 1893; Das Evangelium, später: Das Banner der Freiheit, Monatsschrift ab 1895. – Gesetzes- u. Verordnungsblatt für die Vereinigte Ev.-prot. Kirche des Großh. Baden 1895, S. 5. 24. 69. Anlage 1-14.

2. *Karl* (1812-85), ev. Theologe, * in Wiek (Rügen), Student in Halle, Berlin und Greifswald, als Burschenschafter 1837 in Festungshaft, wurde 1842 PDoz. in Halle, verlor 1845 wegen Teilnahme an Versammlungen der → Lichtfreunde die venia, die ihm erst 1849 wieder erteilt wurde (ao. Prof.). 1856 als Hofprediger nach Gotha berufen, hat S. - 1877 General-Sup. und Mitglied des Staatsministeriums - der Landeskirche für Jahrzehnte das Gepräge gegeben. In der von ihm mitgestalteten, 1874 vom Landtag abgelehnten Kirchenverfassung vertrat er, wie schon im → Frankfurter Parlament, die Freiheit der Kirche (in Lehre, Kultus und Verfassung) im Staat, dem er das Ius cavendi zuerkannte. S. war Mitbegründer des Deutschen → Protestantenvereins, dem er auch die Fortbildung der Kirchenlehre zu übertragen wünschte. Seine Theologie ist eine eigenwüchsige Fortbildung von Gedanken → Hegels und seines Lehrers → Schleiermacher, über den er 1861 eine Abhandlung schrieb. In Predigten und Streitschriften vertrat er eine »freie«, »allein rationale« Theologie, die das Christentum als rein geschichtliche Größe betrachtet, eine einheitliche immanente Weltanschauung konsequent durchführt und, frei von dogmatischen Bindungen, aus den religiösen Tiefen des Gemüts alle Erkenntnis- und Willensrichtungen gestaltet.

Vf. u.a.: Das Wesen der Religion, 1847; Lessing als Theolog, 1854; Zur Gesch. der neuesten Theol., (1856) 1869[4]; Predigten aus d. Gegenwart, 8 Bde, 1859-83; Leitfaden für den Religionsunterricht, (1866) 1886[6]. - Über S.: G.Rudloff, K.S., 1887 - ADB 23, 243ff - RE XVIII, 5ff - P.Glaue, Das kirchl. Leben in Thüringen, 1910 (Reg.) - RGG[2] V, 325f - R.Herrmann, Thür. KG II, 1947 (Reg.) - E.Barnikol, K.S. in Halle vor u. nach 1848 (WZ Halle 10, 1961, 499-652; Lit.).
R.Jauernig

Schwarzenberg, *Friedrich* Johann Josef Cölestin Fürst von (6.4.1809 bis 27.3.1885), kath. Theologe, * und † in Wien. Schüler von A. → Günther, wurde er 1836 Erzbischof von Salzburg, 1842 Kardinal, 1850 Fürsterzbischof von Prag. Die der Kirche 1848 erkämpfte Freiheit suchte er zur Stärkung ihres Einflusses sowie zum Kampf gegen den Liberalismus zu nutzen, den er weitgehend mit Deutschtum und Protestantismus gleichsetzte. Unter dem Einfluß des tschechisch gesinnten Adels und des Kardinals → Rauscher wurde S. nach 1860 Vorkämpfer des Tschechentums und des → Ultramontanismus, war aber ein Gegner der → Infallibilität.

KL X, 2047ff - ADB 33, 295ff - C.Wolfsgruber, F. Kard. S., 3 Bde, 1906-17 (Lit.) - LThK IX, 369.
H.Hohlwein

Schwebel *(Schweblin), Johannes* (ca 1490-1540), * in Pforzheim, † in Zweibrücken, studierte in Tübingen und Heidelberg, war Mitglied des Hospitalordens vom Hl. Geist, predigte - in Berührung mit reformfreundlichen Männern wie → Reuchlin, → Pellikan, Kaspar Glaser, → Melanchthon und Nik. Gerbel - seit 1519 im ev. Sinne, legte 1521 das Ordenskleid ab und fand Aufnahme bei → Sickingen auf der Ebernburg. Nach vorübergehendem Aufenthalt in Pforzheim berief ihn Herzog Ludwig II. nach Zweibrücken. Erst nach dessen Tod konnte S. seine Aufgabe als Reformator Zweibrückens erfüllen (seit 1533 ebd Pfarrer). Im Auftrag des Pfalzgrafen Ruprecht schrieb er 1533 seine 12 Artikel »Form und Maaß, wie es von den Predigern des Fürstentums Zweibrücken in nachfolgenden Mängeln soll gehalten werden«, die Grundlage für den Ausbau des ev. Kirchenwesens in Zweibrücken (1557 durch die KO Herzog Wolfgangs vollendet). Theologisch irenisch eingestellt, unterzeichnete er die CA, AC und die → Wittenberger Konkordie.

Centuria epistolarum theol. ad J.S.ium, 1597; Opera theol. I, 1598 (II nie ersch.). - Über S.: RE XVIII, 10ff; XXIV, 466 - Fritz Jung, J.S., 1910 - Schl. II, 19549-19557; V, 49224-49227.
G.Biundo

Schweden

I. Kirchengeschichte - II. Theologie - III. Schwedische Missionen

I. Kirchengeschichte

1. MA - 2. Reformation: a) Durchbruch - b) Ausgestaltung der luth. Landeskirche - 3. Neuzeit: a) Staat und Kirche - b) Volkskirche - c) Frömmigkeit und Theologie - d) Erweckungsbewegung und Freikirchenbildung - 4. Moderne Zeit

1. Die *Christianisierung* S.s erfolgte durch die Ausbreitung der europäischen Mission nach Norden. Die lange Dauer der Missionszeit - von 830 bis zur Kirchenbildung um 1100 - erklärt sich aus der Schwäche des politischen und religiösen Lebens der christlichen Kernländer und aus der mangelhaften staatlichen Organisation S.s. Die karolingische Reichskirche (→ Ebo von Reims) unternahm durch → Ansgar einen isolierten Missionsversuch in der Handelsstadt Birka (auf einer Insel des Mälarsees). Bedeutsamer war die Gründung des Erzstiftes → Hamburg-Bremen als Vorort der Bekehrung des Nordens. Erst als S. um 1100 politisch stärker gefestigt war, konnte das Christentum Fuß fassen, teils durch den Einfluß christlicher Skandinavier aus England, teils durch Beziehungen mit Byzanz (über Rußland), aber auch durch Heiratsverbindungen schwed. Stammeskönige mit christlichen dänischen, norwegischen und slawischen Fürstenhäusern. Eine organisierte Kirche entstand zuerst in West-S., wo englische Missionare wirkten (Diözese Skara um 1014). Die Bekehrung Mittel-S.s verzögerte sich dadurch, daß der König Leiter des heidnischen Kultes in Alt-Uppsala war (heidnische Reaktion um 1066 bis um 1100).

Während die Bekehrung von englischen Missionaren ausging, wurde die *Organisation* von Hamburg aus betrieben (→ Adalbert von Bremen). Wegen politischer und religiöser Gegensätze in S. wie auf dem Festland konnte S. nur allmählich in die internationale Kirche eingefügt werden. 1104 errichteten die drei nordischen Reiche ein nordisches Erzstift in → Lund (: I) und lösten sich so von Hamburg-Bremen und dem Einfluß des deutschen Kaisers. Thronstreitigkeiten verhinderten um die Mitte des 12.Jh.s die Errichtung einer selbständigen schwed. Kirchenprovinz nach dem Vorbild Norwegens (→ Drontheim); aber der Kirchentag zu Linköping 1153 unter Leitung des Kardinallegaten Nikolaus von Albano (→ Hadrian IV.) stärkte die Rechtsstellung der Kirche in S. Nach der Befestigung der Königsmacht und der Bekehrung Mittel-S.s (Erich der Heilige, † 1160, volkstümlicher Landespatron) wurde 1164 das Erzstift Alt-Uppsala gegründet (→ Uppsala: I), wohin der Bischof von Sigtuna schon um 1140 übersiedelt war. Im 13.Jh. war die Einteilung des Landes in 7 Stifte vollendet (Uppsala, Linköping, Skara, Strängnäs, Västerås, Växjö, → Åbo in Finnland). Einer der Stammeskönige rief 1143 die Zisterzienser ins Land. 1228 bzw. 1233 gründeten die Dominikaner und Franziskaner ihre ersten städtischen Niederlassungen. Im 13.Jh. wurden die Bettelorden, bes. die Dominikanerklöster, Zentren der bernhardinischen Brautmystik und der Passionsmystik (Petrus de Dacia, † 1289). Die Klostergründung der hl. → Birgitta in Vadstena fand die Gunst des Königs und wurde das geistige Zentrum sowie das reichste Kloster des Landes. Liturgien und Gebetsliteratur, Wallfahrten und Ablässe prägten die schwed. Frömmigkeit des späten MA im Geiste des Passionsrealismus und des Todesmotivs. Schwed. Bibelübersetzungen des 14.Jh.s sind durch die Schriften Birgittas und ihrer Beichtväter belegt (Mag. Matthiae, Petrus von Skänninge). Die hohe Zeit der schwed. Kirche beginnt am Ende des 13.Jh.s: starke Verbreitung der Klöster, Ausbau der Kirchenorganisation, Kathedralbauten gotischen Stils, Beziehungen zu den Universitäten (1250–1350 Paris, ab Mitte 14.Jh. Prag, im 15.Jh. Köln, Erfurt, Leipzig, Rostock), 1477 Gründung der Universität → Uppsala (: II).

Parallel mit dem Erstarken des kirchlichen Lebens drang das *kanonische Recht* in S. ein. Am Ende des 12.Jh.s wurde die Gerichtsbarkeit der Kirche in geistlichen Sachen und die → Immunität der Geistlichen anerkannt (Kirchentag zu Linköping 1153, Privilegienbrief Sverkers d.J. 1200). Die Provinzialsynode zu Skänninge 1248 beschloß über Zölibat, privilegium canonis (→ Privilegien) und die Verbindlichkeit der Dekretalen → Gregors IX. Ab Mitte des 13.Jh.s erlahmte der Widerstand des germanischen Familienrechtes gegen die kirchliche Auffassung des Testaments, der Geldstrafen und der Steuerfreiheit für kirchlichen Grundbesitz (Privilegien von 1281 und 1305). Die Könige förderten den Machtzuwachs der Kirche, wofür sie die kirchliche Legitimation durch die Krönung erhielten (älteste bekannte Krönung 1210). Zugleich bestand ein Gegensatz zwischen libertas ecclesiae und Königsmacht. Seit der Errichtung säkularer Domkapitel nach 1220 wurde das Investiturrecht des Königs beschränkt (Papstbulle von 1250). Die partikulare Kirchengesetzgebung der einzelnen schwed. Landschaften behielt während des ganzen MA Züge des Eigenkirchenwesens und bildete eine Brücke zur Kirchenform der Reformationszeit. Der Abschnitt über die Kirche im upländischen Gesetzbuch (1296) galt bis ins 17.Jh. als Rechtsquelle.

Auf Grund ihrer wirtschaftlichen und politischen Macht war die Kirche ein Gesellschaftsfaktor von größter Bedeutung. Sie besaß 25–30% des Bodens. Die Bischöfe bildeten mit den weltlichen Magnaten den Reichsrat. Dadurch wurde die Kirche zZ der Union zwischen den nordischen Ländern (1397–1523) in die politischen Kämpfe hineingezogen, und ihre Politisierung hatte ihren Verfall zur Folge. Als der dänische Unionskönig seine Macht bei der Ernennung der Bischöfe geltend machte, stellten sich mehrere schwed. Kirchenmänner auf die Seite der nationalen und kirchlichen Freiheitsbewegung (u.a. Erzbischof Nikolaus Ragvaldi, 1438–48, der am Basler Konzil teilgenommen hatte). Seit der Mitte des 15.Jh.s verschärfte sich der Gegensatz zwischen den dänischen und den schwed. Thronprätendenten. Gegen das wachsende Territorialfürstentum bildeten die Bischöfe, die oft den ersten Familien des Reichs angehörten, eine feudalaristokratische Ratspartei, die sich teils gegen die Übergriffe des dänischen Königs, teils gegen die auf die Auflösung der Union hinarbeitende nationalschwed. Partei richtete. Im gleichen übernationalen und gemeinnordischen Sinn arbeiteten auch die Klöster. Durch Provinzsynoden und Stiftstage behauptete die Kirche in gewissem Maß ihre Selbständigkeit. Ihre wirtschaftlichen Interessen trieben sie dazu, die libertas ecclesiae auf die feudale Gesellschaftsordnung zu stützen. So erklärt es sich, daß die Erzbischöfe Jöns Bengtsson Oxenstierna (1448–67) und Gustav Trolle (1515–21) als Reichsverweser fungierten.

2. a) Im Kampf um die Krone brachte der schwed. Thronprätendent den Reichstag 1517 dazu, Erzbischof Trolle abzusetzen. Daraufhin exkommunizierte der Erzbischof von Lund den schwed. Prätendenten und seine Anhänger, und der Dänenkönig Christian II. vollzog die Bestrafung (Stockholmer Blutbad 1520). Dadurch verschwanden die national gesinnten Mitglieder des schwed. Episkopats. Die antidänische Bewegung erneuerte nun das nationale Königtum (Gustav Wasa 1523–60), und das Prinzip des Nationalstaats und der Landeskirche kam zum vollen Durchbruch.

Wegbereiter der *Reformation* war der Archidiakon und Kanzler des Königs, → Laurentius Andreae, ihr Bahnbrecher der in Wittenberg geschulte Olaus → Petri. Ihn unterstützte sein Bruder Laurentius → Petri, der erste ev., von der Kirchenprovinz gewählte Erzbischof S.s (1531 bis 1573). Unter dem Einfluß des melanchthonischen Traditionalismus evangelisierte er die mittelalterlichen kirchlichen Gebräuche. – Der *Reichstag von Västerås* 1527 brach die Verbindung mit Rom ab. Der König schränkte die politische und wirtschaftliche Macht der Bischöfe und Kapitel wesentlich ein. Im Innern behielt die Kirche jedoch ihre Selbstverwaltung mit Provinzialkonzilen, Stiftssynoden und Bischöfen. (Die apostolische → Sukzession wurde durch Petrus Magni, Bischof zu Västerås, geweiht 1524 in Rom, bewahrt.) Während einer Übergangszeit von 1523–36 arbeiteten reformistische und reformatorische Bewegungen nebeneinander. Ein von dem kirchlichen Ratgeber des Königs, dem Deutschen Georg Normann, inspirierter Versuch (1538–43), dem Lande eine Kirchenverfassung deutschen Musters zu geben, mußte wegen Aufruhrs aufgegeben werden. In der KO von 1571 fanden der ev. Charakter und die relative Selbständigkeit der schwed. Kirche ihren klassischen, auch noch im 17.Jh. geltenden Ausdruck. Johann III. (1569–92) versuchte, diese melanchthonisch-luth. Kirche in erasmisch-reformkath. Sinne umzugestalten (neue KO 1575, neue Liturgie 1576: Liturgia suecanae ecclesiae catholicae et orthodoxae conformis), wobei ihn sowohl seine polnische kath. Gemahlin, Katharina Jagellonica, wie Georg → Cassander beeinflußten. Johann wollte die Liturgie der röm. Messe annähern und die Patristik als Norm aufstellen, um die Einheit der Kirche wiederherstellen zu können. In dieser Absicht nahm er die Beziehungen zu Rom wieder auf. Politisch näherte er sich Habsburg und erstrebte eine polnisch-schwed. Monarchie.

b) Nach heftigen Auseinandersetzungen (Kampf um die Liturgie 1575–93) konsolidierte sich das Luthertum nach Johanns Tod mit Hilfe seines Bruders, des Herzogs Karl, auf der *Synode zu Uppsala* 1593 (altkirchliche Symbole und CA). Der kath. Sohn Johanns III., Sigismund III. von Polen (schwed. König 1594–98), wurde vertrieben und abgesetzt. Herzog Karl (als König Karl IX., 1598–1611) stärkte die Krone und schwächte den Hochadel (Blutbad zu Linköping 1600). Aber sein Versuch, die Macht der Kirche einzuschränken, mißlang. Nach außen hin leitete er die nach Westeuropa und den ref. Ländern orientierte Politik ein, der S. während des 30jährigen Krieges treu blieb. Die Geistlichkeit widersetzte sich dem Kirchenprogramm Karls und bekämpfte seine ref. Agende (1602) und seinen Katechismus (1604). Unter → Gustav Adolf (1611–32) und dem Kanzler Axel Oxenstierna (1611–54) gewann die Krone durch ihre gegenüber der luth. Orthodoxie loyale Politik das Vertrauen der Geistlichen zurück; doch weigerte sie sich, die → Konkordienformel als symbolische Schrift anzuerkennen.

Am Ende des 16.Jh.s folgte die *schwed. Theologie* der Rostocker Orthodoxie (→ Rostock). Im 17.Jh. wurde der konservative Melanchthonismus durch die aristotelische Scholastik verdrängt. Schwed. Studenten besuchten während der ersten Jahrzehnte des 17.Jh.s hauptsächlich → Wittenberg. Die durch die Synode von 1593 wiedererrichtete Universität → Uppsala gewann seit 1624 größere Bedeutung für die Herausbildung einer selbständigen schwed. theologischen Tradition, unter Abweisung orthodoxer Lehrstreitigkeiten. Die theologische Richtung stimmte mit der Absicht der schwed. Außenpolitik zusammen, welche ein gutes Einvernehmen der ev. Mächte mit Habsburg und dem polnischen Haus Vasa erstrebte. Dabei war die schwed. Orthodoxie jedoch eindeutig anticalvinisch, während Theologen aus der Umgebung des Herrscherhauses (Johannes Matthiae, Lehrer der Königin → Christina, 1642 Bischof, 1664 abgesetzt, † 1670; Johannes Terserus, 1658 Bischof, 1664 abgesetzt, 1670 wiedereingesetzt, † 1677) eine prot. Ökumenik begünstigten (W. → Musculus, → Durie, → Comenius). Seit 1660 verlor die Konfessionsfrage ihre Bedeutung für S.s Außenpolitik, wobei die Konkordienformel 1663 im Innern eine festere Stellung gewann (das Kirchengesetz von 1686 nennt sie als Erklärung der CA). In der Aufklärungszeit verfiel das Ansehen der Konkordienformel, die im Grundgesetz von 1809 nicht einmal erwähnt wird; erst die Generalsynode von 1893 gab ihr wieder eine stärkere Stellung.

Während der Zeit der Großmacht und der absoluten Monarchie (1611-1718) feuerte die alttestamentliche Verkündigung der Geistlichen die nationale Opferkraft und Loyalität des Volkes in den höchst anstrengenden Kriegen an: man sprach vom Volk als dem Israel Gottes und vom König als dem Gesalbten des Herrn. Auch nach dem Wegfall dieser Ideologie in der konstitutionellen Monarchie (Freiheitszeit 1719-72) blieb die Geistlichkeit dem Königtum unverbrüchlich treu. Da sie sich sozial und wirtschaftlich gut mit den Bauern verstand, trat sie auf den Reichstagen als Verteidiger der Bauernfreiheit gegen die feudalen Bestrebungen des hohen Adels auf. Die Pfarrer galten als »tribuni populi«. Von 1544-1866 war die Geistlichkeit einer der vier Stände des Reichstags. Im 17.Jh., bis zur Ausrufung der absoluten Monarchie (1682), fungierte der geistliche Stand als gemeinsames Organ der Stifte (consistorium regni), als eine Art oberster Kirchenbehörde. Sie verteidigte die libertas ecclesiae gegen die landesherrlichen Ansprüche und den Patronatseinfluß des Adels. Die Bischöfe vereitelten die Pläne der Krone, eine zentralisierte Staatskirchenbehörde (consistorium generale 1624/25, 1649) über die Stiftsbehörden zu setzen. Dadurch wurde die Selbständigkeit der Stifte verstärkt. Später hob die absolute Monarchie die kirchliche Selbständigkeit der Geistlichkeit auf und setzte die Uniformität auch auf kirchlichem Gebiet durch: Kirchengesetz 1686, Katechismus 1687, Agende 1693, Gesangbuch 1695.

3. a) In der Freiheitszeit (1719-72) trat an die Stelle des kirchlichen Bestimmungsrechtes des Königs das des Reichstags, das aber durch den Einfluß der Geistlichkeit auf Kirchenfragen eng begrenzt war. Die weltlichen Stände versuchten vergeblich, eine zentrale Staatskirchenbehörde einzusetzen (1723-26). Auch legal behielt die Kirche eine gewisse Selbständigkeit, indem die Privilegien der Geistlichkeit (1649 und 1675) 1723 neu bestätigt wurden. Während der Säkularisierung der folgenden Jh.e bildeten sie einen Schutz des korporativen Rechtes der Kirche. Auf die episkopale Selbstverwaltung des 17.Jh.s folgten im 18.Jh. die politisierenden Pröpste im Reichstag. Im ganzen nahm aber der Einfluß der Behörden und der Staatsverwaltung auf die Kirche zu.

Im gustavianischen Zeitalter (1772-1809) geriet die Kirche wieder stärker unter die Macht der Krone, bes. zZ Gustafs III. (1771-92). Damals waren zB Pfarrämter käuflich zu haben (»Pastoratshandel«). Im Rahmen der Staatskanzlei errichtete man 1789 eine besondere Abteilung für Kirchenangelegenheiten. Nach dem Sturz des Absolutismus (1809) und der Wiedereinsetzung einer konstitutionellen Regierung gewann die Geistlichkeit einen Teil ihres alten Einflusses zurück. Ab 1835 war der Ständereichstag, bes. die Stände des Adels und der Geistlichkeit, das Ziel einer wachsenden Kritik von seiten des Liberalismus und der verschiedenen Erweckungsbewegungen. Der Liberalismus griff den Klerikalismus an und wollte dem Reichstag mehr Macht über die Kirche verleihen. Ideologisch unterstützten die Liberalen die rationalistische Theologie gegenüber dem damals einsetzenden Konfessionalismus. Die romantische Staatsauffassung der Krone und der Konservativen verzögerte jedoch die Auflösung des Ständereichstages bis 1866. Die Kirche erhielt 1868 als Ersatz für den abgeschafften geistlichen Stand ihre eigene höchste Repräsentation in innerkirchlichen Fragen, »Kyrkomötet« (Generalsynode; 1868: 30 Geistliche, 30 Laien; 1950: 43 Geistliche, 57 Laien). Da es nur *eine* Kirche im Lande gab und da man damals einer spiritualistischen Kirchenauffassung anhing, behielten Reichstag und Krone ihre Verfügung über die Kirche in finanzieller und rechtlicher Hinsicht. In den Stiften bestanden weiterhin die Domkapitel, mit der Krone als oberster Kirchenbehörde. Die wachsende Säkularisierung und das kirchliche Bedürfnis nach einer zentralen Leitung führten 1919 zur jährlichen Zusammenkunft der Bischöfe. Da seit dem Religionsfreiheitsgesetz von 1951 die Kirche noch grundsätzlicher als früher als eine Glaubensgemeinschaft innerhalb des Landes gilt, hat dieser inoffizielle Rat immer mehr Bedeutung gewonnen. - Nach dem Sturz der absoluten Königsherrschaft (1809) nahm im 19.Jh. der Einfluß der Bauern und damit auch die Selbstverwaltung der Kirchengemeinden zu. Deren verfassungsmäßigen Grund bildeten die Privilegien der Geistlichkeit von 1723, die den Pfarrern das Recht zusprachen, Gemeindeversammlungen einzuberufen. Der erstarkende Liberalismus verlangte die Trennung der kirchlichen und der bürgerlichen Gemeinde sowie die Abschaffung des automatischen Vorsitzes des Pfarrers in jener. 1862 wurden beide Gemeindeformen getrennt, und die kirchliche Gemeinde erhielt ihre eigenen Organe: Kirchenrat, Kirchenversammlung und (seit 1930) Kirchenverordnete.

Die mittelalterliche *Einteilung des Landes* in 7 *Stifte* blieb auch nach der Reformation bestehen. Im 17.Jh. errichtete man in mehreren von ihnen Superintendenturen, die allmählich zu selbständigen Stiften erhoben wurden (1603 Kalmar, Stift 1678, eingezogen 1915; 1620 Göteborg, Stift 1665; 1647 Karlstad, Stift 1772; 1647 Härnösand, Stift 1772; 1645 Visby, Stift 1772; 1904 wurde das Stift Luleå geschaffen, 1942 Stockholm; durch die Eroberung der südschwed. Provinzen 1658 wurde → Lund ein schwed. Stift; zZ gibt es 13 Stifte). → Uppsala blieb an der Spitze der schwed. Kirchenprovinz, indem der Erzstuhl im 17.Jh. wenigstens informell als Berufungsinstanz über der Selbstverwaltung der Stifte diente. Das Ansehen des Erzbischofs wurde auch dadurch gestützt, daß er Vorsitzender des geistlichen Standes im Reichstag war. Seit dem Ende des Ständereichstags hat er den Vorsitz in der Generalsynode und den neuen zentralen Organen der Kirche (Direktion der Diakonie, der Mission, der Seemannsfürsorge; Bischofsrat).

b) Im 17.Jh. entstand das *schwed. Schulwesen* unter kirchlicher Leitung und mit der Hauptaufgabe, Geistliche auszubilden; es empfing Impulse von Reformpädagogen wie → Ratke und → Comenius. Kraftvolle Bischöfe (zB Joh. → Rudbeck, † 1646; Laur. Paulinus Gothus, † 1646) gründeten seit 1623 Gymnasien. Die 1842 obligatorisch eingeführte Volksschule stand bis 1930 unter der Aufsicht der Gemeindepfarrer und bis 1957 unter der der Domkapitel. - Der Stellung der schwed. Kirche als *Volkskirche* entsprach ihre ethische und soziale Bedeutung. Die einheitlich altluth. Kultur und die Identität der lokalen kirchlichen und weltlichen Behörden machten die Kirche zur Erzieherin des ganzen Volkes. Die Kirchenzucht wurde in eine weltliche Strafe umgewandelt, der kleine Kirchenbann in eine öffentliche Buße. Bes. das Eherecht unterstand der Kirche. Die bürgerliche Ehe wurde den Mitgliedern der schwed. Kirche erst 1915 gestattet, die nichtkirchliche Beerdigung 1926.

- Die Identität von Kirche, Staat und Gesellschaft begann im 18. Jh. unter dem Einfluß naturrechtlicher Ideen, des Pietismus und des Merkantilismus zu zerfallen. Gegen den Widerstand der Geistlichkeit wurden die *Religionsgesetze* gemildert. Bis 1860 galt die Religionsfreiheit jedoch nur für Ausländer oder Einwanderer (1741 für Reformierte und Anglikaner, 1781 für Katholiken, 1782 für Juden). Das Dissidentengesetz von 1860 (1873) erlaubte die Gründung nicht-luth. Gemeinden. Der Kampf um die Religionsfreiheit verschmolz mit dem um die Aufhebung des Ständereichstags, wobei sich Liberalismus und Separatismus gegen die Staatskirche vereinigten.

c) Das *religiöse Leben* in S. behielt auch während der Reformation viele kath. Bräuche bei. Erst nach dem Kampf um die Liturgie (1575-93) wurden gewisse mittelalterliche Liturgieübungen eingestellt. Im 16. und 17. Jh. begünstigte die schwed. Theologie eine Frömmigkeit persönlicher und inniger Art, die durch Übersetzungen von Gebets- und Andachtsbüchern und von spiritualistischer oder mystischer Literatur noch verstärkt wurde (vor allem Schriften von Joh. → Arnd, 1647). Durch deutsche Vermittlung verbreitete sich im 17. Jh. auch die englische, aufs Praktische gerichtete Auffassung des Christentums. Gegen Ende des 17. Jh.s drang der deutsche → *Pietismus* bei den schwed. Geistlichen ein, die durch ihren konservativen Melanchthonismus schon darauf vorbereitet waren. Viele schwed. Studenten studierten damals in → Halle. Die pietistische Bewegung verbreitete sich zu Beginn des 18. Jh.s stark unter den Laien, vor allem in bürgerlichen und Adelskreisen (Gesangbuch: Mose och Lambsens visor [Die Lieder Mosis und des Lammes], 1717, Assessor Lybecker). Zugunsten des Pietismus wirkte auch, daß seine Kirchenkritik sich mit der Forderung der Naturrechtsdenker vereinigte, welche die kirchliche Macht des geistlichen Standes bekämpften und stärkeren Einfluß der Laien auf die Kirchenleitung beanspruchten. Der Sturz der absoluten Monarchie und die Entstehung der neuen Verfassung (1719) führten die Blütezeit des Pietismus herauf, noch verstärkt durch die seit dem Friedensschluß mit Rußland (1721) aus Sibirien zurückkehrenden Kriegsgefangenen, unter denen A.H. → Francke missioniert hatte. - Auf den Reichstagen nach 1720 gelang es der Geistlichkeit, die verlangten Reformen der Kirchenleitung abzuwehren. Ein Gesetz gegen die pietistischen Konventikel (1726, bis 1858 bestehend) verbot alle Zusammenkünfte, die nicht vom Gemeindepfarrer geleitet waren. Durch → Dippels Besuch 1726-27 gelangte der *radikale Pietismus* nach S. (Gesangbuch: Andeliga wijsor, 1733). Er spaltete sich in eine theosophisch-böhmische mystische Richtung und eine ekstatisch-apokalyptische Erweckung mit kommunistischen Gruppen, unter Leitung des religiös begabten Sven Rosén (1741 ausgewiesen, † 1750 in Pennsylvania). Der Pietismus und das seit ca 1740 verbreitete *Herrnhutertum* (Gesangbuch: Sions sånger, 1743 bis 1745) drangen auf literarischem Weg in die Geistlichkeit, den Adel und die Bürgerschaft ein. Auf dem Lande verschafften ihnen Postillen und Andachtsbücher Eingang, bes. in Süd- und West-S. sowie in Norrland. Auf diese Weise war der Weg für die Erweckungsbewegungen des 19. Jh.s vorbereitet, ebenso für die Auseinandersetzungen zwischen den Altfrommen (Pietisten) und Neufrommen (Herrnhutern) in Norrland zu Anfang des 19. Jh.s. - Die *christliche Erziehung* wurde im 18. Jh. durch häusliche Katechisation und Katechismusunterricht für die Jugend sehr verbessert. Nach englischem und dänischem Vorbild wurde überall der Konfirmandenunterricht eingeführt (J. Serenius, † 1776).

Die orthodoxe Theologie wurde im Laufe des 18. Jh.s milder. Unter dem Eindruck eklektischer und empirischer Philosophie entwickelte Andreas Rydelius († 1738) eine anthropologisch verankerte Theologie, die etwa der *Übergangstheologie* des → Buddeus entsprach. Die von Chr. → Wolff beeinflußte *Aufklärungstheologie* wurde in S. vor allem von Nils Wallerius († 1764) in Uppsala vertreten. Die religiöse Naturbetrachtung des großen Naturforschers Carl Linné († 1778) unterstützte die weite Verbreitung der natürlichen Theologie. Nach 1770 schlossen sich manche Geistliche der von → Locke ausgehenden moralphilosophischen Religionsauffassung an; im folgenden Jahrzehnt machte sich die Philosophie → Kants geltend. Die Neologie (→ Aufklärung: III, 3 b) hinterließ ihre Spuren in den Predigten, aber auch in der Umarbeitung der kirchlichen Bücher (Katechismus 1810, Agende 1811). - Unter den Geistlichen, vor allem in West-S., erschien ferner eine Bewegung, die an den württembergischen Bibelpietismus sowie an herrnhutische und mystische Christozentrizität anknüpfte (Andreas Knös, † 1799). Hier hatte der Seher und Theosoph Em. → Swedenborg († 1772) einen gewissen Einfluß (Exegetisch-philanthropische Gesellschaft, 1786). Swedenborgianismus und Okkultismus erlebten ihren größten Erfolg unter dem Regentschaftsrat für Gustav IV. Adolf (1792-96). Die orthodoxe Kirchenlehre blieb jedoch im großen und ganzen theologisch unbestritten (P. Munck, † 1803; Johan Möller, † 1806) und wurde unter Gustav IV. Adolf (1796-1809) durch Zensuredikte gestützt.

d) Die neue Verfassung von 1809 war im Geist der Aufklärung geschrieben (Gesetz über Pressefreiheit 1812). Die *Romantik* brachte eine durch den Verlust Finnlands (1809) gesteigerte nationale Erweckung; sie baute auf dem Grund ererbten christlichen Glaubens auf (Götzismus; E.G. → Geijer, † 1847; Es. → Tegnér, † 1846) und knüpfte sowohl an den Liberalismus der Aufklärung wie an den deutschen Idealismus und die ev. Bibelerweckung an. Die neue geistige Bewegung rief auch eine neue Kirchenliederdichtung hervor (Gesangbuch 1819, J.O. → Wallin; → Kirchenlied: I, 4). - Im Laufe des 19. Jh.s erstarkte die pietistische und herrnhutische *Erweckung* durch ref. Impulse angelsächsischer Herkunft (schon 1771 die Gesellschaft Pro fide et christianismo). Wichtig war die Ev. Gesellschaft, die durch den Kontakt einiger schottischer Missionare mit Stockholmer Herrnhutern 1808 zustande kam und von den führenden Männern in Staat und Kirche unterstützt wurde. Ihr Vertrieb englischer und amerikanischer Andachtsschriften, bes. seit 1841, reichte tief ins Volk hinein und bekam mehr und mehr den Charakter einer Evangelisation (Erweckung in Norrland; → Leser). 1815 entstand die Schwed. Bibelgesellschaft, 1835 die Schwed. Missionsgesellschaft (→ Schweden: III), 1837 die Schwed. Abstinenzgesellschaft (Hauptkraft der englische Methodistenprediger G. Scott). Von großer Bedeutung für die weitere Entwicklung war die Anstellung von Laien im Dienst der Traktat-Gesellschaften; sie traten als Wanderprediger auf und teilten auch die Sakramente aus. Auf diese Weise kam es zu einer Volkserweckung neuev. Geistes, die das ganze Land ergriff, von Laien geleitet und gegen die Kirche kritisch gesinnt war. Soweit die Erweckung konfessionell kirchentreu blieb (C.O. → Rosenius: 1842 Zeitung »Der Pietist«), erhielt sie 1856 in der Ev. Vaterlandsstiftung ihre zentrale Organisation. Der baptistische *Separatismus* (älteste Baptistengemeinde 1848), der sich 1856 zu organisieren begonnen hatte, bildete 1889 einen selbständigen Bund der Gemeinden. Anfangs verbreitete sich der Baptismus stark. Sein ausgeprägter Individualismus führte zur Zersplitterung in mehrere Sonderkirchen (schwed. Baptisten 1960:

35000 Mitglieder); die stärkste Abspaltung geschah 1913 durch die → Pfingstbewegung (1960: 92000 Mitglieder). Durch den Einfluß einer universal-rationalistischen Versöhnungslehre, baptistischer Freigemeinde-Ideen und radikaler Agitation der Wanderprediger wurde auch die konfessions- und kirchentreue Ev. Vaterlandsstiftung 1878 gesprengt (P.P. → Waldenström) und der Schwed. Missionsbund gebildet (1960: 97000 Mitglieder). Diese Gemeinschaften nehmen eine mittlere Stellung zwischen innerkirchlicher Erweckung und selbständigen Kirchen ein. 1951 wurden sie als selbständige Glaubensgemeinschaften anerkannt; die meisten ihrer Mitglieder gehören jedoch weiterhin der schwed. Kirche an. Die → Methodisten dagegen bildeten 1876 eine eigene, vom Staat anerkannte Glaubensgemeinschaft (1960: 11000 Mitglieder). 1918 wurde ein Organ für die Zusammenarbeit der Freikirchen geschaffen (Frikyrkliga Samarbetskommittén). Interdenominationelle Bewegungen gewannen gegen Ende des 19.Jh.s auch in S. festen Fuß: 1882 die → Heilsarmee (1905 Abspaltung einer selbständigen Schwed. Heilsarmee), 1887 der Christliche Verein junger Männer, 1889 der Christliche Verein junger Frauen, 1901ff Christliche Studentenbünde in den Universitäts- und Hochschulstädten. - Die Erweckungsbewegungen des 19.Jh.s riefen auch einen innerkirchlichen und konfessionstreuen Pietismus ins Leben, vor allem in Süd- und West-S. (H. → Schartau). Er vereinigte die pietistische Forderung der persönlichen Bekehrung mit einer orthodox-kirchlichen Betonung der Lehre, des Amtes und der individuellen Seelsorge. - Als Reaktion gegen den Separatismus der Erweckungen und das liberale Religionsfreiheitsprogramm veränderte sich nach der Mitte des 19.Jh.s die romantisch-nationalkirchliche Kirchenauffassung in *hochkirchlicher Richtung;* Einflüsse der entsprechenden deutschen Bewegungen spielten herein (→Löhe, → Kliefoth). Die hochkirchlichen Kreise, mit dem Zentrum in der theologischen Fakultät in Lund, besetzten mehrfach die leitenden Stellen der Kirche (Erzbischöfe → Reuterdahl, 1856-70, A.N.Sundberg, 1870-1900; Bischöfe E.G.Bring, † 1884, W.Flensburg, † 1897). - Die theologische Fakultät von Uppsala vertrat eine »niederkirchliche« konfessionelle Theologie unter dem Einfluß von → Erlangen. Sie arbeitete mit der pietistisch-konfessionellen Erweckung der Ev. Vaterlandsstiftung zusammen (A.F.Beckman, † 1894; C.A.Torén, † 1904; W.Rudin, † 1921). Durch Impulse von → Wichern gewann die Diakonie die Unterstützung eben dieser Kreise. Die Gesellschaft für Innere Mission (1849) wurde zur Schwed. Diakonissengesellschaft umgebildet (1851 Diakonissenhaus Ersta in Stockholm). Die 4 Diakonissenhäuser (Ersta; 1882 Samariterheim in Uppsala; 1912 Vårsta bei Härnösand; 1923 Bräckö bei Göteborg) und das Diakonenhaus Stora Sköndal bei Stockholm (1898) schlossen sich 1954 im Zentralen Diakonierat zusammen.

4. Nach 1900 machte sich anstelle der pietistisch-konfessionellen und der kirchlich-konservativen Strömungen eine neue Orientierung in Theologie (→ Schweden: II) und Kirche geltend. Sie knüpfte an die Tradition des schwed. Idealismus (→ Geijer; P.Wikner, † 1888) und an die historische Schule (H.Hjärne, † 1922) an - im Gegensatz gegen den Kulturradikalismus der Jahre nach 1880. Die *Jungkirchenbewegung* verkündete ein religiös motiviertes »Volkskirchentum« (E.Billing, † 1939; J.A. → Eklund, † 1945; M.Björkquist; Zeitschrift: Vår Lösen [Unsere Losung], 1910), wobei sie eine liberale theologische Auffassung mit einem vertieften Studium der biblischen und reformatorischen Gnadentheologie und der Betonung von Gottes Eingreifen in die Geschichte verband. Sie gründete 1917 die Sigtunastiftung als Volkshochschule und Konferenzstätte für einen breiteren Kontakt zwischen Kirche und Volk, Kirche und Intelligenz. Sie veranlaßte die Kirche auch, sich stärker den Problemen der Arbeiterschaft zuzuwenden; bes. N. → Beskow bemühte sich um ein persönlich vertieftes Christentum bei den Arbeitern (1918 Bund für christliches Sozialleben; Volkshochschule Birkagården). - Die *freiwillige kirchliche Tätigkeit* nahm im 20.Jh. stark zu. Ihr zentrales Organ ist die Diakoniedirektion der Schwed. Kirche (1910). Die Laienschule der Schwed. Kirche (1922) bildet Laienhelfer für die Gemeinden aus, die Kirchenbrüder sind eine kirchliche Laienbewegung (1918; 1960: 23000 Mitglieder). Der kirchliche Studienbund S.s (1930; 1960: 210000 Mitglieder) organisiert Arbeitsgemeinschaften und Kurse.

Eine Frucht der neuen Orientierung in Kirche und Theologie war die schon während des 1. Weltkrieges begonnene Arbeit *N. → Söderbloms* für den Völkerfrieden, aus der dann sein Einsatz in der → Ökumenischen Bewegung hervorging (Weltkonferenz für Praktisches Christentum, Stockholm 1925). Ihm folgte, jedoch stärker hochkirchlich bestimmt, Y. → Brilioth († 1959; Weltkonferenz für Glauben und Kirchenverfassung, Lund 1952).

Nach dem 1. Weltkrieg hat die schwed. Kirche nach außen hin ihren Charakter als Bischofskirche und als Brücke zwischen den Kirchen betont (1922; Lambethkonferenz 1920: Abendmahlsgemeinschaft der schwed. und anglikanischen Kirche). Der Schwed. ökumenische Ausschuß (1932), das Verbindungsorgan der schwed. Kirche und anderer Kirchen in S., vermittelt auch den Kontakt mit dem Ökumenischen Rat. Die Berührung mit der anglikanischen Kirche und mit verschiedenen liturgischen Bewegungen führte zur Bildung *hochkirchlicher Gruppen* in S. (zB Kirchliche Erneuerung, 1935 [→ Hochkirchliche Bewegung: II, 2]). *Bekenntnistreue Kreise* gründeten 1925 den Kirchlichen Bund für ev.-luth. Glauben. Beide Gruppen einigten sich 1959 zu gemeinsamem Vorgehen in der Kirchlichen Sammlung. - Die Veränderungen in Theologie und Kirche spiegeln sich in den neuen kirchlichen Büchern: 1917, nach 150jähriger Kommissionsarbeit, neue Bibelübersetzung; 1937 Gesangbuch; 1942 Agende.

Nach dem 1. Weltkrieg verlor der Staat seinen ev.-luth. Charakter. Der Religionsunterricht hat seit 1919 allgemein ev. Gestalt, der Katechismus Luthers dient nicht mehr als Lehrbuch. Das Religionsfreiheitsgesetz von 1951 erlaubt den freien Austritt aus der schwed. Kirche, die Freikirchen gelten als Glaubensgemeinschaften mit dem Recht der Trauung. Auch die röm.-kath. Kirche erhielt größere Freiheit (1960: 28500 Mitglieder). Nach 1951 lockerten sich die Bande zwischen Staat und Kirche noch mehr. 1958 wurde eine Parlamentskommission beauftragt, das Verhältnis von Staat und Kirche zu untersuchen. Gleichzeitig hat der Staat die rechtlich-wirtschaftliche Bewegungsfreiheit der Kirche beschränkt (Regelung des Pfarrgehaltes 1951, Pastoratsregulierung 1951). Trotz der Möglichkeit freien Austritts bleiben die meisten Schweden (95%) in der Kirche und lassen Taufe, Konfirmation (80%), Trauung (90%) und Begräbnis (96%) durch sie vollziehen. Dagegen ist der Kirchenbesuch stark zurückgegangen, scheint jedoch jetzt wieder zu steigen. Die Zahl der Abendmahlsgäste hat im letzten Jahrzehnt stark zugenommen, vor allem in den Städten. Die geringere Kirchlichkeit hängt mit der starken inneren Umsiedelung zusammen; 1900 wohnten 70% der Bevölkerung auf dem Lande, 1950 nur 20%. Die kirchliche Organisation ist diesen Verhältnissen nicht angepaßt: die Zahl der ländlichen Gemeinden beträgt 2318, die der städtischen nur 247. Die Pastoratsregulierung

1962 sieht eine gewisse Anpassung an die neuen Bevölkerungsverhältnisse vor.

Allgemein: RGG² V, 326ff (Lit.) - Y.BRILIOTH, Svensk kyrkokunskap, Stockholm (1933) 1946² - Svenska kyrkans historia, ed. HJ.HOLMQUIST-H.PLEIJEL, Bd II. IV/1 (1274-1632). V (1680-1772). VI/2 (1809-23), ebd 1933-46 (Lit.) - HJ.HOLMQUIST, Handbok i svensk kyrkohistoria I-III, ebd 1948-52 - NTU I-III, 1952-57. - *Bibliogr.:* S.E.BRING, Bibliografisk handbok till Sveriges historia, Stockholm 1934 - P.ELFSTRAND, Svensk historisk bibliografi, ebd 1935ff (jährl. Beilage zu Historisk tidskrift). - *Zs.en u. Reihen:* KÅ, 1900ff - Svenska kyrkans årsbok, 1920ff - Samlingar och studier till svenska kyrkans historia, ed. H.PLEIJEL, 1940ff - Skrifter utg. av Sv. kyrkohist. föreningen, Ser. II, 1950ff - Studia theologica lundensia, 1952ff - Bibliotheca theologiae practicae, ed. A.ANDRÉN u. S.KJÖLLERSTRÖM, 1957ff - Studia historico-ecclesiastica upsaliensia, ed. S.GÖRANSSON, 1960ff.

Zu 1: G.KELLERMAN, Jakob Ulvsson, Stockh. 1935 - H.LJUNGBERG, Den nordiska religionen och kristendomen, 1938; dt. 1940 - S.KROON, Det svenska prästmötet under medeltiden, ebd 1948 - Erik den helige, ed. B.THORDEMAN, ebd 1954 - H.SCHÜCK, Ecclesia lincopensis, ebd 1959.

Zu 2: S.KJÖLLERSTRÖM, Striden kring kalvinismen i Sverige under Erik XIV., Lund 1935 - DERS., Kyrkolagsproblemet i Sverige 1571 bis 1682, Stockh. 1945 - DERS., Kirche u. Staat in S. nach d. Reformation (ZSavRG Kan. Abt. 41, 1955, 271-289) - H.CNATTINGIUS, Den centrala kyrkostyrelsen i Sverige 1611-36, 1939 - DERS., Joh.Rudbeckius och hans europeiska bakgrund, Uppsala 1946 - S.GÖRANSSON, Ortodoxi och synkretism i Sverige, ebd 1950 - DERS., Den europeiska konfessionspolitikens upplösning, ebd 1956 - G.JOHANNESSON, Die Kirchenreformation in d. nord. Ländern (XIe Congrès int. des sciences hist. IV, 1960, 48-83; Lit.).

Zu 3: G.NELSON, Den västsvenska kristendomstypen, Stockh. 1933-37 - E.RODHE, Den religösa liberalismen, ebd 1935 - H.PLEIJEL, Der schwed. Pietismus in seinen Beziehungen zu Deutschland, 1935 - R.JOSEFSON, Andreas Knös teologiska åskådning, 1937 - E.NEWMAN, Gemenskaps- och frihetssträvanden i svenskt fromhetsliv 1809-55, 1939 - R.ASKMARK, Svensk prästutbildning fram till år 1700, Stockh. 1943 - W.BREDBERG, P.P.Waldenströms verksamhet till 1878, ebd 1948 - C.E.NORMANN, Prästerskapet och det karolinska enväldet, ebd 1948 - DERS., Cleri comitialis cirkulär 1723-72, ebd 1952 - A.SANDEWALL, Separatismen i Övre Norrland, Uppsala 1952-54 - A.PALMQUIST, Die röm.-kath. Kirche in S. nach 1781 (1783-1873), ebd 1954 bis 1958 - C.A.HESSLER, Stat och religion i upplysningstidens Sverige, Uppsala 1956 - S.GÖRANSSON, Folkrepresentation och kyrka 1809-47, ebd 1959 - L.ÖSTERLIN, Thomanders kyrkogärning, Stockh. 1960.

Zu 4: E.RODHE, Svenska kyrkan omkring sekelskiftet, Stockh. 1930 - N.KARLSTRÖM, Kristna samförstandssträvanden under världskriget 1914-18, ebd 1947 - G.AULÉN, Hundra års svensk kyrkodebatt, ebd 1953 - B.GUSTAFSSON, Socialdemokratien och kyrkan 1881-90, ebd 1953 - DERS., Svensk kyrkogeografi, Lund 1957 - G.WESTIN, Den kristna friförsamlingen i Norden, Stockh. 1956. *S.Göransson*

II. Theologie

Die Entwicklung der schwed. Theologie *im 19.Jh.* spiegelt den Gang der gleichzeitigen → Systematischen Theologie (: II) in Deutschland wider. Die theologische Arbeit konzentrierte sich an den beiden Fakultäten in → Uppsala und → Lund. In Lund herrschte eine stark kirchliche, bisweilen hochkirchliche Richtung, während in Uppsala eine pietistische, »niederkirchliche« Tendenz vertreten wurde. Die bedeutendsten Theologen des 19.Jh.s lehrten in Lund. Der erste bedeutende Schüler → Schleiermachers in S. war H. → Reuterdahl. Um die Mitte des Jh.s kamen → Hegels Philosophie und spekulative Theologie nach Lund. E.G.Bring (1814-84), W.Flensburg (1819-97) und A.N.Sundberg (1818-1900) bildeten die sog. »große Fakultät« in Lund (→ Schweden: I, 3 d). Sie vertraten eine luth., hochkirchliche Theologie und betonten das Institutionelle in Staat, Familie und Kirche. In den verschiedenen Gesellschaftsformen besitze das Individuum seine Bestimmung und wahre Freiheit. Die Kirche wird vornehmlich unter dem Gesichtspunkt der Anstalt und der Gemeinde dargestellt (vgl. → Kliefoth, → Luthertum: II, 3. 4). Diese konservative, orthodoxe Theologie wurde von G.Billing (1841 bis 1925, Bischof in Lund) fortgesetzt. Von großer Bedeutung war es, daß sich die Lundenser Theologie bewußt auf Luther berief. Der führende Theologe in Lund am Ende des 19.Jh.s, P.Eklund (1846-1911), legte Luthers Katechismen aus. – Als Repräsentanten der orthodox-pietistischen Theologie in Uppsala traten bes. A.F.Beckman (1812-94, Bischof in Skara) und M.Johansson (1837 bis 1908, Bischof in Härnösand) hervor. Chr.J.Boström (1797-1866) entwickelte eine selbständige idealistische Philosophie mit besonderer Betonung des Persönlichkeitsgedankens (→ Person, 3). Diese religionsphilosophische Ansicht hatte zunächst keine theologische Wirkung. Die Dogmatik von N.J.Göransson (1863-1940) zeigt Einflüsse von Boström und A. → Ritschl.

Mit dem Auftreten von N. → Söderblom und E.Billing zu Beginn des *20.Jh.s* verlagerte sich das theologische Schwergewicht von Lund nach Uppsala. Als Religionsgeschichtler und ökumenischer Theologe weltberühmt, hat Söderblom auch für die schwed. Theologie große Bedeutung gehabt. Die Kenntnis der → Religionsgeschichte ist für ihn eine der Bedingungen, um die Eigenart des Christentums zu verstehen. Beachtenswert ist in diesem Zusammenhang seine kleine Schrift »Offenbarungsreligion« (1903). Gegen Ritschls ethizistische Religionsauffassung betont Söderblom hier (früher als R. → Otto) das → Heilige im Sinne des spezifisch Religiösen. Er hebt den eschatologischen und dualistischen Zug im Christentum hervor und unterscheidet zwischen Persönlichkeits- und Unendlichkeitsmystik. Zu jener gehört das Christentum; Luther ist ihr typischer Repräsentant und damit ein Vertreter des echten, klassischen Christentums. Aber auch die Unendlichkeitsmystik ist in die christliche Kirche eingedrungen. Mit seiner Unterscheidung hat Söderblom gewissermaßen die spätere von A.Nygren zwischen → Eros und Agape vorweggenommen. Als ökumenischer Theologe war Söderblom kein Relativist. Er wollte die universale Einheit durch eine Erfassung des wesentlichen und klassischen Christentums erreichen. – Die theologische Arbeit von E.Billing (1871-1939, Bischof in Västerås), die einen neuen Abschnitt in der schwed. Theologie einleitete, konzentrierte sich auf Luther und die Bibel. Das Problem, vor das die historisch-kritische Bibelforschung die orthodoxe Bibelauffassung stellt, will er durch seinen Offenbarungsbegriff lösen. Offenbarung ist das Wirken des lebendigen Gottes in der Geschichte. Das Evangelium ist keine Lehre, vielmehr ist Jesu Wirksamkeit ein Handeln Gottes. Die Versöhnung wird als Gottes Erwählungstat gefaßt. Billing betont das Wort als Gnadenmittel, ein Mittel für Gottes Handeln mit dem Menschen (vgl. De etiska tankarna i urkristendomen, [1907] 1936²; Försoningen, [1908] 1921²). Für Billing stand das Lutherstudium im Zentrum seines systematischen Denkens. So bestimmt er den Berufungsgedanken vom Zentrum in Luthers Theologie, der Sündenvergebung, her oder beschreibt die Kirche als den Ort, durch den die Sündenvergebung dargereicht wird. Die Kirche ist »die Sündenvergebung für das schwed. Volk«. Ihre Struktur muß daher Gottes zuvorkommende Gnade widerspiegeln. Sie muß eine Volkskirche, aber nicht notwendig eine Staatskirche sein. – G.Aulén (* 1879; 1907-13 Dozent in Uppsala, 1913-33 Prof. in Lund, 1933-52 Bischof in Strängnäs) vereint in sich die theologische Erneuerung in Uppsala (1900-20) und in Lund (seit 1920). Er hat Impulse von Söderblom und Billing selbständig weiterentwickelt, zB die Aufgabe, die Eigenart des Christentums anzugeben, die Betonung des dualistischen und dramatischen Zuges in der Offenbarung und das Interesse für Luther und die alte Kirche. Die Lundenser Theologie ist aus der engen Zusammenarbeit zwischen Aulén und A. → Nygren hervorgegangen. Nach

Aulén ist die Theologie eine rein wissenschaftliche Disziplin, ihr Objekt ist der Glaube. Die Theologie soll weder die Wahrheit des Glaubens beweisen noch zeigen, was man glauben soll. Sie soll das Wesen des Christentums, seine Eigenart bestimmen. Darum kann die systematische Theologie nicht konfessionell sein. Die Methode zur Bestimmung des für den christlichen Glauben Charakteristischen ist die → Motivforschung (→ Dogmengeschichte als Motivanalyse). Das Material für eine solche empirische Forschung gibt die christliche Ideengeschichte. In seinen Forschungen zur DG hat Aulén nach der erwähnten Methode gearbeitet, in Epochen gedacht und die charakteristischen Typen anzugeben versucht. Er hat das Gottesbild Luthers mit anderen Gottesbildern kontrastiert und in der Versöhnungslehre das klassische Kampf- und Siegesmotiv gegen den juridischen und subjektiven Typus abgegrenzt. Als emeritierter Bischof in Lund hat er Arbeiten zur Kirchenfrage und zum Abendmahl verfaßt. – Über A.Nygrens Theologie vgl. → Motivforschung, → Eros und Agape.

Mit Billing, Aulén und Nygren beginnt die sehr lebhafte schwed. *Lutherforschung*. R.Bring (* 1895) hat das Lundenser Forschungsprogramm durch bedeutende Arbeiten gefördert. In Uppsala hat Hj.Lindroth (* 1893) Luther typologisch behandelt. Daneben vertreten in Uppsala A.Runestam (* 1887), T.Bohlin (1889–1950), S.v.Engeström (* 1889) u.a. eine psychologisch gerichtete Lutherforschung. Psychologische und typologische Lutherforschung sucht A.Gyllenkrok (* 1910) zu vereinen. In Lund hat Nygrens Nachfolger als Prof., G. Wingren (* 1910), eine ev. Schöpfungstheologie erarbeitet und in kritischer Auseinandersetzung mit Nygren und Barth theologische Methodenfragen behandelt. H. Olsson (* 1899, Prof. in Uppsala) hat die Sozialethik Luthers erforscht. Die vielen Lutherstudien der hier erwähnten und anderer Forscher wurden durch zahlreiche Untersuchungen auf dem Gebiet der DG überhaupt ergänzt (in S. gehört die DG zur systematischen Disziplin).

In der *exegetischen* Theologie war A. → Fridrichsen ein hervorragender schwed. Vertreter. Er betonte die Glaubwürdigkeit der apostolischen Tradition; das nt. Material gehe in großem Umfang auf Jesus selbst zurück, zB der Kirchengedanke und die Amtsauffassung. Fridrichsen hat in Uppsala ein Zentrum für die nt. Wissenschaft geschaffen und begabte Forscher um sich gesammelt (u.a. O.Linton [* 1898], H.Riesenfeld [* 1913], B.Reicke [* 1914]). – Auf at. Gebiet sind Chr.J.Lindblom (* 1882), G.Gerleman (* 1912), I.Engnell (* 1906) und für das antike Judentum H.Odeberg (* 1898) zu nennen. – Die *kirchengeschichtliche* Forschung hat sich nicht nur mit schwed. Verhältnissen beschäftigt, sondern auch Probleme der allgemeinen KG behandelt; erwähnt seien Y. → Brilioth (Anglikanismus, Predigt, Abendmahl), Hj.Holmquist (1873–1945; Reformationszeit) und G.Westin (* 1890; Protestantismus in USA). – Die *praktischen Theologen* befassen sich mit historischen, kirchenrechtlichen und liturgiegeschichtlichen Problemen; leitender Forscher ist S.Kjöllerström, Lund (* 1901). – Söderblom erweckte in S. eine anerkannte *religionsgeschichtliche Forschung*. Seine Nachfolger als Professoren in Uppsala sind der Islamforscher T.Andrae (1885–1947) und G.Widengren (* 1907). Widengrens Forschung hat einen anti-evolutionistischen, phänomenologischen Charakter unter Hervorhebung des → Hochgottglaubens und der mythisch-rituellen Interpretation (→ Königtum, sakrales). I.Engnell und H.Riesenfeld haben diese Interpretationsmethode auf das AT und NT angewandt (→ Kultgeschichtliche Methode, → Kultgeschichtliche Schule).

Allgemein: R.Bring, Einige Blätter aus der schwed. Lutherforschung (ZSTh 8, 1931, 615–670) – G.Aulén, Die schwed. Theol. des 19.Jh.s (Ekklesia II, Lfg. 5, 1935, 65–69) – R.Bring, Die neuere schwed. Theol. (ebd 70–90) – Hj.Lindroth, Luther u. die Reformation in der schwed. Theol. der Gegenwart (ThZ 3, 1947, 40–52) – A.Gyllenkrok, Lutherforschung in Skandinavien (ELKZ 6, 1952, 247–250) – G.Wingren, Swedish Theology since 1900 (SJTh 9, 1956, 113–134) – E.Th.Pedersen, Die skandinav. Lutherforschung (ThLZ 82, 1957, 1–8) – G.Hornig, Syst. Theol. in Dänemark u. S. (NZSTh 1, 1959, 81–110, bes. 92 ff) – G.Nygren, Die schwed. Augustinforschung (ebd 2, 1960, 335–354).

Einzelarbeiten: G.Aulén, Den allmänneliga kristna tron, Stockholm (1923) 1957[5]; engl.: The Faith of the Christian Church, 1954 – Ders., Das christl. Gottesbild in Vergangenheit u. Gegenwart, (1927) dt. 1930 – Ders., Christus Victor, London 1953 – Ders., Eucharist and Sacrifice, New York 1958 – Y.Brilioth, The Anglican Revival, London-New York 1925 – Ders., Eucharistic Faith and Practice, ebd 1930 – Hj.Lindroth, Schleiermachers religionsbegrepp (UUÅ 1926, 1930) – Ders., Försoningen (UUÅ 1935, 8) – Ders., Tankar om kyrkan och sakramenten, 1948 – R.Bring, Dualismen hos Luther, 1929 – Ders., Gesetz u. Evangelium u. der dritte Brauch des Gesetzes in der luth. Theol. (Schr. d. Luther-Agricola-Ges. 1, Helsinki 1943, 43–97) – Ders., Das Verhältnis von Glauben u. Werken in der luth. Theol. (FGLP X, 7), 1955 – H.Odeberg, The Fourth Gospel, 1929 – O.Linton, Das Problem der Urkirche in der neueren Forschung (UUÅ 1932, 2) – H.Olsson, Grundproblemet i Luthers socialetik, 1934 – Ders., Calvin och reformationens teologi (LUÅ 40, 1), 1943 – G.Widengren, Hochgottglaube im alten Iran (UUÅ 1938, 6) – Ders., Die religionswiss. Forschung in Skandinavien in den letzten 20 Jahren (ZRGG 5, 1953, 193–222. 320–334) – Ders., Sakrales Königtum im AT u. im Judentum, 1955 – G.Wingren, Människan och inkarnationen enligt Irenäus, 1947; engl. London 1959 – Ders., Luthers Lehre vom Beruf (FGLP X, 3), 1952 – Ders., Die Predigt, 1955 – Ders., Die Methodenfrage der Theol., 1957 – Ders., Schöpfung u. Gesetz, 1960 – I.Engnell, Studies in Divine Kingship in the Ancient Near East (Diss. Uppsala), 1943 – H.Riesenfeld, Jésus transfiguré, 1947 – Ein Buch von der Kirche, hg.v. G.Aulén, 1951 – S.Göransson, S. u. Deutschland während der synkretist. Streitigkeiten 1645–60, 1951 – A.Gyllenkrok, Rechtfertigung u. Heiligung in der frühen ev. Theol. Luthers (UUÅ 1952, 2) – Ders., Systematisk teologi och vetenskaplig metod (UUÅ 1959, 2).

Vgl. ferner: SBU I. II – NTU I–III. Weitere theol. Abh.en in: UUÅ, LUÅ, ASNU, Studia Theol. Lundensia, Bibliotheca Theol. Practicae. – Zs.en: SvTK, SEÅ, KÅ, Ny kyrklig tidskrift.

H.Lyttkens

III. Schwedische Missionen

Die erste ev. Mission (= M.) wurde von S. im 16. bis 18.Jh. unter den Lappen durchgeführt. Als S. im 17.Jh. eine Kolonie in Nordamerika hatte, entstand hier die erste luth. außereuropäische M. – Zu Beginn des 19.Jh.s entstand eine M.sbewegung durch Impulse von Pietismus, Herrnhutertum und der englischen Erweckung. M.szeitschriften begannen zu erscheinen, M.sgesellschaften wurden gegründet. Der in Basel ausgebildete schwed. Pastor Peter Fjellstedt und der englische Methodistenprediger George Scott waren die größten Förderer dieser Bewegung. 1835 wurde die *Svenska M.ssällskapet* (SMS) gegründet, die nur ausländische M.en unterstützte. Ein mehr kirchlicher, luth. Typ ist die *Lunds M.ssällskap* (1845). Sie fing eine M. in China an, die aber bald nach Südindien verlegt und dann von der SMS und der schwed. Kirchen-M. übernommen wurde. Die *Ev. Fosterlandsstiftelsen* (1856) begann 1861 eine M. in Äthiopien und wirkt jetzt dort, in Eritrea, Indien und Tanganyika mit 130 Kräften. Die Kirche S.s schuf 1873 eine typische Kirchen-M. *(Svenska Kyrkans M.sstyrelse)*. Sie übernahm die Arbeit von der SMS, die jetzt nur unter den Lappen arbeitet, und wirkt in Südafrika, Südindien, Südrhodesien, Hongkong und Tanganyika (239 Kräfte). Der von der Fosterlandsstiftelsen 1877 abgespaltene *Svenska M.sförbundet* arbeitet in den beiden Kongorepubliken, Zentralindien und Japan (257), der *Helgelseförbundet* (1885) in Südafrika, Tanganyika, Japan und Formosa (51). Vom Allianztyp sind: *Svenska M.en i Kina och Japan* (1887, früher China, jetzt Japan; 9 Kräfte),

Svenska Mongol- och Japan-M.en (1889, jetzt in Japan; 11) und *Svenska Allians-M.en* (1900, Südafrika, westl. Zentralindien, Hongkong und Japan; 70). Die Baptisten haben drei M.en: *Svenska Baptist-M.en* (Kongo, Indien und Japan; 67), *Örebro M.sförening* (beide Kongorepubliken, Indien mit Nepal, Japan und Brasilien; 152) und *Fribaptisterna* (Afrika und Hongkong; 30). Die *Bibeltrogna Vänner* (1912) arbeiten in Äthiopien, Eritrea und Kenya (25). Die *Kvinnliga M.sarbetare* (1894) wirken in Indien und Tunesien (6), die *Svenska Israels-M.en* (1876) u.a. in Marokko und Israel (15), die *Svenska Jerusalemsföreningen* (1900) hat 2 Kräfte. Die *M. der Pfingstbewegung* (1907) arbeitet in Afrika, Südamerika, Mexiko, Israel, Japan und Australien (451), die *Methodistenkirche* in Afrika, Indien, auf Sumatra und Borneo (27). Die *Heilsarmee* hat 27 Kräfte in Afrika, Mittel- und Südamerika sowie in Indien. Die *Slaviska M.en* bemüht sich um die Russen u.a. außerhalb der Sowjetunion (19). Die *Evangeliska Brödraförsamlingen* unterstützt die Arbeit der Brüder-M. in Afrika, Jerusalem, Labrador und Nikaragua. Die *Nordiska Buddhist-M.en* (gesamtnordisch) arbeitet in Hongkong und Japan (4). – Alle schwed. M.en sind im *Svenska M.srådet* zusammengeschlossen. Sie hatten (1960) zusammen 1560 M.skräfte, 20 631 einheimische Mitarbeiter, über 1 346 007 Gemeindeglieder und über 23,4 Mill. Kronen im Jahresbudget.

Allmän svensk missionsstatistik för år 1958, bearb. v. E.ANDERSSON, in: Svensk M.stidskrift, 1959, Nr. 3 – Svensk M.satlas, hg.v. B.SUNDKLER u. G.SOMMARSTRÖM, 1957. *H.Schlyter*

Schwegler, *Albert* (1819–57), * in Michelbach bei Schwäbisch Hall, 1843 PDoz. der Philosophie und Philologie in Tübingen. 1844 erschien seine »Geschichte des nachapostolischen Zeitalters«, die ihn als einen der bedeutendsten Schüler F.Chr. → Baurs ausweist. 1847 veröffentlichte S. die sehr günstig aufgenommene »Geschichte der Philosophie im Umriß«. 1848 wurde er ao. Prof. für röm. Literatur und Altertümer. 1853–58 erschienen 3 Bände »Röm. Geschichte«. Auf der von B.G. → Niebuhr geschaffenen Basis einer kritischen Quellenbehandlung weiterbauend, unterschied sich das Werk von → Mommsens Geschichtsschreibung durch ein Streben nach »absoluter Objektivität«, das selbst eine gewisse Schwerfälligkeit der Darstellung in Kauf nimmt. Der ungewöhnlich begabte Forscher, der durch ungünstige Umstände zu aufreibender Vielseitigkeit gezwungen worden war, erlag schon 1857 einem Gehirnschlag.

E.ACKERKNECHT, A.S., Historiker u. Philosoph (Schwäb. Lebensbilder 4, 1948, 312–340; Lit.). *I.Ludolphy*

Schweigen

1. Heiliges S., religionsgeschichtlich – 2. Liturgisch

1. Hl. S. ist eine komplexe Größe innerhalb der Religion. Das Wort S. meint zunächst das äußere Stillesein, sodann im übertragenen Sinne eine bestimmte innere Haltung. Meistens ist das äußere S. mit dem inneren S. verbunden. Aber das äußere S. kann auch selbständigen Wert haben. Das ist der Fall beim magischen (→ Magie) und beim asketischen (→ Askese) S. Eine Vorstufe des *magischen* S.s ist das leise Murmeln von → Gebeten und → Zaubersprüchen. In der Apologie des Apuleius zB heißt es (cap. 54): »Tacitas preces in templo deis allegasti: igitur magus es.« Eigentliches magisches S. ist das äußere Stillesein in der Absicht, dadurch bzw. in Verbindung mit anderen zur jeweiligen magischen Praxis gehörenden Faktoren mit einer der Naturkausalität übergeordneten Notwendigkeit bestimmte äußere Ziele zu verwirklichen. Als Beispiel mag an die Formel »favete linguis« im altrömischen Opferkult erinnert werden (vgl. zB Cicero, de div. 2, 40, 83; Horaz, Od. 3, 1, 2). Die für die → Opfer-Handlung oder die Zauberpraxis notwendige magische Stille kann durch äußere Laute, die als sog. ominöse Laute per se negativ wirken, gestört werden. Das asketische S. findet sich außerhalb des Christentums zB in Indien, wo Yogins (→ Yoga) oft das Gelübde des S.s ablegen. In christlichen Mönchsregeln (→ Mönchtum) erscheint das S. als Gebot erst seit → Benedikt von Nursia und ist hier eine mehr oder weniger radikal durchgeführte (→ Kartäuser, → Trappisten) Selbstdisziplin um der alleinigen Konzentration auf das religiöse Leben willen. Das harrende S. der → Quäker ist ebenso wie schweigendes Gebet, schweigende Betrachtung und → Anbetung äußeres Stillesein, aber verbunden mit einer jeweils besonderen inneren Haltung als Voraussetzung. – Die → Gnosis (Valentin bei Irenäus, Adv. haer. I, 1, 1) lehrte, die Gottheit wohne im S. oder sei selbst S. (Σιγή). Bei Hippolyt zB ist oft (Ref. VI, 17. 29. 36. 43) von der Σιγή die Rede und von ihrer Rolle im Pantheon. Die gnostische Σιγή ist die ägyptische Menu. – Vgl. → Hesychasten.

ERE XI, 512f – F.HEILER, Das Gebet, (1918) 1923[5] – O.CASEL, De philosophorum Graecorum silentio mystico, 1919 – L.V.HODGKIN, Silent Worship, 1919; dt. 1921 – G.MENSCHING, Das hl. S., 1926 – HWDA VII, 1460ff – A.H.GEBHARD-L'ESTRANGE, Tradition of Silence in Myth and Legend, London 1940 – NILSSON II (s. Reg.) – G.VAN RIJNBERG, Le langage par signes chez les moines, Amsterdam 1953 – THOMPSON (s. Reg. s.v. Silence). *G.Mensching*

2. Neben und in Verbindung mit dem magisch-abergläubischen und dem asketisch-mystischen S. steht das *liturgische* S. Im AT zeigen Stellen wie Hi 40, 4; Ps 46, 11; 65, 1; 76, 9; Hab 2, 20 (!); Zeph 1, 7; Sach 2, 17, daß der Mensch »vor Gottes Angesicht« (dh vor allem im Kult) in Ehrfurcht und Demut, im Gefühl der Abhängigkeit und der Schuld schweigen muß. In der röm. Kirche hat das S. der Gemeinde liturgische Relevanz in der »Stillmesse« (missa lecta); liturgisches S. ist in *jeder* Messe bei der Konsekration (auf dem Höhepunkt des Gottesdienstes!) und bei der Handauflegung des Bischofs geboten; bedeutungsvoll ist es im Karfreitagsgottesdienst. Das liturgische S. wird zum »schweigenden Gottesdienst« (silent worship, silent meeting) bei den → Quäkern (, 4), die schweigend auf Gottes Anrede warten. Sie schreiben dem liturgischen S. gemeinschaftsbildende Kraft zu, setzen es in Beziehung zum kommenden Gottesreich und erwarten von ihm eine Hilfe für die Lebensgestaltung (Hepher, Coutenay [s. Lit.]). In der ev. Kirche haben sich bes. R. → Otto und G.Mensching für das »hl. S.« im Gottesdienst eingesetzt. Für Otto hat das liturgische S., in dem die → Anbetung (: III) ihren Höhepunkt erreicht, geradezu sakramentale Bedeutung: es tritt im Sonntagsgottesdienst an die Stelle des Herrenmahls; es ist außerdem bei der Abendmahlsfeier, nach den Einsetzungsworten, vorgesehen.

M.FRY, The Communion of Life, 1910 – C.HEPHER, The Fellowship of Silence, 1915 – DERS., The Fruits of S., 1915 – CH.COUTENAY, The Empire of S., 1919 – R.OTTO, Zur Erneuerung u. Ausgestaltung des Gottesdienstes, 1925 – LThK IX, 374ff. – Vgl. die Lit. zu 1 (HODGKIN, MENSCHING). *E.Hertzsch*

Schweiß. Wie andere Sekretionen des menschlichen Körpers (→ Speichel) gilt der S. als machtgeladen (→ Macht: I). Nach indischer Vorstellung ist er mit der inneren Hitze (tapas) des Menschen gesättigt und kann im Schadenzauber zur Vernichtung eines Feindes verwandt werden (Kaushika Sûtra 47, 44). Dagegen vermitteln die S.tücher heiliger Menschen Heilung (Apg 19, 12) und werden als Reliquien verehrt (→ Veronika). Nach madagassischer Vorstellung entsteht aus dem Leichen-S., der genossen wird, die neu inkarnierte → Seele

(→ Inkarnation). - In →Ägypten (: II) hießen wohlriechende Salben und → Weihrauch »Götter-S.«. - Schwitzkuren zur Erzielung ritueller Reinheit (→ Reinigungen: I) und als Vorbereitung von → Initiationen sind bes. bei den → Indianern (: I) häufig; die kuppelförmigen Badehäuser (temazcalli) der Azteken (→ Mexiko: I, 3) waren der Erd- und Geburtsgöttin Teteoinnan geweiht und wurden nach der Christianisierung auf die Madonna übertragen.

M.BARTELS, Die Medizin der Naturvölker, 1893, 135ff - H.OLDENBERG, Die Religion des Veda, (1894) 1917², 499f - W.WUNDT (→ Schmuck) 100 - A.ERMAN, Die Religion der Ägypter, 1934, 176 - HWDA X (s. Reg.) - LOORITS (s. Reg.) - W.KRICKEBERG (→ Schmuck) 42f. *G.Lanczkowski*

Schweitzer, *Albert,* ev.Theologe, Philosoph, Tropenarzt, Bachinterpret. * 14.1.1875 in Kaysersberg (Oberelsaß), 1899 Hilfsprediger an St. Nicolai in Straßburg, 1902 zugleich PDoz. für NT. Seit 1905 studierte er daneben Medizin und gründete 1913 das Tropenspital Lambarene im franz. Kongogebiet (jetzt Republik Gabun) in loser Anlehnung an die Pariser Ev. Missionsgesellschaft. S. betont den philanthropischen Charakter von Lambarene. 1917 wurde S. als Zivilinternierter nach Europa zurückgebracht. Durch schriftstellerische Tätigkeit, Vorträge und Orgelkonzerte mit neuen Mitteln versehen, tatkräftig durch N. → Söderblom unterstützt, kehrte er 1924 nach Lambarene zurück. 1927 wurde das jetzige größere Spital auf eigenem Gelände gegründet. Zwischen seinen Aufenthalten in Lambarene unternahm S. viele ausgedehnte Vortragsreisen. - 1952 erhielt S. den Friedensnobelpreis, 1951 den Friedenspreis des Deutschen Buchhandels, 1954 die Friedensklasse des Pour le Mérite. In seiner Dankrede für den Nobelpreis und in Rundfunkappellen über den Sender Oslo (1957/1958) rief S. zum Völkerfrieden und mahnte zur Vernunft angesichts der atomaren Weltgefahr. Seine Weltgeltung als Ethiker beruht bes. auf der Kraft seines Beispiels.

Als *Theologe* gilt S. als nachhaltigster Vertreter der Richtung der konsequenten → Eschatologie (: IV, 2; → Interimsethik). Danach ist der historische Jesus »futurischer« Messias. Das → »Reich Gottes« (: II, 6; III, 2) bricht durch eine kosmische Katastrophe noch zu Jesu Lebzeiten, spätestens aber mit seinem Tode herein. Diese zeitliche Fixierung erweist sich als »Irrtum Jesu«. Das Problem der → Parusie-Verzögerung ist von nachhaltigster Wirkung für die Gesamtgeschichte des Christentums. Der Wandel der Weltanschauung führt vom Boden der konsequent eschatologischen Auffassung zur radikalen Enteschatologisierung. Die religiös und emotional erfaßte Liebesethik als bleibender Kerngehalt des historischen Jesus ist weltanschaulich nicht an ihren Ursprungsort gebunden. - S.s größte Leistung auf theologischem Gebiet ist die Bestandsaufnahme der Leben-Jesu-Forschung »Von Reimarus zu Wrede« (1906; → Jesusbild, 1; → Leben-Jesu-Theologie). Auch auf dem Gebiete der Paulusforschung und -deutung ist S. hervorgetreten. Sein Paulusbild ist ebenfalls von der eschatologischen Grundkonzeption bestimmt. - Als *Religionsphilosoph* ist S. metaphysischer Agnostiker. Sein Gottdenken hält er seit seinem 15. Lebensjahr in bewußter Schwebe zwischen Theismus und Pantheismus. S. betont zwischen Philosophie und Theologie fließende Grenzen. - Als *Philosoph* ist S. stark von → Schopenhauer, → Nietzsche, → Goethe, den Stoikern, den altchinesischen Weisen und den franz. Denkern Fouillée und Guyau berührt. Intuitiv ging ihm im Sept. 1915 das Losungswort der »Ehrfurcht vor dem Leben« auf. Er findet das »Grundprinzip des Sittlichen«: »Gut ist: Leben erhalten, Leben fördern, entwicklungsfähiges Leben auf seinen höchsten Wert bringen. Böse ist: Leben vernichten, Leben schädigen, entwickelbares Leben niederhalten.« S. betont den *universellen* Charakter der → Ethik. Sein »Grundprinzip« nennt er denknotwendig und absolut. Ausgangspunkt seines Denkens ist ihm die Erkenntnis: »Ich bin Leben, das leben will inmitten von Leben, das leben will.«

In seinem großen Buch über J.S. → Bach legt S. dar, daß Bach Dichter und Maler in Tönen ist. Das Bachwerk S.s enthält zugleich eine gedrängte *Kunstlehre.* Auch als Herausgeber der Orgelwerke Bachs - im Verein mit Ch.M.Widor - hat sich S. Verdienste erworben. Viele der alten Silbermann-Orgeln verdanken es ihm, daß sie nicht modernen Fabrikorgeln zum Opfer fielen (→ Orgelbewegung).

Theol. Werke u.a.: Das Abendmahlsproblem auf Grund der wissenschaftl. Forschung des 19.Jh.s u. der hist. Berichte, (1901) 1929²; Das Messianitäts- u. Leidensgeheimnis. Eine Skizze des Lebens Jesu, (1901) 1956³; Von Reimarus zu Wrede, 1906; seit 1913²: Gesch. der Leben-Jesu-Forschung, 1951⁶; Gesch. der Paulin. Forschung v. d. Reformation bis auf die Gegenwart, (1911) 1933²; Die psychiatr. Beurteilung Jesu, (1913) 1933²; Das Christentum u. die Weltreligionen, (1924) 1957; Die Mystik des Apostels Paulus, (1930) 1954². - *Philosophie u. Ethik:* Die Religionsphilos. Kants v. d. Kritik d. reinen Vernunft bis zur Religion innerhalb der Grenzen d. bloßen Vernunft, 1899; Verfall u. Wiederaufbau der Kultur, (1923) 1958; Kultur u. Ethik, (1923) 1958; Die Weltanschauung d. ind. Denker, Mystik u. Ethik, 1935; Goethe, Vier Reden, (1950) 1956; Das Problem des Friedens in d. heutigen Welt, 1954. - *Musikhist. Werke:* J.S.Bach, franz. (1905) 1950⁷, dt. (1908) 1954; Dt. u. franz. Orgelbaukunst, (1906) 1927². - *Selbstzeugnisse:* Zwischen Wasser u. Urwald. Erlebnisse eines Arztes im Urwalde Äquatorialafrikas, (1921) 1957; Aus meiner Kindheit u. Jugendzeit, (1924) 1958; Briefe aus Lambarene (früherer Titel: Mitt.en aus L., 3 H.e, 1925-28), Neudr. 1955; Aus meinem Leben u. Denken, (1931) 1960 (in alle Weltsprachen übersetzt). - Über S. u.a.: O.KRAUS, A.S., sein Werk u. seine Weltanschauung, (1926) 1929² - G.SEAVER, A.S. als Mensch u. Denker, dt. (1950) 1960¹⁰ - R.GRABS, A. S., Gehorsam u. Wagnis, (1949) 1960⁵ - DERS., A.S., Denker aus Christentum, 1958. *R.Grabs*

Schweiz

I. Kirchengeschichte - II. Schweizer Missionen

I. Kirchengeschichte

A. Spätantike und Mittelalter - B. Seit der Reformation

I A. Spätantike und Mittelalter

1. Spätantike - 2. Völkerwanderung, Merowingerzeit - 3. Reichskirche bis zum Investiturstreit - 4. Innere Entfaltung - 5. Eidgenössisches Staatskirchentum

1. Mission und Aufbau der kirchlichen Organisation im Gebiet der heutigen S. erfolgte von Italien und Gallien her im Anschluß an die staatliche Gliederung. Die ersten Bistümer waren von → Mailand und → Lyon abhängig. Aus dem Jahr 377 stammt die älteste datierte christliche Inschrift des Praeses der graiischen und poeninischen Alpenprovinz in → Sitten. 381 und 392/93 ist Bischof →Theodor von Octodurus (Martigny) - später Landespatron und Sagengestalt - erwähnt. In seinem Mailand verbundenen Bistum dürfte um diese Zeit zu Acaunum (S. Maurice) bereits Mauritius verehrt worden sein. Die Diözese → Genf mit dem ersten bekannten Bischof Isaac war um die Wende des 4./5.Jh.s Lyon unterstellt, bis sie Anfang des 5.Jh.s → Vienne angeschlossen wurde. In der gallischen Provinz Maxima Sequanorum entstanden die Bistümer Aventicum (Avenches), Ende 4./Anfang 5.Jh., und Augusta Raurica (Augst) im 4.Jh. Die Bischöfe scheinen sich unter dem Schutze der Truppen meist in Vindonissa und → Basel aufgehalten zu haben. An der alten Nord-Süd-Straße ist wohl um die Mitte des 5.Jh.s das Kloster Romainmôtier gegründet worden. Der Provinz Raetia prima entsprach das Bistum → Chur,

das 452 in Verbindung mit Mailand erwähnt wird. Dessen Pfarrkirchenorganisation ist spätrömisch, die ersten Klöster stammen aus dem 8.Jh. Der Tessin dürfte bereits zwischen den beiden Diözesen Mailand und Como geteilt gewesen sein.

2. Der Einfluß der *Völkerwanderung* beginnt im spätrömischen Reich mit der Ansiedelung der → Burgunder durch Aetius 443 und endet im fränkischen Reich mit dem Vordringen der → Alemannen im 6.Jh. Nur dieses hat zu einer dauernden Veränderung durch Gründung des Bistums Konstanz geführt. Die arianischen Burgunder vermochten ihre Eigenart gegenüber den kath. Romanen nicht durchzuhalten. Nach 500 trat die Königsfamilie über, und nach der Unterwerfung unter die Franken wurde die Katholisierung vollendet. Raubzüge der → Langobarden erzwangen zwischen 565 und 585 die Verlegung des Bischofssitzes vom gefährdeten Octodurus zum sicheren Sedunum (Sitten). Im Bistum Chur entstanden zur gleichen Zeit Kirchenburgen. Die weitaus stärkste Wirkung übte der Vorstoß der Alemannen im Mittelland aus; er zwang den Bischof von Aventicum/Vindonissa Ende des 6.Jh.s zum Rückzug nach Lausanne. Die christliche romanische Bevölkerung konnte sich nur im Jura, den Voralpen, westlich der Aare und vereinzelt im Mittelland halten. Bereits am Anfang des 7.Jh.s wurde die Bekehrung der heidnischen Alemannen durch die von Chur ausgehende Errichtung eines Bistums in der ehemaligen Römerstadt → Konstanz eingeleitet. Der Glaubensbote → Columban wirkte in der Grenzzone Churs; → Gallus und → Fridolin ließen sich im christlichen Randgebiet nieder. Die Lücke in der fränkischen Staatskirche wurde rasch geschlossen: im 8.Jh. überzog bereits ein Netz von Pfarreien den ganzen linksrheinischen Raum des Bistums Konstanz. Gleichzeitig entstanden im romanischen Bereich (zB Disentis, Pfäfers), am Rande des altchristlichen Gebietes (Benken, Werd, Säckingen, → St. Gallen) und auf Inseln im wiedergewonnenen Raum (→ Reichenau, Lützelau) neue Klöster.

3. Mit den karolingischen Königen begann die Epoche der *mittelalterlichen Reichskirche*. In Staat, Kirche und Kultur wurde das Herkommen der Spätantike durch neue allgemeine Formen ersetzt. Die Kirche übernahm allein die Pflege weltlichen und geistlichen Wissens. Bezeichnend hierfür ist die Klosterschule von St. Gallen mit Namen von Weltbedeutung wie → Notker der Stammler, → Notker der Deutsche, → Tutilo, → Ratpert, → Ekkehart I. und IV. Der Staat bedurfte der gelehrten Bischöfe und Mönche. So leitete Abt Grimald von St. Gallen die Kanzlei Ludwigs des Deutschen, und Abt → Salomo III., zugleich Bischof von Konstanz, war Kanzler Ludwigs des Kindes und Konrads I. Die Kirche wurde ganz in den Dienst des Staates gestellt. Mit dessen Feudalisierung wurden die Bischöfe und Äbte der Reichsklöster Reichsfürsten, die in großen Immunitäten Herrschaftsrechte ausübten oder ganze Grafschaften übertragen erhielten, wie die Bischöfe von Sitten und Lausanne. Sie waren damit an den König gebunden, wie die Eigenklöster an die Adelsfamilien. Charakteristisch für die Zeit sind die → Laienäbte, wie zB Rudolf von S. Maurice, der sich zum ersten König von Hochburgund ausrufen ließ. Gegenströmungen waren die kirchlichen Reformbewegungen. Die von → Cluny erfaßte von der Mitte des 10.Jh.s an das burgundische Gebiet. Ungefähr gleichzeitig war → Einsiedeln Mittelpunkt einer Reform in Schwaben, und Ende des 11.Jh.s ging eine neue stärkere Bewegung von dessen Tochterkloster → Hirsau aus. Die Entscheidung fiel im Investiturstreit und brachte die freie Wahl der Bischöfe, Äbte und Vögte sowie die Scheidung von Temporalien und Spiritualien.

4. Vom 12. bis zum Ende des 14.Jh.s folgte ein Zeitalter der *inneren Entfaltung* der Kirche. Grundlagen waren die Befreiung von der Bindung an den Staat und Eigenkirchenherrn sowie die rasche Entwicklung von Gesellschaft, Wirtschaft und Kultur. Die → Kreuzzüge brachten laikales Wissen und die → Ritterorden; die Johanniter errichteten Ende des 12.Jh.s, die Lazariter, Deutschritter und Templer im 13.Jh. Niederlassungen. Die Benediktinerabteien verloren ihre Bedeutung. Die Zisterzienser gründeten schon im 12.Jh. fast alle späteren Klöster (9), die Kartäuser faßten nur langsam Fuß (12. bis 15.Jh., 7); die Prämonstratenser hatten ihre Schwerpunkte im welschen Jura und in Graubünden (10). Die Städtegründungen des 13.Jh.s schufen die Voraussetzungen für die Bettelorden. In wenigen Jahrzehnten entstanden, verteilt über die gesamte S., 14 Niederlassungen der Franziskaner, denen 1309 am Ort der Ermordung König Albrechts Königsfelden folgte. Gleichzeitig und größtenteils in den gleichen Städten wurden 7 Dominikanerklöster gegründet, während die Augustinereremiten damals nur an 3 Orten Fuß faßten. Das 13.Jh. bedeutet auch den Höhepunkt der Gründung von Frauenkonventen der Zisterzienserinnen (7), Klarissen (2) und Dominikanerinnen (9). Dazu kamen einige Augustinerinnenstifte und zahlreiche Häuser von → Beginen und Tertiarinnen. Zur selben Zeit gewann die Kirche dank der Ausbildung von Welt- und Ordensgeistlichen an den neuen Universitäten einen Teil ihrer verlorenen kulturellen Führerstellung zurück.

5. Kennzeichnend für die Zeit vom Ende des 14.Jh.s bis zur Reformation sind die Bildung eines *eidgenössischen Staatskirchentums* und das Ringen um eine kirchliche Reform. Für die Kirche bedeutete die Eidgenossenschaft eine Staatsbildung, die von den Städten und Ländern ausging, welche bereits im 13./14.Jh. teilweise Gesetze gegen die tote Hand geschaffen und im Kirchenstreit selbständig Stellung bezogen hatten. Eidgenössischer Grundsatz war die Ablehnung aller fremden Gerichte. Geistliches Gericht wurde nur für geistliche Sachen anerkannt. Im Pfaffenbrief von 1370 wurde festgesetzt, daß diese Beschränkung auch für fremde Geistliche galt und daß für alle Einwohner die Verpflichtung gegenüber der Eidgenossenschaft den Vorrang besaß. Endergebnis war, daß die eidgenössischen Orte die Verantwortung für die Kirche in ihrem Gebiet mit Ausnahme der rein geistlichen Sachen übernahmen, daß sie auf Grund ihrer militärischen Hilfe beim Papst ihren Willen durchsetzen konnten (→ Jetzerhandel), und daß die Kirchgemeinden so erstarkten, daß sie gegenüber den Geistlichen das Übergewicht erhielten. Gleichzeitig sank das Ansehen der kirchlichen Führung. Tüchtige Bischöfe suchten vergeblich durch Visitationen und Synoden den Klerus zu heben. Ihre Bestrebungen wurden immer wieder durch politische Wahlen und Eingriffe des Hl. Stuhles zunichte gemacht. Unheilvoll waren die Doppelwahlen und die großen Schismen. Auch der Verlauf der beiden → Reformkonzile von Konstanz und Basel stärkte das Ansehen der Kirche nicht. Gleichzeitig vertiefte sich das religiöse Leben der Laien. Es fand seinen Ausdruck in Stiftungen, Kapellenbauten, Häusern frommer Frauen in den Städten, Waldbrüdern und Waldschwestern, von denen aus dem Kreis der Gottesfreunde → Nikolaus von Flüe hervorragt.

Vgl. die zu → Schweiz: I B zitierte allg. Lit. u. die Bibliographien.

B. Meyer

I B. Seit der Reformation

1. Reformation, Gegenreformation - 2. Orthodoxie, Pietismus, Aufklärung - 3. 19. und 20.Jh.

1. a) Renaissance, Humanismus und die Forderung kirchlicher Reform schufen die geistigen Voraussetzun-

gen der *Reformation.* Ihre Ausbreitung und die folgende konfessionelle Entwicklung wurden durch die politischen und wirtschaftlichen Verhältnisse der S. mitbestimmt. Spätscholastik und Frühhumanismus verbanden sich in Heinrich Wölfflin und Thomas → Wyttenbach. Mittelpunkt des Humanismus war → *Basel* (: II, 1). Zum Kreis um → *Erasmus* zählten Glarean, → Capito, → Hedio, Leo → Jud, O. → Myconius, K. → Megander, → Zwingli. → Oekolampad, der Reformator Basels, kam von → Wimpfeling her. Die Reformation der S. setzte in *Zürich* ein. *Zwingli* erstrebte die Erneuerung der Kirche und der Eidgenossenschaft aus Gottes Wort. Die erste Zürcher Disputation vom Jan. 1523 brachte den Durchbruch, das Jahr 1525 die Vollendung der kirchlichen Neugestaltung. Die Ost-S. öffnete sich dem zwinglischen Einfluß. Appenzell, Glarus, Graubünden (Joh. → Komander) stellten den einzelnen Gemeinden die Entscheidung zwischen Protestantismus und Katholizismus frei. Anfang 1528 erklärte sich *Bern* (B. → Haller) für die Reformation und setzte sie gegen den Widerstand im Berner Oberland durch. 1529 folgten Basel (Oekolampad), Schaffhausen (Seb. → Hofmeister, Erasmus → Ritter), St. Gallen (J. → Vadian, Joh. → Keßler). Reformatorische Regungen machten sich im Aargau, in Solothurn, Biel, Neuenburg, im Jura geltend. - Die *kath. Orte* rüsteten zum Gegenstoß und nahmen mit Österreich Verbindung auf. Die Badener Tagsatzung von 1526, an der Zwingli unter Mithilfe von Joh. → Eck als Ketzer verurteilt wurde, zeitigte keinen Erfolg. Der *erste Kappelerkrieg* (1. Religionskrieg) von 1529, dem Jahr des → Marburger Religionsgesprächs, schloß mit einem Vergleich ab. Die Niederlage des prot. Heeres beim *zweiten Kappelerkrieg* (2. Religionskrieg) vom Herbst 1531 - Tod Zwinglis 11.10. - hatte die politische Vorherrschaft der kath. Orte bis 1712 in der S. zur Folge.

b) Trotz einiger Rekatholisierungserfolge änderte sich die konfessionelle Lage nicht grundlegend, doch kehrte Solothurn zum Katholizismus zurück. Zwinglis Nachfolge übernahm *H.* → *Bullinger.* An Oekolampads Stelle trat O. → Myconius. Bern griff in der West-S. ein und unterstützte *W.* → *Farel.* Er brachte die Reformation 1530/31 in Neuenburg, 1535 in *Genf* zum Sieg. Unter → *Calvin* entwickelte sich die Rhonestadt zu einem Zentrum des ref. Protestantismus. 1536 schloß sich die von Bern eroberte *Waadt* an (P. → Viret). Die ev. S. lehnte trotz der Unionsbemühungen → Bucers die → Wittenberger Konkordie ab und schuf sich 1536 in der *Confessio Helvetica prior* (2. Basler Bekenntnis; → Bekenntnisschriften, 3) eine gemeinsame Grundlage. Die vorübergehend in Bern und Basel (Joh. → Haller, S. → Sulzer) feststellbare Hinneigung zum Luthertum blieb bedeutungslos. Durch Bullingers und Calvins Unterzeichnung des *Consensus Tigurinus* 1549 (→ Abendmahl: II, 3 b) festigte sich die Verbindung zwischen Zürich und Genf. Der s.e Protestantismus, in dem sich Zwinglianismus und Calvinismus verbanden, erkannte 1566 Bullingers *Confessio Helvetica posterior* (→ Bekenntnisschriften, 3) als verpflichtend an. - Das s.e *Täufertum* (→ Grebel, → Manz, → Täufer) entsprang einer biblizistischen Gruppe des zwinglischen Zürich. Der Kampf der Reformationskirchen konnte seine Ausbreitung nicht verhindern. → *Antitrinitarier* (→ Biandrata, → Gentilis, → Ochino, F. und L. → Sozzini, → Stancarus) fanden als Glaubenflüchtlinge vorübergehend Aufnahme. → *Castellio* und → *Curione* gehörten der Basler Gruppe eines ev. Humanismus an. Als eigenwilliger Denker der Reformationszeit ist der Arzt → *Paracelsus* aus Einsiedeln zu erwähnen.

c) In der → *Kirchenverfassung* (: VI, 3) herrschte der zwinglische gegenüber dem calvinischen Typ vor. Oekolampads Entwurf einer von der Obrigkeit unabhängigen Kirchenzuchtbehörde fand nur in Genf Verwirklichung. Das zürcherische Ehegericht beeinflußte Calvins Einrichtung des Konsistoriums (W. → Köhler). *Gottesdienstliches Singen* ist in Winterthur 1527 (H. Reimann), in St. Gallen 1527 und 1529, in Bern 1569 bezeugt; Zürich ging 1598 dazu über (→ Kirchenlied: I, 3 b). Von Straßburg angeregt, ließ Oekolampad schon 1526 in Basel Psalmen singen. → Calvin (: I, 2 c) baute den *Psalmengesang* in die Liturgie ein (→ Psalmen: II, 2). Zu Beginn des 17. Jh.s kam in der deutschsprachigen S. der Psalter → Lobwassers in allgemeinen Gebrauch. Die *Bibel* stand in verschiedenen Ausgaben zur Verfügung. Neben der Zürcher Übersetzung wurde zB in Basel die Lutherbibel verwendet. Die erste rätoromanische (ladinische) Übertragung des NT von 1560 hatte den Engadiner G. Bifrun zum Verfasser. Später verbreitete sich die → Piscator-Bibel. Die West-S. bediente sich der → Olivetan-Übertragung (→ Bibelübersetzungen: IV, 3 a; V, 2 i).

d) Die kath. Orte wachten darüber, daß sich der Protestantismus nicht in den Gemeinen Herrschaften weiter ausbreitete. 1555 wanderten die Evangelischen von *Locarno* aus und fanden bei Bullinger in Zürich Aufnahme. Die kath. Reform stellte die Kräfte zur → *Gegenreformation* bereit. Die kath. S. ließ sich am → Trienter Konzil vertreten. Berns Rückgabe der Vogteien südlich des Genfersees an Savoyen (1564) leitete deren Rekatholisierung ein; → Franz von Sales, der sich vergeblich um die Konversion → Bezas bemüht hatte, vollendete sie. 1560 setzte der Papst *Karl* → *Borromäus* zum Protektor der S. ein. Er sorgte für die Durchführung der tridentinischen Dekrete. Zur Ausbildung s.er Priester stand das *Collegium Helveticum* in Mailand zur Verfügung. Ständige Nuntien gab es seit 1579. 1574 erschienen die Jesuiten und richteten in Luzern, Freiburg (P. → Canisius), Pruntrut, Brig, Sitten, Bellinzona und Solothurn Kollegien ein. Die Kapuziner setzten sich von zahlreichen Klöstern aus rücksichtslos für die kath. Reform ein. Dem in Pruntrut residierenden Bischof von Basel, J. Ch. Blarer von Wartensee, gelang die Vernichtung des Protestantismus im Birseck und Laufental; Münstertal und Erguel blieben ev. Ebenso siegte der Katholizismus im Wallis. Der konfessionelle Zwist in Appenzell führte 1597 zur Teilung in die kath. innern und die ref. äußern Rhoden. In Graubünden blieben die Verhältnisse ungeklärt. Die Verflechtung des Konfessionellen und Politischen ließen das Land nicht zur Ruhe kommen.

2. a) Vom 30jährigen Krieg konnte sich die S. fernhalten. Der von den ref. Orten abgeordnete Bürgermeister J. R. Wettstein von Basel erreichte im → Westfälischen Frieden die Anerkennung der Unabhängigkeit der S. vom Reiche. Blutige Kämpfe tobten in *Graubünden,* wo sich Österreich, Spanien und Frankreich einmischten. Den Strafgerichten von Thusis und Davos gegen die Planta folgte 1620 der Veltlinermord, dem über 400 Evangelische zum Opfer fielen. Umsonst erhoben sich die ref. Prätigauer gegen Österreich und die Kapuziner (→ Fidelis von Sigmaringen). Der Prädikant Georg Jenatsch nahm das Geschick Bündens in die Hand, trat aber 1635 zum Katholizismus über und wurde das Opfer politischer Intrigen. Ruhe kehrte seit 1650 ein, die konfessionelle Parität war 1742 gesichert. Während die s.e Bauernerhebung von 1653 soziale Ursachen hatte, ging der *erste Villmergerkrieg* 1656 (3. Religionskrieg) auf die Verfolgung der Evangelischen im schwyzerischen Arth zurück. Nochmals siegten die Katholiken. Doch der *zweite Villmergerkrieg* 1712 (4. Religionskrieg) gab im Aarauer Frieden der ref. S. die ihr zukommende politische Stellung zurück (s. 1 a).

b) Die Beteiligung der ref. S. an der → Dordrechter Synode 1618-19 (J.J. → Breitinger, G. → Diodati) leitete zur → *Orthodoxie* über. Amuraldismus oder Salmuranismus (M. → Amyraut, → Saumur) wurden als Gefährdung des Dogmas streng geahndet. Zürich vertrieb deswegen zB 1661 den Geistlichen Michael Zingg, Astronom und Mathematiker. Gegen → Cappellus schrieb J. → Buxtorf d.J. Zürich und Bern schritten gegen den Cartesianismus (→ Descartes) ein. Im Zeichen der Spätorthodoxie stand die *Formula Consensus* von 1675, verfaßt von J.H. → Heidegger und François → Turrettini (→ Orthodoxie, 3 b). Weiterhin waren die → *Täufer,* bes. in Bern, Opfer der Unduldsamkeit. Die Macht des Aberglaubens zeigte sich in den zahlreichen Hexenprozessen der Zeit (→ Hexen: II). - Seit der Reformation pflegte die ev. S. regen Austausch mit den ref. Kirchen des Auslandes. Das englische Staatskirchentum und der Puritanismus wiesen s.e Einflüsse auf (R. → Gualther, W. → Musculus, → Puritaner). Schweizer studierten an auswärtigen Hohen Schulen; Engländer, Niederländer usw bildeten sich in der S. weiter. Die *Bruderhilfe* für die Kirchen unter dem Kreuz war stark ausgebaut (→ Waldenser, → Hugenotten, → Ungarn). Zehntausende von Flüchtlingen fanden für längere oder kürzere Zeit Aufnahme. Durch Gesandtschaften suchte die ref. S. das Schicksal der Glaubensgenossen zu erleichtern. Am Wiederaufbau der französischen ref. Kirche nach der Niederlage der → Camisarden nahm die S. regen Anteil. Pierre Corteiz empfing 1718 in Zürich die Ordination. In Lausanne bestand das von der Akademie unabhängige Seminar für die Prediger der »Kirche der Wüste« (A. → Court, → Frankreich: I, 6).

c) 1689 erschienen die ersten Pietisten aus Deutschland. Die orthodoxen Staatskirchen der S. ergriffen gegen sie und ihre Anhänger scharfe Maßnahmen. Dennoch fand die neue Frömmigkeit bei Laien und jungen Theologen Eingang. Als bedeutendste Vertreter des *kirchlichen* → *Pietismus* ragten der Berner Sam. → Lutz und der Basler H. → Annoni hervor. In Graubünden wirkte der zur Mystik neigende Daniel Willi (1686 bis 1755). Joh. Kaspar Ulrich (1705-68) in Zürich machte sich durch die »Auslegbibel« und die für die Geschichte des Judentums wertvolle »Sammlung jüdischer Geschichten in der S.« bekannt (→ Bibelübersetzungen: IV, 3 a). Die Herrnhuter faßten ebenfalls Fuß, bes. in Graubünden. → Zinzendorf, mit der Familie von Wattenwyl in → Montmirail eng verbunden, besuchte die S. 1735 bis 1751 mehrmals. Manche Erweckte wandten sich aber infolge der Unterdrückungen der *Separation* zu. Sie gerieten unter den Einfluß der Inspirierten aus der Wetterau (→ Inspirationsgemeinden) und den Cevennen (→ Camisarden). Bern verbannte S. → König wegen seines zum Chiliasmus hinneigenden Pietismus. Erst 1730 kehrte er aus Deutschland in die Heimat zurück. In der West-S. fanden die Mystikerinnen A. → Bourignon und Mme de → Guyon Gehör. Führend war François de Magny in Vevey. Mit ihm verbanden sich die Prophetin Marie Huber, Jeanne Bonnet und Judith Rousseau aus Genf. Eine cevenolische Inspirierte veranlaßte den Major Davel 1723 zum Aufstandsversuch in Lausanne. J.A.Gruber, J.Fr. → Rock und der Toggenburger H. Ulrich Giezendanner stifteten in der deutschsprachigen S. Verwirrung. Allmählich erwarb sich aber der Pietismus im s.en Protestantismus Lebensrecht und erneuerte das weithin erstarrte religiöse Leben.

d) Zur Auflösung der Orthodoxie trug neben dem Pietismus die → *Aufklärung* (: III) bei. Eine Vorstufe bildete die »vernünftige Orthodoxie« des »helvetischen Triumvirats« J.F. → Ostervald, J.A. → Turrettini (Sohn des Mitverfassers der Konsensusformel) und S. → Werenfels, denen der Zürcher J.J. → Zimmermann zur Seite stand. Sie alle setzten sich mit Erfolg für die Beseitigung der Formula Consensus ein und suchten das Vernünftige der Offenbarung herauszustellen. Zugleich erstrebten sie eine Einigung der nichtröm. Kirchen (→ Einigungsbestrebungen: II, 2 b). Zu dem zürcherischen Aufklärerkreis um J.J.Bodmer (1698-1783) zählten J.J. → Breitinger (, 2), H. → Corrodi, L. und J.K.Meister, H. → Pestalozzi, J.C. → Lavater. → Voltaire brachte die Aufklärung nach Genf. → Rousseaus Schriften wurden viel gelesen. J.S.Ith, David Müslin und Ph.A. → Stapfer vertraten den neuen Geist in Bern. Die Aufklärung begünstigte den religiösen Säkularisierungsprozeß und bereitete zugleich die politischen Umwälzungen im Gefolge der französischen Revolution vor. Selbständig stand ihr der Naturforscher und Mediziner A.v. → Haller in Bern gegenüber. Aufklärerisches Gedankengut und inniger Christusglaube verbanden sich beim Zürcher Lavater, dem Freund → Goethes und J.M. → Sailers. Mit ihm war J.J. → Hess verbunden, dessen Bücher eine große Wirkung ausübten. Pestalozzi, dessen politische und pädagogische Konzeption in der Aufklärung wurzelte, lebte als Christ aus dem Glauben an die Gotteskindschaft.

e) Der Aufklärung öffnete sich auch der *Katholizismus.* Das neue Bildungsideal wurde weithin für die Kollegien und Klosterschulen bestimmend. Nach der Aufhebung der Societas Jesu (1773; → Jesuiten, 2) lehrten ihre Glieder an denselben Schulen als Weltpriester weiter, wie J.Franz Zimmermann und Franz Regis Krauer in Luzern. Um das höhere Schulwesen erwarben sich die Abteien Bellelay und St. Urban große Verdienste. Der Benediktiner Plazidus a Spescha in Disentis (1752-1833) wandte sich der Natur- und Sprachwissenschaft zu, schrieb auch gegen den Zölibat. Der Franziskaner Grégoire Girard in Freiburg (1765-1850) zeichnete sich als Pädagoge aus. Rousseau und Kant wurden von ihm geschätzt, mit Pestalozzi unterhielt er rege Beziehungen. Kirchenpolitisch machten sich in der kath. S. schon 1725 Bestrebungen im Sinne des späteren → Josephinismus bemerkbar. Damals geriet Luzern im Udligenschwilerhandel mit der Kurie in Konflikt und setzte seinen staatskirchlichen Standpunkt durch. Dessen Begründung bot der Luzerner J.A.Felix Balthassar 1766 in der Schrift »De Helvetiorum juribus circa sacra«. Der Zusammenbruch des »ancien régime« und die Vorherrschaft Frankreichs zogen den Katholizismus in schwerste Mitleidenschaft (Verjagung des Bischofs von Basel, Unterdrückung von Stiften und Klöstern). Der Aufstand der Nidwaldner im Sept. 1798 brachte viel Leid über die Bevölkerung.

3. a) Während der *Helvetik* (Helvetische Republik, der durch Frankreich errichtete s.e Einheitsstaat, 1798-1803) - sie brachte den Täufern Freiheit - war es dem Kultusminister Stapfer (s. 2 d) zu verdanken, daß die prot. und kath. Kirche, obwohl unter erschwerten Umständen, intakt blieben. Doch kam die von ihm geplante interkonfessionelle Nationalkirche nicht zustande. 1803 gab → Napoleon I. der S. die Selbständigkeit in der Mediationsakte zurück. Die → *Restauration* (Bundesvertrag von 1815) ließ den Konfessionalismus nochmals aufleben. In den 30er Jahren breitete sich die *Regenerationsbewegung* aus, und der → *Liberalismus* (: II, 1 a) mit den Radikalen als linkem Flügel übernahm die geistige Führung. In Jeremias → Gotthelf, dem Dichterpfarrer von Lützelflüh, erstand der Zeit ein unerbittlicher christlicher Mahner. Durch die *Bundesverfassung von 1848* (Revision 1874) wurde die S. ein föderalistisch aufgebauter Bundesstaat. Die Verschonung während der Weltkriege 1914 bis 1918 und 1939-45 ermöglichte es der S., dem humanitären Auftrag nachzukommen. Der Begründer des

→ Roten Kreuzes, der Genfer H.Dunant (1828-1910), ging aus dem CVJM hervor.

b) Daß der *Protestantismus* nicht dem aufklärerischen Rationalismus verfiel, war dem Pietismus zu verdanken. Er wirkte in der die ganze S. erfassenden *Erweckungsbewegung* weiter (→ Erweckung: I, 4). Die → Basler Missionsgesellschaft ging 1815 aus der Deutschen → Christentumsgesellschaft hervor. Chr.Fr. → Spittler rief mit C.H.Zeller die Anstalt Beuggen, 1840 die Pilgermission St. → Chrischona ins Leben. Ihren Anfang nahm die Erweckung (→ Réveil) in *Genf*. Unter dem Eindruck der Frau von → Krüdener und der Schotten R.Wilcox, R. → Haldane und H. → Drummond (, 1) standen bes. H.L. → Empaytaz, D.A.J. → Bost, H.A.C. → Malan. Die Ablehnung durch die Kirche legte den Erweckten die Bildung *freier Gemeinden* nahe. Daraus ging die Eglise libre Genfs hervor. Die 1831 gegründete → Evangelische Gesellschaft eröffnete eine eigene theologische Schule. Der Réveil griff in die *Waadt* über. Das Gesetz von 1824 gegen Erweckungsversammlungen trieb die »Mucker« (= mômiers als Schimpfname) aus der Kirche. Viele schlossen sich den → Darbysten an. Der Kampf von A. → Vinet für die Freiheit des Glaubens und der Kirche bereitete die Entstehung der waadtländischen Eglise libre 1847 vor, die ebenfalls eine theologische Fakultät einrichtete (→ Lausanne, 2). In *Bern* sammelten sich die Erweckten in der dortigen Ev. Gesellschaft. D. → Spleiß bemühte sich in Schaffhausen um religiöse Erneuerung. Schwärmerische Verirrung trat bei der Antonisekte (→ Antonianer, 2) und der → Wildensbucher Kreuzigung zutage. Der Erweckungsbewegung verdankte die ev. S. entscheidende Impulse für die Innere und Äußere Mission (→ Schweiz: II). 1842 wurde das Diakonissenhaus St. Loup (Waadt) eröffnet; Bern, Riehen, Neumünster (Zürich) folgten. Die ersten Diakonen (1889 in Basel) widmeten sich der Krankenpflege, während das »S.e Ref. Diakonenhaus in Greifensee« (1923) Gemeindediakone ausbildet. Zur Bekämpfung der Alkoholnot gründete der Genfer Pfarrer L.L. → Rochat nach englischem Vorbild 1877 das Blaue Kreuz.

Ende der 30er Jahre begannen als religiös-liberale Strömung die → *Reformer* hervorzutreten. Die Konservativen verhinderten wohl die Übernahme des Lehramtes an der Universität Zürich durch D.F. → Strauß (Straußenhandel und Zürichputsch 1839) und veranlaßten Ed. → Zeller, Bern 1849 wieder zu verlassen; doch errang der theologische und kirchliche Liberalismus rasch eine beherrschende Stellung. Die geistige Führung besaß der Hegelianer A.E.Biedermann in Zürich. In *Neuenburg* (→ Neuchâtel), wo E.Buisson den Liberalismus vertrat, kam es 1873 zur Kirchenspaltung; alle Professoren der theologischen Fakultät mit F. → Godet an der Spitze und mehrere Gemeinden samt den Pfarrern verließen die Nationalkirche. Neben sie trat die Eglise indépendante de l'Etat mit theologischer Schule. 1943 vereinigten sich die beiden Kirchen wieder. Die Richtungszwistigkeiten machten dem s.en Protestantismus schwer zu schaffen. Den Reformern standen die *»Positiven«* gegenüber mit K.Baggesen, C.J. → Riggenbach, A. → Ebrard. Die *»Vermittler«* hatten K.R. → Hagenbach, A.Immer, Georg Finsler (Zürich) in ihren Reihen. A. → Schweizer stand als Schleiermacherschüler mehr links. Die kirchlichen Parteien organisierten sich in Vereinen: die Reformer im »S.en Verein für freies Christentum«, die Positiven im »S.en ev.-kirchlichen Verein«, die Vermittler in der »S.-kirchlichen Gesellschaft« (alle 1871). Kirchenverfassungen und Liturgien des 19.Jh.s waren vom Liberalismus geprägt. Das Verbot des Apostolikums (vgl. → Apostolikum: II, 2) im Thurgau hatte die Bildung der freien Gemeinde Emmishofen zur Folge.

Die sozialen Spannungen und die Arbeiterbewegung nötigten den s.en Protestantismus, sich ernsthaft mit der Sozialreform zu befassen. Der Reformer A. → Bitzius sah diese Aufgabe klar. Die → *Religiös-Sozialen* (H. → Kutter, L. → Ragaz, R.Lejeune u.a.) traten für die Verbindung von → Sozialismus (: II) und Christentum ein. Die daraus hervorgegangene → *dialektische Theologie* (K. → Barth, E. → Brunner, E. → Thurneysen) drängte den s.en Protestantismus zur Neubesinnung. Den Weg zu den Entkirchlichten suchte die *Gruppenbewegung;* die sie ablösende → Moralische Aufrüstung hat ihren Sitz in Caux bei Montreux. Jugendverbände der Landes- und Freikirchen (CVJM, Junge Kirche, Zwinglibund usw) mühen sich um die Jugend. Kirchliche Heimstätten dienen der Begegnung zwischen Kirche und Welt wie der Laienschulung. Für die → Diaspora sorgen die prot.-kirchlichen Hilfsvereine (seit 1842) und die S.e Reformationsstiftung. Als ev. weiblicher Orden sammelte sich 1936 die Schwesternschaft von Grandchamp bei Neuenburg (→ Bruderschaften: III, 2 c). In den vorwiegend prot. oder paritätischen Kantonen stehen die Landeskirchen in engerer oder fernerer Verbindung zum Staat und haben öffentlich-rechtlichen Charakter. In Zürich, Bern und Schaffhausen sorgt im wesentlichen der Staat für die finanziellen Bedürfnisse. 1907 kam es zur völligen Trennung in Genf; ebenso ist die neuenburgische Kirche vom Staate unabhängig. In der Abwehr des Nationalsozialismus kam den Kirchen eine wichtige Aufgabe zu. – Die *Ausbildung des theologischen Nachwuchses* erfolgt an 7 Fakultäten (→ Basel, → Bern, → Genf, → Lausanne mit freier Fakultät, → Neuchâtel, → Zürich). Von 1876-1915 gab es dazu in → Basel (: III) eine ev. Predigerschule. – 1920 schlossen sich die Landes- und west-s.en Freikirchen zum *S.en Ev. Kirchenbund* zusammen (→ Einigungsbestrebungen: VI, 4). Ihm traten auch die Methodistenkirche und die → Evangelische Gemeinschaft bei. Die West-S. benützt seit 1937 den *»Psautier romand«*, 1952 löste das *»Gesangbuch der ev.-ref. Kirchen der deutschsprachigen S.«* das alte acht- und vierörtige ab (→ Gesangbuch: I, 4). Das *»Hilfswerk der Ev. Kirchen der S.«* (HEKS), hervorgegangen aus dem »Hilfswerk für die Bekennende Kirche in Deutschland«, dient der Bruderhilfe. An der → *Ökumenischen Bewegung* nahm die ref. S. von Anfang an regen Anteil (J.E. → Choisy, A. → Keller, A. → Koechlin). In Genf befindet sich das Generalsekretariat des Ökumenischen Rates. 1952 wurde im nahen Bossey das Ökumenische Institut errichtet. – Angelsächsische *Freikirchen* und Gemeinschaften (→ Baptisten, → Darbysten, → Heilsarmee u.a.) und *Sekten* verschiedenster Herkunft (→ Adventisten, → Christian Science, → Mormonen, → Neuapostolische, → Zeugen Jehovas u.a.) haben sich in der S. niedergelassen. Nach der Volkszählung von 1950 (1960 noch nicht ausgewertet) umfassen die Protestanten 56% der Bevölkerung.

c) Mediation und Restauration ließen die *kath. Kirche* wieder erstarken. 1803 kehrte der Nuntius zurück. Die Klöster wurden außer St. Gallen wiederhergestellt. Die Jesuiten nahmen die Tätigkeit erneut auf. → Wessenbergs Plan einer deutschen Nationalkirche stieß in der S. auf Widerstand. Seit der Neuordnung gibt es *5 Bistümer:* → Basel (Sitz in Solothurn) mit apostolischer Administration Tessin, → Chur, → Lausanne-Genf-Freiburg mit Sitz in Freiburg, → St. Gallen, → Sitten. Dazu kommt die exemte Abtei St. Maurice (Wallis). Im Zeichen der Restauration stand die Konversion des Berners K.L.v. Haller (1821). Unter Augustin Keller, als Katholik aufklärerischer Rationalist, trat der radikale Liberalismus zum Kampf gegen die kath. Kirche an. 1841 hob der Aargau die Klöster auf. Luzern berief als Antwort die

Jesuiten. Die kath. Stände schlossen einen *Sonderbund*, mit dem auch Evangelische sympathisierten. Im kurzen Bürgerkrieg von 1847 erlitt das kath. Heer eine völlige Niederlage. Der Lage entsprachen die *konfessionellen Artikel der Verfassung von 1848/74*, welche die Errichtung neuer Klöster, die Niederlassung der Jesuiten und affiliierter Gesellschaften untersagen. – Dennoch schritt der innere Aufbau voran. Klosterschulen ersetzten die Jesuitenkollegien erneut. Th. → Florentini entfaltete eine umfassende Tätigkeit als Erziehungs- und Sozialreformer. Zur Förderung kath. Lebens wurde 1857 der Piusverein gegründet. Aus ihm ging 1905 der *»S.e Kath. Volksverein«* hervor, in dem die zahlreichen sozialen, kulturellen und ständischen Organisationen zusammengeschlossen sind. Er steht im Dienste der → Katholischen Aktion. Die Katholiken in prot. Gebieten betreut die »Inländische Mission«. Die Absage → Pius IX. an den Liberalismus und das vatikanische Dogma der → Infallibilität von 1870 lösten den → Kulturkampf aus. Die Diözesanstände setzten Bischof E.Lachat von Basel ab, da er die Exkommunikation der sich gegen das neue Dogma auflehnenden Priester nicht aufhob. Solothurn wies ihn aus. Dasselbe Schicksal erlitten 84 romtreue Priester des Berner Jura. Ebenso mußte G. → Mermillod (Genf) das Land verlassen. Die *Revision der Bundesverfassung 1874* brachte eine Verschärfung der konfessionellen Artikel. Unter → Leo XIII. kam es zur Verständigung. Mermillod wurde Bischof in Freiburg, Lachat apostolischer Administrator des Tessins in Lugano. 1889 nahm die *kath. Universität Freiburg* die Tätigkeit auf; als erster Katholik trat J.Zemp in den Bundesrat ein. In der Sozialpolitik und dem Kampf gegen den Modernismus (→ Reformkatholizismus) zeichnete sich der Bündner C.Decurtins (1855–1916) aus; er war einer der Berater des Papstes (→ Rerum Novarum). 1920 etablierte sich der Nuntius wieder in Bern. Doch unterhält die S. beim Vatikan keine Vertretung. Katholikentage, Volksmissionen, Exerzitien, Einkehrtage dienen der Vertiefung des Glaubens. 1954 setzten die theologischen Kurse für Laien ein. Die *Bibelbewegung* (→ Bibelverbreitung) verbreitete sich. Der *»S.e Caritasverband«* mit Zentrale in Luzern faßt die karitativen Kräfte zusammen. Die Heiligsprechung des → Nikolaus von Flüe 1947 und seine Ernennung zum Landespatron gab der *Bruder-Klaus-Verehrung* starken Auftrieb. Zu keinem Ergebnis (bis 1961) führte der Vorstoß zur Aufhebung der konfessionellen Artikel der Bundesverfassung. 1950 bekannten sich 42% der s.en Bevölkerung zum röm. Katholizismus.

d) Die *christkath. Kirche* der S. geht auf den kath. Liberalismus zurück. Laien und Priester, die die Infallibilität ablehnten, schritten zur Bildung romfreier kath. Gemeinden; dabei spielten die Beziehungen zu den deutschen → Altkatholiken eine Rolle. Die Konstituierung der christkath. Kirche erfolgte 1875 in Olten. Zur Ausbildung der Geistlichen gliederte → Bern der Universität eine christkath. Fakultät an. Ed. → Herzog übernahm 1876 das Amt des Bischofs. Seine Nachfolger wurden 1924 Ad. → Küry, 1955 Urs Küry. Die christkath. Kirche versteht sich als »Brücken-Kirche« im Sinne der Wiedervereinigung der getrennten Christenheit. Sie hatte 1950 ca 29000 Mitglieder (0,6% der s.en Bevölkerung).

Allgemein zu I A. B: HBLS, 7 Bde u. Suppl., 1921–34 – S.er Geschichten von E.Gagliardi (3 Bde, [1920–27] 1938³); H.Nabholz, L.v.Muralt, R.Feller, E.Bonjour (2 Bde, 1932/38); V.Gitermann ([1941] 1949³); vgl. ferner die Geschichten der einzelnen Kantone – F.Stähelin, Die S. in röm. Zeit, (1927) 1948³ – RGG² V, 344ff – Th. Schwegler, Gesch. d. kath. Kirche in der S., (1935) 1943² (Lit.) – A.Codaghengo, Storia religiosa del Cantone Ticino, 2 Bde, Lugano 1941/42 – EKL III, 883ff – WKL 1317ff – Hdb. der S.ergesch., 1962. – *Zs.en:* Zs. f. S.er Gesch., 1921–50; 1951ff: S.e Zs. f. Gesch. – ZSKG, 1907ff. – *Bibliogr.:* Bibliogr. der S.er Gesch., 3 Bde, 1914/15 (Lit. bis 1912) – Bibliogr. der S.ergesch., 1913ff (seit 1921 als Beilage zur Zs. f. S.er Gesch. bzw. S.e Zs. f. Gesch.).

Allgemein zu I B: G.Finsler, Kirchl. Statistik der ref. S., 1854 – H.Weber, Gesch. des Kirchengesangs in der dt. ref. S., 1876 – W.Hadorn, KG der ref. S., 1907 – J.J.Good, Hist. of the Swiss Reformed Church since the Reformation, Philadelphia 1913 – H.Vuilleumier, Hist. de l'Eglise réformée dans le pays de Vaud, 4 Bde, 1927–33 – Aus 5 Jh.en s.er KG (Festschr. P.Wernle), 1932 – Die Ev. Kirchen der S. (Ekklesia, hg.v. F.Siegmund-Schultze, III, 10), 1935 – H.Métraux, S.es Jugendleben in 5 Jh.en, 1942 – Ch.A.Simon, Le Jura protestant de la Réforme à nos jours, 1951 – W.Brändly, Gesch. des Prot. in Stadt u. Land Luzern, 1956 – E.Marion, Die prot. S., 1957 – K.Guggisberg, Bernische KG, 1958 – A.Frigg, Die Gesch. der ev. rätoroman. Bibelübers.en (Bündner Monatsblatt, 1958, 16–69. 73–101) – Hdb. der ref. S., 1962. – *Zs.:* Zwingliana. Beiträge zur Gesch. Zwinglis, der Reformation u. des Prot. in der S., 1897ff.

Zu 1: J.G.Mayer, Das Konzil v. Trient u. die Gegenreformation in der S., 2 Bde, 1901/03 – E.Egli, S.e Reformationsgesch., 1910 – E. Camenisch, Bündner Reformationsgesch., 1920 – Ders., Gesch. der Reformation u. Gegenreformation in den ital. Südtälern Graubündens u. den ehem. Untertanenlanden Chiavenna, Veltlin u. Bormio, 1950 – E.Staehelin, Der Jesuitenorden u. die S., 1923 – Ders., Das Buch der Basler Reformation, 1929 – E.H.Correll, Das s.e Täufermennonitentum, 1925 – W.Hadorn, Die Reformation in der dt. S., 1928 – A.L.Knittel, Die Reformation im Thurgau, 1929 – Ders., Werden u. Wachsen der ev. Kirche im Thurgau von der Reformation bis zum Landfrieden von 1712, 1946 – J.Wipf, Reformationsgesch. der Stadt u. Landschaft Schaffhausen, 1929 – W.Köhler, Zürcher Ehegericht u. Genfer Konsistorium, 2 Bde, 1932/42 – L.v.Muralt, Glaube u. Lehre der s.en Wiedertäufer in der Reformationszeit, 1938 – W.Jenny, Der Hirte (Joh.Comander), 1945 – J.Bütler, Männer im Sturm (Glarean, G.Tschudi, L.Pfyffer, M.Lussy), 1948 – C.Bonorand, Die Entwicklung des ref. Bildungswesens in Graubünden zZ der Reformation u. Gegenreformation, 1949 – B.Jenny, Das Schleitheimer Täuferbekenntnis 1527, 1951 – O.Vasella, Österreich u. die Bündnispolitik der kath. Orte, 1951 – Ders., Abt Theodul Schlegel von Chur u. seine Zeit, 1954 – Ders., Reform u. Reformation in der S., 1958 – Qu. zur Gesch. der Täufer in der S. I, hg.v. L.v.Muralt u. W.Schmid, 1952 – P.Peachey, Die soziale Herkunft der S.er Täufer in der Reformationszeit, 1954 – F.Blanke, Brüder in Christo, 1955 – R.Fischer, Die Gründung der S.er Kapuzinerprovinz, 1955 – R.Pfister, Um des Glaubens willen, 1955 – W.Brotsch, Der Kampf Jakob Christoph Blarers von Wartensee um die relig. Einheit im Fürstbistum Basel, 1956 – M.Jenny, Gesch. des dt.-s.en ev. Kirchengesangbuches im 16.Jh., 1959.

Zu 2: J.C.Mörikofer, Gesch. der ev. Flüchtlinge in der S., 1876 – W.Hadorn, Gesch. des Pietismus in den s.en ref. Kirchen, 1901 – P.Wernle, Der s.e Prot. im 18.Jh., 3 Bde, 1923–25 – L.Rothschild, J.C.Ulrich v. Zürich u. seine »Sammlung jüd. Geschichten in der S.«, 1933 – A.Pfister, Georg Jenatsch. Sein Leben u. seine Zeit, (1938) 1951³ – W.Meyrat, Die Unterstützung der Glaubensgenossen im Ausland durch die ref. Orte, 1941 – R.Pfister, Antoine Court (1695–1760), der Erneuerer des franz. Prot. (ThZ 7, 1951, 401–422) – M.Geiger, Die Basler Kirche u. Theol. im Zeitalter der Hochorthodoxie, 1952 – B.Barbatti, Das »Refuge« in Zürich, 1957 (Lit.).

Zu 3 a. b: J.Cart, Hist. des cinquante premières années de l'Eglise évangélique du Canton de Vaud, 1897 – C.Stuckert, Kirchenkunde der ref. S., 1910 – E.Staehelin, Liberalismus u. Evangelium, 1934 – Ders., Die Stimmen der s.en Kirchen zum Sonderbundskrieg u. zur Gründung des s.en Bundesstaates, 1948 – E.Vautier, La maison des Cèdres, Faculté de théol. de l'Eglise libre vaudoise, 1935 – P.Wernle, Der s.e Prot. in der Zeit der Helvetik, 2 Bde, 1938/42 – Unser Dienst am Bruder (Innere Mission), 1940 – E.Vischer, Das Werk der s.en prot.-kirchl. Hilfsvereine, 1944 – R.Pfister, Die Haltung der s.en Kirchen während des Weltkrieges 1914–1918 (ThZ 6, 1950, 338–357) – F.Blanke, Kirchen u. Sekten, (1955) 1959² – Ch.Chenevière, L'Eglise de Genève 1909–1959, 1959 – O.Moppert, 50 Jahre selbständige ref. Basler Kirche (1911–61), 1961.

Zu 3 c: A.Büchi, Die kath. Kirche in der S., 1902 – K.Müller, Die kath. Kirche in der S. seit dem Ausgang des 18.Jh.s, 1928 – J.Hartmann, Die kath. Orden u. Kongregationen der S., 1937 – Kath. Hdb. der S., bearb. v. H.Seiler, 1943 – F.Strobel, Die Jesuiten u. die S. im 19.Jh., 1954.

Zu 3 d: P.Gschwind, Gesch. der Entstehung der Christkath. Kirche der S., 2 Bde, 1904/10 – M.Gisi, Die staatsrechtl. Stellung der christkath. Kirche in der S., 1932 – O.Gilg, Christkatholizismus in Luzern, 1946 – (U.Küry), Die Christkath. Kirche, 1958.

R.Pfister

II. Schweizer Missionen (M. = Mission)

Dem *Schweizerischen Ev. M.srat* sind elf M.sgesellschaften angeschlossen: Brüdergemeine (Schweizer Zweig), → Basler M., Pariser M., Schweizer-M. in Südafrika, Schweizerische Ostasien M., Philafrikanische M. in Angola, Ev. M. unter Mohammedanern, M. der Methodistenkirche, Ev. Juden-M., Action Chrétienne en Orient, Société Belge des M.s Protestantes au Congo. Die Zahl der schweizerischen Mitarbeiter in diesen meist übernationalen M.swerken beträgt ca 500; die Einnahmen bewegen sich zwischen 4 und 5 Mill. Franken. Seit einiger Zeit besteht zwischen der Mehrzahl der dem M.srat angeschlossenen Gesellschaften, vor allem auf finanziellem Gebiet, enge Kooperation, in der französisch sprechenden S. umfassender als in der deutschen. Die Werbung erfolgt zunehmend gemeinsam; über die Höhe der Budgets sucht man sich zu verständigen; es besteht eine gemeinsame M.skasse; am Ende des Rechnungsjahres erfolgt ein Finanzausgleich. Diese Zusammenarbeit hat sich gut bewährt. Sie kann - in den Grenzen der föderalen Struktur der schweizerischen (Kantonal-)Kirchen - einen wichtigen Schritt bedeuten in der Richtung auf stärkere Gemeinschaft zwischen Kirche und M. - Mindestens ebensoviele M.swerke, die nicht dem M.srat angeschlossen sind, haben ihre Freundeskreise in der S. (*»Glaubens-M.en«*, mehr oder weniger fundamentalistischer Prägung), wie etwa der Weltweite Evangelisationskreuzzug (WEC), China Inland M. Overseas Missionary Fellowship, M.sseminar Beatenberg (Frau Dr. G.Wasserzug), Indianer-M., Zigeuner-M., M. des Ev. Brüdervereins (»Bergerianer«; →Perfektionisten, 3) mit eigenem M.sgebiet in Australisch-Neuguinea, usw. Kontakte mit diesen M.swerken sind bis jetzt spärlich, werden aber gesucht und erstrebt. - Die *röm.-kath. M.* ist in der S. durch 33 M.swerke für Männer und 45 für Frauen vertreten. Die meisten sind international organisiert; im eigentlichen Sinne schweizerisch ist die M.sgesellschaft Bethlehem bei Immensee (200 M.are, 50 Brüder). Die Gesamtzahl der kath. schweizerischen M.skräfte beträgt etwa 1300-1500, davon ca 1000 im aktiven Dienst. Der (kath.) Universität Freiburg ist ein missionswissenschaftliches Institut angegliedert. - An zwei ev.-theol. Fakultäten, Basel und Bern, finden regelmäßige Vorlesungen über M. statt (Lehraufträge).

Vgl. außer den Zs.en der einzelnen M.sgesellschaften: EMM (ev.) u. NZM (kath.), ferner die Jahresberichte des M.srates u. das (kath.) M.s-Jb. der S. *H.Dürr*

Schweizer, *Alexander* (14.3.1808 bis 3.7.1888), * in Murten, 1835 ao., 1840 o. Prof. in → Zürich, 1844 auch Pfarrer am Großmünster. Als treuer Schüler → Schleiermachers war S. konsequenter Vermittlungstheologe, der die Bemühung um die kritische Erneuerung der altref. Dogmatik (Die Glaubenslehre der ev.-ref. Kirche I. II, 1844/47; Die prot. Centraldogmen I. II, 1854/56) mit dem Ausweis des Glaubensbewußtseins vor der Erfahrung der Zeit verband (Die christliche Glaubenslehre nach prot. Grundsätzen I. II, [1863-72] 1877²: in den Bahnen Schleiermachers). S.s Wirksamkeit erstreckte sich auch auf die praktische Theologie sowie auf die theologische und kirchenpolitische Auseinandersetzung »nach rechts und links« (so bei der Zürcher Berufung von D.F. → Strauß 1839).

Vf. ferner u.a.: Über Begriff u. Einteilung der prakt. Theol., 1836; Homiletik der ev.-prot. Kirche, 1848; Pastoraltheorie oder Lehre von der Seelsorge des ev. Pfarrers, 1875; Nach rechts u. nach links, Besprechungen über Zeichen der Zeit, 1876. - Bibliogr. in: Theol. Zs. aus d. Schweiz 2, 1885, 110-114. - Über S.: Autobiogr., hg.v. PAUL S., 1889 - RE XVIII, 66ff - BARTH, PrTh 516ff. *W.Lohff*

Schwelle. Den umfriedeten Raum des Hauses von der Außenwelt scheidend, ist der im Boden liegende und aus ihm hervorschwellende Türbalken (dörpel) eine bedeutsame → Grenze (lat. limen). Zugleich ist er Trittbrett (trittschäuflein, threshold) und damit Übergang von einem Lebensbereich in einen anderen. Deshalb verehrten die Römer einen S.ngott Limentinus und ist die S. nebst dem Boden unter ihr vielleicht frühe Grab- und Ahnenstätte, jedenfalls aber Sitz von → Geistern im guten und bösen Sinne, die respektiert, gewonnen und abgewehrt sein wollen. Zumal bei → Geburt, Hochzeit (→ Ehe: I) und → Tod ist das erforderlich: Vor dem 9. Tage darf die Wöchnerin die S. nicht überschreiten; geschieht es doch, so muß sie dabei den → Atem anhalten. Wird das Neugeborene zur Taufe getragen, so legt man ein Gebetbuch auf die S. und setzt den rechten Fuß (→ Links und rechts) vor; wird der Täufling von der Kirche heimgebracht, so hält ihn der Vater über die S., um ihn in den Schutz der Hausgeister zu stellen. Bes. weitverbreitet ist der Brauch, die heimgeführte Braut über die S. zu *heben*. Anderwärts muß sie den S.ngeistern Butter, Honig oder Kupfermünzen opfern. Bei der Aufnahme neuen Gesindes und neuer Haustiere gibt es entsprechende S.nriten. Mit Beil, Messer, Schere, Hacke, Besen und Geld wird dabei die Stall-S. abgesichert, Haare des Tieres werden unter sie gesteckt. Beim Hinaustragen eines Toten ist dafür zu sorgen, daß dessen Geist nicht an ihr haften bleibe und er als Wiedergänger nicht zurückfinden könne. Durch Anbringen entsprechender Gegenstände unter der S. kann Schadenszauber gegen die Hausbewohner gewirkt werden; auch Liebeszauber ist so möglich. Deshalb empfiehlt es sich, schon beim Neubau Abwehrmittel (lebende Tiere, Hufeisen, Geld usw) unter ihr zu vergraben. Hier berührt sich der S.nzauber mit dem → Bauopfer.

A. VAN GENNEP, Rites de passage, Paris 1909, 26ff (engl. 1960, 24f) - ERE IV, 846ff - ARW 20, 1921, 419f - RGG² V, 353f - HWDA VII, 1509ff - LOORITS (s. Reg.) - E.HAZELTON HAIGHT, The Symbolism of the House Door in Classical Poetry, New York-Toronto 1950 - G.RÄNK, Die Schlange als S.nschutz in d. schwed. Volksüberlieferung (Ethnos 21, 1956, 57-72). *B.Rehfeldt*

Schwenckfeld, *Kaspar von,* * 1489 in Ossig (Herzogtum Liegnitz), † 10.12.1561 in Ulm. Aus schlesischem Uradel, tritt S. nach (juristischen?) Studien in Köln und Frankfurt/O. 1511 in den Hofdienst. 1518-23 ist er Hofrat bei Friedrich II. von Liegnitz, bis er sein Amt wegen eines Gehörleidens aufgibt; er bleibt jedoch Vertrauter seines Landesherrn, den er 1521 für die Reformation gewinnt. Seit 1518 mit den Gedanken Luthers bekannt, wird er zu einer der führenden Gestalten der Reformation in → Schlesien. Seine »Evangelisation« ist von Anfang an stark ethisch gefärbt. Die Frage nach den sittlichen Früchten der Reformation wird ihm zur Entscheidungsfrage. Hinzu kommt ein zusammen mit seinem humanistischen Freund Valentin Krautwald (†1545) entwickeltes Abendmahlsverständnis, das im Sakrament lediglich den Hinweis auf eine geistige Speise sieht. Eine Reise nach Wittenberg 1525 bringt keine Einigung mit → Luther (: I, 4). 1526 ziehen sich die Breslauer Theologen von den Liegnitzern um S. zurück. In seinem Urteil, daß S. neben → Zwingli und → Karlstadt der »dritte Kopf der verderblichen sakramentiererischen Sekte« sei, wird Luther bestärkt, als Oekolampad 1527, Zwingli 1528 Schriften S.s mit empfehlenden Vorworten drucken lassen. Auch Ferdinand I. drängt, unterstützt von seinem Hoftheologen Joh. → Fabri, auf Ausschaltung S.s. 1529 verläßt dieser seinem Herzog zuliebe freiwillig die Heimat. Von einer Rente aus dem väterlichen Gut lebt er zunächst in Straßburg, von → Capito und später von

→ Zell aufgenommen; eine Auseinandersetzung mit → Bucer, der ihm zeitweise nahegestanden hatte, vertreibt ihn. 1533 geht er nach Augsburg und wird seit 1535 in Ulm geduldet, bis ihn seine Christologie mit → Frecht, gleichzeitig auch mit den Schweizern in Konflikt bringt. Seit seiner Verdammung auf dem luth. Theologenkonvent zu Schmalkalden (1540), der bis zur → Konkordienformel (SD XII) viele weitere gefolgt sind, wird er den → Täufern gleichgestellt. Gedeckt zT von → Philipp von Hessen, verbringt er die letzten zwei Jahrzehnte als ruheloser Flüchtling auf den Besitzungen süddeutscher Adliger oder verborgen in Häusern seiner Anhänger.

In vielen gedruckten Schriften und unzähligen Sendschreiben trug S. seine Lehre vor, der er als »himmlischer Philosophie« und als königlichem Mittelweg zwischen den streitenden Parteien große Bedeutung beimaß. Es geht im Christenleben um die seligmachende Erkenntnis Christi, im »Hinweisen« auf ihn sieht er sein eigentliches Amt (vgl. auch seine frühen katechetischen Bemühungen und sein Drängen auf kirchliche Volksunterweisung). Die Erkenntnis Christi bezieht sich vor allem auf den Stand seiner Erhöhung, seiner »Glorie«, in der das verklärte Fleisch Christi zur einzigen immerwährenden Speise des Gläubigen wird. Der Lehre von der Unkreatürlichkeit der menschlichen Natur Jesu entspricht die Anschauung von der Geschöpflichkeit des Menschen als einer zu überwindenden Sündhaftigkeit. Darüber hinaus geht S.s Kampf allgemein gegen die »creatur«, dh gegen jedes vermittelte Gottesverhältnis. Sowohl die päpstliche Kirche wie das Luthertum und die Wiedertäufer werden danach negativ beurteilt. Bei Abendmahl und Taufe, aber auch bei der Beichte und der Ehe empfiehlt S. völligen »Stillstand« (bei der Predigt mindestens Zurückhaltung). Sein anfängliches Streben nach einer durch den »ev. Bann« konstituierten hl. Gemeinde wandelt sich seit 1525 zur Anschauung von der notwendigen »Absonderung« der Heiligen von der kreatürlichen Kirche (→ Separatisten). Die wahre Kirche ist in der Zerstreuung und allein Gott bekannt. S. ist einer der ersten konsequenten Vertreter des → Toleranz-Gedankens. Sein zT schon barock anmutendes Denken ist geprägt von einem mystischen Grundverständnis (→ Mystik: VII, 1), das durch das Studium mystischer Schriften später vertieft, von den Anstößen des »jungen Luther« befruchtet und dauernd biblizistisch überformt, schließlich durch die ausgedehnte Lektüre der (griech.) Kirchenväter geradezu »gnostisch« gefärbt wird. Hinzu kommen im einzelnen schwer nachweisbare Einflüsse seines Freundes Krautwald und anderer Zeitgenossen (zB Müntzer, Karlstadt, Seb. → Franck). – Trotz neuerer Forschungen ist das Bild dieses edlen »Laientheologen« noch voller Rätsel. Auch seine Auswirkungen auf die Folgezeit, bes. auf den → Pietismus, sind noch im einzelnen zu untersuchen (sicher sind Einflüsse bei → Weigel, Joh. → Arnd, Jak. → Böhme, → Hohburg und G. → Arnold). – Vgl. → Schwenckfelder.

Schriften im Corpus Schwenckfeldianorum, I-XIX, 1907-61. – Über S., *historisch:* J.Endriss, K.S.s Ulmer Kämpfe, 1936 – S.G. Schultz, C.S. von Ossig, Norristown/Pa. 1946 – W.Knörrlich, K.v.S. u. d. Reformation in Schlesien (bis 1529) (Phil. Diss. Bonn), 1957 – R.Pietz, Die Gestalt d. zukünftigen Kirche. S.s Gespräch mit Luther 1525, 1959. – *Theologisch:* K.Ecke, S., Luther u. d. Gedanke einer apostol. Reformation, 1911 (gekürzte Neuausg. 1952) – E. Hirsch, Zum Verständnis S.s (Festg. f. K.Müller, 1922, 145-170) – H.Urner, Die Taufe bei C.S. (ThLZ 73, 1948, 329-342) – R.Pietz, Der Mensch ohne Christus. Eine Unters. zur Anthropologie C.S.s (Theol. Diss. Tübingen), 1956 – Ders., EKL III, 892f – P.L.Maier, C.S. on the Person and the Work of Christ, Assen 1959 – G.Maron, Individualismus u. Gemeinschaft bei C.v.S., 1961 (Lit.).

G.Maron

Schwenckfelder. → Schwenckfeld hat selbst keine eigene Kirche »gegründet«. Seine Rolle in der Reformationsgeschichte → Schlesiens sowie seine immer ausgedehntere Seelsorgearbeit durch Schriften und Briefe führte jedoch zur Entstehung ganzer von ihm geprägter dörflicher Gruppen (bes. in Niederschlesien: zwischen Goldberg, Löwenberg und Haynau) und kleinerer konventikelartiger Lesegemeinden von »Bekennern der Glorie Christi« (in Süddeutschland: Straßburg, Augsburg, Ulm; in Schwaben auch auf Gütern adliger Freunde, zB Justingen; auch im Preußen Herzog → Albrechts war der Einfluß Schwenckfelds zeitweise bedeutend). Wichtige Verbreiter schwenckfeldischen Gedankengutes waren Ad. → Reusner und später der Liederdichter Dan.Sudermann (1550-1631). Die süddeutschen S. hielten sich bis zum 30jährigen Krieg, auf Gut Öpfingen noch bis 1660. In Schlesien lebten S. trotz Verfolgungen bis ins 19.Jh. Die schwerste Bedrückung brach unter Kaiser Karl VI. über sie herein, der seit 1719 durch zwei Jesuiten eine gewaltsame »Mission« durchführen ließ. Seit 1725 entschlossen sich mehr als 500 S. zur Flucht. Der in Schlesien verbliebene Rest erhielt 1740 unter Friedrich d. Gr. die Toleranz, starb jedoch 1826 aus. Die Flüchtlinge fanden Aufnahme bei → Zinzendorf. Da er sie in seine Brüdergemeine einzugliedern versuchte, wanderten 208 S. nach Nordamerika aus (1734). Friedrichs d. Gr. Einladung zur Rückkehr und Zinzendorfs erneute Bekehrungsversuche (1742) wurden abgelehnt. – Die jetzt stark anglisierten Nachkommen der Einwanderer bilden noch heute in Pennsylvanien eine geschlossene religiöse Gemeinschaft von ca 2500 Seelen (1893: 305, 1906: 725, 1924: 1439 Seelen). Der ursprüngliche Charakter eines vorwiegend landsmannschaftlichen und Familienzusammenschlusses und einer Lesegemeinde von Schwenckfelds Schriften ist trotz der »Verkirchlichung« dieser Gruppe noch weithin erhalten. Zuerst hielt man lediglich Hausgottesdienste. 1790 wurde das erste »meetinghouse«, die erste Kirche erst Ende des 19.Jh.s errichtet. Abendmahl und (Erwachsenen-)Taufe werden seit 1877 wieder gefeiert. Große Sorgfalt wird bis heute der Erziehung zugewandt, bereits 1765 wurde ein eigenes Schulhaus gebaut. Die Pflege des Schrifttums Schwenckfelds wird gekrönt durch die große kritische Ausgabe des Corpus Schwenckfeldianorum (seit 1907); eine Zeitschrift »The Schwenkfeldian« erscheint seit 1904, Studienhefte »Schwenckfeldiana« seit 1940. Eine zentrale »Schwenkfelder Library« wurde 1945 gegründet. Ein erster verfassungsmäßiger Zusammenschluß zur »Society of Schwenkfelders« erfolgte 1782 auf Grund einer Konstitution von Christopher Schultz, die Gründung der »Schwenkfelder Church« 1909. Ihr Charakter ist kongregationalistisch, die fünf autonomen Lokalgemeinden sind verwaltungsmäßig in der »General Conference« zusammengeschlossen. Gemeinsame publizistische, missionarische (Chinamission seit 1904) und karitative Aufgaben werden von besonderen »boards« wahrgenommen. In der Lehre wollen sie christozentrisch, tolerant und ökumenisch sein. Der Nachdruck liegt auf der Christusnachfolge in »Rechtbeschaffenheit«.

O.Kadelbach, Ausführl. Gesch. K.v.Schwenkfelds u. der Schwenkfelder in Schlesien, der Ober-Lausitz u. Amerika, 1860 – H.W.Kriebel, The Schwenkfelders in Pennsylvania, Lancaster/Pa. 1904 – K.Ecke (→ Schwenckfeld) 1911, 227ff. 295ff – S.K.Brecht, The Genealogical Record of the Schwenkfelder Families, New York 1923 – H.Schmidt, Dan.Sudermann (Phil. Diss. Leipzig), 1923 – RDL III, 233f – E.Zimmermann, S. u. Pietisten in Greiffenberg u. Umgebung, 1939 – Ders., Über den Ursprung der S. im Iser- u. Riesengebirge (ZRGG 1, 1948, H. 2, 1-14) – Formula for the Government and the Discipline of The Schw. Church, o.O. 1948 – Handbook for Instruction of Catechumens in The Schw. Church, o.O. 1954 – S.G.Schultz, The Schw.s of Pennsylvania (Pennsylvania

Hist. 24, 1957, 293-320) - O.BUCHER, Ad.Reissner, 1957 - M.LACKNER, Geistfrömmigkeit u. Enderwartung. Studien z. preuß. u. schles. Spiritualismus, 1959 - Mennonit. Lexikon IV, 139 f. *G.Maron*

Schwendi, *Lazarus von* († 1583), kath. Staatsmann und Kriegsoberst unter den Habsburgern von Karl V. bis Rudolf II., kämpfte durch Bücher, politische Denkschriften und einen europäischen Briefwechsel (u.a. mit Elisabeth I. von England, Wilhelm von Oranien, Kurfürst August von Sachsen, Friedrich III. von der Pfalz) gegen die latente Bürgerkriegsgefahr im Reich. S. forderte deshalb Freistellung der geistlichen Fürstentümer, Tolerierung beider Konfessionsverwandter im Reich wie in den kaiserlichen Landen und Unterbindung aller gehässigen Polemik. Seine berühmte Denkschrift von 1574 gewann in einer Umarbeitung (1630) auf die Religionspolitik → Gustav Adolfs Einfluß.

A.EIERMANN, Studien zu L.v.S., 1904 - R.KRONE, L.v.S. (SVRG 107), 1912 - E.DOLLMANN, Die Probleme der Reichspolitik in der Zeit der Gegenreformation u. die polit. Denkschriften des L.v.S. (Phil. Diss. München), 1927 - JOH.KÖNIG, L.v.S., 1934 - E.v.FRAUENHOLZ, L.v.S., 1939. *E.Beyreuther*

Schwerhörigenfürsorge (= S.F.; S. = Schwerhörige). Taubstumme leiden unter dem *Mangel* der Lautsprache und ihrer Begriffe, S. und Ertaubte (1½-2% der Bevölkerung in der BRD) beklagen deren *Verlust.* Beruf und Ehe werden oft, geistiger Kontakt mit der Umwelt immer vom Verlust der Hörfähigkeit betroffen. Flucht in die Einsamkeit, Mißtrauen und Rechthaberei sind charakteristische Folgen. - Die S.F. ist erst in wenigen Ländern geregelt (zB Dänemark). Sie fußt meist auf allgemeinen Fürsorgebestimmungen bzw. auf der → Taubstummenfürsorge. Träger sind in der BRD die öffentliche und private Fürsorge, die Gesellschaft zur Förderung der Hör- und Sprachgeschädigten sowie Selbsthilfeverbände. Der »Deutsche S.nbund e.V.« geht auf M.v.Witzlebens Gründung »Hephatha« (1901) zurück; seit 1957 besteht eine »Arbeitsgemeinschaft ev. Seelsorger für S. und Ertaubte« (Sitz in Braunschweig). - Maßnahmen der S.F. sind die Gehörprüfung bei der Schulaufnahme, bei der Berufsberatung und beim Militär, ferner Lärmschutzvorrichtungen, Einrichtung von Sonderschulen (Aufbauschule Hamburg) oder Berufsfachklassen für S. sowie Absehlehrgänge. Die Medizin und die elektro-akustische Industrie haben bedeutende Fortschritte erzielt. - Die Arbeitsgemeinschaft ev. Seelsorger (s.o.) ist um Freizeiten, Predigtbriefe, Höranlagen in Kirchen, Sondergottesdienste, Bibelstunden, Konfirmandenunterricht bemüht und sucht das allgemeine Verständnis zu wecken.

K.BRAUCKMANN, Absehunterricht, (1925) 1936² - W.KULEMEYER, Das schwerhörige Kind, 1933 - H.PETERSEN, Züricher Abschmethode, 1942 - L.BRENTANO, Wege zum besseren Hören, 1950 - K. LANGENBERG, Das schw. u. ertaubte Kind in S.nschulen, 1957 - Die berufl. Eingliederung u. Wiedereingliederung d. Hör- u. Sprachgeschädigten, 1958² - A.MARX, Sie redeten wieder miteinander, 1960. - Zs.en: »S. u. Spätertaubte«, Nürnberg; »Predigtbrief«, ev.; »Seelsorgebrief«, kath. *W.Staats*

Schwerin, *Bistum,* ca 1160 von Heinrich dem Löwen an Stelle des Bistums → Mecklenburg gestiftet und aus dem Verband des Bistums → Ratzeburg gelöst, deckte sich in seinen östlichen Grenzen mit denen des ducatus Saxoniae, verlor aber bereits bis 1252 einen Teil seines Gebietes an → Kammin und → Havelberg. Seit dem 14.Jh. geriet es in steigendem Maße unter den Einfluß der mecklenburgischen Herzöge. Nach dem Durchbruch der reformatorischen Kräfte und dem Tod des letzten, prot. gesinnten Bischofs Herzog Magnus stimmte das Domkapitel 1568 der kirchlichen Neuordnung zu. Das Stift bewahrte vorerst seine Eigenständigkeit, bis es 1648 Mecklenburg inkorporiert wurde.

RE XVIII, 81f (Bischofsliste); XXIV, 483 - K.SCHMALTZ, KG Mecklenburgs I. II, 1935/36. *E.Peschke*

Schwirrholz, Bezeichnung für ein dünnes, schmales, oft eiförmiges oder an beiden Enden zugespitztes Stück Holz. Schwingt man es an einer Schnur, die an einem Ende durch ein Loch gezogen ist, so bringt es einen summenden Ton hervor. In → Australien (: I), wo das S. ein hl. Gegenstand von mystischer Bedeutung war, findet es sich in zwei Formen. Das große S., das einen tiefen, dröhnenden Ton gab, war in Ostaustralien mit den Himmels-Heroen verbunden (zB Baiame, Daramulun usw) und galt als ihre Stimme; bei anderen Stämmen (zB in Zentralaustralien) wurde es bei den → Initiations-Riten gebraucht und den Uneingeweihten als die Stimme mythischer Personen erklärt. Das kleine S., das ein hohes Pfeifen von sich gab, wurde gern mit Liebesmagie verbunden. Beide Arten gebrauchte man, um Frauen, Kinder und uneingeweihte männliche Personen von hl. Handlungen wegzuscheuchen, die ihnen bei Todesstrafe verboten waren. Das S. war bei vielen primitiven Kulturen in Gebrauch. Es wurde bei amerikanischen → Indianern (Apachen, Navaho, Koskimo u.a.) wie auch im Inneren Brasiliens gefunden. In → Afrika galt es bei den Pygmäen und anderen Stämmen als hl. → Symbol (zB war es das Symbol der Oro-Geheimgesellschaft). Über S.er wird aus Neuseeland, den Inseln der Torresstraße, Sumatra und Assam berichtet. Auf Ceylon wird das S. als hl. Gegenstand bei buddhistischen Festen gebraucht. Bei den Griechen wurde der Rhombus (ῥόμβος) als S. bei den → Mysterien verwendet. In Europa ist es noch ein Spielzeug. Eberle betrachtet den Ton des S.es als eine »akustische → Maske« für die Stimmen der Gottheiten, der Totem-Ahnen, übernatürlichen Wesen und → Geister. - Vgl. → Musik: II, 2.

ERE II, 889ff (Bullroarer) - UdG I-III. V-VII. XII (s. Reg.) - G.ROHEIM, Australian Totemism, London 1925 - O.ZERRIES, Das S., 1942 - SDF I, 170f - EBrit IV, 1955, 374 - O.EBERLE, Cenalora, 1955 (akust. Maske). *T.G.H.Strehlow*

Scilitanische Märtyrer heißen 3 Männer und 3 Frauen aus Scilli (oder Scillium), die am 17.7.180 in Karthago als Christen verurteilt und enthauptet wurden. Die wahrscheinlich von einem Augenzeugen in Form eines knappen Verhörsprotokolls verfaßten (später erweiterten) Akten sind das älteste datierte Zeugnis der Kirche → Nordafrikas (: I, 2) und der lat. christlichen Literatur. Erhalten sind auch spätere Bearbeitungen der Akten und eine griech. Übersetzung.

Text: R.KNOPF-G.KRÜGER, SQS NF 3, 1929³, 28f. - Übers.: BKV² 14. - Lit.: DACL XV, 1014ff - QUASTEN I, 178f - ALTANER § 45, 6 - F.CORSARO, Note sugli »Acta Martyrum Scillitanorum« (Nuovo Didaskaleion, 1956, 5-51) - H.KARPP, Die Zahl der S.n M. (VigChr 15, 1961, 165-172). *H.Karpp*

Scioppius, *Gaspar* (*Kaspar Schoppe,* 1576-1649), * in Neumarkt (Oberpfalz), † in Padua. Nach dem Studium in Heidelberg, Altdorf und Ingolstadt wurde S. 1598 katholisch und lebte bis 1607 vornehmlich in Rom, wo er seine schriftstellerischen Fähigkeiten in den Dienst der Kurie stellte. Es folgten bewegte Jahre diplomatischer Tätigkeit in kaiserlichem und päpstlichem Auftrage. Scharfe Auseinandersetzungen mit den Jesuiten führten dazu, daß sowohl Ferdinand II. als auch Urban VIII. sich Anfang der 30er Jahre von S. abwandten und dieser nur noch in strengster Zurückgezogenheit (seit 1636 in Padua) unangefochten leben konnte. - Seine zahlreichen Publikationen sind vorwiegend kirchenpolitischen oder polemischen, aber auch philologischen Inhalts.

Vf. bes.: Commentatio de arte critica, 1597; Pro auctoritate ecclesiae, 1598; De variis fidei controversiis, 1600; Classicum belli sacri, 1619; Consultatio de modis componendi religionis dissidii, 1631. - Über S.: H.KOWALLEK, Über G.S. (Forschungen zur Dt. Gesch. 11, 1871, 401-482; grundlegend, vollst. Bibliogr.) - ADB XXXIII, 479ff - RITSCHL IV, 248f - LThK IX, 386f (Lit.) - DThC XIV/2, 1571ff. *R.Ackermann*

Scofield, *Cyrus Ingerson,* amerik. Geistlicher, * 19.8. 1843 in Lenawee County/Mich., † 24.7.1921 in Douglaston, Long Island/N.Y. 1869 Rechtsanwalt in Kansas, wurde S. 1879 in St. Louis/Mo. »zum christlichen Glauben bekehrt«. Nach mehrjährigem Bibelstudium und YMCA-Dienst unter den Eisenbahnarbeitern war er 1882 bis 1895 Geistlicher der First Congregational Church in Dallas/Tex. Durch seine Verbindung mit D.L. → Moody wurde er 1895-1902 Pfarrer der Moody-Kirche in East Northfield/Mass. und Präsident der Northfield Bible Training School. Später schloß er sich der (Southern) Presbyterian Church in the U.S. an. S. schrieb in vielen Kirchenblättern, hielt in Europa und Amerika häufig Vorträge über biblische Themen und gründete die S. Bible Correspondence School. 1902-09 arbeitete er an der in über 3 Mill. verbreiteten S. Reference Bible (New York [1909] 1917; Neuausg. für 1963 in Vorbereitung). Darin gab er der King James Version (→ Bibelübersetzungen: V, 2 b) zahlreiche Verweisstellen und Anmerkungen bei, durch die er weiten Kreisen des amerik. Protestantismus die »heilsökonomische« Schriftauslegung und die »spiritualistische« Lehre von der Kirche vermittelte, wie sie J.N. → Darby entwickelt hatte. S. vertrat die Auffassung, daß jede der 7 Heilszeiten »ein Zeitabschnitt ist, in dem der Gehorsam des Menschen in bezug auf eine besondere Offenbarung des Willens Gottes erprobt wird«, wobei sich die Beziehung Gottes zu den Menschen in jeder Heilszeit verändert.

Vf. u.a.: Rightly Dividing the Word of Truth, New York (1885) 1907; Plain Papers on the Doctrine of the Holy Spirit, ebd 1899; What Do the Prophets Say?, Philadelphia 1918; In Many Pulpits with Dr. C.I.S.. New York 1922 (autobiogr.). - Über S.: CH.G. TRUMBULL, The Life Story of C.I.S., New York 1920 - O.T.ALLIS, Prophecy and the Church, Philadelphia 1945, bes. 267ff - F.E.GAEBELEIN, The Story of the S. Reference Bible 1909-59, New York 1959 - C.B.BASS, Backgrounds to Dispensationalism: Its Historical Genesis and Ecclesiastical Implications, Grand Rapids 1960. *A.C.Piepkorn*

Scotismus. Die von → Duns Scotus ausgehende philosophische und theologische Schule hatte zu allen Zeiten entschiedene Vertreter unter den → Franziskanern (gelegentlich auch außerhalb des Ordens), ohne jedoch, wie das System des → Thomas von Aquino bei den → Dominikanern, zur alle anderen Richtungen ausschließenden Ordenslehre zu werden. Sogar im 17.Jh. (s.u.) waren es nicht nur → Kapuziner, die sich lieber als auf Scotus auf → Bonaventura oder eine allgemeiner verstandene Ordenstradition stützten. Doch haben schon unmittelbare (wie Antonius Andreas [† ca 1320], Franciscus de Mayronis [† 1325] u.a.) und mittelbare Schüler des Scotus mit ihren → Sentenzenwerken dem S. einen bedeutenden Platz unter den Schulen (viae) der späten → Scholastik gesichert. Die allgemeine augustinische Orientierung der Franziskaner (→ Augustin, → Alexander von Hales, → Bonaventura, → Peckham) kristallisierte sich hier in der Betonung und weiteren Bearbeitung solcher Punkte, in denen Scotus gegenüber Thomas dem Willen (→ Voluntarismus) und dem Individuum eine größere Bedeutung in Theologie und Anthropologie eingeräumt hatte (→ Gott: V, 11 a; → Christologie: II, 6 b; → Gnade: IV, 2), und der neu anhebende → Universalienstreit trug dazu bei, daß die eigenartigen ontologischen und epistemologischen Grundsätze eines auf Scotus begründeten → Realismus (Univozität statt → Analogie [, 3] des Seinsprädikates, → Individuation durch die forma specialissima, Mehrheit von nicht nur verstandesmäßig unterschiedenen formalitates innerhalb einer realen Einheit) in den Vordergrund der Diskussion traten. Viele Scotisten (zB Mayronis) entwickelten und vermehrten ihres Meisters Argumente für die unbefleckte Empfängnis Marias (→ Mariologie, 2 c). Wurde hier der S. zum Vorkämpfer einer Sache, die allen Franziskanern teuer war, so wirkte Scotus' Einfluß auch auf solche Nichtfranziskaner, die, ohne sich an eine bestimmte Schule zu binden, die Tendenzen der »modernen« Richtung (→ Ockhams u.a.) bekämpften, zB auf Walter Burleigh († nach 1343), → Thomas von Bradwardina und auch → Dionysius den Kartäuser.

Als gegen Ende des 15.Jh.s die kath. Reform (→ Gegenreformation, 2) auch die Rückbesinnung auf die »klassischen« mittelalterlichen Traditionen förderte, trat der S. in seine bedeutendste Phase. Petrus Tartaretus (1490 Rektor der Pariser Universität), Franciscus Lychetus (1518-20 Ordensgeneral) und viele nach ihnen schrieben Kommentare zu den Werken des Scotus. Wie bei den Dominikanern seit Beginn des 16.Jh.s die Sentenzen des → Petrus Lombardus als Textbuch des Theologieunterrichtes allmählich durch die theologische Summe des Thomas verdrängt wurden, so bei den Franziskanern durch das Opus Oxoniense. → Ximénez gründete einen scotistischen Lehrstuhl an der Universität Alcalá, und bald war der S. an vielen bedeutenden Hochschulen des kath. bleibenden Europa vertreten. Doch erreichte diese »goldene Epoche« des S. ihre Höhe erst nach dem → Trienter Konzil (an dem viele Scotisten teilnahmen, u.a. A. → Vega) mit den ca 1590 beginnenden Bestrebungen, alle Ordenslehrer auf die Scotuserklärung zu verpflichten, und mit der von Luke Wadding geleiteten kommentierten Gesamtausgabe des Scotus (erschienen 1637). Die seit → Cajetan zunehmenden Angriffe intransigenter Thomisten, mit Apologien und Eulogien des Scotus erwidert, verstärkten die Kontroversstimmung und das Schulbewußtsein. Doch bemühten sich die bedeutendsten Scotisten auch, den Problemen der Zeit (Auseinandersetzung mit dem Protestantismus, Debatten über die → Gnade [: IV, 4; → Báñez, → Molina] usw) durch eigene systematische Darstellungen des S. gerecht zu werden. In dieser Form (hervorragend vertreten zB durch den Cursus integer philosophiae ad mentem Scoti des Bonaventura Belluti [1599-1676] und des Bartolomeo Mastrio [1602-73] und den Scotus Academicus des Claude Frassen [1620-1711], Paris 1672-77, Rom 1900-02⁴) wurde noch im scholastikfeindlichen 18.Jh. (→ Neuscholastik, 1) der S. von manchen Ordenslehrern verfochten.

Am Aufschwung der → Neuscholastik nahm der S. seit etwa 1900 teil. Seine Erneuerung (direkt durch Mariano Fernández García, Déodat de Basly [→ Christologie: II, 6 b], Ephrem Longpré, Parthenius Minges, Karl M.Balič [Leiter der neuen Scotusausgabe] u.a., indirekt durch Beiträge anderer Neuscholastiker wie E. → Gilson) ist mehr als auf die Kontroversen und Kompendien der »goldenen Epoche« auf ein neues, historisch-kritisch ausgerichtetes Verständnis des Meisters selber und seines Verhältnisses zur scholastischen Gesamttradition begründet.

Bibliogr.: P.MINGES, Die skotist. Lit. des 20.Jh.s (FS 4, 1917, 49 bis 67. 177-198) - C.R.S.HARRIS, Duns Scotus, (Oxford 1927) Neudr. New York 1959, 324ff - M.GRAJEWSKI, Scotistic Bibliography of the Last Decade (1929-39) (Franciscan Studies 22 [NS 1], St. Bonaventure/N.Y. 1941, H. 1, 73-78; H. 2, 55-72; H. 3, 71-76; 23 [NS 2], 1942, 61-71. 158-173) - U.SMEETS (→ Neuscholastik) - E.BETTONI (→ Neuscholastik), 1943, bes. 33ff. 70ff. 101ff - O.SCHÄFER (→ Duns

Scotus). - Gesamtdarstellungen (mit Lit.): DThC IV, 933. 1941ff (sowie viele Einzelart. über dort genannte Scotisten, zB XIV, 1730ff) - CathEnc XIII, 610ff - M.GRABMANN, Die Gesch. der kath. Theol. seit dem Ausgang der Väterzeit, 1933, 102ff. 165ff. 194f. 309ff. 329. 336 - LThK IX, 625f - EC XI, 152ff - EF IV, 462f. - Ferner: Ü II, 618ff. 787f (Lit.) - J.KRAUS, Die Lehre von der realen spezifischen Einheit in der älteren Skotistenschule (Divus Thomas 14, Fribourg 1936, 353-378) - B.JANSEN, Zur Philos. der Scotisten des 17.Jh.s (FS 23, 1936, 28-58. 150-175) - K.M.BALIČ, Die Bedeutung der hist.-krit. Methode für die Erneuerung der skotischen Schule in der Gegenwart (Wissenschaft u. Weisheit 4, 1937, 273-281) - V.HEYNCK, Zur Lehre von der unvollkommenen Reue in der Skotistenschule des ausgehenden 15.Jh.s (FS 24, 1937, 18-58) - L.MEIER, Die Barfüßerschule zu Erfurt (BGPhMA 38, 2), 1957, bes. 76ff. - Vgl. auch → Duns Scotus, → Neuscholastik. *M.A.Schmidt*

Scotus, 1. *Johannes Duns* → Duns Scotus.

2. *Johannes Eriugena* → Johannes Scotus Eriugena.

3. *Michael* → Michael Scotus.

Scougal, *Henry* (1650-78), * wahrscheinlich in Leuchars, Fifeshire (Schottland), † in Aberdeen, wurde dort infolge seiner Begabung fast unmittelbar nach dem Studium Professor (1673). Schüler des Erzbischofs Robert Leighton (1611-74) von Glasgow, pflegte S. eine milde mystische, dem Liturgischen offene, mehr anglikanische als presbyterianische Frömmigkeit und verwarf bes. den staatskirchlichen Opportunismus von → Hobbes. Sein Buch »The Life of God in the Soul of Man« (1677, anonym) gehörte zu den wirksamsten Erbauungsbüchern im 18.Jh. und hatte starken Einfluß auf die jungen Methodisten J. und Ch. → Wesley, G. → Whitefield, John Newton, James Hervey.

Collected Works 1765, 1773, 1830. - D.BUTLER, H.S. and the Oxford Methodists, 1899 - DNB XVII, 1058f - M.SCHMIDT, John Wesley I, 1953, 47ff. *M.Schmidt*

Scriptoris, *Paul* (ca 1450-1505), kirchenkritischer Scholastiker, * in Weil, Franziskaner, hörte in Paris den scotistisch-realistisch lehrenden Ordensgenossen Stephan Brulefer († 1496). Vielleicht in Mainz und bis 1501 in Tübingen als Guardian des Franziskanerklosters, lehrte S. im Sinne der via antiqua anti-ockhamistisch, wirkte auf Th. → Wyttenbach, auf spätere ev. Pfarrer (Paul Volz in Straßburg, Joh.Mantel in Stuttgart), auf Joh. → Staupitz und auf Konrad → Pellikan, seinen Hauptschüler. Seine »Lectura« über die Sentenzen des → Duns Scotus war der erste Tübinger Druck (März 1498). Weder Humanist noch Reformator, erstrebte S. die Umgestaltung der Theologie durch Verzicht auf die scholastische Methode, durch Rückkehr zu den Kirchenvätern und Änderung der meisten Gesetze. Als beliebter und freimütiger Prediger verurteilte S. die Mißbräuche seiner Zeit. Bei seinem Provinzial verklagt, wurde er 1501 abberufen und ging über Wien nach Rom, wo er unbehelligt blieb; † auf der Reise nach Toulouse.

RE XVIII, 100ff - H.HERMELINK, Die theol. Fakultät in Tübingen vor der Reformation, 1906, 163ff - LThK IX, 387f. *E.Barnikol*

Scriver, *Christian,* * 2.1.1629 in Rendsburg, † 5.4.1693 in Quedlinburg, als Student in Rostock bes. von J. → Lütkemann beeinflußt, 1653 Archidiakonus in Stendal, 1667 Pfarrer an St. Jacobi in Magdeburg, wo er seine eigentliche Blütezeit erlebte, 1690 Oberhofprediger in Quedlinburg, einem Zentrum des mystischen Spiritualismus und Frühpietismus (J.H.Sprögel, G. → Arnold). Den Ruf dorthin nahm er auf → Speners Rat an. Berufungen nach Halberstadt, Berlin und als Hofprediger nach Stockholm lehnte er ab. S. war ein bedeutender Erbauungsschriftsteller (→ Erbauungsliteratur, 3 b). Sein »Seelenschatz« (5 Bde, 1675-92), aus überarbeiteten Predigten erwachsen, beschreibt in der Weise Joh. → Arnds den Heilsweg der christlichen Seele von ihrer ursprünglichen Würde über die Sünde zur Buße, Bekehrung und Vollendung und verweilt bes. bei Kreuz und Leiden. S. gehört zu den wichtigsten Wegbereitern des → Pietismus.

Vf. ferner u.a.: Zufällige Andachten, 1667 (nach dem Vorbild von J. → Hall); Gottholds Siech- u. Siegesbette, 1680; Chrysologia catechetica oder Goldpredigten über die Hauptstücke des Lutherschen Katechismus, 1681; Methodus concionandi, 1701. Ausg.n des 19.Jh.s vgl. bei GROSSE (s.u.). - Über S.: J.MOLLER, Cimbria literata I, 1705, 614-619 - O.WEINSCHENK, 1729 - H.KETTNER, 1730 - H.PLATH, Chr.S. (Ev. Kirchenzeitung 71, 1862, 853-860. 877-881. 945-957. 969-972) - M.KRIEG, M. Chr.S., o.J. - HERM.BECK, Die relig. Volkslit., 1891, 143ff - C.GROSSE, Die alten Tröster, 1900, 253ff - RE XVIII, 102f - E.EICHLER, Chr.S.s »Zufällige Andachten« (Phil. Diss. Halle), 1926 - M.SCHMIDT, Chr.S.s »Seelenschatz« als Beispiel vorpietist. Predigtweise (in: Kirche in der Zeit 17, 1962). *M.Schmidt*

Scultetus, 1. *Abraham* (1566-1624), * in Grünberg (Schlesien), studierte 1588 in Wittenberg, 1590 in Heidelberg. 1594 Diakonus in Schriesheim, 1595 Schloßkaplan in Heidelberg, 1598 Pfarrer an der Franziskanerkirche, 1600 Kirchenrat. Nach Tätigkeit in der Oberpfalz und Hanau-Münzenberg war S. Feldprediger des Herzogs von Anhalt. 1612 begleitete er Friedrich V. zur Vermählung nach London. Nach kurzem Aufenthalt bei Johann Sigismund von Brandenburg wurde er 1615 Hofprediger in Heidelberg, 1618 Prof. des AT. 1619 reiste er mit dem Kurfürsten nach Prag, floh nach dessen Niederlage nach Holland und wurde 1622 Prediger in Emden.

JÖCHER IV, 450f (Bibliogr.) - ADB XXXIII, 492ff - RE XVIII, 103f - H.NEU, Pfarrerbuch d. ev. Kirche Badens II, 1939, 564 - G.A. BENRATH, Ref. KGschreibung an d. Univ. Heidelberg im 16. u. 17.Jh. (Diss. Heidelberg), 1959 (Masch.; Lit.). *F.Hauss*

2. *Johann* († 1614), Schriftstellername des Anton Schultze, latinisiert *Anton Prätorius,* ref. Theologe, * in Lippe, um 1589 Diakonus in Oppenheim, um 1595 Pfarrer in Dittelsheim/Rheinhessen, 1596 in Offenbach a.M., 1597 in Birstein, 1598 in Laudenbach. Als 1597 aus seiner Pfarrei 4 vermeintliche Hexen nach Büdingen ins Gefängnis gebracht wurden, trat er gegen die Hexenverfolgungen auf (Gründlicher Bericht von Zauberey und Zauberern, [1598] 1629[4]; → Hexen: II).

N.PAULUS, Hexenwahn u. Hexenprozeß vornehml. im 16.Jh., 1910, 183ff - W.DIEHL, Hassia sacra III, 1918, 160. *H.Steitz*

Sebastian, röm. Märtyrer, schon in der Depositio martyrum von 354 (→ Martyrologien) unter dem 20.Jan. erwähnt und im Coemeterium ad Catacumbas an der Via Appia bestattet. Nach den legendären Akten (AS Jan. II, 257-296) Offizier der Leibgarde → Diokletians und von Bogenschützen hingerichtet. Pestheiliger und Patron der Schützen. In der frühchristlichen Kunst wird S. als bärtiger, reifer Mann dargestellt, später als schöner Jüngling, mit Pfeilen in den Händen oder von Pfeilen durchbohrt.

V.KRACHLING, S.Sébastien dans l'art, Paris 1938 - B.PESCI, Il culto di s. S. a Roma nell'antichità e nel medioevo (Misc. hist. Oliger, Rom 1945, 177-200) - DACL XV/1, 1111ff - EC XI, 208ff (Lit.). *E.Schäfer*

Sebastos *Trapezuntios* (1630-1702), griech.-orth. Theologe, nach seinem Geburtsort Kymina bei Trapezunt auch *Kyminitis* genannt. S. erhielt seine Ausbildung auf der »großen Schule« des Patriarchats in Konstantinopel und wurde später deren Leiter. 1683 gründete er in Trapezunt ein griech. Seminar und war seit 1689 Leiter der griech. Schule in Bukarest, die er, von den walachischen Fürsten gefördert, in den Rang einer Akademie erheben konnte. Als Theologe und Pädagoge hatte S. nachhaltigen Einfluß auf die Hebung von Glaube und Sitte seiner Landsleute.

Vf. u.a.: Dogmatiki didaskalia, 1703 (darin Polemik gegen Rom in bezug auf die Abendmahlslehre u. Erbsünde der Jungfrau Maria); ein Eortologion (Festkalender). - Über S.: RE XVIII, 106f - CHRYSANTHOS Mitropolit von Trapezunt, Die Kirche von Trapezunt (in: Archiv des Pontus, Bd 4/5, Athen 1933, 726-731; griech.) - Megali Elliniki Enkyklopädia XV, 383. G.Möckel

Sebulon → Stämme Israels.

Seckau, Stift, Bistum und Abtei in Steiermark. Das 1140 durch Adalram von Waldeck-Traisen in St. Marein begründete und von Salzburg besiedelte Augustinerchorherrnstift wurde 1143 nach S. verlegt und 1218 unter Erzbischof Eberhard II. Sitz eines kleinen Suffragan- und Eigenbistums von → Salzburg. Die Pröpste waren zugleich Archidiakone, die später gefürsteten Bischöfe, unter denen M.Brenner († 1615) als Bekämpfer des Protestantismus hervortrat (→ Österreich), Generalvikare Salzburgs in Steiermark. Nachdem schon der 2. Bischof die Residenz nach Leibnitz verlegt hatte, ist seit 1782 Graz, wo damals ein Erzbistum gegründet werden sollte, Bischofssitz der heute die ganze Steiermark umfassenden Diözese. Das 1786 begründete und seit 1800 vakante Bistum Leoben wurde 1859 mit S. vereinigt. Das Stift S. wurde 1782 aufgelöst und hier 1883 ein Kloster der → Beuroner Kongregation errichtet, das mit Unterbrechung (1940-45) bis heute besteht und ein Gymnasium führt. Die 1164 geweihte romanische Kirche in S. gilt seit 1931 als Basilica minor.

L.SCHUSTER, Fürstbischof M.Brenner, 1898 - A.BRACKMANN, Germania pontificia I, 1911, 99ff - E.TOMEK-K.AMON, Gesch. d. Diözese S., bisher I, 1917 u. III/1, 1960 - B.ROTH, Qu. u. Lit. z. Gesch. d. ehem. Augustinerchorherrn- u. Domstiftes S. (S.er gesch. Stud. 13), 1957 - DERS., S., 1960. H.Zimmermann

Seckendorf, *Veit Ludwig von* (1626-92), * in Herzogenaurach bei Erlangen, Kameralist, Pädagoge und Kirchenhistoriker, zum Kreis um Herzog → Ernst den Frommen gehörig und Anhänger → Speners. S. besuchte das Gothaer Gymnasium und studierte 1642-45 in Straßburg Philosophie, Rechtswissenschaft und Geschichte, trat in die Dienste Herzog Ernsts (Kanzler seit 1664), wurde 1664 Kanzler und Konsistorialpräsident des Herzogs Moritz von Sachsen-Zeitz und 1691 Kanzler der Universität → Halle. Zeitweise hat er als Privatgelehrter auf seinem 1677 erworbenen Gute Meuselwitz gelebt, wo seine wichtigsten Werke entstanden sind. Als Staatstheoretiker (→ Staat: III) stand er anders als sein Zeitgenosse → Pufendorf noch stark auf dem Boden des luth. Staatsgedankens (die hohen Obrigkeiten Gottes Haushalter; »Deutscher Fürstenstaat«, 1656 u.ö.; »Christenstaat«, 1685). Sein pädagogisches Hauptwerk ist die »Schola latinitatis« (1662). Bei Spener, für den er eine Verteidigungsschrift verfaßte, beeindruckte ihn dessen dem Praktischen zugewandtes Christentum. Als Kirchenhistoriker schrieb er eine von anderen fortgesetzte (→ Kirchengeschichte: I, 2 d) Geschichte der alten Kirche: »Compendium historiae ecclesiasticae« (1666). Größten Ruhm erwarb er sich durch seinen »Commentarius historicus et apologeticus de Lutheranismo seu de reformatione« (1688-92 u.ö.), der durch des Jesuiten L. → Maimbourg »Histoire du Lutheranisme« von 1680 veranlaßt war und in einer für die Zeit einzigartigen Weise Akten verwendet und auswertet.

R.PAHNER, V.L.v.S. u. seine Gedanken über Erziehung u. Unterricht (Diss. Leipzig), 1892 - RE XVIII, 110ff - RGG² V, 364 - W.LÜDTKE, V.L.v.S., ein dt. Staatsmann u. Volkserzieher d. 17.Jh.s (Jb.er d. Akademie... zu Erfurt NF 54, 1939, 39-137). F.Lau

Secker, *Thomas* (1693-1768), * in Sibthorpe (Nottinghamshire), † in Canterbury. Aus einer Dissenterfamilie stammend, befreundete sich S. auf der Dissenterakademie erst in Gloucester, dann in Tewkesbury mit J. → Butler, der ihn 1720 zum Übertritt in die Kirche von England bestimmte. 1716-19 studierte er Medizin in London, Paris und Leiden (1721 Dr. med.), dann Theologie am Exeter College in Oxford, wurde 1724 Pfarrer in Houghton-le-Spring, 1727 in Ryton bei Durham, 1732 Hofprediger, 1733 Pfarrer von St. James's in Westminster, 1735 Bischof von Bristol, 1737 von Oxford, 1750 Dekan von St. Paul's in London, 1758 Erzbischof von Canterbury. S. war der typische Vertreter des orthodoxen Klerus im 18.Jh., mit ausgesprochener Abneigung gegen »enthusiastische« Frömmigkeit, dh den Methodismus, andrerseits ein Gegner der bloßen Staatskirchlichkeit (Benjamin Hoadley).

Works, 4 Bde, 1792. - Über S.: B.PORTEOUS, Review of the Life and Character of Dr.Th.S., 1770 - DNB XVII, 1108ff.

M.Schmidt

Secrétan, *Charles* (1815-95), waadtländischer Philosoph, * und † in Lausanne, wechselte nach juristischem Examen zur Metaphysik über und hörte → Schelling in München. Seit 1838 Prof. für Philosophie in → Lausanne (, 2), rief S. u.a. die 20 Jahre bestehende »Revue Suisse« ins Leben. Die radikale Revolution im Waadtland 1845 sah ihn in der Opposition. Zusammen mit seinem geistlichen Vater A. → Vinet des Amtes entsetzt, folgte er 1850 einem Ruf nach Neuenburg, kehrte aber 1866 auf seinen Lausanner Lehrstuhl zurück und behielt ihn bis zu seinem Tode. Seine Philosophie de la Liberté (I. II, [1849] 1879³) entwirft mit kräftigen Strichen ein System, das, ausgehend von der absoluten Freiheit Gottes, den idealistischen Pantheismus mit seinen eigenen Waffen schlägt. Gegenüber dem Positivismus und Determinismus betonte S. später den absoluten Wert des »Gewissens«, ohne sich jedoch mit dem Neukantianismus seines Freundes Ch.Renouvier (→ Frankreich: III, 2) zu identifizieren. Die Arbeiten jener Epoche spiegeln die Entwicklung eines sich mehr und mehr den sozialen Problemen öffnenden Denkens: Recherches de la méthode, 1857; La Raison et le christianisme, 1863; Précis de philosophie, 1868; bes. die beiden Hauptwerke: Le principe de la morale, (1884) 1893²; La civilisation et la croyance, (1887) 1893³. Die apologetischen Spätwerke kennzeichnet ein waches Interesse für die Menschheit und die Zurückführung des Glaubens auf das Wesentliche (vgl. La crise de la religion, in: Essais de philosophie et de littérature, 1896, 7-65).

RE XVIII, 114ff - Correspondance de Renouvier et S., Paris 1910 - LOUISE SECRÉTAN, Ch.S., Lausanne 1911 - RThPh 1917, 249-344 - F.ABAUZIT, L'énigme du monde et sa solution selon S., Lausanne 1922 - E.GRIN, Les origines et l'évolution de la pensée de Ch.S., ebd 1930 - A.BURNIER, La pensée de Ch.S. et le problème du fondement métaphysique des jugements de valeur moraux, Neuchâtel 1934.

H.Meylan

Sedan. Schon Henri-Robert de la Marck, Fürst von S. († 1574), hatte den Plan gehabt, die später (1642) an Ludwig XIII. gelangte Herrschaft S. zu einem Zentrum ref. Kultur auszubauen. Einer seiner Nachfolger, Henri De la Tour d'Auvergne, Herzog von Bouillon, errichtete 1601 die (1681 durch königliches Dekret aufgehobene) *ref. Akademie*. S. war das Zentrum einer ultracalvinistischen Theologie, die in der Verteidigung der Beschlüsse der → Dordrechter Synode und bes. in der Bekämpfung der Schule von → Saumur ihre Hauptaufgabe sah. Als bedeutende Theologen lehrten in S. zB

P. → Du Moulin (1620–58), S. → Maresius (1624–31) und P. → Jurieu (1674–81).

Umfangreiches Material in: Thesaurus theologiae Sedanensis sive disputationum theologicarum in Sedanensi academia variis temporibus habitarum, quarum auctores sunt Ph.Mornaeus, P.Mornaeus, J.Capellus, A.Ramburtius, S.Maresius, Al.Colvinus, Jos. de Vasseur, J.Alpartus de S.Manusier, nunc primum collectus a J.DE VAUX, Genf 1661. – P.-D.BOURCHENIN, Etude sur les Académies prot. en France au XVIe et XVIIe siècles, 1894 – CH.BORGEAUD, Hist. de l'Univ. de Genève I, 1909 – P.MELLON, L'Académie de S., 1913 – J.VIÉNOT, Hist. de la Réforme française II, 1934 – R.VOELTZEL, Vraie et fausse Eglise selon les théologiens prot. français du XVIIe siècle, 1956 – E.LÉONARD, Hist. générale du Protestantisme II (im Druck).

J.Courvoisier

Sedisvakanz, im kath. Kirchenrecht der durch Erledigung des päpstlichen oder eines bischöflichen Stuhles entstehende Zustand. Als S. wird auch der entsprechende Zustand bei der Amtserledigung von den Bischöfen vergleichbaren Jurisdiktionsträgern (→ Bischof: II, 1) bezeichnet. Über die rechtliche Regelung der Zuständigkeiten während einer S. vgl. → Papat und Primat, 3 c; → Bischof: II, 4.

H.Barion

Sedlnitzki, *Leopold Graf von* (1787–1871), Fürstbischof von → Breslau (: I), Konvertit, * in Geppersdorf/Schlesien, † in Berlin. Schon mit 12 Jahren Domherr in Breslau, wurde S. nach Stellungen als Sekretär im Vikariatsamt und Konsistorialrat in der Regierung 1830 Dompropst, 1831 Bistumsverweser, 1835 durch einstimmige Wahl Fürstbischof, von seiten der romfreundlichen Kräfte beargwöhnt. Staatskirchlich gesinnt, geriet er in der Frage der → Mischehen, da er an der alten milden Praxis festhielt, in Konflikt mit Rom. Von → Gregor XVI. aufgefordert, legte er 1840 sein Amt nieder, wurde preußischer Staatsrat und lebte fortan in Berlin. Schon früh hatte S. durch das Studium → Sailers und der Hl. Schrift ein neues Verständnis von Gnade und Glauben gewonnen. 1862 trat er öffentlich zur ev. Kirche über und förderte durch reiche Stiftungen die Ausbildung des ev. Pfarrernachwuchses (Gründung des »Paulinum« 1862, des »Johanneum« 1869).

Selbstbiogr. (mit Aktenstücken), 1872 – RE XVIII, 120ff; XXIV, 485f – ADB 33, 531ff – A.FOURNIER, Liszt u. S., 1910 – F.WIEGAND, Fürstbischof Graf L.v.S. (Warum evangelisch? 4), 1925.

G.Maron

Sedrach-Apokalypse. Genannt nach Sedrach/Sadrach (Dan 1, 7), ursprünglich wohl Esdras/Esra, und griech. abgefaßt, setzt die S. Hi (→ Hiobbuch), ApkBar (syr) (→ Baruchbücher, 2), bes. aber 4Esr (→ Esrabücher: III) voraus. Als christliches Werk unbekannter Entstehungszeit (vgl. zB 1; 9, 1; 12–13; 14, 10; 15, 3. 7) fußt sie offenbar auf einer hebr. Grundschrift. – Sedrach wird vor seinem Tode in den dritten Himmel (→ Himmelfahrt: II, 2) versetzt. Hier belehrt ihn Gott über Fragen der Theodizee (3–8). Als ihm sein Tod angekündigt wird (9), bittet er um Aufschub (vgl. → Abraham-Testament), nimmt Abschied vom Leibe und bewirkt die Herabsetzung der Bußzeit des Sünders von 3 Jahren auf 20 Tage (10 – 16, 5); hierauf geht seine Seele freiwillig ins Paradies ein (16, 7–10). – Jüdisch sind wohl die Motive von der den Leib füllenden Seele (10, 2ff; Gen rabba 14 § 9) und von der nur Auserlesenen zugänglichen Feuersubstanz Gottes (2, 4; Sifre Dtn § 49), vielleicht auch die Betonung der mit der Liebe Gottes begründeten Willensfreiheit (8, 1); die Behandlung von Buße und Reue setzt dagegen eher christliche Gemeindeprobleme voraus.

Text bei M.R.JAMES, Apocrypha Anecdota, in: TSt II/3, 1893, 127–137; dt.: RIESSLER 156–167. 1274. – SCHÜRER III, 330.

R.Meyer

Sedulius, lat. christlicher Dichter des 5.Jh.s italischer (südgallischer?) Herkunft. S. verfaßte (vor 431 in Griechenland) das Carmen Paschale (nach 1Kor 5, 7), eine im MA überaus beliebte, an Vergil geschulte hexametrische Dichtung, die alt- (Buch 1) und neutestamentliche (Buch 2–5) Wundertaten schildert; weiterhin das Paschale opus, eine schwülstige Prosaparaphrase des Carmen Paschale, eine Elegie (Vergleich AT-NT) und einen Hymnus »A solis ortus cardine…«, der in Liturgie und Kirchenlied fortlebt.

Ausg.: CSEL 10, 1885 (J.HUEMER). – Übers. mit Komm.: N. SCHEPS, Pasch. Carmen I. II (Diss. Amsterdam), 1938 – F.CORSARO, L'opera poetica di S., Catania 1948. – Über S.: RE XVIII, 123f – PW 2. R. II, 1025f – M.v.SCHANZ, Gesch. d. röm. Litt. IV/2, 1920, 368ff – BARDENHEWER IV, 642ff – F.CORSARO, La poesia di S., Catania 1945 – DERS., La lingua di S., ebd 1949 – DERS., S. Poeta, ebd 1956 – ALTANER § 87, 11.

H.Berthold

Sedulius Scotus († nach 858), irischer Gelehrter und Dichter, lebte seit 848 mit einer für die Folgezeit bedeutsamen irischen Gruppe in Lüttich, später auch in Köln. Seine Gedichte brachten ihm die Gunst der Herrscher. Für Lothar II. schrieb er den Liber de rectoribus christianis. Bibelkommentare, grammatische Schriften und sein Collectaneum mit den Proverbia Grecorum erweisen seine umfassende Kenntnis auch der klassischen Literatur.

MPL 103 – MG PL III, 151ff; Epp VI, 206. – S.HELLMANN, S.S., 1906 – MANITIUS I, 315ff; II, 802; III, 1062 – J.F.KENNEY, Sources for the Early Hist. of Ireland, New York 1929, 553ff – F.RABY, A Hist. of Secular Latin Poetry, Oxford (1934) 1957², 242ff – J.GROSS, S.S., ein verspäteter Semipelagianer (ZKG 68, 1957, 322–332).

H.Löwe

Seeberg, 1. *Erich* (8.10.1888 bis 26.2.1945), ev. Theologe, Sohn von 2, * in Dorpat, † in Ahrenshoop. S. war 1914–18 Feldgeistlicher, wurde 1919 ao. Prof. in Breslau, 1920 o. Prof. der KG und DG in Königsberg, 1924 in Breslau, 1926 in Halle, 1927 als Nachfolger von K. → Holl in Berlin. Seine geistreich zugespitzten Untersuchungen zur Theologie Luthers und ihre spiritualistische Interpretation sind von der Kantischen Erkenntnistheorie bestimmt und galten bes. dem Nachweis der Verklammerung des theologischen und philosophischen Denkens bei Luther. An der deutschen kritischen Ausgabe der Werke von Meister → Eckehart war S. maßgeblich beteiligt. Seine kirchenpolitische Haltung näherte sich zeitweise deutsch-christlichen und nationalsozialistischen Bestrebungen. Eine »Kombination von Luther und Meister Eckhart« schwebte ihm als Grundlage einer kommenden Nationalkirche vor (vgl. Krisis der Kirche und des Christentums heute, 1939). Sinn theologischer Arbeit sei es, »Religion zu schaffen«, Aufgabe der KG, »produktive Urbilder« zu erzeugen.

Vf. u.a.: Gottfried Arnold, die Wissenschaft u. Mystik seiner Zeit, 1923; Über Bewegungsgesetze der Welt- u. Kirchengesch., 1924; Das Christentum, in: Die Religionen der Erde, hg.v. C.CLEMEN, (1927) 1950², 335–441; Luthers Theol. I. II, 1929/37; Menschwerdung u. Gesch. (Ges. Aufs.), 1938; Luthers Theol. in ihren Grundzügen, (1940) 1950². – Über S.: E.WOLF, Theol. am Scheideweg (Bekennende Kirche, 1952, 18–40) – B.SEEBERG in: Für Arbeit u. Besinnung, Norddt. Beilage, 7, 1954, 364–370 – H.BORNKAMM, Luther im Spiegel der Geistesgesch., 1955, 86. 101.

H.Hohlwein

2. *Reinhold* (5.4.1859 bis 23.10.1935), ev. Theologe, * in Pörrafer (Livland), 1884 PDoz. in Dorpat, 1885 ao. Prof. ebd, 1889 o. Prof. der syst. Theol. in Erlangen, 1898 in Berlin. S. war ein Gelehrter großen Stils, Ehrendoktor aller vier Fakultäten. Seine Hauptarbeitsgebiete waren → Dogmengeschichte und → Systematische Theologie (: II, 2 a). Sein »Lehrbuch der DG« (I–IV/1.2) wurde noch 1954 nachgedruckt. Dagegen sind die systematischen Arbeiten S.s heute veraltet. Seine einst meist-

gelesenen Bücher sind: »An der Schwelle des 20.Jh.s« (1900), später in sehr erweiterter Gestalt: »Die Kirche Deutschlands im 19.Jh.« (1910^3, in mehrere Sprachen übersetzt). S. fordert hier eine Synthese des neuzeitlichen Realismus mit den bewegenden Kräften des deutschen → Idealismus (: II) und der Reformation Luthers in einer modern-positiven Theologie. – »Die Grundwahrheiten der christlichen Religion« ([1902] 1921^7) sind als Gegenstück zu A. → Harnacks Wesen des Christentums der Versuch, das modern-positive Programm in den Grundzügen zu verwirklichen. Das Christentum wird hier verstanden »als ein Lebensprozeß . . . zwischen dem absoluten Geist und den von ihm geschaffenen Geistern«. Dieses Blicken auf die Lebensbewegung ist S.s Voluntarismus, die Abstellung der religiösen Erkenntnis auf das Hineingezogenwerden des Menschen in den von Gott ausgehenden geistigen Lebensprozeß sein Transzendentalismus. Die »Christliche Dogmatik« (I. II, 1924/25) geht in den bereits 1902 vorgezeichneten Bahnen. Die »Christliche Ethik« ([1911] 1936^3) legt den Ton bes. auf das Verhältnis der christlichen Sittlichkeit zu den akuten sozialen, politischen und nationalen Problemen. Obgleich S.s Lösungen heute nicht übernommen werden können, hat doch sein Anliegen, den modernen Menschen mit der Verkündigung zu erreichen, bleibende Bedeutung. – Vgl. → Kirchlich-sozial.

Bibliogr.: RGG^2 V, 368 (Auswahl); H.Lammers, R.S.-Bibliogr., 1939 (vollst.). – Über S.: EKL III, 895 (Lit.) – G.Krüger, Zum 100. Geb. von R.S. (Kirche in der Zeit 14, 1959, 138f) – G.Koch, R.S. u. die Bekennende Kirche (ebd 208-212). *E.Schott*

Seekers *(Suchende)*, Bezeichnung für religiöse Gemeinschaften der englischen Revolutionszeit. Der Ausdruck findet sich zuerst 1617, breitet sich aber erst nach 1640 aus. Gegenüber der Erstarrung und Veräußerlichung bei den → Puritanern hatte sich unter dem Einfluß von H. → Niclaes, → Everard, J.de → Valdes, → Böhme sowie spiritualistisch verstandener Gedanken Luthers, wohl auch der calvinistischen → Libertiner, in England eine spiritualistisch-eschatologische Mystik verbreitet. Ihre Anhänger erwarteten im Sinne der mystischen Heilsordnung die dritte Heilsstufe, die reine Geistkirche. – Den *Seekers* ging es um das unmittelbare religiöse Erlebnis. Sie lehnten darum jede Schriftgelehrsamkeit, aber auch die Gemeinschaft mit den Ungläubigen ab und meinten, man dürfe nicht predigen, lehren und taufen, weil es an den dazu nötigen geistlichen Gaben fehle. Von dem »Einen«, der in Jerusalem gekreuzigt sei, dürfe man nicht zuviel erwarten, es komme vielmehr auf den »Christ formed in us« an. An vorher nicht bestimmten Orten fanden sie sich form- und zwanglos zusammen und warteten schweigend auf Offenbarungen Gottes (darum auch *»Waiters«*). Untereinander nannten sie sich »Kinder des Lichts« und warteten auf die apostolischen Männer, die Zeichen und Wunder tun und die apostolische Ordnung der Kirche wiederherstellen würden. Die S. waren bes. in den nordwestlichen Grafschaften Englands verbreitet. Ihre Bekanntschaft mit G. → Fox führte sie dem Quäkertum zu (→Dell, → Saltmarsh, → Vane, G.Winstanley; → Quäker, 2). – Daneben vertraten die *Ranters* (Hochtrabende, Schwülstige) in der Gewißheit ihrer prophetischen Aufgabe eine dualistische, pantheistische und antinomistische Frömmigkeit. Auf Grund ihrer inneren Christuserfahrung bestritten sie die Autorität der Schrift, des Glaubensbekenntnisses und der Sakramente, verwarfen den Krieg und alle äußere Gewalt und wollten die paradiesischen Zustände wiederherstellen. Auch sie verschmolzen zunächst mit den Quäkern, doch litten diese unter ihren revolutionären und zT auch unmoralischen Tendenzen. Die Ranters wurden von R. → Baxter scharf angegriffen. Im 19.Jh. wurde »Ranters« eine Bezeichnung für Nonkonformisten. – Vgl. → Levellers, → Quintomonarchisten.

Th.Edwards, Gangraena, or a Catalogue and Discovery of many of the Errours... of the Sectaries of this Time, 1646 – J.Jackson, A Sober Word to a Serious People, 1651 – R.Barclay, The Inner Life of the Religious Societies of the Commonwealth, (1876) 1879^3 – RE XVIII, 126ff; XXIV, 486ff – L.H.Berens, The Digger Movement in the Days of the Commonwealth, 1906 – R.M.Jones, Studies in Mystical Religion, 1909, 449ff – Ders., Spiritual Reformers in the 16th and 17th Cent., 1914 – Ch.Burrage, The Early English Dissenters in the Light of Recent Research I. II, 1912 (Lit.) – W.C.Braithwaite, The Beginnings of Quakerism, 1912, 25ff. 58ff. 79ff – ERE X, 578ff; XI, 350f – K.Müller, KG II/2, 1919, 469ff – J.Lindeboom, Stiefkinderen van het Christendom, 1925 – Th.Sippell, Werdendes Quäkertum, 1937 – J.R.H.Moorman, A Hist. of the Church in England, 1953, 247f. *H.Hohlwein*

Seele, *religionsgeschichtlich.* Die für das christliche Abendland so selbstverständliche Idee eines einheitlichen S.nbegriffs ist nicht überall und zu allen Zeiten zu finden. Die meisten Völker außerhalb der späten westlichen Hochzivilisationen haben vielmehr sehr verworrene S.nvorstellungen, die aber bei näherer Prüfung ein bestimmtes Muster aufweisen. Dieses Muster ist durch die Erlebnisgrundlage der primitiveren S.nvorstellungen gestaltet. Diese sind aus bestimmten Wahrnehmungen und Erfahrungen erwachsen und nur sekundär in philosophisch geprägte Begriffe verwandelt, was augenscheinlich am meisten in strukturierten, technisch avancierten Gesellschaften geschehen ist.

Nach E.B.Tylor (→ Animismus) sind zwei Erfahrungen für die Entstehung der S.nvorstellungen verantwortlich: die Beobachtung des Unterschiedes zwischen dem leblosen, bewußtlosen Leib und dem lebhaften, aktiven Menschen sowie die Erfahrung von Reisen in der Traum-Welt fern vom schlafenden Körper. Das erstere Erlebnis führt zur Annahme einer mit dem Atem und Herzen identischen S., das letztere Erlebnis zum Glauben an eine Schatten-S. Diese Auffassung Tylors, die zT durch Aussagen von Mitgliedern der heutigen → Naturvölker bestätigt wird, kann prinzipiell akzeptiert werden, obwohl er, wie später auch W. → Wundt, die Atem-S. und die Schatten-S. als Aspekte eines einheitlichen S.nbegriffes betrachtete, was im allgemeinen für die Naturvölker gar nicht zutrifft. Denn wie Arbman festgestellt hat, kann man eine primäre Scheidung zwischen zwei Vorstellungsreihen konstatieren: einerseits die Vorstellung einer Körper-S., die die Ausdrücke der Lebenspotenzen zusammenfaßt, andererseits die Vorstellung einer Frei-S., die den Menschen in seiner ganzen außerkörperlichen Totalität vertritt. Diese beiden S.nkonzeptionen treten nicht gleichzeitig auf, stehen aber in Wechselwirkung miteinander, denn die Körper-S. ist aktiv, wenn der Mensch bewußt und tätig ist, die Frei-S., wenn er schläft (→ Schlaf) oder bewußtlos ist. – Die *Körper-S.* ist zuweilen in mehrere S.nkonzeptionen zersplittert. So kann es viele S.npotenzen geben, die die verschiedenen physischen Lebensfunktionen zum Ausdruck bringen, zB den → Atem (Hauch-S.), das Herz, die Pulse. Die Hauch-S. kann als ätherisches Fluidum (»S.nstoff«) vorgestellt sein und bietet dadurch einen Übergang zur Frei-S. Bisweilen stellt man sich vor, daß die Hauch-S. eine spezielle Gabe des Höchsten Wesens (→ Hochgottglaube) ist, die nach dem → Tode des Besitzers zu Gott zurückkehrt. In dieser Hinsicht scheidet sie sich von den anderen Körper-S.n, die mit der Verwesung des Menschen zugrunde gehen. Eine Sonderstellung unter den Körper-S.n nimmt die sog. Ich-S. ein. Sie repräsentiert die psychischen Möglichkeiten des Menschen, bes. die Gedanken- und Gefühlspotenzen, und kann wie die anderen Organ-S.n in verschiedene S.n aufgeteilt sein. - Die *Frei-S.*, die von allen diesen S.nvorstellungen ganz unabhängig ist - sie ist ja nur das Erinnerungsbild des lebenden Menschen -, kann den Körper in Träumen, Trancen und Bewußtlosigkeit kürzere oder längere Zeit verlassen; wenn sie nicht zurückkommt, stirbt der Mensch. In ihrer äußeren Gestaltung kann sie verschiedene Formen aufweisen, zB als (durchsichtiger) Mensch, Schatten, Vogel (→ Seelenvogel), Schmetterling oder Feuerfunke hervortreten. Da diese S. die einzige ist, die den ganzen Menschen vertritt, und ihre Abwesenheit von ihm sein → Leben aufs Spiel setzt, ist sie meist auch die überlebende S., dh die Persönlichkeit des Menschen nach dem → Tode (obwohl die philosophische Spekulation nicht immer die S. des Lebenden und die Person des Toten in einem Begriff zusammenfaßt).

Dieser S.ndualismus scheint also den S.nkonzeptionen der primitiven Völker zugrunde zu liegen. Dabei ist aber zu beachten, daß er sich bei den einzelnen Völkern verschieden entwickelt hat. Der beste Dualismus liegt offenbar bei den afrikanischen und nordeurasischen Völkern vor; bei letzteren ist es nicht unmöglich, daß der hier sehr hervorragende → Schamanismus den Dualismus befestigt hat. In Sibirien findet man als zusätzliche S. zu dem ursprünglichen Dualismus auch eine Kinder- oder Wachstums-S., die das Wachstum des Kindes befördern soll. In der → finnisch-ugrischen Religion (, 2) ist die Frei-S. zu einer Schicksals-S. entwickelt, die selbständig gegenüber dem Menschen steht, mit eigener, übernatürlicher Kraft begabt ist und das Geschick des Menschen lenkt. Als eine Art »Kraft-S.« kommt sie auch in Nordamerika vor, wobei man sicherlich mit dem Vorbild der hier überall anwesenden Schutzgeistidee rechnen kann; demgemäß ist diese S. eine Schutz-S. Einige nordamerikanische → Indianer-Stämme haben übrigens ihre grundlegenden dualistischen S.nvorstellungen zu einem Vierseelensystem ausgebildet (vier ist hier eine hl. Zahl).

In höheren Zivilisationen ist der S.ndualismus zu einem S.nmonismus reduziert, doch findet man auch bei den Kulturvölkern des klass schen Altertums, zB den homerischen Griechen, bei den nordischen Völkern in alter Zeit sowie in → China deutlich dualistische S.nvorstellungen. So war in Griechenland ψυχή Frei-S. und θυμός Ich-S., woneben eine Reihe Lebens-S.n in verschiedenen Organen funktionierten. Durch die philosophische Spekulation entstand aber hier ein einheitlicher S.nbegriff, der vom Christentum und später auch vom → Islam übernommen wurde und dann die ganze abendländische Tradition bis zur Gegenwart bestimmt hat (→ Leib und Seele: II, 3). Dh, er dominierte in der Vorstellungswelt der gebildeten Kreise, während die S.nvorstellungen des Volks mehr oder minder mit den alten herkömmlichen Ideen übereinstimmten. In China hielten sich die dualistischen Vorstellungen, weil sie mit dem hier vorherrschenden kosmischen → Dualismus (: I, 1) sehr gut korrespondierten und in diesen auch eingegliedert wurden. In → Indien erlag in nachvedischer Zeit der ursprüngliche dualistische S.npluralismus und wurde in der frühen religionsphilosophischen Spekulation durch einen einheitlichen S.nbegriff ersetzt; die Hauch-S. → âtman wurde für die folgende Entwicklung von entscheidender Bedeutung (→ Upanishaden). Im älteren → Buddhismus verschwand der S.nbegriff völlig zugunsten eines subtilen Ideensystems (Lehre von den flüchtigen Elementen), erschien aber wieder in neuen Kombinationen im jüngeren Buddhismus, bes. dem → Lamaismus.

Abschließend sei erwähnt, daß die S.nvorstellungen sich sehr oft mit Vorstellungen anderen Ursprungs vermischt haben. Die durch → Frazer bekannte, sog. »äußere S.«, die, verborgen außerhalb des Körpers, das Leben des Individuums enthält und garantiert, ist keine wirkliche S., sondern - wie der Schatten, der Name, die vom Menschen abgesonderten Exkremente - eine Erweiterung seiner Persönlichkeit, seines individuellen Wesens; sekundär kann sie aber mit der Lebens-S. zusammenfallen. Der Alter Ego-Glaube, wonach der Mensch so intim mit seinem persönlichen Schutzgeist ist, daß er sich in diesen verwandeln und seine Eigenschaften teilen kann, verwischt manchmal die Vorstellungen vom Schutzgeist und der Frei-S. Der Doppelgänger ist meistens mit der Frei-S. identisch, doch kann auch das Alter Ego als ein Doppelgänger beschrieben werden.

Vgl. ergänzend → Anthropologie, → Leben, → Leib und Seele, → Mensch, → Seelenwanderung, → Totenverehrung: I.

E.B.Tylor, Primitive Culture I. II, (1871) 1903[4]; dt. 1873 - E.Rohde, Psyche. S.nkult u. Unsterblichkeitsglaube der Griechen, (1893) 1925[10] - W.Wundt, Völkerpsychologie IV/1, 1910 - B.Ankermann, Totenkult u. S.nglaube bei afrik. Völkern, 1918 - E.Arbman, Unters.en zur primitiven S.nvorstellung mit bes. Rücksicht auf Indien (MO 20, 1926, 85-226; 21, 1927, 1-185) - L.Lévy-Bruhl, L'âme primitive, Paris 1927 - H.Günther, Das S.nproblem im älteren Buddhismus, 1949 - J.Cuisinier, Sumangat. L'âme et son culte en Indochine et en Indonésie, Paris 1951 - Ad.E.Jensen, Mythos u. Kult bei Naturvölkern, (1951) 1959[2] (s. Reg. s.v. S.; Kritik an Tylor) - L.Greven, Der Ka in Theol. u. Königskult der Ägypter des Alten Reiches (ÄF 17), 1952 - J.Haekel, Die Vorstellung vom Zweiten Ich in den amerik. Hochkulturen (Kultur u. Sprache 52, 1952, 124 bis 188) - Å.Hultkrantz, Conceptions of the Soul among North American Indians (Diss. Stockholm), 1953 - H.Steininger, Hauch- u. Körper-S.... Unters. zur chines. Psychologie u. Ontologie, 1953 - Nilsson I, 40ff. 192ff (forschungsgeschichtlich wichtig!) - U. Schweitzer, Das Wesen des Ka im Diesseits u. Jenseits der alten Ägypter (ÄF 19), 1956 - van der Leeuw §§ 39-47 - I.Paulson, Die primitiven S.nvorstellungen der nordeuras. Völker (Diss. Stockholm), 1958. - Vgl. die Lit. bei den oben genannten Artikeln.

Å.Hultkrantz

Seelenmessen, auch Totenmesse oder → Requiem (nach dem Introitus 4Esr 2, 34f) genannt, sind Votivmessen, durch die die röm. Kirche den → Armen Seelen im → Fegfeuer »machtvollen Beistand« leistet (Schott). Sie sind aus den Oblationen (Darbringungen) für die Toten und den Eucharistiefeiern bei den Begräbnissen (in Afrika und Gallien auch Kommunion des Toten) in engem Zusammenhang mit der Ausbildung der Meßopferlehre (→ Opfer: IV, 2) und der Fürbitte für die Verstorbenen entstanden. Seit dem 2./3.Jh. trat die Abendmahlsfeier an die Stelle der alten Totenopfer und vielleicht auch des Refrigeriums (Totengedächtnismahl). Erster sicherer Zeuge dafür ist → Tertullian (de cor. 3; de monog. 10). → Cyprian (Ep. I, n. 2) bezeugt das Totengedächtnis innerhalb der Messe; ähnlich die → Apostolischen Konstitutionen, die Jakobus-, Basilius-, Markus- und Chrysostomusliturgie (→ Liturgie: III) und das Euchologium des → Serapion (4.Jh.). Das Leonianum, Gelasianum und Gregorianum (→ Sakramentare) enthalten Totenmessen. - Neben der kultischen Begehung des Begräbnistages (→ Exsequien) und dem → Anniversarium (Jahresgedächtnis) wurden S. auch am 3., 7. und 30. Tage, anderswo am 9. und 40. Tage nach dem Hinscheiden gelesen (Termine der vorchristlichen Leichenfeier). - Hob sich der Ritus der S. ursprünglich nicht so scharf von der anderen Meßfeier ab, so sind besondere Gebete bereits im Leonianum vorgesehen. Die Vielzahl der Formulare im späten MA (häufige Übung; besondere Meßstipendien) wurde von Pius V. auf eines beschränkt, das durch wechselnde Lesungen und Orationen in vier gewandelt werden kann: für → Allerseelen (seit Benedikt XV. drei Messen gestattet), den Sterbe- und Jahrestag und eine missa quotidiana. Da die S. die ältesten Votivmessen sind, fehlen in ihnen später eingeführte Meßstücke wie Ps 43, Gloria, Credo usw. Sequenz: Dies irae; Entlassungsformel: Requiescant in pace. – Die griech. sowie die anglikanische Kirche (seit 1552) kennen keine S. Die ev. Kirche beseitigte sie mit der Ablehnung der Lehre vom Meßopfer und vom Fegfeuer, da sie der biblischen Rechtfertigungsbotschaft widersprechen. Allerdings kennt → Berneuchen eine »Messe zum Gedächtnis der Entschlafenen«.

K.J.Merk, Die meßliturg. Totenehrung, 1926 – E.Freystedt. Altchristl. Totengedächtnistage, 1928 – RGG² V, 375 – B.Opfermann, Notizen zur Missa defunctorum (Liturg. Zs. 4, 1931f, 167-172) – L.Eisenhofer, Hdb. d. kath. Liturgik I. II, (1932/33) 1941² – Ders.-J.Lechner, Grundriß d. Liturgik d. röm. Ritus, 1953⁶ – LThK VIII, 832 – J.A.Jungmann, Missarum sollemnia I. II, (1948) 1958⁴ – F.van der Meer, Augustinus der Seelsorger, 1951, 577ff. 758ff – Rietschel-Graff – F.Combaluzier, Fragments de messe Pro Defuncto (EphLiturg 69, 1955, 31-35) – H.R.Philippeau, Textes et rubriques des Agenda mortuorum (ALW 4, 1955, 52-72) – L.Fendt, Einführung in die Liturgiewiss., 1958. *K.Dienst*

Seelenvogel. Die nach außerhalb tretende → Seele ist mit den verschiedensten Tieren (Falter, → Schlange usw) identifiziert worden; doch ist die Vogelvorstellung seit alters am häufigsten. Schon in → Ägypten (: II, 2) ist der *Ba* als Vogel gedacht; in Griechenland begegnet ein ähnlicher Glaube. Verselbständigte Seelen erscheinen in den gefiederten Erinnyen, Harpyen oder Walküren. Vor allem hat die → Mystik das Bild der Seele als eines im Käfig des Leibes gefangenen Vogels über alles geliebt. Für den Aufstieg zu Gott bot sich der Flug des S.s in seinen heimatlichen Garten als treffendes Bild an: die Seele ist – wie der islamische Mystiker sagt – die Nachtigall, die sich zum himmlischen Rosenhag sehnt, oder der Falke, der heim zu seinem Fürsten fliegt, oder die Ente, halb vom Wasser, halb von der Erde stammend. Die trefflichste Allegorie darüber hat der persische Dichter ʿAṭṭār († ca 1230) in seinen Vogelgesprächen (manṭiq uṭ-ṭair) gegeben. Die gesamte Rose-Nachtigall-Poesie läßt sich aus dieser Vorstellung ableiten. Auch die Vorstellung des Hl. Geistes als einer Taube oder der von den Seelen gestaltete himmlische Adler bei Dante dürfte in diesen Bereich gehören. – Nach islamischem Volksglauben verwandeln sich Heilige in Vögel, um Hilfe zu bringen; jedem Menschen ist sein »Schicksalsvogel« auf den Nacken gebunden. Noch heute sagt der Türke von einem Sterbenden: »Sein S. ist entflogen.«

J.v.Negelein, Seele als Vogel (Globus 79, 1901, 357-361. 381-384) – G.Weickert, Der S., 1902 – I.Goldziher, Der S. im islam. Volksglauben (Globus 83, 1903, 301-304) – HWDA VII, 1572ff – R.Eklund, Life between Death and Resurrection according to Islam (Diss. Uppsala), 1941, 16ff – SDF II, 1051 – Nilsson I, 197f – H.Ritter, Das Meer der Seele, Leiden 1955, 185. 205. 340 – van der Leeuw § 42, 4 – I.Paulson (→ Seele; Reg. s.v. Vogelgestaltige Seele) – A.Schimmel, Rose u. Nachtigall (Numen 5, 1958, 85-109) – Loorits (s. Reg.). *A.Schimmel*

Seelenwanderung

I. Religionsgeschichtlich – II. Dogmatisch

I. Religionsgeschichtlich

Der Glaube an die S. (auch Metempsychose, Transmigration, Wiederverkörperung u.dgl.) nimmt an, daß die → Seele eines Sterbenden in den Körper eines neu entstehenden Wesens herüberwandert. Bereits bei vielen → *Naturvölkern* findet sich die Anschauung, daß ein unsterblicher Teil des Menschen nach dessen → Tode in den Leib einer → Frau eingeht und von dieser als Kind erneut zur Welt gebracht wird, so bei verschiedenen Volksstämmen Westafrikas, Nord- und Südamerikas, Neuguineas und Zentralaustraliens. Hier dient die Annahme einer S. als Erklärung dafür, daß neue Menschen geboren werden. Verbreitet ist bes. die Vorstellung, daß in einem Neugeborenen ein verstorbenes früheres Mitglied der Sippe, zB der Großvater, wieder auflebt. Mitunter sind auch totemistische Auffassungen (→ Totemismus) über das nahe Verhältnis, in welchem Menschen und Tiere zueinander stehen, bei der Ausgestaltung dieses Glaubens beteiligt.

Unter den Völkern des Altertums wird nach einer Bemerkung bei Herodot II, 123 vielfach den *Ägyptern* der Glaube an die S. zugeschrieben, doch beruht dies auf einem Irrtum: die Ägypter scheinen nur angenommen zu haben, daß bes. bevorrechtigte Seelen auf eigenen Wunsch sich in Tiere usw verwandeln können. Bei den → Kelten soll nach Cäsar (De bello Gall. II, 14) und Diodor (V, 28) die Theorie von der S. ein wesentliches Element der Geheimlehre der Druiden gewesen sein; auch in der Literatur der alten Skandinavier scheinen einige Stellen auf das Vorhandensein eines Wiederverkörperungsglaubens hinzudeuten.

Eine eigentlich philosophische S.slehre haben *griechische Philosophen* entwickelt. Vielleicht waren sie hierbei von dem Glauben der Thraker beeinflußt; Einwirkungen Indiens sind, jedenfalls in der älteren Zeit, nicht nachweisbar. Die Orphiker (→ Orpheus), Pherekydes, Pythagoras, Empedokles, → Plato, → Plotin und die Neuplatoniker haben sie vertreten, von ihnen abhängig später auch römische Dichter wie → Vergil (Aeneis VI, 748). Im Gegensatz zur S.slehre der bisher besprochenen Völker trägt die der Griechen einen ethischen Charakter; die Wiederverkörperung ist eine → Strafe (: I) für begangene → Sünden und dient der sittlichen Läuterung. Der Mensch soll von dem Kreislauf loskommen, der die Seele immer wieder in das »Grab« eines Leibes bannt (→ Leib und Seele: I).

Während die S. bei den Völkern des Mittelmeerraumes nur als eine Vorstellung neben anderen auftritt, ist sie in → *Indien* (: II) zu einem alle Metaphysik beherrschenden Dogma geworden, das seit der → Upanishaden-Zeit (ca 800 vChr?) zur Macht gelangte. Da sich eine Wiederverkörperungslehre in den älteren Teilen des → Veda nicht mit Sicherheit feststellen läßt, wird angenommen, daß die Indoarier sie von der vorarischen Bevölkerung übernommen haben. In Indien verbindet sich mit ihr die Lehre von der automatisch funktionierenden Vergeltungskausalität der Taten (→ Karma), welche die neue Existenz als Pflanze, Tier, Mensch, Halbgott usw und das Lebensschicksal im einzelnen bestimmt. Im Gegensatz zu anderen Unsterblichkeitstheorien sucht diese Theorie nicht nur eine angemessene → Vergeltung aller Werke sicherzustellen, sondern auch das → Theodizee-Problem zu lösen. Die Frage, warum es dem Guten oft schlecht geht, während der Böse triumphiert, wird dahin erklärt, daß der erstere in einem früheren Dasein Schuld auf sich geladen hat, die abgebüßt werden muß, während der andere auf Grund guter Taten in der voraufgehenden Existenz zunächst seine Belohnung empfängt. Die Kette der → Wiedergeburten ist anfangslos und im gewöhnlichen Verlauf der Dinge ohne Ende, sie kann aber bei einzelnen Seelen durch die Einwirkung göttlicher → Gnade oder durch selbstgewonnene Erkenntnis abgerissen werden, so daß schließlich eine → Erlösung erreicht wird. Die Theorien über die Art und Weise, wie eine S. vor sich geht, sind sehr verschieden. Die meisten Hindus und Jainas nehmen an, daß die seit Ewigkeit existierenden Seelen, von feinstofflichen Körpern umkleidet, aus dem verfallenden Leib in einen neuen Mutterschoß eingehen. Der Vedânta sieht die Einzelseelen als vorübergehende Erscheinungsformen des all-einen Absoluten (Brahma, neutrum) an, die wegen ihres Karma immer wieder zu einer Individualexistenz zurückkehren müssen, bis sie bei Aufgang des wahren Wissens definitiv in es eingehen. Der → Buddhismus (: I, 5) setzt an die Stelle von beharrenden Einzelseelen kontinuierlich weiterfließende Ströme von Daseinsfaktoren.

In den nicht-indischen Religionen tritt die Lehre von der S. nur vereinzelt auf, so bei manchen von indischem Gedankengut beeinflußten Parsen (→ Iran: III), ferner im Judentum bei den → Karäern und bei den Kabbalisten (wo sie »Gilgul«, dh Rollen genannt wird). Im islamischen Bereich (→ Islam: I), wo sie »Tanâsukh« heißt, wird sie von der in Westpersien verbreiteten Geheimreligion der Ahl-i-Hakk, von einigen Mutaziliten und Ismailiten, wie den Bohoras, sowie von Nusairiern, Kurden und → Jeziden geglaubt. Von den Vertretern der christlichen → Gnosis bekannten sich zu ihr → Simon Magus, → Basilides und → Karpokrates. Durch den → Manichäismus, bei dem die Bösen in Tierleiber eingehen, wurde dieser Glaube auch den → Katharern und anderen christlichen Sekten übermittelt. Im modernen Abendland haben F.M. van Helmont, → Kant, → Lessing, Lichtenberg, → Lavater, → Herder, → Goethe, → Schopenhauer dem Gedanken der S. wenigstens zeitweilig nahe gestanden. Einen bedeutsamen Platz nimmt die S. in den Lehren der Theosophie von H.P. → Blavatsky und Annie Besant, in der → Anthroposophie R. → Steiners und im spiritistischen System von Allan Kardec (1804-69) ein sowie bei manchen Sekten, welche in ihr Lehrgebäude hinduistische oder buddhistische Gedanken aufgenommen haben.

A.Bertholet, S. (RV III/2), 1904 - ERE XII, 425ff - H.Leisegang, Die Gnosis, (1924) 1941^{3}, 66. 207. 261 - W.Stettner, Die S. bei Griechen u. Römern, 1934 - HWDA VII, 1577ff - H.v.Glasenapp, Unsterblichkeit u. Erlösung in den ind. Religionen (SGK 14, 1), 1938 - Ders., Entwicklungsstufen im ind. Denken (ebd 15/16, 5), 1940 - HIsl 20 (Ahl-i-Hakk). 727ff (Tanâsukh) - H.S.Long, Study of the Doctrine of Metempsychosis in Greece from Pythagoras to Plato, Princeton 1948 - SDF II, 930f - A.E.Jensen, Mythos u. Kult bei Naturvölkern, (1951) 1959^{2} - Nilsson I. II (s. Reg.) - H.Dörrie, Kontroversen um die S. im kaiserzeitl. Platonismus (Hermes 85, 1957, 414-435) - E.L.Dietrich, Die Lehre von der Reinkarnation im Islam (ZRGG 9, 1957, 129-149) - E.Benz, Die Reinkarnationslehre in Dichtung u. Philos. der dt. Klassik u. Romantik (ebd 150-175).

H.v.Glasenapp

II. Dogmatisch

Der Gedanke der S., neuerdings wieder von R. → Steiners → Anthroposophie vertreten, spricht nicht eine Erfahrung aus, sondern ist Spekulation aus bestimmten Motiven, wesentlich aus moralistischem Denken geboren. Eine wahrhaft moralische Weltordnung scheint die S. zu fordern. Nach rückwärts: die immer wieder als »ungerecht« empfundene Verschiedenheit der individuellen Schicksale wird befriedigend so erklärt, daß der Mensch in früheren Erdenleben durch seine Taten sich sein Schicksal schuf (→ Karma); das gleiche gilt von der Verschiedenheit der moralischen Anlagen. Nach vorwärts: die S. schafft Raum, die moralischen Postulate sowohl des sühnenden Ausgleichs der Taten wie auch der sittlichen Entwicklung zur Vollkommenheit unter der erziehenden Leitung durch die »Weltmoralität« zu befriedigen. - Keiner dieser Gedanken verträgt sich mit christlichem Denken. Der phantastische metaphysische Dualismus von → Leib und Seele (sie haben eine ganz verschiedene, voneinander unabhängige Vorgeschichte) vergeht sich gegen die echte → Geschichtlichkeit, Einheit und Einmaligkeit unseres leib-seelischen Daseins. Die moralistische Erklärung der Schicksale bleibt unter der Höhe des NT (Joh 9, 1ff). Gewiß wirken in der Verteilung der Schicksale auch Gesetze göttlichen Zornes - aber nicht nur individuell zuteilend, sondern auch kollektiv den einzelnen als Glied eines Zusammenhanges treffend, im Nacheinander der Generationen und im Miteinander der Gleichzeitigen: »Unschuldige« werden von dem Verhängnis der Schuldigen mitgetroffen. Darüber hinaus bleibt die Verteilung der Leiden ein Geheimnis der Freiheit Gottes und ist nicht moralistisch aufzurechnen. Gott ist größer, reicher und wunderbarer als ein moralisches Weltgesetz. - Die Erklärung der empirischen Charaktere aus früheren Leben streitet ebenso gegen die Wirklichkeit durch ihren ganz geschichtslosen Individualismus: alle Zusammenhänge, in denen der Mensch steht, werden vergleichgültigt. Die Wirklichkeit übergreifender Lebenseinheiten, die den einzelnen auch geistig-seelisch bestimmen, gilt nichts. Statt dessen wird eine mythologische individualistische Hinterwelt erdacht. - Ebenso muß das christliche Denken die Postulate der Sühne und der Entwicklung, von denen der Gedanke der S. lebt, ablehnen. Die Forderung sühnenden Ausgleichs verkennt den von Gottes Heiligkeit gesetzten Ernst der Geschichte, nämlich ihre Einmaligkeit: da die einmalige Stunde, deren Anspruch nicht erfüllt wurde, nie wiederkehrt und jede neue Gott im voraus gehört, ist ein Wiedergutmachen unmöglich. Der Karma-Gedanke der S.lehre besagt: der Mensch kann die furchtbare Störung der Ordnung handelnd rückgängig machen. Der Christ weiß um die Unaufhebbarkeit der Schuld und Wirkung und kommt zur Ruhe allein in der Gewißheit der → Sündenvergebung und des auch das Schlimme zum Heile wendenden gnädigen Waltens Gottes. Der Karmalehre ist der wunderbar vergebende und heilende lebendige Gott hinter einem rational einsichtigen Weltgesetz verschwunden. - Nicht weniger widerstreitet der Gedanke, die S. sei um der sittlichen Fortentwicklung willen nötig, der christlichen Erkenntnis. Nur eine flache moralistische Auffassung der → Sünde kann von »Entwicklung« zur Vollkommenheit träumen. Sünden lassen sich durch Entwicklung abtun, die Sünde nicht. Der alte Mensch wird nicht durch diesseitige oder jenseitige Entwicklung mehr und mehr abgebaut, sondern erst durch den endgültigen Vollzug des Rechtfertigungsurteils Gottes im leiblichen Tode und in der Auferstehung mit einem Male abgetan.

R.Steiner, Wie Karma wirkt, 1922$^{9-18}$ - Ders., Reinkarnation u. Karma, 1925$^{11-15}$ - Fr.Rittelmeyer, Wiederverkörperung im Lichte des Denkens, der Religion, der Moral, 1931 - P.Althaus, Die letzten Dinge, (1926^{3}) 1961^{8}.

P.Althaus

Seelsorge

1. Sprachgebrauch, Sacherfassung - 2. Geschichte: a) AT - b) NT - c) Alte Kirche - d) MA - e) Reformatorische Kirchen - f) Nachreformatorischer Katholizismus - 3. Hauptprobleme heute: a) Kollektivgeist der Umwelt - b) Säkulare S. - c) Glaube und Liebe - d) Leitbild des Menschen - e) Der S.r - 4. Mittel und Wege: a) der individuellen, b) der kollektiven S. - S.r = Seelsorger, s. = seelsorgerlich

1. Das Wort S. ist Luther vertraut. Pastoralamt, Hirtendienst, S. sind gleichbedeutende Buchtitel gewesen (Wiclif, Zwingli, Bucer). Von »Sorge« hatte schon die griech. Kirche gesprochen. Psychagogia trug abwertenden Charakter und begegnet erst im modernen Schrifttum. Die lat. Kirche hat mit »cura« den griech. Sprachgebrauch aufgenommen. → Gregor I. spricht neben »cura regiminis« vom »regimen animarum« und »magisterium pastorale« und nennt den S.r »rector«. Im offiziellen röm. Sprachgebrauch ist unter Hirtenamt das Kirchenregiment der Bischöfe verstanden. Das priesterliche S.amt gründet in der Vollmacht zur Verwaltung des Bußsakramentes. Der Sprachgebrauch der Kirchen ist uneinheitlich oder gar verwirrend und kann den Verzicht auf das schillernde Stichwort empfehlen. Um so wichtiger wird die Sacherfassung. Nach Mt 16, 26 gibt

es für den Apostel keine größere Sorge als die für die Seele; das Wort hatte nach at. Verständnis den Bedeutungsgehalt von »Leben«. S. ist darum Führung zum Leben und konnte die ganze Gemeindeleitung bezeichnen. Was wir als spezifische Disziplin vor uns haben, ist durch Ausgliederung aus der Gesamtaufgabe gewonnen. Der kath. Sprachgebrauch ist weit geblieben und versteht unter S. den ganzen Pfarrdienst. Der ev. Sprachgebrauch ist enger und meint Dienst an der Seele in unmittelbarem persönlichem Wirken oder in geistlicher Einwirkung auf die Umwelt seiner Pfarrglieder. Ob man den Namen S. oder Seelenführung oder → Pastoraltheologie bevorzugt, bleibt Geschmackssache.

2. a) Im *AT* ist Propheten und Priestern die Führung des Gottesvolkes zu seiner Bestimmung aufgetragen: den Propheten in der außerordentlichen, den Priestern in der alltäglichen Weisung aus der Tora. Daß næfæš den Sinn von »Leben« hatte, erleichterte den s.en Weg bis in die Randbezirke menschlichen Daseins. Im Wächteramt (Ez 33 und 34) trat die Verantwortung für den einzelnen stark hervor. Trostschriften und -lieder führen zum παρακαλεῖν des NT hinüber.

b) *Jesus* hat S. geübt, ist aber nicht S.r unter andern. Seine S. ist Zeichen des Gottesreiches, das er heraufführt. Daß der wahre Hirte Gott ist, betonte schon das AT. Nur zögernd werden später Gesetzeslehrer und Gemeindeleiter Hirten genannt. Für sie war die Norm der S. die Verkündigung Jesu, die zunehmend auf das alltägliche Leben in der Welt bezogen werden mußte. Aus Joh 10 und sonst hatte der Gemeindehirt zu lernen, daß er unter der Führungsvollmacht Christi steht und jedem Leben reale Hilfe schuldet. → Kirchenzucht (: I) und → Armenpflege (: IV) wurden geübt. Das kennzeichnendste Wort wird παρακαλεῖν (»ermahnen«, »trösten«).

c) Aus der *alten Kirche* sind Briefe Armer an ihre Priester mit Bitten um Hilfe erhalten. In gebildeten Häusern trat an die Stelle des Hausphilosophen der S.r. Die wandernden charismatischen S.r schied man im Kampf um die Gnosis aus. Die Klöster entwickelten sich zu Hochschulen der S. (→ Apophthegmata, → Mönchtum: II). In der Taufvorbereitung wurde der Lebenswandel geprüft und s. beeinflußt. Kirchenzucht war bei Abfallsbewegungen unentbehrlich und förderte den Ausbau des → Bußwesens (: II). Der Spiegel der Haupt- oder Todsünden diente durch Jh.e der Seelenläuterung. Die Kranken erhielten Reste vom Abendmahlstisch. Der Arzt stand in hohem Ansehen; unter den Heiligen waren Ärzte (→ Kosmas und Damian). Steigende → Askese wirkte jedoch der christlichen Schätzung des Leibes entgegen und konnte Krankheits- und Todessehnsucht erzeugen. An Geisteskranken handelte man exorzistisch unter Verwendung des Kreuzeszeichens. Der Schritt zum Magier war klein, die Grenze zum → Aberglauben verwischt, weil das ganze Denken mit → Magie getränkt war. Die → Liebestätigkeit (: II) blieb Glaubensbeweis und starkes Mittel der S. Große Förderer waren → Gregor von Nazianz, → Ambrosius, → Chrysostomus, → Hieronymus (briefliche S.), → Augustin. Der Ertrag ihrer literarischen Arbeit ging in → Gregors I. Regula pastoralis ein.

d) Gregors Schrift wurde in die Volkssprachen übersetzt und im ganzen Abendland und auch im Morgenland verbreitet. Nach → Hinkmar hatte sie der zu konsekrierende Bischof vor dem Altar zu beschwören. Die zunehmende Verquickung von kirchlichem und weltlichem Recht und die Zersetzung der altkirchlichen Bußzucht schadeten der S. Öffentliche Buße taten nur noch bestrafte Verbrecher. Die Standesherren erreichten Befreiung vom → Send-Gericht. Um so wichtiger wurde die geheime Beichte, die durch iroschottische (Laien-) Mönche ins Volk drang (→ Bußwesen: II, 2 a). → Alkuin und Karl d. Gr. verlangten ein Poenitentiale in der Hand jedes Priesters. Die Seelenpflege, bes. in den Klöstern, orientierte sich weiter am Katalog der Hauptsünden und erzog auch zum Bekennen der Gedanken. Zu überragendem Ruhm kam → Bernhard von Clairvaux. Die Auffassung, daß der Mönch keine S. treiben dürfe, weil er tot für die Welt sei, kam noch bei den → Zisterziensern zu negativer Bedeutung, weil die s.e Vernachlässigung weiter osteuropäischer Gebiete die Folge war. Die Bettelorden trieben vor allem in den Städten S. Die Entwicklung der Buße (Beichte) zum Sakrament mußte zum Tod der Laien-S. führen. Die correptio (correctio) fraterna blieb fortan auf Ehe, Familie, nahe Freundschaft und Patenschaft beschränkt und fiel häufig den Sektierern anheim. Nachdem das 4. Laterankonzil die einmalige Beichte im Jahr vor dem zuständigen Parochus als Mindestpflicht geboten hatte, wurde sie zum Mittelpunkt kirchlicher S. ohne stärkere Strahlkraft. Zur schweren Krisis führte das → Ablaß-Unwesen. Die S. in den Klosterspitälern stand meist in gutem Ruf. Tieferblickende wie → Gerson vermuteten schon Zusammenhänge zwischen leiblicher und seelischer Erkrankung. Der Kranke wurde vom Priester in der Regel nur in Sterbensnot besucht, um mit den Scheidesakramenten versorgt zu werden. Reden über die Krankheit galt als seelengefährdend. Der seelischen Vorbereitung auf das Sterben diente eine Literatur, die von De visitatione infirmorum (pseudoaugustinisch) bis zur Ars moriendi reicht. Die → Erbauungsliteratur (, 2) nahm seit dem Buchdruck großen Aufschwung. Die Überbetonung des Leistungsgedankens und der sakramentalen Wirkung ex opere operato warf Feinempfindende in Gewissensnot. Für die seelische Zukunft der Abendländer wurde die wachsende Emanzipation vom christlichen Glauben verhängnisvoll.

e) Für *Luther* mußte sich der Schwerpunkt der S. verlagern, weil er eine sakramentale und rechtliche Sicherung der Kirche nicht gelten ließ. Kein Frieden der Seele ohne den rechtfertigenden Glauben! S. wird wieder vornehmlich Trostamt. Ihr Schwergewicht fällt auf die Verkündigung, ohne die sie ohnmächtig wäre. Der neue Impuls war so stark, daß die private S. zeitweilig zurücktreten konnte; in der Gemeinschaft des Gottesdienstes, unter der Wirkung des Wortes, verbrenne jeder Seelenschaden. Neben den aus der kath. Kirche in den Spiritualismus und die Weltlichkeit Emigrierten standen nun im Wort gebundene Gemeinden. Wie wenig in ihnen private S. fehlte, beweist Luther, der unvergängliche Trost- und Erbauungsbücher schuf und an Fürsten, Handwerkern und Bauern S. übte (bes. auch brieflich!). Als Beichtspiegel verlor der Todsündenkatalog seine Bedeutung; er wurde durch die 10 Gebote ersetzt, was bis heute nachwirkt. Die Privatbeichte wurde bei gleichzeitiger Verneinung ihrer Notwendigkeit beibehalten. Nach der erneuerten Anschauung vom allgemeinen → Priestertum hat jeder Gläubige die »Schlüssel« (→ Schlüsselgewalt: II) und damit Pflicht und Vollmacht der S. Im inneren Kreis der Glaubenden wäre nach Luther die Voraussetzung zur Zuchtübung nach Mt 18 gegeben, doch ist es zu solcher Gestaltung auf luth. Boden vor → Ernst dem Frommen nicht gekommen, wohl aber auf ref. Boden (Genf, → Laski, → Voetius). Weil die Laien-S. wieder unter den Verdacht des Schwärmertums geriet, fiel sie auf luth. Gebiet weithin an spiritualistische Kreise. Verteilung der geistlichen Kräfte und Gemeindeorganisation wurden vornehmlich unter s.em Gesichtspunkt gesehen. Besuch der Kranken war zB in → Bugenhagens KOen vorgeschrieben. Daß die Parochie S.bezirk sein sollte, wurde von allen Richtungen gefordert, bes. vom Pietismus; die Wirkungen hier reichen bis in die Gegenwart (→ Sulze). Stärkste Bewegung brachte die Frage nach der → Kirchenzucht (: I). Der »kleine Bann« (→ Exkommunikation, 2), dh die Entfernung halsstarriger Sünder, wird bejaht. War hier die Zucht Schutzmaßnahme, so war sie in ref. Kreisen Gestaltungsprinzip und erschien unter den notae ecclesiae (vgl. Calvin, Inst. IV, 12, 1). Die Genfer Ordonnanzen 1561 ordneten die jährliche Familienvisitation durch eine gemischte Kommission an. Über → Bucer und → Calvin, zT auch im Rückgriff auf das Sendgericht des MA, wirkte das ref. Vorbild auch auf das Luthertum (→ Sarcerius, → Hemmingsen, J.V. → Andreä, → Großgebauer u.a.). Die visitatio domestica setzte sich auf die Dauer überall durch, nicht so sehr zur Sittenkontrolle, sondern zur Gewissenserweckung (G. → Arnold u.a.). Ein Zusammenhang zwischen Hausbesuch und Schwund der Privatbeichte dürfte bestehen. Grobe kirchenzuchtliche Maßnahmen wie die Sünderbank und der geistliche Pranger auf dem Kirchhof waren allgemein nur bis ca 1650 ertragbar, nachdem sie schon vorher die geistliche Autorität unterhöhlt hatten, weil Buße in Geldzahlung möglich war; die Kirchenzucht galt als ein Spinnengewebe, in dem die Fliegen sich fingen, durch das aber die Wespen flogen (J.L.Hartmann, 1678). Der Pflicht zur Kranken-S. war man sich stets bewußt (→ Krankenpflege), allerdings übte sie der orthodoxe S.r ohne Aufforderung nicht; erst die KOen des späteren 17.Jh.s überwinden die Scheu. Der → Exorzismus an Geisteskranken war untersagt. Die Privatbeichte wurde bei wachsender Seelenzahl undurchführbar und veräußerlichte, soll auch Geistlichen zum Austrag von Händeln gedient haben. »Der Beicht-, Stank-, Zank- und Marterstuhl wirft Pfaffen und Affen in den Schwefelpfuhl« (anonym). Die Kasuistik fand in Fr.Balduin (1628) einen Vertreter unter dem Eindruck jesuitischer Vorbilder. Von Theoretikern der S. seien J. → Gerhard, J.L.Hartmann, → Scriver, H. → Weller, P. → Tarnow genannt (→ Erbauungsliteratur, 3). – Der *Pietismus,* in Fragen der S. oft unter ref. Einfluß stehend, hat im Konventikel der Laien-S. Raum gegeben. Der Hausbesuch wurde häufiger, die Privatbeichte seltener (J.K. → Schade). In größeren Gemeinschaften der Erweckten wurde der Parochialzwang bekämpft und damit die bisher behauptete materielle Grundlage der S. bedroht. Die s.en Probleme der Bevölkerungsvermehrung sah wohl niemand. Dafür erkannte man schärfer die besonderen Aufgaben der Jugend- und Frauen-S. und drang auf vertieftes psychologisches Wissen. Andererseits hemmten Schemata (Bußkampf, Bekehrung) die Entfaltung der religiösen Psychologie. Briefliche S. blühte auf. Ein Ruhmesblatt ist die S. an Schülern, Verwaisten, sozial Benachteiligten in den neuen Anstalten. Bes. beachtlich war die nach Gemeindegruppen (Chören) getriebene S. der Zinzendorfschen Gemeinden. – In der *Aufklärung* ist S. weithin am Maß staatlicher und gesellschaftlicher Brauchbarkeit gemessen worden, bei entsprechender Standeskasuistik (Kaufmann, Bauer, Lehrling, Knecht). Das führte aus der biblischen Menschenerkenntnis heraus, behielt aber für die Integration des Menschen seinen Wert, solange eine christliche Gesellschaftsordnung gewollt war. Bei ihrem Schwund verloren die Massen schnell den Halt im Ewigen. Auch die Haus- und Krankenbesuche konnten durch das Humanitätsmaß entleert werden. Moralische Belehrung wurde überschätzt. Das Verantwortungsbewußtsein für die sozial Schwachen verband sich mit dem praktischen Christentum der Pietisten. – Das *19.Jh.* machte die Entkirchlichung der Massen offenbar, ließ aber das s.e Problem ungelöst. Da die Geltung des christlichen Glaubens von den Massen nicht mehr anerkannt und ein maßgeblicher kirchlicher Einfluß auf das öffentliche Leben nicht mehr gewollt war, geriet die S. in die schwerste Krise ihrer Geschichte, verlor ihre Unbefangenheit und wurde mit in das Minderwertigkeitsbewußtsein gezogen, das für die Christenheit heute kennzeichnend ist. Die S. zieht sich auf den inneren Kreis der Gemeinde zurück, wie ihre Hauptthemen zeigen: Privatbeichte, Abendmahlsmöglichkeit bei konfessioneller Abweichung, Zurüstung kirchlicher Arbeits- und Gemeinschaftskreise, Gottesdienst für die Kirchentreuen. Dem Massendasein sind am ehesten Großevangelisationen mit nachfolgender Möglichkeit der Einzel-S. angepaßt, auch der gleichzeitige organisierte Besuchsdienst, der jedes Haus erreicht. Der durch → Blumhardt (, 1) und → Löhe wiedererweckte Exorzismus kam im 20.Jh. zur Beachtung, und zwar im Kampf mit dem → Aberglauben (, 5), der von einigen Theologen (Modersohn, K.Koch u.a.) streng dämonistisch gedeutet wurde. Die entscheidende Frage dürfte sein, ob sich die S. mit der individuellen Arbeit begnügen wird oder zur »Kollektivseele« vordringt.

f) Die *kath. Kirche* hat durch die Reformation neue Anstöße zur S. erhalten. Wohl formulierte man in Trient das Bußdogma im mittelalterlichen Sinn: der geweihte Priester ist der alleinige S.r, der nicht nur in der Beichte Evangelium verkündigt, sondern »als Richter den Richterspruch fällt«. Dadurch ist die → Kasuistik (: III) neu belebt worden, die von allen luth. Kirchen abgewiesen war. → Liguori, neben → Busenbaum der Hauptvertreter der Kasuistik und seit 1950 Patron aller Beichtväter, ist durch die Gründung des → Redemptoristen-Ordens auch einer der Väter der → Volksmission geworden. Redemptoristen sind heute neben Jesuiten führende Vertreter der → Pfarrsoziologie (V.Schurr, B.Haering), deren Bedeutung für die S. in steigendem Maß erkannt wird. Hervorragende S.r waren → Loyola, dessen → Exerzitien über Jh.e s. wirksam bleiben, → Therese von Avila, → Johannes vom Kreuz, → Franz von Sales, dessen »Philothea« eine Frömmigkeit mitten in der Welt s. vertrat und bis in die Gegenwart aufgelegt wird; im 19.Jh. → Sailer und Vianney, der große Charismatiker der S. im modernen Katholizismus. Die Erbauungs- und Gebetsliteratur hat seit Ende des 16.Jh.s vielfach in die ev. Kirche hinübergewirkt. Der Entchristlichung der Massen begegnet heute die → Katholische Aktion, in der auch um Laien-S. gerungen wird. Zuletzt hat Pius XII. in der Apostolischen Ermahnung »Menti nostrae« zur Pastoraltheologie und S. gesprochen.

3. a) Der S. stellen sich heute starke *kollektiv wirksame* geistig-seelische *Mächte* entgegen. Verlorene Kriege und die Greuel um sie her häuften offene und verdrängte Ängste und Schuldgefühle an, die neuen Ungeist mehr herbeirufen als bannen. Die Massen beherrscht das Gefühl, daß der christliche Glaube sich überlebt hat und die Kirchen vergreisen. Folgerichtig geht man bei Bedarf nicht zum Geistlichen, sondern zum Psychotherapeuten. Der Persönlichkeitsschwund ist allgemein, der seelische Kollektivismus ein alle verschlingender Moloch. Die im seelischen Gleichgewicht Erschütterten kompensieren vielfach durch unsinnigen Drang nach höherem Lebensstandard. Der kollektiven Seelengefährdung kann Einzel-S. allein nicht Herr werden, so notwendig sie bleibt. Kollektive s.e Durchdringung ist zu einer Aufgabe erster Ordnung geworden.

b) Dasein und Frequenz der *säkularen S.* sind bedrückend und verheißend zugleich. Den Menschen heute fehlt das Wissen, daß es verordnete christliche S.r gibt, nicht aber das Wissen um die Bedrohtheit der Seele. Da dem Pfarrer eine psychotherapeutische Spezialausbildung selten erreichbar ist, ist respektvolle Zurückhaltung und Zusammenarbeit mit dem Fachmann gefordert (→ Arzt und Seelsorger, → Psychotherapie: II). Das falsche Minderwertigkeitsbewußtsein kann durch die Entdeckung des Verbindenden abgebaut werden: daß hier wie dort der Mensch als Einheit von → Leib und Seele (: II) gesehen wird und daß man beiderseits weiß, daß echte Hilfe - auch gegen diffuse Angst - nicht aus dem Moralismus kommt, sondern aus der Befreiung der Seele vom Zentrum der → Person her. Daß den Fragen der Weltanschauung und des Glaubens die Schlüsselstellung zukommt, ist keine auf Theologen und Philosophen beschränkte Erkenntnis mehr. Das Wort der Theologen wird um so mehr Gewicht erhalten, je profilierter ihre S. ist.

c) Vor Überforderung des konfessionellen Prinzips in der S. warnt die Geschichte. Auch in Zukunft dürfte ein Geben und Nehmen von Kirche zu Kirche erwünscht sein. Der konfessionelle Charakter der Theologie besteht für den kirchlich gebundenen S.r trotzdem; er führt aber in die Existenz, in die er den Rat Suchenden hineinzunehmen hat. Alles kommt auf das Leben im Glauben an. Wird der Anschluß dort nicht erreicht, merkt der Suchende, daß er analysiert wird, ohne in die Liebe Christi hereingenommen zu werden, so wird er von uns fliehen. Die »neue Geborgenheit«, die anstelle der »Unbehaustheit« ersehnt wird, kann nur in der *Einheit von Glaube und Liebe* Erfüllung finden.

d) Wohl nie zuvor hat sich die Öffentlichkeit so laut wie heute zur *Sorge für den Menschen* bekannt. Damit die Gefahr des abstrakten, dh unverbindlichen und propagandistischen Redens und jede humanistische Verfälschung vermieden werde, hat der S.r das volle Menschenbild der Bibel (→ Mensch: II. III) zur Geltung zu bringen, soweit es irgend in seiner Macht steht. Im Wissen um die Geschöpflichkeit, Sündhaftigkeit und Erlöstheit (→ Anthropologie: IV) werden Pessimismus wie Schwärmerei in der Menschenbeurteilung und das sündhafte Spiel mit Menschenseelen überwunden.

e) Vom *S.r* heute ist Freiheit vom Hochmut und geistliche Sachlichkeit nachdrücklich zu fordern, danach eine gediegene, die geistige und seelische Enge immer neu aufbrechende Bildung, damit er der Welt um sich her mächtig werde. Gier nach Sensationen, Gewinn im Glücksspiel, erotischer und sexueller Rausch, auf der andern Seite ungezählte Enttäuschungen, Zynismus und Unglaube, ewiges Kranksein, unqualifizierte Angst, - der S.r hat sich sowohl als Mitbetroffener wie als davon Erlöster in dieser vulkanischen Welt zu bewegen. Eine Christenheit, die alte Bevorrechtungen verliert, verfällt leicht der Grämlichkeit und verlangt nach Führung zu befreiender Freude, aus der als erster der S.r leben sollte. Warmherziges christliches Leben, Verfeinerung der Selbst- und Menschenerkenntnis durch Bibelstudium, Lebenserfahrung und Umgang mit wertvollen Menschen und guter Literatur, ein gesundes Amtsbewußtsein unter ständiger Kontrolle des Geistes und mit der Bereitschaft, selbst S. zu empfangen, der Wille, einen lebendigen Kreis auch von Mitarbeitern in der S. zu erwecken, sind einige der elementaren Forderungen.

4. a) *Individuelle* S. hat im Gespräch ihr vornehmstes Mittel. Das Wort schafft Klarheit. Voraussetzungen auf seiten des S.rs sind: eine Fähigkeit des Hörens, die der Gelassenheit in Gott und der Liebe zum Bruder entspringt, die Gabe der Unterscheidung der Geister, die während des Hörens erfolgen muß, und die Kraft des Zeugnisses. Die Voraussetzungen auf der andern Seite sind Willigkeit, Fähigkeit und Ehrlichkeit des Sich-Aussprechens, Vertrauen zum S.r, geistliche Erwartung, unruhiges Gewissen. Suggestive seelische Überwältigung ist verboten, denn sie widerstreitet dem Vertrauen auf die alleinwirksame Gnade. Verwandt mit dem Gespräch ist der Brief; Luther, → Tersteegen, → Löhe waren seine Meister. Die private → Beichte (: II) wird heute gefordert, wenn auch noch zaghaft. Die ev. Kirche ist auf ihre Erneuerung noch nicht genug vorbereitet und muß darum am Abbau der Scheu und der Zurüstung der Geistlichen arbeiten. Erfahrungen haben die → Evangelisation, die Volksmission und die → Moralische Aufrüstung gesammelt, die ihre Zusammenkünfte durch Privatbeichten ergänzen. Die ev. Kirche sieht ferner seit Jahrzehnten auf → Freizeit-Erfahrung zurück, die schon auf die ev. → Akademien befruchtend gewirkt hat. Charismatisch Begabte werden als Beichtväter weit begehrt (Hoch, s. Lit.). Bisweilen wird der Exorzismus neu erstrebt (Thurneysen, Koch); ob mit Recht, entscheidet sich an der Frage nach dem Satan und den → Dämonen (, 4. 5). Luther, der ihre Existenz bejahte, lehnte die Beschwörung ab und forderte Verachtung des Teufels. Der Hausbesuch wird weiter von den Gemeinden verlangt und gewinnt bei schrumpfender Kirchenmitgliedschaft an Möglichkeiten und Gewicht. Da → Kirchenzucht (: II) ständig in Kasuistik abzugleiten droht, zB beim Kampf um die Kirchensteuer oder beim Trauungsbegehren nach schuldhafter Scheidung, ist sie oft der S. mehr hinderlich als dienlich. Ihre generelle Verwerfung dürfte jedoch falsch sein, denn sie hat ein relatives Recht im Kampf gegen Trunk und Zügellosigkeit und bei gesetzlich denkenden und handelnden Menschentypen. Das gedruckte Wort in vieler Gestalt ist Helfer der Einzel-S., zB in der → Mischehe. Die in Entwicklungsanfängen stehende → Telefonseelsorge scheint vor manchem → Selbstmord (: III) zu bewahren. Die Liebestätigkeit bleibt der große S.r.

b) Auch bei stärkster Intensivierung kann die private S. nicht der Gesamtforderung genügen. Vor einem kollektiven »Atheismus der Christen« stehend, fällt auf die *kollektive* S. größtes Gewicht. Volkskirchlicher Gemeindedienst und Volksmissionen haben längst die Aufgaben erkannt. Die kath. Kirche schafft sich im → Laienapostolat der kath. Aktion ein neues Instrument, ähnlich die ev. Kirche in den gegenwärtigen Formen der → Laienbewegung. Die Zusammenarbeit von Theologie und → Soziologie verspricht hier fruchtbar zu werden. Bei der unabsehbaren Bedeutung der Verbreitungstechniken (→ Presse, → Film, → Rundfunk, → Fernsehen) erstehen der Kirche immer neue Aufgaben. Das schleichende Minderwertigkeitsbewußtsein, das heute hemmend auf der S. liegt und sich auch in hohler Überlegentuerei äußern kann, wird nur in einer tiefbegründeten Bejahung wie Überwindung der Welt abgebaut werden.

Vgl. die Lehrbücher u. Grundrisse der → Praktischen Theologie u. der kath. → Pastoraltheologie sowie die Lit. zu → Beichte, → Kirchenzucht, → Leiden: V. VI, → Moraltheologie, → Psychotherapie: II. Ferner bes.: H.A.KÖSTLIN, Die Lehre von der S., (1895) 1907[2] - A.HARDELAND, Gesch. der speziellen S., 1897 - RE XVIII, 132ff - H.SWOBODA, Großstadt-S., 1909 - H.STEINLEIN, Luther als S.r, 1918 - A.GRUNZ, Arbeiter-S., o.J. (ca 1925) - A.ADLER. Menschenkenntnis, (1926) 1954[6] - J.B.SCHAIRER, Moderne Seelenpraxis, 1927 - O.PFISTER, Analyt. S., 1927 - P.BLAU, Pfarramt u. S., (1927) 1929[2] - DERS., S. an Erwachsenen, 1930 - DERS., S. an Jugendlichen, 1930 - H. FICHTNER, Mediz. Grundlagen der ev. Krankenhaus-S., 1928 - E.BERGGRAV, Die Seele des Gefangenen, 1929 - H.ASMUSSEN, Die S., (1933) 1935[4] - O.BAUMGARTEN, Prot. S., 1933 - W.HOCH, Ev. S., 1937 - E.SCHICK, Der Christ im Leiden, (1937) 1948[4] - W.STÄHLIN (Hg.). Hilfe im Alltag, 1939 - P.TOURNIER, Krankheit u. Lebensproblem, (1940) 1944[4] - DERS., Die Starken u. die Schwachen. 1952 - DERS., Bibel u. Medizin, 1953 - O.RIECKER, Die s.e Begegnung, 1947 - E.THURNEYSEN, Die Lehre von der S., (1948) 1957[2] - DERS., S. u. Psychotherapie, 1950 - W.TRILLHAAS, Der Dienst der Kirche am Menschen, 1950 - TH.BOVET, Lebendige S., (1951) 1954[2] - E.ROTH, Die Privatbeichte u. Schlüsselgewalt in der Theol. der Reformatoren,

1952 - V.E.FRANKL, Ärztl. S., 1952 - A.DE QUERVAIN, Ehe u. Haus, 1953 - K.JANSSEN, Zur gegenw. Situation der S. (ThLZ 79, 1954, 533-542) - P.RABBOW, Seelenführung, 1954 - V.v.WEIZSÄCKER, Menschenführung, 1955 - V.FIRM, Dictionary of Pastoral Psychology, 1955 - L.KÖHLER, Wahres Leben, 1955 - W.GRUEHN, Die Frömmigkeit der Gegenwart, 1956 - W.BITTER (Hg.), Vorträge über die Wandlung des Menschen in S. u. Psychotherapie, 1956 - A.RICH, Christl. Existenz in der industriellen Welt, 1957 - O.HAENDLER, Grundriß der Prakt. Theol., 1957 (Lit.) - V.SCHURR, S. in einer neuen Welt, (1957) 1957² - M.THURIAN, Ev. Beichte, 1958 - W.VISCHER, At. Vorbilder unseres Pfarramtes (in: Gottesdienst - Menschendienst, Festschr. f. E.Thurneysen, 1958, 251-276) - E.FASCHER, Trost bei Luther (in: Stat Crux Dum Volvitur Orbis. Festschr. f. H.Lilje, 1959, 77-92) - E.STEINWAND, Zentrales u. Peripheres in der S. (ebd 214-219) - J.SCHARFENBERG, J.Chr.Blumhardt u. die kirchl. S. heute, 1959 - DERS., Zur Lage der ev. S. heute (ZdZ 13, 1959, 125-133) - W.SUCKER u.a. (Hg.), Die Mischehe, 1959 - R.GÖTZE, Wie Luther Kirchenzucht übte, 1959 - EKL III, 901ff - WKL 1321ff - Forschungen u. Erfahrungen im Dienst der S. (Festschr. f. O.Haendler), 1960 - E.MÜLLER-H.STROH (Hg.), S. in der mod. Gesellschaft, 1961 - E.HERTZSCH, Predigt u. S. (in: Festschr. f. M.Mitzenheim, 1961, 149-160). - Zs.en: Wege zum Menschen, seit 1948 (ev.) - Lebendige S., seit 1949 (kath.). *G.Holtz*

Seemannsmission

1. Allgemeines - 2. Geschichte - 3. Stand der Arbeit

1. Die besonderen Lebensbedingungen des Seemannes forderten zu allen Zeiten spezifische Formen seiner seelsorgerlichen und sozialen Betreuung. Im MA waren die Schiffergesellschaften (noch heute in Lübeck) in den Hansestädten zugleich kirchliche Bruderschaften. Seit der Reformation hat man vor allem die sozialen Einrichtungen ausgebaut, indem man »Seemannshäuser« für arme, kranke und alte Seeleute sowie für Seemannswaisen schuf und durch »Sklavenkassen« um den Loskauf gefangener Seeleute bemüht war. Die geistliche Versorgung der Besatzung scheint meist als eine selbstverständliche Aufgabe des Kapitäns gegolten zu haben.

2. Erst die fortschreitende Säkularisierung auch der Seefahrt nötigte dazu, neue Wege bei der sozialen und kirchlichen Betreuung der Seeleute zu beschreiten. Auf das englische Vorbild wiesen bereits seit 1835 die Hamburger Kreise der Erweckungsbewegung hin, und → Wichern hat auf die Dringlichkeit der Aufgabe wiederholt aufmerksam gemacht. Es war wohl auf diese Anregungen zurückzuführen, daß die Bremer Reederei Viëtor 1854 ein Seemannsheim eröffnete, das durch christliche Hausordnung und Schankverbot gekennzeichnet war. Zu planmäßigem Handeln kam man jedoch erst ein Menschenalter später in den deutschen Auslandsgemeinden Englands. Hier gründete Pastor F.M.Harms, der »Vater der deutschen S.«, 1885 das »Generalkomitee für die deutsche ev. S. in England und Wales«, das 1889 auch die Schottischen Ortskomitees in sich aufnahm. Fast gleichzeitig gelang es, auch in Deutschland zu praktischen Schritten zu kommen. 1886 entstand in Hannover ein Komitee, das sich auf die Innere Mission der luth. Landeskirchen stützte. Bereits 1887 war es imstande, Seemannspastoren nach England, seit 1891 auch in die wichtigsten deutschen Häfen zu entsenden. Diesem Vorbilde folgten die unierten Kirchen durch die Gründung des Berliner Komitees (1895). Diese Komitees schlossen sich 1923 zu einem Fachverbande des Centralausschusses für die Innere Mission zusammen. - Das Werk der S. hat an der bewegten Geschichte der deutschen Seefahrt im 20.Jh. teilgenommen. Seinen höchsten Stand erreichte es 1914. Damals wirkten in 200 Häfen 27 hauptamtliche Seemannspastoren und 63 Seemannsdiakone, es bestanden 34 Seemannsheime und 56 Lesezimmer. Der Wiederaufbau nach 1918 wurde sehr bald durch Wirtschaftskrisen und die politischen Verhältnisse unterbrochen.

3. *Gegenwärtig* bestehen 18 Seemannsheime im In- und Ausland, 3 Seemannsfrauenheime, 15 Lesezimmer und etwa 50 Stützpunkte, teils bei deutschen Auslandspfarrern, teils bei ausländischen S.en. - Die S. hat ihre Aufgabe, durch soziale Fürsorge und missionarischen Dienst christlichen Glauben und christliches Leben unter den 40000 deutschen Seeleuten zu erhalten und zu verbreiten, unter wechselnden Verhältnissen und Voraussetzungen treu zu erfüllen gesucht. Sie tut diesen Dienst in enger Zusammenarbeit mit den S.en der anderen prot. Länder, bes. der USA, Englands, Skandinaviens und der Niederlande. Die entsprechenden Nationalsekretariate der kath. Kirche sind im »Apostolatus maris internationale Concilium« (gegr. 1911) in Rom zusammengefaßt, das der Konsistorial-Kongregation des Vatikans untersteht.

R.MÜNCHMEYER, Hdb. d. dt. ev. S., 1912 - W.THUN, Werden u. Wachsen d. Dt. Ev. S., 1959 (Lit.). *K.Janssen*

Segen und Fluch

I. Religionsgeschichtlich - II. Im AT - III. Im NT. - Vgl. → Formeln

I. Religionsgeschichtlich

Wir können uns S. und F. nicht ohne das → Wort denken. Doch sollte schon der Umstand, daß deutsches »segnen« aus lat. »(cruce) signare« entlehnt ist (HWDA VII, 1583), vor Überschätzung sprachlicher Formel gegenüber bedeutender Handlung warnen. Handlung zeigt sich denn auch etwa in der → Handauflegung (: I), die S. zu übertragen vermag, ebenso wie umgekehrt zB in bestimmten Fingerbewegungen bei F. oder Bannung (RLV III, 393f). Anderseits sollte man auch der Handlung weder zeitlich noch sachlich Priorität vor dem Wort geben, sondern beide als Einheit sehen, hinter die der Forscher schwerlich zurückkommt; solche Einheit wird u.a. in dem ägyptischen Brauch sichtbar, F.formeln gegen Feinde auf Gefäße zu schreiben und diese dann rituell zu zertrümmern (K.Sethe, AAB 1926, 5: Todes-F.: 62ff). Vielleicht kam es bei der Verlautbarung zunächst weniger auf das Wort als auf Lautstärke an (Kriegsgeschrei usw: K.Th.Preuss, Globus 86, 1904, 384f). Ganz sicher ist ein ursprünglich substantieller Charakter von S. oder F.; daher kann man den letzteren auch durch rituelle → Reinigung tilgen (RLV III, 397).

Völlig abwegig wäre es, S. und F. auf eine »magische« Sphäre (→ Magie) zu beschränken und sie aus der Religion herauszuhalten. Mögen sie auch der Zuversicht des Menschen oder gewisser Bevorzugter, Herrschaft über die Umwelt üben zu können, manche Form verdanken, so fügen sie sich doch zwanglos in den Gottesglauben ein. Die Gottheit erscheint als S.sspender für den Menschen zB in theophoren Personennamen, die den Wunsch nach Gabe, Güte oder Hilfe Gottes ausdrücken (H. Ranke, Die ägypt. Personennamen, 1952, 224), wie umgekehrt ihre F.kraft in anderen Namen gegen Feinde angerufen werden kann: »Das Auge des Horus (u.a.) sei gegen sie (dh die Feinde)« usw (W.Spiegelberg, Rec. de trav. 28, 1906, 197ff). Von gleicher Rolle des Namens im Gottesglauben (→ Namenglaube: I) zeugt die Verfluchung von Verbrechern durch Umbenennung; so wird aus einem Mann namens »Den Re liebt« ein »Den Re haßt« usw (G.Posener, RdE 5, 1946, 51ff). Klassische Beispiele für die Bindung von S. und F. an die Gottheit liefert die Rechtssphäre (→ Eid: I). Als ein Sonderfall mögen die Staatsverträge gelten. Im alten Orient sind die → Hethiter dafür vorbildlich (J.Friedrich, Staatsverträge des Ḫattireiches I. II [MVÄG 31, 1 u. 34, 1], 1926/30). Bitte um den S. Gottes ist dem AT (→ Segen und Fluch: II) geläufig und von daher ein

Kernstück christlicher Liturgie (Num 6, 24ff) usw. Vom Gottesglauben her erhebt sich freilich auch Kritik sowohl am S., dessen Spende unkontrolliert in Menschenmacht liegt (so im deutschen Bereich durch die Kirche: HWDA VII, 1584), wie vor allem am F., dessen gedankenloser, zum säkularisierten Schimpfen entleerter Brauch Widerstand herausfordert (es gibt heute in den Niederlanden einen »Bond tegen het vloeken«). Oft verstümmelt der Fluchende vorsichtshalber selbst die wegen ihrer Wirksamkeit gebrauchten heiligen Begriffe: »Gottes Blitz« wird zu »Potz Blitz«, »Sakrament« zu »Sapperment« usw.

Der Anwendungsbereich von S. und F. scheint grundsätzlich unbegrenzt zu sein. Er transzendiert jedenfalls die juristische Sphäre um Eid und Vertrag und wirkt zB in alle Familiendinge hinein. Das formuliert unübertrefflich jüdische Weisheit: »Der S. eines Vaters macht die Häuser der Kinder fest, der F. einer Mutter aber reißt sie nieder bis auf den Grund« (Sir 3, 9). Bes. schützt man, naturgemäß mehr durch F. als durch S., die Integrität des Toten und seiner Grabausrüstung (zu Syrien vgl. Donner). In → Ägypten, wo das ewige Heil des Menschen von Grab- und Versorgungsdienst abhängt, trifft der F. gern diese Notwendigkeiten (The Bremner-Rhind Papyrus Z. 34/7: R.O.Faulkner, JEA 23, 1937, 11).

Die Wirkensweise erstreckt sich, in ägyptischen und namentlich in akkadischen Texten schön komprimiert, auf »Namen und Samen« des vom F. Getroffenen (*šum-šu zer-šu:* Belege bei Scharbert 39ff). Wenn im römischen Bereich die damnatio memoriae an Hochverrätern und darunter auch an Kaisern (wohl grundsätzlich erst nach dem Tode) vollzogen wird, so geschieht das in Prozeßform und macht die Verzahnung von F. und Recht sichtbar (PW IV/2, 2059ff). Mitunter zeigen sich die Dinge in die besondere Struktur einzelner Religionen eingefügt. Im Bereich einer Buchreligion werden bereits Veränderungen am Wortlaut heiliger → Schriften unter F. gestellt (Apk 22, 18f).

Die einzelnen, kaum auf einen Nenner zu bringenden S.- und F.-Texte stellen viele Probleme. Bei der phönikischen F.formel auf dem Sarkophag des Aḥīrām von Byblos (10.Jh.) läßt sich formgeschichtlich die Abhängigkeit von juristischer Diktion (Codex Hammurabi) zeigen; jedenfalls fehlen, was in der Umwelt üblich ist, Götter als Herren der F.-Vollstreckung (Donner). Bei den ahd. S. der Merseburger → Zaubersprüche (für Lösung eines Gefangenen und Heilung eines Pferdes) ist die Frage der Herkunft aus dem Heidentum (also christliche Umdeutung) umstritten (HWDA VII, 1614ff) usw. Insgesamt gewinnt man den Eindruck, daß der Formenreichtum des F.s den des S.s erheblich übertrifft, wie ja die menschliche Phantasie auch Höllenvorstellungen weit detaillierter zu prägen weiß als Himmelsbilder.

H.Sottas, La préservation de la propriété funéraire dans l'ancienne Egypte, avec le recueil des formules d'imprécation, 1913 - RLV III, 391ff; XII, 5ff - HWDA II, 1582ff; VII, 1582ff - H.Donner, Zur Formgesch. der Aḥīrām-Inschrift (WZ Leipzig 3, 1953/54, 283-287) - J.Scharbert, Solidarität in S. u. F. im AT u. in seiner Umwelt (BBB 14), 1958. *S.Morenz*

II. Im AT

S. und F. entstammen wie Bannspruch (→ Bann), Beschwörung und Exorzistenwort dem Bereich der von Haus aus als selbsthandelnd gedachten Wirkworte. Imperativisches (Gen 1, 22. 28; 24, 60) wie indikativisches (Gen 9, 24; 27, 29; 49, 7; 1Sam 25, 33; 26, 25) Aussprechen von S. und F. sind die Grundform für Wirksam- und Gültigsprechen von heilvollem oder heillosem Wesen. Unter der Gotteserfahrung, wo Gott alleiniger Ursprung und Herr vor allem des S.s wird, wandeln sich die Formeln; man ist »dem Gott« (Gen 14, 19; Ri 17, 2; 1Sam 15, 13; Ps 115, 15) bzw. »in seinem Namen« (Ps 129, 8) gesegnet oder, Distanz setzender, »vor Gott« verflucht (Jos 6, 26; 1Sam 26, 19). Auch werden S.s- und F.spruch zu Wunsch und Bitte um S. (Num 6, 24-26 [→ Aaronitischer Segen]; Ps 134, 3) wie um F. (Num 5, 21; Jer 17, 18). S.s- wie F.worte können erweitert sein durch Begründungen, Bedingungen, Verheißungen oder Beschwörungen (1Sam 26, 25; Gen 9, 24; 2Sam 2, 5; Gen 49, 7; 27, 29; 1Sam 14, 24; Ri 21, 28). Umgekehrt werden beim → Eid (: II), wo er hypothetische Selbstverfluchung ist, die F.worte gemeinhin nur angedeutet, wiewohl man sie bei auferlegten Eiden und bei Abiuratio auch voll aussprechen kann. Als Segnen Vorrecht und Pflicht der Priester wurde (Sir 50, 22), tritt für den Laien gern an die Stelle des S.srufs (barûk) der Makarismus ('ašrê). Ausläufer aus S. und F. sind Fürbitte und Rachegebet (Ps 17, 14; 137, 9). Zu größeren Kompositionen wurden gestaltet der → Jakob- und der → Mosesegen. Reihungen von S. und F. finden sich literarisch auch in Epilogen von Souzeränitätsverträgen und Gesetzesbüchern, so im AT im → Heiligkeitsgesetz (Lev 26) und → Deuteronomium (c. 28). Eigenes Formgepräge gaben preis die S.slieder, die → Bileam (Num 22-24) statt der begehrten Feindverwünschungen zu sprechen hatte; sie sind ganz in die Gattung der → Weissagung übergegangen.

Dem Wort kann sich als S.sgestus (Kontaktwirken) Auflegen (Gen 48, 14) oder Aufheben (Lev 9, 22) der Hände zugesellen; auch Augensicht kann als erforderlich begehrt werden (Num 22, 41 u.ä.). Segnende stärken ihre S.skraft durch ein Mahl (Gen 27, 3); ein gesegnetes → Opfer strahlt S.smacht aus (1Sam 9, 13), ursprünglich wohl auch die Passaschlachtung. S. von geweihter Stätte ist bes. wirksam (Ex 20, 24; Ps 118, 26). S.smacht umschließt der Name des S.strägers (Gen 12, 3 u.a.), zu oberst und eigentlichst der Gottesname (Num 6, 23ff). Begleitende F.handlungen können sein Steinewerfen (2Sam 16, 5f), Ausstrecken des Wurfspeers (Jos 8, 18), Pfeileschießen (2Kön 13, 14ff), Fingerzeigen (Jes 58, 9) und Anspucken (Num 12, 14; Dtn 25, 9: Rechtsgestus). Den geschrieben eindringenden F. kennen Num 5, 11ff; (Ez 2, 9f) Sach 5, 1ff. Der Wirkkraft des F.s kann durch S. begegnet werden (1Kön 2, 33. 44f; Dtn 29, 18; Ri 17, 2). S. und F. können auch durchaus ihre Verwirklichung von einer latenten Disposition ihres Empfängers abhängig sehen. In der deuteronomischen Paränese wurde daraus gehorsames oder ungehorsames Verhalten als Voraussetzung für S. oder F.

S. kann in Vollmacht gesprochenes Wirkwort, kann Bitte und Wunsch, kann erstarrte Formel sein. Sein Grundinhalt ist das Zusprechen von heilvoller Kraft. S. ist Lebensmacht, Lebenssteigerung, Lebensüberhöhung und äußert sich konkret als Fruchtbarkeit, die den Boden ertragreich, die Herden zahlreich und den Gemeinschaftsverband volkreich, stark und angesehen macht (Gen 1, 22. 28; 26, 12; Ex 23, 25f; Lev 25, 21; Dtn 12, 15; 14, 24; 28, 4; 1Sam 2, 20; Jes 65, 8; Ps 85, 10ff; 67, 7; 128 u.a.). S. ist Leben und Gedeihen (Ps 133, 3), Glück und Wohlstand (Dtn 15, 4. 14; Spr 10, 22; Hi 1, 10), Hilfe, Bewahrung und Heil (Ps 85, 9ff; Hi 5, 17ff). Für Israel als Gottesvolk bedeutet S. alle zugesagte Huld und Förderung seines Gottes (Ps 29, 11). So soll es S. sein und an S. Anteil geben können (Gen 12, 2f; Jes 19, 23ff; Jer 4, 1f; Ez 34, 26; Sach 8, 13). Ähnlich ist für die davidische Dynastie S. die Zusicherung ihres Bestandes (2Sam 7, 29; Ps 21, 7; 72, 17). Gesegnet wird ein Mensch bei Geburt (Ruth 4, 13f) und Hochzeit (Gen 24, 60), beim Amtsantritt (1Kön 1, 47), bei Erbeinsetzung (Gen 48, 15f u.a.), in Preis und Anerkennung erzeigter

Wohltat (Ri 5, 24), zur Begrüßung wie zum Abschied (1Sam 13, 10; 15, 13; 2Sam 13, 25; 19, 40 usw) und vor allem als Teilnehmer am Kult (Lev 9, 22f; Dtn 27, 12; Ps 115, 12f) wie an besonderen sakralen Ereignissen (2Sam 6, 18; 1Kön 8, 14. 55). S.sprechen kann von der Übergabe eines als S. bezeichneten Geschenks begleitet sein (Gen 33, 11; 1Kön 25, 27; 30, 26; 2Kön 5, 15).

Gott segnen bedeutet, wo immer es mehr als Formel oder gar Redensart (Sach 11, 5) ist, das bekennende Lob für erwiesene Heilstaten (Ex 18, 10; Ri 5, 2. 9; Ps 16, 7; 26, 12; 34, 2; 145, 10 u.ö.). Solch doxologisches Bekennen will aber auch Gott in seiner Machtstellung und seinem Hoheitsanspruch in aller Form anerkennen (Hi 1, 21; Ps 63, 3-5). Umgekehrt ist der F. gegen Gott die stärkste Form der Lossagung von ihm (Hi 2, 9 in euphemistischer Umformung, vgl. 1Sam 3, 13). Gleiches gilt gegenüber dem König, dessen Rechtsstellung man segnend anerkennt (2Sam 14, 22; 1Kön 1, 47; 2Kön 18, 31: Kapitulation), im F. verwirft (Ri 9, 27), sowie von Anerkennung oder Mißachtung elterlicher Autorität (Spr 30, 11), wie denn nicht nur Gottes- und Königs-F. (Ex 22, 27; Lev 24, 15; 1Kön 21, 10), sondern auch Eltern-F. streng untersagt sind (Ex 21, 17). S. spricht Rechtsverhältnisse gültig (Gen 9, 25ff; 27, 27ff. 39f; Jos 14, 13; 15, 15ff), F. entzieht sie. Verzweiflung treibt zum F. gegen Gott und König (Jes 8, 21), aber auch zum F. gegen den Tag der eigenen Lebensanfänge (Jer 20, 14ff; Hi 3).

Anders als beim S. (b^{e}rakā) gibt es beim F. unterschiedliche Termini. Der F. als Rechtsbehelf zur Sicherung von Eid (Gen 24, 41; Hos 4, 2; Neh 10, 30), Vertrag (Gen 26, 28; Ez 17, 19), Bund (Dtn 29, 19f; 2Chr 34, 24), als Ordal-F. (Num 5, 21; → Gottesurteil: II) wie als Rechtsrache gegen unbekannte Diebe, Meineidige und Mitwisser (Ri 17, 2f; Lev 5, 1; Sach 5, 3; Spr 29, 24) heißt 'alā. Geläufig ist die Wortwurzel 'arār; sie meint den F., durch den man jemand ächtet, sich von ihm lossagt (Dtn 27, 15ff: akklamierend), um ihn der unheilwirkenden Kraft des F.s (Dtn 28, 20; Mal 2, 2) zu überlassen (Gen 3, 14; 4, 11; Ri 5, 23 usw). Nicht minder häufig ist der F., der den andern in seiner Ehre und Rechtsstellung leer und gering machen, auch seine Kraft lähmen will (qalāl: 1Kön 2, 8; Jos 24, 9; 1Sam 17, 43f usw). Hinzu kommt noch das bannende Verwünschungswort gegen Feinde (qabāb/naqāb: Num 22, 11; Hi 3, 8 u.a.) und Schädlinge (Spr 11, 26; 24, 24) sowie das scheltende Drohwort (za'ām: Jer 10, 10; Klgl 2, 6; Ps 38, 4 u.a.). Ebenso wird, im Gegensatz zu »ein S. sein«, mit gehäuften Ausdrücken ausgesagt, daß jemand ein F. sein oder werden soll (etwa Jer 29, 18; 42, 18; 44, 12). Es gibt verbotenes Segnen (Jes 66, 3) und verbotenes Fluchen (Lev 19, 14). Gott überwacht beides, F. und S.

MOWINCKEL V, 1924 (Neudr. 1961) - J.HEMPEL, Die israel. Anschauungen von S. u. F. im Lichte altorient. Parallelen (ZDMG 79, 1925, 20-110; ergänzt in: DERS., Apoxysmata [BZAW 81], 1961, 30-113) - DERS., RGG^2 V, 391ff - J.PEDERSEN, Israel I. II, 1926, 182ff. 437ff - B.LANDSBERGER, Das »gute Wort« (MAOG 4, 1929, 294-321) - F.HORST, S. u. S.shandlungen in d. Bibel (EvTh 7, 1947/1948, 23-37 = DERS., Gottes Recht, 1961, 188-202) - SH.H.BLANK, The Curse, the Blasphemy, the Spell and the Oath (HUCA 23/1, 1950/51, 73-95) - C.WESTERMANN, Frage nach dem S. (ZdZ 11, 1957, 244-253) - J.SCHARBERT, »Fluchen« u. »Segnen« im AT (Bibl 39, 1958, 1-26) - DERS., Solidarität in S. u. F. im AT u. in seiner Umwelt (BBB 14), 1958 - A.MURTONEN, The Use and Meaning of the Words l^{e}bārek and b^{e}rākā^{h} in the OT (VT 9, 1959, 158-177) - H.JUNKER, S. als heilsgesch. Motivwort im AT (BEThL 12-13, 1959, 548 bis 558).

F.Horst

III. Im NT

Das jüd.-apokalyptische Verständnis von S. und F. hält sich auch im NT durch. Ihr Eintreffen wird somit nicht in der Geschichte, sondern erst am Ende der Zeit erwartet. S. und F. sind also mit dem Gerichtsgedanken verbunden (Mt 25, 34. 41) oder überhaupt von ihm verdrängt (zB Apk 2, 5-7. 10f u.ö.) und tauchen nur gelegentlich als Synonyma von Seligkeit bzw. Verdammnis auf (1Petr 3, 9; 2Petr 2, 14; Hebr 6, 8), bes. in nach dem Schema der Zweiwegelehre gestalteten Ermahnungen (1Clem 30, 8; 31, 12; Did 5, 1; Barn 20, 1). Überall hier ist S. und F. aus der apokalyptischen Form des at. Bundesformulars unreflektiert übernommen worden. In der Verkündigung Jesu spielen S. und F. keine Rolle (vgl. aber die Seligpreisungen; → Bergpredigt: I). Doch betont die Gemeinde die Gegenwart des eschatologischen Heils im geschichtlichen Jesus durch die Übertragung des messianischen S.srufes (Mt 23, 29) auf den irdischen Jesus (Mk 11, 9f). Die Ablehnung der Offenbarung im irdischen Jesus erscheint bezeichnenderweise als F. (1Kor 12, 3). Ein spezifisch christliches Verständnis von S. und F. kommt schließlich darin zum Ausdruck, daß die Erfüllung des Abraham-S.s als geschichtliche Gegenwart geglaubt und verkündet wird (Apg 3, 25-26).

Bei *Paulus* ist dieser Ansatz zu einer radikalen Neuinterpretation des at. Bundesgedankens entfaltet, bes. Gal 3, 8-14: Vollstreckung des F.s und Erfüllung des S.s sind unabdingbar für die Gegenwart des Heils; so hat Gott in der Geschichte den mit dem → Gesetz (: IV) verbundenen F. in Christus vollstreckt und dadurch den S. rechtskräftig gemacht. Außerhalb dieses Heilshandelns gilt weiter die Androhung des F.s (vgl. Röm 9, 1ff), während durch den → Geist (: IV) in der Gemeinde der S. Gegenwart ist. Zum Herrenmahl gehört sowohl die Christusgemeinschaft des »S.sbechers« (1Kor 10, 16) als auch der vollmächtig über den Ungläubigen ausgesprochene F. (1Kor 16, 22). Damit ist auch gegeben, »daß der Apostel als Repräsentant seines himmlischen Herrn die Vollmacht zu S. und F. besitzt« und sie als ihm übertragenes Recht wahrnimmt (Käsemann). Der vom Apostel ausgesprochene F. ist eine Sanktion, die die Gültigkeit seines Evangeliums schützt (Gal 1, 8f; vgl. Apk 22, 18f) und als Vollzug hl. Rechts das Gericht vorwegnimmt (1Kor 3, 13; 14, 38; vgl. auch 1Kor 5, 3ff; Apg 5, 1ff). Der »S. Christi« (Röm 15, 29) ist nichts anderes als der durch den Apostel im Geist und seinen Charismata gegenwärtige eschatologische Gottes-S.

Dieses paulinische Verständnis von S. und F. hat sich nicht fortgesetzt. Später findet sich neben dem apokalyptischen Verständnis (s.o.) nur noch das Thema des S.s in verkirchlichter Gestalt: zB in der Bezeichnung der Kirche als »Gesegnete« (Eph 1, 3; IgnMagn inscr; Herm vis I, 3, 4), auch in dem liturgisch beeinflußten Bild des segnenden Jesus (Mk 10, 16; Lk 9, 16; 24, 30. 50f). So sehr sich in solchen Zügen gleichzeitig der at.-jüd. Brauch des Segnens fortsetzt, so ist die Christenheit doch dem jüd. Brauch des Fluchens nicht gefolgt (Jak 3, 9-10). Im Sinne des Jesuswortes (Lk 6, 28) wurde das Fluchen als unvereinbar mit dem Gebot der Feindesliebe angesehen (1Kor 4, 12; 1Petr 3, 9; Polyk 2, 2) und überhaupt als unpassend empfunden: im LkEv zB fehlt die Verfluchung des Feigenbaums (Mk 11, 12ff) und die Selbstverfluchung des Petrus (Mk 14, 71).

L.BRUN, S. u. F. im Urchristentum (SNVAO II, 1), 1932 - ThW I, 356f. 449ff; II, 759ff - G.BORNKAMM, ThLZ 75, 1950, 227-230 (=Das Ende des Gesetzes, 1958^2, 123-132) - O.MICHEL, In Memoriam E.Lohmeyer, 1951, 94-100 - E.KÄSEMANN, NTS 1, 1954/55, 248-260 - K.BALTZER, Das Bundesformular, 1961.

H.Köster

Segura y Sáenz, *Pedro* (4.12.1880 bis 8.4.1957), * in Carazo, 1906 Priester, 1920 Bischof von Coria, 1926 Erzbischof von Burgos, 1927 Kardinal und gleichzeitig Erzbischof von Toledo; damit war S. zugleich Primas von

Spanien. 1931 von der republikanischen Regierung ausgewiesen, wurde er 1937 Erzbischof von Sevilla, erhielt also die Primaswürde nicht mehr zurück. 1954 wurde er durch die Bestellung eines Koadjutors cum iure successionis praktisch entmachtet. – Als unbeugsamer Integralist und Monarchist war S. weder dem Vatikan noch dem Staat Francos genehm, geriet vielmehr mit diesem, der wiederholt seine Hirtenbriefe zensierte, in Konflikt. Er war ein entschiedener Gegner des Konkordats von 1953, weil ihm der Staat noch zu wenig für die Förderung des kath. Glaubens tat. Zudem waren ihm jede Mystifizierung des Staates und die damit gegebene Vermischung der Bereiche von Kirche und Staat zuwider. Es fiel ihm sehr schwer, daß das Konkordat dem Staatschef die liturgisch-kanonischen Privilegien des Königs einräumte. Als strikter Gegner der religiösen Freiheit und in dem Willen zur Wahrung der kath. Überlieferung Spaniens wandte er sich auch gegen die zugleich mit dem Angebot einer Wirtschaftshilfe erfolgenden – auch vom amerikanischen Katholizismus ausgehenden – amerikanischen Mahnungen zur Toleranz gegenüber den spanischen Protestanten.

AnnPont 1952, 1957, 1958 – HerKorr 1948ff (s.Reg. s.v. S. u. Spanien). *W.Sucker*

Sehling, *Emil* (1860–1928), führender ev. Kirchenrechtslehrer, seit 1888 o. Prof. in → Erlangen, vorher PDoz. in Leipzig und ao. Prof. in Kiel, Schüler → Friedbergs. S.s Bedeutung für die Kirchenrechtswissenschaft beruht bes. auf seinen Arbeiten zur Geschichte des ev. Kirchenrechts. Sein unentbehrliches Quellenwerk »Die ev. KOen des 16.Jh.s« (5 Bde, 1902–13) wird seit 1955 fortgeführt (hg.v. Institut für ev. Kirchenrecht in Göttingen).

R.Oeschey, ZSavRG Kan. Abt. 18, 1929, VII–XII (ausführl. Bibliogr.) – RGG² V, 395 (Bibliogr.). *H.Liermann*

Seidel, 1. *Heinrich Wolfgang* (28.8.1876 bis 22.9.1945), Dichter, Schriftsteller und Pfarrer, * in Berlin, Sohn des »Leberecht-Hühnchen«-Verfassers *Heinrich* S. (1842 bis 1906), heiratete 1907 seine Base Ina S. (s. 2), legte 1934 wegen Politisierung des kirchlichen Lebens sein Berliner Pfarramt nieder und siedelte nach Starnberg über. – S. setzt die Tradition von Dickens, → Jean Paul, W. → Raabe und Th. → Fontane fort. Jedoch erscheint das literarische Erbe der eigenen dichterischen Aussage gänzlich anverwandelt. S.s Sprache bekundet poetische Bildkraft von äußerster Dichte und Präzision. – Als Mensch der vita contemplativa verharrt S. in gemessener Distanz zum bloß Vordergründigen, gleichwohl Welt und Mitmenschen in verstehender Zugewandtheit beobachtend. S.s Werk wohnt eine verhaltene Heiterkeit inne. Arglose Freude an der comédie humaine führt ihm die Feder, ein allem Zynischen abholder, fast metaphysischer Humor. Schon die frühen Briefe zeigen, daß sich Dichterisches und Religiös-Theologisches nahtlos ineinander verweben. Vom Studium her war S. durch A.v. → Harnack, H. → Gunkel, J. → Kaftan und bes. W. → Herrmann theologisch geprägt. Aber alles Theologisierende, Predigthafte ist seiner Dichtkunst fremd. S. bezeugt die Wirklichkeit des Ewigen, indem er die Welt des Diesseitig-Wirklichen als eine transparente Welt schildert. In der Spiegelschrift des Diesseitigen, zumal der Komik des Menschlichen läßt S. die Wirklichkeit der ewigen Macht aufleuchten.

Vf. u.a.: Erinnerungen an Heinrich Seidel, 1912; Der Vogel Tolidan, 1913; Ameisenberg. Die span. Yacht, 1915; Die Varnholzer, 1918; Das vergitterte Fenster, (1919) 1949; George Palmerstone, 1922; Der Mann im Alang, (1924) 1959; Genia u. andere Erzählungen, 1927; Abend u. Morgen, (1934) 1950; Krüsemann, (1936) 1950; Das Seefräulein, 1937; Das Unvergängliche, 1937; Theodor Fontane. Eine Kurzbiogr., 1940; Das Antlitz vor Gott, 1941; Aus dem Tagebuch der Gedanken u. Träume, 1946; Drei Stunden hinter Berlin. Briefe aus dem Vikariat, hg.v. Ina S., (1951) 1960; Um die Jh.wende. Jugendbriefe, hg.v. Ina S., 1952. – Über S.: K.Ihlenfeld, Zeitgesicht, 1961, 442–447. *P.Geiger*

2. *Ina,* Schriftstellerin, * 15.9.1885 in Halle/Saale, verlebte ihre Kindheit in Braunschweig, Marburg und München an der Seite ihres Bruders, des Schriftstellers *Willy* S. (1887–1934; vgl. das autobiographische Werk »Meine Kindheit und Jugend«, 1935). 1907 heiratete sie ihren Vetter H.W.S. (s. 1). Mit ihm lebte sie in Berlin und Eberswalde und zog später an den Starnberger See. – Ihre ersten Veröffentlichungen sind die Lyrik-Bände »Gedichte« (1914) und »Neben der Trommel her« (1915), von Frömmigkeit, Innigkeit und der Not der Zeit durchpulst, 1918 in dem Band »Weltinnigkeit« noch einmal zusammengefaßt. Neue Lyrik von I.S. erschien 1926 (»Neue Gedichte«), 1934 (»Die tröstliche Begegnung«), 1937 (»Gesammelte Gedichte«), 1950 (»Gedichte«). – I.S.s frühe Romane sind erfüllt von der Problematik junger Menschen ihrer Generation: »Das Haus zum Monde« (1916) und »Sterne der Heimkehr« (1921; beide Bücher 1952 in 1 Bd: »Das Tor der Frühe«). Das unübersehbar christlich-prot. Anliegen des Schreibens von I.S. fand seinen ersten Ausdruck in den Novellen- und Erzählungsbänden »Hochwasser« (1921), »Die Fürstin reitet« (1925), »Renée und Rainer« (1929) und »Der vergrabene Schatz« (1929). Weithin bekannt ist I.S. mit ihren Romanen »Das Labyrinth« (1922), »Das Wunschkind« (1930) und »Lennacker« (1938) geworden. Ihr volkstümlichstes Buch, an dem sie 16 Jahre schrieb, wurde »Das Wunschkind«, Roman um ein Frauenleben während der Zeit der Freiheitskriege, erschütternde Darstellung eines Mutter-Sohn-Verhältnisses, bis in die feinsten blutsmäßigen und metaphysischen Verästelungen hinein erfühlt und nacherlebt. Es ist die Geschichte einer Frau, die, ehe der Mann ins Feld zieht und nie wiederkehrt, von ihm einen Sohn empfängt, den später dasselbe Geschick wie das seines Vaters ereilt. Dieser Sohn, Christoph, ist das Wunschkind, ins Leben gerufen durch den inständigen Wunsch seiner vereinsamten Mutter. Christoph wird zum einzigen und ganzen Inhalt ihres fraulichen und mütterlichen Daseins. – War bis dahin im Schreiben I.S.s alles von einer mythisch-naturhaften Gläubigkeit durchsetzt, so bringt der »Lennacker« die unmittelbare Auseinandersetzung mit der eigenen Konfession und die bejahende Hinwendung zur Person Christi. Am Schicksal einer Familie wird der Weg des Protestantismus seit Luther verdeutlicht. Der letzte Sproß der Lennacker-Familie kehrt verwundet aus dem 1. Weltkrieg heim und durchlebt in zwölf Nächten in seinen Fiebervisionen die Lebensgeschichte seiner Vorfahren, die durch zwölf Generationen hindurch Geistliche waren. Der Roman »Das unverwesliche Erbe« (1954) setzt die genealogische Untersuchung der Lennacker-Familie fort, indem er nun statt der väterlichen die mütterliche Ahnenreihe vom 1. Weltkrieg an rückwärts verfolgt. 1959 erschien unter dem Titel »Michaela. Die Aufzeichnungen des Jürgen Brook« eine Auseinandersetzung mit den Geschehnissen in Deutschland während der jüngsten Vergangenheit. Die Chronik »Drei Städte meiner Jugend« (1960) führt die Dichterin noch einmal an die Stätten ihrer Kindheit zurück.

H.Thomas, Weltauffassung u. künstler. Ausdruck im dichter. Werk I.S.s (Diss. Bonn), 1937 – M.Schulenburg, Stellung u. Bedeutung der Frau in d. Romanen I.S.s, 1938 – H.Friedmann-O. Mann (Hg.), Christl. Dichtung der Gegenwart, 1955, 298–306 – K.A.Horst, I.S., Wesen u. Werk, 1956 (Bibliogr.) – W.Dress, Das Problem d. Protestantismus. Zu I.S.s Büchern »Lennacker« u. »Das unverwesliche Erbe«, 1958. *W.Jacobs*

Sein. Das S. ist ein Prinzip der abendländischen Philosophie, aber auch ihrer Fragwürdigkeit. Daher besteht eine unmittelbare Beziehung des S.s zu Theorie, Geist, Reflexion, Begriff. Seiner formalen Seite nach ist S. die Kopula, die die mannigfaltigen Inhalte vereint. Diese Leerheit erscheint auch als Überlegenheit des S.s, als → Transzendenz gegenüber Seiendem, als das Geheimnis des → Absoluten. So schwankt die Bedeutung des S.s in Abhängigkeit von dem Verhältnis zwischen → Metaphysik und → Logik und dem Ort der → Idee und deren Auffassung als → Wesen und Allgemeines.

Das S. (τὸ ὄν, Sing.!) erscheint in der abendländischen Philosophie zuerst im Eleatismus. S. ist für → Parmenides die Antwort auf eine heute nur schwer faßbare Frage, die Frage nach dem Nichts. S. ist → Wahrheit, der einzig gangbare Weg, Unvergänglich-, Ungeworden-, Ungeteilt-, Anwesend-, Eins-S., von ihm ausgeschlossen das Nicht-S., welches unerkennbar, unsagbar ist. Die Frage, woher die vom S. ausgeschlossenen Bestimmungen kommen, in welchem Sinne sie »sind« und gedacht werden, mußte zu einem treibenden Motiv der griech. Philosophie werden. S.sdenken wird → Dialektik der Gegensätze S.-Nichts, S.-Werden, Einheit-Vielheit, in einer Fülle von Spielarten, von → Heraklit über die Zenonische Aporetik (→ Aporie), den Atomismus (→ Atom) des Leukipp und Demokrit bis zur Umkehrung der eleatischen S.sthese durch Gorgias, der ersten abendländischen Form des spekulativen → Nihilismus. Die erste Vollendung erhält die antike S.slehre durch die Ideenlehre → Platons. Die eleatischen S.sbestimmungen werden auf die Idee übertragen. Das εἶδος als ὄντως ὄν ist an und für sich einfach, ewig, ohne Veränderung, ohne Leiden. Das Problem der Unwahrheit, Veränderlichkeit, Vielheit führt Platon zur Anerkennung des S.s des Nichtseienden, einer notwendigen Verflechtung des S.s mit dem Nicht-S.; auf eine Wissenschaft von den Arten begrifflicher Verknüpfung, in denen sich S.sordnungen darstellen, von denen aus sich auch die → Teilhabe des Einzelnen an der Idee klären soll. Dadurch wird Platon in seinem Gedanken von der Transzendenz des S.s bestätigt (ἐπέκεινα τῆς οὐσίας), die den Grund des S.s und der Wahrheit der Dinge ausmacht. Die Herkunft der Idee aus der Frage des → Sokrates nach dem τί ἐστι einer Sache schafft die Verbindung zwischen S. und → Wesen, Allgemeinheit und → Apriori. Für → Aristoteles ist S. daher bereits ein vieldeutiger Begriff. Im Hinblick auf eine Vierfalt des S.s des Grundes ist nach dem Seienden als solchem (ὂν ᾗ ὄν) zu fragen. Die Idee wird als → Form und → Entelechie gegenüber Stoff und Möglichkeit zu einem organischen Bewegungsprinzip, ihre Transzendenz (χωρισμός) wird aufgehoben. Das Seiende in seiner sprachlichen Struktur ist nach → Kategorien geordnet. Durch einen ontologischen Wahrheitsbegriff und die Prinzipien des καθ' αὑτό (→ Substanz) und κατὰ συμβεβηκός werden ein metaphysischer und ein urteilstheoretischer S.sbegriff zusammengehalten. Die S.sbedeutungen haben analogische, keine gattungsmäßige Einheit. Der → Neuplatonismus denkt S. von der Transzendenz her. Das über allem S. liegende Eine, Gute läßt aus seinem unendlichen Überfluß höheres und niederes Seiendes hervorgehen, dessen Ordnungsprinzip - bestimmt durch die Entfernung vom Ursprung - die Hypostasen von Geist, Seele und körperlicher Natur sind. Die S.sspekulation erhält dadurch stärkere theologische und kosmologische Akzente.

Der S.sgegensatz des Einen und Vielen wird im MA durch den von Gott und Welt, von schaffendem und geschaffenem S. überlagert; damit erscheint als tieferer Gegensatz der von S. und Nichts. Mit dem Begriff der → Schöpfung (: IV), dem Werden der Welt aus dem Nichts durch einen allmächtigen Schöpfer, treten Fragen nach Wille, Freiheit und Prädestination an den S.sbegriff. Die Dreiheit des esse, nosse, velle wird für → Augustin Sinnbild der göttlichen → Trinität. Formal differenziert sich im MA das S. explizit in essentia, esse, ens. »Quemadmodum enim sese habent ad invicem lux et lucere et lucens, sic sunt ad se invicem essentia et esse et ens« sagt → Anselm von Canterbury (Monol. c. 6), »essentia dicitur secundum quod per eam et in ea ens habet esse« → Thomas von Aquino (De ente et essentia c. 1). Aus dem schlechthin alles transzendierenden Begriff des S.s wird die Lehre von den Transzendentalien (res, aliquid, unum, bonum, verum) als Vorstufe der neuzeitlichen sog. → Ontologie entwickelt. Untrennbarkeit und Getrenntheit von Existenz (→ Dasein) und Wesen, Notwendigkeit und → Kontingenz bestimmen den Unterschied zwischen göttlichem und geschaffenem S., den die → Gottesbeweise, die → analogia entis und die umgeformte Idee (ratio aeterna - essentia - species - definitio etc) für das menschliche Wissen überbrücken. → Universalienstreit und → Individuations-Problem erwachsen aus dieser Umformung der antiken Ideenontologie.

Die Krise des Ideenbegriffes im → Nominalismus hat eine Umwandlung des S.sverständnisses zur Folge. S. erscheint als neuer Natur- und Materiebegriff, für den die Begriffe des unendlichen gleichförmigen Raumes und der Kraft wesentlich werden. Das S.sproblem stellt sich als das der Versöhnung des Dualismus von denkender und ausgedehnter durch eine absolute Substanz (Gott). Die rationalistischen Systeme des → Descartes, → Malebranche, → Spinoza, → Leibniz bilden aus der Vieldeutigkeit der Substanz und ihrer Beziehungen Spielarten prästabilierter Harmonie. Während die erkenntniskritische Reflexion Descartes' den Weg für eine Ontologie der Subjektivität bereitet, sucht Chr. → Wolff von der Ontologie als der Wissenschaft vom ens in genere die spezielle Metaphysik (Kosmologie, Theologie, Psychologie) fernzuhalten, um diese auf jene gründen zu können. Die S.smodalitäten (→ Wirklichkeit) bilden den wichtigsten Ansatzpunkt der Kritik → Kants an dieser Grundlegung der Metaphysik. Auf die formalen Prinzipien des Widerspruches, des Grundes und der Möglichkeit ist Metaphysik nicht gründbar. Kant setzt den S.sgegensatz von Ansich-S. und Erscheinung absolut. Durch seine These, daß Erfahrungserkenntnis nur auf Erscheinungen gehen könne, wird die Auflösung des S.sdenkens in → Erkenntnistheorie (→ Neukantianismus) vorbereitet. Der Deutsche → Idealismus (: II) sucht hinter den Gegensatz von Ansich-S. und Erscheinung zurückzugehen, indem er das → Absolute als verwirklichte Identität von Subjekt und Objekt denkt (→ Identitätsphilosophie). → Hegels Logik ist daher die Vollendung einer universalen Ontologie, die die Metaphysik in sich reflektiert hat. S. ist Unmittelbarkeit, die sich durch Reflexion in sich zur abstraktesten Bestimmung des Absoluten vermittelt, ist Übergang ins Wesen, den Begriff, die Idee.

In der Philosophie der Gegenwart wendet man sich zunächst gegen Hegels Begriff der absoluten Vermittlung zugunsten der Unmittelbarkeit (→ Lebens-, → Existenzphilosophie) und versucht, die traditionelle Verknüpfung des S.s mit der Idee umzuformen. Gemeinsam ist die Tendenz, S. zeitlich und geschichtlich zu fassen. → Husserl enthält sich aller S.sthesis, um den Boden für eine neue Ontologie zu schaffen, scheitert aber an der Verknüpfung von Idee und Zeitlichkeit. N. → Hartmanns Ontologie ist eine Topologie der in der Tradition gegebenen S.sbedeutungen nach Wesensgesetzen. Für → Heidegger ist die Geschichte der S.sbedeutungen die der Verbergung und Entbergung des S.s selbst. A.N. → Whiteheads Substanzenmetaphysik sucht eine Überwindung der »bifurcation of nature«.

N.HARTMANN, Platos Logik des S.s, 1909 - H.PICHLER, Chr. Wolffs Ontologie, 1910 - M.HEIDEGGER, S. u. Zeit, (1927) 1953[7] - EISLER II, 30ff - LThK IX, 430ff - M.MÜLLER, S. u. Geist, 1940 - J.-P. SARTRE, L'être et le néant, Paris 1943; dt. 1952 - H.G.GADAMER, Zur Vorgesch. der Metaphysik (in: Anteile, M.Heidegger z. 60. Geb., 1950, 51-79) - H.HEIMSOETH, Studien zur Philos. I.Kants (KantSt, ErgH. 71), 1956 - EF I, 1917ff; II, 106ff (Lit.) - W.PANNENBERG, Akt u. S. im MA (KuD 7, 1961, 197-220). - Vgl. die Lit. zu →Ontologie. *R.Wiehl*

Seïr → Kanaan: I, 2.

Seitz, *Johannes* (1839-1921), * in Neuweiler/Schwarzwald, war ein Schüler → Blumhardts d. Ä. und kam durch seinen Freund Blaich (1820-1903) in das Missionshaus des Deutschen → Tempels. Als Evangelist wirkte S. in Württemberg, später in Schlesien, Sachsen, Brandenburg, Pommern, Ostpreußen. Als Chr.→Hoffmann den »Tempel« rationalistisch beeinflußte und Taufe und Abendmahl abschaffte, trennten sich Blaich und S. von ihm und gründeten 1878 den Ev. → Reichsbrüderbund. S. ist mit Blaich der Gründer der → Karmelmission. 1893 richtete S. in Bahnau/Ostpr. ein Erholungsheim ein, 1898 schuf er das Erholungsheim Teichwolframsdorf bei Werdau/Sa. Hier entfaltete er eine erfolgreiche Seelsorgetätigkeit im Sinne Blumhardts. Auch er hatte die Gabe der Krankenheilung. S. hatte großen Einfluß in der → Gemeinschaftsbewegung und war Gegner der → Pfingstbewegung.

Vf. u.a.: Erinnerungen u. Erfahrungen, (1919) 1922[3]. *H.Brandenburg*

Sekten

I. Religionsgeschichtlich - II. Kirchengeschichtlich - III. Kirchenrechtlich - IV. Die Kirchen und die Sekten in der Gegenwart - V. Sektenwesen in den jungen Kirchen. - Über die einzelnen S.n vgl. die Sonderartikel. - S. = Sekte

I. Religionsgeschichtlich

1. S. ist ein primär religionsbezogenes Gebilde mit folgenden Merkmalen: Es steht kleinzahlig neben einem umfassenderen Gebilde, die Mitglieder fühlen sich als Elite, pflegen enge Gemeinschaft untereinander, halten an speziellen Unterschieden oft scheinbar geringfügiger Natur fest, assimilieren sich langsamer und erleiden u.U. Verfolgung, Rechtsvorenthaltungen oder Prestigeverlust. Die Führung ist weniger bürokratisch und stärker charismatisch.

2. Von S. verschieden sind: → Kirche (: I), die sich selbst als universellen Verband versteht; Schisma, das sich der Personalfrage wegen abgesplittert hat; → »Denomination« in den USA, eine einstige S. mit Mitgliedern ohne Verfolgtsein und Prestigeverlust (H.Becker, s. Lit.). Die Übergänge sind schwankend.

3. Die drei Haupttypen sind nach → Troeltsch: Die aggressive S., die tolerierte, die Gewalt ablehnt und im Winkel lebt, und die assimilatorische, die dem Druck der Umwelt weichend Konzessionen macht. Nicht restlos unter diese Typen lassen sich drei neuere S.narten subsumieren (Honigsheim, s. Lit.): Neuere amerikanische S.n, die bei der dortigen →Toleranz nie zu leiden hatten, für die also die Assimilationsfrage anders liegt, Neger-S.n, welche die Rassensuperiorität ihrer Mitglieder betonen, schließlich religiös kollektivistische S.n.

4. Alle S.n können durch den Tod des Führers enden oder sich zersplittern. Die aggressive S. wird oft von stärkeren Machtgebilden vernichtet, ihr Rest nähert sich dann einem anderen Typ. Die assimilatorische S. wandelt sich zur Kirche, bes. wenn Mitglieder aus anderen Lebensverhältnissen hinzukommen, denen man Konzessionen machen muß, und wenn man Aussicht hat, so dem Druck der Umwelt zu entgehen und die eigenen Chancen zu vergrößern.

5. S.n finden sich offenbar nicht in altindianischen Hochkulturen (→ Mexiko: I, → Peru) sowie in → Mesopotamien. Wohl aber weisen bes. folgende Kulturbereiche S.n auf: → China in Gestalt des → Taoismus; der → Buddhismus, bes. in China und innerhalb des buddhistisch-shintoistischen Mischgebildes in Japan (→Shintoismus: I; der Buddhismus in → Tibet und der Mongolei fällt dagegen unter den Kirchentyp); der persische Zoroastrismus (→ Iran: II. VII) in Gestalt der Mazdakiten (→ Mazdak); Griechenland mit → Dionysos-Kult, eleusinischen → Mysterien, bevor diese von Athen rezipiert und in den offiziellen Kult inkorporiert wurden, sowie den Orphikern (→ Orpheus); das Römerreich in Form von Kulten für →Attis, → Isis und Osiris, → Sabazios, → Mithras u.a.m., dazu → Neuplatonismus und → Neupythagoreer; das Judentum in Gestalt von → Essenern, Damaskusgruppe (→ Damaskusschrift), →Qumran-Gemeinde und später den → Karäern (→ Pharisäer, → Sadduzäer und → Chassidismus sind dagegen Richtungen); der → Islam in Form von → Wahhabiten und den Anhängern der verschiedenen → Mahdis (die Schia [→ Islam: I, 7] dagegen ist keine S., sondern ein zur Kirche gewordenes Schisma).

6. S.n haben eine besondere Chance, wenn in Übergangszeiten tradierte Werte nicht mehr anerkannt werden.

Vgl. → Eschatologie: I, → Messianismus, → Propheten: I.

Allgemein: E.TROELTSCH, Prot. Christentum u. Kirche in der Neuzeit (Die Kultur der Gegenwart, hg.v. P.HINNEBERG, I/IV, 1, [1906] 1909[2], 431-755) - DERS., Die Soziallehren der christl. Kirchen u. Gruppen, (1912) 1923[3], 358ff. 794ff - H.BECKER, Social Thought from Lore to Science, (Boston 1938) New York 1956[2], Kap. II. IV. V - WACH, Relsoz. - P.HONIGSHEIM, Religionssoziologie (Die Lehre von der Gesellschaft, hg.v. G.EISERMANN, 1958, [119-181] 131ff). - Zu 3: DERS., Die Stellung der kleineren christl. Religionsgemeinschaften zum Volksbildungswesen (Soziologie des Volksbildungswesens, hg.v. L.v.WIESE, 1921, 283-300) - DERS., Rural Collectivities (C.P.LOOMIS-J.A.BEEGLE, Rural Social Systems, New York 1950, [825-850] 830ff) - E.T.CLARK, The small Sects in America, Nashville (1937) 1949[2] - A.H.FAUSET, Black Gods of the Metropolis: Negro Religious Cults in the Urban North, Philadelphia 1944 - CH.S.BRADEN, These also Believe, New York 1949 - HUTTEN. - Vgl. die Lit. zu den einzelnen Religionen u. S.n. *P.Honigsheim*

II. Kirchengeschichtlich

1. Begriffliches - 2. Systematisierung - 3. Geschichtlicher Überblick

1. S. ist Entlehnung des lat. secta (von sequi = nachfolgen), das im klassischen Latein neben dem latinisierten haeresis als Äquivalent für griech. αἵρεσις in der Bedeutung »Richtung, Schule, Partei« gebraucht wird und so bereits die Vorstellung einer Sondergruppe enthält. Im christlichen Bereich erhält αἵρεσις/haeresis zusätzlich eine spezifische negative Bedeutung in der Anwendung auf innerchristliche Gruppierungen, die als eigenmächtige Störung der Einheit der Kirche gelten (→ Häresie: I). Secta folgt dieser Bedeutungsentwicklung, wird jedoch nicht ganz auf den präzisen technischen Sinn von haeresis festgelegt. Eine neue technische Bedeutung erhält das Wort S. in Deutschland in der Reformationszeit als Bezeichnung derjenigen christlichen Gemeinschaften, die ohne reichsrechtliche Legitimation neben den anerkannten, sich aber gegenseitig der Häresie bezichtigenden Konfessionskirchen stehen. Aus diesem Rechtsbegriff (→ Sekten: III) entwickelt sich das Wort im allgemeinen Sprachgebrauch zur Bezeichnung

christlicher Gruppen, die nicht den der Konvention als normal geltenden Formen des Kirchentums entsprechen und daher minderer sozialer Geltung sind. Neuerdings wird auch eine grundsätzliche Verschlossenheit gegenüber dem Problem der Ökumene zum Kriterium der Anwendung des Begriffs gemacht, wofür im Selbstverständnis sektiererischer Gruppen ein sachlicher Ansatzpunkt liegt.

2. Als besondere Art christlicher Gemeinschaftsbildung (→ Kirche: VII) wird das S.ntum historisch faßbar in einer Reihe von Gruppierungen, deren Glieder sich als eigentliche Christen verstehen und sich in betonter Antithese zur Kirche einen ausschließlichen Elitecharakter zusprechen. Es können zwei sich oft vermischende oder ineinander übergehende *Grundtypen* unterschieden werden, ein »reformerisches« und ein »spekulativ-prophetisches« S.ntum. - Das dem von → Troeltsch herausgearbeiteten »S.ntypus des Christentums« entsprechende *»reformerische« S.ntum* (zB → Waldenser, → Täufer) entspringt dem Motiv der Wiederbelebung der reinen, im jeweiligen Bild der Urkirche erscheinenden Gemeinde gegenüber einer Kirche, der Weltförmigkeit vorgeworfen wird. Solche Bildungen nehmen ein gesetzlich-rigoristisches und perfektionistisches, oft auch enthusiastisches und zuweilen ein weitgehend spiritualistisches Gepräge an. Als die wiederhergestellte wahre Kirche sehen sie sich konstituiert und garantiert in dem Erwähltsein ihrer Glieder. Das zeigt sich in der Lebensführung, in asketischer Weltentsagung oder »innerweltlicher Askese« (M.Weber) und offenkundiger Geistbegabung (charismatisches Amt, Prophetie, → Ekstase, → Zungenreden). Folgerichtig geht damit einher eine Entwertung der → Sakramente als objektiver → Gnadenmittel und der Autorität des → Amtes (: III), soweit sie von der geistlichen Befähigung seines Trägers unabhängig sein soll. Naherwartung der → Parusie und entsprechende → Apokalyptik (: III. IV) sind häufig. Die Wendung gegen eine Verflachung der Kirche als Protest gegen ihre Auflösung in die Kultur enthält zugleich eine durch die Handhabung des »Gesetzes Christi« als absoluten Rechts und durch das Leitbild der Theokratie noch verschärfte Antithese zu den jeweils kulturtragenden gesellschaftlichen und politischen Mächten. Das führt dann zu einer Distanzierung vom öffentlichen Leben (Apolitie) oder auch zum Versuch gewaltsamen Umsturzes und oft zu einer Verbindung mit sozialen Bewegungen. Die Struktur dieses S.ntums beruht auf der nicht immer bewußt reflektierten Vorstellung, bestimmend für die → Kirche (: IV) sei die subjektive Heiligkeit bzw. moralisch oder psychologisch verstandene Gläubigkeit ihrer Glieder. Der grundsätzliche, oft nur unvollständig ausgeprägte strukturelle Gegensatz von Kirche und »reformerischer« S. ist somit Ausdruck eines theologischen Gegensatzes. - Der zweite Typ, das *»spekulativ-prophetische« S.ntum* (zB S.nbildungen der → Gnosis [: III], → Katharer, → Mormonen, → Christian Science), ist nicht grundsätzlich auf eine bestimmte Struktur hin angelegt. S.n dieser Art gehen aus von einer gegenüber der christlichen Verkündigung sachlich neuen, sie als Ansatzpunkt oder Stoff benutzenden und mit einem mehr oder weniger betonten Offenbarungsanspruch verbundenen »Erkenntnis« hinsichtlich der heilsgeschichtlichen und apokalyptischen Lage ihrer Zeit oder des Wesens und Verhältnisses von Gott, Mensch und Welt (vgl. → Irrlehre). Sie verstehen sich gegenüber einer sich dieser »Erkenntnis« verschließenden Kirche als letztgültige Vollendung des geschichtlichen Christentums. Fließende Übergänge gibt es bei heilsgeschichtlich-apokalyptisch geprägten Bildungen zum »reformerischen« S.ntyp (zB → Montanismus, → Adventisten), bei spekulativ-metaphysisch fundierten zu religiös-weltanschaulichen Zirkeln (zB → Neugeistbewegung). - Die *S.nbildung*, die im einzelnen auf einer Vielzahl religiöser, soziologischer, psychologischer und geistesgeschichtlicher Faktoren beruht, läßt in ihrem Verlauf eine gewisse Beziehung zur Entwicklung des Kirchentums erkennen, sofern ein Aufleben des S.ntums zumeist einer »Veräußerlichung« der Kirche korrespondiert.

3. Sektiererische Motive kennt das Christentum seit jeher, und sowie sich ein fest umrissenes Kirchentum entwickelt (→ Kirche: III), wird auch ein S.ntum als selbständige Größe faßbar. Der entstehenden frühkath. Kirche treten infolge der Ablehnung der → Gnosis (: III) sogleich sektenhafte gnostische Gruppen gegenüber, und vom Hintergrund einer bereits verfestigten Kirche hebt sich der → Montanismus als S. ab. In den durch die → Christenverfolgungen hervorgerufenen Schismen des → Novatian, des → Melitius und des → Donatismus mit ihrem konservativen Zug in der Ablehnung kirchlicher Entwicklungen, die eine Wandlung des Kirchenbegriffs bedeuten, und mit ihrer in den Grundlagen doch kirchlichen Struktur findet das »reformerische« S.ntum seine eigentümliche altkirchliche Gestalt. Im → Priscillianismus nimmt es unter gewandelten kirchlichen Verhältnissen die Form einer asketisch-enthusiastischen Bewegung an, um im Abendland dann für Jh.e zurückzutreten. Die östliche Reichskirche sieht sich dagegen bei den Messalianern (seit dem 4.Jh.; → Euchiten) und → Paulizianern (seit dem 7.Jh.) einem asketischen S.ntum spekulativ-dualistischer Prägung gegenüber, dessen Erbe seit dem 10.Jh. die den Balkan beherrschenden → Bogomilen übernehmen und nach Europa tragen (zur weiteren Entwicklung im Osten s. → Russische Sekten). Im Abendland wird im 11.Jh. der Boden für die Entstehung eines neuen »reformerischen« S.ntums bereitet. In den lombardischen und südfranzösischen Städten setzt eine Kritik an der feudalen Gesellschaftsstruktur der Kirche ein (Demokratisierung, Aktivierung des Laientums). Dazu kommen das Beispiel der → Pataria, die politische Aktivierung der kirchlichen Reformbestrebungen bei → Gregor VII. verbunden mit seiner Agitation gegen das simonistische Priestertum und das Aufleben des Gedankens der → Armut (: II) als evangelischen Ideals. Auf diesem Boden erwachsen im 12.Jh. aus bogomilischen Anstößen die → Katharer (in Südfrankreich → Albigenser) und neben anderen teils von diesen beeinflußten, teils selbständigen Bildungen (→ Petrus von Bruis, → Heinrich von Lausanne, → Tanchelm, → Arnold von Brescia, → Eudo von Stella) aus der Armuts- und Laienbewegung die → Waldenser. Während im Katharertum der zunächst im Vordergrund stehende »reformerische« Zug später unter bogomilischem Einfluß hinter den spekulativen Elementen zurücktritt, können die Waldenser als klassische mittelalterliche Gestalt »reformerischen« S.ntums gelten. In den → Humiliaten weist schon das 12.Jh. einen fehlgeschlagenen Ansatz zur kirchlichen Institutionalisierung der sektiererischen Armuts- und Laienbewegung auf, die im 13.Jh., allerdings mit Rückschlägen, weithin gelingt (→ Franziskaner, → Tertiarier, → Beginen). Zugleich macht sich, vor allem bei den Beginen, ein starker Einfluß der → Mystik (: VI) geltend (→ Gottesfreund), der seine antikirchlich-sektiererische Gestalt in der Bewegung der → Brüder (und Schwestern) des freien Geistes findet; die geschichtstheologischen Spekulationen des → Joachim von Fiore geben Anlaß zur Bildung eines apokalyptisch gestimmten S.ntums (Franziskaner- → Spiritualen, → Apostoliker [, 3], → Flagellanten). Im 14.Jh. begleitet John → Wiclif die von ihm inaugurierte Reformbewegung (Lollardentum) mit dem Versuch einer

Neubegründung des Kirchenbegriffs, der, von Johannes → Huß aufgenommen, in den verschiedenen Formen des von der tschechischen Nationalbewegung mitgetragenen hussitischen S.ntums wirksam wird. Die Reformation hat sich dank Luthers Widerstand gegen eine solche Reduktion der Kirche nicht in ein S.ntum aufgelöst, hat aber eine beachtliche sektiererische Parallelbewegung: das in die Katastrophe des → Bauernkrieges gerissene enthusiastische »Schwärmertum« (→ Zwickauer Propheten, Th. → Müntzer), einen vielfältigen, aber nur selten (→ Schwenckfeld) zu sektiererischer Gemeinschaftsbildung kommenden Spiritualismus (→ Spiritualisten), vor allem aber die → Täufer als *das* »reformerische« S.ntum dieser Epoche, dessen weiterführende Bedeutung in seinem Ansatz zur Entwicklung des Typus der → Freikirche liegt (→ Mennoniten). In der 2. Hälfte des 16. und im 17.Jh. kommt es in → England (: I) zu einer lebhaften Bewegung, die jedoch trotz mannigfacher Tendenzen zu sektenhafter Verengung der Kirche (vgl. → Puritaner) und einer Vielzahl tatsächlicher S.n (vgl. → Quäker) letztlich über eine S.nbewegung hinausführt und den Grund für das angloamerikanische Freikirchentum legt (→ Dissenters). Neue Anstöße in Deutschland bringt der → Pietismus, der wie jede Erweckungs- und Heiligungsbewegung ein »reformerisch«-sektiererisches Moment enthält. Wichtiger als die aus ihm hervorgegangenen separierten Gruppen (→ Inspirationsgemeinden, → Buttlarsche Rotte u.a.) ist die durch ihn geschaffene Möglichkeit einer Art »reformerischen« S.ntums in der Volkskirche (→ Gemeinschaften, altpietistische; vgl. → Brüderunität: II), das, durch die Erweckungsbewegung des 19.Jh.s (→ Erweckung: I) erneuert, erhebliche Bedeutung gewonnen hat (vgl. → Gemeinschaftsbewegung). Ende des 18.Jh.s setzt von England aus eine Gemeindebildung auf dem Boden der Mystik → Swedenborgs ein (→ Swedenborgianer), und im 19. und 20.Jh. schwillt die S.nbewegung zu einem weltweiten, unüberschaubaren Strom der divergentesten Erscheinungen an. »Reformerische« Motive (→ Darbysten, Deutscher → Tempel, → Heiligungsbewegung, → Pfingstbewegung), apokalyptische Spekulationen (→ Adventisten, → Katholisch-apostolische Gemeinde [daraus hervorgehend die → Neuapostolische Gemeinde], → Zeugen Jehovas), Ansprüche neuer »Offenbarungen« (→ Mormonen, → Lorber-Gesellschaft), deren Verkündern zuweilen göttliches Wesen zugesprochen wird (→ Evangelisch-Johannische Kirche, → Gralsbewegung, → Father Divine's Friedensmission), spekulative Aufnahme und Ausgestaltung christlichen und außerchristlichen Gutes (→ Christian Science, → Christengemeinschaft, vgl. → Anthroposophie) kommen dabei in vielfacher gegenseitiger Vermengung ins Spiel. Die Religionsfreiheit, die modernen Propagandamöglichkeiten und die Erschütterungen der beiden Weltkriege schaffen günstige Expansionsbedingungen.

E. Troeltsch, Die Soziallehren der christl. Kirchen u. Gruppen, (1912) 1923³ - R.A.Knox, Enthusiasm, Oxford 1950; dt.: Christl. Schwärmertum, 1957 - WKL 1327ff (K.Hutten). - Weitere Lit. s. → Kirche: VII, → Sekten: III. IV u. zu den Artikeln über die einzelnen S.n.

K.Schäferdiek

III. Kirchenrechtlich

Nach *ev.* Kirchenrecht sind S.n religiöse Sondergemeinschaften, die in grundlegenden Punkten der Lehre von den → Volks- und → Freikirchen abweichen. Sie sind nicht → Kirche (: VI B) im Sinne der ecclesia visibilis universalis, stehen aber grundsätzlich noch innerhalb des christlichen Raumes. S.n lassen sich nach ihren inneren Strukturelementen kaum mit rechtlichen, viel eher mit soziologischen Mitteln von den Kirchen unterscheiden. Die Volkskirchen ruhen auf einem institutionell-raumhaft bestimmten, *regionalen* Prinzip; für die S.n (und Freikirchen) ist das *personale* Prinzip gestaltend. Mit dem theologischen wandelte sich der kirchenrechtliche S.nbegriff: Manche reformatorische Freikirche wurde vor allem in der Zeit des Staatskirchentums als S. behandelt (zB → Methodisten). Spätestens seit der Weltkirchenkonferenz 1948 ist dies auch rechtlich nicht mehr möglich. S.n stehen außerhalb der ökumenischen Gemeinschaft (Absolutheitsanspruch). Das Verhältnis der Kirchen zu den S.n ist beherrscht von dem Prinzip der Distanzierung bis zur klaren Trennung. Ordnungsprinzip gegenüber den S.n ist - auch in Einzelfragen (Mitgliedschaft) - die Abwehr und Bekämpfung von → Irrlehren, im innerkirchlichen Raum die klare Scheidung im Wege der → Kirchenzucht. Dem entspricht die auch kirchenrechtliche Selbstabsonderung der S.n, gegenüber denen eine »ökumenische Kompromißbereitschaft« nicht möglich ist. Eine S. kann nicht Volkskirche werden, weil sie wesensmäßig nicht auf dem »regionalen Prinzip« beruht. - Das *kath.* Kirchenrecht anerkennt keine S.n. - Nach *Staatskirchenrecht* sind Freikirchen und S.n grundsätzlich gleichgestellt als → »Religionsgesellschaften«. Beide kommen als → Körperschaften des öffentlichen Rechts, eingetragene und nicht eingetragene Vereine vor.

W.Metzger u. R.Mayer, Kirche, Freikirche, S.n (ZevKR 7, 1959/60, 128-156. 156-186).

R.Mayer

IV. Die Kirchen und die Sekten in der Gegenwart

Die *ev.* Kirchen (= K.n) besitzen keinen einheitlichen S.nbegriff. Es bestehen mehr als ein Dutzend Arten, das Wesen der S. zu kennzeichnen. Überholt sind die staatskirchliche Beurteilung, wonach die Freiheit vom Staat als Kennzeichen der S. gilt (so bei F.Loofs, P.Drews, E.Kalb, F.Kattenbusch), die volkskirchliche Beurteilung, bei der der Freiwilligkeitscharakter als Merkmal der S. gilt (so bei A.Bruckner, H.Waldenmaier, P. Scheurlen), und die Beurteilung nach dem Alter und der Größe. Eine weitere Gruppe von Methoden dient heute dazu, die S. nach einem bestimmten Gesichtspunkt zu beschreiben: die Religionssoziologie (→ Kirche: VII) achtet auf die Art der Gemeinschaftsbildung in K. und S. (so bei M.Weber, E.Troeltsch, C.Mayer, H.Haack, J.Wach, W.Köhler u.a.); die religiöse Betrachtungsart will den religiösen Gehalt der S. feststellen (W.Köhler); die → Religionspsychologie versucht sich ein Bild von der Psyche des S.nanhängers zu machen (so bei G.Krönert, H.Waldenmaier, W.Schulte u.a.). Während diese Methoden auf ein letztes Urteil verzichten, begegnet ferner als Beurteilungsmaßstab die Wahrheitsfrage. Im einen Fall wird die einseitige Überbetonung eines Lehrpunktes als falsch und darum als Merkmal der S. bezeichnet (so bei Kolde, E.Kalb, E.v.Hoff u.a.). Dabei wird übersehen, daß im Laufe der Zeit auch in den K.n der Schwerpunkt der Glaubenslehre verschieden lag. Im andern Fall wird die Stellung zu Jesus Christus als entscheidend angesehen. Wo Person und Werk Christi durch Bibelfremdes »ergänzt« und verdeckt werden, ist S. (christologischer und theologischer Beurteilungsmaßstab bei F.Blanke [Christus »und«], K.Lehmann, H. Kruska, M.Riemer, H.Waldenmaier). So »ergänzen« die → Mormonen die Bibel u.a. durch das Buch Mormon und verdecken damit Christus und sein Werk. Ebenso sind der neuapostolische Stammapostel (→ Neuapostolische Gemeinde) und andere Besonderheiten der S.n zu bewerten. Hinter diesem heute am ehesten brauchbaren Beurteilungsmaßstab steht das von Luther stammende »ubi Christus, ibi ecclesia«; vgl. Apg 4, 12; 1Kor 3, 11. Indem für die S.n nicht Christus *allein* gilt, ergibt sich ein Gegensatz zur K. Durch die Bezeichnung der K.n als »Babylon« betonen einzelne S.n diesen Gegensatz auch von ihrem Standpunkt aus. - Die *röm.-kath.* K. beurteilt die S. nach ihrem Grundsatz: extra ecclesiam nulla salus est (→ Häresie: I, → Schisma). Dieser grundsätzlichen Stellungnahme untergeordnet hat auch die religionssoziologische Methode Eingang gefunden.

Die sektenhafte »Ergänzung« der Person und des Werkes Christi hat als Ursache oder Folge entsprechende Veränderungen in den verschiedenen Glaubenslehrpunkten. So genügen die Bibel und der Grundsatz »scriptura sui ipsius interpres« nicht mehr. Die Neuapostolischen zB sehen in der Hl. Schrift ein Zeugnis für ihre Sache und vertrauen auf ihre Apostel. Die → Christian Science liest die Bibel im Sinne von Science and Health (→ Eddy). Das Resultat ist die »Auswanderung aus der Schrift« (Hutten). Der Hl. Geist wird als ein mindestens für S.nhäupter verfügbarer Besitz mißverstanden. Mit dem Hl. Geist versucht man auch die Gnade in Beschlag zu nehmen, an die nicht nur im Blick auf Jesus Christus geglaubt wird, die man vielmehr in gewissen Institutionen der S.n zu besitzen meint. Sogar Inkarnationen Gottes, wiedergekommene Christusse und Verkörperungen des Hl. Geistes treten auf; der Leiter der Apostolischen Genootschap, einer Abspaltung von den Neuapostolischen in Holland, läßt sich zB als der »lebendige Christus von heute« bezeichnen; O.E.Bernhardt, der Leiter der → Gralsbewegung, bezeichnete sich als »Abd-ru-shin«, »Immanuel«, der »Menschensohn«. - Der »K.nbegriff« ist durch den verabsolutierten Volk Gottes-Anspruch bestimmt. So geben sich zB die → Zeugen Jehovas als »theokratische Organisation« aus; die Gemeinden → Swedenborgs betrachten sich als die »Neue K.«. Dieser Ausschließlichkeitsanspruch ist die Quelle der Kritik der S.n an den K.n. - In der Eschatologie wird folgerichtig die besondere Rettung, gelegentlich die Entrückung der jeweiligen S. behauptet. Einst werde sich in Herrlichkeit zeigen, daß die jetzt abgelehnte S. recht hatte. Die Endzeitereignisse werden oft mit Vorliebe ausgedacht und zT mit Datumsberechnungen ergänzt.

Zahlreiche S.n sind durch Abspaltung von anderen entstanden. Von jeder größeren S. haben sich etliche Gruppen abgespalten. Gelegentlich führte eine wirkliche oder vermeintliche Vernachlässigung eines Teils der biblischen Botschaft zur Bildung einer S. Wichtig ist in der Regel der Leiter (Wach: »the leader is the sect«). Den Erfolg suchen sich die meisten S.n durch intensive Werbetätigkeit zu sichern. In welchen Bevölkerungsschichten die S.n am ehesten Anhang finden, ist mangels einer größeren Untersuchung nicht genau zu bestimmen. Nicht selten sind einsame, im Glauben schwankende oder über die Kirche verärgerte Menschen Ziel der Werbung, wobei verschiedene S.n dem durch die unruhige Zeit geweckten Wunsche nach »bevollmächtigter« Führung entgegenkommen. - Eine Auseinandersetzung, die Mitglieder von S.n zu den K.n zurückholen möchte, ist fast unmöglich, weil dabei nicht nur die Glaubenslehre der S., sondern auch die nach W.Schulte durch »überwertige Ideen« bestimmte psychische Struktur des Sektierers von Bedeutung ist. Das darf nicht zur Anwendung ungeistlicher Mittel, etwa der Polizei (zB gegen die Zeugen Jehovas), verleiten. Wichtig ist es, die im Glauben Schwankenden in vorbeugender Weise aufzuklären und den Einsamen beizustehen. Gemeinsame Diskussionen werden von S.nanhängern nicht einfach zur Verteidigung ihrer Eigenlehren, sondern oft zum Zeugnisablegen benützt. Das Fundament der Auseinandersetzung mit den S.n ist die Selbstbesinnung der K.n. Die Fragen der S.n zB im Blick auf die Zukunftshoffnung, die Kirchenzucht, die Gemeinschaftspflege, den Einsatz für die eigene Sache u.a. sind zu bedenken. Ziel der Auseinandersetzung ist nicht die Macht der K.n, sondern das »Hinanwachsen zu ihm, der das Haupt ist, Christus« (Eph 4, 15).

Die Gesamtmitgliederzahl des Weltsektentums zu ermitteln ist kaum möglich, da nicht alle S.n Zahlen veröffentlichen und manche Gruppen auf der Grenze zwischen K. und S. stehen. In Deutschland beträgt die Zahl der S.nanhänger zZ rd 720000 (bei einer Gesamtbevölkerung von ca 68,5 Mill.), in der Schweiz ca 50000 (Gesamtbevölkerung rd 5 Mill.).

Vgl. die Lit. zu den einzelnen S.n, zu → Sekten: III sowie die Darst.en der → Konfessionskunde. Ferner: F.BLANKE, Das Wesen der S., 1934 - DERS., K.n u. S.n, (1954) 1959[3] - E.T.CLARK, The small Sects in America, (1937) 1949[2] - J.WACH, Church, Denomination and Sect, 1946 - F.BOERWINKEL, Kerk en Secte, 1953 - O.EGGENBERGER, Wie beurteilt man eine S., 1955 (ausführl. Lit.) - E.SCHWEIZER, K.HUTTEN u.a., Die Einheit der K. u. die S.n, 1957 - K.HUTTEN, Die Glaubenswelt des Sektierers, 1957 - HUTTEN. - Kath.: H.-CH. CHERY, L'offensive des sectes, 1954[2] - M.B.LAVAUD, Sectes modernes et foi catholique, 1954.

O.Eggenberger

V. Sektenwesen in den jungen Kirchen

Als Nebenerscheinung der prot. Missionsarbeit im 20.Jh. haben sich vor allem in Afrika zahlreiche S.n gebildet, die Kirche, Staat und Gesellschaft vor schwierige Probleme stellen. Bes. zahlreich sind die S.n in *Südafrika* (i.J. 1960 offiziell 2100, mit mehr als 1 Mill. Mitgliedern), wo eine Menge von separatistischen Eingeborenenkirchen ein überaus beunruhigendes Missionsproblem darstellen. Für eine richtige Beurteilung der Situation ist allerdings zu beachten, daß sich die S.nbildung nicht auf Afrikaner beschränkt; auch unter den Weißen in Südafrika gibt es viele religiöse Gemeinschaften, die als S.n klassifiziert werden müssen.

Da die S.n unter den Bantu in Südafrika so unvergleichlich zahlreicher sind als anderswo in Afrika, muß die Hauptursache dieser Erscheinungen in einem charakteristischen Faktor der südafrikanischen sozialen Situation zu suchen sein. In der Tat ist eine solche Ursache die Reaktion der Schwarzen gegen das südafrikanische Rassenprinzip (→ Rasse: III), die sog. »colour bar«, vor allem wenn sie auch in den Missionskirchen angewendet wird. Die ersten, um 1890-1920 hervortretenden S.n waren öfters das Resultat eines Konflikts zwischen Schwarzen und Weißen, der zur Revolte eines afrikanischen Katecheten oder Pastoren gegen die wirklichen oder vielleicht nur eingebildeten Ungerechtigkeiten der weißen Missionsleitung führte. Die Missionskirchen hatten nicht selten Schwierigkeiten oder zeigten sogar ihre Unfähigkeit, wenn es galt, in der vom Gedanken der Absonderung beherrschten südafrikanischen Gesellschaft radikal die Universalität der christlichen Kirche zu behaupten und zu demonstrieren, ohne Ansehen der Rasse und Hautfarbe. So hatten die meisten Missionen schon lange vor der Apartheid-Gesetzgebung (seit 1950) deren Forderungen akzeptiert und lokal getrennte Kirchengebäude für Weiße und Schwarze errichtet.

Die S.n nahmen als sog. *äthiopische Bewegung* um 1890 in Transvaal ihren Anfang. Der Zuwachs der Anzahl dieser Gruppen gibt eine Vorstellung von der Entwicklung: 1918: 75, 1938: 320, 1948: 800, 1960: 2100. Man kann drei Typen dieser S.n unterscheiden: 1. *Äthiopische S.n* sind schwarze Nachahmungen der Missionskirchen; sie verkündigen prinzipiell dieselbe christliche Botschaft und verwenden die Kirchenbücher, Gesangbücher usw der Missionskirchen, von denen sie sich abgesondert haben. Die Separation war hier teils ein Protest gegen die »colour bar« der Weißen, teils Ausdruck einer äthiopischen oder panafrikanischen Ideologie (»Afrika den

Afrikanern!«), teils Resultat des Bedürfnisses nach Führerschaft in einer sozialen Situation, in der außerhalb der Kirche keine Führerschaftsmöglichkeiten für Bantus vorhanden zu sein schienen, teils auch Folge von Spannungen zwischen einzelnen Stämmen. - 2. *»Zionistisch«* nennt sich eine große Anzahl von Splitterkirchen, die sich zT von den Äthiopiern abgesondert haben. Sie legen den Nachdruck auf Glaubensheilung, auf charismatische Führung durch → Propheten (und einige Prophetinnen) und auf Träume als Offenbarungsweisen der Gottheit. Einige der zionistischen Propheten ernten großen Ruhm für ihre Gabe, schwarze Magie aufzuspüren. Die halbchristliche S., in der das synkretistische Erbe der Bantu-Religion dauernd gestärkt wird, fungiert daher als eine modernisierte Hexenvertreibungsorganisation zum Schutz gegen die vermuteten Bedrohungen der schwarzen Magie. - 3. *Messianisch* ist in Südafrika nur eine kleine Zahl von S.n, unter den Zulu kaum mehr als zehn. Diese fingen als Zionisten-S. an. Der führende Prophet gilt teils schon während seines Lebens, teils und vor allem nach Tod und »Auferstehung« als ein Bantu-Messias, der an der Pforte des Himmels steht und seinen Treuen (und nur diesen!) Eingang in die himmlische Freude gewährt. Der zionistische Himmel weist eine umgekehrte »colour bar« auf: die auf der Erde verachtete schwarze S. wird im Himmel zur endgültigen Herrlichkeit gelangen.

Soziologisch ist die S.nbildung unter den Bantu Südafrikas interessant. Während die meisten Bantu-S.n nur wenige Mitglieder haben, zählen andere zwischen 50000 und 100000 Anhänger. Die innere Zusammengehörigkeit der Gruppe wird mit verschiedenen Mitteln gesichert: die Mitglieder einer S. tragen alle dieselbe Uniform, zB mit einem sakralen Kreuzstab. Diese äußeren Kennzeichen werden den Zionisten vom Hl. Geist im Traum inspiriert. Das Traumleben spielt überhaupt eine große Rolle: Wer nicht »richtig« träumt, wird von der Gemeinde mit dem Bescheid zurückgewiesen, er müsse noch einmal träumen, bis er das Richtige, dh die für die S. besonderen Farben und Formen gesehen hat. Ideologisch stellen sich einige messianische Gruppen vor, daß sie gegenüber Juden und weißen Christen das *»tertium genus«* sind. Diese Idee hat eine überaus starke gruppenintegrierende Funktion. - Das numerische Wachstum ist jedoch immer von bestimmten Faktoren bedroht, zB vom persönlichen Geltungsbedürfnis bei den Leitern der lokalen Gemeindegruppen. Stammes- oder sogar finanzielle Interessen können zum Austritt einzelner lokaler Gruppen führen. Als Leiter einer neuen S. muß der »Bischof« oder Prophet seine lokalen Repräsentanten kontrollieren, damit diese nicht eigene Gruppen gründen. Die Frage der Lebensdauer einer Bantu-S. im heutigen Südafrika ist prekär. Von den 2100 offiziell existierenden Organisationen dürfte jetzt etwa ein Viertel abgestorben sein; ihre Mitglieder haben sich anderen Gruppen angeschlossen. Die verschiedenen S.n versuchen auch unaufhörlich, sich in Föderationen oder Unionen zu organisieren. Eine seit ca 1950 neue Entwicklung ist das Auftreten von Frauen als S.nführern; einige Prophetinnen gewinnen wegen ihrer charismatischen Begabung großen Einfluß. - Am Anfang ihrer Entwicklung gehörte die südafrikanische S. dem aggressiven Typus an. Der »Bischof« oder Prophet rief seine Anhänger gegen die Ungerechtigkeiten der Weißen auf. Die Verkündigung war nicht selten scharf anti-weiß - eine u.U. nicht schwer erklärbare Haltung! Nach einiger Zeit folgte dann ein interessanter Prozeß der Akkomodation. Verbot der S.nführer anfangs seinen Leuten, die Schulen oder Hospitale der Weißen zu besuchen, so sieht er sich allmählich gezwungen, sich der gegebenen Situation anzupassen. Steigende Volksbildung und ökonomischer Zwang üben ihren Einfluß auch auf den widerspenstigsten S.nführer aus.

In *West- und Ostafrika* ist die Anzahl der afrikanischen S.n verhältnismäßig gering; die Ursachen der Entstehung sind auch nicht immer dieselben wie im Süden. In Westafrika haben amerikanische Neger-S.n Bedeutung in dieser Richtung gehabt. Auch andere Faktoren spielen eine Rolle. In Kamerun zB hatte die presbyterianische Mission eine Kirche unter dem Bhulustamm gegründet, u.a. gestützt auf eine hervorragende Literatur und Bibelübersetzung. Mitten im Bhulubereich befindet sich als Enklave ein kleiner Stamm, Ngumba, der schon vor 1914 christianisiert wurde. Die Ngumba-Christen bestanden darauf, eine Bibelübersetzung in ihrer eigenen Sprache zu bekommen; als dies nicht geschah, verließ die Stammesgruppe 1933 ihre »Großkirche«. Die offizielle Motivierung war hier der Drang nach dem Worte Gottes in der Muttersprache; natürlich waren dabei aber auch Prestigegesichtspunkte des Stammes und der lokalen Führer mitbestimmend.

Das Verhältnis zwischen Erweckungsbewegung und S.nbildung spielt in den afrikanischen Kirche keine besondere Rolle. Dieses Problem taucht jedoch in Verbindung mit der wichtigen ostafrikanischen → Erweckung (: II, 2), der sog. Balokole, auf. Diese Bewegung begann um 1935 in den evangelikalen Diözesen von Ruanda und Uganda (anglikanisch), hat sich dann schnell bis nach Kenya und Tanganyika unter verschiedenen, auch luth. Kirchen ausgebreitet und zweifellos belebend gewirkt. Trotz gewisser Spannungen zwischen Erweckung und Großkirche, die in den 40er Jahren bes. stark in → Uganda waren, konnte die Einheit der Kirche doch bewahrt werden, vor allem durch die elastische, aber feste Leitung des englischen Bischofs Stuart. In anderen Gegenden Ostafrikas konnte es nicht verhindert werden, daß sich Splittergruppen von der Erweckungsbewegung loslösten, vielleicht auch aus Gründen des persönlichen oder Stammes-Prestiges. Die »Kirche des Herzens«, die »Kirche des Blutes« usw sind Namen von S.n, die auch in Ostafrika nicht unbedeutende Missionsprobleme bilden.

Zu ähnlichen Phänomenen in *Ozeanien* vgl. → Messianismus, 2 h, → Südsee.

B. SUNDKLER, Bantu Prophets in South Africa, London (1948) 1961² - K. SCHLOSSER, Propheten in Afrika, 1949 - DIES., Eingeborenenkirchen in Süd- u. Südwest-Afrika, 1958 - F.C. KAMMA, De Messiaanse Koreri-bewegingen in het Biaks-Noemfoorse cultuurgebied, Den Haag 1954 (Lit.) - G. BALANDIER, Sociologie actuelle de l'Afrique Noire, Paris 1955 - P. WORSLEY, The Trumpet Shall Sound. A Study of »Cargo« Cults in Melanesia, London 1957 (Lit.) - E. ANDERSSON, Messianic Popular Movements in the Lower Congo, Uppsala 1958 - G. GUARIGLIA, Prophetismus u. Heilserwartungs-Bewegungen als völkerkundl. u. religionsgesch. Problem, Horn-Wien 1959 (Lit.) - A.J.F. KÖBBEN, Prophetic Movements as an Expression of Social Protest (Internationales Archiv für Ethnographie 49, 1960, 117-164).

B. Sundkler

Sektenregel (hebr. Titel: særæk hăjjăḥăd »Ordnung der Gemeinschaft«; im Englischen als »Manual of Discipline« bezeichnet). Die S. (1QS), 1947 oder 1945 in 1Q entdeckt (→ Qumran, 1), 1951 durch M. Burrows veröffentlicht, befindet sich seit 1954 im Besitz der hebr. Universität Jerusalem. Die gefundenen 2 Teile bilden *eine* Rolle, bestehend aus 5 Lederstreifen, über 1,8 m lang, 24 cm breit, mit 11 Kolumnen. Die Zerstörungen am oberen und unteren Rand betreffen nicht stark den Text selber. - 1QS wird Abschrift sein. Denn 4Q lieferte im Sept. 1952 noch 11 Exemplare der S., zT in kleinen Fragmenten. Kolumne V in zweien dieser 4Q-Exemplare ist kürzer und älter als 1QS 5 (RB 63, 1956, 60f).

Für die Herstellungszeit von 1QS gewährt die Paläographie keine letzte Sicherheit. Aber die Orthographie (intensiver Gebrauch von matres lectionis) und philologische Indizien weisen in die Zeit eines vormasoretischen Hebräisch. Die Archäologie macht 68 nChr als terminus ad quem sicher. - Die *Entstehungszeit* des Textes (nicht dieser Hss.) ist noch unsicherer und kann in die Gründungszeit der Sekte zurückreichen. Wahrscheinlich entstand der jetzt in 1QS vorliegende Text nicht auf einmal. Denn 1QS enthält verschiedene literarische Gattungen: gottesdienstlich-liturgische Anweisungen (1, 1 - 3, 12), esoterische Belehrung (3, 13 - 4, 26), Regeln (5, 1 - 6, 23) und Strafbestimmungen (6, 24 - 9, 11) für das Leben in der Sekte, esoterische Weisungen und den Schlußpsalm (9, 12 - 11, 22). Die Inhalte dieser Stücke konkurrieren gelegentlich; Spannungen (etwa 5, 16f; 7, 6f gegen 1, 11f; 6, 17-22. 25) fehlen nicht, vgl. auch die *über* die Zeile geschriebenen Strafmaße in 7, 8. Das alles weist auf eine Geschichte der Redaktion; diese wird aber erst nach der Veröffentlichung der Stücke der S. aus 4Q deutlicher werden können.

Die S. enthält die *Lebensordnung* für die jüd. Qumransekte (→ Qumran, 4). Sie zeigt uns eine Gemeinschaft (jăḥăd), in der die Tora bes. intensiv studiert und praktiziert wird. Der Eintritt, die Umkehr, der Bruch mit dem offiziellen Judentum, erfolgt freiwillig; er ist heilsnotwendig; die Außenstehenden gelten als verloren. Das Noviziat währt über 2 Jahre. Esoterik und verschärfte Kasuistik regieren. Die Mitglieder müssen Lehren und Sonderhalacha der Sekte geheimhalten. Die Erkenntnis hat soteriologischen Wert. Der Gehorsam meint die Gesinnung und ist rituell nicht kompensierbar. Alle (»kôl« die häufigste Vokabel in 1QS) Gebote müssen eifrig gehalten werden. Erkenntnis und Wandel bestimmen, immer neu überprüft, den jeweiligen Rangplatz des Vollmitgliedes. Das Ende mit der Ankunft eines Propheten sowie des priesterlichen und des weltlichen Messias steht nahe bevor. Der Mensch, dh der Jude im allgemeinen, gilt als zur Finsternis gehörig. Der Sektenfromme aber wurde durch Gottes Erbarmen auf die Seite des Lichtes gebracht (zu diesem Dualismus vgl. → Fleisch und Geist: I, 2). Die Sekte stellt das wahre Israel dar; eine Reihe Selbstbezeichnungen belegen das. Aber auch in dem Sektenfrommen selber kämpfen noch die beiden Geister. Der prädestinierende Gott und der den radikalen Gehorsam wählende Mensch stehen unvermittelt nebeneinander. - Für den *Wandel* in der Sekte ist charakteristisch: Steigerung der rituellen, durch Waschungen (aber kein Initiationsritus) hergestellten Reinheit, die für das gemeinsame Mahl zurüstet; rechter Wandel und Lobpreis anstelle der Tempelopfer; ein besonderer, nach dem Sonnenjahr ausgerichteter Kalender; Besitzablieferung an die Sekte und Hochschätzung der Armut des Einzelnen; intensive Bruderliebe, freilich auch Haßgebot gegenüber den Außenstehenden; wahrscheinlich Ehelosigkeit, Männerorden. - Zum leitenden Kollegium der Fünfzehn gehören 3 Priester. Die Priester, für Qumran hochbedeutsam, und die Plenarversammlung üben zentrale Funktionen aus. Dagegen spielt der mᵉbaqqer in 1QS noch eine geringe, der rechte Lehrer gar keine Rolle. Religionsgeschichtlich hängt 1QS eng mit dem AT, aber auch mit der → Apokalyptik (Endnähe), dem → Iran (Dualismus), der → Gnosis (Wissen soteriologisch) und einer sapientianahen, rabbinischen → Halacha zusammen. Gegenüber dem offiziellen Judentum stellt die Sekte im Stadium von 1QS eine Radikalisierung dar. Mit andern Dokumenten der Qumranliteratur und den → Essener-Berichten des Philo und Josephus hat die S. nicht nur starke Berührungen, sondern zeigt ihnen gegenüber auch typische Besonderheiten.

Die der S. angefügte *»Ordnung für die gesamte Gemeinde Israels«* (1QSa; DJD I, 107f), 1955 durch Barthélemy veröffentlicht, umfaßt 2 im Text nicht ganz gut erhaltene Kolumnen. Im Blick auf die Gesamtgemeinde der letzten Tage wird erörtert, welche Lebensalter zu welchen Positionen berechtigen, werden die Alten und Gebrechlichen von wesentlichen Diensten ausgeschlossen; schließlich wird die Sitzordnung für das messianische Mahl geregelt: die Priester genießen den Vorrang. Der weitere Kreis mit den Familien und die intensivere Endnähe unterscheiden 1QSa von 1QS. Darum ist 1QSa wohl jünger als 1QS: in 1QSa bezieht die Sekte Gesamtisrael in den hl. Dienst der Endzeit ein. - Die *»Segensworte«* (1QSb), ebenfalls der S. angefügt, stark fragmentarisch erhalten, von Milik bei der Veröffentlichung in 6 Kolumnen gruppiert (für die Gläubigen, den Priestermessias, die Priester und den Fürsten der Gemeinde [= den Israel-Messias]), verdeutlichen das liturgische Interesse der Sekte wie ihre typische Messianologie.

Für das NT in seinen verschiedenen Schichten sind die S.n dadurch bedeutsam, daß hier eine sich eschatologisch verstehende jüd. Freiwilligkeitsgemeinschaft die Tora verschärft, den Menschen unter dualistisch-gnostischem Vorzeichen betont als Sünder ansieht, Gottes Erbarmen stark hervorhebt und in der Halacha wie in der Organisation zT urchristliche Züge vorwegnimmt. Diese Vorwegnahmen werden im NT dann allerdings wieder entscheidend modifiziert.

Textausg.n: BURROWS, QMss II/2 - DJD I, 107ff Taf. 22ff - A.M. HABERMANN, Megilloth Midbar Yehuda Israel, 1959, 59ff (vokalisiert). - *Übers.en* (außer in den zu → Qumran, 1 genannten Werken): G.LAMBERT, Le manuel de discipline de la grotte de Qumran. Traduction intégrale du »Manuel de Discipline« (NRTh 73, 1951, 938 bis 975) - J.T.MILIK, Manuale Disciplinae (VD 29, 1951, 129-158) - G.MOLIN, Die Söhne des Lichtes, Wien 1954, 19ff. - Weitere Übers.en s. CH.BURCHARD, Bibliogr. zu den Hss. vom Toten Meer, (1957) 1959², 115. - Lit.: P.WERNBERG-MØLLER, The Manual of Discipline translated and annoted with an Introduction, Leiden 1957 (Lit.) - L.ROST, Die Anhänge der Ordensregel (1 QSa u. 1 QSb) (ThLZ 82, 1957, 667-672) - H.BRAUN, Spätjüd.-häret. u. frühchristl. Radikalismus I, 1957, 15ff - S.WIBBING, Die Tugend- u. Lasterkataloge im NT, 1959, 43ff - O.EISSFELDT, EinlAT, 1961³, § 105 (Lit.). *H.Braun*

Sela → Musik: III, 2g.

Selbstbehauptung

1. S. und Instinkt - 2. S. und »Persona« - 3. S. und Person (Existenz) - 4. S. und Kampf ums Dasein - 5. S. und Tod - 6. S. und Ehre - 7. S. und Selbstliebe. - Vgl. → Selbstverleugnung

1. Im Bereiche der → Biologie gehören die Arterhaltung und die dazu erforderlichen Verhaltensweisen des individuellen, der bestimmten Art zugehörigen Gliedes zu den selbstverständlichen und elementarsten Merkmalen des Lebens. Bios ist eine Form der S., sie wird heuristisch-experimentell in der Biologie vorausgesetzt. Dabei handelt es sich um eine verglichen mit menschlicher S. unreflektierte Art der S. Im Dienste dieser S. stehen etwa der Kampf ums Dasein und das Überleben der Tüchtigsten. So ist Leben die Totalität der Funktionen, die sich dem Tode widersetzen. Dabei fällt auf, daß die S. ein dem Organismus immanentes spezifisches Gestaltungsprinzip ist, das nicht bloß als physiko-chemischer Prozeß gedacht werden darf, sondern eher als eine organische Einheit mit gerichteten Aktivitäten, wobei diese im Leben des Menschen bewußt zweckhaft gesteuert werden. Was man als instinktiven Lebenstrieb deutet, wird als Entfaltung, Differenzierung und Höherentwicklung bestimmter Aktivitäten verstanden werden müssen, die auf die Selbstwerdung, Selbstreifung und S. ausgerichtet sind. Dabei ist jedoch von vornherein die

Spannung zwischen S. und Arterhaltung gegeben. Das zielgerichtete Verhalten kann nur durch Anpassung an die bestehende Umwelt zustande kommen, wobei infolge der grundsätzlichen Präadaptation für diese Umwelt die an diese Umwelt anpaßbare Art die vordergründige Instanz bildet. Im ontogenetischen Verhalten (etwa in Partialtrieben) wird die Forderung zur phylogenetischen Anpassung und damit der Arterhaltung stets korrigierend eingreifen. Gleichzeitig aber gilt, daß die Erhaltung der Spezies ohne die S. des Individuums nicht gewährleistet ist. Schon im instinktiven Triebleben sind S. und Arterhaltung komplementäre Aspekte. Daß der Lebenstrieb zugleich die Neigung zum Tode in sich trüge (Freud), muß als gewagte Hypothese gelten; sie würde die S. des Lebens bloß zum Zufallsprodukt der anorganischen Materie verharmlosen, weil der anorganische Zustand das eigentliche Telos des Lebens wäre. Die zur Erklärung der Aggressions- und Regressionstriebe erfundene Hypothese beweist, wie sehr die Lehre → Freuds dem mechanistischen Denken verhaftet bleibt.

2. Die → Tiefenpsychologie und Philosophie bedienen sich einer Reihe von Begriffen zur Identifizierung der S. als »Persona«, Libido, Es - Ego - Super-Ego, élan vital, um das Verhalten des Ich in seiner Distanz zur Umwelt zu bezeichnen. Schon → Heraklit hat das träumerische sich Abwenden von der Umwelt als Bruch mit der wachenden Gemeinschaft verstanden. Freuds im Lustprinzip konzentrierte Unterscheidungen, → Jungs Begriff der »persona«, → Nietzsches »Wille zur Macht«, → Bergsons »élan vital«, → Marx' Interpretation der Arbeit u.ä. sind Interpretationsformen der S., die einem schematischen Deutungsprinzip naturwissenschaftlicher, psychopathologischer oder weltanschaulicher Art entnommen sind. Das Gemeinsame ist, daß ein Begriff des »Selbst« entsteht, der aus einer Abhebung von der Um- und Mitwelt und einer Hinwendung zur Eigenwelt gewonnen ist, indem die Rolle eines »Gegenüber« zum anderen für eine gleiche standpunkthafte Rolle sich selbst gegenüber eingetauscht wird. Man versteht sich selbst in Analogie zur Umwelt als ein ebenso gearteter Ausschnitt aus dieser Welt: Libido, Macht, Arbeit usw. Der Mensch wird so zu einem mit Schlagworten zu bezeichnenden »Wesen«, zu der blonden Bestie oder dem Herrenmenschen (→ Herrenmoral), zum »Einzigen« (→ Stirner), zum Streber nach Lustgewinn, zum Maskenträger, zum Narren des Willens zum Leben und zur Fortpflanzung, zum Spezialfall schöpferischer Lebensentwicklung oder zum bloßen »Lebewesen«. Aus den bloßen »Lebewesen« läßt sich aber nie und nimmer »der Mensch« rekonstruieren, denn Menschsein ist mehr als Leben (Binswanger). So haben wir es auch hier noch mit einer uneigentlichen, schematischen Interpretation der S. zu tun. - Zu erwähnen ist noch, daß die S. in der Tiefenpsychologie insofern eine positive Einschätzung erfährt, als sie darin Elemente zur Selbstheilung beobachtet. Die Neurose kann manchmal der verzweifelte Versuch der Psyche sein, durch Selbsthilfe aus der Notlage herauszukommen. Die oft verzerrten und grotesken Züge der Gewissensnot (Traumdeutung) können zum Anzeichen dafür werden, wie sehr die Verfehlung zugleich als Selbststrafe erlebt wird und der gequälte Mensch über diese selbstkorrigierenden Maßnahmen zur Selbstheilung zu kommen versucht. So können S. und Selbstheilung therapeutisch ineinandergreifen (Maeder).

Ebenfalls im uneigentlichen Sinne begegnet die S. als Grundkategorie in den naturrechtlich-naturwissenschaftlich bedingten Systemen der Moral. Sie dient als Sprungbrett zur Reintegration des Selbst in die Kollektivität. Hier sind als führende Denker → Hobbes und → Bentham zu erwähnen; sie schufen die Grundlagen für den immer noch hochaktuellen diktatorischen Liberalismus und kollektivistischen Neutralismus. Die S. ist nach Hobbes zentrale Kategorie des menschlichen Daseins (→ Egoismus), denn sie bezweckt die Erhaltung und Förderung der eigenen Interessen. In den verschiedenen sozialen, juristischen und politischen Ordnungen offenbaren sich bloß die auf dem Willen zur S. begründeten, freiwillig eingegangenen Verpflichtungen, mit anderen auszukommen. Indem jeder versucht, in ihnen das eigene Interesse geltend zu machen, bleiben diese Ordnungen hypothetisch, solange es nicht eine Macht gibt (Staat), die mit Gewalt der drohenden gegenseitigen Zerstörung zuvorkommen kann. Die Gesellschaft wird dank dieser Staatsautorität nützliche Formen des Egoismus für gut, schädliche für böse deklarieren. Die Staatsautorität erhält theistisch-soteriologischen Gehalt: die höchste Macht ist zugleich die Vermittlerin des Heils. Der Mythos eines solchen Staatsbegriffes wird theoretisch bei → Hegel durchgeführt und in totalitären Systemen (vgl. → Nationalsozialismus, → Kommunismus) praktiziert, in denen der Liberalismus als Verherrlichung der S. seinen wahren Charakter als Kollektivismus enthüllt.

3. Zu einer eigentlichen Auffassung der S. gelangen wir erst, wenn wir das Standpunkthafte, Rollengeprägte der bisherigen Interpretationen verlassen (eine Möglichkeit jedoch, die dem Dasein ständige Gefährdung und Verführung bedeutet) und die Frage nach dem inneren Gehalt der S. als Aufgeschlossenheit für das eigentliche Selbstsein stellen. Dabei kommen Kategorien wie Person, Existenz, Selbstzweck, Verantwortlichkeit in Sicht. Diese bezwecken keineswegs eine ichhafte Distanzierung von der Umwelt, sondern ständige Konfrontation innerhalb der Mitmenschlichkeit mit der Umwelt. »Menschlichkeit ist das Teilnehmen an dem Schicksal anderer Menschen« (Kant). Schon → Feuerbach hat eingesehen, daß die S. ohne die Zuneigung zum anderen Menschen gar nicht bestehen und erst die Mitmenschlichkeit den Weg zum Selbst erschließen kann. Allerdings macht er die wesentliche Einschränkung, daß es sich dabei immer um das gewählte Du *eines Ich* handeln muß. Damit taucht das vorhin erwähnte Schema wieder auf. Ansätze zur Durchbrechung liegen a) in Sprachforschungen, die im Begriff der → Person die entscheidende Möglichkeit erkannt haben, sowohl anderen als auch sich selbst Rede und Antwort zu stehen (die Anrede vom Du her erweckt erst das Ich zum Selbst; → Sprache); b) in den bes. von F. → Ebner durchgeführten Untersuchungen über das → Ich-Du-Verhältnis und die Bedeutsamkeit der Sprache: nur in der »pneumatologischen« Realität der Ich-Du-Beziehung werden alle schematischen Verhärtungen des Ich überwunden; zu erwähnen sind auch → Bubers und → Gogartens Versuche, die das Du als das eigentliche Subjekt für die Entfaltung des Ich anerkennen, ebenfalls die anthropologisch-ontologischen Grundlagen im Vertrauen als elementarer Form der Mitmenschlichkeit (Løgstrup); c) in den von → Kierkegaard und → Kant stimulierten philosophischen Auseinandersetzungen zum Freiheitsbegriff, die zur Deutung der »Existenz« als grundsätzlicher Kommunikation führten. Der über das Ungenügen des Zusammenseins Reflektierende muß zum Schluß kommen, daß »Ich als Ich-selbst nur bin durch den jeweils unvertretbar anderen« (→ Jaspers). Die S. nimmt von der Sicht der »möglichen Existenz« im Ursprung zur Kommunikation die Züge eines »Sichausbleibens« an. Man ängstigt sich vor den vielen Möglichkeiten des Wagnisses auf den Mitmenschen hin, die Selbstreflexion fällt auf sich selbst zweifelnd zurück und verhärtet sich ausweichend in zahlreichen Sicherungen, hinter denen das Ich sich dem anderen gegenüber zu be-

haupten versucht (Konvention, korrektes Verhalten, »Takt« usw). Oder das Ich versucht, sich dem Selbst zu entziehen und sich möglichst mit der Umwelt zu identifizieren (vgl. Kierkegaards »verzweifelt man selbst sein wollen, verzweifelt nicht man selbst sein wollen«). – So befreiend diese Versuche zur Durchbrechung einer rollenhaft-statischen Interpretation der S. auf Mitmenschlichkeit hin anmuten, so scheinen sie doch durch eine nicht unerhebliche Reihe von Daseinsphänomenen, namentlich bedingt durch die Leiblichkeit (→ Leib und Seele: II), Widerspruch zu erfahren. Sie scheinen den Weg für das eben Überwundene wieder freizugeben.

4. Die S. offenbart sich in Gestalt der Sorge für Nahrung, Kleidung und überhaupt den eigenen Lebensraum. Auch wenn man dabei auf die Mithilfe, Solidarität und Konfrontation mit anderen angewiesen ist, so ist es doch unvermeidlich, daß sowohl in materiellen wie in geistigen Auseinandersetzungen die S. als primäre Forderung erscheint. Die → Konkurrenz ist in allen Bereichen des sozialen Lebens vorhanden. Alle von den oberen Instanzen verfügten Rechtsordnungen scheinen nun dem Hobbismus wieder Recht zu geben, insofern es die S. ist, die sie rechtfertigt. Dabei tritt nun die Bedeutsamkeit des oben (s. 3) Gesagten wieder in Sicht: Die Sozial- und Rechtsordnungen tragen neben der Forderung der S. dialektisch eine dem menschlichen Dasein wohltuende und es bewahrende Güte in sich (Inobhutnahme; φιλία als personal-ontisches Gefüge zur geordneten Lebensgestalt), welche als ebenso elementar einzuschätzen ist wie die auf Macht und Hörigkeit ausgerichtete Forderung zur S. Die Leiblichkeit, so ichbezogen sie ist, findet nur dann ihre klare Bestimmung, wenn sie dienstbereit in die Gemeinschaft einbezogen wird. Je nach der personalen Mitte und Intimität der Ordnungen wird diese Güte freilich verschieden erfahren werden: in → Ehe und → Familie läßt die Intimität der personalen Mitte die Reifung des Ich zum Selbst im Nächsten in höherem Maße zu als in den fremdpersonal ausgerichteten Sphären von → Arbeit oder → Staat. Erst recht weiten sich die Machtaspekte der S. im zwischenstaatlichen Dasein aus und geben die ständigen Bedrohungen des → Krieges her.

5. Die S. wird angesichts des → *Todes* in verschiedenen Formen offenbar: a) als »mortificatio sui«, in Sehnsucht nach einer jenseitigen Verherrlichung und Befreiung aus dem Diesseits; b) als Selbstrechtfertigung in formalistischer Gerechtigkeit dem ewigen Gericht gegenüber; c) als Mittel zur Selbstaggression und Fremdaggression in Beantwortung erlittenen Unbills; d) als Existential des Daseins (»mit dem Tod steht sich das Dasein selbst in seinem eigensten Seinkönnen bevor«, Heidegger); e) im Tode als dem völlig Unerfahrbaren und Unsagbaren, wobei der Mensch gerade sein eigenes Leben heroisch-tragisch zu behaupten hat. In welcher Form sich auch S. und Tod begegnen: als Grund und Begleiterscheinung wird immer die → Angst als typisch menschliches Phänomen mit im Spiel sein, die Angst, in der der Mensch sich selbst flieht und sucht.

6. Die S. nimmt in der Wahrung der → *Ehre* einen ausgeprägten, oft sehr ichverhafteten Charakter an. Während die Ehre des Menschen in seiner Würde und Zuverlässigkeit als Geschöpf Gottes beruht und alle besonderen Fähigkeiten, Leistungen und amtlichen Qualitäten ihre Anerkennung darin finden, daß die Umwelt ihnen das angemessene Vertrauen entgegenbringt und infolgedessen die Würde und Ehre gesteigert werden, kann sich das Ehrgefühl als S. von der Umwelt distanzieren, um sich und die eigene Würde zu verabsolutieren. Man sieht es dann als eine »Pflicht« an, die eigene Ehre in einem Maße zu bewahren und durchzusetzen, daß man sich berechtigt glaubt, die wertvollsten Güter, ja sogar das Leben der Mitmenschen aufs Spiel zu setzen. Ehre wird dann in die Isolierung der S. hineingenommen, man zieht einen willkürlichen Kreis um sich, zu dem niemand ungestraft Zugang haben kann (viktorianische und wilhelminische Offiziers- und Politikerehre; → Duell). In derartigen Formen löst sich der Begriff der Ehre aus seiner sozial sinnvollen Verwurzelung; er verliert die sittlich dienende Funktion, die ihm nur innerhalb der Mitmenschlichkeit mit Recht große Bedeutung beimißt.

7. Schon → Aristoteles hat in der *Selbstliebe* (φιλαυτία) eine Form der S. gesehen, die in Überwindung der niedrigen Ichfunktionen imstande ist, sich zum höheren geist- und vernunftbegabten Selbst zu erheben, dieses zu lieben und zu pflegen, damit dadurch die wahre → Freundschaft (: II) erst ermöglicht wird. Hier wäre die Voraussetzung diese, daß der Ausgleich dieser Mitmenschlichkeit durch die vernünftige Integration beider zustande kommt. So bekommt auch für → Augustin die S. als Selbstliebe in der »analogia relationis« zur trinitarischen Selbstliebe den Charakter des sich selbst liebenden und erkennenden Geistes. »Der Geist brennt in flammender Liebe zu sich« (Augustin). Dieser Gedanke begegnet weiter in der Geschichte der Mystik (→ Eckehart, → Tauler, → Böhme, v. → Baader) und ist auch noch in der Existenzphilosophie lebendig (→ Jaspers, → Marcel, → Camus). – Über die Selbstliebe im christlichen Gebot zur Nächstenliebe vgl. → Selbstverleugnung, 3.

G. Simmel, Einl. in die Moralwiss. I. II, (1892/93) 1911³ – K. Löwith, Das Individuum in der Rolle des Mitmenschen, 1928 – K. Jaspers, Philos. II: Existenzerhellung, (1932) 1956³ – W. Kamlah, Christentum u. S., 1940 (zu Augustin) – L. Binswanger, Grundformen u. Erkenntnis menschl. Daseins, (1942) 1953² – G. Gusdorf, La découverte de soi, Paris 1948 – J. Vuillemin, La signification de la mort, ebd 1948 – A. Maeder, Selbsterhaltung u. Selbstheilung, 1949 – I. A. Caruso (Hg.), Bios, Psyche, Person, 1957 – C. S. Lewis, Vier Arten der Liebe, 1961.
H. van Oyen

Selbstentfremdung, oft mit »Entfremdung« (= E.) synonym gebrauchtes, in dieser Form von → Hegel für die kritische Theorie der moralisch-gesellschaftlich-politischen Realität der modernen Welt aufgeklärter Herkunft wirksam gemachtes Wort; es bezeichnet eine Existenzweise des Menschen, die in der Differenzierung und Dissoziierung ihrer Bereiche zum Problem werden läßt, wo und als was der Mensch noch als »er selbst« und welche seiner Tätigkeiten »eigentlich menschliche« Praxis sei. – Der Sache nach hat vor allem → Rousseau die kulturkritische Aufmerksamkeit auf dieses Problem gelenkt. Daß die intellektuelle und moralische Kultur, anstatt menschliche Wirklichkeit der Natur zu sein, die unnatürliche Wirklichkeit des Menschen ist – das ist die klassische Form des E.sbewußtseins, welches von da an die moderne Gesellschaft begleitet. Es ist primär ein progressives Bewußtsein: Rousseaus Contrat social, als Urkunde bürgerlicher Demokratie, läßt sich als Entwurf einer Ordnung verstehen, welche dem Versuch einer moralisch-pädagogischen Redintegration des Menschen in die Natur konform ist. – Nachdrücklich hat demgegenüber Hegel den E.scharakter der Aufklärungswirklichkeit als essentiell und unaufhebbar herausgestellt. Sich selbst entfremdet ist der moderne Mensch im Dualismus seines bürgerlichen Daseins als Citoyen und Bourgeois. Als jener ist er Subjekt seiner Rechte und Pflichten im Staat, als dieser Glied der Gesellschaft, Subjekt seines Privatinteresses, ökonomische Monade. Entzweiung waltet zudem im Verhältnis von Recht und Moral. Jenem ist der Mensch heteronom unterworfen, diese will praktische Selbstbestimmung. Entzweit ist auch das religiöse Subjekt, das, indem die emanzipierte

Kritik die Offenbarung historisch relativiert, sich entweder orthodox auf einen unbegriffenen Inhalt dieser Offenbarung versteift oder sich in die Innerlichkeit eines inhaltsleeren religiösen Gefühls zurückzieht. – So wird bei Hegel die Kategorie der E. zur fundamentalen Kategorie in der philosophischen Interpretation der modernen »bürgerlichen« Welt. Er macht sichtbar, daß die »Freiheit« im emanzipativen Sinn solche E. zur Voraussetzung hat: die E. von Staat und Gesellschaft bedingt die ökonomisch-praktische Freiheit des Bürgers; in der Entzweiung von Recht und Moral wurzelt die praktische Freiheit des Gewissens und in der Unterwerfung der Quellen der Offenbarung unter die historische Kritik die religiöse Freiheit des Gewissens auch gegenüber diesen Quellen. Hegel verteidigt diesen Freiheitssinn der E. sowohl gegen romantische Regression als auch gegen den moralisch-politischen Totalitarismus (bes. → Fichtes), die beide diese E. sozusagen nicht aushalten und auf die vermittelnde Kraft konkreter sittlicher Substanz im familiären, sozialen und politischen Leben nicht vertrauen, in der die E. nicht sowohl überwunden als bestanden werden könne. – Auf hegelsche Ansätze sich berufend analysiert → Marx über die E. von Staat und Gesellschaft hinaus die Selbstentzweiung dieser Gesellschaft in die Klassen der Kapitalisten und Proletarier (→ Marxismus, 2). Marx' Idee des → Kommunismus (: III) ist in letzter Instanz die Idee eines total unentfremdeten gesellschaftlichen Daseins des Menschen. Sie erweist sich im Kommunismus als Idee eines politischen Schwärmertums, sofern die zum Kommunismus hinleitende Revolution nicht bloß, um faktisches Proletarierelend zu beseitigen, sondern darüber hinaus auch dann noch, wenn jenes Elend zugegebenermaßen gar nicht mehr besteht, gewollt wird, um den Menschen total mit sich zu versöhnen. Der Kommunismus enthüllt sich so als Utopie eines Zustands materiellen und moralischen Glücks, in dem jene emanzipativen Freiheiten einen Ort nicht mehr haben, die nach Hegel durch die S. des Menschen bedingt sind. – Das privatisierende Pendant dieses kommunistischen Programms unentfremdeter, gesellschaftlich-öffentlicher Eigentlichkeit ist das existentialistische Pathos der »Eigentlichkeit« – gleichermaßen eine Form der Feindschaft und des Ressentiments gegen die bürgerliche Welt und ihre Entzweiungsverhältnisse. Wo dann Kommunismus und Existentialismus (→ Existenzphilosophie) als Entzweiungsprodukte dieser bürgerlichen Welt interpretiert werden, bleibt, sofern der Verzicht auf die Utopie des Glücks nicht geleistet und die positive Existenz als Bürger der modernen Welt verschmäht wird, einzig die kritische Dauerreflexion, zu der sich heute die praktische Energie der alten kulturkritischen Aufklärung neutralisiert hat.

G.W.F.Hegel, Phänomenologie des Geistes, (1807) hg.v. J.Hoffmeister, 1952 – K.Marx, Die Frühschriften, hg.v. S.Landshut, 1953 – A.Gehlen, Über die Geburt der Freiheit aus der E. (ARSP 40, 1952/53, 338-353) – H.Popitz, Der entfremdete Mensch. Zeitkritik u. Geschichtsphilos. des jungen Marx, 1953 – H.Schelsky, Ist die Dauerreflexion institutionalisierbar? (ZEE 1, 1957, 153-174) – H.Barth, Über die Idee der S. des Menschen bei Rousseau (ZPhF 13, 1959, 16-35) – H.Plessner, Das Problem der Öffentlichkeit u. die Idee E., 1961.

H.Lübbe

Selbstgerechtigkeit ist die vorgebliche Selbstrechtfertigung des Menschen vor anderen, vor dem eigenen Gewissen und vor Gott. Sie wurzelt unmittelbar im Menschenherzen, insofern es als ethisches Subjekt angesprochen werden kann. Hat der Mensch die sittliche Forderung als solche anerkannt und weiß, daß → Gerechtigkeit in ihrer Erfüllung besteht, so bemüht er sich tatsächlich, die Übereinstimmung seiner Handlungen, ja seines ganzen Seins mit jener Gerechtigkeit zu verwirklichen. Aber da es kein sittliches Leben ohne Erfahrung des Versagens, dh des Bruches zwischen den Handlungen des Subjekts und der Gerechtigkeit gibt, sucht er nach jeder Entscheidung und Handlung festzustellen, ob der Bruch vorhanden oder überwunden ist. Dabei ist er freilich Richter und Partei in einer Person, was dauernde Parteilichkeit zur Folge hat, um so mehr, als es hier um seine eigene Existenz und seinen inneren Frieden geht. Um Frieden mit Gott zu erlangen, versucht der Mensch, sich von seiner S. zu überzeugen, um vor Gott als Gerechter dazustehen. Eben dieser falsche Anspruch wird von der christlichen Offenbarung in Frage gestellt, indem sie negativ die grundsätzliche Sündhaftigkeit des Menschen (→ Sünde), und damit den illusorischen Charakter aller eigenmächtigen Gerechtigkeit, verkündet und positiv Gottes → Gerechtigkeit ins helle Licht rückt. Jesu hartes Urteil über die Pharisäer (Mt 5, 20; 6, 1-3; 23, 23-28; Lk 18, 9) trifft überhaupt jeden Versuch zur Selbstrechtfertigung, jede ethische Religiosität, jeden Versuch, sich durch S. dem Gericht Gottes zu entziehen. Trotz oder gerade wegen seiner Gründung im → Gesetz (: II) verwirft das AT die S. (Jes 64, 6; Hi 4, 17; 9, 2; 25, 4; Ps 14, 1-3; Dan 9, 5-7), und Paulus wiederholt dieses Urteil, wenn er von der Ungerechtigkeit jedes Menschen spricht (Röm 1-3; bes. 3, 10). Allerdings geht Paulus über diese Antinomie zwischen der Ungerechtigkeit des Menschen und Gottes Gerechtigkeit hinaus, indem er diesen »ungerechten« Menschen als den beschreibt, der durch den Glauben an Christus die Gottesgerechtigkeit erlangen kann (Röm 3, 21-26). Wenn diese Gerechtigkeit nur als freies Geschenk Gottes in Christus empfangen wird, dann muß der Mensch alles Bemühen um Selbstrechtfertigung aufgeben; er hat keinen Grund, »sich zu rühmen«. Im Hintergrund der paulinischen Polemik gegen die Judaisten steht der Gedanke, daß eben der das sittliche Subjekt schlechthin verkörpernde fromme Jude, der das Gesetz kennt und hält, auch und gerade der verlorene Mensch ist, der verzweifelt in der eigenen S. Zuflucht sucht. → Glaube ist Verzicht auf S. als die eigentliche Falle und Versuchung sittlichen Lebens. Die reformatorische Polemik gegen die → guten Werke bewegt sich auf der gleichen Linie: die guten Werke täuschen eine sittliche Frömmigkeit vor, in der der Mensch Gottes Gerechtigkeit nach seiner eigenen S. mißt und selber die Normen für das Gericht Gottes aufstellt. Damit geht er an der ihm von Gott angebotenen Gerechtigkeit vorbei und ist unfähig, Frieden zu finden. Der Gegensatz Gottesgerechtigkeit – S. geht jedoch über die klassische, den Griechen so vertraute Antithese zwischen echter und scheinbarer Gerechtigkeit hinaus, denn die biblische Offenbarung zielt auf völlige Vernichtung jedes sittlichen Anspruchs des Menschen, den sie unmittelbar mit der Sündenordnung verknüpft. Sie begnügt sich also nicht, den Menschen auf die Pflicht des Fortschreitens von der falschen zur wahren Gerechtigkeit zu verweisen. Jeder Versuch zur S. ist letzten Endes ein Versuch, sich Gott gleichzustellen. Die moderne Literatur mit ihrer Vorliebe für das Prozeßthema und ihrer Suche nach einem »letzten Gericht« (→ Kafka, Brecht, → Camus u.a.) scheint ein Gespür für die Fallstricke der S. zu haben.

Vgl. die Lit. zu → Gerechtigkeit Gottes: II-IV, → Gerechtigkeit des Menschen.

R.Mehl

Selbstkommunion des Liturgen ist in der röm. → Messe feste Ordnung, auch ohne Verbindung mit der Kommunion der Gemeinde; dagegen wandten sich die Reformatoren. Während Luther (Formula missae) und die meisten luth. KOen des 16.Jh.s die S. im Gemeindeabendmahl zuließen (ebenso Calvin 1545), wurde sie im

17.Jh. meist verboten (zB Kursachsen 1625). Einreihung der Kommunion des Pfarrers in die der Gemeinde sowie eine (falsche) Berufung auf Luthers Worte gegen die S. in der röm. »Winkelmesse« (WA 38, 222ff; ASm II, 2) waren hierfür ausschlaggebend. Das Verbot wurde 1880 in Preußen aufgehoben. Die S. ist als Teil des Gemeindeabendmahles heute durchweg üblich (zB VELKD). Finnland dagegen schlägt statt der S. die Spendung durch einen Laien vor.

Rietschel-Graff - H.Nyman, Kyrkotjänarens Nattvardsgång i lutherskt gudstjänstliv, Åbo 1955 (dt. Zus.fassung) - L.Fendt, Die »S.« im Luthertum (ThLZ 81, 1956, 423-426) - Ders., Einf. in die Liturgiewiss., 1958 - EKL III, 925. *K.Dienst*

Selbstmord

I. Religionsgeschichtlich - II. Ethisch - III. Praktisch-theologisch

I. Religionsgeschichtlich

Der S., die freiwillige und überlegte gewaltsame Vernichtung des eigenen Lebens, ist in der Religionsgeschichte sehr verschieden bewertet worden. Die meisten theistischen Religionen verurteilen ihn: der Mensch hat sich das → Leben nicht gegeben und darf es sich deshalb auch nicht nehmen. S. ist deshalb eine Versündigung gegen Gott und verdient → Strafe. Nach dem kirchlichen und weltlichen Recht des MA war sogar der bloße Versuch des S.s strafbar, Selbstmördern wurde ein kirchliches Begräbnis verweigert (→ Selbstmord: III). Auch der Islam verwirft den S. unter Berufung auf Koran 3, 139; 4, 93. 95; 16, 63. Die indischen Anhänger der Wiederverkörperungslehre (→ Seelenwanderung: I) sehen im S. eine Torheit; da das → Karma bei der Vernichtung des Leibes nicht ebenfalls vernichtet wird, erwartet den Selbstmörder nach dem Tode eine neue Existenz, in der er den Lohn oder die Strafe für seine guten und bösen Taten empfängt. Er kann daher seinem → Schicksal nicht entgehen, verschlechtert aber seine Chancen zum Aufstieg dadurch, daß er sich der Tötung eines Lebewesens schuldig gemacht hat. → Buddha stellt sogar demjenigen schwere jenseitige Strafen (→ Hölle: I) in Aussicht, der durch übertriebene Schilderung des Elends der Welt die Hörer seiner Rede so beeindruckt, daß sie den Tod suchen. Obwohl manche → Naturvölker, die Chinesen und die Japaner dem S. nicht so starken aus religiösen Motiven entspringenden Widerstand entgegensetzen, läßt sich doch feststellen, daß die meisten Glaubensformen dem S. gegenüber negativ eingestellt sind.

In zahlreichen Fällen wird jedoch eine Ausnahme gemacht. Milde beurteilt wird der S., wenn er, wie in zahlreichen chinesischen Erzählungen, aus Gram über den Tod von Verwandten begangen wird, aus Liebeskummer erfolgt oder vorgenommen wird, um einer schimpflichen Hinrichtung zu entgehen oder nicht lebend in die Hände der Feinde zu fallen. Die Stoiker hielten ihn für gerechtfertigt bei unheilbarer Krankheit, die Buddhisten gestatteten ihn aus diesem Grunde auch den schon zu Lebzeiten erlösten Heiligen. Als Heldentat wird er gefeiert, wenn er ausgeführt wird, um Feinde zu vernichten (→ Simson), um das Vaterland zu schützen oder wenn Märtyrer durch ihn den Glauben bekräftigen. Die Sitte erfordert den S. bei einem afrikanischen König, dessen sakrale Kraft, die dem Volk zugute kommen soll, erloschen ist. Hoch geehrt wird der japanische Samurai, der seinem Leben durch »Harakiri« oder »Junshi« ein Ende setzt, oder der germanische Recke, der seinen gestorbenen Fürsten ins Jenseits begleiten will. Religiöses → Verdienst erwirbt die indische Witwe, die sich mit dem Leichnam ihres Gatten verbrennen läßt (→ Witwenverbrennung), der Hindu-Asket, der sich in einem heiligen Fluß ertränkt, von einem Berge stürzt oder den Flammentod wählt wie Kalanos im Heere Alexanders. Auch von christlichen Sektierern in Rußland werden Selbstverbrennungen berichtet. Für den Jaina (→ Jinismus) gilt das → Fasten (: I) bis zum Tode als ein Mittel zur Gewinnung der Erlösung. Die Vorstellung der Hindus, daß ein Brahmane durch S. eine → Wiedergeburt erreichen könne, in welcher er seine Feinde als Geist schädigen kann, zeigt, welche verschiedenartigen Motive einem auf dem Gedankengut der Religion basierenden S. zugrunde liegen können.

K.A.Geiger, Der S. im klass. Altertum, 1888 - ERE V, 598ff; XII, 21ff - F.Cumont, Comment Plotin détourna Porphyre du suicide (REG 32, 1919, 113-120) - PW 2. R. II/1, 1134f - K.v.Kamptz, Über das Sterbefasten des Jaina-Kanons (Diss. Hamburg), 1929 - HWDA VII, 1627ff - R.Fick, Der ind. Weise Kalanos u. sein Flammentod (NAG NF, Fachgr. III/2), 1938 - C.-M.Edsman, Ignis divinus (SVSL 34), 1949, 250ff - H.H.Eckert, Weltanschauung u. S. bei den Stoikern (Diss. Tübingen), 1951 - P.Bohannan (Hg.), African Homicide and Suicide, Oxford 1959. *H.v.Glasenapp*

II. Ethisch

Eine rein *philosophische* Ethik kann die Berechtigung des S.s schwerlich in allen Fällen verneinen. Wenn eine ehrliche Überlegung zu dem Ergebnis führt, daß die weitere Existenz eines Menschen für seine Umgebung mehr Last als Freude bedeutet, scheint es dem Utilitaristen richtiger zu sein, aus dem Leben zu scheiden. Oft argumentiert man zwar folgendermaßen: Solange dir noch Aufgaben für irgendeinen Menschen gegeben oder auffindbar sind, hat dein Leben Sinn, und du darfst es nicht von dir werfen. Der Schwermütige bedenkt aber sofort, daß er im Leben notwendigerweise auch Ungutes anstiftet und Leiden verursacht. Aber auch abgesehen von solchen Erwägungen, die offenbar in der Gegenwart eine große Rolle spielen, wird man schwerlich einem Menschen einen Vorwurf machen können, der von einer klar atheistischen oder agnostischen Einstellung zum Leben aus sich selber das Leben nehmen will, wenn es ihm eine unerträgliche Last geworden ist. Hat er sich ja doch nicht selber das Leben gegeben; er ist hineingeworfen worden; also darf er es doch wohl verlassen, wenn er will. Bisweilen fügt man, etwa mit → Hume, hinzu: Falls es einen Gott gibt, muß man ihm dankbar sein, daß er das Leben so geregelt hat, daß wir frei bleiben, es zu verlassen. Hat Gott uns Verfügung über sonstige Dinge gegeben, kann es doch wohl nicht ruchlos oder gottlos sein, auch dieses als eine gütige Gabe hinzunehmen. Oder ein Mensch kann meinen, er habe das Leben so verwirkt, daß seine Reue nur durch die Tat des S.s rechten Ausdruck finden könne. So ist es nur natürlich, daß die Säkularisierung der Lebensauffassung sich bes. deutlich in einer neuen Beurteilung des S.s auswirkt. Wie in der → Stoa kann man mit → Nietzsches Zarathustra den »freien Tod« oder den »Freitod« bisweilen nicht nur bejahen, sondern preisen (vgl. → Euthanasie).

Auch der *Christ* hat hier Wichtiges zu bedenken. »Nicht die Niedrigkeit der Motive macht den S. verwerflich. Man kann aus niedrigen Motiven am Leben bleiben und aus edlen Motiven aus dem Leben gehen« (D.Bonhoeffer). Das christliche Nein zum S. kommt vom Evangelium her. Die Verwerflichkeit des S.s kann nicht von irgendeinem Gesetz her begründet werden, auch nicht von dem Glauben an irgendeinen Schöpfergott, sondern nur von der Botschaft von der Gnade Gottes in Jesus Christus. Freigemacht von der Knechtschaft unter den Schicksalsmächten dieser Welt und unter der Last unserer eigenen Schuld gehören wir demjenigen, der uns erlöst hat. Auch ihr eigenes Leben kennen die

Christen von dann ab nicht mehr »nach dem Fleische«. In Christus sind sie neue Geschöpfe (2Kor 5, 16f). Das Leben ist seine Gabe, und deshalb hat es Sinn. Der Christ braucht nicht den Sinn seiner fortdauernden Existenz finden zu können. Im Glauben ist er von derartigen quälenden Fragen befreit. Wo das Evangelium gehört wird, ist der S. »nicht nur verwerflich, sondern schon verworfen«. »Du *mußt* ja gar nicht, du *darfst* ja leben!« (K.Barth). - Hier wird es bes. deutlich, daß christliche → Ethik im und vom Evangelium lebt. »Der am Rande des S.s Stehende hört kein Verbot oder Gebot mehr, er hört nur noch den gnädigen Ruf Gottes zum Glauben, zur Errettung, zur Umkehr. Den Verzweifelten rettet kein Gesetz, das an die eigene Kraft appelliert, es treibt ihn nur noch hoffnungsloser in Verzweiflung; den am Leben Verzweifelnden trifft nur die rettende Tat eines andern, das Angebot eines neuen Lebens, das nicht aus eigener Kraft, sondern aus Gottes Gnade gelebt wird« (Bonhoeffer). »Dem Glaubenden ist das ewig sichere Gegengift gegen Verzweiflung gegeben: Möglichkeit« (Kierkegaard). Darum findet er Hilfe sowohl gegen das würgende Gefühl der Nichtigkeit des Daseins als auch der eigenen Unfähigkeit gegenüber der erschreckenden Fülle des Lebens.

Viele Christen sind der Meinung, S. sei, wo nicht Geistesstörung vorliegt, eine bes. furchtbare, vielleicht gar unvergebbare Sünde, weil hier Reue und damit Vergebung unmöglich gemacht werde. So kann man aber nur urteilen, falls man mit der luth. Orthodoxie davon überzeugt ist, daß das endgültige Urteil über jeden Menschen unmittelbar nach seinem Tode folgt. Heute erkennt man in der Regel, daß wir nicht wissen, wann die göttliche Gnade ihr Ende findet. Auch sind ja doch viele Christen durch jähen Tod mit unbereuter Sünde gestorben. Die röm. Kirche kann dem Selbstmörder, der nach menschlichem Ermessen bewußt und frei Hand an sich gelegt hat, nicht »die Ehre des kirchlichen Begräbnisses« zuteil werden lassen. In den meisten ev. Kirchen urteilt man jetzt anders, so ernsthaft man auch darauf besteht, daß S. Sünde ist.

Die nähere Bestimmung des Begriffs macht Schwierigkeiten. Schon die biblische Tradition warf das Problem auf, da zB → Simson durch eigene Hand starb (Ri 16, 28) und doch als Glaubensheld gepriesen wurde (Hebr 11, 32f). Man war auch im Zweifel, wie man über christliche Frauen urteilen sollte, die es in Zeiten der Verfolgung vorzogen, sich selbst zu töten, statt ihre Keuschheit preiszugeben. Einige altkirchliche Theologen haben sie für diese Tat gepriesen, und mehrere dieser Frauen sind in die Zahl der Heiligen aufgenommen worden. Dagegen hat Augustin eine solche Handlungsweise verurteilt, weil die Keuschheit nicht im Leibe, sondern im Herzen wohne. Doch spricht er von der Möglichkeit, die Frauen könnten unter besonderem göttlichem Befehl gehandelt haben. Auch in der Gegenwart meldet sich dieses Problem der näheren Begriffsbestimmung. Teilnehmer an der Widerstandsbewegung gegen den Nazismus haben bisweilen S. begangen aus Angst, sie könnten unter der Folter ihre Kameraden verraten. Solch ein Tun muß doch wohl als Selbstaufopferung und nicht als S. beurteilt werden. Und doch hängt alles davon ab, ob der Täter es glauben kann, daß er hier Gottes Befehl gehorche. Eine Selbstverständlichkeit darf eine solche Entscheidung nie werden.

H.W.Gruhle, S., 1940 - P.L.Landsberg, Der S. als moralisches Problem, 1947. - Vgl. ferner die Darst.en der theol. Ethik, zB D. Bonhoeffer, (1949) 1956^3, 111ff - N.H.Søe, dt. (1949) 1957^2, 198ff - Barth, KD III/4, 1951, 459ff - W.Trillhaas, 1959, 179ff. - Zur kath. Auffassung s. etwa B.Häring, Das Gesetz Christi, (1954) 1958^5, 1003f (Lit.).

N.H.Søe

III. Praktisch-theologisch

1. Seelsorge - 2. Verhütung - 3. Begräbnis

1. Die *Seelsorge* am S.-Gefährdeten ist eine Sonderform der Behandlung des Seelsorgekindes, da die Tendenz zum S. und die Höhe der Gefährdung in den Anfängen nicht leicht erkennbar ist. Selbst da, wo mit Sicherheit mit einer Neigung zum S. zu rechnen ist, ist eine absolut sachgerechte Behandlung sehr schwierig. Der Grundsatz, der früher zutraf: »wer vom S. spricht, führt ihn nicht aus«, gilt heute nicht mehr. Eine aussichtsreiche Behandlung dieser Suchtkranken setzt subtile Kenntnis in medizinischen, psychologischen, soziologischen und anthropologischen Einzelheiten voraus. Ausgesprochen S.-Gefährdete stehen seelisch in der Verzweiflung entweder schon gleichsam jenseits der Lebens- und Todeslinie oder sind bereit zum »Lebensopfer«. Jeder S. hat einen Anlaß, ein Motiv, eine Ursache. Weil man aber nach vollendetem S. die Entwicklung vom ersten Gedanken zum S.versuch bis zum Vollzug des S.s nicht erkennen kann, gibt es nicht *den* S., sondern nur den Selbstmörder. Die Häufigkeit des geplanten S.s in der Gegenwart ist nicht abzuschätzen, da die Versuche statistisch nicht erfaßbar sind. In Fachkreisen rechnet man auf je einen vollendeten S. mindestens drei mißglückte Versuche. Der vollendete S. ist jedenfalls heute ständig im Steigen. Als Grund ist die Tatsache anzunehmen, daß Krisen in der Lebensstruktur eines Volkes oder der Völker Krisen in den einzelnen Menschenschicksalen zur Folge haben. In solchen Lagen können S.epidemien entstehen. Andererseits fördert auch ein allgemeines Wohlleben den Lebensüberdruß und legt die Versuchung zum S. nahe, die in dem Gefühl völliger Vereinsamung inmitten von Glück und Geborgenheit begründet liegt. In den kommunistisch regierten Ländern ist das Ansteigen der S.häufigkeit in der Zerstörung der Persönlichkeitseinheit durch die »Gehirnwäsche« und die Auflösung der Familie zu suchen (Dries von Collie, Der begeisterte S., 1960). Als Todesursache wird der S. mit 0,2 auf je 100000 Einwohner für Ägypten als niedrigste Ziffer, als höchste Zahl mit je 22,3 für Japan und 33,9 für Westberlin angegeben (Schweiz 21,6, Dänemark 22,5, Österreich 23,3). Die Männer übertreffen die Frauen in der Geringschätzung ihres Lebens um das dreifache. Nach dem 45. Lebensjahr nehmen die S.e wesentlich zu, aber auch in die junge Generation ist ein Einbruch des S.s zu verzeichnen; erschreckend hoch ist die Zahl der Kinder-S.e. 75% aller Selbstmörder sind ev., nur 5% kath. Die Problematik des S.s (Schuld, Selbstbestrafung, Schizophrenie, Depression, Milieubedingtheit) bleibt solange vordergründig und oberflächlich, als nicht erkannt ist, daß es sich bei dieser Selbstzerstörung meistens um die hier bes. sichtbar werdende Auseinandersetzung zwischen Gott und der Dämonie, Christus und dem Satan, dem Gegenüber von Glaube und Unglaube handelt.

2. Feste Regeln im Kampf gegen den S. lassen sich nicht aufstellen. Ärztlicherseits werden heute alle Diagnosenversuche aufgegeben (vgl. Ringel). Jedem Selbstmörder wird § 51 StGB zugebilligt, da er im Augenblick der Tat seiner freien Willensentscheidung und Selbstbestimmung beraubt sei. Verhinderte Aggression und unerfüllbare Lebenswünsche spielen oft grundsätzlich eine Rolle. Bei beiden Gruppen liegt ein Verweigern des Lebensreifungs-Prozesses vor (»Weil ich mich nicht ändern wollte, mußte ich mich enden«). Neben dem Alters-S und dem S. des Vereinsamten sind unglückliche Ehen und der Mangel an Geborgenheitsgefühl die häufigsten Motive. Darum ist der Eheberatung beim Bestreben der Verhütung besondere Beachtung zu

schenken. Noch breiter angelegt ist das Bemühen der → Telefonseelsorge, da hierdurch der gefährdete Mensch unmittelbar in seiner Bedrängtheit und Angst erreicht, in seiner Not angesprochen und aus den Verzweiflungsfesseln befreit werden kann. Große positive Bedeutung hat auch die → Beichte (: III), da der unter dem Einfluß des Beichtvaters Stehende am ehesten vor dämonischen Gewalten geschützt ist. Daher verdienen die seit dem Frankfurter Kirchentag 1956 angelaufenen Bestrebungen einen weitschauenden Ausbau, damit auch in der ev. Kirche regelmäßig Gelegenheit zur Beichte in den Pfarrämtern oder, wie in Köln (»Stunde der Seelsorge«), in besonderen Kirchen und zu bestimmten Zeiten gegeben wird, um den lebenszersetzenden Tendenzen des modernen industriellen Zeitalters wirksam zu begegnen.

3. In der Ablehnung eines kirchlichen → Begräbnisses (: III, 3) als Strafakt an dem Toten oder als Abschreckungsmittel gegen den S. heute noch ein Hilfsmittel bei der Bekämpfung der S.-Gefährdung sehen zu wollen, wie es früher geschah, ist verkehrt. Alle gegenwartsnahen Kirchenordnungen sehen daher das Begräbnis des Selbstmörders vor. Da ein kirchliches Begräbnis Verkündigung ist, muß bei der Traueransprache neben dem Trost für die Angehörigen auch das Gewissen in der Frage nach der Mitschuld am Tode des Gemeindegliedes angesprochen und zur Mitverantwortung für den in Not befindlichen Bruder aufgefordert werden (vgl. zB E. Brandes [Hg.], Kasualien, 1954, III/1, 252-280; III/2, 190-199). Alle modernen Agenden enthalten besondere Entwürfe für die Beerdigung von Selbstmördern.

A. Knorr, Zum Problem des S.s, 1947 - Barth, KD III/4, 456ff - E. Ringel, Der S. Abschluß einer krankhaften psych. Entwicklung, 1953 - K.E. Koch, Seelsorge u. Okkultismus, 1953 - Wege zum Menschen 6, 1954, 2-12. 88-90; 8, 1956, 332-334. 354-360 - A. Lechler-K. Koch, Belastung u. Befreiung. Die seelsorgerl. Behandlung der okkult Belasteten, 1960. *H. Saenger*

Selbstverleugnung

1. S. und NT - 2. S. und Nächstenliebe - 3. S. und Selbstliebe (Selbstpflege) - 4. S. und Gottesliebe (mortificatio) - 5. S. und Nachfolge Christi - 6. S. und Eschatologie

1. Die dem AT unbekannte Forderung der S. wird *im NT* ausschließlich in der → Nachfolge Christi (: I) wirksam, wobei der Nachfolgende sich selbst verleugnen, sein Kreuz auf sich nehmen und hinter Christus hergehen soll. Das in Mk 8, 34 par erwähnte ἀρνεῖσθαι ἑαυτόν bedeutet: die Herrschaft über sich selbst dem Herrn aushändigen und den Eigenwillen aufgeben, um den Willen des Herrn in allen Bereichen des Lebens geschehen zu lassen. Geht jedoch der Jünger im Gehorsam den Weg Christi und nicht den selbstgewählten, so wird ihm in der Begegnung mit der Welt ein Kampf bevorstehen, der das gerade ihm auferlegte Kreuz bedeutet (s. 5). Jeder Gläubige muß einen eigenen Weg in der Nachfolge gehen. Die S. bedeutet nicht, daß der eigene Charakter und die individuelle Veranlagung aufgegeben werden sollen; sie ist keineswegs selbstlose Nivellierung.

2. Die S. wird sich in erster Linie als *Liebe zu Gott und zum Nächsten* äußern (Mk 12, 29ff par). Gott wird durch Christus Herr und Meister des individuellen Lebens, indem dieser es in ein neues Verhältnis zum himmlischen Vater bringt. Im Unterschied von den »Alten« setzt Jesus eine neue παράδοσις ein (Mt 5, 21ff); darin wird in der Vergebung der Sünden der neue Äon antizipiert. Die Verkündigung der Barmherzigkeit Gottes über die menschliche Ungerechtigkeit ist als jetzt schon eintretendes Ereignis die neue Erfahrung einer Gottesliebe, die in eine neue Verantwortung ruft, wobei zwar nicht als Gesetz (νόμος), sondern als Mandat (ἐντολή) ein anderes Verhältnis zum Nächsten und damit auch sich selbst gegenüber sichtbar wird. Freilich ist auch im AT dieses doppelte Liebesgebot vorhanden (Dtn 6, 4ff; Lev 19, 18), aber seine Radikalisierung zur S. ist unbekannt. Das Liebesgebot an sich scheint dort mit der Liebe zum Nächsten »wie zu sich selbst« genügendes Ausmaß zu bekommen. Mk 8, 34 dagegen scheint mit dieser »Selbstliebe« gänzlich aufzuräumen und an ihre Stelle die radikale Forderung des Kreuztragens und der S. zu setzen. Damit ergeben sich zwei Fragen: a) Was ist mit der Selbstliebe im Verhältnis zur Nächstenliebe gemeint? b) Was bedeutet S. in der Radikalisierung dieser Nächstenliebe?

3. Die → Selbstbehauptung besitzt, insofern sie im biologisch-sozialen Bereich versucht, sich selbst so gesund und tüchtig wie nur möglich zu erhalten, einen Aspekt der selbstverständlichen Bewährung, gegen den als solchen keine sittlichen Einwände gemacht werden können. Er wird biblisch als conditio sine qua non akzeptiert (Gen 1, 28ff; Mt 6, 25ff; Lk 24, 41; Röm 14, 2ff u.ö.). Die pflegende Inobhutnahme des eigenen Lebens ist eine Selbstverständlichkeit, die im Gebot der Liebe zum Nächsten (Lev 19, 18; Mk 12, 31 par) vorausgesetzt wird. Ebenso natürlich, wie man die Selbstpflege vornimmt, ebenso frei und unbedingt sei die Inobhutnahme des Nächsten in Betracht zu ziehen. Diese nüchterne Beobachtung des Ausmaßes der Nächstenliebe (mit φιλία anzudeuten) berechtigt jedoch keineswegs, darin ein *Gebot* zur Selbstliebe zu vernehmen. Daß der Mensch immer wieder sich selbst meint und sich dient und pflegt, ist unübersehbar und gehört zu den Existentialien des Daseins. Indem geboten wird, den fremdrelativen Werten (Reiner) des Nächsten im gleichen Maß entgegenzutreten, tritt aber die Selbstpflege von vornherein in den Dienst des Nächsten. Das helfende und einfühlende »Mitsein« wird aus einer starren ichgebundenen und immer wieder der Verkrampfung anheimfallenden Selbstliebe befreit. Diese wird zum exemplarischen Verhalten der → Sünde, denn es kann dann auch die Gottesliebe nicht mehr geübt werden, sie ist in der Wurzel abgeschnitten. Freilich braucht das noch nicht zu heißen, daß alle erotische Liebe eo ipso Selbstliebe wäre und die These gilt: »Die Selbstliebe kann geradezu als die Grundform für alle vom Eros geprägte Liebe bezeichnet werden« (Nygren). Es wäre eine schwärmerische Deutung der Agape, sollte sie jede Selbstpflege als Inobhutnahme des Ich nach Lev 19, 18 ausschließen. Biblisches Denken ist dafür entschieden zu sachlich ausgerichtet. Es hat die → »Goldene Regel« als sittliche Norm mit der Antike gemein und sie sowohl Sir 34, 15 als auch Mt 7, 12 ins Positive gedeutet. Wird nun diese Regel zum - theonom untermauerten - Gebot Gottes, so bekommt die Selbstpflege als Fall der einseitigen Selbstbehauptung den Charakter einer sündigen, gottlosen Tat. Der Mensch findet dabei offensichtlich Gefallen an sich, und hier ist es, wo etwa Paulus ein entschiedenes »Nein« spricht (Röm 15, 1-5; 1Kor 15, 33; Phil 2, 4). Dabei bleibt Paulus jedoch aufgeschlossen für die natürliche Selbstpflege (Eph 5, 28ff). Allerdings enthält dieser existentiale Zug des Daseins infolge der Sünde eine integrale Bedrohung zur angstvollen, ewig-berechnenden Ichgebundenheit. Daher ist es verständlich, daß die Kirche immer wieder einer Auslegung des Liebesgebotes verfallen ist, bei der die Selbstliebe als mortificatio auf dem Wege zur Gottesliebe interpretiert wurde.

4. Nach Ansicht der mystischen Frömmigkeit (→ Augustin, → Thomas von Aquino, → Bernhard von Clairvaux) hat die Selbstliebe die Veranlagung, sich stufenweise zur wahren Gottesliebe und damit zur S. zu entfalten: in der sozialen Erweiterung der Selbstliebe verliert sie schon einen Teil ihrer Ichgebundenheit. Diese

Wirkung zum Nächsten hin ist jedoch schon göttliches Schaffen; lieben wir auch zunächst den Nächsten um des Nutzens willen, so führt diese Wirkung darüber hinaus und entfaltet sich bis hin zur wahren Gottesliebe, wo die Selbstliebe sich gänzlich auflöst und zur S. geworden ist. So steigt die S. aus dem mystischen Grund der selbstbehauptenden Veranlagung über ein Gefälle der »annihilatio« zur restlosen »unio mystica« mit Gott empor. Dabei behält diese Methode der S. starke ichbezogene Züge bei. Sie beschreitet den Weg einer asketischen Verkrampfung, wobei die Selbstmarter zur Selbsttötung führen muß. Die Selbstwerdung bleibt dabei immer höchstes Ziel der Selbstentwerdung (→ Nachfolge: II, 2). Die Leiden Christi werden dem Frommen vorbildlich. Er meint an seinem Leibe die Trübsale Christi ergänzen zu müssen (vermeintliche Auslegung von Kol 1, 24). Der Fromme wird zum »alter Christus«, der dessen Leben in Einzelheiten imitiert (imitatio Christi). Nur die tatsächliche S. des Frommen wird nach dieser Auslegung imstande sein, den drohenden Untergang der Welt aufzuhalten. Der jüdische Gedanke, daß Israel, sollte es zwei Sabbate nach dem Gesetz halten, sofort erlöst würde (Trakt. Sabbat 118 b nach Jes 56, 4ff), zeigt Affinität mit der kath.-mystischen Lehre der S. als welterlösender Tat des Frommen. »Der sichtbare Erfolg des Werkes Christi hängt größtenteils von unserer Zusammenarbeit ab; wo wir versagen, werden andere unwiderruflich verloren gehen« (Rongen). – Diese mystische Sublimierung der Selbstliebe zur S. hat über → Kierkegaard nachhaltige Wirkungen auf die → Existenzphilosophie. Sie greift dort in die → Ethik ein, wo die ursprüngliche Veranlagung des Menschen etwa in Kategorien wie Sohnschaft (→ Gogarten) oder Leben als Geschenk (Løgstrup) die einseitige Inobhutnahme des Nächsten, ohne jegliche Berechtigung auf Gegenseitigkeit, die Forderung zur S. schon in sich zu enthalten scheint.

5. Demgegenüber ist oben (s. 1) festgestellt, daß die Radikalisierung der S. als Forderung des NT erst von der Nachfolge Christi und nicht von der natürlichen Veranlagung zur Selbstpflege ihren Ursprung nimmt. Nächstenliebe ist noch nicht S. Sie kann als göttliche Forderung bzw. als mitmenschliche Gesellschaftsordnung (→ Naturrecht) durchaus in Analogie zur Selbstpflege verstanden werden. Die radikale S. jedoch kann nur aus der → Buße (μετάνοια; → Bußwesen: II, 1 a) als Antwort auf die Verkündigung Jesu verstanden werden. Dabei ist keineswegs an eine ständige gesetzliche, selbstverneinende imitatio Christi gedacht. Die S. hat im Gebot Christi einen betont positiven Aspekt: es handelt sich um Leben aus der in Christus geschenkten Barmherzigkeit Gottes. Die S. wird dadurch Gemeinschaft an den Leiden Christi, nicht als mustergültige Wiederholung, sondern als gnädige Teilhabe (κοινωνία: Röm 6, 6. 8; 8, 17; 1Kor 1, 9; 10, 16ff u.ö.). Zweifellos gehört das Vorbild Christi zu den grundlegenden Kategorien der nt. S., bei Paulus sogar eher als Nachahmung und Identifizierung des apostolischen Verhaltens präzisiert. Dabei wird dieses Verhalten jedoch als »Sein in Christus«, als versöhntes, neugeschaffenes Sein (2Kor 5, 17) gedacht. Aus dem Indikativ dieser völligen Erneuerung wird der Imperativ zur S. als Radikalisierung der Nächstenliebe ersichtlich. In diesem Sinne ist auch bei → Calvin die »tolerantia crucis« als S. in der Form einer »mortificatio« und »abnegatio sui« (Inst. III, 3, 1ff) verstanden; vgl. auch Luthers Lehre vom verzweifelten → Gewissen (, 4) und der → Buße (, 2; → Bußwesen: II, 3 a). Die S. ist dann die Wirkung des Hl. → Geistes, des Christus praesens als Angeld auf das eschatologische Kommen des Reiches (2Kor 1, 22; 5, 5; Eph 1, 14; vgl. Polyk 8, 1). Diese Einwirkung und Einwohnung des Geistes ist umfassend: sie ist weder allein in den äußeren Werken zu suchen noch einseitig auf die innere Gesinnung beschränkt zu denken (vgl. die Interpretation der Kritik Luthers an der kath. Werkgerechtigkeit: R. Seeberg, Die Nachfolge Christi, in: Aus Religion und Geschichte I, 1906, 22). Sie käme der »billigen Gnade« (Bonhoeffer) nahe. Die S. ist Tatglaube als Kreuztragen hinter Christus her. Dabei ist zu beachten, daß die S. dem Nachfolgenden *sein*, nicht Christi Kreuz auferlegt. Zwar leidet Christus in den Leiden der Seinen mit, aber zu gleicher Zeit müssen sie die Leiden, die noch bis zur Ankunft des Reiches zu tragen sind, selbst an ihrem Leibe ausstehen (Kol 1, 24). Das ist nicht so gemeint, daß die S. ein stetiges, ununterbrochenes Gesetz für den Kreuztragenden ist, sondern im hic et nunc eintreffenden Ereignis der Gehorsamsforderung muß er von der eigenen Selbstpflege und Selbstbehauptung absehen, um mit dem ganzen Leben für die Sache des Reiches einzustehen. So greifen Forderung zur S. und Erfüllung jeweils als eschatologisches Ereignis in die Glaubensexistenz ein. Wären sie als unaufhörliche S. zu verstehen, so würde damit auf die mitmenschliche Umgebung ein Druck ausgeübt, die eher dem Terror als der Agape gliche (vgl. den im NT verzeichneten Typ des Pharisäers). Der fromme Terror ist dämonischer als der säkularisierte. Die Stelle Barn 19, 5 strebt in dieser Richtung, wenn die Nächstenliebe »über die eigene Seele hinaus« gefordert wird. Die Nächstenliebe im Ausmaß der Selbstpflege gibt dem vom Fall verstörten Menschen genug zu schaffen.

6. Die S. als *eschatologisches* Handeln Christi ist das von Christus gewirkte Wunder, das als Tat in der Umwelt mißverstanden, als Raffinement gedeutet, als Feigheit oder Schwäche verurteilt wird. Jeder Akt der S. als Kreuztragen in der Nachfolge Christi wird das Wagnis nicht des Erfolges, sondern des Scheiterns, ja des Todes eingehen müssen. Das Handeln aus der Freiheit Christi ist dann jedoch auch imstande, nicht mehr den kommenden Tag, sondern die Neuschöpfung Gottes in seinem Reich ernst zu nehmen und dies als die anbrechende Zukunft zu werten (Mt 6, 25ff). Indem an die Ankunft des Reiches geglaubt wird, wird der Herr des Reiches durch seinen Geist die Diener zu diesem Kommen aufrufen und die Erde auf die Neuschöpfung vorbereiten. Der Akt der S. hat darin dienenden, begnadeten Charakter. Sollte er moralisch oder kasuistisch vorgeschrieben werden, so löst er sich aus dem gnadenvollen Geheimnis der unverfügbaren Entscheidung des Herrn und schlägt in eine bloß negativ strukturierte Selbstvernichtung (= Selbstbehauptung) um. Daher muß jede Regel zur S. versagen.

A. Nygren, Eros u. Agape I. II, 1930/37 – D. Bonhoeffer, Nachfolge, (1937) 1958[6] – Barth, KD I/2, 1938, 397ff; IV/2, 1955, 603ff – G.C. Berkouwer, Geloof en heiliging. Dogmat. Studien, Kampen 1949, 136ff – H. van Oyen, Ev. Ethik I, 1951 – H. Reiner, Pflicht u. Neigung, 1951 – H. Rongen, Naar Christus Voorbeeld (in: De kath. Kerk, Utrecht o.J., 691–762) – K.E. Løgstrup, Die ethische Forderung, dt. 1959. – Vgl. → Nachfolge Christi. *H. van Oyen*

Selbstverwaltung

I. Im politischen Bereich – II. Im kirchlichen Bereich

I. Im politischen Bereich

Der Begriff S. lehnt sich an den englischen Ausdruck self-government an, dessen Inhalt jedoch mit dem deutschen Begriff nicht identisch ist, sondern die Tradition der gesamten Selbstregierung in England, local government und parliamentary government, umfaßt. In Deutschland waren historische Anknüpfungspunkte für die städtische S. in der alten Selbstregierung der freien

Städte, für die provinziellen S.skörperschaften in den einstigen Provinzialständen gegeben. Erhebliche politische Bedeutung hat die S. im 19. und 20.Jh. in Verbindung mit der Entwicklung der Städte erlangt, die zum Sammelpunkt der Energien der industriellen Gesellschaft geworden sind. Sie hat wesentlich zur wirtschaftlichen und geistigen Entwicklung des → Bürgertums im Gefolge der Industrialisierung (→ Industrie: I) und der mit ihr verknüpften gesellschaftlichen Umwälzungen beigetragen. Sie schuf in vorkonstitutioneller Zeit einheitliche Formen der Verwaltung der → Stadt, indem sie den bürgerlich-städtischen Bereich der öffentlichen Verwaltung als geschlossenen Raum von der landesherrlich-obrigkeitlichen Beamtenverwaltung trennte. Später wurde die kommunale S. ausgedehnt, in Preußen in einigen Zweigen bis zur Provinzebene fortgeführt. Die zunehmende Aufgabenfülle und das Wachstum städtischer Verwaltungen im 19.Jh. haben auch die kommunale S. Beamtenverwaltung werden lassen und der noch von Gneist vorgenommenen Identifizierung der S. mit Verwaltung" durch unentgeltliche Ehrenämter jede Grundlage entzogen. Geblieben ist die Leitung und umfassende Kontrolle der kommunalen Verwaltung in den Händen gewählter Beschlußkörperschaften. – Mit dem Übergang zur parlamentarischen Demokratie verlor die kommunale S. ihre gesellschaftliche Gebundenheit, aber auch ihre ursprüngliche politische Bedeutung. Sie blieb einheitlicher Unterbau der allgemeinen und inneren Verwaltung; sie wurde zur Pflegestätte eines reichen kulturellen Lebens und zu einem Träger von → Sozialpolitik und Fürsorge. Ihre Finanzverfassung zeigte sich jedoch dem raschen Ansteigen der Erwerbslosenlasten seit 1930 nicht gewachsen. Unter diesen Aspekten ist zu Beginn der 30er Jahre häufig von einer »Krise der S.« gesprochen, dieser Ausdruck jedoch nur zT mit einer umfassenden Situationsanalyse verknüpft worden. – In dem Maße, wie die → Parteien Einfluß auf die kommunalen Beschlußkörperschaften gewannen, entstanden Bezüge zwischen Kommunal- und Parteipolitik. Sie ließen eine eigenständige leitende Kommunalbeamtenschaft entstehen, die auch Trägerin kommunaler Spitzenverbände war. Zu diesen zählten außer den Verbänden der großen und kleinen Städte die Verbände der Landgemeinden, der Landkreise und der preußischen Provinzen. Die große Zeit ihrer Wirksamkeit und ihres Einflusses liegt in den Jahren zwischen 1923 und 1933, in denen vor allem der Deutsche Städtetag zum Repräsentanten eines weit gefaßten kommunalen Interesses wurde, der eine ständige Mitsprache bei der Regelung aller Angelegenheiten des kommunalpolitischen Lebens erstrebte und zT auch erreichte.

Diese Wandlung der Idee der S. zur Interessenpolitik von Spitzenorganisationen, die das Prinzip der Universalität der kommunalen Zuständigkeit verfochten, findet eine Analogie in der Geschichte der *wirtschaftlichen* S., die von erheblicher spezieller Bedeutung auf dem Gebiete der wirtschaftlichen Gesetzgebung war, jedoch einer der kommunalen Verfassungsgeschichte vergleichbaren politischen S.sidee ermangelte. Die Industrie- und Handelskammern und der Deutsche Industrie- und Handelstag gehen auf die Tradition der städtischen Kaufmannskorporationen zurück, die Landwirtschaftskammern knüpften an das landwirtschaftliche Vereinswesen des 18.Jh.s an und fanden im Deutschen Landwirtschaftsrat eine Reichsspitzenvertretung. Während sich in den kommunalen Spitzenorganisationen der Grundsatz der Freiwilligkeit als dauerhaftes Gedankengut der liberalen Bewegung behauptete, wurden für die wirtschaftlichen Kammern das Prinzip der korporativen Verpflichtung und die öffentlich-rechtliche Qualifikation maßgebend. Die 1927 gegründete Reichsanstalt für Arbeitsvermittlung und Arbeitslosenversicherung hatte den gleichen juristischen Charakter. Als traditionsfreie Institution zur selbsttätigen Erfüllung bestimmter Auftragsangelegenheiten ist sie jedoch mit den genannten S.sinstitutionen nicht vergleichbar. Hochschulen und Rundfunkanstalten waren bis 1933 und sind seit 1945 S.skörperschaften, deren politische, bes. kulturpolitische Bedeutung von ihrer Rechtsform nicht abhängt.

Der nationalsozialistische Totalstaat hat die Zahl der öffentlichen Körperschaften vermehrt, sie aber der S.sidee entfremdet und in Stützpunkte innerhalb des »grenzenlosen Raumes mittelbarer Staatsverwaltung« umgewandelt. Heute läßt sich eine »verstärkte Mediatisierung der S.« durch Parteien, Parlamente und Regierungen feststellen. Kommunale S. ist keine spezifisch bürgerliche Angelegenheit mehr, sondern Eigenverwaltung im lokalen, für den einzelnen annähernd überschaubaren Bereich, die eine optimale Annäherung von Verwaltungsinstanz und Verwaltungsobjekt mit der Möglichkeit einer Beteiligung des interessierten Gemeindebürgers verbindet.

R.v.Gneist, Verwaltung, Justiz, Rechtsweg, Staatsverwaltung u. S., 1869 - J.Hatschek, Die S. in polit. u. jurist. Bedeutung, 1898 - H.Preuss, S., Gemeinde, Staat, Souveränität, 1908 - F.Glum, S. der Wirtschaft, 1925 - H.Peters, Grenzen der kommunalen S. in Preußen, 1926 - O.Most, S. der Wirtschaft in den Industrie- u. Handelskammern, (1927) 1927³ - H.Heffter, Die Dt. S. im 19.Jh., 1950 - O.Ziebill, Gesch. des Dt. Städtetages, 1955 - HWSW IX, 220ff (A. Köttgen).

G.Schulz

II. Im kirchlichen Bereich

1. Mit der Herauslösung der deutschen ev. Landeskirchen aus dem Staatsgefüge der monarchischen Einzelstaaten und der fortschreitenden kirchlichen Verselbständigung kam es nicht nur zur Einrichtung *kirchlicher* Oberbehörden (→ Bayern 1818, → Preußen 1850) und zur *Dezentralisation* der Verwaltung größerer Kirchenkörper, sondern auch zur Übernahme der staatlich-kommunalen Formen der S., bes. für die unteren und mittleren Stufen des kirchlichen Aufbaus. Auch da, wo der Schritt von der Parochie zur Gemeinde nicht vollzogen wurde, tritt neben das → Pfarramt überall eine örtliche Kirchenvertretung mit dem Recht auf begrenzte S., bes. des ortskirchlichen Vermögens. Bezirks- oder Kreissynoden werden am Aufsichtsamt des → Superintendenten beteiligt, schließlich treten dem zentralen Kirchenregiment synodale Vertretungskörperschaften gegenüber (→ Kirchenverfassung: VI, 5). Dem Zeitgeist entsprechend waltet bei dieser Entwicklung kollegialistisch-genossenschaftliches Denken vor: Die Kirche beansprucht die iura collegialia für sich und sucht den Staat bzw. die staatskirchliche Verwaltung auf ein Aufsichtsrecht zu beschränken. Wie in den jetzt entstehenden freien Werken und »Vereinen« der → Inneren Mission kommt es auch in der verfaßten Kirche dank vieler ehrenamtlicher Dienste zu einer »Aktivierung« des kirchlichen Lebens.

2. Das Gemeinsame in den kirchlichen S.seinrichtungen ist zunächst lediglich ein von außen übernommenes formales Schema, das jeweils mit verschiedenem materialem Gehalt und Wert erfüllt wird. So hat sich im 19.Jh. zB der Verwaltungsumbau der preußischen Landeskirche in den westlichen Provinzialkirchen anders ausgewirkt als in den östlichen, weil er dort auf ein Kirchentum freikirchlicher Tradition mit presbyterial-synodaler Grundkonzeption stieß; so wird die S. in einer Gemeinde, die ihre Pfarrer selbst wählt, anders »funktionieren« als in Gemeinden, deren Mitbestimmungsrecht sich im wesentlichen auf die Verwaltung des Ver-

mögens beschränkt. – Versteht sich vollends die sichtbare Kirche nicht mehr nur als eine vom Staat geschützte und beaufsichtigte → Körperschaft öffentlichen Rechts, sondern primär als »Leib Christi«, und sieht man in der *Einzelgemeinde* die primäre Gestalt dieses »öffentlichen Körpers«, so tritt das überkommene S.sprinzip unter das Vorzeichen des *Dienstcharakters* aller kirchlichen Ordnung und Verwaltung. An die Stelle des Neben- und Gegeneinanders verschiedener Verwaltungsbereiche wie der Behauptung und Eingrenzung eigener Rechte tritt der gemeinsame Dienst, jeweils *»in eigener Verantwortung«*, auf allen Stufen des kirchlichen Aufbaus, bes. in der um Wort und Sakrament gesammelten Gemeinde. Diese hat darum alle Aufgaben möglichst *selbst* wahrzunehmen und ist darum auch *selbst* für die Bereitstellung der äußeren Mittel verantwortlich (→ Kirchensteuer). Im Falle des Unvermögens darf sie übergemeindliche Hilfe erwarten, wie sie selbst bereit sein muß, mit ihren Gaben und Kräften am Aufbau der Kirche mitzuwirken. Dadurch wird notwendig auch die Gestalt der überkommenen »Aufsicht« modifiziert, und die Gestaltung des Für- und Miteinanders wird einem gewissen Subsidiaritätsprinzip folgen (inner- und zwischensynodaler Lastenausgleich). Wesentlich für diesen gestuften arbeitsteiligen Aufbau ist das rechte Funktionieren der sog. »mittleren Instanz« mit ihrer Nähe zur Ortsgemeinde. – *Eigenverantwortlichkeit*, heute zunehmend fachmännisch geleitet, schließt als freiwillige Verantwortung vor dem Haupt der Kirche auf allen Stufen das Trachten nach geistlicher Einheit und dienender Liebe ein. So wird gemeindlichem Independentismus wie kirchlichem Zentralismus gewehrt, die beide dem Dienstcharakter kirchlicher Ordnung widerstreiten.

Vgl. die Lit. zu → Kirche u. Staat, → Kirchenrecht: I B, → Kirchenregiment, → Kirchenverfassung: VI. Ferner: H.DIEM, Restauration oder Neuanfang, 1946 – E.DALHOFF, Kirchl. Vermögensaufsicht u. S. in der Ev. Kirche im Rheinland; F.BÜRGY, ...in der Ev. Landeskirche Badens (ZevKR 6, 1957/58, 365-377. 377-388).

W.Rott

Selden, *John* (1584-1654), Jurist und Orientalist, * in Salvington (Sussex), seit 1603 in London in juristischer Tätigkeit. Sein noch heute mit Ehren zu nennendes Werk »De Diis Syriis« (1617) machte ihn mit einem Schlage zu einem der bekanntesten Orientalisten. Mit einer Reihe anderer Werke trat er in das Getriebe der Politik ein und wurde mit seinen freisinnigen Äußerungen ein Haupt der Opposition gegen Hochkirchentum und fürstlichen Absolutismus.

Vf. ferner u.a.: De iure naturali et gentium iuxta disciplinam Ebraeorum, 1640; Uxor Ebraica, 1646; De synedriis et prefecturis iuridicis veterum Ebraeorum, 1650-55. – Über S.: RE XVIII, 175ff – EBrit XXI, 630f – DNB LI, 212ff. *† A.Bertholet (E.Kutsch)*

Seleukeia-Ktesiphon, vom ersten → Seleukiden um 300 vChr an der Stelle des alten Upi (griech. Opis) gegründete Residenz (→ 3 E 4), blühte schnell auf und übernahm → Babylons Bedeutung, bes. als die parthischen Könige in K. Hof hielten. Das Christentum fand in der stark hellenisierten Stadt offenbar nur zögernd Eingang; ein Bistum ist erst ausgangs des 3.Jh.s belegt. Der dortige Bischof wurde im 4.Jh. Leiter (»Katholikos«) der »Kirche des Ostens«, die sich auf einer Synode zu S.-K. 410 den Beschlüssen von → Nicäa 325 unterwarf, auf einer andern 486 aber dem Nestorianismus anschloß (→ Iran: V). – Hier lag die zentrale Kirche der → Nestorianer und eine (neben → Nisibis) bedeutende theologische Schule, die bis zur Zerstörung der Stadt durch die Araber 637 wichtig war. Seit der Verlegung der Chalifen-Residenz in das dicht nördlich gelegene Bagdad 762 spielte S.-K. (arab. al-Madā'in »die Städte«) keine Rolle mehr. Der nestorianische Katholikos ließ sich Ende des 8.Jh.s in Bagdad nieder.

PW 2.R. II/1, 1149ff; Suppl. IV, 1102ff (mit Karte) – M.STRECK, S. u. K., 1917 – DERS. in EI[1] III, 80ff, bes. 83, mit Erg. S. VII (Lit.) – I.ORTIZ DE URBINA, Patrologia Syriaca, Rom 1958 (s. Reg.) – B.SPULER in HO VIII/2, 1961 (s. Reg.). – Zu den Synoden: J.B.CHABOT, Synodicon Orientale, Paris 1902. *B.Spuler*

Seleukiden, makedonisch-griech. Dynastie in Vorderasien, begründet durch Seleucus (griech. Seleukos [= S.]) I., dessen endgültige Machtergreifung in Babylonien den Ausgangspunkt für die sog. Seleukidenära (ab 1.10.312 vChr) abgab. Nach Unterwerfung ganz Vorderasiens wurde S. 280 vChr beim Übergange nach Europa ermordet. Er und sein Sohn und Nachfolger Antiochus I. gehören zu den bedeutendsten Städtegründern der Weltgeschichte. Reichshauptstadt wurde → Antiochia in Syrien. Langwierige Kämpfe mit den → Ptolemäern Ägyptens um das südl. → Syrien (: I) zehrten an der Kraft des Reiches. Antiochus II. (261-246), S. II. (246-225) und III. (225-223), vor allem aber Antiochus III. d.Gr. (223-187) vermochten ihr Reich im wesentlichen zu behaupten. Antiochus III. gewann 201 Syrien und Palästina, verlor aber durch seine Niederlage gegen Rom 190 Kleinasien. S. IV. (187-175) wurde durch Heliodor ermordet. Sein Bruder und Nachfolger → Antiochus IV. Epiphanes suchte vergebens Ägypten zu erobern und verursachte durch seine gewaltsame Hellenisierungspolitik den Aufstand der Makkabäer in Palästina (→ Judentum: I, 2). Mit seinem Tode (164) setzte eine 100jährige Zeit der Thronwirren ein. Demetrius I. (163 bis 150) umwarb im Kampfe gegen Alexander Balas den Makkabäer Jonathan, Demetrius II. (150-126) den Makkabäer Simon. Der letzte bedeutende Seleukide war Antiochus VII. Sidetes (139-129), der 134 Jerusalem unterwarf, aber 129 den Parthern in Iran erlag. Der Thronstreit zwischen den Nachkommen Demetrius' II. und Antiochus' VII. (S. V.-VI., Antiochus VIII.-XIII., Demetrius III., Philipp I.) erfüllte die letzte Zeit des auf Syrien zusammengeschrumpften Reiches, bis es (nach der Fremdherrschaft des Armenierkönigs Tigranes 83-69) 63 von Pompejus durch Absetzung des letzten Seleukiden Philipp II. zur röm. Provinz gemacht wurde.

H.BENGTSON, Griech. Gesch. (HAW III/4), (1950) 1960[2], bes. 404ff. 416f (Qu. u. Lit.). 427ff – H.E.STIER, Roms Aufstieg zur Weltmacht, 1957, 36ff. 87ff. 135ff. 164ff. *H.E.Stier*

Seligkeit

1. Wortbedeutung und Sprachgebrauch – 2. Die S. des Christen – 3. Stellung des S.sgedankens in Religion und Ethos

1. S. ist der Zustand der vollkommenen Lebenserfüllung, wie er im Gefühl der Freude, des Friedens, der Lust zum Bewußtsein kommt; oder: die Freude usw, in der die Lebenserfüllung zum Bewußtsein kommt. Von verwandten Begriffen (Glück, Glückseligkeit, Lust) unterscheidet sich S. nicht nur quantitativ als Freude des höchsten denkbaren Grades und der Dauer, sondern allermeist auch qualitativ. Das Wort wird neuhochdeutsch überwiegend in religiöser Beziehung gebraucht; daraus erst hat sich die neuere profane Verwendung des Wortes in gehobener Sprache seit den Klassikern entwickelt. In der christlichen Sprache bezeichnet das Wort die völlige Freude, den vollkommenen Frieden des wahren Lebens, in dem der Mensch die Erfüllung seiner schöpfungsmäßigen Bestimmung gefunden hat.

Zu umfassender Anwendung und großer Bedeutung ist das Wort durch Luthers Bibelübersetzung gekommen. Luther hat das nt. σῴζειν da, wo es nicht überwiegend Hilfe und Rettung im Äußeren bedeutet, mit »selig machen«, »selig werden« übersetzt. Das Hauptwort σωτηρία löst er mehrere Male verbal auf (»selig machen«, »selig werden«); wo nicht, wechselt er ziemlich gleichmäßig zwischen »Heil« und »S.«. Durch Luther ist »S.« Tauschbegriff für »Heil« (→ Erlösung) geworden. Ewige S. und → Ewiges Leben bedeuten das gleiche. - Trotz dieser Synonymität im christlichen Sprachgebrauch kann hier nicht allgemein von Heil oder vom Ewigen Leben, sondern nur von der vollkommenen Freude und Befriedigung gesprochen werden, wie sie mit dem Heil und dem Ewigen Leben gegeben sind.

2. Die S. *des Christen* ist Anteil an der S. Jesu Christi im Glauben an ihn. Christi S. aber, seine »vollkommene Freude« (Joh 15, 11), ist Gott-S.; sie hängt an der Gemeinschaft mit Gott und an der Gewißheit seiner Herrschaft. Der zu Gott hin geschaffene Mensch ist selig, wenn er in der → Versöhnung die Liebe Gottes erfährt und zur Hingabe an seinen Willen befreit wird. Daß er von Gott geliebt wird und ihn dienend, sich opfernd lieben darf, - in beidem erlebt er den Frieden, die Einheit seines Lebens, die Freiheit von der Welt und zu ihr als die Erfüllung seiner Bestimmung. Das ist seine S. Sie ist somit ganz *theozentrisch begründet*. Nichts außer der Gemeinschaft mit Gott kann sie geben (ohne sie ist der Mensch unselig), nichts kann sie rauben, wenn der Friede mit Gott da ist. Sie ist etwas anderes als das natürliche Lebensglück, aber doch nicht ohne Beziehung zu ihm. Das Glück wird S., wenn in der Gabe, die uns glücklich macht, der Geber erkannt wird, dh wenn die Gabe zum Danke führt. So schließt die S. das Glück in sich ein und erhöht es über sich selbst. Aber sie ist zugleich frei von dem Glück. Kann sie sich mit ihm verbinden, so wird sie doch nicht erst mit ihm geboren und stirbt daher auch nicht mit ihm. Vielmehr: wie die Gemeinschaft mit Gott, so steht auch die S. in einer Welt der Sünde und des Todes unter dem Gesetze der theologia crucis. Das heißt: Gottes Freude wird im Schmerze unser eigen, Gottes Friede in der Angst der Welt, in dem Leiden des → Gerichtes. Die S. des Christen ist S. in der → Buße, in der Schwere des Kampfes, im Sterbenmüssen - aber freilich nicht nur S. *trotz* des Leidens und Kampfes und Sterbens, sondern zugleich S. *kraft* ihrer, weil wir von Gott her, bei ihm, für ihn sterben, leiden, kämpfen dürfen.

Aber das Leiden hört darum nicht auf, schmerzvolles Leiden zu sein. Die *gegenwärtige* S. des Christen ist paradox. Sie bleibt im Kampfe mit der Furcht, Angst, Verzweiflung in der Welt des Bösen und des Todes. Neben dem καυχᾶσθαι (Röm 5, 3) steht das στενάζειν (Röm 8, 23), und nur als die »Traurigen« sind die Christen »allezeit fröhlich« (2Kor 6, 10). Die S. des Christen weist darum über sich hinaus auf die *ewige* S. als ihre Vollendung. Die Grenze der gegenwärtigen S. des Christen ist darin begründet, daß er nirgends nur Gottes, sondern überall auch des Satans inne wird (wo man vom Satan nicht weiß, wie bei → Schleiermacher und A. → Ritschl, wird von der gegenwärtigen S. falsch gelehrt, ohne eschatologische Spannung; → Eschatologie: VI, 2, → Zorn Gottes: IV), und daß er, der in der Versöhnung mit Gott Geeinte, zugleich immerdar wider ihn bleibt. Ewige S. hebt an, wenn alle Verborgenheit Gottes hinfällt, weil die Satanswelt in die Gotteswelt verschlungen ist; nun wird Gott nicht mehr im wagenden Dennoch geglaubt, er wird »geschaut«. Und ewige S. hebt an, wenn wir aus dem Zwiespalt des alten und neuen Menschen erlöst sind und ganz eins geworden mit Gottes Willen: »Das heißt selig sein, wenn Gott in uns regiert und wir sein Reich sein« (Luther, WA 2, 98). Gott schauen und Gott ganz dienen, das ist ewige S.

3. Der Gedanke der S. kann im *religiösen* Denken nicht verdächtigt werden. Ihn im Namen theozentrischen Ernstes rigoristisch austilgen wollen, hieße die Wirklichkeit unseres Lebens verneinen: daß Gott uns froh macht. Aber es kommt alles darauf an, daß der Gedanke der S. seine rechte Stelle habe. Wo er übergeordnet wird, da ist die Religion entstellt. Die eudämonistische Konstruktion der Religion aus dem S.sstreben (L. → Feuerbach) macht aus der Entartung eine Theorie des Wesens. Echte Religion weiß: die S. ist immer nur gleichsam auf der Hinterseite der Hingabe an Gott da. Sie kann nicht für sich als Ziel des Lebens erstrebt werden; da entschwindet sie sicher. Sie ist Gabe, niemals Ziel. Nur da ist S., wo das S.sverlangen aufgehoben ist in dem einfältigen Willen zum Gehorsam. Luther, der schärfste Kritiker des religiösen → Eudämonismus, sagt denen, die »allein Sorge gehabt, daß sie nur selig werden«, die »nur das Ihre und ihren Eigennutz im Himmel suchen«: es gilt, nach dem → Reiche Gottes, dh Gottes Herrschaft in uns, trachten; »die Freud aber und Lust und alles andere, das man begehren mag, durft man nit suchen noch bitten noch begehren, sondern es wird sich alles selbst finden und folgen dem Reich Gottes« (WA 2, 98f; vgl. 6, 21, 15ff). Das bedeutet für die → *Ethik:* die S.sfrage kann weder rigoristisch geächtet noch eudämonistisch an die Stelle der Frage nach dem Guten als letzte Frage gesetzt werden (→ Höchstes Gut).

Zu Wortbedeutung u. Sprachgebrauch vgl. GRIMM, Dt.WB X/1, 1905, 514ff - E.HIRSCH, Luthers dt. Bibel, 1928, 56ff. - Zur Sache vgl. RE XVIII, 179ff (M.KÄHLER) - A.SCHLATTER, Das christl. Dogma, (1911) 1923², §§ 39. 105 - DERS., Die christl. Ethik, (1914) 1929³, § 34 e. *P.Althaus*

Sellin, *Ernst* (26.5.1867 bis 1.1.1946), Alttestamentler, * in Altschwerin (Meckl.), † in Epichnellen b. Eisenach, 1894 PDoz. in Erlangen, Prof. in Wien, Rostock, Kiel und (seit 1921) Berlin; em. 1935; theologisch konservativ, bedeutend als Exeget, Einleitungswissenschaftler und Ausgräber (→ Ausgrabungen: III, → Bibelwissenschaft: I, 2 a. b). Gegen C.H.Cornill war S. Wortführer der gattungs- und religionsgeschichtlichen Forschungsrichtung (Zur EinlAT, 1912).

Vf. u.a.: Beiträge zur israelit. u. jüd. Religionsgesch., 1896/97; Serubbabel, 1898; Studien zur Entstehungsgesch. d. jüd. Gemeinde nach d. babylon. Exil I. II, 1901; Tell Ta'annek, 1904 (Eine Nachlese auf dem T.T., 1906); Die Spuren griech. Philos. im AT, 1905; Die bibl. Urgesch., (1905) 1913²; Die isr. Religion im Rahmen der anderen altorientalischen, 1907; Das Rätsel des dtjes Buches, 1908; Die isr.-jüd. Heilandserwartung, 1909; EinlAT, (1910) 1959⁹ (bearb. v. L.ROST); Der at. Prophetismus, 1912; Jericho, 1913; Das Zelt Jahves, 1913; Gilgal, 1917; Das Problem des Hiobbuches, 1919; Das Zwölfprophetenbuch, (1922) 1929²⁻³; Wie wurde Sichem eine isr. Stadt?, 1922 (dazu ZDPV 1926/27); Mose, 1922; Gesch. d. isr.-jüd. Volkes I, (1924) 1935², II, 1932; At. Theol. auf religionsgesch. Grundlage I. II, 1933 (II, 1936²); Das AT im christl. Gottesdienst u. Unterricht, 1936. - Berichte über das AT in der »Theol. der Gegenwart«, 1906-24; Hg. des KAT, 1913ff. - S.-Festschr., 1927. - Über S.: L.ROST im Vorwort der EinlAT, 1949⁸. *F.Maass*

Selnecker, *Nikolaus* (1530-92), ev. Theologe aus Hersbruck, Schüler im nahen Nürnberg; dort nebenbei schon Organist. Sein Studium in Wittenberg verband ihn eng mit Melanchthon, der ihn 1558 als Hofprediger nach Dresden empfahl. Von den Philippisten gestürzt, war er 1565-68 Prof. in → Jena, wurde nun seinerseits als Philippist abgesetzt und Prof. in → Leipzig, von wo aus er (1572/73 beurlaubt) als Kirchenordner in Braunschweig-Wolfenbüttel und → Oldenburg wirkte. 1574 wieder in Leipzig, wurde er 1576 auch Sup. und Pfarrer an St. Thomas, dessen Kirchenchor er wesentlich förderte. Seine Mitarbeit an der → Konkordienformel enttäuschte ihn in ihrem Ergebnis; 1586 verdrängte ihn der in Sachsen siegreiche Calvinismus aus Kirchenämtern und Fakultät, der er mit → Pfeffinger das Gepräge gegeben hatte. S. war zunächst »Exulante« in Magdeburg, dann seit 1589 Sup. in Hildesheim, überlebte aber seine Rückberufung nach Leipzig nur um wenige Tage. Als Liederdichter (→ Kirchenlied: I, 3; II, 3) und Melodist (Psalterübertragungen; 120 Lieder) blieb er einflußreich; weit bekannt sind bis heute »Laß mich dein sein und bleiben«, »Ach bleib bei uns, Herr Jesu Christ« (EKG 140; 207, 3-9) und die Melodie zu »Nun laßt uns Gott dem Herren« (EKG 227).

KOCH II, 191ff - RE XVIII, 184ff (Lit.) - Hdb. z. EKG II/1, 1957, 91ff (Lit.); II/2, 1957, 90f. 99; Sonder-Bd, 1958, 228ff. 319ff.

W.Jannasch

Seltmann, *Karl* (1842-1911), kath. Theologe, * in Neustadt/Oberschlesien, nach der Priesterweihe (1866) in verschiedenen Seelsorgestellen, zuletzt Pfarrer in Eberswalde, seit 1884 Domkapitular in Breslau, seit 1905 Honorar-Prof. in der kath.-theol. Fakultät. Seine Lebensaufgabe sah S. in der Arbeit für die Wiedervereinigung der getrennten Christen. Diesem Zweck diente u.a. die von ihm seit 1879 herausgegebene Monatsschrift »Ut omnes unum. Auf daß alle eins seien«, die 1901 mit den gleiche Ziele verfolgenden »Friedensblättern« von Bernhard Strehler verschmolzen wurde. Die Lauterkeit seiner Absichten ist nicht zu bezweifeln.

Vf. u.a.: Des hl. Johannes Chrysostomus de sacerdotio libri sex, 1887; Angelus Silesius u. seine Mystik, 1896; Übers. von Savonarola, Der Triumph des Kreuzes, 1898; Zur Wiedervereinigung der getrennten Christen zunächst in dt. Landen, 1903; Kritik u. Neues zur Wiedervereinigung der getrennten Christen, 1906. - Redigierte 1895 bis 1910 das »Schlesische Pfarrerblatt«. - Über S.: A.KÖNIG in: Chronik der Kgl. Univ. zu Breslau 26, 1912, 222ff - F.HAASE, Leben u. Schriften der kath.-theol. Dozenten an der Univ. Breslau, 1913, 129ff - F.X.SEPPELT in: Biogr. Jb. u. dt. Nekrolog 16, 1914, 127ff - G.MENGE, Versuche zur Wiedervereinigung Deutschlands im Glauben, 1920, 263ff.

† F.X.Seppelt (F.W.Kantzenbach)

Semantik (griech. σημαντικός, »bedeutsam«), die Wissenschaft vom Verhältnis sprachlicher Formen zu den in ihnen intendierten Sachverhalten und Gegenständen. Als Bedeutungsforschung (»Semasiologie«) ist S. Teildisziplin der Sprachwissenschaft (→ Sprache: I); sie gehört zur → Philosophie, wo sie den Bereich der natürlichen Sprachen verläßt und prinzipielle Untersuchungen unter Einbeziehung der Kunstsprachen von → Logik und Mathematik unternimmt. Für die Philosophie gewann die S. in dem Maß an Bedeutung, in dem sich die Diskussion von der Subjekt-Objekt-Problematik mehr der Polarität von Sprache und Welt zuwandte. Hauptthemen der S. sind die Begriffe Sinn und Bedeutung, Wahrheit, Allgemeingültigkeit, Folgerung, Kennzeichnung, Definition u.ä. Wesentlich für die S. wurde Freges (1892) Unterscheidung der sprachlichen Zeichen von ihrem »Sinn« (Gegebenheitsweise) und ihrer »Bedeutung« (dem gemeinten Gegenstand). Bei Sätzen ist nach Frege der »Sinn« der ausgedrückte Gedanke, die »Bedeutung« der Wahrheitswert. Einflußreich wurden analoge Theorien von E. → Husserl (1900). L. → Wittgenstein versuchte das Sprache-Welt-Problem durch die Auffassung der Sätze als Modellsachverhalte zu lösen, die nichtsprachliche Sachverhalte zu spiegeln vermögen. Bestimmend für die moderne S. wurde der Nachweis von A.Tarski (1936), daß der Wahrheitsbegriff (und alle übrigen s.en Begriffe) für *natürliche* Sprachen nicht definiert werden könne, weil hier nicht, wie in den formalisierten Sprachen, zwischen *Objektsprache* und *Metasprache* (in der Namen von sprachlichen Ausdrücken und die s.en Begriffe auftreten) unterschieden wird, wodurch die s.en → Paradoxien, wie die des »Lügners«, bedingt sind. Neben Tarski hat bes. R.Carnap die S. gefördert.

G.FREGE, Über Sinn u. Bedeutung (Zs. f. Philos. u. philos. Kritik 100, 1892, 25-50) - E.HUSSERL, Log. Unters.en II/1, (1900) 1928[4] - L.WITTGENSTEIN, Tractatus Logico-Philosophicus (dt.-engl.), London (1922) 1955[6] - A.TARSKI, Der Wahrheitsbegriff in d. formalisierten Sprachen, in Studia Philosophica I, Lemberg 1936 - DERS., Logic, Semantics, Metamathematics, Oxford 1956 - R.CARNAP, Introduction to Semantics, Cambridge/Mass. 1942 - DERS., Meaning and Necessity, Chicago 1947 - CH.MORRIS, Signs, Language and Behavior, New York 1946 - L.LINSKY (Hg.), Semantics and the Philosophy of Language (14 Aufsätze von CARNAP, QUINE, RUSSELL, TARSKI u.a.), Urbana/Ill. 1952 - W.STEGMÜLLER, Das Wahrheitsproblem u. d. Idee der S., Wien 1957.

G.Patzig

Semipelagianismus (als Terminus 1576 [BSLK 778, 39] zuerst nachweisbar) ist der Widerspruch gegen die augustinische Gnaden- und Prädestinationslehre (→Gnade: IV, 1b, → Prädestination: III, 1), der zwar die Erbsünde zugibt (gegen → Pelagius), aber die Freiheit der Glaubensentscheidung und die Möglichkeit des Heils für alle Menschen festhalten will. Solcher Widerspruch meldet sich in → Augustins letzten Jahren in Afrika (Vitalis in Karthago; Mönche zu Hadrumetum) und bes. in → Gallien unter den Mönchen zu Massilia und → Lerinum. Die Massilienses betonen unter Augustins Einfluß, daß die Gnade den guten Werken vorausgeht, lassen aber den Heilsvorgang mit dem menschlichen initium fidei beginnen, dem die rettende Gnade zuteil wird. Die Nähe zu Pelagius zeigt sich in der Ablehnung von Augustins Lehre, daß Gott den guten Willen schenkt. Der S. schillert so von fast augustinischen bis zu kryptopel. Formulierungen. Die erste Phase des semipel. Streits (ca 427 bis 435, → Prosper und der Laie Hilarius gegen den Kreis um → Cassian und → Vincentius von Lerinum) endet ergebnislos. Während der Augustinismus der Folgezeit sich der Stütze antipel. Polemik bedient (Hypognosticon CPL 381) oder seine Schärfen verschleiert (De voc. omnium gentium CPL 528), verbreitet sich der S. in Gallien (zB Ps. Eusebius von Emesa CPL 966 [zT = Faustus]). Der Synergist → Faustus von Reji setzt sich so gegen den Prädestinatianer Lucidus auf den Konzilen von Arles und Lyon durch (2. Phase ca 473/75). Die Bekämpfung des Faustus durch die skythischen Mönche (519 theopaschitischer Streit [→ Christologie: II, 5 b]) und → Fulgentius von Ruspe wirkt nicht unmittelbar auf Gallien. Hier führt vielmehr (3. Phase) → Cäsarius von Arles die Verurteilung des semipel. Lehrtyps auf dem Konzil zu Orange (529) herbei, dessen Beschlüsse durch die päpstliche Bestätigung (531) zur Grundlage der frühmittelalterlichen Gnadenlehre wurden.

Qu. s. bei CH.W.F.WALCH, Entwurf einer vollst. Hist. d. Ketzereien V, 1770; dazu CPL 389. 392. 1013 u.a.m. Augustin, Schr. gegen die Semipel., hg.v. A.KUNZELMANN-A.ZUMKELLER, 1955. - F.WÖRTER, Beiträge z. DG des S., 1898 - DERS., Zur DG des S., 1899 - F.M. JACQUIN, La question de la prédestination au Ve et VIe siècle (RHE 5, 1904, 265-283. 725-754; 7, 1906, 269-300) - RE XVIII, 192ff (Lit.); XXIV, 500f - C.J.HEFELE-H.LECLERCQ, Hist. des Conciles II/2, Paris 1908, 908ff. 1085ff - A.FLICHE-V.MARTIN, Hist. de l'Eglise IV, 1937, 397ff (Lit.) - K.RAHNER, Augustin u. d. S. (ZKTh 62, 1938, 171-196) - DThC XIV, 1796ff - E.GRIFFE, La Gaule chrétienne, bisher Bd I. II/1, Paris 1947/57 - J.CHÉNÉ, Que signifiaient »Initium fidei« et »Affectus credulitatis« pour les semipélagiens? (RechSR 35, 1948, 566 bis 588) - DERS., Les origines de la controverse semipél. (L'Année théol. august. 13, 1953, 56-109) - N.K.CHADWICK, Poetry and Letters in Early Christian Gaul, London 1955 - ALTANER[6] (s. Reg.).

R.Lorenz

Semiten

1. Begriff, Herkunft, Rasse - 2. Die s.en Völker - 3. Die Religionen der S. - s. = semitisch

1. Den Begriff S. prägte A.Schlözer 1781 im Anschluß an die → Völkertafel Gen 10, die allerdings Sem nicht nur s.e Nachkommen zuschreibt. Die S. sind wie die → Indogermanen eine Sprachgemeinschaft, keine Rasse. Die ältesten S. gehörten vielleicht überwiegend der orientaliden Rasse der arabischen Beduinen an. Im Kulturland

trat aber sehr früh eine Vermischung vor allem mit armenoiden Bevölkerungsgruppen ein. Die Urheimat der S. ist noch unbekannt. Da die → semitischen Sprachen den hamitischen in manchem verwandt sind, haben sich die S. vermutlich in Nordafrika zu einer besonderen Gruppe entwickelt und gelangten von dort vor 3000 vChr nach Arabien, das keine Völkerwiege gewesen sein kann. Für noch frühere Zeit (wohl vor 6000) ist eine s.-hamitisch-indogermanische Sprachgemeinschaft anzunehmen, weil nur diese Sprachgruppen flektieren. Lokalisieren können wir diese Gemeinschaft nicht. Vor ihrem Eindringen in Gebiete bäuerlicher Kultur waren die S. zumeist nomadische Wanderhirten oder Halbnomaden mit Eseln als Trag- und Reittieren. Seit etwa 1200 vChr wurden sie nach der Domestikation des Kamels (Dromedar) zu Beduinen, die nun viel größere Wüstenstrecken durchqueren konnten. Sie waren in Stämmen organisiert, die sich Führer (arab. Schêch) mit beschränkten Rechten wählten. Die Sippen und Familien sind patriarchalisch organisiert. Die → Frau ist dem Mann untergeordnet, hat aber als Mutter Anspruch auf ehrerbietige Achtung durch die Kinder und bestimmte Rechte. Als → Nomaden bzw. Beduinen neigen die S. zu Individualismus, Stolz und Undiszipliniertheit und fügen sich daher nur schwer in dauerhafte Staaten ein. Viele ihrer Staaten waren sehr kurzlebig. Die → Blutrache ist als Auswirkung eines stark ausgeprägten Ehr- und Rechtsgefühls weit verbreitet und wird auch von den seßhaft gewordenen S. nur zögernd aufgegeben. Die Gewöhnung an stetige Arbeit gelingt nur schwer.

2. Die dürftigen Lebensbedingungen im größten Teil Arabiens veranlassen die S. zu häufigen Einfällen in das Fruchtland, die oft nur Raubzüge sind, weil die bäuerliche Arbeit im Kulturland bei ihnen wenig angesehen ist. Sehr oft zwangen aber Hunger und Übervölkerung zum Verlassen der Heimat. Das Eindringen in die Nachbarländer ging u.U. friedlich vor sich auf dem Wege der Infiltration kleinerer Gruppen, oder aber es geschah explosiv, indem ganze Stämme dort einbrachen und die Herrschaft an sich rissen. Manchmal häuften sich solche Einbrüche jahrhundertelang so, daß wir von Wanderungswellen der S. sprechen können; zu anderen Zeiten war der Druck auf das Kulturland nur schwach. Die geschichtlich bedeutsamsten Wanderungswellen waren: a) Die *akkadisch-ägyptische Welle,* die nach etwa 3000 die ersten (?) großen Gruppen von S. nach → Ägypten (: I) und → Babylonien (: I) brachte; ob damals S. auch nach Syrien kamen, wissen wir noch nicht. In Nordbabylonien und → Mesopotamien gewannen die Akkader bald die Vorherrschaft, blieben kulturell aber den → Sumerern noch unterlegen. - b) Etwa 2500-2300 eine noch nicht allgemein als solche anerkannte *»altamoritische« Welle* (Hauptgott wohl → Dagan); sie schuf die Voraussetzungen für die Bildung des Großreichs von Akkade (Sargon I., Naramsin). Ob sie auch für Syrien Bedeutung hatte, ist noch unbekannt. Die Sprache läßt sich vorläufig nur ganz unzureichend aus Namen erschließen. - c) Etwa 2100-1700 die den ganzen fruchtbaren Halbmond erfassende *kanaanäische Welle.* Im Osten zerstören die »Ostkanaanäer« (B.Landsberger) das sumerische Reich von → Ur III und gründen zahlreiche Staaten (Isin, Larsam, Ešnunna, → Babylon, → Mari, Assur usw), passen sich kulturell und bald auch sprachlich aber ganz den Babyloniern an, deren Sprache sich erst jetzt voll zur Literatursprache entfaltet und das Sumerische zurückdrängt. In → Syrien entstehen zB die Staaten → Alalach, → Karkemiš, Aleppo, Qatna, → Ugarit, Gubla (→ Byblos) u.a., die ein mangelhaftes Babylonisch nur als Schriftsprache verwenden. Weitere Staaten in Phönikien und Palästina kennen wir erst nach 1400 zeitweise unter churrischer oder arischer Führung. Die Kolonisation der → Phönikier nach 1200 bringt dann kleine Gruppen von S. bis an den Atlantischen Ozean (Syrien, → Kanaan, → Tyrus, → Sidon, Israel usw). Die Kanaanäer erfinden im Westen die Buchstabenschrift (→ Epigraphik: I, 2) und schreiben damit ihre Sprachen, vor allem das Phönikische (in Nordwestafrika Punisch), Ugaritische und Hebräische, bleiben aber in vielem von den alten Kulturen Ägyptens und Babyloniens, zT auch Kleinasiens und Kretas abhängig. - d) Kulturell am wenigsten fruchtbar war die *aramäische Welle* (etwa 1400 bis 900; → Aramäer), durch die die Semitisierung Vorderasiens ohne Kleinasien vollendet wird. Ihr Anteil an der Bildung des Volkes → Israel (: I) ist noch umstritten; in Syrien beherrschten sie bald die meisten Kleinstaaten (→ Damaskus, → Hamath usw), aber nicht das Küstenland. Die Kleinstaaten Mesopotamiens wurden früh eine Beute der Assyrer nach erbitterten Kämpfen. → Assyrien und Babylonien konnten sie nur allmählich unterwandern; nach 700 waren beide Länder (auch durch Deportationen) weitgehend aramaisiert, was sich dann auch immer mehr auf die assyrische und babylonische Schriftsprache auswirkte. Das Achämenidenreich (→ Iran: I) machte das (Reichs-)Aramäische zur Amtssprache für Vorderasien, die auch später nur in den Städten zT dem Griechischen weichen mußte. Aramäische Literatursprachen haben noch später erst die Christen (Syrisch), Juden und → Mandäer geschaffen. Die einzige größere Staatsbildung der Aramäer war das Chaldäerreich in → Babylonien (: I, 4); spätere Kleinstaaten (zB Palmyra) hatten nur örtliche Bedeutung. - e) Als letzte S.gruppe in Vorderasien treten die *Araber* in Erscheinung, zur Assyrerzeit (850-650) nur in einzelnen Vorstößen, auf die lange Jh.e ohne größere Einbrüche folgen. Seit etwa 200 nChr beginnt eine Unterwanderung der römischen wie der sassanidischen Gebiete. Sie bereitet die größte aller bekannten S.bewegungen vor, die Ausbreitung der islamischen Araber nach → Muhammed (→ Islam: I, 2). Nach Ägypten wird der größte Teil → Nordafrikas (: II) arabisch und vorübergehend noch weitere Gebiete. Nach Jh.en der Erschöpfung ist die arabische Welt seit etwa 80 Jahren erneut in Bewegung geraten. Der Nationalismus der Einzelstaaten ist vorläufig stärker als die panarabische Idee. Die arabisch-islamische Kultur übertrifft trotz ihrer Abhängigkeit von der Antike und Iran an Bedeutung alle älteren s.en Kulturen. - f) Nach 1000 vChr entfaltete sich im fruchtbaren Südarabien die s.e Kultur der → *Sabäer, Minäer usw,* die als einzige nicht auf kolonialem Boden entstand. Ob ihr dort eine ältere nicht-s.e Kultur vorausging, wissen wir nicht. Vom Jemen aus kamen schon früh Gruppen von Südarabern ins Somaligebiet und später nach → Nubien und → Äthiopien. Die Ḥabašāt seit etwa 200 vChr schufen nach und nach den S. dort das politische und kulturelle Übergewicht über die einheimischen Hamiten und gründeten später das Reich von Aksum, aus dem nach seiner Christianisierung unter Ezana das noch heute bestehende, von den s.en Amharern beherrschte äthiopische Reich herauswuchs.

3. Wir kennen keine rein *s.e Religion,* weil stärker oder schwächer überall der Einfluß anderer Völker erkennbar ist. Andererseits ist es kein Zufall, daß die drei großen Offenbarungsreligionen des Judentums, Christentums und Islams auf s.em Boden entstanden sind; sie konnten an bestimmte Gottesvorstellungen anknüpfen, die schon im s.en Heidentum anzutreffen sind. Die wichtigsten heidnischen Religionen der S. sind: a) die babylonisch-assyrische mit ihrer charakteristischen Umprägung der sumerischen Überlieferung als die bedeutendste unter ihnen (→ Babylonien: II); b) die als solche nur zT faß-

bare s.e Komponente der altägyptischen Religion; c) die syrophönikischen Religionen (→ Syrien: II; dazu auch die karthagische), für die neben ägyptischen und babylonischen vor allem churritische Einflüsse von Bedeutung waren; nur in ihnen spielen → Menschenopfer eine größere Rolle, ihr Ethos erscheint ganz dürftig; d) die zT hellenisierten oder iranisierten Spätformen dieser Religionen zB in Hatra, → Dura, Palmyra und bei den → Nabatäern; e) die altsüdarabische Religion (→ Sabäer) und die dieser verwandten späteren nordarabischen Religionen der Safatener, Lihjaniten usw sowie von Mekka-Medina vor dem Islam (→ Arabien: I). Man kann in ihnen allen einige gemeinsame Grundzüge feststellen, darunter etwa die folgenden: a) Die S. glaubten an eine meist nicht zu große Zahl von machtvollen *Göttern* in Menschengestalt, deren persönlicher Wille und nicht eine abstrakte Idee (wie zT bei den Sumerern) ihr Handeln bestimmte. Dieses galt weithin als recht willkürlich, ja (in Syrien) grausam. Nur in Babylonien wurde der Gottesgedanke später ethisiert und das Böse als etwas Widergöttliches aufgefaßt. - b) Als *Hauptgötter* erscheinen Lichtgötter wie der → Mond (männlich), die → Sonne (in Ugarit und Südarabien weiblich) und die meist als weiblich angesehene Venus (Ištar/ → Astarte), die Mutter, Jungfrau und Dirne sein kann und der wegen ihres schillernden Wesens wie bei den nicht-s.en Völkern Vorderasiens zahlreiche verwandte Gestalten zugesellt werden (zB die Göttergemahlinnen, die → Anat, → Tanit, → Aschera usw). Ob auch der bes. in Syrien verehrte Wettergott (→ Hadad, → Baal, Rimmon usw) alt-s. ist, bedarf noch der Klärung, ebenso die Frage, ob über diesen Göttern ein Hochgott → El stand. - c) Der *Mensch* ist von diesen Göttern ganz abhängig. Trotz des sehr starken Abstandsgefühls gelten sie oft als Vater und Mutter. Dadurch gewinnt der Ungehorsam gegen sie als → Sünde ein besonderes Gewicht. In Babylonien wird bisweilen schon der Sündenbegriff aus einer nur kasuistischen Betrachtung herausgelöst; die Sündhaftigkeit und das Angewiesensein auf das göttliche Erbarmen wurde als etwas allen Menschen Gemeinsames erkannt. - d) Der den Sumerern noch fremde Gedanke der → *Gerechtigkeit Gottes* (: I) erscheint in Babylonien später sehr ausgeprägt und ist daher wohl als s. anzusehen. Da der Glaube an ein Leben nach dem Tode und ein Totengericht fehlt - die Vorstellungen darüber in → Ägypten (: II) sind wohl nicht s. -, mußte das Problem der → Theodizee nach dem Zusammenbruch der eudämonistischen Betrachtungsweise sich aufdrängen. - e) Den S. ist wegen ihres Realismus und weil die Grenze zwischen Gott und Mensch für sie nicht überschreitbar war, die *Mystik* fremd. Die Neigung zu religiösem Fanatismus ist weit verbreitet, fehlt aber in Babylonien. - f) Der s.en Religion scheinen *Göttermythen* ursprünglich fremd zu sein. Die reiche Mythologie Babyloniens wurzelt überwiegend in der sumerischen, die von Ugarit und den Phönikiern vor allem in der churritischen. Judentum und Islam lehnen die Mythen radikal ab. - Für eine umfassende vergleichende Betrachtung der Religionen der S. fehlen heute zT noch die Voraussetzungen; wenn sie einmal durchgeführt wird, werden sich die hier gegebenen Hinweise mannigfach ergänzen, aber sicher auch mehrfach berichtigen lassen.

FR.JEREMIAS in: CHANT I, 496-647 - W.W.Graf BAUDISSIN, Kyrios I-IV, 1929 - M.v.OPPENHEIM, Die Beduinen, 1938-52 - W.F.ALBRIGHT, From the Stone Age to Christianity, (1940) 1957[2]; dt. 1949 - S.MOSCATI, Storia e civiltà dei Semiti, 1949; dt. 1955[2] (Lit.) - DERS., Chi furono i semiti?, 1957 - DERS. mit J.BOTTÉRO, M.DAHOOD u. W.CASKEL, Le antiche divinità semitiche, 1958 (zT dt., engl., franz.) - SDF II, 981ff. 989ff. - Weitere Lit. s. zu den Artikeln über die einzelnen Völker.

W.v.Soden

Semitische Sprachen

1. Bezeichnung - 2. Gruppierung - 3. Heimat - 4. Morphologie. - Vgl. auch → Epigraphik: I, → Semiten

1. Seit Ende des 18.Jh.s hat man im Anschluß an A.L. Schlözer und J.G. → Eichhorn von der → Völkertafel (Gen 10) aus die Bezeichnung s.S. für eine Gruppe nahe verwandter Sprachen angewandt, die zZ des AT von den »Semsöhnen« in der südwestlichen Ecke von Asien gesprochen wurden. Von der Sache her sind jedoch gewisse Änderungen in der Klassifizierung von Gen 10 nötig, da diese weder nach anthropologischen noch sprachwissenschaftlichen, sondern nach historisch-politischen Gesichtspunkten vorgenommen wurde. So werden zB die Kanaanäer (u.a. die Phönizier) zu den Nachkommen des Ham gezählt, dagegen umgekehrt die Elamiter und die Lydier mit Assyrern und Aramäern zusammen genannt. Hinzu kommt, daß in Gen 10 mehrere tote oder noch gesprochene Sprachen fehlen, von denen man erst in neuerer oder neuester Zeit Kenntnis erhalten hat, die aber, sprachwissenschaftlich gesehen, alle der Gruppe der s.S. zuzurechnen sind.

2. Die beste *Einteilung* der s.S. würde man erhalten, könnte man den Lautbestand, die Morphologie und den Wortschatz jeder einzelnen Sprache berücksichtigen. Doch bereitet bes. der Wortschatz als Grundlage einer Sprachvergleichung große Schwierigkeiten, da man fast niemals Texte gleichartigen Inhalts und aus der gleichen Zeit findet. Statt dessen kann man die s.S. nach ihrer geographischen Ausbreitung in 3 Hauptgruppen einteilen:

a) die *(nord)ost-s. Gruppe:* Babylonisch und Assyrisch (→ Babylonien, → Assyrien), zusammen oft Akkadisch genannt.

b) Die *nordwest-s. Gruppe* umfaßt: I. Nordkanaanäisch oder Ugaritisch (→ Ugarit); II. Mittelkanaanäisch oder Phönizisch (→ Phönizier) und dessen späteren Ausläufer, Punisch; III. Südkanaanäisch, vorhanden in a) Glossen in → Amarna-Briefen; b) Hebräisch (→ Bibel: I C), in klassischer Form im AT vertreten und als die Sprache der Gelehrten in einer späteren Form in der → Mischna und anderer rabbinischer Literatur fortgeführt, in neuester Zeit in → Israel (: III) als Ivrit wiederbelebt; c) Moabitisch, bekannt vom → Mesa-Stein; IV. Aramäisch (→ Aramäer), dessen älteste Form aus nordsyrischen Inschriften des 9.Jh.s bekannt ist; in der Perserzeit dominiert das Reichsaramäisch (wozu die Sprache der → Elephantine-Papyri und das Bibelaramäisch [→ Aramäisches in der Bibel] gehören). Später vollzieht sich eine Dialektspaltung in Westaramäisch (Samaritanisch, Jüdisch-palästinensisches Aramäisch, Christlich-palästinensisches Aramäisch, Nabatäisch, Palmyrenisch) und Ostaramäisch (Syrisch, die Sprache im babylonischen → Talmud und Mandäisch). Aramäische Dialekte werden noch in Maʿlula in Syrien und in den Gegenden um Mosul und den Urmiasee gesprochen.

c) Die *süd-s. Gruppe* besteht aus Arabisch und Äthiopisch. Arabisch umfaßt teils Nordarabisch, das klassische Arabisch, teils Südarabisch, das sich in vielen alten Inschriften findet (→ Sabäer und Minäer) und noch in Mahra in Südarabien und auf der Insel Sokoṭra gesprochen wird. Heute werden verschiedene Dialekte des Nordarabischen auf der arab. Halbinsel, im Irak, in Syrien, im Libanon, in Jordanien, Ägypten, Tripolis, Algerien, Marokko und auf Malta gebraucht. Unter Äthiopisch (→ Äthiopien) versteht man vor allem die alte Geʿezsprache, dann eine Reihe jüngerer Dialekte, die noch in Abessinien angewandt werden: Tigre, Tigriña, Amharisch u.a.

3. Philologen wie Geschichtsforscher haben mit viel

Scharfsinn versucht, die ursprüngliche Heimat der → Semiten festzustellen. Auf Grund des Konservatismus, der das klassische Arabisch im Lautbestand und in der Morphologie kennzeichnet, und angesichts der Emigrationen, die in historischer Zeit von der arab. Halbinsel nach den umliegenden Ländern stattgefunden haben, hat man vielfach das Innere Arabiens als Ursprungsort für die semitischen Völker und deren Sprachen angenommen. Dagegen sind die verglichen mit den ältesten arab. Inschriften mehrere tausend Jahre älteren akkadischen Sprachdenkmäler zugunsten Babyloniens angeführt worden, wie auch gewisse, freilich sehr problematische Ähnlichkeiten mit den indoeuropäischen Sprachen. Diese Theorie hat allerdings bewirkt, daß die weit sicheren Ähnlichkeiten zwischen s.S. und dem älteren Ägyptisch, den berberischen und anderen afrikanischen Sprachen (bes. im Verbalsystem und bei den Pronomina) nicht gebührend zu ihrem Recht kommen. Umfassende Völkerwanderungen in einer fernen vorhistorischen Periode können die Semiten mit vielen Völkern in Kontakt gebracht haben, ohne daß wir heute jene Vorgänge rekonstruieren können.

4. Ein vergleichendes Studium sämtlicher bisher bekannten lebenden und toten s.S. erlaubt uns oft, aber keineswegs immer, charakteristische Züge jeder einzelnen Sprache aufzuzeigen und die Grundstruktur der ursprünglichen gemeinschaftlichen Sprache zu skizzieren. Die Bezeichnung Ursemitisch darf jedoch nur mit größtem Vorbehalt angewandt werden. Der Lautbestand scheint ungefähr 28 Konsonanten und eine unbekannte Anzahl von Vokalen (kaum nur a, i und u, wie oft behauptet wird) enthalten zu haben; ein Teil von den für die s.S. eigentümlichen Laryngalen und emphatischen Lauten sind in den meisten Sprachen später verlorengegangen. Es ist auffällig, daß bei der Wortbildung die Bedeutung des Wortes fast immer an drei Konsonanten, die sog. Radikale, und nur selten an weniger oder mehr gebunden ist. Wahrscheinlich haben sich viele ursprünglich zwei-radikale Wörter durch Analogie zu drei-radikalen umgebildet. Dadurch, daß die Bedeutung an die Wurzel gebunden ist, wird der Übergang zwischen den verschiedenen Wortklassen leichter als bei den indoeuropäischen Sprachen. Die wichtigsten Wortklassen sind Nomina (hierunter sowohl Substantive als auch Adjektive), Pronomina und Verben. Als eine vierte Wortklasse kann eine Reihe von Partikeln gelten, die Zeit, Ort, Verneinung, Ausrufe, Zusammenhang zwischen Sätzen usw ausdrücken. – Ursprünglich hatten die *Substantive* und *Adjektive* 3 Numeri: Singular, Dual und Plural, und 2 Genera: Maskulinum und Femininum (meist mit der Endung t). Im Singular gab es 3 Kasusendungen (Nominativ u, Akkusativ a, Genitiv i), sonst nur 2 (casus rectus und casus obliquus). Bei einer Reihe von s.S. werden determiniertes und indeterminiertes Nomen unterschieden. Es besteht eine weitgehende Ähnlichkeit in der Nominalstruktur, indem man u.a. durch gleichartige Präfixe und Affixe Nomina mit derselben Bedeutung innerhalb der verschiedenen Sprachen bildet. Wortzusammensetzungen werden nicht benutzt; dagegen drückt man ein Genitivverhältnis durch eine sog. Konstruktverbindung aus, wodurch ein Wort in Betonung und Sinn einem folgenden untergeordnet wird. – Die *Verben* hatten ursprünglich eine einfache Grundform, die durch verschiedene Vokalisation eine Handlung, eine Eigenschaft oder einen Zustand ausdrücken konnte. Durch Verdoppelung des mittleren Radikals wurde das Intensive ausgedrückt, durch Verlängerung des Vokals nach dem 1. Radikal eine Handlung, die auf eine andere Person oder Sache einzuwirken strebt. Das Kausative und das Reflexive wurden durch Präfixe, das Passive durch eine innere Vokalveränderung verdeutlicht. Wie bei den Nomina gab es 3 Numeri und 2 Genera und außerdem, wie bei den persönlichen Pronomina, 3 Personen, die in den sog. Tempora verschiedenen Ausdruck fanden, indem die Person und die Zahl (zT auch das Geschlecht) entweder durch Affixe oder sowohl Präfixe als auch Affixe bezeichnet wurden. Außerhalb des Akkadischen gab es nur 2 »Tempora«, die oft Perfekt (kataba oder kati/uba) und Imperfekt (jaktu/ibu oder ja/iktabu) genannt werden, obwohl sie in Wirklichkeit nichts Zeitliches enthielten, sondern den Aspekt für eine Handlung wiedergaben, die als abgeschlossen und selbständig oder als unabgeschlossen und unselbständig verstanden werden sollte. Das Zeitmoment wurde durch besondere Partikel angegeben. Durch den Imperfekt-Stamm konnten mit Hilfe verschiedener Endungen verschiedene Modi gebildet werden. Das Akkadische nimmt insofern eine Sonderstellung ein, als hier außer den 2 »Tempora«, Präteritum (iprus) und Präsens (ipar[r]as), die im Gebrauch dem Perfekt und Imperfekt der anderen Sprachen entsprechen, eine dritte zwischen Verben und Nomina stehende Form begegnet, das sog. Permansiv (kati/ub, aber niemals katab, wozu ein pronominelles Element gefügt wird, wie im Perfekt). Das äthiop. Imperfekt (jeqatel, gegenüber Subjunktiv jeqtel) ist kaum ein Relikt dieser Dreiteilung, eher aber eine besondere Entwicklung. – Im Bereich der *Syntax* kann zwischen Nominal- und Verbalsätzen unterschieden werden, doch ist eine scharfe Abgrenzung nicht möglich. Einer der auffälligsten Züge in den Satzverbindungen ist der häufige Gebrauch von Parataxen. Doch hat man auch in sämtlichen s.S. viele der Nuancen anzugeben vermocht, die in der Denkweise der westlichen Welt für die Klarheit des Ausdrucks dringend notwendig sind.

TH. NÖLDEKE, Die s.S., eine Skizze, (1887) 1899² – C. BROCKELMANN, Grundriß der vergl. Grammatik der s.S. I. II, 1908/12 – RLV XII, 14ff (Semiten) – G. BERGSTRÄSSER, Einführung in die s.S., 1928 – P. DHORME, Langues et écritures sémitiques, Paris 1930 – L.H. GRAY, Introduction to Semitic Comparative Linguistics, New York 1934 – G. RINALDI, Le lingue semitiche, Turin-Rom 1954 – HO III: Semitistik, 1953. – Vgl. die Lit. zu → Semiten. *E. Hammershaimb*

Semler, *Johann Salomo* (18.12.1725 bis 14.3.1791), ev. Theologe, * in Saalfeld/Thür., † in → Halle, wo er nach kurzer Tätigkeit am akademischen Gymnasium zu Koburg und als Prof. der Historie und lat. Poesie in Altdorf seit 1752 Prof. der Theologie war. Im Pietismus erzogen, war S. durch J.S. → Baumgarten für die kritische Theologie gewonnen worden. Auf Luther und Melanchthon fußend, von der empiristisch-kritischen englischen Philosophie beeinflußt, ging es ihm darum, dem → Christentum (: V, 1 a) die geistige Führung im Leben der Nation zu bewahren, indem er seine innere Übereinstimmung mit der gesunden Vernunft nachwies. Zugleich wollte er mit den Mitteln der geschichtlichen Erkenntnis die Theologie kritisch durchforschen und erneuern, das überkommene konfessionelle Kirchentum mit seinen Lehrordnungen jedoch nur behutsam fortentwickeln. Sein Arbeitsfeld umfaßte von den Quellen her → Hermeneutik (, 2f), Kirchen-, bes. Reformationsgeschichte, Dogmatik, Moral, Polemik, Archäologie, Numismatik, gegen Ende seines Lebens auch Naturwissenschaft, Alchemie und mystische Geheimlehren. Durch Übersetzung oder Kommentierung der Werke englischer, französischer und holländischer Gelehrter suchte er die deutsche theologische Wissenschaft zu vertiefen. S. vertrat als Neologe (→ Aufklärung: III, 3 b; → Rationalismus: II, 3 b) gegenüber der »Übergangstheologie« eine »theologia liberalis«. Indem er Theologie und Religion unterschied, überwand er die altprot. Auffassung der Theologie und gab ihr die bis zur Gegenwart gültige Aufgabe einer Fachwissenschaft. Über die »freie Untersuchung« des → Kanons (: II, 7) kam er gegenüber der orthodoxen Inspirationslehre (→ Inspiration: II, 4) zu einem undogmatischen, streng geschichtlichen Schriftverständnis und der Unterscheidung zwischen Schrift und Wort Gottes (→ Bibelwissenschaft: II, 3). Da für S. die Schrift das menschlich-geschichtliche Zeugnis der Offenbarung Gottes ist, können ihre Lehraussagen nicht unbedingt als dogmatische Aussagen übernommen werden. Damit ergibt sich für S. auch ein neues Verständnis der Offenbarung: Sie ist kein zauberischer Akt, sondern eine Mitteilung von Wahrheiten, die in einem »moralischen«, dh sittlich religiösen Verhältnis zum Empfänger stehen und einer sinnvollen Weiterbildung des Natürlich-Menschlich-Vernünftigen dienen muß. Jedoch will S. - im Unterschied von den theologischen Wolffianern und den späteren Rationalisten - die Vernunft nicht zum »Erkenntnisgrund rerum supernaturalium machen«. Zudem ist ihm für Glauben und Wandel des Christen die durch Jesus Christus erfolgte Heilsoffenbarung von entscheidender Bedeutung. - Von S.s Unterscheidung zwischen »öffentlicher« und »privater« Religion her muß es verstanden werden, wenn S. zum Mißfallen seiner Freunde und späteren Kritiker gegenüber → Reimarus und K.F. → Bahrdt einen streng konservativen Standpunkt vertrat, auch für den Bereich der »öffentlichen Religion« dem Landesherrn allein das Recht der Reform zugestand und darum für das → Wöllnersche Religionsedikt eintrat. Daneben aber sollten die »Liebhaber der moralischen Religion« den »moralisch unbegrenzten Inhalt der christlichen Lehrwahrheiten immer mehr erkennen und seine Wirkungen, die Gott allein leitet, aus Überzeugung von der Unendlichkeit der wahren Wohltaten, die Gott durch Christum und den Heiligen Geist immer mehr wirklich fördert, von Herzen lieben und glauben«.

Vf. u.a.: S.J.Baumgartens Ev. Glaubenslehre hg., I-III, 1759-60 (darin S.s Hist. Einl. in die dogmat. Gottesgelehrsamkeit von ihrem Ursprung u. ihrer Beschaffenheit bis auf unsere Zeiten: I, 34-138; II, 4-161; III, 4-148); Abhandlung von freier Unters. des Canon I-IV, 1771-75; Institutio ad doctrinam Christianam liberaliter discendam, 1774; Versuch einer freiern theol. Lehrart, 1777; Ausführl. Erklärung über einige neue theol. Aufgaben, Censuren u. Klagen, 1777; Lebensbeschreibung von ihm selbst abgefaßt I. II, 1781/82; Über hist., gesellschaftl. u. moral. Religion der Christen, 1786; J.S.S.s letztes Glaubensbekenntnis über natürl. u. christl. Religion, hg.v. CHR.G. SCHÜTZ, 1792. - Über S.: J.G.EICHHORN, J.S.S. (Allg. Bibl. d. bibl. Lit. V, 1793, 1-201; Bibliogr.) - F.CHR.BAUR, Die Epochen d. kirchl. Geschichtsschreibung, 1852, 132ff - ADB XXXIII, 684ff - H.HOFFMANN, Die Theol. S.s, 1905 - L.ZSCHARNACK, Lessing u. S., 1905 - RE XVIII, 203ff - K.ANER, Die Theol. der Lessingzeit, 1929, 98ff u.ö. (s. Reg.) - HIRSCH IV, 48ff - STEPHAN-SCHMIDT (s. Reg.) - G.HORNIG, Die Anfänge der hist.-krit. Theol. J.S.S.s Schriftverständnis u. seine Stellung zu Luther, 1961 (Bibliogr. [die Zahl der bekannten S.-Schriften erhöht sich auf 250!], Lit.). *H.Hohlwein*

Send, *S.gericht* (synodus), ein Zweig der kirchlichen → Gerichtsbarkeit (: I, 4). Der S. entwickelte sich vor 800 aus den bischöflichen → Visitationen. Als S.herr trat der Bischof im 9.Jh. noch persönlich als Richter auf, wurde jedoch seit dem 10.Jh. immer häufiger, in der Regel durch den Archidiakon, vertreten. S.orte waren die alten Mutterkirchen (sedes synodales), Gerichtsbezirke deren Sprengel. S.pflichtig war die gesamte Bevölkerung (seit ca 900 mit Ausnahme der Geistlichen), die auch die S.abgaben zu leisten hatte. Die allmählich erweiterte S.zuständigkeit erstreckte sich auf Vergehen gegen kirchliche und göttliche Gesetze (causae synodales), die von den Rügezeugen (S.zeugen, S.geschworene, testes synodales, iuratores synodi), in Nachahmung des fränkischen Rügegerichts bestellt, beim S. von Amts wegen gerügt wurden. Strafen wurden nach den kirchlichen Bußbüchern (→ Bußwesen: II, 2 a) verhängt. Das bischöfliche S.gericht, für dessen Abhaltung → Regino von Prüm eine Anleitung schrieb, hat in dieser 1. Periode maßgebenden Anteil an der christlichen Erziehung der Geistlichkeit und bes. des Volkes. - Seit dem 11.Jh. geht dem Bischof die S.gerichtsbarkeit weitgehend zugunsten der neuentstehenden Banngewalt der Archidiakone (→ Kirchenverfassung: IV, 2 b) verloren. Der Bischof bleibt lediglich Oberinstanz und behält die Zuständigkeit für einzelne schwerere Vergehen. Gleichzeitig bemühen sich die höheren Stände um Befreiung von der allgemeinen S.pflicht. Adel und Ritterschaft blieben weiterhin vor dem Bischof s.pflichtig und wurden deshalb seit dem 13.Jh. als »homines synodales« (s.-mäßige Leute) bezeichnet. Im fränkischen Bereich wurden nach Vorbild der weltlichen Landgerichte im 12.Jh. die Rügezeugen zu S.schöffen (scabini synodales, S.-scheppen) und damit zu Urteilsfindern. In dieser 2. Periode berührt der allgemeine Einbruch germanistischer Rechtsanschauungen in das Kirchenrecht auch die S.gerichtsbarkeit: Im Rahmen der Ämter- und Bannleihe wurde sie wegen der damit verbundenen Einkünfte als beneficium, als nutzbare Gerechtsame angesehen und verliehen. Das 13./14.Jh. bedeutete eine Blütezeit des S.-gerichtswesens. Auch weltliche Strafen (Schandstrafen, Geldstrafen) wurden nunmehr verhängt. In der Folgezeit geht das S.gerichtswesen durch Kompetenzstreitigkeiten mit den Stadtgerichten, Kriege und die Reformation zurück, vor allem aber durch die Einschränkung der archidiakonalen Gewalt im → Tridentinum. Doch nimmt der Calvinismus den S. als Chorgericht auf; die Gegenreformation führt zT zur Neubelebung. Ausläufer erhielten sich, landschaftsweise sehr verschieden, bis ins 18. und 19.Jh.

P.HINSCHIUS, Das Kirchenrecht ... V, 1895, 425ff - RE XVIII, 209ff - A.M.KOENIGER, Die S.gerichte in Deutschland I, 1907 - DERS., Qu. z. Gesch. der S.gerichte in Deutschland, 1910 - DERS., Die S.gerichte (Bonner Zs. f. Theol. u. Seelsorge 8, 1931, 34ff; Lit.) - FEINE (s. Reg.). *A.Erler*

Seneca, *Lucius Annaeus,* röm. Rhetor und Staatsmann, Philosoph und Dichter, * 4 vChr in Corduba (Spanien). Sein Vater war der als Rhetor bekannte »ältere S.«; sein älterer Bruder M. Annaeus Novatus, Adoptivsohn des L.Junius Gallio und nach ihm umbenannt, ist der Apg 18, 12 erwähnte Prokonsul Gallio (→ Gallio-Inschrift). S. wuchs in Rom auf, wurde Beamter und Senator, 41-49 nChr aber nach Korsika verbannt; Agrippina rief ihn zurück und machte ihn zum Erzieher → Neros. Nach dessen Thronbesteigung wurde S. neben Burrus der einflußreichste Mann des Reiches. Nach dem Tode des Burrus droht ihm Ungnade, er zieht sich 62 vom Hof zurück, wird aber 65 in die pisonische Verschwörung verwickelt und öffnet sich auf Neros Befehl die Adern (Tacitus, Annal. XV, 62f).

S. ist eklektischer Stoiker (→ Stoa, → Griechisch-römische Philosophie, 2 c), der auch epikureische Sätze verwendet, nicht original, aber doch so selbständig im Verarbeiten, daß Quellenanalysen nur schwer gelingen. Philosophie ist für ihn eine Angelegenheit des praktischen Lebens; die Logik tritt zurück, Physik und Ethik stehen im Vordergrund, diese in der praktischen, dem Kynismus verwandten Form der Mahnung, nicht als Untersuchung. Das Ziel der Ethik kann stoisch formuliert werden: in Übereinstimmung mit der Natur leben; Weisheit ist: immer dasselbe wollen und dasselbe nicht wollen. Aber das Ideal ist nicht die Gemütsruhe im eudämonistischen, sondern eher im tragischen Sinn: das Leben ist die Vorbereitung auf das Sterben (epist. 24).

Man hat S. oft des Zwiespalts zwischen Lehre und Leben verdächtigt; in der Tat ist das Dasein des begüterten Ministers an Kompromissen reich. Andrerseits ist gerade diese Lehre, die nicht in der Weltferne → Epiktets, aber auch nicht in der weltbeherrschenden Situation → Mark Aurels gedacht und gestaltet wird, Dokument eines verantwortungsvollen Daseins mitten im Zwange der großen Welt. Und ihr tragischer Grundzug, der sich bei dem Zeugen kaiserlicher Willkür wohl versteht, ist vom Philosophen selbst im Tode bewährt worden. - S. trägt seine Lehre bisweilen in künstlerischer Gestaltung vor. Freilich ist sein »Staccato«-Stil, der mit der Auflösung der Periode in kleine stark stilisierte Teilchen das Gegenteil des ciceronianischen darstellt, oft angegriffen worden. Nicht zu leugnen aber ist die hohe Kunst in der Darstellung der Affekte, in der Darstellung des mit sich selbst zerfallenen seelenkranken Menschen. Auch die (Lese-) Dramen, die lange in der Literaturgeschichte nachgewirkt haben (franz. Tragödie), aber vielfach als schwülstig verrufen sind, verdienen eine andere Beurteilung. - Die Lehre S.s, in der die stoische Strenge durch weltkundige Milde und hilfsbereites Mitleid gemildert ist, in der auch der Preis der Gottverwandtschaft der Seele seine Stätte hat (Naturales Quaestiones, praefatio), hat das alte Christentum kraft einer gewissen Gesinnungsverwandtschaft angezogen. So ist die Entstehung des apokryphen Briefwechsels zwischen S. und dem Apostel Paulus zu erklären, von dem Hieronymus wußte (de viris inl. 12). Er ist uns in mehreren Hss. schlecht überliefert erhalten, in lat. Text. Dieser kann kaum vor dem 4.Jh. entstanden sein; ob ihm ein griech. Original zugrunde liegt, ist fraglich. Die Briefe erzählen, daß S. dem Kaiser einige Paulusbriefe vorgelesen habe, kritisieren freundschaftlich den unliterarischen Stil des Paulus und befassen sich nur einmal (epist. 12) mit einem geschichtlichen Datum: dem Brand Roms und der angeblichen Schuld der Christen (und Juden) an seiner Entstehung. Wahrscheinlich ist der Briefwechsel zu dem Zweck erfunden, den Apostel trotz seines Stiles zu verherrlichen; er hat aber faktisch dem Ansehen S.s in der Kirche genützt und dadurch der Erhaltung seiner Schriften.

Ausg.n: Dialogi ed. E.HERMES, 1905; De clementia, de beneficiis ed. C.HOSIUS, 1900; Epistulae morales ed. A.BELTRAMI, Rom 1949²; Naturales quaestiones ed. P.OLTRAMARE, Paris 1930; Apocolocynthosis ed. F.BÜCHELER (Kl. Schriften I, 1915, 439ff); Tragoediae ed. L. HERRMANN, Paris 1925ff. Ferner E.BICKEL, Diatribe in Senecae philosophi fragmenta I, 1915; Epistulae Senecae ad Paulum et Pauli ad Senecam ed. C.W.BARLOW, Rom 1938. - Über S.: M.POHLENZ, Die Stoa, 1955/59², I, 303ff; II, 152ff (reiche Lit.). Zum Briefwechsel mit Paulus vgl. E.LIÉNARD, Revue belge de phil. et d'hist. 11, 1932, 5ff; A.KURFESS, ZRGG 2, 1949, 67ff. *† M.Dibelius (A.Dihle)*

Senestrey, *Ignaz von* (13.7.1818 bis 16.8.1906), kath. Theologe, * in Bärnau (Oberpfalz), 1842 Priester, 1843 Dozent am Seminar in Eichstätt, auf verschiedenen geistlichen Stellen tätig, 1858 Bischof von Regensburg, 1892 Kardinal. S. förderte das kirchliche Leben seiner Diözese, regte seit 1864 die bayerischen, seit 1867 die Fuldaer Bischofskonferenzen an. Auf dem → Vatikanum gehörte er zu den eifrigen Infallibilisten. Im → Kulturkampf trat er nachdrücklich für die Interessen der röm.-kath. Kirche ein.

H.BRÜCK, Gesch. der kath. Kirche in Deutschland III, 1896, 496ff - Festreden zur Feier des diamant. Priesterjubiläums, 1902 - Schematismus der Geistl. des Bistums Regensburg, 1907, 213ff - C.BUTLER-H.LANG, Das vatikan. Konzil, 1933 (s. Reg.) - LThK IX, 472. *K.G.Steck*

Senfl, *Ludwig* (ca 1490-1543), Komponist, bereits um 1496 Sänger in der Hofkapelle Kaiser Maximilians, lebte in Zürich, Konstanz und Augsburg, wo er als Nachfolger seines Lehrers H. → Isaac Kammerkomponist wurde und dessen Hauptwerk, den »Choralis Constantinus« (mehrstimmige Vertonung des Proprium Missae) vollendete. Nach vorübergehender Tätigkeit in Passau wirkte S. seit 1523 am Münchener Hof. S. ist ein Hauptmeister des polyphonen deutschen Lieds und als Motetten- und Messenkomponist bedeutend. Anscheinend der Reformation zuneigend stand S. mit Luther, der ihn hochschätzte, zumindest um 1530 in Verbindung. Seine Werke sind in zahlreichen Sammeldrucken und Hss. des 16.Jh.s zerstreut.

Ausg.n: DTB 3, 2 (Magnificat, Motetten, mit Biogr. v. A.THÜRLINGS); GA hg.v. Staatl. Inst. f. Dt. Musikforschung u. d. Schweizer. Musikforschenden Gesellsch., 1936ff, bisher 5 Bde, Bd 1-4 = RD 5 (Messen), 10 (Lieder), 13 (Motetten), 15 (Lieder); PGfM 1-3 (Lieder). Weiteres u.a. in DDT 34 (Choralbearbeitungen); RD 20/21 (Dt. Lieder, Hymnen). - Über S.: A.GEERING in AfMf 4, 1939, 1-11 - H.BIRTNER, ebd 7, 1942, 40-54. *S.Hermelink*

Sennert, *Andreas* (1606-89), * in Wittenberg als Sohn des Mediziners *Daniel* S. (1572-1637), ebd 1638 ao., 1640 o.Prof. der orientalischen Sprachen. S. erkannte die Nachträglichkeit der Vokalisation des hebr. Textes und trieb sprach- und dialektvergleichende Forschungen (Hypotyposis harmonica linguarum orientalium chaldaica, syrica et arabica cum matre hebrea, 1663; Grammatica orientalis eademque harmonica, 1666). In die theologische Diskussion der Zeit griff er durch die Schrift »De articulis fidei fundamentalibus exercitio theologica« (1666) ein. Eine Art kirchliches Reformprogramm ist seine Rede »Christianus non Christianus« (1648). S.s »Athenae itemque inscriptiones Wittebergenses« (1655, erw. 1678) enthält wichtiges Material zur Geschichte der Universität → Wittenberg.

H.WITTE, Diarium Biographicum II, 1684, 172ff (Bibliogr.) - H.LEUBE (→ Schupp) 51ff - RITSCHL IV, 346ff - W.FRIEDENSBURG, Gesch. d. Univ. Wittenberg, 1927. *F.Lau*

Sens, seit 4.Jh. *Bistum* der Senonen, durch → Bonifatius 744 (Synode von Soissons) als Erzbistum und Kirchenprovinz vorgesehen, aber erst 770 begründet, 1801 unterdrückt, 1817 mit den Sprengeln Auxerre, Moulins, Nevers, S., Troyes erneuert, 1821 Auxerre inkorporiert, seit 1823 »S. et Auxerre« genannt. Namhafter Erzbischof war Peter Roger (Papst → Clemens VI.). - Bestand (1959): 256700 Katholiken (unter 278000) in 504 Pfarreien mit 219 Welt- und 126 Ordensgeistlichen. Erzbischof ist seit 1936 Friedrich Eduard Camillus Lamy.

B.TAVEAU, Cartulaire Sénonais, 1884 - L.DUCHESNE, Fastes épiscopaux II, 1899, 389ff - P.QUESVERS-H.STEIN, Inscriptions de l'ancien diocèse de S., 4 Bde, 1900-04 - E.CHARTRAIRE, Cartulaire du chapitre de S., 1904 - DERS., La cathédrale de S., 1928 - H.BOUVIER, Hist. de l'église et de l'ancien archidiocèse de S., 3 Bde, 1906-11 - L.BÉGULE, La cathédrale de S., 1929 - EC XI, 315ff (Lit.) - AnnPont 1961, 458. *F.Flaskamp*

Sensualismus heißt die erkenntnistheoretische Lehre, die alle Begriffe und Erkenntnis aus den Wahrnehmungen der Sinne ableitet. Der S. erkennt zwei Hauptklassen von Bewußtseinsinhalten an: die Sinneseindrücke und deren Abbilder. Der Verstand vergleicht und verbindet diese Abbilder, kommt aber prinzipiell nicht über sie hinaus. Die dabei auftretenden Schemata erklärt der S. zT durch die Assoziationspsychologie. Systematisch betrachtet, ist der S. ein radikalisierter Empirismus (→ Apriorismus), weil er die Reflexion als eigenständige Quelle von Vorstellungen ausschaltet; historisch betrachtet, ist er die Negation der Lehre des → Platonismus und → Rationalismus von der Erkenntnis durch Wiedererinnerung bzw. durch angeborene Ideen und Grundsätze. Er wendet sich gegen eine → Erkenntnistheorie, die den Beitrag der Sinne zur Erkenntnis gering einschätzt gegenüber der autonomen und spontanen Tätigkeit des Geistes, und deutet im Gegensatz dazu den Geist primär als erleidend und aufnehmend; dies ist ausgedrückt in der häufig verwandten Metapher vom Geist als *tabula rasa,* als leerer Schreibtafel, auf der die Sinneseindrücke Schriftzüge eingraben.

Als Erkenntnistheorie hat der S. keine große eigenständige Bedeutung. Seine psychologisch-genetische Fragestellung versagt am Phänomen der mathematischen Erkenntnis. Die weite Verbreitung des S. im Hellenismus und im 17.-19.Jh. erklärt sich daraus, daß der S. eine instrumentale Funktion bei der Entfaltung ganz verschiedenartiger Gesamtauslegungen des Menschen und seiner Stellung in der Welt übernehmen kann, also von anderen als erkenntnistheoretischen Impulsen gesteuert wird. Vielfach steht er im Dienste der Kritik an einer Metaphysik, die dem sinnlich Wahrnehmbaren ein »wahres Sein« entgegensetzt, dessen höherem ontologischem Rang die pure Intelligibilität entspricht.

Vordergründige Kritik am S. betont häufig seinen Zusammenhang mit dem → Materialismus (bei → Epikur, den Stoikern [→ Stoa], → Hobbes, den französischen Aufklärern), mit der metaphysischen Skepsis (bei → Hume) oder mit dem → Atheismus. Dabei wird übersehen, daß die Verbindung des S. mit diesen Lehren nicht logisch notwendig, sondern funktional variabel ist. So kann der Versuch, alle Erkenntnis aus den Sinneswahrnehmungen abzuleiten, Ausdruck der Erkenntnisökonomie im Gefolge einer Teleologie sein, die den Menschen als Sinnenwesen Endzweck der Natur sein läßt (in der Stoa) oder aber theologische Voraussetzungen hat. → Tertullian und → Arnobius rezipieren den S. der Stoa und geben ihm in theologischer Absicht eine positive Funktion: Sie lassen den Menschen ohne den Vorschuß apriorischer Erkenntnis an das Welterfassen herangehen (bedeutsam die Umformung des platonischen Höhlengleichnisses durch Arnobius) und schließen aus seinem Versagen vor dieser Aufgabe auf die Notwendigkeit göttlicher Offenbarung. In der Neuzeit vereinigt → Campanella eine sensualistische Erkenntnistheorie mit einer christlich-neuplatonischen Metaphysik. Die Erkenntnislehre → Lockes, die freilich dem Empirismus näher steht als dem S., konnte einerseits das theoretische Fundament des → Deismus liefern, andererseits aber auch von der Orthodoxie zur Abwehr des Deismus rezipiert werden. Hierher gehört auch → Berkeleys Modifikation der Lehre Lockes, die den S. zur Basis einer immaterialistischen Metaphysik macht.

E. Cassirer, Das Erkenntnisproblem I-III, (1906-20) 1922-23³ - J.W. Yolton, J.Locke and the Way of Ideas, Oxford 1956 - EF IV, 538 ff - H. Blumenberg, Das dritte Höhlengleichnis, Turin 1961.

G.Gawlick

Sentenzenwerke (S. = Sentenzen)

1. Der große Umfang der Werke der Väter und die Mühe, sich davon Kopien (originalia) zu beschaffen, führte dazu, wichtige einzelne Stellen (sententiae, testimonia) zu exzerpieren und zu → Florilegien (collectanea, ecloge, scarapsus) zusammenzustellen. So sammelte → Prosper von Aquitanien um 450 aus den Schriften → Augustins 392 Sentenzen ohne systematische Ordnung (MPL 5, 427-496); um 600 Hadericus und Paterius und nach 1092 Alulfus Exzerpte aus → Gregor d. Gr., um 840 Gottschalk von Orbais auctoritates aus Augustin. Eine systematische Ordnung versuchten → Isidor von Sevilla († 633) in den Sententiarum libri tres (MPL 83, 537-738; aus Gregor, Augustin, Eucherius) und Taio von Zaragoza († 683) in seinen Sententiarum libri quinque (MPL 80, 727-990; aus Gregor und Augustin).

2. Die S.sammlungen des *Früh-MA* kennzeichnet ihre Nähe zum theologischen Unterricht, die größere Anzahl der exzerpierten Väter, die Beiziehung der magistri moderni, die Frageform und die systematische Anordnung. Bes. bedeutsam sind die S.werke aus der Schule des → Anselm von Laon († 1117), → Wilhelm von Champeaux († 1121), Radulf von Laon († 1131), → Alger von Lüttich († 1132), Peter → Abaelard († 1142), Gerland von Besançon († 1148), → Gilbert Porreta († 1154); die Sententiae Atrebatenses, Berolinenses, Divinae paginae, Divinitatis, Florianenses, Varsavienses, und der Liber Pancrisis. Peter Abaelard stellte in seinem Sic et Non scheinbar widersprechende Väter-S. zusammen - analog den Antikeimena des Julian von Toledo und der Concordia discordantium canonum → Gratians - und trug so zum Ausbau der Quaestio in Pro, Contra und Solutio bei. Weitere S.werke schrieben Hugo von Rouen, Robert → Pulleyn, Roland Bandinelli (→ Alexander III.), → Omnebene, Udo, Gandulphus, → Petrus von Poitiers.

3. Unter allen S.werken gewannen die Libri quattuor Sententiarum des → *Petrus Lombardus* (verfaßt ca 1148 bis 1152; beste Ausgabe Quaracchi 1916) den größten Einfluß (Magister Sententiarum). Sie wurden zum subsidiären Textbuch des theologischen Unterrichts, während das primäre Textbuch stets die Bibel blieb. Ein künftiger Magister der Theologie mußte nach Absolvierung der Artistenfakultät etwa 7 Jahre an den Vorlesungen und Disputationen der Magistri teilnehmen, dann 1-2 Jahre als Baccalaureus biblicus einige Bücher der Bibel cursorie et textualiter erklären, dann 1-2 Jahre als Baccalaureus sententiarius über die S. des Lombarden lesen, um dadurch mit dem Inhalt der gesamten Theologie Kontakt zu gewinnen. Erst der Magister durfte über die Bibel ordinarie lesen, quaestiones disputatae abhalten und Fragen magistraliter determinieren.

4. So entstanden die *S.kommentare.* In ihrer klassischen Form enthielten sie a) die divisio textus, oft in graphischem Schema, b) die expositio textus, c) dubia circa litteram Magistri, d) die quaestio. Mit der Zeit wurde die quaestio mehr und mehr ausgebaut, verdrängte die anderen Elemente und löste sich sogar weitgehend vom Text des Lombarden.

5. S.kommentare sind in großer Zahl und in verschiedenen Stadien ihres Werdegangs überliefert: als vorbereitende Materialsammlungen (Paris, nat. lat. 14570, 15652, 15702, 16704; Mazarine 732; vat. lat. 1086; Assisi 186), als Marginalglossen oder als kontinuierliche Glosse (Alexander von Hales), als Reportationen (nichtautorisierte Hörernachschriften), als autorisierte Reportatio, als spätere abschließende Ausarbeitung des Magisters (Ordinatio), in mehrfachen Redaktionen infolge wiederholter S.lesung an verschiedenen Orten oder infolge von Beanstandungen. Auch der Magister konnte die Themen seiner Disputationen den S. entnehmen (Quaestiones super Sententias).

6. Aus der großen Zahl der Kommentare seien als wichtigste genannt die von Stefan → Langton (um 1200; ed. A.Landgraf 1952), → Alexander von Hales (Glossa, ed. Quaracchi 1951-57), → Bonaventura, → Richard von Mediavilla, → Hugo von St. Cher, Robert Kilwardby, Richard Fishacre, → Albert d. Gr., → Thomas von Aquino, Johannes → Duns Scotus, → Ägidius Romanus, → Durandus, Wilhelm von → Ockham, Gabriel → Biel, Johannes Capreolus. → Luther (: I, 1; II, 2 b) schrieb 1509/10 Glossen zu den S. (WA 9, 28 ff). - Manche Kommentare wurden ihrerseits wieder abbreviiert (bes. Bonaventura) oder kommentiert (zB Scotus durch Franz Lychetus).

7. Auch nachdem die Summa theologica des Thomas von Aquino weithin Textbuch geworden war (→ Sum-

men), wurden die S. des Lombarden weiter kommentiert, u.a. von Johann de Rada (1599), Wilhelm Estius (1615), Joh. Martínez Ripalda (1635), B. Mastrius (1655), Dominicus Lanzerini (1800).

Für die Geschichte der Theologie bilden die S.kommentare eine äußerst wichtige Quelle. Als Aufgaben der Forschung bleiben die Vervollständigung des Hss.-Materials, die Identifikation der Anonyma, die Veröffentlichung der Quästionen- und Konklusionenlisten, die Edition vieler wichtiger Kommentare.

P. Glorieux, Répertoire des maîtres en théol. de Paris au XIIIe siècle I. II, Paris 1933 - DThC XIV, 1860ff - F. Stegmüller, Repertorium Commentariorum in Sententias Petri Lombardi I. II, 1947 - A. Landgraf, Einführung in die Gesch. der theol. Lit. der Frühscholastik, 1948 - EC XI, 342-347 - V. Doucet, Commentaires sur les Sentences (AFrH 47, 1954, 88-170). *F. Stegmüller*

Separatisten. Im ernsthaften Separatismus, der durch die ganze KG hindurchgeht, drückt sich das Bestreben aus, die christliche Vollkommenheit im Gegensatz zur herrschenden Kirche, ihrem institutionellen Gefüge und ihrer Konzessionsbereitschaft gegenüber der Welt, wirklich werden zu lassen. Infolgedessen muß er nicht streng individualistisch sein (obwohl sein Schwerpunkt meist im »persönlichen Christentum« liegt), erhebt jedoch die Trennung von der verfaßten Kirche in den Rang der Heilsnotwendigkeit.

Aus der Zeit der *alten Kirche* gehören hierher der Übergang → Tertullians zum → Montanismus, die Kirchentrennungen → Novatians und des → Donatismus, die Abspaltung der monophysitischen Nationalkirchen seit → Chalcedon (→ Christologie: II, 5 a), sachlich das → Mönchtum (: II), nachdem sich die Forderung der Ehelosigkeit für alle Getauften nicht hatte durchsetzen lassen. Im *MA* sind S. einerseits die Nachfahren der Gnostiker (→ Paulizianer, → Bogomilen, → Katharer), andrerseits die Franziskaner- → Spiritualen, die im Anschluß an → Joachim von Fiore das Ideal der ecclesia spiritualis schufen. Die Kirchenkritik der sog. *Vorreformatoren*, bes. → Wyclifs, zT → Ockhams, zeigt mit ihrer Orientierung am asketischen Ideal der humilitas s.e Züge, verband sich jedoch in der Praxis meist mit nationalen Befreiungstendenzen von Rom.

Durch die *Reformation* wurde der Separatismus eine Macht in der Kirche, weil jetzt die Frage nach dem wahren Christentum qualitativ durch die Problemstellung und quantitativ durch den erstaunlichen ökumenischen Anfangserfolg der Bewegung schärfer und dringlicher als zuvor erhoben war. Die S. der Reformationszeit waren die → Täufer, die einem »Staatskirchentum« grundsätzlich absagten, die freie, bewußte Entscheidung für Jesus Christus zur Grundlage der Kirche machten und ein schlichtes, den Lebensformen des NT nachgebildetes Christentum erstrebten (bes. in der Schweiz). Andrerseits bildete sich aus verschiedenen Quellen, u.a. der fortgehenden neuplatonischen Mystik und der reformatorischen Forderung persönlichen Glaubens, der mystische Spiritualismus, der die Wahrheitsfrage in die Frage nach der Gottesnähe des Individuums verlagerte und jedes verfaßte Kirchentum als »Babel« verwarf (→ Mystik: VII, → Spiritualisten). Ein Sammelpunkt dieser Tendenzen wurde anfangs neben → Paracelsus vor allem → Schwenckfeld, später V. → Weigel und die Schule J. → Böhmes (J.G. → Gichtel). Daraus erwuchs die folgenschwere Konzeption eines »Christentums gegen (bzw. ohne) die Kirche«. Offenbar ziemlich weit verbreitet, durfte sie sich aber nicht hervorwagen und gelangte erst in der → Neuzeit im ethischen und mystisch-idealistischen Kulturprotestantismus voll zur Auswirkung. Der 30jährige Krieg wurde als Rechtfertigung der s.en Kirchenkritik aufgefaßt. Hauptvertreter der S. war Chr. → Hoburg, vor und neben ihm P. → Felgenhauer, Lorenz Grammendorf, Heinrich Ammersbach, J.G. Rosenbach. Ihnen folgten F. → Breckling, das Ehepaar → Petersen, E.Chr. → Hochmann von Hochenau, V.C. Tuchtfeld, zuletzt J.K. → Dippel, J.H. → Reitz, K. Brösske, J.C. → Edelmann. Heimstätten des Separatismus waren bes. Berleburg (Sauerland) und Büdingen (Wetterau), daneben Herford, Quedlinburg, Altona. Gerade die ernsten Pietisten wurden von der Kraft der s.en Vollkommenheitsforderung angezogen, bes. → Spener, → Arnold, → Zinzendorf, → Spangenberg. In der Großen Revolution Englands vertraten die → Quäker den Separatismus.

Im *19.Jh.* entstanden Separationen vorwiegend aus dem Widerspruch gegen das Eindringen der → Aufklärung in die Theologie, das als Erschütterung der biblischen Autorität verstanden wurde (Freikirchen in der französischen → Schweiz, Altluthertum [→ Luthertum: III B] gegen die Unionen). Die Väter der → Missourisynode erhoben 1838 ihre Auswanderung aus Sachsen nach Nordamerika zum Bekenntnisakt, während ihnen die zurückbleibenden Glieder der Erweckung Kreuzesflucht vorwarfen. W. → Löhe stand wegen der laxen Abendmahlspraxis und Kirchenzucht mehrfach vor der Separation, ebenso der Neupietismus (→ Gemeinschafts- und → Heiligungsbewegung) aus Kritik an der → Volkskirche (daher Eindringen und Wachstum von Freikirchen angelsächsischen Ursprungs).

Gesamtdarst. u. prinzipielle Unters. bes. der Frage nach der Kirchen*grenze* fehlt. - E. Seeberg, G. Arnold, 1923 - H. Bornkamm, Mystik, Spiritualismus u. die Anfänge d. Pietismus im Luthertum, 1926 - W.-E. Peuckert, Die Rosenkreutzer, 1928 - Ders., Pansophie, (1936) 1956² - E. Benz, Ecclesia spiritualis (Kirchenbegriff der Spiritualen), 1934 - H. Renkewitz, Hochmann von Hochenau, 1936 - A. Schleiff, Selbstkritik d. luth. Kirchen im 17.Jh., 1937 - W. Nigg, Das Buch der Ketzer, 1949 - Ders., Heimliche Weisheit, 1959 - S. Hirzel, Heimliche Kirche, 1952 - J. Schmitt, Die Gnade bricht durch (Siegerland, Wittgenstein), (1953) 1958³ - F. Blanke, Brüder in Christo (schweiz. Täufer), 1955 - M. Schmidt in Rouse-Neill I, 111ff - G. Maron (→ Schwenckfeld), bes. 110ff. - Als ältere Materialsammlungen unentbehrlich: J.G. Walch, Hist. u. theol. Einl. in d. Religionsstreitigkeiten d. ev.-luth. Kirche II, 1730, 555ff; ...außer d. ev.-luth. Kirche IV, 1736, 647ff - M. Goebel, Gesch. d. christl. Lebens in d. rhein.-westf. ev. Kirche II. III, 1852/60. *M. Schmidt*

Septuaginta → Bibelübersetzungen: I.

Septuaginta-Forschung

1. Sprache - 2. Bedeutung für den Urtext - 3. Textgeschichte - 4. Zur Geschichte der Forschung - 5. Einzelfragen

S.-F. ist ein Zweig der Altertumskunde wie der Theologie. Im Rahmen der antiken Literatur verfolgt sie Sprache und Übersetzungstechnik der S. (→ Bibelübersetzungen: I), ihr Verhältnis zum Urtext, Geschichte und Entwicklung des S.-Textes und seine Bedeutung für die Kirche.

1. Da die »hellenistische« Literatur seit → Alexander d. Gr. den Attizisten, die 400 Jahre später das klassische Attisch zur Norm erklärten, nicht genügte, wurde sie verfemt und ging größtenteils verloren. Gleichzeitig kehrte das → Judentum nach dem Fall Jerusalems seiner eigenen hellenisierenden Literatur den Rücken. Wie → Philo und → Josephus von der Kirche übernommen und erhalten, ist die S. das umfänglichste Dokument hellenistischen Schrifttums, steht aber als Übersetzung aus dem Semitischen merklich für sich. Sprachlich arbeitet die S.-F. somit den Beitrag der S. zur Kenntnis des hellenistischen Griechisch, also zur griech. Sprachgeschichte, heraus und verfolgt daneben den Einfluß des Urtextes und der Umwelt. Aus beiden Komponenten

baut sie das sprachliche Gesamtbild auf. - Bei allen Niveau- und Qualitätsunterschieden im einzelnen darf man von einer S.-Sprache reden. Sie wurde die Sprache der griech. Synagoge, hat ihre Liturgie, ihre Hymnen und bes. ihre Predigt und Missionsliteratur (→ Mission: II) bestimmt. So war sie das gegebene Werkzeug für Missionspredigt und Schrifttum der jungen Kirche. In ihren Spuren haben die großen christlichen Bibeln - Vulgata, Lutherbibel und Authorized Version - die Sprachen beeinflußt, ja mit gestaltet. Auch die theologische Diskussion bis heute ist ohne die Sprache der S. nicht zu erklären.

2. Zu einer Zeit übersetzt, da der hebr. → Text (: I) seine uns vorliegende Endgestalt noch nicht erreicht hatte, ist die S. ein wertvolles Hilfsmittel zur Verbesserung des hebr. Originals. Oft, aber durchaus nicht immer, stellt sie seine Frühstufe dar. Da der hebr. Text wesentlich variantenlos ist, füllt die S. hier eine Lücke aus und hellt auch gelegentlich seine Geschichte auf.

3. Entstehung und spätere Schicksale des S.-Textes und seine unterschiedliche sprachlich-stilistische Form hängen eng zusammen. Frühe Übersetzungen wie der Pentateuch und Jesaja sind dem Original gegenüber unbefangener als spätere; ebenso ist in der Abfolge der Textbearbeitungen (Rezensionen) diese relative Freiheit zunehmend aufgegeben, weil für Sprache und Inhalt der Urtext immer bestimmender wird. Bei → Origenes, wie auch bei weniger folgerichtigen Rezensionen vor und nach ihm, wird der alte Text ungriechischer durch ängstliche Wörtlichkeit (Übersetzungssemitismen). Auf einer Seitenlinie sucht → Lucian (, 1) als vulgär empfundene Hellenismen in bescheidenem Umfang durch attische Tönung zu mildern. Das hindert ihn aber nicht, bes. bei den Propheten, kraß semitisierende Wiedergaben aus den späten Übersetzern (→ Bibelübersetzungen: I, 2), bes. Symmachus, zu übernehmen. Origenes hält sich in einigen Büchern an Aquila, häufiger an Theodotion, wohl nach dem Muster früherer Bearbeitungen. Ein solches, Theodotion verwendendes Muster liegt im Hiobtext unsrer Ausgaben vor. Das Ergebnis ist dann strenggenommen nicht mehr S.; denn einmal war der den Bearbeitern vorliegende hebr. Text oft weithin in Richtung auf unsern fortentwickelt, und dann treten diese späten Übersetzer übersetzungstechnisch wie exegetisch an den Urtext mit stark den rabbinischen angenäherten Methoden heran.

4. Frühe Höhepunkte der S.-F. sind Origenes' in der Hexapla gipfelnde Arbeiten und die lat. Übersetzungen des → Hieronymus. Der anfängliche Gegensatz → Augustins zu Hieronymus, dessen Vulgata (→ Bibelübersetzungen: II, 2) grundsätzlich, wenn auch oft nicht tatsächlich, statt der S. den Urtext zugrunde legte, hat nichts an Aktualität eingebüßt. Hexapla wie Vulgata bezeichnen einen schroffen Bruch mit der Vergangenheit. Anstelle des unbefangenen Hellenismus, mit dem sich die frühe Kirche identifizierte, tritt der Rabbinismus mit der Übernahme der Endgestalt des hebr. Textes. Die Anordnung, die im Hebräischen noch lange schwankte, wurde weniger beeinflußt, und die völlige Ausmerzung aller Apokryphen wurde erst von den ref. Kirchen übernommen (→ Bibel: I B, 3). - Die großen Ausgaben - Complutensis (→ Polyglotten), Aldina, Sixtina - und die beiden päpstlichen Vulgataausgaben sind der Beitrag der Renaissance zur Forschung. - Strenggenommen kann man von S.-F. erst seit den letzten Jh.en reden. Als unabhängige Größe neben at. und nt. Forschung ist sie noch jung. J.E. → Grabe und → Lagarde sind ihre großen Namen.

5. Das 18.Jh. mit seiner Vorliebe für hellenistische Autoren wie Polybius und → Plutarch war frei von attizistischen Vorurteilen. Vorarbeiten aus dieser Zeit standen hinter F.W.Sturz (1808) und H.W.J. → Thiersch (1841). Erst das 20.Jh. sah Papyrus- und S.-Grammatiken. - Der alte Streit, ob der hl. Geist die erlesensten Attiker und Poeten an Feinheiten noch übertreffe (Puristen) oder ein eigenes hebraisierendes Idiom verwende (Hebraisten), kehrt, etwas gewandelt, wieder im Gegensatz zwischen denen, die die Bibelsprache der hellenistischen Koine gleichsetzen (Deißmann und Moulton), und den andern, die den semitischen Einschlag - im NT, aber auch in der S., vom Aramäischen her - weithin bestimmend finden (Wellhausen, Burney, Torrey, M.Black). Beides schließt sich nicht aus. Laute, Formen, Wortbildung, selbst Syntax, sind weithin hellenistisch. Davon hebt sich der Einfluß semitischer Denk- und Sprechgewohnheiten deutlich ab. Manchmal treffen sich das Vulgärgriechische und das Semitische im Ergebnis. Volkssprache in → Deißmanns Sinn ist diese Sprache nicht. Bis ins einzelne ist sie durch einmalige Faktoren bedingt. Wortbedeutungen werden vielfach im Anschluß an das hebr. Original umgeprägt. Es fehlt nicht an Homonymen, die den Sinn des hebr. Wortes in ein lautähnliches griech. Wort eintragen. Ein Beispiel findet sich auch im NT: Mt 16, 22 ἵλεως. Griechisch heißt es »gnädig«. In der S. und hier im MtEv, wo eine gut griech. Dublette folgt, steht es für hebr. ḥalila mit Dativ »das sei ferne von dir«. Ähnliches findet sich überall bei Zusammenstoß von Sprachen und Kulturen. - Anderseits ist eine dem erhabenen Inhalt entsprechende Stilisierung unverkennbar; sie hat diese Sprache der jungen Kirche wert gemacht. - Die Überschätzung der S. für die Kritik des hebr. Textes im 19.Jh. ist aufgegeben. Wie jede nicht eigentlich gelehrte Übersetzung ist die S. eine Umsetzung in eine andere geistige Welt. Streckenweise beeinflussen rationalistische Erwägungen die Textdeutung, und das sprach das 19.Jh. stärker an als das 20. - Gleich nach Erscheinen der kritischen Ausgabe des NT durch → Westcott und → Hort (1881/1882) gewann Hort die Cambridge Press für eine kleine und eine große S.-Ausgabe als umfassende Materialsammlung für die Herstellung eines kritisch gesicherten Textes, über den man sich noch klar werden müsse. Aber die Zeit war reif für einen kritischen Text nach Herausarbeitung und Bewertung der Hss.-Familien (Rezensionen) durch die Göttinger Ausgabe. Hinter dieser steht die großartige Konzeption P. de Lagardes, dessen Schüler A. → Rahlfs ihren gesunden Kern übernahm und fortbildete. Seine Nachfolge hat, bis jetzt in den Prophetenbänden und vielen Einzelstudien, Jos.Ziegler in Würzburg angetreten. Rahlfs' die ganze S. umfassende Handausgabe (1935 u.ö.) hat daneben bleibenden Wert. Ohne solche kritisch unterbauten Texte kann man die geistigen Gehalte, die das griech. AT teils weitergibt, teils fortbildet, nicht sicher erfassen.

Man darf sagen, daß die der Antike fremde und anstößige Eigenständigkeit der Kirche neben Staat und Gesellschaft ihre ursächliche Parallele in der die Sonderexistenz der Synagoge zum Ausdruck bringenden Sprachgestalt der S. als Übersetzung hat. Das Gottesvolk alten wie neuen Bundes setzt sich in Sprache und Denkform von der »Welt« ab. Seine »Sprache Kanaans« schlägt in allen modernen Kirchensprachen durch. Sie hält die Verbindung mit den Ursprüngen lebendig. Die Geschicke des Bibeltextes in der alten Kirche spiegeln ein gut Teil ihres Lebens und ihrer Lehre ab. Es ist kein Zufall, daß die großen Kirchenväter, die alexandrinischen Religionsphilosophen wie die antiochenischen Ausleger, über ihrer griech. Bibel auf die uns noch heute bewegenden Fragen geführt wurden. Wir stehen auf ihren Schultern. Die Kirche lebt aus der Bibel. Sie dient ihren eigensten Zwecken, wenn sie die Erforschung von

Sprache, Text und Textgeschichte der Bibel, auch des griech. AT, ernst nimmt.

H.M.ORLINSKY, On the Present State of Proto-Septuagint Studies (JAOS 61, 1941, 81-91; auch separat, 1942) - DERS., Current Progress and Problems in Septuagint Research (The Study of the Bible Today and Tomorrow, ed. H.WILLOUGHBY, Chicago 1947, 144-161) - J.W.WEVERS, S.-F.en (ThR 22, 1954, 85-138. 171-190; Lit.) - P.KATZ Septuagintal Studies in the Mid-Century (Festschr. f. C.H.Dodd, 1956, 176-208). - Die einschneidende Kritik an P.KAHLES Theorie der Entstehung der S. (→ Bibelübersetzungen: I) hinsichtlich Methode u. Quellenbenutzung (ORLINSKY, JAOS 69, 1949, 164 bis 167; KATZ, Das Problem des Urtextes der S. [ThZ 5, 1949, 1-24]) ist ohne Antwort geblieben. - Vor- u. nachhexaplarische Rezensionen: zuletzt P.KATZ, ZAW 69, 1957, 77-84 (Lit.). - S. gelegentlich sekundär: D.W.GOODING, The Account of the Tabernacle, Cambridge 1959. - Zur griech. Qumranrolle der 12 Propheten: D.BARTHÉLEMY, RB 60, 1953, 18-29; P.KATZ, Studia Patristica I (TU 63), 1957, 343-353 (Lit.). - Vgl. die Lit. zu → Bibelübersetzungen: I, → Septuaginta-Frömmigkeit.

P.Katz

Septuaginta-Frömmigkeit. Das hellenistische →Judentum (: I) hat eine eigene F. entwickelt, die sich in der S. (→ Bibelübersetzungen: I) ausprägt. Umgekehrt bestimmt die S. ein halbes Jahrtausend lang den Charakter der jüdischen F. - 1. Die S. bedeutet Umsetzung aus Anschaulichkeit und Bildhaftigkeit der hebr. Sprache in die *Begrifflichkeit* des Griechischen. Anthropomorphismen und Anthropopathismen über Gott werden zurückgedrängt. Das Mysterium tremendum et fascinosum droht in einer rationalistischen F. aufzugehen. Das Menschenbild wird durch sittliche und gesetzliche Vorstellungen bestimmt. - 2. Die S. bietet das AT der griech. Welt als *Menschheitsgesetz* dar (→ Philo) und zugleich als Geschichte des jüdischen Volkes von der Schöpfung an (→ Josephus). So verbinden sich in der S.-F. Religion und *Philosophie* und Religion und *Weltgeschichte*. → Mission (: II) und Propaganda des Judentums entfalten sich, und Proselyten - das sind in S. die Fremdlinge der Masora (→ Fremde: II) - und Gottesfürchtige werden angezogen. - 3. Mit der S. wird die at. Religion, die seit 587 zu diesem Neuansatz gezwungen war, zur Religion des Wortes. Nicht mehr Tempel, Opferdienst und Priestertum stehen im Mittelpunkt der F., sondern der *Wortgottesdienst* der Synagoge (→ Gottesdienst: III). - 4. An die Stelle des Gottesnamens → Jahwe, der nicht ausgesprochen werden darf, tritt die Bezeichnung Kyrios (»Herr«) mit absolutem und universalem Anspruch und zugleich als Ausdruck persönlichen Glaubens in dem Bekenntnis, daß Gott »mein Herr« sei. Für das geheimnisvolle Schaddaj und für Jahwe Zebaot wird Pantokrator, der »Allherrscher«, eingeführt. Damit ist via eminentiae ein der Vernunft einsichtiger *Gottesbegriff* gewonnen. Der »Gott in der Höhe« (MT) wird zum »Höchsten Gott«, eine Bezeichnung, die in ihrer Zweideutigkeit (Elativ oder Superlativ) den Absolutheitsanspruch des Judentums mit werbender Kraft gegenüber dem Polytheismus verbindet, wenn auch der Abfall in den Synkretismus (→ Hypsistarier) droht. Philosophisch klingt die Wiedergabe des Gottesnamens Jahwe Ex 3, 14: »der Seiende«, die auch Jer 1, 6; 14, 13; 32 (39), 17 in S. eindringt. Auch die Züge des Gottesbildes wandeln sich. Zorn und Reue erscheinen Gott unangemessen. So wird statt von Gottes Zorn (Num 1, 53; Jes 57, 17, vgl. 1Esr 6, 14 gegen 2Esr 5, 12) von menschlicher Sünde geredet, und an die Stelle des dynamischen Gottesbildes der Masora tritt ein statisches Bild der *Unveränderlichkeit* und der *Transzendenz*. Gott ist sich selbst genug (ἱκανός, Ruth 1, 20f). Dieses Gottesprädikat, der »Allgenugsame« (Tersteegen) für Schaddaj dringt in den späteren Übersetzungen des AT vor. Neben dem Gefühl des Abstandes kommt auch die Erfahrung der *Nähe Gottes*, des Vertrauens in der S.-F. zur Geltung (Jes 8, 14; 30, 32; 32, 19). - 5. Das Bekenntnis zu dem Gott, der sein Volk aus der Knechtschaft befreit hat, führt zu dem *dualistischen* Gedanken der Fremdlingschaft auf Erden (Gen 23, 4 [Clem]; Ps 39, 13) und zu *soteriologischen* und *messianischen* Formulierungen (Jes 62, 11, vgl. 1QIs^a 51, 5 [S.: der Soter, 1Q: das fast personhafte Heil mit seinen richtenden Armen, MT: Gott richtet mit seinen Armen]). Hi 29, 23 wird das Bild der dürstenden Erde zum Ausdruck des Heilsverlangens. Die Andeutung einer Rauschekstase (Jer 38 [31], 25) im Sinne des hellenistischen Oxymoron der sobria ebrietas (Philo) führt in mystische F. hinein. - 6. Mannigfache selbständige Formulierungen bietet S. über die menschliche → *Sünde*. Sünde ist Krankheit (Jes 53, 4), die Gott heilen muß (Dtn 30, 3), und ist Torheit (Spr 26, 11). So geht es nicht nur kasuistisch um einzelne Tatsünden, sondern um das Wesen der Sünde. Sie erscheint mehr als in Masora als *frevelhafter Übermut* (Hab 3, 14; Jes 10, 33), und die Verwendung von Hybris und Synonyma richtet sich kritisch gegen die egozentrische, gottlose Haltung des Menschen. So spricht die S. Jer 13, 9f von dem Hochmut der Menschen, der gebrochen werden soll, statt wie der MT von der Pracht, die zur Strafe für den Ungehorsam der Menschen vernichtet wird. Im Pred tritt an die Stelle der Klage über Vergänglichkeit und Vergeblichkeit menschlicher Bemühungen in der S. die Anklage gegen die Eitelkeit und Eigenwilligkeit des Menschengeistes. - 7. Die im AT bes. in Spr überlieferte profan orientierte →Weisheit wird in S. im Sinne einer *religiös bestimmten Ethik* interpretiert (Spr 10, 26). Es entspricht dem die S.-F. beherrschenden Vergeltungsglauben, daß die besondere Fürsorge Gottes den Frommen gilt (Spr 16, 9. 17 [15, 28a]; 11, 21b). Alle aber, die nicht in das fromme Schema passen (Spr 12, 21), werden als schlecht bezeichnet; bei ihnen, den Gottlosen, gibt es weder Weisheit noch Mannhaftigkeit noch Rat (Spr 21, 30). Der Fromme geht hindurch durch die *Versuchungen* (Hi 7, 1; 10, 17), er steht am Scheidewege (Spr 2, 16ff; 4, 27). Gott nimmt ihn in die *Leidenszucht* (Spr 3, 11f; Sir 4, 17). Gott erzieht sein Volk (Dtn 8, 5; 11, 2) und bezeichnet sich selbst Hos 5, 2 als Erzieher. - 8. Das AT ist diesseitig eingestellt, und noch Philo sieht in langem und glücklichem Leben gemäß Dtn 28 die Erfüllung aller Verheißungen (Praem. 97ff). In S. aber bricht der *Auferstehungsglaube* durch (→ Auferstehung: IV). Dtn 32, 39 (das Leben folgt dem Tod!); Jes 43, 2; Ez 37; Spr 3, 18 werden 4Makk 18, 14-18 als Beweise dafür herangezogen. Die Begriffe Leben, Glück und Frieden, an sich wörtlich wiedergegeben, beginnen zu transzendieren, und das Bildwort vom Holz des Lebens (Gen 3, 22; Jes 65, 22) wird Weish 14, 7 zum Typus der Rettung im eschatologischen Sinn. 1Sam 25, 29 wird zum Bekenntnis am Grabe (vgl. Hi 33, 28. 30). - 9. Auf dem Boden der S.-F. entfaltet sich das Judentum zur *universalen Missionsreligion*. Jes 19, 16-25 zeigt S. wie gelegentlich auch sonst gegenüber Masora eine judaistische Verengung. Aber die universalistischen Aussagen des AT (→ Universalismus: II), die at. Zitate im NT, die zT auf Testimoniensammlungen zu beruhen scheinen, und die zahlreichen Proselyten und Gottesfürchtigen in der hellenistischen Welt, auf deren at. Glaubensbesitz die christliche Predigt aufbauen konnte, sind Beweise genug für die weite Wirkung der S.-F. in der hellenistischen Welt über die Grenzen des völkischen Judentums hinaus. Vieles, was für den Übersetzer noch im Sinne des Grundtextes gemeint war, und manche schwer deutbaren Worte kommen erst für den Leser oder Hörer zur Wirkung, der Widersprechendes übergeht und das *griech. AT als Einheit* im Sinne der S.-F. versteht. - 10. Vieles in der S. weist auch über den Kreis der jüdischen S.-F. hinaus. Die Spannungen zwischen *Knecht und Kind* - im Griechischen dieselbe Vokabel - und zwischen *Knecht und Gesalbter* (Jes 42, 1 und 45, 1) kommen im Judentum nicht zur Lösung. S. vermeidet Jes 43, 24 die Aussage des MT, daß Gott selbst mit den Sünden des Volkes geplagt sei. Der Fromme, die hl. Restgemeinde (→ Qumran, 4 b), Gottes Kind, Gottes Knecht nehmen sie auf sich (Jes 53, 4). Die Last des Lebens (Pred 6, 7), die Leiden der Verfolgung (Ps 34, 20), die Mühsal der Sünde (Ps 25, 18) liegen auf ihnen. In dieser Erfahrung bildet sich eine *Leidenstheologie* in der S. Sie macht die Geschichte des hl. Volkes verständlich und das eigene Leidensschicksal des Judentums in der Welt erträglich. Damit aber wird die S.-F. ihrem wesentlichen Gehalt und ihrer geschichtlichen Bedeutung nach zur *Praeparatio evangelica.*

A. Deissmann, Die Hellenisierung des semit. Monotheismus, 1903 - H.St.J. Thackeray, The Septuagint and Jewish Worship, London 1923 - W.W. Graf v. Baudissin, Kyrios als Gottesname im Judentum u. seine Stelle in der Religionsgesch., 1929 - G. Rosen-G. Bertram, Juden u. Phönizier. Das antike Judentum als Missionsreligion u. die Entstehung der jüd. Diaspora, 1929 - C.H. Dodd, The Bible and the Greeks, London 1935 - Th. Boman, Das hebr. Denken im Vergleich mit dem griech., 1954 - G. Bertram, Vom Wesen der S.-F.; Zur Prägung der bibl. Gottesvorstellung in der griech. Übers. des AT (WO II, 1956-59, 274-284. 502-513) - Ders., Praeparatio evangelica in der S. (VT 7, 1957, 225-249). - Material im ThW, s. bes.: ἁμαρτία, ἔργον, ζωή, θεοσέβεια, μωρός, παιδεία, στρέφω, ὕβρις.

G. Bertram

Sepulcriner, *Chorherren vom Hl. Grabe (Fratres cruciferi dominici sepulcri Hierosolymitani),* entstanden 1114, als Patriarch Arnulf von Jerusalem die Kleriker der hl. Grabeskirche zu gemeinschaftlichem Leben nach der → Augustinerregel vereinigte; 1122 durch Calixt II. bestätigt. Nach der Rückeroberung Jerusalems durch Saladin von Ägypten (1187) wurde der Sitz des Ordens nach Akko und 1291 ins Abendland verlegt. Die S. verbreiteten sich in Italien, Deutschland, Polen, Frankreich und Spanien, betreuten die Palästina-Pilger und waren in der Armen- und Krankenpflege tätig. Das Ordenszeichen war ein rotes Doppelkreuz auf schwarzem Gewande. Als Innozenz VIII. die Chorherren 1489 mit den Johannitern (→ Ritterorden, 2 b) vereinigte, erlosch weithin ihre Selbständigkeit. Nur in Polen blieb ein Haus der »Kreuzherren vom hl. Grabe« bestehen. - Die *S.innen (Chorfrauen vom Hl. Grabe),* zunächst in Palästina tätig, verbreiteten sich nach der Reform durch die Marquise Claudia de Mouy (1622 Chorfrauenhaus in Charleville; Konstitutionen 1631 durch Urban VIII. bestätigt, 1926 erneuert) in Frankreich, Holland, Spanien, Italien, Deutschland, Böhmen, Polen und England. Sie haben heute 14 selbständige Klöster. Die badische Markgräfin Maria Franziska errichtete 1673 ein Chorfrauenhaus in Baden-Baden. - Vgl. → Augustiner, 1. 2.

Helyot II, 114ff - Heimbucher I, 411. 458 - Escobar I, 347.

W. Göbell

Sequenz bedeutet ursprünglich die Melodie, die an das → Halleluja anknüpft, dann aber auch den mit dieser Melodie verbundenen Text. Die klassische S. besteht aus einer Einleitung, einer beliebigen Zahl von Doppelstrophen und einer Schlußwendung. Sie wird anstelle der Wiederholung des → Jubilus, dh des Alleluia-Rufes nach dem Versus des Halleluja gesungen. Sie stellt gewissermaßen den Hymnus der Messe dar, unterscheidet sich aber wesentlich vom → Hymnus durch die wechselnde Form der Strophen und deren Verdoppelung (mit Ausnahme von Einleitung und Schluß) und durch ihre melodische und rhythmische Struktur. Das Gestaltungsprinzip der S. besteht darin, daß auf jede Silbe nur 1 Ton kommt; es fehlt ihr also jede melodische Verzierung. Im MA gab es fast keine Messe mit Halleluja ohne S.; es gab rd 5000 S.en. Heute werden nur noch 5 S.en in der röm. Liturgie benutzt, und zwar (Ostern:) Victimae paschali laudes von → Wipo, (Pfingsten:) Veni sancte spiritus von → Innozenz III., (Fronleichnam:) Lauda Sion salvatorem von → Thomas von Aquino, (Requiem:) Dies irae von → Thomas von Celano, (Fest der 7 Schmerzen:) Stabat mater von → Jacopone da Todi. - Die *Entstehung* der S. liegt im Dunkel. Lange Zeit hielt man sich an einen → Notker Balbulus zugeschriebenen Bericht, er habe die Jubilusmelodien, die dem Gedächtnis Schwierigkeiten bereitet hätten, angeregt durch ein schlechtes Beispiel aus Jumièges (bei Rouen), mit Text versehen, und zwar jeden Ton mit einer Silbe. Doch muß die S. in Gallien entstanden sein. Es gab im übrigen neben der klassischen S. andere Arten: die S. ohne Wiederholung, die textlose S. mit eingeschobenen Versen und die Doppelkursus-S. mit Wiederholung der ganzen Strophenfolge. Es gab vor allem eine weltliche oder doch außerliturgische S. Diese war instrumental und konnte getanzt werden; es dürfte sich um den Frontreigen (mit 2 einander gegenüberstehenden Reihen) gehandelt haben. Diese sehr volkstümliche Form, die im Leich oder der Estampie fortlebte, vermochte natürlich nicht mit Genehmigung in die Kirche einzudringen, bes. nicht in die gregorianische Liturgie, obwohl vereinzelt noch im späten MA von getanzten S.en berichtet wird; sie hat aber die gallikanischen Jubilusmelodien - die möglicherweise instrumental begleitet waren - beeinflußt. Textlich sind die S.en Loblieder oder im liturgischen Bereich Predigtlieder. Die S. wurde organal ausgeführt, indem der Chor auf der letzten Silbe a des Halleluja anhielt und ein anderer Chor oder nur der Vorsänger (ehemals der Vortänzer) die S. vortrug. Infolgedessen endeten die Strophen der S. ursprünglich mit einem a-Reim oder einer a-Assonanz. Der Rhythmus war durch die Tanzschritte oder die Erinnerung an sie gegeben; er ist »scheinbar prosaisch«. In dieser Form wurde die S. bis zum 10. Jh. gepflegt: in St. Martial, in Jumièges, in St. Gallen (Notker, Ekkehard u.a.) und anderswo im ganzen Bereich der lat. Kirche. Nach einer Übergangszeit (Gottschalk, Wipo) im 11. Jh. wurde die Form im 12. Jh. versmäßig, wobei die Strophen immer noch verschieden gestaltet wurden (→ Adam von St. Viktor, Paris u.a.). Die Pflege der S. übernahmen nunmehr die neuen Orden, vor allem die Dominikaner. Der Text öffnete sich dogmatischen Ausführungen. - Im Spät-MA glichen sich die Strophen einander an; die Form der volkstümlichen S. vermischte sich mit der → Cantio. Das Tridentinum sprach sich dann gegen die Verwendung der S. aus (zT aus Abneigung gegen das nichthumanistische Latein der S.).

Wichtigste Sammlung in: Analecta hymnica, Bd 8-10. 34. 37. 39. 40. 42. 44. 53-55, 1890-1922. - P. Wagner, Einführung in die gregor. Melodien I, 1911³, 248ff; III, 1921, 483ff - K.A. Moberg, Über die schwed. S.en, Uppsala 1927 - J. Handschin, Über Estampie u. S. (ZfMw 12, 1929, 1-20; 13, 1930, 113-132) - H. Spanke, Über d. Fortleben d. S.enform in d. roman. Sprachen (Zs. f. rom. Philologie 51, 1931, 309-334) - Ders., Rhythmen- u. S.enstudien (Studi medievali NS 4, 1931, 286-320) - Ders., Aus der Vorgesch. u. Frühgesch. der S. (Zs. f. dt. Altertum 71, 1934, 1-39) - L. Kunz, Rhythmik u. Aufbau der frühen S. (ebd 79, 1943, 1-20) - W.v.d. Steinen, Die Anfänge d. S.endichtung (ZSKG 40, 1946, 190-212. 241-268; 41, 1947, 19-48. 122-162) - J.A. Jungmann, Missarum sollemnia I, (1948) 1958⁴ - E. Jammers, Rhythmische u. tonale Studien zur älteren S. (AcMus 23, 1951, 1-40) - B. Stäblein, Die Unterlegung von Texten unter Melismen. Tropus, S. u. andere Formen (Intern. Musicolog. Society, 8. Congress Report, New York 1961, Bd I, 12-29; Lit.).

E. Jammers

Seraphim *von Ssarow* (Prochor Moschnin; 1759 bis 1833), 1903 kanonisiert, der größte russische Vertreter des asketischen → Hesychasmus, der Weltentsagung (im »unablässigen Gebet«) und des Dienstes an der Welt (in der erfahrenen Wirkung des Hl. Geistes); viele Porträt-Ikonen in der Sowjetunion und in der Diaspora. S. war Kaufmannssohn aus Kursk, Mönch, von 1794-1825 Eremit, darunter 3 Jahre Stylit, danach Starez (pater spiritualis): Volksseelsorger mit Krankenheilungen, Prophezeiungen, Mutter Gottes-Visionen (mit Johannes und Petrus; Stimme der Gottesmutter: »dieser ist aus unserem Stamm«) in der Ssarow-Einsiedelei, Gouv. Tambow; Förderer der weiblichen Askese in der von ihm begründeten Diwejew-Schwesterngemeinde.

S.s »Lehre über den Hl. Geist« aufgezeichnet von seinem Schüler N.Motowilow, dt. bei I.Smolitsch, Leben u. Lehre der Starzen, (1936) 1952² - Ders., Russ. Mönchtum 988-1917 (Das östl. Christentum, NF 10/11), 1953. *Hildegard Schaeder*

Serapion *von Thmuis*, Schüler → Antonius' d. Gr. und Freund des → Athanasius; um die Mitte des 4.Jh.s nicänischer Bischof in Thmuis (Nildelta), von Athanasius u.a. im Kampf gegen ägyptische Pneumatomachen, sog. Tropiker, unterstützt (Briefe über die Gottheit des Hl. Geistes [→ Trinität: III]). S. verfaßte eine vollständig erhaltene Schrift gegen die Manichäer, eine bis auf weniges verlorene Briefsammlung und einen verschollenen Psalmenkommentar. Das unter seinem Namen überlieferte Euchologium ist vielleicht weniger kennzeichnend für die → Liturgie (: III, 1. 3) Ägyptens im 4.Jh. als für den Liturgen S.

Monographie fehlt noch. - RE XVIII, 219f - Bardenhewer III, 98ff - DThC XIV, 1908ff - EC XI, 376f - J.Lebon, SC XV, 12-16 - PW Suppl. VIII, 1260ff - R.E.Rodopoulos, The Sacramentary of S. (ThAthen 28, 1957, 252-275. 420-439. 578-591; 29, 1958, 45-54. 208-217) - Altaner § 55, 1 - R.Devreesse, Les anciens commentateurs grecs de l'Octateuque et des Rois (StT 201), 1959, 104 - Quasten III, 80 ff. *M.Tetz*

Serapis → Sarapis.

Sergius I., *Papst* 15.12.687 bis 9.9.701, Syrer aus Palermo. Als nach dem Tode → Konons die beiden Parteien ihre Kandidaten → Theodor und → Paschalis nicht durchsetzen konnten, einigten sie sich auf S. Er verweigerte standhaft dem Kaiser Justinian II. die Unterschrift unter die Beschlüsse des Quinisextum von 692 (→ Konzile, 3; → Papsttum: II, 1). Einen Versuch, ihn nach Ostrom abzuführen, verhinderten die Milizen Roms, der Pentapolis und des Exarchats von Ravenna - ein Zeichen der Emanzipation Italiens unter römisch-päpstlicher Leitung. S. pflegte gute Beziehungen zu den Angelsachsen (→ Aldhelm) und zu Pippin d.M.; → Willibrord empfing von ihm die Weihe und die Autorisation zur Mission der → Friesen.

Caspar II, 623ff - O.Bertolini (→ Sabinianus) 398 ff - Ders., I papi e le relazioni di Roma con i ducati Longobardi di Spoleto e di Benevento (Riv. di stor. della chiesa in It. 8, 1954, 1-22) - W.Levison, Die Qu. zur Gesch. des hl. Willibrord (in: Aus rhein. u. fränk. Frühzeit, 1948, 304-313). - Weiteres s.u.

II., *Papst* Jan. 844 bis 27.1.847, Römer. Er wurde geweiht, ohne vorher gemäß der Constitutio Romana von 824 (→ Eugen II., → Kaisertum und Papsttum, 3) dem Kaiser Treue geschworen zu haben. Den Eid holte er vor Lothar I. nach und krönte dessen ältesten Sohn Ludwig zum König der Langobarden.

L.Duchesne, Les premiers temps de l'état pontifical, (1898) 1911³, 209ff - E.Amann in: Hist. de l'Eglise, hg.v. A.Fliche u. V.Martin, VI, 1947, 275ff. - Weiteres s.u.

III., *Papst* 29.1.904 (Weihe) bis 15.4.911, Römer. Bereits 897 nach dem Tode → Theodors II. von den Feinden des → Formosus erhoben, mußte er zunächst dem Papst der spoletinischen Partei → Johannes IX. weichen. Erst unter dem Schutz der Familie des Theophylakt (→ Papsttum: II, 1) konnte er sich durchsetzen, nachdem er seinen Vorgänger → Christophorus hatte beseitigen lassen. Aus einem Verhältnis mit der Theophylakt-Tochter Marozia soll der spätere Papst → Johannes XI. hervorgegangen sein. S. ließ die zZ → Stephans VI. durch ein Erdbeben zerstörte Lateranbasilika wieder aufbauen.

L.Duchesne, Serge III et Jean XI (Mélanges d'arch. et d'hist. 33, 1913, 25-55) - G. Fasoli, I re d'Italia (888-962), 1949. - Weiteres s.u.

IV., *Papst* 31.7.1009 bis 12.5.1012, Römer, vorher Petrus Bischof von Albano, eine Kreatur der Crescentier (→ Papsttum: II, 1). Nach der Zerstörung der Grabeskirche von Jerusalem (1010) hat er vergeblich zu einem Kreuzzug aufgerufen.

Zu I.-IV.: RE XVIII, 222ff - LThK IX, 492ff - DThC XIV/2, 1913ff - EC XI, 384ff. - Zu IV.: C.Erdmann, Die Entstehung des Kreuzzugsgedankens, (1935) Neudr. 1955, 102ff. *H.Fuhrmann*

Sergius, 1. Patriarch *von Konstantinopel* (610-638), entschiedener Anhänger des Kaisers Heraklius, gefeiert als Retter Konstantinopels vor den → Awaren (626). Die Wiedervereinigungsbestrebungen des Kaisers hoffte S. durch die Lehre von *einer* Energie in Christus unterstützen zu können (→ Christologie: II, 5 c), für die er schon seit 618 warb. Im »Psephos« von 633 gab er die abstrakte Lehre zugunsten des konkreten »der eine wirkende Christus« auf und verteidigte diese Formel auch gegenüber Papst → Honorius I. S. ist auch der Verfasser der Ekthesis (638), in welcher er die Formulierung des Papstes (unam voluntatem fatemur) zur Glaubenslehre erhob und durch den Kaiser sanktionieren ließ.

Briefe: Mansi X, 529-537. 972-976; XI, 525-528. 533. - Über S.: V.Grumel, Regestes des Patr. de Const., Chalcedon 1932, Nr. 279 bis 292 - DThC X. 2316ff - Beck 431. *H.-G.Beck*

2. (Stragorodski), *Patriarch von → Moskau und ganz Rußland* (11.1.1867 bis 15.5.1944), * in Arsamas bei Nishninowgorod als Sohn eines Geistlichen, studierte in Petersburg, wurde 1893 Inspektor der Moskauer Geistlichen Akademie und Dozent für AT, 1901 Rektor der Geistlichen Akademie Petersburg und Bischof von Jamburg, 1905 Erzbischof von Finnland, 1911 ständiges Mitglied des Hl. Synod, 1917 dessen Vorsitzender und Metropolit von Nishninowgorod, 1925 Vertreter des Patriarchatsverwesers (faktisch Haupt der Russ. Orth. Kirche), 12.9.1943 Patriarch. S. war ein »Meister der Analyse und Synthese« in soteriologischen und ekklesiologischen Studien. Sein Sendschreiben vom 29.7.1927 bereitete die Normalisierung der Beziehungen von Kirche und Staat in → Rußland (: I, 6) vor, führte jedoch eine innerkirchliche Spaltung herbei, die erst nach Legalisierung der Russ. Orth. Kirche 1943 überwunden wurde. Der Aufruf zur Verteidigung des Vaterlandes vom 22.6. 1941 legte den Grund zur Anerkennung der Gläubigen als loyaler Staatsbürger.

Vf. u.a.: Die orth. Lehre von der Rettung, (Ssergiew Possad 1894) Petersburg 1910⁴; Was trennt uns von den Altkatholiken? (russ. in: Kirchl. Bote 1903 Nr. 43-45; vgl. RITh 1904, 159-189); Die Beziehung der Kirche Christi zu den von ihr getrennten Gemeinschaften (russ. in ZMP 1931, Nachdr. in Messager de l'Exarchat du Patr. Russe en Europe Occ., 1954, Sept., 98-126; franz.: ebd 1955, März, 9-32; dt. in Kyrios 1961, H. 3); Die Wahrheit über die Religion in Rußland, Moskau 1942 (russ.; dt. 1944); Edition der Briefe in Vorbereitung. - Über S.: Patriarch S. u. sein geistiges Erbe, Moskau 1947 (russ.; dt. 1952) - K.Rose, Drei Patriarchen von Moskau u. ganz Rußland, 1951 - Archimandrit Theognost, ZMP 1960, H. 10, 52ff. *Hildegard Schaeder*

3. *Sergij von Radonež* (1313/19-91/92), russ. Mönch, * bei Rostov (nördl. Moskau), später wohnhaft in Radonež (bei Moskau). 1335/40 ging S. als Einsiedler in den

Urwald. Es sammelten sich Schüler um ihn, und so entstand ein zunächst idiorrhythmisches, dann (auf Wunsch des Patriarchen von Konstantinopel) zum Koinobion übergehendes Kloster (→ Troice-Sergieva Lavra), das bald zum bedeutendsten Kloster Nordrußlands und zum Ausgangspunkt zahlreicher weiterer Klostergründungen wurde. Das Angebot, Metropolit von Moskau zu werden, lehnte S. ab, obwohl er dem Großfürsten von Moskau nahestand. Die russ. Kirche verehrt in ihm eine der reinsten Verkörperungen ihres asketischen Ideals.

Die Vita S.s dt. bei E.BENZ, Russ. Heiligenlegenden, Zürich 1953, u. bei A.HACKEL, S.v.R., 1956. - Über S.: E.GOLUBINSKIJ, Der hl. S.v.R., Moskau (1893) 1909² (russ.) - N.ZERNOV, St. S., Builder of Russia, London o.J. (1938) - I.SMOLITSCH, Russ. Mönchtum, 1953 (Lit.) - A.M.AMMANN, Unters.en zur Gesch. d. kirchl. Kultur u. d. relig. Lebens bei den Ostslawen I, 1955 (Lit.). *L.Müller*

Seripando, *Hieronymus,* General der Augustinereremiten, Kardinal, * wahrscheinlich 6.10.1492 in Neapel oder Troja (Apulien), † 17.3.1563 in Trient. Einer adligen Familie entstammend, trat S. 1507 bei den Augustinereremiten ein, als deren General er 1539-51 durch Visitationen in Italien, Frankreich und Spanien die Reform einleitete, das Studienwesen hob und gegen Anhänger Luthers vorging. Durch → Ägidius von Viterbo für den → Platonismus gewonnen, geriet er seit 1538 unter den Einfluß des ital. Evangelismus (Verbindung mit dem Dichter M.A.Flaminio und dem Veroneser Kreis). Auf dem → Trienter Konzil vertrat er Auffassungen über die Erbsünde, Glaube und Rechtfertigung, die, fälschlich als luth. angegriffen und mit der Lehre von der doppelten Gerechtigkeit identifiziert, in Wirklichkeit an Augustin und augustinische Ordenstraditionen anknüpften. Sie wirkten, wenn auch stark abgeschwächt, auf das Rechtfertigungsdekret ein, an dessen Abfassung S. beteiligt war. Von Karl V. zum Erzbischof von Salerno nominiert (1554), von → Pius IV. am 26.2.1561 zum Kardinal kreiert, fiel er als Konzilslegat (1562/63) wegen seiner Haltung im Residenzstreit in Ungnade und vermochte sich nicht gegen die von Kardinal Simonetta geführte Zelantenpartei durchzusetzen. In der Aufgeschlossenheit für die religiösen Probleme der Reformation → Contarini vergleichbar, als Theologe ihm weit überlegen, ist er trotz seiner Mißerfolge als eine der hervorragendsten Gestalten der Tridentinischen Reform anerkannt.

Handschriftl. Nachlaß in der National-Bibl. Neapel; gedr. nur der Gal-Kommentar (Antwerpen 1567, Venedig 1569, Neapel 1601); Conc. Trid. XII, 483 ff. 517 ff. 541 ff. 549 ff. 613 ff. 664 ff. 679 ff. 747 ff. 824 ff (Traktate). - Über S.: H.JEDIN, Girolamo S., 2 Bde, 1937 (II, 335-656 Qu.-Unters., Predigten u. Briefe) - E.STAKEMEIER, Der Kampf um Augustin auf dem Tridentinum, 1937 - JEDIN II, passim - A.FORSTER, Gesetz u. Evangelium bei S. (Theol. Diss. München), 1960. *H.Jedin*

Serubbabel → Judentum: I, 1.

Servatius, Bischof von Tongern, nahm als Antiarianer an den Synoden von Serdika (342) und Rimini (359) teil. Sein kirchliches und politisches Verhalten scheint wenig glücklich gewesen zu sein. Über S., den man fälschlich mit Bischof Aravatius von Tongern (5.Jh.) identifizierte, bildete sich eine reiche Legendenliteratur: Jocundus (um 1090), sog. Gesta Servatii (um 1120), Heinrich von Veldeke u.a.m. Der S.-Kult war im MA weit verbreitet.

HAUCK I, 32. 49 - WATTENBACH-LEVISON 1, 122 - EC XI, 404 - M.ZENDER, Räume u. Schichten mittelalterl. Heiligenverehrung, 1959, 61-88 (Kult). *H.D.Altendorf*

Servatus Lupus (ca 810-862), der gelehrteste Philologe der Karolingerzeit. Den Beinamen Servatus führte L. selber nicht. Aus bayerisch-westfränkischer Familie, in Westfranken aufgewachsen, Mönch in Ferrières (Erzdiöz. Sens), um 828-836 in Fulda Schüler des → Hrabanus Maurus, zeitweise am Hof Ludwigs d. Fr. 840 Abt von Ferrières, machte sich L. um Klosterdisziplin und Mehrung des Klostergutes verdient und war unter Karl d. Kahlen in der Kirchenpolitik tätig. - Seine bedeutendste Leistung liegt in der Sammlung und textkritischen Bearbeitung antiker Autoren (Cicero, Sallust, Valerius u.a.m.), von der mindestens 16 Autographe und eine ausgedehnte Korrespondenz in gepflegtem Stil zeugen. Auf seiner Arbeit beruht die Textform vieler antiker Schriften. Er revidierte aber auch eine Sammlung germanischer Volksrechte. Seine Gelehrsamkeit gab er an Philologen und Exegeten wie Heiric und → Remigius von Auxerre weiter. Im Prädestinationsstreit hielt er sich zurück, bewahrte aber → Gottschalk die persönliche Freundschaft.

Briefe in MG Epp VI u. ed. L.LEVILLAIN, 2 Bde, Paris 1927/35. - MANITIUS I, 483 ff (ältere Lit.) - CH.H.BEESON, L. of F. as Scribe and Text Critic, Cambr./Mass. 1930 - E.V.SEVERUS, L.v.F., 1940 - E. PELLEGRIN, Les mss. de L. de F. (Bibl. de l'école des chartes 105, 1957, 5-31) - künftig WATTENBACH-LEVISON IV (Lit.). *P.Classen*

Servet *(Serveto), Michael* (wohl 1511-53), span. Arzt, * in Villanueva, Prov. Huesca, zog nach Rechtsstudium in Toulouse im Gefolge des kaiserlichen Beichtvaters Quintana 1529/30 zur Kaiserkrönung nach Italien. Längst kritischer Humanist, suchte er von dort Zuflucht in Basel. Wegen seiner Kritik an der Trinitätslehre (→ Trinität) bald mit → Oekolampad zerfallen, ging er nach Straßburg. Da dort und in Basel sein Buch De trinitatis erroribus (1531) verboten wurde, woran auch seine mildernde Entgegnung (Dialogorum de trinitate libri duo, 1532) nichts änderte, und die Inquisition nach ihm fahndete, tauchte er in Frankreich unter. Unter dem Namen Michel de Villeneuve gab er als Korrektor in Lyon → Pirkheimers Übersetzung der Geographie des Ptolemäus (1535), später einen Neudruck der lat. Bibelübersetzung des → Pagninus mit kritischen Anmerkungen heraus (1542-45). Inzwischen hatte S. Medizin studiert und als erster Abendländer (vorher ein arabischer Gelehrter des 13.Jh.s) den Umlauf des Bluts durch die Lunge entdeckt. Seit 1540 Arzt in Vienne, veröffentlichte er anonym in Lyon einen Sammelband: Restitutio christianismi (1553); er enthielt seine umgearbeiteten antitrinitarischen Bücher, eine Schrift über die Wiedergeburt, 30 Briefe an Calvin und eine Apologie an Melanchthon. In seiner scharfsinnigen, auf vorzüglicher Kenntnis der Bibel und der alten DG beruhenden Kritik der Trinitätslehre vertrat S. eine in manchem → Paulus von Samosata verwandte modalistische Anschauung, bei der er die Gottheit Christi durch die neuplatonische Lichtmetaphysik kosmisch-pantheistisch begründete. Durch einen Privatbrief aus Genf wurde man auf S. aufmerksam. Aus dem Gefängnis geflüchtet, wollte er nach Italien reisen, wurde aber in Genf erkannt und von → Calvin (: I, 2 d) auf Trinitäts- (das hieß nach den Reichsgesetzen Gottes-) Leugnung angeklagt. Das vom Rat verhängte, von allen auswärtigen Gutachten gebilligte Urteil lautete nach geltendem Recht auf Feuertod, der am 27.10.1553 vollzogen wurde. Calvin verteidigte seine Haltung mit der Sorge um das Seelenheil (Defensio fidei orthodoxae, 1554), → Castellio nahm den Prozeß zum Anlaß des ersten großen Plädoyers für die → Toleranz.

H.TOLLIN, Das Lehrsystem M.S.s I-III, 1876/78 - RE XVIII, 228 ff - E.WOLF, Deus omniformis (Theol. Aufs. K.Barth z. 50. Geb., 1936, 443-466) - W.EMDE, M.S. (ZKG 60, 1941, 96-113) - R.H.BAINTON, Hunted Heretic. The Life and Death of M.S., 1953 (dt. mit erg. Lit.: M.S. 1511-1553 [SVRG 178], 1960). *H.Bornkamm*

Serviten *(Ordo Servorum Mariae, OSM)*, gegründet von sieben 1888 kanonisierten Florentinern. Diese vereinigten sich 1233 zu gemeinsamem Leben und nahmen 1240 die → Augustinerregel und einen schwarzen Habit an. Schon der erste Generalprior Bonfilius verfaßte die den → Dominikaner-Statuten nachgebildeten Ordenssatzungen, die dann der fünfte Generalprior, der hl. Philippus Benitius, neu bearbeitete. Die päpstliche Approbation erhielten sie 1255 bzw. 1304. Weitere Konstitutionen wurden 1569, 1579, 1643, 1907 und 1940 erlassen. Der Orden, der bald nach seiner Gründung zum beschaulichen das tätige Leben hinzunahm und seit 1424 zu den → Bettelorden gehört, breitete sich rasch aus. 1411 bzw. 1594 bildeten sich die Reformkongregationen der Observanten bzw. der barfüßigen Einsiedler vom Monte Senario. Durch die Glaubensspaltung, Aufklärung und Säkularisation gingen viele Klöster unter. 14 Mitglieder wurden selig-, 10 heiliggesprochen. Auch für die Wissenschaft, Seelsorge, Volksfrömmigkeit und Mission haben die S. Bedeutendes geleistet. Der Generalprior mit 4 Konsultoren residiert in Rom. Der Orden umfaßt 10 Provinzen mit 118 Niederlassungen. – Der weibliche Zweig *(Servitinnen)*, ein beschaulicher Orden mit strenger Klausur, wurde nach 1280 vom hl. Philippus Benitius gegründet (daher auch *Philippinerinnen* genannt; Konstitutionen 1729, 1931). Das heute einzige deutsche Kloster in München besteht seit 1716. – Der *Dritte Orden* zerfällt in regulierte (*Mantellaten*, gegr. ca 1304 von der hl. Juliana Falconieri; heute etwa 20 Kongregationen) und weltliche Mitglieder (1424 päpstlich bestätigt; Statuten 1925).

G.M.Zinkl, Der Orden der Diener Marias, Innsbruck 1927 – Studi storici sull'Ordine dei Servi di Maria, 4 Bde, Rom 1933–42 – Heimbucher I, 576ff – LThK IX, 499ff – EC XI, 410f – Escobar I, 495ff. *Ph.Hofmeister*

Seth, 1. Nachkomme Adams → Völkertafel.

2. Ägyptischer Gott → Ägypten: II, 1.

Sethianer, Gruppe der vulgären → Gnosis (: III), den → Barbelo-Gnostikern, → Ophiten und Archontikern nahestehend; in den antihäretischen Schriften der Kirchenväter werden sie oft zusammen behandelt. Im einzelnen weichen die Berichte bei Irenäus (adv. haer. I, 31), Hippolyt (ref. V, 19–22), der die Schrift »Paraphrasis Seth« benutzt, und Epiphanius (adv. haer. 39) voneinander ab. Seth, der dritte, pneumatische Adamsohn, nach dem die S. sich nennen, scheint im Nilland bisweilen mit dem gleichnamigen ägyptischen Gott verschmolzen zu sein. In Ägypten waren die S. auch bis ins 4.Jh. bes. verbreitet; das zeigen die zahlreichen, ihnen zuzuschreibenden Texte der bei Nag Hammadi gefundenen Bibliothek und die sonstigen Schriften der koptischen Gnosis.

Vgl. die Lit. zu den im Text genannten Artikeln u. zu → Valentin. – Archontiker: RAC I, 633ff. *G.Kretschmar*

Seuse *(Suso), Heinrich* (* ca 1295/1300 in Konstanz [oder Überlingen?], † 1366 in Ulm), OP, wurde ca 1324 Schüler → Eckeharts in Köln. Dessen → Mystik (: VI, 3. 4) suchte er im Büchlein der Wahrheit (*a*, ca 1327) gegen häretische Mißverständnisse zu verteidigen und, indem er die unaufgebbare Eigenexistenz der Kreatur in der → Gelassenheit betonte, abzuschirmen. Sein Werk umfaßt ferner: das Büchlein der ewigen Weisheit *(b)*, Horologium Sapientiae (*c*, erweiterte lat. Rezension von *b*, gegenseitiges Verhältnis umstritten), das große Briefbuch (*d*, Briefe an Ordensschwestern, wohl durch Elsbeth Stagel in Töss gesammelt), das kleine Briefbuch (*e*, Auswahl aus *d*, vielleicht von S. selbst redigiert), seine Vita (*f*, die erste geistliche Selbstbiographie in dt. Sprache; die Anteile S.s, der Elsbeth Stagel und späterer Bearbeiter sind hier bes. schwierig abzuwägen). Vier seiner Predigten sind erhalten (davon vielleicht nur zwei echt). S. selbst (?) stellte *f*, *b*, *a* und *d* in einer Musterausgabe (Exemplar) zusammen. Einzeln waren bes. *b* und *c* sehr einflußreich auf die spätere → Mystik (: VI) und → Erbauungsliteratur (, 2). – S. nimmt häufig auf Umstände und Ereignisse seines wechselreichen und oft angefochtenen Lebens Bezug (vor 1330 Lektor am Konstanzer Konvent, 1330/35 wegen gefährlich klingender Lehren abgesetzt, dann ausgedehnte Predigt- und Seelsorgereisen bis in die Niederlande, bes. zu Frauenklöstern des Ordens, wahrscheinlich 1343f Prior des zeitweise nach Diessenhofen verlegten Konstanzer Konventes, seit 1348 in Ulm). Lückenloser, mit dem Bilder- und Gefühlsreichtum, der ihn zum großen Dichter unter den Mystikern macht, erschließt sich die *innere* Biographie des »Dieners der ewigen Weisheit«: Erst in der »höheren Schule« der → Nachfolge Christi (: II, 2), noch nicht in deren äußerlichen Formen (aktiven, selbstgewählten Bußübungen) kommt es zur völligen (passiven) Auslieferung an Gott, zum »wehtuenden Untergang« alles kreatürlichen Strebens. Nur in der steten Meditation der »liebenden Passion« Christi (→ Christusbild, 2 c) wird die Seele von sich frei, um durch die Einigung mit der Menschheit Christi zur Einigung mit Gott »von Herzen zu Herzen« zu gelangen (→ Gelassenheit). S. beherrscht die »hohen Fragen« der Spekulation; doch als Seelsorger warnt er vor ihrer Abgründigkeit. Nur in stufenweiser persönlicher Aneignung kann Gottes sonst namenloses Wesen als Liebe erfahren werden.

Ausg.n u. Übers.en (u.a.): Die dt. Schriften, übers. v. H.S.Denifle, I (einziger Bd), 1880 – Dt. Schriften, hg.v. K.Bihlmeyer, 1907 – Dt. Schriften, übertr. u. eingel. v. W.Lehmann, 2 Bde, (1911) 1922² – Horologium Sapientiae, ed. C.Richstätter, Turin 1929 – L'Oeuvre Mystique, eingel. u. übers. v. B.Lavaud, 5 Bde in 3, Paris 1946ff. – Über S.: RE XIX, 173ff – LThK IV, 934ff – DThC XIV, 2859ff – C.Gröber, Der Mystiker H.S., 1941 – J.-A.Bizet, Henri Suso et le déclin de la scolastique, Paris 1946 (Bibliogr., Lit.) – F.W.Wentzlaff-Eggebert, H.S., 1947 – D.Planzer, Henry Suso on the Spiritual Life (Cross and Crown 2, St. Louis/Mo. 1950, 58–79) – EC XI, 1593ff – VerfLex IV, 164ff; V, 1047 (Bibliogr., Lit.) – EF IV, 1052 – EKL III, 941. – Vgl. auch → Eckehart, → Mystik: VI. *M.A.Schmidt*

Severian, Bischof des syrischen Küstenstädtchens Gabala (→ 21 B 2), trat (wahrscheinlich seit 398) in Konstantinopel als Prediger auf, gewann bei Hofe Einfluß und gesellte sich zu den Gegnern des → Chrysostomus; nach dessen Sturz mußte er freilich die Hauptstadt verlassen; er scheint nach Gabala zurückgekehrt zu sein († nach 408, möglicherweise vor 425). Zahlreiche Homilien und Kommentarreste zeigen ihn als vorzüglichen Exegeten aus der Schule → Diodors (→ Antiochenische Theologie, 3). Seine Ansichten verraten den Einfluß altertümlicher kosmologischer und theologischer Anschauungen (Spuren »kleinasiatischer Theologie«).

J.Zellinger, Studien zu S.v.G., 1926 – H.D.Altendorf, Unters.en zu S.v.G. (Diss. Tübingen), 1957 (Masch.; vgl. ThLZ 83, 1958, 583f) – Ders., ZNW 50, 1959, 48–61 (Bischofsliste v. G.) – A.Wenger, SC 50, 1957, 11. 110 (inedita) – J.Kirchmeyer, AnBoll 78, 1960, 22f (Fragment) – Altaner § 70, 4. *H.D.Altendorf*

Severin, *der Heilige* († 482). Unbekannter, wohl lateinischer Herkunft taucht S. aus der Zurückgezogenheit östlichen anachoretischen Lebens kurz nach 450 als umherziehender Mönch in Ufernorikum auf. Er sieht seine Mission in der geistlich-moralischen wie praktischen Hilfe für die durch die Völkerwanderung äußerlich und innerlich gefährdeten Bewohner des Grenzgebietes. Der divinatorisch begabte Asket beeindruckt Römer und Germanen, Katholiken wie Arianer durch seinen religiösen Ernst, sein reiches diakonisches Wirken und sein die Katastrophenstimmung meisterndes realpolitisches Handeln.

Eugippius, Vita S. Severini, ed. TH.MOMMSEN, 1898; dt. von K.RODENBERG, 1912³. - Über S.: F.KAPHAHN, Zwischen Antike u. MA, 1947 (Lit.) - K.KRAMERT-E.K.WINTER, St. S. Der Heilige zwischen Ost u. West I. II, 1958/59. *W.Elliger*

Severinus, *Papst* 12.10.638 (Wahl) bis nach 2.8.640, Römer. Unruhen der stadtrömischen Truppen, die ihren Sold forderten, verzögerten die Weihe bis zum 28.5.640. Obwohl die kaiserliche Bestätigung seiner Wahl durch Zustimmung zu der monotheletischen Ekthesis des Kaisers Heraklius (→ Christologie: II, 5 c) erkauft worden war, nahm S. - im Widerspruch zu seinem Vorgänger → Honorius I. - gegen die Einwillenlehre Stellung.

RE XVIII, 249f - V.GRUMEL, Recherches sur l'hist. du monothélisme (Echos d'Orient 29, 1930, 23-26) - E.CASPAR, Die Lateransynode von 649 (ZKG 51, 1932, 114f) - CASPAR II, 527ff - LThK IX, 507 - DThC XIV/2, 2006 - EC XI, 464. *H.Fuhrmann*

Severus *von Antiochien* († 538), aus Sozopolis/Gaza in Pisidien, führender Theologe des Monophysitismus (→ Christologie: II, 5 a). Seine aus → Cyrill (, 1) entwickelten Ansichten von der ursprünglichen Verweslichkeit des Leibes Jesu Christi (von den Gegnern als »Phthartolatrie« bezeichnet) haben sich gegen die Auffassung → Julians von Halikarnaß im Monophysitismus schließlich durchgesetzt. - Ursprünglich Rhetor, 488 getauft, dann Mönch, war S. 512-518 unter dem monophysitischen Kaiser Anastasius I. Patriarch von Antiochien; unter Justin I. mußte er zu den Kopten fliehen, † in Xoïs/Sachā. - S. war ein fruchtbarer (griech.) Schriftsteller: Dogmatische und polemische Werke (bes. »Philalethes«, hg.v. R.Hespel, Löwen 1952), Predigten, Hymnen, eine Liturgie, fast 4000 Briefe. Das meiste ist nur in syrischen, selten koptischen Übersetzungen erhalten.

Ausg.n: PO XVI, XX (Indices); CSCO IV, 5/7: Contra Impium Grammaticum (d.i. → Johannes Philoponus), v. J.LEBON. - Über S.: J.LEBON, Le monophysisme sévérien, Löwen 1909 (zusammengefaßt in GRILLMEIER-BACHT I, 425-580) - A.BAUMSTARK, Gesch. d. syr. Lit., 1922, 160 - I.ORTIZ DE URBINA, Patrologia Syriaca, Rom 1958, 229 - BECK 287ff. 387ff - B.SPULER in HO VIII/2, 1961, 180ff. *B.Spuler*

Sevilla, spanisches *Erzbistum* mit den Suffraganen Badajoz, Cádiz-Ceuta, Córdoba, Huelva, Canarias und Tenerife, ca 400 errichtet. Die bedeutendsten Bischöfe der Westgotenzeit waren → Leander und → Isidor. Unter islamischer Herrschaft blieb das Erbistum als kirchliche Organisation für die → Mozaraber bestehen. Erst der Einfall der fanatischen Almohaden zwang den Erzbischof Clemente zur Flucht (ca 1146). Als König Ferdinand III. 1248 S. zurückerobert hatte, wurde das Erzbistum S. wiederhergestellt und dem Primas von → Toledo unterstellt. Auf dem Boden der Hauptmoschee von S. entstand eine Kirche, die von 1402-1506 in die heutige Kathedrale umgebaut wurde (→ Kirchenbau: IV, 1 b). Nach der Entdeckung Amerikas waren die dort begründeten Diözesen bis 1547 S. unterstellt. Berühmt sind heute die Prozessionen der Karwoche (Semana Santa).

P.ESPINOSA DE LOS MONTEROS, Teatro de la Santa Iglesia metropolitana de S., S. 1635 - D.ORTIZ DE ZUÑIGA, Anales eccl. y seculares de la ciudad de S., 5 Bde, (S. 1671) Madrid 1795-96² - ENRIQUE FLÓREZ, España Sagrada IX, ebd 1860 - J.ALONSO MORGADO, Prelados sevillanos o episcopologio de la S. Iglesia Metropolitana y Patriarcal de S., S. 1906 - A.MUÑOZ TORRADO, La Iglesia de S. en el siglo XIII, S. 1914 - EC XI, 788ff - AnnPont 1961, 459. *R.Konetzke*

Sextus Empiricus, griech. Philosoph (ca 150-220 nChr), wirkte in Athen, Rom und Alexandria als Arzt (der »empirischen« Schule) und als Schulhaupt der von Änesidem (um 40 vChr) im Rückgriff auf Pyrron (→ Griechisch-römische Philosophie, 2 c) begründeten sog. »späteren Skepsis« (→ Skeptizismus). Die erhaltenen drei Werke des S.E. sind unsere Hauptquelle für die Skepsis und, wegen der ausführlichen Referate der bekämpften Lehrmeinungen, bes. der → Stoa, unschätzbar als Quelle für die Geschichte der griech. Philosophie. Die früheste Schrift »Pyrronische Hypotyposen« (3 Bücher) verteidigt die skeptische Philosophie und ihre Prinzipien; in »Gegen die Dogmatiker« (5 Bücher) und »Gegen die Mathematiker« (6 Bücher) erfahren die Theorien der positiven Philosophie und die Lehren der »artes liberales« eine gründliche Kritik vom Standpunkt der Skepsis, wobei das Argument des Gleichgewichts von Grund und Gegengrund (ἰσοσθένεια τῶν λόγων), der Hinweis auf die Relativität aller Wahrnehmungen und die Unmöglichkeit unmittelbarer Evidenz (damit auch jedes Beweises) im Vordergrund stehen. Die beiden letzteren Schriften werden in der Neuzeit unter Verkehrung ihrer chronologischen und sachlichen Reihenfolge als 11 Bücher *eines* Werks »Adversus Mathematicos« zitiert. - Die überwiegende Berücksichtigung stoischer Lehren und das Fehlen von Hinweisen auf Philosophen der nachchristlichen Ära machen die starke Abhängigkeit des S.E. von früheren Quellen, bes. von Änesidem deutlich. Subtile und banale Argumente (zB der Hinweis auf die Vielheit der Meinungen) stehen unvermittelt nebeneinander. Hierin mag sich die dem empirisch eingestellten Arzt natürliche Abneigung gegen jede nicht unmittelbar lebensdienliche Spekulation ausdrücken, die um so lieber die Aussichtslosigkeit der philosophischen Wahrheitssuche betont, als sie sich von deren Wert auch bei besseren Erfolgschancen nicht überzeugen könnte.

Opera ed. H.MUTSCHMANN: I (Hyp. Pyrr.), 1912 (1958² v. J. MAU); II (Adv. Dogm. = Adv. Math. VII-XI), 1914; III (Adv. Math. = Adv. Math. I-VI) v. J.MAU, Index cur. C.JANÁČEK, 1954. - Engl. Ausg. u. Übers. v. R.G.BURY, 4 Bde, London u. Cambridge/Mass. 1933ff. - Dt.: Hyp. Pyrr. übers. u. erl. v. E.PAPPENHEIM (Philos.Bibl. 89/90), 1877/81. - Über S.E.: E.ZELLER, Die Philos. d. Griechen III/2, 1903⁴, 49ff - Ü I, 183f (Lit. bis 1916) - W.HEINTZ, Studien zu S.E. (SGK, Sonderreihe Bd 2), 1932 - E.VIGORITA, S.E., Neapel 1938 - R.CHISHOLM, S.E. and Modern Empiricism (Philosophy of Science 8, 1941, 371-384) - B.MATES, Stoic Logic and the Text of S.E. (Amer. Journal of Philol. 70, 1949, 290-298) - M. DAL PRA, Lo scetticismo greco, Mailand 1950 (Lit.). *G.Patzig*

Sexualethik

1. S. als Spezialethik - 2. Keine Eigengesetzlichkeit der S. - 3. Bedeutung einer biblisch fundierten Anschauung vom Menschen - 4. Theologisch-ethische Grundlagen - 5. Beurteilung sexualethischer Fragen - 6. Spezielle Problemkreise. - Vgl. → Sexualpädagogik, → Sittlichkeitsbestrebungen

1. Die S. ist eine spezielle → Ethik. Dh daß die Regeln der allgemeinen Ethik mit Bezug auf einen speziellen Bereich des menschlichen Lebens in Anwendung gebracht werden. Definiert man die allgemeine Ethik als die Wissenschaft, die sich mit dem menschlichen Handeln und dessen Beurteilung befaßt, so schließt dies in sich, daß es die S. mit dem Handeln des Menschen als geschlechtlichem Wesen und mit dessen Beurteilung zu tun hat. Da der Mensch immer als geschlechtlich bedingtes Wesen existiert, sei es als Mann oder als Frau, und diese geschlechtliche Bedingtheit seines Daseins nie von seinem Menschsein im allgemeinen losgelöst werden kann, könnte man behaupten, daß alle Ethik in gewissem Sinne mehr oder weniger eine S. ist. Man pflegt sich jedoch bei der Bestimmung des Begriffs S. auf jene Lebensäußerungen des Menschen zu beschränken, bei de-

nen die Sexualität im engeren Sinne eine besondere Rolle spielt.

2. Umschreibt man die S. als eine Spezialisierung der allgemeinen Ethik, so vermeidet man damit, daß ihr eine gewisse → Eigengesetzlichkeit beigelegt wird. Zugleich wird dann deutlich, daß die Fragen der S. immer spezifisch menschliche Fragen sind (→ Humanität). Als solche stehen sie nicht vereinzelt da, so daß neben den allgemeinen ethischen Gesichtspunkten auch immer die Verknüpfung der S. mit anderen Formen spezieller Ethik (→ Sozialethik, medizinische Ethik) zu beachten ist. Die Geschlechtlichkeit des Menschen kann als solche nie isoliert behandelt werden. Die Sexualität ist kein Sonderbezirk des menschlichen Lebens mit besonderen Regeln, die nur hier und sonst nirgends gelten. Ohne Zweifel ist die Geschlechtlichkeit eine besondere Komponente des Menschseins; sie ist jedoch nicht mehr, aber auch nicht weniger, als eine Komponente. Sie darf daher weder negiert noch verabsolutiert werden. Immer muß man ihre Beziehung zu anderen Komponenten des menschlichen Seins berücksichtigen. Es geht deshalb in der S. immer um den ganzen Menschen in der Totalität seiner leiblich-seelischen Existenz. Bei Beachtung dieser Gesichtspunkte wird sie davor bewahrt bleiben, in eine falsche, dualistische → Askese (: V) abzugleiten und die Sexualität als etwas zu betrachten, das unter der Menschenwürde ist, das entschuldigt oder sublimiert werden soll. Andererseits wird sie zugleich davor bewahrt bleiben, möglicherweise als Reaktion gegen bestimmte, durch die Psychoanalyse (→ Psychotherapie: I) genährte Betrachtungen, die Sexualität zu erheben und ihr eine dominierende Stellung einzuräumen. Theologisch-ethisch betrachtet ist eine Negation der Sexualität ebenso bedenklich und einseitig wie eine Überbetonung. Eine S., die übertrieben spröde ist und die Bedeutung der Geschlechtlichkeit für das menschliche Leben leugnet, wird ihrer Aufgabe ebensowenig gerecht wie eine solche, die angeblich unbefangen den Menschen nur als Sexualwesen betrachtet. Was diese Dinge anbelangt, soll eine S. nicht nur zur → Keuschheit (: II) auffordern, sondern auch selbst keusch sein.

3. Das oben Gesagte (s. 2) impliziert, daß jede sexuelle Ethik den Menschen in der Totalität seiner leiblich-seelischen Existenz sehen muß. Sie darf also nicht, im Zusammenhang mit allerlei biologisch-naturalistischen Auffassungen, ihren Ausgangspunkt nur in der Leiblichkeit des Menschen wählen oder in seinen (rein körperlich betrachteten) sexuellen Leidenschaften. Ebensowenig darf sie – etwa in der Weise → Schleiermachers – die Sexualität vergeistigen oder vergöttlichen. Der Mensch ist eine Einheit, bei der Körper und Seele wohl unterschieden, jedoch nicht geschieden werden können. In dieser Hinsicht kann eine biblisch fundierte Betrachtung des Menschen mit der → Psychosomatik übereinstimmen. Der Mensch ist mehr als ein Stück Körperlichkeit, das sich in allerlei körperlich-sexuellen Leidenschaften und Bedürfnissen Geltung verschafft. Er ist auch nicht nur eine göttlich-himmlische Seele, die sich von den Beschränkungen und Verführungen des kreatürlich-irdischen Daseins losreißen muß. Jede Einseitigkeit in körperlich-biologischer Hinsicht oder in Richtung auf die innerlich-seelischen Potenzen rächt sich, indem sie die Ethik daran hindert, dem Menschen als wesentlicher Einheit von Körper und Seele, von äußerer Form und innerlichem Wesen, Recht widerfahren zu lassen. Diese biblisch fundierte Auffassung vom Menschen, die sich in der neueren Theologie immer mehr durchsetzt, bedeutet einen endgültigen Sieg über den dem antiken griechischen Denken entstammenden Dualismus.

4. Außer der oben genannten Ansicht sind noch einige andere *theologisch-ethische Grundlagen* von großer Bedeutung für eine richtige Fundierung der Ethik. Zuerst sei hingewiesen auf die biblische Sicht vom Menschen als Geschöpf (→ Mensch: II. III). Das Geschöpf ist von niedrigerer Ordnung als der Schöpfer. Der Mensch ist deshalb als geschaffenes Wesen weder völlig noch teilweise göttlich. Die Hl. Schrift bietet keinen einzigen haltbaren Grund für eine Verherrlichung oder Vergöttlichung der verschiedenen Lebensäußerungen des Menschen, auch nicht für diejenigen seiner Sexualität. Der Mensch ist jedoch in sehr bestimmtem Sinne ein Geschöpf Gottes. Er ist von Gott ins Leben gerufen worden und verdankt ihm sein Dasein. Daß der Mensch als Geschöpf gewürdigt wird, bedeutet eine gewisse Relativierung seines Menschseins und somit auch seiner Sexualität. Daß er als Geschöpf Gottes gewürdigt wird, bedeutet, daß er in dieser Relativierung zugleich eine unverkennbare persönliche Würde hat. Sein kreatürliches Dasein ist nicht etwas Zufälliges, eine Willkür oder ein Spiel der Natur. Er ist von Gott gewollt und auf Gott angewiesen. Er ist daher nicht etwas Indifferentes oder gar Minderwertiges. Er ist als Geschöpf, nach innerlichem Wesen und äußerer Erscheinungsform, gut und Gott wohlgefällig, obwohl von der Sünde angegriffen (→ Anthropologie: IV). Diese subjektive Würde kann der Mensch nur bewahren, wenn er sich in seiner ganzen kreatürlichen Existenz unter das schützende und bewahrende Gebot Gottes stellt (→ Gesetz: VII). Diese Würde ist ihm jedoch nicht als unveräußerlicher Besitz, als eine ihm innewohnende, unverlierbare Eigenschaft gegeben, sondern als Auftrag, als Lebensrichtung. M.a.W.: der Mensch kann seine Menschlichkeit nur recht bewahren, indem er sie dauernd verwirklicht. – Nun existiert der Mensch als Geschöpf Gottes immer entweder als Mann oder als Frau. Auch diese Weise des Geschöpfseins ist somit nicht willkürlich oder zufällig, sondern von Gott gewollt. Der Mann existiert aber nicht ohne die Frau, ebensowenig die Frau ohne den Mann. Beide sind aufeinander eingestellt und dazu berufen, sich gegenseitig zu helfen und beizustehen. Diese Gegenseitigkeit im beiderseitigen Verhältnis gilt für alle Gebiete des Lebens. Das menschliche Leben hat von Gott die Struktur erhalten, daß es sich auf der ganzen Linie – also nicht nur auf dem beschränkten Gebiet des sexuellen Lebens im engeren Sinne, obwohl hier auch – als wirkliches menschliches Leben nur in der Differenzierung und Polarität der Geschlechter entfalten kann. Der Mann kann, sowohl innerhalb als auch außerhalb der Ehe, nicht wirklich Mann sein ohne die Frau, ebenso diese nicht wirklich Frau ohne den Mann, sowohl innerhalb als auch außerhalb der Ehe.

5. Von diesem Standpunkt aus lassen sich die verschiedenen sexuellen Probleme richtig erkennen und beurteilen. Dabei soll als allgemeines Prinzip gelten, daß alle diejenigen Formen sexuellen Lebens abgelehnt werden müssen, bei denen einerseits der leiblich-seelischen Einheit des Menschen Gewalt angetan und andererseits die von Gott gewollte und in der Schöpfung strukturell verankerte Differenzierung und Polarität der Mann-Frau-Beziehung geleugnet oder beiseite geschoben wird. Demgemäß müssen alle Formen der Sexualität abgelehnt werden, bei denen diese als eine rein körperliche Angelegenheit betrachtet wird, die den Menschen als solchen unerschüttert läßt. Hierzu kann man u.a. jedes nur körperliche Verhältnis der Geschlechter rechnen, das zu nichts verpflichtet, ferner das sexuelle Abenteuer als Spiel und ähnliche Beziehungen. Abzulehnen sind auch jene Formen der Sexualität, bei denen sich das eine Geschlecht im sexuellen Umgang dem anderen entzieht und sich in absichtlich gewählter Einseitigkeit nur auf

das eigene Geschlecht richtet. Hierzu gehören die Masturbation als Selbstbefriedigung, die → Homosexualität sowie verschiedene Formen von Männer- und Frauenhaß. Ebenso sind jene Formen des sexuellen Verkehrs zu verurteilen, bei denen es nur scheinbar zu einem Zusammensein der Partner von Mensch zu Mensch kommt, während in Wirklichkeit einer den anderen in seiner (ihrer) relativen Selbständigkeit und persönlichen Würde verkennt. In diesen Fällen gebraucht der eine den anderen nur als Objekt oder benutzt ihn zum eigenen Vergnügen. Man denke zB an die → Prostitution (: II), an verschiedene Formen grober oder verfeinerter Vergewaltigung in und außerhalb der Ehe oder an das Heranholen eines anonymen Spermadonors bei einer heterologen künstlichen Samenübertragung (→ Insemination). Zu dieser letzten Gruppe ethisch unannehmbarer Aktivitäten gehört auch jeder eheliche geschlechtliche Umgang, der nicht Ausdruck einer beiderseitigen Liebe ist (→ Ehe: V), sondern nur auf das Hervorrufen bestimmter sexueller Lustgefühle mittels des Partners gerichtet ist oder den Partner nur als Mittel zur Erzeugung von Kindern akzeptiert.

6. Im heutigen gesellschaftlichen Verkehr bestehen noch einige *besondere Problemkreise*. An erster Stelle steht der gesamte Problemkomplex, der mit der → Ehe (: V) zusammenhängt, obschon die Ehe nicht der einzige und spezielle Bereich der Sexualität ist. Teils infolge der veränderten gesellschaftlichen Lage, teils wegen der starken Einflußnahme von Wissenschaft und Technik auf das Leben in all seinen Formen und Verästelungen erheben sich auch außerhalb der Ehe eine Anzahl besonderer Schwierigkeiten. Zu nennen ist zB die Tatsache, daß viele junge Leute längst zu geschlechtlicher Reife gekommen sind, bevor sie selbständig sind und heiraten können (→ Jugendpsychologie: I). Infolgedessen wird ein ausgeglichenes Heranwachsen zum Erwachsensein hin immer schwieriger. Dies hat bisweilen nicht nur sexuelle Entgleisungen vor der Ehe zur Folge, sondern auch Spannungen und Konflikte in der Ehe selbst. Eine geänderte Mentalität in bezug auf die Ehe, die nicht mehr allgemein als eine totale, dauerhafte und exklusive Verbindung angesehen wird, führt vielfach zu leichtsinnigen Eheschließungen und ebenso leichtsinnigen → Ehescheidungen. Die leicht zu bekommenden und anzuwendenden antikonzeptionellen Mittel (→ Geburtenregelung) und die allgemeine Bekanntheit dieser Mittel fördern den vor- und außerehelichen Geschlechtsverkehr. Innerhalb der Ehe werden die Fragen der → Geburtenregelung immer zahlreicher, je mehr die Anwendung dieser Mittel zunimmt. Sehr akute Probleme sind ferner das der künstlichen → Insemination in und außerhalb der Ehe oder die erzwungene Ehelosigkeit, bes. in Ländern, in denen zB infolge des Krieges viele junge Frauen keinen Ehepartner finden können. Teilweise parallel hiermit läuft das Problem der → Schwangerschaftsunterbrechung.

Vgl. die Lit. zu → Ehe: II-V, → Frau: II. III. *Geschichtl. Darst.en:* M.RADE, Die Stellung d. Christentums zum Geschlechtsleben, 1910 - H.PREISKER, Christentum u. Ehe in d. ersten 3 Jh.en, 1927 - A. NYGREN, Eros u. Agape I. II, dt. 1930/37 - G.DELLING, Paulus' Stellung zu Frau u. Ehe, 1931 - J.FUCHS, Die S. des hl. Thomas v. Aquin, 1949 - F.TANNER, Die Ehe im Pietismus, 1952 - L.BRANDL, Die S. des hl. Albertus Magnus, 1955 - O.LÄHTEENMÄKI, Sexus u. Ehe bei Luther, 1955. - *Theol.-ethisch* (außer den Darst.en der ev. → Ethik u. kath. → Moraltheologie): A.FOREL, Die sexuelle Frage, (1905) 1942[17] - A.KOLNAI, S. Sinn u. Grundlagen d. Geschlechtsmoral, 1930 (kath.) - R.MERKEL, Christentum u. S., 1932 - H.MUCKERMANN, Der Sinn der Ehe, (1938) 1952[3] (kath.) - TH.BOVET, Die Ehe, (1946) 1958[3] - E.MICHEL, Ehe, (1948) 1950[2] - BARTH, KD III/4, 1951, 127ff - O.A.PIPER, Die Geschlechter. Ihr Sinn u. Geheimnis in bibl. Sicht, 1954. - *Soziologisch:* A.C.KINSEY u.a., Sexual Behaviour in the Human Male, 1948 - DERS., Sexual Behaviour in the Human Female, 1953; dt. 1954 (dazu: P.H.BIEDERICH-L.DEMBICKI, Die Sexualität des Mannes. Darst. u. Kritik des Kinsey-Report, 1951; REINH.NIEBUHR in: Christianity and Crisis 18, 1953, 138-141) - M.MEAD, Male and Female, 1949; dt. 1954 - E.W.BURGESS-P.WALLIN, Engagement and Marriage, 1953 - R.PRIGENT, Renouveau des idées sur la famille, 1954.

F.Bloemhof

Sexualpädagogik

1. Allgemeines und Geschichte - 2. Terminologie und Aufgabe - 3. S.e Positionen - 4. Leitlinien für die geschlechtliche Erziehung. - s. = sexualpädagogisch. - Vgl. → Sexualethik

1. S. ist eine Aufgabe sittlich-personaler → Erziehung (: I, 3). In jeder Epoche muß sie neu geklärt und praktisch verwirklicht werden. Die kirchliche Prägung der abendländischen Volksbildung bis zum 17./18.Jh. machte geschlechtliche Erziehung entbehrlich. Dekalog, biblische Geschichten und erbauliche Literatur bewirkten nach katechetischer Überzeugung sittliche Festigung der Person, zumal der Kampf gegen »fleischliche« Begierden als Glaubensbewährung verstanden wurde. Das im Bürger- und Bauerntum bis zur Industrialisierung weithin vorhandene sittliche Niveau, Ehezucht und öffentliche Moral, wie sie von der Reformation neu begründet, durch Pietismus und Erweckungsbewegungen gefestigt wurden, ächteten jegliche Erotisierung oder Neigung zum Obszönen. Zeitweilig sollte selbst die Begattung entsinnlicht und als göttliches Mysterium vollzogen werden (vgl. »Eheliche Pflicht«). Das prot. Pfarrhaus mit seinem meist vorbildlichen Familienleben und der auf Lebensfrömmigkeit gerichteten Kindererziehung wirkte zudem als pädagogisches Modell. Während der Pubertät und Adoleszenz bot die Gemeinschaft Hilfen: Die Heranwachsenden wurden feierlich zum Sakrament zugelassen und damit in die mündige Christenheit aufgenommen, zum anderen als Lehrlinge jeweils in die Familie ihrer Lehrherren einbezogen (im Bauernstand entsprechend als Gesinde) und folglich einem erweiterten Eltern-Kind-Verhältnis anheimgegeben. Die patriarchalische Gesellschaft war autoritätskräftig und immunisierte gegen erotische Ausbrüche. Die Mädchen blieben ohnehin bis zur Ehe im häuslichen »Wartestand«. Disharmonie zwischen leiblicher und seelischer Entwicklung (Akzeleration-Retardation [→ Jugendpsychologie: I]) war noch unbekannt. – Die industrielle Revolution zerstörte weithin die häusliche Produktionsgemeinschaft und zog das Individuum in großbetriebliche Wirtschaft. Das religiöse Gesittungsferment schwächte sich ab, und es wuchs das Verlangen nach Lebensgenuß. Die Geschlechtlichkeit wurde autonom. Als die Psychoanalyse die Eigenregie der Libido entdeckte, bestätigte sie wissenschaftlich, was bereits lange im Volk dumpf gefühlt und gelebt wurde. Die »sittenlose« proletarische Lebensweise war lediglich Gegenpol zu einer doppelten bürgerlichen Moral. Damit kam die Stunde, sich s.er Fragen anzunehmen, zumal die → Jugendbewegung eigenständig die Prüderie bekämpfte und freieren mitmenschlichen Umgang erstrebte.

2. Der s.e Ausgangspunkt liegt im Herbartianismus (→ Herbart, 2), der mit rechter Sachbelehrung auch schon sittliche Kräfte zu entfalten meinte. Es hat weltgeschichtlicher Erschütterungen bedurft, die Relation zwischen Wissen und Wollen als fiktiv zu erkennen. Damit erst war ein Neuansatz sittlicher Erziehung gegeben. Der übliche Begriff »sexuelle Aufklärung« bezeichnet den Optimismus eines intellektualisierenden Verfahrens, das von der Annahme ausgeht, dem Schüler sei mit der Klärung physiologischer Bezüge schon wesentliche Integrationshilfe geleistet. Dem steht die grundsätzliche Ungeklärtheit des sexuellen Phänomens bei der Mehrzahl

der Erwachsenen gegenüber. Wie neue Untersuchungen zeigen (H. Hunger), gewinnen die meisten Kinder ihr geschlechtliches Wissen »auf der Straße«.

Von sexueller »Aufklärung« sollte nicht mehr gesprochen werden, sofern ganzheitliche sittliche Erziehung gemeint ist. Wer die Bewältigung des Trieblebens aus der Isolierung lösen will, muß das Sexualphänomen als Ganzes bedenken. Sigmund → Freud und seine Schule haben auch die Kindheit als libidinös durchwirkt angesehen. Die Geschlechtsbegabung wurde erstmalig als alle Lebensphasen betreffend gekennzeichnet und eine Beschränkung auf das nachpuberale Stadium abgelehnt. Zunehmend vertiefte sich die Einsicht, daß das Datum der Geschlechtlichkeit in die feinsten Regungen des Personzentrums hinabreiche und die Triebdynamik desintegrierter Sexualität sozial bedrohlich sei. Politische und wirtschaftliche Katastrophen, ein nihilistisches Weltgefühl unterhöhlten die sittliche Tradition weiterhin. Von einer Besinnung auf die christlich-meditativen, demokratisch-partnerschaftlichen und sozialen Gehalte her stellt sich für die am Erziehungswerk Beteiligten die Aufgabe, ihren »Grundentscheid« pädagogisch umzusetzen und damit auch s. wirksam werden zu lassen.

3. Durch christliche → Erziehung (: II) läßt sich die s.e Aufgabe organisch bewältigen, soweit eine verbreitete unterschwellige Leibdiffamierung nicht wirksam ist. Der Asket wurde als höherverwirklichter und damit eigentlicher Mensch (homo religiosus) bewertet und durch Übernahme hellenistischer Vorstellungen das Geschlechtliche verdächtigt (vgl. → Augustins Meinung, die Erbsünde werde durch den Sexualakt auf das gezeugte Kind übertragen [→ Sünde: V]). Dergleichen Fehlentwicklungen sind, durch einseitige Interpretation des NT ausgelöst, gelegentlich auch dem Eheverständnis abträglich gewesen (→ Ehe: III B; V). Wo aber die biblische Bejahung des Leibes gehört wird, empfängt die geschlechtliche Erziehung ihre Würde vom seelsorgerlichen Gesamtauftrag.

Die kath. Kirche verfügt über eine sorgfältig ausgebaute Lehre zur S. Die Enzykliken »Divini illius Magistri« (1929) und »Casti connubii« (1930) von Pius XI. enthalten Leitlinien zur geschlechtlichen Erziehung. Aus dem Naturrecht der Eltern auf Erziehung ihrer Kinder werden die alle säkularen Instanzen übergreifenden Rechte und Pflichten der Eltern abgeleitet. Gleichzeitig wird die Kirche als übernatürliche Mutter mit ihrer hilfreichen Liebe gezeigt. Sittliche Erziehung soll zunächst von der → Familie, insbesondere der Mutter, geleistet werden. Vor der ergänzenden Funktion der Schule steht die des Priesters. Es gilt, schrittweise zur »hl. Ehe« hinzuleiten, indem das Keuschheitsideal in immer neuer Wandlung gelebt wird: von der Bewahrung der Keuschheit vor der Ehe zu ihrer Bewährung in der Ehe. Beichte, Eucharistie, Exerzitien und Marienverehrung bieten Hilfen (»Venus weicht, wo Maria erscheint«, Kardinal Bertram in Anlehnung an Eichendorff). – Der Protestantismus hat keine entsprechende S., da er auch keine »Andragogik des geistlichen Lebens« kennt (W. Flitner). Gleichwohl zeitigt das Gespräch zwischen Theologie und → Pädagogik (: III, 3) erste Früchte für die sittliche Erziehung.

Das schwedische Kultusministerium hat sich entschlossen, das mangelnde s.e Geleit zu ergänzen. Seit Ende des 2. Weltkriegs wird eine Geschlechtskunde in den Schulen altersgemäß gestaffelt. In gewisser Entsprechung hat der Westberliner Volksbildungssenator vorläufige »Richtlinien für die Sexualerziehung in der Berliner Schule« (1.10.1959) vorgelegt. Innerhalb der Lehrerverbände hat die Hamburger Arbeitsgemeinschaft für S. eigene Richtlinien erarbeitet und gemeinsam mit dem »Institut für Film und Bild in Wissenschaft und Unterricht« Diapositivreihen zur Fortpflanzung herausgegeben. Erfahrungsaustausch auf Bundesebene wird angestrebt.

4. Folgende *Leitlinien für die geschlechtliche Erziehung* seien hervorgehoben: a) Das kindliche Informationsbedürfnis muß bejaht und ernstgenommen werden. Fragen nach der Entstehung des Menschen sollten, dem kindlichen Altershorizont gemäß, gültige Antwort finden. Die Storchengeschichte ist abzulehnen, da sie dem Menschen im Kinde nicht vertraut. Es geht zunächst nur um gelegentliche Unterweisung und keineswegs um Totalbelehrung. Rückgriffe auf bereits Gewußtes und weitere Ausblicke in der Vorreife gewährleisten, daß der Heranwachsende seine körperlichen Veränderungen versteht. Mit Beginn der Pubertät müßte die geschlechtliche Belehrung zu einem relativen Abschluß gelangt sein, damit erste Pollution bzw. Menstruation die Jugendlichen vorbereitet treffen. – b) Die übergreifenden Erziehungsinstanzen (Schule, Kirche, Sozialfürsorge u.a.) müssen ihre Arbeit abstimmen. Denn nicht nur die Kinder sollten zur Integration ihrer Geschlechtlichkeit angeleitet, sondern auch die Eltern zu einer Begegnung mit ihren Kindern in der Wahrheit über den Eros befreit werden. Die Prüderie in der Erwachsenengeneration ist unausrottbar und entsteht immer neu aus der mangelnden Reife für das Elternamt. S. will die Gesittung zweier Generationen koordinieren. Dazu muß die Schule ihre s.e Bemühung durch Arbeitsgemeinschaften, Elternabende und persönliche Aussprachen mit einzelnen Vätern und Müttern ergänzen. Diese Aufgaben lassen sich organisch in der »Schulgemeinde« wahrnehmen, wo alle erzieherisch Verantwortlichen einander begegnen, gegenseitig anregen und den pädagogischen Consensus finden können. – c) In einer Erziehung zum Werterleben liegen auch für die S. wichtige Hilfen. Wertbindung scheint immer dringlicher, je mehr sich durch maschinelle Arbeit und Automation die körperliche Einsatzspanne verringert. Erhebliche sexuelle Antriebsüberschüsse werden frei, die sublimiert werden müssen. Musische Erweckung (Musik, Tanz, Laienspiel, Werken, Deklamation und Gymnastik) bietet ebenso wie sportliche Betätigung und geistiges Interesse dem Heranwachsenden entscheidende Sublimierungshilfen gegenüber seinen Triebkräften. Wertbegegnung kann vor der »Primitivpubertät« bewahren. Nun erfährt freilich diese Bemühung beträchtlichen Widerstand durch die sittliche Gleichgültigkeit der Erwachsenen. Was sich an Kräften beim Jugendlichen aufbaut, wird oft durch sexuell aufreizende Filmplakate, Schlafzimmerreportagen der Illustrierten u.ä. rasch wieder nivelliert. Je mehr dauernde sexuelle Reizüberflutung zum Verfahren der Vergnügungsindustrie wird, desto stärker ist die Schule gehalten, alle Möglichkeiten zu nutzen, Begegnungen mit dem Werthaltigen, das zur Selbstverwirklichung dient, herbeizuführen. Sorgfältige Prüfung verdienen die Vorschläge Kurt Hahns, der »giftlose Leidenschaften« bei den Jugendlichen unterstützen und statt des »dämonisierten Abenteuers« das soziale zeigen möchte: Erste Hilfe, Bergrettung, Küstennotdienst, Freiwillige Feuerwehr usw. Solcherart Einsätze zehren die sexuellen Antriebsüberschüsse auf und vertiefen das Personbewußtsein. – d) Der Biologieunterricht sollte propädeutische Funktion für die geschlechtliche Erziehung übernehmen, indem er die Fortpflanzungswunder analogisch erschließt. Reifere Schüler müßten mit ihren Lehrern auch etwa hygienische oder anatomische Ausstellungen besuchen. Es kann heilsames Erschrecken auslösen, zu sehen, wie »menschlich« der Keimling bereits nach wenigen Wochen ist. Von hier aus werden → Geburtenregelung und → Schwangerschaftsunterbrechung als be-

klemmende Probleme auftauchen, Zote und Pornographie an Reiz verlieren. Schließlich gilt es, die Geburt als personalen Einsatz der Mutter zu verstehen, die ihr Leben wagt. Dem Jugendlichen kann dabei aufgehen, daß die schmale Spanne »Funktionslust« (M.Scheler) von Schmerzen gerahmt und vom Tode umstellt ist. Diese Erkenntnis läßt für die Liebe als zu einer Seinsdimension reifen.

Von der Struktur der Aufgabe her ist die s.e Bestrebung nur unzulänglich methodisierbar. Doch darf dem Schüler das Geleit nicht vorenthalten werden. Aber nur innere Freiheit des Lehrers und wechselseitiges Vertrauen von Erzieher und Zögling ermöglichen pädagogische Hilfe.

Lit. in Auswahl: F.W.Foerster, Sexualethik u. S., (1907) 1952[6] - A.Bertram, Reverentia puero!, 1929 - R.Geis, Kath. Sexualethik, 1929 - H.Hanselmann, Hallo - junger Mann!, 1940 - O.Kersten, Geschlechtl. Erziehung u. Aufklärung, (1941) 1946[2] - E.Michel, Ehe, (1948) 1950[2] - Th.Bovet, Erziehung zur Ehe, 1950 - Barth, KD III/4, 127ff - H.Hunger, Das Sexualwissen der Jugend, (1954) 1960[2] - G.N.Groeger, Die Aufgaben der Geschlechtserziehung (Dt. Jugend, 1954, 11-18) - H.O.Wölber, Die Erziehung der Geschlechter (Studienblätter f. Ev. Jugendführung, 1954, 30ff) - H.Harless (Hg.), Jugend im Werden, 1955 - H.Müller-Eckhard, Grundlagen der Geschlechts-Erziehung, 1956 - Kurt Hahn, Erziehung zur Verantwortung, 1958 - G.-R.Ritter, Jugend u. Eros, 1960 - H.-J.Gamm, Schwangerschaftsunterbrechung als relig. u. erzieherisches Problem (ZEE 5, 1961, 193-203).

H.-J.Gamm

UTB
FÜR WISSEN
SCHAFT

Eine Arbeitsgemeinschaft der Verlage

Wilhelm Fink Verlag München
Gustav Fischer Verlag Stuttgart
Francke Verlag Tübingen
Harper & Row New York
Paul Haupt Verlag Bern und Stuttgart
Dr. Alfred Hüthig Verlag Heidelberg
Leske Verlag + Budrich GmbH Opladen
J. C. B. Mohr (Paul Siebeck) Tübingen
R. v. Decker & C. F. Müller Verlagsgesellschaft m. b. H. Heidelberg
Quelle & Meyer Heidelberg · Wiesbaden
Ernst Reinhardt Verlag München und Basel
K. G. Saur München · New York · London · Paris
F. K. Schattauer Verlag Stuttgart · New York
Ferdinand Schöningh Verlag Paderborn · München · Wien · Zürich
Eugen Ulmer Verlag Stuttgart
Vandenhoeck & Ruprecht in Göttingen und Zürich

Die Religion in Geschichte und Gegenwart

Handwörterbuch für Theologie und Religionswissenschaft

Dritte, völlig neu bearbeitete Auflage

in Gemeinschaft mit Hans Frhr. v. Campenhausen, Erich Dinkler, Gerhard Gloege und Knut E. Løgstrup herausgegeben von Kurt Galling

Ungekürzte Studienausgabe

Sechster Band: Sh–Z

Mit 2 Tafeln und 3 Karten

J. C. B. Mohr (Paul Siebeck) Tübingen

Redaktion des sechsten Bandes: Dr. Wilfrid Werbeck

CIP-Kurztitelaufnahme der Deutschen Bibliothek

Die Religion in Geschichte und Gegenwart:
Handwörterbuch für Theologie u. Religionswiss. / in Gemeinschaft mit Hans Frhr. v. Campenhausen . . . hrsg. von Kurt Galling. – 3., völlig neu bearb. Aufl., ungekürzte Studienausg. – Tübingen: Mohr
(UTB für Wissenschaft: Große Reihe)
ISBN 3-16-145098-1

NE: Galling, Kurt [Hrsg.]

Bd. 6. Sh–Z. – 1986.

Ungekürzte Studienausgabe 1986

Satz: H. Laupp jr, Tübingen. Druck und Bindung: C. H. Beck'sche Buchdruckerei, Nördlingen.

Printed in Germany.

VORWORT

Mit Freude und Dank blicken die Herausgeber beim Erscheinen dieses letzten Bandes auf das ganze Werk zurück, das trotz mancher Schwierigkeiten nunmehr planmäßig abgeschlossen ist. Die dritte Auflage der RGG bezeichnet sich mit Recht als »völlig neu bearbeitet«; aber die Herausgeber wissen wohl, wieviel sie bei ihrem Unternehmen trotzdem den beiden früheren Auflagen zu verdanken haben, deren Plan im wesentlichen beibehalten wurde und deren Vorarbeiten ihnen vielfach unentbehrlich geblieben sind. Sie gedenken darum dankbar des Mannes, der für die erste und zweite Auflage die Hauptlast und Verantwortung getragen hat, des Kirchenhistorikers *Leopold Zscharnack* (1877-1955). Es war dem Hauptherausgeber von nachhaltigem Wert, daß er 1954 mit ihm noch persönlich Fühlung nehmen und ihn über seine Erfahrungen befragen konnte. Der mit großer Freundlichkeit gewährte Rat hat manche Mühe erspart.

Ebenso gilt der Dank dem *Verlage* J.C.B.Mohr (Paul Siebeck) in Tübingen. Als erster hat Paul Siebeck (1855-1920) das neue, 1913 abgeschlossene Unternehmen angeregt und durchgeführt. Sein Sohn Oskar Siebeck (1880-1936) konnte es in zweiter Auflage (1927-32) zeitgemäß ausbauen und umgestalten, und der Enkel Hans Georg Siebeck hat nunmehr in entsprechender Weise die dritte Auflage gewagt und zu Ende geführt. Alle Sorgen und Probleme, auf die die Herausgeber im Laufe ihrer Arbeit stießen, hat er unermüdlich mit ihnen geteilt. Die freundschaftliche Verbundenheit zwischen ihm und den Herausgebern und nicht wenigen der sonstigen Mitarbeiter hat zum Gelingen des Werkes entscheidend beigetragen. Das gleiche gilt von dem guten Einvernehmen zwischen den Herausgebern selbst, die sich seit 1953 regelmäßig auf kürzeren oder längeren Tagungen trafen und so zu einer immer festeren Arbeitsgemeinschaft zusammenwuchsen.

An der Abgrenzung und Ordnung der Einzelgebiete, an der sinnvollen Auswahl der Stichworte und der Bestimmung ihres Umfanges wirkten auch die *Fachberater* mit, die damit einen wesentlichen Teil der Verantwortung übernahmen. Sie hatten auch die Mitarbeiter zu gewinnen und mußten bei Absagen und sonstigen Ausfällen nicht selten kurzfristig umdisponieren oder selber einspringen. Für die Umsicht und Sorgfalt, mit der sie dies alles bewältigt haben, gebührt ihnen unser besonderer Dank und, wie wir meinen, auch die Anerkennung der Benutzer des Lexikons. Erfreulicherweise blieb der Kreis der Fachberater während der Erscheinungsjahre nahezu unverändert. Das Fach der

Pädagogik hat vom II. Bande an ein Schüler W.Flitners, Professor H.Scheuerl-Erlangen übernommen, das der Missionswissenschaft nach dem Tode W.Freytags vom IV. Bande an dessen Mitarbeiter Dozent H.J.Margull-Hamburg.

Im besonderen gilt unser Dank auch der großen Schar in- und ausländischer *Mitarbeiter* mit ihrem Verständnis für die der RGG eigentümliche Aufgabe und ihrer Bereitwilligkeit, einengende Raumbegrenzung oder sehr knappe Termine und manche redaktionell notwendigen Eingriffe sich im Interesse des Ganzen gefallen zu lassen. Ihre Arbeit hat das verwirklicht, was uns bei der Vorbereitung und Planung der 3. Auflage vorschwebte. Hier ist auch der Übersetzer fremdsprachlicher Artikel zu gedenken und des für die Orientierungskarten verantwortlichen Zeichners Dozent A.Gerlich-Mainz.

Mit Nachdruck ist dem entsagungsvollen und unermüdlichen Eifer, der sorgsamen Umsicht und der Geschicklichkeit der beiden *Redakteure*, Dr. E.Kutsch (für die drei Jahre währenden Vorarbeiten und den I. Band) und Dr. W.Werbeck (für Band II-VI) zu danken. Ohne ihre Arbeit, die nur der Kundige ganz zu schätzen vermag, wäre es dem Hauptherausgeber nicht möglich gewesen, die Einheitlichkeit des Ganzen zu wahren und es durch Ausmerzen von Überschneidungen und Einbau der Verweisungen zu einem in sich geschlossenen Gefüge zu gestalten.

Nur durch die aktive Mithilfe der Tübinger *Druckerei* H. Laupp jr, ihrer Setzer, Korrektoren und Drucker war es möglich, das Werk zügig und nach dem vorgesehenen Plan durchzuführen; auch ihnen gilt unser Dank.

Die Zielsetzung der 3. Auflage war zu Beginn des I. Bandes folgendermaßen umrissen worden: »Der christliche Glaube im evangelischen Verständnis ... ist die ordnende Mitte, von der aus kritisch zu allen Erscheinungsformen des Religiösen Stellung genommen wird. Dabei werden die Spannungen und Gegensätzlichkeiten wissenschaftlicher Meinungen und Standpunkte weder zugunsten einzelner theologischer Richtungen noch einer sachwidrigen Uniformität zuliebe unterdrückt.«

Wieweit dieses Ziel erreicht worden ist und wieweit sich die RGG in ihrer neuen Gestalt dem Benutzer durch Orientierung über die Probleme der Forschung und die gegenwärtige Lage als hilfreich erweist – das zu beurteilen steht den für das Lexikon Verantwortlichen nicht zu. Aber dem wachsenden Interesse, das man der RGG³ entgegengebracht hat, und den zahlreichen Besprechungen in in- und ausländischen Zeitschriften dürfen sie entnehmen, daß die Mühe vieler Jahre nicht vergebens gewesen ist.

Zur Neubearbeitung selbst sei noch auf einiges hingewiesen: Bei den am Rande von Religion und Theologie stehenden und nur in bestimmter Auswahl berücksichtigten Gebieten der Literaturgeschichte, der Pädagogik, der Sozialwissenschaft sind die Artikel zumeist verhältnismäßig ausführlich gehalten. Wir meinten darauf achten zu sollen, daß den meisten Benutzern unseres Werks gerade für diese Gebiete spezielle Literatur nur selten zur Hand sein dürfte.

Wer die 3. Auflage der RGG mit den beiden früheren vergleicht, kann am Verzicht auf manche entbehrliche Artikel, an nicht wenigen Neuaufnahmen - u.a. Hermeneutik und die auslegungsgeschichtlichen Bibliographien zu den einzelnen biblischen Büchern, Kirchenkampf, Qumran, Widerstandsrecht - und an der starken Erweiterung des Umfangs in einzelnen Fällen - z.B. Bekenntnis, Gesetz und Evangelium, Theologie und Philosophie - die Neuorientierung und die bewußte Gegenwartsbezogenheit von RGG^3 erkennen. Auch wurde bestimmten Gebieten in Haupt- und Einzelartikeln ein erheblich größerer Raum zugebilligt als ehedem. Es handelt sich hier um die Bereiche der Ökumene, der Orthodoxen Kirche, der Mission und der »Jungen« Kirchen in Afrika und Asien. Durch die stärkere Berücksichtigung der Kirchenkunde und der neuesten Kirchengeschichte sowie der gegenwärtigen theologischen Forschungsarbeit in aller Welt sollte das Ziel einer umfassenden Orientierung besser erreicht werden als in den beiden früheren, mehr den deutschen Verhältnissen zugewandten Auflagen.

Den Textbänden soll der *Registerband* bald folgen. Er wird die wichtigen Begriffe und sämtliche Personennamen zusammenstellen. Dadurch werden jene vermißten biographischen Kurzartikel, die in Sammelberichte - vor allem zur Wissenschaftsgeschichte - eingegangen sind, gleichsam wieder hervorgeholt. In ähnlicher Weise werden dem Benutzer auch begriffskundliche Querschnitte und gelegentliche begriffsgeschichtliche Längsschnitte durch das Register zur Verfügung gestellt. Ein Verzeichnis der Mitarbeiter und ihrer Beiträge wird mit biographischen Notizen auch eine ausgewählte Bibliographie verbinden. Schließlich wird der Band auch Corrigenda, aber keine Nachträge enthalten. Alle Benutzer werden um die Freundlichkeit gebeten, die Redaktion auf etwaige Fehler und tatsächliche Irrtümer aufmerksam zu machen. Sonstige Wünsche und Anregungen werden dem Archiv der Redaktion und damit der Weiterarbeit an der RGG zugute kommen.

Im November 1962

HANS FRHR. V. CAMPENHAUSEN ERICH DINKLER
GERHARD GLOEGE KNUD E. LØGSTRUP
KURT GALLING

[illegible]

[illegible] Theologie und Philosophie [illegible]

[illegible]

[illegible]

[illegible]

INHALTSVERZEICHNIS

VERZEICHNIS DER FÄCHER UND FACHBERATER

Religionswissenschaft	Prof. Dr. Dr. *C.-M. Edsman,* Uppsala-Schweden
Altes Testament	Prof. D. Dr. *K. Galling,* Tübingen
Neues Testament	Prof. D. *Erich Dinkler,* Bonn
Biblische Archäologie	Prof. D. Dr. *K. Galling,* Tübingen
Kirchengeschichte:	Prof. D. Dr. *H. Frhr. v. Campenhausen,* Heidelberg
Alte Kirche	Prof. D. *K. Aland,* Münster
Mittelalter	Prof. Dr. *L. Petry,* Mainz
Reformationszeit	Prof. D. *W. Maurer,* Erlangen
Neuzeit	Prof. D. *E. Wolf,* Göttingen
Konfessionskunde, Kirchenkunde, Ökumene und religiöse Lage der Gegenwart	Prof. D. *H.-H. Schrey,* Heidelberg
Dogmatik	Prof. D. *G. Gloege,* Bonn
Religionsphilosophie	Prof. Dr. *K. E. Løgstrup,* Aarhus-Dänemark
Philosophie	Prof. Dr. *J. Klein,* Göttingen
Ethik	Prof. Dr. *K. E. Løgstrup,* Aarhus-Dänemark
Sozialwissenschaft	Privatdozent Dr. *F. Fürstenberg,* Erlangen
Praktische Theologie	Prof. D. *W. Jannasch,* Mainz
Missionswissenschaft	Privatdozent Dr. *J. Margull,* Hamburg/Genf
Kirchenrecht	Prof. Dr. *K. Hesse,* Freiburg
Kirchenmusik	Prof. Dr. *Thr. Georgiades,* München
Pädagogik	Prof. Dr. *H. Scheuerl,* Erlangen
Christliche Archäologie	Prof. D. *Erich Dinkler,* Bonn
Christliche Kunst	Dr. *Erika Dinkler-v. Schubert,* Bonn
Literaturgeschichte	Prof. Dr. *P. Requadt,* Mainz

VERZEICHNIS DER MITARBEITER AM VI. BAND

Privatdozent Dr. *L. Abramowski*, Bonn
† Professor D. Dr. *H. Achelis*
Dr. *R. Ackermann*, Tübingen
Professor D. *A. Adam*, Bethel
Professor Dr. *S. E. Ahlstrom*, New Haven-USA
Dr. *H. D. Altendorf*, Tübingen
Professor D. Dr. *P. Althaus*, Erlangen
Pastor *J. Althausen*, Berlin
Pastor *E. Amdahl*, Stavanger-Norwegen
Professor D. *C. Andresen*, Göttingen
E. D. Andrews, New Haven-USA
Professor Dr. *W. Anz*, Bethel
Dr. *K. Arndt*, Göttingen
Professor D. *N. v. Arseniew*, Sea Cliff-USA
Dr. *A. Arvastson*, Eslöv-Schweden
Präsident a. D. D. *H. Asmussen*, Heidelberg
Professor Dr. *R. Bach*, Wuppertal-Barmen
Professor Dr. Dr. *F. Baethgen*, München
Professor Dr. *R. Bäumlin*, Bern-Schweiz
Professor Dr. *J. N. Bakhuizen van den Brink*, Leiden-Niederlande
Professor Dr. *H. Bandt*, Greifswald
Professor *H. Barion*, Bonn
Professor D. Dr. *E. Barnikol*, Halle
Abbé *R. Baron*, Paris-Frankreich
Professor Dr. *O. Bartel*, Warschau-Polen
Privatdozent Pfarrer Dr. *H.-W. Bartsch*, Krumbach
Dr. *G. Baumert*, Frankfurt/M.
Professor D. *F. Baumgärtel*, Erlangen
Repetent Dr. *J. Baur*, Tübingen
Professor Dr. *H. Bausinger*, Tübingen
Professor Dr. *R. P. Beaver*, Chicago-USA
Professor Dr. *G. Bebermeyer*, Tübingen
Professor Dr. *H.-G. Beck*, München
Dr. *M.-D. Beck*, Hamburg
Professor Dr. *C. Becker*, Marburg
Dozent Dr. *U. Becker*, Hannover
Präses Professor D. Dr. *J. Beckmann*, Düsseldorf
Pfarrer Lic. *W. Bellardi*, Berlin
Professor D. Dr. *H. Benckert*, Rostock
Professor Dr. *G. Bergler*, Heroldsberg
Professor Dr. *A. Bergsträßer*, Freiburg
Dr. *L. Beriger*, Zürich-Schweiz
Dr. *H. Berthold*, Halle
† Professor D. *A. Bertholet*
Professor Dr. *H. Beumann*, Bonn
Dozent Dr. *E. Beyreuther*, München
Staatssekretär a. D. *P. Binder*, Stuttgart
Professor Dr. *G. Biundo*, Roxheim
Professor Dr. *M. Black*, St. Andrews-Schottland
Professor D. *F. Blanke*, Zürich-Schweiz
Direktor D. Dr. *W. Blankenburg*, Schlüchtern
Dozent Dr. *H. Blankertz*, Hamburg
Professor Dr. *M. Block*, Marburg
Dr. *F. Bloemhof*, Rijperkerk-Niederlande
Professor Dr. *H. Blumenberg*, Gießen
Professor Dr. *F. Bock*, Darrigsdorf
Pfarrvikar Dr. *O. Böcher*, Selzen
Dr. *H. Boese*, Berlin
Professor Dr. *E. Boettcher*, Hohenheim
Dr. *Th. Bonhoeffer*, Zürich-Schweiz
Professor D. *G. Bornkamm*, Heidelberg
Professor D. Dr. *H. Bornkamm*, Heidelberg
Professor Dr. *A. Borst*, Erlangen
Professor Dr. *K. Bosl*, München
Lic. *H. Brandenburg*, Korntal
H. Braun, Heidelberg
Professor Dr. *W. Braunfels*, Aachen
Dr. *M. Brecht*, Tübingen
Missionsdirektor D. *G. Brennecke*, Berlin
Professor Dr. *H. Brunner*, Tübingen
Dr. *E. Bubser*, Göttingen
Professor Dr. *K. Buchheim*, München
D. Dr. *F. Buchholz*, Darmstadt
Professor Dr. *P. G. Buchloh*, Kiel
Professor D. Dr. *M. Bucsay*, Budapest-Ungarn
Pfarrer Dr. *E. Buess*, Benken b. Basel-Schweiz
Professor Dr. *H. Büttner*, Bad Nauheim
Dr. *A. Burger*, Stuttgart
Reverend *D. Carter*, Hull-England

Privatdozent Dr. *P. Classen*, Mainz
Dr. *H. Claussen*, Münster
Professor Dr. Dr. *C. Colpe*, Göttingen
Professor Dr. *W. Conze*, Heidelberg
Professor D. *H. Conzelmann*, Geismar
Professor Dr. *J. Courvoisier*, Genf-Schweiz
Professor D. *O. Cullmann*, Basel-Schweiz und Paris-Frankreich
Professor Dr. *S. Czeglédy*, Debrecen-Ungarn
Dr. *O. Chr. Dahl*, Stavanger-Norwegen
Professor Dr. *W. F. Dankbaar*, Groningen-Niederlande
Cand. theol. *O. Dawid*, Unterpfaffenhofen
† Professor Dr. *B. Decker*
Professor Dr. *H.-M. Decker-Hauff*, Stuttgart
Privatdozent Dr. *H. Delius*, Göttingen
Professor D. Dr. *W. Delius*, Berlin
Professor D. *H. Diem*, Tübingen
Pfarrer Dr. *K. Dienst*, Gießen
Pfarrer Dr. Dr. *E. L. Dietrich*, Wiesbaden
Pfarrer Dr. *W. Dignath*, Frankfurt/M.
Professor D. *Erich Dinkler*, Bonn
Professor Dr. *H. Dörrie*, Münster
Pfarrer Dr. *R. Dollinger*, Neustadt
Stiftsrat Dr. *H. Dombois*, Heidelberg
Privatdozent Dr. Dr. *H. Donner*, Göttingen
Dr. *H. P. Dreitzel*, Göttingen
Dozent Dr. *F. G. Dreyfus*, Straßburg-Frankreich
Dipl. Phil. *J. Dummer*, Berlin
Professor D. *G. Ebeling*, Zürich-Schweiz
Professor Dr. *M. Eder*, Tokio-Japan
Professor Dr. Dr. *C.-M. Edsman*, Uppsala-Schweden
Pfarrer Dr. *O. Eggenberger*, Mönchaltorf-Schweiz
Professor Dr. *E. Ehnmark*, Lund-Schweden
Professor Dr. Dr. *A. Ehrhardt*, Heywood-England
Dr. *E. L. Ehrlich*, Basel-Schweiz
Professor Dr. *W. Eichrodt*, Basel-Schweiz
L. Ejerfeldt, Upplands Ekely-Schweden
Professor Dr. *W. Eilers*, Würzburg
Professor D. Dr. Dr. *O. Eißfeldt*, Halle
Professor Dr. *M. Eliade*, Chicago-USA
Cand. theol. *F. Ellermeier*, Göttingen
Professor D. *K. Elliger*, Tübingen
Professor D. *W. Elliger*, Berlin
Dr. *L. v. Eltz-Hoffmann*, Salzburg-Österreich
Dr. *M. Elze*, Tübingen
Professor Dr. Dr. *K. Engisch*, München
Oberstudiendirektor Dr. *K. Epting*, Heilbronn
Professor Dr. *A. Erler*, Frankfurt/M.
Pastor Dr. *H. H. Eßer*, Berlin
Professor Dr. *E. Ewig*, Mainz
Dr. *W. Fabian*, Köln
Dr. *R. Falke*, Göttingen
Professor D. *E. Fascher*, Berlin
Pastor Dr. *H. Fast*, Emden
Ephorus D. *H. Fausel*, Maulbronn
Professor Dr. *H. E. Feine*, Tübingen
Dr. *R. Feldhusen*, Hamburg
Privatdozent Dr. *Chr. v. Ferber*, Göttingen
Dozent Dr. *I. Fetscher*, Tübingen
Professor Dr. *K. A. Fink*, Tübingen
Rektor Dr. *F. Flaskamp*, Wiedenbrück
Professor Dr. *W. Flemming*, Mainz
Pastor *W. Flender*, Wuppertal-Barmen
Professor Dr. *A. Flitner*, Tübingen
Professor Dr. *G. Florovsky*, Cambridge-USA
Professor D. Dr. *G. Fohrer*, Erlangen
Pastor *G. Forget*, Den Haag-Niederlande
Pfarrer *S. Fornaçon*, Lindenhagen
Professor Dr. *H. Franke*, München
Staatsarchivdirektor a. D. Dr. *P. Fraundorfer*, Würzburg
Professor Dr. *H. Fries*, München
Professor Dr. *O. Friis*, Gentofte-Dänemark
Professor Dr. *K. v. Fritz*, München
Dr. *K. Fröhlich*, Madison/N. J.-USA
Professor D. *K. Frör*, Erlangen
Professor D. *E. Fuchs*, Marburg
Professor Dr. *W. P. Fuchs*, Heidelberg
Privatdozent Dr. *F. Fürstenberg*, Erlangen
Professor Dr. *H. Fuhrmann*, Tübingen
Professor Dr. *M. Fuhrmann*, Kiel
Dr. *W. Funk*, Nürnberg
Professor Dr. *H.-G. Gadamer*, Heidelberg
Pastor Dr. *P. Gäbler*, Niedernjesa b. Göttingen
Pfarrer *P. Gallenkamp*, Wega
Professor D. Dr. *K. Galling*, Tübingen
Dr. *G. Gawlick*, Gießen
Professor Dr. *M. Geiger*, Sissach-Schweiz
Oberstudienrat Pfarrer Dr. *P. Geiger*, Heidelberg
Professor D. *H.-W. Gensichen*, Heidelberg

Staatsarchivrat Dr. *H. Gensicke*, Darmstadt
Professor Dr. *Thr. Georgiades*, München
Professor Dr. *H. W. Gerhard*, Durham-USA
Privatdozent Dr. *A. Gerlich*, Mainz
Professor Dr. *H. Gese*, Tübingen
Professor Dr. *H. v. Glasenapp*, Tübingen
G. Glockmann, Berlin
Professor D. *G. Gloege*, Bonn
Professor Dr. *W. Göbell*, Kiel
Professor Dr. *S. Göransson*, Uppsala-Schweden
Dr. *J. F. G. Goeters*, Bonn
Dr. *H. Goetz*, Rom-Italien
Professor Dr. *K. Goldammer*, Marburg
Professor Dr. *G. Gollwitzer*, Stuttgart
Professor D. *H. Gollwitzer*, Berlin
Professor Dr. *J. Gonda*, Utrecht-Niederlande
Professor D. *L. Goppelt*, Hamburg
Dr. *E. Gose*, Trier
Professor Dr. *F. C. Grant*, New York-USA
Professor D. *H. Graß*, Marburg
Professor D. *H. Greeven*, Kiel
Dr. *T. Grimm*, Ahrensburg
Professor Dr. *W. Grohmann*, Berlin
Pfarrer Dr. *E. Groß*, Kreuznach
Professor Dr. *H. Grundmann*, München
Professor Dr. *S. Grundmann*, München
Professor Dr. *H. G. Güterbock*, Chicago-USA
Dr. *H. R. Guggisberg*, Nidau-Schweiz
Dozent Dr. *B. Gustafsson*, Lund-Schweden
Professor Dr. *R. Gyllenberg*, Åbo-Finnland
† Pfarrer Dr. *H. G. Haack*
Professor Dr. *J. Haekel*, Wien-Österreich
Professor D. *O. Haendler*, Berlin
Staatsarchivdirektor a. D. Dr. *H. Haering*, Tübingen
Dr. *H. Härtel*, Berlin
Dozent Dr. *C. Hagener*, Hamburg
Bibliotheksrat Dr. *Chr. Hallier*, Frankfurt/M.
Dr. *G. Chr. Hansen*, Berlin
Professor D. *R. Hanslik*, Wien-Österreich
Missionsdirektor *H. O. Harms*, Hermannsburg
Professor Dr. *G. F. Hartlaub*, Heidelberg
Professor Dr. Dr. *K. J. Hartmann*, Göttingen
Professor Dr. *R. Hauge*, Oslo-Norwegen
Professor Dr. *R. Hauser*, Heidelberg
Professor D. *F. Hauss*, Heidelberg
Professor Dr. *G. Heilfurth*, Marburg
Professor Dr. *N. J. Hein*, New Haven-USA
Professor D. Dr. *J. Hempel*, Göttingen
Professor Dr. *D. Henrich*, Berlin
Dr. *M. Henschel*, Jena
Kirchenrat *R. Herdieckerhoff*, Braunschweig
† Professor D. *R. Hermann*
Universitätsmusikdirektor Dr. *S. Hermelink*, Heidelberg
Professor D. *H. W. Hertzberg*, Kiel
Professor D. *E. Hertzsch*, Jena
Professor Dr. *C. Heselhaus*, Gießen
Professor D. *F. Hesse*, Münster
Dr. *J. Heuer*, Essen
Dr. *P. Heyde*, Oberwinter
Superintendent D. *H. Heyden*, Stralsund
Dozent Dr. *F. Heyer*, Schleswig
Pastor *B. Heyne*, Bremen
Pater Dr. *St. Hilpisch* OSB, Fulda
Professor Dr. *I. Höß*, Nürnberg
Dr. *G. Hofer*, Göttingen
Privatdozent Dr. *W. Hofmann*, Göttingen
Professor Dr. *Ph. Hofmeister* OSB, Neresheim
Oberkonsistorialrat a. D. Lic. Dr. *H. Hohlwein*, Solingen
Professor Dr. *H. Holborn*, New Haven-USA
Professor D. *W. Holsten*, Mainz
Dr. *P. Holtermann*, Köln
Professor D. *G. Holtz*, Rostock
Professor Dr. *P. Honigsheim*, East Lansing-USA
Dozent Dr. *G. Hornig*, Lund-Schweden
† Professor D. Dr. *F. Horst*, Mainz
Oberkirchenrat Dr. *F. Hübner*, Hamburg
Professor Dr. *Å. Hultkrantz*, Stockholm-Schweden
Pfarrer Dr. Dr. *G. Huntemann*, Bremen
Professor Dr. *C.-H. Hunzinger*, Hamburg
Kirchenrat D. Dr. *K. Hutten*, Stuttgart
Professor Dr. *G. Jäschke*, Münster
Professor Dr. *E. Jammers*, Heidelberg
Professor D. *W. Jannasch*, Mainz
Professor Lic. *K. Janssen*, Hannover
Abbé Professor Dr. *E. Jarry*, Paris-Frankreich
Dr. *G. Jasper*, Erlangen
Kirchenrat a. D. D. Dr. *R. Jauernig*, Neu-Isenburg
Dr. *J. Chr. Jensen*, Heidelberg
Professor D. Dr. *J. Jeremias*, Göttingen

Dr. *K. Ihlenfeld*, Berlin
Dr. *R. Joerden*, Hamburg
Professor D. *W. Joest*, Erlangen
Professor Dr. *K. Jordan*, Kiel
Professor Dr. *J. Irmscher*, Berlin
F. Jürß, Berlin
Dr. *C. Junge*, Hamburg
Professor D. *E. Kähler*, Greifswald
Dr. *M. Käsbauer*, München
Professor D. *E. Käsemann*, Tübingen
Dr. *H.-D. Kahl*, Gießen
Professor Dr. *J. H. Kaiser*, Freiburg
Geheimrat D. Dr. *B. Karnatz*, Berlin
Professor D. Dr. *H. Karpp*, Bad Godesberg
Dr. *O. Karrer*, Luzern-Schweiz
Senior Dr. *G. Kathona*, Szekszezárd-Ungarn
Dr. *H. Kautz*, Delhoven
Professor Dr. Dr. *P. Kawerau*, Marburg
Pfarrer *O. Kehr*, Stuttgart
Professor Dr. Dr. *W. Keilbach*, München
Professor Dr. *C. A. Keller*, Lausanne-Schweiz
Oberkirchenrat *H. Keller*, Stuttgart
Dr. Dr. *W. Kellner*, Wetzlar
Professor Dr. *F. H. Kettler*, Münster
Professor Dr. *L. Kiehn*, Hamburg
Professor D. *E. Kinder*, Münster
Professor Dr. *S. Kjöllerström*, Lund-Schweden
Privatdozent Dr. *G. Klein*, Bonn
Professor Dr. *J. Klein*, Göttingen
Pfarrer *P. Klemm*, Stuttgart-Bad Cannstatt
C. Graf v. Klinckowstroem, München
Professor Dr. *Hal Koch*, Kopenhagen-Dänemark
Professor Dr. *K. Koch*, Hamburg
Professor D. *A. Köberle*, Tübingen
Professor Dr. *H. Köster*, Lexington-USA
Professor Dr. *B. Kötting*, Münster
Professor Dr. *R. Konetzke*, Köln
Professor D. Dr. *J. Konrad*, Bonn
Professor Dr. *H. Kraemer*, Driebergen-Niederlande
Professor D. *H. Kraft*, Kiel
L. Krappmann, Bad Godesberg
Professor D. *H.-J. Kraus*, Hamburg
Ministerialrat Professor Dr. *A. Krebs*, Oberursel
Archivdirektor Dr. *M. Krebs*, Karlsruhe
Professor D. *W. Kreck*, Bonn
Professor Dr. *G. Kretschmar*, Hamburg
Dr. *Chr. Graf v. Krockow*, Göttingen
Professor Dr. *W. Krönig*, Köln
† Geheimrat Professor D. Dr. *Gustav Krüger*
Oberkirchenrat Dr. *H. Krüger*, Frankfurt/M.
Professor Dr. Dr. *W. Kühnert*, Wien-Österreich
Professor Dr. *W. G. Kümmel*, Marburg
Professor Dr. *W. Küppers*, Bonn
Professor Dr. *K. Kupisch*, Berlin
Professor D. *A. Kuschke*, Mainz
Privatdozent Dr. *E. Kutsch*, Mainz
Dozent Dr. *G. Lanczkowski*, Heidelberg
Professor Dr. *K. Lankheit*, Karlsruhe
Professor D. *F. Lau*, Leipzig
Professor D. *A. Lehmann*, Halle
Pfarrer *J. Lell*, Bensheim
Studienrat Dr. *H. Lemaire*, Solingen
A. Lemke-Bultmann, Syracuse-USA
Professor Dr. *F. Lenz*, Göttingen
Dr. *H. Lenz*, Marburg
Pfarrer D. *D. Lerch*, Oberhallau-Schweiz
Professor Dr. *W. Lettenbauer*, Erlangen
Dr. *J. Leuschner*, Göttingen
Professor D. Dr. *F. M. Th. de Liagre Böhl*, Milsbeek-Niederlande
Pfarrer Lic. *A. Lichtenstein*, Berlin
Professor D. *F. Lieb*, Basel-Schweiz
Dozent Dr. *H. Liebing*, Tübingen
Professor D. Dr. *H. Liermann*, Erlangen
Dr. *J. M. van der Linde*, Zeist-Niederlande
Professor Dr. *S. van der Linde*, Utrecht-Niederlande
Pastor *M. Linz*, Hamburg
Professor Dr. *G. W. Locher*, Bern-Schweiz
Dr. *P. Löffler*, London-England
Professor Dr. *K. E. Løgstrup*, Aarhus-Dänemark
Dr. *W. Frhr. v. Löhneysen*, Berlin
Professor D. Dr. *W. Loew*, Mainz
Professor Dr. *H. Löwe*, Tübingen
Professor Dr. Dr. *W. Lohff*, München
Professor D. *E. Lohse*, Kiel
J. Lorch, Korntal
Professor Lic. *R. Lorenz*, Mainz
Professor Dr. *H. Losch*, Bonn
Professor Dr. *U. Luck*, Bethel
Dozent Dr. *I. Ludolphy*, Leipzig
Studienrätin Dr. *R. Ludwig*, Eßlingen
Dr. *P. Ludz*, Berlin

† Pfarrer D. *W. Lueken*
Professor Dr. Dr. *F. Lütge,* München
Professor Dr. Dr. *H. Lutz,* Dortmund
Archivrat *K. Lutz,* Speyer
Professor Dr. *H. Lyttkens,* Lund-Schweden
Professor Dr. *V. Maag,* Zürich-Schweiz
Dr. *R. Mackensen,* Dortmund
Professor Dr. *O. Mann,* Heidelberg
Professor Dr. *R. Manselli,* Turin-Italien
Privatdozent Dr. *J. Margull,* Genf/Hamburg
Dr. *G. Maron,* Bensheim
Professor Dr. *H. I. Marrou,* Chatenay-Malabry-Frankreich
Professor Dr. *J. Matl,* Graz-Österreich
Professor Dr. *F. Matz,* Marburg
Pfarrer Dr. *B. Maurer,* Litzelstetten
Professor Dr. *Chr. Maurer,* Bethel
Professor D. *W. Maurer,* Erlangen
Professor Dr. *H. Maus,* Marburg
Stadtpfarrer *R. Mayer,* Freudenstadt
Professor D. *R. Mehl,* Straßburg-Frankreich
Professor Dr. *K. Meisen,* Bonn
Professor Dr. Dr. *G. Mensching,* Bonn
Pastor *G. Menzel,* Wuppertal-Barmen
Professor Dr. *W. Menzel,* Dortmund
† Professor D. *G. Merz*
Pastor *H. O. Metzger,* Bonn
Professor Dr. *P. Meyer,* New Haven-USA
Oberlandeskirchenrat i. R. D. *Ph. Meyer,* Göttingen
Professor D. *R. Meyer,* Jena
Professor Dr. *H. Meylan,* Lausanne-Schweiz
Professor D. *W. Michaelis,* Bern-Schweiz
Professor D. *O. Michel,* Tübingen
Professor Dr. *K. H. Miskotte,* Voorst-Niederlande
Pfarrer *G. Möckel,* Berlin
Privatdozent Dr. *B. Moeller,* Heidelberg
Dozent Dr. *A. Molnár,* Prag-Tschechoslowakei
Professor Dr. *J. Moltmann,* Wuppertal-Barmen
Dr. *W. J. Mommsen,* Köln
Professor D. Dr. *S. Morenz,* Basel-Schweiz
Dr. *H. Motel,* Bad Boll
Oberstudienrat *H. H. Muchow,* Hamburg
Professor Dr. *W. E. Mühlmann,* Wiesbaden
Professor Dr. *E. Mülhaupt,* Wuppertal-Barmen
Dr. *E. W. Müller,* Heidelberg
Dozent Dr. *Gerh. Müller,* Marburg
Professor Dr. Dr. *L. Müller,* Tübingen
Dr. *W. Müller,* Bonn
Professor Dr. *J. Müller-Blattau,* Saarbrücken
Professor Dr. *G. Müller-Schwefe,* Tübingen
Professor D. *H.-R. Müller-Schwefe,* Hamburg
Pfarrer Dr. *R. Mumm,* Soest
Professor Dr. *B. Nagy,* Budapest-Ungarn
Professor Dr. *H. Nakagawa,* Hokkaido-Japan
Bischof D. *S. C. Neill* DD, Genf/Hamburg
Professor D. *A. Niebergall,* Marburg
Professor Dr. *W. Niemczyk,* Warschau-Polen
Pastor D. *W. Niemöller,* Bielefeld
Professor Dr. *M. P. Nilsson,* Lund-Schweden
Dr. *K. Nitzschke,* Bensheim
Professor D. Dr. *M. Noth,* Bonn
Dr. *K. Oberdorffer,* Ludwigshafen
Professor D. *R. Obermüller,* Buenos Aires-Argentinien
Studienrat Dr. *F. Obiditsch,* Weingarten
Privatdozent Dr. *K. Oehler,* Arlington-USA
Professor Dr. *Th. Ohm* OSB, Münster
Pastor *H. Ollesch,* Düsseldorf
Professor Dr. *K. Onasch,* Halle
Reverend *R. K. Orchard,* London-England
Dr. *W. Osthoff,* München
Professor Dr. *L. Ott,* Eichstätt
Professor Dr. *K. Otto-Dorn,* Ankara-Türkei
Professor Dr. *H. van Oyen,* Basel-Schweiz
Dozent Dr. *E. H. Pältz,* Jena
Professor Dr. *W. Pannenberg,* Mainz
Professor Dr. *L. Pap,* Budapest-Ungarn
Professor Dr. *G. Patzig,* Hamburg
Dr. Dr. *H. Paulus,* Erlangen
Dozent *C. H. Peisker,* Düsseldorf
Dr. *G. Perl,* Berlin
Professor D. *E. Peschke,* Halle
Professor Dr. *L. Petry,* Mainz
Professor Dr. *G. Pfeiffer,* Nürnberg
Professor Dr. *R. Pfister,* Zürich-Schweiz
Professor Lic. Dr. *W. Philipp,* Marburg
Dr. *P. Philippi,* Heidelberg
Professor Dr. *A. C. Piepkorn,* Clayton-USA
Direktor Dr. *R. Pietz,* Berlin
Professor Dr. *O. A. Piper,* Princeton-USA
Professor *L. Pope* DD, New Haven-USA
Professor Dr. *N. W. Porteous,* Edinburgh-Schottland

Professor Dr. *A. Portmann*, Basel-Schweiz
Dozent Dr. *P. Quante*, Kiel
Professor Dr. *J. Quasten*, Washington-USA
Dr. *H. Quiring*, Stuttgart
Professor D. Dr. *G. v. Rad*, Heidelberg
Landeskirchenrat i. R. Dr. *W. Rahe*, Münster
Professor Dr. *A. Rammelmeyer*, Frankfurt/M.
Missionsdirektor Pastor *E. Ramsauer*, Bremen
Professor Dr. *I. T. Ramsey*, Oxford-England
Professor Dr. *K. Ranke*, Göttingen
Professor D. *E. L. Rapp*, Mainz
Professor Dr. *F. Rapp*, Straßburg-Frankreich
Professor D. Dr. *C. H. Ratschow*, Marburg
Professor Dr. *J. Ratzinger*, Bad Godesberg
Sir *H. Read*, Stonegrave-England
Professor Dr. *A. Reble*, Würzburg
Professor Dr. *B. Reicke*, Basel-Schweiz
Professor Dr. *S. Reicke*, Heidelberg
Dr. *H.-D. Reimer*, Erlangen
Pfarrer Dr. *K. Reinerth*, Lauffen
Professor Dr. *R. Rendtorff*, Berlin
Privatdozent Dr. *T. Rendtorff*, Münster
Professor D. *K. H. Rengstorf*, Münster
Professor Dr. *P. Requadt*, Mainz
Privatdozent Pastor Dr. *Ph. Reymond*, Bottens-Schweiz
Pfarrer Dr. *C. Rhein*, Berlin
Professor Dr. *G. Rhode*, Mainz
Professor Dr. *R. Říčan*, Prag-Tschechoslowakei
Dr. *E. Richter*, Hamburg
Professor Dr. Dr. *L. Richter*, Berlin
Professor Dr. *H. Ritschl*, Hamburg
Professor Dr. *L. Röhrich*, Mainz
Professor Dr. *H. Röhrs*, Heidelberg
Dr. *W. Röllig*, Münster
Pfarrer *M. Rohkrämer*, Essen
H.-C. Rohrbach, Stuttgart
Missionsdirektor *C. Ronicke*, Bethel
Professor Dr. *H. Rosenfeld*, München
Professor D. Dr. *G. Rosenkranz*, Tübingen
Professor D. Dr. *L. Rost*, Erlangen
Dr. *G. Roth*, Tübingen
Pasteur *J. Roth*, Sainte-Marie-aux-Mines-Frankreich
Professor Dr. *K. E. Rothschuh*, Münster
Superintendent *W. Rott*, Koblenz
Dozent Dr. Dr. *K. Rudolph*, Leipzig
Dr. *O. Rühle*, Stuttgart
Privatdozent Dr. *E. G. Rüsch*, Schaffhausen
Missionspfarrer *W. Ruf*, Nürnberg
Oberlandeskirchenrat Dr. *E. Ruppel*, Hannover
Pfarrer i. R. *A. Saathoff*, Göttingen
Professor Dr. *R. Samuel*, Brighton-Australien
Dr. *A. Sandewall*, Uppsala-Schweden
Dr. *Hildegard Schaeder*, Frankfurt/M.
Dr. *H. Schepers*, Münster
Professor Dr. *H. Scheuerl*, Erlangen
Professor Dr. *U. Scheuner*, Bad Godesberg
Studienrat Lic. *S. Frhr. v. Scheurl*, Nürnberg
Pfarrer Dr. *W. Schilling*, Hof
Professor Dr. Dr. *A. Schimmel*, Bonn
Dr. Dr. *H. R. Schlette*, München
Professor Dr. *F. Schleyer*, Bonn
Konsistorialrat Dr. *F. Schlingensiepen*, Berlin
Professor D. Dr. *E. Schlink*, Heidelberg
Dr. *R. Schlötterer*, München
Dozent Pfarrer Dr. *H. Schmid*, Kaiserslautern
Dr. *T. Schmid*, Uppsala-Schweden
Professor Dr. *E. Schmidhäuser*, Göttingen
Professor D. *K. D. Schmidt*, Hamburg
Pfarrer *L. Schmidt*, Frankfurt/M.
Professor Dr. *M. Schmidt*, Mainz
Professor Dr. *M. A. Schmidt*, San Anselmo-USA
Dr. *W. Schmidt*, Mainz
Pfarrer Dr. *F. Schmidt-Clausing*, Berlin
Pfarrer Dr. *H. Chr. Schmidt-Lauber*, Lübeck
Dozent Dr. *W. Schmithals*, Raumland
Konservator Dr. *C. A. Schmitz*, Basel-Schweiz
Professor D. *W. Schneemelcher*, Bonn
Reverend Dr. *J. Schnellbach*, Nyasoso-Westafrika
Professor Dr. *H. J. Schoeps*, Erlangen
Repetent Dr. *K. Scholder*, Tübingen
Privatdozent Dr. *P. M. Schon*, Mainz
Professor D. *E. Schott*, Halle
Dr. *W. Schottroff*, Mainz
Dr. *W. Schrage*, Kiel
Studienrat Pfarrer Dr. *J. Schreiber*, Bayreuth
Professor D. *H.-H. Schrey*, Heidelberg
Professor Dr. *W. J. Schröder*, Mainz
Professor Dr. *W. Schulte*, Tübingen
Pfarrer Dr. *K. Schuster*, Schlangenbad
Dr. *R. Schwarz*, Tübingen
Dr. *G. Schwarzenberger*, Harpenden-England
Professor Dr. *W. Schweitzer*, Bethel

Dr. *M. Seidler,* Bonn
Professor Dr. *F. Sengle,* Heidelberg
Kirchenrat D. *Matth. Simon,* Nürnberg
Professor Dr. *N. Simonsson,* Uppsala-Schweden
Dr. *H.-R. Singer,* Erlangen
H. Skrobucha, Recklinghausen
G. L. Slagmolen, Utrecht-Niederlande
Professor Dr. *J. Sløk,* Risskov-Dänemark
Professor Dr. *W. A. P. Smit,* Utrecht-Niederlande
Professor Dr. *J. E. Smith,* New Haven-USA
Dr. *I. Smolitsch,* Berlin
Professor Dr. *J. H. Smylie,* Richmond-USA
Professor Dr. *W. Frhr. v. Soden,* Münster
Professor Dr. *J. Sólyom,* Budapest-Ungarn
Professor D. *E. Sommerlath,* Leipzig
Dr. *A. Sovik,* Genf-Schweiz
Dr. *R. Specht,* Hamburg
Professor Dr. *B. Spuler,* Hamburg
Gerichtsreferendar *J. F. Staats,* Berlin
Privatdozent Dr. *J. v. Stackelberg,* Freiburg
Pfarrer Dr. *J. Staedtke,* Dübendorf-Schweiz
Dozent Dr. Dr. *B. Stasiewski,* Bonn
Professor D. *K. G. Steck,* Frankfurt/M.
Professor Dr. *F. Stegmüller,* Freiburg
Pfarrer Dr. Dr. *H. Steitz,* Mainz
Professor Dr. *K. Stendahl,* Cambridge-USA
Pfarrer Dr. *K. v. Stieglitz,* Dortmund
Dr. *E. Stiglmayr,* Wien-Österreich
† Pfarrer *H. Stocks*
Professor Dr. *H. J. Stoebe,* Basel-Schweiz
Dr. *H. Stoob,* Hamburg
Professor Dr. *O. E. Straßer,* Bern-Schweiz
Dozent Dr. *G. Strecker,* Bonn
Dozent Dr. *A. Strobel,* Erlangen
Dr. *E. Ströker,* Hamburg
Professor D. Dr. *R. Stupperich,* Münster
Oberkirchenrat Professor D. *W. Sucker,* Darmstadt
Bischof Dr. *B. Sundkler,* Bukoba-Afrika
Professor Dr. *H.-W. Surkau,* Bonn
Professor Dr. *A. Szekeres,* Brüssel-Belgien
Professor Dr. *F. Taeschner,* Münster
Privatdozent Dr. *M. Tetz,* Bonn
Dr. *R. v. Thadden,* Göttingen
Superintendent *W. Thiel,* Berlin
Professor Dr. *A. Thomas,* Trier
Professor D. *D. W. Thomas,* Cambridge-England
Professor D. Dr. *O. Thulin,* Wittenberg
Professor Dr. *W. Thys,* Antwerpen-Belgien
Professor Dr. *I. Török,* Debrecen-Ungarn
Rektor *G. Tolderlund-Hansen,* Roskilde-Dänemark
Dr. *K. Treu,* Berlin
Professor D. Dr. *W. Trillhaas,* Göttingen
Reverend Dr. *J. S. Trimingham,* Glasgow-Schottland
Dozent Dr. *J. Trypućko,* Uppsala-Schweden
Professor Dr. *E. Tuchtfeldt,* Nürnberg
Dr. *B. O. Unbegaun,* Oxford-England
Professor Dr. *W. C. van Unnik,* Bilthoven-Niederlande
Professor D. *H. Urner,* Halle
Professor Dr. *F. Van Steenberghen,* Louvain-Belgien
Professor Dr. *A. Vetter,* Münsing
Professor Dr. *G. F. Vicedom,* Neuendettelsau
Professor D. *V. Vinay,* Rom-Italien
Reverend *E. Voehringer,* Philadelphia-USA
Professor Dr. Dr. *R. Voeltzel,* Straßburg-Frankreich
Dr. *F. E. Vogt,* Böblingen
Professor Dr. *W. Vollborn,* Kiel
Professor Dr. *Th. C. Vriezen,* Den Dolder-Niederlande
Studienassessor Dr. *P. Wackwitz,* Jever
Reverend *R. P. St. Waddy,* Derby-England
Pfarrer Dr. *O. Wagner,* München
Canon *M. A. C. Warren* DD, London-England
Diplomvolkswirt Dr. *H. Weber,* Münster
Professor D. *O. Weber,* Göttingen
Professor Dr. *W. Weber,* Göttingen
Vizepräsident Dr. *R. Weeber,* Stuttgart
Professor D. *J. Weerda,* Erlangen
Dozent Dr. *M. Weise,* Jena
R. Weiß, Jena
Dr. *G. Weiß-Stählin,* Erlangen
Professor D. *H.-D. Wendland,* Münster
Oberkirchenrat Professor Dr. *G. Wendt,* Karlsruhe
Professor D. Dr. *S. Wendt,* Göttingen
† Professor Dr. *E. Weniger*
Professor Dr. *H. Wenke,* Hamburg
Dr. *W. Werbeck,* Tübingen

Professor Dr. *W. Wernet*, Münster
Professor Lic. Dr. *K. Wessel*, München
Dr. *U. Wickert*, Tübingen
Pastor *P. Wiegräbe*, Lemgo
Dr. *R. Wiehl*, Heidelberg
Dr. *L. Wiesinger*, Berlin
Professor Dr. *G. H. Williams*, Cambridge-USA
Dr. *F. Winkelmann*, Berlin
Dr. *R. Wisser*, Worms
Professor Dr. *R. Wittram*, Göttingen
Professor Dr. *F. W. Wodtke*, Kiel
Professor D. Dr. *Erik Wolf*, Oberrotweil
Professor D. *Ernst Wolf*, Göttingen
Dr. *F. Wolf*, Adelberg
Professor Dr. *E. Wolff*, Göttingen
Dozent Dr. *O. Wolff*, Tübingen
Dozent Dr. Dr. *P. Wrzecionko*, Münster
Professor D. Dr. *E. Würthwein*, Marburg
Professor Dr. *M. Wundt*, Tübingen
Professor Dr. *L. A. Zander*, Boulogne sur Seine-Frankreich
Professor Dr. *St. Zankow*, Sofia-Bulgarien
Professor Dr. *H. Zatschek*, Wien-Österreich
Pfarrer *K. Zeiß*, Frankfurt/M.
Professor Dr. *G. Zeitel*, Mannheim
Professor Dr. *W. Zeller*, Marburg
Oberstudiendirektor Dr. *E. Zenz*, Trier
Professor D. *W. Zimmerli*, Göttingen
Dr. Dr. *H. Zimmermann*, Wien-Österreich
Professor Dr. *F. Zoepfl*, Dillingen
† Professor D. *L. Zscharnack*
Dr. *W. Zülch*, Berlin

Als Übersetzer:

Dr. *T. Bergsten*, Uppsala-Schweden
Professor D. *Erich Dinkler*, Bonn
Dr. *Erika Dinkler-v. Schubert*, Bonn
Professor Dr. Dr. *A. Ehrhardt*, Heywood-England
E.-M. Fabian, Tübingen
Dr. *K. Fröhlich*, Madison/N. J.-USA
Professor D. Dr. *K. Galling*, Tübingen
G. Gröbe, Tübingen
Bibliotheksrat Dr. *E. Kümmerer*, Tübingen
R. Løgstrup, Skødstrup-Dänemark
Professor D. *H.-H. Schrey*, Heidelberg
Dr. *H. Schulte*, Heidelberg
Professor D. *Ernst Wolf*, Göttingen

Als Zeichner:

Privatdozent Dr. *A. Gerlich*, Mainz

VERZEICHNIS DER ABKÜRZUNGEN

I. BIBLISCHE BÜCHER UND AUSSERKANONISCHE SCHRIFTEN

A. Altes Testament

Gen	Genesis
Ex	Exodus
Lev	Leviticus
Num	Numeri
Dtn	Deuteronomium
Jos	Josua
Ri	Richter
1Sam	1. Samuelbuch
2Sam	2. Samuelbuch
1Kön	1. Königsbuch
2Kön	2. Königsbuch
Jes	Jesaja
Dtjes	Deuterojesaja
Jer	Jeremia
Ez	Ezechiel
Hos	Hosea
Jo	Joel
Am	Amos
Ob	Obadja
Jon	Jona
Mi	Micha
Nah	Nahum
Hab	Habakuk
Zeph	Zephanja
Hag	Haggai
Sach	Sacharja
Mal	Maleachi
Ps(s)	Psalm(en)
Spr	Sprüche
Hi	Hiob
Hhld	Hoheslied
Ruth	
Klgl	Klagelieder
Pred	Prediger
Est	Esther
Dan	Daniel
Esr	Esra
Neh	Nehemia
1Chr	1. Buch der Chronik
2Chr	2. Buch der Chronik

B. Außerkanonische Schriften neben dem Alten Testament

ApkBar(gr)	griech. Baruch-Apokalypse
ApkBar(syr)	syrische Baruch-Apokalypse
Arist	Aristeasbrief
AssMos	Assumptio Mosis
Bar	Baruch
Dam	Damaskusschrift (Zadokitisches Fragment)
EpJer	Epistula Jeremiae
3Esr	3. Esra
4Esr	4. Esra
äthHen	äthiop. Henochbuch
grHen	griech. Henochbuch
hebrHen	hebr. Henochbuch
slHen	slaw. Henochbuch
Jdt	Judith
Jub	Jubiläenbuch
LebAd	Leben Adams und Evas
1Makk	1. Makkabäerbuch
2Makk	2. Makkabäerbuch
3Makk	3. Makkabäerbuch
4Makk	4. Makkabäerbuch
MartJes	Martyrium des Jesaja
OrMan	Oratio Manassis
PsSal	Psalmen Salomos
Sib	Sibyllinen
Sir	Jesus Sirach
TestAbr	Testament Abrahams
TestXII	Testamente der 12 Patriarchen
TestRub	(Sim, Lev, Jud, Iss, Seb, Dan, Naph, Gad, Ass, Jos, Benj)
Tob	Tobit
Weish	Weisheit Salomos
ZusDan	Zusätze zu Daniel
ZusEst	Zusätze zu Esther

Die Funde aus dem Raum westlich des Toten Meeres werden nach dem Vorschlag von R. de Vaux in RB 60, 1953, 88 zitiert:

1QH	hôdajôt = Dankpsalmen aus der ersten Höhle von Qumran (Sukenik, DSS Tafel 35-58)
1QIs^{a}	erste Jesaja-Handschrift aus der ersten Höhle von Qumran (Burrows, QMss I. Tafel 1-54)
1QIs^{b}	zweite Jesaja-Handschrift aus der ersten Höhle von Qumran (Sukenik, DSS Tafel 1-15)
1QM	milḥæmæt b^{e}nê 'ôr bib^{e}nê ḥošæk = »Kampf der Söhne des Lichts gegen die Söhne der Finsternis« (= »Kriegsrolle«, »War«, »Guerre« o.ä.); Handschrift aus der ersten Höhle von Qumran (Sukenik, DSS Tafel 16-34. 47)
1QpHab	pæšær ḥ^{a}baqûq = Habakuk-Kommentar; Handschrift aus der ersten Höhle von Qumran (Burrows, QMss I. Tafel 55-61)
1QS	særæk hăjjăḥăd = »Sektenregel«, »Manual of Discipline« o.ä.; Handschrift aus der ersten Höhle von Qumran (Burrows, QMss II. fasc. 2)

C. Neues Testament

Mt	Matthäus
Mk	Markus
Lk	Lukas
Joh	Johannes
MtEv, MkEv, LkEv, JohEv	im Text ohne Stellenangaben
Apg	Apostelgeschichte
Röm	Römerbrief
1Kor	1. Korintherbrief
2Kor	2. Korintherbrief
Gal	Galaterbrief
Eph	Epheserbrief
Phil	Philipperbrief
Kol	Kolosserbrief
1Thess	1. Thessalonicherbrief
2Thess	2. Thessalonicherbrief
1Tim	1. Timotheusbrief
2Tim	2. Timotheusbrief
Tit	Titusbrief
Past	Pastoralbriefe
Phlm	Philemonbrief
Hebr	Hebräerbrief
Jak	Jakobusbrief
1Petr	1. Petrusbrief
2Petr	2. Petrusbrief
1Joh	1. Johannesbrief
2Joh	2. Johannesbrief
3Joh	3. Johannesbrief
Jud	Judasbrief
Apk	Johannes-Apokalypse

D. Außerkanonische Schriften neben dem Neuen Testament und Apostolische Väter

ActAndr	Andreasakten
ActJoh	Johannesakten
ActPaul	Paulusakten
ActPetr	Petrusakten
ActThom	Thomasakten
ÄgEv	Ägypterevangelium
ApkAbr	Abraham-Apokalypse
ApkEl	Elias-Apokalypse
ApkMos	Moses-Apokalypse
ApkPetr	Petrus-Apokalypse
AscJes	Ascensio Jesaiae
Barn	Barnabasbrief
1Clem	1. Clemensbrief
2Clem	2. Clemensbrief
Did	Didache (Lehre der 12 Apostel)
EbEv	Ebionitenevangelium
HebrEv	Hebräerevangelium
Herm mand	Hermas, mandata
Herm sim	Hermas, similitudines
Herm vis	Hermas, visiones
IgnEph	Brief des Ignatius an die Epheser
IgnMagn	Brief des Ignatius an die Magnesier
IgnTrall	Brief des Ignatius an die Trallianer
IgnRöm	Brief des Ignatius an die Römer
IgnPhld	Brief des Ignatius an die Philadelphier
IgnSm	Brief des Ignatius an die Smyrnäer
IgnPol	Brief des Ignatius an Polykarp
Laod	Laodicenerbrief
MartPol	Martyrium des Polykarp
OdSal	Oden Salomos
PetrEv	Petrusevangelium
Polyk	Brief des Polykarp
Protev	Protevangelium des Jakobus

II. SAMMELWERKE, ZEITSCHRIFTEN, MONOGRAPHIENREIHEN u.a.

AA	Archäologischer Anzeiger. Beiblatt zum Jahrbuch des Archäologischen Instituts
AAA	Annual of Archaeology and Anthropology
AAB	Abhandlungen der Deutschen (bis 1944: Preußischen) Akademie der Wissenschaften zu Berlin
AAG	Abhandlungen der Akademie der Wissenschaften in Göttingen (bis Folge III, 26, 1940: AGG)
AAH	Abhandlungen der Heidelberger Akademie der Wissenschaften. Heidelberg
AAL	Abhandlungen der Sächsischen Akademie der Wissenschaften in Leipzig (bis 30, 1920: AGL)
AAM	Abhandlungen der Bayerischen Akademie der Wissenschaften. München
AAMz	Abhandlungen (der geistes- und sozialwissenschaftlichen Klasse) der Akademie der Wissenschaften und der Literatur. Mainz
AAS	Acta Apostolicae Sedis
AASOR	The Annual of the American Schools of Oriental Research
AC	Apologia Confessionis
AcMus	Acta Musicologica
ACO	Acta Conciliorum Oecumenicorum, ed. E. Schwartz
AcOr(B)	Acta Orientalia (Budapest)
AcOr(H)	Acta Orientalia (Hawniae)
AcOr(L)	Acta Orientalia (Leiden)
ACW	Ancient Christian Writers, Westminster (Maryland) 1946ff
ADB	Allgemeine Deutsche Biographie
ÄF	Ägyptologische Forschungen
AELKZ	Allgemeine evangelisch-lutherische Kirchenzeitung
AevKR	Archiv für evangelisches Kirchenrecht
AFLNW	Arbeitsgemeinschaft für Forschung des Landes Nordrhein-Westfalen
AfMf	Archiv für Musikforschung
AfMw	Archiv für Musikwissenschaft
AfO	Archiv für Orientforschung
AFP	Archivum Fratrum Praedicatorum
AFrH	Archivum Franciscanum Historicum
AGG	Abhandlungen der Gesellschaft der Wissenschaften zu Göttingen (ab Folge III, 27, 1942: AAG)
AGL	Abhandlungen der Sächsischen Gesellschaft der Wissenschaften. Leipzig (ab 31, 1921: AAL)
AGPh	Archiv für (1889-1894 und 1931. 1932: Geschichte der) Philosophie, Berlin 1889-1932 (vgl. APh)
AHDL	Archives d'Histoire Doctrinale et Littéraire du Moyen Âge
AHSJ	Archivum Historicum Societatis Jesu
AJA	American Journal of Archaeology

AJC American Jewish Committee. Annual Report
AIPh Annuaire de l'Institut de Philologie et d'Histoire Orientales et Slaves
AJS American Journal of Sociology
AJSL American Journal of Semitic Languages and Literatures
AkathKR Archiv für katholisches Kirchenrecht
AKG Arbeiten zur Kirchengeschichte
AKultG Archiv für Kulturgeschichte
AKM Abhandlungen für die Kunde des Morgenlandes
Algermissen K. Algermissen, Konfessionskunde, 6. Aufl. 1950; Algermissen[7]: 7. Aufl. 1957
ALKGMA Archiv für Literatur- und Kirchengeschichte des Mittelalters
Alt I-III A. Alt, Kleine Schriften zur Geschichte des Volkes Israel, Bd 1-3 1953/59
Altaner B. Altaner, Patrologie. Leben, Schriften und Lehre der Kirchenväter. 5. Aufl. 1958
ALW Archiv für Liturgiewissenschaft
AmA American Anthropologist
AMG Annales du Musée Guimet
AMN Allgemeine Missionsnachrichten
AMZ Allgemeine Missionszeitschrift
AnBibl Analecta Biblica
AnBoll Analecta Bollandiana
AnCO Analecta Christiana Orientalia
ANEP The Ancient Near East in Pictures relating to the Old Testament, ed. J. B. Pritchard, 1954
ANET Ancient Near Eastern Texts relating to the Old Testament, ed. J. B. Pritchard, 1950 (ANET[2]: 2. ed. corrected and enlarged 1955)
Angelos Angelos. Archiv für neutestamentliche Zeitgeschichte und Kulturkunde
AnGreg Analecta Gregoriana
AnLov Analecta Lovaniensia Biblica et Orientalia
AnnPont Annuario Pontificio
AnOr Analecta Orientalia
AnPraem Analecta Praemonstratensia
Anthropos Anthropos. Internationale Zeitschrift für Völker- und Sprachenkunde
ANVAO Avhandlinger utgitt av Det Norske Videnskaps-Akademi i Oslo
AnzAW Anzeiger der (ab 48, 1947: Österreichischen) Akademie der Wissenschaften. Wien
AO Der Alte Orient
AOB Altorientalische Bilder, hg. v. H. Greßmann, 2. Aufl. 1927
AÖR Archiv des öffentlichen Rechts
AOS American Oriental Series
AOT Altorientalische Texte, hg. v. H. Greßmann, 2. Aufl. 1926
APF Archiv für Papyrusforschung
APh Archiv für Philosophie, Stuttgart 1947ff (vgl. AGPh)
ARG Archiv für Reformationsgeschichte
ARM Archives Royales de Mari
ArOr Archiv Orientální
ARPs Archiv für Religionspsychologie
ARSP Archiv für Rechts- und Sozialphilosophie
ArtB The Art Bulletin
ARW Archiv für Religionswissenschaft
AS Acta Sanctorum
ASAE Annales du Service des Antiquités de l'Egypte
ASm Schmalkaldische Artikel
ASNU Acta Seminarii Neotestamentici Upsaliensis (1, 1936 - 8, 1937 unter dem Titel: Arbeiten und Mitteilungen aus dem Neutestamentlichen Seminar zu Uppsala)
ASR American Sociological Review
ASRStP Archivio della Società Romana di Storia Patria
ASS Acta Sanctae Sedis
ATA Alttestamentliche Abhandlungen
ATAO A. Jeremias, Das Alte Testament im Lichte des Alten Orients, 4. Aufl. 1930
ATD Das Alte Testament Deutsch, hg. v. V. Herntrich und A. Weiser
ATG Archivo Teológico Granadino
AThANT Abhandlungen zur Theologie des Alten und Neuen Testaments
AThR Anglican Theological Review
AuC Antike und Christentum
AUF Archiv für Urkundenforschung
AVK Archiv für Völkerkunde
AVR Archiv für Völkerrecht
AVSL Archiv des Vereins für Siebenbürgische Landeskunde (3. Folge 1962ff: Siebenbürgisches Archiv)
BA The Biblical Archaeologist
Backer-Sommervogel A. de Backer - C. Sommervogel, Bibliothèque de la Compagnie de Jésus, nouv. éd. 1890ff
BAE Bureau of American Ethnology
BAKultG Beihefte zum Archiv für Kulturgeschichte
BAL Berichte über die Verhandlungen der Sächsischen Akademie der Wissenschaften zu Leipzig (bis 71, 1, 1919: BGL)
BAO Beihefte zum Alten Orient
Bardenhewer O. Bardenhewer, Geschichte der altkirchlichen Literatur, 2. Aufl. 1913-1932
Barrois I. II A. G. Barrois, Manuel d'Archéologie Biblique, t. I. II 1939. 1953
Barth, KD K. Barth, Die Kirchliche Dogmatik, 1932ff
Barth, PrTh K. Barth, Die protestantische Theologie im 19. Jh. Ihre Vorgeschichte und Geschichte, 2. Aufl. 1952
BASOR The Bulletin of the American Schools of Oriental Research
Bauer, WB W. Bauer, Griechisch-Deutsches Wörterbuch zu den Schriften des Neuen Testaments und der übrigen urchristlichen Literatur, 4. Aufl. 1952; Bauer, WB[5]: 5. Aufl. 1958
BBB Bonner Biblische Beiträge
BBKG Beiträge zur bayerischen Kirchengeschichte
BBLAK Beiträge zur biblischen Landes- und Altertumskunde (= ZDPV 68, 1949/51)
BC Biblischer Commentar über das AT, hg. v. C. F. Keil u. F. Delitzsch
Beck H.-G. Beck, Kirche und theologische Literatur im byzantinischen Reich (HAW XII/2, 1), 1959
BEFEO Bulletin de l'Ecole Française de l'Extrême Orient
BEStPh Bibliographische Einführungen in das Studium der Philosophie, hg. v. I. M. Bochenski, 1948ff
BEThL Bibliotheca Ephemeridum Theologicarum Lovaniensium
BEvTh Beiträge zur Evangelischen Theologie
BFChTh Beiträge zur Förderung christlicher Theologie

BGB	Bürgerliches Gesetzbuch
BGDSL	Beiträge zur Geschichte der deutschen Sprache und Literatur
BGE	Beiträge zur Geschichte der bibl. Exegese
BGH	Beiträge zur Geschichte der biblischen Hermeneutik
BGL	Berichte über die Verhandlungen der Sächsischen Gesellschaft der Wissenschaften zu Leipzig (ab 71, 2, 1919: BAL)
BGPhMA	Beiträge zur Geschichte der Philosophie (ab 27, 1928/30: und Theologie) des Mittelalters
BGU	Ägyptische Urkunden in griechischer Sprache aus den Museen zu Berlin
BhEvTh	Beihefte zur Evangelischen Theologie
BHG	Bibliotheca Hagiographica Graeca
BHK	Biblia Hebraica, ed. R. Kittel, 7. Aufl. 1951
BHL	Bibliotheca Hagiographica Latina
BHO	Bibliotheca Hagiographica Orientalis
BHTh	Beiträge zur historischen Theologie
Bibl	Biblica
BiblThom	Bibliothèque Thomiste
BiblMiss	R. Streit - J. Dillinger, Bibliotheca Missionum
BIES	The Bulletin of the Israel Exploration Society
BIFAO	Bulletin de l'Institut Français d'Archéologie Orientale
Bill. I-V	(H. L. Strack-) P. Billerbeck, Kommentar zum Neuen Testament aus Talmud und Midrasch, Bd 1-4 1922-1928, Bd 5 1955
BIMG	Publikationen der Internationalen Musikgesellschaft, Beihefte
BiOr	Bibliotheca Orientalis
BJPES	Bulletin of the Jewish Palestine Exploration Society
BJRL	The Bulletin of the John Rylands Library
BK	Biblischer Kommentar. Altes Testament, hg. v. M. Noth, 1955 ff
BKV$^{1.2}$	Bibliothek der Kirchenväter (»Kemptener Ausgabe«); BKV^{1}: 1869-1888, BKV^{2}: 1911 ff
BL	Bibel-Lexikon, hg. v. H. Haag, 1951 bis 1956
Bl-Debr	F. Blaß-A. Debrunner, Grammatik des neutestamentlichen Griechisch, 9. Aufl. 1954
BMevR	Beiträge zur Missionswissenschaft und ev. Religionskunde
BoA	Luthers Werke in Auswahl, hg. v. O. Clemen (»Bonner Ausgabe«), Bd 1-8 1912 bis 1933 (Bd 1-4. 7. 8 Neudr. 1950); BoA^{2} = 2. Aufl.: Bd 5. 6 1955
BOT	De Boeken van het Oude Testament, hg. v. A. van den Born
Bousset, Rel.	W. Bousset, Die Religion des Judentums, 3. Aufl. hg. v. H. Greßmann, 1926
BPatr	Bibliographia Patristica, hg. v. W. Schneemelcher, 1959 ff (für die Jahre 1956 ff)
BPhil	Bibliographia Philosophica 1934-1945, ed. G. A. de Brie, Bd 1. 2 1950. 1954
Braun, Altar	J. Braun, Der christliche Altar in seiner geschichtlichen Entwicklung, 2 Bde 1924
Braun, LH	J. Braun, Liturgisches Handlexikon, 2. Aufl. 1924
Braun, TA	J. Braun, Tracht und Attribute der Heiligen in der deutschen Kunst, 1943
BRL	K. Galling, Biblisches Reallexikon (HAT I, 1, 1937)
BS	Bibliotheca Sacra
BSHPF	Bulletin de la Société de l'Histoire du Protestantisme Français
BSKG	Beiträge zur sächsischen Kirchengeschichte
BSLK	Die Bekenntnisschriften der lutherischen Kirche, hg. v. Deutschen Evangelischen Kirchenausschuß, 3. Aufl. 1956
BSO(A)S	Bulletin of the School of Oriental (Vol. 10 ff: and African) Studies
BSRK	Die Bekenntnisschriften der reformierten Kirche, hg. v. E. F. K. Müller, 1903
BSt	Biblische Studien
BThAM	Bulletin de Théologie Ancienne et Médiévale
BThH	Biblisch-Theologisches Handwörterbuch zur Lutherbibel und zu neueren Übersetzungen, hg. v. E. Osterloh u. H. Engelland, 1954
BThKG	Beiträge zur thüringischen Kirchengeschichte
Bultmann I-III	R. Bultmann, Glauben und Verstehen. Gesammelte Aufsätze, Bd 1, 2. unv. Aufl. 1954, Bd 2. 3 1952. 1959
Bultmann, NT	R. Bultmann, Theologie des Neuen Testaments, 3. Aufl. 1958
Burrows, DSS	M. Burrows, The Dead Sea Scrolls (with translations by the author), 1955
Burrows, QMss	M. Burrows, The Dead Sea Scrolls of St. Mark's Monastery: Vol. I. The Isaiah Manuscript and the Habakuk Commentary, 1950; Vol. II. Fascicle 2. Plates and transcription of the Manual of Discipline, 1951
BWA(N)T	Beiträge zur Wissenschaft vom Alten (und Neuen) Testament
BWGN	Biographisch Woordenboek van Protestantsche Godgeleerden in Nederland, 1919 ff
ByZ	Byzantinische Zeitschrift
BZ	Biblische Zeitschrift
BZAW	Beihefte zur Zeitschrift für die alttestamentliche Wissenschaft
BZNW	Beihefte zur Zeitschrift für die neutestamentliche Wissenschaft
BZRGG	Beihefte der Zeitschrift für Religions- und Geistesgeschichte
CA	Confessio Augustana
CAB	Cahiers d'Archéologie Biblique
CAD	The Assyrian Dictionary of the University of Chicago, 1956 ff
CahArch	Cahiers Archéologiques. Fin de l'Antiquité et Moyen Âge
Caspar I. II	E. Caspar, Geschichte des Papsttums von den Anfängen bis zur Höhe der Weltherrschaft, Bd 1. 2 1930. 1933
CathEnc	The Catholic Encyclopedia, 1907-1922
Catholicisme	Catholicisme hier, aujourd'hui, demain. Encyclopédie dirigée par G. Jacquanet, 1948 ff
CBL	Calwer Bibellexikon, 4. Aufl. 1924
CBQ	The Catholic Biblical Quarterly
CCath	Corpus Catholicorum
CCHMA	Corpus Codicum Hebraicorum Medii Aevi
CChr	Corpus Christianorum
CConf	Corpus Confessionum. Die Bekenntnisse der Christenheit
CcW	Chronik der christlichen Welt
Chant	P. D. Chantepie de la Saussaye, Lehrbuch der Religionsgeschichte, 4. Aufl. hg. v. A. Bertholet u. E. Lehmann, 1925
Charles, AP	The Apocrypha and Pseudepigrapha of

	the Old Testament in English, ed. R.H. Charles, 1913
Chevalier	U. Chevalier, Repertoire des sources historiques du Moyen Âge (BB: Bio-Bibliographie, 2. Aufl. 1905-1907; TB: Topo-Bibliographie, 1894-1903)
ChH	Church History
ChQR	The Church Quarterly Review
Chr. d'Ég.	Chronique d'Égypte
ChrRel	Christus und die Religionen der Erde, 3 Bde, hg. v. F. König, 1951; ChrRel^2: 2. Aufl. 1956
ChuW	Christentum und Wissenschaft
ChW	Christliche Welt
CIC	Codex Iuris Canonici (c. [cc.] = canon[es])
CIG	Corpus Inscriptionum Graecarum
CIJ	J. B. Frey, Corpus Inscriptionum Judaicarum, Bd 1. 2 1936. 1948
CIL	Corpus Inscriptionum Latinarum
CIS	Corpus Inscriptionum Semiticarum
CKL	Calwer Kirchenlexikon, 1937. 1941
CN	Coniectanea Neotestamentica
COT	Commentaar op het Oude Testament, hg. v. G. Ch. Aalders
CorpIC	Corpus Iuris Canonici
CPL	Clavis Patrum Latinorum, ed. E. Dekkers, Steenbrugge 1951 (= SE 3)
CR	Corpus Reformatorum
CRAI	Comptes Rendus de l'Académie des Inscriptions et Belles-Lettres, Paris
CSCO	Corpus scriptorum Christianorum orientalium
CSEL	Corpus scriptorum ecclesiasticorum Latinorum
CSS	Cursus Scripturae Sacrae
DA	Deutsches Archiv für Geschichte des Mittelalters (1937-1943; seit 1950: für Erforschung des Mittelalters)
DAB	Dictionary of American Biography
DACL	F. Cabrol-H. Leclercq, Dictionnaire d'Archéologie Chrétienne et de Liturgie, 1907 ff
DAFC	Dictionnaire Apologétique de la Foi Catholique, 1914-1931
Dahlmann-Waitz	F. C. Dahlmann-G. Waitz, Quellenkunde der Deutschen Geschichte, 9. Aufl. hg. v. H. Haering, 1931/32
Dalman, AuS	G. Dalman, Arbeit und Sitte in Palästina, 1928-1942
DB	A Dictionary of the Bible, ed. J. Hastings with assistance of J. A. Selbie, 1898-1904 (= 8.-13. Aufl. 1942-1951)
DBF	Dictionnaire de Biographie Française, 1933 ff
DBL	Dansk Biografisk Leksikon, Bd 1-27 1933-1944
DBS	Dictionnaire de la Bible, Supplément, Bd 1 ff, 1928 ff
DCB	Dictionary of Christian Biography, Literature, Sects and Doctrines, 1877-1887
DDC	Dictionnaire de Droit Canonique, 1935 ff
DdS	Dictionnaire de Sociologie, 1933 ff
DDT	Denkmäler deutscher Tonkunst
DE	Deutsch-Evangelisch
DEBl	Deutsch-evangelische Blätter
DEG	Deutsches Evangelisches Gesangbuch
Deißmann, LvO	A. Deißmann, Licht vom Osten, 4. Aufl. 1923
Denz.	H. Denzinger, Enchiridion symbolorum et definitionum, 29. Aufl. 1954
DHC	P. Bayle, Dictionnaire Historique et Critique, 6. Aufl. Bd 1-4 1741
DHGE	Dictionnaire d'Histoire et de Géographie Ecclésiastiques, 1912 ff
DJD	Discoveries in the Judaean Desert, Oxford 1955 ff
DJZ	Deutsche Juristenzeitung
DLZ	Deutsche Literaturzeitung
DMM	Dictionary of Modern Music and Musicians, 1924
DNB	The Dictionary of National Biography, 1885 ff
DOP	Dumbarton Oaks Papers
Doyé	F. v. Sales Doyé, Heilige und Selige der römisch-katholischen Kirche, deren Erkennungszeichen, Patronate und lebensgeschichtliche Bemerkungen, 2 Bde 1930
DSp	Dictionnaire de Spiritualité, Ascétique et Mystique, 1937 ff
DTB	Denkmäler der Tonkunst in Bayern (= 2. Folge der Denkmäler deutscher Tonkunst)
DTh	Deutsche Theologie. Monatsschrift für die deutsche evangelische Kirche
DThC	Dictionnaire de Théologie Catholique, Bd 1-15, 1903-1950
DTÖ	Denkmäler der Tonkunst in Österreich
DtPfrBl	Deutsches Pfarrerblatt
DTT	Dansk Teologisk Tidsskrift
Duchesne, LP	Liber Pontificalis, ed. L. Duchesne, Bd 1. 2 Paris 1886/92; anastatischer Neudr. ebd 1955; Bd 3 ed. C. Vogel, ebd 1957
DVfLG	Deutsche Vierteljahrsschrift für Literaturwissenschaft und Geistesgeschichte
DZKR	Deutsche Zeitschrift für Kirchenrecht
DZPh	Deutsche Zeitschrift für Philosophie
EAW	Einleitung in die Altertumswissenschaft, 3. Aufl. 1927 ff
EB	Encyclopaedia Biblica, ed. T. K. Cheyne and J. Black, 1899-1903
EBrit	Encyclopaedia Britannica*)
EC	Enciclopedia Cattolica, Bd 1-12 1949-1954
EF	Enciclopedia Filosofica, Bd 1-4 1957
EHP	Encyklopädisches Handbuch der Pädagogik, hg. v. W. Rein, 1895-1910
EI^1	Enzyklopädie des Islam, Leiden. Leipzig 1913-1938
EI^2	Encyclopédie de l'Islam, nouv. éd., Leiden. Paris 1954 ff
Eichmann-Mörsdorf	E. Eichmann-K. Mörsdorf, Lehrbuch des Kirchenrechts auf Grund des CIC, Bd 1-3 9. Aufl. 1958-1960
Eisler	R. Eisler, Wörterbuch der philosophischen Begriffe, 4. Aufl. 1927-1930
EItal	Enciclopedia Italiana, Bd 1-36 u. 3 Erg-Bde, 1929-1949
EitnerQ	R. Eitner, Biographisch-bibliographisches Quellenlexikon der Musiker und Musikgelehrten der christlichen Zeitrechnung bis zur Mitte des 19. Jh.s, 1900-1904
EJud	Encyclopaedia Judaica. Das Judentum in Geschichte und Gegenwart, Bd 1-10 1928-1934 (nicht vollständig)
EKG	Evangelisches Kirchengesangbuch
EKL	Evangelisches Kirchenlexikon. Kirchlich-theologisches Handwörterbuch, hg. v. H. Brunotte und O. Weber, 1955 ff
Elert, ML	W. Elert, Morphologie des Luthertums, verb. Nachdr. 1952 f

Eliade	M. Eliade, Die Religionen und das Heilige. Elemente der Religionsgeschichte, 1954 (Übers. von: Traité d'Histoire des Religions, 1949)
ELKZ	Evangelisch-lutherische Kirchenzeitung
EMM	Evangelisches Missionsmagazin
EMZ	Evangelische Missionszeitschrift
EphLiturg	Ephemerides Liturgicae
EphLov	Ephemerides Lovanienses
EPhM	Etudes de Philosophie Médiévale
Epit.	Epitome
ER	Ecumenical Review
Eranos	Eranos. Acta philologica suecana
ERE	Encyclopedia of Religion and Ethics, ed. J. Hastings, 1908-1926 (Nachdr. 1951)
ErJb	Eranos-Jahrbuch
Erman-Horn	Bibliographie der deutschen Universitäten, bearbeitet von W. Erman und E. Horn, Bd 1.2 1904, Register und Nachträge 1905
Escobar	Ordini e Congregazioni religiose, hg. v. M. Escobar, Bd 1. 2 1951. 1953
ESL	Evangelisches Soziallexikon, hg. v. F. Karrenberg, 1954
ESS	Encyclopedia of the Social Sciences, Bd 1-15 1930-1935
ET	The Expository Times
EThL	Ephemerides Theologicae Lovanienses
EThR	Etudes Théologiques et Religieuses
EuG	J. S. Ersch u. J. G. Gruber, Allgemeine Enzyklopädie der Wissenschaften und Künste, 1818-1889
EUI	Enciclopedia Universal Ilustrada Europeo-Americana, 1908-1933
EvFr	Evangelische Freiheit
EvTh	Evangelische Theologie
Exp	The Expositor
FA	Finanzarchiv
FBPG	Forschungen zur brandenburg-preußischen Geschichte
FC	Formula Concordiae
FChLDG	Forschungen zur christlichen Literatur- und Dogmengeschichte
Feine	H. E. Feine, Kirchliche Rechtsgeschichte, Bd 1, 3. Aufl. 1955
FF	Forschungen und Fortschritte
FFC	Folklore Fellows Communications
FGH	Fragmente der griechischen Historiker, hg. v. F. Jacoby, 1923ff
FGLP	Forschungen zur Geschichte und Lehre des Protestantismus
FGNK	Forschungen zur Geschichte des neutestamentlichen Kanons
FHG	Fragmenta historicorum Graecorum, 1841-1870
FHR	Fontes historiae religionum, ed. C. Clemen
FKDG	Forschungen zur Kirchen- und Dogmengeschichte
FKGG	Forschungen zur Kirchen- und Geistesgeschichte
Fliche-Martin	A. Fliche-V. Martin (Hg.), Histoire de l'Eglise depuis les origines jusqu'à nos jours, 1935ff
Frazer	J. G. Frazer, The Golden Bough, Vols 1 to 12, 3. ed. 1911-1927
Friedberg	E. Friedberg, Lehrbuch des katholischen und evangelischen Kirchenrechts, 6. Aufl. 1909
FRLANT	Forschungen zur Religion und Literatur des Alten und Neuen Testaments
Fromm	H. Fromm, Bibliographie deutscher Übersetzungen aus dem Französischen 1700 bis 1948, Bd 1-6, 1950-1953
FS	Franziskanische Studien
FSThR	Forschungen zur systematischen Theologie und Religionsphilosophie
F-T	A. Fischer - W. Tümpel, Das deutsche evangelische Kirchenlied des 17. Jh.s, Bd 1-6 1902-1916
GAL	C. Brockelmann, Geschichte der arabischen Literatur, 2. Aufl. 1943f
GALS	Supplement zu GAL (1. Aufl.), 1937-1942
GB	W. Gesenius - F. Buhl, Hebräisches und Aramäisches Handwörterbuch. 17. Aufl. 1921 (unv. Nachdr. 1949)
GCAL	G. Graf, Geschichte der christlichen arabischen Literatur, Bd 1-5 1944-1953 (= StT 118. 133. 146f. 172)
GCS	Die griechischen christlichen Schriftsteller der ersten Jahrhunderte
GdG	Grundriß der Geschichtswissenschaft *)
GdS	Grundriß der Sozialökonomik
Gebhardt-Grundmann	B. Gebhardt, Handbuch der deutschen Geschichte, 8. Aufl. hg. v. H. Grundmann, 1954ff
GG	Grundgesetz für die Bundesrepublik Deutschland vom 23. 5. 1949
GG	Grundriß zur Geschichte der deutschen Dichtung. Aus den Quellen von K. Goedeke *)
GGA	Göttingische Gelehrte Anzeigen
GM	Godsdiensten der Mensheid
Gn	Gnomon. Kritische Zeitschrift für die gesamte klassische Altertumswissenschaft
Goodenough	E. R. Goodenough, Jewish Symbols in the Greco-Roman Period (Bollingen Series 37), Bd 1-8, 1953-1958
GPr	Gymnasialprogramm
Grabmann	M. Grabmann, Geschichte der scholastischen Methode, Bd 1. 2 1909. 1911 (unv. Nachdr. 1956)
Grillmeier-Bacht	A. Grillmeier - H. Bacht, Das Konzil von Chalkedon, Bd 1-3 1951-1954
GrKat	Großer Katechismus
GThT	Gereformeerd Theologisch Tijdschrift
GWU	Geschichte in Wissenschaft und Unterricht
Haller	J. Haller, Das Papsttum. In 5 Bden verb. u. erg. Aufl. 1950-1953
HAOG	A. Jeremias, Handbuch der altorientalischen Geisteskultur, 2. Aufl. 1929
Harnack, DG	A. v. Harnack, Lehrbuch der Dogmengeschichte, 4. Aufl. 1909f (= 5. Aufl. 1931f)
HAT	Handbuch zum Alten Testament, hg. v. O. Eißfeldt
Hauck	A. Hauck, Kirchengeschichte Deutschlands, Bd 1-4 3./4. Aufl., Bd 5, 1. 2 1./2. Aufl. 1904-1920 (= Bd 1 7. Aufl., Bd 2-4 6. Aufl., Bd 5, 1. 2 5. Aufl. 1952)
HAW	Handbuch der Altertumswissenschaft, begr. v. I. v. Müller, neu hg. v. W. Otto, 1929ff
HB	E. Hübner, Bibliographie der klassischen Altertumswissenschaft, 2. Aufl. 1889
HBK	Herders Bibelkommentar, hg. v. E. Kalt u. W. Lauck
HBLS	Historisch-biographisches Lexicon der Schweiz, Bd 1-7 und Suppl., 1921-1934
HC	Hand-Commentar zum Neuen Testament
HDEKM	Handbuch der deutschen evangelischen Kirchenmusik, 1935ff

HDG	Handbuch der Dogmengeschichte, hg. v. M. Schmaus, J. Geiselmann und H. Rahner, 1951ff
HdR	Handwörterbuch der Rechtswissenschaft, hg. v. F. Stier-Somlo u. A. Elster, 1925 bis 1931
Hefele	C. J. Hefele, Conciliengeschichte, Bd 1-7, fortgesetzt v. J. Hergenröther, Bd 8. 9 1855-1874. 1887. 1890; Hefele^{2}: 2. Aufl. Bd 1-4 1873-1879; Bd 5. 6 besorgt v. A. Knöpfler, 1886. 1890
Heiler	F. Heiler, Erscheinungsformen und Wesen der Religion (Die Religionen der Menschheit I), 1961
Heimbucher	M. Heimbucher, Die Orden und Kongregationen der katholischen Kirche, 3. Aufl. 1933f
Helyot	P. Helyot, Dictionnaire des Ordres Religieux, publ. par J.P. Migne, 1847 bis 1859
Hennecke^{2}	Neutestamentliche Apokryphen in deutscher Übersetzung, hg. v. E. Hennecke, 2. Aufl. 1924; Hennecke^{3}: 3. Aufl., hg. v. W. Schneemelcher, 1959ff
Hennecke, Hdb.	Handbuch zu den neutestamentlichen Apokryphen, hg. v. E. Hennecke, 1904
HerKorr	Herder-Korrespondenz
Hermelink I-III	H. Hermelink, Das Christentum in der Menschheitsgeschichte von der französischen Revolution bis zur Gegenwart, Bd 1-3 1951-1955
Hermes	Hermes. Zeitschrift für klassische Philologie
HGR	Histoire Générale des Religions, Bd 1-5 1948-1952
HJ	Historisches Jahrbuch der Görres-Gesellschaft
HibJ	The Hibbert Journal. A quarterly review of religion, theology and philosophy
HIM	Handbuch der Inneren Mission, 1925ff
Hirsch I-V	E. Hirsch, Geschichte der neuern evangelischen Theologie im Zusammenhang mit den allgemeinen Bewegungen des europäischen Denkens, Bd 1-5 1949 bis 1954
HIsl	Handwörterbuch des Islam, hg. v. A.J. Wensinck u. J. H. Kramers, 1941
HK	Handkommentar zum Alten Testament, hg. v. W. Nowack
HKG	Handbuch der Kirchengeschichte, hg. v. G. Krüger, 2. Aufl. 1923-1931
HKultG	Handbuch der Kulturgeschichte
HLW	Handbuch der Literaturwissenschaft, hg. v. O. Walzel, 1923ff
HM	Hallische Monographien
HN	H. Hurter, Nomenclator literarius theologiae catholicae, ed. 3. 1903-1913
HNT	Handbuch zum Neuen Testament, begr. v. H. Lietzmann, hg. v. G. Bornkamm
HO	Handbuch der Orientalistik, hg. v. B. Spuler, 1948ff
Holl I-III	K. Holl, Gesammelte Aufsätze zur Kirchengeschichte, Bd 1 6. Aufl. 1932 (= 7. Aufl. 1948), Bd. 2. 3 1928
Holweck	F. G. Holweck, A Biographical Dictionary of the Saints, 1924
HPäd	Handbuch der Pädagogik, hg. v. H. Nohl u. L. Pallat, 1928-1933
HPBl	Historisch-politische Blätter für das katholische Deutschland
HPh	Handbuch der Philosophie, hg. v. A. Baeumler u. M. Schröter, 1927ff
HRW(L)	Handbuch der Religionswissenschaft, hg. v. J. Leipoldt, 1922
HRW(M)	Handbuch der Religionswissenschaft, hg. v. G. Mensching, 1948ff
HS	Horae Soederblomianae
HSAT	Die Heilige Schrift des Alten Testaments, ... übers. v. E. Kautzsch, 4. Aufl. hg. v. A. Bertholet, 1922f
HSchAT	Die Heilige Schrift des Alten Testaments, hg. v. F. Feldmann u. H. Herkenne
HThK	Herders Theologischer Kommentar, hg. v. A. Wikenhauser
HThR	The Harvard Theological Review
HUCA	Hebrew Union College Annual
HUTh	Hermeneutische Untersuchungen zur Theologie
Hutten	K. Hutten, Seher-Grübler-Enthusiasten. Sekten und religiöse Sondergemeinschaften der Gegenwart, 5. Aufl. 1958
HV	Historische Vierteljahrsschrift
HWBW	Handwörterbuch der Betriebswirtschaft*)
HWDA	Handwörterbuch des deutschen Aberglaubens, hg. v. H. Bächtold-Stäubli, 1927-1942
HWS	Handwörterbuch der Soziologie, hg. v. A. Vierkandt, 1931
HWSt	Handwörterbuch der Staatswissenschaften, hg. v. L. Elster, 4. Aufl. 1923-1929 (vgl. HWSW)
HWSW	Handwörterbuch der Sozialwissenschaften, hg. v. E. v. Beckerath u. a., 1952ff (Neuaufl. des HWSt)
HZ	Historische Zeitschrift
JA	Journal Asiatique
JAA	Jaarboek der koninklijke nederlands(ch)e Akademie van Wetenschappen. Amsterdam
JAC	Jahrbuch für Antike und Christentum
Jaffé	Ph. Jaffé, Regesta pontificum Romanorum ab condita ecclesia ad annum 1198, Bd 1.2 2. Aufl. 1885-1888
JAOS	The Journal of the American Oriental Society
JB	Theologischer Jahresbericht
JBL	Journal of Biblical Literature and Exegesis
JbNSt	Jahrbücher für Nationalökonomie und Statistik
JbP	Jahrbuch der Musikbibliothek Peters
JBR	The Journal of Bible and Religion
JBrKG	Jahrbuch für brandenburgische Kirchengeschichte
ICC	The International Critical Commentary of the Holy Scriptures of the Old and New Testament
JCS	Journal of Cuneiform Studies
JdI	Jahrbuch des Deutschen Archäologischen Instituts
JDTh	Jahrbücher für deutsche Theologie
JEA	The Journal of Egyptian Archaeology
Jedin	H. Jedin, Geschichte des Konzils von Trient I, 1951^{2}; II, 1957
JEGPh	Journal of English and Germanic Philology
JEH	The Journal of Ecclesiastical History
IEJ	Israel Exploration Journal
JEOL	Jaarbericht ... Ex Oriente Lux
JerB	Bible de Jérusalem
JewEnc	The Jewish Encyclopedia, 1901-1906

JGNKG Jahrbuch der Gesellschaft für niedersächsische Kirchengeschichte (bis 45, 1940: ZGNKG)
JGPrÖ Jahrbuch der Gesellschaft für die Geschichte des Protestantismus in Österreich
JHS The Journal of Hellenic Studies
JJS The Journal of Jewish Studies
JK Junge Kirche
JKlF Jahrbuch für Kleinasiatische Forschung
IKZ Internationale Kirchliche Zeitschrift
ILCV Inscriptiones Latinae Christianae Veteres, ed. Diehl, Bd 1-3 1925-1931
JLH Jahrbuch für Liturgik und Hymnologie
ILN Illustrated London News
JLW Jahrbuch für Liturgiewissenschaft
IMWT Internationale Monatsschrift für Wissenschaft und Technik
JNES Journal of Near Eastern Studies
Inst. J. Calvin, Christianae Religionis Institutio
IntB The Interpreter's Bible, ed. N. B. Harmon
Jöcher Allgemeines Gelehrten-Lexicon, hg. v. Chr. G. Jöcher, Bd 1-4 1750f; Forts. u. Ergänzung v. J. Chr. v. Adelung, fortges. v. W. Rotermund Bd 1-6 1784 bis 1819; Bd 7, hg. v. O. Günther, 1897
JPOS Journal of the Palestine Oriental Society
JpTh Jahrbücher für protestantische Theologie
JQR The Jewish Quarterly Review
JR Journal of Religion
JRAS Journal of the Royal Asiatic Society of Great Britain
IRM The International Review of Missions
JRomS Journal of Roman Studies
JSOR Journal of the Society of Oriental Research
JSS Journal of Semitic Studies
JThS The Journal of Theological Studies
Judaica Judaica. Beiträge zum Verständnis des jüdischen Schicksals in Vergangenheit und Gegenwart
JüdLex Jüdisches Lexikon, 1927-1930
IZBG Internationale Zeitschriftenschau für Bibelwissenschaft und Grenzgebiete
KÅ Kyrkohistorisk Årsskrift
KantSt Kant-Studien. Philosophische Zeitschrift
KAT Kommentar zum Alten Testament, hg. v. E. Sellin
KAT[3] E. Schrader, Die Keilinschriften und das Alte Testament, 3. Aufl. 1903
Kautzsch, AP Die Apokryphen und Pseudepigraphen des Alten Testaments, (in deutscher Übersetzung) hg. v. E. Kautzsch, 1900 (= 1921)
KB Keilinschriftliche Bibliothek
KBL L. Koehler - W. Baumgartner, Lexicon in Veteris Testamenti libros, 1953
KeH Kurzgefaßtes exegetisches Handbuch zum Alten Testament
KfS Kölner Zeitschrift für Soziologie und Sozialpsychologie
KH Kirchliches Handbuch für das katholische Deutschland
KHC Kurzer Hand-Commentar zum Alten Testament, hg. v. K. Marti
KJ Kirchliches Jahrbuch für die evangelische Kirche in Deutschland
Kittel, GVI R. Kittel, Geschichte des Volkes Israel, Bd 1 5./6. Aufl. 1923, Bd 2 6. Aufl. 1925, Bd 3, 1.2 2. Aufl. 1927. 1929
KL Wetzer u. Welte's Kirchenlexikon, 2. Aufl. 1882-1899
KLNM Kulturhistoriskt Lexikon för Nordisk Medeltid, 1956ff
KlT Kleine Texte für theologische und philologische Vorlesungen und Übungen, begr. v. H. Lietzmann, hg. v. K. Aland
KmJb Kirchenmusikalisches Jahrbuch
KNT Kommentar zum Neuen Testament, hg. v. Th. Zahn
KO Kirchenordnung
Koch E. E. Koch, Geschichte des Kirchenliedes, 3. Aufl. 1866-1887
KRA Kirchenrechtliche Abhandlungen
Kraus H.-J. Kraus, Geschichte der historisch-kritischen Erforschung des AT von der Reformation bis zur Gegenwart, 1956
KuD Kerygma und Dogma
Kümmerle Encyclopädie der evangelischen Kirchenmusik, bearb. u. hg. v. S. Kümmerle, Bd 1-4 1888-1895
Künstle I.II K. Künstle, Ikonographie der christlichen Kunst, Bd 1. 2 1926. 1928
KVR Kleine Vandenhoeck-Reihe
Landgraf A. M. Landgraf, Dogmengeschichte der Frühscholastik, 1952ff
Latourette I-VII K. S. Latourette, A History of the Expansion of Christianity, Bd 1-7 1937 bis 1945
Latourette, Gesch. K. S. Latourette, Geschichte der Ausbreitung des Christentums, 1956 (gekürzte dt. Ausg. von Latourette I-VII)
LChW The Lutheran Churches of the World, ed. A. R. Wentz, 1952
LD Das Erbe deutscher Musik, hg. im Auftrag des Staatlichen Instituts für Musikforschung, 1935ff. Reihe II: Landschaftsdenkmale (vgl. RD)
van der Leeuw G. van der Leeuw, Phänomenologie der Religion, 2. Aufl. 1956
Leiturgia Leiturgia. Handbuch des evangelischen Gottesdienstes, 1954ff
LJ Liturgisches Jahrbuch
Liermann H. Liermann, Deutsches evangelisches Kirchenrecht, 1933
Lietzmann I-IV H. Lietzmann, Geschichte der alten Kirche, Bd 1 2. Aufl. 1937 (= 3. Aufl. 1953), Bd 2-4 1936-1944 (= 2. Aufl. 1953)
LML Luther. Mitteilungen der Luthergesellschaft
Loofs[4.5] F. Loofs, Leitfaden zum Studium der Dogmengeschichte, 4. Aufl. 1906; 5. Aufl. hg. v. K. Aland, 1950ff
Loorits O. Loorits, Grundzüge des estnischen Volksglaubens I-III/1.2, Uppsala 1949 bis 1960
LPäd(B) Lexikon der Pädagogik, Bern 1950-1952
LPäd(F) Lexikon der Pädagogik, Freiburg 1952ff
LQF Liturgiegeschichtliche Quellen und Forschungen
LR Lutherische Rundschau
LThK Lexikon für Theologie und Kirche, hg. v. M. Buchberger, Bd 1-10 1930-1938; LThK[2]: 2. Aufl. 1957ff
LUÅ Lunds Universitets Årsskrift
Lübker F. Lübker, Reallexikon des klassischen Altertums. 8. Aufl. 1914
LuJ Luther-Jahrbuch
LuM Liturgie und Mönchtum

Luthertum	Luthertum (= NF der Neuen kirchlichen Zeitschrift; 45-53, 1934-1942)
Luthertum	Luthertum. Eine Schriftenreihe, 1951 ff
LZ	Literarisches Zentralblatt
MAA	Medede(e)lingen der koninklijke nederlands(ch)e Akademie van Wetenschappen. Amsterdam
MAB	Mémoires de l'Académie Royale de Langue et de Littérature Française de Belgique. Bruxelles
MAMA	Monumenta Asiae Minoris Antiqua
Manitius	M. Manitius, Geschichte der lateinischen Literatur des Mittelalters, 1911-1931
Mansi	J.D. Mansi, Sacrorum conciliorum nova et amplissima collectio, Bd 1-31 1759 bis 1798, Neudr. u. Forts. 1900 ff
MAOG	Mitteilungen der Altorientalischen Gesellschaft
MAR	The Mythology of All Races, ed. L. H. Gray, Bd 1-12 1916-1931
MDAI	Mitteilungen des Deutschen Archäologischen Instituts
MdKI	Materialdienst des Konfessionskundlichen Instituts
MDOG	Mitteilungen der Deutschen Orientgesellschaft
MeyerG	E. Meyer, Geschichte des Altertums*)
MeyerK	Kritisch-exegetischer Kommentar über das Neue Testament, begr. v. H. A. W. Meyer
Mf	Die Musikforschung
MfM	Monatshefte für Musikgeschichte
MG	Monumenta Germaniae historica
MG AA	MG Auctores antiquissimi
MG DD	MG Diplomata
MG Epp	MG Epistulae
MG SS	MG Scriptores
MG PL	MG Poetae Latinae
MGG	Die Musik in Geschichte und Gegenwart, 1949 ff
MGkK	Monatsschrift für Gottesdienst und kirchliche Kunst
MGWJ	Monatsschrift für Geschichte und Wissenschaft des Judentums
MIÖG	Mitteilungen des Instituts für österreichische Geschichtsforschung
MIOr	Mitteilungen des Instituts für Orientforschung
Mirbt	C. Mirbt, Quellen zur Geschichte des Papsttums und des römischen Katholizismus, 4. Aufl. 1924 (= 5. Aufl. 1934)
MkPr	Monatsschrift für kirchliche Praxis
MNDPV	Mitteilungen und Nachrichten des Deutschen Palästinavereins
MO	Le Monde Oriental
Moffatt, NTC	The Moffatt New Testament Commentary
Moser	H.J. Moser, Musiklexikon, 1951^{3}
Mowinckel I-VI	S. Mowinckel, Psalmenstudien I-VI, 1921 bis 1924
MPG	J.P. Migne, Patrologiae cursus completus, series Graeca
MPL	J.P. Migne, Patrologiae cursus completus, series Latina
MPTh	Monatsschrift für Pastoraltheologie
MR	Mythes et Religions
MS	Mediaeval Studies
MSR	Mélanges de Science Religieuse
MThS	Münchener Theologische Studien
MThZ	Münchener Theologische Zeitschrift
MuK	Musik und Kirche
Mulert-Schott	H. Mulert - E. Schott, Konfessionskunde. Die christlichen Kirchen und Sekten heute, 3. Aufl. 1956
Muséon	Le Muséon. Revue d'Études Orientales
MV(Ä)G	Mitteilungen der Vorderasiatisch(-Ägyptisch)en Gesellschaft
NA	Neues Archiv der Gesellschaft für ältere deutsche Geschichtskunde
NAG	Nachrichten von der (ab 1945: der) Akademie der Wissenschaften in Göttingen (bis 1940: NGG)
NAKG	Nederlandsch Archief voor Kerkgeschiedenis
NAMZ	Neue Allgemeine Missionszeitschrift
NBD	Nuntiaturberichte aus Deutschland, ed. W. Friedensburg
NBL	Norsk Biografisk Leksikon, bisher 13 Bde, 1921/23 ff
NC	La Nouvelle Clio
NDB	Neue Deutsche Biographie, 1953 ff
NedThT	Nederlands Theologisch Tijdschrift
Nelle	W. Nelle, Geschichte des deutschen evangelischen Kirchenliedes, 3. Aufl. 1928
NGG	Nachrichten von der Gesellschaft der Wissenschaften zu Göttingen (ab 1941: NAG)
Niesel, BS	Bekenntnisschriften und Kirchenordnungen der nach Gottes Wort reformierten Kirche, hg. v. W. Niesel, 1938 (= 3. Aufl. o. J.)
Niesel, Symb	W. Niesel, Das Evangelium und die Kirchen. Ein Lehrbuch der Symbolik, 2. Aufl. 1960
Nilsson	M.P. Nilsson, Geschichte der griechischen Religion (HAW V/2), Bd I. II, 1955/1961^{2}
NKZ	Neue kirchliche Zeitschrift
NNBW	Nieuw Nederlandsch Biographisch Woordenboek, uitg. door P.C. Molhuysen e. a., 10 Bde 1911-1933
Noth, GI	M. Noth, Geschichte Israels, 3. Aufl. 1956 (= 2. Aufl. 1954)
Noth, Pers	M. Noth, Die israelitischen Personennamen im Rahmen der gemein-semitischen Namengebung (BWANT III, 10), 1928
Noth, ÜPent	M. Noth, Überlieferungsgeschichte des Pentateuch, 1948
Noth, ÜSt	M. Noth, Überlieferungsgeschichtliche Studien I. Die sammelnden und bearbeitenden Geschichtswerke im Alten Testament (SGK 18, 2), 1943
Noth, WAT	M. Noth, Die Welt des Alten Testamentes, 2. Aufl. 1953; Noth, WAT^{3}: 3. Aufl. 1957
NovTest	Novum Testamentum. An international quarterly for New Testament and related studies
NRTh	Nouvelle Revue Théologique
NSNU	Nuntius Sodalicii Neotestamentici Upsaliensis
NSR	Neue Schweizer Rundschau
NTA	Neutestamentliche Abhandlungen
NTD	Das Neue Testament Deutsch (Neues Göttinger Bibelwerk), hg. v. P. Althaus u. J. Behm
NThS	Nieuwe Theologische Studiën
NThT	Nieuw Theologisch Tijdschrift
NTL	Norsk Teologisk Leksikon

NTS	New Testament Studies
NTT	Norsk Teologisk Tidsskrift
NTU	Nordisk Teologisk Uppslagsbok, 1948 bis 1956
Numen	Numen. International Review for the History of Religions
NZM	Neue Zeitschrift für Missionswissenschaft
NZSTh	Neue Zeitschrift für systematische Theologie
ODCC	Oxford Dictionary of the Christian Church, ed. F.L.Cross, 1957
ÖP	Ökumenische Profile
ÖR	Ökumenische Rundschau
OLZ	Orientalistische Literaturzeitung
Or	Orientalia. Commentarii periodici Pontificii Instituti Biblici
OrChr	Oriens Christianus
OrChrA	Orientalia Christiana (Analecta)
OrChrP	Orientalia Christiana periodica
OTS	Oudtestamentische Studiën
PädLex	Pädagogisches Lexikon, hg. v. H.Schwartz, 1928-1931
PäM	Publikationen älterer Musik
Paideuma	Paideuma. Mitteilungen zur Kulturkunde
PalMus	Paléographie Musicale
v.Pastor	L.v.Pastor, Geschichte der Päpste*)
PBl	Pastoralblätter
PEFQSt	Palestine Exploration Fund Quarterly Statement
PEQ	Palestine Exploration Quarterly
PGfM	Publikation älterer praktischer und theoretischer Musikwerke, hg. v. der Gesellschaft für Musikforschung, Bd 1-29 1873-1905
PhG	Philosophie und Geschichte. Eine Sammlung von Vorträgen und Schriften aus dem Gebiet der Philosophie und Geschichte
PhJ	Philosophisches Jahrbuch
Philologus	Philologus. Zeitschrift für das klassische Altertum
PhLA	Philosophischer Literaturanzeiger
PhR	Philosophische Rundschau
PJ	Palästinajahrbuch
Plöchl	W.Plöchl, Geschichte des Kirchenrechts, Bd 1-3 1953-1959
PO	Patrologia Orientalis
Potthast B	A.Potthast, Bibliotheca historica medii aevi, 2.Aufl. 1896
Potthast R	A.Potthast, Regesta Pontificum Romanorum inde ab a. 1198 ad a. 1304, Bd 1. 2 1873/75; seit 1911 in Paris
PrBl	Protestantenblatt
PrJ	Preußische Jahrbücher
PrM	Protestantische Monatshefte
Proph.	Prophezei. Schweizerisches Bibelwerk für die Gemeinde
Prümm	K.Prümm, Religionsgeschichtliches Handbuch für den Raum der altchristlichen Welt, 1943 (Neudr. 1954)
PS	Patrologia Syriaca
PsR	Psychologische Rundschau
PW	A.Pauly - G.Wissowa, Real-Encyclopädie der klassischen Altertumswissenschaft, NB 1894ff
QDAJ	The Quarterly of the Department of Antiquities in Jordanie
QDAP	The Quarterly of the Department of Antiquities in Palestine
QFIAB	Quellen und Forschungen aus italienischen Archiven und Bibliotheken
QFRG	Quellen und Forschungen zur Reformationsgeschichte
QKK	Quellen zur Konfessionskunde
QRG	Quellen zur Religionsgeschichte
Quasten	J.Quasten, Patrology, Vol. 1-3 1950-60
RA	Revue d'Assyriologie et d'Archéologie Orientale
RAC	Reallexikon für Antike und Christentum, hg. v. Th. Klauser, 1941ff
RÄRG	H.Bonnet, Reallexikon der ägyptischen Religionsgeschichte, 1952
RB	Revue Biblique
RBén	Revue Bénédictine
RD	Das Erbe deutscher Musik, hg. im Auftrag des Staatlichen Instituts für Musikforschung, 1935ff. Reihe I: Reichsdenkmale (vgl. LD)
RdE	Revue d'Egyptologie
RDK	Reallexikon zur deutschen Kunstgeschichte, begonnen v. O.Schmitt, hg. v. E.Gall u. L.H.Heydenreich, 1937ff
RDL	Reallexikon der deutschen Literaturgeschichte, hg. v. P.Merker u. W. Stammler, 1925-1931 (RDL^{2}: 2.Aufl. neu bearb. u. hg. v. W.Kohlschmidt u. W.Mohr, 1955ff)
RE	Realencyklopädie für protestantische Theologie und Kirche, 3.Aufl. 1896 bis 1913
REByz	Revue des Études Byzantines
RechSR	Recherches de Science Religieuse
REG	Revue des Études Grecques
REI	Revue des Études Islamiques
REJ	Revue des Études Juives
RepBibl	F.Stegmüller, Repertorium Biblicum Medii Aevi, Bd 1-5 1950-1955
RepGerm	Repertorium Germanicum, 1916-1943
RES	Revue des Études Sémitiques
RevArch	Revue Archéologique
RevHist	Revue Historique
RevSR	Revue des Sciences Religieuses
RG	Religion und Geisteskultur
RGA	Reallexikon der germanischen Altertumskunde, hg. v. J.Hoops, 1911-1919
RGG$^{1.2}$	Die Religion in Geschichte und Gegenwart, 1.Aufl. 1909-1913, 2.Aufl. 1927 bis 1932
RGL	Religionsgeschichtliches Lesebuch, hg. v. A.Bertholet, 2.Aufl. 1926ff
RGST	Reformationsgeschichtliche Studien und Texte
RHE	Revue d'Histoire Ecclésiastique
RheinMus	Rheinisches Museum für Philologie
RHPhR	Revue d'Histoire et de Philosophie Religieuses
RHR	Revue de l'Histoire des Religions
RIA	O.Schrader, Reallexikon der indogermanischen Altertumskunde, 2.Aufl. hg. v. A.Nehring, 1917-1923
Richter-Dove-Kahl	E.L.Richter - R.W.Dove - W.Kahl, Lehrbuch des katholischen und evangelischen Kirchenrechts, 8.Aufl. 1886
Rießler	P.Rießler, Altjüdisches Schrifttum außerhalb der Bibel, 1928
Rietschel-Graff	G.Rietschel, Lehrbuch der Liturgik, 2.Aufl. hg. v. O.Graff, 1951f
RIPh	Revue Internationale de Philosophie
RITh	Revue Internationale de Théologie

RitRom	Rituale Romanum
Ritschl I-IV	O. Ritschl, Dogmengeschichte des Protestantismus, Bd 1-4 1908-1924
RivAC	Rivista di Archeologia Cristiana
RKZ	Reformierte Kirchenzeitung
RLA	Reallexikon der Assyriologie, hg. v. E. Ebeling u. B. Meißner, 1932ff
RLV	Reallexikon der Vorgeschichte, hg. v. M. Ebert, 1924-1932
RM	Römische Mitteilungen des Deutschen Archäologischen Instituts
RMAL	Revue du Moyen Âge Latin
RoB	Religion och Bibel, Nathan Söderblom-sällskapets årsbok
ROC	Revue de l'Orient Chrétien
Roscher	Ausführliches Lexikon der griechischen und römischen Mythologie, hg. v. H. W. Roscher, 1884-1937
Rouse-Neill	R. Rouse-S. C. Neill, Geschichte der Ökumenischen Bewegung 1517-1948, Bd 1. 2 1957/58
RQ	Römische Quartalschrift für christliche Altertumskunde und für Kirchengeschichte
RQuH	Revue des Questions Historiques
RR	Review of Religion
RSF	Rivista di Storia della Filosofia
RSPhTh	Revue des Sciences Philosophiques et Théologiques
RThAM	Recherches de Théologie Ancienne et Médiévale
RThom	Revue Thomiste
RThPh	Revue de Théologie et de Philosophie
RV	Religionsgeschichtliche Volksbücher
RVV	Religionsgeschichtliche Versuche und Vorarbeiten
SAB	Sitzungsberichte der Deutschen (bis 1944: Preußischen) Akademie der Wissenschaften zu Berlin
Saeculum	Saeculum. Jahrb. für Universalgeschichte
SAH	Sitzungsberichte der Heidelberger Akademie der Wissenschaften. Heidelberg
SAM	Sitzungsberichte der Bayerischen Akademie der Wissenschaften. München
SAT	Die Schriften des Alten Testaments in Auswahl übers. u. erkl. v. H. Gunkel u. a., 2. Aufl. 1920-1925
SAW	Sitzungsberichte der (ab 225, 1, 1947: Österreichischen) Akademie der Wissenschaften in Wien
SBB	Soncino Books of the Bible, ed. A. Cohen
SBE	The Sacred Books of the East, ed. F. M. Müller, 1879-1910
SBOT	The Sacred Books of the Old Testament, ed. P. Haupt
SBU	Svenskt Bibliskt Uppslagsverk, hg. v. I. Engnell u. A. Fridrichsen, 1948-1952
SC	Sources Chrétiennes. Collection dirigée par H. Lubac et J. Daniélou, 1943ff
Schl.	Bibliographie zur deutschen Geschichte im Zeitalter der Glaubensspaltung 1517-1585, hg. v. K. Schottenloher, 1933-1940 (= 2., unv. Aufl. 1956ff)
SchmJb	Schmollers Jahrbuch für Gesetzgebung, Verwaltung und Volkswirtschaft
Schol.	Scholastik. Vierteljahresschrift für Theologie und Philosophie
Schürer	E. Schürer, Geschichte des jüdischen Volkes im Zeitalter Jesu Christi, Bd 1 3./4. Aufl. 1901, Bd 2.3 4. Aufl. 1907.1909
SD	Solida Declaratio
SDF	Funk & Wagnalls Standard Dictionary of Folklore, Mythology and Legend, 2 Bde 1949f
SDGSTh	Studien zur Dogmengeschichte und systematischen Theologie
SE	Sacris Erudiri. Jaarboek voor Godsdienstwetenschapen
SEÅ	Svensk Exegetisk Årsbok
Seeberg, DG	R. Seeberg, Lehrbuch der Dogmengeschichte, Bd 1.2 3. Aufl. 1922f, Bd 3. 4,1 4. Aufl. 1930. 1933, Bd 4,2 2. Aufl. 1920 (Bd 1-4 Neudr. 1953)
Sehling	E. Sehling, Die evangelischen Kirchenordnungen der Reformationszeit, Bd 1 bis 5 1902-1913, Bd 6,1ff 1955ff
Semitica	Semitica. Cahiers publiées par l'Institut d'Études Sémitiques de l'Université de Paris
Seppelt	F. X. Seppelt, Geschichte der Päpste von den Anfängen bis zur Mitte des 20. Jh.s*)
SFThL	Schriften der Finnischen Theologischen Literaturgesellschaft
SG	Sammlung Göschen
SGK	Schriften der Königsberger Gelehrten Gesellschaft. Königsberg
SgV	Sammlung gemeinverständlicher Vorträge und Schriften aus dem Gebiet der Theologie und Religionsgeschichte
SHVL	Skrifter utgivna av Kungl. Humanistiska Vetenskapssamfundet i Lund
SIMG	Sammelbände der Internationalen Musikgesellschaft
SJTh	The Scottish Journal of Theology
SKZ	Schweizerische Kirchenzeitung
SMSR	Studi e Materiali di Storia delle Religioni
SNT	Die Schriften des Neuen Testaments übers. u. erkl. v. J. Weiß u.a., 3. Aufl. 1917
SNVAO	Skrifter utgitt av Det Norske Videnskaps-Akademie i Oslo
SO	Symbolae Osloenses
SQS	Sammlung ausgewählter kirchen- und dogmengeschichtlicher Quellenschriften
ST	Sammlung Töpelmann (Die Theologie im Abriß)
Stählin	O. Stählin, Die altchristliche griechische Literatur (= Geschichte der griechischen Literatur, hg. v. W. v. Christ, Bd II, 2 6. Aufl. 1924)
StC	Studia Catholica
StD	Studies and Documents
Stephan-Schmidt	H. Stephan, Geschichte der deutschen evangelischen Theologie seit dem deutschen Idealismus, 2. Aufl. von M. Schmidt, 1960
StGB	Strafgesetzbuch
SThKAB	Schriften des Theologischen Konvents Augsburgischen Bekenntnisses
SThZ	Schweizerische Theologische Zeitschrift
StL	Staatslexikon, hg. v. H. Sacher, 5. Aufl. 1926-1932; StL^6: 6. Aufl. 1957ff
StML	Stimmen aus Maria-Laach
StMw	Studien zur Musikwissenschaft. Beihefte der Denkmäler der Tonkunst in Österreich
StOr	Studia Orientalia
StPO	Strafprozeßordnung
Strack, Einl.	H. L. Strack, Einleitung in Talmud und Midraš, 5. Aufl. 1921
Strieder	F. W. Strieder, Grundlage zu einer hessi-

	schen Gelehrten- und Schriftstellergeschichte, Bd 1-21 1781-1861
StRo	Studi Romani
StrThS	Straßburger Theologische Studien
StT	Studi e Testi
StTh	Studia Theologica
Stutz	U. Stutz, Kirchenrecht (Enzyklopädie der Rechtswissenschaft Bd 5), 1914
StZ	Stimen der Zeit
Sukenik, DSS	E. L. Sukenik, The Dead Sea Scrolls of the Hebrew University, Jerusalem 1955 (engl. Ausg. von ʿÔṣār hämmᵉgîllôt häggᵉnûzôt šæbbîdê ha'ûnîbersîṭâ haʿibrît [Der Schatz der verborgenen Handschriften im Besitz der hebräischen Universität], 1954)
SVRG	Schriften des Vereins für Reformationsgeschichte
SVSL	Skrifter utgivna av Vetenskaps-Societeten i Lund
SvTK	Svensk Teologisk Kvartalskrift
SyBU	Symbolae Biblicae Upsalienses
Syria	Syria. Revue d'art orientale et d'archéologie
TCERK	Twentieth Century Encyclopedia of Religious Knowledge, 2 Bde 1955
TeU	Tekst en Uitleg
TGI	K. Galling, Textbuch zur Geschichte Israels, 1950
ThA	Theologische Arbeiten
ThAthen	ΘΕΟΛΟΓΙΑ (Theologia), Athen
ThB	Theologische Bücherei
ThBl	Theologische Blätter
Theophaneia	Theophaneia. Beiträge zur Religions- und Kirchengeschichte des Altertums
ThEx	Theologische Existenz heute
ThF	Theologische Forschung. Wissenschaftliche Beiträge zur kirchlich-evangelischen Lehre
ThFenn	Theologia Fennica
ThGl	Theologie und Glaube
ThHK	Theologischer Handkommentar zum Neuen Testament
Thielicke, ThE	H. Thielicke, Theologische Ethik, Bd 1 2. Aufl. 1958, Bd 2, 1.2 1955/58
ThLBl	Theologisches Literaturblatt
ThLZ	Theologische Literaturzeitung
Thompson	S. Thompson, Motif-Index of Folk-Literature, Bd 1-6 1955-1958
ThPQ	Theologisch-praktische Quartalschrift
ThQ	Theologische Quartalschrift
ThR	Theologische Rundschau
ThRv	Theologische Revue
ThSt	Theological Studies
ThSt(B)	Theologische Studien, hg. v. K. Barth
ThStKr	Theologische Studien und Kritiken
ThT	Theologisch Tijdschrift
ThToday	Theology Today
ThViat	Theologia Viatorum. Jahrbuch der Kirchlichen Hochschule Berlin
ThW	Theologisches Wörterbuch zum Neuen Testament, begr. v. G. Kittel, hg. v. G. Friedrich, 1933 ff
ThZ	Theologische Zeitschrift
TPh	Tijdschrift voor Philosophie
Trausch-Schuller	J. Trausch - F. Schuller, Schriftsteller-Lexikon der Siebenbürger Deutschen, Bd 1-4 1868-1902
TSt	Texts and Studies
TT	Teologisk Tidsskrift
TThS	Trierer Theologische Studien
TThZ	Trierer Theologische Zeitschrift
TU	Texte und Untersuchungen zur Geschichte der altchristlichen Literatur
UdG	W. Schmidt, Der Ursprung der Gottesidee, Bd 1-12 1912-1955; Bd 1 2. Aufl. 1926
Ü	F. Überweg, Grundriß der Geschichte der Philosophie, 12. Aufl. 1923-1951
UJE	The Universal Jewish Encyclopedia, ed. L. Landman, 1948
UNT	Untersuchungen zum Neuen Testament
UUÅ	Uppsala Universitets Årsskrift
VAA	Verhandelingen der koninklijke (ab NR 40, 1938: nederlands[ch]e) Akademie van Wetenschappen. Amsterdam
VAB	Vorderasiatische Bibliothek
VC	Verbum Caro
VD	Verbum Domini
VEGL	Veröffentlichungen der Evangelischen Gesellschaft für Liturgieforschung
VerfLex	Die deutsche Literatur des Mittelalters. Verfasserlexikon. Begr. v. W. Stammler, hg. v. K. Langosch
VF	Verkündigung und Forschung
VfM	Vierteljahresschrift für Musikwissenschaft
VigChr	Vigiliae Christianae
VSB	Vies des Saints et des Bienheureux selon d'ordre du Calendrier avec l'historique des Fêtes, Bd 1-13 1935-1959
VSWG	Vierteljahrsschrift für Sozial- und Wirtschaftsgeschichte
VT	Vetus Testamentum
WA	M. Luther, Werke. Kritische Gesamtausgabe (»Weimarer Ausgabe«), 1883 ff
WAB	M. Luther, Werke. Kritische Gesamtausgabe. Briefwechsel, 1930 ff
Wach, Relsoz.	J. Wach, Religionssoziologie (nach der 4. [engl.] Aufl. übers.), 1951
Wach, Types	J. Wach, Types of religious experience, Christian and non-Christian, 1951
Wackernagel	Ph. Wackernagel, Das deutsche Kirchenlied von der ältesten Zeit bis zu Anfang des 17. Jh.s, Bd 1-5 1864-1877
WADB	M. Luther, Werke. Kritische Gesamtausgabe. Die Deutsche Bibel, 1906 ff
WATR	M. Luther, Werke. Kritische Gesamtausgabe. Tischreden, 1912 ff
Wattenbach	W. Wattenbach, Deutschlands Geschichtsquellen im Mittelalter bis zur Mitte des 13. Jh.s, Bd I 7. Aufl. 1904, Bd II 6. Aufl. 1894
Wattenbach-Holtzmann	W. Wattenbach, Deutschlands Geschichtsquellen im Mittelalter. Deutsche Kaiserzeit, hg. v. R. Holtzmann, Bd I, 1-4 2. Aufl. 1938-1943 (3., unv. Aufl. 1948)
Wattenbach-Levison	W. Wattenbach, Deutschlands Geschichtsquellen im Mittelalter. Vorzeit und Karolinger, bearb. v. W. Levison. H. 1 Die Vorzeit von den Anfängen bis zur Herrschaft der Karolinger, 1952; H. 2 Die Karolinger vom Anfang des 8. Jh.s bis zum Tode Karls d. Gr., bearb. v. W. Levison u. H. Löwe, 1953; H. 3 Die Karolinger nach dem Tode Karls d. Gr., bearb. v. H. Löwe, 1957; Beiheft: R. Buchner, Die Rechtsquellen, 1953
Watterich	J. M. Watterich, Pontificum Romanorum qui fuerunt inde ab exeunte saec. IX

	usque ad finem saec. XIII vitae, Bd 1. 2 1862
WBKL	Wiener Beiträge zur Kulturgeschichte und Linguistik
WC	Westminster Commentaries
WChH	World Christian Handbook, ed. E.J. Bingle and K.G. Grubb, 1952
WES	The Wisdom of the East Series
WI	Welt des Islams
Will	G.A.Will, Nürnbergisches Gelehrten-Lexikon, fortges. v. Chr. C. Nopitsch, Bd 1-4 1802-1808
v.Winterfeld	K.v. Winterfeld, Der evangelische Kirchengesang und sein Verhältnis zur Kunst des Tonsatzes, 1843-1847
WKL	Weltkirchenlexikon. Handbuch der Ökumene, hg. v. F.H.Littell u. H.H. Walz, 1960
WM	U.v.Wilamowitz-Moellendorff, Der Glaube der Hellenen, 1931f (2., unv. Aufl. 1955)
WO	Die Welt des Orients
Wolf, QK	G.Wolf, Quellenkunde der deutschen Reformationsgeschichte, Bd 1-3 1915 bis 1923
WRV	Weimarer Reichsverfassung
WuD	Wort und Dienst. Jahrbuch der Theologischen Schule Bethel
WUNT	Wissenschaftliche Untersuchungen zum Neuen Testament
WuT	Wort und Tat
WVDOG	Wissenschaftliche Veröffentlichungen der Deutschen Orientgesellschaft
WZ	Wissenschaftliche Zeitschrift (folgt jeweils der Name der Stadt einer mitteldeutschen Universität)
WZKM	Wiener Zeitschrift für die Kunde des Morgenlandes
YJS	Yale Judaica Series
ZA	Zeitschrift für Assyriologie und verwandte Gebiete
ZÄS	Zeitschrift für Ägyptische Sprache und Altertumskunde
ZAGV	Zeitschrift des Aachener Geschichtsvereins
Zahn	J.Zahn, Die Melodien der deutschen evangelischen Kirchenlieder, Bd 1-6 1889-1893
ZAM	Zeitschrift für Aszese und Mystik
ZAW	Zeitschrift für die alttestamentliche Wissenschaft
ZBG	Zeitschrift für Brüdergeschichte
ZBKG	Zeitschrift für bayerische Kirchengeschichte
ZDMG	Zeitschrift der deutschen Morgenländischen Gesellschaft
ZDPV	Zeitschrift des Deutschen Palästinavereins
ZdZ	Zeichen der Zeit
ZE	Zeitschrift für Ethnologie
ZEE	Zeitschrift für evangelische Ethik
ZevKM	Zeitschrift für evangelische Kirchenmusik
ZevKR	Zeitschrift für evangelisches Kirchenrecht
ZfM	Zeitschrift für Musik
ZfMw	Zeitschrift für Musikwissenschaft
ZgesStW	Zeitschrift für die gesamte Staatswissenschaft
ZGNKG	Zeitschrift der Gesellschaft für niedersächsische Kirchengeschichte (seit 46, 1941: JGNKG)
ZGO	Zeitschrift für die Geschichte des Oberrheins
ZHTh	Zeitschrift für historische Theologie
ZIMG	Zeitschrift der Internationalen Musikgesellschaft
ZKG	Zeitschrift für Kirchengeschichte
ZKGPrSa	Zeitschrift des Vereins für Kirchengeschichte der Provinz Sachsen (ab 25, 1929: und des Freistaates Anhalt)
ZKTh	Zeitschrift für katholische Theologie
ZLThK	Zeitschrift für lutherische Theologie und Kirche
ZM	Zeitschrift für Missionswissenschaft (ab 34, 1950:) und Religionswissenschaft (28 bis 32, 1938-1941 und 1947/48 unter dem Titel: Missionswissenschaft und Religionswissenschaft)
ZMP	Zeitschrift des Moskauer Patriarchats
ZMR	Zeitschrift für Missionskunde und Religionswissenschaft
ZNW	Zeitschrift für die neutestamentliche Wissenschaft und die Kunde der älteren Kirche
ZP	Zeitschrift für Pädagogik
ZPhF	Zeitschrift für philosophische Forschung
ZprTh	Zeitschrift für praktische Theologie
ZRGG	Zeitschrift für Religions- und Geistesgeschichte
ZS	Zeitschrift für Semitistik
ZSavRG	Zeitschrift der Savigny-Stiftung für Rechtsgeschichte
ZSKG	Zeitschrift für Schweizerische Kirchengeschichte
ZSlPh	Zeitschrift für slavische Philologie
ZSTh	Zeitschrift für systematische Theologie
ZThK	Zeitschrift für Theologie und Kirche
ZvSp	Zeitschrift für vergleichende Sprachforschung
ZVK	Zeitschrift für Volkskunde
ZVThG	Zeitschrift des Vereins für thüringische Geschichte und Altertumskunde
ZW	Zeitwende
ZWL	Zeitschrift für kirchliche Wissenschaft und kirchliches Leben
ZWTh	Zeitschrift für wissenschaftliche Theologie
ZZ	Zwischen den Zeiten

Bemerkungen:

1. Die einzelnen Bände der mit *) bezeichneten Werke sind jeweils nach der neuesten Auflage zitiert, wobei diese, sofern es nicht die erste ist, durch eine kleine, hochgestellte Zahl hinter der Bandnummer angegeben ist.

2. Von den Veröffentlichungen der Akademien usw ist, wenn nichts anderes angegeben ist, jeweils die philosophisch-historische oder eine entsprechende Klasse zitiert.

III. ALLGEMEINE ABKÜRZUNGEN

aaO	am angegebenen Ort
Abb.	Abbildung
Abdr.	Abdruck
abgedr.	abgedruckt
Abh.	Abhandlung(en)
Abk.	Abkürzung
Abs.	Absatz
Abt.	Abteilung
ägypt.	ägyptisch
äthiop.	äthiopisch
akkad.	akkadisch
allg.	allgemein
Ang.	Angabe
Anm.	Anmerkung
Art.	Artikel
arab.	arabisch
aram.	aramäisch
armen.	armenisch
AT	Altes Testament (Ancient Testament)
at.	alttestamentlich
Aufl.	Auflage
Ausg.	Ausgabe
Ausw.	Auswahl
Bd, Bde	Band, Bände
bearb.	bearbeitet
begr.	begründet
Beitr.	Beitrag (Beiträge)
bes.	besonders
betr.	betreffend
Bh.	Beiheft
Bibliogr.	Bibliographie
BRD	Bundesrepublik Deutschland
Bull.	Bulletin
bzw.	beziehungsweise
c.	Kapitel
ca	circa
cf.	confer
d.Ä.	der Ältere
DDR	Deutsche Demokratische Republik
DEK	Deutsche Evangelische Kirche
ders.	derselbe
DG	Dogmengeschichte
DGB	Deutscher Gewerkschaftsbund
dgl.	dergleichen
d.Gr.	der Große
dh	das heißt
d.i.	das ist
d.J.	der Jüngere
Dict.	Dictionary, Dictionnaire
dies.	dieselbe(n)
Diss.	Dissertation
Doz.	Dozent
dt.	deutsch
ebd	ebenda
ed.	edito, edidit, ediert von, edited by
ehem.	ehemalig usw
Einl.	Einleitung
EinlAT	Einleitung in das AT
EinlNT	Einleitung in das NT
EKD	Evangelische Kirche in Deutschland
EKU	Evangelische Kirche der Union
erg.	ergänzt
ErgBd	Ergänzungsband
ErgH.	Ergänzungsheft
erkl.	erklärt
etc	etcetera
ev.	evangelisch
evtl	eventuell
Expl.	Exemplar
f	folgende(s) Seite, Jahr
ff	folgende Seiten, Jahre
Festg.	Festgabe
Festschr.	Festschrift
Forts.	Fortsetzung
GA	Gesamtausgabe
*	geboren
gedr.	gedruckt
gef.	gefallen
gegr.	gegründet
GesW	Gesammelte Werke
Gesch.	Geschichte
†	gestorben
griech.	griechisch
H.	Heft
Hbd	Halbband
Hdb.	Handbuch
hebr.	hebräisch
hl.	heilig
hg.v.	herausgegeben von
Hg.	Herausgeber
Hs., Hss.	Handschrift(en)
HWB	Handwörterbuch
i.J.	im Jahr
Jb.	Jahrbuch
Jh.	Jahrhundert
Jt.	Jahrtausend
jüd.	jüdisch
kath.	katholisch
KG	Kirchengeschichte
kopt.	koptisch
lat.	lateinisch
Lfg.	Lieferung
Lit.	Literatur
luth.	lutherisch
LXX	Septuaginta
MA	Mittelalter (Middle Ages, Moyen Âge)
Masch.	Maschinenschrift
m.a.W.	mit anderen Worten
Mikr.	Mikrokopie
Mitt.	Mitteilung(en)
Ms., Mss.	Manuskript(e)
Mon. Ser.	Monograph Series
MT	Masoretischer Text
Nachdr.	Nachdruck
NB (in Literaturangaben)	Neue Bearbeitung
nChr	nach Christus
Neudr.	Neudruck
NF	Neue Folge
nouv. éd.	nouvelle édition
NR	Neue Reihe
NS	New Series (Nuova Serie)
NT	Neues Testament (New Testament, Nouveau Testament)
nt.	neutestamentlich
o.ä.	oder ähnlich(es)
o.J.	ohne Jahr(esangabe)
o.O.	ohne Ort(sangabe)
orth.	orthodox
OT	Old Testament (Oude Testament)
par	und Parallelstellen
PDoz.	Privatdozent
Prof.	Professor
prot.	protestantisch

publ.	publié
Qu.	Quellen
rd	rund
rabb.	rabbinisch
ref.	reformiert
RAG	Reichsarbeitsgericht
Reg.	Register
RegBd	Registerband
röm.	römisch
s.	siehe
S.	Seite
sc.	scilicet
sel.	selig
slaw.	slawisch
s.o.	siehe oben
s.u.	siehe unten
sog.	sogenannt
Sp.	Spalte
Sup.	Superintendent
ss	sequentes
Suppl.	Supplement
s.v.	sub voce
syr.	syrisch
sZ	seiner Zeit
t.	tome
Theol.	Theologe, Theologie
TheolAT	Theologie des AT
TheolNT	Theologie des NT
transl.	translated
u.a.	und andere, unter anderem
u.ä.	und ähnliche(s)
u.a.m.	und andere(s) mehr
u.dgl.	und dergleichen
u.E.	unseres Erachtens
übers.	übersetzt
Übers.	Übersetzung
Unters.(en)	Untersuchung(en)
unv.	unverändert
u.ö.	und öfters
usw	und so weiter
u.U.	unter Umständen
v.	von
V.	Vers
vChr	vor Christus
VELKD	Vereinigte Evangelisch-Lutherische Kirche Deutschlands
verb.	verbessert
Verz.	Verzeichnis
vgl.	vergleiche
Vol.	Volume
Vulg.	Vulgata
WB	Wörterbuch
Z.	Zeile
zB	zum Beispiel
Zs.,Zeitschr.	Zeitschrift
zSt	zur Stelle
zT	zum Teil
zZ	zur Zeit

VERZEICHNIS DER BILDTAFELN ZUM SECHSTEN BAND

VERZEICHNIS DER KARTEN ZUM SECHSTEN BAND

ES WURDEN AUSGEGEBEN:

105./106. Lieferung am 21. Februar 1962
107./108. Lieferung am 23. März 1962
109./110. Lieferung am 14. April 1962
111./112. Lieferung am 7. Juni 1962
113./114. Lieferung am 25. Juli 1962
115./116. Lieferung am 12. September 1962
117./119. Lieferung am 23. Oktober 1962
120./121. Lieferung am 13. Dezember 1962
122./125. Lieferung am 21. Januar 1963

VI. Band am 12. Februar 1963

BENUTZUNGSHINWEISE

Alphabetische Ordnung der Stichwörter:

Die Stichwörter sind in alphabetischer Reihenfolge geordnet. Dabei ist

j = i; ä = ae; ö = oe; ü = ue; ß = ss.

Mittelalterliche Personennamen, die außer dem Vornamen nur eine Herkunftsbezeichnung oder einen Beinamen enthalten, stehen unter dem jeweiligen Vornamen: zB »Petrus von Ailli« unter »Petrus«. Eine Ausnahme bilden die Personennamen mit Familiennamen: zB »Bartholomäus Arnoldi von Usingen« unter »Arnoldi«. Bei Ausnahmen und in Zweifelsfällen, insbesondere dort, wo von der alphabetischen Einordnung der vorigen Auflage der RGG abgewichen wurde, erleichtert ein Verweisstichwort das Auffinden des Artikels: »Capistrano, Johann von → Johannes von Capistrano«.

Der Artikel von Familiennamen germanischer Sprachen wird nicht berücksichtigt, bei Namen aus romanischen Sprachen dagegen zum Familiennamen gezogen: »Antoine de la Faye« unter »La Faye, Antoine de«.

Die Abkürzung »St.« wird wie das ausgeschriebene Wort eingeordnet:

St. Andrews unter Saint Andrews
St. Gallen unter Sankt Gallen.

Durch Bindestrich verbundene Wörter zählen als *ein* Wort:
Evangelisch-Johannische Kirche nach Evangelischer Bund.

Lateinische Präpositionen und das nachfolgende Substantiv werden als *ein* Wort gewertet:

a priori nach Apringius
de tempore nach Deszendenztheorie
in partibus infidelium nach Innungen.

Verweise:

Verweise auf einen anderen Artikel (Verweiszeichen: →) weisen darauf hin, daß dort der betr. Stoff behandelt ist oder daß sich dort ergänzendes Material findet.

Sofern Verwechslungen ausgeschlossen sind, wird bei Verweisen das Stichwort, auf das hingewiesen werden soll, gekürzt; zB: → Apriorismus (statt: → Apriorismus und Empirismus).

Wichtigen geographischen Namen wird ein Hinweis auf eine Karte beigefügt, auf der sich der Name findet: »...Memphis (→ 1 C 2)« verweist auf das Planquadrat C 2 der Karte 1: Ägypten (s. u.: Karten).

Abkürzungen:

Innerhalb eines Artikels wird das jeweilige Stichwort abgekürzt, häufig auch das dazugehörige Adjektiv. Notfalls ist die jeweilige Abkürzung am Anfang des Artikels erklärt. – Im übrigen sind die verwendeten Abkürzungen in dem »Abkürzungsverzeichnis« aufgelöst (s. S. XIXff).

Abkürzungen aus dem kirchlichen Sprachgebrauch, von Namen katholischer Orden und von Würdetiteln sind (in Auswahl) in dem Artikel »Abbreviaturen« zusammengestellt.

Transkriptionen:

1. Biblische Namen werden in der im Deutschen üblichen Form gebraucht.
2. Wichtige griechische Termini sind nicht transkribiert, sondern in griechischen Buchstaben gedruckt und, wenn notwendig, mit Übersetzung versehen.
3. Hebräische Wörter sind – sofern sie ausnahmsweise der Übersetzung beigefügt werden – nach folgendem System transkribiert:
   Konsonanten: ', b, g, d, h (mit Măppîq: ẖ), w, z, ḥ, ṭ, j, k, l, m, n, s, ', p, ṣ, q, r, ś, š, t (Dageš lene wird nicht berücksichtigt).
   Vokale: —ָ = a (als Qamæṣ ḥaṭûf: å), —ַ = ă, —ֶ = æ, —ֵ = e, —ִ = i, —ֹ = o, —ֻ = u; —ָיו = âw;
   mit mater lectionis: —ֶי = æ̂, —ֵי = ê, —ִי = î, וֹ = ô, וּ = û, —ָה = ā, —ֶה = ǣ, —ֵה = ē, —ֹה = ō;
   als Ḥatef-Laute: —ֳ = ^{å}, —ֲ = ^{a}, —ֱ = ^{æ}; —ְ(Š^{e}wa mobile) = ^{e}; —ַ (Pătăḥ furtivum) = ^{a}.
4. Für die gelegentlichen Transkriptionen aus dem Arabischen, Persischen usw gilt das in der Zeitschrift der Deutschen Morgenländischen Gesellschaft verwendete System.

5. Für Transkriptionen aus dem Russischen und aus anderen slawischen Sprachen ist das »Schema zur Transkription fremder Schriftarten« in den »Instruktionen für die alphabetischen Kataloge der preußischen Bibliotheken«, 2. Ausgabe in der Fassung vom 10. August 1908, Berlin 1909 (unveränderter Nachdruck unter dem Titel: »Regeln für die alphabetische Katalogisierung in wissenschaftlichen Bibliotheken«, Leipzig 1952) S. 142f maßgebend. Haben sich Namen in einer nicht der wissenschaftlichen Transkription entsprechenden Form im Deutschen eingebürgert, so werden sie auch in dieser Schreibweise in die RGG aufgenommen. Jedoch wird der ersten Nennung solch eines Namens innerhalb eines Artikels die korrekte Transkription in Klammern beigefügt.
6. Transkriptionen aus dem Sanskrit richten sich nach dem in der Zeitschrift der Deutschen Morgenländischen Gesellschaft üblichen Schema, jedoch mit folgenden Einschränkungen:
   statt ṣ und ś wird sh geschrieben;
   die diakritischen Zeichen ṅ, ñ, ṇ, ḥ, ḍh, ṭ fallen weg; dagegen sind die Längezeichen über â, î, û beibehalten.
7. Zitate von Martin Luther u.a. werden dem heutigen Sprachgebrauch angepaßt.

Literaturangaben:

Quellen sowie in biographischen Artikeln die Werke der behandelten Personen stehen am Anfang der Literaturangabe. Im übrigen ist die Literatur *zeitlich* geordnet, dabei notfalls parallel zu dem Artikel oder – in Ausnahmefällen – sachlich gegliedert.

Alle Artikel über biblische Bücher und Büchergruppen (Pentateuch; Evangelien, synoptische usw) enthalten darüber hinaus *Literatur zur Auslegungsgeschichte*, und zwar 1. Quellen, gegliedert nach Jahrhunderten, und 2. auslegungsgeschichtliche Untersuchungen. Auslegungsgeschichtliche Literatur, die sich auf das *ganze* AT und NT bzw. auf die ganze Bibel bezieht, wird in dem Artikel »Schriftauslegung« aufgeführt.

Verfasser:

Die Artikel sind mit den Namen der Verfasser gezeichnet. Ist ein Artikel der zweiten Auflage der RGG überarbeitet worden, so steht der Name des Bearbeiters an zweiter Stelle. Der Name dessen, der an dem neuen Artikel den geringeren Anteil trägt, ist in Klammern gesetzt. Dasselbe gilt bei neuverfaßten Artikeln, für die zwei Verfasser verantwortlich zeichnen.

Karten:

Die vorgesehenen 26 Karten werden den in der folgenden Übersicht in *Kursivdruck* aufgeführten Artikeln beigefügt.

1. Ägypten (Altertum) – *Ägypten*
2. Afrika (Gegenwart; Mission) – *Afrika südlich der Sahara*
3. Babylonien-Assyrien (Altertum); Nebenkarte: Babylon – *Assyrien*
4. Australien einschl. Indonesien (Gegenwart; Mission) – *Australien*
5. Dänemark, Norwegen, Schweden (im 6.–17. Jh.) – *Dänemark*
6. Deutschland (bis 1250) – *Deutschland*
7. Deutschland zur Zeit der Reformation (bis 1550) – *Deutschland*
8. Deutschland im 19. Jh. – *Deutschland*
9. Deutschland (Evangelische Landeskirchen und katholische Bistümer in der Gegenwart) – *Deutschland*
10. England (im 6.–17. Jh.) – *England*
11. Westeuropa (bis 900) – *Frankreich*
12. Ausbreitung der Hugenotten in Deutschland im 16./17. Jh. – *Hugenotten*
13. China, Japan, Korea (Gegenwart; Mission) – *Japan*
14. Mittelmeergebiet (Ausbreitung des Christentums bis 325 nChr) – *Imperium Romanum*
15. Vorder- und Hinterindien (Gegenwart; Mission und junge Kirchen) – *Indien*
16. Der Islam (im 7./8. Jh.) – *Islam*
17. Italien einschl. Sizilien (im 6.–16. Jh.); Nebenkarte: Rom – *Italien*
18. Kleinasien (im 4. Jh. nChr) – *Kleinasien*
19. Die Kreuzzüge – *Kreuzzüge*
20. Mittelamerika einschl. Mexiko – *Mittelamerika*
21. Palästina-Syrien (römisch-byzantinische Zeit) – *Palästina*
22. Karte der Religionen und Missionen der Erde – *Religionsstatistik*
23. Rußland und Balkan (im 19. Jh.) – *Rußland*
24. Südamerika – *Südamerika*
25. Nordamerika (im 18. Jh.) – *Vereinigte Staaten*
26. Vereinigte Staaten von Nordamerika (Gegenwart) – *Vereinigte Staaten*

Auf diese Karten wird ebenso wie auf Artikel verwiesen (s. o.: Verweise).

Bildtafeln:

Über die Einordnung der Bildtafeln in den einzelnen Bänden unterrichtet die Übersicht am Anfang jedes Bandes.

S

Fortsetzung

Shaftesbury, 1. *Anthony Ashley Cooper,* 3. Earl of S. (1671–1713), engl. Philosoph und Moralist, Enkel des gleichnamigen Politikers des 17.Jh.s. Er wurde u.a. von dem Philosophen J. → Locke erzogen, war ab 1695 Unterhausmitglied, lernte 1698 bei einem Aufenthalt in Holland → Bayle und LeClerc kennen und übernahm 1699 den Sitz der Grafen von S. im Oberhaus. Dem glühenden Verfechter der Sache der Whigpartei war infolge eines asthmatischen Leidens nur geringe politische Tätigkeit möglich. Um so mehr trug er durch seine ab 1699 erscheinenden Schriften zum geistigen Unterbau der Partei bei. Sie beziehen sich fast alle mittel- oder unmittelbar auf politische oder moralische Tagesfragen. Wie für seinen Lehrer Locke ist für ihn die Frontstellung gegen Geist und Methode scholastischen Denkens charakteristisch. Statt dessen orientierte er sich an nichtaristotelischen antiken Vorbildern, unter dem Einfluß der → Cambridge Platonists bes. an Plato. Hier und bei antiken (Seneca, Cicero, Mark Aurel) und modernen (La Bruyère) Moralisten fand er Muster nicht-systematischen, praktisch ausgerichteten, unpedantischen Denkens. Seine erste größere Schrift »An Inquiry Concerning Virtue or Merit« (1699 und 1711) versucht die Möglichkeit eines von der Offenbarung und von der Aussicht auf Lohn oder Strafe im Jenseits unabhängigen ethischen Verhaltens darzutun. Die darin zutage tretende Affinität zum → Deismus (bes. → Toland), die ihn zu einer stark umstrittenen Erscheinung machte, ist jedoch nur ein Element seines Denkens. S. blieb zeitlebens praktizierendes Glied der englischen Staatskirche und, wie sein philosophisches Tagebuch »Philosophical Regimen« und seine Briefe beweisen, gläubiger Christ. Sein einflußreicher Enthusiasmusbrief »A Letter Concerning Enthusiasm« (1708) wendet sich aus Anlaß sektiererischer Praktiken französischer → Camisarden in London gegen alle Formen des religiösen Fanatismus (enthusiasm) und verweist auf die Möglichkeit einer edleren Form des »Enthusiasmus« im Anblick der göttlich geordneten, harmonisch erscheinenden Natur. Der Gedanke der »universalen Harmonie« beherrscht auch die Schriften »Sensus Communis« (1709), »The Moralists« (1709), »Soliloquy« (1710). Dem griech. Ideal der Kalokagathie entsprechend, sieht er den Inbegriff der Tugend (virtue) im harmonischen Gleichgewicht der Seelenkräfte. Der Charakter des Theocles in dem platonisierenden Dialog »The Moralists« verkörpert sein ästhetisch gefärbtes Ideal des »virtuoso«, der über den von äußeren Normen unabhängigen »moralischen Sinn« (moral sense) verfügt und sich primär von der dem Menschen angeborenen »benevolence« (Gegensatz zu → Hobbes) leiten läßt. In der 1711 erschienenen Gesamtausgabe seiner Werke »Characteristics of Men, Manners, Opinions, and Times« übt S. die schon früher als Prinzip geforderte Selbstkritik (s. darin »Miscellaneous Reflections«). Da alles Philosophieren für ihn nur ein lebendiges Gebilde ständig sich wandelnder »Meinungen« (opinions) sein kann, muß es immer wieder dem »Spott« (ridicule) ausgesetzt werden, der als Wahrheitstest gilt. Damit wurde S. zum Begründer einer neuen Lehre von der Rolle des Schriftstellers (author) in der Gesellschaft im Sinne eines sokratisch aufgefaßten Erziehertums.

Characteristics ed. J.M.Robertson, London 1900 - Briefe u. Philosophical Regimen ed. B.Rand, New York 1900. - Über S.: O. Walzel, Das Prometheussymbol von S. zu Goethe, (1910) 1932² - C.F.Weiser, S. u. das dt. Geistesleben, 1916 - E.Cassirer, Die Platon. Renaissance in England u. die Schule von Cambridge, 1932 - A.O. Aldridge, S. and the Deist Manifesto, Philadelphia 1951 - E.Wolff, S. u. seine Bedeutung f. d. engl. Lit. des 18.Jh.s, 1960 (Lit.).

E.Wolff

2. *Anthony Ashley Cooper,* 7. Earl of S. (1801–85), widmete nach einem vielversprechenden Studium in Oxford unter Verzicht auf eine politische Karriere sein ganzes Leben der Verbesserung der sozialen Verhältnisse Englands. Die Reform der Heil- und Pflegeanstalten, das Arbeiterschutzgesetz von 1847, das Verbot der Untertagearbeit von Frauen und Kindern, die Gründung von »Lumpenschulen« und Heimen für verwahrloste Kinder und die Wohnungsreform 1851 (nach Dickens »das beste Gesetz, das das englische Parlament je erlassen hat«) waren im wesentlichen sein Werk. An anderen philanthropischen und christlichen Bestrebungen wie der Bekämpfung der Sklaverei, der Hebung des Gesundheitswesens, der Gründung des YMCA, der Arbeit der Missionsgesellschaften und an den kirchlichen Einigungsbestrebungen war er stark beteiligt. S. war lange Jahre Präsident der Britischen und Ausländischen → Bibelgesellschaft (, 1 a).

Vf. u.a.: Speeches by the Earl of S., London 1868. - Über S.: E.Hodder, The Life and Work of the Seventh Earl of S., 3 Bde, London 1886 - DNB XII, 133ff - E.B.Blackburn, Noble Lord. The Life of the Seventh Earl of S., London 1949. *F.Schlingensiepen*

Shakers (»Zitterer«) ist die übliche Bezeichnung für die *United Society of Believers in Christ's Second Appearing* (auch als Alethianer bekannt). Ihre Begründerin, Ann Lee (»Mutter Ann«, 1736–84), siedelte sich 1774 mit 8 Anhängern in Niskeyuna oder Watervliet/N.Y. an, 2 Jahre nach ihrer Überfahrt von Manchester, wo die Sekte unter der Führung von James und Jane Wardley aus einem Zweig der → Quäker entstanden war. Die erste vollorganisierte Gemeinschaft entstand 1787/88 in New Lebanon/N.Y. In der Folge wurden 17 Gesellschaften in New York, New England, Ohio, Kentucky und Indiana gegründet. Ihren Höhepunkt erreichte die Bewegung in der Mitte des 19.Jh.s (ca 6000 Mitglieder). Obwohl sie jetzt dem Aussterben nahe ist, war sie eines der dauerhaftesten, produktivsten und einflußreichsten

Gemeinschaftsexperimente in der Neuen Welt (→ Christlich-sozialistische Gemeinden in Amerika).

Die S. glauben an einen Vater-Mutter-Gott. Der Christusgeist als Ausdruck dieser Gottheit wurde in Jesus offenbar, doch blieb es Ann Lee als Offenbarerin des Muttergeistes oder der Liebe Christi vorbehalten, das Erlösungswerk zu vollenden. Mit ihr sollte das 1000jährige Reich beginnen. Die Gläubigen gelangen in das Auferstehungsleben, indem sie Schritt für Schritt über die »fleischliche« Ebene der Zeugung hinauswachsen, bis sie schließlich in diesem oder im späteren Leben geistliche Vollkommenheit erreichen. - Die Lehre von der Vollkommenheit enthält 5 Grundprinzipien: Zölibat, Sündenbekenntnis, Gütergemeinschaft, Weltentsagung und Gleichheit der Geschlechter. Obwohl die S. die Ehe nicht völlig verurteilten, glaubten sie an die Notwendigkeit einer Erlösungsordnung, die alle »weltlichen« Einrichtungen überragt. In ihrer halb theokratischen Leitung hatten die Geschlechter gleiche Rechte und Pflichten. Brüder und Schwestern lebten in demselben Gebäude, aßen im selben Speiseraum und hielten zusammen Gottesdienst, achteten jedoch auf strenge Trennung. Die Neigung zur Einfachheit in Kleidung, Bauweise, Einrichtung und Sprache stammte zT von den Quäkern. Das ekstatische Element in ihrem Gottesdienst geht auf die »franz. Propheten« (→ Camisarden) zurück. - Vgl. → Seekers.

F.W.Evans, S., New York 1859 - A.White-L.S.Taylor, Shakerism. Its Meaning and Message, Columbus/Ohio 1904 - RE XVIII, 259ff; XXIV, 503 - M.F.Melcher, The Shaker Adventure, Princeton/N.J. 1941 - J.Neal, By their Fruits. The Story of Shakerism in South Union, Kentucky, Chapel Hill/N.C. 1947 - E.D.Andrews, The People called S., New York 1953 - ODCC 1248f.

E.D.Andrews

Shakespeare, *William* (1564-1616), englischer Schauspieler, Dichter und Dramatiker

1. Leben - 2. Werk - 3. Wirkungsgeschichte

1. Die Nachrichten über S.s Leben sind zahlreicher als meist angenommen wird. Die von Zeit zu Zeit geäußerten Zweifel an der Identität des Dramenverfassers mit dem Träger dieses Namens (die Dramen seien von dem 1593 ermordeten Chr.Marlowe, von dem Gelehrten Fr. → Bacon, dem Hofmann Edmund de Vere, 17. Earl of Oxford, oder von einer ganzen Gruppe von Autoren verfaßt worden) werden von kompetenten Forschern nicht mehr ernst genommen. - Der unter dem 26.4.1564 im Taufregister der Pfarrkirche von Stratford-on-Avon (Warwickshire) eingetragene Gulielmus, Sohn des Johannes Shakspere, ist der Dichter und Dramatiker W.S., dessen Lebensweg durch mancherlei zeitgenössische Zeugnisse besser belegt werden kann als der manches bedeutenden Zeitgenossen. S. entstammt dem Handwerker-Bürgertum. Sein Vater, ein Gerber und Händler, bekleidete verschiedene bürgerliche Ehrenstellen. Gegenüber früheren Auffassungen, nach denen der ungebildete Naturbursche dann in London einen meteorhaften Aufstieg zum - allerdings regellosen - Genie erlebt habe, hat die neuere Forschung mit hoher Wahrscheinlichkeit die in der Lateinschule von Stratford gelegten Bildungsgrundlagen (Kenntnisse der lat. Klassiker und die Anfangsgründe des Griechischen) nachgewiesen. Zudem war S. in einem tieferen Sinne »gelehrt ohne es geworden zu sein (Dryden)«. Nach Eheschließung mit der um fast 8 Jahre älteren Grundbesitzerstochter Anne Hathaway knüpft S. zwischen 1586 und 1588 in London (oder schon in Stratford?) Verbindungen mit einer Schauspielertruppe an, wird selbst Schauspieler und vom Mitverfasser von Dramen zum bald anerkannten Bühnenautor; der erste Beleg darüber stammt aus dem Jahre 1592. Die Truppe, deren Mitglied er 1594 wird (The Lord Chamberlain's Men), spielt seine Stücke in öffentlichen Theatern und am Hofe. S. wird ihr Teilhaber und Mitbesitzer des 1599 von ihr erbauten Globe Theatre, für das er die meisten seiner Stücke schreibt. Er erwirbt beträchtliche Liegenschaften in London und Stratford. Ohne daß die Verbindung mit seiner Stratforder Familie je abgerissen wäre, zieht er sich seit etwa 1610 mehr und mehr aus London zurück und stirbt am 23.4.1616 in seinem Geburtsort.

2. Nach den modischen Versepen in Renaissancemanier Venus and Adonis (1593) und The Rape of Lucrece (Die Vergewaltigung Lukretias, 1594) erschien 1609 ein Bändchen mit 154 zumeist zwischen 1592 und 1600 entstandenen Sonetten (L.Hotsons These [1949]: Die Komposition der ersten 126 Sonette sei bis 1589 abgeschlossen gewesen). Mss. der Werke sind nicht erhalten. Gegenüber der Veröffentlichung seiner Dramen war S. indifferent. So sind nur 16 Einzeldrucke, sog. Quartos, teils nach den Autorenmanuskripten, teils nach Bühnentexten oder nach aus dem Gedächtnis ergänzten Einzelrollen zu seinen Lebzeiten gedruckt worden. 18 Stücke erschienen erst nach seinem Tode, die erste Gesamtausgabe mit 36 Dramen, die sog. First Folio, kam 1623 heraus. Die Chronologie der Dramen ist unsicher. - S.s früheste Dramen, die zT den Gepflogenheiten der Zeit entsprechend die Vor- oder Mitarbeit anderer Autoren (J.Lyly, R.Greene, Chr.Marlowe, Th.Nashe, G.Peele, Th.Kyd) verraten, zeigen seine wachsende Könnerschaft in verschiedenen Formen des elisabethanischen Dramas, das aus der Tradition des → Mysterienspiels, der Moralitäten, Chronikenstücke und der Seneca-Tragödie schöpfte. Die erste Historien-Tetralogie (Henry VI., 3 Teile, 1590/92; Richard III., 1592/93) ist formal eine Vertiefung der volkstümlichen Chronikspiele, die die Zeit der Rosenkriege, hauptsächlich nach der Geschichtsquelle der Holinshedschen Chroniken, darstellt. Das historische Kaleidoskop einzelner Szenen wird zur ganzheitlichen Geschichtsdeutung im Sinne der Tudor-Dynastie weiterentwickelt. Zugleich aber setzt sich in Richard III., Marlowe nachahmend und übertreffend, das Individuelle gegenüber dem Typischen durch in dem großen, sein Schicksal bejahenden, machiavellistisch agierenden Bösewicht als Helden. Nachdem S. mit Titus Andronicus (1594) das blutrünstige Schauerdrama nach Seneca-Vorbild persifliert hat, verschiebt sich der Schwerpunkt in der zweiten Historien-Tetralogie (Richard II., 1595; Henry IV., 2 Teile, 1597/98; Henry V., 1599) auf eine Darstellung des geläuterten guten Königs im Stande des Gottesgnadentums, der dem durch die Usurpatoren ausgelösten Chaos und dem Zuschlagen der Nemesis Einhalt gebietet, nachdem er selbst alle Stufen irdischen Seins durchlaufen und überwunden hat. Gleichzeitig mit den Historien entstehen Komödien, in denen die Möglichkeiten der Verwechslung zweier Zwillingspaare (Comedy of Errors, 1592/93), Situations- und Charakterkomik (The Taming of the Shrew, 1594) und die Irrungen des Verstandes angesichts der Lebensmacht Liebe (Love's Labour's Lost, 1595) in heiterem Spiel von euphuistisch geschliffener, wortspielfreudiger Sprache ausgekostet werden. Mit A Midsummer Night's Dream (1595/96), in dem die bisher getrennt dargestellten Bereiche der höfischen und bürgerlichen Welt mit der Feenwelt romantisch vermengt und wieder entwirrt werden, schließt in musikalischem Maskenspiel die Phase der heiteren Komödien ab. Zugleich verrät sich eine neue poetische Bewußtheit. Das Thema vom leidenschaftlich ergriffenen Menschen wird in Romeo and Juliet (1595) zum ersten Mal, wenn auch noch in überkommenem lyrisch-deklamatorischem Ton,

gestaltet. Das doppelsträngige, leichte Lustspiel- und Liebeshandlung mit ernster Bürgschafts- und Gerichtshandlung verknüpfende The Merchant of Venice (1596) offenbart die innere Bedrohung des Menschen als die wesentliche Seinserfahrung. In dieser Richtung bewegen sich alle weiteren Dramen, die sog. dunklen Komödien wie die lange Reihe der unheilvollen Tragödien: in jenen das gegenseitige Durchdringen von Illusionsspiel und Wirklichkeit, in diesen das Auseinanderbrechen von idealer und realer Welt im Strudel der menschlichen Irrungen und Verstrickungen und des Mißverstehens von Schein und Sein. Von der bedrückenden Hero- und Claudiogeschichte (Much Ado About Nothing, 1598/99) über As You Like It (1599) mit der tröstenden und beglückenden Ganymedgestalt Rosalinde und dem Bürgerschwank The Merry Wives of Windsor (1600/01) bis zu Twelfth Night or What You Will (1600/02) und All's Well That Ends Well (1602/03) mit seinem Griseldismotiv stoßen Wirklichkeitstragik und Komödienatmosphäre immer wieder zusammen, um sich in Troilus and Cressida (1602) und Measure for Measure (1604) endgültig als unvereinbar zu trennen: die trübe Welt von Kerker, Gerichtssaal und Bordell in diesem und der Kampfplatz von Troja als Ursituation des Menschen in jenem geben der heiteren Phantasiewelt nur noch wenig Raum. Julius Caesar (1599), das erste der drei Römerdramen, die sich auf Plutarchs Heldenleben in der Übersetzung von Th.North (1579) stützen, zeigt in der Gestalt des Brutus den Idealisten edlen Charakters, der an der politischen Wirklichkeit zerbricht, weil er in ihr schuldig werden muß. Ähnlich scheitert auch Hamlet (1601), dessen Intelligenz und Feinempfinden ihn unfähig machen, der Welt in ihrem Sosein gegenüberzutreten, während Othello (1604) in der Integrität und Unmittelbarkeit seines Vertrauens der diabolischen Verführung Jagos zum Opfer fällt. Unerhörte Dimensionen des Leidens, verursacht durch die willentliche Verkennung der Wirklichkeit in der Bereitschaft sich täuschen zu lassen, führen Lear (1604/06) zu erschütterndem Aufruhr der Seele. Der von seelischer Blindheit zu tiefer Einsicht geläuterte, wenn auch in seiner äußeren Existenz zerbrechende König wird mit dem weisen Narren und dem geblendeten, aber innerlich sehenden, von Lear verkannten getreuen Gloucester kontrastiert. So wird hier die Verwechslung und Vertauschung von Schein und Sein in vielschichtigem, verdichtetem poetischem Sprachgewebe und beziehungsvollem Zusammenspiel als Grundseinsweise des königlichen Menschen dramatisch entworfen. Das Böse als vom Ehrgeizigen unterschätzte Dämonie der Macht, die den Helden zunächst vereinsamt, um ihn dann zu zermalmen, erfährt Macbeth (1606). Nachdem S. so die tragische Größe und Vernichtung seiner Helden mit gigantischer Seelenkraft selber ausgehalten hat, löst sich die Spannung in drei Romanzen (Cymbeline, 1609/10; The Winter's Tale und The Tempest, 1611), in welchen die Erfahrung des Leides, die Versuchung der Leidenschaften und die Verführung des Bösen durch Reue, Gnade und Versöhnung als metaphysische Kräfte aufgehoben werden.

3. Die *Wirkung* der S.schen Dramen auf die nachfolgenden Jh.e ist tiefgreifend. Die Auseinandersetzung mit S. spiegelt die Phasen der geistigen Bewegung wider. In vier Bereichen des künstlerischen und geistigen Lebens fast aller Kulturländer ist sie sichtbar: Einmal erscheint sie in der direkten Interpretation der Dramen durch Bühnenaufführungen, mit denen sich vielfach die Prinzipienfrage nach den Formen und Regeln der Schaubühne verbindet. Sodann in der immer weiter ausgreifenden S.-Philologie, die sich mit der wissenschaftlich-historischen Analyse des Werkes befaßt. Dazu kommt ein breiter Strom von ethisch, philosophisch, religiös, soziologisch oder ästhetisch ausgerichteten Interpretationen, in denen sich zugleich an der kritischen Besinnung auf Wesen und Maßstäbe der Dichtung überhaupt die Wandlungen der Dichtungstheorie spiegeln. Schließlich zeigt sich der direkte Einfluß, wenn auch vielfach nur schwer genau nachweisbar, in den Werken großer und kleinerer Dichter. - Die Entwicklung von der kulissenlosen und requisitenarmen elisabethanischen Bühne über die Ausstattungsbühne der Restoration zur realistischen Illusionsbühne des 19.Jh.s und zur modernen Stilbühne wird begleitet von den Phasen einer Textkritik und Interpretation, die zu S.s Lebzeiten die rationale, würdige und ethisch-beispielhafte Darstellung nach klassischem Muster vermißt (Ben Jonson), in S. dann aber den »Homer, oder Vater unserer dramatischen Dichter« liebt (Dryden), nicht ohne die Dramen in sprachlich rationalisierten Neufassungen aufs Ethische, Optimistische und Logische zuzuschneiden (Pope, Dr. S.Johnson) oder das Ungetüme, Unregelmäßige, Ordnungswidrige und Irrationale der Originaltexte abzulehnen (in Deutschland vor Lessing). Die Romantiker entdecken die vom empirischen Leben zu unterscheidende und ihm an Wahrheit der Seinsaussage überlegene, aus der schöpferischen Imagination des Dichters geborene künstlerische Wirklichkeit, die sich in stiller Lektüre voller erschließe als auf der Bühne. Unter dem Einfluß des Positivismus und des literarischen Naturalismus wird die historisch-realistische Textkritik und Interpretation breit und spezialisiert entfaltet, bis sich in der 2. Hälfte des 20.Jh.s nach der Verengung auf rein werkimmanente ästhetische Interpretation (im sog. New Criticism) das Bewußtsein von der doppelten Wirkungsebene des historisch bedingten und zugleich zeitlos humanen S. durchsetzt, dessen Unausschöpfbarkeit nur eine Vielfalt immer neuer Interpretationsbemühungen entsprechen kann.

Zu 1: E.DOWDEN, S., London 1875; dt. v. W.WAGNER, 1879 - E.K.CHAMBERS, W.S., 2 Bde, Oxford 1930 (Lit.) - P.ALEXANDER, S.s Life and Art, London 1938 - E.M.W.TILLYARD, The Elizabethan World Picture, ebd 1943 u.ö. - T.W.BALDWIN, W.S.s Small Latine and Lesse Greeke, 2 Bde, Urbana/USA 1944. - Zu 2: The New Arden S., ed. U.ELLIS-FERMOR u.a. (je Drama 1 Band), London 1951ff - The Tudor S., ed. P.ALEXANDER, London-Glasgow 1951 - Dt. Übers.: A.W.SCHLEGEL-L.TIECK, ed. KELLER, 1916 u.ö.; R. FLATTER, 6 Bde, Wien 1951-55. - A.C.BRADLEY, S.an Tragedy, London 1904 u.ö. - J.D.WILSON, The Essential S., Cambridge 1932 - M.LÜTHI, S.s Dramen, 1957. - Zu 3: FR.GUNDOLF, S. u. d. dt. Geist, 1911 - A.RALLI, A History of S. Criticism, 2 Bde, London 1932 - G. MÜLLER-SCHWEFE, Wandlungen des S.-Bildes im 20.Jh. (Die Neueren Sprachen, 1954, 433-445) - C.G.SISSON, S., London 1955 (Lit.) - H.OPPEL, S. in Deutschland (Dt. Philologie im Aufriß III, 1957, 104-122; Lit.) - S., Engl. Essays aus 3 Jh.en, hg.v. E.TH.SEHRT, 1958 (m. wichtiger Einl.).

G.Müller-Schwefe

Shankara (788-822[?]), shivaitischer Brahmane aus Malabar, Begründer des bis heute bedeutendsten philosophischen Systems Indiens, des strengen → Monismus der »reinen Zweitlosigkeit« (kevala advaita; → Hinduismus: I, 3 c) im Gegensatz zum vishista advaita → Râmânujas. S.s Gedanken sind vor allem in den Kommentaren zu Bâdarâyanas Brahmasûtras, der → Bhagavadgîtâ und den 10 bedeutendsten → Upanishaden niedergelegt, außerdem in der Upadeshasâhasrî (»Tausend Unterweisungssprüche«, übers. v. P.Hacker, 1949) zusammengefaßt. S. fußt auf Lehren Gaudapâdas (Lehrer von S.s Lehrer Govinda), die von buddhistischer Philosophie befruchtet sind. Zur Überwindung der in den Upanishaden hervortretenden Divergenzen unterscheidet S., wie bereits Mundaka Upanishad I, 1, 4f, eine absolute und eine relative Wahrheit. Die absolute Wahrheit von der Identität des attributlosen, einzig realen Brahman (Weltseele; → Vedische und brahmanische Religion) mit dem → Âtman (Individualseele) erschließt sich dem »höheren Wissen« (parâvidyâ) durch Intuition. Die empirische Welt erscheint durch »Nichtwissen« (avidyâ) über unser wahres Wesen als »Illusion« (mâyâ) des attributlosen Brahman, die durch das »höhere Wissen« verschwindet. Die → Seele wird dadurch dem Geburtenkreislauf entzogen. Das »niedere Wissen« (aparâ vidyâ) erkennt der Welt eine relative Realität zu, es richtet sich auf das »attributhafte Brahman«, das, als persönlicher Gott, mit der Seele (jîva) als seinem Reflex identisch ist. Dieses Brahman bringt die Erscheinungen der Welt hervor. Aus einer Verbindung des »feinen Leibes« mit Teilchen der groben Elemente schaffen sich die → karma-bestimmten Seelen ihren samsâra-gebundenen Leib, der mit den psychischen Organen die »Verhüllungen« (samvrti) der Seele bildet. Das »niedere Wissen« um die Identität von Seele und attributhaftem Brahman führt zur → Erlösung (: I) in diesem Brahman, aber sie ist auf die Dauer der laufenden Weltperiode beschränkt.

P.Deussen, Das System des Vedânta nach d. Brahma-Sûtras d. Bâdarâyana u. d. Komm. des S., (1883) 1920[3] - Vedântasûtras transl. by G.Thibaut (SBE 34 u. 38) - R.Otto, Westöstl. Mystik, (1926) 1929[2] - S.Radhakrishnan, Indian Philos. II, London (1927) 1951; dt. 1956 - H.v.Glasenapp, Entwicklungsstufen d. ind. Denkens (SGK 15/16, H. 5), 1940 - Ders., Der Stufenweg zum Göttlichen, 1948 - Ders., Die Philos. der Inder, (1949) 1958[2] - S.Dasgupta, Hist. of Indian Philos. I, Cambridge 1951. *H.Losch*

Sharp, *Granville* (1735-1813), engl. Philanthrop, im wesentlichen Autodidakt, seit 1758 beim Zeugamt. Er spielte eine führende Rolle in der Bewegung zur Sklavenbefreiung und half die gesetzliche Regelung von 1772 herbeiführen, nach der ein Sklave frei wird, sobald er Großbritannien betritt. S. unterstützte die amerikanischen Kolonien im Krieg gegen England, propagierte legislative Freiheit für Irland und politische Reformen. In seinen »Remarks on the Uses of the Definite Article in the Greek Text of the NT« (Durham [1798] 1803[3]) behauptete er: »Wenn zwei Personalsubstantive im gleichen Fall durch die Kopula καί verbunden sind und das erste den bestimmten Artikel hat, das zweite aber nicht, so bezeichnen beide die gleiche Person«, zB τοῦ θεοῦ ἡμῶν καὶ κυρίου Ἰησοῦ Χριστοῦ (der sog. »G.S.'s canon«).

P.Hoare, Memoirs of G.S., London 1820 - T.Clarkson, Hist. of Abolition of the African Slave Trade I, ebd 1839, 66ff - J.Stephen, Essays in Ecclesiastical Biography, ebd 1860 - E.C.P.Lascelles, G.S. and the Freedom of Slaves in England, ebd 1928 - DNB XVII, 1339ff.
D.Carter

Shaw, *George Bernard* (1856-1950), irischer Sozialkritiker, Romanautor und Dramatiker. S. ist nach seinen eigenen Worten »ein typischer Ire, dessen Familie ursprünglich aus Nordengland kommt«. Er entstammt einer Dubliner prot. Kaufmannsfamilie, geht nach dürftiger Schulbildung 1876 nach London und wird 1884 führendes Mitglied der einen evolutionistischen Sozialismus vertretenden Fabian Society. Nonkonformistische Grundhaltung und Mißtrauen gegenüber aller gesellschaftlichen und geistigen Konvention ist kennzeichnend für S.s erste Phase, in der ihn → Ibsen (The Quintessence of Ibsenism, 1891), Karl → Marx und der amerikanische Landreformer Henry George stark beeinflussen. Nach erfolglosen sozialkritischen Romanen benutzt S. die Bühne zur Verkündigung seiner sozialistischen und evolutionistischen Ideen. Seine mehr als 30 Dramen, meist Komödien, sind der Form nach eher Diskussionsstücke, in denen die Probleme erörtert statt dargestellt werden. Die umfassenden geistreichen Vorreden dazu suchen ihr Verständnis eindeutig festzulegen. S.s antiromantischer, realistischer Humanismus zeigt sich in den Plays Pleasant and Unpleasant (Unerquickliche und Erquickliche Stücke), unter denen Arms and the Man (1894) den Antiheroismus und Candida (1895) und Saint Joan (1923) die neue Frau als Verkörperung der Life Force (in Anlehnung an → Schopenhauers Weltwillen und → Bergsons élan vital) darstellen. Positives Ziel ist die Schaffung des Übermenschen (Man and Superman, 1903), der aus der Kraft des Willens und der Ratio Alter und Tod schon im Diesseits überwinden kann (so im »Pentateuch« Back to Methuselah, 1921, Postscript 1944).

Works, Standard Ed., 37 Bde, London 1931-49 - Ges. Dramat. Werke, 12 Bde, dt. v. S.Trebitsch, 1946-48. - Über S.: H.Pearson, G.B.S., London (1942) 1961[2] - A.Dutli, Der Kosmos eines Ketzers. Die relig. Bedeutung des Evolutionsgedankens bei B.S., 1950.
G.Müller-Schwefe

Sheldon, *Charles Monroe,* amerik. kongregationalistischer Geistlicher und Schriftsteller, * 26.2.1857 in Wellsville/N.Y., † 24.2.1946 in Topeka/Kans. Nach dem Studium war S. bis 1888 Geistlicher der Congregational Church in Waterbury/Vt., 1889-1909 der Central Congregational Church in Topeka. Um die Teilnahme am Gottesdienst zu heben, schrieb S. 25 Romane über christliche Themen, aus denen er anstelle einer Predigt jede Woche ein Kapitel vorlas. Einer davon hieß: »In His Steps: What Would Jesus Do?« (1896), eine starke Vereinfachung und Popularisierung des damals aufblühenden → »Social gospel«. In den folgenden 40 Jahren druckten 50 Verleger 25 Mill. Exemplare (12 Mill. in Großbritannien und Europa; dt. 1922[5]) in 21 Sprachen. S. war 1919-25 Hauptherausgeber der einflußreichen allgemein-prot. Zeitschrift »The Christian Herald« (New York). Von 1896 bis 1942 gab er 14 Bücher heraus und schrieb 35, u.a. seine Autobiographie (New York 1925) und »The History of ›In His Steps‹« (Topeka 1938).
A.C.Piepkorn

Sherlock, *Thomas* (1678-1761), Sohn von *William* S. (Dean of St. Paul's in London, 1640-1707), gebildet in Eton, wo er Freundschaft mit dem späteren liberalen Premierminister Robert Walpole schloß, und 1693-1701 in Cambridge (Catherine Hall). S. wurde Fellow seines Colleges, 1714 dessen Master und Vizekanzler der Universität, 1715 Dean von Chichester, 1719 Domherr von Norwich, 1728 Bischof von Bangor, 1734 von Salisbury. Nach Ablehnung der Erzbistümer von York 1743 und - möglicherweise - Canterbury 1747 wurde er 1748 Bischof von London. Als einer der führenden Kirchenmänner im Anglikanismus des 18.Jh.s hielt er dem neuen, unbeliebten hannoverschen Königshaus die Treue. Doch fiel er mehrmals in Ungnade, vor allem weil er in dem Streit um Grundverständnis und Gestalt der Kirche gegen Benjamin Hoadly, den Günstling der Krone, eine gewisse kirchliche Selbständigkeit im Gegensatz zur vollen Einbeziehung in den Staat vertrat (Bangorian Controversy; → England: I, 6). Den → Deismus (: III, 3) bekämpfte sein erfolgreiches Werk »The Trial of the Witnesses of the Resurrection of Jesus« ([1729] 1755[13]), in dem er die Auferstehungszeugen nach Art der britischen Gerichtsverhandlung für die Wahrheit der Tatsache aussagen ließ. Ihn suchte 1744 → Voltaires Lehrer Peter Annet zu widerlegen.

DNB XVIII, 93ff - N.Sykes, Church and State in 18th Century England, 1934 - E.F.Carpenter, Th.S., 1936. *M.Schmidt*

Shintoismus

I. Religionsgeschichtlich

Shintô oder S. im weiteren Sinne ist die einheimische Religion der Japaner vor der Übernahme des → Buddhismus (: I) vom Festland (→ Japan: II). Im engeren

Sinne ist S. ein religiöses System, das zur Grundlage der japan. Staatsstruktur gemacht wurde. Das geschah durch die direkte Herleitung der kaiserlichen Dynastie von der Sonnengöttin. Der Name Shintô - *shin* Gott oder Götter, *tô* oder *dô* Weg, also »Weg der Götter« - wurde schon in China gebraucht, chinesisch *shen-dao* ausgesprochen; er taucht schon im *I-king* (Buch der Wandlungen) auf und bedeutete Kultfeier. Nach dem *Hsi-yü-ch'üan* des *Hou-Han-shu* (Annalen der späteren Han-Dynastie) umfaßte er auch den Buddhismus. In Japan fiel der Buddhismus nie darunter. Man sagte hier *shintô* im Gegensatz zu *buppô* (Buddha-Gesetz), womit der Buddhismus bezeichnet wurde. Das Wort *shintô* erscheint in Japan erstmals im *Nihon-shoki,* den Japan. Annalen. Die Götterverehrung hatte damals bereits eine lange geschichtliche Entwicklung hinter sich. Die früheste Religion der Japaner bestand in Geisterglauben, → Naturdienst, Ahnenkult und → Magie (→ Japan: II). Die Einführung des Naßfeldreisbaus, Eisenbereitung und Bevölkerungszunahme bewirkten eine wirtschaftliche Umwälzung und soziale Schichtenbildung in einer Clan-Gesellschaft. Davon wurde auch die Religion weitgehend beeinflußt. Der Yamato-Clan sicherte sich die Hegemonie und schuf den Einheitsstaat. Er suchte seine Stellung religiös zu unterbauen. Das *Jindai-kan,* dh der Band über das Götterzeitalter, des Kojiki (Bericht über die Ereignisse des Altertums) wurde unter Kaiser Kimmei (539-571) kompiliert, also 1½ Jh.e vor der Fertigstellung des Gesamtwerkes. Wir finden darin diejenigen Mythen wieder, an denen die Herrscherklasse zur Stärkung ihrer Stellung im Rivalitätsstreit der Clane interessiert war. Das Ergebnis dieser gelenkten Mythenbildung gibt kein objektives Bild über die Religion der frühgeschichtlichen Zeit. Es hängt mit dem Aufkommen einer Herrenschicht zusammen, wenn neben der alten Vorstellung vom Aufenthalt der Totenseelen in einer horizontalen irdischen Ebene - Bergwelt, Inseln, Land jenseits des Meeres - allmählich eine vertikale Himmelsvorstellung aufkam, zusammen mit der Vorstellung von einer Unterwelt (→ Weltbild: I B). Das geschah in der Hügelgräberperiode, die etwa mit den ersten 5 Jh.en nChr zusammenfällt. Hügelgräber durften sich nur Aristokraten errichten. Der Wandel in der Totenbehandlung - die Toten wurden früher nur ausgesetzt - und der Seelen- und Himmelsauffassung gehen zusammen. Seelen mächtiger Clan-Häupter wurden divinisiert (vgl. → Königtum, sakrales). Früher irdisch aufgefaßte Götter werden nun in das »Hohe Himmelsgefilde« (Takamanohara) entrückt, dessen Mittelpunkt die Sonnengöttin und Ahnherrin des Yamato-Clans und somit des Kaiserhauses ist. Die Welt begann mit einem Urchaos. Die Götter entstanden aus einem Schilfschößling, auch der Himmelsvater Izanagi und die Erdmutter Izanami. Takamimusubi, eine Hypostase des sonst kult- und mythenlosen Ame-no-minaka-nushi (»Herrn der Himmelsmitte«) befahl Izanagi und Izanami, die Erde zu ordnen und zu vollenden. Das Urelternpaar zeugte die japan. Inseln und die Götter, einschließlich der Sonnengöttin Amaterasu (»Himmelsleuchte«). Demnach sind die Sonnengöttin und die übrigen Götter blutsverwandte Geschwister, die Welt der Götter ist eine Großfamilie (→ Schöpfung: I). In diesem Ergebnis besteht die politische Bedeutung der Zeugungsmythe. Die Sonnengöttin wurde als erste erzeugt, um sie zur Herrin der Welt zu machen. Sie befahl dann ihrem Enkel Ninigi no Mikoto, zur Erde herabzusteigen und das Land zu regieren. Damit ist die Weltherrschaft von der Herrin der Welt persönlich auf die kaiserliche Dynastie übertragen worden. Diese steht demnach auch über den übrigen Göttern, die Ahnherren der verschiedenen Stämme sind.

Der seit 575 fest im Lande begründete Buddhismus sprach die Japaner durch seine Philosophie und höhere Ethik, durch seine Kunstübung und prachtvolle Liturgie an. Seine Jenseitslehre kam dem japan. Ahnenkult entgegen. Der weitere Verlauf der japan. Religionsgeschichte pendelt zwischen zwei Extremen hin und her: Assimilierung der einheimischen Religion mit der neuen und Besinnung auf die alte Götterreligion als die allein dem japan. Volke kongeniale. Wie bereits Kaiser Yômei (586-587) hängen die meisten Japaner beiden Religionen an. Der Statthalter und Thronfolger Prinz Shôtoku (574 bis 622) förderte den Buddhismus nachhaltig als einen Grundpfeiler des Staates. Kaiser Temmu (672-686) und Kaiser Shômu (724-749) bauten ihn in die Staatsverwaltung ein. Zahlreiche staatliche Tempel wurden errichtet. Kaiser Shômu nannte sich bei dem feierlichen Staatsakt der Einweihung der großen Buddhastatue von Nara (746) einen Sklaven Buddhas. In einer Ansprache vor seiner Regierung jedoch bezeichnete er den Buddhismus als kostbares Geschenk der Götter. In der Frühzeit des japan. Buddhismus wurde die Priorität der Götter dadurch aufrecht erhalten, daß man sie zu Spendern und Beschützern des Buddhismus machte. In der Heian-Zeit (794-858) erklärte man die Götter als Manifestationen von → Buddhas und Bodhisattvas. Erst gegen Ende des 17.Jh.s bahnte sich wieder eine Trennung des Shintô vom Buddhismus an. Die großen Väter der Shintô-Renaissance und mittelbar auch der Meiji-Restauration (1868) waren die Shintô-Gelehrten Kamo Mabuchi (1697-1767), Motoori Norinaga (1730-1801) und Hirata Atsutane (1776 bis 1843). Absoluter Gehorsam gegen Götter und Kaiser war für sie Naturgesetz. Hirata Atsutane lehrte: Japan ist vor allen anderen Ländern der Welt geschaffen worden. Amaterasu ist die größte Gottheit aller Religionen der Welt. Jeder Japaner ist göttlicher Abstammung. Die japan. Rasse überragt mit ihren von den Göttern verliehenen Tugenden alle anderen. Der Kaiser ist als Himmelssohn zur Weltherrschaft berufen. Diese Gedanken wurden in der Politik des modernen Japan konsequent durchgeführt.

Die unter Kaiser Meiji (1868-1912) erfolgte Übernahme der westlichen Kultur brachte neue innenpolitische Schwierigkeiten mit sich. Die nun rapid ansteigende Bevölkerungszahl und das Verlangen aller Schichten nach höherem Lebensstandard lösten soziale Spannungen aus. Die internationale, wirtschaftliche und politische Geltung Japans erforderte ein straffes Staatsgefüge. Seit 1868 war der Shintô Staatsreligion. Der Buddhismus wurde in die private Sphäre verwiesen. Prinz Itô, der Hauptverantwortliche eines Verfassungsentwurfes, schrieb 1889 in einem Kommentar zu diesem: »Der Heilige Thron wurde errichtet, als Himmel und Erde sich trennten. Der Kaiser entstammt dem Himmel und ist göttlich.« In Edikten und Kommentaren dazu kommen folgende Dogmen des Staats-Shintô zum Ausdruck: 1. Die kaiserliche Dynastie ist seit ihrem göttlichen Ursprung niemals unterbrochen worden. 2. Die kaiserlichen Ahnengötter verleihen dem Volke Führung und Schutz. 3. Japan ist zur Rettung der Welt berufen. »Die ganze Welt unter einem Dach« wurde Schlagwort.

Die Verfassung von 1889 gewährte Religionsfreiheit. Mit Rücksicht auf Japans Beziehungen zu den Großmächten mußte irgendwie daran festgehalten werden. Man glaubte, sich dadurch dem Dilemma entziehen zu können, daß man zwischen Staats-Shintô und Sekten-Shintô unterschied. Religion sei nur der Sekten-Shintô, der Staats-Shintô dagegen nur eine zivile Äußerung des Respektes vor dem Kaiser und seinen Ahnen als Untertanenpflicht. Die Zahl der zu verehrenden Götter in größeren Schreinen betrug ca 200. I.J. 1940 gab es 86000 amtliche Schreine. Darunter waren die drei wichtigsten der der Sonnengöttin Amaterasu in Ise (Ise-Jingû), der des Kaisers Meiji (Meiji-Jingû) in Tokyo und der Schrein zum Schutze des Staates (Yasukuni-Jinja) in Tokyo. Der letztgenannte wurde an seiner jetzigen Stelle 1869 erbaut, um darin die im Bürgerkrieg beim Sturz der Tokugawa gefallenen Soldaten zum Rang von Göttern zu erheben. Dasselbe geschah auch mit den Soldaten der folgenden Kriege.

In einem Kommentar zum kaiserlichen Edikt über das Erziehungswesen wird am Christentum kritisiert, daß es Gottvater und Christus über den Kaiser stellt. Als aber Marxismus und Kommunismus im Lande aufkamen, wurde das Christentum als Bundesgenosse dagegen geschätzt. Seit der Verschärfung der internationalen Spannungen infolge von Japans Einfall in China (1937) wurde die totalitäre Staatsführung durch die Armee immer radikaler. Beide christlichen Konfessionen gestatteten 1936 auf Grund der Erklärung der Regierung über den nichtreligiösen Charakter des Staats-Shintô ihren Gläubigen die Teilnahme an den vorgeschriebenen Schreinzeremonien.

Japans Niederlage 1945 brachte auch das Ende des Staats-Shintô. Er wurde auf Befehl des Alliierten Oberkommandierenden General MacArthur am 15.12.1945 abgeschafft. Am Neujahrstage 1946 erklärte der Kaiser in einem Reskript vor seiner Regierung die bisherigen religiösen Staatsdogmen als Mythen. Der Staat wurde säkularisiert. Als einer nunmehr privaten Religion wurden dem S. alle öffentlichen Zuwendungen entzogen. Im Brauchtum und Volksglauben leben aber viele alte Götter weiter. In den Schreinen werden nach wie vor zahlreiche Amulette und Talismane ausgegeben und magische Riten vollzogen. Aller Voraussicht nach würden jedoch Versuche zur Wiederbelebung des Staats-Shintô von der neuen Generation entschieden abgelehnt werden.

Außer der Lit. zu → Japan: II: Itô Hirobumi, Commentaries on the Constitution, engl. Ausg., Tokyo 1889 - K. Florenz, in: Chant II, 264ff - Katô Genchi, A Study of Shinto: The Religion of the Japanese Nation, Tokyo 1926 - Ders., What is Shinto?, ebd 1935 - Ders., A Bibliogr. of Shinto in Western Languages from the oldest Time till 1952, ebd 1953 - ChrRel III, 393ff - G. B. Sansom, A Hist. of Japan to 1334, Stanford/Calif. 1958. - Fortlaufende Bibliogr. in: International Bibliogr. of the Hist. of Religions, (1952ff) Leiden 1954ff (s.v.).

M. Eder

II. Die biblische Botschaft gegenüber dem Shintoismus

Das Schlüsselwort, auf das die biblische Botschaft im S. trifft (→ Japan: III), ist das Wort *kami*. Nach der in seiner Grundbestimmung noch heute gültigen Erklärung *Motoori* Norinagas (1730-1801) bezeichnet es das Heilige im Sinn des Außergewöhnlichen, das Scheu erweckt und Verehrung fordert. Es ist geradezu Äquivalent des Begriffes → mana. *Kami* sind für Motoori nicht nur Naturkräfte und -erscheinungen, Götter und Geister, sondern auch Menschen, zumal wenn sie durch ihre Stellung, durch gute oder böse Eigenschaften oder Taten ihresgleichen überlegen sind (Herrscher, Heroen, Weise und Heilige, aber zB auch Diebe). Sie empfangen im Ahnenkult Verehrung, können ihrer aber auch schon bei Lebzeiten teilhaftig werden. In diesem Zusammenhang nimmt der Tennô eine Stellung ein, der selbst die Amerikaner 1945 Rechnung tragen mußten. Er hat auf seine »Göttlichkeit« verzichtet, ist aber als »Mitte des Volkes« weiterhin *kami* - »nicht als Individuum, sondern nur als Träger der uralten Göttermaske« (R. Schinzinger).

Dem christlichen Glauben steht im S. der »Glaube des japan. Volkes an sich selbst« (W. Gundert) gegenüber. Durch seine Geburt ist der Japaner Shintôist, mag er sich überdies zu einer anderen Religion bekennen. Der S. als Naturreligion mit theanthropischer Zuspitzung bestimmt auch heute noch, nachdem der schon um 1800 feststellbare, vor 1945 auf den Gipfel getriebene politische Mißbrauch des Tennô-Kults beseitigt worden ist, die Seinsordnung Japans als mythisch-magisch. Dazu kommt in ihm eine Entwicklung ins Ethisch-Philosophische, die im Lauf der Jh.e die Naturreligion geläutert hat. Zu ihr gehört das Streben, inmitten der Vielgötterei zu einer Einheit des Gottesglaubens zu kommen. Die am Anfang des Kojiki (→ Shintoismus: I) genannte Götter-Trias Ame no Minaka-nushi (Hehrer Herr der Himmelsmitte), Taka-mi-musubi (Hoher, hehrer Erzeuger) und Kami-musubi (Göttlicher Erzeuger) wurde als eine → Trinität (: I) verstanden, in der Ame no Minaka-nushi das absolute Sein, die beiden anderen Götter die aus ihm wirkenden Impulse darstellen. Schließlich hat sich im 19. Jh. der sog. *Sekten-S.* gebildet, dessen 13 Sekten die Regierung als religiöse Organisationen behandelt hat, während sie den *Staats-S.* mit seinem Mittelpunkt im Tennô- und Ahnenkult zur Nicht-Religion erklärte. Die Sekten haben Stifter, die in ihnen göttlich verehrt werden, Glaubenssätze und Bekenntnisse; sie treiben Krankenheilungen und Propaganda. Kräfte der Volksreligion haben in ihnen eine individuell-persönliche Ausrichtung gewonnen. Mit dem übrigen S. haben sie die Vielzahl der Götter gemeinsam, von denen jeweils einzelne bes. verehrt werden.

Diesem vielschichtigen Gebilde, das bis in seine feinsten Verästelungen hinein den Charakter der Nationalreligion bewahrt, begegnet die biblische Botschaft. Es hat in der japan. Christenheit nicht an Versuchen gefehlt, sie dadurch zu legitimieren und zugleich zu mildern, daß man Japan im AT erwähnt fand (an den Stellen, wo vom »Aufgang der Sonne« die Rede ist), daß man es genealogisch über die → »Zehn verlorenen Stämme« mit dem jüdischen Volk verband und religionsgeschichtliche Übereinstimmungen zwischen S. und jüdischer Religion nachwies. Das sind Phantastereien, die allerdings deutlich machen, wie stark auch christliche Kreise noch im Bann der Nationalreligion stehen. Gleiches gilt von dem Bemühen, den ursprünglichen S. als → Urmonotheismus zu verstehen, in Ame no Minaka-nushi den biblischen Schöpfergott, in der erwähnten Trias die christliche Trinität zu sehen und daraus zu folgern, die Ahnen des Tennô hätten demselben Gott gedient, dem heute die japan. Christen dienen, ganz Japan verehre den »unbekannten Gott«. Diese und ähnliche Versuche, die biblische Botschaft dem vom S. geprägten japan. Wesen anzupassen, wie sie in Zeiten nationaler, dh nationalreligiöser Erregung bes. sichtbar wurden, zeigen, daß auch der Japaner, der Christ geworden ist, in der Seinsordnung seines Volkes befangen zu bleiben vermag. Er soll Japaner bleiben, voll Liebe und Treue zu seinem Volk und Herrscher; aber durch seine Entscheidung für Christus ist ihm darin eine Grenze gesetzt, über die er nicht zurück kann, deren Anerkennung ihm Schmerzen bereiten mag, ihn aber auch zum höchsten Dienst an seinem Volke freimacht. Es ist die Auseinandersetzung zwischen biblischer Botschaft und Nationalreligion, die hier vor sich geht. Dem auch in der japan. Christenheit immer wieder aufgetauchten Wunsch, das AT als Dokument der jüdischen durch hl. Schriften der eigenen Nationalreligion zu ersetzen, stellt die christliche Verkündigung das AT als Urkunde des Kampfes gegenüber, den von Gott, dem Herrn über alle Völker, berufene und geleitete Männer gegen den in falscher Sekurität verankerten Erwählungsglauben Israels geführt haben (→ Propheten: II B. C).

In Japan wird der Vorwurf gegen das Christentum erhoben, es vernichte das Japanertum (Kokutai; Yamato-damashii) und löse es in einen vom Westen bestimmten Internationalismus auf. Es ist die Aufgabe der christlichen Verkündigung, japanisches Wesen in seiner gottgegebenen Eigenart, aber geläutert durch Gottes ewige Offenbarung, frei und stark zu machen, daß es in der Menschheitsgeschichte helfend und bereichernd mitwirkt. Daß die Richtung, in die sie damit führt, derjenigen des S. von Grund aus zuwider ist, läßt sich nicht übersehen: der theanthropischen Religion, in der sich der Mensch als *kami* weiß, tritt die radikale Entscheidung entgegen, in die Gott ihn ruft. Die christliche Verkündigung nimmt das Kampfwort japan. Machthaber in der ersten Zeit des Christentums (um 1600) an: »Das Gesetz des japan. Wesens widerstreitet dem Gesetz des Deus« und antwortet darauf mit der biblischen Botschaft des »Christus-Gesetzes«, das dem japan. Menschen die Kraft des göttlichen Geistes schenkt, die ihn aus der Ohnmacht eines auf sich selbst gestellten Volkstums befreit und zum Dienst an der Menschheit befähigt.

E. SCHILLER, Shinto, (1910) 1935^{2} - H. KRAEMER, Die christl. Botschaft in einer nichtchristl. Welt, 1940 - G. ROSENKRANZ, Der Weg der Götter (Shintô), 1944 - DERS., Götterglaube u. Gottesglaube in Japan (»Deutsch-Japanische Studien«, H. 1, 1959, 1-13).

G. Rosenkranz

Shiva (der »Gnädige«), eine ursprünglich vorarische Gottheit, in Yoga-Positur schon in der Induskultur (→ Indien: II) nachweisbar, mit dem vedischen Rudra identifiziert, ist neben Brahman und → Vishnu die 3. und für seine Anhänger wichtigste Figur der Trimûrti (→ Hinduismus: I, 2f. 3 c). Einer seiner 1008 Namen ist Mahâsiva oder Mahâdeva (der große Gott). S. gilt vornehmlich als Gott der Zerstörung. Als der »Leichenbrennplatztänzer« verbrennt er am Ende jeder → Weltperiode alle Welten und tanzt, wobei er die Schädel der von ihm verbrannten Götter an sich trägt, allein auf dem Weltenbrennplatz. Es wird ihm jedoch auch eine 5fache Aktivität zugeschrieben, nämlich Schöpfung, Erhaltung, Regierung, Verhüllung der Seelen vermöge der Maya und endlich die Begnadigung der Seelen. Das für die Meditation über S. bestimmte Mantra nennt S. vierarmig (s. Taf. 41 Abb. 1) und fünfgesichtig, denn S. ist allmächtig. Auch die zu den großen Werken der indischen →Kunst (: II D, 2) gehörende Darstellung als Herr des kosmischen → Tanzes (S. Nataraja; s. Taf. 41 Abb. 3) deutet auf die alle Welt durchdringende und S. spielend leichte Ausübung der 5 Werke. Seine Darstellungsformen variieren stark und sind als solche und in ihren → Symbolen (zB das 3. Auge auf der Stirn, Ganges auf dem Kopf, Tigerfell, aufgehender Mond, Dreizack usw) von seinen Handlungen und → Avatâren her bestimmt (mütterliche Hebamme, Lehrer, Bettler, Jäger, Pferdehändler usw). Sein Reittier ist der Stier Nandi. Am meisten wird S. unter dem Symbol des Linga verehrt (→ Phallische Kulte). Sein Himmel ist auf dem Berge Kailasa. Die S.-Anhänger bezeichnen oder beschmieren sich mit hl. Asche, die aus verbranntem Kuhmist gewonnen wird. Oft ist S. mit seiner Gattin Pârvatî zu sehen, die viele Namen hat und als Shakti (Kraft, Energie) die immanente Seite der transzendenten Gottheit ausmacht. Zwei Söhne sind die vielverehrten Götter Ganesha und Kumâra. S. wird in ganz Indien verehrt, auch an besonderen, ihm gewidmeten Festen. Berühmte Tempel sind u.a. in Srirangam und in Chidambaram.

B. ZIEGENBALG, Genealogie der malabarischen Götter, Madras 1867 - J. DOWSON, A Class. Dictionary of Hindu Mythology, London (1879) 1957^{9} - H. W. SCHOMERUS, Der Caiva-Siddhanta, 1912 - A. K. COOMARASWAMY, The Dance of S., New York (1925) 1956^{2} - A. LEHMANN, Die Hymnen des Tayumanavar, 1935 - H. ZIMMER, Mythen u. Symbole in indischer Kunst u. Kultur, 1951 - K. W. MORGAN, The Religion of the Hindus, New York 1953. - Vgl. die Lit. zu → Hinduismus: I, → Kâlî.

A. Lehmann

Sibb(e)s, *Richard* (1577-1635), engl. Theologe, * in Tostock, studierte am St. John's College in Cambridge, wo er Lecturer und Prediger wurde. Von P. Baynes und W. → Perkins beeinflußt und wie sie zu den »pietistischen Puritanern« gehörend, wurde S. deswegen aus Cambridge vertrieben. Er fand an Grays Inn zu London die Gelegenheit, eine imposante Predigttätigkeit zu entfalten. Sein Schrifttum umfaßt 33 Werke exegetisch-erbaulichen Charakters mit pietistischem Einschlag. S. gehört zu den bedeutendsten Vertretern des → Puritanismus. Im 19. Jh. wurde er vom »Evangelical Movement« wiederentdeckt, was zu etlichen Gesamtausgaben führte.

DNB LII, 182ff - A. LANG, Puritanismus u. Pietismus, 1941, 140ff.

S. van der Linde

Sibel, *Kaspar* (1590-1658), ref. Theologe, * auf Gut Bardt bei Elberfeld, † in Deventer, nach dem Studium in Herborn, Siegen und Leiden 1609 Pfarrer in Randerath (Jülich), 1617, infolge einer holländischen Kollektenreise, in Deventer (Niederlande). Als Revisor hat S. an der Staaten-Übersetzung des NT (1637) mitgearbeitet. Nach deren Erscheinen gab er, ohne Erlaubnis, seine eigene Revision in Leiden heraus, was ihm die holländische Synode verübelte.

Historica narratio de curriculo totius vitae et peregrinationis suae u. verschiedene andere Hss., meist lat., in der Deventer Stadtbibliothek. - Opera theol., 3 Bde, Amsterdam 1644. - RE XVIII, 261ff - NNBW X, 1145f.

J. N. Bakhuizen van den Brink

Sibyllinen heißen die → Orakel-Sprüche der *Sibyllen* (weissagende, meist Unheil kündende Frauen). Die erste griech. Sibylle war vermutlich Herophile, die in einer Grotte bei Erythrae lebte (Kleinasien, gegenüber der Insel Chios). Von ihr sagt → Heraklit (Fragm. 92): »Mit bebenden Lippen, ernst, schmucklos und ungesalbt spricht die Sibylle Worte, die durch ein Jt. klingen - denn sie ist vom Gott begeistert« (→ Inspiration: I). Entsprechend der frühgriech. Siedlung bei Cumae (nahe Neapel) war die cumaeische Sibylle (Vergil, Aeneis VI) wahrscheinlich griech. Ursprungs. Die 3 Orakelbücher, die sie dem König Tarquinius Superbus verkauft haben soll (vgl. Dionys. Hal. IV, 62, 1-6), waren nach der Legende ursprünglich in griech. Hexametern geschrieben und aus Erythrae nach Italien gebracht worden. Sie wurden in einer Gruft unter dem Tempel des Jupiter Capitolinus verwahrt. Als das Kapitol 83 vChr verbrannte, sammelte man von neuem und erwarb Orakel aus Ilium, Erythrae und von der Insel Samos. Augustus ließ die Sammlung 12 vChr in seinen neuen Tempel des Apoll auf dem Palatin bringen, wo sie blieb, bis sie 405 nChr von Stilicho verbrannt wurde. Die Sammlung war nie eine »Bibel« oder ein Schatz von Prophezeiungen, der im öffentlichen Kult oder zu privatem Studium gebraucht worden wäre, sondern sie blieb im Verborgenen und wurde nur bei Staatskrisen befragt (→ Römische Religion). - Die apokryphe *jüdische und christliche Sammlung* in 14 Büchern, bekannt als *Oracula Sibyllina,* wurde vom 2. Jh. vChr bis zum 3./4. Jh. nChr als Nachahmung der griech.-röm. Sammlung geschaffen, hat aber mit dieser nichts zu tun. Ihr Hauptziel war die Vertiefung des Monotheismus, die Bekämpfung des Götzendienstes und die Darlegung der eschatologischen Anschauungen der Verfasser (bes. Buch III-V). Seinen Einfluß auf das Denken und die Kunst des MA und auf die Renaissance verdankt dieses Werk weithin der 4. Ekloge → Vergils.

Ausg.n der Oracula Sibyllina: J. GEFFCKEN (GCS 8), 1902 - A. KURFESS, Sibyllinische Weissagungen, 1951 (auch Übers. u. über d. Fortwirken bis ins MA). - Übers.: KAUTZSCH, AP II, 177ff - CHAR-

LES, AP II, 368 ff - HENNECKE[2] 399 ff. - Lit.: SCHÜRER III, 555 ff - PW 2. R. II, 2073 ff - P.DALBERT, Die Theol. d. hellenist.-jüd. Missionslit., 1954, 106 ff - ALTANER 74 f (Lit.) - NILSSON II, 109 f. 111 ff. 481 ff.

F.C.Grant

Sichem (hebr. šᵉkæm »Schulter«; äg. skm'm' u.ä.; keilschriftl. šakmi; 1903 wiederentdeckt im tell balāṭa), Stadt im Gebirge Ephraim in günstiger Lage am Osteingang des Tales zwischen Ebal und → Garizim. Die Grabungen, bes. seit 1956, ergaben den Nachweis einer Besiedlung der Ortslage vom Chalkolithikum (ca 4000 vChr) bis zum Ende des 2.Jh.s vChr mit einer Blüte in der Zeit der → Hyksos und mit Lücken für das 12.-10. und 7.-4.Jh., mehrere Befestigungssysteme mit Toren im Nordwesten und Osten der Stadt, einen Palast (ca 1750 bis 1650) und einen Tempel (ca 1650-12.Jh.) mit verschiedenen Bauphasen sowie wichtige Kleinfunde. - Quellen aus dem 19. (ANET 230. 329 Anm. 9) und 14.Jh. (→Amarna-Tfl. 289, 23) zeigen S. (bzw. den »Bezirk S.«) in antiägypt. Position. Bei der Landnahme der Israeliten blieb S. anscheinend kanaanäisch (Ri 9); Gen 34 spiegelt daraus resultierende Spannungen wider. Das neben dem Tempel des »Bundesbaal« (Ri 9, 4. 46) bestehende jahwistische Baumheiligtum wohl östl. von S. (Gen 12, 6f; 33, 20; 35, 4; Jos 24, 26f; Ri 9, 37) scheint das erste Zentralheiligtum der Amphiktyonie der → Stämme Israels gewesen zu sein (Jos 24; vgl. Dtn 27), die Abrenuntiation gegen die fremden Götter in Gen 35, 2-5 (vgl. Jos 24, 14. 23) den Brauch zu Beginn einer Wallfahrt (nach → Bethel) aufzunehmen. Im 12.Jh. von dem sichemitisch-israelitischen König Abimelech (→Königtum in Israel, 2) zerstört (Ri 9; vgl. BASOR 161, 34), wurde S. nach dem Zerfall des davidischen Reiches (1Kön 12, 1ff) von → Jerobeam I. ausgebaut und vorübergehend Hauptstadt des Nordreichs (1Kön 12, 25), bei dessen Untergang 724/23 erneut zerstört. Durch das um 350 errichtete samaritanische Heiligtum auf dem Garizim (→ Samaria, 2) erlebte S. eine Blütezeit, bis es 128 (BASOR 161, 46f: 107) vChr von Johannes Hyrkanus erobert und endgültig zerstört wurde. 2,5 km westl. von S. gründete Vespasian i.J. 72 nChr eine neue Stadt: Flavia Neapolis, das heutige Nablus.

PW XVI, 1935, 2188f - BRL 477f (Lit.) - A.ALT, Die Wallfahrt von S. nach Bethel (In piam mem. A.v.Bulmerincq, 1938, 218-230 = ALT I, 79-88) - ALT I-III (Reg.) - W.J.HARRELSON, The City of Shechem (Diss. Union Theol. Sem. New York), 1953 (Masch.) - E. NIELSEN, Sh., (1955) 1959[2] (Lit.) - C.A.KELLER, Über einige Heiligtumslegenden I (ZAW 67, 1955, [141-168] 143 ff) - W.HARRELSON-B.W.ANDERSON, Sh., Navel of the Land I-II (BA 20, 1957, 2-19) - S.LEHMING, Zur Überlieferungsgesch. von Gen 34 (ZAW 70, 1958, 228-250) - J.T.MILIK, Notes . . . IV. Le sanctuaire de Baʿal Berit à S. (RB 66, 1959, 560-562) - J.A.SOGGIN, Zwei umstrittene Stellen aus dem Überlieferungskreis um Schechem (ZAW 73, 1961, 78-87) - C.KOPP, Die hl. Stätten der Evv, 1959, 196 ff. - Über die wiederholt unterbrochenen dt. (zwischen 1913 u. 1934) u. die bisherigen amerik. Grabungen (1956f, 1960) liegen nur vorläufige Berichte vor: E.SELLIN, AAW 51, 1914, 35-40. 204-207 - DERS., ZDPV 49, 1926, 229-236. 304-320; 50, 1927, 205-211. 265-274; 51, 1928, 119 bis 123; 64, 1941, 1-20 (mit H.STECKEWEH) - G.WELTER, AA 1932, 289-314 - G.E.WRIGHT, BASOR 144, 1956, 9-20; 148, 1957, 11-28 - L.E.TOOMBS-G.E.WRIGHT, ebd 161, 1961, 11-54. Vgl. BA 20, 1957, 19-32. 82-105; 23, 1960, 102-126.

E.Kutsch

Sicherheit, *soziale*. Der Begriff der s.n S. stammt aus einer Übertragung des angelsächsischen Begriffs »social security« ins Deutsche. Während in Deutschland die staatlichen Institutionen: Fürsorge, Versorgung und → Sozialversicherung traditionell unter dem Begriff → *Sozialpolitik* zusammengefaßt wurden, hatte man in den angelsächsischen Ländern nur die Einzelmaßnahmen angewandt, jedoch von einem zusammenfassenden Oberbegriff abgesehen. Im Sinne eines solchen Oberbegriffs wird in einem amtlichen Text von s.r S. zum ersten Male in den USA gesprochen, und zwar 1935 in dem sog. *Social Security Act*. Dieses Gesetz beschäftigt sich - auf dem Prinzip der Sozialversicherung beruhend - mit Hilfsmaßnahmen für sozial schwache Gruppen, speziell für Bergarbeiter und allgemein für Arbeitsunfähige, Blinde und Arbeitslose. Eine stärkere Präzisierung erfährt der Begriff in einer Entschließung auf der ersten regionalen Arbeitskonferenz der amerikanischen Mitgliedstaaten der Internationalen Arbeitsorganisation in Santiago (Chile): Es solle ein System sozialer Pflichtversicherung in den einzelnen Ländern angestrebt werden, das geeignet ist, a) dem Verlust der Erwerbsfähigkeit möglichst vorzubeugen, b) Arbeitsunfähigkeit zur Wiederergreifung eines Berufs zu heilen oder wenigstens zu mildern, c) bei Arbeitsunfähigkeit durch Barleistungen wenigstens einen Teilausgleich des Verdienstausfalls zu gewährleisten (Labour Conference, Santiago [Chile], Record of Proceedings, Genf 1936, 219). Nach den folgenden Konferenzen von 1939 und 1940 beschloß der erste Kongreß dieser Vereinigung 1942 die *»Deklaration von Santiago de Chile«* mit der Forderung nach umfassender s.r S. Ein erstes koordinierendes Gesetzgebungswerk der s.n S. wurde 1938 in Neuseeland verabschiedet. Aus der Fachdiskussion wird der Begriff in den Zusammenhang der allgemeinen Politik hinausgehoben, als am 14.8.1941 der Präsident der USA und der britische Premierminister in der Atlantikcharta u.a. s.S. zum gemeinsamen Ziel beider Staaten erklären. Seither ist der Begriff allgemein anerkannt und in zahlreiche offizielle Erklärungen, die sozialpolitische Probleme behandeln, sowie selbst in Verfassungstexte aufgenommen worden, bes. in die Deklaration der → Menschenrechte, die 1948 von der Generalversammlung der → Vereinten Nationen angenommen wurde. Dort heißt es in Art. 22: »Jedermann hat als Mitglied der Gesellschaft ein Recht auf s.S.« In Frankreich wurde die Verpflichtung des Staates, s.S. zu gewähren, in die Präambel der Verfassung aufgenommen. Der Straßburger Europarat veröffentlichte am 16.11. 1950 Empfehlungen zur s.n S. Auf der Internationalen Arbeitskonferenz in Genf wurde 1954 ein Übereinkommen über Mindestnormen s.r S. erreicht. Mit dem Namen von Lord Beveridge ist der klassische Versuch verknüpft, ein Programm der s.n S. zu verwirklichen. Damit wurde 1942 die umfassende Sozialgesetzgebung Englands eingeleitet. Nach Beveridge lautet das Ziel: »Gesundheitsdienst und Rehabilitation zur Verhinderung von Frühinvalidität und Erhaltung der vollen Arbeitsfähigkeit bis ins Alter und eine Wirtschaftspolitik der Vollbeschäftigung, die unter dem Schutz demokratischen Arbeitsrechts und freier Gewerkschaften die Würde der Persönlichkeit sichert.« Wie kaum ein anderer ist dieser Satz geeignet, den Grundcharakter der s.n S. zu umreißen: 1. Aus angelsächsischem Denken herkommend, fehlt ihr die wesentliche Intention der deutschen Sozialpolitik, einen Klassenausgleich herbeizuführen, Konflikte zu lösen, Berufsgruppen (wie ursprünglich die Arbeiterschaft) aus einer Abseitsstellung in das Gesamtgefüge der Gesellschaft zu integrieren oder für wirtschaftlich benachteiligte Gruppen eine »gerechte« Einkommensumverteilung herbeizuführen. England kennt seit dem Zusammenbruch der revolutionären Chartistenbewegung (1830) keine Staat und Gesellschaft in der Gesamtheit bedrohenden revolutionären Auseinandersetzungen wie etwa der europäische Kontinent. Das gleiche gilt auch für den übrigen angelsächsisch geprägten Teil der Welt. Daher und auf Grund der einflußreichen liberalen Tradition ist die angelsächsische Konzeption der Sozialpolitik primär nicht an der »Gruppe«, sondern am Individuum orientiert. Es komme darauf an, den einzelnen zu sichern, einmal mit Maßnahmen, die Unsicherheit verhindern (Prävention), zum anderen mit solchen, die den seelisch oder körperlich Beschädigten in einen Beruf wiedereingliedern (→ Rehabilitation). – 2. Gegenüber der stark juristisch geprägten Verfahrensweise der Fixierung von Nominalansprüchen wie in der deutschen Sozialpolitik bevorzugt das Konzept der s.n S. eine flexible Eingliederung der Sozialpolitik in die allgemeine → Wirtschaftspolitik. Man darf den Unterschied so präzisieren: nicht die Vorleistung für eine Versicherung oder die Ursache des Schadensfalles (Kausalprinzip), sondern der tatsächlich vorhandene Schaden (Finalprinzip) sind für die Maßnahmen entscheidend, die zur Beseitigung des Schadens ergriffen werden sollen. Entsprechend soll stets die allgemeine Wirtschaftspolitik als Mittel zur Erreichung des Zieles der s.n S. berücksichtigt werden. In der BRD hat diese Konzeption seit den 50er Jahren viele Anhänger gewonnen; so ist die »Dynamisierung« der deutschen Rentenversicherung durch die Neuregelungsgesetze von 1957 nicht zuletzt auf den Einfluß der Konzeption der s.n S. zurückzuführen. Bei regional großen Unterschieden der Handhabung von Einzelmaßnahmen in einzelnen Staaten ist doch die Ausrichtung auf zwei Globalziele erkennbar: a) Es wird ein *Sozialplan* angestrebt, damit in einem System von im einzelnen unterschiedlichen sozialen Maßnahmen dennoch sozial gleichgelagerte Tatbestände möglicher oder faktischer Notlage auch wirklich gleich behandelt werden; b) es wird ein *Sozialbudget* angestrebt, aus dem die ökonomischen Möglichkeiten der Gegenwart und Zukunft ersichtlich sein sollen.

H.H.KESSLER (Hg.), The Principles and Practices of Rehabilitation, Philadelphia 1950 – G.MACKENROTH, Die Reform d. Sozialpolitik durch einen dt. Sozialplan (Schriften d. Vereins f. Sozialpolitik NF 4, 1952, 39–76) – W.AUERBACH, Mut zur s.n S., 1955 – HWSW IX, 396ff (Lit.) – E.BOETTCHER (Hg.), Sozialpolitik u. Sozialreform, 1957 – H.ACHINGER, Sozialpolitik als Gesellschaftspolitik, 1958. *E.Boettcher*

Sickingen, *Franz von* (1481–1523), aus einem reichen pfälzischen Ministerialengeschlecht, 1488 zur Reichsfreiheit aufgestiegen, baute sich als kurpfälzischer Amtmann seit 1515 durch Privatfehden gegen Worms, Metz, Frankfurt, Lothringen und Hessen und durch erpreßte große Abfindungssummen eine starke politische Stellung am Mittelrhein auf. Zeitweilig in französischen Diensten, wurde er 1517 Feldhauptmann Maximilians I., der ihn aus der Reichsacht löste, später → Karls V., den er bei der Kaiserwahl unterstützte und für den er 1519 gegen Ulrich von Württemberg und 1521 gegen Frankreich zog. Er empfand sich als Beschützer des gemeinen Nutzens gegen Städte und Landesfürstentum und als Hüter des alten Rechts gegen das Staat und Wirtschaft bestimmende röm. Recht. Durch Ulrich von → Hutten für dessen nationale humanistische Ideen und für die Reformation gewonnen, zwang er im Streit um → Reuchlin die Dominikaner durch seinen Fehdebrief zum Nachgeben. Anhängern der neuen Lehre, darunter → Bucer und → Oekolampad, bot er auf der Ebernburg, der »Herberge der Gerechtigkeit«, Zuflucht. Dabei ging es ihm weniger um den ev. Glauben als um die von der röm. Kirche bedrohte deutsche Freiheit. 1522 begann er als Hauptmann der schwäbischen und rheinischen Ritterschaft, wohl um sich ein eigenes Fürstentum zu schaffen, den Kampf gegen Kurtrier. Doch gelang es ihm weder die Ritterschaft noch Bauern und Bürger auf seine Seite zu ziehen. Von allen verlassen, von Hessen, Trier und Pfalz auf dem Landstuhl belagert, starb er schwer verwundet am Tage der Einnahme.

SCHL. 20010–67. 49329–39 a – H.ULMANN, F.v.S., 1872 – E.KILB, F.v.S., o.J. – K.H.RENDENBACH, Die Fehde F.v.S. gegen Trier, 1933 – G.FRANZ, in: Saarpfälz. Lebensbilder 1, 1937, 61–74. *W.P.Fuchs*

Siddhânta → Jinismus.

Sidon (keilschriftlich Ṣiduna, hebr. ṣîdôn, heute Ṣaidā), phönizische Hafenstadt etwa in der Mitte zwischen Beirut und → Tyrus (→ 21 A 3). Die → Amarna-Briefe zeigen S. unter ägyptischer Herrschaft, doch mit starken Emanzipationsbestrebungen. In der Folgezeit war S. offenbar die bedeutendste südphönizische Stadt: Sowohl das AT als auch Homer bezeichnen die → Phönizier als »S.ier«. Später wurde die Stadt von Tyrus überflügelt. Erst in persischer Zeit gewann S. wieder größere Bedeutung. Archäologisch läßt sich die Besiedlung bis in die Mittelbronzezeit zurückverfolgen; größere Ausgrabungen sind wegen der bis heute andauernden Besiedlung der Ortslage nicht möglich. Darum sind materielle Hinterlassenschaften fast nur aus den späteren Perioden bekannt. Berühmt sind die Königssarkophage der ausgehenden Perserzeit (Tabnit und Eschmunazar, 5.Jh.; vgl. auch → Saron).

F.C.EISELEN, S., A Study in Oriental Hist. (Columbia Univ. Orient. Studies 4), 1907 – MeyerG I/2, 424; II/2 (s. Index) – G.CONTENAU, Mission archéologique à S. (1914) (Syria 1, 1920, 16–55. 108 bis 154. 198–229. 287–317) – DERS., Deuxième mission archéologique à S. (1920) (Syria 4, 1923, 261–281; 5, 1924, 9–23) – PW 2. R. II/2, 1923, 2216ff (E.HONIGMANN) – M.DUNAND, Note sur quelques objets provenant de Saida (Syria 7, 1926, 123–127) – RLV XII, 77ff (P.THOMSEN) – BRL 478ff. *R.Bach*

Sidonius Apollinaris, christlicher Schriftsteller des 5.Jh.s, * um 430 in Lyon, † ca 489, einer der letzten Vertreter der gallisch-röm. Aristokratie zZ der Völkerwanderung. Seine Gedichte und Briefe (9 Bücher) spiegeln die Rhetorik und den gezierten Stil der Zeit wider. Nach einer politischen Karriere als Schwiegersohn des Kaisers Avitus (468 Präfekt von Rom) wurde S. 470 oder 471 Bischof von Clermont-Ferrand.

Werke in MPL 58, 435ff – MG AA 8, 1887 (hg.v. C.LUETJOHANN). – Über S.: PW 2. R. II, 2230ff – C.E.STEVENS, S.A. and his Age, 1933 – A.LOYEN, Recherches hist. sur les panégyriques de S.A., 1942 – DERS., S.A. et l'esprit précieux en Gaule, 1943 – ALTANER § 99, 2 (Lit.). *H.I.Marrou*

Siebel, *Tillmann* (1804–75), Gerbermeister in Freudenberg (Siegen). 1822 von der ref. → Erweckung (: I, 5 c) im Wuppertal erfaßt, wurde S. neben dem → Tersteegen-Schüler Heinrich Weisgerber (1798–1868) einer der Väter des Siegerländer Gemeinschaftswesens (→ Westfalen), das er zunächst in von ihm gegründeten Missionshilfsvereinen der Rheinischen Missionsgesellschaft organisierte und 1852 im »Verein für Reiseprediger« zusammenschloß. Seine Neffen *Jak.Gustav* S. sen. und *Fr.Albrecht* S., dann seine Großneffen *Walther Alfred* S. und *Jak.Gustav* S. jun., alles geistig bedeutende Männer, setzten sein Werk fort.

W.A.SIEBEL, T.S., der Vater des christl. Lebens im Siegerland, 1925 – J.SCHMITT, Die Gnade bricht durch. Aus der Gesch. der Erwekkungsbewegung im Siegerland..., (1953) 1958³. *E.Beyreuther*

Siebenbürgen

1. Frühzeit und MA – 2. Reformation und Gegenreformation – 3. S. im 18.Jh. – 4. Bis zum 1. Weltkrieg – 5. Seit 1918. – S. = Siebenbürgen, S.er = Siebenbürger, s. = siebenbürgisch

1. Das heute zu → Rumänien gehörige, von den Karpaten, den Transsilvanischen Alpen und dem west-s.en Gebirge begrenzte S. war zZ Christi von Dakern besiedelt und gehörte im 2.–3.Jh. zur röm. Provinz Dacia. Später gründeten → Goten und Gepiden hier Rei-

che. S. kam unter die Herrschaft von Hunnen, → Awaren und Bulgaren; Slawen wanderten ein. Um 1000 wurde S. ein Teil → Ungarns, den im MA vom König ernannte Woiwoden regierten. Der Name S. (terra septem castrorum), der ursprünglich nur das Kerngebiet der deutschen Siedlung bezeichnete, und die ins Ungarische und Rumänische übernommene urkundliche Landesbezeichnung Trans(s)ilvania (Erdély, Ardeal) begegnen seit dem 12. und 13.Jh. Für die heute die Mehrheit bildenden Rumänen wird Abkunft von romanisierten Dakern behauptet, die Niederlassung der Szekler erfolgte mit der ungarischen Landnahme. Deutsche wurden von König Geisa II. († 1161) zur Kultivierung und Verteidigung des Desertum geworben, auf Königs- und Komitatsboden angesiedelt und waren im Gefolge des von König Andreas II. 1211 berufenen Deutschen → Ritterordens. Dessen von Papst → Honorius III. unterstützter Versuch, in S. einen von der Marienburg (Feldioara) regierten Ordensstaat zu schaffen, führte schon 1225 zu seiner Vertreibung. Die bes. aus fränkischem Stammesgebiet (Luxemburg, Rhein- und Moselland) kommenden, erst als Flandrenses, seit 1206 als Saxones bezeichneten deutschen Siedler blieben im Altland (Provinz Hermannstadt, Gebiet der 7 und 2 Stühle), im Nösnergau um Bistritz (Bistrița) und im Burzenland um → Kronstadt und erhielten 1224 im Goldenen Freibrief von Andreas II. die Bestätigung nationaler und kirchlicher Rechte. An ihrer Spitze stand der vom König ernannte, später gewählte Sachsengraf in Hermannstadt (Sibiu) und seit dem 15.Jh. als Selbstverwaltungskörperschaft die Nationsuniversität. - Das *Christentum* war wohl schon in der Römerzeit und durch arianische Germanen ins Land gebracht worden. Später wirkte auch Byzanz durch Schüler des → Konstantin und Methodius. Seit König Stephan I. († 1038), unter dem → Brun von Querfurt in S. missionierte, setzte sich der Einfluß Roms durch. Bischöfe röm. Obödienz sind seit 1103 in dem von König Ladislaus I. († 1095) gegründeten Weißenburg (Alba Julia) bezeugt. Sie unterstanden den Erzbischöfen von → Kalocsa (unter ihnen → Goblinus). Das Bistum erstreckte sich mit 12 Archidiakonaten über fast ganz S. Auch das Bistum → Milkow reichte nach S. hinein und sollte im 15.Jh. nach Kronstadt verlegt werden. Die deutschen Siedler hatten die Institution der Landdekanate mitgebracht und beanspruchten nach Eigenkirchenrecht (→ Eigenkirche) die vom Andreanum anerkannte freie Pfarrerwahl für ihre »Genossenschaftskirchen«. Die zu ca 15 Landkapiteln vereinigten Pfarrer besaßen das Zehntrecht, die Dechanten von Hermannstadt und Kronstadt eine quasiepiskopale Jurisdiktion. Der Versuch, die 1191 von König Béla III. gegründete exemte Propstei in Hermannstadt 1212 zu einem Sachsenbistum umzuwandeln, scheiterte am Widerstand des Weißenburger Bischofs. Der Sprengel des Stiftes (Hermannstadt, Leschkirch, Schenk) unterstand bis zur Auflösung i.J. 1424 dem Erzbistum → Gran. Die übrigen deutschen Gebiete blieben den Bistümern Weißenburg und Milkow eingegliedert, entwickelten sich aber zu exemten Ekklesien. Im 15.Jh. nötigte die Verteidigung kirchlicher Rechte zum Zusammenschluß der deutschen Kapitel in der Geistlichen Universität, an deren Spitze der seit 1502 bezeugte Generaldechant in Mediasch (Mediaș) stand. Seit dem 15.Jh. sind orth. Bischöfe der Rumänen in Feleac und Vad bei Klausenburg (Cluj) sowie in Geoagiu bei Broos (Orăștie) nachweisbar, die den Metropoliten der Moldau und Walachei unterstanden. An kath. Orden ließen sich Benediktiner (12.Jh. in Kolozsmonostor bei Klausenburg), Zisterzienser (→ Kerz), Dominikaner (vor 1240 in Hermannstadt), Franziskaner (1268 in Rodna), Augustinereremiten und Hospitaliter in S. nieder. In Weißenburg gab es seit dem 14.Jh. eine Domschule; die orth. Kirche besaß seit 1495 eine Schule in St. Nikolaus vor Kronstadt. Die Dominikaner konnten noch 1525 ein Studium generale in Hermannstadt errichten. Von den Universitäten wurde bes. → Wien besucht. Der Mongolensturm des 13.Jh.s und die Türkenabwehr veranlaßten die Erbauung von Kirchenburgen und 1437 den Zusammenschluß der 3 politisch maßgebenden Nationen (ungarischer Adel, Szekler, Sachsen) in der Brüderlichen Einung.

2. Die Lehre des → Huß fand in S. Verbreitung und führte 1437 zur Berufung des italienischen Inquisitors Jakob de Marchia. Für die *Reformation* wurde wichtig, daß S. nach dem Türkensieg bei Mohacs (1526) mit einigen ost- und nordungarischen Komitaten unter dem Woiwoden und König Johann Zápolya († 1540) ein den Türken tributpflichtiges Wahlfürstentum wurde, dessen Souveränität bis 1697 dauerte. Schon früh begegnet ein durch luth. Schriften (seit 1519) und Wittenberger Studenten (seit 1522) geförderter Einfluß Luthers in Hermannstadt, wo der Ratsherr Johann Hecht und der Dominikaner Georg eine Gemeinde sammelten. Auf einem Disput in Schäßburg (Sighișoara) vertrat 1538 Stefan Szántai aus Kaschau vor Zápolya und Bischof Georg Martinuzzi von Großwardein († 1553 als Kardinal) erfolgreich reformatorische Lehren. Zum Reformator der Sachsen wurde → Honterus, der vom Humanismus und der Schweiz beeinflußt erst allmählich den Weg zu Luther fand. Von V. → Wagner und dem Stadtrichter Johann Fuchs unterstützt, führte er gegen anfänglichen Widerstand die Neuordnung auf Grund seiner Reformatio Ecclesiae Coronensis 1542/43 in Kronstadt durch. Ihr schlossen sich 1543 Hermannstadt unter Pfarrer Matthias Ramser und 1544 die Nationsuniversität an. 1543 wurde die Reform am Weißenburger Landtag vor Martinuzzi verteidigt, 1550 erhob die Nationsuniversität die 1547 umgearbeitete KO des Honterus zum Gesetz. 1553 wurde → Wiener zum ersten ev. Bischof bzw. Sup. mit Sitz in Hermannstadt gewählt. Sein Nachfolger → Hebler hatte Vorstöße des Calvinismus und der → Antitrinitarier abzuwehren. 1572 erklärte sich die Mediascher Synode für das → Augsburger Bekenntnis und nahm die von → Ungleich verfaßte Formula pii consensus an. Sitz des Sachsenbischofs wurde 1572 Birthälm (Biertan) bei Mediasch. Die 1577 in besonderen Artikeln geordnete Kirchenvisitation unterstand den beiden Universitäten. Die aus dem Spät-MA stammenden Schulen der deutschen Städte, bes. in Hermannstadt, Bistritz und Kronstadt (1544 Honterusgymnasium), wurden zu humanistischen Gymnasien ausgestaltet. Unter dem Einfluß der deutschen Gemeinde von Klausenburg (C. → Helt) kam es auch zur Bildung einer luth. Kirche der Ungarn in S.; deren erster Sup. wurde 1557 → Davidis. Die von → Kálmáncsehi, → Melius und → Károlyi in S. verbreitete Lehre Calvins gewann trotz Landtagsverboten (1558) seit dem Übertritt des Davidis unter den Ungarn Bedeutung und führte nach einem Disput in Straßburg (Aiud) 1564 zur Entstehung einer ref. Kirche. Ihr erster Sup. wurde Davidis, der aber schon 1566 zum Antitrinitarismus überging. Diesen hatte seit 1563 → Biandrata in S. eingeführt, der seit dem Weißenburger Disput (1566) den Fürsten Johann Sigmund Zápolya († 1571) und einen Teil des ungarischen Adels gewann. Erstmalig in Europa verkündeten die Landtage von Thorenburg (Turda) 1557 und 1568 Bekenntnisfreiheit, was S. zum »Land der 4 rezipierten Religionen« (Calvinismus, Luthertum, Katholizismus und Antitrinitarismus) machte, wobei sich die konfessionellen Unterschiede zT mit den nationalen verbanden. Das

Luthertum war fast nur auf die Sachsen beschränkt, die Szekler in der Csik blieben unter meist verheirateten Priestern und mit liturgischen Eigenheiten kath., obwohl das Bistum Weißenburg seit 1556 vakant war. Um die Gewinnung der orth. Rumänen bemühten sich alle Konfessionen ohne dauernden Erfolg. Ihnen nötigte man 1566 einen ref. Sup. auf, dessen Nachfolger Antitrinitarier wurde. In Weißenburg und bes. in Kronstadt, wo der Diakon Coresi als Übersetzer an der von Honterus gegründeten und vom Stadthannen Johann Benkner geförderten Druckerei wirkte, entstanden biblische und reformatorische Schriften in rumänischer Sprache. - Erste *gegenreformatorische* Versuche unter der kath. Dynastie Báthory (seit 1572) führten 1572 zum Verbot religiöser Neuerungen (Innovationsgesetz), wodurch bes. die radikalen Antitrinitarier (Nonadoranten) unter Davidis getroffen wurden, 1579 zur Berufung der Jesuiten nach → Klausenburg, die aber schon 1588 durch den Mediascher Landtag ausgewiesen wurden, und 1596 zur Erneuerung des kath. Bistums Weißenburg. Unter dem Einfluß der Fürsten der Walachei und Moldau wurden 1571 auch wieder orth. Bischöfe geduldet und eine orth. Metropolie für S. geschaffen, deren Sitz seit 1597 Weißenburg war. Nach der Abdankung des Fürsten Sigmund Báthory fiel S. 1598 an die Habsburger, die es durch den Militärgouverneur Basta gewaltsam rekatholisieren wollten, doch retteten die Erhebung → Bocskais und der Wiener Friede 1606 die Selbständigkeit S.s und die Religionsfreiheit. Sogar Täufern (→ Huter) aus der Slowakei wurde 1621 unter dem Prediger Franz Walter († 1621) die Ansiedlung in S. gestattet. Unter den Fürsten Gabriel Bethlen (1613-29) und Georg I. Rákóczi (1631-48), an deren Hof → Katona wirkte, wurde der Calvinismus zur dominanten Konfession, doch bemühte man sich auch um eine Union mit den Lutheranern und Orthodoxen. Die Fürsten nahmen sich der Protestanten in den Habsburger Ländern an und beteiligten sich am 30jährigen Krieg, so daß der → Westfälische Friede auch für S. Geltung erlangte. Die Lateinschulen in Weißenburg (1622 Collegium Bethlen) und Klausenburg gewannen unter hervorragenden Lehrern (zB → Alstedt, Martin Opitz und → Apáczai Csere) Universitätscharakter. Die kath. Bischöfe von Weißenburg konnten bis 1716 nicht in S. residieren, die orth. Metropoliten akkomodierten sich der ref. Kirche, die seit 1600 offiziell als → Unitarier bezeichneten Antitrinitarier mußten 1637 die Aufsicht ref. Sup.en annehmen, erhielten aber 1661 Zuwachs durch aus Polen vertriebene → Sozinianer, die erst im 18.Jh. im Unitarismus S.s aufgingen. Zu Verfolgungen kam es 1638 gegen die von dem Szekler Andreas Eössi († 1599) gegründeten → Sabbatarier, die sich 1618 vom Unitarismus geschieden hatten. Die luth. Sachsen konnten ihre Privilegien in der Religionsgesetzgebung der Landtage (Approbaten 1540-1653 und Kompilaten 1654-69) wahren.

3. Bereits 1691 hatte Kaiser Leopold I. die Gesetze des 1686 seinem Schutz unterstellten S. anerkannt (Leopoldinisches Diplom); doch führte habsburgischer Einfluß und der Übergang S.s in die Habsburger Monarchie nach dem Verzicht des letzten Fürsten Michael II. Apafi († 1713) zur Stärkung des Katholizismus, der auf ein Zehntel der Bevölkerung gesunken war. Seit 1688 wirkten wieder Jesuiten in S., und 1697 wurde ein Teil der orth. Rumänen unter dem Metropoliten Theophil († 1697) für eine Union mit Rom gewonnen. Die unierte Kirche wurde 1702 der kath. gesetzlich gleichgestellt und aus der Metropole Weißenburg ein dem Erzbistum Gran unterstelltes Bistum geschaffen, das 1721 nach der Restitution des kath. Bistums in Weißenburg (seit 1715 Karlsburg genannt) nach → Fogaras und 1737 nach Blasendorf (Blaj) verlegt wurde. Bischof Johann Innozenz Micu († 1768) war ein energischer Vertreter national rumänischer Interessen, doch mußte 1762 auch den orth. Rumänen wieder ein Bischof zugestanden werden, der in Resinar (Rășinari) bei Hermannstadt residierte und dem serbischen Metropoliten in Karlowitz unterstand. Die 1672 aus der Moldau nach S. geflohenen und 1686 durch Bischof Minas († 1686) mit Rom unierten Armenier hatten zuerst in Bistritz residierende Bischöfe, später vom Weißenburger Bischof eingesetzte Archidiakone in Armenierstadt (Szamos-Ujvár, Gherla). - Den Protestantismus suchte man durch Entzug von Kirchen und Zehnten, Einmischung in innerkirchliche Angelegenheiten, Übertrittsverbote und Bevorzugung von Katholiken und Konvertiten zu treffen. Doch galt S. auch im 18.Jh. als Land der Toleranz, dem durch Zwangsumsiedlung ev. »Landler« aus → Österreich (, 4) neue prot. Kräfte zugeführt wurden. Die ebenso durch Emigranten aus Österreich verstärkten Täufer wichen 1767 großenteils dem religiösen Druck in die Walachei aus. Die Unitarier besaßen in Sup. Michael Lombard Szentábrahámi († 1758) einen theologisch bedeutsamen Führer, die Sachsen in Samuel von Brukenthal († 1803) einen tatkräftigen Verfechter ihrer nationalen und religiösen Rechte (1765 Präsident der 1695 gegründeten S.er Hofkanzlei in Wien, 1774 Gouverneur des 1765 zum Großfürstentum mit Regierungssitz in Hermannstadt erhobenen S.). In der ref. Kirche machte sich seit dem Wirken des Hofpredigers Paul Medgyesi († 1663) puritanischer Einfluß geltend. In der luth. Kirche konnten der → Pietismus und selbst die Herrnhuter (→ Brüderunität: II), trotz scharfer Abwehrmaßnahmen von Bischöfen (G. → Haner) und Synoden, nicht ganz ausgeschaltet werden. Sachsengraf Andreas Teutsch († 1730) war Pietist, → Fronius und Sup. Jakob Schunn († 1759) waren der religiösen Bewegung aufgeschlossen. In der Amtszeit Schunns ging die luth. Kirche nach dem Vorbild des 1682 gegründeten Oberkuratoriums der ref. Kirche 1754 auf Betreiben G.J. → Haners zur Konsistorialverfassung über und erfolgte 1756 die Umgestaltung des Hermannstädter Gymnasiums nach dem Muster des Pädagogiums in Halle. Der damals auftauchende, von Brukenthal befürwortete Plan der Gründung einer ev. Universität in Hermannstadt wurde von kath. Seite hintertrieben.

4. Die zentralistische Reformpolitik → Josephs II. führte in S. zur Einführung der Konzivilität (1781), zur Aufhebung der Nationsverfassung (1784), zur Entlassung Brukenthals (1787) und zur Verlegung der Hauptstadt S.s nach Klausenburg (1790). Die teilweise Zurücknahme dieser Maßnahmen wurde von den Sachsen freudig begrüßt und in der Schrift »Die S.er Sachsen« (1790) gefeiert, an deren Abfassung J.A. → Müller beteiligt war. Die Religionsgesetzgebung des Kaisers war für S. nicht so bedeutsam wie für andere habsburgische Länder, da hier die Akatholiken schon mehr Rechte besaßen, als ihnen durch das Toleranzedikt 1781 gewährt wurden. Wichtig blieb aber die Anerkennung dieser Rechte. Die luth. Kirche der Sachsen konnte sogar die Toleranzkirche in → Österreich (, 5) beeinflussen und ihr führende Persönlichkeiten stellen. Um so mehr machten die politische Entwicklung des 19.Jh.s, bes. die ungarische Revolution (1848), zu deren Opfern → Roth gehörte, und die Union S.s mit Ungarn (1867), die den politischen Privilegien der Sachsen ein Ende bereitete, Neuordnungen in allen Kirchen S.s nötig. Der Klausenburger Landtag (1790/91) hatte zwar die Rechte der rezipierten Religionen anerkannt, jedoch griffen Regulationen (1795 bis 1805) der S.er Hofkanzlei in die Kirchenverfassung ein, und 1807 wurde die ev. Kirche unter Aufhebung ihrer Autonomie dem Summepiskopat des kath. Herr-

schers unterstellt. Auf Grund dieser vom luth. Konsistorium notgedrungen als Norm anerkannten Verhältnisse suchte Sup. → Neugeboren das Leben der Kirche neu zu gestalten, wozu auch die vom Rationalismus beeinflußten Visitationsartikel (1818) und die seit 1821 beratenen Schulordnungen dienen sollten. Zur Ausbildung ev. Theologen wurde 1821 die ev.-theol. Lehranstalt in →Wien (: II) bestimmt, zu deren ersten Professoren der Orientalist Johann Georg Wenrich († 1847) aus Schäßburg gehörte. Eine kirchliche Rechtsakademie entstand 1844 in Hermannstadt, an der Josef Andreas Zimmermann († 1897) aus Schäßburg wirkte. Den Kampf um die Autonomie nahm zuerst die ref. Kirche auf, deren Konsistorium seit 1791 in Klausenburg war. Sie gab sich 1833 eine neue Verfassung, ohne um Bestätigung in Wien nachzusuchen, und kehrte nach deren Aufhebung durch die Regierung 1836 im Sinne des Selbstbestimmungsrechtes zur alten zurück. Nach 1849 war die kirchliche Situation in S. zunächst durch den Absolutismus und das Konkordat von 1855 beeinflußt, obwohl Glaubens- und Gewissensfreiheit 1848 anerkannt worden war. Das unierte Bistum Blasendorf wurde 1853 zum Erzbistum erhoben und ihm ein neues, schon 1726 geplantes Bistum in Armenierstadt unterstellt. Für die orth. Kirche, die wieder die Mehrheit der Rumänen gewann, entstand 1863 unter Andreas Şaguna († 1873) neuerlich eine Metropolie in Hermannstadt, wo die orth. Bischöfe seit 1810 residierten und ein orth. Seminar bestand. Die Unitarier gaben sich 1867 eine neue Verfassung mit korporativem Kirchenregiment. Sitz ihres Sup.en und einer theologischen Akademie blieb Klausenburg. Letzte Reste der Sabbatarier gingen 1868 im Judentum auf. Für die ev. Kirchen aller Kronländer plante der Wiener Kultusminister Graf Leo Thun-Hohenstein, dessen Berater seit 1850 Zimmermann war, gemeinsame Leitung durch den ev. Oberkirchenrat in Wien, was jedoch auf Widerstand stieß. Die ref. Kirche S.s lehnte die oktroyierte Verfassung von 1859 ab, gab sich 1871 auf der Synode von Straßburg eine neue presbyterial-synodale Konstitution und vollzog 1881 den Anschluß an die ref. Kirche Ungarns. Ihre theologische Akademie in Klausenburg (1854) wurde 1862 nach Straßburg verlegt und 1895 als freie theologische Fakultät in Klausenburg fortgeführt. In der luth. Kirche mußte neben der Verfassungsfrage auch das Problem des kirchlichen Schulwesens und bes. der Kirchenfinanzen gelöst werden, da der Klausenburger Landtag 1848 den Zehnten abgeschafft hatte. Unter Sup. Georg Paul Binder (1843-67) wurde eine staatliche Zehntablöse erreicht. Bezüglich der Kirchenverfassung kam man den Regierungsvorschlägen entgegen; eine Vertrauensmännerkonferenz beriet 1860 in Hermannstadt über die provisorische Vorschrift von 1855. Der Kronstädter Kaufmann Karl Maager († 1887) forderte im Wiener Reichsrat volle Gleichberechtigung der Protestanten und Aufhebung des Konkordates. Das Ergebnis der Bemühungen war die 1861 durch die 1. Landeskirchenversammlung in Hermannstadt angenommene, nach dem Muster der KOen von → Rheinland und → Westfalen gestaltete presbyterial-synodale Verfassung der luth. Kirche S.s, welche dieser die volle Autonomie zurückgab. Der ev. Oberkirchenrat in Wien unter Zimmermann, dessen Nachfolger 1874 der Sachsengraf Konrad Schmid († 1884) wurde, der erste Kurator der luth. Kirche S.s, blieb auf die außerungarischen Kronländer beschränkt. Die in 10 Dekanate gegliederte luth. Kirche S.s leitete das Konsistorium in Hermannstadt, wohin 1867 Binders Nachfolger G.D. → Teutsch den Bischofssitz verlegte. Unter ihm und seinen Nachfolgern F. → Müller d.Ä. und F. → Teutsch übernahm die luth. Volkskirche nach der Entmachtung der Nationsuniversität (1876) auch die politische und kulturelle Führung der Sachsen (→ Herfurth, → Schullerus). Die ungarisch-luth. Gemeinden im Burzenland schieden 1887 aus der Landeskirche aus und schlossen sich der luth. Kirche → Ungarns an. In dem unter Opfern aufrecht erhaltenen kirchlichen Schulwesen wurde der Gefahr der Magyarisierung gewehrt. Beim Ausbau der Seelsorge, der Diasporaarbeit (Reiseprediger seit 1887) und der kirchlichen Fürsorge half der 1861 in Mediasch auf Anregung des letzten Generaldechanten Josef Fabini († 1877) gegründete → Gustav-Adolf-Verein. Mit dem Eindringen von Sekten (Baptisten und Adventisten) mußte sich erstmalig 1911 die Synode befassen. Eine kirchliche Gemeinschaftsbewegung entstand in Kronstadt unter Leitung des Pfarrers Georg Scherg († 1943).

5. Gegen Magyarisierungsbestrebungen war auch der Widerstand der Rumänen erwacht. Sie proklamierten 1918 die Vereinigung S.s mit Rumänien (durch den Frieden von Trianon 1920 bestätigt). Gleichzeitig wurde die Gleichberechtigung und Autonomie der Kirchen S.s anerkannt, deren Geschicke seither innerhalb Rumäniens und unter rumänischen Gesetzen verlaufen. In allen Kirchen wurde der Zusammenschluß mit den in → Rumänien bestehenden gleicher Konfession durchgeführt. So gehört die orth. Metropolie Hermannstadt seit 1919 zur orth. Kirche Rumäniens, untersteht dem Patriarchen von Bukarest und erhielt 1925 in Klausenburg ein Suffraganbistum. Die Zuständigkeit des unierten Erzbistums Blasendorf erstreckte sich von 1919 bis zur Auflösung der unierten Kirche Rumäniens i.J. 1948 auf ganz Rumänien. Das Bistum Armenierstadt wurde 1927 nach Klausenburg verlegt und 1930 dort eine noch heute bestehende Apostolische Administratur für die unierten Armenier geschaffen. Das kath. Bistum Weißenburg wurde durch das Konkordat von 1927 aus der Kirchenprovinz Kalocsa ausgegliedert und dem kath. Erzbistum Bukarest unterstellt. Die in 2 Kirchendistrikte gegliederte ref. Kirche gab sich auf der Synode von 1929 eine neue Verfassung. Eine ungarisch-luth. Kirche mit presbyterial-synodaler Konstitution und Bischofssitz in Klausenburg wurde 1926 gegründet. Die neue Verfassung der luth. Kirche der S.er Sachsen von 1920 war das Werk des Landeskirchenkurators Friedrich Walbaum († 1931), des letzten Sachsengrafen. Durch sie wurde u.a. der längst gebräuchliche Bischofstitel für den geistlichen Leiter der Kirche endgültig festgelegt. Die deutsch-luth. Gemeinden im übrigen Rumänien, die schon vorher mit der luth. Kirche S.s in Verbindung standen, schlossen sich dieser 1927 an, so daß die Kirche auf 14 Dekanate anwuchs. Die Entwertung des Kirchen- und Nationsvermögens in der Nachkriegszeit machte zur Aufrechterhaltung des Kirchen- und Schulwesens die Erhebung von Kirchensteuern nötig. Die Überleitung in die neuen Verhältnisse vollzog sich noch unter Bischof F.Teutsch, dessen Nachfolger → Glondys wurde. Sein Landeskirchenkurator Hans Otto Roth († 1953) war ein hervorragender Minderheitenpolitiker. Die Teilung S.s zwischen Ungarn und Rumänien durch den Wiener Schiedsspruch (1940) trennte die Gemeinden des Nösnerlandes von der Hermannstädter Kirchenleitung. Für Nord-S. wurde daher 1940 ein eigenes Konsistorium unter Leitung eines Generaldechanten in Bistritz eingerichtet. Ebenso sorgte die Klausenburger ref. Kirchenleitung durch Schaffung einer Superintendentur in Straßburg für die Gemeinden des bei Rumänien verbliebenen Süd-S. Das kirchliche Schulwesen der Sachsen in Süd-S. mußte 1941 der deutschen sog. Volksgruppenführung übergeben werden und wurde 1948 verstaatlicht. Das Kriegsende brachte die Wiedervereinigung S.s

unter rumänischer Herrschaft, welche 1952 für die ungarische Bevölkerung S.s eine autonome Region mit der Hauptstadt Neumarkt (Marosvásárhely, Tîrgu-Mures) schuf, führte aber auch zur Absiedlung eines großen Teiles der Sachsen bes. aus dem Nösnergau und damit zur Schwächung der deutsch-luth. Kirche. Diese ist zZ in 11 Dekanate gegliedert, ihr Bischof seit 1945 F. → Müller d.J. Die kirchlichen Amtsträger werden zT vom Staate besoldet, für die Ausbildung prot. Theologen steht das 1949 eröffnete theologische Institut mit Universitätsgrad in → Klausenburg zur Verfügung (deutsche Abteilung mit 3 Professoren und 2 Dozenten seit 1954 in Hermannstadt). Für orth. Theologen gibt es ein entsprechendes Institut in Hermannstadt, für röm.-kath. in Karlsburg (Alba Julia). Eine luth. Kantorenschule besteht seit 1956 in Baassen (Bazna) bei Mediasch. Die derzeitige kirchliche Situation in S. ist durch die Umwandlung Rumäniens in eine kommunistisch gelenkte Volksrepublik (1947) beeinflußt.

Qu.: G.D.TEUTSCH, Urkundenbuch der ev. Landeskirche A.B. in S., 2 Bde, Hermannstadt 1862/83 - F.ZIMMERMANN, C.WERNER, G.MÜLLER u. G.GÜNDISCH, Urkundenbuch zur Gesch. der Deutschen in S., 4 Bde, ebd 1892-1937 - A.VERESS, Fontes rerum transilvanicarum, 5 Bde, Budapest 1911-21. - *Zs.en:* AVSL, 1843-1944 (Gesamtreg. in Bd 50 NF) - Korrespondenzblatt d. Vereins f. s.e Landeskunde, Hermannstadt 1878-1941. - *Lit.:* F.TEUTSCH, Gesch. d. S.er Sachsen, (Bd I v. G.D.TEUTSCH, Hermannstadt [1852-58] 1925[4]) Bd II-IV, ebd 1907-26 - DERS., Die kirchl. Verhältnisse S.s, 1906 - RE XXIV, 504ff (DERS.) - DERS., Gesch. d. ev. Kirche in S., 2 Bde, Hermannstadt 1921/22 - J.POKOLY, Gesch. d. ref. Kirche in S., 5 Bde, Budapest 1904-05 (ung.) - N.JORGA, Hist. des Roumains de Transylvanie et de Hongrie, 2 Bde, Bukarest 1915-16 - J.LUPAS, Kirchl. Gesch. der s.en Rumänen, Hermannstadt 1918 (rum.) - DERS., Ursprung u. Entwicklung der konfessionellen Minderheiten in Rumänien, 1936 - H.JEKELI, Unsere Bischöfe, Hermannstadt 1933 - H.HIENZ, Bücherkunde zur Volks- u. Heimatforschung der S.er Sachsen, (1940) 1960[2] - L.MAKKAI, Hist. de Transylvanie, Paris 1946 - E.M.WILBUR, A Hist. of Unitarism in Transylvania, England and America, Oxford 1952 - P.PHILIPPI, Grundsätzliches u. Historisches zu den Anfängen der relig. Freiheit in England u. S. (Die ev. Diaspora 1955, 107-118) - E.ROTH, Die Gesch. des Gottesdienstes der S.er Sachsen, 1954 - K.REINERTH, Die Reformation der s.-sächs. Kirche, 1956 - G.I. MOISESCU, Gesch. der Kirche Rumäniens, 2 Bde, Bukarest 1957-58 (rum.) - EKL III, 949ff - M.BUCSAY, Gesch. des Protestantismus in Ungarn, 1959 - RAC IV, 147ff - A.PIRNÁT, Die Ideologie der S.er Antitrinitarier, Budapest 1961 - Din istoria Transilvaniei (Aus der Gesch. S.s), 3 Bde, Bukarest 1961/62 (rum.). *H.Zimmermann*

Siebenschläfer, nach der Legende 7 Brüder: Maximianus, Malchus, Martinianus, Dionysius, Johannes, Serapion und Constantinus, die sich in der decischen → Christenverfolgung (250) in einer Höhle bei Ephesus verbargen, dort bis zur ihrer Entdeckung (446) eingemauert schliefen und dann vor Kaiser Theodosius II. ihren Glauben an die Auferstehung des Fleisches bekannten. Am gleichen Ort errichtete Kaiser Martian eine Gedächtniskirche. Die Attribute der S. sind: Für Johannes und Constantinus Keulen, Maximianus ein Knotenstock, Malchus und Martinianus Beile, Serapion eine Fackel, Dionysius ein großer Nagel. Die Verehrung der S. war im Orient weit verbreitet; im Abendland wurden sie erst seit den Kreuzzügen und bes. im 17. und 18.Jh. bekannt (älteste S.kapellen in Rotthof/Passau, Stegaurach/Bamberg und Unterrieden/Augsburg; älteste deutsche Darstellung im Kapitelsaal Brauweiler). Mit der Wetterregel oder den Nagetieren (Bilchen) hat die Legende ursprünglich nichts zu tun. Tag: 27.6.

AS Jul. VI, 375ff - H.DETZEL, Christl. Ikonographie II, 1896, 637f - M.HUBER, Die Wanderlegende von den S.n, 1910 - M.LIEFMANN, Kunst u. Heilige, 1912, 245 - KÜNSTLE II, 532f - DOYÉ II, 324f - LThK IX, 538f - HWDA VII, 1702ff - J.HOFBAUER, Die röm. Denkmäler in u. an der Kirche von Rotthof (Ostbairische Grenzmarken. Passauer Jb. 2, 1958, 229-231) - R.SCHINDLER, Die S., ihre Legende, ihr Kult, ihr Brauchtum (ebd 5, 1961, 173-177) - H.PAULUS, Woher kommt der S.kult in Franken? (Erlanger Bausteine 3/4, 1961, 72-74). *H.Paulus*

Siedlungswesen

1. Siedlung (S.) meint die dauernde Niederlassung auf eigenem Boden. Sie setzt jenseits der Absicht, eine bleibende Wohnstatt der Familie zu gewinnen, eigentlich die Bewirtschaftung des bis dahin anders oder nicht genutzten Grundes voraus. Sowohl die einzelne Siedlerstelle wie eine Gruppe von Stellen als Streu-S., Ortsteil oder Ortschaft, aber auch Tätigkeit wie Vorgang der Besiedelung werden S. genannt. Enger gefaßt sind S. alle hoheitlichen Maßnahmen, die unter Einsatz öffentlicher Pläne, Organe, Mittel und Hilfen bestehende S.sverhältnisse verändern, um Familien durch Grundeigentum seßhaft zu machen, Land ergiebiger zu nutzen oder ein Gebiet der Wirtschaft, dem Volkstum oder verbesserten Lebensbedingungen zu erschließen. Als S.swesen wird die Gesamtheit der mit S. befaßten Einrichtungen zusammengefaßt.

2. *Ländliche S.spolitik* beginnt in Mitteleuropa mit der nach Nordosten vordringenden Erschließung der Gebiete ostwärts Elbe und Saale um 900-1500. Der Große Kurfürst und Friedrich II. setzen den Ausbau mit französischen Auswanderern und Siedlern aus der Pfalz, Holland, später der Schweiz und Salzburg fort. Nach der Stein-Hardenbergschen Reform erstrebt → Bismarck die »Stärkung des deutschen Elements« in Westpreußen und Posen als »innere Kolonisation«. Seit seinen preußischen Gesetzen von 1886 und 1890-91 und den Einsichten Max Serings und des Vereins für Socialpolitik (Max → Weber) setzen die staatlichen Initiativen nicht mehr aus. Die als »Landflucht« gefürchtete Abwanderung der Gesindekräfte und nichterbenden Bauernsöhne in die wachsende Industrie Westdeutschlands und die großen Städte, die Aufgabe schwächerer Höfe vor der Konkurrenz der Großgüter führen zu einem Mangel an Arbeitskräften, der bis zum 1. Weltkrieg durch eine halbe Million ausländischer Saisonarbeiter ausgeglichen wird. Dem zu begegnen richtet Preußen bis 1916 fast 45000 Stellen mit 558000 ha Land ein. Nach dem Krieg sind es im Reich bis 1941 78300 Neustellen auf 956300 ha, dazu werden 182900 Kleinhöfe um 309900 ha erweitert. Trotz verstärkter Maßnahmen bleiben die Erfolge, namentlich seit der Agrarkrise 1931, weit hinter der Absicht zurück. Die BRD hat das vertriebene Landvolk (1,47 Mill. bis 1950) einzugliedern und die Struktur der Landwirtschaft zu verbessern (rd die Hälfte der 14 Mill. ha Nutzfläche war umlegungsbedürftig); das geschieht zunehmend im »Grünen Plan«. Bis 1957 wurden 164700 ha an 78100 Neusiedler vergeben, dazu 42200 ha an Anlieger.

3. *Städtische S.* ist neben der Geschichte der → Stadt die geplante Anlage von Wohn-S.en (zuerst die Fuggerei in Augsburg, die Weberhäuser in Nürnberg: 16.Jh.). Erst als nach dem 30jährigen Krieg landesherrliche Bauplanungen über die Stadtmauern hinausgreifen, kann auf Hygiene, Feuerschutz, Straßenbau polizeilich geachtet werden. Aufsicht konnte jedoch die »Überbauung« der Städte infolge der Bodenspekulation bei der Industrialisierung im 19.Jh. nicht verhindern. Die Weimarer Verfassung begründet eine aktive Politik zur Behebung der Wohnungsnot, zur Schaffung von »Heimstätten«, Klein-S.en und Kleingärten, um der → Arbeitslosigkeit mit zwar geringen, aber krisenfesten Einkommen aus eigenem Besitz zu begegnen. An Stadträndern entstehen von 1931-39 184000 Kleinstellen. Um Flüchtlinge einzugliedern, Eigentum zu bilden und die Städte aufzulockern, fördert auch die BRD städtische S.; dabei wird

nicht mehr unbedingt Selbsthilfe verlangt. Während Sicherheit und Wohlstand wachsen, werden Einheitlichkeit der S. und Bewirtschaftung des Bodens unwichtiger, wenn eigene und gesündere Heime entstehen und vor Krisen sichern.

4. Die *Kirchen* helfen zur S. aus Sorge auch für die physische Existenz und wegen der Gefährdung durch dürftige Wohnverhältnisse. J.H. → Wichern forderte »innere Kolonisation«; F.v. → Bodelschwingh gründete Arbeiterkolonien, zuerst 1870 Wilhelmsdorf in der Senne, und 1885 den »Deutschen Verein Arbeiterheim«. Die vielfältigen Ansätze wurden 1929 im »Ev. S.sdienst«, Bielefeld (1950 neu als »Ev. S.swerk«), zusammengefaßt, im kath. Bereich von der Caritas seit 1931 in der »Gesellschaft zur Förderung der Inneren Kolonisation«.

M.Sering, Die innere Kolonisation im östl. Deutschland, 1893 - Innere Kolonisation, Zs. f. Fragen der S., Landesplanung, Agrarstruktur u. Flurbereinigung (früher: Zs. f. das gesamte S.swesen, Archiv für innere Kolonisation u. Zs. f. S. u. Wirtschaft) - Institut für S.s- u. Wohnungswesen an der Westf. Wilhelms-Univ. zu Münster, Materialsammlung, 1930-41, Beiträge u. Unters.en, 1950ff - H.Hassinger, S.sgeographie (Hdb. der Geographischen Wiss., Allg. Geogr. II, 1933, 403-457) - J.Fischer-Dieskau, Einführung in die Wohnungs- u. S.spolitik, Grundlagen u. Hauptprobleme, 1938 - HWSW IX, 238ff (Ländl. S.). 248ff (Städt. S.). 260ff (Ländl. S.sformen; jeweils Lit.) - HWB des Städtebaus, Wohnungs- u. S.swesens, 1959 (Lit.). *R.Mackensen*

Siegel. Das durch ein Bild und - oder nur - durch den Eigentümernamen individualisierte S. wird, wie im Orient und der Mittelmeerwelt (reine Bild-S. werden hier oft als *Gemmen* bezeichnet), so auch in *Israel* bei Beurkundungen verwendet. Um Verwechslungen und Mißbrauch zu vermeiden, erhielten auch die reinen Bild-S. trotz häufiger Gleichheit der Themen eine einmalige Ausprägung. Die S. der altorientalischen Glyptik besitzen durch ihren Stil und ihre Thematik ein besonderes Gewicht; ihre religionsgeschichtliche Ausdeutung unterliegt manchen Schwierigkeiten.

1. Als *Material* verwendet man vornehmlich Halbedelsteine (vgl. Ex 28, 9), bei Skarabäen neben Stein auch Fayence. Der *Form* nach unterscheidet man Roll-S., Knopf- und Kegel-S., Käfer-S. (Skarabäus) und ovales Stempel-S. (Skarabäoid). Das ca 2-8 cm hohe Roll-S. - auch S.-Zylinder genannt - ist eine längs durchbohrte Steinwalze, die eine Darstellung, zuweilen auch eine Inschrift (Eigentümer als Verehrer eines Gottes o.ä.) besitzt. Die auf einer Tontafel eingedrückte Abrollung ergibt ein rechteckiges Bild. Das Roll-S. ist seit ältester Zeit für das Zweistromland kennzeichnend und verschwindet erst in der persisch-griech. Zeit. Die in Palästina gefundenen Roll-S. (bzw. Abdrücke) gehören der vorisraelitischen Zeit an. Das im ältesten Ägypten, in Kreta und bei den Hethitern verwendete Knopf- bzw. Kegel-S. findet seit dem 8.Jh. auch im Zweistromland Eingang, was u.a. damit zusammenhängt, daß man viele S. auf einer Urkunde, speziell einer solchen aus Leder und Papyrus unterbringen wollte (vgl. Keilschrifturkunde aus Geser). Das in Ägypten beheimatete Käfer-S. zeigt auf der Oberseite die Form des (hl.) Mistkäfers, auf der Stempelseite Königsnamen und Ornamente. Ein Großteil der u.a. auch aus Fayence hergestellten Käfer-S. waren Amulette und galten auch in den umliegenden Ländern als beliebte Schmuckstücke.

2. Da man in *Israel* für Urkunden Leder oder Papyrus verwendete (→ Brief und Buch, 1), so hat man sich dort vereinzelt des Käfer-S.s, meist jedoch des ovalen Stempel-S.s oder des Kegel-S.s bedient, das man auf ein kleines Ton-Stück (Hi 38, 14) eindrückte. Die (beschrifteten) Bild-S. bevorzugen Tierbilder (Greif, Sphinx, Löwe, Stier, Rind), haben aber auch Adorationsszenen. Es ist abwegig, aus den Bildern religionsgeschichtliche Folgerungen (etwa in Richtung auf ein latentes »Heidentum«) zu ziehen. Die Motive wurden je nach Mode von den phönikischen bzw. israelitischen Steinschneidern angeboten und die S. oft erst nachträglich mit dem Besitzernamen versehen. Gegenüber den kostbaren Bild-S.n sind im 8./6.Jh. die reinen Namens-S. in der Überzahl, worin zT wohl auch eine Bilderscheu zum Ausdruck kommt. Dem Besitzernamen fügt man häufig den des Vaters an (seit dem 6.Jh. gibt es auch S. »NN, Tochter des...«). Auch Amtsbezeichnungen wie »Minister«, »Schreiber«, »Krongutsverwalter« (= der über dem Hause) sind gefunden worden. Auf Krughenkeln hat man in Juda Stempel mit Bild eines geflügelten Käfers oder einer Flügelsonne und der Beischrift: »dem König« sowie jeweils einen von 4 Ortsnamen eingedrückt, die auf königliche Besitztümer (Wein- und Ölgärten; Monopol?) hindeuten. Neuerdings fand man auch Statthalter-S. aus persischer Zeit.

Das S. (ḥôtam) wird an einer Schnur um den Hals getragen (Gen 38, 18; Hhld 8, 6) oder - drehbar - an einem Ring (Gen 41, 42; Est 3, 10; 8, 8). Wie die Überlassung des Königs-S.s an Joseph (Gen 41, 42) Zeichen der Bevollmächtigung ist, so kann in übertragenem Sinne der Davidide als der S.-Ring an der Hand Jahwes bezeichnet werden (Jer 22, 24; Hag 2, 23). Das eine Unterschrift (vgl. Jes 8, 2) ersetzende oder (Neh 10, 1ff) begleitende S. dient der Sicherung des Textes (1Kön 21, 8; Jer 32, 10f: doppelte Urkunde), verschließt einen Beutel (Hi 14, 17) und versiegelt eine Rolle, die erst später geöffnet werden soll (Jes 8, 16; Dan 12, 4). Verschluß von Türen erwähnt Bel 11. 14 (vgl. auch Mt 27, 66). Steine als Zeichen finden sich beim hohenpriesterlichen Ornat und am Turban (Ex 28; Sach 3, 9). Seit röm. Zeit begegnen solche auch mit geheimnisvollen Bildern und Worten (JAO; ABRAXAS) als Zauber-Amulette. - Vgl. → Kirchensiegel, → Versiegelung.

M.Pieper, Die Bedeutung der Skarabäen für die pal. Altertumskunde (ZDPV 53, 1930, 185-195) - A.Rowe, A Catalogue of Egyptian Scarabs, Scaraboids, Seals and Amulets in the Pal. Archaeol. Museum, Kairo 1936 - BRL 481ff - J.Nougayrol, Cylindres-sceaux et empreintes de cylindres trouvés en Palestine, Paris 1939 - A. Moortgat, Vorderasiat. Roll-S., 1940 - K.Galling, Beschriftete Bild-S. des 1.Jt.s vChr, vornehmlich aus Syrien u. Palästina (ZDPV 64, 1941, 121-202) - A.Reifenberg, Ancient Hebrew Seals, London 1950 - RÄRG s.v. Skarabäus. *K.Galling*

Siegmund (auch *Sigmund, Sigismund*), deutscher König (1410-37) und Kaiser, * 15.2.1368 in Nürnberg, † 9.12.1437 in Znaim. Als jüngster Sohn → Karls IV. sollte S. die Mark Brandenburg erben. Schon 1372 mit einer Tochter Ludwigs d.Gr. von Ungarn-Polen verlobt, konnte er nach dessen Tod 1382 zwar nicht den Anspruch auf Polen, wohl aber den auf Ungarn durchsetzen, wo er 1387 zum König gekrönt wurde. Die Kurmark rückte ihm daher fern; er verpfändete sie 1388 seinem Vetter Jobst von Mähren und übertrug sie 1411/15 dem Hohenzollern Friedrich, Burggraf von Nürnberg. Ungarn war von den Türken bedroht; ein von S. gegen sie geführter Kreuzzug endete 1396 mit schwerer Niederlage bei Nikopolis. Die Türkengefahr blieb, auch als S. nach dem Tod Ruprechts v. d. Pfalz 1410 zum deutschen König gewählt wurde. Daß die Wahl zwiespältig war - sein zugleich gewählter Vetter Jobst starb bald -, hing mit dem päpstlichen Schisma zusammen (→ Papsttum: II, 2 e), dessen Überwindung S.s dringendste Aufgabe und größter Erfolg wurde. Auf Reisen nach Italien, Frankreich, England brachte er ein allgemeines Konzil auf Reichsboden in Konstanz (1414-18) zustande, das statt der 3 rivalisierenden Päpste → Martin V. wählte (→ Reformkonzile). Die Verbrennung von → Huß, dem S. freies Geleit zugesagt hatte, trieb dessen böhmischen Anhang zum Kampf gegen S. und das Reich, als er selbst nach dem Tod seines Bruders Wenzel 1419 König von Böhmen wurde. Nach erfolglosen Kriegen gegen die Hussiten mußte er ihnen weitgehende Zugeständnisse machen. Während ein neues Konzil in Basel (1431-48) beim Versuch zur Kirchenreform sich mit dem Papst entzweite, betrieb S. auf vielen Reichstagen die → Reichsreform, kam aber über Programme kaum hinaus. (Die in der Folgezeit wirksamste deutsche Reformschrift von 1439 trug als → »Reformatio Sigismundi« nur seinen Namen.) Auch in Italien, wo sich S. erst 1431 in Mailand zum König der Lombardei, 1433 von Eugen IV. in Rom zum Kaiser krönen ließ, war er gegen Mailand, Venedig, Florenz, Neapel und den Kirchenstaat auf Diplomatie ohne viel Macht angewiesen. Da er keinen Sohn hatte, konnte er die Nachfolge im Reich wie in Ungarn und Böhmen nicht sichern; doch bahnte der letzte Luxemburger durch die Ehe seiner Tochter Elisabeth mit dem Habsburger, der als Albrecht II. nach ihm zum deutschen König gewählt wurde, die künftige Verbindung Ungarns und Böhmens mit Österreich an. Gewandt und spannkräftig war S. noch einmal zum »Vogt« und Einiger der Kirche geworden, angesehen auch im Ausland, ohne doch seine allzu vielfältige Aufgabe ganz meistern zu können.

Haupt-Qu.: Dt. Reichstagsakten 7-12, 1878-1901 - Die Urkunden K.S.s (Regesta Imp. 9), 1896-1900 - EB.WINDECKE, Denkwürdigkeiten zur Gesch. K.S.s, hg.v.W.ALTMANN, 1893. - Lit.: J.ASCHBACH, Gesch. K.S.s, 4 Bde, 1838-45 - F.V.BEZOLD, S. u. die Reichskriege gegen die Hussiten, 1872-77 - G.BECKMANN, Der Kampf Kg.S.s gegen die werdende Weltmacht der Osmanen, 1902 - K.MAIN, The Emperor S., 1903 - F.SCHOENSTEDT, Kg.S. u. die Westmächte (Welt als Gesch. 14, 1954, 149-164). - Zur Königswahl S.s zuletzt J.LEUSCHNER (DA 11, 1955, 506-553), der die »Jahrbücher d. dt. Gesch. unter S.« vorbereitet. *H.Grundmann*

Siegmund-Schultze, *Friedrich,* ev. Theologe, * 14.6. 1885 in Görlitz. Angeregt von den Londoner studentischen Settlements gründete und leitete er seit 1911 die Soziale Arbeitsgemeinschaft Berlin Ost (→ Innere Mission, 4) und wurde 1917 Leiter des Berliner Jugendamtes, 1926 Honorar-Prof. für Jugendkunde und -wohlfahrt in der philosophischen Fakultät. 1933 emigrierte S. in die Schweiz, war in der Flüchtlingshilfe tätig und wurde 1948 Direktor des Sozialpädagogischen Seminars in Dortmund und Honorar-Prof. 1914 Mitbegründer des Weltbundes für internationale Freundschaftsarbeit der Kirchen (→ Ökumenische Bewegung, 1 a) und des Internationalen → Versöhnungsbundes, ist S. der ökumenischen Arbeit bes. verbunden. 1959 gründete er in Soest das ökumenische Archiv.

Vf. u.a.: Sozialismus u. Christentum, 1919; Die soziale Botschaft des Christentums, 1921; Die Einigung der christl. Kirchen, 1943; Die dt. Widerstandsbewegung im Spiegel der ausländ. Lit., (1947) 1948^2. - Hg.: Die Eiche, 1913-33; Ökum. Jahrbuch, 1934-37; Ökum. Einheit bzw. Eine hl. Kirche (mit F.HEILER), seit 1948 - Ekklesia. Sammlung von Selbstdarst.en der christl. Kirchen, 15 Bde, 1934ff. - Über S.: H.MAUS, F.S. (Ökum. Profile II/4), 1952 - J.RATHJE, Die Welt des freien Protestantismus, 1952 (s. Reg.) - ROUSE-NEILL (s. Reg.). *H.Hohlwein*

Sienkiewicz, *Henryk,* polnischer Schriftsteller, * 5.5. 1846 in Wola Okrzejska (Podlachien), † 15.11.1916 in Vevey. Zunächst Journalist in Warschau, lebte S. nach ausgedehnter Amerika- und Europareise (1876-80) und ersten Erfolgen durch Novellen und Reisebriefe als vielbewunderter Schriftsteller und »geistiger Führer des Polentums« meist in Warschau und Zakopane. Nach der Hauptschaffensperiode (1880-1900) war er in konservativ-nationaler Richtung auch politisch tätig. Schon in den ersten Novellen (Der alte Diener, Janko der Musikant, der Leuchtturmwärter) zeigt sich das starke, auf Katholizismus und Tradition basierende Nationalgefühl S.s. Der im 17.Jh., in der Zeit des ersten Niederganges, spielende Romanzyklus der »Trilogie« (1884-87: Mit Feuer und Schwert, Sintflut, Pan Wołodyjowski) soll durch farbige Schilderung vergangener Heldentaten die »Herzen stärken« und die damaligen wie die gegenwärtigen Feinde Polens als klein und verächtlich zeigen. Diese Tendenz wird bes. deutlich in »Kreuzritter« (1900) mit der Schlacht von Tannenberg (1410) als Höhepunkt. Weltruhm erlangte S. mit »Quo Vadis« (1896), der Schilderung des unterdrückten und doch zum Sieg bestimmten Christentums, das als Gleichnis für das Polentum gelten konnte (Nobelpreis 1905). S.s Kunst liegt in der Komposition, der Farbigkeit und Drastik seiner Bilder, der Einprägsamkeit seiner Gestalten, nicht in Psychologie und Deutung. Die Bedeutung seiner in alle Sprachen übersetzten, in Polen bis heute die Lieblingslektüre bildenden Werke besteht in der Verherrlichung polnischer Geschichte und der naiven Verbindung von Katholizismus und polnischem Nationalismus.

Krit. GA v. J.KRZYŻANOWSKI, 60 Bde, 1948-55 (darin Bd 57 Kalendarium, 58-60 Bibliogr.). - W.LEDNICKI, H.S., 1948 (engl.) - A.NOFER, H.S., 1959 (poln.). *G.Rhode*

Sieveking, *Amalie* (1794-1859), Hamburger Patriziertochter. Schwere Lebenserfahrungen und intensives Bibelstudium führten sie zum Glauben in tätiger Liebe. 1813 eröffnete sie mit sechs kleinen Mädchen eine Schule, setzte sich 1831 während der Choleraepidemie beispielhaft in der Pflege der Kranken ein und gründete 1832 den Weiblichen Verein für Armen- und Krankenpflege. Später folgte sie weder der zweimaligen Aufforderung Th. → Fliedners, das Amt der Vorsteherin am Mutterhaus in Kaiserswerth zu übernehmen, noch nahm sie die Berufung als Oberin des Allgemeinen Hamburger Krankenhauses an. Sie blieb vielmehr ihrem Werk treu, den Armen nicht durch Almosen zu dienen, sondern ihnen Arbeit zu vermitteln und sie zur Sparsamkeit und zu eigenem Handeln anzuleiten. Im Unterschied zu Fliedner und → Wichern wählte sie nicht den Dienst der Diakonisse, sondern suchte einen neuen eigenen Weg, um der Frau eine selbständige berufliche Tätigkeit zu erschließen.

Vf. u.a.: Berichte des weibl. Vereins für Armen- u. Krankenpflege, 1833-58; Aufruf an die christl. Frauen u. Jungfrauen Deutschlands, 1850; Unterhaltungen über einzelne Abschnitte der Hl. Schrift, 1855. - Über A.S.: RE XVIII, 324ff - R.REMÉ, A.S., eine Vorkämpferin der christl. Frauenbewegung, 1911 - H.BECKMANN, Ev. Frauen in bahnbrechender Liebestätigkeit, 1927 - E.HAUPT, A.S., 1933 - EKL III, 952 - I.LAHRSEN, Zwischen Erweckung u. Rationalismus, 1959, 115 ff. *E.Lohse*

Sigebert *von Gembloux* (um 1030-1112), seit 1070 Lehrer in Gembloux (Diözese Lüttich), einer der vielseitigsten und bedeutendsten Schriftsteller seiner Zeit. S. verfaßte eine Reihe von biographischen und hagiographischen Werken zur Geschichte von Metz, Lüttich und Gembloux und mehrere Streitschriften, in denen er sich gegen die kirchliche Reformpartei wandte. Seine Hauptwerke sind eine Weltchronik, im Anschluß an → Eusebius und → Hieronymus bis 1111 reichend, vor allem ab 1105 eine wichtige Quelle, und sein Liber de viris illustribus, eine Art Literaturgeschichte von der Spätantike bis zu seiner Zeit.

Werke: MPL 160 - Weltchronik: MG SS VI, 268-374 - Streitschriften: MG Lib. de lite II, 436-464. - Über S.: RE XVIII, 328ff - MANITIUS III, 332ff - WATTENBACH-HOLTZMANN 727ff - DThC XIV/2, 2035ff. *K.Jordan*

Siger *von Brabant,* * um 1240 im Herzogtum Brabant, ca 1265-76 Prof. an der Artistenfakultät zu Paris. Am 23.11.1276 vor das Inquisitionsgericht zitiert, scheint S. an den päpstlichen Hof geflohen und dort unter Arrest gehalten worden zu sein. Er starb während des Pontifikats Martins IV. (1281-85) in Orvieto, vor dem 10.11. 1284. - Berühmt durch seine Aristoteleskommentare (Physik, Metaphysik, De anima u.a.) und verschiedene andere Schriften (bes. Impossibilia, De necessitate et contingentia causarum, De aeternitate mundi, De anima intellectiva), spielte S. eine bedeutende Rolle in der Entwicklung des lat. → Aristotelismus (, 2 d). Zum ersten Mal seit urchristlicher Zeit sahen sich die christlichen Denker des 13.Jh.s einem rein »natürlichen« Wissenschaftssystem und einer heidnischen Weltanschauung gegenüber - eine Lage, aus der die entscheidende Wachstumskrise des MA erwuchs. Vom philosophischen Ideal durchdrungen, lehrte S., ohne sich um die Widersprüche zur Kirchenlehre zu kümmern, von Anfang an einen radikalen Aristotelismus, der stark neuplatonische Färbung (→ Proklus, → Avicenna), aber auch den Einfluß des → Averroes, → Alberts d. Gr. und des → Thomas von Aquino zeigt. Mandonnet hat den averroistischen Einfluß übertrieben: S.s System ist heterodoxer Aristotelismus, kein lat. → Averroismus. Schon am 10.12.1270 hatte der Bischof von Paris 13 Sätze S.s und seines Kreises verurteilt. Am 7.3.1277, einige Monate nach S.s Flucht, folgte die Verurteilung des Aristotelismus in allen seinen Formen. Seit 1270 war sich S. der Widersprüche zwischen seiner Philosophie und der Kirchenlehre bewußt und suchte nach einer Lösung dieses Konflikts. Heute wird (gegen Mandonnet) allgemein zugestanden, daß S. ebensowenig wie Averroes eine doppelte Wahrheit gelehrt hat und - im Gegensatz zu dem Rationalisten Averroes - zeitlebens dem Glauben treu blieb. S. sucht die Widersprüche zwischen christlicher Lehre und der Philosophie zu erklären, indem er bald die Unzulänglichkeit der menschlichen Vernunft im Bereich religiöser Wahrheit betont, bald sich auf übernatürliche, die Naturordnung durchbrechende und somit gewisse philosophische Schlüsse umstürzende Eingriffe Gottes beruft. Jedoch ist es ihm nie gelungen, den Konflikt vollständig zu lösen.

A. Forest, F. Van Steenberghen, M. de Gandillac, Le mouvement doctrinal du IXe au XIVe siècle (in: A. Fliche-V. Martin [Hg.], Hist. de l'Eglise XIII, Paris 1956, 283-303; vollst. Lit.).

F. Van Steenberghen

Sigismund, *Kaiser* → Siegmund.

Sigtuna → Schweden: I, 1. 4.

Sikhismus (= S.mus; S. = Sikhs). Die S. (von Sanskrit: shishya »Schüler«) sind die Anhänger einer von dem Guru (Meister) Nânak (1469-1539) im Panjâb gegründeten Religionsgemeinde, welche Hindus und Moslems auf der Grundlage eines bildfreien Monotheismus zu einigen suchte. Nânak, ein verheirateter Mann aus der Kriegerkaste, durchzog in Begleitung des Spielmanns Mardâna Indien, um durch seine Lieder für seine Ideen zu werben. Seine Nachfolger, der von ihm ausgewählte 2. Guru Angad und die je von ihrem Vorgänger bestimmten Gurus 3. Amar Dâs, 4. Râm Dâs waren einfache Leute, die durch ihre Dichtungen wirkten. Râm Dâs begründete das Sikh-Heiligtum in Amritsar; von ihm an wurde die Guru-Würde in seiner Familie erblich. Inzwischen war die Bedeutung des S.mus so gestiegen, daß die folgenden Gurus nicht mehr als Wanderprediger, sondern mit fürstlichem Pomp auftraten und politischen Einfluß ausübten. Der 5. Guru Arjan Dev, der 6. Har Govind, der 7. Har Rai, der 8. Har Kisan und der 9. Teg Bahâdur waren daher zugleich Feldherren und Staatsmänner. Der 5., 8. und 9. wurden von Mogulkaisern hingerichtet, woraus sich die Todfeindschaft zwischen S. und Moslems erklärt. Der 10. Guru, Gobind Singh (1660-1708), organisierte die S. zu einer militärischen Theokratie (s.u.). Da er keinen Nachfolger ernannt, sondern bestimmt hatte, daß fortan die hl. Schrift (Granth) der Guru sein solle, ging der S.mus durch eine Periode innerer und äußerer Kämpfe. Aus dieser errettete ihn Ranjît Singh (1780-1839), der sich zum König des Panjâb aufgeschwungen und seinen Staat durch Eroberungen vergrößert hatte. Bald nach seinem Tode verfiel sein Reich; die S. kamen schließlich 1849 unter britische Herrschaft. Dank ihrer kriegerischen Tüchtigkeit wurden sie gern für die anglo-indische Armee angeworben und haben an den Kolonial- und europäischen Kriegen Englands mit Auszeichnung teilgenommen. Nach der Teilung → Indiens (1947) mußten 40% der S. ihre an Pâkistân gefallene Heimat verlassen. Außer im Panjâb lebt heute ein großer Teil der ca 7 Mill. S. in verschiedenen Gebieten Nordindiens.

Die *Lehren* des S.mus gründen sich auf den sehr umfangreichen → »Âdi-Granth«, eine Sammlung der vom 1.-5., 9. und 10. Guru und von Kabîr und anderen Heiligen abgefaßten Hymnen und Gebete. An diesen schließen sich zahlreiche erläuternde Schriften an. Da die englischen Übersetzungen von E. Trumpp (1877) und M.A. Macauliffe (1909) von den S. als unzulänglich angesehen wurden, hat 1960 ein Komitee von Sikh-Gelehrten »Selections of the Sacred Writings of the S.« in London erscheinen lassen. Auf diese als maßgebend angesehene Übertragung beziehen sich die im folgenden angeführten Seitenzahlen.

Nach dem S.mus liegt sowohl dem → Hinduismus wie dem → Islam eine monotheistische Urreligion zugrunde, die später durch Zusatz von irrigen Vorstellungen und Bräuchen ihre Reinheit verlor und deshalb vergeistigt und reformiert werden muß. Dementsprechend wird Gott bald als das Absolute oder der höchste Herr, bald hinduistisch als Hari oder Râm, bald islamisch als Allâh, Khudâ, Rahîm bezeichnet. Im allgemeinen ist aber die Gottesidee des S.mus eine Art des Panentheismus, wie er von der → Bhagavadgîtâ und vishnuitischen Schulen entwickelt worden war. Gott ist eine überweltliche Persönlichkeit, gleichzeitig aber auch die bewirkende und materielle Ursache der stofflichen Welt und der geistigen Einzelseelen. In Gott ist alles enthalten (57), er durchdringt alles (183), er ist der Faden, der zur Schöpfung ausgespannt wurde (159), denn alles Existierende ist eine Gestalt Gottes (62), eine Woge innerhalb des göttlichen Ozeans (189); Gott gleicht dem Schauspieler, der viele Masken trägt (189). Das Weltgeschehen ist somit ein Spiel, das Gott mit sich selbst treibt (57. 173), wobei er sich seiner Wunderkraft (mâyâ 105) bedient. Der Kosmos ist also letztlich eine Illusion (prapanca 172); läßt Gott den täuschenden Schleier fallen, so ist er allein da (173). Die beiden Elemente dieser Gottesvorstellung treten klar zutage: Gott wird einerseits natur-pantheistisch verherrlicht (61), andererseits als Vater der Menschenkinder (187) bezeichnet und als der Weltregent, der alle Wesen nach seinem Willen tanzen läßt (197; vgl. Bhagavadgîtâ 18, 61). - Für den Verstand unbegreiflich (29), aber durch seinen Willen, seine Werke und seine Gnade dem Frommen erfahrbar, darf Gott nicht bildlich dargestellt werden (31). Die Existenz der vielen Götter des Hindu-Pantheons wird nicht geleugnet, doch gelten sie als Gott untergebene Engel (33. 43. 49. 105. 165).

Wie die Hindus nehmen auch die S. eine Vielheit von Weltsystemen (41. 49), ein periodisches Entstehen, Vergehen und Wiederentstehen des Kosmos (103) und einen gesetzmäßigen Wechsel guter und schlechter Zeitalter (123. 145) auf Erden an; sie glauben hingegen nicht an Menschwerdungen Gottes in irdischer Gestalt (→ avatâra).

Die unsterblichen Einzelseelen (190) sind aus Gott hervorgegangen wie Funken aus dem Feuer (131; vgl. Mundaka-Upanishad 2, 1), irren aber infolge der Vergeltungskausalität ihrer Taten (→ karma; 181. 195), die freilich von Gottes Willen abhängig ist (29. 51), im Strudel der Wiederverkörperungen umher: glücklich, wer infolge seiner guten Werke als Mensch geboren wurde (58. 176). Dann hat er die Möglichkeit, sich durch ein sittliches Leben zu läutern (221, vgl. Mt 5, 39; 81, vgl. Mt 6, 26; über Ethik 45. 51. 77. 89). Wenn er die Feuer der Leidenschaft auslöscht (67) und alle Selbstsucht überwindet, erkennt er Gott in seinem Selbst (73. 179). Schon in diesem Dasein erlangt er als ein »jîvan-mukta«, ein zu Lebzeiten Erlöster, das Heil (64. 167); beim Tode erreicht er das → Nirvâna: er geht in das göttliche Absolute ein (112. 269).

Das Kastenwesen (→ Kaste: I) gilt den S. als vom religiösen Standpunkt aus bedeutungslos (136), ebenso die → Beschneidung, das Gangesbad (32) und andere Riten; der Genuß von Alkohol und Tabak ist verboten, das Töten und Essen von Kühen wird vermieden. Gegen die Sitte der → Witwenverbrennung wurde schon frühzeitig (135) angekämpft, doch sind mit der Leiche Ranjît Singhs 1839 elf Frauen verbrannt worden.

Der Kultus des S.mus besteht vor allem in dem einzeln oder in Gemeinschaft vorgenommenen Hersagen des Namens Gottes und von Gebeten, so des von Nânak gedichteten Japjî am Morgen (28) und anderer von ihm verfaßter Gebete am Abend (52) und zur Nachtzeit (60). Beim gemeinsamen Gottesdienst in den Andachtsstätten (gurudvâra) findet eine Verlesung aus dem Granth statt; das hl. Buch wird in Amritsar im Goldenen Tempel mit dem eines Fürsten würdigen Zeremoniell umgeben. Da die S. keine Brahmanen als Priester beschäftigen, werden die Schriftverlesungen und ebenso die bei Hochzeiten (150), Leichenverbrennungen usw erforderlichen Riten von »Granthîs« oder »Gyânîs« (Wissenden) vorgenommen, dh Leuten, die sich mit dem Studium der hl. Texte beschäftigen. Große Bedeutung wird dem geistigen Lehrer und Seelsorger zugeschrieben, der deshalb aufs höchste verehrt wird. Der aktuelle irdische Guru ist gleichsam ein Vertreter der 10 Gurus, die als Priesterkönige die Gemeinde lenkten und ihr ihre autoritativen Schriften gaben; diese historischen Gurus sind aber wieder Repräsentanten des einen wahren Guru, dh Gottes.

Die S., welche sich an die Vorschriften Nânaks und seiner nächsten Nachfolger halten, aber nicht die Reformen Govind Singhs anerkennen, werden von denen, die den strengeren Geboten des letzten Guru folgen, als »Sahijdhârîs« (die bequemen »easy-goers«) bezeichnet. Sie zerfallen in mehrere Gruppen. Die wichtigste von diesen ist der Asketenorden der Udâsîs, »der (gegenüber der Welt) Gleichgültigen«. Der Orden soll von Nânaks Sohn Shrîcand gestiftet worden sein.

Die von Govind Singh durchgeführten Neuerungen, welche die S. zu einer theokratischen Gemeinschaft, zu einer Bruderschaft der »Reinen«, zu einer Khâlsa (arab. khâlis »rein«) zusammenschließen sollten, waren die folgenden: alle Mitglieder führen als äußeres Zeichen der aufgehobenen Kastenzugehörigkeit den Nachnamen »Singh« (Löwe). Sie sind verpflichtet, 5 Dinge, deren Name mit »K« beginnt, stets an sich zu tragen: »Kes« langes Haar und ungeschnittenen Bart, »kangha« einen Kamm, »kripan« ein Schwert (Dolch), »kaccha« bis zum Knie reichende Hosen, und »kara« ein stählernes Armband. Die Aufnahme in die Gemeinschaft erfolgt durch eine »Pâhul« genannte Zeremonie, zu welcher 5 S. versammelt sein müssen. Sie besteht u.a. in dem Trinken einer Amrit (Ambrosia) genannten, aus Wasser und süßen Stoffen gemischten Flüssigkeit, die mit einem Schwert umgerührt wird. Govind Singh wollte durch seine Reformen den kriegerischen Geist der S. stärken, denn er war nicht nur ein großer Heerführer, sondern verherrlichte in seinen unter dem Titel »Der Granth des 10. Königs« gesammelten Schriften auch den → Krieg als solchen, indem er Gott als »hl. Schwert«, als »All-Stahl« usw anredete. Dieser militante Geist hat sich bei Govind Singhs Anhängern bis heute erhalten, so bei der Sekte der »Akâlîs« (Verehrer des Zeitlosen, dh Gottes), welche als besonders fanatisch gilt.

Unter dem Einfluß ihrer Umgebung haben manche S. hinduistische Vorstellungen und Bräuche angenommen, so daß sie Bilder von Ganesha, Durgâ usw in privaten oder öffentlichen Kulträumen aufstellten, wogegen die Vertreter der strengeren Richtung vorgehen. Andererseits besteht bei modern gebildeten S. die Neigung, die im Granth vorkommenden Hinweise auf Himmel und Hölle (45. 103. 132. 168. 178. 202), die von den Hindus als Zwischenstationen zwischen Wiederverkörperungen aufgefaßt werden, als bildliche Ausdrucksweisen zu deuten.

E. Trumpp, Die Religion der S., 1881 - H. Court, Hist. of the S., translation of the Sikkhan di Rajdi Vikhia, Lahore 1888 (Neudr. Calcutta 1959) - M. A. Macauliffe, The Sikh Religion, 6 Bde, Oxford 1909 - Khazan Singh, Hist. and Philos. of the Sikh Religion, 1914 - J. C. Archer, The S. in Relation to Hindus, Moslems, Christians and Ahmadiyyas, London 1946 - Khushwant Singh, The S., ebd 1953 - Gobind Singh, The Quintessence of Sikhism, Amritsar 1958. - Vgl. auch ERE XI, 507ff (Sikhism); I, 268 (Akâlîs); XII, 504 (Udâsîs).

H.v.Glasenapp

Silas, lat. *Silvanus,* Gestalt des apostolischen Zeitalters, über die nur wenig bekannt ist; die Identität S. = Silvanus wird bisweilen, wohl zu Unrecht, bezweifelt. Manche wollen in ihm den Verfasser nt. Schriften (1Petr, Hebr) sehen. - Nach Apg 15, 22 wurde S. mit → Judas Barsabbas, beide wohl vertrauenswürdige Glieder der Jerusalemer Gemeinde (Apg 15, 32: Propheten), nach Antiochia gesandt, um dort das Aposteldekret (→ Heidenchristentum, 8) bekanntzugeben. Vermutlich blieb S. dort (Apg 15, 34 D), um sich dann Paulus anzuschließen. Er begleitete ihn auf der sog. 2. Missionsreise (Apg 15, 40 - 18, 5) und hatte besonderen Anteil an der Begründung der Gemeinde in Korinth (2Kor 1, 19). Von dort aus ist er auch Mitabsender des 1Thess (1.2Thess 1, 1). 1Petr 5, 12 wird er als Schreiber dieses Briefes genannt (→ Petrusbriefe, 1). Diese Angabe beweist indes nur, daß S. schon der zweiten Generation als Autorität galt, unter Hinweis auf deren Namen man es unternehmen konnte, aufbrechende Spannungen in den Gemeinden zu klären. Andererseits geht daraus hervor, daß man ihm keine eigene theologische und kirchliche Position zubilligte.

Bauer, WB[5] 1487 (Lit.). Vgl. die Kommentare zu den genannten Stellen, bes. zur Apg u. zum 1Petr. *U.Luck*

Silcher, *Philipp Friedrich* (1789-1860), Komponist, * in Schnait bei Schorndorf (Württ.), † in Tübingen, wo er seit 1817 als Universitätsmusikdirektor und Lehrer am ev. Stift wirkte und ein vielseitiges vorbildliches Musikleben pflegte. Bes. als Volksliederkomponist und -sammler verdient, hat er auch die Kirchenmusik u.a. durch Herausgabe eines → Choralbuchs und mit einer »Geschichte des ev. Kirchengesangs« (1844) beeinflußt. S.s schlichter Tonsatz, durch falsches Pathos (bes. in Männerchören) oft entstellt, wird heute in seiner edlen Natürlichkeit wieder mehr erkannt und geschätzt.

Werke in Ausw. hg.v. H.J.DAHMEN, 10 H.e, 1960. - A.BOPP, Fr.S., 1916. *S.Hermelink*

Silo, Stadt im Stamm Ephraim: chirbet sēlūn, 22 km südl. von → Sichem. S. war israelitisches Wallfahrtsheiligtum (Ri 21, 19. 21; 1Sam 1, 3), an dem → Eli und seine Söhne Priester waren und → Samuel aufwuchs (1Sam 1-3), und zeitweise, als Standort der → Lade Jahwes (1Sam 3, 3; 4, 3f; nicht aber des »Begegnungszeltes« [→ Zelt], gegen Jos 18, 1; 1Sam 2, 22), kultischer Mittelpunkt der → Stämme Israels. Durch die nicht abgeschlossenen dän. Ausgrabungen (1926, 1929) wurde Besiedlung der Ortslage in der mittleren Bronze- und der ersten Eisenzeit, dann von der röm. Zeit bis ca 1000 nChr nachgewiesen; die Zerstörung der Stadt um 1050 vChr (vgl. Jer 7, 12. 14; 26, 6. 9) erfolgte durch die → Philister (vgl. 1Sam 4). Doch muß nach 1Kön 11, 29; 14, 2. 4; Jer 41, 5 auch danach wenigstens eine schwache Siedlung bestanden haben. Da (bis jetzt) der Tempel (1Sam 1, 9; 3, 3) nicht im Stadtgebiet gefunden wurde, vermutet man ihn im Bereich altchristlicher Kirchen und mohammedanischer Heiligtümer ca 500 m südl. der Stadt; doch setzt Ri 18, 31; 1Sam 1, 24 seine Lage *in* der Stadt voraus. - In Gen 49, 10 (→ Schilo) ist nicht an die Stadt S. zu denken.

PW 2. R. III, 1927, 101f - H.KJAER, PEFQSt 59, 1927, 202-213; 63, 1931, 71-88 - DERS., JPOS 10, 1930, 87-174 (vgl. ZDPV 54, 1931, 90-92) - DERS., I det hellige Land. De Danske Udgravninger i Shilo, 1931 - BRL 490f - J.LINDBLOM, The Political Background of the Shilo Oracle (VT Suppl. 1, 1953, 78-87) - O.EISSFELDT, S. u. Jerusalem (ebd 4, 1957, 138-147). *E.Kutsch*

Siloah-Inschrift → Epigraphik: I, 3 c.

Silverius, *Papst,* Sohn des → Hormisdas. Auf Betreiben des Gotenkönigs Theodahad im Juni 536 gewählt, übergab er Rom am 9.12. kampflos an Belisar, wurde aber von diesem im März 537 unter dem Verdacht der Kollaboration mit den die Stadt belagernden Goten abgesetzt und nach Lycien verbannt, nicht ohne Zutun seines Nachfolgers → Vigilius. Als Justinian die Überprüfung des Falles forderte, kehrte S. nach Italien zurück, starb aber kurz nach der Verzichterklärung zugunsten des Vigilius in dessen Gewahrsam auf der Insel Ponza am 2.12.537.

RE XVIII, 338 - CASPAR II, 228ff. 769f - LThK IX, 558f - HALLER I, 265f. 538 - SEPPELT I², 270ff. 306. *G.Glockmann*

Silvester I., *Papst* 31.1.314 bis 31.12.335. Unter → Konstantins d.Gr. starker religionspolitischer Initiative fand S. nach der eben erfolgten Aussöhnung von Christentum und Kaiser keine Wirkungsmöglichkeit. Seine Bedeutungslosigkeit in entscheidenden Auseinandersetzungen wie → Donatismus und → arianischem Streit wurde später von der in der 2. Hälfte des 5.Jh.s entstandenen S.-Legende korrigiert. Diese, im MA sehr verbreitet, berichtet u.a., der Papst hätte durch die Taufe den »heidnischen«, vom Aussatz befallenen Kaiser geheilt, der sich dann der Kirche durch Stiftungen erkenntlich gezeigt habe. Dieses Motiv mußte für die mit einem gefälschten Brief an S. begründete → Konstantinische Schenkung herhalten.

RE XVIII, 338f - W.LEVISON, Konstantinische Schenkung u. S.-Legende (StT 38, 1924, 159-247) - CASPAR I, 115ff - SEPPELT I², 75ff. *F.Jürß*

II., *Papst* 2.4.999 bis 12.5.1003, vorher Gerbert, * in Aquitanien, erzogen im Kloster Aurillac (Dép. Cantal), in Spanien geschult, Domscholaster in Reims, ca 983 vorübergehend Abt von → Bobbio, 991 von König Hugo Capet gegen päpstlichen Einspruch zum Erzbischof von → Reims erhoben. Im Kampf um seine Stellung kam er 996 in ein nahes Verhältnis zu Kaiser Otto III., der ihn wegen seiner Gelehrsamkeit verehrte, ihm 998 das Erzbistum Ravenna übertrug und schließlich die Papstwürde verschaffte (→ Papsttum: II, 1 c). Als Papst besann sich S. auf die röm. Primatstradition, die er als Erzbischof von Reims mißachtet hatte, und wirkte mit Otto III. für den Aufbau der polnischen (→ Gnesen, → Magdeburg) und ungarischen Kirche (→ Gran). Doch nicht sein Pontifikat, sondern seine umfassende Gelehrsamkeit hat seinen Ruhm begründet. Seine Werke behandeln bes. mathematische Fragen. Seine Briefsammlung wird als Konzeptbuch (Havet, Bubnov), als Apologie (Pivec) oder als postume Sammlung (Weigle) angesprochen. Seine zT von der arabischen Wissenschaft übernommenen Kenntnisse brachten ihn später in den Geruch eines Schwarzkünstlers.

Oeuvres hg.v. A.OLLERIS, Paris 1867 - Lettres hg.v. J.HAVET, 1889 (Neuausg. in den MG in Vorbereitung) - Opera mathematica hg.v. N.BUBNOV, 1899. - Über S.: I.v.DÖLLINGER, Die Papstfabeln des MA, 1890², 184ff - MANITIUS II, 729ff - F.EICHENGRÜN, Gerbert (S. II.) als Persönlichkeit, 1928 - P.E.SCHRAMM, Kaiser, Rom u. Renovatio I, (1929) 1957², 96ff - O.G.DARLINGTON, Gerbert obscuro loco natus (Speculum 11, 1936, 509-520) - K.PIVEC, Die Briefsammlung G.s von Aurillac (MIÖG 49, 1935, 15-74) - LThK IX, 560f - DThC XIV/2, 2075ff - J.LEFLON, Gerbert, 1946 - D.BREZZI, Roma e l'Impero medievale, 1947, 83ff - EC XI, 597ff - F.WEIGLE, Studien zur Überlieferung der Briefsammlung G.s v. Reims I-III (DA 10, 1953, 19-70; 11, 1955, 393-421; 14, 1958, 149-220) - M.UHLIRZ, Jahrbücher d. Dt. Reiches unter Otto II. u. Otto III., Bd II, 1954 - DIES., Die Regesten des Kaiserreiches unter Otto III., 1956/57 - DIES., Unters.en über Inhalt u. Datierung der Briefe G.s von Aurillac, 1957 - G.A.BEZZOLA, Das otton. Kaisertum in der franz. Geschichtsschreibung d. 10. u. 11.Jh.s, 1956.

(III.), *Gegenpapst,* vorher Bischof Johann von Sabina. Am 20.1.1045 von den Römern erhoben, wurde er schon am 10.2. aus der Stadt vertrieben und im Dez. 1046 auf der Synode von Sutri (→ Papsttum: II, 1 c) endgültig abgesetzt.

DThC XIV/2, 2038f - EC XI, 599. - Vgl. die Lit. zu → Benedikt IX., → Gregor VI. *H.Fuhrmann*

(IV.), *Gegenpapst* 18.11.1105 bis 1111, Maginulf, erhoben von röm. Adligen gegen → Paschalis II. unter dem Schutze des Markgrafen Werner von Ancona. S. ging 1111 ins Lager Heinrichs V. nach Rom, dankte aber bald danach ab.

DUCHESNE, LP II, 298. 345 - JAFFÉ I, 773 - LThK IX, 561 - EC XI, 599f. *F.Bock*

Silvestriner, Reformkongregation der → Benediktiner, von Silvester Guzzolini aus Osimo (ca 1177-1267) gegründet, der 1231 auf dem Monte Fano bei Fabriano ein Kloster errichtete. Der → Benediktinerregel fügte er äußerste Armut, strenge Fastenvorschriften, auch Seelsorge durch Predigt und Beichthören hinzu. Innozenz IV. bestätigte die Stiftung am 27.6.1247. Die S. wurden 1662 mit den → Vallombrosanern vereinigt, 1667 aber erneut verselbständigt, ihre Konstitutionen 1690 von Alexander VIII. bestätigt. Die Kongregation hatte auf ihrem Höhepunkt 56 Klöster. In Kandy auf Ceylon wurde 1873 ein Abteikloster gegründet. Gegenwärtig bestehen unter dem Generalabt in Rom noch 10 Häuser (7 in Italien).

HÉLYOT VI, 199ff - HEIMBUCHER I, 211f - P.WEISSENBERGER, Die ältesten Statuta monastica der S. (RQ 47, 1939, 31-109) - ESCOBAR I, 70f - EC II, 1249f; XI, 600f - PH.SCHMITZ, Gesch. d. Benediktinerordens III, 1955, 32f. *W.Göbell*

Simeon → Stämme Israels.

Simeon, *Charles* (1759-1836), anglikanischer Geistlicher. Als Fellow des King's College, Cambridge (1782) und als Vicar von Holy Trinity, Cambridge (seit 1783) hatte S. ein einflußreiches geistliches Amt. Anfangs stark angefeindet, wurde S. allmählich der anerkannte Führer der Evangelicals in → England (: I, 6). Seine evangelikalen Gedanken verband er mit einer kompromißlosen anglikanischen Frömmigkeit. Er gehörte zu den Begründern der Church Missionary Society (→ Anglikanische Kirche: II) und gründete selber einen Aufsichtsrat für die Verwaltung der Pfründen. Seine »Horae Homileticae« (17 Bde, 1819-28) enthalten Predigtentwürfe zur ganzen Bibel.

Werke, 21 Bde, London 1837-41. - Memoir von W.CARUS, ebd 1847 - H.C.G.MOULE, Ch.S., ebd 1892 - C.H.E.SMYTH, S. and Church Order, Cambridge 1940 - M.L.LOANE, Cambridge and the Evangelical Succession, London 1952 - M.HENNELL-A.POLLARD (Hg.), Ch.S., ebd 1959 - DNB XVIII, 255f. *D.Carter*

Simeon und Hanna, zwei greise prophetische Gestalten, begrüßen nach Lk 2, 25 ff das Jesuskind anläßlich seiner Beschneidung und Darstellung im Tempel als den verheißenen Messias. Da im lukanischen Sondergut auch sonst Männer und Frauen nebeneinanderstehen, wird Lukas die beiden Szenen schon verbunden vorgefunden haben. Über den vorhergegangenen traditions- und redaktionsgeschichtlichen Prozeß sind nur Vermutungen möglich; Einwirkung außerchristlicher Legende (Buddha, Alexander d. Gr.) ist unwahrscheinlich, judenchristliche Herkunft naheliegend. An der Geschichtlichkeit der beiden Personen sollte man nicht zweifeln, obwohl sie für Lukas sicher als Typen messianischer Erwartung, die nun erfüllt ist, von Bedeutung sind. Heiligentage: 8.10. bzw. 1.9.

R.GARBE, Indien u. d. Christentum, 1914, 48 ff - M.DIBELIUS, Die Formgesch. d. Evangeliums, (1919) 1959³, 122 ff - R.BULTMANN, Gesch. d. synopt. Tradition, (1921) 1957³, 326f - H.W.SCHOMERUS, Ist die Bibel von Indien abhängig?, 1932, 109 ff. 152 ff - H.SAHLIN, Der Messias u. das Gottesvolk (ASNU 12), 1945, 280 ff.
K.H.Rengstorf

Simler, *Josias* (1530-76), ref. Theologe, * in Kappel, Patenkind und späterer Schwiegersohn von → Bullinger. S. studierte Theologie und Naturwissenschaften, wirkte als Hilfspfarrer in Zürcher Landgemeinden, dann als städtischer Lehrer, bes. auch als Helfer des berühmten Naturforschers Konrad Gessner. Neben → Vermigli Prof. für NT, wurde er 1562 nach dessen Tode sein Nachfolger. Wie Bullinger betreute S. insbesondere englische Glaubensflüchtlinge, übersetzte eine Reihe von Schriften seines Schwiegervaters ins Lateinische und verfaßte selbst theologische und historische (bes. De republica Helvetiorum, 1576) und geographische Werke. - Aus dem Geschlechte S.s stammt *Johann Jakob* S. (1716-88), dessen 196 Folianten und 62 Registerbände (Zentralbibliothek Zürich) Abschriften wichtiger Dokumente aus der Reformationszeit enthalten.

S.GÜNTHER, J.S. als Geograph, Begründer der wiss. Alpenkunde, 1901 - W.A.B.COOLIDGE, J.S. et les origines de l'alpinisme, Grenoble 1904 (darin 1-307 S.s De Alpibus commentarius) - RE XVIII, 347 ff - E.REIBSTEIN, Respublica Helvetiorum. Die Prinzipien d. eidg. Staatslehre bei J.S., Bern 1949. *O.E.Straßer*

Simon, 1. *ben Kosiba,* genannt *Bar Kochba,* messianischer Führer des zweiten jüd. Aufstands gegen Rom 132-135/36 nChr. Die früher nur spärlichen Nachrichten über S. sind seit 1951 durch Originalfunde an verschiedenen Stellen der Wüste Juda (→ Qumran, 6) wesentlich bereichert worden. Hier ist auch erstmals sein eigentlicher Name belegt: hebr. šimʿôn bæn kôs(i)bā, griech. (papḤæbær 6) Σιμων Χωσιβα; dazu als offizieller Titel neśîʾ jiśraʾel »der Fürst von Israel«. Der gleiche Titel steht auch auf von ihm geprägten Münzen neben dem Namen šimʿôn. Der Ehrenname Bar Kochba (aram. bar kôkbaʾ »Sternensohn«), in Anlehnung an das messianisch interpretierte und von R. → Akiba auf S. bezogene Wort vom »Stern aus Jakob« Num 24, 17 gebildet, hat sich nur in der kirchlichen Überlieferung erhalten (zuerst Justin, Apol. I, 31, 6); in der rabbinischen Literatur dagegen heißt S. stets bar kôz(î)baʾ »Lügensohn«, eine Verbalhornung seines Namens nach seinem Scheitern. - Als Führer des kurz nach Hadrians Orientreise (130-31) aus ungeklärtem Anlaß i.J. 132 ausbrechenden Aufstands (nicht, wie Milik berechnet, schon im Herbst 131) ist S. bald Herr über Jerusalem und wohl erhebliche Teile Palästinas, hat wahrscheinlich auch den Tempelkult zeitweilig erneuert, muß aber der Übermacht weichen und findet im Winter 135/36 nach zäher Verteidigung im belagerten Beth-Ter (heute chirbet el-jehūd bei bittīr, 11 km südwestl. Jerusalem) sein Ende. Die Texte aus der Wüste Juda geben unmittelbare Einblicke in sein energisches (papMur 43 u.ö.) und streng orthodoxes (zB Sabbatheiligung papMur 44, Sabbatjahr papMur 24 E 9, Verzehntung papḤæbær 15, 4 [IEJ 11, 1961, 48 f]) Regiment. Unter seinen Kriegern wurde der Brudertitel verwendet (papḤæbær 6 und 12, papMišmar [ebd 43. 46 f. 53-62]). Die Christen (die jedoch schwerlich mit den »Galiläern« papMur 43, 4 gemeint sind) hatten nach Justin aaO unter S.s Verfolgungen schwer zu leiden. Sein Scheitern besiegelte (bis 1948!) das Ende der nationalen Selbständigkeit Israels (→ Judentum: I, 3).

SCHÜRER I, 670 ff - A.ALT, PJ 23, 1927, 11-15 - H.STRATHMANN, Der Kampf um Beth-Ter (ebd 92-123) - A.SCHULTEN, Beth-Ter (ZDPV 56, 1933, 180-184) - S.YEIVIN, Milḥæmæt bar kôkbaʾ, Jerusalem (1946) 1952² - H.BIETENHARD, Die Freiheitskriege der Juden... (Judaica 4, 1948, 57-77. 81-108. 161-185) - NOTH, GI⁴ 401 ff - F.M. ABEL, Hist. de la Palestine II, Paris 1952, 83 ff - P.BENOIT-J.T.MILIK-R. DE VAUX, Les grottes de Murabbaʿât (DJD II), Oxford 1961 (Lit.) - Y.YADIN, New Discoveries in the Judean Desert (BA 24, 1961, 34-50) - DERS., ebd H. 3 - The Expedition to the Judean Desert, 1960 (IEJ 11, 1961, 1-72; bes. Y.YADIN, Expedition D, 36-52) - Notes and News (ebd 77-81: über die Funde von 1961).
C.-H.Hunzinger

2. *von Kyrene,* in der Kyrenaika beheimatet oder dort gebürtig, seiner Volkszugehörigkeit nach nicht eindeutig festzulegen (vgl. die unjüdischen Namen seiner Söhne; zum S.-Namen ThW VI, 99, 40 f), trug nach Mk 15, 21 par Jesu Kreuz zur Hinrichtungsstätte. Die Annahme, hier begegne ein Gewährsmann des ältesten Kreuzigungsberichtes (Dibelius), wird durch die anderslautende Darstellung Joh 19, 17, da diese auf die Souveränität des Erlösers im Leiden hin stilisiert ist, nicht in Frage gestellt, hat aber den untendenziösen Charakter von Mk 15, 21 zur Voraussetzung. Im Blick auf Mk 8, 34 par; 10, 21 v. l. (dazu E.Dinkler, BZNW 21, 1954, 110 f. 128) ist jedoch in Mk 15, 21 zumindest die Wendung αἴρειν τὸν σταυρόν als lingua christiana zu beurteilen. - Spätere gnostische Spekulation behauptet auf Grund buchstäblicher Auslegung des Zusammenhangs 15, 21-22 ff, daß S. anstelle des Erlösers gekreuzigt worden sei.

Komm. zu den synopt. Evv. - R.BULTMANN, Ergänzungsheft zu: Die Gesch. der synopt. Tradition, 1958, 41 (Lit.) - P.WINTER (s. 5) 65 - R.M.GRANT, Gnostic Origins and the Basilidians of Irenäus (VigChr 13, 1959, 121-125, bes. 123).

3. *Magus,* aus dem samaritanischen Dorf Gittai (Justin, Apol. I, 26, 1 ff u.a.), wirkte im 1.Jh. in → Samaria (, 3) und vielleicht - zZ des Kaisers Claudius - in Rom mit dem Anspruch, ἡ μεγάλη δύναμις (Apg 8, 10; der Zusatz τοῦ θεοῦ ist lukanisches Interpretament [Haenchen]), dh den höchsten Gott (Justin, Dial. 120, 6) zu verkörpern. Der gnostische Charakter dieser Selbstprädikation ergibt sich aus der Verbindung, in der ihn spätere Generationen mit der tyrischen Dirne Helena sahen (zB Ire-

näus I, 23, 2). Ist dies historisch (so Jonas), so setzt die dem S. zugeschriebene Behauptung, die göttliche ἔννοια (bzw. ἐπίνοια) sei nach ihrer Emanation unter dämonischem Zwang in einzelnen Frauen, zuletzt in Helena, gefangengehalten worden und werde nun von ihm befreit, eine sekundäre Depravierung des gnostischen Mythos vom Fall des Göttlichen in die Materie und seiner Erlösung voraus. Wahrscheinlicher aber ist jene Tradition nur ein sekundärer Reflex der Rolle, die der ἔννοια als anthropologisch-soteriologischem Prinzip in der Verkündigung S.s zukam (so Quispel, Haenchen). Jedenfalls ist durch die Lehre des historischen S. paradigmatisch die Existenz vorchristlicher →Gnosis (: III) bezeugt. Erst später dringen u.a. auch christliche Motive in das System ein, während es in einem tertiären Stadium (belegt durch → Hippolyt) philosophische Form annimmt. - Der Widerstand des Christentums gegen die Konkurrenzreligion des Simonianismus, die zZ →Justins in Samarien in höchster Blüte steht, zeigt sich schon in dem S. beigelegten verharmlosenden »Magier«-Titel. Daneben bezieht man sich auf S. auch aus speziellen Motiven: Lukas beweist in der Milde, die er Apg 8, 22ff dem S. zuteil werden läßt, auch nach dieser Richtung seine Apologetik (dazu ZKG 68, 370); in einer bestimmten Schicht der → Pseudo-Clementinen dient S. als polemische Chiffre für Paulus. - Vgl. → Simonie.

ThW IV, 362f - E.Haenchen, Die Apg (MeyerK III[12]), 1959, 251ff (Lit.) - H.Jonas, The Gnostic Religion, 1958, 103ff - G.Strekker, Das Judenchristentum in den Pseudoklementinen (TU 70), 1958, 154. 187ff. *G.Klein*

4. *von Tournai* († ca 1201 in Paris), einflußreicher theologischer Lehrer in Paris, von → Petrus Lombardus und → Gilbert Porreta bestimmt (auch auf → Johannes Scotus Eriugena zurückgreifend), förderte die dialektische und sprachlogische Methode (→ Scholastik) und den Einfluß des → Aristotelismus (, 2 d).

Werke: Institutiones in sacram paginam oder Summa oder Sententiae (daraus Texte zur Trinitätslehre hg.v. M.Schmaus, RThAM 3, 1931, 373-396; 4, 1932, 59-72. 187-198. 294-307); Disputationes (hg.v. J.Warichez, Spicilegium Sacrum Lovaniense 12, Löwen 1932; ebd auch zwei kleinere Werke); Expositio super symbolum (Athanasianum) (Florilegium Casinense IV, Monte Cassino 1880, 322-346). - Über S.: Grabmann I, 40f; II, 535ff - Ü II, 279. 712 - LThK IX, 578f - M.H.Vicaire, Les Porrétains et l'Avicennisme avant 1215 (RSPhTh 26, 1937, 449-482) - DThC XIV, 2124ff (Lit.) - A.M.Landgraf, Einführung in die Gesch. der theol. Lit. der Frühscholastik, 1948, 83f - O.Lottin, Alain de Lille, une des sources des »Disputationes« de S. de T. (RThAM 17, 1950, 175-186) - H.-F.Dondaine, Cinq citations de Jean Scot chez S. de T. (ebd 303-311) - Landgraf, passim - EC XI, 638ff (Lit.) - EF IV, 633. *M.A.Schmidt*

5. *Zelotes,* nach Lk 6, 15; Apg 1, 13 Mitglied des urgemeindlichen Zwölferkreises. In Mk 3, 18 par ist ὁ Καναναῖος kein Hinweis auf kanaanäische Abstammung oder Herkunft aus Kana, sondern ein gräzisierter Reflex von qän'an'a, dem aramäischen Äquivalent zu ζηλωτής. Dieser Unterschied in der Schreibung des Beinamens ist ein Indiz für die gegenseitige Unabhängigkeit beider Traditionszweige. Die These, Markus habe entgegen seiner sonstigen Gewohnheit hier auf eine Übersetzung des kompromittierenden Begriffs absichtlich verzichtet (Brandon), vermag die übersetzte Fassung bei Lukas doch nicht verständlich zu machen, dessen → Apologetik (: I, 2b) eine Anspielung auf Verbindungen der Urkirche mit zelotischen Elementen keinesfalls dulden konnte. Ist es deshalb ausgeschlossen, daß Lukas den ursprünglichen Sinn des Begriffs noch verstand (gegen Bauer [CN]), so kommt er auch nicht als Urheber der gräzisierten Form in Frage. - Die damit sichergestellte doppelte Tradition läßt keinen Zweifel daran, daß im Zwölferkreis tatsächlich ein (ehemaliger) Angehöriger der theokratischen, antirömischen → Zeloten-Partei saß. Die Identität dieses S. mit dem S. »Barjona« von Mt 16, 17 ist schon wegen des gleichzeitigen Vorkommens beider Gestalten in allen Zwölferlisten ganz unwahrscheinlich (gegen Winter).

Komm. zu den synopt. Evv. u. zur Apg - ThW II, 889 - Bauer, WB[5] 668f. 795. 1488 (Lit.) - Ders., Zur Einführung in das WB zum NT (CN 15), 1955, 25 - S.G.F.Brandon, The Date of the Markan Gospel (NTS 7, 1960/61, 126-141, bes. 140f) - P.Winter, The Trial of Jesus (Studia Judaica 1), 1961, 140. *G.Klein*

Simon, *Richard* (1638-1712), franz. Oratorianer, bekannt durch seine Arbeiten zur Bibelkritik, die ihn zum Mitbegründer dieses Wissenschaftszweiges machten (→ Bibelwissenschaft: I, 1 d; II, 2 b). Seine Histoire critique du Vieux Testament (1678, Neuausg. Rotterdam 1685) hatte auf Betreiben → Bossuets den Ausschluß aus dem Orden zur Folge. Dennoch arbeitete S. bis zum Tode zielbewußt weiter.

Vf. ferner u.a.: De l'inspiration des livres sacrés, 1687; Hist. critique du texte du NT, 1689; Hist. critique des versions du NT, 1690; Hist. critique des principaux commentaires du NT, 1693; Lettres choisies (mit Biogr. von Bruzen La Martinière), 4 Bde, 1730. - Über S.: H.Margival, Essai sur R.S. et la critique biblique au XVIIe siècle, Paris 1900 - RE XVIII, 361ff; XXIV, 520 - DThC XIV/2, 2094ff (Lit.) - Kraus 59ff - E.Haase, Einführung in die Lit. des Refuge, 1959, 188ff. *J.Roth*

Simonie, im kath. Kirchenrecht ein reales → Sakrileg, nämlich die »beflissene«, dh als solche gewollte Absicht, für einen weltlichen Vorteil (Geld; Empfehlungen, Dienstleistungen, sonstige geldwerte Vorteile) Sachen zu tauschen, die entweder in sich geistlich sind (zB Sakramente, kirchliche Jurisdiktion) oder bei denen der weltliche Bestandteil entweder unauflöslich mit einem geistlichen verbunden ist (zB ein → Benefizium) oder der geistliche (zB die → Konsekration bei einem konsekrierten Kelch) wenigstens auch Vertragsgegenstand ist. Neben dieser S. *göttlichen Rechts* gibt es auch eine S. *kirchlichen Rechts,* wenn auf der gleichen Ebene getauscht wird (gemischte Sachen gegen gemischte, geistliche gegen geistliche, weltliche gegen weltliche, soweit letzteres wegen der Gefahr der Verunehrung geistlicher Sachen kirchlich verboten ist). Simonistische Verträge und die darauf beruhende Übertragung von Benefizien, Ämtern, Würden sind ungültig. Letzteres gilt auch, wenn nicht der Beliehene, sondern ein dritter an der S. beteiligt war, falls nicht der Beliehene getäuscht wurde oder gegen die S. protestierte. Die aus simonistischen Verträgen erlangten Sachen (bei Benefizien usw auch die schon bezogenen Einkünfte) sind demgemäß zurückzugeben. Als S. gilt nicht die Gewährung weltlicher Vorteile zwar aus Anlaß der Erlangung einer geistlichen Sache, aber auf einen besonderen Rechtstitel hin. Das Hauptbeispiel hierfür ist das → Meßstipendium. S. bei Spendung und Empfang von Sakramenten macht häresieverdächtig und zieht bei Klerikern die → Suspension nach sich; auf S. bei Ämtern, Benefizien und Würden steht neben anderen Strafen die von selbst eintretende → Exkommunikation. - Der Name S. geht auf den Bericht Apg 8, 18ff über den Magier → Simon zurück. Das damit bezeichnete Delikt selbst ist in seinem Kern, dem Ämterkauf, seit dem gemeinrechtlichen Verbot des Konzils von Chalcedon stets mit Strafen bedroht gewesen. Jedoch hat es in seiner genauen Begriffsbestimmung vielfach geschwankt und ist Gegenstand zahlreicher Umgehungstheorien und -praktiken gewesen. Tatsächlich verschwunden ist die S. erst »mit dem wirtschaftlichen Rückgang der Erträgnisse kirchlicher Ämter und Benefizien« (Plöchl), also im 19.Jh.; die letzten Überreste ihrer legalen Umgehung hat Leo XIII. (1898; 1901) beseitigt. Im weltlichen Bereich ist der Kampf gegen die S. als wichtiger kirchlicher Hebel im Investiturstreit bedeutsam gewesen (→ Kaisertum und Papsttum, 5).

cc. 185. 727-730. 1435 § 1 n. 3. 1441. 1446. 1465 § 2. 1470 § 1 n. 6. 1703 n. 3. 2325. 2327. 2371. 2392 CIC. - Lehrbücher des → Kirchenrechts - DDC VII, 1019 - ERIK WOLF, Ordnung der Kirche, 1961, 339 - FEINE, PLÖCHL (s. Reg.) - AkathKR 82, 1902, 163-165.
H.Barion

Simons, *Walter,* * 24.9.1861 in Elberfeld, † 14.7.1937 in Berlin, Richter, 1905 im Reichsjustizamt, 1911 im Auswärtigen Amt, 1918 in der Reichskanzlei, 1919 Generalkommissar der deutschen Delegation in Versailles (Gegner des Vertrages), 1920/21 Reichsaußenminister, 1922-29 Reichsgerichtspräsident in Leipzig, von Eberts Tod (1925) bis zur Wahl Hindenburgs stellvertretender Reichspräsident. S. war ein Schüler R. → Sohms, vom Humanismus gebildet und vom luth. Pietismus geprägt. Er vertrat seinen ev. Glauben öffentlich als Präsident des → Evangelisch-sozialen Kongresses (1925-35), auf der Stockholmer Konferenz 1925 und als Mitglied des Deutschen Ev. → Kirchenausschusses. 1929 legte S. sein Amt in Protest gegen eine verfassungswidrige Einmischung der Reichsregierung in ein schwebendes Verfahren nieder.

Vf. u.a.: Christentum u. Verbrechen, 1925; Religion u. Recht (Vorlesungen in Uppsala), 1936; Kirchenvolk u. Staatsvolk, 1938. - Über S.: F.SIEGMUND-SCHULTZE in: Ökum. Jahrb. 1936/37, 75-85.
R.Mumm

Simplicius, 1. *Papst* 3.3.468 bis 10.3.483, aus Tivoli, ernannte den Bischof von → Sevilla zum apostolischen Vikar und setzte sich während der Thronwirren und monophysitischen Streitigkeiten im Osten (→ Acacius, 3) wiederholt, doch ohne dauernden Erfolg, für das Bekenntnis von → Chalcedon und dessen Anhänger ein. Gegen das Henotikon von 482 (→ Christologie: II, 5 a) wandte sich erst sein Nachfolger → Felix III.

RE XVIII, 370f - CASPAR II, 14ff. 746f - LThK IX, 585 - HALLER I, 221. 532 - SEPPELT I², 212ff. 305 - ALTANER 426. *G.Glockmann*

2. griech. *Philosoph* des 6.Jh.s nChr, aus Kilikien gebürtig. Als Schüler des Damascius zu Athen und des Ammonios Hermeiu zu Alexandria verband S. Elemente des athenischen und alexandrinischen → Neuplatonismus. Durch das Edikt → Justinians 529 aus Athen vertrieben, wandte sich S. mit Damascius und 5 anderen Philosophen 531 nach Persien, kehrte aber schon 533 nach Athen zurück. Die erhaltenen Schriften des S. (sämtlich Kommentare zu Werken des → Aristoteles und zum »Enchiridion« des → Epiktet) stammen hauptsächlich aus der Zeit nach 533. Die Aristoteleskommentare des S. sind solide Gelehrtenarbeit, jedoch führt die seit → Porphyrius herrschende Tendenz zur Harmonisierung von Platon und Aristoteles (→ Aristotelismus, 2 a) öfters zu künstlicher Umdeutung des Textes. Bes. wertvoll sind für uns die im Kommentar zur Physik des Aristoteles reichlich gesammelten Zitate aus Vorsokratikern.

Aristoteleskommentare gedr. in den »Commentaria in Arist. graeca« der Berliner Akademie, VII: S. in de caelo, ed. J.HEIBERG, 1894; VIII: S. in Categorias, ed. C.KALBFLEISCH, 1907; IX: S. in Physicorum l. 1-4, ed. H.DIELS, 1882; X: S. in Physicorum l. 5-8, ed. H.DIELS, 1895; XI: S. in de anima, ed. M.HAYDUCK, 1882. Der Epiktetkommentar (ed. J.SCHWEIGHÄUSER, 1800) auch in Theophrast, Characteres ed. F.DÜBNER, Paris 1840; dt. v. K.ENK, Wien 1867. - Über S.: Ü I, 195*f (Lit.) - PH.MERLAN, Ein S.zitat bei Ps.-Alexandros u. ein Plotinzitat bei S. (RheinMus 84, 1935, 154-160).
G.Patzig

Simson

1. Literargeschichte - 2. Überlieferungsgeschichte - 3. Versuche religionsgeschichtlichen Vergleichs

1. S. (MT Šimšôn, dh »Sönnchen«, »Sonnenmann«; LXX Σαμψων, Vulg. Samson) steht im Mittelpunkt einer Reihe von Heldensagen, die in Ri 13-16 überliefert sind (→ Richterbuch). Die Komplexe c. 14-15 einerseits und c. 16 andrerseits erweisen sich als einheitlich. Möglicherweise liegen hier zwei Parallelerzählungen vor, auf die man den stilistisch etwas breiter gehaltenen Vorbau c. 13 verteilen könnte (Eißfeldt); jedoch läßt sich c. 13 durchaus als Einheit verstehen (die LXX-Lesart in V. 13 f ist ursprünglich, V. 5 a β ist nachgetragen, vgl. 16, 17). Erst sekundär scheint Ri 13-16 in das → deuteronomistische Geschichtswerk eingearbeitet zu sein (Noth), wobei zunächst Ri 13-15 (eingeführt durch 13, 1, abgeschlossen durch 15, 20) aufgenommen wurde, später 16, 1-3 und 16, 4-31 a (endgültig abgeschlossen durch V. 31 b; Budde).

2. Die S.geschichten sind danitischer - genauer: manahthitischer - Herkunft und setzen die ursprüngliche Siedlung der Daniter in der Schephela am Westrand des judäischen Gebirges westlich von Jerusalem voraus. Die steten Kämpfe mit den überlegenen → Philistern, die schließlich die Abwanderung der Daniter in die Gegend der Jordanquellen erzwingen (Ri 18), sind der Hintergrund der → Sagen (: II) vom starken und gewitzten Helden S. - Die ursprünglichen Sagen haften an Orten im unmittelbaren Umkreis des manahthitischen Siedlungsgebietes mit dem Zentrum Zora (heute ṣarʿa, 23 km westl. von Jerusalem) und sind oft ätiologischen Charakters: der Berg von Lehi zeigt die Form des Eselskinnbackens, mit dem S. die Philister erschlug; die im Bergsattel entspringende Quelle ist entstanden, um S. vom Verdursten zu retten (15, 14ff); im unmittelbar angrenzenden judäischen Bergland kennt man die Felskluft Etam, in der S. sein Versteck hatte (15, 8 b); der ideale Lagerplatz östlich von Zora gilt als Ort der ersten Wirksamkeit S.s (13, 25; andrerseits als Lager Dans interpretiert); dort verehrt man auch das Grab S.s, das mit dem Grab des Manoah, des Stammvaters der Manahthiter (1Chr 2, 52ff), identifiziert wird (16, 31 a), gilt doch S. schon früh als Sohn des heros eponymus. Die Sage von dem Verrat S.s durch seine philistäische Frau ist in zwei Varianten überliefert (c. 14 und 16, 4ff); in kaum noch erkennbarer Abwandlung ist eine dritte, späte und auch von dem lokalen Haftpunkt des wādi eṣ-ṣarār (Thimnath, 14, 1ff; Bach Sorek, 16, 4ff) losgelöste Variante in einer hebronitischen Ortsätiologie verarbeitet (16, 1-3). Dem gewitzten Charakter der S.gestalt entspricht die Geschichte von der Entzündung der Getreidefelder durch brennende Füchse (15, 4f), ein auch außerhalb des AT bekanntes Motiv (zB Ovid, Fasti IV, 679ff). Hintergründig und tiefsinnig ist die wohl späte Sage von S.s letzter Tat (16, 22-30). - Die ältesten Sagen - der Verrat durch die philistäische Frau, der Felderbrand durch die Füchse und die Ortsätiologien von Lehi - sind als Grundelemente zusammen mit der alten Ortssage von Etam in 14, 1 - 15, 19 kunstvoll in einen Sagenkranz verflochten, dessen erster Teil, die Geschichte von S.s Hochzeit (14, 1-19), wiederum für sich ein komplexes Gebilde darstellt. Aus der Kombination zweier inhaltlich verwandter Rätsel (14, 14 a Bräutigam, 14, 18 a Liebe) wird unter Verwendung einer vielleicht ursprünglich selbständigen Erzählung vom Löwenkampf S.s eine Geschichte konstruiert, indem die im Rätselspruch liegenden Vergleiche gerade zu der gefragten Wirklichkeit umgekehrt werden. S.s unlösbares → Rätsel wird von seiner Braut verraten. Alles weitere steht in einer Kette sich steigernder und sich jeweils genau entsprechender Folgewirkungen bis hin zum großen, vom Geist Jahwes gewirkten Triumph S.s über die Philister: Wettbetrug der Hochzeitsgäste - S.s zorniges Ver-

lassen der Hochzeit (V. 19 a ist sekundär) - Bruch des Verlöbnisses - S.s Zerstörung der Felder - Feuertod der Brautfamilie - S.s Blutrache an den Philistern - Strafexpedition nach Juda, die Auslieferung S.s erzwingend - S.s Sieg über die Philister. Im Hintergrund steht der Gedanke der Reinheit S.s (15, 3), der nur die jeweils legitime Rache vollzieht (15, 7), obwohl er die ganze Geschehenskette letztlich in Bewegung setzt (vgl. 14, 4). - Ein kultlegendarischer Stoff, »der Altar von Zora«, ist in 13, 2-24 zu einer Sohnesverheißungsgeschichte verarbeitet: die Geburt des → Nasiräers S. wird wunderbar angekündigt. So bekommt der S.sagenkranz seine theologische Einführung. - Der Nachtrag c. 16 enthält als selbständige Anekdote die Geschichte vom nächtlichen Entkommen S.s aus dem philistäischen Gaza (V. 1-3) und den theologisch bedeutsamen Komplex V. 4-30: S., hier als Nasiräer, gibt seiner philistäischen Frau nicht ein Rätsel, sondern sein Lebensgeheimnis, das Nasiräat, preis. In der tiefsten Schmach und Erniedrigung, in die S. dadurch fällt, wird die Jahwe-Kraft des Nasiräers noch einmal wirksam: der Triumph der Götzendiener wird durch das Selbstopfer S.s zu ihrem Untergang. - Die Ortsnotizen über S.s Grab und den Ort von S.s erstem Geistwirken finden sich an den entsprechenden Stellen in 13, 25 und 16, 31.

3. Schon in der alten Kirche hat man den → Herakles-Mythos mit der S.geschichte verglichen oder diesen aus ihr hergeleitet (Eusebius, Chron. II, 54; Philastrius, De haer. 8; Georgius Syncellus, Chronogr. I, 309). Im 19.Jh. hat man einen Sonnenmythos in die S.geschichte hineingelesen.

Außer der Lit. zu → Richterbuch (vgl. die Lit. in den Kommentaren): RE XVII, 371ff - H.Gunkel, Reden u. Aufs., 1913, 38-64 - LThK IX, 157f (Lit.) - A.van Selms, The Best Man and Bride (JNES 9, 1950, 65-75) - F.Bömer, Die röm. Ernteopfer u. die Füchse im Philisterlande (Wiener Studien 69, 1956, 372-384) - J.Blenkinsopp, Some Notes on the Saga of Samson and the Heroic Milieu (Scripture 11, 1959, 81-89). *H.Gese*

Simultaneum. Mit dem lat. Begriff S. (sc. religionis exercitium, dh gleichzeitige Religionsübung) wurde früher - seit dem → Augsburger Religionsfrieden - der tatsächliche und rechtliche Zustand bezeichnet, wonach zwei oder mehr Konfessionen in einem Territorium nebeneinander gleichberechtigt ihre Religion öffentlich ausübten. Heute spricht man in dieser Beziehung fast nur noch von → Parität. Dagegen hat sich der Begriff S. auf die Bedeutung der gleichzeitigen Benutzung kirchlicher Einrichtungen (Kultstätten und Kultgegenstände), bes. eines → Kirchengebäudes, durch die Anhänger mehrerer Konfessionen verengt.

Die *historischen Wurzeln* derartiger Simultanverhältnisse sind in der Gegenwart oft nur noch sehr schwer festzustellen; die Rechtsgrundlagen sind häufig verdunkelt, so daß es über S.en immer wieder zu Auseinandersetzungen kommt (zuletzt zB um das S. am Dom zu Altenberg). Ursächlich für die Entstehung von S.en - vor allem im Westen und Südwesten Deutschlands, ferner in Schlesien - waren die zwischen dem Augsburger Religionsfrieden (1555) und dem → Westfälischen Frieden (1648) erfolgten Veränderungen der kirchlichen Besitzverhältnisse und ihre Festlegung durch den → Annus normalis von 1624 sowie der Konfessionswechsel landesherrlicher Obrigkeiten. Vereinzelt wurden Simultanverhältnisse auch durch Vertrag und durch landesherrliche Verordnung begründet, so durch das Edikt des Kurfürsten Johann Wilhelm von der Pfalz vom 29.10.1698, mit dem in Ausführung der → Rijswicker Klausel (1697) alle ref. Kirchen und Kirchhöfe der linksrheinischen Pfalz zu S.en aller drei Konfessionen (Reformierte, Lutheraner, Katholiken) erklärt wurden, während die kath. Kirchen den Katholiken allein vorbehalten blieben; die scharfen Proteste der ev. Landesherren, bes. Preußens, führten zur Aufhebung des Edikts durch die Religionsdeklaration vom 26.11.1705. - Eine eingehendere *rechtliche Regelung* haben die S.en bisher lediglich im Preußischen Allgemeinen Landrecht von 1794 (II 11 §§ 309ff) und, auf diesem beruhend, im bayerischen Religionsedikt vom 26.5.1818 erfahren. Im übrigen sind wie die konkreten Rechtsverhältnisse so auch die generelle rechtstheoretische Behandlung vielfach wenig klargestellt. Rechtliche Grundformen sind a) das Miteigentum der beteiligten kirchlichen Gemeinden mit gleichem Benutzungsrecht, b) das Alleineigentum einer Gemeinde mit Mitbenutzungsrecht, Mitbenutzungserlaubnis oder rein faktischer Mitbenutzung der anderen Gemeinde, c) das staatlich angeordnete S. ohne Rücksicht auf das - u.U. staatliche, kommunale o.a. - Eigentumsrecht (zB Kapellen in Strafanstalten). Die Arten des S. sind unterschiedlich: in der Regel zeitlich getrennte Gottesdienste oder für die mitbenutzende Gemeinde etwa auch nur bestimmte Kasualien, vereinzelt aber auch heute noch Trennung von Chor und Schiff für die beiden Konfessionen. - In dem Bestreben, die Zahl der Simultanverhältnisse möglichst einzuschränken oder gar ganz zu beseitigen, stimmen alle Kirchen überein; vgl. c. 823 § 1 CIC: grundsätzliches Verbot des Simultangebrauchs.

RE XVIII, 374ff - StL IV, 1553ff - Liermann 384 - H.Nottarp, Zur Communicatio in sacris cum haereticis. Dt. Rechtszustände im 17. u. 18.Jh., 1933 - D.Beck, Simultankirchen in der Rheinprovinz, 1934 - LThK IX, 585f - F.Letzelter, Die hist. Entwicklung der Rechtsgrundlagen der rheinpfälz. Simultankirchen usw (Jur. Diss. Heidelberg), 1954 (Masch.) - H.Liermann, Kirchen u. Staat I. II, 1954/55 (Quellen) - Feine 448 Anm. 1 - H.Lehmann, Rechtsgutachten über den Rechtscharakter des am Dom zu Altenberg bestehenden S.s (AkathKR 127, 1955, 396-434) - W.Weber, Das S. am Dom zu Altenberg (ZevKR 4, 1955, 31-70) - K.Rosendorn, Die rheinhess. Simultankirchen bis zum Beginn des 18.Jh.s, 1958 - Eichmann-Mörsdorf II, 50. 297 - EKL III, 955f. *S.Reicke*

Simultanschule → Schule und Kirche: I.

Sinai heißt in J und P der in E und D *Horeb* genannte → Berg, an dem Jahwe mit → Israel (: I, 6) einen → Bund (: II) geschlossen hat (Ex 19 - Num 10). Obwohl die Erinnerung an diese Vorgänge in Israel immer wach geblieben ist, ist seit seiner Seßhaftwerdung in Kanaan die Verbindung mit dem S. schnell locker geworden. Die letzte Wallfahrt zum S. oder Horeb, von der wir hören, ist die des → Elia (1Kön 19, 8). So geriet die Lage des S. in Vergessenheit. Seine Identifizierung mit einem der vier Gipfel des bis 2602 m hohen Gebirgsstockes im Süden der S.-Halbinsel ist nicht vor Kaiser Julian (361-363 nChr), unter dem sich hier erstmalig christliche Mönche ansiedelten, nachweisbar. Freilich zeigen nabatäische Inschriften aus dem 1.Jh. vChr (→ Nabatäer), daß dieser Gebirgsstock auch schon vorher als heilig gegolten hat. Die Angaben des AT selbst passen zur Identifizierung des S. mit einem der Gipfel auf der südlichen S.-Halbinsel schlecht. Die Schilderung der → Theophanie in Ex 19, die an vulkanische Phänomene erinnert, macht es wahrscheinlich, daß der S. ein Vulkan war. Das Gebirge im Süden der S.-Halbinsel ist nicht vulkanisch. Wohl aber gibt es östlich des älanitischen Meerbusens, im Gebiete des alten Midian (→ Midianiter), vulkanische Formationen. Da nun Hab 3, 7; Ri 5, 4f; Dtn 33, 2f; Ps 68, 9 den S. in Midian ansetzen und Jahwe von dort nach Kanaan kommen lassen, wird der S. in einem der erloschenen Vulkane des Harra-Gebietes östlich des älanitischen Meerbusens zu suchen sein. Dabei ist freilich mit der Möglichkeit zu rechnen, daß das in Kanaan ansässig gewordene Israel von jenem midianitischen Berg die vulkanischen Züge auf einen anderen Berg, etwa auf einen der S.-Halbinsel, übertragen und diesen als den Berg der Bundesschließung betrachtet hat. - Vgl. → Sinai-Kloster.

B.MORITZ, Der S.kult in heidn. Zeit (AGG 26, 2), 1916 - W.J.T. PHYTHIAN-ADAMS, The Mount of God (PEFQSt 1930, 135-149. 192 bis 209) - DERS., The Volcanic Phenomena of the Exodus (JPOS 12, 1932, 86-103) - M.NOTH, Der Wallfahrtsweg zum S. (PJ 36, 1940, 5-28) - S.MOWINCKEL, Kadesj, S. og Jahwe (Norsk Geografisk Tidsskrift 9, 1942, 1-32) - G.HÖLSCHER, S. u. Choreb (Festschr. R.Bultmann, 1949, 127-132) - H.ST.J.PHILBY, The Land of Midian, London 1957 - H.SKROBUCHA, S. (mit Aufnahmen von G.W.ALLAN), 1959.
O.Eißfeldt

Sinai, *Miklós* (1730-1808), Kirchenhistoriker und Haupt einer klerikalen Bewegung in der ung. ref. Kirche, studierte u.a. in Oxford, war seit 1760 Prof. der KG in Debrecen. 1791 wurde S. zum Bischof gewählt, aber nur mit Stimmen der Geistlichen. Daraufhin erklärte die Gegenpartei die Wahl für ungültig und enthob S. auch von seiner Professur. Dieser strengte hierauf den berühmten S.-Prozeß an, der für ihn erfolglos blieb. Seitdem setzte sich bei den ung. Reformierten die Mitbeteiligung der Laien an der Kirchenregierung im Sinne der Parität durch.

Die von S. für den Prozeß gesammelten Urkunden, die »Vindiciae principiorum regiminis ecclesiarum et scholarum reformatarum Hungariae«, sind für die Gesch. der Kirchenverfassung der Reformierten in → Ungarn von hohem Wert, ebenso seine ung. prot. KG (gedr. nur der I. Teil [bis 1564], Debrecen 1911). - Über S.: E.RÉVÉSZ JUN., M.S. u. seine Zeit, 1959 (ung.) - DERS., Esquisse de l'hist. de la politique relig. hongroise entre 1705 et 1860 (in: Studia Historica Acad. Scientiarum Hungariae 26, 1960, 17-21). *M.Bucsay*

Sinai-Kloster. Um 557 durch → Justinian I. zum Schutz der Mönche (40 Märtyrer des S., 4.Jh.) erbaut, kam das Kl. um 640 unter arabische Herrschaft. Islamische S.tradition und Firmane der Sultane gaben ihm Schutz (um 1100 Bau der Moschee). Es nahm viele Pilger zu den at. Stätten und im MA zu den Reliquien der Hl. → Katharina auf, deren Name das (ursprünglich Marien-) Kl. seit dem 14.Jh. auch offiziell führt. Tätige Hilfe erhielt es vom 7.-18.Jh. durch Rom. Das Kl. war Sitz eines Bischofs (urkundlich belegt 869) und ist seit 1575 autokephales Erzbistum (Residenz seit 18.Jh. in Kairo). Es birgt reiche Kunstschätze und mehr als 3000 Hss. Bedeutende Sinaiten: → Johannes Klimakos, Hesychios vom Batos-Kloster, Gregorios Sinaita, der Wiedererwecker des → Hesychasmus.

R.WEILL, La Presqu'île du S., Paris 1908 (Lit.) - L.ECKENSTEIN, A Hist. of S., London 1921 - G.HOFMANN, S. u. Rom, 1928 - L.RABINO, Le monastère de S. Catherine, Kairo 1938 - DThC XV, 1463 ff - G. u. M.SOTIRIOU, Icones du Mont S., Athen 1956/58 - H.SKROBUCHA, S., Olten 1959 (Lit.) - H.ERNST, Die mamlukischen Sultansurkunden des S.klosters, 1960. *H.Skrobucha*

Singbewegung. Nach 1920 allmählich aus der → Jugendbewegung (: I, 3) hervorgegangen, war die S. deren späteste und wohl bedeutsamste Frucht. Sie stellte eine Weiterentwicklung des zwanglos geselligen Singens und Spielens des Wandervogels zum gepflegten und anspruchsvolleren Musizieren dar, wobei die Erfahrung des Singens als einer elementaren und gesunden Lebensäußerung grundlegend war. Die S. entfaltete sich einerseits von der Großstadt, vor allem von Hamburg um Fritz Jöde (* 1887) aus und zum andern in der Grenzlandsituation und den volksdeutschen Gruppen im Ausland, bes. um Walther Hensel (* 1887) im ehemaligen Böhmen. Die Musikantengilden und der Finkensteiner Bund (nach dem ersten Singwochenort mit W.Hensel i.J. 1923 benannt) bildeten ihre entsprechenden beiden Grundsäulen. War für jene mehr der Protest gegen das damalige Konzertleben, dh vor allem gegen das künstlerische Starwesen und die Passivität eines snobistischen Publikums, aber auch gegen den Individualismus in der Kunst bestimmend, so für diesen bes. die Besinnung auf → Volkslied und → Choral als grundlegende Volkstumsgüter. Allenthalben wurde die musikalische Selbstbetätigung charakteristisch, woraus sich eine neue Blüte des → A-cappella-Chorgesangs entwickelte. Hinzu kam das Spielen von leicht erlernbaren Instrumenten, bes. von Blockflöte und Gambe. In der Singwoche bzw. der Abendsingwoche, der Singfahrt und der Offenen Singstunde schuf die S. ihr eigentümliche Betätigungsformen, und das Erlebnis der »gemeinschaftsbildenden Kraft« der Musik kam in der Gründung zahlreicher Singkreise, Singgemeinden und Musikantengilden zum Ausdruck. Hand in Hand mit der S. ging die Wiederentdeckung der »alten« Musik, vor allem von H. → Schütz, der Reformationsmusik sowie der Niederländer des 15.Jh.s. Die Unmittelbarkeit und Echtheit dieser Begegnung, die nicht mit dem Vorwurf des Historismus abgetan werden kann, wenn auch eine Gefahr in dieser Richtung bestand, erwies sich im bald folgenden Entstehen von neuer Musik aus »altem« Geist. Das Musikantengildentreffen mit P. → Hindemith in Brieselang bei Berlin (1926) und das Treffen in Verbindung mit dem Baden-Badener Kammermusikfest (1927) zeitigten die Erkenntnis von der Notwendigkeit gegenseitiger Befruchtung. War die S. als Ganzes zwar nicht kirchlich orientiert, so hatte doch von Anbeginn an die geistliche Musik in ihr eine hervorragende Bedeutung; auch gehörten Theologen (u.a. R.Gölz, W.Hopfmüller und E.Schieber) und zahlreiche Theologiestudenten zu ihren entschiedensten Verfechtern (nur Alfred Stier hatte daneben bereits eine ausgesprochen kirchliche Singarbeit in der Art der S. begonnen). 1928 fand im Johannesstift bei Berlin eine bedeutsame Tagung von Vertretern der ev. Kirche und der S. statt, die die kirchenmusikalische Erneuerungsbewegung einleitete (→ Kirchenlied: II, 5, → Musik: VI). Ihr Organ wurde die Zeitschrift MuK (seit 1929). Daneben pflegt der Arbeitskreis für → Hausmusik das vielfältige Erbe der S. bis heute weiter. In der ev. Kirchenmusik hat die S. revolutionierend gewirkt. Der Gemeindegesang hat sich seitdem grundlegend gewandelt, und das → Kirchenchorwesen ist durch sie weitgehend aus der Vereinsform in den Gottesdienst und die Gemeinde zurückgeführt worden. Auch die neue Kirchenmusik der letzten Jahrzehnte ist ohne sie nicht denkbar, ebensowenig die Gründung einer Reihe von → Kirchenmusikschulen, die das beste Erbe der S. in Verbindung mit einer streng fachlichen Erziehung pflegen. Gehört die S. als solche auch der Vergangenheit an, so sollte darum das Bemühen nicht aufhören, ihre schönsten Früchte, vor allem die Wiedergewinnung des Singens als einer ursprünglich menschlichen Lebensbetätigung, im Leben der Kirche nutzbar zu machen.

R.GÖLZ, Die S. (MGkK 32, 1927, 268-291) - H.HÖCKNER, Die Musik in der dt. Jugendbewegung, 1927 - W.EHMANN, Erbe u. Auftrag musikalischer Erneuerung, 1950 - DERS., Gegenwärtige Aufgaben der S., 1952. - Zs.en: Die Laute, 1917ff; seit 1923: Die Musikantengilde - Die Singgemeinde, 1924ff - Zs. f. Hausmusik, 1934ff.
W.Blankenburg

Sinologie ist die mit philologischer Methode betriebene Erforschung → Chinas (: I. II), seiner Sprache, Geschichte, Literatur, Kultur und Religionen aus den chin. Quellen. Darüber hinaus vermag die S. Wesentliches zur Kenntnis der an China angrenzenden Kulturbereiche (Korea, → Japan, Südostasien, → Tibet, Zentralasien) beizutragen, da die umfangreiche historische und geographische Literatur Chinas über diese Länder reiches

Material enthält. Nachbargebiete der S., die sich in den letzten Jahrzehnten zunehmend zu eigenen wissenschaftlichen Disziplinen ausgebildet haben, sind Kunstgeschichte (→ Kunst: II B) und Archäologie Chinas. Auch diese können jedoch nur fruchtbringend betrieben werden, wenn chin. Sprachkenntnisse zur Verfügung stehen.

Zum Unterschied von den meisten anderen orientalistischen Fächern ist die S. nicht in Europa entstanden. Die Chinesen selbst haben schon in der Han-Zeit (206 vChr bis 220 nChr) begonnen, ihre eigene klassische Literatur philologisch zu behandeln und sprachlich zu erläutern. Ihren Höhepunkt erreichte diese einheimische S. im 18. und 19.Jh. Damals wurden bes. in textkritischer Hinsicht Werke geschaffen, die auch heute noch kaum überholt sind. Ebenso hat die chin. S. schon früh bedeutende Leistungen in der Bibliographie aufzuweisen. Die inhaltliche Kritik namentlich an den kanonischen Texten des Altertums wurde durch die konfuzianische Orthodoxie und die von ihr geforderte Textgläubigkeit gehemmt. Erst die Berührung mit europäischen Methoden der philologischen und historischen Forschung seit dem ausgehenden 19.Jh. hat hier Wandel geschaffen und auch in China selbst zu einer unbefangeneren Interpretation der Quellen geführt. S. ist somit ohne Berücksichtigung der chin. sinol. Arbeiten nicht möglich. Ein gleiches gilt für die japanische S., die ebenfalls seit über einem halben Jh., auf einer in Japan niemals unterbrochenen Beschäftigung mit chin. Literatur aufbauend, unser Wissen entscheidend gefördert hat.

Eine direkte *Kenntnis Chinas* hat in Europa weder die Antike noch das frühe MA gehabt. Nur spärliche, indirekte und vielfach entstellte Nachrichten von einem mächtigen Reich im Osten Asiens am Rande der Oikumene finden sich bei einigen antiken und byzantinischen Autoren. Das frühe MA fügte dem nichts hinzu, während gleichzeitig die arabische Welt durch ihren direkten Handelsverkehr mit China weitaus genauere und umfassendere Kenntnis besaß. Erst die → Mongolen-Feldzüge des 13.Jh.s brachten Europa in unmittelbaren Kontakt mit Zentral- und Ostasien und führten europäische Gesandte, Missionare und Kaufleute in diese Länder. Von entscheidender Bedeutung war das Werk des → Marco Polo »Beschreibung der Welt«, welches eine Fülle bis dahin im Westen unbekannter Nachrichten und Einzelheiten über China enthielt. Der einige Jahrzehnte hindurch, um 1300, vergleichsweise lebhafte Kontakt mit China führte aber noch nicht zu einer Beschäftigung mit chin. Sprache und Literatur, dh zu einer S. Dies geschah erst im 16.Jh., als die Jesuitenmissionare nach → China (: IV B) kamen. Der erste Europäer, der die chin. Sprache und Schrift gründlich erlernte, war Matteo → Ricci SJ (Ankunft in China 1583). Den Jesuiten verdankte das Abendland im 16.-18.Jh. eine große Zahl von Werken zur Chinakunde. Die erste ausführliche Geschichte Chinas in einer europäischen Sprache war die »Historia ... del gran reyno de la China« (Rom 1585) von Juan Gonzalez de Mendoza. Von den späteren Werken der Jesuiten, die nach Art und Anlage dem enzyklopädischen Zug der Zeit folgten, ist zu nennen Jean Baptiste du Halde's »Description géographique, historique, chronologique et politique de l'empire de la Chine« (Paris 1735), ein in vieler Hinsicht heute noch brauchbares Werk, welches das Chinabild der Aufklärungszeit nachhaltig beeinflußte. Ähnliches gilt für die vielbändigen Sammelwerke wie die »Mémoires concernant l'histoire, les sciences, les arts, les moeurs, les usages etc des Chinois« (16 Bde, Paris 1776-1814) und namentlich die bis heute ausführlichste Geschichte Chinas in einer europäischen Sprache, Joseph Anne-Marie de Moyriac de Mailla's (1669-1748) »Histoire Générale de la Chine« (13 Bde, Paris 1777-85). Sie alle vermittelten in erster Linie, weithin unkritisch, ein Bild des konfuzianischen China, während die Kenntnis anderer Lebensbereiche und der Religionen demgegenüber zurücktrat.

Die S. als akademisches Fach wurde zuerst in Frankreich heimisch (1814 Gründung eines Lehrstuhls für Chinesisch und Mandschu am Collège de France), während in anderen Ländern die S. noch lange danach vorwiegend von Missionaren und Konsularbeamten gepflegt und zumeist erst im 20.Jh. Universitätsfach mit eigenen Lehrstühlen wurde.

Die Kenntnis der *Grammatik* des Chinesischen wurde im 19.Jh. bes. durch St.Julien (1797-1873, Paris) und G.C. von der Gabelentz (1840-93, Berlin) gefördert. *Wörterbücher* verfaßten S.Couvreur (1835-1919, Hokienfu, franz.), H.A.Giles (1845-1935, Cambridge, engl.), S.Palladius (1817-78, Peking, russ.). Moderne linguistische Methodik wurde in die S. vor allem durch B.Karlgren (* 1889, Stockholm) eingeführt (historische Phonetik, Dialektologie). Für den praktischen Gebrauch sind in der S. die einheimischen und japanischen Wörterbücher und Hilfsmittel unentbehrlich.

Ein wesentlicher Teil der in der S. vollbrachten Leistungen bestand in der Übersetzung von chin. Texten. In der *schönen Literatur* sind die Übersetzungen von H.A. Giles, St.Julien und neuerdings E.v.Zach (1872-1942, Batavia) und A.Waley (* 1889, London) zu nennen. Die konfuzianischen *Klassiker* wurden zum großen Teil von James Legge (1815-97, Hongkong) ins Englische übertragen (The Chinese Classics, 5 Bde); S.Couvreur gab französische und R.Wilhelm (1873-1930, Frankfurt) deutsche Übersetzungen chin. Klassiker heraus, letzterer auch solche taoistischer Philosophen. Das bis etwa 1900 vorherrschende Übergewicht der philologischen und Übersetzertätigkeit hatte die Folge, daß die orthodoxe chin. Scholastik und die traditionellen einheimischen Wertsetzungen unkritisch übernommen wurden. Der Übergang zu einer historisch-kritischen Behandlung der chin. Quellentexte ist vor allem Gelehrten wie dem vielseitigen E.Chavannes (1865-1918, Paris), seinem durch philologischen Scharfsinn ausgezeichneten Schüler P.Pelliot (1878-1945, Paris) und A.Conrady (1864-1925, Leipzig) zu danken, welcher vor allem die Methoden der → Ethnologie auf die Kultur des alten China anwandte und auch die sinotibetische vergleichende Sprachforschung wesentlich befruchtete. In gleichem Sinne wirkte auf dem Gebiet der Geschichte O.Franke (1863-1946, Berlin).

Seit dem Beginn des 20.Jh.s ist die S. somit gekennzeichnet durch eine bewußte Übernahme der Methoden anderer Geisteswissenschaften. Infolgedessen ist der Begriff der S. heute weitgehend zu ersetzen durch den einer auf chin. Quellen und Sachbereiche angewandten Forschung im Rahmen der jeweiligen allgemeinen Disziplinen (Ethnologie, Soziologie, Geschichte, Religionswissenschaft, Linguistik), zu der die Sprachkenntnisse nicht so sehr Selbstzweck wie Werkzeug sind. Gleichzeitig hat eine starke Spezialisierung eingesetzt. In jüngster Zeit tritt daneben Gemeinschaftsarbeit in Erscheinung, oft auf internationaler Basis (Eminent Chinese of the Ch'ing Period, 1943, hg.v. A.W.Hummel; History of Chinese Society, Liao, 1948, hg.v. K.A.Wittfogel und Feng Chia-sheng).

Die bisher ausführlichste, auf Grund kritischer Quellenforschung verfaßte *Geschichte* Chinas ist O.Franke zu verdanken (bis 1368 reichend, 5 Bde, 1930-52). Soziologische Kategorien wurden in die S. eingeführt durch M.Granet (1884-1940, Paris) und W.Eberhard (* 1909, Berkeley). Grundlegendes für *Kunstgeschichte* und *Archäologie* leisteten B.Karlgren und O.Kümmel (1874 bis

1952, Berlin), für die Geschichte der Naturwissenschaften in China J.Needham (* 1900, Cambridge; Science and Civilisation in China, 1954ff, bisher 3 Bde). Daneben wurde die Arbeit an den *philosophischen Texten* des alten China weitergeführt durch Arbeiten wie die von A.Waley und J.J.L.Duyvendak (1889-1954, Leiden). Philosophiegeschichten verfaßten A.Forke (1867-1944, Hamburg) und Fung Yu-lan (* 1895, Peking). Insgesamt liegt heute auf allen historischen Teilgebieten der S. ein starker Akzent auf der Sozial- und Wirtschaftsgeschichte sowie der Erforschung der staatlichen Institutionen.

Bes. große Fortschritte hat die S. seit dem 19.Jh. in der Erforschung der *Religionen* → Chinas (: II) gemacht. Durch die Funde in Zentralasien (→ Turfan, Tunhuang) ist reiches Material zutage gefördert worden, das die Kenntnis des → Buddhismus, → Manichäismus und der → Nestorianer entscheidend gefördert hat. Außerdem hat die moderne S. durch ihre Abkehr von den einheimischen traditionellen Wertungen gerade auf dem Gebiet der Religionen grundlegend neue Erkenntnisse erzielen können. Waren noch die großen Kompendien von H.Doré SJ (1859-1931, Shanghai; Recherches sur les superstitions en Chine, 18 Bde, 1911ff) und J.J.M. de Groot (1854-1921, Berlin; The Religious System of China, 6 Bde, 1892-1910) überwiegend unkritische Materialsammlungen, so haben neuere Arbeiten durch vertiefte Methodik und Berücksichtigung von Ergebnissen der → Religionswissenschaft hier Wandel geschaffen. Bahnbrechend waren die Arbeiten H.Masperos (1883-1945, Paris) über den religiösen → Taoismus (Le Taoïsme, 1950). Umfangreiches Material zur chin. Volksreligion stellte W.Eberhard zusammen (Lokalkulturen im alten China, 2 Bde, 1942). Auf dem Gebiet des chin. Buddhismus arbeiteten außer E.Chavannes (500 Contes et Apologues, 4 Bde, 1910-34) vornehmlich P.Demiéville (* 1894, Paris). Der japanische Beitrag zur Buddhismusforschung ist bes. bedeutsam. Das Christentum in China vor dem 16.Jh. wurde von A.C.Moule (1873-1957, Cambridge), der Manichäismus durch Chavannes und Pelliot behandelt.

Eine zusammenfass. Gesch. der S. existiert bisher nicht. Bibliogr.n: H.Cordier, Bibliotheca Sinica, 5 Bde, Paris 1904-24 - Yuan Tung-li, China in Western Literature, New Haven/Conn. 1958 - Revue Bibliographique de S., Vol. 1ff, Paris-La Haye 1955ff. - Forschungsbericht: H.Franke, S. (Wiss. Forschungsberichte Bd 19), Bern 1953 - A.F.Wright, The Study of Chinese Civilization (Journal of the Hist. of Ideas 21, 1960, 235-255) - W.Franke, Probleme u. heutiger Stand der China-Forschung in Deutschland (Moderne Welt. Zs. f. vergl. geistesgesch. u. sozialwiss. Forschung 1, 1960, 409-429; Lit.).

H.Franke

Sintenis, *Wilhelm Franz* (1794-1859), * in Dornburg, 1824 Pfarrer in Magdeburg. Hier wirkte er entsprechend seiner Familientradition als entschiedener Rationalist. Sein Kampf von 1840 gegen das Gebet zu Christus wurde der Anlaß zur Gründung der → Lichtfreunde. Durch den Widerstand mehrerer Magdeburger Pfarrer, voran des General-Sup. → Dräseke, kam die Angelegenheit vor das Konsistorium (→ Lehrzuchtverfahren: I, 3) und schließlich vor das Ministerium. Dieses schlug den Streit nieder; doch S. führte seinen populärtheologischen Kampf fort, auch gegen Dräsekes Nachfolger → Möller. Davon zeugen seine polemischen Schriften »Herr Prediger G.A.Kämpfe in Magdeburg und die Kirchenlehre in Briefen an K.B.König«, »Möller und Uhlich«, »Dr. J.F. Möllers Wirken im Consistorium und in der Generalsuperintendentur der Prov. Sachsen«.

Urkunden über das Verfahren des Kgl. Konsistoriums zu Magdeburg gegen Pastor S., 1840 - ADB XXXIV, 406ff. - Vgl. → Lichtfreunde.

I.Ludolphy

Sintflut

I. Religionsgeschichtlich - II. Im AT

I. Religionsgeschichtlich

Erzählungen von einer großen Flut (ahd. sinvluot), die in der Vorzeit mit Ausnahme einzelner Überlebender die ganze Menschheit vernichtet habe, finden sich bei vielen Völkern der alten und neuen Welt. Neben dunklen Reminiszenzen an die sog. Pluvialzeit dürften schwere *örtliche* → Wasser-Katastrophen in ferner Vergangenheit die Entstehung solcher → Sagen veranlaßt haben. Dabei kam es zur Ausbildung vieler Wandermotive und zur Übernahme von S.sagen in Gebiete, die von solchen Katastrophen wohl nie betroffen wurden.

Die größte Bedeutung für den Bericht im AT (→ Sintflut: II) und manche andere Sagen gewann die uns nur unvollständig bekannte S.sage der → Sumerer, die um 2000 niedergeschrieben wurde. Sie wurde von den Babyloniern der Hammurabizeit und später vom Dichter des → Gilgamesch-Epos übernommen, die sie neu gestalteten, aber, soweit erkennbar, nicht grundsätzlich veränderten. Die sumerische Königsliste unterscheidet von den zT auch noch mythischen Königen nach der Flut 10 oder 8 Könige »vor der Flut« mit Regierungszeiten bis zu 72000 Jahren. Auf eine sehr schwere Flutkatastrophe in Südbabylonien um 3500 lassen bis zu 3,50 m dicke Schwemmschichten in → Ur schließen. Für die Geschichtskonstruktion der Königsliste und die erwähnten S.berichte dürfte neben noch älteren Überlieferungen dieses Hochwasser von großer Bedeutung gewesen sein. - Als Motiv für die Herbeiführung der S., um alle Menschen zu vernichten, gibt das Gilgamesch-Epos nur an, daß »die großen Götter ihr Herz antrieb«. Der von den Göttern beschlossenen Geheimhaltung des Planes wich Enki/Ea dadurch aus, daß er ihn einer Rohrwand erzählte, hinter der der König von Schuruppak (sum. Ziusudra, Ξίσουθρος; bab. Ut[a]na[p]išti[m]) saß; er wies diesen an, eine Arche für seine Familie und je ein Paar von Tieren aller Art zu bauen. Unwahre Angaben und bewußt irreführende Vorzeichen sollten die Rettung aller anderen verhindern. Die S. selbst dauerte 7 Tage und versetzte auch die Götter in Angst. Die Arche lief schließlich auf den Berg Nissir auf. Das Zurückgehen der Flut prüfte Utnapischti (ähnlich Noah) durch das Aussenden von Vögeln (Taube, Schwalbe, Rabe). Er brachte dann ein Opfer dar, zu dem die Götter sich »wie die Fliegen« sammelten. Der Gott Enlil war zunächst über das Entkommen Einzelner erzürnt, wurde aber begütigt und schenkte Utnapischti mit seiner Frau das ewige Leben auf einer fernen Insel. Von seinen Kindern ist nicht mehr die Rede; sie dürften die Stammeltern des neuen Menschengeschlechts geworden sein. In Zukunft sollten nur noch Hunger, Pest und wilde Tiere die schuldigen Menschen - nur hier fällt das Wort Schuld! - dezimieren, aber keine S. mehr sie vernichten. Der S.-bericht des Gilgamesch-Epos nennt bezeichnenderweise Schamasch und Marduk, an die sich die religiös und ethisch viel höher stehenden gleichzeitigen Gebete vorzugsweise wenden, nicht. Für die Erzählung des AT kann dieser Bericht trotz mancher Gemeinsamkeiten kein Vorbild gewesen sein (→ Babylonien: III, 3).

Ein S.bericht aus Ägypten ist nicht bekannt. Die griechische Sage von Deukalion und Pyrrha, die wegen ihrer Frömmigkeit allein gerettet werden, ist eine mannigfach abgewandelte Fortbildung der sumerischen Erzählung; sie läßt das neue Menschengeschlecht aus hingeworfenen Steinen erstehen. Eine indische Variante ist die Sage von Manu und dem Fisch (Śatapatha-Brahmana I, 8). In → Mexiko führte man die S. auf den → Mond zurück.

J.Riem, Die S. in Sage u. Wissenschaft, (1906) 1925² - AOT 175ff. 198ff - UdG I-X. XII (s. Reg.) - W.Müller, Die ältesten amerik. S.erzählungen, 1930 - HWDA VIII, 6ff - SDF I, 305f. 395 - ANET 43f. 93 - L.Woolley, Ur in Chaldäa, 1956, 17ff - S.N.Kramer, Gesch. beginnt mit Sumer, 1959, 115ff. *W.v.Soden*

II. Im AT

1. Überlieferung - 2. Komposition - 3. Theologisches

1. Dem biblischen Bericht von der »allgemeinen Flut« gehen in Gen 6, 5-12 *zwei Einleitungen* voraus. In der ersten (V. 5-8) stellt Jahwe fest, daß »alle Gedankengebilde der Menschen« schlecht seien, und beschließt, die Lebewesen »von der Erde wegzuwischen«. Nur → Noah wird begnadigt. In der zweiten (V. 9-12) ist Noah, Vater dreier Söhne, ein »gerechter, religiös einwandfreier Mann, der mit Gott wandelt«, während die ganze übrige Menschheit (»alles Fleisch«), moralisch verkommen, die Erde mit Gewalttaten anfüllt. - Der *erste Akt* (6, 13-22) enthält den Befehl Gottes an Noah, aus einem bestimmten Holz einen »Kasten« (oder: »Palast«?) von 150 m Länge, 25 m Breite und 15 m Höhe zu bauen, ihn innen und außen mit Erdpech zu bestreichen und mit einem um 50 cm erhöhten (?) Dach zu versehen. Durch eine Öffnung an der Seite zugänglich, soll dieser »Kasten« aus 3 Stockwerken mit zahlreichen Kammern bestehen. Gott kündigt an, er werde den Himmelsozean (mäbbûl, gemeint ist das Chaoswasser; eine Glosse fügt hinzu: »Wasser«) wieder auf die Erde bringen. Nur Noah, seine Familie und von allen Tierarten je ein Paar würden in dem »Kasten« überleben. - Der *zweite Akt* (7, 1-24) bringt die Schilderung des Ereignisses. Die Einzelheiten häufen sich: Der Himmelsozean stürzt auf die Erde (V. 10), die »Quellen der chaotischen Urflut« (t^ehôm) brechen auf, die Fenster des Himmelsgewölbes öffnen sich (V. 11), und 40 Tage lang strömt Regen herab. Im schwimmenden »Kasten« befinden sich laut V. 8f. 14-16 von allen Tierarten je ein Paar, laut V. 2f jedoch von den unreinen Tieren je 2 und von den reinen je 7 Exemplare. - Der *dritte Akt* (8, 1-19) erzählt das Ende der Katastrophe. Nach 40 (7, 12) bzw. 150 (7, 24; 8, 3 b) Tagen treibt ein Wind das Wasser zurück (V. 1), die Quellen der Urflut und die Himmelsfenster werden verstopft, der Regen wird zurückgehalten (V. 2), die Wasser verlaufen sich immer mehr (V. 3. 5). Noahs Bauwerk landet »auf den Bergen von Ararat (= Urartu, Landschaft in der Gegend des heutigen → Armenien [: I, 1]). Durch eine Öffnung am Dache (V. 6. 13) läßt Noah nacheinander einen Raben und dreimal ein Taube fliegen. An deren schließlichem Ausbleiben erkennt er das Ende der Flut. Gott ermächtigt alle Überlebenden, den »Kasten« zu verlassen. - Es folgt ein *doppelter Schluß:* Zuerst (8, 20-22) bringt Noah Jahwe ein Opfer dar. Jahwe beschließt, trotz der Schlechtigkeit der Menschen die Erde nicht mehr zu verfluchen, sondern regelmäßig die Zeiten von Saat und Ernte wiederkehren zu lassen. Sodann (9, 1-17) segnet Gott die Menschen und gibt ihnen die »verpflichtende Zusage« (b^erît), fortan ihre Existenz im Großen wie im Einzelnen zu schützen. Er will sich vom »Bogen in den Wolken« als einem automatisch wirkenden Signal immer wieder an diese Zusage erinnern lassen.

2. *Literarisch* erscheint der Text nicht als Einheit. Ein Bericht der → Priesterschrift (P) wurde ergänzt mit Fragmenten einer stark abweichenden jahwistischen Überlieferung (J; → Jahwist). Die Merkmale der beiden Rezensionen sind die folgenden: P datiert das Geschehen genau (Jahre 600 und 601 des Noah) und verteilt es auf etwas über ein Jahr (7, 6. 11. 13. 24; 8, 3 b. 4. 5. 13 a. 14); er stellt Noahs Rechtschaffenheit fest (7, 9-12), gibt eine eingehende Beschreibung des »Kastens« (7, 13-22), dessen Eingang sich auf der Seite befindet (7, 16), läßt je ein Paar von allen Tieren gerettet werden (8, 14-16) und schließt mit der »verpflichtenden Zusage« Gottes (9, 1-17); die Flut besteht im Hereinbrechen der kosmischen Wasser. - J hingegen berichtet von 40tägigem Regen und 40tägigem Verlaufen des Wassers, fügt mehrfach Perioden von 7 Tagen hinzu (7, 4. 10. 12; 8, 6. 10. 12), läßt von den reinen Tieren je 7 und von den unreinen je 2 gerettet werden (7, 2f), erwähnt das Opfer Noahs und Jahwes darauf folgenden Entschluß (8, 20-22); die Öffnung des »Kastens« befindet sich am Dache (8, 6. 13). - Beide Versionen beruhen auf einer im Alten Orient und darüber hinaus weit verbreiteten Tradition.

3. Die *theologische Betrachtung* hat zuerst nach dem Skopus des Textes zu fragen: alles drängt hin auf Jahwes Entschluß, den Ablauf der Jahreszeiten nicht mehr zu stören, bzw. auf Gottes »verpflichtende Zusage«, das Menschenleben zu schützen (8, 20-22; 9, 1-17). Wie die S.erzählung des → Gilgameš-Epos dazu dient, Utnapištims Privilegien zu begründen (→ Sintflut: I), so will der biblische Bericht Gottes Zusicherungen unterbauen. Nachdem Gott die Welt erschaffen, erläßt er gnädige Ordnungen zur Erhaltung von Acker und Mensch. Er unterscheidet zwischen Schöpfung und Bewahrung. Alles, was er geschaffen, bejaht er, obwohl er es in seinem → Zorn (: II) vernichten müßte. Er beginnt nicht mehr von vorne: in auserwählten Exemplaren hat er alle Arten des Lebendigen durch die Katastrophe hindurchgerettet. Aber neben das Werk der → Schöpfung (: II) tritt jetzt ausdrücklich das Werk des sorgenden Bewahrens. Der Mensch ist nicht nur von Gott erschaffen, sondern steht darüber hinaus unter seinem rettenden Schutz. Theologisch konsequent hat das NT (1Petr 3, 20f) diesen Schutz im Werke Christi begründet. - Gegenüber den polytheistischen S.berichten des Alten Orients betont Gen 6-9 die Identität des einen Schöpfers, Richters und Erhalters mit dem Gott Israels: das Ganze ist eine Manifestation dessen, der sich in der Heilsgeschichte den Menschen voll erschließen wird (→ Babylonien: III, 3).

Außer den Kommentaren zur → Genesis: A.Parrot, Déluge et Arche de Noé, Neuchâtel 1953; dt. in: Bibel u. Archäologie I, 1955, 7-59 - E.Nielsen, Oral Tradition (Studies in Biblical Theology 11), London 1954, 93-103 - R.Rendtorff, Gen 8, 21 u. die Urgesch. des Jahwisten (KuD 7, 1961, 69-78). *C.A.Keller*

Sionita, *Gabriel* (1577-1648), * in Ehden/Libanon, → Maronit, studierte und lehrte am Gymnasium Sapientiae in Rom, betätigte sich bereits dort als Übersetzer. Mit dem Maroniten J.Hesronita zog er nach Paris, als Savary de Brèves, 1608-14 Gesandter bei der Kurie, 1615 dorthin zurückkehrte. S. lehrte Arabisch und Syrisch an der Universität und war Mitarbeiter an der Pariser → Polyglotte (, 3). Obwohl der Lässigkeit beschuldigt und deswegen 1640-41 durch → Abraham Ekchellensis ersetzt, hat er doch die arabische und syrische Version besorgt und ins Lateinische übersetzt.

Grammatica Arabica Maronitarum ... Authoribus G.S. ... et Joanne Hesronita..., Lutetiae 1616; Geographia Nubiensis, Paris 1619. - Über S.: Le Long, Discours hist. sur les principales éditions des Bibles Polyglottes, Paris 1713, 104ff. 366ff - C.F.Schnurrer, Bibliotheca Arabica, 1811, 29. 168. 241. 247f. 357ff - KL V, 4f - J. Fück, Die arab. Studien in Europa, 1955, 56f. 73ff. *H.-R.Singer*

Siricius, *Papst* Dez. 384 bis 26.11.399. Er wird von → Hieronymus, der von dieser Wahl enttäuscht war, weil er gehofft hatte, selbst den Pontifikat zu erhalten, als einfältig hingestellt. In der Tat tritt S. in seiner Bedeutung stark hinter die einflußreiche Persönlichkeit des → Ambrosius zurück. Doch hat er die erste päpstliche → Dekretale erlassen: Mit seinem Brief an den Bischof Himerius von Tarragona (385), in dem die Entscheidungen des Papstes denen der Synodalkanones gleichgestellt werden, beginnt diese Reihe der allgemeingültigen Rechtsgutachten. Von S. sind 7 Briefe erhalten.

MPL 13, 1131ff. - CASPAR I, 257ff - SEPPELT I², 127ff - ALTANER 319. *F.Jürß*

Sirmond, *Jacques* (1559-1651), franz. Jesuit, * in Riom (Auvergne), trat 1576 der SJ bei, wurde Prof. in Pont-à-Mousson und Paris (Lehrer des → Franz von Sales). 1590 bis 1608 wirkte er in Rom als Sekretär des Ordensgenerals → Aquaviva, dann lebte er bis zum Tode in Paris. Er lehrte am Collège de Clermont und war 1637-43 Beichtvater Ludwigs XIII. Durch seine zahlreichen Editionswerke (u.a. Sidonius Apollinaris, 1614; Concilia antiqua Galliae, 1629; Theodoret von Cyrus, 1642) erwarb sich S. den Ruf eines der größten Gelehrten seines Ordens. Kirchenpolitisch stand er auf der Seite des → Gallikanismus.

Werke hg.v. J. DE LA BAUNE, 5 Bde, (Paris 1696) Venedig 1728². - Über S.: BACKER-SOMMERVOGEL VII, 1237ff (Bibliogr.) - DThC XIV, 2186ff (Lit.) - EC XI, 760 (Lit.). *H.R.Guggisberg*

Sisinnius, *Papst* 15.1.-4.2.708, Syrer wie → Konstantin I. Sein kurzer Pontifikat ist ohne Eindruck.

LThK IX, 601 - CASPAR II, 620. 624 - J. GAY (→ Johannes IV. bis VII.). *H.Fuhrmann*

Sitte

I. Phänomenologisch - II. Ethisch - III. Sitte und kirchliches Leben - IV. Kirchliche Sitten. - Vgl. ergänzend → Sittlichkeit

I. Phänomenologisch

1. S. ist der Inbegriff der ungeschriebenen Normen des sozialen Verhaltens. Im Unterschied zu dem nahe verwandten »Brauch«, der mehr ein unreflektiertes, ja ängstliches Einhalten des Herkömmlichen bis hin zum → Aberglauben und seinen »Praktiken« in sich schließt, stellt die S. eine Stufe der Bewußtheit geltender Normen dar (»Das ist S. bei uns«). Die S. wird »gewahrt«, und die Genossen der Gruppe, des Dorfes unterliegen bezüglich der S. einer sozialen Kontrolle. Aber die S. erschöpft sich doch nicht nur in äußeren Formalien, sie ist mehr als Etikette, Konvention oder Mode. Sie wird wahrgenommen und eingehalten als die Forderung einer Macht. Darum eignet der S. auch der Charakter des Unverletzlichen. Der Verstoß gegen die S. ist ein Vergehen gegen die haltende und gebietende Macht, und die durch die S. verbundene Gemeinschaft ahndet diesen Verstoß durch die Meidung, durch einen meist stillschweigenden Ausschluß aus der Gemeinschaft; dieses unmittelbare Reagieren muß nicht erst förmlich verhängt werden, man bringt sich in Schutz vor den Folgen einer Verletzung der Regel.

2. Die S. erstreckt sich auf das ganze äußere Verhalten und hat auch dort, wo es sich scheinbar nur um Anstandsregeln handelt, immer eine tiefere Dimension. Alles ist einbezogen, was nur irgend von anderen Menschen eingeschaut werden kann: die Kleidung und die Schicklichkeit des Benehmens, die Umgangsformen, der Gruß, die Gesten, die Tisch-S.n, das Reden und das Schweigen zur rechten Zeit. Die S. regelt die Umgangsformen der Geschlechter, die Werbung und das Verhalten bei Geburt und Tod sowie Maß und Form der öffentlich bezeigten Trauer. Es ist auch an die kultische S. zu denken, die neben der geschriebenen und gesetzlich geregelten → Liturgie sowohl im häuslichen Kreise als auch in der unmittelbaren Begegnung mit dem Heiligen das religiöse Verhalten an strenge, aber ungeschriebene herkömmliche Normen bindet. Dabei ist der Geltungsbereich der herrschenden S. deutlich lokal, örtlich oder landschaftlich, begrenzt. In diesen Grenzen fordert die S. ein spezifisches Verhalten, dessen Gesetze und gar Gründe dem Außenstehenden verborgen sind und die oft von der S., die andernorts gilt, bis zum Gegenteil verschieden sind (»Andere Länder, andere S.n«). Der wandernde Gruppengenosse mag dann anderwärts mit seinen fremden S.n toleriert werden; aber er steht doch nicht mehr unter der Herrschaft der heimatlichen S. und muß sich den neuen S.n anpassen.

3. Die S. repräsentiert Macht. Darum bietet es Sicherheit, wenn man sich an die S. hält. Nach der S. empfängt jeder das Seine - auch Gott, und die soziale Verhaltensnorm überhebt der persönlichen Entscheidung. Die S. übernimmt die Garantie dafür, daß man sich richtig verhält. So fordert sie bei zunehmender Bewußtheit des Einzelnen, in wachsender Distanz zu überlieferten Bindungen die »ethische« Kritik (→ Ethik) heraus. Zugleich aber erweist sie sich als tragende Macht der gesellschaftlichen Ordnung, welche das geltende Recht jedenfalls ergänzt, es aber auch oft an innerer Kraft und Bedeutung für solche Lebensbereiche überwiegt, welche vom geltenden Recht gar nicht mehr erreicht werden können.

4. Selbst der Ausbruch aus dem durch die S. geregelten Leben des Alltages, die Ausgelassenheit, das Trinkgelage, die vorübergehende Umkehr der herrschenden Ordnungen (→ Fastnacht) ist durch eine S. geregelt, welche auch der Zügellosigkeit noch eine äußerst empfindliche Regel auferlegt. Vor allem ist das Spiel, bis hin zum Kampf auf Leben und Tod, eine an Regel und S. gebundene Lebensäußerung. Es lebt von dem geheimen Einverständnis über die ungeschriebenen Normen des sozialen Verhaltens, selbst wenn diese Normen im einen (»Ventil-S.n«) oder im anderen Falle (»Spielregeln«) außerhalb der Geltung der gewöhnlichen S. stehen oder gar ihre Verkehrung darstellen.

5. Wenn die Binde- und Überzeugungskraft der geltenden S. erlahmt, dann verfällt die S. Die Unheimlichkeit des Vorganges für die in der herrschenden S. aufgewachsenen Menschen erklärt sich daraus, daß der Verfall der S. einer Absage an die haltenden Mächte gleichkommt. Dabei handelt es sich nicht um ein Aufhören, sondern um einen Wandel der S., der allerdings mit einem Wandel der Sozialstruktur Hand in Hand geht. Der Geltungsbereich der S. verliert den Schutz seiner Abgeschlossenheit, die Stadtkultur dringt aufs Land, die bäuerliche oder kleinbürgerliche Ordnung wird durch die technische Kultur verdrängt. Tatsächlich vollzieht sich doch nur eine Umformung und Neubildung von S., weil sowohl das moderne → Dorf und die moderne Kleinstadt (→ Stadt) als auch die großstädtische Nachbarschaft der unausgesprochenen Regelung des sozialen Verhaltens, bestimmter Normen der gegenseitigen Respektierung und der gemeinsamen Anerkennung eines gesellschaftlichen Stiles nicht entraten kann, der bis in die unausgeloteten Tiefen der Überzeugung von den Normen des Menschlichen überhaupt reicht. Dementsprechend finden sich dann auch typische Reaktionen auf die Verletzung der S.

Lit. s. → Sitte: II. *W.Trillhaas*

II. Ethisch

1. S. als Inbegriff der unausgesprochen geltenden → Normen des sozialen Verhaltens umschließt ursprünglich alles in einer Gemeinschaft tatsächlich Übliche, ohne dabei die Rechtssphäre, den religiösen Brauch und das wohlanständige Verhalten, die S.n im einzelnen zu unterscheiden. Angesichts der S. erwacht das Normenbewußtsein. Insofern ist die S. eine Vorform der eigentlichen → Sittlichkeit (: I). Das Urteil über Gut und Böse ist ganz und gar eingebettet in Herkommen und

Tradition und das, was »man« denkt und für gut hält. Durch die S. wird der Mensch einer fordernden, aber auch haltenden Macht gewahr (→ Gesetz: I) und im Bewahren der S. bewahrt er seine Existenz. Die Einfügung in den Verhaltensstil der Gemeinschaft gibt deren Gliedern – der Nachbarschaft, der Gruppe, den Mitbürgern – die Gewähr eines bestimmten, bis zu einem gewissen Grade vorauszusehenden Verhaltens, bis in die tieferen Schichten der »Gesittung« hinein, und diese Erwartung besteht auf Gegenseitigkeit. Der ethische Wert der S. (→ Ethik) basiert auf einer anhaltenden, dauernden Geltung solcher sozialen Normen. Doch können S.n altern, ihr ursprünglicher Sinn wird vergessen, sie stehen dann unvermittelt in einer veränderten Welt (→ Survivals) und verfallen schließlich. Wie sie in ihrer konkreten Gestalt lokal begrenzt sind (→ Sitte: I), so erweist sich immer auch ihre Abhängigkeit von der Sozialstruktur (Patriarchalismus, dörfliche Welt, Wirtschaftslage, Geschichte u.dgl.).

2. Mit dem Begriff der S. ist der immerhin verwandte Begriff der *Moral* doch nicht ganz zur Deckung zu bringen. Das sozial- und zeitbedingte Verhalten wechselt unter diesem Aspekt rascher: Notzeiten mit gehäuften Diebstählen, Auflösung der geschlechtlichen Moral und Wiederherstellung in Kriegszeiten und politischen Krisenzeiten wechseln schnell, die S. kann demgegenüber eine verhältnismäßig überlegene Dauer beweisen. Auch eignet einzelnen Berufsgruppen innerhalb des Umschlusses der S. einer größeren Gemeinschaft eine spezifische Moral, wie denn den Moralen durch unterschiedene beherrschende Ideen (Tapferkeit, stille Bescheidung, Gehorsam, Tätigkeit) ein unverwechselbares Profil zu eigen sein kann. Hier wie bei der S. gilt jedenfalls »der im Phänomen gegebene Plural« (N.Hartmann).

3. Hieraus erwächst dann die Frage nach der eigentlichen Sittlichkeit. Die Kritik an der S. bringt erst ihre Konvergenz zur Sittlichkeit zum Bewußtsein. So wahr die S. auf der inneren Abhängigkeit beruht, in der der Einzelne von seiner Gruppe steht, so wächst die Kritik mit dem Ungenügen an dieser Bindung. Die Wahrnehmung der Mannigfaltigkeit der S.n steht mit der Idee der Einheit des Guten im Widerspruch, und die Emanzipation von den geltenden Werten und Normen geht mit der Frage nach dem Guten und Bösen in seiner unbedingten Bedeutung Hand in Hand. – Man kann das auch umgekehrt aussagen. Indem in der christlichen Botschaft der Blick auf die vollkommene Güte und Barmherzigkeit Gottes gerichtet wird und der Maßstab unseres Verhaltens an Gottes offenbartem Verhalten genommen werden soll (Lk 6, 36), verblaßt unmittelbar die normgebende Macht der S. Die nunmehr vordergründig wirkende Heteronomie eines Lebens in und aus der S. wird durch die absolute Forderung des Guten in die Krise getrieben und der Einzelne in der sittlichen Entscheidung zugleich ganz auf sich selbst gestellt (→ Autonomie und Theonomie).

4. Dennoch ist die S. in ihrer ethischen Bedeutung damit nicht erledigt. Es wird ihr freilich selbst Maß und Grenze gesetzt, indem die radikale Sittlichkeit für die S. zur Norm in der Norm wird. Schon die Rede von der »guten S.« erinnert von fern an das Bewußtsein von einem höheren Maßstab für alle S. Die S. behält in jedem Falle ihr unmittelbares sittliches Recht. Sie bedarf zwar immer der Erfüllung im Sinne einer tieferen Gesittung, sie ist aber im zwischenmenschlichen Verkehr eine Erwartungsnorm und reicht insofern auch in das Rechtsleben hinein: sie darf nicht enttäuscht werden, und der »Verstoß gegen die guten S.n« ist judizierbar. Zwischen der S. und ihrem Anspruch einerseits und der eigentlichen »Sittlichkeit« wird der Mensch der Mehrschichtigkeit der Normenwelt inne, eine Differenzierung, welche der Verfeinerung des sittlichen Bewußtseins dient und auf ursprünglich menschliche Sachverhalte aufmerksam macht.

R.v.Jhering, Der Zweck im Recht II, (1883) 1898³, 242ff u.ö. – RE XVIII, 400ff – W.G.Sumner, Folkways, Boston 1907 – F.Tönnies, Die S., 1909 – ERE VI, 374ff (Lit.) – E.Weigelin, S., Recht, Moral, 1919 – Eisler III, 75ff – StL IV, 1565ff (Lit.) – J.Huizinga, Homo ludens, (1938) 1949³ – N.Elias, Über den Prozeß der Zivilisation I. II, Basel 1939 – Wach, Relsoz. (passim) – WB d. Soziologie, hg.v.W.Bernstorf u. F.Bülow, 1955, 455ff (Lit.) – van der Leeuw, passim – R.König (Hg.), Soziologie, 1958 (Lit.) – EKL III, 963ff (Lit.). – Vgl. ferner die Darstellungen der → Ethik u. → Moraltheologie.

W.Trillhaas

III. Sitte und kirchliches Leben

1. Struktur – 2. Möglichkeiten

1. Kirchliches Leben nährt sich neben Verkündigung und Glauben aus Überlieferung. Da auch Erfahrungen, Haltungen und Gewohnheiten überliefert werden, ist S. da als überlieferungswürdige Lebensform und -hilfe, zurückgehend auf Erfahrungen der Generationen mit dem Wort. Wie es objektives Ethos gibt (W.Elert), so auch objektive Kirchlichkeit in äußerlich akzeptierten, emphatisch und willentlich bejahten und kollektiv kontrollierten christlichen Lebensformen. Im Strukturgefüge erscheinen die äußere Übung und die innere Einung als Brennpunkte, in deren Spannungsbereich Einfühlung, Einübung, Treue, wachsende Einsicht in den Sinngehalt und der Wille zu gegenseitigen Glaubens- und Lebenshilfen begegnen, – lauter Grundkräfte der → Kirchlichkeit. Die persönliche Note fehlt nicht. Da S. Lebensform der Gemeinschaft und diese auch natur-, geschichts- und zeitgebunden ist, treten weltliche Faktoren mit ins Spiel. In Frömmigkeitskrisen empfängt das Leben in der S. den Charakter der experientia, dh des Versuchs, der zur Erfahrung führt.

2. In Anfechtungen aller Grade kann die S. zur Lebensbewältigung helfen, bes. durch Fernhalten von Irrwegen und Festhalten bei dem kirchlichen Gemeinschaftsleben. Den festen Charakteren, die gern der S. zuneigen, droht wohl Verflachung und Starrheit, winkt aber auch Bewährung, wachsende Festigung und Freudigkeit. Träges Beharren führt stets zu Verlusten, wachsames Beharren dagegen zur Vertiefung und Neugeburt des Glaubenslebens. In vielen Fällen bewahrt angefochtene S. Reste des Glaubenslebens wie die Asche die Funken. Romantische Traumbilder sind abzutun. Wie Volkstum über Stammestum liegt, so Kirchentum über dem Kirchturmsbereich. Alle kirchliche S. sollte deswegen an der »Ordnung des kirchlichen Lebens« orientiert werden. Dabei wird überlieferungswürdiges Sondergut – etwa Nachbardienst bei Bestattungen, Kirchgang der Jugend, Missionsfeste – treu zu pflegen sein. Un-S. wird durch S. überwunden. In einer Zeit schwindender Christlichkeit fällt der kirchlichen S. mit steigendem Ernst die Aufgabe zu, für Außenstehende die wenigstens äußere Berührung mit dem gemeinsamen inneren Besitz der Christenheit herbeizuführen. Wo die außerreligiösen Faktoren ständig kritisch überprüft werden, wird der permanenten Drohung der Trägheit und Unterhöhlung gewehrt. Da Lebensformen der Gemeinschaft stets typisierend wirken, kann Eigenart durch sie gehemmt werden, was der Individualist am schärfsten sieht. Wie aber die Ehe bei voller Selbstverantwortlichkeit des einzelnen zu charaktervoller Gemeinsamkeit führt, so tendiert die S. auf gemeinsame, gegenseitig verpflichtende Verantwortlichkeit. Der fromme Einzelgänger muß lernen, daß seine Ahnen die S. und damit kirchliches Leben zerstört haben; der Freund der S. sollte nie vergessen,

daß seine geistlichen Ahnen Fromme leer ließen. Beide haben sich also nichts vorzuwerfen, aber Entscheidendes voneinander zu lernen. Da die gegenwärtige und zukünftige Gesellschaft von anonymen Diktaturen bedroht bleibt, kann einem kirchlichen Leben, in dem Wort, Glaube und S. im rechten Verhältnis stehen, beispielhafte Bedeutung zukommen.

Lit. s. → Sitte: IV. *G.Holtz*

IV. Kirchliche Sitten

1. Grundelemente der klassischen kirchlichen S. - 2. Klassifizierung - 3. Schichtung - 4. Geschichte

1. Die Masse des Stoffs ist unübersehbar und kaum befriedigend zu ordnen; daher sei zunächst nach den *Grundelementen der klassischen kirchlichen S.* gefragt. a) Die Christlichkeit des Volkes und der Völker unter dem Schutz von Königen und Kaisern war unangefochten. Im internationalen Großraum wurden die gleichen Feste unter gleichen Zeremonien gefeiert. Überall schied die Taufe und der Christenstand von Juden und Heiden. Die kirchlichen Baustile waren international und schufen gleiche Voraussetzungen für kirchliches Leben. Wichtiger noch war der geographische Kleinraum mit seiner Verschlossenheit der Städte und Dörfer gegen die große Welt. Bei derselben, von jedermann anerkannten und gegenseitig überwachten Christlichkeit mußten die Orts-S.n erscheinen. - b) Denn das Leben erforderte gemeinsames einträchtiges Handeln. Auf dem Dorf herrschte bis ins 19.Jh. eine kollektive Agrarverfassung, in der Stadt allgemeiner Schanz- und Wehrdienst. Die Gemeinsamkeit machte vor den Kirchentüren nicht halt, sondern wurde vor dem Altar und unter dem Wort geschmiedet. - c) Alles wertvolle Leben hat seine Ordnung, die in einer Vielheit von Möglichkeiten sicher wählen läßt, dem Chaotischen wehrt, Stabilität sichert. Die Lebensordnungen der Kirchen seit 1945 sind wie alle früheren Kirchenordnungen Grundlagen neuer S.nbildung geworden. - d) Die Fest-S. als Lebensform des Außergewöhnlichen sucht sich die Vorbilder im höheren gesellschaftlichen Leben und zeigt in der Regelung von Kleidung, Aufzug, Mahl, Schmuck, Rede höfisches Gefälle. Als Gegenbewegung ist der Aufstieg primitiven seelischen Gemeinschaftsgutes (H.Naumann) erkennbar, das kultivierte Festlichkeit gefährden kann. - e) Stets will S. erziehlich sein, der Entgleisung wehren, die gute Einordnung in den Gemeinschaftsgeist sichern, Extravaganzen und falsches Benehmen verhindern, guten Geschmack und gesunde äußere Kirchlichkeit sichern. - f) Ein Element des Spiels verharrt mehr oder weniger verschämt im Hintergrund, das der S. den Charakter der Fron nimmt, die Gesetzlichkeit mindert und Stil und Schwung ins Festliche bringt. Hauptfeind hier ist die Trägheit, die sich an überkommener Form auch bei seelisch-geistiger Leere genügen läßt, die wohl noch eine ferne Liebe zur Sache haben kann, der aber in mitschwingender Lebendigkeit Ausdruck zu verleihen man unfähig wurde. Alles dem Spieltrieb Zugehörige ist dogmatisch und ethisch indifferent, nicht aber gefühlsmäßig, ästhetisch und pädagogisch, und fällt unter das reformatorische Urteil über Wert und Unwert der Zeremonien. - In allen Phasen will S. Gesittung; sie steht damit in enger Relation zur → Sittlichkeit. Allgemein ist S. vom Wertbewußtsein getragen. - Vereinigt man die Einzelzüge zum Bild, so tritt viel Licht und wenig Schatten hervor. Bei starkem Gemeinschafts- und Gesellschaftsleben steht S. in Blüte, bei religiösen, geistigen, sozialen und gesellschaftlichen Erschütterungen, bes. im örtlichen Gemeinschaftsleben, welkt sie dahin. Bei wachsender übergemeindlicher Konformität pflegen Orts-S.n zu verkümmern und übergreifende Volks- und Kirchenordnung sich durchzusetzen.

2. Als klassifizierende Ordnung sei vorgeschlagen: a) *Gottesdienstliche S.n.* Zu ihnen rechnen Regelungen des Kirchgangs für alt und jung und Kleidervorschriften für ihn, Verhalten im Gotteshaus (Stille, Feierlichkeit, Knien, Erheben, Verneigen, Bekreuzigen, Besprengen), → Glocken-Ordnungen, Schmuck der Altäre, → Prozessionen. Randbedeutung haben (nicht durchaus ungefährliche) Verteilungen der → Kirchenstühle nach Privilegien, Ortschaften, Ständen, Geschlechtern, Generationen. Wichtige Untergruppen gelten den Feiern im → Kirchenjahr, bes. den christlichen Hauptfesten und den Sonderfesten der Gemeinde. Die Lebenskraft der S. hat sich nicht zuletzt vor den jungen Bildungen des Kirchenjahres erwiesen (→ Erntedankfest, → Reformationsfest, → Totensonntag, Missionsfest, Jugendsonntag). Kultische S. überschreitet den gottesdienstlichen Raum und erfaßt das Haus; zu denken ist an Sonntagsheiligung allgemein (→ Sonntagsruhe), religiösen Wandschmuck, Herrgottswinkel, häusliche Advents- und Weihnachts-S.n u.dgl. Kultische S.n anderer Kirchen können nicht einmal andeutungsweise genannt werden. Als einziges Beispiel aus der Ostkirche sei die Mitnahme gesegneten eucharistischen Brotes in die Häuser, aus der kath. Kirche der Gegenwart die → Fußwaschung am Gründonnerstag genannt. - b) *S.n im Lebenslauf* ranken sich um Geburt und Tod, Taufe und Abendmahl, Begräbnis, Firmung, Konfirmation, Verlobung, grüne, silberne und goldene Hochzeit. - c) *S.n im Tageslauf:* Beginn und Ende mit Gebet, Andacht, Lied inmitten der (erweiterten) Familie, der Berufsgruppe (zB Bergleute), in der Hauskapelle oder vor dem nahen Marterbild; Tischgebet (auch auf freiem Felde); Betglocke; Stundengeläut. - d) Auch *S.n des weltlichen Jahresablaufs* können christlich-kirchlich geprägt sein, so Jahreszeitenfeste, Nachfeiern der christlichen Hauptfeste, Eröffnung des Schul- und Universitätsjahres oder des Parlamentes. - Ein trübes Kapitel sind die Unsitten. Allgemein rechnen heute Haustaufen, -konfirmationen, -trauungen zu ihnen. Früher mußten entartete Leichenmähler, Kleiderluxus in der Kirche und unfeierliches lautes Benehmen im Gottesdienst angeprangert werden. Gegen Prahlerei mit vielen Taufpaten und pomphafte Aufzüge beim Kirchgang der Wöchnerin ergingen zahllose Verfügungen. Die S. des Brautkranzes war so entleert, daß die Kirchen endgültig im 20.Jh. resignierten. Im Rahmen der Kirchenzucht haben sich rohe S.n entwickelt, gegen die der Protest des christlichen Gewissens langsam durchdrang, die aber noch im Gedächtnis der Gemeinden haften.

3. Im S.ngefüge seien zwei Hauptschichten hervorgehoben: a) Der von der kirchlichen Forderung, von Führerpersönlichkeiten oder -eliten gelegte Grund. So sind die kirchlichen Rechtssatzungen des MA, die → Kirchenordnungen der Reformationszeit, die Lebensordnungen der Gegenwart, die Gemeinde- und Kirchenordnungen auf dem Missionsfeld zur Grundlage der S.nbildung geworden. - b) Da kirchliche S. das Ganze des menschlichen Lebens zu umfassen sucht, zieht sie starke Kräfte aus Volkstum, Nächstenschaft und Menschentum an sich und zeigt darin Neigung und Fähigkeit zur Kommunikation wie zur Assimilation. Auf dem Missionsfeld nutzt man meist vor- und außerchristliche Lebensformen und gliedert sie ins S.ngefüge ein. Zwar droht dann alt- und neuheidnischer Einbruch, dem aber gewehrt wird, wo auf ewig gültige Bindungen (aus Familie, Nächstenschaft, Volkstum und Menschlichkeit) zurückgegangen wird. So ist → Gutmanns Missionswerk durch Einschmelzung schöpfungsmäßiger vor-

christlicher Lebensformen in das christliche S.ngefüge gekennzeichnet. Wegen ihres Willens zur Lebensform ist kirchliche S. weltbezogen und Potenz des gesellschaftlichen Lebens.

4. Eine *Geschichte* der kirchlichen S. wird für lange Zeit entbehrt werden müssen, weil noch zu viel Kleinarbeit an die Geschichte von Einzel-S.n gesetzt werden muß. Allgemein läßt sich sagen: Die großen Zeiten liegen nach der Missionierung oder Erweckung, weil durch S.nbildung Stabilisierung herbeigeführt wird, in der Organisierung und Durchsetzung gewaltsamer Gegenreformationen und Restaurationen - hier erhält Gehorsam unter der S. das Zeichen der Zuverlässigkeit und gar den Charakter des Bekenntnisses -, im langsameren Werden von konfessionellen Gegensätzen in einem Leben nebeneinander, um der Besonderheit sichtbaren Ausdruck zu geben. Kleinliche obrigkeitliche Reglementierung des ganzen Lebens wie in der Kleinstaaterei des 17. und 18.Jh.s kommt dem Korporations- und Ständestolz entgegen und erfaßt die kirchlichen Lebensformen, oft zu ihrem Schaden. Romantische Restaurationen bringen nur Scheinerfolge. Krisenzeiten rütteln am Gefüge. Für die Reformationszeit gibt Luthers »Vermahnung an die Geistlichen« von 1530 den umfassendsten Einblick in den Angriff auf die kath. S. (WA 30/II, 347ff). Antikirchlicher Kampf bei Rückzügen der Obrigkeit aus der Christlichkeit und bei erschlaffendem Glaubensleben und tiefgehende Störungen im Verhältnis der Generationen erschüttern die S. Sofort aber pflegen neue Bewegungen, die auf Neupflanzung, Wiedergeburt und Rückeroberung zielen, neue s.nbildende Kraft zu entbinden, wie man an den Lebensformen der modernen kirchlichen Massenveranstaltungen (→ Kirchentage, → Katholikentage, → Eucharistische Kongresse) und an ihren Fernwirkungen in die Gemeinden und Häuser erkennt. Daß in der aufstrebenden kirchlichen Soziologie »S.« durch »religiöse Praxis« ersetzt wird, scheint auf einen Struktur- und Wertungswandel hinzuweisen.

Vgl. die Lehrbücher der → Ethik, bes. TH.HAERING, Das christl. Leben, (1902) 1914^{3}, 371f - A.SCHLATTER, Die christl. Ethik, (1914) 1929^{3}, 176ff - A.DE QUERVAIN, Ethik I: Heiligung, (1942) 1946^{2} - W. ELERT, Das christl. Ethos, (1949) 1961^{2}, 435ff. - Ferner: L.HEITMANN, Vom Werden der neuen Gemeinde, 1925 - DERS., Luth. Bekenntnis u. Gemeindegestaltung, 1935 - B.GUTMANN, Gemeindeaufbau aus dem Evangelium, 1925 - DERS., Freies Menschentum aus ewigen Bindungen, 1928 - DERS., Christusleib u. Nächstenschaft, 1931 - A.KÖBERLE, Rechtfertigung u. Heiligung, (1929) 1930^{3} - M.RUMPF, Relig. Volkskunde, 1933 - G.KOCH, Die bäuerliche Seele, 1935 - F.LAU, Die kirchl. Ordnungen als Erziehungsmacht, 1938 - W.JOEST, Gesetz u. Freiheit, (1951) 1956^{2} - F.GOGARTEN, Der Mensch zwischen Gott u. Welt, (1952) 1956^{2} - LPäd (F) I, 557ff - K.BARTH, Die Ordnung der Gemeinde, 1955 (= KD IV/2, § 67) - EKL III, 963ff - R.KÖSTER, Die Kirchentreuen, 1959 - D.GOLDSCHMIDT-F.GREINER-H.SCHELSKY, Soziologie der Kirchengemeinde, 1960 (mit internat. Bibliogr. über »relig. Praxis«). - *Sammlungen kirchl. S.n:* H.A.PRÖHLE, Kirchl. S.n, 1858 (aus Provinz Sachsen) - E.ROLFFS, Ev. Kirchenkunde Niedersachsens, (1917) 1938^{2} - A.JOBST, Sammlung kirchl. S., 1938.

Volkskundl. Bibliogr.: P.SARTORI, S. u. Brauch I-III (Handbücher zur Volkskunde V-VIII), 1910-14 (Lit.) - W.-E.PEUCKERT-O.LAUFFER, Volkskunde. Quellen u. Forschungen seit 1930, 1951, 81-122 - Dt. Jb. f. Volkskunde, seit 1954. - Vgl. bes.: S.H.ALBERS, Das Jahr u. seine Feste, (1891) 1917^{3} - F.TÖNNIES, Die S., 1909 - E.FEHRLE, Dt. Feste u. Volksbräuche, (1916) 1936^{4} - F.LÜERS, S. u. Brauch im Menschenleben, 1926 - G.KOCH, Maß u. Ordnung (Hess. Blätter f. Volkskunde 26, 1927, 104-126) - M.H.BOEHM, Das eigenständige Volk, 1932 - H.KOREN, Volksbrauch im Kirchenjahr, 1934 (kath.) - L.MACKENSEN, S. u. Brauch (in: A.SPAMER, Die dt. Volkskunde I, 1934, 108-167; Lit.) - P.DÖRFLER, Von S. u. Sprache, 1935 - A.SPAMER, S. u. Brauch (in: W.PESSLER, Hdb. der dt. Volkskunde II, 1936, 33-236) - P.GEIGER, Dt. Volkstum in S. u. Brauch, 1936 - L.A.VEIT, Volksfrommes Brauchtum u. Kirche im dt. MA, 1936 - J.DÜNNINGER, Brauchtum (in: Dt. Philologie im Aufriß, hg.v. W.STAMMLER, III, 1956, 2007-2064). - Vgl. die Lit. zu → Volkskunde: III.

G.Holtz

Sitten, schweiz. *Bistum* (→ Schweiz: I A), fast den ganzen Kanton Wallis und Teile des waadtländischen Bezirkes Aigle umfassend. Als erster bekannter Bischof mit Sitz in Octodurus-Martigny erscheint 381 ein Theodorus (= Theodul; → Theodor, 7) auf der Synode von → Aquileja. Ende des 6.Jh.s wurde der Bischofssitz nach S. verlegt. Gestützt auf eine legendarische Schenkung Karls d.Gr. und beurkundete Verleihung durch König Rudolf III. von Hochburgund (999) beanspruchten die Bischöfe von S. auch die weltliche Macht im Wallis. Diese, 1798 endgültig aufgehoben, wurde ihnen durch Savoyen, aber immer mehr auch durch das freiheitsliebende Walliservolk bestritten. Die Vertreter der Talschaften (»Zenden« = Decima) bestimmten seit 1437 mehr als das Domkapitel den Bischof, der Walliser sein mußte. Volkstribune, wie Georg Supersaxo gegenüber dem bedeutendsten Bischof von S., Kardinal → Schiner, durchkreuzten oft die bischöflich-päpstliche Politik. Die Ausbreitung der Reformation (seit 1525) gefährdete bis ins 1. Drittel des 17.Jh.s die Existenz des Katholizismus im Wallis.

M.BESSON, Recherches sur les origines de évêchés de Genève, Lausanne, Sion (= S.), 1906 - HBLS VI, 200ff - E.GRUBER, Die Stiftungsheiligen der Diözese S. im MA (Phil. Diss. Freiburg/Schw.), 1932 - H.A.v.ROTEN, Zur Zusammensetzung des Domkapitels von S. (Vallesia 1, 1946, 43-68; 2, 1947, 45-62; 3, 1948, 81-126) - DERS., Adrien I. de Riedmatten, prince-évêque de Sion (1529-48), 1948 - H.BÜTTNER, Zur frühen Gesch. des Bistums Octodurum-S. ... (ZSKG 53, 1959, 241-266).

O.E.Straßer

Sittlichkeit

I. Grundsätzlich - II. Religionsgeschichtlich - III. Im AT - IV. Im Judentum - V. Im Urchristentum - VI. Geschichte der christlichen Sittlichkeit. - s. = sittlich. - Vgl. ergänzend bes. → Sitte, → Sittlichkeitsbestrebungen

I. Grundsätzlich

1. Begriff - 2. Anthropologischer Sinn - 3. Motive - 4. »Christliche S.« - 5. Systematik der S.

1. Dem Wort nach ist S. eine Steigerung von »Sitte« (ἔθος, mos) und bezeichnet die Ausrichtung des menschlichen Verhaltens im weitesten Sinne an der Idee des Guten. Subjektiv ist S. die Richtung des freien Wollens auf das Gute (Gutheit), s.es Verhalten, s.er Charakter der Person; im objektiven Sinne bezeichnet S. den Inbegriff der idealen → Normen und Grundsätze, in denen eine Gruppe, eine (religiöse) Gemeinschaft oder ein Volk sich selbst und seine Glieder dem Guten und seiner Verwirklichung verpflichtet (Sittengesetz). Objektive S. soll alle Lebensgebiete durchdringen. S. ist nicht ohne weiteres mit Ethik gleichzusetzen; denn die → Ethik ist erst die Wissenschaft oder doch jedenfalls die Reflexion über die S., wiewohl alle Aussagen der bewußten Reflexion über die S. alsbald zu »ethischen« Sätzen werden. - S. läßt sich kaum eindeutig definieren, da die s.en Auffassungen in ihrem geschichtlichen Wandel vielfältig sind und außerdem die ethische Terminologie variiert. Auch scheint das neuzeitliche Sprachempfinden eine gewisse Verengung in der Anwendung des Begriffs anzuzeigen in Richtung auf den → Moralismus. Die landläufige Einschränkung der Bedeutung auf die sexuelle Moral (Gegensatz: Unsittlichkeit) oder gar nur auf das sexuelle Gebiet ist für diesen Bedeutungsschwund symptomatisch. Die Bezeichnung einer theologischen Ethik als »System der christlichen S.« (→ Frank, 1884 bis 1887) entspricht kaum noch dem heutigen Sprachempfinden.

Nicht jede durch höhere Normen bestimmte »Praxis«, vor allem nicht jedes zu einer Religion hinzugehörende Handeln, zB das magisch-kultische, kann als S. bezeichnet werden (→ Sittlichkeit: II). Das Wachstum eines eigentlich s.en Bewußtseins ist immer ein Emanzipationsvorgang, der als »Offenbarung« wahrer S. auch einen religiösen Sinn haben kann: universale Geltung der s.en Normen, Einbeziehung aller Menschen in das Reich der S., Gewahrwerden der S. als einer eigenen Instanz im Unterschied von anderen Autoritäten – das setzt dann sogar eine s.e Kritik an der bisherigen Gotteserkenntnis und frommen Übung in Gang. In der Aufklärung vollendet sich dieser Vorgang der Verselbständigung des s.en Bewußtseins im Zusammenhang mit der Kritik an den positiven Religionen (→ Säkularismus: I, 2 b β). Die Klärung des s.en Bewußtseins hat nunmehr stärksten Einfluß auf das Gottesbild. S. wird zu einem Kriterium theologischer Sätze (→ Kant), indem wahre Religion nicht im Gegensatz zur S. gedacht werden kann. Auch in einer auf Gottes Selbstkundgabe gegründeten Theologie, wie immer sie gegen die Aufklärung gewendet sein mag, kann der Stachel dieses kritischen Gedankens nicht mehr entfernt werden.

2. Wie alle Kritik der herrschenden → Sitte zur S. hin konvergiert, wie sich aus der Auseinandersetzung mit den religiösen Traditionen das s.e Bewußtsein in unverwechselbarer Hoheit heraushebt, so ergibt sich die Frage, ob nicht diese S. selbst einen Sinn hat, der unabhängig von allen Differenzen ethischer Theorien geklärt werden kann. Er wird in der Richtung gesucht werden müssen, daß der Mensch nur durch selbstauferlegte Normen zu sich selbst kommt. Denn der Mensch kann sich auf seine bloße »Natur« nicht verlassen, er ist als Mensch »zwischen Tier und Engel«, ein nicht festgestelltes Wesen. Er kann zum Tierischen absinken und sich in seiner konstitutiven Gefährdung nur dadurch bewahren, daß er sich zur Zukunft hin öffnet in der stets wachgehaltenen Frage: Was soll ich tun? Was soll ich sein? Was soll ich werden? Diese Frage seiner Existenz drängt zur S. hin, sie ist ein ununterbrochener Appell an seine → Entscheidung, dh an seine Freiheit. S. setzt → Freiheit voraus und ruft zur Freiheit, wobei Grenzen und Dialektik des Freiheitsgedankens hier unerörtert bleiben müssen. In diesem Zusammenhang ist auch in aller S. das Überwindungsmotiv wahrzunehmen. Der s.e Mensch ist zur Überwindung der bloßen Natur, der Trägheit, Selbstsucht, des Alten und der bloßen Gewohnheit aufgefordert. Dementsprechend gehört zur werdenden S. Bewußtheit, ein Innesein der Normenwelt, ein Sich-Entscheiden für das Höhere, der Kampf der Selbstüberwindung. Freilich kann die S. dann zu einer »zweiten Natur« werden (→ Tugend), doch ist auch das nicht ohne s.es Bewußtsein möglich; man kann, auch ohne die wissenschaftliche Form der Ethik im engeren Sinne, sich mit anderen und in der Gesellschaft über die S., ihre Grundsätze und Normen verständigen und darin zu einer Übereinstimmung kommen (s.e Kultur). – Diese Andeutungen einer Phänomenologie der S. zielen darauf ab, ohne Rücksicht auf bestimmte Arten und Systeme der S. diese in dem *Wesen des Menschen* (→ Anthropologie) zu begründen. Die Infragestellung der Fundamente der S. bedroht das Wesen des Menschen unmittelbar. S. ist daher fundierend für die → Humanität, und das gilt gleichermaßen für die profane S., welcher die philosophische Ethik zur Aussprache verhilft, wie für die religiöse und bes. für die christliche S. Auch die durch die Offenbarung, durch Gottes Gebot und durch den Glauben bestimmte S. hat ja den Menschen Gottes, den Menschen, wie Gott ihn haben will und wie er vor Gott als Erlöster, Wiedergeborener und in der Heiligung Begriffener sein soll, zum Thema. Der Mensch ist das quer durch alle denkbaren Formen von S. hindurchgehende eine und gemeinsame Problem. Darum gibt es auch nur eine S. und Ethik des Menschen, nicht Gottes, der Engel und der Tiere, so sehr sich der Mensch in seinem wachen s.en Bewußtsein zu Gott und zur Welt hin orientiert und »verhält«.

3. Sind damit die tiefsten Gründe der S. angesprochen, so ergeben sich angesichts der im s.en Bewußtsein wirkenden *Motive* die weitreichendsten Unterschiede. Es kann sich hier nur um einen allgemeinen Überblick handeln. Anfängliches Motiv der S. ist die normgebende → Autorität der Eltern, der Vorfahren, der religiösen Gemeinschaft, der göttlichen Gebote. In ihnen tritt uns eine fordernde Macht gegenüber, regelt unser Verhalten (Heteronomie), sagt uns, was gut und böse ist und stellt das Leben unter die Erwartung von Lohn und Strafe (→ Gute Werke). Verwandt damit ist die ganz in den Rahmen des → Rechts eingespannte S., die sich auch in der höheren Bewußtseinsstufe am → Gesetz orientiert und in gewissenhafter Berufserfüllung (→ Beruf: III) aufgeht (→ Legalität). Einen besonderen Typus der S. stellt die in der Geschichte der Ethik außerordentlich differenzierte Form dar, die sich in Klugheitsregeln manifestiert und von volkstümlichen Lebensregeln in zunehmender Verfeinerung zu profanen und religiösen Sätzen tiefer Lebensweisheit erhebt (→ Weisheitsdichtung, → Goldene Regel). Diese rationale S. knüpft im → Eudämonismus (J. → Bentham) an das natürliche Glücksverlangen des Menschen an, bzw. an Nützlichkeitsgesichtspunkte (→ Utilitarismus, J.St. → Mill), wobei die Berechnung über den Anteil an diesem Glück (the greatest happiness of the greatest number) und über die Werthöhe von Glück und Nutzen (»Lustbilanzen«) Gegenstand der eigentlichen Reflexion wird. Der Psychologismus bei den Urhebern dieser Theorien ist doch nicht das Entscheidende gewesen, die Stärke dieser die Zweckmäßigkeit einbeziehenden S. lag in ihrem Realismus und hat auch nach Kant vor allem dem angelsächsischen Denken diesen Typus der Ethik empfohlen. In Deutschland hat er in W. → Dilthey (System der Ethik [Ges. Schr. X], 1958) und H. → Nohl (Die s.en Grunderfahrungen, [1939] 1949³) eindrucksvolle Fürsprecher gefunden. – → Kant bedeutete auch auf dem Felde der S. eine Revolution. Er erst hat die S. ganz auf sich selbst gestellt und den s.en Imperativ ebenso von allen von außen setzenden Instanzen unabhängig gemacht (→ Autonomie), wie er ihn von der Voraussetzung bestimmter Absichten, Wünsche und Zwecke gelöst hat (→ »kategorischer«, nicht hypothetischer Imperativ). Kants vielumstrittener »Formalismus« (M.Scheler) war doch mehr ein Behelf zur Gewinnung des Begriffs als die Sache selbst, die im Gedanken einer reinen, zweckfreien und selbstlosen Erfüllung der → Pflicht sich weithin der allgemeinen S. mitgeteilt hat. Doch sind, mindestens in Deutschland, durch den Sieg des kantischen, von allen »materialen« Gesichtspunkten abgewendeten Ethos (nur der »gute Wille« kann ohne Einschränkung »gut« genannt werden!) die heteronome wie die »materiale« S. ganz in den Schatten der Bewertung geschoben worden. Erst mit der → Wertethik (M. → Scheler), mit der Begründung der S. auf Gottes Gebot und mit dem sich langsam durchsetzenden Gedanken einer → Verantwortungs-Ethik (M. → Weber), auch durch Einflüsse des → Neuthomismus beginnt sich eine an den Sachen, den Werten und »Ordnungen«, aber auch am Gebot orientierte S. wieder zur Geltung und zum Gehör zu bringen.

4. Die ein Jahrhundert nach der Reformation erfolgende Konstituierung der → Ethik als theologische Disziplin (G. → Calixt), bes. aber dann die mit der → Aufklärung beginnende Emanzipation der Ethik von der Theologie überhaupt hat das *Problem der christlichen S.* aufgeworfen. Es kann hier nur in Umrissen angedeutet werden. Seit der Ethik von W. → Herrmann (1901) sind

zwei denkbar entgegengesetzte Auffassungen ins theologische Bewußtsein getreten, die sich gegenseitig bekämpfen und durchdringen. Die eine Auffassung bekennt sich zur Selbständigkeit der Ethik, bis hin zur radikalen These »Es gibt keine besondere christliche S.«. In diesem Sinne ist bei Herrmann die Ethik das Zugangsproblem zur »Religion«. Die ethische Forderung wendet sich unmittelbar an unsere Existenz und bedarf zu ihrer Erkenntnis eben der Existenzanalyse (Løgstrup). In anderer Wendung dieser Grundauffassung wird die Evidenz des Guten oder jedenfalls des Ethischen behauptet. Die s.e Forderung wird in dem Maße ihrer Selbständigkeit um so machtvoller. Es handelt sich hier unverkennbar um eine moderne Form des alten Satzes, daß das (freilich nun seiner heilsgeschichtlichen Schranken enthobene) Gesetz vor dem Evangelium sei. - Die andere Auffassung bekennt sich zur christlichen S. und läßt diese aus dem Glauben folgen, die Ethik hat ihre Wurzel in Gottes Wort, speziell im → Gesetz (: VI. VII), das nach → Barth »Gestalt des Evangeliums« ist. Auch hier lassen sich viele Formen denken und auch finden, in denen diese von ihren Ursprüngen her wesentlich christliche S. entwickelt wird, sei es als Exposition der Gebote Gottes (Barth, KD II/2; A.de Quervain), sei es als christozentrische oder eschatologische Ethik. Das Problem dieser Ethik ergibt sich einmal daraus, daß sie eigentlich nur vom Glauben aus einsehbar ist und dadurch in Kommunikationsschwierigkeiten mit der anders begründeten Ethik geraten muß, zum andern durch die Thematik, die sich ja schlechterdings nicht aus dem Glauben, sondern nur aus unserer unmittelbaren Existenz selbst heraus gewinnen läßt. Auch eine erklärt »christliche« S. kann letztlich nicht exklusiv sein und des universalen Anspruches entraten, daß Gottes Wille für »alle« gilt. Umgekehrt hat im Falle der anderen Auffassung auch die Betonung der Selbständigkeit der S. schon theologische Vorzeichen, und sie steht vor der Frage, sich vor den nt. Geboten zu legitimieren bzw. sich dazu in Bezug zu setzen. Aber diese Einschränkungen löschen das bezeichnete Grundproblem der christlichen S. im Horizont der heutigen theologischen Situation nicht aus. Es ist in seiner Härte vielfach noch gar nicht begriffen und stellt nur einen Reflex jener Säkularisierung der modernen gelebten S. dar, der die Christenheit nicht ausweichen kann.

5. Das Nachdenken über die Fragen der S. ist nicht auf die wissenschaftliche Ethik beschränkt. So ist auch das Problem einer *Systematik der S.* lebendig, wo immer über die s.en Normen menschlichen Handelns und Sich-Verhaltens nachgedacht wird. Dementsprechend, daß die S. sowohl im individuellen, persönlichen als auch im sozialen, öffentlichen Bereich ihre eigenen Fragen zeitigt, ist die Unterscheidung von → Individual- und → Sozialethik immer noch im Recht und in Kraft. Man kann darüber streiten, welche Themen hier- und dorthin zu rechnen sind, jedenfalls werden keine Bereiche, in denen der Mensch selbst zur Entscheidung und Handlung aufgefordert ist, je aus der ethischen Überlegung ausgenommen werden dürfen. Seit → Schleiermacher hat daher die Darstellung der christlichen S. oft die Form einer Kulturethik angenommen, wie heute unter dem Eindruck der politischen Katastrophen und der Mitverantwortung für das politische Schicksal die politische Ethik (→ Politik: II) einen beachtlichen Aufschwung genommen hat. Ein systematisches Problem ergibt sich auch bezüglich der Blickrichtung in Fragen der S. Kant hat den wollenden und handelnden Menschen, den Einzelnen ganz und gar zum Angelpunkt des s.en Interesses gemacht. Eine solche Ethik ist → Gesinnungsethik, und das christliche Liebesgebot läßt sich in diese Betrachtungsweise gewiß einfügen, ohne sich darin zu erschöpfen. Auch der Begriff des → Gewissens, der → Pflicht, ja selbst der → Tugend-Begriff gibt der Gesinnungsethik Inhalt und weist ihr Wege, auf denen sie aus ihrem spezifischen Ansatz heraus bis zu einem gewissen Grade die Realität des Lebens erreichen kann. Es ist kein sachlicher Gegensatz, wohl aber eine andere Blickrichtung, die, vom handelnden bzw. verantwortlichen Menschen zu den sachlichen Entscheidungen in Wirtschaft, Politik, Kultur hinblickend, nach den hier erwachsenden Verantwortungen fragt. Indem die Gutheit des Willens nicht ohne die im Blick auf die »Sachen« zu gewinnende Verantwortung überhaupt denkbar ist, wird die Leere einer bloßen Gesinnungsethik gefüllt, wie umgekehrt eine bloße Verantwortungsethik ohne Rückhalt an der Gesinnung nicht denkbar ist. In all diesen formalen Hinsichten wird es der christlichen S. schwerfallen, eine Sonderstellung zu beziehen.

Außer den Darstellungen der theol. → Ethik u. der → Moraltheologie: W.HERRMANN, Ethik, (1901) 1921[6]; dazu die umfassende Besprechung v. E.TROELTSCH, Grundprobleme der Ethik (Ges. Schr. II, 1913, 552-672) - ERE V, 414ff (Lit.) - N.HARTMANN, Ethik, (1926) 1949[3] - J.B.SCHUSTER, Der unbedingte Wert d. Sittlichen, 1929 - EISLER III, 77ff (Lit.) - K.HEIDECKER, Wie lassen sich die s.en Normen begründen?, 1931 - E.MARCUS, Das Rätsel der S. u. s. Lösung, 1932 - D.v.HILDEBRAND, S.e Grundhaltungen, (1933) 1946 - H.DE VOS, Zur Frage der natürl. S. (ZEE 2, 1958, 347-358) - EKL III, 963ff (Lit.) - W.TRILLHAAS, Ethik, 1959 (Lit.) - K.E.LØGSTRUP, Die ethische Forderung, dt. 1959 - G.EBELING, Die Evidenz d. Ethischen u. d. Theol. (ZThK 57, 1960, 318-356).

W.Trillhaas

II. Religionsgeschichtlich

Das Verhältnis von Religion und S. stellt sich in der → Religionsgeschichte in verschiedenen Formen dar. Die erste mögliche Beziehung ist die, daß eine Religion keine s.en Motive kennt. Wenn → Religion als Begegnung mit dem Heiligen und als antwortendes Handeln des vom Heiligen bestimmten Menschen definiert wird, dann ist das antwortende Handeln nicht notwendig ein ethisches Handeln, es ist primär magisch-kultisches Handeln (→ Magie, → Kultus). Solches Handeln geschieht sowohl, um bestimmten → Tabu-Vorschriften zu genügen, als auch um kultische Pflichten zu erfüllen. Das ist jedenfalls nicht notwendig ethisches Handeln, weil die vermeintlichen oder wirklichen Mächte, auf die hin gehandelt wird, etwas prinzipiell anderes sind als die ethischen Werte, die als an sich gültige und verpflichtende Forderungen erlebt werden. Es geht also nicht an zu sagen: wer → heilige Stätten mit den vorgeschriebenen Schutzhandlungen betritt, ist im s.en Sinne gut. Gut-sein heißt seinen Willen an rein ethischen Werten orientieren, aus welchen Motiven das auch geschehen mag. Die → germanische Religion ist ein Beispiel einer Religion ohne S. Die Werte der germanischen Gemeinschaftsethik sind Kampf, Ehre, Ruhm, Dauer der Sippe und des Sippenlebens. Die Sippensolidarität ist der germanische Höchstwert, von dem aus entschieden wird, was gut und böse ist. Die Religion als solche kennt hier keine Beziehung zum Reich der S. Erst in der Wikingerzeit sucht man auch in der germanischen Welt nach ethischer Motivation im Leben der Götter.

In dem Maße, in dem das s.e Bewußtsein der Menschen einer Religion wächst, wandelt sich das Bild der Gottheit (→ Gott: I). Es wird versittlicht, und damit tritt auch die Religion in ein positives Verhältnis zur S. Die Götter werden zu Hütern der S. und selbst zu s.en Persönlichkeiten. In → Indien zB wird zu Varuna (Ath. 4, 16, 7) gesagt: »Nicht soll dir, o Wachsamer, der Lügner entwischen.« In Griechenland geschah die Versittlichung der homerischen Götter, die von Haus aus keine Beziehungen zur S. hatten, von der Kritik des Rationalismus des 6. und 5.Jh.s am → Mythos aus. Denn hier wurde die mangelnde s.e Qualität der Götter und des Göttermythos zB von Aristophanes beanstandet. In der Universalreligion geschah mit der Universalisierung der Gottesidee zugleich auch eine Universalisierung der s.en Ideale, die nun nicht mehr nur, wie in der Volksreligion, auf das Volk beschränkt bleiben, sondern universale Gültigkeit gewinnen.

In den versittlichten Religionen stellt sich das Verhältnis von Religion und S. wiederum in verschiedener Weise dar. In der Religion → Zarathustras, dem Mazdaismus (→ Iran: II), erscheint S. geradezu als der innerste Kern dieser Religion; denn in ihr wird vom Gläubigen die s.e Entscheidung für den guten Geist und gegen den bösen verlangt. Auch in Israel (→ Sittlichkeit: III) erscheint S., dh der Gehorsam gegenüber der Forderung des Gesetzes, geradezu als innerster Kern dieser Religion, ebenso im → Islam. Diese Ethisierung der Religion kann nun aber auch eine Gefahr der Religion bedeuten, nämlich dann, wenn Religion in S. aufgelöst wird. Das geschieht allenthalben in Zeiten rationalistischer Religionsauffassung, zB wenn in der → griechischen Religion die Mythen rationalistisch im Sinne angeblich darin enthaltener ethischer Ideen interpretiert werden. Derselben Auflösung der Religion in theonome S. begegnen wir im → Rationalismus des 17. und 18.Jh.s (→ Kant: »Religion ist die Erkenntnis unserer Pflichten als göttlicher Gebote«).

In den universalen Religionen stellt sich das Verhältnis von Religion und S. in zwei typischen Formen dar: Entweder erscheint das s.e Handeln als Auswirkung des religiösen Erlebens, was Jesus in dem Worte »An ihren Früchten sollt ihr sie erkennen« (Mt 7, 16) ausspricht oder Luther, indem er vom Glauben als dem »Werkmeister« redet. S.es Handeln ist hier nicht die Voraussetzung des Heilsgewinnes, sondern die Folge. – Es begegnet aber auch das umgekehrte Verhältnis, wenn die → Ethik in den Dienst der Religion und ihres Heilsstrebens gestellt wird, wie es zB vielfach in der → Mystik geschieht. So betrachtet etwa der → Buddhismus die Verwirklichung ethischer Werte als Mittel der für den Heilserwerb notwendigen Loslösung von der Welt. Im Itivuttaka (27) heißt es deshalb von der Liebe: »Wer bedachtsam unendliche Liebe empfindet, bei dem werden ... die Fesseln (an die Welt) dünn.« So wird die ethische Zucht (sîla) zur ersten Stufe des Heilsweges, wodurch sie freilich ihres Selbstwertes beraubt wird. Eine Ausnahme macht die Mystik → Laotses. Er wendet sich gegen die traditionelle Ethik der Forderungen, wie sie → Konfuzius lehrte. Die Aufstellung von zahlreichen ethischen Postulaten zeigt nach Laotse an, daß die unmittelbare Verbindung des Menschen mit dem Absoluten, dem Tao (→ Taoismus), abgerissen ist, daß das Tao in Verfall geraten ist; denn sonst wären die Inhalte der ethischen Postulate bereits von selbst verwirklicht und brauchten nicht von außen als Norm aufgestellt zu werden. Die ethische Zielstrebigkeit führt nach Laotse nicht zur Harmonie mit dem Ewigen. Man muß dahin zurückkehren, von wo der Abfall ausgegangen ist, zur unio mystica mit dem Tao vor der Spaltung in Gut und Böse. Was Laotse der traditionellen Ethik vorwirft, ist ihre Bewußtheit. Daß Menschen bewußt erstreben müssen, was nur als unmittelbarer Ausdruck des den Menschen belebenden und bestimmenden Tao von Wert ist, darin liegt hier das existentielle Unheil. Deshalb fordert er geradezu im 19. Kap. des Tao-Te-King: »Gebt auf die Heiligkeit, werft fort das Wissen, und des Volkes Wohlfahrt wird sich verhundertfachen. Gebt auf die Menschenliebe, werft fort die Gerechtigkeit, und das Volk wird zurückkehren zu Kinderpflicht und Liebe.«

Auf eine letzte Verhältnisbestimmung zwischen Religion und S. ist hinzuweisen: es gibt im Bereich der Ethik den Prozeß der Verselbständigung im Sinne der Säkularisierung des ursprünglich religiösen Ethos und seiner Einzelwerte. Mögen also auch die religiös erfaßten ethischen Werte auf dem Boden bestimmter religiöser Erlebnisse entstanden bzw. entdeckt sein, sie können sich von ihrem religiösen Wurzelboden lösen und zu rein profanen ethischen Werten werden. So sind unendlich viele s.e Grundsätze und Werte, die heute dem allgemeinen Ethos angehören, ursprünglich zB aus dem Christentum gekommen, ohne daß man heute noch an diesen Ursprung denkt oder ihn bei ihrer Verwirklichung voraussetzt.

Vergleichen wir nun die s.en Werte der verschiedenen Religionen, so ergibt sich folgendes: weite Wertgebiete sind allenthalben von den Religionen der verschiedensten Völker erkannt worden. Man denke an die 5 Sîla-Gebote des Buddhismus, an den → Dekalog des AT, an die japanischen Shintô-Forderungen (→ Shintoismus: I), an die islamischen Grundgebote (→ Islam: I, 3). In all diesen Bestimmungen handelt es sich um soziale Grundwerte, die das Verhältnis der in der Gemeinschaft lebenden Menschen zueinander, zu ihrem Besitz und zur Gemeinschaft selbst ordnen. Hier also herrscht bei verschiedener Rangordnung der Werte weitgehende Übereinstimmung unter den Religionen der Welt. Daneben gibt es Werte, die zwar nicht allgemein, aber vielfach, dh an verschiedenen Stellen der Religionsgeschichte entdeckt wurden, die daher nicht als absolute Eigenwerte eines bestimmten Ethos angesehen werden können, ohne doch Gemeingut aller Religionen zu sein. Hierher gehören etwa die s.en Werte der → Liebe, der → Treue, des → Gehorsams usw. Die Religionsgeschichte zeigt weiter universale Eigenwerte einer einzelnen Religion, wie zB die besondere Art der christlichen Nächstenliebe. In der universal-religiösen Wertschau werden die volksgebundenen Eigenwerte weitgehend ausgeschaltet, und die Rangordnung der s.en Werte richtet sich nach der jeweiligen Lebensmitte der betreffenden Religion. – Vgl. → Gesetz: I, → Ordnung, → Recht: II, → Strafe: I, → Sünde: I.

N. Söderblom, Das Werden des Gottesglaubens, (1916) 1926² – UdG I–XII (s. Reg.) – R. R. Marett, Faith, Hope and Charity in Primitive Religion, Oxford 1932; dt. 1936 – H. J. Fleure, Ritual and Ethic. A Study of a Change in Ancient Religions about 800–500 B.C. (BJRL 22, 2), 1938 – G. Mensching, Gut u. Böse im Glauben der Völker, (1941) 1950² – W. Hellpach, Das Magethos, 1947 – B. Häring, Das Heilige u. das Gute, 1950 – H. W. Schomerus, Das Ethos in der Welt der Religionen, hg.v. H. Starke, 1952 (Mikrokopie) – G. van Bulck, Journées d'étude »Ethnologie et Chrétienté«. La notion du Bien et du Mal dans les diverses religions (Zaïre 8, 1954, 955 bis 962) – R. Mohr, Die christl. Ethik im Lichte der Ethnologie, 1954 – G. E. Harkness, Sources of Western Morality, New York 1954; franz. 1956 – P. A. Sorokin, The Ways and Power of Love, Boston 1954 – J. Ladd, The Structure of a Moral Code. A Philosophical Analysis of Ethical Discourse applied to the Ethics of the Navaho Indians, Cambridge/Mass. 1957 – J. Ferguson, Moral Values in the Ancient World, London 1958 – K. Goldammer, Die Formenwelt des Religiösen, 1960, 458ff (Lit.) – D. Rahbar, God of Justice. A Study in the Ethical Doctrine of the Qur'ān, Leiden 1960. *G. Mensching*

III. Im AT

Im alten Israel ist die S. überwiegend durch Sitte und Brauch bestimmt, die auf Grund altehrwürdigen Herkommens gelten, sofern gesetzliche Bestimmungen sie nicht ändern oder neue Sitte einführen. Wo das Herkommen lebendig und eindeutig ist, bedarf es keiner Gesetze. Der Israelit geht auf dem Wege der Guten und Rechtschaffenen (Spr 2, 20), während er manche Dinge nicht tut, weil sie eine Schandtat in Israel sind (Gen 34, 7 u.ö.) und man so nicht handelt (2Sam 13, 12). Er verstößt gegen das Herkommen, wenn er befürchten muß, daß andere wie die als lüstern verabscheuten Kanaanäer sich aus Mangel an Gottesfurcht gleichfalls nicht daran halten werden (Gen 20, 11). An sich gibt es über israelitische S. hinaus solche Sitten, die Brauch der ganzen Erde sind (Gen 19, 31; 20, 9). Daran zeigen sich die verschiedenen Wurzeln der at. S. und ihre religiöse Begründung. Einerseits wirkt lange Zeit die nomadische S. nach, nicht nur in einzelnen Sitten (Gastfreundschaft Gen 18; Hi 31, 32; Schutzpflicht Gen 19, 8; Ri 19, 24; Blutrache Gen 4, 23f; 2Sam 3, 27ff), sondern auch allgemein als Folge des Herrentums, des Freiheitsdranges und der persönlichen Ehre des → Nomaden. Andererseits entwickelt sich auf dem Boden Palästinas eine neue S. der seßhaften Bauern, die sich vielfach an die vorgefundenen kanaanäischen Sitten anschließt. Sie ist durch die Verwurzelung in Hab und Gut und durch die Bewahrung des Zusammenhangs mit den dämonischen oder göttlichen Mächten der Fruchtbarkeit bestimmt. Dazu treten bald, zunächst auf den Kreis der königlichen Beamten beschränkt, die rationalen Lebensregeln der → Weisheit. Sind diese Ausprägungen der S. durch göttliche Autorität begründet und gestützt, so daß man überall mit einem Minimalethos rechnen kann (vgl. Gen 19; 20, 9ff; 39, 9), so wird die at. S. auf Jahwe bezogen und gilt als von ihm gewollt und angeordnet. Der Jahweglaube als entscheidender Faktor bewirkt, daß nur solche Sitten angenommen werden, die ihm nicht widerstreiten oder sich ihm angleichen lassen. Konkrete Grundform des Zusammenlebens, dem diese S. dient, ist die Rechts- und Kultgemeinde. Geltende Grundsätze sind das Recht, das einer dem anderen zukommen läßt, und die kultische Tadellosigkeit (vgl. ṣaddîq »schuldlos, gerecht«, rašaʿ »schuldig, unrecht«, tamîm »einwandfrei, tadellos« usw als ursprünglich rechtliche oder kultische und danach als s.e Begriffe). So beruht die S. im Hinblick auf Gott und die menschliche Gemeinschaft auf der gegenseitigen Anerkennung und dem gerechten Ausgleich der verschiedenen Ansprüche und Rechte. Ihre Grenzen liegen in der Bedingtheit durch gemeinsame altorientalische Anschauungen (Polygamie, Sklaverei) und in der nationalen Gebundenheit, da man sich in erster Linie dem Volks- und zugleich Glaubensgenossen verpflichtet weiß.

Diese S. wird im Verlauf der Königszeit durch die politischen und wirtschaftlichen Umwälzungen erschüttert und weithin aufgelöst. Der Übergang von der Natural- zur Geldwirtschaft und die sich bildende städtische Sozialordnung haben stark in dieser Richtung gewirkt. Die Geldmacht sucht eine zinsbringende Anlage, sammelt den Grund und Boden in den Händen einer kleinen Schicht und benötigt wiederum die entwurzelten Bauern für die Lohnarbeit. Mündet die Erkenntnis, daß zwischen den alten Idealen und den Verhältnissen der Gegenwart ein unheilbarer Zwiespalt besteht, öfters in den Zynismus (vgl. Jes 29, 15; Zeph 1, 12; Ps 14), später auch in die Skepsis (→ Predigerbuch), so führt sie zugleich in den Zorn der → Propheten (: II B). Indem diese den Luxus (Jes 3, 16–24; 5, 11–13; Am 4, 1–3; 6, 1–7) und die Geschäftspraktiken ihrer Zeit (Am 8, 4–7) wie die Zersetzung des Rechtswesens (Jes 5, 23; Am 5, 7. 10f) als Verstöße gegen die sozialen Pflichten verurteilen, die s. verwüstende Art der Kultusausübung (Hos 4, 7ff; 9, 10) oder der politischen Beziehungen schelten (Ez 16, 1–43; 23, 1–31) und die neu eindringende fremde Sitte als weitere Gefährdung ablehnen (Zeph 1, 9), setzen sie die im alten Herkommen und Recht gegebenen s.en Grundsätze als wohlbekannt voraus. Doch obwohl sie keine neuen Forderungen erheben, rufen sie nicht einfach zum alten Recht zurück, sondern bilden einen entscheidenden Wendepunkt in der Geschichte der at. S. Einerseits legen sie in universaler Fortführung der älteren Anschauung eine allen Menschen gemeinsame S. zugrunde, die Jahwe gesetzt hat und nach der er die Völker richtet (vgl. die Fremdvölkersprüche), wobei sie wie Jes 1, 16 b–17 die ständisch gebundene altorientalische Sozialtradition auf den einzelnen Israeliten und Menschen überhaupt beziehen. Andererseits rücken sie bestimmte Forderungen in den Mittelpunkt, beschreiben auf diese Weise die dem göttlichen Willen entsprechende Grundhaltung des Menschen und konzentrieren diesen Willen in einem zusammenfassenden Grundsatz (Jes 1, 17: Gutes tun; Mi 6, 8: Recht, Liebe und Demut), der damit dem Bereich des Rechtes und Gesetzes entnommen und durch Einzelanweisungen lediglich beispielartig erläutert wird.

Die prophetische Konzentration bestimmt die späteren theologischen Theorien über die S. Das Gesetz des → Deuteronomiums sucht sie mit altem und neuem Recht dadurch zu verbinden, daß Israel als gotterwähltes Volk von Brüdern mit ganzem Herzen und ganzer Seele brüderlich handeln soll. Das → Heiligkeitsgesetz geht von den beiden Polen der → Heiligung des Lebens und der → Liebe zum Volksgenossen und Fremdling aus (Lev 19, 18. 34). Die → Priesterschrift bezieht die Gebote der drei ersten Geschichtsperioden auf die Menschheit oder einen Teil von ihr, die der vierten Periode aber auf Israel allein, erfaßt damit das ganze Leben der Gottesgemeinde und stellt ihre gesetzlich-rituell bestimmte S. in den Dienst der wahren Verehrung Gottes. Selbst die Weisheitslehre findet in der → »Gottesfurcht« (: II) als Grundlage oder Ausgangspunkt für die einzelnen Lebensregeln einen übergeordneten Allgemeinbegriff. Zugleich ergeben sich neue Grenzen dieser Ausprägungen der S.: ihre gesetzliche Gebundenheit, die zu dogmatischer Starrheit und sklavischer Observanz führt; ihre Kasuistik, die alle Einzelheiten festzulegen sucht und das Wissen über den s.en Willen stellt; und ihr eudämonistischer Zug, der über den Gedanken von Lohn und Strafe schließlich die zweiseitige Vergeltungslehre schafft.

Als für das AT trotz der Unterschiedlichkeiten grundlegender Zug erweist sich die überaus enge Verbindung von → Glaube (: II) und S. Ungeachtet aller geschichtlichen Bedingtheit ist die S. weder autonom noch durch ein Mehrheitsverhältnis bedingt, sondern von Gott gegeben. Demgemäß geht sie nicht von einem Begriff des Guten aus; vielmehr wird »Gutes suchen« durch »Jahwe suchen« interpretiert (Am 5, 4f. 14f), so daß die S. danach beurteilt wird, ob sie am göttlichen Willen gemessen richtig oder falsch ist. Daher bildet schließlich nicht das Gewissen den Ausgangspunkt, sondern wird umgekehrt als Innewerden des Sichverfehlens gegen Gott geweckt. Stets beherrscht der absolute Wille Gottes das ganze Leben und gilt in allen menschlichen Bereichen. Von da aus erklärt sich, daß ethische und kultische Gebote nebeneinander stehen können.

Grundlegend ist ferner das Gemeinschaftsbewußtsein, das, auf natürlichen Bindungen beruhend, durch geschichtliche und religiöse Momente verstärkt worden ist. Von Anfang an findet sich als sein Gegenpol das Wissen um die persönliche Verantwortung, zunächst im Rahmen der Gemeinschaft, später als religiöser Personalismus. Dazu tritt ein waches Gefühl für die dem Menschen eigene Würde, gespeist aus dem Verhältnis des Menschen zu Gott im Unterschied zur Welt der Tiere und Dämonen. Dem entspricht es, daß die S. zwar am jeweiligen Tun und Lassen erkannt und nach ihm beurteilt wird, aber aus dem Eigentlichen des Menschen, seiner inneren Grundhaltung und »Gesinnung« (»Herz«) hervorgeht.

Wichtigere Einzelheiten sind behandelt unter → Ackerbau: II, → Armenpflege: II, → Armut: I, → Bann, → Begräbnis: II, → Dekalog, → Ehe: II, → Eid: II, → Eigentum: I, → Erlaßjahr, → Familie: II, → Frau: II, → Fremde: II, → Gebet: II, → Gelübde: II, → Gemeinschaft und Individuum: II, → Gerechtigkeit Gottes: II, → Gerichtsverfassung in Israel, → Gesetz: II, → Handel: II, → Hirten- und Beduinenleben in Israel, → Jobeljahr, → Königtum in Israel, → Leiden: II, → Leviratsehe, → Mensch: II, → Menschenopfer, → Rein und Unrein: II, → Reinigungen: II, → Speiseverbote: II, → Todesstrafe: I, → Totenverehrung: II, → Trauerbräuche: II, → Verdienst: II, → Vergeltung: II, → Wirtschaftsgeschichte: II.

W.A.L.Elmslie, Ethics (H.Wh.Robinson, Record and Revelation, 1938, 275-302) - J.Hempel, Das Ethos des AT, 1938 - N.W. Porteous, The Basis of the Ethical Teaching of the Prophets (H.H. Rowley, Studies in OT Prophecy, 1950, 143-156) - C.Tresmontant, La doctrine morale des prophètes d'Israël, 1958 - E.Jacob, Les bases théologiques de l'éthique de l'AT (VT Suppl. 7, 1960, 39-51) - E. Hammershaimb, On the Ethics of the OT Prophets (ebd 75-101). - Vgl. ferner die at. Theologien. *G.Fohrer*

IV. Im Judentum

Zwar regelt im Judentum schon die Tora (→ Gesetz: III) das Verhalten des Menschen zum Menschen, aber daneben gibt es von jeher eine vom gesetzlichen Denken unabhängige S., ohne das Schema von Lohn und Strafe, spontan (vgl. BM 62 a), aus Ehrfurcht und Liebe (Abot III, 1. 3). Im → Talmud finden sich als ethische Traktate Abot, Abot de Rabbi Natan, Derek Ereṣ Rabba und Zuṭa, Pereq Šalôm. Die Begründung der S. liegt daher nicht nur im Dekalog und in anderen gerne zitierten at. Gebotsfassungen (Makkot 23 b: Ps 15; Jes 33, 12; Mi 6, 8 u.a.) - selbst ohne Tora hätten die Menschen Tugend gelernt (Erub. 100 b [vielleicht kynisch]) -, sondern in der Gen 5, 1 statuierten gemeinsamen Abstammung der Menschen von Adam und ihrer Gottesebenbildlichkeit (Ben Azzai, ca 115 nChr, in Sifra IV zu Lev 19, 18), oder in der Abstammung Israels von den Vätern, wodurch auch die Armen Israels (→ Armenpflege: III) Edle sind (BQ 90 a), oder in Gottes Gegenwart in Israel, der šekînā (→ Hypostasen, 3; Sanh. 58 b). Makro-mikrokosmisch ist der Hinweis auf das Vorbild Gottes, woraus eine imitatio Dei folgt (Sukk. 30 a, Meg. 31 a, auch bei → Philo und später). Uralt, von auswärts kommend, ist die → Goldene Regel → Hillels (Sabbat 31 a, vgl. Mt 7, 12). Die so begründete S., unter der Voraussetzung der - nur selten eingeschränkten (Ber. 33 b) - Willensfreiheit (Ab. III, 15), gibt dem Menschen die Möglichkeit, durch den guten Trieb (jeṣær ha-ṭôb) den bösen (jeṣær ha-rā') zu besiegen. An erster Stelle steht das Wohltun (gemîlût ḥasadîm) mit dem Almosen (ṣedaqa), beides meist verdienstlich, doch auch oft »um des Himmels (Gottes) willen«. Bes. wichtig ist die Achtung vor der Ehre des andern, des ḥaber, dh des Kollegen im Gelehrtenverband (ḥăbbûra), doch ebensooft auf alle Menschen, auch den Nichtjuden, ausgedehnt; auf der eigenen Seite die Demut (schon als Ausdruck der Bußgesinnung der Gemeinde). Die Frau, obwohl unter dem Manne, »bedeutet das Haus« (Joma 2 a u.ö.) und erfreut sich als Gattin und Mutter hoher Schätzung; die → Haggada kennt eine Anzahl bedeutender Frauen. Im Sexuellen ist man empfindlich bis zur Prüderie. Heirat und Kindererziehung ist s.e Pflicht. Die Arbeit wird gewertet, weil sie den Gelehrten für das Tora-Studium unabhängig macht, aber auch, weil sie der Sabbatruhe und Regenzeit die Waage hält und von der Sünde ablenkt. Der Gemeinde darf man sich nicht entziehen. Dem (römischen) Staat, den man gelegentlich bewundert, begegnet man mit Vorsicht; Mar Samuel († 254 nChr) lehrt über den (persischen) Staat: »Staatsrecht ist (auch für den Juden) Recht« (BQ 113 a u.ö.). - Die Leute von → Qumran (, 4) sehen den Nächsten im Sektenbruder (1QS 2, 64f). Man soll alle lieben, die Gott erwählt, alle hassen, die er verworfen hat (1QS 1, 3f). Prädestination (der Mensch unter zwei Geistern) und individuelle Verantwortung stehen nebeneinander. Die → Mystik (Baḥja ibn Paqûda, 11.Jh.; Jehuda hæ-Ḥasîd aus Regensburg, 12.Jh.) und die → Kabbala geben der sog. Mûsar-Literatur (mûsar »Ethik«) den Vorzug vor der gesetzlichen, dh sie pflegen erbauliche Moral als einen Teil des Weges der mystischen Gottesliebe. Für die jüd. Aufklärung sind Religion und Moral identisch. H. → Cohen lehrt die Gotteserkenntnis als die Erkenntnis vom s.en Endzweck des Menschengeschlechts. Hingegen betonen moderne jüd. Theologen (zB M. → Buber) das Irrationale in der jüd. S.

A.Geiger, Das Judentum u. seine Gesch., 1865 - H.Cohen, Religion der Vernunft aus den Quellen des Judentums, (1919) 1929² - L.Baeck-M.Dienemann u.a., Die Lehren des Judentums nach den Quellen, 3 Bde, 1920-29 (bes. Bd I: Die Grundlagen der jüd. Ethik) - H.L.Goldschmidt, H.Cohen u. M.Buber, Genf 1946.

E.L.Dietrich

V. Im Urchristentum

1. Die Fragestellung - 2. Jesus - 3. Paulus - 4. Das spätere Urchristentum

1. Die Frage nach der S. im Urchristentum läßt sich auf zwei verschiedene Arten beantworten. a) Man kann die s.en Verhältnisse innerhalb der Gemeinden, ihre Entwicklung und ihren Zusammenhang mit der Umwelt als Teil der urchristlichen Geschichte ins Auge fassen. b) Man kann aber auch die s.en Grundsätze, die ethischen Motivierungen, die konkreten s.en Weisungen als Fortbildungen traditioneller Anschauungen oder als neue Erkenntnisse darstellen und damit zur Kenntnis der nt. Theologie beitragen. Nun lassen sich freilich beide Fragestellungen nicht völlig trennen, weil die s.en Verhältnisse zu einem Teil die Art und Richtung der ethischen Weisungen bedingt und weil die ethischen Grundanschauungen die Lage in den Gemeinden bestimmt haben. Trotzdem ist die historische Fragestellung immer dort bevorzugt worden, wo man entweder nur nach den historischen Tatbeständen fragte oder das Urchristentum als die ideale Anfangszeit einer religiösen Bewegung betrachtete, während die theologische Frage in der Regel verbunden war mit dem existentiellen Interesse an der normativen Bedeutung der nt. Forderungen für die ethische Entscheidung der eigenen Gegenwart. Wer nun die Voraussetzung teilt, daß das NT uns die Botschaft von Gottes endgültigem Heilshandeln in Jesus Christus vermittelt, der wird auch die urchristliche S. und die nt. Mahnungen nicht befragen können, ohne die bleibende Bedeutung und gegenwärtige Gültigkeit der ethischen Texte des NT immer ins Auge zu fassen, wobei die Anwendung streng historischer Fragestellung nicht gefährdet werden darf. Damit ist aber gegeben, daß auch bei einer bewußt theologischen Fragestellung die urchristliche S. nur in ihrem geschichtlichen Werden betrachtet werden kann, ohne daß damit die Voraussetzungen verbunden sein müßten, daß spätere Entwicklungsstufen notwendigerweise einen Abstieg oder eine Verweltlichung oder umgekehrt eine sachgemäße Entfaltung bedeuten.

2. *Jesus* steht am Anfang der urchristlichen S., nicht nur darum, weil seine Forderungen die ältesten ethischen Anweisungen des Urchristentums sind, sondern vor allem darum, weil seine Person und sein Auftreten die geschichtliche und sachliche Begründung aller urchristlichen S. bedeuten. Denn Jesu Forderung hängt aufs

engste mit seiner Predigt von der nahe bevorstehenden und in seinem Wort und Werk in die Gegenwart einbrechenden Gottesherrschaft zusammen (→ Jesus Christus, 10 c. d; → Reich Gottes: I, 2 c). Das gilt zunächst in dem ganz direkten Sinn, daß Jesus den Eingang in die Gottesherrschaft an die Erfüllung bestimmter Bedingungen bindet: »Wenn dich dein Auge ärgert, reiße es aus; es ist für dich besser, einäugig in die Gottesherrschaft einzugehen als mit zwei Augen in die Hölle geworfen zu werden« (Mk 9, 47; vgl. 10, 15; Mt 5, 21ff). Dementsprechend wird die Umkehr als Voraussetzung für das Bestehen im Gericht und das Eingehen in die Gottesherrschaft bezeichnet: »Wenn ihr nicht umkehrt, werdet ihr alle zugrunde gehen« (wie die von Pilatus getöteten Galiläer oder die vom Siloa-Turm erschlagenen Menschen, Lk 13, 3. 5; vgl. Mt 12, 41; Lk 16, 30), und Jesus kann darum als die einzig wesentliche Forderung für den Menschen das »Suchen« der Gottesherrschaft bezeichnen (Mt 6, 33). Die Forderungen Jesu sind also als Mahnungen angesichts des drohenden Gerichts verstanden, als Einlaßbedingungen für die nahe Gottesherrschaft.

Aber Jesus weist nicht nur auf die guten und bösen Folgen hin, die das menschliche Verhalten angesichts des baldigen Eintritts der Gottesherrschaft haben muß, er spricht auch häufig und unbefangen von der → Vergeltung (: IV) und dem Lohn, die menschlichem Tun verheißen sind: »Wer sein Leben retten will, wird es verlieren, wer sein Leben verlieren wird meinetwegen..., wird es retten« (Mk 8, 35); »Wenn ihr liebt, die euch lieben, welchen Lohn habt ihr?« (Mt 5, 46); »Euer Vater, der ins Verborgene sieht, wird euch vergelten« (Mt 6, 4). Nun ist es deutlich, daß Jesus nur vom »Lohn im Himmel« und von »Schätzen im Himmel« redet (Mt 5, 12; 6, 20) und ausdrücklich davor warnt, am irdischen Schicksal des Menschen Gottes Vergeltung abzulesen (Lk 13, 1ff), so daß man zweifellos von dem »transzendenten Charakter der Vergeltung« (Pesch) reden kann. Und auch das ist deutlich, daß das Wissen um göttlichen Lohn und göttliche Strafe im Sinne Jesu nicht das entscheidende Motiv für das menschliche Handeln sein kann, weil der Gottes Willen erfüllende Mensch sich nicht einmal selbst als lobenswert vorkommen darf (Mt 6, 3) und gerade die unbewußte Erfüllung des Gebotes Jesu die Anerkennung des Weltrichters findet (Mt 25, 31ff). Vor allem aber lehnt Jesus radikal jeden *Anspruch* des Menschen auf göttliche Anerkennung darum völlig ab, weil der Mensch zu bedingungslosem Dienst gegenüber Gott verpflichtet ist (Lk 17, 7ff) und Gott aus völlig freier Güte seine Belohnung ohne jede rechtliche Entsprechung von Leistung und Lohn verleiht (Mt 20, 1ff). Und die Verpflichtung zu treuem Dienst bringt nur *Hoffnung* auf Belohnung mit sich (Mt 25, 14ff). Wenn Jesus trotzdem am Lohngedanken festhält, so zeigt sich darin um so deutlicher, daß er mit der Tatsache ernst macht, daß der Mensch von Gott, dem Schöpfer, unbedingt gefordert ist und daß er dieses grundlegende Verhältnis angesichts der Nähe der Gottesherrschaft mit neuer Dringlichkeit verkünden muß.

Leidet es somit keinen Zweifel, daß Jesu s.e Forderung in entscheidender Weise durch den Hinweis auf die kommende Gottesherrschaft motiviert und dringlich gemacht wird, so wird dieser Zusammenhang keineswegs dadurch relativiert, daß Jesus zur Begründung seiner s.en Forderung auch andere Motive anführt: die Nachahmung Gottes (»Seid barmherzig, wie euer Vater barmherzig ist« Lk 6, 36), die Rücksicht auf die Ehre Gottes (»Schwört nicht, weder beim Himmel, denn er ist Gottes Thron...« Mt 5, 34f), die Autorität Jesu (»Wer Vater und Mutter mehr liebt als mich, ist meiner nicht wert« Mt 10, 37). Wenn man diese und andere Forderungen, die nicht direkt auf das kommende Reich Gottes verweisen, als Belege dafür anführt, daß die Forderung Jesu nur zu einem Teil mit seiner eschatologischen Verkündigung in Zusammenhang stehe (Windisch, Sevenster), so ist übersehen, daß wir den gedanklichen Zusammenhang der Verkündigung Jesu angesichts des isolierten Charakters der Jesus-Überlieferung überhaupt nur konstruktiv erkennen können. Alle diese nicht-eschatologischen Motivierungen der ethischen Forderung Jesu zeigen vielmehr, daß der *sachliche* Sinn der Forderung Jesu noch keineswegs durch den bloßen Hinweis auf den Zusammenhang seiner Forderung mit der Naherwartung ausreichend geklärt ist.

Die eigentliche Schwierigkeit im Verständnis der ethischen Forderung Jesu liegt ja nicht in ihrer Motivirung, sondern in ihrem konkreten Gehalt, wie er sich vor allem in der → Bergpredigt (: I) zeigt. Die hier gesammelten Weisungen sind einerseits gekennzeichnet durch ihren Zusammenhang mit dem AT und damit dem jüdischen → Gesetz (: II. III), andererseits durch ihren radikalen Charakter, der das Problem ihrer Ausführbarkeit aufwirft. Nun kann kein Zweifel sein, daß Jesus in seinen s.en Forderungen at. Gebote in ihrer zeitgenössischen Deutung bejahend aufgenommen und überboten hat (Mt 5, 21ff; diese »Antithesen« sind nicht eine sekundäre »Qumranisierung« der Verkündigung Jesu, so Stauffer), ja daß er auf den Dekalog als Zusammenfassung des Gotteswillens verwiesen (Mk 10, 17-19) und die at. Gebote der Liebe zu Gott und zum Nächsten als die entscheidenden Forderungen Gottes bezeichnet hat (Mk 12, 28-31). Aber ebenso deutlich ist, daß Jesus das Sabbatgebot bewußt übertreten und die Pflicht zur Einhaltung eines Gelübdes angesichts des Gebots der Elternliebe aufgehoben hat, ja daß er das Recht auf Vergeltung und auf Entlassung der Ehefrau entgegen at. Bestimmungen ausdrücklich bestritten und erklärt hat, daß keine Speise einen Menschen unrein machen könne (Mk 3, 1ff; 7, 1ff; Mt 5, 38ff; Mk 10, 1ff; 7, 15). Für alle solche scheinbar willkürliche Kritik am überlieferten Gesetz beruft sich Jesus aber weder auf Schriftauslegung noch auf besondere Überlieferung, sondern ausschließlich auf seine persönliche Autorität (»Ich aber sage euch«). Und wenn er dabei das rabbinische Verständnis at. Gebote radikalisierend überbietet, so berührt er sich nur formal etwa mit der Sekte von → Qumran, da seine Gesetzesverschärfung nicht grundsätzlichen Charakter hat und weder kasuistisch noch kultisch ist.

Welchen Sinn hat dann aber die Gesetzesverschärfung Jesu? Er fordert nicht nur grundsätzlich von jedem Jünger, daß er sich ohne Rücksicht auf soziale Bindungen und Verpflichtungen allein um den Erwerb des Gottesreiches kümmere (Mt 8, 22; Lk 14, 26), sondern er deutet zB das Verbot des Tötens in dem umfassenden Sinn, daß jeder Haß inbegriffen ist, der auf Schädigung des andern ausgeht, untersagt jegliche Ehescheidung und Wiedervergeltung, fordert aber Liebe auch gerade zu den Feinden usw (Mt 5, 21-48). In solcher Radikalisierung und Verinnerlichung berührt sich Jesus zweifellos mit manchen Einzelgedanken jüdischer Lehrer, auch mit verbreiteten menschlichen Idealen, vertritt aber auch Forderungen, die im zeitgenössischen Judentum keine Parallelen haben (Ehescheidungsverbot, Gebot der Feindesliebe, Doppelgebot der → Liebe [: III, 3]). Man hat diese Radikalisierung oft als → *Gesinnungsethik* bezeichnet im Gegensatz zu einer Gesetzlichkeit der bloßen Gebotserfüllung; solche Charakterisierung trifft zwar Jesu Anschauung, daß nur der gute Baum gute Früchte bringen kann (Mt 7, 16ff), greift aber insofern fehl, als Jesus nicht nur eine bessere Gesinnung, sondern eine

»bessere Gerechtigkeit« (Mt 5, 20) und damit ein Tun des den ganzen Menschen in Anspruch nehmenden Gotteswillens fordert. Das bedeutet nicht, daß Jesus ein »neues Gesetz« gibt (Windisch), aber ebensowenig, daß er »Moral ohne Gehorsam« verkündet (Stauffer), wohl aber, daß er den Gehorsam des Gotteskindes an konkreten Beispielen schildert und den Willen des Vaters kundtut, der »beschlossen hat, euch das Reich zu geben« (Lk 12, 32). Hier wird der Mensch nicht einer formalen Autorität gegenübergestellt, deren Begrenzung diskutiert werden kann, sondern dem lebendigen Gott, dessen Willen Jesus vollmächtig und endgültig verkündet (Lk 15, 1ff).

Denn das ist nun das Entscheidende, daß Jesus diesen Willen Gottes nicht nur angesichts der kommenden Gottesherrschaft verkündet, sondern als der, der Gottes Herrschaft in die Gegenwart hineinbringt und Gottes endzeitliches Rettungshandeln schon gegenwärtige Wirklichkeit werden läßt, indem er die Armen und Gedrückten zu sich ruft und unter seine Jünger aufnimmt, indem er Gottes Vergebung zuspricht und Gottes Vaterliebe zu konkretem Geschehen werden läßt (Mt 12, 28; 5, 3ff; Mk 2, 14; Lk 8, 2; Mk 2, 1ff; Mt 11, 25f). So wird das erfahrene Heilshandeln Gottes zur Grundlage des menschlichen Handelns: die erfahrene Vergebung eigener Schuld ermöglicht und verlangt die Bereitschaft zur Vergebung dem Nächsten gegenüber (Mt 18, 23ff), die Sünderin kann viel lieben, weil sie viel Liebe erfahren hat (Lk 7, 47), und die Umkehr ist dem möglich, den Gott dazu befähigt hat (Mk 10, 26f). So ist die Forderung Jesu wohl ganz und gar durch die Verkündigung von der Gottesherrschaft bestimmt, aber nicht im Sinne einer → »Interimsethik« (A.Schweitzer), sondern als »Ethik der Heilszeit oder Ethik des Neuen Bundes«: »Der radikale Charakter der Ethik Jesu entsteht nicht aus der Kürze der Zeit, sondern aus der neuen Gottesbeziehung in der Heilszeit« (A.Wilder). Damit ist aber gesagt, daß die Liebesforderung Jesu das s.e Handeln zur Antwort auf das Liebeshandeln Gottes werden läßt; »neben, in und über dem Wissen, daß das Eschaton Gottes Vergebung und Heil bringt, steht Jesu Wissen um die Vaterliebe Gottes« (Schürmann). *Darum* faßt Jesus alle konkreten Einzelforderungen in dem *so* vorher nicht bezeugten Doppelgebot der Liebe zusammen (Mk 12, 28ff): die Erfahrung der Liebe Gottes wendet sich dankbar auf Gott zurück und damit dem Nächsten zu, neben den Gott uns gestellt hat (Lk 10, 25ff). Damit wird nicht »dem Menschen eine gewaltige Reserve an gutem Willen und moralischer Energie zugeschrieben« (Stauffer), sondern dem Menschen, der in neuer Klarheit erfahren hat, daß »unser Gott *ein* Herr ist« (Mk 12, 29), vor Augen gestellt, daß er nur auf Grund dieser persönlichen Begegnung mit dem seine Liebe schenkenden und ganze Hingabe fordernden Gott zu richtigem Verhalten in der Wirklichkeit der bestehenden Welt, dh dem Nächsten gegenüber, kommen kann. Und Jesu konkrete Weisungen helfen beispielhaft zur persönlichen Entscheidung in konkreten Einzelfragen und konnten gerade darum, weil sie nicht zeitgebundene Einzelgesetze bieten, dauernd gültig bleiben.

3. Wir wissen nun sehr wenig darüber, in welcher Weise sich die s.en Forderungen Jesu in der *Urgemeinde* ausgewirkt haben. Mit Sicherheit darf man freilich annehmen, daß sie die Forderungen Jesu als Anweisungen für die Lebensgestaltung weitergegeben, nach paränetischen Grundsätzen zusammengeordnet und wohl auch schon bald den Bedürfnissen der Gemeinden angepaßt hat, obwohl wir nichts Genaueres darüber sagen können, zu welchem Zeitpunkt zB die Unzuchtsklausel als kasuistische Ausnahme in das Ehescheidungsverbot Jesu eingefügt (Mt 5, 32; 19, 9) oder die Forderung auf volle Erfüllung *aller* schriftgelehrten Gesetzesauslegungen übernommen worden ist (Mt 23, 3). Und der widerspruchsvolle Bericht der Apg über die Stellung der Urgemeinde zum Besitz (2, 44f; 4, 34f) läßt auch nicht *mehr* erkennen, als daß die → Armut (: I, 2) als ein Ideal gewertet wurde, dem man durch freiwilligen Verzicht auf Privatbesitz zugunsten der Gemeinde nachzukommen suchte, ohne daß aber (anders als in Qumran) jedes Privateigentum grundsätzlich untersagt worden wäre (→ Eigentum: I, 3). Nur zwei Tatbestände sind mit einiger Sicherheit festzustellen: a) Das jüdische Gesetz blieb grundsätzlich in Geltung, und Jesu vollmächtige Kritik am Gesetz und seiner überlieferten Deutung scheint zunächst nicht weitergewirkt zu haben. Erst das Problem der Heidenmission hat offensichtlich die Frage der weiteren Gültigkeit des Gesetzes aktuell werden lassen und zur Entstehung von divergierenden Meinungen in der Urgemeinde geführt (→ Urchristentum). b) Der Anspruch der Urgemeinde, das Gottesvolk der Endzeit, die »Heiligen«, die → »Kirche« (: II) zu sein (Mk 13, 27; 1Kor 16, 1; Mt 16, 18f), brachte die Forderung auf Reinhaltung der Gemeinde mit sich; das ergibt sich eindeutig aus der Erzählung von der Bestrafung des Ananias und der Saphira wegen Betrugs (Apg 5, 1ff), auch wenn wir nicht genau feststellen können, was vorgefallen ist; und auch die kasuistische Ausweitung des Ehescheidungsverbots (vgl. Mk 10, 11 mit Mt 5, 32; 19, 9; Lk 16, 18) beweist die Bemühungen um einen allseitigen Schutz der Ehe.

Erst in den Briefen des Paulus haben wir umfangreichere und genau datierbare Quellen, die uns über die s.en Anschauungen des Paulus genauere Auskunft geben und auch einiges über die Lage in den heidenchristlichen Gemeinden der paulinischen Mission erkennen lassen. Freilich sind die → Paulusbriefe Gelegenheitsschriften mit einer jeweils speziellen Abzweckung und darum weder hinsichtlich des Umfangs der behandelten Probleme noch hinsichtlich ihrer Begründung irgendwie vollständig. Und überdies ist der Zusammenhang der Einzelerörterungen mit der jeweiligen Gemeindelage nicht immer deutlich erkennbar. Trotzdem sind die Briefe des Paulus unsere besten Quellen für die Aufnahme und Weiterbildung der s.en Forderung Jesu in der heidenchristlichen Urkirche.

Auch → *Paulus* geht von der Verkündigung der eschatologischen Heilstat Gottes aus: »Als die Zeit erfüllt war, sandte Gott seinen Sohn..., um die unter dem Gesetz loszukaufen, damit wir die Einsetzung als Söhne empfingen« (Gal 4, 4f), und auch Paulus wartet auf die bald eintretende Heilsvollendung: »Die Zeit ist zusammengedrängt«, und »der, der den Herrn Jesus auferweckt hat, wird auch uns mit Jesus auferwecken« (1Kor 7, 29; 2Kor 4, 14). Diesem Zugleichsein des gegenwärtigen bösen Äons und des Jetzt des Heilstages (Gal 1, 4; 2Kor 6, 2) entspricht die Lage der Christen. »Christus hat sich für unsere Sünden gegeben, damit er uns aus dem gegenwärtigen bösen Äon herausreiße« (Gal 1, 4), und dadurch hat Gott »uns errettet aus der Macht der Finsternis und versetzt in die Herrschaft seines lieben Sohnes« (Kol 1, 13), so daß der Christ bekennen kann: »Jetzt gibt es keine Verurteilung für die in Christus Jesus. Denn das Gesetz des Geistes des Lebens in Christus Jesus hat dich frei gemacht von dem Gesetz der Sünde und des Todes« (Röm 8, 1f). Aber genauso gilt: »Wir sind in Hoffnung gerettet« und »Wir erwarten im Geist aus Glauben die erhoffte Gerechtigkeit« (Röm 8, 24; Gal 5, 5). Gottes endzeitliche Sendung seines Sohnes, Christi stellvertretendes Sterben und seine Auferweckung haben die Mächte des gegenwärtigen bösen Äons überwunden, doch werden sie erst am Ende der Tage vernichtet werden (1Kor 15, 23ff); die Christen haben den göttlichen → Geist (: IV, 2) als Erstlingsgabe der Endzeit erhalten und können darum Gott als »Abba-Vater« anrufen, aber sie warten noch auf die Erlösung des Leibes und sind gewiß, daß Gott ihnen »mit Christus alles schenken *wird*« (Röm 8, 15. 23. 32). Dieses Heil ist darum ganz Gottes Geschenk, aber der Mensch kann es nicht empfangen, wenn er es nicht *im Glauben* annimmt, wenn er sich nicht versöhnen *läßt,* wenn er nicht in der → Taufe (: II) *als Glaubender* mit Christus stirbt und in ein neues Leben versetzt wird (Röm 5, 1; 2Kor 5, 20; Kol 2, 12). Durch Gottes Heilstat ist der Christ darum eine »neue Schöpfung« geworden, »für die Sünde gestorben«, »befreit weg von der Sünde, aber zu Sklaven gemacht für Gott« (2Kor 5, 17; Röm 6, 2. 22).

So könnte man den Eindruck gewinnen, daß Paulus den Christen als sündloses Wesen beschreibe, das gar nicht anders kann, als Gottes Willen zu tun. Aber dem widerspricht eindeutig, daß Paulus neben diese häufigen und in ihrer Eindeutigkeit nicht abzuschwächenden Indikative immer wieder Imperative stellt: »Also soll die Sünde in eurem sterblichen Leibe nicht herrschen« (Röm 6, 12, vgl. Gal 5, 25 u.ö.). Entgegen der oft vertretenen Anschauung, hier liege eine Inkonsequenz des Paulus vor, der die in der Theorie behauptete Taufentsündigung des Christen angesichts der Praxis nicht aufrecht erhalten könne, hat zuerst R.Bultmann (1924) in dem Nebeneinander von Indikativ und Imperativ eine echte Antinomie aufzuzeigen versucht, doch Gerechtigkeit und Sünde nur als *Glaubens*wirklichkeiten verstanden, die nicht wahrnehmbar sind, aber im handelnden Menschen zusammenfallen. Die seitherige Diskussion hat gezeigt, daß Paulus Sünde *und* Neuschöpfung durchaus als wahrnehmbare Tatbestände begreift; die → Sünde (: IV) kann Paulus in den Gemeinden an konkreten Einzelfällen wie an dem satanischen Wirken christlicher Gegner allzu deutlich feststellen (1Kor 5, 1ff; Gal 5, 15; 2Kor 11, 13ff u.ö.), die von Gott geschenkte → Freiheit (: I) ist ebenso an der Vollmacht erkennbar, sich von keiner weltlichen Macht in Beschlag nehmen zu lassen (1Kor 6, 12), wie an der rückblickenden Scham über die *einstige* Frucht der Sündensklaverei (Röm 6, 21). Wohl aber besteht nach Paulus ein eindeutiger *Zusammenhang* zwischen der erfahrenen → Rechtfertigung (: I, 3) und Neuschöpfung des Christen und der Aufforderung zur Meidung der Sünde: der Imperativ wird aus dem Indikativ *gefolgert:* »...der Geist dessen, der Jesus von den Toten erweckt hat, wohnt in euch... Also sind wir Schuldner nicht dem Fleische gegenüber, so daß wir dem Fleische gemäß lebten« (Röm 8, 11f). Das bedeutet nicht, daß das Heil durch menschliches Handeln erst zu beschaffen oder auch nur zu vollenden wäre; das Handeln des Christen geschieht ja in der Kraft des Christusgeistes, und Gott ist es, der Wollen und Vollbringen wirkt (Röm 8, 2. 4; Phil 2, 13). Das bedeutet auch nicht: »Werde, was du bist«; denn die Neuschöpfung Gottes ist nichts, was erst durch Entwicklung oder Entfaltung zu voller Existenz kommen könnte. Sondern Paulus sieht den Christen ganz und gar durch die heilsgeschichtliche Situation bestimmt: er ist aus dem gegenwärtigen bösen Äon errettet, er *kann* darum Gottes Willen tun, solange und insofern er »aus Glauben« lebt (Röm 14, 23); der Glaubende steht aber ebenso noch im gegenwärtigen bösen Äon, ist darum von dessen Mächten bedroht und kann sich deren Macht von neuem anheimgeben (Gal 4, 9). Darum gehören Indikativ und Imperativ sachlich notwendig zusammen als Beschreibung des geschichtlichen Seins des Christen, aber der Indikativ als Aussage über die Heilstat Gottes geht unausweichlich immer voraus und begründet die Möglichkeit der Mahnung. Überdies kehrt Paulus wiederholt von der Mahnung noch einmal zur Feststellung der Tat und Treue Gottes zurück (1Kor 6, 5-11; 10, 9-13; Joest). Der Christ ist durch Gottes Heilshandeln ganz verpflichtet und steht darum im Kampf gegen den ihn noch umfassenden alten Äon, doch ist sein Kampf nicht hoffnungslos (Röm 5, 5).

Von dieser Grundanschauung aus gibt Paulus nun seine *konkreten Anweisungen,* die zT durch die Probleme der jungen Gemeinden veranlaßt sind. Paulus findet sich hier nicht nur schweren s.en Mißständen gegenüber (1Kor 5, 1ff; 6, 8; 2Thess 3, 11), sondern einer völligen Unsicherheit in zentralen Fragen der Lebensgestaltung. Und er kann sich bei seinen Weisungen nicht auf eine fertige Überlieferung stützen. Das AT ist als Norm für den Christen erledigt, die vom Geist getriebenen Christen sind nicht mehr »unter dem Gesetz« (Röm 10, 4; Gal 5, 18); und wenn Paulus auch feststellt, daß »die Rechtsforderung des Gesetzes in uns erfüllt wird, die wir . . . nach dem Geist wandeln« (Röm 8, 4), und die Erfüllung des Liebesgebots als Erfüllung des Gesetzes bezeichnet (Röm 13, 8ff), so begründet er doch keine kirchliche Entscheidung mit dem AT (v.Campenhausen); und wenn Paulus auch keine zwei Gesetzesbegriffe kennt (C.Haufe), so denkt er doch »in seinen Aussagen über das Gesetz im wesentlichen an die s.en Forderungen des Gesetzes« (Bultmann). Kommt das AT so als Norm für die konkrete s.e Entscheidung nicht in Betracht, so ist höchste Autorität »der Herr«, dh die s.en Weisungen Jesu in der Gemeindetradition. Aber merkwürdigerweise führt Paulus diese letzte Norm in ethischen Zusammenhängen nur selten ausdrücklich an (1Kor 7, 10; 9, 14) und verwendet auch sonst nur selten Jesusworte in seinen Mahnungen (zB Röm 12, 14; 13, 9). Die entscheidende Motivierung aller ethischen Weisungen des Paulus ist vielmehr die heilsgeschichtliche Neuschöpfung und die damit gegebene Zugehörigkeit zum Leibe Christi. Sündiges Verhalten gefährdet diese Zugehörigkeit für den Einzelnen (1Kor 6, 15) wie für die Gemeinde (1Kor 1, 13), und diese Zugehörigkeit begründet umgekehrt die Sündenfreiheit des Einzelnen wie der Gemeinde (Gal 5, 24; 2Kor 11, 2). Daneben kann Paulus vielerlei Motive für seine Mahnungen anführen: Gottes Willen (1Thess 4, 3), die Ehre Gottes (1Kor 10, 31), Jesu Vorbild (Röm 15, 7), die Gehorsamspflicht gegenüber dem Herrn (Kol 4, 1), das Vorbild des Apostels (Phil 4, 9), christliche Überlieferung und Sitte (1Kor 11, 2. 16), aber auch Ehrbarkeit und Tugend (Phil 4, 8; Phlm 8), das Ansehen der Gemeinde nach außen (1Thess 4, 12) oder die missionarische Wirkung (1Kor 14, 24f). Vor allem aber weist Paulus immer wieder auf das Gericht nach den Werken, mit dem auch der Christ rechnen muß (Röm 14, 10 u.ö.), und auf den Lohn, der dem Christen verheißen ist (Gal 6, 7f u.ö.), dazu auf die Kürze der noch ausstehenden Zeit (1Kor 7, 29; Röm 13, 11ff). Man hat in dem Lohnmotiv einen Rest jüdischen Denkens sehen (Weinel) oder jedes persönliche Interesse aus der paulinischen Ethik eliminieren wollen (Didier); man hat die bestimmende Rolle der Naherwartung völlig bestritten (Nieder) oder im Zurücktreten der Naherwartung in den späteren Paulusbriefen erst die Möglichkeit zur konkreten Ethik gesehen (Dodd). Alle solche Thesen übersehen, daß die Fülle der Motive nur in verschiedener Weise auf die heilsgeschichtliche Situation hinweist, die das Handeln begründet und ermöglicht. Die konkreten Anweisungen, für die Paulus vielfach völlig selbständig entscheiden muß (1Kor 7, 25!), rechnen gewiß nicht mit einer langen Dauer der Welt und geben darum auch keine Grundlagen für eine neue Sozialgestaltung; sie geben aber der Existenz des Gerechtfertigten in diesem vergehenden Äon notwendigen Ausdruck (Schrage).

Daraus ergibt sich der in mancher Hinsicht zwiespältige Charakter der Einzelanweisungen. Das gilt zB für die *Eheanschauungen,* wie sie vor allem 1Kor 7 entwickelt. Paulus steht der → Ehe (: III A, 2) nicht grundsätzlich ablehnend gegenüber, betrachtet sie auch nicht als bloßes Übel (vgl. dagegen 2Kor 11, 2; Kol 3, 19), lehnt vor allem jede Eheauflösung völlig ab und rechnet mit der Möglichkeit der missionarischen Wirkung einer Mischehe. Er betrachtet auch nicht den Ehelosen als höherstehend, ist aber wohl der Meinung, daß derjenige Christ, dem es gegeben ist, in der kurzen Zeit vor dem Ende besser nicht heiratet, um dem Herrn »ohne Ablenkung« zu dienen. Jede asketische oder erzwungene Meidung einer Eheschließung lehnt er aber grundsätzlich ab. Die letzte Entscheidung bleibt also dem Einzelnen auf Grund der ihm von Gott gegebenen persönlichen Lage überlassen, und nur die Grenzen werden deutlich abgesteckt, innerhalb deren sich eine solche Entscheidung zu vollziehen hat. Paulus hat für diese ethische Entscheidungspflicht des Christen den hellenistischen Begriff des → Gewissens aufgenommen und damit nicht die »s.e Anlage aller Menschen« (Schnackenburg) beschrieben, wohl aber die durch den Gottesgeist ermöglichte Aufgabe, »nicht an Normen des Sollens, sondern an Tatsachen des eigentlichen Seins ... die Aufrichtigkeit unseres Sagens und Tuns zu kontrollieren« (v.Soden, vgl. 1Kor 10, 25ff u.ö.). Weil so die Nähe des Endes zwar der s.en Entscheidung die Dringlichkeit verleiht, letztlich aber zur verpflichtenden Entscheidung angesichts des erfahrenen Heilshandelns Gottes auffordert, erweist sich die paulinische Eheanschauung wohl als durch die Naherwartung bedingt und damit zeitgebunden, ist aber in ihren Grundzügen Ausdruck des göttlichen Anspruchs und damit bleibend wesentlich.

Ein verwandtes Problem bildet die paulinische Stellung zum röm. → *Staat* in Röm 13, 1-7 (1Thess 5, 3 ist nicht eine Warnung vor politischer Staatsideologie, so Bammel). In der anscheinend uneingeschränkten Anerkennung aller staatlichen Machtträger und der ebenso uneingeschränkten Forderung auf Gehorsam scheint die eschatologische Erwartung keine Rolle zu spielen, und man kann sie nicht eintragen, indem man den Staat in das Endzielhandeln Gottes einbezogen findet (Preisker) oder die »Mächte« als von Christus in Dienst genommene dämonische Gewalten interpretiert (Cullmann u.a.). Es ist vielmehr unbestreitbar, daß Paulus in traditioneller Sprache »die Vorstellung vom Weltenordner und seiner kosmischen Ordnung ... aufgegriffen und seinem Anliegen nutzbar gemacht hat« (Käsemann). Aber Paulus redet nicht grundsätzlich vom Staat, und es liegt ihm angesichts des nahen Endes (Röm 13, 11!) völlig fern, sich zur Staatsgestaltung oder zu einer (ihm unbekannten) Mitverantwortung für den Staat zu äußern, es geht ihm ausschließlich um die Pflicht, die finanziellen Forderungen des (heidnischen) Staates zu erfüllen, damit dieser seiner Ordnungsaufgabe nachkommen kann. Paulus weiß sehr wohl um die Zugehörigkeit der Staaten zur vergehenden bösen Welt (1Kor 6, 1ff) und um das Bürgerrecht der Christen im kommenden Äon (Phil 3, 20), aber er rechnet sachlich mit der Notwendigkeit konkreten Verhaltens in der Gegenwart und gibt dafür in »profaner Terminologie« (Strobel) seine Weisungen. Auch hier kann darum die paulinische Weisung nicht einfach übernommen werden, kann aber sehr wohl als Grenzziehung Ausgangspunkt für die eigene Besinnung auf die Forderung Gottes in der veränderten geschichtlichen und heilsgeschichtlichen Situation sein.

Obwohl angesichts der Nähe des Endes jeglicher Antrieb fehlt, die *sozialen Verhältnisse* zu ändern (1Kor 7, 17ff), so nimmt doch Paulus die Aufgabe des konkreten Verhaltens gemäß Gottes Willen in der gegenwärtigen Weltzeit ganz ernst und zeigt »ein gewisses Verständnis für eine christliche Bürgerlichkeit« (Kuss), indem er allgemein ein anständiges Verhalten fordert, die Pflicht zur Arbeit einschärft und in den aus der Umwelt aufgenommenen literarischen → Formen (: II, 2 d) der Tugend- und Lasterkataloge und der Haustafeln s.e Normen der Umwelt ebenso wie die geltenden Beziehungen der natürlichen und sozialen Stände auch für die Christen maßgeblich sein läßt (1Thess 4, 10-12; 2Thess 3, 10; Gal 5, 19ff; Kol 3, 18). Dabei bewirkt die gemeinsame Zugehörigkeit von Herr und Sklave, Mann und Frau zum Leib Christi entgegen der Tradition eine *gegenseitige* Liebesverpflichtung, wenn auch trotz des Grundsatzes »Es gibt keinen Mann und keine Frau, ihr seid alle einer in Christus Jesus« (Gal 3, 28) die damit nicht vereinbare Minderbewertung der → Frau (: III A) noch begegnet (1Kor 11, 2ff, vgl. aber die Korrektur 11, 11f). Und die Haltung des »Habens als hätte man nicht« (1Kor 7, 29ff) verhindert nicht, daß Paulus die Haltung in der vergehenden Welt an jedem einzelnen Punkt durch die Zugehörigkeit zu Christus bestimmt wissen möchte (vgl. Kol 3, 17), weil hier »zum ersten Mal ... das gesamte Handeln der Gemeinde und ihrer Glieder als im Alltag der Welt erfolgende Antwort des Glaubens auf den Ruf der die Welt ergreifenden Gnade theologisch bestimmt wird« (Käsemann).

4. Diese Grundhaltung setzt sich im *späteren Urchristentum* teilweise fort. Vor allem im → *Johannesevangelium* und den → *Johannesbriefen* wird das konkrete Verhalten des Christen in der Heilstat Gottes in Christus begründet: »Ein neues Gebot gebe ich euch, daß ihr einander liebet, wie ich euch geliebt habe« (Joh 13, 34). Die göttliche Herkunft des Christuszeugnisses kann nur erkennen, wer Gottes Willen tun will, und die Jünger sind Christi Freunde, wenn sie seine Gebote halten (Joh 7, 17; 15, 14). 1Joh betont, daß der aus Gott Gezeugte nicht sündigen könne, fügt aber hinzu, daß dies gesagt werde, »damit ihr nicht sündigt«, und verweist den bekennenden Sünder auf Christi Fürsprache und die Vergebung Gottes (3, 9; 1, 8 - 2, 2). Die Christen stehen ja auch für Johannes trotz der Gegenwart des eschatologischen Lebens noch in der vergehenden Welt mit ihren Mächten (Joh 5, 24; 1Joh 3, 2). Freilich ist die Forderung bei Johannes reduziert auf die Liebe, die darum ein »neues Gebot« genannt wird, weil »das wahre Licht schon scheint«, dh diese Liebe ist begründet in der opfernden Liebe Christi (1Joh 2, 7f; 4, 19f). Und wenn die Liebe gefordert wird gegeneinander und gegen den Bruder (Joh 13, 34f; 1Joh 4, 21), so bedeutet das zweifellos nicht eine Einschränkung der Nächstenliebe, sondern ihre Konkretisierung.

Auch im *1.* → *Petrusbrief* sind die Mahnungen zur Bruderliebe, zur Leidensbereitschaft, zum Zeugnis nach außen begründet in der empfangenen Liebe Christi und in der Nähe des Endes (1, 17ff. 22f; 2, 24f; 4, 12f; 2, 12; 3, 15ff; 4, 7); und auch hier ist die Zugehörigkeit zum neuen Gottesvolk und die Abgrenzung von den Sünden der Nichtchristen das Motiv der Reinhaltung der Gemeinde (2, 9-11. 15. 20; 4, 4). Ähnlich kann auch der → *Hebräerbrief* von dem Geheiligtsein der Christen durch den Geist der Gnade reden und die Mahnung darin begründen (10, 29. 32. 35). Daß die eschatologische Entsündigung hier aber nicht mehr streng geschichtlich, sondern naturhaft verstanden ist, zeigt die von Luther als »harter Knoten« bezeichnete Leugnung der Umkehrmöglichkeit für die, die von der einmaligen Heilsgabe abgefallen sind, und die damit verbundene Forderung guter Werke angesichts des bedrohlichen Gerichtstages (6, 4-6; 10, 26; 12, 17; 10, 24f. 31). So taucht denn nun die Forderung nach »guten Werken« (Paulus kennt nur den Singular!) in der späturchristlichen Literatur auch sonst häufig auf (Eph 2, 10; oft in den → Pastoralbriefen und 1Clem), und Glaube und Werke werden *nebeneinander* gestellt (Tit 3, 8; Jak 2, 14ff; Apk 2, 19; 14, 12). Dieses Nebeneinanderstellen verrät, daß der Glaube nicht mehr als eschatologische Neuschöpfung des ganzen Menschen verstanden ist, sondern als Rechtgläubigkeit, die zu guten Werken nur befähigt (2Tim 3, 15-17; Jud 20f; 2Petr 1, 5-7), und daß das Evangelium zum »neuen Gesetz« geworden ist (Jak 1, 25; 2, 12). Infolgedessen kann man zur Beschreibung der s.en Aufgaben der Christen die jüdische Lehre von den beiden Wegen übernehmen (1Clem 36, 1; 37, 1; Did 1-6), die radikale Forderung Jesu kasuistisch umbilden (Mt 5, 32; 18, 15 bis 17) und neben eine »christliche Familienethik« (Wendland, vgl. 1Tim 2, 8ff) für besondere Amtsträger oder Auserwählte rigoristisch-asketische Forderungen stellen (Tit 1, 5-9; Apg 21, 9; 24, 25; Apk 14, 4; 1Clem 62, 2). Doch steht neben solcher moralistischen und kasuistischen Vergesetzlichung nicht nur Johannes (s.o.), sondern auch → Ignatius, der noch »die Dialektik des christlichen Seins, die Paradoxie der Einheit von Indikativ und Imperativ kennt« (Bultmann, vgl. IgnSm 11, 3; Magn 10, 1).

So hält sich im späteren Urchristentum auf der einen Seite das Verständnis des Christseins als gottgeschenkter Existenz in der »Zwischenzeit« des vergehenden alten und des begonnenen neuen Äons durch. Und man sucht von dieser Voraussetzung aus die konkreten Aufgaben dieser »Zeit der Fremdlingschaft« (1Petr 1, 17) in traditionellen Vorstellungen, aber auch auf Grund eigener Entscheidungen (etwa 1Petr 4, 12f; Eph 2, 11-18; Hebr 10, 32-36) zu bewältigen. Auf der anderen Seite aber führen das Eindringen eines naturalistischen oder moralistischen Verständnisses des Christseins zu kasuistischer Gesetzlichkeit und asketischem Rigorismus oder auch zu christlicher »Bürgerlichkeit«. Nur durch kritische Prüfung an der zentralen Verkündigung können darum Einzelweisungen des NT als Norm für unsere eigenen s.en Entscheidungen dienen.

Allg. Darst.en: M.DIBELIUS, Evangelium u. Welt, (1925) 1929² - E.STAUFFER, RGG³ V, 530ff - H.PREISKER, Das Ethos des Urchristentums, (1933) 1949² - DERS., ThW IV, 699ff (Lit.) - BULTMANN I, 229ff - BULTMANN, NT 332ff. 427ff. 552ff (Lit.) - R.LIECHTENHAN, Gottes Gebot im NT, Basel 1942 - M.GOGUEL, L'église primitive, Paris 1947, 441ff - L.H.MARSHALL, The Challenge of NT Ethics, London (1947) 1950³ - E.GAUGLER, Die Heiligung im Zeugnis der Schrift, Bern 1948 - L.DEWAR, An Outline of NT Ethics, Philadelphia 1949 - B.REICKE, The NT Conception of Reward (Mélanges Goguel, Neuchâtel 1950, 195-206) - F.C.GRANT, An Introduction to NT Thought, New York 1950, 300ff - H.J.SCHOEPS, Aus frühchristl. Zeit, 1950, 286ff - C.H.DODD, Gospel and Law, New York 1950; dt.: Das Gesetz der Freiheit, 1960 - W.JOEST, Gesetz u. Freiheit, 1951, 134ff - R.SCHNAKKENBURG, Die s.e Botschaft des NT (Hdb. d. Moraltheol. 6), 1954 (Lit.) - DERS., LThK² II, 429ff - Morale chrétienne et requêtes contemporaines (Cahiers de l'actualité relig. 4), Paris 1954, 27ff - G. BORNKAMM, Der Lohngedanke im NT (Ges. Aufs. II [BEvTh 28], 1959, 69-92) - T.W.MANSON, Ethics and the Gospel, London 1960.

Zu 2: H.WINDISCH, Der Sinn der Bergpredigt (UNT 16), (1929) 1937² - G.SEVENSTER, Ethiek en Eschatologie in de Synopt. Evangelien, Leiden 1929 - A.N.WILDER, Eschatology and Ethics in the Teaching of Jesus, New York (1939) 1950² - M.DIBELIUS, Botschaft u. Gesch. I, 1953, 79ff. 178ff - E.PERCY, Die Botschaft Jesu (LUÅ, NF I, 49, 5), 1953, 116ff - W.PESCH, Der Lohngedanke in der Lehre Jesu (MThS I, 7), 1955 - H.BRAUN, Spätjüd.-häret. u. frühchristl. Radikalismus II, 1957 - E.STAUFFER, Die Botschaft Jesu, damals u. heute, 1959 - H.SCHÜRMANN, Eschatologie u. Liebesdienst in der Verkündigung Jesu (Festg. f. C.Th.Kampmann, 1959, 39-71) - H.K.MCARTHUR, Understanding the Sermon on the Mount, New York 1960 - J.KNOX, The Ethics of Jesus in the Teaching of the Church, ebd 1961.

Zu 3: K.BENZ, Die Ethik des Apostels Paulus (BSt 17, 3/4), 1912 (Lit.) - R.BULTMANN, Das Problem der Ethik bei Paulus (ZNW 23, 1924, 123-140) - H.WINDISCH, Das Problem des paulin. Imperativs (ebd 265-281) - J.KOOY, De paraenese van den Apostel Paulus (Diss. Leiden), 1926 - M.S.ENSLIN, The Ethics of Paul, New York 1930 - M.E.ANDREWS, The Ethical Teaching of Paul, Chapel Hill 1934 - R.SCHULZ, Die Frage nach der Selbsttätigkeit des Menschen im s.en Leben bei Paulus (Diss. Heidelberg), 1939 - H.v.SODEN, Sakrament u. Ethik bei Paulus (Urchristentum u. Gesch. I, 1951, 239-275) - G.BORNKAMM, Taufe u. neues Leben bei Paulus (Ges. Aufs. I [BEvTh 16], [1952] 1960², 34-50) - H.-D.WENDLAND, Die Werke des hl. Geistes in den Gläubigen nach Paulus (ThLZ 77, 1952, 457-470) - E. DINKLER, Zum Problem der Ethik bei Paulus (ZThK 49, 1952, 167 bis 200) - G.DIDIER, Désintéressement du Chrétien, Aubier 1955 - E. GRAESSER, Freiheit u. apostol. Wirken bei Paulus (EvTh 15, 1955, 33 bis 42) - W.JOEST, Paulus u. das Luthersche simul justus et peccator (KuD 1, 1955, 273-295) - L.NIEDER, Die Motive der religiös-s.en Paränese in den paulin. Gemeindebriefen (MThS I, 12), 1956 (Lit.) - H.v.CAMPENHAUSEN, Die Begründung kirchl. Entscheidungen beim Apostel Paulus (SAH 1957, 2) - C.HAUFE, Die s.e Rechtfertigungslehre des Paulus, 1957 - O.KUSS, Der Römerbrief, 2. Lfg. 1959, 396ff - E.KÄSEMANN, Eine paulin. Version des »amor fati« (ZThK 56, 1959, 138-154) - DERS., Gottesdienst im Alltag der Welt (BZNW 26, 1960, 165-171) - W.SCHRAGE, Zur formal-ethischen Deutung der paulin. Paränese (ZEE 4, 1960, 207-233) - G.EICHHOLZ, Glaube u. Werke bei Paulus u. Jakobus (ThEx NF 88), 1961.

Zu 4: E.LOHSE, Paränese u. Kerygma im 1Petr (ZNW 45, 1954, 68-90) - O.PRUNET, La morale chrétienne d'après les écrits johanniques, Paris 1957. - *Zu Spezialfragen:* G.DELLING, Paulus' Stellung zu Frau u. Ehe (BWANT IV, 5), 1931 - K.H.RENGSTORF, Mann u. Frau im Urchristentum (Arbeitsgemeinschaft für Forschung des Landes Nordrhein-Westfalen 12, 1954, 7-52) - J.LEIPOLDT, Die Frau in der antiken Welt u. im Urchristentum, (1954) 1955² - J.DUPONT, Mariage et divorce dans l'Évangile, Brügge 1959 - E.KÄHLER, Die Frau in den paulin. Briefen, 1960 (Lit.) - H.LÉON-DUFOUR, Mariage et contenance selon S. Paul (Mémorial A.Gelin, Lyon 1961, 319-329). - E.LOHMEYER, Soziale Fragen im Urchristentum, 1921 - H.GREEVEN, Das Hauptproblem der Sozialethik in der neueren Stoa u. im Urchristentum (Nt. Forsch. II, 4), 1935 - J.LEIPOLDT, Der soziale Gedanke in der altchristl. Kirche, 1952 - A.N.WILDER, Kerygma, Eschatology and Social Ethics (The Background of the NT and its Eschatology, 1956, 509-536) - H.-D.WENDLAND, Die Kirche in der modernen Gesellschaft, (1956) 1958², 38ff - DERS., Botschaft an die soziale Welt, 1959, 68ff - H.v.CAMPENHAUSEN, Die Christen u. das bürgerl. Leben nach den Aussagen des NT (Tradition u. Leben, 1960, 180-202). - E.GAUGLER, Der Christ u. die staatl. Gewalten nach dem NT (IKZ 40, 1950, 133-155) - L.GOPPELT, Der Staat in der Sicht des NT (Macht u. Recht, 1956, 9-21) - O.CULLMANN, Der Staat im NT, (1956) 1961² - A.STROBEL, Zum Verständnis von Röm 13 (ZNW 47, 1956, 67-93) - E.KÄSEMANN, Röm 13, 1-7 in unserer Generation (ZThK 56, 1959, 316-376; Lit.) - DERS., Grundsätzliches zur Interpretation von Röm 13 (BEvTh 32, 1961, 37-55) - H.SCHLIER, Der Staat nach dem NT (Catholica 13, 1959, 241-259) - E.BAMMEL, Ein Beitrag zur paulin. Staatsanschauung (ThLZ 85, 1960, 837-840). - H.v.CAMPENHAUSEN, Die Askese im Urchristentum (SgV 192), 1949 (= Tradition u. Leben, 1960, 114-156) - H.CLAVIER, The Duty and Right of Resistance according to the Bible and to the Church, Strasbourg-Oxford 1956 - S.WIBBING, Die Tugend- u. Lasterkataloge im NT (BZNW 25), 1959 - W.C.VAN UNNIK, Die Rücksicht auf die Reaktion der Nicht-Christen als Motiv in der altchristl. Paränese (BZNW 26, 1960, 221-234).

Vgl. ferner die Lit. zu → Armut: I, → Askese: IV, → Bekehrung: III, → Bergpredigt: I, → Ehe: III A, → Fleisch und Geist: II, → Frau III A, → Gesetz: IV, → Goldene Regel, → Heiligung: II, → Liebe: III, → Nachfolge Christi: I, → Verdienst: III, → Vergeltung: IV.

W.G.Kümmel

VI. Geschichte der christlichen Sittlichkeit

1. Anfänge und Frühkatholizismus - 2. Gnosis und Askese - 3. S. in der alten Kirche - 4. Augustin und das MA - 5. Reformation und Konfessionskirchen - 6. Pietismus und Aufklärung - 7. 19.Jh. - 8. Gegenwartslage

1. Geschichte der christlichen S. ist nicht mit einer Geschichte der christlichen Ethik zu verwechseln, so sehr sich auch in → Ethik und → Moraltheologie, also in der Theorie, die tatsächlich leitenden Ideen der S. eines Zeitalters widerspiegeln. Die Geschichte der christlichen S. fragt aber auch nicht nach den moralischen Zuständen in ihrem Wechsel und Wandel, zumal diese oft nicht mehr deutlich beschrieben werden können. Vielmehr handelt

es sich um die Geschichte des christlichen Ethos, um die s.en Grundauffassungen in den einzelnen Zeitaltern, was dann zu einem Teil auch in die Geistes- und Kulturgeschichte, vor allem aber in die Sozialgeschichte hinüberspielt. Alles in allem ein älteres Thema.

Von Geschichte der christlichen S. kann man erst dann sprechen, wenn man geschichtliche Veränderungen im Gefüge der s.en Grundsätze wahrnehmen kann. In diesem Wandel der Grundauffassungen manifestiert sich die Veränderung der Lage der Christen in der Welt. Teils gleicht sie sich der Umwelt an, teils findet sie sich im Widerspruch zu ihr. Ganz allgemein ist der Beginn dieser Entwicklung darin zu sehen, daß überhaupt »ethische« Regeln ausgesprochen werden, daß also an die Stelle der unmittelbaren Paränese allgemein zu handhabende Grundsätze christlichen Verhaltens treten. So finden sich in den → Pastoralbriefen nicht nur Kirchenordnungen, sondern Anweisungen für die »Stände« in der christlichen Gemeinde und zu loyalem Verhalten gegen die Obrigkeit, ja zum rechten Umgang mit »allen Menschen« (Tit 3, 1ff; → Sittlichkeit: V, 4). Man hat im Zusammenhang damit von einer »christlichen Bürgerlichkeit« gesprochen (M.Dibelius). Die Reflexion auf eine dem Glauben parallel gehende S. verstärkt sich dann bei den Apostolischen Vätern, wo die hohe S. als Ausweis des Christentums dient. Charakteristischer noch ist für den beginnenden *Frühkatholizismus* die traktathafte Einfachheit, in der s.e Grundsätze populär gemacht werden, und die Sättigung dieser ethischen Zusprüche mit biblischen Worten: dem Gläubigen werden zB »zwei Wege« vorgestellt (Did 1-6; Herm mand VI, 1; Barn 18); der Weg zum Leben wird in der Gottes- und Nächstenliebe beschritten. Schon jetzt wird durch die drei »Räte« - Fasten, Ehelosigkeit und Martyrium (Herm sim V, 3) - der Weg zu außerordentlichen Verdiensten gewiesen (→ Verdienst: IV) und der Grund zu einer doppelten Moral der Christen gelegt. Es findet sich reichlich die Reflexion auf Lohn und Strafe, wobei sogar die Dauer der sündigen Lust gegen die Dauer der Strafe verrechnet wird (Herm sim VI, 4f). Tugendkataloge (zB Herm vis III, 8; sim IX, 15 mit anschließendem Lasterkatalog) bringen das s.e Ideal auf sinnenfällige Formeln. Vor allem die Fragen des ehelichen Lebens, des Ehebruches und der zweiten Ehe (Herm mand IV, 1.4) führen zu Regulierungen, in denen wir die frühesten Elemente einer christlichen Kasuistik erkennen. Die apologetische Literatur ergänzt und bestätigt dieses Bild (→ Apologetik: II). Die christliche Hoffnung ist die Erwartung eines jenseitigen Reiches, in dem einem jeden Lohn und Strafe zuteil werden wird. Wegen dieser sicheren Erwartung sind die Christen die besten Stützen der staatlichen Ordnung (Justin, Apol. I, 11f). Im ganzen gewinnt die S. neben dem Glauben eine gewisse Selbständigkeit, so daß sie an antiken Vorbildern und Beispielen Bestätigung und Veranschaulichung findet (vgl. Herakles am Scheidewege bei Justin, Apol. II, 11). Schon vor Christus findet sich ein vernünftiges und s.es Leben, wenn auch erst in Christus die volle Offenbarung des Willens Gottes geschehen ist. In s.er Hinsicht ist das Christentum das »neue Gesetz unseres Herrn Jesus Christus« (Barn 2, 6). Christus zeigte den Weg des Lebens durch das vom Vater empfangene Gesetz (Herm sim V, 6, 3), er ist der »neue Gesetzgeber« (Justin, Dial. 11. 14. 18). Das besagt keine absolute Neuheit, sondern nur eine Wiederaufdeckung, freilich auch Überbietung dessen, was schon für die Alten Inbegriff der S. war (→ Gesetz: V, 2). Im Grunde kommt es auf eine in einfachen Regeln zu fassende S. hinaus, die sich aus dem AT ebenso wie aus den überlieferten Herrenworten nährt, und in der die Liebe die Seele im Gehorsam gegen das autoritäre Wort bildet. Unverkennbar ist die Tendenz zur Enthaltsamkeit, und diese asketische Grundstimmung ist mehr ein Stück der Weisheit, die den Gliedern der Gemeinde Jesu gebührt, als daß die Nähe der Parusie noch dahinter stünde.

2. Diese überhöhende Akkommodation des neuen Gesetzes mit dem AT und der Antike trägt alle Züge des Moralismus der »kath.« S. Doch erwuchs dieser Gesetzlichkeit in der → *Gnosis* eine schwere Erschütterung, indem hier der Erlösungsgedanke, die Heimkehr des Selbst aus dem Kerker der Welt durch Erkenntnis zu seinem Ursprung, für eine S. in der Welt eigentlich keinen Raum mehr ließ. Die Esoterik, die keine breite S. ermöglichte, und der Dualismus, der auf die Abkehr von der Welt (→ Askese) oder auf ihre Verachtung (Libertinismus) hindrängte, verwirrten die Vorstellung von der Einfalt der s.en Forderungen und der Regel Jesu. Insbesondere rührte → Marcion an die Grundlagen des bisher Selbstverständlichen, erschütternd insofern, als er seine Gnosis »biblisch« zu gründen versuchte. Die radikale Trennung von → Gesetz (: V, 3) und Evangelium, entsprechend seiner Entgegensetzung des Erlösergottes gegen den Schöpfergott des AT, führte überraschend zu gesteigerten gesetzlichen Forderungen an die Gläubigen des Gottes der schlechthinnigen Liebe. Vermehrtes Fasten, Ehelosigkeit der Getauften und Freudigkeit zum Martyrium fügen die S. der marcionitischen Kirche fugengerecht in das Bild jenes s.en Rigorismus ein, der sich, von ganz anderen ideologischen Voraussetzungen aus, auch im → Montanismus bestätigt. Enthusiasmus und Naherwartung führen hier zum Verbot der zweiten Ehe, zu verschärften Fastenvorschriften, zum Verbot der Flucht in der Verfolgung und der Vergebung von Todsünden. Ähnlich haben die auch vom Gnostizismus berührten →Enkratiten (vgl. →Tatian) in der Verwerfung des Genusses von Fleisch und Wein und im Verbot des leiblichen Vollzugs der Ehe von ihren Gliedern eine biblisch-mythologisch begründete Askese gefordert.

3. Die Verwahrung gegen den Einbruch der Gnosis konnte für den frühen Katholizismus doch nicht verhindern, daß sich ihm von dorther entscheidende Einflüsse mitteilten: das Mißtrauen gegen heidnische Bildung und S., die Diastase zur Welt als bleibende Grundstimmung, vor allem aber die Erinnerung daran, daß das Christentum Erlösungsreligion sei, und die damit verbundene Nötigung, den Moralismus mit dem Erlösungsgedanken auszugleichen. Zugleich zwang freilich die immer stärker werdende Berührung des Christentums mit der Welt zu unablässiger Beschäftigung mit ethischen Fragen. → Clemens von Alexandrien hat in seiner Homilie über Mk 10, 17ff (Quis dives salvetur?), einer Anweisung an die Reichen, durch Verwendung ihres Reichtums für die Nächsten errettet zu werden, ein Beispiel hinterlassen. Sein Paidagogos enthält zur Belehrung des bekehrten Heiden eine Fülle von Einzelvorschriften für das Leben, für Essen und Trinken, Ruhe und Erholung, Kleider, Wohnung, für den Umgang mit den Menschen, das Eheleben, ja selbst für den Bäderbesuch und den Sport. Veranschaulichen solche Anweisungen das s.e Bedürfnis der Zeit, so wird es bei → Origenes überhöht. Auch er hat sich in einzelnen Traktaten (Über das Gebet, Ermunterung zum Martyrium) praktischen Fragen des christlichen Lebens zugewendet, aber sein größeres Anliegen war doch in allem der Weg der Seele zu Gott. Da die Sünde für Origenes das »Nichtseiende« ist und die Seele, von der Sehnsucht nach Gott getrieben, unter der göttlichen Pädagogik sich doch immer frei für Gott entscheiden kann, wird sie durch die s.e Läuterung zurückgeführt zur phasenweise eintretenden Wiederherstellung (→Wiederbringung: I) des Urstandes und der unweltlichen, göttlichen Existenz. Diese ganz in die Er-

lösungslehre eingebettete, in die Grundstimmung des Gnostizismus getauchte Ethik steht, bes. in den Anfängen des Origenes, auf dem Hintergrund strenger Askese. – Für das Abendland hat sein älterer Zeitgenosse → Tertullian dieser Askese im Zusammenhang mit einer fortschreitenden Kulturdiastase Ausdruck verliehen. Seine zahlreichen praktisch-asketischen Schriften umreißen in harter Gegenständlichkeit eine S. der Weltabkehr und können überdies als die weithin wirkenden Anfänge der Kasuistik angesehen werden: »An die Märtyrer«, »Über die Schauspiele«, »Vom Gebet«, »Von der Geduld«, »Über die Buße« vor und nach der Taufe, »Vom Schmuck der Frauen«; in der montanistischen Zeit die beiden Schriften gegen die zweite Ehe, die Schrift »De corona militis« gegen den Kriegsdienst der Christen, »Über den Götzendienst« in allen Kulturbereichen usw. Vor allem bedeutet jedoch Tertullians Kampf gegen die kirchliche Vollmacht, Todsünden zu vergeben, und sein Widerstand gegen die Erweichung der kirchlichen Bußpraxis (→ Bußwesen: II, 1 d), ganz unabhängig von seiner eigenen Zugehörigkeit zur Kirche bzw. zum Montanismus, eine grundlegende Wendung in der Geschichte der christlichen S.; denn von hier an tritt das Problem der S. in eine über ein Jahrtausend hin dauernde Schicksalsgemeinschaft mit der Lehre von der Kirche.

Aus der Abwehr der Buß- und Kirchenlehre des → Novatian sowie dem Kampf gegen den → Donatismus erhob sich der neue und für die fernere KG des Abendlandes grundlegende Kirchenbegriff (→ Kirche: III, 2 d), der die Heiligkeit der Kirche nicht mehr in der Reinheit ihrer Glieder oder in der Würdigkeit der Kleriker, sondern in den in sich schon gültigen und wirksamen → Sakramenten und in dem Anschluß an den Bischof und die in ihm verkörperte Tradition der Apostel (→ Cyprian, 2) begründet fand. Damit hörte die S. auf, Träger der Heiligkeit der Kirche zu sein, und es ergab sich die Möglichkeit, die tatsächlich wohl längst und weit verbreitete Kompromißethik der Christen nicht mehr als Katastrophe zu bewerten, sondern unter den veränderten Verhältnissen neu zu ordnen. Lassen doch die radikalen Aufrufe zu Askese und Martyrium unschwer erkennen, daß der großen Masse der Christen dieses Ethos tatsächlich fehlte. Die Gründe dieser »Weltförmigkeit« der Kirche liegen auf der Hand: Es ist einmal das Einströmen der Massen in die Kirche und die damit verbundene Vermischung mit den Heiden, dann aber nach dem Ende der Verfolgung und seit der Anerkennung der Kirche durch den Staat die Verflechtung mit den öffentlichen Dingen schlechthin. Die strenge Bußpraxis läßt sich nicht aufrecht erhalten. Die Martyriumsflüchtigen werden nach ihrer Buße wieder aufgenommen. Die Christen müssen sich mit der Übernahme öffentlicher Ämter und der Macht auseinandersetzen. Der Eintritt von Gebildeten und Reichen in die Kirche erzwingt eine neue Beurteilung der → Kultur (: III, 1) und der Eigentumsfragen (→ Eigentum: II, 1). Mischehen mit den Heiden und die Wiederverheiratung verwitweter Christen lassen sich nicht mehr aufhalten. Die unausweichliche Erfahrung der Welt konnte nicht mehr durch eine Flucht beantwortet werden. Die Erfordernisse kirchlicher Pädagogik und der Predigt erzwangen deutliche und einfache Schemata der s.en Anweisungen, wie sie im Hinweis auf himmlischen Lohn und ewige Strafen schon den frühen Moralismus durchzogen hatten. Die Liebe als Anlaß zu guten Werken und als Stufe zum Aufstieg des Gläubigen (Clemens v. Alex.) ist der Inbegriff der S. Erneut werden die antiken Traditionen aufgeboten, um bis ins Formale hinein (→ Methodius von Olympus: Symposion) zum Vehikel s.er Anweisungen zu dienen. Unter Zugrundelegung der vier griech. Kardinaltugenden (Clemens v. Alex., Strom. I, 20, 97 u.ö.) wird die Tugendlehre (→ Tugend) durch die Hinzufügung christlicher Tugenden, freilich in verschiedener Zählung (zB Strom. II, 18, 78ff), ergänzt; der Tugendbegriff wird bei den griech. Vätern geradezu zu einem Leitbegriff der s.en Belehrung. In Anknüpfung an das stoische → Naturrecht (: II, 3 a) werden die Naturgesetze als dauerndes Gebot des Schöpfers verstanden, wozu → Ambrosius im Hexaemeron (bes. VI, 3, 10) die Grundlagen ausgebreitet hat. Die heidnischen Laster sind widernatürlich. Und schließlich ist auch die Erneuerung des Pflichtbegriffes (→ Pflicht) ein Erbe der → Stoa. Nach dem Vorbild → Ciceros (De officiis) hat Ambrosius in »De officiis ministrorum« die erste förmliche Ethik der christlichen Literatur geschrieben.

Dennoch blieb das Bewußtsein der außerordentlichen Forderung des Christentums lebendig. Die Erfahrung des Martyriums und nach dem Erlöschen der Verfolgungen die in Liturgie und → Märtyrerakten wachgehaltene Erinnerung daran verhinderten ein glattes Versickern der S. in Volkspädagogik und Volksfrömmigkeit. Die stärkste Reaktion dagegen stellte das → Mönchtum (: II) dar, in dem das altchristliche Asketentum lebendig blieb, die Abkehr von der Welt in grundsätzlicher → Armut (: II) und Ehelosigkeit geübt und ein dem weltlichen Christentum entgegengesetztes Vollkommenheitsideal wachgehalten wurde. Ein fester Rhythmus von Gebet und Arbeit gab Raum zur Meditation, die Abgeschiedenheit des Eremiten (→ Antonius d. Gr.) in der Wüste, der Stätte der Anfechtung, richtete den Blick auf die himmlische Welt. Das Zusammenleben der Mönche in Kolonien und späterhin im → Kloster (: II) rief nach Regeln des geistlichen Lebens (→ Pachomius), welche die Verstiegenheiten der Anfangszeiten nicht mehr zuließen und den christlichen Tugenden die des → Gehorsams hinzufügten. Durch diese Entwicklung wurde fortan die → Askese (: V) die Sache eines der Welt entfremdeten »höheren« Christentums, und die doppelte S. zeichnete sich als unabweisbare Folge im Leben der Kirche ab. Indessen nahm das Mönchtum doch auf das Leben der gesamten Kirche fortwährend den stärksten Einfluß. Weithin entstammten die Bischöfe seinen Reihen, die Form des regulierten Zusammenlebens übertrug sich auf den Weltklerus, die Mönche nahmen Einfluß auf kirchliche und dogmatische Entscheidungen und übten Seelsorge.

Hier liegen dann auch die Wurzeln zur Entstehung einer eigenartigen S. der → *Orthodoxen Kirche* (: II, 7). Die von → Basilius verfaßten Mönchsregeln bedingen eine Struktur des Mönchtums, die sich von der abendländischen erheblich unterscheidet. Der Mönch ist der Nachfahre der Märtyrer, vom Mönchtum aus verbreiten sich die Ideale der Askese und der Kontemplation in neuer Steigerung in der frühen Reichskirche (Stylitentum; → Symeon, 3. 4). Diese Frömmigkeit ist zwar zeitenweise an der Gestaltung des weltlichen Lebens und an der Bewältigung seiner Probleme sehr uninteressiert. Das Mönchtum wirkt aber im Osten durch eine Seelsorge, die durch ernste Heiterkeit, durch Weisheit, Milde und wiederum biblischen Radikalismus gleichermaßen geprägt ist, tief ins Volksleben hinein. Diese Wirkung wird dadurch verstärkt, daß seit dem 4. und 5. Jh. das → Bußwesen (: II, 1 f) der orth. Kirche fast ganz in die Leitung der Mönche übergegangen ist, was seine Begrenzung und charakteristische Prägung erklärt.

4. → *Augustins* Bedeutung für die christliche S. könnte in Anbetracht seiner zahlreichen pastoral- und moraltheologischen Traktate als eine Fortsetzung der bisher beschriebenen Wege verstanden werden. Die Autorität der Kirche, die Gesetzlichkeit der s.en Anweisungen,

die Differenzierung der Sünden in Schwachheits- und schwere Sünden, das alles führt nicht aus dem Rahmen hinaus. Aber ein Vergleich etwa mit der Ethik seines Lehrers Ambrosius oder mit → Hieronymus zeigt sofort das Neue, die Erhebung der S. auf eine höhere Reflexionsstufe. Augustins Lehre von der Erbsünde verbindet die Fragen der S. mit dem Gesamtverständnis des Menschen. Die → Sünde (: V, 3), obwohl vererbt, wird als persönliche Schuld verstanden; alles Gute, was der Mensch vermag, ist Wirkung der → Gnade (: IV, 1 b). Glaube und Werke sind eng verknüpft, Glaube ohne Werke ist zum Heil nicht ausreichend (De fide et operibus), aber selbst die → Willensfreiheit gilt doch nur den durch die Gnade in ihrem Willen befreiten Prädestinierten. So kann die S. nicht mehr selbständig begriffen werden, sie ist ganz in den Heilsglauben eingefügt. Die fruitio Dei steht im Mittelpunkt der augustinischen Ethik, sie vollzieht sich im willentlichen Lieben Gottes. Diese Liebe verbindet den Christen auch mit den anderen, vorab mit der Kirche. Sittlich gilt der Primat der Liebe vor der Erkenntnis. Das Ziel, die fruitio Dei, ist Friede, Liebe und Erkennen sind Gnadenwirkungen Gottes. In seiner Bußlehre, in der er die Buße vor der Taufe, die Buße für leichte und für schwere Sünden unterscheidet und dem, wenn auch unwürdigen, Priester die Schlüsselgewalt zuspricht, ist Augustin ganz katholisch. Bahnbrechend ist Augustin auch darin, daß er unter Ablehnung des antiken Staatsgedankens einer christlichen Lehre vom → Staat (: III) den Boden bereitet hat. Sein Bild des Staates, das keineswegs mit der »civitas terrena« übereinkommt, führt in den Schöpferwillen Gottes zurück und setzt dem Staat in der Gerechtigkeit und der Erhaltung des Friedens seine Zwecke.

Damit war für das *MA* der Grund für ein vertieftes und mit Glaube und Leben der Kirche unlöslich verflochtenes Verständnis der S. gelegt. Die folgenden Jh.e bringen keine neuen S.sideen hervor. Neben der Institutionalisierung der gewonnenen Erkenntnisse in der sich zu → Petrus Lombardus und → Thomas von Aquino hin verdeutlichenden Sakramentslehre und in der Bußdisziplin ist allgemein ein Rückschritt hinter die Einsichten Augustins, vor allem eine Befangenheit gegenüber seiner Gnadenlehre und die förmliche Ablehnung seiner Prädestinationslehre zu beobachten. Der Aufruf zu guten Werken, das Vertrauen auf die eigenen und die im thesaurus ecclesiae gesammelten fremden Verdienste überwuchert die Gnadenlehre in ihrem radikalen Verständnis. Zwar steht nach wie vor die Lehre von der → Gnade Gottes (: IV, 2) im Mittelpunkt der theologischen und kirchlichen Thematik, aber sie wird nun Gegenstand der differenzierenden Spekulation. Schon bei → Gregor d. Gr. findet sich der Unterschied von gratia praeveniens und gratia operans, und in Auseinandersetzung mit dem Lombarden wird die allen zugängliche gratia gratis data gegen die sakramental vermittelte Gnade abgehoben, die zur Erlangung der vollen Gemeinschaft mit Gott nötig ist (gratia gratum faciens). Nur durch sie gerechtfertigt (→ Rechtfertigung: II, 1 c), dh in den Stand der Heiligung versetzt, kann der Mensch belohnbare Verdienste (merita de condigno) erwerben. Hand in Hand mit der sich so ausprägenden kath. Sakramentstheologie zeichnen sich die Anfänge einer → Moraltheologie ab. Die praktische Normierung des ganzen Lebens vollzieht sich unter steter Einschärfung der Gebote Gottes und der Kirche, wenn auch durch die → Bettelorden im hohen MA, bes. durch → Franz von Assisi und seinen Orden das Armutsideal und der Drang, gute Werke zu tun, ins Volk, zumal ins werdende Bürgertum hineingetragen wurde. Die Vorstellung von einer doppelten S., theoretisch wohlbegründet, gilt in Ansehung des gelebten Lebens nur bedingt, und in den im MA blühenden → Bruderschaften (: II) wirken Geistliche und Laien auf einer mittleren Linie des kultischen Lebens und der guten Werke zusammen.

In repräsentativer Weise bringt → *Thomas von Aquino* die Ethik der Kirche zum Ausdruck, vor allem im 2. Teil der Summa theologiae. Im Vollzug der kirchlichen Rezeption des Aristoteles (→ Aristotelismus, 2 d) trug diese sofort ihre reifste Frucht. Die Art, wie Thomas das letzte Ziel christlicher Erwartung, die »Glückseligkeit«, in den Rahmen der aristotelischen Güter- und Glückseligkeitslehre einzeichnete, eröffnete die Bahn zu einer einzigartigen gegenseitigen Durchdringung des christlichen und des griech. Erbes. Mit einer Lehre von den menschlichen Handlungen, Gefühlen und Leidenschaften legt er dann den Grund zu einer breit ausgeführten Tugendlehre, und zwar in der Prima Secundae in zu den göttlichen Tugenden aufsteigender Ordnung (mit einer Lehre von den schlechten habitus, den Sünden, als Gegenspiel), um hier mit einer Lehre vom Gesetz, als der Unterweisung Gottes, und mit einer Lehre von der Gnade als der göttlichen Hilfe abzuschließen. Die Secunda Secundae, die ausgeführte und materiell gefüllte Moral, nimmt dann die 3 »göttlichen Tugenden« vorweg, um anschließend die s.en Tugenden, dh die aristotelischen Kardinaltugenden in ihren Verzweigungen so umfassend zu beschreiben, daß annähernd das ganze menschliche und christliche Leben behandelt wird. Dennoch werden zuletzt die einzelnen Stände und Lebensformen - auch der Stand der → Vollkommenheit, der Ordensstand, und der Zustand der Vollkommenheit - dargestellt. - Die fortdauernde Mächtigkeit dieses Moralsystems ist nicht nur auf die methodische Klarheit des Thomas überhaupt zurückzuführen, sondern auf die aus dem Werk sprechende geistliche Lauterkeit und die Harmonie der subjektiven und objektiven Elemente, auf das zugleich Spekulative und Praktikable der Gedanken, die integrierende Zusammenordnung von Natur und »Übernatur«, von Wissen und Glauben.

Die Volksfrömmigkeit des späten MA zog in vieler Hinsicht daraus Nutzen. Die Ständelehre wies jedem Beruf seine gottgeordnete Stelle an (→ Arbeit: III, → Beruf: III, → Eigentum: II). Im übrigen ließ sich das bei Thomas hochentwickelte Tugendschema für pädagogische Zwecke leicht zu faßlichen Schemata christlicher S. ermäßigen. Die »7 Werke der Barmherzigkeit« (nach Mt 25, 35f zuzüglich Tob 1, 21ff), die → Nachfolge Christi (: II) in ihren kirchlichen und ketzerischen Spielarten und die daran anknüpfenden anderen Formen der Andachtsübung (→ Andacht) waren ebenso Elemente popularisierter Askese wie die Leitung des Gebetslebens (→ Gebet: V, → Gebetbücher) und die im Spät-MA blühende Ars-moriendi-Literatur. Mit dem hier Aufgeführten dürfte eine durchschnittliche Höhenlage ebenso der Frömmigkeit wie der S. angedeutet sein, für die jedenfalls charakteristisch ist, daß der gemeine Mann um Anteil am höheren Verdienst bemüht ist, die Grenzen von höherer und niederer S. verfließen und die Asketik »verbürgerlicht«. Die tatsächliche S. steht dann immer noch auf einem anderen Blatt. Wir wissen von ausgesprochenen Verfallszeiten, wie der Wende des 9. zum 10. Jh., von förmlichen Bußepidemien, aber auch von einer mit der Bußpredigt im Bunde stehenden und zum Ausbruch aus dem kirchlichen Frieden drängenden Kritik an der Kirche (→ Waldenser, → Wiclif u.a.) und von einer im Stadtbürgertum sich anbahnenden latenten Laisierung (→ Laienbewegung). Doch kann die Dramatik einzelner Vorgänge nicht darüber hinwegtäuschen, daß ihre Motive immer noch die bis dahin die Kirche tragenden s.en Ideen waren.

Nach der Kirchentrennung im 16.Jh. hat das → Tridentinum, vor allem implicite in Sessio VI und XIV, die alten Positionen auch bezüglich der Moraltheologie gegenüber den Einreden der Reformation befestigt, die Lehre von der ohne Verdienst wirkenden gratia praeveniens mit der Lehre vom freien Willen ausgeglichen und die alte Lehre von der Buße neu formuliert. Wichtiger waren für die Geschichte der S. die Reformdekrete des Konzils, denen der entstehende neuzeitliche → Katholizismus eine Straffung der kirchlichen Zucht und Erneuerung der Sitten verdankte. Einschneidender noch wirkte in dieser Hinsicht die Gründung des → Jesuiten-Ordens 1534. Hier gewann der sich erneuernde Katholizismus eine ungeahnte Spannweite der Aktion: Elastizität der Organisation (ohne Kloster!) verband sich mit straffster Disziplin, Entsagung in absolutem Gehorsam bis zum Auslöschen des eigenen Willens vereinte sich mit Ausschöpfung der individuellen Gaben, inbrünstige Andacht und Schulung aller psychischen Vermögen, wissenschaftliche Leistung und ein die nationalen Grenzen übereilender kirchlicher Zentralismus wurden zum wirksamsten Instrument der → Gegenreformation. Und doch war diesem solchermaßen durch einen neuen Stil geprägten Katholizismus das Schicksal einer in ihrer Prägung auch begrenzten Konfessionskirche beschieden.

5. → Luther (: II) und die *Reformation* setzen auch in der Geschichte der christlichen S. ein Neues. Das Evangelium von der → Rechtfertigung (: II, 2a) macht den Christen frei vom Gesetz. Das → Gesetz (: V, 5) wird nicht mehr als Heilsweg verstanden; es klagt uns an, denn es ist immer unerfülltes Gesetz. Wie lex und peccatum, so gehören fides und evangelium zusammen. Die → guten Werke erwirken uns kein Verdienst bei Gott. Sie sind freilich unerläßlich, aber sie folgen dem Glauben nach, sie sind Früchte des Geistes und der Liebe, wie der gute Baum gute Früchte bringt. Die Liebe ist die praktische Kehrseite des Glaubens. Sie ist das Erfüllungsmotiv der Gebote, wie es im Kleinen Katechismus schon den Kindern gelehrt wird: »Wir sollen Gott fürchten und lieben, daß wir...«. Umgekehrt sind die formulierten Gebote Gottes Auslegungshilfe für die Liebe. Die Liebe macht freilich den Christen zu einem Diener seines Nächsten, aber er ist doch darin ganz unter Gott, »ein freier Herr aller Dinge und niemandem untertan«. Keine Kirchengebote treten neben Gottes Gebot. Dem radikalen Gottesglauben (→ Gott: V, 12) entspricht ein radikaler Begriff von Welt. Es gibt keine sakralen Zonen mehr, keine »heiligen« Berufe neben »weltlichen« Berufen. Der → Beruf (: III, 3) soll als Gottes Auftrag zum Dienste des Nächsten geführt werden, er darf nicht verachtet und willkürlich verlassen werden. An Luthers Urteil über die → Ehe (: V, 2) ist abzulesen, daß »weltlich Ding« und »heiliger Stand« keine Gegensätze mehr sind. Äußerlich wird die Welt freilich durch das Gesetz regiert. Gott hat zwei Weisen, die Welt zu regieren. Im Dienste der Erhaltung der Welt, und sofern auch der Christ (simul iustus simul peccator) immer »alter Mensch« ist, hat das Gesetz eine bleibende Bedeutung, was Luther im Kampf mit den Antinomern zur Geltung zu bringen hatte (→ Antinomistische Streitigkeiten). Die sog. → Zwei-Reiche-Lehre, Anlaß zu vielen Mißdeutungen und auch zu viel Mißbrauch, deutet auf das Geheimnis, daß der Christ im Glauben in seinem persönlichen Handeln ganz auf die Liebe gewiesen ist, wie er in der → Bergpredigt gelehrt ist, daß er aber, sofern es nicht um ihn selbst geht, als »Weltperson«, dh um seines Amtes willen dem Gesetze zu dienen und das Gesetz zu handhaben hat. Gehen also diese beiden Ordnungen quer durch jeden einzelnen Christen hindurch, so können auch Konflikte nicht ausbleiben. Immerhin ist auch in der Übung des Gesetzes der gnädige Erhaltungswille Gottes am Werk, und die beiden Regimente auf Erden, das geistliche und das weltliche, verschränken den Sachverhalt erneut insofern, als dem Predigtamt auch die Predigt des Gesetzes anvertraut ist, wie dem weltlichen Regiment der Schutz der Kirche. – Diese Grundgedanken durchziehen dann ebenso das → Augsburger Bekenntnis wie die in vielfacher Hinsicht deutlichere → Apologie und vor allem die → Schmalkaldischen Artikel Luthers (1537). → Melanchthon hat sich schon in seinem Anteil an den Bekenntnisschriften, mehr noch in seinen eigenen ethischen Werken und in den späteren Ausgaben der Loci (seit 1535) als der große Formulierer bewiesen, dessen Bedürfnis nach rationaler Klarheit, nach Einklang mit der Tradition und zuweilen auch nach Abmilderung Luthers ursprüngliche Konzeption verdeutlichte und abschliff oder auch wieder verhärtete. Er ist der Anfänger der ev. Ethik geworden. Seine zahlreichen Auslegungen des Dekalogs nähern sich mehr und mehr einem vereinfachten Aristotelismus an (→ Naturrecht: II, 4c); immer ist bei ihm der Humanismus formendes Element. So zeichnen sich von ihm aus schon deutlich die Umrisse des kommenden → Luthertums ab. Die frühen Orthodoxen (→ Orthodoxie) waren bis hin zu seinen schärfsten Gegnern seine Schüler. Ein gewisser, den eigentlichen Luther bald verdunkelnder Scholastizismus, das zum Prinzip der öffentlichen Dinge erhobene Ordnungsbedürfnis und vor allem das die luth. Kirchen in enge Schranken verweisende Landeskirchentum (→ Landeskirche) gaben dann auch sehr bald der S. im christlichen Volke ein Gepräge, das durch strenge Rechtlichkeit, Loyalität, innerlich unabhängige Gewissenhaftigkeit und kulturelle Leistung ebenso leuchtete, wie seine Grenzen am Tage sind: sozialer Konservativismus, nationale und konfessionelle Beschränktheit und Kleinheit der eigenen Welt.

Das auf dem Boden der Reformation entstandene *Täufertum* (→ Täufer), erfüllt vom Bewußtsein, die Reformation zu vollenden, forderte mit seinem enthusiastischen Offenbarungsverständnis (→ Enthusiasmus) schon in den Anfängen Luthers Kritik heraus. Luther erkannte die hier sich abzeichnende Verkehrung der Freiheit in neue Gesetzlichkeit, und der revolutionäre Ausbruch zu einer neuen Sozialgestaltung führte zur Katastrophe. Die in die Stille eines der Öffentlichkeit abgewandten Lebens verborgenen Täufer (→ Mennoniten) und die später aus anderen Voraussetzungen erwachsenen → Quäker (vgl. G. → Fox) haben dann in die Geschichte der christlichen S. eine unverzichtbare Spur eingegraben. Ursprünglich galt unter ihnen das Verbot, öffentliche Ämter zu übernehmen. Sittenstrenges praktisches Christentum, lautere Brüderlichkeit und → Kriegsdienstverweigerung bewirken trotz der verhältnismäßig kleinen Zahl bei der weltweiten Verbreitung einen weitreichenden ideellen Einfluß.

So grundlegend Luthers Erkenntnis für den Neubau der S. war, so repräsentiert doch erst → *Calvin* seine weltweite Wirkung. Gedankliche Klarheit und Bestimmtheit der Anschauung formen einen eigenen Typus prot. Frömmigkeit (→ Reformierte Kirche). Er fühlt sich am freiesten, wo er sich ganz von Gott bestimmt weiß (Holl). So steht der Glaube an die Allwirksamkeit Gottes nicht im Gegensatz zu einem Leben der Pflicht und des Gehorsams, dessen oberstes Ziel die Ehre Gottes ist. Die Lehre von der doppelten → Prädestination (: III) ist mit dem Blick für die praktische Wirklichkeit nicht unvereinbar, und ein deutliches Kirchenideal nimmt von Anfang an trotz der hohen eigenen Regierfähigkeit Calvins die ganze Gemeinde in Anspruch. Unablässig unterrichtet, durch eine breitere Ämterordnung mitbeteiligt, nach der Sitte und dem Bedürfnis des Zeitalters konsequenter → Kirchenzucht unterworfen, gestaltet sich eine Gemeindeordnung, die nicht nur nach dem Tode des Reformators alle Stabilität beweist, sondern die auch auf andere Orte und Verhältnisse übertragbar ist. Früh sorgen weitgespannte internationale Verbindungen für die Verbreitung des Calvinismus, wobei in der Realisierung der Gemeindeordnungen, ja selbst in der Bekenntnisbildung, eine vom Luthertum aus beurteilt erstaunliche Freiheit und Selbständigkeit üblich wird. Diese Freiheit nehmen die Gemeinden nicht nur untereinander, sondern auch dem Staat gegenüber in Anspruch. Die Selbstverantwortlichkeit der Gemeinden zeigt sich auch in zahlreichen Gründungen von Akademien und Unterrichtsanstalten. So stellt der auf dem Boden des Calvinismus erwachsene Typus der S. hinsichtlich des christlichen Gemeindelebens eine überaus variable Kombination von Zusammenschluß und Verselbständigung dar, was sich zuerst im entstehenden → Kongregationalismus deutlich abzeichnete, der den Gedanken der Volkskirche durch den freien Zusammenschluß der Christen unter der Idee des »Bundes« ersetzte. So entsteht in der Folge eine Vielzahl von verhältnismäßig unabhängigen Gemeinden (Independenten), die gegenseitig Toleranz üben und frühzeitig zu aktiven Zentren ökumenischer Bewegung werden. Die mit dem ursprünglichen Calvinismus zweifellos gesetzte Neigung zu einem frühen → Biblizismus (bei gleichzeitiger philosophischer Unbefangenheit) legt den Grund zu jener Gesetzlichkeit, welche den → Puritanismus (vgl. J. → Knox) und das von ihm beherrschte öffentliche Leben geprägt hat. Hier vor allem findet sich dann die eigenartige Verbindung von Bewährung des Glaubens in einem strengen s.en, ja geradezu asketischen Leben (»innerweltliche Askese«, vgl. M. → Weber) und energischer Weltgestaltung, was die Physiognomie des frühen → Kapitalismus mitgeprägt hat. Der → Heidelberger Katechismus (1563) enthält ebenso die Interpretation der S. unter dem leitenden Gedanken der Dankbarkeit (Dekalog im 3. Teil) wie den sog. syllogismus practicus, die Vergewisserung der Erwählung durch ein s.es Leben (Fr. 86).

6. Der → *Pietismus* erwies sich auch für die christliche S. als eine Erneuerung. Das Bestehen auf lebendiger Frömmigkeit (→ Heiligung, → Wiedergeburt) gab, ohne das überlieferte Kirchentum beiseite zu setzen, der Liebesgemeinschaft der Wiedergeborenen den Vorrang vor diesem. Der Gedanke des tätigen Christentums prägt den Pietismus und die von ihm bestimmte S. in allen Spielarten. Heidenmission und Bibelverbreitung (→ Bibelgesellschaften), ein die moderne Pädagogik vorbereitendes Erziehungswesen (→ Erziehungsanstalten, A.H. → Francke) und intensive → Seelsorge sind die Signaturen eines neuen Stils der S. Wie in Bußkampf und Gnadendurchbruch der einzelne um sich selbst besorgt ist, so auch in ethischer Hinsicht. Die von → Spener erbetenen seelsorgerlichen und praktischen Ratschläge, als »Theologische Bedenken« in mehreren Bänden gesammelt, geben einen starken Eindruck von der thematischen Aufgeschlossenheit, Behutsamkeit und Sorgfalt, aber auch kasuistischen Pedanterie dieser S. Wie der pietistische Kirchenbegriff teils über die Grenzen der Landeskirchen hinauswies, teils hinter ihnen durch seine Beschränkung auf die Wiedergeborenen zurückblieb, so ist auch das Verhältnis der pietistischen S. zur Welt zwiespältig: einerseits ein Spiegel neuzeitlicher Weite der Thematik, andererseits durch fromme Bedenklichkeit und Ängstlichkeit in ihrer Breitenwirkung eingeschränkt. Aktivierung tätigen Christentums geht mit einer Preisgabe der »Welt« häufig Hand in Hand. Die heimliche Schwester des Pietismus, die → *Aufklärung* (: I. III), ist auf dem Wege der Emanzipation des Christentums von der Kirche, der Religion vom Christentum noch weiter gegangen. Rothes Wort, daß die Aufklärung »eine schlechte Theologie, aber keine so üble Religion« gehabt habe, erinnert daran; denn die Bewährung der Religion lag ja schlechthin in der praktischen S., sosehr auch, der Theorie nach, diese S. von allen Voraussetzungen der positiven Religion gelöst und einzig auf den Grund der Vernunft gestellt werden sollte. Sah doch → Lessing die Offenbarung geradezu im Dienste der Vernunft. So bestätigt die Aufklärung in ihrer Weise die Idee des praktischen Christentums noch einmal. Im öffentlichen Bewußtsein verband sich die allgemeine Moral mit einem »vernünftigen«, dh der eigentlichen Soteriologie und paradoxer Sätze entledigten Gottesglauben. Der an der Nützlichkeit des s.en Handelns orientierte Moralismus wurde dann freilich in seiner Weise auch eine Stütze der Überzeugung von der Nützlichkeit der Religion.

7. Insofern auch ihm die S. Norm für die Reinheit der Religionslehren war und er die Religion »innerhalb der Grenzen der bloßen Vernunft« für legitimierbar hielt, wurzelt auch → *Kant* ganz in der Aufklärung. Die Autonomie des Sittlichen ruht auf der durch kein Weltverhältnis vermittelten praktischen Vernunft. Die ein volles Jh. über wirkende Überzeugung, der Ethik eine die Religion begründende Rolle zuzugestehen (W. → Herrmann), zT dem Verhältnis von Gesetz und Evangelium bei Luther analog, beweist die Mächtigkeit der von Kant ausgehenden Anstöße, wie sich auch seine »metaphysische« Begründung des Begriffs der → Pflicht tief in das s.e Bewußtsein der folgenden Geschlechter eingeprägt hat. Seine Ethik hat auch insofern für die Geschichte der S. ein Schicksal bedeutet, als er alle Sachfragen aus der Ethik ausgeschlossen und durch seinen Verweis auf den »guten Willen« als das einzig wahrhaft Gute in der Welt (Grundlegung zur Metaphysik der Sitten, 1785) einer → Gesinnungsethik Bahn gebrochen hat, die eine bestechende Ähnlichkeit mit Luthers Gedanken über die Früchte des Glaubens in guten Werken aufwies, aber zugleich den Blick eines im Humanismus erzogenen Bürgertums für die Probleme des heraufziehenden industriellen Zeitalters zu verschließen drohte. → Schleiermacher war in dem Glauben an die Synthese von Christentum und modernem Bewußtsein mit dem → Idealismus eins; doch hat er, anders als die zT an der eigentlichen Ethik wenig interessierten philosophischen Zeitgenossen (→ Hegel!), die theologische wie die philosophische Ethik breit entfaltet. In dieser antikes Erbe erneuernd und modernisierend, hat er in seiner postum edierten »Christlichen Sitte« das vom Erlöser gestiftete Gesamtleben in Kirche und Staat, Familie und Geselligkeit bis in entlegene Bezirke hinein in normierender Deskription dargestellt. Er ist dadurch zum Kirchenvater des »Kulturprotestantismus« geworden und hat weit über ein Jh. bis hin zu M. → Rades → »Christlicher Welt« die Zuversicht ermutigt, daß auch Kunst und Bildung »nicht ferne vom Reich Gottes« sein müssen. Immer deutlicher werden, nicht nur in Deutschland, in der Folgezeit Profanität und Innerlichkeit die Pole, zwischen denen die Entscheidungen für die christliche S. fallen müssen. R. → Rothe hat in seiner Theologischen Ethik, einer spekulativ begründeten, aber an der Realität des Weltlebens zu bewährenden Kulturlehre noch einmal eine großartige Synthese versucht. Von da an werden dann freilich die Ethiken (A. → Harleß, H.L. → Martensen) mehr und mehr zur Rechtfertigung christlicher Bürgerlichkeit. Sie sind ebenso Spiegelbilder der in der Kirche tatsächlich herrschenden S., wie es die aller eschatologischen Vorbehalte entkleidete Ethik A. → Ritschls ist, der den Gedanken des Berufs in die Mitte stellte und in vergröbertem Kantianismus das → Reich Gottes (: II, 5; III,

2) als das Reich der s.en Zwecke lehrte. Die in Deutschland bestehende traditionelle Bindung der Kirche an staatliche und bürgerliche Ordnung ließ einer freien, sozialkritisch gestimmten Aktivität ganz allgemein einen geringeren Spielraum, als er vergleichsweise in England bestand, wo die → Dissenters, vor allem der → Methodismus, die → Kongregationalisten und → Baptisten, sowie (seit 1865) die → Heilsarmee große Beweglichkeit in der sozialen Arbeit bewiesen und von wo aus entscheidende Anregungen (E. → Fry) auf den Kontinent kamen (→ Angelsächsischer Einfluß). → Wicherns Programm der → Inneren Mission trägt in seiner Sorge um Thron und Altar so unverkennbar restaurative Züge, daß von hier aus zwar viel Hilfe in sozialen Notständen geleistet werden konnte, aber es konnten sich keine strukturellen Wendungen der zunehmenden sozialen Isolierung der Kirche (→ Arbeiter: II) erhoffen lassen. Die Erneuerung der → Diakonie, in ihrem weiblichen Teil unter der romantischen Idee einer Erneuerung »urchristlicher« Ämter begonnen (Th. → Fliedner, W. → Löhe), im männlichen Sektor im überlieferten kirchlichen Rahmen, hielt zwar das Verantwortungsbewußtsein für die Übernahme neuer Aufgaben offen, wehrte aber der Welle der Entfremdung nicht, die der politische Sozialismus und der Marxismus der Kirche gegenüber beförderten und die in der Unkirchlichkeit des liberalen → Bürgertums seine Parallele fand. So begegnete vor allem das vom Neuluthertum (→ Luthertum: II) geprägte Kirchentum den heraufziehenden Krisen und den in zwei Weltkriegen sich entladenden Katastrophen ohne Zurüstung. Die unterlassene Bewältigung der Probleme des Industriezeitalters und der sozialistischen Bewegung ketteten die christliche S. an das Schicksal der bürgerlichen.

8. Die *Gegenwartslage* (→ Christentum: IV) nach dem 2. Weltkrieg ist schwer zu beschreiben, weil in den Staaten des Ostblocks, allerdings in sehr unterschiedlichem Maße, das Gemeindeleben und demzufolge auch die praktisch-s.en Auswirkungen des Christentums aus der Öffentlichkeit zurück- und vielfach fast in die rein private Sphäre abgedrängt sind. Auseinandersetzung mit Theorie und Praxis des → Marxismus, persönliches Bekenntnis auch unter Opfern und christliche Erziehung der Jugend stehen hier im Vordergrund aller praktischen Fragen, zu deren Bewältigung der Gemeinde wenig äußere Hilfen zu Gebote stehen. Demgegenüber ist in den »westlichen« Kirchen ein hoher Öffentlichkeitsgrad erreicht; reiche Ausstattung mit finanziellen Mitteln und Rechten ermöglichen der Kirche jede Einwirkung auf die Öffentlichkeit und die Pflege ökumenischer Beziehungen in Angleichung an den Stil des industriellen Zeitalters (→ Öffentlichkeitsauftrag, → Ökumenische Bewegung). Ob die Kirche damit nicht überfordert ist, bleibt ebenso zu fragen, wie es fraglich bleibt, in welchem Maße das Christentum hinter der Fassade dieses Öffentlichkeitsanspruches lebendig ist. Ganz allgemein wird aber gelten, daß die ev. Kirche endlich, wenn auch verspätet, der sozialen Frage, dem → Sozialismus und der politischen Welt gegenüber ihre schuldige Unbefangenheit gewonnen hat. Was A. → Stoecker in der → christlich-sozialen Bewegung, noch mit konservativen und antisemitischen Fermenten durchsetzt, anstrebte, was Fr. → Naumann auf dem Boden des Liberalismus und schicksalhaft auf die Kreise der Gebildeten beschränkt meinte, und schließlich im Bemühen der → religiös-sozialen Bewegung (→ Ragaz, → Tillich, → Heimann), den politischen Sozialismus mit der Kirche zu verbinden und den Marxismus religiös zu begründen (→ Sozialismus: II), hart ans eigentliche Problem heranführte, wenn auch zunächst noch ohne Erfolg, das fiel der Kirche plötzlich als reif gewordene Situation zu: Der Sozialismus hatte sich unter den Erfahrungen mit den totalitären Sozialismen selbst gewandelt, und die christliche Gemeinde hatte in den geschichtlichen Katastrophen die Relativität der bisher festgehaltenen äußeren Positionen erfahren. Vor allem der → Kirchenkampf wirkt bis heute nach und ist in diesen Nachwirkungen nicht auf Deutschland beschränkt. Er hat, gerade für die Bewältigung der Fragen der christlichen S., dh der christlichen Praxis, ein schweres Dilemma zurückgelassen. Die einen nämlich sind der Meinung, daß die christliche Gemeinde, die Kirche, inskünftig ein Wort in der Öffentlichkeit mitreden (politische Predigt!) und sich voll zu einer eigenen politischen Aufgabe in völliger → Solidarität mit der Welt bekennen müsse. Die anderen haben aus den Erfahrungen des Kirchenkampfes ein Denken aus dem Gegensatz von christlicher Botschaft und modernem Bewußtsein zurückbehalten, was dazu führt, daß man keinem Gedanken Raum zu geben wagt, der nicht an Schrift und »Offenbarung« legitimiert ist. Das eine wie das andere führt dann leicht in merkwürdiger Übereinstimmung zu einem latenten Klerikalismus, dh zum Gefühl einer überlegenen Autorisierung der Kirche auch in Fragen der weltlichen Dinge. Doch mögen diese Dinge bis zu einem gewissen Grade vordergründig sein, wichtiger ist, daß sich die im säkularen Denken aufbrechende Erfahrung der vieldimensionalen Diesseitigkeit, in der sich gleichsam die Erfahrung des »Jenseits« erneuert, auch der christlichen Gemeinde mitteilt. Das drückt sich für den Stil der christlichen S. darin aus, daß auch ihre Lebensformen, ja mitunter ihre s.en Grundbegriffe in den allgemeinen Säkularisierungsprozeß eingehen. Rein materiell ist ein ganzer Katalog von Sachfragen zu nennen, denen nicht nur die christliche Ethik im wissenschaftlichen Bemühen zugewendet ist, sondern an denen auch breite Kreise der Gemeinde und der Öffentlichkeit teilnehmen (→ Akademie: II, → Akademikervereinigungen: I). Solche Sachfragen betreffen die politische Ethik (→ Politik: II) im umfassendsten Sinne, → Krieg (: IV) und → Friede, Fragen der → Wirtschaftsethik, der Verteilung des → Eigentums, die Automatisierung und ihre Folgen für → Arbeit und Freizeit usw. Dieses Ernstnehmen der Probleme unserer modernen Existenz in der Profanität geht im allgemeinen mit einem angespannten Bewußtsein für die Verantwortung des Christentums für das Schicksal der Welt zusammen. Doch hat der moderne → Säkularismus in manchen Ländern, bei grundsätzlich gleichem Erscheinungsbild in der Öffentlichkeit, einen durchaus indifferenten Charakter (→ Nihilismus), bes. in Ländern großen Wohlstandes, zB in Teilen Skandinaviens. Indessen halten sich alle diese Beobachtungen zur Gegenwartslage der christlichen S. an das äußere Erscheinungsbild. Bedenkt man das Erlöschen asketischer Gesinnung und die geringe Bereitschaft zu persönlichem Opfer und zu sog. »niederen« Diensten ohne Lohn, die gegenwärtig bes. den Protestantismus kennzeichnen, dann müssen sich erhebliche Korrekturen in dem Gesamtbilde heutiger christlicher S. ergeben.

Vgl. die Lehrbücher der → Kirchen- u. → Dogmengeschichte. Die Darstellungen der Gesch. der Ethik seit 1800 sind bei W. TRILLHAAS, Ethik, 1959, XIIIf annähernd vollständig verzeichnet. - G. UHLHORN, Die christl. Liebestätigkeit I-III, (1882-90) 1959^3 - W. RUDECK, Gesch. d. öffentl. S., (1897) 1920^3 - L.T. HOBHOUSE, Morals in Evolution, (New York 1906) London 1951 - E. WESTERMARCK, Ursprung u. Entwicklung d. Moralbegriffe I. II, dt. 1907/09 - G. RICHARD, L'évolution des moeurs, Paris 1925 - F. WAGNER, Gesch. d. S.sbegriffes I-III, 1928-36 - HOLL I. III - ALTANER 29ff u. passim - R. SCHWARZ, Fides, spes u. charitas beim jungen Luther, 1962. - Lexika: RE XVIII, 400ff - ERE V, 436ff - EISLER III, 77ff - LThK IX, 605f - EKL III, 964f (jeweils Lit.). - Vgl. ferner die Lit. zu → Antike und Christentum, → Ethik, → Gesetz: V.

W. Trillhaas

Sittlichkeitsbestrebungen. Seit Mitte des 19.Jh.s war man, hauptsächlich in christlichen Kreisen, ernsthaft bemüht, angesichts auflösender Tendenzen im Volksleben sich für eine klare sittliche Lebensauffassung und für die Beseitigung widersprechender Anschauungen und Zustände einzusetzen. Der Widerspruch richtete sich bes. gegen die seit der napoleonischen Zeit gehandhabte polizeiliche Reglementierung der → Prostitution (: II) und die darin zum Ausdruck kommende »doppelte Moral«, also die staatliche Duldung des Verbotenen unter bestimmten Voraussetzungen, insbesondere die unterschiedliche Beurteilung des sittlichen Verhaltens von Mann und Frau. Die Antriebe für diese S. liegen einmal in der Arbeit der → Inneren Mission an straffälligen und gefährdeten Frauen und Mädchen (→ Gefährdetenfürsorge), die immer wieder auf die in der Umwelt liegenden Gefahrenmomente und Hindernisse für die Rückführung dieser Personen in ein geordnetes Leben stieß; dann aber bes. in der zunehmenden Selbständigkeit der → Frau (: V) und ihrer wachsenden Anteilnahme am öffentlichen Leben, in dem sie sich vor allem gegen die von den Männern stillschweigend geduldeten Zustände wandte. Alle diese Bemühungen wurden von einsichtsvollen, gleichgesinnten Männern gefördert und fanden auch gute Resonanz in den Kreisen der studentischen Jugend und der Jünglingsvereine in den Großstädten.

Bahnbrechend für diese S. war das Wirken von *Josephine Butler,* der Frau eines Geistlichen in England, die 1869 mit ihrem »Kreuzzug« gegen die Reglementierung der Prostitution begann und trotz aller Verleumdungen und Anfeindungen mit großer Tapferkeit und Geduld 1886 das die Reglementierung stützende englische Gesetz zu Fall brachte. Sie gründete 1875 die Internationale Föderation zur Abschaffung der Reglementierung der Prostitution (Internationale Abolitionistische Föderation) und wirkte durch Wort und Schrift, durch Reisen und Vorträge in den verschiedenen Ländern des Kontinents unermüdlich für ihre Anschauung. An den von ihr angeregten internationalen Kongressen (Genf 1877, Genua 1880) nahmen auch deutsche Vertreter teil. 1881 wurde das heikle Thema in Deutschland zum ersten Male öffentlich auf dem Kongreß für Innere Mission in Bremen erörtert, nachdem schon 1869 der Centralausschuß durch die Petition an den Reichstag des Norddeutschen Bundes die Revision des Verfahrens gegen die Prostitution und eine Änderung der betr. Gesetzgebung gefordert hatte, die er in den folgenden Jahren mehrfach wiederholte. Im selben Jahr erschien der »Korrespondent für das Rettungswerk an den Gefallenen und für die Arbeit zur Hebung der Sittlichkeit« von Julius v. Gemmingen, der dann bis 1941 unter dem Namen »Wächterruf« das Organ des 1885 gegründeten Westdeutschen Sittlichkeitsvereins wurde. Sein Vorsitzender war der auch sonst bei der Erörterung sozialer Fragen hervortretende *D. Ludwig Weber* (1846–1922), Pfarrer in Mönchen-Gladbach, der bis zu seinem Tode der anerkannte Vorkämpfer auf dem Gebiet der S. gewesen ist. 1887 entstand durch *Adolf → Stoeckers* Initiative in Berlin der Deutsch-Ev. Verein zur Förderung der Sittlichkeit und Rettungsarbeit. Diese Vereinigungen schlossen sich 1889 mit anderen zur *»Allgemeinen Konferenz der Sittlichkeitsvereine«* zusammen, die einen Generalsekretär bestellte (seit 1904 Lic. Bohn) und jährliche Tagungen veranstaltete. Unter den anderen Vereinigungen sind neben den Frauenverbänden der im Zusammenhang mit den CVJM 1890 entstandene Sittlichkeitsbund vom Weißen Kreuz zu nennen, dessen Mitglieder sich zu einem sittlich reinen Leben verpflichteten, und die → Mitternachtsmissionen in verschiedenen Großstädten. Zu dem *Deutschen Nationalkomitee zur Bekämpfung des Mädchenhandels* (auf Anregung des Centralausschusses 1899 gegründet), den Vereinigungen gegen → Schund und Schmutz und dem kath. Volkswartbund (gegründet 1899) bestanden bis über den 1. Weltkrieg hinaus mannigfache Arbeitsbeziehungen.

Die Ergebnisse dieser vielgestaltigen Bemühungen, die mit der Hitlerzeit vorläufig ihr Ende fanden, lassen sich in mehrfacher Hinsicht aufzeigen. Zunächst wurde durch ihr Wirken eine falsche Prüderie in bürgerlichen und gerade auch in christlichen Kreisen überwunden, welche die Notstände der öffentlichen Sittlichkeit, bes. die der Prostitution, mit Stillschweigen übergehen zu können glaubten. Die ev. Männer-, Frauen- und Jugendkreise wurden veranlaßt, sich eingehend mit Fragen der S. zu beschäftigen. Durch Tagungen und Kurse für die verschiedensten Gruppen, ferner durch ein reichhaltiges Schrifttum, Broschüren und Zeitschriftenartikel wurde eine wohldurchdachte Aufklärungsarbeit geleistet. Darüber hinaus erreichte man, daß von wissenschaftlicher Seite die hier für die Theologie und die Ethik vorliegenden Fragen durchgearbeitet wurden. Das so stark vernachlässigte Gebiet der → Sozialethik hat von hier aus eine Fülle von Anregungen empfangen. Der in diesen S. sich bemerkbar machende Öffentlichkeitswille hat aber auch den Politiker gezwungen, die damit angerührten Fragen der staatlichen Maßnahmen zum Schutze der öffentlichen Sittlichkeit zu überprüfen und nach neuen Wegen zu suchen, die die Sauberkeit und Ordnung des Gemeinschaftslebens gewährleisten. Dadurch hat die Gesetzgebung zahlreiche Anregungen bekommen. Vor allem ist es den S. zu danken, daß die Diskussion nicht bei der Prostitution und der Art ihrer Bekämpfung stehen geblieben ist. Die Erkenntnis, daß die Prostitution mit staatlichen Maßnahmen nicht aus der Welt zu schaffen ist, daß aber andererseits ihre polizeiliche Reglementierung oder gar Kasernierung nicht sanktioniert werden darf, ist gewiß ein Ergebnis dieser Bemühungen. So gewinnt die fürsorgerische Aufgabe, die vorbeugende und nachgehende Fürsorge, durch Schaffung von Vorasylen und Bewahrungsheimen, von Beratungs- und Fürsorgestellen ihr besonderes Gewicht (seit 1922 *Ev. Konferenz für Gefährdetenfürsorge*). Hier ergibt sich ein enger Zusammenhang zwischen den S. und der praktischen Fürsorgearbeit.

Darüber hinaus erweitert sich der Gesichtskreis der S., da sie alle Gebiete des menschlichen Zusammenlebens in einer Zeit beobachten lernen, in der sich erhebliche Umwandlungen der soziologischen Verhältnisse abzuzeichnen beginnen. Die Institutionen von → Ehe und → Familie verlieren die Sicherheit früherer Zeiten. Die Beziehungen der Geschlechter zueinander verändern sich. Der zunehmende voreheliche und wechselnde Geschlechtsverkehr begünstigt die Verbreitung der Geschlechtskrankheiten. Der Frauen- und Mädchenschutz bedarf dringend des Ausbaus. Die Bewahrung der Jugend vor gefährlichen Einflüssen, vor Schmutz und Schund, wird zur brennenden Aufgabe. Eine an Umfang und Intensität ständig wachsende Aufklärungs- und Erziehungsarbeit wird erforderlich. Die Probleme der Volksgesundheit, von Biologie und → Eugenik, die Fragen der → Abtreibung und der → Geburtenregelung drängen sich gebieterisch auf. In den Jahrzehnten bis zum 2. Weltkrieg wachsen sich daher die S. zu einem umfassenden Versuch aus, auf die Fragen der → Bevölkerungspolitik, der Sozialhygiene, der Jugenderziehung, der → Sexualpädagogik vom christlichen Glauben her eine klare Antwort zu geben. Ein Ausdruck dafür ist die *»Arbeitsgemeinschaft für Volksgesundung«,* welche nach 1922 in Berlin von Dr. med. Harmsen, damals im Centralausschuß der Inneren Mission, gegründet wurde und ev. wie kath. Kreise umfaßte. Ihre Tätigkeit und ebenso die der angeschlossenen Ev. Arbeitsgemeinschaft für sittliche Volkserziehung kam nach 1933 zum Erliegen.

Während auf kath. Seite seit 1949 wieder eine kath. Arbeitsgemeinschaft für Volksgesundung in Freiburg besteht, haben die veränderten Verhältnisse nach 1945 im ev. Bereich bisher zu keiner organisatorischen Zusammenfassung der S. geführt. Jedoch haben sich im Rahmen des diakonischen Werkes »Innere Mission und Hilfswerk« eine Reihe von Zusammenschlüssen erhalten oder neu gebildet, welche die Arbeit der S. fortsetzen. Es besteht die Konferenz für Gefährdetenfürsorge, der Verband der Mitternachtsmissionen, ferner die Frauenhilfe und der Deutsch-Ev. Frauenbund, von denen die eine das Müttergenesungswerk treibt, der andere die Tradition der ev. Frauenarbeit auf sozialem und kulturellem Gebiet fortsetzt. Die wiedererstandenen Verbände der männlichen und weiblichen Jugend wissen, daß ihre Aufgabe heute stärker denn je zugleich auch volkserzieherischen Charakter hat. Neue Arbeitsgemeinschaften für Jugendhilfe (→ Jugendfürsorge) und → Jugendschutz, zur Bekämpfung der Geschlechtskrankheiten und zur Geschlechtserziehung sind gegründet worden. Sie unterstützen und ergänzen die staatlichen Maßnahmen, die in einer Reihe von Gesetzen ihren Niederschlag gefunden haben. Solche sind: Das Gesetz zum Schutz der Jugend in der Öffentlichkeit (1951, 1957), das Gesetz über die Verbreitung jugendgefährdender Schriften (1952), das Jugendgerichtsgesetz (1953). Ein verändertes Jugendwohlfahrtsgesetz tritt 1962 in Kraft. Anstelle des früheren Gesetzes zur Bekämpfung der Geschlechtskrankheiten von 1927 wurde 1953 ein neues Gesetz beschlossen, das die Gefährdung der Gesundheit anderer unter Strafe stellt und die Ergänzung der ärztlichen Behandlung durch fürsorgerische Maßnahmen für haltlose und verwahrloste Personen vorsieht. Die Erörterung über das seit 1920 geforderte Bewahrungsgesetz, das die Möglichkeit geben soll, haltlose, sich und die Allgemeinheit gefährdende Personen zu internieren, hat auch nach 1945 zu keinem Ergebnis geführt. Inwieweit eine Reihe von Änderungen des Strafgesetzbuches nach 1945 sich auch im Sinne der S. auswirken, muß sich noch herausstellen. Angesichts des stark anwachsenden Verkehrs zwischen den verschiedenen Ländern hat das Internationale Abkommen zur Unterdrückung des Mädchenhandels und der Ausweitung der Prostitution vom 11.3.1950 seine Bedeutung.

Konferenz- u. Tätigkeitsberichte der genannten Vereine von 1885 bis 1941 - Zs. »Der Wächterruf«, 1885-1941 - J.Butler, Personal Reminiscences of a Great Crusade, London (1897) 1919; dt. 1904 - E.Butler, An Autobiographical Memoir, London 1909; dt. 1928 - A.Pappritz, Einführung in die Prostitutionsfrage, 1919 - Schriftenreihe »Reinheit u. Kraft«, 1926-35 - E.Scheuner, Gefährdetenfürsorge, 1930 - A.Sellmann, 50 Jahre Kampf für Volkssittlichkeit u. Volkskraft, 1935 - G.Suhr-W.Becker, Volksnot u. Kirche, 1948 - W.Becker, Kleines Hdb. des Jugendschutzes, 1957 - Wie helfen wir unserer Jugend? Schriftenreihe des Ev. Arbeitskreises für Jugendschutz, seit 1958 - Sozialpädagogik, Zs. für Mitarbeiter, seit 1959. - Vgl. die Lit. zu den im Text genannten Artikeln. *B.Heyne*

Situation

1. Bedeutung in der Alltagssprache: a) S. und Perspektive - b) S. und Lage - 2. Bedeutung in der Philosophie

1. a) S. wird nicht räumlich, sondern geschichtlich verstanden. Eine S. entsteht im Zusammenspiel zwischen Mensch und Umwelt, wobei aber die Umwelt nicht als sinnlich wahrnehmbare Dinge und Umgebung aufgenommen, sondern als Personen und Ereignisse erfahren wird. Was man selber oder andere sagen und tun, und was geschieht, konstituiert die S. S.en entstehen durch die Geschehnisse, in die man hineingezogen wird, durch die Manöver eines Gegners oder schon durch das, was in einer Gesellschaft in meiner Anwesenheit gesagt wird; ich kann die S. etwa in meine Hand nehmen, sie retten oder auch sie als peinlich empfinden. S. ist nicht ein anderer Ausdruck für die Perspektive, unter der ich meine räumliche Umgebung sehe und die von meiner Lage im Raum her bestimmt ist. Der Gesichtswinkel verändert sich zwar, wenn ich mich vom Stuhl zum Sofa begebe, aber meine S. wird dadurch nicht verändert. Die S. ist also nicht stationär wie Perspektive oder Gesichtswinkel, sondern geschichtlich, weswegen sie auch labil sein, sich straffen, zuspitzen oder unerträglich werden kann. - Die Charakteristik einer S. als unbehaglich, drohend, peinlich, prekär usw schildert nicht in erster Linie die Gefühlsreaktionen der Beteiligten, sondern eher die geistige Atmosphäre zwischen ihnen.

b) Im Gegensatz zu Lage läßt sich S. nicht sachlich bestimmen. Während Lage in einem sachlichen Bereich den Stand der Dinge oder »meine« Lage bezeichnet, hat S. keine solche fixierte Abgrenzung, sondern erschließt sich überhaupt erst, indem sich der Mensch darin ausspielt und sie somit gestaltet. Aus dieser offenen Unbestimmtheit der S. ergibt sich nicht die Aufgabe, sie festzulegen, sondern sie in ihrem dauernden Wandel zu formen.

2. S. ist im 20.Jh. aus der Alltagssprache in die *Philosophie* übernommen worden; so ist sie in der → Existenzphilosophie ein Grundbegriff. Das geschah in Auseinandersetzung mit der Auffassung, daß die → Erkenntnistheorie die grundlegende Disziplin der Philosophie sei. Die Erkenntnistheorie sprach nämlich vom erkennenden Subjekt, als sei es situationslos und als sei sein Zugang zur Welt ein intentional ausgerichtetes Erkennen, während die Existenzphilosophie gerade die Verstrickung des menschlichen Daseins mit der Welt im Blick hatte und hervorhob, daß die Dinge und Phänomene von daher begriffen werden, wie wir mit ihnen umgehen. Das → Dasein in der Welt (→ Heidegger: In-der-Welt-Sein) ist die fundamentale S. des Menschen, und alle anderen S.en sind Modifikationen hiervon. S. ist stets je meine oder je eines anderen S. (H.Lipps); sie läßt sich nicht auf die Umstände des Daseins reduzieren, sondern sie verlangt Stellungnahme vom Menschen. Nur indem sich der Mensch entscheidet (→ Entscheidung), erschließt er sich die S. Klugheit und Vorsicht, aber auch Dummheit und Leichtsinn zeigen sich darin, wie man eine S. in die Hand bekommt. Während man in der Verzagtheit zum Objekt seiner Lage wird, setzt man sich in der Erkenntnis der S. als deren Subjekt durch. Einer S. ist man zB gewachsen, wenn man das sieht, was der Zaghafte nicht einmal als Möglichkeit erblickt. Nach Heidegger ist die S. nicht ein vorhandener Rahmen, bestehend aus Umständen und Zufällen, in dem das menschliche Dasein auftritt, sondern erst in der Entschlossenheit erschließt sie sich. Im uneigentlichen Dasein ist die S. dem Menschen verschlossen, er kennt nur die allgemeine Lage; seine Existenz besteht nur darin, daß er die Gelegenheiten wahrnimmt, die sich ihm bieten. Bei → Sartre heißt es, die S. sei der Spielraum der Freiheit, und sie erhalte ihren Sinn aus der Entscheidung des Menschen. → Jaspers unterscheidet zwischen S.en, die typisch oder einmalig sind, und den Grenz-S.en. Bei jenen handelt es sich darum, was zum Schaden oder Nutzen dessen ist, der sich darin befindet, und ob S. Chance oder Schranke bedeutet. Die Grenz-S.en Tod, Leiden, Kampf und Schuld lassen sich dagegen nicht verwandeln, man kann ihnen nicht entweichen oder sie übersehen. Der Grenz-S. ins Auge sehen heißt ein Selbst werden, denn hier ist die Existenz in ihrer Gesamtheit gefordert und der Einzelne unendlich interessiert.

Eigentümlicherweise ist S. auch im *Neupositivismus* (→ Positivismus) ein Grundbegriff geworden, nämlich in B.Schultzers Auseinandersetzung mit der üblichen Auffassung, daß → Erkennen auf unumstößlichen Grundlagen beruhe: im → Rationalismus (: I) sind dies gewisse allgemeingültige Prinzipien und im Empirismus (→ Apriorismus) die unmittelbar gegebenen Sinnesdaten, Sachverhalte oder atomic facts, die in sog. Protokoll- oder Elementarsätzen bezeichnet werden. Schultzer erklärt, daß das Erkennen keine Grundlage, sondern lediglich einen Ausgangspunkt habe, der stets in einer außerordentlich zusammengesetzten Total-S. gründet, und daß die sinnlichen Wahrnehmungen dabei durchaus nicht unmittelbarer gegeben seien als viele andere Komponenten der S. Daß den sinnlichen Wahrnehmungen eine solche Vorzugsstellung in den Wissenschaften eingeräumt werde, sei nur darauf zurückzuführen, daß sie in ein System gegenseitiger Kontrolle eingeordnet werden können.

K.JASPERS, Psychologie der Weltanschauungen, (1919) 1954[4], 229ff - DERS., Philosophie II, 1932, 201ff - M.HEIDEGGER, Sein u. Zeit, (1927) 1954[7], §§ 60. 62 - H.LIPPS, Unters.en zu einer hermeneut. Logik, 1938, 23ff. 38ff - DERS., Die menschl. Natur, 1941, 29f - J.P. SARTRE, Situations I-III, 1947-49 - B.SCHULTZER, Relativitet, Kopenhagen 1957. *K.E.Løgstrup*

Sixtus (S. I.-III. = *Xystus*) **I.**, in der röm. Bischofsliste Nachfolger → Alexanders I. und 6. des Petrus, etwa 116-125, gilt als Märtyrer.

II., *Papst* Aug. 257 bis 6.8.258, Grieche, hielt im → Ketzertaufstreit an der röm. Praxis fest, respektierte aber die Gebräuche der afrikanischen und kleinasiatischen Kirchen und trug so zur Wiederherstellung des durch → Stephan I. gestörten Kirchenfriedens bei. S. starb mit allen Diakonen in der valerianischen → Christenverfolgung den Märtyrertod.

III., *Papst* 31.7.432 bis 19.8.440, Römer, hatte sich schon 418 als Presbyter unter → Zosimus aus einem Gönner des → Pelagianismus in dessen Feind gewandelt und hierüber Briefe mit → Augustin gewechselt. In den nestorianischen Streitigkeiten folgte er der Politik → Cölestins I. und begrüßte die Einigungsformel von 433 (→ Christologie: II, 4 c). In Illyrien wahrte er die röm. Interessen. S. entfaltete eine rege Bautätigkeit, wobei er bes. das Andenken der Opfer von 258 (s.o.) ehrte.

Zu I.-III.: RE XVIII, 410f - LThK IX, 609ff. - Zu II.-III.: BARDENHEWER II, 642ff. 495f (S. II.); IV, 479. 519. 615ff (S. III.) - CASPAR I, 71f. 91f. 575f (S. II.). 43. 56. 132. 356f. 381f. 416f (S. III.) - HALLER I, 42. 496f (S. II.). 125. 150f. 519. 523 (S. III.) - SEPPELT I[2], 53f. 58ff (S. II.). 171ff (S. III.) - ALTANER 150 (S. II.). 320 (S. III.). *G.Glockmann*

IV., *Papst* 9.8.1471 bis 12.8.1484, Francesco della Rovere, OFM, * 1414 in Celle bei Savona, angesehen als Lehrer der Theologie, 1464 Ordensgeneral, 1467 Kardinal. Die Begünstigung seiner Verwandten brachte ihm die Feindschaft der ital. Staaten. Sein Kampf gegen die Medici verwickelte ihn in die Pazziverschwörung, die Freundschaft seiner Nepoten mit den Orsini in Kämpfe mit den Colonna. - Die Ausrüstung einer Flotte gegen die Türken hatte geringen Erfolg (Otranto). Im toskanischen Krieg verwandte Ludwig XI. die Berufung eines Konzils als Schreckmittel. Der Erzbischof Andrea Zamometič machte einen gleichen Versuch in Basel. S. betonte den monarchischen Charakter der Kirche, erklärte die Unverbindlichkeit der Konstanzer Dekrete und erneuerte 1483 die Bulle → Pius' II., die die Appellation an ein Konzil untersagte. - S. erbaute die Sixtinische Kapelle, S. Maria del Popolo und S. Maria della Pace.

B.PLATINA, Opus de vitis, Venedig 1479 u.ö. - Infessura, Diario, ed. O.TOMMASSINI, Rom 1890 - v.PASTOR II, 429ff. 451ff - LThK IX, 611f - DThC XIV, 2199ff - EC XI, 780ff - A.FLICHE-V.MARTIN (Hg.), Hist. de l'Eglise XV, Paris 1951, 74ff - M.GIUSTI, StT 165, 1952, 430ff (über S.' Register). *F.Bock*

V., *Papst* 24.4.1585 bis 27.8.1590, Felice Peretti, genannt »Montalto«, * 1521 in Grottamare (Mark Ancona), aus ärmlichsten Verhältnissen, wurde mit 9 Jahren Novize der Konventualen in Montalto und stieg zu den höchsten Ordensämtern (1566 Generalvikar) auf. → Pius V. machte ihn zu seinem Beichtvater und 1566 zum Bischof von S. Agata de'Goti, 1571 von Fermo, 1570 zum Kardinal. Unter → Gregor XIII. in Ungnade, lebte S. wissenschaftlichen Studien (Ambrosiusausgabe, unkritisch). Nach seiner einstimmigen Wahl schuf er mit drastischen Maßnahmen Ordnung im Kirchenstaat und füllte trotz erheblicher Ausgaben für Wissenschaft und Kunst die Kassen. S. gilt als Schöpfer des barocken Stadtbildes von → Rom (: II, 6). Er gründete die vatikanische Druckerei. Die Reformen der Kurie und Kirche setzte er im Sinn der tridentinischen Dekrete fort. Er griff in die Arbeit der Vulgatakommission ein, drängte auf textkritische LXX-Studien und erreichte einen überstürzten, mangelhaften Vulgatadruck (1590). Im Streit um die Gnadenlehre (→ Gnade Gottes: IV, 4) zwischen → Bañez und → Molina und zwischen der SJ und der Löwener Fakultät (→ Bajus) vermied er eine Entscheidung. Außenpolitisch blieb S. bis zum Untergang der Armada mit Philipp II. im Bunde. Die Gegner Heinrichs IV. (→ Frankreich: I, 4) unterstützte er, bis dessen Sieg sicher erschien.

v.PASTOR X - LThK IX, 612f - DThC XIV/2, 2217ff - EC XI, 782ff (Lit.) - SEPPELT V[2], 175ff. 521f (Lit.). *H.Liebing*

Sixtus *von Siena* (1520-69), kath. Bibelforscher, geborener Jude, Schüler des Ambros. Cath. → Politus und Franziskaner, predigte in verschiedenen Städten Italiens, wurde von der Inquisition wegen häretischer Anschauungen (Rückfall ins Judentum?) zum Tode verurteilt, aber durch Intervention des späteren Papstes → Pius V. begnadigt; wirkte fortan als Dominikaner. Auf Grund seines Hauptwerkes, der Bibliotheca sancta (1566 u.ö.), gehört S. zu den Begründern der biblischen Einleitungswissenschaft. Er unterscheidet erstmals proto- und deuterokanonische Bücher.

RGG[3] V, 561 (Lit.) - DThC XIV/2, 2238f - EC XI, 787f. *R.Ackermann*

Skapulier (scapulare), ein Teil der → Ordenstracht. Bei den alten orientalischen Mönchen hatte das S. die Form eines Mäntelchens, das die Schultern und den Oberkörper bis zu den Ellenbogen bedeckte. Nach c. 55 der Benediktinerregel war es eine Arbeitsschürze. → Paulus Diaconus verstand darunter wieder ein Mäntelchen. Später war bei den → Benediktinern das S. ein von Schulter zu Schulter reichender Tuchstreifen, der vorn und hinten herunterfällt und die Tunika bedeckt. Das S. ist heute in den meisten Orden üblich (→ Prämonstratenser, → Dominikaner, → Serviten, → Augustiner-Eremiten, → Karmeliter, → Barmherzige Brüder). Es wird teils über, teils unter dem → Gürtel getragen. Exklaustrierte Ordensleute mußten früher ein kleines S. tragen. Ein kleines S. ist auch bei Weltleuten gebräuchlich, vor allem bei den → Tertiaren, die aus den genannten Orden hervorgingen, selbst denen der → Franziskaner. Unter den übrigen S.en sind weit verbreitet die der Hl. Dreifaltigkeit, des Kreuzes und Leidens Christi, der Unbefleckten Empfängnis Mariens, der 7 Schmerzen Mariens und das vom Berge Karmel; deren Segnung und Auflegung sind den → Trinitariern, → Regularklerikern des hl. Kreuzes und Leidens Christi, → Theatinern, Serviten und Karmeliten vorbehalten. Kardinäle und Bischöfe haben das Recht, alle vom Hl. Stuhl approbierten S.e segnen zu können (cc. 239 § 1 n. 5. 349 § 1 n. 1 CIC). Die S.e sind Vermittler reicher Ablässe. An deren Stelle dürfen manche auch eine entsprechende Medaille bei sich tragen.

S. de Angelis, De indulgentiis, 1950², passim. *Ph. Hofmeister*

Skeptizismus

1. Sachliches - 2. Geschichtliches: a) Antike - b) MA und Neuzeit

1. S. (von griech. σκέπτομαι »betrachte prüfend«) ist zunächst die Forderung, nur hinreichend begründete Thesen für wahr zu halten. Insofern aber bestimmte philosophische und theologische Sätze solcher Prüfung nicht standhalten, vertritt der S. auch (negative) Positionen. Diese Abhängigkeit von vorgegebenen dogmatischen Thesen ist dem S. wesentlich; darum erfährt er, gemäß den jeweils vorherrschenden Theorien, verschiedene Ausprägungen. - Der S. kann sich darauf beschränken, jede These soweit zu reduzieren, daß sie aus den für sie vorgebrachten Argumenten logisch folgt (*methodischer* S.); er kann ferner aller menschlichen Erkenntnis letzte Gewißheit absprechen (*genereller* S.); schließlich kann er sich zum *radikalen* S. steigern, jede Möglichkeit von Erkenntnis bestreiten und nicht einmal Wahrscheinlichkeitsunterschiede anerkennen. *Methodischer* S. ist notwendig, er wendet sich als »Zuchtmeister der Vernunft« (Kant, Kritik der reinen Vernunft A 769) gegen jederlei Dogmatismus, dh gegen alle Machtsprüche, die gewisse Sätze jeder Nachprüfung entziehen wollen, und löst Denkgewohnheiten auf, die lange Tradition eingeschliffen hat. *Genereller* S. ist eine wenigstens diskutable Theorie. Hingegen hebt *radikaler* S. sich selbst auf (wie schon in der Antike auch von seinen Vertretern bemerkt wurde) und ist falsch, weil seine Argumentationen gegen die Gewißheit aller Sätze jedenfalls indirekter, also hinfälliger sein müssen als *einige* der angegriffenen Thesen. Sorgfältige Unterscheidung dieser drei Stufen des S. ist wichtig, weil radikaler S. sich oft als bloße Konsequenz des methodischen S. ausgibt und der Dogmatismus die Argumente gegen den radikalen S. zu Unrecht auch gegen die Forderungen des methodischen S. wendet. Mit einer Religion, die sich nicht selbst als dogmatische Metaphysik interpretiert, ist S., sogar genereller S., verträglich, oft sogar, als Selbstbeschränkung der Vernunft, eng verbunden, zB im Sinne von Kants Dictum: »Ich mußte ... das Wissen aufheben, um zum Glauben Platz zu bekommen.«

2. a) Motive des S. traten in der Sophistik (→ Griechisch-römische Philosophie, 2 b α) auf und machten dem naiven Dogmatismus der vorsokratischen Theorien ein Ende. Die Betonung der subjektiven Faktoren in aller Erkenntnis führte zu vorschnellen Relativismen (zB im Homo-mensura-Satz des Protagoras), aber auch zu fruchtbarem Studium der logischen und rhetorischen Mittel der Überzeugung. Die Wendung zur Praxis ist dem S. seit dieser Zeit eigen. Der methodische S. wurde von → Sokrates vorbildlich aufgenommen und in den auch erkenntnistheoretisch begründeten Systemen der sokratischen Schulen (bes. bei → Platon und → Aristoteles) beantwortet, so daß S. gegenüber diesen Theorien nur noch als *radikaler* S. verfangen konnte, wie ihn Pyrron von Elis (360-270 vChr) begründete. Wegen des Gleichgewichts von Grund und Gegengrund (ἰσοσθένεια τῶν λόγων) sei Urteilsenthaltung (ἐποχή) überall geboten, zugleich der einzige Weg zum Lebensziel, der Gemütsruhe (ἀταραξία). Den S. der Pyrroniker übernahm die mittlere und neuere Akademie; sie milderte und vertiefte ihn in der Diskussion mit der → Stoa. Arkesilaos (314-241 vChr) bestritt die Möglichkeit sicherer Erkenntnis; als praktische Richtschnur ließ er aber das εὔλογον, das Wahrscheinliche, gelten. Im Positiven wie im Negativen entwickelte der bedeutende Karneades (214-129 vChr) den akademischen S. weiter. Er zeigte, wie problematisch jedes Wahrheitskriterium ist, und daß jeder Beweis ins Unendliche gehen müsse, wenn kein Satz selbst für seine Wahrheit aufkommen kann. Wahrscheinlichkeit ließ auch er gelten und untersuchte mehrere Stufen; er darf der Begründer des generellen S. genannt werden. Um 100 vChr kehrt die Akademie zum Dogmatismus zurück; eine neue Stätte findet der S. in der von Änesidemos (ca 40 vChr) gegründeten »jüngeren Skepsis«. Neu ist hier neben der Radikalisierung die Lehre von den »Tropen« (skeptischen Grundsätzen). Änesidemos führte deren zehn an, die zur Hälfte auf der Relativität der Wahrnehmung als subjektiver Leistung, zur Hälfte auf der Relativität des Objekts (nach Lage, Umgebung usw) beruhen. Agrippa fügte weitere fünf Tropen hinzu, die sich bes. auf die Operationen des Verstandes beziehen. Schließlich kommt der jüngere S. mit zwei Tropen aus: (1) Ein unmittelbares Erfassen der Wahrheit ist unmöglich, aber auch (2) jedes mittelbare Erfassen, da, wenn (1) gilt, jeder Beweis ins Unendliche oder im Kreise gehen muß. Interessant sind auch die bei unserer Hauptquelle → Sextus Empiricus gesammelten Argumente gegen den Begriff der Ursache und den Gottesbegriff, so die These, daß Allmacht, Allwissenheit und Allgüte zusammen mit der Existenz von Übeln unverträglich sind. Für die Lebensführung wird Anschluß an allgemeine Übung und Regungen des Augenblicks empfohlen. So wendet sich der späte S. nicht mehr gegen illusionäre Sicherungen, sondern will sich mit dem Hinweis auf das Risiko der Wahrheitssuche von der Anstrengung des Begriffs dispensieren.

b) Solange sich das Christentum als Vollendung der griech. Metaphysik auffaßte, mußte es dem Angriff → Augustins (»Contra Academicos«) gegen den S. folgen. Erst als Wissenschaft und Offenbarung sich endgültig trennten, lag es nahe, den S. zum Argument der Offenbarungsautorität zu machen. Nach Ansätzen bei → Duns Scotus wird dies Motiv bei → Ockham deutlich. Ausdrücklich an den antiken S. knüpft zuerst M. → Montaigne an, der sich (Essais II, 12) für den pyrronischen gegen den akademischen S. entscheidet, um das Denken von allen Dogmen und Autoritäten zu befreien; sein Freund P. → Charron setzte dagegen den S. gerade als Argument für den Glauben ein. Die jeden möglichen S. schon überholende cartesische (→ Descartes) Gründung der Metaphysik im »cogito« wurde alsbald wieder von → Pascal (der die in der Neuzeit einflußreiche Verbindung von S. und → Mystik begründete) und P. → Bayle angegriffen. Seine größte Stärke und Wirksamkeit erhielt der S. durch → Hume. Dieser erschütterte die rationale → Ethik mit dem Satz, daß aus Tatsachen keinerlei Sollen gefolgert werden könne, und die rationale Naturwissenschaft mit der Frage nach der Erkenntnisquelle des Kausalitätsprinzips. → Kant sah seine eigene Leistung darin, der von Humes S. bedrängten Erkenntnis in seiner »Kritik« ein begrenztes Feld objektiver Gültigkeit eröffnet zu haben. In der modernen Philosophie haben sich Momente des S. in die verschiedenen Richtungen des → Positivismus, der → Lebensphilosophie, der → Existenzphilosophie usw verzweigt. Der methodische S. ist fast selbstverständlich geworden; dagegen erscheinen gegenüber der Vielgestaltigkeit der menschlichen Erkenntnisleistungen in Praxis und Wissenschaften genereller und radikaler S. als unerlaubte Vereinfachungen.

Zu 1: R. Richter, Der S. in d. Philos. I. II, 1904/08 - R. Hönigswald, Die Skepsis in Philos. u. Wissenschaft, 1914 - S. E. Rohde,

Zweifel u. Erkenntnis. Über d. Problem d. S. u. d. Begriff d. Absoluten, Lund 1945 - W.STEGMÜLLER, Metaphysik, Wissenschaft, Skepsis, 1954 - G.E.MOORE, Four Forms of Scepticism (in: DERS., Philosophical Papers, London 1959, 196-226). - Zu 2: Ü I, 140*ff. 183*f (Lit.); III, 648 (Lit.) - N.MACCOLL, The Greek Sceptics from Pyrrho to Sextus, London-Cambridge 1869 - V.SARTINI, Storia dello scetticismo moderno, Florenz 1876 - V.BROCHARD, Les sceptiques grecs, Paris (1887) 1932^2 - A.GÖDECKEMEYER, Die Gesch. d. griech. S., 1905 - M.M.PATRICK, The Greek Sceptics, New York-London 1929 - L.ROBIN, Pyrrhon et le scepticisme grec, Paris 1944 - DERS., Les sceptiques grecs, ebd 1950. *G.Patzig*

Sklaverei und Christentum

1. Antike - 2. AT und NT - 3. Kirchengeschichte - 4. Das sozialethische Problem

1. Die *antike Kultur und Gesellschaft* beruhen ökonomisch wie politisch auf der Institution der S. Unter S. ist hierbei jene, von Hörigkeit, Leibeigenschaft, Knechtschaft und abhängigem Lohnarbeitsverhältnis zu unterscheidende, rechtlich geordnete Institution zu verstehen, in welcher der Dienende nicht nur als Arbeitskraft, sondern in seiner ganzen Person Eigentum eines anderen ist und dessen Verfügungsgewalt untersteht (diese wird nur zT rechtlich begrenzt, zB durch Tötungsverbot). Der Sklave ist Sache wie dinglicher Besitz oder wie Haustiere. Im wesentlichen sind es ökonomische und soziale Umbildungen, die der antiken Sklavengesellschaft ein Ende bereitet haben. Die Philosophie legitimiert die S. als notwendig und rechtmäßig; Mensch im eigentlichen Sinne ist nur der Freie als Bürger der Polis. Die Sklaven unterscheiden sich von den Tieren nur durch ihre Arbeit (Aristoteles, Polit. I, 3-7; Platon, Leges VI, 776 B-777E). Die stoische Philosophie ist zu der Erkenntnis der gleichen Natur aller Menschen vorgedrungen, welche an dem weltdurchwaltenden Logos Anteil haben. Mit Hilfe dieser Einsicht hat die → Stoa den gesellschaftlichen Gegensatz Freier - Sklave relativiert und einer humaneren Behandlung der Sklaven den Weg gebahnt, was sich auch auf die Gesetzgebung Hadrians und →Mark Aurels auswirkte. Jedoch blieb sie im »Kult des Individuums« befangen. Die durchaus konservative Grundhaltung der stoischen Sozialethik unterband die gesellschaftskritischen Folgerungen, welche aus dem Prinzip der→ Gleichheit aller Menschen als Vernunftträger seit dem 18.Jh. gezogen worden sind. Die S. als Institution der Gesellschaft wird von der Stoa nicht angefochten.

2. In *Israel* kennt man die S. bei Unterworfenen (Dtn 20, 10-18), wie diese auch von den Feinden geübt wurde (Ri 5, 30; Am 1, 6. 9; Jo 4, 6). Verkaufte sich ein Israelit aus besonderer Not als Sklave (Ex 21, 4. 6; 22, 2; Am 2, 6. 8), so wurde er nach 6 Jahren frei (Ex 21, 2; mit Lohnauszahlung Dtn 15, 13f), wenn er nicht freiwillig für dauernd bei der Familie bleiben wollte (Dtn 21, 5ff). Auch für Sklavinnen gab es verschiedene Schutzbestimmungen (Ex 21, 7-11; Lev 19, 20-22). Von unrechtmäßig zurückgenommener Sklavenbefreiung berichtet Jer 34, 8ff, vom Freikauf im Exil Neh 5, 8; vgl. auch die (theoretischen) Gesetze in Lev 25, 35ff. Als Glieder der Hausgemeinschaften hatten die Sklaven an Kultfeiern teil (Dtn 12, 18) und konnten durch Beschneidung (Gen 17, 12) in die Gemeinde aufgenommen werden. Esr 2, 55ff nennt Nachkommen der Sklaven Salomos als Kultdiener.

Auch im *NT* wird die S. vorausgesetzt und rezipiert, daher auch nirgends die Institution als solche zum Problem gemacht oder als ungerecht verurteilt (vgl. 1Kor 7, 20ff, den → Philemonbrief und die Haustafeln). Dies gilt auch von einigen Gleichnissen Jesu, die lediglich das Faktum der S. voraussetzen (Mt 18, 23ff; 25, 14ff; Mk 13, 34; Lk 12, 42ff; 17, 7ff). Dies ist um so bemerkenswerter, als wahrscheinlich in den ersten Gemeinden die Zahl der Sklaven diejenige der Sklavenbesitzer bei weitem überstiegen hat. Die Möglichkeit einer Aufhebung der S., die eine sozialökonomische Revolution bedeutet hätte, lag nicht im Blickfeld des NT. Auch der Phlm enthält nicht die Bitte um Freilassung des Sklaven Onesimus. In welchem Sinne gilt dann die Gleichheit der Christen in der Gemeinde einschließlich der Sklaven (zB Gal 3, 28)? Die Gemeinschaft in und mit Christus ist eine neue, den Sklaven einschließende Bruderschaft des gegenseitigen Dienens wie des gleichen Anteils an der Gnade. Aber es wird kein Anspruch auf rechtliche Freiheit erhoben, noch für die Besitzer die Loslassung der Sklaven zur Pflicht gemacht. Herr und Sklave unterstehen demselben göttlichen Herrn Christus; der Herr hat den Sklaven nach Recht und Billigkeit zu behandeln, der Sklave soll ohne Widersetzlichkeit dienen (Kol 3, 22ff; 4, 1; Eph 6, 5ff; 1Tim 6, 1f; 1Petr 2, 18ff; Tit 2, 9f). Es handelt sich also um Weisungen einer Gemeindeethik, welche von der pneumatischen Einheit des endzeitlichen Gottesvolkes ausgeht, aber nicht die soziale Institution der S. fraglich macht. Die vielfach vertretene These, die nt. Gedanken hätten »früher oder später« zur Aufhebung der S. führen müssen (vgl. RGG^2 V, 577), ist demnach einzuschränken, zumal die S. vielfältig in Amerika, Afrika und Asien bis ins 19.Jh. bestanden hat, ohne von den Kirchen grundsätzlich angefochten zu werden.

3. Die *alte Kirche* hat an der Anordnung des Paulus 1Kor 7, 24 festgehalten. → Ignatius wendet sich gegen das Verlangen christlicher Sklaven, auf Gemeindekosten freigekauft zu werden (ad Polyc. 4, 3). Der weltliche Gegensatz Freier - Sklave erscheint als bedeutungslos gegenüber der wahren Freiheit in Christus, die von der eigentlichen Knechtschaft unter der Sünde freimacht (Tertullian). Entscheidend dürfte die neue, aus dem NT stammende Bewertung des *Dienens* gewesen sein. Sie machte es möglich, die S. als eine Art christlicher Bewährung in Demut und Leiden zu verstehen. Andererseits konnten Sklaven Bischöfe werden (→ Calixt I. in Rom). Märtyrerinnen aus dem Sklavenstande wurden gleich den anderen verehrt. Unter → Konstantin wirkten christliche Motive auf die Gesetzgebung ein. Wenn jetzt die Freilassung zu einem kirchlichen Anliegen wird, so nicht zuletzt auf Grund der neuen Stellung des kirchlichen Amtes; vor Aufnahme eines Sklaven in den Klerus wird seine Freilassung gefordert. Es ist ein löbliches Werk, wenn ein Herr den durch Treue bewährten Sklaven vor der Gemeinde frei gibt. Aber ein allgemeines Prinzip der Freilassung ist daraus nicht geworden. Auch fehlt es nicht an theologischen Rechtfertigungen, welche die S. als Folge der Erbsünde verstehen (Augustin), die bis zum Ende der Welt Bestand hat. Das christliche → Naturrecht und das Gebot der Liebe bewirkten u.U. wohl die Humanisierung der Sklavenbehandlung, nicht jedoch durchgreifende Reformen der Institution. - Die *mittelalterliche* Kirche hat theologisch und vielfach auch praktisch die Position der alten Kirche festgehalten. Zwar wurde seit Konstantin das Halten christlicher Sklaven und bes. deren Verkauf an nichtchristliche Völker öfters untersagt (vgl. Eusebius, Vita Const. IV, 27; Codex Just. XVI, 3), und einzelne Synoden haben sich gegen den nicht endenden Menschenhandel gewandt. Andererseits besaßen auch Päpste und kirchliche Institutionen, wie Klöster, ihrerseits Sklaven. Wenn die mittelalterliche Gesellschaft auf anderen Formen der Abhängigkeit beruhte als die antike, so war dies nicht etwa nur der Ethik und Erziehungsarbeit der Kirche zu danken. Die Entdeckungen und Eroberungen Spaniens und Portugals in Übersee führten ein neues Zeitalter der S. und des Sklavenhandels herauf. Jetzt wirkte es sich von neuem aus, daß die Theologie des MA im ganzen, trotz der Be-

denken einiger, die S. als sittlich und rechtmäßig legitimiert hatte (→ Thomas von Aquino beruft sich auf Aristoteles). Im Mönchtum erhoben sich freilich einzelne Stimmen gegen die S. oder wenigstens gegen das Sklavenhalten der Klöster (→ Theodor von Studion; zu den historischen Einzelheiten s. RGG² V, 578 und HWSW IX, 280ff). Noch 1548 hat Papst → Paul III. das Recht, Sklaven zu halten, auch für die Amtsträger der Kirche bestätigt. Bis ins 19.Jh. konnte das Naturrecht noch in konservativer Weise dahin ausgelegt werden, daß die S. (und sogar der neu aufgekommene Sklavenhandel, zB von Afrika nach Nordamerika) nicht dem Naturrecht widerspreche. Seine Interpretation ist offenbar von der Macht gesellschaftlicher Institutionen und Konventionen aufs stärkste mitbestimmt (vgl. 4). Jedoch ist bes. in der kath. Mission der Widerstand gegen die S. immer kräftiger geworden, wozu die konkrete Anschauung der destruktiven Wirkungen der S. und der Gewalttaten der Menschenhändler beitrug. 1888 rief Papst → Leo XIII. zur Bekämpfung der S. auf und verurteilte sie.

Auch die Kirchen der *Reformation* nahmen zunächst die traditionelle Haltung ein. Die Mahnung, die Last des weltlichen Standes zu tragen, in dem man sich vorfinde, tritt auch hier wie in anderen sozialen Bezügen zunächst beherrschend hervor, so im älteren Luthertum. Im Pietismus und der ev. Mission des 18./19.Jh.s führten nicht nur die Erfahrung der Scheußlichkeiten des Sklavenhandels und des Elends der Sklavenarbeit, sondern auch eine andersartige Anschauung vom Menschen als Gotteskind und Individuum praktisch und theologisch zur ablehnenden Bewertung und Bekämpfung der S. Der eigentliche Durchbruch ist jedoch dem → *Puritanismus* und seinen geschichtlichen Auswirkungen in den USA zuzuschreiben. Die → Methodisten erließen, nachdem die → Quäker ihnen bereits in der Kritik der S. vorangegangen waren, 1780 das erste kirchliche Verbot der S., da diese dem Gesetz Gottes und der Natur widerspreche. Die → Baptisten des Südens schlossen sich 1789 mit einer ähnlichen Begründung an. Die Losung »Sklavenhaltung ist Sünde« leitete seit etwa 1820 den Feldzug gegen die S., und es kam an dieser Frage sogar zu Kirchenspaltungen. In dieser Entwicklung ist eine neue Konzeption des Verhältnisses der geistlichen zur weltlichen Freiheit wirksam: Die Freiheit der Kinder Gottes muß sich in der Ordnung der Gesellschaft als soziale und politische Freiheit ausdrücken. Hiermit verband sich die faktische → Emanzipation des Einzelmenschen und die Idee der → Menschenrechte, so daß die S. seitdem von Christen und Nichtchristen als Unrecht und Verletzung der Menschenwürde verurteilt wird.

4. In den geschichtlichen Phänomenen tritt eine bedeutsame *sozialethische* Problematik zutage: a) Es zeigt sich der starke Einfluß der gesellschaftlich-geschichtlichen Institution der S. auf Haltung und Lehre der Kirche bis hin zu einer fragwürdigen Rechtfertigung der S., die das NT nicht kennt. – b) Wenn das christliche Gewissen in Sachen der S. angeblich erst im 18./19.Jh. »erwacht« sein soll, wie ist dann über das christliche Gewissen in der Kirche der früheren Jh.e zu urteilen? Das Verhältnis dieses »Gewissens« zu seiner sozialen Präformation wird durch die Geschichte der Einstellung des Christentums zur S. grundsätzlich zum Problem der → Sozialethik gemacht. – c) Hält man (mit Luther) an der Erkenntnis des NT von der Unabhängigkeit der Christus-Freiheit von allen gesellschaftlichen Institutionen fest, bedeutet dies, daß aus der *Gemeinde*-Ethik (der Sklave als Bruder in Christus) keinerlei Folgerungen für die Stellung des Menschen und des Christen in der Gesellschaft (soziale, politische Freiheit) gezogen werden dürften? Auch die Arbeitslager der totalen Staaten könnten, wenn die Antwort »ja« lautet, wie die S. als »Folge der Erbsünde« gerechtfertigt werden. Das Aufkommen neuer Formen der S., wenngleich unter anderen sozialen Bedingungen, muß von der christlichen Sozialethik ins Auge gefaßt werden. Hinter die soziale und politische Befreiung des Menschen aus den verschiedenen Formen der Knechtschaft kann sie heute nicht mehr zurückgehen. Dann aber ist die Folgerung zu ziehen, daß es *zwei* verschiedene Grundformen der christlichen Sozialethik hinsichtlich der Unterordnungsverhältnisse gegeben hat und geben mußte: die vorrevolutionäre und diejenige, die von der Revolution der → Gesellschaft und der Freisetzung des einzelnen ausgeht und diese Tatsachen verarbeiten muß. Gegen die erstere, die sogar die Institution der S. voraussetzt und anerkennt, kann nicht allgemein der Vorwurf des schlafenden christlichen Gewissens erhoben werden, obwohl es theologische Ideologien zur Legitimierung der S. gegeben hat. Die Sozialordnungen mit S. oder Leibeigenschaft und anderen Formen der Hörigkeit konnten nicht von der Kirche revolutionär beseitigt werden. Freilich sind aus der in Christus inkarnierten Freiheit und Liebe keineswegs alle sozialethischen Konsequenzen gezogen worden, die unter der Voraussetzung der Rezeption der S. möglich gewesen wären, obwohl schon die nt. Haustafeln hierzu Veranlassung und Maßstab dargeboten haben (Kol 4, 1; Eph 6, 9).

Allgemein: M.Mauk, Der Kampf um die Negeremanzipation in der engl.-amerik. Lit. (Diss. Freiburg/Br.), 1935 - E.Williams, Capitalism and Slavery, Chapel Hill 1944 - M.Lengellé, L'esclavage, Paris 1955 - Ch.Verlinden, L'esclavage dans l'Europe médiévale, Brügge 1955ff - HWSW IX, 280ff (Lit.). - *Zu 1:* M.Rostovtzeff, Gesellschaft u. Wirtschaft im röm. Kaiserreich I. II, 1931 - Ders., Social and Economic Hist. of the Hellenistic World I-III, Oxford 1941; dt. 1955/56 - J.Vogt, S. u. Humanität im klass. Griechentum (AAMz 1953, 4) - W.L.Westermann, The Slave Systems of Greek and Roman Antiquity, Philadelphia 1955. - *Zu 2:* Bill. IV, 698ff - P.Heinisch, Das Sklavenrecht in Israel u. im Alten Orient (StC 11, 1934/35, 201-218) - ThW II, 264ff - I.Mendelsohn, Slavery in the Ancient Near East, New York 1949 - R.de Vaux, Les institutions de l'AT I, Paris 1958, 125ff; dt. 1960. - *Zu 3 u. 4:* RGG² V, 576ff (Lit.) - H.Greeven, Das Hauptproblem der Sozialethik in der neueren Stoa u. im Urchristentum, 1935 - E.J.Jonkers, Das Verhalten der alten Kirche hinsichtlich der Ernennung zum Priester (Mnemosyne NS 10, 1942, 286-302) - J.Höffner, Christentum u. Menschenwürde, 1947 - Th.Drake, Quakers and Slavery in America, New Haven 1950 - M.Maeder, La liberté et l'esclavage dans l'église primitive, 1951 - Hirsch III, 363ff - J.Leipoldt, Der soziale Gedanke in der altchristl. Kirche, 1952 - G.Kehnscherper, Die Stellung der Bibel u. der alten christl. Kirche zur S., 1957 (tendenziös; s. dazu H.v.Campenhausen, ZKG 69, 1958, 328f; E.Fascher, ThLZ 85, 1960, 521ff) - H.Dörries, Konstantin d. Gr., 1958, 71ff - EKL III, 975ff.

H.-D.Wendland

Skovgaard-Petersen, *Carl Axel* (1866–1955), dän. Theologe, 1893 Pastor in Alslev-Hostrup (Jütland), 1901 in Maarum (Nord-Seeland). Nach einer Studienreise nach Indien und China war S. 1912–29 Vorsteher der »Dänischen Bibelschule« in Kopenhagen und 1929–36 Dompropst zu Roskilde. 1919–28 gehörte er der Kgl. Kommission an, die 1929 eine neue dän. Übersetzung des AT herausgab, seit 1929 einer gleichartigen Kommission für die Übersetzung des NT (hg. 1948). Seit 1916 war er Mitglied der Direktion der dän. → Bibelgesellschaft (, 2 c), 1936–49 deren Präsident. Ferner war er u.a. Präsident (1916–40) des »Nyborg-Strand«, des Mittelpunkts christlicher Sommer-Versammlungen in Dänemark. Von seinen Erbauungsschriften sind viele in andere Sprachen übersetzt worden.

Vf. u.a. (vgl. RGG² V, 581): Troens Betydning for den, der vil frem i Verden, 1899; Menneskheden uden Kristus, 1903-05; Korte Ord om store Ting I-XXIV, 1904-15; Ungdommens Bog, 1909; Fra nutidens Japan, 1911; Landet, hvor Kilderne sprang I. II, 1922-23; Evighedsordet i Slaegternes Gang I-III, 1928-35 (literarisches Haupt-

werk); Biblen paa de tusind Sprog, 1935; Jesu Bjergpraediken, 1936; Livserinringer I. II, 1938-39; Korset i Kirken og Kunsten, 1946; Fra Profeternes Verden, 1950; De aegte Livsvaerdier, 1953.
A.Arvastson

Skoworoda, *Gregory* (1722-94), Ukrainer, studierte an der Akademie von → Kiew, unternahm Reisen nach Ungarn, Österreich, Deutschland, Polen und Italien und war 1759 vorübergehend Prof. in Charkow. Danach durchwanderte er als »russ. Sokrates« die Ukraine mit Bibel und Flöte, die Menschen zur Selbsterkenntnis führend, entging 1770 der Pest und erlebte eine »Erwekkung«. Bei der Beurteilung seiner Philosophie wird man weder die mystische noch die rationalistische noch die biblizistische Seite verabsolutieren dürfen. S. kannte die antiken Schriftsteller wie die Kirchenväter. Mit Hilfe einer dialektischen Synthese, die ihn zum »Vater der → russischen Religionsphilosophie« (, 5) werden ließ, vereinigte er alle Gegensätze. Dabei diente ihm ein antinomischer Umkehrfunktionalismus von Anthropologie und Christologie als wichtigstes Instrument beim Aufbau seines Gedankensystems. Die allegorische Auslegung nicht nur der Bibel, sondern auch der antiken Mythen (zB Narziß-Mythos als Allegorie für das Erkennen des amor Dei = Christus im Menschen), barocke, oft derbe Bilder, eine gewisse an das Altkirchenslawische gebundene Schwerfälligkeit im Satzbau und eine bewußt »mäeutische« Dunkelheit des Ausdrucks sind seine Stilmittel. Ähnlich wie → Hamann, mit dem S. manches gemeinsam hat, protestierte er gegen die Aufklärung seiner Zeit, indem er zugleich zahlreiche Elemente seinem System integrierte. Es finden sich aber auch Parallelen zu → Malebranche (→ Okkasionalismus, Akosmismus). So schwankt das Bild von S. zwischen dem eines christlichen Mystikers und dem eines religiösen Aufklärers, die er aber beide in seiner Person und seiner Philosophie vereinigte.

RGG³ V, 582 (ältere Lit.) - B.Schultze, Russ. Denker. Ihre Stellung zu Christus, Kirche u. Papsttum, 1950, 15ff - B.Zenkovsky, Hist. de la philos. russe I, 1953, 64ff (Lit.). *K.Onasch*

Skrefsrud, *Lars* (1840-1910), norweg. Missionar, * bei Lillehammer. Während einer Gefängnisstrafe (1859-61) erhielt S. einen inneren Ruf als Missionar. Durch Selbststudium erwarb er sich umfassende Sprachkenntnisse, besuchte 1861-63 die Schule der → Goßnerschen Missionsgesellschaft in Berlin und wurde 1863 nach Chota Nagpur (Indien) entsandt. Aus dieser Missionsgesellschaft ausgetreten, gründete er mit dem Dänen Börresen 1867 eine Mission im Gebiete der Santals. Die erfolgreiche Arbeit (auch wirtschaftliche Hebung des unterdrückten Stammes) wurde anfangs von der englischen Baptistischen Missionsgesellschaft, später von dänischen und norwegischen Kreisen unterstützt. S. war ein hochbegabter Linguist und der größte Prediger Norwegens (1882 ordiniert). Nach seinem Tode wurde die Nordische Santalmission gegründet.

Vf. u.a.: A Grammar of the Santal Language, Benares 1873; A short Grammar of the Mech or Boro Language, Ebenezer 1889; Praedikener og foredrag I. II, Minneapolis 1897; ferner eine santalische Übers. der 4 Evangelien (1895), des Liederbuchs u.a. - Über S.: I.Hertel, Den nordiske Santalmission, Kopenhagen 1884 - N.Dahlhoff, Den nordiske Santalmission 1867-92, ebd 1892 - J.Löth, L.O.S., ebd 1914 - B.Hall, L.S., Kristiania 1922 - I.Saeter, L.O.S., 1925; dt. 1928 - Norwegia Sacra 1931: Santalmisjonen - L.B.Asbjörnsen, Livets eventyr, 1960. *E.Amdahl*

Skrutinien → Taufe: V, → Katechumenat.

Slawische Religion. Das wenige, was wir über die sl.R. wissen, verdanken wir bes. den spärlichen Quellen und Überlieferungen der Ostslawen (getauft Ende 10.Jh.) und der Ostseeslawen Deutschlands (erst im 12.Jh. getauft). Die im 9.Jh. bekehrten Süd- und Westslawen haben nur indirekte Spuren ihres Heidentums hinterlassen. Die wichtigsten schriftlichen Quellen sind für die Ostslawen: altrussische Chroniken und polemische kirchliche Schriften; für die Ostseeslawen: Aufzeichnungen (11.-12.Jh.) von → Thietmar von Merseburg, → Adam von Bremen, → Helmold, den drei Biographen → Ottos von Bamberg, → Saxo Grammaticus und die isländische Knytlingasaga. Sämtliche Quellen stammen von Christen und sind polemisch eingestellt. Folklore und Volksbräuche (→ Volkskunde), sofern ihr Alter überprüft werden kann, ergänzen die historischen Quellen. Rein sprachliche Daten sind für Kultterminologie und Bestimmung des fremden Einflusses von Belang. In der Deutung von Götternamen ist die Etymologie gewöhnlich hilflos. Es bestehen keine Mythen und keine kosmogonische Tradition. Das ethische Element scheint nicht mit der Religion, sondern mit sozialem Wesen verbunden gewesen zu sein. Jeder → Euhemerismus war den Slawen fremd, und wo man auf ihn stößt, ist er aus byzantinischen Quellen übernommen. Eventuelle Anknüpfungen an andere Religionen weisen meist auf iranisches Gebiet (→ Iran: II), in Form von gemeinsamem Kultwortschatz (bogŭ »Gott«, svętŭ »heilig« u.ä.); der iranische → Dualismus (: I) war jedoch den Slawen fremd. Mitunter, bes. bei den Ostseeslawen, ist germanischer Einfluß spürbar. Außer einem Götternamen scheint keine Verbindung zur → baltischen Religion zu bestehen, und trotz gewagter Etymologien ist es noch nicht gelungen, eine einwandfreie Brücke zur Religion der → Indogermanen zu schlagen.

Das sl. → *Pantheon* ist lückenhaft und rudimentär. Die Götter formen keine Familie, sind wenig differenziert, aber stark lokalisiert. Die russischen Quellen erwähnen gewöhnlich bloße Namen der Gottheiten: Perun, dessen weit verbreiteter Kult mit Blitz verknüpft (sl. Appellativ perun »Blitz«) und vom Thorkult (→ Germanische Religion, 9) beeinflußt war; verwandt mit dem Namen des litauischen Donnergottes Perkunas und dem der Mutter Thors, Fjorgynn. Volos oder Veles wird in einer Quelle als Viehgott bezeichnet; der Name kann mit tschech. veles »Teufel« und litauisch vēlės »Totenbilder« verwandt sein. Svarog, nur aus einer Glosse bekannt, wird sonst nur in Diminutivform »Svarožič« als Gottheit des → Feuers in Predigten erwähnt und mitunter mit iran. Vṛthragna/Vāragna verglichen. Dažbog, der → Sonnen-Gott, etymologisch »Spender«, ist scheinbar ein Epitheton. Über andere Götter weiß man noch weniger: Chors, Sěmargl (beide klingen iranisch), Stribog. Mokoš ist die einzige weibliche Gottheit. Die Götzenbilder standen unter freiem Himmel, Tempel sind nirgends erwähnt noch entdeckt worden. Das → Priestertum war auf der Stufe der → Zauberer geblieben (vgl. → Medizinmann, → Schamanismus).

Bei den Ostseeslawen nennt Thietmar einen Hauptgott Zuarazici, in Mecklenburg, dessen Name sich mit dem des russ. Svarožič deckt. Derselbe Gott wird später als Radigast bezeichnet, wohl ein Epitheton. In Pommern wurde der Gott Triglov (wörtlich »Dreikopf«, Epitheton) verehrt. In Arkona auf Rügen war der Hauptgott Svantevit (svętŭ »heilig«, Epitheton). Über andere Götter wissen wir weniger; ihre Namen, sofern sie nicht verstümmelt sind, scheinen auch Epitheta zu sein: Rujevit (sl. Ruja »Rügen«), Tjarnaglofi (wörtlich »Schwarzkopf«), Porevit, Porenutius, alle vier in Garz auf Rügen, Jarovit (jarŭ »stark«) in Havelsberg und Wolgast, u.a.m. Das auffallendste Merkmal der meisten Götzenbilder war ihre Mehrköpfigkeit - drei bis sieben Köpfe bzw. Gesichter -, ein Zug, der anderswo im sl. Gebiet nicht vorkommt. Diese Götzenbilder von oft übermenschlicher Größe standen, mit allerlei Fetischen, in Tempeln vom nordischen Bautypus, dessen historische Beschreibungen sich gut mit Ausgrabungen decken, bes. in Arkona. Die Priesterschaft scheint machtvoll gewesen zu sein und konnte u.U. die Fürsten überragen. Der Kultdienst war mannigfaltig: → Opfer, auch → Menschenopfer; → Orakel mittels Getränk, Stäben, Strichen in Asche, Abzählen, auch mittels heiliger Götterrosse.

Neben den höheren Göttern gab es auch niedere: → Geister, Dämonen, Nymphen und Nixen (beregyni, vila, rusalka) der beseelten Natur, die ihren Sitz in → Hainen, → Bäumen, → Bergen, → Quellen usw hatten, was dann diese zu Kultstätten machte. Es bestanden auch Jahresfeste, die wichtigsten zur Sommer- (russ. kupala) und Wintersonnenwende (russ. koljada, pol. kolęda usw = lat. calendae), bei den Ost- und Südslawen auch rusalija (lat. rosalia) im Frühling, und verschiedene Erntefeste. Dies ist der am wenigsten eigentümliche Bestandteil der sl.R., zugleich aber der zäheste, da er bis in unsere Zeiten lebendig geblieben ist. Als Vermittler zwischen der beseelten Natur und dem Menschen galten Zauberer, bei Ostslawen Männer, bei Westslawen auch Frauen.

Wie der → Naturdienst, so bot auch die → Totenverehrung wenig Eigentümliches. Die Toten wurden entweder begraben oder verbrannt, oft auf einem Schlitten, um die Reise ins Jenseits zu erleichtern. Beim → Begräbnis (: I) gab es zeremonielle Scheinkämpfe (tryzna) und → Mahlzeiten (: I). Die Toten aber lebten weiter in einer Art »körperlichen → Seele« (navĭ), die den Lebenden feindselig sein konnte und die man demnach periodisch (am 9. und 40. Tage) mit Mahlzeiten und, in Rußland, sogar mit einem Dampfbade besänftigen mußte. Zwei Dämonen (rod und rožanica) waren in Rußland irgendwie mit → Schicksal, Entbindung (vgl. → Schwangerschaft) und Ahnenkult verbunden. Sonst war der rudimentäre Ahnenkult in der Gestalt eines wohlwollenden Hausgeistes (dědŭ, russ. auch choromožitel', domovoj) verkörpert. Chthonischer Kult (vgl. → Chthonische Gottheiten) scheint nicht belegt zu sein. - Vgl. → Slawistik.

Qu.-Ausgaben: V.J.Mansikka, Die Religion der Ostslaven I: Quellen (FFC 43), Helsinki 1922 - K.H.Meyer, Fontes historiae religionis slavicae (FHR 6), 1931. - *Gesamtdarst.en:* E.V.Aničkov, Das Heidentum u. das alte Rußland, St. Petersburg 1914 (russ.) - L.Niederle, Das Leben der alten Slaven II/1, Abt. VI: Der Glaube u. die Religion, Prag 1916 (tschech., Lit.) - A.Brückner, Mitologia slava, Bologna 1923 - J.Jatzwauk, Sorbische (Wendische) Bibliogr. (BAL 98, 3), (1929) 1952², 293ff - Th.Palm, Wendische Kultstätten (Diss. Lund), 1937 (Lit.) - E.Wienecke, Unters.en zur Religion der Westslaven, 1940 (Lit.) - V.Machek, Essai comparatif sur la mythologie slave (Revue des études slaves 23, 1947, 48-65) - B.O.Unbegaun, La religion des anciens Slaves (Mana II/3, 1948, 387-445; Lit.) - R.Jakobson, Slavic Mythology (SDF II, 1019ff; 1025ff; Lit.) - ChrRel II, 367ff - A.Schmaus, Zur altslav. Religionsgesch. (Saeculum 4, 1953, 206-230; Lit.) - P.Pascal, La religion des anciens Slaves (M.Brillant-R.Aigrain, Hist. des Religions V, Paris 1956, 89ff) - S.A. Tokarev, Religiöse Vorstellungen unter den Ostslaven während des 19.Jh.s, Moskau 1957 (russ.). - Fortlaufende Bibliogr. in: International Bibliogr. of the Hist. of Religions, (1952ff) Leiden 1954ff.

B.O.Unbegaun

Slawistik. Die S. in ihrem engeren Sinne als Sprachwissenschaft ist eigentlich ebenso alt wie das Interesse für die Quellen der missionarischen Tätigkeit der Brüder → Konstantin und Methodius bei den mährischen und pannonischen Slawen in der 2. Hälfte des 9.Jh.s. Der Urheber der wissenschaftlichen S. ist der tschechische Gelehrte J.Dobrovský (1753-1829), dessen Tätigkeit mit dem Erwachen des nationalen Bewußtseins bei den Slawen zeitlich zusammenfällt. In seinem Werk »Ausführliches Lehrgebäude der böhmischen Sprache« ([1809] 1819²) nahm er sich des Problems der Herkunft der Slawen an und versuchte, den Grad der Verwandtschaft zwischen den einzelnen slaw. Sprachen zu bestimmen. Mit seiner bahnbrechenden Arbeit »Institutiones linguae slavicae dialecti veteris« (1822) legte er das Fundament für die künftige Erforschung der altkirchenslaw. Sprache (→ Kirchenslawisch). Einen nur nationalen Charakter hatten die zur selben Zeit entstandenen großen Wörterbücher: das russische der Akademie der Wissenschaften (6 Bde, 1789-94), das polnische (6 Bde, 1807-14) von S.B.Linde (1774-1847), das serbische (1819) von V.S.Karadžić (1787-1847) und das tschechische (5 Bde, 1835-39) von J.Jungmann (1776-1847). Was für Dobrovský noch nicht zugänglich oder klar war, vervollständigte und berichtigte der russische Gelehrte A.Ch.Vostokov (1781-1864), Verfasser der für die Geschichte der S. wichtigen Abhandlung »Erwägungen über die altslaw. Sprache« (1820, russ.), Erforscher altruss. Hss. und Herausgeber des ältesten altkirchenslaw. Denkmals in russ. Redaktion aus den Jahren 1056-57, des Ostromir-Evangeliums (1843). Der andere verdienstvolle Forscher und Herausgeber der altkirchenslaw. Texte war der Slowene B.Kopitar (1780-1844).

Eine neue Epoche in der Entwicklung der S. leitete das für seine Zeit vortreffliche Werk des Slowaken P.J.Šafařík (1795-1861) »Slaw. Alterthümer« (tsch. 1837, dt. 1843-44) ein, in dem die älteste Geschichte der Slawen dargestellt und die indogermanische Herkunft (→ Indogermanen) der slaw. Völker nachgewiesen wird. Dieser Schluß, zu dem Šafařík als Historiker und Archäologe kam, fand beinahe gleichzeitig seine Bestätigung durch die Indogermanisten F.Bopp und A.F.Pott, bes. aber durch A.Schleicher (1821-68, seit 1849 Prof. in Prag), der selbst ein hervorragender Kenner der slaw. und baltischen Sprachen war. Allmählich begann die S. auch die Aufmerksamkeit der nichtslaw. Gelehrten auf sich zu ziehen. 1840 wurde in Paris am Collège de France ein Lehrstuhl für slaw. Sprachen und Literaturen gegründet, auf den der große poln. Dichter A.Mickiewicz (1798 bis 1855) berufen wurde. Den neuerrichteten Lehrstuhl der S. in Wien übernahm 1849 der Slowene F.Miklosich (1813-91). Seine Werke »Vergleichende Grammatik der slaw. Sprachen« (4 Bde, 1852-75), das altkirchenslaw. Wörterbuch (1865) und »Etymologisches Wörterbuch der slaw. Sprachen« (1886) sicherten der S. einen festen Platz in der indogermanischen Sprachwissenschaft und verschafften dem Verfasser den Namen »des größten Grammatikers des Jahrhunderts«. Miklosichs Nachfolger in Wien wurde der Kroate V.Jagić (1838-1923), der verdienstvolle Herausgeber der wichtigsten altkirchenslaw. Denkmäler und der Verfasser zahlreicher linguistischer, literarischer und folkloristischer Arbeiten. Vor allem aber war er der Begründer und Herausgeber des epochemachenden Archivs für slaw. Philologie (42 Bde, 1876-1929), das eine entscheidende Rolle bei der Entwicklung der S. sowie bei der Schulung des slawistischen Nachwuchses und der Informierung der wissenschaftlichen Welt über die slaw. Sprachen und Völker gespielt hat. Ein anderer hervorragender Slawist war der Pole A.Brückner (1856-1939, seit 1881 Prof. in Berlin), der beste Kenner der älteren poln. Literaturgeschichte, u.a. Verfasser des poln. etymologischen Wörterbuchs (1927) und der monumentalen Geschichte der poln. Kultur (4 Bde, 1931-46, poln.). Von den deutschen Slawisten sind außer A.Schleicher (s.o.) zu nennen: A.Leskien (1840-1916), der Verfasser der ausgezeichneten Handbücher der altkirchenslaw. Sprache, und R.Trautmann (1883-1951), der u.a. wertvolle Arbeiten über die slaw. Ortsnamen in den später germanisierten Gebieten hinterlassen hat. Ein prominenter Slawist war der große franz. Sprachforscher A.Meillet (1866–1936), Verfasser der urslaw. Grammatik »Le slave commun« ([1924] 1934²). Der Deutsche E.Berneker (1874–1937) stellte ein wertvolles, leider unvollendetes »Slaw. etymologisches Wörterbuch« (1908–13) zusammen. Sein Kollege und Nachfolger A.Brückners in Berlin, M.Vasmer (* 1886), gibt seit 1924 die Zeitschrift für slaw. Philologie heraus und verfaßte das ausgezeichnete »Russ. etymologische Wörterbuch« (3 Bde, 1950–58). Große Verdienste bei der Erforschung der slaw. Sprachen haben auch der Holländer N.v.Wijk (1880–1941), der Finne J.J.Mikkola (1866 bis 1946), der Norweger O.Broch (1867–1961), der Schwede R.Ekblom (1874–1958), die Franzosen A.Mazon (* 1881) und A.Vaillant (* 1890) u.a.m.

Im Unterschied von den westeuropäischen Slawisten widmeten sich ihre slaw. Kollegen hauptsächlich der Erforschung eigener Muttersprachen. Die großen Traditionen Šafaříks wurden von L.Niederle (1865–1944), dem Verfasser der monumentalen Werke über die älteste Geschichte der Slawen fortgesetzt. Die Südslawen bemühten sich anfänglich um die Schaffung einheitlicher Literatursprachen. In Serbien hat die Konzeption Karadžićs gesiegt, eine gleiche Reform für die kroatische Sprache wurde von L.Gaj (1809–72) durchgeführt. Diese Reformen haben die Unterschiede zwischen den beiden Sprachen auf ein Minimum reduziert (1850 Ausrufung einer einheitlichen serbokroatischen Sprache). Einen eigenen Weg ging die slowenische Sprache, deren Reform ein Verdienst B.Kopitars ist. Erst in der 2. Hälfte des 19.Jh.s bildete sich die neubulgarische Literatursprache heraus. Im Laufe der letzten 100 Jahre haben sich 6 weitere slaw. Sprachen zum Rang selbständiger Literatursprachen erhoben: die beiden sorbischen (lausitzischen), die slowakische und die ukrainische, am Anfang des 20.Jh.s die weißrussische, schließlich – erst nach 1945 – die mazedonische.

Nach dem 1.Weltkriege gewannen einige slaw. Völker politische, andere ihre kulturelle Freiheit wieder. Die unmittelbaren Berührungen zwischen den Slawen und der Außenwelt wurden lebhafter. An allen wichtigeren europäischen und nordamerikanischen Universitäten wurden Lehrstühle für slaw. Sprachen und Literaturen gegründet (allein in Deutschland zZ 13). Es entstehen zahlreiche neue Zeitschriften und monographische Serien; slaw. Mundarten und Ortsnamen regen das Interesse der Forscher an, alte sprachliche, literarische und juridische Denkmäler erscheinen in neuen Ausgaben, viele neue monumentale Wörterbücher werden vorbereitet oder abgeschlossen. Bes. nach 1945 wurden lebhafte Diskussionen über die Herkunft und Urheimat der Slawen geführt, und die internationalen slawistischen Kongresse erfreuen sich allgemeiner Popularität (der letzte 1958 in Moskau mit über 1500 Teilnehmern). – Gegenwärtig gibt es 12 slaw. Sprachen, die von über 200 Mill. Menschen in Europa und in den außereuropäischen Ländern gesprochen werden. – Vgl. → Slawische Religion.

Außer den im Text genannten Arbeiten u. Zs.en: V.Jagić, Gesch. der slav. Philologie, St. Petersburg 1910 – J.J.Mikkola, Urslav. Grammatik, 1913–50 – R.Nahtigal, Slav. Sprachen, Laibach (1938) 1952² (slowen.) – R.Trautmann, Die slav. Sprachen, 1947 – A.Vaillant, Grammaire comparée des langues slaves I. II, Paris 1950–58 – C.A.Manning, A Hist. of Slavic Studies in the US, Milwaukee 1957 – Kleine slav. Biogr., 1958 – Wiener slavist. Jb. 8, 1960 (das ganze Heft ist der Gesch. der S. gewidmet) – H.Bräuer, Slav. Sprachwiss. I, 1961. – *Zs.en:* Rocznik Slawistyczny, Krakau 1908ff – Revue des études slaves, Paris 1921ff – Slavia, Prag 1921ff – The Slavonic Review, London 1922ff – Zs. für slav. Philologie, 1924ff – Le monde slave, Paris 1924–38 – Slav. Rundschau, Prag 1929–39 – Wiener slavist. Jb., 1950ff – Ricerche slavistiche, Rom 1952ff – Die Welt der Slaven, 1956ff – Zs. für S., 1956ff – International Journal of Slavic Linguistics and Poetics, 's-Gravenhage 1959ff.

J.Trypućko

Slawophile, Gruppe russischer philosophisch-theologisch-soziologischer Publizisten in der Mitte des 19.Jh.s (→ Russische Religionsphilosophie, 4). Im Gegensatz zu den »Westlern«, bes. Peter → Tschaadajew, traten sie für die Selbständigkeit der russischen gegenüber der westeuropäischen Kultur ein und sahen die Zukunft Rußlands in der Hinwendung zu den lebendigen Wurzeln der Orthodoxie und in der Erneuerung des vorpetrinischen Reiches – mit Wiederherstellung der Residenz Moskau und Wiedererrichtung des durch → Peter d.Gr. abgeschafften Russischen Orth. Patriarchats. Wichtigste Vertreter waren der Theologe der Bewegung A. → Chomjakow, der philosophische Theoretiker I. → Kirejewski und die etwas jüngeren Brüder → Aksakow: der Soziologe Konstantin und der Journalist Iwan Aksakow. Als Präsident des Moskauer Slawischen Wohltätigkeitskomitees der 70er Jahre verkörperte I.Aksakow den Übergang der kirchlich-nationalen weltanschaulichen Slawophilie zu dem praktisch-politischen Panslawismus der russischen Balkankriege.

Lit. s. → Russische Religionsphilosophie u. bei den Einzelartikeln.

Hildegard Schaeder

Sleidanus (eigentlich Philippi), *Johannes* (1505–56), Historiker und Politiker, * in Schleiden (Eifel), studierte die Rechte in Lüttich, Köln und Löwen. 1537–44 Sekretär der Brüder du Bellay, erstrebte er eine Verbindung der deutschen prot. Stände mit Frankreich und nahm an den Religionsgesprächen in Hagenau und Regensburg teil. Er veröffentlichte lat. Bearbeitungen von Froissard (1537) und von Commines (1544), eine Kampfschrift gegen den Papst (1540) und eine lat. Übersetzung von → Bucers »Katechismus« (1544). Auf Drängen Bucers und Jak. → Sturms zum Chronisten des → Schmalkaldischen Bundes bestellt, verfaßte er »De statu religionis et reipublicae Carolo V caesare commentariorum libri XXVI« (Straßburg 1555), eine streng chronologische Darstellung der Ereignisse 1517–55 auf Grund der Archive von Hessen, Straßburg, Kurpfalz und Kursachsen. Das in vielen Auflagen verbreitete Werk wurde in alle Sprachen übersetzt und war bis zur Öffnung der Archive im 19.Jh. grundlegend für die Geschichte der Reformation. In diplomatischen Missionen war S. 1545 in England, 1551/52 in Trient, 1552 in Frankreich. Nach Abschluß seiner bis ins 18.Jh. viel benutzten Weltgeschichte »De IV summis imperiis« starb er kurz vor der Berufung an die Universität Duisburg.

De statu religionis, beste Ausg. v. C.C. am Ende, 3 Bde, 1785–86; dt.v. J.S.Semler, 4 Bde, 1771–73 – Briefwechsel, hg.v. H.Baumgarten, 1881 – Zwei Reden, hg.v. E.Böhmer, 1879. – Über S.: Schl. 20133–79. 49358–62 – H.Baumgarten, Über S.s Leben u. Briefwechsel, 1878 – A.Hasenclever, S.-Studien, 1905 – W.Friedensburg, in: Els.-lothr. Jb. 11, 1932, 109–148; 12, 1933, 83–108.

W.P.Fuchs

Slevogt, *Max* (8.10.1868 bis 20.9.1932), Maler und Graphiker, * in Landshut, † in Neukastel (Pfalz), gehörte mit Max Liebermann und Lovis → Corinth zu den führenden Vertretern des → Impressionismus (: I) in Deutschland, dessen auf den Wirklichkeitseindruck beschränktes Programm seine geniale erzählerische Erfindungskraft jedoch nicht gehemmt hat. Die religiöse Thematik beschäftigte ihn freilich nur selten. In seinem graphischen Oeuvre fehlen christliche Szenen fast ganz. Unter den Gemälden sind nur zwei dieser Art zu erwähnen: das kleine Dreiflügelbild des »Verlorenen Sohnes«, ein Frühwerk von unbarmherzig scharfer Ausdruckskraft, und das im 2.Weltkrieg verbrannte riesengroße Wandbild hinter dem Altar der Friedenskirche in Ludwigshafen a.Rh., eine der mächtigsten Schöpfungen des Meisters, der sich hier am Ende seines Lebens dem christlichen Zentralmotiv mit bekennerischem Ernst zugewandt hatte. Durch den Verlust dieses Werkes hat die deutsche Malerei des 20.Jh.s wohl ihr bedeutendstes religiöses Kunstwerk eingebüßt.

W.v.Alten, M.S., 1926 - A.Rümann, Verz. der Graphik von M.S., 1936 - K.Scheffler, M.S., 1940 - G.F.Hartlaub, Erinnerung an S.s Altarbild... (Werkzeitung »Die BASF« 5, 1955, H. 3; mit Abb.) - W.Passarge, M.S., Wand- u. Deckengemälde auf Neukastell, 1961 - Sievers-Waldmann, M.S. Das druckgraph. Werk I (1890-1914), 1962. *G.F.Hartlaub*

Slüter, *Joachim* (1490-1532), der Reformator Rostocks (→ Mecklenburg: II), * in Dömitz, 1521 Schulmeister der Kirchspielschule von St. Petri in Rostock, 1523 Kaplan daselbst, seit 1528 verheiratet. S. hat die reformatorische Lehre durch seine mutigen Predigten sowie durch die Herausgabe eines Gebetbuches, eines Katechismus und zweier Gesangbücher (1525, 1531; → Gesangbuch: I, 1 c) in niederdeutscher Sprache unter das Volk gebracht. Im Zusammenwirken mit den reformwilligen Kräften der Ratspartei und gestützt auf die einfachen Schichten des Volkes hat S. den Gottesdienst neu gestaltet und der Reformation in Rostock durch praktisch-kirchliche Reformvorschläge in hartnäckigem Kampf gegen die Altgläubigen 1530/31 zum Durchbruch verholfen.

K.Schmaltz, KG Mecklenburgs II, 1936. *E.Peschke*

Smend, 1. *Friedrich,* 26.8.1893 in Straßburg (Elsaß), 1948 Prof. an der Kirchlichen Hochschule in Berlin, gehört zu den führenden Bach-Forschern der Gegenwart.

Vf. u.a.: Die Johannes-Passion von Bach (Bach-Jb. 23, 1926, 103 bis 128); J.S.Bach, Kirchen-Kantaten erläutert, 6 H.e, 1947ff; Bach in Köthen, 1951. - Hg. u.a.: J.S.Bach, Messe in h-moll (mit gesondertem Krit. Bericht), 1954/56. *W.Blankenburg*

2. *Julius* (1857-1930), ev. Theologe, * in Lengerich/Westf., erst Pfarrer, 1891 Prof. am Predigerseminar in Friedberg/Hessen, 1893 o. Prof. für Prakt. Theol. in Straßburg, 1914 in Münster, 1926 emeritiert. Mit Fr. → Spitta um die Erneuerung von Liturgie (→ Liturgik: I, 2) und Kirchengesang bemüht, Förderer des → Kirchenchorwesens und der Kirchenmusik überhaupt (Vorsitzender der Neuen deutschen Bachgesellschaft seit 1921), um deren gottesdienstliche Grenzen er genau wußte. S.s Hauptverdienst ist die Wiedergewinnung altreformatorischen liturgischen Gutes für die Gegenwart (→ Gottesdienst: VI, 2).

Vf. u.a. (vgl. RGG² V, 587): Die ev. dt. Messen bis zu Luthers dt. Messe, 1896; Kelchversagung u. Kelchspendung in der abendländ. Kirche, 1898; Die Bedeutung des Wechselgesangs im ev. Gottesdienst, 1900; Der ev. Gottesdienst. Eine Liturgik nach ev. Grundsätzen, 1904; Kirchenbuch für ev. Gemeinden I, (1906) 1924³; II, (1908) 1925²; Handagende, (1908) 1925²; Das ev. Lied von 1524, 1924; Vorträge u. Aufsätze zur Liturgik, Hymnologie u. Kirchenmusik, 1925. - Hg. der MGkK (zuerst mit Fr. → Spitta, seit 1924 allein). - Festg. J.S. dargebracht, 1927. *W.Jannasch*

Smith, 1. *Adam* (1723-90), * in Kirkcaldy (Schottland), 1751 Prof. der Logik und der Moral in Glasgow. Wenn auch nicht zu Recht als »Vater der Nationalökonomie« bezeichnet, hat er doch in seinem Hauptwerk zeitgenössische Kritik am Merkantilismus als System staatlicher Wirtschaftslenkung so glücklich mit der Entwicklung einer systematischen Lehre von den »Eigengesetzlichkeiten« der Marktwirtschaft verbunden, daß es über viele Abwandlungen noch die Grundlage für wichtige Bestandteile der modernen Wirtschaftslehre abgibt. Als Schüler des schottischen Moralphilosophen Francis Hutcheson ging S. von einer allgemeinen Morallehre als Theorie menschlicher Verhaltensweisen aus, deren Grundbegriffe aus sozialen Beziehungen (Sympathie, Imitation) abgeleitet sind. Insofern ist die ökonomische Lehre moralisch abgesichert gegen den Vorwurf mammonistischer Verherrlichung des Eigennutzes. In der Darstellung der → Wirtschaft als des »einfachen Systems natürlicher Freiheit« bleibt die Verbindung zur Morallehre zwar recht lose, dient aber damit der Überbrückung der theoretisch bei S. unbewältigten Disjunktion von »Eigennutz« und »Gemeinwohl«. Diese sollen »wie von unsichtbarer Hand geführt« harmonisch ineinander übergehen, so daß »auf lange Sicht« eine fortschrittliche Wirtschaftsentwicklung verbürgt sei. - Oft als naturrechtliche Variante interpretiert, hat S.s Lehre aber doch kaum echten metaphysischen Gehalt. Den Antrieb zu wirtschaftlich richtigem Verhalten sieht S. in einem »Betrug der Natur«, nämlich in der Illusion, daß wirtschaftliche Wohlstandsvermehrung notwendig Glücksvermehrung bedeute. Die Norm wirtschaftlichen Verhaltens sei das Eigeninteresse des wirtschaftenden Individuums, dessen freie Entfaltung in Handel und Gewerbe möglichst ungehindert bleiben soll. Die Preisbildung am Markt werde dann gleichzeitig die wirtschaftlichste Verwendung knapper Mittel und eine Einkommensverteilung nach Maßgabe der Beteiligung am Zustandekommen des → Sozialprodukts bewirken. Gerade diese Lösung von metaphysischen Inhalten dürfte die wissenschaftliche Behandlung der rein rational möglichen Wirtschaftsweisen gefördert haben. Die Anwendung der wirtschaftspolitischen Folgerungen jedoch ist auf das engste an die sozialen und materiellen Bedingungen des englischen Frühkapitalismus gebunden. - Vgl. → Liberalismus: I, 3 c.

Vf. bes.: The Theory of Moral Sentiments, London 1759 (dt. 1949); An Inquiry into the Nature and Causes of the Wealth of Nations, ebd 1776 (dt. 1794/96 u.ö.). - Über S.: J.Rae, The Life of A.S., London 1895 - Th.Pütz, Wirtschaftslehre u. Weltanschauung bei A.S., 1932 - HWSW IX, 288ff (Lit.). *H.W.Gerhard*

2. *Robert Pearsall* (1827-98), Fabrikant in Philadelphia, einer der Führer der nordamerikanisch-europäischen Erweckungsbewegung des späten 19.Jh.s, die die → Gemeinschaftsbewegung hervorbrachte. S. und seine Frau Hannah geb. Whitall (1832-1911), beide Quäker, erhielten 1858 am selben Tage eine besondere Glaubensgewißheit, nachdem Frau S. ihre ursprüngliche Neigung für die → Darbysten überwunden hatte. 1866/67 wurden sie durch Methodisten in die → Heiligungsbewegung (Perfektionismus) hineingezogen. S. wurde einer ihrer bedeutendsten Anwälte (»Holiness through Faith«, 1870). 1872 erlebte er eine »Geistestaufe«. Seine Lehre von der fortschreitenden Heiligung trug er mit besonderem Erfolg vom 29.8.-7.9.1874 in Oxford vor (Segenstage von Oxford), wo er täglich 6 Versammlungen mit Tausenden von Zuhörern abhielt und die Deutschen W. de la Roi und Th. → Jellinghaus gewann. 1875 machte er eine Triumphreise durch Deutschland und die Schweiz und veranstaltete vom 29.5.-8.6. eine Versammlung in Brighton (8000 Besucher). Danach ging er, auch durch ein Nervenleiden genötigt, in die Stille. Seit 1888 lebte er in London. In der deutschen Gemeinschaftsbewegung stand ihm Th.Jellinghaus in der Grundanschauung am nächsten.

H.Rappard, Vertrauliche Mitteilungen über P.S., 1876 - G.Warneck, Briefe über die Versammlung zu Brighton, 1876 - F.Winckler, R.P.S. u. der Perfektionismus, 1914 - P.Fleisch, Die Heiligungslehre der Oxforder Bewegung (NKZ 35, 1924, 49-87) - P.Scharpff, Gesch. der Evangelisation in England, Amerika u. Deutschland (in Vorbereitung). *M.Schmidt*

Social Gospel, um 1900 aufgekommene Bezeichnung für eine in der 2. Hälfte des 19.Jh.s in den → Vereinigten Staaten entstandene theologische und praktisch-kirchliche Richtung, welche die soziale Bedeutung des Evangeliums betont. Sie hat ihre Parallelen im englischen Sozialchristentum (F.D. → Maurice, Ch. → Kingsley), im französischen Sozialkatholizismus (→ Katholisch-sozial) und im deutsch-schweizerischen Religiösen → Sozialismus (: II). Der geschichtliche Hintergrund der Bewegung ist einerseits der nach 1865 anwachsende → Kapitalismus mit seinen vielfältigen sozialen Problemen, andererseits die puritanische Idee vom »Reich Gottes in Amerika« (H.R.Niebuhr), transponiert auf den Boden der modernen liberalen Theologie. Als Vorläufer können der ethisch orientierte Unitarismus von W.E. → Channing und Th. → Parker, die evolutionistische Theologie des Kongregationalisten H.Bushnell (1802 bis 1876) und die soziale Verkündigung von W.Gladden (1836-1918) angesehen werden. Von Anfang an lassen sich drei Richtungen unterscheiden: eine radikal-soziale, eine konservative und eine fortschrittliche Richtung (so H.F.May). Die konservative Richtung zielte auf eine Verbesserung des individuellen Lebensstandes, der Bildung usw, während die radikal-soziale nicht nur einzelne Reformen wollte, sondern eine grundlegende Veränderung der Sozialstrukturen. Zu dieser Gruppe gehören G.D.Herron (1862-1925; »das Reich Gottes ist nahe in Amerika«), H.F.Ward und J.Davis, Vorkämpfer für eine Synthese von Marxismus und Christentum, sowie K. Page, Verfechter eines sozialistisch orientierten Pazifismus. Diese Gruppe wirkte etwa von 1900-30. Die fortschrittliche Richtung hielt zwar an der Notwendigkeit persönlicher und institutioneller Wandlung in der Gesellschaft fest, hütete sich jedoch vor einer naiven Gleichsetzung von sozialem Wandel und Anbruch des Reiches Gottes. - Der theologische Führer der Bewegung wurde W. → Rauschenbusch. Seine Theologie des S.G. (1917) vertrat die Ansicht, daß der Mensch nicht erlöst werden könne, wenn die Gesellschaft unerlöst sei. Außer dem Reich-Gottes-Begriff der Ritschlschen Theologie (→ Reich Gottes: II, 5; III, 2) war für ihn das liberale Bild von Jesus bestimmend, der als Sozialreformer verstanden unmittelbares Vorbild für die Nachfolge sei. Das S.G. ergriff mit Ausnahme der theologisch und sozial konservativen Gruppen des → Fundamentalismus die ganze Breite des amerikanischen Kirchentums. Es wurde die theologische Grundlage des Federal Council of Churches (1912 Social Creed of the Churches) und wurde auch in der → Ökumenischen Bewegung (, 1) wirksam. Der Fehlschlag der Prohibition und die Erfahrungen der beiden Weltkriege sowie die Kritik der → Dialektischen Theologie bewirkten eine Desillusionierung des S.G. (Reinh. → Niebuhr). Andererseits lebt das beste Erbe des S.G., der Glaube an die universale Herrschaft Christi und die Verantwortung der Kirche für die Welt, heute auch in der europäischen Theologie.

W.A.Visser 't Hooft, The Background of the S.G. in America, Haarlem 1928 - H.Rich.Niebuhr, The Kingdom of God in America, Chicago (1937) 1956²; dt. 1948 - H.-H.Schrey, Die gegenw. Lage der amerik. Theol. (ThR NF 10, 1938, 23-56) - ESL 910f (Ders.) - Ders., Soziale Verkündigung oder S.G.? (ZEE 1, 1957, 24-35) - Ch.H.Hopkins, The Rise of the S.G. in American Protestantism, 1865-1915, New Haven 1940 - F.E.Johnson, The S.G. re-examined, New York 1940 - J.N.Hughley, Trends in Protestant Social Idealism, ebd 1948 - H.F.May, Protestant Churches and Industrial America, ebd 1949 - P.Carter, The Decline and Revival of the S.G., 1920-40, Ithaca 1956 - D.Bonhoeffer, S.G. (Ges. Schr. I, 1958, 104-112). - Vgl. die Lit. zu W. → Rauschenbusch. *H.-H.Schrey*

Society for Promoting Christian Knowledge → Anglikanische Kirche: II.

Society for the Propagation of the Gospel → Anglikanische Kirche: II.

Socin, *Fausto* und *Lelio* → Sozinianer.

Soden, 1. *Hans Freiherr von* (* 4.11.1881 in Dresden, † 2.10.1945 in Marburg), ev. Theologe, Sohn von 2, Schüler von A. → Harnack, 1910 PDoz., 1915-18 Divisionspfarrer, 1918 ao. Prof., 1921 o. Prof. für KG in → Breslau, 1924 für KG und NT in → Marburg. Seine Arbeitsgebiete umfaßten alte KG und DG, altchristliche Kunst, Kirchenrecht, Textgeschichte und -kritik des NT. Viele große Arbeitsvorhaben stellte S. zurück, als Krisen der Kirche nach 1919 und bes. seit 1933 den Einsatz für Freiheit und Wahrheit forderten. S. wurde Begründer und Leiter der → Bekennenden Kirche in → Kurhessen (, 10), Mitglied des → Reichsbruderrates der BK, verfaßte das Marburger Gutachten gegen den »Arierparagraphen in der Kirche« (1933) und über »Bekenntnis und Verfassung in der Ev. Kirche« (1934), legte in Protest gegen E. → Seeberg den 2. Vorsitz in der Gesellschaft für KG nieder und löste damit den Austritt Gleichgesinnter aus (1937). Als Philologe und Historiker ein hervorragender liberaler Theologe, der bei weitgehender sachlicher und persönlicher Verbundenheit mit → Bultmann kein direkt positives Verhältnis zur → Dialektischen Theologie und zur → Existenzphilosophie finden konnte, verstand er seine theologische und wissenschaftliche Existenz doch als Lehramt in der Kirche, gerade weil er sie und ihr Bekenntnis *kritisch bejahte*. Theologie ist für S. wesentlich kritische Interpretation der Kirchenlehre, die aktuelle Aufgabe der ev. Theologie: Neuformulierung der Lehre von der Kirche und Neudurchdenken der Bekenntnisfragen.

Vf. u.a.: Die cyprianische Briefsammlung, 1904; Das lat. NT in Afrika, 1910; Urkunden zur Entstehungsgesch. des Donatismus, (1913) 1950²; Die Entstehung der christl. Kirche, 1919; Vom Urchristentum zum Katholizismus, 1920; Wahrheit in Christus (Predigten), 1947; Urchristentum u. Gesch. Ges. Aufs. u. Vorträge, 2 Bde, 1951/56. - Hg. (mit R.Bultmann) der ThR NF, 1929-44. - Über S.: A.Niebergall, in: Lebensbilder aus der Bek. Kirche, hg.v. W.Niemöller, 1949, 100-109 - R.Bultmann, in: Urchristentum u. Gesch. I (s.o.), V-IX - H.v.Campenhausen, Kirche in der Zeit 11, 1956, 233-236 - E.Dinkler, ThLZ 82, 1957, 253-256. *Erich Dinkler*

2. *Hermann Freiherr von* (16.8.1852 bis 15.1.1914), ev. Theologe, zunächst Pfarrer, 1889 PDoz., 1893 ao., 1913 o. Prof. für NT in Berlin. In seinem vierbändigen textkritischen Werk legte S. ein Riesenmaterial an Varianten vor und begründete seine Sicht der nt. Textgeschichte sowie seine darauf beruhende Methode der Textgestaltung. Der umfassende Apparat seiner Textausgabe bildet ein im großen und ganzen zuverlässiges und wegen der Heranziehung auch der jüngeren Minuskeln unentbehrliches Hilfsmittel der nt. Textkritik (→ Text: II). Die Kritik richtete sich bes. gegen den von S. postulierten I-Typ (die angebliche Rezension des → Pamphilus in Palästina), die Zurückführung fast aller Textverderbnisse auf das Diatessaron → Tatians und das komplizierte Benennungssystem der → Bibelhandschriften (: II).

Vf. bes. (vgl. RGG² V, 591): Die Schriften des NT in ihrer ältesten erreichbaren Textgestalt I/1-3, 1902-07 (Unters.en); II, 1913 (Text u. Apparat). - Über S.: P.W.Schmiedel, ThBl 1, 1922, 217-223 - A.Pott, ebd 2, 1923, 64-68 - A.F.J.Klijn, A Survey of the Researches into the Western Text of the Gospels and Acts, 1949, 36 ff - F.G.Kenyon, Der Text d. griech. Bibel, dt. 1952 (s. Reg.) - H.J. Vogels, Hdb. d. Textkritik des NT, 1955² (s. Reg.) - H.Lietzmann, Kleine Schriften II (TU 68), 1958, 220-248. *W.Schrage*

Sodom und Gomorrha werden neben Adma und Zeboim, die Gen 10, 19; 14, 2. 8; Dtn 29, 22 mit ihnen zusammen, Hos 11, 9 für sich allein stehen, in Gen 13, 10; 14, 10-12; 18, 20; 19, 24. 28; Jes 1, 9 u.ö. als am südlichen Toten Meer oder vielleicht - wenn nämlich das

Tote Meer oder doch sein Südteil als damals noch nicht existierend gedacht sein sollte - an dessen Stelle gelegene üppige, gottlose und darum von Gott in einer furchtbaren Katastrophe vernichtete Städte genannt. Dabei wird nicht völlig deutlich, ob man sich das - dann aber jedenfalls noch nicht versalzte und Unfruchtbarkeit um sich breitende - Tote Meer als wenigstens zT schon bestehend oder erst durch die Katastrophe entstanden vorstellen soll. Nach Gen 19 ist die Katastrophe zZ → Abrahams geschehen, also je nach dem, wie man diesen ansetzt, zwischen 2000 und 1400 vChr. Die sich auf die Zeit vor Abraham beziehenden Angaben, etwa die → Völkertafel (Gen 10, 19) oder die Erzählung von dem Zuge der vier Ostkönige (Gen 14), setzen dementsprechend die Existenz von S. und G. voraus. Vielfach wird die Erzählung von S.s und seiner Nachbarstädte Untergang als völlig unhistorisch aufgefaßt und den in aller Welt verbreiteten Sagen von »Teufelsseen« an die Seite gestellt, die sich den von manchen Landschaften erzeugten schaurigen Eindruck aus einer Katastrophe erklären, die eine hier einmal gelegene Stadt wegen ihrer Gottlosigkeit getroffen hat. Andere verstehen die Erzählung als dunkle Erinnerung an eine wirkliche, durch Störungs-Vorgänge veranlaßte Katastrophe. Aber zu sicheren Ergebnissen sind solche geologischen Erwägungen nicht gekommen. Ebensowenig haben die Versuche, archäologisch festzustellen, ob sich im Südteil des Toten Meeres oder an seinen Ufern Reste untergegangener Städte erhalten haben, zu einem Ergebnis geführt.

M. Blanckenhorn, Naturwiss. Studien am Toten Meer u. im Jordantal, 1912 - W.F. Albright, The Archaeological Results of an Expedition to Moab and the Dead Sea (BASOR 14, 1924, 2-12) - M.-J. Lagrange, Le site de S. d'après les textes (RB 41, 1932, 489 bis 514) - A. Koeppel, Uferstudien am Toten Meer, Rom 1932 - F.G. Clapp, The Site of S. and G. (AJA 40, 1936, 323-344) - J. Penrose Harland, S. and G. (BA 5, 1942, 17-32; 6, 1943, 41-54).

O. Eißfeldt

Söderblom, *Nathan* (15.1.1866 bis 12.7.1931), schwed. Theologe und Religionshistoriker, 1894-1901 Pfarrer der schwed. Gemeinde in Paris, 1901 o. Prof. für Religionsgeschichte in Uppsala, 1912 zugleich in Leipzig, 1914 Erzbischof von Uppsala (→ Schweden: I, 4). S. führte das moderne Studium der → Religionsgeschichte in Schweden ein. Seine ersten Arbeiten waren der altpersischen Religion gewidmet (Les Fravashis, 1899; La vie future d'après le mazdéisme, 1901). Seine wichtigsten Beiträge zur allgemeinen → Religionswissenschaft sind die Scheidung zwischen Persönlichkeits- und Unendlichkeitsmystik (Uppenbarelsereligion, [1903] 1930², auch engl.), die Hervorhebung der Kategorie des → Heiligen (Art. Holiness in ERE VI, 1913), dessen Bedeutung er früher als R. → Otto herausgearbeitet hat, und die Aufstellung des Begriffes → Urheber (Gudstrons uppkomst, 1914; dt.: Das Werden des Gottesglaubens, [1916] 1926²): Der Gottesglaube wird auf drei Elemente zurückgeführt, → Mana, → Animismus (Wille) und den Urhebergedanken, und die charakteristische Weiterbildung dieser Elemente in der Gottesvorstellung der höheren Religionen verfolgt. Auf theologischem Gebiet arbeitete S. vor allem mit dem Offenbarungsgedanken (Naturlig teologi och religionshistoria, 1913; dt. 1914) und beschäftigte sich zeitlebens mit Luther (Humor och melankoli, 1919). Auch dem kath. Modernismus (→ Reformkatholizismus) hat er reges Interesse entgegengebracht (Religionsproblemet, 1910). - Als Kirchenführer wurde S. bes. durch seine unermüdliche Arbeit für die Vereinigung der christlichen Kirchen bekannt. Als ökumenischer Leiter trat er schon während des 1. Weltkrieges hervor. Die Konferenz für Praktisches Christentum in Stockholm (1925; → Ökumenische Bewegung, 1) war der Höhepunkt von S.s ökumenischer Wirksamkeit. - Stets lebhaft interessiert am gottesdienstlichen Leben, förderte S. in der schwed. Kirche die Bestrebungen nach Erneuerung der liturgischen Bücher, trat selbst als Kirchenlieddichter (und Tonsetzer) hervor und verfaßte auch eine Anzahl Erbauungsschriften (bes. När stunderna växla och skrida I-IV, 1909-21; Kristi pinas historia, 1928). Eine Zusammenfassung seiner religionswissenschaftlichen Studien, auch seiner theologischen Anschauung, gab er in den Gifford Lectures »The Living God« (1933; schwed. 1932, franz. 1937, dt. 1942). - Vgl. → Schweden: II.

Vollst. Bibliogr. in: N.S. in memoriam, Uppsala 1931, 391ff. - Hss.-Nachlaß (u.a. 40000 Briefe), nur zT katalogisiert, in der N.S.-Stiftelsen, Uppsala. - Über S.: T. Andrae, N.S., Uppsala (1931) 1932⁵; dt. 1957² - F. Holmström, Uppenbarelsereligion och mystik, Stockholm 1937 - J.M. van Veen, N.S. (Diss. Groningen), 1940 - S. Estborn, Under Guds grepp, Stockholm 1944 - E. Ehnmark, Religionsproblemet hos N.S., Lund 1949 - NTU III, 814ff (den theol. Einsatz S.s ergänzend). - Weitere Lit. in der UB Uppsala.

E. Ehnmark

Söhngen, *Oskar*, * 5.12.1900 in Wuppertal-Barmen, Geistlicher Vizepräsident des Oberkirchenrats der EKU und Prof. an der Staatlichen Hochschule für Musik in Berlin, einer der maßgeblichsten Initiatoren der gegenwärtigen Erneuerung der ev. Kirchenmusik (→ Musik: VI, 1) sowie des kirchenmusikalischen Verordnungswesens. S. ist auch Präsident des Ev. Kirchbautags (→ Kirchenbau: V, 4).

Vollst. Bibliogr. in: Gestalt u. Glaube, Festschr. f. O.S. zum 60. Geb., 1960, 224-232. *W. Blankenburg*

Soetefleisch, *Johann* (1552-1620), luth. Theologe, * in Seesen, gebildet u.a. in Gandersheim und Helmstedt, folgte nach kurzem Dienst als Rektor in Burg bei Magdeburg 1579 einem Ruf als Dozent an die Universität Helmstedt (1581 Prof. der Dialektik und Ethik, 1587 der Theologie). Nach seiner Teilnahme an der Generalkirchenvisitation von Calenberg-Göttingen wurde er 1589 General-Sup. von Göttingen (Sitz zunächst in Münden, 1600 in Uslar), 1608 von Calenberg und Stiftssenior in Wunstorf. Von S.s Sorge für die reine Lehre zeugen seine zwischen 1589 und 1608 erschienenen Katechismusfragen, die in erster Linie eine Aufgliederung des Luthertextes bieten und in Gemeinden Bremen-Verdens noch im Anfang des 20.Jh.s gebraucht wurden.

R. Steinmetz, Die Gen.-Sup.en von Calenberg (ZGNKG 13, 1908, 55-69) - Ders., Die Gen.-Sup.en von Göttingen (ebd 39, 1934, 110-118) - J.M. Reu, Qu. z. Gesch. des kirchl. Unterrichts I/3, 2, 2, 1920, 973-981 u. I/3, 1, 2, 1935, 938ff. *Ph. Meyer*

Sohm, *Rudolph* (1841-1917), Jurist, * in Rostock, 1866 PDoz. in Göttingen, 1870 ao. Prof. in Göttingen und o. Prof. in Freiburg i. Br., 1872 in Straßburg, seit 1887 in → Leipzig. S. hat die Forschung namentlich auf den Gebieten der Geschichte des deutschen sowie des röm. Rechts und des Kirchenrechts befruchtet. Für die Entwicklung des ev. → Kirchenrechts (: II B, 5) seit dem Ende des 19.Jh.s ist S.s berühmter Satz von größter Bedeutung gewesen: »Das Kirchenrecht steht mit dem Wesen der Kirche in Widerspruch« (KR I/1, 700). Um ihn zu verstehen, muß man sowohl S.s Kirchen- als auch seinen Rechtsbegriff kennen: »Die Kirche Christi ist unsichtbar... Es gibt keine sichtbare Kirche.« Da die ecclesia visibilis »nur Welt, gar nicht Kirche« (KR II, 135) ist, kann der obige Satz nur für die ecclesia invisibilis gelten: »Die Kirche Gottes ist frei ... von jeglichem Recht« (KR I, 533). Die ecclesia visibilis hingegen ist für die rechtliche Ordnung offen. Hier wird nun S.s Rechtsbegriff wichtig: »Nur die Zwangsregel ist Recht. Recht ist die selbstherrliche Ordnung einer sittlich notwendigen überindividuellen äußeren Gemeinschaft« (KR II, 55). Da die Kirche zumindest seit der Reformation eine so geartete Gemeinschaft nicht mehr ist und »nur die weltliche Zwangsgemeinschaft (der Staat) übriggeblieben« ist, »gibt es für den Protestantismus folgeweise nur noch weltliches (von der staatlichen Gemeinschaft ausgehendes) Recht« (KR II, 151). S. wendet also, obwohl methodisch wie sachlich in vielem der Historischen Rechtsschule zuzurechnen, auf die Kirche der Reformation den säkularen Rechtsbegriff seiner eigenen Zeit an. Da er darum ein geistliches Recht (→ Ius divinum) nicht kennt, ist ihm, sichtbar von G. → Arnold beeinflußt, jede Verrechtlichung der Kirche Ausdruck ihres Verfalls. Seine umfangreichen historischen Arbeiten (in manchem heute als irrig nachgewiesen) dienen als Beleg für seine These. Ihre Gefährlichkeit zeigte sich im → Kirchenkampf, als die ev. Kirche dem alles usurpierenden staatlichen Recht keine eigene Rechtskonzeption und -ordnung entgegenzustellen hatte. Heute kann S.s doppelter Kirchenbegriff wie auch sein säkularer Rechtsbegriff als überholt gelten durch einen in sich geschlossenen, Sichtbares und Unsichtbares zur Einheit verbindenden Kirchenbegriff und die Wiederentdeckung des geistlichen Rechts durch die moderne ev. Kirchenrechtswissenschaft (→Kirche: VI B, →Kirchenrecht: I B).

Vf. u.a.: Der Prozeß der Lex Salica, 1867; Die Fränk. Reichs- u. Gerichtsverfassung I, 1871; Das Verhältnis von Staat u. Kirche, 1873; Das Recht d. Eheschließung, 1875; Trauung u. Verlobung, 1876; Institutionen. Gesch. u. System d. röm. Privatrechts, (1884) 1923[17] (Neudr. 1949); KG im Grundriß, 1888; Die obligatorische Zivilehe u. ihre Aufhebung, 1890; Die Entstehung d. dt. Städtewesens, 1890; Kirchenrecht I, 1892; II (aus dem Nachlaß), 1923; Wesen u. Ursprung d. Katholizismus, (1909) 1912[2]; Das altkath. Kirchenrecht u. das Dekret Gratians, 1918. - Über S.: W.SCHÖNFELD, Die jurist. Methode im Kirchenrecht (Arch. f. Rechts- u. Wirtschaftsphilos. 18, 1924/25, 58-95) - G.HOLSTEIN, Die Grundlagen d. ev. Kirchenrechts, 1928 - E.FOERSTER, S. widerlegt? (ZKG 48, 1929, 307-343) - DERS., R.S.s Kritik d. Kirchenrechts, Haarlem 1942 - H.BARION, R.S. u. d. Grundlegung d. Kirchenrechts, 1931 - G.KUHLMANN, R.S. u. unsere gegenw. kirchenrechtl. Situation (AevKR 5, 1941, 155-172) - H.DOMBOIS, Altkirchl. u. ev. Kirchenverfassung (ZevKR 2, 1952/53, 1-23) - W.D.MARSCH, Ist das Recht eine notwendige Funktion der Kirche? (ebd 5, 1956, 117-158) - S.GRUNDMANN, Der Luth. Weltbund, 1957, 12. 49ff u. passim - DERS., Das ev. Kirchenrecht u. d. ökum. Bewegung d. Gegenwart (AÖR 84, 1959, 1-54) - W.MAURER, Die Auseinandersetzung zwischen Harnack u. S. u. d. Begründung eines ev. Kirchenrechtes (KuD 6, 1960, 194-213) - DERS., R.S.s Ringen um d. Zusammenhang zwischen Geist u. Recht in d. Gesch. d. kirchl. Rechtes (ZevKR 8, 1961, 26-60). *S.Grundmann*

Sohn, *Georg* (1551-89), ref. Theologe, * in Roßbach/Oberhessen, studierte seit 1567 in Marburg und Wittenberg Jura und Theologie. 1574 Theologie-Prof. in → Marburg, opponiert er als Vertrauensmann Landgraf Wilhelms gegen den Einfluß des Aeg. → Hunnius und vereitelt die Annahme der → Konkordienformel in → Hessen (: I, 3). Diesen Kämpfen entgeht er 1584 durch Berufung nach Heidelberg als Theologie-Prof. und Inspektor der Sapienz (seit 1588 auch Kirchenrat). Als Philippist verstärkt S. nach → Ursin das melanchthonische Erbe der deutsch-ref. Theologie. Die ref. Prädestinationslehre hat er sich mehr äußerlich angeeignet als innerlich bewältigt. In der Föderaltheologie (→ Bund: IV) nimmt er Termini und Vorstellungen des röm. Obligationenrechts auf.

Vf. u.a.: De verbo Dei et eius tractatione, 1588; Opera, 3 Bde, (1591-92) 1609[3]. - Über S.: J.CALVINUS, Oratio de vita et obitu G.S., 1589 (später in den Opera) - STRIEDER XV, 108ff - ADB XXXIV, 543f - RE XVIII, 480 - G.SCHRENK, Gottesreich u. Bund im älteren Protestantismus, 1923, 62f - RITSCHL III, 257f. 267f - H.HEPPE-E.BIZER, Die Dogmatik der ev.-ref. Kirche, 1958[2], XLVIIIf. *J.F.G.Goeters*

Sohn Gottes

I. Religionsgeschichtlich - II. Im NT - III. Dogmengeschichtlich - IV. Dogmatisch

I. Religionsgeschichtlich

Die selbstverständliche Bindung religiöser Vorstellungen an die Gegebenheiten der menschlichen Sphäre führt mythologische Konzeption (Gottesgestalt) und theologische Systematik (Zusammenordnung von Einzelgöttern) zur Bildung von Familien in der Götterwelt (vgl. → Pantheon). Damit ist die eine Ortsbestimmung für den S.G. gegeben: er ist, im klassischen Fall, Kind in einer Triade (→ Trinität: I). Die andere besteht darin, daß menschliche Existenz auch genealogisch von den Göttern hergeleitet wird; so sind Stammväter und Herrscher S.e G. (→ Herrscherkult; → Königtum, sakrales; → Schöpfung: I). Man muß sich freilich davor hüten, diesen Verwandtschaftsgrad zu Gott eo ipso als den innigsten zu betrachten; denn nicht immer und überall dominiert das Vater-Sohn-Verhältnis; Mutter, Bruder, Neffe und ihre Korrespondenzen können wesentlicher sein usw.

Von den unübersehbaren Scharen der »Sohn-Götter«, aber auch von den Kind-Göttern als Typus (C.G.Jung-K.Kerényi, Einführung in das Wesen der Mythologie: Das göttliche Kind / Das göttliche Mädchen, 1951[4]) muß hier abgesehen werden; im Blick auf die biblischen Sachverhalte (→ Sohn Gottes: II) ist vielmehr der menschliche S.G. ins Auge zu fassen. Hier bietet →Ägypten (: II) relativ klare Sachverhalte. Der Pharao trägt seit der 4. Dynastie u.a. den Titel »Sohn des (Sonnengottes) Re«. Der Titel bedeutet freilich eine Machtminderung des Königs gegenüber der alten Titulatur, die ihn als → Inkarnation des → Horus bezeichnet. Denn Sohnschaft ist weniger als Inkarnation und bedeutet vor allem Verantwortlichkeit. Auch lassen sich (für das Alte Reich) zwei Bezeichnungen fassen: Der König ist Mensch als Pharao, Gott als Amtsträger (Morenz 35ff). Da das Amt Krönung und Namengebung voraussetzt, ist der Unterschied zu der Adoptionsformel Ps 2, 7 bzw. Mk 1, 11 par nicht groß. - In Ägypten finden sich aber auch bedeutende Lehren über das Verhältnis des S.G. zum Vater. Die Einheit beider wird bes. bei → Amenophis IV. betont: Der königliche S.G. bildet eine Dreieinigkeit mit zwei Erscheinungsweisen des Vaters (Morenz 155). Von der → Präexistenz des göttlichen Sohnes (Schu) sprechen Sätze aus dem heliopolitanischen Götterkreis. Der Urgott Atum sagt: »Als ich allein war mit (dem Urgewässer) Nun und als (die Schöpfung) noch nicht existierte, da waren sie (dh meine Kinder Schu und Tefnut) bei mir« (Sargtexte II, 33 e/34 f; Morenz 272).

Wenn sich Jesus als S.G. bezeichnet hat oder in der Gemeinde so genannt wurde (→ Sohn Gottes: II), dann beruht das zT auf dem geprägten Messiasbild und damit königlicher Tradition. Hier ist bemerkenswert, daß der nicht-königliche Ägypter sich zunächst nicht S.G. genannt hat; Personennamen vom Typ »Sohn des Gottes NN« u.ä. gibt es erst nach dem Zerfall des Alten Reiches; sie sind als Aneignung königlicher Rechte, also gesellschafts-geschichtlich zu erklären (H.Ranke, Corolla L. Curtius, 1937, 180ff; Ders., Die ägypt. Personennamen II, 1952, 226. 233f). Daß sie in der Religion keinen Anhalt hatten, zeigen die Anreden an die Gottheit, wo das Wort »Vater« dem (dogmatisch herausgehobenen) Herrscher vorbehalten bleibt (H.Grapow, Wie die Alten Ägypter sich anredeten etc, 1960[2], 54ff). Wenn in der ägyptischen Spätzeit Einzelne heroisiert und als S.G. bezeichnet werden (Imhotep, Sohn des Ptah), so entspricht dem auf griechischer Seite die Gottessohnschaft großer Männer (Pythagoras, Platon usw: Nilsson

II, 139); vgl. auch die θεῖοι ἄνδρες des → Hellenismus (→ Apollonius von Tyana; → Alexander von Abonu Teichos: O.Cullmann, Die Christologie des NT, 1957, 277f). - Vgl. → Erlöser: I, → Erlösung: I, → Erscheinungsformen der Gottheit, → Messias.

H.Baumann, Schöpfung u. Urzeit des Menschen im Mythus der afrik. Völker, 1936 - C.J.Gadd, Ideas of Divine Rule in the Ancient East, London 1948 - S.Morenz, Ägypt. Religion, 1960.

S.Morenz

II. Im NT

1. Grundsätzliches - 2. Briefe - 3. Evangelien

1. Der Titel S.G. hat im NT eine der jeweiligen Verkündigungssituation entsprechende variable Bedeutung (Braun); er kann deshalb auch fast ganz (Apg, 2Petr, Apk) oder vollkommen (Past, Jak, 1Petr) fehlen. Für das palästinensische → *Judenchristentum* läßt sich der Gebrauch des Titels in der Bedeutung → Messias (: IV; Röm 1, 3f; Mk 9, 7), Hoherpriester (Friedrich; Mk 1, 11 = TestLev 4, 2; 18), Knecht Gottes (Jeremias; Mk 1, 11 = Jes 42, 1) vermuten, aber nicht beweisen. Es gibt bisher keinen stichhaltigen Beleg dafür, daß im damaligen Judentum der Messias gemäß Ps 2, 7; 2Sam 7, 14 als S.G. bezeichnet wurde. Da → Jesus Christus (, 9d) sich nicht als S.G. proklamiert hat und die jüdische Urgemeinde ihn als Menschensohn und Messias ansah (→ Erlöser: II, 2), wird er wohl erst unter hellenistischem Einfluß (vgl. Apg 6, 1ff; 11, 19ff) so genannt worden sein. Jedenfalls bezeichnet das → *Heidenchristentum* Jesus nach damaligen Vorstellungen vom → Erlöser (: II, 1) in ganz spezifischem Sinne als S.G.: Er ist der Wunder wirkende θεῖος ἀνήρ (Evangelien), der gnostische → Urmensch, der mit seinem gehorsamen Kreuzestod als salvator salvandus und Mysteriengottheit dem Glaubenden (durch die Taufe) die Sohnschaft schenkt (MkEv, JohEv, Briefe). AT und jüdisches Material dienen der Ausarbeitung dieses Vorstellungskomplexes, dessen Alter und Bedeutung sich u.a. auch an der Konstanz der Sohn-Thema-Tradition (Schulz) zeigt.

2. *Paulus* sieht in Jesus den präexistenten S.G.: Zur → Erlösung (: III, 2) der Menschen sendet Gott seinen Sohn in die Sphäre des sündigen Fleisches (Röm 8, 3; Gal 4, 4f), in den Tod (Röm 5, 10; 8, 32). Durch die → Taufe (Röm 6, 1ff) wird den Glaubenden dieses Heilsgeschehen zugeeignet; sie empfangen den Geist der Sohnschaft (Röm 8, 15; Gal 4, 6) und werden, dem Urbild des Sohnes gleichgestaltet, als Brüder des »Erstgeborenen« (Röm 8, 29) seiner Gemeinschaft teilhaftig (1Kor 1, 9). Die aus dem hellenistischen Judenchristentum stammende (Bornkamm) antithetische → Formel (: II, 5) in Röm 1, 3f wertet den Davidssohn im Sinne der → Kenosis (, 1) zugunsten des S.G. ab (→ Jesus Christus, 9a). - Im → *Hebräerbrief* ist die Inthronisation des → Erlösers (: II, 4b) zum »Sohn« (Hebr 1, 3ff) zugleich seine Einsetzung zum Hohenpriester (4, 14; 5, 5f). Ganz wie bei Paulus spielt die Taufe eine entscheidende Rolle (vgl. 6, 4ff; 10, 22-29), sind die Glaubenden die Brüder des S.G. (2, 11ff), sein Haus (3, 6).

3. Im *MkEv* beherrscht der als geheime Epiphanie des S.G. verstandene Tod Jesu zB in der Form des S.G.-Geheimnisses (= Wrede: Messiasgeheimnis) die gesamte Darstellung (Schreiber): Die mit dem Kreuzestod vollendete Inthronisation des → Erlösers (: II, 5a) ermöglicht den Glauben an den S.G. (15, 39) ab Ostern (9, 7. 9) durch die Taufe (1, 11; 10, 38f) als Nachvollzug des Erlöserschicksals (3, 34f; 8, 34; 10, 32). Die θεῖος ἀνήρ-Berichte (vgl. 3, 11; 5, 7) werden so mitsamt der übrigen Tradition zum »Buch der geheimen Epiphanien« (Dibelius) des S.G. geformt. - Die *Spruchquelle* Q sieht in ihrer hellenistischen Redaktionsstufe Jesus als gnostischen Offenbarer (Mt 11, 25-27; Lk 10, 21f), polemisiert aber gegen den θεῖος ἀνήρ (Mt 4, 1ff; Lk 4, 1ff): Der wahre S.G. ist dem Gesetz gehorsam! - *Matthäus* betont (14, 33; 27, 40. 43) und variiert die Markuskonzeption in judenchristlichem Sinne (Bornkamm): Der aus der Jungfrau geborene S.G. ist der Davidssohn (Mt 1-2, vgl. Stendahl), der Messias (16, 16) und als θεῖος ἀνήρ der Knecht Gottes (8, 17; 12, 18ff). Tora- (3, 15; 4, 1ff [Q!]; 5, 17; 11, 29) und Schrifterfüllung (2, 15) werden zum Maßstab der Gottessohnschaft Jesu. - *Lukas* verfährt ähnlich (→ Jungfrauengeburt: 1, 32. 35; Stammbaum: 3, 23ff; Q: 4, 1ff; S.G. = Messias = Menschensohn: 4, 41; 22, 67ff), ändert jedoch dabei radikal: Jesus stirbt als Märtyrer (23, 47); sein Tod hat keine Heilsbedeutung (Vielhauer). Der Titel S.G. fehlt auch in Lk 24; Apg 1; 2! Er schützt nur noch den geistbezogenen und deshalb für die lukanische Heilsgeschichte entscheidenden Christustitel vor politischem Mißverständnis (Conzelmann: Lk 22, 70; 23, 2). - Im → *Johannesevangelium* (, 2c) hat der Titel S.G. (→ Erlöser: II, 5b) ähnlich wie im MkEv, jedoch nicht durch die Redaktion, eine führende Bedeutung: Der vom Vater geliebte, in Vollmacht (3, 35; 5, 22) gesandte → Eingeborene Sohn (3, 17; 5, 23; 1Joh 4, 9) stellt die Menschen als Offenbarer durch sein Wort in die Glaubensentscheidung (5, 24f) und führt die Glaubenden (3, 16. 36) kraft seiner Erhöhung (= Kreuzigung) in die ihm vom Vater bereitete Herrlichkeit (12, 32f; 17, 24). Die Wunder des θεῖος ἀνήρ machen als »Zeichen« die Herrlichkeit des Offenbarers transparent (2, 11; 4, 54).

Vgl. die Lit. zu → Erlöser: II (Braun), → Christologie: I (Friedrich), → Evangelien, synoptische (Wrede, Bornkamm, Conzelmann). - Ferner: P.Vielhauer, Zum »Paulinismus« der Apg (EvTh 10, 1950, 1-15) - ThW V, 698ff (J.Jeremias) - G.Bornkamm, Jesus von Nazareth, 1956, 206 - W.Grundmann, S.G. (ZNW 47, 1956, 113-133) - K.Stendahl, Quis et Unde? An Analysis of Mt 1-2 (Judentum, Urchristentum, Kirche. Festschr. f. J.Jeremias [BZNW 26], 1960, 94-105) - S.Schulz, Komposition u. Herkunft der johannäischen Reden (BWANT 81), 1960 - W.Marxsen, Anfangsprobleme der Christologie, 1960 - J.Schreiber, Die Christologie des MkEv (ZThK 58, 1961, 154-183).

J.Schreiber

III. Dogmengeschichtlich

1. Die Entwicklung bis zum Nicänischen Symbol - 2. Vom Nicänum zur Zweinaturenlehre - 3. Interpretationen der S.G.-Lehre in MA, Reformation und Orthodoxie - 4. Der Abbau der altkirchlichen S.G.-Lehre seit der Aufklärung und Versuche einer Neuinterpretation der alten Dogmen im 19. und 20.Jh.

1. Die Ausbildung der S.G.-Lehre geschieht im Rahmen der Entwicklung der Logos- → Christologie (: II, 2). Nach vielfältigen Deutungsversuchen der Relation des Sohnes zum Vater (→ Apologeten, → Tertullian, → Origenes, → Arius u.a.) wird im → Nicänischen Symbol a) die Vor- und Überzeitlichkeit des Sohnes, b) seine Wesens*einheit* mit dem Vater dogmatisiert. Schon vorher hatte die Kirche im 3.Jh. die Lehre verurteilt, der S.G. sei eine Erscheinungsform oder Kraft des Vaters in einem Menschen (modalistischer bzw. dynamistischer Monarchianismus; → Paulus von Samosata; → Christologie: II, 2c).

2. In den nachnicänischen Kämpfen setzt sich die Deutung der Homousie als Wesens*gleich*heit durch. Auch vom → *Geist* (: V, 2; → Trinität: III) wird nun die *Wesens*gleichheit mit dem Vater und dem Sohne gelehrt (→ Christologie: II, 4 b), das *Person*sein (Hypostase) bleibt jedoch das den trinitarischen Personen je *eigene* (→ Konstantinopel, 1; die lat. Kirche ergänzt das → Nicäno-Konstantinopolitanum vom 6.Jh. an durch das filioque [→ Geist: V, 3]). Zur dann folgenden *geschichtlichen* Fragestellung nach dem Verhältnis von Gottheit

und Menschheit in Christus stellt → Chalcedon 451 die volle *Selbständigkeit* der göttlichen wie der menschlichen Natur Christi bei personaler *Einheit* fest (→ Christologie: II, 4 d). Konstantinopel 680/81 folgert daraus den Dyotheletismus. Ausgeschieden wurden bis dahin Monophysitismus, Monergismus und Monotheletismus (→ Christologie: II, 5 c).

3. MA, Reformation und Orthodoxie bleiben im wesentlichen auf dem Boden der altkirchlichen S.G.-Lehre. Ende des 8.Jh.s wird der Versuch eines neuen → Adoptianismus (, 4) abgewiesen. → Gerhoch von Reichersberg entfaltet die alte Lehre (→ Christologie: II, 5 d) von der communicatio idiomatum. →Luther hält an ihr fest, → Zwingli lehnt sie als unexakt ab (→ Christologie: II, 7 b), → Calvin bejaht sie für die Person des Mittlers, verbindet sie aber mit dem Extra Calvinisticum (→ Christologie: II, 7 c). Die luth. → Orthodoxie spezifiziert 3 genera idiomatica (→ Christologie: II, 7 e). Gemeinsam ist allen das seit → Anselm (, 1) überwiegende Interesse am *Werk* des S.G. Calvin prägt die Lehre vom *dreifachen Amt Christi* (→ Christologie: II, 7 e) aus, die luth. Orthodoxie die Lehre von den *beiden Ständen Christi* (→ Kenosis, 2).

4. Seit der Aufklärung wird die S.G.-Lehre allmählich reduziert auf das Bild des historischen Jesus (→ Leben-Jesu-Theologie). Die Versuche einer zeitgemäßen Neuinterpretation der überlieferten S.G.-Lehre reichen vom Nachzeichnen der altprot. → Christologie (: II, 8 d) bis zum Vereinseitigen einzelner Züge der altkirchlichen Bemühung, die Gottheit Jesu auszusagen: Urbild-Abbild-Schema (→ Hegel, → Schleiermacher), Identifikation des Berufsgehorsams Jesu mit dem göttlichen Liebeswillen (→ Ritschl). Wegweisend bis heute ist → Kählers Neuansatz beim apostolischen Zeugnis vom geschichtlich biblischen Christus. Die neuere Theologie (→ Christologie: III, 1 b) zeigt neben der Absage an die altkirchliche Christologie (→ Bultmann, zT → Gogarten) die Bemühung um ihre *unverkürzte* Neuinterpretation (→Althaus, K. →Barth, H. →Vogel u.a.).

Lit. s. → Christologie: II, → Trinität: III. Ferner: G. Pfannmüller, Jesus im Urteil der Jh.e, (1908) 1939[2] – H. Gerdes, Das Christusbild Sören Kierkegaards verglichen mit der Christologie Hegels u. Schleiermachers, 1960. *H.H.Eßer*

IV. Dogmatisch

1. S.G. ist im nt. Zeugnis nur einer unter zahlreichen Titeln und tritt überdies in mehreren Bedeutungen auf (→ Sohn Gottes: II). Demgegenüber gibt erst der Sprachgebrauch der alten Kirche dem Titel S.G. seine bevorzugte Stellung und den prägnanten Sinn, der schon im → Apostolikum (: I) begegnet. Dieser Vorgang bedeutet nicht nur eine Vereinfachung des Sprachgebrauches, er enthält vielmehr eine hermeneutische Entscheidung. Die Dogmatik hat daher die Aufgabe, zu prüfen, ob und inwieweit bei der Entfaltung des nt. begründeten Christusglaubens (→ Christologie: III) das Bekenntnis zum »S.G.« und die in ihm eingeschlossenen dogmatischen Probleme für sie leitend sein können.

In jedem Fall hat sich die Entscheidung für den Sohnesnamen an dem nt. Zeugnis von der Person Jesu von Nazareth auszuweisen, im Blick auf die sie getroffen wird. Den Ansatz dafür gewährt herkömmlich das johanneische Zeugnis. Die in Joh 1, 14. 18 vollzogene Korrelation von Fleischwerdung des Wortes und → eingeborenem Sohn gibt den Rahmen für das Verständnis der Sohnschaft Jesu Christi. Es besagt nicht nur, daß der Mensch Jesus als der Sohn ein einzigartiges Verhältnis zu Gott als seinem Vater hat, sondern daß in dem geschichtlich bezeugten Jesus von Nazareth Gott selbst in analogieloser Weise präsent wird. Diese Aussage geht nicht nur über diejenigen Sohnesaussagen hinaus, die vom at. oder hellenistischen Gottessohnbegriff her zu verstehen sind, sondern auch über alles, was sich auf Grund historisch-psychologischen Rückschlusses über ein Sohnesbewußtsein Jesu allenfalls aussagen ließe. Das Sicherschließen Gottes in der Inkarnation umfaßt ja die ganze Fülle der Bezüge, in die der Mensch Jesus in seinem geschichtlichen Dasein gestellt ist; auch in dem Kreuzesruf Mk 15, 34 par ruft dann »Gott in Christo«.

Dabei bedeutet das Fortschreiten der altkirchlichen Dogmatik von der Aussage über den geschichtlichen Sohn zu der über den »ewigen« Sohn keine Mythologisierung, sondern gerade die Abwehr jeder Mythologie, welche die Vorstellung eines geschichtlichen Sohnes für uns bleiben müßte, wenn Gott »an sich« keinen Sohn haben kann. Zugleich wird damit das Vater-Sohn-Verhältnis allen physischen Assoziationen einer »Vaterschaft Gottes« entzogen. Erst recht bedeutet es keine Mythologisierung eines Menschen, wenn gegenüber pneumatischem oder adoptianischem Verständnis der Gottessohnschaft die Homousie des Sohnes mit dem Vater festgestellt wird. Eher könnte man von einer Entmythologisierung des Gottesbildes sprechen: es wird Ernst damit gemacht, daß das Bekenntnis »Gott in Christo« zu einer Neufassung auch der Lehre über Gott selbst nötigt. Nicht »Jesus ist Gott« im Sinne eines zuvor spekulativ erstellten Katalogs göttlicher Wesenseigenschaften, sondern »Gott ist Jesus« (Prenter). Gottes »Wesen« wird nur im Ereignis der Geschichte faßbar, in welcher der S.G. im Gehorsam gegen den Vater die Liebeshingabe Gottes zur Rettung der Welt offenbar macht (Joh 3, 16). Daß die Bedeutung, die der Satz von der Homousie des Sohnes für das Gottesverständnis hat, in der Dogmengeschichte weithin nicht erfaßt wurde, ist nicht zu leugnen. Die monophysitischen Streitigkeiten (→ Christologie: II, 5), das Scheitern der luth. Lehre vom genus maiestaticum (→ Kenosis, 2) und nicht zuletzt die beständige mythologische Gefährdung des Jesusglaubens bis zur Gegenwart haben ihren Ursprung darin, daß im Bekenntnis des S.G. die Gottheit unter Absehung von der Geschichte Christi spekulativ bestimmt wird.

Infolgedessen müssen nun die Aussagen der überlieferten Zweinaturen- und Zweiständelehre so interpretiert werden, daß die Grenze des Glaubens an den geschichtlichen Jesus von Nazareth nicht überschritten wird. So kann die → Präexistenz Christi nicht in spekulativen Aussagen über den λόγος ἄσαρκος entfaltet werden, sie besagt vielmehr im Blick auf Gott, daß er von Ewigkeit kein anderer ist, als er sich in Jesus offenbart; im Blick auf Jesus bringt sie das Kommen vom Vater auf den letzten Ausdruck: Nicht der Mensch wurde S.G., sondern der S.G. wurde Mensch (Elert). In diesem Bekenntnis liegt zugleich der dogmatische Ursprung für die Vorstellung von der Enhypostasie (→ Christologie: II, 5 b) wie von der → Jungfrauengeburt. Beide bringen in verschiedener Hinsicht zum Ausdruck, daß die Gottheit Jesu Christi nicht als Attribut seiner wahren Menschheit zu verstehen ist, daß vielmehr umgekehrt auch das Menschsein Jesu einer analogielosen Zuwendung Gottes entspringt. Grenzaussagen bilden aber auch die Lehre von der Entäußerung (→ Kenosis) und der Erhöhung des Sohnes. Sowenig das Bekenntnis der Homousie des Sohnes aus dem Sohnesbewußtsein Jesu oder der Überzeugung seiner Jünger historisch-psychologisch begründet werden kann, sowenig stellen Erniedrigung und Erhöhung Aussagen über einen historisch-psychologischen Wandel dieses Bewußtseins oder dieser Überzeugung dar. Sie sind vielmehr zu verstehen als der zusammenfassende Ausdruck des von Gott in Christus vollzogenen geschichtlichen Weges, wobei die Erniedrigung das »gottheitliche«, die Erhöhung das »dem Menschen widerfahrende Werk« darstellt (Barth). Es ist deshalb bedenklich, Erniedrigung und Erhöhung als heilsgeschichtliche Akte so zusammenzuordnen, daß die Gottessohnschaft als etwas Jesus stufenweise Mitgeteiltes erscheint, wobei dann der Auferstehung die Bedeutung einer entscheidenden Wende zukommt. Der scheinbare Vorteil einer größeren Gerechtigkeit gegenüber dem Selbstverständnis des irdischen Jesus wird hier erkauft mit einer konsequenten Mythologisierung des Weges Jesu (als der sukzessiven Mitteilung göttlicher Würden). Die kritische Bedeutung der geschichtlichen Wirklichkeit des »Gott in Christo« für die Gotteslehre verschwindet hinter der mythologisch gefaßten »Auferstehungswirklichkeit«.

Der dogmatische Vorrang des Sohnesnamens wird erst voll verstanden, wenn der soteriologische Sinn erfaßt ist, der diesem Namen insbesondere innewohnt. Christologie und Soteriologie lassen sich nicht trennen. In der Gottessohnschaft Christi geht es ja nicht um die Nobilitierung einer isolierten Person, sondern um die Bedeutung des durch diese Person vollzogenen und vermittelten Weges der → Versöhnung. So betonen die klassischen Versöhnungstheorien des → Athanasius und → Anselm in verschiedener Weise, daß die Versöhnung von der wahren Gottessohnschaft des Versöhners abhängt, und die reformatorischen Bekenntnisse haben diese Auffassung wiederholt. Offenbart der Postulatscharakter dieser Begründung auch das Unbefriedigende der genannten Theorien, so sind sie doch ein Ausdruck für das in der Inkarnationsformel beschlossene Verständnis von Gottes Wesen und Willen. Das soteriologische Interesse an der Gottessohnschaft Jesu ist nichts anderes als der Reflex der Bereitschaft, in der Glaubensforderung und dem Glaubenszuspruch Jesu von Nazareth Gottes eigenen Willen mit uns zu vernehmen. Sie schließt die Bereitschaft ein, Jesu Leidensweg nicht nur als menschliche Folge seines Anspruches zu verstehen, sondern als den Weg, den Gott selbst um des Heiles willen mit uns (Gal 2, 19f; 2Tim 2, 11) gehen will. Die Auferstehung bedeutet dann gerade keine neue Wirklichkeit, welche die geschichtliche Wirklichkeit des Leidensweges Christi zur bloßen Vorbedingung einer Leistungserfüllung werden läßt und damit aufhebt, sie bedeutet vielmehr die Inkraftsetzung des geschichtlichen Weges Jesu, der nun endgültig als Weg »Gottes in Christo« offenbar wird.

2. Wird der Begriff des S.G. in der vorstehenden Weise gefaßt, so ist er historisch weder zu erschüttern noch auch freilich zu begründen. Er stellt vielmehr eine Glaubensentscheidung dar, die der historischen Forschung volle Freiheit gibt, sie aber im Rahmen jener metahistorischen Prämisse versteht. Es erhebt sich aber die Frage, ob der Vollzug dieser Entscheidung ohne historischen Nachweis in einer ev. Dogmatik legitim sein kann. Denn wenn das altkirchliche Bekenntnis der Homousie in dieser Konsequenz nicht exegetisch zu begründen ist, das nt. Zeugnis überdies keine Lehreinheit darstellt und das Sohnesbekenntnis in verschiedener Form gerade in sekundären Schichten zu finden ist, so erscheint die S.G.-Christologie als eine »Prämissensetzung«, die nicht nur exegetisch nicht gerechtfertigt ist, sondern auch die Eigenart der theologischen Erkenntnis des NT, die Wahrung ihrer Geschichtlichkeit verfehlt. Solche »Christologie von oben« ist dann nicht nur die am altkirchlichen Dogma ausgerichtete, sondern auch die den nt. Kanon als Einheit voraussetzende Christologie. Hinzu kommt ein anderes. Liegt die Stärke der »Christologie von oben« darin, zu zeigen, daß Gott in Christo nicht neutral, sondern nur im Glauben erkannt wird, so liegt ihre Schwäche offenbar darin, daß sie nicht zeigt, wie es zu diesem Glauben kommen kann. Das Wesen des Glaubens an Gottes Sohn wird nicht in der Begegnung mit Jesus gesehen, die zum Glauben allererst überwindet, sondern scheint in der Annahme und dem Nachvollzug einer vorgegebenen Entscheidung (der altkirchlichen Christologie) zu bestehen. Es ist das unverlierbare Recht aller neueren Versuche einer »Christologie von unten«, daß sie das Bekenntnis zu Jesus als dem S.G. als einen innersten freien Akt des persönlichen Glaubens nicht nur postulieren, sondern in seiner Möglichkeit auch nachzuweisen versuchen. Die Freiheit solchen Glaubens setzt aber nicht nur eine uneingeschränkte Ernstnahme des kritischen Wahrheitsbewußtseins und damit der historisch-kritischen Forschung voraus, sie scheint auch zur weitgehenden Kritik an der überlieferten S.G.-Vorstellung führen zu müssen. Abgelehnt wird von hier aus bes. der Versuch, sich dem exegetisch-hermeneutischen Problem dadurch zu entziehen, daß man die »Christologie von oben« auf spekulativem Wege in sich evident macht und nur noch sekundär an die Geschichte anschließt (zB bei P. → Tillich). So will zB E. → Hirsch die Gottessohnschaft als die Gewißheit eines inneren Lebensstandes Jesu verstehen, welche dem Menschen auch heute das Herz abgewinnt und ihn für den Vater aufschließt. Jesu Sohnsein wird hier in einem Wertbewußtsein seiner Person, nicht im Gehorsam seines Weges gesehen, und dementsprechend wird der Glaube an den S.G. als eine im Wertfühlen entstehende Überzeugung von Jesu Sohnsein verstanden, die zum Selbstgewinn in der gleichen Haltung wie Jesus ermächtigt. – Demgegenüber versteht → Bultmann den Glauben als Entscheidung gegenüber dem Kerygma, welches Jesu Kommen und seinen Weg zum Kreuz als Gottes Urteil über des Menschen Selbstbehauptung verkündigt. Der Glaube ist insofern keine Annahme dogmatischer Prämissen, als die Annahme des Wortes inhaltlich die Entscheidung des Menschen für ein neues Selbstverständnis besagt. Während Bultmann deshalb Jesus statt als Sohn lieber als Wort Gottes bezeichnen möchte, versteht F. → Gogarten Jesu Weg als das Durchhalten seiner »Sohnschaft«, die dem Glaubenden seinerseits die Sohnschaft erschließt. Das Bekenntnis zu Jesu Sohnschaft ist dabei wiederum nicht als dogmatische Prämisse gesetzt, sondern vom Ergreifen der eigenen Sohnschaft, zu dem der Glaube an Gottes väterliche Zuwendung in Jesus ermächtigt, umschlossen und getragen. – Einen Mittelweg gehen G.Ebeling und E.Fuchs, wenn sie die christologische Aussage ausschließlich auf den historischen Jesus gründen wollen. Jesu Verhalten impliziert die Christologie (Fuchs), sie entspringt, wenn Jesus als Zeuge des Glaubens zum Grund des Glaubens wird (Ebeling), dh wenn das in Jesus einzigartig zur Sprache gebrachte Gottesverhältnis dem Menschen verkündigt wird und in ihm eben dieses Gottesverhältnis durch Jesu Mittlerschaft erweckt. In diesem Geschehen gewährt Gott das »Bild des S.G.« als »des Menschen, den Gott will und an den sich Gott für immer gebunden hat« (Fuchs).

3. Die Grenze der »Christologie von unten« liegt darin, daß sie die Analogielosigkeit der »Sohnschaft« Jesu gegenüber der Sohnschaft des Glaubenden nicht mehr nachweisen, sondern nur postulieren oder leugnen kann. Es bedeutet jedoch keine Leugnung derselben, wenn die Einzigartigkeit des Sohnes nur innerhalb der umgreifenden Gleichstellung Jesu mit dem Glaubenden ausgesagt werden soll. Das Gegenteil würde vielmehr eine Leugnung seiner wahren Menschheit und Bruderschaft bedeuten (Hebr 2, 17). – Das Bedenkliche der Ansätze der »Christologie von unten« ist vielmehr darin zu sehen, daß sie der Meinung Vorschub leisten können,

das Problem der Sohnschaft bestehe im individuellen Gewinn einer Überzeugung oder Haltung des Glaubenden. Demgegenüber ist die der Anwendung der Hoheitstitel spezifisch eignende soziale Struktur, ihr Öffentlichkeitscharakter zu beachten (Phil 2, 9). Das Bekenntnis des Sohnesnamens bringt nicht eine ontische Dignität des Menschen Jesus zum Ausdruck, sondern die Beziehung, in welche der Bekennende sich zu Jesus gestellt versteht, die ihn zugleich mit allen anderen durch diese Beziehung betroffenen Menschen in der Gemeinde zusammenschließt (Fuchs). Jesu Sohnschaft ist nicht in seinem urbildlichen Gottesbewußtsein zu suchen, sie ist als Ereignis seines einzigartigen Gottesverhältnisses Ereignis Gottes selbst, der dieses Verhältnis ist und sich als dieses Verhältnis offenbart für alle, die sich durch Jesus hierfür aufschließen lassen. »In dem, was, wenn wir Christen werden und sein dürfen, zwischen dem Menschen Jesus und uns geschieht, lebt Gott selbst« (Barth).

Als der Sohn ist Jesus der Stellvertreter Gottes gegenüber den Menschen wie auch der Stellvertreter des Menschen gegenüber Gott, aber so, daß er den Menschen in diese Stellvertretung einbezieht, die nichts anderes ist als das Lebensgesetz der Heilsgemeinde (1Kor 12). Die Erkenntnis dieser ekklesiologischen Struktur des Dogmas (Bonhoeffer) kann für eine »Christologie von unten« zu einer neuen Erschließung der altdogmatischen Formeln führen (Ratschow). Die Prädikation Jesu als »S.G.« bringt in der Aussage über Jesus von Nazareth zugleich den Hinzutritt des Aussagenden zur Bruderschaft der Heilsgemeinde und die Annahme des Glaubensweges zum Ausdruck. Ihr dogmatischer Rechtsgrund liegt dann darin, daß das Bekenntnis des Sohnesnamens und der in ihm zur Sprache gebrachte Hinzutritt zur Heilsgemeinde der Glaubensforderung entspricht, die Jesus von Nazareth in seiner Verkündigung und in seinem Wege gestellt hat.

Vgl. die Lit. zu → Christologie: III, 1. Ferner: F. Gogarten, Gottheit u. Menschheit Jesu Christi (ZZ 10, 1932, 3-21) - C.H. Ratschow, Der angefochtene Glaube, 1957, 94ff - G. Ebeling, Jesus u. Glaube (ZThK 55, 1958, 64-110 = Wort u. Glaube, 1960, 203-254) - Ders., Die Frage nach dem hist. Jesus u. das Problem der Christologie (ZThK 56, 1959, Bh. 1, 14-30 = Wort u. Glaube 300-318) - E. Fuchs, Zur Frage nach dem hist. Jesus (Ges. Aufs. Bd II), 1960.

W. Lohff

Sokrates, 1. der *Philosoph,* aus dem attischen Demos Alopeke, Sohn des Sophroniskos und der Phainarete, * 470/69, durch den Schierlingsbecher hingerichtet 399 vChr.

Da S. keine Schriften hinterlassen hat, muß sich ein Versuch, seine Philosophie genauer zu rekonstruieren, auf die Schriften seiner Schüler, vor allem die sokratischen Schriften Xenophons und die sokratischen Dialoge → Platons und des Aeschines von Sphettos stützen. Von diesen galten die des Aeschines im Altertum als diejenigen, welche das treueste Bild des historischen S. gaben; sie sind aber nur in Fragmenten erhalten. Alle drei weichen in ihrer Auffassung des S. stark voneinander ab. Dies ist in noch stärkerem Maße der Fall bei den anderen Sokratikern (→ Griechisch-römische Philosophie, 2 b β), wie Antisthenes, Eukleides von Megara, Aristipp von Kyrene, Phaidon von Elis, deren Auffassung des S. zum großen Teil selbst erst wieder aus Fragmenten ihrer Werke und indirekter Überlieferung rekonstruiert werden muß.

Vieles und vielleicht das Sicherste läßt sich aber entnehmen aus ausgezeichnet bezeugten Nachrichten über das Verhalten des S. in bestimmten Situationen seines Lebens. Die wichtigsten dieser Handlungen sind: 1. seine Weigerung, als zufälliger Vorsitzender des Rates in der Volksversammlung nach der Arginusenschlacht abstimmen zu lassen, als das Volk die Verurteilung der Feldherren zum Tode ohne Gerichtsverhandlung forderte; 2. sein Ungehorsam gegenüber der Regierung der Dreißig, als diese ihm befahlen, den Leon von Salamis zu verhaften; 3. seine Weigerung, nach seiner Verurteilung aus dem Gefängnis zu entfliehen, als seine Freunde die Wächter bestochen und alles zur Flucht vorbereitet hatten. Dazu kommt 4. die in der modernen Literatur nirgends erwähnte, aber völlig unverdächtige Geschichte, die Diodor XIV, 5, 2 (aus Ephoros) mitteilt, S. habe, als Kritias zur Zeit der Dreißig den Theramenes auf tumultuarische Weise hatte zum Tode verurteilen lassen und abführen lassen wollte, mit zwei Freunden den Versuch gemacht, ihn mit Gewalt zu befreien, und erst davon abgelassen, als Theramenes ihm zurief, er solle den aussichtslosen Versuch aufgeben. – In dieser Kombination von Geschichten enthüllen sich die Grundprinzipien des S. mit vollster Deutlichkeit. In allen drei Fällen, in welchen S. sich gegen den jeweiligen Souverän aufgelehnt hat, handelte es sich nicht nur um sachlich ungerechte Urteile, sondern um offenkundige Verletzungen der über das bei einer Verurteilung einzuhaltende Verfahren bestehenden Gesetze. In allen drei Fällen verteidigte daher S. durch seinen Widerstand die bestehenden Gesetze. In dem Prozeß gegen ihn selbst waren dagegen, wenn auch das Urteil selbst ein Fehlurteil war, die Verfahrensregeln durchaus eingehalten worden. Seine Befreiung und erst recht die dazu notwendige Bestechung der Wärter hätte also gegen die Gesetze verstoßen. Daher seine Antwort an Kriton (Platon, Kriton, 53 c): er, S., habe doch immer gesagt, daß man Rechttun und Gehorsam gegenüber den Gesetzen über alles andere stellen müsse; ob er nun plötzlich nach seinem geplanten Entkommen anders reden solle? Es ist aber auch für S. charakteristisch, daß er einerseits unter gar keinen Umständen bereit war, sich an etwas, das er für ein Unrecht hielt, aktiv zu beteiligen, daß er aber von dem Versuch, von anderen getanes Unrecht mit Gewalt zu verhindern, Abstand nahm, als er die Vergeblichkeit des Versuches einsehen mußte.

Überall liegt dem Verhalten des S. die Überzeugung zugrunde, daß es für den Menschen schlimmer sei, Unrecht zu tun als Unrecht zu leiden, ohne jedoch in die später von den Stoikern (→ Stoa) vertretene extremistische Lehre zu verfallen, Unrecht zu leiden sei für den Weisen ein ἀδιάφορον, etwas das ihn überhaupt nicht berühre. Durch seine »Dialektik«, dh durch seine Fragen, die mit Hilfe von Schlußfolgerungen aus von dem Unterredner zugegebenen Prämissen auf ein bestimmtes Ziel zusteuern, suchte er auch seine Dialogpartner auf einen Punkt zu führen, wo es ihnen deutlich werden mußte, daß man nicht Unrecht tun und mit sich selbst in Übereinstimmung bleiben kann, woraus später die Stoiker die Lehre entwickelten, es sei das Ziel (τέλος) des menschlichen Lebens, ὁμολογουμένως (in Übereinstimmung mit sich selbst) zu leben, woraus das Rechthandeln unmittelbar folge. Das ist im Grunde auch der Sinn der sokratischen Überzeugung, daß die »Tugend« (ἀρετή) Wissen sei; nur daß dieses Wissen sich nicht in abstrakten Formeln mitteilen läßt, sondern immer von neuem lebendig geweckt werden muß.

Eine solche Einsicht, die zum richtigen Verhalten führt, suchte S. nicht nur im Allgemeinen, sondern auch in konkreten Einzelsituationen durch seine Fragen zu erwecken. Dabei konnte er durchaus an spezielle bei seinem Gesprächspartner vorgegebene Vorstellungen anknüpfen, wie in der Geschichte von dem ermüdeten jungen Mann, der seinen Sklaven hatte sein Gepäck tragen lassen (Xenophon, Memor. III, 13, 6), an das aristokratische Selbstbewußtsein, daß der Aristokrat auch körperlich mehr zu leisten imstande sein müsse als ein Sklave. - S.' Kritik kann sich aber auch gegen die Tradition richten; so wenn er in bezug auf die Götter zwar alles, was die traditionelle Religion verlangt, annimmt, soweit es nicht mit seinen Grundüberzeugungen in Konflikt gerät, die verbreitete Vorstellung aber, daß die Götter stehlen oder lügen, oder Menschen, die Unrecht tun, dabei helfen könnten, unbedingt ablehnt. - Seine politische Kritik richtete sich immer auf das Verhalten der Menschen, nicht auf die Institutionen. Wenn er es seltsam fand, daß man sich, wo es die Gesundheit eines Einzelnen angeht, an einen Experten wendet, dagegen jeder mitreden zu können glaubt und nach Mehrheit entschieden wird, wo es sich um das Wohl der Gemeinschaft handelt, war es weniger seine Absicht, die demokratische Verfassung zu kritisieren, als den Einzelnen darauf aufmerksam zu machen, daß es besser sei, sich Sachkenntnisse anzueignen, ehe man in der Volksversammlung das Wort ergreift, und im übrigen nicht für deren Anträge zu stimmen, die am besten reden können, sondern deren, die etwas von der Sache verstehen. Wenn er umgekehrt unter der Oligarchie der Dreißig die Frage stellte, ob der ein guter Hirte sei, der die Zahl der Schafe vermindere, statt sie zu vermehren, wollte er nicht in erster Linie die Oligarchie als Verfassungsform kritisieren, sondern die Oligarchen, die sich nur durch Terror und Hinrichtungen Gehorsam zu verschaffen verstanden. - Den Politikern beider Parteien, wenn sie nicht ganz überlegen waren, waren solche Fragen natürlich unangenehm, zumal wenn die jungen Leute den S. nachzuahmen versuchten und ebenfalls unbequeme Fragen stellten. Daher die Anklage, daß er die Jugend verdürbe, die zu seiner Verurteilung und Hinrichtung führte.

Mit Ausnahme des Aeschines von Sphettos, der in seinen Dialogen den S. ähnlich wie im wirklichen Leben auftreten ließ, sich dabei aber einer besonderen literarischen Kontrastmethode bediente, haben alle Schüler des S. dem, was er praktizierte, eine theoretische Grundlage zu geben versucht, die dann sehr verschieden ausfiel: Platon durch die Ideenlehre, in der die Idee des Guten das bezeichnet, worauf S. zielte oder woran er sich orientierte, wenn er seine Unterredner zu der Einsicht in die Identität dessen, was an sich recht, und dessen, was für den Handelnden gut ist, zu bringen suchte.

K.Joel, Der echte u. der xenophontische S., 2 Bde, 1893/1901 - H.Meier, S., sein Werk u. seine gesch. Stellung, 1913 - O.Gigon, S., 1947 - H.Kuhn, S., ein Versuch über den Ursprung der Metaphysik, 1959. *K.v.Fritz*

2. *Scholasticus* (ca 380 bis ca 450), Kirchenhistoriker, * in Konstantinopel; durch die Heiden Helladius und Ammonius unterrichtet, war er als Jurist dort tätig. S. hielt an der orthodoxen Lehre fest, obwohl er → Origenes anhing und für die Häresien, vor allem die → Novatianer, viel Verständnis aufbrachte. Seine in 2. Auflage (Reste der ersten in der armenischen Version und in Hss.) erhaltene → Kirchengeschichte (: I, 2 a) in 7 Büchern setzt die des Eusebius fort. Sie umfaßt, im allgemeinen annalistisch fortschreitend und die Zeitgeschichte einbeziehend, die Ereignisse der Jahre 305-439. Seine Hauptquelle waren → Rufinus, hist. eccles. (nicht das griech. Original des → Gelasius von Cäsarea), vor allem für Buch I und II, die dann stark umgearbeitet wurden; ferner → Eusebius von Cäsarea, → Athanasius, → Gregor von Nazianz u.a., Bischofslisten, Konzilsakten, mündliche Tradition und Selbsterlebtes; für das historische Gerippe Eutrop und die Chronik von Konstantinopel. Diese Quellen hat S. in ehrlichem Streben nach objektiver Darstellung mosaikartig zu einem Werk von großem Wert zusammengefügt. S. war Hauptquelle für → Sozomenus und → Theodorus Lector, im 6.Jh. für die Hist. trip. des Epiphanius (→ Cassiodor).

Ausg.n: H.Valesius, Paris 1686 (= MPG 67, 29-842); R.Hussey, Oxford 1853 (Nachdruck v. W.Bright, ebd 1878 u. 1893). Die Ausgabe in den GCS wird von R.Hanslik vorbereitet. - Über S.: F.Geppert, Die Quellen des S., 1898 - Bardenhewer IV, 137ff - PW 2. R. III, 893ff - W.Nigg, Die KG-Schreibung, 1934, 27ff - F.Scheidweiler, ByZ 50, 1957, 74-98. *R.Hanslik*

Sokratik. Als S. bezeichnete sich die unterrichtliche Kunstlehre und Praxis, die zZ der Aufklärung zwischen ca 1776 und 1830 vor allem die Katechisation in Schule und Kirche bestimmte (→ Katechetik, 2). Ihre Anfänge liegen in den Philanthropinen (J.B. → Basedow, C.F. → Bahrdt) und in der Reckanschen Schule (F.E.v. → Rochow). Den Höhepunkt der S. in den beiden Jahrzehnten vor und nach 1800 bezeichnen die Namen J.F. Ch.Graeffe, G.F.Dinter, C.Daub und J.Ch.Dolz. An der S. als einer interkonfessionellen Bewegung waren auch kath. Autoren maßgebend beteiligt (F.M.Vierthaler, B.Galura, V.A.Winter u.a.). Seit dem 4.Jahrzehnt des 19.Jh.s wurde die S. von der durch die kirchlich-theologische Erneuerung bestimmten Katechetik abgelöst. Neben dem Einspruch → Pestalozzis war hier vor allem das neue Verständnis der Offenbarung in Geschichte und Überlieferung wirksam (→ Marheineke, L.Kraußold, Ch. → Palmer, C.I. → Nitzsch; kath.: J.B. → Hirscher).

Das Stichwort der »sokratischen« Lehrart, das schon in J.L.v. → Mosheims »Sittenlehre« (1735) auftaucht, kam dem Geist der Zeit entgegen; doch bedeutete die Berufung auf den griechischen Philosophen kaum mehr als eine »heilsame Selbsttäuschung« (Zezschwitz). Die S. hat mit dem historischen → Sokrates im wesentlichen nur das mäeutische Verfahren des »Ablockens« vernunftgemäßer Erkenntnisse gemeinsam. - Im Gegensatz zur rein gedächtnismäßigen Einprägung überlieferter Stoffe (zusammenhängender Lehrvortrag - Zergliedern - examinierendes Abfragen) kommt es der S. darauf an, daß nichts Unverstandenes gelernt wird. Das neue Lehrverfahren will vor allem die Denktätigkeit der Schüler anregen. Sie sollen neue Erkenntnisse gewinnen durch Schließen und Folgern vom Bekannten und Sichtbaren auf die allgemeinen Begriffe der Religion und Sittlichkeit. Dieses Aufsteigen vom sinnlich Faßbaren zur Vernunftreligion ist nur möglich, wenn die Stoffe der Leistungsfähigkeit der Altersstufe angepaßt werden. Es verlangt eine Unterweisung in Frage und Antwort, in der der Schüler die religiösen Wahrheiten selber findet. Dieses Selberfindenlassen, an dem der S. alles liegt, kann von der eigenen Vernunft ausgehen oder von den Erfahrungen der Schüler, aber auch von Erzählungen, Beispielen, Sprichwörtern und sogar von biblischen Texten (Dinter). Worauf es bei diesem ableitend-entwickelnden Verfahren hauptsächlich ankommt, ist die geistige Tätigkeit der Schüler und die in Frage und Antwort verlaufende Gesprächsform. Zu diesem »vertrauten Gespräch« kann auch die Schülerfrage, die spontane Schüleräußerung und die absichtlich angenommene Fragehaltung des Lehrers gerechnet werden. Das Ziel ist Stärkung der Denkkraft, Freude am Unterricht und Bildung selbständiger Überzeugungen im Schüler.

Die katechetischen Ideen der S. sind auf dem Hintergrund der → Aufklärung zu verstehen. In ihr verschlingen sich Einflüsse des philosophischen Rationalismus (ideae innatae) mit solchen des philosophischen Empirismus (von der sinnlichen Erfahrung zu Allgemeinbegriffen). Vor allem aber ist die Vorstellung der natürlichen Vernunftreligion wirksam: Was dem Kinde an natürlicher Vernunfterkenntnis angeboren ist, kann ihm auch durch mäeutisches Fragen »abgelockt« werden. Damit mußten naturgemäß die Stoffe der natürlichen Religion und Moral in den Vordergrund treten, die dieser Methode am zugänglichsten waren. Das bedeutete eine eindeutige Schwerpunktbildung, auch wenn die Sonderstellung der positiven Offenbarung durchaus anerkannt wurde. So bestand eine Wechselwirkung zwischen der Gewichtsverteilung in der Stoffwahl, der katechetischen Methode und dem Intellektualismus und Moralismus der Zeitphilosophie. - Trotz ihrer Zeitgebundenheit ist aber nicht zu übersehen, daß die S. einen wesentlichen Fortschritt und eine neue Epoche der katechetischen Theorie und Praxis bedeutete. Ihre wichtigsten Ergebnisse sind von der nachfolgenden klassischen Katechetik des 19.Jh.s aufgenommen worden, vor allem das verstehende Lernen, die geistige Tätigkeit des Schülers, der schrittweise Aufbau der Stoffe entsprechend der Verständniskraft der Altersstufen, die Pflege der Frage und die Ausbildung des entwickelnden Lehrgespräches. Damit hat die S. den Grund zu der wissenschaftlichen Katechetik des 19.Jh.s gelegt. - Nicht weniges aus den Gedanken der S. klingt sehr modern und erinnert an Grundsätze, die in der Reformpädagogik des 20.Jh.s und in der inneren Schulreform der Gegenwart wiederkehren. Hier werden zweifellos historische Verbindungslinien erkennbar, die aus der Pädagogik der Aufklärung in die Gegenwart hereinreichen. Es ist aber nicht zu übersehen, daß gleichlautende Stichworte dort noch etwas anderes bedeuten als in der modernen Didaktik.

G.v.Zezschwitz, System d. Katechetik II/2, 2, 1872, 126-302 - M.Schian, Die S. im Zeitalter der Aufklärung, 1900 - O.Frenzel, Zur katechet. Unterweisung im 17. u. 18.Jh., 1920 - B.Böhm, Sokrates im 18.Jh., 1929 - RGG² V, 597f - S.Wolf, Ev. Unterweisung u. innere Schulreform, 1959. *K.Frör*

Sola *(Sualo),* † angeblich 794, soll Einsiedler an der Altmühl und Gründer des späteren Fuldaer Kleinklosters Solnhofen gewesen sein; irrig als Verwandter des → Bonifatius bezeichnet. Einzelheiten seines Lebens sind nicht verbürgt.

Ermanrici Sermo de vita s. Sualonis dicti Soli (wohl 839/42 verfaßt), ed. O.Holder-Egger, MG SS XV/1, 1887, 151ff. - Hauck I, 539 - F.Flaskamp, Das hess. Missionswerk des hl. Bonifatius, 1926, 41ff - LThK IX, 652. *F.Flaskamp*

Solesmes, Sitz des Benediktinerklosters Saint-Pierre de S. in Sablé (Dép. Sarthe). Am 12.10.1010 durch den Edelmann Geoffroy de Sablé gegründet, wurde das Kloster 1096 von Urban II. visitiert. Gegen Ende des Hundertjährigen Krieges von den Engländern geplündert und niedergebrannt, erlebte es im 16.Jh. unter Dom Bougler eine Hochblüte, gefolgt von neuem Niedergang, bis die → Mauriner 1664 einschneidende Reformen durchführten. Die Revolution brachte schwere Zeiten; 1791 zerstreuten sich die Mönche. Erst 1833 wurde das Kloster von Dom → Guéranger wiedererrichtet und 1837 als Abtei bestätigt. Die Ausstrahlungen waren bedeutend: In Frankreich Ligugé, in Deutschland → Beuron, in Belgien → Maredsous; dazu einige Frauenorden. Die antiklerikale Gesetzgebung von 1880ff brachte neue Enteignungen, so daß Dom Delattre 1903 mit seinen Mönchen auf die Isle of Wight übersiedelte. 1922 wurde das monastische Leben wieder aufgenommen. Die Abtei selbst vereinigt Bauelemente aus allen Epochen ihrer Geschichte (bis 1937!). Als treue Jünger St. Benedikts zeichnen sich die Mönche von S. seit Dom Guéranger durch ihren Beitrag zur liturgischen Erneuerung aus, bes. zum → gregorianischen Gesang des → Stundengebets. Das Kloster besitzt ein Scriptorium und eine Zeitschrift für Musikpaläographie.

Dom Guéranger, Essai hist. sur l'abbaye de S., 1846 - F.Cabrol, Bibliogr. des Bénédictins de la congrégation de France, (1889) 1937 - Ders., L'oeuvre hist. et littéraire de S. (Revue Mabillon 23, 1933, 249-265) - N.Rousseau, L'école grégorienne de S. 1833-1910, 1910 - H.Quentin, Notice hist. sur l'abbaye de S., 1925 - Dom J.Hourlier, Les Eglises de S., 1951 - M.Blanc, L'enseignement musical de S. et la prière chrétienne, 1952 - Dom Des Mazis, La charte de fondation du monastère de S., 1954 - Le monastère Saint-Pierre de S., 1955. *R.Voeltzel*

Solidarität

1. Begriff und sozialgeschichtliche Verwendung - 2. Prot. Ethik - 3. Kath. Soziallehre

1. Das *Wort* S. im Sinne des Grimmschen Wörterbuches (solidarisch = »ich trete für ihn ein«) ist schon immer Bestandteil der christlichen Lehre gewesen. Der Opfertod Christi ist das größte Zeichen der S. Gottes mit den Menschen. - Als gesellschaftspolitischer Begriff (S. = Zusammengehörigkeitsgefühl, Gemeinsinn) wird S. nach Pesch schon »von den Vorkämpfern der ... französischen Revolution gebraucht« und hat dann bei Sismondi und den französischen Sozialisten Aufnahme gefunden; seitdem ist das Wort in der Arbeiterbewegung beheimatet. Im christlichen Bereich wird es von den englischen »Christian Socialists«, den kath. Gesellschaftstheoretikern des 19.Jh.s und im ev. Bereich von den schweizerischen Religiös-Sozialen (→ Kutter, → Ragaz) verwandt; von diesen übernehmen es die deutschen Religiösen Sozialisten (→ Sozialismus: II). Es ist jedoch bei all diesen Gruppen noch kein feststehender Begriff.

2. In den neueren Lehrbüchern der *prot.* → *Ethik* wird der Begriff S. nicht ausführlich erörtert, ist aber indirekt in allen vorhanden. Betont die luth. Ethik mehr die S. der Sünder, so geht es K. → Barth und seinen Freunden mehr um die Mitmenschlichkeit. - Erst in jüngster Zeit beginnt in der prot. Ethik eine Diskussion um den Begriff der S. Für Kl.v.Bismarck ist S. »eine sich mit dem Nächsten gleichsetzende Brüderlichkeit«, die nicht völlige Gleichheit (égalité) zur Voraussetzung hat. Sie beruht vielmehr auf Stellvertretung und begrenzter Gemeinsamkeit. Die Ausführungen → Bonhoeffers über Verantwortlichkeit und Stellvertretung werden als »hilfreiche Weisung« angesehen. - H.-D.Wendland prägt den Begriff »kritische S. und Offenheit« als Erfordernis gesellschaftlicher → Diakonie: Kritische S. gegenüber der Sündhaftigkeit des Menschen und seinen letztlich durch die Sünde verursachten gesellschaftlichen Nöten, Offenheit gegenüber den geschichtlichen Wandlungen und Veränderungen der modernen → Gesellschaft. - Unabhängig von Wendland weist H.J.Schultz darauf hin, daß S. ohne Distanz nicht zu verwirklichen ist. - Alle Autoren betonen, daß S. von den Christen *in* der Welt zu üben ist, aber nicht in vor der Welt sorgsam abgesicherten Einrichtungen. - *Im ökumenischen Bereich* ist der Begriff »Verantwortliche Gesellschaft« (Weltkirchenkonferenz Amsterdam) nicht ohne den Begriff S. zu denken (Sozialethischer Ausschuß, s. Lit.). Bes. im Hinblick auf die Länder raschen sozialen Umbruchs spielt das Problem der S. eine Rolle. - In der *ev. Sozialarbeit* ist der Begriff durch die → Arbeiterpriester und einige Kommunitäten (→ Bruderschaften: III, 2c) erneut in die Diskussion gekommen. Man sieht in diesen Gruppen eine besondere Form christlicher S. mit der Welt. Das gilt ebenso für neuere Formen kirchlicher Arbeit wie → Akademien (: II), → Sozialpfarrer, Sozialsekretäre usw, und für besondere kirchliche Aktionen (Aktion Sühnezeichen, Brot für die Welt; Parallelerscheinungen auf kath. Seite). Die S. sollte aber nicht nur in solchen Gruppen und »Spezialdiensten«, sondern auch vom einzelnen Christen gegenüber dem Nächsten geübt werden. Dazu bedarf es außer der Predigt neuer Formen

christlichen Zusammenlebens und weiterer Arbeit an den Grundsatzfragen der → Sozialethik.

3. In der *kath. Soziallehre* (→ Katholisch-sozial) ist zwischen S. und S.*sprinzip* zu unterscheiden. Der Begriff S. wird wie üblich (s.o.) für das faktische Verbundensein der Menschen untereinander gebraucht. Dachte man dabei bislang bes. an das solidarische Handeln der Arbeiterschaft, so fordert Johannes XXIII. in der Enzyklika »Mater et Magistra« (1961; zitiert nach Herder-Bücherei Bd 110, 1961) bei der Arbeit in handwerklichen und genossenschaftlichen Betrieben den Geist der S. (MM 90) sowie die solidarische Verbundenheit der Landwirte (MM 146) und verlangt auf Grund der S. die Entwicklungshilfe (MM 155). - Das S.*sprinzip,* wichtiger und fester Bestandteil der kath. Soziallehre, wird definiert als »die Wechselbezogenheit des Ganzen auf die Glieder und der Glieder auf das Ganze in wechselseitiger Gesamtverhaftung, die das Gleichgewicht sichert gegenüber der Einseitigkeit des Individualismus einerseits, des Kollektivismus (Universalismus) andererseits« (Nell-Breuning). Betont Pesch das S.sprinzip bes. als Gestaltungsprinzip, so wirkt nach Nell-Breuning »das S.sprinzip, das zunächst und wesentlich ontologisches Prinzip (geistig angeeigneter Wesens- oder Sachverhalt) ist, sich folgerecht aus auch als ethisches Prinzip (geistig-sittliche Richtschnur für den Willen)«. (Vgl. in diesem Zusammenhang auch die Verwendung des Begriffes S. in MM 155.) Die Erfüllung des S.sprinzips ist also Vorbedingung für die Erreichung des Gemeinwohls. Der Begriff *Gemeinwohlprinzip* ist entweder mit »S.sprinzip« identisch oder unterscheidet sich dadurch, daß beim Gemeinwohlprinzip mehr das Ziel gesehen wird (Messner, Welty), auf das hin sich die Tätigkeiten des einzelnen und der kleineren Gemeinschaften auszurichten haben. Das *Ganzheitsprinzip* betont die Gliedstellung des einzelnen, inhaltlich ist es mit dem Gemeinwohlprinzip identisch. Die Inhalte des S.s- und/oder des Gemeinwohlprinzips (Ganzheitsprinzip) werden bestimmt durch die naturrechtlichen Anschauungen über die für → Staat und Gesellschaft verbindlichen Werte (→ Naturrecht: II). - Oft wird beim S.sprinzip auch nur die Gesamtverhaftung der Glieder auf das Ganze betont. In diesem Falle ist das → *Subsidiaritäts-Prinzip* nicht einfach im S.sprinzip mit enthalten, sondern tritt daneben. Dann sind beide Prinzipien »zwei Seiten einer und derselben Sache« (Messner). Vielleicht kann man beim heutigen Stand der Diskussion die Vertreter der kath. Soziallehre danach einteilen, ob beide Prinzipien gleichen Rang haben (Gundlach, Messner) oder das Subsidiaritätsprinzip (Link, Rauscher) bzw. das S.sprinzip (Nell-Breuning, Utz, Welty) den Vorrang hat. Auch die letzte Gruppe leugnet das Subsidiaritätsprinzip nicht, sieht aber stärker seine Begrenzung. Diese dritte Gruppe kann man wieder unterteilen in solche, die mehr den sozialphilosophischen Ausgangspunkt, die Person, betonen (→ Nell-Breuning), und in solche, die mehr Gewicht auf das Ziel, die übergeordnete Gemeinschaft, legen (Utz, Welty). Doch sind all diese Unterschiede nicht prinzipieller, sondern gradueller Natur und können durch weitere Diskussion überholt werden. - Der seit H.Pesch gebräuchliche Ausdruck *Solidarismus* soll das gesellschaftliche Ordnungssystem der kath. Soziallehre kennzeichnen. Er ist aber im Laufe der Diskussion in den Hintergrund getreten. - Ob die kath. Soziallehre mit der Enzyklika Mater et Magistra mehr einen pragmatischen Weg einschlagen wird, bleibt abzuwarten. - Sicherlich ist S. auch ohne komplizierte Überlegungen möglich. Für die Konstanz der S. sollte man die Grundsatzdiskussion jedoch nicht unterschätzen, trotz der Gefahr zu großer Abstraktion. Der Verwendung des S.sprinzips in der ev. Sozialethik steht sein ontologischer Charakter entgegen, der die Sündhaftigkeit des Menschen außer Betracht läßt.

Zu 1: L.Brentano, Die christl.-soz. Bewegung in England, 1883 - H.Pesch SJ, Lehrb. der Nationalökonomie I-V, (1905-23) 1924-26[3,4] (Lit.) - J.E.S.Hayward, The Social Hist. of an Idea in 19th Century France (Intern. Review of Social Hist. 4, Assen 1959, 261-284) - → Ragaz, → Kutter, → Tillich, → Heimann. - Zu 2: Kl.v.Bismarck, S., eine Frage an den Christen heute (ZEE 2, 1958, 271-283) - H.-D.Wendland, Gesellschaftl. Diakonie (Kirche im Volk, H. 25, 1960, 41-47) - H.J.Schultz, S. u. Distanz zu einer säkularisierten Welt (Das missionar. Wort 14, 1961, H. 6, 171-184) - Gutachten des Sozialeth. Ausschusses der Ev. Kirche im Rheinland zum Thema »Verantwortl. Gesellsch.« (ZEE 5, 1961, 366-373). - Zu 3: Pesch (s.o.) - J.Messner, Die Soziale Frage, (1933) 1956[6] (Lit.) - Ders., Das Naturrecht, (1950) 1958[3] (Lit.) - E.Welty OP, Gemeinschaft u. Einzelmensch, (1935) 1935[2] - O.v.Nell-Breuning SJ, WB der Politik I-V, (1947-51) 1958[2] (Lit.) - A.-F.Utz OP, Sozialethik I, 1958 (internat. Lit.) - G.Wildmann, Personalismus, Solidarismus u. Gesellschaft, 1961. - Zs.en: ZEE; Die Mitarbeit (ev.); Kommunität (ev.); Die neue Ordnung (kath.); Ordo socialis (kath.); StZ (kath.).

H.Weber

Solipsismus tritt *systematisch* gesehen als mögliches philosophisches *Problem* immer dort auf, wo es entweder um die Sicherung der Existenz der Außenwelt bzw. des anderen Menschen geht oder aber um den Nachweis des Bestehens eines vom eigenen Ich unabhängigen Allgemeingültigen - sei es das → Bewußtsein überhaupt, das überpersönliche Ich, sei es das Reich der Geltungen, des Sinnes oder der Wahrheit. Der *methodische* S. betont gegenüber einem Philosophieren, das den »Gegenstand der Erkenntnis«, die anderen »Iche« oder die »Substanz der Wahrheit« einfach voraussetzt, daß das Etwas aller Ursachverhalte stets ich-bezogen, dh »mein« Etwas ist (H.Driesch). Dementsprechend betont der *linguistische* S., daß die Grenzen der von mir gesprochenen und verstandenen Sprache die Grenzen »meiner« Welt bedeuten (→ Wittgenstein). Wenn der *existentiale* S. darauf hinweist, wie die Grundbefindlichkeit der → Angst das → Dasein vereinzelt und als »solus ipse« erschließt, so besagt das jedoch gerade nicht, daß der Einzelne seiner als eines isolierten Subjektdinges in der harmlosen Leere eines weltlosen Vorkommens bewußt würde. Die Angst bringt vielmehr das Dasein selbst vor sich selbst als »In-der-Welt-sein« (→ Heidegger). Subjektivistisch kann dagegen der S. der → *Entscheidung* gedeutet werden, der das Aufsichselbst-Gestelltsein des Menschen in der ihm allein abgeforderten Entscheidung betont. *Dogmatisch* wird der S. aber erst, wenn er alles »mir« Gegebene für »nur« mir Gegebenes hält, den eigenen Bewußtseinsablauf als das einzig Existierende bezeichnet oder schlankweg das »nur«-Meinsein eines jeden Etwas behauptet.

Historisch gesehen tritt der S. als Folge einer ausschließlichen Betonung der Subjektseite des Erkennens (Nähe zum subjektiven Idealismus) oder des Handelns auf (M. → Stirner: »verwerte dich!«, nicht: erkenne dich!). Will man dem S. gerecht werden, empfiehlt es sich, seinen *Motiven* nachzufragen. So dient er etwa Stirner dazu, einem im Allgemeinbegrifflichen sich erschöpfenden Denken, dem es nur um eine Wesensbestimmung »des« Menschen geht oder das nur ein vergegenständlichtes »dieses Ich« anzielt, die unverwechselbare Einzigartigkeit eines unmittelbar erfahrenen Erlebnisinhaltes entgegenzusetzen, die Ich, »dieser Ich« erfahre. Zur *Widerlegung* des S. führt der *Idealist* H. → Rikkert an, daß der Begriff S. eine contradictio in adjecto einschließt, weil das »Selbst« im Terminus solus ipse ein sozialer Begriff sei, der der Unterscheidung von individuellem Ich und individuellem Du vorausgehe. Nach dem *Neorealisten* B. → Russell kann die Möglichkeit des S. zwar mit Hilfe induktiver Beweisführung nicht widerlegt werden. Sofern man aber Grundsätze des Schließens zugebe, werde jede Form des S. verworfen. Der *positivistische Logistiker* R.Carnap betrachtet den S., ähnlich wie den → Idealismus oder → Realismus, als »Scheinproblem«, das keinen »wissenschaftlichen Sinn« habe; denn im Hinblick auf die »empirische« Wirklichkeit herrsche zB bei zwei Geographen, deren einer Realist und deren anderer Idealist oder Solipsist sein könne, in allen empirischen Fragen deshalb Einigkeit, weil es sich in diesem Bereich und allein in ihm um »sachhaltige und sinnvolle« Aussagen handele. Der *Existentialist* → Sartre überwindet die »Klippe des S.« durch den Nachweis, daß jedes Ich etwa im Schamgefühl (→ Scham) anerkenne, daß »ich bin«, wie »andere« mich sehen; denn das Schamgefühl sei ein Sichschämen über sich vor anderen. - Vgl. → Subjektivismus.

M.Stirner, Der Einzige u. sein Eigentum, (1845) 1924 - H.Rikkert, Der Gegenstand der Erkenntnis, (1892) 1928[6] - Ders., System der Philos. I, 1921 - W.Schuppe, Der S., 1898 - H.Driesch, Ordnungslehre, (1912) 1923[2] - L.Wittgenstein, Tractatus logico-philosophicus, (1922) 1960[8] - V.A.Pastore, Il solipsismo, 1924 - M.Heidegger, Sein u. Zeit, (1927) 1961[10] - R.Carnap, Scheinprobleme in der Philos., 1928 - J.-P.Sartre, L'être et le néant, 1943; dt. 1952 - B.Russell, Human Knowledge, 1948; dt. 1952. *R.Wisser*

Solmisation (von *sol - mi*) ist das durch → Guido von Arezzo eingeführte Verfahren, die Tonrelationen durch Benennung der einzelnen Tonstufen sinnfällig zu machen. Zur Bezeichnung der 6 Töne des »Hexachords« verwendete er die auf diese Töne fallenden ersten Silben der Halbzeilen eines Johanneshymnus *(ut, re, mi, fa, sol, la)*. Die Reihe konnte auf *c* (Hexachordum naturale), *f* (molle, mit *b*) oder *g* (durum, mit *h*) beginnen. Doch innerhalb eines und desselben Hexachords sind die Tonrelationen (zB Halbton stets *mi-fa*) eindeutig festgelegt. - Später wurde für die 7. Stufe die Silbe *si* eingeführt und *ut* durch *do* ersetzt. - Tonsilben-Verfahren begegnen auch in der Antike und in außereuropäischen Kulturen.

G.Lange, Zur Gesch. der S. (SIMG I), 1899/1900. *Thr.Georgiades*

Solowjew (gespr.: Ssalawjoff), *Wladimir Sergejewitsch* (16.[28.]1.1853 bis 31.7.[13.8.]1900), russ. Philosoph, Dichter und Publizist, * in Moskau, † in Uskoje bei Moskau. S. studierte zuerst Naturwissenschaften, danach Philosophie und Theologie. Seit 1875 lehrte er in Moskau, von 1880 an in Petersburg Philosophie. Nachdem er öffentlich für die Begnadigung der Zarenmörder eingetreten war, mußte er 1881 auf sein Lehramt verzichten und lebte fortan als freier Publizist. - S.s philosophische Weltanschauung kann als christlicher Platonismus bezeichnet werden. Sie bildete sich unter dem Einfluß → Platons, der altchristlichen → Gnosis, des → Neuplatonismus, der christlichen → Mystik und des deutschen → Idealismus, bes. → Hegels und → Schellings. Die Welt, nicht von Gott aus dem Nichts geschaffen, sondern aus dem Fall der zum göttlichen Pleroma gehörenden »Weltseele« hervorgegangen, strebt aus dieser Entfremdung zurück zur freien Vereinigung mit der Fülle des göttlichen Lebens. Die praktische Konsequenz dieser Weltanschauung war die Bemühung um aktive Teilnahme am historischen Prozeß, dessen Ziel für S. die freie Theokratie, die Herstellung der All-Einheit von Gott und Welt ist. In der ersten Periode seiner öffentlichen Wirksamkeit, in der er den → Slawophilen nahestand (bis etwa 1882), glaubte S. diesem Ziel vor allem durch die philosophische Bemühung um die Vereinigung von Religion und Wissenschaft dienen zu müssen. Die Religion sei im Osten in ihrer Reinheit erhalten. Der mittelalterliche Katholizismus habe das Erlösungsmysterium durch rationales und juridisches Denken entstellt und die Freiheit der menschlichen Persönlichkeit unterdrückt. Der Protestantismus habe recht gehabt in seinem Protest, sei aber wegen des Bruches mit der Tradition und weil ihm ein positiver religiöser Gehalt gefehlt habe, in Rationalismus übergegangen. Dagegen habe dieser Rationalismus in der Philosophie Hegels zur Vollendung der wissenschaftlichen Methodik des reinen Denkens geführt. Die Synthese der Religion mit der Wissenschaft ist also gleichzeitig die von Ost und West. Das Hauptwerk dieser Epoche sind die »Vorlesungen über das Gottmenschentum« (gehalten 1877/78, gedr. 1878/81). - Seit 1882 erkannte S. immer stärker, daß die unter der Vormundschaft des russ. Staates stehende, ihrer institutionellen und moralischen Selbständigkeit beraubte russ. Kirche die Aufgabe nicht erfüllen könne, die der Kirche in der »freien Theokratie« zufällt. Viel besser entsprach dem theokratischen Ideal S.s die den modernen säkularisierten Staaten und den »Irrtümern der Zeit« hart entgegentretende Röm. Kirche. S. überprüfte jetzt die überkommene antiröm. Polemik der orth. Theologen und der slawophilen Philosophen und fand darin viel Unzulängliches. Die Versöhnung zwischen Ost und West sah er jetzt darin, daß der Zar, als das Oberhaupt des Reichsvolkes der Theokratie (der Russen), sein Knie vor dem Nachfolger Petri als dem gesetzmäßigen Oberhaupt der universalen Kirche beuge. Er hoffte, daß nach der Vereinigung der kath. Kirchen des Ostens und Westens auch das Judentum und der Protestantismus sich an diese nun erst wahrhaft universale Kirche anschließen würden. Da der Zar den von S. gewünschten Schritt nicht tat, erklärte S. »im Namen von 100 Mill. russ. Christen«, daß er, »als Glied der wahren und ehrwürdigen rechtgläubigen Kirche des Ostens«, den Papst als höchsten Richter in Sachen der Religion anerkenne. Das Hauptwerk dieser Epoche ist »La Russie et l'Eglise Universelle« (1889). - Von russ.-orth. Seite als Verräter Rußlands und der Orthodoxie bekämpft, von den meisten seiner kath. Freunde mißverstanden (als Konvertit betrachtet), gibt S. Ende der 80er Jahre diese Pläne als utopisch auf und wendet sich wieder stärker der wissenschaftlich-philosophischen Arbeit zu, im Dienste einer heilsgeschichtlich notwendigen »instauration générale de la philosophie chrétienne« (Hauptwerke dieser Zeit: »Sinn der Liebe«, »Rechtfertigung des Guten«, »Theoretische Philosophie«). Die Geschichtsanschauung dieser letzten Periode ist apokalyptisch bestimmt. Der nationale Messianismus hat sich umgewandelt in die Überzeugung, daß, nachdem Rußland seiner weltgeschichtlichen Aufgabe gegenüber versagt hat, das Ende der Welt bevorstehe. Daher hielt er es für die Pflicht aller Christen, zusammenzufinden und sich »nach dem Maß dessen, was einem jeden sein Gewissen erlaubt, an Rom, das traditionelle Zentrum der christlichen Welt, anzuschließen«. Er selbst tat das, indem er 1896 bei einem mit Rom unierten orth. Priester kommunizierte, ohne damit aus seiner Heimatkirche auszuscheiden und ohne seine der röm.-kath. Dogmatik widersprechenden Meinungen (bes. über Sophia und Weltschöpfung) preiszugeben. Vor seinem Tode kommunizierte er bei einem russ.-orth. Priester, obwohl Zeit genug gewesen wäre, einen kath. Priester kommen zu lassen. - Stärksten und reifsten Ausdruck findet die Welt- und Geschichtsanschauung dieser Periode in dem letzten Werk S.s, den »Drei Gesprächen« und der darin enthaltenen »Erzählung vom Antichrist«. - S., der auch als lyrischer Dichter hervorgetreten ist, hat die Entwicklung der russ. Philosophie und Literatur tief und nachhaltig beeinflußt (→ Russische Religionsphilosophie, 5).

Russ. GA, (8 Bde, St. Petersburg o.J. [1903]) 10 Bde, 1911[2]. Nicht darin enthalten: La Russie et l'Eglise Universelle, Paris (1889) 1919[4]; Briefe (russ.), 4 Bde, St. Petersburg 1908-23; Gedichte (russ.),

(Moskau 1891) Petrograd 1921⁷. - In dt. Übers.: Ausgew. Werke, dt. v. H.KÖHLER, 4 Bde, 1914-22 - Dt. GA, hg.v. W.SZYLKARSKI, 1953ff (bisher 3 Bde). Einzelausgaben: Drei Gespräche, 1948; Kurze Erzählung vom Antichrist, (1947) 2. Aufl. o.J. (1951); Die geistl. Grundlagen des Lebens, 1957; Übermensch u. Antichrist, 1958. - Über S.: J.TRUBECKOJ, Die Weltanschauung S.s, 2 Bde, Moskau 1913 (russ.) - W.SZYLKARSKI, S.s Philos. der Alleinheit, Kaunas 1932 - D.STRÉMOOUKHOFF, V.S. et son oeuvre messianique, Paris 1936 - K.MOČULSKIJ, V.S., ebd 1936 (russ.) - LUDOLF MÜLLER, S. u. der Protestantismus, 1951 - DERS., Das religionsphilos. System V.S.s, 1956. - Vgl. die Lit. zu → Russische Religionsphilosophie.

L.Müller

Solowki-Kloster, auf einer Insel im Weißen Meere, etwa 320 km nordwestlich von Archangelsk, 1429 von dem Mönch Sawwatij gegründet und von dem Abt Zosima als Kloster organisiert. Das S.-K. gehörte zu den bedeutendsten Klöstern Rußlands. Mit seinen hohen Steinmauern diente es auch als Festung, die im 17.Jh. mehrfach der schwedischen Belagerung widerstand; 1854 wurde es während des Krimkrieges von der englischen Flotte bombardiert. In der 2. Hälfte des 17.Jh.s unterstützte das S.-K. die Altgläubigen (→ Russische Sekten) und wurde 1674 von Regierungstruppen besetzt. Mit 7 großen Steinkirchen und wertvollen Sammlungen von → Ikonen, goldenen liturgischen Geräten und Ornaten gehörte es zu den reichsten Klöstern. Bedeutsam war seine Hss.-Sammlung. Um 1914 lebten dort etwa 200 Mönche. 1922/23 konfiszierte es die Sowjetregierung und verwandelte es in ein Konzentrationslager.

Archimandrit MELETIJ, Hist. Beschreibung d. Stauropigion-Soloweckij-Klosters, 1881 (russ.) - I.SMOLITSCH, Russ. Mönchtum, 1953.

I.Smolitsch

Somasker. Die → Regularkleriker von Somasca (CRS) verdanken ihre Entstehung dem hl. Hieronymus Miani († 1537). Sie widmen sich der Erziehung von Waisen und der Versorgung von Armen und Kranken. In Somasca (bei Mailand) schrieb der Stifter die erste Regel, die 1540 von Paul III. bestätigt wurde. Pius V. erhob 1568 die S. zu einem Orden mit der → Augustinerregel. Sie übernahmen dann auch die Erziehung der Jugend in Seminarien, öffentlichen Gymnasien und Adelskollegien (Rom). 1616-47 waren die → Doktrinarier mit den S.n vereinigt. Die S. ließen sich in Frankreich, Österreich und in der Schweiz, neuerdings auch in den mittelamerikanischen Republiken nieder. Die Konstitutionen approbierten Urban VIII. 1626 und Pius XI. 1927. Eigengut der S. ist, daß ihnen Priester und Laien aggregiert werden können, die nach einer sechsmonatigen Prüfungszeit private Gelübde ablegen und sich zum Dienste in einem Ordenshaus verpflichten. Die Generalkurie ist in Rom. Der Orden hat über 360 Mitglieder.

HEIMBUCHER II, 110ff - ESCOBAR I, 611ff.

Ph.Hofmeister

Sombart, *Werner* (1863-1941), * in Ermsleben (Harz), Prof. der Wirtschaftswissenschaften in Breslau (1890) und Berlin (1906), versuchte in historisch-soziologischer Darstellung zu einer »verstehenden Nationalökonomie« zu gelangen. Grundbegriff seines umfangreichen Werkes ist der Begriff des »Wirtschaftssystems«, durch den die Stufentheorie der sog. Historischen Schule weiterentwickelt und umgeformt wird. Über diesen Begriff entfernt sich S. zunehmend von → Marx, dessen Vorstellungen vom Wesen des Kapitalismus jedoch starken Einfluß auf S. ausgeübt haben. Aber S. gelangt zu einer Entwicklungsgeschichte des → Kapitalismus und → Sozialismus, deren Leitidee die Auffassung ist, »daß es der Geist ist, der sich eine ihm angemessene Form gibt und dadurch die wirtschaftliche Organisation schafft«. Danach gibt es für S. keine notwendige Abfolge, die zu einem Entweder-Oder zwischen Kapitalismus und Sozialismus führt; das »neue Jahrhundert« ist ein Jahrhundert beider. Der Versuch, nicht nur wie Max → Weber den subjektiv gemeinten Sinn sozialer Erscheinungsformen zu verstehen, sondern objektiv gegebene Sinneinheiten zu erfassen, führt über die - trotz methodologisch behaupteter Ablehnung von Werturteilen - urteilende Einbeziehung solcher Begriffe wie »Geist« und »Rasse« zu einer »geisteswissenschaftlichen Anthropologie«, deren wissenschaftliche Vertretbarkeit zweifelhaft ist.

Vf. bes.: Sozialismus u. soziale Bewegung im 19.Jh., 1896, 10.Aufl. u. d. T.: Der proletarische Sozialismus, 2 Bde, 1924; Der moderne Kapitalismus, (2 Bde, 1902) 3 Bde, 1924-27; Die drei Nationalökonomien, 1930; Vom Menschen, 1938. - Über S.: G.WEIPPERT, W.S.s Gestaltidee des Wirtschaftssystems, 1953 - HWSW IX, 298ff (Bibliogr., reiche Lit.).

H.W.Gerhard

Sondergötter, ein von H.Usener geprägter Ausdruck. Er verstand darunter »Vorstellungsgebilde von vollkommener begrifflicher Durchsichtigkeit, größtenteils auch von enger Begrenztheit des Begriffes« (S. 75). Es sind göttliche Mächte, die ein begrenztes Gebiet verwalten und immer dieselbe Tätigkeit ausüben. Der Name ist eine Umprägung von Varros »di certi«, womit bezeichnet wurde, daß hinter einzelnen Erscheinungen besondere Götter vorgestellt waren, zB die bekannten Spezialgötter für verschiedene Phasen des → Ackerbaus. Wiewohl viele dieser Namen Erzeugnis einer priesterlichen Spekulation sein dürften und ein Kult solcher Götter kaum eine größere Rolle gespielt hat, läßt sich nicht verneinen, daß Usener in manchem recht hatte. Den eigentlichen S.n setzte er noch eine Stufe vor: die *Augenblicksgötter*. Diese stellen bereits einen Art- oder Gattungsbegriff dar. Der Gott des Eggens, der Occator, gilt nicht bloß für die Ackerbestellung *eines* Jahres, sondern ist der Gott des Eggens überhaupt. Die einfachste und ursprünglichste Begriffsbildung sei die einzelne und augenblickliche Empfindung der Nähe einer Gottheit, aus deren Wiederholung die Sondergottheit entsteht. Zeus Keraunos (»der Blitz«) zB ist der einzelne Blitzschlag; daraus kann Zeus Keraunios (»der Blitzzeus«) hervorgegangen sein; weitere Beispiele sind etwa die griech. → Heroen Taraxhippos, der Pferdescheucher, und Myiagros, der Fliegenabwehrer. Es gibt aber auch S. ohne begrifflich durchsichtige Namen, zB viele der christlichen Heiligen, die einen bestimmten Wirkungskreis haben. - Für Usener waren die Augenblicks- und S. feste Stufen in der Entwicklung des Gottesbegriffes (→ Gott: I). Als solche können sie schwerlich gelten; sie finden sich zwar vielerorts, aber doch nicht überall. »Als Reflex aber eines psychischen Werdeganges, als Beschreibung einer besonderen Art der Gestaltgebung auf Grund eines religiösen Erlebnisses, behält Useners Konstruktion dieser Struktur ihren vollen Wert« (van der Leeuw, RGG² V, 602). - Vgl. → Klassische Altertumswissenschaft, → Personifikation.

H.USENER, Götternamen, (1896) 1948³ - L.R.FARNELL, Greek Hero Cults, Oxford 1921 - NILSSON I (s. Reg.) - VAN DER LEEUW § 17, 2 - K.LATTE, Röm. Religionsgesch., 1960, 207f.

E.Ehnmark

Soner *(Sohner) Ernst* (1572-1612), * in Nürnberg, 1603 Stadtphysikus daselbst, 1605 Prof. für Naturlehre und praktische Medizin an der reichsstädtischen Akademie → Altdorf. Nach seinem Tode (Pest) wird S. zum regen Werber für den Sozinianismus gestempelt, der zahlreiche → Sozinianer aus Polen und Ungarn nach Altdorf gezogen habe. Fest steht nur, daß er während seiner Kavalierstour (Leiden 1598) durch A.Woydovius und Chr.Ostorod zu dieser Lehre kam und im kleinen Kreise dafür eintrat, ohne sich vom kirchlichen Leben fernzuhalten. Auf S. zurückgeführte sozinianische Schriften sind sämtlich erst nach seinem Tode gedruckt.

J.J.BAIER, Biographiae Professorum Medicinae, 1728, 26ff (mit Porträt u. Bibliogr.) - S.FRHR.V.SCHEURL, Die Theol. Fakultät Altdorf im Rahmen der werdenden Univ. 1575-1623, 1949 (Lit.).

S.v.Scheurl

Sonne

1. Offenbarung von Macht - 2. S.ngottheiten - 3. Kulte - 4. Ethik - 5. Gottkönigtum - 6. Jenseitsvorstellungen - 7. Makrokosmisch-mikrokosmische Korrelationen - 8. Symbole

1. Obwohl unter den uranischen Erscheinungen der → Mond durch seinen Phasenwechsel das mythische Denken stärker als die S. anregte, sind doch Verehrung und numinose → Personifikationen der S. über die ganze Erde verbreitet. Dies ist darin begründet, daß im prälogischen Denken der tägliche Weg der S. am → Himmel (: I) nicht als gesetzmäßig erkannt, sondern als jeweils neue → *Offenbarung* (: I) *von* → *Macht* (: I) erlebt wurde. Daher wurde die tägliche Rückkehr der S. ängstlich erwartet, und sie wurde bei ihrem Eintreffen freudig begrüßt. Im Vordergrund standen dabei, zumal in tropischen Ländern, in denen die → Fruchtbarkeit primär dem → Regen zugeschrieben wird, nicht vegetative Aspekte, sondern der des Lichtbringers (→ Licht und Finsternis, 1). Als solcher erscheint die S. als Held, der siegreich gegen die Finsternis und ihre Dämonen kämpft. Sie wird damit zum Ausdruck der Idee des fortdauernden → Lebens.

2. Daher manifestiert sich häufig in der S. die Macht der Götter (→ Gott: I), und deren Wesen ist oft mit der Vorstellung des himmlischen Lichtes verbunden. Bezeichnend hierfür sind die von der Wurzel div (»leuchten, glänzen«) abgeleiteten indogermanischen Appellativa für »Gott« oder »göttlich«: Sanskrit deva, avestisch daiva, lat. divus, lit. diẽvas, lett. dìevs, cymr. duw. - Spezielle personale Verkörperungen der S. und ihrer Macht gewinnen jedoch zumeist erst in Hochkulturen Bedeutung; sie erscheinen sowohl als *Götter* wie auch als *Göttinnen*. In → Indien (: II) ist Sûrya der S.ngott; sein Name bezeichnet auch die S. als Himmelskörper. In den → Veden gehört Sûrya noch nicht zu den Hauptgöttern des Pantheons, doch im älteren → Hinduismus (: I, 2f) tritt er stark in den Vordergrund. Er umkreist die Welt auf seinem von 7 Rossen gezogenen Wagen und vernichtet dabei Finsternis und Krankheiten. Er wird begleitet von seiner Tochter Sûryâ und folgt selbst seiner Geliebten Ushas, der Göttin der Morgenröte. - Im mesopotamischen Gebiet (→ Babylonien: II, 6b) wurde in sumerischer Zeit Utu als S.ngott verehrt, in babylonischer Zeit Schamasch. Auch der durch → Hammurapi zur Vorherrschaft gelangte Stadtgott von Babel Marduk ist ursprünglich ein S.ngott (sum. Amar-Utuk »S.nkalb«; → Babylonien: II, 7d). - In → Ägypten (: II) begann mit dem Anfang des Alten Reiches der Aufstieg des in der S.nbarke thronenden Gottes Re, der in der 5. Dynastie die Stellung eines unumschränkten Weltengottes erreicht. Die Reform → Amenophis' IV. erstrebte die monotheistische (→ Monotheismus: I), aber rationalisierte Verehrung der S.nscheibe Aton. - Die Griechen (→ Griechische Religion) verehrten den S.ngott Helios, die Spätantike den Sol Invictus. - Bei den Azteken (→ Mexiko: I, 3) wurde Tonatiuh als S.ngott verehrt. Der Hauptgott der Maya Itzamná trägt ebenfalls solare Züge. Im Inkareich (→ Peru, 1) wurde der S.ngott Inti als ältester Sohn des Schöpfergottes Pachacamac oder Viracocha angesehen, der seinerseits als »Vater der S.« bezeichnet wurde. - Bekannte S.ngöttinnen sind die japanische Amaterasu (→ Japan: II), die hethitische S.ngöttin der Stadt Arinna (→ Hethiter: II, 1), die churritische Chepa, die Gemahlin des Wettergottes Teschub, und die südarabische Schams (→ Arabien: I, → Sabäer). Die Balten (→ Baltische Religion, 2) verehrten unter den Himmelsgottheiten die S. (lett. saule, lit. sáulė, altpr. saule), die als Jungfrau mit goldenem Haar oder als Bäuerin vorgestellt wurde. Für die → Germanische Religion ist im zweiten Merseburger → Zauberspruch und im Wessobrunner Gebet eine Göttin Sunna bezeugt. In den → Altaischen Religionen trägt die S. mütterliche Aspekte.

3. Bräuche solarer Struktur dienen einmal, wie die Fruchtbarmachung der Felder durch S.nräder, der Nutzung der S.nmacht. Häufiger werden sie, bes. bei → Sonnenwenden und S.nfinsternissen, in den Dienst der magischen (→ Magie) Wiederherstellung der S.nkräfte gestellt. Durch → Feuer- und Lichtzufuhr hofft man, der S. über die Krise hinwegzuhelfen. Hierhin gehören die Feuerräder, die bei S.nwenden von den Höhen hinabgerollt werden. Auch die prähistorischen S.nwagen sollten offenbar in imitativ-magischer Weise die Bewegung der S. aufrechterhalten. - Eigentliche S.nreligionen mit ausgeprägten *S.nkulten* sind dagegen selten. Im → Mahâbhârata (7, 82, 16) wird eine Gruppe spezieller Verehrer des indischen S.ngottes Sûrya erwähnt. - Die Hauptkultstätte der japanischen Amaterasu ist der Schrein von Ise. - Bes. aber sind Ägypten und das alte Mexiko charakteristisch für S.nkulte. In Ägypten errichteten die meisten Könige der 5. Dynastie S.nheiligtümer, in denen sie täglich die aufgehende S. begrüßten. Kultmittelpunkt war der Obelisk, auf den die ersten Strahlen der Morgen-S. fielen. Zur Reform Amenophis' IV. s. 2. - Bei den Azteken stand das Opfer menschlicher Herzen (→ Menschenopfer, 1) bes. im Dienst der Kraftzufuhr an die S. Es herrschte die Vorstellung, daß diese auf ihrer nächtlichen Fahrt das Schicksal der Toten erlitten habe und zum Skelett geworden sei und erst durch die Nahrung menschlicher Herzen wieder Kraft erlangen könne. Eine unblutige Form des S.nkultes war das aztekische Ballspiel (ollama; → Spiel: I), bei dem die Bewegungen eines Kautschukballes den Lauf der S. magisch beeinflussen sollten.

4. Aus der Verwandtschaft des durch das Licht ermöglichten Sehens zum Wissen (vgl. griech. οἶδα »ich habe gesehen« = »ich weiß«) ergibt sich, daß der S. eine Allwissenheit zugeschrieben wird, die bes. das *ethische Gebiet* betrifft. Diese ethische Allwissenheit eignet entweder den S.ngöttern direkt, oder es sind andere Götter, als deren Auge, mit dem sie alles sehen, die S. erscheint. Die S. hat daher auf religiösem Gebiet eine enge Beziehung zur ethisch-rechtlichen Sphäre des Menschen. Im Rigveda (10, 37, 9) werden mit Sûrya ethische Qualitäten verbunden. Vor allem aber ist die S. das Auge der das → Recht hütenden Götter Varuna (Rigv. 1, 50, 6) und Mitra (Rigv. 6, 51, 1). Der dem indischen Mitra eng verwandte persische → Mithra gilt im späteren → Avesta als Gott der Gerechtigkeit; er wird mit der S. verglichen, die alles sieht. Hammurapi empfängt sein Gesetz aus den Händen des Schamasch, der alles Unrecht erkennt. Der ägyptische Re gilt als Richter. Die Griechen schworen bei Helios, dem Vertreiber des Unrechts und der Feinde (Antigone 100ff).

5. *Gottkönigtum* und → Herrscherkult werden oft mit einer Abstammung der Könige von der S. begründet. Nach einer im Pap. Westcar überlieferten ägyptischen Legende waren die ersten drei Könige der 5. Dynastie Söhne des Re und der Frau eines Re-Priesters. Amenophis IV. sah sich als Sohn und einzigen Interpreten des Aton. Amaterasu gilt als Ahnengottheit des japanischen Kaiserhauses. Die Inka-Herrscher leiteten ihre Abstammung von der S. her. Die Könige der Thra-

ker verehrten einen S.ngott (Herodot V, 7: Hermes), von dem sie abzustammen glaubten. Bei den Natchez-Indianern in Louisiana wurde der Häuptling als »große S.« und »Bruder der S.« bezeichnet. Auch als einziger Priester des S.ngottes kann der Herrscher auftreten, wofür das Beispiel Elagabals (218-222) bezeichnend ist.

6. Durch ihre nächtliche Unterweltsfahrt ist die S. mit dem Totenglauben (→ Tod: I) und mit *Jenseitsvorstellungen* verbunden. Sie kann als Psychopompos die Toten in die Unterwelt führen. Bei ihrem täglichen Sieg über die Finsternis kann sie aber auch die Verstorbenen wieder mit sich ans Licht bringen. Nach aztekischer Ansicht galt unter den verschiedenen Jenseitsreichen das im Osten lokalisierte »Haus der S.« (tonatiuh ichan) als das höchste → Paradies (: I).

7. Die Beziehungen der S. zum Totenglauben legen eine Analogie zwischen dem Schicksal der S. und dem des Menschen nahe: beide erleiden einen Tod, der jedoch wieder zur Erneuerung des Lebens führt (→ Auferstehung: II). - In der → Alchemie sind die vier Planeten wie die vier → Elemente Erscheinungen einer sich in der S. offenbarenden Gottheit. - Eine bis heute lebendige *mikrokosmische Relation* zum Lauf der S. ist der S.nkalender (→ Chronologie: II), dem die Auffassung zugrunde liegt, daß die irdische Zeit sich nach der himmlischen richtet. Der Name des → Sonntags (engl. sunday, schwed. söndag, lat. dies Solis) ist sakralen Ursprungs und geht letztlich auf den Festtag des babylonischen Schamasch zurück. Oft gelten Sonntagskinder als Glückskinder, nur bei den Weißrussen sind sie Unglückskinder.

8. »Die S. ist der Adler mit den feurigen Pfeilen, des Jahres Herr und Gott«, heißt es in einem aztekischen Text. Die *Symbolisierung* durch Vögel ist häufig. In Indien ist die Wildgans (hamsa) Symbol der S., beim Roßopfer (ashvamedha) aber auch das → Pferd. Auch als Wagenfahrer, wie der ägyptische Re, wird die S. vorgestellt. Vielleicht ist auch das → Hakenkreuz (Sanskrit svastika) ursprünglich ein S.nsymbol. Die S. kann ihrerseits Symbol des Göttlichen sein, so des indischen brahman (Chândogya-Upanishad 3, 19, 1) oder des germanischen Wodan. Im → Synkretismus (: I) → Akbars symbolisiert sie die Gottheit. Schließlich kann das Wirken der S. als Ausdruck der Allmacht Gottes gepriesen werden (Ps 19, 6; S.ngesang des → Franz von Assisi).

P. Ehrenreich, Die S. im Mythus, 1915 - ERE XII, 48ff - F. Boll, Die S. im Glauben u. in der Weltanschauung der alten Völker, 1922 - R. Pettazzoni, Dio I, Rom 1922 - Ders., L'onniscienza di Dio, Turin 1955 (engl. London 1956; dt. [gekürzt] 1960) - J.G. Frazer, The Worship of Nature I, London 1926 - H. Schäfer, Amarna in Religion u. Kunst, 1931 - M.P. Nilsson, S.nkalender u. S.nreligion (ARW 30, 1933, 141-173) - J. Spiegel, Die Idee vom Totengericht in der ägypt. Religion, 1935 - HWDA VIII, 31ff - G.A. Wainwright, The Sky-Religion in Egypt, Cambridge 1938 - D.P. Pandey, Sûrya (Diss. Leiden), 1939 - K. Luomala, Oceanic, American, Indian and African Myths of Snaring the Sun, Hawaii 1940 - Eranos 10, 1943 - J. Lewy, The Old West Semitic Sun-God Ḥammu (HUCA 18, 1944, 429-488) - G. Michaïlides, Vestiges du culte solaire parmi les chrétiens d'Egypte (Bull. de la Soc. d'Archéol. Copte 13, 1948/49, 37 bis 110) - C.-M. Edsman, Ignis divinus (SVSL 34), 1949 - RÄRG 729ff. 733ff. 735ff - A. Piankoff, La création du disque solaire, Kairo 1953 - S. Sauneron, L'hymne au soleil levant des Papyrus (BIFAO 53, 1953, 65-90) - Eliade §§ 36ff (Lit.) - H. Biezais, Die Hauptgöttinnen der alten Letten, Uppsala 1955 - E.D. van Buren, The Sun-God Rising (RA 49, 1955, 1-14) - van der Leeuw § 7 - W. Helck-E. Otto, Kleines WB der Ägyptologie, 1956 (s.v. Aton, Re, S.nheiligtum) - W. Kaiser, Zu den S.nheiligtümern der 5. Dyn. (MDAI, Abt. Kairo, 14, 1956, 104-116) - W. Krickeberg, Altmexik. Kulturen, 1956 - F. Altheim, Der unbesiegte Gott, 1957 - E. Winter, Zur Deutung der S.nheiligtümer der 5. Dyn. (WZKM 54, 1957, 222-233) - Thompson (s. Reg. s.v. Sun) - A. Caquot, La divinité solaire ougaritique (Syria 36, 1959, 90-101). *G. Lanczkowski*

Sonnenschein, *Carl* (* 15.7.1876 in Düsseldorf, † 20.2.1929 in Berlin), kath. Theologe, gründete und leitete von 1908-18 in Mönchen-Gladbach das »Sekretariat sozialer Studentenarbeit«, von dem aus bald überall in Deutschland sozialakademische Vereinigungen begründet wurden. Seit 1919 war S. als Studenten-, Akademiker- und Künstlerseelsorger in Berlin bestrebt, den Lehren der Bergpredigt im Berufsleben Raum zu gewinnen. 1953 wurde in Münster ein *C.S.-Kreis für akademische Sozialarbeit* gegründet, der unter Studenten und Akademikern für die kath. Soziallehre wirbt (Zeitschr. »Ordo socialis«).

Vf. u.a.: Aus dem letzten Jahrzehnt des ital. Katholizismus, 1906; Notizen, 10 H.e, 1925-29 (neu hg.v. M. Grote, 2 Bde, 1950/51). - Über S.: E. Thrasolt, Dr. C.S. Der Mensch u. sein Werk, (1930) 1932 - M. Grote, An den Ufern der Weltstadt, (1941) 1951³ - Dies., Dr. C.S. in Berlin, 1957 - R. Amelunxen, C.S. Gedenkrede zum 30. Todestag, 1959 (Lit.). *H. Hohlwein*

Sonnenwende hat neben ihrer rein praktischen Bedeutung für die Zeiteinteilung (→ Chronologie: II, 2 a) noch einen religionsgeschichtlich bedeutsamen Sinn, sofern sie im Festzyklus (→ Feste: I) der meisten Völker eine hervorragende Rolle spielt (→ Jahreszeiten). Und zwar sind es nicht so sehr die Äquinoktien (Tag- und Nachtgleichen) als vielmehr die Solstitien (Sommer- und Winter-S.), die mit religiös-magischen Riten umgeben werden. Diese entsprechen den verschiedenen Aspekten der → Sonne als Spender von → Licht, → Fruchtbarkeit, → Leben und Neu- → Schöpfung. Die Theorien → Mannhardts und → Frazers beeinflußten früher die Deutung der als gleichförmig aufgefaßten S.-Feste. Sie werden jetzt mehr als → Rites de passage (→ Neujahr) verstanden, wobei geschichtliche und geographische Besonderheiten hervortreten. Aber nach dem Prinzip der → Analogie spielt zB bei fast allen diesen Riten das → Feuer eine große Rolle. So tanzt das jubelnde Volk in Europa noch heute am → Johannisfest (24. Juni) um das hoch emporlodernde Feuer oder springt hindurch. In der altbrahmanischen Literatur sind die S.-Feste ausführlich besprochen.

R. Müller, Himmelskundl. Ortung auf nord.-germ. Boden, 1936 - HWDA VIII, 87f (s. auch Reg.) - J.J. Meyer, Trilogie altindischer Mächte u. Feste der Vegetation I-III, 1937 - A. Audin, Les fêtes solaires (MR 15), Paris 1945 - SDF II, 1032 (Solstice Dances) - ChrRel (s. Reg.) - K. Latte, Röm. Religionsgesch., 1960, 349ff - Nilsson II, 507ff. *(O. Rühle) C.-M. Edsman*

Sonntag. Der S., der 2. Tag der spätantiken Planetenwoche (→ Chronologie: II, 2 c), wird von den Christen, der jüdischen Zählung entsprechend, »der 1. Tag der Woche« (Mt 28, 1 par) oder »der Tag des Herrn« (κυριακὴ ἡμέρα, dies dominicus; ital. domenica; span. domingo; franz. dimanche) genannt (Apk 1, 10; Barn 15, 9). Weil Auferstehungstag Christi (→ Feste: III, 3), wird er sehr bald als »status dies« (→ Pliniusbrief X, 96) *der* Versammlungstag der Gemeinde, der Freudentag, an dem das Herrenmahl gefeiert (Apg 20, 7; Did 14, 1), stehend gebetet, nicht gefastet wird. Am S. werden die Liebesgaben eingesammelt (1Kor 16, 2). Auferstehungstag (russ. waßkreßénje) bleibt er im Osten. Im Westen gilt er auch als Schöpfungstag (Justin, Apol. 67) und Tag der Ausgießung des Hl. Geistes (Isidor von Sevilla, De eccl. off. I, 24); demgemäß tritt in den S.sliturgien die Bezeugung der Auferstehung zurück. Als christlicher *Sabbat* wird er in den ersten Jh.en nirgends verstanden, seine Feier niemals mit dem 3. (4.) Gebot des → Dekalogs begründet. Jesus und die Apostel feierten zwar, jüdischer Sitte gemäß, den → Sabbat; aber Jesu Protest gegen seine gesetzlich-verdienstliche Deutung (Mk 2, 27f u.ö.) und die Betonung der christlichen Freiheit durch Paulus (Röm 14, 1; Gal 4, 9f; Kol 2, 16f) bewirkten, daß von Heidenchristen die Sabbatheiligung ebensowenig wie die Beschneidung gefordert wurde (Apg 15, 28f). Und die Tatsache, daß der Sabbat im Osten vom Ende des 4.Jh.s an vielerorts wieder als Schöpfungstag gottesdienstlich begangen wird, beweist, daß der S. nicht an die Stelle des Sabbats getreten ist. Die Anwendung des Sabbatgebots auf den S. kommt erst mit der staatlichen Gesetzgebung römischer Kaiser und germanischer Könige auf: → Konstantin macht 321 den S. zum Ruhetag ohne Gerichtsverhandlung und Urteilsvollstreckung. Später werden alle opera servilia am S. untersagt, um den Sklaven Freizeit für den Gottesdienstbesuch zu geben (Ap. Konst. VIII, 32); dann aber wird, bes. bei den Germanen, jede schwere Arbeit als opus servile auch den Freien verboten und mit harter Strafe geahndet. Konzilsbeschlüsse bestätigen die Staatsgesetze. → Himmelsbriefe bedrohen jeden »Sabbatschänder« mit dem göttlichen Strafgericht. Die röm. Kirche bezeichnet noch heute, unter Berufung auf Dtn 5, 12f, »unnötige knechtliche Arbeit« am S. als Sünde, läßt aber neuerdings das Verbot der Arbeit zurücktreten hinter der (auch durch das 2. → Kirchengebot eingeschärften) Verpflichtung zum Besuch der Messe (Katechismus der Bistümer Deutschlands, 1956, Lehrst. 103f). – In Luthers Kleinem und Großem Katechismus und im Heidelberger Katechismus (Fr. 103) wird zwar auch das 3. (4.) Gebot auf den S. angewendet, aber das Verbot der S.sarbeit bleibt unerwähnt; und durch die Mahnung, »Gottes Wort heilig zu halten, gerne zu hören und zu lernen« und so den Feiertag zu heiligen, wird der gesetzlichen Deutung gewehrt. Nach CA 28, 59f hat »die Hl. Schrift den Sabbat abgetan«; die Einführung des S.s ist »ein Exempel der christlichen Freiheit«. Aber schon in Melanchthons Katechismen taucht wieder der Sabbatschänder aus Num 15, 31ff als *das* Beispiel der Übertretung des 3. Gebotes auf. Und bei den → Puritanern sorgt die schroffe Inspirationslehre dafür, daß sich der »englische S.« kaum noch vom pharisäischen Sabbat unterscheidet. Auch im deutschen → Pietismus (→ Großgebauer, → Spener) wird die Freiheit der Reformationszeit aufgegeben. Strenge Polizeiverordnungen, die die S.sruhe erzwingen wollen, können nicht verhindern, daß im 18. und 19.Jh. viele Menschen auch am S. arbeiten müssen. Zur gegenwärtigen Situation s. → Sonntagsruhe. – Grundsätzlich ist festzuhalten: 1. Der S. ist nicht kultischer Tag im Unterschied zum profanen Alltag. Die kath. Kirche feiert täglich die Messe; in der anglikanischen Kirche werden an jedem Tag 2 Gottesdienste gehalten; in ev. Kirchen wird Wiedereinführung des täglichen Gottesdienstes angestrebt. – 2. Wenn die Kirche an der 7-Tage-Woche mit *einem* Ruhetag festhält, so tut sie das »nicht unter dem Zwang des Gebotes im Gesetz, sondern infolge der Anordnung der Kirche und der Gewohnheit des christlichen Volkes« (Thomas von Aquino). Die »Dekade« (nach 1789 in Frankreich) und die »gleitende 5-Tage-Woche« (nach 1917 in der UdSSR) sind als unzweckmäßig wieder aufgegeben worden; theologisch ist auch gegen die Woche mit 5 Arbeits- und 2 Ruhetagen nichts einzuwenden (Ap. Konst. VIII, 31: »Ich Petrus und ich Paulus ordnen an, daß die Unfreien 5 Tage arbeiten und den Sabbat und den Herrentag frei haben sollen«). – 3. Ethisch relevant ist Dtn 5, 12ff auch heute insofern, als Christen verpflichtet sind, dafür zu sorgen, daß niemand Feierabend, Feiertag und Erholungsurlaub entbehren muß. – 4. Die Frage der »Freizeitgestaltung« ist so zu beantworten, daß für Christen der Besuch des Gemeindegottesdienstes vor aller sinnvollen Freizeitausnutzung den Vorrang haben muß.

TH. ZAHN, Gesch. des S.s, 1878 – DACL IV, 858ff – W. THOMAS, Der S. im frühen MA, 1929 – W. STÄHLIN u.a., Das Buch vom S., 1951 – Le dimanche et sa célébration, Luxemburg 1952 (röm.-kath. Sammelbericht) – J.A. JUNGMANN, Der Gottesdienst der Kirche, (1955) 1957² – EKL III, 996ff. *E. Hertzsch*

Sonntag, *Karl Gottlob* (1765–1827), ev. Theologe, * in Radeberg bei Dresden, † in Riga, 1788 ebd Rektor der Domschule, 1791 Oberpastor, 1799 Assessor des livländischen Oberkonsistoriums, 1803 livländischer General-Sup. Als Prediger hochgeschätzt, prägte S. das kirchliche und geistige Leben Livlands im Sinne eines maßvollen Rationalismus. Er arbeitete an der Neugestaltung der Liturgie und maßgeblich am Rigaischen Gesangbuch mit (bis 1853 im Gebrauch) und vertrat in den Verhandlungen um die Kirchenverfassung von 1832 die Freiheit der Kirche gegenüber der Ritterschaft und der russ. Regierung. S. trat als Schulgründer und schon 1795 als Befürworter der Bauernbefreiung hervor, ebenso als sprachkundiger Förderer der lettischen Sprache. Er war auch führender Mitbegründer der »literärisch-praktischen Bürgerverbindung« in Riga und wirkte an der Provinzialgesetzgebung mit.

Vf. u.a.: Wert u. Notwendigkeit der christl. Religion für den vernünftigen Menschen, 1792; Über Menschenleben, Christentum u. Umgang I–IV (Predigten), 1794; Gesch. u. Gesichtspunkte der Allg. liturg. Verordnung für die Lutheraner im Russ. Reiche, 1805; Versuch einer Gesch. der lett. u. estländ. Bibelübers.en, 1817. – Über S.: B. HOLLANDER, K.G.S. (Jb. des balt. Deutschtums in Lettland u. Estland, 1928, 121–127) – J. KIRSCHFELDT, Die religionsgesch. Stellung des General-Sup. D.Dr. S. (Abh.en d. Herder-Ges. 4, 3), 1931 (Bibliogr.) – I. NEANDER, Die Aufklärung in den Ostseeprovinzen (in: Balt. KG, hg.v. R. WITTRAM, 1956, 131–149). *H. Hohlwein*

Sonntagsruhe

1. Die Lage in der BRD – 2. Aufgaben – 3. S.sruhe im Ausland. – S. = Sonntag. – Vgl. → Feste: VI

1. Art. 140 GG der BRD übernimmt Art. 139 der Weimarer Verfassung: »Der S. und staatlich anerkannte Feiertage bleiben als Tage der Arbeitsruhe und der seelischen Erhebung geschützt.« Art. 16 der Verfassung der DDR sagt: »Der S., die Feiertage und der 1. Mai sind Tage der Arbeitsruhe und stehen unter dem Schutz der Gesetze.« Auch die Länderverfassungen der BRD enthalten mit Ausnahme von Hamburg, Schleswig-Holstein und Niedersachsen teils in dem Abschnitt »Religion und Religionsgemeinschaften«, teils unter »Wirtschafts- und Sozialordnung« Schutzbestimmungen. Nach § 105b der noch geltenden Gewerbeordnung von 1895 dürfen Arbeiter an Sonn- und Festtagen nicht beschäftigt werden; Abschnitt c und d lassen Ausnahmen zu. Daneben gilt die Arbeitsordnung von 1938, die in § 28 weitergehende Ausnahmen gestattet, »wenn sie im öffentlichen Interesse dringend notwendig sind«, und das Ladenschlußgesetz von 1957. Tatsächlich leisten in der Industrie etwa 1/6 aller Beschäftigten und außerhalb der Industrie über 2 Mill. Menschen S.sarbeit. Dabei handelt es sich nicht nur um Dienstleistungen (Bahn, Krankenanstalten usw), sondern oft auch darum, daß vorhandene Kapazitäten ausgenutzt werden (Druckereigewerbe). Zwar kann die moderne Industriegesellschaft einen großen Teil ihres Apparates am S. nicht stillegen, aber der Mensch unterstützt dies noch mit seiner Forderung nach allgemeinem Wohlstand. Heute leben neben Menschen, deren Leben noch vom 7-Tage-Rhythmus bestimmt ist, solche, die in der Schichtarbeit diesem Rhythmus nicht mehr unterliegen. Zur örtlichen Zerrissenheit des Lebens (Pendler) kommt die zeitliche. Die Gefährdung für Ehe und Familienleben liegt auf der Hand. Die berufstätige Frau, deren wöchentliche Arbeitszeit in Beruf und Haus bei 100 Wochenstunden liegt, ist überbeansprucht. Dazu

kommt noch die Gefahr eines neuen Klassengegensatzes bei den durch Schichtarbeit von jeder gesellschaftlichen, politischen und kirchlichen Mitarbeit ausgeschlossenen Menschen, die in den Industrieländern schon 10% der Bevölkerung ausmachen. - Tarifverhandlungen und jeweils befristete Ausnahmebestimmungen zum Verbot der S.sarbeit in der Stahlindustrie von Nordrhein-Westfalen brachten 1957 für bestimmte Arbeitnehmer eine Regelung mit 42 Arbeitsstunden in einem Schichtsystem und 13 völlig freien S.en im Rahmen eines freien Wochenendes von 3 bis 4 Tagen. Im Testfall der Hüttenwerke Oberhausen AG traten Vorteile für beide Sozialpartner offen zutage. Die Industrie, bes. die Chemische und die Papierindustrie, verstand diese Vereinbarungen in der Metallindustrie als »Dammbruch«, forderte gleiches Recht für alle und verwies bes. auf die »Logik der Zahlen«. Darauf wurde unter Hinzuziehung der Kirchen eine breit angelegte Prüfung vorgenommen, die zeigen sollte, ob für den gesamten öffentlichen Bereich eine gleichmäßige befriedigende Lösung möglich wäre. Die kath. Kirche lehnte eine Zustimmung ab. Bei ihr stehen religiöse und naturrechtliche Begründungen für die S.sruhe nebeneinander: Der S. ist als Kultus- und Ruhetag durch die Schöpfungsordnung und at. Gesetzgebung verordnet und durch Christus auf den ersten Tag der Woche übertragen worden. Er ist von der Natur des Menschen gefordert und Strukturelement unseres gesellschaftlichen und religiösen Lebens, bei dem natürliche und übernatürliche Werte untrennbar miteinander verwoben sind. Die ev. Kirche hat mehrfach, zuletzt auf der EKD-Synode von 1960, Stellung bezogen.

2. Im ev. Gespräch geht es a) um das Verständnis des → Sonntags, b) um das Verhältnis des Menschen zu Arbeit und Muße, c) um den Beitrag der Kirche. - a) Für eine ev. Theologie des S.s ist es nicht möglich, das Sabbatgebot biblizistisch und legalistisch zu übernehmen. Vielmehr ist mit den Reformatoren vom nt. Verständnis auszugehen (Mk 2, 27; Mt 5, 17ff; Kol 2, 16; Apk 1, 10) und über eine bloße soziale und humanitäre Begründung hinaus der Zeichencharakter dieses Tages wieder bewußt zu machen, der schon im AT vorgegeben ist (Ex 31, 12ff; 23, 12). Dann ist aber der S. nicht nur ein Mittel zur Wortverkündigung, sondern konkretes Zeichen für das Handeln Gottes an seinem Volk und für unsere Heiligung, indem mitten in der Welt ein Raum für Ruhe, Feier und Gottesdienst ausgespart wird, von dem ein Licht auf die anderen Tage fällt. - b) Gegenüber dem modernen Zug zur Selbstbestätigung durch die eigene Arbeitsleistung ist biblisch nicht die Ruhe von der Arbeit, sondern umgekehrt die → Arbeit (: III) von der Muße her zu verstehen. Der Ruhetag als der erste Tag des Menschen weist darauf hin, daß der Mensch in seiner leib-seelischen Ganzheit nicht von dem Werk seiner Hände, sondern von Gottes Barmherzigkeit lebt. Technik und Organisation sollten sich daher nicht für eine Weiterausbreitung der kontinuierlichen Produktion, sondern dafür einsetzen, daß der Mensch freigestellt wird. Arbeitsruhe ist nicht Faulheit oder Nichtstun im Freizeitbetrieb, sondern festliches und aufatmendes Aufnehmen der Freude an allen Schöpfungsgaben Gottes. - c) Die Kirche muß glaubhaft machen, daß es ihr bei ihrem Drängen auf S.sruhe nicht nur um die Rettung des Kultus und ihre Glieder geht, sondern um alle Menschen, da der für möglichst viele gemeinsame Feiertag in ihrem Lebensinteresse liegt. Die christliche Gemeinde sollte aus Leidenschaft für den Menschen über Hilfen gegen die weitergehende Vermassung durch den Mißbrauch des S.s nachsinnen. Sie muß nicht nur für neue Möglichkeiten des Gottesdienstes und deren Gestaltung Phantasie entwickeln, sondern auch dafür, wie für Familie und Nachbarschaft der S. und darüber hinaus der Urlaub als der S. des Jahres durch die Verkündigung des göttlichen Wortes und menschliche Begegnungen so gefüllt werden kann, daß von dort ein festliches Licht auf den Alltag fällt. Der ev. Arbeitskreis für Freizeit und Erholung arbeitet an diesen Aufgaben.

3. Die anderen *europäischen Länder,* auch die rein kath., verzichten auf kontinuierliche Arbeitsweise nicht und regeln sie gesetzlich ähnlich wie bisher die BRD, so daß die unter Ausnahmebestimmungen liegende Regelung der BRD als fortschrittlich gelten muß. Allerdings kennt zB Schweden den Begriff der S.sarbeit nicht, und in Finnland muß der wöchentliche Ruhetag nicht notwendig der S. sein. Die Handhabung ist im einzelnen oft elastischer als in der BRD, die Zahl der freien S.e liegt zwischen 4 und 26 bei einer durchschnittlichen Wochenarbeitszeit von 42-52 Stunden. In den *USA* werden religiöse Feiertage nicht durch Arbeitsruhe gefeiert, dagegen sind außer den S.en und Sonnabenden etwa 6-7 zusätzliche freie Tage durch bundesstaatliche Gesetzgebung festgelegt. In allen Bundesstaaten außer Alaska, California und Iowa sind Arbeit und Handel an den S.en mit Ausnahme von »work of necessity or charity« verboten. Ausnahmegesetze regeln bes. die Überbezahlung, die in den Tarifverhandlungen im einzelnen ganz verschieden ausgehandelt wird.

Zu 1 u. 2: RGG³ V, 608f - A. DE QUERVAIN, Die Heiligung, 1942 - W. LÜTHI, Dein S., 1949 - W. STÄHLIN, Ein Leben ohne S.? (Das Buch vom S., 1951, 9-14) - BARTH, KD III/4, § 53, 1 - ESL 334f. 912ff - H.M. STÜCKELBERGER, Kirchl. S.sentheiligung (Kirchenbl. f. d. ref. Schweiz 109, 1953, 359f) - W. JANNER, Um den S. (ebd 110, 1954, 38f) - O. MOPPERT, Versuch einer Standortsbestimmung in der S.sfrage (ebd 111, 1955, 116-119. 130-134) - W. KIEFNER, Der Tag des Herrn u. die Tage der christl. Werke (Für Arbeit u. Besinnung 9, 1955, 162-167) - Die gleitende Arbeitswoche, Denkschr. d. Sozialeth. Aussch. d. Ev. Kirche im Rheinland, 1957 - Denkschr. zur Frage der S.sruhe, hg.v. d. Arbeitsstelle f. Betriebsseelsorge, 1957 - J. BECKMANN, Der Feiertag in der Gesch. der Kirche (Kirche in der Zeit 12, 1957, 145-147) - D. MUNSCHEIDT, Das Verständnis des Feiertages in der Bibel (ebd 211-214) - W. STEINJAN, Die gleitende Arbeitswoche (ZEE 1, 1957, 234-238) - DERS., Industriekalender oder S.srhythmus (Die Mitarbeit 8, 1959, 492-502) - H. STORCK, Der S. im Sog der industriellen Entwicklung (ebd 6, 1958, 177-184. 292-296) - W. GUNDERT, Die Gemeinde u. die Frage der Freizeit (Kirche in der Zeit 14, 1959, 92-94) - W. THOMAS, Erneuerung des S.s als Auferstehungstag (MPTh 48, 1959, 259-269) - H. KÜHNE, Fünf-Tage-Woche - oder? (ZEE 3, 1959, 180-185) - J. BECKMANN-W. KRECK u.a., Verlorener S.? (Kirche im Volk 22), 1959 - K. SCHOLDER, Was heißt: Du sollst den Feiertag heiligen? (EvTh 21, 1961, 284-289).

Zu 3: ESS II, 600ff (Blue Laws) - W. GOLDNER, Hours of Work, Berkeley/Cal. 1952 - H.G. DANFORD, Recreation in the American Community, New York 1953 - E.G. HOMRIGHAUSEN, Blue Laws and the Open Sunday (ThToday 15, 1958, 258-260) - Dt. Industrieinstitut: Gesetzl. Regelung der S.sarbeit im Ausland (Berichte zur Sozialpolitik 7), 1958; Aus der Praxis der industr. S.sarbeit im Ausland (ebd 5), 1960 - Die Verkürzung der Arbeitszeit (Intern. Arbeitskonferenz, Genf, 44/7), 1959/60 - State Sunday Laws and the Religious Guarantees of the Federal Constitution (Harvard Law Review 73, 1959/60, 729-746). *H.W. Surkau*

Sonntagsschule

I. In Europa und Amerika - II. In der Mission und den jungen Kirchen. - S. = Sonntagsschul(e)

I. In Europa und Amerika

Vorformen der S. erscheinen bereits in den Kirchenordnungen der Reformation (sonntägliche Christenlehre, Katechismus-Beten der Kinder usw). Wohl unter diesem Einfluß führt Karl → Borromäus (1538-84) in Italien einen sonntäglichen Christenlehrunterricht der Kinder durch Laien ein, der mit einem Lese- und Schreibunterricht verbunden war. - Die Entstehung der eigentlichen S. geht auf den Druckereibesitzer Robert Raikes (1735-1811) in London zurück. Raikes sammelte verwahrloste Kinder und ließ ihnen sonntäglich Unterricht in Lesen, Biblischer Geschichte und Katechismus durch freiwillige Helfer erteilen. Nach Gründung der London Sunday School Union (1803) fand die von Raikes begonnene Arbeit in *England* weite Verbreitung. Mit Einführung des Schulzwanges in England (1870) wurde die Unterweisung in der englischen S. ausschließlich auf die Aufgabe der christlichen Unterweisung beschränkt. Beherrschend ist in der englischen S. das Stufensystem, das in 5 Stufen junge Menschen bis zum 18. Lebensjahr umfaßt. Auf jeder Stufe werden die Kinder in kleine Gruppen (classes) aufgeteilt. Die Leitung liegt vorwiegend in Händen von Laien. Der Schwerpunkt der S.-Arbeit liegt nicht im Gottesdienst, sondern im Unterricht der Kinder, der nach jugendpsychologischen Gesichtspunkten in altersstufenmäßig unterschiedenen Lehrplänen aufgebaut ist. Die Tafel, reiches Anschauungsmaterial, das Schreibheft und die Zeichnung der Kinder spielen eine wesentliche Rolle. – In *Amerika* beginnt die S.-Arbeit unter englischem Einfluß Ende des 18.Jh.s. Hier hat die S. die Aufgabe, die gesamte christliche Unterweisung der Jugend zu gestalten, die an der Staatsschule fehlt. Das Klassensystem umfaßt 7 Klassen und wird etwa bis zum 25. Lebensjahr durchgeführt, wobei auch eine Klasse für Jung-Verheiratete besteht. – In *Deutschland* sind die Freikirchen mehr dem Vorbild der englischen S. gefolgt, die auch für *Holland* (Nederlandse Zondagsschoolvereniging) und in übertragenem Sinne für die *Schweizer* Arbeit einflußreich geblieben ist. In den *skandinavischen* Kirchen wurde, ähnlich wie im Raum der EKD, die Form des Kindergottesdienstes bestimmend. – Die Leitung der S. in den Freikirchen und Gemeinschaften liegt bei dem Prediger der Gemeinde oder auch in der Hand freiwilliger Laienhelfer. Die S. ist dabei kein Ersatz für den Gottesdienst, hat vielmehr die Aufgabe der Unterweisung, verbunden mit dem missionarischen Willen, die Kinder zur persönlichen Glaubensentscheidung zu führen. Reiche psychologische und pädagogische Hilfsmittel kommen zur Anwendung. – Im Bereich der EKD ist die S. (von Woodruff und Bröckelmann begründet) heute allgemein zum → *Kindergottesdienst* geworden. Jedoch muß die ständige Beziehung zur → Christenlehre (→ Kirchliche Unterweisung) gesehen werden. Während des Kirchenkampfes mußte der Kindergottesdienst einen festen Bestand an biblischen Geschichten, Liedern, Gebeten und Katechismusstücken vermitteln. Nur so konnte den Kindern die im Rahmen der Schule fehlende christliche Unterweisung durch die sonntägliche Lehre zuteil werden. Wird die Erteilung der Christenlehre in der Schule oder im Anschluß an die Schulzeit durch staatliche Anordnungen eingeschränkt oder unmöglich gemacht, so könnte die Aufgabe der S. bzw. der sonntäglichen Christenlehre den ev. Gemeinden von neuem gestellt sein. Dabei wird jedoch die S. den Kindergottesdienst nicht einfach ersetzen können.

J.W.Sommer, Die Entstehung der S., 1930 – E.Jung, S. als Kindergottesdienst, 1944. – Zs.en: Kind en Zondag (Holland) – Der Weg zum Kinde (Schweiz) – Dienst am Kinde (Deutschland; Anker-Verlag).

W.Thiel

II. In der Mission und den jungen Kirchen

In die Zeit der rapiden Ausbreitung der S. in England und Amerika um die Wende des 19.Jh.s fällt auch das Erwachen des Missionsgeistes in den prot. Ländern. Daher fand die S. auch bald in den Missionsgebieten Eingang, als erste die von W. → Carey in Serampore (Indien) 1803 gegründete. Die 1. Welt-S.konferenz in London 1889 empfing Berichte von 15 Missionsländern mit insgesamt 17683 S.n und 1226674 Schülern. Auf der 14. Weltkonferenz in Tokio 1958 mit 4200 Delegierten aus 64 Ländern überwogen erstmals die Vertreter der »jungen« Kirchen. Die letzte Statistik (1960) gibt folgende Zahlen: Asien: 30552 S.n mit 1732267 Gliedern (Abnahme in 24 Jahren 3%); Afrika: 39992 S.n, 3618995 Glieder (Zuwachs 66%); Australasien: 10517 S.n, 1016751 Glieder (Zuwachs 15%); Lateinamerika: 20961 S.n, 2157675 Glieder (Zuwachs 135%). – Auf der Weltkonferenz in Rom 1907 wurde die *World Sunday School Association* (WSSA) gegründet (Sitz in London und New York). Ihr Aufgabenkreis dehnte sich bald aus von der Vorbereitung der Weltkonferenzen zur Beratung und Unterstützung der interkonfessionellen lokalen S.vereine mit Geld und Lehrmitteln (zB farbige biblische Bilder), Abhalten von örtlichen Lehrerkursen und ökumenischen Instituten (Toronto 1950, Tokio 1958) usw. 1947 wurden Charakter und Name der WSSA erweitert zu *World Council of Christian Education* mit Mitgliedorganisationen in 60 Ländern. Zum Ökumenischen Rat der Kirchen besteht bis jetzt keine organische Verbindung mit Ausnahme von enger Zusammenarbeit auf dem Gebiete der erwachsenen Jugend (World Youth Commission). – Eine typische S. der Pionierzeit, wie man sie auch heute noch vielfach findet, vereinigt 25–100 Kinder und Erwachsene in einem Kirchlein oder im Freien mit einem einheimischen Evangelisten als Lehrer. Mit wachsender Zahl und besserer Ausbildung der Hilfskräfte werden die Schüler in Altersstufen eingeteilt. Die beiden ständigen Probleme der S. sind Lehrmittelbeschaffung und Lehrerausbildung. In der Zeit bis zum 2. Weltkrieg war es vielfach üblich, die Lehrpläne der S.n einfach aus dem Heimatlande der Missionare zu übernehmen. Zu Tausenden wurden gebrauchte und überschüssige S.hefte gesammelt und in die Missionsgebiete geschickt, bes. seit 1873 die »International Uniform Lessons«. Neuerdings wurde das Bedürfnis nach einheimischen Lehrmitteln immer stärker, und mit Hilfe des World Council of Christian Education wurden spezielle Lehrpläne für folgende Gebiete ausgearbeitet: Latein-Amerika 1950, Indien 1955, tropisches Afrika 1958, Naher Osten 1959, Pakistan 1960, Hongkong (für die außerhalb Chinas lebenden Chinesen) 1960. Inhaltlich sind die Lehrpläne biblisch ausgerichtet, in der Methodik nach den Erkenntnissen der neueren Pädagogik. Die Lehrkräfte sind freiwillige Laienhelfer, deren Ausbildung zumeist in der wöchentlichen Vorbereitungsstunde unter Leitung des Ortspastors besteht. Besondere Freizeiten und Kurse werden gewöhnlich einmal im Jahr vom S.verein oder der Kirche abgehalten. Heute ist die S. in fast allen »jungen« Kirchen ein wesentlicher Bestandteil des Gemeindelebens mit besonderem Nachdruck auf ihrer missionarischen Funktion. Infolge der Tendenz in den neugegründeten Staaten (zB Indien, Ceylon, Ghana, Nigeria), die früheren Missionsschulen zu verstaatlichen (→ Schule und Kirche: II), kommt der S. eine um so größere Bedeutung zu.

Ch.G.Trumbull, World Wide Sunday School Work, 1913 – Encyclopedia of Sunday Schools and Religious Education, 1915 – Berichte der Welt-S.konferenzen, 1889–1958 – Quartalschrift des Welt-S.verbands »World Christian Education«.

E.Voehringer

Sopherim (aram. safᵉrājja, NT γραμματεῖς, »Schreiber«) heißen in der jüd. Tradition die älteren Schriftgelehrten vielleicht schon vor → Esra (1Chr 2, 55) bis zu den → Mischna-Lehrern (Tannaiten), für die die S. bereits Autoritäten der Vergangenheit sind; die späteren Schriftgelehrten heißen ḥᵃkamîm. In der → Tosefta führen zuweilen Gelehrte den Beinamen safᵉra'. Die legendären »Männer der Großen Synagoge« (Abot I) und ihre Nachfolger (ebd) sind S. Ihre Aufgabe war jedoch nicht nur → Schriftauslegung (: II), sondern auch Wahrung der Tradition des hl. Textes: Abschreiben, Zählen der Worte und Buchstaben, Orthographie, Varianten (Scheqalim V, 1). So leiten die S. zu den Masoreten (→ Bibelhandschriften: I, 3) über. Daher einerseits der Name zweier halachischer → Midraschim: Sifrâ und Sifrê, andererseits der (späte) Traktat S. im babylonischen → Talmud (21 Kapitel mit Vorschriften über das Schreiben des hl. Textes).

RE XVII, 775ff - SCHÜRER II, 372ff - J.H.WEISS, Zur Gesch. d. jüd. Tradition I-V, 1910⁶ (bes. Bd II) - BILL. I, 79ff. 691ff; II, 647ff - ThW I, 740ff. *E.L.Dietrich*

Sophiologie. Im Unterschied zur Weisheitslehre des AT (→ Weisheit), der → Gnosis und der neueren → Mystik (: VIII) versteht man unter moderner S. eine philosophisch-theologische Richtung in der neueren → russischen Religionsphilosophie (, 5). Dabei ist zu unterscheiden zwischen einer s.en Einstellung, die fast allen russischen Religionsphilosophen eigen ist, und den s.en Lehren, die nur einige von ihnen unter diesem Namen entwickelt haben (bes. W. → Solowjew, P. → Florenskij, S. → Bulgakow). Die s.e Einstellung basiert auf der Ur-Intuition, daß das gesamte Weltall eine Offenbarung göttlicher Weisheit sei. Dies bedeutet einen inneren Zusammenhang von Theologie und Philosophie, von Religion und Leben, einen ontologischen Optimismus in der Weltanschauung und umfaßt die Probleme der Kosmologie (die Welt als organische Einheit), der Anthropologie (Einheit des Menschengeschlechts, seines Urbildes und seines Schicksals) und der Beziehung zwischen Gott und der Schöpfung (Prinzip der All-Einheit; Gottmenschentum). Die s.en Lehren geben diesen Problemen verschiedene Lösungen und bilden eine Entwicklungsreihe in ihrer allmählichen Anpassung an die kirchlich-orthodoxe Dogmatik. Bei Solowjew ist Sophia ein persönliches Wesen - eine Vorstellung, die von gnostischen und mystisch-erotischen Zügen nicht immer frei ist. Bei Florenskij und dem frühen Bulgakow behält sie einen hypostatischen Charakter (Personifikation der Schöpfungseinheit). Beim späten Bulgakow, der die Sophia in Gott und die erschaffene Sophia unterscheidet, wird die S. zur Lehre von der Koordination der göttlichen und erschaffenen Prinzipien und erhält die Bedeutung einer Voraussetzung des dogmatischen Denkens, bes. der Schöpfung, der Menschwerdung, des Gottmenschentums und des Synergismus. In dieser Fassung kann die S. als eine Fortsetzung des Palamismus (→ Gregor Palamas) betrachtet werden.

Qu. (dt.): Die Werke von W. → SOLOWJEW - P.FLORENSKIJ, Sophia (Östl. Christentum, hg.v. H.EHRENBERG, II, 1925, 131-151) - S.BULGAKOW, Kosmodizee (ebd 195-245) - DERS., Zur Frage nach der Weisheit Gottes (Kyrios 1, 1936, 93-101). - Weiteres in franz. u. engl. Übers.en. - *Lit.* (nur in dt.): G.A.WETTER, L.P.Karsawins Ontologie der Dreieinheit (OrChrP 9, 1943, 366-405) - L.A.ZANDER, Die Weisheit Gottes im russ. Glauben u. Denken (KuD 2, 1956, 29-53) - DERS., Die Welt als Offenbarung der Weisheit Gottes (Kyrios NF 1, 1960/61, H. 3) - B.SCHULTZE, Maria u. Kirche in der russ. Sophia-Theol. (Maria et Ecclesia X, ed. Acad. Mariana Internat., Rom 1960, 51-141). - Vgl. die Lit. zu → Russische Religionsphilosophie. *L.A.Zander*

Sophronius, Patriarch von Jerusalem (634-638), wahrscheinlich identisch mit dem Sophisten S., stammte aus Damaskus, wurde Mönch in Palästina, bereiste mit seinem Freund → Johannes Moschus die Mönchssiedlungen und versuchte Cyrus von Phasis an der Verkündigung der monenergetischen Lehre (633; → Christologie: II, 5 c) zu hindern. Da dies nicht gelang, reiste er zu Patriarch → Sergius nach Konstantinopel und einigte sich mit ihm auf die Formel von dem einen wirkenden Christus. Seine Synodika zum Antritt des Patriarchats verurteilt die Lehre von der einen Energie. S. soll auch ein patristisches Florileg gegen diese Lehre gesammelt haben. Bis auf ein Fragment verloren ist auch seine Biographie des Patriarchen Johannes Eleemon. Erhalten sind 12 Predigten, die Miracula ss. Cyri et Joannis, eine Sammlung von 22 Anakreonteen und einige Briefe.

MPG 87, 3, 3147ff; Anakreonteen ed. M.GIGANTE, Rom 1957. - Weitere Ausg.n u. Lit. bei BECK 434ff. Eine Monographie fehlt. *H.-G.Beck*

Sopron (schop-ron, *Ödenburg*), Stadt an der Westgrenze Ungarns, bedeutsam für die ung. ev. Kirchengeschichte. Schon seit 1520 von der Reformation beeinflußt, wurde die Stadt seit der Mitte des 16.Jh.s überwiegend luth. Der auch sonst bekannte Simon Gerengel wirkte hier 1565-71 als Prediger. Der eigenartigen Symbiose von Evangelischen und Katholiken (Simultankirchen, Aufteilung der Pfarrstellen) setzte die Gegenreformation ein Ende, doch konnte der ev. Gottesdienst sogar während der Unterdrückung im »traurigen Jahrzehnt« (1671-81) gehalten werden. Im 17.Jh. fanden viele ev. adlige Familien aus Österreich in S. Zuflucht. Die ev. Gemeindeschule errang seit dem 18.Jh. gesamtkirchliche Bedeutung und gliederte sich im 19.Jh. in Mittelschule, Lehrerseminar und theol. Hochschule. 1923 wurde in S. eine staatliche ev.-theol. Fakultät errichtet. Deren Nachfolgerin wurde 1950 eine kirchliche theol. Akademie, die 1951 nach Budapest übersiedelte.

S.PAYR, Gesch. der ev. Kirchengemeinde v. S., Bd I, 1917 (ung.) - L.ZIERMANN, Von Kirche zu Kirche usw, 1934 - J.HÁZI, KG v. S. im MA, 1939 (ung., kath.) - J.BÁN, KG v. S. in der Neuzeit, 1939 (ung., kath.) - H.HEIMLER, Ö. (in: Dt. Luthertum in Ungarn, 1955, 5 bis 50). - Zur Gesch. der ev. Schule in S.: M.MÜLLNER, 1857 (auch dt.) - S.PAYR, 1907 (ung.) - J.KISS, Rückblick auf die 20jähr. Gesch. der ev.-theol. Fakultät, 1943 (ung.). *J.Sólyom*

Sorge, *Reinhard Johannes* (1892-1916), * in Rixdorf-Berlin, † (gef.) bei Ablaincourt, macht nach Gymnasialbesuch in Berlin und Jena dort Abitur (1920) und lebt als freier Schriftsteller, zuletzt in der Schweiz. S.s Gotteserlebnis in Norderney (Febr. 1912) und seine nachfolgende Konversion zum Katholizismus (1913) teilen sein Werk in zwei Perioden. Bis zu seinem Stück »Der Bettler« (1912), dem ersten expressionistischen Drama (→ Expressionismus: II; Kleistpreis auf Veranlassung von → Dehmel), bewegt sich sein Denken im Bereich des Jugendstils um die Vereinigung von Leben und Geist. → Nietzsche übernimmt im »Antichrist« (1911) die Rolle des Judas, der nach seinem Verrat mit ihm untergeht und damit dessen Lehre vom »Ewigen Leben« durch die neue Wahrheit der »Ewigen Wiederkehr« vollendet. Der »Bettler« als der nach dem Ewigen hungernde Dichter muß auf seinen grell beleuchteten Lebensstationen Irrtum und Laster der Menschen schauen, um sie durch seine ekstatische, inhaltlich freilich kaum fixierte Botschaft zu läutern. Nach der Konversion geht S. ganz zum biblischen und Mysteriendrama über (»Metanoeite« 1915, »König David« 1916).

M.ROCKENBACH, R.J.S., 1923 - S.M.SORGE, R.J.S. Unser Weg, (1927) 1928² - H.GROSSRIEDER, R.J.S.s »Bettler« (Phil. Diss. Freiburg/Schw.), 1939 (Lit.). *P.Requadt*

Sosein → Wesen.

Soter, röm. Bischof (ca 166-174), wird in den alten Bischofslisten ohne weitere Angaben erwähnt. → Dionysius von Korinth hebt in einem Brief (Eus., h.e. IV, 23, 10) rühmend hervor, daß S. die traditionelle Liebestätigkeit der röm. Gemeinde in Wort und Tat sehr ausgedehnt habe. Harnacks These, S. sei Verfasser des 2. → Clemensbriefes, wird mit Recht abgelehnt. Daß S. gegen den → Montanismus geschrieben habe (Praedestinatus I, 26), ist unglaubhaft. Wahrscheinlich hat er die Praxis, → Ostern an einem Sonntag zu feiern, in Rom eingeführt (Irenäus bei Eus., h.e. V, 24, 14). *W.C.van Unnik*

Soto, 1. *Domingo de* (urspr. Franziskus; 1494-1560), kath. Theologe, * in Segovia, † in Salamanca, studierte in Alcalá und Paris. 1524 in Burgos Dominikaner, seit 1525 im Kloster San Esteban von Salamanca (zeitweise Prior), 1532-49 zweiter Prof. der Theologie an der Universität. 1545-48 nahm S. am → Tridentinum teil, war 1548-50 Beichtvater → Karls V., wirkte an der Abfassung des Augsburger → Interims mit, gehörte 1550 der vom Kaiser einberufenen Kommission zur Reform der spanischen Eingeborenenpolitik in Amerika an und war seit 1552 erster Prof. der Theologie in Salamanca.

Vf. u.a.: Summulae, 1529 u.ö.; In Aristotelis dialecticam, 1544 u.ö.; Super octo libros physicorum Aristotelis, 1545 u.ö.; In epistolam divi Pauli ad Romanos, 1550; De iustitia et iure, 1556; In IV. librum sententiarum commentarii, 1557/60. - Über S.: V.D.CARRO, D. de S. y el derecho de gentes, Madrid 1930 - DERS., D. de S. y su doctrina jurídica, ebd 1943-44 - DERS., La teología y los teólogos-juristas españoles ante la conquista de América, ebd 1944 - DThC XIV/2, 2423ff - C.GUTIÉRREZ, Españoles en Trento, Valladolid 1951 - F.STEGMÜLLER, Zur Gnadenlehre des span. Konzilstheologen D. de S. (in: G.SCHREIBER, Das Weltkonzil von Trient I, 1951, 169-230) - EC XI, 1002ff (Lit.) - JEDIN I. II (s. Reg.). *R.Konetzke*

2. *Pedro de* (ca 1495-1563), * in Alcalá (nicht Cordoba), † in Trient, bedeutender Vorkämpfer der → Gegenreformation. Seit 1518 Dominikaner, wirkte S. zunächst an spanischen Niederlassungen seines Ordens im Sinne einer strengeren Observanz. 1542-48 war er Beichtvater → Karls V., 1549 Mitgründer der Universität in Dillingen, an der er bis 1555 lehrte. Dann folgte S. einem Ruf nach England zur Rekatholisierung des Landes. Nach der Rückkehr (1558) prüfte er zusammen mit → Cano den Katechismus → Carranzas. Vor seinem Tode wirkte er noch kurze Zeit auf dem → Tridentinum.

Vf. u.a.: Institutiones christianae, 1548; Compendium doctrinae catholicae, 1549; Methodus confessionis, 1550; Assertio catholicae fidei, 1552; Defensio catholicae confessionis, 1557 (gegen → Brenz); Tractatus de institutione sacerdotum, 1558. - Über S.: RGG² V, 615f - LThK IX, 683 - DThC XIV/2, 2431ff - V.D.CARRO, Los Dominicos y el Concilio de Trento, Salamanca 1948 - EC XI, 1004 (Lit.). *R.Ackermann*

Soutane → Amtstracht der Geistlichen, 2a.

Southcott, *Johanna* (1750-1814), * in Gettisham (Devonshire), † in London, Urheberin der Sekte der Neu-Israeliten (→ Sabbatarier, 5), trat 1791 auf göttlichen Befehl vom Anglikanismus zum Methodismus über. Ihre entscheidende Zeit erlebte sie 1780-1802 als Hausgehilfin in Exeter, wo sie prophetische Visionen und Auditionen erfuhr und sich zum Weib des Lammes (Apk 12) berufen fühlte. Seit 1802 lebte sie in London, versiegelte dort die 144000 Erwählten (Apk 14), verband sich 1803 mit dem jugendlichen Wunderträumer Henry Prescott und dem apokalyptischen Schwärmer Richard Brothers (1757-1824), der das Endgericht nach Dan 7 verkündigte. 1814 wollte sie - 64jährig - den Messias gebären (Apk 14) und ließ von ihren Anhängern große Vorbereitungen treffen (kostbare Wiege und Erstlingsgeschenke). Das Verhältnis von Selbsttäuschung und Betrug bei ihr ist umstritten.

Hauptwerk: The Book of Wonders I-V, 1813/14. Vf. ferner viele Briefe (Copies and Parts of Copies of Letters, 1804), mehrere Traktate, bes.: The Strange Effects of Faith, 1801; The True Explanation of the Bible, 7 Parts, 1804-10. Lieder: Songs of Moses and the Lamb, 1804; Hymns or Spiritual Songs, 1807. - Über J.S.: W.MATTHIAS, J.S.'s Prophecies and Case stated, 1832 - C.M.DAVIES, Unorthodox London, 1874², 267ff - RE XVII, 291f - DNB XVIII, 685ff. *M.Schmidt*

Souveränität

1. Staatsrechtlich - 2. Völkerrechtlich

Der S.sbegriff ist eine Grenzmarke zwischen Rechtsinstitut und sozialer Machttatsache. Er bezeichnet das Herrschaftsprädikat einer Gebietskörperschaft, die kraft einer zentralen Organisation die ausschließliche Rechtsordnungskompetenz auf ihrem Territorium innehat und keiner anderen Rechtsordnung als der des Völkerrechts unterworfen ist. *Alleinige Gebietsordnungskompetenz* und *Völkerrechtsunmittelbarkeit* konstituieren eine Verbandsgewalt als souverän.

1. Souveräne Entscheidungsgewalt ist allein der → *Staat*. Von anderen Herrschaftsverbänden unterscheidet er sich durch das Vermögen, auf seinem Gebiet jede andere Machteinheit derart zu beherrschen, daß er effektiv die von ihm gesetzten Rechtsnormen vollziehen kann. Das Monopol zur gebietsuniversalen Rechtsentscheidung ist im *demokratischen Verfassungsstaat* dadurch aufgelöst, daß a) Staatsgewalt durch das Votum der Aktivbürgerschaft und den Rechtssetzungsakt der parlamentarischen Repräsentanz legitimiert wird, b) institutionelle Ballungen der Herrschaft durch das kontrollierende Zusammenspiel gegliederter Gewaltenträger blockiert werden, c) Herrschaftsbefugnisse nicht aus einem naturrechtlichen Existenzrecht staatlicher Selbstbehauptung, sondern nur aus dem Verfassungstext ableitbar sind, d) zentrale Grundrechtswerte der staatlichen Einwirkung verschlossen sind. Aber auch im Rechtsstaat ist S. nicht gleichbedeutend mit dem Katalog derjenigen Herrschaftsrechte, die der Staatsgewalt in der Verfassungsordnung zugeschrieben werden. Souverän ist die Staatsgewalt, weil sie *potentiell* über Kompetenz und Rechtszwang verfügt, alle rechtlich relevanten Lebensverhältnisse mit dem Anspruch auf Rechtsgehorsam gegenüber den Gebietsbewohnern zu regeln und alle Herrschaftskonflikte in letzter Instanz zu entscheiden. Da auf dem gleichen Gebiet mehrere souveräne Entscheidungsverbände nicht bestehen können, hat die bundesstaatliche Theorie die *Gliedstaaten* als *nichtsouveräne Staatspersonen* qualifiziert.

Verschieden vom Problem der Staats-S. ist die Frage, welches *Organ* im Gemeinwesen souverän waltet. Da die S.sdoktrin sich mit der Entstehung des absolutistischen Territorialstaates gebildet hat, war die S. zunächst mit der »von keinem Höheren abhängigen Herrschermacht« (J. → Bodin) des Fürsten identisch. Die Idee des göttlichen Ursprungs der Herrschaft wurde säkularisiert und auf naturrechtliche Restbestände (→ Widerstandsrecht) reduziert. In der Demokratie (→ Staatsformen) ruht die S. beim Volk, das kraft seiner verfassunggebenden Gewalt über die rechtliche Grundordnung des Staates entscheidet. Am normativ ungeregelten Fall ist der *dezisionistische S.sbegriff* C. → Schmitts orientiert: Souverän ist der Machtträger, der über den Ausnahmezustand und damit über die Geltung der Rechtsnorm entscheidet. Politisch war diese Lehre darauf angelegt, im »fortwährenden Ausnahmezustand« des pluralistischen Staates eine antidemokratische Autorität freizusetzen, die den »Vorrang des Existentiellen vor dem Normativen« durch souveräne *Suspension der Rechtsordnung* wahrzunehmen hatte.

Gegenwärtig befindet sich die staatliche S. in einem Zustand *partieller Auflösung*. Der Daseinsvorsorgestaat entäußert sich der traditionellen Herrschaftsmittel von Befehl und Zwang, wenn er Verwaltungsleistungen an den einzelnen erbringt oder lebenswichtige Verkehrsgüter verteilt. Sein Herrschaftsanspruch wird überlagert von einem *pluralistischen Machtbalancesystem* der wirtschaftlichen, politischen und kirchlichen Interessenverbände. Gesetzgebungsakte sind weithin das Ergebnis von Arrangements zwischen den Verbandsstäben und den Kommandozentralen in Regierung und → Parteien. Das Parlament verliert das Monopol der faktischen Interessenrepräsentanz.

2. Auch im → Völkerrecht ist es fraglich geworden, ob die S. als Rechtsstatus koordinierter völkerrechtsunmittelbarer Staatssubjekte der Realstruktur der Völkerrechtsgemeinschaft entspricht.

Die in der S. eingeschlossene *Unabhängigkeit des Staates von der Jurisdiktion jeder anderen Ordnungsgewalt* hat sich in den mittelalterlichen Kämpfen der aufkommenden Nationalstaaten gefestigt. Seitdem der Nationalstaat als einzige Gebietsentscheidungseinheit sich stabilisiert hat, bezeichnet die *äußere* S. jene Eigenschaft des Staates, ohne rechtliche Kontrolle und Vermittlung einer oberen Autorität im institutionsfreien bzw. rudimentär institutionalisierten Normsetzungsprozeß der übergeordneten Völkerrechtsgemeinschaft Rechte und Pflichten erzeugen zu können. Alle Gebietsordnungsverbände, die unabhängig sind von fremdherrschaftlicher Jurisdiktion, sind *rechtsgleich*. Nach Art. 2 I der UNO-Satzung bedeutet S. rechtliche Subjektgleichheit der Staaten vor dem Völkerrecht *trotz* faktischer Machtungleichheit. Die *Hegemonie* eines Staates über einen anderen hebt die S. des politisch abhängigen Verbandes nicht auf. Sie ist Vormacht, nicht Vorrecht und Befehlskompetenz. Setzt man S. mit *Machtunabhängigkeit* gleich, so sind auch die mit Superkernwaffen ausgerüsteten Weltmächte nur relativ souverän. Sie sind in jeder Entscheidung von den Dispositionen der Gegenmacht abhängig.

Aus dem S.sstatus folgt, daß das Gebiet des Souveräns unversehrbar ist. »Gerechter« Krieg und S. schließen sich aus. Kein Staat darf in die »inneren (eigenen) Angelegenheiten« eines anderen souveränen Staates intervenieren. Durch das der S. immanente *Interventionsverbot* werden die inneren Angelegenheiten (Verfassung, Wirtschaftssystem, → Politik, → Ideologie u.a.) des Staates dem Bereich völkerrechtlich legitimer Konfliktsursachen entzogen. Die Wirksamkeit des Verbots wird dadurch gemindert, daß im Völkerrecht weder die Intervention und ihre Rechtfertigungsgründe noch die der nationalen Selbstbestimmung vorbehaltenen Sachbereiche verbindlich präzisiert sind. Die *Praxis der → Vereinten Nationen* zeigt die Neigung, zum Schutz des internationalen Friedens und der → Menschenrechte das Recht zur humanitären Intervention weit zu spannen und die »zur ausschließlichen Zuständigkeit irgendeines Staates« gehörigen Angelegenheiten (Art. 2 VII der UNO-Satzung) zu begrenzen.

Die S. als Ausdruck der formalen Staatengleichberechtigung stimmt mit den Machtverhältnissen nicht mehr überein. Die Großmächte haben durch das Veto im Sicherheitsrat der UNO ihre Vormacht institutionalisiert. Zahlreiche Nationalstaaten sind gezwungen, für ein Minimum förmlicher Unabhängigkeit den Tribut der Eingliederung in überstaatliche Wirtschaftsorganisationen und Sicherheitskollektive zu entrichten. Die formalen S.sbeschränkungen des → Feudalismus und → Kolonialismus (Vasallität, auch Suzeränität oder Staatenstaat und Protektorat) sind obsolet. In den Vormachtsphären der Weltmächte bestehen *indirekte Abhängigkeitsverhältnisse,* die nicht völkerrechtlich die Kompetenzen der politisch abhängigen Staaten verkürzen. Sie beruhen auf rechtlich nicht transparenten Methoden der hegemonialen Führung, die entweder eine Staatsmonopolpartei dem Votum der internationalen Befehlszentrale unterwirft oder sich auf oktroyierte Allianzen gründet, die der Hegemoniestaat kraft wirtschaftlicher oder militärischer Übermacht dirigiert. Daß die Quantität faktischer Abhängigkeit umschlagen kann in die souveränitätsaufhebende Rechtsqualität einer fremdstaatlichen Tarnorganisation, ist zu verneinen, solange das Völkerrecht auf dem formalen Prinzip der Staatengleichheit und Nichteinmischung beharrt und den Prozeß der Staatswillensbildung ignoriert.

Die Krise des S.sdogmas zeigt sich in der Frage nach der *staatlichen Existenz Deutschlands*. Vielfach wird angenommen, daß die S. des deutschen Staates 1945 nicht zerstört wurde. Weiter ist streitig, ob nach dem Wegfall des alliierten Besatzungssystems durch die Souveränisierung zweier Gegenrepubliken der deutsche Gesamtstaat zerschlagen ist.

H. Kelsen, Das Problem d. S. u. d. Theorie d. Völkerrechts, (1920) 1928² - C. Schmitt, Polit. Theol., (1922) 1934² - H. Heller, Die S., 1927 - D.W. Gunst, Der Begriff d. S. im mod. Völkerrecht, 1953 - HWSW IX, 308ff - G. Dahm, Völkerrecht I, 1958. *H. Lenz*

Souverain, * vor 1640 in Nieder-Languedoc, † kurz vor 1700 in England, bahnbrechender franz. ref. Dogmenkritiker. In der Provinz Poitiers wegen Arminianismus um 1682 abgesetzt, reiste S. nach Holland, wo er sich weigerte, die Dekrete der → Dordrechter Synode zu unterschreiben. In England trat er mit fünf anderen franz. Theologen und Gesinnungsgenossen der Episkopalkirche bei und hinterließ bei seinem Tode sein bald anonym und angeblich in Köln (1700) gedrucktes Lebenswerk »Le Platonisme dévoilé, ou Essai touchant le Verbe Platonicien« sowie eine weiterführende, bisher verschollene Abhandlung über das JohEv. Als die Dogmenkritik durch → Semler von Halle ausging, publizierte sein Schüler J.F.Chr. → Löffler 1782 (anonym), in 2. Aufl. 1792 (vermehrt durch Löfflers »Kurze Darstellung der Entstehungsart der Dreieinigkeitslehre. Von Jesu bis auf die nicenische Kirchenversammlung«) eine deutsche Übersetzung. In scharfsinniger humanistischer Exegese erwies der quellenkundige S., daß erst die platonisierenden Kirchenväter die vorgefundene, bloß allegorische Präexistenz Christi in eine buchstäbliche und persönliche verwandelt und dabei aus diesem »Logos« eine präexistente Person gemacht haben. Damit führte S. in seiner Weise zu dem Tatbestand der andersartigen, vordogmatischen »Heilsgeschichte« des Urchristentums. Bis heute fehlt eine sachliche Würdigung des meist ignorierten Kritikers.

W. Glawe, Die Hellenisierung des Christentums, 1912, 115ff.
E. Barnikol

Sozialakademie, *Ev.*, gegr. 1949 in Schloß Friedewald (Kr. Altenkirchen) als gesamtkirchliche Einrichtung in Weiterführung der Ev.-sozialen Schule Berlin-Spandau (1912 entstanden, 1933 verboten). Sie bemüht sich um die Klärung der Zusammenhänge ev. Glaubens und zwischenmenschlicher Ordnung in allen Bereichen der Gesellschaft, Wirtschaft und Politik, von Familie, Betrieb und Gemeinde über die Verbände bis zum Staatsgefüge. Ihre gesellschaftspolitische Bildungsarbeit in Halbjahreslehrgängen und Tages- und Wochenkursen erstreckt sich auf Nachwuchskräfte und Funktionsträger, vorwiegend aus der Welt der industriellen Arbeit. Zugleich gilt ihre Aufgabe der sozial-kirchlichen Ausbildung. Aus ihr sind die ev. Sozialsekretäre und -sekretärinnen hervorgegangen, die an den Kontaktstellen von Kirche und industrieller Arbeit tätig sind.

Friedewalder Beiträge zur soz. Frage, seit 1950 - Die Mitarbeit, Ev. Monatshefte zur Gesellschaftspolitik, seit 1952 - G. Heilfurth, Kirche u. Arbeiterschaft, 1954. *G. Heilfurth*

Sozialdemokratie

I. Geschichtlich - II. Sozialdemokratie und Weltanschauung - III. Sozialdemokratie und Kirche. - s. = sozialdemokratisch

I. Geschichtlich

1. Begriff - 2. Die deutsche S. bis zur Gothaer Einigung - 3. Vom Sozialistengesetz bis zum 1. Weltkrieg - 4. S. in der Weimarer Republik - 5. Entwicklung und Probleme nach 1945

1. Unter S. versteht man diejenigen in der Sozialistischen Internationale von 1951 zusammengeschlossenen politischen → Parteien, die sich als die historischen Träger der auf dem Boden des → Sozialismus stehenden politischen Emanzipationsbewegung des Arbeiterstandes um die Durchsetzung sozialistischer Ordnungsprinzipien im heutigen Gesellschafts- und Staatsleben bemühen. Sie stehen zugleich in scharfer Frontstellung gegen den totalitären → Marxismus, wie er von den kommunistischen Arbeiterparteien unter Führung der KPdSU (→ Kommunismus: III) vertreten wird. In ihrer Entstehungszeit waren freilich der s.e und der kommunistische Flügel der → Arbeiterbewegung noch ungetrennt, und die S. verstand sich auf dem europäischen Kontinent und bes. in Deutschland als marxistische Klassenkampfpartei, die auf einen revolutionären Umbau der bestehenden Staats- und Gesellschaftsordnung hinzielte. Im Gegensatz dazu war die englische Labour-Party mit ihren Tochterparteien im Commonwealth kaum von marxistischen Doktrinen geprägt, da sie aus den sozialreformerisch eingestellten Gewerkschaften als deren parlamentarische Interessenvertretung hervorging und von der Fabian-Society mit ihrem undogmatischen Sozialismus beeinflußt war.

2. Die ersten Ansätze zu einer selbständigen politischen Organisation der Arbeiterschaft in Deutschland während der Revolution von 1848 wurden bald erstickt. Lediglich unpolitische lokale Arbeiterbildungsvereine gingen aus der bürgerlich-demokratischen Bewegung hervor. Erst 1863 kam es durch → Lassalle zur Gründung des »Allgemeinen Deutschen Arbeitervereins«. Doch blieb Lassalles Versuch, die soziale Frage innerhalb der bestehenden Ordnung durch eine Interessenkoalition zwischen Monarchie und Arbeiterschaft gegen das liberale → Bürgertum zu lösen, ohne Erfolg. In bewußter Opposition zu seiner preußenfreundlichen, kleindeutschen Politik entstand 1869 in Eisenach als zweite Wurzel der deutschen S. die »S.e Arbeiterpartei Deutschlands«, die den bestehenden Staat und seine Gesellschaftsordnung aufs schärfste ablehnte, was sich auch darin ausdrückte, daß sie sich bald der 1864 von → Marx gegründeten Internationalen Arbeiter-Assoziation, der sog. I. Internationale, anschloß (→ Sozialismus: I, 3). Gründer der neuen Partei waren A. → Bebel und W. Liebknecht. Ihre Mitglieder kamen teils aus der von Bebel und Liebknecht geführten bürgerlich demokratisch, antipreußisch großdeutschen Deutschen Volkspartei, teils aus jenen Bildungsvereinen, die nach 1848 entstanden und der bürgerlichen Führung in zunehmendem Maße entglitten waren. In ihnen hatte das sozialistisch-marxistische Gedankengut einen fruchtbaren Boden gefunden. Im Zuge der weiteren Entwicklung kam es 1875 in Gotha zur Vereinigung der Eisenacher mit den Lassalleanern, wobei der marxistische Flügel schon hier leicht die Oberhand behielt. Immerhin hatte das Gothaer Programm durchaus noch Kompromißcharakter und wurde deswegen von Marx angegriffen. - Im Gegensatz zu den bürgerlichen Honoratiorenparteien mußte sich die S. straffer organisieren, da ihre Führer und Funktionäre nicht über die wirtschaftliche Unabhängigkeit ihrer bürgerlichen Konkurrenten verfügten. So bildete die S. als erste den Typ der modernen Integrationspartei mit einem feingegliederten Parteiapparat und besoldeten Funktionären aus. In dieser Organisation mit ihren mancherlei Zweigen wurden die einzelnen Anhänger als Mitglieder fest an die Partei gebunden, deren finanzielle Bedürfnisse sie mit ihren Beiträgen befriedigten (→ Parteien: I).

3. Die straffe Organisation verlieh der S. eine erhebliche Stoßkraft. Schon 1877 errang sie bei der Reichstagswahl fast 500000 Stimmen. Aber mit der Macht dieser staatsverneinenden Partei wuchs auch der Wille der Regierung zum Widerstand. 1878 nahm → Bismarck zwei Attentate auf den Kaiser zum Anlaß, um ein »Gesetz gegen die gemeingefährlichen Bestrebungen der S.« zu erzwingen. Mit diesem sog. Sozialistengesetz wurde die S. 12 Jahre lang mit allen Mitteln unterdrückt. Sie löste sich zwar offiziell auf, bestand aber als Gesang-, Kegel- oder Fachverein fort, zumal sie in der unangetastet gebliebenen Reichstagsfraktion nach wie vor ein öffentlich sichtbares Zentrum hatte. Politisch gesehen war das Sozialistengesetz ein totaler Fehlschlag, denn als es 1890 aufgehoben wurde, war die S. zur stärksten Partei im Reich geworden. Die gemeinsam durchlittene Unterdrückung und die Kampfzeit hatten zudem die beiden Flügel der Partei fest zusammengeschweißt und naturgemäß den marxistisch-klassenkämpferischen gestärkt. Eine tiefe Kluft hatte sich zwischen Arbeiterschaft und Staat aufgetan, und es mußte zur Schicksalsfrage für das Wilhelminische Reich werden, ob es trotzdem gelingen würde, die Arbeiterschaft in den bestehenden Staat zu integrieren.

Die S. gab sich 1891 in Erfurt ein von → Kautsky verfaßtes Programm, in dem die letzten Reste des Lassalleanismus ausgemerzt und der Marxismus nun völlig rezipiert wurde. Dennoch blieb die Spannung zwischen revolutionärer Klassenkampfpartei und einer zur Zusammenarbeit bereiten reformistischen Interessenpartei erhalten. Die treibenden Kräfte dieser reformistischen Praxis waren die seit 1895 rapide wachsenden → Gewerkschaften (: I) und bes. die süddeutschen Landesparteien (Wortführer G.v.Vollmar). In Kommunen und Einzelstaaten sowie in den Selbstverwaltungsorganisationen der Versicherungen wuchs die Arbeiterschaft unmerklich in den Staat hinein und erwarb sich konkreten Einfluß und Macht. - Im Gegensatz dazu hielt die Parteiführung an der radikalen marxistischen Doktrin fest, als E.Bernstein die praktisch geführte Politik auch wissenschaftlich als Revisionismus begründen wollte. Von einer echt revolutionären Politik war freilich auch die Parteiführung weit entfernt. Die radikale Terminologie wurde für sie zum taktischen Mittel, die Anhänger bei der Stange zu halten, sie wurde zur »Integrationsideologie« (E.Matthias). Zudem hatte man die marxistische Lehre zu einem ökonomischen Determinismus verharmlost. So wartete man tatenlos auf den zwangsläufig sich einstellenden Zusammenbruch der kapitalistischen Gesellschaft und setzte alle seine Hoffnungen auf den Automatismus des ständig steigenden Wählerzuwachses, auf die Revolution mit dem Stimmzettel. Alle darüber hinausgehenden Aktionen unterließ man, um die Reinheit der Prinzipien und die Intaktheit der Organisation nicht zu gefährden. So erstarrte die Politik der S. im Reich in einem doktrinären Immobilismus, der allenfalls noch eine isolierte parlamentarische Agitation zuließ, es aber versäumte, einen der wirklichen Stärke der Bewegung angemessenen Einfluß auf die Politik des Reiches auszuüben.

Der 1. Weltkrieg stellte die S. vor die schwierige Wahl zwischen internationaler Klassensolidarität und der Bindung an den nationalen Staat. In der Welle der patriotischen Begeisterung, die alle beteiligten Völker erfaßte, zerbrach die II. Internationale. Auch die deutsche S. bewilligte am 4.8.1914 die Kriegskredite und bekannte sich damit zur Pflicht zur Vaterlandsverteidigung; ihr galt es, die sozialistischen Errungenschaften gegen die Bedrohung aus dem Osten zu sichern. Aber im Verlauf des Krieges spaltete sich von der Mehrheit, die nach wie vor zur Unterstützung der Regierung bereit war, eine internationalistisch, pazifistisch revolutionäre Minderheit ab. Es entstand der Spartakus-Bund, aus dem später die KPD hervorging, und die Unabhängige S.e Partei.

4. Im Nov. 1918 setzte sich die Mehrheits-S. unter Eberts Führung, wenn auch innerlich widerstrebend, an die Spitze der Revolution, um diese in demokratische Bahnen zu lenken. Da Ebert eine Diktatur des → Proletariats ablehnte, bemühte er sich im Bunde mit der Generalität und dem Bürgertum, die kommunistisch-bolschewistischen Putsche niederzuschlagen. So bleibt es das historische Verdienst der S., unter Ebert in schwerster Stunde, eigene parteipolitische Ziele zurückstellend, die Gründung der Weimarer Republik ermöglicht und die Einheit des Reiches erhalten zu haben. - In der Nationalversammlung konnte die S. freilich nicht die absolute Mehrheit erringen, womit die Hoffnungen auf eine demokratische Durchsetzung des sozialistischen Programms zunächst begraben werden mußten. Nur in gemeinsamer Arbeit mit den bürgerlichen Parteien der Mitte (Zentrum und DDP) konnte die Verfassung geschaffen werden, wie denn überhaupt die ganze Republik auf dem Kompromiß zwischen Arbeiterschaft und Bürgertum beruhte. Obwohl die S. zwischen 1919 und 1932 in nicht einmal der Hälfte aller Regierungen vertreten war, wurde sie doch zur staatstragenden Partei, zur eigentlichen Stütze der Demokratie. Dennoch trat sie nicht vorbehaltlos auf den Boden des demokratischen Staates, der ihr nur eine Plattform für die Erringung des Sozialismus war. Unter dem Druck der KPD, die ihr ihre Wähler abspenstig zu machen drohte, distanzierte sie sich immer mehr von der Republik, zumal auch die bürgerlichen Partner zunehmend kompromißunfähig wurden. Deutliches Symbol für dieses Zurückstreben in die alten Klassenkampfpositionen ist das Heidelberger Programm von 1925, das sich viel marxistischer erweist als das Programm von Görlitz (1921) mit seinem starken Revisionismus und Drängen in den Staat hinein. Das Zurückkehren zu den alten Doktrinen und das Festhalten am Organisationsdenken, das in der Organisation einen Wert für sich sah, lähmte die politische Initiative der S. bes. in der Endphase der Republik, als sie zwischen Rotfront und NSDAP eingeklemmt alle Manövrierfähigkeit verlor und notgedrungen Brüning tolerieren mußte, um es dann widerstandslos hinzunehmen, als Papen am 20.6.1932 die s.e Regierung Braun-Severing in Preußen, die letzte Machtposition der S., gewaltsam beseitigte. Von da war es nur ein Schritt bis zum Verbot der S. durch Hitler (Juni 1933). Der Parteivorstand emigrierte, viele namhafte Sozialdemokraten kamen ins KZ, einige fanden sich im aktiven Widerstand gegen Hitler mit bürgerlichen Liberalen, adligen Konservativen, Militärs und Geistlichen in gemeinsamer Aktion zusammen (zB Leuschner, Leber, Mierendorff, Haubach, Reichwein).

5. Während die S. nach 1945 in der sowjetischen Besatzungszone unter dem Druck der Besatzungsmacht zwangsweise mit der KPD zur SED vereinigt wurde (21.4.1946), gelang es in den westlichen Zonen relativ rasch, im Rückgriff auf alte Mitgliederbestände und alte Traditionen die S. neu aufleben zu lassen. Motor dieser Neugründung war Dr. Kurt Schumacher (1895-1952). Auf seine Initiative hin kam es im Okt. 1945 in Wennigsen zu einer Konferenz, die der ersten Kontaktaufnahme diente, und bald danach zu einem Parteitag in Hannover, auf dem Schumacher zum ersten Vorsitzenden gewählt wurde. Die Erfahrungen aus der Spätphase der Weimarer Republik und aus der Zeit nach 1933 hatten die S. die reale Macht nationaler Gefühle und Werte sowie das Wesen und die Bedeutung der Demokratie neu schätzen gelehrt. So führte Schumacher die Partei auf einen betont nationalen Kurs der Wiedererringung deutscher Freiheit und Einheit. Ebenso brachte er die S. in schärfste Frontstellung gegen die bolschewistische Diktatur. Sozialismus galt als die große Aufgabe in der heutigen Zeit. Er wurde mit der Demokratie geradezu identifiziert, da er mit ihr in einem Verhältnis wechselseitiger Abhängigkeit steht. Zugleich bemühte sich Schumacher darum, die S. zu öffnen und ihr ihren Klassencharakter zu nehmen. In vielen deutschen Ländern gewann die S. unmittelbar nach 1945 eine führende Position und trug so wesentlich die erste Wiederaufbauarbeit in Verwaltung und Wirtschaft. Im Parlamentarischen Rat hatte sie entscheidenden Anteil an der Ausarbeitung des GG, aber im Bundestag blieb sie - wie schon im Frankfurter Wirtschaftsrat - in Opposition. Entgegen ihren wirtschaftspolitischen Vorstellungen, die auf → Planwirtschaft und → Sozialisierung hinzielten, setzte sich die neoliberale Marktwirtschaft der CDU durch. Schärfste nationale Opposition trieb die S. gegen Adenauers Außen- und Wehrpolitik, bis sie unter dem Druck des russischen Berlin-Ultimatums vom Herbst 1958 auf den Kurs der Westintegration einschwenkte. - Die jüngste Entwicklung der S. ist durch das Godesberger Programm von 1959 gekennzeichnet. Die Wirtschaftsvorstellungen wurden stark revidiert und in Richtung auf eine sozialistische Marktwirtschaft »liberalisiert«. Vor allem stellt dieses Programm mit dem Bekenntnis zum »freiheitlichen Sozialismus« die entschlossene Abkehr von überlebten Begriffen und den Versuch einer Entideologisierung dar. Die S. bemühte sich, aus einer Partei eines begrenzten Standes zu einer wirklichen Volkspartei zu werden. Jedoch zeigten die Wahlen vom Sept. 1961, daß der erstrebte große Einbruch ins bürgerliche Lager noch nicht gelungen ist, wenn auch die erreichten 36,3% den eingeschlagenen Kurs zu bestätigen schienen.

L. Bergsträsser, Gesch. d. polit. Parteien in Deutschland, (1921) 1960[10] (Lit.) - W. Mommsen, Dt. Parteiprogramme, 1960. - Zs.: Die Neue Gesellschaft, seit 1954. - Vgl. die Lit. zu → Parteien: I-III.

G. Jasper

II. Sozialdemokratie und Weltanschauung

Die Frage nach dem Verhältnis von S. und Weltanschauung beinhaltet einmal die Frage, wie weit sich die S. selbst als Weltanschauungspartei versteht bzw. verstanden hat, und zum andern die Frage nach dem Verhältnis der S. zu anderen Weltanschauungen, bes. zur Religion.

Ohne Zweifel trug die frühe S. stark den Charakter einer Weltanschauungspartei, im Unterschied zur englischen Labour-Party (→ Sozialdemokratie: I, 1). Wie sie mit ihren mancherlei subsidiären Organisationen ihre Anhänger vollkommen (»von der Wiege bis zur Bahre«) zu erfassen suchte, so gab sie ihnen auch mit ihrem Programm ein Instrument zur totalen Welterklärung in die Hand. Der stark chiliastische Grundzug dieses Programms und des in ihm proklamierten Endziels ist unverkennbar, und so wurde die S. zur Trägerin der Hoffnungen der Arbeiterschaft, ihr Programm zur Ersatzreligion. Darüber hinaus erwies sich die S. als echtes Kind des wissenschaftsgläubigen 19.Jh.s. Getragen von einem entscheidend von → Rousseau bestimmten aufklärerischen Menschenbild nahmen ihre Mitglieder die

Parteilehre wie ein Evangelium auf. – In ihren offiziellen Stellungnahmen erklärte die S. die Religion zur Privatsache und hielt diese Neutralität in religiösen Dingen auch noch aufrecht, als auf verschiedenen Parteitagen um die Jh.wende und noch einmal 1927 Anträge für das Freidenkertum gestellt wurden. Andererseits ist nicht zu übersehen, daß diese Neutralität eigentlich eine negative Neutralität war, insofern sie die Religion vom Boden der ökonomischen Geschichtsauffassung aus als »Opium des Volkes« bezeichnete, als ideologischen Überbau der klassengespaltenen Gesellschaft. Im Augenblick der Vollendung der klassenlosen Gesellschaft (→ Klasse) werde auch die Religion verschwinden, da sie ihre Basis verliere. Sie zu bekämpfen, erschien demnach als unnötig, da sie im Zuge der Entwicklung von selbst absterben werde. – Problematisch wurde das Verhältnis zur Religion freilich immer dann, wenn überzeugte Christen innerhalb der S. wirken wollten. Einem solchen Wirken standen zumeist von seiten der Mitglieder der S. unüberwindliche Hemmnisse entgegen. Freilich normalisierte sich auch dieses Verhältnis im Laufe der Zeit, nachdem die S. in der Weimarer Zeit zur Zusammenarbeit mit konfessionellen Gruppen gezwungen war und der Widerstand gegen Hitler gerade auch christliche und sozialistische Politiker geeint hatte (→ Sozialdemokratie: III).

Die entscheidende Wende brachte dann die Entwicklung nach 1945. Die S. des Godesberger Programms begreift sich nicht mehr als Weltanschauungspartei, die etwa dem Christentum Konkurrenz machen will. Vielmehr wird im Godesberger Programm ausdrücklich abgelehnt, daß der Sozialismus eine Ersatzreligion sei. »Der Sozialismus ist nach diesem Programm keine Formel mehr, die man wie eine Fackel in die Massen schleudern könnte, sondern eine Summe von Sachlösungen, die die SPD für die freiheitliche Ordnung aller Lebensbereiche vorschlägt« (Ulrich Lohmar MdB). Und im Programm selber heißt es: »Der demokratische Sozialismus, der in Europa in christlicher Ethik, im Humanismus und in der klassischen Philosophie verwurzelt ist, will keine letzten Wahrheiten verkünden – nicht aus Verständnislosigkeit und nicht aus Gleichgültigkeit gegenüber den Weltanschauungen oder religiösen Wahrheiten, sondern aus der Achtung vor den Glaubensentscheidungen des Menschen, über deren Inhalt weder eine politische Partei noch der Staat zu bestimmen hat. Die S.e Partei Deutschlands ist die Partei der Freiheit des Geistes. Sie ist eine Gemeinschaft von Menschen, die aus verschiedenen Glaubens- und Denkrichtungen kommen. Ihre Übereinstimmung beruht auf gemeinsamen sittlichen Grundwerten und gleichen politischen Zielen.«

Vgl. die Lit. zu → Sozialdemokratie: III, → Sozialismus: II.

G. Jasper

III. Sozialdemokratie und Kirche

Das Verhältnis von S. und Kirche in Deutschland beginnt mit offener Feindschaft, durchläuft verschiedene Phasen der Koexistenz, um schließlich einem gegenseitigen Verstehenwollen Platz zu machen, das teilweise zu einem Miteinander wird, ohne jedoch mit der Last der Vergangenheit ganz fertig zu werden. Die neue Situation kann mit den alten Schlagworten nicht mehr erfaßt werden.

1. Vom kommunistischen Manifest 1848 führt eine Linie über das Gründungsprogramm der s.en Arbeiterpartei von Eisenach 1869, das Einigungsprogramm der sozialistischen Arbeiterpartei Deutschlands von Gotha 1875 zum Erfurter Programm der SPD 1891, das den Sieg der Marxschen Konzeption bedeutet und das Intermezzo des Allgemeinen deutschen Arbeitervereins → Lassalles (1863–75) mit seinen nationalen und genossenschaftlichen Tendenzen auch geistig beendet.

2. Die Partei stand auf dem Boden des sog. Historischen Materialismus. Diese Theorie, die die fundamentale Bedeutung der Produktion für die gesamte menschliche Existenz herausstellt, trägt als solche keinen antikirchlichen Charakter und ist nicht mit der von → Engels und → Lenin entwickelten naturwissenschaftlich fundierten Weltanschauung des Dialektischen → Materialismus (: III) gleichzusetzen. Der antikirchliche Affekt beruhte auf der Aufklärung und wurde ins Maßlose gesteigert, weil die Kirche mit den der sozialistischen Bewegung feindlichen Mächten auf Gedeih und Verderb verbunden zu sein schien. Typisch hierfür ist der Erlaß des Ev. Oberkirchenrates in Preußen 1878, der das Sozialistengesetz sanktionierte. Der Standpunkt einseitigen Verdammens, den → Stoecker schon 1874 an den ev. Geistlichen rügte, war jetzt als offizielle Stellungnahme der Kirche manifest geworden. Auch die kirchlichen Kundgebungen von 1890, 1893, 1897 und 1903 waren Anpassungen an den im Augenblick den Staat bestimmenden politischen Kurs. Die historische, vorübergehende Situation wurde mit einer ein für allemal feststehenden Ordnung gleichgesetzt. Seelsorge, Wohltätigkeit und Patriarchalismus genügten ebensowenig mehr wie ein dem entsprechendes individualistisch-spiritualistisches Christentum. Solcher Haltung gegenüber forderte das Erfurter Programm: Erklärung der Religion zur Privatsache, Abschaffung aller Aufwendungen aus öffentlichen Mitteln für kirchliche und religiöse Zwecke, Erklärung der kirchlichen und religiösen Gemeinschaften zu privaten Vereinigungen und Weltlichkeit der Schule.

3. In der Weimarer Republik blieb die monarchische, nationale und bürgerliche Tradition in der Kirche herrschend. Der Bußaufruf des Ev. Oberkirchenrates nach dem 9.11.1918, die Verlautbarung der preußischen Generalsuperintendenten anläßlich der Unterzeichnung des Versailler Vertrages und die Bejahung der Dolchstoßlegende sind Beweise dafür. Das Schlimmste leistete sich das Kirchliche Jahrbuch in einer Stellungnahme zu den neuen Verhältnissen. Der Sozialismus war ihm zwar ein Wort von tiefer ethischer Bedeutung, aber das, was man von ihm sah, erschien dem Jahrbuch als Egoismus in Reinkultur. Es sprach geradezu von einem Egoismus der Minderwertigen. Das Gesetz über den Achtstundentag galt ihm als wahnwitzigster der volkswirtschaftlichen Irrtümer und geradezu als Lehrmeister der Trägheit. Auch die Kundgebungen der Kirchentage von 1924 und 1927 änderten wenig an der kirchlichen Distanz gegenüber den von der S. wesentlich mitgetragenen Verhältnissen. Das gegenseitige Mißtrauen blieb. Obwohl in der S. inzwischen eine Wandlung eingesetzt hatte, indem sie durch den Einfluß des Revisionismus immer mehr aus einer revolutionären zu einer evolutionären Partei wurde, blieben in ihr noch starke Bestände eines ideologischen Glaubens, der als Religionsersatz gelten konnte. Sie lebten durch die Haltung der Kirche neu auf. So ergaben sich Säkularisierungsbestrebungen auf dem Gebiete der Jugenderziehung, der Volksbildung, der Fürsorge, der Krankenpflege u.a.

4. Das Erlebnis des Totalitarismus führte eine Annäherung herbei. Die Besinnung der Kirche auf ihr eigentliches Wesen wurde im Kampf der → Bekennenden Kirche gegen den totalen Staat offenbar. Die einseitige individualistisch-spiritualistische Auffassung des Christentums wurde abgelöst durch das Bewußtwerden der Verantwortung auch für die Ordnung des menschlichen Zusammenlebens, dem die Kirche unabhängig von weltlichen Gewalten zu dienen habe. Hinzu kam

nach dem 2. Weltkrieg der wachsende Einfluß der Ökumene und hier vor allem der des vom Gegensatz zwischen Kirche und sozialistischer Bewegung freien angelsächsischen Christentums. Die Weltkirchenkonferenz von Amsterdam 1948 erklärte die Gegnerschaft der → Arbeiter (: II) gegen die Kirche aus der kirchlichen Sanktionierung der Vorrechte der herrschenden Klassen, Rassen und politischen Gruppen. Am weitesten in der Bereinigung des Verhältnisses zwischen Kirche und S. ging das Darmstädter Wort des Bruderrates der EKD (1947). Von seinen 7 Thesen ist hier bes. die 5. bemerkenswert, in der es heißt, daß der ökonomische Materialismus die Kirche an den Auftrag und die Verheißung der Gemeinde für das Leben und Zusammenleben der Menschen im Diesseits hätte mahnen müssen. Im selben Jahr faßte der kulturpolitische Ausschuß der SPD in Ziegenhain eine Entschließung, deren hervorstechendstes Merkmal die Herausstellung des ethisch-humanen Zieles des Sozialismus war. Die religiöse Begründung dieses Zieles wurde als durchaus legitim anerkannt. Das beinhaltet, daß die Religion nicht mehr nur Privatsache ist, sondern daß sie in ihrem Öffentlichkeitsanspruch anerkannt wurde. S. und Kirche treffen sich in einem Humanismus, indem beide die menschliche Existenz des Menschen als Ziel sozialer Ordnung fordern. Das Grundsatzprogramm der SPD vom Jahre 1959 bezeichnet den → Sozialismus als eine dauernde Aufgabe und nicht als ein bestimmtes starres Ordnungssystem. Vielmehr ist jedes Ordnungssystem einer immerwährenden Kritik vom ethisch-humanen Ziel her unterworfen. Diese Entdogmatisierung Marxscher Gedankengänge gipfelt in der Feststellung, daß der Sozialismus kein Religionsersatz sein will. Für diese neue Haltung sind nicht einfach taktische Erwägungen maßgebend, sondern echtes Verstehenwollen und echte Selbstbesinnung auf beiden Seiten. Daß noch Residuen früherer Vorstellungen vorhanden sind, kann nicht geleugnet werden. Das neue Verhältnis ist nicht ungefährdet und keineswegs endgültig stabilisiert.

H. Lutz, Protestantismus u. Sozialismus heute, 1949 - C. Jantke, Der 4. Stand, 1955 - K. Kupisch, Das Jh. des Sozialismus u. die Kirche, 1958. *H. Lutz*

Sozialethik

1. Begriffsbestimmung - 2. Zur Geschichte der christlichen S. - 3. Grundfragen der theologischen S. in der Gegenwart. - E. = Ethik. - Vgl. auch → Individual- und Sozialethik

1. Nach überwiegendem Sprachgebrauch wird S. als dasjenige Teilgebiet der → Ethik verstanden, das den Fragen zugewandt ist, die sich aus dem gesellschaftlichen Zusammenleben der Menschen ergeben. S. ist dann die Bestimmung des rechten Verhaltens zum Mitmenschen innerhalb und mittels der gesellschaftlichen Institutionen, die wir jeweils vorfinden, für deren Gestalt wir aber auch Verantwortung tragen. - In einer weiteren Fassung kann der Begriff aber auch besagen, daß alle E. in sozialen Gegebenheiten bzw. deren jeweiligem geschichtlichem Stand wurzelt.

2. a) Sozialethische Fragen sind schon in der Urchristenheit Gegenstand der Besinnung gewesen - angefangen bei den nt. Aussagen über die Stellung des Christen zu den Forderungen, die sich damals aus den Institutionen der → Arbeit (: III), des → Eigentums (: I, 3), der → Ehe (: III A) und des → Staates (: III) an den Menschen ergaben. Normativ war stets das Verständnis, das die Christenheit von der Botschaft von Jesus Christus und deren Bedeutung für die »Welt« im umfassenden Sinne hatte. Das besondere Verständnis der Einigung von Gottheit und Menschheit in Christus, das bis heute das Denken der → Orthodoxen Kirche (: II, 1) beherrscht, spiegelt sich dort wider in der Lehre von der Symphonie als einer Durchdringung der Welt von seiten der Kirche. Im Westen haben stets rechtliche Abgrenzungen eine größere Rolle gespielt - sowohl in der Soteriologie als auch in den Grundbestimmungen der Institutionen zueinander; typisch dafür sind im MA die Auseinandersetzungen zwischen → Kaisertum und Papsttum. Im Osten wie im Westen bedurfte es daneben fortdauernder Bemühungen um Klärung des Verhältnisses zwischen der Mönchs-E. und der Laien-E. der Kirche. Eine Zeitlang schien es, als sei durch die Idee des → Corpus Christianum, die durch die Rezeption des → Aristoteles gestützt wurde, das Problem der S. grundsätzlich gelöst.

Die *Renaissance* zeigte, daß dies ein Trugschluß war. Eine profane Sozialphilosophie begann sich zu entwikkeln (→ Staat, → Naturrecht); zu ihr Stellung zu nehmen, ist seitdem ein unumgänglicher Bestandteil aller christlichen S. geworden. - In der *Reformation* erarbeitete → Luther aus der Rechtfertigungslehre den Ansatz einer neuen S. (→ Zwei-Reiche-Lehre, → Beruf: III, 3; für den Zusammenhang mit der Rechtfertigungslehre hat Troeltsch zu wenig Verständnis gehabt). Die von ihm, und noch stärker im Calvinismus, betonte Mitverantwortung des Christen für die weltlichen Ordnungen war in ihren konkreten Ratschlägen und Weisungen auf die damalige gesellschaftliche Lage zugeschnitten. Es war verhängnisvoll, daß sie in den ev. Kirchen lange für zeitlos normativ gehalten wurden.

Von der sich immer selbständiger verstehenden und sich selbst ordnenden abendländischen Welt her wurden den Kirchen in zunehmender Dringlichkeit eine Reihe von Fragen neu gestellt: Die Frage nach dem Auftrag des → *Staates* (der »weltlichen Obrigkeit«), nach seinem Verhältnis zu den Konfessionskirchen (→ Toleranz: II), die Fragen nach Widerstand und politischer Revolution (→ Widerstandsrecht), und dann bes. seit der industriellen Revolution die sog. *»soziale Frage«*, dh die Frage nach dem Verhältnis des neu entstandenen »vierten Standes« zur übrigen Gesellschaft. Allmählich erkannte man überall, daß die gesamte Gesellschaftsordnung des Abendlandes, einschließlich der rechten Ordnung des Staates, ins Schwimmen geraten war, und daß dabei wirtschaftliche Faktoren eine größere Rolle spielten, als man bis dahin vermutet hatte (K. → Marx!).

Je weniger die Kirchen es wagten, diese Fragen von der Mitte des christlichen Glaubens her zu beantworten, desto weniger waren sie ihnen gewachsen. Die europäischen Revolutionen von 1789 bis 1918 trafen immer wieder Kirchen im Bündnis mit vergehenden Staats- und Gesellschaftsformen. Es hat lange gedauert, bis die röm.-kath. Kirche die Bourbonen in Frankreich aufgab, und das Ja der kath. und der luth. S. zur Demokratie ist bis heute von vielen Einschränkungen umgeben, die man der Monarchie gegenüber weniger betonte. Etwas anders steht es an diesem Punkte der S. mit dem Calvinismus, von dem sehr wesentliche Impulse für die Demokratie ausgegangen sind (→ Staat: III). Auf die industrielle Revolution war er aber theologisch nicht besser gerüstet als die beiden andern Konfessionen. Ausgerechnet um diese Zeit hatte sich in allen Konfessionen die Überzeugung durchgesetzt, daß es nicht Sache der Kirche sei, zu Fragen der S. Stellung zu nehmen.

Unter dem Einfluß christlicher *Sozialreformer* (u.a. F.v. → Baader, V.A. → Huber, J.H. → Wichern, W.E.v. → Ketteler, F.D. → Maurice), aber auch unter dem Einfluß von Theologen wie → Schleiermacher, den man als den Bahnbrecher des späteren Kulturprotestantismus ansehen muß, vollzog sich langsam eine Wendung. Es ist ein Irrtum zu meinen, die *röm.-kath. Kirche* sei den ev. Kirchen in Fragen der S. »um Jahrhunderte voraus«.

Richtig ist allerdings, daß ihre S. im 19.Jh. durch die Rezeption der mittelalterlichen Sozialphilosophie (vor allem des → Thomas von Aquino) eine unschätzbare Hilfe erfuhr. Dies verlieh den »Soziallehren« der Päpste (der Ausdruck ist anscheinend seit →Leo XIII. gebräuchlich), bes. den großen Enzykliken ihre Durchschlagskraft (→ Katholisch-sozial). Vergleichbares hatte der vom liberalen Fortschrittsglauben stark beeinflußte *Kulturprotestantismus* theologisch und philosophisch nicht zu bieten. Sowohl die prot.-preußische Pflicht-E. nach → Kant als auch die romantisch verbrämte Berufslehre, einschließlich der Lehre vom weltgeschichtlichen Beruf des (eigenen) Volkes, waren in Fragen der modernen Gesellschafts- und Wirtschaftsordnung kaum hilfreich. So kam es, daß die Theologie A. → Ritschls und seiner Schüler trotz weitgesteckter Ziele und trotz Ritschls Protest gegen die Vernachlässigung der S. durch den Pietismus für die S. merkwürdig steril blieb. Das gilt auch von denen, die (wie A.v. → Harnack) viel für die → evangelisch-soziale Bewegung taten. Gerade diese Bewegung hat unter dem Mangel einer durchdachten ev. S. sehr gelitten, wie der Lebensgang F. → Naumanns anschaulich zeigt. – Ein interessanter Außenseiter blieb R. → Rothe mit seiner These, daß die Kirche im Staat aufzugehen habe, da in ihm als dem eigentlich moralischen Gemeinwesen das Werk Christi zum Ziele komme.

b) Der Begriff S. wurde 1868 durch A.v. → Oettingen geprägt. Ein Jahr später erschien in England die »Social Morality« von F.D. → Maurice; inzwischen hat sich auch bei den Angelsachsen der Begriff S. weithin durchgesetzt. A.v.Oettingen wollte durch die Wortverbindung einerseits gegenüber den Einseitigkeiten der Sozialphysik A. → Comtes das Ethische betonen, andererseits aber das Soziale gegen alle »individualistisch-atomistischen Anschauungen« zur Geltung bringen, dh es sollte in der E. ständig beachtet werden, daß das menschliche Leben »ausschließlich innerhalb der Gemeinschaft« gelebt wird. Im Dienste dieser S. stand für v.Oettingen die »Moralstatistik«, die »die Gesetzmäßigkeit sittlicher Lebensbewegung im Organismus der Menschheit« erkennen läßt. Als eine Art Krankheitsgeschichte der Menschheit soll sie zeigen, daß moralische Schäden weithin Symptome gesellschaftlicher Unordnung sind. Umgekehrt soll die Heilung »vom kirchlichen Standpunkte, vom Boden des Reiches Gottes aus«, also ebenfalls auf »soziale« Weise in Gang kommen. Da nach diesem Verständnis das personale Element in dem Begriff E. bereits enthalten ist, hielt v.Oettingen es für berechtigt, alle E. als S. zu bezeichnen. – Im Unterschied dazu hat M.v. → Nathusius die S. lediglich als christliche Gesellschaftslehre verstehen wollen, um so einen kirchlichen Beitrag zur sozialen Frage leisten zu können. Er hat sich dabei vor allem volkswirtschaftlichen Fragen zugewandt. Seine Hauptgegner waren diejenigen Kreise, die eine christliche soziale Verantwortung überhaupt ablehnten. – Diese Ablehnung erhielt neuen Auftrieb durch die eschatologische Sicht des NT, die sich ab 1892 (J. →Weiß) mehr und mehr durchsetzte und zB F. → Overbeck kritisch gegen den Kulturprotestantismus stimmte. Die neue Fragestellung klingt nach in der S. von J.Wendland (1916), der nun besondere Überlegungen über »Christentum und Kultur« der Behandlung der einzelnen Sachgebiete vorausschickte. – E. → Troeltsch unternahm es dann erstmals, »die Soziallehren der christlichen Kirchen und Gruppen« historisch darzustellen aus der – seither immer wieder ausgesprochenen – Überzeugung heraus, daß die traditionelle kirchliche E. den »Anforderungen der heutigen S.« nicht mehr gewachsen sei. Leider ist das große Werk durch eine soziologische Typenlehre bestimmt, die wichtige theologische Fragen verdeckt.

Die Bedeutung der → Dialektischen Theologie für die S. lag zunächst in der radikalen Kritik am Kulturprotestantismus, wobei nicht zu vergessen ist, daß bei K. → Barth diese Kritik zT aus dem Erbe der Schweizer → Religiös-Sozialen (→ Kutter und → Ragaz) gespeist wurde. Obwohl man bes. um eine biblisch-dogmatische Neubesinnung bemüht war, hat die Dialektische Theologie doch das Problem der S. stets mit im Auge gehabt. Den ersten großen Entwurf einer S. aus diesem Ansatz heraus legte E. → Brunner 1932 vor. Er trennte sich allerdings in der theologischen Erkenntnislehre auch im Bereich der S. von Barth. F. → Brunstäd und seine Schüler blieben an diesem Punkte stärker dem Idealismus verbunden. – Das vorherrschende Thema der ev. S. in den 30er Jahren war die Frage nach der »Theologie der Ordnungen« (P. → Althaus), die im traditionellen Luthertum ganz im Bereich der Theologie des 1. Artikels beheimatet wurde (→ Schöpfungsordnung). Der politische Konservativismus dieser Gruppen konnte sich nach 1918 in eigentümlicher Weise mit der liberalen Frage verbinden: wie kann das Volk vor sittlichem Verfall bewahrt werden? Nach R. → Seeberg lautete die Antwort: Der Egoismus des Einzelnen muß durch die Anerkennung der höheren sittlichen Einheit des Volkes überwunden werden. So wie diese liberale Richtung von der theologischen Neubesinnung unberührt blieb und daher keine wesentlichen Wirkungen hatte, erging es auch dem religiösen Sozialisten G.Wünsch (→ Sozialismus: II, 4). Die Schwäche seines »Wirklichkeitschristentums« (1932) kam 1936 in seiner Politischen Ethik zum Vorschein. Konsequenter blieb P. → Tillich bei der Frage nach dem Sinn der proletarischen Situation.

3. a) Hinsichtlich der Grundfragen der theologischen S. in der Gegenwart hängt schon die nähere *Definition* von S. davon ab, wieweit man »das Soziale« oder die einzelnen sozialen Institutionen als Träger einer »überindividuellen« Sittlichkeit verstehen will, oder wieweit man umgekehrt überhaupt noch eine nicht durch das Soziale bestimmte Sittlichkeit gelten läßt. Einig ist man wohl darin, daß auf jeden Fall die ethische Problematik der Institutionen selbst untersucht werden muß, daß es also nicht genügt, im Stile der alten Berufs- oder Standes-E. nur über das Verhalten der einzelnen innerhalb dieser Gebilde zu sprechen.

b) In der *röm.-kath. Theologie* wird gewöhnlich unterschieden zwischen der christlichen Sozialphilosophie, die die Grundprinzipien der Naturrechtslehre zu entfalten hat, und den Soziallehren der Päpste bzw. der S. der Theologen, die als »ein Gewebe aus überzeitlichen Grundsätzen und zeitbedingten Verhältnissen« zu verstehen sind. Infolgedessen gilt gerade auch von der röm.-kath. S., daß »Wirklichkeitsnähe durch rasches Veralten erkauft werden muß« (O.v. → Nell-Breuning). Im Unterschied dazu nimmt zB bei A.F.Utz der Begriff S. den übergeordneten Platz ein, den sonst der Begriff Sozialphilosophie füllt. Gemeinkath. dürfte jedoch folgende Definition von Utz sein: »In der S. werden ... jene personalen Pflichten betrachtet, die dem Menschen aufgetragen sind, sofern er Teilfunktion in einem durch das Gemeinwohl bedingten Ganzen zu erfüllen hat.« Außer dem wichtigen Begriff des Gemeinwohls enthält die Definition das → Solidaritäts-Prinzip: den Grundsatz der wechselseitigen Zuordnung der Glieder einer Gemeinschaft zu ihrem Ganzen; er soll die Einseitigkeiten sowohl des Individualismus als auch des Kollektivismus hinter sich lassen. Daneben spielt in der kath. S. heute das → Subsidiaritäts-Prinzip noch eine bes. wichtige Rolle: Größere Gemeinschaften sollen dem einzelnen oder den kleineren Gemeinschaften die ihnen zufallenden Aufgaben überlassen und sie allenfalls bei der

Durchführung unterstützen; so gesehen ist »jede Gesellschaftstätigkeit ... subsidiär« (Enzyklika Quadragesimo anno § 79). - Da es aber auch nach kath. Lehre »kein allgemeingültiges, für alle Zeit und jeden Ort verbindliches Ordnungsbild der menschlichen Gesellschaft gibt« (v.Nell-Breuning), wird die Aufgabe der christlichen S. in der Konkretion und Aktualisierung der Sozialprinzipien in der jeweiligen Lage gesehen, etwa unter dem Zielgedanken: Neuordnung der Welt im Geiste des Königtums Christi (→ Pius XII.).

c) Nicht nur im kath. Denken spielt die Frage nach der Bedeutung der *Kirche* als einer sozialen Gemeinschaft eigener Art für die übrigen Institutionen eine große Rolle. Für die anglikanische Theologie ist dies - neben der Inkarnationslehre - der entscheidende Ansatz der christlichen S. Seit → Schleiermacher vom »verbreitenden Handeln« der Christenheit in der Welt sprach, war dieser Gedanke auch im Kulturprotestantismus lebendig. Nach einer theologischen Vertiefung der Lehre von der → Kirche (: IV) in den 30er Jahren gewann er auch in der Gegenwart neue Kraft (K.Barth, Christengemeinde und Bürgergemeinde, 1946). Er spielt eine entscheidende Rolle in der S. H.-D.Wendlands: Die Kirche wirkt über die »weltliche Christenheit« hinein in die Welt.

d) Viel hängt für die S. davon ab, wie die biblische *Eschatologie* systematisch aufgenommen wird. Es geht dann vor allem um die nähere Bestimmung des Verhältnisses von Reich Gottes, Kirche und Welt. Das naive Programm des Kulturprotestantismus, das → Reich Gottes (: II. III) auf Erden zu verwirklichen, ist überall - auch in der amerikanischen Christenheit - fallen gelassen worden. An seine Stelle trat in der ökumenischen Diskussion nach dem 2. Weltkrieg der vor allem durch K.Barth in den Vordergrund gestellte Begriff der *Herrschaft Christi* über Kirche und Welt. Es geht dabei um die Ankündigung und zeichenhafte Verwirklichung der eschatologischen Herrschaft schon hier in der Zeit. Nach den Erfahrungen des Dritten Reiches wird hier betont: kein Bereich unseres Lebens darf von dieser Botschaft unberührt bleiben (Barmer Theologische Erklärung [→ Barmen]). - Die traditionelle luth. Ordnungslehre hatte sich - gefangen durch die Lehre von der → Eigengesetzlichkeit der Ordnungen - weithin der Möglichkeit begeben, zu Fragen der S. kritisch Stellung zu nehmen. Dem sucht die neuere luth. Theologie (W.Künneth, aber auch H. Thielicke und H.-D.Wendland) dadurch abzuhelfen, daß sie mit der Eschatologie eine *Dämonologie* verbindet und zum Thema der S. macht. Schließlich gibt es auch heute noch Stimmen, die aus einer radikalen Eschatologie heraus eine christliche S. grundsätzlich ablehnen (→ Pietismus). Wo die biblische Eschatologie radikal entmythologisiert wird (→ Entmythologisierung), werden die gleichen Gegensätze sozusagen auf einem andern Stockwerk ausgetragen (K.E.Løgstrup, P.Tillich, F. → Gogarten).

e) Die Frage, ob die S. von einer ev. *Sozialtheologie* (E.Steinbach) oder *Theologie der Gesellschaft* (H.-D. Wendland) umfaßt werden muß, ist umstritten (vgl. Tödt). Wo dies für notwendig gehalten wird, geht man davon aus, daß allein die Theologie in der Lage sei, die Grundstrukturen der Gesellschaft und ihre dämonischen Bedrohungen in ihrer ganzen »Tiefe« aufzudecken. P. → Tillich will diese Aufgabe durch eine jeweils situationsbezogene (daher dynamisch genannte) Ontologie lösen. In dem Maße, in dem hier die Theologie durch eine bestimmte Philosophie ersetzt wird, wird der Sozialtheologie der Boden entzogen, von dem aus sie zB ihre Gesellschaftskritik *theologisch* ansetzen könnte. Umgekehrt muß freilich gefragt werden: ist eine »rein« theologische Kritik der Gesellschaft überhaupt möglich und hilfreich? Es zeigt sich, daß die Zusammenarbeit mit den profanen Wissenschaften, bes. mit der → *Soziologie* (die insgeheim aber auch immer von einer Philosophie abhängt), nicht zu umgehen ist. Nur wird man sich nicht von ihren Fragestellungen in mißverstandener Apologetik abhängig machen dürfen (das Christentum dann als Antwort auf die von der Welt gestellten Fragen verstanden). Es wird vielmehr ein echter Dialog stattfinden müssen, bei dem jede Wissenschaft die andere in Frage stellt und ergänzt. So kann zB nur die historische Soziologie die Theologie von manchen für ihre S. gefährlichen romantischen und idealistischen Vorstellungen befreien, indem sie sie relativiert.

f) Typisch für den Versuch, romantische Vorstellungen zu überwinden, dürfte es sein, daß seit 1945 zunehmend von *Institutionen* statt von Ordnungen gesprochen wird (→ Institution). Gemeint sind damit »typische Beziehungsformen, die weitgehend gestaltungsfähig, aber im Grundriß vorgegeben sind«, »Grundverhältnisse menschlichen Daseins«, die jedoch »nicht nur ein Zustand, sondern ein Vorgang« sind (H.Dombois, Recht und Institution, 1956, 72). Hier werden Anregungen der modernen Soziologie, der Jurisprudenz (Integrationslehre R.Smends) und der → Existenzphilosophie verarbeitet, zugleich aber eine Begründung der Institutionen in der Schrift gesucht. Sie als Mandate (nach D. → Bonhoeffer) oder als Stiftungen Gottes zu bezeichnen, ist neuerdings auf Bedenken gestoßen. Dagegen bemüht man sich, eine unmittelbare Beziehung zur Lehre von → Gesetz (: VI) und Evangelium herzustellen.

g) Frühere Fragestellungen werden heute auch abgelöst durch die Diskussion über die theologische Beurteilung der *Säkularisierung* (→ Säkularismus: I, 3). Die Einsicht, daß der Mensch der Neuzeit sich seiner geschichtlichen Verantwortung für seine Welt bewußt geworden ist, führt hier freilich bei manchen Theologen wieder zu einer Preisgabe der Möglichkeit einer christlichen S. überhaupt. Da die ethische Verpflichtung ohnehin jedermann auferlegt sei, könnte eine autoritative kirchliche S. den Menschen nur in verhängnisvoller Weise von seiner Verantwortung ablenken, indem sie fälschlich auf besondere christliche Normen und Verantwortungen hinweist. Man wird aber auch - unter Anerkennung des Phänomens der Säkularisierung und dh zugleich unter Anerkennung der Tatsache, daß sozialethische Verhaltensweisen sich auf weltliche Weise entwickeln und normativ werden - die Grundfrage der christlichen S. so formulieren können: Wie ist vom Worte Gottes aus - dh vom *Evangelium* von Jesus Christus aus - kritisch und konstruktiv zu den bestehenden Gesellschaftsordnungen Stellung zu nehmen? Unter dieser Fragestellung wird es möglich, die jeweiligen gesellschaftlichen und politischen Institutionen in ihrer Weltlichkeit aus Gottes Hand anzunehmen, ohne dabei auf die dem Glauben entspringende Kritik und Mitgestaltung zu verzichten. Als Gehäuse zum Schutz des menschlichen Lebens in dieser Welt sind die Institutionen unentbehrlich; da sie aber aus aufeinander eingestellten Handlungen der Menschen bestehen, sind sie (wie alles menschliche Tun) ständig von Fehlentscheidungen bedroht; aus den Schutzgehäusen können dann Gefängnisse werden. Gottes eschatologisches Wort in Jesus Christus durchbricht immer wieder die hier drohende Erstarrung, indem es uns die ewige Freiheit vermittelt. Wird sie im Glauben ergriffen, so wird zu den Institutionen eine Distanz gewonnen, die anders nicht zu gewinnen ist. Gerade so wird der Weg frei zu verantwortlicher Mitarbeit im Interesse der immer wieder neu bedrohten Menschlichkeit des Menschen; so wird aber auch der Weg frei zur Bewältigung neuer, ungewohnter gesellschaftlicher Verhältnisse. Da diese gegenwärtig alle stark im Fluß sind, lautet die Frage stets: Welche Wege, auf denen sich Institutionalisierungen und Regelungen anbahnen, sind im Glauben zu bejahen - und wo kann das Beschreiten eines solchen Weges im Glauben nicht bejaht werden? Der Glaube stellt also dabei keine eigenen Normen der S. auf, wird aber zum Kriterium bei der Wahl zwischen verschiedenen sozialethischen Möglichkeiten. Dann wird durch das Evangelium hinter den menschlichen Regeln und Institutionen Gott als der eigentliche Gesetzgeber sichtbar; sein Gesetz ist aber nicht zeitlos zu verstehen, sondern es ist der sich auch in wandelnden Verhältnissen immer neu durchsetzende Gotteswille, der sich doch selbst stets gleichbleibt, weil es der Wille des uns in Christus gnädigen Gottes ist. Gott erweist sich stets als der Herr auch der neuen Verhältnisse, noch ehe sein Volk auf dem Wege sie kennenlernte. Dafür gibt die Schrift (bes. das AT) viele Vorbilder; sie gibt aber keine unmittelbar anwendbaren sozialethischen Rezepte. - Wie Gott uns in Jesus Christus nicht zu Knechten gemacht, sondern zur Freiheit vor ihm und in der Welt berufen hat, so darf auch die Botschaft der Kirche in Fragen der S. nie auf eine soziale Neuordnung hinauslaufen, die identisch wäre mit einer klerikalen Bevormundung der Welt. Vielmehr muß sie sich darum bemühen, die Institutionen dadurch immer wieder zu heilen, daß sie den Menschen stets zugleich jene Freiheit und die Verantwortung vor Gott zuspricht, der wir ohne solchen Zuspruch gern zu entgehen suchen. Die menschliche Vernunft wird dabei nicht geknechtet, sondern gerade befreit zu guten Taten und mutigen Lösungen. Freilich darf sie auch nicht sich selbst überlassen bleiben, sondern muß mahnend und wachsam von den Boten des Wortes begleitet werden. So wird man das *prophetische Wächteramt* der Kirche verstehen können, von dem nach 1945 mit viel Nachdruck geredet wurde. Der in dieser Konzeption ausgesprochene Verzicht auf umfassende christliche Ordnungsbilder ist zwar für manche enttäuschend, die von »der Kirche« am liebsten klarere Weisungen haben würden; diese Grundhaltung ist aber sicher hilfreicher als die Proklamation von Ordnungsbildern, die in Wahrheit doch oft sehr traditions- und standortgebunden sind.

h) Ein Kennzeichen der gegenwärtigen Lage der ev. S. ist, daß trotz verschiedener theologischer Ansätze in vielen Einzelfragen Annäherungen festzustellen sind. Dies gilt zB von der eben ausgesprochenen Überzeugung, daß die S. nicht zeitlose Ordnungsvorstellungen, sondern zeitbezogene Hilfen zu geben hat. J.H. → Oldham hat dafür 1937 den Begriff *»middle axioms«* geprägt: ein Versuch, »die Richtung zu bestimmen, in der sich der christliche Glaube in einem bestimmten Zustand der Gesellschaft ausdrücken muß« (vgl. The Church and its Function in Society 209f). Als ein solches mittleres Axiom ist der ebenfalls von Oldham 1948 geprägte Begriff *»verantwortliche Gesellschaft«* anzusehen, der auf der Weltkirchenkonferenz von Amsterdam 1948 (syntaktisch etwas problematisch, sachlich aber gut) so definiert wurde: »Eine verantwortliche Gesellschaft ist eine solche, in der Freiheit die Freiheit von Menschen ist, die sich für Gerechtigkeit und öffentliche Ordnung verantwortlich wissen, und in der jene, die politische Autorität oder wirtschaftliche Macht besitzen, Gott und den Menschen, deren Wohlfahrt davon abhängt, für ihre Ausübung verantwortlich sind.« Mit dieser Definition hat man sich dem Streit der → Ideologien unserer Zeit zu entziehen versucht (es wurde bewußt der Begriff »freie Gesellschaft« vermieden).

i) Heute ist die Identifikation des christlichen Glaubens mit sozialen und politischen *Ideologien* des Westens oder auch des Ostens wohl die größte Gefahr für die christliche S. Als der Zeit vorauseilende gesellschaftliche Entwürfe sind Ideologien zwar für das weltliche Denken in gewissem Sinne unentbehrlich. Merkwürdigerweise können sie aber die Menschen genauso in Bann schlagen und damit unfrei machen, wie bereits bestehende Institutionen. Die ev. S. wird daher die Ideologien (auch die scheinbar christlichen!) immer wieder relativieren müssen, wobei ihr der eigentliche Sinn des Begriffes zustatten kommt, der ja an die meist unbewußte gesellschaftliche Bestimmtheit unseres Denkens erinnert. So ist zwar, menschlich geurteilt, ein ideologiefreies Denken gar nicht möglich. Die ev. S. lebt aber von der im Glauben erfahrbaren Durchbrechung solcher Grenzen unseres Denkens durch die Macht des eschatologischen Wortes. Diesem Wort muß sich die Kirche zunächst immer wieder selber stellen, um es dann als Angebot Gottes an die Welt weitergeben zu können.

Außer der Lit. zu → Ethik sowie → Individual- und Sozialethik (vgl. dort!): *Röm.-kath.:* E.MARMY, Mensch u. Gemeinschaft in christl. Schau (Texte), 1945 - O.v.NELL-BREUNING u. H.SACHER (Hg.), Zur christl. Gesellschaftslehre (WB der Politik, H. 1), (1947) 1954^2 - DIES., Zur sozialen Frage (ebd H. 3), 1948 (Lit.) - J.MESSNER, Das Naturrecht. Hdb. der Gesellschafts-E., Staats-E. u. Wirtschafts-E., 1950 - E.WELTY, Herders Sozialkatechismus I. II, 1952/53 - W.SCHÖLLGEN, Die soziol. Grundlagen der kath. Sittenlehre (Hdb. d. kath. Sittenlehre V), 1953 - A.F.UTZ-J.F.GRONER (Hg.), Aufbau u. Entfaltung des gesellschaftl. Lebens. Soziale Summe Pius XII. (Texte), 2 Bde, 1954 - A.F.UTZ, S. mit internationaler Bibliogr. I: Die Prinzipien der Gesellschaftslehre (Sammlung Politeia Bd X), 1958 (Lit.) - L.BERG, S. (Hdb. d. Moraltheol. II), 1959.

Sonstige Lit.: A.v.OETTINGEN, Die Moralstatistik u. die christl. Sittenlehre. Versuch einer S. auf empir. Grundlage I. II, 1868/73; I^2: Die Moralstatistik in ihrer Bedeutung für eine S., 1882 - F.D.MAURICE, Social Morality, (1869) 1872^2 - A.RITSCHL, Gesch. des Pietismus I-III, 1880-86 - M.v.NATHUSIUS, Die Mitarbeit der Kirche an der Lösung der sozialen Frage, auf Grund einer kurzgefaßten Volkswirtschaftslehre u. eines Systems der christl. Gesellschaftslehre (S.), (I. II, 1892/94) 1897^2 - J.WENDLAND, Hdb. der S., 1916 - G.WÜNSCH, Der Zusammenbruch des Luthertums als Sozialgestaltung, 1921 - E.TROELTSCH, Die Sozialphilos. des Christentums, 1922 - W.LOEW, Zum Problem der ev. S. (ZZ 4, 1926, H. 1, 60-75) - P.TILLICH, Zum Problem der ev. S. (Blätter f. relig. Sozialismus, Juli/Aug. 1926; Nachdr. in: DERS., Relig. Verwirklichung, 1930, 307-312) - DERS., The Protestant Era, 1948; dt.: Der Protestantismus. Prinzip u. Wirklichkeit, 1950 - DERS., Liebe, Macht, Gerechtigkeit, 1955 - R.SEEBERG, Ist christl. S. wissenschaftlich möglich?, 1930 - V.A.DEMANT, God, Man and Society, 1934 - DERS., Theology of Society, 1937 - J.C.BENNETT, Social Salvation, 1935 - DERS., Christian Ethics and Social Policy, 1946 (beides dt. in: DERS., Christentum u. Gemeinschaft, 1949) - W.A.VISSER 'T HOOFT u. J.H.OLDHAM, The Church and its Function in Society, 1937 - N.EHRENSTRÖM u.a., Christian Faith and the Common Life, 1938 - Die Kirche u. die Auflösung der gesellschaftl. Ordnung (Die Unordnung der Welt u. Gottes Heilsplan III), 1948 - E.STEINBACH, Theol. als Soziallehre (ZThK 47, 1950, 94-105) - H.R.NIEBUHR, Christ and Culture, 1951 - A. RICHARDSON-W.SCHWEITZER (Hg.), Die Autorität der Bibel heute. Ein vom Weltkirchenrat zusammengestelltes Symposium über »Die bibl. Autorität für die soziale u. polit. Botschaft der Kirche heute«, 1951 - F.GOGARTEN, Verhängnis u. Hoffnung der Neuzeit, 1953 - H.-D.WENDLAND, Die Kirche in der modernen Gesellschaft, (1956) 1958^2 - F.KARRENBERG-J.BECKMANN (Hg.), Verantwortung für den Menschen, 1957 - A.RICH, Christl. Existenz in der industriellen Welt, 1957 - DERS., Die institutionelle Ordnung der Gesellschaft als theol. Problem (ZEE 4, 1960, 233-244) - E.SCHNEIDER, Zur Revision der theol. Lehre von den Ordnungen (ZThK 54, 1957, 377 bis 406) - W.PANNENBERG, Christl. Glaube u. menschl. Freiheit (KuD 4, 1958, 251-280) - F.KARRENBERG, Gestalt u. Kritik des Westens. Beitr. zur christl. S. heute, 1959 - K.E.LØGSTRUP, Die ethische Forderung, dt. 1959 - W.G.MUELDER, Foundations of the Responsible Society, 1959 - T.RENDTORFF, Gesellschaftsbildende Aufgaben u. Möglichkeiten der Kirchengemeinde (EvTh 19, 1959, 506-528) - W.SCHWEITZER, Die menschl. Wirklichkeit in soziol. u. sozialethisch-theol. Sicht (ZEE 3, 1959, 193-220) - DERS., Freiheit zum Leben. Grundfragen der Ethik, 1959 - W.TRILLHAAS, Ethik, 1959 - J.MOLTMANN, Herrschaft Christi u. soziale Wirklichkeit nach

D.Bonhoeffer (ThEx NF 71), 1959 - DERS., Die Wahrnehmung der Gesch. in der christl. S. (EvTh 20, 1960, 263-287) - R.LINDNER, Grundlegung einer Theol. der Gesellschaft, dargest. an der Theol. P.Tillichs, 1960 - F.KARRENBERG-W.SCHWEITZER (Hg.), Spannungsfelder der ev. Soziallehre (Wendland-Festschr.), 1960 - K.G.STECK, Kirche u. Öffentlichkeit (ThEx NF 76), 1960 - H.E.TÖDT, Theol. der Gesellschaft oder theol. S.? (ZEE 5, 1961, 211-241). - Weitere Lit. s. ESL 921ff; EKL III, 1038f; WKL 1347ff sowie in den Bibliogr. der ZEE seit 1957. Vgl. auch die Lit. zu → Soziologie: I.

W.Schweitzer

Sozialforschung, *empirische*

1. Begriff und Geschichte - 2. Methode - 3. Kritik der Funktionen

1. Der Begriff e.S. bezeichnet wissenschaftliche Bemühungen, die auf empirische Erfassung und Erkenntnis gesellschaftlich relevanter Gegebenheiten gerichtet sind. Die Zufügung »empirisch« ist Konvention und sprachlogisch ohne Belang. Versuche, unter der Bezeichnung e.S. die Anwendung moderner Erhebungsverfahren zu charakterisieren, gehen fehl, weil sie Verfahren und Disziplin gleichsetzen; sie sind zugleich verwirrend, weil S. stets empirisch ist. Unrichtig ist auch die Gleichsetzung von S. und sog. Markt- und Meinungsforschung. Diese bedienen sich der Methoden der S.; Untersuchungen auf dem Gebiet der Wirtschaftsforschung haben zur Ausbildung und Erprobung sozialwissenschaftlicher Verfahren beigetragen. Aber S. hat ihren eigenen Gegenstand. Sie unterscheidet sich von der Wirtschaftsforschung wie Soziologie von der Nationalökonomie. Meinungsforschung dagegen ermangelt eines spezifischen Gegenstandes; im Dienste sozialwissenschaftlicher Erkenntnis ist sie Hilfsdisziplin der S. (→ Öffentliche Meinung).

Die eigentlichen *Anfänge* der S. fallen zusammen mit der Ausgliederung der → Soziologie als Erfahrungswissenschaft überhaupt. Die sozialpolitischen Enquêten des britischen Parlaments (etwa ab 1820) sind Vorläufer des Social Survey und des Social Research in England. Die Arbeiten von Ch.Booth (Life and Labour of the People of London, 1892-97) und B.S.Rowntree (Poverty: A Study of Town Life, 1901) eröffneten die Reihe der großen Gemeindestudien, die, später in den USA durch den Pittsburgh Survey (1909-14), die Middletown-Studien der beiden Lynds (1929 und 1937) und die Yankee City Serie von W.L.Warner (1941ff) fortgeführt, auf die Entwicklung der S. nachhaltig einwirkte. In Deutschland wurde anknüpfend an die angelsächsischen Community Studies die Darmstädter Gemeindestudie durchgeführt (9 Bde, 1952-54). Andere Richtungen der S. entwickelten sich in Verbindung mit den sozialstatistischen und monographischen Studien von A.Quetelet (1796-1874) und F.Le Play (1806-82). Der Verein für Sozialpolitik unternahm bald nach seiner Gründung (1872) empirische Untersuchungen, u.a. die von A. und M.Weber geleiteten Enquêten über Auslese und Anpassung der Arbeiter in der Industrie. Gesellschaftskritische und sozialreformerische Intentionen, die in den Anfängen der S. zum Anlaß der großen Studien wurden, bestimmten auch die Forschungsarbeiten in den 20er und 30er Jahren. Die Konzeptionen und Verfahren wurden unter dem Einfluß psychologischer, tiefenpsychologischer und ethnologischer bzw. kulturanthropologischer Richtungen erweitert. Die Erweiterung in den empirischen Ansätzen und in den Forschungstechniken spiegelt sich in den großen Arbeiten der 40er Jahre, in den von M.Horkheimer und S.H.Flowerman herausgegebenen Studien über Vorurteile (zB »The Authoritarian Personality« von Th.W.Adorno u.a., 1950) und in den von S.Stouffer und Mitarbeitern während des 2. Weltkriegs durchgeführten sozialpsychologischen Studien wider (vor allem »Measurement and Prediction«, 1950).

2. Die *Verfahren* der S. erhielten ihre moderne Ausrichtung durch zwei Entdeckungen: erstens durch die auf der Wahrscheinlichkeitstheorie basierende Feststellung, daß Vollerhebungen sich ersetzen lassen durch repräsentative Stichproben; zweitens durch die Feststellung, daß nicht nur materielle Gegenstände und objektive Sachverhalte, sondern auch psychische Erscheinungen gemessen und quantifiziert werden können. Beide Entdeckungen führten zu einer starken Erweiterung der Verfahren, außerdem aber - entscheidend für die Entwicklung der modernen S. - zur Ausbildung quantifizierender oder metrischer Begriffe. So wie in der Meteorologie Aussagen über klimatische Verhältnisse durch Barometer-, Thermometer- und Hydrometerstand ausgedrückt werden, wird es jetzt möglich, Verhaltensweisen, Einstellungen und soziale Konstellationen in Meßzahlen auszudrücken und in der vergleichenden Analyse der subjektiven Deutung des Forschers zu entziehen. Die neueren Verfahren der S. ermöglichen eine Annäherung an die durch die Naturwissenschaften bestimmten Anforderungen der modernen Wissenschaftslehre.

Fruchtbar, wenn systematisch betrieben, ist die in der ethnologischen Feldforschung entwickelte Methode der teilnehmenden Beobachtung, die eine Einfügung des Beobachters in die Gruppe der Beobachteten voraussetzt. Eines der wichtigsten Verfahren der modernen S. ist die Befragung; ihre Anwendung reicht von der Informationssammlung über objektive Sachverhalte bis zur indirekten Erfragung subjektiver, dem Befragten nicht unmittelbar bewußter Reaktionen. Standardinstrument der Befragung ist der Fragebogen, der als normierter Bogen Frageformulierungen und Fragenablauf unveränderlich vorgibt oder als Themenleitfaden die Formulierung dem Interviewer überläßt. Neuere Versuche zielen auf Anwendung psychologischer, vor allem projektiver Testverfahren und auf Befragungsformen, die der Technik des Psychotherapeuten im explorativen Gespräch angenähert sind. Die Auswahl der Beobachtungs- oder Befragungspersonen erfolgt nach repräsentativ-statistischen Stichprobenverfahren, die unkontrollierte Einflüsse in der Auswahl ausschließen und eine Berechnung des Auswahlfehlers ermöglichen. In Studien mit größerer Zahl von Untersuchungsfällen wird das Material im Hollerithverfahren aufbereitet. Die Möglichkeiten der korrelationsanalytischen Auswertung werden durch die Entwicklung elektronischer Datenverarbeitungsmaschinen verfeinert und erweitert.

3. Die Bedeutung der S. ist heute unbestritten. Sie beeinflußt nicht nur die Fortentwicklung der Sozialwissenschaften entscheidend, sondern übernimmt gesellschaftliche Funktionen der Aufklärung, der öffentlichen Information und der Überwindung von Vorurteilen und Stereotypen. Kritisiert wird die Neigung mancher Sozialforscher, über der Exaktheit von Untersuchungsergebnissen im Sinne gesicherter Verfahren und kontrollierbarer Repräsentanz die sachliche Relevanz der gewonnenen Daten zu verkennen. Die Vermutung, daß eine positivistisch orientierte S. durch bloße Feststellung des Bestehenden der Erhaltung eben des Bestehenden diene, also restaurativ sei, ist angesichts ihres analytischen Charakters und ihrer Geschichte nicht zu vertreten. Die Breite der heutigen S. und die Anwendung ihrer Verfahrensweisen für administrative, politische und kommerzielle Zwecke führt zu einer Fülle von Feststellungen über Lebensgewohnheiten, Vorstellungen und Attitüden. Auch wenn die theoretische Durchdringung noch nachhinkt - was dem Stand der Sozialwissenschaften schlechthin zuzuschreiben ist -, eröffnet S. Möglichkeiten der vergleichenden zeitgeschichtlichen Analyse, wie sie bisher nicht gegeben waren.

M.Jahoda bzw. C.Seltiz u.a., Research Methods in Social Relations, New York (1951) 1959[2] - L.Festinger-D.Katz (Hg.), Research Methods in the Behavioral Sciences, ebd 1953 - P.Lazarsfeld-M.Rosenberg (Hg.), The Language of Social Research, Glencoe/Ill. 1955 - HWSW IX, 419ff (umfangreiche Lit.) - R.König (Hg.), Beobachtung u. Experiment in der S., 1956 - Ders. (Hg.), Das Interview, 1957[2] - H.Schelsky, Ortsbestimmung der dt. Soziologie, 1959. *G.Baumert*

Sozialgeschichte

1. Begriff und Problematik - 2. Begriffsgeschichte - 3. Inhalt - 4. Zur Methodik

1. Der *Begriff* S. bedeutet Geschichte der Gesellschaft, genauer der sozialen Strukturen, Abläufe, Bewegungen. S. ist daher sowohl der Geschichtswissenschaft wie der → Soziologie verbunden. Da sich diese beiden in ihrer Wissenschaftsgeschichte seit Beginn des 19.Jh.s nicht nur (notwendig) methodisch, sondern auch (zeitbedingt) inhaltlich, positivistisch die eine, historistisch die andere, entsprechend der modernen Dichotomie von → Staat und → Gesellschaft voneinander getrennt hielten, lag später die Forderung nahe, daß die Soziologie der geschichtlichen Dimension und der ernst genommenen historischen Faktizität, die Geschichte aber des Interesses an den zugrunde liegenden sozialen Determinationen und Prozessen bedürfe. Solcher Kritik an der relativen Beziehungslosigkeit zwischen einer bloß »politischen« Historie und einer nur »sozialen« Gesellschaftswissenschaft entsprach und entspricht das Bedürfnis nach S. Die s.e Sicht ist seit Jahrzehnten zunehmend in die allgemeine Geschichtswissenschaft eingedrungen, so daß heute eine reine Geschichtserzählung von Gestalten und Ereignissen ohne Berücksichtigung des jeweiligen s.en Bodens, auf dem das Handeln sich vollzieht, in der Regel als unbefriedigend empfunden wird. Doch neben dieser Tendenz, die allgemeine politische Geschichte sozialhistorisch zu fundieren oder gar die begrifflich unzureichende Scheidung von politischer und sozialer Geschichte überhaupt aufzuheben, ist seit dem Ende des 19.Jh.s auch die Abspaltung eines eigenen Faches der S., freilich meist in der Verbindung »Sozial- und Wirtschaftsgeschichte« festzustellen. Eigene Lehrstühle wurden geschaffen, eigene Zeitschriften entstanden (zB in Deutschland die VSWG, seit 1903). In dieser Verbindung der S. mit der → Wirtschaftsgeschichte (: I) trat jene freilich zumeist allzusehr hinter dieser zurück, ja wurde von dieser in den großen Eigenbereich der → Wirtschaft (»Sozialökonomik«) eingeordnet. Dies wird zB im Sprachgebrauch »Economic History« deutlich, wie er sich in Großbritannien und in den USA weithin eingebürgert hat; in ihr ist die S. nur mit enthalten. Merkwürdigerweise hat sich dagegen die Begriffs- oder Fachverbindung von Sozial- und Verfassungsgeschichte kaum durchgesetzt, obwohl die geschichtliche Beziehung von Staat und Gesellschaft nicht minder wichtig erscheint als die von Wirtschaft und Gesellschaft, welch letztere kaum je so stark durch die Klammer einer politischen oder Staatswissenschaft zusammengehalten worden sind wie in Max → Webers gleichnamigem Werk.

S. ist, recht gesehen, kein eigenes Fach der historischen Disziplinen, sondern eher ein besonderer Aspekt der Geschichtswissenschaft. Denn der Begriff der Gesellschaft ist so umfassend, daß unter ihm alles geschichtliche Leben begriffen werden kann. Daraus ergibt sich die Problematik der Stellung der S. in Forschung und Lehre der Geschichtswissenschaft. Ihre Methodik und ihr Inhalt sind sehr verschiedenen und gegensätzlichen Auffassungen, ja auch ideologisch bestimmten Positionen ausgesetzt. Auf jeden Fall ist eine genaue Abgrenzung der S. schwierig und zT kontrovers, durchaus im Gegensatz zur klarer definierbaren Wirtschaftsgeschichte. Sowohl »Wirtschaft« wie »Gesellschaft« sind Traditionsbegriffe der aristotelischen Scholastik. Beide haben sich im Zeitalter der → Emanzipation und → Revolution total gewandelt. Aber während »Wirtschaft« schnell zu einer modernen Eindeutigkeit gelangte, war dies bei »Gesellschaft« lange Zeit nicht der Fall. Die Problematik der S. wird daher erst voll verständlich, wenn die Begriffsgeschichte von »Gesellschaft« und »sozial« geklärt ist.

2. Der klassische, vorrevolutionäre Begriff des Gegenstandes der S. ist societas civilis, dh bürgerliche oder politische Gesellschaft, entsprechend der aristotelischen Synonymität des Bürgerlichen und Politischen (also nicht mit dem modernen Begriff → Bürgertum zu verbinden), m.a.W. die herrschaftlich und genossenschaftlich gefügte Ordnung des gemeinen Wesens: civitas sive res publica sive societas civilis. Diese Gesellschaft war das personale Gefüge der selbständigen Hausväter von der monarchischen Spitze herunter bis zum Hofbauern und Zunftmeister (→ Patriarchalismus). Erst nachdem sich die Fürsten Europas je ihren »Staat« geschaffen hatten, um die Selbstmächtigkeit der societas civilis zu überwinden, und nachdem sich der Staat als unpersönliches Abstractum auch vom Fürsten als seinem Diener zu lösen begonnen hatte, war die erste Voraussetzung für eine Trennung der Begriffe Staat und Gesellschaft gegeben. Bis zum Beginn dieser Scheidung gab es im wissenschaftlichen Sprachgebrauch »Geschichte« - abgesehen von der historia naturalis - nur als historia divina (→ Heilsgeschichte) und als historia humana, die auch als historia civilis oder politica bezeichnet wurde. Diese sich im 16./17.Jh. aus der Umgreifung und Bestimmung der historia divina lösende Profangeschichte hatte die Handlungen der Menschen, die in der »Gesellschaft« existierten, zum Gegenstand (Bodin). Die historia civilis oder politica enthielt bei → Bodin und den Historikern des 17.Jh.s also nicht nur die Handlungen der Personen, sondern auch deren Bedingungen und Institutionen (mores, leges). Sie war Geschichte der Menschen im bürgerlichen, sozialen oder politischen Zustand, gegensätzlich zu dem vor der Geschichte gedachten Naturzustand. Eine Trennung von politischer und sozialer Geschichte war unmöglich, weil diese Begriffe noch nicht geschieden waren. Die Helden der Geschichte handelten auf dem Boden und in der Umwelt der durch altes Recht prinzipiell in ihrer Struktur unwandelbaren societas civilis. Die politisch-theoretische und alsbald auch historisch-reale Trennung von Staat und Gesellschaft seit dem 18.Jh. hat diese Einheit zerstört. Die Trennung besagte aber nicht oder nur vorübergehend, daß der Apparat des Fürstenstaates über die ständische Ordnung der alten societas civilis gesetzt wurde, sondern daß die von diesem Staat in ihrer Schichtung konservierte patriarchalisch-ständische »bürgerliche Gesellschaft« in Frage gestellt, zersetzt und virtuell ersetzt wurde durch eine *neue* »Gesellschaft«, »qui embrasse tous les hommes« (Diderot). Die Verfechter dieser neuen Gesellschaft stellten diese als Ziel sowohl gegen die traditionelle societas civilis (vgl. → Feudalismus, → Zunft-Zwang im → Handwerk) wie gegen den eben noch modernen und nun schon »rückständigen« Staat, dessen Aufhebung in der zukünftigen Gesellschaft der Freien und Gleichen in letzter Konsequenz (nicht nur bei Marx) am Ende der Geschichte stehen sollte. Wie auch immer die Folgerungen aus dem neuen Gesellschaftsbegriff abgewandelt und gemildert werden mochten, auf jeden Fall war mit Hilfe des alten Worts ein neuer Zentralbegriff für das geschichtliche Leben der Menschen gefunden, so daß bes. die moderne Geschichte seit der Französischen Revolution primär als »soziale Bewegung« oder »sozialer Prozeß« verstanden werden konnte. In diesem Zusammen-

hang wurde um 1840 der Begriff der »sozialen Frage« geprägt und auf *den* Teil der Bevölkerung bezogen, der eindeutig aus der alten bürgerlichen Gesellschaft ausgeschlossen gewesen war und dessen Emanzipation daher zum Hauptproblem des Weges zur neuen Gesellschaft angesehen wurde (→ Proletariat). Das Adjektiv »sozial« wurde demgemäß schließlich eingeengt auf die Lage und Bewegung des »4. Standes«, ohne daß diese Reduktion sich allerdings durchgesetzt hätte.

Ebenso wie die → Soziologie in der geschichtlichen Situation, in der der neue Gesellschaftsbegriff aufkam, entstand und der → Politik oder der Staatswissenschaft entgegengesetzt wurde, so konnte wenig später auch S. der »politischen« Geschichte gegenübergestellt werden. Von daher ist es verständlich, daß in der S. vorwiegend und zT noch bis heute mit Kategorien gearbeitet wurde, die dem revolutionären Gesellschaftsbegriff des frühen 19.Jh.s entsprachen. S. wurde so meist »von unten« gesehen. Ihr Hauptgegenstand schien vielen die Geschichte der »sozialen Frage« und der → Arbeiterbewegung zu sein, deren Probleme auch in der vorrevolutionären Zeit und in der Antike aufgesucht wurden (vgl. zB R.v.Pöhlmann, Gesch. der sozialen Frage und des Sozialismus in der antiken Welt, [1893/1901] 1925³). Doch im Maße, wie wir uns von der revolutionären Situation des 18./19.Jh.s (in den Ländern des frühen Industrialismus) entfernt haben, hat auch der revolutionäre Gesellschaftsbegriff seine Schärfe und Glaubwürdigkeit verloren, während gleichzeitig das Gegensatzpaar von Staat und Gesellschaft immer weniger der Wirklichkeit entspricht. Im Zuge der Demokratisierung wurde der Staat zunehmend gesellschaftlichen Kräften unterworfen und umgekehrt die Gesellschaft staatlich erfaßt. Diese Entwicklung war und ist einer Entideologisierung, Versachlichung und bewußter gemachten Methodik der S. günstig, stellt aber andererseits erneut die Frage, ob S. als Sonderdisziplin der Geschichte überhaupt möglich ist. Wenn dies verneint werden muß, so ist gleichwohl zu betonen, daß sie als ein dem modernen Bewußtsein entsprechender, grundlegender Aspekt der Geschichte entweder in eigenen Untersuchungen über Themen gesellschaftlicher Strukturen, Bewegungen, Gruppen, Institutionen usw gepflegt oder den Forschungen und Darstellungen der allgemeinen Geschichte so stark wie nur möglich eingewoben werden sollte. Auf jeden Fall aber ergibt sich aus der Begriffsgeschichte, daß eine scharfe Trennung von »sozialer« und »politischer« Geschichte zwar dem Bewußtsein des 19.Jh.s entsprochen hat, aber weder vorher noch nachher der geschichtlichen Wirklichkeit angemessen gewesen ist.

3. Damit ist bereits die Basis für die Frage nach dem *Inhalt* oder der Thematik der S. gewonnen. Sie kann unter keinen Umständen mit Trevelyan begriffen werden als »the history of a people with the politics left out«, da es keine sozialen Gebilde gibt, die nicht politisch entstanden oder in ihren Veränderungen politisch bedingt sind, während diese Gebilde umgekehrt, herausgestellt und verselbständigt, bestimmend und bindend auf die politische Verfassung sowie auf die politischen Entscheidungen einwirken. Der Gegenstand der S. ist also nicht minder umfassend als der einer oft von ihr nicht klar abtrennbaren »politischen« Geschichte, in der das Handeln, Kämpfen und Entscheiden von Menschen dargestellt wird. Der Blick wird in der S. nur nicht auf dies Handeln an sich, sondern auf dessen gesellschaftliche Objektivationen und Determinanten gerichtet. Mit dieser Unterscheidung – geschaffene und sodann durch ihre Verselbständigung zwingende Sozialstruktur einerseits, Tätigkeit und bedingt freie menschliche Entscheidung andererseits – wird die Sehweise (keinesfalls der »Sektor«) der S. am besten verdeutlicht. F.Braudel spricht in diesem Sinne von »histoire des structures« im Unterschied zur »histoire événémentielle«. Beide schließen sich nicht aus, sondern bedingen einander. Es handelt sich jeweils nur um eine andere Schwergewichtsverlagerung bei der Arbeit an der Erkenntnis um die eine und einzige, nicht in Sektoren aufteilbare Geschichte. Die Bedeutung der S. ist gerade um dieser Einheit willen so erheblich, weil das alte Hauptproblem der Geschichte, das Verhältnis von Determination und Freiheit, jeweils nur dann annäherungsweise gelöst werden kann, wenn die gesellschaftlich bestimmenden Faktoren, in Verbindung mit den technischen und wirtschaftlichen, so exakt wie möglich erkannt worden sind. Die Eigenart einer »histoire des structures« wird im übrigen bes. durch die ihr eigenen und von der »histoire événémentielle« unterschiedenen Zeitmaße erhellt. Zwischen dem Augenblick des vorübereilenden Ereignisses und der ungeschichtlichen Kategorie der ewigen Dauer liegen gewissermaßen verschieden schnelle tempi der Zeit, wenn an bestimmte Herrschafts- und Sozialordnungen, an Siedlungen, an Institutionen, aber auch an zyklische Verläufe der Wirtschaft usw gedacht wird. Hier liegt das Problem der »longue durée« in der S. (F.Braudel).

Die Kategorie der Gesellschaft, die im gegenwärtigen wertneutralen Sprachgebrauch umfassend und farblos zugleich erscheint, diente und dient in zugespitzt revolutionären Situationen, wie im Deutschland der 40er Jahre des 19.Jh.s, als Schlüssel zum Verständnis der Geschichte überhaupt. Lorenz v. Steins Satz »Geschichte ist Gesellschaftsgeschichte, die alle andern Kulturmomente in sich aufnimmt und funktionalisiert« ist Ausdruck dessen. Im → Marxismus der heutigen Staaten des Sowjetsystems ist diese Auffassung über → Marx, → Engels, → Lenin und → Stalin weitergeführt und dogmatisiert worden. Dem entspricht die dort verbreitete s.e Periodisierung der Weltgeschichte: Urgesellschaft (klassenlos mit Gemeineigentum an den Produktionsmitteln), Sklavenhaltergesellschaft, → Feudalismus, → Kapitalismus, → Sozialismus und → Kommunismus. Wenn auch diese in ihrer Starrheit nicht Marxsche, sondern marxistisch-leninistisch-stalinistische Stufentheorie nicht haltbar ist und zu erheblichen Schwierigkeiten und Widersprüchen bei ihren Vertretern geführt hat, so sind doch richtige Ansätze darin, die zeigen, daß s.e Periodisierung fruchtbar und erhellend sein kann. Als große universalgeschichtliche Epochenteilung bietet sich unter s.em Aspekt an, die lange Urgeschichte der Menschheit mit dem Beginn der Hochkulturen abschließen zu lassen, in denen durch Intensivierung und Rationalisierung des Landbaus (Pflug und Wagen mit Zugtieren, Bewässerungswirtschaft) in großem Ausmaß menschliche Arbeits- und Schöpferkraft von der Mühe um Nahrung, Bekleidung und Behausung freigesetzt und damit der Beginn zu einer differenzierten Sozialorganisation ermöglicht wurde. Nach dieser Epoche (jeweils im 2., 3. oder 4.Jh. vChr) gibt es nur noch *einen* Einschnitt der universalen S. von gleicher Bedeutung: die moderne Revolution und Emanzipation vom 18.-20.Jh., deren geistige Dynamik, soziale Bewegung, technische Entwicklung und wirtschaftliches Wachstum die relativ stabilen Maßstäbe und Proportionen der vorrevolutionären Gesellschaft gesprengt haben. Es ist bemerkenswert, daß auch bei dieser sozial- und wirtschaftsgeschichtlichen Epochengliederung – Urgeschichte, Hochkulturen, moderne Welt – die scheinbar beiseite geschobene Epoche der Erscheinung Christi vermutlich gleichwohl im Zentrum steht, da der emanzipatorische Durchbruch zur modernen Weltzivilisation sich im *christlichen* Abendland vorbereitete und ein christlich freies Verhältnis zur Welt zur

Voraussetzung hatte, als er im Zeichen des → Säkularismus vollendet wurde.

4. Die S. unterliegt der *»historischen Methode«*, »die aus dem Quellenbefund allgemeinere Zusammenhänge ableitet und diese in der Form von Fragestellungen (historische Heuristik) mit dem Quellenmaterial konfrontiert und auf ihre Richtigkeit und Fruchtbarkeit hin nachprüft« (Hans Mommsen), um so den Historiker in den Stand zu setzen, durch deutende Interpretation zum eigentlichen Ziel der Geschichtswissenschaft, dem historischen Verstehen, zu gelangen. Die einer »histoire des structures« angemessene Methodik wird unzutreffend bezeichnet, wenn sie als »generalisierende« der »individualisierenden« Methode des Historikers der politischen Ereignisse gegenübergestellt wird. Statt dessen hat sich im Anschluß an Max Weber und Otto Hintze die *typologisierende Methode* als bes. fruchtbar für die S. erwiesen. Ihre abstrahierende Unterscheidung von Grundformen, die durch bestimmte Merkmale bestimmt und abgegrenzt werden können, führt gewiß zu Generalisierungen, darf aber der präzisen historischen Individualisierung nicht entbehren. Unterschieden werden Struktur-, Verlaufs- und Gestalttypen (Th.Schieder). Beispiel einer strukturtypischen Untersuchung ist O.Hintzes berühmter Aufsatz über die Typologie der ständischen Verfassungen (HZ 141, 1930). Der Versuch, Verlaufstypen festzulegen, ist zB häufig auf die Revolution (im Sinne gewaltsamer Umwälzung) angewandt worden (vgl. zuletzt C.Brinton, The Anatomy of Revolution, London 1953). Ist schon ein solches Verfahren der Gefahr der geschichtswidrigen Verzeichnung ausgesetzt, wenn nicht quellennah das in jedem Einzelfall geschichtlich Einmalige und spezifisch Bedingende erkannt und das wirklich Wesentliche des Vergleichbaren herausgefunden wird, so ist die Anwendung des Gestalttypus in der S. nicht minder fragwürdig; und doch ist auch dieser unentbehrlich, wenn nur sein häufiger Mißbrauch (zB der »Barockmensch«, der »Bourgeois«) erkannt und durch Individualisierung oder die Herausarbeitung spezifisch gruppentypischer Züge vermieden wird (Wittram). Dies so zu können, daß es historischer Kritik standhält, ist das Anzeichen dafür, daß es sich auch und gerade bei der typologisierenden Methode um Geschichte und nicht um Soziologie handelt. Freilich muß einschränkend gegen eine allzu scharfe Scheidung der beiden Wissenschaften betont werden, daß der Historiker, speziell der s.en Richtung, auf Begriffe, Modelle und Idealtypen, die ihm der Soziologe bereitstellt, nicht verzichten kann, während umgekehrt dieser die Basis seiner empirischen Feldforschung nach rückwärts in die Vergangenheit verlängern muß, wenn er der Vordergründigkeit bloßer Querschnitte entgehen will; dazu aber braucht er die Quellenarbeit des Historikers.

In diesem Wechselspiel von Soziologie und Geschichte gehört es zu den besonderen Aufgaben des Sozialhistorikers, mit Hilfe des unermeßlich reichen Materials seiner historischen Quellen maßgebend an der fortgesetzten Überprüfung sozialwissenschaftlicher Kategorien teilzunehmen. Dabei ist die wort- und begriffsgeschichtliche Methode unentbehrlich, wie oben am Beispiel »bürgerliche Gesellschaft« verdeutlicht wurde. Unser kategoriales System der sozialen Welt ist seit dem Verlust der geistigen Schultradition Europas im 18.Jh. zunehmend in Verwirrung und in den Wirbel der ideologischen Auseinandersetzungen geraten. Bes. O.Brunner hat gezeigt, welche Bedeutung die S. hier zur Klärung besitzt (→ Feudalismus).

Abschließend sollen zwei offensichtlich weit voneinander entfernte Methoden die Spannweite s.er Forschung zeigen: die *biographische* und die statistische. Jene führt auf den eigentlichen Gegenstand der S., den Menschen als Individuum und als φύσει πολιτικός. In jeder Biographie, nicht nur der »Helden« der Geschichte, sondern gerade der »kleinen«, »unbekannten« Menschen, ist S. sowohl im Einzelfall wie gruppentypisch sichtbar. Die Quellenlage setzt allerdings Grenzen der Verfügbarkeit solcher Biographien. Doch liegt zumindest für die neueren Jh.e ein großes, zT noch gar nicht gehobenes Material vor, und die Genealogie wird zur Hilfswissenschaft der S. (vgl. zB P.E.Schramm, Hamburg, Deutschland und die Welt; Leistung und Grenzen hanseatischen Bürgertums in der Zeit zwischen Napoleon und Bismarck, 1943). Der Gedanke, Biographien »ungeschichtlicher« Menschen noch bei deren Lebzeiten durch Interviews oder Niederschriften zu sammeln, wurde schon Ende des 19.Jh.s durch Veröffentlichung von Arbeiterbiographien verwirklicht. In dieser Hinsicht ist heute methodisch mustergültig die Arbeit des Norsk Folkemuseum in Oslo (dazu E.Bull, Arbeidermiljø under det industrielle gjennombrudd, Oslo 1958). - Im Gegensatz zu dieser selbst bei Vergleich und Typisierung noch immer anschaulichen Methode steht die *statistische Methode*, abstrahierend und das Individuelle in der großen Zahl aufhebend, als ein nicht minder entbehrliches Instrument des modernen Sozialhistorikers. Seit in England in der 2. Hälfte des 17.Jh.s die »politische Arithmetik« zuerst entwickelt wurde, ist die Quantifizierung der Strukturen und Vorgänge des gesamten menschlichen Lebens zu einem immer stärkeren Bedürfnis geworden. Die Grenzen dieses Bedürfnisses sind für die S. wiederum in der Quellenlage gegeben, darüber hinaus in der Übersetzbarkeit und Vergleichbarkeit von Zahlen und Begriffen über lange Zeiträume hinweg. Eines der besonderen Anwendungsgebiete der statistischen Methode in der S. ist die Bevölkerungsgeschichte.

Mit der Hervorhebung dieser Methoden soll keineswegs eine auch nur in der andeutenden Aufzählung vollständige Methodologie erreicht sein. Doch schon das, was angeführt wurde, verdeutlicht die außerordentlich große Vielfalt der s.en Forschung. So wird verständlich, daß wir zwar eine unübersehbar hohe Anzahl von Arbeiten besitzen, die ausgesprochen oder doch vorwiegend der S. zugehören, da sich monographisch die Vielfalt befriedigend gliedern und mindern läßt, daß jedoch große zusammenfassende Werke selten sind. Es gibt zB weder eine S. Europas noch vollbefriedigende S.n der einzelnen europäischen Nationen, wenn auch einzelne Werke dieser Art, methodisch freilich sehr unterschiedlich gearbeitet, vorliegen (vgl. bes. Vincens y Vives).

Zu Begriff u. Methode der S.: H.PROESLER, Hauptprobleme der S., 1951 - H.FREYER, Soziologie u. Geschichtswiss. (GWU 3, 1952, 14-20) - TH.SCHIEDER, Zum gegenw. Verhältnis von Gesch. u. Soziologie (ebd 27-32) - DERS., Der Typus in der Geschichtswiss. (DERS., Staat u. Gesellschaft im Wandel unserer Zeit, 1958, 172-187) - O.BRUNNER, Neue Wege der S., 1956 - W.CONZE, Die Strukturgesch. des technisch-industriellen Zeitalters als Aufgabe für Forschung u. Unterricht, 1957 - G.UTTERSTRÖM, Socialhistoria och socialhistorisk metod (Historisk Tidskrift 1958, 68-87) - F.BRAUDEL, Hist. et sciences sociales: La longue durée (Annales 13, 1958, 725-753) - DERS., Sur une conception de l'Hist. sociale (ebd 14, 1959, 308-319) - H.ST.HUGHES, The Historian and the Social Scientist (American Hist. Review 66, 1960, 20-46) - H.KELLENBENZ, Probleme einer dt. S. der neueren Zeit, 1961 - H.MOMMSEN, S. (in: Gesch., hg.v. W.BESSON, 1961, 313-323). - *Beispiele von Gesamtdarstellungen zur S.:* CH.A.BEARD-W.C.BAGLEY, Hist. of the American People, London-New York 1918 - MAX WEBER, Wirtschaftsgesch. Abriß der universalen Sozial- u. Wirtschaftsgesch., (1923) 1958[3] - H.U.FAULKNER, American Political and Social Hist., New York (1937) 1952[6] - G.M.TREVELYAN, English Social Hist., New York-Toronto 1942 - FR.LÜTGE, Dt. Wirtschafts- u. S., (1952) 1960[2] - Hist. générale des civilisations, hg.v. M.CROUZET, 7 Bde, Paris 1953ff - J.VINCENS Y VIVES, Historia económica de España, Madrid 1959.

W.Conze

Sozialisierung bedeutet in einem engeren Sinne die Vergesellschaftung von Privateigentum, vornehmlich an den Produktionsmitteln, dh die Verwandlung von Privateigentum in Gemeineigentum (→ Eigentum: III). In einem weiteren Sinne können alle Eingriffe, die das privatkapitalistische System beschränken, und Wandlungen der Wirtschaftsordnung, die zu ihrer Selbstaufhebung drängen, als Vorgänge einer sich durchsetzenden S. betrachtet werden. Nach → Marx sind es »die Zentralisation der Produktionsmittel und die Vergesellschaftung der Arbeit«, die den Umschlag herbeiführen sollen, in dem die kapitalistische Hülle gesprengt und das Privateigentum aufgehoben wird.

Unterschiedlich ist in den sozialistischen Lehren und Programmen die Vorstellung vom Träger des Gemeineigentums. Sollte nach dem Kommunistischen Manifest (1848) das → Proletariat alle Produktionsmittel in den Händen des Staates zentralisieren, so spricht Marx im »Kapital« nur unbestimmt von einer Verwandlung des kapitalistischen in gesellschaftliches Eigentum. Diese Formulierung behielten die unter marxistischem Einfluß stehenden Parteiprogramme der SPD von Erfurt (1891) bis Heidelberg (1925) bei. Das Erfurter Programm bezeichnete die Vergesellschaftung ebenfalls sehr unbestimmt als »die Umwandlung der Warenproduktion in sozialistische für und durch die Gesellschaft betriebene Produktion«. Dabei war jedenfalls nicht mehr an die »sozialistischen Produktivgenossenschaften« gedacht, die noch unter → Lassalles Einfluß das Gothaer Programm (1875) gefordert hatte. – So fehlten konkrete Vorstellungen über die Formen der S., als die Revolution von 1918 die S.sfrage aufwarf. Hier kreuzten sich die ungeklärten Vorstellungen einer S. der Produktionsmittel mit den neuen Leitbildern einer → Planwirtschaft, wie sie in der Kriegswirtschaft des 1. Weltkrieges gewonnen worden waren. Nach diesem Vorbilde richteten sich die Pläne von Wissel und Moellendorf überwiegend auf die organisatorischen Grundlagen einer gelenkten → Wirtschaft und nur zT auf eine Aufhebung des Privateigentums. Diese Pläne kamen nur teilweise zur Durchführung, ebenso fruchtlos blieben die Beratungen der S.skommissionen von 1919 und 1920, da die Nationalversammlung eine bürgerliche Mehrheit aufwies. Wurde die Theorie der notwendigen Entwicklung zum → Sozialismus ernst genommen, so mußte sich die Frage nach der in einzelnen Wirtschaftszweigen unterschiedlichen S.sreife stellen. Sie konnte nur für die Bereiche bejaht werden, in denen der Großbetrieb und die Kartellierung oder Vertrustung durchgedrungen waren. Seither stand praktisch für die → Sozialdemokratie nur eine Teil-S. zur Rede. Das Heidelberger Programm (1925) hielt zwar im grundsätzlichen Teil noch an der Formulierung des Erfurter Programms (1891) einer »Verwandlung des kapitalistischen Privateigentums an den Produktionsmitteln in gesellschaftliches Eigentum« fest, aber K. → Kautsky kommentierte, damit sei nur der kapitalistische Großbetrieb gemeint, und weder der kleine Bauer noch der kleine Handwerker werde davon betroffen. Und das auf die Gegenwart bezogene »Aktionsprogramm« forderte die S. nur für Grund und Boden (→ Bodenreform), Bodenschätze und Energieträger. Tritt hier die S. im engeren Sinne zurück, so werden – wie schon im Görlitzer Programm (1921) – als neue Mittel genannt: eine »Kontrolle des Reiches über die kapitalistischen Interessengemeinschaften, Kartelle und Trusts« – also die später von den Neoliberalen aufgegriffene → Monopol-Kontrolle – und ein → Mitbestimmungs-Recht der Arbeiterschaft an der Organisation der Wirtschaft, nicht der einzelnen → Betriebe.

Beruhte die Forderung der Voll-S. auf der Vorstellung, daß nur so die dem → Kapitalismus nachgesagte Ausbeutung abgeschafft werden könnte, so traten mit der Preisgabe der unhaltbaren Mehrwertlehre andere Gründe für die S. in den Vordergrund. Als solche sind zu nennen: 1. Aufhebung privatkapitalistischer Monopole, 2. Verhinderung der Zusammenballung privater Kapitalmacht, 3. Ausschaltung privaten Interesses an der Rüstungsindustrie, 4. S. der Schlüsselindustrien zur Stetigung des wirtschaftlichen Wachstums, → Vollbeschäftigung und Konjunkturpolitik. Unter diesen Gesichtspunkten wurden die umfangreichen »Nationalisierungen« in Frankreich seit 1936, in England, Italien und Österreich nach dem 2. Weltkriege vollzogen (→ Staatsbetriebe). In der BRD kamen ähnliche S.spläne, die nach dem Kriege – für den Kohlenbergbau selbst von der CDU (Ahlener Programm) – vertreten wurden, nicht zum Zuge. – In Frankreich schuf man als Träger der sozialisierten Unternehmen eigene Rechtspersonen, die in der neuen Form einer »gestion tripartite« unter der gemeinsamen Leitung des Staates, der Belegschaften und der Verbraucher stehen. Da als Vertreter der Verbraucher die Konsumvereine eingesetzt wurden, ergab sich ein Übergewicht der Arbeiter und so wieder eines Gruppeninteresses. In den selbständigen boards der britischen nationalisierten Wirtschaftszweige wurde dies vermieden. – In der BRD blieb die S. nur Programm – und nicht einmal das. Das Dortmunder Programm der SPD (1952) stellte in dem Abschnitt »Privateigentum und Gemeineigentum« das Versprechen, »das kleine und mittlere Privateigentum fördern« zu wollen, an die Spitze. Eine S. wurde verlangt für die »Grundstoffwirtschaft«. Genannt wurden »insbesondere Kohle, Eisen, Stahl und Energie«. Das Godesberger Programm (1959) – getragen von der Welle der Hochkonjunktur – brachte das Bekenntnis der SPD zum Privateigentum an den Produktionsmitteln. Es habe »Anspruch auf Schutz und Förderung, soweit es nicht den Aufbau einer gerechten Sozialordnung hindert«. »Gemeineigentum ist« – nurmehr – »eine legitime Form der öffentlichen Kontrolle.« Ansonsten wird eine wirksame öffentliche Kontrolle gegen den Machtmißbrauch der Wirtschaft gefordert, so auch eine Investitionskontrolle. Bestehen bleibt, daß in Art. 15 GG die Möglichkeit der S. gegen Entschädigung in weitem Umfang – für Grund und Boden, Naturschätze und Produktionsmittel – vorgesehen ist.

R. Wissel – W. v. Moellendorf, Wirtschaftl. Selbstverwaltung, 1919 – O. Neurath, Voll-S., 1920 – E. Heimann, Soziale Theorie des Kapitalismus, 1929 – Ders., Sozialist. Wirtschafts- u. Arbeitsordnung, (1932) 1948^2 – J. A. Schumpeter, Capitalism, Socialism and Democracy, New York (1942) 1950^3; dt. (1946) 1950^2 – G. Mackenroth, Sozialist. Wirtschaftsverfassung (Weltw. Archiv 63, 1949, 178–231) – H.-D. Ortlieb, Der gegenw. Stand der S.sdebatte in Deutschland (in: W. Weddigen [Hg.], Unters.en z. soz. Gestaltung der Wirtschaftsordnung, 1950, 189–287) – H. Ritschl, Die Prinzipien der Gemeinwirtschaft (ebd 1–43) – HWSW IX, 455ff (S.: Theorie, Gesch., rechtl. Problematik; ausführl. Lit.). *H. Ritschl*

Sozialismus

I. Geschichtlich und systematisch – II. Religiöser Sozialismus. – s. = sozialistisch

I. Geschichtlich und systematisch

1. Soziale Ideen bis zur Franz. Revolution – 2. Die Frühsozialisten und erste Zusammenschlüsse – 3. Organisationen im 19. Jh. – 4. Richtungen bis zum 1. Weltkrieg – 5. Richtungen und Strömungen nach 1918

1. Faßt man den Begriff S. oder → Kommunismus (zur historischen Abgrenzung der beiden Begriffe s. 2) sehr weit, so kann man sagen: seit es krasse soziale Unterschiede, seit es Arme und Reiche, seit es Notleidende neben Überfluß Genießenden gibt – seitdem gibt es So-

zialisten oder Kommunisten. Die Stifter der großen Religionen, die Propheten des AT, Philosophen des klassischen Altertums, Künder und Märtyrer des Urchristentums - sie alle haben, mehr oder weniger klar, die bestehenden gesellschaftlichen Zustände kritisiert, das Verhalten der Reichen gegeißelt, soziale Reformvorschläge gemacht oder das Bild einer besseren, ja vollkommenen Gesellschaft mit Phantasie und Leidenschaft entworfen und mahnend gepredigt. Vom Anfang des 16. bis gegen Ende des 18.Jh.s bilden diese utopischen Schilderungen idealer Gesellschaftszustände eine ganze Literaturgattung (→ Utopie und Utopisten). In der 2. Hälfte des 18.Jh.s entwickelten die Franzosen Morelly (in seinem Hauptwerk »Code de la Nature«, 1755) und G.B.Mably (1709-85) »schon direkt kommunistische Ideen« (Engels). - Nicht minder wichtig als diese Denker waren jene sozialen Bewegungen, die, ebenfalls mehr oder weniger klar, für s.e oder kommunistische Ideale stritten und litten. Die Erhebungen der »Ketzer« von den → Waldensern in Südfrankreich bis zu den hussitischen Taboriten (→ Huß, 2), der mährischen Brüder, der → Täufer und vieler anderer religiös oder national inspirierter Sekten reißen in den verschiedensten Ländern Europas während des Spät-MA und der Reformationszeit nicht ab (→ Kommunismus: II). »So brachen«, schreibt Engels, »bei jeder großen bürgerlichen Bewegung selbständige Regungen derjenigen Klasse hervor, die die mehr oder weniger entwickelte Vorgängerin des modernen Proletariats war.« Das waren während der englischen Revolution des 17.Jh.s die → Levellers, die »Gleichmacher«, die eine Art Agrarkommunismus erstrebten; sodann in der Niedergangsperiode der Franz. Revolution der »Verein des Pantheon« unter Buonarrotti (1760-1837, Hauptwerk »Conspiration pour l'Egalité«, 1828) und die »Verschwörung für die Gleichheit« unter Babeuf (1764-97). Alle diese Bewegungen wurden rasch im Blut ihrer Verkünder und Anhänger erstickt; aber sie waren trotzdem bedeutungsvoll als »revolutionäre Schilderhebungen einer noch unfertigen Klasse« (Engels) und haben unterirdisch revolutionierend weitergewirkt.

2. Die Franz. Revolution zerstörte viele Privilegien und beseitigte viele Schranken, die bis dahin die wirtschaftliche, technische und politische Entwicklung gehemmt hatten, aber sie vermochte nicht, das Prinzip der → Gleichheit, das sie neben Freiheit und Brüderlichkeit auf ihr Panier geschrieben hatte, in der Gesellschaftsstruktur und in der wirtschaftlich-sozialen Situation der einzelnen Staatsbürger zu verwirklichen oder auch nur seine Verwirklichung anzubahnen. Im Gegenteil: die industrielle Revolution, die rasche Vermehrung des modernen → Proletariats, die mit der Zerstörung des → Feudalismus verknüpfte Aufhebung von Schutz- und Hilfseinrichtungen kirchlicher und weltlicher Gemeinschaften für die Schwachen, der Verzicht des Liberalismus auf staatliche Eingriffe in das Wirtschafts- und Gesellschaftsleben - all dies mußte die sozialen Spannungen und damit auch die Kritik an ihnen (zT auch an ihren Ursachen) rasch verschärfen.

So traten im ersten Drittel des 19.Jh.s vor allem in Frankreich, aber auch in England und Deutschland - den wichtigsten Industrieländern - neuerdings Philosophen, Nationalökonomen und Praktiker des Wirtschaftslebens (sog. *Frühsozialisten*) mit eindringlicher Kritik an den bestehenden Gesellschaftszuständen, mit konkreten Reformvorschlägen und mit Idealbildern einer künftigen Gesellschaft hervor. *H.de* → *Saint-Simon* (1760-1825) verbindet mit seiner Kritik am Zeitalter des kriegerischen Feudalismus die Hoffnung auf die nun anbrechende Epoche des friedlichen, auf die Arbeit gegründeten Industrialismus (»Alles durch die Industrie, alles für die Industrie« lautet das Motto einer seiner Schriften); er glaubt an ein »Neues Christentum« und an eine von den nationalen Regierungen unabhängige Gesamtregierung Europas. - *Ch.Fourier* (1772-1837) »deckt die materielle und moralische Misere der bürgerlichen Gesellschaft unbarmherzig auf« und ist »am großartigsten in seiner Auffassung der Geschichte der Gesellschaft« (Engels); er propagiert neuartige Gemeinschaftssiedlungen (Phalansterien) und hofft viele Jahre lang auf den reichen Wohltäter, der ihm die dafür notwendigen Millionen zur Verfügung stellt. - *R.* → *Owen* (1771-1858) plädiert für eine neue »Bildung des menschlichen Charakters als Einleitung zu der Entwicklung des Planes, die Lage der Menschheit allmählich zu verbessern«, und eröffnet den Kampf für eine Arbeiterschutzgesetzgebung; er fordert die Arbeiter auf, sich in Produktivgenossenschaften zu organisieren, und beginnt als Fabrikant mit der Einführung vieler Reformen (Normalarbeitstag von 10½ Stunden, Einschränkung der Kinderarbeit, Errichtung von Kleinkinderschulen mit zeitgemäßen Erziehungsmethoden, Einführung hygienischer Einrichtungen in den Fabrikräumen, Errichtung von Kranken- und Alterspensionskassen u.a.). - *E.Cabet* (1788-1856) entwirft in seinem vielgelesenen Roman »Le Voyage en Icarie« (1839) das Bild einer neuen, auf dem Gleichheitsprinzip aufgebauten Gesellschaft und gründet in Illinois eine kommunistische Kolonie. - *W.Weitling* (1808-71) belegt seine kommunistischen Theorien mit Bibelstellen (»Das Evangelium eines armen Sünders«, 1843) und tritt in seinen Hauptschriften »Die Menschheit, wie sie ist und wie sie sein sollte« (1838) und »Garantien der Harmonie und Freiheit« (1842) für eine Gesellschaft ein, die mit allgemeiner Arbeitspflicht und Gütergemeinschaft eine freiheitliche Ordnung verbinden soll. - *L.Blanc* (1813-82) erhofft von Produktivgenossenschaften der Arbeiter mit staatlicher Kreditgebung die allmähliche Neuordnung der Gesellschaft (Hauptwerk: »Organisation du travail«, 1839). - *P.J.Proudhon* (1809-65) erklärt die Institution des → Eigentums als ungerecht und schädlich (»Eigentum ist Diebstahl«); rechtmäßig ist nach ihm nur der Besitz der Dinge, die jemand mit seiner Arbeit schafft. Um die Ungerechtigkeit zu beseitigen, bedarf es nicht des S. oder Kommunismus, sondern der Errichtung einer Gesellschaft, in der die Werktätigen ihre Arbeitswerte gegen gleiche Arbeitswerte tauschen können. Eine solche Gesellschaft bedarf keines Staates, sondern vollständiger persönlicher Freiheit und Gleichheit.

Kaum beeinflußt von diesen Geschichtsphilosophen und Gesellschaftskritikern bildeten sich in den 30er Jahren des 19.Jh.s Geheimgesellschaften, deren Zentrum zunächst in Paris, später in London lag; so 1834 der »Bund der Geächteten«, aus dem sich 1836 der »Bund der Gerechten« abspaltete. Dieser vor allem aus deutschen politischen Flüchtlingen (Handwerkern, jungen Akademikern) zusammengesetzte Club entwickelte sich in London (seit 1839) zu einem internationalen Arbeiterbund, der seit Sommer 1847 »Bund der Kommunisten« hieß. Der Londoner Kommunisten-Kongreß (30.11.-8.12. 1847) beauftragte nach langer Debatte → Marx und → Engels einstimmig, »das Manifest der kommunistischen Partei auszuarbeiten«. Dieses »für die Öffentlichkeit bestimmte, ausführliche theoretische und praktische Parteiprogramm« erschien unmittelbar vor Ausbruch der Februarrevolution 1848 (→ Kommunismus: III, 2). Diese »Geburtsurkunde des wissenschaftlichen S.« konkretisiert die 11. These über → Feuerbach (Frühjahr 1845), in der Marx und Engels erklärt hatten: »Die Philosophen haben die Welt nur verschieden interpretiert, es kommt aber darauf an, sie zu verändern.« Eine Veränderung ist weder durch Überredung noch durch Überrumpelung der Herrschenden zu erreichen, sondern nur durch die in Organisationen zusammengefaßte, von Wissen geleitete Masse der Arbeitenden: »Die Befreiung der Arbeiterklasse kann nur das Werk der Arbeiterklasse selbst sein.« Und an die Stelle der vagen Losung der Geheimbünde »Alle Menschen sind Brüder« tritt der politische Ruf: »Proletarier aller Länder, vereinigt Euch!«

Warum aber nannten Marx und Engels, die Begründer des wissenschaftlichen S., ihr Manifest »kommunistisch«, warum sind überhaupt bis in die Mitte des 19.Jh.s die Begriffe S. und Kommunismus nicht so voneinander getrennt, wie es später üblich wurde? Engels erklärt das in der letzten Vorrede, die er (1890) zum »Kommunistischen Manifest« geschrieben hat: »Unter Sozialisten verstand man 1847 zweierlei Arten von Leuten. Einerseits die Anhänger der verschiedenen utopistischen Systeme, speziell die Owenisten in England und die Fourieristen in Frankreich... Andererseits die mannigfaltigsten sozialen Quacksalber, die mit ihren verschiedenen Allerweltsheilmitteln und mit jeder Art von Flickarbeit die gesellschaftlichen Mißstände beseitigen wollten, ohne dem Kapital und dem Profit im geringsten wehe zu tun. In beiden Fällen: Leute, die außerhalb der Arbeiterbewegung standen und die vielmehr Unterstützung suchten bei den ›gebildeten‹ Klassen. Derjenige Teil der Arbeiter dagegen, der, von der Unzulänglichkeit bloßer politischer Umwälzung überzeugt, eine gründliche Umgestaltung der Gesellschaft forderte, der Teil nannte sich damals kommunistisch... S. bedeutete 1847 eine Bourgeoisbewegung, Kommunismus eine Arbeiterbewegung... Und da wir schon damals sehr entschieden der Ansicht waren, daß ›die Emanzipation der Arbeiterklasse das Werk der Arbeiterklasse selbst sein muß‹, so konnten wir keinen Augenblick im Zweifel sein, welchen der beiden Namen zu wählen.«

3. Die selbständige Organisierung der Arbeiterschaft in eigenen gewerkschaftlichen und politischen Organisationen erfolgte am frühesten in *England,* wo sie in ihren Anfängen bis ins 3. Jahrzehnt des 19.Jh.s zurückreicht; bedeutend war vor allem die Bewegung der Chartisten (1836-55), die u.a. für allgemeines Wahlrecht zu einem politisch maßgebenden Parlament kämpften, aber auch → Genossenschaften und → Gewerkschaften begründeten und die Zehnstundenbill durchsetzten. Nach dem Erlöschen des Chartismus dauerte es dann freilich vier Jahrzehnte, bis sich über verschiedene Gesellschaften (vor allem die Fabian Society, gegr. 1884) 1893 die Independent Labour Party bildete; 1900 entstand die Labour Party unter Führung von J.K.Hardie (1856-1915). Seitdem gibt es in Großbritannien eine große gewerkschaftlich-sozialreformerisch-s.e Arbeiterpartei, die bald zum politischen Gegenspieler der Konservativen wurde.

In *Deutschland* drängten anfangs der 60er Jahre des 19.Jh.s Arbeiter und junge Intellektuelle unter der Führung von → Lassalle zur Gründung eines Allgemeinen Deutschen Arbeitervereins. Aus der Vereinigung der »Lassalleaner« mit den stärker von Marx beeinflußten, weniger national und mehr internationalistisch eingestellten »Eisenachern« unter Aug. → Bebel und W.Liebknecht auf dem Gothaer Parteitag (1875) ging die Sozialdemokratische Partei Deutschlands hervor (→ Sozialdemokratie: I), die trotz Verfolgungen (Sozialistengesetz 1878-90) schon bei der Reichstagswahl 1890 zur stärksten deutschen Partei wurde. Etwa parallel organisierten sich die s.en Parteien in Österreich, Belgien, Frankreich und anderen Ländern Mittel- und Westeuropas. Die Entwicklung der s.en Organisationen im zaristischen Rußland einerseits, in den USA andererseits unterlag wesentlich abweichenden Bedingungen.

International schlossen sich die jungen Arbeiterorganisationen bereits 1864 in der *Internationalen Arbeiter-Assoziation* zusammen; ihr Manifest (»Inauguraladresse«) und ihre Satzungen schrieb Marx. In der Auseinandersetzung mit Proudhonisten und Bakunisten kam es 1872 zur Spaltung und 1876 zur Auflösung dieser »ersten Internationale«. 1889 wurde die *Zweite Internationale* gegründet; ihr erster wichtiger Beschluß war die Proklamierung des 1. Mai zum Tag einer jährlich wiederkehrenden internationalen Manifestation. Die Zweite Internationale zerbrach im Aug. 1914, als die meisten s.en Parteien für die Bewilligung der Kriegskredite stimmten und in die nationale Front ihres Vaterlandes einschwenkten.

4. Entsprechend seinen mannigfachen geistigen Ursprüngen und den in den einzelnen Ländern verschiedenen wirtschaftlichen und geschichtlichen Voraussetzungen standen von Anfang an im S. verschiedene *Richtungen* neben- und oft scharf gegeneinander. Zu Lebzeiten von Marx waren dessen Auseinandersetzungen mit Proudhon, Lassalle, Bakunin sowie mit den Führungen einzelner s.er Parteien bedeutungsvoll. Dabei ist zu beachten, daß zwar das »Kommunistische Manifest« und die »Inauguraladresse« der ersten Arbeiterinternationale sowie die Schriften von Marx und Engels der jungen → Arbeiterbewegung (, 1) wichtige Impulse und ein gesteigertes, wohlbegründetes Selbstbewußtsein sowie die Grundregeln einer selbständigen politischen Bewegung vermittelten, daß aber *»der → Marxismus«* zu keiner Zeit die Arbeiterbewegung West- und Mitteleuropas wirklich beherrschte und bestimmte; er war immer nur *ein* Faktor neben anderen, und seine Erkenntnisse und Lehren gelangten bestenfalls in sehr verdünnter oder simplifizierter Form an das Gros der Parteimitglieder und -funktionäre. Auch zeigte sich, daß nur wenige Köpfe der Arbeiterbewegung die Methode des Marxismus zu selbständigen, weiterführenden Arbeiten zu verwenden wußten (Plechanow, K. → Kautsky, Rosa Luxemburg, R.Hilferding, M.Adler, O.Bauer, K.Korsch, G.Lukacs, F.Sternberg und wenige andere).

Etwa um 1900 kam es in verschiedenen s.en Parteien zu heftigen Auseinandersetzungen mit den *Revisionisten* oder Reformisten, die Marx' Lehren kritisierten und eine andere politische Taktik (beweglichere Ausnutzung der Möglichkeiten des bürgerlichen Staates) forderten. In Deutschland, wo E.Bernstein ihr wichtigster Wortführer und Theoretiker war, blieben sie bis 1914 dem äußeren Schein nach in der Minderheit, besaßen aber in Wirklichkeit schon bedeutenden Einfluß in der sozialdemokratischen Parteiführung, in der Reichstagsfraktion und in der sozialdemokratischen Presse. Auch in Belgien (E.Vandervelde), Frankreich (Jaurès), Skandinavien usw wurden, mit national bedingten Abstufungen, die Reformisten immer einflußreicher; im Aug. 1914 wurde das vollends deutlich.

5. Seit dem Ende des 1. Weltkrieges traten im S. eine Reihe von *Richtungen und Strömungen* hervor, die vorher entweder noch gar nicht oder nur unentwickelt und unorganisiert in Erscheinung getreten waren.

Auf der einen Seite hatte die im Laufe der Kriegsjahre sich zuspitzende Auseinandersetzung um die Haltung zum Krieg (Bewilligung der Kriegskredite) zur Abspaltung der »Linken«, der Internationalisten geführt, die sich zB in Deutschland in der Unabhängigen Sozialdemokratie (USPD) und im Spartakusbund sammelten, aus dem 1918/19 die Kommunistische Partei hervorging. Die Russ. Revolution von 1917, die Gründung der straff zentralistisch geführten Kommunistischen Internationale sowie die Politik der Sowjetunion vertieften und verewigten diese Spaltung.

Auf der anderen Seite eroberten die Revisionisten entweder den ganzen Parteiapparat oder bildeten sehr starke Fraktionen innerhalb der s.en Parteien; sie waren auch mit Erfolg um die Weiterentwicklung ihres theoretischen Fundaments und Rüstzeugs bemüht, so etwa H. de Man in Belgien.

Ferner formierten sich, innerhalb oder außerhalb der s.en Parteien, verschiedene Richtungen oder Gruppen. So zB in Deutschland seit etwa 1924 eine Gruppe um den Philosophen L.Nelson, die sich später *Internationaler Sozialistischer Kampfbund (ISK)* nannte. In der Auseinandersetzung um die Koalitionspolitik der SPD spaltete sich 1931 die *Sozialistische Arbeiterpartei (SAP)* ab. Andere auf Erneuerung der Arbeiterbewegung drängende Gruppen bildeten sich ab 1933, teils in der Illegalität, teils in der Emigration. Sie alle sind 1945 in die SPD zurückgekehrt, in der manche ihrer früheren Wortführer wichtige Funktionen haben.

In der SPD wie in anderen s.en Parteien (Niederlande, Dänemark, Österreich u.a.) wurde in den letzten Jahren die Stellung zur Religion, zu den Kirchen, zum Staat, zur Landesverteidigung, zur Wirtschaftsordnung usw neu überdacht und zT in neuen Programmen (zB Godesberger Programm, 1959) neu festgelegt (→ Sozialdemokratie: II. III).

In England erreichte zeitweise der *»Gilden-S.«* mit G.D.H.Cole als bedeutendstem Theoretiker Einfluß; später (1939) vereinigte sich diese Richtung mit den Fabiern. 1951 trat eine *»Sozialistische Union«* mit einer programmatischen Schrift »Twentieth Century Socialism« hervor, »um die Bedeutung des S. für die Welt von heute neu zu überdenken«. Andererseits traten nach dem 2.Weltkrieg s.e Bewegungen außereuropäischer Länder (Indien, Israel, Burma u.a.) mit ihren besonderen Impulsen in die Gedankenwelt des S. ein.

Die *Sozialistische Internationale* wurde am 3.7.1951 in Frankfurt mit einer Erklärung über »Ziele und Aufgaben des demokratischen S.« neu gegründet; sie ist ein föderalistischer, verhältnismäßig loser Zusammenschluß der freiheitlich-s.en Parteien der westlichen Welt.

Das Kommunist. Manifest, 1848 - F.ENGELS, Die Entwicklung des S. von der Utopie zur Wissenschaft, 1882 - F.MUCKLE, Die Gesch. der s.en Ideen im 19.Jh., 2 Bde, 1909 - M.ADLER, Wegweiser, Studien zur Geistesgesch. des S., (1914) 1931^5 - DERS., Kant u. der Marxismus, 1925 - M.BEER, Allg. Gesch. des S. u. der sozialen Kämpfe, (1919) 1932^8 - R.WILBRANDT, S., 1919 - R.LIEFMANN, Gesch. u. Kritik des S., 1922 - G.RADBRUCH, Kulturlehre des S., 1922 - H.DE MAN, Zur Psychologie des S., (1925) 1927^2 - E.HEIMANN, Kapitalismus u. S., 1931 - P.LOUIS, Les idées essentielles du socialisme, Paris 1931 - DERS., Cent-cinquante ans de pensée socialiste I, ebd (1936) 1947^2; II, ebd 1953 - E.BLOCH, Freiheit u. Ordnung (Abriß der Sozialutopien), 1947 - E.REICHEL, Der S. der Fabier, 1947 - T.RAMM, Die großen Sozialisten als Rechts- u. Sozialphilosophen, 1955 - DERS., Der Früh-S. (Ausgew. Quellentexte), 1956 - E.SCHRAEPLER, Quellen zur Gesch. der sozialen Frage in Deutschland 1800-70, Bd I, (1955) 1960^2 - F.OSTERROTH, Chronik der s.en Bewegung Deutschlands, 1956 - S. in unserer Zeit, hg.v. der Sozialist. Union, 1956 - HWSW IX, 486ff (Lit.) - J.BRAUNTHAL, Sozialist. Weltstimmen, 1958. *W.Fabian*

II. Religiöser Sozialismus

1. Geschichtliche Einordnung - 2. Die Anfänge des r.S. - 3. Der schweizerische r.S. - 4. Der r.S. in Deutschland - 5. Würdigung und Kritik. - Vgl. ergänzend → Christlich-sozial, → Evangelisch-sozial, → Katholisch-sozial, → Kirchlich-sozial, → Religiös-sozial, → Religiös-sozialistische Bewegung

1. Nicht mit Unrecht ist der Zusammenstoß zwischen Christentum und S. als *das* kirchengeschichtliche Ereignis des ausgehenden 19. und beginnenden 20.Jh.s bezeichnet worden (Thurneysen). Die Entwicklung der modernen Welt zur kapitalistischen Industriegesellschaft, das Aufkommen des → Nationalismus und → Militarismus mitsamt der Entstehung des proletarischen Problems (→ Proletariat) ist von der Christenheit nicht in der diesen Erscheinungen eigenen Mächtigkeit erfaßt worden. Die Kirchen waren zu stark mit der politischen Restauration verbunden, als daß sie zu mehr als zu Samariterdiensten an der sozial zerfallenden Gesellschaft bereit gewesen wären (→ Innere Mission). Die im → Sozialismus (: I) sich organisierenden Massen wurden als gottentfremdet und vaterlandslos betrachtet, jedenfalls als Menschen, mit denen es keine Bruderschaft und existentielle Solidarität gab. Die Proletarier waren für die Kirchen im Grunde nur Objekte der Bekehrung, ohne daß begriffen wurde, daß die ganze proletarische Situation für die Christenheit ein Ruf zur Buße ist, demgegenüber jede Art von Selbstgerechtigkeit unangebracht sein muß. Die Überwindung dieses geschichtlichen Unglücks, in dem sich S. und Kirche gegenseitig als reaktionär bzw. gottlos anklagen, ist das Ziel des r.S.

Die Bewegung des r.S. gehört in die seit Mitte des 19.Jh.s aufkommende → christlich-soziale Bewegung hinein. Während diese in der englischen Welt unter der Führung von F.D. → Maurice, Ch. → Kingsley und J.M.Ludlow weithin die englischen Kirchen erfaßte und es so möglich wurde, den scharfen Gegensatz zwischen der sozialistischen Bewegung und dem Christentum zu vermeiden, litt die Bewegung in Deutschland darunter, daß sie fast ausschließlich Sache einiger weniger Vorkämpfer war und nur geringe Teile der Kirche erfaßte. Die Bewegung des → Social Gospel (W. → Rauschenbusch) in den USA konnte sich mit dem amerikanischen Traum vom Reich Gottes auf Erden verbinden und entsprach so den innersten Antrieben des demokratischen Ideals. Im luth. bestimmten deutschen Kirchentum waren die Bedingungen für eine nicht nur aufs Karitative gerichtete, das Ganze der Gesellschaft als Ziel der Reform ins Auge fassende Bewegung wesentlich ungünstiger. Die starke Bindung des Protestantismus an das → Bürgertum, die enge Verbindung von Thron und Altar, die Ressentiments gegen den kirchenfeindlichen S. und die Entartung der luth. → Zwei-Reiche-Lehre zur Lehre von der absoluten Eigengesetzlichkeit von Politik und Wirtschaft hemmten das Vordringen der → religiös-sozialistischen Bewegung.

2. Der r.S. nahm seinen Ausgangspunkt zunächst nicht beim S. selbst, sondern in der Kirche. Abgesehen von religiösen Ansätzen im vormarxistischen Früh-S. (→ Saint-Simon, Nouveau Christianisme; W.Weitlings Forderung einer »Kommunisierung des Evangeliums«) waren zwar auch auf seiten des S. vor dem 1. Weltkrieg einzelne Vorstöße gegen die offizielle Erklärung der Religion zur Privatsache gewagt worden (Bernsteins und Vorländers ethische Begründung des S. von Kant her; Diskussion über S., sittliches Bewußtsein und Religion in den Sozialistischen Monatsheften 1910/11), doch blieben diese Versuche ebenso vereinzelt wie die einiger Katholiken, eine Übereinstimmung in den ethischen Forderungen des Katholizismus und des S. festzustellen (Beyer, Mertens, → Steinbüchel). Die päpstliche Lehrmeinung, daß Katholizismus und S. unvereinbar seien, stand einer kath.-sozialistischen Synthese im Wege (→ Katholisch-sozial). Vom Pietismus herkommend legte als erster der jüngere → Blumhardt eine Bresche in die verfestigte Front zwischen Kirche und S. Er war kein Politiker, und die sachliche Erörterung politischer oder sozialer Fragen spielte für ihn keine wesentliche Rolle. Blumhardt verkündigte, daß Jesus der Sieger ist über die Mächte der Welt, also auch über die heute herrschenden Dämonien in Staat und Wirtschaft. Das → Reich Gottes (: II, 6) war für ihn weder etwas nur Innerliches noch Jenseitiges, sondern will sich von der Realität des auferstandenen Christus her hier und jetzt

schon verwirklichen. Die sozialistische Bewegung war für ihn nicht die vollgültige Verwirklichung dieses Reiches, aber doch ein Werk Gottes, durch das er Eintracht und Frieden unter den Menschen pflanzen will. Für die unbußfertige Christenheit sah er darin einen »aufgehobenen Finger Gottes«. Durch den im S. lebendigen Glauben an die Menschheit und an bessere Zustände wolle Gott die lahm gewordene Christenheit schrecken, und es bestehe die Gefahr, daß der Geist Gottes an der Kirche und ihrem heilserfüllten Volk vorübergehe, wenn diese den Bußruf überhöre. Blumhardt verglich die Sozialisten mit dem Sohn im Gleichnis, der sich zunächst dem Vater verweigert, dann aber doch des Vaters Willen tut. »Sie schwatzen nicht von Gott, aber sie handeln religiös.« Er erkannte den messianischen Sinn der proletarischen Hoffnung und sah in ihr eine Erneuerung der urchristlichen Erwartung eines neuen Himmels und einer neuen Erde. Die Weltlichkeit der Bewegung war für ihn nur das Inkognito Gottes, der auch die Assyrer als seine Zuchtrute und den Kyros als seinen Knecht und Gesalbten verwenden kann. Der sozialistische Materialismus stand für ihn in unmittelbarer Beziehung zur Leibhaftigkeit der Bibel, für die ja auch die Erlösung die Leiblichkeit des Menschen, sein tägliches Brot und den Hunger nach Gerechtigkeit mitumfaßt. Diesen Schritt in die Welt bekräftigte Blumhardt durch seinen Eintritt in die sozialdemokratische Partei.

3. Ein Zentrum des r.S bildete sich in der *Schweiz* (→ Religiös-sozial). 1903 erschien H. → Kutters Buch »Sie müssen. Ein offenes Wort an die christliche Gesellschaft«, in dem Kutter mit den Christlich-Sozialen scharf abrechnete: sie ermäßigen die notwendigen Neuerungen auf das Maß des Möglichen und kämpfen unter dem Schild Jesu gegen sein Evangelium, während die Gesellschaft als ganze dringend des reinigenden Sturmwindes bedarf. Weder Kutter noch die anderen religiösen Sozialisten scheuten vor einer scharfen Kritik an der Kirche und vor summarischen Gesamturteilen zurück, vor allem wenn sie behaupteten, unser gesamtes Kulturleben sei nichts anderes als ein Gebilde des Mammonismus, der in sich die »Unersättlichkeit als Prinzip, die prinzipielle Lüge« sei. Scharf wurde zwischen Gott und Religion unterschieden. Gott ist nicht Religion; er kann auch dort wirken, wo keine Religion ist, wie er umgekehrt auch dort fehlen kann, wo Religion ist. Die später von D. → Bonhoeffer thematisch erhobene Forderung nach einem »religionslosen Christentum« stammt aus dem r.S. Gott ist als objektive Wirklichkeit da, wo seine Sache in der Durchsetzung der Gerechtigkeit unter Menschen vertreten wird, nicht im sakralen Raum der Kirchen und Gottesdienste. Das freilich führt zu einer »Revolution des Christentums« (Kutter). Sowohl Kutter wie L. → Ragaz waren sich bewußt, daß auch der S., in dem diese Gerechtigkeitsforderung am deutlichsten laut wird, nur etwas Vorläufiges im Vergleich zum Reich Gottes ist, nur ein Hinweis auf das Größere, die Sache Christi und die Erneuerung der Christenheit. Weiter war klar, daß diese Revolution nicht durch politische Aktivität herbeizuführen war, sondern allein Gottes Werk sein konnte. Darum trifft der manchmal gegen diesen r.S. erhobene Vorwurf eines »Bindestrich-Christentums« (so H.-D. Wendland) nicht den Kern der Sache. Es ging auch nicht darum, dem Evangelium seinen tiefen Glaubensgehalt zu nehmen und die Dogmatik zu verflachen, wenngleich Theologie gegenüber der Erfahrung der lebendigen Wirklichkeit Gottes stets als sekundär empfunden wurde, sondern darum, vom innersten Kern des Evangeliums her dessen soziale Erlösungskraft zu entbinden. Im Mittelpunkt stand der Gedanke der Nachfolge im Sinne der Bergpredigt. Mit der Betonung der sozialen Dimension des Christentums stellte sich der r.S. in bewußten Gegensatz zu einem einseitigen privaten Trost- und Seligkeitschristentum. Weder wollte er ein Christentum mit sozialem Anhang noch einen S. mit religiöser Verbrämung, wie es oft von seinen Gegnern dargestellt wurde, sondern eine Theokratie in dem Sinne, daß »alle Wirklichkeit in Gottes Herrschaftsgebiet gebracht und seiner Erlösung teilhaftig werde« (Ragaz). Damit trennte sich der r.S. vom alten → Liberalismus mit seinen idealistischen Bindungen und orientierte sich an einem eschatologischen Realismus. Geistes- und theologiegeschichtlich waren sich die Vertreter des schweizerischen r.S. ihrer Herkunft von Calvin und Zwingli, Rousseau und Pestalozzi bewußt, lehnten dagegen den ihnen von den Gegnern gerne zugewiesenen Zusammenhang mit dem Täufertum ab. In dieser Ahnenreihe wäre freilich auch L. → Tolstoi zu nennen.

Hatte Kutter die Einmaligkeit der gegenwärtigen Weltstunde betont, so stellte Ragaz seine Thesen in weitere geschichtliche und theologische Perspektiven. Er erkannte, daß die soziale Ausrichtung zum eigentlichen Gehalt der Botschaft Jesu gehört und immer, wenn das Evangelium im Lauf der Geschichte neu lebendig wird, die alten Schranken des statisch-konservativen Kirchentums sprengt, um das ganze soziale Leben neu zu gestalten. Sein Verständnis des Evangeliums ist ihm nicht nur Verpflichtung zum persönlichen Einsatz im sozialen Kampf, sondern zugleich Maßstab zum Verständnis der Wege Gottes in der Geschichte. Er wendet sich nachdrücklich den praktischen Folgerungen zu. 1906 gründet er den Kreis der Religiös-Sozialen und die Zeitschrift »Neue Wege«. Es bahnen sich auch Beziehungen zur Christian Socialist Fellowship um Rauschenbusch und zum französischen Christianisme social (E. → Gounelle, W. → Monod, P. → Passy) an. 1910 fand in Besançon ein internationaler Kongreß für soziales Christentum statt, während der für Sept. 1914 geplante Weltkongreß für soziales Christentum durch den Ausbruch des Krieges verhindert wurde.

Dieser Krieg bedeutete für den ursprünglichen Enthusiasmus des r.S. eine starke Ernüchterung. Daß gerade die deutsche → Sozialdemokratie mit ihrem linientreuen → Marxismus und Internationalismus die Kriegskredite bewilligte und damit den Krieg für Kaiser und Reich bejahte, war für die Schweizer eine schwere Enttäuschung. Nunmehr bahnt sich das für die kommende → Dialektische Theologie typische Distanzbewußtsein an: Weltreich und Gottesreich stehen in einem abgrundtiefen Gegensatz zueinander, denn im einen herrschen Macht und Gewalt, Militarismus und Nationalismus, im anderen Friede und Gewaltlosigkeit. Nun trennen sich die Wege der einstigen Kampfgenossen. Während Kutter in seinen »Reden an die deutsche Nation« (1916) das deutsche Volk aufruft, aus dem Ethos seiner großen Denker heraus und im Glauben an den lebendigen Gott eine neue, bessere Welt zu bauen, wendet sich Ragaz gegen die neue Kriegstheologie, die im Erlebnis des Krieges Gott zu spüren vorgibt, und verficht den Pazifismus als den für die Christen verbindlichen Weg der Nachfolge. Er wendet sich der Arbeiterbildung und der Volkshochschularbeit zu, denn ohne sittlich-religiöse Erneuerung kann keine neue Kultur erwachsen. Der Bruch zwischen dem quietistischen (Kutter) und dem aktivistischen (Ragaz) Flügel der Bewegung war allerdings schon früher eingetreten. Kutter konnte sich der sozialistischen Arbeiterbewegung nicht anschließen und erwartete von der Kirche »das Wort«. So blieb er Kirchenmann und Theologe und warnte die anderen, alles selbst und ohne Gott machen zu wollen. Ragaz verstand den Gegensatz als einen solchen von Pietismus und eschatologischer Stimmung einerseits und prophetisch-theokratischem Geist des ref. Christentums andererseits. Der Gegensatz zwischen Luthertum und Calvinismus taucht so im Hintergrund dieser Spaltung auf.

Der in der russischen Revolution vollzogene Übergang des S. in den Bolschewismus war für den r.S. insofern eine Krise, als es nunmehr galt, zwischen zwei Formen von S. Stellung zu nehmen. Die Schweizer entschieden sich gegen die russische Form wegen des ihr eigenen Gewaltglaubens. Sie fürchteten die Entseelung des S. unter der immer durchsichtiger werdenden Maske des Radikalismus. Nur in Deutschland fanden einige Vertreter des r.S. den Weg zum Kommunismus (Eckert-Mannheim).

4. In *Deutschland* hatte der Bund der religiösen Sozialisten nach 1918 seine geistigen Führer in E. → Heimann, K.Mennicke, P. → Tillich und G.Wünsch. Es kam zur Bildung eigener Gruppen (→ Religiös-sozialistische Bewegung), die auch kirchenpolitisch tätig wurden. Auch in der sozialistischen → Jugendbewegung (: IV) und der Kunst des → Expressionismus klangen religiös-soziale Motive an. Es ging diesen Gruppen einerseits um Reform der Kirche, die sie bewußt nicht verließen, andererseits um Gewinnung des Proletariats für die Religion. Die von G.Wünsch vertretene »Theologie der Wirklichkeit« sieht die Aufgabe der Kirche in der Verkündigung des Gotteswillens aus dem Geschehen der Gegenwart. Das aus dem Marxismus stammende Wissen um die Zeitbedingtheit jeder Sozialgestaltung ermutigt ihn zu der Feststellung des »Zusammenbruchs des Luthertums als Sozialgestaltung«, weil dieses die leidenden Massen im Diesseits ohne Trost läßt. - P.Tillich kann diese Massen als »heilig« bezeichnen, weil sie der Ort sind, an dem sich sowohl die menschliche Grenzsituation in der Gegenwart enthüllt als auch das Werden der neuen Schöpfung vollzieht. Dort ist »der schicksalhaft gegebene Ort des Widerstandes gegen die kapitalistische Gesellschaftsstruktur«. Das Unbedingte wird nicht in einer rein sakralen Sphäre erfahren, sondern mitten in der Profanität der Welt. Es gehört zum »gläubigen Realismus«, daß die Gegenwärtigkeit religiöser Verwirklichung nicht allein in Theologie und Wortverkündigung sich ereignet, sondern indem »das Unbedingte in unsere Gegenwärtigkeit mit unbedingter Mächtigkeit hereinbricht«. Daher kann dieser r.S. weder kirchlich noch konfessionell gebunden sein. - Am weitesten entfernte sich die von dem Juristen G.Radbruch vertretene Diesseitsreligion mit ihrer an Goethe orientierten Ehrfurcht vor dem Unerforschlichen und ihrem Ethos des Kämpfens und der Kameradschaft von der kirchlichen Bindung.

1933 entschied sich der größte Teil der deutschen religiösen Sozialisten gegen den → Nationalsozialismus (vgl. Tillichs Absage an den Ursprungsmythos der politischen Romantik in »Die sozialistische Entscheidung«), doch schlossen sich ihm auch einige an. Gedankengut des r.S. lebte nach 1945 im »fortschrittlichen Christentum« in der DDR wieder auf (Emil Fuchs). Seine Wirkungen sind weiter in den sozialethischen Verlautbarungen der → Ökumenischen Bewegung zu spüren, wenn diese die Proklamation der Herrschaft Christi in der modernen Gesellschaft betonen.

5. In der Auseinandersetzung mit der Dialektischen Theologie kamen sowohl die Eigenart wie die Grenzen des r.S. bes. deutlich zum Vorschein. Ragaz sah in der bewußten Konzentration auf die theologische Arbeit, wie sie der Dialektischen Theologie eigen ist, eine rückläufige Bewegung, eine müßige Spekulation und eine Flucht vor den Gegenwartsaufgaben. Hatte er das Reich Gottes gegen die Kirche ausgespielt, so wurde nunmehr die Kirche, ihr Wesen und ihr Platz im göttlichen Heilsplan zum zentralen Thema. Hatte der r.S. von der Offenbarung Gottes in Geschichte und Gegenwart reden können, so erfolgte nunmehr eine Beschränkung der Offenbarung allein auf die Schrift, und alle andere Gotteserkenntnis wurde als »natürliche Theologie« verworfen. Gegenüber der Berufung des r.S. auf die → Bergpredigt und die Botschaft vom Reich Gottes trat nun im Anschluß an Paulus und Luther die Lehre von der Rechtfertigung des Sünders in den Mittelpunkt von Lehre und Verkündigung. Dadurch schien die ursprüngliche Dynamik des sittlichen Appells zu erstarren, und das Problem der Nachfolge blieb ungelöst. Trotz dieser Unterschiede sind bei den Dialektikern doch immer wieder die vom r.S. empfangenen Impulse zu spüren, vor allem in der großen Offenheit gegenüber dem S. und der christokratischen Grundposition (→ Barmen, 2). Bei aller theologischen Fragwürdigkeit im einzelnen, bes. der Qualifizierung geschichtlicher Ereignisse und Bewegungen als Gottesoffenbarungen und der ans Schwärmerische grenzenden Identifizierung weltlicher Ordnungen mit dem Reich Gottes bleibt es das geschichtliche Verdienst des r.S., daß er das soziale Gewissen der Christenheit geweckt, die eschatologische Dimension aller Geschichte und allen menschlichen Handelns neu entdeckt und so eine verständnisvolle Begegnung von Christentum und S. vorbereitet hat.

Vgl. die Lit. zu den eingangs genannten Artikeln sowie zu →Blumhardt (, 2), →Kutter, →Ragaz, →Rauschenbusch, →Social Gospel, →Tillich. - Zs.en (außer den im Text genannten): Das Neue Werk, 1919ff; Blätter für rel. S., 1920ff; Der rel. Sozialist, 1922/23; Menschheitskämpfer, 1926ff; Zs. für Religion u. S., 1929ff; Neue Blätter für den S., 1930ff. - Ferner: K.Mennicke, Proletariat u. Volkskirche, 1920 - P.Althaus, Rel. S., 1921 - E.Thurneysen, S. u. Christentum (ZZ 1, 1923, 58-80) - G.Soecknick, Rel. S. der neueren Zeit unter bes. Berücksichtigung Deutschlands, 1926 (Lit.) - Th. Siegfried, Zum Problem des rel. S., 1927 - Emil Fuchs, Predigten eines rel. Sozialisten, 1928 - Ders., Von Naumann zu den rel. Sozialisten! 1894-1929, 1929 - Ders., Marxismus u. Christentum, (1952) 1955[3] - Ders., Christl. u. marxist. Ethik I. II, 1957/59 - G.Wünsch (Hg.), Reich Gottes - Marxismus - Nationalsozialismus, 1931 - Fr.Karrenberg, Christentum, Kapitalismus u. S., 1932 (Lit.) - J.Gunz, S. u. Religion im Deutschland der Nachkriegszeit, 1933 (Lit.) - H.Lutz, Protestantismus u. S. heute, 1949. *H.-H.Schrey*

Sozialpädagogik

I. Sozialpädagogik als Pädagogik der sozialen Ordnungen - II. Sozialpädagogik als soziale Nothilfe. - s. = sozialpädagogisch. - Vgl. → Soziologie: II

I. Sozialpädagogik als Pädagogik der sozialen Ordnungen

Die → Pädagogik (: I. II) hat die Bedeutung des sozialen Lebens für die → Erziehung schon früh gesehen (in der Neuzeit seit → Rousseau, → Pestalozzi, → Schleiermacher) und auch über die Rückwirkung des Sozialwandels auf die Lebensgestaltung nachgedacht. Zur Ausgliederung eines Sonderthemas mit dem Namen S. kam es (nach den Vorarbeiten von → Willmann und → Rein) jedoch erst gegen Ende des 19.Jh.s. Den Anlaß dazu gab die Sorge über die Gefährdung menschenwürdiger Formen des Zusammenlebens durch den damaligen Gesellschaftswandel und die Deutung, welche dieser Wandel auch von seiten der jungen soziologischen Theorie und Zeitanalyse erfuhr. L.v.Stein und später F.Tönnies sahen im Aufkommen »gesellschaftlicher« Verhältnisse eine Bedrohung der bisher »gemeinschaftlich« bestimmten Lebensordnungen. Während Pestalozzi, Schleiermacher und Willmann den Zögling zur Teilnahme und zur sittlichen Erneuerung der bestehenden Gesellungsformen fähig machen wollten, galt die Hauptsorge nun der Wiederherstellung des Bezugs mitmenschlicher Nähe und Unmittelbarkeit, welcher in den neuen Sozialverhältnissen verloren zu gehen schien. P. → Natorp, der als der erste Systematiker der S. gilt, suchte das Gemeinschaftsstiftende im Willen; er setzte der S. die Aufgabe, den einzelnen in einen gemeinsamen Willen umzubilden und in dieser Gemeinsamkeit eine höhere Sittlichkeit zu finden. Ziel war ein Verein gleich Wollender, in dem die Bedrohung der sozialen Ordnungen durch Einzel- und Gruppeninteressen überwunden ist. Für die Erziehungspraxis bedeutsamer wurde jedoch eine andere Auffassung von Gemeinschaft, die in der → Jugendbewegung lebendig geworden war und mit diesem Begriff eine ursprünglichere und vielschichtigere Gemeinsamkeit mit dem andern verband. Die S. sollte Formen des Zusammenlebens anregen, die dieses Erlebnis fördern, die junge Generation dadurch aus der Zerrissenheit der Erwachsenen heraushalten und ihr die Gestaltung beständiger Sozialordnungen ermöglichen. Um eine Verwirklichung dieses Gedankens bemühten sich die → *Landerziehungsheime* (durch Sport und Spiel, Gemeinschaftsdienste im Haus, freie Aussprachen und besinnliche Abende), ferner die → *Arbeitsschul-Bewegung*, die durch gegenseitige Hilfe und Kontrolle der gemeinsamen Arbeit, und die → *Kunsterziehungs-Bewegung*, welche durch gemeinschaftliches Singen, Musizieren und Laienspielen erziehende Sozialformen schufen. Mannigfaltig waren auch die Versuche, im eigentlichen Unterricht sozialerzieherische Arbeitsweisen einzurichten. Hingewiesen sei auf die Bemühungen um den *Gruppenunterricht* bei P.Petersen, W.Schmidt, E.Meyer u.a. Verfeinert wurden die Einsichten in gruppenunterrichtliches Arbeiten durch die Beiträge der Sozialpsychologie (Einblicke in die besonderen Formen und den Wandel der Gruppenbildung in den verschiedenen Lebensaltern), der Soziometrie (Auffinden bereits vorhandener Sozialkontakte durch das Soziogramm) und durch diejenigen pädagogischen Untersuchungen, die sich um eine Erhellung von Stilen der Gruppenführung bemühten, welche die kindliche Sozialentwicklung bes. fördern (U.Walz). Als weitere Möglichkeit zur Einigung mit einem Gemeinschaftsganzen sahen G. → Kerschensteiner und F.W. → Foerster die Gestaltung der Schule zu einem Gemeinwesen, dessen Leben weitgehend von Organen der Schülerschaft geregelt wird. Anregungen dazu boten die in den angelsächsischen Ländern entwickelten Formen des »Schulstaats«, der Schülerselbst- und -mitverwaltung. Foerster wollte durch diese Bemühungen zugleich der drohenden Verformung des zwischenmenschlichen Verhaltens durch bloße Anpassung an die jeweiligen politischen und wirtschaftlichen Erfordernisse entgegenwirken. Sein Ziel war die Humanisierung des mitmenschlichen Zusammenlebens durch eine von der Erziehung zu leistende »soziale Kultivierung« des Heranwachsenden. – Die Kritik an der alleinigen Ausrichtung des s.en Denkens auf die Gemeinschaft setzte bereits in den 20er Jahren ein (H.Plessner) und wurde nach 1950 neu aufgenommen. Sie gründet auf der Einsicht, daß das gemeinschaftsbetonte Verhalten für die Sozialentwicklung zwar von großer Bedeutung ist, allein jedoch nicht ausreicht, um sich in den differenzierteren Formen des heutigen Gesellschaftslebens zu bewähren. Th.Wilhelm empfahl der S. daher, sich anstelle der Gemeinschaft das »genossenschaftliche« (»partnerschaftliche«) Verhalten zum Vorbild zu nehmen, weil es dieser Differenzierung stärker Rechnung trägt. J.Pieper versuchte die »sozialen Spielregeln«, die die S. zu bilden hat, aus den Grundformen menschlicher Gesellung herzuleiten. Er nennt neben dem gemeinschaftlichen Verhalten vor allem das taktvolle Wahren der Distanz gegenüber dem andern (als Spielregel der Gesellschaft) und das Sicheinordnenkönnen in einen zweckbestimmten Funktionszusammenhang (als Spielregel der Organisation). Eindringlich weist er darauf hin, daß für jede Form des Sozialverhaltens stets alle diese Regeln, wenn auch in unterschiedlichem Maße, bedeutsam sind. Ähnlich wurde von E. → Spranger betont, daß am Aufbau der geschichtlich gegebenen Gesellungsformen stets mehrere »soziale Urverhältnisse« als tragende Sinnelemente beteiligt sind. Sie lassen sich bereits in einfacheren Formen des Zusammenseins, zB in der Familie nachweisen, können vom dortigen Leben her sichtbar gemacht und in den komplizierteren Gesellungsformen wiedergefunden werden. Die praktische Erprobung einer solchen Methode des »Wiederfindens« erlebter sozialer Elementarverhaltensweisen empfiehlt Spranger bes. dem Unterricht in Gemeinschafts- und Staatsbürgerkunde. – Überblickt man diese neueren Beiträge, so zeigt sich als Mittelpunkt der gegenwärtigen s.en Arbeiten das Bemühen, alle die Möglichkeiten des Sozialverhaltens zu bilden und zu pflegen, von denen her eine des Menschen würdige soziale Ordnung Gestalt gewinnen kann.

F.D.Schleiermacher, Päd. Vorlesungen von 1826, hg.v. E.Weniger, 1957 – L.v.Stein, Der Begriff der Gesellschaft u. die Sozialgesch. der Franz. Revolution bis 1830, 1850 – O.Willmann, Didaktik als Bildungslehre, (1882) 1957^{6} – F.Tönnies, Gemeinschaft u. Gesellschaft, (1887) 1912^{2} – Ders., Soziologische Studien u. Kritiken I. II, 1925/27 – P.Natorp, S., (1899) 1909^{2} – F.W.Foerster, Schule u. Charakter, (1908) 1953^{15} – G.Kerschensteiner, Begriff der staatsbürgerl. Erziehung, (1910) 1950^{7} – H.Plessner, Grenzen der Gemeinschaft, 1924 – P.Petersen, Der kleine Jenaplan, (1927) 1954^{24} – HPäd II, 1929 – H.Nohl, Die päd. Bewegung in Deutschland u. ihre Theorie, (1933) 1948^{3} – J.Pieper, Grundformen sozialer Spielregeln, (1933) 1955^{3} – W.Schmidt, Gruppenunterricht in der Volksschule, 1950 – F.Oetinger, Wendepunkt der polit. Erziehung – Partnerschaft als päd. Aufgabe, 1951 – A.Fischer, Leben u. Werk, hg.v. K.Kraitmair, Bd III/IV, 1954 – E.Meyer, Gruppenunterricht – Grundlegung u. Beispiel, 1954 – E.Lichtenstein, Umrisse einer soziol. Jugendkunde, 1955 – C.Weiss, Abriß der päd. Soziologie II, 1955 – M.E. Bennett, Guidance in Groups, New York 1955 – E.Spranger, Gedanken zur staatsbürgerl. Erziehung, 1957 – U.Walz, Soziale Reifung in der Schule, 1960. – Vgl. die Lit. zu → Sozialpädagogik: II.

F.Obiditsch

II. Sozialpädagogik als soziale Nothilfe

Seit etwa 1918 läßt sich in Deutschland von einer »s.en Bewegung« als einer neuen Phase der »pädagogischen Bewegung« sprechen; sie verlangt nach theoretischer Begründung ihres Arbeitszusammenhanges und sucht ihn in der Deutung des von allen Seiten gebrauchten Begriffes der »S.«. Man fühlt eine Zusammengehörigkeit sich als Tatsache herausbilden, deren Grund zunächst nicht klar erkannt wird. Vielfach sucht man ihn in der Gleichheit der Mittel (Erziehung durch die Gemeinschaft), der spezifischen Ziele (Erziehung zur Gemeinschaft) oder auch der Trägerschaft (die Gemeinschaft als Erziehungsträger), ohne daß damit die wirkliche Gemeinsamkeit der s.en Arbeit und der konkrete Zusammenhang der verschiedenen Bemühungen sichtbar wird, der unabhängig von allen Begriffen auch bei allen möglichen Verschiedenheiten der Mittel, Ziele und Träger der S. besteht. Charakteristisch ist, daß das Wort »S.« im Laufe der Jahre wechselnden Bemühungen zugeordnet wird: Anfangs steht alles unter dem beherrschenden Gesichtspunkt und infolgedessen auch Schlagwort »staatsbürgerliche Erziehung« (so zuerst der → Arbeitsschul-Gedanke). 1911 tritt die Jugendpflege in den Mittelpunkt; man bezeichnet sie als S. im engeren Sinne, definiert also S. als die außerschulische Erziehungsarbeit oder als Einwirkung außerschulischer Gemeinschaften. Um 1918 wird unter S. in der Hauptsache – neben der Jugendpflege – Volkshochschule und Arbeiterbildung verstanden. Seit 1920 wird wieder das Problem der staatsbürgerlichen Erziehung das spezifisch s.e (Gemeinschaftsschule tritt zur Arbeitsschule). 1922–25 rücken

Jugendwohlfahrt und → Jugendfürsorge (→ Fürsorgeerziehung) in den Brennpunkt des Interesses, so daß der Name »S.« mehr und mehr diesen Arbeitsgebieten zugeordnet wird (s.e Institute in Berlin und Hamburg, Professuren und Lehraufträge für S. in Leipzig und Hamburg beziehen sich auf diese Sachgebiete der Jugendwohlfahrt und Jugendfürsorge). Seit 1925 endlich erfreuen sich die Fragen der Berufserziehung und des Fachschulwesens (→ Fachschule) deutlich der bevorzugten Verwendung des Namens »S.«. In diesem Wandel der Bevorzugung in der Namengebung drückt sich die wechselnde Dringlichkeit der verschiedenen Arbeitsgebiete aus. Vielleicht hat erst das Pestalozzijahr 1927 im Rückgang auf → Pestalozzis s.e Anschauungen es möglich gemacht, den geistigen Zusammenhang aller dieser Bemühungen in gemeinsamer Verursachung, Zielsetzung, Verantwortung und Haltung zu erkennen.

Die Einheit der s.en Bewegung ergibt sich zunächst aus der Bezogenheit aller s.en Bemühungen auf eine gemeinsame Ursache in den Tatbeständen des Lebens, die gleichsinnige erzieherische Bemühungen hervorruft. Jede Form von S. ist hervorgerufen durch einen allgemeineren, über das Zufällige und Individuelle hinausreichenden Mangel, durch eine Not, die in allen ihren Formen ihrerseits wieder eine letzte Ursache hat, in der sie alle zusammenhängen: die Auflösung der überkommenen Volksordnung. Die s.e Arbeit bemüht sich stets um die Überwindung der aus der Auflösung der Volksordnung entstandenen Lebens- und Volksnot und sucht die Volksordnung durch erzieherische Einwirkung wiederherzustellen. In allen einzelnen Lebensnöten ist die Volksnot enthalten, in jeder Einzelnot ist zugleich die universale Not konkret gegeben. – Die Arbeitsgebiete der S. sind doppelt charakterisiert, einmal durch den Ort, wo Volksnot begegnet (in Staat, Kirche oder Gemeinde, im Bauerntum oder Proletariat, in Dorf oder Stadt, bei der Jugend oder bei den Erwachsenen, beim Arbeits- oder Genußleben), ferner dadurch, wie man die Not und Zerstörung erklärt, ob man religiösen Zerfall, Zerfall des Staatsgefühls, der Geschlechtsmoral, der ständischen Ordnung, der Berufe, der Bedarfsdeckungswirtschaft usw für die Erscheinungen verantwortlich macht. Bei aller Mannigfaltigkeit heben sich zwei Grundformen der Erklärung heraus: die eine aus den Formen des sozialen Lebens – zB Wegfall früherer Volksordnungen, Proletarisierung, Verbürgerlichung oder noch keine neue Ordnung –, die andere aus der Veränderung der Einstellung des Menschen (etwa aus der Glaubenslosigkeit, der kapitalistischen oder anarchistischen Gesinnung u.dgl.). Entscheidend ist aber, daß man von einer Not schließlich auf den ganzen Kreis der Lebensnöte geführt wird, und ebenso sind mit einer Erklärung alle anderen mitgegeben. Man gelangt durch den universalen Zusammenhang aller Ursachen schließlich wieder auf die individuelle Not, die den Ausgangspunkt abgab. Die Vielseitigkeit des s.en Eingreifens beruht nicht auf der Unzulänglichkeit der Erkenntnis der Ursachen, sondern auf der Vielseitigkeit der Lebensnot selbst. Jede echte Bemühung hebt ein Moment der Volkszerstörung heraus und vermag auch wirklich an dieser Stelle der Zerstörung entgegenzuwirken. Aber in diesem einen Moment sind zugleich alle anderen mitgegeben, und zwar nicht nur theoretisch, indem eine Ursache der anderen durch die Verknüpfung in der Volksnot zugehörig ist, sondern auch praktisch. Die isolierte Maßnahme gegenüber einem isolierten Tatbestand erweist sich als unzulänglich und wird ständig erweitert und gestützt durch eine neue, andere Maßnahme; man erfährt die universale Verbundenheit in der Zerstörung der Ordnungen durch den Zwang zur ständigen Erweiterung der s.en Bemühungen. Im Kleinen zeigt sich die Einheit der Not darin, daß man immer mehr Maßnahmen aus anderen Bereichen oder von anderen Deutungen der Lage her sich zu eigen machen muß; im Großen darin, daß aus lauter einzelnen Bemühungen schließlich die s.e Bewegung wird. So kann zB die Fürsorgeerziehung nicht mehr wirklich geschehen, ohne daß es Jugendpflege gibt, die Staatserziehung nicht ohne Gefängnispädagogik, die religiöse nicht ohne Berufserziehung usw. Die subjektive Entsprechung zu dem Sachverhalt »gestörte Volksordnung« ist die individuelle Verwahrlosung, die schon im Wort den Hinweis auf einen Mangel enthält, der nicht allein im Individuum liegt. Diese Verwahrlosung kann entweder Ursache – hier bes. ist der Ort der → Heilpädagogik innerhalb der S. – oder Folge der Volkszerstörung sein; dabei kann die Verwahrlosung jeweils entweder aus dem Übergewicht der egozentrischen Kräfte oder aus der Übermacht der gesellschaftlichen Einwirkungen eingetreten sein. Von daher ergeben sich verschiedene Zielsetzungen und Arbeitsweisen, ebenso auch aus dem jeweils vorgefundenen Grade der Verwahrlosung: Heilen oder Vorbeugen, Unterstützen oder Hemmen, Kräftigen oder Neubilden, Retten oder Einordnen. – Gemeinsam ist allen auf dem Felde der S. Arbeitenden das s.e Ethos, das aus der gleichen Verantwortung und dem gleichen Helferwillen entspringt. Durch das gleichzeitige Gerichtetsein auf den in Not befindlichen Einzelnen und die gestörte Volksordnung bestimmt, ist es vielleicht am besten im Begriff des »sozialen Humanismus« zu vergegenwärtigen.

ALOYS FISCHER, Das Verhältnis der Jugend zu den soz. Bewegungen u. der Begriff der S. (in: Festschr. zu G.Kerschensteiners 70.Geb., 1924, 209-306 = A.F., Leben u.Werk III/IV, 1954, 163-262) - H.NOHL, Jugendwohlfahrt, 1927 (= H.N., Pädagogik aus 30 Jahren, 1949, 133-181) - HPäd V, 1929 (darin bes.: G.BÄUMER, Die hist. u. soz. Voraussetzungen der S. u. die Entwicklung ihrer Theorie, 3-17) - G.HERRMANN, Die s.e Bewegung der 20er Jahre, 1956 - K.MOLLENHAUER, Die Ursprünge der S. in der industriellen Gesellschaft, 1959 - E.WENIGER, H.Nohl u. die s.e Bewegung (ZP, Bh. 1, 1960, 5-20).

† E.Weniger

Sozialpartner im weiteren Sinne sind die an der *sozialen Selbstverwaltung* (→ Sozialversicherung) und bes. am *Tarifvertrag* beteiligten, voneinander unabhängigen Parteien der Arbeitgeber und der Arbeitnehmer, die in ihrer *Koalitionsfreiheit* durch Art. 9 GG geschützt sind. Sie sind dazu berufen, in freiem Zusammenwirken die Arbeitsbedingungen zu vereinbaren und gemeinschaftlich soziale Angelegenheiten zu regeln. Nach deutschem → Arbeitsrecht besitzen auf Arbeitnehmerseite → Gewerkschaften und auf Arbeitgeberseite Arbeitgeberverbände sowie einzelne Arbeitgeber Tariffähigkeit. Spitzenorganisationen der Gewerkschaften und der Arbeitgeberverbände sind tariffähig, wenn der Abschluß von Tarifverträgen zu ihren satzungsgemäßen Aufgaben gehört. – Durch das Hilfsdienstgesetz von 1916 wurden die Gewerkschaften als gleichberechtigte S. anerkannt. Eine weitere Manifestation gleichberechtigter Partnerschaft kann in der Zentralarbeitsgemeinschaft der Arbeitgeber- und -nehmerverbände gesehen werden, die am 15.11.1918 errichtet wurde und bis 1924 bestand. Heute baut sich das wirtschaftliche Leben weithin auf der *paritätischen Zusammenarbeit* der Arbeitgeber und der Gewerkschaften im Sinne einer auf der Grundlage der sozialen Partnerschaft beruhenden Ordnung auf. Sie ist jedoch nur möglich, wenn das Kräfteverhältnis zwischen den beiden Parteien ausgeglichen ist und ein echtes Interesse an der Selbständigkeit (→ Emanzipation) besteht. Die Zusammenarbeit der S. muß der gesamten Volkswirtschaft dienen. Es darf also zu keiner Einigung von S.n auf Kosten anderer Bevölkerungskreise kommen. In diesem Zusammenhang von Schicksalsverbundenheit zu sprechen, dürfte zu weit gehen. Mit der beiderseitigen Verhandlungsbereitschaft der Verbände hängt die neue Einstellung zum → Schlichtungswesen zusammen, die 1950 in Hattenheim mit dem Ergebnis einer völligen Einigung in dem Sinne zwischen den S.n verhandelt wurde, daß die Zwangsschlichtung der Weimarer Zeit abgelehnt wurde. Über den Fall der Schlichtung hinaus bedeutet echte S.schaft die Erledigung eigener Aufgaben unter eigener Verantwortung durch die S. selbst ohne Beteiligung staatlicher Stellen. Diese Tatsache darf nicht darüber hinwegtäuschen, daß es nach wie vor Probleme zwischen den S.n gibt, die zu → Arbeitskämpfen führen. Große unterschiedliche Auffassungen bestehen vor allem bei der tariflichen Gestaltung der Löhne und Gehälter, was dazu geführt hat, daß einige Gewerkschafter die S.schaft für unmöglich halten.

Während in der wissenschaftlichen Diskussion der Begriff S. eine Schöpfung zur Kennzeichnung der Neugruppierung von Gemeinschaften im sozialen Raum ist und an die Stelle von → Klassen tritt, werden im engeren Sinne unter S.n *Unternehmer und Belegschaft* verstanden, die sich genauer als Leitende und als Ausführende bzw. ihre jeweilige Vertretung, dh als Faktoren der betrieblichen Willensbildung gruppieren lassen. Zu den Leitenden werden auch die leitenden Angestellten gemäß Betriebsverfassungsgesetz vom 11.10.1952 gerechnet. Der → Unternehmer muß Vorgesetzter und Partner zugleich sein. Gerade in der ständigen Balance zwischen beidem zeigt sich die Unternehmerpersönlichkeit. Der Belegschafter muß den Willen haben, Untergebener und Partner in einem zu sein. S.schaft ist auf freiwillige Zügelung der Macht angelegt. Wie bei den am Tarifvertrag und in der Selbstverwaltung der Sozialversicherung beteiligten Parteien geht es auch auf betrieblicher Ebene um die Lösung sozialer Fragen durch gemeinsame Verhandlungen, wie sie zB im Betriebsverfassungsgesetz und in der gesetzlichen → Mitbestimmung vorgesehen sind. Bes. im → Betrieb müssen die S. die Überwindung sozialer Spannungen anstreben. Ihre Aufgabe ist die Herstellung einer Betriebssolidarität, die Belegschaft und Unternehmer als Arbeitspartner durch verantwortungsbewußte Mitarbeit am gemeinsamen Werk verbindet. Leistungswille und Verantwortungsbereitschaft der Belegschaft sind so unentbehrlich wie Unternehmer- und Leitungsfunktion. Zur *betrieblichen S.schaft* gehört als Voraussetzung ein gutes Betriebsklima, das durch Faktoren wie Arbeitsplatzsicherung, gerechter → Lohn, Gruppenarbeit, Kameradschaft u.a. beeinflußt wird.

Bes. nach dem 2. Weltkrieg ist der schon bei → Abbe zu findende Gedanke der S.schaft immer mehr an die Stelle von Ideologien des Klassenkampfs und Klassenhasses getreten. Die restlose Anerkennung dieses Gedankens ist jedoch heute noch nicht überall eine Selbstverständlichkeit, wenn auch in dem Bemühen um sozialen Frieden eine Vertiefung der Zusammenarbeit der S. im Bewußtsein der Gleichberechtigung und des Aufeinanderangewiesenseins stattgefunden hat. Sie muß durch schöpferische Diskussion immer wieder verwirklicht werden, was nicht heißt, daß Arbeitskämpfe nicht mehr legitim wären. Voraussetzung für jede S.schaft ist eine menschliche Gesinnung gegenseitiger Achtung, die nicht aufzwingbar ist, sondern allein vom guten Willen der Menschen abhängt, auf dem Boden des *friedlichen Interessenausgleichs* zusammenarbeiten zu wollen. Mit der fortschreitenden Realisierung der S.schaft auf überbetrieblicher und betrieblicher Ebene ist eine soziale Wandlung eingetreten, durch die zahlreiche alte Fragestellungen überholt sind. Ein gut funktionierendes System der S.schaft fördert die Achtung vor den grundlegenden sozialen → *Menschenrechten* wie freie Arbeitsplatzwahl, gleiche Beschäftigungsgelegenheiten, Versammlungs- und Vereinigungsfreiheit, Nichtdiskriminierung und gerechte und befriedigende Arbeitsbedingungen.

Auch die *Kirchen* und ihre Werke tragen zur Befestigung der Beziehungen zwischen den S.n bei, indem sie sich mit den sozialen Fragen und den Problemen der S. in engem Kontakt mit diesen in eigens hierfür geschaffenen Gremien auseinandersetzen. Genannt seien hier für den Bereich der EKD die Sozialkammer der EKD, die Ev. → Sozialakademie in Friedewald, die ev. → Akademien, die Sozialämter bzw. -ausschüsse der Landeskirchen und der Deutsche Ev. → Kirchentag. Die Gemeinsame Sozialarbeit der Konfessionen im Bergbau dient mit ihrem bikonfessionellen Einsatz ebenfalls der Festigung einer innerbetrieblichen S.schaft.

A.WEBER, Der Kampf zwischen Kapital u. Arbeit, (1910) 1954[6] - L.HEYDE, Abriß der Sozialpolitik, (1920) 1959[11] - G.SPINDLER, Partnerschaft statt Klassenkampf, 1954 - G.FISCHER, Partnerschaft im Betrieb, 1955 - G.ERDMANN, Die soziale Selbstverwaltung in ihrer rechts- u. staatspolit. Bedeutung (in: Festschr. f. F.Sitzler, 1956, 43 bis 54) - J.H.KAISER, Die Repräsentation organisierter Interessen, 1956 - O.NEULOH, Die dt. Betriebsverfassung u. ihre Sozialformen bis zur Mitbestimmung, 1956 - G.D.H.COLE, The Case for Industrial Partnership, London 1957 - R.S.HARTMAN, Die Partnerschaft von Kapital u. Arbeit, 1958 - G.KRIPS, Der Wandel des Verhältnisses der S. zueinander in der Weimarer Republik u. in der Gegenwart, 1958 - D.NATTMANN, Die Parität als Organisationsprinzip für die Zusammenarbeit der S., 1960 - Internationales Arbeitsamt, Die Arbeitsbeziehungen, Genf 1961 - T.RAMM, Die Parteien des Tarifvertrages, 1961.

P.Heyde

Sozialpfarrer gibt es heute in 15 deutschen ev. Landeskirchen, zT noch mit anderen Stellungen gekoppelt (→ Arbeiterpfarrer und Industriepfarrer). Anfänge dieser Arbeit (→ Evangelisch-sozial) begannen 1921 im Rheinland (Präses D.Wolff, Lic. Menn), bald auch in Westfalen, in der Provinz Sachsen, in Brandenburg, Schlesien, Ostpreußen, Hannover, Thüringen, Hamburg, Pfalz und in Sachsen. Seit 1925 bestand ein Sozialer Ausschuß des Deutschen Ev. Kirchenausschusses zur Weiterführung und Koordinierung der Einzelversuche. In den »Eisenacher Richtlinien« (1925) wurde die Behandlung sozialer Probleme vom Worte Gottes her als Voraussetzung für die Bildung neuer Gemeinschaft gefordert. Der lehrmäßigen Bearbeitung aller sozialen Fragen diente bis 1933 die Ev.-soziale Schule in Spandau, seit 1949 die Ev. → Sozialakademie in Friedewald. »Der S. hat die Aufgabe, in der durch die industrielle Revolution veränderten Welt nach neuen Arbeits- und Gemeinschaftsformen des kirchlichen Dienstes an der Welt zu suchen und solche zu entwickeln« (Entwurf für eine geplante Dienstordnung des S.s, 1961). Kirchlicher Dienst muß hierbei umfassend im Sinne einer bewußten Konkretisierung der Verkündigung bis hin zu praktischen Vorschlägen, auch strukturellen Verbesserungen, zur Erhaltung der Mitmenschlichkeit verstanden werden. Die Kirche soll kein eigenes Sozialprogramm anbieten, sondern die »Entfremdung« im existentiellen Bezug zur Arbeit und zum Evangelium überwinden helfen. Dies erfordert unmittelbare Zusammenarbeit mit Gruppen-, Berufs- und Interessenverbänden (Gewerkschaften, Arbeitgeber-, Unternehmer-, Bauernverbände), auch in Rüstzeiten und bei Betriebsbesuchen, ebenso wie Koordinierung der sozialen Arbeit aller kirchlichen Dienstgruppen (Aktionsgemeinschaften), Werke und Gemeinden, Information über grundsätzliche und aktuelle Probleme, Beobachtung der sozialen Struktur, auch in der Kirche, und Einflußnahme auf die Ausbildung des Nachwuchses. In der *»Arbeitsgemein-*

schaft der Sozial-, Industrie- und Arbeiterpfarrer« der EKD (ASIA, 1956) werden neben notwendigem Erfahrungsaustausch theologische und sozialpolitische Fragen (Eigentum, Lohn, Mitbestimmung, Partnerschaft, Lebensstandard, Versicherungswesen usw) vor allem unter dem Gesichtspunkt der → Sozialethik erörtert und weitergeführt. In Wahrnehmung der sozialen Verantwortung sollen die S. zusammen mit Sozialsekretären und qualifizierten Laien in neuartigen Dienst- oder Betriebsgruppen die Arbeit kirchlicher Stellen nicht ersetzen, sondern diese beraten, unterstützen und aktivieren.

W. Menn, Soziale Pfarrämter (Ev.-Sozial, 1924, H. 2) - ESL 954f - Verantwortung für den Menschen, hg.v. Fr. Karrenberg u. J. Beckmann, 1957 (bes. 54 ff: E. Thier, Die Gemeinde Christi u. der Arbeiter) - Der Pfarrer in der modernen Gesellschaft, hg.v. G. Wurzbacher u.a., 1960 - Seelsorge in der modernen Gesellschaft, hg.v. E. Müller u. H. Stroh, 1961. - Ferner zahlr. Aufsätze in der Zs. »Die Mitarbeit«, seit 1952.
K. Schuster

Sozialpolitik

1. Geschichtlich - 2. Gegenwärtiger Aufbau. - Vgl. → Sicherheit, soziale; → Sozialreform

1. Unter S. soll mit L. Preller verstanden werden der »Teil der Gesellschaftspolitik, der sämtliche Bestrebungen und Maßnahmen umschließt, die auf eine bestmögliche Ordnung des Sozialgefüges im Hinblick auf das Arbeitsleben der menschlichen Gesellschaft zielen«.

Geht man in die Zeiten zurück, wo es noch keine S. im Sinne der heutigen Gesetzgebung gab, so findet man im Europa des MA als maßgebend noch die ständische Gliederung der vorwiegend handwerklichen Gesellschaft in den Städten. Im übrigen lebten damals drei Viertel und mehr der Gesamtbevölkerung als Berufszugehörige in der Landwirtschaft (so noch bis etwa 1800). Diese Zeiten gelten noch weithin als ein Ideal der »sozialen → Sicherheit«: Sicherung des Individuums im Familienverband, in der Innung, im Genossenschaftsverband, von der Kirche her usw. In Notfällen kennt das MA die Fürsorge (wenn auch unter anderer Bezeichnung): die Armenpflege der christlichen Kirche (→ Diakonie, 4), daneben zunehmend bürgerliche Institutionen, zB die »Armenverordnungen« von Städten wie Augsburg, Nürnberg usw (im 15. Jh.), denen dann entsprechende »Reichspolizeiverordnungen« folgten. - Etwas Ähnliches wie eine → Sozialversicherung gibt es in jener Zeit nur für den Bergbau: Schon in der »Kuttenberger Bergordnung« von 1300 ist eine weitgehende Normierung versicherungsähnlicher Fürsorge für die Knappen zu finden; die bergbautreibenden Unternehmer und Arbeiter werden zur »Bruderschaft« zusammengeschlossen, die zunächst freiwillig gesammelten Gelder in der »Bruderlade«, die in der Kirche steht, als »Büchsengelder« zusammengefaßt zur Fürsorge für erkrankte oder erwerbsunfähige Arbeitskameraden und deren Angehörige. Später gab es sogar eine Entrichtungs*pflicht* dieses »Büchsenpfennigs«.

In dieser ganzen Zeit, zT noch bis ins 19. Jh. hinein, herrscht ein durchaus patriarchalisches (→ Patriarchalismus) Verhältnis zwischen Arbeitgeber und Arbeitnehmer. Dieser Zustand findet sein Ende im »Industriezeitalter«, das mit der neuen → Technik wesentliche Veränderungen in der Gesellschaftsstruktur bringt, gleichzeitig auch eine starke Bevölkerungszunahme, die ebenfalls den Übergang zu neuen Produktions- und Wirtschaftsformen bedingt; allmählich werden → Handwerk und »Verlagssystem« durch die Manufaktur und später durch die ausgesprochene → Industrie mit ihren großen → Betrieben verdrängt. Das Ergebnis dieser Entwicklung ist die Entstehung der modernen Lohnarbeiterschaft (→ Lohn und Lohnsystem, → Proletariat), die zwar einerseits persönlich frei und rechtlich den übrigen Mitgliedern des Volkes gleichgestellt, aber anderseits besitzlos und damit wirtschaftlich weithin abhängig ist von denen, die über die Produktionsmittel verfügen. Maßgebend für die rechtliche Gestaltung wurde auch immer mehr der Individualismus und Materialismus. - Der Wirtschaftsliberalismus (→ Liberalismus: I, 3 c) verheißt allen Menschen den größtmöglichen → Fortschritt durch die freie → Konkurrenz, die nunmehr für jedermann Geltung haben sollte. In Wahrheit konnte aber der → Arbeiter (: I) niemals unter den gleichen Chancen am Wettbewerb der → Wirtschaft teilnehmen. Vielmehr konnten weithin die durch ihren Besitz wirtschaftlich Stärkeren die infolge ihrer Besitzlosigkeit wirtschaftlich Schwächeren ausnutzen und ausbeuten, wie es das »freie Spiel der Kräfte« nur irgend ermöglichte. Die Abwehr hiergegen zeigte sich zT in dem Versuch einer »Maschinenstürmerei«.

Als Wirkungen dieser Entwicklung traten bereits früh im 19. Jh. das Elend der Frauen- und Kinderarbeit, die ungesunden Betriebsverhältnisse mit ihrer großen Unfallgefahr, die überlangen → Arbeitszeiten in Erscheinung - Tatsachen, die von Karl → Marx in seinem »Kapital«, u.a. auch von → Engels und → Carlyle sowie in den englischen »Blaubüchern« der 40er Jahre des 19. Jh.s geschildert sind. Diese Zustände darf man heute wohl mit Recht als »Kinderkrankheiten des Kapitalismus« bezeichnen. Erst später begriff man in der Öffentlichkeit, daß hier der Freiheitsgedanke überspannt war und durch einen neuartigen Gemeinschaftsgedanken abgelöst werden mußte. Die Reaktion von Staat und Gesellschaft, vorwiegend aus philanthropischen Erwägungen heraus, zeigte sich zunächst in Maßnahmen des *Arbeiterschutzes,* die den Schutz der Arbeitnehmer vor unmittelbarem Schaden aus der Arbeitstätigkeit zum Ziele haben, aber nicht der Verbesserung der wirtschaftlichen Lage und der sozialen Stellung allgemein dienen. In England richtete sich diese Arbeiterschutzgesetzgebung zuerst gegen die unerträgliche Ausnutzung der jugendlichen Arbeitskraft in der »Morals and Health Act« (1802), die u.a. die Nachtarbeit der Kinder in den Baumwollfabriken verbot und der bald weitergehende Bestimmungen folgten. Wichtig war dann die Schaffung der Fabrikaufsicht durch das Gesetz von 1833, sehr bedeutsam die Aufhebung des »Koalitionsverbots« i.J. 1824, wodurch die Gründung der Gewerkschaften (Trade Unions) ermöglicht und eine aktive Einwirkung der Arbeiterschaft auf ihr wirtschaftliches Schicksal begünstigt wurde. In Preußen haben sich weitsichtige Männer verhältnismäßig schnell dem englischen Vorgehen angeschlossen - bes. Vertreter der Beamtenschaft, auch militärische Kreise (General Horns Bericht 1828) und philanthropische Fabrikanten (zB Schuchard in Barmen) - und hier den Arbeiterschutz zur Tat werden lassen; er begann mit dem »Regulativ« von 1839, das zB die Arbeit von Kindern unter 9 Jahren in Fabriken und Bergwerken verbot. Es folgten in den einzelnen deutschen Ländern ähnliche und auch weitergehende Bestimmungen, schließlich die Gewerbeordnung (GO) des Norddeutschen Bundes (später des Deutschen Reiches), die die Arbeiterschutzbestimmungen übernahm und erweiterte. Verstärkt und gefördert wurde der Gedanke des Arbeiterschutzes seit den 60er Jahren durch die sozialpolitisch-ethisch eingestellte Nationalökonomie (bes. G. → Schmoller) und durch die Kräfte, die sich 1872 im Verein für S. zusammenfanden. Die Novelle von 1872 schuf neben weiteren Verbesserungen des Jugendlichen- und Frauenschutzes eine obligatorische Fabrikinspektion.

Gewisse Schwierigkeiten für die weitere Entwicklung der S. ergaben sich aus Überlegungen betr. der

Konkurrenzverhältnisse der deutschen Industrie auf dem Weltmarkt, aber auch aus den politischen Bestrebungen der deutschen → Sozialdemokratie (»Gothaer Programm« 1875), aus den Forderungen der sozialistischen → Gewerkschaften und der Hirsch-Dunckerschen Gewerkvereine (durch das allgemeine und gleiche Wahlrecht für den Norddeutschen Bund [1867] war ja auch der politische Einfluß der Arbeiterklasse gestiegen). Für → Bismarck wurde bei alledem das Bestreben maßgebend, einer möglichen sozialistischen Revolution durch *soziale Reformen* zu begegnen. - In dieser Atmosphäre begann das Werk der sozialen Versicherungsgesetzgebung - dem allerdings in Preußen schon 1854 eine besondere Knappschaftsversicherung vorhergegangen war -, eingeleitet durch die Kaiserliche Botschaft vom 17.12. 1881. Zunächst war diese soziale Sicherung nur für eine bestimmte *Schicht* der Bevölkerung, eben den schutzbedürftigen Arbeiter, bestimmt; in den 80er Jahren kamen die Kranken-, die Unfall-, die Alters- und Invalidenversicherung heraus, die dann 1911 in der Reichsversicherungsordnung (RVO) zusammengefaßt wurden. → Angestellte (minder bezahlte) waren anfangs nur in der Krankenversicherung berücksichtigt, eine Rentenversicherung der Angestellten wurde erst durch das Angestelltenversicherungsgesetz (AVG) vom 20.12.1911 geschaffen. - Im März 1890 fand in Berlin die erste Internationale Arbeiterschutzkonferenz statt, an der 14 europäische Länder teilnahmen. 1890 wurde auch der → Evangelisch-Soziale Kongreß gegründet, ebenso der Volksverein für das kath. Deutschland, gleichzeitig begann die Ev. Arbeitervereinsbewegung (→ Arbeiterbewegung, 2); diese Gruppen erwiesen sich für die Fortführung der sozialpolitischen Gesetzgebung als überaus wichtig. 1900 wurde die »Internationale Vereinigung für gesetzlichen Arbeiterschutz« gebildet. - Wichtig sind weiter die Einführung der 24stündigen Sonntagsruhe in der Industrie (1891), das Kinderschutzgesetz von 1903, aus der Zeit des 1. Weltkrieges folgende Daten: Nachtbackverbot, 7-Uhr-Ladenschluß, Wochenhilfe für Frauen von Kriegsteilnehmern (*allgemein* erst durch Verordnung vom 21.12.1918 und Gesetz vom 26.9.1919), Herabsetzung des »Rentenalters« auf 65 Jahre (1916). Das »Hilfsdienstgesetz« (5.12.1916) schuf das System der »Abkehrscheine« sowie Schlichtungsausschüsse. Durch die »Zentralarbeitsgemeinschaft« vom Nov. 1918 wurde die Autorität der Gewerkschaften ausdrücklich von den Arbeitgebern anerkannt. In der Weimarer Republik wurden der Acht-Stunden-Arbeitstag und die Unabdingbarkeit der Tarifverträge Gesetz; 1920 erschien das Betriebsrätegesetz, 1923 das Reichsknappschaftsgesetz, 1927 das Arbeitsvermittlungs- und Arbeitslosenversicherungsgesetz (RAVAVG). In der gesetzlichen Unfallversicherung wurden die Wegeunfälle (1925) den Arbeitsunfällen, ebenso die Berufskrankheiten den Unfällen gleichgestellt, ferner 1930 die »Familienhilfe« in der Krankenversicherung geschaffen. Seit 1938 besteht eine gesetzliche Altersversorgung für das deutsche Handwerk, seit 1941 eine »Rentnerkrankenversicherung«.

Nach dem 2. Weltkrieg versuchte das Sozialversicherungsanpassungsgesetz (SVAG) vom 17.6.1949 die durch die Inflation stark abgesunkene Kaufkraft der Rentner zu erhöhen, gleichzeitig wurden die Arbeiterrentner und ihre Witwen bezüglich der Leistungsvoraussetzungen den Angestellten angeglichen. In der Krankenversicherung wurden die Beiträge jetzt je zur Hälfte den Arbeitgebern und Arbeitnehmern auferlegt. Wiederholt erwies sich eine Erhöhung der »Pflichtgrenze« als notwendig. - Die überhaupt notwendig gewordene Anpassung der Leistungen an das veränderte Lohn- und Preisgefüge geschah in der Unfallversicherung schon 1949 durch eine Regelung, die den steigenden Jahresarbeitsverdienst zugrunde legt (ergänzt durch Gesetz vom 29.4.1952), in der Rentenversicherung durch das Rentenzulagengesetz und das Teuerungszulagengesetz (1951), das Grundbetragserhöhungsgesetz (1952) und das Rentenmehrbetragsgesetz (1954); eine endgültige und laufende Anpassungsmöglichkeit ergibt sich aus den »Rentenneuregelungsgesetzen« vom 23.2.1957. - Weiter sind aus der neueren Zeit hervorzuheben das Betriebsverfassungsgesetz (1952), das Gesetz über die → Mitbestimmung der Arbeitnehmer in den Aufsichtsräten und Vorständen der Unternehmen des Bergbaus und der Eisen und Stahl erzeugenden Industrie (1951), das Kündigungsschutzgesetz (1952), das Mutterschutzgesetz (1952), das Heimarbeitsgesetz (1951), das Höherversicherungsgesetz (Rentenversicherung, 1951), das Gesetz über die Festsetzung von Mindestarbeitsbedingungen (1952), das Arbeitsgerichtsgesetz (1953), das Schwerbeschädigtengesetz (1953), das Sozialgerichtsgesetz (1953), das Kindergeldgesetz (1954), das Gesetz über die Alterssicherung der Landwirte (1957). Für die Opfer der Weltkriege ist jetzt maßgebend das Bundesversorgungsgesetz von 1950. Wichtig ist hier auch das → Lastenausgleichs-Gesetz (1952) und das Gesetz über die Angelegenheiten der Vertriebenen und Flüchtlinge (1953).

2. In ihrem *gegenwärtigen Aufbau* in der BRD nimmt die S. ihren Ausgang von dem freien *Arbeitsvertrag*, der nach § 105 GO Gegenstand freier Übereinkunft ist »vorbehaltlich der durch Reichsgesetz begründeten Beschränkungen«. Wenn kein allgemein verbindlicher Tarifvertrag vorliegt, greifen die »Mindestarbeitsbedingungen« ein, die der Bundesarbeitsminister im Einvernehmen mit einem paritätischen Hauptausschuß bestimmt. Ein *Kündigungsschutz* war bereits durch das Betriebsrätegesetz gegeben; jetzt gilt das Kündigungsschutzgesetz und erklärt die Kündigung eines Arbeitnehmers als rechtsunwirksam, wenn sie »sozial ungerechtfertigt ist« (Alter, Beschäftigungsdauer usw); bes. geschützt werden Betriebsratsmitglieder. Bei Massenentlassungen gilt eine Sonderregelung. Die Interessen der Arbeitnehmer werden durch die Betriebsräte - in den Behörden durch »Personalvertretungen« - wahrgenommen, die von den Betriebsangehörigen gewählt werden, unter Berücksichtigung von »Minderheitsgruppen«. In den »Montanbetrieben« (Gesetz vom 21.5. 1951) gilt ein »Mitbestimmungsrecht« der Arbeitnehmer, im Vorstand sitzt ein besonderer »Arbeitsdirektor«. Arbeitsstreitigkeiten werden durch die Arbeitsgerichte entschieden, soweit nicht die (vereinbarten) Schlichtungsinstanzen eingreifen (→ Schlichtungswesen).

Der Sicherung des *Arbeitsmarktes* dient die amtliche Arbeitsvermittlung, die die freien Stellen durch möglichst geeignete Arbeitskräfte zu besetzen hat; Beratung und Vermittlung sind unentgeltlich, auch unparteiisch, soweit es sich nicht um einen Arbeitnehmer-Mitglieds-Nachweis handelt. Bei → Arbeitslosigkeit tritt die Arbeitslosenversicherung ein (→ Sozialversicherung). Berufsausbildung und -fortbildung sind gesichert durch das Lehrlingsrecht gemäß §§ 126ff GO, die Handwerksordnung vom 17.9.1953 und die → Berufsschul-Pflicht (auch Besuch anerkannter → Fachschulen usw).

Der *Arbeiterschutz* (Betriebsschutz) ist allgemein geregelt durch § 120 GO, wonach der Betrieb so zu regeln ist, »daß möglichster Schutz gegen Gefahren für Leben und Gesundheit« besteht, und auch die guten Sitten und der Anstand zu beachten sind. Der Unfallverhütung sind besondere Bestimmungen in der RVO (§§ 848ff) gewidmet; hier sind auch eigene technische und Gewerbeaufsichtsbeamte eingesetzt. Bes. ausgebildet ist der → Jugendschutz (Gesetz von 1938): Kinderarbeit ist grundsätzlich verboten, Jugendliche von 14 bis unter 18 Jahren haben verkürzte Arbeitszeit und Ruhepausen sowie »Mindestruhezeiten«, Nachtarbeitsverbot und für bestimmte Betriebsarten vollständiges Verbot. Jugendliche erhalten einen verlängerten Urlaub, normal unter Lohnfortzahlung. Ähnliche Bestimmungen gelten zT für Frauen; im Gegensatz zu früher ist jetzt bei gleichartiger Beschäftigung die Lohngleichheit von Mann und Frau gesetzlich festgelegt (Art. 3 GG), auch durch das Internationale Übereinkommen Nr. 100 über »Gleichheit des Entgelts für gleichwertige Arbeit« (für die BRD gültig durch Gesetz vom 6.2.1956). Der Heimarbeitsschutz ist neu geregelt durch Bundesgesetz vom 14.3.1951, das u.a. Entgeltverzeichnisse für jedes einzelne Arbeitsstück vorschreibt sowie einen »Heimarbeitsausschuß«, der sich auch wegen der auszugebenden Arbeitsmengen einschalten kann; auch für die Arbeitsstätten der Heimarbeiter bestehen besondere Vorschriften (§ 12).

Der *Schwerbeschädigtenschutz* ist seit 16.6.1953 neu geregelt. Er umfaßt alle Arbeitnehmer mit einer Minderung der Erwerbsfähigkeit von mindestens 50 vH (auch Blinde von Geburt) und »Gleichgestellte«. Die privaten Arbeitgeber und die Behörden müssen einen bestimmten Prozentsatz von Schwerbeschädigten beschäftigen; dabei kann die Bundesregierung die Sätze erhöhen bzw. ermäßigen. Einzelregelungen sind durch das Landesarbeitsamt möglich. Die Hauptfürsorgestelle kann auch andere Leistungen zulassen, zB Überlassung eines Eigenheims. Im öffentlichen Dienst sollen Witwen und Ehefrauen der Kriegs- und Arbeitsopfer bevorzugt werden. Für »unbesetzte Pflichtplätze« ist eine »Ausgleichsabgabe« zu entrichten. Ein Jahr nach Verlust der Schwerbeschädigteneigenschaft entfällt der Schutz, er kann auch zeitweilig entzogen werden. Vorgeschrieben ist noch ein Zusatzurlaub von 6 Tagen im Jahr.

Für den → *Arbeitszeit-Schutz* gilt noch die Arbeitszeitordnung (für Jugendliche das Jugendschutzgesetz) vom 30.4.1938. Normal ist danach noch der Achtstundentag. Zeitverlängerung ist möglich bei Arbeiten für Reinigung und Instandhaltung und bei Arbeiten, von denen Wiederaufnahme oder Aufrechterhaltung des vollen Betriebes arbeitstechnisch abhängt. Das Gewerbeaufsichtsamt kann bei dringendem Bedürfnis abweichende Regelungen zulassen, über 10 Stunden hinaus aber nur bei »dringenden Gründen des Gemeinwohls« (Hilfeleistungen usw). Umgekehrt bestehen besondere einschränkende Arbeitszeitbestimmungen bei »Gefahren für Leben oder Gesundheit« (Untertagearbeit, Hitze, Gift usw). Die Sonn- und Feiertagsruhe richtet sich bezüglich der gesetzlichen Feiertage nach den Landesgesetzen. Der Bund hat aber durch Gesetz vom 2.8.1951 bestimmt, daß für eine Arbeitszeit, die durch einen gesetzlichen Feiertag *außer* Sonntag ausfällt, der Arbeitgeber den normalen Arbeitsverdienst zu entrichten hat.

Während früher die S. durch den Primat des Staates beherrscht wurde, bietet die neue Zeit hier ein wesentlich anderes Bild. Nach L.Heyde ist in der deutschen S. »der Wandel des Betriebs aus einem Herrschaftsbereich des Unternehmens in ein Condominium auf sozialpolitischem Gebiete wohl am weitesten fortgeschritten«. Der → Betrieb ist jetzt insoweit Träger sozialpolitischer Maßnahmen, als er sich »in den Dienst einer Politik stellt, die auf Beeinflussung des Verhältnisses unter den Schichten gerichtet ist und ... sein Handeln bewußt den gleichen Werten unterstellt, die er für die überbetriebliche S. als verbindlich anerkennt«. Je mehr sich die »konstitutionelle Fabrik« durchsetzt, um so stärker wird der Betrieb ein Organ der S. Darüber hinaus wird mehr und mehr das Arbeitsverhältnis, soweit es nicht schon sinnvoll im Rahmen des Betriebes geregelt ist, Gegenstand kollektiver Vereinbarungen (»Tarifverträge«); man spricht hier von der S. auf gewerbeständischer Ebene. Aber immer noch verbleibt der S. auf staatlicher und neuerdings auf überstaatlicher Ebene ein bedeutendes Feld für Maßnahmen, die das Verhältnis der Bevölkerungsschichten zueinander und zum Staate selbst beeinflussen sollen. In diesem Sinne ist vor allem auch die Bedeutung der → Sozialversicherung sehr erheblich: »sie gehört in das Gesamtsystem der arbeitsbezogenen S. ... unbedingt hinein und kann insbesondere nicht durch Fürsorgeleistungen auf der generellen Grundlage von Bedürftigkeitsprüfungen ersetzt und nicht ohne viele Gefahren durch ein allgemeines Versorgungssystem abgelöst werden.« L.Heyde weist auch darauf hin, wie sehr die Sozialversicherung »Kräfte der Solidarität erfolgreich mobilisiert« hat.

Mehr und mehr hat jetzt auch die *internationale S.* entscheidende Bedeutung erlangt. Die Internationale Arbeitsorganisation (I.A.O.) von 1919 ist nach 1945 wieder sehr aktiv geworden, bes. im Sinne des Abkommens über »Soziale Sicherheit« von 1952; hier sollen auch die »Entwicklungsländer« bedacht werden. Auf eine Schwierigkeit der Arbeiten dieser I.A.O. weist G.Savelsberg hin: »Die Unterschiede in der sozialen und wirtschaftlichen Struktur der Mitgliedstaaten machten es immer schwerer, einen allgemein erreichbaren Standard zu finden. Die internationalen Normen müssen so elastisch gestaltet werden, daß sie auch in den neuen Ländern anwendbar sind, die ihre Wirtschaft mit den Mitteln moderner Technik intensivieren wollen, ohne ihre soziale Substanz dabei zu schädigen.« - Diese internationale Zusammenarbeit in der S. ist zunächst für die Überwindung der sozialen Kriegsfolgen wichtig geworden. Bis 1947 hat noch die 1943 geschaffene United Nations Relief and Rehabilitation Administration (UNRRA) in die europäischen und asiatischen Notstandsgebiete Lebensmittel, Medikamente, Kleidung und andere Beistandsleistungen gebracht, ungezählte Menschen aus Hunger und Verelendung gerettet und sich auch des → Flüchtlingsproblems angenommen. Allgemein haben sich die sozialpolitischen Pläne der → Vereinten Nationen in der »Proklamation der Menschenrechte« von 1948 niedergeschlagen. Der Gesundheitsfürsorge widmet sich seit 1946 die World Health Organisation (WHO). Für die Kinder und die Jugendlichen hat das Internationale Kinderhilfswerk (UNICEF, seit 1954 United Nations Children's Fund) erhebliche Beträge für Nahrungsmittel, Krankenhäuser usw aufgewandt. Die Erziehungsarbeit der UNESCO ergänzt diese Arbeit, um die Jugend für eine neue Haltung internationaler Verständigung zu gewinnen. Eine internationale Intensivierung der S. ist aus den Plänen eines einheitlichen Arbeitsmarktes für alle Mitgliedstaaten (zB Schuman-Plan) und aus den zahlreichen zweiseitigen Verträgen zu erwarten.

L.Heyde, Abriß der S., (1920) 1953[9] - L.Preller, S. Kernfrage des Aufbaues, (1946) 1947[2] - HWSW IX 532ff (B.Seidel, L.Heyde, L.v.Wiese, W.Weddigen, G.Savelsberg; umfangreiche Lit.).

P.Quante

Sozialprodukt ist die in Geldeinheiten mit der Kaufkraft einer Vergleichsperiode ausgedrückte Gesamtleistung einer Volkswirtschaft innerhalb eines Jahres. Durch Addition der von den Unternehmen (→ Betrieb: I) selbst erbrachten Marktleistungen, einschließlich des Eigenverbrauchs und der selbst erstellten Anlagen, sowie der wirtschaftlichen Leistungen des Staates und der Organisationen ohne Erwerbscharakter (zB Verbände) und unter Berücksichtigung des Saldos aus Ein- und Ausfuhr entsteht das »Brutto-S.«. Werden vom Brutto-S. die Aufwendungen für die Erhaltung des Sachkapitals

(Abschreibungen) abgezogen, verbleibt das »Netto-S. zu Marktpreisen«, das neben den Leistungen der Produktionsfaktoren (→ Arbeit, → Kapital, Unternehmertätigkeit), den »Faktorkosten«, auch noch die an den Staat zu leistenden indirekten → Steuern und die von ihm gewährten Subventionen enthält. Durch Berücksichtigung des Saldos aus diesen den Staatshaushalt betreffenden Leistungen wird das »Netto-S. zu Faktorkosten«, das *»Volkseinkommen«* (= V.), berechnet, in dem alle während des Jahres entstandenen Einkommen zusammengefaßt sind. Die Beiträge der einzelnen Wirtschaftsbereiche zum V. werden als »Wertschöpfung« bezeichnet. - Wichtige Unterlagen über die Verteilung des S.s geben die Bestandteile der V.sberechnung. Wird das V. um die Summe der unverteilten Gewinne der Körperschaften, die Körperschaftssteuern und die Arbeitgeberbeiträge zur → Sozialversicherung vermindert und um den Betrag der »Transferzahlungen« (vom Staat ausgezahlte Renten und Zinsen) vermehrt, gelangt man zum »Persönlichen Einkommen«. Durch Abzug der persönlichen direkten Steuern und der Arbeitnehmerbeiträge zur Sozialversicherung wird hieraus das »Verfügbare Einkommen« berechnet, das die Summe der von den Haushalten während des Berechnungszeitraumes gekauften Güter und Dienstleistungen sowie ihrer Ersparnisse darstellt. In den statistischen Veröffentlichungen werden die den Personen bzw. Institutionen zugeflossenen Einkommen nach ihrer Quelle (aus unselbständiger Arbeit, Unternehmertätigkeit oder aus Vermögen) ausgewiesen. Diese Unterlagen gestatten also keine endgültige Aussage über die wirtschaftliche Lage einer Bevölkerungsschicht, da eine Person zugleich Empfänger verschiedener Einkommensformen, zB von → Lohn und → Zins, sein kann. - Die Verwendungsrechnung für das S. gibt Aufschluß über die Beträge, die als privater Verbrauch, als Staatsverbrauch und in der Form von Investitionen (Beschaffung dauerhafter Produktionsmittel) aufgewendet wurden. Hierbei muß noch der »Außenbeitrag«, dh der Überschuß bzw. das Defizit aus Ein- und Ausfuhr, berücksichtigt werden. - Die statistischen Unterlagen über das S. werden ergänzt durch die »Volkswirtschaftliche Gesamtrechnung«, die in der Form von Input-Output-Tabellen das System der Güter- und Leistungsströme zahlenmäßig darstellt und auch die für den Wirtschaftsablauf grundlegenden Kreditverflechtungen zu erfassen versucht. Die Berechnung des S.s ist heute Teil der volkswirtschaftlichen Gesamtrechnungen, mit deren Aufstellung in der BRD das Statistische Bundesamt gesetzlich beauftragt ist. - Größe und Zusammensetzung des S.s gestatten Rückschlüsse auf die Struktur einer Volkswirtschaft und die Intensität des Wirtschaftsprozesses. Sie spiegeln jedoch nur begrenzt das Wohlstandsniveau eines Volkes wider. Es ist für die Beurteilung einer Vermehrung des S.s von entscheidender Bedeutung, wodurch sie verursacht wurde (bloße Marktausweitung durch Zunehmen außerhäuslicher Erwerbstätigkeit, gesteigerte Rüstungsproduktion, private oder öffentliche Investitionen usw) und welche Bedürfnisse damit befriedigt werden konnten. - Vgl. → Wirtschaftspolitik, → Wirtschaftstheorie.

R. Ruggles, V. u. volkswirtschaftl. Gesamtrechnung, (New York 1949) dt. 1952 - HWSW IX, 572ff (S.); XI, 365ff (V.) - H. Bartels, K.H. Raabe u. O. Schörry, Die Neuberechnung des S.s für die BRD (Wirtschaft u. Statistik 9, 1957, 123-149) - Dies., Das Kontensystem für die volkswirtschaftl. Gesamtrechnungen der BRD (ebd 12, 1960, 317-344) - E. Preiser, Bildung u. Verteilung des V.s, (1957) 1961². - Zahlenangaben fortlaufend in: Wirtschaft u. Statistik.

F. Fürstenberg

Sozialreform (s. = sozialreformerisch). Man versteht unter S. die Summe von Maßnahmen, die eine gegebene soziale Ordnung wesentlich verändern sollen, ohne dabei die Kontinuität zwischen alter und neuer Ordnung aufzuheben. S. ist daher der Absicht nach nicht revolutionär, sondern evolutionär. Sie richtet sich in erster Linie auf die Beseitigung der Ursache von Fehlentwicklungen der gegebenen sozialen Ordnung. Dabei sind folgende Elemente zu unterscheiden: a) Einsicht in die Situation, die abgeleitet ist aus einer Theorie über die gesetzmäßigen Zusammenhänge der gegebenen sozialen Ordnung (Analyse). b) Bewertung dieser Situation an Hand eines Leitbildes von der wünschenswerten Entwicklung der gegebenen Sozialordnung. Die dabei festgestellten Fehlentwicklungen werden mit Hilfe der Analyse auf ihre Ursachen zurückgeführt. Es handelt sich um eine nach rückwärts verlagerte Prognose, die nicht nur zeigt, welche Faktoren die Fehler der gegenwärtigen Ordnung verursachten, sondern auch durch welche sie u.U. vermieden worden wären (Diagnose). c) Vorschläge für Maßnahmen zur Behebung der Fehler, die sich entweder auf eine Beseitigung der Ursachen oder auf eine Kompensation der Fehler richten. In einer Prognose, die die Erkenntnisse aus Analyse und Diagnose übernimmt, wird eine künftige Ordnung als Ergebnis der Beeinflussung einer sonst zu erwartenden Entwicklung aufgewiesen (Therapie). - Nicht alle s.en Bestrebungen der Vergangenheit und Gegenwart enthalten die genannten Elemente in gleichmäßiger Gewichtung zueinander. Man kann sie unterscheiden: nach der Art des verwendeten theoretischen Instrumentariums, nach den behandelten Problemen und deren Bewertung sowie nach der Art der Therapie. S.e Bestrebungen hat es zu allen Zeiten gegeben. In der Moderne sind sie vor allem Reaktionen auf die sozialen Ergebnisse der Industrialisierung.

1. Die Reformen des *klassischen* → *Liberalismus* (: I) stehen am Beginn der Industrialisierungsepoche. Die klassischen liberalen Vorstellungen einer Umgestaltung der sozialen Welt sind zunächst äußerst optimistisch (s. bes. Adam → Smith). Es erfolgt eine ethische Aufwertung des menschlichen Egoismus. Der durch Wegfall der staatlichen Reglementierung freigesetzte Egoismus würde nicht nur keinen Schaden stiften, sondern, durch die → Konkurrenz der Produzenten untereinander gebändigt, sogar einen ständigen Ansporn zur Gütermehrung ergeben. Die Gesellschaft würde so zu wachsendem Wohlstand geführt werden, der die Armut aus der Welt beseitigt, in einer sozialen Ordnung, die - analog der uns umgebenden Natur (→ Newtons Gesetz vom Gleichgewicht der natürlichen Kräfte) - in einem ständigen Gleichgewicht und somit ohne Störungen sein würde. In England, wo liberale Reformen zuerst durchgeführt werden, tritt mit beginnender Industrialisierung auch zuerst das Elend der Lohnarbeiterschaft auf. Dieses Problem wird im liberalen Ideenumkreis zunächst hingenommen. Es wird theologisch auf die Erbsünde zurückgeführt, die die vollkommene harmonische Ordnung im menschlichen Bereich verhindere. D. → Ricardo erklärt in seiner Ideentheorie das Elend der Arbeiter mit der Bevölkerungstheorie von R. → Malthus: Die natürliche Vermehrung der Menschen verhindere günstige Bedingungen auf dem Arbeitsmarkt, eine dauernde Knappheit des Angebots der Ware Arbeit wäre unmöglich, und so würde der Lohn stets beim Existenzminimum liegen. Während der klassische Liberalismus zu Anfang Analyse, Diagnose und Therapie gleichwertig enthielt, verlagert sich bald das Schwergewicht auf die Analyse. Erst im 20.Jh. gewinnt der liberale s.e Impuls wieder erhebliche Bedeutung.

2. Von der klassischen liberalen Vorstellung unterscheiden sich die ersten *Sozialisten* (→ Sozialismus: I)

nur durch eine Variante. Auch deren s.es Ziel ist die harmonische Welt. Wenn es bislang nicht erreicht werden konnte, so liege es an den Ungleichheiten, die durch freie Mehrung des privaten Eigentums möglich gemacht wurden. Die sog. utopischen Sozialisten entwerfen Konstruktionen idealer Ordnungen ohne privates Eigentum, deren Verwirklichung sie empfehlen. Politisch wirksam wurde nur der sog. wissenschaftliche Sozialismus von Karl → Marx. Seine Lehre enthält in der Tat eine wissenschaftlich strenge Analyse der gegebenen Ordnung, aus der er die Voraussage der künftig zu erwartenden Ordnung ableitet (vgl. → Lohn: I, 2; → Marxismus, 4). Obwohl der ursprüngliche Marxismus auf eine Änderung der sozialen Ordnung hinzielte, enthielt er kein s.es Programm, da er alles Heil vom unbeirrbaren Gang der Geschichte erwartete. Erst aus einer späteren Variante des Marxismus, aus der Theorie des sog. Monopol-Kapitalismus, entspringen Bestrebungen zur planmäßigen Veränderung der sozialen Ordnung. Epigonen von Marx zeichnen die Entwicklung wesentlich anders. Sobald einzelne Branchen in eine zentrale Verfügungsgewalt gekommen sind, entfällt der durch die Konkurrenz forcierte Kapitalausbau und das Gesetz der sinkenden Profitrate. Der Ausbau des Produktionsmittelapparates wird mit Ausbreitung der → Monopole verlangsamt, es entsteht eine sich ausbreitende Tendenz der Stagnation im Wirtschaftswachstum. Diese lege es nahe, sich nicht mehr auf die autonome Entwicklungsgesetzlichkeit des → Kapitalismus zu verlassen, sondern das Ziel des maximalen Wohlstands mit neuen Mitteln einer geplanten Ordnung anzustreben. Bes. die russischen Marxisten sind dieser Vorstellung gefolgt und haben danach die sowjetische Gesellschaftsordnung geformt. Nach einigen Jahren des Experimentierens um die geeignetste Planungsmethode entwickelten die Sowjets unter →Stalin ab 1928 die Planungsmethoden der Fünfjahrespläne. Auf Grund des heutigen Industrialisierungsstandes soll es jetzt möglich sein, die Ziele von Marx zu verwirklichen (Übergang zum → Kommunismus). Dabei ergibt sich die eigenartige Situation, daß dieser Übergang, von Marx durch eine Revolution erwartet, bei den Sowjets durch evolutionäre, planmäßige Veränderungen herbeigeführt werden soll, während die soziale Veränderung nach der Oktoberrevolution in Rußland durchaus revolutionär war, obwohl sie nur die Evolution des Kapitalismus beschleunigen sollte.

3. *Sozialpolitisch begründete S.en.* Gegenüber dem vom »orthodoxen« Marxismus beschrittenen Weg einer vollkommenen Umgestaltung der sozialen Ordnung haben andere Kräfte das gleiche Problem, das Elend der Arbeiterschaft, mit anderen Mitteln zu lösen versucht. Zwischen diesen, aus verschiedenen geistigen Standorten kommenden Gruppen ist es hierbei zu einer immer enger werdenden Zusammenarbeit gekommen.

a) *Der Kathedersozialismus.* Gegen Ende des 19.Jh.s hatten sich deutsche Professoren der Nationalökonomie in starkem Maße sozialen Fragen zugewandt. Um die Vordringlichkeit zu betonen, wurde der neugegründete Fachverband »Verein für Socialpolitik« genannt. Die in Deutschland vorherrschende »Historische Schule« der Nationalökonomie war kritisch gegenüber aus Theorien abgeleiteten zwingenden Ergebnissen. Deterministische Vorstellungen liberaler oder marxistischer Provenienz wurden abgelehnt. Um so deutlicher wurde die Bedrohung für Gesellschaft und Staat durch die sich umstürzlerischen Ideen zuwendende Arbeiterschaft wahrgenommen. Erklärtes Ziel war die Lösung der Arbeiterfrage. Die Not der → Arbeiter sollte beseitigt oder wenigstens gemildert werden. Als Mittel empfohlen und in der → Sozialpolitik des Kaiserreichs erprobt wurde das Institut der Versicherung. Man begründete durch die Institution der → Sozialversicherung eine Gefahrengemeinschaft der Arbeiter, in der sie kollektiv für den Schaden des einzelnen eintreten konnten. So brauchten die von außen kommenden Beträge, die notwendigen Zuschüsse zur Erhöhung des Gesamtaufkommens (Arbeitgeberbeiträge und Staatszuschüsse) nicht als Almosen empfangen zu werden. Als weiteres soziales Moment erfolgte eine Umverteilung der Leistungen, indem Beiträge aus höheren Einkommen für eine Erhöhung der Leistungen an Versicherte mit niedrigeren Einkommen verwendet wurden. Wesentlich sei die Verpflichtung des Staates, für notleidende Teile des Volkes einzustehen, sie sei eine notwendige Entsprechung zur Pflicht des einzelnen, eigene Beiträge für das Funktionieren des Ganzen zu leisten. Es mag strittig sein, ob diese sozialpolitischen Maßnahmen als soziale Reform aufgefaßt werden können, weil es fraglich ist, ob sie wirklich wesentliche Änderungen der sozialen Ordnung bewirkten, und weil man der Meinung sein kann, daß sie mehr darauf gerichtet waren, die bestehende Ordnung zu erhalten als sie zu erneuern.

b) *Der revisionistische Marxismus.* Innerhalb der Deutschen → Sozialdemokratie (: I, 3) hatte sich ein oppositioneller Flügel gebildet, der - klarer als die Orthodoxen - von Marx nicht vorhergesehene Veränderungen in der Entwicklung des Kapitalismus registrierte, und zwar eine langsam fortschreitende Besserung der Lage der Arbeiter, Erfolge der → Gewerkschaften, sich stabilisierende und der Konkurrenz der Großbetriebe nicht erliegende Kleinbetriebe, die kleinere Einheiten offensichtlich begünstigende Lage der Landwirtschaft. Die Revisionisten erklärten diese Erscheinungen als eine schon im Kapitalismus sich anbahnende, evolutorische Entwicklung zum Sozialismus. So wurden sie zu einer positiveren Haltung gegenüber s.en Bestrebungen von Wissenschaft und Staat veranlaßt als die Orthodoxen. Die Revisionisten sahen darin eine unbewußte Förderung sozialistischer Elemente, während die Orthodoxen darauf beharrten, daß Sozialpolitik nur den Versuch darstellte, die politische Einheit der Arbeiterklasse zu stören. → Heimann hat in seinem letzten theoretischen Buch des deutschen Revisionismus von der Sozialpolitik als der sozialen Idee des Kapitalismus gesprochen, die - wiewohl in Widerspruch zu ihm - von ihm dennoch hervorgebracht wurde und die ihn schließlich zurückdrängen würde. Zunächst nur eine unbedeutende Gruppe, erlangten die Revisionisten nach der Revolution von 1918 die führende Position in der Sozialdemokratie und haben dann positiv im demokratischen Staat mitgearbeitet.

c) Auch die *kath. Kirche* (→ Katholisch-sozial) orientiert sich am Arbeiterproblem, offensichtlich beeindruckt von dem Vordringen marxistischen Einflusses unter der Arbeiterschaft. Zu dem im kath. Bereich bislang umstrittenen Problem der Berechtigung staatlicher Sozialpolitik nahm → Leo XIII. in der sozialen Enzyklika → »Rerum Novarum« (1891) Stellung. Die Klassenlage der Arbeiterschaft wird anerkannt, sie könne jedoch nicht durch Unversöhnlichkeit zwischen Besitzenden und Besitzlosen gelöst werden, sondern nur durch Anerkennung der beiderseitigen Pflichten, menschenwürdige Behandlung auf der einen, treue Arbeitsverrichtung auf der anderen Seite. Am Marxismus wird die Abschaffung des Privateigentums als Voraussetzung für die Aufhebung des Klassengegensatzes kritisiert. Das → Eigentum als eine dem Menschen wesensmäßig zugehörige Einrichtung trägt zu seiner Freiheit bei und ermöglicht ihm eine selbstverantwortliche Vorsorge. Ist dem Arbeiter auf diesem Wege oder überhaupt die Sicherung der Existenz nicht möglich, so hat der Staat einzuspringen, wenn ihm auch nicht die volle Vorsorge für den Menschen ansteht. Die Stellungnahmen zu sozialen Problemen durch Leo XIII. sowie 1931 durch → Pius XI. in »Quadragesimo anno« (vgl. jetzt auch → Johannes XXIII., »Mater et Magistra«, 1961) hatten zweifellos fördernde Wirkung auf schon begonnene oder geplante s.e Projekte. Bes. sind die Bemühungen um eine Bestimmung des rechten Maßes zwischen Selbsthilfe und Staatshilfe allgemein beachtet worden. Es sei auszugehen von der natürlichen Fürsorgepflicht der Eltern gegenüber ihren Kindern. Diese habe zu enden, sobald die Kinder mündig geworden sind, denn eine über das Erforderliche hinaus fortgesetzte Hilfe lasse sie mit dem Makel physischer und psychischer Unfähigkeit für sich selbst zu sorgen behaftet erscheinen. Zugleich entstehe die Gefahr, daß die Entwicklung zur mündigen Persönlichkeit verhindert wird. Der Staat habe mit der Sozialpolitik entsprechend zu verfahren. Einerseits dürfe er sich seiner Pflicht zu helfen, wenn es notwendig ist, nicht entziehen; denn es gehöre zum Wesen eines Gemeinwesens, daß alle für einen eintreten (→ Solidaritäts-Prinzip). Andererseits hat auch der einzelne die Pflicht, zum Funktionieren des Ganzen beizutragen. In der Ausübung dieser Pflicht darf er vom Staat nicht behindert werden. Sozialpolitische Maßnahmen sollten also beginnen, wo eine Eigenleistung nicht zu erwarten ist, und enden, sobald sie möglich ist (→ Subsidiaritäts-Prinzip). – Zu den *prot.* Bemühungen vgl. → Solidarität, 2; → Sozialethik, 3.

d) *Liberale Sozialpolitik.* In den vorstehend erläuterten drei Konzeptionen wird ein s.er Weg zwischen Liberalismus und Sozialismus gesucht. Wie vor 1900 schon der Revisionismus aus dem starren Schema des orthodoxen Marxismus ausbrach und so das Konzept eines sozialpolitisch bestimmten Sozialismus möglich wurde, entwickelt sich seit den 30er Jahren des 20.Jh.s eine liberale Konzeption der Sozialpolitik. Die Erfahrungen der Weltwirtschaftskrise und das weltweite Problem der → Arbeitslosigkeit haben eine Wende vorbereitet: Die s.e Abstinenz des späten klassischen Liberalismus weicht neuen Plänen. Nachdem der englische Nationalökonom J.M. → Keynes die Möglichkeit eines Gleichgewichts bei Unterbeschäftigung nachgewiesen hatte, sind immer mehr liberale Ökonomen zur Überzeugung gelangt, daß die marktwirtschaftliche Ordnung ohne staatliche → Wirtschaftspolitik nicht erhalten werden kann. Sie leiten daraus die Verpflichtung des Staates ab, durch marktkonforme Maßnahmen (bes. der Kreditpolitik), aber auch über direkte Eingriffe (Kartellpolitik) die überlieferte Ordnung zu erhalten, indem man sie neu gestaltet. Das in den angelsächsischen Ländern entwickelte Konzept der »sozialen → Sicherheit«, das vornehmlich durch eine wirkungsvolle Wirtschaftspolitik verwirklicht werden soll, hat auch in der BRD Einfluß gewonnen. Alle s.en Bestrebungen in Deutschland, soweit sie sich gesetzgeberisch niedergeschlagen haben, haben das grundsätzliche Ziel, die gegebene Ordnung durch Heilung von Schäden zu erhalten. So im Kaiserreich die ersten Sozialgesetze, bes. die nach der Kaiserlichen Botschaft verkündeten Gesetze zur Versicherung gegen Unfall, Invalidität, Krankheit und für das Alter. Nach 1918 kam die Arbeitslosenversicherung hinzu sowie der soziale Wohnungsbau in der Gesetzgebung über das gemeinnützige Wohnungswesen und das Betriebsrätegesetz von 1920. Spiegelt letzteres schon den neuen Einfluß von sozialistischer Seite, so sind die Reformen nach 1945 nur noch aus dem Zusammenwirken aller vier oben geschilderten Konzeptionen erklärbar. Eine große Anzahl neuer sozialpolitischer Gesetze ist ergangen, die jeweils einzelne Gruppen von Kriegsgeschädigten sichern sollten (Kriegsopferversorgung, → Lastenausgleich, Wiedergutmachung usw; → Sozialpolitik). Die Diskussion um eine S. lebte wieder auf. So wurde darauf verwiesen, daß die Arbeiterfrage durch den Krieg und die ökonomische Entwicklung etwas in den Hintergrund getreten und die Gefährdungssituation vieler anderer sozialer Gruppen deutlich geworden sei. Ein wesentlicher Beitrag zur Diskussion um die S. kam von G.Mackenroth. Er hat auf die Problematik der Rentenkumulation verwiesen und gezeigt, daß durch Anrechnungsbestimmungen und Abzüge bei Mehrfachbezug von Leistungen sozial gleichgelagerte Fälle ungleich behandelt würden. Durch Verlust von Übersichtlichkeit sei, trotz juristisch perfektionierter Handhabung sozialpolitischer Bestimmungen, das sozialpolitische System im ganzen willkürlich geworden. Es komme darauf an, die sozialpolitischen Probleme neu zu durchdenken und das sozialpolitische System neu zu ordnen. Solche Bemühungen sind in Ansätzen stecken geblieben. Vielleicht war daran mit schuld, daß die deutsche Sozialpolitik an ihrem Beginn schon keinen vollen s.en Impuls enthielt. So ist die Fortsetzung der Sozialpolitik in einer ständigen Perfektionierung und Anpassung an neue Einzelprobleme versucht worden. Nachdem von sozialistischer Seite nach 1945 zunächst eine → Sozialisierung der Grundstoffindustrie angestrebt, diese aber von den westlichen Besatzungsmächten verhindert wurde, ist die nicht zuletzt von kath. Seite inspirierte → Mitbestimmung der Arbeitnehmer in der Montanindustrie verwirklicht worden. Heutige Bestrebungen zielen darauf ab, diese Mitbestimmung im Rahmen einer grundsätzlichen Reform des Aktienrechts weiter auszudehnen. An die Stelle einer grundsätzlichen Rentenreform ist im wesentlichen eine Neuordnung der Rentenberechnung getreten (→ Sozialversicherung): Die Renten erfahren eine automatische Anpassung an die wachsenden Einkommen und die Geldwertverschlechterung (schleichende Inflation). Die in Angriff genommene Neuordnung der Krankenkassenversicherung konnte nicht durchgeführt werden, weil die verschiedenen Interessen von Versicherungsträgern und Ärztevereinigungen es nicht zu einer Übereinkunft gelangen ließen. Neuerdings wird versucht, die Unfallversicherung entsprechend der Rentenversicherung zu dynamisieren. Eine grundsätzliche S. aber wird weitgehend für nicht mehr durchführbar gehalten, weil verzweigte, bürokratisch verfestigte Interessenorganisationen von den Organen des Staates nur schwer beherrschbar sind.

ADAM SMITH, An Inquiry into the Nature and Causes of the Wealth of Nations, 1776; dt. 1933 – D.RICARDO, Principles of Political Economy and Taxation, 1817; dt. 1923^{3} – R.MALTHUS, Principles of Political Economy, 1820; dt. 1910 – W.E.KETTELER, Die Arbeiterfrage u. d. Christentum, 1864 – K.MARX, Das Kapital I-III, 1867-94 – H.HERKNER, Die Arbeiterfrage, (1894) 1916^{6} – E.BERNSTEIN, Die Voraussetzungen d. Sozialismus u. d. Aufgaben d. Sozialdemokratie, 1906 – DERS., Die Arbeiterbewegung, 1910 – G.SCHMOLLER, Die soziale Frage, 1918 – J.MESSNER, Sozialökonomik u. Sozialethik, (1928) 1929^{2} – E.HEIMANN, Soziale Theorie des Kapitalismus. Theorie der Sozialpolitik, 1929 – G.BRIEFS (Hg.), Probleme der sozialen Betriebspolitik, 1930 – J.M.KEYNES, The General Theory of Employment, Interest and Money, 1935; dt. 1952 – O.v.NELL-BREUNING, Zur christl. Gesellschaftslehre, 1947 – DERS., Eigentumsbildung in Arbeiterhand, 1953 – DERS., Wirtschaft u. Gesellschaft I. II, 1956/57 – P.JOSTOCK, Die sozialen Rundschreiben, 1948 – G.MACKENROTH (→ Sicherheit) – H.ACHINGER, Soziale Sicherheit, 1953 – DERS. (→ Sicherheit) – W.BOGS, Grundfragen des Rechts der sozialen Sicherheit u. seiner Reform, 1954 – C.JANTKE, Der vierte Stand. Die gestaltenden Kräfte d. dt. Arbeiterbewegung im 19.Jh., 1955 – J.FELLERMEIER, Abriß d. kath. Gesellschaftslehre, 1956 – E.BOETTCHER (Hg.), Sozialpolitik u. S., 1957 (wichtige Beiträge) – DERS., Die sowjet. Wirtschaftspolitik am Scheidewege, 1959 – B.MOLITOR, Bausteine einer Theorie der Sozialpolitik (Hamburger Jahrb. f. Wirtschafts- u. Gesellschaftspolitik 2, 1957, 152-163) - H.Giersch, Allg. Wirtschaftspolitik I, 1960 - S.Wendt, Sozialpolitik aus ev. Verantwortung (Die Mitarbeit 11, 1962, 1-9). *E.Boettcher*

Sozialtypen → Arbeiter: I, → Bauer, → Bürgertum: I, → Angestellte, → Unternehmer, → Sozialgeschichte.

Sozialversicherung. Bei jeder Versicherung (= V.) handelt es sich um eine auf dem Gedanken der Gegenseitigkeit beruhende wirtschaftliche Einrichtung zahlreicher einem gleichartigen Risiko ausgesetzter Personen zur Deckung eines schätzbaren (materiellen) Bedarfs, dessen Eintritt im Einzelfall dem Grunde oder der Höhe nach ungewiß ist. Anders aber als die private V., die grundsätzlich freiwillig abgeschlossen wird, ist die S. eine staatliche *Zwangs*-V., die in erster Linie den Schutz von *Arbeitnehmern* vor den Folgen von Krankheit, Berufs- oder Erwerbsunfähigkeit, Unfall, Tod, → Arbeitslosigkeit bezweckt. Im deutschen Bergbau treten ähnliche Regelungen zT schon sehr früh auf (→ Sozialpolitik, 1), im allgemeinen setzt aber im Deutschen Reich die S. erst gegen Ende des 19.Jh.s ein: 1883 die Kranken-, 1884 die Unfall-, 1889 die Invaliden-V. (1911 in der Reichs-V.sordnung zusammengefaßt); die S. bezieht zunächst im wesentlichen nur die Lohnarbeiter ein, erst 1911 die → Angestellten (Angestellten-V.sgesetz). Von den *selbständigen* Erwerbstätigen haben die Handwerker seit 1938 den Schutz einer »Altersversorgung«, die Landwirte seit 1957 eine »Alterssicherung«. Wichtig ist die Einbeziehung der Familienmitglieder der versicherten Arbeitnehmer in die Kranken-V. seit 1930. Auf Grund ihrer Zugehörigkeit zu den entsprechenden V.en haben die Beteiligten jetzt einen *Rechtsanspruch* auf Leistungen statt der früheren »Wohltätigkeit« oder Armenpflege usw, müssen dafür allerdings auch Beiträge aufbringen. Die Leistungen sind Sachleistungen (zB Krankenpflege) oder Barleistungen. Arbeiter sind versicherungspflichtig ohne Einkommensbegrenzung, während bei den Angestellten die Kranken-V.spflicht nur bis zu 7920 DM, die Renten-V.spflicht bis zu 15000 DM Jahreseinkommen reicht.

Die *Kranken-V.* kennt als Regelleistungen Krankenhilfe, Wochenhilfe, Sterbegeld und Familienhilfe, seit 1941 auch Leistungen an Rentner der Arbeiter- und der Angestellten-V. Träger sind die Orts- und die Landkrankenkassen, die Betriebs- und die Innungskrankenkassen, daneben die Ersatzkassen. Das Krankengeld wird an sich bei Arbeitsunfähigkeit in Höhe des halben Grundlohns gezahlt; hierbei ist aber wichtig die seit jeher übliche Weiterzahlung des Angestelltengehalts für 6 Wochen Krankheit und für die Lohnarbeiter die Regelung von 1957, wonach ihre Bezüge ebenfalls für 6 Wochen durch einen Zuschuß des Arbeitgebers zum Krankengeld auf 90 vH des Nettoarbeitsentgelts steigen. Durch die Einbeziehung der Familienmitglieder werden neuerdings etwa 80 vH der Gesamtbevölkerung der BRD von der gesetzlichen Kranken-V. betreut.

Die *Unfall-V.* bezieht neben den eigentlichen Arbeitsunfällen auch die Berufskrankheiten und seit 1925 die »Wegeunfälle« ein. Träger sind die Berufsgenossenschaften, die nach Gewerbezweigen, zT auch noch gebietlich gegliedert sind. Ihre Leistungen sind Heilbehandlung, Verletztengeld und Verletztenrente (Voll- oder Teilrente je nach Erwerbsminderung), auch Berufsfürsorge zur Wiedergewinnung der Erwerbsfähigkeit, im Todesfalle Sterbegeld und Hinterbliebenenrenten. Während bei der Kranken-V. die Mittel durch Beiträge der Arbeitgeber und Arbeitnehmer je zur Hälfte aufgebracht werden, tragen bei der Unfall-V. die Arbeitgeber die Kosten allein, und zwar werden diese entsprechend den gezahlten Entgelten und nach dem Gefahrtarif auf die einzelnen Mitglieder umgelegt.

Die *Renten-V.* der Arbeiter (früher Invaliden-V.) und die der Angestellten kennt seit der Neuregelung von 1957 die Rente wegen Berufs- oder wegen Erwerbsunfähigkeit und das Altersruhegeld (normalerweise mit 65 Jahren). Daneben steht jetzt stark im Vordergrund die → »Rehabilitation«, dh Maßnahmen zur Erhaltung, Besserung und Wiederherstellung der Erwerbsfähigkeit. Auf diese Weise soll einer »vorzeitigen Invalidität« begegnet werden, indem man eine geeignete Heilbehandlung, eine Berufsförderung (zB Ausbildung für einen anderen zumutbaren Beruf) und eine soziale Betreuung durchführt. Die früher zT recht großen Unterschiede zwischen den Leistungen an Arbeiter und an Angestellte sind jetzt fast völlig beseitigt, geblieben ist aber der Unterschied der Träger: Landes-V.sanstalten für die Arbeiter und die Bundes-V.sanstalt in Berlin für die Angestellten. Die Mittel werden zu gleichen Teilen durch Beiträge der Arbeitgeber und Arbeitnehmer aufgebracht. Die Rente richtet sich jetzt nicht mehr wie früher nach der nominellen Höhe der während des Arbeitslebens eingezahlten (und inzwischen oft entwerteten) Beiträge, sondern nach der »Bemessungsgrundlage« eines gegenwärtigen Zeitraums, so daß der Rentner die Leistungen praktisch in Anpassung an die jeweiligen Löhne und Gehälter bezieht, zB nach 40 Arbeitsjahren ein Altersruhegeld von 60 vH der »persönlichen Bemessungsgrundlage«. Zu den anerkannten V.szeiten einschließlich Ersatzzeiten können noch Ausfall- und Zurechnungszeiten hinzutreten, die u.U. die Rente wesentlich erhöhen. Auch hier gibt es Hinterbliebenenrenten (für Witwen, Witwer und Waisen).

Für den Bergbau besteht eine *knappschaftliche* Kranken-V. und Renten-V. Die Rentenleistungen bestehen seit 1957 aus der Bergmannsrente (im allgemeinen vom 50. Lebensjahr an möglich), der Knappschaftsrente wegen Berufs- oder wegen Erwerbsunfähigkeit und dem Knappschaftsruhegeld (dieses mit 2,5 vH Vervielfältigungssatz je V.sjahr, wie überhaupt im Bergbau entsprechend seinen besonderen Berufsanforderungen die Leistungen, aber auch die Beitragsanteile der Arbeitgeber höher sind); ferner gibt es auch hier Hinterbliebenenrenten und Rehabilitationsmaßnahmen. V.sträger sind die gebietlichen »Knappschaften«.

Unter gewissen Voraussetzungen ist in der S. auch eine *freiwillige* V. und vor allem eine freiwillige *Weiter*-V. möglich. Nach dem Stande vom Frühjahr 1960 entfielen zB auf 26,5 Mill. Mitglieder der gesetzlichen Kranken-V. überhaupt 3,7 Mill. (= 14,5 vH) freiwillige Mitglieder.

Die *Arbeitslosen-V.*, die als solche im Zusammenhang mit der Arbeitsvermittlung seit 1927 besteht, umfaßt alle Arbeitnehmer außer denen, die weder der Kranken- noch der Angestellten-V.spflicht unterliegen. Ihre Leistungen sind das Arbeitslosengeld (zahlbar nach Erfüllung der »Anwartschaftszeit«), das Kurzarbeitergeld und die Arbeitslosenhilfe, bei der Bedürftigkeit Voraussetzung ist. Seit der Neuordnung von 1957 sind die Voraussetzungen für die Leistung von Arbeitslosenhilfe (einst Arbeitslosenfürsorgeunterstützung) wesentlich strenger geworden, vor allem muß man für eine Vermittlung als Arbeitnehmer ernsthaft in Betracht kommen. Die Leistungen selbst zerfallen in »Hauptbeträge« und Familienzuschläge für Angehörige.

P.Quante, Die neuere Entwicklung der dt. S. u. ihre Reform (SchmJb 74, 1954, 681-716) - HWSW IX, 594ff (W.Weddigen u. G.Savelsberg; ausführl. Lit., auch zum Ausland). *P.Quante*

Sozietät. Die *»Kirchlich-theologische S. in Württemberg«* sammelte sich seit 1930 als freier Arbeitskreis um die Pfarrer Hermann Diem, Heinrich Fausel und Paul Schempp. Sie waren den Weg von »Zwischen den Zeiten« (→ Dialektische Theologie) von Anfang an mitgegangen und setzten ihn nach dessen Aufhören durch die von ihnen mit Ernst Bizer herausgegebenen »Blätter zur kirchlichen Lage« fort, die dann in die »EvTh« übergingen. Infolge ihrer Stellungnahme zu konkreten Fragen der Verkündigung, Lehre und Ordnung ihrer Landeskirche geriet die S. in starken Gegensatz zu ihrer Kirchenleitung, stellte sich jedoch nach Ausbruch des → Kirchenkampfes entschlossen auf deren Seite, solange und soweit diese sich selbst zur → Bekennenden Kirche hielt. Sie vertrat die Linie der »Vorläufigen Leitung der BK« innerhalb ihrer dem »Luth. Rat« angeschlossenen »intakten« Landeskirche, lehnte deren Paktieren mit dem »Reichskirchenausschuß«, die Vereidigung der Pfarrer, alle zur Schwächung und schließlich zur Liquidation der BK in der von Landesbischof → Wurm begründeten »Einigungsbewegung« führenden halben Maßnahmen ab, bearbeitete die durch den Kirchenkampf gestellten theologischen Fragen (bes. die »Lehre von den zwei Reichen«, Fragen der politischen Predigt, der Kirchenordnung, des Bekenntnisses usw) und kämpfte nach 1945 vergebens gegen die kirchliche Restauration. An den theologischen Gegensätzen der Nachkriegszeit zerbrach ihre Einheit. Gegen den Wunsch ihrer Gründer versäumte sie es, sich rechtzeitig aufzulösen. Sie ist zT in die »Kirchliche Bruderschaft« übergegangen.

»Die kirchlich-theol. S. in Württ.«, in W. NIEMÖLLER, Die Ev. Kirche im Dritten Reich, 1956, 211-227 (Lit. u. umfangreiches Material).

H. Diem

Sozinianer

1. Begriff - 2. Vorgeschichte - 3. L. und F. Sozzini - 4. Festigung und Aufstieg der »Ecclesia minor« - 5. Verfolgung, Niedergang und Ausstrahlung. - A. = Antitrinitarier

1. Der *Begriff* »S.« umfaßt die Anhänger der durch Fausto Sozzini direkt oder indirekt bestimmten antitrinitarischen Bewegung (→ Antitrinitarier), die in Polen begann, dort zur Bildung einer Sonderkirche führte und sich als religiöse Strömung nach 1600 auch in Westeuropa ausbreitete. Die Bezeichnung selbst wurde im 17. Jh. außerhalb Polens geprägt und hauptsächlich von orthodoxen Autoren gebraucht. Die polnischen A. nannten sich »Christen«, »Brüder« oder »polnische Brüder«.

2. Eine antitrinitarische Bewegung bestand in → Polen (: I, 2) bereits vor der Ankunft Fausto Sozzinis. Ihre frühe Entwicklung fällt in die Regierungszeit des toleranten Sigismund II. August (1548-72). Ihr erster namhafter Vertreter war Peter Giezek aus Goniadz (→ Gonesius), ein Schüler M. → Gribaldis und Kenner der Werke → Servets; Gonesius griff 1556 auf der Synode der polnischen Calvinisten in Secemin öffentlich das Trinitätsdogma (→ Trinität: III) an. Seine Ablehnung der Kindertaufe, des Kriegsdienstes und der Übernahme obrigkeitlicher Ämter durch Christen ist dem Einfluß der mährischen Anabaptisten zuzuschreiben, deren Siedlungen er besucht hatte. Schon 1565 stand Gonesius jedoch auf dem konservativen Flügel der Bewegung, die sich, beeinflußt durch sein Auftreten, gebildet hatte. Auf zahlreichen Synoden und Versammlungen wurde die Trinitätsfrage diskutiert. Als Sprecher der A. ragten neben Gonesius Prediger wie Gregor → Pauli, Martin Czechowicz und Simon Budny hervor. Diese Männer wurden in ihren Anschauungen durch eine Gruppe italienischer Glaubensflüchtlinge bestärkt, an deren Spitze Giorgio → Biandrata, Valentino → Gentile und Gian Paolo Alciati standen. Viele polnische Theologen und mehrere hohe Adlige stellten sich auf die Seite der A. Die endgültige Loslösung der »Ecclesia minor« von der ref. Kirche erfolgte 1565 auf dem Kolloquium von Petrikau unter der Führung Paulis. Bald drohte der Bewegung die Gefahr der Zersplitterung, indem in der Frage nach dem Verhältnis des Sohnes zum Vater Uneinigkeit entstand. In der Auseinandersetzung mit → Stancarus bildete sich zunächst die »tritheistische« Lehre (→ Tritheismus), wonach Vater, Sohn und Hl. Geist drei selbständige ewige Personen göttlicher Natur sind. Diese Auffassung wurde von den »Dytheisten« bekämpft, die den Hl. Geist nicht als ewige Person betrachteten. Eine konsequent unitarische Gruppe (→ Unitarier) lehnte die Präexistenz Christi ab, während die »Non-Adoranten« seine göttliche Natur überhaupt leugneten. Diese Gruppe wurde vom Gros der A. zwar bekämpft, besaß in ihren Führern jedoch bedeutende Persönlichkeiten: Franz → David wurde zum Begründer der unitarischen Kirche in → Siebenbürgen, der ehemalige Dominikaner Jakob → Paläologus, der sich längere Zeit in Krakau und Koloszwar aufhielt, bis er 1582 von den Habsburgern gefangengenommen und dem Papst ausgeliefert wurde, gilt der neuesten Forschung als einer der originellsten und kühnsten Denker der ganzen Bewegung (St. Kot). Nach dem Tode Davids wurde der Litauer Simon Budny zum wichtigsten Vertreter der umstrittenen Extremgruppe. - Nicht nur in ihrer Christologie gerieten die polnischen Brüder in Konflikt mit ihren orthodoxen Zeitgenossen, sondern auch in ihrem *sozialen Denken*. Einflüsse aus dem Täufertum (→ Täufer) bewirkten die Verbreitung pazifistischer Ideen, die Überzeugung von der Gleichheit aller Menschen und die Ablehnung des Feudalsystems. Die kommunistischen Ideen der mährischen Anabaptisten wurden jedoch meist abgelehnt, und die Beziehungen zu dieser soziologisch ganz anders zusammengesetzten Bewegung hörten nach und nach auf. Die sozialen Anschauungen der polnischen A. entstammten einem religiös begründeten Verantwortungsgefühl, das auch von den Adligen unter den »Brüdern« geteilt wurde.

3. *Fausto Sozzini* (1539-1604), * in Siena, entstammte einer angesehenen Juristenfamilie. Schon in jungen Jahren wurde er mit den Ideen der Reformation bekannt, namentlich durch den Einfluß seines Oheims *Lelio Sozzini* (1525-62), der auf Reisen in der Schweiz, Deutschland und Polen mit den führenden Reformatoren in Berührung gekommen war und nach seinem Tode eine große Sammlung unveröffentlichter Hss. hinterließ. Hieraus schöpfte Fausto entscheidende Anregungen für seine eigenen Anschauungen, die bes. in der christologischen Frage von der traditionellen Doktrin abwichen. Nach dem Tode des Großherzogs Cosimo I. von Florenz (1574), an dessen Hof er 12 Jahre als Sekretär verbracht hatte, ging Sozzini nach Basel, wo er sich theologischen Studien widmete. Hier verfaßte er sein Hauptwerk »De Jesu Christo Servatore«. Die Hauptthese der Schrift besteht in der Auffassung, daß Jesus Christus nicht durch seinen Kreuzestod, sondern durch seine Lehre und als ethisches Vorbild zum Erlöser geworden sei. Schon bevor es 1594 in Polen gedruckt wurde, erregte das Werk leidenschaftliche Kontroversen. Sozzini konnte sich in der Schweiz nicht mehr sicher fühlen und ließ sich 1579 endgültig in Polen nieder, nachdem er - von Biandrata dazu berufen - erfolglos versucht hatte, den extremen Franz David in Koloszwar zur Aufgabe seiner Position zu bewegen.

4. Sozzinis historische Leistung ist nicht die Begründung der »Ecclesia minor«, sondern die Einigung ihrer auseinanderstrebenden Parteien und Einzelgruppen. Den Tritheisten und Dytheisten wie auch den Non-Adoranten trat er durch nüchterne Schriftauslegung entgegen. Gegenüber den anabaptistischen Einflüssen verhielt er

sich ablehnend. Der Frage, ob der Christ weltliche Ämter bekleiden und Waffen tragen dürfe (diese wurde bes. von Paläologus und Budny bejaht, von einer starken Oppositionsgruppe jedoch verneint), nahm er die Schärfe, indem er die Überordnung der religiösen über die staatlichen Vorschriften betonte, ohne den letzteren ihren moralischen Wert abzusprechen.

Zum Zentrum der *»Ecclesia minor«* wurde die von dem tolerant-ref. Magnaten Jan Sieninski um 1569 gegründete Stadt Raków. Hier konzentrierte sich unter den älteren A.n zunächst die Hauptopposition gegen Sozzini, die ihn als zu rationalistisch und zu weltlich ablehnte und ihm Opportunismus vorwarf. Er wurde nie als Mitglied in die Kirche aufgenommen, gewann aber bei der zweiten Generation der A. immer mehr Autorität, so daß er um 1601 in Raków an den Diskussionen über die Festigung der Lehre bereits die Rolle des geistigen Führers innehatte. Aus dieser Zusammenarbeit entstand der → Rakauer Katechismus, das Grundwerk des sozinianischen Lehrsystems. Seine Verfasser sind die beiden Deutschen Valentin Schmalz und Johannes Völkel sowie der polnische Edelmann Hieronymus Moskorzowski. Das Werk, das auf Vorarbeiten Sozzinis beruht, erschien 1605. Es lehrt ein rationales, von Dogmenzwang befreites Christentum. Die Lehren von den Sakramenten, von der Menschwerdung des Wortes und von der Trinität werden fallen gelassen. Christus erscheint als der übernatürlich erzeugte, von Gott dem Vater zur Herrschaft erhobene Herr über Himmel und Erde. Das reformatorische Schriftprinzip wird beibehalten, ebenso die Lehre von der Rechtfertigung, die allerdings als das Ergebnis eines Zusammenwirkens von göttlicher Willenskundgebung und menschlicher Leistung verstanden wird. – Trotz der ausgesprochenen Weitherzigkeit in Glaubensfragen und der grundsätzlichen → Toleranz (: II) gegenüber Andersgläubigen wurde in den demokratisch organisierten Gemeinden der »Ecclesia minor« eine strenge *Kirchenzucht* geübt. Die Kirche breitete sich über ganz Polen aus und konnte sich auch in den Gebieten halten, wo das griech.-orth. Bekenntnis vorherrschte. – Parallel mit der Organisation und Festigung der »Ecclesia minor« ging die *pädagogische Aktivität* der S. Zahlreiche Schulen wurden gegründet, als bedeutendste die Akademie von Raków. Die kleine Stadt wurde zu einem Zentrum theologischer Gelehrsamkeit und Publizistik. Neben polnischen Theologen wirkten hier auch zahlreiche Deutsche, u.a. die Schulmänner Johann Crell († 1631) und Martin → Ruarus († 1657). Bedeutenden Ruf erwarben sich ferner Jonas Schlichting († 1661), Samuel Przypkowski, der Vorkämpfer religiöser Toleranz († 1670), der Kirchenhistoriker Stanislaus Lubieniecki († 1675) sowie Andreas Wiszowaty († 1678), ein Enkel Sozzinis.

5. In ihrem Verhältnis zum kath. Königtum verließen sich die S. auf die Warschauer Konföderation von 1573, in welcher allen Glaubensparteien Duldung versprochen worden war. Immerhin begannen seit etwa 1590 sporadische Gewaltakte. Sozzini selbst wurde zweimal (1594, 1598) körperlich mißhandelt. Er zog sich 1598 von Krakau in das Dorf Ludławice zurück, wo er 1604 starb. Zu Beginn des 17.Jh.s, als auch in → Polen (: I, 3) die kath. Reform sich ausbreitete, setzte die systematische Verfolgung der »Ecclesia minor« ein. 1638 erfolgte die Zerstörung der Kirche, Schule und Druckerei von Raków, 1658 wurden sämtliche A. durch ein unter König Johann Kasimir erlassenes Reichstagsdekret des Landes verwiesen. Die polnischen Brüder fanden Aufnahme in → Siebenbürgen (wo die unitarische Kirche bis ins 20.Jh. fortlebte), in Schlesien, Brandenburg und Holland. Wenn die polnischen S. auch nirgends als Exilkirche dauernde Wurzeln faßten, so hat ihr Gedankengut im 17.Jh. doch weite Verbreitung erfahren. Namentlich in Holland waren schon vor der Vertreibung der S. aus Polen zahlreiche sozinianische Publikationen erschienen, als wichtigste die Bibliotheca Fratrum Polonorum (hg.v. A.Wiszowaty u.a., 8 Bde, Irenopolis/Amsterdam 1656: Werke Sozzinis, Crells, Schlichtings, → Wolzogens). Sozinianische Ideen wurden von den holländischen → Mennoniten und von den → Rijnsburger Kollegianten aufgenommen. Zu der von den Polen erhofften Vereinigung ihrer Kirche mit der Remonstranten-Bruderschaft kam es jedoch nie, obwohl zwischen beiden Gruppen gute Beziehungen bestanden. Daß die sozinianische Publizistik ernstgenommen wurde, geht u.a. aus den zahlreichen Streitschriften hervor, die von Lutheranern wie A. → Calov und von Calvinisten wie J. → Hoornbeek gegen sie gerichtet wurden. Ruarus stand im Kontakt mit Hugo → Grotius, der in Paris Beziehungen mit polnischen S.n unterhielt und vor allem mit ihrer Toleranzidee übereinstimmte. Sozinianische Schriften fanden auch in England Verbreitung und beeinflußten die Entwicklung des englischen Unitarianismus (→ Unitarier). Zu ihren Lesern gehörten u.a. → Milton, → Newton und → Locke. Eine direkte Verbindungslinie zu der unitarischen Bewegung, die sich im 19.Jh. in Nordamerika entwickelte, läßt sich jedoch nicht ziehen. Das sozinianische Gedankengut hat auf die Entwicklung der frühen → Aufklärung sichtbar eingewirkt und bildet einen wichtigen Beitrag Polens zur europäischen Geistesgeschichte.

Wichtigste Lit.: CHR.SANDIUS, Bibliotheca Antitrinitariorum, Freistadii/Amsterdam 1684 - F.TRECHSEL, Die prot. A. vor Faustus Socin, 2 Bde, 1839/44 - W.J.KÜHLER, Socinianisme in Nederland, Leiden 1912 - J.C.VAN SLEE, Geschiedenis van het Socinianisme in de Nederlanden, Haarlem 1914 - K.VÖLKER, KG Polens, 1930 - D.M. CORY, Faustus Socinus, Boston 1932 - ST.KOT, Le mouvement antitrinitaire au XVIe et au XVIIe siècle (Humanisme et Renaissance 4, 1937, 16-58. 109-156) - DERS., Socinianism in Poland, Boston 1957 - E.M.WILBUR, A Hist. of Unitarianism: Socinianism and its Antecedents, Cambridge/Mass. 1945 - DERS., A Bibliogr. of the Pioneers of the Socinian-Unitarian Movement ... in Italy, Switzerland, Germany, Holland, Rom 1950 - DERS., A Hist. of Unitarianism in Transylvania, England and America, Cambridge/Mass. 1952 - D.CANTIMORI, Ital. Häretiker der Spätrenaissance, dt. Basel 1949 - H.J.MACLACHLAN, Socinianism in 17th-Century England, Oxford 1951 - G.PIOLI, Fausto Socino, vita-opere-fortuna, Parma 1952 - G.SCHRAMM, A. in Polen 1556-1658 (Bibl. d'Humanisme et Renaissance 21, 1959, 473-511; Lit., auch poln. Schrifttum) - L.CHMAJ (Hg.), Studien über den Arianismus, Warschau 1959 (poln.). - Vgl. die Lit. zu den im Text genannten Artikeln. *H.R.Guggisberg*

Soziologie

I. Allgemein - II. Pädagogische Soziologie. - Vgl. → Religionssoziologie

I. Allgemein

1. Begriff - 2. Geschichte

1. S. ist die Lehre vom Gesamtzusammenhang der → Gesellschaft und ihrer → Kultur. Sie war zunächst geschichtsphilosophisch-enzyklopädisch und von politischen bzw. sozialethischen Intentionen erfüllt; sie ist heute weithin zu einer Fachdisziplin geworden, die sich in wachsendem Maße der Verfahrensweisen der empirischen → Sozialforschung bedient. Ihr Interesse zielt nach wie vor auf Gegenwartsanalyse ab. An die Stelle einer Untersuchung von Gesellschaftsstrukturen und ihrer Bewegungs- und Entwicklungsgesetze ist jedoch die des Funktionszusammenhangs getreten, in dem jeweils die unterschiedlichen Phänomene einer Kultur stehen. Überwog hierbei anfangs der Aspekt eines (statischen) Gleichgewichts, so tritt neuerdings das Problem der Dynamik wieder in den Vordergrund. Weitere all-

gemeine Forschungsgebiete bilden die wechselseitigen Einwirkungen von Gesellschaft und natürlicher Umwelt einerseits, von Gesellschafts- und Persönlichkeitsstruktur anderseits. - In *systematischer* Hinsicht bearbeitet die S. diejenigen Grundbegriffe und -prozesse, die ihren einzelnen Teilgebieten gemeinsam sind; zugleich ist sie um die Integration dieser Teilgebiete »in das Totalphänomen des Lebenszusammenhangs gesellschaftlicher Erscheinungen« (R.König) bemüht. Die Untersuchung zwischenmenschlicher (sozialer) Beziehungen und Wechselwirkungen, von Verhaltensweisen, Einstellungen und Gebilden verfährt entweder abstrakt in unhistorisch-axiomatischer Weise, um Konstanten der Vergesellschaftung herauszuheben, oder in vergleichend-typisierender Weise, um die Variabilität eines gesellschaftlichen Phänomens darzustellen; sie kann ferner historisch-individualisierend betrieben werden (K.Mannheim). Neben den Verfahrensweisen der empirischen → Sozialforschung (einer Kombination verschiedener Erhebungs-, Beobachtungs-, Meß-, Auswertungs- und Darstellungstechniken, die eine Übersicht über soziale Tatbestände zu geben oder der exakten Analyse sozialer Prozesse zu dienen suchen) werden die älteren Methoden der vergleichenden bzw. der verstehenden S. kaum mehr angewandt. - Von der allgemeinen oder systematischen S. ist die *spezielle* (oder Bindestrich-)S. und die *angewandte* S. zu unterscheiden; der Übergang zwischen diesen ist fließend. Die Spezial-S.n haben sich zT aus der Kooperation mit anderen Wissenszweigen, zT aus eigenen Problemstellungen ergeben; zT sind sie aus der Arbeitsdifferenzierung in der S. selbst hervorgegangen; sie haben sich ihrerseits in eigene Forschungsgebiete aufgegliedert oder ganz verselbständigt (zB Sozialpsychologie). Die Spezial-S.n (zB →Religionssoziologie, Rechts-S., Familien-S. [→ Familie: III] usw) können sich mit den von den sozialen Gruppen jeweils geformten Einrichtungen, Normen, Werten und Symbolen und deren Einwirkung auf das Leben der Gruppen, die Meinungen und Attitüden ihrer Mitglieder, sowie den verschiedenen konservierenden oder auflösenden Prozessen befassen: den Funktionen und Dysfunktionen, die in einer Kultur anzutreffen sind. S. kann einerseits als Hilfswissenschaft von anderen Disziplinen herangezogen werden wie sie anderseits deren Hilfe beansprucht (zB Bevölkerungslehre, Kulturanthropologie, Statistik, die jedoch auch als Unterabteilungen der S. verstanden werden können). - Die Zusammenarbeit mit anderen Wissenschaften ermöglicht es der S., die Grenzen zwischen den Fachdisziplinen zu überbrücken; sie ist insofern eine »Grenzwissenschaft« (R.Michels). Sie gelangt dadurch zu einer Schlüsselstellung bes. innerhalb der Kulturwissenschaften, läuft hierbei jedoch, weil sie sich mit vielen Disziplinen berührt, auch Gefahr, als eine beflissen nichtssagende »Synthese« benutzt zu werden.

2. Im 19.Jh. wurde die S. durch die systematischen Entwürfe von → Comte, der das Wort S. prägte, und H. → Spencer bestimmt. Comte knüpfte einerseits an die → Aufklärung (→ Montesquieu, Condorcet, Ferguson) und → Saint-Simon, anderseits an Theoretiker der Gegenrevolution (→ Maistre, → Bonald) an: gesellschaftliche Erscheinungen sollen mit den Methoden der Erfahrungswissenschaften exakt (= positiv) erklärt und unter »Gesetze« befaßt werden, damit eine »wissenschaftliche Politik« eingerichtet werden könne. Die S., zunächst als soziale Naturwissenschaft (physique sociale) verstanden, wird von Comte in eine soziale *Dynamik*, die den Gang des menschlichen Geistes nach dem »Gesetz der drei Stadien« seines Fortschritts beschreibt, und in eine soziale *Statik* eingeteilt, die sich mit den Invarianten aller gesellschaftlichen Ordnung beschäftigt. Die S. soll der »geistigen und moralischen Anarchie« ein Ende bereiten und durch eine vom → Positivismus gelieferte verbindliche Weltanschauung (»Religion der Menschheit«) den »Consensus« mit der »natürlichen«, dem → Fortschritt nunmehr nicht mehr widerstreitenden Ordnung kontrollieren. Comtes S. ist Bestandteil und Krönung der positivistischen Philosophie; ihr Einfluß auf → Freidenker-Kreise war groß. - H.Spencer zog vornehmlich ethnographisches Material zu dem Nachweis heran, daß (wie im Kosmos) in der Gesellschaft eine natürliche → Entwicklung (: II) statthabe, die zu immer größerer Differenzierung bei gleichzeitig zunehmender Integration der Einheiten (Gruppen) führe, in die von den Staatsorganen nicht eingegriffen werden dürfe. Spencers S. ist Teil seiner agnostizistischen »synthetischen Philosophie«.

Die Vorgeschichte der *deutschen* S. reicht gleichfalls ins 18.Jh. zurück (Kameralistik, → Herder). Ihr Weg mündet einerseits, über Romantik und historische Rechtsschule, bei den Staatswissenschaften (L.v.Stein, Mohl, → Schmoller), er geht anderseits über → Hegel zum historischen → Materialismus (: III, → Marx) und zur → Geisteswissenschaft (→ Dilthey). Ein Höhepunkt wird vor dem 1. Weltkrieg mit F.Tönnies (1855-1935), G.Simmel (1858-1918) und Max → Weber (1864-1920) erreicht: Die S. wird zur (versteckten) Auseinandersetzung mit der Marxschen Theorie, so daß sie, zumal in Deutschland, als Gegenentwurf zu Marx angesehen werden kann. Anstelle einer Theorie der geschichtlichen Veränderung der Gesellschaft und ihrer Kultur sucht sie Formen und Typen der Vergesellung schlechthin zu konstruieren, die, bei Tönnies und M.Weber noch historisch gesättigt, in gleichbleibenden psychologischen Verhaltensweisen gründen. Die geschichtsphilosophische Spekulation wird abgebaut, der Begriffsapparat, unter Verzicht auf ein zusammenhängendes System, verfeinert und erweitert (G.Simmel). Tönnies legte ein an Willensbekundungen orientiertes System sozialer Verhältnisse, Kollektive, Körperschaften, Normen und Werte vor.

Im Anschluß an Spencer, der die Gesellschaft analog einem Organismus zu begreifen suchte, setzt sich in der S. zeitweise eine organizistische Richtung (A.Schäffle, R.Worms) durch. Sie tendiert zu einer Biologisierung sozialgeschichtlicher Vorgänge, zumal im Sozialdarwinismus die Selektions- und Anpassungstheorie → Darwins Bedeutung erlangt (Gumplowicz, Sumner); über die italienische Kriminologie beeinflußt er überdies die Massenpsychologie (Le Bon) und wirkt sich in antidemokratischen politischen Bewegungen aus.

Mit E. → Durkheim beginnt ein neuer Abschnitt in der Geschichte der S. Sie wird zur *Methode*, sozialer Tatbestände habhaft zu werden: sie sind »kollektive Vorstellungen« (Institutionen, Normen und Symbole), durch welche die Gruppe das Individuum prägt. Durkheims positivistische S. wird zur laizistischen Moral der Dritten Republik und ins Erziehungssystem eingegliedert. Neben Durkheim und seinen Mitarbeitern (M. Mauss, G.Davy, C.Bouglé, F.Simiand, M.Halbwachs) konnten sich andere Richtungen der S. in Frankreich lange Zeit kaum Resonanz verschaffen. Kritik übten G.Tarde (1843-1904), der die vergesellschaftende Rolle der Imitation großer Männer hervorhob, und - von prot. Seite - G.Richard (1860-1936).

Neben der S. im engeren Sinne ging die Geschichte der → Sozialforschung ihren eigenen Weg. Anfangs in kameralistischem Sinn geführt (Petty, Süßmilch), bildet im 19.Jh. vornehmlich die Lage der Arbeiter ihr Forschungsgebiet (Le Play, Booth); hierbei werden exakte Untersuchungsmethoden gewonnen, die in der S. noch ungebräuchlich waren. Die Statistik, einst Beschreibung von »Staatsmerkwürdigkeiten«, wird, unter Aufnahme der mathematischen Wahrscheinlichkeitstheorie, zur *Sozialstatistik;* sie schließt Bevölkerungslehre oder Demographie, Wirtschafts- und Moralstatistik in sich ein und beansprucht, die unentbehrliche Grundlage der Gesellschaftslehre (G.v.Mayr), ja die allein präzise Sozialwissenschaft (A.Coste) zu sein. Gegen Ende des 19.Jh.s wird die Verbindung zur S. hergestellt (R.Mayo-Smith, Durkheims »morphologie sociale«), aber Enquêten und statistische Unterlagen dienen der S. eher in deskriptiver Hinsicht, als daß sie sich methodologisch beeindrucken läßt.

Dilthey hatte 1880 der positivistischen S. den Charakter einer Wissenschaft bestritten und ihre Methoden als untauglich verworfen. An die Stelle kausaler Tatsachenerklärung habe das Verstehen von Kulturstilen zu treten. Im Streit zwischen Natur- und Geisteswissenschaft wurde der S. schließlich von → Rickert eine Mittelstellung zugebilligt, die, von der Wissenschaftslehre der deutschen S. lange verteidigt, ihren Ausbau zu einer »Typologie sozialen Handelns« (M.Weber) bzw. zu einer allgemeinen Systematik zwischenmenschlicher Beziehungen (L.v.Wiese) förderte. Dabei wurde der ursprüngliche Gegenstand der S., die Gesellschaft und ihre Entwicklung zu begreifen, aufgegeben, zugleich auch die zum Verständnis gesellschaftlicher Prozesse unerläßliche Beachtung der Interdependenz ökonomischer, rechtlicher, politischer, religiöser usw Faktoren; an die Stelle tritt das Beziehungsnetz von Individuen oder die Gruppe. Auch der gesellschaftskritische Aspekt der S. verdünnt sich mehr und mehr.

Diese Scheidung von geistes- und naturwissenschaftlicher Methode blieb jedoch weithin auf Deutschland beschränkt. Durkheim und seiner Schule ist sie fremd. Neben der cartesianischen Tradition wirkte sich hier vielmehr die empiristische aus, die in J.St. → Mills System der induktiven Logik ihren lange Zeit überzeugenden Niederschlag fand. Trotz der Hinweise Mills auf Comte und der Bemühungen der englischen Positivisten schlug die S. in *England* zunächst kaum Wurzeln, und auch Spencers S. wurde in den USA und in Deutschland mehr als im Heimatlande beachtet. Den englischen Beitrag zur Geschichte der S. bilden im 19.Jh. vor allem die zahlreichen von offizieller und privater Seite unternommenen Enquêten sowie die Erprobung, Erweiterung und Verfeinerung der Erhebungstechniken. Die von Ch.Booth (1840-1916), B.S.Rowntree (1871-1954) und A.L.Bowley (* 1869) um die Jh.wende unternommenen Gemeindestudien haben nicht bloß in England, sondern auch in den USA S. und Sozialforschung angenähert.

In *Amerika* begann die S. ebenfalls als Universalwissenschaft von systematischem Charakter und sozialpolitischen Intentionen. Dabei orientierte sich Lester F.Ward (1841-1913) an Comte, Franklin H. Giddings (1855 bis 1931) mehr an Spencer, während sich bei Albion W.Small (1854-1926), dem dritten großen Pionier der S. in Amerika, deutscher Einfluß (Schmoller) geltend machte. Doch bestanden auch Beziehungen zur sozialen Wissenschaft (»social science«), die auf unmittelbare Abhilfe der als Fehlanpassung angesehenen sozialen Probleme des Alkoholismus, der Prostitution, Kriminalität, Verwahrlosung usw drang. Nach dem Beispiel von Ch.Booth suchte sie umfassende Übersichten (»surveys«) über die beklagten Mißstände zu erlangen. Im Survey werden ökonomische, soziale, politische, religiöse usw Aspekte einer jeweils aus einem größeren Zusammenhang herausgehobenen und geographisch umgrenzten gesellschaftlichen Erscheinung auf Grund konkreter Tatsachen beobachtet, beschrieben, gemessen, analysiert und koordiniert, wobei die erlangten Daten nach Möglichkeit repräsentativ sein sollen. Der Praxis der Sozialarbeit verdankt die amerikanische S. auch die Technik der »case study«: der Lebensprozeß einer sozialen Einheit (Person, Gruppe, Stadtteil, Institution u.dgl.) wird auf Grund dokumentarischer Daten in seinen einzelnen Phasen beschrieben. Das Interesse verlagerte sich bald auf die Untersuchung der allgemeinen Auswirkungen zunehmender Industrialisierung und Verstädterung: die → Stadt wird als das »Experimentierfeld der modernen Gesellschaft« (R.E.Park) entdeckt und zum Forschungszentrum der S.

Während Durkheim, wie später L.v.Wiese, die S. noch von der → Psychologie (: I) abgrenzt, hat die amerikanische S. stets engen Kontakt zu ihr gehalten, ebenso zur → Ethnologie. Die wechselseitigen, methodologisch recht ergiebigen Beziehungen sind bis heute nicht abgerissen. Bereits William G.Sumner (1840-1929) hob die vergesellschaftende Funktion irrationaler Motive in Brauch und Sitte hervor, Thorstein Veblen (1857-1929) lenkte die Aufmerksamkeit auf die eingefahrenen Denk- und Verhaltensweisen (»institutions«), durch die Individuen und Gruppen modelliert werden. Die Sozialpsychologie wird von Edward A.Ross (1866-1951), der ihren Begriff verbindlich macht, Ch.A.Ellwood (1873 bis 1946) und Ch.H.Cooley (1864-1929) vorangetrieben. Für Cooley erlangt das Individuum die ihm eigentümliche »Natur«, seine Individualität erst in der Gesellschaft; geprägt wird es in den durch Nähe und Unmittelbarkeit gekennzeichneten »Primärgruppen« der Familie, Spielgruppe, Nachbarschaft; hier lernt es, sich mit anderen zu identifizieren und als »wir« zu fühlen und zu handeln. Von nicht geringem Einfluß ist ferner der *Behaviorismus* (→ Psychologie: I, 3), zumal in seiner philosophischen Ausdeutung durch G.H.Mead (1863-1931): danach ist unsre Umwelt lediglich das Gesamt von Reaktionen und Verhaltensweisen, durch das sie erfahren und bestimmt wird. Die Handlungen (Akte) der anderen bestimmen die Bedeutung des eigenen Tuns: dieses erscheint sinnvoll nur, wenn es die »Rolle« übernimmt, die andere erwarten. Die »soziale Rolle« - das, was von uns zu tun erwartet wird - bestimmt schließlich unser tatsächliches Handeln und unsre »Meinungen«. An den fremdbestimmten »Rollen«, in die das Individuum sich einzufügen hat, lassen sich die Verhaltensweisen und Einstellungen ablesen, die für die Gruppe kennzeichnend sind. Die behavioristische Sozialpsychologie, die (zunächst) darauf verzichtete, nach der inneren Motivation zu fragen, ermöglichte es, Einstellungen und Meinungen quantitativ zu fassen. - Nach Durkheims Tod (1917) wurde auch in Frankreich bes. durch Marcel Mauss (1873-1950) und Maurice Halbwachs (1877-1945) die Brücke zur Sozialpsychologie geschlagen. Mauss' Hinweis, daß jede soziale Tatsache in ihrer Totalität genommen werden müsse: daß sie gleichzeitig ökonomische, rechtliche, religiöse, moralische, psychologische, selbst ästhetische Aspekte zeige, die nicht isoliert werden dürften, ist für die moderne französische S. richtungweisend gewesen.

Trotz internationaler Kongresse geriet die S. nach dem 1. Weltkrieg stärker denn je zuvor in die Gefahr, sich national abzukapseln. Das gilt zumal für *Deutschland.* Hier blüht die S., in der Weimarer Republik endlich als Universitätsfach zugelassen, vielfältig auf. Ihre unterschiedlichen »Richtungen« zeigen in der Rückschau indes eine gemeinsame Physiognomie: ihr Hauptbemühen zielt auf eine systematische, an formalbegrifflicher Klärung mehr als an der Analyse soziohistorischer Phänomene interessierte S. Die Ansicht, S. habe sich als übergreifende Wissenschaft der Ergebnisse von Anthropologie, Ökonomie, Psychologie und Geschichte zu bedienen und »gesetzmäßige« Abläufe zu studieren, deren Kenntnis Sozialreformen leichter bewerkstelligen lasse, kommt außer Mode. Franz Oppenheimer (1864–1945) unternimmt einen letzten Versuch, den »sozialen Prozeß« als historisch-gesellschaftliche Entwicklung auf diese Weise in den Griff zu bekommen. L.v.Wiese legt sein »System der allgemeinen S.« vor ([1924] 1955³), das induktiv verfährt und an Simmels Reduktion gesellschaftlicher Inhalte auf Vergesellungsformen wie an E.A.Ross' Klassifikationsschema sozialer Beziehungsprozesse anknüpft. Der Ethnologe A.Vierkandt (1867–1953) wendet sich zur »Gesellschaftslehre«; ihr Gegenstand sind die großen Gruppen (Familie, Stamm und Volk), deren Wesen er »phänomenologisch« erfaßt zu haben glaubt. – Eine mehr historisch gewandte Richtung wird von Alfred Weber (1868–1958), dem Bruder Max Webers, eingeschlagen: die Unterscheidung von Gesellschafts-, Zivilisations- und Kulturprozeß soll davor bewahren, ihre ungleichartigen Erscheinungs- und Entwicklungsformen auf den gleichen Nenner zu bringen – wie es Weber dem historischen Materialismus vorwirft –, aber auch vermeiden, sie ahistorisch-abstrakt zu fassen. Gegen die Marxsche Gesellschaftstheorie, die u.a. durch G.Lukacs' »Geschichte und Klassenbewußtsein« (1923) aktualisiert wird, und zugleich unter ihrem Einfluß entwirft der M.Weber-Schüler Karl Mannheim (1893–1947) eine S. des Wissens, vielmehr der politischen → Ideologien (Max → Scheler war ihm mit einer sozialphilosophischen, in einer Analyse des Arbeitsbegriffs gewonnenen Differenzierung von »Wissensformen« vorausgegangen), während Hans Freyer, von Dilthey herkommend, forderte, daß S. als »Wirklichkeitswissenschaft« verstanden werden müsse, deren Begriffe (zB Stand, Klasse) historische Strukturbegriffe sind. Als »Ethoswissenschaft« müsse S. zum Bewußtsein eines politischen Handelns werden, das »die bürgerliche Gesellschaft«, deren Selbstbewußtsein die S. des 19.Jh.s gebildet habe, zu einer neuen Volksordnung gelangen lasse. – Nach 1933 wurde die S. in Deutschland weithin lahmgelegt, ein nicht geringer Teil ihrer Fachvertreter in die Emigration gezwungen, eine Pseudo-S. propagiert, die mit »Rasse«, Blut und Boden hantierte (K.H.Pfeffer). Die Verbindung mit der außerdeutschen, zumal der amerikanischen S. und ihren Forschungsmethoden riß vollends ab. Nach 1945 wurde die amerikanische S. zum Vorbild.

Deren Aufstieg seit den 20er Jahren ist nicht der Überlegenheit einer allgemeinen Theorie zu verdanken; von den vorhandenen Systemen wird vielmehr unbekümmert entnommen, was als Kanon verbindlicher Fachtermini brauchbar schien, um die Lehrbarkeit der S. zu sichern. Der Schock des 1. Weltkriegs verstörte den Glauben an einen steten Fortschritt ebenso wie die Überzeugung, soziale Erscheinungen monokausal, etwa von »sozialen Instinkten« her ableiten zu können. Um nicht länger »Hypothesen mit Ursachen zu verwechseln« (E.Faris), wird nunmehr nur zugelassen, was auf induktivem Wege empirisch erfaßbar ist; die S. wird so u.a. einer Vielfalt von Ursachen inne. Für W.I.Thomas (1863 bis 1947) etwa ist das Verhalten eines Menschen das Ergebnis des Zusammenwirkens von Wünschen, Haltungen und Wertvorstellungen, die jeweils unter gegebenen gleicherweise komplexen Umweltbedingungen (situation) zur Geltung kommen. R.M.MacIver unterscheidet ähnlich ein »inneres Gefüge der sozialen Wirklichkeit« und ein »äußeres«, die »Umwelt«. Die mehrschichtige Verursachung sei mittels »einfühlender Rekonstruktion« aufzudecken. Sein Versuch, die S. dadurch von der »statistischen S.« abzuheben, wie sie von W.F.Ogburn, F.St.Chapin und St.A.Rice als der allein Objektivität verbürgenden Methode vertreten wurde, daß er ihrem Gegenstand eine andere Art der Kausalität zusprach, als sie der Naturwissenschaft eigen sei, hat sich indes nicht durchsetzen können. Die Zuwendung zum konkreten Studium sozialer Erscheinungen fand nämlich recht bald die Unterstützung offizieller Stellen und privater Kreise, die der S. ein Übermaß an Forschungsaufgaben beschert, die ihrerseits nicht bloß neue Forschungsgebiete entstehen lassen, sondern auch die Verwendung und Verfeinerung neuer Forschungstechniken fördern. Die empirische Sozialforschung drängt so die theoretische S. zeitweise in den Hintergrund. In dem Bemühen, ihre Arbeiten wissenschaftstheoretisch zu fundieren, schließt sie sich eng an den Neopositivismus an, wobei gelegentlich ein am Modell der Physik gewonnener Wissenschaftsbegriff unbesehen auf die S. übertragen wird (G.A.Lundberg). Das zentrale Thema, das nach dem 1. Weltkrieg in Angriff genommen wurde, fragte noch nach der sozialen Bedingtheit der menschlichen Natur; das Forschungsinteresse verlagerte sich dann auf die Sozialstruktur, die indes weithin auf die von Stadt- und Landgemeinden eingeschränkt wurde; dabei konzentrierte sich die Arbeit der S. mehr und mehr auf einzelne soziale Gruppen und schließlich auf die kleine Gruppe (small group) schlechthin, um aus der Beobachtung der zwischenmenschlichen Prozesse vorsichtig zu allgemeineren Hypothesen zu kommen. Überwiegt zunächst die Sozialpsychologie, so daß sie manchmal von der S. kaum noch abzugrenzen ist, so darf darüber der ständige Kontakt mit der Ethnologie nicht übersehen werden. Die alte Lehre von der Interdependenz der Teile eines Organismus wird unter dem Namen des *Funktionalismus* wieder aufgenommen, der nun mit dem Bemühen verknüpft wird, die Struktur eines Gebildes verständlich zu machen *(strukturell-funktionale S.)*. Damit entstehen für die soziologische Theorie neue Aufgaben, bei deren Bewältigung u.a. auch auf die ältere europäische systematische S. zurückgegriffen wird, bes. auf Durkheim und Max Weber (so vor allem Talcott Parsons). Während Howard Becker in seiner Theorie des sozialen Handelns gleichfalls an die europäische geisteswissenschaftliche S. anknüpft, sucht Rob.K.Merton stärker die Verbindung zur empirischen Sozialforschung zu halten; er glaubt, daß die S. zur Zeit noch kein in sich geschlossenes oder gar endgültiges Begriffsschema vorlegen kann; sie vermag allenfalls »Theorien von mittlerer Reichweite« zu formulieren. Diese Zurückhaltung hindert nicht, daß sich die S. gegenwärtig wieder der Untersuchung größerer Gesellschaftskomplexe zuwendet (zB C.W.Mills), hierbei jedoch nicht mehr auf die Hilfe der empirischen Sozialforschung verzichtet. Fand die S. anfangs ihre Rechtfertigung dank ihrer praktischen Verwertbarkeit und ihrer Mitwirkung in der Demokratie, so stellt sich heute für sie die Frage ihrer Beziehung zu den geltenden Werten – ob sie sie hinnimmt oder vor Kritik nicht zurückscheut.

Allgemein: HWSW IX, 626ff (L.v.Wiese; Lit., auch in- u. ausländ. Zs.en).

Einführungen: A.Weber u.a., Einf. in d. S., 1955 – Th.W.Adorno, Soziolog. Exkurse, 1956 – R.K.Merton u.a., S. Today, 1959 – A. Cuvillier, Kurzer Abriß der soziol. Denkweise, dt. 1960.

Geschichte: H.Becker–H.E.Barnes, Social Thought from Lore to Science I. II, (1938) 1952² – G.Gurvitch–W.E.Moore (Hg.), Twentieth Century S., 1945 – H.E.Barnes (Hg.), An Introduction to the Hist. of S., 1948 – E.G.Arboleya, Historia de la estructura y del pensamiento social, 1957 – H.Becker–A.Boskoff (Hg.), Modern Sociological Theory in Continuity and Change, 1957 – J.S.Roucek, Contemporary S., 1958 – H.Maus, A Short Hist. of S., 1962 (auch in Hdb. d. S., hg.v. W.Ziegenfuss, 1956).

Handbücher: ESS, 15 Bde, 1930–35 – HWB d. S., hg.v. A.Vierkandt, (1931) Neudr. 1959 – A.Cuvillier, Manuel de S., (1950)

1960 - HWSW, 11 Bde, 1952ff - Handbook of Social Psychology, hg.v. G.Lindzey, 1954 - Hdb. d. S., hg.v. W.Ziegenfuss, 1956 - Traité de S., hg.v. G.Gurvitch, 1958-60 - S., hg.v. R.König, 1958 - Internat. Soziologen-Lexikon, hg.v. W.Bernsdorf, 1959 - Hdb. d. empir. Sozialforschung, hg.v. R.König u. H.Maus, 1961.

Hauptwerke der theoret. S. (Auswahl): A.Comte, Cours de philos. positive, 6 Bde, (1830-42) 1892-94^5; dt. Auszug: S., 3 Bde, (1907-11) 1923^2 - Ders., Système de politique positive, 4 Bde, (1851-54) 1890 bis 1895^3 - H.Spencer, Principles of S., 3 Bde, 1877-96; dt. 1877-97 - L.F.Ward, Dynamic S., 1883 - L.Gumplowicz, Grundriß d. S., (1885) 1905^2 - F.Tönnies, Gemeinschaft u. Gesellschaft, (1887) 1935^8 - Ders., Einführung in d. S., 1931 - G.Simmel, Über soziale Differenzierung, 1890 - Ders., S., (1908) 1958^4 - G.Tarde, Les lois de l'imitation, (1890) 1907^5 - Ders., Les lois sociales, (1898) 1921^8; dt. 1908 - E.Durkheim, De la division du travail social, (1893) 1960^7 - Ders., Les règles de la méthode sociologique, (1895) 1960^{14}; dt. 1961 - Ders., Les formes élémentaires de la vie religieuse, (1912) 1960^4 - F.H.Giddings, Principles of S., 1896; dt. 1911 - Ders., Scientific Study of Human Society, 1924 - E.A.Ross, Social Control, (1901) 1959 - Ders., Principles of S., (1920) 1938^3; dt. 1930 - A.Vierkandt, Die Stetigkeit im Kulturwandel, 1908 - Ders., Gesellschaftslehre, (1923) 1928^2 - V.Pareto, Trattato di sociologia generale, (1916) 1923^2 - W.I.Thomas-F.Znaniecki, The Polish Peasant in Europe and America, (1918-20) 1958 - M.Weber, Ges. Aufs. z. Religions-S. I-III, 1920/21 (I, 1947^4) - Ders., Ges. Aufs. z. Wissenschaftslehre, (1922) 1951^2 - Ders., Wirtschaft u. Gesellschaft, (1922) 1956^4 - Ders., Ges. Aufs. z. S. u. Sozialpolitik, 1924 - W.F.Ogburn, Social Change with Respect to Culture and Original Nature, (1922) 1950 - G.Lukacs, Gesch. u. Klassenbewußtsein, 1923 - L.v.Wiese, System d. allg. S. (Beziehungslehre), (1924) 1955^3 - M.Halbwachs, Les cadres sociaux de la mémoire, 1925 - M.Scheler, Die Wissensformen u. d. Gesellschaft, (1926) 1960^2 - W.G.Sumner-A.G.Keller, The Science of Society I-IV, (1927) 1946 - K.Mannheim, Ideologie u. Utopie, (1929) 1952^3 - H.Freyer, S. als Wirklichkeitswissenschaft, 1930 - Ders., Theorie d. gegenw. Zeitalters, 1955 - A.Schütz, Der sinnhafte Aufbau d. sozialen Welt, 1932 - F.Znaniecki, The Method of S., 1934 - Ders., Social Actions, 1936 - M.Adler, Das Rätsel d. Gesellschaft, 1936 - T.Parsons, The Structure of Social Action, (1937) 1958^3 - Ders., The Social System, 1952 - Ders., Structure and Process in Modern Societies, 1960 - R.M.MacIver, Society, (1937) 1957 - Ders., Social Causation, 1942 - P.A.Sorokin, Social and Cultural Dynamics, 1937-41 - G.A.Lundberg, Foundations of S., 1939 - N.Elias, Über den Prozeß der Zivilisation, 1939 - H.Marcuse, Reason and Revolution. Hegel and the Rise of Social Theory, (1941) 1954^2; dt. 1962 - M.Horkheimer-Th.W.Adorno, Dialektik d. Aufklärung, 1948 - R.K.Merton, Social Theory and Social Structure, (1949) 1958 - M.Mauss, S. et anthropologie, 1950 - R.E. Park, The Collected Papers, 1950-55 - G.Gurvitch, La vocation actuelle de la s., (1950) 1957 - G.C.Homans, The Human Group, 1950; dt. 1960 - H.Becker, Through Values to Social Interpretation, 1950; dt. 1959 - A.Weber, Prinzipien d. Geschichts- u. Kultur-S., 1951 - Th.W.Adorno, Prismen. Kulturkritik u. Gesellschaft, 1955 - M.Graf zu Solms, Analyt. Gesellungslehre, 1956 - C.W.Mills, The Sociological Imagination, 1959; dt. 1962 - D.Martindale, The Nature and Types of Sociological Theory, 1960 - Theories of Society, hg.v. T.Parsons u.a., 1961 - J.O.Hertzler, American Social Institutions, 1961. - Vgl. die Lit. zu → Sozialforschung.

H.Maus

II. Pädagogische Soziologie

1. Begriff und Abgrenzung - 2. Entwicklung - 3. Themen und Forschungsrichtungen. - Päd. = Pädagogik, päd. = pädagogisch(e), Ed. = Education(al), Soc. = Sociology, s. = soziologisch

1. Der Begriff päd. S. ist offensichtlich analog zu päd. → Psychologie (: II) gebildet worden, um das Grenz- und Überschneidungsfeld von S. und Päd. zu bezeichnen. Die Versuche einer prinzipiellen Definition und Abgrenzung dieser Disziplin scheitern schon an ihrem Namen. Will man sie als Teil der S. verstehen, so läßt sich das Adjektiv nicht rechtfertigen: päd., dh auf Handeln und Normen bezogen, kann die S. ihrem eigenen Verständnis nach nicht werden, ohne in die Sozialphilosophie oder Gesellschaftspolitik überzugleiten. Teilgebiet der → Pädagogik kann sie aber dem Wortsinn nach nicht sein, wenngleich sich der noch anfechtbarere Gegenbegriff »s.e Päd.« nicht durchgesetzt hat und das darin Intendierte heute auch unter die päd. S. fällt. Verzichtet man auf genaue Zuordnung und möchte alle Sozialphänomene der Erziehungswelt und alle Erziehungsphänomene der Sozialwelt einbegreifen, so ergibt sich ein fast grenzenloses Arbeitsfeld, das in die S. und in die Päd. tief einschneidet. Aber die S. wird sich, wenn sie es mit Erziehungswesen, Lehrerstand, Jugendforschung u.ä. zu tun hat, lieber »S. der Schule«, »der Jugend« usw nennen und eines Adjektivs »päd.« nicht bedürfen - sie müßte sich sonst in fast allen ihrer Arbeitsgebiete ähnlicher Wortverbindungen bedienen. Die Päd. anderseits muß sich auf Schritt und Tritt mit den sozialen Bedingungen und Dimensionen des Erziehungsvorgangs beschäftigen. Diese sind zwar zeitweise vernachlässigt, von den großen päd.n Denkern (in der Neuzeit → Rousseau, → Pestalozzi, → Schleiermacher, → Willmann, → Dilthey, Dewey) jedoch erkannt und in die moderne Päd. so integriert worden, daß es unmöglich wäre, sie als Gegenstand einer Sonderdisziplin auszugliedern. Die päd. S. wird also eine Rechtfertigung ihres Namens und ein eigenes Arbeitsfeld erst dort finden, wo in Gegenstand, Fragestellung oder Methode die beiden Wissenschaften S. und Päd. auf Zusammenarbeit angewiesen sind.

2. Die Anfänge einer päd.n S. in diesem Sinne sind wohl im ausgehenden 19.Jh. zu suchen, wo J.Dewey, L.Ward, E. → Durkheim von verschiedenen Ansätzen her zu einer s. orientierten Erziehungslehre hintasten. Erste Lehrbücher erscheinen in den USA; 1916 wird an der Columbia University eine Abteilung für Ed. Soc. errichtet, 1925 die National Society for the Study of Ed. Soc. gegründet, die seit 1928 die bisher einzige Fachzeitschrift (Journal of Ed. Soc.) herausgibt und für die Ausbreitung der Disziplin an den Universitäten und Lehrerbildungsstätten wie für den wissenschaftlichen Ausbau sorgt (C.C.Peters, D.Snedden, E.G.Payne). In Deutschland wurden, nach Anregung durch historische Arbeiten (L.v.Stein, P.Barth) und durch die → Sozialpädagogik, die Anfänge zu einer selbständigen päd.n S. von Lehrern gelegt (S.Kawerau, R.Lochner, H.Schröter, C.Weiß, dessen »Päd. S.« [1929] zuerst diesen Begriff im Titel führt). Th.Geiger, A.Fischer und K.Mannheim haben das Gewicht der S. verstärkt. Nach 1933 stagnierte die Entwicklung, wenn man von E.Kriecks völkischen Soziologismen absieht. In anderen Ländern, zumal den USA, bildete sich dagegen eine hochdifferenzierte und ertragreiche Forschung aus (vgl. Roucek und Floud-Halsey), welche die Grenzen zur S. und zur Päd. offengelassen, in ihren Erträgen aber Selbständigkeit und Fruchtbarkeit ihrer Fragestellung ausgewiesen hat. Neben der Verarbeitung dieser Ergebnisse finden sich in Deutschland erst Ansätze zu eigener Forschung.

3. Kataloge von Themen der päd. S. sind zwar mehrfach aufgestellt worden (A.Fischer, W.Bernsdorf, W. Dodson); doch erst ein Teil davon hat Bearbeiter gefunden. Einige Schwerpunkte der Forschung zeichnen sich heute ab: a) Die *Sozialformen des Kindes- und Jugendlebens* haben zunächst die Psychologen beschäftigt (seit W.Monroe, I.Delitsch, Ch.Bühler), die in einer Folge von monographischen und typologischen Arbeiten die eigentümliche Gesellung und Sozialbildung verschiedener Altersstufen und Milieus analysierten (N.Wolffheim, K.Reininger, H.Hetzer-L.Vecerka, S.Bernfeld). Mit geisteswissenschaftlicher Methodik wurde sodann das soziale Verständnis und der Eintritt in den Geist der Gemeinschaften untersucht (E.Spranger, W.Hansen). Soziographische Methoden brachten weitere Aufschlüsse (E.Lichtenstein, O.Engelmayer, E.Höhn). Die Milieuverflechtung wurde in Feldstudien und großen Gemeindeuntersuchungen deutlich (A.Busemann, A.B. Hollingshead, H.Schelsky, J.B.Mays, M.Kerr), welche diese Arbeiten verbinden mit der b) *s.en Jugendforschung*.

In den 20er Jahren begann aus sozialpädagogischen Impulsen die Erforschung der auffälligen und benachteiligten Jugend, dann der → Arbeiterjugend in repräsentativen Querschnitten (E.Lau, C.Bondy, H.Kautz, G. Dehn), die zunächst mehr die Aufgabe der Erweckung öffentlicher Aufmerksamkeit hatte und methodisch noch experimentierte, sodann neben der Großstadtjugend bes. die Jugend auf dem Lande untersuchte (P.Bode, H. Fuchs, R.Sassenhagen, W.Brix). Nach 1948 setzte hier eine breite Forschung ein, die zunächst auch aus sozialpolitischen Fragestellungen erwachsen war (H.Schelsky: Arbeitslosigkeit und Berufsnot, U.Planck: Lebenslage der Landjugend), nach bedeutenden Anfängen jedoch die päd. relevanten Probleme aus den Augen verlor. Als päd.-s. lassen sich aus der sehr umfangreichen Forschung bes. die Arbeiten von E.Lichtenstein, W.Rössler, H.H.Muchow bezeichnen. - c) Die *Sozialverhältnisse und -gebilde, die aus Erziehungsmaßnahmen entstehen,* sind seit den Anfängen der päd.n S. ein vielbehandelter Gegenstand. Sie reichen von der Spielgruppe im → Kindergarten bis zur Großorganisation des staatlichen Erziehungswesens und sind in Deutschland vorwiegend als Sozialvorgänge in der Schulklasse und als Anwendung der Soziographie behandelt worden (A.Kruckenberg, R.Lochner, H.Schröder, W.O.Döring, O.Engelmayer, C.Weiß), während in den USA der Sozialhintergrund der Schüler und seine Rückwirkungen (H.H.Jennings, A.B.Hollingshead, A.N.Oppenheim, G.Lindzey) ebenso wie die Sozialvorgänge in der Studentenschaft beobachtet werden. Das Volksbildungswesen in seinen Sozialwirkungen wird bes. in England analysiert. - d) Der *Lehrerstand* ist insofern Gegenstand nicht nur der S. der Berufe, sondern auch der päd.n S., als in seinem Selbstverständnis und seiner ständischen Abgrenzung das Berufsbild als ein bestimmtes berufsethisches Bewußtsein überall einfließt und als solches nur gemeinsam von s.en wie päd.n Gedanken her analysiert werden kann. Die Lage der Hochschullehrer wird neuerdings in diese Untersuchungen einbezogen (W.Waller, A.Fischer, G.Duveau, H.Plessner). - e) Das → *Bildungswesen als ganzes* bedarf s.er Analysen, päd.n Sachverstands und gesellschaftspolitischer Erwägungen in ausgewogener Zusammenarbeit, wäre also ein legitimes Feld der päd.n S. Denn die Schule steht im Gefüge von sozialen Mächten und Einflußsphären, die ihre Aufgabe mitbestimmen. Sie ist anderseits durch ihren Begabungsbegriff und ihr Qualitätsurteil selber ein Ort gesellschaftlicher Umschichtung und neuer Verteilung von Sozialchancen. Die Analyse dieser Vorgänge leidet jedoch daran, daß sie zunächst noch von S. und Päd. getrennt und in spezifischer Einseitigkeit durchgeführt wird und darum für die schulpolitischen Erwägungen weithin noch die wissenschaftliche Klarheit fehlt. - f) Aus der Fülle *weiterer Themen* (vgl. systematische Bibliogr. bei Floud-Halsey) ist noch zu nennen: der Zusammenhang von Bildungsfähigkeit und Sozialwillen des Elternhauses (H.Schelsky), Milieuforschung (A.Busemann), Integration von Minoritäten oder von körperlich-geistig benachteiligten Kindern, päd.-s.e Analyse der Sozialpädagogik, der Jugendhilfe, der staatlichen Jugendpflege, Vergleich der Erziehung verschiedener Gesellschaften (J.Henry), Berufsfindung und Berufsbewährung (Hagen-Thomae), Eindringen gelenkter Freizeitformen in die Erziehung und Rückwirkung der s.en Erkenntnisse über den Menschen auf die päd. Anthropologie. In dem großen Arbeitsfeld der päd.n S. wird es künftig darauf ankommen, die Fülle verschiedensinniger Aussagen zur Kooperation zusammenzuführen.

Zu 1: A.Fischer, Päd. S. (1932; in: Leben u. Werk III/IV, 1954, 107-158) - Ders., Soziol. Päd. (1932; ebd 159-166) - M.Buber, Elemente des Zwischenmenschlichen (in: Schriften über das dialogische Prinzip, 1954, 255-284) - W.B.Brookover, A Soc. of Ed., New York 1955.

Zu 2: Th.Geiger, Erziehung als Gegenstand der S. (Die Erziehung 5, 1930, 405-427) - W.Bernsdorf, Päd. S., in: WB der S., 1955, 360ff - J.S.Roucek, The Development of Ed. Soc., History and Trends in America and Abroad, Bridgeport/Conn. 1956 (Kurzfassung in: Intern. Zs. f. Erziehungswiss. 4, 1958, 240-244) - J.Floud-A.H. Halsey, The Soc. of Ed., A Trend Report and Bibliogr. (Current Soc. VII/3, Oxford 1958, 165-235; Lit.).

Zu 3: A.Fischer, Erziehung als Beruf (1921; in: Leben u. Werk II, 1950, 31-71) - L.v.Wiese (Hg.), S. des Volksbildungswesens, 1921 - HPäd II, 1929 - A.Busemann (Hg.), Hdb. der päd. Milieukunde, 1932 - W.Waller, The Soc. of Teaching, New York 1932 - A.B. Hollingshead, Elmtown's Youth. The Impact of Social Classes on Adolescents, ebd 1949 - G.Weippert, Zur S. der Jugend (Stud. Generale 6, 1951, 610-620) - H.H.Jennings, Schule u. Schülergemeinschaft, dt. 1951 - O.Engelmayer, Schulkinder unter sich, 1952 - I. Kuhr, Schule u. Jugend in einer ausgebombten Stadt, 1952 - A.K.C. Ottaway, Ed. and Society, London 1953 - G.Lindzey (Hg.), Handbook of Social Psychology, Cambridge/Mass. 1954 - K.Seidelmann, Bund u. Gruppe als Lebensformen dt. Jugend, 1954 - L.Warner u.a., Who shall be educated?, New York 1954 - E.Lichtenstein, Umrisse einer s.en Jugendkunde, 1955 - Ders., Die Schule im Wandel der Gesellschaft, 1957 - M.Liebermann, Ed. as a Profession, Englewood Cliffs/N.J. 1956 - H.Plessner (Hg.), Unters.en zur Lage der dt. Hochschullehrer, 1956 - K.Abraham, Der Betrieb als Erziehungsfaktor, 1957 - G.Duveau, Les Instituteurs, Paris 1957 - R.J.Havighurst-B.L.Neugarten, Society and Ed., Boston 1957 - W.Roessler, Jugend im Erziehungsfeld, 1957 (Lit.) - H.Schelsky, Schule u. Erziehung in der industriellen Gesellschaft, 1957 - Ders., Die skeptische Generation, eine S. der dt. Jugend, 1957 - Ders., Anpassung oder Widerstand, 1961 (Kritik: J.Habermas, Neue Sammlung 1, 1961, 251-278) - F.Winnefeld, Päd. Kontakt u. päd. Feld, 1957 - W.Hagen u.a., Jugendliche in der Berufsbewährung, 1958 - J.Kob, Das soziale Berufsbewußtsein des Lehrers der höheren Schule, 1958 - J.H.Fichter, Parochial School, Notre Dame/Ind. 1958 - E.Lemberg, Aufgaben einer S. des Bildungswesens (in: H.Heckel u.a., Päd. Forschung u. päd. Praxis, 1958, 58-98) - H.Scheuerl, Begabung u. gleiche Chancen, 1958 - C.Weiss, Abriß der Päd. S., 1958ff - P.Heintz (Hg.), S. der Schule (KfS, Sonder-H. 4), 1959 - H.H. Muchow, Sexualreife u. Sozialstruktur der Jugend, 1959 - H.H. Plickat, Die Schule als Instrument des sozialen Aufstiegs, 1959 - H.Bertlein, Das Selbstverständnis der Jugend heute, 1960 - E.Lemberg (Hg.), Beiträge zur S. des Bildungswesens, 1960ff - J.Henry, A cross-cultural Outline of Ed. (Current Anthropology 1, 1960, 267 bis 305) - D.W.Dodson, Ed. Soc., in: Encycl. of Ed. Research, New York 1960³, 408ff (Lit.) - H.Zulliger, Horde, Bande, Gemeinschaft, 1961.

A.Flitner

Sozomenus, griech. Kirchenhistoriker, aus dem Dorf Bethelea bei Gaza stammend, Rechtsanwalt in Konstantinopel. Dort schrieb er etwa 443-450 eine → Kirchengeschichte (: I, 2 a) in 9 Büchern, die die Zeit von 324 bis 439 umfassen sollte; das letzte, als historische Quelle bes. wertvolle Buch reicht indessen nur bis etwa 422. Wahrscheinlich ist das Werk postum herausgegeben. Als gründlich ausgeschöpfte Hauptquelle liegt die KG des → Sokrates (, 2) zugrunde, der freilich nicht genannt wird; daneben sind die von Sokrates angegebenen Quellen ständig von S. zur Kontrolle und Ergänzung herangezogen (von den für uns verlorenen bes. die Sammlung der Synodalakten des Bischofs Sabinus von Heraklea). Ausführliche Einlagen behandeln die Christenverfolgung im Perserreich (II, 8-14) und die Geschichte des Mönchtums (I, 12-14; III, 14; VI, 28-34; Quellen hierfür waren → Palladius, → Rufinus und die Historia monachorum). Tief gebildet, aber mit geringem Interesse und Verständnis für dogmatische Fragen, versucht S. im Stil der klassischen griech. Historiographie zu schreiben.

Ausg. v. J.Bidez u. G.Chr.Hansen (GCS 50), 1960; ältere Ausg. bes. von H.de Valois, Paris 1668, Nachdr. MPG 67. - RE XVIII, 541ff - J.Bidez, La tradition manuscrite de Sozomène (TU 32, 2 b), 1908 - Ders., Le texte du prologue de S. et de ses chapitres (VI 28-32) sur les moines d'Egypte et de Palestine (SAB 1935, 399-427) - G. Schoo, Die Qu. des Kirchenhistorikers S., 1911 - Bardenhewer IV,

141ff - PW 2. R. III, 1240ff - DThC XIV/2, 2465ff - GY.MORAVCSIK, Byzantinoturcica I, (1942) 1958², 510f (Lit.). *G.Chr.Hansen*

Sozzini, *Fausto* und *Lelio* → Sozinianer.

Spaeth, *Hermann* (1826-94), ev. Theologe, * in Nürtingen/Württ., † in Breslau, 1852 Pfarrverweser, 1860 Pfarrer in Gründelhardt (Jagstkreis), 1869 in Oldenburg, 1877 an St. Elisabeth in Breslau (hier zugleich Kircheninspektor). Ein »bedachtsamer und kenntnisreicher Vertreter des bewußt kirchlichen Liberalismus« (Müller), trat S. in Oldenburg für eine freiere Form der Kirchenverfassung ein. Auch in Breslau wirkte er für die Umbildung der städtischen ev. Kirchenverfassung, Ablösung des städtischen Patronats (1888) und Bildung des Verbandes ev. Kirchengemeinden als des Trägers der kirchlichen Selbstverwaltung.

Vf. u.a.: Welt u. Gott. Grundzüge einer ... theist. Weltanschauung, 1867; Die Bekenntnistreuen, 1870; Prot. Vorträge, 1871-73; Prot. Bausteine. Leben u. Wirken des D.theol. Heinr.Krause, 1873; Samenkörner der Wahrheit (Predigten), 1875. - Über S.: O.SCHULTZE, Predigergesch. des Kirchenkreises Breslau Stadt, 1939, 47 - KONR. MÜLLER, Das ev. Breslau 1523-1945, 1952 (s. Reg.) - DERS. in: Jb. f. schles. Kirche u. KG 37, 1958, 91. *H.Hohlwein*

Spalatin *(Burckhardt), Georg* (1484-1545), Rotgerberssohn aus Spalt bei Nürnberg, studierte in Erfurt und Wittenberg Jura, schloß sich dem Erfurter Humanistenkreis um → Mutian an, wurde Novizenlehrer im Kloster Georgenthal und Priester. Ende 1508 wurde er als Prinzenerzieher nach Torgau berufen und von → Friedrich dem Weisen auch mit anderen Aufgaben (zB Leitung der Wittenberger Bibliothek, Geschichtsschreibung) betraut. In Sachen des → Reuchlin-Streites trat er mit → Luther in Verbindung. Seit 1516 in der kurfürstlichen Kanzlei, oblagen ihm die Kirchen- und Universitätsangelegenheiten. In Zusammenarbeit mit Luther und → Melanchthon setzte er sich für die Universitätsreform ein. S. gewann als Geheimsekretär, geistlicher Berater und Hofprediger eine einzigartige Vertrauensstellung beim Kurfürsten, die es ihm erlaubte, Luther den Schutz des Landesherrn zu sichern. Als Übersetzer von Luther- und Melanchthon-Schriften, bald auch mit eigenen Versuchen (vgl. → Erbauungsliteratur, 3 a) stellte er sich in den Dienst der ev. Lehre; als Humanist war er jahrelang um Vermittlung zwischen Luther und → Erasmus bemüht. Die von ihm angestrebten Reformen unter landesfürstlicher Leitung mit Zuziehung der Landstände konnte S. bei Friedrich nicht durchsetzen. - 1525 übernahm er die Pfarre, 1528 die neue Superattendentur in Altenburg. Auch den Kurfürsten Johann und Johann Friedrich diente er als Berater bei den Religionsverhandlungen (zB Augsburg 1530, Schweinfurt und Nürnberg 1532). Häufig zu Visitationsaufgaben herangezogen, gewann er hervorragenden Anteil an der Organisation des landesherrlichen → Kirchenregiments. - Theologisch blieb S. von Luther abhängig, doch lassen sich in seiner Sakramentslehre an zwei Stellen Abweichungen nachweisen.

SCHL. II, 20266ff - W.FLACH, G.S. als Geschichtschreiber. Beiträge aus S.s Nachlaß im Thür. Staatsarchiv Weimar (Zur Gesch. u. Kultur des Elb-Saale-Raumes, hg.v. O.KORN, 1939, 211-230) - I.HÖSS, G.S., 1956 - DIES., G.S.s Traktat »De sacramento venerabile eucharistiae et de confessione« vom Jahre 1525 (ARG 49, 1958, 79-88) - H.VOLZ, Bibliogr. der im 16.Jh. erschienenen Schriften G.S.s (Zs. f. Bibliothekswesen u. Bibliogr. 5, 1958, 83-119) - W.ULSAMER, S.s Beziehungen zu seiner fränk. Heimat (Jb. f. fränk. Landesforschung 19, 1959, 425-479). *I.Höß*

Spalding, *Johann Joachim,* * 1.11.1714 in Tribsees (Vorpommern), † 22.5.1804 in Berlin, Hauptvertreter der Neologie (→ Aufklärung: III, 3 b, → Rationalismus: II, 3 b). Aus ursprünglich schottischer Familie stammend, hielt er zeitlebens die Verbindung mit der englischen Theologie der gemäßigten, antideistischen Aufklärung aufrecht und übersetzte 1756 deren Hauptwerk, J. → Butlers Analogy of Religion (1736; vorher die anonyme Schrift The Principles of Deism fairly stated, o.J.; dt. 1754f). Nach dem Studium in Rostock und Greifswald war S. lange Zeit Hauslehrer und Studienbegleiter seiner Schüler. Als solcher kam er nach Halle und schloß sich S.J. → Baumgarten an. 1745f war er Gesandtschaftssekretär des schwedischen Diplomaten Rudenskjöld in Berlin und gewann das Wohlwollen des Hofpredigers A.F.W. → Sack. 1747 wurde er Hilfsprediger seines Vaters, 1749 Pfarrer in Lassahn (Pommern), 1757 Pfarrer und Propst in Barth (Pommern), 1764 Pfarrer an St. Marien und Nicolai in Berlin, zugleich Propst und Oberkonsistorialrat. S. war die führende kirchliche Gestalt Berlins, zumal er geschickt und energisch Gesinnungsfreunde dahin zog (A.F.Büsching, W.A. → Teller). Mit der Schrift »Gedanken über die Bestimmung des Menschen« (1748), die sich gegen den von Berlin (Friedrich II.) vordringenden französischen Materialismus → Lamettries wandte, begann sein literarischer Ruhm, der ihn zum kirchlichen Erfolgsschriftsteller machte (bes. »Gedanken über den Wert der Gefühle im Christentum«, 1761). In seiner »Nutzbarkeit des Predigtamts und deren Beförderung« ([1772] 1791³) forderte er, die »theoretischen Religionslehren« (Trinität, Rechtfertigung, Versöhnung) völlig aus der Predigt wegzulassen, und zog sich dadurch viele Anfeindungen zu. → Herder ironisierte sie. Auf Grund des → Wöllnerschen Religionsedikts trat S. 1788 von seinem Amte zurück. Seine letzte Schrift »Religion eine Angelegenheit des Menschen« ([1797] 1799³) ist eine Art Testament.

S.s »Bestimmung des Menschen« (s.o.) u. »Wert der Andacht« (1755) m. Einl. neu hg.v. H.STEPHAN, 1908. - Selbstbiogr. hg.v. G.L. SPALDING (Sohn), 1804 - ADB 35, 30f - RE XVIII, 553ff - H.NORDMANN, J.J.S. (Diss. Berlin), 1929 - HIRSCH IV, 15ff. *M.Schmidt*

Spangenberg, 1. *August Gottlieb* (1704-92), Pfarrerssohn aus Klettenberg/Harz, erlebte 1722 als Student in Jena seine »Bekehrung« und wurde nicht, wie geplant, Jurist, sondern Theologe. Seinem spiritualistischen Separatismus (über J.O.Glüsing Einfluß → Gichtels) wirkte die Berührung mit Herrnhutern, u.a. auch → Zinzendorf selbst (1727), entgegen. In der herrnhutischen Ekklesiola in Jena (1728) wurde S., seit 1729 Magister legens, führend. 1732 berief Halle ihn zum Adjunkten der theol. Fakultät und Gehilfen am Waisenhaus; aber schon 1733 schroff entlassen, wurde er Mitarbeiter Zinzendorfs in Herrnhut und betreute danach in Amerika die aus des Grafen Bereich ausgewiesenen → Schwenckfelder. Die nordamerikanische Arbeit der Brüder hat er begründet (»Moravians«; 1735-39). 1736 hatte John → Wesley die für ihn entscheidende Begegnung mit S. 1739-44 wieder in Europa, beeinflußte S. nachhaltig das werdende englische Brüdertum. Seit 1744 organisierte er, nun Bischof, die Brüderkolonien in Amerika (Gemeindekommunismus in Bethlehem/Pa.). 1749 kehrte er im Zusammenhang mit der von ihm abgelehnten wetterauischen Richtung der Brüder nach Europa zurück, wurde aber gleichwohl der literarische Apologet Zinzendorfs. 1751-53 und wieder seit 1754 in Amerika, kam er erst nach des Grafen Tode endgültig zurück (1762). Als unbestrittenes Haupt der kollegialen Behörde, als apologetischer und darum manches verschweigender Zinzendorfbiograph, als Verfasser der Idea fidei wie als Visitator, Prediger und Briefschreiber hat S. das Werk des Grafen verkirchlicht und gefestigt (→ Brüderunität: II). Seine milde Ausgeglichenheit und biblizistische Theologie verdrängten freilich mit Zinzendorfs Sonderbarkeiten auch dessen Originalität, verschafften aber der befehdeten Brüdergemeine neue Freunde und dem unermüdlichen Greis selbst bei den Aufklärern Achtung. Seine Kinderreden und sein Lobpreis der »Heiligen Einfalt« (DEG 191) spiegeln sein Wesen wider.

Vf. (außer apologet. Schriften, an denen Zinzendorf stark beteiligt war) u.a.: Leben des Herrn Nik. Ludw. Grafen von Zinzendorf u. Pottendorf, 8 Tle, 1772-75; Idea Fidei Fratrum oder kurzer Begriff der christl. Lehre in den ev. Brüdergemeinen, 1779; Von der Arbeit der ev. Brüder unter den Heiden, 1782; Unterricht für die Brüder u. Schwestern, welche unter den Heiden am Evangelio dienen, 1784; Sammlung einiger Reden, gehalten an die Kinder in Herrnhut, (1797) 1873[4]; Einige Reden an die Kinder, gehalten in versch. Brüdergemeinen, 1799. - Über S.: G.A.WAUER, Die Anfänge der Brüderkirche in England (Diss. Leipzig), 1900 - RE XVIII, 554ff (vgl. XXI, 691ff) - G.REICHEL, A.G.S., 1906 - O.UTTENDÖRFER, S. als Inspektor des Herrnhuter Waisenhauses (ZBG 5, 1911, 1-29) - DERS., Wirtschaftsgeist u. Wirtschaftsorganisation Herrnhuts u. der Brüdergemeine von 1743 bis zum Ende des Jh.s, 1926 (s. Reg.) - H.ERBE, Bethlehem/Pa., eine kommunist. Herrnhuter Kolonie des 18.Jh.s, 1929 - TH.BECHLER, A.G.S. u. die Mission, 1933 - CKL II, 1009. *W.Jannasch*

2. *Cyriakus* (1528-1604), luth. Theologe, Sohn von 3, * in Nordhausen, Freund des → Heßhus, Joh. → Aurifaber, N. → Gallus; 1550 Prediger in Eisleben, dann in Mansfeld, 1559 Generaldekan der Grafschaft. Als Anhänger des → Flacius und Verteidiger seiner Erbsündenlehre 1574 abgesetzt, lebte S. in Sangerhausen, Straßburg, Österreich, Schlitz (1581 Oberpfarrer), Vacha a. d. Werra, † im Exil zu Straßburg. S. war ein fleißiger Geschichtsschreiber; von ihm (und → Mathesius) stammt die älteste Lutherbiographie (Predigten). Auf Unterricht (→ Katechismus: II, 4) und Kirchengesang war er bedacht. Als Gegner der Wittenberger bekämpfte er gemeinsam mit Chr. → Irenäus deren → Synergismus. Durch Schriften und Briefe stärkte er die Glaubensbrüder in Österreich.

Vf. u.a.: Christl. u. gottselige Tagübung, 1560; Christlichs Gesangbüchlein, 1568; Cithara Lutheri, 1569 u. 1570; Erklärung von der Erbsünde, 1572; Mansfeldische Chronica, 1572; Sächsische Chronica, 1585. - Über S.: J.G.LEUCKFELD, Historia S.ensis, 1712 - J.J.I.v. DÖLLINGER, Die Reformation II, 1848, 270ff - H.REMBE, Der Briefwechsel des C.S., 1887/88 - RE XVIII, 567ff; XXIV, 523.

3. *Johann* (1484-1550), luth. Theologe, * in Hardegsen bei Göttingen, Rektor der Lateinschule zu Stolberg, 1524-46 als Pfarrer in Nordhausen bes. um das Schulwesen verdient, 1546 vom Grafen von Mansfeld zum Generalinspektor des Kirchen- und Schulwesens nach Eisleben berufen. S. war mit → Sarcerius Gegner des → Interims und ein fruchtbarer Schriftsteller. Seine »Postille für die jungen Christen, ...in Fragstücke verfaßt« (1542-44) war bald in Franken und Österreich bekannt. Auch als Hymnologe trat er hervor (Alte und neue geistliche Lieder und Lob-Geseng, 1543). Auf den Erzieher S. gehen die Lateinschule in Nordhausen und Schulbücher zurück.

Vf. ferner u.a.: Des ehel. Ordens Spiegel, 1544; Zwölf christl. Lobgesänge u. Leisen, 1545. - Über S.: J.G.LEUCKFELD, Verbesserte hist. Nachricht von dem Leben u. Schriften J.S.s, 1720 - Vaterländ. Archiv d. hist. Vereins f. Niedersachsen, 1840, 401ff - RE XVIII, 563ff; XXIV, 523 (Lit.) - J.M.REU, Qu. z. Gesch. d. kirchl. Unterrichts I/2, 1911, 218ff. 285ff. *R.Dollinger*

Spanheim, 1. *Ezechiel* (1629-1710), ref. Gelehrter und Diplomat, * in Genf als ältester Sohn von 2, † in London, theologisch-humanistisch in Leiden gebildet, 1651 Prof. der Eloquenz in Genf, 1656-61 Erzieher des Kurprinzen in Heidelberg, wo seine diplomatische Laufbahn literarisch im Vikariatsstreit Kurpfalz/Bayern und durch Entsendung nach Italien (1661-65) beginnt. Hier schreibt S. seine Disputationes de usu et praestantia numismatum antiquorum (1664). Seit 1665 ist S. kurpfälzischer Gesandter an verschiedenen Höfen, seit 1680 in kurbrandenburgischen diplomatischen Diensten (1680 bis 1690 und 1697-1702 in Paris, 1702-10 in London). Während seiner Berliner Jahre (1690-97) wurde ihm die Sorge für die dortigen → Hugenotten übertragen. Die aus Réfugiés bestehende S.-Gesellschaft bildete eine Vorstufe der → Akademie (: I, 2 b) der Wissenschaften zu Berlin. Die Frage der Union und der Akademie führte zum Briefwechsel zwischen S. und → Leibniz. - Theologisch folgte S. der ref. Orthodoxie seines Vaters, dessen »Vindiciae« er 1649 mit einem Anhang »Disquisitio critica contra Amyraldum« (→ Amyraut) herausgab. Den gleichen theologischen Standpunkt hatte er bereits in seinen Thesen gegen den Hebraisten → Cappellus (1645) eingenommen.

ED.MURET, Gesch. d. franz. Kolonie in Brandenburg-Preußen, 1885 - A.v.HARNACK, Gesch. d. kgl. preuß. Akad. d. Wiss. zu Berlin I, 1900 - ADB 35, 50ff - RE XVIII, 573f - V.LÖWE, Ein Diplomat u. Gelehrter, E.S. Mit Anhang: Aus dem Briefwechsel zwischen S. u. Leibniz (Hist. Stud. 160), 1924. *W.Delius*

2. *Friedrich,* d.Ä. (1600-49), ref. Theologe, * in Amberg (Oberpfalz), 1626 Prof. der Philosophie und 1631 (als Nachfolger → Turrettinis) der Theologie in Genf, seit 1642 in Leiden. S. war zeitlebens strenger Vertreter der Genfer ref. Orthodoxie, daher auch Gegner → Amyrauts, gegen den vor allem seine Exercitationes de gratia universali (1646) gerichtet sind. Von seinen historischen Werken ist bes. seine Geschichte des 30jährigen Krieges (Le Soldat Suédois, 1633; bis 1631 reichend) als zeitgenössische Schilderung wertvoll.

Vf. ferner u.a.: Dubia evangelica, 3 Bde, 1631-39. - Über S.: ALEX.SCHWEIZER, Die prot. Centraldogmen in ihrer Entwicklung innerhalb der ref. Kirche II, 1856, 336ff - ADB 35, 59f - RE XVIII, 572f.

3. *Friedrich,* d.J. (1632-1701), ref. Theologe, * in Genf als Sohn von 2, in Leiden theologisch gebildet, 1655 Prof. der Theologie in Heidelberg, seit 1670 in Leiden als Nachfolger des → Coccejus, dessen Schüler er gewesen war, den er als Hüter der ref. Orthodoxie aber hernach ebenso scharf literarisch bekämpft hat wie die → Arminianer, die Anhänger des → Descartes, englische Religionskritiker wie → Hobbes und → Herbert von Cherbury oder endlich → Spinoza. Doch zeigt die von ihm, wenn auch mit Vorsicht bejahte Unterscheidung zwischen fundamentalen und nichtfundamentalen Glaubensartikeln (→ Einigungsbestrebungen: II, 2 a) immerhin eine gewisse Erweichung der Orthodoxie. Dem ihm 1671 übertragenen Unterricht in der KG entstammten seine verdienstvollen historischen Werke.

Opera, 3 Bde, 1701-03; hervorzuheben sind: Summa historiae ecclesiasticae, 1689; Geographia sacra et ecclesiastica, 1698; Brevis introductio ad historiam sacram utriusque Testamenti ac praecipue christianam (bis 1598), 1694. - Über S.: ADB 35, 60f - RE XVIII, 574ff - RITSCHL IV, 360ff. *† L.Zscharnack (O.Weber)*

Spanien

1. Kirchengeschichte - 2. Statistik der kath. Kirche in S. - 3. Die ev. Kirche in S.

1. Die Anfänge des *Christentums* in S. liegen im Dunkel. Christliche Missionstätigkeit in S. ist erst aus dem 2.Jh. überliefert. Um 200 war das Christentum bereits weit verbreitet. Es fand zuerst in den am stärksten romanisierten Gegenden, den Provinzen Baetica und Tarragona, Eingang und stieß in Mittel- und Nord-S. auf zähen Widerstand der einheimischen Kulte. Nach den Akten der 1. span. Synode von Elvira (zwischen 300 und 312), an der 19 Bischöfe teilnahmen, bildeten die Chri-

sten noch eine Minderheit und war ihr Glaube durch den Umgang mit Heiden und Juden gefährdet. Erste Metropolitankirche wurde Tarragona um 385. Der bedeutendste Bischof der altspan. Kirche war → Hosius von Córdoba (257-358). Vom Ende des 4. bis Mitte des 5.Jh.s erschütterte der Priszillianismus (→ Priscillian) die Kirche S.s. Die arianischen Westgoten (→ Goten, 2), die unter König Eurich (468-477) ein selbständiges Reich begründeten, zeigten sich gegenüber der span.-röm. Kirche tolerant; doch unternahm König Leowigild (568-86) den Versuch, der hispano-romanischen Bevölkerung den Arianismus aufzuzwingen und damit die Einheit des Westgotenreiches zu festigen. Sein Sohn Rekkared trat 587 zum Katholizismus über und verwirklichte damit die Einheit des christlichen Bekenntnisses in S. Die westgotischen Könige übten weitgehende Herrschaftsrechte gegenüber der Kirche aus. Andererseits machten die Bischöfe (u.a. → Leander und → Isidor von Sevilla) bes. auf den Konzilien einen starken politischen Einfluß geltend.

Die Eroberung des Westgotenreiches durch die *Araber* seit 711 brachte fast ganz S. unter die Herrschaft des → Islam (: I, 2). Die Masse der einheimischen Bevölkerung trat zum mohammedanischen Glauben über, aber neben diesen Renegaten hielt eine Minderheit, die → Mozaraber (Mustarabi = Arabisierte), am christlichen Bekenntnis fest, lebte in getrennten Wohnvierteln nach ihren Gemeinde- und Kirchenordnungen und zahlte für ihren Rechtsschutz einen Tribut. Es gab im muslimischen S. 3 Erzbistümer und 18 Bistümer sowie eine Anzahl Klöster. Die westgotische Liturgie erhielt sich als mozarabischer Ritus. Im 9.Jh. kam es vorübergehend zu Christenverfolgungen (859 Märtyrertod des Bischofs → Eulogius von Córdoba) und im 12.Jh. erneut durch den Fanatismus der Almohaden. Das → Judentum (: II) gewann eine beträchtliche Bedeutung, wurde aber in der Spätzeit ebenfalls Opfer der religiösen Intoleranz. Die christliche Rückeroberung *(Reconquista)* S.s begann in Asturien durch geflüchtete Westgoten und die einheimischen Bewohner. Aus christlichen Widerstandszentren in den Pyrenäen entwickelten sich die Staaten Aragonien, Katalonien und Navarra. Aus der Ausdehnung des Reiches Asturien-León entstand die kastilische Monarchie. An der Reconquista gewannen auch die im 12.Jh. gegründeten → Ritterorden von Alcántara, Calatrava und Santiago Anteil. Die Kirche war in diesen christlichen Reichen zunächst auf die Könige angewiesen, wurde dann aber vor allem durch → Gregor VII. stärker in die Einflußsphäre des Papsttums hineingezogen (Einführung des röm. Ritus, der cluniazensischen Klosterreform und der kanonischen Bischofswahl). Um die Mitte des 13.Jh.s war Andalusien durch Kastilien und Valencia durch Aragon zurückerobert, aber erst 1492 fiel Granada als letztes maurisches Bollwerk in die Hände der Christen. Die Spanier stellten in den zurückgewonnenen Gebieten die christliche Religion und ihre kirchliche Organisation wieder her und wandelten Moscheen in Kirchen um, ließen aber den unterworfenen Muselmanen, den Mudejaren, die Freiheit, ihren muslimischen Glauben in den ihnen zugewiesenen Wohnvierteln auszuüben. Die Reconquista ist kein fanatischer Glaubens- und Missionskrieg gewesen. Das friedliche, tolerante Zusammenleben der Christen, Mohammedaner und Juden in den span. Reichen hörte erst im ausgehenden MA auf. Durch die Bettelorden begann in S. die Missionierung der Andersgläubigen, wobei bes. der Franziskaner Raimundus → Lullus und der Dominikaner Vincenz → Ferrer hervortraten. Die antijüdische Stimmung in den breiten span. Volksschichten begünstigte die Zwangsbekehrung von Juden. 1492 befahlen die Kath. Könige die Vertreibung aller Juden, die nicht zum Christentum übertraten. 1502 folgte die Ausweisung der nichtchristlichen Mauren aus dem Reich Granada. Die religiöse Einheit wurde jetzt zu einem Gebot der Staatsräson. Als staatliche Institution wachte die neu eingeführte → Inquisition (Kastilien 1480, Aragon 1481) über die Rechtgläubigkeit der Neubekehrten. 1482 gewährte die Kurie den span. Königen das Vorschlagsrecht für die Ernennung der Bischöfe und 1508 weitreichende Patronatsrechte für die Kirche im span. → Amerika (: II).

Mit der weiteren Ausbildung des monarchischen Absolutismus unter den *Habsburgern* (1504-1700) wuchs auch der staatliche Einfluß im kirchlichen Leben. Philipp II. (1556-98), der Vorkämpfer der → Gegenreformation, führte 1557 Krieg gegen Papst → Paul IV., der sich mit den Franzosen verbündet hatte, und zwang die Kurie zur Wiedereröffnung des → Tridentinums. Sein Werk ist es, daß → Belgien kath. blieb (→ Niederlande: I, 3), aber seine Versuche, den Protestantismus in Frankreich und England auszurotten, scheiterten. Spanische Religiosität, auf die auch → Erasmus einen Einfluß geübt hatte, belebte die gegenreformatorische Bewegung, deren Vorkämpfer bes. der von Ignatius von → Loyola gegründete → Jesuitenorden wurde. Der Protestantismus erfaßte in S. nur einzelne oder kleine Gruppen, bes. in Sevilla und Valladolid, und wurde durch die Inquisition rasch unterdrückt, die in den Jahren 1550-60 gegen ca 325 Personen den Prozeß einleitete, von denen viele in einem Auto de Fe den Ketzertod erlitten. Politische und religiöse Gründe veranlaßten Philipp II. auch zu den Massenumsiedlungen der Morisken (christianisierte Mauren) der Provinz Granada. S.s Goldenes Zeitalter der Literatur und Kunst (→ Kirchenbau: IV, 1 b, → Malerei und Plastik: IV, 3) ist durch die Inquisition nicht unterbunden worden, die sich bes. in unteren Volkskreisen großer Beliebtheit erfreute. Zum politischen und wirtschaftlichen Niedergang S.s trug die Ausdehnung des Besitzes der »Toten Hand« und die große Zahl der Klöster (1621 ca 70000 Mönche in 9000 Klöstern) und Kleriker bei. Das Zahlenverhältnis zwischen den Angehörigen des geistlichen Standes und der Gesamtbevölkerung wurde mit 1:50 oder sogar 1:30 angegeben. Die Morisken, die sich nicht durch eine gewaltsame Christianisierung assimilieren ließen, wurden 1609 vertrieben.

Mit der Thronfolge der Bourbonen kam es in Anlehnung an den französischen → Gallikanismus zur vollen Ausbildung eines *Staatskirchentums* (Regalismus). Durch das Konkordat von 1753 erhielt die span. Krone das volle Patronatsrecht, wie sie es bereits seit 1508 für ihre amerikanischen Besitzungen hatte, und damit das Nominationsrecht für die Besetzung kirchlicher Ämter. Päpstliche Erlasse durften in S. nur mit königlicher Genehmigung veröffentlicht werden. Karl III. forderte die allgemeine Anerkennung der Lehre vom göttlichen Recht der Könige und das Bekenntnis zum Gottesgnadentum. Die Jesuiten, die die Lehre vom Widerstandsrecht vertreten hatten (Juan de → Mariana) und politisch gefährlich erschienen, wurden 1767 aus S. und dem span. Amerika vertrieben. Zur Beschränkung des kirchlichen Grundbesitzes verbot 1763 ein Gesetz neue Gütererwerbungen der »Toten Hand«, und 1798 erfolgte eine erste Amortisation von Kirchenland. Gegenüber deistischen und freidenkerischen Ideen der französischen und englischen → Aufklärung verbanden sich in S. kath. Tradition und moderner Rationalismus zu einer christlichen Aufklärung.

Die Verfassung von Cádiz (1812) erklärte den Katholizismus als einzige Religion der span. Nation; aber Kirchengesetze der Cortes von Cádiz verfügten die Abschaffung der Inquisition und die Aufhebung einzelner Klöster. Diese Gesetze wurden durch die Restauration der absoluten Monarchie unter Ferdinand VII. 1814 wieder aufgehoben. Die liberale Revolution von 1820 war antiklerikal, säkularisierte Kirchenbesitz und verbot alle geistlichen Orden mit Ausnahme der Bettelorden. Die zweite absolutistische Restauration von 1823 beseitigte wiederum diese Maßnahmen. Der liberale Antiklerikalismus kam 1835 erneut zum Siege, als alle Klöster und Ordensgemeinschaften aufgelöst und die Säkularisation der Kirchen- und Klostergüter durchgeführt wurde. Der folgende Kirchenkampf wurde durch das Konkordat von 1851 beendet (königliches Patronatsrecht, Verzicht der Kirche auf ihren bis zu diesem Zeitpunkt bereits veräußerten Besitz, Übernahme der Kosten für Kultus und Klerus durch den Staat, Zulassung bestimmter Orden). Ideen einer kath. Erneuerung verfochten Donoso Cortés und Jaime → Balmes. Bestimmungen der Verfassung von 1869 und Kampfgesetze gegen die Kirche (1870 obligatorische Zivilehe) führten zum Bruch mit Rom. Die konservative Verfassung von 1876 erklärte den Katholizismus wiederum zur Staatsreligion und gestattete keine anderen religiösen Kulte in der Öffentlichkeit, doch sollte niemand wegen seiner religiösen Meinungen behelligt werden. Die Liberalen, die sich in der Folgezeit mit den Konservativen in der Regierung abwechselten, nahmen eine tolerantere Haltung gegen die span. Protestanten ein und befürworteten die Garantie der Religionsfreiheit. Unter der Diktatur Primo de Riveras (1923-30) wurde der prot. Kultus erschwert. Die zweite Republik nach dem Sturz der Monarchie (1931) brachte die Proklamation religiöser Freiheit und die Trennung von Kirche und Staat (Verfassung vom 9.12. 1931). Zivilehe und Ehescheidung wurden eingeführt, die religiösen Orden verboten, Kirchen und Klosterbesitz beschlagnahmt. Ministerpräsident Azaña erklärte: S. hat aufgehört, kath. zu sein. Antiklerikale Demonstrationen führten zur Einäscherung vieler Kirchen. Das Regime des Generals Franco, unter dessen Führung im Bürgerkrieg von 1936-39 die zweite Republik gestürzt wurde, erklärte den Katholizismus wiederum zur einzigen Religion des span. Volkes. Das Grundgesetz von 1947 (Fuero de los Españoles) bestimmt in Artikel 6: »Niemand wird wegen seines religiösen Glaubens und der privaten Ausübung seines Kultes belästigt werden. Andere Zeremonien und äußere Kundgebungen als die der kath. Religion sind nicht erlaubt.« Dieser Passus ist auch dem Konkordat von 1953 hinzugefügt worden, das dem Staat ein beschränktes Präsentationsrecht bei Bischofsernennungen zugesteht. Die Eheschließung erfolgt allein durch die Kirche, die Ehescheidung ist aufgehoben. Neuerdings ist eine Distanzierung des Episkopats von der Politik Francos zu bemerken. Politische Einflüsse der Kirche werden auch durch Laienorganisationen wie die → Katholische Aktion und das Opus Dei ausgeübt.

2. S. hat (1960) 30128056 Einwohner, die bis auf eine sehr kleine Minderheit röm.-kath. sind. Die *Statistik der kath. Kirche* (nach »Guia de la Iglesia en España« VI, Madrid 1960) zählt 11 Erzdiözesen (Burgos, → Granada, Oviedo, Pamplona, Santiago de Compostela, → Sevilla, Tarragona, → Toledo, Valencia, Valladolid, Zaragoza), 64 Suffraganbistümer, 19369 Pfarreien, 64 Diözesanseminare, 42438 Kirchen mit 24504 Weltpriestern. Die Orden und Kongregationen haben (1960) 1396 Mönchs- und 5321 Nonnenklöster mit 20583 männlichen und 71309 weiblichen Ordensmitgliedern.

3. Die heutige *ev. Bewegung* in S. entstand in der 2. Hälfte des 19.Jh.s. In Málaga, Barcelona, Sevilla und Granada bildeten sich im Anfang der 60er Jahre die ersten kleinen ev. Kreise. F. → Ruet, J.B. → Cabrera, Manuel Matamoros (1835-66), José Alhama, Carrasco u.a. waren die Vorkämpfer der sog. »Segunda Reforma« (»zweite Reformation«). 1869 fand die 1. Landesversammlung ev. Gemeinden in Sevilla statt. Die prot. Gemeinden in S. wurden von ausländischen Kreisen in England, Nordamerika, Deutschland und Holland finanziell und durch Mitarbeiter unterstützt. Seit 1870 arbeitete für die Evangelisation in S. der Deutsche Fritz → Fliedner, dessen Werk, zu dem die Begründung von Schulen und sozialen Einrichtungen gehörte, von seinen Söhnen fortgesetzt wurde. Es gibt in S. 4 ev. Kirchengemeinschaften: Iglesia Evangélica Española, Iglesia Española Reformada, Unión Evangélica Bautista Española (Baptisten) und Hermanos, die Plymouthbrüder. Die Zahl der span. Protestanten läßt sich nicht genau ermitteln. 1952 sollen 234 prot. Kapellen und Heime mit 20000 bis 30000 Mitgliedern unter Einschluß der Kinder und Hospitanten bestanden haben, was ca 1 pro Tausend der Bevölkerung darstellt. Die gesetzliche Erlaubnis zur Ausübung eines privaten Gottesdienstes in äußerlich nicht gekennzeichneten Häusern wird den span. Protestanten durch willkürliche Auslegung der Behörden erschwert. Röm.-kath. Propaganda gegen die Protestanten führte 1947 dazu, daß Scharen junger Leute in einige prot. Kapellen eindrangen und sie demolierten. Seit 1951 hat die Regierung den Druck auf die ev. Kirchen zwar gemindert; doch wurde 1956 das Vereinigte Theologische Seminar in Madrid geschlossen. Eine staatsbürgerliche Gleichberechtigung der Nichtkatholiken gibt es nicht. Nur ausländische Protestanten sind in ihrer Religionsausübung nicht behindert. Deutsche ev. Gemeinden mit Pfarrämtern bestehen in Barcelona (seit 1885), Madrid (seit 1903) und Bilbao (seit 1950).

Zu 1: E.Flórez, España Sagrada, 56 Bde, Madrid 1747-1957 - P.B.Gams, Die KG von S., 3 Bde, 1862-79 (Neudr. 1956) - V.de la Fuente, Hist. eclesiástica de España 6 Bde, Madrid 1873-75 - J.Bekker, Relaciones diplomáticas entre España y la Santa Sede durante el siglo XIX, ebd 1908 - P.Kehr, Papsturkunden in S., I. Katalonien, II. Navarra u. Aragon, 1926/28 - Ders., Das Papsttum u. das katalanische Prinzipat, 1926 - F.de los Ríos, Religión y Estado en la España del siglo XVI, New York 1927 - Z.García Villada, Hist. eclesiástica de España (bis 1085), 5 Bde, Madrid 1929-36 - C.Araujo García-K.G.Grubb, Religion in the Republic of Spain, London 1933 - R.Sánchez de Lamadrid, El concordado español de 1753, Jerez de la Frontera 1937 - J.Pérez de Urbel, Los monjes españoles en la Edad Media, 2 Bde, Madrid 1945 - D.Mansilla, Iglesia castellano-leonesa y Curia Romana en los tiempos del Rey San Fernando, ebd 1945 - M.González Ruíz, Vicisidudes de la propiedad eclesiástica en España durante el siglo XIX (Revista Española de Derecho Canónico 1, 1946, 383-426) - I.de las Cagigas, Minorías étnico-religiosas en la Edad Media española, I. Los Mozárabes, II. Los Mudéjares, 4 Bde. Madrid 1947-49 - L.Vázquez de Parga u.a., Las peregrinaciones a Santiago de Compostela, 3 Bde, ebd 1948-49 - V.Rodríguez Casado, Iglesia y Estado en el reinado de Carlos III (Estudios Americanos 1, 1948, 5-58) - J.Deleito y Piñuela, La vida religiosa española bajo el cuarto Felipe, Madrid 1952 - P.Segura y Sáenz, Por la unidad católica de España, Sevilla 1952 - E.Montero y Gutiérrez, El nuevo Concordato Español, Madrid 1954 - R.Bidagor, Das Konkordat zwischen dem Hl. Stuhl u. S. (Österr. Archiv f. Kirchenrecht 6, 1955, 3-12. 173-188; 7, 1956, 5-17) - J.Fernández Alonso, La cura pastoral en la España romano-visigoda, Rom 1955 - I.de Villapadierna, El episcopado español y las Cortes de Cádiz (Hispania Sacra 16, 1955, 275-355) - J.D.Hughey jr., Religious Freedom in Spain, Nashville 1955 - J.Sabater March, Las comunidades religiosas en el derecho español concordado, Barcelona 1956 - R. Konetzke, Islam u. christl. S. im MA (HZ 184, 1957, 573-591) - F.R.Franke, Die freiwilligen Märtyrer von Córdoba u. das Verhältnis der Mozaraber zum Islam (Span. Forschungen der Görresgesellschaft, Ges. Aufs., Bd 13, 1958, 1-170).

Zu 3: H.Dalton, Die ev. Bewegung in S., 1872 - Ders., Dt. Mitarbeit an der Evangelisation S.s, 1895 - E.Schäfer, Beiträge zur Gesch. des span. Prot. u. der Inquisition im 16.Jh., 3 Bde, 1902 - Ders.,

Sevilla u. Valladolid, die ev. Gemeinden im Reformationszeitalter, 1903 - RE XVIII, 580ff (Reformat. Bewegungen in S. im 16.Jh.) - Die Lage der Protestanten in kath. Ländern, Zollikon 1953, 85ff - J.DELPECH, Les Protestants en Espagne, Paris 1954 (engl. Boston 1955; dt.: Die ev. Christen in S., 1956) - Oficina de Información Diplomática (Hg.), La situación del protestantismo en España, Madrid 1955 - Materialdienst (Beilage zu: Für Arbeit u. Besinnung) 18, 1955, Nr. 21-23. *R.Konetzke*

Spe *(Spee) von Langenfeld, Friedrich* (1591-1635), SJ (1610), kath. Moraltheologe und Kirchenlieddichter, * in Kaiserswerth, † in Trier, Philosoph und Moraltheologe an den Universitäten Paderborn (1623-26. 1630-31), Köln (1627-28. 1631-33), Trier (1633-35). Auf seinen moraltheologischen Vorlesungen beruht zT H. → Busenbaums berühmte Medulla theologiae moralis. S.s mutiger Vorstoß gegen das Unwesen der Hexenprozesse (→ Hexen: II) in der Schrift Cautio criminalis seu de processibus contra sagas liber (1631; dt. 1649, zuletzt von J.F.Ritter, 1939) war von geschichtlicher Bedeutung. Seine gemütsinnigen geistlichen Lieder (Trutz Nachtigall oder Geistlichs-Poetisch Lustwäldlein, 1649, Neudr. von G.O.Arlt, 1936) zählen zu den Perlen der deutschen Barocklyrik (→ Barock: II, 6, → Jesuitendichtung). Sein Güldenes Tugent-Buch (1649), eine warmherzige Anleitung zu einem tätigen Christenleben, wurde von → Leibniz als »eines der solidesten und rührendsten Andachtsbücher« gerühmt.

BACKER-SOMMERVOGEL VII, 1424ff - B.DUHR, Gesch. der Jesuiten in den Ländern dt. Zunge II, 1913, 745ff - E.SCHRÖDER, Die Cautio criminalis (Literaturwiss. Jb. der Görresges. 3, 1928, 134-150) - L.KOCH, Jesuiten-Lexikon, 1934, 1676ff (Lit.) - LThK IX, 713f (Lit.) - F.ZOEPFL, F.v.S., 1947 - J.RÜTTENAUER, F.v.S., 1950 (Lit.) - H.RÖSSLER-G.FRANZ, Biogr. WB zur dt. Gesch., 1952, 793 - EC XI, 1105 (Lit.) - E.ROSENFELD, F.v.S., 1958. *F.Zoepfl*

Speichel. Das Sekret des S.s ist als Träger seelischer Kräfte dem → Blut verwandt und weist auf Grund seiner Herkunft aus dem Munde Beziehungen zum → Atem und zur Hauchseele (→ Seele) auf. Wie andere Ausscheidungen des menschlichen Körpers gilt daher der S. als → Macht-Träger, der nach den Grundsätzen der sympathetischen → Magie zu heilsamen und schädlichen Wirkungen benutzt werden kann; in diesem Sinne unterschied man in → Babylonien (: II) zwischen »gutem« und »bösem S.«. Die Heilkraft des S.s ist bes. wirkungsvoll bei der Anwendung durch einen König (vgl. Tacitus, Hist. IV, 81: Vespasian) oder einen »Heiland« (vgl. Mk 7, 33; 8, 23; Joh 9, 6); im → Islam (: I) gilt es als bes. günstig, den S. eines Heiligen in die Nahrung zu bekommen. Neben seinen heilsamen Wirkungen, die in der Volksmedizin und im → Aberglauben (, 2 c) fortleben, besitzt der S. apotropäische Bedeutung. Bei der altchristlichen → Taufe berührt der Priester Nase und Ohr des Täuflings, um sie vor dem Eintritt unsauberer Geister zu schützen. Umgekehrt hat der S. auch unheilvolle Wirkungen. Er bekräftigt den Fluch (Dtn 25, 9; → Segen und Fluch: I) und bewirkt kultische Unreinheit (Lev 15, 8; → Rein und unrein). Der Magier bemächtigt sich des S.s eines Feindes, um diesen zu vernichten. Daher versteckten oder begruben Besucher fremder Stämme oft ihren S., um kein Mittel zu ihrer Vernichtung zu hinterlassen. Die Häuptlinge der Sandwich-Inseln waren stets von einem Diener mit einem tragbaren Spucknapf begleitet, dessen Inhalt täglich vergraben wurde. - Der magische Gebrauch des S.s machte ihn zur geeigneten Grundlage der Sicherung eines Friedensschlusses, der Herstellung einer »künstlichen Bruderschaft« (Thurnwald) oder eines → Bundes (: I); für den Abschluß von S.bünden sind bes. die ostafrikanischen Wadschagga bekannt. Nach der germanischen Mythologie entsteht beim Friedensschluß der Asen und Vanen aus deren S. der weise Kvasir.

M.BARTELS, Die Medizin der Naturvölker, 1893, 31ff - W.WUNDT, Völkerpsychologie IV, (1905) 1920³, 97ff - J.RAUM, Blut- u. S.bünde bei den Wadschagga (ARW 10, 1907, 269-294) - O.WEINREICH, Antike Heilungswunder, 1909, 47 Anm. 3. 97f - ERE XI, 100ff - B.MEISSNER, Babylonien u. Assyrien II, 1925, 202 - FRAZER (s. Reg. s.v. Spitting) - HWDA VIII, 149ff - SDF II, 1078ff - THOMPSON (s. Reg. s.v. Spitting, Spittle). *G.Lanczkowski*

Speiseverbote

I. Religionsgeschichtlich - II. Im AT und Judentum

I. Religionsgeschichtlich

In irgendeiner Form finden sich S. fast bei allen Völkern. Dies bezeugen nicht nur die Berichte aus dem Altertum, sondern auch die ethnographischen Dokumentationen der Gegenwart. S. können von kurzer Dauer sein oder sich auf das ganze Leben erstrecken; sie können sich auf den Genuß bestimmter Speisen beziehen oder auf alle im Sinne von Enthaltsamkeit und zeitweiligem → Fasten (: I). Auslösend sind für S. gewisse → Feste (: I) oder Ereignisse wie → Pubertäts-Feiern, → Initiation, → Schwangerschaft, → Begräbnis (: I), Veranstaltungen im Jahreszyklus oder Zugehörigkeit zu bestimmten sozialen Gruppen, ursächlich hingegen bestimmte magische (→ Magie) oder religiös-rituelle Vorstellungen. Diese können sich zB vom → Totemismus ableiten. Das Totem (Tier, Pflanze oder Naturobjekt) wird vielfach streng tabuiert (→ Tabu) und, soweit es sich um Eßbares handelt, dem Genuß des betr. Klans, der Sippe, Lokalgruppe oder Familie entzogen. Häufig glaubt man sich vom Totem abstammend. Der Genuß eines solchen Tieres käme → Kannibalismus innerhalb der eigenen Verwandtschaftsgruppe gleich. Die Mano in Liberia (Westafrika) befragen jemanden nach seinem Totem: Was ißt Du nicht? Die Antwort lautet zB: Ich esse keinen Diana-Affen. Ähnliche Vorstellungen liegen dem Glauben an den tierischen Schutzgeist (→ Jäger) oder an das Nagual-Tier zugrunde, der Vorstellung von der menschlich-tierischen Simultanexistenz. Vorstellungen von → Rein und unrein (: I) spielen eine große Rolle und gründen sicherlich auf Erfahrung, zB das Verbot des Schweinefleisches (wohl als Zwischenträger der Trichinose wie in Teilen Indiens). Ebenso bedeutsam für S. sind die Begriffe → Heilig und profan (: I). Das »hl. Tier« darf nicht gegessen werden, weil es in einer Beziehung zur Gottheit oder zu bestimmten religiösen Vorstellungen steht (→ Tierkult). Als Beispiel sei die hl. → Kuh in Indien angeführt; hier wird aber nicht nur die Kuh, sondern auch jedes andere Rind tabuiert. Während der Schwangerschaft können die Speisen für die Frau oder das erwartete Kind, bei Couvade manchmal auch für den Mann schädlich sein. Natürlich gibt es auch S. für die ersten Lebensmonate oder -jahre des Kindes. S. müssen häufig auch bei rituellen → Reinigungen (: I) beachtet werden. Diese ergeben sich sowohl bei → Rites de passage als auch in Verbindung mit lebensnotwendigen Vorhaben wie der Jagd (→ Jäger). Auf manchen Inseln → Polynesiens darf der Fänger einer Schildkröte oder eines Haifisches nicht am Mahl teilnehmen, sondern muß sich einer rituellen Reinigung unterziehen. Ebenso verhält es sich bei kannibalischen Kopfjägern (→ Kopfjagd) auf Neuguinea. Bes. trifft dies auf denjenigen zu, der erstmals einen Feind getötet hat. Oft beziehen sich S. nur auf bestimmte Teile eines Jagdtieres oder die Erstlingsfrüchte der Ernte. Diese Teile, die entweder im Sinne des pars pro toto gelten oder das → Leben selbst symbolisieren (bei Jagdtieren), werden der

Gottheit übergeben (→ Erstlinge). Überhaupt fallen Opfergaben (→ Opfer: I) unter die S. Teilweise sind sie den Priestern (→ Priestertum: I) als Vertretern der Gottheit reserviert, ähnlich bestimmte Tiere, die nur selten gefangen werden, dem Häuptling oder König. S. können sich aber ebenso nur lokal auswirken, zB an hl. Orten, Opferstätten u.dgl.

A.A.Goldenwieser, Totemism (Journ. of the Americ. Folklore 23, 1910, 179-293) - R.Lowie, Primitive Religion, New York (1924) 1952² - L.Walk, Initiationszeremonien u. Pubertätsriten der südafrik. Stämme (Anthropos 23, 1928, 861-966) - F.Speiser, Über Initiationen in Australien u. Neuguinea (Verhandl. der Naturforschenden Gesellsch. in Basel 40, 1928/29, 53-258) - A.E.Jensen, Beschneidung u. Reifezeremonien bei Naturvölkern, 1933 - L.Adam, Über S. der Rai u. einiger anderer Stämme von Nepal (Zs. f. vergl. Rechtswiss. 50, 1936, 165-175) - HWDA VIII, 201ff - H.Webster, Taboo, Stanford 1942 - H.Baumann, Das Tier als Alter Ego in Afrika (Paideuma 5, 1952, 167-188) - RÄRG 744ff - Eliade - W.Schmidt, Gebräuche des Ehemannes bei Schwangerschaft u. Geburt (WBKL 10), 1954 - Nilsson I (s. Reg.). *E.Stiglmayr*

II. Im AT und Judentum

1. Das AT enthält ganz verschiedenartige S.; sie sind offenbar aus sehr verschiedenen Motiven entstanden, die jedoch zT nicht mehr sicher erkennbar sind. Am häufigsten und nachdrücklichsten wird das Verbot ausgesprochen, → *Blut* zu genießen (Lev 7, 26f; 17, 10ff), weil die »Seele« (næpæš) als Lebensträger ihren Sitz im Blut hat (Lev 17, 11. 14; Dtn 12, 23; vgl. Gen 9, 4). Dieses Verbot hat die Forderung nach sich gezogen, das Blut jedes geschlachteten bzw. erlegten Tieres auslaufen zu lassen (Lev 17, 13; Dtn 12, 16. 23f; 15, 23), damit nicht das Fleisch zusammen mit dem Blut gegessen wird (Lev 19, 26; vgl. 1Sam 14, 32f). Aus demselben Grunde darf auch das Fleisch von zerrissenen oder verendeten Tieren nicht gegessen werden (Ex 22, 30; Lev 11, 40; 17, 15; Dtn 14, 21). - In kultischen Vorschriften steht daneben das Verbot, das *Fett* von (opferfähigen) Tieren zu essen (Lev 3, 17; 7, 22ff); es wird damit begründet, daß alles Fett Jahwe gehört, wobei die altertümliche Vorstellung vom Opfer als Götterspeise (→ Opfer: II, 2c) nachklingt (Lev 3, 16b). - Das *Fleisch* des Schlachtopfers (→ Opfer: II, 6b) darf nur am selben Tage, in bestimmten Fällen noch am nächsten Tage gegessen werden; späteres Essen steht unter strengstem kultischem Verbot (Lev 7, 15ff; 19, 5ff). Ebenso darf das Fleisch des Passa (→ Feste: II, 3) am nächsten Morgen nicht mehr gegessen werden (Ex 12, 10; Dtn 16, 4b). Auch der Genuß von kultisch verunreinigtem Fleisch gilt als verboten (Lev 7, 19). Das eigenartige Verbot, den Hüftnerv (nervus ischiadicus) zu essen, wird in Gen 32, 26. 32 ätiologisch begründet. - Ferner gibt es *zeitlich begrenzte* S. So gelten für die Dauer des (später mit dem Passa verbundenen) Massotfestes (→ Feste: II, 4a) bestimmte S. (Ex 12, 15; Dtn 16, 3. 4a). Von der neuen Ernte darf nicht gegessen werden vor Ablieferung der → Erstlinge und Darbringung der vorgeschriebenen Opfer (Lev 23, 14). Die Früchte neu gepflanzter Bäume dürfen erst im 5. Jahr gegessen werden (Lev 19, 23ff). Ferner kann Unreinheit (→ Rein und unrein: II, 2) vorübergehend von der Teilnahme an gemeinsamen → Mahlzeiten (: II) ausschließen, wenn diese kultischen Charakter tragen (Lev 7, 20f; vgl. 1Sam 20, 26; 21, 5f); diese Vorschriften gelten bes. für die Priester und ihre Familien (Lev 22). - Besondere S. gelten für unreine *Tiere* (→ Rein und unrein: II, 3). Sie werden in Lev 11 und Dtn 14 nach äußeren Merkmalen klassifiziert; jedoch liegt darin keine Begründung dieser Verbote. Offenbar handelt es sich um alte Überlieferungen, deren Sinn zT nicht mehr verstanden wurde. Die Ablehnung hat gewiß primär polemische Gründe, weil diesen Tieren in anderen Religionen kultische Bedeutung zukam. So begegnet etwa das Schwein (Lev 11, 7; Dtn 14, 8) im Alten Orient vor allem als dämonisches und »chthonisches« Tier (de Vaux, BZAW 77, 250-265). Der in Ex 23, 19b u.ö. verbotene Brauch, ein Böckchen in der Milch seiner Mutter zu kochen, ist als Opferritus in → Ugarit belegt (Gordon, Ugaritic Manual, 52, 14). Im übrigen läßt sich der Hintergrund dieser S. kaum noch erhellen. - Die Speise im *fremden Land* gilt vielfach als unrein (Hos 9, 3; Ez 4, 13; Dan 1, 8); aus Ez 4, 12ff ergibt sich, daß auch die Zubereitungsart die Speise verunreinigen kann.

2. Im nachbiblischen *Judentum* sind keine grundsätzlich neuen S. aufgestellt worden. Jedoch wurden einzelne Vorschriften so weitgehend interpretiert, daß dadurch praktisch neue Bestimmungen entstanden. Vor allem wurden sehr genaue Vorschriften für die rituelle Schlachtung (šᵉḥîṭā, »schächten«) entwickelt, die das vollständige Ausbluten des Tieres gewährleisten sollten; die Begriffe nᵉbelā und ṭᵉrepā (verendete und zerrissene Tiere) wurden sehr weitgehend differenziert; über die Verunreinigung von Speisen durch Zubereitung von Nichtjuden u.a.m. bildeten sich detaillierte Vorschriften.

Bill. II, 730ff; IV, 366ff. Vgl. ferner die Lit. zu den genannten Artikeln, bes. zu → Rein und unrein: II. *R.Rendtorff*

Spekulation

I. Religionsgeschichtlich - II. Philosophisch

I. Religionsgeschichtlich

1. Die altertümlichsten Formen der S. gehören offenbar in den Bereich des → *Kultus:* die kosmologischen, biologischen, soziologischen und politischen Hintergründe der Kultsysteme bei den → Naturvölkern sind oft derart kompliziert, daß man von einer Kult-S. sprechen muß. In den Religionen der Hochkulturen verfeinert und verfilzt sich diese Kult-S. (zB bei den Azteken [→ Mexiko: I, 3]; Opfer-S. der → Veden). Ihr eigentliches Feld findet sie jedoch im spekulativen → *Mythos,* der teils aus der Kult-S. und aus der Umschreibung kultgeschichtlicher Tatbestände herausgewachsen ist, teils sich selbständig aus dem vergegenständlichenden, assoziierenden und ergänzenden Bedürfnis bildet, das schon dem naiven Mythos innewohnt. Der strengen Formung religionsphilosophischer Gedanken am nächsten kommt solche Mythen-S. im alten → Ägypten (etwa Götterlehren von Memphis und Heliopolis), in der → vedisch-brahmanischen Religion und im → Hinduismus, ferner im Mahâyâna- → Buddhismus. - 2. Ihre Höhepunkte erreicht die religiöse S. allerdings erst in *Religionsphilosophie* und *Theologie,* hier mit der logisch folgernden und entwickelnden Ratio verbunden. Das älteste Zeugnis dafür ist die → Upanishaden-Mystik samt den ihr nahestehenden frühen religionsphilosophischen Systemen (vor allem → Yoga und → Sânkhya-Philosophie). Der → Jinismus (dieser bes. in kosmologischer Hinsicht) und der → Buddhismus schließen sich an. Das → Tripitakam offenbart bereits in den vielleicht auf → Buddha selbst zurückgehenden homiletischen Kernstücken das spekulative Element auf meditativer Grundlage. Im vorderorientalisch-antiken Raum, der mit der griechischen Philosophie die eigentlichen Voraussetzungen für die konsequent rationalen Formungen religiöser S. besaß, waren es vornehmlich das spätere Judentum (→ Philo) und die → Gnosis samt den ihr verwandten Mysteriosophien, welche eine auf die christliche und islamische Theologie einflußreiche religionsphilosophische S. an Geschichtsberichte, Prophetie und Mythologie anknüpften. Im → Neuplatonismus erklimmt (schon bei → Plotin) die religionsphilosophische S. ihren ersten Gipfel,

der nach schwächeren Reflexen in der zeitgenössischen christlichen Theologie Entsprechungen erst wieder in der mittelalterlichen → Scholastik und spekulativen → Mystik und in der spekulativen → Religionsphilosophie des 19.Jh.s fand. – 3. *Phänomenologisch* beachtenswert ist die *den hl. Text überbauende S.* (schon in den Ritual-S.en der Veden und der anschließenden Upanishaden), die in den großen Schrift- und Buchreligionen zentrale Bedeutung erlangt, bes. in der jüdischen und christlichen Bibelallegorese und in der → Koran-Interpretation, und einen besonderen Aspekt der Auseinandersetzung zwischen Spätform und Frühform einer geschichtlich zusammenhängenden Religion darstellt. Als eine Art von Hermeneutik verkürzt sie innere und äußere Distanzen zum autoritativen hl. Buch, wie denn überhaupt die S. ein Modus der *Überbrückung von religionsgeschichtlichen Entwicklungen und Brüchen* ist. Als solcher erweist sie sich schon in den frühen Kulturformen der Religion und in der interpretierenden priesterlichen Auseinandersetzung mit vorgegebenen Mythen und Kulten. Hierher gehören etwa die umdeutenden Kult-S.en höherer Religionen über unverstandene Elemente des frühzeitlichen Kultus ebenso wie die monotheistischen S.en auf polytheistischer Grundlage (zB in der altägyptischen Aton-Reform [→ Amenophis IV.] oder in der neuplatonischen monistisch-pantheistischen Interpretation der Volksreligion) und S.en der Mystik.

C.Strehlow, Die Aranda- u. Loritja-Stämme in Zentral-Australien, 1908–11 – H.Leisegang, Die Gnosis, 1924 – Chant I, 72–79. 102ff. 127f. 273. 280. 481–84. 743ff; II, 54–88. 475–89 – H.Jonas, Gnosis u. spätantiker Geist I, (1934) 1954²; II/1, 1954 – H.Junker, Die Götterlehre v. Memphis, 1940 – H.Kees, Der Götterglaube im alten Ägypten, (1941) 1955² – F.Heiler, Die Religionen d. Menschheit, 1959 (s. Reg. s.v.) – K.Goldammer, Die Formenwelt d. Religiösen, 1960, 26f. 141ff. 174–77. 289ff. 295ff. *K.Goldammer*

II. Philosophisch

Als philosophischer Terminus bezeichnet S. eine bestimmte Erkenntnismethode und steht in Zusammenhang mit einer bestimmten philosophischen Grundkonzeption. Die ursprüngliche Bedeutung des Wortes als Schauen und Bild (speculum) zeigt seine Identität mit den griech. Wörtern θεωρία und εἶδος. Die Grundbedeutung des Wortes bekundet, daß der Begriff der S. in der philosophischen Tradition Europas historisch gesehen dem platonischen Denken (→ Platon) mit seiner Auffassung einer intuitiven Einsicht in die Seinsformen einer höheren Wirklichkeitsdimension als die den Sinnen ausgelieferte Welt entstammt. Doch gerade die platonische Herkunft des Begriffes gestattet es, zwei wesentliche Züge jeder echten S. hervorzuheben. Zunächst dies, daß die Dinge der höheren Wirklichkeit, zu denen die spekulative Methode den Zugang eröffnen soll, nicht losgelöst von den Dingen der sinnlichen Welt sind, die der Mensch durch die Sinneserfahrung kennt; vielmehr sind sie deren Urgrund und Prinzip, deren ἀρχή. Sodann als Folge hiervon, daß die spekulative Wanderung zu den Dingen der höheren Ordnung irgendwie von der Sinneserfahrung ausgehen muß. Mag auch dieser sehr wichtige Zug der platonischen S. weniger stark hervortreten, so wird er doch in der Illuminationstheorie des → Neuplatonismus beibehalten, die für die Ausformung der S., jedenfalls im mittelalterlichen Denken, entscheidend wurde.

Die erkenntnistheoretische Voraussetzung der S. ist also, daß der Intellekt des Menschen nicht ausschließlich ein Werkzeug zum Empfangen, Konstatieren und Zusammenarbeiten der Sinneseindrücke ist; er muß zugleich, als eine Welt für sich, mit einer Reihe von Vorstellungen und → Ideen ausgestattet sein. Mit deren Hilfe ist er in der Lage, die empfangenen Sinnesdaten so zu bearbeiten, daß sie in eine höhere Form von Wirklichkeit eingesetzt oder auf ihren eigentlichen Ursprung zurückgeführt und somit in einem wahreren Sinne des Wortes verstanden werden, als wenn sie lediglich innerhalb der Form von Wirklichkeit geordnet würden, wie sie sich den Sinnen zeigt. Die Vorbedingung dieses Prozesses ist es allerdings, daß die Ausrüstung von Ideen, die der Intellekt hierbei verwendet, nicht leer oder formal ist, sondern daß sie ein rein intelligibles Sein spiegeln, das sich eben in diesen Ideen dem Intellekt erschließt. M.a.W.: die erkenntnistheoretische Voraussetzung involviert eine ontologische Anschauung (→ Ontologie), und die eigentliche Aufgabe des Intellekts ist es nun, ein Bild von der im ontologischen Sinne höheren Wirklichkeit zu gestalten. S. ist dann nicht nur eine Methode, die empirische Welt wahrer zu verstehen, sondern sie ist zugleich die Ausformung eines Systems, das wohl die tragende Voraussetzung aller empirischen Tatsachen ist, aber seinem Wesen gemäß diese gerade entscheidend transzendiert.

Es sei jedoch nachdrücklich betont, daß das Wort S. häufig in allgemeinerer und daher umfassenderer Bedeutung gebraucht wird. S. bezeichnet dann jede Form von Argumentation, die von materialen, nichtempirischen Vorstellungen ausgeht oder solche einbezieht, was wiederum die Neigung hervorruft, S. mit → Metaphysik überhaupt gleichzusetzen. Dieser unpräzise Gebrauch des Wortes ist häufig polemisch akzentuiert, wodurch S. einen mehr abwertenden Klang erhält. Dem → Positivismus und Empirismus (→ Apriorismus) gilt es als ausgemacht, daß S. ohne jeden gültigen Aussagewert sei; aber auch innerhalb der Richtungen der → Existenzphilosophie neigt man dazu, S. abzulehnen. So ist zB → Kierkegaards Werk eine prinzipielle Auseinandersetzung mit der S. in ihrer Hegelschen Ausgestaltung.

Eisler III, 132ff. *J.Sløk*

Spekulative Theologie

1. Geschichte – 2. Hauptgedanken

Sp.Th. ist das Unternehmen, das christliche Dogma mit Hilfe des spekulativen → Idealismus (: II) zu interpretieren und sich anzueignen. Unbefriedigt von → Schleiermachers »Herrnhutertum höherer Ordnung«, erstrebt sp.Th. eine Orthodoxie höherer Ordnung. Dabei kommt es freilich zu starken Umdeutungen.

1. Die erste Pflegestätte der sp.Th. war → Heidelberg (, 5), wo *K.* → *Daub* von 1795–1836 lehrte. Ursprünglich strenger Kantianer (→ Kant), benutzte er später die Denkmittel → Schellings und zuletzt → Hegels, der vor allem auf sein Betreiben 1816 nach Heidelberg berufen wurde. Vorübergehend war → *Marheineke* in Heidelberg, der aber bald (ebenso wie Hegel) nach Berlin weiterzog. In Berlin wirkten außerdem von 1830–82 *W.* → *Vatke* und von 1875–1908 *O.* → *Pfleiderer*. Vatke ging nicht den Weg seines Freundes D.F. → Strauß, sondern wurde unter dem Eindruck der Naturwissenschaft seiner Zeit und durch das Studium der Erkenntnistheorie mehr und mehr von Hegel fort zu Kant geführt. Vatkes Schüler, der Schweizer *Alois Emanuel Biedermann* (1850–85 Prof. in Zürich; → Reformer), betont in seiner Programmschrift »Die freie Theologie, oder Philosophie und Christentum in Streit und Frieden« (1844) die Einheit des Glaubens bei Verschiedenheit der Begriffe. Die Christlichkeit könne nicht an der Übereinstimmung mit den altkirchlichen oder urchristlichen dogmatischen Theorien gemessen werden. Vielmehr sei es die Aufgabe des Dogmatikers, das kirchliche Dogma in freier wissenschaftlicher Forschung begrifflich zu verarbeiten. Gerade

das sei sein Dienst an der Kirche: Unser Glaube ist kein anderer »als der des gläubigen Christenvolks evangelischer Kirche... Die Vermittlung dieses gottmenschlichen Lebens (sc. das von Christus ausgeht) ist der Zweck der Kirche und ist für uns derselbe wie für jeden Gläubigen. Darum stehen wir in der Kirche, wirken in der Kirche und für die Kirche« (Unsere junghegel. Weltanschauung und der sog. neueste Pantheismus, 1849). Biedermanns Hauptwerk »Christliche Dogmatik« ([1869] 1884/85²) will als strenge Wissenschaft »die geistige Realität der religiösen Wahrheit, als der letzten Realität für den Menschen, bis aufs letzte hinaus auch streng geistig durchführen«. Die religiöse Erkenntnis soll von der widerspruchsvollen Stufe der Vorstellung auf die höhere, von allen Verstandeswidersprüchen gereinigte Stufe des spekulativen Begriffs erhoben werden. Die Gottesvorstellung zB wird in die Idee des absoluten Geistes umgesetzt unter Negierung der Personhaftigkeit. Allerdings bleibt »die volle Realität des Gegensatzes von Gott und Mensch und der religiösen Wechselbeziehung zwischen ihnen« bestehen; dh die persönliche Vorstellungsform behält neben der Idee ihr Recht. Dem Denker tritt in der persönlichen Erhebung der Gottesgedanke in der Abbreviatur einer einheitlichen Vorstellung vor die Seele.

Eine eigentümliche Zwischenstellung zwischen Theologie und Philosophie hatte der theologisierende Religionsphilosoph *Christian Hermann Weiße* (1828-37 ao., 1845-66 o. Prof. in Leipzig). In der Auseinandersetzung mit Strauß vertrat er 1838 (gleichzeitig mit Wilke) die Priorität des MkEv. Seine »Philosophische Dogmatik oder Philosophie des Christentums« (1855-62) stellt die Selbstverwirklichung Gottes in Vernunft, Gemüt und Willen als einen der Weltschöpfung zeitlich vorangehenden Prozeß dar und begreift diese als Reihe zeitlicher Akte, die sich in der Kultur- und Religionsgeschichte als einer fortwährenden Menschwerdung Gottes fortsetzen. Christus ist die vollendete Verwirklichung der »Sohn-Menschheit«, der Menschensohn, und Urbild der Gemeinde des als Gipfel der Menschheitskultur verstandenen Himmelreichs. Im Sinne dieser Konzeption schlägt Weiße in den »Reden über die Zukunft der ev. Kirche an die Gebildeten der deutschen Nation« (1849) vor, in einem zukünftigen Bekenntnis den Menschensohn und das Himmelreich zum Gegenstand des zweiten und dritten Glaubensartikels zu machen.

Eigengeprägte Vertreter einer sp.Th. waren auch *R.* → *Rothe, R.A.* → *Lipsius* und *Isaak August Dorner* (1862-84 Prof. in Berlin, vorher in Tübingen, Kiel, Königsberg, Bonn und Göttingen). Dorner schrieb zunächst zwei große historische Werke: »Die Entwicklungsgeschichte der Lehre von der Person Christi« (1839/40) und die »Geschichte der prot. Theologie, bes. in Deutschland, nach ihrer prinzipiellen Bewegung und im Zusammenhang mit dem religiösen, sittlichen und intellektuellen Leben betrachtet« (1867). »Freilich überwuchert dabei leicht ... die spekulative Konstruktion den lernbereiten Umgang mit der Geschichte« (Stephan-Schmidt). Dorners dogmatisches Hauptwerk ist das »System der christlichen Glaubenslehre« ([1879/80] 1886²), bedeutsam u.a. durch eine ausführliche »Pisteologie«. Dorner unterscheidet drei Stufen des Glaubens: a) den kirchlichen Gemeinglauben, der aber wegen der Nivellierung der religiösen Persönlichkeit und der Verunreinigung der Wahrheit weder subjektiv noch objektiv genügen kann, b) den philosophisch-vernünftigen Glauben, der aber, je philosophischer er wird, um so mehr in Skepsis ausläuft, c) den aus Reue und Umkehr erwachsenden, auf Kirche, Schrift und Sakrament gegründeten göttlichen Glauben, in welchem ein neues Selbst- und Gottesbewußtsein keimartig gesetzt ist. *F.Chr.* → *Baur* hat in großem Stil die Spekulation für die Erschließung der Geschichte, insbesondere der urchristlichen, fruchtbar gemacht. Nachzügler der sp.Th. sind *August Dorner* (Sohn von I.A.Dorner, 1890-1920 Prof. in Königsberg) und *Hermann Lüdemann* (1884-1933 Prof. in Bern). A.Dorner sieht rationale Philosophie und Religion in der Metaphysik zusammentreffen. Die → Gottesbeweise, bes. der ontologische, werden daher erneuert. Das Ideal der Religion ist die Erlösung zur grundsätzlichen Einheit Gottes und des Menschen, die Gottmenschheit. Hauptschriften u.a.: Religionsphilosophie, 1903; Die christliche Lehre nach dem gegenwärtigen Stand der theologischen Wissenschaft und ihre Vermittlung an die Gemeinde, 1904; Metaphysik des Christentums, 1913. H.Lüdemanns »Christliche Dogmatik« (1924-26) versteht das Christentum als normative Religion, weil es das sittliche und religiöse Normbewußtsein zur reinsten Gestalt erhebt und in das richtige Verhältnis setzt.

In A. → Ritschl und den → Ritschlianern erstanden der sp.Th. entschiedene Gegner, aber erst durch den theologischen Umbruch nach dem 1. Weltkrieg fand sie ihr (vorläufiges?) Ende.

2. *Hauptthemen* der sp.Th. sind die Gottes- (speziell die Trinitäts-)lehre (→ Gott: V. VI, → Trinität: III. IV) und die → Christologie (: II. III). Gott ist der absolute Geist (actus purus), der sich in der Vernunft des Menschen offenbart. Die Schriftoffenbarung ist gegenüber der Vernunftoffenbarung sekundär und an dieser zu messen. Inwieweit das Absolute als Person gedacht werden kann, ist strittig. Die in Biedermanns Gotteslehre offenkundige Gefahr der Doppelgleisigkeit von Begriff und Vorstellung, von Wissen und Glauben ist für die sp.Th. symptomatisch. Das Trinitätsdogma gibt die Möglichkeit, die Gottesidee im Unterschied zu einer starren Einlinigkeit als dialektisch bewegt zu interpretieren. Allerdings droht dabei ständig die Gefahr des Pantheismus, insofern als der Unterschied zwischen Gott und Welt als in Gott hineingenommen erscheint, da die zweite Person der Trinität, Gott als sein eigenes Abbild (Daub) oder in seinem »Aussichsein« (Marheineke), Repräsentant des Schöpfungsganzen ist. Der Übergang zum historischen Jesus in der Christologie bereitet große Schwierigkeiten. Strauß legt den Finger auf die wunde Stelle, wenn er sagt, daß die Idee der Gottmenschheit die Anwendung auf das Menschheitsganze, nicht auf ein Individuum, fordere. Dazu kommt, daß infolge der pantheisierenden Gotteslehre die Sünde in den dialektischen Gegensatz des Endlichen zum Unendlichen verlegt (Daubs »Judas Ischarioth« blieb Episode) und damit ihres letzten Ernstes als Unglaube entkleidet wird. Notwendigkeit und Sinn des Erlösungswerkes werden fraglich. Die Lehre von Jesus als dem Zentralindividuum (I.A.Dorner, Rothe) oder die Unterscheidung von Christusperson und Christusprinzip, die häufig begegnet, heben im Grunde das Gegenüber Jesu als des Erlösers zu den andern Menschen als den Erlösten auf. Jesus ist nur mehr der Prototyp der erlösten Menschheit (»inklusive« → Christologie [: II, 8 c]), eher Ersterlöster als Erlöser. Die sich hier ergebenden Folgerungen lassen sich nur schwer abweisen und sind zB von A.Dorner klar ausgesprochen worden: »So mag man den historischen Christus, soweit man ihn historisch glaubt erkennen zu können, zur Illustration des christlichen Prinzips in den Momenten verwenden, wo eben das Prinzip der Gottmenschheit klar heraustritt.« Dieser eindeutigen Abwertung der Geschichte stehen auf der andern Seite die starken Impulse gegenüber, welche die sp.Th. der Erforschung der Geschichte gegeben hat (Baur!). – Die Probleme, die uns die sp.Th. hinterlassen hat, sind heute

zum guten Teil wieder, wenn auch in veränderter Gestalt, Mittelpunkt der theologischen Erörterung, zB in den Auseinandersetzungen um die existentiale Interpretation (→ Bultmann).

Lit. s. im Text u. bei den Art., auf die verwiesen ist. Ferner: C.SCHWARZ, Gesch. d. neueren prot. Theol., (1856) 1869[4] - O.PFLEIDERER, Die Entwicklung d. prot. Theol. seit Kant, 1891 - F.H.R. FRANK, Gesch. u. Kritik d. neueren Theol., (1894) 1908[4] - G.FRANK, Die Theol. d. 19.Jh.s, 1905 - F.KATTENBUSCH, Die dt. ev. Theol. seit Schleiermacher, (1924[4]) 1934[6] - RGG[2] V, 681ff. *E.Schott*

Spellman, *Francis Joseph,* Kardinal (seit 1946), * 4.5. 1889 in Whitman/Mass., von irischer Abstammung, in Rom zum Priester gebildet und geweiht (1916), nach Seelsorgetätigkeit in Boston Mitarbeiter des dortigen Erzbischofs, 1925 Attaché im päpstlichen Staatssekretariat. 1932 mußte S. aus politischen Gründen Rom verlassen, wurde Weihbischof von Boston, 1939 Erzbischof von New York und Militärbischof der amerik. Streitkräfte. S. ist ein völlig unkonventioneller Typ eines Kirchenfürsten, dessen Person durch die Titelgestalt des Romans »Der Kardinal« von H.M.Robinson durchschimmert. In Rom widmete er sich u.a. der Verstärkung der publizistischen Arbeit des Vatikans im angelsächsischen Raum, bes. durch Sendungen in englischer Sprache nach Errichtung der vatikanischen Radiostation (1931). S. kämpft für die Gleichberechtigung des kath. Schulwesens und war wohl bei dem Versuch Trumans beteiligt, eine offizielle Vertretung der USA beim Vatikan zu schaffen (1951/52). Seine Reiseerlebnisse, vor allem im 2. Weltkrieg, schlugen sich in journalistisch geschickten Büchern nieder.

Vf. u.a.: The Road to Victory, 1942; Action this Day, 1943; The Risen Soldier, 1944; No greater Love, 1945; Prayers and Poems, 1946; Heavenly Father of Children, 1947; The Foundling, 1951. - Über S.: Current Biography, hg.v. A.ROTHE-C.ELLIS, 1947, 596-599 - HerKorr (s. Reg.) - AnnPont 1961. *W.Sucker*

Spencer, 1. *Herbert* (1820-1903), * in Derby als Lehrersohn, † in Brighton als Privatgelehrter, entstammte mütterlicherseits einer Hugenottenfamilie. Infolge seiner zarten Gesundheit blieb seine Erziehung weitgehend der spontanen Entwicklung seiner Kräfte überlassen. Obwohl für das Universitätsstudium vorbereitet, verzichtete S. auf ein Studium. Zunächst als Hilfslehrer tätig, dann Eisenbahningenieur, verfaßte er als Redakteur am »Economist« (1848-53) sein erstes größeres Werk »Social Statics«, dem 1855 die »Principles of Psychology« folgten. Durch eine Erbschaft unabhängig geworden, widmete sich S. fortan ganz der Verwirklichung seiner wissenschaftlichen Pläne: der Ausarbeitung seines Systems der »Synthetischen Philosophie«, dessen detaillierten Aufriß er 1860 in einem Subskriptionsprospekt der Öffentlichkeit vorlegte. Bemerkenswert für die Arbeitsweise S.s ist die Konsequenz, mit der er an diesem »Arbeitsplan« bis in Einzelheiten hinein festhielt, äußeren Schwierigkeiten und den wissenschaftlichen Fortschritten der Zeit zum Trotz. - Der Grundgedanke seines stupenden Lebenswerks, der die weltweite Verbreitung und die Wirksamkeit seiner Gedanken begründete, macht die Evolution zu einem universellen Prinzip. Ein notwendiger Entwicklungsprozeß, der - seiner allgemeinsten Formulierung nach - von »unbestimmter, unzusammenhängender Gleichartigkeit« zu »bestimmter, zusammenhängender Ungleichartigkeit« infolge einer »ständigen Neuverteilung von Materie und Bewegung« fortschreitet, beherrscht Natur und Menschenwelt. Die Verklammerung physischer, sozialer und ethischer Phänomene unter einem Prinzip geschieht in der ausgesprochenen Absicht, eine unanfechtbare Grundlage für die Formulierung ethischer Vorschriften zu gewinnen. Aber auch als Forschungshypothese gestattete dieses Prinzip eine systematische Verarbeitung empirischer Beobachtungen, vor allem auf dem Gebiet einer vergleichenden → Soziologie und → Völkerkunde, für die S.s Untersuchungen bahnbrechend wurden. Die Orientierung an einem außerhalb von Religion und Kultur liegenden Koordinatensystem für die mit der »industrial revolution« gestellten Aufgaben der Gesellschaftsordnung hat S.s Philosophie mit zeitlich parallelen Strömungen, dem Historischen Materialismus und dem Sozialdarwinismus, gemeinsam. Die wissenschaftliche Begründung seines Systems und die Einschmelzung der bestehenden kulturellen und sozialen Gegensätze im → Fortschritts-Gedanken verschafften S. eine weltweite Resonanz, vor allem in den USA und in Deutschland. S.s Werke wurden bereits zu seinen Lebzeiten in die führenden Sprachen übersetzt, zB waren 1876 seine bisherigen Veröffentlichungen größtenteils ins Russische (!) übertragen.

H.S., *The Synthetic Philosophy:* First Principles, (1862) 1900[6]; Principles of Biology I. II. (1864/67) 1898/99[2]; Principles of Psychology, (1855) 1899[2]; Principles of Sociology I. (1876) 1885[3]; II, 1879/1882; III, 1885/96; Principles of Ethics I, 1879/82; II, 1891/93. - *Andere Werke:* Social Statics, (1855) 1892[2]; Education, (1861) 1903[3]; The Study of Sociology, (1873) 1880[8]; The Man versus the State, (1884) 1892[2]; Essays, (1857, 1863, 1874) 1890[2]; Various Fragments, (1897) 1900[2]; Facts and Comments, 1902; Autobiography, 1904. - *Nach S.s Entwurf:* Descriptive Sociology, 1867-1934. - *Über S.:* O.GAUPP, H.S., (1897) 1923[5] - J.RUMNEY, H.S.s Sociology, London 1934 (ausführl. Lit.) - E.H.BARNES, H.S. and the Evolutionary Defense of Individualism (in: DERS. [Hg.], An Introduction to the Hist. of Sociology, Chicago 1948, 110-137). *Chr.v.Ferber*

2. *John* (1630-93), anglikanischer Theologe und Hebraist, * in Bocton (Kent), 1655 Fellow, 1667 Master des Corpus Christi College in Cambridge, seit 1677 Dean von Ely. Seine Forschungen über die Beziehungen der israelitischen zu den anderen semitischen Religionen (bes. »Dissertatio de Urim et Thummim«, Cambridge 1669; »De legibus Hebraeorum ritualibus et earum rationibus libri tres«, ebd 1685, dt. Tübingen 1732) machten ihn zum Bahnbrecher in der vergleichenden → Religionswissenschaft. S.s durch → Herbert von Cherbury angeregte These, die mosaische Religion sei nicht durchweg auf Offenbarung begründet, sondern zT abgeleiteter, wenn auch modifizierter Götzendienst, erregte heftigen Widerspruch und beeinflußte die deistische Beurteilung des AT (→ Deismus: III).

Works, rev. by L.CHAPPELOW, 2 Bde, Cambridge 1727. - Über S.: DNB LIII, 359f - RE XVIII, 607ff - HIRSCH I, 252ff. *D.Carter*

Spener, *Philipp Jakob,* * 13.1.1635 in Rappoltsweiler (Elsaß), † 5.2.1705 in Berlin, theologischer Führer des (luth.) → Pietismus. Als Sohn einer frommen Juristenfamilie wuchs er mit Erbauungsbüchern auf (bes. → Arnds »Wahrem Christentum« und puritanischen Traktaten). 1651-59 studierte er, durch Hauslehrerzeit 1654-56 unterbrochen, Theologie in Straßburg, bes. bei J.K. → Dannhauer, der ihm eine eingehende Kenntnis Luthers vermittelte. Außerdem trieb er Heraldik und wurde auf diesem Gebiet eine Autorität (zuletzt: Insignium theoria seu Opus heraldicum, 1690). Seine weitreichenden Adelsbeziehungen machte er für die Einbürgerung des Pietismus fruchtbar. Eine akademische Reise führte ihn 1659-62 nach Basel, Genf (wo er → Labadie hörte), Stuttgart und Tübingen. 1663 wurde er Freiprediger am Straßburger Münster, 1664 Dr. theol., 1666 Pfarrer und Senior in → Frankfurt/M. (Barfüßerkirche), 1686 Oberhofprediger in Dresden (→ Sachsen, 4), 1691 Propst und Pfarrer an St. Nicolai in Berlin (→ Brandenburg: II, 4). - Seine »Pia Desideria oder Herzliches Verlangen nach gottgefälliger Besserung der wahren Ev.

Kirchen« (1675), die mit der Frankfurter Pfarrerschaft Wort für Wort durchgesprochene Programmschrift des Pietismus, fanden ungeheuren Widerhall. In ihr fing er die radikale Kirchenkritik der → Separatisten und → Spiritualisten (bes. Chr. → Hoburgs) auf, gestand ihr ein begrenztes Recht zu, überwand sie aber durch seine auf die göttliche Verheißung gegründete, lebenslang festgehaltene »Hoffnung auf bessere Zeiten« für die Kirche und verhinderte so die Entstehung eines anti-institutionell gerichteten Christentums (vgl. bes. auch: Der Klagen über das verdorbene Christentum Mißbrauch und rechter Gebrauch, 1685). Die einzelnen Reformvorschläge faßten die bereits von der luth. Spätorthodoxie (→ Orthodoxie, 4) erhobenen Forderungen treffend zusammen. Trotzdem wandten sich einzelne orthodoxe Theologen gegen S., bes. G.K.Dilfeld (Theologia Horbio-Speneriana, 1679). Die von S. in Frankfurt geförderten Privatversammlungen zur Predigtbesprechung und Seelsorge (collegia pietatis) fanden den Tadel B. → Mentzers (, 2) in Darmstadt. Daraus erwuchs eine ausgedehnte antipietistische Polemik, aus der die »Christluth. Vorstellung« der Wittenberger theologischen Fakultät (1695), die zahlreichen Schriften S. → Schelwigs und J.F. → Mayers, zuletzt E. → Neumeisters »Kurtzer Auszug Spenerischer Irrtümer« (I. II, 1727/28) hervorragen. Die Leipziger Pietistenunruhen um A.H. → Francke 1689 und der sich an S.s Schüler und Amtsbruder J.C. → Schade knüpfende große Beichtstreit in Berlin (seit 1696) sowie die kirchenkritische Gesamtdarstellung seines Schülers G. → Arnold erschwerten S.s Stellung. Auf der anderen Seite fand er am Berliner Hofe Friedrichs III. (I.) bes. durch den Minister Paul v. Fuchs und den Freiherrn v. → Canstein sowie durch → Jablonski wirksame Unterstützung, die vor allem in der Gründung der pietistischen Universität → Halle zutage trat. Eine große Schülerschar und ein reicher seelsorgerlicher und theologischer Briefwechsel (zT gesammelt in: Theol. Bedenken I-IV, 1700-02; Consilia et iudicia theologica latina, 1709) sicherten ihm weitreichenden Einfluß. Seine theologischen Gelegenheitsschriften, erbaulichen Werke (bes. Predigten) und zahllosen Vorreden zu Werken anderer genossen in pietistischen Kreisen ein fast kanonisches Ansehen. Der Kern seiner Theologie ist die → Wiedergeburt, die zu einer grundsätzlich individualistischen Gesamtauffassung des Christentums führte, die → Kirche (: III, 4 d) aus den wiedergeborenen Einzelnen hervorgehen ließ und dadurch den Stiftungs- zum Vereinscharakter umbildete. S. förderte die Heiden- und Judenmission, die kirchliche Jugendarbeit (Katechisation und → Konfirmation) und die Bibelstunde.

Bibliogr. bei GRÜNBERG (s.u.) III, 211-268. Neudrucke: Hauptschriften hg.v. P.GRÜNBERG, 1903 - Pia Desideria hg.v. K.ALAND (KIT 170), (1940) 1955². - Über S.: P.GRÜNBERG, Ph.J.S. I-III, 1893 bis 1906 - ADB 35, 102ff - RE XVIII, 609ff; XXIV, 524f - H.DECHENT, KG von Frankfurt a.M. seit der Reformation II, 1921, 59ff - H.LEUBE, Die Entscheidungsjahre der Reformbestrebungen Ph.J.S.s (NKZ 36, 1925, 155-174) - A.STUMPFF, Ph.J.S. über Theol. u. Seelsorge als Gebiete kirchl. Neugestaltung (Diss. Tübingen), 1934 - K.ALAND, S.-Studien (AKG 28 = JBrKG 36/37), 1943 - DERS., S.s Lebensweg von Frankfurt nach Berlin 1666-1705 (KGliche Entwürfe, 1960, 523-542) - HIRSCH II, 91ff - M.SCHMIDT, S.s Wiedergeburtslehre (ThLZ 76, 1951, 17-30) - DERS., S.s Pia Desideria (ThViat 3, 1951, 70-112) - DERS., Luther u. S. (LuJ 24, 1957, 102-129) - H.L. ALTHAUS, S.s Bedeutung für Heiden- u. Judenmission (Luth. Missions-Jb. 1961, 22-44). *M.Schmidt*

Spengler, 1. *Lazarus* (1479-1534), * in Nürnberg, wurde nach kurzem Studium in Leipzig 1496 Gerichtsschreiber in Nürnberg. Seit 1504 regelmäßig vom Rate beschäftigt, wurde S. 1507 zum vordersten Ratsschreiber ernannt. Freundschaft verband ihn mit A. → Dürer und W. → Pirckheimer, mit denen zusammen er humanistische Interessen pflegte. Aber vom Humanismus wandte er sich zusehends dem Augustinismus zu, wie er ihm in → Staupitz entgegentrat. Hierdurch auf Luthers Ideen vorbereitet, veröffentlichte er Ende 1519 zur Verteidigung Luthers seine volkstümlich geschriebene »Schutzrede und christliche Antwort eines ehrbaren Liebhabers christlicher Wahrheit«. Joh. → Eck nahm daher S. namentlich in die gegen Luther erlassene Verdammungsbulle auf. S. trug zur Verbreitung der luth. Lehre durch einige weitere kleinere Flugschriften bei und vor allem durch einige Lieder, von denen bes. sein schlicht-frommes »Durch Adams Fall ist ganz verderbt menschlich Natur und Wesen« in weiten Gebrauch kam. Bei der Reformation in Nürnberg (1525; → Bayern, 2 a) spielte er eine führende Rolle, wie er auch als Ratgeber Einfluß auf die Reformation der fränkischen Markgrafschaften in den Jahren 1526/28 ausübte. In der Bekenntnisbildung dieser Jahre hielt er sich aufs engste an Luther. Luther gab 1530 sprachlich verbessert S.s »Auszug aus den päpstlichen Rechten« neu heraus, 1535 auch das von S. vor seinem Tode abgelegte Glaubensbekenntnis.

RE XVIII, 622ff - K.SCHORNBAUM, Die Stellung des Markgrafen Kasimir von Brandenburg z. reformat. Bewegung, 1900 - DERS., Zur Politik des Markgrafen Georg von Brandenburg, 1908 - DERS., Die erste Brandenburgische Kirchenvisitation, 1928 - H.v.SCHUBERT, Bekenntnisbildung u. Religionspolitik 1529/30, 1910 - DERS., Die Anfänge der ev. Bekenntnisbildung bis 1529/30, 1928 - DERS., L.S. u. die Reformation in Nürnberg, hg.v. H.HOLBORN, 1934 - WA 30/II, 215ff (dazu NKZ 24, 1913, 763ff). *H.Holborn*

2. *Oswald* (1880-1936), schlagartig berühmt geworden mit Bd I seines Hauptwerkes »Der Untergang des Abendlandes« (1918), das dem Zeitalter das Stichwort lieferte und dessen Grundhaltung die nachfolgenden Veröffentlichungen nur weiter zu verdeutlichen, nicht zuletzt politisch auszuwerten suchten. Für S. sind Kulturen letzte, unüberschreitbare »seelische« Geschichts- und Stileinheiten, deren organologisch streng determinierte Abläufe Vergleiche sei es der jeweils »frühen« oder der »späten« (cäsaristisch-zivilisatorischen) Phasen ermöglichen. Das Analogieverfahren führte zu faszinierenden Durchblicken und zu Prognosen, die sich seither zT schlagend bestätigt haben. S. übersieht aber die Bedeutung der interkulturellen Übertragbarkeit technisch-ökonomischer Muster und die Realität des Durchwirkens geistiger Kräfte, dh die Unabschließbarkeit historischer Perspektiven. Gerade mit dem offensichtlich gewaltsamen Beharren auf interkultureller Inkommunikabilität und mit dem »heroischen« Bejahen dessen, was (angeblich) in der kulturellen Spätphase als titanischer Machtkampf auf dem Rücken unterworfener Massen unausweichlich ist, wurde S. jedoch zu einem der bedeutsamsten geistigen Wegbereiter der nationalsozialistischen Machtergreifung, obwohl es nach 1933 zu erbittertem Streit zwischen dem Regime und S. kam. - In gewandelter und gemilderter Form sind S.s Ideen einer Konstruktion der Weltgeschichte aus Kultureinheiten von A.J.Toynbee aufgenommen worden.

Vf. bes.: Der Untergang des Abendlandes. Umrisse einer Morphologie der Weltgesch. I: Gestalt u. Wirklichkeit, 1918; II: Welthist. Perspektiven, 1922; Preußentum u. Sozialismus, 1920; Der Mensch u. die Technik, 1931; Polit. Schriften, 1932; Jahre der Entscheidung, 1933; Reden u. Aufsätze, 1937. - Über S.: M.SCHROETER, Der Streit um S., Kritik seiner Kritiker, 1922 - TH.W.ADORNO, S. nach dem Untergang (Der Monat 2, 1950, 115-128) - HWSW IX, 696f (Lit.). *Chr. Graf v.Krockow*

Spenser, *Edmund* (1552-99), englischer Renaissance-Dichter, Poeta Laureatus unter Königin Elisabeth I. Er verbrachte nach kurzer Tätigkeit beim Earl of Leicester den größten Teil seines Lebens im Staatsdienst in Irland. -

S.s bedeutendstes Werk ist die in der neuen S.-Strophe abgefaßte phantasiereiche allegorische Dichtung The Faerie Queene (unvollendet, gedr. 1589-96). Die vier Kardinaltugenden werden in der Sagenwelt des Königs Arthur, der nach der Feenkönigin Gloriana sucht, als Gründung eines Reiches ritterlicher Tugenden dargestellt. Eine Verschmelzung platonischer Philosophie mit christlicher Ethik zu einem neuen Persönlichkeitsideal wird an dem Stoff aus der nationalen Frühgeschichte versinnbildlicht. Romantische Verklärung der Vergangenheit dient so der Verkündigung eines politischen und ethischen Wunschbildes. Während sich in dem Epos von der Feenkönigin S.s mittelalterlich-christliche Frömmigkeit spiegelt, bringt er in einigen der 12 Eklogen des Shepheards Calender (1579) die puritanische Kritik an den Bischöfen und Lord Burghleys Kirchenpolitik zum Ausdruck. - Durch Einführung klassischer Rhetorik und Metren versucht S., dem Englischen Ausdrucksmittel und Rang des Lateinischen zu verleihen. Mannigfaltigkeit des gehobenen und einfachen Stils und platonisches Verständnis des Verhältnisses von Innerem und Äußerem machen ihn zum von den Humanisten gepriesenen und viel nachgeahmten Dichter der englischen Renaissance.

Works, ed. E.Greenlaw u.a., 10 Bde, Baltimore 1932-57 (Lit.). - Über S.: C.S.Lewis, The Allegory of Love, (1936) London 1951[6] - V.K.Whitaker, The Religious Basis of S.s Thought, Stanford 1950 - M.P.Parker, The Allegory of the Faerie Queene, Oxford 1960.

G.Müller-Schwefe

Speratus (latinisiert aus Hoffer oder Offer), *Paul* (1484-1551), * in Rötlen bei Ellwangen (Württ.), 1506 Priester, nach geistlichen Ämtern in Salzburg und Dinkelsbühl 1520 Domprediger in Würzburg. Hier ev. geworden, wurde er auch wegen seiner Verheiratung vertrieben. Eine Berufung nach Budapest scheiterte, da S. auf der Reise dorthin wegen einer Predigt, die er im Wiener Stephansdom gegen die Mönchsgelübde hielt, exkommuniziert wurde. Als Stadtpfarrer in Iglau (Mähren, 1522) gefangengesetzt und zum Tode verurteilt, entkam er 1523 nach Wittenberg. S. war einer der wenigen, die 1523 Luthers Bitte um Liedbeiträge für das Wittenberger Achtliederbuch erfüllten (u.a. sein bekanntestes Lied »Es ist das Heil uns kommen her«; → Gesangbuch: I, 1c, →Kirchenlied: I, 3a). 1524 auf Luthers Empfehlung von Herzog →Albrecht als Schloßprediger nach Königsberg berufen, wirkte S., seit 1529 als Bischof von → Pomesanien (Nachfolger von → Queiß), neben → Briesmann und → Gramann tatkräftig für die Reformation des Herzogtums Preußen (→ Ostpreußen, 3). 1525 war er am Zustandekommen einer ev. KO, 1526 und 1528 an Visitationen beteiligt. 1531-35 wandte er sich erfolgreich gegen Schwärmer und Sektierer (bes. die → Schwenckfelder), später auch gegen Anhänger A. → Osianders.

Koch I, 345ff - P.Tschackert, Urkundenbuch zur Reformationsgesch. des Herzogtums Preußen I-III, 1890 - Ders., P.S.v.Rötlen, 1891 - RE XVIII, 625ff; XXIV, 525 - P.Gennrich, Die ostpreuß. Kirchenliederdichter, 1938 - Hdb. z.EKG II/1, 1957, 45f; Sonder-Bd, 1958, 375ff.

† W.Lueken

Speyer, *Stadt und Bistum.* S., das keltische oppidum Noviomagus, wird im 1.Jh. vChr Gaustadt der Nemeter, dann die civitas Nemetum der Römer. Schon um 345 ist hier ein Bischof bezeugt. Im 6.Jh. taucht der Ortsname Spira auf. 614 beginnt eine fast lückenlose Folge von 93 S.er Bischöfen. Das Bistum gehört 748 bis 1802 zur Kirchenprovinz → Mainz, seit 1817 zu → Bamberg. Um 670 ist der 1. (Marien- und Stefans-) Dom beurkundet, 858 der 2. (Marien-) Dom. Die im S.gau heimischen Salier bauen 1030-1105 in S. ihren Kaiserdom (→ Kirchenbau: III, 2; s. Taf. 22 Abb. 1), die größte Schöpfung der Romanik und bedeutendste Grabkirche des mittelalterlichen Reiches. 1125 bezeichnet ein englischer Chronist S. als metropolis Germaniae. Den 1. Stauferkönig gewinnt → Bernhard von Clairvaux beim S.er Weihnachtsreichstag 1146 für den 2. Kreuzzug. Von über 50 S.er Reichstagen erlangen die von 1526, 1529 und 1544 reformationsgeschichtliche Bedeutung. 1529 gibt die → Protestation der lutherfreundlichen Reichsstände gegen Mehrheitsbeschlüsse der Altgläubigen den Protestanten ihren Namen. Wie die Reichstage, so beherbergt der S.er Ratshof auch das Reichsregiment 1526-31 und das Reichskammergericht 1527-1689. Der Rat bekennt sich 1540 offen zur luth. Lehre und bricht mit der Kirchenhoheit des Bischofs, nachdem dessen Stadtherrschaft, schon 1111 eingeschränkt, seit 1294 überwunden ist. Durch die Reformation der benachbarten Fürsten und Reichsstädte verliert das Bistum ⅔ seiner Kirchen und Pfründen und fast alle Klöster. Die Reunionen Ludwigs XIV. und neue, kath. Landesherren in bisher ref. Gebieten lassen die alte Kirche in großen Teilen der Diözese wieder aufleben (Simultankirchen). Nach der Zerstörung S.s 1689, der auch der halbe Dom und die Bischofspfalz zum Opfer fielen, wird der Bischofssitz 1720 nach Bruchsal verlegt. Die Fürstbischöfe des 18.Jh.s, voran Damian Hugo von Schönborn, führen Bistum und Hochstift zu neuer Blüte. Aber die Franz. Revolution verwüstet noch einmal den kaum wiederhergestellten Dom sowie die meisten kath. Gotteshäuser und verstaatlicht oder versteigert das Kirchen- und Klostergut des linksrheinischen Bistums. Dieses selbst wird 1802 aufgeteilt zwischen den nun franz. Diözesen Mainz und → Straßburg, sein rechtsrheinischer Sprengel 1827 zwischen den neuen Bistümern → Freiburg und → Rottenburg. 1817 wird das Bistum S. in den Grenzen der kgl. bayerischen Pfalz neuerrichtet. Entgegen dem Konkordat dieses Jahres begründet das gleichzeitige bayerische Religionsedikt eine 100jährige Bevormundung der Kirche durch den Fürstenstaat, bis dieser 1918 zusammenbricht. Namhafte Bischöfe: Joh. → Geissel 1836-42, Nik.Weis 1842-69, Mich. →Faulhaber 1911-17. - Zur Statistik s. →Pfalz, 5.

F.X.Remling, Gesch. der Bischöfe zu S., 2 Bde, 1852/54 - Ders., Neuere Gesch. der Bischöfe zu S., 1867 - Die Kunstdenkmäler der Pfalz III, 1934 (Lit.) - L.Stamer, KG d. Pfalz I-III/1. 2, 1936-59 (Lit.).

K.Lutz

Sphinx, griechische (vielleicht aus dem Ägypt. übernommene?) Bezeichnung für ein Mischwesen aus Löwenleib und Menschenkopf. Die S. wurde in → Ägypten in der 4. Dynastie gestaltet, wobei die sehr alte Vorstellung vom König als Löwen mit dem rein menschlichen König geschichtlicher Zeit verbunden wird. Die aus dem Felsen gehauene große S. von Gise stellt König Chephren dar. Im 2.Jt. gilt sie als Bild des Sonnengottes Harmachis (selten erscheinen auch Götter in der Gestalt einer S.). Die S. in Ägypten verbreitet Schrecken unter die Feinde Pharaos (s. Taf. 1 Abb. 3), ist aber nicht an sich böse. Königinnen werden als weibliche S.en abgebildet. - Im 2. und 1.Jt. verbreitet sich die S. - ikonographisch gewandelt - nach Vorderasien und den ägäischen Inseln (→ Antike und Orient), schließlich auch aufs griechische Festland. Dort ist sie immer weiblich und gilt als gefährliches Wesen, spielt aber auch eine wenig klare Rolle auf Grabmälern.

U.Schweitzer, Löwe u. S. im Alten Ägypten, 1948 - C.de Wit, Le rôle et le sens du lion dans l'Egypte ancienne, Leiden 1951, 39ff - RÄRG 746ff - A.Dessenne, Le sphinx, Paris 1957 (Lit.). - Für Griechenland: PW 2. R. III/2, 1703ff - Nilsson I (s. Reg.).

H.Brunner

Spiegel, *Ferdinand August* (seit 1816: Graf von S. zum Desenberg), kath. Theologe (25.12.1764 bis 2.8.1835), * auf Schloß Canstein/Westf., † in Köln. → Stein und

→ Wessenberg verbunden, Gegner des »finsteren Geistes, der in Rom sein Wesen treibt«, ließ er sich 1813 von Napoleon zum Bischof von Münster machen. Dadurch geriet er in Gegensatz zum Papst und dem Bistumsverweser Cl.A. v. → Droste-Vischering und mußte nach Napoleons Sturz zurücktreten. Als Erzbischof von → Köln (seit 1824) bemühte sich S. um die innere Erneuerung der Erzdiözese (→ Hermes, 1). In dem sich anbahnenden Mischehenstreit (→ Kölner Kirchenstreit) gab er auf Grund der Konvention von 1834 dem päpstlichen Breve von 1830 Raum. Doch suchte er dies mit der preußischen Kabinettsordre von 1825 durch besondere Instruktionen derart in Einklang zu bringen, daß von dem Versprechen der religiösen Kindererziehung ganz Abstand genommen wurde.

ADB XXXV, 149ff - F.Nippold, Die vertrauten Briefe des Erzbischofs S., 1899 - A.Schnütgen, Beiträge zur Ära des Erzbischofs S. (Annalen d. hist. Vereins f. d. Niederrhein 110, 1927, 1-59; 119, 1931, 121-163) - H.Bastgen, Erzbischof Graf S. von Köln u. der Hl. Stuhl, 1932 - M.Braubach, Der Freiherr vom Stein u. die Brüder S. (Westfalen 35, 1957, 72-80). - Vgl. die Lit. zu → Kölner Kirchenstreit.

H.Hohlwein

Spiel

I. Religionsgeschichtlich - II. Pädagogisch. - Über geistliche Schauspiele vgl. → Laienspiel, → Mysterienspiele, → Passionsspiele, → Reformationsfestspiele, → Weihnachtsspiele

I. Religionsgeschichtlich

Bei vielen Formen des S.s handelt es sich um → Begehungen, die in die profane Sphäre abgesunken sind, aber ursprünglich sakrale, magische (→ Magie) oder mantische (→ Mantik) Intentionen ausdrückten. Der → Mythos (: II) wird vor allem durch → Tanz vergegenwärtigt, zu dem aber auch → Musik und gesprochenes Wort hinzutreten können. G.van der → Leeuw hat für diese Form des hl. S.s, aus der das → Drama entstanden ist, den Namen »sacer ludus« vorgeschlagen. Die Spieler, die in ihm Göttergestalten verkörpern, tragen zumeist → Masken, die die menschliche Verschiedenheit der Zufälligkeit entheben. Der Sinn dieser rituellen Darstellungen (→ Ritus) ist Sicherung des Bestandes der Welt, des Kreislaufs des Lebens oder des Sieges des positiven göttlichen Prinzips über einen Widersacher (→ Chaos, → Drache); für letzteres sind die Scheingefechte bezeichnend, die in → Ägypten (: II) im Kultus des → Osiris zwischen den Anhängern des Gottes und denen seines Gegners Seth ausgefochten wurden. - Auf totemistischer Stufe (→ Totemismus) spielt der Mensch das Tier, das seine Gedanken erfüllt. - Magischen Zwekken dienen Liebes-, Kriegs- und Jagdtänze, die das erwünschte Ereignis in actu darstellen. Auf den Molukken ist das Tauziehen ein ursprünglicher → Regen-Zauber. Ein sacer ludus zur Beeinflussung des Laufes der → Sonne war das in profanierter Weise bis heute fortlebende aztekische (→ Mexiko: I, 3) Ballspiel (ollama), bei dem die Fortbewegung eines Balles innerhalb eines ummauerten S.platzes den Himmelslauf der Sonne darstellte. Bei den Leichen-S.en der → Etrusker diente das vergossene → Blut der getöteten Kämpfer zur magischen Kraftübermittlung an die Verstorbenen; nach ihrer Übernahme durch Rom (zuerst 264 vChr; → Römische Religion) haben sich diese Kämpfe zu den Gladiatoren-S.en weiterentwickelt. - Mantischen Zwecken dienten oft Würfel-S.e. Das bekannteste Beispiel ist das Würfel-S. im alten → Indien (: II), dessen Durchführung im Zusammenhang mit religiösen Riten als bes. glückbringend galt. - Formen von Geheim- und Zaubersprachen (→ Zaubersprüche) haben sich zT in S.en und Kinderreimen erhalten. - Vgl. → Feste: I, 1.

H.Usener, Hl. Handlung (ARW 7, 1904, 281-339) - H.Lüders, Das Würfel-S. im alten Indien, 1907 - ERE VI, 163ff. 167ff - Frazer - HWDA VIII, 287ff - J.Huizinga, Homo ludens, (1938) 1949², Neuausg. 1956 - K.Haiding, Kinder-S. u. Volksüberlieferung, 1939 - A.E.Jensen, Mythos u. Kult bei Naturvölkern, (1951) 1959² - G.Gugitz, Die alpenländ. Kampf-S.e u. ihre kult. Bedeutung (Österr. Zs. f. Volkskunde, Kongreßheft 1952, 101-133) - A.Rüssel, Das Kinder-S., 1953 - W.Krickeberg, Altmexikan. Kulturen, 1956, 249 - S.Mendner, Das Ball-S. im Leben der Völker, 1956 - J.de Vries, Unters.en über das Hüpf-S. (FFC 173), Helsinki 1957 - A.A. Macfarlan, Book of American Indian Games, New York 1958 - E.Fink, S. als Weltsymbol, 1960 - K.Latte, Röm. Religionsgesch., 1960 (s. Reg. s.v. Ludi). - Weitere Lit. s. → Drama, → Feste: I, → Labyrinth.

G.Lanczkowski

II. Pädagogisch

1. Begriff und Wesen - 2. Anthropologische Bedeutung - 3. Pädagogische Beurteilung

1. Man kann am S. zwischen S.tätigkeiten und S.geschehen unterscheiden. Die übliche *Definition* des S.s als »zweckfreie, lustvolle Tätigkeit« bedarf daher einer Differenzierung. Nicht die Tätigkeit als solche wird um ihrer selbst willen ausgeübt, sondern die von ihr hervorgebrachte Bewegungserscheinung als ganze ist das zweckfreie Phänomen, das die S.freude erzeugt: Für den Knaben, der einen Kreisel peitscht, ist nicht das Peitschen, sondern der gelingende Tanz des Kreisels das Faszinierende, um dessentwillen er alle außerhalb des S.s liegenden Zwecke vergißt. S.tätigkeiten sind gezielte Akte, die sich von anderen Arten menschlichen Tuns nicht zu unterscheiden brauchen: Zwischen Gelöstheit und gespannter Konzentration, zugreifender Aktivität und selbstvergessener Hingabe, ausgelassener Fröhlichkeit und feierlichem Ernst ist die ganze Variationsbreite menschlicher Verhaltensweisen auch dem S. gegenüber möglich. Die Fülle der Kinder-, Jugend- und Erwachsenen-S.e, Einzel-, Mannschafts- und Gesellschafts-S.e, Bewegungs- und Phantasie-S.e, Kampf-, Jagd-, Glücks- und Liebes-S.e, Schau-S.e, Instrumental-S.e usw kann auf sehr unterschiedlichen Tätigkeitsformen beruhen und verschiedene Haltungen und Stimmungen bei sich haben. Die Einheit des S.begriffs ist daher nicht aus den psychischen Merkmalen der heterogenen S.tätigkeiten zu gewinnen, auch nicht aus ihrem vermeintlichen Kontrast zur → Arbeit oder zum »Ernst« oder aus beiläufigen Effekten wie »Erholung« und »Lustgewinn«, sondern nur aus der einheitlichen Bewegungsgestalt der S.phänomene selber.

Jedem S. liegt das *Phänomen* freier Beweglichkeit innerhalb eines begrenzten S.raums zugrunde. Sein Ablauf ist bestimmt durch die Ambivalenz eines Hin und Her oder eines schwebenden Kreisens. Wird das in jedem Moment gefährdete und daher überraschungsvolle Bewegungsgleichgewicht gestört, so hört das S. auf. Alle S.tätigkeiten, S.regeln, S.zeuge, S.instrumente und S.plätze dienen letztlich der Ermöglichung, Erzeugung, Ausgestaltung und Erhaltung dieser labilen Bewegungsgestalt, die Heiterkeit ebenso wie tiefsten Ernst ausdrücken kann und primär ein ästhetisches Phänomen ist, dessen »schönem Schein« um seiner selbst willen sich gestaltend wie genießend zuzuwenden F. → Schiller den »S.trieb« nannte; er sah darin »den eigentlichen Anfang der Menschheit«. Auch neuere Theoretiker (J.Huizinga, G.Bally) haben das S. als ursprüngliches Kulturprinzip darzustellen und Künste, Wissenschaften, Kultformen und Sitten aus ihm abzuleiten versucht.

2. *Anthropologisch* bedeutsam am S. ist der Hiatus zwischen Tun und Geschehen. Der Mensch kann als Spieler Phänomene erzeugen, die sich seinem gezielten Tun gegenüber abenteuerlich verselbständigen. Er gibt Impulse und weiß doch nicht, wie sein Partner und sein Objekt

sie beantworten werden. Er spielt »mit etwas, das auch mit dem Spieler spielt« (Buytendijk) und begibt sich damit in einen »Funktionskreis«, der über sein Subjekt hinausreicht. Wird ein S. im Sinne determinativer Sicherheit des Effekts völlig beherrscht, so verliert es mit dem Überraschungscharakter auch seinen Reiz. Unberechenbarkeit des Partners und Tücke des Objekts gehören wesentlich dazu, halten den Wechsel von Spannung und Lösung in der Gegenwart fest und lassen alle »Sorge« um die außerhalb des S.s liegende Zukunft vergessen. Dieser Sorglosigkeit und Gelassenheit der S.haltung, die bis zum Leichtsinn gehen kann (→ Spielleidenschaft), steht die Tatsache gegenüber, daß das S. den Spieler doch zugleich an die Grenzen seines Könnens lockt. Freilich geschieht dies nicht mechanisch, sondern nur, wenn ein S.-Ethos für das angemessene S.niveau sorgt. Jedes S. kann auch zu bloßer »Spielerei« absinken oder in Rekordsucht und angestrengtem Ehrgeiz seiner Freiheit und Anmut beraubt werden. So ist Spielen eine Kunst, die gelernt und geübt sein will, und die in der zeitlichen Erstreckung der Lebensalter mannigfache Metamorphosen durchmacht: Was für ein 5jähriges Kind echtes S. ist, kann für ein 8jähriges bereits »Spielerei« sein; umgekehrt kann ein vom Könner souverän gemeistertes S. einen anderen Spieler bereits so überfordern, daß sich weder die Gelöstheit noch die Spannung der S.haltung bei ihm einstellt. Die S.fähigkeiten der Altersstufen zu ermitteln und mit ihrer Hilfe typische Entwicklungsphasen zu charakterisieren, ist ein Thema der → Kinder- und → Jugendpsychologie.

3. Die *pädagogische Beurteilung* des S.s schwankt in der Geschichte der → Erziehung und → Bildung. Es gibt zwar eine ganze Reihe von Erkenntnissen über Funktion und Sinn des S.s, die sich allgemein durchgesetzt haben: Das Kind verarbeitet im S. seine Erlebnisse, offenbart dabei seine Wesensart, macht Erfahrungen und formt seinen Charakter; es übt sich, reagiert überschüssige Kräfte ab; sein S. kann gegenüber einseitigen Lern- und Arbeitsbeanspruchungen auch einen Erholungs- und ausgleichenden Ergänzungswert haben; für das Kind ist es zugleich vorherrschendes Handlungsfeld und Erprobungsraum seiner Kräfte. Dennoch differieren die Meinungen, wenn es um die Frage geht, ob das S. in der Bildung des Menschen »Selbstwert« beanspruche oder nur nutzbaren Dienst für die »Funktionsschulung« leiste. Zwar wird heute niemand mehr das kindliche S. als »Einblasung des Bösen« (A.H. → Francke, → Pietismus) verdächtigen und unterbinden. Hinter → Rousseau und → Fröbel, die seinen Eigenwert im kindlichen Leben betont haben, können wir nicht mehr zurück. Aber selbst die Redeweise, das Kind müsse vom S. allmählich zur Arbeit geführt werden, enthält noch einen verborgenen Zweifel an der Dignität des S.s, entwertet es zur »Vorstufe« und zum bloßen »Mittel« oder setzt es mit »Spielerei« gleich. Pädagogen, die das Kind zur Übung »überlisten« zu müssen glauben, stehen andere gegenüber, die auf die »Selbstausbildung« des Kindes im S. vertrauen. Solche Selbstausbildung geschieht aber nicht automatisch, sondern nur, wenn altersgemäß sinnvolles Spielen bereits gelernt und ein S.-Ethos geweckt ist, das ein Absinken zur »Spielerei« und zum Toben verhindert. Gefährlich ist jede allzu absichtsbetonte »Pädagogisierung« des S.s, weil Bildung und Übung sich nur dann »nebenher« einstellen, wenn S.e wirklich um ihrer selbst und nicht um des Nutzens willen gespielt werden. Erziehung muß dafür die Voraussetzungen sichern. Der notwendige S.raum fehlt unseren Kindern in Großstädten und Kleinwohnungen oft, ist beengt oder gefährdet. S.platzaktionen haben für Kleinkinder, zT auch für das sog. »Robinsonalter« der 10- bis 13jährigen schon Besserung geschaffen. Kind und Jugendlicher brauchen aber auch Anregungen, Vorbilder und den gesitteten S.partner sowie ein zu stets neuen Variationen aufforderndes S.zeug, das in der Regel möglichst einfach sein soll und dessen Qualität darauf beruht, daß es freier Gestaltung Raum läßt. Fröbels »Spielgaben« und → Montessoris »Arbeitsmaterial« haben die S.zeugfrage bisher fast nur für die → Kleinkindererziehung konsequent und systematisch zu lösen vermocht. Doch haben sich in den letzten Jahren auch viele Erzeugnisse der S.zeugindustrie für höhere Altersstufen unter pädagogischem Einfluß zT merklich gebessert.

F.SCHILLER, Über die ästhetische Erziehung des Menschen, 1793 - F.FRÖBEL, Theorie des S.s, Kleine päd. Texte, o.J. - K.GROOS, Die S.e der Menschen, 1899 - F.J.BUYTENDIJK, Wesen u. Sinn des S.s, 1933 - J.HUIZINGA, Homo ludens, (1939) 1949³, Neuausg. 1956 - G.BALLY, Vom Ursprung u. von den Grenzen der Freiheit, 1945 - J.CHÂTEAU, Le jeu de l'Enfant, Paris 1946 - A.RÜSSEL, Das Kinder-S., 1953 - H.SCHEUERL, Das S., 1954 (Lit.) - E.FINK, S. als Weltsymbol, 1960.

H.Scheuerl

Spielleidenschaft

1. Begrifflich - 2. Phänomenologisch - 3. Psychiatrisch - 4. Verbreitung und Geschichte - 5. Ethisch - 6. Politisch. - Vgl. → Spiel

1. Begrifflich ist zu unterscheiden: a) ob es sich um Spiel, das mit Risiko verbunden ist, oder um harmloses Spiel (engl. play) handelt, b) ob der Ausgang des Spiels auf Geschicklichkeit (game of skill, Krieg, → Duell, Stierkampf, Gladiatorenkampf, Fußball usw) oder lediglich auf Zufall, dh auf Glück oder Pech (game of chance) beruht. Im Ausdruck S. handelt es sich um Spiel, das mit Risikos verbunden ist, dessen Ausgang aber völlig vom Zufall abhängig ist (gambling).

2. Der leidenschaftliche, seiner selbst bewußte Spieler weiß, daß ihn die Aussicht auf Gewinn nur um der Spannung willen reizt. Ob Spannung oder Gewinn den Spieler treiben mag, so gilt, daß er sich das eine wie das andere ohne eigentlichen Einsatz verschaffen will. Er ist passiv am Spiel beteiligt und überläßt sich der Übermacht der Spannung, die sich gleichsam in einem isolierten und abstrakten Eigenleben bewegt: die Qual ihrer Unerträglichkeit drängt in Gewinn oder Verlust wohl zur Auslösung, wird aber zugleich als lustvoller Anreiz immer wieder erstrebt. Sie unterscheidet sich hierin von der Spannung, die sich einstellt, wenn reelle Aufgaben oder Gefahren einen persönlichen und aktiven Einsatz vom Menschen verlangen. Hier ordnet sich die Spannung der Vordringlichkeit der Aufgabe ein und folgt dem konkreten Geschehnis. Auch vom Gewinn gilt es, paradoxerweise, daß ihn der Spieler ohne Einsatz erhalten möchte. Der Einsatz ist nämlich immer nur etwas, das in seinem Besitz ist, u.U. sein gesamter Besitz, aber niemals etwas von ihm selber. Der Spieler spielt, weil er seine Wirklichkeit nicht übernehmen will. Während das harmlose Spiel mit dem wirklichen Dasein nichts zu tun hat, versetzt das leidenschaftliche Spiel den Spieler in einen merkwürdigen Zustand zwischen Wirklichkeit und Unwirklichkeit. In der Unwirklichkeit des Spiels will er vor der Wirklichkeit, die ihm zu langweilig geworden ist, flüchten. Aber ganz verläßt er sie doch nicht, denn teils bedeutet die Spannung beim Spiel nur vorübergehend ein Vergessen der Wirklichkeit, weswegen das Spiel dauernd wiederholt werden muß (H. Lipps), teils nimmt er sie in Form seines pekuniären Einsatzes mit ins Spiel hinein. - Literarisch haben → Dostojevskij (»Der Spieler«) und E.T.A. → Hoffmann (»Spieler-Glück«) die S. geschildert.

3. Nach L.Berger ist der leidenschaftliche Spieler ein Neurotiker, dessen unbewußter Wunsch es ist, das Spiel zu verlieren. Er bildet sich ein, er sei allmächtig und habe eine Vereinbarung mit dem Schicksal; er »beauftragt«

die nächste Karte, für ihn zu gewinnen. Der Spieler hat sich in das Stadium seiner Kindheit zurückversetzt, in dem ihm alle seine Wünsche automatisch erfüllt wurden und er sich selbst als allmächtig erlebte. Das normale Kind lernt durch Erziehung, daß es gewissen Wünschen entsagen und sich der Umgebung anpassen muß. Dem Neurotiker gelingt dieser Umstellungsprozeß nicht, und das Verhalten des Spielers als eines solchen Neurotikers ist daher als ein Auflehnungsversuch gegen die Eltern und Erzieher aufzufassen. Die Auflehnung ruft aber ein tiefes Schuldgefühl bei ihm hervor, und um sein seelisches Gleichgewicht wiederherzustellen, verhängt er gewissermaßen selber die Strafe für seine neurotische Aggression über sich, indem er sich verlieren läßt.

4. Spiel in der hier verwendeten Bedeutung (gambling) ist zu allen Zeiten stark verbreitet gewesen (→ Spiel: I); archäologische Funde weisen sogar bis auf prähistorische Zeiten zurück. Die Gesellschaft als solche hat das Spiel stets zu bekämpfen oder unter Kontrolle zu bekommen versucht. In Rom waren die Gesetze gegen die Spieler streng, aber ohne Wirkung. Später ging die Kontrolle des Spiels durch die Regierungen mehr zur direkten Übernahme der Veranstaltungen durch den Staat über. Die Entwicklung der USA, Wege-, Brücken-, Kanal- und Schulbau wurde weitgehend mit Hilfe von Lotterien finanziert. Im 18. und 19.Jh. gab es überall in Frankreich und Deutschland Spielkasinos, und vielfach hatten die Fürsten das Monopol dafür, wie es heute noch in Monte Carlo der Fall ist.

5. Drei Möglichkeiten, sich zum → Zufall zu verhalten, lassen sich unterscheiden: a) Wir erdenken Methoden und Instrumente, um den Zufall abzudrängen und selber den Geschehensverlauf dirigieren zu können. Das wird vor allem mit den Wissenschaften bezweckt. b) Was dann noch an Zufälligem bleibt und nicht unter Kontrolle gebracht werden kann, können wir, anstatt uns wehleidig zu unterwerfen, als ein uns Zufallendes in unser Leben einverleiben, es von daher durchleuchten und in unser → Schicksal aufnehmen. c) Schließlich kann man den Zufall absichtlich aufsuchen, wie es in der S. geschieht. Was der Mensch sonst nur durch eigene Aktivität gewinnt, will er sich im Glückspiel vom reinen Zufall schenken lassen. - Das ethisch ausgerichtete Verständnis vom menschlichen Dasein ist immer eine Antwort auf die Herausforderungen, die uns das Dasein bietet; zu diesen gehören auch die Zufälle. Daher billigen wir die beiden zuerst genannten Stellungen zum Zufall, während wir das Verhältnis des Spielers zum Zufall als unethisch mißbilligen, weil darin eine Herausforderung umgangen wird. Hinzu kommt noch, daß der Gewinnende trotz der Zufälligkeit des Spiels als Ausbeuter des Verlierenden aufgefaßt wird. Andere Menschen ins Unglück zu bringen, gilt als unrecht, auch wenn es sich nicht um die Ausnutzung einer Vorrangstellung handelt.

6. Die Organisierung des Spiels ist für den Staat ein einträgliches Geschäft. Auch auf die Kriminalität kann es sich günstig auswirken, wenn die Spiellust unter staatliche Kontrolle gebracht wird. Was die S. in hohem Maße stimuliert und zum völligen Ruin des Spielers wird, ist in erster Linie die Möglichkeit, den Einsatz zu erhöhen und damit auch den Gewinn zu vergrößern. Wenn der Staat das Spiel organisiert, wird deshalb oft dafür gesorgt, daß der Einsatz eine feste, sehr niedrige Summe ist, die in keinem Verhältnis zum Gewinn steht, und daß, wie bei Toto und Lotto, anders als beim Spielkasino, Beteiligung und Spielvorgang auseinanderfallen. Auf diese Weise meint man ein Spielsystem gefunden zu haben, das der Spielneigung Ablauf gewährt, ohne daß sie zur S. ausartet. Man gibt damit dem Ganzen den Charakter eines harmlosen Vergnügens und erhöht die Finanzen der Staatskasse. Nur muß man wissen, daß man damit in ethischer Beziehung gewisse Abstriche gemacht hat.

J. Ashton, The Hist. of Gambling in England, London 1898 - W.J. Thomas, The Gambling Instinct (ASJ 6, 1901, 750-763) - H. Asbury, Sucker's Progress, an Informal Hist. of Gambling in America from the Colonies to Canfield, New York 1938 - H. Lipps, Die menschl. Natur, 1941, 119ff - R.M. Lindner, The Psychodynamichs of Gambling (The Annals of the Amer. Academy of Political and Social Science 269, 1950, 93-107) - D.D. Allen, The Nature of Gambling, New York 1952 (Lit.) - E. Bergler, The Psychology of Gambling, London 1958. *K.E.Løgstrup*

Spiera, *Francesco* (1502-48), ital. Rechtsanwalt, * in Cittadella, trat zum Protestantismus über und wurde wegen Ketzerei 1548 vor das Inquisitionsgericht in Venedig gestellt. Aus Furcht schwur er ab und wurde zum öffentlichen Widerruf verurteilt. Infolge dieser »Sünde wider den hl. Geist«, wie er es selbst nannte, verfiel er der Schwermut. Er starb bald darauf (27.12.1548) in seinem Geburtsort eines natürlichen Todes. Reue und Tod wurden in einem Zusammenhang gesehen und machten S. zu einer berühmten und tragischen Gestalt der Reformationszeit.

Ph. Schaf, Die Sünde wider den hl. Geist, 1841 - RE XVIII, 648f (Lit.) - EItal Appendice I, 1017 (Lit.) - D. Cantimori, Ital. Häretiker..., Basel 1949 - EC XI, 1121 (Lit.). *H.Goetz*

Spieth, *Jakob* (1856-1914), ev. Missionar der → Norddeutschen Missions-Gesellschaft, * in Hegensberg/Württ., nach Ausbildung in Basel 1881-1901 in → Togo, zuletzt als Generalpräses. Nach der Heimkehr vollendete S. die Ewe-Bibelübersetzung und war 1912-14 Hausvater des Missionarsheims »Grüne Tanne« im Rauhen Haus in Hamburg, einem Vorläufer der heutigen Missionsakademie.

Vf.: Die Ewestämme, 1906; Die Religion der Eweer, 1911. - Über S.: Württ. Nekrolog für das Jahr 1914, 111ff. *E.Ramsauer*

Spifame, *Jacques* (1502-66), Herr von Passy, Parlaments- und Staatsrat in Paris, 1546 Bischof von Nevers. Im April 1559 floh S. nach Genf und trat zum Protestantismus über. Nach Frankreich gesandt, spielte er neben → Beza eine bedeutende Rolle zu Beginn der Religionskriege. 1562 war er im Auftrag Condés auf dem Frankfurter Fürstentag. 1564 nahm ihn die Königin von Navarra, Jeanne d'Albret, in Dienst. Hochmut und Geldgier brachten S. zu Fall. In einem Zivilprozeß in Genf mußte er sich den von Beza auf Anstiften Jeanne d'Albrets vorgelegten Beweisen beugen, die ihn des (lange zurückliegenden) Ehebruchs und der Urkundenfälschung überführten. Am 23.3.1566 wurde er im Molard enthauptet.

A. Roget, Hist. du peuple de Genève VII, 1883, 173ff - J.A. Gautier, Hist. de Genève IV, 1901, 541ff - RE XVIII, 649ff - E. Maugis, Hist. du Parlement de Paris III, 1913 - A. Delmas, Le procès et la mort de J.S. (Bibl. d'Humanisme et Renaissance V, 1944, 105-137) - P.F. Geisendorf, Th. de Bèze, Genf 1949, 293f. *H.Meylan*

Spina, 1. *Alfonso de,* spanischer Franziskaner des 15.Jh.s, lehrte Theologie in Salamanca, 1491 Titularerzbischof von Thermopylae, † um 1491 (nicht identisch mit Alfonso López de Valladolid, 1460-69 Bischof von Orense). Hauptwerk: Fortalitium fidei (Verteidigungsschrift des christlichen Glaubens, 5 Bde, gedr. 1471 u.ö.).

DThC XIV/2, 2477ff - EC XI, 1122 - LThK² I, 333. *P.Holtermann*

2. *Bartolomeo de* (1475-1546), * in Pisa, † in Rom, Dominikaner, Prof. der Theologie in Verona, Bologna und Padua. 1542 von → Paul III. zum Magister sacri palatii in Rom ernannt, gehörte S. auch der fünfköpfigen

Kommission von Theologen an, die auf päpstlicher Seite das → Tridentinische Konzil vorbereiteten. In seiner Jugend ein Bewunderer → Cajetans, wurde er über der Frage nach der Unsterblichkeit der Seele bald dessen und des Pietro → Pomponazzi Gegner. - Von seinen zahlreichen Werken (meist in der von ihm selbst besorgten 3bändigen Ausgabe Venedig 1519-35) sind zu nennen das Propugnaculum Aristotelis de immortalitate animae, die Tutela veritatis de immortalitate animae und die Quaestio de strigibus et lamiis (→ Hexen: II).

J.Quétif-J.Echard, Scriptores OP II, 1721, 126ff - RGG³ V, 696 (Lit.) - DThC XIV/2, 2479f - A.Walz, Die Dominikaner u. Trient (in: G.Schreiber, Das Weltkonzil von Trient II, 1951, 489 bis 506) - EC XI, 1122f. *R.Ackermann*

Spinola, *Christoph Royas de* (ca 1626-95), kath. Unionist, * in Roermond (Geldern), OFM in Köln, später Kustos der thüringischen Ordensprovinz und Generaldefinitor. 1661 folgte er Leopold I. nach Wien, wurde 1666 Bischof von Knin (Dalmatien), 1685 von Wiener Neustadt. Den eifrigen Förderer der kath.-prot. → Einigungsbestrebungen (: II, 2c) unterstützten viele prot. Zeitgenossen (→ Leibniz, → Molanus). Als der Kaiser die Hilfe der prot. Fürsten suchte, bereiste S. seit 1671 die deutschen Fürstenhöfe, bes. Hannover, Lüneburg und Berlin, wobei er diplomatische Missionen geschickt mit Unionsverhandlungen verband. Dennoch gelang es ihm nicht, die Kurie zur offenen Unterstützung seiner Bemühungen zu bewegen. Auch als kaiserlicher Bevollmächtigter für die Unionsfrage (1691) kam er auf diplomatischem Wege nicht weiter. Selbst der Plan eines Wiener Religionsgesprächs scheiterte am Mißtrauen vor allem der Protestanten.

Biogr. v. Hansiz (Wien, Staatsbibl. 9310, 136-202) - F.-X.Kiefl, Leibniz u. d. relig. Wiedervereinigung Deutschlands, (1903) 1925 - G.Haselbeck, Katholik 93, 1913, I, 385-405; II, 15-37; FS 1, 1914, 18-36 - G.Menge, Versuche z. Wiedervereinigung Deutschlands im Glauben, 1920, 126ff - Ph.Hiltebrandt, Die kirchl. Reunionsverhandlungen in d. 2. Hälfte d. 17.Jh.s, Rom 1922, 30ff - DThC XIV/2, 2480ff (Lit.). *K.Fröhlich*

Spinoza, *Benedictus de,* * 24.11.1632 in Amsterdam, † 21.2.1677 in Den Haag, Philosoph, stammte aus einer portugiesisch-jüd. Familie, die in Holland Asyl gefunden hatte. Seine Ausbildung in der Amsterdamer Gemeindeschule vermittelte ihm die gelehrte jüd. Tradition; der Einfluß der mittelalterlichen → jüdischen Philosophie hat in S.s späterem Werk seine Spuren hinterlassen. 1656 wurde S. wegen häretischer Ansichten aus der jüd. Gemeinde ausgestoßen. Er lebte danach bis zu seinem Tode zurückgezogen, arbeitete als Linsenschleifer und verkehrte nur mit wenigen persönlichen Freunden und gelehrten Korrespondenten. Zu seinen Lebzeiten veröffentlichte er eine Abhandlung über die Cartesische Philosophie (»R.Cartesii Principia Philosophiae«, 1663) und - anonym - den »Tractatus theologico-politicus« (1670). Seine übrigen Schriften, darunter sein Hauptwerk, die »Ethica ordine geometrico demonstrata« und der »Tractatus de intellectus emendatione« erschienen 1677 in den Opera postuma. Ein kurzer Traktat »Von Gott, dem Menschen und seinem Glück« wurde erst im 19.Jh. entdeckt.

S.s Philosophie vereinigt die Energie des prophetischen Monotheismus mit dem Cartesischen Rationalismus zu einem metaphysischen System von klassischer Geschlossenheit und Konsequenz (→ Metaphysik, 3 c). Ausgangspunkt ist der Substanzbegriff: → Substanz ist, was nur durch sich selbst existiert und begriffen wird (cuius essentia involvit existentiam; quod in se est et per se concipitur), die Substanz ist *causa sui, Grund und Ursache* (denn für S. sind Wirkursache und logischer Grund identisch) ihres Seins und aller ihrer Veränderungen. Es kann daher (im Gegensatz zu → Descartes) nur *eine* Substanz geben: Gott bzw. das in sich geschlossene Kausalsystem der sich selbst erschaffenden (naturans) und durch sich selbst geschaffenen (naturata) Natur (→ Aufklärung: I, 3 c). Die Substanz hat unendliche Attribute (Wesensbestimmungen), von denen der menschliche Intellekt zwei erfaßt: das Denken und die Ausdehnung. Alle endlichen Dinge sind affectiones substantiae, *Modi* der Substanz, die nur innerhalb dieser existieren und nur durch Erklärung ihres Platzes im Gesamtsystem adäquat begriffen werden können (→ Leib und Seele: II, 3). Alle Veränderungen der Substanz drücken sich in strenger Entsprechung in beiden erkennbaren Attributen aus: »Die Ordnung und Verknüpfung der Ideen ist *dieselbe* wie die Ordnung und Verknüpfung der Dinge.« Das Cartesische Problem des Zusammenhangs von Körper und Bewußtsein ist für S. so schon vom theoretischen Ansatz her gelöst; ebenso entsteht kein Problem der Korrespondenz zwischen Idee und Wirklichkeit: Kriterium der Adäquatheit von Ideen ist ihr Eingeordnetsein in einen universalen Ideenzusammenhang. ZB sind die Lehrsätze der Geometrie adäquat und wahr, weil sie rein zum Wesen der Ausdehnung gehören und wir sie aus unserer eigenen Natur (als ausgedehnte Dinge) erkennen. Vernunftschlüsse und intuitives Begreifen des Wesens der Dinge aus dem Wesen Gottes allein geben vollkommene Erkenntnis; durch sie nimmt der Mensch die Dinge »sub quadam aeternitatis specie« wahr, und in ihr allein wird er in den Grenzen seiner Möglichkeit Gott ähnlich und frei. Die Begriffe, die wir unter dem Einfluß endlicher Dinge auf uns bilden, sind »cognitio ab experientia vaga«, bloße, unbegründete Meinung: so vor allem jede Art von *Zweck*begriff. Die *passiven Affekte,* die Begierden und Gefühle, die durch endliche Dinge in uns hervorgerufen werden, sind Ursache der »menschlichen Knechtschaft«. S. handelt unter diesem Titel wohl als erster das menschliche Seelenleben frei von allen moralischen Erwägungen und rein als Naturphänomen ab. Der Mensch ist frei in dem Maße, in dem er seine Affekte in ihrer Notwendigkeit durchschaut und sich zum »amor intellectualis Dei«, zur reinen Kontemplation der göttlichen Notwendigkeit erhebt.

S.s *Staats-* und → *Religionsphilosophie* (: II, 1 a) ist der → Hobbes'schen verwandt. Das Selbstbehauptungsstreben aller endlichen Dinge (Unaquaeque res ... in suo esse perseverare conatur) ist das Grundfaktum der politischen Philosophie: jeder Mensch verfolgt je seine Interessen, und es gibt keine höhere Verpflichtung, die deren Anspruch aufheben könnte. Der Staat ist ein Kompromiß seiner Bürger, die auf die Verfolgung gewisser Interessen verzichten, um seinen Schutz zu genießen; er ist das kleinere Übel gegenüber der Anarchie. Anders als bei Hobbes gibt es keinen absoluten Souverän; eine Regierung, die den elementaren Interessen ihrer Bürger zuwiderhandelt, begibt sich schon damit ihrer Autorität. Außerdem hat der Staat nicht nur die Aufgabe, Frieden und Ordnung zu erhalten; er muß gleichzeitig seinen Bürgern Gedankenfreiheit gewähren. Mit dieser Forderung machte sich S. zum Anwalt der → Toleranz gegen die religiöse Unduldsamkeit seiner Zeit. Die institutionellen Religionen versteht S. vorwiegend als Medien moralischer Belehrung. Seine Auslegung des AT ist eines der ersten bedeutenden Dokumente rationaler Bibelkritik (→ Bibelwissenschaft: I, 1 c; → Pentateuch, 2).

S. galt seinen Zeitgenossen und dem ganzen 18.Jh. bis hin zu F.H. → Jacobi als Atheist. → Leibniz, der ihn kannte, distanzierte sich von ihm. Er übte einen gewissen Einfluß auf die Deisten aus (→ Deismus: III), aber im übrigen ignorierte ihn die → Aufklärung, von deren

Gedankengut er viel vorweggenommen hatte; → Voltaire und → Hume erwähnen seine »abscheuliche Hypothese« nur beiläufig, → Bayles »Dictionnaire« verurteilt ihn. Erst → Lessing und → Goethe rehabilitierten ihn und bekannten sich als seine Verehrer. Den Höhepunkt seines Einflusses erreichte S. dann im deutschen → Idealismus (→ Hegel: »S. ist Hauptpunkt der modernen Philosophie: entweder Spinozismus oder keine Philosophie«). Im weiteren Verlauf des 19.Jh.s erfuhr S. einander widersprechende Auslegungen: In der romantisch-idealistischen Tradition deutete man ihn als Pantheisten; Materialisten und Marxisten hingegen sahen in ihm einen Materialisten und den Klassiker des konsequenten → Determinismus. Für beide Auslegungen bietet die Metaphysik S.s Ansatzpunkte, aber keine von ihnen dürfte seinen »Standpunkt der Substanz« zureichend decken.

Opera quotquot reperta sunt, hg.v. J.van Vloten u. J.P.N.Land, Den Haag (1882-83) 1914³ - Opera, hg.v. C.Gebhardt, 1925 - Dt. Übers.: Sämtl. Werke, hg.v. C.Gebhardt, O.Baensch, A.Buchenau, 1914-22. - Bibliogr.: Spinozana 1897-1922, hg.v. W.Meijer, 1922 - S.-Lit., Wien 1927. - Über S.: K.Fischer, S.s Leben, Werke u. Lehre, (1909) 1946⁶ - L.Roth, S., (1922) London 1954² - L.Brunschwicg, S. et ses contemporains, Paris (1923) 1951⁴ - L.Strauss, Die Religionskritik S.s als Grundlage seiner Bibelwissenschaft, 1930 - C.Gebhardt, S., 1932 - St.v.Dunin-Borkowski, S., 4 Bde, 1933-36 - H.A.Wolfson, The Philosophy of S., Cambridge/Mass. 1934 - Hirsch I, 45ff. 175ff. 256ff - G.Semerari, I problemi di Spinozismo, Turin 1952 - S.Hampshire, S., London 1956 - H.M.Wolff, S.s Ethik, 1958. - Chronicon Spinozanum, hg.v. der Societas Spinozana, 5 Bde, Den Haag 1921-27.

E.Bubser

Spiritismus. Insofern der S. die Überzeugung vertritt, daß es ein Fortleben des Menschen über den Tod hinaus gibt und daß es möglich sei, mit den Abgeschiedenen in Verkehr zu treten, ist er seinem geschichtlichen Ursprung nach so alt wie das Menschengeschlecht. Frühe Ansätze dazu finden sich im → Animismus, in der Ahnenverehrung → Chinas (: II, 1 c) und in den → Beschwörungs-Zeremonien Verstorbener, wie sie die Umwelt von Alt-Israel allgemein gekannt und geübt hat (→ Tod: I. II). Auch die griech.-röm. antike Welt und das christliche MA bis hin zur Renaissance sind in Furcht und Schauer erfüllt von der Möglichkeit eines Umgangs mit den Toten. Das Zeitalter der Aufklärung bedeutet demgegenüber eine nachhaltige Erschütterung, der sich Gestalten wie → Oetinger, → Swedenborg und → Jung-Stilling vergeblich entgegengeworfen haben. Während Philosophie und Theologie im Abendland bemüht bleiben, die Fortexistenz des Menschen über Grab und Tod hinaus von der sittlichen Erfahrung und von der Unzerstörbarkeit des Gottesverhältnisses her zu begründen, kommt in Amerika eine Bewegung zum Durchbruch, die die Zweifel des modernen materialistischen Denkens im Blick auf ein Leben nach dem Tode mit Hilfe experimenteller Beweise überwinden will. Als 1848 die Farmerstöchter Leah und Katie Fox in Hydesville bei New York seltsame Phänomene von Klopfgeistern erlebten, breitete sich die Methode der Geisterbefragung, von da an S. genannt, in Amerika, bald auch in England und Frankreich aus. Allenthalben entstanden s.e Gesellschaften, die sich rasch über die ganze Welt hin ausdehnten. Man rechnet gegenwärtig mit 50 Mill. Anhängern, wobei Südamerika und dort wieder Brasilien das größte Kontingent stellt. Der S. ist zu einer eigenen Konfession von riesenhaftem Ausmaß geworden. Man darf das seelsorgerlich-moralische Pathos nicht unterschätzen, das die Anhänger erfüllt in der Überzeugung: heutzutage glaubt kaum ein Mensch mehr an ein Leben nach dem Tod, und dementsprechend führen sich ungezählte Menschen verantwortungslos auf. Die christliche Kirche bezeugt zwar noch die Wahrheit vom Jenseits, aber niemand nimmt sie ihr mehr ab. Der einzige Beweis, der den Agnostizismus zu überwinden vermag, ist das Experiment. Darum werden die Zweifler eingeladen, in die s.en Sitzungen zu kommen, wo sie mit eigenen Augen sehen und mit eigenen Ohren hören können, daß die Toten leben.

In einer s.en Sitzung, zu deren Gelingen immer die Anwesenheit eines starken Mediums nötig ist, ereignen sich äußerst geheimnisvolle Dinge. Ein Klavier fängt an zu spielen, ein schwerer Tisch schwebt langsam in die Höhe und senkt sich ebenso wieder zur Erde, ohne jede Berührung von Menschenhand. Nebelartige Gebilde werden sichtbar, die sich zu schemenhaften Gestalten verdichten. Diese »Materialisations-Phänomene«, die photographiert werden konnten, scheinen den letzten Zweifel zu zerstören, daß wirklich mit der Anwesenheit von Abgeschiedenen gerechnet werden muß. Neben die physikalischen Vorgänge treten seltsame psychologische Erscheinungen; zB fängt das Medium an, in fremden Sprachen zu reden, die es nachgewiesenermaßen niemals gelernt hat.

Man hat von seiten streng exakter Wissenschaftsprüfung wiederholt versucht, den S. als Betrug und Schwindel zu entlarven. Das Medium braucht das Dämmerlicht, das Halbdunkel, um in den Trancezustand zu verfallen. Die mangelhafte Beleuchtung aber begünstige den Vollzug unkontrollierbarer Machenschaften. Sehr oft haben die Menschen, die an solchen Veranstaltungen teilnehmen, zuvor ein geliebtes Du durch den Tod verloren. In ihrer Trauer und Sehnsucht sind sie gutgläubig verlangend und darum dem Mißbrauch bes. leicht ausgesetzt.

Die geheimnisvollen Vorgänge in den s.en Sitzungen müssen auf Grund zahlreicher Kontrollüberprüfungen gleichwohl als gültig anerkannt werden. Dagegen stehen sich bis heute die animistische und die spiritualistische Deutung in unversöhnlichem Gegensatz gegenüber. Die *animistische* Erklärung bestreitet, daß es sich beim S. um das Hereinragen jenseitiger Mächte handelt. Es genüge zur Deutung durchaus die magische Kraft des Mediums, das aus Mund, Nase und Ohren im Trancezustand ein seltsames Nervenfluidum, Od genannt, ausscheidet, das in das »kollektive Unbewußte« eintaucht und Erinnerungsreste daraus hervorholt und das durch willensmäßig wirkende Gewalt materielle Gegenstände in Bewegung zu setzen vermag. Die auffallende Trivialität der meisten Mitteilungen aus dem Jenseits spricht für diese These. Was der anwesende Geist zu verkünden hat, deckt sich nach Inhalt und Sprachstil gewöhnlich mit dem bescheidenen Bildungsstand, auf dem sich die Mehrzahl solcher Versuchspersonen befinden. Auch die Spukphänomene lassen sich weithin psychologisch erklären. Die Zerrissenheit der menschlichen Seele kann bewirken, daß abgetrennte Seelenteile ein wildes Sonderdasein führen und Lärm und Unruhe um sich her verbreiten. Sobald das schwächste Glied einer solchen Hausgemeinschaft abgesondert und seelsorgerlich oder psychotherapeutisch betreut wird, verschwindet auch der Spuk. - Die *spiritualistische* Deutung will von einer solchen immanenten Interpretation nichts wissen. Sie ist überzeugt, daß die Toten herangeholt werden können, um Mitteilungen von ihrem jenseitigen Ergehen zu machen, um die Lebenden zu beraten und die Oberflächlichen heilsam zu erschüttern. Auch wer solche Möglichkeiten nicht grundsätzlich leugnet, zumal es ja auch ortsgebundene und nicht nur persongebundene Spukereignisse gibt, wird doch warnen müssen vor jedem derartigem gewagten und gewaltsamen Experimentieren. Es ist ein wesentlicher Unterschied, ob eine »Botschaft von drüben« ohne unser Zutun als Hilfe oder Warnung auf uns zukommt, oder ob solche Verbundenheit vom Menschen her erzwungen wird, wobei er durchaus damit rechnen muß, daß er darüber Schaden nehmen kann an seiner Seele. Im Gleichnis vom reichen Mann und armen Lazarus (Lk 16, 19f) wird jedenfalls die Möglichkeit eindeutig abgewiesen, den Menschen über eine Geistererscheinung das Tor zur Ewigkeit zu öffnen. Nach ev. Überzeugung sind Gesetz und Evangelium (»Moses und die Propheten«) die beiden rettenden Wege, durch die Gott den Menschen ruft. Hier ereignet sich göttliche Begegnung in Klarheit und Wahrheit, während der S. immer ein trübes und vieldeutiges Phänomen bleibt. – Vgl. → Okkultismus.

J.H.JUNG-STILLING, Theorie d. Geisterkunde, 1808 – J.W.EDMONDS, Der amerik. Spiritualismus, 1873 – A.N.AKSAKOW, Animismus u. S., (1890) 1898[3] – C.B.VESME, Gesch. d. S., 3 Bde, 1898/1900 – Sir O.LODGE, The Survival of Man, London 1909; dt. 1923 – A.FRHR. v.SCHRENCK-NOTZING, Materialisations-Phänomene, 1914 – FR.DESSOIR, Vom Jenseits d. Seele, (1917) 1931[6] – O.PIPER, Der Spuk, 1917 – H.OLHAVER, Die Toten leben, 3 Bde, 1919 – F.SCHWAB, Teleplasma u. Telekinese, 1923 – H.MARTENSEN-LARSEN, Das Blendwerk d. S., 1924 – T.K.OESTERREICH, Die philos. Bedeutung d. mediumist. Phänomene, 1924 – E.MATTIESEN, Der jenseitige Mensch, 1925 – DERS., Das persönl. Überleben d. Todes, 3 Bde, 1936-39 – R.BAERWALD, Okkultismus u. S. u. ihre weltanschaul. Folgerungen, 1926 – E.BOZZANO, Die Spukphänomene, 1930 – H.BENDER, Psych. Automatismen. Zur Experimentalpsych. d. Unterbewußten u. d. außersinnlichen Wahrnehmung, 1936 – W.HORKEL, Botschaft von drüben, (1949) 1960[2] – K.E.KOCH, Seelsorge u. Okkultismus, (1953) 1959[5] – HUTTEN. – Vgl. die Lit. zu → Okkultismus.

A.Köberle

Spiritualen hießen bei den → Franziskanern die für → Observanz, → Armut (: II, 6) und → Demut (: III, 4) »eifernden« Strenggerichteten *(zelatores)*, bes. sofern sie sich den Ordenshäusern und -oberen der → Konventualen (fratres de communitate) zu entziehen suchten, um ihre eigene Lebensweise aufrechtzuerhalten. Solche Forderungen, bes. seit 1294 (als → Cölestin V. → Petrus von Fossombrone, → Jacopone da Todi u.a. italienischen S. erlaubte, eine eigene Kongregation zu bilden) verschiedentlich erwogen und umkämpft, entstanden aus einem langen vergeblichen Ringen um die Reform des Gesamtordens. Die von → Elias von Cortona und den ihm folgenden Generalministern vertretene und durch päpstliche Bullen unterstützte Tendenz, entgegen dem Testament des → Franz von Assisi (von → Gregor IX. als nicht strikt verbindlich erklärt [Quo elongati, 1230]) durch kirchliche Privilegien und Interpretationen der Regel von 1223 Geld- und Naturalwerte in die Nutznießung (usus) und Kontrolle (wenn auch theoretisch nicht in den Besitz) des Ordens zu überführen und ihm Schlüsselstellungen in Klerus und theologischem Unterricht zu sichern, hatte die Gegenbewegung einer rigoristischen Reformpartei hervorgerufen. Diese hatte unter dem Generalat des ihr zugehörigen Johannes von Parma (1247-57) ihren größten Einfluß erreicht, gleichzeitig aber sich der Lehre des → Joachim von Fiore geöffnet und damit den Widerstand auch der gemäßigten Konventualen noch mehr herausgefordert (→ Franziskaner). Die von Cölestin V. und → Clemens V. den S. gewährten Rücksichten und Exemtionen wurden von → Bonifatius VIII. und endgültig von → Johannes XXII. (1317f) zurückgenommen. Die provenzalischen S. (→ Olivi) wurden mit Hilfe der → Inquisition fast vollständig zur Unterwerfung unter die Communität gebracht. Weniger wirksam war das Eingreifen gegen die von Petrus von Fossombrone u.a. geführten italienischen S., für die nun der Name *fraticelli* (im engeren Sinne: unbotmäßige, schismatische S.) gebraucht wurde. Ihnen half, wie den seit 1322 im sog. theoretischen Armutsstreit (→ Franziskaner, → Armut: II, 6) remonstrierenden Konventualen (→ Michael von Cesena, → Ockham u.a.), die vielfältige politische Opposition gegen Johannes XXII. Manche, wie die sog. Clareni fratres (→ Petrus, 12), fanden später Anschluß an die unschismatischen → Observanten. Die eigentlichen Fraticellen aber sahen in der die evangelische Armut verfolgenden Kirche den → Antichrist (: II, 3. 4) und sich selbst als die wahre ecclesia spiritualis. Sie verbreiteten sich in andere Länder und traten in einen gewissen Austausch mit → Apostolikern (, 3) und anderen der »Freigeistigkeit« verdächtigten Konventikeln und Sekten (→ Brüder des freien Geistes, → Spiritualisten), mit denen man sie jedoch nicht vermengen darf. Ihre Spuren verlieren sich um 1470.

ALKGMA I, 1885, 49-142. 154-164. 509-569. 641f; II, 1886, 106 bis 164. 249-336. 353-416. 653-669. 671f; III, 1887, 1-195. 406-623; IV, 1888, 1-190 – RE VI, 205ff – K.BALTHASAR, Gesch. des Armutsstreites im Franziskanerorden, 1911 – L.OLIGER, Documenta inedita ad historiam Fraticellorum spectantia, Quaracchi 1913 – DERS., Beiträge zur Gesch. der S., Fratizellen u. Clarener im MA (ZKG 45, 1926, 215-242) – DThC VI, 770ff; XIV, 2522ff (Lit.) – H.GRUNDMANN, Liber de Flore; eine Schrift der Franziskaner-S. aus dem Anfang des 14.Jh.s (HJ 49, 1929, 33-91) – D.L.DOUIE, The Nature and the Effect of the Heresy of the Fraticelli, Manchester 1932 – E.BENZ, Die Geschichtstheol. der Franziskaner-S. des 13. u. 14.Jh.s nach neuen Quellen (ZKG 52, 1933, 90-121) – LThK IV, 140f; IX, 730ff – EC V, 1720ff; XI, 1151ff – LThK[2] II, 1214; IV, 293f. – Vgl. auch die Lit. zu → Franziskaner.

M.A.Schmidt

Spiritualismus, *philosophisch.* Als *metaphysischen* S. bezeichnet man eine philosophische Lehre, nach der alles Wirkliche Geist (lat. spiritus) bzw. Erscheinungsform des Geistes ist (→ Geist: VII). Da eine solche Bestimmung wenig über das innere Wesen einer Philosophie auszusagen vermag, wird der Begriff S. heute seltener und hauptsächlich in historischem Zusammenhang gebraucht. Bisweilen unterscheidet man einen *monistischen* von einem *pluralistischen* S., wobei jener nur den einen, absoluten Geist kennt, während dieser eine Vielheit von geistigen Wesenheiten zugrunde legt. Diese Unterscheidung muß jedoch verworfen werden, sobald in Abgrenzung vom metaphysischen Dualismus mit dem Begriff »s.er *Monismus*« eine Lehre gekennzeichnet werden soll, in der alles Wirkliche als Seiendes von nur *einer* (nämlich geistiger) *Seinsweise* angesehen wird. Schließlich wird der Begriff S. noch im Sinne des *psychologischen* S. verwendet. Er behauptet hier die geistige Beschaffenheit der Seele und kann sowohl auf dem Boden eines metaphysischen Monismus als auch eines Dualismus von Geist und Materie stehen.

In der Geschichte der Philosophie begegnen uns vielfach Lehren, die nicht reiner S. genannt werden können, die aber doch einen s.en Grundzug aufweisen. So bezeichnet man zB die Ideenlehre → *Platons* als s., weil in ihr den reinen → Ideen – dh einem geistigen Prinzip – eine höhere Seinsart zugeschrieben wird als der veränderlichen Sinnenwelt. Ebenso wird die neuplatonische Lehre → *Plotins* s. genannt, zumal im Begriff der Erhebung der Seele zum Geistigen und Ur-Einen der Nährboden für viele schwärmerisch-mystische Strömungen lag. → *Augustin* wendet den platonischen S. ins Christlich-Theologische: Alles geschaffene Seiende entspricht der im göttlichen Geiste liegenden Idee. Der menschliche Intellekt, der geschaffen und von geistiger Natur ist, vermag in der Erkenntnis göttliche Gedanken denkend nachzuvollziehen. – Einen psychologischen S. auf der Grundlage eines schroffen Dualismus vertritt am Beginn der neueren Philosophie → *Descartes.* In scharfer Trennung von Geist und Materie behauptet er die reine Geistigkeit der Seele, ohne Zwischenstufen niederer Seelentätigkeit anzunehmen. Die Frage nach der Möglichkeit gegenseitiger Einwirkung von Geist und Materie führt schließlich wieder zum Versuch der Überwindung des Dualismus, und zwar insbesondere zugunsten des Geistes, wie in den Systemen von → *Leibniz* und → *Berkeley*. Beide legen letztlich geistige Wesen zugrunde. Durch → *Kant* wurde der S. der rationalen Psychologie (und allgemeiner die dogmatische Metaphysik überhaupt) einer klassischen Kritik unterzogen. Der von den dogmatisch-metaphysischen Philosophen begangene Grundfehler besteht nach Kant in der von ihnen nicht vollzogenen kritischen Unterscheidung von Erscheinung (wie die Erscheinung des denkenden Ich) und → Ding an sich. Nach Auffassung → *Fichtes* führt ein konsequentes Weiterdenken der Kantischen kritischen Philosophie wieder zu einem Idealismus, bei dem das Entgegenstehende von individuellem Ich und seinem Gegebenen aus der Tätigkeit des unendlichen Ich begründet werden muß. Mit Fichte beginnt die Philosophie des sog. deutschen → *Idealismus* (Fichte, → Schelling, Hegel), die man grob als S. kennzeichnen kann. Hauptsächlich → *Hegel* verwendet den Begriff des Geistes und läßt den ganzen Reichtum der konkreten Wirklichkeit aus der Selbstentfaltung des Geistes entstehen. Auch in der nachfolgenden Zeit des wachsenden Einflusses positivistischer Anschauungen (→ Positivismus) versuchten einige Denker zu einem metaphysischen Grundprinzip geistiger - zweckesetzender oder willenhafter - Art vorzudringen (R.H. → Lotze, M. → Wundt und Fr.Paulsen). - In der gegenwärtigen, durch die phänomenologische Schule (→ Phänomenologie) hindurchgegangenen Philosophie erwächst mehr und mehr die Einsicht, daß die Überwindung der sog. »Subjekt-Objekt-Spaltung« nicht durch eine s.e Lehre - weil überhaupt nicht innerhalb metaphysischer Denkschemata - gelingen kann. → *Heidegger* versucht in der Gegenwart das unmittelbare Zusammen*gehören* von Denken und Sein sachgemäßer aufzuhellen. - Zu den Vorläufern der heutigen → Existenzphilosophie gehört eine Strömung in der französischen Philosophie, die sich im 19.Jh. als s.e Gegenbewegung zur materialistischen Psychologie gebildet hat. Sie setzte mit einer gründlichen Analyse des → Bewußtseins ein und arbeitete die ursprünglichen aktiven Leistungen heraus. Von → *Maine de Biran* über *Ravaisson* zu *Lachelier* führt eine Linie, die durch die Philosophie des deutschen Idealismus befruchtet wurde, in der aber auch sehr eigenständige existentielle Denkmotive aufweisbar sind, die weiter auf → *Bergson* und M. → *Blondel* wirkten. Zu Beginn des 20.Jh.s lebte in vielen Ländern ein → *Neuhegelianismus* auf. Es sei hier bes. der italienische s.e Hegelianismus von → *Croce* und *Gentile* erwähnt. - Über den S. als religiöse Bewegung s. → Spiritualisten.

F.PAULSEN, Einl. in die Philos., (1892) 1929[42] - H.HEIMSOETH, Die sechs großen Themen der abendländ. Metaphysik, (1922) 1958[4] - Ü III, 134ff. 220ff. 299ff. 392ff; V, 21ff. 67ff. 229ff - EISLER III, 138f - W.WINDELBAND-H.HEIMSOETH, Lehrbuch der Gesch. der Philos., 1957[15], §§ 34, 2; 44, 2; 49, 4. - Vgl. auch die Lit. zu den im Text genannten Artikeln.

E.Richter

Spiritualisten, *religiöse*

1. Geschichte des Begriffs - 2. Wesen des S. - 3. Geschichtliche Übersicht. - S. = Spiritualismus. - Vgl. → Mystik: VII

1. Mit dem Begriff »religiöse Spiritualisten« versucht die moderne Historiographie in eine Kategorie zu fassen, was die Reformatoren zT Schwärmer oder Schwarmgeister (Luther einmal: Geisterer; Bullinger: Spirituöser), die kirchliche Polemik des 17. und 18.Jh.s vorwiegend Enthusiasten (→ Enthusiasmus), die Literatur des frühen 19.Jh.s allgemein Mystiker, religiöse Subjektivisten, Vertreter des inneren Worts nannte. Der Begriff des S. erscheint um die Mitte des 19.Jh.s für das Quäkertum und andere Bewegungen der englischen Revolutionszeit geprägt und wird in diesem Zusammenhang vereinzelt bereits auf Schwenckfeld angewandt. Hegler führte ihn, Harnack variierend und präzisierend, zur Unterscheidung von Täufertum (→ Täufer) und Antitrinitarismus (→ Antitrinitarier) als mystischen S. oder einfach S. in die reformationsgeschichtliche Forschung ein. Ihm folgend begreift Troeltsch den S. synonym mit Mystik als religiöses Phänomen im Gesamtverlauf der KG und wertet ihn religionssoziologisch als 3. Typ neben → Kirche (: VII) und → Sekte (: II). Koehler stellt später die soziologische Komponente zurück und verallgemeinert schließlich den S. zum durchgängigen dogmengeschichtlichen Motiv. Einwände von Holl und Boehmer im Namen des alten Schwärmerbegriffs haben eine Diskussion ausgelöst, ein neuer Klassifizierungsversuch Kühns blieb ohne Folgen. Die moderne Reformationsgeschichte hat die Hegler-Troeltsch-Koehlersche Sicht fast allgemein rezipiert, selbst die kath. Seite schließt sich seit Lortz dem an, wobei der ursprünglich synonyme Begriff Mystik zurücktritt. In der Erfassung gleichartiger Erscheinungen des 17.Jh.s begegnen weiterhin S., → Mystik (: VII) und Subjektivismus im Verein und ohne definitorische Schärfung. Inzwischen hat sich S. auch zur Charakterisierung der Schrift- und Sakramentenlehre in der ref. Theologie eingebürgert. So bleibt der Begriff vielschichtig zwischen konkreten, untereinander recht unterschiedlichen Erscheinungen und allgemeinem Motiv.

2. S. im strengeren Sinne muß als ein Protest gegen die Kirche als rechtlich verfaßte Heilsanstalt, die ausschließliche Gnadenvermittlung durch Wort und Sakrament und den Gebrauch der Schrift als einziger Quelle und Norm für Glauben und Leben der Christen verstanden werden. Dagegen setzt der S. den → Geist (: V, 5. 6) - mystisch als inneres Licht oder Wort oder auch rational gefaßt - als ausschließliche oder primäre Konstitutive des religiösen Lebens und Denkens, der Gemeinschaft. Dabei sind nahezu alle Abstufungen und Varianten, auch Kombinationen mit andersartigen Elementen historisch greifbar. Unmittelbare Gottesgemeinschaft, Christus als religiöses und ethisches Vorbild, typologisches oder symbolisches Schriftverständnis und eine Wiedergeburtstheologie sind die Regel. Gespeist von der mittelalterlichen → Mystik (: VI), dem → Neuplatonismus und → Humanismus, von augustinischen Einwirkungen und der Renaissance der Naturphilosophie verlassen die Spiritualisten mit der Reformation die mittelalterliche Kirche und lehnen es ab, in die sich herausbildenden prot. Kirchen einzugehen. Ganz ähnlich ist die Situation im England des 17.Jh.s, wo sie an der Seite der → Puritaner aus der anglikanischen Staatskirche herausdrängen. S. trennt meist den separatistischen → Pietismus (→ Separatisten) von der kirchlichen Richtung. Nicht immer jedoch führt S. zur Separation, es begegnet auch kirchliche Indifferenz bei äußerer Akkomodation.

3. Heglers Plan einer Geschichte des S. im Reformationszeitalter (Beiträge XXVIf) ist unerfüllt geblieben. Viel Material bietet G. → Arnolds Kirchen- und Ketzerhistorie. Die Forschung hat vorwiegend Einzelgestalten behandelt. Geistesgeschichtliche Zusammenhänge und Abhängigkeiten sind oft nicht genügend geklärt, um bereits eine Gesamtschau zu ermöglichen. - Erste Regungen des S. erheben sich mit → Müntzer, → Karlstadt und den → Zwickauer Propheten im Umkreis Luthers, mit den s.en Täufern → Denck, → Bünderlin, → Hätzer, → Kautz und → Rinck in Oberdeutschland, die von → Entfelder, → Franck (, 3) und → Thamer als bewußten religiösen Individualisten überboten werden. M. → Hofmann beeinflußt das niederländische Täufertum, das in den Antwerpener Loisten und einem weit-

verbreiteten Sakramentierertum Vorläufer hat. Hier trennen sich der prophetische David → Joris und seine Anhänger ab. H. → Niclaes, konfessionell indifferent, stiftet die Familisten, während J.Velsius eine Einzelfigur bleibt. Im Abendmahlsstreit gewinnt → Schwenckfeld seine eigene Position und Anhängerschaft. Calvin bekämpft die → Libertiner in Frankreich und → Castellio, den humanistischen Spiritualisten und Anwalt der Toleranz. Bei → Vives, → Agrippa von Nettesheim und → Paracelsus erwächst der S. auf dem Boden einer Naturphilosophie. → Weigel, → Arnd und → Rahtmann repräsentieren den S. im Luthertum, der in Jak.→ Böhme seinen Höhepunkt erreicht. Dessen Schüler sind → Hoburg, → Breckling und → Gichtel, die Pietisten Arnold und → Dippel. Die → Inspirationsgemeinden bewahren ein prophetisches Erbe, während → Poiret und → Tersteegen der kath. Mystik verpflichtet sind. In den Niederlanden schreibt der Franckist → Coornheert vielbeachtete s.e Bücher und bilden die → Rijnsburger Kollegianten eine lockere Gemeinschaft. → Labadie und seine Anhänger zeigen s.e Tendenzen. Hier im klassischen Land der → Toleranz (: II) finden viele fremde Spiritualisten Asyl und führen in separierten Gemeinden, religiösen Hausgemeinschaften oder als »Alleenzitters« ein ungestörtes Leben. In England belebt J. → Everard die Mystik, werden die Puritaner → Browne und → Barrows zu Spiritualisten. → Kongregationalisten und Independenten sind vielfach zugleich auch Spiritualisten. Es ergeben sich mannigfache Kombinationen mit dem herrschenden Motiv des Chiliasmus. G. → Fox und das Quäkertum endlich repräsentieren die klassische Form des S. R. → Williams, die → Pilgerväter und → Penn verpflanzen die englischen Varianten in die neue Welt. – Neben vielen kurzlebigen Gruppenbildungen stellen die → Quäker und → Schwenckfelder heute Kirchengemeinschaften auf s.er Grundlage dar. Im Gefolge des Humanismus sind die Spiritualisten an der Formulierung und Durchsetzung des modernen Toleranzbegriffs maßgeblich beteiligt. – Die Nachwirkungen des S. in Pietismus und Aufklärung sowie im Idealismus und den Erwekkungs- und Heiligungsbewegungen des 19.Jh.s sind unverkennbar, müssen aber im einzelnen noch geklärt werden.

J.H.Maronier, Het inwendig woord, 1890 – A.Hegler, Geist u. Schrift bei S.Franck, 1892 – Ders., ThLZ 23, 1898, 253-255 – Ders., Beiträge z. Gesch. d. Mystik in d. Reformationzeit, 1906 – R.Grützmacher, Wort u. Geist, 1902 – E.Troeltsch, Die Soziallehren d. christl. Kirchen u. Gruppen, 1912, 848ff – R.M.Jones, Spiritual Reformers in the 16th and 17th Centuries, 1914; dt.: Geistige Reformatoren, 1925 – Holl I, 420-467 – J.Kühn, Toleranz u. Offenbarung, 1923 – H.Bornkamm, Mystik, S. u. d. Anfänge d. Pietismus im Luthertum, 1926 – RGG² V, 702ff – W.Koehler, DG I. II, 1938/51 (s. Reg.) – F.Heyer, Der Kirchenbegriff d. Schwärmer, 1939 – G.H. Williams, Spiritual and Anabaptist Writers, 1957 – G.Rupp, Word and Spirit in the First Years of the Reformation (ARG 49, 1958, 13-26) – The Mennonite Encyclopedia IV, 1959, 696ff (Lit.) – EKL III, 1089ff (Lit.) – WKL 1367ff (Lit.). – Vgl. die Lit. zu den Einzelartikeln.

J.F.G.Goeters

Spirituals, *Negro Spirituals.* Die zunächst verbotene Mission unter den nordamerikanischen Negersklaven wurde seit 1701 von der Church of England, bald auch von Quäkern, Presbyterianern und Katholiken wahrgenommen. Besondere Erfolge hatten Baptisten und Methodisten mit selbständigen Negergemeinden. Hier vor allem entstanden (ca 1800-60) die über 600 heute bekannten S. Der Gesang im Gottesdienst, aber auch beim »camp meeting« und »ring shout« (Tanzkulte ursprünglich heidnischer Abkunft), war normalerweise aufgeteilt zwischen Vorsänger, der Strophen improvisierte, und Gemeinde, die mit Wiederholung oder mehrstimmigem Refrain antwortete. Textlich ist die häufige Bezugnahme auf das Volk Israel in der ägyptischen Knechtschaft eigentümlich (»Go down, Moses«, »Joshua fought the battle of Jericho«, »Deep river« u.a.). Außerdem aus dem AT: »Swing low, sweet chariot« (Wagen des Elia), »Didn't my Lord deliver Daniel« u.a.; aus dem NT: »Were you there when they crucified my Lord«, »O, what a beautiful city« (Apk 21) u.a. Daneben findet sich unmittelbarer Existenzbezug: »Nobody knows the trouble I've seen«, »Sometimes I feel like a motherless child« u.a. Auffällig ist das Überwiegen des Ich-Lieds und anredenden Du-Lieds, selten das Wir-Lied. Charakteristisch ist die Pentatonik der meisten S.; zahlreich begegnen auch hexatonische Melodien, selten reines Dur oder Molltonleitern. Die Melodik ist formelhaft, »primär klanglich« (R.v.Ficker), die Rhythmik einerseits von dem gleichmäßig gestampften oder geklatschten Rhythmusfundament geprägt (daher gerade Taktarten!), andererseits vom Text (weil improvisiert: meist Prosa). Diese Konfliktrhythmik (bekanntestes Kennzeichen ist die Synkope) stellt die wesentlichste stilistische Gemeinsamkeit mit der später entstandenen Jazzmusik und dem modernen »Gospel-Song« dar. Die ursprünglichen Formen der S. (als improvisierter Wechselgesang) sind verklungen; heute erscheinen die S. zur europäischen Liedform zersungen bzw. in Bearbeitungen. Die frühesten wurden bereits 1871 vom Chor der Negeruniversität Fisk erfolgreich nach Europa gebracht. Die wertvollsten Bearbeitungen für Solostimme und Klavier sind von A.Dvořáks Negerschüler H.T.Burleigh. Aufschlußreich sind einzelne S., die seit den 30er Jahren in abgelegenen Gegenden für die Library of Congress Washington noch phonographisch aufgenommen werden konnten.

F.Allen-Ch.P.Ware-L.M.Garrison, Slave Songs of the United States, 1867 – J.W. u. J.R.Johnson, The Books of American Negro S., 1944 u. 1947 – M.Ley, S. (Diss. München), 1954 – J.E.Berendt-P.v.d.Knesebeck, S., 1955 – S.Läuchli, Negro S. als christl. Verkündigung (ThZ 12, 1956, 446-470) – A.M.Dauer, Der Jazz, 1958 – H. Lilje-K.H.Hansen-S.Schmidt-Joos, Das Buch der S. u. Gospel Songs, 1961.

H.W.Zimmermann

Spitta, 1. *Friedrich* (10.1.1852 bis 8.6.1924), ev. Theologe, Sohn von 2, * in Wittingen, 1881 Pfarrer in Oberkassel bei Bonn, zugleich PDoz. in Bonn, 1887 o. Prof. für NT und Prakt. Theol. in Straßburg, seit 1919 in Göttingen. Für die Exegese des NT (→ Bibelwissenschaft: II, 5) machte er die jüdisch-hellenistische Literatur fruchtbar (1896: Erklärung des Jak als ursprünglich jüdischer Mahnschrift). Bedeutender war S. als Liturgiker und Hymnologe. Zusammen mit J. → Smend begründete er die sog. »ältere liturgische Bewegung« (→ Gottesdienst: VI, 2, → Liturgik: I, 2), welche die Liturgie (nach Schleiermacher) als »darstellendes Handeln« und den Gottesdienst als »Feier« verstand, deren »schöner Form« sowohl mystische wie rationale Elemente dienen sollten. In der seit 1896 von S. und J.Smend, seit 1914 von S. allein herausgegebenen »Monatsschrift« (MGkK) erschloß S. dem ev. Gottesdienst neu die Choräle der Reformationszeit (→ Kirchenlied: II, 5). Für das von ihm betreute, vorzügliche »Ev. Gesangbuch von Elsaß-Lothringen« (1899; → Gesangbuch: I, 3) hat S. oberdeutsche Lieder (zB EKG 165) sprachlich bearbeitet und wieder singbar gemacht. Seine Bemühungen galten gleichermaßen der Übernahme frühbarocker (Schütz) und zeitgenössischer Kirchenmusik (Reger) in den ev. Gottesdienst. 1898 erschien sein Lied EKG 224.

Vf. u.a. (s. RGG² V, 704): Zur Reform des ev. Kultus, 1891; Zur Gesch. u. Lit. des Urchristentums I, 1893; II, 1896; III/1, 1901; Streitfragen der Gesch. Jesu, 1907. – Über S.: Nelle 282ff – O.Michaelis, Das Elsaß u. das dt. ev. Kirchenlied (Welt des Gesangbuchs 24, 1941, 34-40) – Ders., F.S. (MuK 19, 1949, 84-86) – R.Hupfeld,

Zum Gedächtnis F.S.s (DtPfrBl 52, 1952, 268-270) - Hdb. z. EKG II/1, 1957, 287f; Sonder-Bd, 1958, 255. 344f.

2. Karl Johann *Philipp* (1.8.1801 bis 28.9.1859), ev. Theologe und Liederdichter, * in Hannover aus einer 1701 von Frankenthal (Pfalz) nach Norddeutschland verzogenen Hugenottenfamilie. Zunächst Uhrmacher, wurde S. nach dem Studium 1824 Hauslehrer in Lüne bei Lüneburg, 1828 Pfarrgehilfe in Sudwalde, 1830 Pfarrer in Hameln, 1837 in Wechold (Wesermarsch), 1847 Sup. in Wittingen (Lüneburg), 1853 in Peine, 1859 in Burgdorf (Lüneburg). Seine vor allem in »Psalter und Harfe« veröffentlichten Lieder, trotz ihrer Grenzen ausgezeichnet durch sprachliche Klarheit wie durch Schlichtheit und Herzlichkeit, verraten nichts von dem luth. Konfessionalismus ihres Dichters. Aus Bd I von »Psalter und Harfe« wurden ins EKG aufgenommen: 108, 173, 279, 306; ferner werden noch gesungen: »Es kennt der Herr die Seinen«, »O selig Haus« u.a.

Vf. u.a.: Psalter u. Harfe I. II, 1833/43 (zahlr. Neuauflagen); Bibl. Andachten, 1836 u. 1839; Nachgelassene geistl. Lieder, 1861. - Über S.: RGG² V, 705 (Lit.) - NELLE 268ff - B.LANGE in: Friede u. Freiheit, 1951, Nr. 8-9, 6 - Hdb. z. EKG II/1, 1957, 282ff; Sonder-Bd, 1958, 176ff. 264. 475. *O.Böcher*

3. *Philipp* (1841-94), Musikforscher, Sohn von 2, * in Wechold (Hannover), † in Berlin, ursprünglich Philologe, seit 1875 Prof. für Musikgeschichte an der Universität Berlin und Lehrer an der Musikhochschule, auch ständiger Sekretär der Akademie der Künste.

Hauptwerk: Joh.Seb.Bach, 2 Bde, (1873/80) 1930⁴ (die grundlegende Bachbiogr. mit eingehender Würdigung der Werke). - Hg.: Orgelwerke von D.Buxtehude, 2 Bde, 1875/76 - GA der Werke von H.Schütz, 16 Bde, 1885-94 - VfM, 1885-94 (mit G.ADLER u. F.CHRYSANDER). *S.Hermelink*

Spitteler, *Carl,* Dichter, * 24.4.1845 in Liestal (Schweiz), † 29.12.1924 in Luzern, wird nach Theologiestudium Hauslehrer in Petersburg, wo die mythische Dichtung »Prometheus und Epimetheus« heranreift (1880 ersch.). Zu erwähnen sind ferner kleinere Erzählungen und Gedichtzyklen, als Hauptwerk das Versepos »Olympischer Frühling« (erste Fassung 1906, zweite 1910), der autobiographische Roman »Imago« (1906) sowie »Prometheus der Dulder« (1924). Nobelpreis 1919. - In schroffem Gegensatz zum optimistischen Fortschrittsglauben seiner Zeit sind S.s Dichtungen von einem entschiedenen Pessimismus getragen, der, eigenstem Erleben entspringend, sich doch auch im Einklang weiß mit den Anschauungen → Schopenhauers, Jakob → Burckhardts sowie gnostischen Vorstellungen. Sein religiöses Grundanliegen ist das *Weltleid* und die Möglichkeit der *Welterlösung* oder doch erlösender Taten liebender und hochgemuter Einzelner, eines Prometheus, einer Pandora, eines Apoll oder Herakles. Im Gegensatz zu christlichen Anschauungen wird das Leid der Menschen wie der übrigen Kreaturen nicht mit der Sünde in ursächlichen Zusammenhang gebracht, sondern als Schuld oder Versagen des Weltenschöpfers gedeutet. Der Trost- und Sinnlosigkeit der Welt im Ganzen, wie der niedrigen Gesinnung der Masse, stellt der Dichter sein heroisches Dennoch entgegen. Diese Haltung wie auch die Kraft poetischer Veranschaulichung seelischer Urerfahrungen lassen S.s Werke weit über den Durchschnitt des literarischen Schaffens seiner Zeit hervorragen und erklären auch ihre begeisterte Aufnahme in der → Jugendbewegung (: I, 2 a).

GesW, hg.v. G.BOHNENBLUST u.a., 11 Bde, Zürich 1945-58. - Über S.: R.FAESI, S.s Weg u. Werk, 1933 (Lit.) - L.BERIGER, S. als relig. Dichter (in: C.S. zum 100. Geb., 1945, 99-116) - DERS. (Hg.), C.S. in der Erinnerung seiner Freunde u. Weggefährten, 1947. *L.Beriger*

Spittler, 1. *Christian Friedrich* (1782-1867), * in Wimsheim (Württ.), seit 1801 Sekretär der Deutschen→Christentumsgesellschaft in Basel, zeichnete sich in der süddeutschen Erweckungsbewegung dadurch aus, daß er immer neue Unternehmungen anregte oder gründete: die → Basler Missionsgesellschaft (1815), das → Rettungshaus Beuggen (1820), einen »Verein zur sittlich-religiösen Einwirkung auf die Griechen«, eine Judenmissionsanstalt in Sitzenkirch u.a.m. Hauptwerk ist die Pilgermissionsanstalt St. → Chrischona (1840) mit Arbeitsfeldern in Nordamerika, bes. in Verbindung mit der Texas-Synode, und in Jerusalem, wohin u.a. L. → Schneller entsandt wurde. In Verbindung mit Bischof Samuel Gobat wurde Missionsarbeit in Abessinien unternommen (→ Äthiopien: V). S. entwarf dafür den großartigen, aber bald scheiternden Plan der Apostel- und der Prophetenstraße, einer Kette von Stationen, die die Verbindung von Jerusalem nach Abessinien bzw. ins Gallaland sichern sollte.

RE XVIII, 670ff (Lit.) - F.VEIEL, Die Pilgermission von St. Chrischona, 1940 - E.SCHICK, Chr.F.S., 1956. *W.Holsten*

2. *Ludwig Timotheus Freiherr von* (10.11.1752 bis 14.3. 1810), * und † in Stuttgart, 1777 Repetent am Tübinger Stift, 1779 Prof. in → Göttingen, zunächst für KG, 1784 für politische Geschichte. 1797 in den württembergischen Staatsdienst berufen, wurde S. 1806 Staatsminister, Kurator der Universität Tübingen und Präsident der Oberstudiendirektion. Theologisch von → Semler und → Lessing abhängig, war er mit seiner auf Quellen gegründeten pragmatischen Darstellung der typische Vertreter des → Rationalismus (: II, 3b) in der Kirchengeschichtsschreibung. Als Profanhistoriker machte sich S. sowohl um die Erforschung der Landesgeschichte wie um die vergleichende Staats- und Verfassungsgeschichte verdient.

Vf. u.a.: Grundriß der Gesch. der christl. Kirche, 1782 (1812⁵ besorgt u. fortges. v. G.J. → PLANCK, mit Charakteristik S.s); Gesch. Württembergs, 1783; Gesch. des Fürstentums Hannover, 1786; Gesch. u. Verfassung des Jesuitenordens, 1793; Entwurf der Gesch. der europ. Staaten, 1793f. - Sämtl. Werke hg.v. K.WÄCHTER-SPITTLER, 15 Bde, 1827-37. - Über S.: ADB XXXV, 212ff - RE XVIII, 677ff - E.FUETER, Gesch. der Historiographie, 1911, 377ff - K.VÖLKER, Die KG-Schreibung der Aufklärung, 1921 - K.ANER, Die Theol. der Lessingzeit, 1929, 332ff - W.NIGG, Die KG-Schreibung, 1934, 136f - H.HAERING, Über L.Th.S. (Zs. f. württ. Landesgesch. 4, 1940, 107-156; Lit.) - H.RÖSSLER-G.FRANZ, Biogr. WB zur dt. Gesch., 1959, 796. *H.Hohlwein*

Spizel, *Theophil* (Gottlieb; 1639-91), Bürgerssohn aus Augsburg, nach Studium in Leipzig, Wittenberg, Leiden, Straßburg, Basel und Tübingen 1661 Diakonus, 1682 Pfarrer, 1690 auch Senior an St. Jakob in Augsburg. Polyhistor von vielseitiger wissenschaftlicher Arbeit, widmete S. sein eigentliches Streben doch seiner seelsorgerlichen Tätigkeit und darüber hinaus einer Vertiefung und Verinnerlichung der Frömmigkeit in der ev. Kirche. Dazu stand er mit allen gleichgesinnten Männern in ganz Deutschland in engem Briefverkehr. Wissenschaftlich ging er vor allem dem Aufkommen und der Ausbreitung des Atheismus nach.

Briefwechsel in der Stadtbibl. Augsburg. - ZEDLER, Universallexikon 39, 1744, 297ff (Bibliogr.) - J.F.REIN, Das gesamte augsburg. Ministerium, 1748, 146 - RE³ V, 706f - ADB 35, 221f - H.LEUBE, Die Bekämpfung des Atheismus in der dt. luth. Kirche des 17.Jh.s (ZKG 43, 1924, 227-244). *Matth.Simon*

Spleiß, *David* (1786-1854), ev. Theologe, * in Schaffhausen, durch J.G.Müller gefördert, 1812 ebd Prof. für Physik und Mathematik, 1813 zugleich Pfarrer im benachbarten Buch, 1841 Antistes in Schaffhausen. Durch die Erweckungsbewegung für eine streng christozentrische Frömmigkeit gewonnen, rief S. in Buch und, von

Gleichgesinnten unterstützt, an andern Orten des Kantons eine Erweckung in originellen Formen (Kindererweckung) hervor. S. war ein geistesmächtiger Anreger der Liebestätigkeit (Rettungshaus für Kinder in Buch 1826) und Förderer der Heidenmission. In seinen theologisch-naturphilosophischen Anschauungen ist er durch → Oetinger, Ph.M. → Hahn und G.H.v. → Schubert geprägt.

C.Stokar, D.S., 1858 - G.Keller, Das Glaubens- u. Liebeswerk des D.S. Friedeck in Buch, 1926 - H.Gelzer, D.S., ein Vater der Schaffhauser Kirche, 1941. *E.G.Rüsch*

Spohn, *Barbara* (das »Bäbele«), Sektiererin, Ehefrau eines Tischlers in Katharinenfeld in Georgien, gehörte zu den dort um 1815 aus Württemberg eingewanderten Separatisten. Ein Teil von diesen hatte sich bald nach 1820 der Leitung von drei »Ältesten«: Kauter (»Gott der Vater«), Grillenberger (»Gott der Sohn«) und der Leibslerin (»Gott der Hl. Geist«) unterstellt und lebte unter Verwerfung von Taufe, Konfirmation und Abendmahl streng asketisch. Nach dem Tode der Leibslerin trat B.S. als Verkörperung des Hl. Geistes auf, weissagte seit 1842 Verfolgung der »Heiligen«, Weltuntergang, Vereinigung aller Religionen zu blutigem Kampf gegen die »apostolische Lehre« und forderte Auswanderung durch die Wüste nach Jerusalem in das tausendjährige Reich (→ Exodusgemeinden). Am 2.6.1843 wurde die »Braut Christi« samt den »Brautjungfern« und den neun »hl. Männern« von Kosaken auf Weisung der Regierung festgenommen. Abgesandte brachten enttäuschende Nachrichten aus Palästina. B.S. ist dann bald mit der Mehrzahl ihrer Anhänger wieder kirchlich geworden.

M.Busch, Wunderliche Heilige, 1879, 121ff.

† H.Stocks (Ernst Wolf)

Spolienrecht (ius spolii) war der Anspruch des weltlichen oder geistlichen Oberen auf den beweglichen Nachlaß der Geistlichen. Nach altkirchlicher Vorstellung war allein die Kirche Erbe der Kleriker. Das röm. Recht bestätigte jedoch die volle Erbenstellung der Kirche allein für den Fall, daß der Geistliche nicht testamentarisch über sein Vermögen verfügt hatte, und reservierte ihr im übrigen nur einen Teil des Nachlasses. Nach dem Fall des weströmischen Reiches setzte sich in den germanischen Reichen das aus germanisch-rechtlichen Vorstellungen entwickelte Eigenkirchenwesen (→ Eigenkirche) durch. Das bewirkte, daß der Kirchenherr (später der Patron) die Einkünfte der Kirche bezog, soweit sie die Kosten des Kultes überstiegen. Solange die vom Eigenkirchenherrn abhängigen Geistlichen noch Unfreie waren, hatten die Herren nach Herrenrecht Anspruch auf den Nachlaß. Später griffen sie auf die altkirchliche Vorstellung zurück, daß der Nachlaß der Geistlichen der Kirche zufallen solle, und kamen so auf Grund ihrer Stellung als Eigenkirchenherren auch in den Genuß des beweglichen Nachlasses (der Amtserwerb des Geistlichen an Grundstücken fiel unmittelbar in das grundherrliche Kirchenvermögen). Die regelmäßige Zusicherung verwandelte sich spätestens in der 2. Hälfte des 9.Jh.s in einen gewohnheitsrechtlichen Anspruch, das »ius spolii«. - Otto IV. verzichtete 1209, Friedrich II. 1213 und 1220 auf das S. (→ Regalien), doch übten es die Landesfürsten zT noch bis ins 16.Jh. aus. - Auch geistliche Obere (Bischöfe, Äbte) waren ihrerseits Eigenkirchenherren und damit Spolienberechtigte. Von den Bischöfen übernahmen die Päpste das S., meist auf einen Teil des Nachlasses beschränkt (ferto, ein Viertel). Ausdruck der gegen das S. der geistlichen Oberen gerichteten Bestrebungen waren vornehmlich der Verzicht Papst Alexanders V. in Pisa sowie das Konstanzer Dekret (Sessio 39, tit. De spoliis). - Heute fällt der private Besitz eines kath. Geistlichen an liturgischen Geräten der Kirche zu, an der er ein Benefizium hatte, bei Bischöfen fällt er an ihre Kathedrale (cc. 1299. 1300 CIC; betr. Kardinäle c. 1298).

R.Eisenberg, Das S. am Nachlaß der Geistlichen in seiner gesch. Entwicklung in Deutschland bis Friedrich II. (Jur. Diss. Marburg), 1896 - M.Tangl, Die Vita Bennonis u. das Regalien- u. S. (NA 33, 1907, 75-94) - Friedberg 599ff - F.Prochnow, Das S. u. die Testierfähigkeit der Geistlichen im Abendland bis zum 13.Jh., 1919 (dazu U.Stutz, ZSavRG Kan. Abt. 42, 1921, 453ff) - A.Waas, Vogtei u. Bede in der dt. Kaiserzeit I, 1919, 90ff - Feine (s. Reg.).

A.Erler

Sport

1. Allgemeines - 2. Sozialethisch

1. Der Begriff »S.« (von lat. disportare »sich zerstreuen, vergnügen«) soll hier im umfassenden Sinn für Leibesübungen einschließlich Turnen und Gymnastik gebraucht werden. Die hauptsächlichsten S.arten sind Ballspiele (Fußball, Handball, Tennis, Hockey, Volley, Baseball), Leichtathletik, Turnen, Fechten, Ringen, Boxen, Wasser-S., Winter-S., Pferde-S., Radfahren u.a. In der BRD wird S. als Schul-, Vereins- und Versehrten-S. ausgeübt. Die einzelnen S.verbände sind in Landessportbünden zusammengeschlossen, die alle zum Deutschen S.bund gehören. Innerhalb der Ev. Jugend gibt es den Eichenkreuz-S. (s. Katechismus des Eichenkreuzes, [1928] 1953^{3}).

S. ist schon in der Frühgeschichte der Menschheit nachweisbar (Schwimmer und Bogenschützen auf altsteinzeitlichen → Felszeichnungen). Bei → Naturvölkern ist S. Bestandteil des Kultus. Die Inder sind das Volk des Ballspiels, der → Yoga-Übungen und Keulengymnastik. Im alten China waren das Fußballspiel, Fechten und Boxen bekannt, in Japan das Bogenschießen; die Perser sind die Schöpfer des Polospiels. In Griechenland hatte der S. eine religiöse Wurzel, die Olympischen Spiele gehörten zum Gottesdienst. 776 vChr bis 394 nChr sind diese Spiele 392mal zur Ehre der Götter, die man sich als Zuschauer vorstellte, gefeiert worden. Sie entarteten mit dem Zerfall der griech. Religion und wurden schließlich durch Kaiser Theodosius verboten. Im alten Rom entwickelte sich der S. zum sensationellen Vergnügen mit oft tödlichem Ausgang (röm. Wagenrennen, Gladiatorenkämpfe, Boxen und Ringen). Die frühe Christenheit verhielt sich dazu ablehnend wegen des 1. und 5. Gebotes. Im MA waren Ballspiel, Diskuswerfen, Speerwerfen und der Turnier-S. üblich, der jedoch dem Adel vorbehalten blieb. In den Klosterschulen wurden Leibesübungen getrieben. Zwingli hat Übungen im Laufen, Springen, Steinstoßen, Fechten und Ringen in der Erziehung verlangt. J.A. → Comenius forderte tägliche Turnstunden. Johann Friedrich Guts Muths (1759-1839) wurde in Deutschland zum Wiederbegründer einer Erziehung durch Leibesübungen. Turnvater Friedrich Ludwig Jahn (1778-1852) sah im Turnen einen Weg der Jugenderziehung. Durch gemeinsame Spiele, Wanderungen, Lieder und Erzählungen wollte er junge Menschen zu einer festen Gemeinschaft zusammenschließen. 1811 wurde bei Berlin auf der Hasenheide der erste Turnplatz eröffnet, 1816 wurde die Hamburger Turnerschaft gegründet, 1844 feierte man das erste Bergfest auf dem Feldberg im Taunus, 1860 das Turnfest in Coburg. Baron Pierre de Coubertin (1863-1937), ein franz. Privatgelehrter und S.smann, der eine antik-klassische Körperkultur erstrebte, begründete 1896 in Athen die Neuen Internationalen Olympischen Spiele. Sein Grundsatz war: »Schön ist der Sieg, aber besser ist es, anständig gekämpft zu haben.« Die Olympischen Spiele sind als Fest der Begegnung der Jugend der Welt bei friedlichem Messen der Kräfte zu bejahen; durch die Vielfalt der Veranstaltungen besteht aber die Gefahr einer Zersplitterung.

2. »S. gehört zu den Mächten unserer Zeit und ist ein soziologisches Phänomen von noch nicht erforschter Stärke« (Prof. C.Diem). Beim S. trifft sich die Stadtjugend wie auch die → Dorfjugend in sinnvoller, gemeinschaftsfördernder Freizeitgestaltung. Hinter dem modernen S.betrieb steht der Hunger nach Gemeinschaft, vor allem in den Großstädten, sowie der Spieltrieb, der zum Wesen des Menschen gehört. → Spiel ist Lust zum zweckfreien Tun. Der S. birgt viele erzieherische Kräfte in sich: Zucht, Ritterlichkeit, Selbstbeherrschung, Mut, sinnvolle Unterordnung, Anerkennung des Besseren und Verlierenkönnen mit Anstand. S.abzeichen regen zu Leistungen an. Moderner S. ist oft Mannschafts-S. mit festen Spielregeln. Wer S. treibt, muß zuchtvoll leben, Alkohol und Nikotin meiden, Bequemlichkeit überwinden. Dem Schul-S. kommt große Bedeutung zu. Bei der zunehmenden Bewegungsarmut (Motorisierung, Automation) hat der S. eine wichtige Funktion für die Gesunderhaltung des Menschen. Leider gibt es zu viele passive Zuschauer und zu wenig aktive Sportler. Im Memorandum zum Goldenen Plan für Gesundheit, Spiel und Erholung hat die Deutsche Olympische Gesellschaft festgestellt, daß die Zivilisationskrankheiten in beängstigender Weise zunehmen. Je weiter die Automation fortschreitet, je mehr die → Arbeitszeit verkürzt wird, um so größere Bedeutung gewinnen Spiel und S. Erstrebt wird ein sog. Breiten-S., an dem sich möglichst viele sportlich betätigen können. – Zwischen *Kirche und S.* werden zB in den Ev. → Akademien Gespräche geführt. Zu Schwierigkeiten kommt es wegen des S.s am Sonntagvormittag. Ziel bleibt nach den Worten maßgeblicher Männer des S.s der sportfreie Sonntag (der arbeitsfreie Samstag sollte für den S. genügen). Vor allem wegen S.platzmangel gibt es Terminschwierigkeiten und Sonntagsbelegung. – Man unterscheidet zwischen Amateur und Berufssportler. Amateur ist, wer den S. ausübt, ohne daraus materielle Vorteile zu ziehen. Um das Anrecht auf die Bezeichnung »Amateur« zu haben, muß der Sportler nachweisen können, daß er a) einen Beruf ausübt, der seine Existenz sichert oder eine gesicherte Zukunft vorbereitet, b) keine Bezahlung für seine Teilnahme an einer sportlichen Veranstaltung erhält oder jemals erhalten hat, c) die Regeln des internationalen Verbandes seiner S.art einhält. – Leistungssportler werden oft als »Star« zu sehr gefeiert; auch muß man die Gefahr sehen, daß S. zum einzigen Inhalt und Ziel des Lebens wird. S.arten, die nur der Sensation und Schaustellung dienen, und solche, bei denen es zu schweren Verletzungen kommt oder gar Lebensgefahr besteht (zB Autorennen, Berufsboxkämpfe), sind abzulehnen. Vor der Politisierung und Kommerzialisierung (Wetten, Toto [→ Spielleidenschaft]) hat sich der S. zu hüten. Die Kirche bejaht den sauber getriebenen S.

W.Stählin, Vom Sinn des Leibes, (1930) 1952³ – D.Bonhoeffer, Ethik, (1949) 1956³ – R.Morgenthaler, Sonntags-S. oder Werktags-S.?, 1949 – Barth, KD III/4, 1951 – ESL 983ff – EKL III, 1095ff – B.J.Bickel, S. u. Religion, dt. 1960 – C.Diem, Weltgesch. des S.s u. der Leibeserziehung, 1960 (Lit.) – K.Zeiss, Und sonntags auf den S.platz, 1960 – J.Palm, Der Zweite Weg, 1961.

K.Zeiß

Sprache

I. Sprachwissenschaft – II. Philosophisch – III. Sprache und Religion – IV. Theologisch. – S. = Sprach(e). – Vgl. ergänzend bes. → Hermeneutik, → Verstehen

I. Sprachwissenschaft

1. Vorstufen – 2. Historisch-komparative S.forschung – 3. Dialektgeographie – 4. Strukturalismus, Phonologie, Glossematik – 5. Andere moderne Richtungen

S.wissenschaft (Linguistik) untersucht sowohl das Wesen der S. als menschlicher Fähigkeit wie Aufbau und Veränderung der einzelnen S.n.

1. a) Vorwissenschaftliche Deutungen, vor allem von Namen, begegnen zB schon bei Homer, Hesiod, im AT (→ Namengebung im AT). – b) Im antiken Griechenland begründen die Stoiker, anknüpfend an → Aristoteles, eine rein wissenschaftliche Lehre von der S., die nicht an Rhetorik oder Schriftstellererklärung gebunden ist. Sie bestimmen Wortarten, Kasus, Genera, beim Verb Modi und Aktionsarten, als Teile des Wortes Laute und Silben. – Im übrigen beschränken sich Antike und MA auf normierende S.beschreibung und S.philosophie. – c) In Indien schuf Pāṇini (4.Jh. vChr?) eine Grammatik in 4000 knappen Formeln, die das sprachliche System des Sanskrit erschöpfend darstellen. Er analysiert das Wort nach Wurzel, Stamm, Endung und gibt phonetische und syntaktische Regeln. Er will die S. dadurch »opferrein« erhalten, daß ihre Wörter regelrichtig gebildet werden.

2. a) F.Bopp (»Über das Konjugationssystem der Sanskrit-S. im Vergleich mit jenem der griechischen, lateinischen, persischen und germanischen S.«) wendet 1816 Pāṇinis Analyse auf die verwandten S.n an und fügt die Methode des Vergleichs und den Gesichtspunkt der Genese hinzu. A.Schleicher erschließt eine »Grund-S.«, das Indogermanische (Indo-Europäische; → Indogermanen, 1). Diese Forschung, die bis heute lebhaft fortschreitet, erweist als zum indogermanischen S.stamm gehörig außer den bei Bopp genannten noch die slawischen (→ Slawistik), baltischen, keltischen (→ Keltische Philologie) S.n, ferner Albanisch und Armenisch sowie die erst im 20.Jh. durch Ausgrabung bekanntgewordenen Tocharisch (Chines.-Turkestan), Hethitisch (Anatolien; → Hethitologie), die lebenden Kafir-S.n im westlichen Himalaya und eine Reihe kleinerer ausgestorbener Idiome. Parallel dazu lief die Buchung der gemeinsamen Wurzeln (J.Pokorny, Indogermanisches Etymologisches Wörterbuch, 1948ff) und Bildungselemente, der Versuch, die vorhistorische Grund-S. zu rekonstruieren (K.Brugmanns »Grundriß«, 5 Bde, 1897 bis 1916²). Untergruppen wurden festgestellt, so die Teilung in Kentum- und Satem-S.n (nach der unterschiedlichen Vertretung der ursprünglichen Palatallaute), innerhalb dieser Großgruppen kleinere wie die indo-iranische, weniger sicher eine balto-slawische. Aus der einheitlichen Benennung der Flüsse erschließt H. Krahe eine »alt-europäische S.einheit« (um 1500 vChr), in der sich Germanisch, Keltisch, Italisch, Illyrisch, Baltisch noch relativ nahe gestanden haben. – Der rekonstruierte Wortschatz der Grund-S. erlaubt Schlüsse auf den Kulturzustand vor der S.ntrennung: »linguistisch-kulturhistorische Methode«, begründet von O.Schrader. Doch ist bislang weder eine Identifizierung mit einer der aus den Bodenfunden erschlossenen jungsteinzeitlichen Kulturen noch eine allgemein anerkannte Lokalisierung der »Urheimat« der → Indogermanen (, 2) gelungen (am ehesten in Mittel- bzw. Osteuropa). – b) Um 1875 postulierte die Reformbewegung der »Junggrammatiker« (A.Leskien, H.Osthoff, H.Paul) die Ausnahmslosigkeit der Lautgesetze. Dieser mechanistischen Auffassung widersprachen O.Jespersen, E.Wechssler, M.Bréal sowie die »Neolinguisten« (K.Vossler u.a.), indem sie zB auf Dissimilation, Metathese, Sproßvokale und ähnliche nicht regelgebundene Phänomene hinwiesen. Neben konsequent durchgeführten Gesetzen ist also mit bloßen »Tendenzen« zu rechnen. – c) Die von den Indogermanisten entwickelten Methoden wurden auch auf andere S.n übertragen: auf die semitischen (→ Semitische Sprachen), die finnisch-ugrischen, die Turk-S.n. C.Meinhof

rekonstruierte Wortstämme des »Ur-Bantu«, B.Karlgren ein flektierendes »Proto-Chinesisch«. Zwischen dem Indogermanischen und dem Ur-Semitischen hat H.Möller, zwischen dem Indogermanischen und dem »Proto-Uralischen« B.Collinder Verwandtschaft angenommen. – Die kühne These, daß sich *alle* S.n der Welt auf eine gemeinsame Ur-S. zurückführen lassen, stellte 1905 A.Trombetti auf.

3. I.J. 1876 begann J.Wenker, durch Fragebogen *Dialektunterschiede* im Gebiet des Deutschen Reiches zu erforschen. Die Ergebnisse wurden in Karten des »Deutschen S.atlas« (seit 1926, heute von W.Mitzka betreut) eingezeichnet. Dabei wurden Linien erkennbar, die zB die Gebiete der Formen *pfund/pund, dorf/dorp* voneinander abgrenzten. Zwischen Hoch- und Niederdeutsch liegt also nicht *eine* scharfe Scheide, wie die Junggrammatiker erwarteten, sondern ein Übergangsgürtel, in dem die Tendenz zur Verschiebung von *p, t, k* nur einen Teil der Wörter erfaßt hat. Heutige Dialektgrenzen sind oft durch mittelalterliche Territorialgrenzen bestimmt, zB der Erzbistümer. – Seit 1903 schufen J.Gilliéron und E.Edmont analog den »Atlas linguistique de la France«, dessen Schwerpunkt aber auf der Erfassung des Wortschatzes lag. Nach seinem Vorbild entstanden der italienische S.- und Sachatlas (K.Jaberg, J.Jud) und der rumänische (S.Pop, S.Pușcariu).

4. a) Neben die historische (diachronische) Forschungsrichtung stellte F.de Saussure (1857–1913) als gleichberechtigt die *synchronische S.analyse,* welche existierende S.zustände beschreiben soll. Zentral wichtig sind in seinen »Cours de linguistique générale« (1916) die Ausführungen über »das sprachliche Zeichen«, das aus »Vorstellung« (concept = signifié) und »Lautbild« (image acoustique = signifiant) besteht. Begriffe und Vorstellungen existieren also nicht ohne entsprechende Bezeichnungen. Eine S.veränderung ist dann immer eine Verschiebung im Verhältnis von signifié zu signifiant. Das sprachliche Zeichen ist insofern beliebig (arbitraire), als die Verbindung zwischen signifié und signifiant meist beliebig ist (Ausnahme: die schallnachahmenden Wörter) und die S.gemeinschaft ihre signifiés willkürlich (θέσει) abgrenzt. Ein Zeichen wird beschrieben, indem man zeigt, wodurch es sich von allen anderen Zeichen unterscheidet, dh durch seine Oppositionen. Jede S. ist nun ein zusammenhängendes System solcher Zeichen, das aber nicht auf der Welt der realen Objekte aufgebaut, sondern rein geistig und autonom ist. Dies überindividuelle System als den Komplex aller geltenden Regeln, aller Oppositionen nennt de Saussure langue (»S.«); sie ist ein soziales Phänomen; scharf davon zu scheiden ist parole (»Rede«), der konkrete Sprechakt, also S., insofern sie in einem bestimmten Augenblick von einem Sprecher aktualisiert wird. Hier treten vielfach okkasionelle Erscheinungen auf. – b) Auch der Laut interessiert den Strukturalisten nicht als physische Erscheinung, sondern als abstraktes *Phonem.* Jede S. benützt nur eine begrenzte Anzahl von Phonemen, die sich durch typische Eigenschaften unterscheiden. N.S.Trubetzkoy (1890–1938) und die von ihm inspirierte »Prager Schule« erstrebten nun eine systematische Erfassung und Klassifizierung dieser relevanten Distinktionen sowie Beschreibungen der funktionalen Verwendung der Phoneme in einem gegebenen S.system (Wissenschaft der *Phonologie*). Heute führt u.a. R.Jakobson diese Forschungen weiter. Er hat allgemeine Gesetze für die Struktur von Lautsystemen erschlossen. – c) Ebenfalls von de Saussure ausgehend, vor allem von der Lehre der Zweiseitigkeit des sprachlichen Zeichens, dann aber auf eigenen Wegen, baut L.Hjelmslev seine *»Glossematik«* auf (grundlegend sein Buch »Om sprogteoriens grundlæggelse«, 1943). Hjelmslev wirft der klassischen S.wissenschaft vor, daß sie überwiegend nur abgelaufene Vorgänge schildere und daß ihre Kategorien nicht allgemeingültig definiert seien. Er fordert eine systematische, exakte, generalisierende S.beschreibung mit sprachimmanenten Kategorien, die die menschliche S. als Struktur untersucht, das Konstante feststellt, nicht aber auf historische oder psychologische Ergebnisse abzielt. Nach Hjelmslev wird eine S. durch »Text«, dh sprachliches Material, und ein System konstituiert. Durch rein formale Analyse des »Textes« sind die Teile und die zwischen ihnen bestehenden Relationen zu definieren. Dann ergeben sich nicht weiter reduzierbare »Invarianten« (»Glosseme«). Die kleinsten Einheiten, auf die die Ausdrucksanalyse führt, sind die »Ausdrucksfiguren« oder »Keneme« (von κενός »leer«, weil ohne Inhalt, etwa den Phonemen der Phonologen gleichzusetzen). Entsprechend auf der Seite des Inhalts die »Inhaltsfiguren« (»Plereme«, zu πλήρης »voll«, weil inhaltsgeladen), zB »Stute« = »Pferd« + »Sie-Genus«. – Hjelmslevs Ansatz zu einer umfassenden Neukategorisierung der sprachlichen Phänomene ist für die moderne Linguistik bezeichnend wegen der Betonung der formalen, gestalthaften Seite der S. und des Versuchs, mathematische Methoden einzuführen. – d) Die amerikanischen Strukturalisten arbeiten mit ähnlichen Zielen, aber oft mit völlig anderen Termini. Ein wesentlicher Unterschied ist auch, daß sie vielfach eine möglichst nur-formale Beschreibung, ohne Berücksichtigung der Bedeutungsseite der Zeichen fordern. – Von einer Anzahl von Indianer-S.n liegen solche strukturanalytischen Bestandsaufnahmen vor.

5. *Andere moderne Richtungen* können nur angedeutet werden. a) Während Bopp die S. wesentlich als ἔργον sah und die Strukturalisten den Systemcharakter der S. betonen, hebt L.Weisgerber (nach W.v.Humboldt) hervor, daß S. ἐνέργεια, wirkende Kraft sei. Er untersucht die Eigenart der S.inhalte in den Einzel-S.n und beobachtet die Wirkung des Sinngebildes *Mutter-S.* auf Kultur, Geist und Weltbild des Menschen. – b) Damit berührt sich zT die das Wesen der »Bedeutung«, des Bedeutungswandels untersuchende *»Semasiologie«* (→ Semantik), die u.a. von O.Erdmann, J.Trier, St.Ullmann, H.Kronasser vertreten wird. – c) Gegenüber der Zusammenordnung der S.n nach ihrer genetischen Verwandtschaft (s. 2 a. c) werden seit F.N.Finck (»Die Haupttypen des S.baus«, 1909) und E.Lewy auch *typologische* Gemeinsamkeiten von S.n beobachtet und geistige Systeme als Ausdruck bestimmter Wesenshaltungen verglichen. – d) Die Phonologie (s. 4 b) nahm Verbindung zur experimentellen Phonetik auf, welche die physische Herstellung der Laute, ihre Variationen sowie den Vorgang des Hörens mit instrumentellen Methoden beobachtet. Auch die Kinder-S. und die S.störungen Hirnverletzter wurden hier untersucht. – e) Zusammenarbeit von Mathematikern, Technikern und Linguisten erfordert die seit 1950 beginnende Konstruktion von *Übersetzungsmaschinen.*

H.Paul, Prinzipien der S.gesch., (1880) 1920[5] – L.Bloomfield, Language, 1933 – S.Pop, La Dialectologie I. II, 1950 – Z.S.Harris, Structural Linguistics, (1950) 1960[4] – W.Porzig, Das Wunder der S., (1950) 1957[2] – H.Arens, S.wissenschaft, 1955 – J.Whatmough, Language, 1956 – K.Ammer, Einführung in die S.wissenschaft I, 1958.

G.Neumann

II. Philosophisch

Daß die S. zum Gegenstand der → Philosophie wird und gar eine eigene philosophische Disziplin bildet, ist weder selbstverständlich noch, trotz Herder und Humboldt, unproblematisch. Es scheint mehr als ein Zufall, daß ein Begriff von S. weder im Griechischen noch im Lateinischen in einer Weise vorliegt, die dem S.begriff der S.wissenschaft entspricht (vgl. J.Lohmann). Denn λόγος, eines der griech. Grundworte, bezeichnet zwar im gewissen Umfang das Phänomen der S. mit. Der Mensch ist nicht nur das Wesen, das Vernunft hat, sondern er hat auch im Unterschied zu den Tieren S. (vgl. Aristoteles, Pol. A 2, 1253 1 10). Aber der Begriff des → Logos enthält doch zugleich ein Moment der S.kritik. Das S.gebilde als solches ist der Name (ὄνομα), das, womit etwas gerufen wird und worauf es hört und das insofern ein Teil seiner selbst, ja sein eigentliches Wesen ist. Es ist die Zerstörung solcher sprachmagischen Einheit von Wort und Sache, mit der die Philosophie der Griechen beginnt, indem sie den Logos denkt. Damit wird aber die S. als solche aus dem Fragebereich des philosophischen Nachdenkens eliminiert. Der platonische »Kratylos« ist das Dokument der Abwertung des S.phänomens durch den Logos des Eidos. Auch die Vielsprachigkeit wird für die Griechen kein ernstes Problem, solange ihre eigene S. allen anderen gegenüber als den Barbaren-S.n ausgezeichnet ist. Die großartige Selbstvergessenheit der anfangenden griech. Philosophie, die nach der Welt fragt, ist zugleich S.vergessenheit, so daß der Begriff der sprachlichen »Bedeutung« - im Unterschied zu dem »Gegenstande«, d.i. der benannten Sache - erst durch die → Stoa, also erst mit dem Aufkommen der Mischkultur des Hellenismus gedacht wird (vgl. die Lehre vom λεκτόν).

Eine neue Bedeutung gewinnt das Problem der S. im Christentum im Zusammenhang der patristisch-scholastischen Spekulationen über das Wesen der → Trinität (: III). Daß mit dem Gedanken der Inkarnation das philosophische Denken vor eine mit griech. Denkmitteln unlösbare neue Aufgabe gestellt wird, kommt dem Problem der S. zugute, das als Analogie zum Wesen der Trinität erörtert wird. Gleichwohl bleibt bei → Augustin (De trin. XV) wie bei → Thomas von Aquino (Comm. in Joh. cap. 1) das verbum interius fast ganz im Horizont der Specieslehre. Erst mit der beginnenden Neuzeit wird dieser durch die Assimilation der platonischen Ideenlehre seitens des christlichen Denkens gebildete Horizont aufgelöst, und damit stellt sich das Problem der S. auf neuer Basis: im Rahmen der nominalistischen Zeichentheorie. Sie beherrscht insbesondere das angelsächsische Denken bis in die Gegenwart hinein. Auf der anderen Seite tritt das Problem der S. unter den Gesichtspunkt der sprachbildenden Potenz des menschlichen Geistes. Diese Theorie tritt zuerst bei → Nikolaus von Kues und dessen Lehre von der mens auf, führt aber erst im 18.Jh. dazu, die schöpfungstheologische Frage nach dem Ursprung der S. beiseite zu setzen und die ursprüngliche S.lichkeit der menschlichen Welterfahrung zur Geltung zu bringen. Indem in der Nachfolge → Herders W.v. → Humboldt die Grundbegriffe des deutschen → Idealismus (: II) zur Beschreibung des Wesens der S. aufbietet, die S.n als Weltansichten sehen lehrt und die Frage nach der inneren Form der S. stellt, eröffnet er die große Forschung der vergleichenden S.wissenschaft (→ Sprache: I), die das 19.Jh. erfüllt. Das Problem der S. wird nun vorwiegend als ein völkerpsychologisches gesehen. Im 20.Jh. ist dann gegen den herrschenden → Positivismus die idealistische S.philosophie durch K.Vossler (und B. → Croce) wiederbelebt worden und hat in E.Cassirers monumentaler »Philosophie der symbolischen Formen« ihre Durchdringung mit dem empirischen Material der S.wissenschaft gefunden.

Inzwischen aber hat die Kritik am philosophischen Idealismus, die das 20.Jh. erfüllt, die Problemlage gewandelt. Theologische wie philosophische Kritik trifft vor allem den Formbegriff (auch den Symbolbegriff), indem sie als das eigentliche Rätsel der S. ihre abgründige Unbewußtheit und Ungegenständlichkeit offenbart. Hatte schon Humboldt den Vorrang des Sprechens und des Gesprächs gegenüber der grammatischen Wirklichkeit der S. betont, so verschärft sich dieser Gesichtspunkt, seitdem der Existenzbegriff (→ Kierkegaard, → Heidegger) und das dialogische Prinzip (M. → Buber, Fr. → Gogarten u.a.) den idealistischen Bewußtseinsbegriff begrenzen. Innerhalb der klassischen Tradition der Philosophie hätte hierfür den einzigen Anknüpfungspunkt die Kritik der subjektiven Reflexion durch → Hegel bieten können. Daß die S. eine Gestalt des objektiven Geistes ist, läßt alle rein nominalistische S.theorie von vornherein scheitern. Allein das Phänomen der S. ist bei Hegel nie in eine wirklich zentrale Stellung eingerückt.

Die heutige Problemlage ist dadurch beherrscht, daß die Vorgängigkeit der S. und bes. der Mutter-S. als eine Folge der Einsicht in die Endlichkeit und → Geschichtlichkeit des Menschenwesens zur Anerkennung kommt. Selbst die logische Analyse der »S.« (Logistik, → Semantik), die zwischen der Objekt-S. und der S., mit der über die Objekt-S. gesprochen wird, unterscheidet, lehrt die Unauflöslichkeit dieses Verhältnisses und erkennt an, daß die letzte Meta-S. jeweils die Mutter-S. ist. Auch der Physiker erkennt in seiner wissenschaftlichen Begriffsbildung noch Spuren ihrer Herkunft aus einer solchen Meta-S., der natürlichen und philosophischen S. der Griechen (Heisenberg). Auf der anderen Seite sind die verschiedenen natürlichen S.n jede auf ihre Weise ein ganzes Universum; wie schon Humboldt erkannt hat, läßt sich in jeder S. alles sagen. Das heißt, die jeweilige S. bildet nicht so sehr einen unauflöslichen Bann, in den der sie Sprechende geschlagen ist, als vielmehr einen Weg in das Universum dessen hinein, worüber miteinander gesprochen und worüber Verständigung erzielt werden kann. Der Begriff der S. geht damit in den Inbegriff dessen über, was einem gesagt wird. Die S. ist nicht eine allgemeine Form, sondern ein konkretes Ganzes von überlieferter und in lebendigem Austausch vollzogener Welterfahrung. Auch für den Theologen rückt damit das S.problem ins Zentrum einer neuen Besinnung, sofern das Wort Gottes in der jeweiligen Situation der Verkündigung neu zu Wort kommt (→ Sprache: IV). So schließt das S.problem die große Aufgabe einer philosophischen Theorie der Verständigung und des → Verstehens, eine → Hermeneutik ein.

W.v.Humboldt, Über die Verschiedenheit des menschl. S.baus..., 1836 - H.Steinthal, Die Gesch. der S.wissenschaft bei den Griechen u. Römern, 1864 - K.Vossler, Positivismus u. Idealismus in der S.wissenschaft, 1904 - Ders., Ges. Aufs. zur S.philos., 1923 - Ders., Geist u. Kultur in der S., 1925 - E.Cassirer, Philos. der symbol. Formen I, (1923) 1954[2] - M.Warburg, Zwei Fragen zum »Kratylos«, 1929 - J.Stenzel, Philos. der S. (HPh), 1934 - R.Hönigswald, Philos. u. S., 1937 - G.Rabeau, Species verbum, 1938 - J.Lohmann, Das Verhältnis des abendländ. Menschen zur S. (Lexis 3, 1952, 5-49) - W.Stegmüller, Das Wahrheitsproblem u. die Idee der Semantik, 1957 - A.Borst (→ Sprache: III) - K.O.Apel, S. u. Wahrheit in der gegenw. Situation der Philos. (PhR 7, 1959, 161-184) - Die S., hg.v. d. Bayer. Akad. d. Schönen Künste, 1959 - M.Heidegger, Unterwegs zur S., 1959 - W.Heisenberg, Philos. u. Physik, 1959 - H.-G.Gadamer, Wahrheit u. Methode, 1960. *H.-G.Gadamer*

III. Sprache und Religion

1. Die primitive S. - 2. Die mythische S. - 3. Die rationale S. - 4. Die Abhängigkeit der Religion von der S.

1. Im *primitiven* Lebensverständnis ist das Vermögen, zwischen einem → Symbol und dem symbolisierten Phänomen zu unterscheiden, nicht ausgebildet. Ein Bild ist das, was es abbildet; seine Macht als Bild beruht daher nicht auf der Ähnlichkeit mit dem Abbildungs-

gegenstand, sondern auf seiner Bedeutungsträchtigkeit. Demgemäß wird auch die S. weder als eine reine Symbolwelt aufgefaßt, deren Aufgabe darin bestünde, auf die Phänomene zu weisen, die vor der S. gegeben sind und vom Menschen in einer wortlosen Anschauung erfaßt werden, noch ist sie ein Instrument der Übermittlung sprach-loser Gedanken oder der Herstellung einer Verständigung über die Welt der nicht-sprachlichen Dinge, die uns gemein ist. Die S. und die Welt, von der sie spricht, sind eins; die Welt arbeitet in der S., und die sprachlichen Aussagen sind identisch mit dem, was sich in den Dingen selber zuträgt.

Die primäre Aufgabe der S. ist es daher nicht, zu schildern oder mitzuteilen, sondern ins Werk zu setzen; sie wird daher zu einem der entscheidendsten Mittel, in denen sich primitive Religiosität gestaltet und entfaltet. Dies geschieht in verschiedenen Arten von Aussagen. In der machterfüllten kultischen → Formel (: I) geschieht die Neugründung eines Lebensbereiches: die Mächte des Lebens gewinnen aufs neue ihren grundlegenden Sieg und werden wieder in ihre Herrschaft eingesetzt (→ Schöpfung: I). Die schöpferische Kraft der Aussage kann verlangen, daß sie geheimgehalten wird (→ Arkandisziplin), und da die Aussage als solche entscheidend ist, kann man das wesentliche Gewicht auf die Genauigkeit der Sprachform, der Stimmführung usw legen. Dasselbe gilt von jeder magischen Formel (→ Magie): da das → Wort Wirkungsgewalt besitzt, muß es, wie alles Heilige, mit Vorsicht gebraucht werden, es muß als etwas Kostbares bewacht werden und darf nur wenigen bekannt sein. Gewisse Formeln, Worte und besondere Namen (→ Namenglaube) können als so machterfüllt erlebt werden, daß man sich weigert, sie zu gebrauchen; sie werden durch Umschreibungen ersetzt.

Der unmittelbare Realitätscharakter der S. kann weiterhin zu dem Gedanken einer »richtigen« S. führen. So geht der Mythos vom Turmbau zu Babel (Gen 11, 1ff) davon aus, daß es ursprünglich nur *eine* S. gab, und diese sei zugleich die richtige gewesen; in der Antike stellte man Betrachtungen darüber an, welche der faktischen S.n die ursprüngliche, den anderen zugrunde liegende gewesen sein mochte. Doch kann auch der Gedanke einer nicht-menschlichen, göttlichen S. auftreten. Nur diese ist imstande, die göttlichen Wahrheiten auszusagen, und daher äußern sich die Götter in ihr. Dies ist die ekstatische S. (→ Ekstase), die durch besondere Veranstaltungen den Auserwählten zuteil wird. → Orakel und → Zungenreden sind Beispiele dieser speziell religiösen Sprachform. Einer solchen S. gegenüber verhält sich der Mensch in religiöser Ergriffenheit und Ehrfurcht; sie ist in sich selbst eine → Erscheinungsform der Gottheit. Ihre Funktion als S. liegt nicht in erster Linie in ihrer Aussagetätigkeit, sondern darin, daß sie in ihrer puren Realität die Epiphanie selber ist. In zweiter Linie wird dann jedoch eine rationale Einsicht in ihren Inhalt erstrebt; damit ergibt sich das besondere Problem, die ekstatische S. auszulegen oder sie in die alltägliche Menschen-S. zu übertragen. Diese hermeneutische Aufgabe wird zu einer neuen religiös-sprachlichen Funktion. Sie läßt sich nur von einer tiefen Einsicht in die göttlichen Wahrheiten aus lösen, sie beruht auf einem geheimen sakralen Wissen, oder sie wird durch göttliche → Offenbarung, durch ein Gnadengeschenk zuwege gebracht. – Daß die sakrale S. rational unverständlich ist, kann auch historisch erklärt werden. Auf Grund des Nachdruckes der rein sprachlichen Form der sakralen Aussage kann eine Festlegung eintreten; diese wiederum bringt die sakrale S. zur Erstarrung und damit außer Kontakt mit der Entwicklung der Alltags-S. Ihre Worte entbehren mehr und mehr des rationalen Inhalts und wirken lediglich kraft ihres Vermögens, eine spezielle Stimmung hervorzurufen, oder dank der religiösen Ehrfurcht, von der sie umgeben sind. Ein ähnlicher Vorgang findet bei Sprachwechsel statt. Wenn eine Religion ihre volksmäßige Abgrenzung durch Eroberung, Mission u.dgl. durchbricht, stellt sich die Neigung ein, bedeutungsvolle Wörter unverändert in die neue S. zu übernehmen. Diese Wörter erhalten somit eine ganz neue Funktion; da sie nun nicht mehr von einem Inhalt aus etwas zu bedeuten vermögen, erhalten sie die Fähigkeit, durch sich selber einen Effekt zu erwirken. Sie werden zu Zauberworten (→ Zaubersprüche).

2. Auf einer höheren Kulturstufe tritt eine andere Form von Aussage als sprachliches Fundament der Religion in Erscheinung. An die Stelle des machterfüllten Wortes, der geheimen Formel und der ekstatischen Rede tritt die Erzählung, der → *Mythos* (: I. II). In diesem Zusammenhang ist entscheidend, daß die Erzählung in die Gesamtheit des → Kultus als dessen Teil eingeht; sie fügt sich als λεγόμενα in die δρώμενα ein. Offen ist die Frage, wie sich Wort und Handlung ursprünglich zueinander verhalten und wo der Entstehungsgrund des sinnerfüllten Inhaltes zu finden ist, dessen Träger die gesamte kultische Institution ist. Jedenfalls reicht diese besondere Kulturbildung sehr weit zurück in die Geschichte der Menschheit, und die Theorie hat etwas für sich, die behauptet, sie sei zu einem Zeitpunkt entstanden, als das Äußerungsvermögen des Menschen in stärkerem Maße an ein Gesamtheitsgebaren (Attitüde, Gestus, → Tanz, primitiver Gesang) gebunden war als an sprachliche Formulierungen. Die einschneidenden Erlebnisse und grundlegenden Erfahrungen wurden dann nicht durch S. und Erinnerung bewahrt, sondern durch imitierende Wiederholungen der institutionellen Formen festgelegt. Auf der Basis dieser Ganzheitsgestaltung und als ihre Auslegung ist dann in viel späterer Zeit, nämlich als die sprachliche Entwicklung der Phantasie die Formung zusammenhängender Vorstellungen ermöglicht hatte, der Mythos entstanden und als ein Teil in das kultische Fest eingegangen, parallel zu den sakralen Handlungen. Von einer solchen Theorie ausgehend, betrachtet Th.Reik den Mythos als ein den Träumen und Phantasien analoges Phänomen, die zur Zeit der → Pubertät traumatische Erlebnisse spiegeln, die das Individuum so frühzeitig hatte, daß es sie noch nicht sprachlich formulieren und dadurch in Erinnerung behalten, sondern nur durch zwangsläufige Handlungen bewahren konnte. – Indessen hat auch die mythische S. den Charakter der Realität, den die primitive S. besitzt, behalten. Kraft ihrer Gebundenheit an den Kult wird sie weiterhin als ereignishaft aufgefaßt. Der kultische ἱερὸς λόγος hat sich vom Ereignisverlauf nicht emanzipiert und sich als S. im Gegensatz zur Handlung behauptet. Zur Emanzipation kommt es erst, wenn sich der Mythos zu etwas Selbständigem formt, das nicht mehr in einem gesammelten Ganzen fungiert, sondern seine Geschichte an beliebiger Stelle frei erzählen kann. Unter solchen Umständen ist der Mythos im Begriff, sich von einem religiösen zu einem ästhetischen Phänomen zu wandeln.

3. Verliert die S. ihren Charakter als Realität und wird in steigendem Maße lediglich als Vermittlung nicht-sprachlicher Realitäten, als stimmungsauslösend und als Instrument zur Kommunikation von Gedanken und Entschlüssen aufgefaßt, so erhält die sprachliche Aussage der Religion folglich die Form des Hinwendens. Man verhält sich nicht mehr zur S. selbst, sondern man verhält sich durch die S. zu etwas oder zu jemandem. Die S. soll dann nicht mehr einen Effekt bewirken, sondern ein Einvernehmen herstellen. Die beiden sprachlichen Grundformen, in denen sich das religiöse

Leben entfaltet, sind dann das Gebet und die Verkündigung. – Als Grundform umfaßt das → *Gebet* eine lange Reihe von abgeleiteten sprachlichen Bildungen: die einfache Bitte, das Versprechen, das Geständnis, die Huldigung, das Bekenntnis, die fromme Betrachtung oder den befreienden Ausdruck einer Stimmung; sie alle lassen sich in der lyrischen Form der Hymne umschreiben. Als Hinwendung ist das Gebet darauf bedacht, eine Verständigung mit den göttlichen Mächten zu erzielen oder auf sprachlichem Wege ins Einvernehmen mit ihnen zu gelangen. Wenn aber das Gebet als reines Mittel zur Herstellung der Kommunikation aufgefaßt wird, kann es die Absicht mit sich bringen, sich selbst aus dem Wege zu räumen; dies geschieht, wenn das Gebet als sprachliche Form einen so intimen Kontakt geschaffen hat, daß die S. selber überflüssig wird. Wir stehen dann vor dem mystischen → Erlebnis (→ Mystik), und der Zustand, der hier eintritt und der sehr treffend als wortloses Gebet bezeichnet wird, ist nun kein sprachliches Phänomen mehr. Eine reale Einheit hat die bloß kommunizierende S. überflüssig gemacht. – Die *Verkündigung* hat wie das Gebet den Charakter eines sprachlichen Hinwendens. Sie unterscheidet sich darin vom Mythos. Im Mythos bleiben die Götter innerhalb des Rahmens der Erzählung. Ihre Handlungen und Worte gehen in den dramatischen Ereignisverlauf des Mythos selber ein und treten nicht aus der Welt der Erzählung heraus, um sich an den Zuhörer zu wenden. M.a.W.: die S. des Mythos übermittelt nicht, sondern setzt ins Werk. Die Verkündigung dagegen ist reine Anrede. Sie ist eine Kundgebung; sie teilt einen Beschluß mit, stellt einen Befehl aus, sagt eine Verheißung zu und will durch einen sprachlichen Vorgang dieser Art eine Verständigung herstellen. Darum verlangt die Verkündigung auch eine andere Reaktion vom Hörer als der Mythos. Der Mythos verlangt Mitleben in der in Wort und Handlung entfalteten Ereignisabfolge. Die Verkündigung dagegen verlangt Gehorsam, Glaube, Annahme, Unterwerfung – oder Anstoßnahme und Ablehnung. – Zum theologischen Problem der → Verkündigung als göttlicher Anrede s. dort.

4. Im 19.Jh. erkannte man die Bedeutung der S. als Entstehungsgrund religiöser Vorstellungen. Dies geschah, als man entdeckte, daß die S. als grundlegende kulturelle Leistung die notwendige Voraussetzung jeglicher → Kultur sei. Max → Müller betrachtete die mystisch-religiösen Vorstellungen als den negativen Aspekt der S. selber; denn die allgemeine Benennung sei die eigentliche Leistung der S. gewesen, die zugleich die Fehlquelle wurde, aus der heraus die mythischen Vorstellungen entstanden. Die heutige Auffassung der S. folgt diesen Betrachtungen insofern, als sie die S. als die grundlegende Kulturleistung ansieht. Die S. soll demnach nicht bloß eine Auslegung des Daseins übermitteln, sondern sie ist als S. selber eine solche Auslegung. Da sie aber außerdem alle sonstigen Auslegungen zu vermitteln hat, muß sie als die primäre Auslegung festgehalten werden. Die Auslegung des Daseins, die im wissenschaftlichen Erkennen, in der künstlerischen Deutung, in der praktischen Lebensformung und im religiösen Lebensverständnis stattfindet, muß daher der vorgegebenen Auslegung, die die S. bereits vorgenommen hat, entspringen und sich nach ihr richten. – Ein wichtiger Punkt in dieser Sprachauffassung ist es, daß die verschiedenen S.n nicht Varianten einer ursprünglichen und »richtigen« Ur-S. sind, sondern daß jede von ihnen in ihrer eigenen Funktion ursprünglich ist; sie repräsentieren je für sich eine zusammenhängende und geschlossene Auslegung des Daseins, die nicht durch das Hinzukommen anderer S.n ergänzt oder deutlicher gemacht werden kann. Kraft ihrer Ursprünglichkeit ist daher das Erlernen der Mutter-S. etwas kategorial Verschiedenes von der späteren Erlernung fremder S.n; in der Mutter-S. gestaltet sich nämlich das Dasein auf seine je eigene Art und ist den anderen Formen der Daseinsauslegung zugeordnet, die auf den verschiedenen kulturellen Gebieten stattfinden. – Eine logische Folge dieser Auffassung ist die *engste Verbindung zwischen S. und Religion*. Die Art und Weise, wie eine S. durch ihren Wortschatz, ihre grammatische Struktur, ihren syntaktischen Aufbau, ihre mehr statische oder mehr dynamische Tendenz das Dasein auslegt, ist in sich selbst ein Entwurf, der ursprünglich und unumgänglich die religiöse Lebensbetrachtung mitbestimmt, die innerhalb dieses Rahmens zu sprachlichem Ausdruck kommen soll. – Derartige Überlegungen setzen die Schwierigkeit der Überführung einer Religion von einer S. in eine andere in ein neues Licht. Der Prozeß kann nicht als eine einfache Übersetzung verstanden werden, vielmehr handelt es sich um eine äußerst komplizierte Neubildung, bei der einesteils die betreffende Religion in die Horizonte der neuen S. hineingetragen werden, darin wachsen und sich diesen fügen soll, während andernteils diese S. selber durch die religiösen Perspektiven, die in ihr zum Ausdruck gebracht werden, oft tiefgreifend beeinflußt und verändert wird.

F.Ebner, Das Wort u. die geistigen Realitäten, 1921 – E.Cassirer, Philos. der symbol. Formen I: Die S., (1923) 1956² – Ders., S. u. Mythos, 1925 – H.Lipps, Unters.en zu einer hermeneut. Logik, 1938 – Ders., Die Verbindlichkeit der S., 1958² – K.Jaspers, Philos. Logik I: Von der Wahrheit, 1947, 395ff – F.K.Schumann, Wort u. Wirklichkeit, 1951 – W.F.Otto, Gesetz, Urbild u. Mythos, 1951 – B.Snell, Der Aufbau der S., 1952 – H.H.Holz, S. u. Welt, 1953 – M.Buber, Die Schriften über das dialogische Prinzip, 1954 – F.Tschirch, Weltbild, Denkform u. Sprachgestalt, 1954 – A.Borst, Der Turmbau von Babel. Gesch. der Meinungen über Ursprung u. Vielfalt der S.n u. Völker I ff, 1957ff – Th.Reik, Myth and Guilt, 1958 – B.Liebrucks, S. u. Mythos, 1958 – Die S., hg.v. der Bayer. Akad. der Schönen Künste, 1959 – H.Noack, S. u. Offenbarung, 1960. – Vgl. die Lit. zu → Sprache: IV.

J.Sløk

IV. Theologisch

 Vgl. ergänzend bes. → Atheismus, → Bekenntnis, → Freiheit, → Gott, → Hermeneutik, → Logos, → Mythos und Mythologie, → Theologie, → Wort Gottes

1. Das Substantiv S. ist zu verstehen von dem Verbum sprechen her. Es ist eine Ableitung von einem Verbalstamm, mit der Endung -e. Als solche Ableitung stünde es unter dem Titel »nomen actionis« neben Pflege, Hilfe, Sorge, Plage, Glaube. Der Titel »nomen actionis« ist sichtlich ein Notbehelf – um so deutlicher, als in gleicher Weise gebildet sind: Blüte, Grube; Fliege, Spinne; Gabe, Sage (die man »nomina passionis« nennen könnte); Stiege, Warte (nach Blatz). Das Grimmsche Wörterbuch erklärt: »S. bezeichnet im allgemeinen die Tätigkeit des Sprechens und das Vermögen dazu.« Tatsächlich gibt es neben der »potentiellen« Bedeutung des Wortes die »aktuelle«. So hat der Ausdruck »zur S. kommen« den Sinn von »zur Rede kommen«. Aber die S. selbst hat sich für »Vermögen zu sprechen« als die vorherrschende Bedeutung entschieden.

Nun kann das Vermögen zu sprechen in verschiedenen Hinsichten dessen bedürfen, daß man über es spricht: Als Gesundheit der S.werkzeuge; aber auch als Mutter-S., als laute, stockende, sachliche, unheimliche, religiöse, vulgäre, Fach-S., Geheim-S. Man spricht trotzdem immer nur *eine* S. Aber dieses Eine ist ein Ineinanderspielen und Miteinander-*Wirken* des Ermöglichens von allen Seiten. Fragen wir, zwischen Fach-S. und stockender S. usw, nach der S. schlechthin, so kommen wir in die Nähe der Platonischen Frage nach der → Idee, welche die Wurzel alles wissenschaftlichen, objektivierenden Fragens ist. Wie Gadamer in seiner Hermeneutik (s. Lit.) gezeigt hat, wird aber gerade mit der Platonischen Fragestellung die Frage nach der »Vorleistung« der S. abgeblendet. Die Aporie, in die gerade das gründlichste philosophische Denken über die S. heute gerät, mag mit dieser Koinzidenz zusammenhängen. Wir versuchen, belehrt durch → Heidegger, aus dieser Aporie uns herauszuhalten, indem wir uns offenhalten für das, was die S. selbst bewegt, den »Akt« des Sprechens und die »Fähigkeit« zu sprechen in *demselben* Wort zu bedenken zu geben. Es ist hiernach aber angezeigt, daß man die Frage nach der S. nicht universell zu beantworten sucht, sondern sich an *einem Sprechen* orientiert, in dem sich das S.problem in besonderer Tiefe zeigt. So fragen wir hier nach dem, was wesentlich problematisch ist, wenn *das Wort »Gott«* gesprochen wird. Das Reden von Gott ist selbst schon der maßgebende *hermeneutische* Impuls. Ihn haben wir in aller Bestimmtheit wahrzunehmen. Wir betrachten »S., theologisch« als: das Vermögen, von Gott zu reden.

Was dabei herauskommt, wenn man bei dem Thema »Language and Christian Belief« »language« im Sinne von »communications of facts« versteht, lehrt das Buch von J.Wilson (s. Lit.).

2. a) Das *Griechentum,* das wir kennen, ist durch → Homer geprägt. Wenn in dieser S. von θεοί, »Göttern« die Rede ist, so steht das neben selteneren Andeutungen über das → Schicksal (: I). Als göttlich wird die Erscheinung von Vollkommenheit in der Wirklichkeit angesprochen (→ Griechische Religion, 3); daß damit noch Mächtigeres verschwiegen ist, verstand sich von selbst. Die griech. Götterverehrung trägt somit den Todeskeim, wissend, schon in sich. θεός ist wesentlich Prädikatsbegriff (Wilamowitz). Gott als Subjekt kommt nicht zur S.; Subjekt sind in dieser S. an Gottes Statt Zeus und die Olympier usw, aber auch (ThW III, 66f) gelegentlich so etwas wie das Wiedersehen von Freunden.

In der Bahn dieser Verehrung von Phänomenen folgt in der griech. S. die Schau (θεωρία) der Philosophie. Die Frage nach dem θεός wird deshalb nicht zur Frage *an* die S., wird vielmehr, ganz unter Voraussetzung der »Vorleistung« der S., diskutiert im Horizont der Frage nach dem → Logos. Der κοινὸς λόγος des → Heraklit (fr. A 16, B 2) kann zwar prägnant mit »Wort« übersetzt werden (Fuchs); Heraklit kann vom Logos als θεός reden. Aber auch hier ist »Theorie« eines Tiefblickenden Grund der Rede von Gott.

Diese Struktur hält sich durch, auch wenn im → Hellenismus das Schicksal das vorherrschende Thema wird. Wenn es als blind gilt, so ist offenkundig, daß hier nicht Gott Subjekt ist, vielmehr vom Kosmos her Gedachtes ausgesagt wird. Wenn die → Gnosis dann diesen Schicksalsglauben überwältigen will durch Gottesglauben, so stellt sie einen »zum Kosmos unbezüglichen Gott« (H.Jonas, Gnosis II/1, 1954, 24) vor; und die S., von diesem Gott zu reden, ist notwendig phantastisch (eine Abart von »theoretisch«).

b) Auf diesem Hintergrund steht die griech. Sprachtheorie, die H.-G.Gadamer oben (→ Sprache: II) kurz charakterisiert hat. - Was man als *at.* S.theorie bezeichnen könnte, ist aus Gen 2, 18-25 (J) und Gen 11, 1-9 (J) zu entnehmen (hierzu vgl. Gen 10, 31 und v.Rad, ATD 2/4, 126f). Zu Gen 1 (P) (Schöpfung dadurch, daß »Gott sprach«) ist zu bemerken, daß die → Schöpfung (: I. II) durch das Wort kein eigentümlich biblischer Gedanke ist. Auch die Wirksamkeit eines Gotteswortes ist nicht nur in der Bibel betont. - Dem at. Gen 11 steht im *NT* Apg 2 gegenüber.

c) Was an der *hebr.* S., im Unterschied zu den indogermanischen, aber auch zu andern semitischen S.n für ein verständnisvolles Übersetzen der at. Aussagen in unsere S. zu beachten ist, sagt kurz der inhaltsreiche Aufsatz von G.Gerleman. - Entsprechende Dienste für das *nt. Griechisch* leistet Bl-Debr.

3. Das älteste Wort für → Gott (: II) in der *S. des AT* ist 'el. Es ist in andern semitischen S.n als Appellativum belegt, bes. aber ist es durch die → Ugarit-Texte als Name einer überragenden Gottheit bekannt geworden (→ El). Wie sehr auch bei Etymologien im Semitischen Vorsicht zu walten hat, liegt es doch nahe, mit diesem Wort 'el die at. Redewendung ješ l^e 'el jadî »es steht im 'el meiner Hand«, dh »es steht in meiner Macht« in Zusammenhang zu bringen, nämlich durch Annahme der Grundbedeutung »mana« für 'el (ThW III, 83f). Israel übernahm die Beziehung zu El als einen bes. lokalgebundenen Kult; hier geht es um die *örtliche* Anwesenheit Gottes; die Rede von El haftet an bestimmten → heiligen Stätten (: II). Anders steht es mit der erweiterten Form aus derselben Wortwurzel: '^{æ}lohîm, die als plur.maj., aber auch als Ausdehnungsplural gedeutet wird (→ Elohim). Dieser *Plural* kann jedoch auch gelegentlich numerisch sein und »Götter« bedeuten; und wenn er einen einzelnen Gott meint, so braucht es nicht der eigene Gott zu sein. »Gott« wirkt nicht nur als der eigene Gott Israels, wie die grausige Geschichte 2Kön 3, 27 lehrt!

Der eigene Gott Israels hieß JHWH (→ Jahwe, → Tetragramm). Sogar dieses Wort war zeitweise nicht reiner Eigenname; der Deuteronomiker hatte sich in Israel gegen einen Polyjahwismus zu wenden (G.v.Rad, TheolAT I, 1957, 211; vgl. Dtn 6, 4). Es blieb Eigenname eines Gottes, vermutlich hauptsächlich wegen der Sagen, mit denen es verknüpft war. Diese wurden mit anderen Perlen der mündlichen Tradition allmählich auf den Faden einer Geschichte Israels gezogen, die nun von einem Gott Israels, einem Jahwe geführt worden war. Jahwe war eben der Gott, mit welchem im Bunde zu stehen Israel zu Israel machte. Der Name Jahwe gehört also in der S. des AT wesentlich zusammen mit der *Geschichte* Israels und mit → Israel (: I, 5) als *Rechtsverband*. Gott war Jahwe als der, der die Ordnung gestiftet hat (→ Bund: II), in der man mit seinem Bundesgenossen, bald aber auch: in der man mit seinem Stammesgenossen und sogar Beisassen, endlich: mit den Fremdvölkern (und gar der ganzen Welt) zu leben hatte. Diese Stiftung aber war kein mythologisch urzeitlicher Vorgang, sondern geschichtlich, durch Ausrufung des Bundesrechtes geschehen, wie sie weiterhin durch Menschenmund bei bestimmten Versammlungen der Amphiktyonie geschah. Die Ordnung seines Rechts bestimmte in Israel die S. allmählich *aller* Rede von Gott unwiderruflich. Wer den Namen Jahwes anruft, muß unschuldig und gerecht sein in dem vergleichsweise völlig unreligiösen Sinne etwa des → Dekalogs. Das Wort Jahwes war zuvörderst Recht-Spruch; die S.geschichte Israels ist, theologisch befragt, so etwas wie *Rechtsgeschichte*. Dabei ist von besonderer Bedeutung, daß hiermit die S.geschichte als S.*geschichte* ins Spiel kommt (vgl. 1Sam 2, 30).

Was es für das Rechtsverständnis bedeutet, wenn die Gottesfrage Rechtsfrage ist, lehrt die Berufungsvision des → Jesaja (6, 6f). Der Prophet, der seine Zeitgenossen übler Verbrechen zeihen wird, hat vor Gott doch selbst unreine Lippen. Die S. des Propheten ist, all ihrer weltlichen Rechtlichkeit voraus, gerade vor Jahwe unrecht in einem Sinne, daß nur die (bildhafte) Berufung auf

Jahwe selbst das Recht zum Reden gibt. Hier stehen wir vor dem eigentlichen S.problem des AT: Welches Recht hat die Berufung auf Jahwe? Konkret handelt es sich um das Problem der falschen → Propheten (: II B, 1 e). Nach Dtn 18, 21 f wäre das Recht einer Prophetie ex eventu festzustellen. Das ist zwar das Verfahren, nach dem das NT sich seine Dicta probantia aus dem AT auslesen wird; aber weder die eigentliche Beziehung des NT zum AT noch auch die des alten Israeliten zur Prophetie ist hierin zu sehen. Das AT beruft sich nicht *im Kern* auf Geschichte und Gesichte, sondern auf *das offenbare Recht Gottes* (vgl. Jer 23, 22). – Allerdings ist der Name Jahwe mit Sagen von überlegenen Machttaten dieses verbündeten Gottes verknüpft. Aber keine Gegenwart erfüllte, was man sich von einem solchen Verbündeten versprechen durfte (v.Rad). Die Religion Israels stand, solcher Verborgenheit Gottes (Jes 45, 15) zum Trotz, auf der überzeugenden Kraft des *Wortes*. (Zu »Recht« und »Wort« vgl. Fuchs, Aufs. II, 270.) Dtjes beruft sich zwar auf die faktische Erfüllung von Prophezeiungen, aber eben auf eingetroffenes Unheil, auf welches die Erfüllung der impliziten Verheißung des Jahweglaubens ja noch folgen muß.

Die S. des Jahweglaubens wurde durch die Prophetie (→ Propheten: II B. C) als Rechts-S. mit der Geschichte in Verbindung gehalten; dabei mußte die implizite Verheißung des Jahweglaubens immer wieder als Wort zur Stunde neu zur Geltung gebracht werden. Diese Geschichte der Jahwe-Prophetie rieb sich schließlich an sich selbst auf. Die → Geschichte (: I) wurde zur immer lauteren Frage an die Sagen und an die Prophetie, die deren Verheißungs-Sinn ja nur je historisch zur Geltung brachte (v.Rad). Die Prophetie starb ab. Schriftgelehrte, Rabbis traten in die Lücke. Der Name Jahwe wurde mehr und mehr vermieden.

An seine Stelle trat → Adonaj, ein phonetisch absonderlich gebildetes Wort mit der grammatischen Bedeutung »meine Herrschaft«, das jedoch zu der Bedeutung »der Herr« erstarrte. (Die Beziehung dieses Ersatzwortes zu dem »Kyrios« der LXX ist noch nicht endgültig geklärt.) Es handelt sich hier um das Wort, das auch im Phönikischen als Gottesname begegnet (→ Adonis), auch hier aber die Grundbedeutung »Herr« hat. G.Quell betont mit Recht: Dieser Vorgang »stellt nichts Geringeres als eine Gesamtexegese der hl. Schrift Israels dar« (ThW III, 1059), und zwar eine schriftgelehrte Exegese des nach-at. Judentums, die das Christentum glatt übernommen hat. Diese Exegese hatte vermutlich (unsere Urtexte sind ja jüdische Kulttexte) schon in den alten israelitischen Schriften ihre Vorstufe, insofern auch im Ketib Gott derart »Herr« genannt wird. Aber auf dieser Basis den Namen Jahwe zu eliminieren, war doch etwas Neues. Der Name wurde bemerkenswerterweise zwar seinem Lautbestand nach vergessen, blieb aber, als der vermiedene Name (šᵉma', hāššem), von höchster Bedeutung (→ Name Gottes, → Tetragramm).

Die hierdurch gegebene S.struktur ist wohl einzigartig: Man bekennt Gott (sogar *dieses* Wort wird möglichst ersetzt) nur noch als seinen Herrn – in einem Wort, das, wie ein Eigenname, grammatisch keine gewöhnliche Form ist. Und dieser Surrogat-Eigenname stellt den ausdrücklichen sprachlichen Zusammenhang mit den hl. Schriften und ihrem Zeugnis vom Gott Israels her: Was der Gott Israels getan hatte, hatte der Herr getan, zu dem man sich bekannte. Der Herr, der damals seinen Namen an Israel zur Verkündigung seiner Herrlichkeit an alle Völker offenbart hatte, konnte jetzt nicht mehr genannt werden. Man mußte, *beherrscht* von der S. der hl. Schriften, aus der Herrschaft, die man zu bekennen hatte, einen Behelfsnamen machen. Die S. der Jahwezeugnisse drängte übermächtig, theologisch gesehen, in die S.losigkeit ab. Das theologische Problem der Rechtsgeschichte, wie es der Jahweglaube gestellt hatte, war durch rabbinische Schriftgelehrsamkeit nicht zu bewältigen. Die Wundermacht Jahwes, der durchs Rote Meer geführt hatte, war in der Schwäche dieser S. nicht wiederzuerkennen und also nur als Traditionsgut zu bekennen.

4. a) Nur *ein* Fachgelehrter hat sich thematisch zum Problem dieses Abschnitts geäußert: Ernst Fuchs. Auf seiner Lebensarbeit beruht die hier folgende Darstellung. – Im Horizont unseres *gängigen* S.verständnisses griechischer Provenienz ist das *NT* durch einen fundamentalen *Widerspruch* konstituiert: Es lehrt Jesus als den Herrn, ohne dazu durch die Lehre Jesu hinreichend legitimiert zu sein. (Dieses Problem wird immer unter dem Thema »Auferstehung« mitbehandelt; s. 4 c.) Traditionsgeschichtlich geht der Weg (von Seitenwegen abgesehen) von den Worten und Taten Jesu aus, weiter zu einer Theologie, die fast ganz ohne Jesusworte auskommt (als Vertreter der hellenistischen Christenheit → Paulus), und zurück zu den Taten und Worten Jesu (synoptische → Evangelien, → Johannesevangelium), wobei jedoch eine erstaunliche *Freiheit* im Umgang mit dem Überlieferungsmaterial auffällt. Man muß auf Jesus zurückgreifen. Die Einschränkung moderner Dogmatik, es gehe *nur* um den erhöhten Herrn, widerspricht jedenfalls den synoptischen Evangelien; das Problem liegt tiefer. Was auf den Abschluß dieser Kreisbewegung der S.geschichte des → Urchristentums folgt, wirkt »innerhalb des NT wie ein Anhang« (Fuchs), der Anhang, der sozusagen die christliche Literaturgeschichte bis heute ist. (Vgl. Luthers Ordnung der nt. Bücher im September-Testament [→ Bibel: II B, 4]; auch seine kanonische Schätzung der Loci → Melanchthons von 1521.)

Die Art der Überlieferung bringt also mit sich, daß wir gar nicht bei Worten *Jesu* ansetzen können, ohne es bereits mit dem Problem der Theologie des *Urchristentums* zu tun zu haben. Aber dieser Textbefund gibt durch eben diese seine Struktur einen hermeneutischen Wink. Jesus sprach, wie die synoptischen Texte zeigen, über die Herrschaft Gottes (→ Reich Gottes: I, 2 c), Paulus schrieb über die → Gerechtigkeit Gottes (: III), das JohEv bezeugt den Zeugen Gottes. Es geht also im Einzelnen und im Ganzen um Gott. Ist jene erstaunliche Freiheit, die dem Historiker als Unzuverlässigkeit zu schaffen macht und dem Dogmatiker eine Versuchung zum Zweifel ist, eine Erscheinung eben des eigentümlichen Zeugnisses des NT, neben dem unser aller Reden und Schreiben als bestenfalls ein Anhang steht? Dann müßte der Exeget stets die Möglichkeit gewärtigen, daß ihn der Text die *S. Gottes* lehren will.

Der Text fordert hierin Selbstprüfung des Exegeten. »Diese Selbstprüfung darf aber nicht naiv geschehen, sie muß vielmehr schon innerhalb der Methode der Auslegung angesetzt sein« (Fuchs, Aufs. II, 400). Das impliziert: Der Historiker hat gerade nicht seine historische und der Dogmatiker gerade nicht seine dogmatische Arbeit zu unterbrechen, um sich selbst zu prüfen in der Hinsicht, in welcher das NT vor allem Selbstprüfung verlangt. Das gängige S.verständnis griechischer Provenienz kann in der eigentümlichen Kraft der nt. S. nur ein ästhetisches Kuriosum bzw. Mirakel sehen. Man hat aber nach der Vollmacht des Worts zu fragen, die sogar durch mit-unterlaufenden Betrug und Fälschungen nicht beendet wurde.

b) Die »Freiheit zum Wort« (Fuchs) – vgl. Mt 7, 28 f ἐξουσία; παρρησία, ἐλευθερία (→ Freiheit: I) –, die das NT auszeichnet, nahm ihren Anfang in dem Reden Jesu von Gott (→ Jesus Christus, 10 b). Jesus brachte diese göttliche Freiheit unter die Menschen, indem er von *Gottes Herrschaft* redete. War Gott in der S. des Judentums, zu welchem Jesus sprach, der Herr, so war Gottes Herrschaft Gottes Gottheit, – die das Judentum für die Gegenwart nicht bekennen konnte, sondern für die Zukunft erwartete. Jesus geht also den Weg gewissenhaften S.gebrauchs, den das Rabbinat gegangen war, weiter. Das Tetragramm verliert allerdings hier seine verborgen dominierende Bedeutung; den Jahweglauben erneuert Jesus nicht. Auch braucht Jesus in aller Freiheit das Wort → Gott (: IV). Dem antiken Judentum war das Reden über Gott völlig unter die Herrschaft der Kategorie »Herrschaft« geraten. Hiervon hob sich das Reden Jesu ab, indem er die Gottesherrschaft durch »Analogien« *verstehen* lehrte (→ Gleichnis: II, 3).

Die Analogie (vgl. Fuchs, Herm. 211ff) ist eine bes. kultivierte Äußerung der semitischen S.kraft. Zur logischen Struktur der Analogie (in diesem stilistischen Sinne) gehört, daß sie genau so viel verdeckt, wie sie zeigt. Das zeigt sich bei den Eintragungen von außen, zu denen die *Suche* nach dem »tertium comparationis« nötigt, mit dem man die Analogie wissenschaftlich aussaugen kann, – was diese dann als (vielleicht hübschen) Umweg doch als überflüssig erscheinen läßt. Zwischen Vorgestelltem (Bildhälfte) und Wirklichkeit (Sachhälfte) ist das Tertium zunächst die S. als *verstandene* S. (Illustration: »Du Hund!!« – »Was hast denn du gegen Hunde?« Der Witz dieser Entgegnung ist das geflissentliche Nichtverstehen des *Selbstverständlichen*.) Die »Einstellung« (Fuchs, Herm. 217), »der Denkakt, der durch den Vergleich herausgefordert wird, ist ohne weiteres als tertium comparationis ... brauchbar« (Aufs. II, 137). Das Tertium (in unserm Beispiel etwa: Gemeinheit) ist eine Selbstobjektivation des Verstehens (eben als »das Verstandene«), die auf den verstehenden »Denkakt« folgt. Solche Objektivationen sind es denn, die gewöhnlich als Jesu Lehre ausgegeben werden. Aber wenn Jesus sein Wichtigstes notorisch analogisch sagte, so wollte er gar nicht Lehre lehren. Ist jedes Verständnis des Sinnes analogischer Rede auf Eintragungen angewiesen – das ist es ja, was sie so »lebendig« macht! –, so stellte *Jesu »Verhalten«* (Fuchs) im Gebrauch des Wortes »Gott« der S. bereit, was bei diesem Gebrauch der Analogie einzutragen war: die göttliche Freiheit zum Wort. Lädt die analogische Rede den Hörer im gemeinsamen Blick auf die *Wirklichkeit* – die Formel: »Das Himmelreich ist gleich ...« ist bekanntlich ein irreführender Semitismus! – zu eigenem Denken ein, fordert zum eigenen Wort auf: dann ermutigte Jesus angesichts der (wie in seinen Bildern) ungeschminkten, unverbrämten Wirklichkeit, in Gottes Namen selbst das Nötige zu sagen. Schriftgelehrte, Pharisäer, bes. aber Leute wie Zöllner und Dirnen hat Jesus zu solchem Hören auf Gott erweckt. So wurde die herrschende S. des AT zur alten Herrschaft; Gottes *Herrschaft* durch die S. machte sich geltend als *frei* machende Herrschaft. Dem AT stand man mit der Vollmacht Gottes gegenüber. Der Herr konnte »Abba = lieber Vater« gerufen werden (→ Vatername: III).

c) Was hier sprachlich im Gange war, davon gibt uns das NT nur ganz kleine Proben. Luther erkannte, daß das NT nicht eigentlich Schrift sei, sondern »ein fröhlich Geschrei« und wesentlich mündliches Wort. Die Bevollmächtigung durch Jesus hatte nun sichtbare Folgen in der Welt. Jesus-Erscheinungen trösteten Apokalyptiker (damit ist über die Auferstehung überhaupt und Jesu im besonderen nichts gesagt); die »bessere Gerechtigkeit« war der Stolz anderer Kreise (Q, der Herrenbruder Jakobus, auch Mt), Erkenntnis tiefster Gottesgeheimnisse war der Ruhm dritter; usw, vgl. 1Kor 12–14. Die Befreiung für den Anspruch der Welt in der Not des Nächsten als die S. Gottes wurde durch diese neuen Phänomene nun irritiert (Fuchs). Was ist für die neue Freiheit im Namen Gottes das Entscheidende? Die *Theologie*, deren literarischen Niederschlag wir im NT haben, war die Arbeit, hier auf den → Glauben allein zu dringen, – der ohne Frage Folgen hat (die → Liebe vor allem), dessen Verständnis aber eben darum in seiner Reinheit gefährdet ist.

Denn nicht die Folgen des Glaubens sind das ins Auge zu fassende Maß des Glaubens! Dagegen setzt die Theologie Jesus den Gekreuzigten als das Maß des Glaubens. Erweist es sich als nötig, die Herrschaft neuer, *christlicher* S.n und ihrer Wertordnungen zu brechen, so ist Jesus selbst »Herr« zu nennen. So aufdringlichen Phänomenen wie Glossolalie entgegen ist auf das Phänomen Jesus zu verweisen. Die wichtige Feststellung → Bultmanns, daß man ja historisch nicht mehr weiß, ob Jesus »gehorsam« am Kreuz starb oder zusammenbrach, kann nicht davon abbringen, sich an Jesus zu halten. Im Entscheidungsfall hält es das NT mit Gott, nicht mit Jesus, – wie Jesus. Und Jesu S. war die S. des unbedingten, den Tod nicht ausschließenden Gehorsams gegen Gott. So wurde in der Gemeinde, die in dieser S. lebte, der Gekreuzigte selbst »vor die Augen« gemalt (Gal 3, 1) – kraft der Freiheit Jesu zum Wort, zur Erhaltung im Glauben, an welchen der Geist gebunden ist (Gal 3, 2), der frei macht (2Kor 3, 17). – Wären wir Christen nicht Sünder, so wäre diese Rückbindung an Jesus, den Herrn, nicht nötig.

Paulus steht mitten in dieser dogmatischen Arbeit. Kerygmatische Formeln setzt er bereits voraus; aber was diese sagen sollen, ist nicht eindeutig; denn sie sind (antithetische) Explikationen und deshalb leicht Surrogat für das christliche, freie Wort. In seinem Kampf gegen die verschiedensten Gegner ist sein zentrales Thema die *Gerechtigkeit Gottes* (→ Paulus, 3 c). Die *hermeneutische* Relevanz seiner Auseinandersetzung mit den Gesetzeswerken ordnet diese Arbeit in den Zusammenhang der S.geschichte des Urchristentums ein. – Jesus konnte den Unterschied von Gesetzeswerken und gesetzwidrigen Werken so gering achten, weil die *S. des Rechts*, in der dieses Gesetz Gesetz war, bei ihm vollmächtig beansprucht war durch das Wort Gott. Durch Jesu Wort kam allererst heraus, was die S. ist, und was *ihre guten Werke* vor Gott sind. Als nun christliche S.n sich auszubilden begannen, mußte zur S. kommen, daß auch christlichen S.n und ihrer Gesetzlichkeit gegenüber allein Gott das Recht zum Wort hat und die Freiheit zum Wort gibt und nehmen kann. Hier ist die Hilfe Jesu Christi entscheidend.

Der aus Gottes Wort anschaulich gewordene Christus, »gehorsam bis zum Tode, ja zum Tode am Kreuz« (Phil 2, 8), war in seinem Tode die durch unsere Sünde nicht zu überbietende Erscheinung, deren Anblick uns an das Hören auf *Gott allein*, an den »Gehorsam des *Glaubens*« erinnert. Die soteriologischen Aussagen über Christus bei Paulus (er sei für uns zur Sünde gemacht, 2Kor 5, 21; er sei unsere Gerechtigkeit, 1Kor 1, 30) sind durch (noch nicht abgestorbene!) sündige Fehlentwicklungen provozierte, ihrerseits in die Freiheit zum Wort (dh, wie Fuchs betont, nicht nur zum Bekenntnis) zurückrufende, überaus kühne Antworten des Glaubens. Die Offenbarung der Gerechtigkeit Gottes als Gerechtmachung des Glaubenden im Evangelium von Christus bekennt Paulus da, wo das Gewissen, dem Gesetz verhaftet, Schwierigkeiten bekommt, das von Jesus empfangene Recht des Menschen als *Recht Gottes* zu bewahren.

Das Wort »Gott« ist als Wort Gottes Wort der Liebe. Von hier aus ist das Wort von der Auferstehung (s. 4 a!) zu bedenken.

d) Worte Jesu waren bereits u.a. in Q (→ Evangelien,

synoptische, 1 c β) festgehalten worden. »Daß aber auch die Gemeinden des paulinischen Typus in gewissem Maße dieser Tradition bedurften, beweisen die Berufungen des Paulus auf Herrenworte, - zum Beweise genügen 1Kor 7, 25; 9, 14« (Bultmann, Trad. 394). Schon im MkEv, im großen Umfang aber dann im Mt- und LkEv wurde diese → Tradition (: V) ins → Kerygma einbezogen - im Rahmen dessen, daß man Aussprüche Jesu »als Sinnbild seines Verhaltens, als Sinnbild seiner Freiheit zum Wort, als Sinnbild des Glaubens« (Fuchs) verstand und jeweils interpretieren wollte.

Wenn die historische Gewissenhaftigkeit sich sträubt, die Bedeutung des Wortes »Gott« für gewissenhaften S.gebrauch zu beachten, ist diese Gewissenhaftigkeit Gottlosigkeit, und zwar die (oft methodologisch bewußte) Gottlosigkeit der S. (s. 4 a) derer, die das Evangelium schon Paradox genannt und als Torheit (1Kor 1, 18) dogmatisch stehen gelassen haben, während der Apostel doch das Denken noch lange nicht aufgibt, auch nicht fürchtet, aufgeben zu müssen, und damit im NT nicht allein steht.

5. Wir markieren noch drei Hauptprobleme der S.-entwicklung in der Kirchengeschichte.

a) Das *AT* bezeugt faktisch das Sterben einer Religion an Gott, - im Lichte des NT: Gottes Sieg in der Jahwe-Religion. Die Autorität des AT und damit die hermeneutische Ortung seiner S. war schon innerhalb des NT ein nicht einheitlich gelöstes Problem (→ Schriftauslegung: III). Das Problem seiner christlichen Interpretation blieb, verschärft durch die kanonische Geltung des AT (→ Bibel: I B), eine lebendige Frage nach der Kraft des at. Wortes selbst - bis heute.

b) Der unbedingte Anspruch Gottes, den Jesus zur Geltung gebracht hatte, konnte öffentlichen Problemen nicht fern stehen bleiben. Die Bildung der Organisation, die dann Kaiser → Konstantin I. zum Pfeiler der Reichspolitik machte, war Folge einer notwendigen S.entwicklung (→ Apologeten, → Origenes). Die Konstantinische Wende war aber doch auch in sprachlicher Hinsicht ein Wendepunkt. Was bis jetzt an christlichen *Dogmen* existierte, war tatsächlich Bekenntnis-Formel gewesen. Zwar setzt der Prozeß der S.regelung schon im NT ein. Die altkirchlichen Dogmen aber sind Reichsgesetze. Das Christentum nimmt dekretierte S.regelungen auf sich. Dadurch ändert sich der Sinn von »bekennen« fundamental (→ Bekenntnis: VII). Daß das Ergebnis erträglich wurde, ist von zwei Seiten her zu verstehen: Einerseits hatte die Politik, die hier die Feder führte, mit dem Evangelium das Interesse an der (durch die »reine« Theologie oft arg bedrohten) öffentlichen Ordnung gemein; anderseits ist das Evangelium nicht auf eine menschlich bestimmte S. festgelegt, hat also die Freiheit, echten weltlichen Notwendigkeiten zu entsprechen.

Zwischen der Juridifizierung der Kirchen-S. und dem Reden über Gott und Christus als »Natur«-Dinge besteht vermutlich eine tiefe Beziehung. Beides sind Äußerungen objektivierenden Denkens. Und Justiz braucht Objekte. Durch Luther belehrt, sieht man heute, daß die Theologie sich hier durch eine Begrifflichkeit hat faszinieren lassen. Das ontologische Problem stand in Begriffen wie »physis« und »usia«. Es ist aber wohl nur im *kirchen*geschichtlichen Zusammenhang verständlich, daß die Theologie auf diesem Stand der → Ontologie *verharrte*, - freilich, indem sie diese intensiv ausarbeitete, da sie ihre Begriffe vorbehaltlos mit den biblischen Texten konfrontierte.

c) Der biblische Wortlaut bot, bes. in doxologischen Partien, Anhaltspunkte für eine Lehre von den → Eigenschaften und vom Wesen Gottes. Trotzdem gilt: Das biblische Reden von Gott hat kein Vorstellungs- oder Begriffszentrum. Diese »Lücke« konnte man, anhand von Ex 3, 14 LXX, ontologisch füllen - um so unbesorgter, als ja die Philosophie selbst hier in einer Aporie auslief. (Die antike Philosophie erfuhr erst durch die Apologeten eine klar monotheistische Interpretation [→ Gott: V, 3; VII, 2; → Gottesbeweise, 2 a].) - Auch waren die Sakramente nun Dinge, deren Wesen in der S. der Christenheit das Wesen Christi und Gottes erläuterte. (Dazu Th. Bonhoeffer, s. Lit.; vgl. auch den Luth. Ausbau der → Christologie [: II, 7] von der Abendmahlslehre aus.) Eine metaphysische Theologie wurde also sozusagen aus christlich angereichertem Boden genährt. Dennoch wird in immer neuen Stößen das Vermögen der → Metaphysik, von Gott zu reden, in Zweifel gezogen: Sei es, daß nur die Spannung zwischen biblischem und griechischem Denken empfunden wird; sei es, daß das philosophische Denken nicht mehr zu einem Reden von Gott zu führen vermag (zuerst bei → Ockham, dem theologischen Sprecher der spätmittelalterlichen Christenheit).

Der Ockhamist → Luther hat energisch auf alle Rettungsversuche der Ontologie für die Rede von Gott verzichtet. Er hat aber die biblischen Texte als alleinigen Grund der Möglichkeit, von Gott zu reden, so zum Zuge gebracht, daß seine S. (im Gegensatz auch zur ref. und spiritualistischen S.), umgekehrt, eine neue Ontologie zu fordern und zu lehren scheint: Schon die deutsche Schulmetaphysik des 17. Jh.s (M. Wundt), aber vielmehr der deutsche → Idealismus und heute Heidegger sollten auch als Interpreten Luthers gelesen werden.

Die andere, unluth. Konsequenz aus der Infragestellung metaphysischer Rede von Gott im Lichte der biblischen S. war ein eigentlicher theologischer Nominalismus: »Gott« als ein Wort, zu dessen Gebrauch man durch Metaphysik nicht hinreichend legitimiert und durch die Bibel nicht in Stand gesetzt wird, als ein leeres Wort anzusehen. Das ist im Französischen 1758 (London 1768) erreicht (→ Atheismus: II, 3). In Deutschland hat F. Mauthner diese Sicht um 1900 propagiert. Bei ihm kommt das nicht ganz durchreflektierte theologische S.problem aus derjenigen Sicht zur S., in der es heute allgemein als bereits erledigt gilt. Ein S.philosoph vom Rang H. Weins beruft sich heute auf Mauthners S.kritik. Diese ist in Mauthners Verständnis jedoch identisch mit → Atheismus. Diese Verbindung von S.philosophie und (mystischem) Atheismus (über den Mauthner noch 4 Bände schrieb) ist aber heute schon dem Schweigen verfallen: Theologie wirkt als so keines Wortes wert, wie wenn, mit Mauthner zu reden, jemand heute über das »Phlogiston« (das »Brennelement« der Chemiegeschichte) eine Dogmatik schreiben würde.

Die Bibel lehrt nun aber, daß hinter dem (seinerzeit gewiß nur im logisch-ontologischen Verständnis von Definition gesprochenen) theologischen Schulsatz: »Deus definiri nequit« eine Frage steht, deren Tiefe Mauthner nicht bemerkt hat. Das »Phlogiston« war im System einer Theorie der Name für eine übrig bleibende unbekannte Größe. Die Rede von Gott aber ist auch in der metaphysischen Zeit der christlichen Theologie *nicht* im System einer Theorie begründet gewesen. Der Begriff von Gott als »primum ens« war ein aporetisches Ende der Weltweisheit; sein Gebrauch war *getragen* von den biblischen Texten. Diese aber sind nicht unter den Begriff Theorie zu bringen. Wenn dann im Protestantismus die biblischen Texte mehr als Lehrbücher einer heilsgeschichtlichen Weltanschauung gelesen wurden, so schien zwar die Bibel doch einen Gottesbegriff (Gott Israels, Vater Jesu Christi usw) zu lehren. Aber es will beachtet sein, daß diese Theologie von Anfechtungen und Zweifeln begleitet war, die nach Luther gerade als der *eigent-*

liche Bewährungsort des Wortes Gottes in Geltung standen. Auch hier also hat die Theorie offenbar nicht das letzte Wort. Das *begrifflich* Wesentliche am biblischen Gottesverständnis zeigt sich, präzisiert durch die Theologiegeschichte, als seine theoretische Inhaltslosigkeit. Das Wort Gott ist das bloße Wort schlechthin, das reine Glaubenswort.

Diese Einsicht ist der Wendepunkt von der Theorie in die hermeneutische Problematik: Was ergibt sich für das Wort- und S.verständnis überhaupt, wenn das Wort »Gott« das bloße Wort schlechthin ist?

Das Thema S. hat eine eigene theologische Forschungsgeschichte erst unter dem Titel → Hermeneutik (→ Schleiermacher – → Dilthey – → Heidegger, daneben → Barths Vorrede zu seinem »Römerbrief« 1922^{2} – E.Fuchs und G.Ebeling). Randerscheinungen in der Theologiegeschichte sind: die Gedanken des → Nikolaus von Kues (dazu Gadamer 411ff); die theosophische Linie → Böhme – → Oetinger – → Schelling; die mehr humanistische Linie → Comenius – → Herder; schließlich → Hamanns Luthertum (nach Schelsky ist E.Rosenstock-Huessy »ein Hamann der Gegenwart«) und Mauthners Übernahme westeuropäischer Denktradition.

Bei Luther war Exegese ständig hermeneutische Arbeit gewesen. So trieb er Hermeneutik, ohne ausdrücklich von der S. zu reden. Ähnlich – nun freilich ist auch das S.problem thematisch zu besprechen – läuft heute bei E.Fuchs und G.Ebeling Auslegung und Hermeneutik in eine Arbeit zusammen (vgl. Ebeling, Wort und Glaube 336f. 347), – eine bewußte Aufnahme des reformatorischen Ansatzes. In der Tat ist nun, nachdem die metaphysische Theologie ans Ende gekommen ist, das Gottesproblem und das S.problem und das ontologische Problem zusammen in der Auslegung der Texte anzugehen, die diejenige S. lehren, in welcher das bloße Wort gesprochen werden und die Entzugskraft des Wortes »Gott« als Kraft Gottes bedacht werden kann.

Der folgenden Lit.angabe zu diesem so neuen theol. Thema haftet fast zwangsläufig viel Zufälligkeit an. Wie sehr die theol. Arbeit zum Thema S. noch in den Anfängen steckt, zeigt die Unausgeglichenheit des Bandes Das Problem der S. in Theol. u. Kirche. Referate vom dt. ev. Theologentag 27.–31. Mai 1958, hg.v. W.SCHNEEMELCHER, 1959 (Lit.). – Für weitere Lit., bes. zu einzelnen Denkern, s. die im Text genannten Artikel.

Linguistisches: FR.BLATZ, Neuhochdt. Grammatik... I. II, 1895/96^{3} – J. u. W.GRIMM, Dt. WB X/1, 1905, 2718ff – W.BÜHLMANN OFM Cap, Die christl. Terminologie als missionsmethodisches Problem, dargest. am Swahili u. anderen Bantu-S.n (NZM Suppl. I), 1950 – G.GERLEMAN, Struktur u. Eigenart der hebr. S. (SEÅ 22/23, 1957/58, 252–264).

Philosophisches: FR.MAUTHNER, Beiträge zu einer Kritik der S. I–III, 1901ff – DERS., Der Atheismus u. seine Gesch. im Abendlande I–IV, 1920–23 – J.WILSON, Language and Christian Belief, London 1958 – H.-G.GADAMER, Wahrheit u. Methode. Grundzüge einer philos. Hermeneutik, 1960 – H.NOACK, S. u. Offenbarung. Zur Grenzbestimmung von S.philos. u. S.theol., 1960.

Neutestamentliches: E.FUCHS, Hermeneutik, (1954) 1958^{2} – DERS., Zum hermeneut. Problem in der Theol. Die existentiale Interpretation (Ges. Aufs. I), 1959 – DERS., Zur Frage nach dem hist. Jesus (Ges. Aufs. II), 1960.

Theologiegeschichtliches (nach der Sach-Chronologie geordnet): A.BORST, Der Turmbau von Babel. Gesch. der Meinungen über Ursprung u. Vielfalt der S.n u. Völker, 1957ff (universalgeschichtlich angelegtes Werk) – W.THEILER, Die S. des Geistes in der Antike (in: S.gesch. u. Wortbedeutung, Festschr. A.Debrunner, Bern 1954, 431 bis 440) – V.WARNACH, Erkennen u. Sprechen bei Thomas v. Aquin. Ein Deutungsversuch seiner Lehre auf ihrem geistesgesch. Hintergrund (Divus Thomas/Freiburg-Schw. 15, 1937, 189–218. 263–290; 16, 1938, 161–196; geht von der Antike aus, über die Väterzeit; bricht mitten in der Besprechung des Thomas ab!) – F.MANTHEY, Die S.philos. des hl. Thomas v. Aquin u. ihre Anwendung auf Probleme der Theol., 1937 – G.RABEAU, »Species. Verbum«, L'activité intellectuelle élémentaire selon S. Thomas d'Aq. (Diss. Paris), 1938 – TH.BONHOEFFER, Die Gotteslehre des Thomas v. Aq. als S.problem (BHTh 32), 1961 – J.QUINT, Mystik u. S. Ihr Verhältnis zueinander insbes. in der spekulativen Mystik Meister Eckeharts (DVfLG 27, 1953, 48–76) – P.HANKAMER, Die S. Ihr Begriff u. ihre Deutung im 16. u. 17.Jh., 1927 – E.BENZ, Die S.theol. der Reformationszeit (Studium Generale 4, 1951, 204–213) – M.LUTHER, An die Ratsherren..., 1524 – DERS., Sendbrief vom Dolmetschen, 1530 – P.MEINHOLD, Luthers S.philos., 1958 – E.H.PÄLTZ, Jakob Böhmes Hermeneutik, Geschichtsverständnis u. Sozialethik (Theol. Habil.-Schr. Jena), 1961, 285ff. 384ff. 446ff – W.LEIBRECHT, Philologia Crucis. J.G.Hamanns Gedanken über die S. Gottes (KuD 1, 1955, 226–242) – R.BULTMANN, Welchen Sinn hat es, von Gott zu reden? (BULTMANN I, 26–37) – E.ROSENSTOCK-HUESSY, Der Atem des Geistes, 1951 – DERS., Heilkraft u. Wahrheit, 1952 – DERS., Zurück in das Wagnis der S., 1957 – G.MÜLLER, Der S.denker E.Rosenstock-Huessy (EvTh 14, 1954, 314–333) – DERS., Zum Problem der S. Erwägungen im Anschluß an das S.denken E.Rosenstock-Huessys (KuD 2, 1956, 139 bis 156) – V.WARNACH, Satz u. Sein (Studium Generale 4, 1951, 161–175) – E.SCHLINK, Die Struktur der dogmat. Aussage... (KuD 3, 1957, 251–306) – G.EBELING, Das Wesen des christl. Glaubens, (1959) 1961^{4} – DERS., Wort u. Glaube, 1960 – H.-R.MÜLLER-SCHWEFE, Die S. u. das Wort, 1961.

Th.Bonhoeffer

Sprachtabu → Euphemismus.

Spranger, *Eduard,* Philosoph und Pädagoge, * 27.6. 1882 in Berlin-Lichterfelde, 1909 PDoz. in Berlin, 1911 ao. Prof. in → Leipzig, 1912 o. Prof., 1920–46 in → Berlin, seit 1946 in → Tübingen. Mitglied der Akademien der Wissenschaft in Berlin, Heidelberg, Leipzig, Wien; Mitglied der Friedensklasse des Ordens Pour le mérite. – S.s wissenschaftliche Arbeiten umfassen die europäische Geistesgeschichte, die → Kulturphilosophie, die Erziehungs- und Bildungslehre und die geisteswissenschaftliche → Psychologie. Alle diese Bereiche sind eng miteinander verknüpft. Er ging in den geistesgeschichtlichen Untersuchungen und in der geisteswissenschaftlichen Psychologie von den Positionen seines Lehrers → Dilthey aus. Zu den vielseitigen Forschungen zur europäischen Geistesgeschichte, bes. des Altertums und der Neuzeit, vgl. die »Bibliographie E.S.« (s. Lit.). Sowohl seine philosophischen als auch seine pädagogischen Auffassungen und Lehren gründen sich auf den Tatbestand, daß das Individuum in unlöslichen Beziehungen zur Kultur, ihren Inhalten und Strömungen, steht und in seinen Verhaltensweisen und Zielsetzungen aus diesen »Struktur«-Zusammenhängen zu verstehen und ethisch zu beurteilen ist. In diesen großen Bereich ist auch die Religion eingeordnet. Auf dieser kulturphilosophischen Grundlage ruht S.s Bildungslehre, die er u.a. auf die moderne → Lehrerbildung, bes. auf die Pädagogischen → Hochschulen angewandt hat. Die systematische Darstellung seiner geisteswissenschaftlichen Psychologie liegt in den »Lebensformen«, die Anwendung ihrer Prinzipien in der »Psychologie des Jugendalters« vor.

Vf. bes.: W.v.Humboldt u. die Humanitätsidee, (1909) 1928^{2}; W.v.Humboldt u. die Reform des Bildungswesens, (1910) 1960^{2}; Lebensformen, (1914) 1950^{8}; Kultur u. Erziehung, (1919) 1928^{4}; Gedanken über Lehrerbildung, (1920) 1930^{3}; Psychologie des Jugendalters, (1924) 1958^{25}; Die Magie der Seele, (1947) 1949^{2} (u.a. Zur Psychologie des Glaubens; Die Schicksale des Christentums in der modernen Welt); Päd. Perspektiven, (1951) 1958^{5}; Kulturfragen der Gegenwart, (1953) 1956^{2}; Der Eigengeist der Volksschule, (1955) 1956^{3}; Der geborene Erzieher, 1958. – Bibliogr. »E.S.«, v. TH.NEU, 1958 (777 Titel). – E.S., Bildnis eines geistigen Menschen unserer Zeit, Festschr., hg.v. H.WENKE, 1957.

H.Wenke

Sprichwort (dh vielgesprochenes Wort; griech. παροιμία, lat. proverbium, ahd. bîwurti) ist ein in der Volkssprache umlaufender, schlichter und faßlicher Leitsatz von fester Form und lehrhafter Tendenz. Popularität und Traditionsbildung scheiden das S. von Aphorismus und Sentenz. Das S. behandelt alle Lebensbereiche, vom Profansten bis zum Religiösen. Der gedankliche Inhalt scheint oft selbstverständlich, doch haben sich im S. die

Erfahrungen von Generationen verdichtet. Je summarischer diese Sätze sind, desto eher widersprechen sie einander. Neben moralischer Volksweisheit und Sittenlehre stehen oft ausgesprochen unmoralische S.er; ein Wertsystem läßt sich also nicht aus ihnen ableiten. Soziologisch gesehen hat jeder Stand aus seiner Sprache zum S.-bestand beigetragen. Stil und Form des S.s sind bestimmt durch prägnante Knappheit, formelhaft wiederkehrende Einkleidungswendungen, Stab-, End- oder Binnenreim, Parallelismus, Wortspiele, Rhythmisierung. Bes. liebt das S. einprägsame Bilder statt abstrakter Begriffe, Personifizierung, Wortkontraste, Hyperbel, Groteske, Parodie und Ironie. Eine eigene humoristische Form bildet das Beispiel- oder Sagte-S. (sog. Wellerismus).

Die weitgehende Gemeinsamkeit des S.schatzes der europäischen Völker beruht sowohl auf Polygenese als auch auf der gemeinsamen Verbundenheit mit antikem und biblischem Sprachgut. Schon Aristoteles wies dem S. einen bevorzugten Platz innerhalb der Rhetorik an, und die spätgriech. Paroemiographie wirkte auf dem Weg über die röm. Grammatiker noch bis ins MA hinein. Auch im rabbinischen und talmudischen Schrifttum dienten S.er zur Erläuterung und Begründung. Vor allem aber sind viele biblische Wendungen (Spr, Pred, Sir) zum S. geworden. Die Eindeutschung antiker und biblischer Spruchweisheit erfolgte über die Kanzel, aber auch durch die Klosterschulen, wo die S.er als Hilfsmittel zur Erlernung der lat. Sprache gebraucht wurden, und schon früh spielte das S. in Katechese und Homiletik eine Rolle. Aus dem 11.Jh. liegt eine umfangreiche Sammlung deutscher S.er vor, die → Notker (, 2) als Übungsbeispiele für seine St. Galler Klosterschule zusammenstellte. Aber auch die lat. Sammlungen (zB die Fecunda ratis des Egbert von Lüttich, 10.Jh.) enthalten zT Übersetzungen ursprünglich volkssprachlicher S.er. Ein eigener Geltungsbereich des S.s liegt im volkstümlichen Recht, vom → Sachsen- und Schwabenspiegel bis zu den bäuerlichen Weistümern (Rechts-S.er) des Spät-MA. Mit der Absicht einer volkstümlichen Wirkung findet sich das S. in der mhd. Spruchdichtung (Spervogel, → Walther von der Vogelweide), in didaktischen Dichtungen (Heinrich von Melk, Freidank, Thomasin von Zirclaere, Hugo von Trimberg, Teichner, Boner) wie in der Predigt (→ Berthold von Regensburg, → Geiler von Kaisersberg). In der Reformationszeit besaß das S. eine Autorität, die fast an die des Bibelwortes heranreichte. Luther würzt seine Schriften mit diesem volkstümlichen Ausdrucksmittel und hat selbst eine S.sammlung angelegt; sie steht in einer geistesgeschichtlichen Reihe mit den humanistischen Sammlungen des → Erasmus (Adagia, 1500; 50 Aufl.), Heinr. → Bebels (Proverbia Germanica, 1508), Joh. → Agricolas (1529) und Seb. → Francks (1541). Die Grenzen zwischen primär volkstümlichem und primär literarischem S. sind dabei durchaus fließend. Nach dem s.freudigen 16.Jh. (Seb. → Brant, Th. → Murner, Burkh. → Waldis, H. → Sachs, Joh. → Fischart, S.bild P. Bruegels d.Ä.) und 17.Jh. (→ Grimmelshausen, → Abraham a S. Clara), in dem weitere große Sammlungen entstehen (Euch. Eyering, Proverbiorum copia, 1601; Chr. Lehmann, Florilegium politicum, 1630), gilt später, bes. seit der Aufklärung, der Gebrauch des S.s als ein Zeichen von Unbildung. Ein größerer S.reichtum tritt erst wieder in der realistischen Dichtung auf (J. → Gotthelf, G. → Keller). Im 19. und 20.Jh. hat die volkskundliche Forschung (→ Volkskunde: I) vor allem zahlreiche landschaftliche S.sammlungen zusammengetragen und auch versucht, die lebendige Funktion des S.s in der Volkssprache zu beobachten, über die die älteren Sammlungen nichts aussagen.

K.F.W.Wander, Dt. S.er-Lexikon I-V, (1862-80) 1883-86^{2} - J.Zingerle, Die dt. S.er im MA, 1864 - E.Graf-M.Dietherr, Dt. Rechts-S.er, (1864) 1869^{2} - W.Borchardt-G.Wustmann, Die s.lichen Redensarten im dt. Volksmund, (1888) 1954^{7} - A.Otto, Die S.er u. s.lichen Redensarten der Römer, 1890 - Luthers S.ersammlung, hg.v. E.Thiele, 1900 - F.Seiler, Das dt. Lehn-S., 1921/23 - Ders., Dt. S.erkunde, 1922 - RDL III, 281ff - W.Bonser-T.A.Stephens, Proverb Literature, London 1930 - A.Taylor, The Proverb, Cambridge/Mass. 1931 - W.Gottschalk, Die bildhaften S.er der Romanen I-III, 1935-38 - S.Singer, S.er des MA I-III, 1944-47 - I.Klimenko, Das russ. S., 1946 - PW XVIII/2, 1707ff. 1735ff - M. Hain, S. u. Volkssprache, 1951 - Dies., S. u. Rätsel (Dt. Philologie im Aufriß, hg.v. W.Stammler, III, 1957, 1903-1917) - W.G.Smith, The Oxford Dictionary of English Proverbs, 1952^{2} - R.Strömberg, Greek Proverbs, Göteborg 1954 - J.Werner, Altgriech. S.er (Diss. Leipzig), 1957 - Ders., S.-Lit. (ZVK 57, 1961, 118-132) - M.Kuusi, Parömiologische Betrachtungen (FFC 172), 1957 - O.E.Moll, S.er-Bibliogr., 1958.

L.Röhrich

Springer, *Anton* (13.7.1825 bis 31.5.1891), Kunsthistoriker, * in Prag, hielt 1848 ebd seine ersten historischen Vorlesungen. 1852 habilitierte er sich in Bonn für Kunstgeschichte und erwarb bald hohes Ansehen. 1872 wurde er nach Straßburg berufen, 1873 nach Leipzig. Durch S. ist die Kunstgeschichte zu einer selbständigen wissenschaftlichen Disziplin geworden. Seine Hauptarbeit galt der mittelalterlichen Kunst, bes. der Ikonographie ihrer Bildwerke. Für ihre Erkenntnis zog er als erster in weitem Umfang die literarischen Quellen heran.

Vf. bes.: Die Baukunst des christl. MA, 1853; Hdb. der Kunstgesch., 1855; Raffael u. Michelangelo I. II, (1877/79) 1895^{3}. - Vollst. Bibliogr. in: Aus meinem Leben, 1892.

R.Feldhusen

Spruchbuch

1. Luther fügte, wahrscheinlich angeregt durch → Gersons »Tractatus de modo vivendi omnium fidelium«, dem Kleinen → Katechismus (: II, 3) die »Haustafel etlicher Sprüche für allerlei heilige Orden und Stände« bei, um den Christen an sein »Amt« in der Welt zu erinnern. Der → Heidelberger Katechismus bringt zu jeder Frage biblische Belegstellen und ist dadurch eine Art S. für die Gemeinde geworden. Die später üblich gewordenen eigentlichen ev. S.er berücksichtigen hingegen bes. *schulische* Notwendigkeiten. 1525 war bereits Melanchthons »Enchiridion elementorum puerilium« zum Gebrauch in Lateinschulen erschienen, mit Alphabet, Vaterunser, Ave Maria, Apostolikum, Dekalog und Aussprüchen aus dem klassischen Altertum, aus der Bibel nur Ps 66 und 127 sowie Röm 12 und Joh 13. V. → Trotzendorfs »Rosarium contextum ex rosis decerptis ex Paradiso Domini« (postum 1565) bringt 50 Sprüche nach dem Kirchenjahr für Lateinschulen. Weiter geht das Ulmische Spruchbüchlein (1616) für deutsche Schulen mit 64 alphabetischen Sprüchen und weiteren Sprüchen und Gebeten für Festtage und besondere Anlässe. Im biblizistischen Pietismus schwillt die Zahl der angebotenen Sprüche gewaltig an (zB »Biblisches Schatzkästlein« des württembergischen Hofpredigers → Hedinger mit 715 Sprüchen und kurzen Erläuterungen). Im 19. und 20.Jh. wird der Memorierstoff auch der S.er erheblich eingeschränkt, eigentliche S.er erscheinen schließlich überhaupt nicht mehr, mit Ausnahme von Württemberg (amtliches »Spruch- und Liederbuch und Katechismus«, 1951, mit 257 Sprüchen für 8 Schuljahre). Sonst werden die in Schule und gemeindlichem Unterricht zu lernenden oder zu behandelnden Sprüche heute meist hinter den Biblischen Geschichten (→ Schulbibel), Katechismen und Auswahlgesangbüchern verzeichnet. Die Auswahl zeigt eine bemerkenswerte Angleichung, angebahnt durch die katechetische Arbeit der Bekennenden Kirche (»Ev. Christenlehre«, 1938, mit alphabetisch geordnetem Spruchplan für 4 Altersstufen: 250 Sprüche,

darunter 170 »Kernsprüche«, 80 von ihnen als »eiserne Ration« bezeichnet). Die Lehrpläne und Spruchverzeichnisse nach 1945 haben sich weithin nach diesem Angebot gerichtet: Psalter und Evangelien werden bevorzugt, ohne daß die »Lehrbücher« zu kurz kämen. Zusammenhängende Texte sind stets einige Psalmen, Teile der Bergpredigt, der Schluß von Röm 8 und 11, Phil 2, 5-11 u.a.

2. Das S. der nachreformatorischen Schulmänner entspricht den heutigen Bedürfnissen nicht mehr. Ein ausgedrucktes Spruchverzeichnis, dessen Wert unbestritten ist, sollte, schon um der Kostenersparnis willen, der »Biblischen Geschichte« oder dem Katechismus beigefügt werden. Ferner wäre ein für die EKD gemeinsamer Spruchkanon dringend erwünscht, der nicht zu umfangreich sein sollte (etwa 100). Die Anordnung folgt wohl am besten der der biblischen Bücher, u.U. mit Angabe des Schuljahres. Bei den Geschichten und Katechismusstücken wird auf den entsprechenden (numerierten) Spruch hingewiesen.

3. Luther sah in den Sprüchen ein Mittel, Zuspruch und Anspruch der Evangeliumsverkündigung festzuhalten. Er schlug vor (Deutsche Messe WA 19, 77f), das Kind daran zu gewöhnen, »aus den Predigten Sprüche der Schrift mitzubringen und den Eltern aufzusagen«; die Sprüche gehören entweder in das Beutlein des Glaubens (Sünde und Erlösung) oder in das der Liebe (Dienst und Leiden). Das bedeutete den Primat der ganzen Schrift vor dem Einzelspruch, der nicht als zeitlose Lebenswahrheit aufzufassen ist. Noch heute empfiehlt es sich in der Regel, den Spruch als Verdichtung der entsprechenden Perikope zu behandeln, ohne dabei die Kinder mit sprachlich schwierigen Stellen zu belasten. Auf keinen Fall darf man Sprüche ohne Verständnishilfen lernen lassen (→ Konfirmandenunterweisung, 3).

4. Theologische Bedenken gegen ein S. mit einer *kleinen*, dem kindlichen Fassungsvermögen angepaßten Auswahl wiegen heute um so weniger, als der Gemeinde umfassendere »S.er« zur Verfügung stehen und sich eine neue Art des Umgangs mit Bibelsprüchen abzeichnet. Die Reichweite der Herrnhuter → Losungen zB hat stark zugenommen; den Gefahren, die dem geistlichen Leben erwachsen können, wenn es sich lediglich von Sprüchen nährt, kann man durch Auslegungen (Losungskalender) begegnen. Die sog. Wochensprüche sind eine Hilfe zum Erfassen der alten Sonntagsevangelien und der diesen zugeordneten Kirchenjahrlese. Darüber hinaus erschließen Jahreslosung und Monatssprüche der bibellesenden Gemeinde auch unbekanntere Bibelworte. Seit einigen Jahren versucht man, denselben Spruch eine Woche hindurch in kurzen Betrachtungen meditativ aufzuschließen (zB »Getroster Tag«, hg.v. Bayr. Mütterdienst); das erinnert an Luthers Hinweise (4fach gedrehtes Kränzlein) und verdiente auch im Unterricht fruchtbar gemacht zu werden.

M.LUTHER, Eine einfältige Weise zu beten, 1535 (WA 38, 358ff) - RGG² V, 716ff - Ev. Christenfibel für Kirche, Schule u. Haus, 1956 - K.WITT, Konfirmandenunterricht, 1959, 75ff - Stuttgarter Bibelbüchlein - Neuere Bibl. Geschichten u. Katechismusausgaben.

W.Rott

Sprüchebuch *(Sprüche Salomos)*

1. Formales - 2. Inhaltliches - 3. Herkunft und Datierung. - Vgl. ergänzend → Weisheit, → Weisheitsdichtung

1. Im Buch der Sprüche Salomos (hebr. mišlê šᵉlomō, griech. παροιμίαι) zeichnen sich je durch ihre Überschriften verschiedene Einzelsammlungen ab, von denen wohl jede ursprünglich ihre eigene Geschichte gehabt hat: I. 1-9; II. 10-22, 16; III. 22, 17-24, 22; IV. 24, 23 bis 34; V. 25-29; VI. 30, 1-14; VII. 30, 15-33; VIII. 31, 1-9; IX. 31, 10-31. Die Reihenfolge in der LXX weicht davon etwas ab; auch sonst weist diese Übersetzung nicht unbedeutende Auslassungen und Überschüsse auf. - In diesen 9 Sammlungen ist ein umfangreiches Überlieferungsgut von Einzelsprüchen oder gnomischen Dichtungen umschlossen. Der Weisheitsspruch hat durchweg poetische Form; er ist rhythmisch und parallelistisch gestaltet, wobei außerdem die paronomastisch-assonantische Formgebung eine große Rolle spielt. Aber schon in formaler Hinsicht bestehen zwischen den Sammlungen deutliche Unterschiede. Die Sammlung II (dazu auch c. 28 und 29) enthält nur einzeilige Sprüche, in denen ein Gedanke durch das Nebeneinander der beiden parallelistischen Stichen ausgedrückt wird. Merkwürdigerweise herrschen die antithetischen Parallelismen in 10-15 vor, während sie in 16 - 22, 16 zurücktreten. Die Wie-Form (Vergleich) tritt in 25-27 in den Vordergrund; sonst tritt sie fast ganz zurück. Gelegentlich finden sich Spuren einer gewissen Ordnung des überaus disparaten Stoffes, bes. bei den Königssprüchen in 16, 10-15; 25, 1-7; aber auch in anderen Fällen ist dieses Bemühen erkennbar. In 11, 9-12 stehen Sprüche, die mit dem Buchstaben b, in 18, 20-22 solche, die mit m beginnen usw. Neben dem distichischen Einzeiler kann auch ein zweizeiliger Spruch eine Sinneinheit bilden. Solche Zweizeiler herrschen in der Sammlung III vor. Gattungsmäßig stehen die Zahlensprüche ganz für sich, in denen mehrere vergleichbare Gegenstände oder Verhaltungsweisen unter einer stereotypen Formel zusammengeordnet werden (6, 16-19; 30, 15-33). Neben diesen Spruch-einheiten finden sich auch Dichtungen größeren Umfangs: 24, 30-34 über den Acker des Faulen, 23, 29-35 eine Lehrdichtung über das Weintrinken, 31, 10-31 ein akrostichisches Gedicht von der »tugendsamen Hausfrau«. Etwas abseits stehen die ebenfalls größeren Einheiten in Sammlung I, weil sie sich in inhaltlicher Hinsicht von dem Überlieferungsgut der anderen Sammlungen unterscheiden (wobei allerdings 6, 1-19 wiederum besonders zu stellen ist, weil es den Sprüchen der Sammlung III nahesteht).

2. Der hebr. Wortstamm, den wir mit »Weisheit«, »weise« übersetzen, meint das Sachkundigsein, das technische Wissen etwa eines Handwerkers oder Seemanns. Die → Weisheit des S.s müht sich um ein sachgemäßes Verständnis des Lebensraumes, in dem sich der Mensch vorfindet; sie legt gültige Erfahrungen fest und versucht der Wirrsal der Abläufe verborgene Gesetzmäßigkeiten abzulauschen. In dieser ihrer elementarsten noetischen Funktion ist sie noch nicht im engeren Sinne didaktisch. Es ereignet sich in ihr eine Form der Lebensbemächtigung. In den Zahlensprüchen werden Seltsamkeiten gesammelt, die alle mehr oder minder an den Grenzen des menschlichen Erkenntnisbereiches sichtbar werden. Auch bei den zahlreichen Vergleichen der V. Sammlung handelt es sich um mehr als nur eine didaktisch veranschaulichende Stilform. In ihnen werden Wahrnehmungen im natürlichen Bereich mit gleichartigen im Verhältnis von Mensch zu Mensch zusammengestellt. Auf diese Weise werden zwei scheinbar weit auseinanderliegende Phänomene durch die erkannte gemeinsame Gesetzlichkeit miteinander verbunden. Den breitesten Raum nehmen natürlich Erfahrungen und Gesetzmäßigkeiten ein, die im innermenschlichen Zusammenleben festgestellt werden konnten. Diese Sprüche haben also eine lange Vorgeschichte, bis endlich aus der Vielfalt der Wahrnehmungen ein klares Ergebnis in Gestalt einer Wahrheit, einer normativen Regel ausgesichtet werden konnte. Normative Kraft erhält die Erfahrung aber erst, wenn es gelungen ist, sie in der knappen Form eines Spruches festzuhalten und gewissermaßen zu bannen.

Die überragende Funktion des bannenden Wortes wird an der besonders häufigen paronomastisch-assonantischen Gestaltung der Sprüche deutlich. Eine solche in Spruchform verdichtete Erfahrung bleibt hinsichtlich ihres Wahrheitsgehaltes immer korrigibel und erweiterungsfähig. Für diese Offenheit eifert die Weisheit: Weise sein heißt gerade nicht sich weise dünken, sondern sich offen halten für jede neue Erfahrung, in der etwas von der auf dem Grund der Dinge waltenden Ordnung erkennbar werden kann. Wer diese verborgenen Ordnungen unbesonnen oder überheblich verkennt, ist ein Tor.

Was nun den Sitz im Leben betrifft, an dem diese Weisheit gesammelt und gepflegt wurde, so verweist das S. sowohl in seinen Überschriften wie in mancherlei Einzelsprüchen auf den Hof. Das wird nun freilich nicht so zu verstehen sein, daß der gesamte Inhalt des S.s als eine Schöpfung höfischer Weisheitslehrer zu verstehen sei, denn die Bezugnahmen auf höfische Verhältnisse treten doch nur sporadisch auf; vor allem fehlt dieser Weisheit das Standesgebundene, das für die ägyptische Weisheit so charakteristisch ist. Immerhin haben wir damit zu rechnen, daß das gesamte ältere Spruchgut bei der Heranbildung der jungen Oberschicht und der zukünftigen Beamten eine große Rolle spielte. Das Leitbild dieses Bildungsideals (der »Kaltblütige« 17, 27; der »Langmütige« 14, 29; → Josephs-Geschichte!) berührt sich eng mit dem altägyptischen, aber auch mit dem altgriechischen der σωφροσύνη. Diese Erfahrungsweisheit formuliert also nicht Glaubensaussagen, sondern Wahrnehmungen, die in der Kompetenz des menschlichen Verstandes liegen. Theologisch ist freilich ihre Grundvoraussetzung: die allem vorgegebene Annahme des Vorhandenseins einer alles durchwaltenden gerechten, heilsamen und letztlich göttlichen Ordnung. Theologisch wird diese Weisheit vor allem da, wo sie von Gott als der Grenze spricht, die in dem vom Menschen selbst gestalteten Leben immer wieder fühlbar wird und die bei allem Planen einkalkuliert werden muß (16, 2. 9; 19, 21; 20, 24; 21, 30f). Diese Weisheit ist selbst aber keineswegs Vertreterin einer eigentlichen Theologie. Erst in der jüngsten Sammlung (1-9) ist die Weisheit als eine Form der göttlichen Offenbarung verstanden.

3. Nach alledem versteht man, daß es im geistigen Leben des alten Israel kein Gebiet gab, in dem es sich so unbedenklich für Erkenntnisse und Erfahrungen seiner großen Nachbarn offen halten konnte wie dem der internationalen Weisheitskultur (→ Weisheitsdichtung). Hier, hinsichtlich der erkannten Regeln, die im Bereich des alltäglichen Lebens des Einzelnen gültig waren, konnte kaum eine Kollision mit dem an sich so intoleranten Jahweglauben entstehen. Im Gegenteil, auch in Israel war man an den verfeinerten Erkenntnissen interessiert, um die man sich überall da mühte, wo man wußte, daß das Zusammenleben von Mensch zu Mensch nicht nur gestaltungsbedürftig, sondern auch gestaltungsfähig war. Da Israel verhältnismäßig spät in den Raum der vorderorientalischen Geschichte eintrat, lag für es schon ein großer Schatz eines solchen Wissens zur Nutzung bereit. Tatsächlich ist Israel, wie schon von → Salomo glaubwürdig berichtet wird, schnell in den Austausch dieses weltweiten Kulturgutes eingetreten und hat sich an ihm produktiv beteiligt (1Kön 5, 9-14). Den Vollzug dieses Austausches spiegelt das S. getreulich wider. Dem sicher breiten Grundstock eigenen, mehr volkstümlichen Spruchgutes hat man unbedenklich auch ausländisches Material einverleibt. So ist der Abschnitt 22, 17 - 23, 11 dem altägyptischen Weisheitsbuch des Amen-em-ope entnommen. Die unmittelbar nachfolgende Spruchreihe 23, 13-14 berührt sich aufs engste mit Sprüchen des aramäischen Achikar (80-81). Aber angesichts so vieler spezifisch ägyptischer Vorstellungen (der die Herzen wägende Gott 16, 2; 17, 3 u.ö.; der Begriff des »Heißen und Kalten« 15, 18; 22, 24; 17, 27) haben wir Grund zu der Annahme, daß die Übernahme ursprünglich außerisraelitischen Spruchgutes sehr viel weiter reicht. Zu den »feurigen Kohlen auf dem Haupt« 25, 22 s. Morenz. Die beiden Spruchsammlungen 30, 1-4 und 31, 1-9 sind wahrscheinlich altarabischer Herkunft (zu dem Massa in 30, 1 vgl. Gen 25, 14).

Bei einem solchen Kulturgut, dessen Verankerung in der Geschichte kaum zu fixieren ist und dessen fast zeitlose Erkenntnisse oder Maximen zT schon Jahrhunderte vor der Zeit Israels ausgesprochen und formuliert waren, ist jeder Versuch einer *geschichtlichen Einordnung* ein nahezu aussichtsloses Unternehmen. Vor allem sollte man sich von keinem generellen Entwicklungsschema leiten lassen (Entwicklung vom Säkularen zum Religiösen!). Aus der Übernahme des Amen-em-ope Textes läßt sich nicht viel schließen, weil die Datierung Amen-em-opes nicht ganz sicher ist und weil die Übernahme ja auch nicht mit der Abfassung des ägyptischen Buches zusammenfallen muß. Die Überschrift 25, 1 gibt als Zeitpunkt einer Sammlung die Regierungszeit des Königs → Hiskia an, und dieser Notiz schenkt man mit Recht Glauben. Da sie aber auf eine schon bestehende Sammlung verweist, so kann manches von dem angehäuften Überlieferungsmaterial auch aus älterer Zeit stammen. Nur darüber besteht ziemliche Sicherheit, daß die Sammlung 1-9 aus wesentlich späterer Zeit stammen muß. Hier spricht nicht mehr die alte Erfahrungsweisheit, sondern hier ergeht durch die Weisheit, die sich mit der Stimme Gottes selbst, jedenfalls mit seinem Angebot des Lebens identifiziert, ein sehr ultimativer Anruf an den Menschen. Aber auch diesen Teil des S.s sollte man nicht zu spät ansetzen, denn schon Tritojesaja kennt den Ruf der suchenden und Deuterojesaja den der einladenden Weisheit (Jes 55, 1ff; 65, 1. 12; 66, 4). Trotzdem können nach allem, was wir von der Geschichte des Jahweglaubens wissen, solche Theologumena, wie sie in 1-9 ausgesprochen sind - 8, 22ff die vor der Schöpfung vor Gott spielende Weisheit! -, sich nicht vor der nachexilischen Zeit gebildet haben. Andere setzen hier schon griechische Beeinflussung voraus und gehen demgemäß in das 4.-3.Jh. herunter.

Kommentare: W.Frankenberg, 1898 (HK) - C.H.Toy, (1899) 1948 (ICC) - H.Volz, 1921 (SAT) - W.O.E.Oesterley, 1929 (WC) - B.Gemser, 1929/31 (TeU) - Ders., 1937 (HAT) - V.Hamp, 1949 (Echter-Bibel) - A.Cohen, 1952² (Soncino-Bible) - J.van der Ploeg, 1952 (BOT) - Ch.T.Fritsch-R.W.Schloerb, 1955 (IntB).- *Lit.:* H.Gressmann, Die neugefundene Lehre des Amen-em-ope u. die vorexil. Spruchdichtung Israels (ZAW 42, 1924, 272-296) - G.Boström, Paronomasi i den äldre Hebraiska Maschalliteraturen, 1928 - Ders., Proverbiastudien, 1935 - H.Ringgren, Word and Wisdom, 1947 - S.Morenz, Feurige Kohlen auf dem Haupt (ThLZ 78, 1953, 187-192) - H.Donner, Die religionsgesch. Ursprünge von Prov. Sal. 8, 22-31 (ZÄS 82, 1957, 8-18) - G.v.Rad, TheolAT I, 1957, 415ff. - Weitere Lit. s. → Weisheit, → Weisheitsdichtung sowie in den at. Einl.en (zB O.Eissfeldt, 1962³, § 65). *G.v.Rad*

Zur *Auslegungsgeschichte* (s. auch → Schriftauslegung: IV):

Qu.: 3.Jh.: Hippolyt (MPG 10 u. GCS I/2, 1897, 157ff; Fragmente) - Origenes (MPG 13 u. 17, Fragmente). - 4.Jh.: Didymus v. Alex. (MPG 39, Fragmente) - Chrysostomus (MPG 64, Fragmente). - 5.Jh.: Salonius v. Genf (MPL 53, vgl. MPL 172 [Honorius Augustodunensis]). - 6.Jh.: Pseudo-Prokop v. Gaza (MPG 87, 1) - Olympiodorus v. Alex. (MPG 93, Fragmente). - 8.Jh.: Beda Venerabilis (MPL 91). - 9.Jh.: Hrabanus Maurus (MPL 111). - 14.Jh.: Robert Holcot, Paris 1510. - 16.Jh.: Joh.Arboreus, ebd 1533 - Melanchthon, 1555 (CR 14) - Rud.Baynius, Paris 1555 - Viktorin Strigel, Leipzig 1565 - Corn.Jansen d.Ä., Löwen 1568 - Hieron.Osorius, Antwerpen 1569 - Joh.Mercer, Genf 1573 - Sixtus Senensis, Lyon 1575 - Ludw.Lavater, Zürich 1586. - 17.Jh.: Theodor Peltan SJ, Antwerpen 1606/07 - Ant.

Agellius, Rom 1607, Paris 1611 - Joh. Strack, Kassel 1608 (Predigten) - Joh. Piscator, Herborn 1617 - Ferd. Quir. de Salazar SJ, Paris 1619/21 - Jak. Stöcker, Jena 1621 (Predigten) - Thomas Cartwright, Amsterdam 1636 - Mich. Jermin, London 1638 - Sam. Bohlius, Rostock 1640 - Corn. Jansen d. J., Löwen 1644 - John Trappe, London 1651 - Martin Geier, Leipzig 1653 - Petrus Gorse SJ, Paris 1654 - Edw. Leigh, London 1657 - J. B. Bossuet, Paris 1693.

Lit.: B. SMALLEY (→ Predigerbuch) - J. OBERSTEINER, Die Erklärung von Prov 31, 10-31 durch Beda den Ehrwürdigen u. Bruno v. Asti (ThPQ 102, 1954, 1-12). *W. Werbeck*

Spülkelch. Speise und Trank zur Reinigung nach der Kommunion zu genießen, war schon in der alten Kirche Brauch (purificatio oris). Denselben Sinn hatte die heute nur noch seltene Austeilung des S.s *(ablutio)* mit nicht konsekriertem Wein nach dem Empfang der → Hostie. Um eine Verwechslung mit dem Laienkelch zu vermeiden, wurde u.a. Verwendung von Glas- oder Silbergefäßen angeordnet. - Ausdrücklich als Kommunionersatz galt schon früh die Austeilung von geweihtem Brot *(Eulogie)*, das seit dem 12. Jh. nicht mehr die Gestalt der Hostie haben sollte.

DACL I/1, 103ff - BRAUN, LH 3f - P. BROWE, Die Pflichtkommunion im MA, 1940 - DERS., Mittelalterl. Kommunionriten (JLW 15, 1941, [23-66] 48-57) - J. A. JUNGMANN, Missarum Sollemnia II, (1948) 1958⁴, 510ff - LThK² I, 55 (Ablution); III, 1180f (Eulogie). *H. Urner*

Spurgeon, *Charles Haddon* (1834-92), * als Sohn eines Independentenpredigers in Kelvedon, Essex. 1850 durch Methodisten bekehrt, wurde S. nach 2. Taufe 1851 Hilfslehrer in Cambridge und Baptistenprediger in Waterbeach. 1854 kam er an die Baptistengemeinde New Park Street, London, wo er durch seine Predigten 38 Jahre lang großen Einfluß ausübte. Eine neuerbaute Predigtstätte für über 6000 Hörer (Metropolitan Tabernacle) war jeden Sonntag zweimal überfüllt. 1857 gründete er ein eigenes »Pastor's College«, später noch Waisenhäuser für ca 500 Kinder. - S. war theologischer Autodidakt mit hervorragender Bildung und von ungewöhnlicher Redegabe. Seine in riesigen Auflagen weit über England hinaus verbreiteten Predigten sind klar, trotz tiefem Ernst humorvoll und anschaulich; sie wurden von den einfachsten Menschen verstanden, ohne für Gebildete reizlos zu sein. S. hielt innerhalb gewisser Grenzen geistliche Deutung für möglich. Er will »die Lehre der Puritaner mit dem Eifer der Methodisten predigen«: Erwählung, Erlösung und Wiedergeburt des sündigen Menschengeschlechts allein durch die Gnade. S. war streng inspirationsgläubig und ein erklärter Feind aller »modernen Gedanken« in der Theologie.

Vf. u.a. (dt. Übers.en): Funken vom himml. Leuchter, 1860; Die Botschaft des Heils, 1875ff; Schwert u. Kelle, 1880ff; At. Bilder, (1884f) 1897²; Nt. Bilder, (1890f) 1897²; Hauspostille, (1892) 1896³; Die Schatzkammer Davids, Psalmenauslegung, 7 Bde, 1893ff; Die Gleichnisse, 1896; Ratschläge für Prediger, Vorlesungen, (1896) 1901²; Autobiography, 4 Bde, London 1897-1900 (Lit.). - Über S. u.a.: G. KAWERAU, C.H.S., 1892 - L. OEHLER, C.H.S.s Leben, 1896 - RE XVIII, 697ff (Lit.) - H. THIELICKE, Vom geistl. Reden, Begegnung mit S., 1961. *G. Roth*

Ssobórnostj, das pneumatische »Prinzip der Einheit in der Vielheit« der → Orthodoxen Kirche (: II, 1), auch als »geistlich-organisches Gemeinschaftsprinzip« oder als »Synodalprinzip« bezeichnet, wurde um 1850 von dem russ. → Slawophilen-Theologen A. → Chomjakow entwickelt (der aber nur das Stammwort »ssobór«, ursprünglich = »Versammlung, Synode«, auch »Haupt-«, »Gemeinde-« und »Taufkirche« bzw. »Kathedrale«, und das Adjektiv ssobórnyj verwendete). Von der Schultheologie zunächst vielfach abgelehnt, wurden Chomjakows Ideen von der → Russischen Religionsphilosophie übernommen (die um die Jh.wende das Substantiv S. prägte) und in die gesamtorth. ekklesiologische Diskussion eingeführt, zB auf dem Athener Panorth. Theologenkongreß 1936 (durch die Pariser russ. Theologen S. → Bulgakow, A. Kartaschow, W. → Zenkovsky). In den Formulierungen »gemeinsame Einsicht (ssobórnyj rásum) der Kirche« und deren »gemeinsames Gebet« (ssobórnaja molítwa), in offiziellen Verlautbarungen des Patriarchats Moskau herausgestellt, wurde die S. aber auch von den bulgarischen und griech. Kirchenrechtlern St. Zankow (schon 1928) und H. → Alivisatos (häufig) als Charakteristikum der orth. kirchlichen Gesamtstruktur bejaht.

Chomjakow hatte 1860 in seinem Brief »Über die Bedeutung des Wortes ›katholisch‹ und ›ssobórnyj‹« (Werke II³, 307ff) die Kritik des Jesuiten → Gagarin an der slawischen Übersetzung von »ecclesia catholica« durch »ssobórnaja zerkowj« im Nicänischen Glaubensbekenntnis - welche dunkel sei und fälschlich die »Universalität« der Kirche nicht zum Ausdruck bringe - zurückgewiesen. Diese Übersetzung findet sich in orth. Kirchenbüchern mit kyrillischer Schrift seit dem 11. Jh.; das Fremdwort »catholica« blieb in glagolitischen (südwestslawischen) Hss. bis zum 15. Jh. erhalten. Die slawische Übersetzung »ssobórnaja«, auch zB für die »kath.« Briefe des NT verwendet, knüpfte wahrscheinlich an die bei den Griechen und Slawen um 1000 und später gebräuchliche Bezeichnung der öffentlichen, allen zugänglichen Hauptkirchen-Gebäude als καθολικὴ ἐκκλησία oder καθολικόν bzw. »ssobórnaja zerkowj« oder »ssobór« an. Die wahrscheinlich im 11. Jh. (Ost-West-Schisma) eingebürgerte Ersetzung von καθολική durch »ssobórnaja« dürfte der anti-lat. Einstellung der alten russ. Kirche entsprechen.

Chomjakow stützte seine These: der Begriff »ssobórnaja« grenze die (Orth.) Kirche von der Kirche καθ' ἕκαστον (»nach dem Verständnis eines Jeden«) der Protestanten und von der Kirche κατὰ τὸν ἐπίσκοπον τῆς Ῥώμης (»nach dem Verständnis des Bischofs von Rom«) der »Lateiner« ab, oder auch: von dem röm. Prinzip der monarchischen Autorität und dem prot. Prinzip der individualistischen Anarchie (dazu Zenkovsky 1936: »der Personalismus der Orthodoxie entspricht der S. im Gegensatz zum Individualismus«) auf das Synodalschreiben der 4 östlichen Patriarchen und zahlreicher orth. Bischöfe vom Mai 1848, welches die Unions-Einladung Pius' IX. mit der Begründung zurückwies: »Bei uns konnten weder Patriarchen noch Synoden jemals etwas Neues einführen, weil der Wächter der Religion (bei uns) der Leib der Kirche selbst ist (vgl. 1Tim 3, 15), dh das Volk selbst, das seinen Glauben immer unverändert und gleich dem Glauben seiner Väter zu bewahren wünscht« (Mansi XL, 407 C; Chomjakow in: W. Birkbeck, Russia and the English Church..., London 1895, 94 [5. Brief an W. Palmer]; vgl. auch Chomjakow, L'Eglise latine et le protestantisme au point de vue de l'Eglise d'Orient, Lausanne-Vevey 1872, 48f. 179 u.ö. Ähnlich mit Berufung auf 1Tim 3, 15 bereits Patriarch → Jeremias II. an die Tübinger Theologen, 1576 [»Wort und Mysterium«, 1958, 53]). Neben dem romantischen Organismusbegriff (J. A. → Möhler) haben für das neuzeitliche orth. ekklesiologische Denken aber auch Mt 18, 20 »wo zwei oder drei versammelt sind (ssobrani) in meinem Namen« und die Synodalformel »der Hl. Geist hat uns versammelt (ssobrá)« tiefere Bedeutung. Schließlich bestehen Beziehungen zwischen dem Begriff S. und der slawophilen Interpretation der russ. Dorfgemeinschaft (mir).

Aus dem Schreiben der Patriarchen von 1848 leitete Chomjakow die Einschränkung der Autorität der kirchlichen Synoden auf die Rezeption durch die Gesamtgemeinde ab (als historische Beispiele gelten bes. die am Widerstand »der Gemeinde« gescheiterten Unionskonzile von 1274 und 1438/39 [→ Einigungsbestrebungen: I, 3] sowie die »Räubersynode« von Ephesus 449). An dem Prinzip der letzten Autorität der Gesamtkirche – ohne grundsätzlichen Unterschied von Laien, Klerikern, Hierarchen –, deren moderner Ausdruck auch die Landessynoden oder Landes-Ssobore sind (→ Kirchenverfassung: III, 1), halten führende orth. Theologen fest, betonen aber zugleich, daß dennoch die »Episkopokratie« u.a. infolge nationaler und ideologischer Fremdherrschaften in vielen orth. Kirchen überwiege (Zankow). Auch der, wegen der »Neuheit« der Wortprägung skeptische, Patristiker G. → Florovsky betont das orth. Prinzip der Liebes-Gemeinschaft aller Glieder der Einen Kirche, gewirkt durch die Einheit des Hl. Geistes, in der allein die Wahrheit erkannt, das Sakrament gespendet und die Rettung empfangen wird (vgl. Eph 4, 15f).

Die »S. der Ostkirchen« (L.Stan in ZMP 1960 H. 9 = Inform. aus der Orth. Kirche, 1960, Nr. 3, S. 19) beginnt i.J. 1961 – Panorth. Kirchenkonferenz, Rhodos; Eintritt der Russ. Orth. Kirche in den Ökumenischen Rat, Neu-Delhi – trotz bestehender innerorth. Spannungen ein kirchenpolitisch und theologisch bedeutender ökumenischer Faktor zu werden. – Vgl. → Einigungsbestrebungen: III.

FR.MIKLOSICH, Lexicon Palaeoslovenico-graeco-latinum, Wien 1862-65 - ST.ZANKOW, Das Orth. Christentum des Ostens, 1928, bes. 83f - DERS., Die Orth. Kirche des Ostens in ökum. Sicht, 1946 - S.BOULGAKOFF, L'Orthodoxie, Paris (1932) 1958², 84ff - F.HEILER, Urkirche u. Ostkirche, 1937, 1ff. 218ff - H.S.ALIVISATOS (Hg.), Procès-Verbaux du Premier Congrès de Théol. Orthodoxe, Athen 1939 - I.TSCHETWERIKOW, S. (EvTh 11, 1952, 351-358) - F.G.DEJAIFVE SJ, »S.« or Papacy? (Eastern Churches Quarterly 10, 1954, 28 bis 38. 75-85. 111-124. 168-176) - I.S.ROMANIDES, Orthodox Ecclesiology according to A.Khomiakov (in: The Greek Orth. Theol. Review 2, 1956, Nr. 1) - N.USPENSKIJ, Die »S.« (in: ZMP 1959 H. 7; dt. Zus.fassung in: Inform. aus der Orth. Kirche, 1959, Nr. 1, 13ff) - B.PLANK OESA, Katholizität u. Sobornost'. Ein Beitr. z. Verständnis d. Kirche bei d. russ. Theologen in d. 2. Hälfte d. 19.Jh.s, 1960 (reiche Lit.; Hauptthese anfechtbar) - H.SCHAEDER, Die Stimme der Orthodoxie im ökum. Gespräch II (Kyrios NF 1, 1960/61, H. 3).

(St.Zankow) Hildegard Schaeder

Staat

I. Systematisch - II. Religion und Staat in der außerchristlichen Welt - III. Staat in der christlichen Lehre. - s. = staatlich. - Vgl. ergänzend bes. → Kirche und Staat, → Souveränität, → Staatsangehörigkeit, →Staatsbetrieb, →Staatsformen, →Staatskirche, →Staatsleistungen an die Kirche

I. Systematisch

1. Betrachtungsweisen - 2. Entstehung des modernen S.s - 3. S.szweck und -funktionen - 4. S.sorganisation - 5. S. und Gesellschaft

1. In der wissenschaftlichen Beschäftigung mit dem Phänomen des S.s lassen sich zwei Betrachtungsweisen unterscheiden. Aus der Sicht eines an normativen Gesichtspunkten orientierten Denkens erscheint der S. als *überzeitliches Idealgebilde,* dessen Wesenszüge und Sollensprinzipien zu erfassen sind. → Platons »Politeia« ist der Prototyp dieser Forschungsrichtung. Der S. als abstraktlogische Konstruktion repräsentiert dann die kulturelle Wertordnung schlechthin, er verkörpert die »Wirklichkeit der sittlichen Idee« (Hegel). Der S. wird also von seiner historisch-empirischen Erscheinung losgelöst und idealisiert. Dadurch besteht die Gefahr, ihn schließlich lediglich als Fiktion, als idealtypisches Gedankengebilde zu betrachten und damit den Zugang zu einem tieferen Verständnis des konkreten S.slebens zu verlieren – wie es zB bei den Vertretern einer rein rechtswissenschaftlichen S.slehre (Kelsen) offensichtlich wurde – oder derartige Konstruktionen zur ideologischen Rechtfertigung einer bestehenden s.en Herrschaftsordnung zu verwenden. Von H.Freyers Aussage zB, im S. sei »der ganze Sinn des Menschentums zu voller Objektivität gelangt«, bis zur Mythisierung und Vergötzung jeglicher S.sautorität ist kein großer Schritt, sobald eine auch den S. verpflichtende Wertordnung brüchig geworden ist.

Die Gefahr einer Überhöhung und Formalisierung des S.sbegriffs durch die normative Betrachtungsweise wird durch das Korrektiv der historisch-empirischen Analyse, wie sie →Aristoteles erstmals in seinen »S.sverfassungen« durchgeführt hat, erheblich vermindert. Ihr erscheint der S. als *realer Wirkungszusammenhang,* der nicht sich selbst genug ist, sondern nur durch die Einbettung in die Gesamtheit des politischen und gesellschaftlichen Lebens seinen jeweiligen Sinn erhält. Nicht das abstrakte Wesen des S.s, sondern seine historische Gestalt und ihre soziologische Bedingtheit stehen also im Mittelpunkt dieser Betrachtungsweise. Sie ist allerdings der Gefahr ausgesetzt, durch eine Analyse des rein Faktischen, deren großer Ahnherr → Machiavelli ist, lediglich den Technizismus s.er Machtausübung zu erfassen oder aber in logisch nicht zulässiger Weise Sollensprinzipien aus dem Sein abzuleiten. In seiner funktionellen S.slehre, in der er die gesellschaftlichen Funktionen des S.s zu bestimmen versuchte, dabei aber grundsätzlich eine Bindung der S.sgewalt an überpositive Rechtsprinzipien vertrat, hat H.Heller einen Weg zur Überwindung dieser Gefahren gewiesen.

Die Geschichte der S.swissenschaft zeigt nach den großen Leistungen der Antike im MA eine Begrenzung auf das Problem, das Verhältnis zwischen geistlicher und weltlicher Macht zu klären, was in der Regel jedoch sehr unvollkommen als Rechtfertigung der interessierten Parteien geschah. Das Aufkommen der modernen National- und Territorial-S.en brachte als Hauptproblem die Beziehungen zwischen Herrscher und S.svolk, das mit Hilfe einer naturrechtlich begründeten Lehre vom S.svertrag zu lösen versucht wurde. Die hierbei zunächst verwendeten religiös-ethischen Begründungen wurden erstmals durch Th. → Hobbes abgelöst, der den S. allein aus dem immanenten S.szweck herleitete. Daneben entwickelte sich, verstärkt durch die → Aufklärung, eine empirische Betrachtungsweise des S.s (bes. durch → Montesquieu), der die politische Wissenschaft wesentliche Einsichten in die s.e Machtstruktur verdankt. Das 19.Jh. ist gekennzeichnet durch die allmähliche Ablösung ganzheitlich-monistischer Wesensforschung und enzyklopädischer Beschreibungen durch den unausweichlichen Prozeß der Verfachlichung zu speziellen Einzeldisziplinen, denen die Erkenntnis zugrunde liegt, daß die Vielfalt s.er Phänomene nicht monokausal erklärt und systematisiert werden kann. So trat zB G.Jellinek für eine Zweiteilung in die allgemeine Soziallehre des S.s und die allgemeine S.srechtslehre ein, und neuerdings hat H.Nawiasky den Standpunkt vertreten, der S. müsse auf drei Ebenen: als Idee, als soziale Tatsache und als Rechtsbegriff erforscht werden. Wesen und Wirklichkeit des S.s erschließen sich erst in interdisziplinärer Forschung, die sich an den Kriterien der empirischen Überprüfbarkeit und der logischen Widerspruchsfreiheit ihrer Aussagen orientiert.

2. *Der moderne S.* ist das Ergebnis einer langen geschichtlichen Entwicklung, in deren Verlauf die im MA auf die verschiedensten Träger (→ Feudalismus) aufgeteilten Hoheitsrechte zentralisiert wurden: »Durch die Konzentration der militärischen, bürokratischen und ökonomischen Herrschaftsmittel zu einer politischen Leistungseinheit ... entsteht jener relativ statische Machtmonismus, der den neuzeitlichen S. vom mittelalterlichen Land charakteristisch unterscheidet« (Heller). Die

ersten Anfänge derartig straff organisierter Machteinheiten sind bereits im 11.Jh. in England und in der ersten Hälfte des 13.Jh.s im Staufer-S. → Friedrichs II. auf Sizilien zu beobachten. Ihre eigentliche Ausprägung erhielten sie jedoch in den oberitalienischen Stadtrepubliken der Renaissance, bei deren Beschreibung Machiavelli den Begriff »lo stato« verwendete, der sich in der Folgezeit allgemein durchsetzte. Mit Hilfe eines stehenden Söldnerheeres und einer wirtschaftlich abhängigen Bürokratie (→ Beamte) gelang es allmählich, lokale Gewalten in übergeordnete Territorialverbände dauerhaft kontrollierbar einzuordnen. Hierzu trug neben der Schaffung einer durch Rezeption des röm. Rechts ermöglichten rationalen Rechtsordnung vor allem die Entwicklung eines auf rationaler Geldwirtschaft (→ Geld) beruhenden Finanzwesens (→ Steuern) bei. Der notwendige Ausbau der Finanzverwaltung zum Zwecke der Entlohnung der S.sbediensteten führte zur planmäßigen Entwicklung der Wirtschaftskräfte im Merkantilismus (→ Wirtschaftsgeschichte: I), wodurch zugleich auch die fortschreitende Differenzierung der → Gesellschaft und die Verselbständigung (→ Emanzipation) sozialer Gruppen beschleunigt wurde. Diese Wandlung der Sozialstruktur im Verlauf der Entstehung und Fortentwicklung des → Kapitalismus bedingte einen Verfall des absolutistischen, Adel, Kirche und → Bürgertum autoritär beherrschenden S.s und seine Ersetzung durch → Staatsformen, in denen die Wirksamkeit des S.s zunächst streng vom Freiheitsraum der Gesellschaft getrennt war und die ihre Rechtfertigung nicht mehr durch ein Gottesgnadentum, sondern durch die Idee einer naturrechtlich begründeten Volkssouveränität erhielten. Die Aufspaltung der Gesellschaft in antagonistische → Klassen führte zu teils evolutionären, teils revolutionären (→ Revolution) Umwälzungen, in deren Verlauf sich zwar die S.sautorität durch Übernahme umfassender sozialer Funktionen (→ Wohlfahrtsstaat) und die integrierende Wirkung säkularer → Ideologien (→ Nationalismus: I) behaupten konnte, andererseits jedoch der soziale Interessenpluralismus auf die S.sstruktur selbst übergriff. Hier liegt der Ansatzpunkt für die S.stheorie des → Marxismus, in der der S. als »die Gesellschaft in Aktion« (Marx) das politische Machtmittel der herrschenden Klasse darstellt, das nach erfolgreicher Weltrevolution des → Proletariats jedoch im → Kommunismus zum allmählichen Absterben verurteilt ist. – Das Spannungsverhältnis zwischen den verschiedenen sozialen Interessengruppen prägt und bestimmt in der Gegenwart in allen S.sformen nicht nur die allgemein politische, sondern auch die speziell s.e Realität (→ Souveränität).

3. Die Auffassungen über den *S.szweck* spiegeln die Grundpositionen ihrer Vertreter wider. Wer den S. als reines Machtphänomen (H.v.Treitschke) sieht, wird Schwierigkeiten haben, den Unterschied etwa zu einer Räuberbande herauszuarbeiten. Wer ihn mit der Rechtsordnung gleichsetzt (H.Kelsen), wird die mannigfachen politischen Vorgänge innerhalb des S.s nicht erklären können. Fest steht, daß ein S. ohne → Macht (: IV) und Herrschaft nicht denkbar ist. Er verwirklicht sich als Herrschaftsverband. Aber die ausgeübte Herrschaft kann nicht auf Willkür beruhen, wenn der S. dauerhaft sein soll. Sie muß den Betroffenen Schutz und Ordnung garantieren. Hierzu ist eine Rechtsordnung erforderlich, für deren Durchsetzung der S. über entsprechende Organe verfügen muß. Mittelpunkt der S.saktivität bleibt aber der von der jeweiligen geschichtlichen Situation geprägte politische Wille der S.sträger. In diesem Sinne definiert O.Stammer den S. als »das als Herrschaftsverband organisierte Aktionszentrum einer je geschichtlich bestimmten politischen Ordnung ... dargestellt durch ein jeweils spezifisch organisiertes System vermittels einer Regelordnung aufeinander abgestimmter Institutionen, Gewalten und Organe«. Es ist offensichtlich, daß ein derartiges Aktionszentrum erst erforderlich wird, wenn das Bedürfnis nach »territorialer Solidarität« (Heller) besteht, wenn also aneinander grenzende politische Gewalten miteinander in intensiven und ständigen Kontakt geraten und wenn eine soziale Differenzierung vorhanden ist, die zur Herausbildung von Über- und Unterordnungsverhältnissen führt.

Die einzelnen *S.sfunktionen* lassen sich nicht aus allgemeinen Prämissen herleiten. Sie werden durch das jeweilige Kulturniveau und die gegebene Sozialstruktur bestimmt. Es findet ein fortwährender Prozeß der »Verstaatlichung« und »Entstaatlichung« sozialer Funktionen statt. Während es zB für den liberalen »Nachtwächter-S.« undenkbar war, in das wirtschaftliche Leben einzugreifen, etwa um die → Vollbeschäftigung der arbeitenden Bevölkerung zu gewährleisten, ist dies im modernen Wohlfahrts-S. zur teilweise gesetzlich festgelegten (USA) Notwendigkeit geworden.

Aus dieser historischen Bindung des S.szwecks und der S.sfunktionen ergibt sich die Notwendigkeit, ständig neu über die Gestaltung der s.en Wirklichkeit nachzudenken und die Verantwortung hierfür nicht einem überlieferten Denkmodell zuzuweisen, dh → Politik zu machen.

4. Der moderne S. trägt den Charakter einer Anstalt im Sinne eines Verbands mit rational gesatzter *Ordnung* (M.Weber). Die Grundnormen dieser Ordnung stellen die → Verfassung dar. Ihr Zustandekommen und ihre Verwirklichung sind Resultanten des den S. kennzeichnenden politischen Kräftefelds, dessen Pole die S.sbürgerschaft bzw. ihre Vertretung, die S.sleitung und der S.sapparat sind. In jedem neuzeitlichen S. finden in diesem Kräftefeld gesetzgebende, richterliche und vollziehende Akte statt. Art und Ausmaß der Trennung oder Vereinigung der Gewalt über diese Hoheitsakte kennzeichnen die jeweilige → Staatsform. Die Wirksamkeit der S.sbürger ist durch die staatsbürgerlichen Rechte festgelegt, die im einzelnen den Bereich der Freiheit und der Unterworfenheit bezüglich der S.sakte, die Ansprüche an den S. und die Teilnahme an der s.en Willensbildung (direkt über Wahlen [→ Wahlrecht], indirekt durch Beeinflussung der → öffentlichen Meinung) regeln. Im modernen S. sind die Mitwirkungsrechte der einzelnen S.sbürger in der Regel an staatsrechtlich anerkannte (→ Parteien, → Parlamentarismus) oder de facto vorhandene (Interessenverbände, pressure groups) Vertretungskörper delegiert. Die Leitung des S.s liegt in den Händen der jeweiligen Regierung, deren Vollmachten sich im Rahmen der Verfassung sowohl auf die Durchsetzung allgemeiner Rechtnormen als auch auf die Durchführung konkreter Maßnahmen im Sinne der staatspolitischen Zielsetzung erstrecken. Hierzu ist eine umfassende Organisation, der S.sapparat, erforderlich. Seine traditionelle Gliederung in die einzelnen Ressorts (auswärtige Angelegenheiten, Verteidigung, Justiz, Finanzen, Inneres usw) und die verschiedenen Stufen der Verwaltungsbürokratie (zB Bund, Länder, Gemeinden) unterliegen in ihrer Kompetenzverteilung dem Einfluß des jeweiligen politischen Kräftespiels und der vorherrschenden S.sauffassung (→ Konservatismus, → Liberalismus, → Faschismus, → Bolschewismus). Hiervon werden auch Art und Ausmaß der Beziehungen zwischen Regierungsspitze und Ressortvertretern (Kabinett), zwischen Regierung und Parlament bzw. gesellschaftlichen Interessengruppen sowie zwischen den einzelnen Stufen des S.saufbaus (Zentralismus oder Födera-

lismus) ebenso wie der Umfang der → Selbstverwaltung sozialer Einheiten als wesentliche Merkmale der S.s-realität betroffen. Es wäre falsch anzunehmen, daß der interne Souveränitätsanspruch des S.s lediglich durch den Grad der Erzwingbarkeit der von ihm geforderten Leistungen bzw. Verhaltensweisen bestimmt wird. Ebenso wichtig ist das innere Verhältnis der S.sbürger zum S., das je nach dem Niveau der politischen Reife Zwangsmaßnahmen erforderlich oder überflüssig macht. Die Festigkeit eines S.s hängt wesentlich vom Grad seiner sozialen Integration ab, dh von dem Maße, in dem er gemeinsamer Bewußtseinsinhalt des S.svolkes geworden (Smend) und in seiner gegenwärtigen Gestalt legitimiert ist. Der externe Souveränitätsanspruch des S.s unterliegt lediglich den Normen und Kriterien des → Völkerrechts.

5. Kein S. kann, abgesehen von → Notstands-Situationen, seine Bürger auf die Dauer total beanspruchen. Die Vielfalt des sozialen Lebens erfordert das Bestehen eigenständiger sozialer Gebilde neben der s.en Organisation (→ Kirche, → Familie, → Gemeinde, → Betrieb usw, vgl. auch → Subsidiarität). Der Grad der Inanspruchnahme des Menschen seitens des S.s ist also entscheidendes Merkmal des jeweiligen Verhältnisses zwischen *S. und Gesellschaft*. Die Geschichte zeigt diesbezüglich typische Spannungsfelder, zB im MA zwischen S. und Kirche, in der Neuzeit zwischen S. und Wirtschaft bzw. Interessenverbänden. Die Erkenntnis, daß S. und Gesellschaft in ihrer Struktur und Funktionsweise grundsätzlich aufeinander bezogen sind und die auftretenden Spannungen als Teil des politischen Prozesses immer wieder unter Mitwirkung aller staatstragenden Kräfte verantwortlich gestaltet werden müssen, nicht jedoch durch Gleichschaltung des Partners nivelliert werden dürfen, ist Grundbedingung dafür, daß die Ausartung des S.s zum totalitären Zwangsapparat oder zum machtlosen Spielball partikulärer Interessen vermieden wird.

R.v.Mohl, Die Gesch. u. Lit. der S.swissenschaften I-III, 1855-58 - Ders., Enzyklopädie der S.swissenschaften, (1859) 1872² (Neudr. 1890) - G.Jellinek, Allg. S.slehre, (1900) 1929⁵ - Fr.Meinecke, Weltbürgertum u. National-S., (1907) 1928⁷ - Ders., Die Idee der S.sräson in der neueren Gesch., (1924) 1929³ (= Werke I, 1957) - F.Oppenheimer, Der S., (1907) 1923 - H.Kelsen, Der soziol. u. der jurist. S.sbegriff, (1922) 1928² - Ders., Allg. S.slehre, 1925 - H.Freyer, Der S., (1925) 1926² - HWS 608ff (H.Heller) - Ders., S.slehre, (1934) 1960² - G.Holstein-K.Larenz, S.sphilos., 1933 - H.Mitteis, Der S. des hohen MA, (1940) 1954⁴ - H.Nawiasky, Allg. S.slehre I. II/1. 2, 1945-55 - R.M.MacIver, The Web of Government, 1947; dt. 1952 - M.Drath, Zur Soziallehre u. Rechtslehre vom S. (in: Festschr. f. R.Smend, 1952, 41-58) - C.J.Friedrich, Der Verfassungs-S. der Neuzeit, dt. 1953 (Lit.) - R.Smend, Staatsrechtl. Abh.en, 1955 - Th. Eschenburg, S. u. Gesellschaft in Deutschland, 1956 - O.Stammer, Gesellschaft u. Politik (in: Hdb. d. Soziol., hg.v. W.Ziegenfuss, 1956, 530-612) - M.Weber, S.ssoziologie, 1956 - EKL III, 1105ff - U.Scheuner, Das Wesen d. S.s u. d. Begriff des Politischen in d. neueren S.slehre (in: Festg. f. R.Smend, 1962, 225-260). - Vgl. die Lit. zu → Staatsformen.

F.Fürstenberg

II. Religion und Staat in der außerchristlichen Welt

1. In Stammes- und Volks-R.en - 2. In Welt- bzw. Erlösungs-R.en - 3. Die Lage angesichts heutiger nationaler Emanzipation der Völker - 4. Sonderformen. - R. = Religion

1. Die außerchristliche Welt bietet eine Fülle von Varianten im Verhältnis von R. und S. gemäß den einzelnen Strukturtypen der → Religion (: II) in sich wandelnden Kulturepochen und sehr verschiedenen S.sformen. Sogar innerhalb einer R. walten oft in einzelnen Richtungen und Sekten unterschiedliche Verhältnisse. - Bei den → *Naturvölkern* findet sich noch kein S. im eigentlichen Sinne, dagegen Vorstufen in Form von Sozialgruppen (Familie, Horde, Clan, → Stamm). Hier liegt allem religiösen Leben numinose Apperzeption (→ Numinos) der Vitalgemeinschaft zugrunde, so daß Kult- und Familien- bzw. Stammesgemeinschaft identisch sind. Gewisse Entwicklungslinien führen unter Betonung des geheimen Charakters des → Kultus zu → Geheimbünden bei Naturvölkern (bes. in Afrika und Australien), zu → Mysterien-R.en im Kulturkreis des Mittelmeeres. Beide sind aus ursprünglicher Kollektivbindung hervorgegangen. Meist aber kommt es zur Ausbildung eines volksreligiösen S.skults, wobei sich die Kollektivbindung zur verfassungsrechtlichen Identität von Kult- und S.sgemeinschaft verdichtet. Die S.sauffassung (→ Recht: II) ist hier religiös begründet. Der S.sführer hat sakrale Funktionen (→ Königtum, sakrales), der Priester (→ Priestertum: I) aber übt zugleich s.e aus. Gemeinsame kultische Verehrung führte vielfach zu s.en Zusammenschlüssen. Der S. gründet dabei auf gemeinsamem Glaubensgut des völkisch-religiösen »Heils«. Die Sakralordnung wird zur S.sordnung: »Du weißt, daß der Gott in Delphi auf die Frage, wie man sich den Göttern gefällig machen könne, antwortet: ›Nach den Gesetzen des S.s‹« (Xenophon, Memor. IV, 3). Dieser Leitsatz des Apollon gilt für alles volksreligiöse Leben. Man denke außer an die griech. Stadtstaaten (→ Stadtkult) an die röm. Verhältnisse (→ Römische Religion) und an den altägyptischen Pharaonenkult (König als Inkarnation des Horus bzw. Sohn des Sonnengottes; → Ägypten: II). In der → germanischen Religion (, 3) war der S. identisch mit der religiösen Thinggemeinschaft. Das Opfer um Ernteglück und hl. Sippenfrieden war Königspflicht. - In → China (: II) war der Kaiser Bindeglied zwischen Himmel und Volk, der »Sohn des Himmels«. Ähnlich lagen die Verhältnisse im japanischen → Shintoismus (: I). - In den vorkolumbischen Kulturen Amerikas wurden die Chibchas von gewählten Priesterkönigen regiert, bei den Azteken herrschte sakrale Militärmonarchie, ähnlich bei den Maya (→ Mexiko: I, 2. 3). - Wo sakrale Herrschaft sich dazu verdichtet, daß der Herrscher als Sprachrohr der Gottheit in S.ssachen gilt (→ Herrscherkult), findet sich ausgeprägte → Theokratie (etwa in → Tibet, zT im → Hinduismus).

2. In *Welt-* bzw. → *Erlösungsreligionen* erscheint nicht das Heil des Volkes, sondern das des Individuums als oberstes Ziel. Damit kommt es vielfach zum Kampf zwischen s.er und geistlicher Macht. Hier ist das Selbstverständnis der R.sgemeinschaft und des S.s von erheblicher Bedeutung für die Gestaltung des gegenseitigen Verhältnisses. Es kommt zu einer Desintegration der Lebenssphären, notwendigerweise bes. dort, wo verschiedene R.en in einem S. nebeneinander existieren. Angesichts asketischer Erlösungs-R.en (→ Buddhismus, → Manichäismus, → Jinismus) waltet oft radikale gegenseitige Ablehnung oder betonte Indifferenz. Dabei bleibt es aber fast nie. So verträgt sich zB der Mahâyâna-Buddhismus als reine Individual-R. mit den verschiedensten S.sformen. Der Hînayâna-Buddhismus ist als reine Mönchsgemeinde ohne Interessen und Ansprüche gegenüber dem S. Die tiefe Gründung des → Hinduismus in den Sozialgruppen (→ Kaste) bewahrte ihn in Indien vor der Überwindung durch den Buddhismus. Von → Gandhi inspiriert, erstrebt der moderne indische S. soziale Neuordnung unter behutsamem Abbau des Kastenwesens. - In der prophetischen Universal-R. des → Islam werden Tendenzen zur totalen Lebensgestaltung und damit auch das s.e Leben stark beeinflussende Gesetze aus → Koran, Sunna und Hadith abgeleitet. Bes. in der Kalifenzeit (→ Kalif) wurden R. und S. als untrennbar betrachtet und das göttliche Gesetz als Richtschnur des S.s angesehen (vgl. Bedeutung des hl. → Kriegs!).

3. Heute empfehlen sich alle nichtchristlichen R.en den neuen S.en Asiens und Afrikas als Sachwalter der Gerechtigkeit und des Weltfriedens. Auch suchen diese S.en der »Entwicklungsländer« im Ringen um Einheit und nationale Selbständigkeit vielfach eine bestimmte R. zu fördern (zB Burma den Buddhismus). Im ganzen buddhistischen Raum werden heute die Klöster oft zu Zentren des nationalen Aktivismus. Dank s.er Hilfe entwickelt bes. der Islam große Expansionskraft (Afrika!), schafft islamische Zentren - selbst in den USA und in Europa - und eroberte Afghanistan, Indonesien und Teile Irans. - In Japan wurde der S.skult des Shintô nach 1945 offiziell beendet. Dadurch entstanden Shintô-Sekten, zT als neue R.sformen. Trotzdem behauptet der Kaiser weithin seine göttliche Stellung und Verehrung.

4. Im neuen S. → Israel (: III) wird das Judentum primär durch national-politische Ideale zusammengehalten, gründet aber den s.en Selbstbehauptungswillen bes. auch mit auf die toragläubige Orthodoxie. - Die aus dem schiitischen Islam hervorgegangene → Bahai-Religion erstrebt einen »Weltstaatenbund«. - Aus weltanschaulich-atheistischen Gründen lehnen die sog. »Ostblockstaaten« alle R. ab. Bei voller Trennung vom S. findet sich hier die Tendenz zur Unterdrückung der R., oft trotz verfassungsrechtlich garantierter → Toleranz.

Gesamtdarstellungen fehlen. - Allgemein: CHANT (s. Reg.) - Die R.en d. Menschheit, hg.v. C.M.SCHRÖDER, 1960ff. - Ferner: G.WISSOWA, R. u. Kultus der Römer, (1902) 1912² - H.VISSCHER, R. u. soziales Leben bei den Naturvölkern, 1911 - W.WUNDT, Völkerpsychologie VII, (1917) 1928² - M.WEBER, Ges. Aufs. zur R.ssoziologie I-III, 1920/21 (I⁴, 1947) - H.W.SCHOMERUS, R. u. Politik in Indien, 1928 - H.P.DE LA BOULLAYE, L'étude comparée des religions I-III, Paris 1929 - G.ROSENKRANZ, Der Weg der Götter (Shintô), 1944 - DERS., Die Bahai, 1949 - G.MENSCHING, Soziologie der R., 1947 - WACH, Relsoz. - H.v.GLASENAPP, Die fünf großen R.en I. II, (1952) 1957³ - O.HÖFLER, Germanisches Sakralkönigtum I, 1952 - H.KEES, Das Priestertum im ägypt. S., 1953 (Indices u. Nachträge 1958) - L.BAUDIN, Der sozialist. S. der Inka, 1956 - W.SCHILLING, R. u. Recht, 1957 (Lit.) - F.TAEGER, Charisma. Studien z. Gesch. d. antiken Herrscherkults I. II, 1957/60 - The Sacral Kingship (Numen, Suppl. IV), Leiden 1959 - M.DĀ'ŪD RAHBAR, God of Justice, ebd 1960 - J.BADI, R. u. S. in Israel, 1961 - J.W.HAUER, Toleranz u. Intoleranz in den nichtchristl. R.en, 1961. - Vgl. die Lit. zu → Herrscherkult, → Menschenrechte: III, → Nationalismus: II.

W.Schilling

III. Staat in der christlichen Lehre

1. Fragestellung - 2. Historische Übersicht: a) AT und NT, älteste Christenheit - b) Ostkirche - c) Die Entwicklung im Westen bis zur heutigen röm.-kath. S.sphilosophie - d) Die Reformatoren - 3. S.slehren der Neuzeit in theologischer Sicht: a) Autorität des S.s - b) Funktionen und beste Form des S.s. - Vgl. ergänzend bes. → Freiheit: II, → Kirche und Staat

1. Es ist nicht Aufgabe der Theologie, eine Lehre vom S. aufzustellen; wohl aber muß sie fragen: Wie kann die jeweilige s.e Wirklichkeit, die ja starken Wandlungen unterliegt, im Glauben recht erkannt und bewältigt werden? Die Beantwortung dieser Frage hängt bes. von folgenden Faktoren ab: a) In der dogmatisch-ethischen Grundlegung spielt die Lehre vom → *Reich Gottes* (: II. III) eine entscheidende Rolle (s. dort). - b) Ebenso wichtig sind die Themen → Gesetz (: V. VI) und Evangelium, → Rechtfertigung und → Recht, → *Naturrecht*, Vernunft: von ihrer theologischen Erfassung hängt es ab, ob das s.e Handeln in einer positiven Beziehung zur Heilsbotschaft gesehen oder ob es von dieser mehr oder weniger scharf abgehoben wird. - c) Die Lehre von der → *Kirche* (: III) und die jeweiligen faktischen und rechtlichen Beziehungen zwischen → Kirche und Staat haben immer die Beurteilung des S.s mitgeformt und dann ihrerseits auch die Grundlegung der → Sozialethik mit beeinflußt. Vgl. hierzu auch die Art. über die einzelnen Länder. - d) Schließlich mußte sich die Theologie mehrmals mit mythischen Verklärungen des S.s auseinandersetzen, wobei entweder einzelne Personen (→ Herrscherkult) oder moderner der »S. an sich« wie eine Überpersönlichkeit, ein übermenschliches Wesen u.dgl. erschienen.

2. a) Im AT erscheint alles s.e Handeln Israels einbezogen in seine Gottesbeziehung (→ Geschichte: I, → Gott: II). Ob man dies als *Theokratie* bezeichnen oder von einem theokratischen Ideal sprechen sollte, hängt von der näheren Definition des Begriffes ab; unter den → Ptolemäern und → Seleukiden bildete Juda eine Art »Kirchen-S.« (→ Judentum: I). - In der nt. Zeit tritt der irdische S. hinter der Erwartung des ewigen → *Reiches Gottes* (: I, 2) zurück. Das ist der Hintergrund des Wortes Mk 12, 17: »Gebt dem Kaiser, was des Kaisers ist...« und der Absage Jesu an die → Zeloten (vgl. Mt 26, 52). Auch Röm 13, 1 gehört in diesen Zusammenhang (vgl. 12, 1). Leider hat man aus diesem Wort immer wieder eine Lehre vom Wesen des S.s zu entwickeln versucht. Wahrscheinlich lag → Paulus (, 3 e) aber alle S.smetaphysik ganz fern; er hat lediglich paränetisch Aussagen über das rechte Verhalten der Christen gegenüber bestimmten, sie damals erreichenden Forderungen des S.s gemacht (→ Sittlichkeit: V, 3). Dies wird von ihm allerdings mit dem Hinweis begründet (der schon im AT zB im Blick auf Kyros anklingt), daß alle s.en Gewalten, also auch die heidnischen, »von Gott geordnet« seien. Anscheinend war Paulus »bei der Wahl der Begründungen für seine Paränese weder allzu wählerisch noch allzu glücklich« (Käsemann); das hat sich 1Tim 2, 1ff und 1Petr 2, 13 bei seinen Schülern wiederholt. - Stärker als Röm 13 betont 1Kor 6 die eschatologische Distanz zum s.en Handeln (hier: Gerichtsbarkeit), während Apk 13 die s.e Gewalt als Verfolgerin der Kirche beschrieben wird. In allen Verfolgungen scheint aber die Fürbitte für die Machthaber geübt worden zu sein; vgl. etwa 1Clem 60, 4 - 61, 1. Andererseits wurde die Übernahme s.er Ämter, bes. die Beteiligung am Kriegsdienst seitens der Christen noch lange abgelehnt (→ Krieg: IV, 1 a). Gegen die in dieser Lage naheliegende Verteufelung des S.s polemisierte zB Irenäus adv. haer. V, 24.

b) Schon → Origenes erwartete, daß at. Weissagungen in Erfüllung gehen würden, wenn sich die Römer dem Christengott zuwenden würden (C. Cels. VIII, 69). Seit → Konstantin begann sich daraus eine christliche *»Reichstheologie«* zu entwickeln, wobei wichtige Elemente des spätantiken Verständnisses vom Verhältnis zwischen S. und Gottheit absorbiert wurden. Nach dieser Reichstheologie kann der S. Fürbitte und Opfer der Christen nicht entbehren, ist aber auch der Kaiser (neben Bischöfen und Priestern) heiliger Mittler zwischen himmlischer und irdischer Herrschaft; für → Eusebius (, 2) war Konstantin sogar irdisches Abbild der Herrschaft Gottes. Bei ihm ist die biblische Eschatologie weithin aufgegeben zugunsten der »Idee eines christlich-römischen Gottes-S.s« (Kamlah). Es ist das Ideal des harmonischen Zusammenklangs, der *»Symphonie«* zwischen Kirche und S., die zusammen als eine theokratische Macht bzw. als ein einziger Organismus verstanden werden, der von zwei Häuptern gekrönt wird. Der S. erfüllt so wichtige Aufgaben bei der Heiligung der Welt, gilt aber auch als oberste Verwaltungsinstanz in der Kirche und hat diese nicht nur vor Heiden und Juden, sondern auch vor Ketzern zu schützen. Dies hat der Ostkirche den Vorwurf des → Cäsaropapismus eingetragen; orth. Theologen weisen ihn heute zurück (→ Orthodoxe Kirche: II, 5). Jedoch scheint deutlich zu sein, daß die Grundidee erst i.J. 1917 nachhaltig erschüttert - und auch danach noch nicht ganz aufgegeben wurde; denn sie hat sich sehr tief mit dem orth. Verständnis der Erlösung und Heiligung der Welt durch Christus verschmolzen.

c) Geschichtliche Zufälle führten dazu, daß die Kirche im *Westen* immer mehr lernte, ihre (vor allem rechtliche) Eigenständigkeit gegenüber dem S. zu betonen. Aber »in dem Augenblick, wo → Ambrosius den Kaiser nach dem Blutbad von Thessalonich zur Kirchenbuße nötigt, beginnt etwas grundlegend Neues« (Aland): die Kirche versteht sich nun als Hüterin des ewigen Rechtes, das über dem S. steht. Dies führte zur Rezeption der Lehre vom → Naturrecht (: II, 2) durch → Augustin, die seitdem die Basis der röm.-kath. S.sphilosophie wurde. Zugleich brachte er die Eschatologie neu zur Geltung: Während die Kirche der auf der Pilgerschaft befindliche Teil der civitas Dei ist, gehört der S. zur vergänglichen civitas terrena. Letzteres bedeutet nicht ohne weiteres, daß er des Teufels ist; trotz einzelner Aussagen in dieser Richtung wurde Augustin davor nicht nur durch entgegengesetzte Schriftaussagen, sondern auch durch sein neuplatonisches Weltverständnis bewahrt. Danach ist das im S. zum Ausdruck kommende Streben nach irdischem Frieden und irdischer Gerechtigkeit als niedere Stufe des Strebens nach ewigem Frieden und ewiger Gerechtigkeit anzusehen, das entsprechend auch von Gott belohnt wird. Da nun aber die S.en »große Räuberbanden« sind, wenn ihnen die Gerechtigkeit fehlt (De civ. Dei IV, 4), und da zur wahren Gerechtigkeit im Sinne des suum cuique nach antiker Tradition auch die wahre Gottesverehrung gehört (ebd XIX, 21), hat auch bei Augustin ein christlich orientierter S. die meiste Aussicht auf solchen Gotteslohn, nämlich die Erlangung der felicitas terrena.

Für die weitere Entwicklung waren bes. wichtig: → Gelasius I. (zwei potestates, wobei die Autorität der Kirche über der des S.s steht), → Gregor VII. (potestas directa papae in temporalibus), → Bernhard von Clairvaux (Papst nach Lk 22, 38 grundsätzlich Inhaber beider Schwerter, benutzt aber das weltliche nicht selbst) und vor allem → Thomas von Aquins Rezeption der aristotelischen Lehre von der → *Entelechie* alles Seienden. Sie besagt im Blick auf den S., daß die menschliche Natur von Gott auf die s.e Gemeinschaft angelegt ist (der Mensch ein animal sociale); der S. ist also nicht erst durch den Sündenfall notwendig geworden, wenn auch seine jetzige Gestalt durch ihn beeinflußt ist. Der S. ist *societas perfecta;* in ihm wird der Mensch auf das Gemeinwohl ausgerichtet (→ Sozialethik). »Nur die Großgruppe (der S.) enthält quantitativ durch die Zahl ihrer Glieder und qualitativ durch die Verschiedenheit ihrer Fähigkeiten alle Möglichkeiten zu einer so vollständigen gegenseitigen Ergänzung ihrer Glieder und damit zu einer so umfassenden Integration der Menschennatur, daß die allseitige Erfüllung seiner existentiellen Ziele gesichert ist« (Meßner). - Nach → Pius XI. soll sich der S. den kleineren Gemeinschaften gegenüber nur *subsidiär* verhalten (Enzyklika Quadrag. anno, 1931, § 79; → Subsidiarität): seiner Tätigkeit sind demnach naturrechtlich begründete Grenzen gesetzt (zB Elternrecht geht vor S.srecht). Das schließt nicht aus, daß der S. die Rechte der kleineren Gemeinschaften und des einzelnen, einschließlich des Rechtes auf → Eigentum, einschränken darf, soweit es das Gemeinwohl erfordert. Dies wiederum kann und muß stets daran gemessen werden, wieweit die »Ausrichtung des gesamten gesellschaftlichen Lebens . . . auf das letzte übernatürliche Endziel« gefördert wird (Nell-Breuning). Dafür hat der S. die natürliche Basis zu schaffen, daran muß er stets durch die Kirche erinnert werden, und zwar bis in Einzelheiten seiner Gesetzgebung und Politik hinein. - Hat der für die Erneuerung des Thomismus im 19.Jh. entscheidende Papst → Leo XIII. vor allem betont, daß die *Autorität* des S.s ohne diese letzte Ausrichtung auf Gott verloren gehe, so muß doch beachtet werden, daß im thomistischen System der Gedanke der Unterordnung unter die Autorität - sowohl Gottes als der Kirche und des S.s - stets ergänzt wird durch den der *cooperatio*. Das besagt im Blick auf die Lehre von der Entstehung des S.s, daß einerseits der Wille und die Autorität des Schöpfers hinter ihm stehen, daß aber andererseits die Mitarbeit des Menschen als einer causa secunda unentbehrlich ist: sie bestimmt zB die jeweiligen konkreten → Staatsformen. Damit wird nicht etwa die Vertragstheorie unterstützt (sie läßt sich mit der Lehre von der Entelechie alles Seienden nicht verbinden), wohl aber wurde hierdurch nach anfänglich starkem Zögern (zB bei J.de → Maistre) ein Ja der röm.-kath. Kirche zur Demokratie möglich. Dagegen ist die offizielle röm. Kirche dem national-s.en Denken begreiflicherweise nie so verfallen wie andere Konfessionskirchen, wenngleich sie auch hier Konzessionen gemacht hat. - Selbstverständlich wird die Weisungsbefugnis der Kirche in politicis heute nicht mehr so begründet wie etwa von → Bonifatius VIII. Schon bei → Bellarmin wurde aus der potestas directa die potestas indirecta, bei Leo XIII. dann die potestas directiva. Das Ideal einer christlichen Weltordnung unter dem König Christus bleibt aber bestehen.

d) Das paulinische Verständnis der Glaubensgerechtigkeit in Christus machte für *Luther* das röm.-aristotelische Schema der aufwärts strebenden Anlagen des Menschen mit den ihnen entsprechenden Organisationsformen des menschlichen Zusammenlebens und die Lehre von der cooperatio des Menschen mit Gott als Grundlage einer positiven Beurteilung des S.s unbrauchbar. Die iustitia civilis konnte nicht mehr - wie von Augustin bis Thomas - als Vorstufe der iustitia coram Deo verstanden werden. → Luther (: II, 4 b) deutet aber nun die Lehre von den → *Zwei Reichen* so, daß daraus zwei Weisen werden, mit denen Gott gegen die Sünde des Menschen vorgeht: Während Gott das Herz des Menschen durch das gepredigte Wort ergreift (→ Gesetz [: V, 5] und Evangelium), gehört zum usus politicus legis als Gottes Werkzeug die Obrigkeit: unter ihrem Zwang kommt es zum äußerlichen Gehorsam der iustitia civilis. So erfüllt die Obrigkeit in der gefallenen Welt eine notwendige Funktion; ihr Bemühen und der entsprechende Gehorsam der Untertanen wird von Gott »mit zeitlichem Gut« belohnt, dh damit, daß Frieden und Gerechtigkeit gewahrt werden. Da dies allein durch die Predigt des Wortes nicht zu erreichen ist, und da andererseits das weltliche Regiment nicht zur Seligkeit führen kann (würde es das versuchen, so würde es nur Heuchler erziehen), sind beide - Obrigkeit und Kirche - aufeinander angewiesen: »Keins ist ohne das andre genug in der Welt« (WA 11, 252). Das Neue an Luthers Zwei-Reiche-Lehre ist also, daß er das Aufeinanderangewiesensein beider so zu beschreiben vermochte, daß dabei das Evangelium nicht zum Gesetz wird und die Gesetzeserfüllung im Bereich der iustitia civilis weder als Vorstufe zur Seligkeit erscheint noch (gegen die Schwärmer) für überflüssig gehalten wird. Die Gerechtigkeit, daher auch der usus legis, ist in beiden verschieden: Gott ist aber unmittelbarer Herr beider und der Mensch auf beide angewiesen. Unter diesem Aspekt ist es unmöglich, die beiden Regierungsweisen Gottes als zwei voneinander getrennte Bereiche zu verstehen. Da die Obrigkeit unmittelbar Gottes Dienerin ist, kommt nun aber auch irgendeine Art von Überordnung der Kirche über den S. nicht mehr in Frage.

Luther hat keine S.sphilosophie entfaltet, schon gar nicht eine solche, die den S. einer modern verstandenen

→ Eigengesetzlichkeit auslieferte. Wie weit ihm mittelalterlich-germanische Vorstellungen wichtig waren (Elert), sei dahingestellt. Ihm lag vor allem daran, die zu seiner Zeit vorhandene s.e Wirklichkeit im Glauben zu deuten und den Christen in ihr die Aufgaben zu zeigen, die sie in weltlicher Weise in der Verantwortung vor Gott zu erfüllen haben; bes. wollte er gegen die Schwärmer nachweisen, daß Christen ihren Nächsten in Liebe zu dienen vermögen, indem sie sich dem weltlichen Regiment in den abgestuften Funktionen des ordo politicus zur Verfügung stellen. Zwar scheint das weltliche Regiment vornehmlich im Dienste des Zornes Gottes zu stehen: um der Erhaltung des Rechtes willen führt es das Schwert nach innen und nach außen. Aber dahinter steht doch Gottes Barmherzigkeit: so bleibt auch der Christ im Amt im Dienst der Liebe unter dem Schein des Gegenteils. Deshalb hat auch Christus diese weltlichen Ordnungen und den hier notwendigen Gebrauch der Vernunft nicht aufgehoben, sondern für die Dauer dieser Weltzeit bestätigt, obwohl die Menschen in der Ausübung dieses Dienstes immer durch ihre Sünde mitbestimmt werden und daher den Zuspruch der vergebenden Gnade Gottes brauchen. Unter diesem Aspekt konnte Luther im Sinne von Röm 13 auch nichtchristliche Obrigkeit als von Gott eingesetzt ansehen und die Unterordnung unter böse Obrigkeiten bejahen - außer in Glaubensfragen (→ Widerstandsrecht). Er sah keine Veranlassung, an der bestehenden Ordnung zu rütteln, dh er war nicht der Meinung, daß diese selbst durch die Sünde des Menschen so mitbestimmt sei, daß Reformen nötig wurden. Von einer »Verherrlichung der Gewalt um der Gewalt willen« (Troeltsch) kann aber bei Luther keine Rede sein. Dazu war er viel zu sehr daran interessiert, daß das s.e Handeln im Dienste des Rechts stehen sollte (→ Naturrecht: II, 4 b). Schließlich hat er gegen die Antinomer auch daran festgehalten, daß die Verkündigung des Gesetzes auch den s.en Amtsträgern gegenüber zu den Aufgaben der Kirche gehöre, freilich nie ohne die Verkündigung des Evangeliums.

Sowohl Luther als auch → *Calvin* rechneten es zu den Aufgaben des S.s, die Kirche, dh hier: die Verkündigung des reinen Evangeliums zu schützen. Durch die Hervorhebung dieses Gedankens unterstreicht Calvin, der im übrigen die Zwei-Reiche-Lehre festhielt, daß der S. indirekt dem Reiche Christi und seiner Ausbreitung zu dienen habe (klassische Formulierung später in der Conf. Belg. 36). Seine Heiligungslehre und ihre Anwendung in Genf wurden der Ausgangspunkt eines neuen »theokratischen« Denkens (→ Reich Gottes: II, 3).

3. Die stärkste geistesgeschichtliche Wirkung der Reformation liegt darin, daß sie die im Denken der → Renaissance angebahnte »Verweltlichung der Welt« theologisch begründete und bejahte. In der Welt soll der Mensch Gott mit Hilfe der Vernunft gehorchen. Implizit ist darin die Einladung enthalten, a) die Autorität des S.s innerweltlich vernünftig zu begründen und b) die Funktionen und die bestmögliche Form des S.s unter den kulturellen Bedingungen der Neuzeit zu bestimmen. Wie sich die Aussagen des Glaubens hierzu verhalten, ist das Kernproblem der christlichen Stellung zum S. heute. Nicht immer vermochte der Glaube die Vernunft hier in der gebotenen Selbstlosigkeit zu begleiten.

a) *Die Autorität des S.s* hatten schon in der Frührenaissance verschiedene Denker in der Vorstellung begründet, daß das an sich *souveräne Volk* durch einen Vertrag die Herrschaft an einzelne übertragen habe (→ Manegold von Lautenbach, später Wilhelm von → Ockham, → Marsilius von Padua u.a.). Dies wirft die Frage auf, ob der Herrscher durch einen solchen Vertrag an bestimmte materiale Rechtssätze gebunden ist, oder ob er absoluter Herr sei. Im ersten Fall ist seine Absetzung möglich (→ Widerstandsrecht, → Monarchomachen). Aber nach welchen Kriterien ist das Handeln der Herrscher zu messen? Während → Machiavelli als einzigen Maßstab die auf den Erfolg ausgerichtete S.sräson anerkannte, hat → Bodin den Herrscher dem → Naturrecht unterstellt (nicht aber dem positiven Recht). Theologisch ging es um die Frage, wie sich die Einsetzung des Herrschers durch das Volk zu seiner Berufung oder Erwählung durch Gott verhalte (nach Röm 13). Erst → Hobbes glaubte nicht mehr an die letztere; er hielt die Herrscher infolgedessen auf Grund des Gesellschaftsvertrages für absolute Herren auch über die Kirche. Verständlich, daß Theologie und Kirche nunmehr negativ auf die rationalen Vertragstheorien reagierten. Die wichtigste Ausnahme bilden die geistlichen Väter der *amerikanischen Demokratie* (zB Th. → Hooker), die, zT im Gefolge des schottischen Calvinismus (Covenant) und der puritanischen Bewegung und deren Säkularisation (glorreiche Revolution, → Milton), in theologisch konstruktiver Weise biblische Anschauungen mit der vor ihnen liegenden Aufgabe der Berufung einer gewählten Regierung und der Ausarbeitung einer entsprechenden Verfassung verbanden: insofern hat die moderne Demokratie auch eine eindeutig christliche Wurzel gehabt. Den meisten Theologen des europäischen Kontinents lag dagegen vor allem im Blick auf die areligiöse, zT kirchenfeindliche französische Revolution die Verteidigung der *»legitimen« Obrigkeit,* also der Autorität der Fürsten, näher (Versuche, die mittelalterliche Vorstellung vom *Gottesgnadentum* der Könige rational neu zu begründen und zu aktualisieren).

Dies wurde vor allem dadurch erleichtert, daß die → *Aufklärung* den S. vornehmlich als *moralische Anstalt* verstand. Damit verbanden sich leicht mehr oder weniger säkularisierte Vorstellungen von der schrittweisen Verwirklichung des Reiches Gottes auf Erden. Eine große Synthese dieser verschiedenen Tendenzen und zugleich die stärkste Begründung der Autorität des S.s wollte → Hegel geben. Ihm ist der S. »die Wirklichkeit der sittlichen Idee« (hier klingen antike Vorstellungen von der Einheit von S. und Ethos an), in seinen verschiedenen Formen hindrängend auf die Verwirklichung der Freiheit in der Geschichte. Da er deren dialektischen Prozeß - in Umformung der biblischen Eschatologie - in der Synthese zwischen Christentum und Germanentum zum Endziel kommen sah, war für ihn der S. seiner Zeit Ausdruck der »objektiv gewordenen« Versöhnung in Christus, »welche den S. zum Bilde und zur Wirklichkeit der Vernunft entfaltet« (Phil. d. Rechts § 360). Nur auf diesem Wege ließ sich nach seiner Meinung → Rousseaus Frage nach dem *Gemeinwillen* beantworten, der im S. regieren soll. Eindeutig konservative Konsequenzen hat daraus F.J. → Stahl gezogen. Er spricht zwar auch von der Menschlichkeit des S.s und von seiner Freiheit, verschiedene S.sverfassungen anzunehmen, ist aber viel mehr daran interessiert, ihn als »göttliche Institution« und noch spezieller die vorhandene monarchische Ordnung als durch »Gottes Fügung« in der Geschichte legitimiert darzustellen. - Hegels S.slehre hat eine merkwürdige Nachwirkung in der These R. → Rothes gehabt, daß die Kirche allmählich im christlichen S. aufgehen müsse, da dieser das eigentliche sittliche Reich sei. Reformatorisch-nüchterner hat F. → Brunstäd Hegels Gedanken dahingehend weiterentwickelt, daß er die Notwendigkeit des S.s aus der »Widerstreitsverfaßtheit« menschlichen Daseins (vgl. Röm 7!) ableitete. Schließlich wirkt Hegels S.slehre überall da nach, wo der S. wie ein »an sich« übermenschliches Wesen beschrieben wird, dessen metaphysische Würde und Macht unmittelbar

Ausfluß der Allmacht Gottes sein soll. Hat man den S. erst einmal so personifiziert, wird es auch möglich, ihn als ein Wesen zu beschreiben, das satanischen Kräften verfallen kann. Demgegenüber kommt es heute offenbar darauf an, von der Autorität des S.s theologisch so zu reden, daß sowohl alle Deifizierungen als auch alle Dämonisierungen des S.s vermieden werden. Er ist *eine menschliche »organisierte Entscheidungs- und Wirkungseinheit«* (Heller), hinter der der Christ freilich immer *Gottes Anordnung* erblickt, die durch Gottes eschatologische Tat in Christus zwar stark relativiert, andererseits aber auch als Ort der Bewährung der Liebe bestätigt worden ist. Das führt dazu, daß zunächst alle bestehende S.sordnung unter dieser Anordnung Gottes gesehen wird, unabhängig davon, wie sie zustande gekommen ist und in welcher Form sie ausgeübt wird (→ Barmen 1934 und Synode der EKD von 1956). Andererseits wird es nun aber auch möglich und notwendig, stärker als das die Legitimisten taten, auf die »Verantwortung der Regierenden und Regierten« vor Gott und vor den Menschen, deren Wohlfahrt vom s.en Handeln abhängig ist, hinzuweisen (Barmen und Weltkirchenkonferenz von Amsterdam 1948). So wird der Weg frei zu jeweils konkreter kritischer und gestaltender Mitarbeit im S., sei es nun in einer Demokratie (das echte Ja dazu vermißt man bis heute im konservativen S.sdenken), sei es in einer andern → Staatsform.

Im Gegensatz zum westlichen, »rationalistischen« S.sdenken (Vorwurf → Fichtes) wurde vom deutschen → Nationalismus im 19.Jh. *das national-s.e Prinzip* entwickelt. Einer der ersten Zeugen dieses Denkens war → Schleiermacher. Von der romantischen Vorstellung der verschiedenen »Volksgeister« ausgehend (auch Hegel hat sie verwendet), kam man auf dieser Linie zu einer immer stärkeren Betonung der geschichtlichen Sendung des (deutschen) Volkes. In Anlehnung an → Treitschkes Definition erklärte dann P. → Althaus 1931: »Der S. ist das in der Verantwortung für seine geschichtliche Bestimmung als unabhängige Macht rechtlich geeinte Volk.« Solche Definitionen öffneten leider jedem das Tor zur Macht, der behauptete, die geschichtliche Bestimmung besser zu erkennen als andere. Diese Geschichtsmetaphysik wurde durch eine Theologie der Ordnungen untermauert, die zwar die neu erkannte biblische → Eschatologie ernst zu nehmen verstand, dafür aber um so nachdrücklicher erklärte, daß die natürlichen Spannungen zwischen den Völkern in der Geschichte unausweichlich, die Bemühungen um internationale Zusammenarbeit der Völker dagegen schwärmerisch-utopisch seien. So wurde die vom Evangelium her notwendige Kritik am Nationalismus sehr erschwert, zumal man die Notwendigkeit der National-S.en für die einzig richtige Alternative zur S.slehre von K. → Marx hielt; gegenüber dessen utopischer Erwartung, daß der S. verschwinden werde, wenn einmal die Klassengegensätze überwunden sind (in diesen nämlich sei der S. begründet), genügt es jedoch, die theologisch-anthropologische Erkenntnis festzuhalten, daß in dieser Welt das Recht immer des Schutzes der Macht bedarf.

b) *Die Funktionen und die bestmögliche Form des S.s* unter den kulturellen Bedingungen der Neuzeit, bes. der Industrialisierung richtig zu bestimmen, hat sich als überaus schwierig erwiesen. Selbstverständlich gilt auch heute noch, daß der S. die Aufgabe hat, »unter Androhung und Ausübung von Gewalt für Recht und Frieden zu sorgen« (Barmen V). Dazu sind aber in den großen Flächen-S.en der Neuzeit noch zahlreiche weitere Aufgaben gekommen, angefangen bei planmäßigen Förderungen der Wirtschaft und der Erziehung bis zum Versicherungswesen und den öffentlichen Dienstleistungen. Gegen diese Entwicklung zum *Sozial-S.* (bzw. zum → »Wohlfahrtsstaat«) hat man auf ev. Seite gelegentlich – dem liberalen Denken des 19.Jh.s folgend – »Grenzen des S.s« festzulegen versucht, damit Verantwortung und Freiheit der einzelnen und der Familien erhalten blieben. Im Hintergrund findet man oft eine romantische Verklärung vergangener Gesellschaftsformen. Ihnen steht die Erkenntnis entgegen, daß die auf diesen Gebieten notwendige Ordnung und Sicherung des Lebens heute nur mit Hilfe des S.s erreichbar ist. So wird denn auch kaum noch bestritten, daß s.e Organe hier unausweichliche Verantwortung tragen; fraglich ist nur noch, in welchen Angelegenheiten s.e Organe selbst eingreifen (oder geschaffen werden) müssen, und wo statt dessen durch s.e Gesetze lediglich ein Rahmen geschaffen werden muß, innerhalb dessen andere Institutionen arbeiten sollen. Die ev. Ethik wird die Gefahr nicht unterschätzen, die darin besteht, daß die S.sbürger in zu vielen Lebensfragen vom S. (bes. dessen Bürokratie) abhängig werden. Sie wird aber nicht darauf ausgehen dürfen, die Macht der Kirche auf Kosten des S.s zu erweitern; maßgebend muß vielmehr allein die Frage sein, auf welche Weise am besten dem Wohl des Menschen gedient wird, für den Christus gestorben ist.

Als wichtige Forderung der Neuzeit gilt, daß der S. ein *Rechts-S.* sein müsse. Das bedeutet, daß die → Macht der jeweils Herrschenden durch Rechtsvorschriften begrenzt und kontrolliert wird, und daß deren Einhaltung u.U. eingeklagt werden kann. Dies ist nur möglich, wenn es unabhängige Gerichte und eine unabhängige Legislative neben der Exekutive gibt (*Gewaltenteilung*, → Montesquieu). Dies wird in den modernen S.en durch Verfassungen geregelt, die von der Legislative meist nur durch qualifizierte Mehrheitsbeschlüsse geändert werden dürfen. An ihre Spitze werden gewöhnlich bestimmte naturrechtlich begründete Sätze (Grundrechte, allgemeine → Menschenrechte) gesetzt. Die ev. Ethik wird all diese Bestrebungen unterstützen, sie wird aber auch S.en anerkennen müssen, in denen ohne solche Sicherungen für Recht und Frieden gesorgt wird.

Das rechts-s.e Prinzip scheint heute am besten in der Form der *Demokratie* verwirklicht zu sein. Darunter kann heute nicht eine unmittelbare Herrschaft des Volkes verstanden werden, sondern nur vom Volk indirekt durch Wahlen und durch Delegierte (→ Parlament, → Parteien) kontrollierte Herrschaft auf Zeit; an den Wahlen nehmen alle S.sbürger gleichberechtigt teil. Man wird diesen Gleichheits-Grundsatz nicht kurzschlüssig aus dem Glauben begründen können; denn Gleichheit vor Gott hebt nicht schöpfungsmäßige Ungleichheiten unter den Menschen auf. Wohl aber kann auf die angegebene Weise der Mensch am besten vor dem Mißbrauch der s.en Macht geschützt und zugleich an der unausweichlichen Verantwortung für seine Mitmenschen beteiligt werden. Andererseits ist nicht zu übersehen, daß diese Herrschaftsform im Massenzeitalter bes. gefährdet ist (Herrschaft der Demagogen, psychologisch raffinierte Beeinflussung der Wähler durch Massenmedien, die von finanzkräftigen Kreisen, bzw. im totalen S. von diesem selbst, gesteuert werden usw). Das läßt die S.sbürger leicht resignieren. Da solche Resignation das Ende der Demokratie wäre, werden Theologie und Kirche heute bes. nachdrücklich zur Wachsamkeit und zur Wahrnehmung der politischen Verantwortung aufrufen müssen. – Zum Problem der politischen Ziele und Mittel vgl. → Politik: II, → Krieg: IV, → Widerstandsrecht.

Lit. bis 1929 s. RGG² V, 734. - Vgl. die Lit. zu → Freiheit: II, → Kirche und Staat, → Politik: II, → Widerstandsrecht. Ferner *zu 2a:* O. PLÖGER, Theokratie u. Eschatologie, 1959 - E. KÄSEMANN, Röm 13, 1-7 in unserer Generation (ZThK 56, 1959, 316-376; Lit.).

Zu 2b: W.KAMLAH, (Christentum u. Selbstbehauptung, 1940) Christentum u. Geschichtlichkeit, 1951^2 (zu Augustin) - H.BERKHOF, Kirche u. Kaiser, dt. 1947 - A.KARTASCHOW, Die Entstehung d. kaiserl. Synodalgewalt unter Konstantin d. Gr. (Kirche u. Kosmos, Stud.-H. 2, hg.v. Kirchl. Außenamt d. EKD, 1950, 137-152) - K.ALAND, Kaiser u. Kirche v. Konstantin bis Byzanz (Berliner Byz. Arb. 1957, 188 bis 211 = K.A., Kirchengeschichtl. Entwürfe, 1960, 257-279) - A. MICHEL, Die Kaisermacht in d. Ostkirche, 1959. - *Zu 2c:* O.v.NELL-BREUNING SJ u. H.SACHER, Zur christl. S.slehre (WB d. Politik II), (1948) 1957^2 (Lit.) - R.HAUSER, Autorität u. Macht, 1949 - K.D. SCHMIDT, Die kath. S.slehre (QKK A 4), 1955 (Lit.). - *Zu 2d* außer der Lit. zu → Luther: II (Bd IV, 519) u. zu → Zwei-Reiche-Lehre: ELERT, ML II - J.BOHATEC, Calvins Lehre von S. u. Kirche, 1937 - K.D.SCHMIDT, S. u. ev. Kirche seit d. Reformation, 1947. - *Zu 3a:* H.GERBER, Die Idee d. S.es in d. neueren ev.-theol. Ethik, 1930 (dazu kritisch E.WOLF, Zur Selbstkritik d. Luthertums [Ev. Selbstprüfung, hg.v. P.SCHEMPP, 1947, 113-135; Lit.]; DERS., Die Königsherrschaft Christi u. d. S. [ThEx NF 64], 1958, 20-61) - H.F.HEDDERICH, Die Gedanken d. Romantik über Kirche u. S., 1941 - H.BORNKAMM, Die S.sidee im Kulturkampf, 1950 - O.VOLZ (→ Stahl). - *Zu 3b:* H.HELLER, S.slehre, (1934) 1960^2 - Die Kirche u. d. S.sproblem in d. Gegenwart, hg.v. d. Forschungsabt. d. Ökum. Rates f. Prakt. Christentum, Genf (1934) 1935^2 - E.GERSTENMAIER (Hg.), Kirche, Volk u. S., 1937 - K.BARTH, Christengemeinde u. Bürgergemeinde, 1946 - E.BERGGRAV, Der S. u. d. Mensch, 1946 - O.DIBELIUS, Grenzen d. S.es, 1949 - H.GOLLWITZER, Die christl. Gemeinde in d. polit. Welt, 1954 - W.KÜNNETH, Politik zw. Dämon u. Gott, 1954 - G.HILLERDAL, Gehorsam gegen Gott u. Menschen. Luthers Lehre v. d. Obrigkeit u. d. moderne ev. S.sethik, 1955 - H.DOMBOIS-E.WILKENS (Hg.), Macht u. Recht. Beitr. z. luth. S.slehre d. Gegenwart, 1956 - W.SCHWEITZER, Der moderne Massen-S. im Lichte d. Evangeliums (Verantwortung f. d. Menschen, hg.v. F.KARRENBERG u. J.BECKMANN, 1957, 85-99) - O.BLEIBTREU, Demokratie, soziales Prinzip u. Rechts-S. (ebd 100 bis 111) - H.GOLLWITZER, Bürger u. Untertan (Libertas Christiana, Festschr. f. F.Delekat, 1957, 30-56) - J.F.BENNETT, Christians and the State, New York 1958 - THIELICKE, ThE II/2, 1958 - Dokumente z. Frage d. Obrigkeit. Zur Auseinandersetzung um d. Obrigkeitsschrift v. Bischof O.Dibelius, 1960 - P.MEINHOLD, Röm 13. Obrigkeit, Widerstand, Revolution, Krieg, 1960 - R.NIEBUHR, The Structure of Nations and Empires, New York 1960; dt.: S.en u. Großmächte, 1960 - H.DOMBOIS, Der gegenw. Stand d. ev. S.slehre (Spannungsfelder d. ev. Soziallehre, hg.v. F.KARRENBERG u. W.SCHWEITZER, 1960, 129-139; Lit.). - Vgl. auch EKL III, 1105ff u. ESL 985ff sowie die Bibliographien in der ZEE (seit 1957). *W.Schweitzer*

Staatsangehörigkeit. Einer Gebietskörperschaft Staat als Staatsbürger anzugehören bedeutet einen Rechtsstatus, der innerstaatlich eine Anzahl von Rechten, Ansprüchen und Pflichten wie das Recht zu dauerndem Aufenthalt, das Wahl- und Stimmrecht, Fürsorgeansprüche und u.U. die Wehrpflicht zum Inhalt hat und völkerrechtlich Anknüpfungspunkt für das Recht eines Staates ist, seinen Staatsangehörigen im Ausland diplomatischen Schutz zu gewähren. Erwerb und Verlust der S. bestimmen sich nach staatlichem Recht. Doppelte S. und Staatenlosigkeit sind möglich und nicht immer vermeidbar. Der Erwerb der S. durch Abstammung bestimmt sich nach ius soli (S. des Staates, auf dessen Gebiet man geboren ist) oder ius sanguinis (S. der Eltern). Ausländische Ehefrauen erwerben, wo noch der Grundsatz der Familieneinheit besteht, die S. des Mannes. Seit dem 1. Weltkrieg wird dieses Prinzip jedoch zunehmend ungebräuchlich. Das geltende deutsche S.sgesetz von 1913 ist insoweit wegen des Grundrechts der Gleichheit von Mann und Frau (Art. 3 GG) 1957 geändert worden. - Die Staatszugehörigkeit juristischer Personen wird nach dem Sitz ihrer Verwaltung (Sitztheorie) oder nach der Rechtsordnung bestimmt, unter welcher sie gegründet wurden (Gründungstheorie). Die in beiden Weltkriegen befolgte Kontrolltheorie unterwarf Gesellschaften, die von Angehörigen der Feindstaaten wirtschaftlich kontrolliert wurden, unabhängig von ihrer Staatszugehörigkeit den gegen feindliches Eigentum gerichteten Maßnahmen. Die Staatszugehörigkeit von Schiffen und Luftfahrzeugen wird durch das Register bestimmt, in welches sie eingetragen sind.

W.SCHÄTZEL, Das dt. S.srecht, (1928) 1958^2 - M.LICHTER, Die S. nach dt. u. ausländ. Recht, (1943) 1955^2 - A.N.MAKAROV, Allg. Lehren des S.srechts, (1947) 1962^2 - HWSW IX, 732ff (DERS.) - F. MASSFELLER, Dt. S.srecht von 1870 bis zur Gegenwart, (1953) 1955^2; ErgBd 1957. - Texte: Sammlung geltender S.sgesetze, Bd Iff, 1949ff. *J.H.Kaiser*

Staatsbetrieb im engeren Sinn des Wortes ist ein öffentliches Unternehmen (= U.), das in Form eines Regie- oder Verwaltungsbetriebes unter ressortmäßiger Leitung eines Ministeriums geführt wird. Hier gilt die kameralistische Buchführung. Seit den 1920er Jahren hat sich fast allgemein die Form wirtschaftlich verselbständigter U. durchgesetzt. Sie kann in verschiedenen Rechtsformen bestehen, so in den Formen eines Sondervermögens des Staates (zB Bundesbahn und Bundespost). Hierhin gehört auch die besondere Form des Eigenbetriebes öffentlicher U. und Anstalten der Städte und Gemeinden. Vielfach werden öffentliche Betriebe auch als privatrechtliche Kapitalgesellschaften aufgezogen. Gemeinsam ist diesen Formen die Verselbständigung der öffentlichen U. in ihrer Leitung, die Lösung aus dem öffentlichen Haushalt und damit die Anwendbarkeit der kaufmännischen Buchführung.

Nach den unterschiedlichen Prinzipien der Bewirtschaftung lassen sich unterscheiden: 1. die Eigenerzeugung der öffentlichen Hand. Sie deckt einen reinen Gemeinbedarf und kennt nur Verrechnungspreise (zB staatliche Rüstungsbetriebe). - 2. Die öffentliche Anstalt deckt meist Einzelbedarf mit einem Gemeininteresse. Von den Benutzern werden Gebühren erhoben, die höchstens die Kosten decken (zB Krankenhäuser, Friedhöfe, Wasserversorgung). - 3. Das gemeinnützige öffentliche U. deckt einen Massenbedarf mit Gemeininteresse nach dem Kostendeckungsprinzip zu Taxpreisen, die in Tarifen differenziert sind (zB öffentliche Verkehrs- und Versorgungs-U.). - 4. Erwerbs-U. der öffentlichen Hand bieten Güter und Leistungen auf dem Markt an und wirtschaften nach dem Gewinnprinzip wie die privaten Erwerbs-U. (zB staatliche Bergwerke). - 5. →Monopol-U. (Finanzmonopole) decken einen Massenbedarf und nehmen Monopolpreise, die ein steuerliches Element enthalten (zB Branntwein- und Tabakmonopole).

Kennzeichnend für die öffentlichen U. ist ein öffentliches Interesse bei der Begründung oder der Übernahme der Betriebe. Als Anlässe sind zu nennen: Verhinderung privatkapitalistischer Monopole, Einführung des technischen Fortschritts und Rationalisierung der Betriebe (britischer Kohlenbergbau), fehlendes Interesse des privaten Kapitals (Salzgitter), Übernahme vom Bankrott bedrohter privater Großbetriebe in der Krise.

Als wichtige Bereiche der öffentlichen Wirtschaft sind zu nennen: 1. ein altüberkommener Bestand an Forsten und Domänen, Bädern, Salinen und Bergwerken. - 2. Die wichtigsten Landverkehrsmittel: Post und Eisenbahnen, der Luftverkehr. Bau und Unterhalt von Straßen und Kanälen. - 3. Die Versorgungsbetriebe für Gas, Wasser und Elektrizität. Für Verkehrsmittel und Versorgungs-U. bilden sich Netzmonopole. Hier verlangen auch Vertreter der liberalen Wirtschaftslehre das öffentliche U. - 4. Im Bankwesen finden wir Staatsbanken für besondere Aufgaben, vor allem aber die kommunalen Sparkassen mit öffentlicher Garantie, die dem kleinen Sparer eine sichere Anlage seiner Ersparnisse gewähren. In Frankreich wurden 1946 die Großbanken und die großen Versicherungsgesellschaften verstaatlicht. - 5. In Bergbau und Industrie ist in den westeuropäischen Ländern der Anteil der öffentlichen U. verschieden. In England und Frankreich ist der Kohlenbergbau nationalisiert, in der BRD sind nur einige Zechen und der Saarkohlenbergbau in öffentlicher Hand. Der Bund betreibt den Erzbergbau und die Hüttenbetriebe in Salzgitter, ferner Aluminiumerzeugung und Kalkstickstoffwerke sowie zahlreiche andere U.

Bei der Forderung nach Privatisierung öffentlicher U. werden heute häufig die öffentlichen Interessen und die wichtigen sozialen Funktionen der öffentlichen U. verkannt. - Vgl. → Betrieb.

A. SCHNETTLER, Öffentl. Betriebe, 1956 - Die öffentl. U. in der BRD u. in Berlin, hg.v. der Gesellschaft für öffentl. Wirtschaft e.V. Berlin, 1957 - HWSW X, 506ff (H. RITSCHL: Unternehmungen, öffentl.; Lit.).

H. Ritschl

Staatsformen

1. Grundbegriffe - 2. Die klassische S.enlehre - 3. Entfaltung des modernen abendländischen Verfassungsstaates - 4. S. der Zukunft. - S. = Staatsform. - Vgl. ergänzend → Staat

1. Als S. verstehen wir den grundlegenden Ordnungstypus des politischen Gemeinwesens. Sein Aufbau bestimmt Zustandekommen und Wirkungsweise des politischen Willens (→ Politik: I). Die S.enlehre fällt also weitgehend zusammen mit der Lehre von den Herrschaftsordnungen. Historisch entfaltet sie sich in enger Verbindung mit der Geschichte von → Gesellschaft und → Staat selbst. Sie kommt, wenn auch in verschiedenem Grade der Differenzierung, in allen Hochkulturen zur Geltung. Der erweiterte Einblick des 20.Jh.s in »primitive« Kulturen macht deren Einbeziehung möglich, obwohl sie nicht im hochkulturellen Sinne Staatswesen hervorbringen, sondern in einem charakteristische Unterschiede zeigenden Stammesgefüge verbleiben. - Den Hauptinhalt der klassischen *S.enlehre* bildet die Unterscheidung nach der Zahl der Herrschenden zwischen Monarchie, Aristokratie und Demokratie. Sie ist aber schon als solche zugleich auf die Herrschafts-Strukturen, dh auf das gegenseitige Verhältnis der Organe des Gemeinwesens gerichtet, also auch auf Abwandlungen jedes der drei Grundtypen. Sie beschäftigt sich mit den öffentlichen Organen, ihren Kompetenzen und Verfahrensweisen und bringt die weitere Frage nach gesellschaftlicher Herkunft, Erziehung und Legitimation der Personen und Gruppen hervor, welche über politische Entscheidungsmacht verfügen. Die S.enlehre ist auch in ihrem beschreibenden Teil motiviert durch die Suche nach der bestmöglichen Ordnungsform, also nach den besten Institutionen des politischen Verbandes. Ihr vergleichender historisch-soziologischer Aspekt ist verbunden mit einem normativen, der die Bewertung der S.en aus einer »richtigen« Auffassung des Menschen und seiner Daseinsbestimmung, dh anthropologisch und metaphysisch herzuleiten strebt. Die Lehre von den S.en muß nach den Kräften des Zusammenhalts bzw. der »Integration« politischer Gemeinwesen überhaupt fragen und schließt folglich neben den Problemen der Ordnung von Willensbildung und Willensdurchführung in sich ein das des Verständnisses und der Sicherung des Gemeinwohls und das der Erscheinungsweise der politischen Institutionen als Repräsentation des Gemeinwesens.

2. Die *klassische S.enlehre* ist für die abendländische Geschichte und Politik in ihrer hellenischen Überlieferungsform entscheidend geworden. Das Wissen um die zahlreichen stadtstaatlichen Ordnungsformen des griech. Kulturbereichs wie um die andersartigen Despotien der barbarischen Großreiche, die Erfahrung von Revolution, Neuordnung und Traditionalismus und die seit den Vorsokratikern lebendige Erörterung des »besten« Verfassungszustandes haben sich dieser Überlieferung mitgeteilt. Als »Verfassung« des Gemeinwesens wird von den Griechen die gelebte Gesamtordnung verstanden, also keineswegs allein die im modernen engeren Sinne als »politisch« bezeichneten Ordnungsbereiche, aus denen »gesellschaftliche« ausgesondert sind. → Platon in der »Politeia«, dem »Staatsmann« und den »Gesetzen«, → Aristoteles in der »Nikomachischen Ethik« und der »Politik« haben der griech. Überlieferung ihre ausgebauten Grundwerke gegeben. Sie legten beide ihrer vergleichenden Unterscheidung der S.en die Zahl der die Herrschaft innehabenden Personen und ihr Verhältnis zu Gerechtigkeit und sittlicher Qualität (ἀρετή) zugrunde. *Platon* entwickelt in der »Politeia« im Gesprächsstil das Bild des Gemeinwesens, wie es sein muß, wenn es die Gerechtigkeit verwirklicht, die dem philosophisch richtig verstandenen Wesen des Menschen entspricht. Gemäß der Werteordnung Platons nimmt die oberste Stellung im Gemeinwesen der nur noch an Wahrheit und Gerechtigkeit gebundene und in diesem Sinne selbstlose Weise ein, der eben darum auch zur Herrschaft berufen ist und dessen Auslese, Erziehung und Geltung die Ordnung des Gemeinwesens dient, wie sie in der »Politeia« gezeichnet wird. Das Spätwerk, die »Gesetze«, zeichnet die richtige Ordnung von Institutionen als Sicherung und Stütze der Herrschaft der »Arete«. - *Aristoteles* hat das für Platon entscheidende ethische Kriterium zum Zweck der Urteilsbildung über die optimale Möglichkeit der S. mit einem in der »Staatsverfassung der Athener« beispielhaft erhaltenen Vergleich von bestehenden hellenischen Verfassungsformen verbunden. Die Auffassung des Menschen als eines vernunftbegabten und zugleich gemeinschaftsgebundenen Wesens, dessen Daseinsweise sich von der physischen Existenzmöglichkeit bis zur Grenze des Göttlichen erstreckt, liegt der Ethik wie der Politik des Aristoteles zugrunde. Den drei Grundformen der möglichen Ordnung des Gemeinwesens und ihren Entartungsweisen geht er in der »Politik« nach, wobei jeweils die Machtgewinnung des eigensüchtigen Selbstinteresses über die Pflicht zur Vertretung des Gemeinwohls einschließlich des berechtigten Interesses anderer die Entartung der S. einleitet. Das Wertkriterium des Aristoteles ist die durch die Ordnungsform des Gemeinwesens gegebene Möglichkeit zu einem gerade auch im ethischen Sinne gesund erfüllten Dasein des Menschen. Von ihr aus werden die Vorteile und Nachteile der S.en beurteilt. Dabei sucht Aristoteles zugleich der Stabilität der Ordnungen und dem Ausgleich gegensätzlicher Interessen im Gemeinwohl zu dienen. Folglich ist für ihn die »Politie« genannte Ordnungsform die bestmögliche, weil sie monarchische, aristokratische und demokratische Momente miteinander verschmilzt. Die Bezogenheit der aristotelischen S.enlehre auf Bild und Wesen des Menschen, dessen Daseinsführung das Gemeinwesen dienend zugeordnet ist, wurde wesentlich für ihr Fortleben bis ins 18.Jh. und ihre Erneuerung in der Auffassung der Regierungsform als einer Konsequenz des Selbstverständnisses des Menschen in der Gegenwart. - Die Dreiheit »Monarchie, Aristokratie, Demokratie« bzw. ihrer Entartungsformen »Tyrannis, Oligarchie, Massenherrschaft« wurde auch als historisch zwangsläufiger Zyklus (Herodot III, 80-82; Platon, Politeia; Polybios) verstanden. Die Politie des Aristoteles als die beste, weil »gemischte« Verfassung hebt dagegen, wie auch schon Platons Gesetze, das Moment der Dauer hervor. Sie ist als Ergebnis einer Versöhnung und Verbindung der drei Grundformen zu erwarten. Sie wird von Polybios und Cicero an der Römischen Res Publica erkannt, findet sich bei → Thomas von Aquino als »regimen commixtum« und ist für die Beendigung der englischen Revolution des 17.Jh.s und folglich auch für → Montesquieu von Bedeutung.

Die *Gewaltenteilungslehre*, die in Verbindung mit den Grundrechten zur Grundkonzeption des modernen freiheitlichen Rechtsstaats geworden ist, hat eine wesentliche und geistesgeschichtlich nachweisbare Beziehung zu dem Gedanken der »gemischten Verfassung«. Die Lehre vom Gewaltenpluralismus trennt den Gesetzgeber als Schöpfer der rechtlich kontrollierten Ordnung von dem sie ausübenden bzw. verwaltenden Organ der »Exekutive« und ebenso von der rechtsprechenden Gewalt, der bes. dann politische Entscheidungsfunktionen zufallen, wenn sie berufen ist, über die Rechtmäßigkeit des Handelns der beiden andern Gewalten zu urteilen. Der Gewaltenpluralismus errichtet also Kontrollen in institutioneller Form, verhindert dadurch die Willkür und schafft die Möglichkeit, das Zustandekommen eines Willens und die Repräsentation der Einheit des Gemeinwesens mit dem auf vernünftiger Entscheidung beruhenden Votum seiner Bürger und dem erforderlichen Maß von Sachkenntnis in Einklang zu bringen. → *Machiavellis* Einteilung der S.en im »Fürsten« in Republiken und Monarchien ist wegen der praktischen Absicht seiner Schrift historisch an den Formen der italienischen Renaissance-Epoche orientiert und auf eine taktische und psychologische Lehre von der Ergreifung und Erhaltung einer Machtstellung ausgerichtet. Die Adelsoligarchie von Venedig und die Verfassungsentwicklung von Florenz im 15.Jh. hätten eine weitere Differenzierung nahegelegt. Machiavellis Einteilung hat aber die geistesgeschichtliche Voraussetzung für das sich allmählich herausbildende Verständnis des Begriffs Republik als Gegensatz zu Monarchie geschaffen.

Um summarisch zu bezeichnen, wie sich Gemeinwesen mit Entscheidungs- und Kontrollbefugnissen der Spitze von solchen unterscheiden, welche diese Befugnisse letzten Endes bei den Völkern belassen, hat man »monokratische« den »demokratischen« Systemen gegenübergestellt, wobei jedoch eine weitere Verfeinerung der Typologie unentbehrlich ist. In der modernen Welt, in der geschriebene oder doch durch schriftlich überlieferte Tradition gestützte Verfassungen die Regel sind, geht die S.enlehre meist vom *Recht* aus, stößt aber dann wiederum, wie etwa im Falle der totalitären Diktatur, auf Widersprüche zwischen Verfassungstext und Verfassungswirklichkeit.

Die *soziologische* Betrachtung der S.en mußte in der Herausarbeitung der tatsächlich gelebten Herrschaftsordnungen ihre Aufgabe sehen. *Max* → *Webers* Staatssoziologie beschränkte sich zwar als solche auf die »Soziologie des rationalen Staates und der modernen politischen Parteien und Parlamente«, beruhte aber auf einem breiter angelegten, prinzipiell die ganze → Sozialgeschichte umgreifenden Fundament. Auch der »rationale« Staat ist bei Weber ein »auf das Mittel der legitimen (dh als legitim angesehenen) Gewaltsamkeit gestütztes Herrschaftsverhältnis von Menschen über Menschen«. Die innere Rechtfertigung von Herrschaft und Gehorsam, also die Legitimität, bringt drei Grundtypen hervor, nämlich den *traditionalen*, der auf einer durch lange Geltungsdauer geheiligten patriarchalischen Sitte beruht, den *charismatischen*, der außeralltägliche irrationale »Gnadengaben«, also eine Führungs»berufung« zur Voraussetzung hat, und den *»legalen«*, der die Herrschaftsordnung vermöge der Geltung einer »Satzung« legitim erhält (→ Macht: IV, 2). Diese Idealtypen, die selten rein vorkommen, aber alle Abwandlungs- und Kombinationsformen erhellen, üben als Legitimitätsvorstellungen eine erhebliche Wirkung auf die Ordnungen selbst aus. Max Webers Typologie ist deshalb nur beschränkt nützlich, weil der Begriff des Charismatischen Erscheinungen von viel zu großer Verschiedenheit, wie zB den religiösen und den Bandenführer umfaßt und weil in der traditional genannten Ordnung Momente des Rechtsbewußtseins ebenso wirksam sind wie umgekehrt »legal« begründete Ordnungen eine stützende Tradition zu entwickeln vermögen.

Da der Legitimitätsgrund der Herrschaft im Auswahlvorgang für die Herrschenden und folglich auch in der Aufbauform der politischen Ordnung wirksam wird, gehört die Frage nach Herkunft und Funktion der Führungsgruppen als wesentlicher Bestandteil zur S.enlehre. In der neueren Theorie ist daher die Analyse der Elitefunktionen wieder wichtig geworden, die allerdings im Gegensatz zu Platon (in Moscas Doktrin von der herrschenden Klasse, in Michels' »ehernem Gesetz von der Oligarchie« und in Paretos Lehre vom Kreislauf der Eliten) sich am Erfolg der Machterwerbung bzw. Machterhaltung orientiert, also an Machiavellis Ansätze im »Principe« anschließt. Paretos Theorie beruht auf der These einer Dialektik zwischen emotional versteiften »Residuen«, die historisch an erworbene Machtlagen gebunden sind, und rational beweglichen »Derivationen«, von denen die Veränderungsstöße ausgehen, metaphorisch ausgedrückt zwischen »Löwen« und »Füchsen«. Das Kreislaufergebnis dieser Dialektik wird als eine jenseits aller epochalen Individualität gültige Bewegungsform des Geschichtsprozesses verstanden. Die historisch-soziologische Erforschung der S.en weist auch dann, wenn sie nicht wie bei Pareto einer allgemeinen Theorie zustrebt, auf die Notwendigkeit hin, die Bildung von Führungsgruppen im Zusammenhang mit dem Aufbau der gesellschaftlich-wirtschaftlichen Ordnung und den von ihr ausgehenden Einwirkungen zu verstehen. Diese sozialwissenschaftliche Ergänzung der S.enlehre ist in der Gegenwart wegen des die ganze bewohnte Erde ergreifenden Wandels der wirtschaftlich-sozialen Daseinsführung bedeutsam.

3. Die historisch-soziologische *Entfaltung des modernen abendländischen Verfassungsstaates* hatte die Überwindung des mittelalterlichen → Feudalismus durch die absolute Monarchie zur Voraussetzung und vollzog sich vermöge der Abwandlung der letzteren in eine konstitutionell begrenzte auf dem Wege der Reform oder aber vermöge ihrer Ersetzung durch eine freiheitlich-rechtsstaatliche Demokratie auf dem Wege der → Revolution. Im neuzeitlichen Europa begleitete dieser Entwicklungsgang der S.en denjenigen der modernen Gesellschafts- und Wirtschaftsverfassung, wobei schließlich die noch im 19.Jh. maßgebenden Unterschiede der S.en von der konstitutionellen Monarchie bis zur parlamentarischen Republik hinter dem gemeinsamen Gegensatz zwischen ihnen und der totalitären Diktatur zurücktraten. In diesem Vorgang bildete die Notwendigkeit, eine rationale Verwaltung mit der zunehmenden wirtschaftlichen Eigenständigkeit der Bürger zu versöhnen, die Grundproblematik für die liberalen und demokratischen Bewegungen. Das Problem der Erhaltung der Freiheitsrechte in der modernen Industriegesellschaft wurde dann zur Hauptfrage der S.endiskussion des 20.Jh.s.

Für den modernen Staat ist das ständige, im Gegensatz zur Feudalherrschaft nur mit der Verwaltung, aber nicht dem Besitz öffentlichen Eigentums betraute Beamtentum und das ihm entsprechende, seine Politik anderen Staaten gegenüber stützende stehende Heer charakteristisch. Die *absolute Monarchie* hat sich im 16.Jh. zu bilden begonnen und, von der → Souveränitäts-Lehre (→ Bodin) wie vom Gottesgnadentum darin gerechtfertigt, die uneingeschränkte politische Entscheidungsmacht als legitim für sich beansprucht und praktisch in ganz Europa - mit wenigen Ausnahmen - im 17.Jh. durchgesetzt. Der »klassische«, vom französischen Vorbild beeinflußte Absolutismus hat sich im 18.Jh. in Verbindung mit der Theorie des → Wohlfahrtsstaates zu dem »aufgeklärten« Absolutismus gemildert, also zwar hinsichtlich der Auffassung des Zweckes, aber nicht der Form der Herrschaft verändert. Die absolute Monarchie hat als beherrschender Formtypus sowohl den patrizisch-oligarchischen wie den zunftdemokratischen Stadtstaat und die ländliche Adelsherrschaft untergraben, eigene Führungskräfte herangebildet, wirtschaftliche Energien entbunden, gefördert und unter Kontrolle genommen. In der Sozialgeschichte Großbritanniens waren genossenschaftliche Überlieferungen des MA nachhaltig wirksam und sind in der »Glorious Revolution« zu einem institutionellen Kompromiß mit der Monarchie gelangt. Der Stil der englischen Geschichte der S. ist der der Reform geblieben. Die kontinentaleuropäische Entwicklung der S.en dagegen ist revolutionär. Die nordamerikanische vollzog sich zugleich als Loslösung der Kolonien von Großbritannien unter Inanspruchnahme des »alten«, in den »charters« verbrieften Rechts und als Gründungsakt einer den revolutionären Wandel institutionell einfangenden und naturrechtlich begründenden demokratisch-republikanischen S.

Die angelsächsische wie die kontinentaleuropäische Verfassungsgeschichte hatten den *freiheitlichen Rechtsstaat* als Grundtypus zum Ergebnis. Die Prinzipien sanktionsfähiger Grundrechte und verfassungsmäßig garantierter Gewaltenteilung führten nach den Verfassungsexperimenten der französischen Revolution im 19.Jh. zunächst zur *konstitutionellen Monarchie,* in der dem erblichen und unabsetzbaren Monarchen die Entscheidungsbefugnisse der exekutiven Spitze des Staates erhalten bleiben, die im Bereich der Gesetzgebung durch die gewöhnlich als Zweikammersystem organisierte Legislative eingeschränkt, im Bereich der Rechtsprechung auf den Gnadenakt reduziert sind. Die *parlamentarische Monarchie,* im späteren Verlauf des 19. und im 20.Jh. zur Geltung kommend, ist dadurch charakterisiert, daß die Mitglieder des Kabinetts gegenüber dem Parlament verantwortlich sind und der Monarch keinerlei Staatsakte ohne Zustimmung und Gegenzeichnung der Minister vollziehen kann. Die Monarchie wird dadurch auf die gesellschaftliche Funktion verwiesen, die Einheit des Gemeinwesens symbolisch zu repräsentieren und seine Führungsgruppen zu integrieren.

Die parlamentarische Monarchie ist - abgesehen von der verschiedenen Legitimation des obersten repräsentativen Staatsorgans - von demselben Typus wie die *freiheitlich-rechtsstaatliche Demokratie*. In ihr sind liberale und demokratische Tendenzen zur Wirkung gelangt, die liberalen durch die Geltung der Grundrechte (→ Menschenrechte), die demokratischen durch die Grundsätze der politischen Gleichberechtigung der Menschen, des Ursprungs der Staatsgewalt im Gesamtvolk und der friedenstiftenden Eigenschaft freier Mehrheitsentscheidungen. Die »unmittelbare« Demokratie, in der keine politische Vertretung (Repräsentation) stattfindet, ist nur in solchen Gemeinwesen sinnvoll möglich, die nach Raum und Bevölkerungszahl beschränkt sind. In Großstaaten gerät ihr Grundgedanke in Gefahr, der Volksabstimmung (Referendum) auch Entscheidungen zuzumuten, welche sachgemäß nicht plebiszitär, wohl aber von der über größere Sach- und Beratungserfahrung verfügenden Volksvertretung gefaßt werden können. Die freiheitlich-rechtsstaatliche Demokratie baut folglich ihr Willensbildungssystem auf der Repräsentation auf, die wegen der Periodizität der Wahl (→ Wahlrecht), wegen der Mehrheit der um Repräsentationsermächtigung vor den Wählern konkurrierenden Gruppen, wegen der geschützten Freiheit der mündlichen und schriftlichen Meinungsäußerung und wegen des Schutzes des Wahlaktes selbst gegen Beeinflussung oder spätere Ahndung der Entscheidung ein Optimum an Geltung des autonomen Volkswillens ermöglicht. Dabei kommt den → Parteien als Organen der Bildung des politischen Willens um so mehr Bedeutung zu, je geringer die Wirkung der »Honoratioren-Demokratie« des 19.Jh.s wird. In der freiheitlich-rechtsstaatlichen Demokratie wird das Verhältnis von Parlament und Regierung in sehr verschiedener Weise gestaltet (→ Parlamentarismus). Die stärkste Trennung von Legislative und Exekutive schreibt die Verfassung der USA durch die Volkswahl des Präsidenten und sein Recht vor, die Zusammensetzung seines Kabinetts selbständig, wenn auch mit Billigung des Senats vorzunehmen. Die parlamentarische Kontrolle der Exekutive erfolgt generell auf Grund des Gesetzgebungsrechts, bes. auch über den Haushalt, und bei parlamentarischer Ministerverantwortlichkeit durch die Möglichkeit des Mißtrauensvotums, das in der BRD gemäß Grundgesetz (→ Verfassungen: I) konstruktiv sein, dh von einer möglichen Alternative der Kabinettsbildung begleitet werden muß. Die Verfassungsgerichtsbarkeit gilt vor allem der Urteilsbildung über die Verfassungsmäßigkeit gesetzgeberischer oder administrativer Akte. Die Ordnungsform des freiheitlichen Rechtsstaates nimmt die rational organisierte Verwaltung unter die Kontrolle einer freigewählten Volksvertretung und einer in ihrer Vielheit geschützten → öffentlichen Meinung.

Während die Postulate der bürgerlichen → Freiheit (: III) und der politischen → Gleichheit die Verfassungsgeschichte des modernen Industriestaats im 19.Jh. bestimmten, trat im 20.Jh. die soziale Problematik in den Vordergrund. Vorbereitet durch den politischen → Messianismus, der im Zeitalter der französischen Revolution von Morelly, Mably und Babeuf formuliert wurde, durch den geschichtsphilosophischen Industrialismus → Saint-Simons und den »Frühsozialismus« (→ Sozialismus: I, 2), haben → Marx und → Engels den Geschichtsablauf als vorbestimmte Dialektik zwischen Produktivkräften und Produktionsverhältnissen, den Staat und die geistige Welt als Überbau der von seiten der wirtschaftlichen Arbeit beherrschten Entwicklung gedeutet und der dieser als »wissenschaftlich« verstandenen Geschichtserklärung folgenden Führungsgruppe die Aufgabe zugewiesen, den schließlich zur klassischen Weltgesellschaft führenden Prozeß ideologisch und revolutionär zu fördern. Die sozialistische Bewegung hat sich im weiteren Verlauf in die Anhängerschaft der freiheitlich-rechtsstaatlichen Entwicklungsform und die der revolutionären Aktion gespalten. Mit den Erfolgen der letzteren, zunächst in Sowjet-Rußland, kam die S. des totalitären Einparteistaates zur Entstehung.

Die *totalitäre* S. wird vom → Kommunismus (: III) wie vom → Faschismus (→ Nationalsozialismus) mit jeweils entsprechendem ideologischem Gehalt eingeführt, wobei der Faschismus national oder doch regional begrenzte Bezüge, der Kommunismus weltumfassende Revolutionsziele hat. Die für den totalitären Staat maßgebende Partei erhält das Monopol politischer Führung im Gemeinwesen, nachdem sie selbst hierarchisch organisiert worden ist und als Organ der Disziplinierung, Gesinnungskontrolle, Aufstiegsauslese und Überwachung der Verwaltung wirken kann. Grundrechte und Gewaltenteilung werden aufgehoben, die Abweichung wird unter Strafe gestellt, gleichzeitig die Energie des Einzelnen in diktatorisch geschaffene und kontrollierte Bahnen gelenkt. Der totalitäre Staat kann sich vermöge seines alle Daseinsbereiche erfassenden disziplinären Zwanges gegen äußere Einwirkungen abschließen, angeschlossene Staaten durch die Parteiorganisation unter Kontrolle halten, Motive und Vorhaben eher verhüllen und überraschende Initiativen ergreifen. Der kommunistische totalitäre Staat beseitigt das Privateigentum an Produktionsmitteln. Er setzt an die Stelle der wirtschaftlichen Eigenständigkeit der Einzelnen eine zentral nicht nur geplante, sondern ständig verwaltete Wirtschaft, auf dem Agrargebiet Kollektivwirtschaften, auf dem Gebiet der Industrie und des Handels »volkseigene« Betriebe. Die Außenwirtschaftsbeziehungen werden Sache eines politischen Zentralorgans. Die Führungsgruppen werden in den unteren und mittleren Schichten autoritär von oben rekrutiert, an der Spitze wird über Führungswechsel oder Nachfolge meist durch Gewalt oder Gewaltdrohung entschieden. Die Bezeichnung Volksdemokratie ändert nichts an dem autoritären Charakter dieser S., weist vielmehr hin auf die gegen die historischen Klassenunterschiede gerichtete → Ideologie, ohne die Entstehung einer neuen Herrschaftsschicht verhüllen zu können.

4. Die Auseinandersetzung, welche im 20.Jh. um die *S. der Zukunft* geführt wird, ist dadurch ausgezeichnet, daß der primitive, auf dem Stammesgefüge beruhende politische Verband und die ständische Staats- und Gesellschaftsordnung noch vorkommen. Sie sind aber im Begriff, entweder von dem freiheitlich-rechtsstaatlichen oder von dem totalitären Typus ersetzt zu werden, weil nur diese S.en geeignet sind, die Anpassung der Wirtschafts- und Gesellschaftskörper des 20.Jh.s an die rationale Modernität zu fördern, ohne die weder ein der entwickelten Industriegesellschaft sich annähernder Lebensstandard noch politische Handlungsfähigkeit zu erreichen sind. In den sog. Entwicklungsländern sind meist zugleich mit der Gewinnung der politischen Selbständigkeit Übergangsformen errichtet worden, welche die Planung und Durchführung des wirtschaftlichen und sozialen Aufbaus zur Hauptaufgabe haben. Von der Gesellschaftsordnung, welche im Laufe dieser Übergangsperiode erstrebt und errichtet wird, muß die schließliche Entscheidung über die S. abhängig werden. Die freiheitlich-rechtsstaatliche Demokratie beruht auf einer Gesellschaft, in der erkannt und festgehalten wird, welchen Sinn die Institutionen der Grundrechte und der Gewaltenteilung für die Daseinsführung des Einzelnen und der Gruppen haben, in der die der Gesamtwirtschaft zukommenden Vorteile freiheitlicher → Wirtschaftspolitik mit sozialer Verantwortlichkeit in einem gesunden Gleichgewicht stehen und in der ein intensiver Erziehungsprozeß die Fähigkeiten hinreichend entwickelt hat, die Freiheit der Urteilsbildung und Meinungsäußerung konstruktiv und kritisch im Sinne des öffentlichen Wohls, das zugleich die weiseste Form des berechtigten Selbstinteresses ist, auszuüben. - Der Zusammenhang zwischen der S. und dem geistig-seelischen Selbstverständnis des Menschen wird im 20.Jh. wieder stärker als im 19. beachtet, da an der Auseinandersetzung zwischen der freiheitlich-rechtsstaatlichen Demokratie und dem, sei es faschistischen, sei es kommunistischen totalitären Staat deutlich wird, daß die Entscheidung über die S. zugleich eine Entscheidung über die Geist- und Seelenform der Daseinsführung bedeutet. Während der kommunistische totalitäre Einparteistaat den Menschen der autoritären Führungsgruppe unterwirft, die den gesellschaftlichen Geschichtsprozeß zum Weltzustand der klassenlosen Gesellschaft zu lenken unternimmt, sucht sich die freiheitlich-rechtsstaatliche Demokratie an dem Prinzip der Achtung vor dem menschlichen Geschöpf als der Kreatur zu orientieren, der die Erfüllung eines über die Arbeit wie über das Politische hinausragenden Daseinssinnes aufgegeben ist.

Bei allen Klassikern der Staatsphilosophie, bes. bei → Platon, → Aristoteles, → Cicero, → Thomas von Aquino, → Marsilius v. Padua, → Machiavelli, Hugo → Grotius, Th. → Hobbes, J. → Locke, → Montesquieu, → Rousseau, im Federalist, bei Th.Jefferson, in Tocquevilles Werk über die Demokratie in Amerika (1839/40) finden sich Beiträge zur S.enlehre. Die Grundauffassungen der kommunist. Politik im Kommunist. Manifest u. bei → Lenin, Staat u. Revolution (1917).

K.Marx, Die Frühschriften, hg.v. S.Landshut, 1953 - G.Jellinek, Allg. Staatslehre, (1900) 1929^{6}, Neudr. 1959 - R.Michels, Zur Soziologie d. Parteiwesens in d. mod. Demokratie, (1911) 1925^{2}, Neudr. 1957 - V.Pareto, Trattato di sociologia generale I-III, Florenz (1916) 1923^{2}; dt. Auswahl 1955 - J.Bryce, Modern Democracies, New York 1921 - Alfr.Weber, Die Krise d. mod. Staatsgedankens in Europa, 1925 - C.Schmitt, Verfassungslehre, (1928) 1954 - R. Smend, Verfassung u. Verfassungsrecht, 1928 - H.Heller, Staatslehre, (1934) 1960^{2} - E.Fraenkel, The Dual State. A Contribution to the Theory of Dictatorship, New York 1941 - J.A.Schumpeter, Capitalism, Socialism and Democracy, ebd (1942) 1950^{3}; dt. (1946) 1950^{2} - B.de Jouvenel, Du Pouvoir, Genf (1945) 1947 - R.M.MacIver, The Web of Government, New York 1947; dt. 1952 - Ders., The Modern State, London 1955 - A.D.Lindsay, The Modern Democratic State, Oxford 1947 - Franz Böhm, Wirtschaftsordnung u. Staatsverfassung, 1950 - G.Mosca, Die herrschende Klasse. Grundlagen d. polit. Wiss., 1950 - M.Duverger, Les partis politiques, Paris (1951) 1958^{3}; dt. 1959 - C.J.Friedrich, Constitutional Government and Democracy, 1951; dt.: Der Verfassungsstaat d. Neuzeit, 1953 - M.Drath, Die Gewaltenteilung im heutigen dt. Staatsrecht (Faktoren der Machtbildung, ed. A.R.L.Gurland, 1952, 99-138) - J.Monnerot, Soziologie d. Kommunismus, dt. 1952 - J.L.Talmon, The Origins of Totalitarian Democracy, London 1952; dt. 1961 - R.Aron, Social Structure and the Ruling Class (Class, Status and Power, ed. R.Bendix u. S.M.Lipset, Glencoe/Ill., 1953, 567-577) - M.Fainsod, How Russia is ruled, Cambridge/Mass. 1953 - H.v.Borch, Obrigkeit u. Widerstand, 1954 - C.Stern, Die SED, 1954 - R.A.Bauer-A.Inkeles-C.Kluckhohn, How the Soviet System works, Cambridge/Mass. 1956 - Th.Eschenburg, Staat u. Gesellschaft in Deutschland, 1956 - I.Fetscher, Von Marx zur Sowjetideologie, (1956) 1959^{4} - S.Neumann (Hg.), Modern Political Parties, Chicago/Ill. 1956 - Max Weber, Staatssoziologie, 1956 - HWSW IX, 742ff (Lit.) - K.Loewenstein, Political Power and the Government, ebd 1957; dt.: Verfassungslehre, 1959 - K.A.Wittfogel, Oriental Despotism, New Haven/Conn. 1957 - G.Eisermann, Soziologie der Politik (Ders. [Hg.], Die Lehre von d. Gesellschaft, 1958, 292-337) - J.Fijalkowski, Die Wendung zum Führerstaat. Ideologische Komponenten in d. polit. Philos. C.Schmitts, 1958 - G.Leibholz, Strukturprobleme d. mod. Demokratie, 1958 - M.Imboden, Die S.en, 1959 - G.Salomon-Delatour, Polit. Soziologie, 1959 - W.Weber, Die Teilung der Gewalten als Gegenwartsproblem (Festschr. f. C.Schmitt, 1959, 253 bis 272) - G.Ziebura, Die V. Republik. Frankreichs neues Regierungssystem, 1960 - A.Bergsträsser, Führung in d. mod. Welt, 1961 - M.G.Lange, Polit. Soziologie, 1961 - H.P.Dreitzel, Elitebegriff u. Sozialstruktur, 1962.

A.Bergsträßer

Staatskirche. In der Auffassung des MA von der Sonderung des geistlichen und weltlichen Bereichs innerhalb des → Corpus Christianum und von der Universalität der Kirche konnte es eine nationale Kirchenbildung nicht geben, war aber andererseits die Unterordnung des Staates unter die suprema potestas des Papstes gegeben. Die reformatorische Lehre vertrat die Scheidung des geistlichen und weltlichen Regiments (→ Zwei-Reiche-Lehre), mithin eine Unabhängigkeit der kirchlichen Ordnung. Dennoch kam es zur Bildung territorialer Partikularkirchen unter leitendem staatlichem Einfluß (→ Kirchenverfassung: VI). In der Folge wurde auch in den kath. Ländern der Staatseinfluß auf die Kirche bedeutend verstärkt (→ Kirchenverfassung: V, 6b). Überall wurde im 16.-18.Jh. als Regel der Staatsräson der Grundsatz befolgt, nur *eine* Religion im Staate zu dulden (Stankiewicz). Das daraus folgende System enger Verbindung von Kirche und Staat, das man als S. bezeichnen kann, führte zu Alleinherrschaft oder Vorrang dieser Kirche kraft Staatsgebot, Staatsbesetzung leitender Kirchenämter, Bekenntnisbindung der Bildungseinrichtungen und u.U. Besteuerung aller Untertanen für die S.

Vom Boden der *kath.* Lehre aus wird die S. zwar nicht gefordert, aber dort, wo ein Staat mit überwiegend kath. Bevölkerung der röm. Kirche rechtlich eine Vorrangstellung gewährt (Italien, Spanien, Kolumbien und andere lateinamerikanische Länder), als Anerkennung der bestehenden Glaubenslage akzeptiert. Diese Vorrangstellung kann in gemilderten Formen mit Religionsfreiheit für andere Bekenntnisse (aber ohne Parität mit der S., zB Italien) zusammengehen. Sie wirkt sich, in der Regel konkordatär gesichert, vornehmlich in staatlicher Anerkennung kirchlicher Gebote (Eherecht) und vor allem in der konfessionellen Gestaltung des Bildungswesens aus.

Demgegenüber beruht der traditionelle Typ der S. in *ev.* Ländern auf historischer Entwicklung. Sie verlief in den einzelnen Ländern verschieden. In Deutschland entstand ein S.ntum mit weitgehender landesherrlicher Bestimmung und einer Kirche, die im 18.Jh. zur »Staatsanstalt« wurde (→ Kirche und Staat, 2e). Eine ähnliche Staatsherrschaft wurde im 17.Jh. in → Schweden und → Dänemark (1666) erreicht. In → England entstand eine auf naher Verbindung zum Staat beruhende Verfassung (Establishment), die die Kirche selbständig ließ, aber rechtlich mit dem Staat eng verband (→ Anglikanische Kirche: I, 4. 5). Die geistigen Grundlagen der S. fielen in diesen Ländern mit dem Aufkommen des → Toleranz-Gedankens und der Entwicklung des modernen Staates zu einem überkonfessionellen oder sogar indifferenten Gemeinwesen hinweg. - Der Abbau der älteren Position erfolgte indes langsam. In Deutschland sprach sich das → Frankfurter Parlament 1848 (§ 147) gegen die S. aus, und dem folgten die meisten Verfassungen der Länder; doch blieb die S. vereinzelt (Mecklenburg) bis 1918 erhalten. Sie machte einem System sich lockernder Verbindung von → Kirche und Staat (, 4c) Platz (→ Landeskirche). In einigen Schweizer Kantonen besteht ein Rest der S. im Sinne einer Anerkennung nur *einer* Kirche als öffentlicher Korporation, deren Verfassung vom kantonalen Gesetzgeber gesetzt wird (zB Zürich, Basel-Land mit Anerkennung einzelner kath. Gemeinden). Doch kommen daneben auch Kantone mit mehreren anerkannten Landeskirchen sowie andere Systeme der staatskirchenrechtlichen Relation vor. In den nordischen Ländern tendiert die Entwicklung zu einer Lockerung der noch auf Staatsgesetzgebung für die Kirche und Staatsbestellung leitender Posten beruhenden Stellung der Kirche. In England hat die Toleranz früh die Alleinherrschaft der anglikanischen Kirche gemildert (1689, 1828). 1919 wurde durch die Church of England Assembly Powers Act wieder eine kirchliche Repräsentation geschaffen, die dem Parlament Gesetze vorlegen muß. Doch dauert die Vertretung der Kirche im Oberhaus, die Ernennung der Bischöfe durch die Königin (dh den Premier) und das kirchliche Gesetzgebungsrecht des Parlaments fort.

Die neuere ev. Auffassung lehnt vom Gedanken der eigenen geistlichen Vollmacht und des von allen weltlichen Institutionen verschiedenen Wesens der → Kirche (: VI B) eine S. ab und verficht die Eigenständigkeit der kirchlichen Ordnung (→ Kirche und Staat, 3). Die Erhaltung historischer Einrichtungen der S. kann bei Wandlung der staatlichen Verhältnisse die Gefahr weltlicher und sogar gegenkirchlicher Einwirkung mit sich bringen oder verstrickt die Kirche unnötig in weltliche Verantwortung. In der säkularen Rechtsentwicklung erscheint das System der S. mit rechtlicher Anerkennung nur *eines* Bekenntnisses als Widerspruch zum Menschenrecht der Glaubensfreiheit. Die S. in Form bestimmter rechtlicher Vorzüge (öffentlicher Status, finanzielle Ausstattung usw) der überkommenen Kirchen bei bestehender Glaubensfreiheit wird dagegen keinen grundrechtlichen Einwänden begegnen. Religiöse → Parität ist kein rechtlich notwendiger Ausfluß der Glaubensfreiheit, wo historisch gegebene Positionen bestehen.

Den Gegensatz zur S. mit ihrem stets territorialistischen Aufbau und Anspruch bilden die → Freikirchen, die bes. im angelsächsischen Bereich grundlegende Bedeutung erlangt haben. Bei einem System völliger Trennung von Kirche und Staat (USA) verschwindet freilich der Unterschied zwischen den Denominationen in dieser Hinsicht, da es keine Position im Sinne einer S. oder → Volkskirche geben kann.

U.Lampert, Kirche u. Staat in der Schweiz I-III, 1929-39 - A.Th. Jörgensen, Dänemark, eine luth. Volkskirche (ELKZ 5, 1951, 366f) - P.A.d'Avack, Corso di diritto canonico I, Mailand 1956 - S.Kjöllerström, Die Debatte über Kirche u. Staat in Schweden (ZSavRG Kan. Abt. 74, 1957, 309-326) - S.Grundmann, Der Luth. Weltbund, 1957 - E.Mayfield, The Church of England, London 1958 - A.V. Murray, The State and the Church in a Free Society, Cambridge 1958 - R.Bäumlin, Die ev. Kirche u. der Staat in d. Schweiz seit dem Kulturkampf (ZSavRG 76, 1959, 249-277) - H.Kleinstück, Staat u. S. in England (Diss. Frankfurt), 1960 (Lit.) - W.J.Stankiewicz, Politics and Religion in 17th Century France, Los Angeles 1960 - Erik Wolf, Ordnung der Kirche, 1961. - Vgl. die Lit. zu → Kirche und Staat.

U.Scheuner

Staatskirchenrecht → Kirche und Staat.

Staatsleistungen an die Kirchen

1. Historische Grundlagen - 2. Gliederung der S. - 3. Ablösung - 4. Neueste Entwicklung

1. Die ev. Landeskirchen und die kath. Kirche in Deutschland stehen im Genuß beträchtlicher und - jedenfalls früher - weit ausfächernder S. Diese sind nicht dadurch berührt worden, daß den Kirchen seit längerem → Kirchensteuern als eigene Finanzierungsquelle zur Verfügung stehen (→ Finanzwesen: II, 2a). Die S. haben, von echten Staatspatronaten abgesehen, ihren Hauptursprung in den → Säkularisationen der Reformationszeit und der Jahre nach dem → Reichsdeputationshauptschluß (RDHS; 1803-10). Der Landesherr der prot. gewordenen Territorien, dem das damals säkularisierte → Kirchengut zugefallen war, nahm sich auch in finanzieller Hinsicht der Sorge für die Kirche seines Landes an; der RDHS verband mit der Befugnis zur Einziehung der Güter der fundierten Stifter, Abteien und Klöster, ferner der bischöflichen Domänen usw ausdrücklich (§ 35) die Verpflichtung des Staates zur bleibenden Ausstattung der Domkirchen. Außerdem blieben an dem eingezogenen Kirchengut die Einzelverpflichtungen zur personellen und sächlichen Ausstattung der Pfarrseelsorge haften, die auf ihm kraft früherer → Inkorporation oder sonstiger Rechtstitel ruhten. Seit etwa Mitte des 19.Jh.s fand sich der Staat, meist unter Verwahrung gegen eine Rechtsverpflichtung, ferner bereit, Zuschüsse zur → Pfarrbesoldung und -versorgung zu leisten. Über die Verpflichtung des Staates zu den Leistungen an die Kirchen und über deren Höhe hat politisch und rechtlich viel Streit geherrscht, bes. in der Zeit der Weimarer Republik. Viele der früheren Streitfragen sind heute durch Gerichtsentscheidungen, Vereinbarungen zwischen Staat und Kirche sowie Entgegenkommen des Staates bereinigt.

2. Man unterscheidet positive und negative S. Unter »negativen Leistungen« versteht man die den Kirchen (einschließlich ihrer Anstalten, Stiftungen, Geistlichen usw) kraft Gesetzes weithin gewährten Befreiungen von Steuern, insbesondere Grundsteuern und sonstigen Abgaben. Die »positiven Leistungen« sind meist auf Geldzahlung gerichtet. Alte Naturallieferungen sind durchweg seit längerem in bezifferte oder nach dem jeweiligen Gegenwert bemessene Geldleistungen umgewandelt. Die Dotationen für kirchenregimentliche Zwecke der

Landeskirchen und Diözesen bestanden, von der Vorhaltung der Gebäude abgesehen, ebenso wie die Pfarrbesoldungszuschüsse von jeher in Geldzahlungen. Die wichtigste aktuelle Sachleistungspflicht stellt die staatliche → Baulast dar. Vom Gegenstand her lassen sich die S. wie folgt gliedern: a) Aufwendungen zur Unterhaltung der kirchenregimentlichen Behörden (Landeskirchenämter, Oberkirchenräte, Superintendenten, bischöfliche Stühle, Domkapitel, bischöfliche Anstalten); b) Aufwendungen zur Ausbildung, Besoldung und Versorgung der Geistlichen; c) Unterhaltung kirchlicher Bauten in Einzelfällen; d) Leistungen für die Unterhaltung der Geistlichen und den Kultus, ebenfalls jeweils auf Grund besonderer Rechtstitel; e) Leistungen aus stiftungsgebundenen Staatsnebenfonds. Hinzu treten die Leistungen, die der Staat durch die Unterhaltung der theologischen → Fakultäten, die Ausbildung von Religionslehrern, Kirchenmusikern und Kirchenjuristen, die Sorge für den → Religionsunterricht an den öffentlichen Schulen sowie die Unterhaltung von → Anstalts- und → Militärseelsorge mittelbar erbringt.

3. Die Weimarer Verfassung (Art. 138 Abs. 1) hatte in Verfolg ihrer Trennungstendenz die *Ablösung* der auf Gesetz, Vertrag oder besonderen Rechtstiteln beruhenden S. an die → Religionsgesellschaften gefordert. Sie hatte aber gleichzeitig bestimmt, daß die Grundsätze hierfür vom Reich aufzustellen seien (aaO Satz 2) und daß bis zum Erlaß eines entsprechenden Reichsgesetzes die bisherigen S. bestehen blieben (Art. 173). Da das Reichsgesetz nicht ergangen ist, lief die Regelung der WRV praktisch auf eine Garantie der überkommenen S. hinaus. Heute ist Art. 138 WRV gemäß Art. 140 GG Bestandteil des Grundgesetzes. Aber die Komplementärbestimmung des Art. 173 WRV ist nicht übernommen, und damit, daß der Bundesgesetzgeber Grundsätze für die Ablösung aufstellen wird, ist nicht zu rechnen. Infolgedessen können heute die Länder die Ablösung betreiben. Sie haben dies auch in einer Reihe kirchenvertraglicher Vereinbarungen getan, aber nicht im Sinne einer Trennungsdoktrin, die den Beziehungen zwischen → Kirche und Staat abschließend ein Ende setzt, sondern um dem Bedürfnis nach einer Vereinfachung und dem Wunsche der Kirchen nach einer Anpassung der Leistungen an die Gegenwartslage und überhaupt der allgemeinen Tendenz zu einer großzügigen Erfüllung der kirchlichen Erwartungen zu genügen. Die Dotation der Landeskirchenbehörden und Diözesen ist, von wenigen »kirchenvertragsfreien« Gebieten der BRD abgesehen, jetzt allenthalben in den → Kirchenverträgen und → Konkordaten geregelt. Die Pfarrbesoldungszuschüsse werden in gleitender Anpassung an die Sätze der Beamtenbesoldung gezahlt. Auch in der Vorhaltung von Gebäuden, die dem kirchlichen Dienst gewidmet sind, und in der Baulast für kirchliche Gebäude strebt man eine Auseinandersetzung an. Soweit allerdings Einzelkirchengemeinden Ansprüche auf S. haben, steht einer Bereinigung insofern eine gewisse Schwierigkeit entgegen, als die Landeskirchen und die kath. Kirche in ihrer Gesamtorganisation für die Gemeinden nicht ohne weiteres eine kirchenvertragliche Dispositionsbefugnis besitzen.

4. Die *neueste Entwicklung* der S. gelangt beispielhaft in den Kirchenverträgen Niedersachsens (1955), Schleswig-Holsteins (1957) und Hessens (1960) zum Ausdruck. Nach Art. 16 des niedersächsischen (Loccumer) Vertrages zahlt das Land seit 1955 an die Kirchen als Dotation für kirchenregimentliche Zwecke und als Zuschüsse zur Pfarrbesoldung und -versorgung jährlich 7700000 DM. Dieser Betrag ist laufend den Veränderungen der Besoldung der Landesbeamten anzupassen. Nachdem schon Art. 5 des preußischen Kirchenvertrags die Überlassung der kirchenregimentlichen Zwecken dienenden Gebäude an die Kirchen geregelt hatte, bestimmt nunmehr Art. 17 des Loccumer Vertrages, daß das Land auch das Eigentum an Grundstücken, die ausschließlich ortskirchenrechtlichen Zwecken gewidmet sind, den Kirchen oder, wenn darüber Einverständnis zwischen den Kirchen und Kirchengemeinden hergestellt ist, den Kirchengemeinden überträgt. Die Kirchen anderseits verzichten auf alle Rechte, die sich auf Grundstücke beziehen, die bisher kirchenregimentlichen Zwecken dienten. Sie stellen ferner das Land von allen Verpflichtungen zu Geld- und Sachleistungen an die Kirchengemeinden, bes. von denen zur baulichen Unterhaltung frei. Als Ausgleich dafür zahlt wiederum das Land an die Kirchen einmalig den Betrag von 5500000 DM. Damit reduzieren sich die S. insgesamt im Rahmen des Loccumer Vertrages für die Zukunft auf einen bezifferten Jahresgeldbetrag als Zuschuß für kirchenregimentliche Zwecke sowie die Pfarrbesoldung und -versorgung. Die Kirchenverträge Schleswig-Holsteins (Art. 18-20) und Hessens (Art. 5-7) sind diesem Beispiel gefolgt. Die weitere Entwicklung ist damit vorgezeichnet.

W. Weber, Die Ablösung der S. an die Religionsgesellschaften, 1948 (Lit.). *W. Weber*

Stablo, ehem. Reichsabtei in den Ardennen (heute belgisch), um 650 von Bischof Remaklus von Maastricht gegründet und mit dem kurz zuvor errichteten Kloster Malmédy in äbtlicher Personalunion verbunden. Im 9.Jh. blühte die Klosterschule. 844-939 vorwiegend unter Laienäbten, gehörte S. dann zur lothringischen Gruppe der Reformbewegung von → Gorze (1020-48 Abt → Poppo, der der lothringischen Mischobservanz zugerechnet wird). Abt Theoderich (1048-80) gelang es nach harten Kämpfen mit Erzbischof Anno von Köln, die Union mit Malmédy zu erhalten (S. gehörte zur Diözese Lüttich, M. zu Köln). Unter Abt Wibald (1130 bis 1158, Ratgeber dreier Kaiser) erreichte S.-M. den Höhepunkt seines Glanzes. Grenzsituation und politische Händel führten zu allmählichem Verfall, den auch der Anschluß an die → Bursfelder Kongregation (1654) nicht aufhalten konnte. 1794 von franz. Revolutionstruppen geplündert, wurden beide Klöster 1796 aufgehoben und das verhältnismäßig große Territorium Frankreich einverleibt.

Annales Stabulenses (bis 1087) in MG SS XIII, 39-43; Abtliste ebd 292f. - F.A. Villers, Hist. chronologique des abbé-princes de S., 3 Bde, Lüttich 1878/80 - F. Baix, Etude sur l'abbaye et la principauté de S., Bd I, Paris 1924 - A. Delvaux de Fenffe, Les abbés de S. et de M. du XIIe au XVIIIe siècle, Tongern 1935 - H. Reiners u.a., Die Kunstdenkmäler von Eupen-Malmedy, 1935, 4-22. 43-61. 275-357 (reiche Lit.). *O. Rühle*

Stach, *Matthäus,* * 4.3.1711 in Mähren, † 21.12. 1787 in Bethabara/USA. Zusammen mit anderen heimlich Evangelischen wanderte S. 1728 nach Herrnhut aus, wo er als Handwerker arbeitete. 1733 sandte ihn → Zinzendorf mit Chr. → David und seinem Vetter Christian S. nach Grönland zu den → Eskimo. Dort mit Unterbrechungen bis 1771 tätig, gründete S. die Stationen Neuherrnhut und Lichtenfels. Sittliche Verfehlungen machten seine Abberufung notwendig. Doch behielt ihn die Gemeine in ihrem Dienst und verwendete ihn bis zu seinem Tode in Bethabara/USA. Einige seiner Glaubenslieder sind bis heute in der Brüdergemeine lebendig geblieben.

Karl Müller, Der Weg des M.S., 1926. *H. Motel*

Stadler, *Ernst* (1883-1914, gef.), Literarhistoriker, neben → Heym und → Trakl der bedeutendste Lyriker des frühen → Expressionismus (: II, 2), lehrte in Straßburg und Brüssel Germanistik. Er sucht mit Gleichgesinnten (Zeitschrift »Der Stürmer«) deutsche und franz. Geistesart in einer eigenen Kultur des Elsaß zu verschmelzen. Zeichen für seine weite innere Orientierung sind seine Übersetzung von → Jammes und der Erwerb des Baccalaureusgrades in Oxford. Solange er unter dem Einfluß → Georges und → Hofmannsthals steht, dichtet er im Jugendstil (»Praeludien«, 1904). In seinem Gedichtband »Der Aufbruch« (1914) befreit er sich in weit ausschwingenden Langzeilen von diesem formalen Aristokratismus (»Form ist Wollust«) durch die Hinwendung zu den Armen, Dirnen und Irren und im ekstatischen Ergreifen eines Nichts und Sein befassenden Absoluten.

Dichtungen, hg.v. K.L.Schneider, 1954 - Bibliogr. v. H.Ellermann in: Imprimatur 5, 1934, 167-171. - Über S.: H.Naumann, E.S., 1920 - K.L.Schneider, Der bildhafte Ausdruck in d. Dichtungen G.Heyms, G.Trakls u. E.S.s, 1954 - A.Schirokauer, Über E.S. (Akzente 1, 1954, 320-334). *P.Requadt*

Stadt

1. Allgemeiner Begriff - 2. Historischer Begriff - 3. Funktionaler Begriff - 4. »Verstädterung« - 5. Daseinsformen

S. wird gemeinhin jede dichte Siedlung genannt, wenn sie nur eine gewisse Größe und Beständigkeit mit dem aktiven Bewußtsein ihres Eigenlebens verbindet. Jede globale oder einzelne Aussage findet sich jedoch vor der Schwierigkeit einer eindeutig begrenzenden Definition, die der Vielfalt historischer und kulturregionaler Sonderformen gerecht zu werden vermöchte. Welche Merkmale die S. ausmachen sollen, muß deshalb unter jeder Fragestellung neu geprüft werden; oft werden vergleichbare Gruppen nur dann zu bilden sein, wenn für jede von ihnen verschiedene, der jeweiligen sozialen Gesamtlage entsprechende Kriterien herangezogen werden.

1. Dem *allgemeinen Begriff* ist immanent, daß S. im Gegensatz zum → »Dorf«, zum »platten Land« verstanden wird. Ordnet sich ländliche Siedlung nach den jeweiligen Bedingungen und Gebräuchen der Bodenkultur, so verdankt die S. ihre Entstehung, Größe und Entwicklung anderen Ursachen. Ob Handel oder Verkehr, Verwaltung oder Versorgung, eigenes Recht oder Abhängigkeit, Verteidigung oder Erholung, sakrale oder kulturelle Einrichtungen, handwerkliche oder industrielle Produktion den Ausschlag geben, wird den besonderen Typus der S. nach Art und Größe bedingen, je nach Vorherrschen oder Fehlen oder dem gegenseitigen Verhältnis der einzelnen Komponenten innerhalb der S. selbst wie für den Platz, der ihr im weiteren Raumgefüge zukommt. Gemeinsam ist allen Formen, daß sie für die städtische Siedlung eine Verdichtung der Wohnstätten, eine Orientierung auf gemeinsame Ordnungspunkte hin und eine Unterscheidung nach Selbstverständnis, Lebensart, Verwaltung und Erscheinungsbild gegenüber der Umgebung bedeuten. Der synthetische Begriff der S. (vgl. Sombart) ist entweder zu allgemein oder faßt nur bestimmte Aspekte; der analytische Begriff dagegen muß historisch und daher besonders sein. Wie bei allen sozialen Phänomenen versagt der formale Definitionsansatz: es gibt nur S.e bestimmter Kulturkreise, historischer Stufen und besonderer Funktionen. Sie sind untereinander weithin nicht vergleichbar.

2. Der *historische Begriff* unterscheidet (nach Max Weber) von der orientalischen, der asiatischen (chinesischen, indischen, japanischen), der antiken S. die S. des - mittelalterlichen - Okzidents als Vorläufer des gegenwärtigen S.ewesens, untergegangene Kulturen nicht geachtet. Waren die orientalischen und asiatischen S.e solche nur im ökonomischen Sinne, so war für die S. der Antike und des Okzidents der Charakter des politischen Verbandes bezeichnend: zu den Vorteilen wirtschaftlichen Austauschs trat der gemeinsame Wille, diese → Wirtschaft zu regulieren und notfalls zu verteidigen. Zum Wohnort und Markt kamen damit die Festung und in der Folge das S.recht; mit beiden waren → Selbstverwaltung und Selbstbewußtsein verbunden. Die orientalische S. umschloß in ihren weit gezogenen Mauern Landwirtschaft und Viehzucht, Tempelbezirk, Herrschaftsbezirk, Garnison und Markt, jede unter eigener, getrennter Verfassung. Die okzidentale S. verfügt dagegen über ein zugehöriges S.gebiet und ist damit - unabhängig von ihrem ökonomischen S.charakter - »Gemeinde«. Während der Vollbürger der antiken S. zur eigenen Ernährung ausreichende Ländereien besaß (»Ackerbürger«), bedurfte der mittelalterliche Bürger nur des Grundbesitzes innerhalb der S. als Voraussetzung zur Aufnahme in den S.verband. So vielfältig die früheren Sozialformen der S. waren: ihre Merkmale sind, soweit noch vorhanden, für die moderne S. fast bedeutungslos geworden. Die Selbstverwaltung bezieht sich nur auf die Ordnung der inneren Angelegenheiten, und auch diese sind zumeist allgemein geregelt. Schnelles Wachstum und zunehmende Mobilität haben aus der Bürgergemeinde die Einwohnergemeinde gemacht: wer zuzieht, gehört zur S. Die geographische, ökonomische, soziale S.einheit überschreitet die Gemeindegrenzen schnell und weit; das im Anfang des 20. Jh.s benutzte Mittel der Eingemeindung läßt sich nicht beliebig anwenden. Die kommunale Gemeinde deckt damit nicht mehr die Realität der S.; auch die stark beschnittene Autonomie ist zur Regelung ihrer Anliegen noch auf nachbarliche Verträge angewiesen. Industrielle Produktion und technischer Verkehr haben die Abhängigkeit vom ernährenden Umland gelöst. Der historische Begriff der modernen S., die sich mit der industriellen Zivilisation global zu verbreiten scheint, unterscheidet sich daher grundsätzlich von dem Begriff alles vorhergehenden S.ewesens (vgl. Ipsen).

3. Der *funktionale Begriff* der S. steht für die Gegenwart im Vordergrund. Die allgemeine sozial-ökonomische Verflechtung, die die entwickelten Gesellschaften kennzeichnet, weist sowohl der einzelnen S. in der Gesamtgesellschaft wie den Teilen der sozialen Einheit zum S.ganzen funktionale Stellen zu, die deren Typus bestimmen. Soweit politische und wirtschaftliche Verflechtung für die vorindustrielle Gesellschaft galten, läßt sich der funktionale Begriff auch auf deren S.e anwenden; doch überwog zumeist die zentralörtliche Funktion für das Nahrungsumland (Christaller), die heute weit zurücksteht. Neben den Funktionen der gestaffelten Versorgung und Verwaltung der Wohnbevölkerung, die für sich ein theoretisch hexagonales Verteilungsmuster der zentralen Orte verschiedener Stufen ergeben, bestimmen heute die technischen Möglichkeiten der Produktion, der Organisation und des Verkehrs eine nicht mehr in geographischen Kategorien faßbare Verteilung. - Der ökonomische Begriff nennt S. eine Ansiedlung, deren »Menschen für ihren Unterhalt auf die Erzeugnisse fremder landwirtschaftlicher Arbeit angewiesen« sind (Sombart); unter industriell bestimmten Verhältnissen wird immer wichtiger, auf welchem Wege dieser Unterhalt bezogen wird. Danach unterscheidet Max Weber zwischen »Rentner-S.en«, in denen die »Erwerbschancen der ansässigen Gewerbetreibenden und Händler« von den Einkommen der dort konsumierenden Beamten, Grundherren und politischen Machthaber abhängen, und »Produzenten-S.en«, deren Einkommen auf dem auswärtigen Vertrieb von am Ort hergestellten Waren beruht. Diese sind neben der kleineren Gewerbe-S.

wesentlich die industriellen Groß-S.e, jene – wenn der Rentenbegriff noch so weit zu fassen ist – die S.e der Regierungen und Verwaltungen, der Bildungseinrichtungen (Universitäten usw), der Erholung (Kur- und Urlaubsorte); daneben steht die »Händler-S.«. Die Entwicklung zeigt, daß solche Typen immer seltener unvermischt erscheinen, sondern in Kombinationen auftreten, in denen lediglich einzelne Komponenten vorherrschen oder sich doch mitbestimmend geltend machen. Die industrielle Groß-S. wird zum kennzeichnenden Typus der modernen S. überhaupt.

4. Als *Verstädterung* stellt sich die neuere Entwicklung des S.ewesens dar. Sie bedeutet eine dauernde Zunahme des in S.en wohnenden Anteils der Gesamtbevölkerung, die Verbreitung der städtischen Siedlungsform über das zivilisierte Land, und daß sich städtische Lebensweise allgemein durchsetzt. Die »bürgerliche Verstädterung« des 19.Jh.s beruhte auf den sozialen Reformen, die als → »Bauernbefreiung«, »Gewerbefreiheit«, »Freizügigkeit« und Übergang vom stehenden Heer zur Wehrpflicht große Teile namentlich der ländlichen Bevölkerung aus früheren Bindungen lösten (→ Sozialgeschichte). Sie suchten und fanden neue Erwerbschancen in den S.en: wachsende Menschenzahl und steigender Lebensstandard belebten die Gewerbe (namentlich Nahrungsmittel, Bekleidung und Bauwesen); häusliche Dienste, Verkehr und Verwaltung nahmen sie auf. Von Frankreich ausgehend, prägte dieser Vorgang die »bürgerliche Gesellschaft«, soweit die »bürgerlichen Revolutionen« reichten. – Von ihr unterscheidet sich die »industrielle Verstädterung«, indem sie nicht lediglich bestehende S.e »erweitert«, sondern – wenn auch oft im Anschluß an vorhandene S.e oder durch ihre Umwandlung – S.e neu »gründet« (im Sinne Sombarts). Die Standortbedingungen der industriellen Unternehmen bestimmen den Ort; ihm folgen die Arbeitskräfte, diesen die Folgeleistungen. Da die Beschäftigtenzahlen der Großunternehmen technisch-betriebswirtschaftlich bedingt sind und mehr von großräumigen als örtlichen Verhältnissen abhängen, können dadurch »industrielle Agglomerationen« fast unbegrenzter Größe entstehen. – In jüngster Zeit überschwemmt der infolge plötzlich gesenkter Sterblichkeit entstandene Bevölkerungsüberschuß der Entwicklungsgebiete deren Groß-S.e, ohne den erhofften Erwerb zu finden. Der Vorgang ähnelt der bürgerlichen Verstädterung in der Ursache, der industriellen in der Erwartung, doch bisher ohne den Erfolg beider. Ein erstes Beispiel, wenn auch anderen Ursprungs, bietet Athen seit dem Verlust Smyrnas.

5. Die *Daseinsformen* der industriellen Groß-S. unterscheiden sich völlig von denen älterer S.e. Die Kulturkritik der 1. Jh.-Hälfte verfehlte die moderne Problematik, indem sie sie an Verhaltensweisen früherer S.formen maß. Verstädterung, und zwar großenteils in industriellen Ballungen, ist die Siedlungsform der industriellen Gesellschaft; nicht sie zu vermeiden, sondern ihre Ordnungen zu erkennen und zu verwirklichen, ist daher notwendig. Minderwertige Wohnungen, verdorbene Luft und Gewässer, mangelhafte Verkehrseinrichtungen, fehlende Erholungsmöglichkeiten ergeben sich bei überstürztem, ungeplantem Wachstum; diese »Ungleichungen« sollen aber durch »Sanierung« gemildert werden. – Die konzentrierten Anforderungen in der → Arbeitszeit bedingen ein zunehmendes Bedürfnis nach Privatheit des Familienlebens, des geselligen Verkehrs und der Erholung. Der Großstädter setzt daher der dauernden aktiven Verpflichtung durch Gemeinschaften, bes. überpersönlich zweckbestimmter Art, einen Widerstand entgegen, der beweglichere Formen zur Verwirklichung gesellschaftlicher Anliegen erzwingt.

W. Sombart, Der moderne Kapitalismus, (1902) I, 1928⁶, 124ff – Die Groß-S. (Jahrb. der Gehe-Stiftung zu Dresden IX), 1903 – M. Weber, Die S. (Archiv f. Sozialwiss. u. Sozialpol. 47, 1920/21, 621–772) – R.E. Park u.a., The City, Chicago 1925 – G. Chabot, Les villes, Paris (1948) 1961⁴ – P. George, La ville, ebd 1952 – W. Hellpach, Mensch u. Volk der Groß-S., 1952 – HWSW IX, 786ff (G. Ipsen; ausführl. Lit.) – R. Mackensen u.a., Daseinsformen der Groß-S., 1959 (Lit.) – H.P. Bahrdt, Die moderne Groß-S., 1961 – B.J.L. Berry-A. Pred, Central Place Studies, Philadelphia 1961 (Lit.).

R. Mackensen

Stadtkult

1. Im griech.-röm. Altertum – 2. Im alten Orient. – S. = Stadt

1. Die S.staaten (Poleis) der Antike waren gewöhnlich in der Verehrung eines göttlichen Patrons, himmlischen Beschützers und Wohltäters geeint: so Athena in Athen, Hera in Argos oder die kapitolinische Trias in Rom: Jupiter, Mars, Quirinus (später Jupiter, Juno, Minerva). Auch → Heroen hatten ihren S.kult, zB → Herakles, → Asklepios, Agamemnon und Ajax. Der Gott oder Heros wurde als göttlicher König bzw. Herrscher aufgefaßt (→ Königtum, sakrales); der Ritus bestand nicht nur aus Opfern, sondern auch aus Prozessionen, aus dem Schmücken der Standbilder (zB der »peplos« der Athena, der jedes Jahr von einer Schar junger Frauen hergestellt wurde, oder der goldene Mantel des Zeus in Olympia) oder sogar öffentlichen Gelagen wie den »lectisternia« in Rom. Dehnte sich der Herrschaftsbereich der S. aus, so verbreitete sich auch die Verehrung ihres Gottes (ihrer Götter). Die röm. Sitte der »evocatio« brachte andere S.götter nach Rom, wo ihnen ein eigener öffentlicher Kult zuteil wurde. In hellenistischer Zeit (→ Hellenismus) und unter röm. Herrschaft wichen mit dem Verfall der S.staaten die einzelnen S.kulte den verschiedenartigsten religiösen Bräuchen (vgl. → Synkretismus: I).

A. Seeger, Staatsgott oder Gottesidee im alten Israel u. Hellas, 1951 – Nilsson I (s. Reg. s.v. Stadtgöttinnen). – Vgl. die Lit. zu → Griechische u. → Römische Religion.

F.C. Grant

2. Den Gaukulten → Ägyptens und den Stammeskulten der → Nomaden steht in Syrophönikien, → Babylonien und Assyrien sowie weithin in → Kleinasien und Griechenland der S.kult als die lange Zeit allein reale Kultgemeinschaft gegenüber. Sein Mittelpunkt ist der → Tempel des S.gottes und seiner Gemahlin bzw. der S.göttin. Oft ist der Tempel zugleich das politische Zentrum und als alleiniger oder der größte Bodenbesitzer auch Träger wirtschaftlicher Macht. Im Rechtswesen ist der Tempel als Stätte des → Eides die entscheidende Instanz. Die großen und kleinen Tempelfeste bestimmen den Rhythmus von Jahr und Monaten. Weitere Heiligtümer von Gottheiten der S.viertel, Sippen, sozialer Gruppen usw haben meist nur untergeordnete Bedeutung, ebenso die Tempel von Göttern benachbarter Städte. Auch wenn Göttern mehrerer Städte die gleichen kosmischen Funktionen zugeschrieben wurden (→ Wetter-Gott, → Muttergottheit usw), hatten sie ursprünglich wohl immer verschiedene Namen; Namensgleichheit (etwa Mondgott Sin von → Ur und von → Haran) ist meist sekundär (Ausnahme etwa Ischtar/ → Astarte?). Ebenfalls sekundär ist die Bildung eines → Pantheons aus den S.göttern eines Landes sowie die Übertragung des Kultes der Reichsgötter (etwa Assur) in andere Städte. Neu gegründete Städte (zB in Assyrien Duršarrukīn) haben oft keinen zentralen S.kult und werden daher schnell wieder aufgegeben.

E. Dhorme, Les religions de Babylonie et d'Assyrie (Mana I/2), Paris (1945) 1949. – Vgl. die Lit. zu → Ägypten usw.

W.v.Soden

Stadtmission heißt ein freies Werk der → Inneren Mission zur Evangelisierung und diakonischen Betreuung jenes Teils der Bevölkerung einer Stadt, der durch das geordnete Pfarramt nicht oder nur ungenügend erreicht wird. Dabei kann es sich um vorlaufende Arbeit in neuen Stadtteilen handeln, die kirchlich noch nicht regelmäßig betreut werden. In solchen Fällen geht die Arbeit der S. nach einer Weile in Gemeindearbeit über. Andrerseits arbeitet die S. unter solchen Menschen, die aus besonderen Gründen von der Kirche nicht erreicht werden, etwa Auswanderermission (→ Auswanderung: II), Gefängnisarbeit, → Mitternachtsmission, Arbeit unter Heimatlosen und fahrendem Volk, → Zigeuner-Mission, aber auch Dienst an solchen, die aus Berufsgründen nicht am Gemeindeleben teilnehmen können (Verkehrsbeamte, Gasthausangestellte usw). Vielfach faßt die S. auch die fürsorgerische Arbeit an Kindern, Jugendlichen und Erwachsenen (Obdachlosen, Dirnen usw) zusammen. Manche S. beschränkt sich im wesentlichen auf diakonische Arbeit (Armenpflege, Recherchen, Fürsorge, Hilfswerk u.dgl.). Zum eigentlichen Wesen der S. gehört aber die öffentliche → Evangelisation (Straßenpredigt, → Schriftenverbreitung). Die Arbeit geschieht meist unter Leitung kirchlicher Vereinspastoren von diakonisch ausgebildeten S.aren, Diakonissen, Fürsorgern, Jugendpflegern usw. – Mancherorts nennt sich S. auch eine Gemeinschaftsarbeit auf dem Boden der Landeskirche (→ Gemeinschaftsbewegung).

Die erste S. (city-mission) gründete David Nassmith (1799–1839) in Glasgow (1826). Acht S.are gingen von Haus zu Haus »mit der Bibel in der Hand«, um seelsorgerlich und einladend den unkirchlichen Einwohnern zu dienen. 1835 entstand die *Londoner S.*, an deren Spitze lange Zeit Lord → Shaftesbury (, 2) stand. In der Dienstanweisung für die zeitweise 500 S.are hieß es: »Besuchen Sie die Bewohner des Ihnen angewiesenen Distrikts, um denselben die Kenntnis von der Erlösung durch unsern Herrn Christus mitzuteilen und ihnen auf jede Art, die in Ihren Kräften steht, Gutes zu tun. Lesen Sie aus der Schrift vor und lassen Sie beim Vorlesen und Gespräch das Verderben des Menschen, die Rechtfertigung allein durch den Glauben, die Notwendigkeit der Bekehrung und eines heiligen Wandels immer die Hauptsache sein.« – Diese Grundsätze gelten auch für die größte S. in Deutschland, die *Berliner S.* 1877 übernahm → Stoecker ihre Leitung, nachdem zwei kleine Ansätze vorangegangen waren: seit 1858 durch P.Hoffmann auf persönliche Anregung Wicherns und 1875 durch den General-Sup. Bruno Brückner. Stoecker prägte die Berliner S., die sein Lieblingswerk wurde. Als er sein Hofpredigeramt aufgeben mußte, wurde ihm von Freunden der S. die S.skirche erbaut, die ein Opfer des Bombenkrieges wurde. Nach 1945 erhielt die Berliner S. die Neue Garnisonkirche zu ihrem Gebrauch. – Die Berliner S. vereinigt alle Möglichkeiten der evangelistischen und diakonischen Arbeit. An 20–30 Stellen der Großstadt werden S.sgemeinden und Gemeinschaften gesammelt, meist in gemieteten Sälen, in leeren Fabrikräumen oder in eigenen Kapellen. Für die Mitternachtsmission stehen halboffene Zufluchtsheime für Frauen und Mädchen oder Männer Tag und Nacht offen. In »Lauben« wird innerhalb der Schrebergartenkolonien Laubenmission getrieben. Im »Sonnenland« (Berlin N) ist an der Spree ein Ferien- und Spielplatz für Kinder errichtet. – Ein Problem der S. bildet das Verhältnis zum geordneten Pfarramt. Während in den Riesengemeinden Berlins die S.are unabhängig von den Parochien arbeiten, werden sie in andern Städten als Gemeindediakone den Pfarrern beigeordnet (zB Stuttgart, Halle/S.). – In Deutschland geht die erste Anregung zur S.sarbeit auf → Wichern zurück, der schon 1848 in Hamburg zur Missionierung der Stadt aufrief. In seinem Verein für Innere Mission gab es bald eine Kommission für S. Auf den Kongressen für Innere Mission wurden wiederholt Vorträge über die besondere Aufgabe an der Stadtbevölkerung gehalten (1853 in Berlin, 1869 in Stuttgart). Bald entstanden S.en in fast allen größeren Städten Deutschlands (zB 1856 in Bremen und Breslau, 1858 in Berlin [s.o.], 1868 in Stuttgart, 1869 in Leipzig, 1874 in Dresden). 1885 gab es bereits 27 S.en in Deutschland, 7 in der Schweiz. 1920 entstand der »Verband der deutschen ev. S.en«.

J.H.Wichern, Vorläufige Nachricht über den Verein für innere Mission in Hamburg, 1848 – Ders., Vorträge u. Abh.en, 1891 – F.Mahling, Beiträge zur Gesch. der Entwicklung der Inneren Mission (Festschr. z. 50jähr. Jubiläumsfeier des Hamburger Vereins für Innere Mission), 1898 – Chronik der Bremer Inneren Mission, 1909 – Festschr. zum 37. Kongreß für Innere Mission in Hamburg, 1913 – 75 Jahre Innere Mission in Bremen, 1924 – 50 Jahre Berliner S., 1927 – J.Steinweg, Die Innere Mission der ev. Kirche, 1928 – RGG² V, 746f – 75 Jahre Berliner S., 1952 – 80 Jahre Dresdner S., 1954 – EKL III, 1128f.

H.Brandenburg

Stählin, 1. *Adolf (von)* (1823–97), * in Schmähingen, Sohn eines rationalistischen Pfarrers, wurde am Gymnasium und noch mehr an der Universität Erlangen von der Erweckungsbewegung erfaßt. S. wurde 1860 Pfarrer in Rothenburg o.T., 1864 Dekan in Nördlingen, 1866 Konsistorialrat und Hauptprediger in Ansbach, 1879 Oberkonsistorialrat in München, 1883 Präsident des Oberkonsistoriums. – S. war eine Melanchthonnatur, gründlich in allen theologischen Disziplinen und von feiner verbindlicher Art des Verhandelns, ein vorzüglicher Prediger. Er war an den Arbeiten der Eisenacher Kirchenkonferenz sowie an der Pflege der Innern und Äußeren Mission und bes. des Gustav-Adolf-Vereins nachhaltig beteiligt.

Vf. u.a.: Löhe, Thomasius, Harleß – 3 Lebens- u. Geschichtsbilder, 1887. – Über S.: RE XVIII, 737ff – O.Stählin, A.v.S., 1898 – O.Stählin, Die Familie S. aus Memmingen, 1959, 162ff.

Matth.Simon

2. *Wilhelm,* ev. Theologe, * 24.9.1883 in Gunzenhausen, bis 1926 Gemeindepfarrer in Egloffstein, Ofr., und an St. Lorenz in Nürnberg, bis 1945 o. Prof. der Prakt. Theol. in → Münster, 1945–52 Bischof der Ev.-Luth. Kirche in → Oldenburg, jetzt im Ruhestand in Rimsting, Chiemsee. S. hat wesentliche Impulse der → Jugendbewegung (: I, 2b; II, 2) für die ev. Kirche fruchtbar gemacht und in hohem Maße zu sinnvoller Gestaltung des kirchlichen und bes. des liturgischen Lebens beigetragen. – Vgl. → Berneuchen, → Religionspsychologie, 2.

Vf. u.a.: Vom Sinn des Leibes, (1930) 1952³; Vom göttl. Geheimnis, 1936; Zusage an die Wahrheit, 1952; Lund, 1954; Symbolon, 1958. – Bibliogr. in: Kosmos u. Ekklesia (Festschr. z. 70. Geb.), hg.v. H.-D.Wendland, 1953, 263–277. – Über S.: Quatember 17, 1952/53, 193–226 – MPTh 42, 1953, 458–461.

H.Urner

Staël, *Anne Louise Germaine, Baronin de S.-Holstein* (1766–1817), Tochter des franz. Ministers Necker, * in Paris. Im Geiste der Philosophen des 18.Jh.s, bes. → Rousseaus, erzogen, begrüßte sie die Revolution mit großen Erwartungen. Der von ihr eröffnete Salon und ihre eigenen Erstlingswerke zeugen von romantischer Ideologie und politischer Unabhängigkeit, die ihr 1803 die Verbannung eintrug. Sie unternahm ausgedehnte Reisen, bes. nach Italien und Deutschland. Ihr Schloß in Coppet (Genfer See) wurde zum Treffpunkt der geistig interessierten Gesellschaft und des Widerstandes gegen das Kaiserreich. In zweiter Ehe mit Herrn de Rocca vermählt, nahm Mme de S. unter der Restauration ihre Empfänge in Paris wieder auf. Sie hat die erklärende historische Kritik zur Literaturform erhoben und erweiterte die literarischen Horizonte nach anderen Ländern, bes. nach Deutschland (Schiller, Goethe).

Vf. u.a.: De la litt. considérée dans ses rapports avec les institutions sociales, 1800 (dt. 1804); Delphine, 1802 (dt. 1847); Corinne ou l'Italie, 1807 (dt. 1931); De l'Allemagne, 1810 (Neudr. 1958; dt. 1948); Lettres à Mme Récamier, 1952. - GA, 17 Bde, Paris 1820/21. - Über Mme de S.: PAULINE DE PANGE, Mme de S. et sa découverte de l'Allemagne, 1929 - DIES., A.-G.Schlegel et Mme de S., 1938; dt. (1940) 1949[6] - DIES., Le dernier amour de Mme de S. d'après des documents inédits, 1944 - D.-G.LARG, Mme de S., la seconde vie (1800 bis 1807), 1929 - M.BASTIAN, Mme de S. en Allemagne, 1939 - L.ZAHN, Eine Frau kämpft gegen Napoleon, 1942 - F.C.LONGCHAMP, L'oeuvre imprimé de Mme G. de S., Genf 1949 (Lit.) - M.LEVAILLANT, Une amitié amoureuse: Mme de S. et Mme Récamier, 1956.
R.Voeltzel

Stämme Israels. Das alte → Israel (: I, 2-7) hat sich immer als einen Verband einzelner S. verstanden. Zur genauen Bezeichnung eines Israeliten gehörte zwar nicht notwendig, aber doch in der Regel, wenn sie vollständig sein sollte, die Angabe seiner Stammeszugehörigkeit; und nach der Landnahme Israels wurden Ortschaften häufig näher bestimmt durch ihre Lage in einem Stammesgebiet. In dieser S.-Einteilung verbergen sich Vorgänge der Vor- bzw. Frühgeschichte Israels. Denn S. sind geschichtliche Größen und haben ihren Ursprung im Bereich des nicht seßhaften oder noch nicht voll seßhaften Lebens. Die at. Überlieferung leitet allerdings die S.I. vereinfachend genealogisch ab, indem sie sie zurückführt auf die Söhne des gemeinsamen Ahnherrn Israel = → Jakob. Nun pflegen zwar die kleineren Verbände der Großfamilien und der Sippen noch auf Blutsverwandtschaft zu beruhen, indem sie auf einen noch lebenden bzw. der unmittelbaren Überlieferung noch bekannten Ahnherrn zurückgehen. S. aber pflegen durch Zusammenschlüsse von Sippen zu entstehen, die durch gemeinsame Wanderungen und damit u.U. durch gemeinsame Schicksale sich zusammenfinden. Sie stehen unter der gemeinsamen Führung eines Mannes, der den »Herrscherstab« führt (daher wohl die at. Worte für Stamm: šebæṭ bzw. māṭṭæ = »Stock«, »Stab«, die also gerade nicht den Begriff der Blutsverwandtschaft enthalten). Meist werden S. erst dann zu stabilen Größen, wenn ein fester und dauernder Usus im Gebrauch ganz bestimmter Sommer- und Winterweidegebiete sich herausgebildet hat oder eine gemeinsame Seßhaftwerdung in einem bestimmten Kulturlandwohnraum erfolgt ist.

Die S.I. werden uns geschichtlich greifbar erst in der Zeit nach ihrer Seßhaftwerdung im palästinischen Kulturland. Aus dem System der Stammesgrenzen in Jos 15. 18. 19, aus dem Verzeichnis der nicht realisierten Landansprüche der S. in Ri 1, 21. 27-35 sowie aus verstreuten Nachrichten des AT ist ein einigermaßen deutliches Bild von dem Bestand an S.n I. und von der Lage ihrer Wohnsitze im Kulturland zu gewinnen. Zur südlich-westjordanischen Gruppe gehörte außer → Juda, → Kaleb und Othniel (vgl. → Kaleb) noch Simeon (am Südrand des Kulturlandes) sowie (wohl am südöstlichen Rand des Kulturlandes) Jerahmeel und Kain (1Sam 30, 29). Die mittelwestjordanische Gruppe bestand (von Norden nach Süden) aus Machir (Ri 5, 14) bzw. Manasse, Ephraim und Benjamin (zu dem Namen des letzteren vgl. den S.-Verband der Banū-jamīna in den Texten von → Mari; der Name bezeichnet danach den »südlich« wohnenden Stamm). Im nördlichen Westjordanland (Galiläa) wohnten Asser (am Westrand des Gebirges), Sebulon (am Südrand), Naphthali (am Ostrand), Dan (im Gebiet der Jordanquellen) und Issachar (auf dem Südostausläufer des Gebirges). Am Westrande des Ostjordanlandes saßen Gad (östlich des unteren Jordangrabens und des Nordendes des Toten Meeres), → Gilead (Ri 5, 17) und (der ostjordanische Teil von) Machir bzw. Manasse (nördlich des ʿadschlūn-Gebirges).

In der at. Überlieferung erscheint nun die S.-Einteilung Israels schematisiert, indem einmal - auch bei differierender Aufzählung im einzelnen - die Zwölfzahl der S. vorausgesetzt und andrerseits eine bestimmte Gruppierung der S. vorgenommen wird, die mit der Anordnung der Wohngebiete im Lande nur zT übereinstimmt. Soweit die unmittelbare Überlieferung zurückreicht, hat die Zwölfzahl von Anfang an festgestanden; kaum zu Recht wird das bestritten mit dem Hinweis auf das → Deboralied, das allerdings nur 10 S.-Namen nennt, aber damit schwerlich ganz Israel erfassen will. Die innere Gruppierung wird in Gen 29, 31ff genealogisch durch die Rückführung der S.-Ahnherren auf verschiedene Mütter ausgedrückt; sie ergibt sich aber auch aus einem davon unabhängigen Vergleich der S.-Aufzählungen vor allem in Gen 49 und Num 26, in denen trotz verschiedener Reihenfolge die verschiedenen S.-Gruppen jeweils geschlossen erscheinen. Danach sind drei S.-Gruppen zu unterscheiden: die der »Lea-S.«, der »Rahel-S.« und der »Mägde-S.« (die Unterteilung der letzteren Gruppe in Gen 29, 31ff geht wahrscheinlich nur auf erzählerische Motive zurück). Die Zwölfzahl hatte sich nicht von selbst ergeben; um sie zu erreichen, mußten einige S., bes. der südlich-westjordanischen Gruppe, da sie nicht als selbständige Glieder des Ganzen gezählt werden konnten, im Verband eines anderen Stammes untergebracht werden. Die Zwölfzahl war aber auch schwerlich nur Theorie. Sie geht vielmehr darauf zurück, daß das alte Israel sich in der Weise ähnlicher Verbände der griechischen und italischen Vorzeit als eine Zwölf-S.-»Amphiktyonie« mit einem gemeinsamen Kult, der vermutlich an der → Lade Jahwes stattfand, konstituiert hatte (Jos 24). Die Gruppierung der S. aber weist auf eine Vorgeschichte dieser Institution hin. Bes. die »Lea-Gruppe«, deren 6 Glieder in geschichtlich erkennbarer Zeit, soweit sie nicht überhaupt verschollen waren (Ruben erscheint in der Überlieferung nur noch in einem unklaren Zusammenhang mit Gad), nicht mehr beieinander wohnten, sondern durch die »Rahel-Gruppe« räumlich getrennt waren, macht einen sehr alten, »vorgeschichtlichen« Eindruck. Daß auch nach der Bildung der Zwölf-S.-»Amphiktyonie« noch Veränderungen möglich waren, zeigt das zeitlich noch nicht sicher geklärte Nebeneinander zweier Systeme, in dessen einem → Levi fehlt, während er in dem anderen mitgezählt wird (dafür werden hier Machir bzw. Manasse und Ephraim zu → Joseph zusammengefaßt).

Außer den Darst.en der Gesch. → Israels: J.PEDERSEN, Israel I. II, 1926, 29ff - A.ALT, Das System der Stammesgrenzen im Buche Josua (Sellin-Festschr., 1927, 13-24 = ALT I, 193-202) - RGG[2] V, 749f (DERS.) - M.NOTH, Das System der zwölf S.I. (BWANT IV, 1), 1930 - S.MOWINCKEL, »Rahel-S.« u. »Lea-S.« (BZAW 77, 1958, 129-150).
M.Noth

Stäudlin, Karl *Friedrich* (25.7.1761 bis 5.7.1826), * in Stuttgart. Seit 1790 Prof. in → Göttingen, widmete sich S. anfangs den exegetischen, später den historischen und systematischen Fächern, vornehmlich der Ethik und deren Geschichte. Auf dem Boden einer widerspruchsvollen Synthese von → Rationalismus (: II, 3c) und Supranaturalismus hielt S. an der »übernatürlichen Offenbarung« fest, konzedierte nur einen »gemäßigten, demütigen Gebrauch der Vernunft« und forderte mit Rücksicht auf die Eigenart der biblischen Schriften die Ergänzung der historisch-grammatischen (K.A.G.Keil) durch eine »höhere Interpretation« (→ Hermeneutik, 2f).

Vf. u.a.: Gesch. u. Geist des Skeptizismus, 1794; Kirchl. Geographie u. Statistik, 1804; Universalgesch. d. christl. Kirche, (1806) 1833[5]; Gesch. d. theol. Wissenschaften, 1810f; Neues Lehrbuch der Moral, (1817) 1825[3]. - Über S.: Zur Erinnerung an C.F.S. (Selbstbiogr.), hg.v. J.T.HEMSEN, 1826 - RE XVIII, 741ff (Lit.) - J.WACH, Das Verstehen II, 1929, 140ff - J.MEYER, Gesch. d. Göttinger theol. Fakultät (ZGNKG 42, 1937, [7-107] 40f. 103) - HIRSCH V, 59f.

E.H.Pältz

Staffortsches Buch. Ernst Friedrich, seit 1590 Markgraf von Baden-Durlach, verfaßte 1599 zwei im Schloß Staffort gedruckte Schriften: »Kurze und einfältige Bekenntniß, nach welcher die Kirchen und Schuldiener der Markgrafschaft Baden sich in Lehr zu halten haben« und »Christliches Bedencken und erhebliche wolfundirte Motiven des ... Herrn Ernst Friderichen Markgrafen zu Baden und Hochberg..., welche ihre Fürstliche Gnaden biß dahero von der Subscription der Formulae Concordiae abgehalten« (»St.B.«). Ernst Friedrich wollte damit an Stelle des luth. Bekenntnisses den Calvinismus einführen. Sein Tod (1604) verhinderte die Absicht (→ Baden, 1b).

K.F.VIERORDT, Gesch. d. ev. Kirche im Großherzogtum Baden II, 1856, 29ff - BSRK - RE XVIII, 744f - F.LAUTENSCHLAGER, Bibliogr. d. bad. Gesch. II/1, 1933, 37f - F.MERKEL, Gesch. d. ev. Bekenntnisses in Baden von d. Reformation bis zur Union (Veröffentlichungen d. Vereins f. KG in d. Ev. Landeskirche Badens 20, 1960, 102 bis 118).

F.Hauss

Stahl, *Friedrich Julius* (urspr. *Jolson-Uhlfelder;* 16.1. 1802 bis 10.8.1861), Staatsrechtslehrer, * in Würzburg, † in Bad Brückenau. Als Sohn eines Kaufmanns streng jüdisch erzogen, empfing er 1819 die Taufe und gelangte unter dem Einfluß der Erlanger Erweckungskreise zu einem lebendigen Glauben orthodox-luth. Prägung. 1840 kam S. als Nachfolger des Hegelianers E.Gans nach Berlin und wurde hier Bundesgenosse der Männer um Friedrich Wilhelm IV. im Kampf für den christlichen → Staat und gegen Liberalismus und Revolution. Zur eigentlichen Wirkung kam er jedoch erst in der Reaktionszeit (1848-58), wo er als Monarchist und Legitimist seine Staatslehre auch publizistisch und politisch vertrat. S. gehört zu den Mitbegründern der Konservativen Partei und ihres Organs, der Kreuzzeitung. Seine ins Theokratische gehende institutionelle Staatsidee stand in engem Zusammenhang mit der neuluth. Hochorthodoxie (→ Luthertum: II), die er auch kirchenpolitisch vertrat. Er war Mitglied des Ev. Oberkirchenrats und des Central-Ausschusses der → Inneren Mission. Fraglos hat er auf die Entscheidungen der Zeit nach 1848 großen Einfluß gehabt, der mit der »Neuen Ära« (1858) unter des Königs Bruder Wilhelm ein Ende fand.

Vf. u.a.: Philos. d. Rechts I. II, (1830/37) 1878[5]; Die Kirchenverfassung nach Lehre u. Recht der Protestanten, (1840) 1862[2]; Über das monarchische Prinzip, 1846; Die luth. Kirche u. d. Union, (1859) 1860[2]; Die gegenw. Parteien in Staat u. Kirche, 1863. - Über S.: G.MASUR, F.J.S., Bd I (1802-40), 1930 - J.HECKEL, Der Einbruch d. jüd. Geistes in das dt. Staats- u. Kirchenrecht durch F.J.S. (HZ 155, 1937, 506-541 = Forsch. zur Judenfrage I, 1937, 110-125) - O.VOLZ, Christentum u. Positivismus. Die Grundlagen der Rechts- u. Staatsauffassung F.J.S.s, 1951 - H.J.SCHOEPS, Das andere Preußen, (1952) 1957[2] - DERS., F.J.S. u. d. Judentum (in: H.LAMM, Von Juden in München, [1958] 1959[2], 99-103) - E.FAHLBUSCH, Die Lehre von der Revolution bei F.J.S. (Theol. Diss. Göttingen), 1954 (Masch.; vgl. ThLZ 81, 1956, 487f) - A.ROOS, Konservatismus u. Reaktion bei F.J.S. (Phil. Diss. Bonn), 1957.

K.Kupisch

Stalin, *Josef Wissarionowitsch (Dschugaschwili),* * 21.12. 1879 in Gori (Gouv. Tiflis), † 5.3.1953 in Moskau, Generalsekretär des Zentralkomitees (ZK) der KPdSU und seit 1941 bzw. 1946 Vorsitzender des »Rates der Volkskommissare« bzw. des Ministerrates der Sowjetunion. Sohn eines Schuhmachers, besuchte S. die geistliche Elementarschule und 1894-99 (Relegierung) das griech.-orth. Priesterseminar in Tiflis. Seit 1898 Mitglied der SDAPR (Sozialdemokratische Arbeiterpartei Rußlands), legte er sich den Decknamen »S.« (der Stählerne) zu, wurde mehrfach verbannt und war - meist illegal - als Organisator, Agitator und Journalist für die Partei tätig. Bereits 1912 ins ZK der Partei gewählt, war er 1917 an wichtiger Stelle an der Durchführung der Oktoberrevolution beteiligt. 1922 wurde er Generalsekretär des ZK und trotz erheblicher Bedenken des kranken → Lenin nach dessen Tod einstimmig in diesem Amt bestätigt, das er mehr und mehr zur Basis seiner unumschränkten Macht ausbaute. S. setzte sich zunächst gegenüber dem brillanteren Trotzki durch und führte die Neue Ökonomische Politik Lenins entschlossen fort. Ende der 20er Jahre machte er dann eine plötzliche Wendung und ging zur Kollektivierung der Landwirtschaft und zur forcierten Industrialisierung über, die seinerzeit von den Trotzkisten gefordert worden war. Jetzt gelang es S., auch die »Rechtsopposition« auszuschalten und sich selbst als einzig zuverlässigen Exponenten der »Generallinie« hinzustellen. Nicht nur in der KPdSU, sondern auch in allen anderen kommunistischen Parteien führte er die S.sche Fraktion zum Siege. In den »großen Reinigungen« von 1936-39 ließ S. seine ehemaligen politischen Opponenten und alle oppositioneller Gesinnung Verdächtigen auch physisch liquidieren, obgleich sie keinerlei objektive Gefahr mehr für ihn darstellten. In der Außenpolitik war S. ein kalter Taktiker, der selbst vor einem Bündnis mit Hitler nicht zurückschreckte, wenn er es momentan für nützlich hielt. Während des 2. Weltkrieges 1943 zum Marschall und 1945 zum Generalissimus der Sowjetunion avanciert, soll er - nach einer inzwischen korrigierten Legende - auch die militärischen Operationen erfolgreich geleitet haben. Nach 1945 konsolidierte er die Macht der Sowjetunion durch Ausbau und Sicherung kommunistischer Bewegungen und Regierungen in den von der Roten Armee besetzten Ländern. Die schon 1934 offiziell von S. geforderte patriotische Geschichtsschreibung feierte während und kurz nach dem 2. Weltkrieg Triumphe und zeigte zT auch stark großrussisch-nationalistische Töne. Nach S.s Tode wurde zunächst das Prinzip der »kollektiven Führung« in der Partei stark herausgestellt und seit dem XX. Parteikongreß (Febr. 1956) auch der »Persönlichkeitskult«, den S. nicht nur zugelassen, sondern sogar gefördert hatte, als unsozialistisch bekämpft. In seiner Geheimrede vom 25.2.1956 rechnete Chruschtschow erbarmungslos mit den Fehlern und Verbrechen des toten Marschalls ab, ohne freilich dessen Verdienste um die Partei und den »Aufbau des Sozialismus in einem Lande« in Frage zu stellen. Auf dem XXII. Parteikongreß (Okt. 1961) kam es auch in den offiziellen Reden zu noch radikaleren Verurteilungen. S.s Leichnam wurde auf Parteibeschluß von der Seite Lenins entfernt und neben zahlreichen hohen Funktionären an der Kremlmauer bestattet. - Vgl. → Stalinismus.

Vf. bes.: Über die Grundlagen des Leninismus, 1924 (dt. 1946 u.ö.); Zu den Fragen des Leninismus, 1926 (dt. 1946 u.ö.); Über dialekt. u. hist. Materialismus, in: Gesch. der KPdSU(B). Kurzer Lehrgang, Moskau 1938 (dt. 1938 u.ö.; Ausg. m. krit. Komm. v. I.FETSCHER, [1956] 1960[5]); Der Marxismus u. die Fragen der Sprachwiss., 1950 (dt. 1950); Ökonomische Probleme des Sozialismus in der UdSSR, 1952 (dt. 1952). - Werke, 16 Bde, Moskau 1946ff; dt. 1950 bis 1955 (nur bis Bd 13). - Über S.: G.F.ALEXANDROW u.a., S., kurze Lebensbeschreibung, Moskau 1947 (russ.); dt. 1950 - N.BASSECHES, S., das Schicksal eines Erfolges, Bern 1950 - RUTH FISCHER, S. u. d. dt. Kommunismus, dt. 1950 - I.DEUTSCHER, S., die Gesch. des modernen Rußland, dt. 1951 - A.WEISSBERG-CYBULSKI, Hexensabbat. Rußland im Schmelztiegel der Säuberungen, 1951 - L.TROTZKI, S., eine Biogr., dt. 1952 - A.W.JUST, S. u. seine Epoche, 1953 - N. CHRUSCHTSCHOW, Rede über S. am 24. u. 25.2.1956, in: B.MEISSNER, Das Ende des S.-Mythos, 1956 - K.WESTEN, Die rechtstheoret. u. rechtspolit. Ansichten J.S.s, 1959. - Vgl. die Lit. zu → Stalinismus.

I.Fetscher

Stalinismus. Unter S. verstanden Kommunisten bis 1956 die von → Stalin vorgenommenen Fortbildungen des → Marxismus- → Leninismus. Seither ist die Bezeichnung bei orthodoxen Parteigängern außer Gebrauch gekommen und wird vor allem von den sog. »Revisionisten« verwandt, um das politisch-soziale System zu charakterisieren, als dessen Ausdruck ihnen die Person Stalins erscheint. Während Chruschtschow die Ursache für »Verletzungen der sozialistischen Gesetzlichkeit« fast ausschließlich in den Charaktereigenschaften Stalins sucht, sind diese Kritiker der Meinung, daß sie in der politischen und gesellschaftlichen Ordnung der Sowjetunion selbst gesucht werden müßten. Abgesehen von diesen gegensätzlichen Meinungen wird der Historiker unter S. die spezifische Form eines Staatswesens verstehen, das sich unter sozialistischer Einparteienherrschaft und in fast vollständiger Isolierung in kürzester Zeit aus einem rückständigen Agrarstaat in ein modernes Industrieland zu verwandeln sucht. – Hauptzüge des S. in dem erstgenannten Sinne waren a) die Herausarbeitung der Lehre von der Möglichkeit des Aufbaus des Sozialismus in einem Lande. Sie wurde von Stalin gegen Trotzki und seine Anhänger in der KPdSU durchgesetzt und führte – wenn auch unter großem Zwang – zu beachtlichen Erfolgen. – b) Stalin gilt als der Erfinder einer marxistischen »Revolution von oben«, von der er schon 1938 in der »Geschichte der KPdSU« und noch einmal ausführlich 1950 spricht. Es wurde ihm als Verdienst angerechnet, die »Rückwirkungen des Überbaus auf die Basis«, ja die »schöpferische Rolle des sozialistischen Sowjetstaates« herausgearbeitet zu haben. In dieser Lehre spiegeln sich deutlich die faktischen Verhältnisse in der Sowjetunion. – c) Auf dem Gebiet der allgemeinen Weltanschauung ist der S. nichts anderes als ein dogmatisierter und vereinfachter Leninismus. In Kap. IV der »Geschichte der KPdSU« hat Stalin unter dem Titel »Über dialektischen und historischen Materialismus« die »Grundzüge« dieser Weltanschauungslehre gemeinverständlich dargestellt. Seit 1956 ist wiederholt namentlich am Aufbau dieser Arbeit (zunächst dialektische Methode, erst dann philosophischer Materialismus) sowie an der Verkürzung der Darstellung der Dialektik (Fehlen der »Negation der Negation«) Kritik geübt worden. Im ganzen ist jedoch die Stalinsche Version des dialektischen → Materialismus (: III) noch immer »gültig«. – d) In dem Bemühen, die Sowjetunion als die »Heimat der Werktätigen« zum Gegenstand patriotischer Liebe zu machen, weckte Stalin auch das Selbstbewußtsein der Großrussen und den Stolz auf ihre historische Vergangenheit. Seit 1934 wurde die Geschichte wieder stärker im nationalen Sinne gelehrt; während des 2. Weltkrieges wurde die Erinnerung an den »Vaterländischen Krieg« von 1812–14 neu belebt und zum »Großen Vaterländischen Krieg« gesteigert; nach 1945 bekämpfte man vor allem die »Legende vom rückständigen Rußland« durch Hervorhebung einer großen Anzahl unbekannt gebliebener russischer Erfinder und Entdecker. Bei prinzipieller Beibehaltung des Sowjetpatriotismus ist seit Stalins Tod der großrussische Nationalismus wieder eingeschränkt worden. In seiner letzten Arbeit »Ökonomische Fragen des Sozialismus in der UdSSR« entwirft Stalin seine Ansichten von den Erfordernissen für den Übergang vom Sozialismus zum → Kommunismus (: III). Auch hier haben seine Nachfolger zugleich an ihn angeknüpft und ihn in wesentlichen Punkten korrigiert.

Außer der Lit. zu → Leninismus, → Marxismus, → Materialismus: III, → Stalin vgl. bes.: G.F.ACHMINOW, Die Macht im Hintergrund, 1950 – J.WINTERNITZ, Stalin u. die nationale Frage, 1950 – K.MEHNERT, Weltrevolution durch Weltgesch. Die Geschichtslehre des S., (1951) 1953[3] – B.MEISSNER, Rußland im Umbruch, 1951 – P.SAGER, Die theoret. Grundlagen des S. u. ihre Auswirkungen auf die Wirtschaftspolitik der Sowjetunion, Bern 1951 – M.G.LANGE, Marxismus, Leninismus, S., 1955 – H.SETON-WATSON, Von Lenin bis Malenkov, dt. 1955 – I.FETSCHER, Krit. Komm. zu Stalin: Über dialekt. u. hist. Materialismus, (1956) 1960[5].

I.Fetscher

Stamm und Sippe (St., S.), *religionsgeschichtlich.* St.e und Verwandtschaftsgruppen sind bei vielen → Naturvölkern Träger des religiösen Lebens. Entweder sind Kulte und Glauben einheitlich (St.esreligionen), oder gemeinsam durchgeführte Kulte begründen oder garantieren die Integration der Gruppe. – Leider steht die begriffliche Erfassung der verschiedenen Typen von Gruppenbildungen in der → Ethnologie erst in den Anfängen. So sind die Unterscheidungen zwischen *St., S.* und *Klan* ebensowenig eindeutig wie zwischen *Klan, S.* und *Heiratsklasse.* Dies liegt u.a. an Differenzen zwischen nationalen Schulen und daran, daß die Übergänge fließend sind und eine Typologie erschweren. St. bezeichnet Gruppen mittlerer Größe (Afrika bis 100000, Australien bis 1000), die entweder politisch integriert sind oder einheitliche Sprache (St.esdialekt) und homogene Kultur haben. Oft werden St.e in einem genealogischen Idiom begründet, das bis auf den Schöpfergott zurückgeht. – *S., Klan* und *Familie* gehören zu den wichtigsten Begriffen der Sozialethnologie. Diese Gruppen sind durch den Glauben an gemeinsame Abstammung integriert. Die Exogamie zwingt die S.n zu sozialem Kontakt mit Nachbargruppen durch Hereinnahme fremder Ehepartner und durch Fortheiraten der eigenen Kinder. Darauf basiert der Unterschied zwischen den eigentlichen Blutsverwandtschaftsgruppen (Murdock: consanguineal kin groups) und den gemischten (auch bilateral genannten) Gruppen (compromise kin groups), erstere als Gemeinschaft ewiger Zugehörigkeit (Ausnahme: Adoption und Sklaverei) auch nach räumlicher Trennung. Letztere umfassen dagegen als räumlich gebundene Gemeinschaften auch zT die Schwiegerverwandten. Beide Gruppen existieren nebeneinander; manchmal sind beide, oft nur die consanguineal groups, von religiöser Bedeutung. Für einen Teil der Bevölkerung (je nach Wohnsitzregelung die verheirateten Männer oder Frauen) ergeben sich hierdurch politische und religiöse Loyalitätskonflikte, deren Lösung für die Sozialstruktur signifikativ ist. Während Murdock die compromise kin group Klan nennt, bezeichnen Thurnwald und englische Autoren die politisch geeinte Verwandtschaftsgruppe als Klan, andere als S., lineage und segment. Außerdem sind zu unterscheiden kontinuierliche Gruppen, die zwar aussterben oder sich teilen, aber auch ewig bestehen können, und endliche Gruppen, die sich mit oder bald nach dem Tode der ältesten Generation auflösen. S. und Klan sind ewige, die verschiedenen Familientypen endliche Gruppen. Meist sind die ewigen Gruppen Träger des religiösen Lebens (bes. des Ahnenkultes). – Der Ahnenkult (→ Totenverehrung: I) in Klan und S. richtet sich an die jüngstverstorbenen Patriarchen und/oder die Gründerahnen. Eine Sonderform des Ahnenkults ist der S.ntotemismus, bei dem die Gründerahnen in nichtmenschlicher, meist tierischer Gestalt gedacht oder mit ebensolchen übernatürlichen (Schutzgeistern, alter ego) in Verbindung gebracht werden. – St.eshalbierungen basieren meist auf dualistischen Weltauffassungen. Parallel geht dann kultische Reziprozität und eine Dichotomie der Umwelt, in die die St.eshälften einbezogen sind. – Vgl. → Familie: I, → Mutterrecht, → Totemismus.

J.G.FRAZER, Totemism and Exogamy, London (1910) 1935[5] – R.LOWIE, Primitive Society, New York (1921) 1947[2] – DERS., Social Organization, ebd 1948 – R.THURNWALD, Die menschl. Gesellschaft

I-V, 1931-35 (bes. II u. IV) - R.L.Olson, Clans and Moiety in Native America, Berkeley 1933 - W.E.Mühlmann, Staatsbildung u. Amphiktyonien in Polynesien, 1938 - Ders., Assimilation, Umvolkung, Volkswerdung, 1944 - G.P.Murdock, Social Structure, New York (1949) 1956[2] - R.Firth, Elements of Social Organization, ebd 1951 - P.Radin, Die relig. Erfahrung der Naturvölker, 1951 - E.E.Evans-Pritchard, Kinship and Marriage among the Nuer, Oxford 1951 - K. u. I.O.Schmitt, Wichita Kinship, Norman/Okla. 1952 - R.N. Bellah, Apache Kinship Systems, Cambridge/Mass. 1952 - D.L. Oliver, A Solomon Island Society, ebd 1955 - I.Whitaker, Social Relations in a Nomadic Lappish Community, Oslo 1955 - E.Schlesier, Die Grundlagen der Klanbildung, 1956 - M.Wilson, Rituals of Kinship among the Nyakyusa, London 1957 - M.Freedman, Lineage Organization in Southeastern China, ebd 1958 - Cl.Lévi-Strauss, Anthropologie structurale, Paris 1958 (Lit.) - E.W.Müller, Mitt. d. Anthrop. Gesellsch. in Wien 88/89, 1959, 108-115 - Ders., KfS 11, 1959, 666-675.

E.W.Müller

Stancarus, *Franciscus* (ca 1501-74). * in Mantua, Mönch, 1543 in Chiavenna, 1546 in Basel, dann Prof. in Krakau (1549), Königsberg (1551) und Frankfurt/O.; später in Polen, Ungarn und Siebenbürgen, seit 1559 wieder in Polen tätig. Zur Sicherung seiner Trinitätsidee entfaltete S. eine eigenwillige → Christologie (: II, 7d). Gegen A. → Osiander lehrte er, daß Christus nur nach seiner menschlichen Natur Mittler sei. Unter dem Schutz polnischer Adliger, von mehreren Synoden als »Vater aller Unruhe und Zwietracht« verdammt, hat S. durch seine Polemik gegen die führenden Männer der Reformationskirchen die Spaltung des polnischen Protestantismus gefördert (→ Polen: I, 2) und damit zugleich ungewollt dem Antitrinitarismus (→ Sozinianer) den Weg gebahnt.

RE XVIII, 752ff; XXIV, 528 - K.Völker, KG Polens, 1930 - F.Ruffini, F.S. (Ricerche religiose 9, 1933, 129-149. 237-256. 523 bis 549). - Vgl. → Sozinianer (bes. L.Chmaj).

E.Peschke

Stand

1. Soziologisch: a) Wortbedeutung, S.earten - b) S., Klasse - c) S.etheorien - 2. Ethisch-religiös - 3. Religionsgeschichtlich

1. a) Der Begriff S. ist vieldeutig. Das Wort leitet sich aus mhd. stant, lat. status, als Verbalsubstantiv zu germ. standan = stehen ab. Es bedeutet zunächst Handlungsort, Art des Stehens (Grimmsches Wörterbuch), dann Zustand, Standort, Amt (Spann, HWSt [s. Lit.]). Man unterscheidet 5 Arten von S.en. α) Der Ausdruck *Natur*-S. (männlich, weiblich) ist zwar nicht sehr geläufig. Die Sache jedoch beschäftigt den Juristen, Soziologen und Psychologen der Neuzeit. In vorindustriellen Gesellschaften sind die Natur-S.e gleichzeitig Grundlage der Arbeitsteilung. In den industrialisierten Gesellschaften ist das Problem der Gleichberechtigung der → Frau (: V, → Gleichheit) gerade dadurch hervorgerufen, daß der Natur-S. auf Grund rationaler Arbeitsteilung immer mehr an Bedeutung verliert. Auch die Frage der Koedukation ist eine Frage des Natur-S.es. - β) Der *Personen*-S. (Ledigen-S., Ehe-S., Witwen-S.) ist heute vorrangig ein Problem der → Sozialpolitik. In einer Gesellschaft, die den Leistungslohn kennt, wird das Problem des Familienausgleichs akut (→ Bevölkerungspolitik). Auch die anderen Personen-S.e sind Gegenstand der Sozialpolitik (Ledigenheime, Witwenrenten). - γ) Früher spielte der *Geburts*-S. eine hervorragende Rolle. Für die Besetzung wichtiger Ämter kam nur der Adel in Frage. Er stand auch an der Spitze der Heere und hatte je nach der geschichtlichen Situation größere oder geringere Macht. - δ) Handwerker-S. und Patrizier-S. der deutschen Städte des MA stehen auf der Grenze von Berufs- und Geburts-S.en. Der *Berufs*-S. unterscheidet sich vom Geburts-S. dadurch, daß prinzipiell jeder zu ihm Zugang hat. (Wo dies nicht mehr der Fall ist, wie bei den → Zünften des ausgehenden MA, wird der Berufs-S. zum Geburts-S.) Patrizier und Zünfte sind Berufs-S.e, weil der Beruf ausschlaggebend für die Zugehörigkeit des S.es ist. Sie sind Geburts-S.e, weil die Kinder in einen bestimmten S. hineingeboren werden und es innerhalb des S.es wie beim Adel feste Sitten und Bräuche gibt (standesgemäße Erziehung). - ε) Die *politischen* S.e als gesetzgebende oder beratende Körperschaft einer Stadt oder eines Landes setzen sich aus den Geburts- und Berufs-S.en zusammen. Sie verfügten oft über die Finanzhoheit und auch dadurch über große Macht. In Deutschland hatten beide Mecklenburg bis 1918 eine ständestaatliche Ordnung.

b) Der Begriff S. (im Sinne von γ und δ) wird theoretisch als Gegensatz bzw. Alternative zum Begriff → *Klasse* gebraucht. Im Unterschied zur Klasse spielt beim S. nicht die Einkommens- und Vermögenslage eine Rolle, sondern eine bestimmte Lebensart. - S.esbewußtsein findet sich heute nur noch in einigen Berufen, zB beim Pfarrer, beim Professor, weniger beim Handwerker. Im Gegensatz zu früher bleiben S.esangehörige heute auch innerhalb ihres Geburts-S.es geachtet, wenn sie etwa durch Flucht oder wirtschaftliche Krise gezwungen sind, eine nicht standesgemäße Arbeit aufzunehmen. - Zum Begriff → *Mittelstand* s. dort.

c) Die Forderung nach »S.werdung des Arbeiters« geht auf → Lassalle zurück, der, auf → Hegels philosophischen Anschauungen vom Staat fußend, den Arbeiter im (preußischen) Staat beheimaten wollte (Forderung nach Abschaffung des Drei-Klassen-Wahlrechtes). Seine Gedanken sind von der Marxschen Klassentheorie verschieden, aber nicht als Alternative dazu gedacht, wie bei den *S.etheoretikern der 20er Jahre des 20.Jh.s.* Diese S.estaatsideen sehen meist einen hierarchischen Aufbau des Staates in S.en vor und sind oft mit einer verschwommenen Reichsidee verknüpft. Der S.egedanke spielt in allen faschistischen Parteien eine Rolle (in der NSDAP bis 1934). Wo es in der jüngsten Vergangenheit zu ständestaatlichen Bildungen gekommen ist (Italien, Österreich 1934-38, zT auch Spanien und Portugal), sind diese immer mit dem Ein-Parteien-System verknüpft. Die S.eideologien der 20er Jahre können jedoch gegenüber den faschistischen Ausformungen des S.egedankens höchstens als Vorläufer gelten, zT standen sie jedenfalls zum → Nationalsozialismus in direktem Gegensatz.

Die *S.etheorie O.Spanns* entspringt im Gegensatz zu den S.eideologien der 20er Jahre nicht einem durch den verlorenen 1. Weltkrieg verwundeten nationalen Pathos, sondern hat eine klare philosophische Grundlage. Ausgehend vom Aristotelischen Satz »Das Ganze ist vor dem Teil, aber das Ganze wird nur in seinen Gliedern sichtbar« und fußend auf der kath. Romantik (Adam → Müller) entwickelt Spann eine Kategorienlehre von Ganzheit und Gezweiung, die in ihrem politischen und wirtschaftspolitischen Teil S.elehre ist. Dabei hat die Ganzheit (politisch also der Staat) den absoluten Vorrang. Zwar lehnt Spann den Satz: »Der einzelne ist nichts, der Staat ist alles« ab und damit auch den → Faschismus, weil er am christlichen Menschenbild orientiert ist, aber zweifellos ist die Gliedstellung des (bzw. der) einzelnen S.e(s) überinterpretiert. Jeder S. hat seinen besonderen Wert, und es gibt eine Wertrangordnung, die nicht nur in der Gesellschaft, sondern auch in der → Wirtschaftspolitik für die Stellung der einzelnen S.e entscheidend ist. Diese Wertrangordnung ist in Spanns Gesellschaftsphilosophie begründet. Dadurch ist sie Axiom und würde in der politischen Praxis autoritären Charakter erhalten. Gegenüber den raschen Wandlungen der heutigen Gesellschaft ist sie zu wenig anpassungsfähig. Obwohl kath., gehört Spanns S.esystem nicht zur kath. Soziallehre. Es fehlen das → Solidaritäts- und das → Subsidiaritäts-Prinzip. Ob der österreichische S.estaat 1934-38 auf den Ideen Spanns beruhte, ist bis heute strittig.

Die *Berufsständische Ordnung der kath. Soziallehre* hat ihre gesellschaftsphilosophische Grundlage im Solidarismus (→ Solidarität) und ihre kirchliche Legitimation in der Enzyklika Pius XI. »Quadragesimo anno« 1931 (Nr. 81-87). Durch das Solidaritäts- und Subsidiaritätsprinzip wird gewährleistet, daß die Berufs-S.e weder einer totalen Verbandsautonomie verfallen noch nur ausübende »Gliederungen« eines totalen oder autoritären Staates sind. Das unterscheidet die Berufsständische Ordnung vom Universalismus Spanns und dem faschistischen Stato corporativo Italiens (vgl. auch Qua. a. Nr. 92-95). - Nach 1945 wurde der Ausdruck Leistungsgemeinschaften statt Berufs-S.e eingeführt. Damit rückte man bewußt von jeder S.eideologie ab. Nach »Quadragesimo anno« sollen die Berufs-S.e den Klassenkampf überwinden, indem ihnen sowohl → Unternehmer wie → Arbeiter angehören. Nach der Enzyklika Johannes XXIII. »Mater et Magistra« 1961 haben die »leistungsgemeinschaftlichen Gebilde« die Aufgabe, ein Überhandnehmen der staatlichen Macht zu verhindern (MM 65, Herder-Ausg.). Der Papst erwartet von ihnen, »daß sie ihre Interessen in Beziehungen ehrlicher Zusammenarbeit untereinander verfolgen, in Unterordnung unter die Forderungen des Gemeinwohls«. Ob damit außer den Berufs-S.en im Sinne von Quadragesimo anno auch andere Organisationen, wie Genossenschaften und karitative Verbände, gemeint sind, muß die Zukunft zeigen (→ Subsidiaritätsprinzip). Heute ist es im kath. Raum strittig, ob es noch eine Berufsständische Ordnung als gesellschaftliches Ordnungssystem geben soll (bejahend A.Rauscher) oder ob die Leistungsgemeinschaften nur je und je verschiedene Funktionen innerhalb der Gesellschaft und des konkreten Wirtschaftssystems zu erfüllen haben (Utz).

Vom Standpunkt ev. Ethik ist zu den verschiedenen S.etheorien zu sagen: Die S.eideologien der 20er Jahre waren gleichzeitig oft »Weltanschauung«; sie machen ebenso wie der → Marxismus deutlich, daß die Kirche die Menschen in einer konkreten Lebenslage im Stich gelassen hat. Über die Stellung zum S.esystem Spanns s.o. Der Protestantismus kann kein gesellschaftliches Ordnungssystem als das der christlichen Ethik gemäße anerkennen. Die Stellung zur Berufsständischen Ordnung der kath. Soziallehre ist deshalb für ihn eine Sach- und Tatfrage.

2. Sowohl in der prot. als auch in der kath. Theologie ist es Allgemeingut geworden, daß 1Kor 7, 20ff nicht so interpretiert werden darf, als sei dem Christen eine Veränderung seines S.es verwehrt, wobei hauptsächlich an den Berufs-S. gedacht wird (→ Beruf: III). Auch ein bestimmtes gesellschaftliches System läßt sich von hier aus nicht als christlich rechtfertigen. - Heute ist 1Kor 7, 20ff jedoch im Zusammenhang mit dem Natur-S. in der Seelsorge bedeutsam (Ehe und Ehescheidung, das Problem der unverheirateten Frau und der Witwe). Das Problem der sog. Onkelehe zB mag im Einzelfall durch seelsorgerlichen Zuspruch zu lösen sein, in der Gesamtheit jedoch nur durch eine entsprechende → Sozialpolitik (nicht Streichung der Witwenrente, sondern gute Abfindung, zumindest Bedürfnisprüfung).

H.HERRFAHRDT, Das Problem d. berufsständ. Vertretung von d. franz. Revolution bis zur Gegenwart, 1921 - O.SPANN, Der wahre Staat, (1921) 1938^{4} (Lit.) - DERS., Gesellschaftslehre, (1923) 1930^{3} (Lit.) - DERS., HWSt V, 692ff (Klasse u. S.) - E.TATARIN-TARNHEYDEN, Die Berufs-S.e. Ihre Stellung im Staatsrecht u. d. dt. Wirtschaftsverfassung, 1922 - MAX WEBER, Wirtschaft u. Gesellschaft, (1922) 1956^{4}, bes. 177ff. 531ff - H.BRAUWEILER, Berufs-S. u. Staat. Betrachtungen über eine neue ständ. Verfassung d. dt. Staates, 1925 - W.ANDREAE, Staatssozialismus u. S.estaat, 1931 - G.GUNDLACH, StL V, 45ff (S., S.ewesen; Lit.) - W.HEINRICH, Das S.ewesen, (1932) 1934^{2} - DERS., Der Faschismus, 1932 - O.v.NELL-BREUNING, Die soziale Enzyklika, (1932) 1950^{3} - DERS., Wirtschaft u. Gesellschaft I, 1956 - DERS., HWSW X, 6ff (Ständischer Gesellschaftsaufbau) - M.FRAUENDORFER, Der ständ. Gedanke im Nationalsozialismus. 1933 - H.BAYER, Der berufsständ. Aufbau in Österreich, 1935 - J.MESSNER, Die Berufsständ. Ordnung, 1936 - J.BEYER, Die S.eideologien der Systemzeit u. ihre Überwindung, 1941 - M.HÄTTICH, Wirtschaftsordnung u. kath. Soziallehre. 1957 - A.RAUSCHER, Subsidiaritätsprinzip u. berufsständ. Ordnung in »Quadragesimo Anno«, 1950 - H.RANKE, Zum Problem der »Onkelehe« (Die Mitarbeit 7, 1958, 163-169) - A.SCHWEITZER, Organisierter Kapitalismus u. Parteidiktatur 1933-36 (SchmJb 79, 1959, 37-79).

H.Weber

3. Die Gliederung der Gesellschaft in ständische Gruppen, die durch Tätigkeits-, Besitz- oder Bildungsunterschiede differenziert sind und zuweilen durch Einordnung eines → Stammes in einen fremden Volksverband entstanden sein können, hat *religionssoziologisch* in mehrfacher Hinsicht Bedeutung. a) Die → Religion (: II) vermag sowohl eine konservierende (→ Indien: II, → Kaste: I) wie auch eine revolutionierende Wirkung auf die Gesellschaftsordnung auszuüben. Religiöse Neustiftungen oder missionierende Religionen (→ Mission: I) können zB die vorgefundene ständische Ordnung durch übergreifende religiöse Ideale untergraben. So wandte sich der → Buddhismus gegen die Kastenordnung und das Urchristentum gegen die Bedeutung sozialer Unterschiede. - b) Die ständischen Unterschiede können innerhalb einer einzelnen Religion Modifizierungen bewirken. Dabei treten jeweils typische Tendenzen auf. Der kriegerische Adel verehrt heldische Götter. Er verbindet sich mit der prophetischen Religion (→ Propheten: I), wenn in ihr der Typus des Glaubens-Kämpfers hervortritt, und mit dem → Mönchtum (: I), sofern dieses die persönliche und gemeinschaftliche Disziplin in den Vordergrund stellt (Zen-Buddhismus). Die Religiosität des Bauerntums ist unkriegerisch, traditionsgebunden, durch Neigung zu → Magie, Ritualismus und formalistischer Ethik gekennzeichnet (→ Ackerbau: I). Im Bürgertum tritt der Gedanke der → Ordnung beherrschend hervor. Sozial unterdrückte S.e konzentrieren ihr religiöses Bedürfnis auf die → Erlösung (: I) vom → Leiden (: I). - c) In Gesellschaften mit ausgeprägten S.esunterschieden, die auf weltlichem Gebiet zum Verbot der Kommensalität und Exogamie führen können, entwickelt oft ein bestimmter S. die Tendenz, den → Kultus zu beherrschen und der Religion sein Gepräge zu geben. In Athen bestand ein Adelsmonopol auf Kultprivilegien, das Kleisthenes 508 vChr abschaffte. Der Charakter eines bestimmten S.es tritt bes. in der Priesterreligion des Brahmanismus hervor (→ Vedische und brahmanische Religion) und im Buddhismus, dessen wesentlichster Träger das Mönchtum ist. - Vgl. → Indogermanen, 5.

M.WEBER, Grundriß der Sozialökonomik III/1, (1921) 1925^{2}, Kap. IV - RLV I, 18ff; VI, 235ff; XI, 230ff; XII, 380ff - G.MENSCHING, Soziologie der Religion, 1947 - WACH, Relsoz. (Lit.) - W.RAU, Staat u. Gesellschaft im alten Indien, 1957 - G.DUMÉZIL, L'idéologie tripartie des Indo-Européens (Coll. Latomus 31), Brüssel 1958 - DERS., Les Dieux des Germains (MR 38), Paris 1959.

G.Lanczkowski

Stanger, *Friedrich* → Möttlingen.

Stanislaus, *der Heilige* (1030/35-79), Patron → Polens. Der aus Szczepanów stammende S. studierte in Krakau, wurde dort Domherr und 1072 Bischof. Zwischen ihm und dem polnischen Herrscher Bolesław II. (seit 1076 König) kam es aus nicht völlig aufgeklärten Gründen zu einem Konflikt. Am 9.4.1079 erschlug Bolesław den Bischof. Die im Jähzorn vollzogene Tat löste schwere Erschütterungen innerhalb des polnischen Adels, Verbannung und Flucht des Königs nach Ungarn aus. Die sterblichen Überreste von S. wurden am 27.9.1088 in die Krakauer Kathedrale überführt. Er wurde am 17.9. 1253 von Innozenz IV. heiliggesprochen.

AS Maii II, 1863, 198ff - K.Völker, KG Polens, 1930, 30ff - P.David, Les sources de l'hist. de Pologne à l'époque des piasts (963 bis 1386), 1934, 121ff - J.Umiński, Zum Streit des hl. S. mit Boleslaw II. (Przegląd Historyczny 37, 1948, 138-152; poln.) - K.Lanckorońska, Zum Streit zw. Boleslaw d. Kühnen u. dem hl. S. (Teki Historyczne 9, 1958, 1-15; poln.) - T.Grudziński, Neue Hypothese über d. Konflikt Boleslaws d. Kühnen mit Bischof S. (Kwartalnik Historyczny 66, 4, 1959, 1208-1214; poln.) - W.Sawicki, Randbemerkungen zu den ma.lichen Heiligsprechungen d. 13.Jh.s (Nasza Przeszłość 10, 1959, 439-458; poln.). *B.Stasiewski*

Stapfer, 1. *Johann Friedrich* (1708-75), ref. Theologe, * in Brugg (Aargau), † in Dießbach bei Thun, 1738-40 Feldprediger in den Waldstätten, bis 1750 Hauslehrer in der Familie v. Wattenwyl in Dießbach und zugleich Garnisonprediger, danach ebd Pfarrer. - Schüler von Chr. → Wolff, bahnte S. als einer der führenden Theologen seiner Zeit der vernünftigen Orthodoxie in der → Schweiz den Weg. Er bemühte sich, die in der theologia naturalis enthaltenen Wahrheiten der christlichen Religion mit vernünftigen Gründen »evident« zu machen, erkannte daneben aber eine in der Hl. Schrift enthaltene theologia revelata an.

Vf. u.a.: Institutiones theologiae polemicae universae, 5 Bde, 1743-47 (I 1757[4]); Grundlegung zur wahren Religion, 12 Bde, 1746 bis 1753; Sittenlehre, 6 Bde, 1757-66; Eidesunterweisung, 1758; Anweisung zur christl. Religion, 1769. - Über S.: ADB XXXV, 450 - RE XVIII, 766f - P.Wernle, Der schweiz. Protestantismus im 18.Jh. I, 1923 (s. Reg.) - HBLS VI, 1931, 504 (Lit.). *H.Hohlwein*

2. *Philipp Albert* (1766-1840), Schweizer Theologe und Staatsmann, * in Bern, studierte in Bern und Göttingen, 1792 Prof. an der Akademie in Bern, wurde 1798 nach dem politischen Umsturz Kultus- und Unterrichtsminister der Helvetischen Republik, 1800 Gesandter in Paris, verließ nach Einführung der Mediationsverfassung 1803 die Politik und nahm dauernden Wohnsitz in Paris. Als Minister milderte S. die kirchenfeindliche Richtung der Helvetik (→ Schweiz: I B) und suchte alle Bildungskräfte im Sinne einer religiös verstandenen Aufklärung zusammenzufassen. In Paris verkehrte er anregend und fördernd mit → Constant, Cousin, → Guizot, → Maine de Biran. S. wurzelte in der Aufklärung und im Rationalismus → Kants, wuchs später darüber hinaus und beteiligte sich lebhaft an der französischen Erweckungsbewegung (→ Réveil), deren Liebeswerke (Bibelgesellschaft, Mission, Traktatverein, christliche Moralgesellschaft; Freundschaft mit → Vinet) er kräftig förderte.

Postum: Mélanges philosophiques, littéraires, historiques et religieuses (mit biogr. Einl. von A.Vinet), 2 Bde, 1844. - Über S.: R.Luginbühl, Ph.A.S., 1887 - RE XVIII, 767ff - P.Wernle, Der schweiz. Protestantismus im 18.Jh., 3 Bde, 1923-25 - Ders., Der schweiz. Prot. in der Zeit der Helvetik, 2 Bde, 1938-42 (s. Reg.). *E.G.Rüsch*

Staphylus (eigentl. *Stapelage*), *Friedrich* (1512-64), * in Osnabrück, † in Ingolstadt, ausgebildet in Krakau und Padua, 1536 vertrauensvoll in Wittenberg aufgenommen, wo man ihn 10 Jahre später an Herzog → Albrecht von Preußen weiterempfahl. Hier bekämpfte er → Gnapheus und A. → Osiander, wobei er in der Schrift »Synodus sanctorum patrum antiquorum contra nova dogmata Andreae Osiandri« (Nürnberg 1553) den Konsens der Kirchenväter als Argument verwandte. Der mit der Tochter des Breslauer Reformators Joh. → Heß Verheiratete nahm in Breslau (Herbst 1552) das Abendmahl sub una und betätigte sich in der Folge als Kontroverstheologe gegen den Protestantismus (»Theologiae M.Lutheri trimembris epitome«, 1558). Zum Rat König Ferdinands I. und Herzog Albrechts V. von Bayern berufen, nahm der von → Canisius und Kardinal → Hosius hochgeschätzte, der Reformationspartei verhaßte Gelehrte am Religionsgespräch in Worms (1557/58) teil. 1560 Prof. und 1561 Kurator (»Superintendent«) der Universität → Ingolstadt, ließ er sich nicht zur Teilnahme am → Tridentinum bewegen, beriet vielmehr Ferdinand und Albrecht bei ihren Bemühungen, bei Kurie und Konzil zur Anbahnung der Wiedervereinigung der Christen die Gewährung von Laienkelch und Priesterehe zu erreichen.

P.Tschackert, Urkundenbuch zur Reformationsgesch. des Herzogtums Preußen I-III, 1890 (s. Reg.) - J.Soffner, F.S., 1904 - RE XVIII, 771ff - G.Constant, Concession à l'Allemagne de la communion sous les deux espèces, Paris 1923 - Schl. 20489ff. 49416ff (Lit.). *G.Pfeiffer*

Starck, 1. *Johann August* (28.10.1741 bis 3.3.1816), * in Schwerin, † in Darmstadt, studierte in Göttingen Theologie und Orientalia, wurde 1763 Lehrer in Petersburg, 1766 Lektor an der Bibliothek von St. Germain in Paris. Als Göttinger Freimaurer trat S. 1766 unter dem Einfluß französischer → Templer insgeheim zum Katholizismus über und gründete nach der Rückkehr 1767 in Wismar den »Klerikat« des neuerstandenen Templerordens. 1778 zerfiel er mit dem Orden, blieb aber seinen Tendenzen treu. 1770 wurde er Prof. für Orientalia und Hofprediger in Königsberg, 1774 Prof. der Theologie und 1776 General-Sup. 1777 ging S. als Prof. der Philosophie nach Mitau, 1781 als Oberhofprediger und Konsistorialrat nach Darmstadt (dort 1811 geadelt). Der vielseitig, vor allem kirchengeschichtlich gebildete mystisch-reunionistisch eingestellte Theologe zeigte sich im Streit wegen seines Kryptokatholizismus und gegen → Illuminaten und Jakobiner als gewandten, aber skrupellosen Publizisten.

Vf. bes.: Apologie d. Ordens der Freymaurer, 1770 u.ö.; Hephästion, (1775) 1776[2]; Gesch. d. christl. Kirche d. 1.Jh.s, 3 Bde, 1779/80; Freimütige Betrachtungen über das Christentum, (1780) 1781[2]; Über Kryptokatholizismus, Proselytenmacherei, Jesuitismus, geheime Gesellschaften u. bes. die ihm selbst von den Verfassern der Berliner Monatsschrift gemachten Beschuldigungen, 2 Bde, 1787, Nachtrag 1788; Der Triumph der Philos. im 18.Jh., 2 Bde, (1803) 1847[3]; Theoduls Gastmahl oder über die Vereinigung der versch. Religionssocietäten, (1809) 1828[7]. - Bibliogr.: H.Döring, Die gelehrten Theologen Deutschlands im 18.-19.Jh. IV, 1835, 303f u. bei G.Krüger (s.u.). - Über S.: J.Blum, J.-A.S. et la querelle du Cryptocatholicisme en Allemagne, (1785-89) Paris 1912 - P.Konschel, Hamanns Gegner, der Kryptokatholik D. J.A.S., 1912 - G.Krüger, J.A.S. der Kleriker (Festg. f. K.Müller, 1922, 244-266) - Ders., Die Eudämonischen (HZ 143, 1931, 467-500) - J.Nadler, J.G.Hamann, 1949, 189ff. 225ff. 337ff. - Weiteres in RGG[2] V, 762 u. LThK IX, 775f. *† Gustav Krüger (Ernst Wolf)*

2. *Johann Friedrich* (1680-1756), ev. Theologe, * in Hildesheim, in Gießen Schüler von J.H. → May, 1709 Prediger in Genf, 1711 Pfarrer in Sachsenhausen, 1723 an der Barfüßerkirche in Frankfurt a.M., 1742 Mitglied des Konsistoriums. Obwohl entschiedener Anhänger des Pietismus, lehrte er, daß die Kirche an Wort und Sakrament gebunden sei; alle Getauften seien Glieder der Kirche. S. war ein fruchtbarer Erbauungsschriftsteller (→ Erbauungsliteratur, 3b); sein erfolgreichstes Werk ist das zT noch heute benutzte »Tägliche Handbuch in guten und bösen Tagen« (1727/31). Seine 1302 gedruckten geistlichen Lieder sind gereimte Predigten von geringem Werte.

Biogr. in: Tägliches Hdb., 29. Aufl. o.J., IXff. - Bibliogr. ebd XVIIIff. - Über S.: H.Dechent, J.F.S. (ChW 11, 1897, 773-776. 796 bis 803. 847-852) - Ders., KG von Frankfurt a. M. II, 1921, 141ff - RE XVIII, 776f. *H.Steitz*

Starcke, *Christoph* (1684–1744), * in Freienwalde a.O., studierte 1703–05 in Halle, 1709 Pastor in Nennhausen, seit 1737 Oberpfarrer und Garnisonprediger in Driesen (Neumark). Seine Andachtsbücher suchten den kirchlichen Glauben gegenüber der Aufklärung in den Gemeinden zu stärken.

Vf. bes. eine Hausbibel: Synopsis bibliothecae exegeticae in Vetus et Novum Testamentum: NT, 3 Bde, (1733ff) 1763³; AT, 6 Bde, (1741ff) 1763³ (mit Vorreden, Summarien u. Anm.en aus den Schriften älterer Ausleger von Luther bis Heinr.Müller); Neuaufl. v. TR.SIEGMUND: 5 Bücher Mose, 3 Bde, 1870f; NT, 10 Bde, 1870–74. – Über S.: E.F.NEUBAUER, Nachrichten von den jetzt lebenden ev.-luth. u. ref. Theologen, 1743, 361ff – JÖCHER IV, 781 – RE III, 184.

E.Beyreuther

Stark, *Leonhard,* * 3.11.1894 als Bauernsohn in Schamhaupten (Bayern), wurde im 1. Weltkrieg an seinem kath. Glauben irre und betätigte sich 1920/30 als »Wanderprediger für die seelische Wiedergeburt Deutschlands«. Dann ging er in die Stille, emigrierte 1937 nach Stockholm und trat 1950 mit seinen Ideen einer »Zweiten Reformation« hervor. Er entwarf eine »Neue Religion«, die auf die biologische Struktur und die seelischen Bedürfnisse des Menschen zugeschnitten ist. In seine pantheistische Gottesvorstellung baute er die Dreiheit »Gott Vater, Gott Mutter (im Sinn von Nymphe, Weib und Gattin) und Gott Sohn« ein. Der Eros soll zu seinem Recht kommen, zB durch Erhebung Gabriels zum »berückenden Engel der Liebe«. Ein Christusmythus soll »den Typ eines Mustermenschen« schaffen, in dem »der Traummensch der Zukunft« sein Gesicht bekommt. Die Neue Religion hat als »ausgesprochene Diesseitsreligion« der Ordnung des irdischen Daseins zu dienen und einmal als Einheitsreligion das Fundament des Volks- und Staatslebens zu bilden. – Ein »Freundeskreis L.S.« in Karlsruhe gibt seit 1951 Rundbriefe (»Die Zweite Reformation«, seit 1960 »Unsere Zukunft«) heraus.

Vf. u.a.: Die Geschlechtsmoral von morgen, Stockholm 1955; Der Deutsche von morgen, 1958; Der Gott von morgen, 1960.

K.Hutten

Starzen → Mystik: V, 2 d, → Orthodoxe Kirche: II, 7.

Station *(statio),* ursprünglich Versammlung an einem bestimmten Ort (Tert., Apol. c. 3), sodann das am Mittwoch und Freitag durchgeführte → Fasten (Herm sim 5). Bei Cyprian (Ep. 44; 49) bezeichnet S. die Versammlung von Klerus und Volk, später den Gottesdienst oder gottesdienstlichen Versammlungsort, endlich den an bestimmten Tagen in einer → Stationskirche gehaltenen Gottesdienst des Papstes.

L.EISENHOFER, Liturgik des röm. Ritus, (1924) NB v. J.LECHNER, 1953⁶ – R.HIERZEGGER, Collecta u. Statio (ZKTh 60, 1936, 511–554) – J.A.JUNGMANN, Missarum sollemnia I. II, (1948) 1958⁴ – CHR.MOHRMANN, Statio (VigChr 7, 1953, 221–245).

K.Dienst

Stationskirche. Neben den presbyterial-parochialen Gottesdienst in den röm. Titelkirchen tritt an bestimmten Tagen der vom Papst in einer S. gehaltene gemeinsame Stationsgottesdienst (Dorn: Anklang an die ursprüngliche Einheit der röm. Gemeinde). Seit dem 7.Jh. sind die S.n festgelegt, nach der Tradition durch → Gregor d. Gr. (u.a. die 7 → Hauptkirchen Roms). An Festtagen zog der Papst zur S., wo die Gemeinde sich bereits versammelt hatte; an Tagen mit Bußcharakter kamen Papst und Volk in einer Kirche zusammen (collecta) und unternahmen von da aus eine Stationsprozession in die S. (seit 4.Jh.). Das in Rom bis zum Exil von Avignon geübte Stationswesen ist seit dem 4./5.Jh. auch im Osten (Jerusalem) und Westen (Mainz, Köln) feststellbar. – Die S.n haben das jeweilige Meßformular (zB → Perikopen) mitbestimmt. Über die Ablässe in den S.n vgl. Dekret der Paenitentiarie vom 12.4.1932/25.2.1933. – Vgl. → Station.

J.DORN, Stationsgottesdienste in frühmittelalterl. Bischofsstädten (Festg. A.Knöpfler, 1917, 43–55) – H.GRISAR, Das Missale im Lichte röm. Stadtgesch., 1925 – J.P.KIRSCH, Die S.n im Missale Romanum, 1926 (vgl. EphLiturg 41, 1927, 137–150) – TH.KLAUSER, Eine Stationsliste der Metzer Kirche aus d. 8.Jh. (EphLiturg 44, 1930, 162–193) – A.B.GOTTRON, Die Stationsfeiern in Mainzer Stiften (Mainzer Zs. 48/49, 1953/54, 19–26).

K.Dienst

Statistik, *kirchliche*

1. In Deutschland – 2. Außerhalb Deutschlands

1. In der heutigen Gesellschaft spielt die S. eine große Rolle und wird auf den verschiedensten Gebieten angewendet. In diesem weitverzweigten Bereich bildet die k.S. nur eine winzige Randerscheinung, obwohl sie für s.e Begriffe eine ehrwürdige Tradition besitzt. Die moderne S. wird im allgemeinen auf zwei Wurzeln zurückgeführt: die »Universitäts-S.«, die im 17.Jh. als Lehre von den Staatsmerkwürdigkeiten entstand, und die »Politische Arithmetik«. Deren bedeutendster Vertreter in Deutschland war Joh.Peter Süßmilch (1707–67), Feldprediger Friedrichs d.Gr. und später Propst in Berlin, der 1741 anhand von → Kirchenbüchern das gleichbleibende Verhältnis zwischen den Zahlen männlicher und weiblicher Geborener oder regelmäßige Unterschiede in der Lebensdauer von Stadt- und Landbewohnern feststellte. Sein Ziel war freilich nicht bevölkerungs- oder naturwissenschaftlicher, sondern theologischer Art: er wollte beweisen, daß die gesetzmäßigen Ordnungen der Natur göttlichen Ursprungs sein müßten. – Trotz solcher frühen Zusammenhänge zwischen S. und Kirche dauerte es verhältnismäßig lange, bis die Kirchen begannen, s.e Verfahren im eigenen Bereich und für eigene Zwecke anzuwenden.

Die prot. Kirche Bayerns erstellte mindestens seit 1818 Jahrestabellen über Geborene, Konfirmierte, Kommunikanten, Getraute, Geschiedene, Gestorbene (jeweils mit Untergliederungen). 1857 wurden solche »S.e Notizen über die prot. Kirche Bayerns diesseits des Rheins« in einer Münchner Zeitung veröffentlicht. Dadurch angeregt kam auf die Tagesordnung der Deutschen Ev. Kirchenkonferenz für 1859 ein Antrag auf Organisation und Veröffentlichung kirchlicher s.er Aufnahmen. Die geplanten S.en sollten sich gliedern in Erhebungen über Personen, heilige Handlungen und Werke der Liebe. Der württembergische Finanzrat Dr. Zeller wurde mit der Zusammenstellung des vorhandenen Materials und Vorschlägen für gemeinsame Erhebungen und deren Nutzung betraut. Er veröffentlichte 1861 eine Denkschrift mit dem Entwurf eines Fragebogens über Zahl der Gemeindeglieder und Geistlichen, finanzielle Verhältnisse und kirchliche Handlungen. Die Werke der Liebe wurden im Entwurf nicht mehr erwähnt, Finanzfragen anscheinend nachträglich abgelehnt. Die Fragen nach dem kirchlichen Bestand und den kirchlichen Handlungen wurden 1862 allgemein in den deutschen ev. Kirchen erhoben, die Ergebnisse 1865 durch Zeller veröffentlicht. Die nächste allgemeine s.e Erhebung kam 1880 zustande. Hierfür wurden zwei Fragebogen vorgelegt: Tabelle (Tab.) I über »Umfang und Einrichtungen der Kirchenkreise«, die von da an alle zehn Jahre, und Tab. II über »Äußerungen des kirchlichen Lebens«, die ab 1890 jährlich erhoben wurde. Die Eisenacher Konferenz bildete eine Kommission für Kirchen-S. Die einzelnen Landeskirchen führten die Erhebungen bei ihren Kirchengemeinden durch und lieferten fertige Tabellen nach Berlin, wo der Ev. Oberkirchenrat die Aufrechnung besorgte. Die Ergebnisse erschienen im »Allgemeinen Kirchenblatt für das Ev. Deutschland«

als reine Zahlenübersichten, ferner mit textlichen Auswertungen in dem 1874 von Pfarrer Rob.Schneider begründeten »Kirchlichen Jahrbuch«. Der Sohn Joh. → Schneider führte das KJ weiter und übernahm 1923 das neugegründete Kirchenstatistische Amt (K.S.Amt) beim Kirchenbundesamt. Er bezeichnete es bei einer ersten Arbeitstagung der s.en Referenten der Landeskirchen in Erfurt 1926 als Aufgabe der k.S., nicht allein aufzuzeigen, was sei, sondern auch zu erforschen, warum es so sei. Vor allem betonte er die Wichtigkeit der Auswertung, die k.S. solle »ein Warner sein zur guten Stunde«. Als Nachfolger von Prof. Schneider leitete Oberkonsistorialrat Paul Troschke das K.S.Amt von 1927-35, nach ihm Oberkonsistorialrat Alfred Dehmel. Neue Fragenkreise, wie die Pfarrerfamilien-S. (1934), Erhebungen über geistliche Stellen und Kräfte, Besetzung der Stellen, Lebens- und Dienstalter ausscheidender Pfarrer, Kandidatennachwuchs (Tab. III, IV, V) gesellten sich zu den bereits traditionellen Tab. I und II. Ferner wurden S.en über die kirchliche Bautätigkeit (Tab. VI) und die freiwilligen Zuwendungen (Tab. VII) eingeführt, die in der EKU schon üblich waren, sich aber nicht allgemein durchsetzten. Während des 2. Weltkrieges unterblieb die Berichterstattung teilweise, und es entstanden erhebliche Lücken.

Nach 1945 führte Pfarrer E.Diederichs die Arbeiten des K.S.Amtes in Burg a.d. Wupper fort. 1950 wurde das Amt in der Kirchenkanzlei der EKD in Hannover unter Leitung von Oberkirchenrat Dr. Paul Zieger wieder errichtet. Die Pfarrerfamilien-S. wurde 1950 unter neuen Gesichtspunkten wiederholt. Sie versuchte u.a. den Platz der ev. Pfarrerfamilie im Rahmen der beruflichen Schichtung der Bevölkerung abzugrenzen. 1951 kam eine neue Bestandserhebung bei den Kirchengemeinden (Tab. I) über kirchliche Gebäude, Friedhöfe, nichttheologische Mitarbeiter. Tab. II über Äußerungen des kirchlichen Lebens (Seelenzahlen, Amtshandlungen, Gottesdienste, Über- und Austritte) wird nach wie vor jedes Jahr in allen ev. Kirchengemeinden ausgefüllt. Das K.S.Amt war bemüht, die durch Krieg und Vertreibung entstandenen Lücken zu schließen. Die k.S. beansprucht nicht, Maßstäbe für die → Kirchlichkeit abzugeben. Sie ermöglicht jedoch zeitliche und örtliche Vergleiche, welche die Richtung, in der sich das volkskirchliche Leben entwickelt, leichter erkennen lassen. Die jährliche Bestandserhebung bei den Landeskirchenleitungen über Gliederung und geistliche Kräfte (Tab. III, entsprechend den früheren Tab. III, IV, V) gibt einen Überblick über die geistliche Versorgung. Die Ergebnisse dieser S.en werden regelmäßig im Amtsblatt der EKD (s.e Beilagen) und im KJ veröffentlicht. Was sich aus den S.en der kirchlichen Bautätigkeit (Tab. VI) und der freiwilligen Zuwendungen - Erträge aus Kollekten, Opfern, Sammlungen, Vermächtnissen (Tab. VII) - ergibt, wird nur innerdienstlich verwendet. - Die Zusammenarbeit des K.S.Amtes mit der amtlichen S. des Bundes und der Länder erstreckt sich u.a. auf das Religionsverzeichnis, schon um einwandfreie Seelenzahlen der Landeskirchen zu gewinnen. Für die BRD erhält das K.S.Amt regelmäßig die Zahlen der Geburten und Eheschließungen nach Religionszugehörigkeit zum Vergleich mit Tauf- und Trauzahlen nach Tab. II. Dazu kommt die Beobachtung des theologischen Nachwuchses und die Auswertung verschiedener sozialer Tatbestände nach der Religionszugehörigkeit. Das K.S.Amt unterrichtet über diese Arbeiten durch die S.en Berichte der EKD, die in zwangloser Reihenfolge erscheinen. - Zur k.S. gehört auch die s.e Arbeit von Innerer Mission und Hilfswerk der EKD. Der Centralausschuß hatte bereits zwischen den Weltkriegen eine s.e Abteilung, die bes. Unterlagen über die Anstalten und Einrichtungen der → Inneren Mission sammelte und übersichtlich darstellte. Nach der Fusion von Innerer Mission und → Hilfswerk 1957 wurde das s.e Referat weiter ausgebaut und bes. die Auswertung gefördert. Eine erste Generalerhebung Ende 1960 erfaßt Einrichtungen, Betten, Plätze und Mitarbeiter in weitgehender Gliederung. In Zusammenarbeit mit dem K.S.Amt erscheinen S.e Informationen aus der diakonischen Arbeit.

Seit dem 2. Weltkrieg setzt sich mehr und mehr die Erkenntnis durch, daß die bisherigen Verfahren der k.S. nicht ausreichen, um solche Einblicke in die Struktur des Kirchenvolkes und des kirchlichen Lebens zu gewähren, wie sie für eine sinnvolle Lenkung wünschenswert scheinen. Neue, in der amtlichen S. bereits weitgehend verwirklichte Methoden, wie repräsentative Erhebungen, Stichproben, empirische oder demoskopische Forschungen gewinnen auch in der k.S. an Raum. Es handelt sich teils um unmittelbare Untersuchungen kirchlich bedeutsamer Tatbestände, zB in Kirchengemeinden, teils um Auswertungen von solchen Tatbeständen, die sich bei allgemeinen Befragungen der Bevölkerung ergeben.

Ähnlich wie die ev. Kirchen erhebt auch die *kath.* Kirche in Deutschland regelmäßig Zahlen der Pfarreien, Welt- und Ordensgeistlichen, Trauungen, Taufen, Kommunionen, Über- und Austritte usw. Der Aufbau begann erst um 1900 und ist vor allem P. Hermann A. Krose zu verdanken, der 1908 erstmalig das »Kirchliche Handbuch für das kath. Deutschland« als Gegenstück zum KJ herausgab. Das KH wird gegenwärtig mit dem Untertitel »Amtliches s.es Jahrbuch der kath. Kirche Deutschlands« von Dr. Franz Groner herausgegeben, dem Direktor der Amtlichen Zentralstelle für k.S. des kath. Deutschlands in Köln. Der Deutsche → Caritas-Verband verfügt über eine gut ausgebaute S. (vgl. Zeitschr. »Caritas«). In neuerer Zeit wird auf kath. Seite viel auf dem Gebiet der Kirchen- oder → Pfarrsoziologie geleistet. In Deutschland und in Europa gibt es mehrere kath. Sozialforschungsinstitute, die sich moderner s.er bzw. empirisch-soziologischer Methoden bedienen.

2. Die Ev. Kirche A. und H.B. in *Österreich* erfaßt Glieder, Amtshandlungen und diakonische Arbeit ähnlich wie die EKD. Die deutschen und europäischen Freikirchen geben gelegentlich, ohne systematisch s.e Arbeit zu betreiben, Zahlen über Gemeinden, Stationen, Evangelisationen, Prediger, Gemeindeglieder, Jugend- und Sonntagsschularbeit bekannt. Neben den Gemeindegliedern (dh Abendmahlsberechtigten) können Anhänger oder Freunde gezählt werden. Zu diesen gehören nicht nur Besucher, sondern auch Kinder der Mitglieder. Bei den Baptisten fallen zB getaufte und abendmahlsberechtigte Gemeinde zusammen, während es bei den Methodisten mehr Getaufte als Kommunikanten gibt.

Die eigentliche k.S. ist eine Angelegenheit der *westeuropäischen* und *nordamerikanischen Kirchen* und ein Zeichen reifer, fortgeschrittener Organisation. »Junge« Kirchen können sich nicht mit »systematischer Massenbeobachtung« befassen; sie geben evtl gewisse Bestandszahlen heraus, die oft geschätzt und nicht ohne weiteres vergleichbar sind. In den traditionell christlichen Gebieten sind Kirchen in Ländern gemischter Konfession für s.e Untersuchungen aufgeschlossener als einheitliche Staatskirchen. Beispielhaft ist das seit 1916 erscheinende Yearbook of American Churches, das Angaben über alle organisierten Religionen (auch nichtchristliche) in den USA und einige in Kanada bringt. Der s.e Teil des Yearbook zeigt jeweils die jüngsten verfügbaren Informationen. Der Herausgeber (B.Y.Landis, Bureau of Research and Survey, National Council of the Churches of Christ in the USA) macht selbst keine Erhebungen. Er stützt sich entweder (früher) auf den amtlichen Census of Religious Bodies (s.u.) oder (neuerdings nur) auf Daten, die von den einzelnen religiösen Körperschaften erbeten werden. Sie beruhen zT auf Jahresangaben der Pfarrer und Beamten von Kirchengemeinden, zT auf Schätzungen, zT auf jährlichen Erhebungen der Befragten. Der Begriff der Mitgliedschaft richtet sich nach dem der betr. religiösen Körperschaft. Die meisten prot. Kirchen zählen nur sog. Erwachsene, dh Personen über 13 Jahre, einige prot. und die röm.-kath. Kirche alle Getauften, die orth. Kirchen rechnen nach der nationalen Gruppe. Das Yearbook enthält Zahlen über Ortskirchen, Mitglieder, Geistlichkeit, Sonntagsschule, Finanzen u.a. Der vom staatlichen Bureau of the Census durchgeführte Census of Religious Bodies beruhte auf dem Census-Gesetz von 1850 und verlangte gewisse Angaben von den Kirchengemeinden. Der Umfang der Erhebung wechselte; 1906-36 fand sie alle 10 Jahre statt.

Der *Ökumenische Rat der Kirchen* führt keine s.en Erhebungen durch, schon weil die angeschlossenen Kirchen kein gemeinsames Niveau dafür bieten würden. Er ist auch nicht unmittelbar an der Herausgabe oder Finanzierung des WChH beteiligt. Weltrat und Internationaler Missions-Rat sind jedoch mit dem Verlag des WChH (World Dominion Press) in einem Forschungs- und Überwachungskomitee vereinigt. Die Unterlagen wurden durch die mühevolle Arbeit der Herausgeber E.J.Bingle und K.G.Grubb gesammelt. Das WChH enthält Zahlen über Gottesdienststätten, Vollmitglieder, Mitglieder (evtl Volkszählungsergebnisse), Mitarbeiter (Geistliche, Laien, Frauen) nach Erdteilen, Ländern und Denominationen, jedoch keine Gesamtzahlen wegen mancher Lücken und unterschiedlicher Qualität der Quellen. - Der *Luth. Weltbund* unterrichtet regelmäßig über luth. Kirchen, Gemeinden und Zahl der Lutheraner (Gesamtzahl der Getauften). Einzel- und Gesamtzahlen werden im LWB-Pressedienst veröffentlicht, Seelenzahlen der einzelnen Kirchen auch im Handbuch.

Vgl. ergänzend → Deutschland: V, → Kirchenaustritt: III, → Konfessionsstatistik, → Pfarrer: III, → Religionsstatistik.

Zu 1: Allg. Kirchenblatt für das Ev. Deutschland, 1853ff (k.S. ab 1859) - Gesetzblatt der DEK, 1938-44 - Amtsblatt der EKD (Stat. Beilagen), 1949ff. - G.Zeller, Zur k.S. des ev. Deutschlands i.J. 1862, 1865 - KJ 1ff, 1874ff - P.Pieper, K.S. Deutschlands, 1899 - S. der Inneren Mission der DEK, 1899 - P.M.Baumgarten, K.S., 1905 - KH 1ff, 1908ff - H.A.Krose, Konfessions-S. u. k.S. im Dt. Reich (Allg. Stat. Archiv 8, 1914, 267-292. 624-645) - Hdb. der Inneren Mission, 3 Bde, 1925-29 - P.Troschke, Ev. Kirchen-S. Deutschlands, H. 1-9, 1929-33 - Ders., Hefte zur ev. Kirchen-S. 1-22, 1935-44 - P.Zieger, Ev. Kirche (Deutschland-Jb. 2, 1953, 462-484) - W.Dielhenn, Die S. in der Kirche, 1953 (als Ms. gedr.) - Zahlen aus dem kirchl. Leben, 1955 (als Ms. gedr.) - Soziographische Beilagen zur HerKorr, o.J. - E.Reigrotzki, Soziale Verflechtungen in der BRD, 1956 - T.Rendtorff, Die soziale Struktur der Gemeinde, 1958 - R.Köster, Die Kirchentreuen, 1959 - H.O.Wölber, Religion ohne Entscheidung, 1959 - D.Goldschmidt-F.Greiner-H.Schelsky, Soziologie der Kirchengemeinde, 1960 (Lit.). - Zu 2: Yearbook of American Churches, New York 1916ff - WChH, London (1949) 1957² (Lit.) - LWB-Pressedienst, Genf - Der Luth. Weltbund, Aufbau u. Arbeit, (1959) 1960² (dt. u. engl.). *A.Burger*

Stattler, *Benedikt* (30.1.1728 bis 21.8.1797), kath. Theologe, * in Kötzting (Oberpfalz), 1745 Jesuit, lehrte seit 1760 Philosophie und Theologie in Straubing, Innsbruck, Solothurn und → Ingolstadt (hier noch als Exjesuit bis 1781); 1790-94 Geistlicher Rat und Zensur-Rat in München, † ebd. - S. suchte nach naturwissenschaftlichen und philosophischen Vorarbeiten im Anschluß an Leibniz-Wolffsche Kategorien und Methoden eine neue Apologetik der christlichen Wahrheit aufzubauen, indem er deren Möglichkeit, Notwendigkeit und Wirklichkeit aufwies. Als streitbarer und fruchtbarer Autor hat er nicht nur seinen Orden nach dessen Auflösung verteidigt, die Annäherung der Konfessionen empfohlen und gallikanisch-febronianische Gedanken vertreten, die ihn schließlich mit der Kurie in Konflikt und seine wichtigsten Werke auf den Index brachten, sondern vor allem die kritische Philosophie → Kants in seinem »Anti-Kant« (2 Bde, 1788) leidenschaftlich bekämpft. Sein Einfluß bestimmte sowohl J.M. → Sailer wie auch G. → Hermes. Die neuere kath. Forschung versucht ihm allmählich gerecht zu werden.

Vf. ferner u.a.: Philosophia methodo scientiis propria explanata, 8 Bde, 1769-72; Demonstratio evangelica, 1770; Ethica christiana universalis, 1772; Amica Defensio Societatis Jesu (anonym), 1773; Demonstratio catholica, 1775/76; Theologia christiana theoretica, 6 Bde, 1776-79; Ethica christiana communis, 6 Bde, 1782-89; Plan der allein möglichen Vereinigung, 1791. - Über S.: J.M.Sailer, Sämtl. Werke 38, 115 - ADB 35, 498ff - G.Huber, S. u. sein Anti-Kant, 1904 - K.Eschweiler, Die zwei Wege, 1926, 82ff - DThC XIV, 2567ff - E.Hocedez SJ, Hist. de la théol. I, 1949, 142ff - F.Scholz, B.S. u. d. Grundzüge seiner Sittlichkeitslehre (Habil.-Schr. Freiburg/Br.), 1957 (Masch.). *K.G.Steck*

Staudenmaier, *Franz Anton* (1800-56), kath. Theologe, * in Donzdorf (Württ.), † in Freiburg/Br., Schüler von Drey, → Hirscher und → Möhler und 1828 Repetent in Tübingen, 1830 Prof. der Dogmatik in → Gießen (, 6), 1837 in Freiburg, 1843 ebd Domkapitular. S. gehörte zur zweiten Generation der älteren Tübinger Schule. Vielfach beeinflußt von der → Romantik und dem → Idealismus, A. → Günther nahestehend, bemühte er sich um die kath. Auseinandersetzung mit dem deutschen Idealismus und, in Verknüpfung von Philosophie und Theologie, um eine Überwindung Hegels. Er untersuchte den Prozeß der Dogmenbildung, arbeitete an einer Philosophie der Geschichte, befaßte sich irenisch-kritisch mit Schleiermacher, bezog Stellung gegen den → Deutschkatholizismus und zeigte mannigfache »konfessionskundliche« Interessen. Wie bei Möhler ist auch bei S. eine Verkirchlichung der kath. Theologie erkennbar.

Vf. u.a.: Joh.Scotus Erigena u. d. Wissenschaft s. Zeit, 1834; Encyclopädie d. theol. Wissenschaften, 1834 (I, 1840²); Der Geist d. Christentums, 2 Bde, (1835) 1880⁸; Geist der göttl. Offenbarung, 1837; Philos. d. Christentums I, 1840; Darst. u. Kritik d. Hegelschen Systems, 1844; Die christl. Dogmatik, 4 Bde, 1844-52; Zum relig. Frieden d. Zukunft (Der Prot. in s. Wesen u. in s. Entwicklung), 3 Bde, 1846-51. - Über S.: Fr.Michelis, S.s wissenschaftl. Leistung, 1877 - Fr.Lauchert, F.A.S., 1901 - A.Gilg, Idee u. Gesch. in d. Theol. S.s (IKZ 5, 1915, 58-83. 162-177; unabgeschlossen) - Ph. Weindel, Das Verhältnis v. Glauben u. Wissen in d. Theol. S.s, 1940 (Bibliogr.) - DThC XIV, 2579f - E.Hocedez, Hist. de la théol. au XIXe siècle II, 1952, 299ff - EC XI, 1288f. *G.Maron*

Staupitz, *Johannes von* (1469 [?] bis 28.12.1524), OESA, * in Motterwitz bei Leisnig, † in Salzburg, aus sächsischem Adel, studierte seit 1483 abwechselnd in Köln und Leipzig, wurde um 1490 wohl in München → Augustiner (, 3), 1497 Prior des Tübinger Konvents, 1500 Doctor in biblia und bald darauf Prior in München. 1503 holte ihn Kurfürst → Friedrich der Weise zum Aufbau der Universität nach Tübinger Muster als ersten Dekan der theol. Fakultät nach → Wittenberg. 1512 machte S. → Luther (: I, 1) zu seinem Nachfolger in der auf den Augustinerkonvent gestifteten Bibelprofessur. Innerhalb des Ordens vertrat S. die Reform, für die er 1504 die Konstitutionen neu bearbeitete. 1503 wurde er als Nachfolger des Andreas → Proles Generalvikar der deutschen Observanten-Kongregation und bemühte sich um deren »Union« mit der sächsischen Ordensprovinz. Der Widerstand der strengen Observanz, vor allem in Erfurt und Nürnberg, Anlaß zu Luthers Romreise 1510 im Auftrag der Gegner, führte 1512 in Köln zum Verzicht auf das Projekt. S. brachte Luther und Besler als Prioren nach Wittenberg bzw. Nürnberg, während er sich selbst zwischen seinen Visitationsreisen in Süddeutschland (München, Salzburg, Nürnberg) aufhielt, in enger Fühlung mit dem Patrizier-Humanismus, von → Erasmus geschätzt. Er suchte im röm. Prozeß Luther nach Möglichkeit zu schützen, so beim Augsburger Verhör und durch Entlassung aus der Ordensobödienz, legte aber, der Ketzerei verdächtigt, 1520 sein Amt als Generalvikar nieder und wurde Hofprediger beim Kardinalerzbischof Matthäus Lang in Salzburg, zugleich Abt des Benediktinerklosters St. Peter. Es gelang Kardinal Lang, ihn gegen die luth. Ketzerei einzuspannen (Gutachten gegen St. → Agricola, 1523). Die Entfremdung zu Luther vertiefte sich. – Die Predigten und Erbauungsschriften des S. bieten das Bild eines dem Thomismus der Ordensdoktrin (→ Ägidius von Rom) nahestehenden, der deutschen → Mystik (: VI, 4) verwandten Biblizisten, dessen christozentrische Frömmigkeit nachweislich dem jungen Luther im Ringen mit dem Buß- und Prädestinationsproblem weitergeholfen hat. Aber S. hat seinen »Schüler« im Grunde nie eigentlich zu verstehen vermocht.

S.ens dt. Schriften (u.a.: Von der Nachfolgung des willigen Sterbens Christi, 1515; Von der Liebe Gottes, 1518 [Luther hat sie seiner Mutter geschenkt!]; Von dem hl. rechten christl. Glauben, 1525) nach früheren Nachdrucken neu hg.v. J.K.F.Knake, 1867; Libellus de executione aeternae praedestinationis, 1517; Tübinger Predigten, hg.v. G.Buchwald u. E.Wolf (QFRG VIII), 1927. Auswahlausg.: A.Jeremias, s.u.; Bibliogr. bei Wolf, s.u. – Über S.: Th.Kolde, Die dt. Augustinerkongregation u. J.S., 1879 – A.Jeremias, J.S., Luthers Vater u. Schüler, 1926 – Ders., J.v.S. (AELKZ 61, 1928, 345-350. 368-371. 391-394) – E.Wolf, S. u. Luther (QFRG IX), 1927 – O.Scheel, Luther II, 1930³·⁴, 364ff – R.Weijenborg OFM, Neuentdeckte Dokumente im Zusammenhang mit Luthers Romreise (Antonianum 32, 1957, 147-202; dazu F.Lau, Père Reinoud u. Luther. Bemerkungen zu R.Weijenborgs Lutherstudien [LuJ 27, 1960, 64 bis 122]) – A.Zumkeller, ZKTh 81, 1959, 300f. *Ernst Wolf*

Stauropegion (Σταυροπήγιον) wurden solche Klöster der → Orthodoxen Kirche (: II, 7) genannt, die bei der Grundsteinlegung durch Aufrichtung eines hl. Kreuzes durch den Bischof oder häufiger durch den Patriarchen gekennzeichnet wurden. Das hl. Kreuz bezeichnete die Stelle, wo der Altar zu stehen kommt. Die S.-Klöster (auch πατριαρχικὰ μοναστήρια genannt) wurden vom Patriarchen verwaltungs- und abgabemäßig der Gewalt des Eparchialbischofs entzogen und der direkten Gerichtsbarkeit des Patriarchen unterstellt. Sie sind schon im 9.Jh. bekannt. Die Zeremonie der Kreuzaufrichtung folgt einem besonderen Ritus.

J.Goar, Euchologion sive Rituale Graecorum, 1647 (Nachdr. 1959) – N.Milaš, Das Kirchenrecht der morgenländ. Kirche, Mostar 1905². *I.Smolitsch*

Stedinger, bäuerliche Landesgemeinde links der Unterweser (ältester Teil [1062 »insula Bremensis«] sächsische Wurt- und Deichsiedlung; Brokseite nach 1142 von Holländern und Sachsen kultiviert), seit → Adalbert (, 1) stiftbremisch. Der Erzbischof setzte Kolonisten zu freiem Erbzinsrecht an, behielt also Obereigentum und Zehnt. Oldenburger und Schauenburger gewannen Gerichtsrechte, deren Steigerung die sog. S.kriege verursacht. 1204 verjagten die S. stiftbremische und oldenburgische Ministeriale. Erzbischof Gerhard II. rief zum → Kreuzzug auf, als 1229/30 sein Bruder von den S.n erschlagen wurde. Die Dominikaner predigten für, der Deutsche Orden und König Heinrich (VII.) wandten sich gegen den Plan. 1232 erlangte Gerhard in Rom Bann und Acht. Das vierfach überlegene Kreuzheer niederfränkischer, rheinischer und sächsischer Fürsten unterwarf die »Ketzer« (1234 Schlacht bei Altenesch). Durch Ausgabe eingezogener Ketzerhufen an Kreuzzugsteilnehmer (Adel, Klöster, Stadt Bremen) entstand eine Grundherrschaft zu Meierrecht. Die Landesgemeinden Ober- und Niederstedingen überdauerten den Kreuzzug und erlangten im Spät-MA wechselnd gestufte autonome Rechte.

H.Schumacher, Die S., ein Beitrag zur Gesch. d. Wesermarschen, 1865 – RE XVIII, 786ff; XXIV, 529 – C.Woebcken, Die Schlacht bei Altenesch (Oldenburger Jb. 37, 1933, 5-35) – C.Krollmann, Der Dt. Orden u. die S. (Altpreuß. Forschungen 14, 1937, 1-13) – H.Rössler-G.Franz, Sach-WB zur dt. Gesch., 1958, 1237 – L.Deike, Die Entstehung der Grundherrschaft in den Hollerkolonien an der Niederweser, 1959. *H.Stoob*

Steffen, *Albert,* Schweizer Dichter, Anthroposoph, * 10.12.1884 in Murgental bei Bern, nach R. → Steiners Tod (1925) Vorsitzender der Allgemeinen Anthroposophischen Gesellschaft. In seinen frühen Dichtungen sucht S. durch zu Geist und helfender Liebe hinführende Weisung Wege zur Überwindung des Materialismus. In der → Anthroposophie sieht er die wissenschaftlich-weltanschauliche Begründung seiner Bestrebungen. S.s umfangreiches literarisches Werk fügt zu den Aussagen Steiners nicht neue Erkenntnisse, sondern aktualisiert das anthroposophische Welt- und Menschenbild im Zusammenhang mit Gegenwartsfragen (zB in seinem »Aufruf an das Schweizervolk«, 1946).

Romane u.a.: Die Erneuerung des Bundes, (1913) 1925³; Sucher nach sich selbst, 1931; Oase der Menschlichkeit, 1954. – Dramen u.a.: Der Sturz des Antichrist, 1928; Märtyrer, 1942; Ruf am Abgrund, 1943; Barrabas, 1949. – Essays u.dgl. u.a.: Krisis, Katharsis u. Therapie im Geistesleben der Gegenwart, 1944; Begegnungen mit R.Steiner, 1955; Brennende Probleme, 1956; 33 Jahre (Rechenschaftsbericht), 1959. – Hg. der Zs. »Das Goetheanum«, 1920ff. – Über S.: E.Ermatinger, in: Dichtung u. Geistesleben in d. dt. Schweiz, 1933, 733ff – F.Strich, A.S., 1955. *K.v.Stieglitz*

Steffens, *Henrik* (2.5.1773 bis 13.2.1845), Philosoph und Naturforscher, * in Stavanger, † in Berlin, studierte Naturwissenschaften in Kopenhagen und Kiel, wo er 1796 PDoz. wurde. Um Bergbau zu studieren, weilte S. 1798–1802 in Deutschland, vernachlässigte jedoch die Fachstudien zugunsten der Philosophie und der Poesie. Er besuchte → Goethe in Weimar und erlebte die Jenaer Romantiker in ihrem Aufbruch (→ Romantik: II, 3). Er hörte → Fichtes und → Schellings Vorlesungen und kam in Dresden und Freiberg in ein freundschaftliches Verhältnis zu Tieck, den Brüdern → Schlegel, → Novalis u.a. In Freiberg studierte er praktischen Grubenbau und schrieb als naturphilosophischer Schüler Schellings »Beyträge zur innern Naturgeschichte der Erde« (1801). Nach Kopenhagen zurückgekehrt, hielt er im Herbst 1802 eine Vorlesungsreihe (gedr.: »Indledning til philosophiske Forelæsninger«, 1803; Neuausg. 1905), die den Anstoß zum romantischen Durchbruch im dänischen Geistesleben gab. Eine feste Anstellung an der Universität erlangte S. nicht, da man ihn wegen seiner Vermischung von Religion mit Philosophie und Poesie als Atheisten verdächtigte. S. nahm daher 1804 das Angebot eines Lehrstuhls in → Halle an. Hier schloß er Freundschaft mit → Schleiermacher. Aus seinen Vorlesungen ging die Schrift »Grundzüge der philosophischen Naturwissenschaft« (1806) hervor. Als die Universität 1806 von Napoleon aufgehoben wurde, versuchte S. in Dänemark eine Universitätsstellung zu bekommen, doch scheiterte sein Plan. Er kehrte 1808 nach Halle zurück und wurde 1811 nach → Breslau berufen. 1813 griff er mit einer flammenden Aufforderung an die Studenten zum Krieg gegen Frankreich direkt in die Ereignisse ein.

Als Kulturpolitiker wirkte er durch seine Schriften »Über die Idee der Universitäten« (1809; Neuausg. von Ed. Spranger, 1910), »Die gegenwärtige Zeit und wie sie geworden« (1817), »Caricaturen der Heiligsten« (I. II, 1819/21). Die Turnbewegung stieß ihn durch ihre Tendenz zum einseitig Nationalen und Uniformierten ab. Für S. war die Gesellschaft ein Organismus, der nur in der Freiheit zur Entfaltung der Individualität gedeihen konnte. - Unter dem Einfluß von J.G. → Scheibel erlebte S. in Breslau eine luth.-kirchliche → Erweckung (: I, 5b) und schloß sich dem Kampf gegen die → Union (: I) an, u.a. mit den Schriften »Von der falschen Theologie und dem wahren Glauben« (1823) und »Wie ich wieder Lutheraner wurde und was mir das Luthertum ist« (1831). Beide Schriften erhielten Bedeutung für die christliche Entwicklung seines Vetters → Grundtvig. - 1832 endlich erhielt S. einen Ruf nach Berlin, dem Ziel seiner Wünsche, jedoch zu spät. → Hegel beherrschte nun die Philosophie, und in der Naturwissenschaft war die Empirie in den Vordergrund getreten. S.' religiöses Schrifttum schließt ab mit »Christliche Religionsphilosophie« (I. II, 1839). »Was ich erlebte« (10 Bde, 1840-44) ist mit seinen vielen lebendigen Porträts ein wichtiges Zeitdokument (Auswahl hg.v. F.Gundelfinger, 1908).

Vf. ferner u.a.: Anthropologie, 1822 (Neuausg. mit Vorwort von H.Poppelbaum, 1922); Nachgelassene Schriften (mit Vorwort von Schelling), 1846. - Über S.: F.Karsen, H.S.' Romane, 1908 - M.Meissner, H.S. als Religionsphilosoph, 1936 - V.Waschnitius, H.S., Bd I, 1939 - DBL XXII, 494ff (O.Friis; Lit.) - C.J.Scharling, Grundtvig og Romantiken, 1947 - W.Michelsen, Tilblivelsen af Grundtvigs Historiesyn, 1954, 198ff - I.Ludolphy, H.S., sein Verhältnis zu den Lutheranern u. sein Anteil an Entstehung u. Schicksal der altluth. Gemeinde in Berlin (Theol. Diss. Leipzig), 1955 (Masch.; vgl. ThLZ 82, 1957, 227f).

O.Friis

Stegmann, *Josua* (1588-1632), luth. Theologe, Kirchenlieddichter, * in Sülzfeld bei Meiningen, † in Rinteln. 1608 Student, 1611 Magister und Adjunkt der Philosophischen Fakultät in Leipzig, wurde er 1617 Sup. von → Schaumburg und D. theol. zu Wittenberg sowie Prof. in Stadthagen bzw. → Rinteln. Dort war 1626 → Rist sein Schüler. Nach dem Restitutionsedikt kehrten Benediktiner nach Rinteln zurück und besetzten das Kloster, worin sich die Universität befand; ihre Schikanen brachten S. einen frühen Tod. S.s Lieder sind noch nicht von Opitz beeinflußt. Heute singt man von ihm noch »Ach bleib mit deiner Gnade« (weltverbreitet), »Erhalt uns, Herr, dein' Lehre« (meist in Umformung von → Gryphius) und »Wie schön leuchtet der Morgenstern vom Firmament«.

Strieder XV, 257ff (Werkverz.) - Koch III, 128ff; VIII, 146ff - F.Motz, J.S. (Schulprogramm Meiningen 1888) - ADB 35, 563f - F-T II, 476ff - J.Julian, Dict. of Hymnology, New York (1907²) 1957, 1090f - Th.Bruppacher, Gelobet sei der Herr, Basel 1953, 226ff.

S.Fornaçon

Stehmann, *Siegbert,* * 9.4.1912 in Berlin, † (gef.) 18.1.1945 in Polen, schloß sich nach dem Theologiestudium der → Bekennenden Kirche an, fand als Vikar Anstellung beim Ev. Preßverband für Deutschland und beim Eckartverlag in Berlin-Steglitz. - Mit R.A. → Schröder und → Klepper gehörte S. zu denjenigen Dichtern, auf die sich seinerzeit die Hoffnung auf Erneuerung des ev. Kirchenliedes richtete. Doch erwies er sich auch im mehr subjektiven, persönlichen Bereich der geistlichen → Lyrik als bedeutendes Talent. Die äußere Drangsal und innere Not des unwillig zum Soldatenhandwerk Gezwungenen wirkt beschattend in die Lyrik seiner Kriegsjahre hinein, ohne doch an deren Glaubensfundament rütteln zu können. »Schatten des Todes, Dunkel der Not, Dunkel des Leids und der Gefahr: unter ihnen steht das Wort dieses Dichters... Aber es reißt uns nicht ins Dunkel hinein, es führt uns aus ihm heraus, es vollbringt selbst das Wunder der Kerze, von dem es gesungen, - daß zwar das Dunkel bleibt, aber daß doch Licht wird« (R.A.Schröder im Vorwort zur GA). Gefaßtheit, so möchte man den Grundton dieser Lyrik nennen. Dazu tritt, außer einem bisweilen fast spielerisch gehandhabten Formvermögen, ein in der modernen Lyrik seltener, zweifellos aus dem Glaubensgrund genährter Drang, die irdischen Phänomene ins Reine und Lichte zu heben: keine billige Verklärung, sondern ein ganz im Innersten erfahrener Prozeß, Opfer und Wandlung in einem.

Vf. u.a.: Geistl. Kreis, 1936; Die sieben Sendschreiben, 1939; Das Gleichnis, 1939. - Hg. des Sammelwerks »Der Pfarrerspiegel«, 1940. - GA hg.v. K.Ihlenfeld: Opfer u. Wandlung, 1951. - Über S.: K. Ihlenfeld, Bin tief in der Erde (in: Zeitgesicht, 1961).

K.Ihlenfeld

Stehr, *Hermann,* Schriftsteller, * 16.2.1864 in Habelschwerdt/Schles., † 11.9.1940 in Schreiberhau/Riesengebirge. - S. gehört zu den großen Erzählern der Gegenwart. Sein Werk spiegelt durchweg tiefe Religiosität eigener Art, die ihm aus dem gegensätzlichen Wesen der Eltern erwächst (Mutter fromm kath., Vater freidenkend), auch aus der früh-schmerzlichen Erfahrung des Widerspruchs von Lehre und Leben, bes. aber aus den Schriften Meister Eckeharts, Böhmes, Spinozas, Laotses, Buddhas. S.s religiöse Welt ist weder kath. noch ev., vielmehr »vorprotestantisch«, erfüllt vom Glauben an die Selbsterlösung des Menschen. Das Zauberwort des Dichters heißt »Seele«. Er will die »Geheimnisse menschlichen Wesens bis in die letzten Tiefen erhellen«. In den Romanen »Drei Nächte« (1909), »Peter Brindeisener« (1924), vor allem im Hauptwerk »Der Heiligenhof« (1918) gewinnt S.s Bekenntnis künstlerische Gestalt. »Der ostdeutsch-schlesische Grüblersinn, das heterodoxe Mystikerringen um Gott, die religiöse Ergriffenheit und visionäre Schau, ... sie vereinigten sich in S. mit einem schwierigsten Aufgaben gewachsenen dichterischen Können« (Alker). Der Roman ist nicht allein durch die Fülle der Gestalten, Schicksale und wunderlichen Vorgänge ein einzigartiges Werk deutscher Erzählkunst, sondern auch und gerade durch die dramatisch gestalteten Szenen leidenschaftlichen Ringens um weltanschauliche und religiöse Fragen. Zugleich aber lebt S. noch aus anderen Bindungen, denen der Mensch vom Kosmos her verhaftet ist, Mächten »elementar-magischer« Art. Diese Doppelheit der Geheimnisse mystischer und elementar-magischer Welt, des Jenseits im Diesseits, findet im »Monolog des Greises« (1919) ihre dichterische Zusammenfassung.

Vf. ferner u.a.: *Romane:* Leonore Griebel, 1900; Der begrabene Gott, 1905; Das Geschlecht der Maechler, 1940. - *Novell. Märchen:* Mythen u. Mären, 1929. - *Gedichte:* Lebensbuch, 1920; Der Mittelgarten, 1936. - GesW, 12 Bde, 1926-37. - Über S.: H.Boeschenstein, H.S., 1935 - K.E.Freitag, H.S. Gehalt u. Gestalt seiner Dichtung (Diss. Groningen), 1936 - G.Blanke, H.S.s Menschengestaltung, 1939 - E.Alker, H.S. (Neophilologus 25, 1940, 101-112).

W.Menzel

Steil, *Ludwig* (29.10.1900 bis 17.1.1945), * in »Tannenhof« bei Lüttringhausen, 1929 Pfarrer in Holsterhausen (Wanne-Eickel). Mitverfasser von »Wort und Bekenntnis westfälischer Pfarrer zur Stunde der Kirche und des Volkes«, seit 16.3.1934 Mitglied des Westfälischen Bruderrates, später der Bekenntnissynoden Westfalens, der altpreußischen Union und der DEK (→ Kirchenkampf), Mitarbeiter von Präses → Koch (, 2) in der 1. Vorläufigen Leitung und der »Geistlichen Leitung Koch«. Häufig von der Staatspolizei belangt, wurde S. wegen seiner Verkündigung am 11.9.1944 verhaftet und am 23.12.1944 in Dachau eingeliefert, dort †.

GUSTI STEIL, L.S., ein Leben in der Nachfolge Jesu, o.J. (1954).
W.Niemöller

Stein, *Karl, Reichsfreiherr vom und zum S.* (26.10.1757 bis 29.6.1831), * auf der Stammburg auf dem S. unterhalb Nassau, † in Kappenberg/Westf. S. war seit 1780 im preußischen Bergwerks- und Hüttendepartement in Westfalen tätig, danach von 1804-07 preußischer Finanzminister. Nach dem Frieden von Tilsit hatte er mit der Übernahme der gesamten Innen- und Finanzverwaltung, dem Vorsitz in den Konferenzen des außenpolitischen Departements und als Mitglied der Militär-Reorganisationskommission entscheidenden Einfluß auf die Politik. Seine Reformen - die sog. Bauernbefreiung von 1807, die Städteordnung und die Neuorganisation der Provinzialbehörden von 1808 - suchten »einen sittlichen, religiösen, vaterländischen Geist in der Nation zu heben, ihr wieder Mut, Selbstvertrauen, Bereitwilligkeit zu jedem Opfer für Unabhängigkeit von Fremden und für Nationalbewußtsein einzuflößen«. Im Zuge dieser Maßnahmen wurden auch die altpreußischen Kirchenbehörden aufgehoben: das luth. und ref. Departement, das luth. Oberkonsistorium, das consistoire supérieur français und die noch vorhandenen Provinzialkonsistorien. Ihre Befugnisse gingen an die »Sektion für Kultus und Unterricht« im Ministerium des Inneren sowie an die Abteilungen für Kirchen und Schulsachen bei den Regierungen über. In Sinne eines »aufgeklärten, über den Konfessionen stehenden, unbedenklich von oben her durchgreifenden, aber jetzt an der Förderung positiven religiösen und kirchlichen Lebens stark interessierten Kirchenregimentes« (Ritter) schuf S. damit gegen den Widerstand von → Sack, → Hanstein u.a. die Möglichkeit einer zentralen Lenkung des Kirchenwesens in → Preußen (, 2), legte die Grundlagen für die → Union und bereitete der modernen Form der → Landeskirche mit ihrer Verbindung von → Kirche und Staat den Weg. Die Städteordnung sah Deputationen aus Mitgliedern des Magistrats und der Stadtverordneten zur Versorgung kirchlicher Angelegenheiten vor. Im Bereich der ländlichen Kirchenverfassung drang S. auf Beschränkung oder Aufhebung der Patronatsrechte. Zudem suchte er den Pfarrerstand geistig und wirtschaftlich zu heben durch Verbesserung der theologischen Ausbildungsstätten, Entfernung unwürdiger Geistlicher, Einrichtung hoher Staatswürden (Bischöfe, Äbte) für bes. verdiente Geistliche. - S. befürwortete die → Säkularisation, wollte aber die freiwerdenden Vermögensmittel für »religiöse, pädagogische und sonstige das Elend der Menschen lindernde Anstalten« verwendet wissen. Er vertrat auch der kath. Kirche gegenüber den Gedanken der Omnipotenz des Staates und wünschte, die kath. Bevölkerung der prot. völlig gleichzustellen. An der kath. Restauration nahm er, dem Erzbischof → Spiegel bes. verbunden, lebhaften Anteil. - Zu der als Abschluß der Reform geplanten Bildung einer preußischen Nationalrepräsentation kam es nicht, da sich S. durch die Aufdeckung seiner Kampfvorbereitungen gegen → Napoleon dessen Feindschaft, aber auch die altpreußischer und frankophiler Kreise sowie der königlichen Familie zugezogen hatte. Am 24.11.1808 wurde er endgültig aus dem Staatsdienst entlassen und von Napoleon geächtet. Nachdem er sich zunächst in Brünn und Prag aufgehalten hatte, war er von 1812-15 politischer Berater von Zar → Alexander I. Auf dem → Wiener Kongreß mußte er den Zusammenbruch seiner politischen Hoffnungen erleben: die Errichtung eines konstitutionellen deutschen Staates unter einem habsburgischen Kaiser. Seit 1816 lebte er als Privatmann auf seinem Gut Kappenberg. Auf seine Anregung kam es am 20.1.1819 zur Gründung der »Gesellschaft für die ältere deutsche Geschichte« (Edition der MG!), deren Präsident er wurde.

Briefwechsel, Denkschriften u. Aufzeichnungen hg.v. E.BOTZENHART, 7 Bde, 1931-37; Autobiogr. hg.v. K.v.RAUMER, 1954. - Über S.: E.M.ARNDT, Meine Wanderungen u. Wandlungen mit dem Reichsfreiherrn v. S., 1858 u.ö. - E.FOERSTER, Die Entstehung der Preuß. Landeskirche I, 1905, 124ff - G.RITTER, S., (1931) 1958³ - H.HAFTER, Der Frhr.v.S. in seinem Verhältnis zu Religion u. Kirche, 1932 - W.GÖRLITZ, S., 1949 (Lit.) - HERMELINK I, 268ff - W.MOMMSEN, S., Ranke, Bismarck, 1954 - E.BACH, Der Reichsfreiherr v. S., 1957 - H.RÖSSLER, Reichsfreiherr v. S., 1957 - W.KOSCH, Dt. Lit.-Lex. IV, 1958, 2826 (Lit.).
H.Hohlwein

Steinbart, *Gotthelf Samuel* (1738-1809), ev.Theologe, * in Züllichau, † in Berlin. Nach pietistischen Grundsätzen erzogen, schloß sich S. unter dem Einfluß seiner Lehrer S.J. → Baumgarten, W.A. → Teller und → Toellner sowie der Philosophie von → Locke und → Voltaire dem vernünftigen Christentum an. 1774 wurde er Prof. der Philosophie, zugleich ao. Prof. der Theologie in → Frankfurt/O. und übernahm auch die Leitung des Züllichauer Waisenhauses und des Lehrerseminars. 1787 wurde er Oberschulrat, später auch Konsistorialrat. - S. ist insofern noch Neologe (→ Rationalismus: II, 3b), als er die biblischen Offenbarungslehren gelten läßt. Er übt aber scharfe Kritik am Gottesbegriff des AT und der damit verbundenen Genugtuungslehre und begründet im Gegensatz dazu das Gottvertrauen auf die christliche und zugleich vernünftige Erkenntnis der Liebe Gottes, wie Jesus sie lehrt. Dessen eigentliche Aufgabe sei es, den Menschen die Tugend zu lehren und ihnen damit den Weg zur »Glückseligkeit«, dem höchsten Gut des Christentums zu zeigen. S. versteht darunter einen Zustand innerer Zufriedenheit über den Besitz von Häuslichkeit, Freundschaft, Naturfreude, gemeinnütziger Arbeit und der durch Postulat gewissen Unsterblichkeit.

Vf. u.a.: System der reinen Philos. oder Glückseligkeitslehre des Christentums, (1778) 1794⁴; Anweisung zur Amtsberedsamkeit christl. Lehrer, (1779) 1784²; Gemeinnützige Anleitung des Verstandes zum regelmäßigen Selbstdenken, (1780) 1793³; Philos. Unterhaltungen zur weiteren Aufklärung der Glückseligkeitslehre, 3 Hefte, 1782-84. - Über S.: H.DOERING, Die gelehrten Theologen Deutschlands IV, 1835, 336ff (vollst. Bibliogr.) - K.ANER, Die Theol. der Lessingzeit, 1929, 85f u.ö. - G.ALBERTY, G.S.S. u. seine Stellung in der theol. Aufklärung des 18.Jh.s (ZKG 49, 1930, 1-44) - HIRSCH IV, 107ff.
H.Hohlwein

Steinbüchel, *Theodor* (16.6.1888 bis 11.2.1949), kath. Philosoph und Moraltheologe, * in Köln, 1924 PDoz. in Bonn, 1926 Prof. in Gießen, 1935 in München, 1941 in Tübingen. S. besaß eine erstaunliche Weite und Universalität. Sein ebenso historisch wie systematisch orientiertes Denken kreiste um die christliche Anthropologie. Diese erarbeitete er durch eine lebendige und engagierte Begegnung mit der Philosophie. Dabei versuchte er die Antriebe der → Phänomenologie, der → Wertethik, des Personalismus (→ Person, 3) und der → Existenzphilosophie fruchtbar zu machen.

Vf. bes.: Der Zweckgedanke in d. Phil. des Thomas v. Aquino, 1912; Der Sozialismus als sittl. Idee, 1921; I.Kant, 1931; Das Grundproblem der Hegelschen Phil., 1933; Christl. MA, 1935; Die phil. Grundlegung der kath. Sittenlehre, (1938) 1947³; Dostojewski, 1947; Ges. Aufs. zur Geistesgesch. I: Sozialismus, 1950; Der Zerfall des christl. Ethos im 19.Jh., 1951; Große Gestalten des Abendlandes, 1951. - Festschr. z. 60. Geb.: Der Mensch vor Gott, 1948.
H.Fries

Steine, *heilige*

1. »Am Stein von besonderer Form oder Größe hat sich zu jeder Zeit die Ahnung der Macht geheftet« (v.d.Leeuw § 5, 2). Daher können hl. S. - als Götterstein oder Altar - das Zentrum → heiliger Stätten bilden. Der aufgerichtete hl. Stein (keltisch: menhir [→ Dolmen],

im Westsemitischen: māṣṣebā) kann nicht nur das Numen bzw. die Repräsentation der personalen Gottheit beinhalten, sondern dient auch als → Stele dem Gedächtnis der Toten, zur Erinnerung an einen Sieg oder als »Zeuge« eines Vertrages. Als *Kult*stein fungierte ein kegelförmiger Steinfetisch im ägyptischen → On; seine Bezeichnung »Benben« kam auch Kult-Obelisken zu. Obeliskenpaare konnten dann auf → Sonne und → Mond gedeutet werden. Vor dem Eingang des kanaanäischen Tempels in → Sichem gab es 2 Eingangsmasseben und auf dem Vorhof eine Hauptmassebe, wie sie nach den Münzbildern zu urteilen auch in Byblos, Emesa und Paphos (Cypern) existierte. Im syrisch-palästinischen Raum gab es auch mehrere Masseben auf *einem* (Altar-)Postament. Wahrscheinlich sind die »Hörner des Altars« (Ex 27, 2 u.ö.) Survivals von Masseben (Asylbrauch: 1Kön 1, 50). Ein Meteorstein ist das Sanctissimum von Mekka (→ Arabien: I). Zuweilen finden sich Phallen (Agyieus und Herme in Griechenland; → Phallische Kulte), doch darf dies keineswegs durchgängig beim Steinpfeiler substituiert werden.

2. Der vorisraelitische und israelitische → Altar (: II) wurde aus mehreren S.n »gebaut«, doch gab es auch Altäre aus einem großen Stein (vgl. Ri 13, 19f; 1Sam 6, 14; zu Ri 6, 18ff s. E.Kutsch, ThLZ 81, 1956, 75-84). Im Kultus verwendete S. sollen unbehauen sein (Ex 20, 25): das weist zurück auf die Vorstellung vom »beseelten Stein« (Philo Byblius). Die Kultmassebe – am Heiligtum jeweils *eine* – war in ältester Zeit sicher unbearbeitet, später hat man sie behauen (vgl. Hos 10, 1). Von Lev 26, 30 aus (→ Stele) darf man schließen, daß es in Jerusalem (importierte?) Stelen von Göttern und Königen (?) (vgl. BRL 211f) gab, die dem Bilderverbot (→ Bilder: II) widersprachen. – Bei der Landnahme fanden die Israeliten Heiligtümer sub divo vor, deren Massebe den Gott → El oder → Baal darstellte. Vollzog sich wie in → Bethel die Adaption eines Heiligtums – Jakob salbt den »aufgestellten« Stein mit Öl (Gen 28, 18; vgl. 35, 14) –, so will die biblische Sage in der Massebe ein Erinnerungsmal an die Offenbarung sehen. Der numinose Untergrund der Massebe ist jedoch in dem von Bethel (ARW 28, 1930, 1-30) abzuleitenden Terminus βαίτυλος (βαιτύλιον), den antike Schriftsteller für hl. S. verwenden, klar zu erkennen. Massebe und Altar (Gen 33, 20, korrigierter Text) für »El, den Gott Israels« bei Sichem werden auf Jakob zurückgeführt. Nach Jos 24, 26 dient die im gleichen Bezirk (?) von Josua errichtete Massebe als *Zeuge* des → Bundes (: II) mit Jahwe. Damit ist Gen 31 zu vergleichen, wo – wenigstens nach *einer* Rezension (Gen 31, 45. 52b); die andere denkt an einen Steinhaufen – ein Stein als Vertragszeuge gilt. Für eine spätere Periode würde man einen mit dem Vertragstext beschrifteten Stein substituieren, analog etwa den Verträgen von sefīre (ZDPV 77, 1961, 118-172), die vermutlich in einem hl. Bezirk standen. In Dtn 27, 1ff werden die Altarsteine in solche »mit den Worten des Gesetzes« umgedeutet (vgl. auch → Lade Jahwes). – Mit der amphiktyonischen Sichem-Tradition (Jos 24) gehört die (jüngere) Überlieferung von den 12 S.n bei Gilgal (Jos 4, 8, nicht 4, 9!) zusammen und in weiterer Rückdatierung dann auch Ex 24, wo die S. wiederum die 12 Stämme repräsentieren. Sie »umranden« den Altar, sind aber selbst keine Kult-S., sondern → Stelen. – Bestanden für die volkstümliche Anschauung keine Bedenken, Altar und Massebe im Jahwe-Bereich nebeneinander zu haben, so stellt die prophetische Polemik bes. bei Hosea (Hos 3, 4; 10, 1; Jer 2, 23-28) heraus, daß es sich dabei um eine unerlaubte Übernahme aus dem Baalskult handelt. Das betonen auch das → Deuteronomium und das → Deuteronomistische Geschichtswerk – mit gutem Grund deswegen, weil der Massebe zumeist auch der hl. Kultpfahl, die → Aschera zugesellt war (Ex 23, 24; Lev 26, 1; Dtn 12, 3; 16, 21f sowie 2Kön 17, 10; 23, 14).

G.Beer, Steinverehrung bei den Israeliten, 1921 – Chant (s. Reg.) – RLV IV, 138ff – BRL 368ff – Nilsson I, 201ff – H.Donner, Zu Gen 28, 22 (ZAW 74, 1962, 68-70). – Vgl. auch → Stele.

K.Galling

Steiner, *Rudolf* (* 27.2.1861 in Kraljevec/Ungarn, † 30.3.1925 in Dornach/Schweiz), Begründer der → Anthroposophie. S. empfängt in seiner Jugend starke Eindrücke durch Kultus und Lehre des Katholizismus, hat erste okkulte Erlebnisse, wird später eingehend in die moderne indische → Theosophie eingeführt und eignet sich umfassende natur- und geisteswissenschaftliche Kenntnisse an. 1890 wird er Mitarbeiter am Goethe-Archiv in Weimar (Herausgabe der naturwissenschaftlichen Schriften Goethes), 1897-1900 ist er Mitarbeiter und Herausgeber des »Magazin für Literatur«. Philosophische Versuche, in Anlehnung an → Goethe (Ganzheitsschau) und → Darwin (Entwicklungsgedanke) die Herrschaft des Geistes über die Materie zu begründen, werden um 1900 durch eine als rettende Lösung gewertete, bibelfremde Christusdeutung weitergeführt: Den im »Mysterium von Golgatha« geschichtlich-kosmisch errungenen Sieg des Geistes über den Stoff fügt S. als Mittelpunkt in den Synkretismus der theosophischen Weltanschauung ein. 1902 wird er Generalsekretär der deutschen Sektion der Theosophischen Gesellschaft und gründet 1913 die Anthroposophische Gesellschaft. S.s Wirkung beruht auf dem Angebot einer Einheitsschau von Wissenschaft, Kunst und Religion, von der u.a. Anregungen auf Pädagogik (Waldorfschulen [→ Anthroposophie, 4]) und Kultus (→ Christengemeinschaft) ausgingen.

Vf. u.a.: Veröffentlichungen aus dem Literarischen Frühwerk, 1938ff; Die Philos. der Freiheit, (1894) 1955^{11}; Das Christentum als myst. Tatsache, (1902) 1959^{7}; Theosophie, (1904) 1961^{28}; Das JohEv, (1909) 1955^{7}; Die Geheimwissenschaft, (1910) 1955^{26}; Von Jesus zu Christus, (1912) 1958^{3}; Mein Lebensgang, (1925) 1961^{7}. – Bibliogr.n: C.S.Picht, Das lit. Lebenswerk R.S.s, 1926 – H.Schmidt, Das Vortragswerk R.S.s, 1950. – Über S.: G.Wachsmuth, R.S.s Erdenleben u. Wirken, (1941) 1951^{2} – Rud.Meyer, Wer war R.S.?, 1961 – E.Bock, R.S., 1961. – Weitere Lit. s. → Anthroposophie.

K.v.Stieglitz

Steinhausen, *Wilhelm* (2.2.1846 bis 5.1.1924), Maler, * in Sorau (Niederlausitz), † in Frankfurt/M. Zentrum des Menschen und Künstlers S. war die vom Elternhaus geprägte prot. Glaubensüberzeugung. Vom Beginn der selbständigen Arbeiten (1870) an sind die religiösen Darstellungen den übrigen Bereichen seines Schaffens übergeordnet. Künstlerisch bedeutet das: der Inhalt wird von S. immer über die Form gestellt. So besitzen seine Bilder oft einen dilettantischen Zug. Die Lehrjahre auf den Akademien Berlin und Karlsruhe blieben konsequenterweise unergiebig. S. war ein geborener Einzelgänger. Vorbilder hat er außer L. → Richter, von dem seine Kunst ausgeht, nicht gehabt. Seine Anreger waren Böcklin, der Kreis um Leibl und → Thoma. Sein Ziel, eine neue prot. Kunst in der Kirche und für sie zu schaffen, hat S. nicht erreicht. Mit den Mitteln des Realismus der 2. Hälfte des 19.Jh.s, dem S. verpflichtet blieb, konnte kein gültiges → Christusbild entstehen (→ Malerei: V, 2c). Über den Bildnismaler und Landschafter ist noch nicht das letzte Wort gesprochen.

Vollst. Lit. in: Thieme-Becker XXXI, 564ff. *J.Chr.Jensen*

Steinhofer, *Friedrich Christoph* (1706-61), ev. Theologe, * in Owen (Württ.), besuchte 1731 erstmalig Herrnhut. Mit → Zinzendorf war er seit dessen Württemberger Reise 1734 eng verbunden, doch zerschlug sich seine Berufung nach Herrnhut als Adjunkt J.A. → Rothes. So wurde S. 1734 Hofkaplan, 1737 Hofprediger bei Zinzendorfs Schwager Heinrich XXIX. Reuß in Ebersdorf, das er zu einer Herrnhut ähnlichen, aber selbständigen »Gemeine« zu gestalten suchte. 1746 schloß er sich aber mit Ebersdorf der Brüdergemeine an. In ihr wurde er Coepiscopus des luth. »Tropus« und war zunächst begeisterter Anhänger der überschwenglichen Religiosität der wetterauischen Gemeinzeit (»Sichtungszeit«; → Brüderunität: II, 3), bis er, fast schlagartig ernüchtert, 1749 als einer der ersten Zinzendorf die Augen über das Ausmaß der Verirrungen öffnete. Im selben Jahre kehrte S. in seine Heimat zurück und diente ihr als Pfarrer in verschiedenen Orten, zuletzt in Weinsberg, darüber hinaus weiteren Kreisen als Erbauungsschriftsteller. Nachhaltiger als seine hymnologische Arbeit (Ebersdorfer Gesangbuch 1742, vgl. ZBG 10, 145-151) wirkte sein biblisch-nüchternes Schrifttum.

Vf. u.a.: Die Haushaltung des dreieinigen Gottes, (1759) 1837²; Erklärung der Epistel Pauli an die Römer, hg.v. J.T.BECK, 1851. - Quellen: ZBG, bes. 5-7, 10, 12, 13 (s. Reg); A.G.SPANGENBERG, Leben Zinzendorfs, 1772-75 (s. Reg.). - Über S.: TH.GEISSLER in: Brüderbote 5/6, 1866/67 - W.CLAUS, Von Bengel bis Burk (Württ. Väter I), 1900², 209-231 - RE XVIII, 790f - H.-W.ERBE, Zinzendorf u. der fromme hohe Adel seiner Zeit, 1928, 168ff. *W.Jannasch*

Steinkopf, *Karl Friedrich Adolf* (7.9.1773 bis 29.5.1859), * in Ludwigsburg. 1795 berief die → Christentumsgesellschaft in Basel den erweckten Theologen als Sekretär. Reisen in Westeuropa und ein reger Briefwechsel brachten ihn in Verbindung mit vielen christlichen Persönlichkeiten. Als Pfarrer an der deutschen Savoy-Gemeinde in London und Sekretär der Britischen und Ausländischen Bibelgesellschaft kamen seine überragenden Fähigkeiten zur Geltung. Durch sein Wirken entstanden viele → Bibelgesellschaften in Deutschland, bes. die Württembergische Bibelgesellschaft in Stuttgart. S. gab den Anstoß zur Gründung der → Basler Mission 1815 und anderer Werke. 1826 zog er sich beim Apokryphenstreit (→ Bibelgesellschaften, 1 a α) auf die Gemeindearbeit zurück.

Vf. u.a. (s. RGG² V, 781): Einige Fest- u. Sonntags- u. Gelegenheitspredigten, 1804; Predigten über die Sonn- u. Festtagsepisteln, 1820. - Über S.: Aus der Chronik der Familie S., 1898. *H.Quiring*

Steinmetz, *Johann Adam* (1689-1762), schlesischer ev. Pfarrer, 1717 in Töpliwoda, 1720 an der Gnadenkirche in Teschen, hier schon pädagogisch tätig und Herrnhut verbunden. Als S. wegen der Teschener Pietismusstreitigkeiten weichen mußte, bemühte sich → Zinzendorf um seine Anstellung als Pfarrer und Sup. in Neustadt/Aisch (1729). 1732 wurde er General-Sup. des Herzogtums Magdeburg und Abt des Klosters Bergen, wo er die von → Breithaupt nach hallischem Vorbild gegründete Klosterschule leitete und auch sonst pädagogisch hervortrat. Über seine Kloster-Bergische Pastoralkonferenz berichtete er regelmäßig in einer Zeitschrift (s. Lit.). Kirchenpolitisch war er maßvoller als Halle und Wernigerode; noch 1736 besuchte ihn Zinzendorf, und S. war 1739 in Herrnhut, wo er dessen Gegensatz zu Halle kritisch formulierte. Zwischen dem deutschen und amerikanischen Pietismus vermittelte er. Das pietistische Magdeburger Gesangbuch von 1738 geht auf ihn zurück.

Hg.: Theologia pastoralis practica, 1737-58; Speners bis anhero nur einzeln gedruckt gewesene Kleine Schriften, 1741. - Über S.: J.J.MÖSER, Beitrag zu einem Lexico der jetzt lebenden luth. u. ref. Theol., 1740, 681ff - A.RITSCHL, Gesch. des Pietismus II. III, 1884/86 (s. Reg.) - L.RENNER, Lebensbilder aus der Pietistenzeit, 1886, 31ff - H.HOLSTEIN, Gesch. der ehem. Schule zu Kloster Bergen, 1886, 17ff - ADB 36, 1ff (Bibliogr.) - H.-W.ERBE (→ Steinhofer; s. Reg.) - P.KAWERAU, J.A.S. als Vermittler zwischen dem dt. u. amerik. Pietismus im 18.Jh. (ZKG 70, 1959, 75-88). *W.Jannasch*

Steinmeyer, *Franz Karl Ludwig* (1811-1900), ev. Theologe, * in Beeskow (bei Frankfurt/O.), nach pfarramtlicher Tätigkeit 1848 PDoz. in Berlin, 1852 Prof. in Breslau, 1854 in Bonn, seit 1858 in Berlin, zunächst auch für NT, später nur für Prakt. Theol. Von → Schleiermacher und R. → Rothe beeinflußt, entfaltet S. eine glänzende, wenn auch einseitige Predigtgabe. In Auseinandersetzung mit der klassischen Rhetorik und im Anschluß an den von ihm wiederentdeckten A. → Hyperius ist für ihn die Predigt »derjenige Teil des christlichen Kultus, welcher die Andacht der Gemeinde zu ihrer spezifischen Höhe erheben soll«. S. fordert strenge Bindung an den Text. Er bildet die »Substanz der Predigt«, vor der die Rücksicht auf Gemeinde und Zeitumstände zurückzutreten hat. Der Konzentration auf den Text dient die »Topik«. Trotz hervorragender Kenntnisse auf dem Gebiet der Geschichte der Predigt und der Homiletik und trotz zahlreicher Veröffentlichungen (nt. und apologetische »Beiträge«; »Beiträge zur Prakt. Theol.«) war S. nur eine geringe Nachwirkung beschieden.

JOH.BAUER in: MkPr 3, 1903, 405-414. 444-455. 495-513 - RE XVIII, 794ff (Bibliogr.) - FR.NIEBERGALL, Die moderne Predigt, 1929, 62f. *A.Niebergall*

Stele. Der aufgerichtete Stein (menhir, mäṣṣebā) begegnet vorwiegend im Kultus (→ Steine), daneben auch als eine (Dignität beanspruchende) pro memoria-S. Sie kann einem Toten gelten, den Herrschaftsanspruch eines Königs dokumentieren und an Stiftungen für die Gottheit erinnern. Für die Veranschaulichung beschränken wir uns auf Beispiele des syrischen Raumes. - 1. Die in Geser aufgedeckte, zwischen 1500 und 1200 errichtete Reihe von S.n dient ähnlich der umfangreicheren von Assur (AOB 411-423) dem Gedächtnis der toten Stadtherren (mit Opferriten?). Möglicherweise ist auch das S.nheiligtum von Hazor so zu deuten (Galling). Aus dem 1.Jt. haben sich beschriftete Grab-S.n in Nordsyrien erhalten; unbeschriftete sind bes. zahlreich in → Petra. Nach 2Sam 18, 18 ließ Absalom noch zu Lebzeiten im »Königstal« eine S. zu seinem Gedächtnis errichten, die »Hand Absaloms« (das bewirkte die irrtümliche Benennung eines um 50 nChr im Kidrontal errichteten Grabmonuments als Absalomsgrab). Sind bei Absalom Grabstätte und S. getrennt, so hat es auch S.n über dem Grab gegeben (Gen 35, 20; in 2Kön 23, 17; Ez 39, 15 und Jer 48, 9 wird die Grab-S. als ṣijjûn bezeichnet). Als Miniatur-S.n kann man die beiden Pfeiler am Kopf- und Fußende eines mohammedanischen Grabes verstehen. - 2. Es war Sitte der Großkönige Ägyptens und des Zweistromlandes - in den Felsreliefs vom Hundsfluß bei Beirut geradezu alternierend! -, Sieges-S.n aufzurichten. Die meist oben gerundete S. trägt außer der Inschrift ein Bild des adorierenden Königs. Wir kennen S.n der Pharaonen des Neuen Reiches von Thutmosis III. bis Ramses III. von verschiedenen Orten Syriens und Palästinas (BRL 500-503). Noch Schoschenk (→ Jerobeam I.) hat in Megiddo eine S. errichtet. Assyrischen S.n - oft in Annalen erwähnt (zB AOT 340. 345; Alt II, 157), verschiedentlich gefunden (zB AOB 135. 143f. 534) - entsprechen auch Memorial-Obelisken (AOB 121ff). Ägyptisierend ist die baluʿa-S. eines »Moabiter«-Fürsten (13.Jh.), bildlos dann der beschriftete Stein des Königs → Mesa von Moab (9.Jh.). Die nach 1Sam 15, 12 von Saul errichtete Sieges-S. wird man sich wie den »Stein der Hilfe« (1Sam 7, 12) bildlos und ohne Inschrift vorzustellen haben; die späteren Könige Israels dagegen mögen beschriftete S.n errichtet haben, wofür es jedoch nur ein Fragment aus Samaria gibt. - 3. Im phönikisch-punischen Bereich (bes. in → Karthago) finden sich Votiv-S.n, meist mit Hinweis auf ein Gelübdeopfer (vgl. auch → Moloch), die im Heiligtum aufgestellt den Stifter der Hut des Gottes empfehlen. Als Vorläufer der Stifterinschriften in → Synagogen des Altertums (»Es sei zum Guten gedacht...«) muß man Gedächtnis-S.n im Vorhof des (nachexilischen) Tempels annehmen, da in Jes 56, 4f frommen Eunuchen jad wāšēm (Denkmal und Name) zugesagt wird. Von den im Ugaritischen für S. verwendeten Termini (skn und pgr) ist pgr (pægær) in dieser Bedeutung auch im AT belegt. In Lev 26, 30 und in Ez 43, 7 bezeichnet pægær sowohl die verworfenen »Götzenbilder« als auch die S. von Vornehmen. Ob man aus der Tatsache, daß pægær sonst den Leichnam bezeichnet, auf S.n mit Reliefbild schließen darf? - 4. Die im AT mehrfach erwähnten ḥammanîm hat man als »Sonnen-Säulen« gedeutet, doch handelt es sich um Räucheraltäre (→ Altar: II, 1). Zu den Vertrags-S.n s. → Steine.

BRL 500ff - W.F. Albright, The High Place in Ancient Palestine (VT Suppl. 4, 1957, 242-258) - K. Galling, Erwägungen zum S.nheiligtum von Hazor (ZDPV 75, 1959, 1-13; Lit.). *K. Galling*

Stellenbesetzungsrecht, *kirchliches*

1. In der ev. Kirche - 2. In der kath. Kirche - 3. S. im Verhältnis von Kirche und Staat

1. In der *ev. Kirche* entwickelte sich ein vielfältig verschiedenes S. für Gemeindepfarrer, Pfarrer für besondere Aufgaben und für Pfarrer mit regionalen Dienst- und Aufsichtsbereichen.

a) Die reformatorische Lehre vom → Priestertum aller Gläubigen führte nicht zur Wahl der Pfarrer durch die Gemeinde. Zwar forderte Luther, »Daß eine christliche Versammlung oder Gemeinde Recht und Macht habe, alle Lehre zu urteilen und Lehrer zu berufen, ein- und abzusetzen, Grund und Ursach aus der Schrift« (1523), aber dies zielte gegen die Bestellung nicht ev. lehrender Pfarrer und hinderte nicht das S. der ev. reichsstädtischen Räte und des landesherrlichen → Kirchenregiments. Zwingli gab der Gemeinde kein Mitwirkungsrecht, und Calvin lehnte die Pfarrwahl ab (→ Kirchenverfassung: VI, 3). Ein Einspracherecht der Gemeinde (votum negativum) findet sich in luth. → Kirchenordnungen (zB württ. Große KO von 1559). Nur wo sich unter der Bedrückung der Landesherren selbständige Gemeinden bilden mußten (Niederrhein), hatten sie auch ihre Pfarrstellen zu besetzen. Die Rhein.-Westf. KO von 1835, auf den Gedanken presbyterial-synodaler kirchlicher Ordnung beruhend, brachte das S. durch Gemeindewahl zu breiterer Anerkennung. Die Entwicklung des Gemeinderechts (→ Gemeinde: II) im Wandel der Verfassungsstruktur des landesherrlichen Kirchenregiments war mitbestimmend für das S.

Für das S. der deutschen Landeskirchen ist kennzeichnend, daß Kirchengemeinden und regionale Stellen zusammenwirken. Vakante Pfarrstellen werden, worauf landeskirchliche Organe Einfluß haben, zur *Bewerbung* ausgeschrieben. Mit Aussicht auf Erfolg kann sich nur bewerben, wer die landeskirchlich bestimmten Voraussetzungen für die Anstellung in einem → Pfarramt der betr. Landeskirche erfüllt, dh *anstellungsfähig* ist. Wo kirchenleitende Organe den → Pfarrer (: II) zu ernennen haben, wird von diesen (zB Bayern, Württemberg) im Zusammenhang mit der Ausschreibung beim örtlichen Kirchenvorstand erhoben, welche besonderen Verhältnisse und Anliegen der Gemeinde bei der Besetzung der Pfarrstelle zu beachten sind. Dies kommt einer Ökonomie der Kräfte zustatten, bei der die vorhandenen unterschiedlichen Eignungen zu den verschiedenen Anforderungen ins rechte Verhältnis gesetzt werden sollen. - Das *Mitspracherecht der Gemeinde* bei der Auswahl des zu ernennenden Pfarrers weist im S. der Landeskirchen im einzelnen Unterschiede auf. Kein Mitbestimmungsrecht besteht für eine Mehrzahl von Pfarreien nur noch in Bayern; mancherorts ist dort ein Präsentationsrecht gegeben. Ein fristgebundenes Einspracherecht (votum negativum) haben die württembergischen Kirchengemeinderäte gegen den ihnen von der Kirchenleitung benannten Bewerber. Während der Einsprachefrist können Erkundigungen über den Bewerber eingeholt werden. Will die Kirchenleitung die Berechtigung von Einsprachegründen nicht anerkennen, kann die Stelle nur vom Landeskirchenausschuß besetzt werden. In den meisten Landeskirchen hat die Gemeinde das *Pfarrwahlrecht,* wobei dieses in der Regel vom Kirchenvorstand (Presbyterium) oder von einer Gemeindevertretung ausgeübt wird. Die Wahl ist entweder unter allen Bewerbern freigegeben oder an einen Zweier- oder Dreiervorschlag eines kirchenleitenden Organs gebunden; dabei kann noch die Möglichkeit beratender Beteiligung leitender Organe vorgesehen sein. Die Bewerber können zu Probepredigt und Probekatechese aufgefordert werden. Wo ein Organ der Kirchengemeinde den Pfarrer wählt, ist mitunter nach Bekanntgabe des Wahlergebnisses noch ein befristetes Einspracherecht wahlberechtigter Gemeindeglieder gegeben. Die Gültigkeit von Pfarrwahlen hängt regelmäßig von landeskirchlicher *Bestätigung* ab, die aber meist nur unter bestimmten Umständen versagt werden kann. - In den Kirchen mit Pfarrwahl ist bemerkenswert, daß im S. noch *andere Möglichkeiten* offengehalten werden, damit auch Anstellungen vollzogen werden können, für die eine Wahl hinderlich wäre, zB: abwechselnde Besetzung einer Pfarrei durch Gemeindewahl und durch Ernennung (zB Schleswig-Holstein, Hannover, Pfalz, Kurhessen-Waldeck), oder zweimal Gemeindewahl und im dritten Besetzungsfall Vorschlagsrecht der Kirchenleitung (zB Rheinland, Westfalen, Hessen und Nassau), oder jährliche Freistellung einer begrenzten Zahl von Pfarreien zur Ernennung durch die Kirchenleitung, wobei die Gemeindevertretung lediglich gehört wird (Baden). - Wo im S. noch auf → Patronate zu achten ist, geben sie dem Patron meist ein Recht zur Präsentation eines Bewerbers. - Der Pfarrer wird auf Lebenszeit ernannt. Das Verfahren zur Besetzung einer Pfarrstelle ist abgeschlossen, wenn der Pfarrer in das Amt eingeführt ist.

b) Auf *Pfarrstellen mit Sonderaufgaben,* die in den letzten Jahrzehnten in wachsender Zahl errichtet worden sind, werden Pfarrer, soweit es sich um landeskirchliche Stellen handelt, meist durch kirchenleitende Organe berufen, wobei die Anhörung etwa vorhandener, ihnen zugeordneter Gruppen oder Einrichtungen vorgesehen sein kann (zB → Studentenpfarrer, Landes- → Jugendpfarrer, Pfarrer für das Männerwerk, Jungmännerwerk, Mädchenwerk, für Bauernarbeit, Pfarrer im Dienst Ev. Akademien). Handelt es sich um Pfarrer im Dienst von rechtlich selbständigen kirchlichen Werken der Inneren oder Äußeren Mission, so ist eine Mitbestimmung kirchenleitender Organe mittelbar damit gegeben, daß die Befugnis zur Wortverkündigung und Sakramentsverwaltung sowie die → Versorgungs-Rechte dieser Pfarrer landeskirchlich gewährleistet werden.

c) Beim S. für → *Superintendenten,* → *Dekane,* → *Pröpste, Kreispfarrer* ist bemerkenswert, daß ihre übergemeindliche Funktion den Einfluß kirchenleitender Organe auf ihre Auswahl in der Regel verstärkt, wiewohl sie zugleich ein Gemeindepfarramt bekleiden. Meist werden vor der Ernennung kreissynodale Organe oder auch die Pfarrer des Kirchenbezirks gehört. Mitunter ist dieses Anhörungsrecht zu einem wirksamen Widerspruchsrecht verdichtet, wenn eine qualifizierte Mehrheit den in Aussicht Genommenen ablehnt. Teils werden diese Aufsichtsämter auf Lebenszeit, teils auf Zeit (zB 8 Jahre) besetzt, teils sind sie ortsgebunden, teils kann ihre Funktion mit Pfarrämtern an andern Orten verbunden werden. Wahl des Superintendenten durch die Kreissynode findet sich in Westfalen und im Rheinland; sie unterliegt der Bestätigung durch die Kirchenleitung; Wiederwahl ist möglich.

d) Wo in größeren Landeskirchen → *Generalsuperintendenten, Landessuperintendenten,* → *Prälaten, Kreisdekane* oder *Pröpste* für Sprengel bestellt werden, wirkt die örtliche Gemeinde auch dann nicht mit, wenn die Genannten zugleich ein Gemeindepfarramt oder einen Predigtauftrag versehen. Auch hier ist das S. unterschiedlich gestaltet. Mitunter werden die Superintendenten des Sprengels gehört (Berlin-Brandenburg, Pommern) oder besondere Wahlausschüsse gebildet (Provinz Sachsen); ein Vorschlags- oder Zustimmungsrecht des Bischofs wird zB in Brandenburg und Hannover vorausgesetzt. In Bayern und Baden sowie Württemberg werden die Kreisdekane bzw. Prälaten von einem kirchenleitenden (Synodal-)Ausschuß ernannt, der auch die Oberkirchenräte beruft. In Hessen und Nassau wird der Propst von der Kreissynode auf 6 Jahre gewählt; die Kirchenleitung schlägt hierfür nach Anhörung des Pfarrerausschusses zwei Namen vor.

e) Die *Bischöfe, Präsides, Kirchenpräsidenten* der Landeskirchen werden durch die Synoden gewählt, die mitunter zusammen mit den Oberkirchenräten einen Wahlkörper bilden (zB Württemberg). Meist ist zur Gültigkeit der Wahl Zweidrittelmehrheit nötig; in einigen Ordnungen genügt nach vergeblichen Wahlwiederholungen einfache Mehrheit. In wenigen Landeskirchen (zB Provinz Sachsen, Pommern, Schlesien) muß die Wahl durch ein Wahlkollegium vorbereitet werden, zu dem auch Vertreter des Rates der EKU und der EKD gehören. Nach Art. 11 der EKD-Grundordnung nehmen die Gliedkirchen bei Bestellung des Vorsitzenden ihrer Kirchenleitung mit dem Rat der EKD Fühlung.

2. In der *kath. Kirche* werden die hohen Kirchenämter (officia maiora) von der obersten Kirchenführung, die niederen von den für sie zuständigen Oberhirten verliehen. Diese Ordnung des CIC hat sich im Zuge des hierarchischen Ausbaus der kath. Kirche durchgesetzt, nachdem anfänglich noch die Gemeinde zu wählen hatte, später der Bischof hieran beteiligt war und dann Klerus und Laien noch an der Entscheidung des Bischofs mitgewirkt hatten. Eine besondere Entwicklung nahm das S. im Rechtsbereich der → Eigenkirche.

Nach cc. 147ff CIC werden → Kirchenämter durch kanonische Amtsverleihung von den zuständigen kirchlichen Oberen übertragen. Dazu gehört die Auswahl dessen, dem das Amt verliehen werden soll (designatio personae), und die eigentliche Übertragung des Amtes (collatio officii). Es gibt freie und gebundene Amtsverleihung. Die collatio libera ist die Ernennung (nominatio) durch den zuständigen kirchlichen Oberen oder die Wahl (electio canonica), die keiner Bestätigung bedarf, zB Papstwahl, Wahl des Kapitelvikars. Bei der collatio necessaria hat der Verleihungsberechtigte einen von anderer Seite gemachten Vorschlag zu beachten. Dieser Vorschlag kann auf einem Wahlrecht oder einem Präsentations- oder Nominationsrecht Dritter beruhen. Ging eine Wahl voraus, so besteht die Amtsverleihung in der Bestätigung (confirmatio) des Gewählten; bei der → Papstwahl erlangt der Gewählte die Amtsgewalt aber schon mit der Annahme der Wahl (c. 219). Die auf Grund eines Patronatsrechts Präsentierten oder die auf Grund eines Vorschlagsrechts, das der Papst etwa Staatsregierungen verliehen hat, Nominierten erhalten ihr Amt durch kanonische Einsetzung (institutio). Damit der, dem ein Amt verliehen worden ist, es ausüben kann, muß bei hohen Kirchenämtern (zB Bischof, Prälat, Apostolischer Vikar) noch die Besitzergreifung, bei niederen Kirchenämtern (zB Pfarrer) die Besitzeinweisung (in die Pfründe) hinzutreten. - Voraussetzung für eine Amtsübertragung ist, daß der in Betracht kommende Amtsinhaber geeignet und würdig ist (persona idonea et digna). Dazu gehört der Besitz der Priesterweihe (→ Ordination: III), für bestimmte Ämter ein Mindestalter und entsprechende Vorbildung. - Zur Verleihung von Ämtern ist berechtigt: a) der Papst, und zwar, da er im Besitz der höchsten und vollen Gewalt ist (→ Papat und Primat), für alle Ämter, soweit nicht Vorschlagsrechte anderer gegeben sind. Er übt dieses Recht aber nur bei hohen Kirchenämtern aus (creatio der → Kardinäle, c. 232; Ernennung der Bischöfe, c. 329; Bestellung eines Koadjutors, Weihbischofs, c. 350; Verleihung von Dignitäten an Dom- und Stiftskapiteln, c. 396) und bei ihm vorbehaltenen Benefizien (c. 1431ff). Bei der Besetzung von Bischofssitzen bestehen in einer Reihe von Ländern Sonderregelungen (Nominations- oder Präsentationsrechte der Regierungen; Wahlrecht der Domkapitel aus einem Dreiervorschlag des Papstes; Vorlage einer Liste geeigneter Namen durch die Bischöfe und Kapitel an den Papst). b) Im übrigen hat der Ortsordinarius das S. in seinem Bereich, zB Generalvikar (c. 366), Beamte des Ordinariats (c. 159), Mitglieder des Diözesanrates (c. 424f), Dechanten (c. 445f), Pfarrer (c. 455ff). Versäumen die Berechtigten, ihr S. fristgerecht auszuüben, so geht es auf andere über (Devolution).

3. Die Kirchen verleihen ihre Ämter ohne Mitwirkung des Staates oder der bürgerlichen Gemeinden (Art. 140 GG in Verbindung mit Art. 137 Abs. 3 Satz 2 WRV). Dies schließt nicht aus, daß in → Kirchenverträgen und → Konkordaten vereinbart wird, ob und in welcher Weise bei einer Stellenbesetzung zwischen kirchlichen und staatlichen Organen Fühlung genommen wird. Wichtig ist, daß das S. nicht grundsätzlich abhängig ist von staatlicher Mitwirkung oder Zustimmung. Zu den nach 1945 abgeschlossenen Kirchenverträgen Niedersachsens (1955), Nordrhein-Westfalens (1957) und Schleswig-Holsteins (1957) trat noch der des Landes Hessen (18.2.1960). Kirchlicherseits wird zB in diesem Vertrag, ähnlich wie in andern, zugesagt, daß als Pfarrer grundsätzlich nur deutsche Staatsangehörige angestellt werden, die ein zum Studium an einer deutschen Universität berechtigendes Reifezeugnis besitzen und ein mindestens dreijähriges theologisches Studium an einer deutschen staatlichen Hochschule zurückgelegt haben (Triennium). In beiderseitigem Einverständnis können Ausnahmen gemacht werden. Das gleiche gilt für die Anstellung eines Geistlichen als Vorsitzenden oder Mitglied einer Behörde der Kirchenleitung oder einer höheren kirchlichen Verwaltungsbehörde, ferner als Leiter oder Lehrer an einer der praktischen Vorbildung der Geistlichen gewidmeten Anstalt. Die Personalien werden dem Land mitgeteilt. Auch in den neueren Kirchenverträgen findet sich die sog. → Politische Klausel. - Vgl. auch → Anstaltsseelsorge, → Militärseelsorge.

Lehrbücher des ev. u. kath. → Kirchenrechts - W. Kessler, Grundlagen, Entwicklung u. neuzeitl. Gestaltung des Pfarrstellenbesetzungsrechts in der ev. Kirche des Rheinlands (Jur. Diss. Saarbrücken). 1953 (Selbstbericht in ZevKR 4, 1955, 403-409) - EKL III, 154ff - WKL 1389f.
R. Weeber

Stellvertretung. Der Gedanke der S. findet seine Realisation in den verschiedensten religiösen Bereichen. Als irdischer Vertreter eines *Gottes* kann vor allem der sakrale Herrscher auftreten (→ Königtum, sakrales).

Diese Idee findet ihre ausgeprägteste Verwirklichung in → Ägypten (: II) zur Blütezeit des Alten Reiches, in der der König als Erscheinungsform des Falkengottes →Horus verstanden und selbst als »großer Gott« bezeichnet wird. Auch gewöhnliche Menschen können als Stellvertreter von Göttern auftreten. So wurde bei den Azteken (→ Mexiko: I, 3) ein Kriegsgefangener jeweils für die Dauer eines Jahres, nach dessen Ablauf er rituell getötet wurde, als Repräsentant des Gottes Tezcatlipoca eingesetzt. - Die S. von *Königen* war in → Babylonien (: II) möglich, wenn der regierende Herrscher von Unheil bedroht war; Assarhaddon (681-669 vChr) hat einmal für hundert Tage einen solchen Scheinkönig eingesetzt. - Auf dem Gebiet der *Ethik* kann eine stellvertretende Übernahme von Sünden (→ Sünde: I) erfolgen. Beim babylonischen → Neujahrsfest (akîtu) erniedrigte sich der König als Träger der Sünden des Volkes vor dem Oberpriester und empfing stellvertretend die Absolution. Am großen Versöhnungstag des Judentums (→ Feste: II, 5b) wurde die gemeinsame Sünde des Volkes auf den → Sündenbock geladen und mit diesem dem Dämon der Wüste übergeben (Lev 16). - Im → *Kultus* können durch → Ersatzgaben kostbare →Opfer (: I) durch geringere vertreten werden. Bes. die Ablösung einstiger → Menschenopfer durch Tieropfer gehört hierzu. Von einer S. beim kultischen → *Gebet* (: I) zeugen die sumerischen Beterstatuetten, die an den Längswänden der Tempel standen und ihren Herrn in permanentem Gebet vor der Gottheit vertreten sollten. - Für das *funeräre* Gebiet ist der in Ägypten seit dem Mittleren Reich nachweisbare Brauch der Grabbeigabe von Uschebtis (»Antwortende«) bezeichnend (→ Ersatzgaben).

H.GRESSMANN, Der Messias, 1929 - R.LABAT, Le sort des substituts royaux en Assyrie au temps des Sargonides (RA 40, 1945/46, 123-142) - J.H.BREASTED JR., Egyptian Servant Statues, Washington 1948 - H.FRANKFORT, Kingship and the Gods, Chicago 1948 - R.PETTAZZONI, Der babyl. Ritus des Akîtu u. das Gedicht der Weltschöpfung (ErJb 19, 1950, 403-430) - H.SCHMÖKEL, Das Land Sumer, 1955 - W.HELCK-E.OTTO, Kleines WB der Ägyptologie, 1956, 389 - W.KRICKEBERG, Altmexikan. Kulturen, 1956. *G.Lanczkowski*

Stenersen, *Stener Johannes* (1789-1835), norweg. Theologe, * in Jevnaker, in seiner Studienzeit in Kopenhagen von → Grundtvig beeinflußt, 1812 Katechet in Christiania, 1814 Lektor und 1818 Prof. ebd, 1816 Mitbegründer der norweg. Bibelgesellschaft. Seine Theologie war biblizistisch und konfessionalistisch (→ Norwegen: II), aber nicht unkritisch und gab gewissen naturphilosophischen Gedankengängen (→ Schelling) Raum.

Vf. außer nt.-exeget. (von → Tholuck beeinflußten) Werken u. kirchengesch. Handbüchern u.a.: H.N.Hauges Liv, Virksomhed, Lære og Skrifter, 1827; Forsög til en Lærebog i Religionen, (1827) 1860[3]. - Über S.: Norsk Forfatterlexikon V, 1901, 449ff - N.E. BLOCH-HOELL, Prof. S.J.S. (Tidsskrift for Teologi og Kirke, 1960, 218-236). *R.Hauge*

Stephan, *Martin,* * 13.8.1777 in Stramberg b. Neutitschein (Mähren), † 21. oder 22.2.1846 in Perry County/ Ill. (USA). Aus einfacher röm.-kath. Familie, schloß sich S. 1797 in Breslau den Erweckten an. Von ihnen unterstützt studierte er 1804-09 Theologie in Halle und Leipzig. Seit 1810 Pfarrer der böhmischen Exulanten in Dresden, zugleich an der Johanneskirche (→ Sachsen, 7), sammelte er die Erweckten der Stadt. Der ihm gewogene Kabinettsminister Detlev v. Einsiedel verhinderte eine Untersuchung gegen S. wegen des Verdachts sittlicher Verfehlungen. 1838 wanderte S. mit seinen Anhängern nach Nordamerika aus, wurde auf dem Schiff zum Bischof gewählt, jedoch bald nach der Ankunft als unlauterer Mensch entlarvt und von seiner Gefolgschaft verlassen. Aus ihr ging unter Führung von C.F.W. → Walther die → Missourisynode hervor.

L.FISCHER, Das falsche Martyrertum oder die Wahrheit in der Sache der S.ianer, 1839 - W.v.POLENZ, Die öffentl. Meinung u. der Pastor S., 1840 - E.VEHSE, Die S.sche Auswanderung nach Nordamerika, 1840 - J.F.KÖSTERING, Die Auswanderung d. sächs. Lutheraner i.J. 1838, (1864) 1867[2] - RE[3] XIV, 670ff - ADB 36, 85ff - K.HENNIG, Die sächs. Erweckungsbewegung am Anfang d. 19.Jh.s (Diss. Leipzig), 1929 - DERS., Die Auswanderung M.S.s (ZKG 58, 1939, 142-155) - M.SCHMIDT, Wort Gottes u. Fremdlingschaft, 1953, 37f. *M.Schmidt*

Stephanus, *Märtyrer.* Unsere einzige zuverlässige Quelle ist eine in Apg 6, 1 - 8, 1 verarbeitete Überlieferung. Danach war S. ein griechisch sprechender Jude (»Hellenist«) aus der → Diaspora (Kyrene?), der sich, in Jerusalem Christ geworden, als Missionar (6, 8) und Führer der gesetzesfreieren Richtung der Urgemeinde hervorgetan hatte (6, 11; → Judenchristentum: I, 2). Bei der Vertreibung dieses Teils der Gemeinde aus Jerusalem (8, 4f; 11, 19) ist S. von einer aufgebrachten jüd. Volksmenge durch Steinwürfe gelyncht worden (7, 57f). Die → Apostelgeschichte hat S. ihrem Bild der Urgemeinde als Armenpfleger eingefügt (6, 1ff) und sein Martyrium zu einem Prozeß vor dem Synhedrium (6, 12 - 7, 1) gestaltet, mit einer großen Verteidigungsrede (7, 2-53) und → Paulus als Zeugen bei der Steinigung (7, 58; 8, 1). Die Überlieferung kennt S. als »Erzmärtyrer« (Hss. zu Apg 22, 20, ActPhil insc.). Sein Märtyrertag ist der 26.12.

M.SIMON, St. Stephen and the Hellenists, 1958 - E.HAENCHEN, Die Apg (MeyerK III[12]), 1959, zu 6, 1ff u. 7, 53ff (Lit.). *H.Köster*

Stephanus I., röm. Bischof 12.5.254 bis 2.8.257, in einer Ruhepause zwischen zwei → Christenverfolgungen. Im → Ketzertaufstreit dekretierte er den röm. Brauch als allgemeinverbindlich, erregte dadurch aber empörten Widerspruch seiner Kollegen. Sein Tod verhinderte eine Kirchenspaltung. Unter Ausnutzung von Gedanken → Cyprians von Karthago stützte S. erstmalig den röm. Herrschaftsanspruch auf die Theorie der Petrusnachfolge (→ Papsttum: I, 2).

A.HARNACK, Gesch. d. altchristl. Lit. I/1, (1893) 1958[2], 656ff - J.ERNST, FKDG V/1, 1905 - H.v.SODEN, QFIAB 12, 1909, 1ff (Lit.) - G.BARDY, RSR 14, 1924, 255ff. 385ff - CASPAR I, 79ff - HALLER I, 39ff. 495ff - QUASTEN II, 237ff (Lit.) - SEPPELT I[2], 51ff. 56ff. *F.Winkelmann*

(II.), *Papst,* als röm. Priester nach dem Tode des → Zacharias März 752 gewählt, † vor der Weihe. Das MA hat ihn nicht mitgezählt, doch wurde er bis 1961 zB in der Papstliste des AnnPont geführt; dadurch erhöht sich die Ordnungszahl der folgenden Träger des Namens jeweils um eins.

II., *Papst* 26.3.752 bis 26.4.757, Römer. Obwohl persönlich kaum bedeutend, ist sein Pontifikat richtungweisend: er verband sich mit den → Franken und begründete den → Kirchenstaat (→ Papsttum: II, 1c). Bedroht von den unberechenbaren → Langobarden unter König Aistulf und im Stich gelassen von → Byzanz, nahm S. 753 trotz einer starken Gegenströmung energisch die Politik → Gregors III. wieder auf. In Begleitung einer fränkischen Gesandtschaft ging er als erster Papst über die Alpen und scheint in Ponthion Jan. 754 zunächst einen Schutzvertrag mit König Pippin geschlossen zu haben. Wichtiger ist das inhaltlich schwer greifbare »Pippinsche Schenkungsversprechen« von Quierzy (April 754), vermutlich ein Garantievertrag, der dem Papsttum eine weit bemessene Interessensphäre in Italien zugestand; erst später wurde er von der

Kurie als Schenkung aufgefaßt. Als Gegendienst salbte S. Pippin und seine Gemahlin. Ein wirkliches Schenkungsversprechen hat Pippin vielleicht nach seinem ersten (754), gewiß nach seinem zweiten Langobardenfeldzug (756) abgegeben. Der Exarchat von Ravenna und Gebiete, die eine territoriale Verbindung mit dem Dukat von Rom herstellten, wurden S. überlassen. Die rechtliche Stellung des neuen Kirchenstaates war schwierig, zumal seine Autonomie durch die fränkische Schutzherrschaft (→ Karl d.Gr.) und durch die formell nicht aufgehobenen byzantinischen Hoheitsrechte eingeschränkt war.

L.DUCHESNE, Les premiers temps de l'Etat Pontifical, Paris (1898) 1911³ - E.CASPAR, Pippin u. die röm. Kirche, 1914 (dazu W.LEVISON, HV 20, 1920, 330-337) - C.RODENBERG, Pippin, Karlmann u. Papst S. II., 1923 - P.E.SCHRAMM, Das Versprechen Pippins u. Karls d. Gr. (ZSavRG Kan.Abt. 27, 1938, 180-217) - L.SALTET, La lecture d'un texte et la critique contemporaine (Bull. de litt. eccl. 41, 1940, 176 bis 206; 42, 1941, 61-85) - O.BERTOLINI (→ Gregor II.) - DERS., Il primo »periurium« di Astolfo verso la chiesa di Roma (752-753) (StT 125, 1946, 160-225) - DERS., Il problema delle origini del potere temporale dei papi nei suoi presupposti teoretici iniziali: Il concetto di »Restitutio« nelle prime concessi territoriali (756-757) della chiesa di Roma (Miscell. P.Paschini 1, 1948, 103-171) - DERS., Sergio arcivescovo di Ravenna (744-769) ed i pape del suo tempo (Studi Romagnoli 1, 1950, 43-88) - E.GRIFFE, Aux origines de l'Etat Pontifical (Bull. de litt. eccl. 53, 1952, 216-231) - HALLER I, 412ff. 553ff - SEPPELT II, 119ff. 429ff (Lit.) - G.TANGL, QFIAB 38, 1958, 53ff. - Weiteres s.u.

III., *Papst* 7.8.768 bis 24.1.772, Sizilianer, als Kandidat des frankenfreundlichen Primicerius Christophorus gegen → Konstantin II. erhoben, den er auf einer Lateransynode 769 absetzen ließ. Sein Versuch, die → Papstwahl für die Zukunft auf den röm. Klerus zu beschränken (Mirbt Nr. 231), blieb ohne Wirkung. Als sich zwischen → Karl d.Gr. und dem Langobardenkönig Desiderius eine politische Annäherung vollzog, schwenkte S. auf eine langobardenfreundliche Politik um und bewirkte den blutigen Sturz der fränkischen Partei in Rom.

L.M.HARTMANN (→ Konstantin II.) 231ff - O.BERTOLINI, La caduta del primicerio Cristoforo (771) nelle versioni dei contemporanei e le correnti antilongobarde e filolongobarde in Roma alla fine del pontificato di Stefano III (771-772) (Riv. di stor. della chiesa in Italia 1, 1947, 227-262. 349-378). - Weiteres s.u.

IV., *Papst* 22.6.816 bis 24.1.817, Römer. Weil er ohne kaiserliche Bestätigung geweiht worden war, entschuldigte sich S. bei Ludwig d.Fr.; zugleich ließ er die Römer den Treueid schwören. Mit Ludwig traf er Okt. 816 in Reims zusammen, wo die von → Karl d.Gr. 813 vollzogene Kaiserkrönung wiederholt und das Bündnis mit den Franken erneuert wurde. Damals wahrscheinlich sind die Absprachen für das unter → Paschalis I. zustande gekommene Pactum Ludovicianum (Mirbt Nr. 244; → Papstwahl) getroffen worden.

H.v.SCHUBERT, Gesch. d. christl. Kirche im Früh-MA, 1921, 396ff - E.E.STENGEL, Die Entwicklung des Kaiserprivilegs (HZ 134, 1926, 216-241) - HALLER II, 25. 522f. - Weiteres s.u.

V., *Papst* Sept. 885 bis 14.9.891, Römer. S. versuchte erfolglos, Kaiser Karl III. (d. Dicken) zu einem Italienzug zu bewegen, und vergab die Kaiserkrone nach dessen Absetzung (887) an Herzog Wido von Spoleto (→ Papsttum: II, 1b). Während seines Pontifikats wurde → Photius (→ Nikolaus I.) abermals abgesetzt. Um die mährische Kirche eng an Rom zu binden, verbot er den Gebrauch der slawischen Sprache in der Liturgie (→ Konstantin und Methodius).

G.LAEHR, Das Schreiben S. V. an Sventopulk v. Mähren (NA 47, 1928, 159-173) - F.DVORNIK, Le schisme de Photius, Paris 1950 - J.SYDOW, La dignità imperiale di Guido e Lamberto duchi di Spoleto (Spoletium 3, 1956, 7-11). - Weiteres s.u.

VI., *Papst* Mai 896 bis Mai 897, Römer, vorher Bischof von Anagni. Von der spoletinischen Partei erhoben, hat S. den Leichnam seines Vorgängers → Formosus aus der Gruft reißen lassen, über den Toten Gericht gehalten und die von diesem gespendeten Weihen für nichtig erklärt. Von dem empörten Volk wurde er gestürzt und im Gefängnis erdrosselt (→ Theodor II., → Romanus, → Johannes IX.).

VII., *Papst* Dez. 928 bis Febr. 931, Römer. Von der Partei Marozias (→ Papsttum: II, 1c) erhoben, blieb er ohne Einfluß.

VIII., *Papst* 14.7.939 bis Okt. 942, Römer. S. stand in machtloser Abhängigkeit vom Tuskulaner Alberich II. (→ Papsttum: II, 1c). Doch wußte er seine geistliche Autorität nach außen zu gebrauchen: Um die Franzosen und Burgunder zur Anerkennung König Ludwigs IV. d'Outremer zu zwingen, drohte er ihnen mit dem Bann.

PH.LAUER, Le règne de Louis IV d'Outremer, Paris 1899, 939ff - BREZZI (→ Silvester II.).

Zu II.-VIII.: RE XVIII, 805ff; XIX, 1ff - RGG² V, 788ff - DThC V/1, 973ff - LThK IX, 804ff - EC XI, 1308ff. *H.Fuhrmann*

IX., *Papst* 3.8.1057 bis 29.3.1058, Friedrich, Bruder Gottfrieds von Lothringen, in Lüttich gebildet, mit → Leo IX. nach Rom gekommen, wurde unter dem Schutz seines Bruders gewählt, der nach dem Tode Heinrichs III. die Vormacht in Italien hatte. Kaiserin Agnes erhob keinen Einspruch gegen die Wahl. Die Politik wurde fortan mehr von Kardinal → Humbert (, 2) mit seiner Schrift »Wider die Simonisten« als von → Petrus Damiani bestimmt. Humbert wandte sich gegen jeden Einfluß der Fürsten in der Kirche und forderte die → Libertas, womit die Kirchenpolitik der Ottonen verurteilt, altes Recht als Unrecht hingestellt wurde. Der Bruch mit der Vergangenheit zeigte sich auch in der Begünstigung der → Pataria, die mit Gewalt den Einfluß der Adligen und der Bischöfe brechen wollte.

DUCHESNE, LP II, 278. 334. 356 - WATTERICH I, 188ff - JAFFÉ I, 553ff - G.MEYER v. KNONAU, Jb.er d. dt. Reiches unter Heinrich IV., Bd I, 1890, 30ff - HAUCK III, 669ff - A.FLICHE, La réforme grégorienne I, 1924 - A.MICHEL, Papstwahl u. Königsrecht, 1936 - G.TELLENBACH, Libertas, 1936 - DThC V, 980f - EC XI, 1311f. *F.Bock*

Stephanus *bar Sudaile* (um 500, zuletzt in Palästina), syrischer Mystiker, * in Edessa, in Ägypten ausgebildet, vertrat eine von seinen monophysitischen Glaubensgenossen abgelehnte neuplatonische → Mystik (: V, 2c) pantheistischen Gepräges. S. verwarf die Ewigkeit der Höllenstrafen und lehrte eine Apokatastasis (→ Wiederbringung Aller) im Sinne des → Origenes, auch für Juden und Heiden. Den Sakramenten stand er gleichgültig gegenüber. - Seit → Barhebräus wird ihm eine Abhandlung »Über die verborgenen Geheimnisse bei Gott« zugeschrieben, als deren Verfasser ein Hierotheos erscheint, wie der angebliche Lehrer des → Dionysius Areopagita, mit dem die Lehren des S. manche Parallelen aufweisen. Weiteres Schrifttum ist verloren. Seine Gedanken sind bes. durch die Polemik des → Jakob von Sarūg und des → Philoxenos von Mabbūgh bekannt.

A.L.FROTHINGHAM, S.b.S., 1886 - RE XIX, 127f - A.BAUMSTARK, Gesch. der syr. Lit., 1922, 167 u. HO III/2-3, 185 - BARDENHEWER IV, 280ff - F.S.MARSH, The Book of the Holy Hierotheos, 1927.
B.Spuler

Stephanus *(Estienne)*, berühmte franz. Buchdrucker-Dynastie. Ihr Begründer, *Henri I.* (ca 1460-1520), ließ sich 1502 in Paris nieder und stand dem Kreis um → Faber Stapulensis nahe. Von seinen Söhnen François, Robert und Charles übernahm der mittlere, *Robert I.* (1503-59), 1526 die Offizin. Er war nicht nur Handwerker und Geschäftsmann, sondern auch einer der größten Philologen seiner Zeit. Als sein eigenes Frühwerk gab er (erstmals 1531) den »Thesaurus linguae Latinae« heraus. 1539 wurde er von Franz I., der ihm die Mittel für die griech. »typi regii« zur Verfügung stellte, zum kgl. Buchdrucker ernannt. Von 1546-51 produzierte seine Offizin eine Reihe von Ausgaben des griech. NT (→ Text: II), die wichtigste (1550) mit Varianten aus 15 Hss. und der Complutensis. In der Ausgabe von 1551 begründete er die bis heute übliche Verseinteilung (→ Kapitel- und Verseinteilung). Seit 1528 erschienen auch eine Reihe kritischer Editionen der Vulgata, 1539 und 1544/46 solche des hebr. AT. Fortgesetzte Angriffe der Sorbonne gegen diese Bibeleditionen führten Ende 1550 zur Umsiedlung des R.S. nach Genf, wo er sich der Reformation anschloß und u.a. die Hauptschriften Calvins druckte. Die Genfer Offizin erlebte einen weiteren Aufschwung unter Roberts ältestem Sohn *Henri II.* (1528-98), der sich ebenfalls durch vielseitige Gelehrsamkeit und schriftstellerische Tätigkeit auszeichnete. Neben zahlreichen Ausgaben griech. Schriftsteller (zB Plato, 1578) ist sein Hauptwerk der »Thesaurus linguae Graecae« (5 Bde, 1572). *Robert II.* (1530-70), ein jüngerer Bruder Henris, kehrte zur kath. Kirche zurück und betrieb das Pariser Geschäft als kgl. Drucker Karls IX. weiter. Henris Sohn *Paul* (1566-1627) übernahm nach 1598 die Genfer Druckerei und publizierte insbesondere Klassikerausgaben. Die Familie starb im 18.Jh. aus.

A.A.Renouard, Annales de l'imprimerie des Estiennes, (Paris 1843²) New York 1960 - Mark Pattison, The Stephenses, (Essays I, Oxford 1889, 67-123) San Francisco 1949 - L.Clément, Henri Estienne et son oeuvre française, Paris 1899 - E.Lau, Charles Estienne, Leipzig 1930 - Elizabeth Armstrong, Robert Estienne, Royal Printer, Cambridge 1954 (Lit.). *H.R.Guggisberg*

Stephenson, *Thomas Bowman* (1839-1912), methodistischer Theologe und Philanthrop, * in Red Barns, als Pfarrer in Manchester um Linderung des Elends der Textilarbeiter bemüht. 1868 begann S. in Lambeth (London) sein Lebenswerk an verwahrlosten und Waisenkindern und gründete etwas später das National Children's Home and Orphanage. 1903-07 war er Vorsteher des von ihm gegründeten Order of Wesley Deaconesses, 1891 Präsident der Wesleyan Conference, 1891 und 1901 der Oecumenical Methodist Conference, dazu ein rühriges Mitglied des London School Board und ein begabter Schriftsteller und Komponist.

Vf. u.a.: Concerning Sisterhoods, 1890; The Words of a Year, 1892; The Supplementary Hymnary, 1897; The People's Order of Divine Service, 1901. - Über S.: J.Julian, Dictionary of Hymnology, 1907², 1092 - W.Bradfield, Life of S., 1913. *D.Carter*

Stepinac, *Aloys* (8.5.1898 bis 9.2.1960), Kardinal (1953), 1930 in Rom zum Priester geweiht, 1934 Titularerzbischof von Nicopsis mit dem Recht der Nachfolge des Oberhirten von Agram (Zagreb), 1937 Erzbischof von → Agram und damit Metropolit der kroatisch-slowenischen Kirchenprovinz und Vorsitzender der jugoslawischen Bischofskonferenz. 1946 wurde S. »wegen Zusammenarbeit mit dem Feinde« (in den Jahren der deutschen Okkupation) zu 16 Jahren Zwangsarbeit verurteilt, 1951 aus der Haft entlassen und in seinen Heimatort Krašić verbannt. Seine Kardinalserhebung führte zum Abbruch der diplomatischen Beziehungen zum Vatikan durch die jugoslawische Regierung. Seine Standhaftigkeit verhinderte die vom kommunistischen Staat durch Einrichtung einer Nationalkirche beabsichtigte Gleichschaltung der kath. Kirche (→ Jugoslawien, 3 b). S. hat die Befreiung der Kroaten von der Willkür des Vielvölkerstaats Jugoslawien im 2. Weltkrieg aus kirchlichen und nationalen Gründen begrüßt, hat sich aber sogleich gegen die Übergriffe der politischen Gewalten gegen Serben, Juden und oppositionelle kroatische Gruppen gewandt.

HerKorr 1-14, 1946/47-60 (s. Reg.) - R.Pattee, The Case of Cardinal A.S., Milwaukee 1953 - AnnPont 1959. *W.Sucker*

Stepun, *Fedor,* russ. Philosoph und Soziologe, Dichter und Publizist, * 19.2.1884 in Moskau. 1922 aus Rußland ausgewiesen, wurde er 1926 Prof. für Soziologie an der TH Dresden; 1937 entlassen (Rede- und Schreibverbot), 1946 Prof. für russ. Geistesgeschichte in München. - Das Anliegen S.s ist die praktische Verwirklichung der »positiven All-Einheit« → Solowjews. S. versucht, von dem Zentrum seiner durch die östlich-orth. Kirchlichkeit und die → russische Religionsphilosophie bestimmten religiös-philosophischen Grundhaltung aus das Gesamtgebiet der geistigen Kultur zu erfassen, zu deuten und zu beeinflussen.

Vf. bes.: Solowjew, 1910; Leben u. Schöpfertum, 1923 (russ.); Die Wandlung des N.Pereslegin, (1928) 1951³; Theater u. Film, (1932) 1953²; Das Antlitz Rußlands u. d. Gesicht der Revolution, 1934; Vergangenes u. Unvergängliches. Aus meinem Leben, 3 Bde, 1947-50 (gek. Sonderausg.: Das Antlitz Rußlands u. d. Gesicht d. Revolution, 1961); Dostojevskij, 1950; Der Bolschewismus u. die christl. Existenz, 1959. *L.Müller*

Sterkoranisten, Bezeichnung für angebliche Häretiker, denen die Behauptung unterstellt wurde, der eucharistische Herrenleib unterliege wie irdische Nahrung (vgl. Mt 15, 17) der Verdauung und Ausscheidung. Seit dem 9.Jh. bekämpften sterkoranistische Vorstellungen u.a. → Florus von Lyon (MPL 119, 74. 78), → Paschasius Radbertus (MPL 120, 1331), Heriger von Lobbes (= Ps.-Gerbert von Aurillac, MPL 139, 179. 187f) und Durandus von Troarn (MPL 149, 1380. 1389f. 1392). Kardinal → Humbert von Silva Candida gebrauchte als erster das Schimpfwort »stercorianista« im Brief an Bischof Eusebius Bruno (NA 7, 1882, 614) und in der Contradictio gegen Niketas Stethatos (MPL 143, 993 = MPG 120, 1031). → Alger von Lüttich widerlegte ausführlich die »haeresis foedissima stercoranistarum« (MPL 180, 807-811). Jedoch existierte diese Häresie nur in der Vorstellung ihrer Gegner, da weder die Verteidiger noch die Leugner der Realpräsenz wirkliche S. waren. Die Polemik hörte auf, als in der Hochscholastik zwischen dem Herrenleib und den ihn bergenden, dem Verdauungsprozeß unterworfenen sakramentalen Gestalten genauer unterschieden wurde (vgl. → Thomas von Aquino, S.th. III q. 77 a. 7 ad 3). Im 16.Jh. wurde das Schimpfwort von ref. Theologen gegen die luth. Abendmahlslehre (→ Abendmahl: II, 3) erneut verwendet.

C.M.Pfaff, Tractatus de Stercoranistis medii aevi tam latinis quam graecis, 1750 - KL XI, 782f - RE XIX, 9f - J.Geiselmann, Die Eucharistielehre der Vorscholastik (FChLDG XV, 1-3), 1926 - DThC XIV, 2590ff - Landgraf III/2, 215f (der mitgeteilte anonyme Text stammt von Alger von Lüttich, s.o.). † *B.Decker*

Sternberg (in Mecklenburg), 1492 bis ca 1550 vielbesuchter *Wallfahrtsort.* 1492 wurden einige Juden in S. beschuldigt, sich von dem dortigen Priester Peter Däne eine geweihte Hostie verschafft und sie durchstochen zu haben. Als man die im herzoglichen Hof vergrabene, angeblich blutige Hostie fand, wurden 20 Juden verbrannt, der Priester gevierteilt, alle übrigen Juden des Landes verwiesen. Herzog Magnus stiftete am Fundort zu Ehren des hl. Blutes (→ Blutwunder) ein Augustiner-Kloster, dessen Bau auf Betreiben des Generalvikars J.v. → Staupitz 1507 durch Herzog Heinrich beendet wurde. Als W. → Linck 1520 das Kloster visitierte, war es mit

15 Personen besetzt. In seiner Schrift An den Adel hat Luther u.a. auch gegen den Wallfahrtsort S. polemisiert und 1524 auf Bitten des Herzogs die Auflösung des S.er Konvents veranlaßt. Nachdem sich die Priester des Blutaltars um 1532 verlaufen hatten, fanden die Wallfahrten allmählich ein Ende.

K.SCHMALTZ, KG Mecklenburgs I. II, 1935/36. *E.Peschke*

Sterne (S. = Stern). In den Religionen spielen die S.e eine merkwürdige Rolle: *Einerseits* tauchen sie im Guten wie im Bösen sehr oft als Akteure in Mythen auf (→ Mythos: II, 1. 3g). Der Mensch »rechnet« sehr vielfältig mit ihnen, auch wo es nicht zum astrologischen Berechnen (→ Astrologie) oder zum S.- → Aberglauben kommt. Die S.e imponieren sich dem Menschen so stark, daß er seine Welt nicht ohne ständige Bezugnahme auf sie »mythisch« bauen kann (→ Weltbild: I.). *Andererseits* sind die S.e gegenüber → Sonne und → Mond kultisch aber fast ganz unwesentlich. In ganz wenigen Kulturen nur werden sie als Gottheiten erfahren und kultisch verehrt (→Astralreligion), bes. in der sumerisch-babylonischen Religion (→ Babylonien: II, 6) mit Wirkungen auf das vorislamische → Arabien (: I; → Sabäer und Minäer) und den hellenistischen Fatalismus (→ Griechische Religion, 4; → Hellenismus) sowie bei den Azteken (→ Mexiko: I, 3). Das ist eigentlich merkwürdig, denn zumal der seefahrende Mensch ist ja auf S.e - zB den Polar-S. - angewiesen. Aber diese praktische Bedeutung schlägt sich in erstaunlich weitem Maße nur weltanschaulich-mythisch, aber nicht religiös-kultisch nieder! Wenn man auch sagen kann, daß die »Verbindung« des Göttlichen mit den S.en bis in die hohen Religionen hinauf vorhanden ist, so wird man bei der weiteren Frage, »als was« die S.e in diese »Verbindung« hineinkommen, sagen, daß sie als Metapher, als Bild oder als Sitz bzw. Ort von Göttern oder Seelen da sind: Der leuchtend aufgehende Morgen-S. hat eben eine starke Bildkraft. Gerade die Erwägung der eigentümlich weltanschaulich eingegrenzten Stellung der S.e kann von dem Hang zu der These frei machen, alles, was der frühen Menschheit lebensnotwendig und zugleich geheimnisvoll nahekomme, führe zu Vergöttlichungen und Kulten (→ Naturdienst, → Naturmythologie). - Die S.e werden im weltanschaulichen Mythos oft auch dem Menschen verbunden. Die hellenistische Vorstellung von der Verwandtschaft (συγγένεια) zwischen S.en und → Seele ist anderwärts nicht zu belegen, aber daß die Seelen Verstorbener zu den S.en gehen oder als S.e weiterhin existieren, findet sich häufig. In S.-Sagen werden die S.e oft als Menschen verstanden, die als Lohn oder → Strafe an den → Himmel (: I) entrückt wurden. - Vgl. → Milchstraße, → Tagewählerei.

RE XIX, 10ff - F.X.KUGLER-J.SCHAUMBERGER, S.kunde u. S.-dienst in Babel I. II u. ErgH.e 1-3, 1907-35 - ERE XII, 48ff - F.NORMANN, Mythen der S.e, 1925 - W.GUNDEL, S.glaube, S.religion u. S.orakel, (1933) 1959² (Lit.) - A.E.THIERENS, Astrology in Mesopotamian Cultures, Leiden 1935 - HWDA (s. Reg.) - TH.v.SCHEFFER, Die Legenden der S.e im Umkreis der antiken Welt, 1939 - RÄRG 749ff - E.J.WEBB, The Names of the Stars, London 1952 - O.ZERRIES, S.bilder als Ausdruck jägerischer Geisteshaltung in Südamerika (Paideuma 5, 1952, 220-235) - A.SCHERER, Gestirnnamen bei den idg. Völkern, 1953 - M.P.NILSSON, Die astrale Unsterblichkeit u. die kosmische Mystik (Numen 1, 1954, 106-119) - S.MOSCATI, Le antiche divinità semitiche, Rom 1958. - Weitere Lit. s. → Astralreligion, → Astrologie. *C.H.Ratschow*

Sterne, *Laurence* (1713-68), engl. Romanautor. Als Sohn eines in Irland stationierten Offiziers geboren, wurde S. nach Studium in Cambridge Landpfarrer. 1759-67 erschien sein Roman The Life and Opinions of Tristram Shandy, Gentleman (9 Bde), 1768 A Sentimental Journey Through France and Italy; dazu kamen später verschiedene Predigtbände. - Tristram Shandy entfaltet ohne durchgehende Handlung die Assoziationen der Gedanken, Vorstellungen und Impressionen. Die Relativierung der chronologischen zugunsten der psychologischen Zeit unter Einfluß von John → Locke macht S. zum Vorläufer des psychologischen Romans (James → Joyce). In Deutschland wurde der Roman der → Empfindsamkeit (→ Jean Paul) stark von S. beeinflußt.

Works, 7 Bde, Oxford 1926f - Letters, ed. L.P.CURTIS, ebd 1935. - W.L.CROSS, Life and Times of L.S., (1909) New Haven 1929³. *G.Müller-Schwefe*

Steuber, *Johannes* (1590-1643), luth. Theologe, * in Schwickardshausen (Oberhessen), 1614 in Gießen Prof. der Physik, 1617 auch für Griechisch, 1620 Prof. der Theologie und für Hebräisch. 1624 - bei der Verlegung der Universität - Prof. der Theologie in → Marburg, dazu Pfarrer an St. Elisabeth, 1625 auch Universitätsbibliothekar, 1627 Stipendiatenephorus. Auf Befehl Landgraf Ludwigs V. wirkte S. 1624 bei der Wiederherstellung der luth. Religion im Marburger Gebiet mit, ebenso 1627 auf Befehl Landgraf Georgs II. im Schmalkaldener Gebiet. 1628 Mitarbeiter bei der Generalkirchenvisitation, 1634 Mitverfasser der Erklärung Georgs II. (→ Hessen: I, 3). S. förderte bes. das Kirchen- und Schulwesen in Hessen.

STRIEDER XV, 316ff (Bibliogr.) - W.DIEHL, Zur Gesch. d. Gottesdienstes... in Hessen, 1899, 8ff - DERS., Die Schulordnungen d. Großherzogtums Hessen (MG Paed. 27. 28. 33), 1903-05 (s. Reg.) - DERS., Hess. Chron. 9, 1920, 116 - DERS., Hassia sacra II, 1925 (s. Reg.) - Die Univ. Gießen 1607-1907, Festschr. I, 1907, 459; II, 1907, 29ff. *H.Steitz*

Steuchus (Steuco), *Augustin* (1497-1548), kath. Humanist und Theologe. * in Gubbio (»Eugubinus«), seit 1513 ebd Regularkanoniker, um 1530 vorübergehend Prior von S. Marco in Reggio, 1538 von Paul III. zum Bischof von Kisamos (Kreta) und zum Bibliothekar der Vatikanischen Bibliothek ernannt. Kurz vor seinem Tod weilte S. als päpstlicher Legat auf dem nach Bologna verlegten →Tridentinum. - Seine schriftstellerische Tätigkeit war historischen, philosophischen und theologischen Fragen gewidmet. Dabei kam seine Kenntnis des Hebräischen bes. den Arbeiten zum AT zugute (u.a. Recognitio veteris testamenti, 1529; Cosmopoeia, 1535; Enarrationes in psalmos, 1548). Sein bekanntestes Werk »De perenni philosophia« (1540) versucht die gemeinsamen gedanklichen Grundlagen von antiker Philosophie und Christentum aufzuweisen. S. war ein Gegner sowohl Luthers als auch des → Erasmus. Gegen →Valla verteidigte er die → Konstantinische Schenkung.

GA: Paris 1578, Venedig 1591 u. 1601. - Über S.: RGG² V, 795 (Lit.) - TH.FREUDENBERGER, A.S. aus Gubbio, 1935 - LThK IX, 817f - G.SAITTA, Il Rinascimento, Bologna 1950, 75ff - EC XI, 1332f. *R.Ackermann*

Steudel, *Friedrich,* ev. Theologe, * 27.9.1866 in Tuttlingen/Württ., † 9.11.1939 in Bremen, Enkel von *Johann Christian Friedrich* S. (1779-1837, seit 1815 Prof. der Theologie in → Tübingen; → Rationalismus: II, 3e). Seit 1891 Pfarrer in Maienfels bei Weinsberg, forderte S. im Anschluß an → Schrempf und als Schüler von A.E.Biedermann 1894 eine Lockerung des Bekenntniszwanges, u.a. eine Taufe ohne Apostolikum. 1896 amtsenthoben, wurde er 1897 Pfarrer an St. Remberti in Bremen (1933 emeritiert). Den »Bremer Radikalen« → Kalthoff, Lipsius, Felden und Mauritz eng verbunden, bemühte sich S. unter radikaler Preisgabe der biblisch-dogmatischen Grundlagen des Christentums um ein modernes Weltbild auch in der Kirche. Mit A.Drews vertrat er ein mythologisches Christusverständnis und geriet darüber in Auseinandersetzungen auch mit der liberalen Theologie.

Vf. u.a.: Der rel. Jugendunterricht, 3 Tle, 1895-1900; Meine Abrechnung mit der württ. Landeskirche, 1896; Die Religion im Lichte der monist. Weltanschauung, 1907; Das Christusproblem u. die Zukunft des Protestantismus, 1910; Im Kampf um die Christusmythe, 1910. - Hg.: Nachgel. Schriften von Kalthoff (mit dessen Biogr.), 1907; Bremer Flugschriften (mit Fr.Lipsius), 3 H.e, 1908. - Über S.: A.Titius, Der Bremer Radikalismus, 1908, 43f. 82ff - H.Hermelink, Gesch. d. ev. Kirche in Württ., 1949, 435f - H.Nölle, F.S. (in: Neue Bremische Biogr. 1912-60, 1962). *H.Hohlwein*

Steuer und Steuerpolitik

1. Kennzeichnung - 2. Funktionen - 3. Rechtfertigung - 4. Technik - 5. Arten und Systeme - 6. Wirkungen - 7. Politik. - Vgl. →Kirchensteuer

1. S.n sind staatliche Zwangsabgaben, die von den Leistungsverpflichteten ohne Anspruch auf eine spezielle Gegenleistung entrichtet werden müssen. Die Abgabepflicht kann laufender, gelegentlicher oder einmaliger Art sein und beinhaltet heute zumeist eine Geldzahlung (s. 4). Die Einnahmen aus einzelnen S.arten dienen in der Regel nicht speziellen Verwendungszwecken, sondern der staatlichen Aufgabenerfüllung schlechthin (Prinzip der Nonaffektation). - Die Trennungslinie zwischen den S.n und anderen öffentlichen Einnahmen ist nicht immer scharf zu ziehen: zB im Hinblick auf »Zwangsbeiträge« (»Quasi-S.n«) der Sozialversicherungen, Kirchen und ähnlicher Körperschaften sowie überhöhte staatliche Gebühren und Monopolpreise. Sie wird in einer zentral gelenkten Wirtschaft überhaupt fragwürdig (vgl. 7).

2. S.n bilden in der Gegenwart die Haupteinnahmequelle der Staaten. Deren Finanzbedarf kann bei den zu erfüllenden Aufgaben nicht mehr allein aus Entgelten für dargebotene Leistungen gedeckt werden. Die hieraus folgende Deckungsfunktion der S.n wurde früher einseitig betont. Demgegenüber soll die Besteuerung nunmehr auch dazu beitragen, das Wirtschaftsgeschehen zu ordnen und zu lenken (vgl. 7). Das ist für die Gestaltungsweise der Abgaben gravierend; denn ein steuerlich zu deckender Finanzbedarf kann sehr unterschiedlich aufgebracht werden.

3. Die Versuche, die Besteuerung als einen tauschwirtschaftlichen Vorgang im Sinne eines individuellen Entsprechungsverhältnisses zwischen Abgabenlast und dargebotenen Staatsleistungen zu deuten - Interessen-, Äquivalenz-, Assekuranztheorie u.a. -, werden ihrer Eigentümlichkeit nicht gerecht. S.n sind keine »rein ökonomische Kategorie« (A.Wagner) und noch weniger als marktwirtschaftlicher Vorgang erklärbar. Das - seit der Scholastik ausgeprägtere - Bemühen um eine spezielle, weltanschaulich motivierte Rechtfertigung der S.-erhebung an sich entsprach besonderen Bedingungen staatlichen Wirkens. Die »Besteuerung als Institution der modernen Finanzwirtschaft« (F.Neumark) ergibt sich notwendig aus der dem Staat allenthalben zuerkannten gesellschaftlichen und wirtschaftlichen Gestaltungsfunktion, die ohne Zwangsabgaben der Bürger nicht mehr erfüllt werden kann. Die sittlich-politisch motivierte Rechtfertigung der Staatsaufgaben nach Art und Umfang ist konstitutiv für die S.erhebung an sich, indessen noch kein ausreichender Grund für eine bestimmte Höhe und Verteilung der S.last. Hierzu bedarf es normativer Kriterien ökonomischer und metaökonomischer Art. - Derartige Prinzipien für die Besteuerungsweise sind von der Finanzwissenschaft - bes. im Anschluß an A. → Smith und A. → Wagner - zahlreich entwickelt worden: Ausreichendheit, Anpassungsfähigkeit, Allgemeinheit, Gleichmäßigkeit, Rücksichtnahme auf die Leistungsfähigkeit, wirtschaftliche Aufbringungsweise, Bestimmtheit, ordnungspolitische Angemessenheit usw. - Postulate für die Besteuerungsweise sind nicht unabhängig von den weltanschaulichen Auffassungen, den gesellschaftlichen und wirtschaftlichen Bedingungen sowie den Zielen der Staatstätigkeit. Ihre Gültigkeit oder inhaltliche Interpretation unterliegt daher dem Zeitwandel. Unter dem Gesichtspunkt ihrer Kompatibilität handelt es sich ebenfalls um relative Wertkategorien, die nicht isoliert und ohne Rangskala verwandt werden sollten.

4. Wesentliche Einzelheiten der Abgabepflicht, von denen der Besteuerungserfolg mit abhängt, sind in demokratischen Staatswesen unter Beteiligung der mitbetroffenen Bürger gesetzlich geregelt. Die steuerrechtlichen Bestimmungen betreffen vor allem: die Normierung der *steuerpflichtigen Tatbestände*, dh das Gegebensein eines physischen, abstrakten oder handlungsmäßigen Objektes (S.gegenstand) in bezug auf eine Person oder Institution (S.pflichtiger); die Gestaltung der *S.tarife*, dh der bei einer bestimmten - mit dem S.objekt nicht immer identischen - Bemessungsgrundlage (zB Summe der Umsätze) anzuwendenden S.sätze und zu berücksichtigenden Abzugsgrößen (Freigrenzen, Freibeträge) zur Ermittlung der S.schuld; ferner die individuelle und terminliche Zahlungsweise. Ein S.tarif kann - kontinuierlich oder diskontinuierlich (in Stufen oder Staffeln) - proportional, progressiv, degressiv oder regressiv gestaltet sein, dh die relative S.last bleibt mit steigenden Bemessungswerten gleich, nimmt zu oder wird relativ und absolut kleiner. Um Willkürlichkeiten bei der Bemessung einzelner Abgaben zu vermeiden, sind spezielle Bewertungsregeln unerläßlich, die das S.recht erheblich komplizieren. Schließlich bedarf es in einem Rechtsstaat besonderer Verfahrensregeln, um die Erfüllung der Abgabepflichten überwachen und notfalls erzwingen zu können. Die S.erhebung setzt daher eine entsprechend sachkundige Finanzverwaltung voraus. - Diejenige Person bzw. Institution, die eine S. zahlt, ist - gesetzlich gewollt oder ungewollt - zumeist nicht identisch mit derjenigen, die wirtschaftlich von der Abgabe letztlich betroffen wird (S.träger), weil die Abgabepflichtigen bemüht sind, sich einer Belastung zu entziehen. Es ist in der Regel mit einem mehr oder weniger ausgeprägten S.-widerstand zu rechnen, für den die psychisch-ethisch bedingte Mentalität der Bevölkerung, die Art der Abgaben, die Tarifhöhe und die Verhaltensweise der Finanzverwaltung mitbestimmend sind. - Die letzte Quelle, aus der alle S.einnahmen fließen (S.quelle), sind individuell Einkommen und Vermögen, gesamtwirtschaftlich vor allem das Nettosozialprodukt. Nur in Ausnahmefällen ist ein steuerlicher Zugriff auf das Volksvermögen möglich. Deshalb ist für den S.eingang die Entwicklung des → Sozialprodukts von überragendem Einfluß, zumal heute fast ausnahmslos Quotitäts-S.n mit festgelegten S.tarifen üblich sind.

5. Die des öfteren aufgestellte Forderung nach einer Allein-S. ist theoretisch einseitig motiviert und entspricht nicht den mannigfaltigen Determinanten der S.politik (s. 7). Bei dem erreichten Belastungsniveau ist ein S.pluralismus angemessen, freilich nicht die Vielzahl der erhobenen S.n notwendig. - Die zahlreichen Abgaben, die in den Staaten gewöhnlich eingezogen werden, stellen keine rationalen S.systeme in dem Sinn dar, daß sich die erhobenen S.n in ihren Wirkungen zu einer zweckgerichteten Ganzheit zusammenfügen. Einseitige Interesseneinflüsse und Beharrungsvermögen bestimmen die gegebenen »Abgabebündel« in erheblichem Maße. Historisch dominierten neben speziellen Verbrauchs- und Verkehrsabgaben lange Zeit die objekt-

orientierten Ertrags-S.n. Sie wurden als Hauptabgaben im 20.Jh. mehr oder weniger durch die Einkommen-S.n verdrängt. Gegenwärtig ist international ein zunehmendes Gewicht der allgemeinen Umsatz-S.n zu beobachten.

6. Die Erhebung von S.n beeinflußt die Versorgungs- bzw. Geschäftslage der Wirtschaftssubjekte und veranlaßt diese zu Verhaltensrevisionen. Eine mögliche Abwehrreaktion besteht darin, die S.pflicht legal durch Nichtrealisation des steuerpflichtigen Tatbestandes oder illegal durch Täuschung bzw. Hinterziehung (zB Nichtangabe von Nebeneinkünften) zu vermeiden. Die legale Ausweichmöglichkeit ist bes. bei der Belastung einzelner substituierbarer Konsumgüter oder Produktionsfaktoren, in geringerem Maße bei allgemeinen Einkommen- und Umsatz-S.n - etwa durch zeitliche (Gewinnverlagerung) oder räumliche (Produktionsverlagerung) Umdispositionen - gegeben. - Der mit der S.zahlung unmittelbar verbundene Liquiditätseffekt ist unterschiedlich, je nach den bestehenden kreditären Ausweichmöglichkeiten und der Art der Mittelverwendung (vgl. 7). - Die betroffenen Wirtschaftssubjekte können weiter versuchen, die Abgabelast im Wirtschaftsverkehr durch höhere Verkaufspreise auf die Nachfrager fort- oder niedrigere Einkaufspreise auf die Anbieter zurückzuwälzen. Wegen der Vielzahl von Determinanten (Preiselastizitäten der Nachfrage und des Angebotes, Marktposition, Konjunktur- und Liquiditätslage usw) wird die Überwälzungsmöglichkeit einzelner Abgaben - bes. der Gewinn- und Einkommen-S.n - heute relativer als früher beurteilt. - Eine steuerlich bedingte Minderung des Realeinkommens kann - speziell bei progressiver Einkommenbelastung - den Arbeitswillen hemmen, u.U. aber auch fördern (zB Erhaltung des Lebensstandards). Die Wirkungen der Besteuerung auf die Einkommensverwendung hängen von der Art ihrer Gestaltungsweise und sodann von der Einkommenselastizität des Konsums und der Ersparnisse ab. Die private Ersparnisbildung wird bes. durch progressive Einkommen-S.n gehemmt. - Die S.n beeinflussen stark das gesamte Geschäftsgebaren der Unternehmungen, die heute den überwiegenden Teil der Zahlungen entrichten. Die Abgabelast kann spezifische → Rationalisierungs-Bemühungen auslösen und damit ganz oder zT »eingeholt« werden. Häufiger reizt sie indessen zu volkswirtschaftlich fragwürdigen Ausweichaktionen an: vermehrter Reklame- und Spesenaufwand, erhöhte Konzentrationsneigung, veränderte Faktorenkombination sowie Finanzierungsweise u.a.m. Bes. gewinnabhängige S.n haben tendenziell eine verminderte Investitions- und Risikobereitschaft sowie beengte Finanzierungsmöglichkeiten zur Folge. Großzügige Abschreibungsregelungen, Freibeträge für Investitionsvorhaben, Nichtaktivierungspflicht von Forschungs- und Reklameausgaben bei ihrer Bemessungsweise in Verbindung mit einem starken Nachfragedruck können indessen auch investitions- und damit wachstumsfördernde Wirkungen auslösen. - Über alle vorgenannten Faktoren wirkt die Besteuerung schließlich auf die funktionelle und personelle Einkommensverteilung ein (vgl. 7).

7. Die *S.politik* ist als Mittel der staatlichen Wirtschafts- und Gesellschaftspolitik in ihrer Ausrichtung und Wirksamkeit aufs engste mit den Zielen, Bedingungen und anderen Methoden der Gestaltung verknüpft. Ihre Aufgaben und Möglichkeiten sind in individualistisch-marktwirtschaftlichen Ordnungen andersartig als in kollektivistisch-zentralistischen. Sie sind hier »begrenzter, einfacher, aber auch überschaubarer« (W.Koch), weil der Staat bei zentraler Wirtschaftslenkung (→ Planwirtschaft) ohne Privateigentum an den Produktionsmitteln über mehr alternative und direkte Regulativmöglichkeiten verfügt und weniger Ausweichmöglichkeiten gegeben sind. Letztlich haben diejenigen Abgaben, die hier als S.n figurieren, nur lenkungstechnische Hilfsfunktionen (Planabweichungen, Leistungsanreize). Demgegenüber ist der Aufgaben- und Wirkungsbereich der S.politik in einem individualistisch-marktwirtschaftlichen System mit Privateigentum tiefgreifender und mannigfaltiger. - Unter dem *ordnungspolitischen Gesichtspunkt* geht es um eine angemessene Ausstattung der verschiedenen staatlichen Verbände mit steuerlichen Deckungsmitteln. Das kann einerseits im Rahmen eines gesetzgebungs-, verwaltungs- und ertragsmäßigen Trennsystems, andererseits durch ein sog. Verbundsystem geschehen. Heute ist ein starker Trend zu einem umfassenden S.verbund festzustellen. Steuerpolitische Maßnahmen sind ferner geeignet, die Marktform und Wettbewerbsverhältnisse, u.a. auch die Standortwahl der Unternehmungen zu beeinflussen sowie einzelne Wirtschaftszweige (zB Landwirtschaft) zu »schützen«. Schließlich vermag die S.politik zur Realisation solcher gesellschaftsbestimmender Ziele wie Bevölkerungswachstum, Förderung von Familie und Eigentum usw beizutragen. Die angewandte Methode besteht allgemein darin, durch relativ vermehrte oder verminderte S.lasten die S.pflichtigen zu dem gewünschten Verhalten anzureizen. - Besondere Beachtung finden die *konjunkturpolitischen Möglichkeiten* der Besteuerung. Durch zeitweilige Hortung von S.mitteln bei der Zentralbank kann ein inflationärer Prozeß gebremst und durch Verausgabung dieser Mittel eine rückläufige Konjunktur stimuliert werden. Die konjunkturdämpfende (bzw. -belebende) Wirkung steuerlicher Maßnahmen ist bes. groß, wenn hiervon direkt die Investitionen oder der Konsum betroffen werden. Mitbestimmend für den Erfolg einer konjunkturorientierten S.politik ist, daß diese nicht von der Geld- und Kreditpolitik durchkreuzt wird. In Anbetracht der meist langsamen und unsicheren Willensbildung bei angestrebten S.rechtsänderungen stellen sehr konjunkturreagible Abgaben erwünschte automatische Stabilisatoren dar. - In ähnlicher Weise (zB durch spezielle Importbelastungen oder Begünstigungen für Exporte) ist es möglich, den zwischenstaatlichen Güter- und Kapitalverkehr im Interesse des Zahlungsbilanzausgleichs steuerlich zu beeinflussen. - Im besonderen Maße wird in der S.politik heute schließlich ein Mittel zur Korrektur der marktwirtschaftlich determinierten Einkommens- und Vermögensverteilung gesehen. Der Redistributionseffekt wird dadurch angestrebt, daß die gesamte S.last in bezug auf die personelle Einkommens- und Vermögensverteilung progressiv gestaltet und die vereinnahmten Mittel vornehmlich den Empfängern niedriger Einkommen zugeführt werden (→ Wohlfahrtsstaat). Zu diesem Zweck kommen vor allem die Einkommen- und Vermögen-S.n in Betracht. Der Erfolg einer solchen steuerlichen Redistributionspolitik wird entscheidend davon bestimmt, inwieweit die S.-destinatare tatsächlich die S.last tragen und allgemein konjunkturelle und Preisstabilität gewahrt wird. - Eine Einengung des heute relativ weitreichenden steuerpolitischen Gestaltungsspielraums folgt aus der Verschiedenartigkeit der Aufgaben, Ziele und Bedingungen, die zugleich realisiert werden sollen. Hierdurch vor allem ergeben sich praktische Grenzen für die Höhe der S.last insgesamt und ihre Ausgestaltung im einzelnen. - Vgl. → Wirtschaft, → Wirtschaftspolitik.

Sammelwerke (jeweils mit ausführl. Lit.): Hdb. d. Finanzwiss., hg.v. W.Gerloff u. F.Neumark, 3 Bde, (1926) 1956² - Readings in Fiscal Policy, hg.v. A.Smithies u. J.Keith, Homewood/Ill. u. London 1955 - HWSW X, 93ff. - *Einzelnes:* F.K.Mann, Steuerpolit.

Ideale, 1937 - A.AMONN, Grundsätze d. Finanzwiss. I. II, Bern 1947/1953 - U.K.HICKS, Public Finance, London (1947) 1951² - F.NEUMARK, Theorie u. Praxis d. modernen Einkommens-S., Bern 1947 - F.TERHALLE, Die Finanzwirtschaft d. Staates u. d. Gemeinden, 1948 - W.KOCH, Kommunismus u. Individualismus, 1949 - G.SCHMÖLDERS, Allg. S.lehre, (1951) 1958³ - DERS., Finanzpolitik, 1955 - O.BÜHLER, S.recht I. II, (1951) 1956³ - J.F.DUE, Government Finance, Homewood/Ill. 1954 - K.LITTMANN, Zunehmende Staatstätigkeit u. wirtschaftl. Entwicklung, 1957 - H.HALLER, Finanzpolitik, (1957) 1961² - B.HANSEN, The Economic Theory of Fiscal Policy, London 1958 - D.POHMER, Grundlagen d. betriebswirtschaftl. S.-lehre, 1958 - H.C.RECKTENWALD, S.inzidenzlehre, 1958 - H.KOLMS, Finanzwiss. I-III, 1959-62 - R.A.MUSGRAVE, The Theory of Public Finance, New York-Toronto-London 1959. *G.Zeitel*

Steyler Missionare, *Gesellschaft des Göttlichen Wortes (Societas Verbi Divini, SVD)*, erste und größte deutsche kath. Missionsgesellschaft (→ Missionen: II), 1875 von Arnold Janssen (1837-1909) in Steyl (Holländ.-Limburg) gegründet, seit 1944 exemt. Der Sitz des Generalsuperiors wurde 1928 nach Rom verlegt. Das Missionswerk ist weltweit verbreitet, hat in seinen Reihen als Patres und Brüder Neger, Filipinos, Chinesen, Japaner und Indonesier und zählt (1957) 3657 Kleriker (davon 2424 Priester, 20 Bischöfe und Erzbischöfe) und 1424 Brüder (zT in 15 Druckereien im Presse-Apostolat). Von den deutschen S.M.n sind über 1200 im Ausland tätig. In Deutschland bestehen 3 Provinzen mit 12 Niederlassungen: die niederdeutsche (Provinzhaus St. Augustin/Siegburg-Bonn, Missionspriesterseminar mit philosophisch-theologischer Lehranstalt), oberdeutsche (Provinzhaus St. Wendel/Saar) und ostdeutsche (Provinzhaus in Berlin-Charlottenburg). - In Ostasien haben die S.M. ihr größtes Arbeitsfeld. Die 1933 übernommene Kath. Universität von Peking (1945: 2600 Studenten) und das Collegium Sinicum bestanden bis 1949. In Japan wurde 1949 die Kath. Universität von Nagoya eröffnet (1957: 1400 Studenten), in Cebu (Philippinen) 1935 die San Carlos-Universität übernommen (1957: 4600 Studenten). Als Fachzeitschriften werden in Tokio die »Monumenta Serica« und »Folklore Studies« herausgegeben. Auf den Kleinen Sundainseln (Flores, Timor) in Indonesien sind die S.M. am erfolgreichsten unter den → Südsee-Missionen (Schulvertrag mit der Regierung). Auf den Philippinen und in Südamerika sind sie in der Seelsorge, an Mittelschulen, Akademien und Priesterseminaren tätig. In Nordamerika arbeiten sie im Presse-Apostolat, in Studentenkreisen und in der Mission unter Negern. Weitere Arbeitsgebiete sind Accra (Westafrika), Kongo und Indien. - An den Missionswerken der kath. Kirche sind die S.M. durch das Päpstliche Kolleg St. Peter, das Missionsethnologische Museum im Lateran und das → Anthropos-Institut bei Freiburg/Schweiz beteiligt. - Die ebenfalls von Janssen gestifteten *Dienerinnen des Hl. Geistes (Steyler Missionsschwestern*, 1889) und *Schwestern von der Ewigen Anbetung (Steyler Klausurschwestern*, 1896) unterstützen die S.M.

HEIMBUCHER II, 403 ff - LThK IX, 820 ff - A.FREITAG, Glaubenssaat in Blut u. Tränen, 1948 (Mission der SVD vor u. nach dem 2. Weltkrieg) - 75 Jahre im Dienst des Göttl. Wortes, 1952 - ESCOBAR II, 1463 ff - Das Wirken der Orden u. Klöster in Deutschland I, 1957, 69. 294 ff. *W.Göbell*

Sthen, *Hans Christensen* (1544[?]-1610), dän. Kirchenliederdichter, * in Roskilde, 1565 Rektor und 1573 Kaplan in Helsingör, 1583 Pfarrer und Propst in Malmö. S. war ein volkstümlicher Prediger und ein belesener Theologe. Von seinen moralisierenden, zur Schulaufführung bestimmten kleinen Schauspielen ist nur eines, »Kortvending«, erhalten. Seine wiederholt (1571 ff) aufgelegte Übersetzung der »Christlichen Gebete« des Johann Avenarius (→ Habermann) war sehr beliebt. Die von S. verfaßten Sammlungen »En liden Haandbog« und »En liden Vandrebog« wurden in vielen Auflagen gedruckt. Als Theologe stand S. Melanchthon und dessen dän. Schülern Niels → Hemmingsen und Peder → Palladius nahe. Bes. bekannt ist S. als Kirchenliederdichter (→ Kirchenlied: I, 4). Seine Lieder sind volkstümlich, schlicht und von herzlicher Innigkeit. Das dän. Gesangbuch von 1953 enthält 10 seiner Lieder und 5 Bearbeitungen. Bes. beliebt ist sein Abendlied (dt. Übers. in Gesangbuch für Schleswig-Holstein-Lauenburg, Nr. 490).

C.J.BRANDT-L.HELWEG, Den danske Psalmedigtning I, 1846, 171 ff - H.EHRENCRON-MÜLLER, Forfatterlexikon VIII, 1930, 40 ff (Bibliogr.) - G.CARLQUIST, Lunds stifts herdaminne II, 1948, 23 ff - A.MALLING, Dansk Salmehistorie, 1961 ff, 153 ff. *A.Arvastson*

Stichiron (στιχηρόν), jüngere Bezeichnung für das → Troparion der byzantinischen Hymnodie. Der von στίχος (»Vers«) abzuleitende Begriff S. verweist deutlich auf den charakteristischen Zusammenhang von biblischem Vers und anschließender, metrisch gebauter Hymne. Das die Stichira enthaltende liturgische Buch heißt Stichirarion (στιχηράριον).

G.RAES, Introductio in Liturgiam Byzantinam, Rom 1947 - G.SCHIRO, Lineamenti storici sulla genesi e lo sviluppo del syntomon (Boll. della Badia Greca di Grottaferrata 3, 1949, 133-152. 195-224). *R.Schlötterer*

Stichling, *Gottfried Theodor* (1814-91), Jurist, zuletzt Staatsminister in Weimar, * ebd (Enkel → Herders), studierte in Halle, Heidelberg und Göttingen. 1836 trat S. in den heimatlichen Staatsdienst, wurde 1838 Geheimer Referent im Ministerium, 1848 Vortragender Rat, leitete ab 1867 das Kultus- und das Justizdepartement, wozu er als Staatsminister (1882-90) noch zwei weitere Ressorts übernahm. Im Norddeutschen Bundesrat wirkte er 1870 an der politischen Einigung entscheidend mit. Bahnbrechend war seine Schrift »Die Neugestaltung der Staatsbehörden« (1848). Die Modernisierung und großthüringische Gestaltung des Justizwesens gelang ihm, unterstützt von → Vollert. Seine besondere Sorge galt dem Ausbau der Universität → Jena, der Neugestaltung der höheren Schulen, des Lehrerbildungs- und Volksschulwesens. Er ist der Schöpfer der Weimarischen Synodalordnung. Da der Landtag die beiden in seine Kompetenz fallenden Paragraphen ablehnte, strich S. diese Bestimmungen und publizierte am 29.3.1873 diese Ordnung, die dem Landtag nur noch zur Kenntnisnahme zuging mit dem Antrag, die Kosten der ersten Landessynode vorschußweise zu bewilligen. Seiner Initiative als Vorsitzendem des Kirchenrats verdankt das Großherzogtum das erste Weimarische Landesgesangbuch (1882), den Landeskatechismus (1882), die Kirchenagende (1885) und eine Gottesdienstordnung (1890), in der Hauptsache von Oskar Nicolai bearbeitet.

Vf.: Aus 53 Dienstjahren, 1891. - Über S.: ADB 36, 22 - R.JAUERNIG, Der Bekenntnisstand der thür. Landeskirchen, 1930 (Lit.) - R.HERRMANN, Thür. KG II, 1947 (s. Reg.; Lit.). *R.Jauernig*

Stiefel, 1. *Esajas* (ca 1560-1627), Kaufmann, * in Langensalza, seit 1606 in Gispersleben bei Erfurt, wiederholt gefangengesetzt, jedoch nach Widerruf freigelassen, 1616 ausgewiesen, von 1624 bis zu seinem Tode in Erfurt in Haft. Sein spiritualistisches Trinitätsverständnis (»Kraft, Wort, Leben«) und seine perfektionistische Heiligungslehre, nach der die persönliche und wesentliche Einwohnung Christi den Wiedergeborenen zur Sündlosigkeit wie auch zum Zeugen »heiliger Kinder« befähige, weisen auf Einflüsse von → Paracelsus und → Weigel hin. Dagegen ist die von seinen Gegnern behauptete Abhängigkeit von Th. → Müntzer unwahrscheinlich. Jakob → Böhme hat 1621 und 1622 die Vollkommenheitslehre S.s und seines Neffen Ezechiel Meth als eine Vermischung von innerem und äußerem Menschen verworfen.

P.MEDER, Der Schwärmer E.S. (Mitt.en d. Vereins f. d. Gesch. u. Altertumskunde von Erfurt 20, 1899, 93-128) - RE XIX, 21ff. - Vgl. die Lit. zu J. → Böhme. *W.Zeller*

2. *Michael* (1487-1567), zunächst Augustinermönch in Eßlingen, tritt bereits 1522 mit seiner Schrift »Von der christförmigen rechtgegründten Lehr Dr. Martin Luthers« für Luther ein, gerät darüber in eine Fehde mit Thomas → Murner und flieht 1522 nach Wittenberg. S. wirkt als ev. Prediger in Mansfeld, Tollet (Österreich), seit 1528 in Lochau. Seine Beschäftigung mit der Apk und sein Interesse für mathematische Studien führen ihn zur Berechnung des jüngsten Tages auf den 19.10. 1533 (»Ein Rechenbüchlein vom End Christi«, Wittenberg 1532). Vom Kurfürsten verhaftet, wird S. auf Fürsprache Luthers erneut als Pfarrer in Holzdorf, Kreis Schweinitz, angestellt. Hier widmet er sich ernsthaften mathematischen Studien. Durch die Ereignisse des Schmalkaldischen Krieges nach Preußen verschlagen, wird er von Herzog → Albrecht zunächst in Memel, später in Haffstrom bei Königsberg angestellt. 1554 verläßt er als Gegner → Osianders das Land und kehrt nach Kursachsen zurück. Er entscheidet sich für → Flacius gegen Melanchthon und begibt sich 1559 nach Jena, wo er bis zum Tode mathematische Vorlesungen hält.

RE XIX, 24ff; XXIV, 529 - SCHL. II, 302f - LThK IX, 825 - Bibliogr. der Württ. Gesch. VIII (1916-45), 1956, 602. *R.Weiß*

Stiege, *heilige,* der Legende nach die Treppe, die zum Palast des Pilatus hinaufführte. Um 326 soll die hl. → Helena sie nach Rom gebracht haben. Seit sie vom Lateranpalast 1589 an ihren heutigen Platz am Aufgang zur Kapelle Sancta sanctorum an der Ostseite des Lateranplatzes verlegt wurde, steigerte sich die kultische Verehrung. Wer die 28 Marmorstufen unter Betrachtung des Leidens Christi knieend hinaufsteigt, gewinnt für jede Stufe 9 Jahre, für die ganze S. einen vollkommenen Ablaß. Auch die beiden Seiten-S.n sind mit beschränkten Ablässen versehen. Nachbildungen sind für besondere Zeiten ebenfalls Ablässe verliehen.

F.BERINGER, Die Ablässe I, 1921[15], 501ff - v.PASTOR X, 475f (Lit.) - Ablaßbuch, 1952[3], 405. *K.Nitzschke*

Stiehl, *Ferdinand* (1812-78), Pfarrerssohn, widmete sich nach theologischen Studien der Ausbildung von Lehrern ev. Volksschulen und leitete als junger Seminardirektor (Neuwied/Rh., 1835) seine Anstalt im Geiste pietistischer Traditionen und eines dynastisch-preußischen Patriotismus. Die Ablehnung einer → Lehrerbildung (,2) aus weltlich-liberalem Denken (→ Diesterweg) bestimmte auch sein Wirken als Referent für Volksschul- und Lehrerbildungsfragen im preußischen Kultusministerium (1844-72). Die verwaltungsrechtliche Vereinheitlichung des preußischen Seminarwesens bleibt sein verdienstvolles organisatorisches Werk. Heftig angefeindet hingegen war S.s Ausrichtung der gesamten pädagogischen Arbeit im Sinne seines theologischen und gesellschaftlich-politischen Konservatismus, vor allem in S.s drei »Regulativen« vom 1., 2. und 3. Okt. 1854. Sie stellen zweifellos einen bedenklichen Anachronismus dar, zB wenn der ganze Lehrplan der Seminare auf den in seinem Umfange ohnehin recht armseligen Wissenskanon einklassiger Dorfschulen reduziert und nur der obligatorische religiöse Memorierstoff unverhältnismäßig erweitert wurde. Auch nach der Aufhebung der Regulative (1872) hat die bloße Erinnerung an sie das Verhältnis der Volksschullehrer zur ev. Kirche sehr belastet. - Vgl. → Volksschulwesen.

Vf. u.a.: Actenstücke z. Gesch. u. z. Verständnis der drei Preuß. Regulative, 1855; Die Weiterentwicklung d. drei Preuß. Regulative, 1861; Meine Stellung zu d. drei Preuß. Regulativen, 1872. - Über S.: ADB 38, 180ff - L.KIEHN, Geheimrat S. u. die Regulative (Westermanns Päd. Beiträge 6, 1954, 566-581). *L.Kiehn*

Stier, *Rudolf* (1800-62), ev. Theologe, Kirchenlieddichter, * in Fraustadt, † in Eisleben. Student in Berlin und Halle, Anhänger Ludwig Jahns und der Romantiker, von → Tholuck für ein biblisches Christentum gewonnen. 1823 Lehrer in Karalene bei Insterburg, dann am Basler Missionshaus, kam S. erst 1829 in den Gemeindedienst, nacheinander in Frankleben, Wuppertal, Schkeuditz und Eisleben (seit 1852 Sup.), überall gegen Rationalismus und Dogmatismus kämpfend, in Predigten oft die Fassungskraft der Hörer überfordernd. Er beteiligte sich auch an der Gesangbucherneuerung (Die Gesangbuchsnoth, 1838), wollte ältere Lieder aber doch gern ändern, so daß er → Stip u.a. gegen sich hatte. »Licht, das in die Welt gekommen«, sein »Lied für Bibelgesellschaften«, steht heute noch in 12 Gesangbüchern.

KOCH VII, 42. 50. 58. 177ff - RE XIX, 28ff - TH.BRUPPACHER, Gelobet sei der Herr, Basel 1953, 395f. *S.Fornaçon*

Stierdienst (S. = Stier)

1. Der S.dienst und die Wahl des S.s zum Kulttier von Hauptgöttern ist vor allem im alten Orient weit verbreitet, greift aber in hellenistisch-röm. Zeit auf die ganze Mittelmeerwelt über. Durch seine Wildheit und Kraft, seine → Fruchtbarkeit und sein Gebrüll war der S. ein bes. eindrucksvolles → Symbol für die Gottheit (→ Tierkult; vgl. → Kuh).

2. In → *Ägypten* ist der S. neben dem Löwen Symbol für den Gottkönig, der auch als Sohn eines Wild-S.s galt. Am Himmel war ein Doppel-S. Türhüter, die → Sonne »S. des Lichtglanzes«, der → Mond später ein »brünstiger S.«. In einigen Gauen wurden lebende S.e zu Kultmittelpunkten. In Theben, Hermonthis, Tod und Medamûd wurde der S. des Month auch als → Orakel-Gott verehrt (später Buchis); seine Begräbnisstätte Bucheum lag in der Spätzeit bei Armant/Hermonthis. Schon seit der Thinitenzeit bezeugt ist der Kult des Sonnen-S.s des Atum, Mnevis, in Heliopolis und der des dem Ptah zugehörigen Apis in Memphis; beide waren schwarz und wurden unter den Kälbern mit größter Sorgfalt ausgewählt. Geburtstag, Inthronisation und Todestag wurden gefeiert. Der Apis wurde nach Einbalsamierung in Saqqara bestattet (→ Sarapis). Die S.e hatten eine hl. Familie (Kühe und Kälber).

3. Zahllose S.figürchen und S.kopfsymbole schon im 4.Jt. erweisen den S. in *Vorderasien* als Gottestier seit der frühesten Zeit. Zunächst war er wohl nicht bestimmten Göttern zugeordnet; denn die Hörnerkrone als wichtigstes Attribut der Gottheit trugen in Babylonien und Assyrien seit 3000 alle Götter, die auch gern als S. bzw. Wildkuh angeredet werden. Vielleicht hatten in vorsumerischer Zeit einige Götter S.gestalt. Das Wanderwort buga, baga, bog usw bedeutet bei den Kassiten (seit 1700 vChr bezeugt), Iraniern und Slaven »Gott«, in den Turk- und Kaukasussprachen »S.« und erweist damit die enge Zusammengehörigkeit beider Begriffe in den bäuerlichen Kulturen seit alters. Wanderwort ist auch semit. ṭaur, šōr neben ταῦρος, taurus.

4. In → *Babylonien, Assyrien und Südarabien* war der S. bes. das hl. Tier des Mondgottes. Sumerische Hymnen nennen Nanna/Suēn selbst Wild-S., einen seiner Tempel »Haus der ganz fehlerlosen S.e«. Zahlreiche S.bilder und

S.köpfe an Leiern wurden im frühdynastischen → Ur und im benachbarten el-Obed gefunden. S.e waren aber auch der → Muttergottheit zugeordnet. Vielleicht ist von Ur der S. als Symbol des Mondgottes nach Südarabien gewandert, wo S.symbole häufig begegnen; Almaqah/Suēn heißt dort bisweilen ṯaur »S.«. Vor allem in Assyrien ist ein S.gott Ḫar oder Gud bezeugt, ein Sohn des Schamasch, der als Eidhelfer angerufen wurde. Kein eigentlicher Gott war hingegen das Sternbild »Himmels-S.«, dessen fehlendes Hinterbein nach dem → Gilgamesch-Epos Enkidu ausgerissen hatte.

5. In → *Kleinasien und Syrien-Palästina* war der S. wohl seit jeher dem Wettergott zugeordnet (→ Gewitter). Der S.schädel (Bukranium) ist eines der häufigsten Symbole auf den Gefäßen der chalkolithischen Tell-Halaf-Keramik Mesopotamiens (frühes 4.Jt.). S.bilder begegnen zahlreich in den Fürstengräbern von Aladscha-Hüjük in Nordanatolien (um 2300). Die Siegel nach 2000 (Zeit der altassyrischen Handelskolonien) unterscheiden in Anatolien und Syrien/Mesopotamien einen Wettergott auf dem S. von dem Wettergott neben dem S. Der erstere entspricht offenbar dem Adad/→Hadad, später → Baal der Semiten, den die Phönikier allerdings nicht mehr auf einem S. darstellen. Ein zu Baal gehöriger S. war gewiß auch das → Goldene Kalb des AT. Dem Wettergott von Hatti der → Hethiter waren die göttlichen S.e Scherisch und Churrisch beigegeben (zB in den Felsreliefs von Jasilikaja), die man um Fürbitte bei ihrem Herrn bat. Diese churritischen S.götter wurden auch in Assyrien bisweilen angerufen. Die Mythen von → Ugarit nennen den → El Gott-S. (ṯr-il) und bezeugen damit eine andere Form des S.dienstes; auch der sumerisch-babylonische Enlil heißt oft S.

6. Die beiden Wettergötter mit dem S. wurden in → Syrien noch in hellenistischer und röm. Zeit verehrt. Der Jupiter Dolichenus stand auf einem S., während der Jupiter Heliopolitanus wie in Jasilikaja zwischen zwei S.en abgebildet wird. Auch Zeus war als Donnergott gelegentlich als S. erschienen. In → Iran vor Zarathustra war der S. dem Verethraghna (»Widerstandsbrecher«), einem Begleiter des Mithra, heilig.

7. Von den besprochenen S.diensten grundsätzlich verschieden sind die S.opferkulte der hellenistischen → *Mysterien-Religionen*. Das taurobolium oder criobolium genannte S.opfer über dem in einer Grube sitzenden Opfernden im → Attis-Kult will mit magischen Mitteln die Kraft und Zeugungskraft des S.s auf Menschen übertragen. Die spätantike Überlieferung von der wunderbaren Tötung eines mythischen S.s durch → Mithras ist vielleicht eine ätiologische Sage, um den zuerst wohl in Phrygien geübten grausigen Kult zu erklären.

L. Malten, Der S. in Kult u. mythischem Bild (JdI 43, 1928/29, 90-139) - PW 2. R. III/2, 2495ff - HWDA VIII, 482ff. 850ff - E. Otto, Beiträge zur Gesch. der S.kulte in Ägypten, 1938 - H. Demiroglu, Der Gott auf dem S., 1939 - H. Lommel, Mithra u. das S.opfer (Paideuma 3, 1948/49, 207-218; vgl. ebd 4, 1950, 111ff; 5, 1951, 12ff) - C. Estermann, Le bétail sacré ... de l'Angola (Anthropos 45, 1950, 721-732) - RÄRG 46ff. 126ff. 475ff - J. Tondriau, Dionysos, Dieu royal. Du Bacchos tauromorphe primitif aux souverains hellénistiques Neoi Dionysoi (AJPh 12, 1953, 441-466) - Eliade §§ 26. 27 (Lit.) - Nilsson I, 152ff u. s. Reg. *W.v.Soden*

Stift, *Tübinger* → Tübingen: II.

Stifter, *Adalbert,* * 23.10.1805 in Oberplan (Böhmer Wald), † 28.1.1868 in Linz, stammt väterlicherseits aus einer Familie von Leinwebern. Sein Vater, der sich auf den Flachshandel verlegt hatte, starb 1817. »Von diesem Herbste an bis zum Herbste 1819 besorgte ich mit dem Großvater Augustin, dem Vater des Vaters, die Feldwirtschaft... Ich erinnere mich, daß ich in jenen zwei Jahren eine unendliche Liebe zur landschaftlichen Natur und Einsamkeit faßte, da ich schier immer im Freien, und von einer zwar nicht reizenden, aber ruhevollen, schweigsamen und fast epischen Gegend umfangen war.« Er kommt dann auf das von Benediktinern geleitete Gymnasium Kremsmünster. Dort empfängt er von Lehrern, die noch der josephinischen Aufklärung anhängen, sich aber unter Wahrung des kirchlich-kath. Standpunktes der idealistischen Philosophie geöffnet haben, eine gediegene humanistische und naturwissenschaftliche Ausbildung. Am nächsten steht ihm sein Lateinlehrer P. Placidus Hall; seine poetischen Versuche leitet P. Ignaz Reichl; in der Malerei unterweist ihn Georg Riezlmayr, ein Verehrer Claude Lorrains. S. schult sich an der empfindsamen Lyrik von Matthisson und Salis-Seewis, lernt → Klopstock und → Schiller, vielleicht schon → Jean Paul kennen, während Goethe, Herder, Shakespeare erst später in seinen Gesichtskreis treten. 1826 geht er zum Jurastudium nach Wien, das durch seine naturrechtliche Grundlegung seine ethisch-politischen Ansichten bestimmen wird. Das anschließende Studium der Naturwissenschaften schärft seine berühmte Beobachtungsgabe und bereichert seine malerische Kunst. Da sich S. der Beamtenlaufbahn entzieht, zeigen ihn die Wiener Jahre in einem sozial und seelisch höchst improvisierten Zustande. Er unterrichtet privat, betätigt sich als Vorleser in adeligen Kreisen und ist 1844-46 Hauslehrer in der Familie Metternichs. Seine Jugendgeliebte, Fanny Greipl, wird ihm versagt, und so heiratet er fast aus Protest gegen die Mindereinschätzung seiner Person die schöne, aber ungeistige Putzmacherin Amalia Mohaupt (1837). Sein Leben festigt sich erst, seitdem er nach 1840 kontinuierlich produziert und von Gustav Heckenast, dem befreundeten Verleger seiner »Studien«, regelmäßig Honorare bezieht. Durch die Revolution von 1848 fühlt er sich zur politischen Verantwortung gezwungen. Als »Mann des Maßes und der Freiheit« wird er durch die Wiener Aufstände vom Liberalismus enttäuscht. Er übernimmt in Linz, seinem neuen Wohnort, kurze Zeit die Redaktion der offiziösen »Linzer Zeitung« (1849) und sucht durch politische Aufsätze die öffentliche Meinung zu beeinflussen. In der Überzeugung, daß der Landschulmeister eine der wichtigsten Personen im Staate sei, daß daher »Bildung« allein helfen könne, die Krise zu überwinden, läßt sich S. 1850 als Schulrat zum Inspektor der oberösterreichischen Volksschulen ernennen, 1853 wird er wegen seiner sammlerischen Neigungen Landeskonservator. Hatte S. einmal gehofft, daß ein fortschrittlicher Geist wie Grillparzer Kultusminister werden würde, so sah er sich bald durch die reaktionäre geistliche Schulaufsicht bes. in seinem Bemühen um Hebung des Lehrerstandes gehindert. In den Linzer Jahren entstehen seine Meisterwerke, deren oft idyllische Züge kaum verraten, daß sie in ernster Besorgnis um Europa geschrieben sind: die Sammlung »Bunte Steine« (1852), »Der Nachsommer« (1857), »Witiko« (1865-67) und die unvollendete letzte »Mappe«. Er stirbt an Leberkrebs, nachdem er sich mit dem Rasiermesser einen Schnitt am Halse beigebracht hatte.

Man darf S. nicht mit den schlichten Gestalten seiner Dichtung verwechseln, denn diese haben meist die Spannungen gelöst, die er immer wieder in sich selbst bewältigen mußte. Seine Überzeugung, daß der Mensch von Leidenschaften getrieben, daß er eine »tigerartige Anlage« wie eine »himmlische« habe (»Zuversicht«), stammt aus seiner Selbsterfahrung. Der Versuch, den inneren Zwiespalt durch jeanpaulschen Humor zu überhöhen (»Feldblumen«, »Der Kondor«, 1840), bleibt frühe Episode, er objektiviert sich im Epischen. Meist braucht er mehrere Fassungen seiner Erzählungen, ehe er zwischen Ungeformtem und Überformtem die »ergreifende, erschütternde Mitte« findet. Indem er Leidenschaftlich-Bekenntnishaftes in objektive Handlung umsetzt, nimmt er sich selbst in Zucht, wobei dieser gefährliche seelische Untergrund im Spätwerk leicht durch Formeln und Symbole verdeckt wird. Auch seine Malerei geht schließlich über die Darstellung des nur Gegenständlichen hinaus: »Die Heiterkeit« (Griechische Tempel), »Die Bewegung« (Fließendes Wasser). Dabei entsteht Dichten anfangs für ihn aus einer der religiösen ähnlichen Inspiration. Der Knabe aus dem »Heidedorf« (1840) empfängt in unscheinbarer Landschaft die dichterische Gabe durch seine Großmutter, die Medium prophetischer Naturpoesie ist; er geht nach Palästina (herderisch: dem Ursprungsland poetischer Sprache), wird, zurückgekehrt, zum Liebesverzicht gezwungen und fügt sich anspruchslos in die dörfliche Gemeinschaft. Dieser Anschluß an ein Objektives ist auch für den Künstler notwendig. Im »Turmalin« will S. zeigen, »wie weit der Mensch kömmt, wenn er das Licht seiner Vernunft trübt, die Dinge nicht mehr versteht, von dem innern Gesetze, das ihn unabwendbar zu dem Rechten führt, läßt, sich unbedingt der Innigkeit seiner Freuden und Schmerzen hingibt«. Darin und in der Auffassung von der Entsagung als innere Überwindung der Gebrochenheit des Daseins ist er ganz dem späten → Goethe verpflichtet (»Ich bin zwar kein Goethe, aber einer aus einer Verwandtschaft«, 1854). Daraus ergibt sich auch die Thematik seiner Werke. Droht die Fühlung mit »den Dingen« verloren zu gehen, so hilft die Hinwendung zur Natur, bes. zur Waldlandschaft, die Bearbeitung des Bodens (»Brigitta«, »Zwei Schwestern«, »Nachsommer«), im Zwischenmenschlichen die geläuterte Liebe und ärztliche Sorge (»Die Mappe meines Urgroßvaters«), das Eingehen in Ehe, Tradition (»Nachkommenschaften«), aber auch die rechtliche politische Tat (»Witiko«). In kleinen, alltäglichen Handlungen erfüllt sich so das »sanfte Gesetz« (Vorr. zu den »Bunten Steinen«). Zunehmend kulturkritisch gestimmt, hat S. den Raum seiner Dichtungen erweitert und dem Bildungsroman »Der Nachsommer«, der ihn thematisch in die Nähe von → Novalis bringt, den »Witiko« folgen lassen, durch den er im strengen Stil das homerische Epos erneuern wollte. Witiko stellt in den Wirren des böhmischen MA kraft seines Rechtsbewußtseins die staatliche Ordnung her; er ist der »Rechtsheld« (Erik Wolf). S. gleicht alle Spannungen zuletzt aus, weil er an dem Harmoniedenken der → Aufklärung und → Klassik festhält. Kunst, und darum auch Dichtung, ist ihm das »höchste irdische Gut«, die »Darstellung des Göttlichen im Kleide des Reizes«. Das Göttliche kann nicht unmittelbar ergriffen werden. Da er es in Natur und Geschichte erfährt, spart S. den transzendenten Bereich aus. Das Schicksal des Abdias, einer Hiobsgestalt, hebt sich in einem unverstehbaren Ganzen auf. Die eindrucksvolle Gestalt des Kalksteinpfarrers wirkt durch Leiden, Entsagung und karitatives Tun. Leiden steigert den Menschen, verklärt ihn. Weil S. die Gottähnlichkeit des Menschen behauptet und die christlich erfahrene Sünde nicht eigentlich anerkennt, tritt er selbst in einer Betrachtung über »Weihnacht« (1866) in kein Verhältnis zu Christus. S.s Dichtung, erst durch → Nietzsches Wiederentdeckung des »Nachsommers« neu verstanden, gehört in wesentlichen Zügen dem → Biedermeier an. Von geringerem Format, erreicht sie nicht die Fülle und Gespanntheit der Klassik, verpflichtet aber durch ihren sittlichen Ernst.

W.Kosch u. M.Stefl, A.-S.-Bibliogr., in: W.Kosch, A.S., 1952 - W.Heck, Das Werk A.S.s 1840-1940, 1954 - Laufende Bibliogr. in: Vierteljahrsschr. des A.-S.-Inst., Linz 1952ff. - Hist.-krit. GA, begr. v. A.Sauer, fortgef. v. F.Hüller u. G.Wilhelm, 24 Bde (m. Briefw.), 1904ff - Erzählungen in der Urfassung, hg.v. M.Stefl, 3 Bde, 1950ff - Werke in Einzelausg., hg.v. M.Stefl, 6 Bde, 1955-60. - Über S.: A.R.Hein, A.S., (1904) 1952² - E.Bertram, Studien zu A.S.s Novellentechnik, 1907 - K.J.Hahn, A.S., relig. Bewußtsein u. dicht. Werk, 1938 - Erik Wolf, Der Rechtsgedanke A.S.s, 1941 - F.Novotny, S. als Maler, (1941) 1941² - E.Lunding, A.S., Kopenhagen 1946 - E.A.Blackall, A.S., London 1948 - C.Hohoff, A.S., 1949 - M.Enzinger, A.S.s Studienjahre, 1950 - H.Kunisch, A.S., Mensch u. Wirklichkeit, 1950 - W.Rehm, Nachsommer, 1951 - K.Vancsa, Die Schulakten A.S.s, 1955 - H.Augustin, A.S. u. das christl. Weltbild, 1959.

P.Requadt

Stiftshütte → Zelt.

Stiftungen sind Einrichtungen, die der Verwirklichung eines vom Stifter bestimmten Zweckes dienen und dafür mit einem bestimmten Vermögen (Grundstücke, sonstige Sachen, Rechte) ausgestattet sind, wobei in der landläufigen Vorstellung nicht ganz richtig »die Stiftung« meist mit dem Stiftungsvermögen identifiziert wird.

1. *Staatliches Recht.* Juristisch unterscheidet man weltliche und kirchliche S., selbständige (dh mit eigener Rechtspersönlichkeit im Rechtsverkehr ausgestattete) und unselbständige, sog. fiduziarische S., S. des privaten und des öffentlichen Rechts. Die kirchlichen S. werden in der Neuzeit dem geltenden System der staatlichen Rechtsordnung eingegliedert. Danach besitzen sie entweder als öffentlich-rechtliche S. (in Analogie zu den durch staatlichen Hoheitsakt entstandenen S.) eo ipso die Qualität juristischer (oder »moralischer«) Personen (des öffentlichen Rechts), oder sie erlangen Rechtsfähigkeit (des Privatrechts) durch a) das Stiftungsgeschäft, d.i. die Willenserklärung des Stifters, ein bezeichnetes Vermögen einem bestimmten Zweck zu widmen, und b) die auf diesen Stiftungsakt bezogene staatliche Genehmigung (§§ 80ff BGB). Hierbei wird bei den rechtsfähigen privatrechtlichen S. noch unterschieden zwischen privaten und öffentlichen (durch privates Stiftungsgeschäft errichteten sog. gemeinnützigen) S. Angesichts dieser Mannigfaltigkeit der begrifflichen Kategorien, deren Gebrauch selbst in der staatlichen Gesetzgebung keineswegs einheitlich ist, ist die rechtliche Einordnung vor allem bei älteren S. häufig ungeklärt und schwierig. Die Mehrzahl aller kirchlichen S. sind indessen unselbständige S., also Vermögensbestandteile, die einem kirchlichen Rechtsträger für einen bestimmten Zweck auf Grund einer Schenkung oder letztwilligen Verfügung fiduziarisch übereignet werden. Zweck solcher seit der frühchristlichen Zeit üblichen, später zeitweilig durch staatliche Amortisationsgesetze eingeschränkten S. (»Zustiftungen«, »piae fundationes«) waren und sind vor allem die Lesung einer Messe oder Andacht, Prozessionen, Unterricht, ferner karitative Leistungen (Armen-, Kranken-, Waisenpflege) u.a.

2. *Kirchliches Recht.* Erst in der Neuzeit werden die kirchlichen S. der Aufsicht und Regelung des Staates unterworfen. Im MA war das Stiftungswesen eine ausschließliche Domäne der Kirche. Die im kanonischen Recht des MA entwickelten Rechtssätze wirken in der gegenwärtigen innerkirchlichen Regelung der S. nach. - Für die *kath. Kirche* ist der CIC maßgebend (bes. cc. 1489ff. 1544ff). Rechtliche Selbständigkeit besitzen danach die Pfründenstiftung (→ Beneficium, → Mensa), die Kirchenstiftung (→ Kirchenfabrik) und bestimmte andere Sondereinrichtungen wie Seminare, Hospitäler usw; alle diese selbständigen S. dürfen nur durch den zuständigen Ordinarius errichtet werden. Unselbständig sind die Zustiftungen, die der Annahme durch den bedachten kirchlichen Rechtsträger (meist die Kirchenfabrik) sowie der Genehmigung des Ordinarius bedürfen und deren Verwaltung der Aufsicht des Ordinarius

unterliegt. – Das *ev. Kirchenrecht* unterscheidet ebenfalls zwischen der Pfründenstiftung, den ortskirchlichen S. und den Zustiftungen. Die Regelung im einzelnen ist von Landeskirche zu Landeskirche verschieden; zT findet sie sich in Rechtsetzungen noch aus der Zeit des landesherrlichen → Kirchenregiments, zum geringeren Teil in Kirchengesetzen der neueren Zeit (so in der Ev.-Luth. Kirche in Bayern, Gesetz vom 31.3.1955).

Vgl. die Lehr- u. Handbücher des → Kirchenrechts – O. FRIEDRICH, Einführung in das Kirchenrecht, 1961 – ERIK WOLF, Ordnung der Kirche, 1961 – LThK IX, 828f. *S. Reicke*

Stigel, *Johann* (1515–62), neulat. Dichter, * in Gotha, Sohn des Gleitsmannes *Nikolaus* S. (1532 in Wiegendorf/Thür.). S. studierte ab 1531 in Wittenberg vor allem alte Sprachen und Rhetorik, als Dichter von Melanchthon gefördert, las hier 1542–47 über Terenz und eröffnete 1548 als der artistische Prof. die neue Hohe Schule zu → Jena mit einer Rede über den Nutzen des Studiums der Beredsamkeit. In den Jenaer Kämpfen mit → Flacius stand S. auf Melanchthons Seite. 1539 nahm er an der Reise zu Heinrich VIII. (s. → Myconius, 1), 1541 an den Religionsgesprächen in Worms und Regensburg teil.

ADB 36, 228ff – RE XIX, 42ff; XXIV, 529 – A. SCHRÖTER, Beitr. z. Gesch. d. neulat. Poesie Deutschlands u. d. Schweiz, 1909, 129–164 – RGG² V, 806f – H.H. PFLANZ, J.S. als Theol. (Diss. Breslau), 1936 (Lit.). *R. Jauernig*

Stigmatisierte

1. Begriffsbestimmung – 2. Arten der Stigmen – 3. Zahl und Geschlechterverhältnis der S.n – 4. Geschichte – 5. Allgemeine Phänomenologie – 6. Beurteilung

1. Als S. werden Personen bezeichnet, die die Leidensmale Jesu aufweisen. Der Begriff hat allerdings Ausweitungen erfahren, die über die im Evangelium bezeugten 5 Wunden und die Male der Geißelung, Dornenkrönung und Kreuztragung hinausgehen.

2. Nach den Beschreibungen lassen sich Stigmen einteilen in: a) Das eigentliche Stigma als umschriebenen *Hautdefekt*. Zunächst hebt sich die Oberhaut als ein mit farbloser Blutflüssigkeit gefülltes Bläschen ab. Alsbald wird der Inhalt zunehmend blutig – die Eruption wird dann zuweilen als »Knopf« oder »Nagelkopf« beschrieben. Die Blase platzt sodann infolge der zunehmenden Spannung, und von der nun freiliegenden Lederhaut rinnt Blut. Die Umgebung kann vermehrten Blutzu- oder verlangsamten Blutabfluß zeigen. Nach der Blutung bedeckt sich die Lederhaut durch Gerinnen des nachsickernden Serums rasch mit einer Kruste und überzieht sich unter diesem Schorf schnell mit einer neuen Oberhaut. Bei Wiederholung reißt ebenso das feine Narbenhäutchen ein, und der Schorf wird abgehoben. – b) Vor oder gleichzeitig mit den eigentlichen Stigmen oder auch allein erscheinende, zT erhabene *Hautrötungen*, manchmal in Form von Kreuzen oder Buchstaben oder als quaddelartige »Geißelstriemen« meist in der Schultergegend, als »mystischer Ring« am Finger oder als »Reifen« um den Kopf. Diese Gebilde können offen, mit oder ohne Oberhautverlust, oder im Unterhautgewebe bluten. Zuweilen können auch Bläschen nach Art einer Nesselsucht oder auch umschriebene Gewebswasseransammlungen der Unterhaut auftreten. – c) *Hautblutschwitzen* (Hämatidrose) mit grobsichtig völliger Unversehrtheit der Haut, oft als feine Blutpunkte und dann als »Dornstichstellen« gedeutet, oder auch in geformten Bezirken (Kreuze u.dgl.). An solchen Stellen können später auch Oberhautdefekte entstehen. Hämatidrose ausgedehnter Körpergegenden kann anfallsweise neben den klassischen Stigmen auftreten, ebenso begrenztes Blutschwitzen an beliebigen Stellen (zB Nagelbettblutungen) oder an den Stellen der 5 Wunden. Der Vorgang beginnt häufig als Abscheidung farbloser Blutflüssigkeit (dh Serum), der sich Blutzellen erst später beimischen; gelegentlich wird ein regelrechter Schweißausbruch allmählich blutig. – d) Blutung aus Ausführungsgängen von *Körperöffnungen* und auf Schleimhäuten, sehr oft als *Blutweinen*, dh blutige Absonderung der Augenbindehäute. Blutweinen kann ohne andere Blutungen vorkommen. – e) Als mehr oder weniger tiefe Weichteildefekte der Brust-Oberbauchgegend beschriebene *Wunden* (»Seitenwunde«) mit oder ohne Absonderung, teils rechts, teils links. – Alle diese Formen können sich kombinieren. Stigmenblutung und Blutschwitzen sind meist sehr stark. Nicht alle vorhandenen Stigmen brauchen gleichzeitig zu bluten. Sie können auch einmal nur Serum abscheiden (dies häufig beim Seitenstigma), überhaupt scheint die Absonderung immer nur blutig-*serös* zu sein! Zuweilen finden sich um ein Hauptstigma herum noch gleichartige kleinere Eruptionen.

3. Beschränkt man den Begriff nur auf die Träger der 5 Wunden, so ist die Zahl sehr klein. Nimmt man alle oben aufgeführten Formen hinzu, so ergibt sich eine Zahl von rund 100 Fällen in 10 Jh.en. Rechnet man auch alle »unsichtbar« S.n ein, die nur *Schmerzen* als Zeichen der Compassio angegeben haben, ferner jene angeblich S.n, deren Stigmen von keinem Zeugen bestätigt sind, und zählt alle erst nach dem Tode gefundenen sog. »Herzwunden« und die Fälle mit angeblich am oder im Herzen entdeckten Gebilden hinzu, so zerrinnt der Begriff ganz. Auch sind viele Stigmatisationen überhaupt nicht zur Kenntnis weiterer Kreise gelangt. – Selbst bei großzügiger Auslegung findet man unter den S.n nur sehr wenig *Männer*. Gut bezeugt sind nur die Stigmen des hl. → Franz von Assisi und des P. Pio von Pietrelcina OCap (* 1887). Über 5 weitere Ordensmänner enthält die alte Literatur einige dürftige Hinweise (zT nur Seitenwunden), und bei einigen anderen wurden »Stigmen« nach dem Tode entdeckt. Neuerdings sind 2 profane Fälle veröffentlicht worden. Es ist daher gerechtfertigt, bei S.n zunächst an Frauen zu denken.

4. Die frühesten Fälle sind die zweier Blutschwitzenden (10. und Anfang 13. Jh.). Der hl. Franz ist der erste S. mit den 5 klassischen Stigmen ohne andere Blutungsphänomene (wie auch P. Pio). Unter den folgenden S.n ist eine kleine Zahl kirchlich approbierter Heiliger. Einige S. wurden durch kirchliche Verfahren als »Betrüger« indiziert (zu deren Geständnis der »Selbstbeibringung« s. aber Thurston). – Waren in den ersten Jh.en so gut wie alle S.n Angehörige religiöser Gemeinschaften, so wurden im 19. und 20. Jh. zunehmend private S. bekannt. – 1949 wurde die Stigmatisation eines ev. (nach eigener Angabe unkirchlichen) Mannes (Arthur Moock in Hamburg) beschrieben. In dem einzigen sonst bekannten außerkath. Fall (Elisabeth Lechler 1933) wurden die »Stigmen« durch Fremdsuggestion erzeugt. – Mit Ausnahme einer Engländerin, zweier Sloveninnen, einer Araberin und einer Inderin stammten alle bekanntgewordenen S.n aus Mitteleuropa, Italien, Frankreich und Spanien (in Deutschland am bekanntesten Therese Neumann in Konnersreuth, * 1898). – Stigmatisationen (im weitesten Sinne) nach Franz von Assisi werden in päpstlichen Dekreten 7mal erwähnt; diese erheben weder Anspruch auf Unfehlbarkeit, noch statuieren sie eine Übernatürlichkeit. – Größere Zusammenstellungen von S.n gaben in der Neuzeit Görres, Imbert-Gourbeyre (kritiklos und lückenhafte Quellenangaben), Höcht (unkritisch) und Schleyer.

5. Eine »normale« Vorgeschichte hat keine S., von der eine genauere Lebensbeschreibung vorliegt. Viele waren

jahre-, wenn nicht jahrzehntelang bettlägerig, und zwar auch außerhalb ihrer Passionsekstasen oder »Sühneleiden«, oft schon vor Beginn der ekstatischen Zustände. In vielen Fällen ist psychogener Ursprung der körperlichen Symptome offensichtlich. Es sind zu nennen: »Stummheit«, Erblinden, Ertauben, Geruchs- und Geschmackstörungen, »Würgkrämpfe«, Harnsperre, »Schwellungen«, Dauerzusammenziehungen der Muskulatur, Anästhesien, Gangstörungen, Lähmungen. Alle diese können schlagartig wieder schwinden. In der Regel klagen die S.n über heftige *Schmerzen,* und zwar nicht nur an den Stigmenstellen; sie sind mangels organischer Ursache als psychogen anzusehen. Die Gesamtatmosphäre der S.n ist »neurotisch«. - Ein fast regelmäßiger Bestandteil des Stigmatisationskomplexes sind *Visionen,* meist mit kataleptischer Starre. Im Erleben der Stigmatisation und mystischen Austausch ist das Geschaute extrem egozentrisch, durchaus klischeehaft und wiederholt sich zahllose Male. Die historischen, aber auch die übrigen Visionen halten sich im dogmatischen und liturgischen Rahmen oder entsprechen (zT erweislich falschen) populären Legenden. Sie bieten alle Übergänge von dramatischer Bewegtheit bis zu abgeschmackter Plattheit. - Allgemein sind S. anscheinend sehr suggestibel und auch telepathisch stark empfänglich. Oft besteht sichtlich eine gegenseitige Induktion von S.n und ihrer Umgebung. Unbestreitbar sind »paranormale« Phänomene, sie sind nicht beschränkt auf die »echten« Mystikerinnen unter den S.n und erst recht nicht auf echte S. im engeren morphologischen Wortsinne. U.a. ist das Abrinnen des Blutes entsprechend der Schwerkraft zu nennen. Die Berichte über Levitation, Herzenskenntnis und Hierognosie haben die Viten der S.n gemeinsam mit vielen Heiligenbiographien. ZT boten sowohl kirchlicherseits wohlwollend als auch ablehnend beurteilte S. typische »Besessenheits«symptome. Sehr viele S. hatten Widerwillen vor jeglicher Nahrung, von manchen wird vollständige Inedie und Asitie berichtet (Kasuistik bei Thurston), die allerdings noch niemals unwiderleglich nachgewiesen wurden; erforderlich wäre Beobachtung außerhalb der Wohnung. - Im ganzen unterscheidet sich das Gesamtbild der S.n, abgesehen von den Blutungen, nicht von dem vieler anderer visionärer Ekstatikerinnen. Insofern ist Geschichte der Stigmatisation Bestandteil der Geschichte der → Mystik, und die Phänomene sind nicht Begleiterscheinungen der Stigmatisation, sondern diese ist nur ein Glied in der Reihe der mystischen oder »pseudomystischen« Phänomene.

6. Eine umfassende Würdigung der S.n setzt Kenntnisse in der Psychopathologie, Religionspsychologie, Theologie der Mystik und Parapsychologie voraus. Eine solche Synthese erscheint unmöglich. Die Kriterien der klassischen Mystiktheologie erweisen sich angesichts der Verflechtung anscheinend charismatischer Begnadung mit eindeutig Krankhaftem, Manifestationen des Unterbewußten und parapsychologisch zu deutenden Erscheinungen als unzureichend. Die Alternative: *rein* übernatürliche, dh göttliche Bewirkung *oder* Artefakt *oder* diabolische Verursachung wird jetzt allgemein als überholt angesehen. Die überwiegende Meinung theologischer Beurteiler läßt sich in kürzester Form so zusammenfassen: Eine bestimmte natürliche Disposition bildet den Untergrund. Ein psychischer Vorgang kann dann Stigmen hervorrufen, die dennoch als charismatisch angesehen werden können. Die Gnade kann abnorme Fähigkeiten als Instrumentalursachen nutzen. Gegenüber dieser vermittelnden Haltung stehen die Apologeten eines *ganz* übernatürlichen Charakters aller Stigmatisationen (u.a. der »Konnersreuth-Kreis«), ferner Autoren, die eine durch keinen psychophysischen Prozeß erklärliche Stigmatisation (des hl. Franz) vom »Stigmatismus« abtrennen. - Zugunsten der Natürlichkeit läßt sich zusammenfassen: Stigmen bilden sich fast immer fraktioniert, dh *prozeßhaft,* bieten individuell und interindividuell ein äußerst *polymorphes* Bild, bestehen oft in ganz *isolierten* Gebilden und unterliegen einer fortwährenden Transformierung. Die Psychogenie erweist sich zB an den Handstigmen, die nach neueren anatomischen Ergebnissen (Barbet) die Kreuzigungswunden nicht historisch korrekt widerspiegeln. Das so häufige Blutweinen ist überhaupt kein Passionsstigma und beweist nur die konstitutionelle Blutungsbereitschaft als Vorbedingung. Die der Psychopathologie geläufigen körperlichen Störungen der S.n sprechen für eine psychosomatische Genese auch der Stigmen, die von ähnlichen Vorgängen aus der Neurologie und Dermatologie bekannt ist und deren *besondere* Ausprägung durch die ekstatische Compassio erklärt werden kann. »Profane« S. dürfen nicht ausgeschlossen werden. - Der Komplex ist noch keineswegs genügend geklärt. Bei allen kath. Beurteilern besteht Übereinstimmung hinsichtlich des theologisch nur *akzessorischen* Charakters von Stigmatisationsphänomenen im mystischen Leben.

J.v.Görres, Die christl. Mystik I-IV, 1836-42 - A.Imbert-Gourbeyre, Les Stigmatisées, Paris 1873 - Ders., La Stigmatisation, Clermont-Ferrand (1894) 1908² - G.Festa, Misteri di Scienza (Le stigmate del P.Pio), Rom (1926) 1949²; dt. 1936 - J.Matko, Die S.n Jugoslaviens (Wien. med. Wschr. 1933, 613-616) - P.Barbet, Les cinq Plaies du Christ, Paris 1935 - F.Schleyer, Die Stigmatisation mit den Blutmalen, 1948 (Lit.) - H.Fröhlich, Konnersreuth heute, 1950 (zu A.Moock) - H.Graef, The Case of Therese Neumann, (Cork 1950) Westminster/Ma. 1951; dt. 1953 - P.Siwek SJ, Une Stigmatisée des nos Jours (= Th.Neumann), Paris 1950 - J.Höcht, Träger der Wundmale Christi, 1951/52 - W.Schamoni, Stigmata, 1951 - J.Lhermitte, Mystiques et faux Mystiques, Paris 1952; dt. 1953 - H.Thurston SJ, The Physical Phenomena of Mysticism, London 1952; dt. 1952 - S.Borelli-R.Fürst, Die Stigmatisation (Praxis 49, Bern 1960, 389-396; Lit.).
F.Schleyer

Stille im Lande. Reformbewegungen, welchen der Erfolg versagt blieb, pflegen sich in ihren Resten in eine abseitige Verborgenheit zurückzuziehen, nicht ohne sich dabei zu wandeln. So gingen aus der Niederlage der Taboriten die Böhmischen Brüder (→ Brüderunität: I) und aus der Katastrophe von Münster die → Mennoniten hervor. Im 17.Jh. wurden die → Separatisten und → Spiritualisten mit ihrem Kampf gegen »Babel« in den Winkel gedrängt. G. → Arnold, der zuletzt selbst in der Stille und im Frieden mit der Kirche wirkte, schuf in seiner Kirchen- und Ketzerhistorie ein wirksames Bild der S.n i.L. Die S.n i.L. (der Ausdruck ist Ps 35, 20 entnommen) sind eine typische Erscheinung der deutschen KG, denn in Holland, England und Nordamerika geschah bereits im 17.Jh. der Durchbruch zur → Toleranz und ersparte neuen religiösen Gruppen diesen Rückzug. Die Hauptperiode der S.n i.L. lag zwischen dem Barockpietismus und der Erweckungsbewegung. In West- und Nordwestdeutschland, am Niederrhein, im Wuppertal, im Siegerland und an der unteren Weser, wo der Calvinismus vorherrschte, brachen im 18.Jh. asketische Ideale hervor, welche diese Entwicklung förderten. → Tersteegen und seine Kreise wie auch die → Inspirationsgemeinden waren S.i.L. In → Württemberg entfalteten die Kreise um J.A. → Bengel in schlichter Bibelfrömmigkeit eine ganz nach innen gewandte Aktivität. In den anderen deutschen Kirchengebieten bildeten die S.n i.L. bald einsame Inseln in der Flut der → Aufklärung und wurden Ausdruck einer oft selbst bedrückend empfundenen Vereinsamung kleiner Minderheiten, welche die Auseinandersetzung mit dem oft intoleranten → Rationalismus scheuten. Vor allem die Diasporaarbeit der

Brüdergemeine (→ Brüderunität: II) hat ein bestimmtes Bild der S.n i.L. geprägt. → Zinzendorf zeichnet in seinem Anachoretenplan die S.n i.L., die allein durch ihren Wandel leuchten. Sehr bald wurde dieser Name zu einem Ehrentitel. Die S.n i.L. standen untereinander in lebhaftem Briefverkehr und reisten tageweit, um sich zu besuchen. Im Laufe der Zeit wurde eine feste organisatorische Verbindung vor allem durch das Wirken der Deutschen → Christentumsgesellschaft hergestellt. Mit dem Durchbruch der → Erweckung (: I) ging die typische Zeit der S.n i.L. zu Ende. Der Verzicht, vom Evangelium her die Welt mit ordnen zu helfen, ist ihre Grenze, ihre Sehnsucht nach stiller Versenkung und Wandel in Gott ihre Größe gewesen. Das individualistische, zugleich bruderschaftliche Ideal hat seine Anziehungskraft bis zur Gegenwart nicht verloren.

Lit. s. bei den im Text genannten Artikeln. *E.Beyreuther*

Stillingfleet, *Edward,* * 17.4.1635 in Cranborne, Dorset, † 27.3.1699 in Worcester, anglikanischer Bischof der Restaurationszeit, 1677 Archidiakon von London, 1678 Dean an St. Paul's, 1689 Bischof von Worcester, 1694 als Erzbischof von Canterbury ins Auge gefaßt, jedoch wegen Altersschwäche nicht berufen. Als Student in Cambridge (St. John's College 1649-53, 1653 Fellow) für die Schule der → Cambridge Platonists gewonnen, erregte er bereits 1659 Aufsehen durch sein Irenicum: a Weapon-Salve for the Churches Wounds or On the Divine Right of certain Forms of Church Government. Vom Unrecht der Nichtanglikaner (Nonconformists) überzeugt, suchte er ihnen die anglikanische Kirche dadurch nahezubringen, daß er auf das göttliche und apostolische Recht ihrer Kirchenverfassung verzichtete. Damit begründete er den Latitudinarismus (→ Broad Church Party), dem auch andere Schüler der Cambridger Platoniker wie G. → Burnet, J. → Tillotson, Th. Tension angehörten. In der 2. Aufl. (1662) gab sich S. strenger anglikanisch. Seine Origines sacrae (1662) legten mit umfassender patristischer und spätantiker Belesenheit die Zuverlässigkeit der biblischen Schriften dar; sie wurden ein beliebtes Werk der Apologetik gegen die Jesuiten wie auch gegen den entstehenden → Deismus. S. gab 1664 W. → Lauds Verteidigung des Anglikanismus gegen den Jesuiten John Fisher mit eigener Begründung heraus (A Rational Account of the Grounds of the Protestant Religion) und griff schließlich J. → Locke als Deisten an.

Works, 6 Bde, London 1709/10 (m. Biogr. v. R.Bentley) - DNB XVIII, 1262ff - RE XIX, 51ff - J.Nankinvell, E.S. (Transactions of the Worcestershire Archaeol. Society, 1946, 16-34). *M.Schmidt*

Stip, *Gerhard* (1809-82), luth. Theologe, Hymnologe, * in Norden (Ostfriesland), † in Potsdam. Nach Studien in Bonn und Göttingen war er Pastor in Osteel bei Norden, verzichtete aber 1839 auf sein Amt, reiste nach Bern und London, wo er bei → Bunsen wohnte, und ließ sich dann in Potsdam als Hymnologe nieder. Seit 1842 setzte sich S. für Kirchenliedreform ein, die Wahrung des Bekenntnisses als Kriterium betonend. Seine »Hymnologischen Reisebriefe« (1851f) liefern bis heute Maßstäbe für Liedauswahl; der »Unverfälschte Liedersegen« (1851) war Vorbild für die Reformgesangbücher jener Zeit. Von den 4 Liedern, die 1882 als S.s eigene Lieder bezeichnet wurden, sind »Früh am Morgen Jesus gehet« und »Die Nacht ist hin, der Tag bricht an« noch im Gebrauch, doch wird dieses auch dem Wilh.Alardus († 1645) zugeschrieben.

AELKZ 15, 1882, 1187-1190 - Ph.Dietz, Die Restauration des ev. Kirchenliedes, 1903, 84ff. 246ff. *S.Fornaçon*

Stirner, *Max* (Pseudonym für *Kaspar Schmidt;* 1806 bis 1856), Philosoph, * in Bayreuth, † in Berlin. Die in kräftiger, lebendiger Sprache vorgetragenen Gedanken seines Hauptwerkes »Der Einzige und sein Eigentum« ([1845] 1901⁸) gründen in einem → Solipsismus radikalster Art (→ Egoismus, 2; → Selbstbehauptung, 2). Ausgehend von der Ich-Lehre → Fichtes sucht S. alles Allgemeine und Abstrakte, bes. im Idealismus der vormärzlichen Freidenker und Journalisten zu destruieren. Sein großes Gegenbild ist die Schwärmerei für die »Menschheit« bei L. → Feuerbach. Er wird nicht müde, die »Atheisten« zu verhöhnen; sie sind alle noch »fromme Leute« und unfrei im Geist, weil sie noch kindlich an *den* Menschen, *die* Ordnung, *die* Zukunft glauben. Alle diese Begriffe erklärt er für »Spuk und Sparren«. Die positive Kehrseite dieses Solipsismus, der zum Individualismus und → Anarchismus führt, ist die Erfahrung des *Selbst* als die Wahrheit, das Vollkommene, das Absolute. Von daher ist dem Egoisten die Welt zum Eigentum, nämlich soweit seine Macht (= sein Recht) zu reichen vermag. Was einmal da ist, wie zB die Ordnungen der Gesellschaft, kann man durchschauen und gebrauchen; was prinzipiell nicht Eigentum des Einzigen werden kann, das existiert eben nicht. S. hat, auch darin ein Gegensatz zu → Nietzsche, keine Beziehung zur Aufgabe der Kultur; ihm fehlt die Leidenschaft der Verantwortung, das Leiden an den Dingen, die Sorge wegen des Todes Gottes. - S. hat nur geringen Einfluß gehabt und starb in Verkennung und Elend. Doch gab der Solipsismus schon damals den idealistischen Philosophen ziemlich peinliche Fragen auf. In der Gegenwart wird seine Negativität da und dort im Denken einiger Existentialisten und in der Lebenshaltung anarchistisch eingestellter Jugendkreise wieder ernst genommen.

Vf. ferner u.a.: Gesch. der Reaktion, 1852; Kleinere Schriften, hg.v. J.H.Mackay, (1898) 1914². - Über S.: J.H.Mackay, M.S., (1898) 1914³ - A.Ruest, M.S. Leben, Weltanschauung, Vermächtnis, 1906² - H.Schultheiss, S., Grundlagen zum Verständnis des Werkes »Der Einzige u. sein Eigentum«, 1922² - F.Mauthner, Der Atheismus IV, 1923, 201ff. 210ff - K.A.Mautz, Die Philos. M.S.s im Gegensatz zum Hegelschen Idealismus, 1936 - W.Cuypers, M.S. als Philosoph (Diss. Köln), 1937 - H.Arvon, Aux sources de l'existentialisme: M.S., Paris 1954 - HWSW X, 209f (Lit.).

K.H.Miskotte

Stoa

1. Allgemeines - 2. Lehre - 3. Geschichte. - s. = stoisch

1. Die von Zenon gegründete S. (s. 3; der Name von der Stätte der Lehrvorträge des Gründers, der mit Wandgemälden Polygnots geschmückten »bunten Halle« [στοὰ ποικίλη]) hatte unter den Philosophenschulen des → Hellenismus (→ Griechisch-römische Philosophie, 2 c) die breiteste Wirkung - vor allem in Rom - und besaß bei einer bis in die Mitte des 3.Jh.s nChr nicht unterbrochenen Folge von Schulhäuptern reiche innere Differenzierung. Ihre Verbreitung verdankt die s.e Philosophie den mit der Auflösung der Stadtstaaten im Alexanderreich verbundenen politischen und sozialen Umwälzungen. Die Ausdehnung des griech. Kulturgebiets weit nach Osten brachte frische Kräfte mit der Philosophie in Berührung. Bedeutende Stoiker (Zenon, Chrysipp) sind orientalischer Herkunft. Es ist aber wissenschaftlich problematisch, auf diese Tatsache die Scheidung »griechischer« und »orientalischer« Züge in der s.en Philosophie zu gründen (wie Pohlenz, RGG² V, 813ff). Denn → Philosophie (, 1 d) ist mehr als »theoretischer Ausdruck eines Lebensgefühls«; ferner kann eine spezifisch philosophische Tradition in der Heimat der älteren Stoiker (Cypern, Kilikien) nicht nachgewiesen werden. Die Dogmatik der S. läßt sich vielmehr durchweg aus Ansätzen innerhalb des weiten Rahmens der vor-s.en Philo-

sophie verstehen. Sie bezeichnet freilich, wie die Epikurs, einen neuen Einsatz, der sich bewußt gegen die klassischen attischen Systeme → Platons und → Aristoteles' wendet. Dort wurde die Philosophie als in sich ruhende θεωρία zum Inhalt erfüllten Lebens; jetzt werden Leitsätze für die Lebenspraxis entwickelt, die auch dem Laien einleuchten. Dies Streben nach Allgemeinverständlichkeit hatte die strenge Dogmatik und rigoristische Einseitigkeit der S. zur Folge. Wie → Epikur an den kyrenaischen Hedonismus sich anschloß und zur theoretischen Begründung auf Demokrits atomistischen Materialismus zurückgriff, so vereinigte die S. die kynische Askese mit der → Logos-Philosophie und Feuerspekulation →Heraklits. Die Polemik der konkurrierenden Richtungen zwang zu dialektischer Entfaltung des ursprünglich einfachen Systems. Erst die »mittlere S.« verhalf der s.en Philosophie zu weltgeschichtlicher Wirkung: In der gemilderten, um wesentliche Momente der platonisch-aristotelischen Lebensauffassung bereicherten Form, die ihr bes. Panaitios gab, konnte sie den Römern als Synthese griech. Bildung und altröm. virtus erscheinen. So lieferte die S. der röm. Weltherrschaft ein ideologisches Fundament und gab später der aristokratischen Opposition gegen die Willkürherrschaft der Cäsaren die Kraft einer auf Gründe gestützten Gesinnung. Der Leitgedanke der »humanitas« bei → Cicero ist von der mittleren S. bestimmt, die durch seine Vermittlung den europäischen → Humanismus der Neuzeit nachhaltig beeinflußte. Bei → Poseidonios verbanden sich naturwissenschaftliche und ethnographische Kenntnisse mit den Tatsachen der Geschichte und den Grundsätzen der s.en Systematik zu einer tiefgedachten Einheit, deren Nachwirkung sowohl in der Naturwissenschaft und Mathematik der Zeit wie in wesentlichen Zügen des → Neuplatonismus deutlich durchschimmert. Die »spätere S.« der Kaiserzeit kehrte zur lebenspraktischen Nüchternheit der Frühzeit zurück. Jedoch tritt anstelle des Bewußtseins der sittlichen Autarkie des »Weisen« die Einsicht in die Gebrechlichkeit menschlicher Existenz. Eine leidensreife Milde des Gefühls kommt dem Bedürfnis nach Trost und therapeutischem Zuspruch entgegen. Neu ist die Hinwendung und Anlehnung an eine persönlich gedachte Gottheit. Diese Religiosität der späteren S. ermöglichte ihre Auflösung in den lebendigeren Strömungen der neuplatonischen Lehre und christlichen Heilsbotschaft.

2. Die s.e Philosophie ist uns (außer im Bereich der »späteren S.«) nur in Fragmenten und Referaten überliefert. Den Anteil der einzelnen Stoiker an der s.en *Lehre* und ihre Selbständigkeit gegenüber dem Schuldogma zu bestimmen ist darum schwierig. Jedoch läßt sich ein gewisser Grundbestand ausmachen: Die Philosophie wird definiert als ein »Wissen von göttlichen und menschlichen Dingen« - »und deren Ursachen«, wie Poseidonios hinzusetzt. Nur wer die Struktur des Kosmos, dessen Bürger der Mensch ist, durchschaut, kann richtig handeln. Die Philosophie gliedert sich in Logik, Physik und Ethik, wobei die Ethik mit den Früchten, die Physik mit den Bäumen, die Logik mit dem Schutzwall eines Gartens verglichen wird. Die Logik ist die sicherste, die Ethik die wichtigste, die Physik aber die erhabenste Disziplin, weil in ihren Bereich auch die Theologie fällt.

a) Die s.e *Logik* umfaßt Dialektik, Rhetorik und die Lehre von den Kriterien (Erkenntnistheorie). *Dialektik* besteht aus Grammatik, Sprachtheorie und dem, was heute formale → Logik genannt wird. Für die Grammatik und die Sprachtheorie hat die S. Fundamente gelegt, auf denen alles Spätere ruht. In der formalen Logik besteht ihr Verdienst in der Ausbildung der von den Megarikern begründeten Aussagenlogik (→ Logik, 1). Zentral ist die Lehre vom *»Kriterium«* der Erkenntnis. Da der Weise in Übereinstimmung mit den Gesetzen der Wirklichkeit leben soll, muß es möglich sein, diese zu erkennen und dessen auch gewiß zu sein. Diese Möglichkeit wird durch die Lehre von der καταληπτικὴ φαντασία als Wahrheitskriterium gewährleistet. Diese Vorstellung, wie alle Vorstellungen als materielle Veränderung der menschlichen Seele gedacht, »ergreift« ihren Gegenstand unmittelbar, sie steht in einer unmittelbaren Beziehung zu der Tatsache, von der sie verursacht ist. (Später wurde das καταλαμβάνειν in dem Sinne gedeutet, daß die Vorstellung von unserem Erkenntnisvermögen Besitz ergreift.) Kateleptische Vorstellungen sind evident, verbürgen ihre Eigenwahrheit; Ausnahmefälle wurden von jüngeren Stoikern unter dem Titel ἔνστημα anerkannt. Von Sätzen, die durch Evidenz gesichert sind, kann man nach logischen Regeln zu anderen Sätzen übergehen. Da die S. auf Grund sensualistischer und nominalistischer Vorentscheidungen die Wesensmetaphysik der platonisch-aristotelischen Tradition ablehnte, schien die *Prädikatenlogik* des Aristoteles weniger brauchbar als die megarische *Aussagenlogik,* die formale Zusammenhänge zwischen *Sachverhalten* (den λεκτά, die die S. - inkonsequenterweise - als unkörperlich ansah) untersuchte, hier bes. die »wenn-so«-Verknüpfung und die übrigen Verknüpfungen zweier Aussagen.

b) Im Anschluß an Heraklit setzt die s.e *Physik* das Feuer mit dem Logos gleich. Zwei Prinzipien - das Wirkende und das Leidende - stehen einander gegenüber. Für die Welt im ganzen ist wirkendes Prinzip Gott, dessen Existenz aus der Schönheit und Zweckmäßigkeit der Natur erkannt werden kann. Er durchwaltet die begrenzte Weltkugel als die in ihr angelegte Vernunft und Gesetzmäßigkeit, als durchdringender Hauch (πνεῦμα), als Spannung und Kraft (τόνος) und als belebende Wärme, wird aber durchweg als materielle, wenn auch feinste Substanz gedacht. Alles Geschehen wird von Notwendigkeit (εἱμαρμένη) beherrscht - darum ist Mantik wissenschaftlich möglich -, aber so, daß die göttliche Fürsorge (πρόνοια) alles zum Besten (insbesondere des Menschen) geordnet hat. Die ältere S. läßt die Welt periodisch in ihren Anfangszustand zurückkehren (ἐκπύρωσις), so daß sich ein identischer Weltprozeß ewig wiederholt. Absenker der Weltvernunft (λόγοι σπερματικοί), göttliche Keimkräfte, wirken in allen Dingen als das s.e Äquivalent der aristotelischen Formsubstanzen. Die menschliche Seele ist das unsern Körper durchwaltende πνεῦμα. Sie differenziert sich in die herrschende Vernunft (τὸ ἡγεμονικόν, die sittliche Entscheidungsinstanz), in Zeugungskraft, die fünf Sinne und das Sprachvermögen. Jedes Lebewesen wird durch die οἰκείωσις, eine Leistung, durch die es sich selbst befreundet und vertraut wird, zur Selbsterhaltung bestimmt. Jedoch hat der Mensch im λόγος eine dieser Selbstliebe übergeordnete Instanz.

c) Oberstes Ziel der s.en *Ethik* ist die Einstimmung auf die Weltvernunft: ὁμολογουμένως ζῆν (in Anspielung auf Heraklit fr. 50). Kleanthes fügte verdeutlichend, aber trivialisierend τῇ φύσει hinzu: »in Übereinstimmung mit der Natur leben«. Sittliche Rechtschaffenheit reicht aus zur Glückseligkeit. Alles übrige, also bes. Lust und Unlust, ist indifferent (ἀδιάφορον), obwohl auch der Weise zB Gesundheit der Krankheit vorziehen wird. Jede Handlung des Weisen enthält alle Kardinaltugenden (→ Tugend) in sich, alle sittlichen Vorzüge sind einander gleich, ebenso alle Verfehlungen; es gibt kein Mittleres zwischen Gut und Böse. Eine ihrer Natur nach vernunftgemäße Handlung heißt καθῆκον (pflichtgemäß), sie wird zum κατόρθωμα (Leistung, Vollkommenheit), wenn sie aus sittlicher Einsicht geschieht. Die Affekte (πάθη), in deren Überwindung die Sittlichkeit sich bewährt, werden als naturwidriger Trieb, dann aber auch als falsche Urteile definiert, die sich auf die Gegenwart (Lust und Unlust) und die Zukunft (Begierde und Furcht) beziehen können. Die ältere S. verlangt vom Weisen *Apathie*, dagegen schwenkt die mittlere S. auf die peripatetische Lehre von der *Metriopathie* ein. Da in allen Menschen dieselbe Vernunft wirkt, gibt es auch nur *ein* verbindliches Gesetz, der Weise ist Weltbürger. Dieser Kosmopolitismus hat sich sowohl als Hemmung tätiger Mitarbeit in den konkreten Gemeinschaften wie als Antrieb verantwortlicher politischer Tätigkeit zum Wohle aller wirksam gezeigt. Der sittliche Heroismus der S. steht freilich im Widerspruch zu ihrer Lehre vom unausweichlichen Fatum. Chrysipps Unterscheidung zwischen causae principales und causae adiuvantes zeigt, daß die S. diesen Widerspruch sah, zugleich, daß sie seiner nicht Herr werden konnte.

3. a) Zenon aus Kition (Cypern), der Begründer der *älteren S.* (ca 300–150 vChr), kam 312 nach Athen, hörte bei dem Akademiker Polemon, den Megarikern Diodoros und Stilpon und dem Kyniker Krates von Theben und gründete um 300 die S., der er bis 263 vorstand. Sein Nachfolger Kleanthes, Schulhaupt bis 233, wird als schwerfällig und konservativ geschildert. Sein Hymnus an Zeus ist das schönste Dokument alt-s.er Weltfrömmigkeit. Chrysipp von Soloi in Kilikien (281/78–208/05 vChr) war literarisch sehr produktiv. Seine dialektische Begabung zeigte sich in subtilen Definitionen und Begriffsanalysen. Seine Nachfolger waren Zenon von Tarsos, Diogenes von Seleukia am Tigris und Antipatros von Tarsos. Diogenes gehörte der athenischen Delegation an, die 156/55 in Rom lebhaftes Interesse für griech. Philosophie weckte. – b) Die *mittlere S.* (von 150 vChr bis zum Ende der röm. Republik) wurde durch Panaitios von Rhodos (ca 185–110 oder 99 vChr) begründet, der die Schule zu Athen seit 129 leitete und mit großer Selbständigkeit (Aufgabe der Lehre vom Weltbrand, Milderung des sittlichen Rigorismus, Ablehnung der Mantik) die Lehre so veränderte, daß sie in Rom wirksam werden konnte. Panaitios war das philosophische Haupt des für die geistige Entwicklung Roms bedeutenden Kreises um Scipio Aemilianus. Noch bedeutender war sein Schüler → Poseidonios von Apameia (135–51 vChr). In einer an Aristoteles gemahnenden Weise hat er Naturforschung (Nachweis der Abhängigkeit der Gezeiten vom Mond), ethnographische Reiseerfahrung, historische Studien, philosophische Theorien und mystische Spekulation in sein System einbezogen. Anstelle der engstirnigen Reduktion der Natur auf die Zwecke des Menschen tritt der Gedanke der *Sympatheia:* wie Mond und Weltmeer steht alles mit allem im Wechselbezug, Großes und Kleines, Fernes und Nahes. Von Poseidonios führen Entwicklungslinien zum → Eklektizismus der späteren Zeit sowie zum → Neuplatonismus. – c) Eine Übergangsstufe von der mittleren zur *späten S.* (50–250 nChr) bezeichnet L.Annaeus → Seneca († 65 nChr). Auch bei ihm spielt neben moralischen Reflexionen die Naturphilosophie eine Rolle, aber nicht mehr als eigene Forschung, sondern nur als literarische Mitteilung von Überliefertem zu Erbauungszwecken. Die Legende vom »Christen« Seneca ist historisch falsch, aber die Ähnlichkeit der geistigen Haltung richtig empfunden. Noch deutlicher wurde die Beschränkung aufs Praktische, mit kasuistischer Verfeinerung, bei → Musonius Rufus aus Volsinii, während L.Annaeus Cornutus die allegorische Mythendeutung der S. weiterführte und die Allegorese des → Origenes beeinflußte. Bei → Epiktet von Hierapolis (ca 50–138 nChr) vollzieht sich der damals in allen Schulen wirksame Rückgriff auf die Schulgründer. Philosophie ist Seelenführung, die Schule ein Hospital. Ein Heroismus der Freiheit geht hier mit verinnerlichter Religiosität zusammen. Die schönste Frucht der späten S. sind die Reflexionen des Kaisers → Mark Aurel (121 bis 180 nChr). Gelassenheit und Sensibilität, Scharfblick und menschlicher Takt vermitteln den Eindruck einer menschlichen Reife, die als ein mögliches Leitbild menschlicher Existenz bestehen bleibt, auch wenn ihre theoretische Basis nicht mehr trägt.

Texte: Alte S.: Stoicorum veterum fragmenta ed. H.v.Arnim, 4 Bde, 1903–24. – Mittlere S.: Panaitii Rhodii fragmenta ed. M.van Straaten, Leiden 1952 – Vgl. ferner die Einzelartikel. – *Lit.:* Ü I, 125*–132*. 149*–167* (Lit. bis 1925) – Spät. Lit. in Ausw. bei K.Schilling, Gesch. d. Philos. I, (1943) 1951², 443 f – Lit. v. 1939–45 in BPhil I, Nr. 2919–2961. 3000–3105. 3212–3305. 3367–3408. – Bes. wichtig: A.Schmekel, Die Philos. d. mittl. S., 1892 – W.L.Davidson, The Stoic Creed, Edinburgh 1907 – K.Reinhardt, Kosmos u. Sympathie, 1926 – W.Theiler, Die Vorbereitung des Neuplatonismus, 1930 – E.Grumach, Physis u. Agathon in der alten S., 1932 – O.Rieth, Grundbegriffe d. s.en Ethik, 1936 – M.Pohlenz, Grundfragen d. s.en Philos., 1940 – Ders., Die S., 2 Bde, (1948/49) 1954/55² – Ders., S. u. Stoiker, 1950 – P.Barth–A.Gödeckemeyer, Die S., 1946⁶ – E.Bréhier, Chrysippe et l'ancien stoicisme, Paris 1951 – B.Mates, Stoic Logic, Berkeley (1953) 1961² – S.Sambursky, Physis of the Stoics, London 1959. *G.Patzig*

Stock, *August* (1863–1924), ev. Theologe, * in Zadelow (Pommern), war zuerst auf ländlichen Pfarrstellen tätig, seit 1896 in Braunschweig, wo er das erste größere ev. Gemeindehaus errichtete. Seit 1910 führte S. in Berlin-Lichterfelde eine großzügige, über seinen Tod hinaus wirksam gebliebene Gemeindegliederung durch, im Sinne des von ihm im selben Jahre begründeten deutschen ev. → Gemeindetages, dessen Vorsitzender er bis zu seinem Tod gewesen ist.

Vf. u.a. (vgl. RGG² V, 816f): Die Beichte nach ev. Auffassung, 1901; Männerabende, 1912. – Hg.: Die Durchführung des Gemeindegedankens in großstädt. Gemeinden, 1917. *W.Jannasch*

Stockmayer, *Otto* (1838–1917), ev. Theologe, * in Aalen/Württ. Durch Prälat Kapfs Vermittlung wurde S. Hauslehrer in der franz. Schweiz, wo er eine Bekehrung erlebte. 1862–75 war er Pfarrer in der »église libre«. Seit der Heiligungskonferenz in Oxford wurde S. der führende Theologe der → Heiligungsbewegung. Er kämpfte gegen die → Pfingstbewegung, den Perfektionismus und gegen alle oberflächliche Frömmigkeit. Die Gnade als umgestaltende Macht, die nicht nur vergibt, sondern auch bewahrt, war seine Botschaft. Der Ernst seiner Parusie-Erwartung verleitete ihn zu Einseitigkeiten, die er 1909 öffentlich widerrief. Seit 1878 leitete S. in Hauptwil (Schweiz) ein viel besuchtes Seelsorgeheim.

Vf. u.a.: Die Gabe des Hl. Geistes, 1898; Der Leib Christi u. sein göttl. Baumeister, 1903; Die Gnade ist erschienen. Andachten, bearb. v. A.Roth, 1923. – Über S.: A.Roth, O.S., ein Zeuge u. Nachfolger Jesu Christi, (1925) 1938² – RGG² V, 818 – H.v.Sauberzweig, Er der Meister, wir die Brüder, 1959. *H.Brandenburg*

Stöckel, *Leonhard* (1510–60), die markanteste Gestalt des Zipser Deutschtums bei dessen Übergang zum ev. Bekenntnis (→ Ungarn). * in der ehem. oberungarischen Bergstadt Bartfeld (heute Slowakei), studierte S. u.a. in Wittenberg, wo er bes. durch Melanchthon für den ev. Glauben gewonnen wurde. 1539 berief ihn seine Heimatstadt zur Leitung ihrer Schule. S. verfaßte die Confessio Pentapolitana, d.i. das Glaubensbekenntnis der 5 oberungarischen Bergstädte Bartfeld, Eperies, Kaschau, Klein-Zeben und Leutschau. In Anbetracht seiner konziliianten Form und dogmatischen Mäßigung wurde es 1549 von König Ferdinand anerkannt. Da diese Schrift auch dem Bekenntnis der 7 niederungarischen Bergstädte sowie jenem der Fraternität der 24 Zipser

Städte als Grundlage diente, gilt S. mit Recht als geistiger Urheber der Reformation unter den Zipser Sachsen. S.s wesentlich humanistische Prägung zeigt sich auch in der von ihm ausgehenden Neubelebung des Schuldramas, zB durch seine »Historia von der Susanna« (1558).

J.SAM.KLEIN, Nachrichten von d. Lebensumständen u. Schriften Ev. Prediger in ... Ungarn I, 1789, 186ff - V.BRUCKNER, Die oberung. Glaubensbekenntnisse u. die CA, 1930 - BELA V. PUKANSZKY, Gesch. d. dt. Schrifttums in Ungarn, 1931, 132ff. 194ff - K.K.KLEIN, Literaturgesch. d. Deutschtums im Ausland, 1939. *K.Reinerth*

Stoecker, *Adolf* (11.12.1835 bis 7.2.1909), ev. Theologe und Politiker, stammte aus einfachen Verhältnissen, studierte in Halle und Berlin Theologie und gewann frühzeitig Interesse für soziale Fragen. 1874 wurde er Hofprediger in Berlin, übernahm 1877 die Leitung der → Stadtmission, war aber schon damals entschlossen, zur Bekämpfung der → Sozialdemokratie auch politische Mittel einzusetzen. Der von ihm 1878 gegründeten → Christlich-sozialen Arbeiterpartei blieb allerdings der Erfolg versagt, aber nach Streichung des Wortes »Arbeiter« aus ihrem Namen und im Gefolge des rechten Flügels der Konservativen Partei fand sie als mittelständische Gruppe eine Fortsetzung. S. sah die Ursache aller Zersetzung des Volkslebens im Liberalismus, als dessen Schrittmacher er das »moderne Judentum« betrachtete. Mit der ebenso folgenreichen wie verhängnisvollen Aufnahme der antisemitischen Propaganda wurde S.s Partei zeitweilig eine große Bewegung, von ihm als »Erwekkung« bezeichnet. Die Feindschaft → Bismarcks und die Haltung Wilhelms II., der ihn einst bewundert hatte, setzten seiner politischen Tätigkeit ein Ende. Nachdem er auch aus dem Hofpredigeramt ausscheiden mußte, trat er 1890 an die Spitze des → Evangelisch-sozialen Kongresses, den er jedoch 1896 wegen zunehmender Differenzen mit dem Kreise um → Naumann verließ. Seinem Ausschluß aus der Konservativen Partei folgte die kaiserliche Ächtung durch das Telegramm: »Christlichsozial ist Unsinn«. Im kleineren Rahmen der → Kirchlich-sozialen Konferenz führte S. seine Arbeit neben der in der Stadtmission fort. - S. ist als der letzte Volkstribun im Dienste des Staates der Hohenzollern bezeichnet worden. Konservativ waren seine politischen Zielsetzungen, unzulänglich seine theologische Konzeption. Tragisch bleibt, daß er gerade von denen gestürzt wurde, denen er als treuer Royalist dienen wollte. - Vgl. → Innere Mission, 4.

Vf. u.a.: Christlich-sozial, (1885) 1890²; Reden u. Aufsätze, hg.v. R.SEEBERG, 1913. - Über S.: D.v.OERTZEN, S., 2 Bde. 1912 (auf höhere Weisung eingestampft, dafür 1913 eine einbändige Volksausg.) - RE XXIV, 529ff - O.BRAUN, A.S., (1913) 1929² - G.DEHN, A.S. (ZZ 8, 1924, 25-48) - P. LE SEUR, A.S., 1928 - W.FRANK, A.S., (1928) 1935² - FR.BRUNSTÄD, A.S., 1935 - DERS., A.S. als Theol. (Ges. Aufs. u. kl. Schr., 1957, 287-302) - S.A.KÄHLER, A.S. (Die großen Deutschen IV, 1935, 179-199). *K.Kupisch*

Stössel, *Johann* (1524-78), ev. Theologe, * in Kitzingen, nach Studium in Wittenberg und Jena 1550 Diakonus in Jena, 1554 Pfarrer und Sup. in Heldburg, 1561 in Jena, 1562 auch Prof. Mit M. → Mörlin ist S. am Wormser Religionsgespräch, am Weimarer Konfutationsbuch (von S. mit der »Apologie« verteidigt) und an der Heidelberger Reise beteiligt. Er führt den Sturz der Jenaer Flacianer mit herbei (→ Jena, 1) und bekennt sich zur Deklaration → Strigels, für die er als Visitator 1562/63 mit seiner Superdeklaration und äußerster Milde die Geistlichen zu gewinnen sucht. Ab 1565 wehrt er sich gegen restaurative, seine Befriedung Jenas gefährdende Maßnahmen Johann Wilhelms und entweicht im Jan. 1568 nach dessen Regierungsantritt. S. wird Sup. in Pirna, treibt als Visitator 1573 die Flacianer aus Thüringen, wird 1574 in den Sturz der kursächsischen Philippisten verwickelt und stirbt als Gefangener in Senftenberg.

ADB 36, 471ff - RE XIX, 59ff - RGG³ V, 821 - R.JAUERNIG, Ergänzungen zu Löbe... (BThKG 4, 1939, 312-314) - R.HERRMANN, Thür. KG II, 1947 (s. Reg.; Lit.) - K.HEUSSI, Gesch. d. theol. Fakultät zu Jena, 1954 (s. Reg.). - Sämtl. Korrekturen aus Akten des Landeshauptarchivs in Weimar u. der Landesbibl. in Gotha. *R.Jauernig*

Stolberg, *Friedrich Leopold Graf zu* (7.11.1750 bis 5.12.1819). Aus einem luth.-pietistischen Elternhaus stammend, von → Klopstocks Poesie und Religiosität begeistert, zusammen mit seinem Bruder Christian (1748-1821) zum Kreis des freiheitlich und vaterländisch gesinnten Göttinger Hainbundes gehörend, Vertreter des deutschen Hellenismus, ist S. eine bedeutende Gestalt des → Sturm und Dranges und der → Empfindsamkeit. Der Einfluß seiner zweiten Frau, Sophie von Redern, Eindrücke einer Italienreise, die Erschütterung durch die französische Revolution, Freundschaft mit der Fürstin → Gallitzin und der Marquise de Montagu und die Lektüre mystischer Schriften führten zu S.s Konversion am 1.6.1800 vor → Overberg in der Hauskapelle der Fürstin Gallitzin in → Münster. Mit S., dessen empfindsame, vom Gefühl bestimmte Persönlichkeit in der röm. Kirche den ihr gemäßen Halt fand, beginnt die Reihe der romantischen → Konvertiten (→ Romantik: II, 4). Im Alter schrieb er die für die Epoche der → Restauration charakteristische, erbaulich-apologetische »Geschichte der Religion Jesu Christi« (15 Bde, 1806-18).

GesW der Brüder Christian u. F.L.Grafen zu S., 20 Bde, 1820-25. - P.BRACHIN, Le cercle de Münster (1779-1806) et la pensée religieuse de F.L.S., Lyon u. Paris 1952 (Lit.) - L.SCHEFFCZYK, F.L. zu S.s »Gesch. der Religion Jesu Christi« (MThS I, 3), 1952 (Lit.) - D.W. SCHUMANN, Aufnahme u. Wirkung von F.L.S.s Übertritt zur Kath. Kirche (Euphorion 50, 1956, 271-306). *M.Rohkrämer*

Stolgebühren sind Abgaben (Taxen), die von den Gläubigen für bestimmte Amtshandlungen des Pfarrers entrichtet werden. Der Name leitet sich her von der Stola, dem schärpenartigen liturgischen Gewand, das die mittelalterliche Kirche zur klerikalen Amtskleidung für bestimmte gottesdienstliche Handlungen erhob und das auch von einem Teil der prot. Kirchen beibehalten wurde. Die Wurzeln der S. liegen im Eigenkirchenwesen (→ Eigenkirche). Obwohl kirchenrechtlich verboten - so zB das Dekret → Gratians cc. 99-103 C. 1 q. 1 und die Dekretalen Papst → Gregors IX. cc. 8-9 X 5, 3 -, wurden doch im späten MA derartige Gebühren als Ausfluß des kirchlichen Fiskalismus auf der Basis lokalen Gewohnheitsrechts allgemein Rechtens. - Heute erhebt die *kath. Kirche* S. gelegentlich der Spendung von Sakramenten und Sakramentalien wie insbesondere Taufe, Trauung und Begräbnis (cc. 463 § 1. 1507 § 1. 736 CIC). Die Gebühren dienen dabei dem Lebensunterhalt des Pfarrers und stellen nach kath. Auffassung keineswegs etwa eine Bezahlung sakramentaler Handlungen dar (keine → Simonie!). Sie werden erhoben entweder gewohnheitsrechtlich oder auf Grund einer vom jeweiligen Provinzialkonzil bzw. der Bischofskonferenz einer Kirchenprovinz aufgestellten und vom Hl. Stuhl genehmigten Taxordnung und sind gerichtlich einklagbar. Kirchlich bestraft werden Stolexzesse, dh überhöhte Gebührenforderungen (c. 2408 CIC). Desgleichen ist es verboten, die Spendung eines Sakraments oder die Vornahme einer sonstigen gebührenpflichtigen Amtshandlung von der Entrichtung der S. abhängig zu machen; den Armen sind die an sich fälligen S. überhaupt zu erlassen (c. 463 § 4 CIC). - In den deutschen *ev. Kirchen* sind die S. heute meist abgelöst und beseitigt, wie allgemein Gebühren jedweder Art im → Finanzwesen (: II) der ev.

Kirchen kaum noch einen ins Gewicht fallenden Faktor darstellen. In einigen Landeskirchen sind die S., die auch in der prot. Kirche früher vielfach üblich und zum Unterhalt des auf seine Pfründe angewiesenen Geistlichen auch notwendig waren, seit den 70er Jahren des 19.Jh.s ganz aufgehoben worden (zB Preußen 1892), in anderen bestehen sie zZ noch, wobei sie meistens der Gemeindekasse oder der Pfründe zufallen. – *Staatskirchenrechtlich* gehören die S., die im 18. und 19.Jh. vereinzelt vom Staat (Österreich, Bayern) beansprucht wurden oder staatlicherseits genehmigt werden mußten (Preußen), heute zum Bereich der verfassungsrechtlich garantierten Selbstverwaltung der Kirchen (Art. 140 GG/Art. 137 WRV).

J.RIEDLE, Das pfarrliche Recht der S., 1897 – RE XIX, 67ff – J.BRYS in: Ius Pontificium 10, 1930, 201-209 – W.A.FERRY, Stole Fees (Diss. Washington), 1930 – LThK IX, 840f – V.FUCHS in: Acta Congressus Iuridici Internationalis 3, Rom 1936, 211-223 – H.LIERMANN, Kirchen u. Staat I. II, 1954/55 (Quellen) – FEINE 174 – EICHMANN-MÖRSDORF (s. Reg.). *S.Reicke*

Stoltz, *Johann* (ca 1514-56), luth. Theologe, * und Student in Wittenberg, 1539 Diakonus in Jessen und Erzieher des späteren sächsischen Kurfürsten August, 1540 wieder Student und 1544 Prof. in Wittenberg, 1547 Hofprediger in Weimar. Hier ist er an kirchenregimentlichen Aufgaben, 1549 am Weimarer Gutachten gegen das → Interim, 1552 an der »Zensur« gegen → Osiander und an den Königsberger Ausgleichsverhandlungen in dessen Rechtfertigungsstreit beteiligt. Die Visitation Thüringens 1554/55 hat er vorbereitet und maßgeblich durchgeführt. S. hat Bedeutung für die Lutherüberlieferung. Ausschlaggebend war er für die Gestaltung der Jenaer → Lutherausgabe.

R.JAUERNIG, J.S. (Luther in Thüringen, hg.v. DEMS., 1952, 229 bis 237; Archivalien, Lit.). *R.Jauernig*

Stolz, 1. *Alban* (1808-83), kath. Theologe und Volksschriftsteller, * in Bühl/Baden, † in Freiburg/Br., Schüler → Hirschers, 1833 Priester, seit 1847 Prof. für Pastoraltheologie in Freiburg. S. wurde zunächst durch die »Kalender für Zeit und Ewigkeit« (seit 1843) bekannt. Daneben fanden bes. seine Legenden und Reiseberichte weiteste Verbreitung und blieben auch nicht ohne Eindruck auf Protestanten. Weniger erfreulich sind seine Publikationen zu Tagesfragen (Flugschriften gegen → Ronge, den Altkatholizismus, die Mischehe) und seine zT scharfe Polemik gegen den Protestantismus. Sein Stil zeichnet sich durch plastische Sprache, Humor, scharfe Beobachtung und satirische Kritik aus. Seine starke, religiös vertiefte Naturverbundenheit wich immer mehr einem mystischen Horchen auf die innere Stimme.

Vf. u.a.: Kalender f. Zeit u. Ewigkeit, 1843-47, 1858-59, 1864, 1873-81, 1884; Kalendergeschichten, hg.v. H.SCHIEL, 1947. *Legenden:* Legende, (1851-60) 1925$^{13-16}$; Leben der hl. Elisabeth, (1868) 1934$^{21-22}$. *Reisebeschreibungen:* Spanisches für die gebildete Welt, (1853) 1927^{16}; Besuch bei Sem, Cham u. Japhet, (1857) 1920^{12}. *Tagebuchaufzeichnungen:* Witterungen der Seele, (1867) 1912^{8}; Wilder Honig, (1870) 1913^{8}; Dürre Kräuter, (1877) 1913^{2}; Nachtgebet m. Lebens, (1885) hg.v. J.SCHMITT, 1908; Lichte Höhen, 1922$^{1-4}$. *Briefwechsel:* Fügung u. Führung. Konvertitenbilder, hg.v. J.MAYER, I-III, (1909-13) 1920-24$^{8-10}$; A.S. u. die Schwestern Ringseis, hg.v. A.STOCKMANN SJ, (1912) 1926$^{6-7}$. *Sammlungen:* GesW I-XXI, 1871 bis 1912 u.ö.; Volksausgabe I-XIV, 1898-1922 u.ö. – Über S.: J.M. HÄGELE, A.S., (1884) 1889^{3} – J.MAYER, A.S., 1921 – F.HULSHOFF SJ, A.S. in s. Entw. als Volksschriftsteller, 1931 – A.M.WEISS-E.KREBS, Im Dienst am Buch, 1951, bes. 166ff. *G.Maron*

2. *Johann Jakob* (1753-1821), ref. Theologe aus der Schule → Lavaters, * in Zürich, wirkte von 1784-1811 als Pastor an St. Martini in → Bremen. Aus innerlicher Entfremdung gegenüber dem Pfarramt und aus politischen Gründen zog sich S. 1811 wieder in seine Vaterstadt zurück. Aus der spätpietistischen Gefühlsreligiosität Lavaters entwickelte sich seine Theologie zu einem ausgeprägten → Rationalismus (: II) stark ethischer Prägung. Seine Bibelübersetzung spiegelt seine theologische Entwicklung. Sie ist äußerst revolutionär insofern, als in ihr der Versuch einer konsequenten Entmythisierung im Sinne des moralistischen Rationalismus unternommen wird. Die stark moralisierenden Predigten unterstreichen den Gedanken der Nützlichkeit des biblischen Ethos und verstehen sich als Antworten auf Fragen der Zeit.

Bei S.' NT-Übers. sind drei völlig verschiedene Werke zu unterscheiden: 1. Die aus seiner Frühzeit stammende, zusammen mit J.K. Häfeli unternommene = Bd II von J.L.Vögelis Bibelübers., Zürich 1781-82; 2. Sämtl. Schriften des NT, aus dem Griech. übers., 1795 (umgearbeitet 1798, 1804^{4}); 3. Das NT nach Griesbachs Ausgabe des griech. Textes übers., 1820. – Vgl. ferner u.a.: Predigten über die ev. Gesch., 1783; Briefe literarischen, moralischen u. relig. Inhalts, 1789; Geist der Sittenlehre Jesu in Betrachtungen über die Bergpredigt, 3 Bde, 1792-93; Predigten über die Merkwürdigkeiten des 18.Jh.s, 2 Bde, (1801/02) 1802-05^{2}. – Über S.: H.DÖRING, Die dt. Kanzelredner des 18. u. 19.Jh.s, 1830, 485ff – O.VEECK, Gesch. der ref. Kirche Bremens, 1909 – H.SCHNORF, Sturm u. Drang in der Schweiz, 1914 – JOH.BAUER in: EvFr 1908, 16ff – T.FORCK in: St. Martini zu Bremen, ed. W.WEHOWSKY, 1960, 37ff. *G.Huntemann*

Storm, *Theodor* (1817-88), Novellist und Lyriker, Jurist (1843 Advokat in Husum, 1853 Assessor in Potsdam, 1856 Kreisrichter in Heiligenstadt, seit 1864 in Husum nacheinander Landvogt, Amtsrichter und Amtsgerichtsrat, seit 1880 im Ruhestand in Hademarschen), gehört zu den bedeutendsten Dichtern des deutschen → Realismus (: II, 3). Während er in seiner Lyrik das schlichte, volksliedhafte Stimmungs- und Erlebnisgedicht pflegte, entwickelte er eine sehr differenzierte Novellistik, die Schärfe des psychologischen Blicks, realistische Kraft der Menschen- und Umweltdarstellung mit feinster Stimmungskunst verbindet. Seiner Haltung elegischer Erinnerung entsprach bes. die historische Novelle und die von ihm bevorzugte Form der chronikalischen Rahmenerzählung. Durch Auflösung der festen Novellenform nahm S. schließlich Tendenzen des → Impressionismus voraus. Abgesehen von einigen heiteren Erzählungen liegt seinem ganzen Werk ein schwermütiger Pessimismus zugrunde, der sich bis zu bitterer Skepsis und Nihilismus steigern konnte. Areligiös erzogen, unberührt von christlichen Glaubenserfahrungen und idealistischer Philosophie, bedrängt von dem naturwissenschaftlichen Agnostizismus seines Jh.s vermochte S. den ihn lebenslang quälenden Problemen der Vergänglichkeit und des Todes nichts als sein tragisches Schicksalsgefühl und einen rein immanenten Lebensglauben entgegenzusetzen: »Edel lebe und schön, / Ohne Hoffnung künftigen Seins / Und ohne Vergeltung, / Nur um der Schönheit des Lebens willen« (SW VIII, 150). Mit der Ablehnung des idealistischen Unsterblichkeitsglaubens verband er eine scharfe Kritik am christlichen Dogma (Gedichte: »Ein Sterbender« 1863, »Crucifixus« 1865, »Geh nicht hinein« 1878) und Ablehnung der Kirche als Mittlerin zwischen Gott und Mensch (Novellen »Versunken«, »Im Schloß«), zeigte aber in seiner Dichtung im ganzen eine objektive, tolerante Haltung gegenüber dem Christentum, ohne das seine für ihn grundlegende Auffassung der Liebe als der einzigen das ganze Dasein durchdringenden und heiligenden Kraft nicht denkbar wäre. So ist seine Dichtung für die skeptische Verdüsterung am Ende des 19.Jh.s typisch und bis heute weiterwirkend (Thomas → Mann verdankt ihm bes. viel).

Sämtl. Werke, 8 Bde, 1898 (Nachtragsband 1903). - F.STUCKERT, Th.S. Sein Leben u. seine Welt, 1955 (Lit.). *F.W.Wodtke*

Storr, 1. *Gottlob Christian* (1746-1805), * und † in Stuttgart als Sohn von 2, nach Auslandsreisen und Kirchendienst 1775 Prof. der Philosophie, 1777 der Theologie in → Tübingen, 1797 Konsistorialrat und Oberhofprediger in Stuttgart. Als Begründer der älteren Tübinger Schule vertrat S. einen biblisch-apologetischen Supranaturalismus (→ Rationalismus: II, 3 c), welcher mit Vernunftgründen die Glaubwürdigkeit und göttliche Autorität der Hl. Schrift zu beweisen suchte, der Vernunft aber das Recht zur Schriftkritik bestritt, und zwar unter apologetischer Verwendung von → Kants erkenntnistheoretischer These, daß die Vernunft zu Feststellungen auf dem Gebiet des Übersinnlichen nicht befugt sei. S.s Dogmatik (Doctrinae christianae pars theoretica e sacris litteris repetita, 1793; dt. 1803), die zeitweise als offizielles württembergisches Lehrbuch galt, beabsichtigt nur eine Verteidigung der biblischen Hauptlehren, nicht aber der Kirchenlehren. Die Akkommodationstheorie → Semlers lehnt S. ab. In der Versöhnungs- und Rechtfertigungslehre sucht er die altluth. Position zu wahren.

Vf. ferner u.a.: Annotationes quaedam theologicae ad philosophicam Kantii de religione doctrinam, 1793; dt. 1794. - Über S.: G.H. RIEGER, Rede an dem Grabe Herrn D. G.Chr.S., 1805 (Biogr. u. Bibliogr.) - ADB XXXVI, 456ff - RE XX, 148ff - CHR.KOLB, Die Aufklärung in d. württ. Kirche, 1908, 60ff - H.HERMELINK, Gesch. d. ev. Kirche in Württ., 1949, 301ff - HIRSCH V, 72ff.

2. *Johann Christian* (1712-73), ev. Theologe und Kirchenliederdichter, * in Heilbronn als Pfarrerssohn, Schüler → Bengels und einflußreicher Vertreter des älteren württembergischen Pietismus, 1744 Diakon in Stuttgart, 1759 Konsistorialrat und Stiftsprediger, 1765 Prälat in Herrenalb. Wegen eines Augenleidens legte S. 1772 das Predigtamt nieder, behielt jedoch seine Stellung als Konsistorialrat und Prälat zu Alpirsbach. Er verfaßte eine Reihe bedeutender Andachts- und Predigtbücher.

Lexikon d. vom Jahr 1750 bis 1800 verstorbenen Teutschen Schriftsteller, hg.v. J.G.MEUSEL, XIII, 1813, 434ff (Bibliogr.) - ADB XXXVI, 458f - W.CLAUS, Württ. Väter I, 1887, 268ff. *G.Hornig*

Stosch, *Bartholomäus* (1604-86), ref. → Hofprediger in Berlin, stammt aus einer später zT geadelten schlesischen Pastoren- und Lehrerfamilie. Nach Besuch des Gymnasium Schönaichianum und Theologiestudium in Frankfurt/O. war S. Hauslehrer in ref. Häusern Ostpreußens, unternahm Studienreisen nach Holland, England und Frankreich und wurde 1640 Prediger in Kurland. 1643 berief ihn der Große Kurfürst als Hofprediger nach Berlin, 1659 als Nachfolger von J. → Bergius ins Konsistorium. Er wurde maßgeblicher Träger der den Reformierten günstigen Kirchenpolitik Friedrich Wilhelms (→ Brandenburg: I, 3), die zwar konfessionelle Toleranz propagierte, jedoch die Lutheraner stark bedrängte (Paul → Gerhardt). S. verfaßte die »Toleranzedikte« von 1662 und 1664 und war wichtigster Sachwalter der Reformierten beim Berliner Religionsgespräch 1662/63. Theologisch vertrat er wie alle kurbrandenburgischen Hofprediger des 17.Jh.s eine universalistische Prädestinationslehre. Eine Union zwischen den beiden prot. Bekenntnissen lehnte er zeitlebens ab.

ADB 36, 460ff - H.LANDWEHR, B.S., kurbrand. Hofprediger (FBPG VI, 1893, 91-140) - F.FLASKAMP, Die Religions- u. Kirchenpolitik des Gr. Kurfürsten (HJ 45, 1925, 266-268) - R.v.THADDEN, Die brand.-preuß. Hofprediger im 17. u. 18.Jh. (AKG 32), 1959. *R.v.Thadden*

Strack, *Hermann Lebrecht* (6.5.1848 bis 5.10.1922), * und † in Berlin, ebd 1877 ao., 1910 Honorar-Prof., Geh. Konsistorialrat. S. verband Offenheit für wissenschaftliche Probleme mit kirchlich-positiver Haltung (Gegner → Wellhausens). Mit O.Zöckler gab er den Kurzgefaßten Kommentar zu den Hl. Schriften des AT und NT heraus (von ihm Gen, [1894] 1905²; Ex, Lev, Num, 1894; Spr, [1888] 1899²). 1885-95 Herausgeber der Porta, seit 1906 des Clavis Linguarum Semiticarum (von ihm die Grammatik des Hebräischen, [1883] 1952¹⁵ [bearb. v. A.Jepsen] und des Biblisch-Aramäischen, [1896] 1921⁶). Seine besondere Liebe galt den Fragen des Judentums und der → Judenmission, für die er 1883 das → Institutum Judaicum gründete und in Zeitschriften eintrat (Nathanael, Zeitschr. für die Arbeit der Ev. Kirche an Israel, 1885ff; Schriften des Institutum Judaicum, 1886ff). Noch nachhaltiger wirkten seine wissenschaftlichen Veröffentlichungen (u.a. Einl. in Talmud und Midrasch, [1887] 1920⁵; Das Blut im Glauben und Aberglauben der Menschheit, [1891] 1900⁸; gute Ausgaben einiger → Mischna-Traktate). Ihm wird die Herausgabe des von P.Billerbeck allein bearbeiteten Kommentars zum NT aus Talmud und Midrasch (4 Bde, 1922-28) verdankt.

JüdLex IV/2, 735f - RGG² V, 826f (Bibliogr.) - LThK IX, 847. *H.J.Stoebe*

Strafe

I. Religionsgeschichtlich - II. Rechtlich - III. Pädagogisch. - Vgl. → Strafrecht

I. Religionsgeschichtlich

Über Art und Gründe von S.n in *prähistorischen Religionen* ist nichts bekannt. Die *Wildbeuter* (→ Jäger) rächen und strafen Verletzungen der → Ordnung und Sitte. Bei den Buschmännern wird das → Gesetz (: I) durch Selbsthilfe und → Blutrache gewahrt und die verantwortliche Gruppe bestraft. Bei den Yamana (Feuerland) straft Watauniéwa Missetäter mit → Krankheit, frühem → Tod oder Sterbenlassen der → Kinder. Die Kayapo-Indianer Brasiliens sind zur Blutrache gezwungen und strafen Frauenraub, Diebstahl, Lüge, Blutschande usw. Bei den Botokuden (Australien) straft das Höchste Wesen (→ Hochgottglaube) die Missetäter. Nach den Bhils prügelt Bhagwān, der höchste Gott, Übeltäter aus dem Himmel hinaus. Im Bereich der *Stammesreligionen* wird nicht die → Kopfjagd, wohl aber Diebstahl, Unzucht, Mord, Verletzung der magischen Verhaltensweisen (→ Magie) bestraft. Die S. soll das Verbrechen bekämpfen, von ihm abschrecken und die Ordnung herstellen. Die Bestrafung der Schuldigen ist weniger wichtig als die der verantwortlichen Gruppe. Einzelne können für die Gruppe büßen (Zahlung der S.). Die leidende Gruppe kann und muß den Schuldigen unschädlich machen. Weil die Gruppe oft versagt, spielt die Blutrache eine Rolle. Das Motiv der Besserung fehlt. S.n sind Züchtigung, Verstümmelung, Tötung und das → tabu. Nach dem mit der Zeit aufkommenden ius talionis entspricht die S. dem Vergehen (»Leben um Leben«). Nach der Bestrafung wird der Unheilsstifter durch → Weihe-Handlungen wieder in die Gruppe eingegliedert (zB bei den Dschagga). In den *volksmäßig gebundenen, monotheistischen* und *polytheistischen Kulturreligionen* sind Gott oder die Götter Geber, Hüter und Wahrer des → Rechts (: II); als S.n gelten Unheil, Krankheiten, Seuchen, Tod. Auch Menschen und menschliche Gruppen verhängen S.n. Bei den Inkas (→ Peru, 1 c) mit ihrer sakralen Rechtsordnung büßten Sonnenjungfrauen Unkeuschheit mit dem Tod. Die → Kelten verhängten → Geld-S.n für Vergehen gegen Gruppen und Individuen. In der → germanischen Religion bestrafen die Götter Rechts-

und Friedensbrüche. Im Jenseits büßen die Sünder in der Hel (→ Hölle: I). Die Gruppe bestraft Kriegsverrat, Diebstahl, Meineid, Mord mit Friedlosigkeit usw. Die Blutrache ahndet die Verletzung der Ehre. In → Babylonien, Assyrien und → Ägypten treffen S.n von Göttern und Menschen die Übeltäter auf Erden und im Jenseits (Totengericht). Bei den alten Persern lassen die Athravans (Priester) Bösewichte schinden, köpfen, pfählen (Avesta). S.n sind auch Geld-S.n oder Tötung ahrimanischer Tiere. Jenseitige S.n sind bekannt. Bei den Griechen ziehen sittliche Vergehen die Rache der Götter herab. Die rächende Göttin des Rechts ist Dike. Die Erinnyen (Furien) bestrafen Verwandtenmord. S.n können noch die Nachkommen treffen. Man kennt jenseitige S.n (Tityus, Tantalus, Sisyphus im Tartarus). Viele beschäftigen sich mit dem Problem von Schuld und S., Gerechtigkeit und Vergeltung. Auch hier spielt die Blutrache, die familiale Haftung und das ius talionis eine Rolle. Bei den Römern liegen die Dinge ähnlich. – In vielen *Hoch-* und *Weltreligionen* werden S.n von Gott oder den Göttern verhängt, als schlimmste die Gefährdung des Heils und das Unheil, so in den Religionen → Indiens. Varuna straft mit Wassersucht, Seuchen, Gebrechlichkeit usw. Der → Hinduismus kennt das ius talionis, bestraft Unzucht, Blutschande, Tötung einer → Kuh, eines Brahmanen mit Züchtigung, Hinrichtung, Entziehung des Eigentums, Gefängnis, Zwangsarbeit, Geld-S.n usw und verbietet, Brahmanen körperlich zu züchtigen. Im Theravada-Buddhismus büßen Mönche Vergehen mit Demütigungen oder Ausschluß aus der Gemeinde, Laien mit verschiedenen S.n. Schlimmste S. ist die Wiederverkörperung. Man kennt S.n im Jenseits (Strafort für die Sünder). In der Welt des Konfuzianismus und Mahâyâna (China, Korea und Japan) werden viele Verbrechen schwer bestraft (Prügel, Verstümmelung, Haft, Verbannung, Todes-S.). Vor etwa 1500 Jahren führte China die Gruppenverantwortung für individuelle Verbrechen ein (pao-tschia). Heute lebt Altes in anderer Form weiter. Immerhin hat die neuere Zeit Änderungen und Milderungen gebracht. – Im → *Islam* ist Bestrafung Allahs Recht oder menschliches Recht. Allahs S.n sind Heilsentzug, die Hölle u.a.m. Die Menschen bestrafen mit Retaliation, Verstümmelung (Abhauen der Hand für Diebstahl) usw. Für unversehentliches Töten muß Sühnegeld bezahlt werden. Als strafwürdig gelten Bestechung, Betrug, Mord, Unzucht, Weingenuß, Berauschung, Apostasie u.dgl. – Vgl. ergänzend (auch zum AT und NT) → Gerechtigkeit Gottes, → Gericht Gottes, → Sittlichkeit, → Sühne, → Sünde, → Theodizee, → Todesstrafe, → Vergeltung.

ERE IV, 248 ff (Crimes and Punishments); X, 757 ff (Rewards and Punishments) – UdG I–XII (s. Reg.) – B. MALINOWSKI, Crime and Custom in Savage Society, London (1926) 1932, 71 ff; dt. 1949 – HWDA VIII, 510 ff – ThW III, 815 f – NILSSON I (s. Reg.) – W. SCHILLING, Religion u. Recht, 1957. – Weitere Lit. s. bes. → Gerechtigkeit: I, → Sittlichkeit: II, → Vergeltung: I. *Th. Ohm*

II. Rechtlich

1. Begriff und Unterscheidungen – 2. Zur Geschichte der Kriminal-S.n – 3. Das geltende deutsche Strafrecht der BRD – 4. Die Strafzumessung – 5. Zur Reform – 6. »Sinn« der S.

1. Die S. läßt sich dem heutigen Sprachgebrauch nach bestimmen als ein Übel (der Intention nach!), das einer Person (in aller Regel nur einem Einzelmenschen, nicht einer Körperschaft, also nicht einer »juristischen Person«) von Rechts wegen auferlegt wird, um ihr gegenüber einen Vorwurf wegen eines schuldhaft-rechtswidrigen Verhaltens zum Ausdruck zu bringen und das so begangene Unrecht auszugleichen.

Die S. ist zu unterscheiden: a) Vom Schadensersatz, der dazu dienen soll, den beim Verletzten angerichteten Schaden wieder gut zu machen, der aber nicht den Pflichtigen als *Übel* treffen soll, auch nicht unbedingt einen *Vorwurf* gegen ihn voraussetzt. Schadensersatz ist auch die »Buße«, wie sie für Beleidigungen und Körperverletzungen vorgesehen ist (vgl. §§ 188. 231 StGB). – b) Von den »Maßregeln der Besserung und Sicherung«, die den Betroffenen bessern, resozialisieren, vor Rückfall bewahren und die Allgemeinheit vor seiner »Gefährlichkeit« schützen sollen und die sich gleichfalls von einem etwaigen Schuldvorwurf loslösen (so namentlich bei der Einweisung eines geistesgestörten Unheilstifters in eine Heil- und Pflegeanstalt). – c) Von den Reaktionen auf »Ordnungswidrigkeiten« (»Geldbußen« statt Geld-S.n!), die im Bereich des sog. »Verwaltungsstrafrechts« zum Gehorsam gegenüber staatlichen Befehlen sozialethisch farblosen Inhalts anhalten sollen und die deshalb wiederum nicht den gleichen Vorwurf zum Ausdruck bringen, der in einer S. enthalten ist. Vgl. dazu das Gesetz über Ordnungswidrigkeiten vom 25.3.1952 sowie das »Wirtschaftsstrafgesetz 1954« vom 9.7.1954 (keine Eintragung der Geldbuße ins Strafregister; Möglichkeit der Verhängung auch gegenüber juristischen Personen [WiStG 1954 § 5]!). – d) Von den reinen Beugemitteln, mögen diese auch als »S.n« bezeichnet werden. Sie kommen zB in den Prozeßordnungen vor als Zwangsmittel gegenüber renitenten Beweispersonen, bes. gegenüber Zeugen, die zu Unrecht die Aussage oder deren Beeidigung verweigern. Wenn in solchem Falle vielleicht auch ein Vorwurf erhoben wird, so *dient* das Beugemittel doch nicht dazu, den Vorwurf auszudrükken und das widerstrebende Verhalten auszugleichen. Charakteristisch ist, daß das Beugemittel (zB die Erzwingungshaft) entfällt, wenn der Widerstand aufgegeben wird.

Innerhalb der *»S.n«* sind dann zu unterscheiden die hier allein näher zu behandelnden »Kriminal-S.n« von andersartigen S.n, nämlich von den *»Disziplinar-«* und *»Standes-S.n«*, die im Rahmen besonderer berufsethischer Bindungen (bei Beamten, Soldaten, Rechtsanwälten, Ärzten) »standesunwürdiges« Verhalten ahnden und auf diese Weise das Ansehen des Standes reinhalten und wahren sollen (für Beamte s. zB die Bundesdisziplinarordnung vom 29.11.1952), weiter aber auch von den bloßen *»Ordnungs-S.n«*, die für Ungehorsam oder Ungebühr (zB vor Gericht) verhängt werden zur Aufrechterhaltung der staatlichen Autorität; sie heben sich allerdings nicht immer deutlich von den Kriminal-S.n ab und sind daher nur daran sicher zu erkennen, daß sie eigens vom Gesetz als »Ordnungs-S.n« bezeichnet werden (nicht zu verwechseln mit den Geldbußen für Ordnungswidrigkeiten).

Innerhalb der *Kriminal*-S.n wird wieder unterschieden zwischen Haupt- und Neben-S.n. Haupt-S.n sind solche S.n, die für sich allein verhängt werden können, auch wenn sie im Einzelfalle zusammen mit einer anderen S. verhängt werden sollten. Neben-S.n können nur im Zusammenhang mit einer anderen S. verhängt werden, so etwa der Verlust der bürgerlichen Ehrenrechte.

2. Die S. (griech. ποινή, lat. poena, mittellat. pena, ahd. pina, woraus sich dann die »Pein« entwickelt, die lange dem Strafrecht den Namen »peinliches Recht« gegeben hat; das Wort »S.« kommt erst um 1200 auf) tritt auf den früheren Stufen als Rache (→ Blutrache), Ausstoßung aus der Sippe oder der größeren Rechtsgemeinschaft sowie als sakral gefärbte → Todesstrafe auf. Im röm. Recht spielen aber auch körperliche Züchtigung, Verbannung, Zwangsarbeit eine gewisse Rolle, in engen Grenzen auch das Gefängnis. Für das röm. wie für das deutsche Strafrecht bedeutet einen Fortschritt

das sog. »Kompositionensystem«, dh die Leistung von Sühnegeld an den Verletzten oder seine Sippe, neben die im MA das »Friedensgeld« an die öffentliche Gewalt als Preis für die Wiederaufnahme in den Frieden tritt. Jedoch bleiben schwere Friedensbrüche (Verbrechen gegen die Götter, Mord usw) unsühnbar und der sakralen Todes-S. unterworfen. Das Kompositionensystem ist stark entwickelt in den sog. »Volksrechten«, den »leges barbarorum« (→ Strafrecht: I, 2). Neben den für schwere Missetaten bestehen bleibenden Lebens- und Leibes-S.n gibt es im deutschen Recht außerdem Verbannung, Verknechtung, Vermögensverlust und Ehren-S.n. Im späteren MA und noch unter der Herrschaft der peinlichen Gerichtsordnung Karls V. vom Jahre 1532 (→Strafrecht: I, 2) dominieren immer noch die Lebens- und Leibes-S.n, die teils S.n »an Hals und Hand« (Todes-S.n, verstümmelnde Leibes-S.n), teils S.n an »Haut und Haar« (Prügel-S., Brandmarkung) sind. – Die Wandlung des Strafsystems in Richtung auf die neuzeitlichen Freiheits-S.n setzt namentlich ein mit der Einrichtung der Amsterdamer Zuchthäuser (Rasphuis und Spinhuis) im letzten Jahrzehnt des 16.Jh.s (bis dahin hatten die Freiheits-S.n jedenfalls nur eine ganz untergeordnete Bedeutung). Der Siegeszug der Freiheits-S. ist danach trotz mancher Rückschläge nicht mehr aufzuhalten gewesen. Sie findet auch mehr und mehr *gesetzliche* Anerkennung. Neben ihr bleibt allerdings bis in die neueste Zeit die Todes-S. erhalten, während die verstümmelnden Leibes-S.n und die Prügel-S. in den Kulturstaaten allmählich verschwinden. Auch die Todes-S. ist seit Beccarias Angriffen auf sie (1764) mehr und mehr fragwürdig geworden und befindet sich zunehmend auf dem Rückzug. In der BRD ist sie durch Art. 102 GG abgeschafft worden, während die DDR sie noch beibehalten hat. Auch die Schweiz kennt sie nicht mehr. Ihre abschreckende Wirkung wird meist überschätzt (→ Todesstrafe: II).

3. Hinsichtlich des *geltenden deutschen Strafrechts der BRD* unterscheiden wir S.n an der Freiheit, am Vermögen und an der Ehre. Die letztgenannten S.n kommen nur als Neben-S.n in Betracht, und zwar als »Verlust der bürgerlichen Ehrenrechte« (neben Zuchthaus immer, neben Gefängnis nur unter besonderen Voraussetzungen möglich, vgl. § 32 StGB) oder als »Aberkennung der Fähigkeit zur Bekleidung öffentlicher Ämter« (neben Gefängnis unter den Voraussetzungen des § 35 möglich). Der Verlust der bürgerlichen Ehrenrechte bewirkt dauernden Verlust der aus öffentlichen Wahlen hervorgegangenen Rechte, der öffentlichen Ämter, Würden, Titel, Orden und Ehrenzeichen, zB auch den Verlust des Doktortitels. Außerdem verliert der Verurteilte entweder auf die Dauer (bei lebenslangem Zuchthaus) oder für die im Urteil bestimmte Zeit die Fähigkeit, öffentliche Ämter, Würden usw zu erlangen, in öffentlichen Angelegenheiten zu stimmen, zu wählen oder gewählt zu werden, Urkundenzeuge, Vormund, Gegenvormund, Pfleger, Beistand, Familienratsmitglied zu sein.

Im Mittelpunkt stehen heute die Freiheits- und die Vermögens-S.n. Sie sind in aller Regel *Haupt*-S.n. Eine *Neben*-S. an der *Freiheit* ist die praktisch nicht sehr bedeutsame Zulässigkeit von Polizeiaufsicht (§§ 38. 39 StGB). Als *Neben*-S. am *Vermögen* kann die Einziehung von producta et instrumenta sceleris gemäß § 40 StGB angesehen werden.

Die *Haupt*-S.n an der *Freiheit* sind heute: Zuchthaus, Gefängnis, Einschließung und Haft (→ Gefängniswesen: I). Sie unterscheiden sich nach Dauer, Arbeitszwang, Ehrenfolgen. Die Zuchthaus-S. ist entweder lebenslänglich (in den Fällen, in denen dies besonders vorgesehen ist, zB bei Mord oder Hochverrat) oder zeitig; der Mindestbetrag der zeitigen ist 1 Jahr, ihr Höchstbetrag 15 Jahre. Der Sträfling muß die im Zuchthaus eingeführten Arbeiten verrichten. Er kann auch zur Außenarbeit verwendet werden. Außerdem ist Zuchthaus immer entehrend, denn es hat in jedem Falle die dauernde Unfähigkeit zur Bekleidung öffentlicher Ämter von Rechts wegen zur Folge. Alle anderen Freiheits-S.n sind zeitlich begrenzt und als solche nicht entehrend; die Mindest- und Höchstbeträge sind bei Gefängnis: 1 Tag bis 5 Jahre, bei Einschließung 1 Tag bis 15 Jahre, bei Haft 1 Tag bis 6 Wochen. Die Einschließung, die anstelle der älteren Festungshaft getreten ist, ist sog. »custodia honesta«. Sie tritt daher in gewissen Fällen (§§ 105. 106 StGB: Parlamentsnötigung u.dgl.) an die Stelle von Zuchthaus, wenn die Handlungsweise nicht einer ehrlosen Gesinnung entsprungen ist (bei »Überzeugungstätern«). So erklärt sich auch ihr der Zuchthaus-S. parallel laufendes Maximum von 15 Jahren. Soweit bei Gefängnis und anderen Freiheits-S.n Arbeitszwang besteht, ist auf die Fähigkeiten und sonstigen persönlichen Verhältnisse des Sträflings Rücksicht zu nehmen; Außenarbeit ist ohne Einwilligung nur bei Landstreichern, Bettlern, Unzuchttreibenden und anderen Asozialen statthaft (§ 362). Besondere Freiheits-S.n tauchen im Wehr- und im Jugendstrafrecht auf: im Wehrstrafgesetz von 1957 der Strafarrest bis zu 6 Monaten, im Jugendstrafrecht (Jugendgerichtsgesetz 1953) gegenüber Jugendlichen (dh 14 bis 18 Jahre alten Tätern) und u.U. auch gegenüber Heranwachsenden (18 bis 21 Jahre alten Tätern) anstelle aller anderen Freiheits-S.n die »Jugend-S.« zwischen 6 Monaten und 10 Jahren; Jugend-S. kann aber in gewissen Grenzen auch auf unbestimmte Dauer (zB auf die Dauer von 2-4 Jahren) verhängt werden. Der »Jugendarrest« ist keine Freiheits-S., sondern ein »Zuchtmittel«. Er wird daher nicht »registriert« (näher zu ihm § 16 JGG). – Gefängnis und Einschließung bis zu 9 Monaten, Jugend-S. bis zu 1 Jahr, Haft und Strafarrest können *zur Bewährung ausgesetzt* werden, damit sich der Täter durch gute Führung während einer Bewährungszeit Straferlaß verdient. Mit dieser Strafaussetzung können besondere Bewährungsauflagen verbunden werden, wie zB die, den angerichteten Schaden wieder gut zu machen (Näheres §§ 23ff StGB, §§ 20ff JGG, § 14 Wehrstrafgesetz). In der DDR ist die »bedingte Verurteilung« durch das Strafrechtsergänzungsgesetz vom 11.12.1957 etwas anders geregelt.

Einzige Vermögens-S. ist die *Geld-S.* Sie kann immer allein verhängt werden, wird aber häufig auch neben einer Freiheits-S. ausgesprochen. Wo sie nicht in höheren Beträgen oder – wie bei Hoch- und Landesverrat – in unbegrenzter Höhe angedroht ist, ist ihr Höchstsatz 10000 DM, bei gewinnsüchtigen Verbrechen oder Vergehen 100000 DM, der Mindestsatz ist 3 DM. Wird die Geld-S. nicht gezahlt und läßt sie sich nicht beitreiben, so tritt an ihre Stelle Ersatzfreiheits-S. von höchstens 1 Jahr nach näherer Maßgabe des § 29 StGB.

Für das Strafrecht der DDR ist als Besonderheit noch ergänzend zu vermerken, daß hier durch das Gesetz vom 11.12.1957 auch die S. des »öffentlichen Tadels« eingeführt wurde.

4. Die im Gesetz für eine strafbare Handlung allgemein (»abstrakt«) vorgesehene S. heißt die »angedrohte S.«. Hier waltet selten Eindeutigkeit ob. Immerhin ist zB bei Mord eindeutig lebenslanges Zuchthaus angedroht (sog. »absolute Strafdrohung«). In aller Regel ist die Strafdrohung nur relativ bestimmt, das Gesetz bietet einen Straf*rahmen* an, innerhalb dessen die nach Art und Maß genau bestimmte S. von Fall zu Fall vom Richter »zuzumessen« ist. Die zugemessene »konkrete« S. nennt

das StGB »verwirkte« S. So ist zB für eine vorsätzliche Körperverletzung mit tödlichem Ausgang (§ 226 StGB) »Zuchthaus nicht unter 3 Jahren oder Gefängnis nicht unter 3 Jahren« *angedroht;* der Richter muß sich schlüssig werden, ob er Zuchthaus oder Gefängnis verhängen will, und sodann die Höhe der Freiheits-S. *bestimmen.* Das geltende Recht kennt nur wenige Regeln für die Strafzumessung. Ein Beispiel bietet § 27 c Abs. 1 StGB: »Bei der Bemessung einer Geld-S. sind die wirtschaftlichen Verhältnisse des Täters zu berücksichtigen.« Von den Strafzumessungsgründen, die *innerhalb* des Strafrahmens bald zu einer höheren, bald zu einer geringeren S. führen, sind scharf zu unterscheiden die »Strafänderungsgründe«, die zu einer ganz anderen Straf*drohung,* bes. zu einem schwereren oder gelinderen Straf*rahmen* führen, wie zB im Verhältnis zum einfachen Diebstahl des § 242 (angedroht: Gefängnis von 1 Tag bis zu 5 Jahren) einerseits die Erschwerungsgründe des § 243 (Einbruch, Einsteigen usw, wofür Zuchthaus von 1 Jahr bis zu 10 Jahren angedroht ist), andererseits die Milderungsgründe des § 370 Nr. 5 (Entwendung von Nahrungs- oder Genußmitteln usw in geringer Menge oder von unbedeutendem Werte zum alsbaldigen Verbrauch, wofür nur Haft oder Geld-S. bis zu 150 DM angedroht ist). »Strafänderungsgründe« sind auch die »besonders schweren Fälle« und die »mildernden Umstände« (sog. »unbenannte Strafänderungsgründe«). Auf den angedrohten S.n baut auch die aus dem französischen Recht übernommene Dreiteilung der strafbaren Handlungen in Verbrechen, Vergehen und Übertretungen auf. So ist zB → »Verbrechen« nur die mit Zuchthaus oder mit Einschließung von mehr als 5 Jahren bedrohte Handlung.

5. Im Rahmen der *Reformbestrebungen* (→ Strafrecht: II) wurden und werden namentlich folgende Abweichungen vom heute geltenden S.nsystem diskutiert: Der Unterschied zwischen Zuchthaus und Gefängnis soll fortfallen (Forderung einer »Einheits-S.«). Die Freiheits-S.n sollen zugleich Sicherungsfunktion erfüllen und dann auch auf unbestimmte Zeit verhängt werden können (Idee der »Sicherungs-S.«). Festungshaft bzw. Einschließung und einfache Haft sollen aus dem StGB verschwinden. Die Ehren-S.n sollen abgeschafft werden, weil sie die Resozialisierung erschweren. Die Geld-S.n sollen nicht mehr auf bestimmte Geldbeträge lauten, sondern auf »Tagesbußen« (zB auf 10 Tagesbußen, deren Höhe dann der Richter für den jeweiligen Täter nach seinen wirtschaftlichen Verhältnissen festsetzt, etwa auf 5 oder 20 oder 300 DM). Der letzte Entwurf in der BRD (1960) hat diesen Forderungen jedoch nur zT Gehör geschenkt: Zwar sollen »Einschließung« und »Haft« aus dem neuen StGB verschwinden, die bisherige »Haft« schon deshalb, weil auch die »Übertretungen« aus dem StGB ausgeschieden werden sollen. Aber der Unterschied zwischen Zuchthaus und Gefängnis wird beibehalten, insbesondere verbleibt es bei dem entehrenden Charakter der Zuchthaus-S. Als Freiheits-S. neu eingeführt wird für leichtere Vergehen die »Strafhaft« von 1 Woche bis zu 6 Monaten. Die Minima und Maxima der Zuchthaus-S. und der Gefängnis-S. sollen heraufgesetzt werden auf 2 bis 20 Jahre Zuchthaus bzw. 1 Monat bis 10 Jahre Gefängnis. Die »Zweispurigkeit« von Freiheits-S. und Sicherungsverwahrung soll beibehalten werden. Kein unbestimmtes Strafurteil bei Erwachsenen! Die Ehren-S.n als solche sollen zwar verschwinden, aber auf gewisse Nebenwirkungen hinsichtlich Bekleidung öffentlicher Ämter und Ausübung des Wahl- und Stimmrechts kann nicht verzichtet werden. Das Tagesbußensystem ist vom Entwurf 1960 akzeptiert und sehr sorgfältig ausgearbeitet worden (Minimum 1 Tagessatz, Maximum regelmäßig 360 Tagessätze, die Höhe des einzelnen Tagessatzes liegt zwischen 2 DM und 500 DM; als »Ersatzfreiheits-S.« entspricht naturgemäß ein Tagessatz einem Tag Freiheits-S. in Gestalt von Strafhaft oder Gefängnis). Als neue »Neben-S.« wird das Fahrverbot von Kraftfahrzeugen vorgesehen (bisher gab es nur die Entziehung der Fahrerlaubnis als *Sicherungs*maßnahme). Für die Straf*bemessung* werden bedeutsame Richtlinien aufgestellt. Grundlage für die Zumessung der S. ist die Schuld des Täters, insbesondere sind die Motive und Ziele der Tat, die in der Tat zum Ausdruck kommende Gesinnung, die Art der Ausführung und die verschuldeten Folgen der Tat zu berücksichtigen.

6. Von alters her hat man sich über den *»Sinn«* der S. auf philosophische Weise Gedanken gemacht. Wie die → »Theodizee« die Übel in der Welt zu rechtfertigen und mit der Gottesidee zu versöhnen versucht, so machen sich die »Straftheorien« anheischig, die S., die ein von Menschen gewolltes und vollstrecktes Übel ist, zu rechtfertigen und - soweit es sich um die staatliche S. handelt - mit der Staatsidee in Einklang zu setzen. Die großen Rechts- und Staatsphilosophen wie Platon, Grotius, Kant, Hegel, und in neuerer Zeit die Begründer der modernen Strafrechtswissenschaft wie P.I.A.Feuerbach, K.Binding, Fr.v.Liszt haben Straftheorien entwickelt. Wir unterscheiden absolute und relative Theorien, je nachdem, ob Rechtfertigung der S. durch einen absoluten Wert (Gerechtigkeit!) oder durch einen besonderen Zweck (Abschreckung, Sicherung, Besserung) angestrebt wird. Die absoluten Theorien sind »Vergeltungstheorien« (punitur quia peccatum est). Die relativen Theorien sind Präventionstheorien (punitur ne peccetur!). Sie sind entweder Theorien der »Generalprävention«, wie sie zB Feuerbach vertreten hat (Strafandrohung und Strafvollstreckung schrecken allgemein vor Begehung von Straftaten ab), oder sie sind Theorien der Spezialprävention (der Strafvollzug ist dazu bestimmt, den Täter zu bessern, zu resozialisieren oder wenigstens unschädlich zu machen; → Strafrecht: II). Es gibt aber im Rahmen dieser großen Gruppen mancherlei Spielarten und auch Mischformen (sog. »Vereinigungstheorien«). In der heutigen Strafrechtswissenschaft und im neuesten Stadium der Strafrechtsreform ist die Idee herrschend, daß die S. in erster Linie gerechte Sühne für die Schuld des Täters sein soll. Die Idee der Zweckmäßigkeit kommt zur Geltung einmal im Rahmen der Gerechtigkeit, die einen gewissen »Spielraum« für Zweckmäßigkeitserwägungen läßt, zum anderen aber im System der Maßregeln der Besserung und Sicherung, die das S.nsystem *ergänzen* (Prinzip der »Zweispurigkeit«). Im Erwachsenenstrafrecht kommen als »Maßregeln« zB in Betracht die Unterbringung von geistesgestörten Untätern in einer Heil- und Pflegeanstalt oder Entziehungsanstalt, von Asozialen in einem Arbeitshaus, von Gewohnheitsverbrechern in der Sicherungsverwahrung. Im Jugendstrafrecht sind »Erziehungsmaßregeln« (zB Schutzaufsicht und → Fürsorgeerziehung) oder »Zuchtmittel« (zB Jugendarrest) als »zweite Spur« neben der S. vorgesehen.

Lit. s. → Strafrecht: I. Ferner: JOH.NAGLER, Die S., 1918 - H.v. HENTIG, Die S., 2 Bde, 1954/55. *K.Engisch*

III. Pädagogisch

Wie im Rechtsleben, so bestehen auch auf pädagogischem Gebiet tiefgreifende geschichtliche und ethnologische Unterschiede in der Einschätzung und Handhabung der S. Die Einstellung zur Erziehungs-S. hängt jeweils eng mit dem allgemeinen Umgangs- und Erziehungsstil, bes. auch mit dem Stil des politisch-sozialen und des Rechtslebens zusammen. Manche Völker verwerfen die Züchtigung der Kinder ganz, manche vermeiden sogar jedes harte Wort zu ihnen. Europa kannte im MA und noch lange danach in Familie und Schule sehr harte Erziehungs-S.n; bes. seit der Aufklärung haben sich die Verhältnisse allmählich humanisiert. Die pädagogische Reformbewegung des 20.Jh.s und die moderne → Jugend- und → Tiefenpsychologie haben zusammen mit der politisch-sozialen Entwicklung und parallel zu den Bemühungen um Jugendgerichtsbarkeit und Jugendstrafrecht (→ Jugendgericht) das pädagogische Gewissen für das Strafproblem erneut sehr geschärft.

Wenn auch die Erziehung nicht ohne S. auskommt, so hat sie doch in erster Linie eine positive, unterstützende Funktion. Erzieherische Haltung schließt demgemäß notwendig ein Mindestmaß an Vertrauen zu dem Heranwachsenden und den in ihm liegenden guten Möglichkeiten ein. Es geht in der → Erziehung nicht um Recht und Gericht, sondern um Hilfe und Mündigmachen. Wo sie grundsätzlich darauf ausgerichtet ist, »den Willen des Kindes zu brechen«, ist daher ihr Sinn verkehrt und ihr Ansatz verfehlt. Die pädagogische Arbeit gedeiht nur in einer frohen und ermunternden, vertrauenfundierten und -weckenden Atmosphäre. Andererseits gehört zu ihr auch illusionslose Nüchternheit und Wachsamkeit. Wenn pädagogischer Enthusiasmus manchmal absolute Straflosigkeit gefordert hat oder nur »natürliche S.n«, dh ethisch neutrale Rückwirkungen der Umwelt gelten lassen wollte (Rousseau), so war eine verharmlosend-optimistische Anthropologie oder eine falsche Fassung des Strafbegriffes oder beides im Spiele. Da der Mensch nicht einfach »von Natur gut« ist und da in jedem Einzelfall in der pädagogischen Umwelt wie im Kinde selbst Positives und Negatives innigst miteinander verflochten ist und auch das Negative sich durch Gewöhnung verfestigt, gehört zur pädagogischen Verantwortung auch die Gegenwirkung gegen das Negative. Doch auch sie muß sich im Grunde als Hilfe für das Positive verstehen und ausweisen.

Formen pädagogischer Gegenwirkung sind auch zB die Ablenkung, die Ermahnung, der Appell. Die S. ist die am direktesten zielende und am schärfsten treffende, aber auch in sich problematischste. Die Skala der feineren und gröberen pädagogischen Strafmittel reicht vom strafenden Blick bis zur körperlichen Züchtigung (Gruppen der Wiedergutmachungs-, Verzicht-, Beschämungs-, Körper-S.n). Daß alles Strafen ein Zufügen von Leid bedeutet, daß dabei personale Zurechnung, Verantwortlichkeit und Schuld bei einsichtigem und konkret erfüllbarem Gebot vorausgesetzt werden muß und daß S. stets ein in sich spannungsvolles, »vieldimensionales Ganzes« (Nohl), ein Ineinander von niederen und höheren Tendenzen (Vergeltung, Abschreckung, Sühne, Besserung) ist und entsprechend verschieden akzentuiert werden kann, schafft für die Erziehungs-S. eine besondere Problematik. Das Moment der sittlichen Weckung und Besserung, das bei ihr allem anderen eindeutig übergeordnet sein muß, droht bei der kindlichen Seelenlage, bei der Eigenart der Gewissensbildung und der kindlichen Motivationszusammenhänge immer wieder das Kind zu überfordern und ins Gegenteil des pädagogisch Erstrebten umzuschlagen. Zwar wächst die elementare moralische Orientierung des Kindes ursprünglich aus dem sinnlich-triebhaften Bereich heraus, indem es die sachliche und die menschliche Ordnung mit ihren positiven und negativen Rückwirkungen auf sein Verhalten zunächst in einem noch vorsittlichen Erlebnisraum erfährt und bewältigen lernt; dabei wird es aber auch schon mit sittlichen Kategorien angesprochen. »Lohn« und »S.« sind auf dieser Frühstufe nur Quasi-Phänomene, sie haben eine nicht unwesentliche Anbahnungs- und Orientierungsfunktion, aber noch keine eigentlich sittliche Relevanz. Je mehr sich aber allmählich ein sittliches Bewußtsein entwickelt, um so mehr muß das Kind auch über die bloß sinnlich-triebhafte Verhaltensmotivation hinauswachsen und sie durch eine geistig-sittliche überhöhen und überwinden lernen, wozu notwendig auch die Entwicklung des Selbstgefühls und der Selbstachtung und ein sinnvoller, altersmäßig sich erweiternder Raum eigener sittlicher Verantwortung und Betätigung gehört. Da die S. - ebenso wie die Belohnung - selbst dann, wenn sie bewußt auf sittliche Wekkung und Besserung zielt, unmittelbar doch durch sinnliche Impulse (Leidantun) wirken will, hängt an ihr der Widerspruch, daß sie die sinnliche Motivation zugleich zurückdrängen will und selbst in Funktion setzt, u.U. also das Kind gerade bei ihr festhält, wobei es das Gute dann nicht um des Guten willen, sondern aus Angst vor zu erwartender S. tut. Durch viel Strenge und viel S. in der Erziehung, bes. durch hartes Strafen werden Unselbständigkeit, Ängstlichkeit, Feigheit, knechtischer Sinn, aber auch Trotz, Verstocktheit, Verbitterung, Haß und Roheit begünstigt oder gar geschaffen. Je gröber die Strafmittel sind, je mehr mit ihnen für das Kind Erschütterung, Angst, Schmerz und Kränkung verbunden sind und je häufiger sie angewandt werden, um so größer sind die Gefahren. Die Körper-S. ist daher pädagogisch bes. bedenklich. Feinere und mildere S.n, möglichst mit zunehmender Beschränkung auf Beschämung und sittliche Mißbilligung, verlangt mit Rücksicht auf die Entwicklung des Selbstgefühls und der Selbstachtung bes. die höhere Altersstufe. Auch das Geschlecht und die pädagogische Situation fordert bei der Frage der S. und der Wahl der Strafmittel Berücksichtigung. S. bedeutet zwar nicht unbedingt die Aufhebung, in jedem Falle aber eine starke Belastung des pädagogischen Bezuges. Je fester und inniger das persönliche Vertrauensverhältnis selbst ist, je lebendiger und überzeugender die Liebe und die Sorge für das Kind es tragen und je besser der pädagogische Bezug in ein echtes Lebensverhältnis eingebettet ist, um so geringer sind die mit der S. verbundenen Belastungen und Gefahren anzuschlagen. S. soll gerecht sein, auch in den Augen des Kindes, aber alles Juridisch-Gesetzliche ist von der pädagogischen S. möglichst fernzuhalten, auch im Raum der Schule. Da im ganzen Strafkomplex das Personsein mit persönlicher Bezogenheit und Verantwortlichkeit fundamental angesprochen ist, ist die Kollektiv-S. - in den allermeisten Fällen Ausdruck pädagogischer Hilflosigkeit, Phantasiearmut und Kurzschlußreaktion - erzieherisch prinzipiell in höchstem Maße bedenklich.

Entscheidend ist, daß der Erzieher auch im Strafen noch an eine positive Instanz, an die werdende sittliche Person im Kinde selbst appelliert und in seiner Haltung die geistig-menschliche Solidarität spürbar werden läßt, die zwischen ihm und dem Zögling besteht. Sie meint zweierlei: erstens die Anerkennung sittlicher Forderungen, die für beide in gleicher Weise verpflichtend sind, so daß die S. dem Kinde nicht als bloße Gewalt, Laune und Übermacht des Erziehers entgegentritt, sondern als eindringliche Mahnung und Forderung einer gemeinsamen, auch vom besseren Selbst des Kindes anzuerkennenden Ordnung, die zu wahren der Erzieher selbst verpflichtet ist. Das sinnlich-»materiale« Moment an der S. hat dann nur noch »symbolischen« Charakter (Schleiermacher), der Akzent liegt auf dem Aufrütteln und Ermuntern des noch schwachen sittlichen Willens des Kindes, sich selbst in Zucht zu nehmen. Darüber hinaus meint die geistig-menschliche Solidarität, daß das Eingeständnis der menschlichen Fehlsamkeit überhaupt die Haltung des Erziehers gerade im Strafen mitbestimmen und läutern muß.

J.H.Campe, Über das Zweckmäßige u. Unzweckmäßige in den Belohnungen u. Strafen, hg.v. A.Reble, 1961 - F.D.Schleiermacher, Päd. Schriften, hg.v. E.Weniger, 2 Bde, 1957 - H.Nohl, Der Sinn der S. (1926; in: Pädagogik aus 30 Jahren, 1949, 161-172) - J.Spieler, Die Erziehungsmittel, 1944 - H.Meng, Zwang u. Freiheit in der Erziehung, (1945) 1961³ - L.Wettig, Das Problem der S. in der Erziehung, 1949 - H.-J.Knorr, Die körperl. Züchtigung in der Volksschule (Jur. Diss. Erlangen), 1950 - A.Häberlin, Der Ungehorsam, 1953 - A.Stückelberger, Die S. in der Erziehung, 1954 - A.Reble, Das Problem der S. in der Erziehung (ZP 1, 1955, 197-215) - H.Zulliger, Helfen statt strafen, 1956 - H.Stettner, Die strafrechtl. Problematik der körperl. Züchtigung, 1958 - H.Netzer (Hg.), Die S. in der Erziehung, 1959. *A.Reble*

Strafrecht

I. Allgemeines und Geschichtliches

1. Wie man innerhalb der Strafen zwischen Kriminal-, Disziplinar-, Standes- und Ordnungsstrafen unterscheidet (→ Strafe: II, 1), so unterscheidet man auch das Kriminal-S. vom Disziplinar-S. usw. Hier ist nur vom Kriminal-S. als der bedeutsamsten Gestalt des S.s die Rede. Gedacht ist jetzt ferner bei »S.« nur an das sog. »*objektive* S.« als Teil der Rechtsordnung, nicht an das sog. »*subjektive* S.«, dh den »Strafanspruch« (des Staates) gegen den Missetäter. Man teilt jenes objektive Kriminal-S., das heute nur als staatliches und in Gesetzen festgelegtes S. in Betracht kommt und einen Teil des sog. »öffentlichen« Rechtes bildet, zunächst ein in materielles und formelles S. Das *materielle* S. regelt durch allgemeine Normen, unter welchen Voraussetzungen Strafe eintreten soll und wie die Strafe als »Rechtsfolge« jener Voraussetzungen der Art und der Höhe nach beschaffen sein soll. Ein S.ssatz besagt zB, daß eine zurechnungsfähige Person, welche vorsätzlich eine fremde bewegliche Sache einem anderen weggenommen hat, in der Absicht, sich dieselbe rechtswidrig zuzueignen, wegen Diebstahls mit einer Gefängnisstrafe bestraft werden soll, die zwischen 1 Tag und 5 Jahren liegt. Angegliedert an das materielle S. ist aber im deutschen Strafgesetzbuch (StGB) das Recht der Maßregeln der Besserung und Sicherung sowie im Jugend-S. das Recht der Erziehungsmaßregeln und Zuchtmittel. Auch insoweit handelt es sich um Normierung der Voraussetzungen der Rechtsfolgen sowie der Rechtsfolgen (der Maßregeln usw) selbst. *Formelles* S. ist das Strafverfahrensrecht. Während das materielle S. namentlich im StGB enthalten ist, ist das Strafverfahrensrecht in der Strafprozeßordnung (StPO) niedergelegt. Hier wird geregelt das *Verfahren* bei der Staatsanwaltschaft und bei den Strafgerichten (Amtsrichter, Schöffengericht, Strafkammer, Schwurgericht, Oberlandesgericht, Bundesgerichtshof), in welchem festzustellen ist, ob die Voraussetzungen für die Verhängung einer Strafe (oder einer »Maßregel«) gegeben sind, ob insbesondere alle Merkmale einer strafbaren Handlung vorliegen, und in dem bejahendenfalls die Strafe (oder Maßregel) durch Urteil auszusprechen und notfalls zu vollstrecken ist. Besondere Bedeutung kommt dabei der Regelung der Zuständigkeiten, der Zwangsmittel (Untersuchungshaft usw), des Beweisganges, der Rechte des Angeklagten und seines Verteidigers sowie der Rechtsmittel (Beschwerde, Berufung, Revision) zu.

Das *materielle* S. zerfällt in einen allgemeinen und einen besonderen Teil. Während der allgemeine Teil, wie das StGB sich ausdrückt, »von der Bestrafung der Verbrechen, Vergehen und Übertretungen im allgemeinen« handelt und dabei die Arten von Strafen (Freiheits-, Geld-, Ehrenstrafen) sowie von Maßregeln der Sicherung und Besserung vorführt, die überhaupt in Betracht kommen, vor allem aber die Grundsätze aufstellt, die für jede Art oder wenigstens für größere Gruppen strafbarer Handlungen gelten (zB betr. Ausschluß der Strafbarkeit durch → Notwehr, → Notstand, Zurechnungsunfähigkeit, Irrtum, Verjährung oder betr. Strafbarkeit des Versuchs und der Teilnahme), enthält der »besondere Teil« die Umschreibung der einzelnen Verbrechensarten (zB Hochverrat, Landesverrat, Widerstand gegen die Staatsgewalt, Münzfälschung, Meineid, Notzucht, Blutschande, Mord, Totschlag, Körperverletzung, Beleidigung, Freiheitsberaubung, Diebstahl, Unterschlagung, Raub, Erpressung, Betrug, Untreue, Urkundenfälschung, Sachbeschädigung, Brandstiftung usw, aber auch: fahrlässige Tötung, fahrlässige Körperverletzung, fahrlässiger Falscheid, fahrlässige Brandstiftung) und die für die jeweilige Verbrechensart vorgesehene absolut oder relativ bestimmte Strafdrohung (→ Strafe: II, 4).

Aber nicht das gesamte S. ist im StGB geregelt. Es gibt zahlreiche *»Nebenstrafgesetze«* (betr. Wehr-S., Steuer-S. usw). Auch das wichtige Recht der *Begnadigung* ist nicht im StGB enthalten, sondern teils im Grundgesetz, teils in von Fall zu Fall ergehenden Straffreiheitsgesetzen, teils in Gnadenordnungen. Man unterscheidet bei der Begnadigung Massenbegnadigung *(»Amnestie«)* und Einzelbegnadigung (Erlaß oder Milderung einer durch Urteil ausgesprochenen konkreten Strafe). Als unzulässig erscheint uns heute ein Einzel-Gnadenakt, der in ein konkretes schwebendes Verfahren eingreift (»Abolition« - »Niederschlagung«). Dagegen erscheint die »Einzelbegnadigung« im Anschluß an ein Strafurteil trotz gewisser Bedenken, die man immer wieder (namentlich in der Aufklärungszeit) gegen sie erhoben hat, als gerechtfertigt durch das Bedürfnis, Härten zu mildern, die sich aus der mitunter unvermeidlichen strengen Handhabung der Strafgesetze ergeben können (Prinzip der »individualisierenden« Korrektur der »Normenstrenge«).

2. Zur geschichtlichen Entwicklung des Strafensystems und der Verbrechenslehre s. → Strafe: II, → Sünde und Schuld: VII, 2, → Verbrechen, → Zurechnung. - Hier ist nur etwas über die Geschichte des Straf*rechts* als solchen auszuführen. Das S. tritt uns wie alles Recht in der Frühe als Gewohnheitsrecht entgegen (so das S. der alten Germanen in der Schilderung des Tacitus). Rechtsaufzeichnungen und gar Gesetze im Sinne von Satzungen, die der Ratio und dem Willen eines legitimierten Gesetzgebers entspringen, gehören erst einer späteren Zeit an. Da eine der Wurzeln unseres heutigen S.s im röm. Recht zu suchen ist, seien als Marksteine der Entwicklung des röm. S.s erwähnt: das 12-Tafel-Gesetz (um 450 vChr, mit Talions- und Bußensystem) und die »leges iudiciorum publicorum«, durch welche zuerst i.J. 149 vChr gegen Amtserpressung, sodann in den Jahren 82-80 vChr durch Sulla (»leges Corneliae«) gegen Amtserschleichung, Mord, Injurien, Unterschlagung und Fälschung und schließlich unter Augustus (bes. durch die lex Julia de adulteriis vom Jahre 18 vChr) gegen die Fleischesverbrechen jeweils »Quaestiones« (Geschworenengerichte) zum Richten nach festbestimmten Strafsätzen eingesetzt wurden; in der röm. Kaiserzeit »stockt die Strafgesetzgebung durch 3 Jh.e« (R.v.Hippel). Mit der Übernahme des Christentums als Staatsreligion entwickelt sich aber ein S. gegen Häretiker (→ Häresie: I). Im Corpus iuris ist das S. festgehalten in den »libri terribiles« 47, 48 der Digesten (533 nChr) und im Liber IX des Codex (534 nChr). - Eine andere Wurzel unseres heutigen S.s bildet das kanonische Recht (→ Corpus iuris canonici), das vor allem den sog. Inquisitionsprozeß ausgebildet hat.

Die Entwicklung des *geschriebenen deutschen S.s* führt von den »Volksrechten« (leges barbarorum: lex Salica, lex Ribuaria, lex Baiuwariorum usw, zwischen dem 6. und dem Ende des 8.Jh.s entstanden), in welchen das »Kompositionensystem« in Reinkultur begegnet (→ Strafe: II, 2), über die Landfriedensgesetzgebung (zB Mainzer Landfriede von 1103, Landfrieden Kaiser Friedrichs I. von 1152, 1158, 1186, Mainzer Landfriede von 1235, »ewiger Landfriede« von 1495), die in erster Linie dem Fehdewesen und dem Raubrittertum steuern sollte, aber über diese Aufgabe weit hinausging, sowie über die partikulären Rechtsbücher (wie zB den alles überragenden → »Sachsenspiegel« um 1225 oder die »Stadtrechte« von Magdeburg, Lübeck usw) zu einem ersten Höhepunkt: der »Peinlichen Gerichtsordnung Karls V.« (PGO = CCC = constitutio criminalis Carolina) vom Jahre 1532, die auf der Grundlage der von dem fränkischen Ritter Johann Freiherr zu Schwarzenberg verfaßten Halsgerichtsordnung für das Bistum Bamberg von 1507 erstellt worden ist. Hier machten sich auch im Zuge der »Rezeption« Einflüsse der hochstehenden italienischen Rechtswissenschaft der »Glossatoren« (1100–1250) und »Postglossatoren« (1250–1450) bemerkbar (zB in der Schuldlehre und der Versuchslehre). Über das Strafensystem der PGO s. → Strafe: II, 2. Die PGO enthält aber nicht nur materielles S., sondern auch Strafprozeßrecht, und zwar nach kanonisch-italienischem Vorbild den sog. Inquisitionsprozeß mit Untersuchung von Amts wegen und mit Folterung zwecks Erzwingung des Geständnisses, das »regina probationum« war. Auf der Grundlage der PGO und des sie ergänzenden Landesrechts, aber auch unter fortwirkendem Einfluß der italienischen Rechtswissenschaft entwickeln sich dann in Praxis und Lehre im 16.–18.Jh. das sog. »gemeine S.« und seine Wissenschaft (hervorragend im 17.Jh.: B. → Carpzow mit seiner »Practica nova ... rerum criminalium« 1635, im 18.Jh. I.S.F.Böhmer mit seinen »Elementa juris criminalis« 1732 u.ö.). In diesen Zeitraum fallen auch die Hexenprozesse, für die der → Inquisitions-Prozeß und die Folter nur allzu geeignete Handhaben boten (→ Hexen: II). Die Naturrechtsbewegung und die → Aufklärung bringen dann einen tiefgreifenden Umschwung. Friedrich d.Gr. schafft 1740 die Folter ab. Während in Bayern 1751 und Österreich 1768 (»Theresiana«) noch Strafgesetzbücher erlassen werden, die den Geist des gemeinen S.s atmen, bestehen am Ende des 18.Jh.s in Frankreich, Preußen (Allgemeines Landrecht vom Jahre 1794) und nun auch in Österreich (Josefina von 1787, ohne Todesstrafe!) von der Aufklärung inspirierte Strafgesetzbücher. Daneben besteht allerdings zT noch der Inquisitionsprozeß fort. Zu Beginn des 19.Jh.s werden beispielgebend der französische code pénal von 1810, der bis 1851 auch im Rheinland galt, und auf deutschem Boden das von dem bedeutenden Kriminalisten P.I.A.Feuerbach (1775–1833) verfaßte »erste deutsche moderne StGB«, nämlich das StGB für das Königreich Bayern von 1813. Ihm folgten auf dem Fuß in den meisten deutschen Einzelstaaten »Territorial-Strafgesetzbücher«, so auch in Preußen das StGB von 1851. Dieses wurde seinerseits die Grundlage für das StGB des Norddeutschen Bundes (31.5.1870) und des jungen deutschen Reichs (15.5.1871). Das StGB von 1871 ist trotz mannigfacher, zT sehr tiefgreifender Änderungen (bes. in den Jahren 1912, 1924, 1933–35, 1941, 1943, 1946, sowie in der BRD in den Jahren 1951, 1953, 1957; Neuveröffentlichung des Wortlauts des StGB in der damaligen Fassung im Bundesgesetzblatt 1953, S. 1083 ff) bis heute in Geltung geblieben. Es gilt auch im großen und ganzen noch in der DDR. Unter dem Nationalsozialismus war das S. vielfach als Mittel einer terroristischen Politik mißbraucht worden. Die diesbezüglichen Änderungen und Ergänzungen der Strafgesetzgebung sind nach 1945 rückgängig gemacht worden. – Was das *formelle* S. betrifft, so ist seit der Mitte des 19.Jh.s auch in Deutschland der Inquisitionsprozeß durch den reformierten Strafprozeß abgelöst worden. Es gilt heute noch die StPO vom 1.2.1877, freilich auch diese mit mannigfachen Abänderungen.

Die deutsche *S.swissenschaft* hat seit Feuerbach einen großen Aufschwung erlebt. Führende Kriminalisten waren außer Feuerbach dessen Zeitgenosse K.J.A.Mittermaier (1787–1867), der Feuerbachs berühmtes Lehrbuch des Peinlichen Rechts nach dessen Tod betreute und im übrigen ein unermüdlicher Vorkämpfer für einen reformierten Strafprozeß und auch ein entschiedener Gegner der Todesstrafe war, ferner Karl Binding (1841–1920; Hauptwerk: Die Normen und ihre Übertretung, 4 Bde, 1872–1919), das Haupt der sog. »klassischen Schule« im S., und Franz v. Liszt (1851–1919), der Führer der »modernen« auf Spezialprävention bedachten Schule in Deutschland. Für die Dogmatik des S.s wurde zu Beginn des 20.Jh.s Ernst Beling (1866–1932) mit seiner »Lehre vom Verbrechen« (1906) bahnbrechend.

3. Das »materielle« deutsche S. der Gegenwart (innerhalb der BRD) ist vornehmlich beherrscht von den Grundsätzen der Rechtsstaatlichkeit, der Humanität, der gerechten Vergeltung und der Verantwortlichkeit nur für schuldhafte Tat. Mit der Rechtsstaatlichkeit hängt der auch in Art. 103 GG aufgenommene Grundsatz zusammen, daß eine Tat nur bestraft werden darf, wenn ihre Strafbarkeit gesetzlich bestimmt war, bevor die Tat begangen wurde (nullum crimen sine lege, nulla poena sine lege). Das bedeutet vor allem, daß der Richter nicht eine ihm nach Rechtsgefühl (bzw. »nach gesundem Volksempfinden«) strafwürdig erscheinende Tat in analoger Anwendung vorhandener S.ssätze strafen darf. Auch dürfen immer nur diejenigen Strafen verhängt werden, die gesetzlich vorgesehen sind. Rückwirkende Strafgesetze sind gleichfalls unzulässig, dh: was nicht schon *zur Zeit der Tat* strafbar war, kann nicht nachträglich durch ein neu erlassenes Strafgesetz für strafbar erklärt werden. Dagegen ist es statthaft, sich *zugunsten* des Täters vom Gesetz zu emanzipieren, also auch ohne gesetzliche Grundlage eine Tat für straflos zu erklären, weil sie nach allgemeinen Rechtsgrundsätzen als gerechtfertigt oder entschuldigt anzusehen ist. So will es auch die Humanität, die sich weiter in der Abschaffung der → Todesstrafe (: II), in der Berücksichtigung mildernder Gesichtspunkte (Not, → »Notstand« usw), in der Strafaussetzung zur Bewährung als Öffnung eines Weges zur Umkehr sowie in der Zulassung von Begnadigungen bekundet. Die Strafe hat ihren »Sinn« in erster Linie in der gerechten Sühnung der Schuld, die der Täter mit seiner Tat auf sich geladen hat. Niemals darf daher die Strafe *ausschließlich* als Mittel zum Zweck der Verbrechensbekämpfung benutzt werden. Die »Prävention« (→ Strafe: II, 6) kann nur im Rahmen der Gerechtigkeit angestrebt werden. Daher das System der »Zweispurigkeit«: *Neben* die Strafe müssen zur Bekämpfung einer die Schuld überschießenden Gefährlichkeit Maßregeln der Sicherung und Besserung treten. Allüberall ist Maßstab des Strafens die Schuld (→ Sünde: VII, 2): keine Strafe ohne Schuld und Strafe nur nach Maßgabe der Schuld, Haftung für die Folgen einer Tat nur, soweit diese Folgen selbst verschuldet sind, Berücksichtigung eines entschuldbaren Irrtums über die Unrechtmäßigkeit der Handlungsweise (grundlegend hier die Entscheidung des Bundesgerichtshofs in Strafsachen vom 18.3.1952). Dagegen ist nicht notwendig, daß die Bestrafung die Schuld voll ausschöpft. Die Strafe darf nie-

mals höher sein, als es der Schuld angemessen ist, dagegen darf sie geringer sein, als es die Schuld erfordert (bestritten).

Im *Strafprozeßrecht* (im »formellen« S.) sind folgende Grundsätze von besonderer Bedeutung: Strafrechtliche Verfolgung nur auf Klage (»wo kein Kläger, da kein Richter«), wobei in erster Linie der Staat (die Staatsanwaltschaft) zur Erhebung der Klage berufen ist (Grundsatz der Staatsklage; Anklagemonopol der Staatsanwaltschaft; nur in Ausnahmefällen: Möglichkeit einer Privatklage durch den Verletzten!), Legalitätsprinzip (die Staatsanwaltschaft ist verpflichtet, alle strafbaren und gerichtlich verfolgbaren Handlungen zu verfolgen; dieses Prinzip ist aber vielfach durchbrochen), Zwang (Haft, Beschlagnahme usw) nur auf gesetzlicher Grundlage, Prinzip der »materiellen Wahrheit« (das Gericht muß von sich aus alles tun, um die Wahrheit zu erforschen), Prinzip des rechtlichen Gehörs, Verurteilung nur bei erwiesener »Schuld« (in dubio pro reo), Mündlichkeit und Öffentlichkeit der Hauptverhandlung, Unmittelbarkeit der Beweisaufnahme (bes. Anhörung der Tatzeugen!), Beteiligung der Laien an der S.spflege (in den Schöffengerichten, den Strafkammern und den Schwurgerichten), Zulassung von Rechtsmitteln gegen das Urteil (Berufung oder Revision), Möglichkeit der Wiederaufnahme des Verfahrens zur Bereinigung von Justizirrtümern, »ne bis in idem« (niemand darf wegen derselben Tat auf Grund der allgemeinen Strafgesetze mehrmals bestraft werden; Art. 103 Abs. 3 GG).

Die *Lehr- u. Handbücher des S.s,* aus neuerer Zeit bes.: FR.V.LISZT, Lehrbuch d. dt. S.s, (1881) bearb. v. EB.SCHMIDT, 1927^{25} (Allg. Teil: 1932^{26}) - R.V.HIPPEL, Dt. S., 2 Bde, 1925/30 - EDM.MEZGER, S., Allg. Teil, (1931) 1949^{3}; Studienbuch: Allg. Teil, 1960^{9}; Bes. Teil, 1960^{7} - H.WELZEL, Das dt. S., (1947) 1960^{7} - HELLM.MAYER, S. Allg. Teil, 1953 - R.MAURACH, Dt. S. Allg. Teil, (1954) 1958^{2}; Bes. Teil, (1953) 1959^{3} - J.BAUMANN, S. Allg. Teil, (1960) 1961^{2}. - *Zur Gesch. des S.s:* TH.MOMMSEN, Röm. S., 1899 - R.HIS, Gesch. d. dt. S.s bis zur Karolina, 1928 - EB.SCHMIDT, Einführung in d. Gesch. d. dt. S.spflege, (1947) 1951^{2}. - *Zur S.sreform:* Entwurf eines StGB mit Begründung, 1960 (zur Entwicklung d. dt. S.sreform ebd 89ff; über die Grundsätze des Entwurfs ebd 92ff). *K.Engisch*

II. Strafrechtsreform

Seit dem Ende des 19.Jh.s ist unter dem Einfluß der »modernen« Richtung im → Strafrecht (: I, 2) eine sich über ganz Europa, ja über die ganze Welt ausdehnende Reformbewegung im Gange. In Deutschland war ihr Vorkämpfer Franz v. Liszt. Wesentliche Impulse hatten aber schon die italienischen Kriminalanthropologen und Kriminalsoziologen Lombroso und Ferri gegeben. Die Reformbewegung fand innerhalb Europas auch einen gewissen organisatorischen Rückhalt in der von Fr.v. Liszt mit Prins-Brüssel und van Hamel-Amsterdam gegründeten »Internationalen kriminalistischen Vereinigung« (IKV). Die Reformbewegung zielt darauf ab, eine rationale, zweckmäßige, der Eigenart der verbrecherischen Persönlichkeit Rechnung tragende Ausgestaltung des S.s herbeizuführen. Sie huldigt also hauptsächlich der Idee der Spezialprävention (→ Strafe: II, 6). Dabei schwankt das Pendel hin und her zwischen dem Streben nach »Einspurigkeit« (Sicherungs-S., Défense sociale; repräsentativ der italienische Entwurf Ferri von 1921) und »Zweispurigkeit« (Ergänzung der Sühnestrafe durch »Maßregeln«; vorbildlich hier die Schweizer Entwürfe).

Einzelne Länder sind schon zum Ziele gelangt. Bes. nachdrücklich wurde unter der Führung von Carl Stooß (1849–1934) die Reform in der Schweiz betrieben, die mit dem StGB vom 21.12.1937 (in Kraft seit 1.1.1942) ihren krönenden Abschluß fand. Dagegen ist es in Deutschland bisher nur zu Teilreformen gekommen, zB im Jugend-S. (seit 1923), in der Ermöglichung des Ersatzes der kurzfristigen Freiheitsstrafe durch Geldstrafe (1924), im Gewohnheitsverbrechergesetz (1933) und mit der Einführung der Strafaussetzung zur Bewährung (1953). Die Gesamtreform zwecks Schaffung eines neuen deutschen StGB wurde zu Beginn des 20.Jh.s vorbereitet durch ein großartiges wissenschaftliches Werk: die »Vergleichende Darstellung des deutschen und ausländischen S.s« (15 Bde, 1905–09). Von einer beim Reichsjustizamt gebildeten Praktikerkommission wurde dann als erster Entwurf der »Vorentwurf 1909« ausgearbeitet, dem 1913 der von einer auch drei bedeutende S.slehrer in sich aufnehmenden größeren S.skommission ausgearbeitete sog. »Kommissionsentwurf« folgte (veröffentlicht zusammen mit einem weiteren, den Entwurf 1913 fortbildenden »Entwurf 1919« i.J. 1920). Der erste Entwurf, der auf die Bahn der Gesetzgebung kam, war der »Amtliche Entwurf eines Allgemeinen (dh auch für Österreich bestimmten) Deutschen StGB« vom Jahre 1925. Dieser gelangte zunächst an den Reichsrat, der ihn zum »Entwurf 1927« umarbeitete, und in dieser veränderten Gestalt auch an den Reichstag, der sich mit ihm in verschiedenen Ausschüssen bis zur Auflösung im Jahre 1930 befaßte. Unter dem Nationalsozialismus wurde zwar gleichfalls eine S.sreform betrieben, doch kämpften hier sehr verschiedene Instanzen und Strömungen gegeneinander. Sachlich die größte Bedeutung hatte die vom Reichsjustizministerium unter Leitung von Gürtner und einer von ihm einberufenen Kommission in Angriff genommene Reformarbeit, die ihren Niederschlag in einem 1938 der Reichsregierung zugeleiteten, aber nicht publizierten Entwurf fand (Berichte über diese Reformarbeiten wurden veröffentlicht). - In der BRD wurde die S.sreform 1953 erneut in Gang gebracht. Gutachten und rechtsvergleichende Vorarbeiten machten den Anfang. 1954 wurde die »Große S.skommission« einberufen, die aus S.slehrern, hohen Richtern und Staatsanwälten, Vertretern der Rechtsanwaltschaft, Ministerialbeamten und Bundestagsabgeordneten zusammengesetzt war. Das Ergebnis vieler Arbeitstagungen und zweier »Lesungen« ist der von der Bundesregierung mit einigen Berichtigungen versehene »Entwurf 1960« mit Begründung, der als »Kabinettsvorlage« veröffentlicht worden ist.

Beurteilt man den Stand der westdeutschen S.sreform an Hand dieses Entwurfes, so wird man die folgenden Leitgedanken und Erträgnisse herausstellen dürfen: Der Entwurf bekennt sich mit gewissen Auflockerungen zum System der Zweispurigkeit gemäß dem Dualismus von Schuld und Gefährlichkeit. Für das eigentliche S. hält er am Schuld-Sühnegedanken fest, er will das Schuldprinzip noch energischer durchführen, als dies bisher der Fall war. Das StGB soll ferner vom sog. »Verwaltungs-S.« entlastet werden (Ausscheidung der »Übertretungen« aus dem StGB). Das Strafensystem und das System der »Maßregeln« sollen im einzelnen verbessert werden. So sollen insbesondere die Geldstrafen durch »Tagesbußen« ersetzt werden (→ Strafe: II, 5). Im Bereich der »Maßregeln« werden neu eingeführt die »vorbeugende Verwahrung« (anstelle einer »Sicherungsverwahrung« bei jüngeren Tätern) sowie bei Psychopathen die »Bewahrungsanstalt«. Für die Strafzumessung werden die so oft entbehrten genaueren Regeln gegeben. Im Bereich der Verbrechensdogmatik werden zahlreiche Streit- und Zweifelsfragen geklärt, zB betr. die Begriffe Vorsatz, Fahrlässigkeit, Irrtum, Notstand, Versuch und Teilnahme. Schließlich werden im »Besonderen Teil« die gesetzlichen Verbrechenstatbestände klarer und schärfer gefaßt und entweder zwecks Ergänzung von »Lücken« erweitert oder zwecks Vermeidung ungerechter Bestrafungen eingeschränkt (zB bei der → Homosexualität). Auch werden die Strafrahmen möglichst eng gehalten und notfalls untergeteilt.

Wenn auch der Entwurf 1960 eine »Gesamtreform« einzuleiten berufen ist, so bedeutet das hier geplante neue StGB doch insofern immer noch bloß eine Teilreform, als eine Hand in Hand gehende Reform des Strafvollzugs und des Strafverfahrens hinzutreten muß, um eine echte und rechte Gesamtreform zustande zu bringen. Vielfach wird sogar eine Reform des Strafvollzugs und des Strafverfahrens für vordringlicher erachtet als die Reform des materiellen S.s. Der Entwurf 1960 spricht in seiner Begründung davon, daß ein neues Einführungsgesetz zum StGB für das Strafverfahren »die Folgerungen aus der Neugestaltung des sachlichen S.s« zu ziehen haben werde. Aber auch das Neben-S., das Ordnungswidrigkeitsrecht u.a.m. sollen in diesem Einführungsgesetz gemäß dem Grundgedanken des Entwurfs 1960 modifiziert werden.

Lit. s. → Strafrecht: I. *K. Engisch*

III. Kirchliches Strafrecht

1. Grundbegriffe - 2. System - 3. Tragweite - 4. Geschichte - 5. Probleme. - D. = Delikt

1. Das geltende kanonische S. - über seine disziplinarrechtliche Funktion und über das entsprechende Recht der ev. Kirche s. → Disziplinarrecht - ist auf den beiden Grundbegriffen des D.s und der kirchlichen Strafe aufgebaut.

a) Nach kanonischem Recht ist das → *Delikt* durch vier Merkmale gekennzeichnet: es ist die Verletzung 1) eines Gesetzes oder Einzelbefehls, dem 2) eine wenigstens unbestimmte kanonische Strafdrohung beigefügt ist, durch 3) eine äußere Handlung, die 4) dem Täter moralisch zugerechnet werden kann. Je nachdem, ob ein D. nur ein kirchliches oder nur ein staatliches oder Gesetze beider Gewalten verletzt, sind für seine Verfolgung ausschließlich die Kirche oder, vorbehaltlich des Privilegium fori (→ Privilegien), der Staat oder beide zuständig. Jedoch behält die Kirche sich vor, bei der Verfolgung kirchlicher D.e die Hilfe des weltlichen Arms in Anspruch zu nehmen und bei bloß staatlichen D.en ihre Zuständigkeit bezüglich der damit zugleich begangenen Sünde auszuüben. Die kanonische Strafdrohung kann bis zur Leerformel der Poena congrua unbestimmt gelassen werden. Das Erfordernis der äußeren Handlung schließt alle nur inneren Akte vom k.S. aus und macht dieses damit zu einer Funktion der Kirche als sichtbarer Gemeinschaft, mit der weiteren Folge, daß zur Erfüllung des D.sbegriffes auch die Störung der äußeren kirchlichen Ordnung durch das betr. D. und zwar sowohl seinem Wesen wie den Umständen seiner tatsächlichen Begehung nach gehört. Neben die drei ersten, objektiven Merkmale des D.s tritt als subjektives Merkmal die Vorwerfbarkeit oder moralische Zurechenbarkeit, dh die Sündhaftigkeit der betr. Gesetzesverletzung. Sie ist dann gegeben, wenn der Täter zurechnungsfähig ist und die Gesetzesverletzung böswillig (mit hinreichender Kenntnis des entgegenstehenden Gesetzes und freiwillig; sog. Dolus) oder fahrlässig (mit selbstverschuldeter Unkenntnis des Gesetzes oder mit Außerachtlassung der gebotenen Sorgfalt; sog. Culpa) geschieht. - Die prozeßrechtlichen Folgen eines D.s sind grundsätzlich zweifacher Art: strafrechtlich (Verfahren zur Feststellung oder Verhängung einer Strafe und zur Festlegung der Genugtuung, soweit sie aus Gründen des kirchlichen Wohls notwendig ist) und u.U. zivilrechtlich (private Wiedergutmachung gegenüber einem durch das D. persönlich Geschädigten). - Seinem Bekanntsein nach kann ein D. geheim oder öffentlich sein: jenes, wenn entweder die Tatsache oder wenigstens der Täter unbekannt oder nur solchen bekannt ist, die darüber schweigen (Delictum occultum); dieses, wenn es (nach Tat und Täter) schon bekannt ist oder voraussichtlich bekannt werden wird (Delictum publicum bzw. nach Verurteilung, gerichtlichem Geständnis oder bei Unmöglichkeit seiner Verheimlichung oder einer Entschuldigung notorium). Gegenstand eines Strafprozesses können formell nur öffentliche D.e sein (c. 1933 § 1); jedoch wird diese programmatische Unterbindung der Strafverfolgung geheimer D.e durch andere Bestimmungen des CIC (über die Verbrechensfahndung ohne konkreten Anlaß gemäß c. 1939 § 1 und über die → Suspension ex informata conscientia) ihrer rechtlichen Bedeutung entleert und ist, vermutlich deshalb, in das Prozeßrecht der Unierten Orientalischen Kirche (→ Gerichtsbarkeit: I, 3) nicht übernommen worden.

b) Eine kirchliche *Strafe* kann nur gegen Getaufte verhängt werden, weil nur sie der Kirche unterworfen sind. Sie besteht im Entzug eines Gutes durch die zuständige kirchliche Obrigkeit, um so entweder den verstockten (contumax) Delinquenten zu zwingen, daß er sein D. bereut und entsprechende Genugtuung für Schaden und Ärgernis leistet (*Zensur, Medizinal*strafe), oder um das D. zu sühnen (*Vindikativ*strafe). Die Zensuren sind auf den Entzug geistlicher oder mit geistlichen verbundener Güter beschränkt (→ Exkommunikation, → Suspension, → Interdikt), die Vindikativstrafen betreffen sowohl solche (vorzugsweise Suspension und Interdikt) als auch weltliche Güter (im gegenwärtigen Strafsystem nur die Geldstrafe und, für Kleriker, Aufenthaltsverbote und -gebote). Der Besserungs- bzw. Sühnecharakter der beiden Strafarten ist zwar nicht ausschließlich, aber doch als jeweils primärer gemeint; der für das k.S. kennzeichnende Synkretismus der Strafzwecke ergibt sich also erst aus dem Nebeneinander beider Strafarten, die aber so gehandhabt werden sollen, daß immer der Besserungszweck an erster Stelle steht (c. 2214 § 2; eine Tragweite darüber hinaus, etwa gar im Sinne eines von der Caritas im Widerspruch zum Ius geprägten Querstandes zum S., hat diese Vorschrift nicht). Die Aufhebung einer Zensur (Absolution) muß erfolgen, wenn der Delinquent von seiner Contumacia abgelassen hat; die Vindikativstrafen enden durch ihre Verbüßung oder durch → Dispens.

2. Das *System* des geltenden k.S.s (Buch V des CIC) stellt in weitgehender formaler Übereinstimmung mit dem weltlichen, aber unter logisch nicht einwandfreiem Verzicht auf die Zweiteilung in allgemeinen und besonderen Teil, in drei Hauptteilen D.e (cc. 2195-2213), Strafen (cc. 2214-2313) und die Strafen für die einzelnen D.e (cc. 2314-2414) nebeneinander. Neben den D.sbegriff tritt dabei der Begriff des D.sversuchs, neben die beiden Strafarten die Gruppe der Zuchtmittel (Mahnung, Tadel, Verhaltensvorschriften, Überwachung) und Strafbußen (zB Wallfahrten, Exerzitien). Die Zurechenbarkeit eines D.s und bes. die erschwerenden oder mildernden Umstände werden ausführlich normiert, das von schwerer Verantwortlichkeit freie D. von jeder Strafe freigestellt. Ferner wird der Strafrahmen grundsätzlich, also auch für formell vorgeschriebene Einzelstrafen, bis zur Möglichkeit völliger Aussetzung oder Unterlassung einer Strafe geweitet, während seine Überschreitung nur bei außergewöhnlich erschwerenden Umständen zulässig ist. - Von den Einteilungen der Strafen ist bes. hervorzuheben die nach dem Modus der Verwirkung in die Poena latae sententiae, die der Delinquent sich schon durch die Begehung des D.s und unabhängig von jeglichem Prozeßverfahren für beide Fora (→ Forum) zuzieht und die daher gerichtlich nicht verhängt,

sondern nur festgestellt werden kann (eine nur im kanonischen Recht mit seiner rechtlich relevanten Bindung des Gewissens mögliche Strafform), und die Poena ferendae sententiae, die erst durch Spruch des Richters oder Vorgesetzten eintritt. - Die gegenüber dem früheren Recht exklusiven, aber inzwischen durch einzelne neue Strafbestimmungen ergänzten Einzeltatbestände des 3. Teils umfassen inhaltlich die drei Arten der dogmatisch-konfessionellen, der speziell kirchenrechtlichen (Verfassungs-, Verwaltungs-, liturgischen) und der kirchenrechtlich positivierten D.e von ethisch-genereller Begründung (wider das Leben, die persönliche Freiheit, das Eigentum, den guten Ruf, die sexuelle Sittlichkeit), die bei nicht seltener und unvermeidbarer Überschneidung in 9 Gruppen (Glaubens-, Kultus-, verfassungs- und verwaltungsrechtliche, kirchenrechtlich positivierte ethische, Fälschungs-, auf Spendung und Empfang der Sakramente bzw. auf die klerikalen und klösterlichen Standespflichten bezügliche, amts- und benefizienrechtliche, Vollmachts- und Amtsmißbrauchs-D.e) zusammengefaßt sind. - Die rechtsstaatlichem Rechtsverständnis als unabdingbar erscheinende Beschränkung des S.s durch den Satz »nulla poena sine lege poenali praevia« und demgemäß auch durch genau festgelegte Straftatbestände und durch absolute Verbindlichkeit des gesetzlichen Strafrahmens nach oben ist zwar auch im k.S. ausgesprochen, in allen drei Punkten aber zugleich der Durchbrechung in Ausnahmefällen freigegeben (cc. 2222 § 1. 2223 § 1).

3. Die theologische *Tragweite* des geltenden k.S.s betrifft einmal seine strikte Bindung an den moraltheologischen Sachverhalt (ohne Sünde kein D.), die unauflöslich ist und die Möglichkeit des strafrechtlicher Verfolgung entzogenen Überzeugungstäters (Beispiel: der Haereticus bona fide errans des c. 731 § 2) ergibt, zum anderen die Begründung auf einen innerweltlichen Gemeinschaftszweck der Kirche, ohne den die Erweiterung der moraltheologischen Sünde zum kanonistischen D. und damit das ganze k.S. als Realisierung des grundsätzlichen Anspruchs der Kirche auf Strafgewalt im → Forum externum gegenüber ihr unterworfenen Delinquenten nicht möglich wäre, der zugleich die positivrechtlich demgemäß auch ausdrücklich ausgesprochene Beschränkung der Strafbarbeit auf schwer sündhafte D.e erzwingt, weil D.e von bloß läßlicher Sündhaftigkeit diesen innerweltlichen Gemeinschaftszweck nicht gefährden können, und durch den schließlich das k.S. zu seinem Teil ein bloß eschatologisches Verständnis der Kirche dem Katholiken unmöglich macht. - Rechtsphilosophisch bedeutet die Durchbrechung des Satzes »nulla poena sine lege« und seiner beiden Folgesätze, daß diese drei Sätze von der kath. Lehre aus nicht als naturrechtlich geforderte Beschränkungen jeglichen S.s qualifiziert werden können, solange man an der Subsumierung von Kirche und Staat unter den gleichen naturrechtlichen Oberbegriff der Societas perfecta festhält.

4. Die Geschichte des D.sbegriffs als der zentrale Teil einer *Geschichte* des k.S.s ist noch nicht geschrieben. Seine systematisch maßgebenden Komponenten - die Beschränkung auf schwer sündhafte Handlungen, die die äußere kirchliche Ordnung stören - werden schon seit dem 4.Jh. sichtbar: c. 4 Conc. Neocaesariense 314/325 nimmt eine Gedankensünde von der rechtlichen Strafbarkeit aus, und Augustin definiert das D. (»crimen«) als »peccatum grave, accusatione et damnatione dignissimum« (Tract. 41 in Ioannem cap. 9 [MPL 35, 1697]), damit unmittelbar auf die Notwendigkeit oder Angemessenheit rechtlicher Verfolgung wegen Störung der äußeren Ordnung der Kirche hindeutend, eine Auffassung, die er dann am Ausschluß von der Ordination, deren Regelung überhaupt die Schärfung der strafrechtlichen Begriffe vorwärtstrieb, näher belegt. So hat → Gratian Augustin völlig richtig interpretiert, wenn er das in seinem Sinne verstandene D. als »criminalis infamia« erläutert (§ 2 dict. p. c. 3 D. 25) und damit seinen Unterschied zu anderen Todsünden darin findet, daß es infamierenden öffentlichen Rechtsstrafen unterliegt. Gratian hat überhaupt den Rechtsbegriff des D.s mit Inhalt erfüllt; aus ihm und aus den vorangegangenen theologischen Bemühungen → Abaelards um die Unterscheidung von Peccatum und Crimen schöpften die → Dekretisten ihren verfeinerten D.sbegriff, der inhaltlich dem des geltenden k.S.s schon eng verwandt ist und die schwer schuldhafte äußere und als öffentliches Ärgernis für die Kirche wirkende Tat meint. Ausgedehnte Arbeit haben sodann die Theologie schon seit dem 2.Jh. (Irenäus) und seit dem Hoch-MA die Kanonistik für die Klärung des Schuldbegriffs und der gesamten Imputationslehre geleistet; maßgebend war dabei von Anfang an die ethische Vertiefung der äußeren Legalität durch die Zurückführung der Tat auf Gesinnung und Absicht, wie sie im NT (zB Mt 15, 18-20) gefordert und seit der alexandrinischen Schule durch Rückgriff auf die → Stoa auch philosophisch unterbaut war. So läßt sich die für das Verständnis des geltenden k.S.s grundlegende unlösbare Zuordnung von äußerem D. und moraltheologischer Vorwerfbarkeit in ungebrochener Linie bis in die Anfänge der Kirche zurückverfolgen. - Im ganzen ist jedenfalls das geltende k.S. trotz seiner bes. auf den Eichstätter Kanonisten Joseph Hollweck (1854-1926) zurückgehenden kodifikatorischen Anlehnung an das moderne weltliche S. die treue Summe einer geradlinigen theologischen und kanonistischen Entwicklung, die freilich noch manche Probleme offengelassen hat.

5. Diese *Problematik* betrifft legislatorisch einmal den weiteren Ausgleich zwischen dem strafrechtlichen System und seinen Grundgedanken. Mit der Hinordnung des D.sbegriffs auf die Störung der kirchlichen Gemeinschaftsordnung ist die praktische und (unter 1 a angedeutete) theoretische strafprozessuale Verfolgung der Delicta occulta unvereinbar; sie müßte entweder beseitigt oder durch Änderung des D.sbegriffs systemlogisch saniert werden. Zum anderen müßte der besondere Beitrag der Neuzeit zur Entwicklung des k.S.s, nämlich seine mit der fortschreitenden Trennung von Kirche und Staat seit der Reformation einhergehende oder, wenn man will, durch sie erzwungene allmähliche Spiritualisierung entweder bejahend oder verneinend, aber eindeutig, in seine Kodifikation einbezogen werden. Es handelt sich dabei um eine klare Antwort auf die Frage, ob der im Altertum (zuerst gegen → Priscillian) und dann während des ganzen MA und bis in die Neuzeit hinein praktizierte kirchliche Anspruch auf die Todesstrafe und überhaupt auf körperliche Zwangsstrafen in der allgemeinen Einbeziehung von Poenae temporales in das geltende Strafsystem mitverstanden wird oder ob er als unhaltbar aufgegeben ist. Aus c. 2214 § 1 läßt sich das nicht entnehmen. Von einer solchen legislatorischen Entscheidung würde dann auch die endliche kanonistische Klärung der Frage abhängen, wieweit das in c. 2198 beanspruchte Auxilium brachii saecularis gehen soll. Ebenso mehr kanonistisch als legislatorisch wäre die aus der Überordnung des Besserungszwecks der kirchlichen Strafen über ihre Sühnewirkung in c. 2214 § 2 sich ergebende Frage, ob die Poena mere vindicativa im k.S. systematisch und theologisch (nämlich vom NT her) eine Stelle hat. Schließlich ist die aus dem D.sbegriff mit seiner unauflöslichen Verklammerung von moraltheologischer und kirchenrechtlicher Schuld sich ergebende

Frage nach dem Überzeugungstäter ein Hauptproblem des allgemeinen k.S.s.

Lehrbücher des kath. → Kirchenrechts - F.ROBERTI, De delictis et poenis I/1, Rom (o.J. [1930]) 2. Aufl. o.J.; I/2, 1. Rom 1941 - G.MICHIELS, De delictis et poenis I, 1934 - DERS., De vera natura poenae in specie ecclesiasticae (Apollinaris 32, 1959, 217-239) - DDC II, 957f. 981ff; III, 169ff; IV, 1084ff. 1354ff. 1357ff; V, 440f; VI, 1296ff. 1335f; VII, 574ff. 578ff - J.KLEIN, Kanonistische u. moraltheol. Normierung in der kath. Theol., 1949 - DERS., Skandalon, 1958 - H.SCHAUF, Einführung in das k.S., 1952 - A.SZENTIRMAI, Erwägungen zur Straftheorie des geltenden Kirchenrechts (Österr. Archiv f. Kirchenrecht 10, 1959, 262-274) - O.CASSOLA, De jure poenali Codicis canonico emendando (Apollinaris 32, 1959, 240-259) - H.FLATTEN, Mensch u. Menschlichkeit im k.S., 1960 - ERIK WOLF, Ordnung der Kirche, 1961, 275ff - H.BARION, Die gegenw. Lage der Wissenschaft vom kath. Kirchenrecht (in: ZevKR 8, 1961/62). - Gesch.: P.HINSCHIUS, Das Kirchenrecht der Katholiken u. Protestanten in Deutschland IV, 1888, 691ff; V, 1895; VI/1, 1897 - J.HOLLWECK, Die kirchl. Strafgesetze, 1899 - M.MÜLLER, Ethik u. Recht in der Lehre von der Verantwortlichkeit, 1932 - ST.KUTTNER, Kanonistische Schuldlehre von Gratian bis auf die Dekretalen Gregors IX. (StT 64), 1935 - PLÖCHL I², 97ff. 252ff. 422ff; II, 329ff - FEINE (s. Reg. s.v. Strafwesen) - R.SPRANDEL, Ivo von Chartres u. die moderne Doktrin »Nulla poena sine lege« (ZSavRG, Kan.Abt. 47, 1961, 95 bis 108). *H.Barion*

Straßburg

I. Bistum - II. Universität

I. Bistum

Der erste Bischof von S., Amandus, begegnet in den echten Unterschriften der Kölner Synode von 346. Dann ist durch Ziegelfunde Bischof Arbogast bekannt (2.Hälfte 6.Jh.). Die Bischofskirche mit Marienpatrozinium erhob sich im spätröm. Kastell. Bischof Florentius (wohl 2. Hälfte 6.Jh.) gilt als Gründer der Abtei Haslach. 614 war Ansoald auf der Pariser Synode. Älteste Klöster des S.er Sprengels sind Münster im Gregoriental (633/660), Surburg, Hohenburg und Ebersheimmünster (um 700). Der S.er Sprengel deckte sich mit dem Herrschaftsbezirk der elsässischen Herzöge. Nach der Wiedererrichtung des Bistums → Basel um 740 zog sich das Bistum S. aus dem Jura und dem Sundgau zurück und erhielt dafür rechts des Rheines die Ortenau und das Kinziggebiet zugeteilt. Rechtsrheinisch bildete der Bleichbach die Grenze gegen das Bistum → Konstanz. In der 1. Hälfte des 8.Jh.s wirkte im S.er Sprengel als Organisator des Klosterwesens vor allem → Pirmin, dessen Schüler Heddo Bischof von S. wurde. Die bedeutendste Bischofsgestalt des 10.Jh.s war Erkanbald (965-991), unter dem die Gerichtsbarkeit in S. 982 dem Bistum übertragen wurde. Nach dem Brand der Kathedrale 1002 und nach erneuter Zerstörung 1176 wurde das Münster jedesmal wieder aufgebaut. Die Stadt hatte damals 9 Pfarreien. Nach dem Sieg der Bürger über Bischof Walter von Geroldseck 1262 begann der Bischof aus der Stadt S. zu weichen. Die gotische Münsterfassade wurde durch Bischof Konrad von Lichtenberg (1273-99) begonnen; durch die Bürgerschaft wurde der Bau mit nur einem Turm 1439 vollendet. 1332/39 setzte sich in S. das Zunftregiment durch. Um 1310 lebte zeitweise Meister → Eckehart in S. Hier war der große Prediger Joh. → Tauler († 1361) geboren. Der S.er Kaufmann Rulman → Merswin († 1382) gehörte dem Kreis der → Gottesfreunde an. Die städtische Kultur des 14.Jh.s spiegelt sich in den Chroniken von Friedrich Closener und Jakob Twinger von Königshofen wider. Um 1460 wurde S. zu einer berühmten Druckerstadt. Der Schwörbrief von 1482 schloß die Verfassungsentwicklung von S. bis ins 18.Jh. ab. Als geistig bedeutsame Köpfe lebten zu Beginn des 16.Jh.s der Humanist → Wimpfeling und der Domprediger Joh. → Geiler von Kaysersberg in S. Unter Bischof Wilhelm von Honstein (1506-41) wurde das Jahr 1523 für die Reformation in S. entscheidend; damals fand → Bucer Aufnahme und wurde 1524 Pfarrer von St. Aurelien. Im gleichen Jahre wurde der in Hagenau geborene Wolfg. → Capito Propst zu St. Thomas in S.; er entwarf 1530 mit Bucer die → Confessio Tetrapolitana. Im Herbst 1523 wurde Caspar → Hedio Domprediger in S. Der Rat, an dessen Spitze seit 1525 als Stettmeister Jakob → Sturm († 1553) eine bedeutende Rolle spielte, führte 1524 die deutsche Messe und das Abendmahl in beiderlei Gestalt ein und schaffte 1529 die Messe ganz ab. Die KO fand 1534 ihren Abschluß. 1538-41 wirkte auch → Calvin (: I, 2 b) in S. Bischof Johann von Manderscheid (1569-92) suchte den alten Glauben im Bistum zu stützen und rief die Jesuiten nach Molsheim (Kolleg 1580, Universität 1617). Aus der zwiespältigen Wahl, die sich aus dem S.er Kapitelstreit (1583-92) ergab, ging nach Beendigung des Bischofskrieges durch den Hagenauer Vertrag 1604 der kath. Vertreter Karl von Lothringen (1592-1607) als Sieger hervor. Den Habsburger Bischöfen des 17.Jh.s folgten Franz Egon (1663-82) und Wilhelm von Fürstenberg (1682-1704). Ludwigs XIV. Truppen nahmen 1681 S. in Besitz. Von 1704-1802 stellte die Familie de Rohan vier Bischöfe. Infolge des Napoleonischen Konkordates erhielt die Diözese S. das ganze → Elsaß zugewiesen, dazu vom Erzbistum → Besançon noch die Gebiete von Belfort/Mömpelgard (bis 1874), vom Bistum → Speyer die Umgebung von Weißenburg, vom Bistum → Metz die Gegend von Saarwerden/Saarunion; 1874 kamen noch die Pfarreien um Saales und Schirmeck hinzu. S. war ab 1822 Suffragan von Besançon und wurde 1874 exemt. Das Konkordat von 1801 besteht für S. noch heute.

Gallia christiana V, 1731, 775-832 - PH.A.GRANDIDIER, Hist. de l'église de Strasbourg I. II, 1776/78 - C.HEGEL, S.er Chroniken I. II, 1870/71 - W.WIEGAND u.a., Urkundenbuch der Stadt S. I-VII, 1879 bis 1900 (bis 1400) - H.VIRCK u.a., Polit. Korrespondenz der Stadt S. im Zeitalter der Reformation I-V, 1882-1933 - J.FRITZ, Das Territorium des Bistums S. um die Mitte des 14.Jh.s, 1885 - J.CLAUSS, Hist.-topogr. WB des Elsaß, 1895ff - A.MEISTER, Der S.er Kapitelstreit 1583/92, 1899 - Regesten der Bischöfe von S., I ed. H.BLOCH-P.WENTZCKE, 1908; II ed. A.HESSEL-M.KREBS, 1928 - R.WACKERNAGEL, Gesch. des Elsaß, 1919 - J.ADAM, Ev. KG der elsäss. Territorien bis zur franz. Revolution, 1928 - G.WOLFRAM-W.GLEY, Elsaß-lothr. Atlas, 1931 - A.BRACKMANN, Germ. Pont. III, 1935, 1-17 (Lit.) - L.PFLEGER, Die elsäss. Pfarrei, 1936 - DERS., KG der Stadt S., 1941 (Lit.) - H.BÜTTNER, Gesch. des Elsaß, 1939. - Zs.: Archiv f. elsäss. KG, 1926-43; seit 1946: Archives de l'église d'Alsace. - Vgl. die Lit. zu → Elsaß. *H.Büttner*

II. Universität

1. Gymnasium und Akademie 1538-1621 - 2. Die Universität 1621-1793 - 3. Séminaire Protestant und Faculté de théologie 1803-70 - 4. Die Kaiser Wilhelm-Universität 1872-1918 - 5. Die franz. Universität seit 1919

1. Die Kräfte der Reformation, die 1521 in S. durchgebrochen waren, schufen hier frühzeitig einen Ansatz für die spätere Universität. Schon 1523/24 begannen → Bucer, → Capito und → Hedio biblische Vorlesungen zu halten und bildeten so den Anfang einer theol. Fakultät, die schnell um Fächer der artistischen Fakultät erweitert wurde: alte Sprachen, Mathematik, Geographie, sogar schon Institutionen als Grundlage der Jurisprudenz und 1531 eine vierte theol. Dozentur, die 1539 bis 1541 → Calvin versah. Hier ist das Ziel, eine Universität, weitgehend schon erreicht, ohne allerhöchstes Privileg, nur getragen von der Geltung und Einsicht eines Bucer und Jakob → Sturm - ein einmaliger Vorgang, würdig der Stellung S.s als Vorort des oberdeutschen Protestantismus. - 1537 war Joh. → Sturm als Prof. der Eloquenz nach S. berufen und schon 1538 zum Rektor

des nach seinem Plan errichteten neunklassigen Gymnasiums ernannt worden, das die Vorbildung für die als Oberbau angegliederten lectiones publicae vermitteln sollte. Die finanzielle Grundlage bildeten kirchliche Einkünfte, bes. die Pfründen des Thomasstifts. Das Gymnasium gewann schnell exemplarische Bedeutung weit über S. hinaus; der als Kern einer Universität gedachte Oberbau aber empfing durch das → Interim und den Verlust von Bucer und anderen führenden Köpfen einen fast vernichtenden Schlag. Dessen äußeren Ausgleich betrieb Joh.Sturm energisch und erlangte 1566 ein kaiserliches Patent mit der Erhebung zur Akademie. Die Schlüsselstellung der theol. Fakultät war allerdings dahin, seit sich in S. und Oberdeutschland das reine Luthertum durchgesetzt hatte. Die Akademie erreichte aber nach Vermehrung der juristischen und medizinischen Lehrstühle den Rang einer Volluniversität, deren Rechte das kath. Kaisertum S. versagte, um 1617 die neugegründete Jesuitenakademie im benachbarten Molsheim damit zu begaben.

2. Unter neuen politischen Voraussetzungen wurde 1621 die S.er Akademie durch kaiserliches Privileg zur Universität erhoben. Der Preis war der Austritt S.s aus der Union und die Erklärung der Neutralität. Akademische Selbstverwaltung und das Recht, »Doctores ... in allen Faculteten zu creieren«, stellten die S.er Hochschule endlich gleichberechtigt in den Kreis der deutschen Universitäten. Der Einzugsbereich ihrer Studenten ging weit über die Reichsgrenzen hinaus. Bernegger und Boecler wirkten in der philosophischen Fakultät fortschrittlich, die »johanneische Trias« - J. → Schmid, J.K. → Dannhauer und J.Chr.Dorsche - in der theol. anziehend und richtunggebend auf die luth. Welt. Ihr Reformwille lebt in dem Werk ihres Schülers → Spener weiter. - Die Reunion S.s durch Frankreich 1681 war auch in der Geschichte der Universität ein tiefer Einschnitt. Zwar wurden weder ihre Privilegien noch ihr Charakter als einer städtischen und prot. Anstalt angetastet; aber vier der 14 Professoren folgten Berufungen in das rechtsrheinische Deutschland, und die Zahl der Immatrikulationen sank schlagartig auf die Hälfte. Die Gegenreformation (→ Elsaß, 2) griff alsbald auch nach dem luth. S., wofür die Verlegung der bischöflichen Universität von Molsheim dorthin ein sichtbares Zeichen war. Die prot. Universität aber wahrte ihren Stand. Der Beitrag der theol. Fakultät dazu erschöpfte sich allerdings in luth. Prinzipientreue. Die seit 1720 anhebende neue Blüte verdankte man der philosophischen und juristischen Fakultät. J.D.Schöpflin, in dem die rechtshistorische S.er Schule gipfelte, und sein Schüler Chr.W. Koch hatten europäischen Ruf; bei ihnen suchten die angehenden Diplomaten aus dem europäischen Adel ihre Vorbildung und hoben den Ruf der Hohen Schule in S. über den einer reinen Landesuniversität.

3. Mit vielen alten Einrichtungen gingen auch die S.er prot. wie die bischöfliche Universität im Strudel der Revolution unter. Erst unter Napoleon wurde als Teil der Université de France 1808 die Académie de Strasbourg geschaffen, in die die schon 1794 bzw. 1802 gegründete Medizin- und Rechtsschule als Fakultäten eingegliedert wurden. Dazu kamen 1808/10 eine philosophische und eine naturwissenschaftliche Fakultät, die aber ohne Bedeutung blieben. Der Kreis wurde erst 1818 durch Errichtung einer theol. Fakultät geschlossen; sie war im wesentlichen nur die staatliche Erscheinungsform der schon 1803 dank Chr.W.Kochs Einsatz für die Ausbildung von Pfarrern geschaffenen Académie des Protestants de la Confession d'Augsbourg (→ Elsaß, 3), die die eigentliche Nachfolgerin der alten Prot. Universität war. Wie jene beruhte sie auf den Gütern des Thomasstifts, die Koch 1790 vor dem Verkauf als Nationalgut bewahrt hatte, und übernahm als dessen Präbendare alle noch lebenden Professoren des alten Lehrkörpers. Es war auch die Theologie des 18.Jh.s, die in den Vorlesungen von → Blessig und → Haffner weiterlebte. Erst Joh. Friedr.Bruch als Systematiker und Ed. → Reuß als Exeget ordneten die S.er Fakultät wieder in die wissenschaftliche Theologie ihrer Zeit ein. Reuß' Gedanke einer Zeitschrift wurde von seinem Schüler T. → Colani in der Revue de théologie et de philosophie chrétienne (1850-69) verwirklicht. Sie spiegelt klar die geistige Mission der »École de Strasbourg«, die Vermittlung der deutschen kritischen Bibelwissenschaft an die ref. Theologie in Frankreich, der die »Theologi argentinenses« mit der Ausgabe der Schriften Calvins im CR ein weiteres wertvolles Geschenk darbrachten. Bedeutend sind auch die Leistungen von J.W. → Baum und Charles Schmidt für die elsässische KG.

4. Die noch während des Krieges 1870/71 erhobene Forderung auf Erneuerung der Universität S. wurde schon am 1.5.1872 erfüllt. Sie sollte ein Brennpunkt deutscher Wissenschaft sein und neue geistige Bindungen zum Grenzland schaffen. Vom Reich großzügig ausgestattet, hat sie einer neuen Hochschulpädagogik Bahn gebrochen und in Instituten und Seminaren verwirklicht. Vorbildliche Neubauten boten die dafür notwendigen Voraussetzungen. Lehre und Forschung der von dem Frhn. v. Roggenbach im Auftrage Bismarcks berufenen jungen, hervorragenden Professorenschaft standen im Zeichen eines kritischen Realismus. - Der Wunsch, an die Tradition der alten S.er Universität anzuknüpfen, war am leichtesten im Bereich der bodenständigen Theologie zu erfüllen. Fünf Professoren der alten Fakultät wurden in die neue übernommen, ihr Senior Bruch sogar als erster Rektor. E.Reuß, der die Bindung zwischen Altem und Neuem am eindrucksvollsten verkörperte, stand auf der Höhe seines Wirkens und erhielt in H.J. → Holtzmann einen international anerkannten Nachfolger. Das elsässische Element blieb in der theol. Fakultät stärker vertreten als in den übrigen, so durch P.Lobstein, der auf systematischem Gebiet die von Reuß eingeleitete Vermittlung deutschen theol. Gedankengutes an den französischen Protestantismus fortführte, durch P.E. → Lucius und seinen Schüler G. → Anrich, durch Alb. → Schweitzer und G.Wehrung. Die Fakultät übte auf die ev. Kirche des Landes eine starke Wirkung aus (→ Elsaß, 4).

Dasselbe ist von der jüngeren, 1903 eröffneten *kath.-theol.* Fakultät zu sagen. Bei der Gründung der Universität war sie infolge des beginnenden → Kulturkampfes nicht zustande gekommen. Sie wurde erst um die Jh.-wende in schwierigen Verhandlungen mit der Kurie, deren Mißtrauen der Hochschulreferent Fr.Althoff durch die Bewilligung zweier konfessionell gebundener Professuren in der philosophischen Fakultät überwand, und im Widerspruch zu Teilen des elsässischen Klerus verwirklicht. Mit Gelehrten wie den Elsässern Eugen Müller und A. → Ehrhard, dazu K. → Adam und dem späteren Kardinal → Faulhaber gewann sie schnell das Land für sich und ihre elsässischen Studenten für die deutsche Hochschulbildung. Dem theol. Nachwuchs des Bistums Metz blieb diese versagt. Die beiden theol. Fakultäten litten weniger als die anderen unter den politischen Spannungen des »Reichslandes«. Der hohe wissenschaftliche Rang der S.er Kaiser Wilhelm-Universität war jedoch überall unbestritten.

5. Nach dem 1.Weltkrieg sollte die sofort errichtete französische Universität ihre Vorgängerin weit in den Schatten stellen, konnte aber deren Vorarbeit doch nicht entbehren. Die beiden theol. Fakultäten wurden entge-

gen Versuchen, sie zu beseitigen, gemäß dem kirchenrechtlichen Sonderstatut für Elsaß-Lothringen (→ Elsaß, 4) beibehalten und durch das Dekret vom Mai 1924 als einzige in Frankreich staatlich anerkannt. Ihre frühere Geltung im laizistischen Gefüge der französischen Universität zu wahren, erforderte hohe persönliche Qualitäten und wissenschaftliche Leistungen. Erschwerend für die elsässischen Studenten beider Fakultäten, die als Geistliche vorwiegend in deutschsprachigen Gemeinden zu amtieren haben, bleibt der ausschließliche Gebrauch der französischen Sprache im Lehrbetrieb der Universität.

Durch die Ausweisung der deutschen und die freiwillige Auswanderung zweier elsässischer Glieder war die ev.-theol. Fakultät Ende 1918 stark dezimiert. Ihr Neuaufbau, für den auf befähigte Kräfte aus dem elsässischen Pfarrerstand zurückgegriffen werden mußte, war schwierig, aber erfolgreich. Die Sicherung des akademischen Nachwuchses auf der schmalen Basis des elsässischen und französischen Protestantismus erforderte hinfort besondere Aufmerksamkeit. Eine einheitliche theol. Prägung der Fakultät war unter diesen Voraussetzungen weder möglich noch wohl je das Ziel. Neben der in S. gegebenen Nachbarschaft zur deutschen Theologie, die u.a. die deutsche Lutherforschung durch H. → Strohl an Frankreich vermittelte, wurden bewußt Beziehungen zur angelsächsischen, skandinavischen und schweizerischen Theologie aufgenommen. Diese den französischen Protestantismus befruchtenden Bemühungen spiegeln sich in der seit 1920 von der Fakultät herausgegebenen »Revue d'histoire et de philosophie religieuses« und im hohen Anteil der Studenten aus der Ökumene. Daneben wurde die Pflege der eigenen kirchlichen Vergangenheit nicht vergessen und in der mit deutschen Theologen begonnenen Herausgabe der Werke des S.er Reformators M.Bucer sichtbar betont.

Der 2. Weltkrieg sah 1941 in S. die Eröffnung einer deutschen Reichsuniversität - ein Zwischenspiel, das hier nur wegen des Ausschlusses der beiden theol. Fakultäten zu erwähnen ist. Die französische Universität war 1939 nach Clermont-Ferrand evakuiert worden und nahm Ende 1945 in S. wieder ihre Arbeit auf, die eine zunehmende gesamteuropäische Verpflichtung erkennen läßt. - In der ev.-theol. Fakultät lehren zZ als Ordinarien P.Burgelin (Religionsphilosophie), H.Clavier (NT), Ch.Hauter (Dogmatik), E.Jacob (AT), R.Mehl (Ethik), P.Scherding (prakt. Theol.) und F.Wendel, zugleich Dekan (KG).

Travaux de l'Univ. de S. pendant l'année scolaire... Rapports présentés par les Doyens des Facultés 1919/20ff - G.Anrich, Die Kaiser Wilhelm-Univ. S. in ihrer Bedeutung f. d. Wissenschaft 1872 bis 1918, 1923 - Ders., Frh.v.Roggenbach u. d. Gründung d. Univ. S. (Bericht über d. 3. Zusammenkunft d. »Losen Vereinigung ehem. S.er Dozenten u. Studenten«, 1930, 10-23) - A.Schulze, Die örtliche u. soziale Herkunft d. S.er Studenten 1621-1793, 1926 - RGG² V, 840ff (Lit. bis 1930) - L'Alsace depuis son retour à la France I, 1932, 355-368 - F.Jaffé, Els. Studenten an dt. Hochschulen (1648-1870) mit bes. Berücks. d. 18.Jh.s, 1932 - E.Klostermann, Die Rückkehr der S.er Dozenten 1918/19 u. ihre Aufnahme, 1932 - C.Bornhak, Die Begründung der kath.-theol. Fakultät in S. (Els.-Lothr. Jb. 12, 1933, 249-269) - L.Dehio, Die Kaiser Wilhelm-Univ. S. (Das Reichsland Els.-Lothr. 1871-1918 III, 1934, 1-30) - Die kath.-theol. Fakultät (Das Elsaß von 1870-1932 III, 1936, 450-470) - F.Buech, Chr.W.Koch (1737-1813), der letzte Rechtslehrer d. alten S.er Hochschule, 1936 - P.Wentzcke, Die alte Univ. S. 1621-1793 (Els.-Lothr. Jb. 17, 1938, 37-112) - Zur Gesch. d. dt. Univ. S. (Tl 1 von E.Anrich), 1941 - H.Strohl, Le Protestantisme en Alsace, 1950, 424ff. 443ff. 464ff - E.W.Kohls, Die Schule bei M.Bucer in ihrem Verhältnis zu Kirche u. Obrigkeit (Diss. Erlangen), 1962.

Chr.Hallier

Straube, *Karl* (6.1.1873 bis 27.4.1950), Sohn eines Organisten in Berlin, wo er selbst Musik studierte. Von 1897 an wirkte er als Organist in Wesel, seit 1902 an der Thomaskirche in Leipzig. 1903 wurde er außerdem Dirigent des Leipziger Bach-Vereins, der später mit dem Gewandhauschor zusammengelegt wurde. In die Leipziger Zeit S.s fällt seine bedeutungsvolle Freundschaft mit Max → Reger. Von 1918-40 war er Thomaskantor und Mitdirektor des Kirchenmusikalischen Instituts. S. war in gleicher Weise ein Meister des Orgelspiels (→ Orgel, 3), der Orgelpädagogik und Chorerziehung. Von ihm ging eine ungewöhnliche geistige Ausstrahlung und Schule bildende Kraft aus.

Vf. u.a.: Briefe eines Thomaskantors, 1952. - Festschr. K.S. zum 70. Geb., 1943.

W.Blankenburg

Strauß, 1. *David Friedrich* (27.1.1808 bis 8.2.1874), ev. Theologe, * und † in Ludwigsburg, 1832-35 Repetent in → Tübingen, dann freier Schriftsteller. S. veröffentlichte 1835 sein Erstlings- und zugleich berühmtestes Werk: »Das Leben Jesu«, das ihn mit einem Schlage weit bekannt und zugleich für die akademische Laufbahn unmöglich machte. Der S. von 1835 ist radikaler Vertreter der → spekulativen Theologie. Da die Wahrheit des Christentums nicht auf der biblischen Geschichte, sondern auf der Idee der Gottmenschheit beruht, kann auch eine radikale Bibelkritik die christliche Wahrheit nicht aufheben. Die Evangelien enthalten nach S. in der Hauptsache Mythen, die sich um die zwar historische, aber uns kaum noch erkennbare Gestalt Jesu gerankt haben. Jeder Versuch, die Geschichtlichkeit der ev. Berichte zu retten, wird scharf kritisiert und als unwissenschaftlich abgelehnt (→ Bibelwissenschaft: II, 4, → Leben-Jesu-Theologie). Grund des Glaubens ist nicht der geschichtliche, sondern der mythologische Christus. Das Wissen aber hält sich an die in den Mythos gekleidete ewige Wahrheit. Gegenüber der Flut der alsbald einsetzenden Gegenschriften hat S. trotz vorübergehender Konzessionen seinen Standpunkt im ganzen behauptet. Die Hauptschwäche seiner Position liegt in der bloßen Negation der nt. Geschichte. Zur Erhärtung seiner These mußte er zeigen, wie die Idee ihre Mythen ausbildete; dh er mußte untersuchen, wie es zur Entstehung des Christentums und der nt. Berichte im einzelnen gekommen ist. Diese Aufgabe hat dann sein Lehrer F.Chr. → Baur zu lösen versucht und dabei erhebliche Korrekturen an S.' Ergebnissen vorgenommen. S. bleibt aber das Verdienst, die Frage in einer bis dahin unerhörten Schärfe gestellt zu haben. - Den nächsten (sehr viel weniger beachteten) Schritt tat S. mit seiner »Christlichen Glaubenslehre« (1840/41). Noch hält er an dem Programm der spekulativen Theologie fest, sieht sich aber außerstande, es zu erfüllen. Seine eingehenden Analysen des christlichen Dogmas ergeben ihm, daß es nicht möglich ist, die Glaubenswahrheiten aus der Vorstellungsform in die Begriffsform zu übersetzen, ohne den Inhalt preiszugeben. Er trifft sich in dieser Einsicht mit der konfessionellen Theologie, nur daß er gegen den christlichen Glauben für das philosophische Wissen votiert, jene gegen die Philosophie für den Glauben. - Den letzten Schritt der förmlichen Absage an das Christentum tat S. erst 1872 in der Schrift »Der alte und der neue Glaube«. Vorhergegangen waren die Abrechnung mit → Schleiermacher in »Der Christus des Glaubens und der Jesus der Geschichte« (1864) und mit → Schenkel und → Hengstenberg in »Die Halben und die Ganzen« (1865). Seiner Ausgangsposition bleibt er insofern treu, als er neben dem Wissen auch jetzt noch den Glauben nennt, freilich einen sehr platten. Wollte er ursprünglich die christlichen Glaubenswahrheiten philosophisch interpretieren, so entwirft er jetzt im entgegengesetzten Verfahren vom Wissen ausgehend einen neuen Glauben. Sein Pathos ist dabei das des Wahrheitsfanatikers, der erkannt hat, daß die philosophische Interpretation des christlichen Dogmas Täuschung und Lüge ist. S.' letztes Werk erregte erneut einen Sturm; u.a. wurde er von → Nietzsche als Bildungsphilister bissig verspottet.

Ges. Schriften, hg.v. E.ZELLER, 12 Bde, 1876-78 - Ausgew. Briefe, hg.v. E.ZELLER, 1895 - Briefwechsel zw. S. u. F.Th.Vischer, hg.v. A.RAPP, 1952/53. - Über S.: F.NIETZSCHE, Unzeitgemäße Betrachtungen, 1. Stück: D.F.S., der Bekenner u. der Schriftsteller, 1873 - RE XIX, 76ff; XXIV, 536 (Lit.) - TH.ZIEGLER, D.F.S., 2 Bde, 1908 - A.SCHWEITZER, Gesch. d. Leben-Jesu-Forschung, (1913²) 1951⁶, 69ff - BARTH, PrTh 490ff - HIRSCH V, 492ff - EC XI, 1407ff - CHR. HARTLICH-W.SACHS, Der Ursprung des Mythosbegriffes in der mod. Bibelwiss., 1952, 121ff - G.BACKHAUS, Kerygma u. Mythos bei F.D.S. u. R.Bultmann, 1956 - M.HUBER, Jesus Christus als Erlöser in der liberalen Theol., 1956, 78ff - E.WOLF, Die Verlegenheit der Theol. D.F.S. u. d. Bibelkritik (Festschr. f. F.Delekat, 1957, 219 bis 239) - STEPHAN-SCHMIDT 154ff - E.BARNIKOL, Das ideengeschichtl. Erbe Hegels bei u. seit S. u. Baur im 19.Jh. (WZ Halle 10, 1961, 281-328). *E.Schott*

2. *Friedrich Adolf* (1817-88), * in Elberfeld, Sohn des späteren Oberhofpredigers *Gerhard Friedrich Abraham* S. (1786-1863). Unter dem Eindruck einer Studienreise ins Hl. Land (1845) warb S. in Wort und Schrift für die Palästinaarbeit und gab so den Anstoß zur Gründung des → Jerusalemsvereins. 1859 ao. Prof. der Theologie in Berlin, 1870 Hofprediger in Potsdam.

Vf. u.a.: Sinai u. Golgatha, (1847) 1870⁹; Trost am Sterbelager, (1865) 1874². *B.Karnatz*

Strauß und Torney, *Viktor von* (1809-99), Jurist, Dichter, Religionswissenschaftler, * in Bückeburg, † in Dresden. 1832-66 in schaumburg-lippischem Staatsdienst, danach sich der Sinologie und Ägyptologie widmend, als Lyriker nicht ohne Rang, ist S. heute fast nur durch seine Kirchenlieder bekannt, von denen er viele an Sonntagsevangelien anschloß, so »Ach komm, füll unsre Herzen ganz« an Lk 6, 36ff (4. n. Trin.). Ziemlich verbreitet sind ferner »O mein Herz, gib dich zufrieden«, das Herbstlied »Des Jahres schöner Schmuck« und das Trauungslied »Herr, vor dein Antlitz treten zwei«.

O.KRAUS, Geistl. Lieder im 19.Jh., 1879, 525ff - ADB 54, 614ff - F.NIPPOLD, Das dt. Christuslied des 19.Jh.s, 1903, 122ff - LULU V. STRAUSS UND TORNEY, Vom Biedermeier zur Bismarckzeit, 1932. *S.Fornaçon*

Streeter, *Burnett Hillman* (17.11.1874 bis 10.9.1934), seit 1905 Fellow am Queen's College in Oxford. S. war bes. in der angelsächsischen Welt durch seine literar- und textkritischen Arbeiten zum NT anerkannt. Für das literarische Verhältnis der synoptischen → Evangelien untereinander ersetzte er die Zwei-Quellen-Theorie durch seine »Vier-Fragmenten-Hypothese«. Danach geht Lk auf die Verbindung eines »Proto-Lk« mit Mk zurück, so daß auch Lk für die Erforschung von Leben und Lehre Jesu wichtig wird und so die Überlieferungsbasis verbreitert werden kann. - In der Textforschung (→ Text: II) gelang S. durch Herausarbeitung der cäsareensischen Textform eine wesentliche Festigung der textkritischen Grundlagen.

Vf. bes.: The Four Gospels, (1924) 1930⁴; The Primitive Church, 1929. - Über S.: J.C.HARDWICK, ET 49, 1937/38, 249-254 - ODCC 1296. *U.Luck*

Streik → Arbeitskämpfe.

Streit, *Robert* (27.10.1875 bis 31.7.1930), O.M.I., * in Fraustadt (Posen), † in Frankfurt/M., 1901 Priester, Redakteur, Prof. in Hünfeld, bemühte sich um die kath. → Missionswissenschaft (: II), u.a. durch einen Bericht über »Pflichten und Aufgaben der Wissenschaft gegenüber der Mission«, Denkschriften, eine Missionsbibliographie, eine missionswissenschaftliche Zeitschrift und Arbeit für ein Internationales Institut für missionswissenschaftliche Forschungen. Seine größte Leistung ist die Bibliotheca Missionum (ab 1916, Bd I-V von S.). 1926 wurde er zum Direktor der Pontificia Bibliotheca Missionaria berufen.

Bibliogr.: Bibliografia Missionaria 1934/35, Isola del Liri 1936, 11-17. - Über S.: BiblMiss VI, IX-XIII - J.PIETSCH, Unser Missionsbibliograph P. R.S. (ZMR 21, 1931, 81-84) - DERS., Pionier der Missionswiss., Schöneck 1952. *Th.Ohm*

Strigel, *Victorinus* (1524-69), * in Kaufbeuren, studierte in Freiburg und seit 1542 in Wittenberg, wo er → Melanchthons Schüler wurde. Nach Vorlesungen in Wittenberg und Erfurt kam er 1548 nach → Jena. Wenn er hier auch vorübergehend mit den Gnesiolutheranern ging, vertrat er doch bei der Einführung des Weimarer Konfutationsbuchs Melanchthons Auffassung von der → Rechtfertigung (: II, 2 b. d; → Anthropologie: III, 3 a, → Synergismus), was ihm 1559 monatelange Haft eintrug. Ein siebentägiges Kolloquium 1560, das → Flacius zu Überspitzungen trieb, bereitete S.s Rehabilitierung vor (1562). Trotzdem ging er 1563 nach Leipzig, wo ihm der Rektor 1567 zu lehren verbot, weil er der calvinischen Abendmahlsauffassung verdächtig war, zu der er sich alsbald in Amberg (Oberpfalz) offen bekannte. 1567 folgte er einem Ruf nach Heidelberg.

Hauptwerk: Loci theologici, 4 Bde, 1581-84. - Über S.: J.C.T. OTTO, De V.S., 1843 (Bibliogr.) - RE XIX, 97ff; XXIV, 536 - RITSCHL I. II - A.POMMERIEN, V.S.s Lehre von dem peccatum originis, 1917 - V.A.NORDMAN, V.S. als Geschichtslehrer, Åbo (Turku) 1930 - H.E.WEBER, Reformation, Orthodoxie u. Rationalismus I/2, 1940 (s. Reg.). *I.Ludolphy*

Strimesius, *Samuel* (1648-1740), ref. Theologe, * in Königsberg i. Pr., nach längerem Studiengang in England seit 1674 Prof. der Philosophie, seit 1679 der Theologie in → Frankfurt/O. Am ergebnislosen Collegium caritativum (1703) in Berlin nahm er als führender ref. Ireniker teil und suchte eine Union der Reformierten und Lutheraner (→ Einigungsbestrebungen: II) durch eine positivere Stellung zur luth. Tauf- und Abendmahlslehre, also mehr durch Abmilderung der ref. Polemik und weniger durch Hervorkehrung des Toleranzgedankens vorzubereiten.

ZEDLER, Universal-Lexikon XL, 1744, 987ff - RITSCHL IV, 468ff - H.LEUBE, Kalvinismus u. Luthertum zZ der Orthodoxie I, 1928. *E.Beyreuther*

Strindberg, *Johan August* (1849-1912), schwedischer Dichter, * und † in Stockholm, Sohn eines unbemittelten Kaufmanns. Die harte Zucht im Elternhause verletzte sein Gerechtigkeitsgefühl, und da er von Natur aus empfindlich war, verbarg er sein ungestilltes Zärtlichkeitsbedürfnis hinter aggressivem Verhalten. Die pietistische Frömmigkeit seiner Mutter beeindruckte ihn tief, doch stieß ihn ihr Hang zum Asketischen ab. Die Versöhnungslehre lehnte er ab, der Gedanke an die ewigen Höllenstrafen peinigte ihn. Daher wirkt die Begegnung mit dem Unitarismus und dem religiösen Liberalismus befreiend auf ihn. Seine kritische Haltung allen Autoritäten gegenüber wurde durch die Lektüre von → Ibsen, → Kierkegaard, Georg Brandes und dem englischen Historiker Buckle gestärkt. In seinem Durchbruchsdrama »Meister Olof« (1872, umgearb. 1878) läßt er den schwedischen Reformator (Olaus → Petri) zwischen Skeptizismus und einem revolutionären Idealismus schwanken und verleiht damit seiner eigenen Haltung Ausdruck. Nach kulturgeschichtlichen Arbeiten erscheint 1879 der naturalistische Roman »Das rote Zimmer«, die erschütternde Schilderung einer zerfallenen Gesellschaft, beherrscht von Profitgier, Spekulation,

Korruption und Verlogenheit. In den 70er Jahren hatte sich S. von Kirche und Christentum gelöst, aber erst um 1885 trat er als erklärter Atheist hervor und behauptete, daß weder die Geschichte noch seine eigenen Erfahrungen von der Existenz eines gerechten Gottes zeugten, und daß die religiösen Vorstellungen ein Hemmnis in der Entfaltung eines gesunden und wahren menschlichen Lebens seien. In den Jahren nach 1880 arbeitete er im naturalistischen Stil (→ Naturalismus: II, 2) als Gesellschaftskritiker, u.a. mit den Werken »Die Verheirateten«, »Der Sohn einer Magd«, »Der Vater«, »Fräulein Julie« und »Inselbauern«. Von eigenen Erlebnissen ausgehend, wandte sich S. gegen die herkömmliche Erziehung und stellte das Verhältnis zwischen Mann und Frau als einen Kampf der Geschlechter dar, in dem der Mann angesichts der List der Frau der Unterlegene sei. Auf die Dauer konnte ihn jedoch weder eine naturalistische noch eine materialistische Lebensauffassung befriedigen. In einer schaffensarmen und von persönlichen Schwierigkeiten bedrängten Periode in den 90er Jahren begann er sich für okkulte Phänomene zu interessieren und suchte zu ergründen, ob er sein Mißgeschick übernatürlichen Mächten zu verdanken habe. Unter dem Einfluß kath. Frömmigkeit sowie von → Swedenborg und anderen Mystikern kam er zu der Überzeugung, daß die Mächte Geister der Züchtigung seien, die ihn, den Leugner, durch Strafe und Prüfungen zu Buße und Bekehrung bewegen wollten. Nach einer ernsten Gemütskrise schildert er in »Inferno« (1897) und in »Legenden« (1898) mystische Erlebnisse, die seinen Blick für eine höhere Wirklichkeit geöffnet hatten. S.s letzte Jahre waren eine literarisch fruchtbare Schaffensperiode. Er schrieb eine Reihe von Dramen, viele in stark persönlichem Stil und vorwiegend in einer lyrischen Traumstimmung gehalten, u.a. »Nach Damaskus«, »Ein Traumspiel«, »Advent«, »Ostern«, »Der Totentanz«; sie waren für das expressionistische Drama nach dem 1. Weltkrieg von großer Bedeutung (→ Expressionismus: II). Ein persönliches Bekenntnis ist »Die große Landstraße« (1909). S. verhielt sich weiterhin dem Christentum gegenüber skeptisch und erklärte die Dogmen für unwichtig; doch hat er in seiner Beschäftigung mit der Schuld, der Strafe und dem stellvertretenden Leiden oft einer zentral christlichen Auffassung der menschlichen Situation Ausdruck verliehen.

GA, 55 Bde, (1911-20) 1921-27; dt.: 46 Bde, 1902-30 (unvollst.).- Über S.: K.Möhlig, S.s Weltanschauung, 1923 - M.Lamm, S. och makterna, Uppsala 1936 - Ders., A.S., 2 Bde, Stockholm 1940/42 - W.A.Berendsohn, Der Stand der S.-Forschung (FF 24, 1948, 27f) - E.Spriggs, The Strange Life of A.S., 1949 - G.Brandell, S.s Infernokris, Stockholm 1950 - N.Norman, Den unge S. och väckelserörelsen, Lund 1953. *G.Tolderlund-Hansen*

Ströter, *Ernst Ferdinand* (1846-1922), Methodistenprediger, * in Barmen. Nach dem ihn nicht befriedigenden Studium der Theologie ging S. nach Amerika, erlebte dort seine Bekehrung und war seit 1869 als Methodistenprediger in deutschen Gemeinden tätig. Bes. widmete er sich seit 1894 der Judenmission. 1899 kehrte er nach Europa zurück, wo er in Wernigerode und in Zürich lebte. S. wurde einer der Führer des neudarbystischen Flügels der → Gemeinschaftsbewegung (, 2), verteidigte die Verbalinspiration, vornehmlich gegen J.Lepsius, und vertrat die Wiederbringungs- und Entrückungslehre. In seinem Kampf um die → Pfingstbewegung, die er bald ablehnte, geriet er jedoch in zunehmende Vereinsamung. Sein Publikationsorgan war seit 1907 »Das prophetische Wort«.

Vf. u.a.: Unseres Leibes Erlösung, o.J.; Die Judenfrage u. ihre göttl. Lösung nach Römer Kap. 11, o.J.; Das Evangelium Gottes von der Allversöhnung in Christus, 1915. *K.Kupisch*

Strohl, *Henri* (26.10.1874 bis 24.2.1959), elsässischer Theologe, * in Brumath, 1898 Vikar in Weißenburg und Ingweiler, 1906-19 Pfarrer in Kolmar. Nach dem Kriege zum Maître de conférences und später Titular-Prof. ernannt, lehrte er in → Straßburg (: II) Geschichte des Christentums. Sein Spezialgebiet waren Lutherstudien. 1928-45 war er Dekan, auch während der Verlegung der stark zusammengeschmolzenen Fakultät nach Clermont-Ferrand (1939-45), und trug in dieser Eigenschaft viel zur Ausstrahlung der theologischen Fakultät bei.

Vf. u.a.: L'évolution relig. de Luther jusqu'en 1515, 1922; L'épanouissement de la pensée relig. de Luther de 1515 à 1520, 1924 (Neuaufl. dieser beiden Arbeiten: »Luther jusqu'en 1520«, 1962); Etudes sur Oberlin, 1926; Luther. Esquisse de sa vie et de sa pensée, (1933) 1953²; Bucer, humaniste chrétien, 1939; Le protestantisme en Alsace, 1950; La pensée de la Réforme, 1951 - Außerdem zahlr. Artikel in der RHPhR, 1922ff, u. im BSHPF, 1926ff. - Hg.: La substance de l'Evangile selon Luther, 1934; Martin Bucer: Traité de l'amour du prochain, 1949. - Über S.: Ch.Hauter, RHPhR 34, 1954, 193-197 (Bibliogr.). *R.Voeltzel*

Stroßmayer, *Joseph Georg* (1815-1905), kath. Theologe, * aus deutschstämmiger kroatischer Familie in Essek (Osijek), † in Djakovo, seit 1849 Bischof von Bosnien mit dem Sitz in Djakovo. Als Vorkämpfer für eine Kirchenunion mit den orth. Gemeinschaften, bes. Rußlands, war S. unter → Pius IX. schärfster Gegner des Unfehlbarkeitsdogmas auf dem → Vatikanum (berühmt wurde seine Rede vom 23.3.1870; er veröffentlichte die Konzilsdekrete als letzter der Bischöfe erst 1872). Später war er zeitweise in der Unionsfrage Berater → Leos XIII., der ihn zum Kardinal machen wollte, seinen ostkirchlich-liturgischen Bestrebungen aber nicht entgegenkam. Sein Eintreten für ein politisch geeintes Südslawien brachte ihn in Konflikt mit Wien. S. war Anreger und Haupt einer kath. panslawischen Bewegung, die jedoch scheiterte. Bleibend sind seine Verdienste um die kulturelle Förderung des kroatischen Volkes.

LThK IX, 865 (Lit.) - E.Winter, Rußland u. die slaw. Völker in d. Diplomatie d. Vatikans 1878-1903, 1950 - Ders., Rußland u. das Papsttum II, 1961 (s. Reg.) - EC XI, 1420f - DThC XIV/2, 2630 ff. - Vgl. die Lit. zu → Vatikanum (Friedrich III, Granderath II. III, Butler-Lang). Die Echtheit einer seit 1871 mehrfach aufgelegten angeblichen Rede S.s vom 22.6.1870 ist nicht zu erweisen. *G.Maron*

Struensee, *Adam* (1708-91), ev. Theologe, * in Neuruppin, † in Rendsburg, 1730 Hofprediger in Berleburg, 1732 Pfarrer in Halle, 1747 ebd Prof., 1752 Propst und Hauptpastor in Altona sowie Mitglied des Oberkonsistoriums in Glückstadt, 1760 General-Sup. für → Schleswig-Holstein. Pietistisch erzogen, vertrat S. die »vernünftige Orthodoxie« seines Lehrers → Buddeus. Am kirchlichen Aufbau Schleswig-Holsteins wirkte er durch Visitationen und Einführung des von J.A. → Cramer entworfenen Gesangbuches (1780) und des Landeskatechismus (1785) mit.

Vf. u.a.: Predigtsammlung, (1747/48) 1758³; Anweisung zum erbaul. Predigen, 1756; Auslegung des Hebr (1763) u. Gal (1764). - Über S.: C.E.Carstens, Dr. A.S. (Zs. der Ges. f. Schleswig-Holstein-Lauenburgische Gesch. 10, 1881, 144-170) - ADB 36, 643f - DBL XXIII, 42ff (Lit.). *H.Hohlwein*

Strukturpsychologie. Im Unterschied zur elementenpsychologischen wie zur rein phänomenologischen Betrachtungsweise geht die S. von der Grundeinsicht aus, daß die Teilbereiche des menschlichen Seelenlebens in einem gefügehaften Sinnzusammenhang stehen und daraus allein zu verstehen sind. Gegenüber den wechselnden Zuständen und Vorgängen besitzt die psychische Struktur und ihre Gliederung ein überdauerndes Gepräge. - Innerhalb der allgemeinen Ganzheitspsychologie bezeichnet der Strukturbegriff die Gesamtheit der Dispositionen und Konstanten, die allem Erleben und Verhalten zugrunde liegen und sich darin bekunden. Sie umfassen sowohl Erbanlagen als auch erworbene Bereitschaften, so daß ihnen zugleich teleologische Bedeutung zukommt. Ein Hauptmerkmal ist sodann ihre Wertgerichtetheit. - In anschauungsnäherer Fortbildung der S. wird der »Aufbau« unserer Selbsterfahrung zum leitenden Gesichtspunkt. Die Aufmerksamkeit richtet sich dabei vordringlich auf das Spannungsverhältnis des Bewußtseinsfeldes zum Lebensgrund, von denen das erstere durch die Polarität von Wissen und Wollen, der zweite durch den entsprechenden Bezug der Sinne zu den Trieben bestimmt ist. Zwischen beiden Hauptbereichen der menschlichen Struktur vermittelt das → Gefühl als personale Kernsphäre, die sich vorab in Mitgefühl und Selbstgefühl gliedert. Hier ist die S. von vornherein anthropologisch orientiert, und sie zielt nun vor allem darauf ab, ein übergreifendes Menschenbild als Richtmaß für das Verständnis der individuellen Eigenart in ihrer Vielfalt, aber auch der Besonderheit zwischenmenschlicher Beziehungen und nicht zuletzt der seelischen Störungsmöglichkeiten zu gewinnen. - Für die theologische → Anthropologie wird die S. namentlich dadurch bedeutsam, daß sie die Bindung des religiösen Erlebens und des Glaubens an die emotionale Integrationsmitte der Person deutlich macht.

Den Anstoß zur Entwicklung der S. hat im Ausgang des 19.Jh.s W. → Dilthey unter dem Einfluß → Schleiermachers gegeben. Von E. → Spranger wurde sie bes. für die → Pädagogik fruchtbar ausgestaltet. Eine Neubegründung erfuhr sie bei F.Krueger durch die Verbindung mit seiner zentralen Bestimmung des Gemüts, worin er sich mit → Kant berührt. Die Einblicke der Charakterkunde (→ Charakterologie) in den strukturellen Widerstreit des menschlichen Wesens (J.Bahnsen, L. → Klages) und der → Tiefenpsychologie in das Ringen um Selbstfindung (C.G. → Jung) haben weiter dazu beigetragen, die S. zur methodischen Erschließung unseres personalen Gefüges auszubauen. Aus heutiger Sicht darf C.G.Carus (1789-1869) mit seiner grundlegenden Unterscheidung zwischen dem bewußten Reich des Geistes und der unbewußten Tiefenschicht des Lebens sowie der Erhellung des personalen Gefühlszentrums als Wegbereiter strukturpsychologischer Analyse gelten.

W.Dilthey, Ideen über eine beschreibende u. zergliedernde Psychologie, 1894 - E.Spranger, Lebensformen, (1914) 1950[8] - F.Krueger, Der Strukturbegriff in der Psychologie, 1924 - Ders., Die Lehre von dem Ganzen, 1948 - Ph.Lersch, Aufbau der Person, (1938) 1957[7] - A.Wellek, Das Problem des seelischen Seins, 1941 - A.Vetter, Natur u. Person, 1948 - Ders., Wirklichkeit des Menschlichen, 1960. *A.Vetter*

Strzygowski, *Josef* (7.3.1862 bis 2.1.1941), Kunsthistoriker, * in Bielitz-Biala, † in Wien, Prof. in Graz (1892) und Wien (1909), einer der profiliertesten, aber auch umstrittensten Kunstforscher. In seinem Studiengang von der klassischen Archäologie herkommend, wandte er sich bald dem Orient zu. Er sah die Bedeutung von Byzanz (Orient oder Rom, 1901) und erkannte die Rolle, die der vordere Orient für den Westen spielt (→ Orient-Rom-Frage). Seine erste Erkenntnis-Stufe war Iran (Kuppel, »Hvarnah-Vorstellung«; vgl. bes. B.Schulz-J.S., Mschatta [Jahrb. d. preuß. Kunstsammlungen 25, 1904, 205-224. 225-373]; M.v.Berchem-J.S., Amida, 1910), die nächste war Armenien (Zentralkuppelbau, Figurenausstattung; »Die Baukunst der Armenier und Europa«, 1918). Als erster bezog er die »Zeltkunst« der Reiternomaden Innerasiens (geometrische Ranke, Schrägschnitt-Technik) und deren Nachhall auf die Kulturen seßhaft gewordener Völker (Umsetzung von Zelt in Grabbau und von Zeltausstattung in Fayencekunst) in die Kunstwissenschaft ein (»Altai-Iran und Völkerwanderung«, 1917; »Asiens bildende Kunst in Stichproben«, 1930 [dort Übersicht seiner Hauptthesen]). S. verdanken wir auch die Forderung nach einer »Lückenforschung« als Ergänzung zum erhaltenen Material. Auch in seiner Methode, der »vergleichenden Wesensforschung«, geht S. neue Wege. Zwar erschwert sein in »Kunde-Wesen-Entwicklung« aufgeteiltes Ordnungssystem erheblich das Lesen seiner Bücher, ist jedoch in seiner strengen Trennung von fachlicher Sachforschung und subjektivem Beschauer-Standpunkt auf die Lehre angewandt von großem Nutzen. Kann man auch seinem ins Weltanschauliche mündenden Alterswerk (»Europas Machtkunst im Rahmen des Erdkreises«, 1941: Postulat einer beseelten Nordkultur und einer »Machtkunst« des Mittelmeergürtels) nicht folgen, so gebührt dem unermüdlichen Kämpfer doch Bewunderung und Hochachtung.

A.Karasek-Langer, Verz. der Schriften von J.S., 1933 - Nachrufe in FF 17, 1941, 87f (K.Ginhart) u. Byzantion 15, 1940/41, 505 bis 510. *K.Otto-Dorn*

Studentenbund für Mission (SfM), gegr. 1896 in Halle/Saale als selbständiger deutscher Zweig der 1886 in Mount Hermon/Mass. begonnenen Student Volunteer Movement for Foreign Missions, seit 1962 übergegangen in den »Arbeitskreis für Mission und ökumenische Beziehungen« in der Ev. Studentengemeinde in Deutschland. Vor allem über den SfM gewannen die Missionsgesellschaften ihren akademischen Nachwuchs. Seit 1897 veranstaltete der SfM regelmäßige Studentische Missionswochen, seit 1957 dazu halbjährliche Arbeitskonferenzen. Gegenwärtig bildet er ein wichtiges Element für die Ausrichtung der Ev. → Studentengemeinden (: I) auf eine missionarische Kirche.

WKL 1399. *J.Margull*

Studentengemeinde

I. Evangelische - II. Katholische

I. Evangelische

1. Entstehung und Entwicklung - 2. Leitung - 3. Lebens- und Wirkungsweise - 4. Christlicher Studentenweltbund

1. Nachdem 1937 zum ersten Mal die Leiter der Kreise der DCSV (→ Studentenverbände, 2) und die Leiter der Studentengruppen der → Bekennenden Kirche gemeinsam beraten hatten und im Juli 1938 die DCSV vom Staat verboten worden war, sammelten sich Gruppen beider Richtungen an den Hochschulorten zu mehr oder weniger legalen S.n. Einige wenige → Studentenpfarrer aus den Reihen der BK standen ihnen zur Seite. Der bündische Charakter der DCSV fiel fort. Die Beschäftigung mit biblischen Texten war die einzige vom Staat erlaubte Tätigkeit der S.n. Die aus der DCSV kommenden Glieder brachten als fromme, ein wenig individualistische Pietisten ebenso ihr Erbe in die S. mit wie die meist Theologie studierenden Glieder aus der BK mit ihrer kirchlich gebundenen, theologisch kritischen und kämpferischen Haltung. Die verantwortlichen Studenten wurden bis zum Ende des NS-Regimes illegal auf gemeinsamen Konferenzen vorbereitet. - Im April 1946 beschlossen Glieder des alten Vorstandes der DCSV in Treysa, die Selbstbezeichnung S. beizubehalten. Für die in den Gemeinden verantwortlichen Studenten wurde die Bezeichnung *Vertrauensstudent* und *-studentin* gewählt, für das oberste Leitungsgremium der *Ev. S. in Deutschland* (ESGiD) die Bezeichnung *Vertrauensrat.* Eine vorläufige Ordnung wurde beschlossen. Erster Vorsitzender

des Vertrauensrates war Reinhold von Thadden-Trieglaff. 1947 wurde Horst Bannach, damals Studentenpfarrer in Hamburg, zum Generalsekretär ernannt, 1954 als Nachfolger Peter Kreyssig. – Den Beschlüssen von Treysa entsprach die zunächst davon noch unabhängige Entwicklung an den Universitäten. Dort bildeten sich unmittelbar nach dem Krieg spontan S.n, zT auch dort, wo solche vorher nie bestanden hatten. Studentenpfarrer stellten sich zur Verfügung und wurden von den Kirchenleitungen bereitwillig ernannt. 1950-52 wurden weitere S.n an allen pädagogischen Akademien und Hochschulen gegründet. Seit 1958 erfolgt der planmäßige Aufbau von S.n an Ingenieurschulen, Berg-, Werkkunst-, Chemie-, Sozial- und anderen Höheren Fachschulen, während auf kath. Seite für die Studierenden der Höheren Fachschulen eine besondere Organisation geschaffen wurde. Alle ev. Studierenden werden gleichberechtigt von der S. ihres Studienorts als ihre Glieder angesprochen und zur Teilnahme an ihren Veranstaltungen eingeladen. Untergliederungen sind rein geographisch und interessenmäßig bedingt. Mitglieder von Korporationen und sonstigen Verbindungen werden eingeladen, sich am Leben der Gemeinden zu beteiligen, bilden aber als solche keine eigenen Untergliederungen oder Bestandteile der S. Gegenwärtig (1961) bestehen 123 S.n (29 in der DDR, 94 in der BRD).

2. Die *Leitung* wird im Zusammenwirken mit dem Studentenpfarrer von den gewählten Vertrauensstudenten wahrgenommen, die sich in größeren Gemeinden zum Arbeitskreis erweitern, zu dem Studenten gehören, die eine besondere Verantwortung übernommen haben. Im Rahmen der ESGiD beraten und beschließen (zT in der DDR und BRD getrennt) gewählte studentische Vertreter der Gemeinden (Delegiertenkonferenz) und die Studentenpfarrerkonferenz. Im Vertrauensrat sind die studentischen Glieder der Gemeinden mit 9, die Studentenpfarrer mit 5 Stimmen vertreten, wozu noch Vertreter der kirchlichen Werke und Bewegungen, der Freikirchen und der EKD sowie der Ev. Akademikerschaft (→ Akademikervereinigungen: I) kommen. Die Geschäftsstellen in Stuttgart und Berlin und der Generalsekretär in Stuttgart nehmen die vom Vertrauensrat beschlossenen Leitungsaufgaben wahr.

3. In der gegenwärtig gebrauchten Ordnung heißt es: »Die Ev. S. ist Gemeinde Jesu Christi an den Hochschulen. Sie lebt aus der Verkündigung des Evangeliums und dem Gebrauch der Sakramente. Sie wendet sich nicht nur an Glieder einer bestimmten Konfession, sondern ist offen für Glieder aller christlichen Kirchen und für alle, die nach der christlichen Botschaft fragen.« Seit ihrer Entstehung bemüht sich die ev. S. vornehmlich um das richtige Verständnis der biblischen Glaubensaussagen und die Relevanz des christlichen Glaubens in der Lebenswirklichkeit des Studenten. Die zunehmende Zahl der Studierenden und der tätigen Glieder der Gemeinden wie die Differenzierung der Aufgaben und das Bedürfnis nach engerer Gemeinschaft in der Gemeinde führten zu stärkerer Untergliederung und Spezialisierung in den S.n. Der traditionelle »Gemeindeabend« wird vielfach als Versammlung der ganzen Gemeinde durch ihre Versammlung zum Gottesdienst abgelöst. Arbeitsgemeinschaften und »Kleinkreise« beschäftigen sich mit biblischen und theologischen Fragen, gesellschaftlichen, politischen und wissenschaftlichen Spezialproblemen sowie Fragen der persönlichen Lebensgestaltung. Andere Kreise gruppieren sich um ein musisches Interesse, wie die Kurrenden und Laienspielkreise, oder sie dienen dem bloßen Gemeinschaftsbedürfnis wie Wander- und Tanzgruppen. Sozialkreise suchen menschlicher Not am Studienort zu begegnen. Oft widmen sich besondere Gruppen ausländischen Studenten und versuchen, ihnen im Studium zu helfen. An vielen Orten gibt es besondere Kleinkreise für Mission und ökumenische Fragen. Zur christlichen Studentenbewegung in Indonesien besteht im Rahmen des Christlichen Studentenweltbundes eine bes. enge Partnerschaft. Für Stipendien für ausländische Kommilitonen und für andere ökumenische Hilfsprogramme sammeln die S.n erhebliche Geldbeträge. Seit 1960 meldeten mehrere hundert Glieder der S. im »Überseeregister« ihre Bereitschaft zu mehrjähriger beruflicher Tätigkeit in Übersee an. – Die Spannung zwischen der realen Basis der vorhandenen S. und der Aufgabe in der gesamten Studentenschaft und Hoch- oder Fachschule wird stark empfunden. Der Anspruch der ev. S., für die Gesamtheit da zu sein, muß immer neu durchdacht und gerechtfertigt werden. Hochschulforen und -wochen, Tagungen für Fachschaften und Korporationen, Mitwirkung in der studentischen Selbstverwaltung und – an den Fachschulen – Vorträge und Arbeitsgemeinschaften innerhalb des Vorlesungsprogramms sind Wege, auf denen die S. ihrem Auftrag gerecht zu werden sucht. – Von ihrem Ursprung in der DCSV her ist die S. ökumenisch ausgerichtet. In ihr finden sich Glieder aus konfessionell verschieden geprägten Kirchen zu einer Gemeinde zusammen. Dies gilt auch für Glieder außerdeutscher Kirchen, die nicht selten in der Leitung der Gemeinden Verantwortung übernehmen. – Die Zeitschrift der ESGiD, »ansätze«, erscheint seit 1955 zweimal im Semester. Lebhafte Aufmerksamkeit widmen die S.n im gesamtkirchlichen Rahmen der gegenseitigen Verbindung von Ost und West.

4. Der *Christliche Studentenweltbund (World's Student Christian Federation)* wurde 1895 auf Schloß Vadstena in Schweden von den Leitern sechs christlicher Studentenbewegungen in Amerika und Europa gegründet. Sein erster Generalsekretär wurde der Amerikaner John R. → Mott. Heute gehören dem Weltbund 58 christliche Studentenbewegungen in ebensovielen Ländern an. Um den ökumenischen Zusammenschluß zu fördern, nimmt der Weltbund immer nur *eine* Mitgliedsbewegung in einem Lande auf, in der sich alle interessierten Gruppen zusammenfinden sollen. In seiner Wirksamkeit ist er, historisch gesehen, einer der wichtigsten Pioniere und auch heute noch Vorhut und Versuchsfeld der → Ökumenischen Bewegung, die aus seinen Reihen viele leitende Persönlichkeiten erhalten hat. Sitz des Generalsekretariats ist Genf, die Leitung hat das alle drei Jahre tagende Generalkomitee, dem studentische Vertreter aller Mitgliedsbewegungen angehören.

KJ 1945-48 - Mitt.en der ESGiD, Stuttgart - M. Fischer, Entwicklungslinien der christl. Studentenbewegung 1920-50 (in: Adreßbuch der Ev. Akademikerschaft in Deutschland, 1951, 7-28) - Student sein - aber wie?, hg.v. der ESGiD, (1958) 1959². - Zu 4: R. Rouse, The World's Student Christian Federation, London 1948.

H.-C. Rohrbach

II. Katholische

Lange bevor es in Deutschland kath. S.n gab, wurde die Aufgabe der religiösen Betreuung der Studenten erkannt und zuerst durch private Initiative aufgegriffen. So entstanden um 1860, dem Stil der Zeit folgend, kath. Verbindungen und Verbände. Erst in den Jahren vor 1914 setzten die Bischöfe allmählich eigene Seelsorger ein (zuerst in Bonn, Breslau, Freiburg i. Br.). Die Durchführung der Aufgabe hing von der Persönlichkeit des Seelsorgers ab. Er allein war der Repräsentant der Einheit kath. Studenten, als verbindende Klammer bestand höchstens noch eine religiöse Vereinigung (zB Kongregation). Als nach 1933 Korporationen und Vereinigungen aufgelöst wurden, trat die Glaubens- und Gebetsgemeinschaft um den Altar als Grund der Verbundenheit deutlicher ins Bewußtsein. Die Gemeinde wurde »entdeckt«. Nach dem Krieg stellte man bei den ersten Treffen (Hardehausen 1945/46) erfreut die gleichartige Entwicklung an allen Hochschulen fest und bekannte im sog. Hardehausener Grundgesetz: »Wir sind Glieder der S. unserer Hochschule. Die Gemeinschaft am Altar ist der Ausgangspunkt unseres Lebens.« Die Bischöfe ernannten für alle Universitätsstädte Studentenpfarrer. Sind die S.n auch nicht Pfarreien nach strengem kanonischem Recht, so sind sie doch der tatsächliche Ort und die eigenständige Gestalt kirchlichen kath. Lebens an der Hochschule. Kennzeichnend ist die verantwortliche, aktive Mitarbeit der Laien. Die Gemeinde umfaßt grundsätzlich alle kath. Studierenden der Hochschule, will also nicht (wie die österreichischen Hochschulgemeinden der kath. Aktion) nur religiöse Elitegruppe sein. Die wieder erstandenen oder neu gegründeten kath. Korporationen und Gruppen stehen auch korporativ innerhalb der Gemeinde, die daher ein sehr vielschichtiges Gebilde ist. Ihr aktiver Kern, die Studentengemeinschaft (KSG), besitzt einen Führungskreis mit einem Sprecher. Auf dem ersten Kath. Studententag (Limburg 1947) wurde die Kath. Deutsche Studenten-Einigung gegründet. Sie soll die Einigung aller kath. Studierenden fördern, die Arbeit in den Einzelgemeinden anregen und überörtliche Aufgaben erfüllen (Studententage, Werkwochen, Zeitung, Verbindung mit den Gemeinden der DDR). Die S. soll, als die kath. Kirche in diesem Raum, mit ihrem Dienst am Altar anbetend und fürbittend für die ganze Universität stehen. Die örtliche kath. S. hat mannigfaltige Arbeitsformen entwickelt (Glaubensschule, Arbeitskreise, Freizeiten). Sie will auch Ort der brüderlichen Begegnung sein, indem sie den Gruppenegoismus überwindet, Not betreut (karitative Gruppen), Geselligkeit pflegt und sich offen hält für alle, die sich zu ihr finden (ausländische und farbige Studenten). In dieser Arbeit steht sie in freundschaftlicher Verbundenheit mit der ev. S. - Studentenseelsorge und Zusammenschlüsse kath. Studenten gibt es in allen Ländern. Sie sind jedoch weniger »Gemeinde« und haben meist die Gestalt nationaler Verbände, Clubs usw (in Frankreich zB auch durch Seelsorge in den verschiedenen Fakultäten). Es gibt unter ihnen vielfach missionarisch besonders tätige Gruppen. Alle sind mit der Kath. Deutschen Studenten-Einigung in der → Pax Romana verbunden.

Einigung, Sonder-Nr. zum 10. Kath. Studententag (Aug. 1956) - F. Dommann, Studentenseelsorge in Deutschland (Civitas 12, 1957, 279-285) - H. Werners, Vom Wesen der S. (Einigung 7, 1960, Nr. 6, 4 ff). *R. Hauser*

Studentenpfarrer. Bereits in den 20er Jahren gab es in Deutschland an einzelnen Hochschulorten S., die aus persönlicher oder kirchlicher Initiative zu diesem Amt gekommen waren. Die Gruppen der DCSV (→ Studentenverbände, 2) und der anderen sich ev.-christlich verstehenden Verbindungen standen ihnen unabhängig gegenüber. Die S. mußten sich durch offene Abende u.ä. ihren eigenen Wirkungsbereich schaffen. Enger war das Verhältnis zwischen den seit 1935 hervortretenden Studenten der → Bekennenden Kirche und den ihnen zugeordneten S.n aus den Reihen der BK. Nachdem die Kreise der DCSV und der Bekenntnisstudenten seit 1937 zusammengewachsen waren und die DCSV im Juli 1938 verboten worden war, erreichte der ehemalige Generalsekretär der DCSV und nunmehrige S. in Tübingen, Eberhard Müller, daß die Kirchen namentlich zu benennende S. ernennen durften. Diese konnten sich auf die sich bildenden → Studentengemeinden stützen, durften aber nur → Bibelarbeit betreiben. Von Anfang an hielten die S. in regelmäßigen Konferenzen miteinander Fühlung. Den Vorsitz hatte bis 1942 Karl Nold, München, danach Wilhelm Hérancourt, Königsberg.

Nach dem Krieg beriefen die Landeskirchen sehr bald aus eigener Initiative haupt- und nebenamtliche S. für alle wichtigen Hochschulorte. Diese S. waren von vornherein den Studentengemeinden zugeordnet, zugleich jedoch als ev. Seelsorger für den ganzen Bereich der Universität, Hoch- oder Fachschule berufen. Da der S. Pfarrer einer Gemeinde ist, deren Glieder zT weder durch Wohnort noch nach ihrem Bekenntnis Glieder der Kirche sind, in deren Dienst er selbst steht, teilt sein Amt mit den Studentengemeinden selbst eine gewisse kirchenrechtliche und bekenntnismäßige Unbestimmtheit. Es ist das Verdienst der Landeskirchen, durch Freistellung und Berufung von S.n dennoch dies Stück einer »irregulären« Gemeindearbeit zu fördern.

Das Verfahren bei der Berufung neuer S. ist nicht einheitlich geregelt, und die Mitwirkung des seitherigen S.s des Ortes, der anderen S. der Landeskirche und der gewählten Vertreter der betr. Studentengemeinde ist rechtlich ebensowenig festgelegt wie die Mitsprache des Generalsekretariats der Ev. Studentengemeinde in Deutschland. Doch hat sich dieses oder ein ähnliches Verfahren in der Praxis eingespielt und bewährt. - In der Leitung der Gemeinde arbeiten Vertrauensstudenten und ein Arbeitskreis mit dem S. zusammen. Unmittelbare Aufgaben des S.s sind Predigt, Seelsorge, theologische Unterweisung und Beratung von Studenten in persönlichen Anliegen sowie Vertretung der Gemeinde gegenüber dem Rektor, dies freilich nicht als exklusive Obliegenheit. - Die S.-Konferenzen sind die wichtigsten Gelegenheiten zu Erfahrungsaustausch und Meinungsbildung. Die S.-Konferenz kann Wünsche und Empfehlungen an den Vertrauensrat der Ev. Studentengemeinde in Deutschland richten, in dem sie durch 5 Glieder vertreten ist. Den Vorsitz hat seit 1961 M. Schröter, Heidelberg. *H.-C. Rohrbach*

Studentenverbände

1. Allgemeine: a) Bis zum 1. Weltkrieg - b) 1919-45 - c) Seit 1945 - 2. Christliche: a) Allgemeines - b) Geschichte - c) Gegenwärtige Lage. - V. = Verbindung

1. a) Studenten schlossen sich bereits im MA an den → Universitäten zusammen (Nationen, Landsmannschaften). Die im 18. Jh. entstandenen neuen Landsmannschaften und Studentenorden mit ihrem Lebensbundprinzip legten das Fundament für das sich im 19. Jh. entfaltende V.swesen. Die V.en entwickelten einen besonderen studentischen Ehrbegriff (Mensur) und gestalteten ihr Leben unter Berufung auf die akademische Freiheit aus. Als Zeichen der Gemeinschaft werden die Farben der V. getragen. Bis in die Freiheitskriege reichen die Bemühungen um einen allgemeinen studentischen Zusammenschluß zurück. Die Deutsche Burschenschaft wollte alle Studenten umfassen und die Nation mitgestalten. Die → Karlsbader Beschlüsse unterdrückten diese Bestrebungen. Erst beim 2. Wartburgfest konnten die Studenten wieder öffentlich Selbstverwaltung und Mitverantwortung in der Universität fordern. Das erkämpfte Vereinsrecht war Voraussetzung für die nun entstehenden großen Bünde (Kösener Senioren-Conventsverband, Eisenacher Burschenbund, Allgemeiner Landsmannschafterverband und andere Kartelle), deren Nachfolger zT heute noch bestehen. Ferner bildeten sich nichtfarbentragende V.en. Sänger und Turner schlossen sich zu festen Vereinen zusammen. Dennoch wuchs die Zahl der keiner V. angehörenden Studenten. Der Wunsch nach einem allgemeinen studentischen Zusammenschluß ging verloren und wurde auch vom Verein Deutscher Studenten nicht erreicht. Gegen Ende des

19.Jh.s bildeten sich die ersten, oft kurzlebigen Allgemeinen Studentenausschüsse (AStA), die vor allem von der Freistudentenschaft (Bewegung der nichtkorporierten Studenten) unterstützt wurden. Die AStA wollten ständige Vertretung aller Studenten sein.

b) Studententage mit Vorschlägen für rechtliche Regelungen bereiteten die Studentenrechtsverordnungen der 20er Jahre vor. Den Studentenschaften als Zwangszusammenschluß aller Studenten wurde das Recht gegeben, ihre Angelegenheiten selbst zu verwalten - die soziale Selbsthilfe stand im Vordergrund -, hierfür Beiträge zu erheben und die Studenten in der Hochschule zu vertreten. Daneben bildeten sich S. mit parteipolitischen Zielen. Der Nationalsozialistische Deutsche Studentenbund (NSDStB) wuchs schnell und übernahm 1931 bereits die Führung der Deutschen Studentenschaft. - Auch die V.en verzeichneten großen Zulauf. Im Winter 1928/1929 waren fast 60% der männlichen Studenten korporiert. Die Rolle der V.en vor 1933 ist umstritten. Während verschiedene V.en bald der nationalsozialistischen Ideologie erlagen, weil sie - wie weithin die Gesamtstudentenschaft (Abstimmung 1927) - völkische Prinzipien vertraten, mußten andere zwangsweise aufgelöst werden. Das Reichsgesetz über die Bildung von Studentenschaften (22.4.1933) statuierte eine Daseinspflicht für die bis dahin freiwillig bestehende Studentenschaft und schuf die Möglichkeit, die nicht im NSDStB erfaßten Studenten staatlich zu kontrollieren.

c) Nach 1945 erstand das traditionelle Verbandswesen zunächst langsam. Die AStA nahmen ihre Arbeit wieder auf. Sie vertreten überparteilich und überkonfessionell alle immatrikulierten Studenten im Gegensatz zur Einschränkung auf deutsche Studenten vor 1933. Die Studentenschaft ist Teil des akademischen Personenverbandes (nicht Gewerkschaft, wie der französische Studentenverband) und gestaltet durch Beiträge zur Hochschulreform, politische Bildungsarbeit, soziale Hilfe und Betreuung ausländischer Kommilitonen die Universität mit. Die AStA der wissenschaftlichen Hochschulen gründeten 1949 den Verband Deutscher Studentenschaften (VDS), der 1961 rd 230000 Mitglieder zählte. Der VDS vertritt auf Bundesebene und international die Belange der deutschen Studenten. Der VDS bildet mit dem Studentenverband Deutscher Ingenieurschulen (SVI), dem Bundesverband der Studenten an Pädagogischen Hochschulen (BSPH), dem Arbeitskreis der Studenten an Berufspädagogischen Hochschulen (ASBH), dem Deutschen Kunststudentenverband (DKV) und dem Verband der Studenten an Höheren Wirtschaftsfachschulen (VSW) den Deutschen Bundesstudentenring. - Auch die V.en lebten wieder auf, einige bald in Anlehnung an traditionelle Formen (Farbentragen, Mensur), andere im Bemühen um neue Formen studentischen Gemeinschaftslebens. 1961 gehörten rd 42% der männlichen Studenten V.en an, eine recht hohe Zahl angesichts der 12jährigen Unterdrückung. Einige Universitäten wandten sich gegen das V.swesen, da es sich nicht in den Bildungsauftrag der Universität eingliedern lasse (zB Universität Berlin). - In Anlehnung an die verschiedenen Parteien arbeiten zahlenmäßig nicht sehr starke (nicht über 2000 Mitglieder) politische Hochschulgruppen. Der CDU/CSU steht der Ring Christlich-Demokratischer Studenten (RCDS) nahe, der SPD der Sozialdemokratische Hochschulbund (SHB) - nachdem sich die SPD 1960 vom Sozialistischen Deutschen Studentenbund (SDS) distanziert hat -, der FDP der Liberale Studentenbund Deutschlands (LSD).

FRIEDR. SCHULZE-P. SSYMANK, Das dt. Studententum, 1932[4] (Lit.). - Vgl. auch den Dt. Hochschulführer u. Universitätsführer, die jährlich erscheinen. *L. Krappmann*

2. a) Zu *christlichen* (chr.) *S.n* haben sich in Deutschland nur die kath. Studenten in einiger Geschlossenheit gesammelt. Soweit die ev. Studenten nicht jegliche straffere Organisation meiden, gehören sie seit jeher in ihrer Mehrzahl den allgemeinen, in Glaubensfragen unverbindlichen S.n an. Während die kath. Studentengruppen immer sicher waren, was zu tun sei, ist in den ev. Verbänden nie ausdiskutiert worden, wozu das Christentum innerhalb des Gruppenlebens verpflichte. Der Begriff der chr. S. darf nicht dazu führen, diesen Zwiespalt zu verdecken.

b) Die erste studentische Vereinigung, die sich im bewußten Gegensatz zu anderen Studentengruppen christlich nannte, war der *Wingolf*. Er entstand um 1830 in Abkehr vom Geist der herrschenden bier- und duellfreudigen V.en aus einem Erlanger Erbauungskränzchen, zu dem sich zuerst einige Theologen, dann auch Studenten anderer Fakultäten zwanglos trafen. Ähnliche Gruppen bildeten sich bald an vielen Universitäten. Nach der Auseinandersetzung mit einer pietistisch frommen Richtung suchte man das Christentum weniger in Erbauung und Meditation als in einer »durch christliche Grundsätze gegen Verrohung und Politisierung gerichteten Veredelung des Studentenlebens«. Alles Dogmatisch-Bekenntnismäßige wurde dabei vermieden, jeder Missionsgedanke für das V.sleben verworfen. Der Wingolf nannte sich allgemein-christlich, Katholiken fanden aber selten zu ihm. Er übernahm allmählich viele der hergebrachten Formen einer studentischen V., wenn auch oft unter leidenschaftlichen Kämpfen. Man entschloß sich zu Kneipabenden, Farben und sportlichem Fechten. Klarster Unterschied zu den übrigen Korporationen blieb aber die strikte Ablehnung des → Duells und später der Bestimmungsmensur. 1850 schlossen sich die gleichgesinnten V.en in einer Organisation zusammen, die seit 1860 den Namen »Wingolfsbund« trägt. Als christliche V. nahm der Wingolf trotz mancher innerer Kämpfe um das »christliche Prinzip« am Aufschwung des ganzen Korporationswesens teil. - Einige christliche V.en, die aus der gleichen Wurzel wie der Wingolf hervorgegangen waren und wie er den Zweikampf ablehnten, erstrebten eine stärkere Annäherung an burschenschaftliche Ideale. Sie verbanden sich 1887 zum *Schwarzburgbund*. Die Mitglieds-V.en nennen sich meistens »Burschenschaft Germania«. - Seit 1842 entstanden zahlreiche *wissenschaftliche Vereine ev. Theologiestudenten*, die der theologischen Diskussion, daneben auch einer verbindungsähnlichen Geselligkeit gewidmet waren. Sie bildeten verschiedene »Kartelle« (Eisenacher, Leipziger, Schmalkaldener, Wartburg-Kartell). - Ohne größeren Einfluß blieben einige rein ev.-luth. V.en, die seit 1848 meistens unter dem Namen »Philadelphia« auftraten. Sie bildeten 1910 den *Leuchtenburg-Verband*.

Die kath. V.en nahmen nach 1848 einen raschen Aufschwung. Viele von ihnen gingen aus kath. Lesevereinen hervor. Sie betrachteten sich, wie eine V. es formulierte, »als Vorschule kath. Tätigkeit in Wissenschaft und Leben für den künftigen Beruf«. Obwohl sie in den äußeren Formen den anderen V.en glichen, wurde ihre Bedeutung als Stätten konfessioneller Schulung in der übrigen Studentenschaft als fremdartig empfunden. Die kath. V.en wurden sehr bald als unstudentisch und »undeutsch« verschrien, zumal in der Zeit des → Kulturkampfes und während eines eigens um ihre Existenz entbrannten »Hochschulstreites« 1904/05. Aus allem gingen sie nur gefestigt hervor. Ihre Mitgliederzahl wuchs enorm, nicht zuletzt dank der kräftigen Unterstützung durch die kirchlichen Stellen sowie durch die offizielle Gleichstellung der Bestimmungsmensur mit dem Duell (1890). Als große Zusammenschlüsse der kath. V.en entstanden 1856 der farbentragende *CV* (Cartellverband der kath. deutschen Studenten-V.en), 1866 der *KV* (Kartellverband der kath. Studentenvereine Deutschlands) und der stärker theologisch orientierte, zahlenmäßig kleinere *UV* (Verband der wissenschaftlichen kath. Studentenvereine Unitas).

Ermutigt durch die seit 1890 nach amerikanischem Vorbild alljährlich durchgeführten »Allgemeinen deutschen christlichen Studentenkonferenzen« und angesichts der religiösen Gleichgültigkeit der deutschen Studentenschaft trafen sich seit 1890 einige ev. Studenten zu Gebet und Bibelarbeit. Die Kreise nahmen festere Formen an, 1895 schloß man sich in Deutschland zusammen, seit 1897 unter dem Namen *Deutsche Christliche Studenten-Vereinigung* (DCSV). Nach ihrer »Basis« aus dem gleichen Jahr bekannte sie sich »zu Jesus Christus als Herren und Gott und gründet sich auf die Schrift als auf Gottes Wort. Ihr Ziel ist, nicht nur ihre Mitglieder, sondern auch so viele Studenten wie möglich in persönliche Berührung mit dem Heiland zu bringen, sie in seiner Nachfolge zu stärken und zur Mitarbeit für ihn und sein Reich zu bewegen.« Nach und nach wuchs die Mitgliederzahl der DCSV, dazu das Vertrauen, das man ihr von seiten der anfangs sehr skeptischen Kirche und Professorenschaft entgegenbrachte. Durch jährliche Konferenzen, Vortragsveranstaltungen und die Monatsschrift »Die Furche« (seit 1910) entfaltete die DCSV eine reiche publizistische Tätigkeit. Sie begann als erste deutsche studentische Gruppe, sich den Kommilitonen aus dem Ausland zu widmen. Schon seit 1895 gehörte sie dem *Christlichen Studentenweltbund* an. Seit 1904 trat an die Seite der DCSV die *Deutsche Christliche Vereinigung Studierender Frauen* (DCVSF).

Alle bis 1914 geschaffenen chr. S. lebten nach dem 1. Weltkrieg wieder auf. In den verbindungsmäßig organisierten Gruppen, die von vielen Studenten als unzeitgemäß empfunden wurden, änderte sich bei den christlichen V.en so wenig wie auch sonst. Auf kath. Seite wurden mit dem auf dem Boden der kath. → Jugendbewegung (: III) entstandenen *»Hochschulring im Bund Neudeutschland«* neue Wege gesucht. Die DCSV wahrte ihr Gesicht in inneren Kämpfen mit religiösem Idealismus, Mystizismus und mancherlei geistigen Strömungen, die über die Jugendbewegung bei ihr Eingang suchten. - Das sog. »Dritte Reich« begann auch für die chr. S. mit der Diskussion und vielfach mit der Einführung des »Arierparagraphen«. Die Auflösung der chr. S. im Zuge der allgemeinen Entwicklung folgte bald. Am längsten hielten sich DCSV und UV, die es bis zu ihrem ausdrücklichen Verbot 1938 kommen ließen. Den Mitgliedern der DCSV gelang es dabei, sich in den neu gebildeten ev. Studentengemeinden wieder zu sammeln.

c) Nach 1945 glaubte man auf ev. Seite zunächst, daß mit der → Studentengemeinde eine Form gefunden sei, durch die sich eine Wiederbelebung der früheren chr. S. erübrige. So wurde die DCSV bewußt nicht erneuert. Von den verbindungsmäßig organisierten chr. S.n dagegen entstanden in der BRD der Wingolfbund mit etwa 30 und der Schwarzburgbund mit etwa 20 V.en wieder. Sie setzen ihre Tradition unbeirrt und in der Regel nur in personeller Berührung mit der Studentengemeinde fort. Dagegen bestehen Gruppen der CAV (*»Christlich-Akademischen Vereinigung«*), die nach dem Kriege als studentische Organisation des CVJM (→ Jugendvereinigungen: I, 1) gegründet worden war, im Rahmen der Studentengemeinde. Neu ist auch die seit etwa 1949 gebildete *Studentenmission in Deutschland* (SMD), deren Gründer und Geist der → Gemeinschaftsbewegung entstammen. Ausgehend von einem wissenschaftliche Erwägungen ablehnenden, naiven Schriftverständnis treibt sie die Mission unter Studenten derart, daß Erweckung und Bekehrung als Beginn eines neuen Lebens gefordert werden. Ihr Selbstverständnis hat es trotz mehrerer Versuche bisher zu keiner Zusammenarbeit mit der ev. Studentengemeinde kommen lassen.

Auf kath. Seite sind in der BRD an die Seite der überkommenen V.en und Gruppen der *Christophorus-Bund* als kath. Studentengemeinschaft ohne V.scharakter, die *Ackermanngemeinde*, die sich bes. mit Ostproblemen beschäftigt, und der *Studentinnenkreis im Bund Heliand* getreten. Alle kath. Gruppen sind seit 1947 in der *Kath. Deutschen Studenten-Einigung* (KDSE) zusammengeschlossen, die wiederum der kath. internationalen Studentenorganisation, der → *Pax Romana,* angehört.

H. Waitz, Gesch. des Wingolfs, (1896) 1926³ - H. Schuster-F. Landwehr, Der Schwarzburgbund, 1919 - H. Hagen-W. Kosch, Die Studenten-V.en im kath. Deutschland, 1924 - L. Cordier, Ev. Jugendkunde II, 1926 - Hdb. des Schmalkaldener Kartells, hg.v. O. Glombitza, 1930 - Hdb. des Schwarzburgbundes, hg.v. W. Michaelis, 1932 - K. Heim, Der Christl. Student, 1936 - H. Brand, Werdegang, Haltung u. Auflösung der früheren kath. Studentenkorporationen u. Entstehung ihrer Traditionsgruppen, 1949 - M. Fischer (→ Studentengemeinde: I) - H. Rohrbach, Studenten begegnen der Wahrheit, 1959² (SMD). - Vgl. auch die Lit. zu 1.

J.F. Staats

Studiten nennt man die Mönche des wohl berühmtesten Klosters in Konstantinopel, des Johannes dem Täufer gewidmeten *Studion-Klosters*. Von dem ehemaligen (454) Konsul Studios i.J. 463 für → Akoimeten gegründet, erlangte es erst Bedeutung, als es 798 von Mönchen aus dem 781 neu gegründeten Kloster Sakkudion bei Prusa (Brussa) übernommen wurde und unter Leitung des Abtes Platon und seines Neffen → Theodor »Studites« rasch auf über 700 Glieder anwuchs. Diese erhielten eine in allen Einzelheiten geregelte Ordnung des mönchischen Zusammenlebens, die später weithin, auch auf dem → Athos, Bedeutung erlangte. In einer vom Patriarchen Alexios Studites (1025-43) durchgesehenen Fassung wurde sie Grundlage auch des russischen Klosterlebens. Das Kloster erhielt dadurch auch gegenüber den Kaisern eine große Aktionsfähigkeit, die sich trotz vieler staatlicher Anfeindungen im Sinne des Bilderdienstes auswirkte. Überdies sammelten die S. - anders als die meisten sonstigen byzantinischen Klöster - Bücher und vervielfältigten Hss. (Schreibschule noch 1350 belegt). Den von hier ausgehenden Gelehrten verdankte man bes. im 10. und 11. Jh. dogmatische Werke, ferner Epigramme und Hymnen, die noch heute in der griech. Kirche gesungen werden. Das Kloster wurde 1204 von den Kreuzfahrern, endgültig 1555 von den Türken zerstört. - Über eine 1906 unter unierten Ukrainern gegründete S.-Kongregation s. → Unierte Kirchen.

Constitutiones Studitianae (MPG 99, 1825ff) - E. Marin, De Studio coenobio..., Paris 1897 - RE XIII, 225f; XIX, 605ff - Beck, bes. 127. 213. 491ff (S.-Gelehrte: s. Reg. s.v. »Studiu-Kloster«).

B. Spuler

Stufenpsalmen → Stundengebet: I, 2; → Psalmen: II, 1.

Stundenbuch oder *Livre d'heures* ist eine im späten MA beliebte Gattung lateinischer oder landessprachlicher → Gebetbücher für Laien, die vornehmlich in Frankreich beheimatet ist. Der Name *Horae B.V.M.* (Beatae Virginis Mariae) weist auf das Hauptstück, die Stundengebete des Marienoffiziums, hin, dem sich andere Texte aus offiziellen kirchlichen Büchern und Gebete anfügen (→ Erbauungsliteratur, 2). Die im 13. Jh. entstandenen S.er werden in Europa durch ihren reichen *Bildschmuck* für die höfische → Malerei (: III, 4. 5) im 14./15. Jh. bedeutsam, bes. in Frankreich und den Niederlanden (S.er des Herzogs de Berry [s. Taf. 57 Abb.

2]; Maler: Brüder van Eyck u.a.). Die *Bilderfolge* ist bald festgelegt. Nach der Blütezeit ist in der 2. Hälfte des 15.Jh.s das S. nicht mehr nur für Fürsten bestimmt; auch reiche Bürger werden zu Bestellern, bis breitere Kreise durch die ersten *Drucke* in seinen Besitz kommen. Doch können die gedruckten S.er die kostbaren Manuskripte nicht verdrängen. Nur die französischen Drucke sind an Zahl und Qualität bedeutend.

H.BOHATTA, Bibliogr. der Livres d'heures, (1909) 1924² - V.LEROQUAIS, Les livres d'heures manuscrits de la Bibl. Nat. Paris, 1927 - Lexikon f. d. gesamte Buchwesen II, 1936, 357ff (Lit.) - J.PORCHER, Manuscrits à peintures du XIIIe au XVIe siècle en France, 1955 (Lit.).
L.Wiesinger

Stundengebet

I. Liturgisch - II. Musikalisch

I. Liturgisch

1. In der orth. Kirche - 2. In der röm.-kath. Kirche - 3. In den ev. Kirchen

1. In der *orth. Kirche* entspricht das S. (ὥρα, russ. čas) der kleinen Hora der kath. Kirche (s. 2). Es hat folgenden Aufbau: Eingangs-Ps, Dreier-Ps, Hymnen (Troparien, Theotokien, Psalmversikel), Trishagion, Vaterunser, Tages- → Kontakion bzw. Horen- → Troparion, Horengebete, Entlassung. Man zählt: 1. Hora (Ps 5. 90. 101 [LXX: 5. 89. 100]), 3. Hora (Ps 17. 25. 51 [LXX: 16. 24. 50]), 6. Hora (Ps 54. 55. 91 [LXX: 53. 54. 90]), 7. Hora (Ps 84. 85. 86 [LXX: 83. 84. 85]). Während der Weihnachts- und Apostelfasten folgt jeder Hora eine Zwischenhore (μεσώριον, meždučásie). Neben der 1. Hore zum Tagesanfang symbolisiert die Terz die Geistausgießung, die Sext die Kreuzigung Christi, die Non den Kreuzestod. Terz, Sext und Non werden bereits von → Tertullian genannt, ebenso von den → Apostolischen Konstitutionen. - Von dem S. muß man den *Stundengottesdienst,* das Offizium (ἀκολουθία, slúžba) unterscheiden. Er gibt liturgiegeschichtlich einige schwierige, noch nicht völlig gelöste Fragen auf. Seine Wurzel ist das nächtliche Beten der Urgemeinde, das mit der Rüstabendfeier der Synagoge zusammenhängt. Später traten nächtliche Offizien an den Jahrestagen der Märtyrer hinzu. Auch heidnische Nachtfeiern (Aion-Fest und → Epiphanien) haben auf die Gestaltung der christlichen Nachtfeier eingewirkt. So beginnt der liturgische Tag mit der *Vesper* (ἑσπερινόν, véčernja). Ihre wichtigsten Stücke sind: Einzug des Klerus mit der »Lichterdanksagung« an Feiertagen (dem alten Abendlied Φῶς ἱλαρόν), »Lichter-Ps« (Ps 141. 142. 130. 117 [LXX: 140. 141. 129. 116]). Mit diesen geht auch der Eingangs-Ps (προοιμιακὸς ψαλμός) 104 (LXX: 103) auf jerusalemischen Brauch zurück, wie ihn → Ätheria geschildert hat. Um diesen alten Kern gruppieren sich 2 Kollekten (Synapten), Lesungen, mit Psalmversen alternierende Troparien u.a. Bestimmte Stücke sind variabel, so wenn es sich um eine Festvesper oder um die große → Fastenzeit handelt. Die beiden nächsten Offizien können nur sehr bedingt mit den entsprechenden der kath. Kirche verglichen werden. Das *Apodeipnon* (ἀπόδειπνον, povečérie) wird nicht gehalten, wenn bei einem Fest Vesper und Vigil zusammenfallen. Wie der Name sagt, war und ist dieses, zT der röm. Komplet zu vergleichende Offizium ursprünglich eine Hora nach dem Abendessen in den Klöstern (Ps 91). Es war schon → Basilius d. Gr. bekannt. Eine starke Weiterentwicklung wurde später reduziert, wobei das große Apodeipnon mit seinen alten Elementen zugunsten des kleinen zurücktrat. So wird das erstere nur noch in der großen Fastenzeit bis Mittwoch vor Ostern und am Mittwoch und Freitag der Weihnachts- und Apostelfasten gehalten. Es zerfällt in 3 Abschnitte und zeichnet sich durch Psalmodien mit Verbeugungen (Metanien) sowie in der großen Fastenzeit durch den Bußkanon des → Andreas von Kreta aus. Das *Mesonyktikon* (μεσονυκτικόν, polunóščnica) besitzt keine röm. Entsprechung. Es ist ähnlich amorph wie das Apodeipnon, fällt mit diesem bei Vigilien fort und wird am Sonntag mit dem Orthros verbunden. Wahrscheinlich ist dieser Mitternachtsgottesdienst eine griech. Schöpfung bei der Neuordnung der alten Nachtfeier gewesen. Als mindere Hora findet sie im Narthex (→ Kirchenbau: II, 1) statt. Auch ihn charakterisieren die Metanien. Der - den röm. Laudes entsprechende - Frühgottesdienst, der *Orthros* (ὄρθρος, útrenica), war ursprünglich der letzte Abschnitt der Nachtfeier. So enthält er noch heute den uralten nächtlichen Buß-Ps 51 aus Apodeipnon und Mesonyktikon. Konstitutiv und wieder auf jerusalemischen Brauch zurückgehend sind: Der Sechser-Ps (3. 38. 63. 88. 103. 143), eine in 3 Stichologien eingeteilte Psalterlesung, der → Kanon (: I, 6) sowie an Sonn- und Feiertagen eines der 11 Auferstehungsevangelien, die dem »Lichter-Ps« der Vesper entsprechenden Laudes (αἶνοι, chvalý; Pss 148-150) und die große Doxologie. Über diesen zT sehr alten Kern hat die byzantinische Kirche das prunkvolle und strukturell komplizierte Gewebe ihrer Hymnologie geworfen, das die ursprünglichen Tag- und Nachtzeitengebete des Mönchtums der Mystagogie der Liturgie (→ Gottesdienst: V A, 2) integrierte.

A.BAUMSTARK, Liturgie comparée, (1933) ed. B.BOTTE, 1953³ (engl. 1958) - DERS., Nocturna Laus, 1957 - G.DIX, The Shape of the Liturgy, (1945) 1960⁸, 328ff - RIETSCHEL-GRAFF I, 140 - A.RAES, Les complies dans les rites orientaux (OrChrP 17, 1951, 133-145) - L.FENDT, Einführung in die Liturgiewiss., 1958.
K.Onasch

2. Nach *röm.-kath.* Verständnis ist das S. (Brevier- oder Tagzeitengebet, Officium divinum, Horae canonicae) ein »öffentliches, im Namen der Kirche von bes. dazu verpflichteten Mitgliedern verrichtetes Gebet« (Eisenhofer). Seine zunächst auf verschiedene Bücher (zB Psalterium, → Lektionar) verteilten Bestandteile wurden vom 11.Jh. an im sog. *»Brevier«* gesammelt. - Die *Entstehung* des S.es ist umstritten. Nach Jungmann ist es (bes. die Vigil bzw. Matutin) ursprünglich kein liturgisches, sondern ein von den Gläubigen zu Hause *privat* verrichtetes Gebet (mögliche Zusammenhänge mit Qumran: Jungmann, Daniélou). Nur eine Morgenhore und eine Vesper, die mit der Gemeinde gehalten wurden (vgl. Plinius d.J.), erkennt Jungmann für Rom und den Osten an. Dagegen führe von der altchristlichen Ostervigil und den Märtyrervigilien kein Weg zur Matutin. Die privaten Gebetsstunden seien dann im 4./5.Jh. in den gemeinschaftlichen Gottesdienst überführt und vom Mönchtum (vgl. Regel des → Benedikt, des → Cäsarius von Arles) übernommen und weitergebildet worden, bis der ganze Cursus schließlich auch für die Weltkleriker (vgl. Regel des → Chrodegang von Metz für Dom- und Kollegiatstifte) zum kirchlich geregelten Pflichtgebet (Officium) wurde. Demgegenüber verneint Baumstark einen ausschließenden Gegensatz von persönlicher Frömmigkeit und Gemeindegottesdienst im Blick auf die Entstehung des S.es. Die röm. und monastische Matutin entstamme der Gemeindevigil der Osternacht (kritisch: Kretschmar), der Vigil des pachomianischen und Bräuchen byzantinischen Mönchtums. Das S. als ursprüngliche Gemeindeangelegenheit wird von Goltzen aus der liturgischen Erbfolge der Synagoge hergeleitet. - Joh. → Cassian (4./5.Jh.) hat die orientalische monastische Praxis ins Abendland übertragen. In Mailand kamen die Hymnen hinzu. Nach herrschender Auffassung ist das röm. S. bereits vor Ende des 5.Jh.s im wesentlichen ausgebildet. Benedikt knüpft an das bereits

bestehende stadtröm. S. (Callewaert: Ordnung eines röm. Basilikalklosters) an, ebenso an Cassian und Mailand (anders C.Gindele). Prim und Komplet erhalten ihren festen Platz im S., das Benedikt in das Nachtofficium (Nokturnen; vgl. Ps 119, 62) und das Tagesofficium (Matutin = Laudes, Prim, Terz, Sext, Non, Vesper, Komplet; vgl. Ps 119, 164) einteilt. Der ganze Psalter soll in einer Woche, die hl. Schrift in einem Jahr gelesen werden. – Beim S. ist zwischen der kathedral-pfarrlichen und monastischen Liturgie zu unterscheiden. Bildet die → Benediktinerregel bis heute die Grundlage des monastischen S.es (»Breviarium Monasticum« der älteren Orden), so hat sich der Cursus der Säkularkirchen (später: »Breviarium Romanum« für den Weltklerus) selbständig entwickelt (Unterschiede in der Pss-Verteilung und im Festkalender). – Lehnte sich der benediktinische Ritus des S.es ursprünglich an die stadtröm. Übung an, so fand nun umgekehrt die benediktinische Gebetsordnung in den röm. Stadtklöstern Eingang. Der aus der Verbindung röm. und benediktinischer Elemente entstandene, vor allem in St. Peter gebetete Cursus wurde im Frankenreich dann mit gallikanischem Brauchtum verbunden und kehrte als fränkisch-röm. Mischofficium im 10.Jh. nach Rom zurück (→ Messe: II, 2). Hier schuf → Innozenz III. für die röm. Kurie ein gegenüber den röm. Basiliken wesentlich verkürztes Kurialbrevier, das 1260 vom Franziskanerorden übernommen und verbreitet wurde (Ende des 13.Jh.s auch in den röm. Stadtkirchen eingeführt). Den Wucherungstendenzen des S.es gegenüber ist das Kreuzbrevier des Franziskaners Quiñones (1535) der bedeutendste, freilich nicht durchgedrungene Reformversuch. → Pius V. gab am 9.7.1568 das für die röm. Kirche verbindliche Breviarium Romanum heraus (Ausnahmen: Kirchen und Orden, die seit 200 Jahren ein eigenes Brevier hatten). Betonung des öffentlichen Gebetscharakters des S.es, Beseitigung des Unterschiedes zwischen öffentlicher und privater Rezitation, Gebrauch des Psalterium Gallicanum und Hervortreten des Kirchenjahres sind die wichtigsten Merkmale des Breviarium Romanum, in das → Clemens VIII. (1602) und → Urban VIII. eingriffen, bevor → Pius X. (1911) die Reform wieder aufnahm (Psalter in einer Woche, Abschaffung der Nebenoffizien). Eine neue Pss-Übersetzung (fakultativ) geht auf → Pius XII. zurück (1945; → Psalterien). – Seit dem MA, in dem sich das Officium parvum beatae Mariae virginis immer mehr eingebürgert hatte (Bau eigener Kapellen), das aber seit 1568 nicht mehr Pflichtgebet ist, hat sich auch der *Gebrauch* des S.es in der röm. Kirche gewandelt: Es wurde zum geordneten Pflichtgebet des *Klerus*. Die Gemeinde dagegen nahm nur noch an einzelnen Horen teil: An Sonntagen gehörten Matutin, Laudes und Vesper vielfach noch im 18.Jh. zum Pfarrgottesdienst, bis nur noch die Metten der Weihnacht und Karwoche und die Vespern der Sonn- und Festtage übrigblieben. Die »volksliturgische« Arbeit der röm. Kirche (zB Pius Parsch) unternimmt hier Repristinationsversuche. Kirchenamtlich anerkannt ist das sog. Officium divinum parvum (hg.v. H.Fleischmann), ein gekürztes lat.-deutsches Brevier. Reformvorschläge machten zB Th.Klauser und B.Fischer. Bes. wird die Originalfassung der Hymnen, Beschränkung der at. Lektionen, Reinigung der Heiligen-Viten, Neuauswahl der Väterlesungen und Beschränkung der Brevierpflicht auf drei Horen vorgeschlagen. Erste offizielle Reformmaßnahmen ergingen 1955 (AAS 47, 218), vor allem durch Vereinfachung der Rubriken und des Kalendariums und Einschränkung der Vigilien und Oktaven.

Lesungen und responsoriale → Psalmodie sind der älteste Grundstock der Horen. Durch die später vorgebaute antiphonische Psalmodie wurde der Umfang der Lesungen jedoch eingeschränkt, so daß Kurzlesungen als Normalform übrigblieben. Elemente des S.es sind → *Psalmen* (: II, 1; die sog. Stufen-Pss [Ps 120-134] sind im Breviarium Romanum nicht mehr pflichtgemäß zu beten), → *Cantica* (biblische Pss außerhalb des Psalters), *Lesungen* (Bibel, Legenden, Martyrologien, Väterlesung), *Hymnen* und *Gebete* (Kyrie als Rest einer ursprünglichen Fürbittenlitanei, Vaterunser, Tagesoration und [in bestimmten Horen] die Preces feriales). *Einrahmende Stücke* sind: Ingressus, → Responsorien, → Antiphonen, Versikel und → Confiteor (Komplet).

Die einzelnen Horen: 1. Die *Matutin* hieß ursprünglich → Vigil. Als diese später am frühen Morgen begangen wurde, nannte man sie Matutin (Mette), worunter anfänglich nur die Laudes verstanden wurden. Die in drei Nokturnen gegliederte Matutin (Jungmann: nachträgliche Aufgliederung der einen Nachthore; Baumstark: drei ursprünglich selbständige Gebetsstunden) hat folgenden Aufbau: Ingressus, Invitatorium (Ps 95), Hymnus, Psalmodie (9 Pss) mit Lesungen, Canticum (Te Deum), Tagesgebet, Benedicamus, Segensvotum. – 2. Die *Laudes* (Froger: Loslösung von den Nokturnen; Hanssens: ursprünglich Einheit von Matutin und Laudes; Jungmann: Herleitung von der Gemeindehore am Morgen) bestehen aus Ingressus, 3 Pss mit Antiphonen, at. Canticum mit Antiphon, 1 Ps mit Antiphon, Kapitel, Responsorium breve, Hymnus, Versikel, Canticum (Benedictus: Lk 1, 68-79), Kyrie, Vaterunser, Kollekte (Preces), Schlußsegen. – 3. Die *Vesper* (nach Goltzen aus dem auf jüdisches Erbe zurückgehenden Lucenarium, nach Jungmann aus der gemeindlichen Vesper herzuleiten), ursprünglich Abendgebet und durch Benedikt dem Tagesofficium zugerechnet, umfaßt 5 Pss mit Antiphonen (monastisches Brevier: 4) und verläuft wie die Laudes. Ihr Canticum ist das → Magnificat (Lk 1, 46-55). – 4. Die *kleinen Horen:* a) *Terz* (Gedächtnis der Geistausgießung; confirmatio), *Sext* (Mittagsgebet) und *Non* (Gedächtnis des Todes Jesu und des eigenen Todes) wurden aus privater Frömmigkeit unter monastischem Einfluß ins S. übernommen. Der Aufbau ist einfach: Ingressus, Hymnus, 3 Pss mit Antiphonen, Kapitel, Responsorium breve, Versikel, Kyrie, Vaterunser, Kollekte, Schlußsegen. – b) Die *Prim* (Frühgestalt: die novella solemnitas Cassians; klösterlicher Ursprung; Name zuerst bei Benedikt) ist eine Loslösung von den Laudes (dagegen Froger: später, abendländischer Ursprung). Sie gliedert sich in das Officium Chori (Aufbau wie 4 a, bisweilen mit Änderungen) und in das Officium Capituli, das erst später mit der Prim verbunden wurde. – c) Die *Komplet* ist klösterlichen Ursprungs. Zuerst bei Basilius bezeugt, wurde sie zuletzt von Benedikt als Nachtgebet ausgebildet. Sie beginnt mit einer Kurzlesung (1Petr 5, 8f); es folgen Confiteor, Ingressus, Psalmodie (Ps 4; 91; 134), Hymnus, Kapitel (Jer 14, 9), Responsorium breve, Versikel, Canticum Simeonis (Lk 2, 29-32), Kyrie, Vaterunser, kurze Preces, Oration, Benedicamus, trinitarischer Segen (keine wechselnden Stücke). – Beim S. sind also zwei Motivkreise miteinander verbunden: Tagesstunde und Heilsgeschichte. Auch die Motive der Wochentage und des Kirchenjahres finden ihren Niederschlag. Nur Prim und Komplet sind lediglich von der Tageszeit geprägt.

Textausg.n: Breviarium monasticum pro omnibus sub regula S. Patris Benedicti militantibus, Brügge 1925 - Antiphonale monasticum pro diurnis horibus, 1934 - Breviarium Romanum (Pius V., Clemens VIII., Urban VIII.), 1855; desgl. Pius X., 1946[21]; desgl. Pius XII., 1950[22] - Liber usualis missae et officii, 1947 - Liber Psalmorum cum Canticis Breviarii Romani, Rom 1945 - Psalmi et Cantica Breviarii Romani, hg.v. H.Gleumes, 1946 - R.Guardini, Dt.

Psalter, 1950 - Officium divinum parvum, hg.v. H.FLEISCHMANN, 1951 - Gesänge zum Officium divinum, bearb. v. W.LIPPHARDT u. H.ROHR, 1951f. - Volkstüml. Auszüge aus dem S. s. Leiturgia III, 104. - Benediktinerregel hg.v. R.HANSLIK, CSEL 75, 1957.

Lit.: CL.BLUME-G.DREVES, Analecta hymnica medii aevi, 55 Bde, 1886-1922 - S.BÄUMER, Gesch. d. Breviers, 1895 (Lit.) - DACL II, 1262ff - C.CALLEWAERT, La réforme du bréviaire, 1912 - DERS., Laudes matutinae, 1928 - DERS., De Breviarii Romani liturgia (Liturgicae Institutiones II), (1931) 1939² - DERS., Sacris erudiri, Steenbrugge 1940 - F.CABROL, Liturgical Prayer, London 1922 - L.EISENHOFER, Grundr. d. Liturgik d. röm. Ritus, (1924) NB v. J.LECHNER, 1953⁶ - DERS., Hdb. d. kath. Liturgik I. II, (1932/33) 1941² - J.A.JUNGMANN, Die Stellung Christi im liturg. Gebet (Liturgiegesch. Forsch. 7/8), 1925 - DERS., Beitr. zur Gesch. d. Gebetsliturgie I-VI (ZKTh 72, 1950, 66-79. 223-226. 226-234. 360-366. 481-486; 73, 1951, 85-92) - DERS., Die Vorverlegung der Ostervigil seit d. christl. Altertum (LJ 1, 1951, 48-54) - DERS., Altchristl. Gebetsordnung im Lichte d. Regelbuches von 'En Fešcha (ZKTh 75, 1953, 215-219) - DERS., Der Gottesdienst d. Kirche, 1955 - DERS., Der liturg. Wochenzyklus (ZKTh 79, 1957, 45-68) - DERS. (Hg.), Brevierstudien, 1958 - ST.STEPHAN, Das kirchl. S., 1926/28 - I.SCHUSTER, Liber sacramentorum I/3: Das gemeinsame Gebet d. Urkirche, 1929 - J.BRINKTRINE, Das röm. Brevier, 1932 - J.M.NIELEN, Gebet u. Gottesdienst im NT, 1937 - G. DIX, The Shape of the Liturgy, Westminster (1945) 1960⁸ - J.FROGER, Les origines de Prime, Rom 1946 - DERS., Note pour rectifier l'interprétation de Cassien... (ALW 2, 1951, 96-102) - TH.KLAUSER, De ratione reformandi Breviarium Romanum (EphLiturg 63, 1949, 406-411) - J.STADLHUBER, Das S. der Laien im christl. Altertum (ZKTh 71, 1949, 129-183) - DERS., Das Laien-S. vom Leiden Christi in seinem mittelalterl. Fortleben (ebd 72, 1950, 282-322) - B.FISCHER, Brevierreform, 1950 - RIETSCHEL-GRAFF (s. Reg.) - B.OPFERMANN, Zur Reform d. Liturgie (ThGl 41, 1951, 369-387) - J.PASCHER, Gestalt u. Vollzug d. kirchl. S.es (LJ 1, 1951, 138-151) - DERS., Das S. d. röm. Kirche, 1954 - J.M.HANSSENS, Aux origines de la Prière liturgique (AnGreg 57), Rom 1952 - A.VAN DER MENSBRUGGHE, Die Entfaltung d. kirchl. S.es (Orthodoxie u. Christenheit, 1-7), 1953 - RAC I, 10ff - Leiturgia I, 487-497 (G.KUNZE); III, 99-296 (H.GOLTZEN) (Lit.) - O.HEIMIG, Hl. Regel u. benedikt. Liturgiereform (LuM 14, 1954, 79-102) - C.GINDELE, Die Strukturen der Nokturnen in d. lat. Mönchsregeln vor u. um St. Benedikt (RBén 64, 1954, 9-27) - DERS., Zur Gesch. von Form u. Abhängigkeit beim röm. u. monast. Brevier (ebd 65, 1955, 192-207) - DERS., Gestalt u. Dauer des vorbenedikt. Ordo officii (ebd 66, 1956, 3-13) - A.BAUMSTARK, Nocturna Laus (LQF 32), 1957 - L.FENDT, Einführung in d. Liturgiewiss., 1958 - J.DANIÉLOU, Qumran u. d. Ursprung d. Christentums, 1958 - LThK² II, 679ff - G.KRETSCHMAR, Neue Arbeiten zur Gesch. d. Ostergottesdienstes (JLH 5, 1960, 75-79) - H.GOLTZEN, Nocturna Laus (ebd 79-88). - Weitere Lit. in JLH 1, 1955, 168-177; 2, 1956, 192-195; 3, 1957, 190ff; 4, 1958f, 198f. *K.Dienst*

3. Das pflichtmäßige, verdienstliche S., das zu »unnützem Geschwätz« und zur »Eselsarbeit« geworden war, wurde von *Luther* beseitigt. Statt dessen sollten die Pfarrer »morgens, mittags und abends ein Blatt oder zwei aus dem Katechismus, Betbüchlein, Neu Testament oder sonst aus der Biblia lesen und ein Vater-Unser für sich und ihre Pfarrkinder beten« (WA 12, 37; 30/I, 125). Nur Mette und Vesper sollten am Sonntag als Gemeindegottesdienste und in der Woche an Orten mit Lateinschulen erhalten bleiben, um »die Knaben und Schüler in der Biblia zu üben« (WA 12, 219; 19, 78ff; 26, 23f). Da die Auswahl der Lesungen und Gesänge den Pfarrern überlassen wurde, bildete sich eine *feste* Ordnung hauptsächlich nur im Einflußbereich → Bugenhagens, wo nicht nur die lat. Sprache, sondern auch das - freilich gekürzte - Schema der röm. Horen in Geltung blieb (norddeutsche Hansestädte). Eine besondere Stellung nimmt Nürnberg ein, wo es noch im 17.Jh. lat. Sonntagsvespern nach altem Vorbild gab, wo aber auch an Werktagen bis ins 18.Jh. lat. Metten gehalten wurden. Im ganzen geht der Zug dahin, die werktäglichen S.e durch »Christenlehre«, »Andachten« oder »Betstunden« zu ersetzen, während sich die Sonnabend- und Sonntagsvespern und die Sonntagsmetten unter Beibehaltung alter liturgischer, zT lat. Bestandteile (Magnificat, Benedictus, Tedeum) in Gemeindegottesdienste verwandeln. In der → Anglikanischen Kirche (: I, 6) mit ihrem Book of → Common Prayer erhielt sich das S.: In allen Gemeinden wird täglich zweimal öffentlicher Gottesdienst gehalten. Im Morning-Prayer mit Invitatorium, Tedeum und Benedictus sind Mette und Laudes, im Evening-Prayer mit Confiteor, Magnificat und Nunc dimittis sind Vesper und Komplet verbunden; das Gebet des Psalters ist auf 30 Tage verteilt; das NT wird dreimal, das AT einmal jährlich fortlaufend gelesen. Ähnlich versuchte W. → Löhe durch seine »Agende« (1844) und sein »Haus-, Schul- und Kirchenbuch« (1859) den »Gottesdienst unter der Woche« neu zu ordnen. Auch G.Chr. → Dieffenbach mit seinem »Ev. Brevier« (1857) sei genannt. Größere Bedeutung hatten jedoch erst die Vorschläge, die, im Zusammenhang mit der Reform des → Gottesdienstes (: VI), im 20.Jh. gemacht wurden. Fr. → Heilers »Ev.-kath. Brevier« (1932) und A.Volkmanns »Kirchliche Gebetsordnungen« (1950) schließen sich, ebenso wie »Den svenska tidegärden« von A.Adell und K.Peters (Lund 1952), eng an die röm. Tradition (s. 2) an: sie enthalten Ordnungen für alle 8 Horen. Fr.Buchholz geht in seinem »Alpirsbacher Antiphonale« (1937ff) auf die mittelalterliche Gregorianik mit ihrer »unverfälschten« Psalmodie und ihren »klassischen« Hymnen zurück (→ Kirchliche Arbeit von Alpirsbach). Auch die Berneuchener (→ Berneuchen), deren von K.Ameln, K.B.Ritter und W.Thomas 1929 verfaßtes »Gebet der Tageszeiten« unter dem Einfluß der → Jugendbewegung stand, näherten sich mit ihrem »S.« (für die Ev. Michaelsbruderschaft hg.v. H.Schumann, 1948) der röm. Ordnung, beschränkten sich aber auf »Morgenlob«, »Mittagsgebet«, »Abendsegen« und »Nachtgebet« und verzichteten auf Psalmantiphonen, Responsorien und die herkömmlichen Gebete (preces, collectae). Nur vier Horen sieht auch (der Heiler nahestehende) O.J. → Mehl vor, der in seinem zweibändigen Brevier »Haltet an am Gebet« (1930/31) eine Fülle sorgfältig ausgewählter Texte, vor allem »Väterstimmen«, bietet. Das »Ev. Brevier« von E.Hertzsch (1959) will, unter Berücksichtigung von Erkenntnissen der → Tiefenpsychologie, eine Anleitung zur Meditation sein; es versucht den überforderten Menschen, der wenig Zeit und keine Gebetserfahrung hat, für das S. zu gewinnen und verkürzt und vereinfacht deshalb die Horen-Ordnung, ohne sie preiszugeben. Die Ordnungen für die täglichen Gemeindegottesdienste (Mette, Vesper, Komplet), die auf Grund der Vorschläge aus der Reformationszeit der »Liturgische Ausschuß der VELKD« erarbeitet hat, werden den Gemeinden in Bd II der »Luth. Agende« angeboten. Ob es gelingen wird, das S. als Gemeindegottesdienst zu erneuern, muß die Zukunft lehren.

W.JANNASCH, Gesch. d. luth. Gottesdienstes in Lübeck, 1928, 23ff. 87ff - RIETSCHEL-GRAFF 381ff - O.J.MEHL, Das »Vesperale et Matutinale« des Matthaeus Ludecus (1589) (ThLZ 80, 1955, 265-270) - H.GOLTZEN, Der tägl. Gottesdienst (Leiturgia III, 99-296; Lit.) - E.HERTZSCH, Exercitia spiritualia in d. ev. Kirche (ThLZ 86, 1961, 81-94). *E.Hertzsch*

II. Musikalisch

Das S. vollzieht sich, soweit es gemeinsam verrichtet wird, von jeher mit Gesang; seine musikalischen Formen - die → Psalmodie, die diese einrahmenden und gliedernden → Antiphonen, die → Responsorien als Antwort auf die Lektionen - entsprechen den gleichen Formen der → Messe; sie sind jedoch einfacher, dh ursprünglicher geblieben und sind leichter verständlich. Doch war noch im MA ein Austausch möglich; so ist das → Gloria, das im → Ambrosianischen Gesang dem S. angehörte, ein Gesang der → Gregorianischen Messe geworden. Den alten gemeinsamen Formen hat sich im S.

schon früh der → Hymnus hinzugesellt, den die Regel des hl. Benedikt vorschreibt. Bei neuen Festen haben die Gesänge des S.s den ästhetischen Wünschen des MA gegenüber ihre alte Form nicht unverändert bewahren können. Es entstanden die → Reimoffizien oder Historien, in denen die Texte und Melodien des S.s eine einheitliche Folge bilden. Doch befinden sich unter ihnen, was die dichterisch-musikalische Gestaltung betrifft, Perlen wie die Offizien des → Julian von Speyer. - Innerhalb des S.s sind die Nocturnen und Laudes (»Metten«), aber auch die Vesper reicher ausgestaltet als die kleinen Tageshoren.

E.JAMMERS, Das Karlsoffizium »Regali natus«, 1934.

E.Jammers

Stundismus. Die Stundisten und ihre Nachfolger (Stundobaptisten, Evangeliumschristen und Baptisten) gehören zu den freikirchlichen Gemeinschaften des Protestantismus in → Rußland (: III, 5). Der S. hat seinen Ursprung in der deutschref. Gemeinde Rohrbach (Gouv. Cherson), wo Pfarrer Johann Bonekämper und seit 1865 sein Sohn Karl die Bibelstunde hielten. Daraus entstand die von Laien geleitete, der Erweckung dienende »Stunde« (schtunda). 1862 ist die Bewegung in der Umgebung (Osnova) unter den russ. Bauern erstmals feststellbar. Begünstigt durch den Tiefstand der Geistlichkeit, dehnte sie sich auf die Ukraine bis Wolhynien aus, anfangs noch im Rahmen der Orth. Kirche. Unter dem Einfluß der erweckten Mennonitischen Brüdergemeinde des Molotschnagebietes verbreitet sich seit 1869 die Glaubenstaufe (im Fluß), zuerst vom Bauern E.Cymbal vollzogen, der durch A.Unger getauft war. Es folgen die eigentlichen Führer Ivan Rjaboschapka und Michail Ratuschnyj. Bei den Molokanen (→ Russische Sekten) tauft 1867 M.Kalweit, ein Missionar J.G. → Onckens, N.Voronin, dieser V.Pavlov (Tiflis). Durch all dies kam es zum endgültigen Bruch mit der Orth. Kirche; doch bildeten sich trotz Verfolgung autonome Gemeinden mit Presbytern und Diakonen. Kennzeichnend sind ein biblizistischer Pietismus, Nachdruck auf persönlicher Bekehrung und Sittenstrenge, Ablehnung kirchlicher Ämter und des orth. Kultus; das Wort Gottes wird dem Geistbesitz übergeordnet. - Starken Zuwachs erhielt der S. in den 70er Jahren durch Erweckungspredigten von Lord Radstock unter den Adligen in Petersburg (V.Paschkov und Graf M.Korff). Verschärfte allgemeine Verfolgungen seit 1884 unter Alexander III. (→ Pobedonoscev) blieben erfolglos. Erst seit der Revolution von 1905 erhielten auch die Stundobaptisten formelles Recht auf freie Ausübung des Bekenntnisses (Verfassung, Bethäuser, Unterricht). Nun wurde der schon 1884 in der Ukraine gegründete »Bund Russischer Baptisten« wiederhergestellt (Organ: »Der Baptist«) und 1909 unter Leitung von Ivan St. Prochanov in Petersburg der »Allrussische Bund der Evangeliumschristen gegründet (Organ: »Der Christ«). Prochanov (17.3.1869 bis 6.10.1935), Ingenieur in Petersburg, hatte sich Paschkov angeschlossen, studierte 1895-98 im Ausland Theologie, führte ein Wanderleben als Evangeliumsprediger und schuf unter den Evangeliumschristen eine feste Gemeindeordnung (Presbyter) unter Annäherung an die Baptisten. Sein Versuch, nach der Oktoberrevolution mit Kreisen der »Lebenden Kirche« die Orthodoxie zu reformieren (1922/23), mußte scheitern. 1923 wurde er in der Frage des Waffendienstes von der Regierung zum Nachgeben gezwungen und verließ 1928 Rußland. Die Aktivierung eines »Weltbundes der Ev. Christen« wurde durch seinen Tod verhindert. Seit 1929 erneut polizeilich verfolgt, wurden die Gemeinden 1936 vom Verbot der religiösen Propaganda betroffen und die Seminare aufgelöst. Ab 1942 lockerte sich der behördliche Druck. Seitdem nimmt die ganze Bewegung - in einem besseren Verhältnis zur Orthodoxie - wieder merklich zu. Unter Hinzuziehung der Pfingstbewegung schlossen sich die Evangeliumschristen und Baptisten 1945 im »Bund der Evangeliumschristen-Baptisten« zusammen (presbyterianische Verfassung mit einer der Regierung genehmen zentralen Leitung). Zur Statistik s. → Rußland: III, 5.

Dt. Lit.: W.GUTSCHE, Westl. Quellen des russ. S., 1956 (Lit.) - DERS., Religion u. Evangelium in Sowjetrußland (1917-44), 1959 (Lit.) - M.KLIMENKO, Anfänge des Baptismus in Südrußland (Diss. Erlangen), 1957 (Lit.). - Russ. Lit.: I.PROCHANOV, Über die rechtl. Lage der Evangeliumschristen, 1913 - DERS., Gesetz u. Glaube (Zur Errichtung relig. Versammlungen ... u. Gemeinden), 1913 - DERS., Predigtlehre, 1913. - Russ. antichristl. Lit.: A.JARČEV, Die Sekte der Evangeliumschristen, 1929 - B.TICHOMIROV, Der Baptismus u. seine polit. Rolle, 1929 - V.I.GOLUBOVITSCH, »Wir waren Baptisten«, 1960.

F.Lieb

Stunica, *Diego Lopez de* († 1530), kath. Theologe, Mitarbeiter an der Complutensischen → Polyglotte, bekannt durch seine Fehden mit → Erasmus (wegen dessen Ausgabe des NT) und → Faber Stapulensis. Für Clemens VII. verfaßte S. eine Denkschrift über die Zwecklosigkeit eines allgemeinen Konzils gegen Luther (hg. in Concilium Tridentinum XII, 1930, 52ff).

RGG² V, 864 - LThK IX, 869f (Lit.). *R.Ackermann*

Sturm, 1. *Jakob* (10.8.1489 bis 30.10.1553), aus angesehener altstraßburger Familie; humanistisch von → Wimpfeling gebildet, studierte er in Heidelberg und Freiburg, wo er auch eine Zeitlang lehrte. 1524 wurde S. in den Rat seiner Vaterstadt gewählt und vertrat sie bereits 1525 beim Reichsregiment. Seit 1526 gehörte er den Dreizehn an und wurde Stettmeister. Politische Klugheit und emsige Arbeit ließen ihn in die vorderste Reihe der ev. Staatsmänner treten. Auf dem Speyerer Reichstag 1526 war er Sprecher der ev. Städte. Auch auf den folgenden Reichstagen entwickelte er einen bedeutenden Einfluß. An der → Confessio Tetrapolitana und der → Wittenberger Konkordie war er selbst beteiligt, bei der Straßburger Synode 1533 einer der 4 Präsidenten. Jahrzehntelang war S. der entscheidende Mann nicht nur in → Straßburg (: I), sondern auch im Städtebund. Nach der Niederlage im Schmalkaldischen Kriege bewies er sich wieder als tatkräftiger ev. Staatsmann gegenüber → Interim und → Tridentinum. An seiner ev. Überzeugung hat er bis zuletzt festgehalten. Die Gründung des Gymnasiums in Straßburg (1538) ist mit sein Werk. Auch Unternehmungen wie → Sleidans Geschichtswerk gehen auf ihn zurück. Wie S. die Reformation in Straßburg durchsetzt, so verschafft er der Straßburger Theologie Geltung im politischen Raum.

Hsl. Nachlaß verloren, Briefe verstreut; Berichte in der Polit. Correspondenz d. Stadt Straßburg, hg.v. H.VIRCK, O.WINCKELMANN u.a., I-V, 1882ff. - Über S.: W.BAUM, J.S., 1872 - H.BAUMGARTEN, J.S., 1876 (Rektoratsrede) - A.BAUM, Magistrat u. Reformation in Straßburg, 1887 - O.WINCKELMANN, Der Schmalkaldische Bund, 1892 - J.FICKER-O.WINCKELMANN, Hss.proben d. 16.Jh.s I, 1902, Taf. 6f - K.G.W.v.LANGSDORFF, Die dt.-prot. Politik J.S.s von Straßburg (Diss. Heidelberg), 1904 - A.HAEBERLE, Der Straßburger Stettmeister J.S. (GPr Straßburg), 1906 - RE XIX, 105ff; XXIV, 536 - J.ADAM, Ev. KG Straßburgs, 1922 - J.FICKER, J.S. Entwurf zu Straßburgs reformat. Verantwortung für den Augsburger Reichstag 1530 (Elsaß-lothr. Jb. 19, 1941, 149-158) - Martin Bucers Dt. Schriften I, hg.v. R.STUPPERICH, 1960 (s. Reg.).

2. *Johannes* (1.10.1507 bis 3.3.1589), * in Schleiden (Eifel), besuchte die Schulen in Lüttich, studierte am Collegium trilingue in Löwen und lehrte seit 1529 am Collège de France in Paris; dank seiner guten Beziehun-

gen zum Hof wurde er als Vermittler in den Verhandlungen mit den Protestanten herangezogen. 1537 nahm S. den Ruf nach → Straßburg (: II) an. Als ständiger Rektor der Schule und Akademie konnte er ausgestalten, was → Bucer u.a. begonnen hatten. Seine humanistische Haltung führte S. dazu, den Weg zwischen den Konfessionen zu suchen. Er nahm an den Religionsgesprächen 1540/41 teil. Vorher schon vermittelte er die Verhandlungen Wittenbergs mit Frankreich und England. Durch seine Freundschaft mit Calvin erschien er später vielen als Reformierter. Die Akademie beschwerte sich über seine ref. Tendenzen. Die dadurch bedingten Zerwürfnisse mit den Kirchenführern dauerten 30 Jahre und endeten mit S.s Niederlage. Dieser meinte die altstraßburgische Auffassung zu vertreten und trat dem Luthertum eines → Marbach und → Pappus entgegen. 1581 wurde er seines Amtes entsetzt. Die letzten Jahre waren für S. kampf- und enttäuschungsreich. Auch L. → Osiander und Jak. → Andreä ergriffen gegen ihn Partei. S. klagte beim Kammergericht. Ehe der Prozeß entschieden war, starb er einsam und verbittert.

C.Schmidt, La vie et les travaux de J.S., Strasbourg 1855 - L.Kuekelhahn, J.S., Straßburgs erster Schulrector, ebd 1872 - E.Laas, Die Pädagogik des J.S., 1872 - H.Baumgarten, Sleidans Briefwechsel, 1881 - ADB 37, 21ff - J.Ficker-O.Winckelmann (s. 1) II, 1905, 85 - RE XIX, 109ff; XXIV, 536 - W.Sohm, Die Schule J.S.s u. die Kirche Straßburgs, 1915, 274ff - J.Rott, J.S.: Classicae epistolae sive scholae Argentinenses restitutae, 1938.

R.Stupperich

3. *Marcel* (1.6.1905 bis 18.6.1950), franz. Theologe, * in Mühlhausen/Elsaß, 1929-39 Pfarrer in Hüningen/Elsaß. 1940 in deutsche Kriegsgefangenschaft geraten, floh S. nach Algier und wurde dort Delegierter der Ev. Kirchen von Elsaß-Lothringen. Außerdem war er Präsident des ref. Konsistoriums von Algier (Vertreter der Fédération Protestante en France in Nordafrika), Chef der ev. Feldgeistlichen und oberster Geistlicher für Kriegsgefangene, Deportierte und Flüchtlinge. Im Aug. 1945 wurde S. Feldbischof der franz. Besatzungsarmee in Deutschland. Als Vertreter des Ev. Kirchenbundes in Frankreich bemühte er sich um Annäherung der franz. und deutschen Kirche. Er besuchte ev. Synoden und half beim kirchlichen Wiederaufbau mit. 1950 war er an der Gründung des Deutsch-Französischen Bruderrates in Speyer beteiligt. 1949 D. h.c. von Göttingen.

G.Heinemann, Zum Tode von M.S. (Stimme der Gemeinde 2, Juli 1950, S. 1). *H.Keller*

Sturm und Drang

1. Sichtung der Begriffe - 2. Der Genie- und Naturbegriff - 3. Volkspoesie - 4. Geschichtsbild - 5. Religiöse Haltung und Titanismus - 6. Form, Stil, Sprache - 7. Historische Übersicht

S. u. D. ist die dynamischste der gegen die → Aufklärung gerichteten irrationalen Strömungen im 18.Jh. und hat weit stärker als die → Empfindsamkeit und der → Pietismus eine geistige Revolution in Deutschland hervorgerufen. Sie beschränkte sich auf das deutsche Sprachgebiet und innerhalb dieses auf seine prot. Teile, bes. auf das Elsaß, das Rhein-Main-Gebiet und die Schweiz. Ihren Höhepunkt hatte die Bewegung zwischen 1770 und 1780.

1. Der Begriff S. u. D. wurde von dem Schweizer »Kraftapostel« und »Spürhund Gottes« Christoph Kaufmann (1753-95) geprägt, indem er F.M.Klinger veranlaßte, den Titel seines Dramas »Wirrwarr« in »S. u. D.« umzuändern (1776). Danach bürgerte sich der Begriff zur Bezeichnung eines Lebensgefühls schnell ein, obwohl er mehr von Gegnern als von Anhängern der Bewegung aufgegriffen wurde. Eine literarische Epoche bezeichnet er erstmals bei A.W.Schlegel, der in seiner »Geschichte der romantischen Literatur« (1803-04) von den »üblen Manieren der damaligen S. u. D.-Periode« spricht. Seit Vilmars »Geschichte der deutschen Nationalliteratur« (1845) überwiegt »S. u. D.« alle anderen Bezeichnungen, obwohl der Begriff als methodisch befriedigende Charakterisierung immer wieder in Frage gestellt wird. F.J. Schneider (1952) bevorzugt zB *»Geniezeit«* für die Bewegung, und der Begriff Genie wurde in der Tat von den Zeitgenossen in den Vordergrund gestellt. Im Anschluß an R.Woods »Essay on the Original Genius of Homer« (1769; dt.: »Versuch über das Originalgenie«, 1771) bürgerte sich der Begriff »Originalgenie« ein, während die Bezeichnung »Kraftgenie« von den Gegnern gebraucht wurde und zuerst in K.F. → Bahrdts »Kirchen- und Ketzeralmanach auf das Jahr 1781« mit Bezugnahme auf Herder auftaucht. Wood geht, wie Gerstenberg und Herder, für seine Genielehre auf E.Youngs »Conjectures on Original Compositions« (1759) zurück, die epochemachend in Deutschland wirkten. Nach Young gibt es zwei »Nachahmungen«, eine der Natur, die andere von Verfassern. »The first we call originals.« - So ist der Geniebegriff der Ausgangspunkt der literarischen Revolution und »Geniezeit« oder »Genieperiode« ein treffenderer, in mancher Beziehung umfassenderer Begriff als S. u. D.

2. Trotz mancher Auswüchse befreite der *Geniebegriff* von Regeln und »Prinzipien« und stellte die schöpferische Tätigkeit in den Mittelpunkt, die aus Eingebung in der »Fülle des Herzens« schafft. Ganz auf sich selbst gestellt, erkennt das Genie keine objektiven Wertmaßstäbe an. Deshalb wird der Verstand, selbst die Vernunft zurück- und das Gefühl, ja der - angeblich - untrügliche Instinkt in den Vordergrund gestellt. Die Natur wird als das Ursprüngliche gefaßt, als kosmisches Erlebnis, und nur das, was »naturnah« ist, als echt angesehen. Die »Konfession« persönlicher, unmittelbarer Erfahrungen ist allgemeingültig, denn sie entspringt einem Ganzen, ist ein Teil von ihm und durchdringt es durch sein Selbst. Am radikalsten hat das J.M.R.Lenz in seinen »Anmerkungen zum Theater« (1774) formuliert: »Wir nennen die Köpfe Genies, die alles, was ihnen vorkommt, gleich so durchdringen, durch und durch sehen, daß ihre Erkenntnis denselben Wert, Umfang, Klarheit hat, als ob sie durch Anschaun oder alle sieben Sinne zusammen wären erworben worden.« Diese Durchdringungskraft muß aber nach Lenz noch begleitet sein von dem, »was Horaz vivida vis ingenii, und wir Begeisterung, Schöpfungskraft, Dichtungsvermögen oder lieber gar nicht nennen«. - Der enge Zusammenhang des Geniebegriffs mit der *Natur* führt unmittelbar zu einer Hoch- und Überschätzung natürlichen Lebensverhaltens und damit zur Gleichsetzung der Natur mit dem Primitiven. Der Gegensatz ist die Zivilisation, die durch sie eingeleitete Konvention und das durch sie ausgebildete theoretische Denken. Hier ist der Einfluß → Rousseaus überwältigend, der den Ruf »retour à la nature«, zur »Natur, welche nie lügt«, auf alle Gebiete menschlichen Handelns anwandte.

3. Rousseaus Naturevangelium ist die Sprungfeder für die gesamte Lebensauffassung des S. u. D. Sein Begriff des Volks (peuple) führte zunächst zu einer Entdeckung der *»Volkspoesie«* als der allein echten und natürlichen Poesie, die die Kunstdichtung inspirieren soll. Macphersons »Ossian« (1760ff) und Bischof Percys »Reliques of Ancient English Poetry« (1765), aber auch das Interesse an der nordischen Dichtung, durch P.H.Mallets »Introduction à l'Histoire de Dannemarc« (1755-56, dt. 1765) belebt und durch Gerstenbergs »Gedicht eines Skalden« (1766) anschaulich gemacht, wurde zum Leitstern für eine neue Poetik, da hier dichterische und welt-

anschauliche Werte gefunden wurden, die mit der klassischen Dichtung wetteifern und sie ersetzen konnten. Für das Drama nahm → Shakespeare und seine Neuwertung die gleiche Stellung ein. Das Stichwort wurde in Goethes Rede »Zum Schäkespears-Tag« (1771) ausgegeben: »Und ich rufe Natur! Natur! nichts so Natur als Schäkespears Menschen.« - Das Primitive als die inspirierende Kraft wurde aber nicht nur in der artverwandten Volksdichtung gesehen, sondern in aller »ursprünglichen« Dichtung. So blieb Homer, als einziger antiker Dichter, Gegenstand der Verehrung, die Bibel wurde als primitiv-ursprünglich-originale Dichtung angesehen, das → Volkslied (: I) als Ausdruck nationaler Individualität gefaßt (vgl. Herder, »Ossian und die Lieder alter Völker«, 1772; Bürger, »Herzensausguß über Volkspoesie«, 1776). Die großartigste Auswirkung der neuen Poetik zeigt sich in der Lyrik des jungen → Goethe und in dessen Absorbierung der Natur als Lebenselement des liebend-leidenden Menschen in »Die Leiden des jungen Werthers« (1774).

4. Die Wertschätzung des Primitiven führte auch zu einem neuen *Geschichtsbild*. Das Ideal der Antike als der wertsetzenden Epoche zerbrach darüber. Man tauchte in die Vergangenheit des eigenen Volkes, wertete diese an dem neuen Maßstab um und fand, zB in Goethes Entdeckung der positiven Seite der gotischen Baukunst, ein neues Verhältnis zum MA. Allerdings war es nicht die verfeinerte Kultur der »chevalerie« des hohen MA, sondern die Zeit der Gärung und Wende, in der das Rittertum noch eine letzte Kraftanstrengung macht und sich mit den Protestierenden, den Bauern und dem Luthertum, gegen das Eindringen des Formalismus (röm. Recht) und den darauf fußenden Ansprüchen des Territorialabsolutismus verbündet (»Götz«). Das natürlich Edle, einfach Biedere, kraftvoll Ehrliche wird gegen das Verfeinerte, Bürokratische, Intrigante hervorgehoben, das Echte des aufstrebenden Bürgertums des frühen 16.Jh.s auch in seinen künstlerischen Erscheinungen (→ Dürer, Hans → Sachs) als vorbildlich angesehen. Alles das steht stellvertretend für den Protest gegen die sozialen Zustände der eigenen Zeit: Auflehnung gegen obrigkeitliche Bedrückungsmethoden, staatliche Korruption und landesherrliche Willkür, die J.J. → Moser und Daniel Schubart jahrelange Kerkerhaft brachten und ein ständiges Thema des S. u. D. wurden. Mosers Forderung der Wiederherstellung landständischer Rechte im Süden und Justus Mösers Verteidigung der bäuerlichen Freiheit in Westfalen schienen - obwohl ganz konservativ in der Gesinnung - den Forderungen Rousseaus zu entsprechen und wurden die Grundlage der Sozial- und Staatsauffassung des S. u. D.

5. Rousseaus Naturreligion wurde vertieft und gesteigert durch die gottsucherische Grübelei → Hamanns. Wie Rousseau von der verlorenen Unschuld ausgehend, ist ihm die Rückkehr zu Gott möglich durch das Geheimnis der Sprache, des göttlichen Wortes, und die Wiedergewinnung Gottes in der Erlösung Christi. So kommt es für Hamann zur Vereinigung der Gegensätze, bes. des sündhaften Menschen und des demütig-duldenden Gottes. Das Gesetz der Ganzheit ist das Grundprinzip des Lebens, auf das alle Lehren Hamanns zurückgehen: »Alles, was der Mensch zu leisten unternimmt, muß aus sämtlichen vereinten Kräften entspringen, alles Vereinzelte ist verwerflich« (zitiert bei Goethe im 12. Buch von »Dichtung und Wahrheit«). - Darüber hinaus aktivieren die Stürmer und Dränger Hamanns religiösen Kontemplativismus. Das frühe 16.Jh. gab ihnen die Gestalt, an der sich das religiöse Suchen der neuen Generation entwickeln und gestalten sollte: *Faust,* von Goethe, Klinger, Lenz und Maler Müller verschieden, aber dennoch aus dem gleichen Grunddrang behandelt. Rousseaus Naturreligion wurde durch das »faustische« Suchen nach dem Ewig Göttlichen stark vertieft. Die Essenz der religiösen Einstellung des S. u. D., ein dichterisch erfüllter → Panentheismus, findet sich in der Katechismus-Szene (Nr. 14) des »Urfaust«, in der der klärende Einfluß → Spinozas zutage tritt, aber auch die Achtung vor Gretchens natürlich-instinkthafter christlicher Haltung bezeichnend ist. »Vor der christlichen Religion hat er Hochachtung, nicht aber in der Gestalt wie sie unsere Theologen vorstellen. Er *glaubt* ein künftiges Leben, einen besseren Zustand. Er strebt nach Wahrheit, hält jedoch mehr vom Gefühl derselben, als von ihrer Demonstration«, so charakterisiert ein Zeitgenosse (Kestner) den Goethe dieser Zeit. Ein gleiches gilt von → Herder, dem Schweizer → Lavater, dem Pietisten → Jung-Stilling und dem Spinozajünger F.H. → Jacobi.

In seiner Rede über Shakespeare behauptet Goethe von diesem: »Er wetteiferte mit dem Prometheus, bildete ihm Zug vor Zug seine Menschen nach, nur in kolossalischer Größe.« Hier liegt die Grundlage des *Titanismus,* der die religiöse Haltung des S. u. D. bestimmt und letzten Endes zur Hybris und zu seinem raschen Ausklingen führt. Das Prometheus-Motiv als Symbol beherrscht die titanistische Phase des S. u. D., führt zu einer sich überhebenden Betonung der Individualität, zu einer neuen Sicht antiker Stoffe - in Goethes erster Fassung der Iphigenie gipfelnd - und beherrscht auch die Dramatik der Klinger, Leisewitz und Lenz. Aber auch die empfindsame, lyrisch weiche Ausdrucksform nimmt eine gleich intensive Stellung im S. u. D. ein - in der Natur- und Liebeslyrik Goethes und Lenz', in den Idyllen Maler Müllers - und gipfelt im Werther, dem sich Lenz' Erzählungen nachfolgend an die Seite stellen.

6. Der Wille zum Kraftvollen, Natürlichen, Titanischen ebenso wie die genaue Beobachtung seelischer Erregungen im lyrischen Ausdruck führte zur Opposition gegen die strenge, durch Regeln gefesselte Kunstauffassung des Klassizismus und zur Auflösung herkömmlicher Formen. → Klopstock hatte dies schon für die Lyrik durch die Einführung freier Rhythmen anstelle der Gebundenheit der Reimform geleistet. Goethe und Lenz folgen ihm hier, füllen aber die Spiritualität des Klopstockschen Gehalts mit naturnahem, echtgefühltem Erlebnis. Die gegebene Gattung für den S. u. D. war allerdings das Drama, da die Bewegung agitatorisch-verkündend eine künstlerische und soziale Botschaft ins breite Publikum hineinwerfen wollte. Das erste S. u. D.-Drama, Gerstenbergs »Ugolino« (1769), behält nur äußerlich die klassische Form der drei Einheiten bei; strukturell ist es pathetisch deklamierend, um das Hauptthema, schreiende soziale Ungerechtigkeit, monologisch mit naturalistischen Sprachmitteln zu exponieren. »Götz« löst die Form völlig auf und gibt damit ein vielfach nachgeahmtes Beispiel. Lenz schafft, auf Plautus aufbauend, die neue dramatische Form der »Komödie«, die Tragik mit Komik vermischt, Volkslieder und Lyrik einstreut und gerade durch die Vermischung einen naturalistischen Effekt herbeiführt. Die Thematik bevorzugt heftige, gewalttätige Stoffe: den Gegensatz der Generationen im Konflikt zwischen Vater und Sohn, aber auch zwischen Bruder und Bruder; das Thema des aus der Gesellschaft verstoßenen Genies; Offenlegung sozialer Mißstände wie das Geschick der Kindesmörderin, die Zustände des Soldatenlebens; den Gegensatz der Stände, von Lenz im Dasein des Hofmeisters dargestellt, im »Werther« weniger heftig, aber doch stark angedeutet. Die Tyrannei der Mächtigen, im »Ugolino« weit ungestümer als in Lessings »Emilia Galotti« angeprangert, von Leisewitz in wirkungsvollen Szenen erfaßt, findet in

»Kabale und Liebe« einen vorläufigen Abschluß. – Die *Sprache* bes. des titanisch eingestellten S. u. D. entspricht der naturalistischen Auffassung von Thematik und Stil. Eine Auflösung grammatisch-syntaktischer Konventionen wird vorgenommen, die nicht nur im Kunstwerk, sondern auch im Essay und im Briefstil zutage tritt: Interjektionen, unvollendete Sätze, Wiederholungen, eigenwillige Wortstellung und Rechtschreibung, Archaismen, pathetische Aufschreie, Stakkatostil, kühne Neubildungen, dazu Derbheit in der Wortwahl. Nur Goethe nimmt dieser Schreibart das Rohe und gibt ihr dichterisch vollgültige Gestalt.

7. Herder nahm die Gedanken der ausländischen Anreger sowie der deutschen Vorbereiter, bes. Hamanns und Gerstenbergs, auf und verarbeitete sie in theoretischen Schriften zu einem neuen Welt- und Geschichtsbild, zu einer neuen Kunstauffassung und einem neuen Stil. Seine Begegnung mit → Goethe in Straßburg (1770) gab ihm die Möglichkeit zu schöpferischer Ausgestaltung und befruchtete ihn selbst, zB zu genialischen Übersetzungen. In Straßburg stießen J.M.R.Lenz (1751–92), H.L.Wagner (1747–79) und Jung-Stilling zu den Neuerern, und das Erlebnis mit Friederike Brion entband in Goethe den S. u. D.-Lyriker. Die eigentliche Glanzzeit des S. u. D. fällt in Goethes Frankfurter Jahre (1771–75), durch einen dreimonatigen Aufenthalt in Wetzlar unterbrochen (»Werther«-Erlebnis, 1772). Der Einfluß J.H.Mercks (1741–91), die Begegnung mit Lavater, → Basedow und F.H.Jacobi, die erste Schweizer Reise mit den Brüdern Stolberg (1775) erweitern die Basis der Bewegung. Mit den »fliegenden Blättern« der Aufsatzsammlung »Von deutscher Art und Kunst« (Hamburg 1773) sandte sie ihr Manifest in die Welt. Im selben Jahre erschienen »Götz von Berlichingen« und G.A.Bürgers (1747–94) »Lenore«, welche die an sich stärker der → Empfindsamkeit verhaftete Dichtergemeinschaft des »Göttinger Hains« (1772 gestiftet) an die Bewegung heranführte. Neben Bürger zeigten J.A.Leisewitz (1752–1806) und F.L. → Stolberg S. u. D.-Tendenzen. Goethes Übersiedlung nach Weimar (Ende 1775) bedeutet keineswegs ein Abklingen des S. u. D. Herzog Karl August nahm aktiv daran teil, Lenz, Klinger, Merck, Jacobi, Leisewitz und Christoph Kaufmann kamen zu Gast, und die zweite Schweizer Reise mit dem Herzog (1779) stand noch durchaus unter dem Stern der Bewegung, so wie alle Werke Goethes dieser Periode einschließlich der Prosa-»Iphigenie«. Erst das Gedicht »Ilmenau« zu des Herzogs Geburtstag (1783) zeigt die Abkehr: »Was ich entzündet ist nicht reine Flamme, Der Sturm vermehrt die Glut und die Gefahr...« – Seitengestalten des S. u. D. sind J.J.W.Heinse (1749–1803), J.H.Füssli (1741–1825) und Fr.Schiller. Heinse entwickelt in seinen Übersetzungen und Romanen einen bacchantischen, rein sinnlich-heidnischen »Immoralismus«, das Dionysische in der Antike vorfühlend, aber bes. sensitiv Musik und Malerei in seinem barocken Roman »Ardhingello oder die glückseligen Inseln« (1787) verwebend. Der Schweizer Füssli, wie der ihm wahlverwandte und später nahestehende William → Blake auch Dichter, ist der einzige Maler der Genieperiode von Rang. Er bannte Visionen, die er als Dichter erlebt hatte, fast surrealistisch ins Bild, u.a. Szenen von Shakespeare, von Milton, auch Ugolino im Hungerturm. → Schiller wird von der schwäbischen Seitenlinie des S. u. D. (Moser und Schubart) zu seiner titanisch-gesteigerten Jugendlyrik und seinen sozialkritischen frühen Dramen hingeführt. Von dem düsteren Pessimismus der »Elegie auf den Tod eines Jünglings« (»Heilig, heilig, heilig bist du, Gott der Grüfte! Wir verehren dich mit Graun!«) schwingt er sich zum optimistischen Idealismus des »An die Freude« auf (»Brüder, überm Sternenzelt / Muß ein lieber Vater wohnen«) und von den anarchischen »Räubern« zur Vision eines neuen Staats. Mit dem Vermächtnis des sterbenden Marquis Posa im »Don Carlos« klingt der S. u. D. an der Schwelle der Französischen Revolution aus.

Als geistige Revolution hat der S. u. D. eine auflockernde Wirkung gehabt, obwohl eine politisch-soziale Wirkung wegen der egozentrischen Einstellung ausblieb. Die Bewegung wirkte ins Ausland, wo der S. u. D. als »romantisch« angesehen wurde (Mme de → Staël); nach R.Pascal hat sie Europa eine neue Form der Dichtung gegeben. Sie machte sich in der → Romantik (: II) fühlbar, im Jungen → Deutschland (G. Büchner, Grabbe), im → Naturalismus (: II) und bes. im → Expressionismus (: II) des frühen 20.Jh.s.

Texte: Stürmer u. Dränger, hg.v. A.Sauer in Kürschners Dt. Nat.-Litt., Bd 79–81, 1883 – S.u.D., hg.v. K.Freye, 2 Bde (Gold. Klass.-Bibl.), 1911 – S.u.D. Krit. Schriften, hg.v. E.Loewenthal, 1949 – S.u.D. Dramat. Schriften, hg.v. Dems. u. L.Schneider, 2 Bde, 1958/59.

Lit.: Erich Schmidt, Richardson, Rousseau u. Goethe, 1875 – F.J.Schneider, Die Freimaurerei u. ihr Einfluß auf d. geistige Kultur in Deutschland am Ende d. 18.Jh.s, Prag 1909 – Ders., Die dt. Dichtung d. Geniezeit, 1952 – O.Walzel, Das Prometheussymbol von Shaftesbury zu Goethe, (1910) 1932² – W.Brecht, Heinse u. der ästhet. Immoralismus, 1911 – F.Gundolf, Shakespeare u. d. dt. Geist, (1911) 1947⁹ – R.Unger, Hamann u. d. Aufklärung I. II, (1911) 1925² – A.Köster, Die allg. Tendenzen d. Geniebewegung, 1912 – A.M.Wagner, H.W.v.Gerstenberg u. d. S.u.D. I. II, 1920/24 – M.Sommerfeld, Fr.Nicolai u. d. S.u.D., 1921 – C.Stockmeyer, Soziale Probleme im Drama des S.u.D., 1922 – H.A.Korff, Geist der Goethezeit I: S.u.D., (1923) 1954² – Ders., Die Dichtung von S.u.D. im Zusammenhange d. Geistesgesch., 1928 – P.van Tieghem, Le préromantisme, Paris 1924 – H.Kindermann, Entwicklung der S.u.D.-Bewegung, 1925 – Ders., Durchbruch der Seele, 1928 – Mel.Gerhard, Der dt. Entwicklungsroman bis zu Goethes »Wilhelm Meister«, 1926 – E.Zeydel, Early References to Storm and Stress in German Lit., Bloomington 1926 – H.R.G.Günther, Jung Stilling, 1928 – E.Jenisch, Die Entfaltung d. Subjektivismus von der Aufklärung zur Romantik, 1929 – S.Melchinger, Dramaturgie des S.u.D., 1929 – P.Heinrichsdorff, J.M.R.Lenzens relig. Haltung, 1932 – R.Bäsken, Die Dichter des Göttinger Hains u. d. Bürgerlichkeit, 1937 – H.B. Garland, Storm and Stress, London 1952 – R.Pascal, The German S.u.D., Manchester 1953 – K.S.Guthke, Engl. Vorromantik u. dt. S.u.D., 1958.

R.Samuel

Sturmi (*Sturmius;* † 17.12.779 in Fulda), bayrischer Edeling und Schüler des → Bonifatius, unter Abt → Wicbert (, 2) Novize, um 740 Priester in → Fritzlar. 743 zur Gründung eines Männer-Großklosters ausgesandt, die nach ungenügendem Versuch zu → Hersfeld am 12.3.744 in der Eichloh (→ Fulda) vollzogen wurde. S. leitete die wirtschaftliche, wissenschaftliche und künstlerische Entwicklung Fuldas ein, gewann 751 die päpstliche → Exemtion, 774 die königliche → Immunität und behauptete sich gegenüber → Lullus von Mainz; 1139 kanonisiert.

Vita Sturmi (auf Anregung Angildruths 791/801 durch → Eigil verfaßt), ed. G.H.Pertz, MG SS II, 1829, 365ff; besser ed. Chr. Brower, 1616; dt. v. M.Tangl, 1920. – Über S.: E.E.Stengel, Urkundenbuch des Klosters Fulda I/1, 1913 – Ders., Fuldensia (AUF 5, 1913, 41–152; 7, 1921, 1–46) – J.Theele, Die Qu. zum Lebensbilde des hl. Sturmius, 1920 – F.Flaskamp, Zum Leben S.s von Fulda (ZKG 44, 1925, 486–488) – Ders., Das Hessen-Bistum Buraburg, 1927 (mit Karten) – Ders., S. (Westf. Lebensbilder 2, 1931, 1–14) – Festschr. »St. Bonifatius«, 1954.

F.Flaskamp

Sturzo, *Luigi* (26.11.1871 bis 8.8.1959), * in Caltagirone (Sizilien), † in Rom, Urheber der christlich-demokratischen Parteibewegung → Italiens (, 5), im Unterschied zur rein kirchlichen → Katholischen Aktion. Nach der Priesterweihe (1894) studierte S. Sozial- und Wirtschaftswissenschaften, beteiligte sich an der sozialreformerischen Bewegung »Domani d'Italia« (Toniolo, Murri) und war als Lehrer, Verwaltungsbeamter (1905-20 Bürgermeister in Caltagirone) und Journalist tätig (eigene Wochenschrift »La Croce di Costantino«). S. wurde Gegner des päpstlichen »Non expedit«, das den Katholiken Teilnahme an den politischen Wahlen Italiens verbot. Er hielt die deutsche → Zentrums-Partei für vorbildlich. 1915 wurde er Generalsekretär der Kath. Aktion und gründete 1919 in Rom den Partito Italiano Popolare (Herbst 1919: 101, 1921: 107 Kammermandate). S.s Politik war demokratisch, föderalistisch und betont antifaschistisch. Er schied aus, als ein Teil der Partei mit Mussolini zusammengehen wollte (»Klerikalfaschisten«), und lebte bis 1946 im Exil (Paris, London, seit 1940 New York). In der 1943 neugegründeten Democrazia Cristiana übernahm S. kein Amt. 1952 wurde er Mitglied des ital. Senats auf Lebenszeit.

Vf. u.a. (vgl. EItal, ErgBd II, 924f): Italia e Fascismo, 1926; Staat u. Kirche (dt.), 1932; Les guerres modernes et la pensée catholique, 1943. - Über S.: A.CANALETTI GAUDENTI, 1945² - G.PETROCCHI, 1945. *K.Buchheim*

Stuttgarter Erklärung. Der in Treysa gewählte Rat der EKD hielt am 18./19.10.1945 in Stuttgart seine zweite Sitzung. Hier gab er vor Vertretern der Ökumene eine E. ab, in welcher er die Schuld der ev. Christenheit Deutschlands bekannte. Die E. ist unterschrieben von → Wurm, → Asmussen, → Meiser, → Lilje, Hahn, → Held, Heinemann, Smend, → Dibelius, → Niemöller und Niesel. Sie hat 5 Absätze: 1. Anerkenntnis der Schuld der Christen in Deutschland: »Wir klagen uns an, daß wir nicht mutiger bekannt, nicht treuer gebetet, nicht fröhlicher geglaubt und nicht brennender geliebt haben« (der Kernsatz der E. überhaupt). 2. »In unseren Kirchen soll ein neuer Anfang gemacht werden.« 3. Es wird gedankt für die ökumenische Gemeinschaft. 4. Der Rat hofft, daß »durch den gemeinsamen Dienst der Kirchen dem Geist der Gewalt und der Vergeltung, der heute von neuem mächtig werden will, in aller Welt gesteuert werde«. 5. Der Rat bittet um einen neuen Anfang für die ganze Christenheit durch den Hl. Geist. - Der Abgabe der E. gingen Gespräche und allgemeine Besprechungen voraus. Die E. wurde durch Voten von Wurm, Asmussen, Niemöller und Niesel eingeleitet und durch Voten von Bischof → Bell (Chichester), → Visser 't Hooft, Kraemer, Maury, Cavert und Michelfelder beantwortet. - Der *Sinn* der E. ist *nicht* das politische Bekenntnis einer Kollektivschuld des deutschen Volkes. Dieses Mißverständnis ist jedoch schon ziemlich früh vor allem in Deutschland selbst aufgetaucht. Dagegen hatte Visser 't Hooft in jener Sitzung abschließend erklärt: »Die Ökumene ist nun verpflichtet, alles Mißverständnis und jeden Mißbrauch auszuschalten.« Zudem spricht die E. selbst ausdrücklich von dem »Geist der Gewalt und der Vergeltung, der heute von neuem mächtig werden will«, und zwar im Blick auf »alle Welt«. Entsprechend hat das der damalige Präsident der Kirchenkanzlei in einem Kommentar ausführlich dargelegt, der ohne Widerspruch blieb.

Amtl. Text der E. samt den hauptsächlichen Voten in: Verordnungs- u. Nachrichtenblatt der EKD Nr. 1, Jan. 1946; Kommentar von H.ASMUSSEN ebd Nr. 6, Febr. 1946 (erneut abgedr. in »Besinnung u. Umschau«, Juni 1959). - Vgl. J.BECKMANN in: KJ 1945-48, 19-66 - EKL III, 1185ff. *H.Asmussen*

Stutz, *Ulrich* (* 5.5.1868 in Zürich, † 6.7.1938 in Berlin), ev. Kirchenrechtslehrer und Rechtsgermanist, studierte in Zürich, seit 1888 in Berlin (Lehrer: → Hinschius, Gierke, Brunner, Dernburg, Zeumer, Breßlau, → Harnack). Von Jugend an rechtshistorisch interessiert, begann S. dort 1890 das Werk, das für seine Forschung und die seiner Schule grundlegend werden sollte: seine »Geschichte des kirchlichen Benefizialwesens« (I/1, 1895; erw. Neudr. 1961). Promotion 1892 in Berlin. 1894 nach Basel berufen, hielt er dort seine grundlegende Antrittsrede: »Die Eigenkirche als Element des mittelalterlich-germanischen Kirchenrechts« (ersch. 1895, Neudr. [mit Art. »Eigenkirche, Eigenkloster« aus RE XXIII, 364ff] 1955; vgl. auch den Grundriß »Kirchenrecht«, [1904] 1914²). Seit 1896 o. Prof. für deutsches und Kirchenrecht in Freiburg i. Br., trat S. 1897 in die Redaktion der ZSavRG ein als Leiter der Germ. Abt. 1902 gründete er die »Kirchenrechtlichen Abhandlungen« (zuletzt H. 117/18, 1938). 1904-17 lehrte er in Bonn, gründete dort alsbald das Kirchenrechtliche Institut und 1910 die Kan. Abt. der ZSavRG, die er mit der Germ. bis 1938 geleitet hat. Von 1917 an wirkte er in Berlin. Seine große wissenschaftliche Tat ist es, die kirchliche Rechtsgeschichte zum Rang einer selbständigen historischen Disziplin erhoben und zugleich den bedeutenden Einfluß des germanischen, insbesondere deutschen Rechts auf sie erforscht zu haben (→ Eigenkirche). Sie hat ihm hohes Ansehen bei ev. und kath. Forschern des In- und Auslandes erbracht. Durch sein Seminar, sein Institut und seine charaktervolle Forscherpersönlichkeit hat er als einer der letzten großen Vertreter der Historischen Rechtsschule stark schulbildend gewirkt (→ Kirchenrecht: II B, 4).

Vollst. Bibliogr. in ZSavRG Kan.Abt. 58, 1938, 686-763. - Unter den Nachrufen bes. ALFR.SCHULTZE, ebd 59, 1939, IX-LVII. *H.E.Feine*

Suárez, *Francisco,* span. Theologe und Philosoph, * 5.1.1548 in Granada, † 25.9.1617 in Lissabon. Nach kurzem Studium des kanonischen Rechts in Salamanca tritt S. 1564 bei den → Jesuiten ein. Seine Lehrer sind J.Ramírez, der Vitoriaschüler (→ Franz, 6) J.Mancio, der Augustiner J. de Guevara und der Thomist H. → Henriquez. 1571-80 lehrt S. Philosophie, bes. in Segovia und Valladolid, 1580-85 Theologie in Rom. 1585 übernimmt er in Alcalá den Lehrstuhl von G. → Vásquez, der S.' Nachfolger in Rom wird. Erst in Alcalá entscheidet sich S. für die Scientia media. Als Vásquez nach Alcalá zurückkehrt, wechselt S. wegen Spannungen nach Salamanca; seit 1597 liest er auf Wunsch Philipps II. in Coimbra und wird 1615 zur Edition seiner Mss. beurlaubt. - S. widmete täglich 7 Stunden dem Gebet, trieb Seelsorge und war an der Ordenspolitik im Gnadenstreit beteiligt; daneben verfaßte er zT unveröffentlichte Werke von erstaunlichem Umfang, in denen antikes, arabisches und scholastisches Schulgut kritisch gesichtet wird. - S. löst sich von der Kommentationsmethode der span. Schule und geht zu selbständiger Sachdarstellung über; diese bleibt am Vorbild der Quaestio orientiert, ist aber umfangreicher, da alle Glieder historisch belegt, demonstriert und diskutiert werden. Eine vollständige Edition liegt noch nicht vor; die Vivès-Ausgabe liest gewöhnlich den Text der Venetiana. Anordnung und Textzustand sind unbefriedigend. Zu Lebzeiten erschienen bes. die Disputationes metaphysicae (1597), De divina gratia (1609), De legibus (1612). Die Ausgabe der Postuma begann S.' Freund B.Alvarez. Die logischen und physikalischen Werke erschienen nicht (Komm. zu Periherm., Anal. post., Phys., De gen. und De coelo); ihr Stoff ist zT in anderen Werken behandelt: Disputationes metaphysicae (Vivès 25f), De anima (Viv. 3), De angelis (Viv. 2). Zur Rechts- und Staatsphilosophie vgl. De legibus (Viv. 5f) und Defensio fidei (Viv. 24), zum Ordensrecht das Opus de virtute (Viv. 13-16). Zum folgenreichsten theologischen Werk wurden die Schriften über die Gnade (Viv. 7-10).

Der junge Orden stand der Front des dominikanischen → Thomismus gegenüber und bedurfte, um sich in der Seelenführung und im Schulbetrieb durchzusetzen, einer nicht weniger geschlossenen Lehre. Daß S.' Wirken von diesem Ziel zu verstehen ist, zeigt schon die Heftigkeit seiner Polemik gegen den eigenwilligen Vásquez; es wurde nur in der Gnadenlehre durch Dekret des Generals → Aquaviva von 1613 völlig erreicht, das den Congruismus zur verbindlichen Ordensdoktrin erklärte; auf den anderen Gebieten kam es lediglich zu einer gewissen Anpassung jüngerer Autoren an S. - Da der → Báñez-Thomismus von den Dominikanern und der → Scotismus von den Franziskanern besetzt war, blieb eine Anlehnung an den → Nominalismus, die bereits im Metaphysikkommentar des P.de Fonseca SJ angedeutet war. Da der Orden auf die Legitimität, die die Übereinstimmung mit → Thomas von Aquino verlieh, nicht verzichten konnte, galt es, trotz der Gegensätze zum Dominikanerthomismus die Übereinstimmung der eigenen nominalisierenden Theorie mit Thomas und Augustin quellenmäßig nachzuweisen und damit die Legitimität des Báñez-Thomismus in Zweifel zu ziehen; diese Aufgabe bewältigte S. mit einer eristischen Meisterschaft, die noch → Bossuet und → Malebranche erregt hat.

Es ist verständlich, daß S. zur Schulautorität der aus ähnlichen philosophischen Quellen schöpfenden prot. → Orthodoxie wurde, und zwar so sehr, daß → Leibniz' Disputation über das Individuationsprinzip die These der fünften Disp. metaph., Prinzip der Individuierung sei »ipsa entitas«, naiv als *die* prot. Lehre verkünden konnte. Aus der Wertschätzung des Singulären in beiden Philosophien folgte eine gemeinsame Frontstellung gegen die neue deduktive Naturwissenschaft, die den Reformierten A.Heereboord zu der boshaften Bemerkung veranlaßte, S. sei »papa et princeps« aller Metaphysiker. Die Klage, die Orthodoxie ziehe die Lehre eines Jesuiten der Einsicht von Glaubensbrüdern vor, wird zum Topos prot. Cartesianer, die übersehen, wie tief → Descartes selber nach Terminologie und Denkmodellen in der Jesuitenscholastik verwurzelt war: Moduslehre, Occasiobegriff, Concursuslehre und Cardiologie des Descartes sind bei S. vorgebildet, und selbst die neue Anthropologie hat ihr Modell in S.' Lehre von den angenommenen Körpern der Engel.

Die → Ontologie des S. spricht der Essenz nur in Verbindung mit dem → Dasein Realität zu. Der Seinsbegriff ist nicht univok, sondern besitzt eine »Analogia attributionis extrinsecae« (→ Analogia entis). Das Individuelle ist früher als das Allgemeine; nicht Form oder Materie, sondern die Entität des Singulären selbst ist Prinzip der → Individuation. Wir haben unmittelbare Begriffe von Singulärem, und die Universalbegriffe sind Fiktionen des Intellectus possibilis »secundum nostrum modum cognoscendi et loquendi«, die freilich auf gewissen Ähnlichkeiten der Objekte selbst beruhen. Die Seele bleibt substantielle Form des Körpers, obgleich das Problem der Wirkung von Geist auf Materie sich mit besonderer Schärfe stellt.

Wie im spätmittelalterlichen Nominalismus entspricht dem Primat des Singulären der Primat des Willens. Er äußert sich praktisch in der These, der Wille sei Grund der Verbindlichkeit von Gesetzen, und die fiktive Person des Staates entstehe durch einen Vertrag natürlicher Personen. Die Deutung dieser Aussage ist bei kath. Autoren umstritten; da sie mit dem Interesse entworfen wurde, den Widerstand gegen die britische Staatsgewalt zu legitimieren, steht sie wenigstens insofern im Zusammenhang mit den revolutionären Bemühungen der Folgezeit. Sie ist bedingt durch die Theorie der potestas indirecta, die bei S. eine ihrer klassischen Formulierungen findet und ihren großartigen Fortschritt über die Annahme direkter Kirchengewalt mit politischen Gefahren erkauft, denen später → Hobbes entgegentrat.

In der *Ethik* ist S. für die Entwicklung des → Probabilismus und der → Kasuistik (: III. IV) bedeutsam, beides nominalistische Korrekturen einer normativen Moral. In der *Gnadenlehre* (→ Gnade: IV, 4) brachte er eine Ergänzung der molinistischen Lehre (→ Molina), die ordensverbindlich wurde (Congruismus) und wiederum von der Individuationslehre geprägt ist: der göttliche Concursus ist per se individuell, und die gratia efficax ist immer gratia congrua, dh auf Grund der Scientia media den Kräften und der Situation des Empfängers individuell angepaßt; daraus folgt ihre absolut sichere Verbindung mit der Zustimmung des freien Willens, der theoretisch widerstehen könnte, aber praktisch nicht widerstehen wird.

Unter *Suarezianismus* versteht man a) die congruistische Gnadenlehre des Jesuitenordens, die provisorisch als »Molinismus« bezeichnet wird und in ihrer genuinen Form → Pascal nicht bekannt war; b) die im hispanoamerikanischen Raum noch heute lebendige schulphilosophische Tradierung namentlich der Individuationslehre des S.; c) die ethische Auffassung, der Wille und nicht der Intellekt sei Grund der Verbindlichkeit von Gesetzen.

Ausg.n: 23 Bde, Venedig 1740-51; 26 (28) Bde, Paris (Vivès) 1856 bis 1861. Lat.-span. Ausg. der Disp. metaph. Bd I, Madrid 1960. - *Einführungen:* K.Werner, F.S. u. d. Scholastik der letzten Jh.e, 1861 - R.de Scorraille, F.S., Paris 1912 - P.Rivière, S. et son oeuvre, Paris u. Barcelona 1918 - DThC XIV/2, 2638ff. - *Bibliogr.n:* P. Mugica, Bibliografía suareciana, Granada 1948 - Estudios Ecl. Apr.-Sept. 1949. - *Festschriften,* zT mit Bibliogr.: »Razón y Fé«, »Revista de Filosofía«, »Pensamiento«, »Facultad de Filosofía de la Compañía de Jesús de Chamartín«, Madrid 1948; »Archives de Philosophie«, Paris 1948. - *Neuere Lit.:* R.Masi, Il movimento assoluto e la posizione assoluta sec. il S., Rom 1947 - M.Sibert, Parallèle entre F.S. et J.Bodin, Paris 1949 - J.Alcorta, La teoría de los modos en S., Madrid 1949 - C.Giacon, La seconda scolastica III: I problemi giuridico-politici, Mailand 1950 - F.Cuevas Cancino, La doctrina de S. sobre el derecho natural, Madrid 1952 - C.Fernández, Metafísica del conocimiento en S., ebd 1954 - L.Pereña Vicente, Teoría de la guerra en F.S., 2 Bde, ebd 1954 - J.Roig Gironella, Carácter absoluto del conocimiento en S. (Pensamiento 15, 1959, 401-438). - *Zur Wirkungsgesch.:* K.Eschweiler, Die Philos. der span. Spätschol. auf d. dt. Universitäten des 17.Jh.s (Span. Forsch. d. Görres-Ges. I, 1928, 251-325) - E.Lewalter, Span.-jesuit. u. dt.-luth. Metaphysik d. 17.Jh.s, 1935 - M.Wundt, Die dt. Schulmetaphysik d. 17.Jh.s, 1939 - H.Robbers, De spaans-scholastieke wijsbegeerte op de noordnederlandse universiteiten in de eerste helft der 17e eeuw (Bijdragen 17, 1956, 26-55). *R.Specht*

Subiaco (Sublaqueum), Großkloster und Erzheiligtum der → Benediktiner am Anio, aus der Zelle → Benedikts von Nursia erwachsen. 601 von den Langobarden und 846 von den Sarazenen zerstört, doch wiederhergestellt und früh eximiert (→ Exemtion). Nach der Blütezeit im 12.Jh. wurde S. im 14.Jh. durch Deutsche reformiert, nach deren Verdrängung (15.Jh.) aber durch → Monte Cassino überflügelt. 1873 von Italien aufgehoben, doch als »Nationalmonument« und Praelatura nullius den Mönchen belassen.

L.Allodi, Inventario dei manoscritti della biblioteca di S., Forlì 1891 - Ders., Consuetudines regularis observantiae monasterii Sublacensis, 1902 - J.Schmidlin, Ein Kampf um das Deutschtum im Klosterleben Italiens. S. u. Farfa, 1903 - P.Egidi u.a., I monasteri di S., 2 Bde, Rom 1904 - P.F.Kehr, Italia pontificia II, 1907, 83ff - EC XI, 1459ff (Lit.) - AnnPont 1960, 605. 762. *F.Flaskamp*

Subjekt und Objekt. Die Polarität von S. und O. ist das geschichtlich gewordene Ergebnis eines bestimmten Differenzierungsprozesses des menschlichen → Bewußtseins. Der mythische Mensch ist in seinem Verhalten nicht von dieser Polarität bestimmt gewesen. Er erlebte sich inmitten der Einheit eines Gefüges von Mächten, die das Innen und Außen in gleicher Weise beherrschten. Die Entemotionalisierung und gleichzeitige Rationalisierung haben diese ursprüngliche mythische Welterfahrung zerstört und durch die Überwindung des → Mythos durch den → Logos eine Bewußtseinsentwicklung eingeleitet, für die die Polarität von S. und O. charakteristisch ist. Obwohl die antike Philosophie ihre Abhängigkeit vom mythischen Denken nie ganz überwunden hat, kommt es in ihr im Zusammenhang mit den ontologischen und erkenntnistheoretischen Problemen schon zu einer begrifflichen Fixierung des Verhältnisses von S. und O. Die Ausdrücke S. und O. bedeuten hier aber nicht dasselbe wie in der modernen Terminologie. Das lat. subiectum ist die zutreffende Übersetzung für das griech. ὑποκείμενον und bezeichnet in Anlehnung an → Aristoteles dasjenige Seiende, das im Wechsel der Zustände als das Zugrundeliegende beharrt. In dieser *ontologischen* Bedeutung als der substantielle Träger von Zuständen, Eigenschaften und Wirkungen ist S. in der Scholastik und bis zum 18.Jh. das vom → Erkennen unabhängige Seiende, von dem etwas ausgesagt wird (vgl. franz. sujet, engl. subject). Daher logisch und grammatisch die Bedeutung von S. als Träger des Prädikats, der Aussage. Im Unterschied von dem so verstandenen S. ist das O. in der Scholastik und bis zum 18.Jh. dasjenige, was als Eindruck, Vorstellung oder Begriff im Bewußtsein dem Seienden, dh also dem S. der äußeren Wirklichkeit, entgegengestellt, objiziert wird.

Ein Spezialfall des ontologischen S.s im angegebenen Sinne ist das *psychologische* S., das Ich, verstanden als Substrat, als Träger, nämlich seiner Akte, der Wahrnehmungen, Vorstellungen, Urteile, Gefühle, Wollungen usw. Diese Akte sind als intentionale Akte jeweils auf ein bestimmtes Seiendes, den Gegenstand, gerichtet, wodurch auch das Ich als Träger seiner Akte, dh aber als S., dem Gegenstand, als O. verstanden, entgegengesetzt wird. Indem man später in dieser Weise die Ausdrücke S. und O. in strenger Korrelation auf die psychischen Akte anwendete, wurde das frühere S. zum O. und das frühere O. zum S. Dabei kann das S. entweder als der aus Leib und Seele zusammengesetzte Mensch verstanden werden oder aber als das sich seiner selbst bewußte Bewußtsein, das denkende Ich, das sich von dem ihm zugehörigen Körper distanziert. Jenes nennt man das psychophysische S., dieses das psychologische S. im engeren Sinne. Wird aus dem psychologischen S. im engeren Sinne alles Individuelle ausgeklammert, so spricht man vom erkenntnistheoretischen S. als dem Inbegriff der Erkenntnisfunktionen und Erkenntnisformen im Gegensatz zu den O.en der Erkenntnis.

Die Beziehung von S. und O. ist vor allem in der → Erkenntnistheorie von zentraler Bedeutung. Aber das Problem von S. und O. bleibt nicht auf die Erkenntnistheorie beschränkt, sondern beherrscht die ganze Philosophie. Die Geschichte des abendländischen Denkens ist im Grunde die Geschichte dieses Problems. Die auch heute noch allgemein verbreitete Auffassung, daß dieses Problem erst mit → Descartes begönne, ist durch die jüngere Descartes-Forschung einerseits und durch neue Untersuchungen zur Geschichte des Bewußtseinsproblems andererseits widerlegt worden. Diese heute als überholt zu betrachtende Auffassung wurde dadurch begünstigt, daß man bei der Analyse der Geschichte des Bewußtseinsproblems einen Sprung machte von der Antike zu Descartes und dabei sowohl die höchst diffizile Problemlage in der Antike nicht genügend kannte als auch die Problementwicklung im MA und bes. den weiterwirkenden und durchlaufenden → Neuplatonismus übersah. Die Wendung zum philosophischen Selbstbewußtsein ist schon bei → Duns Scotus und seinen Vorgängern und bei → Suarez vollzogen. Auch der fundamentale Unterschied, den Descartes zwischen sich und seinem Körper macht, ist in der Tradition, bes. intensiv in den Übergangsphasen der hellenistischen und röm. Antike, vorbereitet. Daß die Erkenntnisrelation prinzipiell eine zweigliedrige Relation ist, haben die antiken Philosophen gewußt. Entsprechend haben sie auch das dem erkennenden Menschen gegenüberstehende Ding als das Andere, als ἀντικείμενον, dh als Gegenliegendes aufgefaßt. Der Ausdruck »Gegenstand« im philosophischen Sprachgebrauch meint die Beziehung auf jemand, dem der Gegenstand gegenübersteht, immer mit. Das Wort »Gegenstand« ist die aus dem 17.Jh. stammende Übersetzung des lat. obiectum, das man zuerst mit »Gegenwurf« übersetzt hatte, ohne indes auf die Dauer mit dieser wörtlichen Übersetzung durchzudringen.

Gegenstand ist die Gesamtheit dessen, worauf sich die intentionalen Akte des S.s richten. Der Gegenstand ist vom Inhalt der Erkenntnis insofern zu unterscheiden, als die Vorstellung, das Urteil, der Begriff, der Denkinhalt Inhalt des Bewußtseins, dh bewußtseinsimmanent ist. Der Gegenstand als solcher aber ist bewußtseinstranszendent, ist zunächst überhaupt das Seiende als solches, das erst dadurch zum Gegenstand wird, daß das erkennende S. es intendiert. Indes liegt in dem Begriff des von dem Denkinhalt unterschiedenen Gegenstandes ein schweres erkenntnistheoretisches Problem. Wird nämlich der Gegenstand als gänzlich unabhängig von unserer Erkenntnis betrachtet, so erhebt sich die Frage, wie unsere Erkenntnis sich überhaupt ihrer Übereinstimmung mit dem Gegenstande soll versichern können, wenn anders wir nichts außer unserer Erkenntnis haben, womit wir sie vergleichen könnten. Eine der für die Geschichte des Denkens folgenreichsten Lösungen dieses Problems ist der erkenntnistheoretische → Idealismus (: I), der den Denkinhalt und den Gegenstand gleichsetzt, also den Gegenstand zu einem Erzeugnis des Denkens macht. Die Grundgesetze der Erkenntnis, auf denen die Konstitution des Gegenstandes in der Erkenntnis beruht, sind damit zugleich die Gesetze der objektiven Gültigkeit der Erkenntnis. Obwohl dieser idealistische Ansatz nach dem Durchbruch einer neuen → Ontologie (, 4) zu Beginn des 20.Jh.s als überwunden gilt, gehört die Frage, wie der Einfluß der Konstitution des S.s auf das Bild, das dieses S. von seinem O. hat, näherhin zu bestimmen ist, nach wie vor zu den aktuellen Aufgaben der philosophischen Erkenntniskritik. Es ist das Problem des Erfassens des O.s durch das S.

Von besonderer Aktualität ist die Problematik der S.-O.-Korrelation in der modernen → Naturwissenschaft (: II), vor allem in der Quantenphysik. Aus der Formulierung der Unbestimmtheitsrelation haben sich gewisse erkenntnistheoretische Folgerungen ergeben, die die Aufteilung der Welt in ein autonomes S. der Erkenntnis und eine ihm unverbunden und unabhängig als O. gegenüberstehende Natur hinfällig machen. Die Quantenmechanik hebt die in der klassischen Mechanik vorausgesetzte Vorstellung von der prinzipiellen Trennbarkeit von S. und O. auf (→ Atom, 4). Diese veränderte Einstellung der Quantenphysik zur S.-O.-Korrelation ist aber nicht gleichbedeutend mit einer Ausklammerung dieser Korrelation überhaupt. Auch die Quantenmechanik kommt nicht umhin, indem sie vom erkannten O. und vom erkennenden S. spricht, einen methodischen Dualismus vorauszusetzen. Aber das Verständnis des methodischen Ansatzes der S.-O.-Beziehung ist anders als in der klassischen Mechanik und in der dieser zugrunde liegenden Naturauffassung. Diese

Naturauffassung, die der ganzen klassischen Physik zugrunde liegt, hat Descartes maßgeblich mitbestimmt. Er hat den Dualismus von Geist und Materie, von Seele und Körper, der auch schon vorher als eine Möglichkeit der Weltauslegung gesehen und zT realisiert worden war, durch seinen Ansatz wesentlich verschärft. Der Zwei-Substanzen-Dualismus des Descartes hat die Teilung der Welt in eine Sphäre des S.s und in eine Sphäre des O.s, die ohne Vermittlung sind, entscheidend mit verursacht. Indes hat die neuere Forschung gelehrt, daß man Descartes nicht isoliert sehen darf. Er steht nicht nur an einem Anfang, sondern auch an einem Ende, das den vorläufigen, radikalisierenden Abschluß der langen Geschichte des Bewußtseinsproblems in Antike und MA bezeichnet. Descartes' Originalität besteht in der schöpferischen Radikalisierung eines tradierten Problembestandes. Das gilt auch für die Polarität von S. und O., wobei bes. zu beachten ist, daß Descartes durchweg noch an dem alten, dem heutigen entgegengesetzten Verhältnis der Begriffe S. und O. festhielt. Es empfiehlt sich daher, bei der Übertragung der S.-O.-Korrelation im nachcartesischen Sinne auf den Zweisubstanzen-Dualismus bei Descartes eine entsprechende, die historischen Tatbestände berücksichtigende Umsicht walten zu lassen.

Im allgemeinen Sprachgebrauch werden die Ausdrücke S. und O. heute ganz undefinit benutzt, und keineswegs ist etwa eine bestimmte philosophische Verwendung dieser Begriffe in die Umgangssprache übergegangen, wie das vor allem vom modernen Anti-Cartesianismus behauptet wird. Vielmehr ist der heute alltägliche Gebrauch der Ausdrücke S. und O. ganz uncartesisch und auch uncartesianisch und meint nichts anderes als den erkennenden und wollenden Menschen in seiner konkreten, leibhaftigen Ganzheit einerseits und die Sache, das Ding, worauf sich die Akte des Menschen richten, andererseits. Mit dieser umgangssprachlichen Unterscheidung ist ein wichtiger hermeneutischer Hinweis gegeben, der den Sinn der Ausdrücke S. und O. deutlich machen könnte. Das Zerfallen der Welt in das Eine des Ich und das Andere des Nicht-Ich ist diejenige Form, unter welcher allein ein nicht-mythisches Denken überhaupt nur möglich ist. - Vgl. → Subjektivismus.

R.EUCKEN, Gesch. d. philos. Terminologie, 1879 - H.RICKERT, Der Gegenstand d. Erkenntnis, (1892) 1928[6] - H.COHEN, Logik d. reinen Erkenntnis, (1902) 1922[3] - N.HARTMANN, Grundzüge einer Metaphysik d. Erkenntnis, (1921) 1949[4] - EISLER II, 275ff; III, 165ff - C.F.v.WEIZSÄCKER, Zum Weltbild d. Physik, (1943) 1958[7] - M.HEIDEGGER, Die Zeit d. Weltbildes (in: Holzwege, 1950, 69-104) - G.KAHL-FURTHMANN, S. u. O. (ZPhF 7, 1953, 326-339) - M.HAGMANN, Descartes in d. Auffassung durch die Historiker der Philos., 1955 - G.KRÜGER, Grundfragen d. Philos., 1958 - N.BOHR, Atomphysik u. menschl. Erkenntnis, 1958 - W.HEISENBERG, Physik u. Philos., 1959 - K.OEHLER, Die Lehre vom noetischen u. dianoetischen Denken bei Platon u. Aristoteles, 1962. - Vgl. ferner die Lit. zu den genannten Denkern u. Richtungen sowie zu → Erkenntnistheorie u. → Subjektivismus.

K.Oehler

Subjektivismus (= S.mus; S. = Subjekt, O. = Objekt, O.mus = Objektivismus) wird im *täglichen Sprachgebrauch* eine Haltung genannt, die eine objektiv bestimmte oder bestimmbare Sachlage als Kriterium einer Wirklichkeit nicht anerkennt, sondern vom subjektiven Denken, Fühlen, Wollen, Werten oder Glauben des Menschen ausgeht. Die scheinbare Eindeutigkeit dieser Bezeichnung wird jedoch bereits fragwürdig, wenn man berücksichtigt, daß sie je nach dem Standpunkt in abschätzigem oder anerkennendem Sinne angewandt wird. Eine Erörterung dieses wichtigen Problems der Philosophie will der religiösen Fragestellung vorarbeiten und gedankliche Voraussetzungen für den in Theologie, Religionssoziologie und Religionsphilosophie gebräuchlichen wechselseitigen Vorwurf des S.mus bzw. O.mus analysieren. Hegel bezeichnet die Beziehung des S.s auf das O. als »den interessantesten, und damit den schwierigsten Punkt der Philosophie« (VI, 115). R.Eucken ist der begründeten Auffassung: wie innerhalb der Philosophie »in dies Problem alle übrigen Probleme münden, so enthält sein heutiger Stand die Wirkungen der gesamten Geschichte«.

Bereits eine *doxographische Erörterung* zeigt, daß weder der Begriff des S.s noch der des O.s in seiner Bedeutung feststeht oder als ein selbstverständlicher Besitz des Denkens betrachtet werden kann. Als späte Erzeugnisse der Reflexion unterliegen sie inneren Wandlungen, die derart tiefgreifend sind, daß der moderne Gebrauch geradezu das Gegenteil etwa der mittelalterlichen Verwendung besagt (→ Subjekt und Objekt). Erst im 17.Jh. taucht die neue, uns bis heute geläufige Bedeutung auf, die den Sachgesichtspunkt nicht mehr als »subjektiven« und den Gesichtspunkt der Vorstellung nicht mehr als »objektiven« versteht. Die Beziehung von S. und O. wird zur »unsichtbaren Achse, um welche die neuen Weltsysteme rotieren« (F.Heinemann). → Descartes schlägt mit dem »neuzeitlichen« Gedanken, daß das Bewußtsein des S.s das primär Gegebene sei, das Leitthema an, dem unterschiedlichste Richtungen verpflichtet sind. Während der *positivistische* S.mus am Inhalt der Erfahrungen des Bewußtseins anknüpft, geht der *transzendentale* S.mus primär vom Verstand als dem die Erfahrungswelt formenden Prinzip aus und versucht der *metaphysische* S.mus, die Welt als solche aus dem schöpferischen Grund des Ich abzuleiten. In solchem Sinne bedeutet S.mus demnach eine fundamentale Haltung, durch die der Mensch bestimmt, was Wirklichkeit ist. Das *Ich* ist gewissermaßen der ruhende Pol in der Erscheinungen Flucht. Demgegenüber bezeichnet O.mus eine Haltung, die eine subjekt-unabhängige Wirklichkeit, sei es von Wahrheiten, Werten oder Ordnungen, annimmt. Dementsprechend ist das *Gegebene* der ruhende Pol in der Ideen Flucht.

→ Kants »Kritizismus« hatte die ausschlaggebende Rolle der Anschauungsformen von Raum und Zeit und der Verstandeskategorien beim Zustandekommen von Erfahrung nachgewiesen. Sein *»subjektiver Idealismus«* erweitert dabei die »S.ivität« derart, daß ihr nur noch das → »Ding an sich« gegenübersteht. Um dem Vorwurf des S.mus zu begegnen, bezeichnet er Urteile dann als »subjektiv« und zufällig, wenn sie lediglich von einem individuellen Bewußtsein getroffen werden, als »objektiv« und notwendig, wenn sie dem → Bewußtsein überhaupt, dem sog. transzendentalen Bewußtsein, entstammen. Es ist leicht ersichtlich, daß damit nur eine *»subjektive O.ivität«* (E.Platner) gemeint sein kann. → Fichte steht noch eindeutiger auf der Seite des S.mus, insofern für ihn das Ich *»subjektives S.-O.«* ist. Zu ihm in Gegensatz tritt → Schelling, der in seiner Naturphilosophie die Einheit der bewußtlosen Tätigkeit, die in der Natur wirkt und die objektive Welt produziert, mit der bewußten, im Willen des Menschen und subjektiv wirkenden Kraft behauptet. Damit betont der *»objektive Idealismus«* nur die andere Seite, das *»objektive S.-O.«*. Um den unfruchtbaren antithetischen und polemischen Gegensatz »aufzuheben«, entwickelt → Hegel sein dialektisches System, in welchem sowohl S. als auch O. *»beide* als S.-O. gesetzt werden« (1, 122ff). Er versucht, beide Seiten zu »vermitteln«, dh die *Substanz* als die Bewegung des sich in sich selbst Reflektierens, also als *S.* »darzustellen« (2, 26ff). Diese Spekulation, eine systematische Synthese der bisherigen Ansätze, stellt auf dem Boden eines *»absoluten Idealismus«* einen ersten großartigen Versuch der Lösung des Grundproblems der Philosophie dar, selbst wenn das Wahre wiederum nur als das S. erfaßt wird, das sein Gewußtes oder seine Substanz im unbedingten Sich-selbst-wissen hat.

Für einen auf lediglich deskriptive Typologie oder spekulative Systematik verzichtenden *methodischen* Gedankengang zeigt sich in der Tatsache der merkwürdigen Begriffszusammenstellungen, zu denen sich diese Philosophien genötigt sahen, der Zwang, einem Phänomen gerecht zu werden, das bei Herausstellung der als fundamental betrachteten S.-O.-Beziehung und einem Beharren auf einem reinen O. oder einem reinen S. nicht nur nicht getroffen, sondern mißdeutet wird. Für die moderne Philosophie seien drei Lösungsversuche herausgestellt.

a) *E.Cassirer* geht von der Tatsache aus, daß gegenseitig sich bekämpfende Richtungen entsprechend den philosophischen Bezugssystemen sich jeweils des S.mus oder des O.mus beschuldigen. Er lehnt sowohl die Auffassung ab, das Primäre in dem die Wirklichkeit konstituierenden S. zu sehen, als auch diejenige, die Gegebenheit des O.s als vorrangig zu betrachten. Immer in Leben und Wissenschaft werden mit »subjektiv« und »objektiv« aufeinander bezogene, korrelative Begriffe gemeint. Demgemäß handelt es sich nach Cassirer um eine *»funktionale«*, nicht um eine »substantielle« Unterscheidung. Als subjektiv wird jeweils eine partikulare Erfahrung gegenüber einer umfassenderen bezeichnet. Die moderne Naturwissenschaft entschließt sich gegenüber dem gewissermaßen »objektiven Weltbild« der klassischen Physik zu einer prinzipiellen Erweiterung ihres Gegenstandshorizontes. In ähnlicher Weise könne heute nicht mehr nach dem metaphysischen Wesen des S.s oder O.s gefragt werden, sondern nur nach ihrer durch Aufbau und Fortschritt der Erfahrungserkenntnis jeweils neu zu bestimmenden Stelle in einem geschlossenen logischen Ganzen, dem Funktionszusammenhang empirischer Erkenntnis. Die Erkenntnisrelation sei prinzipiell zweigliedrig. Über sie könne nicht hinausgegangen werden.

b) Bei → *Jaspers* erwächst der Lösungsversuch aus dem Begriff der *Existenz*. → Kierkegaard hatte noch in bewußter Kritik an allen Formen der »objektiven Reflexion« - die immer stärker vom konkreten S. wegführe und in der Gleichgültigkeit gegenüber dem S. geradezu die Probe auf die O.ivität ihres Strebens sehe - zum Angelpunkt seiner Philosophie und Theologie das sich in seine S.ivität vertiefende S. gemacht (VI, 251). Das Mißzuverstehende an diesem betonten S.mus schaltet Jaspers durch den Terminus Existenz aus. »Unzurückführbares Urphänomen« menschlichen Bewußtseins ist ihm, daß ich - als S. - auf einen Gegenstand - das O. - intentional gerichtet bin. Dieses alltäglichste Phänomen, daß nichts, was für uns ist, sich dem Gegenständlichen entziehen kann, ist zugleich das erstaunlichste und rätselvollste. Der ergebnislose Kampf der verschiedenen erkenntnistheoretischen Standpunkte läßt erkennen, daß wir immer »in« der Spaltung, niemals auf einer ihrer Seiten stehen können. Aber wenn auch alles, was für uns Sein ist, in die Spaltung treten muß, ist es doch nicht so, als ob alles Sein als Gegenstand adäquat zu ergreifen wäre. Weder der eine Pol, die Leibhaftigkeit der Realität, die ontologische O.ivität, noch der andere Pol, die gegenwärtige Erfüllung des Erlebens, das Geschehen der S.ivität, vermitteln einen absoluten Halt. Der Weg des wahren Philosophierens, der in der Polarität das Sein ergreift, gelingt nur, wenn aus dem Bewußtsein der Grenze die Erfahrung erwächst, daß Existenz dem Ursprung offen ist, und wenn die bisherigen »Standpunkte« als Gleichnisse, Symbole und Chiffern eines »Umgreifenden« in die Schwebe gebracht werden. Im »seinsdurchglühten Denken«, dh im transzendierenden Denken gelingt der methodische Durchbruch, *innerhalb* der »unentrinnbaren« S.-O.-Spaltung derart zu denken, daß die Spaltung überwunden und das sie Umgreifende erhellt wird. Der Jaspers gegenüber oft erhobene Vorwurf des S.mus und Relativismus berücksichtigt zu wenig, daß für ihn S.ivität nur die Erscheinung der dem Ursprung offenen Existenz ist und Relativieren nicht besagt, gegenständliche Aussagen für falsch erklären, sondern lediglich ihre Verabsolutierung verhindern.

c) → Heideggers *fundamentalontologische Existentialphilosophie* wurde verschiedentlich auch als S.mus angesprochen. Heidegger selbst jedoch interpretiert die bisherige Geschichte der Philosophie als den Prozeß einer immer eindeutiger hervortretenden Vergegenständlichung des → Seins durch die Logik der Vernunft. Die Organisation der Herrschaft des vorsätzlichen Sichdurchsetzens im Gegenständigen muß nach ihm in ihrem Wesen als S.mus erkannt und radikal »destruiert« werden, um das Geschick der »Seinsvergessenheit« zu wenden. Seine späteren Schriften lassen stärker die durch Wissenschaft und Technik hervorgerufene Bedrohung sichtbar werden, daß unter dem Gesetz der »S.ität« jedes Seiende als solches zum Gegenstand wird; der Mensch stehe sogar in der Gefahr, unter der Herrschaft des »Gestells« zum Bestand eines alles verfügbar machenden totalen Bestellens zu werden, das sowohl das S. als auch das O. als Bestände aufsaugt. Manches Mißverständnis gegenüber Heidegger beruht darauf, daß dieser für sein transzendierendes Denken zwar den Ansatz beim S.begriff strikt abwehrt, aber zur Verdeutlichung seines eigenen Denkens und zur Abhebung von dem noch geltenden neuzeitlichen Denken gezwungenermaßen mit den Termini »S.« und »O.«, wenn auch kritisch, arbeitet. Wenn er davon spricht, daß »die Transzendenz (der Überstieg) das Wesen des S.s bezeichnet« und Grundstruktur der S.ivität ist, so will er damit gerade sagen, daß das → *»Dasein«* nie zuerst als »S.« existiert, um dann, sofern es so etwas wie »O.« gibt, auch zu transzendieren. Jede »Wendung zum S.« in der Erkenntnistheorie und jede »Wendung zum O.« in der Metaphysik der Erkenntnis hat bereits das primäre ontologische Grundphänomen gesprengt und vermag dieses nicht wieder aus den Sprengstücken S. und O. zusammenzuschweißen. Das zutreffend verstandene Erkennen ist ein im vorgängigen »In-der-Welt-sein« fundierter Modus des Daseins. Nach Heidegger ist es der »Skandal der Philosophie« (Kant), daß immer noch Beweise für das Dasein der Dinge versucht werden oder aber das Seiende auf ein Bewußtsein zurückgeführt wird, statt daß das ursprüngliche Phänomen des »In-der-Welt-seins« entdeckt und bedacht wird. Weder ein weltloses Ich kommt zum O. noch eine ichlose Welt zum S. Heideggers These von der → Geschichtlichkeit des »Daseins« will weder S.mus noch Relativismus noch Historismus sein. Sie besagt, daß die Zeit weder im »S.« noch im »O.« vorhanden, weder »innen« noch »außen« ist, sondern daß sie »früher« ist als jede S.ivität und O.ivität, weil sie »die Bedingung der Möglichkeit selbst für dieses ›früher‹ darstellt«. Die existentiale Analytik des Daseins hintergreift den S.mus.

G.F.W.Hegel, Vergleichung des Schellingschen Princips der Philos. mit dem Fichteschen (Sämtl. Werke, hg.v. H.Glockner, Bd 1) - Ders., Phänomenologie des Geistes (ebd Bd 2) - R.Eucken, Geistige Strömungen der Gegenwart, 1916[5] - M.Heidegger, Sein u. Zeit, (1927) 1961[10] - Ders., Nietzsche I. II, 1961 - F.Heinemann, Neue Wege der Philos., 1929 - Eisler III, 174 - G.W.Cunningham, The Idealistic Argument in Recent British and American Philosophy, 1933 - E.Cassirer, Was ist S.mus? (in: Theoria 5, Kopenhagen 1939, 111-140) - J.Dewey, The Objectivism-Subjectivism of Modern Philosophy (Jour. Philos., 1941, 533-542) - J.Maréchal, Le point de départ de la métaphysique III-V, 1944-49[2] - K.Jaspers, Von der Wahrheit, 1947 - F.Battaglia, Il problema morale nell' esistenzialismo, 1949[2] - F.-J.v.RINTELEN, Philos. der Endlichkeit als Spiegel der Gegenwart, (1951) 1961[2] - F.GOGARTEN, Die Wirklichkeit des Glaubens. Zum Problem des S.mus in der Theol., 1957 - Sinn u. Sein. Ein philos. Symposion, hg.v. R.WISSER, 1960, s.v. - Vgl. die Lit. zu → Subjekt und Objekt. *R.Wisser*

Submersionstaufe → Taufe: V.

Subsidiarität

1. In der kath. Soziallehre - 2. In der theoretischen Wirtschaftspolitik - 3. In der praktischen Sozialpolitik. - S. = Subsidiaritätsprinzip

1. Das Wort Subsidiarität (»Hilfeleistung«) wird fast ausschließlich im Begriff des S.s gebraucht, das in der neueren *kath. Soziallehre* beheimatet ist. Die Enzyklika »Quadragesimo anno« (1931; → Katholisch-sozial) betont, es würde gegen die Gerechtigkeit verstoßen, »das, was die kleineren und untergeordneten Gemeinschaften leisten und zum guten Ende führen können, für die weitere und übergeordnete Gemeinschaft in Anspruch zu nehmen« (Nr. 79). Das S. ist wie das → Solidaritäts-Prinzip ontologisches Prinzip, aus dem Folgerungen für die Struktur der Gesellschaft erst abgeleitet werden müssen. Ob jedoch die Bezeichnung im lat. Text der Enzyklika als »gravissimum illud principium« deutsch mit »jener oberste sozialphilosophische Grundsatz« sinnentsprechend wiedergegeben ist (Übersetzung von G.Gundlach SJ), oder ob es nur »ein höchst schwerwiegendes Prinzip« (A.F.Utz OP) ist, wird heute in der kath. Soziallehre diskutiert. Damit steht aber gleichzeitig zur Debatte, ob das S. dem Solidaritätsprinzip überlegen, gleichrangig oder unterlegen ist (→ Solidarität). Da das S. dem Gemeinwohl zu dienen hat, kann aus ihm keinesfalls eine totale Verbandsautonomie abgeleitet werden. Die Anwendung des S.s ist in der Theorie der Wirtschaftspolitik und der praktischen Sozialpolitik heute Gegenstand heftiger Erörterungen.

2. In der *Theorie der → Wirtschaftspolitik* geht es dabei um die Frage, ob die Berufsständische (Leistungsgemeinschaftliche) Ordnung (→ Stand, 1) heute eine adäquate Anwendung des S.s ist, oder ob nicht ein im Sinne des Neoliberalismus geordneter Wettbewerb bereits dem S. entspricht. Die meisten Vertreter der kath. Soziallehre kommen zu dem Schluß, daß die neoliberale Wettbewerbsordnung allein nicht ausreicht, um eine menschenwürdige Wirtschaftsordnung zu erstellen, und sehen in ihr noch nicht die der kath. Soziallehre entsprechende Anwendung des S.s. Allerdings ist es in der kath. Soziallehre noch nicht zu einer einheitlichen Auffassung über die konkrete Anwendung des S.s in der Wirtschaftspolitik gekommen. - Von neoliberaler Seite wird die Leistungsgemeinschaftliche Ordnung im Widerspruch mit dem S. gesehen (Hensel); doch wird dabei nicht beachtet, daß das S., sozialphilosophischer Natur, immer auf das Gemeinwohl ausgerichtet ist. Auf der Ebene der theoretischen Wirtschaftspolitik hat dagegen die kath. Soziallehre noch nicht den Beweis erbracht, daß die Leistungsgemeinschaften in erster Linie dem Gemeinwohl und nicht ihren eigenen Interessen dienen würden.

3. In der *praktischen → Sozialpolitik* spielt das S. beim Bundessozialhilfegesetz (1961) und bei der Novelle zum Jugendwohlfahrtsgesetz (1961) eine Rolle. Nach § 10, 4 des Bundessozialhilfegesetzes sollen die Träger der Sozialhilfe von der Durchführung eigener Maßnahmen absehen, wenn die Hilfe im Einzelfalle durch die freie → Wohlfahrtspflege gewährleistet wird. § 5, 3 des neugefaßten Jugendwohlfahrtsgesetzes bestimmt, daß das (kommunale) Jugendamt »von eigenen Einrichtungen und Veranstaltungen ... abzusehen« hat, »soweit geeignete Einrichtungen und Veranstaltungen der Träger der freien Jugendhilfe vorhanden sind«. Auf kath. Seite wird die kommunale Tätigkeit nicht als eine eigenständige im Sinne des S.s, sondern als eine staatliche Auftragsangelegenheit angesehen. Man wird diese Auswirkung des S.s auf die Gesetzgebung jedoch nicht allein der kath. Soziallehre zuschreiben dürfen, da auch ev. Abgeordnete den Gesetzen nach vorheriger Beratung mit den ev. Vertretern der freien Wohlfahrtspflege zugestimmt haben. - Diese Gesetze haben die Frage nach der Stellung der ev. Sozialethik zum S. laut werden lassen. Die ev. → Sozialethik kennt keine die Gesellschaft konstituierende Prinzipien. Deshalb kann für sie das S. nur Gegenstand praktischer Erörterung sein. Gefährlich wird die Bejahung des S.s dann, wenn sie aus rein verbandsegoistischen Motiven geschieht. Andererseits darf eine Betonung kommunaler Tätigkeit auf dem Gebiete der Wohlfahrt und Fürsorge auch nicht ohne weiteres mit der Einstellung ev. Sozialethik identifiziert werden. Diese wird sich ausschließlich nach dem Gesichtspunkt zu richten haben: Was dient denen am besten, denen die gesetzgeberischen Maßnahmen zugute kommen sollen? Wo sich kommunale Einrichtungen oder solche der freien Wohlfahrtspflege bewährt haben, sollten sie nicht beseitigt werden, nur um einem Prinzip Genüge zu tun.

K.P.HENSEL, Ordnungspolit. Betrachtungen zur kath. Soziallehre (im Sinne der Enzykliken Rerum Novarum u. Quadragesimo Anno) (Ordo II, 1949, 229-269) - A.F.UTZ (Hg.), Das S., 1953 - DERS., Formen u. Grenzen des S.s, 1956 (Lit.) - E.LINK, Das S., 1953 (Lit.) - C.CORDES, Können wir das S. übernehmen? (ZEE 3, 1959, 145-157; Lit.) - K.JANSSEN, Theol. Aspekte des S.s im dt. Jugendwohlfahrtsrecht (ebd 158-166; Lit.) - DERS., Subsidiarität als sozialpolit. Grundprinzip? (JK 22, 1961, 468-471) - S.HEINKE, Die Freiheit des Menschen in der Sozialordnung unserer Zeit (Sozialer Fortschritt 10, 1961, H. 4, 75-81; Lit.) - DERS., Die Neuordnung der sozialen Selbstverwaltung als gesellschaftspolit. u. sozialethisches Problem (in: ZEE 6, 1962) - E.E.NAWROTH, Die Sozial- u. Wirtschaftsphilos. des Neoliberalismus, 1961. - Vgl. die Lit. zu → Solidarität, → Stand. *H.Weber*

Substanz. Kein anderer Ausdruck der traditionellen metaphysischen Begriffssprache ist für die christliche Theologie so bedeutungsvoll geworden wie der der S. Die Bindung früher Formulierungen der Trinitätslehre (→ Trinität: III), → Christologie (: II) und Sakramentenlehre an diese Grundvorstellung brachte zwar die christliche Lehre mit der antiken Philosophie formal in Einklang, enthielt aber doch zugleich ein entscheidendes Mißverständnis der Möglichkeiten einer solchen Harmonisierung, deren innere Widersprüche spätestens mit der vollen Entfaltung des dogmatischen Systems in der Scholastik zutage treten mußten. Darüber hinaus aber mußte die Überwindung der S.metaphysik im ausgehenden MA die auf sie bezogenen Aussagen der Theologie hinsichtlich ihrer Geltung und Verständlichkeit in Mitleidenschaft ziehen.

S. (substantia) ist Latinisierung von ὑπόστασις, das in der hellenistischen Schulsprache weitgehend anstelle von οὐσία trat. Beide Begriffe entstammen dem elementaren Versuch, einen Grundbestand der in der Welt begegnenden Dinge und Vorgänge zu erfassen, wobei »Bestand« in dem doppelten Sinne dessen, *woraus* etwas besteht und *worin* etwas besteht, zu nehmen ist. Zugleich meint οὐσία auch die Beständigkeit dieses Bestandes als des unaufhebbaren Wesenskernes einer Sache, der im Wechsel der an ihr auftretenden Bestimmungen sich durchhält (οὐσία ist umgangssprachlich »Eigentum«, »Vermögen«); logisch wird diese »Eigentlichkeit« in der Definition erfaßt. Letztlich wurzelt der S.begriff in der Frage nach dem Unvergänglichen, ob dieses nun in den Elementen und Atomen, in den ewigen Urbildern, in den ewigen immanenten Wesensformen oder in den ewigen Weltgedanken der Gottheit gesehen wird. In jedem Falle ist die Zuverlässigkeit und geistige Faßbarkeit der Dinge nicht in ihrer faktischen Gegebenheit, sondern in einem nur mittelbar an ihnen präsenten »Hintergrund« fundiert. Zuerst bei → *Plato* ist οὐσία das, was dem sokratischen Fragen nach der Definition seinen Bezug gibt. Bei → *Aristoteles* tritt die S. im System der Kategorien (Prädikatsgattungen) an die erste Stelle: sie ist der Grund der Möglichkeit aller Prädikate und der Einheit ihrer Zuordnung, grammatisch repräsentiert im Satzsubjekt. Daß trotz Veränderung und Bewegung in der Welt »etwas *ist* so und so« gesagt werden kann, beruht auf der substantialen Struktur des Seienden. Das grammatische Kriterium gibt dem konkreten Individuum einen systemwidrigen Vorrang als »erste S.« insofern, als das Individualnomen nur als Subjekt fungieren kann, während die definible »zweite S.« auch Prädikatsnomen werden kann (→ Individuation). Der aristotelische S.begriff enthält ein ontologisches Ordnungsprinzip: die Abnahme des Grades der Bedingtheit eines Seienden durch anderes »steigert« die Substantialität (= Seinsintensität), so daß im exemplarischen und eminenten Sinne nur das Seiende S. ist, das als ganz in sich selbst begründet gedacht werden kann, nämlich Gott. Eine Synthese von S.metaphysik und jonischer Naturphilosophie vollzogen die *Stoiker* (→ Stoa), indem sie den Stoff als eigentliche S. bezeichneten. Das wurde bedeutsam für die lat. Rezeption in »substantia«, das zuerst bei → *Seneca* belegt ist und dort das Wirkliche im Sinne des Körperlichen, kontrastiert gegen das nur bildhaft Vorgestellte, bezeichnet (Ep. 58, 15). In der trinitarischen und christologischen Terminologie der *Patristik* (natura, persona, substantia, hypostasis), die im Grunde die mythisch-antike Auffassung einer Metamorphose von den christlichen Theologumena fernhalten will, verliert auch der S.begriff seinen authentischen Gehalt und übernimmt ihm ganz heterogene Aussagefunktionen. Das zeigt sich vollends in der Verwendung für die dogmatische Lehre von der Transsubstantiation (→ Abendmahl: II, 2), die zur Voraussetzung hat, daß die S. gegen ihre akzidentellen Bestimmungen als indifferent und austauschbar gedacht werden kann. Im → *Nominalismus* bleibt allein die »erste S.« des Aristoteles relevant, während die rationale Erfaßbarkeit durch die Identifizierung von S. und Quantität neu begründet wird. Nicht zufällig hat → Ockham seinen Begriff der Quantität zuerst in dem Traktat De transsubstantiatione entwickelt. Die Zurückführung aller Bestimmungen auf solche der Quantität, also eine wesentliche Voraussetzung naturwissenschaftlicher Methodik, ist hierin zwar angelegt, aber doch noch nicht möglich gemacht. Die Theologie der *Reformatoren* läßt sich weithin durch ihre Abneigung gegen die Grundvorstellung der S. charakterisieren (trotz klarer Rudimente wie der manducatio impiorum in der Abendmahlslehre). Die Voluntarisierung des Gottesbegriffes läßt jedes Moment von »Selbstand« der → Schöpfung (: IV A) als antik-heidnischen Rest erscheinen, der aufgehoben wird durch die Begründung aller Beständigkeit auf die creatio continua, die allein durch das Band der göttlichen »Treue« zur creatio originans die zuverlässige Selbigkeit der Welt gewährleistet. Glauben ist Appell an und Erwiderung von Treue und damit Verzicht auf die physische Verläßlichkeit der S. Diese Zuspitzung der metaphysisch-theologischen Antithetik erzwingt als Selbstbehauptungsreaktion der Vernunft die Tendenz zu neuer »Substantialisierung«, die als neue Atomistik, als Fahndung nach naturimmanenten Konstanten (Inertialprinzip, Massenbegriff) und als Darstellung des Subjekt-Objekt-Bezuges durch den Dualismus der geistigen und der ausgedehnten S. bei → *Descartes* greifbar wird. → *Spinoza* vollendet und übersteigert die innere Tendenz des S.begriffs auf Einheit und Rationalität: per substantiam intelligo id quod in se est et per se concipitur. Diesen Monismus der S. versucht → *Leibniz* in seiner Monadenlehre zu vereinigen mit der Erklärungsleistung des atomistischen Pluralismus: die Monade ist als Repräsentation des Universums in allen Stufen der Bewußtheit Subjektivität, als vorgestellte Kohärenz von Krafteinheiten physische Objektivität. Geist und Materie sind nur verschiedene Aspekte der S. Mit dieser letzten systematischen Konsequenz ist das metaphysische Prinzip ausgeschöpft.

A. TRENDELENBURG, Gesch. der Kategorienlehre I, 1846 - E. CASSIRER, S.begriff u. Funktionsbegriff, 1910 - C. ARPE, Substantia (Philologus 94, 1941, 65-78) - G. PATZIG, Die Entwicklung des Begriffs der Usia in der »Metaphysik« des Aristoteles (Diss. Göttingen), 1950 - A. MAIER, Metaphysische Hintergründe der spätscholast. Naturphilos., Rom 1955, 141ff - W. BÜCHEL, Quantenphysik u. naturphilos. S.begriff (Schol. 33, 1958, 161-185) - H. HEIMSOETH, Atom, Seele, Monade (AAMz 1960, 3). - Vgl. die Lit. zu → Hypostasen.

H. Blumenberg

Suburbikarische Bistümer, Bezeichnung für die Suffragandiözesen von → Rom (: I) in der Umgebung der Stadt, das antike suburbium bildend. Die Bischöfe der s.n B. sind seit den ältesten Zeiten Amtsgehilfen und Mitarbeiter des Papstes und genießen deshalb besondere Vorrechte (zB weiht der Bischof von Ostia den neugewählten Papst, falls diesem noch Weihen fehlen). Mit dem Klerus von Rom bilden sie den Kreis, aus dem das → Kardinals-Kollegium hervorgegangen ist, in dem sie heute als Kardinalbischöfe die Ranghöchsten sind. Die 7 s.n B. sind: Albano, Frascati (Tusculum), Ostia, Palestrina, Porto und S. Rufina, Sabina und Poggio Mirteto, Velletri. Seit ca 1120 gibt es aber nur 6 Kardinalbischöfe, weil der Bischof von Ostia, der immer der Kardinaldekan ist, die Diözese behält, aus der er kommt. An die Stelle des Optionsrechts der Kardinalpriester auf die Bischofsstellen (c. 236 § 3 CIC) ist durch Motuproprio Johannes XXIII. vom 10.3.1961 (AAS 53, 1961, 198) die freie Ernennung der s.n Bischöfe durch den Papst getreten.

P.F. KEHR, Italia Pontificia II, 1907, 14f. 17f. 24. 30f. 37f. 47f. 53f - H.W. KLEWITZ, Reformpapsttum u. Kardinalkolleg, 1957, 11ff - MdKI 12, 1961, 30f - AnnPont 1962, 1325. *R. Manselli*

Sucht und Suchtgefahren. Der S. im Sinne einer *Toxikomanie* liegt das unbezwingbare Verlangen nach euphorisierenden, beruhigenden, schlafbringenden, schmerzstillenden oder anregenden Stoffen zugrunde. Sie läuft auf eine gänzliche Abhängigkeit von der chemischen Substanz hinaus. An der Schwelle steht der Rausch, in dem sich der Betroffene der *Unerträglichkeit einer Lage* glaubt entziehen zu können. Diese Unerträglichkeit kann einerseits körperlich begründet sein, etwa durch einen chronischen Schmerzzustand, oder aber seelisch durch Konfliktbildungen und Belastungen angesichts einer aussichtslosen Situation. Unerfülltheit und Entleerung, sofern sie als quälend und nicht behebbar erfahren werden, können maßgebend wirken. Im Mittelpunkt steht vielfach der Mensch, der sich nicht genug sein kann und der Vergegenwärtigung seiner Uneigentlichkeit und Unwesentlichkeit zu entrinnen versucht. Gewissenskonflikte sollen zum Schweigen gebracht werden. Anstelle vorenthaltener Erfüllung und nicht erreichbaren Ausgleichs kann eine Art Ersatzbefriedigung gesucht werden. Im *Rausch* soll die Leere, die nicht mehr ertragen werden kann, aufgehoben, ein anderweitig nicht unterdrückbares Mißbehagen beseitigt oder vermieden werden. Rausch und S. stehen im Dienst des Dranges der gesteigerten Leere.

Dabei geht es nicht unbedingt um Euphorisierung, vielfach nur um eine sonst nicht erreichbare Ruhe, Entspannung und Beschwichtigung, um die Befreiung von störenden Hemmungen, um Vertiefung des Selbstvertrauens und – so wird oft argumentiert – zunächst einmal um Steigerung der Leistungsfähigkeit. Hinzu kommt im Hintergrund ein nicht übersehbares destruktives Moment. Wesensmerkmal ist vielfach die Verzweiflung. Aber letzten Endes wird auf diesem Wege nur eine *Gehobenheit ohne Boden* vermittelt. Den zur Bewältigung gesetzten Gegebenheiten wird ausgewichen. Die Tragik dieser Scheinlösung liegt darin, daß zwar die Unerträglichkeit der Lage für einen Augenblick verdeckt oder zurückgedrängt, nicht aber auf die Dauer aufgehoben werden kann. Die anfänglichen Triumphgefühle, mit denen eine Art Scheinwelt hat erobert werden können, verrauchen, sobald die unmittelbare Wirkung des Mittels nachläßt, und schaffen nur einen um so unerträglicheren Zustand, der eine erneute Mittelzufuhr erheischt. Der Weg wird mit der immer größeren Verfallenheit an das Mittel, das zur Behebung dienen sollte, bezahlt. Hier macht sich nämlich das unheilvolle Gesetz der *Gewöhnung* geltend. Der Organismus gewinnt bei regelmäßiger Zufuhr des Giftes die Fähigkeit, immer größere Mengen anscheinend reaktionslos zu vertragen. Zur Hervorrufung der gleichen subjektiven Wirkung werden immer größere Dosen notwendig. – Der Betroffene ist nun um so mehr auf die Mittelzufuhr angewiesen, als sich beim Absetzen quälende *Entziehungserscheinungen* einzustellen pflegen. Der ängstlich gefärbten inneren Unrast und Unruhe entspricht körperlich eine quälende vegetative Labilisierung mit Schweißausbrüchen und Frösteln, ja es kann zu ernstlichen Kreislaufkomplikationen, generalisierten Krampfanfällen oder gar deliranten Zuständen kommen. Diese Entziehungserscheinungen können, schon wenn sie gerade eben anheben, so quälend sein, daß der Betroffene alles daran setzt, ihnen zu entgehen. Die sofortige Befreiung wäre im Falle erneuter Mittelzufuhr gewährleistet. Sie würde aber die verhängnisvolle Verfallenheit dem chemischen Objekt gegenüber nur um so mehr verstärken. Hat sich der Betroffene anfangs mehr oder weniger freiwillig, ahnungslos, leichtsinnig oder unter dem Druck unerträglicher Zustände auf diesen Weg begeben, so befindet er sich schließlich in einem selbst geschaffenen Gefängnis, aus dem er sich aus eigener Kraft nicht mehr befreien kann. Die S. entspricht der *Unfreiheit* des Menschen *in höchster Potenz,* verkörpert das Zerrbild des Menschen in einer Abhängigkeit und Würdelosigkeit sondergleichen.

Die Frage nach der *Ausgangspersönlichkeit* darf nicht voreilig damit beantwortet werden, es handele sich bei allen Süchtigen um von Haus aus psychopathische Persönlichkeiten, die man womöglich noch moralisch abzuwerten berechtigt sei. Man denke an Kriegsverletzte mit Kieferverletzungen oder Amputationsneuromen, an Trigeminusneuralgiekranke und an Schlaflose. Immerhin zwingen die eingangs aufgeführten Unerträglichkeiten nicht unbedingt dazu, diesen Weg zu beschreiten. Sie gehören in geringerer Ausprägung zu den Beschwernissen, die jedem Menschen zur Bewältigung aufgegeben sind und die die meisten so oder so bestehen. Unter den Süchtigen finden sich viele, die durch äußere Umstände und die Möglichkeit eines erleichterten Zugangs verführt worden sind. So sind ja auch die Träger der Heilberufe, Ärzte, Schwestern, Apotheker, im besonderen gefährdet. Bei feinerer Analyse der Ausgangspersönlichkeit lassen sich vielfach bis in die frühe Kindheit zurückreichende *Verwöhnungsschäden* nachweisen. Unter den zur S. Disponierten finden sich viele stimmungsmäßig wenig ausgeglichene, entleerte und unerfüllte Naturen mit der Neigung, auszuweichen und in eine Scheinwelt zu flüchten. Es fehlt an dem rechten Eigenhalt. Um so größer ist der Reizhunger mit dem gleichzeitigen Anspruch auf Befriedigung. Die *Giftwahl* wird bis zu einem gewissen Grade von der Frage bestimmt, ob das S.mittel den Zustand vermittelt, auf dessen Erreichung der Organismus schon ohnehin ausgerichtet ist.

Die Lösung von der chemischen Substanz wird mit der Zeit dadurch immer unmöglicher, daß die fortgesetzte Giftzufuhr zu einer toxischen Schädigung des Organismus mit zusätzlicher Unterhöhlung aller Widerstandskräfte führt. Es kommt eine Wesensänderung mit einer *»Entkernung der Persönlichkeit«* zustande. Nach längerem Gebrauch zeigt sich eine immer größere ethische Abstumpfung, eine moralische Depravation, eine Niveausenkung ästhetischen Empfindens und eine zunehmende Kritikschwäche. Im Zuge eines allseitigen Bankrotts jeglicher Wert- und Gesinnungsbildung werden und sind Süchtige immer unaufrichtiger, verlogener und unsozialer. Im steten Bemühen um Tarnung können sie sich selber kaum noch über den Weg trauen. Alles Streben engt sich auf die Aufrechterhaltung weiterer und verstärkter Mittelzufuhr ein, vielfach in planmäßiger Vorratswirtschaft. Diesem Prinzip gegenüber verstummen alle Gegenkräfte. Entgleisungen auf *forensischem Gebiet,* von der Rezeptfälschung angefangen, sind Tür und Tor geöffnet. Ernsthafte → *Selbstmord-Versuche* bilden nicht selten den Abschluß der schier unlösbaren Situation. Es kann auch gelegentlich zu Psychosen vom exogenen Reaktionstyp kommen.

Die Frage, *auf was* sich die S. erstreckt, wird – abgesehen von der Ausgangsstruktur der Persönlichkeit – von Zeit, Mode, Gelegenheit und Art der Anwendung mitbestimmt. Spielte das Cocain nach dem 1. Weltkrieg eine große Rolle, so versickerte diese S., längst bevor das Betäubungsmittelgesetz den Mißbrauch zu unterbinden suchte. Dagegen nehmen jetzt die Schlaf- und Weckmittel einen immer größeren Raum ein. Suchtgefährlich wurden die Opiumpräparate in Europa erst mit der Einführung der Pravarz-Spritze 1864. Machte sie das Morphium zum großen Wohltäter des Menschen, so trug sie auf der anderen Seite auch dazu bei, es unter bestimmten Bedingungen zu seinem Feind werden zu lassen. Das *Betäubungsmittelgesetz* hinkt mit seinen einschlägigen Bestimmungen oft allzu spät nach, während der Mißbrauch längst in voller Blüte steht.

Die wichtigste nicht-alkohologene S. ist der *Morphinismus.* Bemerkenswert ist die Erfahrung, daß ein Teil der Menschen auf die Zufuhr von Morphium mit Kopfschmerz, Übelkeit und Erbrechen reagiert. Sie sind gefeiter als die, welche die Morphiumwirkung von vornherein als angenehm empfinden, sind aber nicht absolut gewappnet. Die Entziehungserscheinungen in Form von Zittrigkeit, Frösteln, Verfallenheit, Herzklopfen, kompletter Schlaflosigkeit und Kollapsneigung können gerade beim Morphinismus bes. schwer sein und damit eine selbsttätige Ablösung so gut wie unmöglich machen.

Nicht zuletzt unter dem Eindruck dieser S.gefahr war das Bestreben der Forschung bis auf den heutigen Tag darauf gerichtet, schmerzstillende Mittel von ähnlicher Verläßlichkeit, aber ohne S.gefährdung zu finden und womöglich als *Ersatzmittel* zu benutzen. So wurden – von den Derivaten des Opiums (Dicodid, Dilaudid Acedicon, Eukodal usw) abgesehen – Dolantin, Polamidon, Cliradon bis hin zum Jetrium unter großen Anpreisungen eingeführt, bis die Zahl der Dolantinisten, Polamidonisten, Cliradonisten bis zu den Jetriumisten darüber belehrte, daß ihre S.gefahr nicht geringer zu veranschlagen ist. Es hat den Anschein, daß jedes eindeutig wirksame schmerzstillende Mittel bei wiederholtem Gebrauch in die S. führen kann, und zwar vor allem dann - aber nicht nur -, wenn der Weg schon durch vorherigen Morphiummißbrauch gebahnt war. Als Ersatz- und Überbrückungsmittel eignen sich diese Präparate also ganz gewiß nicht. Die Abstinenzerscheinungen können gerade hier auffallend gering sein.

Angesichts der Häufung nervöser Schlafstörungen und der Neigung, sie bequem mit chemischer Substanz zuzuschütten, anstatt sie als Signal für eine Wandlung des Lebens zu nehmen, nimmt es nicht wunder, daß die Bindung an *Schlaf-Tabletten* für viele immer fester wird. An der Schwelle steht zunächst der Wunsch nach Ruhe, Vergessen, nach dem Nicht-mehr-dasein-müssen. Es ist das Lethetrinken des Menschen unserer Tage, dem aber eine immer größere S.verfallenheit folgen kann. Proportional dazu wächst der Verbrauch von *Weckmitteln* aller Art, von dem zwar verbreitetsten, aber relativ harmlosen Coffein angefangen bis zum Pervitin und Preludin, das sich vielfach als scheinbar harmloses Entfettungsmittel einführt. Damit können nicht nur Müdigkeit und Hungergefühl überwunden, sondern auch eine vermeintliche Leistungssteigerung erreicht werden, bis dann auch hier an der S.verfallenheit nicht mehr zu zweifeln ist, vielfach in Verbindung mit korrespondierendem Schlafmittelmißbrauch. Überhaupt wächst die Neigung zur *Kombination* oft gegensätzlich wirkender Präparate oder auch zur *gegenseitigen Ersetzung*. Die Art der Wirkung wird dabei weniger wichtig als das »Daß« der Mittelzufuhr überhaupt. Der polytrop Süchtige kehrt sich immer mehr heraus.

Als Beweggründe für den so verbreiteten *Nikotinmißbrauch* werden von psychoanalytischer Seite aus angeführt: das Bedürfnis nach verlängertem Lutschen, nach Erweis der Männlichkeit bzw. Gleichberechtigung und das Prinzip der Ersatzbefriedigung für manches anderweitig Vorenthaltene. Der Nikotinmißbrauch erfüllt jedoch keineswegs in jeder Hinsicht die Kriterien einer echten S. Er liegt auf anderer Ebene. Bemerkenswert ist aber die Art des Rauchens. Sie hat bes. bei manchen Frauen vielfach das Gepräge eines mehr süchtigen Verhaltens.

Schließlich kann sich die S. je nach der Ausgangspersönlichkeit und je nach der ihr begegnenden Umwelt auf beinahe alles richten. Hier seien als Beispiel nicht nur die Ticardisten erwähnt, deren S. sich auf das harmlos anmutende und weit verbreitete Hustenmittel Ticarda richtet, oder die, welche ohne »ihre Baldriantropfen« nicht mehr glauben leben zu können. Immer wenn ein Mittel oder Tun nicht mehr seinem eigentlichen Zweck und Ziel gemäß verwandt wird, wenn es Selbstzweck wird, sind wir an der Grenze, die bei gewohnheitsmäßigem Gebrauch zur S. führen kann.

Bei der *Trunk-S.* finden sich Gemeinsamkeiten. Beweggründe, Art der Anwendung, Häufigkeit des Genusses und Auswirkungen können aber auf der anderen Seite so verschieden sein, daß die sich heute mehr und mehr durchsetzende grundsätzliche Trennung von der Toxikomanie gerechtfertigt erscheint. Der Alkoholkonsum als solcher ist ja ungleich verbreiteter und harmloser. Dem Alkohol wird von weiten Bevölkerungskreisen in Abständen, u.U. auch in großer Menge bis zur Entstehung eines kräftigen Rausches, zugesprochen, ohne daß es unbedingt zu einem süchtigen Verlangen kommen müßte. So groß die Lust am Trinken sein kann, so sehr der Alkoholrausch »Höhepunkten des Lebens« vorbehalten werden kann, so pflegt sich doch der ihm Zusprechende grundsätzlich von ihm distanzieren zu können. Nur ein Bruchteil wird süchtig, und zwar offensichtlich unter Voraussetzungen, wie sie für Toxikomane im allgemeinen gelten. Das verbreitete und harmlos anmutende Gesellschafts- und Gelegenheitstrinken, vor allem aber das Geltungstrinken, können Brücke zur Verfallenheit dem Alkohol gegenüber werden. Die Hebung des Lebensstandards wirkt sich hier bes. ungünstig aus, während Zeiten der Not, der inneren und äußeren Anspannung eher eine allseitige Nüchternheit nahelegen. Aber auch für die Trunk-S. gilt, daß so mancher nicht aus Übersättigung, aus Übermut oder Leichtsinn zum Alkohol kommt, sondern aus dem Bestreben, innere Hemmungen und Unsicherheiten zu überwinden. Gerade unter den episodisch Trinkenden finden sich Menschen, die aus einem quälenden, dysphorisch gefärbten, weniger gehemmten als agitierten Verstimmungszustand heraus unter Alkoholwirkung eine Erleichterung des inneren Druckes suchen und wenigstens befristet erfahren. Was die Trunk-S. aber im besonderen noch von der Toxikomanie abhebt und schon allein deshalb eine Sonderstellung begründet, ist das Phänomen der Toleranzsenkung, das sich mit der Zeit beim Trinker einzustellen pflegt. Der Alkoholiker verträgt mit wachsendem Konsum weniger und gerät schon nach immer geringeren Mengen in einen Rauschzustand.

Die besonderen *Komplikationen der Trunk-S.* können hier nur stichwortartig erwähnt werden: einerseits der pathologische Rauschzustand, ein zeitlich auf höchstens wenige Tage befristeter Dämmerzustand mit exzessiven Affektentladungen der Angst oder der Wut, mit halluzinatorischen Erlebnissen und anschließendem Tiefschlaf. Das Delirium tremens stellt eine der gefährlichsten Spätkomplikationen chronischer Alkoholvergiftung dar und erfordert die sofortige fachärztliche klinische Behandlung. Fortgesetzter Alkoholmißbrauch kann darüber hinaus zu einem zunehmenden Persönlichkeitsabbau mit zusätzlicher Wesensänderung und Verblödung führen. Bes. gefährdet sind die, welche mit Schlafmitteln kombinieren.

Beim Blick auf die *Therapie* muß bedacht werden, daß sich im allgemeinen kein richtig süchtig Gewordener aus eigener Kraft von seiner S. zu lösen vermag. Selbst wenn er, noch dazu meist unter der Wirkung des Mittels, beteuert, er sei Manns genug, sich davon zu befreien, muß man damit rechnen, daß - sobald die Wirkung des Mittels abklingt oder sich erneut mißliche Verhältnisse einstellen - alle Vorsätze über den Haufen geworfen werden und die Rückfälligkeit evident wird. Der Süchtige pflegt zu argumentieren, es brauche ihm niemand zu helfen oder es könne ihm niemand helfen. Rückfälle sind häufiger als Dauerheilungen. Und doch sollte man um des Süchtigen, aber auch um seiner schwer betroffenen Angehörigen willen alles daran setzen, für eine Abhilfe Sorge zu tragen. Das beste Mittel ist immer noch die radikale Entziehung. Erleichterungen, Übergangslösungen und Ersatzbefriedigungen wirken sich auf die Dauer ungünstig aus und schaffen nur neu Abhängigkeiten vom Objekt. Die Entwicklung der heutigen Pharmakotherapie bringt aber Präparate, welche eine gewisse Resonanzdämpfung ermöglichen. Wenn im letzten Jahrzehnt bei der Behandlung der Trunk-S. Verekelungs-Behandlungen (gleichzeitige Verabfolgung von Brechmitteln) oder Sensibilisierungs-Behandlungen (Antabus) aufgekommen sind, so kann damit zwar bei ernstlich Gewillten gelegentlich eine Ablösung oder ein initialer Schutzdamm gegen Rückfallgefährdung erreicht werden, die Trunk-S. und ihre Überwindung ist aber im Grunde kein chemisches, sondern ein psychologisches und anthropologisches Problem.

Die Einsicht für die Notwendigkeit einer ausreichend gründlichen und vor allem hinreichend langen Entziehungskur fehlt allerdings beim Süchtigen meistens, so daß man, so unerwünscht das auch im Interesse eines Heilerfolgs erscheint, um Zwangsmaßnahmen leider manchmal nicht herumkommt. Entziehungskuren müssen unbedingt unter ärztlicher Leitung durchgeführt werden, zumal sich lebensgefährliche Komplikationen einstellen können. Während der Kur und für die Zukunft ist eine Abstinenz auch in bezug auf andere Mittel von Nutzen. Jedoch wäre mit der äußerlich erzwungenen Entziehung allein gewiß nichts gewonnen. Nur dann wird man mit einem bleibenden Erfolg rechnen können, wenn eine Wandlung der Persönlichkeit erreicht werden kann. Hier ist nun das Feld für eine vertiefte psychotherapeutische Arbeit, in der es darauf ankommt, äußerlich und innerlich eine neue Haltung in Versagensübungen, u.U. mit Hilfe formelhafter Vorsatzbildungen, einzuprägen. In besonders gelagerten Fällen kann hier auch die Hypnose ihr Anwendungsgebiet finden (→ Hypnotismus). Vor allem aber gilt es, den Gründen für das Ausweichen in den Rausch und das Abgleiten in die S. nachzugehen und zu einer Ausreifung der Persönlichkeit beizutragen. Der Betroffene muß so weit gefördert werden, daß er das S.mittel nicht wegen eines Verbotsschildes und aus Angst vor gesundheitlichen Störungen meidet, sondern weil er es dank neuen Fundamenten und einer Bereinigung der Atmosphäre nicht mehr braucht. Die psychotherapeutische Behandlung leidet darunter, daß sie sich bis zu einem gewissen Grad in einer Atmosphäre der Strenge, der Vorsicht und Skepsis abspielen muß, obwohl ersichtlich sein wird, daß nur durch die Einräumung von Freiheit wirklich Vertrauen der Umwelt und der eigenen Standfestigkeit gegenüber gewonnen werden kann. So wird man beides vereinen und je nach dem Stadium das eine vor dem anderen akzentuieren müssen: Vorsicht und Bewahrung auf der einen Seite, Bejahung und Aufgeschlossenheit, mit der man den Betroffenen mit immer größerem Zutrauen entgegenzutreten versucht, auf der anderen. In dem Bemühen, eine neue Verankerung zu bringen, bewährt sich bes. die gruppentherapeutische Arbeit und in ihrer Fortsetzung die Schaffung von Selbsthilfeklubs und neuen gesellschaftlichen Bindungen, die Inhalte zu vermitteln verstehen. Der Süchtige hat ein besonderes Verständnis für das Wort: »Ich elender Mensch! wer wird mich erlösen von dem Leibe dieses Todes?« (Röm 7, 24).

In der *Seelsorge* wird alles darauf ankommen, einerseits für eine absolute Nüchternheit der Selbstbetrachtung zu sorgen – der Süchtige neigt wie kaum ein anderer dazu, nicht nur anderen, sondern auch sich selbst immer wieder etwas vorzumachen –, andererseits aber auch die letztlich rettende Wirklichkeit der göttlichen Instanz zu verkündigen, ohne daß sich der Süchtige in seinem Versagen auf eine allzu billige Gnade verläßt. – Vgl. → Innere Mission, 3. 4.

J.H.SCHULTZ, Grundsätzliches zur S.frage (Zs. f. Psychotherapie u. med. Psych. 3, 1953, 97-100) – W.WAGNER, Neue Methoden u. Denkweisen im Hinblick auf die Morphin-S. (Dt. med. Wochenschr. 79, 1954, 537-540) – G.ROMMENEY, Die sozialmed. Bedeutung der Arzneimittel-S.en, 1956 – F.LAUBENTHAL, Zur Psychologie u. Pathogenese der S.erscheinungen (Dt. med. Journal 8, 1957, 587 bis 593) – J.ZUTT, Zur Anthropologie der S. (Nervenarzt 29, 1958, 439 bis 445) – R.BILZ, Trinker, 1959 – W.BRÄUTIGAM, Gemeinschaftsfaktoren in der Behandlung von Alkoholsüchtigen (Zs. f. Psychotherapie u. med. Psych. 9, 1959, 146-155) – P.MATUSSEK, Süchtige Fehlhandlungen (in: Hdb. der Neurosenlehre u. Psychotherapie II, 1959, 188-212) – S.SARIOLA, R.WYSS, H.SOLMS, J.E.STAEHELIN in: Psychiatrie der Gegenwart II, 1960, 249-368 (Lit.). *W.Schulte*

Sudan (Ost-S., jetzt Republik S.). Nach dem Fall des christlichen Königreiches von ʿAlwa um 1500 wurde der Islam zur herrschenden Religion im Norden; das Christentum ging unter. Nach der türkisch-ägyptischen Eroberung von 1820 wurden in Khartum, am Weißen Nil und in den nubischen Bergen röm.-kath. Missionen gegründet. Doch brachte der → Mahdi-Aufstand (1881 bis 1885) diese wiederum um ihre Früchte. Der Nachfolger des Mahdi, Kalif ʿAbdallāh, bewahrte die Unabhängigkeit des S. bis zu seiner Niederlage durch eine anglo-ägyptische Streitmacht (1898). Eine gemeinsame britisch-ägyptische Regierung wurde eingesetzt und die Missionstätigkeit wieder aufgenommen. Am 1.1.1956 wurde der S. eine unabhängige Republik.

Die Bevölkerung des Sudan besteht aus zwei entgegengesetzten ethnischen und kulturellen Gruppen. Die Bewohner der 6 *nördlichen* Provinzen sprechen vorwiegend arabisch und sind muslimisch. Die islamische Volksreligion fußt auf den ṭarīqas oder mystischen Orden und dem dazugehörigen Heiligenkult. Die *südlichen* Provinzen (Äquatoria, Oberer Nil, Baḥr al-Ghazāl) werden von heterogenen, meist heidnischen Negerstämmen bewohnt, und hier sind die Missionen vorwiegend tätig. Sie hatten fast alle erzieherischen Aufgaben übernommen, bis 1957-59 das gesamte Schulwesen verstaatlicht und säkularisiert wurde. Für Christen und Muslim ist der Religionsunterricht in den Schulen gestattet. Art. 5, 1-2 der Verfassung garantiert die freie Religionsausübung. Missionen sind zugelassen, doch werden sie von der muslimischen Regierung als ausländische Institutionen mit Mißtrauen betrachtet. 51% der Bevölkerung sprechen Arabisch als Muttersprache (es gibt noch 114 weitere Sprachen). Die Regierung will Arabisch zur offiziellen Schul- und Amtssprache und die arabische Schrift selbst für Dialekte zur Pflicht machen. – In den vorwiegend muslimischen nördlichen Gebieten gehören zu den Christen die ägyptischen → Kopten (: I), die Griechisch-Orthodoxen und Süd-Sudanesen, die seit 1944 in steigendem Maße nach dem Norden gekommen sind. Die meisten Christen leben im Süden. 1961 gab es im ganzen S. ca 7050000 Muslim (69,5%), 2810000 Heiden (27,7%), 290000 Christen (2,8%; 203100 röm. Katholiken, 74000 Protestanten, 12900 Orthodoxe).

H.A.MACMICHAEL, Hist. of the Arabs in the S., Cambridge 1922 – J.S.TRIMINGHAM, The Christian Approach to Islam in the S., Oxford 1948 – DERS., Islam in the S., ebd 1949 – M.SHEBEIKA, British Policy in the S. 1882-1902, ebd 1952 – P.M.HOLT, The Mahdist State in the S. 1881-98, ebd 1958. *J.S.Trimingham*

Südafrikanische Republik

1. Politisch – 2. Kirchlich und missionarisch: a) Bestand – b) Aufgaben – c) Ökumenische Zusammenarbeit. – S. = Südafrika. – Zur *Missionsgeschichte* S.s vgl. → Afrika: IV A-C

1. Die *politische* Geschichte S.s (→ 2 E-G 7/8) beginnt 1652 mit der Landung van Riebeecks am Kap der guten Hoffnung. Holländer, französische Hugenotten, Engländer und Deutsche besiedeln das Land, in dem sie zunächst nur Buschmänner und Hottentotten vorfinden. Bantu-Stämme wandern etwa zur gleichen Zeit, von Norden kommend, in das Gebiet der heutigen Südafrikanischen Republik ein. 1814 wird das Kapgebiet englisch, 1836/38 ziehen die Buren im großen Treck nach Norden und gründen 1849 die Republik Transvaal. 1899 bis 1902 siegen die Engländer im Burenkrieg und gewinnen zur Kapprovinz und zu Natal die burischen Gebiete Transvaal und Oranje-Freistaat, geben dem Land aber 1910 eine selbständige Unionsverfassung auf parlamentarischer Grundlage innerhalb des (späteren) Commonwealth. 1961 erklärt sich die Union zur Republik. Die Bevölkerung betrug 1959: 14672000, davon 9751000 Bantu (66,45%), 3067000 Weiße (20,9%), 1405000 Farbige (Mischlinge) (9,57%), 450000 Asiaten (3,06%). – Die Innenpolitik S.s wird durch die Apartheid, die Rassentrennung, bestimmt, die in ihren Grundlagen schon durch die Regierung Hertzog (1924 bis 1939) festgelegt und seit Malan (1948-54) und seinen

Nachfolgern Strijdom und Verwoerd (seit 1958) zunehmend verschärft wurde. Ziel dieser Politik ist die möglichst vollständige gesellschaftliche Trennung zwischen den einzelnen Rassengruppen, die auch getrennt wohnen sollen, zT in »Bantu-Heimatgebieten« (zZ sind 5 solcher Gebiete geplant), zT in Bantu-Städten (Townships), die die Städte der Weißen kranzförmig umgeben. Als Prinzip gilt die »eigenständige« Entwicklung für jede Bevölkerungsgruppe (»artgemäß«).

2. a) Man kann heute die *kirchliche und missionarische Entwicklung* in S. nicht mehr getrennt darstellen, da beides ineinander übergeht. Nach der Volkszählung von 1951 sind 65,2% der Gesamtbevölkerung Christen. Die größte Kirche ist die Nederduits Gereformeerde Kerk: 1,6 Mill. = 14,09%. Die Methodisten haben 1,3 Mill., die Anglikaner 1,1 Mill. Glieder. Unter den Bantu steht die Methodistenkirche an erster Stelle (rd 1 Mill.). Es folgen die Anglikaner (600000), die Katholiken (460000), die Lutheraner (420000) und dann erst die Holländisch-Reformierten (282000). Eine sehr große Rolle spielen unter der schwarzen Bevölkerung die → Sekten (: V; äthiopische Bewegung usw).

b) Der rasche soziale Umbruch, der ganz Afrika erfaßt hat, wirkt sich in starkem Maße in S. aus. S. ist das am weitesten technisierte und industrialisierte Land Afrikas, besitzt aber bes. in den bisherigen Reservaten große Gebiete, in denen sich das Leben noch in alten afrikanischen Ordnungen abzuspielen scheint. Ein gewisser Einfluß der Industrialisierung (der Zug in die Stadt, der Drang nach Wissen, eine Lockerung der Sitten und Gebräuche) ist aber auch in diesen Gebieten spürbar. Kirche und Mission stehen vor der Aufgabe, den Menschen in dieser Umbruchssituation das Evangelium zu verkünden und ihnen in den Gemeinden einen Halt zu geben. Heute steht nicht mehr die Frage im Vordergrund, was getan werden kann, um die Auflösung von Stamm, Sippe und Sitte aufzuhalten. Es gilt, den Menschen neue Maßstäbe für das Leben in einer veränderten Welt zu geben. In den Städten setzen sich die Gemeinden häufig schon aus den verschiedensten Stämmen und Sprachen zusammen und erkennen, daß unter dem Wort Gottes ein neues Gemeinschaftsbewußtsein wächst, das alte Grenzen überwindet.

Die *Rassengegensätze* (→ Rasse: III) wirken sich auch in den Kirchen und Missionen S.s aus. Im ganzen muß man feststellen, daß die ref. Kirchen (»Burenkirchen«) den politischen Weg der Apartheid im Sinne der eigenständigen Entwicklung bejahen, wenn sie auch nicht mehr die früher üblichen biblischen Begründungen dafür gebrauchen. Am schärfsten tritt die kleine Hervormde Kerk (144000 Mitglieder) für die Apartheid ein. Einzelne Gruppen unter den Reformierten (u.a. um die Professoren Keet und Marais) lehnen Rassentrennung, wie sie jetzt praktiziert wird, aus biblisch-theologischen Gründen ab. Ihr Einfluß scheint trotz rigoroser Gegenmaßnahmen der Synoden, vor allem in der jüngeren Pfarrerschaft, im Steigen begriffen zu sein. Die Kirchen mit englischem Hintergrund stellen sich gegen die Apartheid. Sie haben ihre Stellung 1949 in dem Kongreß von Rosettenville präzisiert und treten für einen vielrassigen Staat ein. Die vier selbständigen Provinzialkirchen der Nederduits Gereformeerde Kerk haben sich 1950 auf dem Kongreß in Bloemfontein zur getrennten Entwicklung der Rassen bekannt und gefordert, daß daraus die Konsequenz einer »totalen Apartheid« gezogen werden müsse. Das Ziel sei die Entwicklung S.s in mindestens zwei selbständigen Staaten mit eigener (weißer bzw. schwarzer) Regierung, die nur noch in bestimmten Funktionen (zB Außenpolitik) verbunden sind. Der Staat hat jedoch diese Konzeption abgelehnt. Im ganzen spiegeln sich in den Kirchen die politischen Spannungen wider, die auch sonst das Bild von S. bestimmen. – Praktisch sind die Kirchen der Weißen und der Nichtweißen, schon aus sprachlichen Gründen, meist voneinander getrennt, wenn auch die Kirchen mit englischem Hintergrund (u.a. Anglikaner, Methodisten, Presbyterianer) grundsätzlich an einer einheitlichen Kirche für alle Rassen festhalten und dies auch organisatorisch zum Ausdruck bringen. Das führt, wenigstens in den Städten, zu Gottesdiensten, an denen Angehörige verschiedener Rassen teilnehmen können. In der Gruppe der Lutheraner, bis vor kurzem noch getrennt nach Berliner, Hermannsburger, schwedischer, norwegischer, amerikanischer Herkunft der Missionskirchen – daneben auch, mit wenig Verbindung zur Mission, die deutschen Gemeinden in verschiedenen Synodalkirchen –, sind starke Bestrebungen zu Zusammenschlüssen in Regionalkirchen im Gange. Vorläufiges Ziel ist die Schaffung eines luth. Kirchenbundes der nichtweißen und eines ebensolchen Kirchenbundes der weißen Kirchen mit der Hoffnung der Bildung eines beiden gemeinsamen Rates.

Neben der großen *Aufgabe der Kirchwerdung* steht nach wie vor die *Missionsaufgabe* an den mehr als 35% der schwarzen Bevölkerung S.s, unter denen das alte Heidentum, zT aber auch schon der → Säkularismus bestimmend ist. Kirchwerdung und Mission müssen Hand in Hand gehen, wobei heute die stärkste Missionskraft von den Gemeinden selbst ausgehen muß. Die Mitarbeit des Missionars ist jedoch noch in vielen Dingen dringend erforderlich, bes. in der Ausbildung, Kursusarbeit und Literatur.

c) Das größte Hindernis für die Verkündigung des Evangeliums in S. ist die große Zersplitterung der Kirche. Der 1936 gegründete Nationale Christenrat brach schon 1940 wieder auseinander. Die holländisch-ref. Kirchen traten aus. Der Christenrat hat dann bis heute weitergearbeitet, ohne entscheidenden Einfluß ausüben zu können. Nachdem die Gruppe der ref. Kirchen und die des Christenrates (unter Führung der englisch sprechenden Kirchen) auf den oben erwähnten Kongressen 1949 und 1950 ihre gegenteilige Ansicht festgelegt hatten, schien jede Art von Zusammenarbeit unmöglich geworden zu sein. Trotzdem hat es seit 1953 verschiedene ökumenische Begegnungen in S. gegeben, bes. die »mehrrassische Konferenz kirchlicher Führer« 1954 in Johannesburg (Thema: »Das Reich Gottes in einem vielrassischen Afrika«). Zum ersten Mal kamen Vertreter fast aller größeren Kirchen zusammen, unter ihnen etwa ein Drittel Schwarze. Nach den Unruhen vom März 1960 fand im Dez. 1960 eine Konferenz des Ökumenischen Rates der Kirchen mit seinen 8 südafrikanischen Mitgliedskirchen in Johannesburg statt, bei der eine Resolution zur Aufgabe der Kirchen in der besonderen Situation S.s verabschiedet wurde. Die drei holländisch-ref. Mitgliedskirchen sind daraufhin, zT nach anfänglicher Zustimmung ihrer Delegierten zu dieser Resolution, 1961 aus dem Rat ausgetreten und haben sich in der Rassenfrage vollends versteift.

B.G.M.Sundkler, Bantu Prophets in South Africa, London (1948) 1961² – G.Brennecke, Brüder im Schatten, (1954) 1955³ – Ders., Probefall der ökumenischen Gemeinschaft (ÖR 9, 1960, 172 bis 193) – Tomlinson-Bericht in Kurzfassung: Summary of the Report of the Commission for the Socio-economic Development of the Bantu Areas within the Union of South Africa, Pretoria 1955 – K.Schlosser, Eingeborenen-Kirchen in Süd- u. Südwestafrika, 1958 – G.B.A.Gerdener, Recent Developments in the South African Mission Field, London 1958 – O.Niederberger, Kirche – Mission – Rasse, Schöneck-Beckenried 1959 – G.Menzel, Die Kirchen u. die Rassen, 1960 (ausführl. Lit.) – Mission in South Africa, Genf 1961.

G.Brennecke

Südamerika, *Mission in*

1. Kath. Mission - 2. Prot. Mission. - Karte 24 »Südamerika« s. Sp. 469f. - Vgl. ergänzend die Einzelartikel: → Argentinien, → Bolivien, → Brasilien, → Chile, → Ekuador, → Guayana, → Kolumbien, → Paraguay, → Peru, → Uruguay, → Venezuela

1. a) Die *kath. Mission* (= M.) südlich des Isthmus von Panama begann sofort mit der Entdeckung. Papst → Alexander VI. bestimmte 1493 die Grenzlinie zwischen spanischem und portugiesischem Gebiet. Als Patrone sandten die Kronen Ordensleute und Weltpriester in die M. 1531 kam der Dominikaner Valverde nach → Perú. Schon vor 1553 gingen Franziskaner, seit 1549 auch Jesuiten (Nóbrega und Anchieta) nach → Brasilien, das sie Santa Cruz nannten. Im spanischen Raum ging die M. von Perú aus, erreichte 1536 Neu-Granada, 1539 → Argentinien und → Chile, 1600 → Bolivien und → Paraguay, 1650 → Venezuela, 1724 die → Guayanas. 1767 erlitt die M. einen großen Rückschlag, als die Jesuiten verjagt wurden. Im portugiesischen Raum begann die M. in Nordbrasilien in Bahía do Sâo Salvador. 1724 verbot die Regierung neue Klostergründungen, 1759 wurden die Jesuiten vertrieben. Versuche, das M.sgebiet als eigenständige Kirche neben der Hierarchie aufzubauen, schlugen fehl. 1530 wurden 6 M.sgebiete der kath. Kirche organisiert, mit Bischöfen in Perú, Neu-Granada, Río de la Plata und Pernambuco, Maranhâo, Rio de Janeiro, sowie Erzbischöfen in Lima 1546 und Sâo Salvador 1677.

b) *Ziel* der M. war Ausbreitung des Christentums, kath. Erziehung, Verteidigung der Menschenrechte der Unterworfenen und Überführung der M.sstationen in Kirchgemeinden (nach zuerst 60, dann 10 Jahren), wie bei der Unterwerfung der Mauren in → Spanien. Deshalb wurde auch die Inquisition 1569 in Lima errichtet. Den anfänglichen Massenbekehrungen der Franziskaner stellten die Dominikaner höhere Ansprüche entgegen. Aber auch die Jesuiten gaben der Gruppentaufe den Vorzug; um das Stammesleben zu erhalten, gründeten sie ab 1609 feste Niederlassungen, woraus ein Staat entstand, in dem soziale Erziehung zur Bekehrung führte. Hier wirkten viele deutsche Patres. Man nannte die Stationen »Reduktionen« der Rückführung zum rechten Glauben, auch »Doktrinen«. In Brasilien kämpfte der Jesuit Vieira gegen die Versklavung der Kriegsgefangenen. Da die alten Religionen schon eine Beichtpraxis, von Priestern verwaltete Tempel und religiöse Feste kannten, machte man weitgehende Zugeständnisse. Bekämpft wurde allerdings die alkoholisch gesteigerte Ekstase der Indios. Sittliche Weisungen einzuüben, blieb spätere Sache der Kirche. Bis zum Ende des 16.Jh.s wirkten Europäer, dann wurden auch Indios zu Priestern geweiht. Bis heute hat es immer an Kräften gefehlt.

c) Das *Ergebnis* des 16.Jh.s war die Christianisierung von 7 Mill. Indios und 40000 Negern in den dichter bevölkerten Gebieten. Oft störte die Spannung zwischen Kirche und M. In der Mitte des 18.Jh.s erlahmte der Eifer, gegenüber dem Säkularismus des 19.Jh.s erwachte er wieder.

2. a) Auch die *prot. M.* begann sofort nach der Entdeckung. Am 10.3.1557 hielt Pfarrer Pierre Richier die erste ev. Predigt in Rio de Janeiro; er war einer der vier von Calvin selbst entsandten Prediger der Hugenottensiedlung 1555-67, die dann als Ketzer hingerichtet wurden. Der österreichische Lutheraner J.v. → Welz wirkte 1655 in Holländisch-Guayana (Suriname), wo 1735 die Brüdergemeine das Werk fortsetzte. Mit dem Verschwinden der nichtiberischen Kolonisation (1664) blieb S. bis 1818 der prot. M. verschlossen. Die Spuren der Anfänge verwischten sich; auch der Humanismus der spanischen Erasmusschüler (Juan de Zumárraga), der die ältesten franziskanischen Katechismen prägte, wirkte nicht nach. Erst die politische Unabhängigkeit der jungen Republiken brachte den zweiten Einsatz der prot. M. 1818 verteilte der schottische Baptist D.Thomson Bibeln der Britischen Bibelgesellschaft in Argentinien, Chile und Perú. 1845 begann der nordamerikanische Presbyterianer D.Trumbull in Chile. 1850 ging der anglikanische Marineoffizier A.Gardiner nach Feuerland und fand den Märtyrertod. 1855 kam der schottische Kongregationalist R.Kalley, ein Arzt, nach Rio de Janeiro. 1856 begann der schottische Presbyterianer H.B.Pratt in → Kolumbien. 1867 predigte der argentinische Methodist J.Thomson erstmals in der Landessprache in Argentinien und → Uruguay, 1888 kamen die Methodisten nach Perú, 1898 nach → Ekuador, 1898 kanadische Baptisten nach → Bolivien. Methodistische Bibelboten wie A. Milne und F.Penzotti arbeiteten der M. vor.

b) Als *Ziel* wurde teils individuelle Bekehrung und Heiligung erstrebt, teils sozial christliche Bildung, um den Tiefstand der Moral, die Unkenntnis der Bibel und den Aberglauben zu beseitigen. In großen Städten begann man mit Schulen, Krankenpflege, Waisenheimen, Handelsschulen, auf dem Lande mit Mustergütern. Soweit Kirchen entstanden, blieben sie Evangelisationszellen. Der Gegensatz zur kath. Kirche wurde anfangs mehr, später weniger betont. Träger der M. waren erst Engländer, dann Nordamerikaner, bald gewann man einheimische Kräfte und errichtete Seminare. Neuerdings überflügelten Glaubens-M.en, → Pfingstbewegung u.ä. die Kirchen. Die Zahl prot. Kräfte ist größer als die der kath. Auf der Weltmissionskonferenz in Edinburgh 1910 war festgelegt worden, daß im kath. christlichen S. nicht missioniert werden könne; in Jerusalem wurde 1928 zugegeben, daß der → Säkularismus in S. die Mitarbeit der ev. Christen erfordere; in Ghana 1958 anerkannte man S. als M.sgebiet. 1916 entstand in Panamá ein Komitee zur Zusammenarbeit der M.en in Latein-Amerika; die Mehrzahl der M.en hat sich ihm aber nicht angeschlossen.

c) Die erst spärlichen *Ergebnisse* wurden bald größer, bes. in Brasilien und Chile. Der Einfluß über die Kirchen hinaus ist stets groß, aber nie meßbar gewesen. Die Zersplitterung des Protestantismus schwächte seine Anziehungskraft, sobald die Umwelt sah, daß auch die Kirchen sich gegenseitig missionierten.

G.FRIEDERICI, Der Charakter der Entdeckung u. Eroberung Amerikas durch die Europäer I-III, 1925 - J.MACKAY, The Other Spanish Christ, New York 1933 - LATOURETTE III. V. VII, 1937ff - E.SAMHABER, S., 1939 - F.J.MONTALBAN SJ, Historia de la Iglesia Católica IV, Madrid 1951 - S.U.BARBIERI, Spiritual Currents in Spanish America, Buenos Aires 1951 - J.SPECKER SMB, Die M.smethode in Spanisch Amerika im 16.Jh., Schöneck-Beckenried 1953 - J.C.THIESSEN, Survey of World M.s, Chicago 1956², 320ff - WChH 1957 (Statistik) - T.S.GOSLIN, Los Evangélicos en América Latina, Buenos Aires 1957 - ST.W.HERMAN, Luthertum in Lateinamerika (in: Luth. Kirchen in der Welt, hg.v. C.LUND-QUIST, 1957, 430-490) - W.S.RYCROFT, Religion and Faith in Latin America, Philadelphia 1958 - R.OBERMÜLLER, Das Evangelium in Lateinamerika (Ev. Diaspora 29, 1958, 19-70; Lit.) - EKL III, 1199ff - WKL 831ff - LR 11, 1961, H. 4. - Weitere Lit. bei den Einzelartikeln. *R.Obermüller*

Südarabien, *vorislamisch* → Sabäer und Minäer.

Südindien, *Kirche von.* Die *»Church of South India«* (CSI) ist darin einzig in ihrer Art, daß sie ursprünglich bischöfliche und nicht-bischöfliche Gemeinschaften in einer geeinten Kirche vereinigt. 1947 bildete sie sich aus den vier anglikanischen Diözesen S.s, den vier methodistischen (nicht-episkopalen) Synoden sowie einer 1908 gegründeten föderativen Gemeinschaft (»South India

KARIBISCHE SEE
Baranquilla
Cartagena
Maracaibo
Valencia
Caracas
TRINIDAD
Merida
Bolivar
Medellín
VENEZUELA
KOLUMBIEN
Bogota
Georgetown
Paramaribo
Cayenne
GUAYANA
(brit.)
(niederl.)
(frz.)
ATLANTISCHER
OZEAN
Buenaventura
Cali
Popayán
Pasto
Esmeralda
Quito
EKUADOR
Guayaquil
Loja
Paita
Jquitos
AMAZONAS
Manãos
Santarem
Belém
(Pará)
São Luiz
TAPAJOZ
TOCANTINS
Caxías
Teresina
Fortaleza
Aracati
Natal
Lambayeque
PERU
BRASILIEN
Trujillo
Huanuco
Cerro de Paso
Lima
Pisco
Jca
Cuzco
Riberalta
Juazeiro
Recife
Maceio
Salvador
(Bahia)
Brasilia
Cuyaba
Goyaz
Jlheos
BOLIVIEN
Arequipa
La Paz
Tiahuanaco
Trinidad
Cochabamba
Oruro
S.Cruz
Arica
Sucre
Potosí
Theophilo-
Ottoni
Diamantina
STILLER
OZEAN
PARANA
Campos
Campinas
Rio de Janeiro
S.Paulo
Santos
Concepcion
PARAGUAY
Asuncion
Villarica
Jesús
San Ignacio
Posadas
Atacama
Salta
Tucumán
Caldera
Copiapo
Catamarca
Resistencia
Corrientes
Curitiba
Joinville
Blumenau
Florianopolis
(Desterro)
Porto
Alegre
São Leopoldo
Rio
Grande
CHILE
ARGENTINIEN
La Serena
S.Juan
Córdoba
Santa Fe
Paraná
Paysandú
Fray Bentos
URUGUAY
Montevideo
Rosario
Valparaiso
Mendoza
Santiago
S.Rafael
Buenos
Aires
Karte 24
SÜDAMERIKA
0 100 200 500 1000
km
Chillan
Mar del
Plata
Concep-
cion
Bahía Blanca
Temuco
Neuquén
Valdi-
via
Osorno
Puerto Montt
Viedma
Las Heras
Comodoro
Rivadavia
Deseado
PATAGONIEN
MALWINEN
FEUER-
LAND
1
2
3
4
5
6
7
8
9

United Church«, SIUC), die ihrerseits aus Kongregationalisten, Presbyterianern und anderen Reformierten bestand. Die Mitgliederzahl (1947: 1 Mill.) beträgt zZ mehr als 1,1 Mill. in 15 Diözesen mit 11 indischen und 4 abendländischen Bischöfen. - Die stärksten Faktoren in der Einheitsbewegung waren: 1. Die missionarische Aufgabe, vor welche die südindischen Kirchen sich gestellt sahen. Die gewaltigen → Gruppenbekehrungen unter den kastenlosen Millionen im Telugu- und Tamilgebiet bedeuteten einen Ruf, dem keine Kirche für sich allein entsprechen konnte. Nur als organisch geeinte Kirche konnte man die sich bietende große Gelegenheit nutzen. 2. Der wachsende indische → Nationalismus (: II) ließ das Problem der Bindung an die Denominationen des Westens immer dringender werden. Für die Christen S.s kam das Selbstbewußtsein des ihnen sprachlich nahe verwandten Dravida-Volkes hinzu. 3. Die Diskussion über »Glaube und Kirchenverfassung« (→ Ökumenische Bewegung, 2), bes. in der englischen Theologie, stand in ständig stimulierender Wechselwirkung zur Diskussion in S. Anglikanische und kongregationalistische Patristiker gaben das historische Material zur Durchführung der Kirchenunion nach dem Vorbild der alten Kirche. Vor allem der englische Bischof von Bombay, E.J.Palmer († 1954) wies auf diesen Gesichtspunkt für die Verfassung der CSI hin. - Formal konnte man sich schon früh über das Fundament der Kirche im Einklang mit dem anglikanischen sog. Lambeth Quadrilateral von 1888 (→ Lambethkonferenzen) einigen, also auf die Bibel, das Apostolikum und Nicänum, Taufe und Abendmahl sowie die »lokale Angleichung des historischen Episkopats«. Grundlegende theologische Arbeit erforderte aber die praktische Deutung und Ausgestaltung, vor allem in bezug auf die spezifische Art des Episkopates. Für S. wurden zwei Prinzipien bes. wichtig: a) »Die Einheit ist notwendig für die Wahrheit.« Diese These setzte Palmer gegenüber einseitig denominationellen Interessen durch. Die Spaltung der Kirche hatte eine »disproportionierte Wahrheit« verursacht. b) Das Prinzip »des gemeinsamen Wachsens«. Wirkliche Einheit kann nicht allein auf Grund einer noch so gründlich durchdachten Konstitution geschaffen werden. Volle theologische Übereinstimmung zwischen den verschiedenen Partnern ist nicht so sehr ein Beginn für die Kirche als vielmehr ein erstrebenswertes Ziel. - In der Frage des → Amtes (: IV) erhielten diese Grundsätze besondere Bedeutung für die speziell *südindische Unionsmethode*. Das Bischofsamt (→ Bischof: IV) ist konstitutionell für die Kirche, und die Presbyter (Priester, Pastor) können nur von einem Bischof ordiniert werden. Kongregationalistische, methodistische oder presbyterianische Missionare, die nach 1947 nach S. kommen und keine Weihe durch einen Bischof erhalten haben, dürfen während einer Übergangsperiode von 30 Jahren (1947-77) als Presbyter in der Kirche anerkannt werden. Nach 1977 soll die CSI selbst darüber entscheiden, wieweit sie Ausnahmen von der Grundregel, nämlich der Presbyterweihe durch einen Bischof, gelten lassen will. - Aus den alten Traditionen der syrischen Kirche und aus der altkirchlichen liturgischen Tradition überhaupt stammen die wesentlichsten Momente in der viel beachteten Liturgie der CSI, die alternativ mit anderen Ritualen seit 1952 im Gebrauch ist. Die Ergebnisse in S. und die vor und nach jener Union hervorgerufene theologische Diskussion war und ist von größter Bedeutung für die → Einigungsbestrebungen (: VII, 6) in Nordindien, → Ceylon (: III) und in der ökumenischen Diskussion überhaupt. - Vgl. → Unionen: III.

S.C.Neill, Towards a United Church, London 1947 - J.E.L.Newbigin, The Reunion of the Church, ebd (1948) 1960 - M.Ward, The Pilgrim Church, ebd 1953 - B.G.M.Sundkler, Church of South India. The Movement towards Union 1900-1947, ebd 1954 - H.-W. Gensichen, Die Kirche von S., 1957 - R.D.Paul, The First Ten Years, Madras 1959.

B.Sundkler

Südsee, *Mission in der* (M. = Mission). Im folgenden können die Inselgruppen *Hawai* und → *Neuseeland* unberücksichtigt bleiben, weil dort die Eingewanderten die Herrschaft angetreten und ihre mitgebrachten Kirchen die ursprüngliche Bevölkerung weithin aufgenommen haben. Die Hawai-Inseln wurden vom American Board (→ Vereinigte Staaten: V), die Maori hauptsächlich von Anglikanern und Methodisten missioniert. → *Mikronesien* ist hier so gut wie ohne Bedeutung, weil es sich dort um kleinste Volkseinheiten handelt.

Die Bewohner → *Ozeaniens* gehören der polynesischen und der melanesischen Rasse an. Während erstere sehr verwandte Sprachen besitzt, ist letztere sprachlich außerordentlich zersplittert (→ Melanesien, → Polynesien). Bibel und Bibelteile sind bis jetzt in 350 S.sprachen übersetzt. Die M. erfolgte, durch die Entdeckungsreisen von James Cook angeregt, von Tahiti ausgehend in einer Ost-West-Bewegung. Die M.ierung der polynesischen Inseln wurde bereits im 19.Jh. abgeschlossen, während es heute auf den melanesischen Salomonen, im Bismarckarchipel und auf den Admiralitätsinseln noch harten Widerstand zu überwinden gibt. An der Arbeit waren folgende M.en beteiligt: Die → *Londoner M.* seit 1797 auf Tahiti, Tonga, Samoa, Neukaledonien, auf den Cook- und Tokelau-Inseln. Die → *Methodisten* seit 1822 auf Tonga, Samoa, Fidji und im Bismarckarchipel. Die → *Presbyterianer* begannen 1848 auf den Neuen Hebriden, die anglikanische Melanesian M. 1849 in den Neuen Hebriden und später in den Salomonen. Als deutsche M. ist die → *Liebenzeller* auf den Admiralitätsinseln und in Mikronesien beteiligt. Die *kath. M.* ist durch die → Picpus-Gesellschaft, → Maristen und durch die M.are vom Heiligsten → Herzen Jesu (, 1 e) vertreten. Sie hat sich in Polynesien meist in bestehende Arbeiten eingeschaltet. Aus politischen Gründen mußte seit 1863 die *Pariser M.* (→ Frankreich: IV) die anderen ev. M.en in den franz. Gebieten der S. ablösen.

Die frühe Geschichte der S.mission ist voll von Romantik, missionarischem Abenteurer-, Helden- und Märtyrertum. Jede M. hatte ihre großen, leidenschaftlichen, hingebungsreichen Pioniergestalten wie John → Williams, John G. → Paton, George Brown, Bischof Patterson, die mit ihren M.sschiffen die S. durchfuhren und den Kontakt von Insel- zu Inselgruppe herstellten. Viele der Pioniere wurden von den durch den Arbeiterhandel mißtrauisch gewordenen Insulanern getötet. Das sehr grausame Heidentum, die geschlossenen Volksverbände und die mit Tabuierungsmacht ausgestatteten Häuptlinge setzten dem Evangelium zunächst zähen Widerstand entgegen. Nach Jahrzehnten zeigte sich der Erfolg meist auf einer kleinen Insel, wo ein Unterhäuptling gewonnen und eine Gemeinde gegründet werden konnte. Da nun das Christentum als ein Mittel des Fortschritts und damit als Stärkung des Lebenseinflusses verstanden wurde, konnte es sich bei den rivalisierenden Häuptlingen durchsetzen. Ihnen folgte das Volk in einer raschen Christianisierung. Es entstanden einige kleine christliche Staaten, in denen christliches Recht gesetzt wurde und sich damit politische und christliche Gemeinde deckten. Auf den melanesischen Inseln war das nur der Fall, wo die M.en ganze Stammesverbände gewinnen konnten. Die Häuptlinge arbeiteten mit M.aren und Pastoren zusammen. Das christliche Leben bekam dadurch einen ebenso stark gesetzlichen wie volkstümlichen Zug. In den Gemeinden entstand eine große Dynamik, die sich in einer einmaligen M.swilligkeit äußerte.

So ist die S. weithin von den Insulanern selbst missioniert worden. Nach der schnellen Volkschristianisierung entstanden selbständige Kirchen. Sie wurden vielfach jedoch zu früh aus der Obhut der M. entlassen. Die M.en mußten ihnen später wieder Berater und Lehrer zur Ausbildung ihrer Führerschaft zur Verfügung stellen. - Das blühende Leben der S.gemeinden wurde vor allem durch den 2. Weltkrieg gestört. Die Inselgruppen waren entweder Versorgungs- oder Kriegsgebiet. Die christliche Sittlichkeit kam ins Wanken. Der Geld- und Materialreichtum bes. der amerikanischen Truppen löste eine Sucht nach Wohlstand aus. Unter dem neuen Leitbild wurden sich die Insulaner ihrer Armut und Rückständigkeit bewußt. Die westliche Technik übertraf das eigene Vorstellungsvermögen. Die Insulaner vermuteten hinter allem ein Geheimnis genuin religiöser Art, das der weiße Mann (Missionar) bisher nicht preisgegeben habe. Auf der Suche nach diesem entstand der sog. *Cargo-Kult*, der je nach Inselgruppe verschiedene Namen trägt. Mit seiner Hilfe suchen die Einheimischen die Erfüllung ihrer meist chiliastischen Vorstellungen. Er äußerte sich meist zunächst in »primitiv« fundamentierter gesteigerter Frömmigkeit, in Bußbewegungen und in imitativen magischen Praktiken. Schließlich fiel man an den meisten Stellen in die alte Religion zurück. Die Erfolglosigkeit des Kultes begründen die Anhänger mit der Verhinderung durch die Weißen. In diesem Moment wurde der Cargo-Kult zu einer früh-nationalistischen Bewegung (→ Nationalismus: II). Er war und ist vor allem auf Samoa und Fidji sehr stark. Trotz des Kultes blieb das Volkschristentum weitgehend bestehen.

Das größte Problem der Kirchen ist ihre große räumliche Isolierung. Die Kolonialmächte, die vor dem Problem auf ihre Weise stehen, haben die South Pacific Commission geschaffen, die einen gemeinsamen Erziehungsplan durchführen soll. Sie betont Christentum und gemeinsame Sprache als einigende Faktoren. Doppelsprachigkeit sei die Grundlage zum gemeinsamen Handeln. Als Folge nehmen die Regierungen das ganze Schulwesen, das bis jetzt in den Händen der M. war, in eigene Regie. Insulaner werden in dem Schulzentrum Suva (Fidji) und auf australischen und neuseeländischen Universitäten zu höheren Berufen herangebildet. Der → Internationale Missions-Rat hat auf den West Pacific Conferences die Kirchenführer zu gemeinsamen Beratungen zusammengebracht. Da die Pastorenausbildung in kleinen Seminaren auf den einzelnen Inselgruppen durchgeführt wird, wäre ein zentrales, gut besetztes Institut dringend notwendig. - Ein besonderes Problem für Kirchen und M.en bilden die Nachkommen der aus Asien als Arbeiter eingeführten Inder, Vietnamesen, Chinesen und Japaner. Die Arbeit an ihnen wurde spät begonnen und erwies sich als sehr schwierig; sie wird jedoch in dem Maße leichter, als Gemeinden entstehen, die für diese in der Einzelbekehrung Gewonnenen Anschlußmöglichkeiten bieten. Da die Insulaner in den Zugewanderten Rivalen sehen, können diese Gemeinden vorerst kaum den bestehenden Kirchen angeschlossen werden. Heute arbeiten an den Asiaten auch M.are aus den Kirchen ihrer Ursprungsländer.

J.W.Burton, The Pacific Islands, London 1930 - Ders., Modern M.s in the South Pacific, Westminster 1949 - J.Richter, Ev. M.sgesch. V, 1932 - J.Shevill, Pacific Conquest, Sydney 1949 - A.A. Koskinen, M.ary Influence as a Political Factor in the Pacific Islands, Helsinki 1953 - R.W.Robson, Pacific Islands Yearbook, Sydney 1956 - E.V.Newman, Currents in the South Pacific (IRM 46, 1957, 11-16).
G.F.Vicedom

Südwest-Afrika (→ 2 D/E 6/7), 826900 qkm, ca 69000 Weiße und 405000 Nichtweiße (Ovambo, Herero, Damara, Nama, Buschmänner, Bastards von Rehoboth). Politisch ist S. Mandatsgebiet der Südafrik. Union, wirtschaftlich kann es selbständig bestehen (Diamanten, Kupfer, Fischindustrien, Karakul, Vieh- und Landwirtschaft). - Die *Missionsgeschichte* S.s beginnt 1805 mit der Arbeit der → Londoner Mission in Warmbad. 1820 kamen die Wesleyaner, 1842 die → Rheinische Mission, deren Arbeit für die kirchliche Entwicklung des Landes bestimmend wurde. Daraus ging die Evangeliese Lutherse Kerk in Suidwes-Afrika (Rynse Sending-Kerk) hervor, die Angehörige der verschiedenen Volksstämme vereint (1959 ca 97000 Getaufte). Die Kirchenleitung besteht für 10 Jahre nach Annahme der KO auf der 1. Synode (1.-4.10.1957) aus 5 nichtweißen und 4 weißen Gliedern. Ausbildungsstätte ist das Paulinum in Karibib. Von dieser Kirche separierte sich eine Gruppe von Nama und ging zur African Methodist Episcopal Church über (1946). Eine starke Gruppe der Herero bildete eine eigene Hererokirche, die Oruuano (1955), ein Großteil der Rehobother Bevölkerung 1959 eine eigene Splittergemeinde. - Im Ovamboland und am Okawango arbeitet seit 1870 die Finnische Missions-Gesellschaft. In dem geschlossenen, von Weißen nicht besiedelten Land ist daraus die »Ev.-Luth. Ovambokawango-Kirche« mit ca 100000 Gliedern entstanden. Die Lehrerausbildung ist noch in der Hand der Mission. Die Kirche hat eigene Pfarrerausbildung, Internatsschulen und Krankenhäuser. - Die stärkste Kirche der Weißen ist die Nederduitse Gereformeerde Kerk (NGK), die die Afrikaner (Buren) erfaßt. Seit 1956 treibt die NGK Missionsarbeit unter den Herero im Kaokoveld, seit 1960 auch unter den Buschmännern im Nordosten des Landes; auch bemüht sie sich um die aus der Union zugewanderten Kleurlinge. Der größte Teil der englischsprechenden Bevölkerung wird von der Anglikanischen Kirche (Bischof in Windhoek) erreicht. Diese Kirche hat Missionsarbeit im Ovamboland (seit 1924) und Kleurlingsarbeit in Lüderitzbucht und Walvis-Bay. - Die deutschen Gemeinden sind seit 1960 in der Deutschen Ev.-Luth. Kirche zusammengeschlossen (ca 12000 Glieder). Eine engere Verbindung zwischen dieser Kirche und den Kirchen der Rheinischen und Finnischen Mission wird angestrebt. - Die kath. Kirche (Erzbistum Windhoek und apostolisches Vikariat Keetmanshoop) zählt einschließlich der ca 3000 Europäer etwa 30000 Glieder. Hauptträger der Missionsarbeit sind seit 1896 die Hünfelder Oblaten. - Vgl. → Afrika: IV B.C.

H.Driessler, Die Rhein. Mission in S., 1932 - H.Vedder, Das alte S., 1934 - Jb. der Ev. Weltmission 1952, 40ff; 1954, 26ff - O.Hintrager, S. in der dt. Zeit, 1955. - Ferner die »Berichte« u. Jahresberichte der Rhein. Miss.-Gesellschaft.
G.Menzel

Sühne

1. Begriff - 2. Motive - 3. Mittel - 4. Stellvertretende S. - 5. S.-Götter

1. S. erstrebt die Wiederherstellung eines Zustandes zwischen Göttern und Menschen, wie er vor dem bewußten oder unbewußten Begehen einer menschlichen Verfehlung bestanden hatte. Oft soll dabei durch eine menschliche Leistung, die häufig magischer Art (→ Magie) ist, der → Zorn (: I) eines Gottes beschwichtigt werden. Die erstrebte Wiederherstellung einer pax deorum ist hierbei auf eine Umstimmung der Gottheit ausgerichtet. Dagegen tritt ein subjektives Moment auf, wenn ein echtes menschliches Schuldbewußtsein erlebt und die S. als innere Abkehr von der → Sünde (: I) verstanden wird. Dieses Schuldbewußtsein kann sowohl eine einzelne Tat wie auch generell den ethischen Habitus des Menschen betreffen.

2. Auslösendes *Motiv* für S.-Handlungen ist häufig die Unterlassung kultischer Verpflichtungen (→ Kultus)

oder die aktive Verletzung sakraler Vorschriften. So forderte die → römische Religion bei Entweihung heiliger → Haine ein S.-Opfer (piaculum), das die ira deorum, den »Zorn der Götter«, versöhnen (→ Versöhnung: I) und den sakralen Verstoß kompensieren sollte. Im vedischen Ritual (→ Veden) mußte jede Störung durch S.-Opfer behoben werden. Auch → Bauopfer sind als S.-Opfer zu verstehen, da der Eingriff in die Eigentumsrechte des Lokalnumens ihren Vollzug auslöst. Außergewöhnliche Naturerscheinungen können Anlaß für S.-Riten sein; so vollziehen die Semang-Negrito auf Malaya bereits bei jedem aufziehenden → Gewitter Kasteiungen als Ausgleich für ihre Sünden. → Krankheiten veranlassen oft Entsühnungen; das griech. Heer vor Troja wirft nach der Pest seine Sünden ins Meer (Ilias I, 313f). Generell ist eintretendes oder, wie bes. in → Babylonien (: II), bereits ein drohendes Unglück Motiv zur S. Schließlich gibt es periodische Entsühnungen wie den großen Versöhnungstag des Judentums (→ Feste: II, 5b) und die babylonischen S.-Tage.

3. Der häufigen Vorstellung von einer stofflichen Befleckung durch die Sünde entsprechen → Reinigungen (: I) als *Mittel* der S. Am meisten jedoch finden sich blutige → Opfer (: I) von Menschen oder Tieren; von dem zum Zweck der S. geopferten Tier durfte im allgemeinen nichts gegessen werden. Kultische Leistungen können, wie bes. im Parsismus (→ Iran: III), durch soziale und kulturelle abgelöst werden oder, in stark verweltlichter Weise, auch durch → Geld (: I). Verfeinerte Mittel der S. sind asketische Übungen (→ Askese: I), S.- → Gebete (: I), Reinigungslieder (καθαρμοί) und Bußpsalmen (→ Bußwesen: I).

4. Der Akt der → Entsündigung (: I) wird oft in → *Stellvertretung* von einer einzelnen Person für eine größere Gemeinschaft vollzogen. Im Parsismus entsühnt der Priester (→ Priestertum: I) die Gemeinde durch das zeremonielle Trinken des Haoma. Beim Fest des babylonischen → Neujahr (akîtu) demütigte sich der König als Träger der Sünden des Volkes, um stellvertretend vom Oberpriester die Absolution zu empfangen. Die stellvertretende S. kann auch von einem Menschen oder Tier geleistet werden, das die Sünden der Gemeinschaft auf sich nehmen muß und dann vertrieben oder getötet wird (→ Sündenbock). Die → griechische Religion bezeichnete derartige Menschen als »Heilmittel« (Pharmakoi); in historischer Zeit waren es verurteilte Verbrecher, die getötet, auf dem Holz unfruchtbarer Bäume verbrannt wurden und deren Asche man ins Meer warf (Nilsson I, 107ff). In → Indien (: II) galt Trita Âptya in nach-rigvedischer Zeit als Sündenbock der Götter (Atharvaveda 6, 113; Taittirîya-Brâhmana 3, 7, 12); im Rigveda (8, 47, 13) wünscht man, daß er auch alle menschlichen Sünden auf sich laden möge.

5. In polytheistischen Religionen sind es oft bestimmte *Götter,* die in besonderer Weise mit der menschlichen S. verbunden sind. Bezeichnend hierfür ist vor allem der griech. Apollon, dessen delphische Priesterschaft ein System der Entsühnung an die Stelle der Privatrache setzte. Ein älterer griech. S.-Gott war Zeus; Zeus καθάρσιος hatte einen Altar in Olympia. In den → Veden wenden sich S.-Lieder bes. an den Gott Varuna, der eng mit der rechtlichen Sphäre verbunden ist.

E. Rohde, Psyche. Seelenkult u. Unsterblichkeitsglaube der Griechen, (1893) 1925[9.10] - W. Schrank, Babyl. S.riten, 1908 - A. Bertholet, Der Versöhnungsgedanke in der Religion (ZThK 22, 1912, 321-328) - ERE V, 635ff - K. Latte, Schuld u. S. in der griech. Religion (ARW 20, 1921, 254-298) - R. Hertz, Le péché et l'expiation dans les sociétés primitives, Paris 1922 - K. Rönnow, Trita Âptya, Uppsala 1927 - R. Pettazzoni, La confessione dei peccati I-III, Bologna 1929-36 (franz. I. II, Paris 1931-32) - Ders., Der babyl. Ritus des Akîtu u. das Gedicht der Weltschöpfung (Eranos 19, 1950, 403 bis 430) - F. Dirlmeier, Apollon (ARW 36, 1939, 277-299) - Nilsson I. II (s. Reg.). - Vgl. die Lit. zu → Entsündigung: I, → Sünde: I, → Versöhnung: I.

G. Lanczkowski

Sünde und Schuld

I. Religionsgeschichtlich - II. Im AT - III. Im Judentum - IV. Im NT - V. Dogmengeschichtlich - VI. Dogmatisch - VII. Schuld, ethisch und rechtlich - VIII. Seelsorgerlich. - Vgl. ergänzend bes. → Entsündigung, → Sühne, → Sündenbekenntnis, → Sündenvergebung

I. Religionsgeschichtlich

1. Typen der S.nidee - 2. Die Aufhebung der S.

1. Wir begegnen in der Religionswelt zwei *Grundtypen der S.nidee* und nennen sie die aktuelle und konkretisierte bzw. die existentielle und generelle S.nidee. In den Volksreligionen findet sich ausschließlich die aktuelle S.nidee. Ihr Wesen liegt in konkreten, einzelnen Akten des äußeren Tuns oder der inneren Gesinnung. Nur von dieser Art von S. gibt es einen Plural. Jene andere S.nart gibt es nur im Singular, da sie allen sündhaften Akten vorausgeht. So heißt es zB bereits im Rigveda (2, 29, 5): »Ich allein habe viele S.n gegen euch begangen, daß ihr mich gezüchtigt habt, wie der Vater den Sohn, der dem Spiele frönt.« Ein weiteres Charakteristikum dieser S.nart liegt darin, daß sie notwendig auf ein forderndes → Gesetz (: I) bezogen ist. So heißt es wiederum Rigveda 1, 25, 1: »Wenn wir gleich Tag für Tag dein Gebot übertreten, Gott Varuna, so gib uns nicht deinen tödlichen Waffen preis.« Auch in den Universalreligionen gibt es diese Form der S.nidee, aber sie steht hier entweder beziehungslos neben jener anderen S.nidee oder in bestimmter Beziehung zu ihr.

Die *aktuellen* S.n sind kultischer oder ethischer Art. Das Gebiet der *kultischen* S. weist mannigfache Formen auf: In den prophetischen Religionen, in denen die Ausschließlichkeit der Verehrung des eigenen Gottes mit besonderer Schärfe betont wird, erscheint der Abfall zu fremden Kulten als streng verurteilte S., zB im AT, im Parsismus (→ Iran: III) und im → Islam. Zahlreiche kultische S.n hängen sodann mit dem → Opfer (: I) zusammen, mit seiner pflichtwidrigen Unterlassung oder unvorschriftsmäßigen Verrichtung. Weitere kultische S.n sind: Verletzung geweihter (→ Weihen) Bezirke (→ Heilige Stätten), hl. Dinge und Personen (→ Tabu), Übertretung der Vorschriften über → Rein und Unrein, Vergehen gegen die sakrale Volksgemeinschaft (→ Gemeinschaft und Individuum), Verrat kultischer Geheimnisse (→ Arkandisziplin). Auch der → Kultus selbst kann zur S. werden, wenn er sich von der religiösen Haltung löst und wenn der äußere Vollzug der Kulthandlungen als ausreichend betrachtet wird. Hier ist etwa an den Protest der israelitischen → Propheten (: II C) gegen die Selbstgenügsamkeit des Kultus zu erinnern (vgl. Hos 6, 6). - *Ethische* S. ist Verstoß gegen sittliche Gebote. In allen entwickelteren Religionen, in denen es neben kultischen auch sittliche Vorschriften gibt (→ Sittlichkeit: II), kennt man auch S. als deren Übertretung. Zur S. werden solche Vergehen, wenn das Gesetz als gottgegeben betrachtet wird. Während in den Volks- und prophetischen Religionen die aktuelle S. als direkt gegen die Gottheit gerichtet angesehen wird, erscheint Ethik in den mystischen Religionen als → Askese und damit als erste Stufe des Heilswegs wie zB im → Buddhismus. Die ethischen Gebote stammen hier nicht von einer Gottheit, und ihre Übertretung hat zwar Folgen für die → Wiedergeburt, ist aber nicht im religiösen Sinne S. Zwei weitere Charakteristika der aktuellen S.nidee sind einerseits die Vorstellung einer für den Menschen prinzipiell erreichbaren Sündlosigkeit und andererseits die Staffelung des S.ngrades.

Von der aktuellen S. ist jene Form der S. zu unterscheiden, die in der christlichen Theologie (→ Sünde: V. VI) peccatum essentiale genannt wird, und deren formale Grundstruktur ihre genaue Analogie in außerchristlichen Universalreligionen hat, obwohl hier nicht allenthalben der Begriff S. dafür gebraucht wird. Was hier gemeint ist, wird deshalb besser als *existentielles Unheil* bezeichnet. In den Universalreligionen wird ein zentrales Hemmnis der religiösen Einheit des Menschen mit der Wirklichkeit des Heiligen (→ Heilig: I) erlebt; es wird nicht in etwas Einzelnem (Tat, Gesinnung), sondern in einer existentiellen Situation gesehen, deren Wesen es ist, daß der einzelne sich in einer Isolierung vom Heiligen befindet. Fragt man nach den jeweils isolierenden Faktoren, so zeigen sich in den Universalreligionen zwei typologische Unterschiede: Auf der einen Seite gibt es Religionen, die die Isolierung in der körperhaften Existenz des einzelnen sehen; so zB in den hellenistischen → Mysterien-Religionen, in der → Gnosis, in der indischen Mystik, im → Buddhismus, → Sufismus, → Taoismus und in anderen Erscheinungsformen der → Mystik. Auf der anderen Seite wird die Isolierung darin gesehen, daß der einzelne sich von der persönlichen Gottheit existentiell abgewandt hat. Das ist der Fall in den prophetischen Religionen des Mazdaismus (→ Iran: II), Israels, des Christentums und des Islam.

Die erste Gruppe der vorwiegend mystisch orientierten Religionen, die das Unheil in individueller und *ichhafter Existenz* sieht, ist in sich wieder differenziert. In der hellenistischen Religion (→ Hellenismus) ist die mit der Individualexistenz verbundene Körperhaftigkeit das entscheidende Hindernis der Einheit. So findet sich im → Poimandres (1, 27) die Aufforderung: »Zu allererst mußt du das Gewand, das du trägst (den Körper), zerreißen, das Gewebe der Unkenntnis, den Rückhalt der S.« Eine andere Form, körperhafte Existenz als unheilvoll anzusehen, begegnet zB in → Indien. Hier liegt der Nachdruck nicht auf der Körperhaftigkeit als solcher, sondern auf der Tatsache der Individualität und der damit gegebenen Vergänglichkeit und Wesenlosigkeit. Das gesamte individuelle Weltsein einschließlich der Menschen, Tiere, Dämonen und Götter ist unheilvoll. Im buddhistischen Samyutta-Nikâya (7, 1, 6) heißt es zB: »Flechtwerk innen, Flechtwerk außen, Flechtwerk fesselt rings die Menschheit. Dieses Flechtwerk, Gotama, wer vermag es aufzulösen?« Die Antwort lautet: »Wenn der beseelte Körper mit dem Bewußtsein gänzlich aufgelöst ist, dann zerreißt auch alles Flechtwerk.« Ich und Ichbewußtsein sind die Faktoren, gegen die als heilshindernde Größen sich das Verlangen nach → Erlösung (: I) hier in erster Linie richtet, weil das Ichbewußtsein für die Mystik der markanteste Ausdruck unerlöster menschlicher Existenz ist. – Auf der anderen Seite begegnet in den prophetischen Religionen die Auffassung, daß die *ichsüchtige Existenz,* in der alle Kräfte dem Ich und nicht Gott dienen, das Unheil begründet. Der Mensch sucht sich vor Gott zu behaupten und wendet alles Vertrauen von Gott ab und sich selbst zu. Treffend kennzeichnet Luther diese Situation, wenn er sagt: »Anfang und Grund aller S. ist von Gott weichen und ihm nicht trauen.« Dieselbe existentielle Haltung ist Jes 17, 5 gemeint. Im Christentum heißt das zentrale Hemmnis der Einheit S. Sie ist das Analogon zu den Formen existentiellen Unheils außerhalb des Christentums. Das peccatum essentiale ist hier einerseits seinsmäßige Isolierung von Gott durch ichsüchtigen Unglauben und andererseits Schuld gegenüber Gott. Im Gleichnis vom Verlorenen Sohn (Lk 15) ist diese Art der Unheilserfahrung in aller Klarheit zum Ausdruck gebracht.

2. Welche typischen Weisen der *Aufhebung der S.* kommen in der Religionsgeschichte vor? Die erste Möglichkeit, S. zu beseitigen, liegt in bestimmten kultischen oder ethischen Aktionen, die der Mensch vollbringt. Davon unterscheiden wir die Aufhebung der S. als innersubjektives Ereignis, das entweder als impersonaler Einbruch oder als persönlicher Eingriff seitens des Heiligen erfahren wird. – Zunächst ist festzustellen, daß zur Aufhebung der S. bzw. des → Zornes Gottes und der → Strafe, die den Sünder trifft, zeiträumliches Handeln der verschiedensten Art in Anwendung kommt. Um den Zorn der Gottheit zu bannen, richtet der Mensch seine → Gebete an sie, um sie umzustimmen. So betet zB der Ewe: »Dein Herz werde kühl.« Und in assyrischen Klageliedern heißt es: »Es beruhige sich dein Herz, es besänftige sich dein Gemüt.« Auch das feierliche S.nbekenntnis hat vielfach den Sinn, die Aufhebung von Zorn Gottes und Strafe zu bewirken. Im Avesta zB heißt es: »Das Gesetz des Mazda, o Spitama Zarathustra, nimmt von dem, der es bekennt, die Bande der S. hinweg« (Vendidad 3, 4, 41). Daß S. im aktuellen Sinne als S.nstoff vorgestellt wird, erkennt man etwa an Atharvaveda 6, 97, 2: »Streife ab von uns die S., wenn sie begangen worden ist.« Vor allem kommt hier das → Opfer (: I) in Betracht. Im ethischen Bereich werden »gute → Werke« als Mittel der → Vergeltung angesehen. Diese Form der Aufhebung der S. bezieht sich notwendig auf S. im aktuellen und konkreten Sinne. Die Erkenntnis der S. im existentiellen Sinn zieht immer zumindest die Ablehnung der Ausschließlichkeit aktueller S.naufhebung nach sich, denn im existentiellen Unheilsbegriff ist es gerade das Entscheidende, daß eingesehen wird, daß das eigentliche Wesen der S. nicht in konkreten Einzelheiten besteht, sondern in einem vor aller konkreten Manifestation liegenden Sein. Daß Menschen versuchen, S. mit zeiträumlichen Aktionen zu überwinden, muß vom Standpunkt existentiellen Unheilsverständnisses aus nicht nur als falsch, sondern geradezu als Symptom existentiellen Unheils angesehen werden. – Wenn S. in existentieller Isolierung vom Heiligen besteht, ist zu erwarten, daß ihre Aufhebung in der Herstellung eines neuen wesenhaften Kontaktes mit dem Heiligen gesehen wird. In Religionen mit impersonaler Auffassung des Numinosen, zB im Buddhismus, geschieht das durch den in der Erleuchtung erfolgenden Einbruch des Absoluten. Wo indessen das Unheil in der Isolierung von einem persönlichen Gott gesehen wird, erfolgt die Aufhebung durch gnadenmäßigen Eingriff der Gottheit wie etwa im Vishnu-Glauben oder im → Amida-Buddhismus (→ Gnade: I).

K. Th. Preuss, Die S. in d. mexikan. Religion (Globus 83, 1903, 253-257. 268-273) - UdG I-XII (s. Reg.) - W. R. W. Gardner, The Qur'anic Doctrine of Sin, London-Madras 1914 - ERE XI, 528ff - K. Latte, Schuld u. S. in d. griech. Religion (ARW 20, 1920/21, 254-298) - J. Wach, Der Erlösungsgedanke u. seine Deutung, 1922 - A. Jeremias, Die außerbibl. Erlösererwartung, 1927 - R. Pettazzoni, La confessione dei peccati I-III, 1929-36; franz. 1931/32 - Ders., Essays on the Hist. of Religions, 1954, 43ff - R. Otto, Die Gnadenreligion Indiens u. das Christentum, 1930 - Ders., S. u. Urschuld, 1932 - G. Mensching, Die Idee der S., 1931 - Ders., Zur Metaphysik des Ich, 1934 - Ders., Die Religion, 1959, 242ff - ThW I, 267f. 295ff. 321ff - HWDA IX, 309ff - HIsl (s. Reg.) - Nilsson I. II (s. Reg. s.v. S. mit Komposita) - H. Schär, Erlösungsvorstellungen u. ihre psychol. Aspekte, 1950 - RÄRG 759ff - A. E. W. Hooijbergh, Peccatum. Sin and Guilt in Ancient Rome (Diss. Groningen), 1954 - van der Leeuw (s. Reg.). *G. Mensching*

II. Im AT

1. Vorbemerkung - 2. Terminologie - 3. Charakteristik und verschiedene Aspekte - 4. Die Allgemeinheit der S. - 5. Der Ursprung der S. - 6. S., Schuld und Strafe - 7. Die Strafe

1. Die Auffassung von S. und Schuld im AT ist sehr komplex: auf der einen Seite hat sie Berührungspunkte mit dem dynamistisch-ritualistisch und atomistisch bestimmten S.nverständnis der altorientalischen Welt (vgl. van Selms), andererseits nähert sie sich der christlichen Lehre, wonach die S. in der Natur des Menschen wurzelt (s. 4). Charakteristisch ist a) die große Anzahl von Ausdrücken, die das sündige Handeln nach verschiedenen Seiten hin qualifizieren; b) das Fehlen eines allgemeinen Terminus, der als Äquivalent für das Wort S. in der christlichen Theologie gelten kann. Obgleich also theologisch wenig über die S. reflektiert worden ist, greift das Wissen um sie dennoch tief in den Glauben Israels ein. Man hat nicht nur »S.n« als selbständige verkehrte Taten gekannt, sondern auch die »S.« als eine das Leben des Einzelnen und des Volkes beherrschende Wirklichkeit erlebt.

2. Folgende *Begriffe* werden am häufigsten gebraucht: a) *Ḥăṭṭa't* bezeichnet die S. als Verfehlung (auch in profaner Bedeutung: Ri 20, 16; Hi 5, 24; Spr 19, 2). Im zwischenmenschlichen Bereich hat das Verbum den Sinn von: sich vergehen an, schuldig werden gegenüber (2Kön 18, 14; Gen 40, 1; 43, 9), aber hauptsächlich wird es im rein religiösen Sinn als S. gegen Gott verwendet (Gen 39, 9), wie dies von diesem Wortstamm auch im Akkadischen gesagt werden kann. Die S. kann sowohl unbeabsichtigt (bišgagā) als auch bewußt sein (vgl. Ex 9, 27; 10, 16f). Der Wortgebrauch bringt eine Abweichung von einem bestimmten Gebot oder Verbot zum Ausdruck, das nicht eine sittliche Norm zu sein braucht, sondern auch auf kultischem Gebiet liegen kann. – b) Tiefgreifender ist *ʿawon* (und sein Synonym ʿăwlā, oft = »Unrecht« im juridischen Sinn), das eine Tat als bewußtes Abweichen vom rechten Weg bestimmt. So kann man das Recht verdrehen (hif. ʿawā, Hi 33, 27) oder den verkehrten Weg einschlagen (Jer 3, 21). ʿAwon als Verkehrtheit hat sehr oft die Bedeutung von Schuld (1Sam 25, 24), bisweilen auch von Strafe als Büßen einer Schuld (Gen 4, 13). – c) Noch kräftiger ist *pæšăʿ*, das eine Tat als Abfall, Rebellion kennzeichnet (in profaner Bedeutung zB 1Kön 12, 19; 2Kön 3, 5. 7; im Verhältnis zu Gott zB Ps 36, 2). Synonyme dieses Wortes im religiösen Sinne sind u.a. meri, marā und marăd, »widerspenstig sein«, »rebellieren« (Jes 1, 20; Hos 14, 1; Jos 22, 16ff). – d) *Ræšă* qualifiziert die S. als Unrecht, bes. im juridischen Sinne; der Stamm ršʿ steht gegenüber ṣdq. Das Nomen rašaʿ kennzeichnet den Schuldigen (Gottlosen) im juridischen (Ex 2, 13; Num 35, 31) und religiösen (Ex 9, 27; Jer 14, 20) Sinne und ist seit Jesaja der am häufigsten gebrauchte Begriff für den S.r. – e) Damit verwandt ist *raʿā* (Unglück, Übel, Bosheit; Gegensatz: ṭôb), das nicht nur auf sittlichem und juridischem Gebiet, sondern auch in ganz allgemeiner Bedeutung gebraucht werden kann. – f) Das Wort *'ašam* (die Verschuldung, die jemandes Tat mit sich bringt und für die man büßen muß) hat eine juridische und allgemein sittliche (Ri 21, 22; Gen 42, 21), aber zumeist eine religiöse, auch kultische, Bedeutung (Lev 5ff; 1Sam 6, 3ff; Jes 53, 10). Die Schuld bringt Leiden mit sich (vgl. Jo 1, 18; Jes 53, 10). – g) Mehr umschreibend sind die Begriffe, die die S. als Torheit qualifizieren: *nebalā* (2Sam 13, 12; Jes 32, 6 u.ö.), *'iwwælæt* (Ps 69, 6; Spr 5, 22f; vgl. Jer 4, 22) und andere Synonyme. – h) Wenn auch *ṭumā'* (Unreinheit) kein unmittelbarer Begriff für S. ist, so versetzt doch Verunreinigung in einen Schuldzustand, der nur durch ein Sündopfer aufgehoben werden kann (→ Rein und unrein: II, → Sündenvergebung: I). Wörter dieses Stammes werden mit solchen vom Stamm zanā (Hurerei treiben) und taʿăb (abscheulich sein; vgl. Ps 106, 39f) und diese beiden wieder mit dem Stamm zamăm (schändlich handeln) verbunden. – i) *'Awæn* kann sowohl den Charakter des Unheilvollen, Unheilverkündenden als auch den des Bösen haben. Die Bedeutung berührt sich manchmal sowohl mit der von šaw' (das Eitle, das kein Bestehen in sich selbst hat) als auch mit der von šæqær (Lüge, Betrug, vgl. Ps 41, 7; Am 5, 5). Daneben gibt es noch verschiedene andere Wörter für Betrug, Lüge, Falschheit zur Bezeichnung der S. – k) Einige von Haus aus neutrale Wörter für Tat können in abwertendem Sinn gebraucht werden: ʿalîlā, măʿalal, măʿaśæ. – l) Am schärfsten wird die S. mit den Wörtern vom Stamm *ḥnp* als Ruchlosigkeit, Gottwidrigkeit charakterisiert (bes. bei Jes, Jer, Hi), in abgeschwächter Form dagegen in den Wörtern, die sie als Abirrung (šgg, šgh und thl) qualifizieren.

Die große Verschiedenheit der Terminologie läßt erkennen, daß in Israel die S.n auf verschiedene Weise gewertet werden. Man unterscheidet bestimmte Grade von S.n und beschreibt sie aus unterschiedlicher Blickrichtung: sehr allgemein ist der terminus ḥṭ'; aus dem mit dem Jahwismus gegebenen sittlich-religiösen Normbegriff erklärt sich der häufige Gebrauch von ʿawon und pæšăʿ; vom juridischen Gesichtspunkt aus spricht man von ršʿ, vom kultischen aus von tm', von dem der Weisheit aus von nbl. Die Grade reichen von šgh (šgg) bis zu ḥnp. Bei besonderer Betonung des Gewichtes der S. läßt sich eine Häufung von drei bis zu fünf dieser Wörter feststellen (vgl. im persönlichen Bekenntnis Ps 32, 1. 2. 5; ferner Ex 34, 7; Lev 16, 21; Jes 59, 11ff; Jer 14, 20 u.a.).

3. Das Hauptmerkmal ist das ausgeprägte Bestimmtsein durch einen Normbegriff, der oft einen stark juridischen Einschlag zeigt (S.r als rašaʿ). Das zeigt, wie sehr das S.nverständnis vom → Bund (: II) als dem zentralen Element im religiösen Leben abhängig ist und gleichsam das Spiegelbild, das Negativ davon darstellt. Einerseits bestimmt das Gemeinschaftsverhältnis von Gott und Volk selbst das ethische Leben (bes. bei den → Propheten), andererseits sind es die damit gegebenen kultischen, rituellen, sittlichen und sozialen Gesetze, die das Volksleben beherrschen (→ Sittlichkeit: III). Beide Momente sind nicht voneinander zu lösen (vgl. zB Mi 6, 8), auch wenn sie in den Texten unterschiedlich akzentuiert werden. Einerseits wird der Israelit mit Jahwe selbst konfrontiert, sei es als dem Gott der Treue (→ Hosea), der Gerechtigkeit (→ Amos) oder der Heiligkeit (→ Jesaja), andererseits mit den geoffenbarten Gesetzen Gottes. Im ersten Fall wird die S. rein religiös als Bruch des Verhältnisses des Menschen zu Gott (Herz) verstanden (Jes 1, 2f; Hos 2; Spr 3, 3ff; 1Sam 16, 7; Jes 29, 13; Jer 3, 10; 17, 9; Dtn 4, 29; 6, 4ff); im zweiten Fall liegt die Betonung auf dem Gehorsam gegenüber Wort und Gebot Gottes (1Sam 15, 23. 26; Hos 4, 1f; Jer 7; Dtn passim; Ps 119). In dieser Hinsicht steht der israelitische S.nbegriff dem altorientalischen diametral entgegen; vgl. die Klage in den babyl. Bußpsalmen, daß der Mensch »den Weg der Götter nicht kennt« und darum zur S. verdammt ist (K 235 + K 3334, Hehn Nr. 21), und demgegenüber die Freude am Gesetz in Dtn 4 und Ps 119.

Allgemeine altorientalische Motive findet man – bes. in der älteren Zeit, aber auch noch später, vgl. zB Lev 5 – in allerlei dynamistischen Vorstellungen, die die S. als eine Infizierung sehen, die sich dem Menschen ohne seinen Willen überträgt, zB durch das Anhören eines Eides oder Fluches (Lev 5, 1ff); oder da, wo für die körperliche → Reinigung ein Sündopfer verlangt wird (Lev 13). Man kann auch durch unwissentliches Brechen des Eides, den ein anderer abgelegt hat, in den Status der S., ja selbst der Tod-S. fallen (1Sam 14, 24ff). –

Altorientalisch ist auch die kollektive Wertung von S. und Schuld: Der Mensch kann, ohne es zu wollen, mit in die S. anderer einbezogen werden, zB das Volk Israel in die S. seines Königs David (2Sam 24; vgl. ferner Gen 9, 20ff; Ex 20, 5f; Jos 7; 2Kön 9f). Dieses kollektive Verständnis schließt aber die persönliche Erkenntnis der S. nicht aus (2Sam 24, 17; 12, 13); vgl. dazu → Gemeinschaft und Individuum: II.

Wenn auch in Israel, bes. in der prophetischen Verkündigung, das religiös-sittliche Moment im Vordergrund stand, hat doch das kultisch-rituelle immer seine Bedeutung für den Glauben gehabt, Obwohl religiöse und ethische Forderungen meist gesondert aufgeführt werden (Ps 15; 24, 4; Hos 4, 1f; Jes 1, 15ff), sind in S.n- und Tugendkatalogen im AT ebenso wie in den altorientalischen (negativen) Bekenntnissen (zB Totenbuch Tfl. 125, babyl. Bußpsalmen) mehrmals kultische, rituelle und ethisch-soziale Gesetze willkürlich nebeneinander aufgezählt (Ez 18, 5ff; Lev 19). Verstöße gegen die gottesdienstliche Ordnung werden in älteren und jüngeren Quellen als schwere Vergehen sämtlich mit der → Todesstrafe bedroht: vor allem der → Götzen- und Bilderdienst, aber auch das Berühren heiliger Gegenstände (1Sam 6, 19ff; 2Sam 6, 6ff; Ex 19, 12; Lev 10, 1ff) oder der Gebrauch dessen, was Gott zukommt (Opfer 1Sam 2, 12ff; Blut Lev 17, 10ff; Opferfett Lev 7, 25; Räucherwerk Ex 30, 38); ebenso die Sabbatschändung (Num 15, 32ff). Die Propheten und Weisheitslehrer betonen zwar die sittliche Seite des religiösen Lebens, haben aber die kultischen S.n wohl kaum geringer geachtet; vielmehr wird man sagen können, daß sie die ethischen und kultischen Gebote auf die gleiche Ebene stellen (vgl. Jer 7, 9-11; Pred 4, 17ff).

4. Die prophetische Konfrontation des Menschen mit der Heiligkeit Jahwes (→ Gott: II, → Heilig: II) und die Erfahrung seiner Gerichte im Laufe der Geschichte haben die Vorstellung von der *Allgemeinheit der S.* gefördert. Die → Propheten (: II B. C) klagen das gesamte Volk an (Hos 12; Jes 1, 4ff. 10ff; 6, 5ff), Jeremia und Ezechiel fordern die Erneuerung des Herzens (Jer 31, 31ff; Ez 18, 31; 36, 26f). Bes. Gen 6, 5; 8, 21; Ps 130, 3; Jes 64, 5ff heben den Gedanken der Allgemeinheit hervor. Jedoch kommt es weder zu einem dogmatischen Urteil darüber noch zu einer Lehre von der Erb-S., obwohl Ps 51, 7 und der jahwistische Verfasser der Urgeschichte, der den sittlichen Verfall nach der Vertreibung aus dem Paradies darstellt, in diese Richtung weisen. Nur die → Weisheitsdichtung lehrt insofern die Allgemeinheit der S., als sie die Unreinheit und Schwachheit alles Geschaffenen gegenüber Gott behauptet (Hi 4, 17f; 15, 14ff; 14, 4; Spr 20, 9; vgl. Ps 143, 2; 2Chr 6, 36). Aber dies ist etwas ganz anderes als die Anerkennung der S. im Sinne eines bewußten und naturgegebenen Widerstandes gegen Gott.

5. Während in der Babyl. Theodizee (Z. 276ff, vgl. ZA 43, 1936) der *Ursprung der S.* dem Willen der Götter zugeschrieben wird, ist das AT davon überzeugt, daß der → Mensch (: II) gut und vollkommen (Gen 1f) geschaffen ist. Die S. ist nicht durch Gott verursacht, sondern durch die Tat des Menschen selbst, der Gott ungehorsam ist. Gen 2f bietet weniger eine Erklärung des Entstehens der S. als vielmehr eine Beschreibung ihres Wesens als Ungehorsam gegen Gott; sie hat ihre Wurzel in dem »So-sein-wollen-wie-Gott« (Eigenmächtigkeit), das in dem magischen Tier, der Schlange, verkörpert gedacht wird. Wenn die S. in Israel nicht auf den hl. Gott zurückgeführt werden kann, nimmt er sie u.U. dennoch in seinen Dienst, um daraus das Gute hervorgehen zu lassen (Gen 50, 20) oder das Böse als Strafe gegen den Menschen zu gebrauchen (Pharao, David 2Sam 24).

6. Die Bezeichnungen für *S., Schuld und Strafe* sind in der hebr. Terminologie nicht immer zu unterscheiden. Der Stamm ḥṭ' bedeutet außer sündigen auch schuldig sein (Gen 20, 9; 1Sam 14, 38); ʿawon kann S., Schuld und Strafe - bes. das zweite - bezeichnen; ræšaʿ ist sowohl S. als auch Schuld, 'ašam ebenso Verschuldung wie Buße. S. macht schuldig und bringt Strafe mit sich. Dieser Zusammenhang ist so stark, daß man diese Reihenfolge grundsätzlich umkehren kann: von der Strafe kann man auf Schuld und S. schließen (Jos 7; 2Sam 21). Dies führt zu der Überzeugung des Wesenszusammenhanges von Krankheit und S., die nicht nur in den babyl. Bußpsalmen, sondern auch öfters im AT (Ps 6, 2ff; 32, 3f; 38, 2ff; 39, 12 usw; Hiobs Freunde) deutlich hervortritt. Im → Hiobbuch wird diese kausale Verbindung durch den Kampf des leidenden Hiob durchbrochen.

7. Wenn sich die *Strafe* auch automatisch vollziehen kann (Jos 7; 1Sam 14), so ist sie doch meist von Gottes Entschluß abhängig. Gott mag schwer züchtigen, doch ist er unendlich viel milder in seiner → Gnade (: II) als hart im Strafen (Ex 20, 5f; Ps 30, 6; vgl. Ex 34, 6ff; Gen 18, 22ff). Immer hat die Strafe den positiven Zweck, Neues zu schaffen; bisweilen tut die Strafe Jahwe selbst am meisten weh (Hos 11, 8ff). Er bemüht sich stets, erst das Volk durch die Warnung seiner Propheten zur Umkehr zu bringen (Hos 6, 5; Jer 7, 13; 11, 7f; 25, 3f). - Jahwes Strafe wird - in Übereinstimmung mit dem Rechtssatz des ius talionis - oft als Korrelat zur S. von Mensch und Volk vorgestellt; es besteht Gleichgewicht zwischen S. und Strafe (Gen 12, 3; Dtn 32, 21; Jes 5, 8ff; 30, 16; Jer 2, 5; Spr 11, 25). Während man jedoch weiß, daß die S. bereits im Herzen beginnt, wird erst - ebenso wie im Recht - die Tat gestraft (Gen 4). Gott straft bes. hart den, der eine Berufung hat (Am 3, 2) oder den er lange gewarnt hat. Nicht immer straft er der S. entsprechend (Ps 130, 3f); er kann die Strafe lange zurückhalten und die S. in seinem Gedächtnis bewahren (Ex 32, 34; Hos 7, 2; 13, 12), aber dies schließt eine schwere Bedrohung ein. - Zur Sühnung der S. vgl. → Sündenvergebung: I.

Außer den at. Theologien: J.Hehn, S. u. Erlösung nach bibl. u. babyl. Anschauung, 1903 - Ders., Hymnen u. Gebete an Marduk, 1906, 279ff - J.Köberle, S. u. Gnade im relig. Leben des Volkes Israel, 1905 - J.Morgenstern, The Doctrine of Sin in the Babylonian Religion (MVG 1905, 3) - F.Bennewitz, Die S. im alten Israel, 1907 - A.H.Edelkoort, Het zondebesef in de babyl. boetepsalmen (Diss. Utrecht), 1918 - Mowinckel I - Ch.F.Jean, Le péché chez les Babyloniens et les Assyriens, Paris 1925 - RGG² V, 879ff - ThW I, 267ff - A.v.Selms, De babyl. termini voor zonde..., Wageningen 1933 - R.Pettazzoni, La confessione dei peccati II, Bologna 1935 - J.Hempel, Das Ethos des AT (BZAW 67), 1938 - N.H.Ridderbos, De »werkers der ongerechtigheid« in de individuele Psalmen, Kampen 1939 - C.R.Smith, The Bible Doctrine of Sin, London 1953 - F.Hesse, Das Verstockungsproblem im AT (BZAW 74), 1955 - K.Koch, Gibt es ein Vergeltungsdogma im AT? (ZThK 52, 1955, 1-42) - J.Heussen, De zondeopvatting in de boeken van het OT (Rev. Ecclés. de Liège 43, 1956, 129-151. 193-219) - R.Knierim, Studien zur isr. Rechts- u. Kultusgesch.: cht' und chms, zwei Begriffe für S. in Israel u. ihr Sitz im Leben (Diss. Heidelberg), 1957 (Masch.) - R.Criado, El concepto de pecado en el AT (XVIII Semana Bíblica Española 1960, 5-49). *Th.C.Vriezen*

III. Im Judentum

1. Die Begriffe S. und Schuld - 2. Der Ursprung von S. und Schuld - 3. Die Befreiung von S. und Schuld

1. Da der Gott Israels seinen Willen im Gesetz kundgetan hat, sind im Judentum die Begriffe S. und Schuld vom → Gesetz (: III) her bestimmt. Übertretung der göttlichen Gebote ist S., für die der S.r verantwortlich gemacht und gestraft wird. Die S. wird also weder als unabwendbares Geschick noch als von den Vätern überkommenes Verhängnis, sondern als Schuld des einzelnen

verstanden (vgl. Ez 18, 2ff). Die Heiden, die ohne das Gesetz leben und um den Willen Gottes nicht wissen, können diesen niemals erfüllen und sind daher alle miteinander S.r. Für die Israeliten aber, die das Gesetz und die Gebote Gottes kennen, ist jeder Verstoß gegen eine göttliche Satzung eine Übertretung und damit Auflehnung gegen Gott. Im Anschluß an Num 15, 22ff, wo »S.n mit erhobener Hand« und »versehentlich begangene S.n« einander gegenübergestellt werden, unterscheidet das Judentum zwischen Taten frevelhaften Ungehorsams, die als bewußte Auflehnung gegen Gott anzusehen sind, und solchen Verstößen, die unwissentlich unterliefen und daher milder zu beurteilen sind. Götzendienst ist die schlimmste aller S.n; daneben zählen Unzucht und Blutvergießen zu den unvergebbaren Tod-S.n, die der Jude unter allen Umständen zu meiden hat (b. Sanhedrin 74a). Für die anderen S.n dagegen, die aus Unkenntnis oder Unachtsamkeit getan wurden, gibt es verschiedene Möglichkeiten der Sühne: durch → Opfer (: II), rituelle → Reinigung (: II), gute Taten, Umkehr, Leiden und in schweren Fällen durch den Tod. Verfehlungen können durch gute Werke ausgeglichen werden, deren Zahl und Gewicht die der S.n überwiegen muß. – In der Gemeinde von → Qumran ist der Begriff der S. strenger gefaßt worden als im übrigen Judentum: Der Mensch gehört zum Fleisch der Bosheit und ist daher grundsätzlich durch die S. bestimmt (vgl. 1QS XI, 9ff; 1QH VII, 16ff u.ö.). Volle Erkenntnis seiner Verlorenheit besitzt freilich nur der Fromme, der sich zur Gemeinde bekehrt hat und kraft des Beistandes göttlicher Gnade dem Gesetz ungeteilten Gehorsam leistet (vgl. 1QS XI, 2ff; 1QH IV, 35ff; VI, 6f u.ö.).

2. Durch die Schuld des Menschen, der sich zur Übertretung des göttlichen Gebotes verleiten ließ, nahm die S. ihren Anfang. Adams Tat hatte böse Folgen: die göttliche Strafe, Gericht und Tod, traf alle Menschen (vgl. 4Esr 7, 118; ApkBar [syr] 17, 3; 23, 4; 48, 42f). Zwar kommen 4Esr und ApkBar (syr) der Vorstellung der Erb-S. recht nahe, aber dennoch wird stets die individuelle Verantwortung des einzelnen betont: »Wenn Adam zuerst gesündigt und über alle den vorzeitigen Tod gebracht hat, so hat doch auch von denen, die von ihm abstammen, jeder einzelne sich selbst die zukünftige Pein zugezogen, und wiederum hat sich jeder einzelne von ihnen die zukünftige Herrlichkeit erwählt« (ApkBar [syr] 54, 15; vgl. auch 54, 19). Obwohl die Gemeinde von Qumran den Menschen auf Grund des Ratschlusses Gottes entweder vom Geist der Wahrheit oder vom Geist des Trugs bestimmt sieht (vgl. 1QS III, 25 – IV, 26), so bleiben doch die bösen Werke verantwortliche Schuld derer, die sie begingen. Nach der Lehre vom bösen Trieb, die vornehmlich in pharisäisch-rabbinischen Kreisen entwickelt wurde, walten der gute und der böse Trieb im Herzen des Menschen. Der böse Trieb »sagt heute zum Menschen: Tue dies, und morgen: Tue jenes, bis er zuletzt sagt: Bete andere Götter an« (b. Schabbat 105b). Aber der Mensch hat zu widerstehen und kann erfolgreich kämpfen, denn der allein ist mächtig, der seinen Trieb beherrscht (Abot IV, 1).

3. Wer dem Gesetz in allen seinen Forderungen gehorsam ist, der ist frei von S. und Schuld. Nach jüd. Anschauung ist es dem Menschen nicht unmöglich, sich von der S. frei zu halten. Wenn Gott hervorragende Fromme wie den Propheten Elia von der Erde unmittelbar in den Himmel hinaufgenommen hat, so lehrt seine Entrükkung nach R. Jehuda b. 'Il'ai (um 150 nChr), was aus dem ersten Menschen geworden wäre, wenn er nicht gesündigt hätte: er hätte fortgelebt in Ewigkeit (Lev. rabba 27 zu 22, 27). Wie die S. den Tod zur Folge hat, so bewahrt Sündlosigkeit vor dem Sterben, denn es gibt nach R. 'Ammi (um 300 nChr) keinen Tod ohne S. und keine Leiden ohne Schuld (b. Schabbat 55a). Aus der Erfahrung von Leid und Tod ist daher die Lehre zu ziehen, daß man dem Gesetz folgen muß, um S. und Schuld zu meiden. Die Erkenntnis, daß alle Menschen »voll von S., mit Schuld beladen« sind (4Esr 7, 68), hat die Frommen von Qumran dazu veranlaßt, sich von der Welt der Lüge und Bosheit abzuwenden. Sie wissen als die Kinder des Lichtes, daß sie nicht aus eigenem Vermögen, sondern allein aus Gottes Gnade imstande sind, die S. zu meiden. Gott sühnt die Schuld, indem er nun vollen Gehorsam gegen das Gesetz ermöglicht (vgl. 1QS III, 6ff; 1QH IV, 37 u.ö.). Befreiung von S. und Schuld kann also niemals ohne das Gesetz erfolgen. Solange diese Welt währt, wird es in ihr S. und Schuld geben. Sie werden erst in der kommenden Heilszeit aufgehoben werden. Der Messias wird rein von S. sein (PsSal 17, 36); in seinen Tagen wird jede S. vergehen, und die Gottlosen werden aufhören, Böses zu tun (TestLev 18, 9).

BOUSSET, Rel. 399ff – G.F. MOORE, Judaism I, 1927, 445ff – A. BÜCHLER, Studies in Sin and Atonement in the Rabbinic Lit. of the First Century, 1928 – BILL. (Reg. s.v.) – ThW I, 290ff – P. VOLZ, Die Eschatologie der jüd. Gemeinde, 1934 (Reg. s.v.) – E. SJÖBERG, Gott u. die S.r im paläst. Judentum (BWANT IV, 27), 1938 – E. LOHSE, Märtyrer u. Gottesknecht (FRLANT 64), 1955, 13ff – H. BRAUN, Spätjüd.-häret. u. frühchristl. Radikalismus I (BHTh 24), 1957, 10ff. 41ff – M. BURROWS, More Light on the Dead Sea Scrolls, 1957, Kap. XXV; dt. 1958, 250ff. *E. Lohse*

IV. Im NT

1. S. und Schuld – 2. Das sündige Volk – 3. Jesus und die S.r – 4. Paulus und die S. – 5. Johanneische Schriften – 6. Konkrete S.n

1. Für das Christentum des Westens sind S. und Schuld eng miteinander verbunden, und die Soteriologie der westlichen Theologie setzt dieses Begriffspaar bewußt voraus. Darum muß es überraschend erscheinen, daß das NT keine feste Terminologie für »Schuld« hat und die Wörter für »Schuldigkeit« sparsam vorkommen. Am stärksten wird die S. als Schuld im LkEv beschrieben (zB 15, 18; 18, 13), aber terminologisch nur in Lk 7, 41f, wo die wirtschaftliche Bildsprache dieselbe ist wie im Gleichnis vom Schalksknecht (Mt 18, 23–35). Hier wie im matthäischen Vater Unser (6, 12) trägt das Wort ὀφείλημα Obertöne von Bruderschaftsethik: »Vergib uns das, was wir unseren Brüdern schuldig sind, wie wir auch...« Die forensischen termini ἔνοχος (Mt 5, 21f; Mk 3, 29; 14, 64; 1Kor 11, 27; Hebr 2, 15; Jak 2, 10) und ὑπόδικος (Röm 3, 19) drücken Situationen aus, in denen jemand rechtmäßig eine Strafe verdient hat; es fehlen aber die Substantive dieser Wurzeln. – Das alles meint nicht, daß die S. nicht als Schuld verstanden wird; die Verantwortlichkeit des Menschen vor Gott wird ja von Paulus in Röm 1–3 aufgezeigt, wo er schließlich in 3, 19 von der Totalschuld der Menschheit spricht. Aber es fehlt jeder Versuch, zwischen S. und Schuld zu unterscheiden, um über die Schuld an sich als theologisches oder gar psychologisches Problem zu spekulieren.

2. Das Kommen Jesu, seine Predigt und sein Wirken ist mit dem Problem der S. eng verbunden und wird so beschrieben, als ob dieses Problem in ihm seine eschatologische Lösung findet (→ Jesus Christus, 10b). Er kommt zum Volke Israel, einem Volk, das sich seiner Sündigkeit bewußt ist (→ Sünde: III). Der tiefste Zweck des Gesetzeseifers der → Pharisäer war es, durch Gerechtigkeit das Kommen des messianischen Zeitalters vorzubereiten und herbeizuführen: Der Messias kommt an dem Tage, an dem Israel das → Gesetz (: III) halten wird. Darum ist es nicht überraschend, daß der Rahmen der jüdischen Diskussion über die S. oft der der Theodizee

ist (zB PsSal und 4Esr; auch 2Makk 6, 12-17). Zu »diesem ehebrecherischen und sündigen Geschlecht« (Mk 8, 38) kommt Jesus. Wenn das MtEv den Namen »Jesus« deutet: »denn er wird sein Volk erlösen (σώσει) von ihren S.n« (1, 21), so ist das kollektiv und eschatologisch gedacht und soll heißen: Er wird Israel aufrichten; vgl. Lk 1, 77 (Ps 130, 8).

3. Jesus proklamiert das → Reich Gottes (: I, 2) als hereinbrechend, und wie bei → Johannes dem Täufer ist das eine Aufforderung zur Buße; die → Sündenvergebung (: II), die bei Johannes mit der Taufe verbunden war, ist bei Jesus synonym mit seiner ganzen Mission. Er hat die Vollmacht, auf Erden S.n zu vergeben (Mk 2, 10 par). So grundsätzlich ist Jesu Mission ein solches Freisprechen, daß das Substantiv »S.« (ἁμαρτία) bei den Synoptikern und in der Apg nur in Aussagen über S.n-vergebung vorkommt. - Stark und bleibend war der Eindruck, daß Jesus ein Freund der Zöllner und S.r war. Damit ist die feste Klassenscheidung der jüdischen Frömmigkeit (Gerechte/S.r) vorausgesetzt: Eben die Leute, die sich in den Augen der Gerechten - der Pharisäer und Schriftgelehrten - um die Erlösung Israels am wenigsten kümmerten und sich daher nicht ernsthaft um den Gehorsam unter der Tora bemühten, werden von Jesus gesucht und eingeladen. Das meiste, was in den synoptischen Evangelien über S. und S.r gesagt wird, findet sich im Rahmen einer Verteidigung dieser Relation zwischen Jesus und den S.rn. Das Murren der Pharisäer leitet oft, bes. im LkEv, solche Jesuslogien ein (zB Lk 15, 2; vgl. 7, 36ff; 18, 9). Jesus konnte ironisch (?) sagen, daß er den schon Gerechten nichts zu geben hatte (Mk 2, 17 par); in den synoptischen Evangelien versucht er niemals die Gerechten für sich zu gewinnen, und Nikodemus, der von selbst zu ihm kommt, wird schroff behandelt (Joh 3, 1ff). An den Gerechten vorbei geht er zu den S.rn. Das muß nicht so verstanden werden, als ob Jesus es so »geplant« hätte. Aber es »geschah« so, wenn er als der messianische Bote zu Israel kam: Er wurde von den Leuten abgelehnt, die sich selbst bereit glaubten, und von denen angenommen, deren Gesetzesfrömmigkeit sehr zweifelhaft war. - Die Seligpreisungen der → Bergpredigt (Mt 5, 3-12) gelten den Menschen, die unter Bedrückung demütig auf die messianische Zeitwende harren, was auch den Pharisäern als die richtige Einstellung erschien. Die sog. Anawim-Frömmigkeit eines → Simeon oder einer Hanna (Lk 2, 25-38) war den Pharisäern nicht fremd. Neu bei Jesus und dem evangelischen Ereignis ist es aber, wenn diese Einstellung mit der der S.r gleichgesetzt wird. Das geschieht, wenn sich die S.r für die Botschaft und den Anspruch Jesu bereit erweisen. In der messianischen Schicksalswende nehmen sie eine privilegierte Stellung ein, weil sie Jesus als den messianischen Heilsbringer begrüßen. Das gilt auch für einzelne Heiden (Mt 8, 11; 15, 21-28) - Heiden waren ja von den Juden, auch von Paulus (Gal 3, 15), als »S.r« klassifiziert. In diesem heilsgeschichtlichen Ereignis hat die nt. und frühchristliche Theologie von Gnade und Vergebung ihre Wurzel. Man kann das nur als eine radikale Umwandlung der religiös-sozialen Klassenstruktur verstehen: Die Ersten werden die Letzten und die Letzten die Ersten sein (Mk 10, 31 u.a.).

4. Auch bei → *Paulus* (, 3 b β) ist die Auffassung der S. von der Heilsgeschichte aus zu verstehen. Was er von der S. sagt, ist immer mit den vier Säulen der Heilsgeschichte verbunden: Adam - Abraham - Mose - Christus. Mit Adams Ungehorsam ist die S. in die Welt gekommen, und mit ihr der Tod, »weil ja alle gesündigt haben« (Röm 5, 12). Diese allgemein-jüdische Auffassung ist für Paulus selbstverständlich, aber sein Denken über die S. hat seinen Schwerpunkt in dem, was er als die Folge des mosaischen Gesetzes für die S. sieht; die Verbindung des Jüdischen mit dem Paulinischen findet sich zB in dem Satz: »Der Stachel des Todes ist die S., die Kraft aber der S. ist das Gesetz« (1Kor 15, 56). Das → Gesetz (: III. IV), das für die Juden das Heilsmittel war und die Möglichkeit zum gerechten Leben und zur Erlösung gegeben hatte, kann die S. nicht überwinden, denn es ist »geschwächt durch das Fleisch« (Röm 8, 3). So war der von Gott gesetzte Zweck des Gesetzes auch nicht, »lebendig zu machen«; wenn Gott es so gemeint hätte, hätte er gewiß solch ein Gesetz geben können (Gal 3, 21). Der Zweck des Gesetzes zeigt sich daher als ein negativer: Es ist daneben hineingekommen, damit die S. und die Übertretung sich mehre (Röm 5, 20; 7, 13). - Diese Auffassung stammt nicht aus irgendeiner tiefen Unzufriedenheit des als Jude unter dem Gesetz lebenden Paulus (s. Phil 3, 6); sie ist vielmehr von seiner neuen Situation aus gesehen, von dem Christusereignis aus. Die (erst im 3.Jh. belegte) rabbinische Diskussion, ob der Messias in einem Zeitalter vollendeter Gerechtigkeit oder vollendeter Sündhaftigkeit kommen werde (Sanh. 98 a), könnte hier vorausgesetzt werden. Als Paulus erkannte, daß der Messias gekommen war, wurde es ihm offenbar, daß die erste Alternative nicht zutraf. Also ist der Messias in einer Zeit vollendeter S. gekommen. So versteht man am besten Röm 1-3, wo die S. der ganzen Welt - Juden und Heiden - demonstriert wird und der → Zorn Gottes (: III) der Hintergrund des eschatologischen Geschehens ist, dessen sichtbare Mitte die Erlösung in Christus ist (Röm 1, 18; 3, 21). - Für Paulus selbst hatte die Vermehrung der S. auch ihren speziellen Sinn, denn es war ja das Gesetz, das aus ihm einen Verfolger der Gemeinde Gottes gemacht hatte. Das war *die* S. seines Lebens (1Kor 15, 9; vgl. 1Tim 1, 15). - Mit Christus ist die neue Situation gekommen, in der die S. überwunden ist. Dafür ist die Gestalt Abrahams mit ihrer Gerechtigkeit aus Glauben typologisch (Röm 4); und wenn die Verheißung, die 430 Jahre vor dem Gesetz gegeben war, in Christus ihre Erfüllung gefunden hat, ist das Gesetz für den Christen dadurch als zeitbegrenzt zur Seite geschoben (Gal 3). Die S. gehört dem alten Äon zu, dem der Christ durch die → Taufe (: II) abgestorben ist (Röm 6). Wenn er auch weiter noch sündigt und der ständigen Imperative bedarf, so hat doch die S. ihre Mächtigkeit verloren (→ Sittlichkeit: V, 3). S.n sind jetzt eine Anomalie, und Röm 7 wird man kaum zur Basis für das luth. simul iustus et peccator verwenden dürfen, da dieser Abschnitt über den Menschen unter dem Gesetz handelt und es nicht primär um das Problem der S. geht, sondern um die Frage, wie es kommt, daß das heilige und gute Gesetz dennoch zum Tode führen konnte. Das Hauptinteresse der Diskussion ist das Gesetz, nicht die S. - Die Betonung der Aporie des Gesetzes in Röm und Gal hat den Zweck, die »sündigen Heiden« als gleichberechtigte Glieder des neuen Gottesvolkes in Christus zu verteidigen. - Im Rahmen dieser heilsgeschichtlichen Gesamtschau, in der es um eine radikale Veränderung der Gliedschaft des Gottesvolkes, um die Beseitigung der Scheidewand zwischen Juden und Heiden geht, werden die verschiedenen Fragen von konkreten S.n paränetisch, katechetisch und unter dem Gesichtspunkt der Kirchenzucht behandelt (s. 6).

5. Auch im → *Johannesevangelium* ist die S. ganz an die Messiasfrage gebunden. Wenn die Juden Jesus nicht als den Offenbarer Gottes anerkennen, besteht eben darin *die* S. (8, 24), und der Hl. Geist wird die Welt der S. überführen, »denn sie glauben nicht an mich« (16, 9). Nur der Sohn kann die Menschen von der S. befreien (8, 34-37); seine Sohnschaft besteht u.a. darin, daß ihn niemand einer S. überführen kann (8, 46; vgl. 1Joh 3, 5).

Die S. der »blinden« Juden ist um so größer, weil sie sich als sehend dünken (9, 41; vgl. 19, 11). So erreicht die S. ihren Höhepunkt mit dem Kommen des Messias (15, 22; vgl. 3, 19), der vom Täufer als »Lamm Gottes, welches der Welt S. trägt«, begrüßt wird (1, 29; vgl. 1Joh 3, 5). – Die Vorstellung von Krankheit als Strafe für S. ist als selbstverständlich vorausgesetzt (5, 14), aber auch diese Frage ist von der außerordentlichen Bedeutung der Messiaszeit überschattet: Die Krankheit gibt Jesus Gelegenheit, die Werke Gottes zu offenbaren (9, 1-4). – Im *1Joh* begegnet dieselbe Grundauffassung der S. wie im JohEv. In beiden Schriften ist die S. mit Finsternis, Lüge und dem Lügner Satan verbunden; vgl. auch die Apk. Im 1Joh findet sich auch die bekannte Paradoxie von der Unmöglichkeit der Kinder Gottes zu sündigen (3, 9), und der Zurechtweisung derer, die sagen, daß sie keine S. haben (1, 8). Trotz aller theologischen und quellenkritischen Versuche, diesen Widerstand zu überwinden, bleibt es vielleicht am richtigsten anzunehmen, daß hier Ideal und empirische Wirklichkeit unvermittelt nebeneinander stehen, denn beide Aussagen sind in ihrem Zusammenhang klar.

6. Die konkrete Ethik des NT wird oft in Tugend- und Lasterkatalogen ausgedrückt (→ Sittlichkeit: V). In der Did wird solches Material in der Form eines Katechismus »der beiden Wege« ausgearbeitet (1-3; vgl. Barn 18-20). Mk 7, 21 f par bietet ähnliches. Die hier aufgezählten Tugenden und Laster enthalten wenig für das Christentum Spezielles und finden sich auch im hellenistischen Judentum und sogar in der hellenistischen Popularphilosophie. Diese Listen enthalten keine bewußte Gegenüberstellung christlicher und nicht-christlicher Ethik, und was in Röm 1-2 gegen die S.n der Heiden und Juden gesagt wird, wurde von den Betreffenden selbst als S. empfunden. Ein Unterschied tritt aber da zutage, wo die jüdische Interpretation von Sabbat, Reinheitsvorschriften, Ehescheidung u.ä. behandelt wird. Jesusworte wie Mk 2, 27 f par; 7, 18-23 par; 10, 1-12 par haben wohl in der rabbinischen Literatur einige Parallelen, gehen aber doch über jüdische Gesetzesinterpretation hinaus. Hier, wie in der → Bergpredigt (: I), werden ethische Vertiefung und Radikalisierung mit dem Bewußtsein der hereinbrechenden Heilszeit verbunden. Ähnlich trifft Paulus die Entscheidung darüber, was in diesen Fällen S. und was Gerechtigkeit ist, von der eschatologischen Situation (vgl. 1Kor 7) der Kirche aus Juden und Heiden her. Die Brüder, die in Christus eins sind, können als Observanten und Nicht-Observanten zusammenleben, aber nur gemäß ihrem Glauben: »Was aber nicht aus dem Glauben geht, das ist S.« (Röm 14, 23; vgl. Röm 14; 1Kor 8). – Wenn also die Einheit in Christus, die sich in der → Kirche (: II) manifestiert, für Entscheidungen über S. ausschlaggebend ist, so ist damit auch das Problem der Kirchenzucht gegeben; vgl. dazu → Sündenvergebung: II, 4, → Bußwesen: II, 1 b. – Der Christ, der in Christus von der S. befreit ist, lebt noch in einer Welt, in der der Teufel »wie ein brüllender Löwe umher geht und sucht, welchen er verschlinge« (1Petr 5, 8). Der Abfall ist immer eine häßliche Möglichkeit in einer Welt, in der der Christ zum Kampf gegen die S. gerufen ist. Trotz dieses Risikos lebt er aber im freudigen Bewußtsein seiner Erlösung, nicht in ängstlicher Selbstprüfung und Selbstbeobachtung. So überwiegt im NT aufs Ganze gesehen die Freude über die S.nvergebung den Eifer, ein tiefes S.nbewußtsein hervorzurufen. Darin bleibt das ganze NT der Botschaft Jesu treu.

Allgemein: ThW I, 267 ff (ἁμαρτάνω κτλ.); V, 559 ff (ὀφείλω κτλ.); VI, 170 ff (παράπτωμα) - R.Ch.Trench, Synonyma des NT, 1907, 152 ff - Ferner die Theologien des NT, zB von R.Bultmann, F.C.Grant, M.Meinertz, A.Richardson, E.Stauffer.

C.Clemen, Die christl. Lehre von der S. I: Die bibl. Lehre, 1897 - P.Wernle, Der Christ u. die S. bei Paulus, 1897 - O.Cone, The Pauline Doctrine of Sin (Amer. Journal of Theol. 2, 1898, 241-267) - G.Dalman, Die Worte Jesu I, (1898) 1930^2, 334 ff - P.Feine, Der Ursprung der S. nach Paulus (NKZ 10, 1899, 771-795) - H.Windisch, Taufe u. S. im ältesten Christentum, 1907 - P.Galtier, La réconciliation des pécheurs dans saint Paul (RSR 3, 1912, 448-460) - Ders., La réconciliation des pécheurs dans la première épître à Timothée (ebd 39, 1951/52, 317-320) - R.Mackintosh, The Roots of St. Paul's Doctrine of Sin (Exp VIII/5, 1913, 441-458) - H.L.Motry, The Concept of Mortal Sin in Early Christianity (Diss. Cathol. Univ., Washington/D.C.), 1920 - O.Schmitz, Das Lebensgefühl des Paulus, 1922 - G.Kittel, Die Probleme des paläst. Spätjudentums u. das Urchristentum, 1926 - E.Eidem, Det kristna livet enligt Paulus, Stockholm 1927 - J.Freundorfer, Erb-S. u. Erbtod beim Apostel Paulus: Röm 5, 12-21 (NTA 13, 1-2), 1927 - W.Mundle, Religion u. Sittlichkeit bei Paulus (ZSTh 4, 1927, 456-482) - W.Sattler, Die Anawim im Zeitalter Jesu Christi (Festg. f. A.Jülicher, 1927, 1-15) - J.E.Thomas, The Problem of Sin in the NT, London 1927 - K.Weidinger, Die Haustafeln (UNT 14), 1928 - W.G.Kümmel, Röm 7 u. die Bekehrung des Paulus (ebd 17), 1929 - E.Lohmeyer, S., Fleisch u. Tod (ZNW 29, 1930, 1-59 = E.L., Probleme paulin. Theol., 1955, 75 bis 156) - Th.Schlatter, Für Gott lebendig in Christi Kraft. Eine Studie zu den Selbstaussagen des Paulus (WuD 1930, 116-144) - Ders., Tot für die Sünde, lebendig für Gott (ebd 1932, 19-58) - J.Jeremias, Zöllner u. S.r (ZNW 30, 1931, 293-300) - K.G.Kuhn, Röm 6, 7 (ebd 305-310) - Ders., Πειρασμός - ἁμαρτία - σάρξ im NT u. die damit zusammenhängenden Vorstellungen (ZThK 49, 1952, 200-222) - J.Schnitzer, Die Erb-S. im Lichte der Religionsgesch. (SMSR 7, 1931, 157-222) - Ders., Paolo e il peccato del Christiano (Religio 10, 1934, 539-545) - H.v.Soden, Sakrament u. Ethik bei Paulus (Marburger Theol. Studien 1931, 1-40 = H.v.S., Urchristentum u. Gesch. I, 1951, 239-275) - J.Hempel, S. u. Offenbarung nach at. u. nt. Anschauung (ZSTh 10, 1932, 163-194) - R.Bultmann, Röm 7 u. die Anthropologie des Paulus (Imago Dei. Festg. G.Krüger, 1932, 53-62) - E.de los Rios, Ad catalogos peccatorum apud S. Paulum animadversiones (VD 12, 1932, 364-370) - A.D.Nock, Conversion, Oxford 1933; vgl. Ders., RAC II, 105 ff - H.Preisker, Das Ethos des Urchristentums, (1933) 1949^2 - C.H.Dodd, The Bible and the Greeks, London 1935, 76 ff - L.Brun, Seiren over synden i Paulus' frelsesforkynnelse og formaning (NTT 37, 1936, 20-48) - Ders., Rom. 7, 7-25 ennu engang (SEÅ 12, 1947, 67-84) - A.Vögtle, Tugend- u. Lasterkataloge im NT (NTA 16, 4-5), 1936 - P.Althaus, Paulus u. Luther über den Menschen, (1938) 1951^2 - M.W.Bloomfield, The Origin of the Concept of the Seven Cardinal Sins (HThR 34, 1941, 121-128) - J.Herkenrath, S. zum Tode (Festg. F.Tillmann, 1950, 119-138) - A.Kirchgässner, Erlösung u. S. im NT, 1950 - H.Ljungman, Guds barmhärtighet och dom, Lund 1950 - P.Bläser, Glaube u. Sittlichkeit bei Paulus (Festg. M.Meinertz [NTA ErgBd 1], 1951, 114-127) - G.Bornkamm, Das Ende des Gesetzes (BEvTh 16), (1952) 1958^2 - J.Haas, Die Stellung Jesu zu S. u. S.r nach den vier Evangelien (Studia Friburgensia NF 7), 1953 - Th.Barrosse, Death and Sin in St. Paul's Epistle to the Romans (CBQ 15, 1953, 438-459) - C.R.Smith, The Biblical Doctrine of Sin and of the Ways of God with Sinners, London 1953 - C.L.Mitton, Rom 7 Reconsidered (ET 65, 1953/54, 78-81. 99-103. 132-135) - H.G.Wood, The Conversion of St. Paul: Its Nature, Antecedents and Consequences (NTS 1, 1954/55, 276 bis 282) - M.Barth, Speaking of Sin (SJTh 8, 1955, 288-296) - E.Ellwein, Das Rätsel von Röm 7 (KuD 1, 1955, 247-268) - W.Joest, Paulus u. das Luthersche Simul Justus et Peccator (ebd 269-320) - A.M.Dubarle, Le péché originel dans saint Paul (RSPhTh 40, 1956, 213-254) - Ders., Original Sin and God's Justice (Scripture 9, 1957, 97-108) - Ders., Le péché originel dans l'Ecriture (Lectio divina 20), Paris 1958 - F.Greeves, The Meaning of Sin, London 1956 - S.Lyonnet, Le péché originel et l'exégèse de Rom 5, 12-14 (RSR 44, 1956, 63-84) - C.F.D.Moule, The Judgment Theme in the Sacraments (Festschr. C.H.Dodd, Cambridge 1956, 464-481) - P.Rossano, Il concetto di »Hamartia« in Rom 5-8 (Rivista Bibl. 4, 1956, 289-313) - E.Schweizer, Schuld u. Tod in bibl. Sicht (ZW 27, 1956, 728-738) - H.Braun, Spätjüd.-häret. u. frühchristl. Radikalismus I. II (BHTh 24), 1957 - Ders., Röm 7, 7-25 u. das Selbstverständnis des Qumran-Frommen (ZThK 56, 1959, 1-18) - J.Mehlmann, Natura filii irae: Historia interpretationis Eph 2, 3 ejusque cum doctrina de peccato originali nexus (AnBibl 6), Rom 1957 - T.Worden, The Meaning of Sin (Scripture 9, 1957, 44-52) - Ders., The Remission of Sins (ebd 65-79. 115-127) - H.Jaeger, L'examen de conscience dans les religions non-chrétiennes et avant le christianisme (Numen 6, 1959, 175-233) - J.Murray, The Imputation of Adam's Sin, Grand Rapids/Mich. 1959 - S.Wibbing, Die Tugend- u. Lasterkataloge im NT u. ihre Traditionsgesch. unter bes. Berücksichtigung der Qumran-Texte (BZNW

25), 1959 - U. WILCKENS, Die Bekehrung des Paulus als religionsgesch. Problem (ZThK 56, 1959, 273-293) - PH. DELHAYE, A. DESCAMPS u.a., Théol. du péché (Bibl. de Théol. II/7), Tournai 1960.

K. Stendahl

V. Dogmengeschichtlich

1. Frühzeit - 2. Alte Kirche des Ostens - 3. Tertullian und Augustin - 4. Westkirchliches MA - 5. Reformation - 6. Tridentinum und prot. Orthodoxie - 7. Weitere Entwicklungen im Protestantismus

1. Da → Sündenvergebung und → Erlösung von der S. zu den Urelementen der Christusbotschaft gehören, spielt in jeder Ausprägung des Christentums der Begriff S. eine der Heilsauffassung korrespondierende Rolle. In der *Frühzeit*, die durch die Apostolischen Väter und Apologeten repräsentiert ist, galt die S.nvergebung nicht als die zentrale Heilsgabe Christi. Man lebte in dem Bewußtsein des grundsätzlichen Befreitseins von der S. durch die → Taufe (: III), zugleich jedoch der ständigen Buße und des täglichen Kampfes gegen die S. Aus dieser Spannung erwuchs die erste Problematik hinsichtlich der S., die in der Unterscheidung von »Tod-S.n«, die wesentlich dem vorchristlichen Zustand angehören, und kleineren S.n (vgl. 1Joh 5, 16f), auf die sich die innerchristlichen Mahnungen und S.nbekenntnisse richten, zum Ausdruck kommt und zumal in dem Ringen um die rechte Stellung zu Tod-S.n getaufter Christen (Abfall und in Verbindung damit Abgötterei, auch Ehebruch, Hurerei, Mord u.a.; → Bußwesen: II, 1 c. d). Reflexionen über das Wesen der S. finden sich noch wenig; diese wird im allgemeinen als schuldhafte Verderbnis des Menschen unter der Herrschaft dämonischer Mächte angesehen.

2. Erst in Auseinandersetzung mit der Gnosis wurde der Begriff S. näher bestimmt. Die → Gnosis (: I, 2c; III) hatte die Frage nach dem *Ursprung* der S. aufgeworfen und sah diesen (wie auch später der → Manichäismus) wesentlich in der Materieverhaftung des Menschen (→ Dualismus: II). Dagegen betonten die *frühkath. Kirchenlehrer* die ethische Relevanz der S. und die Verantwortlichkeit der menschlichen Seele für sie; doch wurde dies zT mit der metaphysischen Sicht kombiniert. → Clemens von Alexandria wie → Origenes wiesen die Anschauung, daß der Leib von Natur böse und die Materie Ursache der S. sei, als unchristlich ab und erklärten als die Wurzel der S. den Ungehorsam gegen Gott aus freier Willensentscheidung. Origenes sah den eigentlichen S.nfall in einem vorweltlichen Stadium der Menschen; aus Strafe für ihn wurden die Seelen in materielle Leiblichkeit inkorporiert. Dadurch und unter der Gewalt von Dämonen werden sie weiter geschwächt und verfestigt sich die Sündhaftigkeit als böser Trieb in ihnen. Dabei unterschieden Clemens und Origenes deutlich zwischen Sündhaftigkeit und faktischem Sündigen. So ernst sie das Eingewurzeltsein und die allgemeine Verbreitung jener nahmen, so stark betonten sie das bleibende αὐτεξούσιον, die unverlierbare Fähigkeit des Menschen, sich frei zu entscheiden, aus dem die faktischen S.n hervorgehen (→ Anthropologie: III, 1). Das bleibt grundsätzlich bei allen ostkirchlichen Theologen so. Eine Erbsündentheorie findet sich andeutungshaft bei → Irenäus, der von einer mystischen Einheit der Menschheit in Adam und dessen Ungehorsam spricht wie auch davon, daß die böse Verfassung durch die Zeugung auf das ganze Menschengeschlecht übergehe. Andererseits lehrt Irenäus, daß S. immer freie Tat des Menschen bleibt. Eine Erbschuld kennt er so wenig wie die spätere ostkirchliche Theologie. Diese spricht wohl von nachteiligen Folgen der Adams-S. für das Menschengeschlecht (Sterblichkeit, Trübung des νοῦς und der ψυχή, Schwächung der sittlichen Kräfte u.a.), doch niemals von radikaler Verderbnis. Sie hat auch nie eine eigentliche S.ndogmatik entwickelt, da in der Erlösungslehre der Ostkirche die Befreiung aus der Verfallenheit in Nichtigkeit und Vergänglichkeit eine bedeutendere Rolle als die Sühnung und Vergebung der Schuld spielt (→ Erlösung: IV, 2; → Orthodoxe Kirche: II, 1).

3. In der frühen westkirchlichen Theologie wurde die S.nlehre stärker ausgebildet, zunächst durch → *Tertullian*, der die S. als Zuständlichkeit unterhalb der einzelnen Tat-S.n genauer zu bestimmen suchte. Seit Adams Fall ist das Böse gewissermaßen zur zweiten Natur des Menschen geworden; es hat sich als cupiditas in der Seele des Menschen festgesetzt und geht durch die Zeugung auf alle Menschen über. Diese cupiditas ist die Wurzel aller S.n, doch selbst noch nicht eigentlich S. Eine Erb*schuld* kennt Tertullian nicht; die ererbte S. ist für ihn »Ansteckung«, und trotz des vitium originis ist keine Seele ganz ohne guten Samen. Der Mensch hat das Licht der Vernunft wie die Freiheit des Willens behalten, sich jederzeit wieder zu Gott bekehren zu können. So ist die einzelne S. ganz seine Schuld, und zwar zutiefst der Seele, nicht des Fleisches, weil dieses, wenn auch peccatrix, doch letztlich Werkzeug der Seele ist. - → *Augustin* radikalisierte und systematisierte, bes. in der Auseinandersetzung mit → Pelagius und seinen Anhängern, den Begriff der S. Das Eigentliche der S. besteht für ihn in einer gottwidrigen Grundrichtung des Willens, indem der Mensch sich in superbia und amor sui von Gott als dem höchsten Gut abwendet und in böser Begierde (concupiscentia) auf minderes Sein tendiert. Damit negiert er sein eigenes erfülltes Sein und depraviert sein Wesen. So ist die S. im Kern Schuld, die Gottes Zorn und Strafe auf sich zieht. Die Strafe besteht darin, daß der Mensch an die eingeschlagene Richtung seines Willens mit ihrem »Gefälle« gebunden und diese zur bestimmenden Macht in ihm wird (→ Willensfreiheit), von der er sich nicht mehr befreien kann (»non posse non peccare«). Gleichwohl bleibt die S. Schuld, da es ja die verkehrte Grundrichtung seines eigenen Willens ist, an die der Mensch gebunden ist. Dieses Zugleich von Schuldcharakter und verhängnishafter misera necessitas der S. sucht Augustin durch Reflexionen über das Verhältnis der Ur-S. Adams, die ganz die Tat seines freien Willens war (→ Urstand: IV), zu der zwangshaften sündhaften Zuständlichkeit der anderen Menschen zum Ausdruck zu bringen: Durch seinen S.nfall verlor Adam die iustitia originalis und das adiutorium gratiae (→ Gnade: IV, 1 b), kraft dessen er beim Guten hätte verharren können (»potuit non peccare«). Durch das Strafverhängnis Gottes ist die menschliche Natur eine andere geworden. In Adam aber waren ideell alle Menschen zusammengefaßt; alle haben teil an der Schuld wie auch an der Strafe Adams. Konkret werden alle Menschen durch Zeugung und Geburt in den Schuld- und Strafzustand Adams versetzt und »erben« Konkupiszenz, Unwissenheit und Sterblichkeit. Geblieben ist dem Menschen *die* Freiheit, mit eigenem Willen zu sündigen. Indem er willentlich in die einzelnen S.n einstimmt, wird die überkommene Schuld zur persönlichen, und der sündliche Zustand wird gesteigert. *Pelagius* und seine Anhänger dagegen leugneten jeglichen Gedanken an »Erb-S.« und auch an Sündhaftigkeit der Natur oder der Willensrichtung. Die S. besteht lediglich in einzelnen von den sinnlichen Trieben statt von dem göttlichen Gesetz beeinflußten Willensakten, und der Wille bleibt nach wie vor von Akt zu Akt frei zum Guten wie zum Bösen. Die erfahrungsmäßige Allgemeinheit der S. wird durch den longus usus und die consuetudo peccandi, die Neigung zur »Wiederholung« einmal getaner böser Handlungen, erklärt, die durch die sinnliche und diesseitige Art des Menschen begünstigt wird; dabei

besteht der Zusammenhang mit der S. Adams in der »Nachahmung« seines exemplum inoboedientiae. - Eine afrikanische Synode dogmatisierte 418 mit Zustimmung des röm. Bischofs die augustinischen Grundgedanken unter Verwerfung der pelagianischen, ohne doch Augustins Auffassung von der völligen Unfähigkeit des natürlichen Menschen zum Guten zu rezipieren.

4. Die Theologen des *westlichen MA* suchten die augustinischen Gedanken systematisch zu verarbeiten, wobei allerlei Abschwächungen stattfanden. So bestritt zB → Anselm von Canterbury (der die S. nur negativ definierte) die Imputation der S. Adams; er leugnete zwar nicht die Anerbung der schuldigmachenden S., wohl aber die Erbschuld. → Abaelard erkannte lediglich eine Erbstrafe an. Den Skotisten (→ Duns Scotus) galt die Erb-S. nur als Verlust des donum superadditum (→ Urstand: IV), nicht als corruptio naturae, auch nicht eigentlich als S., vielmehr als conditio oder poena peccati, die zur S. erst wird, wenn der Mensch willentlich in sie einstimmt. → Thomas von Aquino und die Thomisten hielten sich treuer an Augustin. Nach Thomas ist die Erb-S. materialiter concupiscentia, formaliter defectus iustitiae originalis. Aber man betrachtete die S. doch mehr nach ihrer ontischen Zuständlichkeit als in der Gottesrelation. Der Bußpraxis (→ Bußwesen: II, 2) entsprach die Unterscheidung von (7) peccata mortalia und venialia. (Zur Diskussion über die Sündlosigkeit Marias s. → Mariologie, 2c.)

5. Die *Reformation* (→ Luther, → Melanchthon und → Calvin sowie die luth. und ref. Bekenntnisschriften stimmen hier grundsätzlich überein) sah die S. ganz in theozentrischer Perspektive als verkehrtes Verhältnis des Menschen zu Gott. Dieses entspringt der Verachtung Gottes aus menschlicher Vermessenheit, besteht in Verweigerung der Furcht, des Vertrauens und der Liebe zu Gott und positiv darin, daß der Mensch auf sich selbst »eingekrümmt« ist und sein Heil im Kreatürlichen sucht. In diesem Sinne bestimmt die S. die menschliche Existenz radikal und total, und zwar gerade von ihrer Wesensmitte, ihrem Personsein aus. Scharf werden alle nur anthropologisch orientierten Theorien des MA abgelehnt, daß der eigentliche Sitz der S. in der Sinnlichkeit liege und sie in der Herrschaft der »niederen« Vermögen des Menschen über seine »höheren« bestehe; vielmehr: gerade in den »höheren« Vermögen liegt die Wurzel der S., die concupiscentia ist Verkehrtgerichtetheit des »Herzens« und des Willens in bezug auf Gott. Weiter wird gegen scholastische Auffassungen betont, daß das peccatum originale (Wurzel-, Person-, Natur-, »Erb«-S.) wirklich Schuld sei, um derentwillen der Mensch unter dem verdammenden Zorngericht Gottes steht, das ihn an sein S.rsein bannt, so daß er sich nicht mit eigenen Kräften aus dem sündigen Zustand befreien und zu Gott in das rechte Verhältnis setzen kann. Die Reformation reflektiert vor allem auf die Wurzel- und Wesens-S., nicht in erster Linie auf die einzelnen Aktual-S.n. Diese werden als die »Früchte« jener angesehen. Über das Verhältnis des S.nfalles Adams zu dem in voller Schwere geltenden S.rsein des einzelnen Menschen wird weniger spekuliert; es wird lediglich festgestellt, daß der Mensch in den sündigen Zustand hineingeboren wird, ohne daß seine Schuld dadurch abgemildert wird. Voller Schuld- und unentrinnbarer Zwangscharakter des S.rseins werden zugleich behauptet; es wird kein gedanklicher Ausgleich zwischen beidem gesucht. (Eine abweichende Haltung, die aber die ref. Bekenntnisbildung nicht beeinflußt hat, nahm → *Zwingli* ein, der die Erb-S. nicht als schuldhafte S. gelten ließ, sondern nur als »natürlichen Bresten«, »den einer on sin schuld von der geburt her hat oder sust von zufälle«.) Die Radikalität der S.nauffassung der Reformation ist in dem Positiven ihrer Überzeugung von der Alleinwirksamkeit der Gnade Gottes in Christus (→ Rechtfertigung: II, 2) begründet, kraft deren der Mensch im neuen Gottesverhältnis (also nicht ontisch in sich selbst, abgesehen vom Gottesverhältnis!) von der S. befreit ist. Dem die Radikalität der S. abschwächenden Synergismus der Scholastik wird Schmähung der Ehre Christi vorgeworfen. Wahre Erkenntnis der S. ist keine natürliche Möglichkeit, sondern eine Glaubensaussage über den Menschen im Licht der Offenbarung. - Ein verkehrtes Verständnis dieser Radikalität der S. sieht FC I in der These des → *Flacius*, daß die Erb-S. Substanz und Natur des gefallenen Menschen sei. Dies wird als Manichäismus abgewiesen. Auch der sündige Mensch bleibt von Gottes Schöpferhandeln getragen, das allein »Substanz« gibt. So muß man unterscheiden »zwischen der Natur des Menschen, ... so auch nach dem Fall noch eine Kreatur Gottes ist und bleibe, und der Erb-S.« als corruptio naturae; der Unterschied zwischen beidem ist »so groß als der Unterschied zwischen Gottes und des Teufels Werk«.

6. Im → *Tridentinum* (Sess. VI) ist die kath. Erbsündenlehre dogmatisiert (→ Katholizismus: I, 4): Adam hat durch Übertretung des Gebotes Gottes die Heiligkeit und Gerechtigkeit, in der er geschaffen war, verloren und ist in Zorn und Ungnade Gottes und unter die Herrschaft des Todes und Teufels gefallen und dadurch nach Leib und Seele »zum Schlechteren gewandelt«. Auf die Nachkommen ist durch Fortpflanzung (nicht durch Nachahmung) die *Sünde* Adams samt diesen Folgen übergegangen. Sie ist daher »jedem eigen« und kann nur durch das Verdienst Christi, das in der Taufe appliziert wird, weggenommen werden. Durch die Taufe wird die Schuld der Ur-S. vergeben und alles weggenommen, was das wirkliche und eigentliche Wesen der S. ausmacht. Die Konkupiszenz oder der »Zündstoff« (fomes), die in dem Getauften bleiben, ist nicht wirklich und eigentlich S.; sie »stammt aus der S.« und »macht zur S. geneigt«.

Die *altprot.* → *Orthodoxie* hat den Begriff S. allseitig zergliedert und, weithin mit Hilfe scholastischer Begrifflichkeit, präzis zu bestimmen versucht, auch genaue Reflexionen etwa über das Verhältnis der S. Adams zu der aller Menschen oder das Verhältnis der Erb-S. zu den Aktual-S.n und deren Klassifizierung usw angestellt. Dadurch ging viel von der Ganzheit dieses Begriffes unter theozentrischem Aspekt verloren. Das Bedenklichste war, daß die Definitionen und Distinktionen immer stärker auf anthropologische Zuständlichkeiten in bezug auf das objektiv gefaßte göttliche Gesetz reflektierten, wodurch eine Ethisierung des S.nbegriffes angebahnt wurde. Andererseits bekam der Begriff Erb-S. durch seine immer mehr traduzianische Erklärung ein beinahe naturalistisches Aussehen, das innerlich beziehungslos neben jenem stand.

7. In der *weiteren Entwicklung des Protestantismus* schreitet die Ethisierung des S.nbegriffes Hand in Hand mit der Abstoßung des Begriffes der Erb-S. fort. Kritik an diesem findet sich schon bei den → *Sozinianern*, die die Verderbnis der menschlichen Natur durch Adams S. bestritten und lediglich die Notwendigkeit des Sterbens für das Menschengeschlecht von ihr herleiteten. Nur von einer allmählichen Depravation infolge der Gewohnheit des Sündigens kann geredet werden, wodurch die Entscheidung des zwar immer noch freien Willens zum Guten erschwert wird. - Die → *Arminianer* bestritten sowohl Schuld- als auch Strafvererbung; den sündigen Hang hat der Mensch nicht von Adam, sondern von seinem nächsten Vorfahren geerbt. - Die → *Aufklärung* streifte die kirchliche Erbsündenlehre allmählich völlig

ab. Erste Vorstöße gingen von dem moralischen Psychologismus der Neologie (→ Aufklärung: III, 3b) aus, denen der Ansturm des eigentlichen → Rationalismus folgte. Gen 3 wurde als moralisches Lehrgedicht angesehen, Adam als Urbild, dessen Geschichte sich in seinen Nachkommen wiederholt. Die Lehre von der Vererbung der S. galt als religiös und moralisch anstößig. Das ursprunghafte Gutsein jedes Menschen leugnen, hieße die Allmacht und Güte des Schöpfers herabsetzen und die sittliche Würde und Aufgabe des Menschen hemmen. Wohl zeigt die Empirie viel Böses in der Menschheit, doch wenigstens Residuen natürlicher Güte bleiben selbst bei den Verkommensten; das Streben nach Tugendhaftigkeit mit Hilfe göttlichen Beistandes ist nicht vergeblich. An die Stelle des S.n-Pessimismus trat der Glaube an die moralisch bildungsfähige Menschennatur. Jesus wollte nicht die menschliche Natur verdammen und zermartern, sondern erziehen und heiligen. – Dagegen vertrat der → *Pietismus* einen düsteren S.nernst und -pessimismus; doch war sein S.nbegriff im Grunde ethisch bestimmt, zT auch stark an Sinnlichkeit und Geschlechtlichkeit orientiert. Die kirchliche Erbsündenlehre wurde, zumal in ihrer objektivierten Form, als bedenkliche Abschwächung des persönlichen Schuldgefühls und Verantwortungsbewußtseins empfunden. Die Gebundenheit durch die Macht der S. wurde oft psychologisch erklärt, das Bewußtsein des Befreitseins von der S. durch die Gnade teilweise zum Perfektionismus gesteigert. – Bei den *den Rationalismus überwindenden Strömungen* zeigen sich Versuche der Wiedergewinnung der Erbsündenlehre, indem diese spekulativ oder sonstwie philosophisch umgedeutet wurde, so etwa in → Lessings geschichtsphilosophischer Schau (Erziehung des Menschengeschlechts, § 74) oder in → Kants Begriff des »radikalen Bösen«, das ein im Menschen tief eingewurzelter naturhafter Hang ist, dessen Herleitung aus adamitischer Herkunft allerdings »die unschicklichste Vorstellung« sei. – → *Schleiermacher,* der die Moralisierung des S.nbegriffs überwand und diesen wieder in der Grundbefindlichkeit der menschlichen Existenz als Widerstreit gegen Gott ansetzte (Glaubenslehre, §§ 66 bis 69), der seinen Grund »teils in uns selbst«, »teils jenseits unseres Daseins« hat, bestimmte die Erb-S. als »Gesamttat und Gesamtschuld des menschlichen Geschlechtes« (§ 71). In ähnlicher Richtung bildete *A.* → *Ritschl* später den Begriff des »Reiches der S.«. An die Stelle des alten traduzianischen Kausalnexus trat hier der Sozialnexus zur Erklärung der Allgemeinheit der S. – Im Gefolge der Thesen → Fichtes und → Hegels vom Segen des S.nfalles für die Entwicklung der Menschheit finden sich in der → *spekulativen Theologie* des 19.Jh.s Versuche, die S. nicht allein unter dem Aspekt der Schuld und Strafwürdigkeit zu sehen, sondern auch als notwendiges Ausgangs- oder Durchgangsstadium im Ganzen des göttlichen Weltplanes mit verborgener Finalität zu Positivem. Dahinzielende Gedanken begegnen u.a. schon bei → Gregor von Nyssa und Zwingli: In seiner Providentia-Lehre suchte letzterer den Gegensatz zwischen der Idee der Alleinwirksamkeit Gottes, die den Determinismus auch zum Bösen fordert, und der Idee der absoluten Güte Gottes, die das Böse nicht will, dadurch zu versöhnen, daß Gott angesichts des Falls den Menschen seine Güte offenbaren wollte und die vorhandenen S.n als Werkzeuge in den Dienst seines Heilsplans zwingt, ohne daß der S.r hierdurch entschuldigt ist. Ähnliche Gedanken finden sich in der Theodizee des → Leibniz und auch hier und da in der → Aufklärung. – Die in der → Erweckung (: I) wurzelnde Theologie (voran A. → Tholuck) und die konfessionelle Theologie des 19.Jh.s (→ Luthertum: II) suchten die Tiefe der biblisch-reformatorischen Auffassung von der S. wiederzugewinnen; in der → Vermittlungstheologie wollte man diese mit metaphysisch- oder ethizistisch-philosophischen Bestimmungen verbinden (etwa Jul. → Müller); bei den → Ritschlianern überwogen ethizistische Fassungen des S.nbegriffes, denen gegen Ende des Jh.s psychologistische, teils auch soziologistische an die Seite traten.

Vgl. die Lehrbücher der → Dogmengeschichte, → Konfessionskunde u. der Dogmatik des 19.Jh.s (→ Systematische Theologie). Ferner: A.THOLUCK, Die Lehre von d. S. u. vom Versöhner, (1823) 1871[9] – JUL.MÜLLER, Die christl. Lehre von d. S., (1839/44) 1877[6] – F.H.R.FRANK, Die Theol. d. Concordienformel I, 1858, 83ff. 180ff – TH.ZIEGLER, Gesch. d. christl. Ethik, 1892 – H.SCHMID, Die Dogmatik d. ev.-luth. Kirche, 1893[7], §§ 25-28 – A.WARKO, Die Erbsünden- u. Rechtfertigungslehre der Apologie in ihrem geschichtl. Gegensatze zur ma.lichen u. gleichzeitigen kath. Theol. (ThStKr 79, 1906, 86-132. 200-236) – RE XIX, 132ff – H.WINDISCH, Taufe u. S. im ältesten Christentum, 1908 – W.BRAUN, Die Bedeutung d. Konkupiszenz in Luthers Leben u. Lehre, 1908 – H.STRATHMANN, Die Entstehung d. Lehre Calvins von d. Buße, 1909 – DERS., Calvins Lehre von d. Buße in ihrer späteren Gestalt (ThStKr 82, 1909, 402-447) – RGG[1] V, 994ff; RGG[2] V, 888ff (Lit.) – A.TITIUS, Zur kirchl. Lehre von d. Konkupiszenz (Harnack-Festg., 1921, 325-341) – E.SCHOTT, Fleisch u. Geist nach Luthers Lehre, 1928 – R.HERMANN, Luthers These »Gerecht u. S.r zugleich«, 1930 (Neudr. 1960) – ELERT, ML I, 25ff (Lit.) – H.ENGELLAND, Melanchthon, 1931, 13ff. 80ff. 237ff – R.OTTO, S. u. Urschuld, 1932 – E.DINKLER, Die Anthropologie Augustins, 1934 – R.JOLIVET, Le problème du mal d'après St. Augustin, 1936 – P.ALTHAUS, Paulus u. Luther über den Menschen, (1938) 1951[2] – G.NIEMEIER, Die Lehre von d. S. u. Erb-S. in den Bek.schr. d. ev.-luth. Kirche (EvTh 5, 1938, 183-201) – W.NIESEL, Die Theol. Calvins, 1938 – W.A.HAUCK, S. u. Erb-S. nach Calvin, 1938 – E.SCHLINK, Theol. d. luth. Bek.schr., (1940) 1948[3], 67ff (Lit.) – H.J.IWAND, »Sed originale per hominem unum« (EvTh 6, 1946/47, 26-43) – CHR.E.LUTHARDT-R.JELKE, Kompendium d. Dogmatik, 1948[15], §§ 44-48 (Lit.) – HIRSCH I-V, passim – H.KARPP, Probleme altkirchl. Anthropologie, 1950 – B.ZENKOWSKY, Das Bild vom Menschen in d. Ostkirche, dt. 1951 – TH.STEINBÜCHEL, Das Menschenbild d. christl. MA, 1951 – F.BRUNSTÄD, Theol. d. luth. Bek.schr., 1951, 49ff – T.F.TORRANCE, Calvins Lehre vom Menschen, dt. 1951 – W.JOEST, Paulus u. das Luthersche simul iustus et peccator (KuD 1, 1955, 269-320) – M.HENSCHEL, Das malum in Augustins De civ. Dei, 1957 – L.HAIKOLA, Studien zu Luther u. zum Luthertum, 1958, 7ff. 69ff – H.HEPPE-E.BIZER, Die Dogmatik d. ev.-ref. Kirche, 1958[2], 239ff. 254ff – G.TEICHTWEIER, Die S.nlehre des Origenes, 1958 – P.JACOBS, Theol. ref. Bek.schr., 1959, 87ff – E.KINDER, Die Erb-S., 1959 – EKL III, 1222ff – J.GROSS, Entstehungsgesch. d. Erbsündendogmas. Von der Bibel bis Augustinus, 1960 – O.TILILÄ, Über d. pietist. S.nbegriff (Bekenntnis z. Kirche, Festschr. f. E.Sommerlath, 1960, 209-212).

E.Kinder

VI. Dogmatisch

1. Begriff – 2. Das innere Wesen der S. – 3. S. als Sein und als Akt – 4. Der Schuldcharakter der S. – 5. Die Frage des Ursprungs der S.

1. Der Begriff S. bezeichnet stets ein Verhalten des Menschen gegenüber Gott. S. ist Widerspruch des Menschen zu dem Anspruch Gottes an sein Leben und Verhalten. S. ist aber immer auch Versagung dessen, was wir den Mitmenschen und Mitgeschöpfen schuldig sind, denn Gottes Anspruch betrifft uns im Hinblick auf unser Verhalten zu dem Nächsten und in der Welt. Aber S. ist das Verhalten zu Menschen und Dingen nur, insofern es dem Willen Gottes für dieses Verhalten widerspricht.

2. Das *Wesen* von S. kann, eben weil es sich um das Versagen in der Gottesbeziehung handelt, mit keinem rein psychologischen oder moralischen Begriff zureichend und umfassend ausgesagt werden. Man kann vom Wesen der S. nur reden unter der im Evangelium erschlossenen Voraussetzung, daß der Mensch von Gott dazu geschaffen ist (→ Schöpfung: IV) und erlöst wird, in seiner Gegenwart und aus der Kraft seines Liebeswillens zu leben. S. ist von daher zu bestimmen als der grundlegende Ungehorsam, der tiefer ist als ein Übertreten einzelner Gebote, nämlich ein Herausgehen

aus dem, daß wir Gott gehören und zugehören und ihn mit uns haben wollen. Das Wesen der S. ist dann sowohl als Glaubenslosigkeit wie als Lieblosigkeit zu bezeichnen: Glaubenslosigkeit, weil die Lösung aus der bestimmenden Gegenwart Gottes Versagung der vertrauenden Selbstpreisgabe an ihn ist, indem der Mensch meint, seine Lebenserfüllung selbst besorgen zu müssen; Lieblosigkeit, weil er eben damit das Kraftfeld der Liebe Gottes verläßt, diese Liebe selbst nicht mehr empfängt und damit auch unfähig wird, zu lieben und → Liebe (: IV) weiterzugeben. Mit dem Verlassen der Gemeinschaft mit Gott wird auch die mitmenschliche Gemeinschaft zerstört oder in Afterformen von Gemeinschaft verkehrt, denn die wahre Begründung menschlicher Gemeinschaft ist das Umschlossensein von der Liebe Gottes. In dieser Hinsicht ist das Wesen der S. also ein schauerliches Alleinbleiben des Menschen mit sich selbst. Daraus folgen alle andern Aspekte, die psychologisch und moralisch betrachtet oft sehr gegensätzlich aussehen: Superbia, Hochmut und Selbstbespiegelung, aber ebenso glaubenslose Resignation und Schwermut bis zum Selbsthaß (die negative Form der Selbstreflexion); egoistische Zuchtlosigkeit und Amoralität, aber auch die ebenso egoistische → Selbstgerechtigkeit und moralische Rechthaberei; die Entleerung des Lebens in zerstreuendes Weltgenießen ebenso wie seine Verkümmerung in einer introvertierten Innenwelt. Auch diejenigen Formen der S., in denen scheinbar keine Störungen der menschlichen Gemeinschaft, sondern Vorgänge in unserm Innern in Frage stehen, sind in Wahrheit zugleich S. am Nächsten, weil wir durch die Störung im Innern zum rechten Verhalten ihm gegenüber unfähig werden.

3. S. hat akthafte und zugleich seinshafte Gestalt. Die christliche Lehrtradition bezeichnet diese beiden Gestalten als *Tat-S.* (peccatum actuale) und *Erb-S.* (peccatum originale). Diese Unterscheidung ist zwar nicht unmittelbar im biblischen Sprachgebrauch, aber ihrer Intention nach in dem sachlichen Gehalt der biblischen Aussagen über die → Sünde (: II. IV) begründet. Denn in ihnen wird S. ebenso als konkrete, einzelne Tat der Übertretung des Willens Gottes angesprochen wie als die Gebundenheit des ganzen inneren Menschen an eine Macht des Bösen, die ihn zu solchen Taten treibt. Legt die Terminologie der Lehrtradition den Gedanken nahe, als handele es sich in jener Unterscheidung um zwei verschiedene *Arten* von S., so ist dies freilich irreführend. Es handelt sich in ihr vielmehr um verschiedene Aspekte der einen Wirklichkeit S. Statt von »Tat-S.« und »Erb-S.« sollte man darum besser von S. als Tat und S. als Wesen oder von Sünde-tun und Sünder-sein sprechen.

Indem die S. als *Tat* angesprochen wird und einzelne, bestimmte Taten als S. bezeichnet werden, kommt zum Ausdruck, daß die Lösung des Menschen von Gott und sein Wille, sich selbst zu leben, kein ruhender Zustand ist, sondern ein beständiger Vorgang, der sich in Akten verleiblicht; eine Bewegung, in der konkrete Schritte getan werden und die sich selbst eben in diesen Schritten »tut«. Im Blick auf die verschiedene Gestalt und Beziehung dieser Tatseite der S. kann nun wirklich von verschiedenen Arten von S. gesprochen werden. Schlecht ist die Unterscheidung von S. gegen Gott, gegen sich selbst und gegen den Nächsten, da diese Beziehungen in aller S. mit- und ineinander gegenwärtig sind. Zutreffender ist die Unterscheidung von S. der Gedanken, des Wortes und der (äußeren) Tat, da mit ihr wirklich etwas Wesentliches getroffen wird, nämlich ein Fortschreiten in der zerstörenden *Wirkung* der S. auf die geschaffene Lebenswirklichkeit. Der Eingriff der S. des einzelnen in das Leben seiner Mitmenschen setzt sich mit verschiedenem Erfolg durch je nachdem, ob ein liebloser Gedanke im Innern zurückgehalten oder zum verletzenden Wort wird, ob ein Haß sich in Gedanken und Worten auswirkt oder zur Tat wird, die unmittelbar das Leben antastet. Diese Unterschiede sind im Blick auf die Möglichkeit menschlichen Zusammenlebens und im Blick auf Gott, der auch die Menschheit des »argen Herzens« in einem Bestand ihres Lebens und Zusammenlebens bewahren will, nicht gleichgültig. Jedoch handelt es sich hier um Unterschiede der Auswirkung, nicht um solche des inneren Wesens. Schon der Gedanke ist Tat, ein innerer Akt und Lebensschritt der Person, mit dem Entscheidungen und Festlegungen vollzogen werden. Schon in diesen inneren Schritten vollzieht sich derselbe Widerspruch gegen Gottes Willen, der in lebenzerstörenden Taten nach außen tritt.

Indem die S. – was der Begriff »Erb-S.« intendiert – zugleich als *Wesen* angesprochen wird, kommt zum Ausdruck, daß die Akte, mit denen wir in konkreten Beziehungen sündigen, aus einer inneren Gebundenheit hervorgehen, die zu solchen Akten treibt. Wir tun nicht nur, was wir nicht tun sollen, sondern wir *sind* so, wie wir nicht sein sollen, und wie wir sind, so tun wir. Die glaubenslose und liebesunfähige Selbstbezogenheit, die in den Akten der S. mannigfache Gestalt gewinnt, ist nicht nur im Moment solcher Akte wirklich. Sie ist im Prinzip unseres Wollens festgelegt, eine Grundausrichtung des gesamten Lebensaktes der Person, die auch im Unterbewußtsein wirksam ist. Wir können zwar einen Gedanken unterdrücken, ein Wort oder eine Tat unterlassen. Wir können aber nicht durch einen einfachen Entschluß das Wesen in uns ausrotten, durch das wir so sind, daß dieser Gedanke überhaupt in uns aufsteigen konnte – und in das er durch unsern augenblicklichen Entschluß nur hinabgedrückt wird, um an anderer Stelle wieder daraus hervorzusteigen. Der einzige Entschluß, in dem ein Mensch sich von dem *Wesen* der S. in ihm abwenden und in die Gemeinschaft Gottes, die bestimmende Kraft seiner Gegenwart zurückkehren kann, ist der → Glaube (: V) an das Evangelium – aber dies ist kein psychogener Entschluß, sondern die Entscheidung und Tat Gottes an uns, durch die wir von der Bindung durch unser eigenes Wesen erlöst werden.

Diese Verwurzelung der sündigen Akte in einer Grundeinstellung der Person weist zurück auf einen allen Einzelentscheidungen unseres Lebens vorgängigen Bruch zwischen unserm tatsächlichen Sein und seiner schöpfungsgemäßen Bestimmung (S.nfall). Der Begriff Erb-S. will auf diesen Seinsbruch hinweisen und besagen, daß *jeder* Mensch sich immer schon in ihm vorfindet. Diese Tatsache darf aber nicht so verstanden werden, als sei die innere Bestimmtheit zur S. ein durch den Zeugungsakt von Mensch zu Mensch übermitteltes (womöglich gar direkt mit dem sexuellen Geschehen zusammenhängendes) psychisches Krankheitsgift von derselben Kategorie wie andere Erbanlagen. Wir können nur sagen, daß jeder Mensch, *der* geboren wird, in die Bestimmtheit seiner Person durch die S. eintritt. Deren Übermittlungsweise aber entzieht sich jeder biologischen und psychologischen Vorstellung. Weil der Begriff »Erb-S.« derartige Vorstellungen nahelegt, ist er nicht besonders glücklich. Besser ist es, mit Luther von Grund-S. (vgl. lat. peccatum originale) oder Person-S. zu sprechen.

4. Die Frage der Schuldhaftigkeit der S. führt in große gedankliche Schwierigkeiten. »Schuld« im ethischen Sinne (→ Sünde: VII, 1) läßt sich zunächst definieren als ein Verhalten, durch das der Mensch sich dem versagt, was rechtmäßig von ihm zu fordern ist, und das ihm als aus bösem Willen hervorgehend zugerechnet wird und ihn unter moralische, u.U. strafrechtliche Verurteilung

stellt. Dieser Schuldbegriff setzt voraus, daß der Schuldige in seinem Verhalten innerlich beteiligt war, daß es aus seinem Willen und nicht aus einem äußeren Zwang hervorging. Er scheint eben damit auch vorauszusetzen, daß das Verhalten aus einer *Freiheit* des Willens hervorging, kraft deren der Täter anders gekonnt hätte, wenn er gewollt hätte (→ Willensfreiheit). Der Gegenbegriff zu Schuld in bezug auf ein negatives Verhalten ist das schicksalhafte Verhängnis, in dem eine dem Willen fremde, äußere Macht (Krankheit, Hypnose u.dgl.) das Verhalten bestimmt. Ist S. Schuld, so ist sie dies gegenüber Gott als der rechtmäßig fordernden, zurechnenden und verurteilenden Instanz: Gott rechnet die S., durch die wir uns seinem rechtmäßigen Anspruch an unser Leben versagen, unserm bösen Willen zu, beurteilt uns um ihretwillen als verwerflich und stellt uns unter sein Gericht, das schon jetzt an unserm Leben wirksam wird und dieses Leben mit einem endgültigen Scheitern in unwiderruflicher Verwerfung bedroht. Daß die S. tatsächlich Schuld vor Gott ist, ist in der gesamten biblischen Verkündigung klar gesagt. Die Hinweise auf das den S.r bedrohende → Gericht Gottes (: III. IV) sind unüberhörbar, gerade auch in der Verkündigung Jesu. Die Vergebung, die Jesus verkündigt und bringt (→ Sündenvergebung), vergleichgültigt nicht den Schuldcharakter der S., sondern setzt ihn voraus. Die → Erlösung (: III) des Menschen von der Macht der S. wird daher im NT nicht primär als Lösung von einem Verhängnis oder Heilung von einer quasi-krankhaften moralischen Impotenz, sondern als → Versöhnung und → Rechtfertigung, dh Lossprechung von dem Verwerfungsurteil, verkündigt. Erst darin eingeschlossen tritt dann freilich auch das Moment der Heilung des inneren Lebens von seiner Gebundenheit hervor.

Dem Denken bereitet der Schuldcharakter der S. Schwierigkeit vor allem im Blick auf ihre Wesensseite. Es leuchtet ein, daß nach außen wirkende Akte, die wir auch unterlassen, ja selbst das reflektierende Bilden und Festhalten von Gedanken, die wir auch verwerfen und unterdrücken konnten, schuldhaft sind. Aber kann Gott rechtmäßig fordern, daß wir anders *sein* sollen, als wir sind? Kann er uns über dem zur Verantwortung ziehen, daß wir die S.r *sind,* die S. tun und den Grund dieses Tuns in sich haben, auch wenn sie es in der oder jener Gestalt unterdrücken? - Man kann und muß auf solche Fragen natürlich mit Recht antworten, daß sie in sich unmöglich sind, weil der Mensch grundsätzlich nicht in der Lage ist, Gott darüber zur Rechenschaft zu ziehen, was er rechtmäßig fordern und wofür er verantwortlich machen darf. Aber diese Antwort darf nicht den Anschein erwecken, als sei der Schuldcharakter der S. ein Dogma, das als unverstandener und unverstehbarer Lehrsatz hinzunehmen sei. Dadurch würde der innere Zusammenhang von → Sündenbekenntnis und → *Buße* unmöglich. Denn Buße ist in der Tat ein Verstehen der Schuldhaftigkeit der S. im Urteil des eigenen Gewissens, und zwar gerade auch ein Verstehen der Schuldhaftigkeit dessen, daß wir im Innersten so sind, wie wir sind, jenseits alles dessen, was wir getan oder unterlassen haben, und ein Preisgeben dieses unseres Innersten an das Urteil und die → Gnade Gottes. Ein Verstehen freilich, das viel mehr existentielles Innewerden als logisches Begreifen ist und das sich in seinem eigenen Vollzug um das logische Begreifen dessen, worum es da geht, gar nicht kümmert. Dennoch kann die theologische Reflexion, die über das nachdenkt, was im Akt der Buße verstanden wird, noch einige Schritte über die bloße *Behauptung:* auch die Wesens-S. ist Schuld, hinausführen. Sagten wir: Schuld ist Versagen des Menschen in dem, was rechtmäßig von ihm gefordert werden kann, so ist das, worauf *Gott* Anspruch hat, in der Tat nicht nur das Tun und Unterlassen einzelner Akte, sondern der diesem Tun grundgebende innerste Wille, das Ich selbst in dem, woran es wesentlich hängt und worauf es wesentlich aus ist. Der Anspruch darauf ist Gottes Recht, das darin gründet, daß Gott uns in jedem Augenblick, in dem wir sind, unser Sein und seine Möglichkeiten überhaupt schenkt. Die rechtmäßige und einzig mögliche Antwort hierauf ist der Glaube, in dem wir die Sorge um uns selbst an Gottes Macht und Liebeswillen preisgeben und daraus unser ganzes Verhalten in der Welt und zu den Menschen hervorgehen lassen. Ist unser innerstes Sein von der Sorge um uns selbst erfüllt, so ist *dies* - und nicht erst die Handlungsweisen, die so oder so daraus hervorgehen - die Selbstversagung gegenüber dem Anspruch Gottes, *in* unserm Sein der Widerspruch gegen den wahren Grund unseres Seins. - Sagten wir ferner: Schuld setzt voraus, daß der Schuldige in seinem Verhalten innerlich beteiligt und nicht etwa nur von einer seinem Willen fremden Macht überwältigt ist, so ist in der Tat die glaubens- und lieblose Selbstsorge, obwohl sie das Wesen ist, in dem wir uns immer vorfinden, keineswegs ein Getriebensein von außen, an dem unser Wollen nicht beteiligt wäre. Sie ist ja selbst dieses Wollen in seiner ersten, alle konkreten Willensziele unterfassenden Gestalt. Auch das »Wesen«, in dem wir so *sind,* daß wir S. tun, ist Wille - nicht ein »Etwas« in uns, sondern wir selbst in der Bewegung unseres Gesamtlebensaktes. Luther hat dies im Anschluß an Augustin mit der Unterscheidung ausgedrückt, daß wir zwar »necessario«, aber nicht »coacte« sündigen: mit der Notwendigkeit der inneren Konsequenz unseres eigenen Grundwollens, nicht mit der Notwendigkeit eines äußeren Zwanges. Darum kann der, der S. bekennt, sich von dem »Sein« in ihm, das ihn sündigen läßt, nicht absetzen wie von etwas, das nicht er selbst wäre. - Wenn wir freilich fortfuhren: es scheine damit vorausgesetzt, daß der Schuldige die Freiheit des Willens habe, kraft deren er auch anders gekonnt hätte, wenn er gewollt hätte, so ist damit die Grenze erreicht, an der das Geheimnis der S. den Folgerungen rationaler Logik widerstrebt. Denn jenen Grundwillen, der uns die sein läßt, die sündigen, können wir nicht aus eigener Macht verlassen. Wir haben nicht einen ihm übergeordneten neutralen Willensbezirk zur Verfügung, aus dem heraus wir uns für diesen oder einen entgegengesetzten Grundwillen entscheiden können - eben *weil* es der Grundwille ist, in dem die S. lebt. Daß dieser auf sich selbst festgelegte Grundwille dennoch Schuld ist, ist nicht darin begründet, daß *wir* auch anders können oder gekonnt hätten, sondern daß *Gott* uns nicht unserm eigenen Willen überlassen will, sondern die Macht hat und sie immer hatte, uns in seinem Willen zu halten - wir aber an dieser Macht Gottes vorbeilebten. Die Logik zweiseitiger menschlicher Willensentscheidung ist hier nicht anwendbar: Das Sein in der S. ist die Urtat unseres Willens, aber niemals kann das Bleiben in Gottes Willen und das Zurückkehren in ihn die »andere Möglichkeit« dieses Willens sein. Wir sind es, die von Gott weggehen aus einem Eigenen. Aber nicht wir sind es, die aus eben demselben Eigenen bei Gott bleiben oder zu ihm umkehren können. Eben die Einstellung des Grundlebensaktes auf das Leben aus der eigenen Möglichkeit ist die Wurzel der S.

5. Die Frage nach dem *Ursprung* der S. scheint in folgendes Dilemma zu führen: Entweder ist → Gott der Allmächtige, ohne den nichts bestehen und wirken kann, was geschöpfliches Sein hat. Dann muß auch die Möglichkeit und das Wirklichwerden der S. letzten Endes in Gottes Willen und Wirken gründen - die S. wird ein »fruchtbares« Durchgangsmoment in Gottes eigenem

Plan. Oder: die S. ist schlechterdings das, was Gott *nicht* will und wirkt, zwischen ihr und dem Schöpferwillen Gottes besteht Feindschaft bis auf den Grund. Dann kann aber Gott nicht der schlechthin Allmächtige und Allwirkende sein, sondern es scheint dann eine zweite Urmacht zu geben, die in einer ursprünglichen Erzeugungskraft dem Schöpferwirken Gottes das Böse entgegensetzt (→ Dualismus: II) - sei es, daß diese zweite Macht als satanischer Gegengott verstanden, sei es, daß sie in den Willen des Menschen verlegt wird. - Es ist klar, daß der christliche Glaube keiner dieser beiden Erklärungen des Ursprungs der S. folgen kann. Er *muß* beide Prämissen festhalten: daß Gott der Allmächtige und allein schöpferisch Wirkende ist, *und:* daß Gott ganz und gar nicht das Böse und die S. will und wirkt, sondern ihr feind ist und sie überwindet. Denn mit der Leugnung des ersten Satzes würde die Gottheit Gottes, mit der des zweiten Satzes die Heiligkeit seines Liebeswillens und der Ernst seines Gerichtes angetastet. Mit diesem Festhalten beider Prämissen wird aber die Möglichkeit der S. schlechterdings zum Rätsel. Man hat auf verschiedenen Wegen versucht, dieses Rätsel gedanklich zu lösen. Der eine Lösungsversuch geht von dem Gedanken aus, das → Böse sei gar keine eigene Wirklichkeit, sondern das Nichtseiende, der Mangel und Ausfall an Sein, den Gott an bestimmten Stellen der Schöpfung bestehen ließ, weil er einen nicht gleichförmigen, sondern gestuften Seinsordo wollte (so → Thomas von Aquino, unter Einfluß des → Neuplatonismus). Dann kann man sagen: Gott bleibt der einzige Schöpfer und Wirker des Seins, und doch hat nicht er das Böse geschaffen, denn dieses *ist* gar kein Seiendes, sondern eine Fehlstelle an Sein. Daß diese Erklärung unbefriedigend ist, liegt auf der Hand. Denn selbst wenn man zugeben könnte, das Böse und die S. sei bloßer Mangel an Wirklichkeit, bleibt die Feststellung, daß Gott diesen Mangel wenn nicht geschaffen, so doch aus Ordnungsgründen zugelassen habe, im Widerstreit zu der Prämisse, daß Gott die S. *nicht* will und ihr feind ist. Man kann diese Auffassung aber gar nicht zugeben, denn wenn eine Beziehung der S. zum Nichts besteht, dann nicht die, daß die S. selbst ein Nichts wäre, sondern daß sie in sich die Tendenz hat, zunichte zu *machen,* das Gute, das Gott schafft, zu verwirren und zu zerstören. - Der zweite, auch in ev. Theologie vielfach vertretene Lösungsversuch geht davon aus, daß der Glaube personhaft-freie Hingabe ist. Wollte Gott die freie Hingabe des Menschen, so mußte er ihn in einen Spielraum der Entscheidung hinein erschaffen, aus dem heraus er diese Hingabe vollziehen - aber eben damit auch verweigern kann. Gott hat also nicht die *Wirklichkeit* der S. gewollt und gewirkt, aber er mußte ihre *Möglichkeit* zulassen als die Kehrseite dessen, daß er das freie Ja des Menschen will. Aber auch diese Erklärung ist u.E. theologisch unbefriedigend. Sie geht von einem falschen Begriff der Freiheit des Glaubens aus - als sei diese ein Zustand, in dem der Mensch die Möglichkeit, Gott den Glauben auch verweigern zu können, auch nur in Erwägung zieht und in Erwägung ziehen *müsse,* um sich dann für die andere Möglichkeit zu entscheiden. In Wahrheit würde aber in dieser Erwägung bereits die Ansprechbarkeit für die Versuchung in innerer Distanzierung von der Bindung an Gott, dh aber die S. selbst verborgen sein. Die Möglichkeit der S. um der Möglichkeit des Glaubens willen fordern, hieße den Menschen in eine neutrale Ausgangslage versetzen, die es in Wahrheit Gott gegenüber nicht geben kann. Gott hat den Menschen zum Glauben erschaffen, der in sich selbst die Entschiedenheit der unbedingten Bindung an Gott ist, die von *keiner* andern Möglichkeit weiß. Seine Freiheit besteht ganz in der Bejahung dieser Bindung, nicht in der ideellen Möglichkeit eines Nein neben dem Ja. Damit muß freilich die Frage nach dem Möglichkeitsgrund des Bösen und der S. in der Schöpfung Gottes als schlechterdings nicht beantwortbar offenbleiben. Aber gerade dies ist die dem Bekenntnis der S. allein entsprechende gedankliche Situation. Denn haben wir die S. vor Gott als das zu bekennen, was in keiner Weise entschuldigt und gerechtfertigt werden kann, so können und dürfen wir auch gedanklich keinen Grund haben, ihr Eintreten zu erklären.

Vgl. die Lehrbücher der ev. u. kath. → Dogmatik und → Moraltheologie. - S.KIERKEGAARD, Der Begriff Angst, 1844 (übers. v. E.HIRSCH in: GesW, Abt. 11/12, 1952) - DERS., Die Krankheit zum Tode, 1849 (ebd Abt. 24/25, 1954) - L.LEMME, Die S. wider den Hl. Geist, 1883 - RE XVII, 784ff (Schuld; M.KÄHLER) - C.DUNKMANN, Schuld, S. u. Erb-S. in der gegenw. Dogmatik (NKZ 24, 1913, 906 bis 926) - W.KÜNNETH, Die Lehre von der S., 1927 - E.BRUNNER, Der Mensch im Widerspruch, (1937) 1941³ - C.CLEMEN, Die christl. Lehre von der S., 1937. - Vgl. die Lit. zu → Sünde: V (bes. JUL.MÜLLER, R.OTTO, E.KINDER).

W.Joest

VII. Schuld, ethisch und rechtlich

1. Ethisch - 2. Rechtlich

1. Das Wort Sch. kann in der Alltagssprache ethisch indifferent gebraucht werden; »schuld sein an« oder »schuld haben an« bedeutet dann ein Bewirkt-haben, ein Urheber-sein von etwas. *Ethisch* verstanden wird es in positivem und in negativem Sinne verwendet. So kann im »Schuldigsein« die positive Richtung einer Dankerwiderung oder eines Verpflichtetseins liegen, während es in negativer Bedeutung die Verschuldung eines Übels oder die Verletzung eines Rechtes oder einer Pflicht meint. - Der durch das Verschulden verübte persönliche und sachliche Schaden kann und muß repariert werden. Doch können sich dabei Ermessensunstimmigkeiten einstellen, zB wenn der Schuldige meint, er habe seine Sch. bereits abgetragen, während der Verletzte vielleicht immer noch beleidigt um sie kreist. - Sch. kann dergestalt sein, daß sie sich nicht abtragen läßt, sondern nur durch Vergebung aufgehoben werden kann. - Radikal ist die Sch., wenn der Mensch sein Leben als eine in ihrer Gesamtheit ihm überantwortete Gabe versteht. Aus solcher Sicht ist jedes Verschulden irreparabel, denn der Mensch kann einmal Stattgefundenes nicht ungeschehen, einmal Verbrochenes nie wieder rückgängig machen, trotz Abtragung oder Vergebung seiner Sch. in seinen persönlichen Beziehungen. - Verflacht ist das Verständnis der Sch., wenn man meint, sie erschöpfe sich in Verstößen gegen die gesellschaftliche Ordnung und deren Normen rechtlicher und moralischer Art, während man im übrigen sein eigener Herr sei und niemandem etwas verdanke oder schulde und sich vor niemandem zu verantworten habe. - Kollektive Sch. ist ein Unding; in diesem abzulehnenden Begriff überleben längst überwundene primitiv-religiöse Vorstellungen von magischem Zusammenhang des Stammes, der Sippe oder des Volkes. Politische Sch. dagegen besteht in der Mitschuld des einzelnen Bürgers an den Handlungen der Regierung kraft seines Anteils an der Staatsgewalt.

Bei → *Kierkegaard* wird Sch. in zweierlei Hinsicht als total bestimmt. a) Zeitlich existieren bedeutet immer zugleich schuldig sein, weil schon der geringste Zeitaufwand zum Überlegen der ethischen Aufgabe ein Mißbrauch der Zeit ist, die dem Individuum allein zur Realisierung der ethischen Aufgabe gegeben ist. b) Dadurch, daß die konkrete Sch. mit dem Verhältnis zur Ewigkeit zusammengesetzt wird, ist sie total, im Gegensatz zur komparativen Sch., die sich an Normen und Maßstäben mißt. Wahr ist allein die totale Sch., da sich Existenz in ihrem Verhältnis zur Ewigkeit bestimmt. Nur in der

Flucht vor dem Bewußtsein der totalen Sch. stellt sich die komparative Sch. ein. In der Sch. ist das Individuum immanent umschlossen von der Ewigkeit. Erst im Christentum tritt ein Bruch ein, weswegen dort von Sünde gesprochen wird. - Sch. wird bei → *Heidegger* als ein Existential verstanden. So kann der Mensch moralisch oder juristisch nur deshalb schuldig werden, weil er als Existierender bereits schuldig ist. Sch., die in einem Schuldigwerden an anderen oder in der Verletzung von Normen und Regeln des öffentlichen Miteinander besteht, ist uneigentlich, denn sie orientiert sich von meßbaren Forderungen her, die als solche ein Objektives sind und in die Vorhandenheit gehören. Der Seinscharakter des menschlichen Daseins aber ist von aller Vorhandenheit unterschieden, und die eigentliche Sch. gehört daher zum menschlichen → Dasein als Existenz. In Heideggers formal existentialer Bestimmung ist Sch. das »Grundsein einer Nichtigkeit«, die jedoch nicht als Mangel oder Privativum verstanden werden soll, sondern ihrem Wesen nach zur Struktur der Geworfenheit und des Entwurfs gehört. Der Mensch kann nie hinter seine Geworfenheit zurück, und seine eigentliche Sch. ist es, sich in seiner Existenz zu übernehmen, ohne ihrer mächtig zu sein (vgl. → Wahl). - → *Jaspers* unterscheidet 4 Arten von Sch.: a) Kriminelle Sch. zieht man sich durch Gesetzesbruch zu, der objektiv und juristisch faßbar ist. b) Moralische Sch. hat im eigenen Gewissen ihre Instanz, wie auch in der Kommunikation mit anderen Menschen, die einem gut gesinnt sind. c) Politische Sch. besteht im Mitschuldigsein an den Handlungen der Regierung (s.o.). d) Metaphysische Sch., deren Instanz Gott ist, besteht darin, daß man an allem Unrecht, unter dem Menschen zu leiden haben, mitschuldig ist, bes. an dem, das neben einem geschieht und das man als Mitwisser hätte verhindern müssen.

Zum Problem Sch., Freiheit des Willens und Determinismus s. → Indeterminismus.

S. Kierkegaard, Abschließende unwissenschaftl. Nachschrift, § 3 im Abschnitt: Das Pathetische - K. Jaspers, Psychologie der Weltanschauungen, 1919, 242ff - Ders., Die Schuldfrage, 1946 - M. Heidegger, Sein u. Zeit, (1927) 1961[10], §§ 58. 62. - Vgl. ferner die Lehrbücher der → Ethik.

K. E. Løgstrup

2. Der Begriff »Sch.« in der *rechtlichen* Gestalt, in der er hier interessiert, muß von vornherein getrennt gehalten werden von dem Begriff der »Sch.« im Sinne der »Verbindlichkeit« (römischrechtlich obligatio). Die Sch. als Verbindlichkeit (Plural: »Schulden«, zugehöriges Subjekt: »Schuldner«) ist Gegenstand eines »Sch.verhältnisses«, kraft dessen nach § 242 BGB »der Gläubiger berechtigt ist, von dem Schuldner eine Leistung zu fordern«. In diesem Sinne schuldet zB ein Mieter die Miete, ein Darlehnsnehmer die Rückzahlung des Darlehns sowie Zinsen. Man kann aber auch ein »Unterlassen« (zB das Unterlassen des Klavierspiels zur Nachtzeit) schulden. Nahe verwandt diesem »zivilrechtlichen« ist der öffentlichrechtliche Begriff der Sch. (zB im Steuerrecht: »Steuer-Sch.«). Die Sch. als Verbindlichkeit ist jeweils die »Rechtsfolge« gewisser »Tatbestände«, die heute größtenteils gesetzlich geregelt sind, wie etwa eines »Sch.vertrags« (zB eines Mietvertrags) oder einer »unerlaubten Handlung« (zB einer vorsätzlichen Körperverletzung) oder einer »ungerechtfertigten Bereicherung« oder eines »Steuertatbestandes« (zB eines Vermögens von bestimmter Höhe). Dagegen ist die »Sch.«, wie sie uns im folgenden angeht, *Voraussetzung* der Rechtsfolge, also *Element* des rechtlichen Tatbestandes.

Aber auch dieser - tatbestandliche - Sch.begriff findet im heutigen (deutschen) Recht mit verschiedener Bedeutung Verwendung. Einen sehr weiten Sinn hat er als Gegenstand der »Sch.frage« im Strafprozeß, die bejahend nur mit ⅔-Mehrheit beantwortet werden kann. Es geht hier um die Frage, ob der Täter einer bestimmt gearteten strafbaren Handlung »schuldig« ist, wobei die Frage, ob er sich »schuldhaft« verhalten hat, nur einen Ausschnitt jener ersten Frage bildet. - Eben die Sch. als »Sch.haftigkeit«, als »Verschulden«, »Verantwortlichkeit«, »Vorwerfbarkeit« ist aber der wichtigste rechtliche Sch.begriff. Er begegnet als Tatbestandselement sowohl im Zivilrecht wie vor allem im Strafrecht. Im *Zivil*recht ist ein »Verschulden« häufig Voraussetzung für das Entstehen von Verbindlichkeiten oder auch von anderen Rechtsfolgen. So entsteht eine Verbindlichkeit aus Vertragsverletzung oder aus unerlaubter Handlung regelmäßig nur bei Verschulden des aus dem Vertrag Verpflichteten oder seines »Erfüllungsgehilfen« oder desjenigen, der eine unerlaubte Handlung selbst oder durch einen »Verrichtungsgehilfen« begeht (Prinzip der »Verschuldenshaftung«, neben welcher jedoch in gewissen Fällen - bei Tierhaltern, bei Wildschaden, bes. aber im Bahn-, Kraftfahrzeug- und Luftverkehr - eine sog. »Gefährdungshaftung« zum Zuge kommt, bei der ein Verschulden nicht nachgewiesen werden muß). So soll weiter eine Ehe eigentlich nur dann geschieden werden, wenn ein Ehegatte dem anderen gegenüber Sch. auf sich geladen hat (Verschuldensprinzip, mit dem aber seit 1938 das »Zerrüttungsprinzip« ernstlich konkurriert). Vollends im *Straf*recht gilt heute ganz grundsätzlich das Prinzip der »Sch.haftung« (zum Unterschied von der in früheren Zeiten anzutreffenden »Erfolgshaftung«): jemand kann wegen einer Tat nur gestraft werden, wenn er diese nicht nur rechtswidrig, sondern auch schuldhaft begangen hat (»keine Strafe ohne Sch.!«).

Was aber heißt in diesen Zusammenhängen »Sch.« (als tatbestandliche Sch.)? Die Frage kann für das Zivilrecht und für das Strafrecht nicht einheitlich beantwortet werden. Es gibt Verschiedenheiten der Sch.- und Verschuldensbegriffe da und dort. Am reinsten ist der Begriff der »Sch.« in der modernen Strafrechtswissenschaft und Strafrechtspflege herausgearbeitet worden. (Die Abweichungen im Zivilrecht liegen in der Richtung, daß dort etwas geringere Anforderungen an das Verschulden gestellt werden.) Während zu Beginn des 20. Jh.s der Begriff der Sch. im → Strafrecht noch psychologistisch gedeutet wurde als seelische Beziehung des Täters zu seiner Tat, wird er heute als »normativer Begriff« verstanden: Sch. ist »Vorwerfbarkeit«. Der Sch.vorwurf ist Inhalt eines »Werturteils«. Dieses ist an folgende Voraussetzungen gebunden: Der Täter, der ein tatbestandsmäßiges Unrecht (→ Verbrechen) begangen hat, muß zur Zeit der Tat schuldfähig (»zurechnungsfähig«) gewesen sein, er muß entweder vorsätzlich oder fahrlässig gehandelt haben, er muß das Unerlaubte seiner Tat entweder gekannt haben oder bei gehöriger Gewissensanspannung haben erkennen können, und es mußte ihm »zugemutet« werden können, rechtmäßig zu handeln. Umgekehrt entfällt der Sch.vorwurf bei Sch.unfähigkeit (Zurechnungsunfähigkeit wegen geistiger Unreife, Geisteskrankheit, Geistesschwäche, Bewußtseinsstörung), bei einem unvermeidlichen »Tatbestandsirrtum«, der dem Täter die Beschaffenheit seiner Tat (etwa als Tötung, als Körperverletzung, als Falscheid) verbarg, desgleichen beim unvermeidlichen »Verbotsirrtum« (der Täter wußte hier zwar, was er tat, hielt aber sein Tun entschuldbarerweise irrig für erlaubt) und schließlich bei Eingreifen eines die »Zumutbarkeit« aufhebenden Entschuldigungsgrundes (bes. eines entschuldigenden → Notstandes). Auf dieser Linie bewegt sich insbesondere die Rechtsprechung des Bundesgerichtshofs. In der Literatur herrscht Streit namentlich über die Bedeutung des Vorsatzes: ist er wirklich ein Bestandteil der Sch. oder gehört er zum sog. »Unrechtstatbestand« (→ »Verbrechen«)? Ferner aber auch über die Tragweite des Verbotsirrtums (überholt ist aber auf jeden Fall der frühere Standpunkt der höchstrichterlichen Rechtsprechung, daß »Unkenntnis des Strafgesetzes nicht vor Strafe schützt«).

Rechtsphilosophisch bemüht man sich um eine tiefere Erfassung des »Wesens« der Sch. Manche erklären, daß nur auf der Basis der Lehre von der Willensfreiheit ein Sch.vorwurf sinnvoll sei. Andere bemühen sich um den Nachweis einer Sch. auch für den Fall, daß das Verbrechen durch Anlage und Umwelt zureichend determiniert ist. Sodann streitet man sich darüber, ob der Sch.-vorwurf auf die Einzeltat oder auf die Täterpersönlichkeit zu beziehen ist und welche Schicht im Menschen der Sch.vorwurf trifft. So ergeben sich Kontroversen über die Probleme: »Tat-Sch. oder Täter-Sch.?«, »Willens-Sch. oder Gefühls-Sch.?« usw. Naturgemäß gibt es hier auch mancherlei Spielarten und Mischformen der verschiedenen grundsätzlichen Auffassungen.

Vgl. die Lit. zu → Strafrecht: I. Ferner: HdR V, 355ff.

K. Engisch

VIII. Seelsorgerlich

1. Grundsätzliches - 2. Zur Phänomenologie der S. - 3. Hochmut und Trägheit - 4. Sucht und Besessenheit - 5. Unerkannte S. - 6. S. und Krankheit

1. Eine vom Evangelium herkommende → Seelsorge wird die S. weder *naturalistisch* (»Entwicklungsstörung«, »Krankheit«, »Komplex«) noch *moralistisch* (bei gutem Willen vermeidbare Verstöße gegen Vorschriften) betrachten können. Das eine würde zur Leugnung jeder Schuld führen bzw. alle Schuld dem Schöpfer zur Last legen, das andere hätte entweder Skrupulantentum oder Selbstgerechtigkeit zur Folge. *Ev.* Seelsorge sieht den S.r und die S. der Welt im Licht des in Jesus erschienenen Lebens: Der Mensch ist zur Liebes-Gemeinschaft mit Gott und seinem Nächsten bestimmt, zum Abbild der Güte Gottes erhoben und wird allein durch die Gnade über dem Abgrund des Nichts gehalten und dem Ziel der Herrlichkeit entgegengetragen. Das ist sein Leben. Alles, was uns von diesem Leben trennt, ist S., und die S. ist darum - und nur darum - *Schuld* bzw. kann als Schuld »übernommen« werden, weil die Gnade Gottes den S.r zur Annahme des Lebens - des Guten - befreit und ihn so verantwortlich *macht*.

2. So wichtig ein immer neues Erfassen und Entfalten der biblischen Lehre von der S. ist, - die seelsorgerliche Behandlung der S. muß sich vor allem Theoretisieren und Disputieren - etwa über die »Erb-S.« - hüten. Ihr ist der Kampf mit der konkreten S. aufgegeben, für den die Seelsorge des irdischen Jesus Vorbild ist. So unerklärlich die S. als das Nichtseinsollende ist, sie ist eine nicht wegzudisputierende Wirklichkeit, die unsern existentiellen Einsatz herausfordert. Das schließt nicht aus, sondern ein, daß es eine *Phänomenologie* sowohl der individuellen als auch der sozialen S. gibt, die uns die S. in stets neuen Aspekten zeigt und deren Kenntnis den Seelsorger vor dem Abgleiten ins Allgemeine und vor vorschnellen pauschalen Urteilen bewahrt. Sie zeigt zB den empirischen Ursprung der S. in der Natur des Menschen, in seinen ererbten und erworbenen Eigenschaften oder in den von außen eindringenden Versuchungen, die etwa eine neue Arbeitswelt mit sich bringt. Sie lehrt die Entwicklungsgesetze, nach denen die »S.nkrankheit« verläuft, zB das Gesetz der Steigerung und der Verästelung; dieselbe S. nimmt je nach Bildungsstand, sozialer Stellung oder »Lebensform« verschiedene Erscheinungsformen an.

3. Über den psychologischen Aspekt hinaus führt die Beobachtung, daß den bösen »Gedanken, Worten und Werken« zwei verkehrte Haltungen zugrunde liegen: Hochmut und Trägheit. Gen 3, 5 beschreibt den *Hochmut* (hybris, superbia) des Geschöpfs, das Sein-wollen-wie-Gott, das Selber-wissen-Wollen um Gut und Böse (vgl. die für die Seelsorge hilfreiche Definition der »Ursprungs-S.« in CA 2: »sine metu Dei, sine fiducia erga Deum et cum concupiscentia«). Die vergiftete Ich-Sucht (concupiscentia) - in feiner oder grober, idealistischer oder materialistischer Form, im privaten wie im ökonomischen und politischen Bereich - geht rücksichtslos auf das selbstgewählte Ziel los, sieht im Erfolg ihre Rechtfertigung, zertrümmert die Welt und zerstört die Ordnung eigener personhafter Existenz. Der Mitmensch wird »Gegen-Stand« (Freund-Feind-Denken), »Mittel zum Zweck« und erscheint als störendes Hemmnis (vgl. Gen 4). Aus der *Trägheit* des Herzens stammen die sog. kleinen S.n der Schwachen, des Durchschnitts, aber auch die S.n im Bereich traditioneller Christlichkeit: Die Gnade wird selbstverständlich bejaht, aber nicht praktiziert (»billige Gnade«). Man konstatiert bedauernd den ungerechten Lauf der Welt, ohne sich durch fremdes Leiden zum Mit-Leiden und zur Liebe rufen zu lassen, und zieht sich selbstgerecht in das Private zurück. Auch bei ernsten Menschen hat es die Seelsorge heute auf Schritt und Tritt mit der Resignation (»Man kann doch nichts machen!«) zu tun. - Der Erkenntnis sowohl der »starken« Begehrungs-S.n wie der weit häufigeren »schwachen« Unterlassungs-S.n wollen die der → »Offenen Schuld« nachgebildeten agendarischen → Sündenbekenntnisse (: II) dienen, die der Seelsorger in Ausübung seelsorgerlicher → Kirchenzucht und im Beichtgespräch (→ Sündenvergebung: IV) zu Rate ziehen sollte.

4. Das Heraustreten aus der göttlichen Ordnung überliefert den Menschen an die *Süchte*. Er verliert seine Freiheit und verfällt einer *Besessenheit* (vgl. Joh 8, 34). Nicht die zur Personganzheit gehörenden Triebe des Menschen (auch nicht der Sexualtrieb), wohl aber die zur → Sucht pervertierten Triebe sind sündig. Der Entzug oder Verlust der Suchtobjekte (zB Alkohol, Geld, Macht, Menschen) allein befreit den Süchtigen noch nicht von seiner Süchtigkeit, die sich immer neue Auswege verschafft. Seelsorgerliche Behandlung wird auf die Wurzel der Sucht und auf die Schuld des Süchtigen verweisen. Unsere Süchte resultieren aus einer Fluchtbewegung: Man sucht dem Engpaß (Mißerfolg, Leiden usw) auszuweichen und den Schmerz zu betäuben, statt an der Not zu reifen und so die Lebensaufgabe neu zu ergreifen. Wichtig für den Dienst an Süchtigen ist der Hinweis, daß die natürlichen oder uns geschichtlich gesetzten Schranken als solche keineswegs Fluch und Elend bedeuten und daß auch der enge Lebensraum unter der Verheißung erfüllten Lebens steht.

5. Die S. ist eine Wirklichkeit, die nur zu einem kleinen Teil an die Oberfläche des Bewußten tritt. Was verborgen ist, braucht - zum Glück - weder der S.r noch der Seelsorger unter allen Umständen zu wissen. Gott selber ist es, der unsere unerkannte - und unbewußte - S. ans Licht stellt (Ps 90, 8). *Daß* die S. aber eine Tiefendimension hat, darf nie vergessen werden. Die meisten Lebensentscheidungen werden nicht rational gefällt, sondern kommen aus den Tiefen des Unbewußten. → Tiefenpsychologie und → Psychotherapie erhellen, daß Fehlentscheidungen oft Folgen von Triebverdrängungen, einseitiger Charakterbildung, von nie verarbeiteter elterlicher Moraldressur usw sind. Die Sondierung der unbewußten Wurzeln unserer Moraleinstellung ist darum berechtigt und für die rechte Beurteilung von S. und Schuld seelsorgerlich relevant. Freilich weiß der Seelsorger, daß die Erkenntnis von S. und Schuld durch Erhellung und Objektivierung des Unterbewußten im besten

Fall zwar vorbereitet werden *kann*, aber nur im Glauben Ereignis wird.

6. S. ist nicht Krankheit, und *Krankheit* als solche ist nicht S. Sie muß seelsorgerlich als »*Zeichen*« von S. beurteilt werden. Bei neurotischen Störungen, die oft in dem Zwiespalt von Wollen und Vollbringen gründen, vor allem bei Zivilisationskrankheiten, ist aber auch ein Kausalnexus evident und dem Leidenden bewußt. Zwar handelt es sich hier oft um *Folgen* der Gesellschafts-S. Der Seelsorger wird sich hüten, in die Rolle der Freunde Hiobs zu fallen und den Leidenden auf seine (unerkannten) S.n anzureden. Er wird ihm helfen, scin → Leiden (: VI) auf das unschuldige Leiden am Kreuz zu beziehen und es so »in Christus« anzunehmen (→ Sündenvergebung: IV).

Lit. s. → Seelsorge, → Leiden: VI, → Sündenvergebung: IV.

W.Rott

Sündenbekenntnis

I. Im NT - II. In der Liturgie. - Zum S. in den »jungen« Kirchen vgl. → Beichte: III

I. Im NT

Schon im AT ist das S. Einzelner und der ganzen Gemeinde bekannt (1Kön 8, 33. 35; Neh 9, 3; Dan 9, 4). Im Judentum vollzieht sich solches bes. am Versöhnungstag (→ Feste: II, 5b). Von dem Doppelsinn des hebr. jadā (1. »bekennen, preisen, danken«; 2. »bekennen, die Schuld eingestehen«) nimmt das griech. ἐξομολογεῖσθαι vor allem die zweite Linie auf. Aber immer bleibt als Hintergrund die dankbare Anerkennung des gnädigen und vergebenden Gottes sichtbar (→ Bekenntnis: II, 2. 3; III, 1). Im NT bildet die fünfte Bitte des → Vaterunsers den sachlichen Mittelpunkt für den Vollzug des S.ses innerhalb des christlichen Gottesdienstes. Die Gemeinde, die sich von Gott her vergeben läßt (→ Sündenvergebung: II), wird ihrerseits zum Ort, an welchem die bekannte Sünde der Brüder vergeben werden kann und soll (Mk 11, 25 par; Mt 18, 21ff). Nach Lukas vollziehen sich verschiedene Begegnungen mit Gott oder Jesus in der Form des S.ses (Lk 5, 8; 15, 18. 21; 18, 13; Apg 19, 18). In der nachapostolischen Zeit wird die Prägung des christlichen Lebens durch die sich verfestigende Institution des S.ses stärker (Herm vis I, 1, 3; Did 4, 14; 1Clem 51-52). - Das S. ist Antwort und Selbstauslieferung an die ergangene Botschaft, daß Gott seine Macht in der Vergebung offenbart hat, wodurch die Buße ermöglicht ist (Mk 1, 5; vgl. 2Kor 5, 18ff). Das Bekenntnis der eigenen → Sünde (: IV) ist das wagende Ja zu dem auch dem Sünder gegenüber treuen und darum vergebenden Gott (→ Bekenntnis: V, 2a). So ist es die allein diesem Gott entsprechende Antwort und zugleich die Eröffnung des neuen Lebens für den bekennenden Menschen (1Joh 1, 8-10).

Vgl. die Lit. zu → Bekenntnis: III. *Chr.Maurer*

II. In der Liturgie

Der ev. Kirchenchrist in Deutschland wird auf die Frage nach dem knappsten und verbreitetsten, dazu auch ältesten gemeindlichen S. vermutlich das → Kyrie (»Herr, erbarme dich...«) nennen, nicht ohne eine gewisse Berechtigung; denn schon in der Proskomidie zur Chrysostomusliturgie (→ Liturgie: III, 4) steht es mehrfach in enger Verbindung mit einem S., in einer Basler Liturgie Joh. → Ökolampads ist es die Antwort der Gemeinde auf das S. des Pfarrers, in nicht wenigen von der Reformation übernommenen oder umgedichteten Gesängen und liturgischen Stücken ist es - in seinen Ursprüngen ein allgemeiner Bittruf und in vielen reformatorischen Liedstrophen mit Lobpreis und Dank, gar mit dem → Halleluja kombiniert - in unmittelbare Nachbarschaft zu einem S. gerückt, hat auch im Luthertum lange Zeit die vorzugsweise als Bußliturgie verstandene → Litanei eingeleitet, bis es seit ca 1830 durch den Einfluß der »altpreußischen« Liturgie in weiten Teilen Deutschlands zum gesungenen gemeindlichen S. wurde. Den Unterklang des S.ses werden das Kyrie und seine Übersetzungen bei den dem Gottesdienst verbundenen ev. Christen vermutlich noch lange behalten, auch wenn es fortschreitend durch die modernen Liturgie-Erneuerungen von der Verflechtung mit einem vorangegangenen Bußgebet, einer nachfolgenden »kleinen« → Absolution und angehängtem → Gloria frei wird. Mag der liturgisch gebildete Theologe sich an dem unvermittelten Nebeneinander zweier so archaischer, ja rudimentärer Größen wie Kyrie und Gloria freuen und ihnen trotz ihrer Herkunft aus der röm. Messe einen ausgesprochen ev.-luth. Sinn geben, die Gemeinde wird sich auch weiter, wie durch viele andere Mahnungen in ihrem Gottesdienst (Kirchenlied, Predigt!), so auch durch ihr »Herr, erbarme dich« an ihre Schuld erinnern lassen. Ob trotz Kirchenlied und Predigt ein *formuliertes* S. in einem rechten ev. Gottesdienst überhaupt einen Platz haben *muß*, wird auch durch die neuen Agenden verschieden beantwortet. Ein solches S. in der Art der → »Offenen Schuld«, die sich beide ev. Konfessionen aus dem mittelalterlichen Predigtauftritt erhalten haben, ganz an den Anfang der Versammlung, vor ein großes Orgelpräludium und den Introitus (Eingangslied) zu stellen, scheint theologisch wie seelsorgerlich die beste Auskunft zu sein (S. am *Anfang* der Morgen- und Abendgottesdienste auch in der anglikanischen Kirche!). Wenn ihm keine allgemeine Absolution, sondern nur eine Gebetsstille folgt, wird dem ritualistischen Mißverständnis eines kurzen Entsündigungsaktes, das heute noch in vielen Gemeinden die Folge jener »altpreußischen« Verkoppelung von S. und Gnadenzusage ist, am besten gewehrt werden. Auf jeden Fall sollte dieses als Zurüstung der versammelten Gemeinde gedachte S. im Wir-Ton gehalten sein, die *allgemeine* Schuld gegenüber der individuellen Verschuldung in den Vordergrund stellen und nicht in einer einfachen Repristination alter S.se und Bußgebete (trotz ihrer vorbildlichen Ehrlichkeit und Tiefe) bestehen. Seiner Wirkung wird es nicht schaden, wenn es ab und an wegfällt. Sind Predigt und Abendmahl in *einem* Gottesdienst verbunden, so wird man es vielleicht, dem alten Brauch der Offenen Schuld folgend, an das Ende des Predigtauftritts, vor den Friedenswunsch, stellen und eine Fürbitte für die Kommunikanten hineinnehmen, aber auch dann auf eine Absolution verzichten. Auf jeden Fall ist das Problem des gemeindlichen S.ses für den theologisch klar denkenden und seelsorgerlich gewissenhaften Pfarrer eines von denen, die ihn leicht in Konflikt mit dem ius liturgicum seiner Kirchenleitung oder Synode bringen können. Es wird sich dann zeigen, wieviel er von Luthers liturgischer Freiheit (vgl. »Formula missae« und »Deutsche Messe«) gelernt hat und wieviel Mut ihm der Dienst am Evangelium, um dessentwillen allein er jenem Recht widersprechen darf, schenkt. - Im übrigen wird das neue »Buch der Versammlungen in der Brüdergemeine« (1960) der ev. Kirche gerade hinsichtlich des S.ses und des Kyrie manche Anregungen geben können.

Leiturgia II, 523-567 (B.Klaus); III, 1-97 (E.Weismann). - Vgl. auch → Beichte: II, → Confiteor, → Offene Schuld. *W.Jannasch*

Sündenbock. Wo → Sünde und Unreinheit (→ Rein und unrein) verschiedener Art stofflich verstanden wird, kann sie vom Einzelnen wie von einer Gemeinschaft dadurch entfernt werden, daß sie auf ein Tier, einen Menschen oder einen Gegenstand übertragen und durch diese fortgeschafft wird. Die Bezeichnung »S.« für das die Sünde forttragende Mittel ist Lev 16 entnommen. Neben die Darbringung eines Bockes »für Jahwe« als Sündopfer (→ Opfer: II, 2 d) tritt hier zur → Entsündigung des Volkes am Versöhnungstag (→ Feste: II, 5 b) ein vom Opfer zu unterscheidender Ritus, in dem der Hohepriester unter → Handauflegung (: II) und Sündenbekenntnis die Sünden des Volkes auf einen zweiten Bock legt, der diese dann in die Wüste »zu Asasel« tragen soll (Lev 16, 10. 21f). Ähnlich bringt ein Vogel die Unreinheit des → Aussatzes ins freie Feld (Lev 14, 7. 53) und wird in einem Gefäß die Gottwidrigkeit nach Babylonien geschafft (Sach 5, 5-11). - Die Vorstellung vom S. ist religionsgeschichtlich weit verbreitet. So schicken zB die Biajas auf Borneo alljährlich ihre Sünden und alles Unheil in einem Boot aufs Meer hinaus; wer das Boot berührt, wird von dem Unheil betroffen (Frazer 200). Bei den → Hethitern bringen in einem besonderen Ritus Schafböcke und eine Frau alles Unheil aus dem Lager in das Land, das sie aufnimmt (AO 25, 2, 1925, 10f). Hier konnte auch ein gesunder Kriegsgefangener das auf Grund eines Omens dem König drohende Unheil übernehmen und in seine Heimat forttragen (ANET 355). Insofern er als Ersatzkönig eingesetzt wird und ihn selbst statt des Königs das Unheil trifft, kommt hier das Moment der → Stellvertretung hinzu. Wenn - im griech. Bereich - in Fällen der Not oder in jährlichen Riten, so bes. an den Thargelien, dem Fest der Erstlinge, die mit Sünden und Unheil einer Stadt belegten Menschen (»Pharmakoi«) fortgejagt wurden, liegt auch hier eine Parallele zum at. S. vor; wo sie getötet und dabei wohl mit ihnen Sünde und Unglück vernichtet wurden, ist nur im erweiterten Sinn von »S.« zu reden. Andererseits ist nicht recht deutlich, ob der → Reinigungs-Ritus mit einem Schafbock am 5. Tag des babylonischen Neujahrsfestes (AOT 311, ANET 333; → Babylonien: II, 11) dem S.-Ritus zuzuordnen ist; und der bei dem Abschluß des Vertrages des Königs Assurnirari VI. von Assyrien mit dem nordsyrischen Kleinfürsten Mati'ilu verwendete Widder (AfO 8, 1932/33, 19) dient nicht als S., sondern wird im Rahmen einer Fluchsetzungshandlung geschlachtet (F.Horst, EvTh 17, 1957, 380). - *Asasel* (ʿᵃzaʾzel) Lev 16, 8. 10. 26 wird im allgemeinen als Wüstendämon gedeutet (Driver: ein Felsabsturz), ist aber vielleicht schon hier wie in äthHen 10, 8 (vgl. 54, 5f) als Urheber aller Sünde gedacht, weshalb der S. zu ihm geschickt wird.

FRAZER VI, The Scapegoat, 1913[3] - J.MEINHOLD, Joma (Der Versöhnungstag) (Die Mischna ... II, 5), 1913 - S.LANDERSDORFER, Studien z. bibl. Versöhnungstag (ATA 10, 1), 1924, 13ff - DERS., Keilinschriftl. Parallelen z. bibl. S. (BZ 19, 1931, 20-28) - EJud III, 418ff - I.SCHUR, Versöhnungstag u. S., 1934 - PW 2. R. V/2, 1287ff (Thargelien) - L.ROST, ZDPV 67, 1943, 212ff - KBL 693 - NILSSON I, 107ff - G.R.DRIVER, JSS 1, 1956, 97f - A.GOETZE, Kleinasien (HAW III, 1, 3, 3, 1), 1957[2] - C.L.FEINBERG, The Scapegoat of Lev 16 (BS 115, 1958, 320-333).

E.Kutsch

Sündenfall → Sünde und Schuld: V. VI.

Sündenvergebung

I. Im AT - II. Im NT - III. Dogmatisch - IV. Seelsorgerlich. - Vgl. ergänzend → Buße, → Bußwesen, → Entsündigung, → Rechtfertigung, → Sühne

I. Im AT

1. Vorbemerkung - 2. Terminologie - 3. Der Weg zur Vergebung - 4. Die Tat der S.

1. Ebensowenig wie eine scharf umrissene Sündenlehre (→ Sünde: II) kennt das AT eine allgemeine Lehre von der S. Obwohl einige Male in der historischen Literatur von der Vergebung gesprochen wird, die sich Menschen untereinander gewähren, wird doch fast immer über die Vergebung im rein religiösen Sinne gehandelt. Sie kann den Gläubigen durch kultische Handlungen, Gebetserhörung, das Aufheben einer Strafe u.dgl. zuteil werden. Obwohl Jahwe Vergebung verweigern kann (2Kön 24, 4; vgl. 1Sam 3, 14; Jes 22, 14), ist er dafür bekannt, daß er seinem Wesen nach gerne vergibt (Ps 86, 5; Jer 5, 1; Gen 18, 22ff; Jes 55, 7). Seine Versöhnlichkeit oder auch Unversöhnlichkeit werden bestimmt durch das im → Bund (: II) mit Israel gegebene Gemeinschaftsverhältnis und das mit diesem dem Volk auferlegte → Gesetz (: II). Unversöhnlich zeigt Jahwe sich nur dem Sünder gegenüber, der »mit erhobener Hand« (absichtlich) Gottes Willen widerstrebt (Num 15, 30ff); im übrigen beherrscht der Heilswille Gottes sein Handeln unter den Menschen (→ Gnade Gottes: II).

2. Neben salāḥ, dem Terminus technicus für S., gibt es noch viele andere Worte und Ausdrucksweisen für S.: »waschen« (kibbes), »reinigen« (ṭihār), »abwaschen« (maḥā), vielleicht auch »bedecken« (kissā), die wie salāḥ alle aus der *Kultsprache* übernommen sind. Auch kippær (»Sühne schaffen«, an einigen Stellen aber mit »vergeben« zu übersetzen: Jes 22, 14; Jer 18, 23; Ez 16, 63 u.ö.) hat seinen Sitz im Leben in kultischen Handlungen. - Einige andere Ausdrücke, die übrigens mehr bildlich als technisch sind, haben ihren Ursprung im *profanen Leben:* naśaʾ (ʿawon), »die Sünde (Schuld) wegnehmen«; hæʿᵉbîr (ʿawon), »die Schuld wegschaffen« oder vielleicht: »vorbeigehen lassen« (vgl. damit ʿabār ʿal pæšāʿ, »an der Sünde vorübergehen«). Daran schließen sich andere Redensarten an wie loʾ šît ʿāl, loʾ ḥašāb, »nicht anrechnen«, loʾ zakār, »nicht gedenken«; hāster panîm min, »das Antlitz vor der Sünde verbergen« (Ps 51, 11), oder hāšlik ʾāḥᵃrê gew, »die Sünde hinter den Rücken werfen« (Jes 38, 17), beides von Gott gesagt; Jahwe kann auch die Sünde von dem Sünder entfernen (Ps 103, 12) oder sie in Meerestiefen werfen (Mi 7, 19). - Nach einem anderen, der *Rechtssprache* entnommenen Bild heißt S.: aus der Macht der Sünde loskaufen (padā min, Ps 130, 8; vgl. 34, 23); verwandt ist auch niqqā in Ps 19, 13: straffrei erklären. Bildlich ist ebenfalls der Gebrauch von rapaʾ, »heilen«, für die die S. in sich schließende Wiederherstellung; wie Sünde und Krankheit vielfach miteinander verbunden sind (→ Sünde: II), so auch Genesung und Vergebung (Ps 41, 5; Hos 14, 5). - Für das Vergeben, das den *Mitmenschen* betrifft, finden sich die schon genannten Ausdrücke naśaʾ ʿawon (Gen 50, 17; Ex 10, 17; 1Sam 15, 25; 25, 28; davon scheiden eigentlich die Stellen aus Ex 10 und 1Sam 15 aus, weil Mose und Samuel hier als Fürbitter oder Mittler bei Gott angerufen werden, vgl. auch Jer 15, 1) und loʾ šît ʿāl (Num 12, 11), loʾ zakār, loʾ ḥašāb (2Sam 19, 20); dies überrascht nicht, weil auch Menschen anderen Menschen gegenüber »sündigen«, »sich verfehlen« (ḥaṭaʾ); vgl. außer den genannten Texten Gen 43, 9; 44, 32; Ri 11, 27; 1Sam 24, 12 (1Sam 26, 21; 1Kön 18, 9; 2Kön 18, 14); Jer 37, 18.

3. Unbedingte Voraussetzung der Vergebung ist ein aufrichtiges *Schuldbekenntnis* (vgl. Ps 32, 3-5), wenn es auch bisweilen in der Bitte um Vergebung nicht expressis verbis ausgesprochen ist.

Individuelle Schuldbekenntnisse von Menschen untereinander sind stark situationsbedingt. Obwohl sie keinem Formular folgen, enthalten sie außer der Bitte um Vergebung fast durchweg ein öffentliches Geständnis der eigenen ungerechten Taten, eine Anerkennung der Gerechtigkeit des Beleidigten und eine tiefe Selbstdemütigung und Unterwerfung (Gen 50, 17; 1Sam 25, 23ff; 2Sam 19, 15ff), wobei meistens in der einen oder anderen Weise an Jahwe appelliert wird. Diese Elemente begegnen auch - zuweilen in anderer Reihenfolge - in dem Bekenntnis, das im sakralen Rechtsvorgang stattfindet; vgl. Jos 7, wo begreiflicherweise die Bitte um Vergebung fehlt; hier geht dem Bekenntnis selber (ḥaṭa'tî) eine Doxologie voran (Jos 7, 19ff), die der öffentlichen Anerkennung der göttlichen Gerechtigkeit und Herrlichkeit Ausdruck gibt (vgl. Jer 12, 1a; Ps 51, 6b; Hi 4f; Esr 9, 15; Neh 9, 8. 33; Dan 9, 7) und das ganze Rechtsgeschäft vor Gott bringen und ihm übergeben möchte.

Religiöse Sündenbekenntnisse gibt es in vielen Formen: individuelle und kollektive, spontane und kultgebundene, situationsbedingte und periodisch im Kult wiederholte. *Individuelle* Sündenbekenntnisse sind zahlreich überliefert (zB von David 2Sam 12, 13; Hi 42 usw), *spontane* dagegen, die nur aus persönlichem Erleben aufkommen, nur sehr wenige (vgl. etwa Jes 6, 5; stark 2Kön 5, 17ff; vielleicht auch Ps 51, obwohl trotz des persönlichen Charakters doch vielleicht eine schwere Krankheit [V. 10] die äußere Ursache des demütigen Bekenntnisses ist). Die anderen individuellen Bekenntnisse (auch die des David und Hiob) sind durch eine Bußpredigt (2Sam 12; Hi 42), eine (drohende) Strafe (Ex 10, 17; Num 22, 34; 1Sam 15, 24ff; 2Sam 24, 10. 17), eine Krankheit (die meisten Buß-Pss: Ps 6. 32. 38) oder eine äußere Not (Ps 130. 143) hervorgerufen. - Dies ist immer der Fall bei den *kollektiven* Schuldbekenntnissen, die durch ḥaṭa'nû (»wir haben gesündigt«) eingeleitet und in Notzeiten in Bußgebeten ausgesprochen werden (Num 14, 40; 21, 7; Dtn 1, 41; Ri 10, 10. 15; 1Sam 7, 6; Jer 3, 25 u.ö.). Mehrere dieser Gebete und Bekenntnisse sind Teile von Liturgien für Bußtage und Klagefeiern (vgl. 1Sam 7, 6; Hos 6, 1ff; Jer 3, 21ff; Jo 1f). Auch für die → Klagelieder und die Volksklage-Pss (→ Psalmen: I, 4b) darf dasselbe vorausgesetzt werden. Obwohl nicht mit Bestimmtheit festzustellen, mag wohl auch für die persönlichen Buß-Pss (→ Psalmen: I, 4e) der kultische Ursprung geltend gemacht werden können. Jedenfalls wird in ihnen immer wieder auf die Vergebung oder die Antwort Gottes angespielt (Ps 6, 9f; 32, 5; 38, 16; 107, 17-22; 143, 8), wie es auch in den Klage-Pss der Fall ist (Ps 3, 5; 22, 22; 60, 7f; 69, 14. 17. 34). Es spricht darum vieles für die These, daß Gebete wie die Buß- und Klage-Pss am Kultort gebetet wurden, vielleicht begleitet von Opfern, und daß man dabei ein Erhörungsorakel aus dem Munde eines Kultpropheten als Antwort Gottes empfing. In den prophetischen und historischen Büchern kann man manche (wenn auch vielfach negativ gefaßte) Bestätigungen für diese Auffassung finden (2Chr 20, 4ff; Hos 6, 1ff; Jer 3, 21ff; 14f; vgl. Ps 74, 9).

In den Kultgesetzen selbst wird wenig über das Sündenbekenntnis gesprochen; es ist nur in Lev 5, 5 und 16, 21 im Zusammenhang mit dem Sündopfer erwähnt. Die Darbringung von Sünd- oder Schuldopfern (→ Opfer: II, 6b) setzt wohl ohnehin ein Sündenbekenntnis voraus oder schließt es in sich; jedenfalls folgt bei den Sündopfern immer und bei den Schuldopfern mehrfach die Formel nisläḥ: »es ist vergeben«. Die Sünd- und Schuldopfer werden meistens individuell, jene u.U. auch für das ganze Volk (Lev 4, 13ff; Num 15, 22ff) dargebracht; sie beseitigen auch Unreinheiten, die als Sünde betrachtet werden (→ Rein und unrein: II). - Ein *periodisch wiederkehrender* Sühnakt mit Sündenbekenntnis findet sich nur im Zeremoniell des Versöhnungstages (→ Feste: II, 5b), durch das nach dem heutigen Text nicht nur die Unreinigkeiten des Tempels, sondern auch alle Arten von Sünden des Volkes beseitigt werden; letzteres wird im kipper-Akt an den Hörnern des Altars und am Versöhnungstage überdies mit dem Ritual des → Sündenbocks für Asasel (mit Handauflegung, Sündenbekenntnis, Vertreibung des Tieres in die Wüste) bewirkt. - Die kultischen Sündopfer werden wesentlich für kultische und rituelle Sünden dargebracht; die Schuldopfer werden - obwohl Lev 5f nicht deutlich ihre Bedeutung umschreibt - wesentlich kultische Sühnegaben bei einer Wiedergutmachung im juristischen Sinne gewesen sein.

Die kultischen Schuldbekenntnisse haben also einen ganz bestimmten Hintergrund und Zweck und sind nicht nur formal, sondern auch inhaltlich ganz anderen Charakters als die persönlichen und kollektiven Bekenntnisse. Zuweilen von Opfern begleitet (Jer 14, 12; Hos 6, 6), sind sie mit Riten wie Fasten, Weinen, Klagen, Zerreißen der Kleider und anderen → Trauerbräuchen verknüpft (Esr 9, 3ff; 10, 1. 6; Jo 2, 12; 1, 13) und andererseits mit bestimmten → Reinigungen (: II), Waschungen usw (Ps 26, 6; 51, 9; Jes 1, 16. 18); dazu tritt die Fürbitte von hl. Männern, bes. den → Propheten (: II). In der nachexilischen Zeit spielt das Sündenbekenntnis eine größere Rolle; die Bußgebete werden immer wortreicher (1Kön 8; Jes 63, 7 - 64, 12; Esr 9f; Neh 9; Dan 9) und die Riten zahlreicher (Jo 1, 13f).

4. Die Vergebung wird in Übereinstimmung mit der stark variierenden Sündenerkenntnis und den verschiedenartigen Bekenntnisformen in sehr unterschiedlicher Weise erlebt. Schon bei der gegenseitigen Vergebung unter Menschen kann die S. gegeben und empfangen werden in einer vollständigen Weise, so daß nicht nur das Gemeinschaftsverhältnis völlig wiederhergestellt, sondern auch die drohende Strafe ganz aufgehoben wird (Gen 50, 19ff; 1Sam 25, 35), aber auch in einer mehr eingeschränkten Weise, so daß die Strafe nicht aufgehoben, sondern nur aufgeschoben wird (2Sam 19, 23; vgl. 1Kön 2, 8ff. 39ff). - Auch im Gott-Mensch-Verhältnis wird die Vergebung auf verschiedenartige Weise geschenkt, meistens unbedingt, bisweilen mit Einschränkungen, so daß die Strafe nur gemildert (Num 14, 12 bis 20; 2Sam 12, 13f; vgl. Ex 34, 6f) oder aufgeschoben wird (Am 7, 1ff; vgl. Ex 32, 30ff). Die Vergebung kann auch schlechterdings verweigert werden (Hos 6; Jer 5, 7; 7, 16; 11, 14; 14f), selbst wenn die Bitte durch die Fürbitte eines anderen unterstützt wird.

Die S. in religiösem Sinne kann, sei es auch durch Vermittlung von Menschen, nur von Gott geschenkt werden. Er ist stets das Subjekt der Vergebung, wie grammatisch schon beim Verb saläḥ (auch für die Formel nisläḥ in den kultischen Texten gilt, daß Gott als Spender gedacht ist), sachlich ebenso beim Verb kippær zu sehen ist (wenn auch der Priester Gott vertreten kann). Auf vielerlei Weise wird die Vergebung Gottes vermittelt, vielfach durch Fürbitte: zB durch Abraham (Gen 20 [E]), Mose (Ex 9, 27ff; 10, 16ff; 34, 8f; Num 12, 11ff; 21, 7ff; Dtn 9, 16 - 10, 10; vgl. Jer 15, 1), David (2Sam 24, 17. 24), einen Engel (Hi 33, 23ff); auf sehr besondere Weise durch den → Knecht Jahwes (Jes 52, 12ff), der selber die Sünde tragend bei Gott für die Sünder eintritt und so viele rechtfertigt (53, 11f). Nur in diesem letzten Fall kann von einer Gestalt gesprochen werden, die als Mittler selber stellvertretend die Sünde wegschafft. - In den kultischen Gesetzen wird die Sühne, auf Grund deren die Vergebung empfangen wird, im Prinzip auch nur von Gott ermöglicht; denn nicht das Opfer als solches, sondern der Sühne-Akt ist die sakrale Handlung, in der sich die Vergebung realisiert (vgl. Lev 17, 11). So sind Sünd- und Schuldopfer die Sakramente, die dem Gläubigen die Vergebung Gottes gewährleisten - sei es nur für ganz bestimmte Sünden, die »unwissentlich« wider Ritus und Kultus oder wider Eigentumsverhältnisse begangen wurden. - Für die anderen Sünden, die dem Menschen infolge einer

Krankheit oder Not zum Bewußtsein kommen und für die man im Heiligtum oder vor einem Gottesmann unter Sündenbekenntnis, Reue und Tränen Buße tut, wird im Gotteswort eines Tempelpropheten oder sonstigen Gottesmannes die Vergebung empfangen. Das Wort ist zugleich Heilungs- und Verzeihungswort (Ps 107, 17ff). Die erfolgte Heilung oder Errettung aus den Bedrängnissen ist für den Gläubigen ein Beweis der göttlichen Vergebung, die das neue Leben ermöglicht (Jes 38, 17) und zum Lob Gottes (Ps 50, 14; 51, 17 u.ö.) oder zur Darbringung von Dankopfern (Ps 107, 21f) führt; mehrfach wird das Lob expressis verbis den Opfern vorgezogen (Ps 50, 8ff; 51, 18f; Hos 14, 3). - Auch das Erleiden einer Strafe kann sündentilgende Kraft haben und zur Vergebung vorbereiten (Jes 40, 2), ohne daß es als ein Werk betrachtet würde, durch dessen Verdienst die Vergebung erworben werden könnte. Das zeigt sich jedenfalls deutlich bei Dtjes, dem Propheten der absoluten Gnade Gottes (43, 22ff). Auch sonst kann man im AT dieser Folgerung nicht begegnen, gerade weil die Vergebung nur vom Willen Gottes abhängig ist. Wenn es dennoch eine Beziehung zwischen Straferleiden und Vergebung gibt (vgl. die deuteronomistische Geschichtsauffassung Ri 2, 6ff; 10, 6ff; auch Lev 26, 40ff), so deshalb, weil bei der Anwendung von sittlich-rechtlichen Kategorien im religiösen Leben die Buße stark hervorgehoben wird. Straferleiden ohne Buße aber führt nur zu furchtbareren Gerichten (Am 4, 6ff).

J.Herrmann, Die Idee der Sühne im AT, 1905 - ThW III, 302ff (Ders.) - J.Hempel, Gott u. Mensch im AT, (1926) 1936², 259ff - F.Horst, Die Doxologien im Amosbuch (ZAW 47, 1929, 45-54) - D.Schötz, Schuld- u. Sündopfer im AT, 1930 - RGG² V, 904ff (Lit.) - J.J.Stamm, Erlösen u. Vergeben im AT, 1940 - P.A.H.de Boer, De voorbede in het OT (OTS 3), 1943 - F.Hesse, Die Fürbitte im AT (Diss. Erlangen), 1949 - Th.C.Vriezen, The Term Hizza: Lustration and Consecration (OTS 7, 1950, 201-235) - G.v.Rad, Die Anrechnung des Glaubens zur Gerechtigkeit (ThLZ 76, 1951, 129 bis 132 = Ges. Studien z. AT, 1958, 130-135) - K.Koch, Die isr. Sühneanschauung u. ihre hist. Wandlungen (Habil.-Schr. Erlangen), 1955 (Masch.) - J.J.van As, Skuldbelijdenis en genadeverkondiging in die OT (Diss. Utrecht), 1961. - Vgl. ferner die at. Theologien sowie die Lit. zu → Entsündigung, → Opfer: II, → Priestertum: II, → Sünde: II.

Th.C.Vriezen

II. Im NT

1. Der Wortschatz - 2. Die Vorwegnahme des Endgerichts - 3. Art und Grund der S. - 4. Grenzen der S.

1. Der Begriff der S. ordnet sich unter den soteriologischen Termini des NT in markanter Weise ein. In den synoptischen Evangelien und in der Apg ist die S. ein zusammenfassender Ausdruck für das, was die Menschen nötig haben und was Jesus bzw. die → Taufe in seinem Namen (in vorläufiger Weise auch die Taufe → Johannes des Täufers) schenken kann. Alles gipfelt hier so sehr in der S., daß das Wort Sünde in diesen Schriften fast niemals außerhalb der festen Verbindung »S.« (ἄφεσις ἁμαρτιῶν) vorkommt (vgl. Mt 1, 21; Mk 1, 5 par; Apg 3, 19; 7, 60; 22, 16). - Die übrigen Schriften des NT vermeiden diesen prägnanten soteriologischen Ausdruck fast völlig und sprechen statt dessen von → Versöhnung (: IV), → Erlösung (: III), → Rechtfertigung (: I) usw. Von S. ist expressis verbis nur im Zusammenhang mit der innerkirchlichen Buße die Rede (Joh 20, 23; vgl. 1Joh 5, 16ff; Jak 5, 15), bei Paulus in einer formelhaften Apposition (Kol 1, 14; vgl. Eph 1, 7) und in einem at. Zitat (Röm 4, 7); in Röm 3, 25 kommt das hapax legomenon πάρεσις (wohl mit ἄφεσις fast synonym) vor. In dem reichen soteriologischen Wortschatz des Hebr wird die S. nur zweimal genannt (9, 22; 10, 18). - Dieser Sachverhalt kann vielleicht so erklärt werden: Jesus hatte von der S. gesprochen, und diese Terminologie wurde in den Jesuslogien und in der Evangelientradition bewahrt; nach dem Kreuzestod des Messias konnte und wollte man aber eine präzisere Antwort auf die Frage geben, wie und warum die S. in Christus zu finden war. Dafür spricht auch, daß im MtEv die S. nicht mit der Taufe des Johannes (so Mk 1, 4 und Lk 3, 3), sondern mit dem Blut des neuen → Bundes (: III) im → Abendmahl (: I) verbunden wird (26, 28).

2. In den synoptischen Evangelien ist die Heilung des Gichtbrüchigen das programmatische Beispiel der Vollmacht Jesu, Sünden zu vergeben (Mk 2, 1-12 par). Jesus handelt hier als der Menschensohn, dem es gegeben war, Gericht zu halten (vgl. Joh 5, 27). Diese seine Gerichtsautorität gebraucht er schon *auf Erden* (Mk 2, 10). Als der von Gott eingesetzte Richter der Welt (vgl. Apg 17, 31) kann er schon hier auf Erden, vorwegnehmend, die eschatologische Freisprechung proklamieren. Doch ist es für die eschatologische Situation seiner irdischen Mission bezeichnend, daß die negative Seite des Endgerichts, die Verdammung, niemals endgültig, direkt und persönlich ausgesprochen wird: Auch seine Fluchworte haben immer futuristische Form und sind konditionale Warnungsrufe. Noch gibt es eine Frist.

3. Nach Ansicht des nachbiblischen Judentums war die S. eine selbstverständliche Begleiterscheinung der Messiaszeit, und das Kommen des → Messias (: III) war als solches das Zeichen der S. Wenn Jesus jetzt der leidende, gekreuzigte und auferstandene → Messias (: IV) ist, so hat das für das Verständnis der S. tiefgehende Bedeutung. Er gibt sein Leben als Lösegeld für Viele (Mk 10, 45), er ist das → Lamm Gottes (Joh 1, 36), sein Bild fällt mit dem des → Knechtes Jahwes zusammen (1Petr 2, 21ff); in der paulinischen Soteriologie wird das Thema von Kreuz und Tod vertieft und ausgearbeitet, speziell in Röm 3-8 und Gal 2-4 (→ Paulus, 3 c). Der → Hebräerbrief spricht von dem endgültigen Sühnopfer, bei dem Christus gleichzeitig Priester und Opfer ist. Mit dem allen ist auch das Verständnis vom Wesen der → Sünde (: IV) radikalisiert, und in Reflexionen über die Gnadengabe der S. - »die Versöhnung für unsere Sünden, nicht allein aber für die unseren, sondern auch für die der ganzen Welt« (1Joh 2, 2) - bereichert sich der soteriologische Wortschatz des Christentums.

4. Das Gleichnis vom verlorenen Schaf, das im LkEv (15, 4-7) von der Freude über die S. spricht, wird im MtEv (18, 10-14) zur Antwort auf das Problem der Kirchenzucht: Wie soll man einen sündigen Christen behandeln? Man soll alles tun, um ihn zurückzuführen, aber wenn er nicht demütig Buße tun will, muß er exkommuniziert werden (18, 15-20). Doch liegt der Nachdruck auf der Vergebungswilligkeit der Gemeinde, nicht auf der Ausstoßung, die als selbstverständliches Ultimum verstanden ist (vgl. 18, 21-35). - Es gibt auch Fälle, wo keine Bußfrist besteht: der Blutschänder in Korinth (1Kor 5, 1-5) und Ananias und Saphira (Apg 5, 1-11). Nach der Apostasie - in Zeiten der Verfolgung? - kennt der Hebr keine zweite Umkehr (6, 4; 10, 26f). 1Joh 5, 16f spricht von Todsünden, die nicht vergebbar sind. Solche Begrenzungen der S. sind Zeugnis einer starken und realistischen Auffassung der in Christus gegebenen S.; denn diese S. wurde nicht als eine Idee aufgefaßt, die man in der Kirche oder in der Welt überall und immer wieder applizieren konnte oder sollte. Die mit Christus gegebene S. war eine Heilstat Gottes, und in der nachösterlichen Situation war das Entweder-Oder noch schärfer als in der Zeit, da Menschen den Menschensohn auf Erden verneinten (Mt 12, 30ff par). Die Zeit war gekommen, in der die Sünde gegen den Hl. Geist die endgültige Verdammnis hervorbringen mußte.

Außer der Lit. zu → Sünde: IV: ThW I, 506ff (ἀφίημι κτλ.) - R.Ch.Trench, Synonyma des NT, 1907, 69ff - E.B.Redlich, The Forgiveness of Sins, Edinburgh 1937 - V.Taylor, Forgiveness and Reconciliation, London 1941 - O.E.Evans, The Unforgivable Sin (ET 68, 1956/57, 240-244) - K.Stendahl, Prayer and Forgiveness (SEÅ 22-23, 1957-58, 75-86) - W.Telfer, The Forgiveness of Sins, London 1959.

K.Stendahl

III. Dogmatisch

S. ist nach der 5. Bitte des Vaterunsers eine Angelegenheit zwischen Gott und uns sowie zwischen uns untereinander. Gottes Vergebung, wenn sie gilt, betrifft Gemeinschaften (aller Art) wie den Einzelnen. Menschliche Vergebung wird sich zumeist zwischen Einzelnen vollziehen, doch ist die Grenze zu Gemeinschaften hin fließend. S. greift tief ins Menschenleben überhaupt ein, so daß in einem exklusiv religiösen oder bloß kirchlich-kultischen Sinne von ihr zu sprechen eine Verengung wäre. Wohl ist alle echte Vergebung Gottes Vergebung. Aber es fällt dabei zugleich ein Licht auf die Grundlagen alles menschlichen Lebens in der Zeit. - Da die S. als Kern der Rechtfertigungslehre (→ Rechtfertigung: III) für das ev. Christentum zentral ist, ist das altkirchliche und mittelalterlich-röm. → Bußwesen (: II) als kirchengeschichtlich-menschliche Institution anzusehen. Die Jesusworte Mt 16, 19; 18, 15ff; Joh 20, 22f meinen schwerlich eine Einrichtung der zukünftigen christlichen Kirche. Wenn man jedoch in ihnen bereits Widerspiegelungen von Gemeindeverhältnissen sieht, hätten wir es von vornherein mit Dokumenten des Urchristentums zu tun, das als Beginn der Kirchengeschichte uns zwar ehrfurchtgebietend, aber nicht mit einer Art göttlichen Rechtes gegenübersteht.

In der institutionellen bzw. sakramentalen S. im Rahmen des Bußwesens, der gewiß erzieherische Bedeutung zukommt, wird der Kirche richterliche Funktion zugesprochen (auch für die röm. Privatbeichte geltend). Die Reue und das Confiteri haben die eigentlich schuldtilgende Funktion! Zumal im öffentlichen Verfahren (zB → Theodosius vor → Ambrosius) hat die Strafandrohung (Exkommunikation) eine gewichtige Stelle gehabt; auch konnten dabei im wesentlichen nur die manifesta peccata getroffen werden und die Umstände der Taten nur in elementar gezeichneter Form vor die Gemeinde kommen (die mit dem Forum Gottes nicht identisch ist). Zu erinnern ist noch an die dornenreiche Einteilung in Tod- und läßliche Sünden, deren erstere, auch in der gewandelten Gestalt als 7 »Hauptsünden«, sich eher zu Beichtfragen eignen mögen, als daß sie ein Ganzes darstellen. Während *freiwillige* seelsorgerliche → Beichte (mit → Absolution) gut ev. ist, nötigt ein kirchliches Beichtfragesystem u.a. zur Gestellung vor ein kirchliches Forum und zur Annahme autoritativer seelenärztlicher Behandlung. S. in Verbindung mit kirchlicher Jurisdiktion gefährdet das Gottes- wie das Kirchenverständnis. S. ist dagegen de facto als Überhöhung des Rechtsgedankens zu verstehen, übrigens auch der Gesetzeserfüllung als Normgedankens.

Letzteres läßt sich an Luthers (WA 8, 93, 22) vermeintlicher Übernahme des Satzes aus Augustins Retraktationen (I, 19, 3) zeigen: Omnia [Aug.: ergo] mandata implentur [Aug.: facta deputantur], quando, quicquid non fit, ignoscitur. Augustin meint wohl (anders als Luther), daß die S. gnadenweise das, was der sittlichen Vollkommenheit noch fehle, als getätigt anrechne, also eine Art Restarbeit und Nachhilfe leiste. Für Luther dagegen, der dabei nicht von einem Vollkommenheitsideal ausgeht, ist kein gutes Werk ohne Sünde; und es wäre schlechtweg Sünde, nisi ignoscat misericordia (ebd 78, 28ff), wenn also nicht die S. in ihm gleichsam gegenwärtig wäre. Die S. ist für Luther früh (WA 1, 370, 26ff) ein nur aus ihr selbst verständlicher Begriff gewesen, also auch nicht bloße Vorstufe für die eigentliche »heiligende« Gnade. Quando ergo ignoscit (Deus), non acceptat neque deacceptat, sed ignoscit. Et sic acceptat misericordiam suam in operibus nostris... sc. iustitiam Christi pro nobis. S. ist Gottes in Christus wiederhergestellte Gemeinschaft mit uns; und der darin eingeschlossene Glaube fragt nicht etwa erst, ob er sich betätigen soll, sondern ist »immer im Tun«.

Die S. hängt eng mit der Schuldaufhebung zusammen. Die Schuld aber verstrickt den Menschen in die Zeitlichkeit von Leben und Geschehen. → Tholucks Wort vom Christen, der »ganz in der Gegenwart leben« könne, weil ihm »die Vergangenheit durchgestrichen und die Zukunft gewiß« sei, enthält zugleich die Wahrheit, daß die Schuld ein solches carpere diem unmöglich macht und die Gegenwart durch die belastende Vergangenheit und die verschwimmende oder unzeitig vorweggegriffene Zukunft auflöst. Der Zeitablauf in seiner Unumkehrbarkeit, die Wiederholung und Einholung ausschließt, geht darüber hin und bedeutet für das endliche Wesen eine nicht lösbare Aporie. Die verlorene Bedeutung seines einmaligen Erlebens und Lebens steht für den Menschen unter dem Zeichen der Unwiederbringlichkeit. Nur der Schöpfer als der Herr der Zeit kann, indem er selber in sie eintritt, die Wende vollziehen und ein neues Jetzt geben. Dies Eintreten Gottes in die Zeit, wodurch er selber unsere Gerechtigkeit wird, vollendet sich in Jesus Christus. Christi Gerechtigkeit besteht darin, daß er seine von Ewigkeit her mit Gott bestehende Gemeinschaft hier ganz zur Gabe von Gottes Gemeinschaft an uns hat werden lassen. Sein Leben und Sterben hier innerhalb der menschlichen Geschichte ist Gottes Rede mit uns, die uns in neuem Sinne unser Ich gibt. In diesem Sinne ist die S. das ganze Heil. - Wenn Menschen einander vergeben, so ist das ein Geschehen zwischen Sündern, auch wenn es sich um echte, nicht um Vergebung aus Schwäche handelt. Trotzdem zeigt sich in ihr eine Macht, die den Menschen über sich hinaushebt. Ist man dabei auch nicht Stellvertreter Gottes, so doch Deuter des göttlichen Handelns. So gehören die beiden Glieder der 5. Bitte zusammen.

Vgl. die Lit. zu → Bußwesen: II, → Sünde: VI sowie die Lehrbücher der → Dogmatik. - A.Ritschl, Die christl. Lehre von der Rechtfertigung u. Versöhnung III. (1874) 1895[4] - M.Kähler, Zur Lehre von der Versöhnung, (1898) 1937, 332ff - C.Stange, Die Vergebung der Sünden (1912; in: Studien zur Theol. Luthers, 1928, 134-152) - R.Hermann, Luthers These »Gerecht u. Sünder zugleich«, (1930) 1960[2], Kap. V - Ders.. Theol. und Rechtsfragen um den Begriff der Ev. Kirche (WZ Berlin 3, 1953/54, 207-212).

R.Hermann

IV. Seelsorgerlich

1. S. und kirchliche Wirklichkeit - 2. Voraussetzung im NT - 3 Der Zuspruch der S. - 4. S. im Beichtgespräch - 5. S. und Heilung. - Vgl. → Sünde und Schuld: VIII

1. S. ist das Zentrum der Botschaft, die der Kirche anvertraut ist (Credo, 3. Artikel). Rechte → Seelsorge wird darum auf den Zuspruch der S. zielen in dem Wissen, daß alle anderen Güter und Gaben der Gnade (neues Leben, neue Erkenntnis usw) in dem *einen* Heilsgut eingeschlossen sind. Die Glieder der reformatorischen Kirchen werden bes. durch die gottesdienstliche Praxis, durch Kirchenlied und Katechismus ständig daran erinnert, daß wir »allzumal Sünder« sind und allein aus der Vergebung leben. Man denke zB an Abendmahlsfeiern mit vorausgehendem allgemeinem Beichtgebet oder an die Bedeutung von → Karfreitag und → Bußtag (liturgische Farbe: schwarz) in der ev. Kirche. Dem Ernst der Verkündigung von Sünde und Gnade steht jedoch in den Gemeinden oft eine ganz andere Haltung gegenüber.

Ein deutliches Bewußtsein eigener Unwürdigkeit - das »erschrockene Gewissen« - findet sich so selten wie ein »Hunger und Durst nach der Gerechtigkeit«. Man gibt zwar eigene Unvollkommenheit bereitwillig zu, beruhigt sich aber mit der »Schuld der andern«. Bezeichnend dafür sind die Auseinandersetzungen um die → Stuttgarter Erklärung nach 1945. Wenn im 20. Jh. selbst Katastrophen größten Ausmaßes nicht die ersehnten Bußbewegungen (vgl. die »große Reue« auf Nias [→ Erweckung: II, 2]) gezeitigt haben, so trifft stiller Seelsorgedienst gleichwohl auf viele einzelne, die - meist durch eigenes Leid veranlaßt - mit sich selbst ins Gericht gehen und für die Botschaft von der S. empfänglich sind.

2. Das Wort von der S. wird - unabhängig vom jeweiligen Lebensgefühl - zum Leuchten kommen, wenn es vom Evangelium ausstrahlt. Weil die Königsherrschaft Gottes (»Dein Name, Dein Reich, Dein Wille«) nahe herbeigekommen ist, *darum* rufen der Täufer und Jesus zur Umkehr und geben »Erkenntnis des Heils, das da ist in Vergebung ihrer Sünden« (Lk 1, 77); *darum* wird die 5. Bitte des Vaterunsers »Vergib uns unsere Schulden« gebetet. Erst die offenbare Wirklichkeit Gottes führt zu der heilsamen Selbsterkenntnis »Herr, gehe von mir hinaus, denn ich bin ein sündiger Mensch!« (Lk 5, 8). Daß ich der S. bedürftig bin, muß mir der im Evangelium zu Wort kommende Herr selbst offenbaren. »S. seelsorgerlich« heißt: den sich selbst nicht verstehenden, seiner wahren Lage nicht bewußten, den mit ganz anderen Sorgen und Nöten beschäftigten Menschenbruder »im Glauben« zu Jesus Christus bringen und ihm so zum wahren Leben aus der S. verhelfen (vgl. die für alle Seelsorge exemplarische Perikope von der Heilung des Gichtbrüchigen Mk 2, 1ff par).

3. Dies geschieht in der Verkündigung des Wortes, bei der Feier des Herrenmahls, im Aufsuchen der Schwachen (→ Kirchenzucht: II) und bes. im brüderlichen Gespräch mit denen, die von ihrem Seelsorger Rat und Hilfe begehren. Dabei kommen meist nur »vorletzte« Dinge zur Sprache, selten wird die Frage nach dem gnädigen Gott gestellt. Es steht in keines Menschen Macht, dem Gespräch die entscheidende Wendung vom Vorletzten zum Letzten, von den Einzelnöten zu der »tiefen Not« zu geben. Aber der Seelsorger *glaubt* und rechnet in solchem Glauben auch den Haltlosen und Labilen zu Christus und sieht ihn in seinem Licht. Er wird geduldig hören und hörend beten. Er wird in persönlicher Anrede fragen, um den »Bruch im seelsorgerlichen Gespräch« (Thurneysen) vorzubereiten. Denn die Ebene der Klagen und Anklagen, der moralischen Bewertungen muß verlassen werden, wenn das Licht der Gnade leuchten soll. Gottes Gnade ist *freie* Gnade! Das wehrt jeder gesetzlichen Methodik. Auch Buße und Glaube sind keine Bedingungen oder Vorleistungen. Sie sind bereits Werk und Geschenk der Gnade. Der »Weg« zur S. heißt Christus. Wenn die Gnade sich ereignet und die Türe aufgetan wird, dann bedeutet das die »Verhaftung« des Sünders, und zwar an einem *bestimmten* Punkt seines verkehrten Weges. Damit ist er der Fremdherrschaft der Sünde entnommen: »Wo Vergebung der Sünden ist, da ist auch Leben und Seligkeit« (Luther).

4. Der Zuspruch der S. im seelsorgerlichen Gespräch entbindet das Be-jahen (Beichten), dh Namhaftmachen und Bekennen konkreter Sünde und Schuld (→ Beichte: II). »An dir allein habe ich gesündigt« (Ps 51, 6). Gott ist es, der die »Beichte« abnimmt, die Sünden durchstreicht. So liegt das Schwergewicht auf der → Absolution; das → Sündenbekenntnis ist geistgewirkte Antwort, nicht Bedingung, auch nicht Selbstanklage, auf die hin der priesterliche Richter sein Urteil fällt. Das Beichtgespräch ist Hilfe zum persönlichen Gebet, zur Bitte des Sünders um Vergebung der Schuld, Hilfe zum Einstimmen in das Sündenbekenntnis der Gemeinde, auch zum Bestehen in der Freiheit, zu der uns Christus befreit hat. Schematismus und Formalismus sind vom Übel. Man wird die Beichte mit einem Gebet beenden können, man darf aber auch das lösende Gnadenwort - mit oder ohne Handauflegung - dem Sünder zusprechen: »Dir *sind* deine Sünden vergeben.« Oft wird man nach einer Beichtaussprache auf die Gnadenverkündigung in Predigt und Herrenmahl verweisen. »Glaubst du, so hast du« (Luther).

5. Jak 5, 15f macht eindringlich auf den Zusammenhang von *S. und Heilung* aufmerksam. Um die jeweilige Situation des Kranken zu erfassen, muß der Seelsorger unterscheiden, ob der Kranke durch eigene, durch fremde oder ohne erkennbare Schuld leidet (→ Leiden: VI). Die bekannte Warum-Frage darf nicht überhört werden (»Womit habe ich das verdient?«). Sie bringt ans Licht, wie groß Groll und Bitterkeit, wie heftig die Anklagen gegen Gott und die Menschen sind. Der Durchbruch ins Freie kann nur durch Vergebungsbereitschaft des Kranken selbst erfolgen - im »Gebet des Glaubens«: »Vergib uns unsere Schulden, wie wir unsern Schuldigern vergeben *haben*« (Mt 6, 12). Nur wo Gott, der wahre Seelsorger, das Herz willig und fähig macht, andern zu vergeben, kann der Kranke der Vergebung Gottes gewiß werden. Das bittere »Warum« wandelt sich dann in das verheißungsvolle »Wozu«: »Damit die Werke Gottes offenbar würden an ihm« (Joh 9, 3). In der S. wird der Gottes-Sinn der Krankheit aufgedeckt: die Gesundung zum wahren Leben, die sich auch für das Krankheitsbild positiv auswirken *kann*. - Wenn in der → Psychotherapie Befreiung von Schuldkomplexen erzielt wird, so ist dies nicht S.; auch die beste Analyse legt nicht die Sündenschranke nieder. Darum muß das psychoanalytische Gespräch unterbaut und geleitet sein vom seelsorgerlichen Gespräch, wenn es zur wahren Heilung durch S. kommen soll.

RGG³ V, 909ff - E. THURNEYSEN, Die Lehre von der Seelsorge, (1946) 1957² - TH. BOVET, Lebendige Seelsorge, (1952) 1954² (Lit.) - L. KÖHLER, Wahres Leben, 1954 - E. REISNER, Schuld u. Unschuld des Leidens (EvTh 14, 1954, 246-256) - G. BACKHAUS, Ego te absolvo, 1957 - D. RÖSSLER, Die Tiefenpsychologie als theol. Problem (EvTh 21, 1961, 162-173; Lit.). - Weitere Lit. s. → Seelsorge, → Psychotherapie: II.

W. Rott

Süskind, *Friedrich Gottlieb* (17.2.1767 bis 12.11.1829), ev. Theologe, *in Neuenstadt am Kocher, † in Stuttgart, nach Repetenten- und Diakonustätigkeit (1791-98) Prof. und Frühprediger in → Tübingen, später auch 2. Superattendent am Stift. Als Schüler von → Storr (,1) gilt S. als der »Dialektiker« der älteren Tübinger Schule, zugleich als ihr Apologet gegenüber → Kant, → Fichte und → Schelling. Mit Hilfe der Kantischen Vernunftkritik begründete er den Offenbarungsglauben im Sinne des Supranaturalismus (→ Rationalismus: II, 3c). 1805 wurde S. Oberhofprediger (bis 1814) und Konsistorialrat, 1814 auch Direktor der Oberstudiendirektion. An der nach den Prinzipien der Aufklärung gestalteten liturgischen Neuordnung (1809) in → Württemberg war er maßgeblich beteiligt.

Vf. u.a.: Über das Recht der Vernunft in Ansehung der negativen Bestimmung der Offenbarung, 1797; In welchem Sinne hat Jesus die Göttlichkeit seiner Religions- u. Sittenlehre behauptet?, 1802; Über die Pestalozzische Methode u. ihre Einführung in die Volksschulen, 1810. - Hg.: Magazin für Dogmatik u. Moral, 1803-16. - Über S.: Zum Andenken an F.G.S., 1829 (Bibliogr.) - ADB 37, 184ff - RE XX, 155f - CHR. KOLB, Die Aufklärung in der württ. Kirche, 1908 (s. Reg.) - H. HERMELINK, Gesch. d. ev. Kirche in Württ., 1949, 291ff. 305ff.

H. Hohlwein

Sueven, germanischer Volksstamm in den Gegenden von Havel und Spree, wanderten 409 gemeinsam mit → Vandalen und Alanen in → Spanien ein, begründeten einen Staat im Nordwesten der Iberischen Halbinsel und dehnten in wechselvollen Kämpfen mit den Römern und den anderen germanischen Stämmen ihre Herrschaft nach Süden bis Mérida (442) aus. 468 wurden sie durch den Westgotenkönig Eurich von dort vertrieben. Das Herrschaftsgebiet der S. beschränkte sich seitdem auf Galicien bis zum Duero. Die arianischen S. traten kurz nach 550 zum Katholizismus über. 585 eroberte der westgotische König Leowigild das Suevenreich und machte es zu einer westgotischen Provinz.

W.REINHART, Historia General del Reino Hispánico de los Suevos, Madrid 1952 - C.TORRES, Situación jurídica de los Suevos en Galicia (Cuadernos de Estudios Gallegos 11, 1956, 31-44).
R.Konetzke

Süvern, *Johann Wilhelm,* Schulmann, * 3.1.1775 in Lemgo, † 2.10.1829 in Berlin. Nach theologisch-philologischem Studium und pädagogischer Ausbildung bei Gedike war S. 1800-07 Gymnasialrektor (Thorn, ab 1803 Elbing), 1807-09 Prof. in → Königsberg (Philologie und Geschichte), 1809-18 Staatsrat in der Preußischen Unterrichtsverwaltung. Schon vorher mit Plänen zur → Schulreform beschäftigt, wurde er engster Mitarbeiter W.v. → Humboldts und wirkte entscheidend bei der großen Bildungsreform mit. Maßgeblich beteiligt war er u.a. am Aufbau der Lehrerseminare und der Ausbreitung Pestalozzischen Geistes in den Volksschulen (Berufung K.A.Zellers nach Königsberg, Entsendung junger Lehrer zu → Pestalozzi), an der Einführung der Prüfung für das höhere Lehramt, der Schuldeputationen und Schulvorstände, an der Gründung der Universitäten Breslau und Bonn. Neben vielen Denkschriften und Reformplänen stammt von ihm der große Schulgesetzentwurf von 1819 (neu hg.v. G.Thiele, 1913). S. erstrebte ein »zusammenhängendes System der Nationalerziehung« in allen Schulen mit harmonischer Entfaltung aller menschlichen Kräfte und eine Beteiligung der Bürgerschaft an der Schulverwaltung.

ADB 37, 206ff (W.DILTHEY; auch in: Ges. Schr. IV, 1921, 451 bis 506) - E.SPRANGER, W.v.Humboldt u. die Reform des Bildungswesens, (1910) 1960² - E.MÜSEBECK, Das preuß. Kultusministerium vor 100 Jahren, 1918 - W.SÜVERN, J.W.S., 1929. *A.Reble*

Sufismus (arab. Taṣawwuf), die Mystik im → Islam (: I, 8). Der S. war eine durchaus innerislamische Bewegung, hat aber ohne Zweifel aus Kräften syrisch-irakischen Asketentums geschöpft (→ Syrien: IV) und daneben neuplatonische → Emanations-Lehren sowie gnostische Züge in sich aufgenommen. So spielt das »erlösende Wissen« (→ Gnosis: I) als »Ma'rifa« (Erkenntnis Gottes) eine bedeutsame Rolle im S. Hingegen werden buddhistische und überhaupt indische Einflüsse (wie sie bes. M.Horten annahm) heute nicht mehr als bedeutsam angesehen. - Der Islam hat vor allem durch das Wirken der Mystiker (Ṣūfīs) jenen Tiefgang, jene menschliche Weite und jenes Gefühl der Verbundenheit aller Muslime erlangt, der ihn zu einer um die menschliche Individualität und ihre Seele besorgten, allem Menschlichen adäquaten Religion machte. Durch die Ṣūfīs (und die hierbei gleichfalls sehr aktiven Schiiten) hat der Islam wesentliche Missionserfolge unter Christen, Manichäern, Zoroastriern errungen. Auch die muslimischen »Grenzkämpfer« (Ghāzīs) sind weithin von seiner Ideologie getragen worden. Sie haben dem Islam ohne Kampf zB das Türken- und weite Schichten des Berbertums gewonnen. Die Derwisch-Orden erbten vom S. (außer den Mewlewis) eine gewisse Hinneigung zu 'Alī und zur Schī'a; von ihnen wurden wieder die osmanischen Zünfte beeinflußt, die ihrerseits Erben von mystisch angeregten Männerbünden (Futūwa) waren. - Noch heute ist den Derwischen vielfach die individuelle Seelsorge und die Mission (zB in Afrika) überlassen. In »dritten Orden« sammeln sie weite Kreise um sich und kümmern sich in abendlichen Aussprachen um die ledige männliche Jugend (bes. Handwerksburschen: alte Verbindung zu den Zünften!). Ihr hierdurch bis etwa 1930 in der → Türkei ausgeübter Einfluß hat durch die von der Einheitspartei getragenen, weltlichen »Volkshäuser« (bis 1950) nicht adäquat ersetzt werden können. - Bes. in → Nordafrika (: II) spielen Derwisch-Orden und → Bruderschaften (: I) noch heute eine maßgebende Rolle; in Ägypten ist ihr Einfluß durch das Verbot der »Muslim-Bruderschaft« (1954) zurückgegangen.

Außer der Lit. zu → Bruderschaften: I, → Islam: I, 8, → Mystik: II, 6, → Nordafrika: II: FRITZ MEIER, Die Wandlung des Menschen im myst. Islam, 1955 - DERS., Die Fawā'iḥ ... des ... Kubrā, 1957, bes. Einl. (grundlegend) - DERS. in: Oriens 9, 1956, 319-331 - V.VACCA in: Oriente Moderno 1955/I, 19-38 - P.J.ANDRÉ, Confréries Religieuses Musulmanes, Algier 1956. *B.Spuler*

Suggestion. Der verbreiteten Auffassung, daß S. etwas Außergewöhnliches sei, steht die Ansicht entgegen, daß suggestive Wirkungen in fast jede zwischenmenschliche Beziehung eingehen. Die S. ist das antirationale Moment menschlichen Lebens und Erlebens (Straus). Als solches begründet der suggestive Vorgang in Form der *Fremd-S.* wesentlich das Verhältnis von Mensch zu Mensch. In der S. korreliert die Suggestivität eines Suggestors mit der Suggestibilität des Suggerenten, wobei neben der Beeinflussung die Aneignung ihr Charakteristikum ist. Unter dem Eindruck des Suggestors entfaltet sich - ohne daß es aber dessen Absicht zu sein braucht - die S. als Übermittlung einer Motivation, welche zur Bildung einer Meinung, einer Handlung, eines Gefühls oder einer Empfindung führt. Wichtig ist dabei, daß es zur Übernahme der Aktivität des Suggerenten bedarf. Nur so kann sich suggestive Einwirkung realisieren. In dieser liegt dann also Aneignung von Fremdem ohne sachhaftes Motiv vor. Erst in ihrem Abschluß resultiert die Übereinstimmung des Motivs im Suggerenten mit der ursprünglichen Tendenz der Einwirkung. In der S. ändert sich Fremdes in Eigenes um. Die S. wird daher absichtlich genutzt zB in der Reklame oder → Propaganda, die mit dem Wissen vorgehen, daß sich in der Konkurrenz von Motiven das suggerierte durchzusetzen pflegt (Straus). Auch ist die S. am wirksamsten im Grenzbereich der Interessensphäre eines Menschen, wo sich einerseits nur ein Teilverständnis bzw. die nur subjektive Annahme eines Verständnisses hinsichtlich eines Sachverhaltes findet oder andererseits eine Unsicherheit in der eigenen Urteilsfindung bewußt ist. Suggestive Wirkungen gehen nicht nur von jeder Umwelt, von der Person des anderen (als Anerkennung der Überlegenheit), sondern auch von bestimmten Situationen und Gewohnheiten aus.

Die S. ist wesentlich ein Akt des Glaubens und steht im Gegensatz zur kritischen Haltung als logische Einsicht, in der allein die Sache das Urteil fundiert. Diese Einstellung ist nicht zu verwechseln mit der sog. negativen S., in der eine Motivation - etwa aus Antipathie - eine Ablehnung erfährt (von Straus Repudiation genannt). Dieser Vorgang kann als Kunstgriff benutzt werden, als Mittel einer beabsichtigten suggestiven Einwirkung. Zu derartigen Mitteln gehört u.a. auch die Hypnose. Hypnose und S. sind zweifach verbunden, insofern als der hypnotische Zustand sich auf suggestivem Wege einstellt und dann die suggestive Wirkung fördert. Hierzu ist aber neben der Bereitschaft zur S.

auch die zur Hypnose Vorbedingung, und wie bei aller S. ist die Interessensphäre der wachen und bewußten Persönlichkeit eine nicht überschreitbare Grenze (→ Hypnotismus).

Die *Auto-S.* kennzeichnet sich bei Fehlen einer fremdpersönlichen Einwirkung als Selbstbeeinflussung durch Ausschaltung logischer Gründe. Ob Fremd- und Auto-S. je isoliert vorkommen, ist eine strittige Frage; Stokvis spricht von einer »Zwei-Einheit«. Die vital-existentiellen Werte sind der Wirkungsbereich der Auto-S. (Pöll); von da aus kann sich die Bildung und Behauptung eines Gedankens als »überwertiger Idee« einstellen. Die psychische Beeinflussung körperlich-funktionaler Vorgänge wird durch Auto-S. gedeutet und im Phänomen der »suggestiven Heilung« bes. beachtet. In der Situation echter religiöser Ergriffenheit kann sich wohl das Symptom einer Krankheit verlieren (→ Heilung) und als autosuggestive Verteidigung des »Wunders« von Bestand bleiben (Häberlin); doch gelingt dieses eben nicht ohne den willentlichen Beitrag des Suggerenten, und die Begrenzung der Beeinflussungsmöglichkeit des Körperlichen entdeckt sich im Rückfall. Trotz des Symptomschwundes bleibt die Krankheit bestehen. In der psychotherapeutischen Praxis gilt die Behandlung durch S. als »zudeckendes Verfahren« (→ Psychotherapie: I).

Massen-S. unterscheidet sich nicht im S.svorgang; doch tritt die → Masse hierbei als eigenartig unterstützendes und verstärkendes Medium auf. Der Mensch zeigt als Glied der Masse eine ungewöhnliche Suggestibilität, wie sie in den sog. »psychischen Epidemien« hervorkommt. Die Erfahrungen an solcher »psychischen Ansteckung« entdecken exklusive Verhältnisse als fördernd. Oft läßt sich bei dieser Massenerscheinung der suggestive Einfluß des »Herdes« kaum noch feststellen, oder man trifft auf eine suggestive Fernwirkung derart, daß gerade die Distanz des Suggestors als Nimbus begünstigend wirkt. Innerhalb einer suggestiven Kettenwirkung kann es in der Motivübertragung zur Umänderung einer anfänglichen Motivation oder zu einem Motivationsverlust kommen, so daß schließlich nur eine Nachahmung bleibt. Dieser Mechanismus spielt im Verhältnis von Führer zu Gefolgschaft in weltanschaulichen und religiösen Gemeinschaften eine manchmal tragische Rolle. – Im sog. »induzierten Irresein« (besser »induzierte Reaktion« genannt) werden abnorme Verhaltensweisen suggestiv übernommen, doch entsteht so keine Geisteskrankheit im eigentlichen Sinne (→ Psychiatrie). Hierbei kann die Trennung des Suggerenten vom Suggestor zum Abklingen der Erscheinungen führen; das Vorbild erlischt dann, und die übernommene Motivation wird durch kritische Einsicht aufgelöst.

Die suggestiv übernommene Motivation besagt nichts über die sozialethische oder kulturhistorische Wertigkeit des Angeeigneten. Das Wirken der S. ist von objektiver Richtigkeit oder Unrichtigkeit des Übermittelten unabhängig. Für den Suggerenten hat jedoch das Suggerierte ausschließliche Gültigkeit. Das Phänomen bleibt im letzten rätselhaft und schwer deutbar. Doch eignet der S. nicht jene Ausnahmestellung, die ihr zugesprochen wird; vielmehr ist das imponierend Erstaunliche an ihr Zeichen jenes Erstaunens, da sich die S. in ihrer Wirksamkeit als solche entdeckt.

E. BLEULER, Affektivität, Suggestibilität, Paranoia, 1906 – E. STRAUS, Weisen u. Vorgang der S., 1925 – CH. BAUDOUIN, Psychologie der S. u. Auto-S., 1926 – P. HÄBERLIN, Die S., 1927 – F. SCHNEERSOHN, Neue Wege der Sozialpsychologie, 1928 – A. HERZBERG, Analyse der Suggestivphänomene u. Theorie der S., 1930 – W. PÖLL, Die S., 1951 – W. JANZARIK, Induzierendes Irresein, induzierte Reaktion u. die Frage der S. (Fortschritte der Neurol. 19, 1951, 85-99) – B. STOKVIS, S. (Hdb. d. Neurosenlehre u. Psychotherapie IV, 1959, 1-59).

G. Hofer

Suhard, *Emmanuel Célestin* (5.4.1874 bis 30.5.1949), Kardinal (1935), bis 1928 Prof. am Priesterseminar in Laval, 1930 Erzbischof von Reims, 1940 von Paris. S. war der Begründer und unerschrockene Protektor jener Gruppe von → Arbeiterpriestern, die er unter dem Namen der »Mission de Paris« sammelte. Daneben richtete er sein besonderes Augenmerk auf die studentische Jugend und die Intellektuellen überhaupt. 1947 erreichte er in Rom die Approbation eines neuen französischen Rituale, das bei Spendung einiger Sakramente und der Beerdigung weitgehend den Gebrauch der französischen Sprache erlaubt. Das ökumenische Denken und Handeln des französischen Katholizismus wurde von S. sehr gefördert. Auf seine Anfrage präzisierte die Päpstliche Bibelkommission 1948 die kath. Haltung zu den Problemen des Pentateuchs und des Schöpfungsberichts. In tiefgründigen Fastenhirtenbriefen wandte er sich an seine Diözesanen, ja an ganz Frankreich (Essor ou déclin de l'église, 1947; Le sens de Dieu, 1948; Le prêtre dans la cité, 1949 [dt. 1961]).

HerKorr 1-4, 1946/47-50 (s. Reg.) – Dokumente 5, 1949, 359-363 – A. DANSETTE, Destin du Catholicisme français 1926-1956, Paris 1957 – G. SIEFER, Die Mission der Arbeiterpriester, 1960. *W. Sucker*

Suicer, *Johann Caspar* (1620-84), ref. Theologe. Nach dem Studium in → Saumur und Paris wurde S. 1643 Pfarrer, 1646 Prof. der hebr. Sprache und 1660 Prof. für Griechisch am Collegium Carolinum in Zürich. Schriften über griech. Grammatik, Literatur, christliche Archäologie und bes. sein Thesaurus ecclesiasticus erweisen ihn als einen der bedeutendsten Kenner der griech. Patristik im 17. Jh. Theologisch gehörte S. zur ref. Spätorthodoxie. Mit J.H. → Heidegger milderte er 1675 die helvetische Konsensusformel gegen → Amyrauts Universalismus.

Vf. u.a.: Thesaurus ecclesiasticus e patribus Graecis. 2 Bde, (1682) 1746³. – Über S.: ALEX. SCHWEIZER, Die prot. Centraldogmen II, 1856, 477f – DERS., Die theol.-ethischen Zustände d. 2. Hälfte d. 17. Jh.s in d. zürcherischen Kirche, 1857 – DERS., ZHTh 30, 1860, 122 bis 148 – DERS., 23. Neujahrsblatt zum Besten d. Waisenhauses in Zürich 1860 (Biogr., Bibliogr.) – ADB XXXVII, 141ff – RE XIX, 149f – M. GEIGER, Die Basler Kirche u. Theol. im Zeitalter d. Hochorthodoxie, 1952. *J. Staedtke*

Suidas (richtiger *Suda*), ein im 10. Jh. in Konstantinopel entstandenes Lexikon, in dem das gesamte Wissen der Zeit enzyklopädisch zusammengetragen ist. Neben Worterklärungen bietet es eine Fülle historischen, kultur- und literargeschichtlichen Materials. Theologisch bedeutsam sind biblische Glossen und Notizen über Kirchenväter und patristisches Schrifttum. – Dölger hat gegen Maas und Mercati wahrscheinlich gemacht, daß es sich bei Suda um einen Buchtitel etwa in der Bedeutung »Palisadenwall« handelt. Der Verfasser »S.« entstammt einem Mißverständnis des Philologen → Eustathius von Thessalonich.

Erstausg.: Mailand 1499 – Neueste Ausg. v. A. ADLER, 5 Bde, 1928 bis 1938. – C. DE BOOR, S. u. die konstantinische Exzerptsammlung (ByZ 21, 1912, 381-424; 23, 1914/19, 1-127) – PW 2. R., 7. Hbd, 1931, 675ff – P. MAAS, Der Titel des »S.« (ByZ 32, 1932, 1; vom lat. Imperativ »suda«!) – F. DÖLGER, Der Titel des sog. S.-Lexikons (SAM 1936, 6) – S. G. MERCATI, Intorno al titolo dei lessici di Suida-Suda e di Papia (Atti della Accad. Naz. dei Lincei VIII, X, 1), Rom 1960 (Etym.: Suida aus ital. Guida »Führer«). *O. Rühle*

Suidbert († 1.3.713 in Kaiserswerth), northumbrischer Mönchspriester, im Kloster Rathmelsigi (→ Irland: I) mit → Egbert und → Willibrord. Seit 690 dessen Mitarbeiter in Friesland (→ Friesen), wurde S. hier 693 zum Chorbischof erwählt und durch → Wilfrith von York geweiht, doch vom Majordom Pippin nicht anerkannt. Nach erfolgreicher Mission bei den Brukterern zwischen Wupper und Ruhr mußte S. einem sächsischen Überfall weichen, fand Zuflucht auf einer Uferinsel des Rheins und wurde so zum »Gründer von Kaiserswerth«.

Bedae Opera historica, ed. CH.PLUMMER, 2 Bde, Oxford 1896; über die gefälschte Vita Swiberti vgl. W.DIEKAMP, HJ 2, 1881, 272 bis 287. - Über S.: HAUCK I, 407 f; II, 378 - K.HECK, Gesch. von Kaiserswerth, (1905) 1925² - P.CLEMEN, Kaiserswerth, 1909 - F.FLASKAMP, Die Anfänge fries. u. sächs. Christentums, 1929, 22ff - DERS., S., 1930 - DERS. in: Festschr. »St. Bonifatius«, 1954, 157-172.
F.Flaskamp

Sukzession, *apostolische.* Als sakramental-juridisch fixierte Rezeption und Tradition apostolischer Sendung und Vollmacht entwickelt sich a.S. aus dem jüdisch-urchristlichen Lehrdenken und hellenistischen Einflüssen und wird als technische Sicherung des Wahrheitsanspruchs der eigenen Überlieferung im 2.Jh. bei der → Gnosis (Ptolemäus an Flora V, 10) und in der Großkirche faßbar (→ Hegesipp, → Irenäus, → Tertullian). Man sichert sich durch Aufweis der lokalen Lehrer- und Bischofsreihen in Verbindung mit dem Charisma der Wahrheit (Irenäus, Adv. haer. IV, 26, 2). Die a.S. soll mit der Authentizität der Glaubensregel und des Schriftenkanons (→ Bibel: II B, → Kanon: II) auch die Legitimität des Bischofsamts erweisen (Hippolyt, Ref., praef. 5f). Die Öffentlichkeit des Vorgangs wird betont. Von einem exklusiven Vorrang der röm. S. ist nicht die Rede (→ Papsttum: I). Dann tritt die Idee der a.S. in den Dienst des röm. Primatsanspruchs (→ Leo I., → Papat und Primat), dem jedoch die eigenständige und unbestrittene a.S. der Ostkirchen gegenübersteht (→ Orthodoxe Kirche: II, 6). Die Reformation kämpft nicht um oder gegen die a.S. als solche, sondern um die wahre → Kirche (: III, 4) als Kirche des Wortes (Luther, WA 39/II, 176: Successio ad Evangelium est alligata; WA 53, 231ff: Exempel, einen rechten christlichen Bischof zu weihen). Sie kann die a.S. hypothetisch bestehen lassen (Calvin, Inst. IV, 7, 23) und muß sie preisgeben, weil die altgläubigen Bischöfe sich versagen. Rom erkennt die Weihen auch dort nicht an, wo die a.S. bleibt (→ Schweden [: I], → Anglikanische Kirche [: I]; vgl. Leo XIII., Apost. curae, 13.9.1896 [Mirbt Nr. 635]). Die Idee der a.S. ist zum Exklusivanspruch Roms geworden; es kann das Kennzeichen der Apostolizität nur bei sich selbst finden (Denz. 1686). - In der → Ökumenischen Bewegung wird die a.S. neu aktuell. Die Ostkirchen und anglikanische Gruppen halten sie nicht nur für das bene oder plene esse, sondern für den Seinsbestand der Kirche wesentlich. Die Lösung in der Kirche von → Südindien ist ein Kompromiß mit den Freikirchen. Bei der Wertung der a.S. geht es weniger um Freiheit und Selbstbindung des göttlichen Geistes als darum, worin die Christenheit die Gewähr ihres Bleibens in der Wahrheit hat - in der irdischen Geschichte oder in der göttlichen Verheißung des Evangeliums.

Vgl. die Lit. zu → Amt, → Apostolisch, → Bischof: I. III, → Papsttum, → Petrus. Ferner: ERE I, 633ff - C.H.TURNER, Essays on the Early Hist. of the Church and the Ministry, (1918) 1921² - BARTH, KD I/1, 105f; IV/1, 798ff - K.E.KIRK-A.M.FARRER (Hg.), The Apostolic Ministry, (1946) 1957² - H.V.CAMPENHAUSEN, Lehrerreihen u. Bischofsreihen im 2.Jh. (In memoriam E.Lohmeyer, hg.v. W. SCHMAUCH, 1951, 240-249) - DERS., Kirchl. Amt u. geistl. Vollmacht in den ersten 3 Jh.en (BHTh 14), 1953, bes. 163ff - E.BENZ, Bischofsamt u. a.S. im dt. Prot., 1953 - J.COURVOISIER, De la réforme comme principe du protestantisme (VC 7, 1953, 11-24) - A.EHRHARDT, The A.S. in the First Two Centuries of the Church, 1953 - DERS., Petrus, Rom u. die Ökumene (EvTh 17, 1957, 117-127) - O.KARRER, Um die Einheit der Christen, 1953 - DERS., A.S. u. Primat (ZKTh 77, 1955, 129-168) - DERS. in: Fragen der Theol. heute, hg.v. J.FEINER u.a., 1957, 175-206 - DERS. in: Theol. heute, hg.v. L.REINISCH, 1959, 115-130 - E.MOLLAND, Die Entwicklung der Idee der a.S. (norw. in NTT 54, 1953, 65-89; franz. in RHPhR 34, 1954, 1-29) - J.P.MICHAEL, Bonifatius u. die Frage der a.S., 1954 - J.K.S.REID, The Biblical Doctrine of the Ministry, 1955 - H.-D.WENDLAND u.a. in: Credo Ecclesiam, 1955, 37ff - R.BAUMANN, Fels der Welt, 1956 - J.HEUBACH, Das Problem der a.S. in der Alten Kirche (ELKZ 10, 1956, 191-193) - ALGERMISSEN⁷ 34ff - G.NYGREN, A.S. (ER 10, 1957, 92-98) - ODCC 74 - M.SCHMAUS, Kath. Dogmatik III/1, 1958³⁻⁵, 141 ff. 186 ff. 623 ff - Erklärung des Ökum. Ausschusses der VELKD zur Frage der a.S. (ELKZ 12, 1958, 72-74) - J.RATZINGER, Primat, Episkopat u. S.A. (Catholica 13, 1959, 260-277) - E.STAUFFER u. K.HOFSTETTER in: M.ROESLE-O.CULLMANN, Begegnung der Christen, 1959, 361ff. 373ff - A.RASK, Le ministère néo-testamentaire et l'exégèse suédoise (Istina 7, 1960, 205-232) - Das luth. Bischofsamt (Bukoba-Paper) (LR 10, 1960/61, 379-394) - E.SCHLINK, Die a.S. (KuD 7, 1961, 79 bis 114) - P.BONNARD, J.COLSON, A.BENOIT, G.MARTELET in: VC 58, 1961, 132-198.
K.G.Steck

Sulpicius Severus (ca 360-410/20), aus angesehener Familie Aquitaniens, Sachwalter, unter dem Einfluß → Martins von Tours zum Mönchtum übergetreten, aber nicht weltabgewandt. Seine Chronik (2 Bücher; → Kirchengeschichte: I, 2a) schloß er frühestens 403 ab. Wie S., mit → Paulinus von Nola befreundet, überhaupt die klassische Bildung des damaligen Gallien widerspiegelt (J.Scaliger: ecclesiasticorum purissimus scriptor), so lehnt er sich im Stil vor allem an Sallust, weiter an Tacitus an; für die Chronologie sind heidnische Werke mitbenutzt. Nach der sachlichen Nacherzählung des AT führt die Darstellung (ohne die Ereignisse des NT), mit scharfer Absage ans röm. Imperium, über die Christenverfolgungen bis zum Streit mit den Priscillianisten (→ Priscillian); auf ihn wird auch im biblischen Teil angespielt. Den Bischof Martin von Tours, der in diesen Streit eingriff, verklärt in betont schlichtem, volkstümlichem Stil die vita s. Martini (398?). Während die Chronik kaum gelesen wurde, hat diese Mönchslegende im ganzen MA stark gewirkt. Mit ihr gehören ein späterer Dialog (2 Bücher) sowie drei Briefe zusammen.

GA hg.v. C.HALM, CSEL 1, 1866. - J.BERNAYS, Über die Chronik des S.S., 1861 (= Ges.Schr. II, 1885, 81-205) - PW 2. R. IV, 863ff - N.K.CHADWICK, Poetry and Letters in Early Christian Gaul, London 1955, 89ff - ALTANER § 49 II 4.
C.Becker

Sulpizianer *(Prêtres du Clergé, Congregatio Sulpitiensis),* Weltpriesterkongregation, 1642 von J.-J. → Olier, Pfarrer an St-Sulpice in Paris, zur Heranbildung eines Seelsorgeklerus entsprechend dem Trienter Seminardekret (→ Pfarrervorbildung, 3) errichtet und 1664 päpstlich approbiert. Noch unter Olier kamen die S. nach Montreal (Kanada). Von St-Sulpice aus waren sie vor der franz. Revolution in 30 Seminaren tätig; nach ihrer Vertreibung richteten sie Priesterseminare in Walsau bei Würzburg (1796-1814) und Baltimore (seit 1791) ein. Der 9. Generalsuperior Jacques André Emery (1732 bis 1811) hat die S. seit 1802 in Frankreich wiederhergestellt, doch wurden sie durch das Vereinsgesetz (1903) und das Trennungsgesetz (1906) erneut vertrieben. Heute haben die S. (ca 600) 3 Provinzen: Frankreich (48 Seminare), USA (12), Kanada (9). Ihre Konstitutionen (keine Gelübde, sondern freie Verpflichtung) wurden zuletzt 1931 bestätigt.

L.BERTRAND, Bibliothèque sulpicienne, ou Hist. littéraire de la compagnie de St-Sulpice, 3 Bde, Paris 1900 - J.MONVAL, Les Sulpiciens, ebd 1934 - HEIMBUCHER II, 586ff - LThK IX, 890f - P.BOISARD, Issy, le séminaire et la compagnie de St-Sulpice, Issy 1942 - ESCOBAR II, 999ff - EC XI, 1501f.
W.Göbell

Sulze, *Emil* (1832-1914), ev. Theologe, * in Kamenz (Sachsen), 1876-95 Pfarrer in Dresden, war einer der nachhaltigsten Wegbereiter des ev. → Gemeindetages und hat dank der großen Wirkung, die von seiner Persönlichkeit ausging, von seiner eigenen Gemeindepraxis her innerkirchliche, zumal gemeindliche Reformen angebahnt: Verkleinerung der Riesengemeinden, Seelsorgebezirkseinteilung, Aktivierung der Gemeinden, Verantwortlichkeit der Gemeindeglieder füreinander. Sein lebendiges Eintreten für den Gemeindegedanken war bei ihm keine Flucht vor der Theologie, in der er bewußt für den → Neuprotestantismus eintrat, aber unter der nachdrücklichen Forderung, daß die ev. Gemeinde für die verschiedenen Richtungen Raum haben müsse. Auf dem Gebiet des Kirchenbaus nahm S. den Gedanken des → Gemeindezentrums vorweg.

Vf. bes.: Die Hauptpunkte d. kirchl. Glaubenslehre, (1862) 1865²; Die ev. Gemeinde, (1891) 1912²; Die Reform d. ev. Landeskirchen nach d. Grundsätzen d. neueren Protestantismus, 1906; Die notwendige Umgestaltung d. ev. Glaubenslehre, 1907; Katechismuspredigten, 1907. - Festschr. z. 80. Geb.: Lebendige Gemeinden, 1912. - Über S.: RGG¹ V, 1014f; RGG² V, 916f - CKL II, 1095. Vgl. auch O. BAUMGARTEN, Meine Lebensgesch., 1929, 169f. *W. Jannasch*

Sulzer, *Simon* (1508-85), ref. Theologe, * in Meiringen (Kt. Bern), studierte in Bern, Luzern, Straßburg und Basel. 1533 als Lehrer und Pfarrer nach Bern berufen, nahm er an den Unionsverhandlungen teil. 1536 wurde er nach einem Besuch in Wittenberg ein entschiedener Anhänger Luthers. Durch S. gewann seit 1538 in Bern, wenn auch nicht unangefochten, eine luth. Richtung die Oberhand. 1548 verabschiedet und durch Joh. → Haller ersetzt, wurde S. Prediger an St. Peter in Basel, 1552 Prof. und 1553, nach dem Tode von O. → Myconius, Antistes der Basler Kirche, die er nach seinen lutheranisierenden Anschauungen leitete (u.a. verhinderte er die Annahme des 2. Helvetischen Bekenntnisses). Daneben führte S. seit 1556 als Sup. von Röteln die Reformation der südlichen Markgrafschaft → Baden durch. - Vgl. → Schweiz: I B, 1 b.

C.B. HUNDESHAGEN, Die Konflikte des Zwinglianismus ... in der bern. Landeskirche 1532-58, 1842, 105ff - G. LINDER, S.S u. sein Anteil an der Reformation im Lande Baden, 1890 - RE XIX, 159ff. *O.E. Straßer*

Sumerer

1. Die S. waren die ältere Bevölkerungs- und Kulturschicht im südlichen Zweistromland und die Vorläufer und Lehrer der semitischen Akkader (→ Babylonien: I, 2), welche sich ihnen durch eine lange Symbiose soweit annäherten, daß eine Unterscheidung nur auf Grund der stark abweichenden Sprachen und Rassentypen möglich ist. Das archäologisch kaum erforschte Randgebiet der alten Lagune bei der Mündung der Ströme erstreckte sich nach neuerer geologischer Forschung beinahe bis zur heutigen Küste. Die Annahme liegt nahe, daß die Landnahme der S. zunächst dorthin vom Südosten her erfolgte, mit Ausstrahlungen bis zum Indus-Gebiet (→ Indien: I), während die Akkader ihre Völkerkammer in den Steppen des nordwestlichen → Mesopotamien hatten. Wichtiger als Fragen nach der Herkunft (etwa vom Aral-See) und Verwandtschaft der S. (etwa mit Vorfahren der Turkstämme oder der Magyaren) ist die Erkenntnis ihrer 3 welthistorischen Leistungen: der Gründung und Organisation von Stadtstaaten im Sinne der »civitas«; der Erfindung und Ausbildung einer Bildzeichenschrift als Vorstufe zur Keilschrift (→ Assyriologie, 2); der Grundlegung von Wissenschaft und Literatur, zunächst durch Ordnung und Aufzeichnung von Wort- und Namenlisten.

2. Unwahrscheinlich ist die Annahme, die S. seien das älteste Kulturvolk im Zweistromlande. Vielmehr sind wohl auch sie aus zwei Gruppen allmählich zur Einheit erwachsen: den Proto-S.n, etwa seit Anfang der sog. Uruk-Kultur und während der Blüte der Dschemdet-Naṣr-Kultur (um 3000 vChr), und den eigentlichen S.n seit Beginn der frühdynastischen Periode, um 2600. So erklären sich auch Verschiedenheiten des Sprachbaus und Wortschatzes, in welchen sich etwa kaukasische, hamitosemitische und dravidische Komponenten vermuten lassen. Der Aufbau der sumerischen Sprachwissenschaft (→ Assyriologie, 7) gehört zu den Glanzleistungen unserer Zeit.

3. Der Sinn der S. für Ordnung, Sicherheit und Harmonie entspricht der symmetrischen Gliederung ihres Landes durch Deiche und Kanäle (→ Babylonien: II, 2). Auch ihre Sozialstruktur und ihre Kunst trugen diesen Stempel. Erstere zeigt in der älteren (präsargonischen) Periode eine theokratisch motivierte Monopolwirtschaft der Tempel, während die Verwaltung durch Stadtfürsten (ensi) und Könige (lugal) primitiv-demokratische Züge aufweist. Auf dem Gebiet der bildenden → Kunst (: II F), vor allem der Rundskulptur, Edelschmiede- und Steinschneidekunst, stellten sich die S. den Ägyptern des Alten Reiches (→ Ägypten: I, 4) an die Seite.

4. Nach einem heroischen Zeitalter, dessen Helden - wie Dumuzi (→ Tammuz), → Gilgamesch, Enmerkar und Lugalbanda - später als Herrscher im Totenreich beklagt und verehrt wurden, folgte seit der 1. Dynastie von → Ur (um 2600) und den Herrschern von Lagasch die historische Periode mit fortlaufender Königsreihe. Die ältere Amphiktyonie umfaßte (wenigstens in der Theorie) 12 Städte, die im Turnus (bala) für den Haupttempel in Nippur zu sorgen hatten. Nach einer Unterbrechung durch die Herrschaft der Akkader und dann der Gutäer erfolgte seit etwa 2140 eine neusumerische Renaissance mit stark zentralisierenden Tendenzen (bis zum Extrem der Königsapotheose [→ Königtum, sakrales, 4] und einer bürokratischen Staatswirtschaft). Nach dem Fall auch dieses Reiches wurden die S. durch neue semitische Wellen (→ Semiten) immer mehr überspült und verdrängt. Aber ihre Sprache und Literatur galt noch weiterhin als die klassische Grundlage für Wissenschaft und Kult.

5. Das → Weltbild (: I C) der S. macht - wenigstens in der Spätzeit - einen statischen und beinahe erstarrten Eindruck, schon durch die zugrunde liegenden numinosen Ordnungsbegriffe (→ Babylonien: II, 2. 17). In der Frühzeit aber herrscht Leben und Bewegung, unter Leitung der Fruchtbarkeitsgöttin und ihrer Riten. Die Götterhymnen, Klageliturgien und die von Kramer erschlossenen Mythen und Epen bilden ein wichtiges Hauptstück alter Poesie und Mythologie (→ Schöpfung: I, 3).

6. Zu erwähnen ist noch die gleichfalls umfangreiche Weisheitsliteratur, worunter die von Gordon neuerdings gesammelten Sprüche und Sprichwörter (Adagia) Hervorhebung verdienen.

Zu 1: C.L. WOOLLEY, The Sumerians, 1929 - H. SCHMÖKEL, Das Land Sumer, 1955 - S.N. KRAMER, Gesch. beginnt mit Sumer, 1960 (aus dem Amerik.: From the Tablets of Sumer, 1956; Hist. begins at Sumer, 1958) - V. CHRISTIAN, Die Herkunft der S. (SAW 236, 1), 1961. - Zur Geologie des Küstenlandes: C.J. GADD, RA 48, 1954, 28f. - Zu 2: H. FRANKFORT, Archaeology and the Sumerian Problem, Chicago 1932 - V. CHRISTIAN, Die sprachl. Stellung des Sumerischen (Babyl. 12), 1932 - DERS., Beiträge zur sumerischen Grammatik (SAW 231, 2), 1957 - A. FALKENSTEIN, Das Sumerische (HO II/1. 2), 1959 - Aspects du Contact Suméro-Accadien, Geneva VIII, 1960 - W.v. SODEN, Zweisprachigkeit in der geistigen Kultur Babyloniens (SAW 235, 1), 1960. - Zu 3: A. MOORTGAT, Frühe Bildkunst in Sumer (MVÄG 40, 3), 1935 - F.M. HEICHELHEIM, Wirtschaftsgesch. des Altertums I, 1938, Kap. IV - H. LENZEN, Die S., 1948 - F.W. CALPIN, The Music of the Sumerians, Strasbourg 1955 - J.A.H. PORTRATZ, Die menschl. Rundskulptur, 1959. - Zu 4: S.N. KRAMER, Heroes of Sumer (Proc. Am. Phil. Soc. 90, 1946, 120-130) - M. LAMBERT, La Période Présargonide (Sumer 8, 1952, 57-77. 198-216) - W.W. HALLO, A Sumerian Amphictyony (JCS 14, 1960, 88-114). - Zu 5: CH.-F. JEAN, La religion sumérienne, 1931 - ChrRel II, 383ff - S.N. KRAMER, Sumerian Theology and Ethics (HThR 49, 1956, 45-62) - I. BERNHARDT-S.N. KRAMER, Enki u. die Weltordnung (WZ Jena 9, 1959/60,

231-256) - A.FALKENSTEIN-J.J.A.VAN DIJK, Sumerische Götterlieder I. II (AAH 1959, 1; 1960, 1). - Zu 6: S.N.KRAMER, Sumerian Mythology, 1944 - DERS., ANET[2] 37-57 - DERS., Sumerian Lit. and the Bible (AnBibl 12), 1959 - DERS., Mythologies of the Ancient World, 1961, 93-137 - A.FALKENSTEIN-W.V.SODEN. Sumerische u. akkadische Hymnen u. Gebete, 1953 - J.J.A.VAN DIJK La sagesse suméro-accadienne, Leiden 1953 - E.I.GORDON, Sumerian Proverbs, Univ. Mus. Pennsylv. 1959. *F.M.Th.de Liagre Böhl*

Summar → Amtstracht der Geistlichen, 1 b.

Summen, *theologische,* sind selbständige systematische Gesamtdarstellungen, die nicht an den Text der Sentenzen des → Petrus Lombardus gebunden und nicht von den Statuten einer Fakultät abhängig sind. Die wichtigsten sind von → Hugo von St. Viktor (De sacramentis christianae fidei, ca 1139), → Robert von Melun (1152/60), → Simon von Tournai (ca 1190), Martinus (ca 1200), Robert von Courçon (1204/07), Praepositinus (1206/10), → Wilhelm von Auxerre (1215/20), Roland von Cremona (1232), Philipp d. Kanzler (1230/36), → Albert d. Gr. (Summa de creaturis, vor 1246; Summa theologiae, nach 1270, Echtheit umstritten), die große Franziskanersumme unter dem Namen des → Alexander von Hales, → Ulrich von Straßburg (1262/72), → Heinrich von Gent (1280), Gerard von Bologna (1313/17). Weitaus die bedeutendste ist die Summa theologica des → *Thomas von Aquino* (verfaßt 1266-73). Zuerst in manchen Punkten umstritten (Wilhelm de la Mare OFM, Correctorium fratris Thomae, ca 1277/82), konnte sie erst spät die Sentenzen des Petrus Lombardus als Lehrbuch verdrängen. Das Generalkapitel der Dominikaner in Perugia bestimmte 1308: Lectores et baccellarii legant Sententias et non de Summa Thomae (Ehrle, Statuti 190). Doch wurde sie von Johannes Capreolus und Didacus Deza verteidigt, von Konrad Koellin und Thomas → Cajetan kommentiert, von → Franz von Vitoria den theologischen Vorlesungen in Salamanca zugrunde gelegt, und trat nun im 16.Jh. ihren Siegeszug durch die Universitäten an. Den Sentenzenkommentaren (→ Sentenzenwerke) folgten nun die *S.kommentare* in großer Zahl. Genannt seien die von D. → Báñez († 1604), G. → Vázquez († 1604), F. → Suárez († 1617), Johannes a s. Thoma († 1644), C.R.Billuart († 1757), L.Janssens (1900-21). - Außer den dogmatischen gab es auch *apologetische S.:* Praepositinus, Summa contra haereticos; Moneta von Bologna, Summa contra Catharos; Thomas von Aquino, Summa contra gentiles; *exegetische S.:* Praepositinus, Summa super Psalterium; → Petrus Cantor, Summa Abel; *kanonistische S.* über das Decretum Gratiani (→ Gratian) von Paucapalea, Rufinus, Huguccio von Ferrara, und über die → Dekretalen von Heinrich von Segusio (Hostiensis); an *kasuistischen S.* die Astesana des Antonius von Asti (ca 1300), die Pisana (Pisanella, Bartholomaea, Magistrutia) des Bartholomäus de s. Concordio OP (1338), die Angelica des Angelus von Clavasio († 1493), die Rosella (Baptistiniana) des Baptista Trovamala OFM († 1495), die Silvestrina (Summa summarum) des Silvester → Prierias OP († 1523).

A.MICHELITSCH, Kommentatoren zur Summa theol. des hl. Thomas v. Aquin, Graz 1924 - DThC XIV/2, 2341ff - M.-D.CHENU, Introduction à l'étude de St. Thomas d'Aquin, Paris 1950; dt. 1960 - EC XI, 955ff. *F.Stegmüller*

Summepiskopat *des Landesherrn* bezeichnet in Deutschland in der Begriffssprache des 19.Jh.s die Gesamtheit der dem Landesherrn als Inhaber der ev. → Kirchengewalt zustehenden kirchenregimentlichen Befugnisse im Unterschied von dem dem Staat als solchem gehörenden Recht der → Kirchenhoheit. Der Begriff leitet sich aus der Lehre des → Episkopalismus her, wonach die ev. Fürsten kraft des → Augsburger Religionsfriedens und → Westfälischen Friedens in die suspendierten Rechte der kath. Bischöfe eingetreten seien. Die ältere Zeit bezeichnete diese nach ihrer Lehre dem Landesherrn reichsrechtlich übertragenen Rechte als »iura episcopalia«. Im 18.Jh. wurde die Übertragung indes auf Einwilligung der Kirche zurückgeführt und auch der Ausdruck »iura collegialia« verwendet. So wächst hinsichtlich der ev. Kirchen dem Landesherrn neben der allgemeinen Aufsicht über die Kirchen die Stellung als höchster Bischof (summus episcopus) als ein weiterer besonderer Komplex von Rechten zu, der in der Kirchengewalt in der ev. Kirche, im → Kirchenregiment besteht. Der Landesherr wird Fürst und Bischof zugleich (so schon Matthias Stephani). Obwohl die episkopalistische Ableitung dieser Rechte im 19.Jh. allgemein kritisiert und aufgegeben wurde, drang die Bezeichnung S. durch. Sie wurde nun als Annex der Staatsgewalt angesehen und in Fortführung von Ansätzen der späten reichsrechtlichen Lehre auch den kath. Landesherren zugeschrieben, die bes. nach 1800 Nachfolger ev. Territorien geworden waren (Rieker).

Inhaltlich umfaßte der S. nach der Unterscheidung schon der Lehre der Orthodoxie nur die äußere Leitung der Kirche. Zu ihr gehört das Recht, kirchliche Ordnungen (Gesetze, Verordnungen, Privilegien, Dispensationen) zu erlassen, die Gründung und Veränderung kirchlicher Bezirke und Pfarreien vorzunehmen, die Einrichtung kirchlicher Behörden und Einsetzung der Amtsträger bis zu den Pfarrern zu vollziehen, die Visitation anzuordnen, die geistliche Gerichtsbarkeit auszuüben, aber auch über Liturgie und Feiertage zu bestimmen. Manche dieser Befugnisse wurden vom Landesherrn nur nach Beratung mit geistlichen Stellen ausgeübt oder - namentlich von andersgläubigen Landesherren (zB Sachsen, Bayern) - auf solche Stellen übertragen. Unter den Rechten des S.s wurden daher die in Gemeinsamkeit mit der Kirche zustehenden iura communia von den eigenen Rechten des Landesherrn (→ Reservatrechte) unterschieden, die zT stellvertretend von Kirchenbehörden wahrgenommen wurden. Die den kirchlichen Behörden und Synoden gewährten Befugnisse nahmen im 19.Jh. immer mehr zu, und die Ausübung der Rechte des S.s wurde zunehmend an synodale Mitwirkung gebunden. Eine Mitwirkung der Landtage in Sachen des S.s bestand nicht, außer wo Verfassung und Gesetze berührt wurden. Die Frage ministerieller Kontrasignatur bei Akten des S.s war nicht einheitlich gelöst. In den älteren preußischen Provinzen unterblieb sie, in den neueren (seit 1866) wurde sie für nötig gehalten. Mit dem Ende der Monarchie (1918) verschwand auch der S. - Dem österreichischen und schweizerischen Kirchenrecht ist der Begriff wegen anderer historischer Entwicklung fremd geblieben.

C.G.MÜLLER, Darst. des im Königreich Sachsen geltenden Kirchenrechts, 1818 - K.RIEKER, Die rechtl. Stellung der ev. Kirche Deutschlands, 1893 - DERS., DZKR 23, 1913, 1-53 - FRIEDBERG.
U.Scheuner

Sundar Singh, * 1888 in Rampur unweit Ludhiana im Pandschab als → Sikh, wurde durch eine Christusvision am 18.12.1903 bekehrt und am 3.9.1905 getauft und war fortan christlicher *Sadhu* (Wandermönch) und Evangelist. Außer einem halbjährigen Bibelkurs (1910) hatte er keine theologische Ausbildung. Seine Reisen und Wanderungen führten ihn kreuz und quer durch Nordindien und 1918 auch nach Südindien und Ceylon. 1918-19 besuchte er Malaya, Japan und China, 1920 Großbritannien und Australien, 1922 Palästina und Westeuropa, darunter Deutschland. Bes. fühlte er sich nach → Tibet hingezogen; bei seiner letzten Wanderung dorthin ist er 1929 verschollen. – S. war Mystiker, geprägt von Gebet und Meditation, die in späteren Jahren häufig in Visionen mündeten. Seine später in 6 Schriften niedergelegte Botschaft handelt vor allem vom persönlichen Leben des Christen, von Gebet und Heiligung, Kreuztragen und Leidensbereitschaft. Fragen des Gemeindelebens dagegen, überhaupt der Aspekt der Kirche, lagen ihm fern. Mit seinem missionarischen Zeugnis hinterließ er in Ost und West einen tiefen Eindruck. – Gleichwohl führten allerlei Widersprüche und Übertreibungen in seinen Berichten wie auch manche Darstellungen, die späterer Nachprüfung nicht standhielten, zusammen mit seinen mannigfachen Schilderungen über wunderhafte Erfahrungen während seiner Reisen zum »Sadhustreit«, bei dem S. Ablehnung (Pfister), aber auch Verteidiger (Heiler, Appasamy) fand. Will man S. gerecht werden, darf man keinesfalls vergessen, daß er als schlichter Sohn eines indischen Dorfes lebenslang der mythischen Welt verhaftet blieb, und daß sich zweifellos nicht selten in seiner Erinnerung reale Erlebnisse mit dem vermengten, was er lediglich in der Ekstase geschaut hatte.

Ges. Schriften, übers. u. erläutert v. F.Melzer, (1946) 1958[2]. – Über S.: B.H.Streeter-A.J.Appasamy, The Sadhu, London 1921; dt. (1922) 1923[2] – F.Heiler, Sadhu S.S., ein Apostel des Ostens u. Westens, (1924) 1926[4] – Ders., Apostel oder Betrüger? Dokumente zum Sadhustreit, 1925 – Ders., Die Wahrheit S.S.s. Neue Dokumente z. Sadhustreit, 1927 – O.Pfister, Die Legende S.S.s, 1926 – C.F.Andrews, Sadhu S.S., a Personal Memoir, London 1934 – P.Gäbler, Sadhu S.S. (Diss. Leipzig), 1937 (fast vollst. Lit.) – A.J. Appasamy, S.S., a Biography, London 1958; dt. Basel o.J. [1960] (enthält neues Material; für wissenschaftl. Zwecke ist nur die engl. Ausg. brauchbar) – EKL III, 1216f – G.F.S.Gray, Sadhu S.S. and the Non-Christian Religions (IRM 48, 1959, 421–426). *P.Gäbler*

Sundermann, Wilhelm *Heinrich* (29.10.1849 bis 24.4.1919), ev. Missionar, * in Ladbergen (Tecklenburg), † in Göttingen, seit 1875 im Dienste der → Rheinischen Missionsgesellschaft auf Nias tätig (→ 4 A 1; → Indonesien: IV, 3e). Als Nachfolger von E.L.Denninger setzte S. mit J.I.W.Thomas und H.Lagemann die Arbeit in Gunung-Sitoli fort und gründete 2 weitere Stationen. S. war ein verdienstvoller Volkstums- und Sprachforscher, seine phonetische Festlegung des Niassischen setzte sich durch. 1892 erschien seine Übersetzung des NT, 1914 die Niasbibel. 1905 trat S. in den Dienst der Niederländischen Bibelgesellschaft. 1912 D. theol. (Halle).

Vf. u.a.: Grammatik der Niassprache, 1892; WB Deutsch-Niassisch u. N.-D., 1900; Die Insel Nias u. die Mission daselbst, 1905; Zur Vergleichung des Niassischen mit andern Malaio-polynesischen Sprachen, 1905. – Über S.: E.Kriele, D. H.S. (in: Berichte der Rhein. Missionsgesellschaft 6, 1919, 57–59; Lit.). *W.Flender*

Sung, *John,* * 27.9.1901 in Hinghwa/China, † 18.8. 1944 in Peking. Das durch leidenschaftliche Hingabe und prophetische Vollmacht charakterisierte Wirken des mit höchsten akademischen Graden ausgezeichneten Chinesen war so nachhaltig, daß S. als der größte Evangelist Chinas gilt. Missionsreisen, auf denen er Tausende bewegte, führten ihn durch China, Thailand und Südostasien. Inmitten des sich anbahnenden politischen Wandels schuf er missionarische Laiengruppen und drang auf eine vom Westen unabhängige Kirche als Trägerin der christlichen Botschaft.

Vf. u.a.: My Testimony, 1934; Allegories, Peking 1951. – Über S.: L.T.Lyall, J.S., 1954; dt. bearb. Übers. von J.Lorch: Solange es Tag ist, (1955) 1958[2]. *J.Lorch*

Superintendent. Der S. (→ Dekan, → Propst, Kreispfarrer; Senior, Inspektor), dessen Amt im Archipresbyter der mittelalterlichen → Kirchenverfassung (: IV, 2 b) vorgebildet ist, hat seit der Reformation mit den → Visitationen die Stellung einer »Zwischeninstanz« zum Landesherrn, zu seiner Landesbehörde oder besonderem Konsistorium (→ Kirchenverfassung: VI, 4 a). Er übt die Aufsicht über die Pfarrer, die Lehre, Sakramentsverwaltung, Gemeinden, Kirchengüter sowie u.U. die Leitung der Pfarrwahlen und die → Schulaufsicht, dazu die Einberufung von Konventen oder geistlichen Synoden. Auch in Ehesachen waren die Pfarrer an den »Superattendenten« gewiesen, der darin mit dem Amtmann zusammenzuwirken hatte (Ehegericht), wie er mit diesem überhaupt »die landesherrliche Gewalt« darstellte. Oft wurden die S.en ihrerseits von einem → Generalsuperintendenten beaufsichtigt. Das geistliche Amt des S.en wird schließlich der landesherrlichen Konsistorialverwaltung eingeordnet (→ Kirchenverfassung: VI, 5). Den Titel »S.« führten zeitweilig die Bischöfe in Schweden, Dänemark, Norwegen und Schleswig. – Der S. (Dekan), meist selbst in einem Pfarramt tätig, hat auch in den → Kirchenverfassungen (: VII, 6) der Gliedkirchen der EKD eine Doppelstellung: einerseits fungiert er als »Organ und Vertrauensmann« des Kirchenkreises (entweder von der Kirchenleitung nach Stellungnahme des Kirchenkreises berufen oder durch die Kreissynode gewählt), andererseits ist er Beauftragter der Kirchenleitung. Diese Zuordnung im Spannungsfeld der kirchlichen Mittelinstanz ist recht differenziert, ohne stets vom Bekenntnis her begründet zu sein. Der meist auf Lebenszeit eingesetzte luth. S. hat ein autoritatives Amt, das in seinen spezifischen Funktionen (Visitator und Ordinator) dem Bischofsamt zugeordnet ist (→ Bischof: III). Verfassungen und Grundordnungen unierter Kirchen weisen bes. »die Dialektik der bald mehr autonom-gemeindlich, bald mehr autoritativ-amtlich ausgestalteten Stellung des Zwischenleitungsamts« auf (Erik Wolf 700). Mehrere ref. Kirchen haben gewählte S.en (der S. als »Vertrauensmann der Bezirks-[Kreis-]synode«). Die ref. Kirche Nordwestdeutschlands hat in gleicher Stellung ohne diese Bezeichnung den »Vorsitzenden« des Bezirkskirchentags.

Vgl. die Lit. zu → Kirchenverfassung: VI. VII. Ferner: Chr.Mahrenholz, Zur Frage der kirchl. Mittelinstanzen (ZevKR 2, 1952/53, 394–418) – H.Frost, Die Rechtsstellung d. Kirchenkreises d. Ev. Kirche im Rheinland, 1958 – W.Göbell, Die Ev.-Luth. Kirche in d. Grafschaft Mark I. II, 1961 (bes. Einl., XXI ff) – Erik Wolf, Ordnung der Kirche, 1961, 699ff. *W.Göbell*

Supranaturalismus → Naturalismus: I, → Rationalismus: II.

Surgant, *Johann Ulrich* (1450–1503), * in Altkirch (Elsaß), Schüler → Heynlins, Freund von → Brant, → Wimpfeling und Amerbach, wurde nach Studium in Basel und Paris 1472 Priester. Neben einem Kanonikat an St. Peter war S. 30 Jahre Pfarrer an St. Theodor in Kleinbasel und Prof. an der Universität → Basel (: II). Als Gelehrter, Seelsorger und Prediger nahm S. den Ruf nach der reformatio ernst und bemühte sich um die Ausbildung des Klerus. 1490 legte er das erste Taufregister an (→ Kirchenbücher, 1), 1493 edierte er den »Homiliarius doctorum« (Predigten aus den Kirchenvätern) und 1502 sein »Regimen studiosorum« für den Sohn Amerbachs. Sein Hauptwerk, das »Manuale Curatorum« (1503), ist eine bedeutsame vorreformatorische Homiletik mit Liturgica (Inhalt und Form des »Pronaus« [→ Predigt: I, 2]). → Zwingli kannte S. bereits aus seiner Kleinbasler Schulzeit bei Bünzli 1494/97. Leo → Juds und Zwinglis Predigtgottesdienst gleichen S.s Pronaus, reformatorisch ausgerichtet.

ADB 37, 65 – Katholik 1889/II, 166–186. 303–322. 432–444. 496 bis 523 – O.Farner, Zwingli I, 1943 – F.Schmidt-Clausing, Zwingli als Liturgiker, 1952 - DERS., J.U.S., ein Wegweiser des jungen Zwingli (Zwingliana 11, 1961, 287-320) - J.SCHWEIZER, Ref. Abendmahlsgestaltung in der Schau Zwinglis, 1953 - D.ROTH, Die mittelalterl. Predigttheorie u. das Manuale Curatorum des J.U.S., 1956 (Lit.) - E.BONJOUR, Die Univ. Basel, 1960. *F.Schmidt-Clausing*

Surinam → Guayana, 2.

Surius, *Laurentius* (Lorenz Sauer; 1522-78), * in Lübeck, (wahrscheinlich) kath. Herkunft. Nachdem sich S. als Student in Frankfurt/O. der Reformation zugewandt hatte, wurde er in Köln unter dem Einfluß des → Canisius wieder katholisch. 1540 ebd Kartäuser und 1543 Priester, war er neben seiner schriftstellerischen Arbeit vielfältig um die kirchliche Erneuerung bemüht. - S. verfaßte bes. eine Sammlung von Heiligenlegenden (→ Hagiographie), die ihn zum Vorläufer der → Bollandisten machte (De probatis sanctorum historiis, [6 Bde, 1570-75] 7 Bde, 1576-81² [Bd VII hg.v. Jak. Mosander]; neueste Ausgabe 12 Bde, Turin 1875-80). Sein Commentarius brevis rerum in orbe gestarum 1500-64 (Löwen 1566, später zT von anderen fortgesetzt, dt. 1568 von Fabricius) ist gegen die Reformationsgeschichte → Sleidans gerichtet und führt die Chronik des Joh. → Nauklerus fort. Ferner sind neben lat. Übersetzungen mystischer Schriften (von Seuse, Tauler u.a.) die 4 Bde Concilia omnia tum generalia tum provincialia (1567) hervorzuheben.

Bibliotheca cartusiana, Köln 1609 - HN III, 111ff - ADB 37, 116 - DThC XIV/2, 2842ff - EC XI, 1584f. *R.Ackermann*

Surrealismus. Begriff und Name sollen von dem Dichter G.Apollinaire († 1918) geprägt sein; André Breton (* 1896), der literarische Herold der Bewegung, hat in seinem ersten Manifest von 1924 von einem Überrealismus gesprochen, der in eine »absolute Wirklichkeit« reicht. Man könnte danach an eine Erneuerung religiöser Metaphysik denken, zumal sich Breton u.a. auch auf die romantische Wissenschaftslehre eines → Novalis sowie auf den neuromantischen → Symbolismus berief. Im ganzen zielte das surrealistische Wollen aber nicht auf eine objektive Transzendenz, sondern auf die Immanenz des Unterbewußten, so wie es → Freud entdeckt hatte, eine Unterwelt der verdrängten (meist sexuell gefärbten) Triebe, nicht angelischen, sondern dämonischen, damit auch antichristlichen Charakters (vgl. die atheistische Zeitschrift »La révolution surréaliste«, Paris 1924-29). Dieser extrem subjektive Psychologismus beherrschte auch - unter Berufung auf Gérard de Nerval, Lautréamont, Rimbaud als Vorläufer - das Programm surrealistischer Dichter wie L.Aragon, P.Eluard, J.Prévert, die im schöpferischen Geschehen jede bewußte Verstandeskontrolle ausschalten und statt ihrer - darin dem okkultistischen Mediumismus nahekommend - vor allem die psychischen Automatismen (écriture automatique) als dichterische Antriebskräfte gelten lassen wollten. Ideenassoziationen, traumhaft unzusammenhängende Vorstellungsreihen sollten, gerade in ihrer alle Kausalität aufhebenden Sinnlosigkeit, wenn nicht Absurdität, die neue Poesie bestimmen.

Der S. in → Malerei (: VI, 1f) und → Graphik läßt sich von solchen literarischen Bekundungen nicht trennen. Als unmittelbarster Vorläufer gilt hier Giorgio de Chirico (*1888), der noch vor 1914 - bald darauf zusammen mit Carlo Carrà in Ferrara - seine peinlich exakten, wie erstarrten Perspektiven malte, deren teils klassische, teils triviale Versatzstücke aus ihrem normalen Zusammenhang herausgerissen und dadurch »verfremdet« wurden. Doch glaubte man sich auch auf viel weiter zurückliegende Zeugnisse berufen zu dürfen: so auf Goya, auf gewisse Maler des → Manierismus zwischen Renaissance und Frühbarock sowie vor allem - noch 100 Jahre früher - auf den spätmittelalterlichen Hieronymus → Bosch mit seinen präzisen Phantasien infernalischer (vielleicht häretischer [→ Häresie: II]) Natur. Unmittelbar wichtiger blieb die fruchtbare »Zersetzung«, die die meisten späteren Surrealisten durch »Dada« erfahren haben, jenen noch im 1. Weltkrieg entstandenen, bald international auf Kabarettbühnen, in Ausstellungen, Manifesten und Zeitschriften bekundeten Ausbruch eines desperaten, infantilistisch maskierten Künstler-Nihilismus, der nicht zuletzt durch die Sinnlosigkeit der Kriegserfahrung und die Enttäuschung utopischer Nachkriegshoffnungen ausgelöst war. Die erste geschlossene Präsentation surrealistischer Maler fand 1925 in Paris statt, wenig später nur als in Deutschland die unter dem Titel »Die neue Sachlichkeit« (→ Malerei: VI, 1g) viel diskutierte Mannheimer Ausstellung, deren gegen die expressionistische Verstiegenheit gerichteter Verismus und Realismus gleichfalls »magistische« Züge aufwies, wenn auch das Verfremden hier nur selten zur totalen Zerstückelung und Verkehrung organischer Naturzusammenhänge führte - schon um auch die Möglichkeit politischer Aggression, manchmal aber auch romantischer Vision offen zu lassen. In Paris waren noch Maler wie → Picasso, Paul → Klee, der dadaistische Bildhauer und Dichter Hans Arp, der Photo-Graphiker Man Ray vertreten, die dann später andere Wege einschlugen. Repräsentanten des surrealistischen Weltbildes und Kunstwollens blieben Künstler wie Yves Tanguy, Joan Miró, der Spanier Salvador Dali, der aus dem Rheinland stammende Max Ernst, bei dem neben der typischen bewußt dadaistischen Frivolität - anders als bei dem zynischen Virtuosen Dali - unversehens auch so etwas wie ein neuer Mythos, ohne Anleihen aus der überlieferten Mythologie, Gestalt gewonnen hat. Für eine Reihe von Jahren bildeten die Surrealisten eine Gegenfront zu den wachsenden Tendenzen aller derer, die im Gefolge eines Kandinsky, zT auch des Kubismus (→ Malerei: VI, 1d) von allem Gegenständlichen überhaupt »abstrahierten«. Zugleich mit ihrer Vergewaltigung der natürlichen Außenwelt wollten die Surrealisten dagegen in eine andere, imaginäre, erfundene »Natur« vorstoßen, in Landschaften wie von einem anderen Stern. Diese Phantastik hat noch heute ihre Anhänger und Bewunderer, bes. in Belgien (René Magritte), aber auch in Deutschland, wo Künstler wie Fabius Gugel, Mac Zimmermann, Rudolf Schlichter, Edgar Ende die verschiedenartigsten Varianten ausgebildet haben.

A.BRETON, Le surréalisme et la peinture, 1928 - S.DALI, La conquête de l'irrationnel, 1936 - M.NADEAU, Hist. du surréalisme, 1945 - D.WYSS, Der S. in Lit. u. Malerei, 1950 - R.MOTHERWELL, The Dada Painters and Poets, New York 1951 (Lit.) - W.HAFTMANN, Malerei im 20.Jh., 1954 - G.R.HOCKE, Die Welt als Labyrinth. Manier u. Manie in der europ. Kunst, 1957. - »Das Kunstwerk« 1, 1946/47, H. 8/9; 10, 1956/57, H. 4; 13, 1960, H. 8 - Fantasmagie. Bulletin trimestral du centre international de l'actualité fantastique et magique, Brüssel, seit 1959. - Vgl. die Lit. zu → Malerei: VI. *G.F.Hartlaub*

Survivals (Überlebsel). Der englische Kulturanthropologe E.B.Tylor hat 1856 und definitiv 1871 (Primitive Culture I. II; dt. 1873) den Terminus S. in die → Ethnologie (vgl. → Animismus) und → Volkskunde eingeführt: »Es sind Handlungen (processes), Gebräuche, Ansichten usw, die durch die Macht der Gewohnheit in eine neue Gesellschaftslage hineingetragen worden sind, die sich von derjenigen unterscheidet, in der sie ursprünglich zu Hause waren. Sie bleiben somit Beweise und Beispiele einer Kultursituation, aus der sich eine neue entwickelt hat.« Während zB → Frazer, → Mannhardt und → Durkheim mit der S.-Theorie gerne arbeiteten, fragt Marett: »Wie und warum überleben die S.?«

Von funktionalistischer Seite her (bes. Malinowski) ist nämlich ein solcher Vorgang eine contradictio in adiecto; die S. sind da, weil sie eine neue Bedeutung bekommen haben, und das Wort S. hat unter solchen Umständen keinen Sinn. Der schwedische Volkskundler J.Granlund äußert daher schroff: »Historische Relikte existieren in der Sinnenwelt; Survival aber ist ein nunmehr abgeschaffter abstrakter Begriff.« – Gegen die antievolutionistische Kritik des Ausdrucks S. sei hervorgehoben, daß er nicht nur mit dem Begriff der → Entwicklung (: II) zusammenhängt. Auch ältere und jüngere Degenerationstheoretiker rechnen mit S., obgleich »ein bißchen ›Fortschrittshochmut‹ in dem Begriff« steckt (Mühlmann). Und was für ein Wort man auch wählen mag, es gibt tatsächlich gegenwärtige S. aus einer früheren → Kultur (→ Kulturkreislehre), die entweder einen neuen Sinn haben oder sinnentleert weiterbestehen. Ad.E.Jensen benutzt als Völkerkundler (vgl. → Naturvölker) das Wort S. meist in Anführungszeichen und zieht die Begriffe »Ausdruck« und »Anwendung« vor, um eine lebendige bzw. ausgestorbene Kulturverbundenheit einer bestimmten Erscheinung zu bezeichnen. Traditionelle Kinderspiele (vgl. → Feste: I) wie Schaukeln, Rundlauf, Kreiselspiel, Drachen steigen lassen, Stelzen laufen usw sind nach ihm als »S.« von → Kultus-Spielen aufzufassen. Auch die heutigen amerikanischen Kulturanthropologen können den Begriff S. trotz mancher Kritik nicht entbehren.

M.T.Hodgen, The Doctrine of S., London 1936 – Ad.E.Jensen, Mythos u. Kult bei Naturvölkern, (1951) 1959² (s. Reg.) – Å.Hultkrantz, General Ethnological Concepts (Intern. Dict. of Regional Europ. Ethnology and Folklore, Vol. I), Kopenhagen 1960 (s.v.; Lit.) – Schwed. Volkskunde (Festschr. S.Svensson), Uppsala 1961, 21. 35. 43f. *C.-M.Edsman*

Susa (so griech.; elamisch Šušu/en; babyl. und hebr. Šušan; heute Kala-e-Schusch), die Hauptstadt von Elam bzw. im Perserreich der Provinz Elam, liegt im südwestiranischen Hügelland am Kercha (alt Ulai; → 3 F 4) und war in älterer Zeit Hauptstadt des elamischen Bundeslandes S. – Nach Versuchsgrabungen von W.Loftus (1851/53) und M.Dieulafoy (1884/86) wurde S. seit 1897 von J. de Morgan und Mitarbeitern, später R. de Mecquenem und R.Ghirshman ausgegraben. Die Beobachtungen der früheren Ausgräber erwiesen sich zT als unzureichend. S. bestand schon im 4.Jt. Die berühmte Keramik des Stils S. I (um 3200) stellt eine der feinsten Ausprägungen der frühiranischen Buntkeramik dar. In die Zeit der Dschemdet-Naṣr-Kultur → Babyloniens (: I, 2) gehören die Keramik S. II und die protoelamischen Tafeln, deren Schrift nur teilweise lesbar ist. Erst neuerdings ist es W.Hinz gelungen, die Steininschriften des PUZUR (=Kutik)-Inšušinak (ca 2250) in elamischer Strichschrift zu entziffern. Der Einfluß der sumerischen (→ Sumerer) und später babylonischen Kultur war in S. immer sehr stark. Bis etwa 1500 schrieb man in Inschriften und Urkunden meist ein elamisch gefärbtes Babylonisch, das erst später durch das ebenfalls in Keilschrift geschriebene Elamische immer mehr verdrängt wurde. Nach 2400 gehörte S. lange zum Reich von Akkade und nach 2100 zum Reich der sumerischen 3. Dynastie von → Ur. In der Hammurabizeit war S. wirtschaftlich und politisch ein wichtiges Zentrum. Von den Bauten dieser Zeit ist wenig bekannt. Eine neue Glanzzeit beginnt nach 1300. Untaš-Hupan (ca 1265–45) baute neben anderen Tempeln den des Inšušinak und ließ seiner Frau Napirasu ein feingearbeitetes Bronzestandbild gießen. Šilhak-Inšušinak (1160–40) brachte viele babylonische Kunstwerke nach S. und schmückte den Tempel Inšušinaks mit glasierten Ziegeln. Nach 400 Jahren Niedergang brachte die Entstehung des neuelamischen Reiches um 740 wieder einen Aufstieg, der aber durch Kriege mit Assyrien und Bürgerkriege gehemmt wurde. 639 zerstörte Assurbanipal S. und das Reich von Elam, dessen Gebiet nun an die Perser fiel. Die Achämenidenkönige schmückten S. als eine der Hauptstädte des Reichs mit prächtigen Bauten. Darius I. befestigte die 150 m hoch aufragende Akropolis, auf der die alten Paläste lagen, neu, errichtete seinen großen Palast aber auf dem Apadana genannten Nordhügel der Stadt, auf dem er von Gefangenen durch Abtragen von Erde und Anschüttungen die Bauterrasse herstellen ließ. Aus dem ganzen Reich wurden Hölzer, Elfenbein und Gold sowie Handwerker und Künstler nach S. gebracht. Erst Xerxes konnte den Bau vollenden. Die Ausgräber fanden große Teile des jüngeren Palastes von Artaxerxes II. (405–359) mit seiner prächtigen Säulenhalle (pers. apadāna). 36 Säulen auf quadratischen Basen wurden von je 12 auf runden Basen flankiert. Reliefs mit Bognern, Löwen, Greifen usw ähnlich denen von Persepolis schmückten die Wände. Unter der Wohnstadt fand man eine Nekropole, zu der einige große Grüfte mit gemauerten Gewölben gehörten. Aus der Zeit der Seleukiden, Parther und Sassaniden sind nur geringe Reste erhalten. – Das AT erwähnt S. und den Fluß Ulai in Dan 8, 2 sowie die Burg in Neh 1, 2, dazu sehr oft im → Estherbuch, da die Geschichte von Esther in S. spielt. Auf die große jüdische Kolonie in S. weist gewiß auch Apg 2, 9 hin mit der Nennung der Elamiter unter den Teilnehmern am ersten Pfingstfest.

A.Billerbeck, S., 1893 – PW Suppl. VII, 1940, 1251ff (V.Christian, S. archäologisch; histor. fehlt noch). – Denkmäler u. Inschriften in Délégation en Perse, Mémoires (später Mém. de la Mission Archéologique de Perse bzw. en Iran u.ä.), 1900ff (zuletzt Vol. 34, 1961) – W.Hinz, Zur Entzifferung der elamischen Strichschrift (in: Iranica Antiqua II, 1962). *W.v.Soden*

Susannabuch. Das S., einer der Zusätze zum → Danielbuch, berichtet von der Gefährdung und Rettung der schönen, gottesfürchtigen Jüdin Susanna. Zwei jüdische Älteste richten ihr unzüchtiges Begehren auf sie, werden zurückgewiesen und klagen sie daraufhin aus Rache des Ehebruchs mit einem Jüngling an. Von der Gemeinde bereits zum Tode verurteilt, wird sie von dem weisen Jüngling → Daniel (Ez 28, 3) durch den Nachweis der falschen Zeugenaussage der beiden Ältesten gerettet. So werden diese statt ihrer durch die Gemeinde und den Todesengel getötet. – Das S. ist in zwei abweichenden Fassungen überliefert (LXX und Theodotion) und auch in verschiedener Weise dem Dan zugeordnet. Die bei Theodotion vorliegende Gestalt der Erzählung stellt eine Erweiterung dar, die stärker psychologisiert, obgleich auch die Fassung der LXX nicht die ursprüngliche sein dürfte. – Baumgartner hat wahrscheinlich gemacht, daß dem S. außerjüdische Märchenmotive zugrunde liegen (von der unschuldig verleumdeten Frau und vom jungen weisen Richter), die aber stark jüdisch eingefärbt und durch Übertragung auf Daniel »historisiert« wurden. – Entstehungszeit und ursprüngliche Sprache des S.s sind unbestimmt.

W.Baumgartner, Susanna (ARW 24, 1926, 259–280; 27, 1929, 187f) – I.Lévi, L'hist. »de Suzanna et les deux vieillards« dans la litt. juive (REJ 95, 1933, 157–171) – B.Heller, Susannaerzählung (ZAW 54, 1936, 281–287) – R.A.F.Mac Kenzie, The Meaning of the Susanna Story (The Canadian Journal of Theol. 3, 1957, 211–218) – F.Zimmermann, The Story of Susanna and its Original Language (JQR 48, 1957/58, 236–241). *M.Weise*

Suspension, im kath. Kirchenrecht eine Kirchenstrafe (→ Strafrecht: III), die nur gegen Kleriker und zwar sowohl als Zensur wie als Vindikativstrafe verhängt werden kann. Sie schließt den Betroffenen von der Ausübung seiner Amts- oder seiner Benefizialrechte oder beider aus; beide Formen können in sich mannigfach gestuft werden. Bei der S. ab officio kann entweder jeglicher mit dem betr. Amt verbundene Akt der Weihe- und Jurisdiktionsgewalt oder nur die Ausübung der Jurisdiktions- oder der Weihegewalt (S. *a divinis*) untersagt sein; beide Behinderungen können auch auf einzelne Vollmachten beschränkt werden. Bei der S. a beneficio verliert der Benefiziat alle Einkünfte (nicht das Wohnrecht), behält jedoch, falls das nicht eigens untersagt wird, die Verwaltung der Benefizialgüter. Die S. durch einen Bischof betrifft nur die Ämter und Benefizien in dessen Diözese. Jede S. zieht den Verlust des Rechtes nach sich, jemand für ein kirchliches Amt zu wählen, präsentieren, nominieren oder selbst kirchliche Ämter oder Rentenansprüche zu erlangen oder irgendwelche Weihen zu empfangen; die s.swidrige Verwaltung von Sakramenten und Sakramentalien ist unerlaubt; die s.swidrige Ausübung von Jurisdiktion ist ungültig, wenn die S. durch kirchliche Sentenz verhängt oder festgestellt oder die Jurisdiktionsgewalt selbst zurückgenommen wurde, im übrigen unerlaubt (falls sie nicht von Gläubigen aus einem gerechten Grunde, vor allem, weil andere Jurisdiktionsträger fehlen, erbeten wurde). Hat eine Gemeinschaft oder ein Kollegium von Klerikern, zB ein Domkapitel, ein Delikt begangen, kann die dafür etwa vorgesehene S. sowohl gegen die einzelnen Delinquenten wie gegen die Gemeinschaft wie gegen beide verhängt werden; für die Gemeinschaft bewirkt die S. den Ausschluß von der Ausübung ihrer geistlichen (Gemeinschafts)rechte. – Die S. *ex informata conscientia* ist eine von einem für den betr. Kleriker zuständigen Ordinarius verhängte S. ohne Rechtsgarantien (kein Anspruch auf Bezeichnung des angeblichen Delikts, kein gerichtlicher Nachweis desselben, keine vorhergehende Mahnung, keine Rechtsmittel); sie beruht vielmehr nur auf dem »unterrichteten Gewissen« des Ordinarius, dh auf seiner gewissensmäßigen Überzeugung, daß das von ihm gemeinte Delikt tatsächlich begangen worden sei. Diese S. ist nur bei geheimen und bei solchen öffentlichen Delikten zulässig, bei denen ein kirchliches Gerichtsverfahren wegen der Verweigerung öffentlichen Zeugnisses durch die Zeugen oder wegen eines zu befürchtenden Skandals oder wegen äußerer Schwierigkeiten seitens des Delinquenten oder des Staates nicht möglich ist. Gegen eine von einem Ordinarius unterhalb des Hl. Stuhles verhängte derartige S. kann Einspruch bei diesem eingelegt werden, ohne daß damit die nachträgliche Rückkehr zu den Förmlichkeiten des Kirchenrechts erzwungen werden könnte. – *Geschichtlich* ist die S. als von der Absetzung verschiedene zeitweilige Amtsenthebung schon in den → Apostolischen Kanones greifbar und gegen Ende des 12.Jh.s zu den heutigen Hauptformen fortentwickelt.

cc. 2186–2194. 2278–2285. 2298 n. 2 CIC. – Lehrbücher des kath. → Kirchenrechts. – Gesch.: FEINE (s. Reg. s.v. Amtsenthebung) – PLÖCHL I², 233. 424; II, 345f – F.W.KREMZOW, Die S. ex informata conscientia (Österr. Archiv f. Kirchenrecht 11, 1960, 189–221).
H.Barion

Sutel, *Johann* (1504–75), luth. Theologe, * in Altmorschen (Kr. Melsungen, Hessen), 1518 Student in Erfurt, ging aus dem Schulamt in Melsungen 1530 als Prediger an St. Nicolai nach Göttingen und wurde dort 1535 erster Stadt-Sup. Auf Wunsch → Philipps von Hessen übernahm S. 1542 die reformatorische Neuordnung des Kirchenwesens in Schweinfurt (1543 KO mit Vorrede S.s). Durch den Schmalkaldischen Krieg vertrieben, wirkte S. kurz in Allendorf, seit 1548 an St. Albani in Göttingen (Schwierigkeiten mit → Mörlin, S. 1550 Sup., Abwehr des → Interims), 1555–75 Pfarrer an St. Sixti in Northeim.

Vf. u.a.: Das Evangelium von der grausamen u. erschrecklichen Zerstörung Jerusalems, 1539 (mit Vorrede Luthers); Historia von Lazaro, 1543 (Predigten). – Über S.: ADB 37, 196f – P.TSCHACKERT, Magister J.S., 1897 (= ZGNKG 2, 1897, 1–140) – RE XIX, 176f – S.SCHÖFFEL, Die Kirchenhoheit der Reichsstadt Schweinfurt, 1918 – A.SAATHOFF, Aus Göttingens KG, 1929. *Ph.Meyer*

Sutherland, *Graham,* engl. Maler, * 24.8.1903 in London, seit 1921 Schüler des Goldsmith College ebd (1. Ausstellung 1925). Bis zur Berufung als Lehrer an der Chelsea School of Arts (1930) konzentrierte sich S. auf Graphik. Seine dort begonnene frühe Malerei bemüht sich um Interpretation der Landschaft (bes. Süd-Wales). Im 2. Weltkrieg hat S. als offizieller Kriegsmaler manche Szene der Vernichtung festgehalten. 1945 erhielt er den Auftrag für eine Kreuzigung, ein 1947 vollendetes großes Gemälde (Matthäuskirche, Northampton). 1951 malte S. für das Festival of Britain ein großes Fresko (»Origins of the Earth«, jetzt Tate Gallery, London). Ein 1949 entworfener Karton für einen Wandteppich (ausgeführt von den Edinburgh Weavers) führte 1952 zum Auftrag eines großen (1962 vollendeten) Wandteppichs mit Darstellung der Trinität für die neue Kathedrale in Coventry (→ Kirchenbau: V, 4). 1949 entstand auch S.s erstes Porträt (Somerset Maugham), dessen Erfolg weitere Bildnisaufträge brachte (u.a. Sir Winston Churchill). – S.s Werk läßt sich als »Kunst des Umformens« bezeichnen. Er selbst hat seine Methode häufig als »Paraphrase« charakterisiert; es ist der Versuch, visuelle Gegenwerte zu schaffen für Empfindungen, die in der Begegnung mit der Natur lebendig werden. – Vgl. → Malerei: VI, 1 i und s. Taf. 67 Abb. 1.

E.SACKVILLE-WEST, G.S., London 1943 – R.MELVILLE, G.S., ebd 1951 – D.COOPER, G.S., ebd 1961. *H.Read*

Suttner, *Bertha von,* geb. Gräfin Kinsky, * 9.6.1843 in Prag, † 21.6.1914 in Wien. Ihr Roman »Die Waffen nieder« (1889) hatte für die moderne → Friedensbewegung die gleiche Bedeutung wie Beecher-Stoves' »Onkel Toms Hütte« für die Sklavenbefreiung. Zar Nikolaus II. wurde durch die Lektüre zu seinem, ihm von seinen politischen Ratgebern empfohlenen Friedensmanifest (1898) begeistert. 1905 erhielt B.v.S. den Nobelpreis. Sie war u.a. Vizepräsidentin des internationalen Friedensbüros in Bern.

Memoiren, 1909; Ges. Schr., 12 Bde, 1906/07; Ges. Aufs., 2 Bde, 1917. – Über B.v.S.: A.H.FRIED, 1908 – E.KEY, Fl.Nightingale u. B.v.S., 1919 – H.KAUT, B.v.S. u. d. Anfänge d. österr. Friedensbewegung, 1950 – H.BRAUN, Herz d. Welt, 1952 – H.PAULI, Das Genie eines liebenden Herzens (Roman), 1955. *K.Kupisch*

Svensson, *Olaf* (Lebensdaten unbekannt), schwed. ev. Kirchenliederdichter, Schulmeister in Stockholm und seit 1531 als Nachfolger von O. → Petri Sekretär des Rates der Stadt. Die vier wahrscheinlich von ihm verfaßten, den späteren Auflagen der Kirchenlieder O. Petris beigefügten antipäpstlichen Lieder »Vom Antichrist« geben dem politischen Gegensatz des Königs Gustav Vasa und der Bürgerschaft in Stockholm gegen Rom Ausdruck. Zwei von ihnen standen bis 1819 im schwed. Gesangbuch.

E.LIEDGREN, Svensk psalm och andlig visa, 1926, 109ff – HJ. HOLMQUIST in: Svenska kyrkans historia III, 1933, 202ff.
A.Arvastson

Swain, *Joseph* (1761–96), englischer Liederdichter, wurde als Graveurlehrling in London bekehrt und 1791 als baptistischer Prediger in Walworth (London) ordiniert. Eine Sammlung seiner geistlichen Lieder erschien

1792 als »Walworth Hymns«. S. gehört in die fruchtbare Zeit der baptistischen Liederdichter. Seine freie Gestaltung zeigt eine Abkehr von dem bis dahin alles beherrschenden Einfluß von I.Watts (→ Kirchenlied: I, 6b). In calvinistischen Kreisen früher viel gesungen, sind seine Lieder jetzt außer Gebrauch gekommen.

Redemption, a Poem, London 1792². - Memoirs im Anhang zu S.s Experimental Essays, ebd 1834² - J.JULIAN, Dictionary of Hymnology, 1907, 1105. *D.Carter*

Swedberg, *Jesper* (1653-1735), schwed. Theologe. Eine Auslandsreise (1684/85) machte ihn u.a. mit der anglikanischen Kirche vertraut. 1692 wurde S. Prof. in Uppsala, 1702 Bischof in Skara. Mit Hilfe von H.Spegel u.a. arbeitete er 1694 einen Vorschlag zu einem gemeinsamen → Gesangbuch (: I, 2a) für die schwed. Kirche aus; wegen vermeintlich mangelhafter Rechtgläubigkeit nicht angenommen, wurde er dennoch Ausgangspunkt und Kern des 1695 bestätigten Gesangbuches. Von S.s eigenen Liedern stehen 7 im gegenwärtigen schwed. Gesangbuch von 1937. In seinen Liedern und Erbauungsschriften vertrat S. die alte luth. Kirchenfrömmigkeit, aber mit praktischer Tendenz unter Einfluß von → Arnd, → Scriver, → Großgebauer und → Spener. Er hat auch für die schwed. Diasporagemeinden in Nordamerika gewirkt. E. → Swedenborg war sein Sohn.

Lefwernes-beskrifning (Selbstbiogr.), hg.v. G.WETTERBERG, 1941. - H.W.TOTTIE, J.S.s lif och verksamhet I. II, 1885/86 - E.LIEDGREN (→ Svensson) - H.PLEIJEL in: Svenska kyrkans historia V, 1935 - B.WAHLSTRÖM, Studier över tillkomsten av 1695 års psalmbok, 1951 - NTU III, 708ff. *A.Arvastson*

Swedenborg, *Emanuel* (1688-1772), * in Stockholm als Sohn des Bischofs J. → Swedberg, hervorragender Bergbaufachmann (bis 1747 in leitender Stellung der obersten Bergbaubehörde), Erfinder, Mathematiker, Philosoph, vielseitiger Naturforscher (Begründer der Kristallographie, der Nebulartheorie [21 Jahre vor Kant], einer modern anmutenden Atomtheorie usw), in den letzten 29 Lebensjahren Seher und visionärer Theologe. Weit ausholende anatomisch-physiologische Studien führen zu vielen Erstentdeckungen (zB Lokalisation der Gehirnfunktionen), aber nicht zur erstrebten Lösung des Leib-Seele-Problems. S. gerät darüber in eine tiefe religiöse Krise und erkennt, daß die wissenschaftliche Methode nicht die ganze Realität erschließt. Der Deist S. wird Christ. In zwei Visionen erscheint ihm der Herr, öffnet ihm die Schau in die Welt der Engel und Geister und beauftragt ihn, das Gesehene und Gehörte zu bezeugen. 1745 entsagt S. aller weltlichen Gelehrsamkeit und widmet sich als »Diener des Herrn« völlig seinem Auftrag und dem Studium der Bibel, deren »geistigen Sinn« er auf Grund der ihm geoffenbarten »Entsprechungen« zwischen Himmlischem und Irdischem enthüllen darf. Es entstehen umfangreiche Bibelkommentare, u.a. »Arcana coelestia« (Gen und Ex) und »Apocalypsis revelata«, sowie zahlreiche Werke, die die »Lehren des Herrn für die Neue Kirche« darstellen, zB »Himmel und Hölle«, »Göttliche Liebe und Weisheit«, »Göttliche Vorsehung«, »Eheliche Liebe«, »Wahre christliche Religion« (1770). - Einige Grundsätze dieser Lehren sind: *Gott ist Einer.* Drei »essentialia«, nicht Personen bilden die Trinität, die sich in der Schöpfung in drei »Seins-Graden« spiegelt, die einander »entsprechen« als Endzweck, Ursache und Wirkung, im Menschen als Seele, Leib und Wirksamkeit. *Gott ist reine Liebe,* wie u.a. Jesu Gebot der Feindesliebe bezeugt. Vom »Zorn Gottes« handelnde Bibelstellen sind dem Fassungsvermögen des sündigen Menschen angepaßte »Scheinbarkeiten«. Die Deutung des Kreuzes als satisfactio ist falsch. In Jesus wird der eine »Herr von Ewigkeit Mensch, um die Höllen zu unterwerfen und sein Menschliches zu verherrlichen«. Gott macht sich versuchlich für die Höllen, deren Angriffe er bis hin zum Kreuz in gewaltigem Ringen zunichte macht. Sein Sieg rettet das »Gleichgewicht zwischen Himmel und Hölle« und damit die Freiheit des Menschen, sich für gut oder böse, Leben oder Tod zu entscheiden. Zugleich verherrlicht Gott sein angenommenes Menschliches bis zum Körperlichen, weshalb Jesu Auferstehung nicht nur, wie bei uns, den geistigen, sondern auch den materiellen Leib erfaßt. Dieses »Göttlich-Menschliche« ist allgegenwärtig; von ihm her können wir unsere Höllen besiegen. Das Wesentlichste an S.s viel beachteter *Jenseitsschau* ist, daß wir unmittelbar nach dem Tode in der »geistigen Welt« in einem »geistigen Leib« zu »intensiverem« Leben auferstehen, wie Oetinger treffend resümierte. *Wiederkunft* und *Jüngstes Gericht* bringen daher auch nicht fleischliche Auferstehung und Weltende, sondern die »Krone aller bisherigen Kirchen«: die Neue Kirche, die quer durch alle Konfessionen hindurch entstehen wird. S. glaubte 1757 in der geistigen Welt Zeuge des Gerichts geworden zu sein und hielt die Enthüllung des inneren Schriftsinns, deren Werkzeug er war, für die verheißene Wiederkunft. - S.s Wirkung reicht von → Oetinger, → Kant, → Goethe, → Schelling, K.C.F.Krause, → Oberlin, G. → Werner u.v.a. bis heute. - Vgl. → Swedenborgianer.

Dt. S.-Ausgaben im S.-Verlag, Zürich. - Über S.: E.BENZ, S. in Deutschland, 1947 - DERS., S., Naturforscher u. Seher, 1948 (Lit.) - DERS., Nachwort zu S., Ausgew. Schriften, hg.v. M.LAMM, 1949 (wichtig zur Klärung der Frage des Berufungserlebnisses) - G.GOLLWITZER, Die durchsichtige Welt. Ein S.-Brevier, 1953 (Lit.). *G.Gollwitzer*

Swedenborgianer. → Swedenborg (= S.) beschränkte sich auf den Druck der ihm geoffenbarten »Lehren des Herrn für die Neue Kirche« und blieb trotz Verfolgungen in seiner angestammten Kirche. Erst ab 1787 gründeten Anhänger in *England* Gemeinden der »Neuen Kirche«, um der verketzerten Sache eine Stätte zu schaffen, wobei jedoch von Anfang an deren universaler Charakter erschwerend wirkte. Tatsächlich gelang niemals die Sammlung aller S.ianer. Es entstand die »General Conference of the New Church« mit (1960) ca 5000 Mitgliedern und blühender afrikanischer Mission (40000). Die S.-Society sorgt (seit 1810) für den Neudruck der Werke S.s, eine Theologische Schule für den Pfarrer-Nachwuchs. - In den *USA* wurde 1817 die »General Convention of the New Jerusalem«, 1897 die »General Church of the New Jerusalem« gegründet. Kongregationalistisch gegliedert, mit einem auf Zeit gewählten Präsidenten, stellt jene heute den linken, diese mit ihrer bischöflichen Verfassung den rechten Flügel dar. Eine von F.L.Wright gebaute S.-Gedächtniskapelle am Pazifik, die jährlich Millionen Besucher anlockt, repräsentiert den Missionsgeist der Convention, Bryn Athyn/Pa., die »Stadt der S.ianer« mit ihrer Kathedrale, das mehr auf inneren Aufbau gerichtete Streben der »General Church«. Beide Körperschaften betreiben eine Theologische Schule und zählen zusammen in USA und Übersee ca 10000 Mitglieder. - In *Kontinentaleuropa* setzte unter englisch-amerikanischem Einfluß die Gemeindebildung Mitte des 19.Jh.s ein. Im *deutschen Sprachgebiet* hatten Männer wie → Oetinger, → Oberlin, G. → Werner und Imm.Tafel durch S.-Übersetzungen bzw. »Nutzwirkungen« im Sinne S.s vorgearbeitet. Heute erscheinen in Berlin das »Neukirchenblatt«, im S.-Verlag Zürich die Neuausgaben der Werke S.s und »Offene Tore, Beiträge zu einem neuen christlichen Zeitalter«. Zwischen den Spiritisten und der Neuen Kirche gab es nie positive Beziehungen; diese arbeitet in der Ökumene mit.

A.L.GOERWITZ, Was lehrt die Neue Kirche?, Zürich 1938 - G.GOLLWITZER (→ Swedenborg; Lit.). *G.Gollwitzer*

Sweelinck, *Jan Pieterszoon* (1562-1621), Komponist und Orgelmeister, * in Deventer, † in Amsterdam, wo er um 1580 als Nachfolger seines Vaters Organist der Oude Kerk wurde. Seine Orgelkunst zeigt Einflüsse spanischer und englischer Meister und hat über seine Schüler S. → Scheidt, J. → Prätorius, H.Scheidemann u.a. stark auf die deutschen Organisten eingewirkt. Einfallsreichtum und Frische kennzeichnen auch S.s Vokalwerk, bes. die »Pseaumes de David«, 4 Bde, 1604-23 (4-8st. Motetten über Weisen des Genfer Liedpsalters). »Kompositionsregeln Herrn M.J.P.S.s...« sind in einer Abschrift von 1670 erhalten.

Weitere Werke: Chansons, 1584; Rimes françoises et italiennes, 1612; Cantiones sacrae, 1619; handschriftl. Klavier- u. Orgelwerke. GA hg.v. M.SEIFFERT, 10 Bde, 1895-1903. - Über S.: F.H.J.TIEDEMANN, J.P.S., 1876 - M.SEIFFERT in VfM 7, 1891, 145-260 - R.L. TUSLER, The Organ Music of S., 1958 - W.BREIG in AfMw 17, 1960, 258-276. *S.Hermelink*

Swift, *Jonathan* (1667-1745), Satiriker, Dichter und Pamphletist. Einer in Irland ansässigen engl. Familie entstammend, wurde S. nach Studium am Trinity College in Dublin zunächst Sekretär bei Sir William Temple, danach anglikanischer Geistlicher in Irland. Sein politischer Stellungswechsel von den Whigs zu den Tories vereitelte seine Hoffnungen auf ein hohes Amt, so daß er sich als Dekan von St. Patrick in Dublin zurückzog. - Unter den zahlreichen kritisch-satirischen Schriften und Pamphleten, mit denen er entscheidend in gesellschaftliche, politische und religiöse Kontroversen eingriff, ist bes. A Tale of a Tub und The Battle of the Books (1704) zu nennen. Der Reiseroman Gulliver's Travels (1726) offenbart bittere Zeit- und Menschensatire und Kritik am Mißbrauch der Vernunft.

Works, 4 Bde, Dublin 1735 - Prose Works, ed. H.DAVIS, 11 Bde, London 1939-59 - Poems, ed. H.WILLIAMS, 3 Bde. Oxford (1937) 1958². - J.M.MURRY, S., London 1954 (Lit.). *G.Müller-Schwefe*

Sydow, *Karl Leopold Adolf* (1800-82), ev. Theologe, *und † in Berlin. Seit 1822 Zivilgouverneur und Pfarrer im Kadettenhaus, wurde S. 1836 Hof- und Gardedivisionsprediger in Potsdam. Auf einer Studienreise in England für die »freie Kirche« gewonnen, geriet er wegen seines Eintretens für Bekenntnisfreiheit, u.a. zusammen mit → Nitzsch auf der Generalsynode 1846, in Gegensatz zu Friedrich Wilhelm IV. Er übernahm darum die Pfarrstelle an der Neuen Kirche in Berlin (1848-76). Wegen der wissenschaftlich begründeten Kritik, die er 1872 in einem Vortrag an der »wunderbaren Geburt Jesu« übte, wurde er vom Konsistorium wegen Verletzung der Amtspflichten amtsenthoben. Diese Strafe wurde u.a. auf Grund zahlreicher Proteste in einen geschärften Verweis umgewandelt. S. gehörte zu den Gründern der »Unierten Kirchenzeitung« und des → Protestantenvereins.

Vf. u.a.: Beiträge zur Charakteristik der kirchl. Dinge in Großbritannien, 2 Tle, 1844f; Die schott. Kirchenfrage, 1845. - Über S.: MARIA SYDOW, K.L.A.S., 1885 - ADB 37, 275ff - W.NIGG, Gesch. des rel. Liberalismus, 1937, 262 - HERMELINK III, 553f. - Akten im Dt. Zentralarchiv Merseburg (Reg. 894, Gen 3 g »Geistliche, die die göttl. Geburt Jesu leugnen«; Reg. 92 Nachlaß Mühler II, 4). *H.Hohlwein*

Sydower Bruderschaft, gegr. 1922, benannt nach dem altmärkischen Dorf *Sydow*, Kr. Jerichow, wo ihr Begründer, Pastor Georg Schulz (1889-1954), damals amtierte. In jährlich zwei Haupttagungen und monatlichen Ortsringversammlungen müht sie sich um ein redliches Glaubenszeugnis in der Gegenwart. Gründliches Studium ihrer Fragen, der Bibel und der Schriften Luthers, tägliches Losungsgebet, persönliche Anteilnahme und Bereitschaft zu Rechenschaftsberichten vor dem Konvent bestimmen das Leben der B. Sie verzichtet bewußt auf eine besondere »Regel«. Neben dem Leiter der Gesamt-B. (zZ 130 Mitglieder) steht ein Bruderrat, der sich aus den Leitern der einzelnen Ortsringe zusammensetzt (Ortsringe in Braunschweig, Soest, Hamburg, Bremen, Berlin-West und -Ost, Magdeburg, Erfurt, Naumburg). Bis 1945 waren die Sydower eine ev. Pfarr-B., seitdem sind auch Laien zugelassen. Angegliedert ist ein Freundeskreis (zZ 40 »Freunde«).

Der ernstgenommene Mensch. Ein Brevier (mit Auszügen aus den Schriften von Pfr. G.SCHULZ), 1956. - Blätter des Austauschs, seit 1925; Sydower Hefte, seit 1947; Grüne Mappen, seit 1953. *R.Herdieckerhoff*

Syllabus (Verzeichnis)

1. *Der S. von 1864.* Als S. bezeichnet man eine zusammen mit der Enzyklika »Quanta Cura« am 8.12.1864 veröffentlichte päpstliche Verlautbarung, über deren Inhalt bereits der Titel Auskunft gibt: »S. complectens praecipuos nostrae aetatis errores qui notantur in Allocutionibus consistorialibus, in Encyclicis aliisque apostolicis Litteris sanctissimi Domini Nostri Pii papae IX.« Es handelt sich demnach um eine Art Katalog bereits vorher von → Pius IX. bekämpfter und verurteilter Irrtümer im Hinblick auf die Säkularisierung des geistigen und politischen Lebens in der christlichen Welt. Das Dokument war in zwölfjähriger sorgfältiger Arbeit von Theologen vorbereitet worden; die Ereignisse des Jahres 1863/64 (→ Renans »Leben Jesu«, der Münchner Liberale Kongreß unter → Döllinger, der Mechelner Katholikentag mit → Montalembert, u.a.) beschleunigten seine Veröffentlichung. Im S. werden 80 Irrtümer namhaft gemacht, die mit Quellenangaben in 10 Abschnitten von unterschiedlicher Länge und Bedeutung zusammengefaßt sind. Art. 2 wendet sich gegen den »Naturalismus« (»Neganda est omnis Dei actio in homines et mundum«); Art. 3 verurteilt den absoluten »Rationalismus«. Die moderne Exegese wird nur in einem einzigen, auf die mythische Theorie anspielenden Artikel gestreift (Art. 7). Art. 15-17 betreffen den »Indifferentismus«. Art. 20, 24, 32, 45, 47, 48 und 55 verwerfen Irrtümer über das Verhältnis von Staat und Kirche (zB Art. 55: »Ecclesia a statu statusque ab ecclesia seiungendus est«). Weitere Artikel beschäftigen sich mit religionsfreier Sittlichkeit, Zivilehe, Scheidung usw. Art. 80 dürfte den Geist des S. mit der Abweisung folgenden Satzes zusammenfassen: »Romanus pontifex potest ac debet cum progressu, cum liberalismo et cum recenti civilitate sese reconciliare et componere.« - Die Veröffentlichung des S. rief bes. in Frankreich eine äußerst lebhafte Diskussion hervor. Nur die nichtbetroffenen »Integristen« und Ultramontanen, eine schwache Minderheit, zeigten Begeisterung. Mgr. → Dupanloup, Erzbischof von Orléans, suchte in einer bereits am 23.1.1865 erscheinenden Broschüre der päpstlichen Verlautbarung eine annehmbare Interpretation zu geben, indem er zwischen der »These« als dem Idealbild der Kirche und der »Hypothese« als der den Zeitverhältnissen angepaßten Form unterschied. Er fand Zustimmung bei 630 Bischöfen, nicht aber beim Papst, der den österreichischen Jesuiten Schrader für seine strikte Auslegung des S. belobigte.

Text in Acta Pii Papae IX, Bd III, 701ff - ASS 3, 1867, 168-176 - MIRBT 602 - DENZ. 1700-1780. - Lit. s. MIRBT, ferner: Mgr. DUPANLOUP, La convention de septembre et l'encyclique du 8 décembre, 1865 - C.SCHRADER, Der Papst u. die modernen Ideen, 1865 - Card. MAZZELA, De religione et ecclesia, 1885 - L.R.GOETZ, Der Ultramontanismus als Weltanschauung auf Grund des S., 1905 - L.CHOU-

PIN, Valeur des décisions doctrinales et disciplinaires du Saint-Siège, 1928 - DThC XIV/2, 2877ff.

2. *Der S. Pius' X.* Als »neuen S.« bezeichnet man das Dekret »Lamentabili sane exitu« des Hl. Offiziums vom 3.7.1907, das von → Pius X. am Vorabend unterschrieben und durch die Enzyklika »Pascendi dominici gregis« vom 8.9.1907 ergänzt wurde (vgl. die Ergänzung des S. von 1864 durch »Quanta Cura«). Das Dekret verurteilt in 65 Sätzen, freilich ohne Namensnennung, speziell die Arbeiten von Männern wie A. → Loisy, G. → Tyrrell und Ed. → Le Roy (→ Reformkatholizismus, 4). Die in der Enzyklika »Pascendi« und später in dem Motuproprio »Sacrorum antistitum« vom 1.9.1910 (→ Antimodernisteneid) erscheinende Bezeichnung »Modernismus« ist hier noch nicht gebraucht. Ein kurzes Vorwort bezeichnet als Ziel des Dekrets die Ausrottung der Irrtümer zahlreicher kath. Autoren, die in ihrem Bestreben nach Dogmenfortschritt in Wahrheit bei der Zerstörung des kath. Dogmas endeten, bes. im Bereich der Schriftauslegung und der Erklärung der Glaubensmysterien. In den 65 Sätzen werden zahlreiche Themen behandelt: das Verhältnis der wissenschaftlichen Arbeit, speziell in der Exegese, zur Autorität der Kirche; der der Irrtumslosigkeit der Schrift widersprechende »Naturalismus«; der den historischen Wert gewisser Glaubensurkunden bestreitende »Kritizismus«; der die Offenbarung ihres objektiven Charakters entkleidende »Subjektivismus«; der dem Dogma nur sittlichen Wert zuerkennende »Pragmatismus«; schließlich der den Grund für alle Dogmenbildung und -entwicklung (Christologie, Sakramentenlehre, Ekklesiologie, Papsttum) im Gewissen der Christen suchende »Evolutionismus«. Die Verurteilungen stützen sich zT auf vorgängige Entscheidungen des kirchlichen Lehramtes; aber die Argumentation geht hinsichtlich der Schriftgrundlage und der Dogmenentwicklung völlig neue Wege.

Text: ASS 40, 1907, 470-478. 593-650 - MIRBT 652f. 658 - DENZ. 2001-2065. 2071-2109. - Lit.: F.HEINER, Der neue S. Pius X., (1907) 1908² - A.MICHELITSCH, Der bibl.-dogmat. S. Pius X., (1907) 1908² - J.BESSMER, Philos. u. Theol. des Modernismus, 1912 - J.RIVIÈRE, Le modernisme dans l'Eglise, 1929 - DThC X/2, 2009ff (Modernisme); XII/2, 1726 (Pie X). - Vgl. die Lit. zu → Reformkatholizismus.

R.Voeltzel

Sylvan (Silvan), *Johannes,* Geburtsjahr und -ort unbekannt, wahrscheinlich Etschland (»Athesinus«), 1555 bischöflicher Hof- und Kontroversprediger in Würzburg. Mit Melanchthons Schriften bekannt geworden, nahm S. 1557 am Religionsgespräch in Worms teil und trat 1559 in Tübingen zum Luthertum über. Obgleich seit 1560 luth. Pfarrer in Calw, wurde er 1567 ref. Sup. in Ladenburg (Pfalz). Wie → Neuser widersetzte er sich → Olevians Kirchenzucht, wurde 1570 als Antitrinitarier zum Tode verurteilt und am 23.12.1572 in Heidelberg enthauptet.

B.G.STRUVE, Pfälz. Kirchenhistorie, 1721, 212ff - J.G.SCHELHORN, Ergötzlichkeiten aus der Kirchenhistorie I, 1762, 571ff - C.TH. SCHUCH, Polit. u. KG von Ladenburg, 1843, 165ff - ADB 37, 285f (Bibliogr., Lit.) - SCHL. II, 319f - H.NEU, Pfarrerbuch der ev. Kirche Badens II, 1939, 606. - Weitere Lit. s. → Neuser. *F.Hauss*

Sylvester, *Johannes* (auf Grund einer unbestätigten Annahme oft auch *Erdösi* genannt), ung. Humanist und Bibelübersetzer (ca 1504-52[?]), * in Szinyérváralja. S. studierte in Krakau und Wittenberg, war Lehrer in Sárvár-Ujsziget, 1544-52 Prof. in Wien. Die Höchstleistung seines mehr humanistischen als reformatorischen Geistes ist die erste vollständige ung. Übersetzung des NT (1541, fotomech. Neudruck 1960): das erste im Lande gedruckte ung. Werk (→ Bibelübersetzungen: V, 2m), dessen Illustrationen zT von S. selbst stammen. In der »Widmung an das ung. Volk« wie auch in den Summarien der biblischen Bücher erweist sich S. als der erste Künstler des ung. metrischen Verses. Durch seine Grammatiken ist er auch ein Bahnbrecher der ung. Philologie.

Ältere Lit. in RGG² II, 229 u. RE III, 115 - I.RÉVÉSZ, Ung. ref. KG, 1938 (ung.) - J.HORVÁTH, Im Zeichen der Reformation, (1953) 1957² (ung.; Lit.) - J.BALÁZS, J.S. u. seine Zeit, 1958 (ung. mit dt. Auszug; Lit.) - M.BUCSAY, Gesch. des Protestantismus in Ungarn, 1959, 37. *B.Nagy*

Symbol, *begrifflich.* Das griech. Wort σύμβολον, wörtlich das Zusammengeworfene, bedeutet ursprünglich das Erkennungs- und Beglaubigungszeichen, wie es zwischen Freunden, Vertragspartnern oder für Boten verwendet wurde, weiter den Vertrag, zB Handelsvertrag. In der abendländischen Kirchen- und Geistesgeschichte hat es eine Fülle von Bedeutungen erhalten, die weit über diesen ursprünglichen Sinn hinausgehen.

1. a) In der *theologischen Sprache* aller Kirchen bedeutet S. zunächst das → Bekenntnis, das in einer Kirche als verbindliche Formulierung des gemeinsam Geglaubten in Kraft steht. In diesem Sinn werden vorab die ökumenischen Bekenntnisse, weiter aber auch die → Bekenntnisschriften der getrennten Kirchen S. genannt. - b) Gelegentlich taucht schon in der alten Kirche jener Begriff von S. auf, nach dem er die *gottesdienstlichen Geräte, Bilder, Handlungen* bezeichnet, soweit sie Träger und Zeugnisse eines tieferen geistlichen Gehaltes sind. Liturgik im Sinn der Entfaltung dieses Gehalts kann bei → Dionysius Areopagita θεολογία συμβολική heißen. Doch ist dieser Begriff von S., vor allem wegen seiner Affinität zum neuplatonischen Analogie- und Identitätsgedanken, in der Theologie jedenfalls der westlichen Kirchen immer am Rand geblieben. Erst in der Neuzeit hat er auf dem Wege über die allgemeine Religionswissenschaft auch in der Theologie, auch jetzt oft in polemischem Sinn, vermehrten Eingang gefunden.

2. In der *allgemeinen Religionswissenschaft* hat der Begriff seit der Geistesbewegung des 18. und beginnenden 19.Jh.s mehr und mehr eine konstitutive Rolle gewonnen, zumeist so, daß die Korrelation von Geist und Natur, von Innerlichkeit und Äußerlichkeit bzw. Gegenständlichkeit die Konzeption bestimmte. Nachdem man mit ihm zunächst die Gegenstände und Mittel der christlichen und außerchristlichen Kulte gedeutet hatte, diente er in der religionsphilosophischen Besinnung mehr und mehr zur Bezeichnung der Objekte und Vermittlungen religiöser Verehrung überhaupt, soweit sie gegenständlich faßbar werden. So reicht der Begriff in der → Religionsphilosophie der Neuzeit seit → Hegel von den dinglichen Gegenständen der religiösen Verehrung (Fetische, Reliquien, Bilder, Zeichen wie Kreuze, Altäre usw, Riten) bis zu den höchsten geschichtlich-geistigen Gegenständen (Christus als geschichtliche Wirklichkeit, Sohn Gottes, Wort Gottes, Bund Gottes). Dabei kann das Verhältnis zwischen dem Gegenständlichen des S.s und seinem überlegenen religiösen Gehalt auf drei Weisen verstanden werden: a) *»Realistisch«* im Sinn der Einheit: der Gehalt ist von seiner symbolischen Darstellung und diese von ihm nicht zu trennen. »Das S. ist ein Teilhaben des Heiligen an seiner aktuellen Gestalt« (van der Leeuw 510). - b) *»Idealistisch«* so, daß das Verhältnis zwischen S.gehalt und -gestalt im Sinn der wesenhaften Verschiedenheit verstanden wird: der Gehalt bleibt seiner symbolischen Darstellung gegenüber frei und will durch sie hindurch, evtl an ihr vorbei für sich erkannt sein (K. → Jaspers: das S. ist bloße »Chiffre« für den transzendenten Sinn). - c) *»Paradoxal«:* Das Verhältnis ist dasjenige der Aufhe-

bung der Gestalt durch den ihr unveräußerlichen Gehalt. Der Gehalt kann nicht anders als in der gegenständlichen Gestalt zur Offenbarung kommen, aber um seiner überlegenen Macht und Fülle willen nur so, daß er sie zerbricht; das S. kann nicht anders als im Zerbrechen von der Gewalt seines Sinnes zeugen. Diese letzte Auffassung ist für die religiöse Vertiefung der Religionsphilosophie bei P. → Tillich charakteristisch, der von daher »in Christus, dem Gekreuzigten, das vollkommenste S. der menschlichen Situation« sieht (In der Tiefe ist Wahrheit, 1952, 50).

3. Die klassisch-romantische → *Ästhetik* versteht im Gefolge von → Kants »Kritik der Urteilskraft« das Schöne im allgemeinen, das künstlerisch Schöne im besonderen symbolisch als Vergegenwärtigung eines Übersinnlichen im Sinnlichen, als »Freiheit in der Erscheinung« (Schiller). Nach Goethes Definition entsteht ein S. dann, wenn eine Idee in ein Bild verwandelt wird - »so, daß die Idee im Bild immer unendlich wirksam und unerreichbar bleibt« (Maximen und Reflexionen 1113).

4. Die moderne → *Tiefenpsychologie* benützt den Begriff, um diejenigen Erscheinungen des Bewußtseins zu bezeichnen, in denen ein Unbewußtes zutage drängt. Es geht dabei neben allerlei Fehl- und Übertragungshandlungen vor allem um die Träume. So werden »Traum-S.e« bei → Freud als verhüllte Enthüllungen der ins Unterbewußte verdrängten elementaren Triebregungen gedeutet. C.G. → Jung erkennt in gewissen großen Traum-S.en die Archetypen des »kollektiven Unbewußten«, dh des Niederschlags der gesamten geistigen Erfahrung der Menschheit wieder.

Vgl. → Symbole, → Symbolismus.

RE XIX. 196ff - E.Cassirer, Philos. der symbol. Formen I-III, (1923-29) 1954² - Ders., Wesen u. Wirkung des S.begriffs, 1956 - P.Tillich, Religionsphilos., 1925 - J.J.Bachofen, GesW. hg.v. K.Meuli, 1948ff - C.G.Jung, Symbolik des Geistes, 1948 - H.Friedmann, Wissenschaft u. S., 1949 - E.Buess, Gesch. des mythischen Erkennens, 1953 - Stud. Generale 6, 1953, 185-369 - H.Looff, Der S.-begriff in der neueren Religionsphilos. u. Theol. (KantSt ErgH 69), 1955 (Lit.) - van der Leeuw - K.Goldammer, Die Formenwelt des Religiösen, 1960.

E.Buess

Symbole

I. Religionsgeschichtlich - II. Jüdische Symbole - III. In der christlichen Kunst. - S. = Symbol. - Vgl. → Symbol (begrifflich), → Symbolismus

I. Religionsgeschichtlich

1. Begriff - 2. Verbreitung - 3. Wertung - 4. Absinken der S.e

1. Das S. ist eine Manifestation des Heiligen (→ Heilig: I). Es entsteht durch das »Zusammentreffen« (συμβάλλειν) einer profanen Erscheinung mit der sakralen Sphäre, wobei es im Gegensatz zur → Allegorie (vgl. auch → Gleichnis: I) zu einer rational nicht faßbaren Wesensgemeinschaft auf Grund einer »mystischen Teilhabe« (participation mystique) kommt. Der profane Gegenstand, der somit einen religiösen Sinn erhält, ist dabei mit dem Abgebildeten weitgehend oder vollständig identisch; es fehlt teilweise oder ganz die Differenzierung von Zeichen und Bezeichnetem. Dabei braucht zwischen Urbild und Abbild keine äußerliche Ähnlichkeit zu bestehen. - Das S. vermittelt dem Menschen die Gegenwart des Heiligen. Es hat daher weitgehende Bedeutung als Gegenstand des → Kultus und der Andacht; auch zur → Orakel-Erteilung und im Bereich des Zaubers wird es benutzt. Religiöse Reformbewegungen übernehmen häufig vorgefundene S.e, um sie mit neuem Inhalt zu erfüllen.

2. Die Verwendung von S.en, die praktisch jede profane Erscheinung betreffen kann, ist weltweit und seit frühesten Zeiten verbreitet. Geometrische Grundformen wie Linien, → Kreis, → Kreuz (: I) und → Hakenkreuz, die als prähistorische (→ Prähistorie) Ornamente erscheinen, können bereits S.gehalt gehabt haben. Außerordentlich weit verbreitet sind Stein-S.e (→ Steine). Sie finden sich u.a. im europäischen Menhir, in der griech. Herme, im Stein der Magna Mater, in den semitischen Masseben (→ Stele), im Kultstein der Ka'ba (→ Arabien: I) und in den indischen Linga-Steinen (→ Phallische Kulte). Für menschliche Werkzeuge mit S.charakter ist die → Doppelaxt der → kretisch-mykenischen Religion bezeichnend; viele Fundstücke sind so klein oder schwach, daß sie eine praktische Bedeutung ausschließen. In spezieller Weise ist der → Altar (: I) S. der Gegenwart des Numens; er gilt als dessen Thron oder Tisch. Beim Götterbild selbst (→ Bilder: I) ist der Übergang vom S. zur Identifikation mit dem verehrten Gott fließend; im letzteren Falle liegt Idolatrie vor. Die kultische Behandlung der Götterbilder entspricht der Bedienung irdischer Herrscher (→ Herrscherkult). Sie werden geweckt und angekleidet, sie müssen gewaschen, gesalbt und geschminkt werden, sie erhalten → Mahlzeiten (: I), man erfreut sie durch → Musik (: II) und → Tanz (: I), sie werden bei → Festen und Feiern (: I) in einer → Prozession (: I) herumgeführt. Neben der von Menschen gebildeten figürlichen Darstellung finden sich als Götter-S.e häufig Tiere (→ Tierkult), wie sie bes. für die Spätzeit der ägyptischen Religion bezeichnend sind. Das Handeln im Kultus hat durchweg symbolische Bedeutung. Das → Drama der Kulthandlung repristiniert ein Ereignis des → Mythos (: II). Im Sakrament wird die Aufnahme der Gottessubstanz symbolisch vollzogen. Jeder Teil des Kultus hat S.charakter; in → Ägypten (: II) galt der → Weihrauch als »Treppe zum Himmel« (Pyramidentexte 365 Sethe). Eine Sublimierung der S.e liegt vor, wenn menschliche Eigenschaften zu göttlichen in Beziehung gesetzt werden, zB die irdische → Liebe (: I) als S. der Gottesliebe angesehen wird.

3. In den polytheistischen Religionen des Alten Orients und der klassischen Antike genossen die S.e eine hohe *Wertschätzung*. Bezeichnend sind angekettete Götterbilder der Griechen (→ Griechische Religion), die die S.e vor Raub schützen sollten. Im heutigen → Hinduismus (: I) sind S.e weit verbreitet, bes. in Form des Götterbildes, das rituell geweiht wird und dem der Brahmane seinen → Atem einbläst. Hinduistische Götterdarstellungen mit zahlreichen Gliedmaßen symbolisieren die Vielzahl göttlicher Kräfte. Volkstümliche Anschauungen sehen in diesen S.en die Realpräsenz des Gottes. Auch besteht der Glaube, daß manche Götterbilder von himmlischen Künstlern verfertigt seien. Eine vergeistigtere Richtung toleriert die S.e als Mittel zur Hinlenkung auf das Transzendente. Der → Jinismus und der → Buddhismus (: I) haben die hinduistische S.verehrung praktisch übernommen. Sie sehen in ihr allerdings in der Theorie allein ein Mittel zur Läuterung und geistigen Vervollkommnung des Menschen. Ein spezielles buddhistisches S. ist das → Rad, das als »Rad der Lehre« (dharmacakra) die Predigt des → Buddha symbolisiert und als Lebensrad oder »Rad des Werdens« (bhavacakra) das gesetzmäßige Werden des Menschen auf Grund der in früheren Existenzen geschaffenen Voraussetzungen zum Ausdruck bringt. Die → Sikhs bekämpfen die S.e der übrigen indischen Religionen radikal. Jedoch erweisen sie ihrem heiligen Buch, dem im Goldenen Tempel von Amritsar aufbewahrten Granth, innerhalb ihres sonst symbolfreien Monotheismus göttliche Ehren. Wenn aus dem Buche vorgelesen wird, muß ständig ein Pfauenwedel über ihm bewegt werden. Dem Granth werden Blumen gestreut, militärische Ehrenbe-

zeigungen erwiesen und Prozessionen veranstaltet. Ausgesprochen symbolfeindlich war auch der Monotheismus → Muhammeds, der bildlich dargestellte Götter verspottete (Sure 35, 38) und Stein-S.e als Speise für das Höllenfeuer bezeichnete (Sure 2, 22). Der spätere → Islam legte den Nachdruck dieses Verbots auf dreidimensionale, naturalistische Nachbildungen von Personen.

4. Eine Entwertung polytheistischer S.e kann daher durch monotheistische Verkündigungen (→ Monotheismus: I) gefordert werden. Generell tritt ein *Absinken* der S.e als Resultat eines Desakralisierungsprozesses ein, in dem an die Stelle des religiösen Erlebens (→ Erlebnis: I) die rationale Überlegung tritt. Die ehemals religiösen S.e gewinnen dann häufig auf magischem (→ Magie), politischem oder ästhetischem Gebiet Bedeutung. So wurde in Indien der Diamant (vajra), der ehedem als »Donnerkeil« das S. des blitzeschleudernden Gottes Indra war, zu einem magischen Mittel gegen Vergiftung und Schutz vor Schlangen. Fahnen und Abzeichen bewahren ihre S.kraft auf politischer Ebene. Für den ästhetischen Bereich ist die symbolische Verwendung der → Farben (, 1) für Gemütsstimmungen bezeichnend.

E.GOBLET D'ALVIELLA, The Migration of S.s, New York (1894) 1956 - G.W.GESSMANN, Die Geheim-S.e der Alchemie, Arzneikunde u. Astrologie des MA, (1899) 1959² - W.SCHLESINGER, Gesch. des S.s, 1912 - H.PRINZ, Altoriental. S.ik, 1915 - TH.W.DANZEL, Die psychol. Grundlagen der Mythologie (ARW 21, 1922, 430-439) - C.A.BERNOULLI, J.J.Bachofen u. das Natur-S., 1924 - E.HOWALD, Der Kampf um Creuzers S.ik, 1926 - G.LANOË-VILLÈNE, Le livre des s.es. Dict. de s.ique et de mythologie I-IV (A-Co), Bordeaux u. Paris 1926-30 - R.WILL, Le culte II, Paris u. Straßburg 1929, 279ff - R.GUÉNON, Le s.isme de la croix, Paris 1932; engl. 1958 - E.ROUSSELLE, Vom Sinn der buddhist. Bildwerke in China, (1931/35) 1958 - A.BERTHOLET, Über kult. Motivverschiebungen (SAB 1938, 164-184) - S.e der europ. Urzeit u. der germ. Völker (Hdb. der S.forschung II), 1941 - K.v.AMIRA-CL.v.SCHWERIN, Rechtsarchäologie, 1943 - H.ZIMMER, Myths and S.s in Indian Art and Civilization, New York 1945; dt. 1951 - W.KRICKEBERG, Das mittelamerik. Ballspiel u. seine relig. S.ik (Paideuma 3, 1948, 118-190) - J.AUBOYER, Le trône et son s.isme dans l'Inde ancienne, Paris 1949 - E.CASSIN, S.es de cession immobilière dans l'ancien droit mésopotamien (L'Année sociologique 1952, 107 bis 161) - P.E.SCHRAMM, Herrschaftszeichen u. Staats-S.ik I-III, 1954 bis 1956 - D. u. E.PANOFSKY, Pandora's Box. The Changing Aspects of a Mythical S., London 1956 - VAN DER LEEUW § 65, 2 - F.HERRMANN (Hg.), S.ik der Religionen Iff, 1958ff - R.T.R.CLARK, Myth and S. in Ancient Egypt, London 1959 - E.D.SAUNDERS, Mudrā. A Study of S.ic Gestures in Japanese Buddhist Sculpture, ebd 1960 - H.v.GLASENAPP, Glaube u. Ritus der Hochreligionen, 1960, 100ff - Symbolon. Jb. f. S.forschung, Iff, 1960ff - C.A.S.WILLIAMS, Encycl. of Chinese S.ism and Art Motives, New York 1960. - Vgl. die Lit. zu → Symbolismus: I u. zu den im Text genannten Artikeln.

G.Lanczkowski

II. Jüdische Symbole

Bleiben schon bei der »Kultsymbolik« im AT die Motive oft undurchsichtig (vgl. Ehrlich), so gilt dies nicht weniger für die Interpretation jüd. S.e, da Aussage und Anspruch in ihnen selbst ruht (vgl. Goodenough). Die S.e des antiken Judentums - zwischen dem 1. und 7.Jh. - begegnen in Palästina und in der Diaspora (im Osten bislang nur in → Dura-Europos [: II]), und zwar im und am Gebäude der → Synagoge, im sepulkralen Bereich sowie auf Flaschen und Gläsern, Lampen, Münzen und Amuletten. Aus Raumgründen sind hier nur die wichtigsten S.e angeführt (die Verweise beziehen sich auf die Materialsammlung bei Goodenough). Nicht selten berühren sich mit jüd. S.en die annähernd im gleichen Zeitraum auftauchenden S.e der paganen und christlichen Welt, so daß man auch mit Querverbindungen rechnen darf. Daß die jüd. S.e durchgängig und primär zum Bereich der Toten gehören, ist nicht beweisbar; ihr Vorkommen in Synagogen und Gräbern ermöglicht einen Bezug zum Jenseitsglauben (→ Auferstehung: IV), ohne daß damit der Ursinn der S.e getroffen wird (Kümmel).

1. Der *Tora-Schrein* (allein dargestellt: III, 434[?]) weist auf das Sanctissimum der Synagoge; ob er geschlossen oder offen dargestellt wird, macht keinen Unterschied. Er wird von Löwen bewacht (III, 501. 514. 964ff [627]); im Mosaik von Beth Alpha (s. Taf. 71 Abb. 5) beschützen zudem Löwe und Stier die Inschrift der Umrandung. Häufig ist der Schrein von 2 Leuchtern (s. 2) flankiert (III, 707) und in eine Muschelnische hineingestellt (III, 58ff). Die Muschel allein (III, 467; IEJ 9, 1959, Taf. 24 B; kombiniert mit Leuchtern III, 622) ist ein »abgekürztes« S. Abbreviatur ist auch die Tora-Rolle (III, 712. 810). 2 Rollen liegen auf dem Fuß des Leuchters auf dem Synagogen-(Grab?-)Relief von Priene (s. Taf. 71 Abb. 4). Die Aussage des S.s (Schrein und Rolle) umspannt für den Juden alle Heilserfahrungen und alle Hoffnungen, die mit der Tora (→ Gesetz: III) gegeben sind. Insofern der Schrein die → Lade ablöst, kann auch der Tempel S. der gnadenvollen Gegenwart Gottes (šᵉkîna) sein (III, 602. 692).

2. Das häufigste aller jüd. S.e ist der siebenarmige → *Leuchter*. Es gab ihn (in der Nachfolge der → Menora des Tempels) als bronzenes Kultgerät in der Synagoge (doppelt und einzeln: III, 562. 603. 643 zu 646). Bei den Toten bezeugt er den Auferstehungsglauben (das szenisch erweiterte Torlonia-Fresko III, 817 ist in der Deutung umstritten), insofern er auf das *Licht* des Gesetzes (Ps 119, 105; Weish 18, 4) weist, das *Leben* gewährt. In christlicher Umgebung betont der Leuchter die »andere« Konfession: auf 2 Bleisarkophagen aus gleicher Werkstatt dominiert bei dem einen das Christusmonogramm, bei dem anderen der Leuchter (vgl. V, 59 mit IEJ 9, 1959, Taf. 23f).

3. Aus dem Bereich der → Feste (: II) Israels stammen als S.e das zu Neujahr geblasene *Widderhorn* (Schofar), der *Feststrauß* von Laubhütten (Lulab = Weide, Myrte oder Palme) und eine *Zitrusfrucht* (Ethrog). Diese S.e sind meist mit dem Leuchter kombiniert, so auch auf dem Priene-Relief (s. Taf. 71 Abb. 4), bei dem allerdings das Horn merkwürdig gewinkelt ist (Deutung umstritten). In Weiterführung des Räucherns im Tempel hat man bronzene Schaufeln (auch pagan vorkommend) zum Räuchern vor dem Schrein verwendet und sie als S.e dargestellt (Taf. 71 Abb. 5 oberes Feld: neben bzw. unter dem gebogenen Horn). Wie die Schaufel bzw. der mit ihr geübte Ritus die Ehrung der Gottesgegenwart bezeugt, so weisen Widderhorn (Bezug zu Gen 22), Lulab und Ethrog auf die an den Festen verkündete Vergebung und Versöhnung hin (zu Isaaks Opfer s. 5).

4. Ein gutes Beispiel der *Adaption paganer Motive* ist das Bild der Tierkreiszeichen, der 4 Jahreszeiten und des von Mond und Sternen umgebenen Helios (Mittelfeld in Beth Alpha; Synagoge von Naaran: III, 614; RB 68, 1960, 161ff). Im 5.Jh. galt als erlaubt, was im 1.Jh. verpönt war (Bell. Jud. V, 5, 4)! Längst entmythisierten Nachhall hellenistischer Gestirnreligion bezeugt das als ganzes symbolisch zu nehmende Bild der kosmischen Ordnung und des »Schicksals« (nach Goodenough auch Hinweis auf die Unsterblichkeit). Übernommen ist die antithetische Gruppierung von Vögeln (zu denen am Schrein im Beth Alpha-Bild vgl. III, 882. 967f): Trauben pickend (III, 327. 729) oder trinkend (III, 445). Auf dem Synagogenmosaik von Hamman Lif (III, 887) sind zwei Pfauen zu seiten eines Kantharos (mit Wasserfontäne!) dargestellt. Auch ohne Vögel ist die Amphora S. des Lebens, wobei (Nachhall des → Dionysos-Kultes?) an die Stelle des Lebenswassers auch der Wein treten kann (Amphora mit Weinranken auf Lampen: III, 320ff; ohne diese auf Münzen: III, 680ff; schwerlich Kultgeräte des Tempels!). Die zusammen mit anderen S.en auf Loculiplatten jüdischer → Katakomben (: II) auftau-

chende Amphora *könnte* auch auf den Passa-Wein zielen. Fisch und Wein kombiniert ein Lampenbild (III, 376); auf Goldgläsern (III, 973f) muß der Fisch als cena pura des Sabbat gedeutet werden. Aber es gibt auch rein »dekorative« Fisch-Bilder (Umrandung des Beth Alpha-Mosaiks?). Ob beim → Fisch-S. Querverbindungen zu dem der Christen besteht, ist ebenso ungeklärt wie beim gefüllten Brotkorb (u.a. Umrandung des Beth Alpha-Mosaiks). In ihrer Ausdeutung kaum greifbar sind Ranken und Früchte (Granatapfel u.a.) und stilisierte Rosetten und Rhomben (ausführliche, zT problematische Darlegung bei Goodenough V-VIII). Aus dem paganen Bereich adaptiertes S. ist der die Rettung aus dem Tode bezeugende Delphin: im Sepulkralbereich in Palästina (III, 84 und IEJ 9, 1959, Taf. 24 B) und in Rom (III, 800. 806).

5. Im Gegensatz zu den erzählenden Wandfresken von → Dura (: II) hat die *Darstellung von Isaaks Opferung* über der Toranische von Dura - neben den S.en von Leuchter, Lulab, Ethrog und Tempel - S.-Charakter. Der bevorzugten Stelle hier entspricht das Mittelfeld des Mosaiks von Beth Alpha (s. Taf. 71 Abb. 5). Es ist ein soteriologisches S. und zweifellos ein »Gegenüber« zu der christlichen Bezeugung des Gekreuzigten und Auferstandenen. Daß nach haggadischer Überlieferung (vgl. M.Simon) Isaak drei Jahre entrückt war - auf dem Beth Alpha-Bild scheint er Flügel zu haben; vgl. auch das Zelt im Dura-Bild (s. Taf. 9 Abb. 1) -, und daß die Sühnkraft der Gebete über der Akeda Isaaks bes. herausgestellt wird, läßt Kontakt und Kontrast (vgl. Hebr 11, 17-19!) erkennen. Ob beim Katakombenbild (III, 86) und dem Synagogenbild (III, 642) mit der Darstellung Daniels unter Löwen Querverbindungen zur christlichen Symbolik bestehen, muß offenbleiben.

6. Als Nebenform des Strahlensterns findet sich neben dem Pentagramm (III, 473. 808) auch das *Hexagramm* (III, 67. 251. 358. 474. 616). Dieses ist magisches Zeichen (VII, 229. 231: koptisch!); seine Bezeichnung: (Siegel - oder Schild Salomos - oder:) »Schild Davids« soll aus dem arabischen Bereich stammen. In der → Kabbala genannt, gewinnt der *Davidsstern* erst im 19.Jh. eine allgemeine Bedeutung als Zeichen des Judentums (bei der Judenverfolgung des → Nationalsozialismus war der gelbe Sechsstern ein Zwangsabzeichen der »Rassejuden«). In blauer Linienzeichnung und auf weißem Grund gilt das Hexagramm seit ca 1900 als säkulares S. des → Zionismus und wurde 1948 in die Fahne des Staates → Israel (: III) übernommen.

G.KÜMMEL, Die älteste relig. Kunst der Juden (Judaica 2, 1947, 1-56) - M.SIMON, Remarques sur les synagogues à images de Doura et de Palestine (Forsch. z. Kunstgesch. u. christl. Archäologie I/1, 1952, 31-44) - E.R.GOODENOUGH, Jewish S.s in the Greco-Roman Period I-VIII, New York 1953-58 (Lit.) - E.L.EHRLICH, Kultsymbolik im AT u. im nachbibl. Judentum, 1959. *K.Galling*

III. In der christlichen Kunst

1. Alte Kirche - 2. MA - 3. Seit der Reformation

1. Die → Christussymbole wie der → Gute Hirt und daneben Gestalten wie die → Oranten stehen am Anfang der christlichen Kunst (→ Malerei und Plastik: I). Daraus erhellt die Bedeutung des Personal-S.s, das im 3.Jh. noch in weiteren Gestalten auftritt: Angler (S. des priesterlichen Amtes), Philosoph (S. der Lehre bzw. des Lehrers), Daniel in der Löwengrube, Jonas, die Jünglinge im Feuerofen, Noah (nach Fink ein S. des Gerechten, wohl kaum richtig), Susanna u.a.m. (alles S.e der rettenden Gotteskraft); die meisten von ihnen versinken bald wieder, andere, wie Jonas, ändern ihre Bedeutung (Typos für Tod und Auferstehung Christi [Aquileja]). Schon hier zeigt sich, daß die Grenze zwischen S. und Typos nicht immer scharf zu ziehen ist. Das 4.Jh. fügt die verschleierte Frau als S. der Ecclesia hinzu (zB Ägidius-Sarkophag Perugia; Holztür S. Sabina, Rom; Mosaiken S. Sabina und S. Pudenziana, Rom), das schon in den Bereich der Personifikation hinüberweist. Das Sach-S. ist daneben im 3.Jh. ziemlich selten (→ Anker, Arche, → Schiff); im 4.Jh. kommen hinzu: die → Hand Gottes, der Kranz, das → Kreuz (in Ägypten kann an seine Stelle das Anch treten [→ Kopten: III, 1], wie überhaupt viele der altchristlichen S.e aller drei Gruppen sicher vorchristlichen Ursprungs sind; vgl. Klauser). Bezeichnend für das Wesen des S.s ist seine Mehrdeutigkeit. Sie tritt bes. bei den Tier-S.en hervor: → Fisch (für Christus bzw. die Täuflinge), → Lamm, → Taube, → Pfau. Positive S.e sind der Hirsch (nach Ps 42, 2), der → Phönix (Christus) u.ä.; negative S.e der Wolf (Susanna als Lamm zwischen zwei Wölfen, Prätextat-Katakombe; Wolf greift die Herde Christi an, Lipsanothek Brescia) und die Schlange, wenn sie nicht die → Eherne Schlange aus Joh 3, 14 ist (Sarkophag Gerona, s.u.; Pignatta-Sarkophag Ravenna, s.u.). Beim Tier-S. beginnt aber auch bereits eine andere Ambivalenz: zB ist der Löwe, nach römischem Vorbild, meist S. des Todes (Riefelsarkophage mit Löwenprotomen; Sarkophag Gerona: Christus steht auf dem von einer Schlange umwundenen Löwen; Pignatta-Sarkophag Ravenna: Christus setzt die Füße auf Schlange und Löwen, ein auch sonst häufiges Motiv); andererseits wird er zum S. des Markus (→ Evangelistensymbole). Mit diesen Gruppen sind die Grundlagen für die reiche Verwendung der S.e im MA gelegt. - Will man den Begriff des S.s weit fassen (wie zB H.Jursch), so läßt sich die gesamte Motivik der altchristlichen Grabeskunst symbolisch verstehen, zumindest in den Anfängen (im 4.Jh. kommen schon typologische Szenen hinzu). Die frühen szenischen Darstellungen sind extreme Kurzfassungen, nicht illustrativ gemeint, sondern sagen wie ein S. eine Glaubenswahrheit oder eine Hoffnung aus; so weist zB die Blindenheilung auf die Taufe, das Kanawunder auf die Eucharistie usw. - Schwierig ist die Abgrenzung gegenüber dem Attribut, vgl. zB den Hahn in der sog. Verleugnungsansage oder das Kreuz bei Petrus und in späteren Märtyrerdarstellungen.

2. Im *MA* breiten sich die S.e immer mehr aus. In der Baukunst (→ Kirchenbau: III) werden Bauglieder, Grundrißformen u.ä. zu S.en (vgl. Sauer, Bandmann). In → Malerei und Plastik (: II. III) dringen die S.e, nach kurzem Vorspiel in karolingischer Zeit (zB Kelch unter dem Kreuz als S. der Eucharistie), seit der Romanik vor. Breiten Raum nimmt zunächst das Tier-S. ein, wobei der Sinn nicht immer klar faßbar ist (vgl. zB Kirche in Schöngrabern; St. Jakob in Regensburg). Die Mehrdeutigkeit der einzelnen Tier-S.e wächst. So ist zB der Löwe S. der Geburt wie der Auferstehung Christi, der göttlichen Barmherzigkeit, der Kraft, des Mutes, der Wachsamkeit, aber auch des Todes (Portallöwen mit Menschen in den Pranken, so auch am Sarkophag Friedrichs II., Palermo); der Bock steht für die Verworfenen, die Dämonen, die Juden und die Unzucht. Im Anschluß an den → Physiologus und die ihm folgende Literatur im MA wuchert das Tier-S. unübersehbar. Kaum ein Tier bleibt ohne S.-Wert. Hinzu kommen Fabelwesen aus Antike und Orient (Drache, Greif, Einhorn usw) und halbtierische Wesen heidnischer Mythologie (Kentauren, Satyrn, Sirenen, Sphingen), ferner die ebenfalls in altchristliche Zeit zurückreichende symbolische Deutung der → Zahlen, Steine und bes. der Pflanzen. War schon in altchristlicher Zeit die Palme S. des Paradieses, die Rose S. der Märtyrer und die Lilie S. der Reinen, so rankt sich jetzt eine üppige Flora um Christus (→ Christussymbole) und Maria (Lilie als S. der

Unbeflecktheit; Rose als S. der Himmelskönigin; brennender Dornbusch als S. der Virginität, vgl. das Triptychon von N.Froment, Aix). Die belebte Natur wird zum S. der jenseitigen Welt. - Wichtige Quelle für die S.e im hohen MA ist weiter das Speculum humanae salvationis (→ Heilsspiegel), in dem zB als S.e für Maria genannt werden: die Bundeslade, der Aaronstab, das Manna und der siebenarmige Leuchter. Auf → Petrus Damiani geht die Beziehung des Thrones Salomos auf Maria zurück. In diese S.-Reihe gehören auch Gideons Vließ und die verschlossene Pforte (Ez 44, 2). Ihren Höhepunkt findet sie im verschlossenen Garten mit dem versiegelten Brunnen (Hhld 4, 12), gern mit der Einhornjagd verbunden. Daraus wird das im Spät-MA so beliebte Motiv der Maria im Rosenhag (zB Stephan Lochner). Als Beispiel für die S.-Fülle, die sich um dieses S.-Bild ranken kann, seien die häufigsten Neben-S.e genannt: Sonne, Mond, Stella maris, Himmelspforte, Lilie, Rose, Olive, Zeder, Civitas Dei, Turm Davids und Brunnen lebenden Wassers (zB Holzschnitte bei Molsdorf). Mit dem Ährenkleid, dessen Herkunft und Deutung umstritten sind, sowie durch Gleichsetzung Marias mit dem Weib der Apk (12, 1-6) treten neue S.e hinzu (Sternenkranz; Halbmond zu Füßen Mariens). - Über diese Andeutungen und Beispiele hinaus können hier die S.e des MA nicht genannt werden. Ihr Geltungsbereich erstreckt sich bis hin zu den Sakramenten (Lebensbrunnen; Hostienmühle; Kelch mit herauswachsendem Schmerzensmann oder Kruzifix usw) und zu den Tugenden und Lastern.

3. Die Übersteigerung und Überspitzung der S.e im MA, bes. im 15.Jh. in Deutschland, führte den ursprünglichen Sinn des S.s in der christlichen Kunst ad absurdum. So kam es auf kath. Seite in der Abwehr der Reformation, bes. der ref. Bilderfeindschaft, zu einer Reinigung des überlieferten Bildgutes (durch Vermeulen), der auch manches S. zum Opfer fiel (zB das Einhorn), während neue S.e kaum entstanden. Ihre Stelle nahmen Allegorien und Personifikationen als Erbe der → Renaissance ein. Auch auf prot. Seite entstehen kaum neue S.e, abgesehen von der Aufnahme des gelegentlich schon im MA (zB Uta-Evangeliar fol. 1 b; vgl. dazu RAC IV, 313) verwendeten Dreiecks, dem auch ein Auge oder das Tetragramm eingeschrieben werden kann, im Barock. In bescheidenem Umfang entwickelt sich auch eine Symbolik des prot. Kirchengebäudes, aber ohne wesentliche neue Züge. Bes. bedeutsam wird im → Barock die auch im MA wichtige Lichtsymbolik (Schöne). - Erst in neuester Zeit ist das seit der Aufklärung zurückgegangene Interesse am S. wieder lebendig geworden. R. → Koch schuf zahlreiche, durch ihre Schlichtheit bes. aussagekräftige, zT an der altchristlichen Kunst orientierte S.e. Angesichts der Ermattung künstlerischen Schaffens im Raum der Kirche und der Konfrontierung mit der → abstrakten Kunst ist die Forderung nach einer Erneuerung der christlichen Kunst auf dem Wege über das S. mehrfach erhoben worden, so von P.Metz (kath.) und H.Jursch, die die Scheu des modernen Menschen, das Göttliche anthropomorph zu bewältigen, in Rechnung setzt und ihn für so rational hält, daß »er mit Hilfe der Abstraktion (gemeint ist hier das S.) leichter zum wesentlichen religiösen Gehalt vorzudringen vermag«. Für eine Neufassung der S.e im Sinne der Moderne tritt P. → Tillich ein, der mit anderen darin eine wesentliche Vorbedingung für ein echtes Fortbestehen der christlichen Kunst überhaupt erblickt.

J.Sauer, Symbolik d. Kirchengebäudes u. seiner Ausstattung in d. Auffassung d. MA, (1902) 1924² - W.Molsdorf, Christl. Symbolik d. mittelalterl. Kunst, (1920) 1926² (Lit.) - P.Tillich, Das relig. S. (Bll. f. dt. Philos. 1, 1928, 277-291 = Relig. Verwirklichung, 1930, 88-109) - Ders., Theology and Symbolism (Religious Symbolism, ed. F.E.Johnson, New York 1955, 107-116) - Ders., Existential Analyses and Religious S.s (Contemporary Problems in Religion, ed. H.A.Baselius, Detroit 1956, 35-55) - G.Stuhlfauth, Das Dreieck, d. Gesch. eines relig. S.s, 1937 - G.Bandmann, Mittelalterl. Architektur als Bedeutungsträger, 1951 - P.Metz, Abstrakte Kunst u. Kirche, 1954 - W.Schöne, Über d. Licht in d. Malerei, 1954 - L.Réau, Iconographie de l'art chrétien I-III/3, Paris 1955-59 (bes. I, 67ff; Lit.) - L.Behling, Die Pflanze in d. mittelalterl. Tafelmalerei, 1957 - H.Jursch, Die altchristl. S.e, ihre Eigenart u. ihre Bedeutung für d. Gegenwart (WZ Jena 6, 1957, 397-424) - Th.Klauser, Studien zur Entstehungsgesch. der christl. Kunst (JAC 1, 1958, 20-51; 2, 1959, 115-145; 3, 1960, 112-133) - G.de Tervarent, Attributs et s.es dans l'art profane, Genf 1958 - E.Wind, Pagan Mysteries in the Renaissance, London 1958 - K.Wessel, Symbolik d. prot. Kirchengebäudes (in: K.Goldammer, Kultsymbolik d. Protestantismus, 1960, 83-98) - D.Forstner, Die Welt d. S.e, 1961. - Zu den einzelnen S.en vgl. die Art. im RDK. Vgl. ferner die Lit. zu → Ikonologie u. zu den Einzelartikeln.

K.Wessel

Symbolik → Konfessionskunde.

Symbolismus

I. Religionsgeschichtlich - II. Literarhistorisch - III. Kunstgeschichtlich. - Vgl. → Symbol (begrifflich), → Symbole

I. Religionsgeschichtlich

1. Begriff - 2. S. des Raumes - 3. S. der Zeit - 4. S. der Natur - 5. S. des menschlichen Lebens - 6. Entwertung des S.

1. Unter S. versteht man in der heutigen → Religionswissenschaft, bes. auf Grund der Arbeiten von R.Thurnwald, E.Cassirer und M.Eliade, die Gesamtheit jener Phänomene, in denen sich eine religiöse Sinnerfüllung der Welt darstellt, durch die die Welt transparent wird für die Erfahrung des Heiligen (→ Heilig: I). Die Phänomene des S. offenbaren (→ Offenbarung: I) eine sakrale Struktur der Welt, die sich der rationalen Erkenntnis verschließt, aber für den religiösen Menschen deren eigentliches Wesen deutlich werden läßt. Ein wesentliches Charakteristikum des S. ist seine Vielwertigkeit; jedes dieser → Symbole drückt eine Mehrzahl von Bedeutungsinhalten aus. Da der Kreis, den ein Symbol umschließt, ein anderer ist als der der rationalen Erkenntnis einer Erscheinung, ist das Symbol fähig, heterogene Realitäten in sich zu vereinigen. Es offenbart die sakrale Struktur verschiedener, aber religiös miteinander in Verbindung stehender Bereiche wie des kosmogonischen, anthropologischen und soteriologischen und stellt damit eine Brücke zwischen → Makrokosmos und Mikrokosmos her. Damit wird es zum Ausdruck der Totalität und kosmischen Einheit der Welt auf religiöser Ebene. Da sich im S. sinnenfällige Erscheinungen als Manifestation eines transzendenten Sinnes darstellen, bedeutet der S. die dauernde Verbindung des Menschen mit dem Heiligen. Der S. betrifft stets eine Realität oder eine Situation, von der der Mensch existentiell betroffen ist. Er erschließt sich nicht der verstandesmäßigen Erkenntnis, sondern dem psychischen Erleben. In seinem modernen Verständnis berührt er sich hinsichtlich seiner Kategorien mit den Archetypen der → Tiefenpsychologie C.G. → Jungs. Unterschieden werden bes. Symbole kosmischer Struktur, die die Welt in ihrer Totalität offenbaren, und Symbole, die mit der menschlichen Kultur, dem Ackerbau, der Domestikation der Haustiere wie mit politischen und sozialen Lebensformen verbunden sind.

2. Während der *Raum* im geometrischen Verständnis einer qualitativen Differenzierung entbehrt, erfährt er durch den S. → Orientation und Sinngebung. Jede Landnahme erscheint als Umwandlung des → Chaos in einen Kosmos und damit als mikrokosmische Wiederholung der → Schöpfung (: I) und des am Anfang ste-

henden exemplarischen Wirkens der Götter. Durch den S. einer religionsgeographischen Mittelpunktsvorstellung wird der Raum geordnet. Derartige Mittelpunktsvorstellungen erscheinen als Weltachse (axis mundi), → Nabel der Erde (ὀμφαλὸς [τῆς] γῆς), kosmischer → Berg; im Zentrum der Welt erscheinen auch → heilige Stätten und oft Hauptstädte. An diesen Orten vollzieht sich die Verbindung der Erde mit dem Himmel. Als Band zwischen Himmel und Erde erscheinen oft → Tempel (: I), die als mikrokosmische Nachbildungen des Universums oder des kosmischen Berges errichtet werden. Aber auch die Errichtung jedes Zweckbaus hat die Kosmogonie zum Modell und wiederholt exemplarisch einen Akt der Schöpfung. Der Bau von Dörfern und Städten entwickelt sich von einem Mittelpunkt aus und entfaltet sich unter geomantischen (→ Mantik) Gesichtspunkten nach den vier Himmelsrichtungen. Das dargebrachte → Bauopfer kann als eine symbolische Nachahmung der urzeitlichen Tötung eines Riesen oder → Drachen verstanden werden, die die Schöpfung der Welt einleitete. Bereits die Errichtung profaner Wohnstätten ist daher mit einem S. verbunden, der dann in der Sakralarchitektur weiterentwickelt ist.

3. In der Schau des S. ist die *Zeit* nicht homogen; denn die profane Zeit wird durch → heilige Zeiten (: I) unterbrochen, die durch religiöse → Feste und Feiern (: I) gekennzeichnet sind. Im Rahmen einer zyklischen Zeitvorstellung erscheinen die heiligen Zeiten als reversibel; sie wiederholen und vergegenwärtigen die mythische Urzeit. Bes. bei der Feier des → Neujahr findet eine jährliche Wiederholung der Kosmogonie statt (→ Kultgeschichtliche Methode: I). Zugrunde liegt die Vorstellung, daß die uranfängliche Zeit heilig und stark sei und ihre Wiedervergegenwärtigung zu einer Partizipation an ihren Kräften führe. Zugleich wird der Mensch durch die symbolische Wiederholung der Ursprünge zum Zeitgenossen der Götter. Die Zeit des Anfangs wird zugleich als Zeit der Vollkommenheit verstanden. Im S. vergegenwärtigt sich also der Mensch in einer ständigen Wiederkehr die Geschehnisse des → Mythos (: II), dessen Berichte die offenbarte heilige und damit religiös einzig relevante Geschichte darstellen.

4. Im S. erscheint der → Himmel (: I) als Manifestation der Transzendenz. Die höchsten Götter (→ Hochgottglaube) vieler polytheistischer Religionen sind daher Himmelsgötter, und ihre Namen bezeichnen oft zugleich appellativisch den Himmel als natürliche Erscheinung (vgl. Sanskrit Dyaus, sum. An, chines. t'ien, mong. tengri). Die → Sonne symbolisiert mit ihrem täglichen Wiederaufstieg den siegreichen Kampf der lichten, göttlichen Mächte gegen die dämonischen Gewalten der Finsternis (→ Licht und Finsternis, 1). Der S. des → Mondes mit seinem Phasenwechsel bezieht sich auf → Geburt, → Tod (: I) und → Auferstehung (: I. II). Das Eintauchen in das → Wasser symbolisiert eine Auflösung aller Formen und den Initiationstod (→ Initiation) der → Taufe (: I). Das Wasser tilgt → Sünde und Schuld (: I) und regeneriert den Menschen (→ Wiedergeburt: I). Das Auftauchen einer Insel aus den Fluten des Wassers symbolisiert den kosmogonischen Akt und ist ein weit verbreitetes Motiv der Berichte von einer → Sintflut (: I). Die → Erde symbolisiert vor allem mütterliche Funktionen. Sie erscheint als Terra Mater (→ Muttergottheiten). Die menschliche Mutter wiederholt bei der → Geburt den uranfänglichen Akt der Entstehung des Lebens aus der Erde (→ Feste: I, 2). Mit der Entdeckung des → Ackerbaus (: I) entwickelt sich das → Mutterrecht. → Bäume und Pflanzen symbolisieren die Fähigkeit des Kosmos zu immer wieder erneuter Regeneration. Vor allem ist das Motiv des kosmischen Baumes (→ Lebensbaum) ein weit verbreitetes Symbol für das → Leben.

5. Eine religiöse Korrelation zwischen Mensch, Kosmos und Natur tritt ein, wenn sich der Mensch als Mikrokosmos (→ Makrokosmos) empfindet. Das menschliche Leben wird geheiligt, indem es als Teil eines übermenschlichen Lebens verstanden wird. Anthropokosmische Homologiesysteme sind vor allem auf dem Gebiete einer vorwissenschaftlichen Medizin von Bedeutung. Dort wird zB die Wirbelsäule der Weltsäule gleichgesetzt, der → Atem den Winden, der → Nabel dem Zentrum der Welt. Der Ablauf des menschlichen Lebens ist oft mit dem S. der → Brücke oder der engen Pforte verbunden, die beim Übergang von einer Existenz zur anderen, also bes. beim Tod und bei den → Rites de Passage über- oder durchschritten werden müssen.

6. Während für den religiösen Menschen sein Leben und die Phänomene der mikro- und makrokosmischen Welt transparent sind für die Schau des Heiligen, entwertet die rationale Sicht den religiösen Gehalt dieser Phänomene. Deren S. erhält sich aber bis zu einem gewissen Grad in säkularisierten Formen. Der S. politischer Bewegungen und sozialer Programme spielt hierbei eine bedeutende Rolle, ebenso der pseudoreligiöse Charakter von Festen und Einweihungen.

E. Cassirer, Philos. der symbol. Formen I-III, (1923-29) 1956-58³ - W. Deonna, Quelques réflexions sur le s. (RHR 89, 1924, 1-66) - R. Thurnwald, Das Symbol im Lichte der Völkerkunde (Zs. f. Ästhetik u. allg. Kunstwiss. 21, 1927, 322-337) - E. Caillet, S. et âmes primitives, Paris 1936 - L. Lévy-Bruhl, L'expérience mystique et les symboles chez les primitives. ebd 1938 - C.G. Jung, Psychologie u. Religion, 1940 - C.M. Bowra, Heritage of S., London 1943 - I. Nicholson, Firefly in the Night. A Study of Ancient Mexican Poetry and S., ebd (1945) 1959 - F.D.K. Bosch, De Gouden Kiem. Inleiding in de Indische Symboliek, Amsterdam-Brüssel 1948; engl. 1960 - Eliade - Ders., Images et symboles, Paris 1952 - Ders., Das Heilige u. das Profane, 1957 - Ders., Structure of Religious S. (Proceedings of the IXth Intern. Congress for the Hist. of Religions, Tokyo 1960, 506-512) - M. Foss, Symbol and Metaphor in Human Experience, Princeton 1949 - M. Loeffler-Delachaux, Le s. des contes de Fées, Paris 1949 - Ders., Le s. des légendes, ebd 1950 - M. Bodkin, Studies of Type-Images in Poetry, Religion and Philosophy, London 1951 - E.D. van Buren, Symbols of the Gods in Mesopotamian Art, Rom 1951 - H.v. Beit, Symbolik des Märchens, 1952 - P. Diel, Le s. dans la mythologie grecque. Etude psychanalytique, Paris 1952 - E. Biser, Das relig. Symbol im Aufbau des Geisteslebens (MThZ 5, 1954, 114-140) - E. Masure, Le signe, ou le passage du visible à l'invisible, Paris 1954 - Ph. Wheelwright, The Burning Fountain. A Study in the Language of S., Bloomington 1954 - C.H. Hamburg, Symbol and Reality. Studies in the Philos. of E. Cassirer, Den Haag 1956 - Ch.P. Mountford, Art, Myth and S., London 1956 - M. Lurker, Symbol, Mythos u. Legende in der Kunst, 1958 - A. Kirchgässner, Die mächtigen Zeichen. Ursprünge, Formen u. Gesetze des Kultus, 1959 - R. May, S. in Religion and Lit., New York 1960 - Polarité du symbole (Etudes Carmélitaines 39), 1960 - G. Adler, The Living Symbol. A Case Study in the Process of Individuation, London 1961. - Vgl. die Lit. zu → Symbole: I.

G. Lanczkowski

II. Literarhistorisch

1. Zeitliche Abgrenzung - 2. Abwandlung des Symbolbegriffs - 3. Geistesgeschichtliche Einordnung: a) Die Form - b) Der Gehalt - 4. Auswirkungen

1. Der literarhistorische S. entstand im Frankreich der 3. Republik. → Baudelaire als Vorläufer, → Verlaine, A. Rimbaud (1854-91) und St. Mallarmé (1842-98) als Vollender schufen die Voraussetzungen für die eigentliche, aber zweitrangige s.e Schule. Sie formulierte in dem »Manifeste du Symbolisme« (J. Moréas) 1886 und in anderen Programmschriften die Grundsätze. Ab 1900 trieb der S. verwandte Formkräfte aus sich heraus.

2. Seinem Wesen nach übersteigt das → Symbol das Zeichen, in dem es sich nur ungesättigt verwirklicht (Looff). Wenn aber Bild und Bedeutung sich unange-

messen weit voneinander entfernen, werde das Symbol zu einem willkürlich gewählten Zeichen (Hegel). Diesem äußersten Spannungspunkt streben die Symbolisten zu, um das Symbol ihrem poetischen Welterfassen einzuverwandeln: leere, offene Fenster und hinsterbende Spiegel als Symbole für die Auflösung ins Jenseits, ins Absolute, ins Nichts, und ihr Gegenspiel, die Uhr, deren Stunde durch den Spiegel verschwindet oder sich in den Vorhängen des Fensters vergräbt. Solche Bezüge verfremden, andere aber entziehen sich dem rationalen Verstehen: der Wald als Zeichen der Turmuhren, der bestimmte Artikel als Signum der Unendlichkeit. Sie sollen suggerieren, als Wortklang singen. Das Symbol weist in seinem oft hermetischen Charakter über sich hinaus auf ein Jenseits der Dinge, die selbst vernichtet werden müssen, um das Geheimnis zu entreißen. »Ich schrieb das Schweigen, die Nächte, ich zeichnete das Unaussprechliche auf« (Rimbaud).

Die dissonantische Spannung zwischen Zeichen und Gemeintem läßt die Sprache neue Möglichkeiten entdecken. In der »Alchimie du Verbe« will Rimbaud ein allen Sinnen zugängliches Wort schaffen, aber er spart einstweilen die Übersetzung auf. Das »mot de la tribu«, das »mot immédiat« soll seinen reinen, wesentlichen Sinn wiedererhalten, sich zur magischen Wirkung und Beschwörung steigern, um als Vers die »mystérieuses correspondances« aufklingen, ins Unsichtbare hineinblicken und das Unhörbare vernehmen zu lassen. »Der S. will der Musik ihr Wesen wieder entlehnen« mittels Farbe und Klang der Vokale, durch Assonanzen, Alliterationen, freie Rhythmen, kontrapunktisch gesetzte Bilder und durch Stilmittel wie das Oxymoron (zerfallen und zauberhaft, Baudelaire) oder die Hypallage (Leidvoller Zweig und trockenes Herz). Die Sprache soll suggerieren, nicht mitteilen, andeuten, nicht beschreiben. Nicht mehr wie früher schreitet der Dichter gleichmäßig von Bild zu Bedeutung fort, sondern schockartig stoßen Bilder und Metaphern, getrieben von dem »Dämon der Analogie«, in einen dunklen Raum vor, um das Ding aufzuheben und zum Eigentlichen zu gelangen. »Ein Gedicht ist ein Geheimnis, dessen Schlüssel der Leser suchen muß« (Mallarmé). Dichtung ist esoterisch und der Dichter ein »Voyant«, ein Seher, Poet im etymologischen Sinne, also Schöpfer einer übersinnlichen Welt, der Demiurg, der nur eins zu tun hat: »daß er geheimnisvoll arbeitet im Hinblick auf das Niemals« und sich im Scheitern vollendet (Mallarmé). - Der Subjektivismus des S. ist nicht der stimmungsgebundene Selbstgenuß des Romantikers, sondern schneidende Kälte und einsame Schönheit in einem »climat inhumain«. Auf die Frage eines Besuchers: »Sie weinen also nie in Ihren Versen?« erwiderte Mallarmé: »und schneuze mich auch nicht« (Friedrich). - Die Gefahren des S. sind: Abgleiten in inhaltslosen Verbalismus, Mißbrauch des Hermetismus, der zum Blödsinn führt, Mystizismus, Pose des Dichtergottes.

3. a) Der S. setzt die Bemühungen der vorhergehenden Schule der Parnassiens (1866) fort, indem er sie aufhebt: Das Schöne ist für beide das Ideale, der Parnasse erstrebt das Ideal des »l'art pour l'art«, der S. das der »Poésie pure« (1926, Bremond), dh »die Dinge aufzehren und verbrauchen im Namen einer zentralen Reinheit« (Mallarmé); der Parnasse bevorzugt die »Beauté plastique« und die deskriptive Kühle und Klarheit, der S. die »Beauté musicale«, die klangvolle Dunkelheit und die Auflösung der Dinge; der Parnasse verbirgt sich hinter der »Impersonnalité«, der S. hinter der Subjektivität der Sprache (»la disparition élocutoire du poète qui cède l'initiative aux mots«, Mallarmé); der S. ist nicht statisch und kontemplativ wie der Parnasse, sondern dynamisch, in seiner Existenz ergriffen wie Rimbaud in »Une saison en Enfer«, er löst die Wirklichkeit auf und bereitet dem → Surrealismus den Weg.

b) Die zeitgenössische Presse nannte die neue Schule »symboliste, décadente, mystique«, Züge, die in der Gestalt des »décadent« Des Esseintes in → Huysmans Roman »A Rebours« verkörpert sind. Des Esseintes liebt wie die Symbolisten Wagner und Schopenhauer, teilt ihren Hang zu okkulten und orphischen Lehren, schätzt die Mystik, die Gralssage, die Rosenkreuzer und die Theosophie. Aus diesen Gebieten schöpfen bes. die zweitrangigen Symbolisten ihre Sinnbilder. Allen Symbolisten gemeinsam ist eine gefährliche Nähe zum erhellenden Wahnsinn eines G. de Nerval und E.A.Poe. Groß war der Einfluß → Bergsons.

4. *Auswirkungen* des S. sind zu spüren im Drama: vor allem bei Maeterlinck, auch bei → Hauptmann und → Strindberg. Dabei verschmilzt der S. mit neuromantischen Strebungen (→ Symbolismus: III) und entfernt sich von seiner Wesensmitte; denn die eigenartige, alle moderne Dichtung beeinflussende Zielsetzung des S. verwirklichte sich bes. im romanischen Raum, erst spät in Deutschland. Das hat H.v. → Hofmannsthal hellsichtig in seiner Vorrede zu »Anabas« von Saint-John-Perse gedeutet: Die lat. Annäherung an das Unbewußte »geschieht nicht im halbträumerischen sich Verschwelgen des germanischen Geistes, sondern durch ein Durcheinanderschütteln der Objekte, ein Brechen der Ordnungen«, in einer »dunklen und gewaltsamen Selbstbezauberung durch die Magie der Worte und der Rhythmen«.

R.GHIL, Traité du verbe, 1888 - J.MORÉAS, Les premières armes du s., 1889 - H.BERGSON, Essai sur les données immédiates de la conscience, (1889) 1924²³; dt.: Zeit u. Freiheit, 1911 - ST.MALLARMÉ, Divagations, 1897 - C.M.BOWRA, The Heritage of S., London 1943; dt. 1947 - A.M.SCHMIDT, La litt. symboliste, (1950) 1960⁶ - Gedichte des franz. S. in dt. Übers.en, hg.v. W.KAYSER, 1955 - H.FRIEDRICH, Die Struktur der mod. Lyrik, 1956 - A.DE PERETTI, Recrudescence du s. dans la vie moderne (Atlantis, cahier 202), 1960. *H.Lemaire*

III. Kunstgeschichtlich

Die literarische Bewegung des → Symbolismus (: II) in Frankreich war, wie ihre zahlreichen Zeitschriften in den 80er und 90er Jahren des 19.Jh.s erkennen lassen, von Anbeginn eng mit der bildenden Kunst verbunden, so daß die Kunstgeschichte mit Recht auch von einem S. in → Malerei (: V, 2d) und → Graphik spricht: schöpferische Reaktion auf den immer übermächtiger gewordenen Naturalismus, den man selbst in seiner impressionistischen Verfeinerung als ungeistig, darum unkünstlerisch empfand, dem man aber nicht durch eine Erneuerung des alten klassischen Idealismus zu begegnen wünschte, sondern durch eine Wendung zur inneren, psychischen (auch psychopathischen) Wirklichkeit des *modernen* Menschen zwischen Jh.ende (fin de siècle) und Jh.beginn. Der S. läßt sich von neuromantischen Tendenzen in den germanischen Ländern nicht trennen. In seinem Suchen nach einer zugleich symbolischen und dekorativen Form näherte er sich auch dem sog. Jugendstil sowie dem, was man, vor allem in Wien, als den neuen »sezessionistischen« Geschmack propagierte. Vorläufer für alle diese, neue Form und neue Inhalte umfassenden Bestrebungen waren, schon seit der Jh.mitte, die englischen → Präraffaeliten, in Frankreich → Puvis de Chavannes mit seiner monumentalen Archaik, auch Gustave Moreau, dessen theatralischer Mystizismus rasch veraltete, vor allem der Maler und Graphiker Odilon Redon, Vergeistiger des → Impressionismus (: I) in seinen Blumenstücken, gleichzeitig aber ein erlesener Gestalter von Träumen und Visionen gnostischen und neobuddhistischen Gehalts. Zur Reife kam der neuromantische S. dann durch die frühantike, mittelalterliche und exotische Züge vereinigende Kunst des Paul Gauguin, der in dem bretonischen Dorf Pont Aven eine Schule um sich versammelte, sowie durch seinen Bewunderer Paul Sérusier, Führer des Malerkreises der »Nabis«, dh der »Propheten« (hebräisch), womit schon gesagt war, daß man sich um eine neue spirituelle Kunst von mystisch-»präreligiösem« Charakter bemühte. - Auch außerhalb Frankreichs waren führende Maler von der neuen Strömung ergriffen - jeder auf seine besondere, persönliche Weise. So vor allem der junge Norweger Edvard Munch, weiter in Belgien James → Ensor, in der Schweiz Ferdinand Hodler, dessen großfigurige Allegorien von der sog. Neuen Rosenkreuzerbewegung (Peladan) beeinflußt waren. Während diese Maler immerhin noch vieles von den Freiheiten des Impressionismus bewahrten, ließen der Holländer Jan Toorop und der Wiener Gustav Klimt den symbolischen Ausdruck völlig in einer kunstgewerblich-ornamentalen »Stilisierung« erstarren.

J.Rewald, Von van Gogh zu Gauguin. Die Meister des Nachimpressionismus, 1957 - L.Zahn, Eine Gesch. der modernen Kunst, 1958. *G.F.Hartlaub*

Symbolofideismus, eine an der prot.-theologischen Fakultät in → Paris (: III) beheimatete theologische Richtung (»Pariser Schule«; → Frankreich: II, 2), welche Ende des 19.Jh.s von A.Sabatier (1839-1901) als Symbolismus und von E. → Ménégoz als Fideismus vertreten wurde. *Ménégoz* wollte als luth. Theologe das Prinzip der Rechtfertigung neu zur Geltung bringen und ihm einen gegenwartsnahen Ausdruck geben. Religion ist Gnade der Sündenvergebung und insofern etwas von Grund aus anderes als Philosophie und Weltanschauung. Religion ist erlebte Offenbarung Gottes, ist Glaube im Sinne des Zu-Gott-Gehens und Bei-Gott-Bleibens. Glaube ist reine Hingabe des Herzens an Gott, wie sie Jesus gebracht hat. Darum ist der Glaube unabhängig von Gesetzeswerken (Paulus gegen die Judaisten), von den guten Werken (Luther gegen die Werkgerechtigkeit) und, wie Ménégoz gegenüber orthodoxistischem Dogmenglauben weiterführend sagt, von Glaubensmeinungen (croyances). Zwar ist für den Glauben auch ein intellektuelles Element konstitutiv, insofern er Glaube an Gott und an Christus als die (größte) Offenbarung Gottes in der Menschheit ist, aber eben bewußter Gottesglaube ist nicht allgemein notwendig. Auch ein Glaube an die Tugend, an das ethische Ideal kann unbewußt Heilsglaube sein. Mit dieser totalen Verinnerlichung sollte zweierlei erreicht werden: a) umfassende Toleranz (das christliche Prinzip darf nicht ein Verdammungsurteil über die Nichtchristen enthalten), b) Unabhängigkeit des Glaubens von den Ergebnissen der Wissenschaft, insbesondere der historischen (auch die radikalste historische Kritik an den Evangelien kann den Glauben nicht berühren). - *Sabatier* begründete die Religion nicht auf die Not des Gewissens, sondern auf die Bedrängnis durch die Rätsel und Geheimnisse der Welt, wie sie uns im Genießen des Schönen, im Wollen des Guten, in der Erkenntnis des Wahren entgegentreten. Die Wissenschaft bringt uns keine Hilfe; im Gegenteil, sie stellt sich gegen den Freiheitsanspruch des Menschen mit dem Nachweis der absoluten Gesetzmäßigkeit aller Wirklichkeit. Erst die Religion, nämlich das Gefühl absoluter Abhängigkeit von der Souveränität Gottes, in welchem Gott unmittelbar gegenwärtig ist, gibt dem Menschen die Kraft vertrauender Gewißheit. Später bestimmte Sabatier das Wesen der Religion als gegenseitige Durchdringung von Gott und Mensch auf der Basis des Geistes. Das Christentum als die vollendete mystische Geistesreligion ist unüberbietbar. Um diese Konzeption theoretisch zu rechtfertigen, übernahm Sabatier die Unterscheidung zwischen kausaler und teleologischer Weltbetrachtung. Religiöse Erkenntnis fordert teleologische Betrachtung, ist überdies subjektiv bedingt und symbolisch. Symbole sind wechselnde geschichtlich bedingte Formen, um Unsichtbares durch Sichtbares auszudrücken. Daher ist die Dogmatik die zeitbedingte, jeweils neuzugestaltende Religionsphilosophie des Christentums. Sabatier wirkte auch auf die Philosophie und auf den Modernismus (→ Reformkatholizismus, 3).

RGG² V, 942f (Lit.). - Vgl. die Lit. zu → Frankreich: III, 2 u. zu → Ménégoz. *E.Schott*

Symeon, 1. *Metaphrastes*, hoher Beamter (Logothetes) in Konstantinopel in der zweiten Hälfte des 10.Jh.s, legte auf Wunsch des kaiserlichen Hofes eine Legendensammlung (→ Menologion) an, die Höhepunkt und Abschluß der byzantinischen → Hagiographie darstellt. S. hat alle ihm erreichbaren Heiligenleben gesammelt und im wundersüchtigen Geschmack seiner Zeit umgearbeitet (metaphrasiert; daher sein Beiname). Im einzelnen sind Echtheits- und Überlieferungsfragen umstritten.

Ausg.n: MPG 114-116 - L.Lippomano, Sanctorum priscorum patrum vitae V-VII, Venedig 1556-58. - Übersicht der Hss. u. der von S. aufgenommenen Texte: BHG 267-292. - Über S.: RE XIX, 210ff (Lit.); XXIV, 555f - A.Ehrhard, Überlieferung u. Bestand d. hagiograph. u. homilet. Lit. d. griech. Kirche... I/2. 3 (TU 51. 52), 1938/43 - DThC XIV/2, 2959ff - Beck 570ff (neuere Ausg.n, Inedita, Auslassungen in MPG, Lit.). *O.Rühle*

2. der *Neue* (oder Jüngere) *Theologe* (ca 949-1022), byzantinischer Mystiker, * in Paphlagonien, † bei Konstantinopel, trat 977 in das Studios-Kloster ein (→ Studiten), wo er unter die Leitung des S. Eulabes kam. Die Eigenwilligkeit von Meister und Schüler zwangen ihn, nach dem Mammaskloster überzusiedeln, wo er 980 Priester und Abt wurde. Durch die Eigenmächtigkeit, mit der S. seinen verstorbenen Meister S. Eulabes kanonisierte, geriet er in Konflikt mit dem Patriarchat. S. dankte 1009 ab und verließ Konstantinopel. Seine Hauptwerke sind die Katechesen und einige Gruppen von »Logoi« (diese wohl ein späteres Arrangement der Katechesen). Am bekanntesten sind 57 enthusiastische Hymnen der Gott- und Geistinnigkeit. Dazu kommen Zenturien geistlicher Aphorismen und die berühmte, lange Zeit → Johannes Damaszenus zugeschriebene Beichtepistel. - S.s → Mystik (: V, 2d) steht zwischen dem Evagrianismus eines → Johannes Klimakus und den spätbyzantinischen → Hesychasten, deren geistige Grundlagen bei S. vorgebildet sind. Absoluter Gehorsam gegen den geistlichen Vater ist Ausgangspunkt, das Erlebnis der Gnade das Wesen, die Visionen des Lichts Christi Krönung. Die alten Ideale der »theoria physike« stehen im Hintergrund. Die Sakramente sind notwendig, ihre erlebnismäßige Verlebendigung aber gehört zu den Voraussetzungen ihrer Wirkung. Der Geistträger steht über dem Träger des Ordo.

Ausg.: Venedig 1790, 2. Aufl. Syros 1886 (unvollst. u. zT neugriech.). Lat. Übers. der Hymnen: MPG 120, 321-687. - Über S.: K.Holl, Enthusiasmus u. Bußgewalt, 1898 - J.Hausherr, Un grand mystique byzantin, Rom 1928 - Beck 585ff (weitere Einzelausg.n u. Lit.). *H.-G.Beck*

3. *Stylites d.Ä.* (390-459), steigerte in Qal'at Sem'ān (zwischen Antiochien und Aleppo) die Askese des Eremitentums (→ Mönchtum: II, 3b) durch das Leben auf einer Säule, deren Höhe zuletzt 20 m betrug. Durch Gespräche, Briefe und bes. durch Ansprachen an die Zuhörer, die sich oft zu Tausenden versammelt hatten, übte S. mit seiner chalcedonensisch bestimmten Predigt starken Einfluß auf seine Zeit aus.

THEODORET, Hist. rel. 26 - LUKIAN, De dea Syria 21 - BHG II³, 256ff - BHO 245 f. - RE XVII, 332f - DACL XV, 1697ff - H.LIETZMANN, Das Leben des hl. S.St. (TU 32, 4), 1908 - BARDENHEWER IV, 311ff (Lit.) - RGG² V, 944 - LIETZMANN IV, 160ff - BECK 139f (Lit.). 206f.

4. *Stylites d.J.* (um 521-596), hatte seine Säule auf dem »Wunderberge« bei Antiochien aufgerichtet und wirkte ähnlich wie sein gleichnamiger Vorgänger, mit dessen Lebensüberlieferung ihn die Legende in zunehmendem Maße ausstattete.

BHG II³, 259f. - RE XVII, 333 - RGG³ V, 944 - DThC XIV/2, 2974ff - U.RIEDINGER, Die hl. Schrift im Kampf der griech. Kirche gegen die Astrologie, Innsbruck 1956, 213ff - P.VAN DEN VEEN, Les écrits de S. Syméon Stylite le jeune avec trois sermons inédits (Muséon 70, 1957, 1-57) - BECK 207. *A.Adam*

5. *von Thessalonich* († 1429), Metropolit. Von seinen Lebensumständen wissen wir nichts. S. hinterließ eine große Sammlung dogmatischer und liturgischer Traktate (372 Einzelnummern), eine Art theologische Enzyklopädie für den Klerus in Form eines Dialogs zwischen Bischof und Diakon. Neben dem häresiologischen Teil steht ein dogmatisch-liturgischer, die wichtigste Quelle für die Kenntnis der spätbyzantinischen Liturgie. Auch in einigen kleineren Schriften steht das liturgische Interesse obenan.

MPG 155, 33-952. - DThC XIV/2, 2976ff - BECK 752f.
H.-G.Beck

Symmachus, 1. *Papst* 22.11.498 bis 19.7.514, aus Sardinien; Tag: 19.7. Sofort nach seiner Wahl sah sich S., der das → Henotikon verwarf, der Opposition der byzantinisch gesinnten Partei unter dem Gegenpapst → Laurentius ausgesetzt. Dem Ostgotenkönig Theoderich, der sich für S. entschied, gelang es nur vorübergehend, die sich heftig bekämpfenden Parteien zum Frieden zu bewegen. Nachdem S. in einem Dekret (499) versucht hatte, die Unabhängigkeit der → Papstwahl vom Einfluß der Laien zu sichern, lebte der Streit wieder auf, indem die Laurentianer beim König schwere persönliche, zT wohl begründete Anklagen gegen S. erhoben. Die von Theoderich mit der Untersuchung der Anklage beauftragte sog. Palmensynode (23.10.501) erklärte jedoch, daß der Papst nicht Menschen, sondern allein Gott verantwortlich sei - eine Auffassung, welche die damals entstandenen sog. symmachischen Fälschungen historisch zu untermauern suchen. Obwohl sich auch die Bischöfe → Ennodius von Padua (Liber apologeticus) und → Avitus von Vienne für S. einsetzten, begünstigte Theoderich den Laurentius. Erst 506 fanden die zT blutigen Auseinandersetzungen ein Ende: der König ließ Laurentius endgültig fallen und setzte S. in alle Rechte wieder ein.

RE XIX, 219ff - MIRBT, Nr. 193 u. 194 - CASPAR II, 87ff - LThK IX, 933f - DThC XIV, 2984ff (Lit.) - HALLER I, 235ff - EC XI, 629ff (Lit.) - ALTANER §§ 93, 6; 96, 1 b (Lit.) - H.ZIMMERMANN, Papstabsetzungen des MA (MIÖG 69, 1961, 1-84). *W.Müller*

2. Q. Aurelius S. (ca 345 bis nach 402), *Praefectus urbi* 384-385, Konsul 391. Namhaftester Vertreter des röm. Adelsgeschlechts der Symmachi; Vorkämpfer der heidnischen Senatsopposition, bes. bekannt durch sein Eintreten für den Victoria-Altar im Sitzungssaal des Senats (Relatio 3 an Valentinian II.; Gegner: → Ambrosius in ep. 17. 18. 57; Entgegnung noch durch → Prudentius). Erhalten sind Fragmente von Reden, die S. als Schüler der gallischen Beredsamkeit seiner Zeit zeigen, und eine Briefsammlung: Literarische Episteln B. 1-9; Privatbriefe und amtliche Berichte (relationes) B. 10.

Ausg.: MG AA VI/1, 1883 (O.SEECK). - PW 2. R. IV, 1146ff- J.A.MCGEACHY, Q. Aur. S. and the Senatorial Aristocracy of the West, Chicago 1942 - A.STEINWENTER, ZSavRG Roman. Abt. 74, 1957, 1-25. *H.Berthold*

Sympathie. Von der im Deutschen geläufigen, aber hier nicht zu erörternden Verwendung des Wortes »S.« im Sinne von »Zuneigung« oder »Wohlwollen« ist die andere zu unterscheiden, in der es - gemäß seiner ursprünglichen Bedeutung (συμπάθεια) - das Mitgefühl (Mitfreude und → Mitleid) mit anderen bezeichnet. Dieses Phänomen miterlebenden Teilnehmens am Erleben fremder Personen und die Frage nach dem Grunde seiner Möglichkeit ist schon früh Gegenstand philosophischen Interesses geworden. Die verschiedenen Formen, die dieses Interesse angenommen hat, und die Zusammenhänge, in denen der S. Bedeutung zugesprochen worden ist, lassen sich an folgenden 4 Betrachtungsweisen veranschaulichen: 1. Die *psychologisch-genetische* Betrachtungsweise versucht die S. als ein → Gefühl zu erklären, das entsteht, indem ein äußerlich wahrnehmbarer Ausdrucksvorgang an einer fremden Person vermittels Analogie und Assoziation die Erinnerung an ein entsprechendes, früher selbst erlebtes, eigenes Gefühl im Betrachter erweckt, das dadurch reproduziert, in die fremde Person hineinprojiziert und dann als Gefühl des anderen erlebt bzw. »miterlebt« wird. Diese Interpretation herrscht bes. in der Psychologie des späteren 19.Jh.s vor, doch ist sie im Ansatz schon bei D.Hume und A.Smith ausgebildet. Vor allem die phänomenologischen Untersuchungen M.Schelers haben diese Auffassung als unzulänglich erscheinen lassen. Jedenfalls aber lenkt sie den Blick auf das prinzipielle Problem des Erkennens bzw. Verstehens fremden Seelenlebens, in das die Frage nach Natur und Möglichkeit der S. führt. - 2. Bereits in der → Stoa (bes. bei → Poseidonios) und ähnlich später im → Neuplatonismus (→ Plotin) findet sich eine *metaphysische* Interpretation der S., nach der diese Folge oder Ausdruck eines kosmischen Prinzips (des göttlichen Pneuma) ist, an dem alle Wesen teilhaben und auf Grund dessen sie alle in Beziehung zueinander stehen. Ein anderes Beispiel metaphysischer Interpretation der S. ist die Konzeption → Schopenhauers, nach der im Mitleid mit anderen ein den Schein der → Individuation durchbrechendes Phänomen gegeben ist, in dessen Erleben der »Wille« (im Sinne Schopenhauers) als allen gemeinsamer Weltgrund faßbar werde. - 3. Im Hinblick auf die *ethische* Bedeutung der S. sind nach Hutcheson und → Shaftesbury vor allem D. → Hume und A. → Smith einflußreich geworden. Gegenüber Theorien, die das gesamte sittliche Empfinden und Urteilen des Menschen aus der Selbstliebe abzuleiten versuchen, lenken Hume und Smith die Aufmerksamkeit auf die S. als auf ein ursprüngliches, unmittelbares, nicht weiter rückführbares Interesse am Wohlergehen anderer (benevolence, fellow feeling), das als solches den wesentlichen Ursprung unseres sittlichen Empfindens und Urteilens bilde. Eine ähnliche Auffassung der S. vertritt u.a. auch der als Begründer des → Utilitarismus bekannt gewordene J. → Bentham. - 4. Eine von jeder metaphysischen oder psychologistischen Interpretation jedenfalls ihrer methodischen Intention nach streng unterschiedene Betrachtungsweise der S. ist die *phänomenologische,* der es nicht um irgendeine Deutung der S. geht, sondern um ein deskriptiv-analytisches Erfassen ihres Wesens. Die S. in dieser Weise grundlegend untersucht zu haben, ist das Verdienst M. → Schelers. Das Resultat seiner Analysen ist eine differenzierende Unterscheidung verschiedener Formen der S. (Einsfühlung, Nachfühlung, Mitgefühl, Menschenliebe, Person- und Gottesliebe), zwischen denen er Verhältnisse wesensgesetzlicher Fundierung aufzuweisen versucht. Schelers

Analysen, obschon letztlich doch keineswegs rein phänomenologisch, sondern stark von Elementen einer metaphysisch-christlichen Deutung durchsetzt, bilden bis heute die wichtigste Behandlung der S. und ihrer Problematik.

M. SCHELER, Wesen u. Formen der S., (1913) 1948[5] - EISLER III, 196ff - EF IV, 633ff (Lit.). *H. Delius*

Synagoge

1. Name und Verbreitung - 2. Antike S.n - 3. S.n des MA und der Neuzeit. - Bildtafeln 71 und 72 nach Sp. 560

1. Mit S. (συναγωγή) übersetzt die LXX hebr. 'edā = die sich versammelnde Gemeinde (jüngerer Terminus k^e^næssæt; aram. k^e^ništa), womit auch die Gebäudeanlage, speziell der Betsaal, bezeichnet werden kann (so auch im NT); daneben begegnet προσευχή = das Haus für das Gebet. Der Terminus findet sich in einer Inschrift aus Schedia (Ägypten) aus der Mitte des 3.Jh.s vChr (älteste Bezeugung einer Diaspora-S.). Er ist Abkürzung und Übersetzung von bêt hätt^e^pillā (Jes 56, 7). Die S. dient dem → Gottesdienst (: III), war aber auch zu anderen Zeiten »profaner« Versammlungsraum, und zwar der jeweiligen Einzelgemeinde (→ Gemeindeverfassung des Judentums). - Wann und in welchem Bereich (ob in Palästina, speziell in Juda oder in der → Diaspora) die ersten S.n erbaut wurden, ist nicht eindeutig zu klären. Ohne Beweiskraft sind die nachträglich (!) auf S.n in Palästina bzw. in Babylonien gedeuteten at. Stellen Ps 74, 8 und Ez 11, 16 (Galling). Für die Herkunft aus der babylonischen Diaspora könnte sprechen, daß es bereits während des → Exils Versammlungen gegeben hat, bei denen man nach Jerusalem hin betete (vgl. 1Kön 8, 46-50; aus späterer Zeit Dan 6, 11). In den Erlaß des Königs Artaxerxes II. für → Esra (Esr 7, 12ff) hat man - gegen Ende des 3.Jh.s vChr? - einen Passus eingefügt (Esr 7, 25), der für in Syrien lebende Juden Gesetzesunterricht und damit wohl auch S.ngebäude statuiert. Krauss kombiniert die S. mit dem Tempeldienst der 24 Standmannschaften in Juda, von dem die jüd. Tradition berichtet. Elbogen nimmt - wohl mit größerem Recht - eine vom Tempel unabhängige Entstehung der S. an, wobei dann freilich der Entstehungsbereich offenbleibt. In hellenistischer Zeit hat es nicht nur in Ägypten und Babylonien, sondern allerorten im Mittelmeergebiet, wo Juden wohnten, S.n gegeben. An einigen Orten sind solche auch aufgedeckt worden, so in Delos, Milet, Priene, Ägina, Stobi (bei Monastir), Hamman-Lif (bei Tunis) und neuestens auch in Ostia, der Hafenstadt von Rom. Zahlreiche S.nruinen haben sich in Palästina gefunden; sie gehören dem 3.-7.Jh. an. Ältestes archäologisches Zeugnis für eine S. in Palästina ist die noch *vor* 70 nChr anzusetzende Theodotusinschrift (TGI 81) aus Jerusalem und - möglicherweise - eine steinerne »Toranische« (gleichfalls aus Jerusalem).

2. Die eben erwähnte Stifterinschrift nennt neben dem eigentlichen S.nraum (»zur Verlesung des Gesetzes und zum Unterricht in den Geboten«) noch Nebenräume für Wallfahrer aus der Fremde und Wasseranlagen. Die S.n sollten möglichst am Wasser liegen oder Grundwasserbecken für rituelle → Reinigungen haben und, wenn möglich, am höchsten Punkt des Ortes errichtet werden. Das war natürlich nur in rein jüd. Siedlungen durchführbar. - Beim Bau der *antiken* S.n knüpfte man an den Typus der hellenistischen Ratsbasilika an (die S. von Delos besaß ursprünglich eine nach Süden offene Halle); das berühmte Diplostoon von Alexandrien, das in Tos. Sukka IV, 6 beschrieben wird, hatte ringsum (?) *zwei* Säulenreihen. Das Normale war *eine* Säulenreihe, und zwar an drei Seiten. Bei den galiläischen S.n des älteren Typus (3.Jh.) wie in Chorazim und Kapernaum (s. Taf. 71 Abb. 2) bildete der Betsaal ein dem Quadrat angenähertes Rechteck. Ein turmartiger Anbau enthielt die Treppe, die zur Frauenempore führte; diese lag oberhalb des Säulenumgangs (vgl. Taf. 71 Abb. 3). Die nach Jerusalem orientierte Front hatte drei Eingänge (s. Taf. 71 Abb. 1); die größere Tür - in der Mitte - wird als »Gottespforte« (Anknüpfung an Gen 28, 16f? oder Ez 44, 1-3 [so Rost]) zu deuten sein. Sie war in Kapernaum durch eine Art Schranke abgeschirmt, in der sich zwei Nischen (für die Tora-Rollen) befanden. Die Inneneinrichtung war nicht überall gleich; immer aber gab es eine Estrade (bema) für die Lesungen, zuweilen auch einen Ehrensessel (»Katheder des Moses« Mt 23, 2). Die in Nebenräumen aufbewahrten Schrift-Rollen wurden zum Gottesdienst hereingebracht. In beiden Bauphasen der S. von → Dura (: II) war der Betsaal ein Breitraum, dessen Rückwand (→ Orientation nach Westen = nach Jerusalem) eine Tora-Nische besaß (s. Taf. 9 Abb. 1), in die man wahrscheinlich einen hölzernen Schrein (mit den Rollen) hereinstellte. Der S. von Dura ähnlich ist die von Ostia (3.Jh.). - Bei den S.n Palästinas erforderte die im Bauverband eingefügte Nische für den Schrein bzw. die Rollen eine Umorientierung gegenüber dem »älteren« Typus. Man ging jetzt seitlich oder direkt auf den Schrein zu; daher wurde auch die Portalseite nicht mehr so akzentuiert. Das gilt auch von der S. in Priene mit rechteckiger Nische. (Ein Relief aus Priene mit verschiedenen → Symbolen [: II] zeigt Taf. 71 Abb. 4; in einer Kirche gefunden, mag es zu der S. oder zu einem Grabe gehört haben.) Mit dem Ende des 4.Jh.s taucht die apsidale S. auf (Stobi ältestes Beispiel), vielleicht unter Einfluß der christlichen (apsidalen) → Basilika. In Palästina läßt sich die apsidale S. für die Zeit des 5.-7.Jh.s nachweisen (apsidal war auch die von Naaran; RB 68, 1961, 166-177). Bei diesen S.n findet man durchgängig Bodenmosaiken (→ Mosaik-Kunst, 2). Die im 1. Drittel des 6.Jh.s erbaute S. von Beth Alpha (Jesreel-Ebene; s. Taf. 71 Abb. 3) besaß ein großes Bodenmosaik (s. Taf. 71 Abb. 5), in dessen oberes Bildfeld sich bei der 2. Bauphase ein Bema hineinschob. Zum Tierkreis und zu Isaaks Opferung vgl. → Symbole: II; das obere Bildfeld zeigt die realiter in der Apsis zu denkenden Leuchter und den Tora-Schrein. Bei den jüngeren S.n wurde die tribünenartig erhöhte Apsis nicht selten durch Schranken (Typus der »Chorschranken«) vom Hauptraum abgesetzt.

3. Da es keine lehrgesetzlichen Vorschriften für die Bauform des Betsaales der S. gab - alleinige Voraussetzung war der Schrein an der auf Jerusalem ausgerichteten Wand und eine Vortragsestrade -, so haben die Diasporajuden während des *MA* ihre S.n in verschiedenen Stilen erbaut. Man kann die (gegenüber den mittelalterlichen Kirchen stark verkürzte!) Apsis und die dem Betsaal oft angefügte Vorhalle mit dem christlichen Sakralbau vergleichen (auch in der Fensterbildung), doch bleibt als wichtiger Unterschied, daß das Gestühl auf die in der Mitte des Raumes (!) stehende Estrade zentriert wird und so die Apsis mit dem Schrein (und den Rollen) - vielleicht absichtlich - einen Nebenakzent besitzt (Krautheimer). Es wird auch kein Zufall sein, daß die vom 12.-16.Jh. vorherrschende Bauform der S. dem Refektorium oder dem (profanen) Ratssaal entspricht. Es ist eine zweischiffige Halle (Regensburg, s. Taf 72 Abb. 1), die auch nicht in Richtung auf den Schrein hin betreten zu werden braucht. So besaß die S. von Prag (s. Taf. 72 Abb. 2) einen seitlichen Eingang. Seit dem 12.Jh. spricht man christlicherseits von einer scola Judaeorum (daher auch Luthers Übersetzung von συναγωγή mit »Schule«). Soweit im MA innerhalb der S.nan-

lage »Frauen-Schulen« existierten, bildeten sie einen gesonderten Annex. Die aus Holz errichteten S.n in Polen und Galizien (zB Gwozdziec, s. Taf. 72 Abb. 3) hatten ein Vierstützensystem und vielfach flächenfüllende Malereien (vereinzelt auch in Franken nachweisbar). Noch im 17./18.Jh. hält man an den älteren Bauformen fest, doch folgt die Innenausstattung dem allgemeinen Zeitgeschmack. Die S.n des 19. und beginnenden 20.Jh.s zeigen eklektische Stilformen - analog dem → Kirchenbau (s. Taf. 72 Abb. 4). Dem antisemitischen Terror der NSDAP fielen 1938 in Deutschland alle S.n zum Opfer (nach 1939 auch die in den besetzten Gebieten); vereinzelt kam es in den 50er Jahren zu Neubauten. Die in den USA nach 1945 erbauten - suburbanen - S.n bilden zumeist einen Baukomplex um einen Hof mit verschiedenen Versammlungs- und auch Unterrichtsräumen; für den Betsaal finden sich interessante Konstruktionen der Decke und der Wand mit dem Schrein (s. Taf. 72 Abb. 5). Bes. bemerkenswert ist die »Decken«-Bildung der S. auf dem Campus der Hebräischen Universität in Jerusalem (s. Taf. 72 Abb. 6): eine Art Kuppel über dem durch Treppen zugänglichen wand- und fensterlosen (!) Betraum.

I.Elbogen, Der jüd. Gottesdienst in seiner gesch. Entwicklung, (1913) 1931[3] - H.Kohl-C.Watzinger, Antike S.n in Galiläa, 1916 - S.Krauss, Synagogale Altertümer, 1922 - R.Krautheimer, Mittelalterl. S.n, 1927 (Lit., Abb.) - E.L.Sukenik, The Ancient Synagogue of Beth Alpha, London 1932 - Ders., Ancient Synagogues in Palestine and Greece (Schweich Lectures 1930), ebd 1934 - L.Rost, Archäol. Bemerkungen zu einer Stelle des Jak (2, 2f) (PJ 29, 1933, 53-66) - C.Watzinger, Denkmäler Palästinas II, 1935 - Goodenough I-III - R.Wischnitzer, Synagogue Architecture in the US. Hist. and Interpretation, Philadelphia 1955 (Abb.) - K.Galling, Erwägungen zur antiken S. (ZDPV 72, 1956, 163-178) - Fr.Landsberger, The Sacred Direction in Synagogue and Church (HUCA 28, 1957, 181 bis 203) - M.Avi-Yonah, Die frühen S.n, in: »Synagoga« (Ausstellungskatalog), 1960 (vgl. auch B.C.Roth, Die Kunst der Juden I, 1962) - H.L.Hempel, S.nfund in Ostia antica (ZAW 74, 1962, 72f).

K.Galling

Synaxarion heißt 1. die Kurzvita oder theologische Festerklärung in den → Menäen. Es hat seinen Platz im Morgengottesdienst (Orthros [→ Stundengebet: I, 1]) zwischen der 6. und 7. Ode des → Kanons (: I, 6), der mit dem S. die Akoluthia des jeweiligen Tagesheiligen oder Festes bildet. Das S. hat folgenden Aufbau: Monatsdatum; Nennung des Heiligen bzw. Festes; Epigramm in jambischen Versen, oft in Form eines Wortspiels; Hexameter auf Datum und Namen des Heiligen; kurze historische Notiz (Angabe des Kaisers, unter dem er lebte und litt, u.ä.); Angabe der Kirche, in der die Erinnerung gefeiert wird; eigentliche Vita mit Wunderberichten u.ä. Für das Studium der orth. Theologie ist das Fest-S. von Bedeutung. - 2. Unter S. versteht die griech. Nomenklatur das Buch, in dem die oben genannten Synaxarien gesammelt sind (vgl. Delehaye). Fehlen die Fest-Synaxarien, so kann es auch in der Bezeichnung mit den → Menologien abwechseln. - 3. Schließlich kann S. eine Art von Kalendar meinen mit Perikopennotierungen und Kurznotizen zu den Tagesheiligen oder Festen.

A.S.Morcelli, Kalendarium Eccl. Constantinopolitanae, 2 Bde, 1788 - H.Delehaye, S. Eccl. Constantinopolitanae, 1902 - Beck 251f. - Vgl. die Lit. zu → Menäen, → Menologien. *K.Onasch*

Syndikalismus, eine um 1890 entstandene revolutionär-gewerkschaftliche Bewegung und Doktrin, die sich in Opposition zu reformistischen Strömungen in den sozialistischen Parteien stellte und Einfluß auf den revolutionären Flügel der Arbeiterbewegung gewann. Der S. verbindet die sozialistische Klassenkampflehre *(Antikapitalismus)* und originäres Denken der Arbeiterklasse mit einer vom → *Anarchismus* beeinflußten antistaatlichen Gesellschaftskonzeption *(Antietatismus)*. Dabei wird in zweifacher Zielsetzung die Befreiung vom → Kapital und die Befreiung aus der Umklammerung der → Gesellschaft durch den → Staat mit seiner gefürchteten Bürokratie angestrebt. Frühsyndikalistische Gesellschaftsmodelle sind dem *utopischen* → *Sozialismus* zuzurechnen. Zu den geistigen Vätern der Doktrin gehören Proudhon, Sorel, Bakunin und → Bergson. - Für den S. typisch ist die Gleichzeitigkeit von → Revolution und Neuordnung im nichtstaatlichen Raum durch die *»direkte Aktion«* dezentralisierter → Gewerkschaften. Durch sie soll die Übernahme der → Betriebe und die Einsetzung demokratischer Leitungsorgane mit ehrenamtlichen Spitzen erfolgen. Die auf seine Selbstbestimmung am Arbeitsplatz gegründete Freiheit des → Arbeiters ist das Ziel. Zur Lösung überbetrieblicher Aufgaben bilden die Gewerkschaften auf lokaler Ebene einen Zusammenschluß in *Arbeitsbörsen* oder *Kommunen*. Übergebietlich tritt an die Stelle des Staates die *Gewerkschaftsföderation*. - Die erste syndikalistische Bewegung bildete sich in Frankreich *(revolutionärer S.)*. Das Organisationsschema der französischen Gewerkschaften *(syndicats)* mit seinen lokalen Verbänden *(Bourses du Travail)* und einer Gesamtorganisation *(Confédération)* wurde für den S. über Frankreich hinaus grundlegend. In Frankreich selbst nahm der Gewerkschaftskongreß in Amiens 1906 ein im wesentlichen syndikalistisches Programm *(Charte d'Amiens)* an, das bis etwa 1939 Geltung besessen hat. Der S. der angelsächsischen Länder *(Industrieunionismus)* formulierte seine Ideen von Anfang an auf der Grundlage zentral geführter Industriegewerkschaften. Diesem Unionismus war in Deutschland nach dem 1. Weltkrieg die *»Allgemeine Arbeiter-Union«* verwandt, die von früher in Amerika tätigen Redakteuren gegründet worden war. In den romanischen Ländern entstand mit den Gewerkschaften der *Anarcho-S.* mit dem Ziel der Abkehr von der parlamentarischen Aktion. - Der Aufschwung des S. wurde durch den 1. Weltkrieg unterbrochen. Nach dem Krieg verlor er viele Anhänger an den → *Kommunismus* mit seinem halbanarchistischen → Rätesystem. Das Eliteprinzip, die hochgespannte revolutionäre Ethik und voluntaristische Elemente im Kommunismus der Revolutionsperiode lassen syndikalistische Ursprünge erkennen. - Als sozialrevolutionäre Bewegung mußte der S. scheitern, weil sein Modell des → *Kapitalismus* nicht der Wirklichkeit entsprach. Außerdem erkannte der S. nicht die in der Struktur der modernen Gesellschaftsformen liegende schnelle Ausdehnung des staatlichen Machtbereichs. Unabhängig hiervon hat der S. auch die Entstehung ständischer und korporativer Einrichtungen nichtsozialistischer Art in verschiedenen Ländern bis zu einem gewissen Grade beeinflußt.

F.Pelloutier, Hist. des Bourses du Travail, Paris (1902) 1946 - V.Griffuelhes, L'action syndicaliste, ebd 1908 - W.E.Walling, Labour Union Socialism, New York 1912 - R.Rocker, Die Prinzipienerklärung des S., 1924 - G.Lefranc, Hist. du mouvement syndical français, Paris 1937 - H.Rüdiger, Syndikalism och parlamentarism, Stockholm 1945 - J.Peiro, Problemas y cintarazos, Rennes 1946 - E.Naef, Zur Gesch. des franz. S., Zürich 1953 - F.J.Furtwängler, Die Gewerkschaften, 1956. *P.Heyde*

Syneisakten, dh γυναῖκες συνείσακτοι oder »virgines subintroductae«, auch »agapetae« und »adoptivae feminae« wurden in der alten Kirche die weiblichen Partner der »geistlichen Ehen« genannt. Das S.tum, von dem vielleicht schon 1Kor 7, 36ff handelt, ist Did 11, 11 für die Propheten, nicht aber für Gemeindeglieder zugelassen, scheint Herm sim IX, 11 vorausgesetzt zu sein und wurde in der valentinianischen → Gnosis (: III, 3) mit der enkratitischen Syzygie von Geist und Seele be-

1. Kapernaum, Außenansicht von Südosten, Modell *(nach H.Kohl-C.Watzinger, Antike Synagogen in Galiläa, 1916, Taf. 5)*

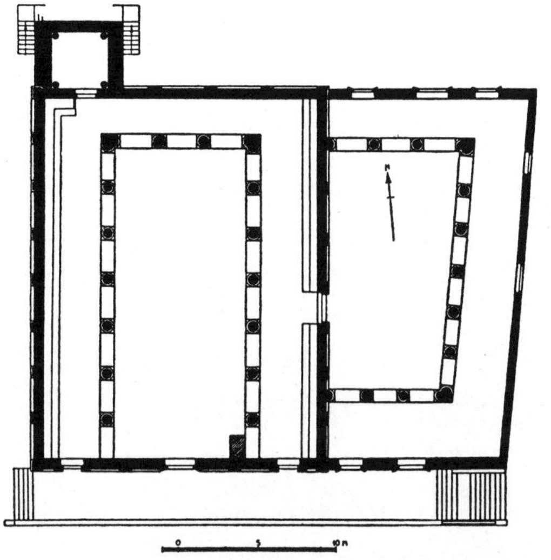

2. Kapernaum, Grundriß *(nach E.L.Sukenik, Ancient Synagogues in Palestine and Greece, London 1934, Fig. 1)*

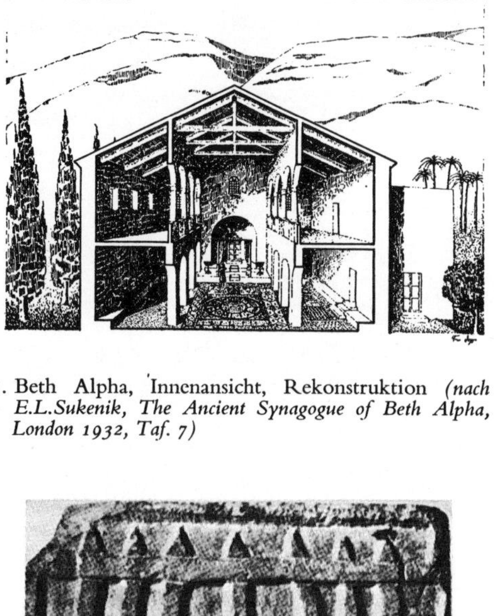

3. Beth Alpha, Innenansicht, Rekonstruktion *(nach E.L.Sukenik, The Ancient Synagogue of Beth Alpha, London 1932, Taf. 7)*

4. Priene, Relief *(nach Th.Wiegand-H.Schrader, Priene, 1904, Abb. 582)*

5. Beth Alpha, Zentralmosaik *(nach Sukenik, Ancient Synagogues, aaO Fig. 8)*

1. Regensburg, Inneres nach Osten. Radierung von A.Altdorfer, 1519 *(nach R.Krautheimer, Mittelalterliche Synagogen, 1927, Abb. 23)*

2. Altneuschul, Prag, Außenansicht *(nach Jüd. Lexikon I, 257)*

3. Gwozdziec, Galizien, Holzbau, 17.Jh. *(nach R.Wischnitzer, Synagogue Architecture in the United States, Philadelphia 1955, Fig. 135)*

4. Emmanuel-Synagoge, New York, 1930 *(nach Jüd. Lexikon IV, 476)*

5. Woodmere, Long Island, 1948-50, Rückwand *(nach R.Wischnitzer, aaO Fig. 138)*

6. Campus der Hebräischen Universität, Jerusalem, 1958, Außenansicht *(Originalaufnahme)*

gründet. Als besondere Form rigoristischer Askese bei den Hierakiten, im Marcionitismus, im → Montanismus und in der frühen syrischen Kirche verbreitet (→ Mönchtum: II, 1 a, → Syrien: IV), ist es seit → Cyprian zunehmend bekämpft und durch zahlreiche Konzilsbeschlüsse verboten worden, konnte sich aber in den → Doppelklöstern der älteren irischen Kirche längere Zeit halten.

H. Achelis, Virgines subintroductae. Ein Beitrag zum 7. Kap. des 1Kor, 1902 - H. Koch, Virgines Christi (TU 31, 2), 1907 - RE XIX, 123ff - P. de Labriolle, Le »mariage spirituel« dans l'antiquité chrétienne (RevHist 137, 1921, 204-225) - DThC I, 557 - H. Lietzmann, HNT 9, 1949[4] (zu 1Kor 7, 36ff) - RGG[2] V, 950f - DACL IX/2, 2606ff; X/2, 1881ff - LThK IX, 943 - H. Schlier, Der Brief an die Epheser, 1957, 268ff - Altaner 67. 292 - EKL III, 1246 (Lit.).

A. Adam

Synergismus

1. Der Begriff S. (von griech. συνεργεῖν = zusammenwirken) bezeichnet im theologischen Gebrauch zunächst allgemein das Mitwirken des Menschen mit Gottes → Gnade (: IV. V) zu seinem eigenen Heil, sofern dabei der Mensch als ursächlicher Faktor *neben* der Gnade vorgestellt wird. Die klassische Form synergistischer Heilslehre ist der → Pelagianismus, die klassische Veranschaulichung das von → Molina gebrauchte Bild von den beiden Pferden, die zusammen ein Schiff ziehen (Liberi arbitrii cum gratiae donis etc concordia q. 23 a. 4 disp. 1 membr. 6). Wie → Augustin, so haben die Reformatoren den S. bekämpft und ihm das *sola* gratia und die alleinige Begründung des Heils in Gottes Gnadenwahl (→ Prädestination: III) entgegengestellt.

2. Speziell bezeichnet S. die Lehre einer bestimmten von → Melanchthon ausgehenden Theologengruppe über den Vorgang der Bekehrung. Melanchthon stand in dem Streit zwischen → Luther (: II, 4f) und → Erasmus über die → Willensfreiheit anfänglich ganz auf seiten Luthers (De servo arbitrio), der die Bekehrung ausschließlich auf das Wirken des erwählenden Gottes zurückführte. Bedenklich geworden wegen der psychologischen und pädagogischen Konsequenzen, die ihm zum Fatalismus zu drängen schienen, näherte er sich später der Auffassung des Erasmus. Er sprach jetzt von drei Faktoren, die im Geschehen der Bekehrung zusammenwirken: das zum Heil berufende Wort, der zum Glauben bewegende Geist, das Ja des menschlichen Willens zum Wort und zu dem Bewegen des Geistes. Dabei blieb in der Schwebe, ob nur gesagt sein sollte, daß die Gnade den Menschen zwar allein zum Heil bewegt, jedoch so, daß sie darin sein eigenes Ja erweckt; oder ob der annehmende Wille ein zum Bewegen der Gnade hinzu- und ihm entgegenkommender Faktor ist. Die Terminologie der drei »Ursachen« deutete in die letztere Richtung, und so wurde Melanchthons Bekehrungslehre auch von seinen Schülern Joh. → Pfeffinger (De libertate voluntatis, 1555) und V. → Strigel verstanden und vertreten. Die Gnesiolutheraner unter Führung von → Flacius erhoben gegen diesen neuen »S.« erbitterten Einspruch. Höhepunkt des *synergistischen Streites* war die Weimarer Disputation zwischen Flacius und Strigel 1560. Hier vertrat Flacius die Gegenthese: der Mensch verhalte sich in seiner Bekehrung wie ein Holzklotz und Stein, ja schlimmer als diese, da er als Sünder nur seinen Widerstand gegen Gott mit herzubringe. Die Gnade bekehre nicht einen Wollenden, sondern einen Widerstrebenden. Die → Konkordienformel hat in Art. II De lib. arbitrio der Sache nach gegen den S. des menschlichen Willens in der Bekehrung entschieden, lehnte aber die flacianische Terminologie von truncus et lapis als inadäquat ab.

3. Hinter diesem Streit wie der Frage des S. überhaupt steht das Problem, wie im Heilsgeschehen die Alleinwirksamkeit der Gottesgnade mit der Personalität des Menschen zusammengesehen werden kann. Eine rationalisierte Lösung dürfte hier überhaupt nicht möglich sein, weder nach der Seite des Determinismus, der die Personalität des Menschen aufhebt (so Flacius mindestens in seiner Terminologie), noch nach der eines S., der sie als bewirkenden Faktor *neben* der Gnade ansetzt. Es muß festgehalten werden, daß es in Gottes Gnadenwirken allein begründet ist, wenn der Mensch zum Glauben und zum Heil kommt. Mit diesem Nein zum S. darf jedoch *nicht* ausgeschlossen werden: a) daß zwar nicht der Glaube und das Heil, wohl aber der Unglaube und das Verderben des Menschen in der Tat in ihm selbst begründet ist (aus dem sola gratia sollte nicht die logisch sich nahelegende deterministische Konsequenz der doppelten Prädestination gezogen werden); b) daß der Mensch *durch* das Gnadenwirken Gottes und *in* ihm zu einer eigenen Glaubenszustimmung und dann auch zu einem eigenen Glaubenswirken bewegt wird (aus dem sola gratia darf nicht die quietistische Konsequenz gezogen werden, in der der Mensch als ein bloßes Objekt von Maßnahmen Gottes erscheint). Jedoch ist hier nicht von einem *Mit*wirken des Menschen *mit* der Gnade, sondern besser von seinem *In*wirken *im* Wirken Gottes zu reden.

RE XIX, 229ff - Ritschl II, 284ff. 423ff - H. E. Weber, Reformation, Orthodoxie u. Rationalismus I/1, 1937, 151ff - R. Bring, Das Verhältnis von Glauben u. Werken in d. luth. Theol., 1955, 64ff.

W. Joest

Synesius *von Kyrene* (ca 370-413), verkörpert die Synthese zwischen → Neuplatonismus und Christentum. Aus vornehmer, noch heidnischer Familie stammend, studierte S. in Alexandria bei → Hypatia, die er sein Leben lang verehrte. 399-402 weilte er als Gesandter am Hof in Konstantinopel. Seine Heirat mit einer Christin (403) zeigt die beginnende Annäherung an das Christentum; doch war er noch nicht getauft, als ihm, dem einflußreichen Feudalherren, das Bischofsamt angetragen wurde. Trotz offen dargelegter Vorbehalte (S. behauptete weiterhin die Präexistenz der Seele und die Ewigkeit der Welt und lehnte die Trennung von seiner Frau ab) wurde er 410 Bischof von Ptolemais und Metropolit der libyschen Pentapolis. Seine letzten Jahre sind erfüllt mit Kämpfen gegen Übergriffe von Staatsbeamten und gegen die zunehmenden Überfälle räuberischer Wüstenstämme. - S. schrieb eine Reihe von kleineren Prosaschriften (u.a. Rede an Arcadius über das Herrscherideal; Über die Vorsehung; Über Träume; »Dion«, über sein philosophisch-literarisches Bildungsideal, mit Polemik gegen die rohen ägypt. Mönche), 10 philosophisch-religiöse »Hymnen« in archaisierendem Stil und 156 Briefe, die im byzantinischen MA als Muster ihrer Gattung geschätzt wurden.

Ausg.n: MPG 66, 1021ff - N. Terzaghi, Rom 1939 (Hymn.), 1944 (Opusc.) - »Dion«, gr.-dt. v. K. Treu, 1959. - Über S.: G. Grützmacher, S.v.K., 1913 - C. Lacombrade, S. de C., Hellène et Chrétien, Paris 1951 (Lit.) - K. Treu, S.v.K. Ein Kommentar zu seinem »Dion« (TU 71), 1958 (Lit.) - S. Nicolosi, Il »De providentia« di S. di C., Padua 1959.

K. Treu

Synhedrium. Als oberste jüd. Behörde hatte das S., ein aristokratischer Senat von Priestern und Ältesten in Jerusalem, alle weltlichen und geistlichen Angelegenheiten der jüd. Bevölkerung Palästinas zu ordnen. Erstmalig erwähnt wird das S. in einem Erlaß des syrischen Königs Antiochus III. (223-187 vChr; Josephus, Ant. XII, 138. 142). Unter der Königin Alexandra (76-67 vChr) zogen auch Schriftgelehrte (→ Sopherim) in das S. ein, so daß fortan im Hohen Rat → Sadduzäer und → Pharisäer einander gegenüberstanden. In den Tagen Jesu stellten daher Oberpriester, Älteste und Schriftgelehrte (Mk 11, 27 par; 14, 43 par u.ö.) die 70 (71) Mitglieder des S.s, an dessen Spitze der → Hohepriester stand. Schon unter → Herodes d. Gr. (37-4 vChr) waren die Rechte des S.s stark beschnitten worden. Die römischen Prokuratoren ließen zwar das S. in beschränktem Umfang gewähren, die höchste Rechtsgewalt aber lag allein beim Statthalter. Mit der Zerstörung Jerusalems (70 nChr) fand auch das S. sein Ende; das in Jabne neu konstituierte S. setzte sich ausschließlich aus Rabbinen zusammen. - Vgl. → Gemeindeverfassung des Judentums, → Judentum: I.

Schürer II, 237ff - J.Blinzler, Der Prozeß Jesu, (1951) 1960³, 95ff - S.B.Hoenig, The Great Sanhedrin, 1953 - ThW VII s.v. συνέδριον (im Druck; Lit.). *E.Lohse*

Synkretismus

I. Religionsgeschichtlich - II. Im Wirkungsbereich der Mission

I. Religionsgeschichtlich

1. Wort und Begriff - 2. Erscheinungsformen - 3. Motive

1. Für das *Wort* S. hat → Plutarch eine Ableitung gegeben, nach der es sich um ein kretisches Wort handeln soll als Bezeichnung für den Zusammenschluß kretischer Einzelgemeinden zur Verteidigung gegen gemeinsame Feinde. Eine ebenfalls versuchte griech.-lat. Ableitung soll auf den Sinn von »zusammenwachsen« führen. Obwohl diese Deutung sicher unmöglich und die erste unsicher ist, treffen sie zusammen doch den heutigen Sinn des *Begriffs* S.: er bezeichnet einerseits den bewußten Zusammenschluß verschiedener Religionen bzw. einzelner Elemente in ihnen, andererseits das organische Zusammenwachsen von Religionen oder ihren Anschauungen und Praktiken zu einer Einheit. Es handelt sich bei diesem Phänomen um eine allgemeine religionsgeschichtliche Erscheinung mit verschiedenen Motiven. Aber den Begriff S. braucht man heute speziell zur Bezeichnung der religiösen Welt und des religionsgeschichtlichen Geschehens innerhalb der ausgehenden Antike, dh im → Hellenismus.

2. Ehe wir die *Erscheinungsformen* des eigentlichen S. im oben definierten Sinne betrachten, müssen wir ein Phänomen ins Auge fassen, das vielfach ebenfalls als S. bezeichnet wird, und das phänomenologisch gesehen eine Art Vorstufe innerhalb einzelner Religionen selbst darstellt. Es handelt sich um die Erscheinung eines Zusammenschlusses mehrerer Götter oder Halbgötter zu einer Großgottheit. Bes. im alten → *Ägypten* (: II, 1) war diese Tendenz, die als bewußte Konstruktion wie auch als unbewußtes organisches Geschehen vorkommt, weit verbreitet. Bei dem Zusammenschluß von Einzelgauen zu größeren Staatsgebilden geschah zugleich eine Vereinigung der Götter der einzelnen Gaue zu großen Gottheiten. Das führte zu einem Kampf um den Primat unter ihnen in der Form, daß geheime Verbindungen zwischen ihnen gesucht und festgestellt wurden. Hier handelt es sich also um das Phänomen s.en Ausgleichs innerhalb einer einzelnen Religion. Man spricht vom ägyptischen S. (vgl. RÄRG 237ff). Voraussetzung dafür war der ägyptische Glaube an die Wandelbarkeit der Göttergestalten, deren vielfache Ähnlichkeit im Wesen den Prozeß eines Zusammenschlusses erleichterte. So fließen zB als Totengötter Osiris, Chontiamentiv und Sokaris zusammen, als Himmelsgöttinnen Nut und Hathor. Diese Tendenz zur Einheit kann unter Ausschaltung niederer Götter zu einer auch körperhaften Wesenseinheit führen, wie die Formel sagt: »Drei sind alle Götter, Amon, Re und Ptah... Verborgen ist sein Name als Amon, Re gehört ihm als Antlitz, Ptah ist sein Leib« (RÄRG 242f). Dasselbe Phänomen findet sich in → *Babylonien* (: II, 1-3), wo im Reichskult Marduk ein s.es Kunstgebilde aus priesterlicher Konstruktion wird (Chant I, 518). Aber auch → *Indien* (: II) liefert zahlreiche Beispiele, wenn etwa im Atharvaveda (14, 4, 1ff) von dem *einen* Gott gesagt wird: »Er steigt als Savitâr hinauf zum Himmel, als großer Indra verhüllt geht er zum Gewölke... Er ist Vâyu mit aufgetürmtem Gewölk. Er ist Aryaman, er Rudra, er Mahâdeva, er Agni, er Sûrya, er auch Yâma, der große (Todesgott).« Auch → Shiva und → Vishnu zogen im Laufe ihrer Entwicklung andere Numina in ihren Kreis und vereinigten sich mit ihnen.

Während es sich bei den genannten Beispielen um einen S. innerhalb derselben Religion handelt, stoßen wir außerhalb des Hellenismus in Ostasien auf echten interreligiösen S. im Sinne der Mischung von Elementen verschiedener Religionen. In → *China* (: II) entwickelte sich in wachsendem Maße die Überzeugung, daß China drei Religionen umfasse, und daß diese drei eins seien, nämlich die Religionen des → Konfuzius, des → Taoismus und des → Buddhismus. Man bildete auch etwa um 1000 nChr theologische Systeme aus, die eine Synthese dieser drei Religionen darstellen. Der moderne Chinese Wingtsit-Chan meint, die Masse der Chinesen folge »nicht drei getrennten, parallel laufenden und einander zugleich ausschließenden Religionen, sondern einer s.en Religion, die vom alten Kult als Grundlage ausgeht und in zweiter Linie buddhistische und taoistische Züge trägt. Auch wenn diese Chinesen einen streng buddhistischen oder taoistischen Tempel aufsuchen, tun sie dies nicht als Buddhisten und Taoisten, sondern als Angehörige der Volksreligion.« - In → *Japan* (: II) wurde die alte Volksreligion des Shintô (→ Shintoismus: I) durch Kôbô (* 774 nChr) mit dem seit 552 nChr in Japan vorhandenen Buddhismus vermischt in der Form, daß die Buddhas und Bodhisattvas mit den shintoistischen Kamis identifiziert wurden. Die Kamis erscheinen hier als zeitweilige Manifestationen der Buddhas. Doch auch die seit der Restauration 1868 und bes. nach dem 2.Weltkriege in großer Fülle entstandenen sog. »neuen Religionen« stellen sich als s.e Gebilde dar.

Der *hellenistische S.* beruht auf grundsätzlich anderen Voraussetzungen als der S. in Ostasien. Es sind das Weltreich → Alexanders d. Gr. und seine Nachfolgestaaten, durch die die Hellenisierung der Mittelmeerwelt ins Werk gesetzt wurde (→ Hellenismus, 2). Eine allgemeine griech. Sprache, die Koine, machte es möglich, sich allenthalben verständlich zu machen; die Grenzen zwischen den Staaten fielen, ein Kosmopolitismus bildete sich aus. Große Handelsstädte, wie → Alexandria, vermittelten den Verkehr zwischen Orient und Okzident. So war es also eine politische Grundlage, auf der sich die Religionsmischung vollzog und durch die sie ermöglicht wurde. Hinzu kam auch eine innere Wandlung der Menschen. Während in den Volksreligionen kollektivistisches Denken und Fühlen vorlag, vollzog sich allmählich der Übergang zum Individualismus. Der Einzelne und seine Situation wurden entdeckt. Einen wesentlichen Einfluß hat dabei → Platon gehabt mit seiner Lehre von den zwei Welten, der materiellen Welt und der Welt der ewigen → Ideen, zu der die an den Körper gefesselte unsterbliche Seele gehört. Demgemäß wurde die körperliche Welt allmählich abgewertet. Ein asketischer Zug kam auf diese Weise in die Religion. Die religiöse Einstellung wendet sich ab vom Diesseits auf das Jenseits. Es entsteht eine persönliche Religion. Der Einzelne aber ist nicht nur Bürger einer Polis (→ Stadtkult, 1), sondern Angehöriger eines weiten Reiches und hat dadurch die Möglichkeit der Auswahl unter den zahlreichen Göttern und Religionen in Ost und West (→ Antike und Orient). Im → Neuplatonismus wird gewissermaßen die philosophische Basis des S. gegeben;

denn die Mythen der alten Religionen werden als bloß sinnliche Veranschaulichungen ewiger Ideen verstanden, so daß auch die Volksreligionen ihr relatives Recht und ihre Wahrheit behalten. Der S. der röm. Kaiserzeit benutzte diese Methode, so daß jede Religion um der hinter ihren naiven Vorstellungen verborgenen Wahrheit willen Anerkennung finden konnte. So entstand das hellenistische Religionsgemenge, das man im engeren Sinne S. nennt. - Vor allem waren es die großen griech. und orientalischen → Mysterien-Religionen, die in der Mittelmeerwelt Verbreitung gewannen und Wegbereiter des Christentums wurden. Sie waren Universalreligionen, die auf die gewandelte Situation des Einzelnen Antwort gaben, bes. auf die Frage nach dem → ewigen Leben (: III A) nach dem → Tode und trotz dem Tode. Da diese mystisch geprägten Mysterien wesensmäßig tolerant (→Toleranz: I) waren und Mitgliedschaft in verschiedenen Mysteriengemeinschaften möglich war, breitet sich auf dieser Basis der S. weiter aus. Das → Christentum (: I), das in dieser s.en Religionswelt entstand, hat sich mit Entschiedenheit gegen jeden S. gewehrt, aber dennoch nicht verhindern können, daß es selbst in verschiedener Hinsicht eine s.e Größe wurde durch mannigfache Übernahmen des religiösen Ausdrucks aus der s.en Umwelt (vgl. dazu R.Bultmann, Das Urchristentum im Rahmen der antiken Religionen, [1949] 1954²).

3. *Motive*. In der religiösen Menschheit lebt ein starkes Streben nach der *Einheit* der numinosen Wirklichkeit (→ Monotheismus: I). Das bedeutet nicht, daß dieses Streben allgemein ist; denn die Tendenz zur Göttervielheit, also zu irgendeiner Art des → Polytheismus, bleibt in bestimmten Schichten immer erhalten. Aber die Wendung zur Einheit ist in Universalreligionen oder in sich universalisierenden Volksreligionen immer vorhanden. Verschiedene Momente sind zu unterscheiden. Ein akuter → Henotheismus, also die jeweilige Höchstverehrung *eines* Gottes innerhalb einer polytheistischen Religion (im Unterschied vom permanenten Henotheismus zB Altisraels), führt in dem Sinne zum S., daß alle anderen Götter als dessen Manifestationen angesehen werden. So heißt es etwa im Rigveda (5, 3, 1): »Du bist Agni, bist Varuna, wann du geboren wirst, du bist Mitra, wann entzündet, in dir, o Sohn der Kraft, sind alle Götter, du bist für den opfernden Sterblichen ein Indra.« Die aktuelle Alleinverehrung eines Gottes drückt sich in einer momentanen Absolutsetzung inmitten einer Göttervielheit aus. So erscheinen also Einzelgötter als Sonderfunktionen eines großen Gottes. Ein klassisches Beispiel dafür findet sich im alten → Babylonien (: II), wo allmählich der Großgott Marduk zu dominierender Geltung gelangte. Von den anderen Göttern heißt es: »Nergal ist Marduk in bezug auf Kampf, Enlil ist Marduk in bezug auf Herrschaft und Entscheidung, Nebo ist Marduk in bezug auf Besitz, Sin ist Marduk in bezug auf Recht, Adad ist Marduk in bezug auf Regen« (P.Volz, Mose und sein Werk, 1932, 30f). - Eine s.e Einheit der Götterwelt, die die Grenzen einer Religion überschreitet, wird nun vielfach dadurch hergestellt, daß man die eigenen Götter mit anderen fremden Gottheiten *identifiziert*. Dafür einige Beispiele: die Baalim der syrischen Heiligtümer hatten sich in späterer Zeit, als ihr nationaler Partikularismus überwunden war, mit den Kräften der Nachbargötter bereichert (Cumont 152). Eine in Britannien gefundene Inschrift identifiziert die syrische Göttin mit Pax, Virtus, Ceres, der Göttermutter usw. Bes. im Bereich der Mysterien geschahen solche Identifizierungen. → Sarapis zB ist eine Mustergottheit des S. im engeren Sinne; denn diese Gottesgestalt setzt sich aus griechischen und ägyptischen Elementen zusammen. Ebenso wurde → Isis mit anderen Göttern identifiziert, → Attis mit → Adonis, Osiris und anderen griechischen, thrakischen und phrygischen Gottheiten (Chant II, 493. 502). Auf einem Altar im Mithräum (→ Mithras) der Caracalla-Thermen findet sich eine Weihung an Zeus-Helios-Sarapis-Mithras. Solche Identifizierung geschah in der sog. Interpretatio Romana auf Grund der Anschauung, daß es nur die eigenen Götter gibt, und daß sie folglich auch bei anderen Völkern unter fremden Namen zu finden sind. So sprach zB Caesar (bell. Gall. VI, 21) von den germanischen Göttern Sol, Vulcanus und Luna. Auch Tacitus interpretierte in der »Germania« die verschiedenen Götter der → germanischen Religion (, 9) mit den römischen. Umgekehrt dachten die Germanen mit einer Interpretatio Germana bei den römischen Göttern an ihre eigenen. Eine s.e Einheit besonderer Art liegt auch im → Manichäismus vor, wenn hier Zarathustra, Buddha, Jesus und Paulus als Wegbereiter der wahren manichäischen Religion angesehen und Elemente aus allen diesen Religionen aufgenommen werden. - Auf anderer Grundlage ruht die Einheitsidee im Bereich der → *Mystik*. Wenn hier das ewig Eine als die allein bestehende numinose Wirklichkeit angesehen wird, dann erscheinen die einzelnen Götter nicht nur der eigenen, sondern auch der fremden Religion als bloße Namen, als verschiedene Aspekte dieser einen Wirklichkeit (vgl. Rigveda 1, 164, 46: »Was nur das Eine ist, bezeichnen die Sänger mit verschiedenen Namen«).

Neben dem Einheitsmotiv sind das Motiv der *Übernahme* fremder Kulte zur Ergänzung des eigenen und das Motiv der *Anpassung* zu nennen. In Rom (→ Römische Religion) haben wir ein klassisches Beispiel für das erste Motiv: der erste orientalische Kult, den die Römer übernahmen, war der der phrygischen Göttin Kybele (204 vChr). Der Grund für diese und alle folgenden Übernahmen ist der Zweifel an der Macht der eigenen Götter. Vielfach geschahen solche Übernahmen fremder Religion durch Einzelne im römischen Imperium auch dadurch, daß die römischen Legionäre auf ihren Eroberungszügen mit fremden Religionen in Berührung kamen.

Sehr wichtig für das Entstehen eines S. ist ferner das Motiv bewußter *Anpassung* fremder Religion an die vorgefundene einheimische Religionswelt. Als zB die Missionare der → Nestorianer im 7.Jh. nach China kamen, kleideten sie die christlichen Gedanken in chinesische Formen. Auch die Jesuitenmission in China paßte sich in hohem Maße an die chinesische Geisteswelt an. Umgekehrt hat sich wahrscheinlich der buddhistische → Amida-Glaube durch Berührung mit christlichen Gedanken in mancher Hinsicht beeinflussen lassen. So entsprach zB die größere Intensität des sozialen und karitativen Wirkens in dieser Schule des Buddhismus christlichen Ideen und wohl auch christlichem Einfluß. Dasselbe gilt vom hinduistischen S., dessen moderne Formen als Anpassung an das Christentum verstanden werden müssen.

Endlich ist darauf hinzuweisen, daß es an Protesten gegen den S. nicht gefehlt hat, vor allem bei den at. → Propheten, die u.a. die s.e Verwilderung des Jahweglaubens bekämpften (→ Götzendienst im AT, → Kanaan: III).

F.Cumont, Die oriental. Religionen im röm. Heidentum, (1909) 1931³ - J.Geffcken, Der Ausgang des griech.-röm. Heidentums, (1920) 1929² - Nilsson I. II (s. Reg.) - C.Lévi-Strauss, Le syncrétisme religieux d'un village m'g du territoire de Chittagong [Ostpakistan] (RHR 141, 1952, 202-237) - EC XI, 662ff - F.C.Grant, Hellenistic Religions. The Age of Syncretism, New York 1953 - van der Leeuw § 94 - K.Latte, Röm. Religionsgesch., 1960, 356. - Weitere Lit. s. → Antike u. Christentum, → Antike u. Orient, → Hellenismus, → Messianismus, → Propheten: I.

G.Mensching

II. Im Wirkungsbereich der Mission

»S. im Wirkungsbereich der Mission« kann erstens meinen: Welche Rolle spielt der S. in den Religionen, unter denen die Mission der Neuzeit (seit dem 18.Jh.) ihre Arbeit ausübt? Bei dieser Fragestellung kommen, vom Standpunkt der Mission aus gesehen, weniger die sog. primitiven Religionen und der Islam als vielmehr die asiatischen Hochreligionen in Indien, China, Japan und Südostasien in Betracht, die wegen ihrer ganzen Orientierung und Verwurzelung in bestimmten Grundgefühlen und Grundkonzeptionen Hauptgebiete des s.en Bewußtseins sind. Damit ist nicht gemeint, daß sie alle als s.e Gebilde anzusprechen sind. Teilweise ist das wohl der Fall, aber es ist, religionswissenschaftlich gesehen, nichts Besonderes, weil s.e Gebilde überall vorkommen, sogar im Christentum und Islam, die wesensmäßig nicht-, ja anti-s. sind. Gemeint ist vielmehr, daß die Hochreligionen Asiens ihrem Wesen nach gigantische Beispiele des S. als Naturanlage sind. Daher gibt es zum Studium des S. in den Quellen und im konkreten religiösen Leben kein ergiebigeres Feld als diese. Zur Auseinandersetzung des Christentums mit ihnen vgl. → Amida: II, → Bhakti: II, → Buddhismus: III, → China: III, → Hinduismus: II, → Japan: III, → Indien: III, → Indonesien: III, → Shintoismus: II.

»S. im Wirkungsbereich der Mission« kann zweitens bedeuten, daß die Mission dem S. als Problem begegnet und sich daher um eine motivierte Ansicht bemühen muß, um damit in solcher Art fertig zu werden, daß der christliche Glaube und das christliche Gemeinschaftsleben sich art- und umweltgemäß entfalten können. Der S. ist also nicht nur ein religionswissenschaftliches, sondern auch ein Missionsproblem (→ Mission: III). Als solches hat er in der → Missionswissenschaft eigenartigerweise lange Zeit keine Beachtung gefunden und ist erst seit ca 30 Jahren ein viel diskutiertes theologisches Problem. Das hat vor allem zwei Gründe: Einmal hat es einer jahrzehntelangen angestrengten religionswissenschaftlichen Arbeit bedurft, um die asiatischen Hochreligionen einigermaßen zu ergründen, zu verstehen und so auch ihren S. zu durchschauen. Wie sehr man sich, bes. auf missionarischer Seite, über die Bedeutung des S. in der Totalwirklichkeit der Religionen im unklaren war, zeigt beispielhaft die Verurteilung der → Taiping-Bewegung als eines hoffnungslosen S. - Im Falle der Mission kam hinzu, daß man als Ziel mehr die Bekämpfung und Beseitigung jener Religionen durch das Christentum und weniger ihre Ergründung im Auge hatte. Zu letzterem kam es erst allmählich als Folge der religionswissenschaftlichen Ergebnisse und eines vertieften Nachdenkens über den zähen Widerstand dieser Hochreligionen, verbunden mit einer erneuerten Auffassung dessen, was eigentlich der Auftrag der → Mission (: III A) sei. Dazu kam, daß infolge der gerechteren Wertschätzung der Religionen von seiten der Religionswissenschaft die Frage an Theologie und Mission gestellt wurde, wie es mit der → Absolutheit des Christentums gegenüber dem Wahrheitsanspruch der anderen Hochreligionen nun eigentlich stünde. Diese Frage berührte den Lebensnerv der Mission, die Berechtigung zu ihrer Arbeit.

Beide Faktoren fanden ihren Ausdruck im Programm und dem Geist der Weltmissionskonferenz in Jerusalem (1928; → Internationaler Missions-Rat, 6). Seitdem ist der S. ein Thema geworden, dessen man sich in der gesamten missionswissenschaftlichen Diskussion bewußt ist. In Jerusalem ging es bes. darum, die Beziehung des Christentums zu den lebenden nichtchristlichen Religionen vom Standpunkt der religiösen Wahrheitsfrage zu formulieren und den »Wert« dieser Religionen zu bestimmen. Die Konferenz hat ferner erstmals den → Säkularismus (: II) der modernen Welt als ein eigenes und erstrangiges Problem erfaßt und dabei auch die Frage berührt, ob sich nicht angesichts des Säkularismus alle Religionen zusammenfinden sollten. Im Zusammenhang mit diesen Fragen wiesen manche, die dem aufstrebenden → Nationalismus (: II) im Osten als einer nicht nur politischen Erscheinung Verständnis entgegenzubringen suchten, nachdrücklich auf das große geistige und kulturelle Erbe der Hochreligionen hin und plädierten darum für eine weniger dogmatische Beurteilung dieser Religionen. - So zeigte die Jerusalemer Konferenz, obwohl sie bestimmt missionarisch inspiriert war, eine verwirrende Verbindung von Offenheit für die anderen Religionen und eine nur halbbewußte Ungewißheit hinsichtlich des eigenen Erbes. Darum ist sie, bes. von kontinentaleuropäischer Seite, verschiedentlich kritisiert worden.

Diese Kritik äußerte sich in der Form, daß viele eine deutliche Gefahr des S. schon in den Fragestellungen feststellten. In der Diskussion des S. als eines missionarischen Problems hatte das Wort S. einen stark negativen Beigeschmack, zB bei H.W.Schomerus in Bd II seines Werkes »Indien und das Christentum« (1932). Auch K. → Hartenstein behandelte das Thema in verschiedenen Aufsätzen vorwiegend in diesem Sinne, war aber der erste, der anfing, die Dinge in biblischem Licht zu sehen. Die Erfahrungen der Zeit des Nationalsozialismus und das Phänomen der Deutschen Christen trugen begreiflicherweise dazu bei, den S. zu verabscheuen.

S. als ernsthaftes Diskussionsthema ist also noch jung. Die Diskussion ist lange ein innertheologisches Anliegen der westlichen Theologie geblieben. Versuche, das Thema in gründlicher theologischer und missions- oder kirchlich-pädagogischer Weise im Zusammenhang mit der Wirklichkeit zu durchdenken und zu formulieren, sind auf seiten der westlichen und östlichen Christenheit noch Ausnahmen.

Lit. meist in Zs.en, vgl. dazu die International Missionary Bibliography in der IRM, seit 1928. - Ferner: The Jerusalem Meeting of the IMC, 8 Bde, London 1928 - H.Kraemer, The Christian Message in a Non-Christian World, London 1938; dt. 1940 - Ders., Religion and the Christian Faith, ebd 1956; dt. 1959, bes. 379. 396ff - H.J.Margull, Aufbruch zur Zukunft. Chiliastisch-messianische Bewegungen in Afrika u. Südostasien, 1962 (Lit.). *H.Kraemer*

Synkretistischer Streit ist der Name für die Auseinandersetzungen zwischen den Helmstedter »Irenikern« und den kursächsischen und ostpreußischen »Zeloten«, die von 1645-86 die gesamte luth. Kirche aufs stärkste erschütterten. Gegen G. → Calixt, K. → Horn(ejus), J.Hildebrand und Fr.U.Calixt in → Helmstedt, J.Latermann, Chr. → Dreier u.a. in → Königsberg, auch P. → Musäus in → Rinteln, stritten C. → Myslenta, A. → Calov, J. → Weller, J. → Hülsemann, J. → Deutschmann, Aeg.Strauch u.a.m. Die Vorgeschichte des Streites reicht weit zurück. Schon Calixts »Disputationes de praecipuis religionis capitibus« von 1611 lösten starken Widerspruch aus. Bald begannen die Angriffe auf die »theologi moderatiores« wegen Kryptopapismus, Aufrichtung der Traditionen als Nebengrund des Glaubens, Wiederaufnahme des Satzes von der Notwendigkeit der → guten Werke (→ Synergismus, G. → Major), Reduktion des für den Glauben Wesentlichen auf das den 4 Hauptkirchen Gemeinsame oder auf die Lehren der ersten 5 Jh.e (consensus quinquesaecularis), auf der anderen Seite wegen calvinistischer Erklärung von Röm 9-11 und Anerkennung der Reformierten als Brüder in Christus, im ganzen auf → Synkretismus (Religionsmengerei). Der eigentliche S.S. wurde dadurch ausgelöst, daß Calixt beim → Thorner Religionsgespräch 1645 als Berater der Reformierten erschien. Nach einem ausgedehnten literarischen Streit formulierten die Wittenberger und Leipziger 1655 den »Consensus repetitus fidei vere Lutheranae« (→ Kromayer, 1). In einem zweiten Abschnitt des Streites (1656-75) löste der jüngere Calixt seinen Vater ab mit der Neigung, dessen Lehre zu kanonisieren. Durch den Versuch einer Religionsverständigung in Hessen und Brandenburg (Kasseler und Berliner Religionsgespräch 1661 bzw. 1662-64) zwischen Lutheranern und Reformierten verschärfte sich der Streit noch. Bes. die Neutralität → Ernsts des Frommen und der Jenaer Theologen (J. → Musäus) verhinderte eine wirkliche Einigkeit der Lutheraner für den Consensus. Nach Ernsts d. Fr. Tode (1675) flammte der Streit nochmals auf, um nach Calovs Tod (1686) rasch abzuebben. Ein Nachspiel sind die Kämpfe um J. → Fabricius. - Der S.S. bildet den Höhepunkt der Lehrstrenge, des Selbstbewußtseins und der Polemik der luth. altprot. → Orthodoxie (, 3 a). Das Schicksal des Consensus repetitus bedeutete die Entscheidung, daß die luth. Kirche nicht als ganze den alten gnesioluth. Kurs halten werde. Umgekehrt war nicht Versöhnung zwischen Lutheranern und Reformierten erreicht, sondern Versteifung des Gegensatzes für weitere 100 Jahre.

A. Calov, Historia syncretistica, 1682 (Aktensammlung) - J.G. Walch, Einl. in die Religionsstreitigkeiten der ev.-luth. Kirchen I, 1730, 219ff; IV, 1739, 666ff - E.L.Th. Henke, G.Calixt u. seine Zeit I. II, 1853/60 - RE XIX, 243ff - Ritschl IV, 231ff - H. Leube, Kalvinismus u. Luthertum I, 1928 - S. Göransson, Schweden u. Deutschland während der synkretist. Streitigkeiten (ARG 42, 1951, 220-242) - H. Schüssler, G.Calixt, 1961. *F.Lau*

Synode. Die Lehre von der S. ist auf dem Hintergrund vorreformatorischer Lehre vom → Konzil zu sehen. Bis zum Zeitalter der Orthodoxie blieb die synonyme Verwendung beider Begriffe gebräuchlich. In eigenartiger Weise gleichen gewisse Transformationen ev. Lehre von der S. bestimmten Wandlungen im vorreformatorischen Verständnis des Konzils.

S. ist nach ihrem Vorbild in Apg 15 (→ Heidenchristentum, 8) gottesdienstliche Versammlung, in der die Einheit der Gemeinden in der einen Kirche real wird. In brüderlicher Hilfeleistung stehen sich die Gemeinden zur Schlichtung von Streitfragen des Glaubens und der von diesem nicht zu distanzierenden kirchlichen Ordnung bei. Die Reformatoren (zB Calvin und Zwingli) sprechen - im Einklang mit der alten Kirche - der S. Autorität zu, soweit sich ihr Handeln als Bekennen des Beschlusses gegenwärtigen Hl. Geistes erweist (Apg 15, 28). S. ist deshalb, wie → Kirche überhaupt, wesentlich als Geschehen zu verstehen und nicht körperschaftlich-statisch als »Vertretungsorgan«. Nicht maßgeblich für die Autorität der S. ist die Weite ihrer »Repräsentationsbasis«. So kann es letztlich keinen qualitativen Unterschied zwischen der Gemeindeversammlung und der Versammlung von Abgeordneten verschiedener Gemeinden geben, wie auch das Verhältnis von Gemeinde und S. nicht mit der räumlich-statischen Kategorie der Über- bzw. Unterordnung zu deuten ist.

In Zusammenhang mit dem Fehlen einer ausgebildeten Gemeindeverfassung (→ Kirchenverfassung: VI, 4 a) kannte die *luth.* Kirche die S. nur als Pfarr- oder Visitations-S. Umstritten ist die Einstellung Luthers zur (nicht verwirklichten) synodalen Homberger KO von 1537. In der luth. Orthodoxie entwickelten → Calov, → Hollaz und → Quenstedt innerhalb eines schriftbezogenen Kirchenrechtsverständnisses auch eine Lehre von der S., die aber ohne Gestaltungskraft blieb. - Im *ref.* Bereich setzte sich die S. als Ämter-S. (Pfarrer, Presbyter, Diakone) durch, die von einem für jede Zusammenkunft neu gewählten Präsidium geleitet wurde (→ Moderator). Grundlegend für die ref. Kirchen war die Discipline Ecclésiastique von 1559, die den dreistufigen Aufbau über die örtlichen Consistoires und die halbjährlich zusammentretenden Provinzial-S.n zur General-S. begründete. 1572 kamen die Colloques (»Kreis«-S.n) hinzu. Von den Synodalordnungen des 16.Jh.s sind weiter zu nennen: die KO der Kurpfalz von 1563 (→ Pfalz; → Baden, 1 b), die Emdener Akten von 1571 (→ Niederlande: I, 3; → Rheinland, 3) und das schottische Bekenntnis von 1560 (→ Schottland: I). Unter teilweiser Umwandlung ursprünglicher reformatorischer Auffassung kam zunehmend ein korporatives Verständnis der S. auf, in Anfängen schon im 16.Jh. (auf der Grundlage mittelalterlicher Korporationstheorie, die schon die vorreformatorische Lehre vom Konzil, bes. zZ der → Reformkonzile, geprägt hatte, und auf derjenigen humanistisch-naturrechtlicher Gedankengänge), vollentwickelt erst mit der Aufklärung (→ Kollegialismus). Besondere Wege innerhalb des ref. Bereichs gingen die ref. Kantone der Schweiz, wo sich die zZ der Reformation eingeführten S.n - mit Ausnahme der S.n der Ostschweiz, von denen sich die Pfarrer-S. Graubündens weitgehend unverändert bis in die Gegenwart erhalten hat - unter einem straffen obrigkeitlichen Kirchenregiment nicht als lebenskräftig erwiesen und auch durch die zB von → Polanus und J.H. → Heidegger unter Bezugnahme auf die altkirchliche Konzilslehre verfochtenen Forderungen nicht neubelebt werden konnten. - Zu einem allgemeinen Durchbruch der Synodalverfassung kam es in Deutschland und in der Schweiz erst im 19.Jh. 1808 formulierte → Schleiermacher seinen »Vorschlag zu einer neuen Kirchenverfassung der prot. Kirche im preußischen Staat«, der das Programm eines synodalen Aufbaus von den Gemeinden her enthielt. Wegweisende Bedeutung kam dann der KO für → Rheinland und → Westfalen von 1835 zu. Altref. KO war zwar zT als Vorbild wirksam. Im ganzen ist indessen die Geschichte der S. im 19.Jh. als Parallele zum Aufstieg des Konstitutionalismus im politisch-staatlichen Bereich zu verstehen. Die S. wird zum kirchlichen »Parlament«, zur »Vertretung« des »Kirchenvolkes« (→ Gemeinde: II, 3 f), bes. ausgeprägt in der → Schweiz, wo die Postulate von Liberalismus und Demokratie durchweg zu innerkirchlichen Gestaltprinzipien werden. - Die Anlehnung an das weltliche Modell erhielt sich zunächst auch im 20.Jh. In Deutschland wird die S. nach Wegfall des landesherrlichen → Summepiskopats zum »obersten Organ«, zur »Trägerin der Kirchengewalt«. Ein grundsätzlich anderes und nun von körperschaftlich-statischem Denken distanziertes Verständnis tritt in den Bekenntnis-S.n auf (→ Barmen, → Dahlem).

Alle nach 1945 in Deutschland geschaffenen KOen, neben denjenigen der Landeskirchen auch die Grundordnungen der EKD, VELKD und EKU, enthalten synodale Elemente, wobei die Landeskirchen (wie schon nach den älteren KOen) meist Kreis- und Landes-S.n (auch Kirchentag, General-S.) kennen. Die Synodalen (entsprechend dem Verständnis der S. als Ort der Zuordnung der verschiedenen Dienste sind es Geistliche und Laien in einem unterschiedlich festgesetzten Verhältnis, Vertreter der theologischen Fakultäten und kirchlichen Werke) werden vorwiegend durch mittelbare Wahl bestellt. Überall ist der Bruch mit der an weltlicher Repräsentativverfassung ausgerichteten Konzeption deutlich. Doch zeigen sich die mit der Verbindung von Bekenntnis und KO herbeigeführten neuartigen Differenzierungen kirchenrechtlicher Gestaltprinzipien (→ Kirchenverfassung: VII, 5) bei der S. bes. ausgeprägt. Luth. Auffassung versteht die S. als »Vertretung der Hörer- und Sakramentsgemeinde«, »Resonanzboden« für die Ausübung der »eigentlichen Kirchenleitung«, die »in ihrem geistlichen Kern und nach ihrer eigentlichen Vollmacht ... Amtsausübung im Großen« ist (E.Kinder), daher dem Amte zugeschrieben und der S. und ihrem Auftrag gegenübergestellt wird. Neben ihren Wahlbefugnissen bleibt der S. und ihrer → Gesetzgebung (, 2) ein unter Transformierung des staatskirchenrechtlichen Begriffs des → Ius circa sacra abgegrenzter Bereich der »Kirchenleitung im weiteren Sinne«. Typische (freilich nicht immer verwirklichte) Formelemente so verstandener KO sind das Recht der Kirchenleitung zur Auflösung der S. und der Grundsatz der Nichtbeteiligung der Kirchenleitung an der S., bes. ihrem Präsidium. Nach anderer, auf Grund der Luther-Interpretation Joh.Heckels entwickelter Sicht ist S. »der Ort, an dem über die grundsätzliche Gestaltung des Kirchenwesens durch die Mitglieder der geistlichen Kirche entschieden wird«, u.a. auch über die Überwachung und organisatorische Ordnung der gesamten Kirchenleitung (S.Grundmann). Dieses Verständnis kann sich mit der Konzeption der S. in ref. und unierten Kirchen treffen, wo der Bekenntnisstand der Gemeinden, Verkündigung und Sakramentsverwaltung in die Verantwortung auch der S. gestellt sind. In einigen dieser Kirchen wird die Kirchenleitung »im Auftrag« der S. ausgeübt. Am weitesten geht die rheinische KO, die die S. als kirchenleitendes Organ bezeichnet. Die Verwirklichung der Synodalverfassung, namentlich ihres reinen Typs, ist heute freilich mehr denn je erschwert. Sozialgeschichtliche Wandlungen, die sich etwa in der Eigengesetzlichkeit auch kirchlicher Bürokratie äußern können, lassen die S. leicht zum »Ort der Zustimmung und gelegentlichen Polemik, aber ohne die Beherrschung der Grundsätze« (R.Smend) werden. Fraglich ist, wie weit sich solche Tendenzen durch vermehrte Institutionalisierung und Objektivierung des Zusammenwirkens von S. und Kirchenleitung korrigieren lassen. Wie in der Geschichte der S. überhaupt, bestimmt sich das Gesicht der S. auch heute letztlich nach der Wirklichkeit der in ihr verbundenen Gemeinden.

K.G.Steck, Der »locus de synodis« in der luth. Dogmatik (Theol. Aufs., K.Barth z. 50. Geb., 1936, 338-352) - W.Göbell, Die rhein.-westf. KO vom 5.3.1835, 2 Bde, 1948/54 - J.Beckmann, Der Kampf der BK im Rheinland um die Presbyterial-Synodale KO (ZevKR 1, 1951, 135-162. 261-279) - L.Coenen, Gemeinde u. S. (Theol. Diss. Göttingen), 1952 (Selbstbericht in ZevKR 3, 1953/54, 74-86) - SThKAB H. 9 (P.Brunner, W.Maurer, E.Kinder, F.K.Schumann) u. H. 10 (W.Maurer), 1955 - S.Grundmann, Der Luth. Weltbund, 1957, bes. 102ff - R.Smend, Wissenschafts- u. Gestaltprobleme im ev. Kirchenrecht (ZevKR 6, 1957/58, 225-240) - Ders., Das Recht der Kirchenleitung zur Auflösung einer Landes-S. (ebd 295-299) - H.Diem, Die Kirchenleitung in der Synodalverfassung (RKZ 99, 1958, 7-12) - EKL III, 1253ff. *R.Bäumlin*

Syrien

I. Geschichte - II. Religionsgeschichtlich - III. Altchristliche Kirche - IV. Ost- und westsyrische Kirche. - Vgl. → Syrische Literatur

I. Geschichte

1. Name, Bodengestalt, Bevölkerung, Sprachen - 2. Geschichte - 3. Archäologie

1. S. ist weder geographisch noch historisch ein fest umrissener Begriff. Das zeigt bereits der unterschiedlich gebrauchte *Name:* Συρία, wahrscheinlich eine volkstümliche griech. Kurzform von Ἀσσυρία, bezeichnet nach den ältesten Zeugen (5.Jh. vChr Herodot, Hekataios, Xanthos) das gesamte Gebiet des ehem. neuassyrischen Großreiches, dh mit Ausschluß Ägyptens den ganzen »fruchtbaren Halbmond«. Im 4.Jh. (Pseudo-Skylax) ist der Gebrauch des Namens zumeist auf den Nordwesten eingeschränkt, dh das Gebiet »jenseits des (Euphrat-) Stromes« bis zur Isthmuswüste. Klare politische Verhältnisse schufen erst die Römer: nach vielerlei Vorstufen konstituierten sie die Provinzen Syria Palaestina (70 nChr), Arabia (105/06 nChr) und Syria Phoenice (194 nChr); der Rest (Plinius, n.h. V, 82: reliqua Syria) bildete die eigentliche Provinz (Coele-)S., von deren Gebiet, allenfalls in Verbindung mit Phönizien (→ Phönizier), fortan ausschließlich die Rede sein soll (s. Karte 21, Bd V, 25f). - Die *Bodengestalt* S.s ist nicht einheitlich. Das ackerbaufähige Territorium wird begrenzt: im Norden durch die Gebirgsstöcke des Amanus und die östlichen Ausläufer des Taurus; im Westen durch das Mittelmeer; im Süden durch eine theoretische Linie auf der Höhe des Jarmuk (šerīʿat el-menāḏire) nach Nordwesten zur Mündung des Leontes (nahr līṭāni); im Osten durch das nach dem Euphrat langsam abflachende Wüstenplateau. Dieses Gebiet gliedert sich von Westen nach Osten in folgende parallele geographische Einheiten: die relativ schmale Küstenebene des Mittelmeeres von Antiochia bis Tyrus; die nordsüdlich verlaufende Gebirgskette (Amanus, Nosairiergebirge, Libanon und Antilibanos mit Hermon), die dreimal von größeren Flüssen durchbrochen wird (Orontes [nahr el-ʿāṣi], Eleutheros [nahr el-kebīr], Leontes [nahr līṭāni]); der große tertiäre syr. Graben (im Norden el-ʿamq und Oronteslauf, im Süden biqāʿ zwischen Libanon und Antilibanos); die mesozoische Kalksteinhochebene, die nach Osten entsprechend den unterschiedlich geringen Niederschlagsmengen in den syr. Teil der arabischen Wüste übergeht und vor allem im Süden zT durch Basaltstöcke überlagert ist (ǧōlān, el-leǧa, ǧebel ed-drūz). Von besonderer Fruchtbarkeit sind die Küstenebene, das Hochplateau rings um Aleppo, die Oase von Damaskus (el-ġūṭa) und das Land → Basan (en-nuqra), dazu noch der südliche Teil der biqāʿ. - Die *Bevölkerung* bestand zu allen historischen Zeiten in der Hauptsache aus → Semiten, die sich im Zuge des jährlichen Weidewechsels der Nomaden der syr.-arabischen Wüste (Transhumanz) ethnisch und sprachlich durch die Jt.e erneuert haben: Kanaanäer (→ Kanaan), → Aramäer, Araber. Die Stellung S.s als Landbrücke zwischen den Kulturländern am Nil, in Mesopotamien und Kleinasien hat jedoch zahllose fremde Bevölkerungselemente hinzugebracht und im Laufe der Zeit Völkergemische entstehen lassen, die es zuzeiten unmöglich machen, von einer einheitlichen Bevölkerung S.s zu sprechen. Doch hat der unaufhörliche Zustrom aus der Wüste die semitische Dominante erhalten und bis in die Gegenwart bewahrt. - Unter den in S. gesprochenen *Sprachen* stehen deshalb semitische Idiome stets im Vordergrund: im 3. und 2.Jt. vChr Dialekte des Kanaanäischen, an der Küste im Süden Phönizisch und im Norden Ugaritisch (2. Hälfte des 2.Jt.s); seit ca 1200 die sukzessive Überlagerung durch Dialekte des Aramäischen, das im 1.Jt. vChr allgemein wird (Sprachreste noch heute im Dialekt von maʿlūla, nördl. von Damaskus) und mit der Spätform des Syrischen weit über die 1. Hälfte des 1.Jt.s nChr hinabreicht; schließlich der längst vorbereitete Durchbruch des Arabischen vom 7.Jh. nChr bis zur Gegenwart. Als Sprachen der Verwaltung, der Diplomatie und der Wissenschaft sind geläufig gewesen: Im 2.Jt. vChr das Akkadische, in hellenistischer und römisch-byzantinischer Zeit die griech. Koine, seit dem 16.Jh. nChr das Türkische, in der Gegenwart zT das Französische.

2. Die *Geschichte* S.s ist bestimmt durch seine geographische Lage zwischen den alten Kulturen und Mächten am Nil, im Zweistromland und in Kleinasien. S. war durch die Jt.e ein Schmelztiegel der verschiedensten

kulturellen Einflüsse, die in ihm zusammenströmten und verarbeitet wurden; es war durch seine Lage dazu prädestiniert, das unverlierbare Erbe des Orients dem Abendlande mitzuteilen. Über diese kulturgeschichtliche Mission hinaus hat es selbständige politische Bildungen großen Stils nicht hervorgebracht. S. war und blieb Interessengebiet und Objekt der Machtpolitik der Großreiche; nur in Zeiten der Schwäche dieser Reiche hat es vorübergehend politisches Eigengewicht gewinnen können. - Die politische Struktur S.s im 3. und 2.Jt. vChr kennzeichnet eine Vielzahl relativ kleinräumiger selbständiger Stadtstaaten unter der Führung lokaler Dynasten. In der 2. Hälfte des 3.Jt.s erfolgten die ersten Übergriffe aus dem Zweistromland: unter Lugalzaggesi, dem Stadtfürsten von Umma; mehr noch unter den bedeutendsten Repräsentanten der 1. Dynastie von Akkad (→ Babylonien: I, 2) Sargon I. (2350-2294) und Naramsîn (2270-33). Ihre Erfolge in Nord-S. (MAR.TU[KI] = Amurru) führten nicht zur Bildung einer stabilen und dauerhaften Oberhoheit. Die Beziehungen → Ägyptens (: I, 4-6) zur Mittelmeerküste (vgl. → Byblos) waren im 3.Jt. (Altes Reich) ausschließlich kommerzieller Art. Das änderte sich erst in der 1. Hälfte des 2.Jt.s. Bereits gegen Ende des Mittleren Reiches erscheinen mittelsyr. und palästinische Fürsten in den sog. Ächtungstexten als potentielle Feinde Ägyptens; sie griffen schließlich auf ägyptisches Territorium über und errichteten die Herrschaft der → Hyksos (ca 1730-1580). Bei deren Vertreibung stießen die Pharaonen der 18. Dynastie nach S. vor und brachten große Teile unter ihre Oberhoheit (vor allem Thutmoses III., 1504-1450). Ihre Interessen berührten sich dort mit dem im 15.Jh. entstandenen Großreich → Mitanni (Ḫanigalbat), zu dem fast ganz Nord-S. gehörte. Unter Tušratta (ca 1390-60) verlor Mitanni seine syr. Territorien an Šuppiluliuma von Ḫatti (1380 bis 1346; → Hethiter: I); seitdem stand der Norden S.s unter hethitischer, der Süden unter ägyptischer Oberherrschaft. Beide Großmächte wahrten ihre Interessen in S. durch lockere Formen der Vasallität: die Hethiter durch Einrichtung von Sekundogenituren, die Ägypter durch Errichtung von Flotten- und Militärstützpunkten und durch politische Kontrolle der syr. Dynasten. Das ägyptische System erwies sich als bes. schwach, vor allem in der Zeit Amenophis III. und IV. Echnaton (Korrespondenz von → Amarna). Die Kollision ägyptischer und hethitischer Einflüsse zeigt die Geschichte des Stadtstaates → Ugarit. Erst Ramses II. (1301-1235) gelang es, nach der Schlacht bei Qadesch gegen Muwatalli 1296 und dem folgenden Staatsvertrag mit Ḫattušili III. (1281-50) ein ägyptisch-hethitisches Gleichgewicht der Kräfte in S. herzustellen. Der Ansturm der Seevölker (→Philister) vernichtete das hethitische Neue Reich und warf Ägypten auf das Nilland zurück (12.Jh.). Etwa gleichzeitig erfolgte in S. der Einstrom aramäischer Völkerschaften aus der Wüste (zuerst um 1100 in assyr. Inschriften genannt). Es gelang den Aramäern alsbald, selbständige Nationalstaaten mit städtischen Zentren zu bilden: → Damaskus, Ṣôbā, Hamath, Qaṭna, Ḫatarikka u.a.; im Norden traten die Aramäer in die hethitischen Sekundogenituren ein: ʿAmq (Unqi), Arpad (mit Aleppo), → Karkemisch, Ja'udi (Sam'al), Bīt-adīni, Kullāni, Gurgum, Kummuḫ, Milid u.a. Die Territorialverhältnisse und Hegemonieansprüche dieser Staaten wechselten vielfach; S. war in ständiger Bewegung. Das Fehlen einer straffen Zentralgewalt machte die Aramäer S.s anfällig gegen Übergriffe von außen. So konnte → David im Zuge der Bildung seines Großreiches den südlichen Teil S.s vorübergehend unter seine Herrschaft bringen (2Sam 8). Bereits unter → Salomo jedoch konstituierte sich das Aramäerreich von Damaskus neu unter Reṣôn (1Kön 11, 23-25) und gewann seine politische Selbständigkeit zurück; in der Folgezeit war es einer der bedeutendsten Gegner des Nordreiches Israel (1Kön 15, 20; 20; 22; 2Kön 6, 8 - 7, 20; 13, 14ff u.ö.). Darüber hinaus stand S. in der 1. Hälfte des 1.Jt.s im Wirkungsfeld des rasch aufsteigenden neuassyrischen Großreiches (→ Assyrien, 2. 3). Hatte bereits Tiglatpileser I. (ca 1116-1078) auf S. übergegriffen, so ließen die assyrischen Großkönige jetzt in unaufhörlichen Feldzügen die Aramäerstaaten S.s die Schlagkraft ihrer Armeen spüren und brachten, wenn auch zunächst regellos und ohne nachhaltigen Erfolg, weite Teile syr. Territoriums unter ihre Botmäßigkeit: bes. Aššurnāṣirpal II. (884-859) und Salmanassar III. (859-824; 853 Schlacht bei Qarqar gegen eine Koalition syr. Fürsten unter Beteiligung → Ahabs von Israel). System in diese Unternehmungen brachte Tiglatpileser III. (745-727), dessen Außenpolitik auf die stufenweise Liquidierung der politischen Selbständigkeit der Aramäerstaaten S.s und ihre Einverleibung in das assyrische Provinzialgefüge gerichtet war: 738 fiel Hamath und 732 nach dem Ende des syr.-ephraimitischen Grenzkrieges (→ Israel: I, 11) Damaskus. Seine Nachfolger befestigten das assyrische Großreich, das unter Asarhaddon (681-669) seine größte territoriale Ausdehnung erreichte. Nach dem Untergange Assurs unter den Schlägen der Babylonier und Meder (→ Medien) und einer vorübergehenden Inanspruchnahme des syr. Raumes durch Pharao Necho (605 Schlacht bei Karkemisch) fiel S. an das neubabylonische Großreich (→ Babylonien: I, 4). Nach der Eroberung Babylons 539 durch den Achämeniden Kyros I. wurde S. (seit Darius I.) zur Satrapie »Jenseits des Stromes« (Residenz wahrscheinlich → Tripolis). Als solche führte es ein relativ ungestörtes, wenn auch politisch kontrolliertes Eigenleben bis zur Schlacht bei Issos 333, nach der → Alexander d.Gr. das Erbe des persischen Reiches antrat. Aus den Wirren nach Alexanders Tod (323) ging nach mancherlei Zwischenstufen (Schlacht bei Gaza 312 gegen Demetrios) der Statthalter von Babylon, Seleukos I. Nikator, als Herr von S. hervor (301). Hauptstädte des von ihm begründeten Seleukidenreiches wurden → Seleukeia-Ktesiphon am Tigris, → Antiochia an der Orontesmündung und Apamea am mittleren Orontes. Die → Seleukiden hatten sich im 3.Jh. vChr mit den ägyptischen → Ptolemäern, im 2.Jh. mit den Juden (→ Antiochus IV. Epiphanes) und Parthern auseinanderzusetzen. Im Zuge des Aufstieges des röm. Imperiums wurde S. nach den Eroberungszügen des Pompejus 63 vChr röm. Provinz; seine Territorialverhältnisse sind im Laufe der Kaiserzeit mehrfach neu geordnet worden (s. 1). Im 6. und zu Anfang des 7.Jh.s nChr vermochten die oströmischen Kaiser S. gegen die seit dem 3.Jh. andrängenden persischen Sassaniden (→ Iran: I) nicht mehr zu halten: Chosroes I. eroberte 540 Antiochia, Chosroes II. 613 Damaskus. Die sassanidische Gewaltherrschaft blieb jedoch Episode, denn bereits 634/35 erlag S. dem Ansturm des Islam unter dem 2. Kalifen Omar (→ Islam: I, 2). Von 661-750 war Damaskus Sitz der omajjadischen Kalifen und S. damit politische und kulturelle Mitte des islamischen Orients. Der Übergang des Kalifats nach Bagdad (Abassiden) und Kairo (Fatimiden; seit 1250 Mamluken) brachte S. an die Peripherie des islamischen Großreiches. Die Kreuzfahrer (→ Kreuzzüge) konnten nur vorübergehend in S. und Palästina Fuß fassen (1099-1291). Mit dem Aufstieg des türkischen osmanischen Sultanats wurde S. wieder Streitobjekt zwischen Nord und Süd. 1516 fiel es endgültig an die → Türkei. 1832-40 retteten die europäischen Mächte S. für die Türkei vor dem Zugriff des Ägypters Mohammed Ali und seines Sohnes Ibrahim Pascha. Im 1. Weltkrieg war Damaskus das Ziel einer von England unterstützten panarabischen Bewegung (Oberst E.T.Lawrence). Nach dem Untergang des osmanischen Reiches erhielt Frankreich 1920 (bestätigt 1922) das Völkerbundsmandat in S. (auf Grund des Sykes-Picot-Geheimvertrages 1916), nicht ohne erheblichen Widerstand der Bevölkerung (Aufstand der → Drusen 1925/26). 1926 erfolgte die Unabhängigkeitserklärung des Libanon, 1941 die S.s (erneuert 1944). Seitdem existiert die Republik S. (el-ǧumhūrīje es-sūrīje): 184500 qkm, 3,81 Mill. Einwohner (1954). Von 1958 an gehörte S. zur Vereinigten Arabischen Republik, im Sept. 1961 gewann es seine politische Selbständigkeit zurück.

3. Die *Archäologie* des syr. Raumes hat in den letzten Jahrzehnten erhebliche Fortschritte gemacht. Die Zahl der Einzelfunde und Ausgrabungsplätze (→ Ausgrabungen: II) ist unübersehbar geworden. Die Bereicherung unserer Kenntnisse betrifft dabei alle archäologisch faßbaren Perioden: die Vorgeschichte, die altorientalische Zeit, die hellenistisch-römische und römisch-byzantinische Zeit und die ersten islamischen Jh.e. In allen diesen Perioden ist die Kulturgeschichte S.s von seiner geographischen Mittlerstellung zwischen Nord und Süd bestimmt worden (s. 2). Die wichtigsten Fund- und Ausgrabungsplätze S.s sind die folgenden: a) *Altorientalische Zeit* (im Norden zahlreiche Funde syrohethitischer Kunst): Aleppo, Sam'al (zinǧirli), Arpad (tell refāt), ʿajn dāra, nērab, sfīre, Karkemisch (bei ǧerāblus), Kār-Šulmāniašāridu (tell aḥmar), Ḫadatu (arslan taš), Ugarit (rās eš-šamra), Marathus (amrīt), Hamath (ḥama), Qaṭna (el-mišrefe), Qadesch (tell nebi mend); noch zum heutigen syr. Territorium gehörig: Guzana (tell halaf), tell ḫaǧer bazar, tell brak, Mari (tell ḥarīri). b) *Hellenistisch-römische Zeit:* Antiochia, Apamea (qalʿat el-mudīq), Palmyra (ṭudmur), Damaskus, Bostra (boṣra eski šām), → Dura-Europos (salḥīje). c) *Römisch-byzantinische Zeit:* qalʿat semʿān, Sergiopolis (ruṣāfe); im Hauran: Maximianopolis (šaqqa), Philippopolis (šaḥba), Dionysia (suwēda). d) *Früh`arabische Zeit:* Aleppo, meskene (Barbalissos), raqqa, qaṣr el-ḫēr el-ġarbi (und eš-šarqi), Emesa (homs), Damaskus. e) *Kreuzfahrerzeit:* Tortosa (tartūs), Arwad-Aradus (er-ruād), qalʿat maṣjaf, Krak des chevaliers (qalʿat el-hösn). Von besonderem Gewicht sind ferner zahlreiche *epigraphische Funde,* vor allem in aramäischer Sprache: Stele von brēdsch (Melqart-Inschrift, 9.Jh. vChr), Stele von āfiṣ (Inschrift des ZKR von Hamath, 9.Jh.), Inschriften von Sam'al (Kilamuwa phöniz., Panamuwa, Bar-rākib, 9./8.Jh.), Graffiti von ḥama (9./8.Jh.), Stelen von sfīre (8.Jh.), Stelen von nērab (7.Jh.), Inschriften aus Palmyra (1.-3.Jh. nChr). Bedeutsam sind auch zahlreiche griech. Inschriften aus ganz S., bes. aus dem Hauran. Vgl. auch → Epigraphik.

PW 2. R. IV, 1549ff (Lit. bis 1932) - RGG² V, 962ff (Lit.). - *Gesamtdarst.en:* F.Bilabel, Gesch. Vorderasiens u. Ägyptens vom 16. bis 11.Jh. vChr, 1927 - MeyerG II/1, 1928² - C.Brockelmann, Gesch. d. islam. Völker u. Staaten, (1939) 1943² - M.Rostovtzeff, Gesch. d. Alten Welt I, 1941 - Ders., The Social and Economic Hist. of the Hellenistic World I-III, 1941; dt. 1955/56 - A.Scharff-A. Moortgat, Ägypten u. Vorderasien im Altertum, 1950 - Ph.K. Hitti, Hist. of Syria, Lebanon and Palestine, 1951 - B.Spuler, Gesch. d. islam. Länder (HO VI/1. 2), 1952/53 - H.Schmökel, Gesch. d. alten Vorderasien (HO II/3), 1957. - *Ferner:* E.Honigmann, Hist. Topographie von Nord-S. im Altertum, 1923 - M.Gaudefroy-Demombynes, La Syrie à l'époque des Mamelouks, 1923 - U.Kahrstedt, Syr. Territorien in hellenist. Zeit, 1926 - R.Dussaud, Topographie historique de la Syrie antique et médiévale, 1927 - B.Maisler, Unters.en zur alten Gesch. u. Ethnographie S.s u. Palästinas I, 1930 - A.Goetze, Hethiter, Churriter u. Assyrer, 1936 - Ch.Schultz-Esteves, S.s Freiheitskampf, 1939 - A.K.Hourani, Syria and Lebanon, 1946² - H.Th.Bossert, Alt-S., 1951 - Alt III, 1-140. 214 bis 232.

H.Donner

II. Religionsgeschichtlich

Das zwischen Mesopotamien im Norden und der Sinaihalbinsel im Süden, dem Mittelmeer im Westen und der arabischen Wüste im Osten gelegene S. hat - durch den Wechsel des politischen Geschehens (→ Syrien: I) mit bedingt - von der Mitte des 3.Jt.s vChr bis zum 7.Jh. nChr einerseits eine verhältnismäßig einheitliche Religionsgeschichte gehabt, anderseits verschiedene und eigenständige Religionsformen hervorgebracht. Zunächst ist hier - von gelegentlicher Beeinflussung durch die Kulte der mächtigen Nachbarn → Ägypten und → Babylonien abgesehen - die amoritisch-kanaanäische Religion (→ Kanaan: III) maßgebend gewesen, wie wir sie seit der Mitte des 2.Jt.s vChr aus → Ugarit und aus dem AT gut kennen, mit → El, → Baal, → Hadad und Rescheph, → Aschera, → Astarte und → Anat. Dabei ist es strittig, ob es sich um eine wirklich einheitliche Größe handelt, oder um zwei verschiedene, von denen die amoritische Religion den Norden, die kanaanäische den Süden S.s beherrscht hätte. Der Ausgang des 2.Jt.s vChr bringt einen völligen Umbruch. Einerseits bilden sich - bei Weiterleben und Neubegründung der phönizischen Stadtstaaten (→ Phönizier), etwa → Tyrus mit Melkart - im südlichen S. Nationalstaaten wie → Edom, → Moab, → Ammon, → Israel mit Nationalgöttern (Kos, → Kamosch, Milkom, → Jahwe). Anderseits breiten sich im nördlichen S. die → Aramäer aus, gründen hier oft zu größeren Verbänden zusammengeschlossene Staaten und geben ihren aus der älteren Religion übernommenen Gottheiten eine politische Ausrichtung, wie Hadad als Gott von → Damaskus erscheint (vgl. auch die Melkart-Stele von brēdsch, ANEP 499). Seit dem 8.Jh. vChr gewinnt im selben Maße wie ihre Sprache die Religion der Aramäer auch in S. immer mehr Boden. Die mit dem 4.Jh. einsetzende Ausbreitung des → Hellenismus öffnet den griech. Gottheiten den Weg nach S. Dabei passen sich diese den hier heimischen an, Zeus dem Hadad, Aphrodite der → Atargatis, so daß die uns aus dem letzten Jh. vChr und den ersten Jh.en nChr gut bekannten Kulte von → Gerasa, Baalbek, Palmyra und → Dura-Europos ein merkwürdiges Gemisch aramäischer und griech. Gottheiten aufweisen. Daneben sind auch arabisch-nabatäische Elemente stark vertreten, wie denn, nachdem zwischen 300 und 650 nChr das Christentum in S. maßgebend gewesen war, der arabische Islam hier für die Dauer seinen Einzug hielt (→ Syrien: III. IV).

O.Eissfeldt, Tempel u. Kulte syr. Städte in hellenistisch-röm. Zeit, 1941 - R.Dussaud, Les religions des Hittites et des Hourrites, des Phéniciens et des Syriens (»Mana« 1, II, Paris 1949³, 331-414) - S.Moscati, Le antiche civiltà semitiche, Mailand 1961, 95-143 - Gl. Downey, A Hist. of Antioch in Syria, Princeton 1961 - M.Noth, Die Ursprünge des alten Israel im Lichte neuer Quellen (AFLNW 94), 1961.

O.Eißfeldt

III. Altchristliche Kirche

S. war zwar seit 63 vChr röm. Provinz (→ Syrien: I); doch spielte das röm. Element nur in Verwaltung und Heer eine Rolle. Geistig war das Land vom Hellenentum geprägt; das semitische Wesen war in die Verteidigung gedrängt und äußerte sich damals nicht in einem irgendwie bedeutsamen s.en Schrifttum. Unter den griech. Elementen des Landes fand das junge *Christentum* schon vor → Paulus seine ersten Anhänger (→ Heidenchristentum, 6). Der Name der jungen Religion wurde in Antiochien in griech. Form geprägt, der eine semitische: → Nazaräer bis heute gegenübersteht. Das Evangelium fand zuerst in den Städten (→ Antiochien, → Damaskus, → Edessa usw) Eingang und wurde hier die Religion einzelner Gebildeter, städtischer Handwerker sowie der

Armen und Bedrückten. Griech. Wesen blieb lange in der s.en Kirche maßgebend; die frühesten christlichen Schriften aus diesem Raume, etwa des → Ignatius, sind in dieser Sprache abgefaßt.

Damit stand den mehr und mehr christlich werdenden Städten fast ein Jh. lang ein weithin heidnisch gebliebenes »Land« gegenüber: eine Entwicklung, die sich auch anderswo beobachten läßt, die in S. aber zugleich die nationale Kluft zwischen griech. und s.en Bewohnern unterstrich. Bei dieser Lage bekam der Name der semitischen bäuerlichen und beduinischen Bevölkerung allmählich den Beigeschmack des Heidnischen, und als dann das Evangelium die nationalen (und zugleich wirtschaftlich-sozialen) Schranken übersprungen hatte, wurden aus den heidnischen »Aramäern« die christlichen »Syrer« (abgekürzt aus »Assyrer«). Dabei gingen semitisches Wesen und Christentum eine Synthese ein. Sie fügte sich über das Wirken des → Bardesanes (154-216) und des → Paulus von Samosata (um 260/70) nur allmählich in den »großkirchlichen« Rahmen und prägte sich in → Tatians Diatessaron ebenso aus, wie im benachbarten Niltal im → Ägypterevangelium oder später im → Heliand. Die weite Verbreitung des Diatessaron bis ins abendländische MA hinein bezeugt geistige Ausstrahlungen des Syrertums in den Westen, denen solche tief in den Osten hinein entsprechen.

In S. war das Christentum auf ausgedehnte jüd. Kolonien getroffen, die auch dem Gebiet um Edessa (der Osrhoëne) sowie der Adiabene das Gepräge gaben. Von hier aus liefen Verbindungen zu den jüd. Siedlungen im Zweistromland. Diese Kolonien wiesen dem Evangelium von Antiochien aus den Weg; doch traten die Juden in ihrer Mehrheit nicht zu ihm über. Auch hier bildeten also bisherige Heiden, Griechen und landsässige Semiten die Mehrheit der Gemeinde. In Edessa entstand zu Beginn des 3.Jh.s erstmals ein (freilich kurzlebiger) christlicher Staat; die → Abgar-Legende verlegt seinen Ursprung in Christi Zeit. Bald griff die Mission über das aramäische Volkstum nach → Iran (: V; auch → Seleukeia), → Armenien und zu den Arabern hin aus. So wurde der Grund für die spätere Ausdehnung des s.en Christentums und seinen geistigen Führungsanspruch in diesem Raume gelegt. Die Zuweisung »ganz Asiens« an das Patriarchat Antiochien 325 trägt dieser Entwicklung Rechnung. Freilich hat sich das Christentum im Osten nie voll durchgesetzt: Juden und Täufer (→ Mandäer) wahrten ihren Glauben, und im → Manichäismus erstand ihm ein erbitterter Gegner.

In Nicäa war die s.e Kirche wenigstens äußerlich der »Orthodoxie« eingegliedert worden. Das Wirken zB des »Persischen Weisen« → Afrahat (um 340) oder des → Ephraem Syrus (306-373) besaß gesamtkirchliche Bedeutung (→ Syrische Literatur). Aber die → antiochenische Theologie behielt ihre eigene Prägung, die nach → Theophilus in → Theodor von Mopsuestia († 428) einen Höhepunkt erreichte und im Begriff stand, sich durch → Nestorius der Gesamt-Orthodoxie aufzuprägen, als es der von → Cyrill (, 1) geführten ägypt. Kirche (→ Alexandrinische Theologie) gelang, sich in → Ephesus 431 durchzusetzen, bevor sie in → Chalcedon 451 selbst fiel.

Lit. s. → Syrien: IV. *B.Spuler*

IV. Ost- und westsyrische Kirche

So sehr sich die »Orthodoxie« durch die Konzile von Ephesus und Chalcedon in ihren Auffassungen bestätigt sah, so wenig erlangten diese im gesamten östlichen Christentum Geltung. Ein Kompromiß erwies sich zwischen der Orthodoxie und den an ihrer Überzeugung festhaltenden s.en und ägypt. Christen als nicht mehr erreichbar. Die älteste bis in die Gegenwart reichende innerchristliche Spaltung nahm von hier ihren Ausgang. Die Mehrzahl der Syrer und praktisch alle Ägypter (→ Kopten: I) gingen seither ihren eigenen Weg, und der Mittelpunkt der Orthodoxie verschob sich je länger, desto entschiedener in den griech. und (als röm. Katholizismus) in den lat. Raum. Die Christenheit des sassanidischen Persiens schloß sich endgültig 484/86 dem *Nestorianismus* an (→ Nestorianer, → Assyrische Kirche). Das westliche Syrertum fiel - vor allem in den semitisch sprechenden Landstrichen außerhalb der großen Städte - weithin dem *Monophysitismus* zu (→ Christologie: II, 4 c. 5), dessen Sieg über die antiochenische Theologie sich schon in der Hinwendung → Rabbulas von Edessa zu Cyrill I. von Alexandrien abgezeichnet hatte. Unter schweren Kämpfen mit der byzantinischen Orthodoxie und nach dem Scheitern mancher Ausgleichsversuche (Henotikon 482, → Acacius, 3; → Dreikapitelstreit) bildete sich infolge der nimmermüden Tatkraft des → Jakob Baradaios, gestützt von der ungebrochenen Lebenskraft der koptischen Kirche, die jakobitische oder west-s.e (monophysitische) Kirche heraus (→ Jakobiten). Seitdem trat die Bedeutung des orthodoxen Patriarchats Antiochien zurück; schon in Chalcedon 451 war es hinter Konstantinopel und Alexandrien verwiesen und ihm Jerusalem zur Seite gestellt worden. Freilich ist die Orthodoxie in S. und Palästina auch unter den Semiten nie völlig erloschen; ihre Anhänger wurden (anfangs spöttisch) Melchiten (»Kaisertreue«) genannt. Heute ist die Orthodoxie in diesen beiden Landschaften stärker vertreten als der vom Islam bes. gründlich dezimierte Monophysitismus.

Aus der Zeit vor der Kirchenspaltung hielt sich in beiden s.en Kirchen eine Reihe von *Gemeinsamkeiten:* die Verwendung der s.en Kirchensprache (die sich später entsprechend den beiden Konfessionen in zwei Mundarten spaltete), das Ringen zwischen Diatessaron und Peschitta (→ Bibelübersetzungen: III, 2a), das bei den Nestorianern in Ausläufern bis ins 10.Jh. dauerte; weiter die jahrhundertelange Fruchtbarkeit der s.en Theologie (im Gegensatz zu der damals weithin sterilen koptischen Kirche). Dazu kamen Eigenheiten des → Kirchenbaus (: II, 3 b; Übergang von der → Basilika zur Kathedrale mit fast in die Mitte des Kirchenraumes gerücktem Bêma) und das Auftreten der Säulenheiligen (→ Mönchtum: II, 3 b). Trotz gelegentlicher Nachahmung bis nach Rußland hin blieb der Mittelpunkt dieses Brauches stets im s.en Raum: die vertikale - nicht horizontale - Absonderung der Einsiedler erlaubte ihnen den Verbleib in den Zentren der Siedlung und damit einen größeren Einfluß auf die Massen. Das Stylitentum bildet eines der Zeichen dafür, daß das s.e Mönchtum auf eigene Wurzeln zurückgeht und nicht lediglich ein Ableger ägypt. Eremitentums ist, wie es die (erst im 10.Jh. greifbare) Eugenios-Legende will. Man hat betont, daß die Gemeinschaften Eheloser (»Söhne des Bundes«: bnai qjāmā), die ursprünglich allein Vollmitglieder der Gemeinde waren, die genuine Quelle der s.en Askese bes. im Zweistromlande darstellten (A.Vööbus in Auseinandersetzung mit F.C.Burkitt; s. Lit.). Diese Vereinigungen lebten noch lange nach dem einschlägigen Verbot in Nicäa 325 in »geistlicher Ehe« mit weiblichen Asketinnen zusammen (→ Syneisakten). Diese Praxis scheint vor ihrer endgültigen Unterdrückung Einfluß auf die Durchsetzung des Ehegebots für Geistliche und zeitweilig (um 500) offenbar sogar für nestorianische Bischöfe gehabt zu haben. Im übrigen war die Bedeutung des Mönchtums innerhalb der beiden s.en Kirchen unterschiedlich. Während es im Westen bei den Monophysiten zu einem Rückgrat der Kirche und einem Hort konfessionellen Bewußtseins wurde, kam es im Osten bei den Nestorianern (nach A.Vööbus) zu schweren Auseinandersetzungen mit der Hierarchie. Das führte zu einer starken Stellung des Laientums (Notabeln) innerhalb dieser Kirche. Das Mönchtum, wegen seiner Liebestätigkeit bei den notleidenden Massen sehr angesehen, konnte sich (vor allem jenseits des Zweistromlandes) trotzdem nicht als prägende Kraft in der nestorianischen Kirche durchsetzen, anders als das in West-S., Ägypten oder bei der Orthodoxie der Fall war.

Jede der s.en Kirchen stand stets mit anderen christlichen Bekenntnissen in Wettstreit. Dabei gewann der Monophysitismus von den Nestorianern einen erheblichen Teil von deren Gläubigen im nördlichen Zweistromlande (Ṭūr ʿAbhdīn, Mossul), wurde aber doch nie zur geschlossenen Landeskirche und war dadurch später auch dem Islam gegenüber in einer gefährdeten Lage. Hingegen konnte sich der Nestorianismus, vom byzantinischen Druck nicht erreicht und nach mancher blutigen Verfolgung auch der neu-zoroastrischen Anfeindung Herr geworden, ohne christlichen Konkurrenten über ganz Asien hin ausbreiten (→ Nestorianer, 2). Er behielt dabei seine s.e Liturgiesprache überall bei und hat sie in beiden Kirchen (selbst in der Union mit Rom) bis heute bewahrt.

Die *islamische Eroberung* S.s und des Zweistromlandes 635/40 bedeutete bes. für die Monophysiten eine Befreiung vom oström. Druck und brachte mit dem allmählichen Rückgang des griech. Elements eine Stärkung der eigenen Position: die jakobitische Kirche wurde dadurch zum Hauptvertreter semitischen Christentums in diesem Raume. Freilich ließ sich die Orthodoxie hier nie ganz ausschalten; sie besteht, seit dem 17.Jh. von den Russen unterstützt, bis heute fort. Außerdem hat der Monotheletismus (→ Christologie: II, 5 c) bei einem Teil der Bevölkerung des Libanons Anklang gefunden. Unter dem Einfluß der Kreuzfahrer schloß dieser sich seit 1182 allmählich der Union mit Rom an und wandelte sich zur Gemeinschaft der → Maroniten. - Unter den Omajjaden (661-750) lag der Mittelpunkt des Chalifenreiches (→ Kalif) in Damaskus (also S.). Religiös tolerant, verwandten sie häufig Christen in der Verwaltung. Die Herausbildung der islamischen Theokratie unter den Abbasiden (750-1258; → Islam: I, 2) und die gleichzeitige Verinnerlichung des von Hause aus stark gesetzlichen Islams bes. durch den → Sufismus bewirkte eine Verstärkung der missionarischen Kraft dieser Religion und führte mit dem Druck einer Sondersteuer und sozialer Diffamierung (Tragen von Kleiderabzeichen u.dgl.) die Mehrzahl der Syrer beider Bekenntnisse zum Islam. Beide Kirchen waren seit 640 übrigens Untertanen des gleichen Chalifen (nicht mehr wie vorher auf zwei Staaten verteilt) und lernten in jahrhundertelangem Nebeneinanderleben eine weitgehende gegenseitige Toleranz. Eine religiös begründete islamische Polemik gegen das Christentum hat sich freilich erst im 13./14.Jh. (zT wohl als Folge einer Bevorzugung der Christen durch die Mongolen, s.u.) voll entwickelt (vgl. Lit.). Inzwischen hatte schon die antiwestliche Stimmung der Kreuzfahrerzeit zu einer Zurückdrängung des bes. durch die Nestorianer vermittelten spätantik-hellenistischen Erbes bei den Muslimen geführt und eine Animosität wider die Christen ausgelöst. In S., vor allem unter den dortigen Christen (bes. den Maroniten), ließen sich gewisse europäische Züge seit der Kreuzfahrerzeit trotzdem nicht mehr völlig ausmerzen. - All diese Umstände zusammen, dazu gelegentliche Gewaltmaßnahmen unter den häufig wechselnden Regierungen oft fremder (in S. bes. ägyptischer) Dynastien wie der Fatimiden (11.Jh.), endlich der Übertritt der anfangs zT christlichen → Mongolen in Persien zum Islam (1295) und zum Schluß Tīmūrs Vorstöße ins Zweistromland und nach S. (um 1400) führten seit dem 14.Jh. zu einem raschen Niedergang beider s.en Kirchen. Wie weit dabei die konfessionelle Spaltung schuld war, die die Glaubwürdigkeit der Heilsbotschaft in Frage stellen mußte, läßt sich nicht sagen. Es fällt auf, daß sich ebenso wie das Christentum auch der Islam im s.en Raum in ungewöhnlich zahlreiche Konfessionen aufgespalten hat; einige von ihnen bewahren Spuren christlichen Glaubensgutes und Brauchtums, manche sind dadurch über den islamischen Rahmen hinausgewachsen.

Nachdem S. 1516 unter osmanische Herrschaft gekommen war, haben sich seit dem 17.Jh. in wachsendem Maße ausländische Mächte - Toskana, Rußland, vor allem aber Frankreich, das hier ein Erbe aus der Kreuzfahrerzeit zu verwalten glaubte - der s.en Christen angenommen. Die Franzosen stützten sich dabei auf die Erfolge röm. Unionsbestrebungen (Maroniten; seit 1551 bei den Nestorianern im Zweistromland, seit 1656 bei den Jakobiten, später auch den Melchiten und den hier ansässigen Armeniern [→ Armenien: II]; vgl. dazu → Unierte Kirchen). Ev. Arbeit setzte erst wesentlich später ein und hatte je länger, desto weniger eine Konversion der Ostchristen zum Ziele. Die europäisch-amerikanische Kirchen- und Kulturarbeit stützt sich auf die röm.-kath. St. Josefs-Universität in Beirut (seit 1875; unter jesuitischer Leitung) und die aus einem College 1923 entstandene, prot. bestimmte Amerikanische Universität am gleichen Orte. Hier ausgebildete Syrer haben wesentlich zur Entwicklung der modernen arabischen Literatur beigetragen, in der sich christliche Einflüsse nachhaltig bemerkbar machen. Auch an der Unabhängigkeitsbewegung gegen die Türken im 19.Jh. waren hier wie in Ägypten Christen stets maßgeblich beteiligt. Unter osmanischem Druck wanderten viele Syrer (gerade Christen) nach Ägypten, Europa und beiden Amerika aus. Durch Union und Mission war die religiöse Zersplitterung inzwischen gewachsen. Sie hat 1926 sogar eine politische Zweiteilung des s.en Raumes ausgelöst. Einem muslimisch bestimmten »S.« (1958-61 Teil der »Vereinigten Arabischen Republik«) steht ein in vielem christlich geprägter Staat »Libanon« gegenüber. Er ist neben den Philippinen der einzige mehrheitlich christliche Staat Asiens, wenn nicht (wie gelegentlich behauptet wird) inzwischen die Muslime eine schwache Mehrheit erlangt haben. Die Volkszählung von 1949 wies im *Libanon* 672388 Christen gegenüber 557207 Muslimen (einschl. → Drusen usw) aus. Von den Christen sind 359182 Maroniten, 123219 Orthodoxe, 77497 gregorianische Armenier, 73447 röm. Katholiken und andere (neben den Maroniten) Unierte; 12010 Protestanten (aller Denominationen). Die politischen Ämter werden im Libanon nach einem festgelegten konfessionellen Schlüssel aufgeteilt. - *Syrien* hingegen ist ein ausgeprägt islamischer Staat; hier haben sich die Drusen und Nusairier (amtlich ʿAlawiten genannt) besondere Bezirke sichern können. Die Konfessionsstatistik von 1943 zählt 1983795 Muslime (Sunniten und Schiiten), 441022 Nusairier, Drusen und Ismailiten, 403036 Christen aller Bekenntnisse, 29770 Juden.

S.s kirchliche Zersplitterung führte zur Entstehung von 8 Patriarchaten im s.en Raum. Von ihnen nennen sich das jakobitische und das (unierte) syrianische, das orthodoxe und das uniert-melchitische, schließlich das lateinische direkt nach Antiochien. Dazu kommen das maronitische, chaldäische (uniert-nestorianische) und assyrische (nestorianische) Patriarchat. Dessen Inhaber lebte 1940-60 in Chikago, so daß das Haupt der ältesten christlichen Sondergemeinschaft lange als einziges Oberhaupt einer Orientkirche in der Neuen Welt residierte; seitdem in London.

Vgl. zum Ganzen die Lit. zu → Jakobiten, → Nestorianer, → Assyrische Kirche. *Übersicht* (auch zur Lit.): B.Spuler, in HO VIII/2, 1961, 120-223. 318-324. - *Allgemeines:* F.C.Burkitt, Early Eastern Christianity, 1904; dt.: Urchristentum im Orient, 1906 - A.Harnack, Mission u. Ausbreitung des Christentums II, 1924[4] - W.de Vries, Der Kirchenbegriff der ... Syrer, 1955. - *Dogmatik:* M.Jugie, Theologia dogmatica Christianorum Orientalium V: De theologia dogmatica Nestorianorum et Monophysitarum, 1935 - M.Gordillo, Compendium Theologiae Orientalis, 1950[3] - B.Emmi, Introduzione alla teologia orientale, 1958. - *Recht:* J.S. → Assemani, Bibliotheca iuris orientalis canonici et civilis I-V, 1762-66; dt. im Auszug, 2 Bde, Erlangen 1776 - C.A.Nallino, Raccolta di scritti... IV: Diritto musulmano, diritti cristiani Orientali, 1942. - *Mönchtum:* P.Krüger, Das s.-monophysit. Mönchtum... I: Diss. Münster, 1937; II in OrChrP 4, 1938, 5-46 - St.Schiwietz, Das morgenländ. Mönchtum I-III, 1904-38 - J.van der Ploeg, Oud-Syrisch monniksleven, Leiden 1942 - A.Vööbus, Hist. of Ascetism in the Syrian Orient I. II, 1958/61. - *Kirchenbau:* H.W.Beyer, Der s.e Kirchenbau, 1925 - A.M.Schneider, Liturgie u. Kirchenbau in S. (NAG 1949, 3) - J.Lassus, Sanctuaires chrétiens en Syrie, 1947. - *Abendländ. Mission:* P.Kawerau, Amerika u. die oriental. Kirchen, 1958. - *Islam. Polemik:* E.Fritsch, Islam u. Christentum im MA, 1930 - A.S.Tritton, The Caliphs and their Non-muslim Subjects, 1930 - J.W.Sweetman, Islam and Christian Theology I/1.2, 1945/57. - *Laufende Berichterstattung:* → Jakobiten, ferner Proche-Orient Chrétien, Jerusalem, seit 1950. - Vgl. auch die Darstellungen der → Konfessionskunde, → Patristik, → Liturgik u. → Kirchengeschichte. *B.Spuler*

Syrische Literatur, die fast ausschließlich christliche Literatur in der ostaramäischen Mundart von → Edessa, die infolge der konfessionellen Spaltung der syr. Kirche (→ Syrien: IV) später zwei mundartliche Ausprägungen erfuhr (westsyr. = monophysitisch; ostsyr. = nestorianisch). Von vor- und außerchristlichen Schriften haben sich nur geringe Reste erhalten (Achikar-Roman; jüd. Übersetzungen zum AT). Im übrigen steht die christliche Bibelübersetzung am Anfang der syr.L., für die freilich auf Jh.e hinaus der Gegensatz von → Tatians Diatessaron und Peschitta kennzeichnend blieb (→ Bibelübersetzungen: III, 2 a). Für die Durchsetzung eines syr. Schrifttums gegenüber griech. Hegemonie-Ansprüchen waren daneben auch das von der → Gnosis beeinflußte Schaffen des → Bardesanes sowie aus dem indisch-persischen Raume übernommene Legenden (wie Kalīla und Dimna), ferner der → Alexanderroman bahnbrechend. Bald dominierte die von geistlichen oder mönchischen Verfassern getragene christlich-theologische Literatur, wie sie für die syr.L. bis zu ihrem Untergang maßgebend blieb. Wenn dabei vom Liberalismus geprägte Urteile wie »Eine gewisse Mittelmäßigkeit ist für die Syrer charakteristisch« noch lange (auch in RGG[2]) übernommen wurden, so wird ein erneuertes Kirchenverständnis wenigstens bei einer Reihe von ihnen doch echte christliche Aussage und (bei Historikern) wirkliches Geschichtsverständnis finden. - Neben originellem Schaffen spielten Übersetzungen profaner Schriften eine wesentliche Rolle: griechisch-hellenistische Naturwissenschaftler, Mediziner, Philosophen sind durch syr., bes. nestorianische Vermittlung dem Islam (und auf diesem Umwege zT dem Abendlande) vermittelt worden (→ Islamische Philosophie; zu theologischen Übersetzungen s.u.).

Im 4.Jh. besaß die syr.L. im Rahmen der Gesamtkirche wesentliche Bedeutung: es sei nur an → Afrahat und → Ephraem Syrus mit ihren dogmatischen, exegetischen und »poetischen« Werken erinnert. Freilich hat die syr.L. auf dem Gebiet der religiösen Poesie (Mēmrā: poetische Rede) eine steife Form und trockene Rhetorik, auch »Mittelmäßigkeit«, fast nie abstreifen können. Die ansprechendsten Dichtungen der syr.L. gehören gnostischen und verwandten Kreisen an. Unter diesen Dichtungen verdienen (neben Ephraem) am ehesten noch → Balai († um 460), der vielseitige Monophysit → Jakob von Sarūgh († 521) und der Nestorianer Georg Wardā (um 1210) Erwähnung. - Seit dem 5.Jh. wurde die Hinwendung der Syrer zum Nestorianismus und Monophysitismus bestimmend für das Schicksal der syr.L. Trotz der fortdauernden Bestimmung durch griech. Erbe wird die syr.L. nun mehr und mehr ein Zeugnis eigenständiger, typisch syr. Denkweise. Die islamische Eroberung (635/40) bedeutete zunächst für keine der beiden Kirchen eine namhafte Einschränkung ihrer literarischen Fruchtbarkeit. Dabei wurde die syr.L. bei den → Nestorianern, ihrem mehr von den Notabeln geprägten Charakter entsprechend, lange Zeit bes. von den Schulen in → Edessa, → Nisibis und → Seleukeia getragen. Bei den Monophysiten spielten die Klöster die führende Rolle. In beiden Kirchen beteiligten sich Patriarchen und Bischöfe oft am literarischen Schaffen.

Von den *Gattungen* der syr.L. sind bes. hervorzuheben: Die *Märtyrerakten*, vorzüglich in der nestorianischen Überlieferung gepflegt und wichtige Quelle selbst für die Profangeschichte (hg.v. St.E. → Assemani, Acta Martyrum et sanctorum, syr. und lat., 2 Bde, Rom 1748; v. P.Bedjan, 7 Bde, Paris 1890-97; einiges deutsch in BKV. Vgl. auch G.Hoffmann, Syr. Akten pers. Märtyrer, 1880). - *Kirchengeschichtliche* Werke haben sich bei den Monophysiten erhalten von Josua Stylites († um 510), → Johannes von Ephesus († 586; Geschichte der morgenländischen Heiligen und KG), Dionysius von Tellmahrē († 845; durch Rekonstruktion weithin faßbar), Thomas von Marga (um 850; »Mönchsgeschichten«); ferner die beiden großen Chroniken von Patriarch Michael I. († 1199) sowie dem Maphrian Gregor → Barhebräus († 1286; KG und Profangeschichte), dem überhaupt vielseitigsten syr. Schriftsteller (auch Philosophie, Theologie, daneben zT recht anfechtbare »Schnurren«, Sterndeuterei u.a.m.). In den beiden zuletzt genannten Chroniken ist manches sonst verlorene Material indirekt erhalten. Bei den Nestorianern ist für die KG Elias bar Schinājā († nach 1049) und die sehr ansprechende Biographie des türkisch-uigurischen Katholikos Jabhalāhā III. (1281-1317) zu erwähnen. - Daneben stehen zahllose *dogmatische* Schriften beider Konfessionen: monophysitisch → Rabbula († 435), → Isaak von Antiochien, → Philoxenos von Mabbūgh († 519), → Jakob von Sarūgh († 521) und → Jakob von Edessa († 708), die Nestorianer Theodor bar Kōnai (791/92), → Elias von Nisibis († 1049) und ʿAbhdīschōʿ bar Bĕrīchā († 1318). In die Nähe dieses Schrifttums gehört auch die Übersetzung des Werkes des → Titus von Bostra gegen die Manichäer (um 411), das Schaffen des »Häretikers« → Stephanus bar Sudailē (um 500) und eine Reihe erhaltener Mönchsordnungen. - In der *Bibelerklärung* zeichneten sich neben einigen der schon erwähnten Dogmatiker (bes. Jakob von Edessa) Ischōʿdād von Märw (9.Jh.), → Dionysius bar Salībhī († 1171), Salomon von Baṣra (um 1222) sowie → Barhebräus aus. Eine Erklärung der *Liturgie* schrieb der nestorianische Katholikos Timotheos II. († 1332). - Auf dem Gebiete des *Kirchenrechts* ragen die Schriften mehrerer nestorianischer Katholikoi (bes. Ischōʿbocht II., 8.Jh.) sowie das »Synodicon Orientale« (für 410-785; ed. J.B.Chabot, Paris 1902) hervor.

Die größten Sammlungen syr. *Handschriften* in Europa befinden sich in der Biblioteca Vaticana, im Britischen Museum, in der Berliner Staatsbibliothek (zZ meist in Tübingen) sowie in Paris. Ferner besitzen mehrere syr. und ägypt. Klöster sowie das Sinai-Kloster größere Bestände, von denen Teile früh nach Europa kamen. Einiges im Vorderen Orient ist im 1.Weltkriege untergegangen.

In all den genannten Disziplinen haben die Syrer auch viele *griech. Werke* (vor allem ihrer Kirchenväter bis zurück zu → Ignatius) *übersetzt* (zB → Ibas von Edessa, † 457; Sergius von Rēsch'ainā, † 536; → Georg der Araber-Bischof, † 724). ZT sind nur diese Übersetzungen erhalten geblieben; umgekehrt kennen wir manches im Original syr. Werk nur in griech., armenischer oder arabischer Übertragung. Vieles ist überhaupt verloren. Seitdem sich die islamische Wissenschaft etwa im 9.Jh. zu voller Blüte entwickelt hatte, wurde das Arabische mehr und mehr zur Sprache auch der syr. Christenheit, die sich freilich im 12. und 13.Jh. (Zeitalter der »Syr. Renaissance«) noch einmal gegen den Untergang ihres Idioms aufbäumte und damals sehr beachtliche literarische Leistungen (darunter auch grammatische Werke) hervorbrachte. Doch schrieben seit etwa 1000 viele Autoren gleichzeitig arabisch (so Barhebräus). Seit dem 14.Jh. wurde die arabische Umgangssprache überhaupt zur Literatursprache der immer stärker zusammenschrumpfenden syr. Christenheit. An der syr. → Liturgie (: III, 2 a) freilich hielten beide Konfessionen selbst in ihren Missionsgebieten bis Süd-Indien hin und ebenso in der Union mit Rom (→ Unierte Kirchen) fest. Die Verwendung des Arabischen führte zur Entstehung einer ausgedehnten → Arabischen christlichen Literatur, die den Vorteil hatte, auch den inzwischen ebenfalls arabisierten syr. Orthodoxen und den → Kopten verständlich zu sein. Sie erlaubte überdies einen gewissen Austausch mit dem Islam, dessen literarische Formen sich – in Ablösung der älteren griech. – nun immer stärker in der orient-christlichen Literatur geltend machten.

Alle Angaben über Hss., Drucke, Übers.en, Teilausgaben usw enthält das maßgebende Nachschlagewerk von A. BAUMSTARK, Gesch. der syr. Lit., 1922, ergänzt von DEMS. u. A. RÜCKER in HO III/2-3, 1954, 168-204. Weiter vgl. R. DUVAL, La litt. syriaque, Paris 1899 – A. BAUMSTARK in SG 527, 1911 – J.B. CHABOT, La litt. syriaque, 1935 – F. ROSENTHAL, Die aramaist. Forschung, Leiden 1939. – Für *Publikationen* bes. wichtig sind die Reihen: CSCO, PO, PS. – Für die *Übers.en aus dem Griechischen* vgl. neben BAUMSTARK auch J.G. WENRICH, De auctorum Graecorum versionibus et commentariis Syriacis, 1842.

B. Spuler

Syrisches Waisenhaus, gegr. am 11.11.1860 in Jerusalem durch J.L. → Schneller, entwickelte sich zur größten Missionsanstalt des Orients. Es war vorwiegend Erziehungsanstalt, bes. für Knaben (bis zu 400), die unterrichtet, christlich erzogen und beruflich ausgebildet wurden. Zur Hauptanstalt in Jerusalem mit Seminar, Werkstätten und Blindenheim traten 3 weitere Niederlassungen. Seit 1896 leitete Pfr. Theodor Schneller das S.W.; sein Bruder Ludwig schuf dem Werk in der Heimat das Hinterland, bes. durch den »Boten aus Zion«. Die Gründung des Staates → Israel (: III) beraubte das S.W. seines ganzen Besitzes. Doch ist es in Khirbet Kanafar (Libanon) und Amman durch die Enkel des Gründers zu verheißungsvollem Neuaufbau gekommen.

Der Bote aus Zion (1961: 77. Jgg.) – H. SCHNELLER, Festschr. z. 90. Jahrestag d. S.W.es, 1950 – DERS., 100 Jahre S.W., 1960 – H.W. HERTZBERG in: Basileia, Festschr. f. W. Freytag, 1959, 91-97. – Weiteres s. → Schneller.

H.W. Hertzberg

Systematische Theologie

I. Begriff – II. Geschichte im deutschen Sprachgebiet im 19. und 20.Jh.

I. Begriff

1. Bedeutung – 2. System – 3. Systematik – 4. Hermeneutischer Horizont

1. Unter S.Th. pflegt man diejenige theologische *Hauptdisziplin* zu verstehen, die zwischen den historischen Fächern und der Praktischen Th. die Mitte bildet. Diese Stellung entspricht ihrer Funktion: die in der → Schriftauslegung durchforschten Stoffe »systematisch« zu erfassen und kritisch geklärt der → Praktischen Theologie zur Bearbeitung anzuvertrauen. Zwischen Forschung und Verkündigung stehend, hat die S.Th. der kritischen Darstellung der kirchlichen Lehre (→ Dogma: II, → Theologie: II) zu dienen. – Herkömmlich gliedert sich die S.Th. in die drei Fächer → *Apologetik,* → *Dogmatik,* → *Ethik.* Diese im 19.Jh. aufkommende Gliederung entsprang nicht nur der technischen Nötigung zur Arbeitsteilung, noch diente sie der bloßen didaktischen Stoffdarbietung im wissenschaftlichen Lehrbetrieb. Sie ergab sich auch aus der weithin geläufigen Grundvorstellung, die S.Th. habe ein geformtes, abgerundetes »System« darzustellen. In diesem (frag-würdigen) Selbstverständnis lebte u.a. die Erinnerung daran weiter, daß die theologische Reflexion (→ Dogmatik, 1) seit je, erneut seit der Reformationszeit in drei Motiven wurzelt: im polemischen, im exegetisch-summarischen, im katechetischen. Die Dreiteilung war dadurch relativ gerechtfertigt, daß die drei Tendenzen: zur *Auseinandersetzung,* zur *Besinnung* und zur *Entscheidung* unaufgebbare Elemente der S.Th. sind. Mit ihnen verlöre die Th. als ganze ihren Bezug auf den Zusammenhang ihres »Inhalts« (nicht »Gegenstands«): Gott, Mensch, Welt.

2. Freilich bedarf das Selbstverständnis der S.Th. wie der sie bezeichnende Begriff *»System«* der Klärung (O. Ritschl). Terminologisch setzt *systema,* das Wort *syntagma* allmählich verdrängend, die Anschauung vom Körper als organischer Einheit seiner Glieder voraus. Im MA bezeichnet es zB die aus Christen bestehende Kirche oder die in Dogmen sich entfaltende Lehre. Methodologisch wird es, von der humanistischen Rhetorik und Dialektik gefördert, allgemein auf verschiedenste Wissenszweige angewendet. Von der Voraussetzung her, daß die Welt universal erkennbar sei, erweckt der Begriff die Aussicht, das Begriffene in einem Kosmos der Wissenschaften darstellen zu können. Im Zeitalter der prot. Schulmetaphysik (→ Aristotelismus, 2 e) wird »System«, etwa bei B. → Keckermann (Systema ss. theologiae, 1602), »analytisch« bestimmt: als »eine von einem vorweg ins Auge gefaßten Ziel her geordnete Lehrstruktur« (O. Weber I, 75). Das System fordert Vollständigkeit und Geordnetheit des Wißbaren (J.F. → Buddeus). Richtigkeit und Natürlichkeit paarend, erhebt es das Wahrscheinliche auf die Stufe der Gewißheit: »daß man richtige Definitiones zum Grund legt, daraus Prinzipien formiert und aus diesen die Schlüsse zieht« (J.G. → Walch). Galt doch der Begründer eines »wahren Systems« als »schöpferischer Geist von ursprünglicher Gestaltungskraft« (→ Malebranche). Gegenüber dem Einspruch des Pietismus (vgl. G. → Arnold) wird in der Aufklärung, bes. bei Chr. → Wolff, »System« Wechselbegriff für → *Wissenschaft.* Im Gegensatz zu »bloßer Rhapsodie« meint → Kant mit System »die Einheit der mannigfaltigen Erkenntnisse unter einer Idee«. Auch »eine gründliche Metaphysik der Wissenschaft« muß notwendig »dogmatisch [nicht: dogmatistisch], und nach der strengsten Forderung systematisch, mithin schulgerecht (nicht populär) ausgeführt werden«. Während Kant, die »Architektonik der reinen Vernunft« herstellend, »System« *teleologisch* bestimmte (= gemäß einem Hauptzweck der Vernunft), übernahmen die Philosophen des Deutschen → Idealismus (: II) von K.L. Reinhold den *ätiologisch* definierten Begriff als Form des Bewußtseins, das von einem obersten (absoluten) Grundsatz aus, in Lehr- und Folgesätzen, sämtliche Wissenschaften deduktiv herzuleiten habe (→ Fichte). In scharfem Gegensatz zu den bisherigen Begriffsstrukturen gelang es → Schleiermacher, »empirisch« einsetzend, die Tendenz zu einem

»Ganzen, in welchem jedes der Anfang sein kann« (S.W. III/1, 18), zu verwirklichen; bes. in seiner Glaubenslehre schuf er ein systematisches Kunstwerk, das gedanklich und stofflich nur mit → Calvins »Institutio« vergleichbar ist (→ De Wette, Br. 4, 313).

3. Nachdem zu Beginn des 20.Jh.s in der → Systematischen Theologie (: II) der Wille zum System erloschen war, zugleich aber auch sie selbst gegenüber den historischen Disziplinen an Geltung eingebüßt hatte (RE enthält das Stichwort nicht einmal im Reg.!), bedeutete die Erneuerung der ev. Th. nach dem 1. Weltkrieg (→ Dialektische Theologie, K. → Barth) die *Besinnung* der S.Th. auf ihr *»Thema«* (→ Wort Gottes, → Offenbarung) in der doppelten Form: a) der Konzentration auf Verkündigung (→ Kerygma) und Schrift (→ Bibel: III, → Schriftprinzip); b) der Begegnung mit der kritischen Forschung (R. → Bultmann). Der Neuansatz bedeutete die Erkenntnis: der »Gegenstand« der ev. Th., dh das Wort Gottes als Gottes Kommen, macht auf der Reflexionsstufe der S.Th. das »geschlossene« System weder wünschbar noch notwendig. Der Wille zur »Offenheit« des Systems entbindet jedoch die Kraft zur *Systematik* des theologischen Denkens. - S.Th. gibt es nur im Zusammenhang mit den anderen theologischen Disziplinen. Sie ist ein »Element« in ihnen allen. »Gäbe es nur noch historische Th., so gäbe es keine Th. mehr« (G.Ebeling; ähnlich zuvor P.Althaus). - In sich selbst ist S.Th. wesentlich *Dogmatik,* gerade dann, wenn dieser in »Mißkredit« geratene Terminus durch den der »S.Th.« ersetzt werden soll (P.Tillich). Als solche hat sie den Zusammenhang der christlichen Wahrheit darzustellen, jedes Lehrstück »aus der Einheit des Ganzen heraus« denkend (P.Althaus). Das »Ganze« aber bilden die in der hl. Schrift des AT und NT bezeugten Heilserweisungen Gottes (→ Heilsratschluß) als Verheißungs-Ereignisse.

4. Damit tritt die Aufgabe der S.Th. in den Horizont der → *Hermeneutik*. Die hier entdeckten Einsichten harren noch der kritischen Begründung: S.Th. sei »Sprachschule des Glaubens«; als solche habe sie »der Sprachgeschichte des Wortes Gottes nachzugehen« und sich für dessen »neues Zur-Sprache-Kommen«, »dh für sprachschöpferisches Geschehen angesichts der begegnenden Wirklichkeit offen zu halten« (G.Ebeling). - Jedenfalls hat die S.Th. nicht (nur) ein Erbe zu wahren, sondern eine Denkbemühung durchzuführen: Überlieferung (→ Tradition: VII) kritisch interpretierend anzueignen - für Existenz. Im Gesichtskreis der hermeneutischen Bestimmung stellt sie, wie die Sprache selbst (vgl. W.v. Humboldt VII, 46), kein »Ergon«, sondern eine »Energeia« dar. Im Gesamt akademischer Institutionen (Universität, Fakultät) hat die S.Th. die »institutio« - dh in Gestalt einer Einrichtung die *Ausrichtung* - der theologischen Forschung und Lehre auf die kirchliche Verkündigung hin, im Akt methodischer Einübung, zu vollziehen. Im »hermeneutischen Bogen oder Prozeß« theologischen Verstehens (Kontinuität: vom Text - zur Sache - zum Zeugnis) hat sie ihren unentbehrlichen Ort: »Das verstehende Über-setzen als die wesentliche theologische Bewegung erfordert das Unternehmen einer S.Th.« (H.Ott 23). - Ob und wieweit die S.Th. dabei Apologetik (→ Religionsphilosophie) und Ethik (→ Sozialethik) in die Dogmatik einbezieht, dürfte eine Frage didaktischen Ermessens bleiben.

Außer den Lehrbüchern der → Dogmatik u. → Ethik: O.Ritschl, System u. syst. Methode in der Gesch. des wiss. Sprachgebrauchs u. der philos. Methodologie, 1906 - Barth, KD I/2, 963 ff - H.Diem, Theologie II, 1955, 209 ff - EKL III, 1266 ff - G.Ebeling, Wort u. Glaube, 1960, bes. 447 ff - H.-G.Fritzsche, Die Strukturtypen der Th., 1960 - H.Ott, Was ist S.Th.? (ZThK Bh. 2, 1961, 19-46).

G.Gloege

II. Geschichte im deutschen Sprachgebiet im 19. und 20. Jh.

1. Im 19.Jh.: a) Forscher - b) Richtungen - 2. Gegenwart ab ca 1900: a) Forscher - b) Richtungen. - Zur S.Th. im außerdeutschen Bereich vgl. die Länderartikel: → Dänemark: II, → England: II, → Finnland: II, → Frankreich: II, → Niederlande: II, → Norwegen: II, → Schweden: II, → Vereinigte Staaten: II

1. a) Der Begründer der S.Th. im heutigen Sinn ist *D.F.* → *Schleiermacher*. Dieser Satz gilt, obgleich Schleiermacher selbst die Bezeichnung S.Th. als geschichtlich belastet empfand und ablehnte, weil sie »nicht nur den historischen Charakter der Disziplin, sondern auch die Abzweckung derselben auf die Kirchenleitung« verberge. Bei ihm verteilt sich das, was heute zur S.Th. gerechnet wird, auf philosophische (Apologetik und Polemik) und historische Theologie (Dogmatik und Sittenlehre = Ethik). Doch die von Schleiermacher erwähnte Gefahr eines geschichtslosen und akirchlichen Konstruierens ist bei rechter Erkenntnis des Wesens der Theologie nicht so groß wie die von ihm allerdings ebenfalls gesehene Gefahr bloßer Berichterstattung bei Überweisung der → Dogmatik und → Ethik an die historische Theologie. Daher hat sich die Bezeichnung S.Th. trotz Schleiermacher behauptet, freilich in einem durch sein Theologieverständnis geprägten Sinn als einer der fünf Hauptdisziplinen neben → Bibelwissenschaft des AT und NT, → Kirchengeschichte und der von Schleiermacher begründeten → Praktischen Theologie. Sowohl durch seine »Kurze Darstellung« wie durch seine Glaubenslehre und die postum veröffentlichten Ethiken (philosophisch und theologisch) hat Schleiermacher der S.Th. neue Wege gebahnt und mannigfach aufgenommene, noch nicht ausgeschöpfte Anregungen gegeben, nachdem er bereits mit seinen »Reden« einen neuen Durchbruch erzielt hatte. Zu den wertvollsten Gedanken Schleiermachers gehören seine Bestimmung der → Theologie (: I, 4 b) als einer positiven (der Aufgabe der Kirchenleitung dienenden) Wissenschaft im Gegensatz zur »rationalen« Theologie der → Aufklärung (: III), seine religionsphilosophische Fragestellung mit dem Nachweis der Eigenständigkeit der → Religion gegenüber dem herrschenden Intellektualismus und Moralismus und mit dem Eintreten für die positive (geschichtliche) Religion gegenüber der aufklärerischen Begeisterung für die natürliche, sein ausgesprochener Christozentrismus (im Christentum ist alles bezogen »auf die durch Jesum von Nazareth vollbrachte Erlösung«) und damit zusammenhängend die Gestaltung des Hauptteils seiner Dogmatik als Lehre von Sünde und Gnade, die enge Zusammenordnung von Glaubens- und Sittenlehre. Die Hauptschwäche seiner Position liegt in dem Zurücktreten des Offenbarungsbegriffs und dem Abstellen auf die Gemütszustände (»Christliche Glaubenssätze sind Auffassungen der christlich frommen Gemütszustände in der Rede dargestellt«), wiewohl die wichtigen Korrektive gegen Subjektivismus und Psychologismus bei ihm nicht übersehen werden dürfen und das ihm gestellte Problem der Lösung bedarf: der von → Lessing beklagte »garstige breite Graben« zwischen der Christusgeschichte vor 19 Jh.en und uns ist durch Schleiermachers Konzeption überdeckt.

Die allseitig spürbare nachhaltige Wirkung Schleiermachers durchkreuzte und vermischte sich früh mit der seines Zeitgenossen → Hegel, dessen theologische Schüler → *Daub* und → *Marheineke* wurden. Daub war originaler, allerdings auch dunkler und dadurch auf einen kleinen ihn hoch verehrenden Kreis beschränkt, Marheineke verständlicher und mehr in die Breite wirkend. Beiden gemeinsam war die starke Betonung der Trinitätslehre (→ Trinität: III), die sie durch Deduktion ihrer

Notwendigkeit vom Glauben zum Wissen erheben wollten. Das Mysterium der Trinität, nicht diese selbst hört im Wissen auf. Die trinitarisch verankerten Ideen der Gottmenschheit, der Offenbarung und des Geistes geben dem Christentum Absolutheit sowie der geschichtlichen Gestalt Jesu Christi und der Gotteskindschaft gegenwärtige Wirklichkeit. Die Christusgeschichte wie die Geschichte überhaupt sind danach nicht eigentlich Stätte der Selbstoffenbarung Gottes, sondern Stoff zur Verwirklichung von Ideen.

Neben Schleiermacher und ihm freundschaftlich verbunden wirkte ferner der eigenständige, wenn auch an Gedankenschärfe ihm nicht vergleichbare → *De Wette*. Er vertrat einen auf Mythos, Dogma und Kultus bezogenen Symbolismus mit Hilfe der Unterscheidung zwischen natürlicher und ideal-ästhetischer Betrachtungsweise. Jene weist kritisch die natürlichen Zusammenhänge des Geschehens auf, diese sucht im Natürlichen das Ideale auf. Historisch-kritische Methode und eine auf Gefühl und »Ahnung« begründete Würdigung des idealen Gehalts der biblischen und kirchlichen Glaubensaussagen ergänzen einander. Dieser Methodendualismus entwertete freilich die geschichtliche Bedeutung des Einmaligen und verdunkelte die Offenbarungsbestimmtheit des christlichen Glaubens. Vor allem die Christologie stellte »ein ungeklärtes Ineinander des Offenbarungsgedankens und der Apotheose des humanistischen Menschheitsideals« (Stephan-Schmidt) dar.

Unter den Männern der zweiten Generation nimmt → *Kierkegaard* eine Sonderstellung ein. Er erhob scharfen Protest gegen die Hegelsche Synthese von Philosophie und Christentum und gegen das Systemdenken überhaupt. Nicht das in einem System darstellbare »Allgemeine« ist die Wahrheit, sondern der einzelne in der Einsamkeit seiner vor Gott gestellten Existenz. Er kann in der Verlorenheit seiner Sündenschuld nur durch die unbegreifliche Gnade Gottes gerettet werden, die in Jesus Christus Wirklichkeit geworden ist. Diese absolut paradoxe Heilstatsache wird im Wagnis des Glaubens ergriffen, dh im Gleichzeitigwerden mit Christus, welches als solches seine Gewißheit in sich selber trägt. Alle Versuche, den Glauben durch die spekulative oder historische Wissenschaft sowie durch die kirchlichen Institutionen objektiv zu sichern, widerstreiten dem Wesen des Glaubens und sind im Ansatz verfehlt. Nur wer seinen Standort außerhalb der Zeit hätte, könnte das Geschichtsganze spekulativ-dialektisch begreifen; der existierende Mensch aber ist an seine Zeitlichkeit gebunden, die ihm keine Zuschauerhaltung gestattet, sondern ihn unweigerlich in die Entscheidung stellt. – Kierkegaards Gedanken bedeuteten einen Bruch mit den Anschauungen des 19. Jh.s und kamen erst im 20. Jh. zur Auswirkung.

Die Intentionen Schleiermachers und der Philosophie des → Idealismus (: II) wurden von *J. Chr. K. v.* → *Hofmann* aufgenommen und selbständig theologisch ausgewertet. Theologie ist nach ihm die Wissenschaft vom Christentum, welches ihr in drei eigenständigen, sich gegenseitig bestätigenden Zeugnissen vorliegt: in der Wiedergeburtserfahrung des Christen, in der Schrift als der Urkunde der Heilsgeschichte, deren Mitte Jesus Christus ist, und in den Bekenntnissen als den Zeugnissen der Kirche von der sie begründenden göttlichen Wahrheit. Hofmanns Verknüpfung der christlichen Glaubenserfahrung mit der biblischen Geschichte und den kirchlichen Lehraussagen scheitert jedoch daran, daß er diese aus jener im Wege des Rückschlußverfahrens erheben will, was ohne Willkür und Gewaltsamkeit nicht möglich ist und dem Vorrang der Offenbarung vor dem Glauben nicht gerecht wird. – In anderer Weise führte *R.* → *Rothe* die Gedanken der Vorgänger weiter. Ausgehend von der Idee Gottes als der absoluten Person, die kraft ewiger Selbstbestimmung zum Weltschöpfer wird, entwirft er ein Bild von der Entwicklungsgeschichte der Welt, anhebend mit der Materie über die belebte Natur stufenweise aufsteigend zur geistbegabten Menschheit, die in einem sittlichen Entwicklungsgang durch die Sünde (erster Adam) und die Erlösung (zweiter Adam) über die Zwischenstufe der Kirche hinaus zum Menschheitsstaat als dem Inbegriff aller sittlichen Zwecke, dem »Reiche Gottes«, emporgeführt wird. Diese weitgespannte Anwendung des idealistischen Entwicklungsgedankens hat etwas Großartiges, steht aber zur Wirklichkeit des sich immer entschiedener säkularisierenden Staates zu sehr in Widerspruch, als daß sie hätte Schule machen können.

Im letzten Drittel des 19. Jh.s wurde *A.* → *Ritschl* der einflußreichste Vertreter der S. Th. Er hatte, darin Rothe verwandt, eine ethizistische Auffassung vom → Reich Gottes (: II, 5; III, 2), mit welcher er den Schleiermacherschen Christozentrismus korrigierte: das Christentum ist nicht einem Kreise vergleichbar mit der Erlösung durch Jesus als Mittelpunkt, sondern einer Ellipse mit den Brennpunkten Erlösung und Reich Gottes. Scharfe Absagen an Spekulation und jede Metaphysik überhaupt, an Rationalismus, Romantik, Individualismus, Idealismus, Pietismus und Mystik ermöglichten ihm eine radikale Vereinfachung der Probleme, die allerdings vielfach bis zur Verflachung ging. So fehlen seiner Gotteslehre nicht nur alle »metaphysischen« Aussagen im Sinne der kirchlichen oder spekulativ-idealistischen Trinitätslehre, sondern auch die biblischen Gedanken der Heiligkeit und des Zornes Gottes, so daß die von Ritschl stark betonte göttliche Liebe fast zu einer platten Selbstverständlichkeit wird. Die Gottheit Christi wurde von Ritschl bejaht, aber nicht als metaphysische Aussage, sondern im Sinn eines Werturteils der Gemeinde. – Der bedeutendste → Ritschlianer ist *W.* → *Herrmann*. Für ihn ist die (christliche) Religion die Antwort auf die tiefste Frage der Sittlichkeit. Die sittliche Forderung verlangt von mir Beherrschung der Natur. Ich erfahre aber immer wieder meine Ohnmacht. Wie kann ich ohne Selbsttäuschung bestehen? Durch die geschichtliche Offenbarung Gottes in Jesus Christus. Nicht in der Natur, nicht im Menschengeist, sondern in der Geschichte, und zwar überwältigend in Jesus, redet Gott zum Menschen, wobei uns bes. das »innere Leben Jesu«, wie es uns in den Evangelien entgegentritt, zur Selbstbesinnung führt und vollends niederwirft, aber zugleich emporhebt, weil Christus die Sündenvergebung nicht nur verkündigt oder ermöglicht, sondern vollzieht. Geschichte ist für Herrmann nicht ferne Vergangenheit, sondern erlebte Gegenwart, die erlebbare Welt im Unterschied zur nachweisbaren (daher allein wissenschaftlich erfaßbaren). In dieser Unterscheidung liegt die Selbständigkeit des Glaubens gegenüber der Wissenschaft. Worauf der Glaube sich gründet, kann ihm durch keine Wissenschaft zweifelhaft gemacht werden. Anders steht es mit den Gedanken, die der Glaubende bildet und die der hauptsächliche Gegenstand der Dogmatik sind. – Einen eigenen Weg, der sich allerdings in manchem mit Herrmann, zT polemisch, berührte, ging *M.* → *Kähler*. Von ihm stammt die zukunftsträchtige Unterscheidung zwischen dem »sog. historischen Jesus« und dem »geschichtlichen biblischen Christus«. Der historische Jesus ist eine auch wissenschaftlich bedenkliche Abstraktion; denn Jesus ist in die Geschichte eingegangen nur als der von der Gemeinde geglaubte und verkündigte, in der Bibel bezeugte Christus; dh geschichtlich ist nur der biblische Christus. Daher dürfen wir auch nicht mit Herrmann Glaubensgrund (Jesu Person) und Glaubensgedanken

(Aussagen über ihn) unterscheiden; denn wir kennen den geschichtlichen Jesus nur aus dem Zeugnis der Bibel, und die biblische in Christus sich vollendende Gottesoffenbarung ist als ganze der Grund unseres Glaubens. In ihr ist der lebendige Gott wirksam gegenwärtig. In Gottes Offenbarungshandeln zeigt sich das »Übergeschichtliche« in der Geschichte. Da Gott sich in seiner geschichtlichen Offenbarung an die ganze Menschheit wendet, geschieht alle christliche Verkündigung im Rahmen der Weltmission. Deshalb ist Kählers Theologie durch und durch Missionstheologie.

b) Zu Anfang des 19.Jh.s herrschte in weiten Kreisen der aus dem 18.Jh. überkommene → *Rationalismus* (: II), der erst jetzt seine volle systematisch-theologische Ausformung erhielt. Zur rationalistischen Normaldogmatik wurden die Institutiones theologiae christianae dogmaticae von J.A.L. → Wegscheider ([1815] 1844[8]). Wegscheiders Maßstab ist der gesunde Menschenverstand, wie er sich in dem, was zum Gemeingut der bürgerlichen Bildung geworden ist, ausspricht. Jesus ist ihm weder Gott noch unmittelbare Offenbarung Gottes, aber gottbegeisterter (plenus numine) Interpret des göttlichen Willens. Die Rechtfertigung besteht darin, daß die Menschen durch einen nach Christi Vorbild und Geboten gestalteten Sinn (animo ad Christi exemplum eiusdemque praecepta composito) Gott angenehm werden. Diese Geisteshaltung wurde durch H. → Zschokkes »Stunden der Andacht« popularisiert, die zum verbreitetsten prot. Andachtsbuch nächst Joh. → Arnd wurden. Hier gibt es keine mühseligen und beladenen Gewissen, kein Ringen um einen gnädigen Gott, wohl aber die bürgerlichen Ideale der Häuslichkeit, Freundschaft, Naturfreude und des Gemeinnutzes mit mannigfachen praktischen Anweisungen für häufig vorkommende Lebenslagen. Kurz, das Christentum ist hier »die an die Geschichte seines Stifters innigst geknüpfte Vernunftreligion« (J.F. → Röhr). Ähnliches gilt zB von H.Ph.K. → Henke, J.Chr.R.Eckermann und David → Schulz. - Widerspruch kam zunächst von seiten des *Supranaturalismus* (→ Rationalismus: II, 3 c), der die Übernatürlichkeit der biblischen Offenbarung geltend machte. Einen Sturm der Entrüstung erregte bei den Rationalisten 1800 die Reformationsfestpredigt von F.V. → Reinhard über die paulinisch-reformatorische Rechtfertigungslehre. Supranaturalisten waren die Männer der älteren Tübinger Schule (→ Tübingen: I), ferner G.Chr. → Knapp, → Kleuker, → Tittmann, A. → Hahn. Der schärfste Vertreter dieser Richtung wurde E.Sartorius (1797-1859; Prof. in Marburg und Dorpat, 1835 General-Sup. der Provinz Preußen). Gerade bei ihm zeigte sich aber auch, daß Rationalismus und Supranaturalismus eine gemeinsame Basis haben; denn die Übernatürlichkeit der Person Jesu, die er für das »Eigentümliche« des Christentums erklärte, begründete er rational: »Ist die Offenbarung selbst ein historisches Faktum, so muß auch ihre Echtheit und Wahrheit auf historischem Wege bewiesen werden, und enthält sie Lehren, die nicht aus unserm Innern geflossen sind, so muß auch ihre Gewißheit durch äußere Gründe erhärtet werden.« Die Verwandtschaft von Rationalismus und Supranaturalismus führte zu den *Mischformen* eines rationalen Supranaturalismus, supranaturalen Rationalismus oder Offenbarungsrationalismus bei K.F. → Stäudlin, E.G. → Bengel, Chr.F.v. → Ammon, K.L.Nitzsch, H.G. → Tzschirner und K.G. → Bretschneider, der, bes. vielseitig produktiv, doch ebenso wie die andern Genannten über einen orthodox-aufklärerischen Intellektualismus nicht hinauskam: Offenbarung ist »ein der menschlichen Seele von Gott unmittelbar mitgeteilter Unterricht in Religionswahrheiten«. - Neue Ansätze brachte neben Schleiermacher, De Wette und der → spekulativen Theologie (Daub, Marheineke) zunächst die *Erweckungstheologie*. Zwar waren die Männer der → Erweckung (: I) zu gefühlsbetont, um große systematische Denkleistungen zu vollbringen; aber durch vertiefte Sünden- und Wiedergeburtserfahrung, Jesusliebe und bibelgläubige Frömmigkeit befruchteten sie die gesamte theologische Arbeit. A. → Neander brachte es mit seiner Pektoraltheologie (pectus est, quod theologum facit) vor allem auf dem Gebiet der Kirchengeschichte zu glänzenden, neue Wege weisenden Leistungen. Der hochbegabte → Tholuck wirkte, abgesehen von seinen weitverbreiteten Kommentaren, am stärksten durch unmittelbaren seelsorgerlichen Einfluß und durch mehr paränetisch-erbauliche als streng wissenschaftliche Schriften, bes. sein Erstlingswerk »Lehre von der Sünde und vom Erlöser, oder die wahre Weihe des Zweiflers« ([1823] 1871[9]). C. → Harms leitete mit seinen scharf polemischen 95 Thesen zum Reformationsjubiläum 1817 bereits in luth.-konfessionelle Bahnen. Eine systematische Klärung der Grundfragen erstrebte Hermann Olshausen auf dem Gebiet der → Hermeneutik (, 2f). Weder die als profan empfundene grammatisch-historische noch eine willkürlich allegorische Auslegung der Bibel kann genügen, sondern nur eine »biblische« (wie sie die biblischen Schriftsteller selbst angewandt haben und wie sie jetzt den durch den Hl. Geist Berufenen zusteht) oder, mit R.Stier zu reden, eine »pneumatisch-symbolische«. Eine wirkliche Klärung der Probleme wurde auf diese Weise freilich nicht erreicht.

Im zweiten Drittel des 19.Jh.s verschärften sich die Richtungsgegensätze. Rationalismus und Supranaturalismus alten Stils fanden keine Fortsetzer. Ihr Erbe wurde einerseits von der liberalen (→ Liberalismus: III, 1), andererseits von der konfessionellen Theologie (→ Luthertum: II, → Reformierte Kirche: I, 4) übernommen. Eine eigene Linie verfolgte die Vermittlungstheologie. Spekulative Theologie und Schleiermacher wirkten allenthalben nach, jene bes. in der liberalen, dieser in der Vermittlungstheologie, während die konfessionelle Theologie am stärksten von der Erweckungstheologie beeinflußt war. Schwächer, aber doch mannigfach spürbar war der Einfluß De Wettes. In der jüngeren Tübinger Schule, deren Haupt F.Chr. → Baur wurde, fand die *liberale Theologie* hervorragende Vertreter, allerdings vornehmlich auf historischem Gebiet. Der repräsentative liberale Systematiker wurde der → Vatke-Schüler A.E.Biedermann (→ Spekulative Theologie, → Reformer), der mit seiner spekulativen Lehre von Gott als dem absoluten Geist und seiner Christologie des Christusprinzips der biblischen Geschichte eine unmittelbare Bedeutung für den Glauben bestritt. Im Gegensatz dazu hatte die *konfessionelle Theologie* mit dem betonten Rückgriff auf Bibel und Bekenntnis einen repristinatorischen Zug, der am deutlichsten bei E.W. → Hengstenberg, dem Herausgeber der einflußreichen Ev. Kirchenzeitung, zum Vorschein kam. Dagegen ging v.Hofmann, der bedeutendste unter den konfessionellen Theologen, bes. in der Versöhnungslehre eigene Wege, weswegen er von dem repristinatorischen F.A.Philippi u.a. heftig angefeindet wurde. Hofmann wurde der Hauptvertreter der → Erlanger Schule, der → Harleß, → Höfling, G.Thomasius, Th. → Harnack und in der folgenden Generation → Frank angehörten. In der Christologie vertraten viele konfessionelle Theologen kenotische Auffassungen (→ Kenosis, 2), Kahnis subordinatianische in der Trinitätslehre. Gegen → Löhe, A. → Vilmar, J. → Stahl, → Kliefoth, L.A. → Petri u.a., welche eine den opus-operatum-Gedanken aufnehmende Sakramentslehre und eine Heilsanstaltsekklesiologie entwickelten, machten Höfling und seine Freunde den Gemeindegedanken geltend. Waren die bisher Genannten Lutheraner, so vertrat → Kohlbrügge eine ref.-konfessionelle Theologie. - Der Name → *Vermittlungstheologie* knüpft sich an die 1828 gegründeten ThStKr, welche den »wahren Vermittlungen« zwischen dem modernen wissenschaftlichen Bewußtsein und der Idee des Christentums dienen sollten. Der bedeutendste Systematiker der Vermittlungstheologie wurde R.Rothe. Außerdem gehören hierher der Vorkämpfer der Union C.I. → Nitzsch, der sich eng an Schleiermacher anschließende A. → Schweizer, der mit Tholuck befreundete J. → Müller (, 10), K. → Ullmann und I.A.Dorner. Der schwer einzuordnende J.T. → Beck zeigt durch die Verknüpfung des heilsgeschichtlichen mit dem systematisch-spekulativen Gesichtspunkt sowie der Hochschätzung der Bibel mit der des Gewissens Verwandtschaft mit der Vermittlungstheologie.

Der beherrschende Systematiker des letzten Jh.drittels wurde A.Ritschl, um den sich rasch eine Schule scharte. Nächst W.Herrmann ist J. → Kaftan unter den → *Ritschlianern* der selbständigste. Sein Arbeitsgebiet waren Religionsphilosophie und Apologetik. Allerdings fand er in den eigenen Reihen Widerspruch, zB bei M. Reischle, der statt des von Kaftan gebotenen Allgemeinbegriffs der Religion einen Idealbegriff forderte. Th.Häring versuchte, in den Rahmen des Ritschlianismus die biblischen Aussagen über das Fortwirken des Erhöhten und den Sühnetod Christi einzufügen. Die liberale Theologie fand Fortsetzer in R.A. → Lipsius und O. → Pfleiderer, die gegen Ritschl das Recht und die Notwendigkeit spekulativ-»metaphysischer« Aussagen in der Theologie verteidigten. F.H.R.Frank schuf in einer umfassenden Darstellung der gesamten S.Th. ein Kunstwerk architektonischer Systematik mit allen Vorzügen und Schwächen der Erlanger Schule. A.v. → Oettingen unterbaute die Ethik mit einer Moralstatistik. Gegenüber der Erlanger Wiedergeburtstheologie vertrat neben Kähler in eindrucksvoller Weise H. → Cremer (Greifswalder Schule) eine sich auf die Bibel gründende Rechtfertigungstheologie. Hüter des strengen Luthertums war der auch durch apologetische Schriften wirkende Luthardt (→ Luthertum: II, 2).

2. Der Gang der S.Th. in den ersten sechs Jahrzehnten des *20.Jh.s* weist zwei Einschnitte auf: den Umbruch nach dem 1. Weltkrieg im Zeichen K. → Barths und, stiller, aber deutlich spürbar, das Zurücktreten des Barthschen Einflusses hinter dem R. → Bultmanns. Die entscheidenden Jahre sind bezeichnet durch das Erscheinen von K.Barths »Römerbrief« ([1919] 1922^{2}) und von Bultmanns »Offenbarung und Heilsgeschehen« (1941), so daß etwa je zwei Jahrzehnte eine geschichtliche Einheit bilden.

a) In den ersten beiden Jahrzehnten wurde die liberale Theologie eigenständig vertreten durch *E. → Troeltsch*. Schnell über seine Lehrer, insbesondere A.Ritschl, hinauswachsend, versuchte Troeltsch, die Theologie aus der Enge des Christozentrismus Ritschlscher Prägung herauszuführen und die Verbindung mit Philosophie, allgemeinem Geistesleben und natürlicher Religion neuzuknüpfen. In der → Religionsphilosophie (: II, 2 d) begründete er die Gültigkeit der Religion auf ein → A priori (, 2). In der Dogmatik soll die dogmatische Methode durch die historische ersetzt werden entsprechend dem allgemeinen Verfahren der → Geisteswissenschaften. Die → Absolutheit des Christentums entfällt. Nur nach sozialpsychologischen Gesetzen bleibt die Gestalt Jesu, die immer aufs neue ihre Vollmacht bewährt, in Kultus und Gemeinde gegenwärtig. Dieser alle dogmatischen Aussagen relativierende → Historismus (, 3) war für Troeltsch ein ernstes, aber von seinen Voraussetzungen her kaum lösbares Problem. - In anderer Weise, ganz von der Bibel her, bahnte *A. → Schlatter* neue Wege. Im Kampf gegen die Hellenisierung des Dogmas in der alten Kirche, gegen Konfessionalismus, Scholastik, deduktive Methoden, Erlanger Bewußtseinstheologie und Ritschlianismus machte er den Reichtum der Bibel in unvergleichlicher Weise für die Theologie lebendig. Seine eigene Methode nannte er »wahrnehmend«, »beobachtend«, »empirisch«, wobei die Geschichte eingeschlossen sein soll und das gesamte Denken tatsächlich geschichtlich gesättigt ist. Der lebendige Gott, der lebendige Herr und der Dienst des Christen standen ihm im Mittelpunkt. Von da aus betrachtete er die Welt mit ungewöhnlicher, sehr nüchterner Weite des Blicks. - Eine vermittelnde Stellung nahm *R. → Seeberg* ein. Einerseits als Schüler Franks im Luthertum verankert, andererseits der Wirklichkeit und den Erfordernissen der Gegenwart in besonderem Maß geöffnet, entwarf er das Programm einer »modern-positiven« Theologie. Das »Moderne« meinte er sowohl im Sinn einer neuen Würdigung des deutschen Idealismus als auch im Sinn des Entwicklungsgedankens und des Wirklichkeitssinns; das »Positive« im Sinn eines Verständnisses der Offenbarung als Mittel nicht nur der Anregung, sondern der Herstellung eines neuen Verhältnisses zwischen Gott und Mensch. Das Grundthema der Dogmatik war ihm die erlösende Gottesherrschaft. Seinen Wirklichkeitssinn erwies er durch Einbeziehung der sozialen und nationalen Fragen in die Ethik und durch entsprechende Betätigung.

Nach dem 1. Weltkrieg erfolgte ein allgemein als revolutionär empfundener theologischer Umbruch, eingeleitet durch *Barths* »Römerbrief«. Die überkommene Theologie aller Richtungen verfiel dem Vorwurf, unter idealistischem und pietistischem Einfluß ihrem Wesen zuwider zur Anthropologie geworden zu sein, das Christentum als Religion dargestellt und kulturoptimistisch dem autonomen Menschentum überantwortet zu haben. Nicht der religiöse Mensch, sondern Gottes → Offenbarung (: VI) in seinem Wort (Deus dixit) sei das Thema rechter Theologie. Unter Rückgriff auf Kierkegaard und auf platonisch-dualistische Kategorien wurde die radikale Krisis der Zeit durch die Ewigkeit verkündet. Barth entfaltete seine zunächst als bloße »Randglosse« gemeinte Theologie, nachdem er die 1927 erschienene »Christliche Dogmatik« (1.Bd) nicht fortgeführt hatte, seit 1932 in der vielbändigen, noch nicht abgeschlossenen »Kirchlichen Dogmatik«. Da das die kirchliche Rede von Gott normierende → Wort Gottes (: IV) in seiner dreifachen Gestalt als verkündigtes, geschriebenes, offenbartes mit dem Menschen Jesus Christus identisch ist, vertritt Barth einen an Ritschl erinnernden, aber ihm gegenüber noch radikalisierten Christozentrismus, den er unter reichlicher Verwendung des Urbildgedankens und der analogia fidei nach allen Seiten hin fruchtbar macht. - Mit einer andern ebenfalls christozentrischen Konzeption trat neben Barth *K. → Heim* auf. Er versuchte mit Hilfe der Erkenntniskritik → Kants, des Paradoxdenkens Kierkegaards, des physikalischen und historischen → Relativismus und der → Existenzphilosophie das moderne Denken von innen her an einen Punkt zu führen, an dem nur entweder Skepsis und Verzweiflung oder Glaubensentscheidung für Christus (»Sprung auf Christus«) übrig bleiben. Diesen Gedankengang ergänzte er durch ein christliches Weltbild, das er in einer kenntnisreichen Auseinandersetzung mit dem neuesten naturwissenschaftlichen Denken entwarf. - Mehr in den Bahnen Troeltschs ging *R. → Otto*. Unter dem Einfluß des → Neufriesianismus trat ihm die Religionsphilosophie in den Vordergrund, als deren Hauptkategorie er in einer Monographie »das Heilige« ([1917]

1958[29,30]) herausarbeitete. Seine Analyse des religiösen → Erlebnisses ist dabei sachlich geleitet von der Überzeugung von der transzendenten Wirklichkeit des Göttlichen. So gewann er Verständnis für die natürliche Religion als getragen von der Offenbarung und setzte sie in eine positive Beziehung zum christlichen Glauben.

In den letzten beiden Jahrzehnten hat *R.Bultmann,* von Hause aus Neutestamentler, in zunehmendem Maß die S.Th. befruchtet. Sein viel diskutiertes Programm der → Entmythologisierung will die paulinisch-luth. Rechtfertigungslehre auf dem Gebiet des Erkennens durchführen. Dabei wird die Philosophie M. → Heideggers zu Hilfe genommen. Um einem sacrificium intellectus, das den Glauben zum Werk erniedrigt, zu entgehen, müssen nach Bultmann die urchristlichen Texte durch existentiale Interpretation nach dem in ihnen wirksamen Selbstverständnis befragt werden. Danach ist christlicher Glaube ein Gottes Tun gelten lassendes Verhalten. Und zwar begegnet uns Gott, was allerdings nur der Glaube sagen und wissen kann, in dem Ereignis Jesus Christus. Der historische Jesus ist also der Grund des Glaubens, aber nur sofern er zum Inhalt des Glaubens geworden ist. Darum kann sich der Christusglaube mit radikaler Kritik an der nt. Jesusüberlieferung verbinden. Gottes Tat in Jesus ist der an uns ergehende Ruf in die »Eigentlichkeit«. Das theologische Problem des historischen → Jesus (, 12) ist hier in einer bisher unerhörten Weise zur Diskussion gestellt. - Eine enge Verknüpfung von → Theologie und Philosophie findet sich auch bei *P. → Tillich.* Dieser macht die Offenbarung als Begegnung mit dem → Unbedingten zum Ausgangspunkt und proklamiert gegenüber dem liberalen »Kulturprotestantismus« eine Theonomie der Kultur. In Anlehnung an den späteren → Schelling vertritt er einen »gläubigen Realismus« und gelangt zu einer Neufassung des Geschichtsverständnisses unter theologischem Aspekt, wobei der Begriff des Kairos als Gnadenzeit mit der Verheißung des erfüllten Ziels unter Aufnahme der menschlichen Verantwortung führend wird. Die in der Bibel bezeugte konkrete Geschichte der Offenbarung rückt dabei freilich sehr an den Rand und kommt wenig zur Sprache. - Eine betont luth. Theologie vertrat *W. → Elert.* Der Dogmatik wie der Ethik, der grundsätzlichen Problemerfassung wie den Fragen kirchlichen Handelns in nahezu gleichem Maß zugewandt, verstand er es, den luth. Grundgegensatz von Gesetz und Evangelium universal auszuwerten. Barths Offenbarungsbegriff griff er als legalistisch und eng an.

b) Um die Jh.wende hatte der Ritschlianismus den Höhepunkt seines Einflusses bereits überschritten. Die Ritschlsche Reichgottesauffassung hatte sich als unvereinbar mit dem NT erwiesen, dessen eschatologische Grundhaltung erkannt und betont wurde, und der Ritschlsche Offenbarungsbegriff war zu eng, um eine Würdigung der Tatsachen der → Religionsgeschichte, auf die sich jetzt verstärkt die Aufmerksamkeit richtete, zuzulassen. Die führenden Systematiker der sich bildenden → *Religionsgeschichtlichen Schule* wurden Troeltsch und Otto. Neben ihnen ist G. → Wobbermin zu nennen. Unter dem Eindruck religionsgeschichtlicher und -psychologischer Erkenntnisse forderte er eine religionspsychologische Methode, welche die Wahrheitsmomente sowohl der normbegrifflichen wie der religionsgeschichtlichen Betrachtung zur Geltung bringen sollte. Der Kern seines Verfahrens war der »religionspsychologische Zirkel« zwischen den kirchlich überlieferten Glaubensvorstellungen und der persönlichen Glaubenserfahrung. Religionsgeschichtliche und allgemein-weltanschauliche Fragestellungen wurden ferner in verschiedenem Maß und ohne schulmäßigen Zusammenhang behandelt von K.Thieme (bedeutend vor allem als Lutherforscher), A.Titius (arbeitete u.a. über Glaube und Naturwissenschaft), Th.Steinmann, Joh.Wendland, H.Mulert (Verfasser der ersten vollständigen → Konfessionskunde), G.Wehrung und W.Lüttge (Spezialkenner des französischen Protestantismus). Die beiden im 1. Weltkrieg gefallenen H.Süskind und O.Lempp waren stark von Troeltsch beeinflußt. Eine andere Gruppe von Systematikern sammelte sich um das *modern-positive Programm* R.Seebergs, vor allem R.Grützmacher, K.Beth, K.Girgensohn, K.Dunkmann. Vorher hatte bereits Th.→Kaftan eine »moderne Theologie des alten Glaubens« gelehrt. Der schwer einzuordnende C.Stange trat sowohl durch philosophische und religionsphilosophische wie durch dogmatische und ethische Untersuchungen hervor, wobei er sich vornehmlich auf Luther stützte. H. Mandel ging von einer streng supranaturalen Auffassung zu einer »Wirklichkeitsreligion« und zum Deutschen Gottglauben (→ Deutschgläubige Bewegungen) über. Das apologetische Werben um die Moderne fand bei der durch Kähler und Schlatter befruchteten Greifswalder Schule klare Ablehnung. Den größten Einfluß gewann hier E. → Schaeder mit seiner Forderung einer *»theozentrischen Theologie«.* Er sah den Schaden der neueren Theologie aller Richtungen in ihrer anthropozentrischen Haltung, dh in dem methodischen Ansatz beim (wiedergeborenen oder unwiedergeborenen) Menschen und in der luth.-pietistischen Alleinherrschaft der Heilsgesichtspunkte, und betonte demgegenüber den Majestätscharakter Gottes. Der durch Vielseitigkeit ausgezeichnete W.Lütgert kämpfte, an → Hamann und → Baader anknüpfend, gegen Idealismus und Naturalismus für einen »Realismus der Offenbarung«. Das konfessionell-luth. Erbe vertrat L.Ihmels eindrucksvoll. Auch Ph.Bachmann und Joh.Kunze sind hier zu nennen.

In den 20er Jahren sammelte sich um Barth die Gruppe der *»dialektischen Theologen«* (→ Dialektische Theologie). Sie sahen die Aufgabe der Theologie weniger in einer Problembewältigung im Sinn der Wissenschaft als in einer Problemöffnung, die auf Bewältigung durch Verkündigung und Glauben angewiesen ist. Gott ist und bleibt der Unbekannte, auch in seiner Offenbarung; deshalb kann von ihm immer nur indirekt, unanschaulich, dialektisch geredet werden. Die 1922 gegründete Zeitschrift »Zwischen den Zeiten« wurde von Barth, E. → Thurneysen, G. → Merz, F. → Gogarten, R.Bultmann, E. → Brunner u.a. getragen. Die Arbeitsgemeinschaft zerbrach, und die Zeitschrift fand ihr Ende, als Barth 1933 Brunner, Gogarten und Bultmann vorwarf, daß sie einer → Anknüpfung an anthropologische Voraussetzungen das Wort redeten. Allerdings hatte auch Barth selber begonnen, die These von der gleichmäßigen Ferne alles Endlichen von Gott durch ein System von Ähnlichkeitsbeziehungen (→ Analogie, 4) zu ersetzen. Brunner und Gogarten benutzten das → Ich-Du-Verhältnis als Modell der Gottesbeziehung, und Bultmann wollte die Nichtausweisbarkeit der Offenbarung dadurch wahren, daß er sich unter existentialphilosophischem Aspekt auf Aussagen über den Menschen, sofern ihm die Offenbarung widerfahren kann, beschränkt. Den Ansatz von 1922 hatte keiner unverändert festgehalten. An die Traditionen des deutschen Idealismus knüpften, allerdings sehr unterschiedlich, K.Bornhausen, G.Wünsch, F. → Brunstäd, K.Leese an. Fragen der Religionswissenschaft und Mission behandelte H.Frick. Ausgelöst durch K. → Holls Lutherbuch (1921) entstand eine »Luther-Renaissance«, die sich die Erforschung der genuinen Theologie des Reformators zur Aufgabe machte und das systematische Denken stark befruchtete. Der Einfluß Luthers verband sich bei dem der älteren Generation angehörenden → Kattenbusch mit dem Ritschls, bei E. → Hirsch mit dem Kierkegaards, bei R.Hermann mit dem Kählers und Stanges, bei F.K. Schumann mit dem des Philosophen Rehmke, bei H.J.Iwand und H.Vogel mit dem Barths, so daß sich mannigfache Überschneidungen ergaben. Eine konfessionell-luth. Theologie vertrat neben Elert führend P. → Althaus, vor allem bekannt durch seine Lehre von der → Uroffenbarung und sein Werk über die → Eschatologie. Auch R.Jelke, E.Sommerlath, A.Köberle gehören hierher. M.Doerne, P.Brunner, E.Schott, G.Gloege, E.Schlink, H.Graß, C.H.Ratschow, W.Joest und W.Pannenberg wollen das konfessionelle Denken stärker an den kritischen Fragen beteiligen, die der geschichtliche Bezug von Verkündigung und Lehre stellt. Die Verbindung mit dem skandinavischen Luthertum (G.Aulén, A. → Nygren, A.Runestam u.a.; → Schweden: II) knüpfte C.Stange. H.Thielicke, W.Künneth und W. Trillhaas legten neuerdings Darstellungen der Ethik vom luth. Standpunkt aus vor. Aber die Grenzen zur Theologie Barthscher oder Bultmannscher Prägung lassen sich meist nicht scharf ziehen. Anstöße für ihre Arbeit haben fast alle Theologen in den letzten vier Jahrzehnten von Barth oder Bultmann bekommen; und auch die »Barthianer« und »Bultmannianer« sind andern Einflüssen zugänglich. Bei Barth stehen außer Iwand und Vogel u.a. O.Weber, E.Wolf, Herm.Diem, H.Gollwitzer, W.Wiesner, W.Kreck, K.G.Steck. An die Seite Bultmanns trat Gogarten, der Luthers Lehre von Gesetz und Evangelium modifiziert in die Diskussion warf. Auch G.Ebeling wertet seine eingehende Lutherkenntnis durch Heranziehung existentialphilosophischer Kategorien aus. E.Fuchs geht in seiner Monographie über die Hermeneutik ([1954] 1958²) weithin in Bultmanns Bahnen. Der früh vollendete stark nachwirkende D. → Bonhoeffer steht mit seiner Kritik am Offenbarungspositivismus und der Forderung einer »nichtreligiösen Interpretation« näher bei Bultmann als bei Barth.

Gegenwärtig kann man nur mit Vorsicht drei in sich nicht geschlossene Gruppen um Barth, um Bultmann, im konfessionellen Luthertum unterscheiden. Auch der Liberalismus, der in der Schweiz eine ungebrochene Tradition hat, meldet sich mit M.Werner, einem Schüler A. → Schweitzers, u.a. nachdrücklich zum Wort. Aber die Fronten sind nirgends verhärtet. Selbst über die Konfessionsgrenzen hinweg ist ein fruchtbares theologisches Gespräch heute in erstaunlichem Umfang möglich. Symptomatisch für die nach allen Seiten hin offene Gesprächslage und für die zentrale Stellung des hermeneutischen Problems (→ Hermeneutik, 2 g) ist das kürzliche Erscheinen des Sammelbandes »Der historische Jesus und der kerygmatische Christus. Beiträge zum Christusverständnis in Forschung und Verkündigung« (1960), an dem 48 in- und ausländische Forscher aller Richtungen, auch röm.-kath., mitgearbeitet haben.

Weitere Lit. bei STEPHAN-SCHMIDT u. unter den Namen oder Begriffen, auf die im Text verwiesen ist. - Zs.en: ZThK, seit 1891; ZSTh, 1923-55; ZZ, 1923-33; EvTh, seit 1934; KuD, seit 1955; NZSTh, seit 1959. *E.Schott*

Szabó, *Aladár* (1862-1943), führende Persönlichkeit der Inneren Mission des ung. Protestantismus, 1888-1905 Prof. der Theologie auf dem Lehrstuhl der Philosophie und Pädagogik in Budapest, dann ref. Pfarrer ebd. S. hat auf schottisch-calvinistische Anregung eine rührige und wirkungsvolle Erweckungstätigkeit entfaltet.

Vf. u.a. (alles ung.): John Locke, 1890; Die Zukunft der Philos., 1890; Neuer Zeiger der Zeit, 1896; Leben Jesu, 1907; Einführung in die Äußere Mission, 1911; Durch die Gnade (Selbstbiogr.), 1941. *I.Török*

Széchenyi (seh-tscheh-nji), *Stefan* (21.9.1791 bis 8.4. 1860), ung. röm.-kath. Politiker, seit 1825 richtunggebend wirksam für die wirtschaftliche, kulturelle und gesellschaftliche Erneuerung → Ungarns, an der Gründung der Ung. Akademie der Wissenschaften bes. beteiligt. Sein gemäßigter Liberalismus trat der radikalen Politik → Kossuths entgegen. 1848 war S. Mitglied des ersten ung. parlamentarischen Ministeriums, wurde aber wegen Nervenzusammenbruchs bis zu seinem Tode in die Nervenanstalt Döbling gebracht. In seinen letzten Lebensjahren veröffentlichte er anonyme Flugschriften gegen die »Gesamtmonarchie« habsburgischer Prägung.

GesW Bd 1-9, 1884-96, Bd 10-15 (Tagebücher, zT dt.), 1925-39. - Biogr. u.a. v. L.FRIEDREICH, 2 Bde, Budapest 1915 (ung.). *J.Sólyom*

Szegedi heißt der ung. Mitreformator *Stephan (= István) Kis* »aus Szeged« (1505-72). Nach Lern- und Lehrjahren in seiner Heimat, Wien und Krakau studierte und promovierte S. noch in Wittenberg (1543 f). Neben → Sztárai förderte er durch seine maßvolle Art die Reformation bes. im türkisch besetzten Teil → Ungarns als Lehrer des Nachwuchses. Oft vertrieben, auch von den Türken gefangen, konnte der anerkannte Gelehrte endlich 1563 als ref. Sup. in Ráckeve stetiger Arbeit als Lehrer und Dichter nachgehen.

Bibliogr. u. Lit. bei W.TÓTH, S.K. of Szeged... (ARG 44, 1953, 86-103) - M.BUCSAY, Gesch. des Protestantismus in Ungarn, 1959, 30ff. *P.Philippi*

Székács (seh-katsch), *Josef* (2.2.1809 bis 29.7.1876), ung. ev. Bischof, seit 1837 Pfarrer in Budapest, 1860-72 Bischof des Montandistriktes. Auf zahlreichen Gebieten des kirchlichen Lebens bahnbrechend, wirkte S. u.a. auch bei der Gründung der ung. ev. Hilfsanstalt (ung. Gustav-Adolf-Verein) mit. Als kirchlicher Schriftsteller, Herausgeber kirchlicher Zeitschriften und gern gehörter Prediger übte er bedeutenden Einfluß auf die Gestaltung des kirchlichen Lebens aus, auch durch seine literarischen Übersetzungen.

Biogr. v. V.GYÖRY, 1877; I.BENKÖ, 1901; M.ZSILINSZKY, 1909; P.PATAY, 1914 (alle ung.). *J.Sólyom*

Szenczi Molnár, *Albert* (1574-1634), ung. ref. Theologe und Wandergelehrter, verbrachte die Hälfte seines Lebens in Deutschland, wo auch fast alle seine Werke erschienen. Seine Hauptleistung ist das Psalterium Ungaricum (1607), eine meisterhafte, an → Lobwasser orientierte Übersetzung des Hugenottenpsalters, die in mehr als 100 Auflagen eine ungeheure Wirkung auf Literatur und Volkssprache ausübte und im heutigen Gesangbuch der ung. ref. Kirche (→ Kirchenlied: I, 8) wiederhergestellt ist. Die beiden ersten Revisionen der ung. Bibelübersetzung (1608, 1612) und die erste ung. Übersetzung von Calvins Institutio (1624) sind ebenfalls ihm zu verdanken. In Ungarn lebte er seine letzten zehn Jahre in großem Elend. Neuere Forschung sucht S.M.s Synthese zwischen der bürgerlich-europäischen und der ung. Volkskultur, im Übergang von Reformation und Orthodoxie zum Späthumanismus und Puritanismus, darzustellen.

Vf. u.a.: Lat. u. ung. WB, 1604; Kleiner Katechismus (aus dem Heidelberger), 1607; Neue ung. Grammatik (lat.), 1610; Postilla Scultetica (ung.), 1617. - Über S.M. (ung.): L.DÉZSI, S.M.A., 1897 - DERS., S.M.A.s Diarium, Korrespondenz u. Urkunden, 1898 (viel lat.; Lit.) - G.INCZE (Hg.), S.M.A. (Ausw. aus seinen Werken mit einleitenden Studien von L.ÁPRILY u. B.ÁROKHÁTY), 1939 - J.ZOVÁNYI, Art. z.Theol. Lex., 1940. - Zur neuesten Bewertung s. die Schriften von T.KLANICZAY, G.TOLNAI, J.TURÓCZI-TROSTLER, I.BÁN, vgl. L.GÁLDI, Die Versifikation der Psalmen von S.M.A., 1958 (mit franz. Résumé; Lit.). *B.Nagy*

Szikszai, *Georg* (1738-1803), ung. ref. Theologe. Nach dem Studium in Debrecen, Basel und Utrecht wirkte er als Pfarrer, seit 1786 in Debrecen. S. verfaßte das beliebteste ung. ref. Andachtsbuch, das noch heute von manchen »Stillen im Lande« benutzt wird. Theologisch vertrat S. eine den Rationalismus ablehnende, innig-fromme Art vernünftiger Orthodoxie.

Vf. u.a.: Christl. Lehren u. Gebete (ung.), 1786-1957 mehr als 70 Ausgaben (auch eine tschech.); Natürliche u. geoffenbarte Religion (ung.), 1799. - Über S.: A.Szabó, S.G., Leben u. Wirken, 1927 (ung.). *S.Czeglédy*

Szlávik, *Matthias* (24.10.1860 bis 3.12.1937), ung. ev. Theologe, 1884-1923 Prof. an der ev.-luth. theologischen Akademie in Eperjes bzw. seit 1919 in Budapest. Bes. bedeutsam wurde seine Wirksamkeit für gegenseitige Berichterstattung über ungarische und deutsche theologische Literatur.

Dt. Schriften: Die Reformation in Ungarn, 1884; Zur Frage der Zivilehe in Ungarn, 1894; Zur Gesch. u. Lit. der Philos. in Ungarn, 1894; Zur Gesch. des Anabaptismus in Ungarn, 1897. *J.Sólyom*

Sztárai, *Michael* (ca 1500-75), adliger Herkunft, war erst Franziskaner, nach 1543 Reformator und Sup. im türkisch besetzten südwestlichen → Ungarn (: I, 2) und in Slawonien. Einfache luth. Grundhaltung und polemische Schärfe machten ihn sehr volkstümlich, unterschieden ihn von → Szegedi, schadeten ihm im Alter. Seine massiven Tendenzstücke vom geistlichen Stand wurden grundlegend für das ung. Drama. Auch als Lyriker, Epiker und als Vorsänger seiner magyarisch bearbeiteten Psalmen diente S. der Reformation.

S.Nagy, S.M. Leben u. Werke (Egyetemes Philologiai Közlöny 7, Budapest 1883, 785-803. 961-997; ung.) - A.Szilády, Magazin altung. Dichter V, ebd 1886 (ung.) - J.Szinnyei, Leben u. Werke ung. Schriftsteller XIII, ebd 1909 (ung.) - Ung. Lit.-Lexikon, ebd 1926, 773f (ung.) - M.Bucsay (→ Szegedi) 29f. *P.Philippi*

T

Tabernakel (von tabernaculum = Hütte, Zelt), Gehäuse zur Aufbewahrung der geweihten → Hostien. Die heute gültige Bezeichnung T. bürgerte sich seit dem 13.Jh. allmählich ein. - In frühchristlicher Zeit wurde die Eucharistie wohl meist in einem Nebenraum des Chores aufgehoben (Pastophorion, → Prothesis [→ Kirchenbau: II, 1; III, 1]). Der um 700 zuerst in Syrien bezeugte Brauch, die Pyxis (→ Gefäße) mit den Hostien auf dem Altar aufzubewahren, war im 9.Jh. im Frankenreich verbreitet. Verschiedenen Synodalbeschlüssen des 13.Jh.s zufolge mußte das Sakrament in einem T. auf dem Altar oder in einem Wandschrank sicher eingeschlossen werden. Die Bestimmungen über den Aufbewahrungsort blieben im MA schwankend. - Als Hostienbehälter werden im Früh-MA turmartige Gefäße (turres) aus Edelmetall erwähnt und goldene Tauben, die man über dem Altar schwebend anbrachte. Die ältesten Beispiele dieser sog. eucharistischen Tauben und kleine hausartige Metall-T. mit Emailschmuck sind aus dem 12./13.Jh. erhalten. Bes. verbreitet waren vom 13.-16.Jh. Wand-T., verschließbare, oft mit Blendgiebeln versehene Wandnischen, die im Chor an der Evangelienseite Platz fanden. Charakteristisch für die Spätzeit der Gotik sind turmartige, frei vor der Wand stehende Sakramentshäuser in kunstvoller Steinmetzarbeit. Mit dem → Altar (: III A, 5 b) oder seinem Retabel fest verbundene T. kommen erst seit dem 14.Jh. und zunächst nur vereinzelt vor. - Von Italien ausgehend, wo in der Erzdiözese Mailand der hl. Karl → Borromäus die ersten umfassenden Bestimmungen über Art und Ausstattung des T.s erließ, setzte sich seit dem 16.Jh. auch in den kath. Kirchen nördlich der Alpen allmählich das unbewegliche Altar-T. durch. Man gab dem T. seinen Platz in oder vor dem Retabel - stets in formaler Anpassung an den Retabelaufbau. In Italien hat man das T. schon im 16.Jh. häufiger zum Hauptschmuck des Altars gemacht unter Verzicht auf ein Retabel, wie es auch heute üblich ist. - Seit der Entscheidung der Ritenkongregation von 1863 muß das T. unbeweglich mitten auf dem Altar - in der Regel dem Hochaltar - angebracht werden (Ausnahmen in Kathedral- und Konventskirchen). Der mit weißer Seide oder Gold ausgeschlagene Innenraum des T.s soll Platz bieten für 2 Ciborien und 1 Custodia (→ Gefäße) und diebessicher verschlossen sein. Das vorgeschriebene Conopeum (T.umhang) findet man in Deutschland nur selten. - Als T. bezeichnet man auch offene, mit turmartiger Bekrönung versehene Ziergehäuse der gotischen Architektur. Mit und ohne Figuren sind sie bes. häufig im Strebewerk gotischer Kirchen zu finden.

Braun, Altar II, 574ff - E.Baare-Schmidt, Das spätgot. T. in Deutschland (Diss. Bonn), 1937 - R.Wesenberg, Das got. Sakramentshaus (Diss. Gießen), 1937 - K.Goldammer (→ Taube) - R. Fattinger, Liturg.-prakt. Requisitenkunde, 1955, 229ff (Lit.). *H.Claussen*

Tabor, Bergkegel (588 m) am Nordostrand der Jesreel-Ebene mit 455 m relativer Höhe (vgl. Jer 46, 18), heute dschebel eṭ-ṭōr, seit alters hl. → Berg (, 2). In vorisraelitischer Zeit galt der Kult auf dem T. einem Gott, dessen Verehrung (unter dem Namen Zeus Itabyrios) auch nach Rhodos und von dort nach Sizilien und der Krim übergegangen ist. Unter Verschmelzung dieser Gottheit mit → Jahwe wurde der T. Kultstätte der Israeliten (Ps 89, 13, vgl. Ps 68; kritisch: Hos 5, 1), zunächst bes. der Stämme Issakar und Sebulon (vgl. Dtn 33, 19; Ri 4, 6. 12. 14), deren Grenzen sich hier mit der von Naphthali berührten (Jos 19, 22. 12. 34). Die christliche, zuerst bei Origenes bezeugte Tradition sah im T. den Berg der Verklärung Jesu (Mk 9, 2ff par), dann auch (Theodosius) den Berg der Erscheinung des Auferstandenen vor den elf Jüngern (Mt 28, 16ff).

J.Boehmer, Der Name T. (ZS 7, 1929, 161-169) - Ders., Der Gottesberg T. (BZ 23, 1935/36, 333-341) - F.M.Abel, Géographie de la Palestine I, 1933², 353ff u.ö. - O.Eissfeldt, Der Gott des T. u. seine Verbreitung (ARW 31, 1934, 14-41) - A.Alt, Zur Gesch. des Bistums auf dem T. (ZDPV 64, 1941, 91-96) - J.Lewy, T., Tibar, Atabyros (HUCA 23/I, 1950/51, 357-386) - D.W.Thomas, The Meaning of the Name (VT 1, 1951, 229f) - C.Kopp, Die hl. Stätten der Evv, 1959, 299ff u.ö. - H.-J.Kraus, Die Kulttraditionen des Berges T. (Festschr. W.Freytag, 1959, 177-184). *E.Kutsch*

Taboriten → Huß, 2, → Tschechoslowakei: II.

Tabu (adjektivisch und substantivisch gebraucht; Verbum »tabuieren«), eine aus den Südseesprachen, bes. dem Polynesischen (→ Polynesien) genommene Bezeichnung für »Verbotensein«. Das Wort bedeutet sicherlich auch »heilig«, aber nur im abgeleiteten Sinne, indem das Tabuierte häufig religiös bzw. magisch (→ Magie) sanktioniert oder überhaupt durch den Akt des Tabuierens in den religiösen Bereich hineingestellt wird. Die etymologische Erklärung des Wortes (zuerst 1854 durch E.Shortland) scheint wenig gesichert. Danach soll sich t. in die Silben »ta« und »pu« bzw. »bu« aufspalten lassen. Shortland deutet »ta« als »Kennzeichen« und »pu« als Adverb der Intensität. T. soll demnach »nachdrücklich kenntlich gemacht« und damit »unbedingt verboten« heißen. Auch weitere Versuche mit kleineren Variationen legten »ta« meist als »Kennzeichen, Merkmal« aus. Der Versuch, den Begriff t. auf Grund von Sprachvergleich zu erarbeiten, wurde erstmals 1858 von A.S.Thomson auf der Basis von Sanskrit unternommen. Weitere Vergleiche folgten mit Singhalesisch, Hebräisch und Semitisch. Bedeutungsvoll sind solche Studien aber wohl nur innerhalb der austronesischen Sprachfamilie (→ Ozeanien). Doch hat das Wort schon bald nach Bekanntwerden sowohl in die → Religionswissenschaft als auch in die → Soziologie Eingang gefunden und dabei eine weit über den Rahmen des ozeanischen Materials hinausgehende Verallgemeinerung erfahren. Dabei ist allerdings die Bedeutung »Verbotensein« mehr oder weniger gleichgeblieben, so daß Restriktionen irgendwelcher Art als t. bezeichnet werden. Religionsgeschichtlich steht bei t. zwar auch das »Verbot« im Vordergrund, in übertragenem Sinne wird damit aber auch das »Heilige« gemeint. Denn das → Heilige (: I) ist für das Profane unantastbar, deshalb »verboten«, also tabuiert. Grundsätzlich hat t. aber auch eine soziale Seite: das Wohlergehen bzw. den weiteren Fortbestand der Gemeinschaft als causa finalis.

T. kann von jedermann ausgehen, der die nötigen Voraussetzungen dazu mitbringt. Diese sind entweder soziale Stellung oder Gehalt an → Mana. So tabuierten Häuptlinge oder Könige auf polynesischen Inseln gewisse Fruchtbäume, um sie für sich selbst sicherzustellen oder um das Heranreifen der Früchte zu gewährleisten, ebenso Schiffe, Hafenanlagen, Wasserstellen, um sie vor dem Zudrang der Massen zu schützen. In Gegenwart des Tui Tonga, des sakralen Oberhauptes von Tonga, durfte wegen seiner Heiligkeit niemand essen, und nur wenige Personen durften bei seiner Mahlzeit zugegen sein. Auch Priester (→ Priestertum: I) haben selbstverständlich Tabuiergewalt. Auf Marquesas wurde der ganze Stamm unter ein zeremonielles T. gestellt, wenn der Tanu'a (Inspirationspriester) von einem Gott ergriffen wurde (→ Schamanismus). Jede Arbeit und jeder Verkehr wurde verboten, kein Feuer durfte angezündet werden, niemand durfte sich mit Kokosöl oder Safran einreiben. Hochgestellte Persönlichkeiten waren aber auch selbst verschiedenen T.s unterworfen, so vor allem Verkehrs-T.s. Bei den Maori war es streng verboten, über den Kopf eines Mannes, bes. des Häuptlings, zu schreiten, da er sonst sein Mana verlieren würde. So mußte der Betreffende selbst darauf bedacht sein, daß niemand über ihn hinwegschreiten konnte.

Das T. bezieht sich so ziemlich auf alles und jedes. Ausschlaggebend ist nur, ob damit irgendein Zweck erreicht werden kann. Dieser Zweck liegt sowohl im Eigennutz als auch im Gemeinwohl begründet, im sozialen Ansehen wie auch in der Zugehörigkeit zu einer bestimmten Bevölkerungsgruppe. So war es für Frauen in Polynesien t., in Gegenwart der Männer zu essen. Bes. wichtig ist es, das erreichte Mana durch t. zu schützen oder zu vermehren. Der Begriff des Mana steht jedenfalls in einer engen Beziehung zu t. Der Gehalt des Mana, über den jemand verfügt, der ein T. erläßt, ist bestimmend für die Wirksamkeit dieses T. Inwieweit das ebenso für die von der Religionswissenschaft und Soziologie vorgenommene Anwendung des Begriffes auch außerhalb Ozeaniens gilt, muß noch untersucht werden. T. wird heute überall dort verwendet, wo es sich um ein »Verbot« handelt, wobei, religionswissenschaftlich gedacht, im Hintergrund des Verbotes die religiöse Sanktionierung steht. Tatsächlich wird eine T.-Übertretung von den weltlichen Behörden bestraft. So wurde auf Marquesas eine Frau, die ihren Hüftrock versehentlich auf einen tabuierten Ort gelegt hatte, einfach getötet oder mit einem dauernden T. belegt. Andererseits steht als überirdische Strafe auf Übertretung des vom Tui Tonga erlassenen T., keine Meeräsche zu essen, Erblindung, Pocken, Lepra und andere Krankheiten. Ein besonderes Charakteristikum des T. ist es, daß es, ebenso wie es auferlegt wird, auch wieder weggenommen werden kann. Damit gewinnt es die Form eines zweiseitigen Gesetzes. Daneben gibt es aber auch T.s, die von alters her überliefert sind und in das Wertsystem der betr. Stämme und Völker eingebaut erscheinen. T.s können in gewisser Weise auch göttlichen Rechtes sein, wenn sie nämlich von einer Gottheit ihren Ausgang nehmen und deren Priester offenbart werden. Im allgemeinen gibt es T.s für alle Lebenslagen, Situationen und Örtlichkeiten. In Erscheinung treten sie bes. dann, wenn für die Einzelperson oder die Gesellschaft Gefahr im Verzug ist, wie bei → Krankheit (: I) und → Tod (: I), → Schwangerschaft, → Begräbnis, → Initiationen usw, aber auch bei sakralen Handlungen, da die Berührung des Profanen mit dem Heiligen immer gefährlich ist. - Vgl. → Macht: I.

A. van Gennep, Taboo et totémisme à Madagascar, Paris 1904 - ERE XII, 181ff - F.R.Lehmann, Die polynes. T.sitten, 1930 - C.Mensch, Taboe, een primitive vreesreactie (Diss. Amsterdam), 1937 - A.R.Radcliffe-Brown, Taboo, Cambridge 1939 - F.J.Newcomb, Navajo Omens and Taboos, Santa Fe 1940 - H.Webster, Taboo, a Sociological Study, Stanford-London 1942 - W.Binde, T., 1954 - Nilsson I (s. Reg.) - F.Steiner, Taboo, London 1956 - J. Ruud, Taboo. A Study of Malagasy Customs and Beliefs, Oslo-New York 1960.

E.Stiglmayr

Tänzer (dansatores, chorisantes, chorisatores) heißen im 11. und 13.-15.Jh. die von der epidemisch auftretenden Chorea oder Tanzkrankheit befallenen Menschen, bei der diese, oft in großer Zahl, stunden-, ja halbe Tage lang tanzend und springend auf den Straßen und in den Kirchen umherzogen, bis sie unter Krämpfen in verwirrten Sinnen zusammenbrachen. Schutzheilige gegen die auf böse Dämonen zurückgeführte Krankheit waren: St. Veit (→ Vitus; Veitstanz), daneben Modestus - nach der Legende der Lehrer Veits, beider Festtag ist der 15. Juni (daher auch Krankheit des Modestus [Modestitanz] genannt) - und Johannes d. T. Kultorte, an denen man Heilung suchte, waren Veitskapellen bei Zabern i. E., bei Ravensburg, in Treffelhausen unweit Geislingen, Bießen bei Breisach u.a. Nach Johannes d. T. wurde die große Tanzepidemie benannt, die im Sommer 1374 und in den folgenden Jahren die Länder an Rhein, Mosel und Maas heimsuchte (Nachrichten aus Metz, Köln, Aachen, Lüttich, Maastricht, Tongern, Xanten, Utrecht), dann 1381 Trier und 1518 Straßburg. Johanneskultstätten waren: Wasenweiler bei Freiburg i. Br., Düdelingen in Luxemburg, Kyllburg, Molenbeek bei Brüssel. Auf Molenbeek bezieht sich eine Handzeichnung Pieter Brueghels d. Ä. von 1564 in der Albertina in Wien. Zugleich mit anderen Nachrichten deutet die Unterschrift zu dieser Zeichnung darauf hin, daß die Heilung von der Krankheit nach dem Grundsatz »similia similibus curantur« erwartet wurde. Diese Tatsache und eine Stelle des Liber albus im Stiftsarchiv in Xanten zum Jahr 1374 (... chorizando non directe procedebant, sed singulariter singuli de uno latere et aliud...) machen es wahrscheinlich, daß auch die Echternacher Springprozession - es gab solche früher auch in Prüm und Verviers - im Zusammenhang mit den Tanzkrankheiten des MA entstanden ist.

RE XIX, 308f - K.Meisen, Springprozessionen u. Schutzheilige gegen den Veitstanz u. ähnliche Krankheiten (Rhein. Jahrb. f. Volkskunde 2, 1951, 164-178; ältere Lit.). *K.Meisen*

Taesler, *Clemens,* * 25.6.1887 in Breslau, unitarischer Pfarrer in Freiburg (Schlesien), Görlitz, Danzig, leitet seit 1918 die »Unitarische Freie Religionsgemeinde Frankfurt/M.«. 1927 gründete er den »Deutschen Unitarier-Bund« und gab der 1960 gegründeten »Freien Religionsgemeinschaft Hessens«, einer Arbeitsgemeinschaft der Frankfurter und der Offenbacher freien Gemeinde, das geistige Fundament. In seinen »10 Grundgedanken unitarischer Religion« (Leitsätze des Unitarierbundes) und zahlreichen Schriften vertritt T. eine religiöse Grundhaltung, die Humanitätsidee und Christusidee zu einer Synthese vereinigt. - Vgl. → Freireligiöse Vereinigungen, → Unitarier.

Vf. u.a.: Die klassischen Dichter d. dt. Idealismus, 1928; Der liebe Gott u. der eherne Gott, 1940; Vom göttl. Licht in uns, 1949; Ehrfurcht, 1949; Religion u. Christentum der Unitarier im Dt. Unitarier-Bund, 1961. - Zs.en: Freie Religiöse Kultur, 1925-27; Unitarische Freie Religion, seit 1942; Unitarisches Mitteilungsblatt, seit 1948. *K.Hutten*

Tätowierung → Tatauierung.

Täufer. Die T.bewegung der Reformationszeit entstand 1523-25 in Zürich. Als → Zwingli im Dez. 1523 mit der Forderung nach Einführung des ev. Abendmahls bei der Obrigkeit auf Widerstand stieß und ihm entgegen seinen Grundsätzen nachgab, erschien das dem kleinen Kreis seiner eifrigsten Schüler als Verrat am Evangelium. Aus diesem Kreis, dessen Führer Konrad → Grebel und Felix → Manz waren, entwickelte sich im Laufe des nächsten Jahres die erste T.gemeinde. Hatte sich der Konflikt an der Frage des unbedingten Gehorsams gegenüber dem Evangelium entzündet, so zeigte sich bald, daß noch weitere Glaubensfragen berührt waren: die Stellung zur Obrigkeit, das Verhältnis zwischen Kirche und Gesellschaft, der Gemeindebegriff. Die Frage nach der rechten Taufe war nur eine unter andern, rückte aber immer mehr in den Vordergrund, weil hier am sichtbarsten zum Ausdruck kam, ob man eine auf Nachfolgebereitschaft und freiwilliger Mitgliedschaft beruhende Gemeinde anstrebte oder ob man bei der durch obrigkeitliche Gewalt erzwungenen Einheit von Kirche und Territorium bleiben wollte. Nach mehreren vergeblichen privaten und öffentlichen Gesprächen verbot der Rat von Zürich die weitere Erörterung der Tauffrage und gab damit den Anlaß zu den ersten Erwachsenentaufen und den ersten ev. Abendmahlsfeiern in Zürich durch Grebel und seine Brüder am 21.1.1525 und in den Tagen danach.

Die erste T.gemeinde war also ein ureigenes Gewächs der Zürcher Reformation. So sahen es die T., wenn sie sich als konsequente Schüler Zwinglis verstanden, so auch Zwingli selber, wenn er den T.n bescheinigte, sie seien von ihm ausgegangen. Die im 19.Jh. von manchen Gelehrten vermutete mittelalterliche »Abstammung« der T. (A.Ritschl: → Tertiarier; L.Keller: → Waldenser) hat sich nicht nachweisen lassen. Züge, die an → Erasmus erinnern, belegen wohl kaum eine direkte Abhängigkeit vom → Humanismus, sondern sind als Elemente der Theologie Zwinglis übernommen worden. Auf dem Weg über Erasmus und Zwingli wären auch eventuelle Einflüsse der böhmisch-mährischen Brüder (→ Brüderunität: I) denkbar. Die unermüdlich wiederholte These vom Ursprung der T. in Mitteldeutschland übersieht wesentliche Unterschiede. Der Zweifel an der Kindertaufe, der zuerst von den → Zwickauer Propheten geäußert wurde und bald allenthalben verbreitet war, ist an sich noch nicht das Kennzeichen täuferischen Denkens, sondern wurde es erst im Rahmen der Theologie der Zürcher T. Nicht ohne Grund kam es erst in Zürich zur Erwachsenentaufe. → Karlstadt, der den T.n theologisch in manchem nahestand, trat erst in ihren Gesichtskreis, als die Theologie des Grebelkreises schon abgerundet war. Von → Müntzer zeigten sich die Zürcher T. zwar beeindruckt, hatten aber das Wesentliche seiner Gedanken gar nicht verstanden und befanden sich damit tatsächlich in krassem Gegensatz zu ihm. Auch der → Bauernkrieg war nicht die Wurzel der T.bewegung. Nur in ganz wenigen Fällen gab es eine Verquickung beider.

Die Zürcher T.gemeinde wurde der Ausgangspunkt für die gesamte T.bewegung. Ihre Führer, durch die sofort einsetzende Verfolgung zerstreut, zogen evangelisierend durchs Land. Bis Ende 1525 gab es T. in der ganzen deutschsprachigen Schweiz, in Waldshut (→ Hubmaier) und Straßburg (→ Reublin). Im Mai 1526 trug Hubmaier das T.tum nach Augsburg (→ Denck) und Nikolsburg. Der gleich darauf von Denck getaufte Hans → Hut, durch den zum ersten Mal ein tatsächlicher, wenn auch stark abgeschwächter Einfluß Müntzers wirsam wurde, missionierte in Franken, Oberösterreich und Mähren, seine Schüler in Tirol, Melchior → Rink in Hessen. Nach Norddeutschland und in die Niederlande gelangte das T.tum 1530 in der durch Melchior → Hofmann verfälschten Gestalt eines glühenden → Chiliasmus, der durch Hofmanns niederländische Schüler emporgepeitscht wurde zur Forderung, das → Reich Gottes (: II, 3) mit Waffengewalt herbeizuführen. In der Katastrophe des T.reiches in → Münster 1534/35 erlebte diese Forderung ihre grausige Erfüllung (→ Roll, → Rothmann). Obgleich das Reich von Münster nichts mehr gemein hatte mit den Anfängen in Zürich, schadete es dem Ansehen des friedlichen T.tums sehr. Nur schwer gelang es in Norddeutschland → Menno Simons, Dirk Philips u.a., das T.tum im Sinne seiner friedlichen Ursprünge zu reformieren.

Wie Zwingli, so stellten sich alle andern Reformatoren gegen die T., wenn auch mit unterschiedlicher Schärfe. Während zB → Luther (: I, 5), der die eigentlichen T. gar nicht kannte, bis zur Forderung der Todesstrafe ging, brachte → Capito ihnen so viel Verständnis entgegen, daß er zeitweise selbst in Verdacht geriet. Entsprechend war die Haltung der Obrigkeit. Einerseits gewährte man den T.n lange Gespräche (erhalten sind u.a. die Protokolle von Zofingen 1532, Bern 1538, Marburg 1538, Pfeddersheim 1557, Frankenthal 1571, Emden 1578, Leeuwarden 1596). Dann wieder machte man mit ihnen - vor allem in kath. Territorien, aber nicht dort allein - kurzen Prozeß (→ Märtyrer: III, 1 a). Die Reichsgesetzgebung hatte dafür seit 1528 die Grundlagen geschaffen.

Um die Mitte des 16.Jh.s hatte sich die T.bewegung zu *drei Hauptgruppen* konsolidiert, die sich bis heute, wenn auch über die Welt verstreut, erhalten haben. Im oberdeutschen Raum bis hinunter nach Hessen lebten die Schweizer Brüder. Ihre Lehrgrundlage war Michael → Sattlers Schleitheimer Bekenntnis von 1527. Ob Pilgram → Marbeck und Leopold → Scharnschlager mit ihren Gemeinden dazugehörten oder ob sie eine besondere Gruppe bildeten, ist noch ein Problem der Forschung. Die zweite Gruppe im oberdeutschen Raum waren die Hutterer (J. → Huter), die in Mähren auf ihren → Bruderhöfen Gütergemeinschaft pflegten, deren Sendboten man aber überall antraf (→ Kommunismus: II, 3). Als dritte T.gruppe gelten die → Mennoniten in Norddeutschland und in den Niederlanden. Eine vierte

Gruppe, die antitrinitarischen T. in → Polen (: I, 2), bildete sich erst nach 1550 und ging im Sozinianismus (→ Sozinianer) auf.

Trotz der mannigfaltigen Einflüsse und mancher Lehrunterschiede im einzelnen besaßen die T. eine Theologie, deren Einheitlichkeit mindestens so groß war wie die der luth. oder ref. Theologie. Schon → Bullinger hat das mit Recht erkannt, wenn er die These von einem »eigentlichen T.tum« (im Gegensatz zu gewissen Abarten) entwickelte. Wie bei den Reformatoren bildete die *Bibel* die Grundlage, allerdings mit einer bewußten, den Reformatoren anstößigen Konzentration auf das *NT*. (Die oft behauptete einseitige Zuspitzung auf die Bergpredigt ist erfunden.) *Christus* war für die T. kein neuer Gesetzgeber, sondern der Versöhner und nur als solcher der in die Nachfolge rufende Herr. Der hier den T.n geläufige Begriff der → *Wiedergeburt* darf nicht individualistisch mißverstanden werden. Wiedergeburt war nicht nur das persönliche Heilserlebnis, sondern zugleich die Einleibung in die sichtbare Gemeinde und konnte deshalb in der *Freiwilligentaufe*, dem Aufnahmeritus, zugleich erfahren und bezeugt werden (→ Taufe: III). Damit erweist sich der *Gemeindebegriff* bei den T.n als zentral (→ Kirche: III, 4 c). Die Sichtbarkeit der Gemeinde, ihr Leiden in der Welt und für die Welt (Wehrlosigkeit), ihr in bezug auf den Vorwurf der Werkgerechtigkeit sorgloser Gehorsam waren für die T. die selbstverständlichen Merkmale des *Leibes Christi*. Weil man in ihr mit der Wirklichkeit des *Hl. Geistes* rechnen durfte, gab es ein gemeinsames Erkennen und Dienen (Laienpriestertum), ja Erkennen und Dienen waren an diese Gemeinsamkeit gebunden und erhielten von daher ihre Richtung (Kirchenzucht). Das Verhältnis zur Welt wurde durch eine → *Zwei-Reiche-Lehre* umschrieben, die es vermied, das weltliche Regiment dem Christen zu übertragen (Ausnahme: Hubmaier), sofern er damit entweder zum christlichen Tyrannen oder zu einem Mann mit gespaltenem Gewissen werden mußte (Eidesverweigerung; vgl. → Luther: II, 4 b). → *Toleranz* (: II, 4 c) und *Mission* waren die beiden Formen, in denen sich die Verantwortung der T. für die Welt ausdrückte. Diese Gedanken fanden reichen Niederschlag in polemischen Schriften, Chroniken, Märtyrerbüchern, Lieder- und Briefsammlungen.

Der Gegensatz zwischen Spiritualismus und T.tum liegt im verschiedenen Geistbegriff (→ Geist: V, 5). Für die → Spiritualisten war Geist Innerlichkeit. Ihr tiefstes Anliegen war die Belanglosigkeit des Äußerlichen. Nach dem Schema dieses Dualismus beurteilten sie die Schrift, die Predigt, die Sakramente, die Gemeinde oder gar Jesus Christus. Den T.n war in all diesen Fällen die Einheit von Äußerlichem und Innerlichem unaufgebbar. Geist war für sie Sichtbarkeit, weil nur von der Inkarnation her zu verstehen. Hierin standen sie → Luther (: II, 4 d) nahe, während Zwingli Spiritualist war. Die historische Grenze zwischen T.tum und Spiritualismus verlief erstaunlich klar. Randgestalten gab es nur wenige (Denck, → Hätzer, vgl. → Renato). Stets brachte die innere Auseinandersetzung eine Klärung (zB zwischen Marbeck und → Schwenckfeld, Menno und Obbe Philips, Dirk Philips und Seb. → Franck).

Die kirchen- und geistesgeschichtliche Bedeutung der T.bewegung reicht weiter als ihre unmittelbare Nachwirkung in der Geschichte der Mennoniten, Schweizer Brüder und Hutterer. Als erste prot. → Freikirche trat sie den an den Staat gebundenen → Landeskirchen gegenüber. Sie beeinflußte damit sowohl die Landeskirchen (→ Kirchenbücher, 1 b; → Konfirmation) als auch die weitere Entwicklung des Freikirchentums in den angelsächsischen Ländern (→ Baptisten).

Qu.: Bibliotheca Reformatoria Neerlandica II. V. VII. X, hg.v. S.Cramer u. F.Pijper, 1904-14 - P.Wappler, Die T.bewegung in Thüringen, 1913 - Qu. z. Gesch. d. [Wieder-]T. I-IX (QFRG 13. 16. 20. 22-24. 26. 27. 29), 1930-62 - Die älteste Chronik d. Hutterischen Brüder, hg.v. A.J.F.Zieglschmid, Ithaca/N.Y. 1943 - Urkundl. Qu. z. hess. Ref.gesch. 4: Wiedertäuferakten 1527-1626, hg.v. G.Franz, 1951 - Qu. z. Gesch. d. T. in d. Schweiz I, hg.v. L.v.Muralt u. W.Schmid, 1952 - Spiritual and Anabaptist Writers, hg.v. G.H.Williams, London 1957 - Der linke Flügel der Reformation, hg.v. H.Fast, 1962.

Lit.: H.S.Bender, Die Zwickauer Propheten, Thomas Müntzer u. d. T. (ThZ 8, 1952, 262-278) - F.H.Littell, The Anabaptist View of the Church, Boston (1952) 1958² - Ders., Von der Freiheit der Kirche, 1957 - P.Peachey, Die soziale Herkunft der Schweizer T., 1954 - A.F.Mellink, De Wederdopers in de Noordelijke Nederlanden 1531 bis 1544, 1954 - F.Blanke, Brüder in Christo. Die Gesch. d. ältesten T.gemeinde (Zollikon 1525), 1955 - Ders., T.tum u. Reformation (Aus der Welt der Reformation, 1960, 72-84) - R.R.Duerksen, Anabaptist Hymnody (Diss. New York), 1956 (Masch.) - The Recovery of the Anabaptist Vision, hg.v. G.F.Hershberger, Scottdale/Pa. 1957 - H.W.Schraepler, Die rechtl. Behandlung d. T., 1957 - R.Stupperich, Das Münsterische T.tum, 1958 - G.Zschäbitz, Zur mitteldt. Wiedertäuferbewegung nach d. Großen Bauernkrieg, 1958 - H. Fast, Heinrich Bullinger u. d. T., 1959 - J.F.G.Goeters, Die Rolle d. T.tums in d. Ref.gesch. d. Niederrheins (Rhein. Viertelj.blätter 24, 1959, 217-236) - A.L.E.Verheyden, Geschiedenis der Doopsgezinden in de Zuidelijke Nederlanden, Brüssel 1959 - EKL III, 1812ff - WKL 1431ff - E.F.P.Güss, Die Kurpfälz. Regierung u. d. T.tum, 1960 - H.W.Meihuizen, Menno Simons, Haarlem 1961 - R.Friedmann, Hutterite Studies, Scottdale/Pa. 1961 - T.Bergsten, Balthasar Hubmaier, 1961 - J.A.Brandsma, Menno Simons, 1961; dt. 1962 - H.J.Hillerbrand, Die polit. Ethik d. oberdt. T.tums (BZRGG 7), Leiden 1962 - Ders., A Bibliography of Anabaptism 1520-1630, Elkhart/Ind. 1962 (vollst. Lit.) - I.B.Horst, A Bibliogr. of Menno Simons, Nieuwkoop 1962 - G.H.Williams, The Radical Reformation, Philadelphia/Pa. 1962 (Gesamtdarst.) - J.H.Yoder, T.tum u. Reformation in d. Schweiz I (im Druck). - Jährl. Bibliogr. in der April-Nr. von Mennonite Life, North Newton/Kans. - Vgl. die Lit. zu → Mennoniten u. zu den biogr. Artikeln. *H.Fast*

Taffin, *Jean* (1529 oder 1530-1602), ref. Theologe, * in Doornik, studierte in Genf unter Calvin und Beza, predigte in Metz und bei der wallonischen Gemeinde in Antwerpen, wo er sich an der Empörung gegen die Spanier beteiligte, und später in Heidelberg. 1571 war T. Mitglied der niederländ. Synode in Emden. 1573 wurde er Hofprediger und Berater des Prinzen Wilhelm von Oranien (→ Niederlande: I, 3), nach dessen Tode wallonischer Pfarrer in Haarlem und Amsterdam, wo er mit großer Autorität in kirchlichen Streitigkeiten vermittelte und die Kirche bei der Obrigkeit vertrat. Er hat die Anabaptisten bekämpft und schrieb mehrere, viel gelesene Erbauungsschriften.

RE XIX, 309ff - C.Boer, Hofpredikers van Prins Willem van Oranje, J.T. en Pierre Loyseleur de Villiers (Diss. Leiden), 's-Gravenhage 1952. *J.N.Bakhuizen van den Brink*

Tagewählerei ist ein von Luther (Dtn 18, 10) geprägter Ausdruck für den Glauben an Glücks- und Unglückstage; sie werden gewählt bzw. vermieden bei Eheschließung (→ Ehe: I), → Taufe (: I) und → Begräbnis (: I), Aussaat und Ernte (→ Ackerbau: I), Pflügen, Viehaustrieb, Eintritt von Dienstboten, Kauf und Verkauf, Hausbau und Reise. Viele Glückstage (→ Glück) fallen auf bestimmte Lostage des Heiligenkalenders; häufiger sind jedoch die Unglückstage (auch verworfene, schwarze, ägyptische Tage, Schwendtage genannt). Ungünstig sind die Tage, an denen der → Mond abnimmt (Analogie), die Tage ungerader Datumszahl, bes. der 1., 7., 17. und 27. Tag eines Monats, der Montag, Mittwoch und Freitag (Todestag Christi) jeder Woche, der letzte Montag im April (weil an diesem Tag Kain seinen Bruder Abel erschlagen haben soll), der 1. Montag im August (Untergang von Sodom und Gomorra), der letzte Montag im November (Geburtstag des Verräters Judas); am Johannistag fordern die Gewässer ein → Menschenopfer. Die T. ist schon in → Babylonien (: II, 11) ebenso bezeugt wie im alten → Ägypten, wo es frühzeitig Verzeichnisse von günstigen und ungünstigen Tagen gab. An den griech. ἡμέραι ἀπόφραδες, μιαραί, οὐ καθαραί durften weder Volks- noch Ratsversammlungen stattfinden (vgl. Hesiod, Werke und Tage 780 bis 820). Die Römer kannten 109 dies nefasti (dies vitiosi), die nicht durch Arbeit entweiht werden durften, während die dies fasti für die öffentlichen und privaten Geschäfte als geeignet galten. Als Unglückstage galten alle auf die Kalenden, Nonen (mit Bezug auf non = nicht) und Iden folgenden Tage, außerdem die den Toten geweihten dies parentales (13.-21. Febr.), an denen man zB eine Eheschließung vermied. Das Vorkommen der T. bei den Juden zeigen Lev 19, 26; Dtn 18, 10; 2Chr 33, 6. Das Christentum übernahm die antike T. und bereicherte sie wesentlich; sie wird zwar durch Paulus (Röm 14, 5; Gal 4, 10 u.ö.), Augustin u.a. bekämpft, andererseits aber durch Verzeichnisse der Glücks- und Unglückstage gefördert (→ Beda, † 735; Decretum Gratiani 1145). Seit dem 15.Jh. in ein festes System gebracht, fanden sie große Verbreitung und wurden zum festen Bestandteil der Kalenderpraktiken. Kirchliche Verbote und Predigten, bes. seit dem 13.Jh., sind wichtige Quellen (u.a. → Berthold von Regensburg, Wilhelm von Paris, Luther). Noch für viele Persönlichkeiten der neueren Geschichte wird die T. bezeugt (Gustav Adolf, Wallenstein, Napoleon, Bismarck).

B.Landsberger, Der kult. Kalender der Babylonier u. Assyrer, 1915 - H.Webster, Rest Days, London 1916 - O.Lassally, Die Glücks- u. Unglücksbedeutung der Wochentage (Mitteldt. Bll. f. Volkskunde 2, 1927, 84-86) - PW XIV, 356f - M.Förster, Die altengl. Verzeichnisse von Glücks- u. Unglückstagen (Studies in English Philology, Minneapolis 1929, 258-277) - RGG² V, 977 (Lit.) - W.Treutlein, Das Arbeitsverbot im dt. Volksglauben, 1932, bes. 51ff - N.Lithberg, Att helga torsdagen (den Donnerstag heilig halten) (Lunds Vetenskapssocietets Årsbok, 1933, 3-30) - HWDA I, 223ff; II, 249ff. 331ff; III, 45ff. 899ff; IV, 495ff; V, 596f. 1405ff; VI, 440ff. 554ff; VII, 918ff. 1055f; VIII, 650ff. 1427ff (s. auch Reg.) - R.Labat, Hémérologies et ménologies d'Assur, Paris 1939 - M.P. Nilsson, Torsdagshelgden (Arv 3, 1947, 22-31) - RÄRG 763f - Nilsson I (s. Reg.).

L.Röhrich

Tagore (indisch: Thâkur), *Rabîndranâth* (6.5.1861 bis 7.8.1941), entstammt einer bengalischen Brahmanenfamilie. Drei Bewegungen des neueren Indien bestimmen seine Entwicklung: Der Brâhma Samâj, die dem Westen rezeptiv geöffnete Reformbewegung, der sein Vater Dêbêndranâth (1817-1905) führend verbunden war; der literarische Einfluß Bankim Candra's, des neuzeitlichen »Schöpfers und Königs bengalischer Prosa«, und die nationale Bewegung. T. ist Lyriker, Dramatiker, Erzähler, Ost und West umgreifender Kulturphilosoph. Seine religiöse Welt ist in dem Werk »Sâdhanâ« zusammengefaßt. Die Sammlung religiöser Lyrik »Gitânjali« trug ihm 1913 den Nobelpreis ein. Zu seinen bedeutendsten Werken gehört ebenso die mystische Dichtung »The King of the Dark Chamber«. T. repräsentiert das neuzeitliche → Indien (: III), indem er die Welt bejaht, die → Kaste angreift, die → Karma-Lehre verwirft, das Personale betont, ohne Theist zu werden, das Dasein nicht abwertet, sondern als »Geschenk der Freude Gottes« preist.

Dt. GA, 8 Bde, 1921; zahlr. Einzelausgaben. - Über T.: E.Engelhardt, R.T. als Mensch, Dichter u. Philosoph, 1921 - E.J.Thompson, R.T., Poet and Dramatist, Oxford (1926) 1949² - W.Graefe, Die Weltanschauung R.T.s, 1930 - R.Otto, R.T.s Bekenntnis, 1931 - RGG² V, 977ff (Lit.) - M.Winternitz, R.T., Religion u. Weltanschauung, Prag 1936 - S.Estborn, The Religion of T. in the Light of the Gospel, Madras 1949.

O.Wolff

Taiping-Bewegung. Das chin. Wort »T'ai-p'ing« (»Großer Friede« oder »Allgemeine Gerechtigkeit«) umfaßt die Sehnsucht der chin. Menschheit nach endgültigem Heil im sozialen und politischen Bereich. Das Wort kommt als Regierungsdevise seit dem 3.Jh. nChr vor, im Zusammenhang mit einer religiösen und zugleich revolutionären Bewegung schon im 2.Jh. Am 11.1.1851 riefen Aufständische unter einer christlich beeinflußten Führung das »Himmlische Reich allgemeiner Gerechtigkeit« aus (T'ai-p'ing t'ien-kuo). Der Begriff »Himmlisches Reich« erscheint hier ebenso vom MtEv wie von alten chin. Ideen bestimmt. Der T.-Bewegung gelang es in kurzer Zeit, der Mandschu-Dynastie große Teile Süd-Chinas zu entreißen und in Nanking eine Gegenhauptstadt einzurichten. Der militärisch und politisch oft dilettantisch geführte Kampf dauerte 13 Jahre. 1864 fiel Nanking wieder an die Kaiserlichen, die von einem europäischen Detachement unterstützt wurden. - Die Bedeutung dieses Revolutionsversuches liegt bes. in der geistigen und sozialen Bewegung, die er auslöste. Die späteren Ansätze zu einer Revolution in → China sind von der T.-Bewegung beeinflußt. Sie legte zugleich die tiefe Unruhe Chinas in der Mitte des 19.Jh.s bloß. Der christliche Einfluß, der von einem fundamentalistischen Bibelverständnis herrührt, erstreckt sich hauptsächlich auf einen strengen Monotheismus, die zehn Gebote (von denen man aber dem 5. die klassisch konfuzianische Form gab), die Taufe, die Lossprechung von Sünden im Sinne irdischer Vergehen und die Sabbatheiligung. Dieses »christliche« Element diente als geistige Grundlage für einen irdischen Idealstaat. Entscheidende christliche Kennzeichen wie das Kreuz und die Eucharistie, Wesenszüge wie Liebe, Opferbereitschaft und Demut fehlten. Die Religion der T. war eine revolutionäre Ideologie, aber kein Christentum. Dennoch war sie fremd genug, um in ihrer Zeit den Geist Chinas zu verfehlen. Einige ihrer sozialen Maßnahmen aber wie die Landreform, Einführung des Gemeineigentums, Gleichstellung der Frau, Opium-Verbot und eine allgemeine Feindlichkeit gegen die bestehenden chin. Religionen haben den Beifall der Revolutionäre des 20.Jh.s gefunden: die »T.-Revolution« galt daher in China als Vorläuferin der kommunistischen.

W.Oehler, Die T.-Bewegung, 1923 - Teng Ssu-Yü, New Light on the Hist. of the T. Rebellion, Cambridge/Mass. 1950 - E.P. Boardman, Christian Influence upon the Ideology of the T. Rebellion 1851-64, Madison 1952 (Lit.) - W.Franke, Das Jh. der chin. Revolution 1851-1949, 1958 - Fan Wön-lan, Neue Gesch. Chinas I (1840-1901), dt. 1959.

T.Grimm

Taiwan *(Formosa)*, Insel vor der südchin. Küste, seit 1949 Sitz der nationalchin. Regierung. Die Bevölkerung (10 Mill.) besteht aus 3 Gruppen: a) Die animistischen Bergstämme wurden zuerst im 17.Jh. von den Holländern missioniert, von deren Einsatz nichts übriggeblieben ist. Seit 1945 sind 60000 Menschen getauft worden. b) Die den Amoy-Dialekt sprechenden Taiwaner sind Nachkommen der Einwanderer des 17.-19.Jh.s. Unter ihnen blüht die chin. Volksreligion (→ China) wie nirgends auf dem Festland. c) Die Mandarin-sprechenden Flüchtlinge vom kommunistischen Festland (2 Mill.) gehören hauptsächlich dem großenteils säkularisierten Militär- und Beamtenstand an. In ihrem Gefolge belebten Festlandsmönche den reinen → Buddhismus. Der konfuzianische Kult wird von der Regierung aus kulturellen und politischen Gründen beibehalten, hat aber kaum religiöses Gewicht. - Aus der Arbeit englischer (1865) und kanadischer (1871) Presbyterianer entstand in T. eine Kirche mit rd 120000 Gliedern. Mit den Flüchtlingen kamen Mandarin-sprechende Kirchen sowohl der Hauptkonfessionen als auch chin. Sekten. Gegenwärtig arbeiten etwa 60 meist konservative Missionen auf der Insel. In 30 Instituten werden chin. Mitarbeiter ausgebildet; daneben besteht die überkonfessionelle Tunghai-Universität. Wohlfahrtsarbeit schließt ein nennenswertes Lepraprogramm und Notstandsbeihilfe ein. - Statistik der nicht-röm. Kirchen für 1959: ca 250000 Glieder, 1478 Gottesdienststätten, 1203 chin. und 534 ausländische Mitarbeiter. Für die 1859 begonnene röm.-kath. Mission bezeugt die Statistik von 1960 ihr seit 1950 starkes Anwachsen in T.s streng antikommunistischer Atmosphäre: 182000 Glieder, 45000 Katechumenen, 648 Priester, 479 Schwestern, 67 Laienbrüder, 1029 Katecheten.

A.Lehmann, Ihla Formosa, 1952 - Ders., Pfingsten in den Bergen, 1955 - Hugh MacMillan, Then till now in Formosa, 1953 (Lit.) - T. Christian Yearbook, 1960. *A.Sovik*

Talleyrand, 1. *Alexandre Angélique* (16.10.1736 bis 20.11.1821), kath. Theologe, * und † in Paris, 1766 Koadjutor des Erzbischofs von Reims, 1777 dessen Nachfolger. Als Deputierter des Klerus vertrat T. in der Nationalversammlung 1789 die kirchlichen Rechte, emigrierte und kehrte nach Aufenthalt u.a. in Deutschland und England erst 1814 zurück. Die Aufforderung des Papstes, auf Grund des Konkordats von 1801 sein Erzbistum aufzugeben, behandelte er dilatorisch und fand sich erst 1816 dazu bereit. 1817 wurde er Kardinal und Erzbischof von Paris, doch konnte er sein Erzbistum, um dessen innere Erneuerung er sich bemühte, erst 1819 übernehmen.

D.Frayssinous, Oraisons funèbres, 1821 - L.G.Michaud, Biographie Nationale Universelle 44, 834. *H.Hohlwein*

2. *Charles Maurice* (13.2.1754 bis 17.5.1838), franz. Staatsmann, * und † in Paris. Ursprünglich für den geistlichen Stand bestimmt, war T. ein Jahr vor Ausbruch der Revolution auf den Bischofsstuhl von Autun gelangt. In der Nationalversammlung brachte er mit Mirabeau den Antrag auf Säkularisation der Kirchengüter ein und stimmte für die Aufhebung der Privilegien des hohen Klerus und die Einführung der Zivilkonstitution. Unter dem »Direktorium« Außenminister, behielt er diesen Posten auch unter → Napoleon und war entscheidend an den Konkordatsverhandlungen (1801; → Frankreich: I, 7) beteiligt. Mit dem Sinken von Napoleons Stern (1812) trat er für die Restauration der Bourbonen und als deren Vertreter auf dem → Wiener Kongreß für das Prinzip der Legitimität ein. Unter Karl X. hatte er eine unfreiwillige Amtspause, aber unter Louis Philipp stand er noch einmal von 1830-34 als Gesandter in London im diplomatischen Dienst.

Vf. u.a.: Memoiren, 5 Bde, Paris 1891/92 (dt. 1891/93); Briefe: T. à Napoléon, hg.v. P.Bertrand, 1889. - Über T.: G.Lacour-Gayet, T., 4 Bde, Paris 1928-34 - Duff Cooper, T., New Haven 1932 u.ö.; dt. 1935 u.ö. - L.Madelin, T., Paris 1944 - E.W.Tarle, T., Moskau 1948; dt. 1950 - R.Rahn, T., 1949 - J.Kraft, Prinzipien T.s in der Außen- u. Innenpolitik, 1958. *K.Kupisch*

Talmud. Die in der → Mischna Ende des 2.Jh.s nChr kodifizierte Auslegung der Tora und der frommen Sitte (→ Halacha) erfuhr weitere Diskussion in der *Gemara* (»Ergänzung«). Mischna und Gemara bilden zusammen den T., dh »Lernen, Lehre«. Manchmal heißt auch die Gemara allein T. Ihre Entstehung vollzog sich in zwei Bereichen: in den Schulen Palästinas (→ Tiberias, Sepphoris, Cäsarea) im 3. und 4.Jh. und in denjenigen Babyloniens (Nehardea, Pumbedita, Maḥuza, später bes. Sura) vom 3.-6.Jh.; dort kamen nach 350 die Rabbinen zweimal jährlich auf einer Art Konzil (kalla) in Fragen des Gesetzes zusammen. Es gibt daher zwei T.e: den *palästinischen* (pT) und den *babylonischen* (bT). Die zuerst mündlich tradierten Diskussionsprotokolle wurden unter dem Druck von Verfolgungen (Schließung jüdischer Schulen im persischen Reich) niedergeschrieben; so hat Rab Aschi 352-427 in Babylonien die Gemara zusammengestellt, Rabina sie vor 500 abgeschlossen. Den Hintergrund des T. bildet also das spätrömische und das persische (parthische und Sassaniden-)Reich (→ Judentum: II, 1). Die Sprache der T.e ist aramäisch, im pT ein jüdisch-palästinischer, im bT ein jüdisch-babylonischer Dialekt. Dazwischen finden sich, bes. bei Zitaten älterer Autoren, hebräische Partien. Heißen die Lehrer der Mischna *Tannaiten,* so die der Gemara *Amoräer* (»Vortragende«), ihre Nachfolger, an Autorität geringer, kurz vor Abschluß des bT, *Saboräer* (»die eine Meinung vertreten«). Die Lehrsätze tragen die Namen der Überlieferer; als Ideal gilt, die Kette bis auf Mose zurückzuführen. Neben dem Hauptthema, der gesetzlichen Diskussion über Kultus, Ritus, Zivil- und Strafrecht, finden sich allerlei Stoffe anderer Art, von den Rabbinen als → Haggada bezeichnet. Der Literaturzweig der Geschichte fehlt völlig; der Nomismus war dafür zu weltabgewandt, die Gemeinde zu bedrückt. - Beide T.e haben keine systematische Ordnung, gehen vielmehr die Mischna Vers für Vers durch. Erst die späteren Kodifikationen der Halacha (Alfasi, → Maimonides, Jakob ben Ascher, → Karo) sind systematisch geordnet. Freilich sind beide T.e nicht vollständig. Von den 6 Ordnungen der Mischna hat der pT nur 4; da Maimonides noch 5 kennt, scheint manches verloren. Von den 63 Traktaten der Mischna hat der pT nur 39, der bT 36½. Trotzdem ist der bT umfangreicher als der pT, weil die Diskussionen länger sind. An kanonischem Ansehen steht der pT hinter dem bT zurück. Man zitiert den pT gewöhnlich nach den Kapiteln und Paragraphen der zugehörigen Mischna oder nach den Seiten der Editio Krakau 1609, den bT, der 2744 Blatt umfaßt, nach Blatt (folio) a und b des betr. Traktats, das in allen Ausgaben gleich ist. Die Hss. des bT bieten zahlreiche Varianten; die berühmtesten Hss. sind der pT in Leiden und der (ganze) bT in München. Der pT wurde zuerst bei Daniel → Bomberg gedruckt (Venedig 1523/24), der bT ebd 1519-23 (12 Bde). Am Rande der T.-Ausgaben stehen gewöhnlich die Kommentare, beim bT → Raschi und die Tosafisten. An die 6. Ordnung des bT angeschlossen finden sich einige kleinere, zur sog. Baraita gehörige Traktate aus späterer Zeit, darunter Abot de Rabbi Natan, → Sopherim, Derech ereş. - Bis in die Neuzeit unterlag der T. der staatlichen Zensur, wodurch Abschreiber zu Änderungen im Text (zB bei Stellen über Jesus) veranlaßt wurden. Seit dem 13.Jh. fielen immer wieder alte T.-Kodizes den Konfiskationen und Verbrennungen zum Opfer. Die von der Zensur gestrichenen Partien sammelte man in kleinen, meist anonymen Heftchen.

Wegen seines Umfangs, seiner schwierigen und knappen Sprache, seiner wuchernden Terminologie (oft in Abkürzungen), seiner unsystematischen Buntheit und seiner den Christen unverständlichen → Kasuistik (: II) den Ungeübten schwer erschließbar, gab der T. Nichtjuden oft Anlaß zu Mißdeutungen und abenteuerlichen Vorstellungen über seinen Inhalt. Dies nutzte der → Antisemitismus. Auch schrieben ihm seine Gegner eine Autorität unter den Juden zu, die er nicht hat. Was von den diskutierten Halachot gültig ist, ist nur mittels der Kommentare und späteren Kodizes zu entscheiden und selbst für den gesetzestreuen und talmudisch geschulten Juden nicht leicht festzustellen. Im Judentum selbst erfuhr der T. Kritik und Ablehnung durch die → Karäer, durch jüdische Renegaten (→ Paulus von Burgos, Pfefferkorn [→ Reuchlin] u.a.) und auch durch das liberale → Judentum (: III) der Gegenwart. - Der T. ist die Hauptquelle zur Erforschung der Religion des antiken Judentums, wobei zu beachten ist, daß seine Aussagen sich über fast ein halbes Jahrtausend erstrecken. Zur Erforschung des NT dagegen kann er nur mit Vorsicht benutzt werden, da er, von einigen älteren Partien abgesehen, zum größten Teil 100 und mehr Jahre jünger als das NT ist.

Übers.en: L.GOLDSCHMIDT, Der bT hebr. u. dt., 9 Bde, 1925-36 - DERS., Der bT, 12 Bde, 1929-36 - J.EPSTEIN, The T., the unabridged English Translation, 34 Bde, London 1935-50. - Lit.: J.H.WEISS, Zur Gesch. der jüd. Tradition I-V, (1871-91) 1910[5] (hebr.) - J.WELLHAUSEN, Pharisäer u. Sadduzäer, (1874) 1924[2], 120ff - H.L.STRACK, Einl. in T. u. Midrasch, (1887) 1921[5], Nachdr. 1962 - RE XIX, 313ff; XXIV, 558f (DERS.) - W.BACHER, Tradition u. Tradenten, 1914 - J.KAPLAN, The Redaction of the Babyl. T., New York 1933 - N.N. GLATZER, Gesch. der talmud. Zeit, 1937 - E.Z.MELAMED, Introduction to the Lit. of the T., 1941 (hebr.) - L.GINZBERG, A Commentary on the Palestinian T., Philadelphia 1941 - DERS., On Jewish Law and Lore, ebd 1955. *E.L.Dietrich*

Tammuz, hebr. und aram. Namensform des sumerischen (→ Sumerer) *Dumuzi* »rechter Sohn«, eines auch unter dem Namen Ama'ušumgal'anna schon in altsumerischer Zeit verehrten Gottes. Die sumerische Königsliste kennt einen D. von Uruk, einen Fischer, und den vorsintflutlichen Hirten D. von Badtibira. In der literarischen Überlieferung lassen sich beide Gestalten nicht trennen, die entscheidende Rolle spielt der »Hirte« von Kullab (Stadtteil von Uruk), der Gatte der Inanna-Ištar (→ Babylonien: II, 6 c). Im sumerischen Streitgespräch zwischen Enkimdu (Bauer) und D. (Hirte) zieht die Göttin den letzteren vor und nimmt ihn in ihr Haus auf, er aber setzt sie seiner Familie gegenüber anscheinend herab. Nach dem Mythos von Inannas Gang zur Unterwelt (→ Höllenfahrt, 2) muß D. als Ersatz für die Göttin herabsteigen (→ Hölle: I, 2 a). Als sie auf der Suche nach einem Vertreter das Land durchzieht, findet sie D. von Kullab nicht in Trauer um die verschwundene Göttin. Die Dämonen der Unterwelt packen ihn, obgleich er durch den Sonnengott in eine Gazelle und eine → Schlange verwandelt wird. Das → Gilgameš-Epos sieht in der Handlung der Göttin einen reinen Willkürakt, womit sie dem D. »Jahr für Jahr Wehklage bestimmt« habe. Die Klage um den in die Unterwelt entrückten Gott - den Liebling der Frauen von Dan 11, 37 - ist das Thema einer umfangreichen, noch ungenügend verständlichen sumerischen Literatur an Klageliedern und Litaneien (→ Babylonien: II, 2; s. die Beweinung des T. Ez 8, 14). D. ist danach hauptsächlich Vegetationsgott (s. auch → Adonis), dessen Verschwinden und Verweilen in der Unterwelt im Hochsommer (Monat Du'ūzu-T., etwa Juni/Juli) zum Verdorren der Steppe und dem Erliegen der Vegetation führt. Nichts weist auf eine → Auferstehung (: I) des T. hin, Freudenlieder zu diesem Anlaß fehlen. In der zwiespältigen mythischen Tradition spiegelt sich wohl das Problem, das in der Vereinigung einer Göttin mit einem ursprünglich nicht ebenbürtigen, sondern erst in göttlichen Rang erhobenen Sterblichen lag. Im Kult von → Ur und Isin trat um 2000 vChr der König an die Stelle des Gottes und vollzog die »hl. Hochzeit« (ἱερὸς γάμος) mit der Göttin. Der Versuch A.Moortgats, T. als Zentralgestalt im religiösen Denken und in der Bildkunst des alten Vorderen Orients zu erweisen, ist wegen Vernachlässigung der literarischen Zeugnisse weitgehend hypothetisch.

H.ZIMMERN, Der babyl. Gott Tamuz, 1909 - A.MOORTGAT, T., 1950 - A.FALKENSTEIN, Compte rendu troisième Rencontre ass., 1954, 41-65 - WB der Mythologie I, 1961, 51ff. *W.Röllig*

Tanatra-Loge *(»Gottesbund Tanatra«)*, gegr. 1923 von dem Kaufmann Fedor Mühle in Görlitz. Er bezeichnete sich als »Vatermedium« und »Hauptform«, aus der im Trance-Zustand hohe Geister (Christus, Maria, Erzengel Michael u.a.) sprechen. Sein Kommen bedeute eine Weltenwende; Parusie und 1000jähriges Reich sowie die Vereinigung der ev. und kath. Kirche stehen nahe bevor. Mittelpunkt der Gottesdienste waren die Kundgebungen Mühles und anderer »Formen«. Die Lehre betont das Weiterleben nach dem Tod, gerechte Vergeltung, mögliche Inkarnation und fortlaufende Offenbarungen Gottes. Eine Besonderheit ist die religiöse Verklärung der männlichen Homosexualität (gleichgeschlechtliche Lebensgemeinschaft = »okkulte Ehe«). Die Gemeinschaft, deren Mittelpunkt die »hl. Gottesstadt« Görlitz wurde, kann wegen Verbots in der DDR nur im Verborgenen existieren.

P.SCHEURLEN, Die Sekten der Gegenwart, (1912) 1930[4]. *K.Hutten*

Tanchelm (Tanchelmus, Tanchelinus), flandrischer Ketzer. Als Laie agierte er vielleicht im Dienst des reformfreundlichen Grafen Robert II. von Flandern gegen das kaisertreue Bistum Utrecht; seit 1112 trat er in Seeland, Antwerpen und Brügge als Wanderprediger gegen unkeusche und untätige Priester auf. Er überzeugte viele, vor allem Frauen, davon, daß Laien durch asketisch reines Leben ohne kirchliche Sakramente den Hl. Geist empfingen und christusförmig würden. Diese mystische Selbstvergottung, verbunden mit weltlichem Gepränge, fand noch Anhänger, nachdem T. 1115 von einem Priester erschlagen war. In Antwerpen bekämpfte noch → Norbert von Xanten T.s häretischen Versuch zu gregorianischer Kirchenreform und apostolischer Armutsbewegung.

HAUCK IV, 95ff - A.BORST, Die Katharer, 1953, 84f (Lit.) - W.MOHR, T. von Antwerpen (Annales Universitatis Saraviensis 3, 1954, 234-247). *A.Borst*

Tanganyika (→ 2 G/H 4/5), seit 1885 Deutsches Schutzgebiet, seit 1920 Mandat des Völkerbundes bzw. der UNO unter britischer Verwaltung, seit 1961 selbständig. Auf einer Fläche von 940000 qkm wohnen neben 21000 Europäern, 70000 Indern und 16000 Arabern rd 9 Mill. Schwarze (in der Mehrzahl noch Animisten), in mehr als 100 Stämme und Sprachen zersplittert, meist Bantu, aber auch ehedem vom Norden eingewanderte Hamiten. Das Küstengebiet ist muslimisch, da es Jh.e unter arabischer Herrschaft stand; auch im Norden leben ca 2 Mill. Muslime. Von den Christen sind rd 700000 röm. Katholiken und etwas über 500000 Protestanten. Die größte prot. Gruppe sind die Lutheraner. Deren 7 Kirchen (Uzaramo; Usambara-Digo; Nordkirche = Kilimanjaro-Meru; Mbulu; Iramba-Turu; Nord-West-T. = Buhaya; Ubena-Konde) sind seit 1937 in einem Kirchenbund zusammengeschlossen, der auf die Schaffung *einer* luth. Kirche hinarbeitet.

Der erste Missionar in T. war der im Dienst der anglikanischen Kirchen-Mission (CMS) stehende J.L. → Krapf, der um 1850 von Mombasa aus nach Usambara und bis zum Kilimanjaro vordrang. Im Anschluß an die Entdeckungsreisen von → Livingstone und Stanley begann 1868 die anglikanische Universitäten-Mission (U.M.C.A.) in Ost-Usambara mit der Station Magila die Arbeit unter den Bondei. Dazu kam später die Arbeit der gleichen Mission nördlich vom Rovuma um die Station Massassi. Aus den Etappenstationen, die die CMS für ihre Arbeit in → Uganda anlegte, entwickelte sich ihre Arbeit in den Landschaften Usagara und Ugogo. - Die 1886 gegründete »Ev. Missionsgesellschaft für Deutsch-Ostafrika« (→ Bethel-Mission) setzte in Daressalam ein, gab aber schon 1903 dieses Gebiet an die → Berliner Mission. Dafür ging sie nach Tanga, seit

1891 in das Bergland Usambara und seit 1910 auch nach Buhaya am Viktoriasee. Die Berliner Mission und die Mission der Herrnhuter Brüdergemeine begannen 1891 am Nordende des Nyassasees, wobei jene nach Nordosten, diese nach Nordwesten vorstieß. 1893 trat die CMS die Station Moshi im Kilimanjarogebiet an die → Leipziger Mission ab, die ihre Arbeit am Kilimanjaro, im Pare-Gebirge, am Fuß des Meru und schließlich in der Steppe unter den Massai zielstrebig aufbaute. – Nach dem 1. Weltkrieg wurde die Missionsarbeit stark ausgebaut, bes. im Schulwesen, in den missionsärztlichen Bemühungen, in der allmählichen Gestaltwerdung der wachsenden Gemeinden und Kirchen (erste Ordinationen von einheimischen Pfarrern) und durch eine einheitliche Bibelübersetzung ins Suaheli, der lingua franca von T., durch den Betheler Pastor Dr. Karl Roehl. Dazu trat der zunächst lose Zusammenschluß im Kirchenbund, an dem sich auch die seit dem 1. Weltkrieg um Singida arbeitende amerikanische Augustana-Synode und die am Tanganyikasee arbeitende deutsche Neukirchener Mission beteiligten. – Im 2. Weltkrieg wurden die meisten deutschen Missionare außer Landes gebracht. Der Missionsbesitz wurde enteignet, jedoch durch die Übertragung an den amerikanischen nationalen luth. Rat (N.L.C.) für die Missionsarbeit gerettet. Die Augustana-Synode nahm sich der verwaisten Missionen an; sie wurde bald von anderen amerikanischen Kirchen und skandinavischen Missionsgesellschaften unterstützt. Daraus entwickelte sich nach dem Kriege, als deutsche Missionare allmählich wieder zugelassen wurden, eine internationale Zusammenarbeit unter der Schirmherrschaft des → Lutherischen Weltbundes. Die einheimischen Kirchen erlangten in dieser Zeit ihre Selbständigkeit. Die Nordkirche am Kilimanjaro, wie auch die von Usambara-Digo, sind dem Luth. Weltbund angeschlossen. Der Kirchenbund ist weiter gekräftigt worden. Er unterhält eine Druckerei in Vuga, eine Oberschule in Arusha, eine Theologische Schule in Makumira und eine Schule für medizinische Assistenten in Bumbuli. In den letzten Jahren hat die Neukirchener Mission im Verband der Afrika-Inland-Mission am Viktoriasee neu eingesetzt. Die → Missionshilfe Wiedenest hat westlich von Kilwa eine Pionierarbeit unter der zurückgebliebenen muslimischen Bevölkerung begonnen. Die prot. Kirchen sind im T. Christian Council zusammengeschlossen.

J. Richter, Gesch. d. ev. Mission in Afrika, 1922 – Ders., T. and its Future, 1934 – C.P. Groves, The Planting of Christianity in Africa, 1949 ff (Lit.) – R. Reusch, Hist. of East Africa, 1954 – J.O.W. Scheel, T. u. Sansibar, 1959. *C. Ronicke*

Tanit. Tnt, gewöhnlich, aber ohne sichere Grundlage, Tanit vokalisiert, kommt als Name einer Göttin sehr häufig auf punischen Votivinschriften vor, wobei sie in Karthago vor ihrem Partner Baal Hammon, sonst nach diesem genannt wird. Da T. in Phönizien nicht vorkommt, also schwerlich von den phön. Kolonisatoren nach Nordafrika mitgebracht sein wird, handelt es sich wohl um einen hier heimischen Namen der → Fruchtbarkeits-Göttin von der Art der phön. → Muttergottheiten Elat, → Aschera und → Astarte, mit denen die Kolonisatoren sie identifiziert haben werden. In der Interpretatio Romana erscheint sie später als Juno und Caelestis.

PW 2. R. IV, 2178 ff – O. Eissfeldt, Baal Hammon u. T. (Ras Schamra u. Sanchunjaton, 1939, 36-39) – Ders., 'Anat oder T.? (ebd 49-51) – R. Dussaud, Les Religions des Hittites etc (Mana I/2, Paris [1945] 1949², 331-414) – A. Berthier-R. Charles, Le Sanctuaire punique d'El Hofra à Constantine, ebd 1952 – G. Charles-Picard, Les Religions de l'Afrique Antique, ebd 1954 – Ders., Mactaritana, ebd 1958 – G. Picard, Le Monde de Carthage, ebd 1956; dt.: Das wiederentdeckte Karthago, 1957 – I. Mundler, Dea Caelestis in der Religionspolitik des Septimius Severus u. der Julia Domna (Historia 20, 1961, 228-237) – WB der Mythologie, 1962, 311 f. *O. Eißfeldt*

Tantrismus. Der T. basiert auf Vorschriften und Lehren der »Tantra« (Aufzug eines Gewebes; System) genannten Texte. Tantrische Ideen haben auf die indischen Religionen (→ Indien: II) vom 6. Jh. nChr an Einfluß. In Anlehnung an die bestehenden religiösen Riten und Vorstellungen bildet der T. einen auf magischen Praktiken beruhenden Kult aus, der in einigen brahmanischen Sekten und im Buddhismus zur Wirkung gelangt. Die höheren Ideen sind von den bestehenden Systemen geprägt, der T. verändert und erweitert sie. Folgenreich ist die Fortbildung der Vorstellungen von der Shakti, der weiblichen göttlichen Kraft (→ Hinduismus: I, 2 f). Seit langem wurden »Gattinnen« der Götter als Shakti verehrt. Die Shiva-Anhänger sahen in der Durgâ die Weltenmutter, und es ist der ausgeprägte Durgâkult, der in Verbindung mit dem T. zum Shaktismus (→ Hinduismus: I, 3 d) führt. → Shiva und Shakti sind wesenseins, nur verschiedene Formen des Absoluten. Dies erkennen, heißt Erlösung erlangen. Der T. weist durch das Ritual den langen Weg zur → Erlösung (: I), der über zahlreiche Stufen zur Befreiung von allen Bindungen, zur höchsten Meditationsstufe führt, auf der die geistige Vereinigung mit der Göttin vollzogen wird. Ein eigentümliches, nicht allgemeingültiges tantrisches Ritual endet symbolhaft in der unter Meditationsvorschriften vollzogenen Geschlechtsvereinigung des Gläubigen mit einem rituell gereinigten Mädchen bzw. seiner Frau (→ Ehe: I, 3 c). Während Vishnuismus und → Jinismus von der shaktischen Richtung des T. kaum berührt werden, geht der → Buddhismus (: I, 7) in der Form des tantrischen Vajrayâna seiner letzten Bindungen an die alte Lehre verlustig. Man vertraut der alleinigen Heilskraft magischer → Beschwörung und mystischer Versenkung oder sucht im shaktisch-buddhistischen Ritual die Erlösung. Analog dem Dualismus Shiva-Shakti werden spekulativ die Mahâyâna-Prinzipien »Leerheit« und »Erkenntnis« als männliche und weibliche Urelemente in Beziehung gesetzt. Ihre Vereinigung hebt die Zweiheit auf und führt zum höchsten Glück. Diese Vorstellungen spiegeln sich auch hier in erotischen Kultpraktiken wider.

H.v. Glasenapp, T. u. Shaktismus (Ostasiat. Zs. NF 12, 1936, 120-133) – Ders., Die Religionen Indiens, (1943) 1955² – S.B. Dasgupta, An Introduction to Tantric Buddhism, Calcutta 1950 – The Hist. and Culture of the Indian People IV. V, Bombay 1955/57 (s. Reg.). – Texte u. weitere Lit. s. in den genannten Werken.
H. Härtel

Tanz

I. Religionsgeschichtlich – II. Gegenwartsfragen

I. Religionsgeschichtlich

T. gehört zu den ursprünglichsten Lebensäußerungen des Menschen und fehlt bei den wenigsten Völkern ganz. Er ist einerseits eine Manifestierung des Machtgefühls (→ Macht: I) des einzelnen und wirkt gleichzeitig gemeinschaftsbildend; er nimmt den Menschen aus sich selbst und versetzt ihn in einen neuen Rhythmus, ja, er ist die typische Form der → Begehung und die universellste aller Künste (van der Leeuw).

Im T. schützt sich die primitive Gemeinschaft gegen die Gefahren der → Rites de passage: → Pubertät, Hochzeit (→ Ehe: I) und → Tod werden zum Anlaß für T., der gleichzeitig dazu dient, böse → Geister abzuwehren (vgl. im keltischen Bereich den T. um den Sarg); hier verbindet sich die T.bewegung – als Reigen – oft mit der Wirkung des Zauberkreises (→ Kreis). Das MA kannte Abwehr-T.e gegen den Schwarzen Tod; von dort kam das Motiv des → Totentanzes in die bildende Kunst. - Neben dem *Abwehrzauber* spielt der T. auch als *Ähnlichkeitszauber* eine bedeutsame Rolle: → Fruchtbarkeit der Felder und Erfolg bei Jagd (→ Jäger) und Fischfang werden durch ihn bewirkt. In Tier-T.en wird die Bewegung der zu erjagenden Beute nachgeahmt, in Kriegs-T.en (→ Krieg: I) das Kriegsglück entweder vor dem Auszug herbeigetanzt oder durch T. der Daheimgebliebenen beeinflußt. Der T. stellt »das erwünschte Ereignis . . . in actu dar« (van der Leeuw § 53, 2). Von hier aus führt der Weg über → Masken-T. und Pantomime zum → Drama. T. löst auch die → Sonne aus der Sonnenfinsternis; im Hüpfen bei der → Sonnenwende wird ihr neue Kraft zugefügt; der in der Wolke gehaltene → Regen kann losgetanzt werden. Das erotische Element zeigt sich in den zahllosen Fruchtbarkeits-T.en, die jedoch in der Frühzeit nur selten als Paar-T.e auftreten.

In manchen Kulturen ist der T. auch als ein die Götter erfreuendes → Opfer angesehen worden, so in Hellas und noch heute in Indien und Indonesien. Überreste dieser Anschauung finden sich auch in frühchristlicher Zeit (T. zu Ehren der Gottesmutter oder der Märtyrer). Das Konzil von Toledo 589 verbot jedoch T.e in der Kirche; trotzdem haben sich Spuren davon erhalten, zB im T. in der Kathedrale von Sevilla (Los Seises), ferner in der äthiopischen Kirche, im weiteren Sinne auch in den → Prozessionen. Der Gedanke, Jesus oder Maria durch T. zu erfreuen, hat sich in Legenden wie in der Literatur (zB J.Galsworthy, Salta pro nobis) erhalten.

Von frühester Zeit an hat man den T. jedoch nicht nur als Mittel zur Erlangung weltlicher und geistiger Güter angesehen, sondern ihn auch als → Ekstase erregendes Mittel geschätzt. Zur Technik des → Schamanismus gehört der rasende T., der den Priester oder → Zauberer in Kontakt mit den höheren Mächten bringt, sei es in Sibirien, bei den Hupa-Indianern oder bei den at. Kultpropheten (1Sam 19, 19ff; 1Kön 18, 29), im → Dionysos-Kult oder bei den → Attis-Mysterien. In manchen häretischen Sekten des Christentums hat sich der ekstatische T. erhalten, zB bei den mittelalterlichen → Tänzern oder den russischen Chlysten und Skopzen (→ Russische Sekten). - Am bekanntesten innerhalb dieser Gruppe der T.e ist der T. der Derwische (samāʿ). Die kreisförmige Bewegung einzelner Mystiker beim Musikhören ist bereits aus der Frühzeit der islamischen Mystik (→ Islam: I, 8) überliefert, und die Theoretiker der Mystik haben eingehende Überlegungen über die Zulässigkeit solcher Erscheinungen angestellt. Organisiert wurde der samāʿ unter Ǧelāladdīn Rūmī († 1273) und seinem Sohn Sultan Walad in Konya, wo der kreisende Reigen nach bestimmten Regeln zu Flöten-, Trommel- und Vokalmusik ausgeführt wird; dieser Typ des Reigens hat sich mit dem Orden der Mewlewis (»Tanzende Derwische«) über den größten Teil der islamischen Welt verbreitet. Doch kommen auch in anderen Orden ekstatische T.e oder Spontan-T.e vor.

Das Ziel dieser Art T. ist die Lösung von der irdischen Schwerkraft und die Bewegung um die göttliche Schönheit als ein höheres Zentrum. Die Götter selbst sind oftmals tanzend vorgestellt worden: Mexikanische Götterfiguren tragen die beim T. üblichen Glöckchen an ihren Gliedern; die → Phönizier kannten einen Baal Marqod, die Inder haben den ewigen Wechsel der schaffenden und zerstörenden Macht in der Gestalt des tanzenden → Shiva (s. Taf. 41 Abb. 3) symbolisiert. Die höhere Religion empfindet den T. als die den Engeln und Seligen im Paradiese angemessene Bewegung. Die mittelalterliche und neuzeitliche Lyrik legt davon ebenso Zeugnis ab wie die Gemälde → Fra Angelicos oder G. → Kellers »Tanzlegendchen«: T. ist Rückkehr in die alte Ordnung, wie sie vor dem Fall Adams als T.-chor vorhanden war (→ Gregor von Nyssa, hom. in Ps 52). Hier wirken auch platonische und neuplatonische Vorstellungen nach, wonach sich der ganze Kosmos in einem wunderbar geordneten Reigen bewegt und die Seele des Erkennenden, den Sphären gleichend, in diesem Reigen die Quelle des Lebens, den Ursprung des Verstandes, das Prinzip des Seienden, den Grund des Guten, den Anfang der Seele sieht (→ Plotin, Enn. VI, 9, 9). Die → Johannesakten zeigen Jesus als himmlischen Tänzer, der flötet (vgl. Mt 11, 17) oder mit der Seele tanzt, ein Bild, das die Mystiker gern verwendet haben (geistliche T.lieder). In der islamischen Mystik ist das Bild des T.es mit zahlreichen Symbolen verbunden: es ist gleichermaßen der Sternenreigen, der sich im Kreisen der Derwische manifestiert, wie der T. des Falters um die Flamme oder das Kreisen der Sonnenstäubchen um die Zentralsonne. Wer in den T. eingetreten ist, »ist jenseits von Raum und Zeit, jenseits des göttlichen Thrones« (Rumi). Der T. ist die lebenerneuernde Kraft, »Heiterkeit für die Seele, Nahrung für den Geist«, wie es im Abschlußgedicht eines Mewlewi-Reigens heißt; er ist mystischer Tod und mystische Auferstehung in einem. → Hofmannsthal hat in einem Aufsatz (»Sebastian Melmoth«) das Geheimnis dieses allumfassenden Reigens wunderbar gedeutet. Nicht zufällig haben die Inder die göttliche Kraft, die sich in immer wechselnden Gestalten in der Welt manifestiert, in dem tanzenden → Krishna gesehen, der sich im Spiel den liebenden Hirtinnen zeigt und sie liebevoll täuscht, so daß jede von ihnen glaubt, im T. ihn ganz zu besitzen und sich mit ihm zu vereinigen. Uralte Fruchtbarkeits-, Wunscherfüllungs- und ekstatische T.formen sind hier in eins verschmolzen. Nicht zu Unrecht hat → Lukian bemerkt, daß der T. schon bei der Schöpfung entstand und ebenso alt sei wie Eros. »Im T. dämmert die Erkenntnis des sich bewegenden und dadurch die Welt bewegenden Gottes« (van der Leeuw, Vom Heiligen in der Kunst 84).

K.Latte, De saltationibus Graecorum (RVV 13, 3), 1913 - M.Granet, Danses et légendes de la Chine ancienne I. II (AMG 64), Paris (1926) 1959² - G.van der Leeuw, In den Hemel is eenen Dans, Amsterdam 1930; dt. 1930 - Ders., Wegen en grenzen, ebd (1932) 1948²; dt.: Vom Heiligen in der Kunst, 1957 - van der Leeuw §§ 23, 2; 53, 2 - RGG² V, 983ff (Lit.) - PW 2. R. IV, 2233ff - H.Ritter, Der Reigen der »Tanzenden Derwische« (Zs. f. vergl. Musikwiss. 1, 1933, 28-40) - C.Sachs, Eine Weltgesch. d. T.es, 1933 (Lit.) - M.Sahlin, Etude sur la carole médiévale (Diss. Uppsala), 1940 - L.Vaillat, Hist. de la danse, Paris 1942 - E.L.Backman, Den religiösa dansen, Stockholm 1945; engl. 1952 - L.Rahner, Der spielende Mensch (ErJb 16, 1948, 11-87) - J.Cuisinier, La danse sacrée en Indochine et en Indonésie, Paris 1951 - R.Torniai, La danza sacra, Rom 1951 - RÄRG 766ff - F.Bowers, The Dance in India, New York-London 1953/54 - Ders., Theatre in the East. A Survey of Asian Dance and Drama, London 1956 - B. de Zoete, The Other Mind. A Study of Dance in South India, ebd 1953 - Dies., Dance and Magic Drama in Ceylon, ebd 1957 - J.-M.Frandon, »Assassins« et »danseurs mystiques« dans »Une enquête au pays du Levant« de M.Barrès (Diss. Paris), Lille-Genf 1954 - F.Meier, Der Derwisch-T. (Asiat. Studien 8, 1954, 107-137) - Nilsson I (s. Reg.) - K.Bh.Iyer, Kathakali. The Sacred Dance-Drama of Malabar, London 1955 - V.Alford, The Singing of the Travels. In Search of Dance and Drama, ebd 1956 - M.A.Johnstone, The Dance in Etruria, Florenz 1956 - W.Katner, Das Rätsel des Tarentismus, 1956 - R.P.L. de Sousberghe, Les danses rituelles mungonge et kela des ba-Pende (Congo Belge), Brüssel 1956 - J.Cazeneuve, Les dieux dansent à Cibola le Shalako des indiens Zunis, Paris 1957 - L.Frederic, La danse sacrée de l'Inde, ebd 1957 - Ph.de Félice, L'enchantement des danses et la magie du verbe, ebd 1957 - C.-M.Edsman, Den dansande solen (Die tanzende Sonne) (RoB 16, 1957, 3-37) - C.Andresen, Altchristl. Kritik am T. (ZKG 72, 1961, 217-262) - Danses sacrées (Sources Orientales 6), Paris (im Druck). - Weitere Lit. s. → Drama, → Feste: I, → Labyrinth, → Spiel: I, → Umgang.

A.Schimmel

II. Gegenwartsfragen

Die frühchristliche Kirche, innerhalb der hellenistischen Kultur entstanden und anfangs von → Mysterien-Kulten magischer Provenienz beeinflußt, hat den T. als sakrales Phänomen und als liturgische Form bejaht. Selbst Bischöfe (zB Johannes Chrysostomus) haben als »Vortänzer« (praesul) daran teilgenommen. Der Streit um die Zulässigkeit des Kirchen-T.es zieht sich (von der Synode von Aquileja 381 bis zum Konzil von 680) durch 3 Jh.e hin; erst damals bekennt man sich zu der Meinung Augustins »Chorea est circulus, cuius centrum est diabolus« und verbietet ihn grundsätzlich. – Dennoch erlebt der T. mit dem Einbruch des Germanentums in die untergehende Antike seine Auferstehung im weltlichen Raum: das elementare Lebensgefühl dieser »Wildlinge« schafft sich im getretenen T. der ritterlichen und im gesprungenen Reigen der bäuerlichen Gesellschaftsschichten seinen Ausdruck. Aber im ganzen MA galt der T. als verdächtig, ja als gefährlich, weil in ihm Urtümliches, aus den Tiefenschichten Stammendes ans Licht drängte. Nicht nur galten die Gaukler und Vaganten, die die Musik zum T. machten, lange Zeit als »unehrliche Leute«, sondern die Kirchenzucht sowohl sektiererischer Gruppen wie des Calvinismus verdammten ihn als sündhaft. Auch die gehobene Gesellschaft bemüht sich ständig um Bändigung und Kultivierung der tänzerischen Formenwelt.

Phänomenologisch ist der T. zunächst *Bewegung*. Während aber alle anderen Bewegungen zielgerichtet sind und einen bestimmten Gegenstand (zB den zu ergreifenden Apfel) meinen, das Selbstgefühl des Sichbewegens aber nur nebenher empfunden wird, wird im T. die Bewegung als solche zum subjektiven Datum, zum eigentlichen Gegenstand des Erlebens. Zwar bindet sich der T. an Rhythmus und T.figur, aber er läßt der individuellen Gestaltung dennoch weitgehende Freiheit. Nun aber ist der T. nicht nur Bewegung an sich, sondern Bewegung im Raum. Der Tänzer empfindet sich entweder als Kern, der vom Raum umgeben, von ihm begrenzt wird, er empfindet sich als aufgelöst, als strömend, als verfließend, ja als eins mit dem Raum, oder er erlebt sich als der den Raum strukturierende, ihn gestaltende »Architekt«. Allemal aber öffnet er in der fortschreitenden Bewegung seines T.es neue Räume und macht mit seiner Bewegung Raum sichtbar.

Zweitens ist der T. als *Rhythmus* zu verstehen. Was eigentlich Rhythmus ist, hat eine umfängliche Diskussion, an der alle Wissenschaften beteiligt sind, nicht zu klären vermocht. Sicherlich stammt er aus den Grundschichten unserer Person und ist ein Urphänomen unserer menschlichen Organisation. Er stellt eine gewisse Ordnung im zeitlichen Ablauf der Bewegungsgestalten dar, wobei die Zeit nicht die vom Metronom taktierte, sondern die erlebte (innere) Zeit ist. In diesem Ablauf kehrt das Gestaltähnliche, Gestaltverwandte, mit einer gewissen Regelmäßigkeit wieder. Das Vergleichbare, nicht das Gleiche, wiederholt sich. Diese auch beim T. erlebbare Konsequenz der Aufeinanderfolge läßt einen Gestaltzusammenhang erleben, der Wohlgefallen erregt und zum Mitmachen anreizt. Jede Einmischung des Intellekts, aber auch jeder stärkere Affekt stört die Anmut der Bewegung. Zwar ist der T. an den Rhythmus der Musik und an choreographisch festgelegte Figuren gebunden, aber der wirkliche Tänzer überformt die damit gegebene vordergründige Gleichmäßigkeit durch seine aktive Rhythmik: Spannung und Gegenspannung, ja sogar Wechsel der Richtung von Spannungen und Bewegungen in einem individuellen Rhythmus. Eben darauf beruht die heilende Wirkung des T.es.

Das eigentliche Wesen des T.es aber erhellt erst aus seiner Zuordnung zu der Kategorie des *Spiels*. Wie wir heute wissen, ist das → Spiel weder begrifflich definierbar noch biologisch ableitbar. Es ist auch nicht, wie das 19.Jh. glaubte, als Gegensatz zum Ernst, als Unernst, zu verstehen. Aus 2Sam 2, 14ff und aus dem Ludwigslied wissen wir vielmehr, daß Spiel und Kampf identisch sind. Auch Mühe, Anstrengung und Zweckgerichtetheit, die immer als unterscheidende Begriffsmerkmale der Arbeit angeführt werden, sind manchen Formen des Spielverhaltens zu eigen. Selbst der Aufbau des Spielbegriffs auf der Kategorie der Lust ist als mißlungen zu betrachten, da die Lust auch zweckgerichteten Tätigkeiten wie der Arbeit zukommen kann. Spiel ist vielmehr das nicht durch Notwendigkeiten bestimmte, von der astronomischen Zeit nicht betroffene, mit dem realen Leben nicht kausal verknüpfte Tun, das den Spielenden über sich hinaus, ja außer sich bringt. Da der T. nicht – wie andere Spiele – des Spielzeugs, beim Kunst-T. nicht einmal des Mittänzers, des Mitspielers, bedarf, stellt er die reinste Form des Spiels dar. Indem er seiner immanenten Regelhaftigkeit folgt, lebt er aus reiner »Möglichkeit«, vermag er das Innere zu äußern, das Seelische zu verkörpern, den Tänzer »außer sich« zu bringen und den »reinen Bezug« (Rilke) zu verwirklichen.

Hat der T. in primitiven Gesellschaften – damals übrigens noch im Gesamtkunstwerk einer »T.-Musik-Wort-Äußerung« integriert – vorwiegend als Erregungs- und Rauschmittel fungiert und ekstatische und exorzistische, jedenfalls niemals (weil nur von Männern getanzt) erotische oder sexuelle Ziele gehabt, so gewinnt der T. seit den 90er Jahren des 18.Jh.s im Walzer einen völlig anderen Charakter. Statt des Menuetts und der Quadrille, die von wenigen Paaren getanzt und von einer Zuschauermenge angeschaut wurden, markiert der Walzer als der T. aller, auch der Zuschauer, den Sieg der demokratischen Tendenzen im Ballsaal früher als auf den Barrikaden. Als Paartanz mit enger körperlicher Berührung bringt er freilich auch zum ersten Mal – im Gegensatz zum Menuett, das mit seiner Choreographie und angesichts des Reifrocks deutliche Distanz fordert – die Erotik ins Spiel. Im Tango der 20er Jahre des 20.Jh.s erreicht der T. die äußerste Form der Erotisierung. Die modernen T.formen des Boogie-Woogie und des Bebop, überhaupt alle »Exzentrik-T.e« der jungen Generation meiden nicht nur die enge Körperberührung, sondern sind – man blicke nur auf die voneinander abgewandten Gesichter der Tanzenden – primär unerotisch. Nur als sekundäre Folgen der angestrebten Ekstatik ist sexuelle Stimulierung möglich.

Natürlich kann man den T., der hier als Bewegungs-, Rhythmus- und Spielphänomen betrachtet wurde, auch als eine Erscheinungsform der Kunst ansehen. Dann wären getretener T. und gesprungener Reigen als Erscheinungsformen des gotischen, Menuett und Quadrille als Ausdruck des barocken, der Walzer als tänzerischer Ausdruck des demokratischen Stilwillens und die exzentrischen T.e der Gegenwart als adäquater Ausdruck der Moderne zu werten. Dann ließe sich auch zeigen, daß der Walzer ausgesprochen deutsch, die Polka aber Ausdruck slawischen Wesens ist und daß der indische T. sich von europäischen T.formen so deutlich unterscheidet wie asiatischer Geist vom europäischen. Dem Zug zu weltweiter Angleichung entspricht die internationale Ähnlichkeit der modernen T.e.

Der T. in der modernen Gesellschaft, hg.v. F. Heyer, 1958. – Vgl. die Lit. zu → Tanz: I. *H.H.Muchow*

Taoismus, ein philosophisches System und eine religiöse Richtung in → China (: II, 2 c). Letztere schillert in allen Farben und enthält Elemente des philosophischen T. in vergröberter Form zusammen mit Bestandteilen der alten Volksreligion, mit Zauberei, Geomantik und Alchemie. Der Begründer des philosophischen T. ist → Lao-tse (* vermutlich 604 vChr), aber Spekulationen über eine die Welt hervorbringende Naturkraft hat es offenbar schon vor Lao-tse gegeben. Die ständige Bewegung in der Welt wird durch das Zu- und Abnehmen der Dualkräfte Yin und Yang (→ China: II, 2 a) hervorgerufen. Auch der Name Tao für diese schaffende Naturkraft ist älter als Lao-tses Lehre vom Tao.

Das Hauptthema der t.en Philosophie ist die Harmonie zwischen Mensch und Kosmos. Lao-tse äußert sich darüber in seinem Buch Tao-tê-king, das aus ungefähr 5000 Schriftzeichen besteht. King bedeutet »Buch«, tao ist »Weg«, womit hier aber der Urgrund der Welt gemeint ist; tê ist »Tugend«, die nach Lao-tse im Wirken des Urgrundes in der Welt besteht, wodurch diese erhalten und umgestaltet wird. Auf diesen Begriffen baut Lao-tse seine Metaphysik auf und im Anschluß daran seine Ethik. Seine Tao-Lehre läßt sich etwa folgendermaßen zusammenfassen: Tao ist der Urgrund der Welt, eine geistige, schon vor der Welt vorhandene, ewig ruhende Potenz. Es gerät nach allen Richtungen in Bewegung und erschafft so die Welt, füllt sie aus, bringt Form, Kraft und Stoff hervor, liebt und nährt die Welt wie eine Mutter, bleibt selber unverändert und ist wunschlos. Als sittliches Wesen kann das Tao keine bloße Naturkraft, sondern muß geistig sein. - Das Tao entfaltet sich in drei Stadien. Vor der Erschaffung der Welt verharrt es in seinem reinen Sein und ist als solches nur einem leidenschaftslosen Menschen erreichbar. Aus dem Tao gehen dann → Himmel (: I) und → Erde hervor, aus beiden die Dinge der Welt. Der Himmel als Gottheit ist somit ein Ausfluß des Urgrundes. Das Walten des Himmels, der auch bei → Konfuzius eine große Rolle spielt, ist nach Lao-tse das Handeln des Tao in der gesamten Welt. »Tao ist dauernd ohne Handeln, aber es gibt nichts, das es nicht vollbrächte.« Lao-tse will damit sagen, daß das Tao frei von Ruhm und Selbstsucht handelt und den Dingen nicht Gewalt antut. - Der Begriff des tê, tugendhaftes Wirken, beinhaltet die Wirksamkeit des Tao in der Schaffung, Entfaltung und Erhaltung aller Dinge in vollendeter Güte. Für den Menschen ist diese Wirksamkeit die ethische Norm für seine Lebensführung. Das Tao muß durch Angleichung an diese Norm, nicht durch äußere Kultakte verehrt werden. Tugenden müssen unbewußt geübt werden. »Tugend erscheint erst, nachdem Tao verloren ist, Wohlwollen erst nach dem Verlust der Tugend, Gerechtigkeit nach dem Verlust des Wohlwollens und Schicklichkeit nach dem Verlust der Gerechtigkeit.« Mit dem Axiom »Tao tut das Nichttun und tätigt die Untätigkeit« meint Lao-tse, daß das Tao ohne Unrast in vollendeter Ruhe wirkt. So soll auch der Mensch nicht im Lebenskampf aufgehen, sondern sich an das stille Walten der Natur angleichen. Konfuzius sagt: »Vergilt Unrecht mit Gerechtigkeit«, Lao-tse: »Man muß Unrecht mit Güte vergelten.« Trotz Körperverfall verleiht der Besitz des Tao Unsterblichkeit. - Die auf der Nachahmung des Tao begründete *Ethik* gilt auch für den Staat: dieser muß durch Nichttun regiert werden. Dieser Satz ist gegen den Tatendrang der Feudalfürsten der unruhigen späteren Tschou-Zeit gerichtet. Der Fürst soll allein durch das Beispiel seiner eigenen Vollkommenheit das Land regieren. Lao-tse wendet sich gegen Wissenschaft und Kultur und sieht das Heil in der Rückkehr zu natürlichen und einfachen Verhältnissen. Das Volk soll sich mit Nahrung, Kleidung und Wohnung begnügen. Den → Krieg läßt Lao-tse nur zur Verteidigung zu. »Wenn einander gegenüberliegende Heere handgemein werden, siegt der Barmherzige.«

Lao-tse hat in Ontologie und Ethik Hervorragendes geleistet. Sein Tao-Begriff ist nahezu monotheistisch (→ Monotheismus: I). Götter und Geister, die das Tao hervorbringt, werden nur nebenbei erwähnt. Die Ethik ist fest in der Metaphysik verankert, ist aber wirklichkeitsfremd. Lao-tses Gedankengut fand durch namhafte Philosophen späterer Jh.e nachhaltige Pflege, so durch Lieh-tse († ca 370 vChr), Wên-tse (Lebenszeit nicht sicher), Han Fei-tse († 233 vChr). Mit Tschuang-tse († ca 300 vChr) hat der philosophische T. seinen Höhepunkt erreicht. Han Fei-tse, der Schule der Rechtstheoretiker angehörend, versuchte zwischen T. und Konfuzianismus zu vermitteln. Mit Huai-nan-tse († 122 vChr) war die t.e Philosophie bereits entartet. Sein Werk Hung-lieh-chieh ist ein Gemisch von Pseudophilosophie mit populärer Mythologie und leitet zur t.en Alchemie über. Das älteste bekannte Werk über → Alchemie stammt von Wei Po-yang aus der Mitte des 2.Jh.s nChr. Mit Alchemie und → Exorzismus (: I) befaßt sich auch Ko Hung oder Pao-p'o-tse im 4.Jh. nChr, der ein Buch über Kosmogonie und eine Sammlung von t.en Heiligenlegenden herausgab. Die Schriften des populär-religiösen T. über Opferdienst, Tempelkult, Alchemie, Exorzismus, Geomantik, Magie und Mystik wurden in Nachahmung des buddhistischen → Tripitaka zu der umfangreichen Sammlung Tao-ts'ang vereinigt. Einsiedler und Asketen suchten durch Versenkung in das Tao und Naturverbundenheit ihr Leben zu verlängern. Die große Menge der weniger vergeistigten Taoisten versuchte es mit Unsterblichkeitspillen und Lebenselixieren. Zahlreiche Legenden illustrieren, wie unbedingtes Vertrauen in diese Mittel zum Erfolg führt. Ein Gläubiger versuchte zB eine Unsterblichkeitspille an seinem Hunde, der prompt verendete. Unentwegt nahm er selber eine Pille ein und starb. Ebenso erging es seinem Bruder. Als der jüngere Bruder die drei Leichen begraben wollte, erwachten sie nicht nur wieder zum Leben, sondern gelangten auch unter die Unsterblichen. Nach einem alten Glauben gibt es drei Inseln der Seligen, auf denen das Lebenselixier hergestellt wird und wo die Unsterblichen in goldenen und silbernen Palästen wohnen. Kaiser Shih-huang-ti schickte 217 vChr eine Flotte aus, diese Insel zu suchen. - Außer durch Pillen und Tränke suchte man sich durch beschauliche Betrachtung den Zugang ins Reich der Unsterblichen zu sichern. Die Asketen wollten durch körperliche und geistige Zucht ihr Ich auslöschen, an dessen Stelle dann das weltumfassende Tao treten sollte. Von einem so vergeistigten Körper sagt Lieh-tse: »Im Wasser ertrinkt, im Feuer verbrennt er nicht, wilde Tiere können ihn nicht verletzen. Er geht durch Stein und Metall, reitet auf dem Winde oder auf den Wolken, auf Drachen oder auf Kranichen und steigt zum Himmel empor. Was er will, kann er erschaffen und Vorhandenes, Dinge, Tiere und Menschen, verwandeln oder verschwinden lassen. Durch Zaubersprüche kann er Glück herbeiführen und Unglück abwenden. Geister und Dämonen sind ihm untertan, er kann sie herbeirufen, ihnen Befehle erteilen, sie durch Formeln und Amulette beschwören, mit Zauberschwertern zurückschlagen, in Gefäße oder Behältnisse einschließen. In Zauberspiegeln kann er die Dinge oder Personen, welche er zu sehen wünscht, erscheinen lassen« (zusammengefaßt von Forke). - Vgl. → Schamanismus.

Schon in der Han-Zeit (206 vChr bis 221 nChr) hat der Glaube an Genien in Heiligenbiographien seinen Niederschlag gefunden und nimmt seitdem auch in der Ikonographie der chinesischen Gesamtreligion einen großen Platz ein. Viele Genien sind Phantasieprodukte, andere lebten als Tao-Experten und Zauberer oder zogen sich nach einer ehrenvollen Beamtenlaufbahn in die Einsamkeit zurück. Es werden drei Arten von Genien unterschieden: a) himmlische, die in den Besitz des Tao gelangt und in den Himmel aufgestiegen sind; b) irdische, die einsam auf Bergen leben; c) solche, deren Körper am Vergehen ist und deren Geist beim Tode ins Unendliche enteilt.

In der Han-Zeit entwickelte sich zwischen Konfuzianern, Taoisten und Buddhisten eine Kontroversliteratur. Die Konfuzianer blieben immer Gegner des T. Dagegen glichen sich T. und → Buddhismus (: I) einander weitgehend an. Seit der Han-Zeit erstarkte zunächst die Stellung des Buddhismus auf Kosten des T. Die Taoisten behaupteten sich aber durch die Ausbildung eines eigenen Kanons, durch Übernahme des buddhistischen Mönchs- und Klosterwesens (→ Mönchtum: I, → Kloster: I), des → Tempel-Kultes und der → Bilder-Verehrung. Die t.en Klosterregeln gleichen den buddhistischen: kein Lebewesen töten, nicht stehlen, nicht lügen, nicht Unzucht treiben, kein Fleisch essen und keinen Wein trinken. Die Ehelosigkeit ihrer Mönche forderten die Taoisten nicht. Die Buddhisten übernahmen von den Taoisten magische Praktiken. In der späteren Han-Zeit gab Chang Tao-ling den in der Welt lebenden t.en Exorzisten eine eigene Organisation, die sich bis in die Gegenwart erhalten hat. Der Legende nach lebte ihr Stifter auf einem Berg in Süd-China in einer Höhle und besaß die Gabe der Ubiquität. In einer Erscheinung überreichte ihm Lao-tse ein Zauberschwert und ein Zaubersiegel zum Bändigen der Geister. → Zauberbücher, Schwert und Siegel gingen an seine Nachfolger über, ebenso sein Titel T'ien-shih »himmlischer Meister«. Diese Würde beruht darauf, daß sein Inhaber der irdische Vertreter von Yü-huang-schang-ti, dem obersten Gott des T. ist. In Angleichung an die buddhistische → Seelenwanderung gilt er als Wiedergeburt von Chang Tao-ling. Der T'ien-shih ist für die Führung der Personallisten der Stadtgötter zuständig und beantragt beim Kultusministerium Beförderungen, Absetzungen oder Neuernennungen von Göttern. Dem Kaiser als Vertreter des Himmels ist jedoch die Bestätigung vorbehalten, denn er ist auch Herr der t.en und buddhistischen Götter.

F.E.Krause, Ju-Tao-Fo. Die rel. u. phil. Systeme Ostasiens, 1924 - A.Forke, Gesch. d. alten chin. Philos., 1927 - A.Waley, Three Ways of Thought in Ancient China, London 1939 - ChrRel III, 340ff - Fung Yu-lan, A Hist. of Chinese Philosophy I. II, Princeton 1952/53 - H.Welch, The Parting of the Way. Lao Tzu and the Taoist Movement, London 1958. - Fortlaufende Bibliogr. in: International Bibliogr. of the Hist. of Religions (1952ff), Leiden 1954ff (s.v.). - Vgl. die Lit. zu → China: II, → Laotse. *M.Eder*

Tarifvertrag → Arbeitsrecht.

Tarnow, 1. *Johann* (1586-1629), luth. Theologe, * in Grevesmühlen (Meckl.), nach Studien in Rostock, Straßburg, Basel und Gießen seit 1614 Prof. in → Rostock. Exegetisch geschult durch seinen Oheim (s. 2) und den Basler Hebraisten → Buxtorf d. Ä., hat sich T. um ein philologisch gesichertes, religiös-ethisches Verständnis der biblischen Bücher, vornehmlich des AT, bemüht. Seine Exercitationes biblicae (1619), in denen er auf Grund selbständiger wissenschaftlicher Ergebnisse auch an der Schriftauslegung Luthers, Melanchthons und anderer ev. Autoritäten Kritik übte, haben den energischen Protest Wittenberger und Jenenser Theologen hervorgerufen.

2. *Paul* (1562-1633), luth. Theologe, Oheim von 1, * in Grevesmühlen, nach dem Studium in Rostock Rektor in Parchim, dann in Rostock, seit 1607 als Nachfolger des → Chyträus Theologie-Prof. daselbst. Unter Berücksichtigung ref. Gedanken hat T. als entschiedener Vertreter kritischer und gestaltender Reformideen den Übergang der Rostocker Universitätstheologie von der Melanchthonschule des 16.Jh.s zum Frühpietismus des 17.Jh.s vermittelt. Besondere Erwähnung verdienen sein Werk De sacrosancto ministerio (1623), seine Rektoratsrede De novo evangelio (1624) und sein Kommentar zum JohEv (1629). Er ist der Überzeugung, daß die Kirche seiner Zeit vom Evangelium der ersten Christenheit abgefallen und in Eigensucht, unbußfertige Sicherheit, äußerliches Bekennen und kultisches Handeln versunken sei. Die Beseitigung dieser Schäden und eine wirksame Reform der ev. Kirche erwartet er, unter Verzicht auf jeden kirchlichen Zwang, von einer gewissenhaften Unterrichtung der Jugend und einer regen individuellen Seelsorge.

Zu 1 u. 2: Zedler, Universallexikon 41, 1744, 1852ff (Bibliogr.) - H.Leube, Die Reformideen in d. dt. luth. Kirche zZ der Orthodoxie, 1924, 64ff - K.Schmaltz, KG Mecklenburgs II, 1936, 198f; vgl. III, 1952, 12ff. *E.Peschke*

Tarphon, jüd. Schriftgelehrter, Zeitgenosse des R. → Akiba, dem er nahestand. T. hat in seiner Jugend noch den Tempelgottesdienst in Jerusalem miterlebt, wohnte und lehrte später in Lydda und ist der Überlieferung nach im Bar-Kochbakriege (132-135 nChr) als Märtyrer ums Leben gekommen. T. war ein scharfer Gegner der Minim (= Häretiker, insbesondere Judenchristen). Ob er mit dem Juden Trypho, mit dem → Justin seinen Dialog führte, identisch ist, bleibt unsicher.

W.Bacher, Die Agada der Tannaiten I, (1894) 1903², 342ff - A.Schlatter, Gesch. Israels, (1901) 1925³, 358 - JewEnc XII, 56f - Schürer II, 444ff - Strack, Einl. 125f - N.Hyldahl, Tryphon and T. (StTh 10, 1956, 77-88). *E.Lohse*

Tarsis (hebr. taršîš = »Hüttenwerk«?), im AT öfter genannte Stadt, zu der ebenso wie von Phönizien (Jes 23, 1ff; Ez 27, 12) und später Griechenland aus (Gen 10, 4) auch von Palästina aus Handelsbeziehungen über See bestanden (die 2Chr 20, 36f fälschlich von Ezion-Geber ausgehen läßt; vgl. dagegen Jon 1, 3). Nach Ez 27, 12 Herkunftsort oder Umschlagplatz für Silber, Eisen, Zinn und Blei. Für das AT verbindet sich mit dem Namen die Vorstellung denkbar größter Entfernung (Jes 66, 19; Jon 1, 3; Ps 72, 13). T. ist mit der älteren, weit verbreiteten und sprachlich naheliegenden Ansicht eher mit Tartessos in Südwest-Spanien zu identifizieren als in Nordafrika oder sonst irgendwo im Mittelmeergebiet zu suchen. - Als T.-Schiffe bezeichnete man Überseeschiffe, auch wenn sie nicht nach T. fuhren (1Kön 22, 49 u.ö.).

MeyerG II/2, 94ff - A.Herrmann, Die Erdkarte der Urbibel, 1931, 145ff - W.F.Albright, New Light on the Early Hist. of Phoenician Colonization (BASOR 83, 1941, 14-22) - W.Auer, Das bibl. T. (Bibel u. Kirche 14, 1959, 112-114). *R.Bach*

Tast, *Hermann* (1490-1551), Reformator von Husum und der schleswigschen Westküste (→ Schleswig-Holstein, 2), * in Husum, 1514 ebd Vikar an St. Marien. Seit 1522 luth. predigend, vollendete T. 1527 die Reformation in Husum. 1526 soll er auch in Flensburg gepredigt haben. Als Wortführer der Lutheraner disputierte er 1529 im Flensburger Religionsgespräch mit M. → Hofmann über die Abendmahlslehre. 1536/37 arbeitete er am Entwurf der Ordinatio Ecclesiastica mit und unterstützte → Bugenhagen bei der daraus hervorgegangenen schleswig-holsteinischen KO (1542). Mehrfach als Visitator tätig, war T. 1540-42 einer der 4 schleswigschen Superintendenten mit bischöflicher Funktion. Die Propsteien Nordstrand, Eiderstedt und

Amt Husum mußte er infolge der Landesteilung 1544 aufgeben. Die von ihm erneuerte Schule in Husum ist die älteste ev. Lateinschule der Herzogtümer.

RE XIX, 382ff - E.MÖLLER, Gesch. d. H.-T.-Gymnasiums, 1927 - E.FEDDERSEN, KG Schleswig-Holsteins II, 1938, 28ff. 56f. 94 - DBL XXIII, 353ff (Lit.). *W.Göbell*

Tatauierung, flächenhafte Musterungen oder lineare Zeichnungen der Haut durch einen mittels spitzer Gegenstände in die Epidermis eingeführten Farbstoff. Krämer berichtet aus Samoa (→ Polynesien), daß tatau »richtig, kunstgerecht« und ta »schlagen« (mit einem Hammer), also ta tatau »richtig schlagen« heißt. J.Cook führte das Wort in die Literatur ein und schrieb es »tattow«. Obwohl zur selben Zeit R.Forster die richtige Schreibweise und Aussprache übermittelte, nämlich »T.«, setzte sich doch das aus dem Englischen abgeleitete und verballhornte *»Tätowierung«* durch. Heute wird jedoch in der wissenschaftlichen Literatur wieder die richtige Form verwendet. – Neben der oben beschriebenen Art der T. gibt es noch die sog. Narben-T. Diese wird hauptsächlich bei dunkelhäutigen Völkern geübt, da bei ihnen der Farbstoff auf Grund der starken Pigmentierung nicht so zum Ausdruck kommt. Bei dieser T. werden tiefere Einschnitte in die Haut vorgenommen, die dann, mit Asche oder anderen Stoffen eingerieben, nicht glatt, sondern wulstartig verheilen. Man spricht hier auch von Ziernarben, weniger von T. – Die *Bedeutung* der T. ist regional sehr verschieden. Sie geht vom einfachen Schmuckbedürfnis über Stammes- und Rangzeichen (Maori) und Merkmal der erfolgreichen → Kopfjagd (Konyak-Naga) bis zu echten religiösen → Symbolen (: I), zB als Zeichen für die jeweilige Gottheit (Ewe-Priester in Westafrika). Auffällig ist, daß die T. meist erst in einem bestimmten Alter vorgenommen wird, wodurch ihr Zusammenhang mit der → Initiation hervortritt. Als einfacher → Schmuck oder Ersatz der → Kleidung kann die T. bei den Montana-Stämmen in Südamerika oder bei den Samoanern angesehen werden. Im zentralen Nordamerika gibt es eine Brust-T. für Krieger. Bes. deutlich wird der Zusammenhang der T. mit religiösen Vorstellungen durch die bei der T. vorgeschriebenen → Tabus und Zeremonien. Daneben werden aber auch ausgesprochen religiöse Motive angegeben. So glauben die → Eskimo, daß nur der Tatauierte nach dem Tode zum Ort des Glücks kommt, und die nicht tatauierten Frauen von Fidschi gelten als Speise für die Götter.

W.HEIN, Zur Tätowierung der Samoaner (Mitt. d. k. k. Geogr. Gesellschaft, Wien 1899, H. 11/12, 309-323) - A.KRÄMER, Die Samoa-Inseln II, 1903, 63ff - ERE XII, 208ff - F.J.DÖLGER, AuC, 1929ff, I, 66ff. 83ff. 197ff. 229ff. 317ff; II, 100ff. 160. 297ff - H.LILLIEBJÖRN, Über relig. Signierung in der Antike (Diss. Uppsala), 1933 - ThW III, 645 - L.KEIMER, Remarques sur le tatouage dans l'Egypte ancienne, Kairo 1948 - H.FIELD, Body-Marking in South-Western Asia (Peabody Museum . . . Papers, Harvard-Univ., XLV/1), Cambridge/Mass. 1958 - W.SCHÖNFELD, Körperbemalen, Brandmarken, Tätowieren, 1960. *E.Stiglmayr*

Tatian, Theologe des 2.Jh.s, stammt aus Mesopotamien, durchläuft den Bildungsgang eines Griechen seiner Zeit und wird in Rom durch → Justin bekehrt. Seine anschließende Lehrtätigkeit (→ Rhodon) endet 172 durch einen Bruch mit der röm. Gemeinde. Er geht in seine Heimat zurück und formt dort die ostsyrische Kirche. Daß er die Sekte der → Enkratiten gestiftet habe, ist unhistorisch. In seiner Theologie ist T. ausschließlich vom Hellenismus bestimmt. Seine einzige erhaltene Schrift, die »Rede an die Griechen« - keine Apologie, sondern wohl ein Lehrvortrag –, zeigt bei allem Affekt gegen die griech. Philosophie eine eindeutige Abhängigkeit vom mittleren → Platonismus. Auch scheinbar gnostische Züge erklären sich von hier. Der Grundgedanke von T.s Lehrsystem ist die streng exklusiv und ungeschichtlich aufgefaßte Einheit der göttlichen Wahrheit. Die Gottheit Christi, des Logos, wird auf philosophischem Weg aus der Einheit Gottes deduziert. Charakteristisch für die Anthropologie ist der Satz, daß die Seele sterblich sei. In der Ethik wird T. zu rigoristischen Konsequenzen geführt, was seine Verketzerung schon bei → Irenäus zur Folge hat. – Im Sinne der Einheit der Wahrheit ist es auch zu verstehen, daß T. die vier Evangelien, unter Aufnahme apokrypher Stoffe, im Diatessaron (→ Bibelübersetzungen: III, 2 a, → Evangelienharmonie) vereinigt hat. Es dürfte nach 172 syrisch abgefaßt worden sein. Irenäus erwähnt es noch nicht. Es war in → Syrien (: III) bis ins 5.Jh. in kirchlichem Gebrauch. Ferner hat T. »Problemata« über das AT verfaßt und die Paulusbriefe bearbeitet (→ Schriftauslegung: IV A, 1).

Ausg.n: ED.SCHWARTZ (TU 4), 1888 - E.J.GOODSPEED, Die ältesten Apologeten, 1914. - Über T.: F.BOLGIANI, La tradizione eresiologica sull'encratismo. I. Le notizie di Ireneo (Atti della Accad. delle Scienze di Torino 91, 1957, 343-419) - L.LELOIR, L'original syriaque du Commentaire de S. Ephrem sur le Diatessaron (Bibl 40, 1959, 959-970) - I.ORTIZ DE URBINA, Trama e carattere del Diatessaron di Taziano (OrChrP 25, 1959, 326-357) - M.ELZE, T. u. seine Theol. (FKDG 9), 1960 (Lit.). *M.Elze*

Taube, israelitisches Opfertier, wurde im frühen Christentum durch nt. Bezeugung (Mk 1, 10 par), gleichzeitig wohl in Erinnerung an weibliche Gottheitshypostasen und -attribute der Umwelt, zum Sinnbild des Hl. Geistes, gelegentlich auch Christi und der Kirche, ferner zur Personifikation verschiedener Tugenden und Gemütszustände (vgl. Mt 10, 16). Der Rückgriff auf die Sintflutgeschichte (Gen 8, 8ff) wurde wichtig für die Darstellungen der frühchristlichen Kunst, in der die T. zu den ältesten Sinnbildern zählt, zunächst wohl noch mehr in Anknüpfung an den antiken → Seelenvogel für die menschliche Seele (im refrigerium) als für den Hl. Geist. Als Seelen-Bild (zB auf ravennatischen Sarkophagen) und Allegorie für historische Persönlichkeiten (bes. Apostel, zB Narthex des Lateranbaptisteriums; Decke des Baptisteriums von Albenga; Apsis von S. Clemente in Rom) neben dem → Lamm hat sie sich zT bis weit ins MA hinein gehalten. Erst allmählich hat sie als Sinnbild des Hl. Geistes (obligatorisch seit Benedikt XIV., 1745) endgültig dessen menschengestaltige Darstellung verdrängt. Dem MA blieb jedoch die T. auch als Seelensymbol geläufig. In mystischen Visionen spielt sie häufig eine Rolle. – Vgl. → Geist: VIII, 1 und s. Taf. 8 Abb. 1. 2; Taf. 11 Abb. 4; Taf. 12 Abb. 1-4.

DACL III, 2198ff. 2231ff - F.SÜHLING, Die T. als relig. Symbol, 1930 - RGG³ V, 999f (Lit.) - E.WERTH, Der hl. Vogel der großen Göttin (SB d. Ges. naturforsch. Freunde z. Berlin, 1935, 273-282) - HWDA VIII, 693ff - LThK IX, 1003ff (Lit.) - K.GOLDAMMER, Die eucharist. Epiklese in d. mittelalt. abendländ. Frömmigkeit (Phil. Diss. Marburg), 1941, 77ff. 97ff. 105ff. 151ff (Lit.). *K.Goldammer*

Taube, *Otto Freiherr von,* Lyriker und Erzähler, * 21.6.1879 in Reval aus einem seit dem MA in Estland ansässigen deutschen Adelsgeschlecht (mütterlicherseits Enkel von Graf Alex. Keyserling), siedelte 1892 mit den Eltern nach Deutschland über, studierte Jura und nach der Referendarszeit seit 1905 Kunstgeschichte, war wissenschaftlicher Hilfsarbeiter am Goethe-Nationalmuseum, dann freier Schriftsteller, 1914-18 Kriegsteilnehmer. Seit 1921 lebt er in Gauting (Obb.), während der Hitler-Zeit in naher Verbindung mit dem Widerstande. – Seit der Jugend viel auf Reisen und Wanderungen, wurde T. mit ganz Europa und seinen Sprachen vertraut, bes. in Italien und Spanien heimisch, ohne die innere Bindung an die verlorene Heimat seines Geschlechts einzubüßen. Was sich ihm erschloß - die Gesellschaft, die ihm durch Standes- und Familienbeziehungen offenstand, das Volk, die Natur, die Landschaft, das Lebensgefühl -, spiegelt sich in seinen Romanen und meisterhaften Erzählungen. Aus seiner Heimat brachte T. ein Inbild und Bewußtsein dessen mit, was unabhängiger und verpflichtender Adel ist. Ebenfalls baltisch bestimmt ist sein voridealistisches, illusionslos-menschenkundiges Luthertum. Auf die Fülle des Geschauten antwortet der Dichter mit dem Lobpreis Gottes im Anblick seiner Schöpfung und in franziskanischer Bruderschaft mit seinen Geschöpfen.

Vf. u.a. *Lyrik:* Verse, 1907; Wanderlieder, 1937; Vom Ufer, da wir abgestoßen, 1947; Selig sind die Friedbereiter, 1956. - *Romane:* Der verborgene Herbst, 1913; Die Löwenprankes, 1921; Das Opferfest, 1926; Die Metzgerpost, 1936. - *Novellen u. Erzählungen:* Das Ende der Königsmarcks, 1937; Der Fluch über Luhsen, 1939; Die Wassermusik, 1948; Die letzten Hexen von Dalarne, 1950; Dr. Alltags phantast. Aufzeichnungen, 1951. - *Historisches:* Gesch. unseres Volkes I. II, 1938/42. - *Memoiren:* Im alten Estland, 1949; Wanderjahre, 1950. - *Lebensbilder:* Brüder der oberen Schar, 1954. - Ausgew. Werke, 1939. - Über T.: REINH. SCHNEIDER in: Pfeiler im Strom, 1958.

R. Wittram

Tauberbischofsheim, um 735 als Großkloster für Frauen (wie → Fulda für Männer) auf Anregung des → Bonifatius durch dessen Base → Lioba gegründet, bald nach Liobas Tod († 782) wieder eingegangen. Die Kleinklöster → Kitzingen und Ochsenfurt waren T. unterstellt.

J.B. STAMMINGER, Franconia sancta, 1881, 344ff - J. BERBERICH, Gesch. d. Stadt T., 1895, 11ff - A.v. OECHELHÄUSER, Die Kunstdenkmäler d. Amtsbezirks Wertheim, 1896, 158ff - W. GREIN, T., 1924 - F. FLASKAMP, Die Missionsmethode d. hl. Bonifatius, 1929, 47ff - T. Aus d. Gesch. einer alten Amtsstadt, 1955.

F. Flaskamp

Taubstummenerziehung und -seelsorge (T. = Taubstumm[en])

1. »*Taubstumm* ist ein Mensch, der infolge einer vor dem Spracherwerb oder während desselben eintretenden vollständigen oder annähernden Taubheit ganz oder annähernd stumm geblieben oder ... geworden ist« (P. Schumann). Demzufolge unterscheidet man ererbte und erworbene Taubheit. Die Stummheit ist eine Folge der Taubheit. Die erworbene T.heit geht in der Regel auf Infektionskrankheiten wie Gehirnhautentzündung, Diphtherie, Scharlach oder Masern zurück, die die Hörfähigkeit absolut zerstören können. Der T. ist nicht ein normalsinniger Mensch, nur ohne Gehör. Das Fehlen des Gehörs und der Sprache unterscheidet ihn vielmehr wesensmäßig und charakterlich von seinen Mitmenschen. Die zunehmende Bezeichnung »gehörlos« trifft also nicht den wirklichen Sachverhalt.

2. Die *erzieherische Fürsorge* für den T., bes. in bezug auf seine sprachliche Ausbildung hat erst sehr spät eingesetzt. Die beiden Väter der T.bildung waren Abbé de l'Epée in Frankreich und Samuel Heinicke in Deutschland. De l'Epée gründete 1770 in Paris die erste T.anstalt. Das Schwergewicht in der Erziehung legte er auf das Erlernen einer sehr spezifizierten Gebärdensprache. Heinicke ging den entgegengesetzten Weg. In der 1778 in Leipzig gegründeten 1. deutschen T.anstalt wurde ausschließlich die Lautsprachmethode angewandt. Die Gebärde war verpönt. 1878 bestätigte der 1. internationale T.lehrerkongreß in Paris die Lautsprachmethode Heinickes in vollem Umfang. Sie ist in Deutschland bis heute grundsätzlich herrschend geblieben. - Auf der Erde leben etwa 36 Mill. T., davon in Deutschland ca 40000. Während aus der DDR genauere Angaben nicht vorliegen, sind vom Bund deutscher T.lehrer für die BRD nach dem Stande vom 1.10.1959 folgende Zahlen ermittelt: In 41 T.schulen - teils mit, teils ohne Heim - unterrichten 504 Lehrkräfte; 194 Erzieher und Erzieherinnen betreuen 4171 Kinder, die mit dem 7. Lebensjahr schulpflichtig wurden. Darunter sind etwa 2000 ev. t. Kinder. Zur Erleichterung der Spracherziehung werden mit den Schulen zunehmend Kindergärten verbunden. Obligatorischer Berufsschulunterricht und in wenigen Fällen weiterführende Aufbauklassen sind den Schulen angegliedert.

3. Die *seelsorgerliche Betreuung* der ev. T. in Deutschland ist sowohl landeskirchlich als auch gesamtkirchlich geordnet. Nach zaghaften Anfängen (Verfügung des Ev. Oberkirchenrates Berlin vom 19.7.1882 und Denkschrift von 1891) wurde die T.seelsorge mit geringen Mitteln und wenigen ausgebildeten Kräften am Rande des kirchlichen Lebens durchgeführt. Erst in den letzten 30 Jahren ist die Verpflichtung zur T.seelsorge auf Grund von Mk 7, 31-37 immer deutlicher erkannt worden. Heute hat jede Landeskirche ihr T.seelsorgedezernat, verschiedentlich auch einen besonderen Titel im Etat. Die *Landeskirchen* bilden in enger Verbindung mit den T.schulen T.seelsorger zum nebenamtlichen Dienst aus. Sie fördern die bezirksweise Bildung von »Gehörlosengemeinden«. ZZ halten in den westdeutschen Landeskirchen 173 »Gehörlosenseelsorger« durchschnittlich alle 4 Wochen »Gehörlosengottesdienst«. In der Entwicklung ist nach Schweizer Vorbild die Heranbildung von t. Gemeindehelfern (Kirchenvorstehern). Auf landeskirchlicher Ebene werden Bibelstunden, Freizeiten für erwachsene und jugendliche T., Bibeltage und Arbeitstage für t. Gemeindehelfer gehalten. Dem »Obmann« für die kirchliche T.seelsorge obliegt im Einvernehmen mit dem Dezernenten die kontinuierliche Förderung der Arbeit und die Verbindung mit der gesamtkirchlichen T.seelsorge.

Auf Anregung des Deutschen Ev. Kirchenausschusses entstand 1928 in Erfurt die *»Arbeitsgemeinschaft ev. Gehörlosenseelsorger Deutschlands«* (AG). In stetem Kontakt mit ihr steht der »Convent der ev. Gehörlosenseelsorger in der DDR«. Zu den Aufgaben der AG gehört nach § 2 der Satzungen: a) Alle für die Gehörlosenseelsorge wichtigen Fragen zu besprechen und zu klären. b) Sich für die Bearbeitung und Weiterführung ev.-kirchlichen Schrifttums bes. verantwortlich zu wissen. c) Die Bildung, den Zusammenschluß und die Lebensäußerungen der ev. Gehörlosengemeinden zu fördern. d) Im Gehörlosenwohlfahrtswesen mitzuarbeiten. e) Die Verbindung mit den Lehrern der Gehörlosenschulen, mit der Gehörlosenseelsorge der Ökumene und mit den deutschen und internationalen Gehörlosenverbänden zu pflegen. - Der Gesamtvorstand besteht aus allen Obmännern der Landeskirchen. Dem engeren Vorstand soll stets ein T.-oberlehrer angehören. Anstelle regionaler Blätter erscheint seit 1952 die ev.-kirchliche Monatszeitschrift »Unsere Gemeinde« mit 7 landeskirchlichen Wechselseiten (Aufl. 6000). Sie hat einen dem Sprachvermögen des T. angemessenen Verkündigungscharakter. Seit 1956 hat ein hauptamtlicher T.pfarrer als Vereinsgeistlicher der AG für die Durchführung aller Planungen Sorge zu tragen. - Auf Anregung der AG kam es im Okt. 1961 erstmalig zu einer offiziellen ökumenischen Begegnung. Ein *»Ökumenischer Arbeitskreis für ev. Gehörlosenseelsorge«* wurde gebildet. Einstweilen gehören ihm an: Finnland, Schweden, Norwegen, Dänemark, Deutschland, Österreich und die Schweiz. - Vgl. → Schwerhörigenfürsorge.

Bund dt. T.lehrer: Hdb. des T.wesens, 1929 - P. BOSSHARD, Der T., 1953 - H. SCHAFFT u.a., Gebärdenbuch, 1960 - E. KOLB, T.gemeinde, 1961 - G. HEESE, Rehabilitation der Gehörlosen, 1961. - Zs.en: Bund dt. T.lehrer: Neue Blätter für T.bildung - »Unsere Gemeinde« (ev.) - »Epheta« (kath.) - »Dt. Gehörlosen-Zeitung«, Organ des Dt. Gehörlosenbundes. - Statistik: Bund dt. T.lehrer: Statist. Nachrichten, 1959 - Arbeitsgemeinschaft ev. Gehörlosenseelsorger Deutschlands e.V.: »Statistik 1960«. *P.Gallenkamp*

Taufbecken (Piscina, fons baptismalis; niederdeutsch: Fünte). Neben den gemauerten Piscinen der frühchristlichen → Baptisterien, die in den Boden eingetieft und durch Stufen zugänglich waren, gibt es - nachweislich seit dem 5./6.Jh. - aus Stein gehauene, freistehende T. verschiedener Form (zylindrisch, kreuzförmig, quadratisch, polygonal). Bis zum 8.Jh. fanden die T. allgemein in Baptisterien, später in den Pfarrkirchen Platz, meist im Westen in der Nähe des Eingangs (T. der St. Gallener Plankirche, um 820; Zyfflich, ausgegrabene Kirche mit T., um 1000). Seit dem 12.Jh. sind T. nördlich der Alpen in großer Zahl erhalten, ältere Beispiele nur vereinzelt. Als Material dienten Stein, Metall, Holz. Die bis zum 14.Jh. vorherrschende, bis ins 16.Jh. verbreitete Immersionstaufe bedingte die Beckengröße. - Unter den mannigfaltigen Formen *romanischer Zeit* unterscheidet man Kufen (zylindrisch, konisch, polygonal, mit und ohne Sockel), Pokale (aus Schale, Schaft und Fuß gebildet) und halbkugelige, kesselförmige oder quadratische Becken, die von mehreren Stützen (Säulen oder Figuren) getragen werden. Neben rein ornamental mit Arkaturen, Blattranken und Flechtwerk geschmückten Becken sind solche mit figürlichen Reliefs verbreitet. Die häufigsten Themen sind Taufe Christi, Kreuzigung, Szenen aus dem Leben Jesu, Sündenfall, Apostel. Personifikationen der Paradiesesflüsse dienen als Träger der Cuppa. Löwen, Drachen und andere Monstren finden sich vor allem in der unteren Zone der T. als Symbole der durch die → Taufe ausgetriebenen teuflischen Mächte. - Deckel, mit denen jedes T. zum Schutz des geweihten Wassers verschlossen sein mußte, sind aus romanischer Zeit nur vereinzelt bewahrt (flach oder in Pyramidenform). - Bes. reich an erhaltenen figürlichen Taufsteinen des 12./13.Jh.s sind Westfalen, England, Gotland (Freckenhorst, Coleshill, Vänge); Metall-T. gibt es vor allem in den steinarmen Gebieten Niederdeutschlands, im Maasgebiet und in Südengland. Berühmt sind die Lütticher Bronzetaufe des Reiner von Huy (→ Kunsthandwerk: II, 4) und das Hildesheimer Dom-T. mit ursprünglichem Deckel. - Die *Gotik* bevorzugt kelchförmige T. über polygonalem Grundriß, wenn auch einzelne Gebiete andere Typen bewahrt haben, zB Norddeutschland die von Figuren getragenen Bronzekessel (Lübeck, Marienkirche; Flensburg, Nikolaikirche). Als Schmuck der gotischen T. dient neben figürlichen Darstellungen vor allem Blendmaßwerk. Prächtige Beispiele in Reutlingen (Marienkirche), Ulm (Münster), Erfurt (St. Severi), letztere mit turmartigen Maßwerkbaldachinen über den T. - Aus der *Frührenaissance* ist der Taufbrunnen in Siena mit Reliefs von Donatello, Ghiberti und Quercia bes. berühmt. - In der *Renaissance* bleibt die Kelchform weiterhin vorherrschend, nun mit Knorpel- und Rollwerk, Kartuschen, Girlanden und Puttenköpfen verziert. Bestimmte typologische Bildfolgen kehren häufig wieder: Sintflut, Durchzug durch das Rote Meer, Taufe Christi; oft auch: Christus segnet die Kinder. Beliebt sind aufwändige Deckel mit tempiettoartigem Aufbau, der meist die plastische Gruppe der Taufe Christi umschließt, und reichgeschmückte Schranken rings um die Becken (Erfurt, Dom; Leipzig, Thomaskirche; Braunschweig, Martinikirche). - Die phantasievolle, oft spielerische Dekoration des *Barock* bemächtigte sich auch der T. Neben Pokaltaufen, die immer noch verbreitet sind und mit üppigen Akanthusranken oder Rocailleornament ausgestattet werden, gibt es asymetrische Becken, zB in Muschelform, von Putten umspielte und von bewegten Draperien umschlungene T. verschiedenster Gestalt (Stift Lambach; Freiburg, Münster). - Das historisierende *19.Jh.* greift auch bei den T. auf Formen der Vergangenheit zurück.

In der *ev. Kirche* wird es schon im 16.Jh. vielerorts Brauch, die Taufhandlung im Angesicht der Gemeinde zu vollziehen. Abweichend von der bisher üblichen Aufstellung am Kircheneingang gibt man dem T. nun Platz vor dem Altar oder seitlich im Chor. Taufschüsseln aus Metall, die seit Einführung der Suspensio zum Auffangen des beim Taufakt abtropfenden Wassers dienten (älteste erhaltene Beispiele aus dem 15.Jh.), ersetzen in der ev. Kirche allmählich die großen T., da das nicht mehr geweihte Wasser zu jeder Taufe erneuert wird. Die überkommenen Taufsteine dienen nur noch als Träger der Schüssel. Vielfach werden sie durch leichtere Holz- und Metallständer (zB Baluster und Säulen) ersetzt, die man nach Gebrauch zur Seite stellen kann. - Wohl aus dem Bedürfnis, das T. würdig im Chor unterzubringen, ohne doch den Raum zu beengen, sind im späten 17. und im 18.Jh. schwebende Engel als Träger der Taufschale entstanden. Hoch im Chor angebracht, werden sie nur zur Taufhandlung herabgelassen. - Heute sind auch in der ev. Kirche wieder feststehende Taufsteine als Träger der Taufschüssel üblich. Sie haben ihren Platz vor dem Altar, seitlich im Chor oder auch in einer eigenen Taufkapelle.

H.Bergner, Hdb. d. kirchl. Kunstaltertümer in Deutschland, 1905, 274ff. 333ff - A.Mundt, Die Erztaufen Norddeutschlands, 1908 - G.Pudelko, Roman. Taufsteine, 1932 (Lit.) - EItal VI, 397ff - W.Lotz, Der Taufbrunnen d. Baptisteriums zu Siena, 1948 - W.Zimmermann, Roman. Taufsteine am Niederrhein (Ann. d. hist. Ver. f. d. Niederrhein 155/56, 1954, 472-500) - Atti Congr. Int. di Archeol. crist. V, 1954 (1957), 199-227 - Kirchen. Hdb. f. d. Kirchenbau, hg.v. W.Weyres u.a., 1959 - A.Schuchert, Taufe u. Taufstein (Universitas. Festschr. f. Bischof Stohr, II, 1960, 330-336; Lit.). *H.Claussen*

Taufe

I. Religionsgeschichtlich - II. Im Urchristentum - III. Dogmengeschichtlich - IV. Dogmatisch - V. Liturgiegeschichtlich - VI. Praktisch-theologisch - VII. Rechtlich - VIII. In der Mission. - T. = Tauf(e)

I. Religionsgeschichtlich

Das Wort T. ist inhaltlich so stark von der christlichen Tradition (→ Taufe: II. III) geprägt, daß es nur mit größter Vorsicht auf außerchristliche → Reinigungen (: I) oder → Waschungen mit → Wasser angewandt werden kann. Wortgeschichtlich fehlt auch griech. βάπτισμα in der Profangräzität und in der LXX, während βαπτισμός außerhalb des NT nur bei Josephus (Ant. XVIII, 117) mit Bezug auf → Johannes den Täufer vorkommt. Religionsphänomenologisch gehört die T. zu den → Rites de passage (→ Initiation) mit ihrem reichen → Symbolismus als → Auferstehung, → Entsündigung (: I), → Erlösung (: I), Neu- → Schöpfung (: I) und → Wiedergeburt (: I) bzw. ewiges Leben oder Unsterblichkeit, indem → Chaos, → Tod und Dämonen (→ Geister: I) besiegt werden. Je nachdem man das eine oder andere Moment der T.handlung herausgreift, lassen sich natürlich irgendwelche Parallelen oder Analogien aufweisen. Eitrem zitiert 1915 aus einer älteren Arbeit als Parallele griechischer Opferriten, daß »in Polynesien der Kopf des neugeborenen Kindes vom Priester mit einem grünen Zweige, den er ins Wasser taucht, besprengt wird, oder der Priester kann auch das Kind ganz ins Wasser hineintauchen« (S. 90). Durch Auslassung des Zweiges und Zufügung der Worte: »wie bei uns ... die T. bald per immersionem, bald per infusionem sive per aspersionem geübt wird« konstruiert Borzsák (1951) eine falsche Analogie. Diese zeigt sich als noch trügerischer, wenn man die begleitende Formel des Tohunga (Maoripriester) berücksichtigt: »Besprenge diesen Knaben. Laß ihn im Zorne aufflammen. Hagel wird fallen. Weihe ihn dem Kriegsgotte Tu« (H.Nevermann, Götter der Südsee, 1947, 130). - Nicht viel besser steht es mit den Versuchen → Reitzensteins und der → Religionsgeschichtlichen Schule, die christliche T. auf hellenistische → Mysterien (vgl. schon Tertullian, De bapt. 5) oder die → Mandäer-T. zurückzuführen (→ Taufe: II, 2). Zu solchen Versuchen, eine »allgemeine Mysterientheologie« zu konstruieren, bemerkt Nilsson (II, 693) mit Recht: »Von den christlichen Lehren unbewußt beeinflußt suchte man entsprechende in den Mysterien zu finden, um diese als den Ursprung und das Vorbild jener nachzuweisen.« - Die Ansicht der → Kultgeschichtlichen Schule, daß die christliche T. eine »demokratisierte« Königsweihe darstelle, ist eine phänomenologische, geschichtlich unbegründete Hypothese. Vielmehr sind die Angleichungen an *verschiedene* Richtungen für die Verbreitung des Christentums wie für die spätere T.theologie bedeutungsvoll gewesen. Ebenso wird die christliche Terminologie auf Vorstellungen ausgedehnt, die ursprünglich vorchristlich sind (zB die eschatologische → Feuer-T.).

S.Eitrem, Opferriten u. Voropfer der Griechen u. Römer, Kristiania 1915 - ErJb 7, 1939; 17, 1949 - C.-M.Edsman, Le baptême de feu (ASNU 9), 1940 - I.Borzsák, Aquis submersus (Acta Antiqua Acad. Scient. Hungaricae 1, 1951, 201-224) - Fr.König, Religionswissenschaftl. WB, 1956, 861ff - E.Peterson, Frühkirche, Judentum u. Gnosis, 1959, 310ff - EKL III, 1284ff - Nilsson II. - Weitere Lit. s. → Johannes der Täufer, → Taufe: II. *C.-M.Edsman*

II. Im Urchristentum

1. Terminologie - 2. Religionsgeschichtliche Wurzeln - 3. T. Jesu - 4. Urgemeinde - 5. Paulus - 6. Deuteropaulinen - 7. Nachapostolisches Zeitalter - 8. Kinder-T. - 9. Zusammenfassung

1. Die T. auf den Namen Christi ist das im → Urchristentum vorherrschende Sakrament, anscheinend von Anbeginn der Kirche an geübt, und bis heute von allen Kirchen (auch interkonfessionell) anerkannt. Die *Terminologie* im NT bietet einerseits das prägnante und auf den christlichen Sprachgebrauch begrenzte Substantiv τὸ βάπτισμα und das in neuer, christlicher Bedeutung gebrauchte Verb βαπτίζειν = taufen, anderseits eine Fülle von vielfach synonym benutzten Worten, die religionsgeschichtlich vieldeutig sind und deren auf die T. bezogener Sinn möglicherweise durch → Arkandisziplin bewußt undeutlich bleiben soll. Wir finden u.a. die Substantive λουτρόν, σφραγίς, σημεῖον, στίγμα(?), χρῖσμα, ὄνομα und die Verben λούειν, σφραγίζειν, ἁγιάζειν, χρίειν, ja auch βεβαιοῦν und zT στηρίζειν, die je nach Kontext auf die T. verweisen können. Immer zwar legen diese Worte begrifflich den Akzent auf einen bestimmten Sinn der T., können aber auch die Handlung als Ganzes bezeichnen. Das Neue der Handlung wird gegenüber dem AT schon in der Wortwahl darin deutlich, daß das NT - im Unterschied zur LXX, die für »raḥāṣ« λούειν und für »ṭabāl« βάπτειν gebraucht - βαπτίζειν und βάπτισμα verwendet, während ὁ βαπτισμός im NT für rituelle Waschungen erscheint (Mk 7, 4; Hebr 9, 10; anders aber Hebr 6, 2 und Kol 2, 12 [v.l.]). Das Empfinden für etwas Besonderes im Ritus der Buß-T. ist ferner aus der selbst bei Josephus (Ant. XVIII, 116) aufgenommenen Bezeichnung des Johannes als ὁ βαπτιστής (nur bei den Synoptikern, nicht im JohEv!) zu erkennen. Die übertragene Verwendung von T. auf den Tod Christi (Mk 10, 38f; Lk 12, 50; Mt 20, 22f [v.l.]) setzt bereits eine theologische Interpretation in der Linie von Röm 6 voraus (anders Delling). Hinsichtlich des Ritus der T. besagen weder τὸ βάπτισμα noch βαπτίζεσθαι, ob es sich um ein Untertauchen im Wasser oder um eine Besprengung handelt. Da βάπτειν »eintauchen« und in der Profangräzität βαπτίζειν »wiederholt untertauchen« heißt, wird voreilig βαπτίζεσθαι unter Verwendung von Röm 6, 3f als Taufen durch Untertauchen als gesichert angesehen.

2. So reichhaltig *religionsgeschichtlich verwandte Bräuche* sind, so neu im einmaligen Vollzug und im Verständnis ist doch die christliche T. Ihr Vorbild freilich, die T. → *Johannes des Täufers,* steht bei aller Differenz des Sinnes fest. Von eschatologischer Naherwartung getragen, hatte die Buß-T. des Johannes primär forensischen Charakter, sie verhieß Rettung vor dem → Gericht (: III). Ihr sakramentaler Charakter wird durch die Einmaligkeit und den Vollzug durch den Täufer (nicht Selbst-T.) deutlich. T. in fließendem Wasser (Mk 1, 5. 9; Joh 3, 23) ist ebenso charakteristisch wie das Ergehen des Bußrufs, der T.aufforderung an alle und der Verzicht auf esoterische Wirksamkeit oder Sektengründung.

Als Vorbilder für die T.praxis des Johannes verweist man auf Qumran, auf die palästinensisch-syrischen T.-sekten allgemein und auf die Proselyten-T. - Hinsichtlich einer Ableitung von den T.bräuchen in → *Qumran* (, 4. 5) wird man zurückhaltend sein müssen. Ein nachweisbarer Zusammenhang zwischen dem Täufer und der Sekte besteht nicht - seine eventuelle Mitgliedschaft in der Sekte ist hypothetische Konstruktion! -, und die Analogien in den T.bräuchen reichen für eine genealogische Verbindung nicht aus. Den Entsprechungen (Verbindung von Buße und Tauchbädern; deren Sühnecharakter und sakramentaler Anklang) stehen entscheidende Unterschiede gegenüber (Wiederholung der Tauchbäder, Fehlen eines Täufers, keine Naherwartung, esoterische Eingrenzung). Was bei Johannes eschatologisch ist, bleibt in Qumran rituell, wenn auch mit apokalyptischer Färbung. - Ebenso allgemein sind die Berührungen mit den sonstigen *palästinensischen T.bewegungen* (→ Johannes der Täufer, 3). Der Text Sib 4, 161 bis 169, der einen eschatologischen Tenor mit der T. verbindet, könnte christlich beeinflußt sein (80 nChr) und steht ohnehin vereinzelt da (gegen Reitzenstein). - Die *Proselyten-T.* endlich ist erst für ca 80 nChr sicher bezeugt, eine ältere Praxis bleibt jedoch *möglich;* selbst sakramentale Bewertung ist nicht ausgeschlossen, wohl aber fehlt die Verbindung mit der Eschatologie völlig. Rechtliche und rituelle Fragen beherrschen diesen Brauch derart (Bill. I, 102ff), daß eine Verbindung zur christlichen oder zur Johannes-T. unwahrscheinlich bleibt. Im ganzen wird also die T. des Johannes eine originale Schöpfung des Täufers sein, bei der nur für einzelne Züge religionsgeschichtliche Parallelen aufzeigbar sind. - Die Frage, ob neben dem Vorbild der Johannes-T. noch die Schriften der → *Mandäer* religionsgeschichtlich erhellend sind, wurde durch H.Lietzmann, E.Peterson u.a. verneint. Jüngste Arbeiten haben jedoch die Wahrscheinlichkeit, daß die christliche und die mandäische T. von einem gnostischen T.ritual beeinflußt sind, wieder bekräftigt (E.Segelberg, K.Rudolph).

3. Die *T. Jesu durch Johannes* (Mk 1, 9-11 par) ist geschichtlich nicht anzuzweifeln (→ Jesus Christus, 7). Auch ist wahrscheinlich, daß einige der Jesus-Jünger aus dem Kreis der Johannes-Jünger kamen. Anderseits verlautet nichts über eine T.praxis zZ des historischen Jesus und in dessen Umkreis. Die Bemerkung in Joh 3, 22 und 4, 1 über ein Taufen Jesu wird 4, 2 explizit - wenngleich in einer Glosse - korrigiert: »Jesus taufte nicht selbst, sondern seine Jünger.« Die in der Regel für eine Einsetzung der T. durch Jesus herangezogenen Stellen sind Mk 16, 15f; Joh 3, 5; Mt 28, 19f. Die Mk-Stelle gehört zum Nachtragskapitel; die Joh-Stelle (bei der die Worte ὕδατος καί unsicher bezeugt sind) bietet nichts historisch

Verifizierbares; und der sog. T.- bzw. Missionsbefehl in Mt 28 legt dem auferstandenen Herrn ein Wort in den Mund, das die Praxis der Gemeinde im letzten Jahrzehnt des 1.Jh.s legitimieren soll. Es findet sich sonst keinerlei Spur einer T.anordnung Jesu, noch läßt sich die trinitarische Formel im apostolischen Zeitalter nachweisen (→ Trinität: II). Man kann also die christliche T. nicht auf eine Einsetzung durch Jesus zurückführen. Dementsprechend fehlt für das ganze apostolische Zeitalter jede Berufung auf eine Stiftung der T. durch Jesus. Wohl aber ist daneben festzustellen, daß Jesus durch seine eigene T. das prophetische Wirken Johannes des Täufers bejaht und in seinem Sinn - Zurückführung der Menschen unter Gottes Willen durch radikale Umkehr - aufgenommen und mit der Verkündigung der Nähe der Gottesherrschaft (→ Reich Gottes: I, 2 c) verbunden hat. In diesem Zusammenhang muß auch Jesu Wort vom Kreuztragen (Mk 8, 34 par; Mt 10, 38; Lk 14, 27) in seinem ursprünglich nicht auf die Kreuzigung weisenden Sinn beachtet werden. Dieses Logion spricht vom Aufnehmen des eschatologischen *Zeichens,* des Eigentumssiegels, und fordert dies als Zeichen der Umkehr und der → Nachfolge. Also bejaht Jesus die Aufnahme des eschatologischen Bußrufes des Täufers, ohne sich über einen Ritus der T. als Handlung der Übereignung zu äußern. Das Zeichen-Nehmen (Ez 9, 4: tav = + oder ×) konnte nach Ostern auf die X[ριστός]-Versiegelung, die Nachfolge auf die Übernahme der Wasser-T. Jesu bezogen werden (vgl. dazu Dinkler in BZNW 21).

4. Die *Urgemeinde* hat sehr bald nach Ostern diese Aufnahme von Vorbild *und* Forderung Jesu vollzogen und die T. als Initiationsritus für die Schar des »hl. Restes« oder des eschatologischen »Israel« (→ Israel im NT) verstanden und die → Versiegelung dadurch verchristlicht, daß sie auf den Namen und im Namen Jesu Christi taufte. Jedenfalls ist von einer tauflosen Anfangszeit der christlichen Gemeinde nichts bekannt (gegen Barnikol). Zwar berichten die älteren Quellen nichts Zuverlässiges von einer T. der Apostel selbst, nicht einmal von einer T. des Petrus; anderseits ist anzunehmen, daß einige Jünger Jesu von Johannes getauft waren (s. 3) und andere, wie Paulus, bald nach der Bekehrung die T. empfingen (Apg 9, 18; 22, 16). Jedenfalls setzt Paulus 1Kor 12, 13 die T. *aller* Christen als selbstverständlich voraus. Die Frage, wie es trotz fehlenden T.befehls Jesu hierzu kommen konnte, ist nicht eindeutig zu beantworten. Wahrscheinlich resultierte aus dem nach Ostern vorherrschenden eschatologischen Selbstverständnis der Wille, als hl. Rest die Gemeinschaft mit dem Auferstandenen zu bewahren, was in der Übereignung an seine Person und durch die T. auf seinen Namen geschah. Mit der Interpretation dieser Handlung in rechtlichen Begriffen und der Verbindung der T. mit dem »Angeld des Geistes« wurde die geglaubte Präsenz des Heils bei allem Wissen um die noch ausstehende Vollendung ausgedrückt. Aus diesem Selbstverständnis resultierte die Neufassung der T. Jesu als einer »Kultlegende« (Bultmann), in der die nachösterliche T. vorösterlich begründet und auf den Tod des Herrn gedeutet wurde. Weiter ergab sich die Notwendigkeit einer soteriologischen Differenzierung zwischen Johannes-T. und der christlichen auf den Namen Jesu. Diese besteht vor allem in der Gabe des hl. → Geistes (: IV). Die Verbindung von T.akt, → Sündenvergebung und Geistgabe ist offensichtlich vorpaulinisch und hat einerseits die eschatologische → »Versiegelung« zum Motiv, anderseits - davon schwer zu trennen - exorzistischen und apotropäischen Sinn. Wenn der Täufer selbst Jesus den »Stärkeren« nennt und seine eigene Wasser-T. unter die Geist-T. stellt (Mk 1, 7f), so entspricht das der im JohEv dann weiter ausgeführten Tendenz der unterordnenden Abgrenzung. Sie war notwendig, weil nach dem Tode des Täufers dessen Jünger die Buß-T. noch längere Zeit konkurrierend weiterführten. Gerade weil die christliche T. nicht von Jesus als Sakrament eingesetzt, sondern nachösterliche Aufnahme und Uminterpretation der Johannes-T. war, mußte man den Unterschied verstärken und durch den Täufer selbst ausgesagt sein lassen.

5. → *Paulus* (, 3 d) hat die T. vorgefunden (Röm 6, 3; 1Kor 12, 13); er bezeugt vielleicht sogar das Fehlen einer Überlieferung, sie gehe auf einen Befehl des Herrn zurück (vgl. 1Kor 1, 17: »Christus hat mich nicht gesandt zu taufen, sondern das Evangelium zu verkünden«). Daß er nur gelegentlich selbst getauft hat (1Kor 1, 14ff) und in der Regel wohl den örtlichen Gemeinden das Taufen überließ, mag anzeigen, daß es von Anfang an nicht auf die Person des Taufenden ankam (vgl. auch Apg 8, 26ff; 10, 48, wo Petrus die T. gebietet, aber nicht selbst durchführt), und zeigt weiter, daß Paulus die Antwort des Glaubens auf die Wortverkündigung als das Entscheidende ansieht und diese zeitlich vor der T. geschieht. Die T. ist demnach nicht identisch mit der Gnadengabe des Glaubens, sondern deren Folge und Abschluß. Beachtenswert ist, daß Paulus aus der schon bestehenden T.praxis offensichtlich feststehende liturgische → Formeln (: II) oder Begriffe aufnimmt; das erlaubt Rückschlüsse auf die hellenistische Gemeinde vor ihm. Allgemein ist anerkannt, daß Paulus in Röm 10, 9 ein T.bekenntnis zitiert; hier wird deutlich, daß T.glaube und -bekenntnis das Ostergeschehen zum Gegenstand haben. Wenn er 1Kor 6, 11 am Schluß einer Paränese mit den 3 Verben des Abwaschens, Heiligens und Rechtfertigens in gemeinchristlicher Terminologie die T.anschauung der Gemeinde aufnimmt, an anderer Stelle (1Kor 1, 30) die 3 entsprechenden Substantive (freilich für ἀπολούεσθαι: ἀπολύτρωσις) zur Kennzeichnung des Christenstandes wählt, so weist dies auf die Bedeutung der T. für die paulinische Konzeption der eschatologischen Existenz des Menschen (vgl. auch Gal 3, 28). Auch in 2Kor 1, 21f wird eine vorgeprägte T.-terminologie aufgenommen: Die 4 der Rechtssprache entnommenen Verben (das erste im Präsens, die anderen im Aorist!) fixieren die Verbindlichkeit des T.geschehens. Mittels juristischer Begrifflichkeit also wird die eschatologische Wirklichkeit eines nicht objektivierbaren Geschehens festgehalten. Offen bleibt dabei die Frage, ob mit dem Salben (χρίειν) ein besonderer Akt der → Salbung bei der T. (Reitzenstein) oder metaphorisch die Priesterweihe oder endlich ein perfusio-Ritus gemeint ist. Sicher ist jedoch, daß die T. hier durch das Verb »versiegeln« als eschatologische Handlung verstanden ist, in der der Täufling in das Eigentum dessen überführt wird, auf dessen Name die T.handlung geschieht. Durch das Geben des Angeldes, das im Geist besteht, wird der Rechtsakt perfekt (vgl. im einzelnen Dinkler, s. Lit.).

Die Zitate oder Anspielungen an vorgeprägte Formeln bei Paulus zeigen an, daß jüd. Weihebegriffe, gnostische Formeln und hellenistische Rechtssprache bereits in vorpaulinischer Zeit rezipiert wurden, um die Übereignung an den erhöhten Herrn als wesentlichen Sinn der T. zu interpretieren. Paulus hat aber nicht nur rezipiert und tradiert, sondern auch das Verständnis vertieft, indem er die T. als *gegenwärtiges Heilsgeschehen* verkündigt. Damit wird das T.sakrament in den Rahmen des christologischen Kerygmas gestellt und vermittelt der T.akt die Teilnahme des Täuflings an Jesu Tod und Auferstehung. Die T.theologie des Paulus wird damit zu einem Teil der Entfaltung des → Kerygmas und ist nicht ein spezieller Topos, der sich als Lehrstück vergegenständlichen ließe. Röm 6 zeigt dies deutlich, zumal hier in Auseinandersetzung mit jüd. Gesetzesfrömmigkeit der Gnadencharakter der T. verkündigt wird, wobei auch hier - vgl. ἢ ἀγνοεῖτε 6, 3 - vorpaulinisch-hellenistische Tradition aufgenommen ist. Die T. ist nicht so sehr Initiationsakt und Abwaschung der Sünden, sondern Aktualisierung des ein für allemal (6, 10: ἐφάπαξ) geschehenen Heilsereignisses, sie bedeutet ein Mitsterben mit Christus, eine Gewißheit der kommenden Auferstehung und den sofortigen Beginn eines neuen Lebens. Das Gestorbensein der Sünde ist im Mitgekreuzigtsein mit Christus begründet, das Anteilhaben an der Auferstehung wird im Futurum der Verben ausgedrückt (6, 5. 8). Die Paradoxie der auf Christus getauften und versiegelten Existenz wird darin deutlich, daß das Zukünftige bereits Gegenwart ist; vgl. 6, 11 als Folgerung aus 6, 1-10: »So haltet euch selbst für tot der Sünde gegenüber, für Gott aber lebend in Jesus Christus.« Daß damit für die Gegenwart bereits - proleptisch die Zukunft ergreifend - die Teilhabe an der Auferstehung Christi ausgesagt werden soll und nicht nur eine »kognitive« Bedeutung der T. bei Paulus (gegen K.Barth), zeigt die Forderung, in der καινότης ζωῆς (6, 4) zu wandeln. So eindeutig die Vernichtung der → Sünde (: IV) als Macht durch die Einbeziehung des Täuflings in das Heilsereignis der Kreuzigung Christi ist, so paradox bleibt doch das neue Sein, wenn Paulus den »Leib der Sünde«, welcher durch die T. vernichtet ist (6, 6), als »sterbenden Leib« (σῶμα θνητόν) bezeichnet (6, 12) und die Forderung stellt, in ihm die Sünde nicht herrschen zu lassen - obgleich er nach 6, 2 in der T. der Sünde gestorben ist. Die offenbare Spannung zwischen dem neuen Sein, in das die T. auf Christus hineinstellt (2Kor 5, 17: καινὴ κτίσις), und dem Noch-nicht-sein im geschichtlichen Leben des Getauften, das den weiteren Kampf gegen die Sünde fordert, ist nur scheinbar eine Antinomie (→ Sittlichkeit: V, 3). Die christliche Existenz des Glaubenden in der Welt kann nur als Paradox in dialektischer Begrifflichkeit dargestellt werden, wenn nicht die *Wirkung* der T. mißdeutet werden soll.

Die durch das T.geschehen geschenkte reale Teilnahme an Kreuzigung und Auferstehung Christi kommt zum Ausdruck in der Aufnahme und Stellung des gnostischen Begriffs *»Leib Christi«*. Dieser Begriff wird bei Paulus ausschließlich in Verbindung mit Sakramentsaussagen oder solchen über Geistesgaben gebraucht und zeigt schon damit seine Bezogenheit auf die T., was seine ekklesiologische Bedeutung nicht aufhebt, sondern pointiert. Indem Paulus wechselt von dem Ausdruck »taufen auf den einen Leib« (1Kor 12, 13) zum »taufen auf Christus« (Gal 3, 27; 2Kor 1, 21), ja zum »Anziehen Christi« und »Eins-sein aller in Christus Jesus« (Gal 3, 27f), wird das Gliedsein in der → Kirche (: II) als Teilhabe am Heilsgeschehen der Kreuzigung und Auferstehung interpretiert und in der unmystischen, aber eschatologischen Formel des εἶναι ἐν Χριστῷ zusammengefaßt. Zur rechtlichen Beschreibung der Wirklichkeit, in die die T. versetzt, kommt die Betonung der ontischen Seite des Aktes. Die Eingliederung des Täuflings in den »Leib Christi« ist gewiß nicht als Bild gemeint, sondern soll eine reale und doch objektiv nicht konstatierbare Wirklichkeit ausdrücken: Die Glaubenden, die in der T. Christus »angezogen« haben (Gal 3, 27), werden dennoch aufgefordert: »Ziehet den Herrn Jesus Christus an« (Röm 13, 14; vgl. Gal 5, 25: »Leben wir im Geiste, so lasset uns im Geiste wandeln!«). Die paulinische Verbindung von Indikativ und Imperativ hat also ihren Sitz im T.geschehen, und die Verwurzelung der Mahnung zum neuen Leben im Indikativ des »Sein in Christus« ist durch die vorpaulinische T.praxis gegeben, der Verkündigung der Sündenvergebung eine Paränese zur Heiligung des Lebens folgen zu lassen. War aber in vorpaulinischer Zeit das Verhältnis von Indikativ und Imperativ als Folge der T.praxis ein Nach- oder Nebeneinander und primär ethisch motiviert, so ist es bei Paulus zum Ineinander geworden, weil er das Verhältnis von der Anthropologie her durchdenkt. Erst auf Grund der T. ist die nova oboedientia möglich, weil erst die Geistgabe und das Gliedsein am Leibe Christi dem neuen Wollen die notwendige Kraft gibt.

Am Schluß von Röm 6 erscheint anstelle des dort fehlenden Pneumabegriffs der Ausdruck *Charisma* (6, 23, offenbar zurückweisend auf 5, 15). Er wird hier definiert: »Das Charisma Gottes ist das ewige Leben in Christus Jesus unserm Herrn.« Pneuma und Charisma (→ Geist: IV, 3), nahezu synonym gebraucht, werden in der T. geschenkt und haben ihr Wesen darin, daß sie nur wirkungsmächtig (ἐνεργήματα: 1Kor 12, 6) sind in der lebendigen Einheit und Verbindung mit dem schenkenden Ursprung, mit Gott und Christus. Damit wird für die T. und das in ihr begründete neue Sein in den Begriffen »Geist« und »Charisma« die Verbindung zwischen Christologie und Anthropologie gesetzt. Der T.akt gliedert nicht einfach nur in die Einheit des Leibes Christi ein im Sinne einer Mitgliedschaft in der Kirche, sondern begründet eine Bewegung der getauften Existenz, die sich von der Teilhabe an der Auferstehung Christi zum Telos der eigenen Auferweckung erstreckt (Phil 3, 12ff). Diese Erstreckung wird bewegt vom Pneuma als der Kraft des Auferstandenen, die im Getauften wirkt. Sie wirkt gewiß nicht uniform, sondern Paulus begründet in dem jedem Getauften geschenkten Charisma die Vielzahl der Gaben (Röm 12, 6ff; 1Kor 12, 4ff), die als konkrete → Berufung (: III, 5; 1Kor 7, 17ff; Phil 3, 14) die Individuation der Geistgabe in der äußeren Einheit des Leibes Christi (1Kor 12, 12ff) zur Folge hat. Daß jeder sein eigenes Charisma hat (1Kor 7, 7), daß es also einen besonderen Stand von Charismatikern nicht gibt, führt notwendig zur charismatischen Gleichstellung aller Getauften. Nach Gal 3, 27f sind die biologischen und soziologischen Werte und Fakten dort aufgehoben, wo man auf Jesus Christus getauft und zur neuen Einheit in seinem Leibe geworden ist. Nicht humanitäre Ethik, sondern die im T.verständnis sich ergebende Integrierung von Christologie und Anthropologie hat Paulus dazu geführt, die natürlichen Schöpfungsordnungen eschatologisch »in Christus Jesus« aufzuheben (vgl. 1Kor 12, 13). Wegen der T. also gibt es in der Kirche weder »Rassen« noch auch für Männer vorbehaltene geistliche Stände. Bei aller Individuation der Charismen gilt grundsätzlich die Ubiquität des Geistes Christi (Käsemann).

Der sakramentale Charakter der T. - wie des → Abendmahls (: I) - führte bereits zZ des Paulus zum magischen Mißverständnis. Den korinthischen Gnostikern begegnet Paulus 1Kor 10, 1-13 mit einer typologischen Warnung: die T. gibt keine Garantie dafür, daß nicht die Sünde über den Getauften wieder Macht gewinnt und statt des Heils das Verderben am Ende steht. Anderseits scheint aber auch bei Paulus durch die T. ein objektives und unveräußerliches Siegel dem Glaubenden gegeben zu sein: selbst bei schwerem Rückfall in die Sünde soll der Glaubende nur »zur Vernichtung des Fleisches« dem Satan übergeben werden, »damit der Geist gerettet werde am Tage des Herrn« (1Kor 5, 5). Offenbar besteht zwischen einem getauften und einem nichtgetauften Sünder, bei aller Schwere des Rückfalls, ein wesentlicher Unterschied. - Zu 1Kor 15, 29 s. → Totentaufe.

Die Verschiedenartigkeit und Vielfalt der mit der T. verbundenen Motive zeigen an, daß Paulus eine T.praxis als feste Tradition übernommen hat und seine Interpretationen dem Bemühen entstammen, das T.verständnis im Christusereignis fest zu verankern und zur Grundlage seiner Anthropologie zu machen. Vier Motive, die Bultmann (NT § 13, 1) für die T. in der hellenistischen Gemeinde herausgestellt hat: Reinigung von den Sünden, Versiegelung auf den Namen Jesu Christi, Geistverleihung und Anteilgabe an Tod und Auferstehung Christi, sind ebenso bei Paulus greifbar. Ein neues Motiv erscheint nicht. Der Anteil des Paulus an der urchristlichen T.theologie liegt in der Verarbeitung und Vertiefung des Übernommenen, nicht in originellen Zutaten. Die Vertiefung betrifft die christozentrische Interpretation der T. als Einverleibung ins Heilsgeschehen, in die ein für allemal gegebene und doch in den Charismen je neu gegenwärtig werdende φανέρωσις τοῦ πνεύματος (1Kor 12, 7). Was in der T. wirklich geschieht, das tut Gott mit dem Täufling, es ist nicht etwa Gabe des Täufers. Auffallend ist freilich, daß Paulus mit der T.lehre nicht seine Rechtfertigungslehre zu verknüpfen vermag (1Kor 6, 11 erscheint der Begriff im Zitat, und zwar technisch); weniger auffallend dagegen ist, daß das Motiv der Sündenreinigung unbetont bleibt.

Notwendig stellt sich die Frage nach dem Verhältnis von *Glaube und T.*, da letztere mit der Geistgabe verbunden ist und → Glaube (: III, 4 a) als Geschenk der Gnade ohne Wirkung des Geistes undenkbar ist. Paulus hat offenbar die Spannung von *Wort* und *Sakrament* nicht empfunden und deshalb nicht als Problem angefaßt. Beim Wort der Verkündigung wie bei der T. geht es Paulus um Gottes und Christi Präsenz (2Kor 5, 20; 1, 21f) und damit um die Gegenwart des Heilsgeschehens im Jetzt (2Kor 6, 2). Zweifellos ist der Glaube Voraussetzung der T.; nur deshalb kann mit dem T.akt ein Glaubensbekenntnis verbunden werden (Röm 10, 9). Will man differenzieren, so läßt sich dies schwerlich in der Weise tun, daß man auf Grund von 1Kor 1, 17 die Wertung der T. bei Paulus der der Wortverkündigung unterordnet. Eher läßt sich sagen, daß die Antwort des Glaubens in der T. als bindendes Ja Gottes durch die eschatologische Gemeinde »versiegelt« wird, daß der Täufling durch Gott dem Kyrios »notariell« übereignet und durch die Geistgabe angenommen wird.

6. Der → *Kolosser-* und → *Epheserbrief* führen das T.-verständnis weiter. Die T.aussagen erscheinen in liturgischen Stücken und erinnern an Bekanntes, um von hier aus eine theologische Basis zur Paränese und Polemik zu gewinnen. Die auf gnostischen Quellen sich erhebende T.homologie Kol 1, 15-20 (Käsemann) zeigt, wie bald nach Paulus T.- und Amtstheologie als bindende Autoritäten der → Tradition (: V) angesehen und gegen Häresien ins Feld geführt werden. Die Teilhabe an Kreuz und Auferstehung durch die T. als Christus-Beschneidung (2, 11) wird weiter gefaßt als Röm 6, sie führt zum Begrabenwerden und Schon-jetzt-Auferwecktsein (2, 12); nicht die Abwaschung, sondern der ans Kreuz geheftete »Schuldschein« hat die Vergebung der Sünden erbracht, und die Getauften nehmen letztlich teil am Triumph des Gekreuzigten über die Mächte der Welt. Wie real diese Teilhabe ist, zeigt sich an dem μεταστῆναι in das Reich des Sohnes auf Grund des »Anteils am Erbe der Heiligen im Licht« (1, 12f). Wie das theologische Durchdenken des T.geschehens die Ekklesiologie immer mitbetrifft, so auch umgekehrt: der thematisch um das Wesen der Una sancta sich bemühende Brief an die *Epheser* muß die T.-interpretation miteinbeziehen. Auch hier führt eine antihäretische Front dazu, die in Christus als Kosmokrator und »Haupt der Kirche, die sein Leib ist« (1, 22f), gegebene Einheit zu erhellen. Wenn in c. 1 Teile einer T.liturgie zur Sprache kommen (Schille), in 4, 4-6 eine erweiterte T.akklamation und in 5, 14 ein altes T.lied einbezogen werden, so erweist dies wieder, wie vom in der T. aktualisierten Heilsgeschehen aus theologisch argumentiert und apologetisch deduziert wird. Das »Versiegeln« ist auf dem Wege zum Terminus technicus für die T. (1, 13 und 4, 30 auf die Geistgabe bei der T. bezogen). Der bei Paulus anthropologische Begriff der καινὴ κτίσις (2Kor 5, 17) wird jetzt kosmologisch (1, 10; 2, 10) interpretiert; die Omnipotenz des Erhöhten umfaßt und durchdringt die im Himmel beheimatete und zugleich empirische Kirche. Die T. ist sakramentales Mittel, um den Täufling mit Christus schon jetzt auferstehen zu lassen und mit dem Fallen der Scheidewand zwischen Himmel und Erde auch die Differenz von Zukunft und Gegenwart in gnostischer Kosmologie aufzuheben.

7. Die *nachapostolische Zeit* ist hinsichtlich der Nachrichten über T.vollzug und T.interpretation uneinheitlich. Dem Nachlassen des eschatologischen Selbstverständnisses entspricht die zunehmende Sakramentalisierung der Kirche. Damit schwindet die Dialektik von Indikativ und Imperativ, die T.wirkung wird auf die Zeiten verteilt: Sündenvergebung im Blick auf die vorchristliche Vergangenheit, Versiegelung fürs ewige Leben, Geistgabe für den sittlichen Wandel in der Gegenwart. Aus dem für alle Getauften prägnanten Charisma-Begriff wird eine Amts-Qualität, für die »Laien« ergibt sich damit faktisch eine Relativierung des Gnadengeschenks der T. Zugleich tritt die Frage der Buße in den Vordergrund (→ Bußwesen: II, 1 b). Endlich vollzieht sich eine Fixierung des Vollzuges der T., explizit greifbar in der Did. Die Schwierigkeit einer methodischen Erfassung der Entwicklung liegt einerseits in der lokalen Differenzierung, anderseits in der Tatsache, daß liturgische Formeln meist undiskutiert übernommen werden. Ferner ist die Fortentwicklung durch Aufnahme von Elementen der → Mysterien-Kulte geprägt, wobei nicht immer sicher ist, ob es sich nur um sprachliche Anreicherung handelt, oder um eine mysterienhafte Umdeutung der T. in der Linie einer sakramentalen Verobjektivierung.

In Apg 19, 1-7 und 8, 14ff (vgl. 9, 17) ist die Trennung von T. und Geistempfang mittels → Handauflegung (: II) eine auf Lukas als Schriftsteller zurückzuführende Konstruktion. Zwar wird damit außer der Weiterexistenz von Täuferjüngern (→ Johannes der Täufer, 4 c) auch die Übernahme einer den Geist vermittelnden Handauflegung beim T.vollzug bestätigt, nicht aber eine irgendwann einmal existierende Scheidung von T. als Sündenvergebung und Versiegelung einerseits und Geistgabe anderseits. Auch gab es nicht einen Geistempfang, der nachträglich durch T.vollzug zu besiegeln wäre, wie Apg 10, 44-48 es scheinen läßt. Vielmehr ist das Motiv der lukanischen Berichte: Der Geist kann nur kirchlich-orthodox sein, er muß in die Una sancta eingliedern, also muß er »apostolisch« gespendet werden. Lukas folgt der Formel von Eph 4, 4f: »Ein Herr, ein Glaube, eine T.« – also auch: »Ein Leib und ein Geist«; daraus zieht er seine Konsequenzen (Haenchen, Käsemann). Von einer historisch faßbaren Gefahr, die T. in zwei Akte zu spalten, in Sündenvergebung durch Wasser-T. und Geistverleihung durch Handauflegung (O. Cullmann), läßt sich bei kritischer Beurteilung der Apg nicht sprechen. – Offenbar ist es Ende des 1. und Anfang des 2.Jh.s zu einer Festigung des T.*ritus* gekommen. Die in der Apg vorausgesetzte Handauflegung wird in Hebr 6, 2 ebenso wie eine T.lehre zur selbstverständlichen Tradition gerechnet. Wie die Johannes-T., so wird auch die christliche T. in fließendem Wasser vollzogen (Apg 8, 36; Hebr 10, 22; Barn 1, 11). Es handelte sich wohl um ein Eintreten ins Wasser und um einmaliges Übergießen durch den Täufer, wobei über dem Täufling der Name Jesu Christi genannt wurde (vgl. die Formel βαπτίζειν εἰς τὸ ὄνομα Apg 8, 16; 19, 9 vgl. 1Kor 1, 13. 15). Eine dreimalige T.handlung ist die Folge der Einführung der trinitarischen Formel, die, abgesehen von Mt 28, 19, für das beginnende 2.Jh. durch Did 7, 1. 3 und Justin (Apol. I, 61, 3. 11. 13) gesichert ist.

Während das → *Johannesevangelium* das Sakrament erst durch die redaktionellen Zusätze aufnimmt, hierbei aber die Einsetzung von Herrenmahl und T. im Kreuzesgeschehen verankert (19, 34), zeigt der *1.* → *Johannesbrief* eine vielfältige Aufnahme des T.geschehens. Sie dient der Paränese wie der Ketzerbekämpfung. Der Begriff χρῖσμα (1Joh 2, 20. 27) begegnet als christlicher Terminus und richtet sich gegen die sakramentalistische Verwendung in der Gnosis. Allgemein *kann* damit die T. gemeint sein, im engeren Sinne aber das in der T. wirksame »machterfüllte Wort«. Ein Taufbekenntnis als Homologie zu Jesus als Christus und Kyrios ist schon in apostolischer Zeit wahrscheinlich (vgl. 2Kor 1, 20 die Aufnahme des liturgischen »Amen«; Eph 5, 20; 3, 21). Es ist vor dem T.akt anzusetzen und geschieht, falls 1Tim 6, 12 auf die T.homologie abhebt (nach Käsemann allerdings Ordinations-Gelübde), »vor vielen Zeugen«. Hier wird auch die von O.Cullmann nachgewiesene Formel τί κωλύει ihren Ort haben (Apg 8, 36; 10, 47; 11, 17; Mt 3, 14; EbEv [Epiphanius 30, 13]), auf deren Verneinung hin (vgl. Apg 8, 37 das ἔξεστιν in einigen westlichen Hss.) der eigentliche T.akt zu denken ist. Die Formel setzt eine Beteiligung der Gemeinde bei der T.zulassung voraus. Erst → Ignatius fordert für den T.akt die Anwesenheit des Bischofs (Sm 8, 2). Mit einem vorbereitenden T.unterricht wird man ab 2.Jh. rechnen dürfen (Did 7, 1; Justin, Apol. I, 61, 2; 65, 1); davon zu unterscheiden ist eine T.verpflichtung, die dem T.akt folgte und sittliche Forderungen für die Heiligung des Lebens enthielt. – Alle diese fragmentarischen Hinweise auf den T.ritus einschließlich Did 7 setzen voraus, daß nur eine Erwachsenen-T. üblich war.

Obgleich mit der T.praxis allenthalben zu rechnen ist, war ihre *theologische Bewertung* an der Wende vom 1./2.Jh. kaum einheitlich. Jedenfalls dürfte sicher sein, daß das JohEv weder dem Abendmahl noch der T. besonderes Gewicht beimaß (Bultmann). Sollte die Fußwaschung (13, 4ff) eine die T. symbolisierende Darstellung sein, was fraglich bleibt (zumal 13, 10 der Text unsicher ist), so wäre auch damit aber der T. kritisch ein neuer Sinn gegeben. Anderseits versteht das JohEv das Christwerden als → *Wiedergeburt* (3, 3), wofür ein bei Justin (Apol. I, 61, 4) noch überliefertes Agraphon den Anstoß gegeben zu haben scheint. Der Sache nach hat freilich schon Paulus 2Kor 5, 17 die Wiedergeburt durch T., nur sagt er »neue Schöpfung« (vgl. Barn 6, 11; 16, 8). – Unsicher bleibt angesichts der früh übernommenen Lichtsymbolik, seit wann die T. als *Erleuchtung* bezeichnet wird. In Hebr 6, 4ff liegt T.terminologie vor und wird man (wie auch 10, 32) das »Erleuchten« auf den Anteil an Christus als δόξα und φῶς und auf gnostische Vorstellungen zurückführen müssen. Ausgeführt ist der Gedanke bei Justin (Apol. I, 61, 12; Dial. 39, 2; 122, 1ff; 123, 2) zu greifen, wahrscheinlich auch Eph 1, 18 vorauszusetzen (vgl. 3, 9; indirekt 5, 14; unsicher: 2Tim 1, 10). Wo immer die T. mit φωτίζεσθαι oder φωτισμός in gnostischer Terminologie gefaßt wird, besteht die Gefahr einer deifizierenden T. – Im *1.* → *Petrusbrief* begegnet nebeneinander eine über Moses bis zu Noah zurückgreifende T.typologie (3, 20f), die implizit einen Protest gegen ein magisches Mißverständnis der T. enthält, und erbauliche Mahnrede, die mit dem Hinweis auf Christi Leiden und Verherrlichung alte Traditionen der Gemeinde-Theologie aufnimmt. Schwierig ist überhaupt in diesem Brief die analytische Herausstellung alter Stücke und deren formgeschichtliche Einordnung. Ähnlich ungeklärt ist das spezifische T.gut in der → *Johannesapokalypse,* deren Aufnahme des Gedankens der → Versiegelung zwar offenkundig ist, aber nicht die Gleichsetzung von T.- und Sphragis-Begriff erlaubt. Diese läßt sich erst seit 2Clem 7, 6; 8, 6 und Herm sim VIII, 6, 3; IX, 16, 2ff; 17, 4 erweisen.

8. Die *Kinder-T.* trat bisher nirgends explizit in den Blick. Aus 1Kor 7, 14, wonach aus einer Mischehe hervorgehende Kinder »heilig« und nicht unrein sind, hat man gefolgert, daß – analog dem jüd. Proselytenrecht – die von einer christlichen Mutter Geborenen naturaliter geheiligt und ohne T. Glieder der Gemeinde seien (Jeremias). Die Stelle sagt jedoch nichts aus über Kinder-T. und läßt auch nicht die Differenzierung zwischen T. von Kindern beim Übertritt der Eltern und von in christlicher Ehe geborenen Kindern zu (auch der D-Text von Apg 2, 38f erlaubt keinerlei Rückschlüsse). Die viel belastete sog. οἶκος-Formel soll die T. ganzer »Häuser« einschließlich der Kinder und Säuglinge indirekt bezeuben. Sie ist jedoch keine »Ritual-Formel« (Stauffer), sondern bei kritischer Prüfung Ausdruck einer nicht definierbaren Pluralität (Aland). Man muß sich damit begnügen, daß die Literatur des Urchristentums über Kinder- und Säuglings-T. schweigt und daß alle Indizien gegen eine Einführung dieser Sitte vor dem 3.Jh. sprechen. Wenn in Eph 1, 13f nacheinander das Hören, Glauben, Versiegeltwerden = T., die Gabe des Geistes als Angeld genannt werden (vgl. auch zB 2Kor 1, 19–22; Apg 2, 37ff; 8, 12. 35ff), so dürfte hier die theologische Sequenz des Urchristentums Ausdruck finden: Die T. besiegelt das immer vorangegangene Geschenk des Glaubens an Christus. Eine Kinder-T. läßt sich nicht historisch im NT verankern, sie muß theologisch »konkludiert« werden.

9. Eine einheitliche T.*lehre* geben das NT und die apostolischen Väter nicht. *Die* T.lehre des NT läßt sich nur durch Harmonisierung herstellen. Allzu stark ist das Fragmentarische der T.aussagen, deren Verflochtenheit mit Eschatologie, Christologie und Anthropologie zur immer neuen Aufnahme dieses Geschehens führt und gleichzeitig damit die zentrale Bedeutung der T. im Selbstverständnis der Glaubenden bezeugt. Insofern ist die T. als Sakrament weit mehr als das Herrenmahl »Anknüpfungspunkt« des theologischen Denkens und Redens (wie auch später der → altchristlichen Kunst!). *Theologisch* ist in urchristlicher Zeit eine Entwicklung teils als Akzent-, teils als Sinnverschiebung zu erkennen: die T. als Teilgabe am eschatologischen *Heilsgeschehen* wird zum gesetzlich verstandenen *Eintrittsritus,* der teilgibt an den Heilsgütern der Kirche; die Verklammerung der T. mit der Christologie und Anthropologie löst sich und macht einer Verknüpfung von T. und Ekklesiologie sowie Ethik und Bußlehre Platz. Die immer mit der T. verknüpfte *Rechtssprache* ist anfänglich Ausdruck einer eschatologischen Wirklichkeit und später ontologische Bestimmung, sie bleibt aber im Urchristentum Ausdruck der Übereignung an den Kyrios Jesus Christus durch Namensnennung, und die Versiegelungsidee ist wesentliches Charakteristikum. Hieraus erst folgt das »Recht« auf die Verheißung des Erbes, hieraus auch das charismatische Recht von Segen (Absolution) und Fluch im Namen des Kyrios. Wegen der rechtlichen Übergabe des Täuflings an den Kyrios durch dessen Siegel bietet sich auch von selbst das Bild des → Guten Hirten, der die »versiegelten« Schafe betreut, in der altchristlichen Kunst und Literatur für die T.symbolik an (→ Dura-Europos: III).

Allgemein außer den Darst.en der TheolNT u. den Kommentaren: RE XIX, 396ff - RGG[1] V, 1086ff; RGG[2] V, 1002ff - DBS I, 852ff - PW 2. R. IV, 2501ff - ThW I, 527ff; IV, 297ff - BAUER, WB[5] 261ff - EKL III, 1289ff (jeweils ältere Lit.). - Neuere Lit. (Auswahl): H.v. SODEN, Sakrament u. Ethik bei Paulus (Marburger Theol. Studien, 1931, 1-40 = Urchristentum u. Gesch. I, 1951, 239-275) - E.KÄSEMANN, Leib u. Leib Christi (BHTh 9), 1933 - DERS., Eine urchristl. T.liturgie (Festschr. R.Bultmann, 1949, 133-148 = Exeget. Versuche I, 1960, 34-51) - DERS., Die Johannesjünger in Ephesus (ZThK 49, 1952, 144-154) - DERS., Amt u. Gemeinde (Exeget. Versuche 109 bis 134) - J.THOMAS, Le mouvement baptiste en Palestine et Syrie, Gembloux 1935 - G.BORNKAMM, Die nt. Lehre v. d. T. (ThBl 17, 1938, 42-52) - DERS., T. u. neues Leben bei Paulus (Ges. Aufs. I, [1952] 1958[2], 34-50) - H.SCHLIER, Die T. nach d. 6. Kap. des Röm (EvTh 5, 1938, 335-347 = Die Zeit der Kirche, 1956, 47-56) - DERS., Zur kirchl. Lehre v. d. T. (ThLZ 72, 1947, 321-336 = ebd 107-129) - J.JEREMIAS, Hat die Urkirche d. Kinder-T. geübt?, (1938) 1949[2] - DERS., Proselyten-T. u. NT (ThZ 5, 1949, 418-428) - PH.CARRINGTON, The Primitive Christian Catechism, Oxford 1940 - H.H.ROWLEY, Jewish Proselyte Baptism (HUCA 15, 1940, 313-334) - H.G. MARSH, The Origin and Significance of the NT Baptism, Manchester 1941 - O.CULLMANN, Urchristentum u. Gottesdienst (AThANT 3), (1944) 1956[3] - DERS., Die T.lehre d. NT (ebd 12), 1948 - H.W. BARTSCH, Die T. im NT (EvTh 8, 1948/49, 75-100) - W.F.FLEMINGTON, The NT Doctrine of Baptism, London 1948 - R.SCHNACKENBURG, Das Heilsgeschehen bei d. T. nach d. Apostel Paulus (MThS I/1), 1950 - N.ADLER, T. u. Handauflegung (NTA 19, 3), 1951 - M.BARTH, Die T. - ein Sakrament?, 1951 - A.GRAIL OP, Le baptême dans l'Epître aux Galates (RB 58, 1951, 503-520) - O.KUSS, Zur vorpaulin. T.lehre im NT (ThGl 41, 1951, 289-309) - DERS., Zur paulin. u. nachpaulin. T.lehre (ebd 42, 1952, 401-425) - G.W.H.LAMPE, The Seal of the Spirit, London 1951 - DERS., »Baptisma« in the NT (SJTh 5, 1952, 163-174) - W.MICHAELIS, Zum jüd. Hintergrund der Johannes-T. (Judaica 7, 1951, 81-120) - E.SJÖBERG, Wiedergeburt u. Neuschöpfung im paläst. Judentum (StTh 4, 1951, 44-85) - PH.H.MENOUD, Wunder u. Sakrament im NT (ThZ 8, 1952, 161-183) - J.SCHNEIDER, Die T. im NT, 1952 - H.BRAUN, Entscheidende Motive in d. Berichten über d. T. Jesu von Markus bis Justin (ZThK 50, 1953, 39-43 = Ges. Studien z. NT, 1962, 168-172) - O.HEGGELBACHER, Die christl. T. als Rechtsakt, 1953 - E.DINKLER, Jesu Wort vom Kreuztragen (BZNW 21, 1954, 110-129) - DERS., Die T.terminologie in 2Kor 1, 21f (Festschr. f. O.Cullmann, 1962, 173-191) - V.WARNACH, T. u. Christusgeschehen nach Röm 6 (ALW 3, 1954, 284-366) - DERS., Die T.lehre des Röm in d. neueren theol. Diskussion (ebd 5, 1958, 274-332) - N.A.DAHL, The Origin of Baptism (NTT 56, 1955, 36-52) - A.EBERHARDT, Christian Baptism and Roman Law (Festschr. f. G.Kisch, 1955, 147-166) - E.STOMMEL, Das »Abbild seines Todes«. Röm 6, 5 u. d. T.ritus (RQ 50, 1955, 1-21) - DERS., Christl. T.riten u. antike Badesitten (JAC 2, 1959, 5-14) - T.M.TAYLOR, The Beginnings of Jewish Proselyte Baptism (NTS 2, 1955/56, 193-198) - E.BARNIKOL, Das Fehlen der T. in d. Quellenschriften der Apg... (WZ Halle 6, 1956/57, 593-610) - G.DELLING, ΒΑΠΤΙΣΜΑ ΒΑΠΤΙΣΘΗΝΑΙ (NovTest 2, 1957, 92-115) - G.VERMES, Baptism and Jewish Exegesis (NTS 4, 1957/58, 308-319) - J.DANIÉLOU, Le symbolisme de l'eau vive (RechSR 32, 1958, 335-346) - G.SCHILLE, Zur urchristl. T.lehre (ZNW 49, 1958, 31-52) - DERS., Katechese u. T.liturgie, Erwägungen zu Hebr 11 (ebd 51, 1960, 112-131) - E.SEGELBERG, Maṣbūtā, Studies in the Ritual of Mandaean Baptism (Diss. Uppsala), 1958 - A.STENZEL, Die T. Eine genetische Erklärung d. T.liturgie, 1958 - T.F.TORRANCE, The Origins of Baptism (SJTh 11, 1958, 158-171) - DERS., Aspects of Baptism in the NT (ThZ 14, 1958, 241-260) - I.DE LA POTTERIE, L'onction du chrétien par la foi (Bibl 40, 1959, 12-69) - E.BEST, Spirit-Baptism (NovTest 4, 1960, 236-243) - H.KIRSTEN, Die T.absage, 1960 - H.MENTZ, T. u. Kirche in ihrem ursprüngl. Zusammenhang (BEvTh 29), 1960 - K.RUDOLPH, Die Mandäer I. II (FRLANT 74. 75), 1960/61 - J.GNILKA, Die essenischen Tauchbäder u. d. Johannes-T. (Rev. de Qumran 3, 1961, 185-207) - E.KLAAR, Die T. nach paulin. Verständnis (ThEx 93), 1961 - H.KRAFT, Die Anfänge d. christl. T. (ThZ 17, 1961, 399-412) - E.WAGNER, Das religionsgesch. Problem von Röm 6, 1-11 (AThANT 39), 1961 - G.BRAUMANN, Vorpaulin. christl. T.verkündigung bei Paulus (BWANT V/2), 1962. - Weitere Lit. s. bes. zu →Johannes der Täufer, →Taufe: I. III.

Erich Dinkler

III. Dogmengeschichtlich

1. Alte Kirche: a) Erwachsenen- und Kinder-T. - b) Einmaligkeit der T.gnade - c) Entwicklung zum opus operatum - d) Einfluß der Gnosis und der Mysterien - 2. Augustin und das MA - 3. Reformation und Neuzeit

1. a) Bis um 400 herrscht *Erwachsenen-T.* vor, bis in die 2. Hälfte des 2.Jh.s muß sie so gut wie ausschließlich geherrscht haben. Nach →Justin (apol. I, 61, 10) werden wir ohne unseren Willen geboren, aber willentlich wiedergeboren. →Tertullian faßt (paen. 6) die T. als obsignatio fidei (dh hier: Besiegelung des persönlich angenommenen Glaubens) auf. Erst um 125 zeigt sich, daß man auch heranwachsende Kinder tauft, wenn sie unterrichtet und wirklich Christen geworden sind (Aristides 15, 6). Mit der um 200 erstmalig bei Tertullian (bapt. 18, 5) und nicht schon von → Irenäus (der haer. II, 23, 2 gar nicht von der T. handelt) bezeugten *Säuglings-T.* kann man erst im letzten Drittel des 2.Jh.s begonnen haben (Aland gegen Jeremias). Tertullian bekämpft den aufkommenden Brauch, dessen Befürworter sich schon damals auf Mt 19, 14 berufen. Um 220 unterscheidet die KO → Hippolyts Erwachsene, Kinder und Kleinstkinder, die noch nicht auf die T.fragen antworten können, was darum Angehörige für sie tun sollen. Um 250 hält der alte → Origenes (Lk-Hom. 14; Lev-Hom. 8, 3; Röm-Komm. V, 9) den Brauch, »auch« die Säuglinge zu taufen, für apostolisch; er bestätigt ihm die Befleckung der präexistenten Seele durch Zeugung und Geburt. Etwa gleichzeitig fordert → Cyprian, die Säuglinge schon am 2. oder 3. Tag zu taufen, weil sie erbsündig sind und man ihr Heil nicht gefährden darf (ep. 64). Cyprian hält also die Säuglings-T. schon für notwendig. Seine Bischöfe sind grundsätzlich mit ihm einig. Aber nach den Inschriften hat man im 3. und 4.Jh. offenbar viele der getauften Kinder erst auf dem Sterbebett getauft. Beispiele für den T.aufschub und für Erwachsenen-T. geborener Christen sind im 4.Jh. bes. häufig (zB → Basilius, → Gregor von Nazianz, → Augustin, → Konstantin I., Konstantius II.). Gregor von Nazianz kann noch 381 als Bischof von Konstantinopel die Säuglings-T. widerraten (or. 40). Sie setzt sich erst im 5. und 6.Jh. allgemein durch. Nach Kanon 3 der Synode von Karthago (418) kommen ungetaufte Kinder gemäß Joh 3, 5 in die Verdammung. Außer der Erbsündenlehre Augustins (→ Sünde: V) im Westen war wohl die Konsolidierung der Staatskirche für das Durchdringen der Säuglings-T. ausschlaggebend. Daß diese überhaupt aufkommen konnte, erklärt sich aus dem Strukturwandel der → Kirche (: III, 2) seit etwa 200, der typologischen Ausdeutung der Beschneidung auf die T., aus dem zunehmenden Verständnis der T. als opus operatum und aus dem Vordringen der Erbsündenlehre.

b) Im Täufling findet ein *Herrschaftswechsel* statt; anstelle der Dämonen ergreift Gott von ihm Besitz (Barn, Justin, Iren. usw). Darum gilt die T. als »Siegel« (σφραγίς, → Versiegelung), das durch Verleihung des hl. → Geistes, die hl. Namen der T.formel, die Salbung, das → Kreuzeszeichen oder das T.wasser aufgedrückt wird, wodurch der Täufling zum Besitz Gottes (oder Christi) gestempelt, dämonischen Angriffen verschlossen, Engeln und Dämonen als Gotteskind erkennbar (weshalb das Siegel, bes. bei Gnostikern, auch als Paß für die Himmelsreise gilt), aber auch innerlich umgeformt wird und das ewige Leben verbürgt bekommt (Dölger). Das bedeutet Übergang vom Tod zum Leben (Herm sim IX, 16, 4, Justin, Tert., Greg. Naz. u.a.) und ist ursprünglich nicht ohne persönliche *Umkehr* vorstellbar. Man muß vor der T. ein neues Leben geloben (zB Justin und die seit ca 200 bezeugte → Abrenuntiatio diaboli) und den Beruf wechseln, falls dieser unsittlich oder mit dem Götzendienst verquickt ist. Die T. ist ein mit Gott abgeschlossener Vertrag (zB Tert., Orig.); Tertullian faßt sie (bes. T.bekenntnis und Abrenuntiatio) als »Fahneneid« auf, er verlangt sogar, daß man sich die T.gnade verdient und das frühere Sündenleben durch eifrige *Buße* kompensiert (ähnlich Clem.

Alex.). Die T. bringt *Vergebung* aller bisherigen Sünden (auf Grund des Versöhnungstodes Christi), die sich aber normalerweise nicht wiederholt (Tert. bapt. 15, 3: semel delicta abluuntur); nur das als → *»Bluttaufe«* angesehene Martyrium (→Märtyrer: II) schließt Wiederholung dieser Totalvergebung in sich. Darum gilt es »das Siegel zu bewahren« (zB 2Clem, Herm) und in der T.gnade zu bleiben (Tert. bapt. 1: nec aliter quam in aqua permanendo salvi sumus; ähnlich Cyrill Jer. und die Kappadozier). Nach der T. begangene Sünden können nicht durch Rückgriff auf die einmal empfangene Vergebung, sondern nur anderweitig (zB durch Beten, Fasten, Almosen und andere Werke) getilgt werden, so daß die Bewahrung der T.gnade zwangsläufig in Gesetzlichkeit einmündet. Durch die T. werden → Urstand (: IV) und Gottesebenbildlichkeit wiederhergestellt (Tert., Cypr. u.a.), nach Irenäus sogar übertroffen. Aber der als Unterpfand des Heils verliehene *hl. Geist* wird bes. im 2.Jh. kaum als Helfer gegen die Sünde empfunden, sondern als sorgfältig zu hütender Schatz (Benoit), den der Sünder sofort verliert. Auch nach Ausdehnung des Bußverfahrens auf Todsünder hält man an Einmaligkeit und Abgeschlossenheit der T.vergebung fest, was schließlich zur Entwicklung eines die T. ergänzenden Bußsakraments führt (→ Bußwesen: II). Weil die T. nur trägt, solange man sie bewahrt, entsteht der Brauch, sich auf dem Sterbebett taufen zu lassen (s. 1 a). Die seit etwa 200 (mit dem Massenandrang) beginnende Lockerung der Strenge sucht man durch sorgfältigen Ausbau des →*Katechumenats* aufzuhalten. Dabei fällt der Akzent auf die Erziehung, die eigentlich mit der T. abgeschlossen sein müßte, aber das alte Schema zu sprengen droht (s.u.; vgl. bes. Clem. Alex.).

c) Als bloßes Gleichnis gilt die T. nirgends. Origenes versteht sie als vorausweisendes Symbol (σύμβολον) der vollkommenen Reinigung durch den Logos, aber zugleich als objektiv wirksame Kraftausstrahlung der (durch die T.formel) angerufenen Gottesnamen. Der Grad der Reinigung hängt allerdings von der Haltung des Empfängers ab (Joh-Komm. VI, 33). Meistens denkt man viel drastischer. Nach Tertullian tritt die T.-vergebung absolut sicher ein, wenn sie auch dem Unbußfertigen nichts nützt (paen. 6, 9-13). Dem *T.wasser* eignet nach den Inschriften wunderbare Kraft; es gilt als »hl. Strom«, »unsterblicher Quell«, »göttliches Wasser«, als das rettende Wasser nach Ex 14 (s. Taf. 51 Abb. 4), als heilendes Wasser nach Joh 5, 2ff und 9, 7 oder als »Lebensquell«. Nach Tertullian ist es das Lebenselement der »Fischlein« = Christen; nach Irenäus gibt es (wie der hl. Geist der Seele) dem Leibe »Unvergänglichkeit«. - Das Wasser, an und für sich Sitz der Dämonen, muß irgendwie gereinigt und geheiligt werden, durch Christi T. (Ign.), Christi Blut (Augustin), Dazwischenkunft eines Engels (Tert.) oder den hl. Geist (Ambros.), der über dem Wasser schwebt und diesem segenspendenden Samen zur Wiedergeburt des Täuflings verleiht (Inschr. Lateranbapt., ähnlich schon Tert.). Seit Tertullian ist die (zuerst bei Gnostikern vorkommende, vgl. Exc. Theod. 82, 2) *T.wasserweihe* in der Kirche nachweisbar. - Für *Spendung der T.* ist letztlich der Bischof zuständig (Ign., Tert.), der die Ausführung (wenigstens den T.akt) in der Regel Presbytern und Diakonen überläßt, auf dem Lande auch Diakonen allein; Laien dürfen nur nottaufen. - Im → *Ketzertaufstreit* (Mitte 3.Jh.) geht es um die Frage, ob die T. auch außerhalb der Kirche wirksam ist. Nach Cyprian ist »unversehrter Glaube« bei Spender und Empfänger nötig, den es nur in der Kirche gibt, nach Papst →Stephan I. genügt der bloße Vollzug im Namen der trinitarischen Personen oder auch Jesu (erst seit dem 6.Jh. gilt T. im Namen Jesu im Westen nicht mehr als ausreichend). Die Gegner sind sich darin einig, daß der Geistempfang nur in der Kirche möglich ist, so daß beim Übertritt nach Cyprian die ganze T., nach Stephan die Handauflegung nachzuholen ist. Im → *Donatismus-Streit* (4.Jh.) macht das Prinzip des opus operatum (der Begriff stammt erst aus der Scholastik des 12.Jh.s) weitere Fortschritte. Für die Gegner des Donatismus spielt Würdigkeit oder Unwürdigkeit des Spenders keine Rolle, weil Gott der eigentliche Spender ist (→ Optatus V, 4: deus lavat, non homo; daher: sacramenta per se ... sancta, non per homines). Seit Augustin kann sogar T. durch Heiden heilswirksam sein, wenn sie im Namen der Trinität gespendet und gläubig aufgenommen wird.

d) Für die → *Gnosis* (: III) ist die »sinnliche« oder »psychische«, in der Kirche als heilsnotwendig geltende T. höchstens Vorstufe, über die der Gnostiker hinauskommen muß zur »geistigen« T. (zB Exc. Theod. 81, 2). Man ersetzt oder ergänzt die Wasser-T. durch andere, zT aus Mysterienkulten übernommene Sakramente (vgl. Iren. haer. I, 21, 1ff); außer der schon 1Joh 2, 20 bei Gnostikern vorausgesetzten, zB bei Marcioniten, → Ophiten und Naassenern, Valentinianern und Markosiern und in den → Thomasakten gebräuchlichen → Salbung (: IV) mit Öl (χρῖσμα) kommen auch Zeichnung mit dem Kreuz (Tert. adv. Marc. III, 22, 7; Phil. Evang. Spr. 67), Brandmarkung (zB Feuer-T. der Karpokratianer Iren. I, 25, 6; Clem. Alex. ecl. 25, 1), Handauflegung (zB Engels-T. der Valentinianer Exc. Theod. 22, 5; Geist-T. der Manichäer, s. 2) und hl. → Kuß des Mysten durch den Mystagogen vor (Brautgemach der Valentinianer Iren. I, 13, 2f; I, 21, 3; Phil. Evang. Spr. 31 u.a.). Andere Gnostiker lehnen jede äußere Sakramentshandlung ab (Iren. I, 21, 4). So ergibt sich oft ein Stufenbau von mehreren »T.n« oder auf die Wasser-T. aufgestockten Sakramenten, zB Wasser-T., Feuer-T. und Geist-T. (Jehu 2, 46ff) oder T., Salbung, Eucharistie, Erlösung (ἀπολύτρωσις) und Brautgemach (Phil. Evang. Spr. 68, vgl. 76). Dies alles wirkt auf die Kirche zurück. Origenes kann ganz ähnlich zwischen Wasser-T., Geist-T. durch hl. Leben, Feuer-T. beim Ende des Äon oder im Himmel, Blut-T. und letzter bzw. höchster T. bei der Apokatastasis unterscheiden (Joh-Komm. VI, 43, vgl. Lk-Hom. 24); die Wasser-T. ist nur »Anfang und Quelle der göttlichen Charismen« und reinigt noch nicht vollständig (Joh-Komm. VI, 33). → Clemens von Alexandrien hält zwar den Gnostikern entgegen, daß die kirchliche T. »vollendet« (paed. I, 6, 25), legt aber wie Origenes das Hauptgewicht auf die vor der T. beginnende und sich nach der T. fortsetzende Erziehung durch den Logos. - Nach und nach wird auch die kirchliche T. durch andere sakramentale Akte ergänzt (→ Handauflegung, → Chrisma, Zeichnung der Stirn durch das Kreuz [→ Kreuzeszeichen]), was zur »Desintegration« der Wasser-T. führt (Lampe). Durch die zusätzlichen Akte wird die ursprünglich mit dem T.akt selbst verbunden gedachte Geistmitteilung aus diesem herausgelöst. Schon Cyprian kann daher von 2 Sakramenten (ep. 72, 1) und der Liber de rebaptismate ähnlich wie die Gnostiker von einer Wasser-T., die nur von Sünden reinigt, und einer »größeren« Geist-T. reden, die das eigentliche Heil vermittelt und auch zeitlich von der Wasser-T. getrennt werden kann, zB im Fall der Not-T. und der Rekonziliation (vgl. o.). Seit dem 3.Jh. entwickelt sich also die → Firmung (auch dieser Ausdruck stammt aus dem gnostischen T.ritus, vgl. Iren. haer. I, 21, 3, und nicht nur aus 2Kor 1, 21 und Ps 50, 14) zu einem besonderen Sakrament, das sich im Westen allmählich von der T. loslöst, weil hier nicht nur die Handauflegung (gemäß Apg 8, 17), sondern später auch das Chrisma mit Kreuzeszeichen den Bischöfen reserviert wird. Im Osten, wo sie von Presbytern gespendet werden darf, bleibt die Firmung mit der T. verbunden.

T. bedeutet von jeher Aufnahme in die volle Gliedschaft der Kirche und Erschließung aller durch die Kirche vermittelten Heilsgüter. Seit dem 2.Jh. wird sie unter dem *Einfluß der → Mysterien-Kulte* zu einem vielteiligen Initiationsritus erweitert, dessen mysterienhafte Züge bes. im Osten hervortreten (vgl. → Cyrill von Jerusalem und → Dionysius Areopagita). Im 3./4.Jh. bekommt er folgende Hauptzüge (vgl. → Taufe: V): Feierliche Exorzismen in der ganzen Vorbereitungszeit, Steigerung des Betens und Fastens in den vorausgehenden Tagen, Durchwachen der letzten Nacht; Abrenuntiatio diaboli in der Morgenfrühe (womöglich im Vorraum des → Baptisteriums); Salbung des ganzen Leibes zur Wappnung gegen den Teufel, T.akt mit Ablegung des Glaubensbekenntnisses, Anlegen der weißen T.kleider (im Baptisterium selbst); [Handauflegung,] Chrisma mit Kreuzeszeichen, [Kuß durch den Mystagogen] (womöglich in einem besonderen Konsignatorium); Einzug der Bekränzten mit Kerzen in die Kirche unter Führung des Bischofs, Friedenskuß mit der Gemeinde, erstmalige Teilnahme an der Eucharistie mit zusätzlicher Darreichung von Milch und Honig an die Neugetauften. - Der Einfluß der Mysterien erhellt auch aus der Bezeichnung der T. als »Erleuchtung« (seit Justin und Clem. Alex.), »Mystagogie« (zB Greg. Naz.) oder »Mysterium« = lat. sacramentum (seit etwa 200; → Sakramente: I, 1), aus der vor der T. geübten → Arkandisziplin (vgl. bes. Cyrill Jer.), aus Deutungen der T. wie: Bekleidung mit Unsterblichkeit (Iren., Clem. Alex., Greg. Naz. u.a.) oder: Vergöttlichung (θεογενεσία Dionys. Areop., ähnlich Greg. Naz.) und aus Stellen wie Clem. Alex. Protr. XII, 120 (Jesus als Hierophant, der den Mysten versiegelt und erleuchtet). Dem Einfluß der Mysterien (und der Gnosis) wird auch die Wiederbelebung der im 2.Jh. zurückgetretenen (Benoit) paulinischen T.auffassung bei den östlichen Theologen des 3. und 4.Jh.s zu verdanken sein. Clemens und Origenes verstehen die T. wieder als Inkorporation in Christus (als den Logos), Cyrill von Jerusalem und Basilius wieder als Sterben und Auferstehen mit Christus (wobei das 3malige Untertauchen dem 3tägigen Begrabensein Christi entspricht).

2. Die altkirchlichen T.auffassungen des Westens (Cyprian und Ambrosius) und des Ostens (Origenes und die Kappadozier) gipfeln in → *Augustin*, der ihre Probleme mit seiner Lehre von Wort und Sakrament zu meistern sucht. Eigentlich tauft Christus, der als »sichtbares Wort« (visibile verbum) in der äußeren T.handlung (sacramentum) wirkt und als »unsichtbare Gnade« (invisibilis gratia) die Heilswirkung (effectus sacramenti) im Täufling vollbringt. Die äußere Handlung (Untertauchen im Wasser, Salbung usw) ist nur Symbol (signum) der Heilswirkung, deren sinnliches Vehikel sie sein soll, aber kein bloßes Bild derselben, weil sie auch ohne deren Eintreffen wirkt, nämlich der Seele einen → character aufprägt, wodurch der Täufling zum Besitztum oder Soldaten Christi wird. Die Wirkungskraft der äußeren Handlung beruht auf den dabei gesprochenen Worten Christi, die Element und Handlung erst zum sacramentum machen (detrahe verbum, et quid est aqua nisi aqua? Joh-Tract. 80, 3). Heilswirkung ist nur bei rechtgläubigem Empfang und dieser nur in der Kirche möglich; die Aufprägung des character tritt bei richtigem Vollzug auch ohne Glauben und außerhalb der Kirche ein, und die Heilswirkung kann später (nach Empfang des Glaubens und des hl. Geistes) an ihn anknüpfen. Beim Übertritt zur Kirche ist darum nicht wiederzutaufen, sondern nur die Handauflegung nachzuholen.

Die Heilswirkung ist zweifach. Westlich-frühkath. gesehen bewirkt sie (den Akten der Waschung und Handauflegung entsprechend) a) forträumend (durch Zueignung des Erlösungswerkes Christi) redemptio = Loskauf vom Teufel und reconciliatio = Versöhnung mit Gott durch Tilgung der Schuld und der Sünde selbst; b) aufbauend (durch Mitteilung des hl. Geistes) infusio caritatis per spiritum sanctum (vgl. Röm 5, 5) = Eingießung der Liebe durch den Geist (als Grundlage der iustificatio = Gerechtmachung) und Eingliederung in die Kirche, das corpus oder regnum Christi. Mysterienhaft-paulinisch gesehen bewirkt sie (dem Hineinsteigen in das T.grab und Wiederheraussteigen entsprechend) a) das der Sünde mit Christus Absterben und b) Auferstehung der Seele mit Christus (als Präludium der resurrectio carnis). - Wiedergeborenwerden (renasci) bedeutet praktisch, daß das wurzelhaft Gute (originale bonum) dank der eingegossenen Liebe an die Stelle der ausgetilgten Erbsünde (originale peccatum) tritt, von der nur eine Schwäche (languor) zurückbleibt, die nicht mehr als Sünde angerechnet wird; dieser Rest von böser, fleischlicher Begierde (mala concupiscentia) soll allmählich durch das gute, vom Geist gestiftete Verlangen (bona concupiscentia) niedergerungen werden (vgl. Gal 5, 17). Die T.vergebung gilt wenigstens als Grundlage für die Vergebung weiterer, anderweitig zu tilgender Sünden (nupt. et conc. I, 33, 38). Säuglings-T. (mit anschließender Säuglingskommunion) ist notwendig, aber auch günstig, weil Säuglinge der Heilswirkung noch keinen »Riegel« durch widersetzliche Gedanken »vorschieben« können (obicem contrariae cogitationis opponere). Glaube und Liebe der die Kinder Gott darbringenden Kirche (nicht nur der Eltern oder Paten) springen stellvertretend für sie ein. Vielleicht wirkt Gott auch beides unbewußt in den Kindern selbst, es muß aber auch bewußt nachwachsen, falls die Kinder nicht zu früh sterben.

Der *scholastischen T.lehre* liegt Augustin zugrunde, den man abwandelt und bereichert, zB durch aristotelische Unterscheidung von »Materie« (T.wasser und Besprengen oder Untertauchen) und »Form« (T.formel). Die T. befreit von Schuld und Strafe, bei der Tilgung der Erbsünde bleibt der »Zunder« (fomes peccati) zurück. Durch die Sündentilgung und Eingießung des »Habitus«, einer übernatürlichen, von → Thomas von Aquino als Fähigkeit zu allen Tugenden verstandenen Haltung (habitus virtutum) macht die T.gnade den Täufling Gott wohlgefällig (gratia gratum faciens; → Gnade: IV, 2). Auf die Wirkung der T. baut sich die teils erneuernde, teils ergänzende Wirkung der übrigen Sakramente auf. Nach Thomas ist Gott »Prinzipalursache«, das T.wasser »Instrumentalursache« der geistigen Gnadenwirkung, weil es als »wirksames Zeichen« (signum efficax) auf die Gnadenwirkung hindeutet. Es prägt den (seit dem 12.Jh. als indelebilis = »unzerstörbar« bezeichneten) character auf, aus dem sich (wenn kein »Riegel«, dh keine Todsünde, vorgeschoben ist) die Gnadenwirkung entfaltet, so daß der character als Übergang vom sinnlichen Zeichen zur geistigen Heilswirkung erscheint. Nach → Duns Scotus und den Nominalisten kann die Gnade dem sinnlichen Zeichen nicht »inhärieren«, das Wasser also auch nicht im strengen Sinne Ursache der Gnadenwirkung sein. Gott bewirkt die innere Gnadenwirkung unmittelbar (nicht mittelbar durch das Wasser), wobei er dem T.wasser nur »assistiert«, weil er den Heilsempfang nun einmal an den Empfang dieses äußeren Zeichens gebunden hat. - Im Anschluß an Augustin (bapt. c. Donat. IV, 22, 29) erörtert man auch die sog. *Begierde- oder Buß-T.*, die im Verhinderungsfall dieselbe Heilswirkung wie die Wasser-T. haben soll; ihre Anerkennung dringt seit → Petrus Lombardus und Thomas immer mehr durch. Nach der heute noch richtungweisenden Bulle → Eugens IV. von 1439 (Exultate deo) ist zur Gültigkeit der T. dreierlei nötig: das Wasser (materia), die T.formel (forma) und die Absicht (intentio) des Spenders, wirklich zu taufen (faciendi quod facit ecclesia).

Die *Häresien und Sekten des MA* stehen der von der Kirche geübten T. durchweg kritisch oder gar ablehnend gegenüber. → Paulizianer, → Bogumilen und → Katharer übernehmen als Abkömmlinge des → Manichäismus dessen gänzliche Ablehnung der Wasser-T. und Übung einer von den »Erwählten« durch Handauflegung gespendeten Geist-T. (vgl. Augustin haer. 46 und ep. 236, 2), die Aufnahme unter die »Erwählten« bedeutet und bei den Katharern frühestens im 15. Lebensjahr nach 1jähriger Fastenzeit gespendet wird; seit Ende des 12.Jh.s läßt man sich vielfach erst auf dem Sterbebett mit ihr taufen. Seit dem 13.Jh. lassen auch manche Katharer die kirchliche T. als Vorstufe und ihre Geist-T. (consolamentum genannt) als deren Supplement gelten. (Vielleicht hat man dem katholischerseits mit der etwa gleichzeitigen völligen Ablösung der Firmung von der T. Ähnliches entgegenstellen wollen. Nach Thomas bringt die Firmung volle Reife des in der T. gespendeten geistlichen Lebens [aetas perfecta spiritualis vitae]). Die von den Katharern beeinflußten → Waldenser haben zT wiedergetauft, teils aus donatistischen Motiven, teils aus grundsätzlicher Ablehnung der Säuglings-T. Ähnliches gilt von den mit ihnen verwandten Böhmischen Brüdern (→ Brüderunität: I).

In der *byzantinischen Kirche* fehlt das für die Entwicklung der abendländischen T.lehre grundlegende Reflektieren über das Verhältnis des Symbols zur abgebildeten Sache. Für die → Orthodoxe Kirche (: II) »ist« das Symbol, was es darstellt (Kattenbusch). Die T. wird dort nach wie vor als Mystagogie betrachtet, dh als Einweihung in das erste Mysterium, das den Zugang zu den übrigen vermittelt.

3. An Augustin knüpfen auch die *Reformatoren* an, bes. an dessen Auffassung der Sakramente als »sichtbares Wort«, das der junge → *Luther* als Verheißungswort interpretiert. Bei der T. besteht dies in der Zusage Gottes, die Sünde zu vergeben, den alten Menschen zu ersäufen und uns in völliger Reinheit auferstehen zu lassen. Die Zusage wendet sich an den Glauben (»Glaubst du, so hast du«), der außer dem »Zeichen« und seiner »Bedeutung« zum Sakrament gehört. Die Erfüllung beginnt mit dem T.akt selbst, währt aber bis zum jüngsten Tag. Es ist ein Irrtum zu meinen, nach dem T.akt schon völlig rein zu sein. Unser ganzes Leben muß »ein geistliches Taufen ohne Unterlaß« sein. Die T. ist ein Bund mit Gott; dabei versprechen wir Gott, der Sünde täglich absterben zu wollen, und Gott sichert uns zu, die Sünden auch nach der T. zu vergeben. Das Bußsakrament kann nur in einer Bekräftigung der T.gnade und Rückbeziehung auf dieselbe bestehen (Sermon von der T. 1519). Im Bestreben, die Glaubensgewißheit möglichst objektiv zu begründen, hat Luther seit 1520 den Glauben zwar weiter als entscheidend für den Heilsempfang, aber nicht mehr als Bestandteil des Sakraments betrachtet und das Schwergewicht des »Zeichens« immer mehr verstärkt; zunächst unterstreicht er den äußeren T.akt als Siegel, das Gott an sein Verheißungswort angehängt hat, damit wir nicht zweifeln, seit 1524 (im Kampf gegen die Schwärmer) die Heilsamkeit des T.wassers. Zum T.sakrament gehört jetzt das Zeichen (Wasser), das Wort (bes. die T.formel) und Gottes Befehl oder Ordnung, wodurch Zeichen und Wort zu untrennbarer Einheit verbunden werden. Das Wasser bleibt zwar schlicht Wasser, aber Gottes Wort und Gebot kommen hinzu, so daß es »mit Gottes Wort und Ordnung verleibet ist und sein Name darin klebet«. Dadurch wird es zu einem »göttlich, selig, fruchtbarlich und gnadenreich Wasser«, worin der Glaube Gottes »Schatz ergreifen« kann, nämlich Gottes Verheißungswort, das Seele und Leib zugutekommt (Gr. Kat. 1529). Luther tritt leidenschaftlich für die Säuglings-T. ein; da Gott selbst den Glauben wirkt, kann er ihn auch den Säuglingen eingießen. Stellvertretender Glaube genügt Luther nicht. – Nach → *Melanchthon* ist die T. (einschließlich der Säuglings-T.) heilsnotwendig, weil sie den Einzelnen der Verheißung teilhaftig macht (CA und AC IX). – Für → *Zwingli*, der die kath. Sakramentspraxis für Zauberei hält, ist der Gedanke einer besonderen Verbindung des absolut geistigen Gottes mit dem T.wasser unerträglich, aber auch die zeitliche Verkoppelung der freischaltenden, unser Inneres direkt erreichenden Gnadenwirkung mit dem äußerlichen T.akt nur schwer denkbar. Darum versteht er das »Zeichen« Augustins als »Pflichtzeichen« (verpflichtendes Symbol) des Christenvolkes, analog den aufgehefteten Abzeichen des eidgenössischen Heeres. Der Empfang der T. verpflichtet zu Umkehr und Leben nach der Regel Christi; bei der Säuglings-T. geloben die Paten Erziehung und Unterrichtung im rechten Glauben. Zwingli hat 1523 eine T. der heranwachsenden, schon unterrichteten Kinder (nach altkirchlichem Muster) für wünschenswert gehalten; erst durch die Auseinandersetzung mit den Täufern (1524/25) wird er entschiedener Anhänger der Säuglings-T., wobei er sich an den jungen Luther annähert (die T. als Bundeszeichen analog der Beschneidung, ein Unterpfand dessen, was der Bund verheißt, daher auch tröstliches Zeichen für den Glauben. Gott kann auch in Säuglingen Glauben wirken). Da die T. öffentliche Aufnahme in das Gottesvolk ist, darf sie nur vor versammelter Gemeinde stattfinden. – → *Calvin* sucht Zwingli mit dem jungen Luther zu vereinigen. T.akt und T.wasser sind bloße Bilder; der abgebildete Gnadenempfang ist überhaupt nicht an den T.akt gebunden (die T. also nicht heilsnotwendig, Not-T.n sollen nicht stattfinden), aber so Gott will auch mit dem T.akt verbunden. Die T. besiegelt den Gnadenbund, dem ein Kind christlicher Eltern (gemäß 1Kor 7, 14) schon seit der Geburt angehört; sie bezeugt dem Täufling (dem sie später zur ständigen Vergewisserung dienen soll) und der Gemeinde, daß Gott die Sünde vergibt und auch weiter vergeben will, so daß die T. das röm. Bußsakrament ersetzt. Ihre Heilswirkung versetzt in Gemeinschaft mit Christus, der bei der T. gegenwärtig ist, macht all seiner Güter teilhaftig und dient der mortificatio und vivificatio mit ihm. Die Heilswirkung ist an den Glauben gebunden; als dessen Keim wirkt Gott in den Säuglingen eine Erleuchtung. Taufen dürfen nur Amtsträger. Die Gemeinde soll sich bei jeder T. erneut zum Glauben bekennen und zum Dienst an der Ehre Gottes verpflichten. – Nach dem → *Heidelberger Katechismus* sind wir so gewiß von allen Sünden gewaschen, wie äußerlich mit dem Wasser, und durch den hl. Geist erneuert und geheiligt, damit wir immer mehr der Sünde absterben. Freilich ist das äußerliche Wasserbad nicht die Abwaschung und Heiligung selbst; »denn allein das Blut Christi und der hl. Geist reinigt uns von allen Sünden« (69–72).

Das → *Tridentinum* bestätigt die Grundzüge der scholastischen T.lehre und weist die reformatorische Auffassung, daß Rückbesinnung auf die T.gnade zur Vergebung nach der T. begangener Sünden genüge, zurück (bapt. can. 10).

Die T.auffassung der Züricher → *Täufer* scheint durch Radikalisierung der T.lehre Zwinglis entstanden und höchstens nachträglich durch → Karlstadt und → Müntzer beeinflußt zu sein, die beide Kritiker der Säuglings-T. waren, aber die Erwachsenen-T. nicht praktizierten. Nach den ältesten Täufern (→ Grebel, → Hubmaier u.a.) setzt die T. empfangenen Unterricht, persönlichen, geistgewirkten Glauben und dessen Frucht (Bekehrung, Wiedergeburt und den Entschluß, am neuen Leben festzuhalten) voraus. Mit dem verpflichtenden »Zeichen« der T. bezeugt der Täufling Glaube und Frucht vor der Gemeinde, die ihm durch das Taufen gleichzeitig seinen Gnadenstand bekräftigt und ihn damit in die Bruderschaft der Heiligen aufnimmt. Man glaubt so die schriftgemäße Form der T. wiederherzustellen und das sola fide erst recht zur Geltung zu bringen. Säuglings-T. ist schriftwidrig, ungetaufte Kinder werden nicht verdammt. Bei Hubmaier taucht erstmalig Darbringung der Säuglinge als Ersatz der Säuglings-T. auf (Brief an Oekolampad vom 16.1.1525).

→ *Spiritualisten* wie Seb. → Franck oder → Schwenckfeld lehnen jede äußere T. ab; Schwenckfeld macht allerdings in der Praxis Zugeständnisse. Nach Franck war die T. nur für die Mission der ersten Jh.e bestimmt (natürlich als Erwachsenen-T.); ähnlich lehren die → *Sozinianer* im → Rakauer Katechismus unter Berufung auf Jak 1, 18 u.ä., die aber Säuglings- und Erwachsenen-T. trotzdem bei sich tolerieren. Fast ebenso großzügig sind die → *Arminianer,* bei denen sich im 17.Jh. Erwachsenen-T. neben der Säuglings-T. einbürgert. Bei den → *Mennoniten,* geistigen Nachfahren der frühen Täufer, bleibt die Erwachsenen-T. feste Tradition, aber in verschiedenen Formen; neben der schon in Zürich geübten Besprengung oder Übergießung dringt im 17.Jh. das von den → *Rijnsburger Kollegianten* wiederaufgebrachte Untertauchen bei ihnen ein. Diese Form der Erwachsenen-T. machen die aus dem → Kongregationalismus hervorgegangenen → *Baptisten* zu ihrem Schibboleth. Von den → *Quäkern* wird die Wasser-T. überhaupt für unnütz erklärt; Jesus habe sie (nach Mt 3, 11) durch die Geist-T. ersetzt. Bei den → *Methodisten* wurde die T. vielfach zugunsten der Bekehrung vernachlässigt, bei der → *Heilsarmee* ist sie ganz durch die (anderwärts zur Ergänzung der Erwachsenen-T. gebräuchliche) Darbringung der Kinder ersetzt; Geist-T. gilt auch hier allein als wesentlich. Diese bekommt in der → *Pfingstbewegung* erregende Aktualität, wo sie, begleitet von Zungenreden und konvulsivischen Zuckungen, zum Erlebnis von Massenversammlungen wird, auf die der Geist herabkommt. Ansätze dazu sind schon bei den Quäkern vorhanden (→ Geistestaufe).

Zeigen die T.auffassungen dieser → Freikirchen und freikirchlichen Gruppen, bei denen das Freiwilligkeitsprinzip eine große Rolle spielt, das Wiederaufbrechen des alten Antagonismus von Wasser-T. und Geist-T. und Mangel an Stetigkeit, so droht die Dynamik der reformatorischen T.anschauung in der *altprot. Scholastik* (→ Orthodoxie) zu erstarren. Das deutsche → Kirchenlied des 17. und 18.Jh.s zeugt von lebendigerem Verständnis der T. in der kirchlichen Frömmigkeit. Das Wertlegen des → *Pietismus* auf Bekehrung und → Konfirmation war der sakramentalen Auffassung der T. abträglich; dafür brachte er die Gedanken des T.bundes und der (schon in der CA anklingenden) Darbringung in den Vordergrund. Die patriarchalische Frömmigkeit der *deutschen* → *Aufklärung* konnte durchaus noch Verständnis für die Säuglings-T. aufbringen. Erst durch den Subjektivismus und Naturalismus des *19.Jh.s* wurde die Glaubwürdigkeit der Säuglings-T. in der breiten Öffentlichkeit erschüttert. Die Verlegenheit, in welche die Theologie dadurch geraten mußte, zeigt sich schon bei → Schleiermacher. Nach ihm bewirkt die T. »an und für sich innerlich nichts«, sie ist nur »ein äußeres Zeichen« »von dem Eintritt in die christliche Kirche«, wenn man sie nicht im Zusammenhang mit dem göttlichen Erlösungsratschluß, den übrigen Einwirkungen der Kirche und der inneren Entwicklung des Täuflings bis zur Wiedergeburt sieht. Weil die Wiedergeburt zur T. gehört, aber durch Buße und eigenen Glauben »bedingt« ist, bleibt die Säuglings-T. bis zur Konfirmation (dh bis zur Ablegung des persönlichen Glaubensbekenntnisses) unvollständig. Infolge der Aushöhlung der → Volkskirche droht die Säuglings-T. heute weithin bloße Konvention zu werden.

Gesamtdarstellungen: Die Lehrbücher der DG - J.W.F.Höfling, Das Sakrament der T. I. II, 1846/48 - J.Corblet, Hist. dogmatique, liturgique et archéologique du sacrement du baptême I. II, Paris 1881/82 - B.Neunheuser, T. u. Firmung (HDG IV/2), 1956 - Christian Baptism, ed. A.Gilmore, London 1959, 187-326. - *Ferner:* J.Bornemann, Die T. Christi durch Johannes in d. dogmat. Beurteilung ... der 4 ersten Jh.e, 1896 - O.Scheel, Die Behandlung d. T.lehre in d. mod. positiven Theol., 1906 - RE XIX, 403 ff - F.Brommer, Die Lehre vom sakramentalen Charakter in d. Scholastik bis Thomas v. Aq. inkl. (FChLDG 8, 2), 1908 - F.J.Dölger, Sphragis, 1911 - Ders., Sacramentum militiae (AuC 2, 1930, 268-280) - Ders., Zur Symbolik d. altchristl. T.hauses I (ebd 4, 1934, 153-187) - A.v.Stromberg, Studien zur Theorie u. Praxis d. T. in d. christl. Kirche der ersten 2 Jh.e, 1913 - DThC II, 167 ff - J.C.Navickas, The Doctrine of St. Cyprian on the Sacraments, 1924 - DACL II, 251 ff. 346 ff - H.Rahner, T. u. geistl. Leben bei Origenes (ZAM 7, 1932, 205-223) - Mennonit. Lex. II, 1937, 487f. 488 ff - E.Dick, Das Pateninstitut im altchristl. Katechumenat (ZKTh 63, 1939, 1-49) - C.-M.Edsman, Le baptême de feu (ASNU 9), 1940 - P.Lundberg, La typologie baptismale dans l'ancienne église (ebd 10), 1942 - G.Dix, The Theology of Confirmation in Relation to Baptism, London 1946 - A.Kolping, Sacramentum Tertullianeum I, 1948 - W.Kreck, Die Lehre von d. T. bei Calvin (EvTh 8, 1948/49, 237-254) - H.E.Echle, The Terminology of the Sacrament of Regeneration according to Clement of Alex. (Diss. Washington), 1949 - A.Bannwarth, Le baptême chez s. Augustin (Diss. Strasbourg), 1950 - J.H.Crehan, Early Christian Baptism and the Creed, London 1950 - G.W.H.Lampe, The Seal of the Spirit, ebd 1951 - W.M.Bedard, The Symbolism of the Baptismal Font in Early Christian Thought, Washington 1951 - A.Benoit, Le baptême chrétien au IIe siècle, Strasbourg 1953 - A.Borst, Die Katharer, 1953, 193 ff - H.Kraft, Texte z. Gesch. d. T., bes. d. Kinder-T. in d. alten Kirche (KIT 174), 1953 - W.Jetter, Die T. beim jungen Luther (BHTh 18), 1954 - Landgraf III/1. 2, 1954/55 - S.Runciman, The Medieval Manichee, Cambridge 1955 - J.Jeremias, Die Kinder-T. in d. ersten 4 Jh.en, 1958 - K.Brinkel, Die Lehre Luthers von der fides infantium bei der Kinder-T., 1958 - K.Aland, Die Säuglings-T. im NT u. in d. alten Kirche (ThEx NF 86), 1961. - Vgl. die Lit. zu → Täufer.

F.H.Kettler

IV. Dogmatisch

1. Luth. Lehre - 2. Ref. Lehre

1. Die T. wird nach *luth. Lehre* mit Recht als ein → Gnadenmittel bezeichnet, da sie das in Christus geschehene Heil vermittelt. Sie ist daher nicht nur von kognitiver Bedeutung (K.Barth) als Zeichen und als Besiegelung der von Gott gewirkten Erlösung. Zwar hat sie auch als solches »Siegel« ihren Wert, indem sie über dem Leben des Getauften das Gnadenzeichen aufrichtet und ihn seines Heils vergewissert. Aber dieser kognitive Sinn der T. würde nur von psychologischer und seelsorgerlicher Bedeutung sein. Sie ist darüber hinaus vor allem als effektive Gnadenmitteilung zu verstehen. In ihr wird wirksam → Sündenvergebung zugesprochen, und zwar als individuelle Zuteilung an den einzelnen. Insofern gehören T. und → Rechtfertigung als Zurechnung der vor Gott geltenden Gerechtigkeit zusammen. Die T. ist aber nicht nur Zuspruch, sondern auch reale Erneuerung, Wiedergeburt (Tit 3, 5 ff), Einleibung in Christus und Zusammenwachsen mit ihm (Röm 6, 5). Sie ist daher höchstens sekundär Bekenntnisakt. Als → Wiedergeburt (: III) bringt sie den passiven Empfangscharakter der in ihr geschehenden neuen Schöpfung zum Aus-

druck. Als solche Neugeburt ist sie unwiederholbar. Zwar findet durch die T. im Menschen keine Verwandlung statt; er ist aber nun »eingepfropft«, von draußen nach drinnen verpflanzt und in Christi Lebenskreis eingeschlossen, so daß *ein* Kreislauf des Christuslebens alles durchdringt. Wie real das gemeint ist, zeigt sich darin, daß die T. den Täufling in eine solidarische Schicksalsgemeinschaft mit Christus bringt: von dem gekreuzigten Christus geht ein Todeshauch des »Mitsterbens«, vom Auferstandenen her das neue Leben als ein Mit-Auferwecktwerden auf ihn über. Das geschieht in eschatologischer Weite; ist die T. auch in einer einzigen Stunde vollzogen, so trägt sie doch das ganze Christusleben: ihre tötende Wirkung reicht bis zum physischen Tod, ihre Leben schaffende bis zur Auferstehung der Toten. Indem die T. den Täufling in Christus einverleibt, ist sie kirchenkonstitutiv; sie bedeutet daher nicht nur äußerlich eine Aufnahme in die Kirche (→ Kirchenmitgliedschaft, → Taufe: VII), sondern innerlich eine Eingliederung in die → Kirche (: IV) als Leib Christi (1Kor 12, 13). Selbstverständlich ist die causa efficiens des Heils der Sühnetod Christi; die T. ist aber die das Heil vermittelnde causa instrumentalis (CA 5). Als solche ist sie heilsnotwendig, weshalb das luth. T.verständnis die Not-T. bejaht. - Wie alle Heilswirklichkeit ist auch die T. auf den persönlichen Glauben des Empfängers ausgerichtet. Sie muß daher, soll sie wirksam werden, gläubig angeeignet werden. Der Hl. Geist, der mit der Einleibung in Christus verliehen wird, drängt selbst zu dieser persönlichen Aneignung und dem täglichen Ausglauben der T. Die *Kinder-T.* darf den Kindern nicht vorenthalten werden, da die Kirche stellvertretend und glaubend für das Kind eintritt und die T. durch ihre göttliche Einsetzung objektive Gültigkeit und Kraft hat, auch wenn der Glaube des Täuflings erst später die T. ergreift (→ Luther: II, 4 d). »Mein Glaube macht nicht die T., sondern empfängt die T.« (Luther, Gr. Kat.). Freilich ist die Kinder-T. dann mit der Verpflichtung zu einer christlichen Erziehung und Unterweisung verbunden. *E.Sommerlath*

2. Hohe Würdigung der T. und Warnung vor abergläubischer Einschätzung gehen in *ref. Lehre* Hand in Hand. Gott selbst ist in Jesus Christus durch den Hl. Geist hier am Werk, er verheißt und schenkt Vergebung der Sünden und Wiedergeburt. Hier wird uns die Frucht des einmaligen Opfers Christi am Kreuz und die Einpflanzung in seinen Leib zugesprochen und versiegelt, und zwar mit solcher Verbindlichkeit, daß es keine Wiederholung der T. (und kein Bußsakrament neben ihr!) geben kann, sondern nur die stete Rückkehr zu ihr. Andrerseits wird energisch betont, daß nicht das äußerliche Wasserbad die Abwaschung der Sünden sei, sondern allein Christi Blut und der Hl. Geist uns reinigen (Heid. Kat. Fr. 72). Die T. ist nicht eine zweite Ursache unserer Seligkeit neben Christus; vor dem Vertrauen auf eine an das Wasser »angebundene« Kraft wird gewarnt. Aber sie ist nicht nur symbolische, kognitive Handlung, sondern authentische Zusage Gottes in Gestalt dieses Siegels, Pfandes und Wahrzeichens. Unterscheidung und Verknüpfung von äußerem und innerem Vorgang (vgl. Heid. Kat. Fr. 69 und 73) sind als Versuch einer Interpretation anzusehen, die sowohl einer Sakramentsmagie wehren als auch den Verheißungscharakter der T. unterstreichen will.

Geht es in der T. letztlich nicht um Übereignung einer »Sache«, sondern um Teilhabe an dem ganzen Christusgeschehen und die Gabe des Hl. Geistes, so kann sie nur im Glauben recht gebraucht werden. Gottes »großes Ja« ruft nach dem »kleinen Ja« des Menschen (K.Barth). Gegenüber alten und neuen Tendenzen, den Sakramentscharakter der T. zugunsten ihres Bekenntnischarakters zurücktreten zu lassen, ist (mit → Calvin jedenfalls) festzuhalten, daß sie primär Gottes Zusage an uns und erst daraufhin unser → Bekenntnis (: V) zu ihm ist. Aber T. und Glaube gehören im NT zusammen. Zwar macht nicht unser Glaube die Verheißung Gottes erst gültig oder der Unglaube die totale Beschlagnahmung rückgängig, aber wo der Glaube fehlt, wird gleichsam das Zeichen von der Verheißung abgetrennt und seiner heilbringenden Wirkung beraubt. Die T. gehört einsetzungsgemäß in den Akt der Christwerdung, in dem das in Christus erworbene Heil durch Wort und Geist uns zugeeignet und im Glauben empfangen wird.

Aber ist die *Kinder-T.* zu rechtfertigen, wenn nur der Glaube recht empfängt? Ist sie nicht mindestens eine »schlechte Ordnung«? Zu ihrer Rechtfertigung genügt wohl nicht der traditionelle Hinweis auf die → Beschneidung in Israel, auch nicht eine allgemeine Begründung mit dem Zuvorkommen der Gnade. Calvin verbindet damit die hilfreiche Überlegung, daß die unverbrüchliche Korrelation von Wort (bzw. → Sakrament) und Glaube dennoch deren zeitliche Reihenfolge nicht festlege: Die Kinder, die noch nicht hören können, werden auf künftigen Glauben hin getauft! Das aber setzt - im Gegensatz zu einem bloß individualistischen Verständnis - voraus, daß die T. in Gegenwart und unter Mitverantwortung der Gemeinde geschieht und die Kinder unter dem Wort Gottes aufwachsen (vgl. die ref. Abwehr der Not-T.). Jedenfalls ist das Problem der Kinder-T. weder mit ihrer prinzipiellen Ablehnung noch gar mit einer unkritischen Bejahung der volkskirchlichen Praxis gelöst, sondern es stellt uns vor die Frage nach der rechten Gemeinde (ihrer Verkündigung, Ordnung, Seelsorge und Zucht). *W.Kreck*

Außer den Lehrbüchern der → Dogmatik: P.Althaus sen., Die Heilsbedeutung d. T. im NT, 1897 - F.J.Leenhardt, Le baptême chrétien, 1944 - K.Barth, Die kirchl. Lehre von d. T. (ThEx NF 4), 1947 - O.Perels-W.Thiel, Die T. in Lehre u. Ordnung d. Kirche, 1947 - H.Schlier, Zur kirchl. Lehre von d. T. (ThLZ 72, 1947, 321 bis 336) - P.Althaus, Was ist d. T.? (ebd 74, 1949, 705-714; separat 1950) - Erklärung der Generalsynode der VELKD zur Lehre vom Sakrament d. hl. T. (ELKZ 4, 1950, 209-211) - P.Brunner, Aus d. Kraft d. Werkes Christi, 1950 - Ders., Die ev.-luth. Lehre von d. T., 1951 - M.Barth, Die T. - ein Sakrament?, 1951 - J.Beckmann, Die Heilsnotwendigkeit d. T., 1951 - F.Gruenagel (Hg.), Was ist T.?, 1951 - W.Andersen, Das Heilsgeschehen in Christus u. d. T. nach bibl. Lehre (SThKAB 7, 1955, 60-87) - V.Warnach OSB, Die Tauflehre des Röm in d. neueren theol. Diskussion (ALW 5, 1958, 274 bis 332) - Studies in Ministry and Worship. One Lord, One Baptism, London 1960 (dort weitere ökum. Lit.) - G.Delling, Die Zueignung d. Heils in d. T., 1961. *E.Sommerlath-W.Kreck*

V. Liturgiegeschichtlich

1. Das älteste Zeugnis einer T.liturgie bietet die *Didache* (c. 7; → Apostellehre) aus dem Anfang des 2.Jh.s. Zur Vorbereitung der T. gehört der Unterricht der T.bewerber, aber auch schon ein mehrtägiges → Fasten (: II), an dem sich auch der Täufer und andere Gemeindeglieder beteiligen. Die T. wird möglichst in fließendem Wasser durch dreimaliges Untertauchen vollzogen (*Submersions*-T., im griech., kopt., ostsyr. und armen. Ritus sowie in Mailand bis heute), wobei die trinitarische T.formel (εἰς τὸ ὄνομα κτλ.) gesprochen wird. Notfalls kann auch in anderem, kaltem oder warmem Wasser getauft werden. Wenn man nicht untertauchen kann, tauft man durch dreimalige Begießung. Bemerkenswert ist nicht nur die außerordentliche

Schlichtheit des Ritus, sondern auch die Freiheit im Vollzug der T.: Das Untertauchen hat zwar den Vorrang, ist aber nicht allein gültig. – Nur wenig mehr erfahren wir in der Apologie → *Justins* (I, 62, 2; 65, 1) aus der Mitte des 2.Jh.s. Die T.ordnung ist der Didache verwandt: dem T.unterricht folgt Fasten und Beten für die Vergebung der Sünden (T.buße). Danach erfolgt das T.bad, »wo Wasser ist«. Getauft wird ἐπ' ὀνόματος κτλ. Die T. heißt φωτισμός (Erleuchtung). Durch sie geschieht Wiedergeburt. Die Getauften werden sogleich zur Gemeindeversammlung geführt, wo sie nach Gebet und Friedenskuß an der Eucharistie teilnehmen.

2. Ein wirkliches T.formular begegnet erst bei → *Hippolyt* von Rom (ca 220). Wie seine weitreichenden Auswirkungen zeigen, war es für die alte Kirche von großer Bedeutung. Da das griech. Original verloren ist, ist man auf eine Rekonstruktion aus den späteren Übersetzungen angewiesen. Hiernach war mit hoher Wahrscheinlichkeit die T. folgendermaßen geordnet: I. (*vor* der T.) Gebet über dem T.wasser (T.wasserweihe); Entkleidung der Täuflinge (nacheinander Kinder, Männer, Frauen unter Ablegen jeden Schmuckes); Weihe des Öles durch den Bischof; Abschwörung des Teufels (→ Abrenuntiatio diaboli: »Ich widersage dir, Satan, und all deinem Pomp und all deinen Engeln«); erste Salbung des Täuflings mit dem Exorzismusöl durch den Presbyter (»Jeder böse Geist soll von dir weichen«). – II. (*bei* der T.) Übergabe des unbekleideten Täuflings an den Täufer (Bischof); im Wasser: Frage nach dem Glauben mit den Worten des röm. Glaubensbekenntnisses; dreimaliges Untertauchen je nach der Antwort »Ich glaube«; zweite Salbung mit dem Öl der Danksagung durch den Presbyter; Abtrocknung und Ankleidung des Täuflings. – III. (*nach* der T.) In der Gemeindeversammlung Handauflegung durch den Bischof und Gebet um den hl. Geist und dritte Salbung: Öl-Ausgießung auf das Haupt des Täuflings: »Ich salbe dich mit dem hl. Öl in dem Herrn, dem allmächtigen Vater, und in Jesus Christus und im hl. Geist« (Konfirmation!); → Kreuzeszeichen; Friedenskuß und Gruß. Dann Teilnahme am Gottesdienst: Neophyten-Messe mit 3 besonderen Kelchen: je einer mit Milch, Honig, Wasser. – In dieser T.liturgie sind bereits fast alle Bestandteile der späteren westlichen und östlichen T.ritualien enthalten, vor allem der → Exorzismus (: III) vor und die Konfirmation nach der T. Darin prägt sich die theologische Entwicklung jener Zeit aus (→ Taufe: III): Die T. wird als Akt der Sündenvergebung verstanden, dem die Teufelsaustreibung als selbständiger Akt vorangehen muß. Andererseits wird auch die Geistverleihung vom Wasserbad getrennt und der bischöflichen → Handauflegung (: III) und → Salbung (: IV) zugesprochen. – In den Schriften → Tertullians und → Cyprians, in den Katechesen des → Cyrill von Jerusalem (350), dem Euchologion des → Serapion (Ägypten), in den → Apostolischen Konstitutionen (Syrien) wie bei → Augustin finden sich eigentlich nur Variationen derselben Grundordnung. Allenthalben zeigt sich ein dauernder Zuwachs neuer symbolischer Handlungen, mit denen das T.bad umgeben wird. Auch die Entwicklung des → Katechumenats wirkt auf die T.liturgie ein.

3. Für das 5. und die folgenden Jh.e liegen die wichtigsten Dokumente der T.liturgie bei → Theodor von Mopsuestia, → Dionysius Areopagita, ferner in den »Kanones Hippolyti« (ca 500) und dem → Testamentum Domini nostri Jesu Christi vor. Die Formulare werden durch Gebete und durch symbolische Handlungen immer umfangreicher. Sie stellen den Übergang dar zum T.ritual der → *Orthodoxen Kirche des Ostens,* das seine bis heute gültige Gestalt spätestens im 12.Jh. erhalten hat: I. *(Aufnahme der Katechumenen)* Der Katechumen wird exorzisiert, indem über ihm zunächst dreimal eindringlich gebetet wird; sodann haucht ihn der Priester auf Mund, Stirn und Brust (»vertreibe aus ihm jeden bösen und unreinen Geist...«). Es folgt die Absage an den Teufel – gegen Westen (Entsagst du...?) und die Zusage an Christus – gegen Osten (Schließt du dich Christus an?). Auf die Frage: Glaubst du an ihn? bekennt der Katechumen das nicänische Glaubensbekenntnis. Dies alles wiederholt sich dreimal. Am Schluß kniet der Katechumen in Anbetung der Dreifaltigkeit, und der Priester betet über ihm um die Gnade der T. – II. Die T. selbst beginnt mit einer Ektenie (Fürbittengebet). Daran schließt sich unmittelbar unter Gebet, Kreuzzeichen, Anhauchung die *Wasser*weihe als ein exorzistischer Akt. Hierzu gehört auch noch die Weihe des *Öles,* das anschließend in Kreuzform in das T.wasser gegossen wird. Nun wird der Täufling gebracht und mit dem Öl an Stirn, Brust und Rücken, Ohren, Händen und Füßen gesalbt. Danach tauft der Priester den aufgerichteten und nach Osten schauenden Täufling mit den Worten: »Getauft wird der Knecht Gottes NN im Namen des Vaters usw.« Bei jeder Anrufung taucht der Priester ihn ins T.wasser (*Immersions*-T., falls der *im* Wasser stehende Täufling mit Wasser begossen wird; so noch heute bei den → Jakobiten). Der Priester singt mit dem Volk den 31. Psalm. Dann wird der Täufling vom Priester »mit dem Gewand der Gerechtigkeit« bekleidet. – III. *(Myronsalbung)* Nach einem Fürbittegebet salbt der Priester den Täufling in Kreuzesform mit dem hl. Myron an Stirn, Augen, Nase, Mund, Ohren, Brust, Händen und Füßen mit den Worten: »Besiegelung der Gabe des hl. Geistes.« Danach umschreiten Priester, Täufling und Paten das T.becken unter Gesang. Es folgen die Schriftlesungen Röm 6, 3-13 und Mt 28, 16-20, Schlußektenie und Entlassung. Nach 8 Tagen erfolgt in feierlicher Weise die *Abwaschung* nach der Salbung, wobei auch der Ritus der *Haarbeschneidung* vollzogen wird. – Man erkennt in dieser endgültigen Ordnung der Ostkirche die altkirchliche Tradition noch gut wieder. Der erste Teil ist aus der Praxis des altkirchlichen Katechumenats übernommen. Die Aufnahmeakte der Katechumenen sind jetzt mit der T.handlung verschmolzen. Andererseits ist das »Sakrament der Myronsalbung« (Firmung) noch unmittelbar mit der T. verbunden. Es hat sich also im Unterschied vom Westen nicht gänzlich verselbständigt. Darum bleibt auch der Priester zur Spendung dieses Sakraments berechtigt. Beachtlich ist ferner, daß zwischen der T. eines Erwachsenen und eines Säuglings im Ritus kein Unterschied gemacht wird; nur werden die Säuglinge bei den notwendigen Worten in der T.handlung von Paten vertreten.

4. Für die weitere Geschichte der T.liturgie in den *westlichen Kirchen* bis zur Alleinherrschaft des röm. Ritus sind für den sog. *»gallikanischen Ritus«* in Spanien → Isidor von Sevilla und Ildefons von Toledo (Missale mixtum), in Gallien das Missale Gothicum und Gallicanum vetus, für Mailand → Ambrosius (De mysteriis, De sacramentis) die Hauptquellen. Dabei sind hier die rituellen Mannigfaltigkeiten am Ausgang der Antike so groß, daß auf sie im einzelnen nicht eingegangen werden kann. Charakteristisch ist das Festhalten an den altkirchlichen T.terminen, bes. Ostern, Freudenzeit und Epiphanias. Erwachsene und Kinder werden miteinander in gleicher Weise getauft. Erst langsam verschwindet die Erwachsenen-T. zugunsten der Säuglings-T., je mehr sich Augustins Lehre von der Erbsünde durchsetzt und die christlichen Eltern verpflichtet werden, ihre Kinder möglichst bald nach der Geburt taufen zu lassen. Dadurch kommen nun auch die alten T.termine in Fort-

fall. In der T.ordnung wird der ganze Katechumenat mit seinen sich ursprünglich über lange Zeit hinziehenden Handlungen zusammengezogen und mit der eigentlichen T.handlung zu einem Ganzen verschmolzen, während die sakramental verstandene Handauflegung samt Ölsalbung nach der T. von der T.handlung mehr und mehr getrennt und zu dem selbständigen Sakrament der → *Firmung* gestaltet wird, das erst den heranwachsenden Kindern gewährt wird und dessen Spendung den Bischöfen vorbehalten bleibt.

Die *altröm.* T.liturgie ist in den Gelasianischen und Gregorianischen → Sakramentaren sowie im 7. Ordo Romanus enthalten. Hier zeigen sich die Besonderheiten der westlichen Entwicklung, vor allem der ausführliche, sich über die ganze → Fastenzeit erstreckende *Skrutinien*ritus, eine intensive T.rüste durch wiederholte Exorzismen und Gebete für die Täuflinge. Charakteristisch ist dabei die *Apertio aurium* (Ohrenöffnung) in der 3. Fastenwoche, bei der die Täuflinge offiziell mit dem Evangelium, dem Glaubensbekenntnis und Vaterunser bekannt gemacht werden; ferner in der 7. Woche der Ritus des *Ephpheta* (ἐφφαθά »öffne dich« [Mk 7, 34]), wobei der Priester gemäß Mk 7, 31 ff die Ohren und die Nase des Täuflings mit Speichel netzt. Am Ende der Skrutinien stehen, wie auch in der sonstigen Tradition, die Ölsalbung an Stirn und Brust, die Absage an den Teufel (Abrenuntiatio diaboli) und das Aufsagen des Bekenntnisses (Redditio symboli). Vor der T. in der Osternacht findet am → Gründonnerstag die Chrismaweihe statt. Nach der Ostervigil folgt die Weihe des T.wassers (dabei Eingießen des → Chrisma in das Wasser), dann die T. und Konfirmation, anschließend die Erstkommunion der Getauften, die während der Osteroktav weiße Kleider tragen.

Diese altröm. Liturgie erfuhr im *MA* vor allem durch die Vorherrschaft der Kinder-T. (als *Infusions*- oder *Perfusions*-T., seit dem 13. Jh. häufiger, seit 15./16. Jh. die im Westen übliche T.form mit dreimaligem Ausgießen von Wasser auf das Haupt des Täuflings; eine *Aspersions*-T. - durch Besprengung - ist gegenwärtig offenbar nicht mehr üblich) und die Lösung vom Ostertermin eine mannigfache Wandlung. Sie fand in vielen T.ritualen der verschiedenen Diözesen ihren Niederschlag, ohne daß eine völlige Übereinstimmung im Ritual von Rom aus betrieben wurde. Erst die Reformation nötigte zu solchen Maßnahmen. Jedoch wurde das bis heute maßgebende röm. T.ritual erst von Papst Paul V. 1614 publiziert. Bis heute haben viele Diözesen noch ihr Sondergut, wenn sich auch die Tendenz der Vereinheitlichung überall bemerkbar gemacht hat. Die röm. Kindertaufordnung (Ordo baptismi parvulorum), eine gekürzte Fassung der Erwachsenen-T. (Ordo baptismi adultorum) getrennt von der Wasserweihe (Benedictio fontis: im Missale) und von der Firmung (Confirmatio: im Pontificale), verläuft im Rituale Romanum in *einer* Handlung. Die Einteilung zeigt den Ursprung der einzelnen Stücke: I. (*Aufnahme* in den Katechumenat) Empfang am Portal, Frage nach dem Namen, nach dem Begehr und Belehrung über den Weg zum ewigen Leben. Sodann: Wegblasen des bösen Geistes, Kreuzeszeichen und Gebet, Handauflegung mit Fürbitte, Segnung des → Salzes, Salzdarreichung in den Mund des Täuflings (»Empfange das Salz der Weisheit...«), Gebet. - II. (*Skrutinien* der Fastenzeit) Exorzismus (»Ich beschwöre dich, du unreiner Geist...«) mit erneuter Bezeichnung mit dem Kreuz, Handauflegung mit Gebet für den Täufling. Hier ist die Liturgie der Erwachsenen-T. am stärksten gekürzt, und zwar durch Fortfall weiterer Exorzismen. - III. (Einführung in die Kirche und Zug zum T.brunnen) Priester: »Tritt ein in Gottes Heiligtum...« Alle sprechen das Glaubensbekenntnis und das Gebet des Herrn. - IV. (Skrutinien des Karsamstags) Nach erneutem Exorzismus berührt der Täufer Mund, Ohren und Nase des Täuflings mit Speichel (»Ephpheta«): »Tue dich auf zu lieblichem Wohlgeruch. Du aber, Teufel, fliehe, denn es naht Gottes Gericht.« Es folgt die Abrenuntiatio diaboli (Widersagst du dem Satan...? dreimal) und die Salbung mit dem Katechumenenöl. - V. (Ostervigil) Die violette Stola wird mit der weißen vertauscht. Der Täufling wird nach seinem Glauben gemäß den drei Artikeln des Apostolikums befragt und nach seinem Willen, getauft zu werden. Die Paten antworten hier wie überall für das Kind. - Die *T.:* N. ego te baptizo in nomine Patris... (immer lat., während sonst die Volkssprache erlaubt ist). Danach Salbung mit Chrisam, Darreichung des T.kleides und der T.kerze, Entlassung mit dem Friedensgruß.

5. Schon in der Frühzeit der *Reformation* kam es durch → Luthers T.büchlein (1523) 1526², durch → Bucer 1525 in Straßburg, ferner in Zürich durch Leo → Jud 1523 und → Zwingli 1525 zu den ersten ev. T.ordnungen, denen in der zweiten Generation → Calvin 1543 in Genf und in England das → Common Prayer Book 1549 folgte. Bei dieser Reform blieben Luther und das Common Prayer Book der Tradition am nächsten, Bucer, Zwingli und Calvin entfernten sich mehr oder weniger weit von ihr, da sie bei ihren liturgischen Reformen »allein die hl. Schrift« zum Maßstab nehmen wollten.

Luthers T.büchlein von 1526, eine wesentliche Kürzung desjenigen von 1523, wurde für das norddeutsche Luthertum maßgebend. Es war die nur wenig abgeänderte, um der Bedeutung der T. selbst willen stark gekürzte mittelalterliche T.liturgie: Kleiner Exorzismus (Fahr aus, du unreiner Geist...), Obsignatio crucis. Zwei Gebete (darunter das sog. Sintflutgebet). Großer Exorzismus. Kinderevangelium Mk 10, 10-16 (schon in der T.liturgie des MA, aber später gestrichen), Segnung des Täuflings mit Handauflegung und Vaterunser. Gang zum T.stein. Absage an den Teufel, Frage nach dem Glauben (nach den drei Artikeln) und: Willst du getauft sein? Die Paten antworten für das Kind. Die T. durch Untertauchen. Votum (»Der allmächtige Gott, ... der dich anderweit geboren hat durch Wasser und hl. Geist und hat dir all deine Sünden vergeben, der stärke dich mit seiner Gnade zum ewigen Leben«) und Anziehen des »Westerhemdes« (dh des T.kleides). Entlassung mit dem Friedensgruß. - Während sich diese Ordnung in Norddeutschland bes. durch → Bugenhagen allgemein einbürgerte, schufen sich die oberdeutschen Lutheraner von Anfang an eine grundlegend neue T.ordnung, die als spezifische Kindertaufordnung entworfen war: ohne Exorzismus, ohne Abrenuntiatio und Interrogatio de fide, ohne Fragen an das Kind, aber mit einer Frage an die Paten in bezug auf die christliche Erziehung des Kindes. Diese T.ordnung fand im Süden und Westen weite Verbreitung, zumal sie manche Anstöße der konservativen Ordnung Luthers vermied. Allerdings kam es auch zu Vermischungen mit Luthers Ordnung, nachdem diese den Bekenntnisschriften einverleibt war.

Zwinglis T.ordnung von 1525 war in ihrer Schlichtheit und Geschiedenheit von der Tradition dem Brauch der oberdeutschen Lutheraner verwandt: Die Paten werden gefragt, ob sie wollen, daß das Kind getauft wird, und wie es heißt. Es folgt das Sintflutgebet und das Kinderevangelium. Die Fragen an die Paten werden wiederholt, dann folgt die T. und die Anlegung des »Westerhemdes« (T.kleides) sowie die Entlassung mit Friedensgruß. - Die Ordnung *Calvins* von 1543 unterscheidet sich davon nur wenig. Er fordert die T. im *Gemeinde*gottesdienst, da die T. »die feierliche Aufnahme in die Gemeinde« ist. Am Anfang seiner Ordnung gibt er eine ausführliche T.belehrung. Es folgen Gebet, Vaterunser und Aufforderung an die Paten, zu versprechen, das Kind im Bekenntnis des Glaubens der Kirche zu erziehen (deswegen hier das Apostolikum). Dann wird die Ermahnung der Paten fortgesetzt und ihnen geboten, danach zu handeln. Man erteilt dem Kind den Namen. Es folgt die T. mit anschließendem Segenswunsch. - Calvins T.ordnung wurde in den meisten ref. Kirchen maßgebend, wobei kleine Änderungen bzw. Erweiterungen oder Kürzungen (bes. der großen T.belehrung) vorkamen.

Die T.ordnung der *anglikanischen Kirche* im Common Prayer Book von 1549 ist Luthers T.büchlein von 1526 verwandt; es hat wahrscheinlich als Vorbild gedient. Die zweite Ausgabe von 1552 zeigt dagegen charakteristische Änderungen durch Bucers Einfluß (zB Beseitigung des Exorzismus), der später wieder zurückgedrängt wurde. In der endgültigen Fassung 1662 verläuft die T. so: Frage, ob das Kind getauft ist. Gebete (Sintflutgebet!), Kinderevangelium, Mahnwort, Gebet, Ansprache an die Paten, Abrenuntiatio, Interrogatio de fide. Fragen: Willst du auf diesen Glauben getauft werden? Willst du Gottes Gebote gehorsam halten? Gebete, Namengebung. Nach der T. - wie schon in der oberdeutschen Ordnung (Einfluß Bucers) - Signatio crucis: »zum Beweis, daß es sich hinfort nicht schäme, den Glauben an Christus, den Gekreuzigten, zu bekennen usw«. Dankgebet, Vaterunser, Ermahnung an die Paten. Da die T. vor der Gemeinde (im Morgen- oder Abendgebet) stattfindet, fehlt in der T.ordnung ein eigener Anfang und Schluß.

6. Im Unterschied von den ref. und anglikanischen Kirchen haben die T.liturgien in der *luth. Kirche* eine bewegte Geschichte gehabt. Immer wieder kam es allenthalben zu lebhaften Auseinandersetzungen über Exorzismus, Abrenuntiatio und die Frage an die Kinder, am stärksten im Zeitalter des Pietismus (Großer Exorzismusstreit), aber auch im 19.Jh., als man begann, die alten T.ordnungen der Reformationszeit wiederherzustellen, die sich in der Aufklärung aufgelöst hatten. Luthers T.büchlein wurde jedoch in seiner ursprünglichen Gestalt fast nirgendwo wieder in Gebrauch genommen, sondern meist ohne Exorzismus, vielfach auch ohne Abrenuntiatio und fast immer mit Fragen an die Paten. Auch wurden die »Einsetzungsworte« (Mt 28, Mk 16), Vermahnungen und Gebete hinzugefügt. In vielen luth. Kirchen wurde neben einer Ordnung nach Luthers T.büchlein eine andere Form, zB die oberdeutsche luth. Ordnung, zum Gebrauch angeboten, da man offenbar Luthers T.büchlein als einzige Ordnung nicht wieder einzuführen vermochte. So stieg die Zahl der Variationen luth. T.ordnungen im 19.Jh. erheblich. Die unierte preußische Landeskirche stellte in der Agende von 1895 die Wittenberger, Straßburger und ref. Ordnung in modernisierter Form zur Auswahl.

Eine bedeutsame Änderung trat *in der Gegenwart* dadurch ein, daß die VELKD in ihrer Agende (Bd III) 1952 vorläufig, 1961 endgültig für die luth. Kirchen Deutschlands eine einheitliche T.ordnung beschloß, die im Anschluß an Luthers T.büchlein zwar unter Verzicht auf den Exorzismus, jedoch mit der *Möglichkeit* der Abrenuntiatio und Interrogatio de fide gestaltet ist. - Gleichzeitig erneuerte auch die EKU 1955 und 1960 ihre T.ordnungen, und zwar ohne wesentliche Änderungen a) nach Luthers T.büchlein (ähnlich wie die VELKD), b) nach der oberdeutschen luth. und c) der ref. T.ordnung. In allen gegenwärtigen T.agenden ist gegenüber der Vergangenheit eine besondere Form der Erwachsenen-T. neben der Kinder-T. vorgesehen, da hierfür wieder mehr und mehr ein Bedürfnis vorliegt. Allerdings ist der Unterschied der Erwachsenen-T. von der Kinder-T. nicht grundlegender Art.

Im Laufe des 20.Jh.s hat sich in den ev. Kirchen Deutschlands eine bemerkenswerte Annäherung ihrer T.liturgien vollzogen. Die noch vorhandenen Unterschiede haben natürlich auch heute noch ihren Grund bes. in theologischen (konfessionellen) Differenzen der T.lehre, weniger in den landeskirchlichen Sondertraditionen. Bemerkenswert ist auch die steigende Beseitigung der in den beiden letzten Jh.en eingerissenen Haus- und Krankenhaus-T. und die weithin neu eingewurzelte Einordnung der T. in den Gottesdienst der Gemeinde. Die Segnung der Mutter nach der T. wird immer mehr eine feste Sitte in den ev. Gemeinden und damit zu einem neuen Bestandteil der ev.T.liturgie (→ Einsegnung).

J.W.F.Höfling, Das Sakrament der T. I. II, 1846/48 - E.Trumpp, Das T.buch d. äthiop. Kirche (AAM XIV, 1877/78) - C.v.Arnhard, Liturgie zum T.fest d. äthiop. Kirche (Diss. München), 1885 - A.v. Maltzew, Die Sakramente d. orth.-kath. Kirche d. Morgenlandes, 1898 - F.Hubert, Die Straßburger liturg. Ordnungen im Zeitalter d. Reformation, 1900 - G.Diettrich, Die nestorianische T.liturgie, 1903 - A.Staerk OSB, Der T.ritus in d. griech. russ. Kirche, 1903 - F.C.Connybeare, Rituale Armenorum, Oxford 1905 - H.Duensing, Der äthiop. Text der KO des Hippolyt (AAG III, 32), 1946 - Rietschel-Graff 510ff (umfassende Lit.) - W.Till-J.Leipoldt, Der kopt. Text der KO des Hippolyt (TU 58), 1954 - L.Fendt, Einführung in d. Liturgiewissenschaft, 1958 - Leiturgia V (in Vorbereitung). *J.Beckmann*

VI. Praktisch-theologisch

Wie die geschichtliche Betrachtung zeigt (→ Taufe: V), sind - jedenfalls im deutschsprachigen Bereich - die Bemühungen um die Gestaltung der T.liturgie gegenwärtig zu einem gewissen Abschluß gelangt: Auf röm.-kath. Seite darf die T., abgesehen von der T.formel selbst, in deutscher Sprache vollzogen werden (Collectio rituum ... pro omnibus Germaniae dioecesibus, 1950), auf ev. Seite wurden überwiegend durch entsprechende Synodalbeschlüsse nach Jahrzehnten weitgehender gemeindlicher oder pfarrherrlicher Willkür kirchlich anerkannte T.liturgien festgelegt. Das bedeutet freilich nicht, daß es nun eine auch nur annähernd einheitliche ev. T.ordnung im deutschen Sprachbereich oder wenigstens im Raume der EKD gäbe, also etwas dem deutschsprachigen Ritus auf kath. Seite Entsprechendes; vielmehr stehen die in der ev. Liturgiegeschichte gewordenen Typen von T.liturgien, sprachlich und theologisch der Gegenwart angepaßt und eine gewisse Möglichkeit zu Nuancen im einzelnen darbietend, nebeneinander, wobei rein zahlenmäßig die Nachwirkung des Lutherschen T.büchleins am stärksten zur Geltung kommt.

Wieweit sich die Neuordnung des ev. T.rituals in der Praxis durchsetzen wird, hängt von der keineswegs einheitlich beantworteten Frage nach dem *Ius liturgicum* ab. Da dies Recht nach den gegenwärtigen KOen wohl immer den Synoden zusteht und die Pfarrer bei ihrer Ordination zum Gehorsam gegen die KO verpflichtet werden, könnte - die Bereitschaft der Pfarrer vorausgesetzt - die künftige Benutzung der amtlichen T.formulare als gesichert erscheinen, falls im Rahmen der gleichen Agende nur auswechselbare *Einzelstücke* (verschiedene Voten, Gebete u.ä.) dargeboten werden, nicht aber (wie etwa in Unionskirchen) auch verschiedene T.formulare entsprechend den verschiedenen liturgischen Überlieferungslinien (s.o.). In *diesem* Falle liegt das Ius liturgicum nicht bei dem *Pfarrer,* der sich an das ihm am meisten zusagende T.formular binden oder sogar nach freier Willkür bald das eine, bald das andere wählen dürfte, sondern dann kann die Entscheidung nur bei der *Einzelgemeinde* liegen. Ihr steht das Ius liturgicum darüber zu, welche von den im Kirchenbereich amtlich eingeführten T.liturgien in ihrer Mitte gültig sein soll. Diese Entscheidung muß in einer die Dauer verbürgenden Form festgelegt werden, so daß nicht etwa jeder Pfarrerwechsel auch einen Wechsel des T.rituals zur Folge hat. - Daß das Ius liturgicum bei der T. eine erheblichere Rolle spielt als in irgendeinem anderen Bereich der ev. Liturgie, ergibt sich schon daraus, daß die angebliche Unsicherheit hinsichtlich des richtigen Vollzuges der ev. T. von kath. Seite immer wieder als Begründung für die bedingungsweise T. von → Konvertiten angeführt wird. Im innerev. Bereich ist die Frage des Ius liturgicum bei der T. deswegen innerhalb der EKD heute bes. aktuell, weil die Säuglings-T. als Normalform der T. gefordert und auch in den sog. kirchlichen Lebensordnungen geschützt wird. Kann unter diesen Umständen einzelnen Pfarrern, die aus theologischen Gründen nur die Erwachsenen-T. meinen anerkennen zu dürfen, das Recht zugestanden werden, ihre eigenen Kinder *nicht* zu taufen? Da diese Frage heute keineswegs nur rhetorisch ist, müssen die reformeifrigen ev. Pfarrer daran erinnert werden, daß selbst die Reformatoren *persönliche* Entscheidungen in kirchlichen und theologischen Fragen mit Rücksicht auf eine noch nicht entscheidungsreife *gesamt*kirchliche Situation zurückgestellt haben (zB Luther zeitlebens bei seiner Beurteilung des nt. Kanons).

Die Tatsache, daß es hinsichtlich der T. in Deutschland zu einer gewissen Neuordnung gekommen ist, darf nicht darüber hinwegtäuschen, daß das theologische Gespräch über die T. *viel* weniger als das über das → Abendmahl zu einem auch nur vorläufigen Ergebnis geführt hat. Theologische Besinnung und gemeindliche Verkündigung (in der allgemeinen Predigt, in der T.predigt, im kirchlichen Unterricht und in neuen Katechismus-Formulierungen) sind aber die Voraussetzung dafür, daß über den neugeordneten T.liturgien jene beharrliche Unruhe bleibe, die zu neuen liturgischen Formen hindrängt, die dem NT möglichst noch näherkommen als die traditionellen und den Christen der Gegenwart im edlen Sinne des Wortes stärker »ansprechen«, als jene es tun. - Eine weithin schon vollzogene Reform der T.-liturgie ist es, daß T.n im Gemeindegottesdienst stattfinden, womit der T. wieder ein klarer gemeindlicher Bezug zurückgegeben wird. Nur sollten bestimmte T.-sonntage vorgesehen werden, da erfahrungsgemäß die innere Teilnahme der Gemeinde unter zu oft wiederkehrenden Gottesdienst-T.n leidet. Die Frage, ob solche T.n vor oder nach der Predigt vollzogen werden sollten, ist theologisch nicht entscheidend wichtig; doch spricht manches für den Anfangsteil des Gottesdienstes (Glaubensbekenntnis; bessere Aufnahmefähigkeit der Gemeinde). Nötig ist es, dafür zu sorgen, daß die Eltern (zumindest der Vater) und Paten des Täuflings während des ganzen Gottesdienstes anwesend sind, wogegen die Täuflinge nur für den T.akt in die Versammlung gebracht werden sollten. Als gute Sitte für die T. im Gemeindegottesdienst empfiehlt sich das Läuten der T.glocke während des T.aktes (→ Glocken: III, 5). In größeren Gemeinden sind neben den T.n im Hauptgottesdienst besondere T.gottesdienste nötig. In ihnen ist die T.predigt (im Gegensatz zur T. im Gemeindegottesdienst) keinesfalls zu entbehren. Amtlich bestellte Vertreter der Gemeinde dürfen in ihnen nicht fehlen. Auf liebevolle Ausgestaltung (Liedauswahl!) ist bes. zu achten. T.n können auch im Kinder- oder Jugendgottesdienst gehalten werden. Gute Anregungen dazu gibt die - katechetische Bestandteile enthaltende - Liturgie der Kinder-T. in der Brüdergemeine (s. Lit.), die auch sonst hilfreich für die Frage einer Neugestaltung der ev. T. sein kann (zB eigenständige Gestaltung der Liturgie für die T. Erwachsener!).

Eine für das gemeindliche Verständnis der T. bestehende Schwierigkeit, auf die zu wenig geachtet wird, liegt in dem sprachlich inhaltsleer gewordenen Namen »T.«, der ursprünglich dem griech. βάπτισμα voll entsprach und infolgedessen die nt. Aussagen über die T. lebendig werden ließ. Damit geht Hand in Hand die Tatsache, daß - anders als beim Abendmahl! - von der eigentlichen Handlung beim T.sakrament nur dürftige Reste übriggeblieben sind, eine Entwicklung, der sich → Bugenhagen in seiner Hamburger KO (Sehling V, 510ff) noch fast leidenschaftlich entgegenstemmte. Es sollte immer wieder der Sinn des Wortes T. erklärt und der Wassergebrauch bei der T. so nachdrücklich und offenkundig gehandhabt werden, wie nur möglich, wozu auch das Eingießen des Wassers in das → Taufbecken gehört, gedeutet durch die klassische Lutherstrophe »Das Aug' allein das Wasser sieht« (EKG 146, 7). - An der Säkularisierung des Begriffs T. ist übrigens die Kirche selber nicht ganz unschuldig (vgl. den Ritus der »Glocken-T.«, vgl. → Glocken: I, 2). Gegenüber allem Pessimismus jedoch, den die gegenwärtigen T.probleme erwecken könnten, sei daran erinnert, wie große Aufgaben und Möglichkeiten mit dem Dasein der T., auch der umkämpften Kinder-T., dem Seelsorgedienst der ev. Kirche gegeben sind.

Vgl. die Lehrbücher der → Praktischen Theologie u. der → Liturgik - RGG² V, 1024f - M. Mezger, Die Amtshandlungen der Kirche I, 1957, bes. 149ff - EKL III, 1310ff - WKL 1426ff - Buch der Versammlungen in der Brüdergemeine, 1960, 30ff - L. Vischer, Ihr seid getauft, 1961.

W. Jannasch

VII. Rechtlich

1. In der *ev. Kirche* ist die T. für 3 ineinandergreifende Ordnungsbereiche erheblich: die Kirchenverfassung, die Gottesdienstordnung, die kirchliche Lebensordnung. a) Die T. ist nach den Verfassungen aller Gliedkirchen der EKD Voraussetzung und Rechtsgrundlage der → *Kirchenmitgliedschaft* im Sinne kirchlicher Personalität und der aus ihr folgenden Fähigkeiten und Pflichten des Gemeindegliedes. In der dialektischen Einheit von Wesens- und Rechtskirche (→ Kirche: VI B) ist T. Einfügung in den Leib Christi und zugleich → *Aufnahme* in die sichtbare, in der ecclesia particularis (Ortsgemeinde, Landeskirche) rechtlich verfaßten Gemeinschaft der Kirche. Während das Mitgliedschaftsrecht zur Disposition des Kirchengliedes und der Kirche steht, vermag die Beendigung der rechtlichen Kirchenmitgliedschaft die durch das T.bündnis entstehende Bindung an das → Corpus Christi mysticum nicht zu lösen: der → Character indelebilis des T.sakraments bewirkt eine unverlierbare Rechtsgrundlage kirchlicher Mitgliedschaftsrechte. In der geistlichen Wiedergeburt der T. gründet das *allgemeine* → *Priestertum der Gläubigen* als zentrales, das Verhältnis von Amt und Gemeinde, Amt und Ämtern bestimmende Aufbauelement der Gemeindeordnung. - b) Die T. wird im Namen des dreieinigen Gottes durch den zuständigen Pfarrer in Anwesenheit der Eltern und T.zeugen (in der Regel die → Paten) vollzogen. Bei der Kinder-T. versprechen Eltern und Paten ihre Mitwirkung bei der christlichen Unterweisung des Täuflings. Erwachsene werden nach dem T.unterricht in Anwesenheit der Kirchenältesten getauft. Die T. wird in der Kirche und grundsätzlich im Gemeindegottesdienst vollzogen. Haus- und Klinik-T.n sind auf dringende Notfälle beschränkt. Bei Lebensgefahr des Täuflings kann kraft des Priestertums aller Gläubigen jeder erwachsene und getaufte Christ die Not-T. gültig vollziehen. Die T. ist nicht wiederholbar. Dagegen ist es keine verbotene Wieder-T., wenn bei begründetem Zweifel an der Gültigkeit der T. diese in liturgisch

gültiger Form wiederholt wird. – c) In den kirchlichen *Lebensordnungen* (vgl. zB Ordnung des kirchlichen Lebens der VELKD 1955 Abschn. I: Von der Hl. T.) wird die Verantwortung der Gemeinde, Eltern und → Paten für die rechte Verwaltung des T.sakraments und die mit ihr verbundene christliche Unterweisung und Erziehung normativ näher entfaltet. Kinder ev. Eltern sind möglichst bald nach der Geburt zu taufen. Bei der T.anmeldung soll der Pfarrer mit den Eltern über die Bedeutung der T. und die ihnen erwachsenden Verpflichtungen sprechen. Ein der ev. Kirche nicht angehörender Elternteil muß schriftlich erklären, daß er die ev. Erziehung des Täuflings nicht hindern werde. – Weiterhin wird die Ordnung der T. durch die → *Kirchenzucht* (: II) bestimmt: Nach der in die seelsorgerliche Verantwortung des Pfarrers und der Kirchenältesten gestellten Entscheidung ist die T. zu versagen, wenn die Eltern zur christlichen Erziehung nicht bereit sind oder wenn sie die Kirche, ihr Bekenntnis und ihre Ordnung, zB durch Unterlassung ihrer kirchlichen Trauung oder das Fernhalten ihrer schon getauften Kinder vom gottesdienstlichen Leben der Gemeinde oder durch ihre persönliche Lebensführung offenkundig verachten. Wer sich durch die Unterlassung der T. seines Kindes dem Bekenntnis und der kirchlichen Ordnung widersetzt, erfährt eine Minderung seines Mitgliedschaftsrechts, bes. durch den Verlust der Wahlfähigkeit, der Patenfähigkeit und der Eignung zur Übernahme kirchlicher Ämter.

2. Während die kanonische Form der T. in der *kath. Kirche* (cc. 737-761. 770-776 CIC) in wesentlichen Stücken mit der ev. Ordnung der T. übereinstimmt, führt das verschiedene Kirchenverständnis zu divergierenden verfassungsrechtlichen Konsequenzen der T. bes. für die → *Kirchenmitgliedschaft:* Die T. – auch die Häretiker-T. in einer anderen christlichen Kirche – bewirkt unverlierbar auch die rechtliche Mitgliedschaft in der *einen* kath. Kirche (für die getauften Akatholiken als excommunicati tolerati). Ohne gültig vollzogene T. kann kein anderes Sakrament gültig empfangen werden. Der Character indelebilis des T.sakraments ergreift die auch durch Kirchenaustritt, Konversion oder Kirchenbann nicht zu lösende Gliedschaft in der verfaßten Kirche. Der Getaufte bleibt auf immer den Gesetzen der Kirche unterworfen. Diese Lehre setzt die grundsätzliche Anerkennung der in einer anderen christlichen Kirche durch Anwendung der trinitarischen T.formel und der Infusion des T.wassers vollzogenen T. voraus. Die Anerkennung der ev. T. wird freilich dadurch abgeschwächt, daß bei Konversionen die Konditional-T. (c. 732 § 2) weithin ohne genügend strenge Prüfung, oft unter Verkennung der ev. T.lehre und -praxis vollzogen wird. Notwendig ist die Beiziehung von kath. → *Paten*. Als geistliche Bürgschaft für den Täufling begründet die Patenschaft ein geistliches Elternverhältnis (cognatio spiritualis c. 778), die ein trennendes Ehehindernis ist (c. 1079).

Lehrbücher des ev. u. kath. → Kirchenrechts, bes. Erik Wolf, Ordnung der Kirche, 1961 – Eichmann-Mörsdorf II. *G.Wendt*

VIII. In der Mission

1. Verständnis der T. – 2. T.praxis – 3. Zur T.praxis der röm.-kath. Mission

1. Es ist oft bemerkt worden, daß die T. in der Missionssituation ihren spezifischen Charakter – M.Kähler nannte sie »*das* Missionssakrament« – bes. deutlich bewahrt hat. Das gilt trotz, oder wegen, der stets gegenwärtigen Spannung zu nichtchristlichen Initiationsriten, auch trotz der herkömmlichen theologischen Akzentunterschiede und trotz gelegentlicher Mißbräuche (Schnell- und Massen-T.n, zT unter Anwendung politischen Drucks, in der spanisch-portugiesischen und holländischen Kolonialmission). Ohne der Missionserfahrung als solcher normative Geltung zuzuschreiben, ohne auch das Gewicht der T.probleme in der Mission zu unterschätzen, kann man doch sagen, daß in der missionarischen Erwachsenen-T. die ständig erneuerte, unerläßliche Orientierung am biblischen Leitbild einerseits und die über bloß Angelerntes weit hinausreichende Erfahrung der heidenchristlichen Gemeinde andererseits die Fülle und den Segen der T. nachhaltig zur Geltung bringen, und zwar in dreifacher Beziehung:

a) Die T. ist als *Heilshandeln Gottes* am Menschen, als »persönliche, die ganze Existenz umfassende Beschlagnahme des Lebens durch Christus« (K.Hartenstein) mehr als ein Signum menschlicher Gehorsamsentscheidung. In der T. »knüpft Gott den Knoten mit unserem Inneren«; sie gibt Anteil an Tod und Auferstehung Christi, schafft daher »Gottesgemeinschaft von Gott her« (Neuguinea) und schließt als solche den Glauben als ihre Segenswirkung ein: »Christus hat mich befreit, und darum gehöre ich ihm« (Nordindien). Eine Fülle neugebildeter T.namen, vom schlichten »Jesusdiener« oder »Neuer Mensch« bis zu gefüllten Aussagen wie »Mir ist eine Umwandlung widerfahren« (Neuguinea, Ostafrika) bezeugen die Begründung neuer, gottgeschenkter Existenz. Dies T.verständnis ist nicht selten in Gefahr, von magischem Überlieferungsgut durchsetzt und verfälscht zu werden (T.wasser als heil- oder schadenbringendes Zaubermittel). Demgegenüber wie auch zur Abgrenzung gegen gewisse theologische Versuche, der T. eine Wirksamkeit auf »vorpersönlicher« Ebene zuzuschreiben, bedarf es der Besinnung auf das Verhältnis von T., Wort und Glaube. In der Mission treten hier eine aus ref. Tradition herkommende, der Wasser-T. nur die necessitas praecepti, nicht medii zuschreibende und letztlich zur Geistes-T. führende Linie (Kähler) und die traditionell luth. Linie (»Der hl. Geist wirket den Glauben, und die hl. T. bringt den hl. Geist«, L.Harms) auseinander, wobei es jedoch nur ausnahmsweise zur völligen Trennung von »äußerlicher« und »innerlicher« T. kommt.

b) Allen Versuchen, die Wirkung der T. vom Glauben zu lösen, wirkt die in der Missionssituation unaufgebbare Erfahrung entgegen, daß die T. *Entscheidung* fordert und impliziert. Sie bedeutet Bruch mit den alten Göttern, u.U. auch Lösung von der alten Lebensgemeinschaft und demzufolge soziale Diskriminierung aller Art, die bes. im islamischen Bereich schärfste Formen annehmen kann. Beinahe jede Religion ist imstande, ein Sympathisieren mit Jesus zu tolerieren und sich Hilfsdienste der Mission gefallen zu lassen – der T. und den Getauften gegenüber hört jedoch die Duldung auf. Gottes Bekenntnis zum Menschen, das in der T. für den einzelnen wirksam und greifbar wird, führt notwendig zum Bekenntnis des Getauften im Sinne einer Inpflichtnahme für das ganze Leben, ja über den Tod hinaus (Absage an alle Ahnenverehrung [→ Totenverehrung: III]). Aktivisch gebildete T.namen (»Ich habe weggeworfen«) sind dabei ebenso charakteristisch wie die Bedeutung der Abrenuntiation im T.akt. Theologische Differenzen konnten auch hier an der Frage nach dem Glauben entstehen: Ist nicht ein »Minimum« von Glauben schon als Bedingung der T. zu fordern (pietistische Linie)? Was bleibt aber noch von der T. zu erwarten, wenn sie voraussetzt, was sie doch erst geben soll (luth. Linie)?

c) Ungeachtet dieser Differenzen besteht weite Übereinstimmung darin, daß die T., indem sie in die Gemeinschaft mit dem neuen Herrn aufnimmt, auch *neue Gemeinschaft* unter den Getauften konstituiert. »Wird die

T. übergangen, entsteht keine Gemeinde« (G.Vicedom); diese Erkenntnis hat sich bei den auf die T. verzichtenden christlichen Gruppen in Indien und Japan immer wieder bestätigt. Die Gemeinschaft der Getauften erweist ihre Sonderart darin, daß sie einerseits bestehende soziologische Abgrenzungen überwindet, zumal wenn diese religiös sanktioniert sind (zB → Kaste), andererseits ein neues Zu- und Miteinander ermöglicht, das sich eigene Formen und Strukturen schafft. Konnte gelegentlich, bes. bei → Gruppenbekehrungen, der Eindruck entstehen, daß die neue »Gottessippe« die geradlinige Verlängerung vorfindlicher, scheinbar »urtümlicher« Gemeinschaftsstrukturen sein müsse, so überwiegt heute durchweg die Erkenntnis, daß die T. als »Grunderlebnis für die Kirch- *und* Volkwerdung« (Chr.Keyßer) mißverstanden wäre und daß sie nicht Instrument einer »Vervolklichung des Christentums« sein kann (Kähler). Die »junge« Kirche gibt dieser Einsicht auch dadurch Ausdruck, daß sie die T. immer von neuem zum Richtpunkt der Verkündigung und Unterweisung sowie zur Norm der Zuchtübung macht, daß sie auch Kinder tauft (s.u.) und, vor allem, daß sie die T. als verpflichtenden Ausweis ihrer Sendung an die Welt, über die eigenen Grenzen hinaus, versteht und praktiziert.

2. a) Die Frage nach der Relation von T. und Glaube wird bei der Gestaltung der *T.vorbereitung* zum Problem der Praxis (→ Katechumenat). Die Notwendigkeit einer Unterweisung vor der T. wird nirgends bezweifelt. Die traditionellen Differenzen (s. 1 b) machen sich aber sogleich bemerkbar, wenn die konkreten Bedingungen für T.zulassung und die Dauer des Katechumenats festzulegen sind. Versuche, den Schwerpunkt der Unterweisung in die Zeit nach der T. zu legen (L.Harms), sind bald aufgegeben worden. Als noch bedenklicher erscheint aber die Ausrichtung der T.vorbereitung auf einen einseitig als »eminenten Willensakt« (J.Warneck) begriffenen T.empfang; denn nur zu leicht wird der Katechumenat dabei zum Leistungslehrgang mit abschließender Prüfung. Eine Lösung der Schwierigkeiten wird nur da möglich sein, wo die T.vorbereitung nicht primär an den beim Menschen gegebenen und zu fordernden Voraussetzungen für die T. orientiert ist, sondern an dem, was die T. »gibt oder nützet«.

b) Nur von daher wird sich auch das praktische Problem der *»Sakramentsscheidung«* sachgemäß behandeln lassen, das seit einer in der holländischen Mission des 17.Jh.s geführten Debatte immer wieder umstritten war. Gerade wo die Sakramente in hoher Schätzung standen, konnte man den Empfang der T. und des → Abendmahls (: VII) zeitlich und sachlich auseinanderrücken und damit zu einer Scheidung von Getauften- und Kommunikantengemeinde kommen. Diese Praxis wirkt noch heute nach, ist jedoch mit den meist dafür angeführten pädagogischen Erwägungen schwerlich ausreichend zu rechtfertigen, zumal wenn dabei praktisch zwei Klassen von Christen unterschieden werden.

c) Die *Kinder-T.* bedeutet auch in der Mission eine Zuspitzung der T.problematik, sofern hier das gerade in nichtchristlicher Umwelt so bedeutsame Moment der Entscheidung entfällt und dadurch, wie es scheint, den vielbeklagten Nöten der »zweiten Generation« und der Volkskirche Tür und Tor geöffnet werden. Die gelegentlich versuchte kurz- oder langfristige generelle Aussetzung der Kinder-T. hilft ebensowenig weiter wie das Ausweichen in sekundäre Begründungen der Kinder-T., zB aus der Familiensolidarität (so gewiß dieser Gesichtspunkt gerade in der Missionssituation nicht ignoriert werden darf). Wenn in Mission und »junger« Kirche dennoch überwiegend die Kinder-T. neben der Erwachsenen-T. ihren festen Platz hat, so vor allem deshalb, weil man, gerade auch angesichts von Fragen der Nichtchristen, einen Ausschluß der Kinder vom Segen der T. nicht meint verantworten zu können, weil man der Kraft des Sakraments immer noch mehr zutraut als einer nur »kognitiv« verstandenen T., die allzu deutlich vom westlichen Intellektualismus geprägt scheint, und weil man eine tiefe Scheu davor hat, die Fülle von Gottes Gnadenangebot zu verkürzen. Um so genauer nimmt man es mit den Möglichkeiten, den Ernst des Dauerverhältnisses, das man auch mit der Kinder-T. konstituiert weiß, gegen Abwertung zu schützen – etwa durch Familienseelsorge, intensive Unterweisung und eine T.zucht, die auch T.aufschub und T.versagung nicht scheut, und bei welcher Amt und Gemeinde in gemeinsamer Verantwortung ihre Wächterfunktion ausüben. Die Erfahrung zeigt, daß auf diese Weise zwischen Kinder-T. und Christenstand tragfähige Brücken gebaut und Entartungen der Kindertaufpraxis zwar nicht völlig vermieden, aber wirksamer abgefangen werden können, als es im Westen in der Regel möglich ist, zumal dort die korrigierende Wirkung der Erwachsenen-T. praktisch wegfällt.

3. Sieht man von den bekannten dogmatischen Besonderheiten der *röm.-kath.* T.lehre ab, so ist gerade in der Missionssituation die Tatsache, daß hier wie dort dasselbe heilsnotwendige Sakrament der T. in Geltung steht und Segen wie Nöte der T.praxis weitgehend ähnlich erfahren werden, kaum zu überschätzen (wenngleich bei Konversionen zur röm. Kirche leider noch zu oft die bedingungsweise Wieder-T. geübt wird). Mit der Meinung, daß die röm. Mission *prinzipiell* ohne ausreichende Vorbereitung und Prüfung taufe, ist endlich aufzuräumen; die Differenzen hinsichtlich des Katechumenats fallen nicht mit den Kirchengrenzen zusammen. Wohl aber steht die tridentinische Koordinierung von T. und Bußsakrament einer Annäherung der T.praxis beider Kirchen auch heute im Wege. Sonderprobleme der röm. T.praxis bilden die verbreitete, aber zunehmend kritisch betrachtete Übung, das Ritual der Kinder-T. auch bei Erwachsenen-T.n anzuwenden, und die Bemühungen, das »Gewand« des T.ritus den Formen bodenständiger nichtwestlicher Kulturen zu akkommodieren.

Zu 1 u. 2: G.Warneck, Ev. Missionslehre III/1, 1897, 209ff; III/2, 1903, 212ff - E.Strasser, Die T. in d. Gesch. d. dt. ev.-luth. Mission, 1925 - W.Freytag, Die T. in d. Missionserfahrung (Das niederdt. Luthertum 35, 1941, 60-63 = Reden u. Aufs. I, 1961, 229-235) - I.H. Enklaar, De scheiding der sacramenten op het zendingsveld, Amsterdam 1947 - H.-W.Gensichen, Das T.problem in d. Mission, 1951 (Lit.) - G.F.Vicedom, Die T. unter d. Heiden, 1960. - Zu 3: Th.Tangelder, Sacramenten en volksgebruiken, Bussum 1950 - J.Beckmann, T.vorbereitung u. T.liturgie in d. Missionen v. 16.Jh. bis z. Gegenwart (NZM 15, 1959, 14-31; Lit.) - X.Seumois, La structure de la Liturgie baptismale romaine et les problèmes du catéchuménat missionnaire (ebd 32-50). *H.-W.Gensichen*

Tauler, *Johannes* (* ca 1300 in Straßburg, † 1361 ebd), OP, schulte sich wie → Eckehart (bei dem er wahrscheinlich in Köln studierte) an der Lehre des → Thomas von Aquino sowie an neuplatonischen Traditionen (→ Mystik: VI), war aber vorsichtig gegenüber pantheistisch mißdeutbaren Spekulationen (→ Gott: V, 6. 11 d) und betonte mehr als Eckehart die rechte Bereitung des Willens (bes. in der → Gelassenheit). Wohl sah er im »Seelengrund« die Leere, die nur für das Einwohnen des unerschaffenen Lichtes Raum hat, doch so, daß auch hier das Bewußtsein der Geschöpflichkeit (im Lieben und Leiden mit Christus) erhalten bleibt. Mit dem Straßburger Konvent, dem er als Lektor angehörte, ging T., um das 1339 gegen die zu Ludwig IV. haltenden Reichsstände verhängte Interdikt befolgen zu können, nach Basel. Dort und in Straßburg, wohin er frühestens 1346 zurückkehrte, hatte er mit Kreisen von → Gottesfreunden rege Kontakte. Von seiner Korrespondenz hat sich nur ein fraglos echter Brief (an Margareta → Ebner) erhalten. Gelegentliche Reisen führten ihn bes. nach Köln. Als Seelenführer den Alltagsproblemen nahe, als Prediger originell, bildhaft und kraftvoll, betonte T. die praktischen Seiten des mystischen Lebens: Die rechte Verinnerlichung muß ebensosehr den Weg äußerlicher Werkgerechtigkeit wie die Richtungslosigkeit bloßen Gefühlsüberschwanges vermeiden. Kirchliche Ordnungen und Einrichtungen können hier fördernd wirken, doch ablenkend, wenn man sich auf die äußerliche Übung verläßt. In der → Erbauungsliteratur blieb T.s Einfluß stark. Gelegentliche Kritiker (zB → Eck wegen → Luthers [: I, 2] Vorliebe für T.) schadeten seiner Volkstümlichkeit bei Katholiken und Protestanten kaum. Die Druckausgaben brachten immer mehr Predigten und Traktate unter seinem Namen (echt sind ca 80). Bes. gab die Deutung der im »Meisterbuch« → Merswins erzählten Bekehrungsgeschichte auf T. seinem Andenken legendären Glanz.

Textausg.n (über deren Charakter s. J.QUINT [s.u.] 69f): F.VETTER, 1910 - A.L.CORIN, Lüttich 1924/29 (u.a. 35 von VETTERS 81 Stücken). - Texte in Ausw.: L.NAUMANN (KIT 127), 1914 - J.QUINT, Textbuch (→ Mystik: VI) 68ff - Mystiques allemands du XIVe siècle, hg.v. J.-A.BIZET, Paris 1957, 84ff. 108f. 241ff. - Übers.en (u.a.): W.LEHMANN, 2 Bde, (1913) 1923[2] - L.NAUMANN, 1923 (Ausw.) - G.HOFMANN, 1961 - franz.: G.HUGUENY, G.THÉRY u. A.L.CORIN, 3 Bde, Paris 1927-35 (wichtige Einl.). - Über T.: H.S.DENIFLE, T.s Bekehrung, 1879 - G.SIEDEL, Die Mystik T.s, 1911 - O.SCHEEL, T.s Mystik u. Luthers reformat. Entdeckung (Festg. J.Kaftan, 1918, 298 bis 318) - PH.STRAUCH, Zu T.s Predigten (BGDSL 44, 1919, 1-26) - D.HELANDER, J.T. als Prediger (Diss. Lund), 1923 - Ü II, 628ff. 789f - K.GRUNEWALD, Studien zu J.T.s Frömmigkeit, 1930 - W.MUSCHG (→ Mystik: VI) 280ff - DSp I, 323ff - LThK IX, 1022ff - DThC XV, 66ff - F.-W.WENTZLAFF-EGGEBERT (→ Mystik: VI) 102ff. 307ff (Lit.) - J.M.CLARK, The Great German Mystics, Oxford 1949, 36ff. 114ff - EC XI, 1797ff - VerfLex IV, 375ff; V, 1078 (Bibliogr., Lit.) - B. MOELLER, Die Anfechtung bei J.T. (Theol. Diss. Mainz), 1955 (Masch.; vgl. ThLZ 82, 1957, 307f) - M.DE GANDILLAC, Valeur de temps dans la pédagogie spirituelle de Jean T., Montreal-Paris 1956 - P.WYSER, Der Seelengrund in T.s Predigten (Festg. W.Stammler, 1958, 204-311) - EKL III, 1315 - I.WEILNER, J.T.s Bekehrungsweg, 1961. - Vgl. auch → Mystik: VI. *M.A.Schmidt*

Taurellus, *Nikolaus* (1547-1606), * in Mömpelgard, Schüler des Aristotelikers → Schegk in Tübingen, seit 1580 Prof. der Medizin und Physik in Altdorf. Seine Lehre ist erst durch Mayers Arbeit (s. Lit.) ganz durchsichtig geworden. Luth. Orthodoxie und Humanismus (als Aristotelismus) kreuzen sich in seinem Werk, sonst damals meist durch Unterscheidung der geoffenbarten und natürlichen Wahrheit vereinigt, die man sich in zwei Schichten übereinander gelagert dachte. T. verschmilzt beide miteinander und behauptet die Einheit von Wissen und Glauben. Obwohl streng orthodox, hat er doch ein starkes Bewußtsein von den Kräften des menschlichen Geistes, der auch die geoffenbarte Wahrheit zu durchdringen vermöge; die Philosophie ist ihm daher die Grundlage der Theologie. Die Vereinigung gelingt ihm aber nur, indem er an zwei Stellen von der sonst anerkannten Überlieferung abweicht. Die Erkenntnis läßt er im platonisch-stoischen Sinne dem Geiste eingeboren sein, während sonst überall Aristoteles' Begriff der leeren Tafel angenommen wurde; der dadurch bedingte Empirismus soll gerade die Fähigkeiten des Geistes beschränken. Ferner betont er, daß der menschliche Geist durch den Sündenfall nicht in seiner Substanz verändert sei und daher noch immer die gleiche Fähigkeit der Erkenntnis habe (gegen → Flacius). In beidem kann man wohl eine Nachwirkung Melanchthons sehen. T. hatte in seiner Zeit keinen Erfolg, weil ihm die begriffliche Schärfe mangelte, auf die damals der Hauptwert gelegt wurde.

P.PETERSEN, Gesch. d. aristotel. Philos. im prot. Deutschland, 1921, 219ff - M.WUNDT, Dt. Schulmetaphysik d. 17.Jh.s, 1939, 54 - HANS-CHR.MAYER, N.T., der erste Philosoph im Luthertum (Theol. Diss. Göttingen), 1959 (Masch.; Bibliogr.). *M.Wundt*

Tausen, *Hans* (1494-1561), dänischer Reformator (→ Dänemark: I, 2), * in Birkende auf Fünen, kam nach Schulbesuch in das Johanniterkloster Antvorskov, studierte 1516-19 in Rostock und hielt 1520 Vorlesungen über die »Oeconomica« des Aristoteles. 1521-23 Lektor in Kopenhagen, studierte er seit Mai 1523 bei Luther in Wittenberg, wurde aber 1524 in die Heimat zurückgerufen. In Viborg predigte T. unter großem Zulauf die reformatorische Lehre und erhielt 1526 einen königlichen Schutzbrief als luth. Prediger. Im Sommer 1529 kam er an die Nikolaikirche nach Kopenhagen. Das dem Herrentag 1530 vorgelegte »Bekenntnis« in 43 Artikeln stammt sicher im wesentlichen von T. Nach dem Regierungsantritt Christians III. gehörte T. einer Kommission an, die die lat. KO von 1537 ausarbeitete. 1535 erschien T.s dänische Übersetzung des Pentateuchs, 1537 gab er mit anderen eine dänische Agende heraus, 1539 eine Postille. Neben seiner Predigttätigkeit war er Lektor für Hebräisch an der Universität Kopenhagen und hielt Vorlesungen in Roskilde. Als Nachfolger von → Wenth wurde T. am 30.4.1542 Bischof von → Ripen. Er bemühte sich um die Einrichtung von Schulen und hatte bei Visitationen Zusammenstöße mit dem landgierigen jütischen Adel.

RE XIX, 459ff - MARIE CHRISTENSEN, H.T., Kopenhagen 1942 - DBL XXIII, 367ff (Lit.) - NTL III, 840ff - N.K.ANDERSEN, Confessio Hafniensis (Diss. Kopenhagen), 1954 - HAL KOCH-B.KORNERUP, Den Danske Kirkes Historie IV, 1959, 30f. *W.Göbell*

Tavaszy, *Sándor* (1888-1951), ung. ref. Theologe in → Siebenbürgen. Nach Studien in Klausenburg, Jena und Berlin wurde T. zuerst Gymnasiallehrer, seit 1920 Theologie-Prof. in → Klausenburg (bis 1926 für KG, dann für syst. Theol.), seit 1937 zugleich auch stellvertretender Bischof. T. war eine führende Gestalt im siebenbürgischen Geistesleben; als erster machte er die sog. → Dialektische Theologie im ung. Sprachgebiet in selbständiger Prägung bekannt.

Vf. u.a.: Schleiermachers Philos., 1918; Weltmission des Calvinismus, 1928; Ref. christl. Dogmatik, 1932; Siebenbürger Persönlichkeiten, 1942; Das Geheimnis des Leidens, 1946; Ref. christl. Ethik (lithogr., 1952); Hg. verschiedener Zeitschriften. - Über T. vgl. »Ref. Szemle« 1951, Nr. 11-12 (alles ung.). *B.Nagy*

Taxil, *Leo* (1854-1907), Deckname für Gabriel Jogand-Pagès, * in Marseille, † in Sceaux, kath. erzogen, dann Freidenker und kurze Zeit Freimaurer. Angeregt durch → Leos XIII. Antifreimaurerenzyklika »Humanum genus« (1884) veröffentlichte T. seit 1885 als angeblich bekehrter Freimaurer Enthüllungen über Teufelserscheinungen, Verzauberungen, Ausschweifungen, Satanskult u.a.m., die er selbst bei den Freimaurern erlebt haben wollte (→ Freimaurerei, 4). Die kath. Welt, bes. die Volkspresse, nahm seine Romane begierig auf; der kath. Freimaurerspezialist H.Gruber SJ übersetzte einige ins Deutsche. Leo XIII. empfing T. 1887 und spendete 1895 seiner Sekretärin »Miß Diana Vaughan« seinen Segen (sie hatte als bekehrte Teufelsbraut ebenfalls Enthüllungen geschrieben). Noch 1896, als die Kölnische Volkszeitung bereits warnte, trat T. auf dem Anti-Freimaurer-Kongreß in Trient mit großem Erfolg auf. 1897 bekannte er sich in Paris öffentlich als Urheber des ganzen Schwindels.

J.Rieks, Leo XIII. u. der Satanskult, 1897 (dazu ChW 12, 1898, 81-85. 1111-1115) - P.Braeunlich, Der neueste Teufelsschwindel in der röm.-kath. Kirche, 1897 - Ders., L.T.s weltgeschichtlich denkwürdige Schelmenstreiche, 3 Tle, 1924/25 - H.Gerber (H.Gruber SJ), L.T.s Palladismus-Roman, 3 Tle, 1897 - Ders., Betrug als Ende eines Betrugs, 1897 - Ders., Aberglaube u. Unglaube, 1897 - P. Hoensbroech, Das Papsttum in seiner sozialkulturellen Wirksamkeit I, (1900) 1901[4], 343ff - RGG[1] V, 1113ff. *K.Nitzschke*

Taylor, 1. *James Hudson,* * 21.5.1832 in Barnsley (Yorkshire), † 3.6.1905 in China, Gründer der → China-Inland-Mission (C.I.M), entstammt einem methodistischen Hause und gehört nach Theologie und Frömmigkeit in die angelsächsische → Erweckung (: I). Mit 18 Jahren erlebt er die Berufung zur Mission in China, beginnt eine ärztliche Ausbildung (abgeschlossen 1862) und wird 1853 von der »Chinese Evangelization Society« ausgesandt. Nach freundschaftlicher Trennung 1857 wirkt er als → Freimissionar im Vertragshafen Ningpo (→ China: IV C) und kehrt 1860 mit stark angegriffener Gesundheit nach England zurück. Gequält vom Gedanken an die unerlösten Millionen Chinas gründet er 1865 ohne Mittel und fast ohne Unterstützung die C.I.M. Nach erneuter Ausreise 1866 dringt er, angeregt von → Gützlaff, ins Innere des Landes vor und entwirft den Plan einer umfassenden Evangelisation ganz Chinas, den er auf Reisen in Europa, Amerika und Australien und während der insgesamt 11 zT jahrelangen Aufenthalte in China vorantreibt. Missions*ziel* ist das Zeugnis gegenüber jedem einzelnen Menschen (Mt 24, 14), Missions*methode* Reisepredigt und Schriftenverbreitung, denen er gegenüber der stationären Arbeit und den Fragen der Kirchenbildung den Primat zuerkennt, ohne diese für unnötig zu halten. Gelegentlich versteht er unter »Zeugnis« die bloße verbale Mitteilung und kann dann unwirkliche Pläne zur Evangelisation aller Chinesen durch 1000 Missionare in knapp 3 Jahren entwickeln, findet aber in der Praxis zu sachgemäßeren Formen missionarischer Kommunikation zurück. Seine starke Persönlichkeit und ein zugleich fordernder und sich ganz ausliefernder Glaube verliehen ihm großen Einfluß innerhalb der Evangelical Alliance (→ Allianzbewegungen). Seine Missionsmethode und die von ihm entwickelten Grundsätze der C.I.M. wurden vorbildlich für ähnliche Gründungen (zB Africa-Inland-Mission, Sudan-Interior-Mission).

Vf. u.a.: China's Spiritual Need and Claims, 1865; A Retrospect, o.J. (1895). - Über T.: G. u. H.Taylor, H.T., 2 Bde, 1911/18; dt. 1912/25 - M.Broomhall, H.T., London (1929) 1932[7]. *M.Linz*

2. *Jeremy,* anglikanischer Theologe, * 15.8.1613 in Cambridge, † 13.8.1667 in Lisburn (Irland), nach dem Studium in Cambridge (Caius College) 1633 ordiniert. Durch eine Predigtvertretung in London erregte T. die Aufmerksamkeit des Erzbischofs → Laud, wurde Fellow im All Souls-College in Oxford, Kaplan des Erzbischofs und König Karls I., 1638 Pfarrer von Uppingham (Rutlandshire). Seine anglikanisch-episkopalistische und königstreue Haltung brachte ihn in den Verdacht des Kryptokatholizismus. Während der Revolution kurze Zeit gefangen, war T. seit 1645 Kaplan von Lord Carbery in Golden Grove (Wales). 1658 wurde er vom Earl of Conway nach Nordirland eingeladen und war dort seit 1660 (nach der Restauration der Stuarts) Bischof von Down und Connor (1661 auch von Dromore). T.s Bedeutung beruht auf dem Gehalt und der Stilkunst seiner eindrucksvollen Predigt und asketisch-katholisierenden erbaulichen Schriftstellerei, die ihn zu einem vielgelesenen Autor des 17. und 18.Jh.s machte (u.a. Einfluß auf J. → Wesley). - Vgl. → Caroline Divines, → Toleranz: II.

Vf. bes.: A Discourse of the Liberty of Prophesying, 1647; The Rule and Exercise of Holy Living, 1650; ... of Holy Dying, 1651; Ductor Dubitantium, 1660. Beste GA ed. R.Heber u. C.P.Eden, 10 Bde, 1847-54 (mit Biogr. v. R.Heber: I, IX-CCL). - Über T.: RE XIX, 462ff - W.Schirmer, Gesch. d. engl. Lit., 1937, 346ff - DNB XIX, 227ff - C.J.Stranks, The Life and Writings of J.T., 1952 - T.Wood, English Casuistical Divinity during the 17th Century, with Special Reference to J.T., 1952 - M.Schmidt, John Wesley I, 1953, 65ff - M.Greiffenhagen, Skepsis u. Naturrecht im Werke J.T.s (Phil. Diss. Heidelberg), 1956. *M.Schmidt*

3. *William* (1821-1902), Bischof der Methodistischen Episkopalkirche (USA), bekannt durch seine »sich selbst erhaltenden Missionen«. 1849-70 war T. als Evangelist in Amerika, auf den britischen Inseln und in Australien tätig. Als Missionar wurde er in Indien (1870-75) durch Spenden der Einheimischen (bes. der Anglo-Inder), in Südamerika (1877-84) durch Schulgelder, in Afrika (1884-96) durch Industrie und Handel unterstützt. Außer in Afrika, wo er als Bischof wirkte, arbeitete er unabhängig von der Kirche; er gründete eine eigene Gesellschaft zur Aufbringung der erforderlichen Gelder. Seine Unterhaltsmethoden versagten, doch förderte seine Arbeit das Wachstum der Kirche.

Vf. bes.: Four Years' Campaigning in India, 1875; Pauline Methods of Missionary Work, 1879; Ten Years of Self-Supporting Missions in India, 1882; Story of My Life, 1895; Africa Illustrated, 1895; Flaming Torch in Darkest Africa, 1898. - Über T.: O.v.Barchwitz-Krauser, Six Years with W.T. in South America, 1885 - E.Davies, The Bishop of Africa, 1885 - G.F.Arms, Hist. of the W.T. Self-Supporting Missions in South America, 1921 - J.H.Paul, The Soul-Digger, or Life and Times of W.T., 1928 - W.C.Barclay, Hist. of Methodist Missions III, 1957. *R.P.Beaver*

Technik

I. Geschichtlich - II. Soziologisch und sozialpsychologisch - III. Sozialethisch. - t. = technisch

I. Geschichtlich

»Am Anfang der in Dunkel gehüllten Urgeschichte der T. steht die Frage: Wie kam der primitive Mensch zur T.? Waren der Zufall, der Spieltrieb, Notdurft oder andere primitive Empfindungen die Ursache der ersten t.en Betätigung? Wir können es nicht wissen. Aber das eine steht fest: Die seelischen Voraussetzungen, aus denen die T. erwuchs, müssen die gleichen gewesen sein, aus denen Religion und Kunst geboren wurden« (G. Bugge). Mit dem Faustkeil, dem ältesten Artefakt bzw. dem für den ständigen Gebrauch zugerichteten Steinwerkzeug beginnt die Geschichte der T. Ernst Kapp, der »Metaphysiker der T.«, sah in den Urwerkzeugen des Menschen eine Verlängerung und Verstärkung leiblicher Organe, wofür er den Begriff »Organprojektion« prägte (Grundlinien einer Philosophie der T., 1877). So ist zB der Hammer eine Organprojektion des Armes. Es wäre eine Überspitzung dieser Idee, wollte man sie auf die Maschine anwenden. Allein, das war der Beginn einer viele Jahrtausende umspannenden Entwicklung, die dahin tendierte, die Arbeit zu erleichtern, und die dann zur Erfindung von Werkzeug- und Antriebsmaschinen führte. In der Jungsteinzeit wurden eine ganze Anzahl von Erfindungen geschaffen, die für die weitere Entwicklung der T. und der ganzen menschlichen Kultur von entscheidender Bedeutung waren: Rad und Wagen, Schiff, Pflug, Webstuhl, Bohrmaschine, die Töpferscheibe und auch der Backofen. Die nachfolgenden Epochen der Vor- und Frühgeschichte brachten die Entwicklung der Bergbau-T. und der metallurgischen Verfahren: Kupfer, Bronze, Eisen. Die antiken Hochkulturen Ägyptens und Vorderasiens (Zweistromland, Iran) liefern Beispiele einer großartigen Entfaltung der T. in Bauten und Metallarbeiten.

Im alten Hellas galt die körperliche Arbeit als niedrig. Sie wurde von den zahlreichen Sklaven geleistet. Maschinen, geeignet die Arbeit zu erleichtern oder Menschenkraft einzusparen, gab es kaum. Bei dem, was man als »antike T.« bezeichnet, handelt es sich meist mehr oder weniger um mechanische Spielereien. In der hellenistischen Zeit wirkten als Mechaniker von erstaunlichem Können bes. Ktesibios in Alexandria und Philon von Byzanz (um 200 vChr), denen um die Mitte des 1.Jh.s nChr Heron von Alexandria folgte. Eine Weiterentwicklung der von den Griechen erarbeiteten t.en Möglichkeiten ins Riesenhafte stellt, streng genommen, die T. der Römer dar. Die Lösung t.er Aufgaben lag durchweg in der Hand des Architekten, ob es sich um Bauten, Hebezeuge, Kriegsmaschinen, Wasserleitungen, Heizungsanlagen oder Straßenbau handelte. Die vielfältigen Obliegenheiten des Baumeisters hat Vitruv in seinem grundlegenden Werk »De architectura« (25/23 vChr) dargelegt. Mit den eigentlichen maschinellen Vorrichtungen sah es in Rom auch noch nicht viel anders aus als in Griechenland. Tier- und Menschenkraft waren nach wie vor fast ausschließlich die Antriebskräfte. Wohl kannte Vitruv den Tiergöpel und die Wassermühle, wie solche zZ des Augustus am Tiber in Betrieb waren. Aber erst in der Spätantike bahnte sich eine größere Ausnutzung der Wasserkräfte an. Mit der allmählich dank der Ausbreitung des Christentums im Abendland einsetzenden Abschaffung der → Sklaverei sah man sich nach anderen Energiequellen um. Am nächstliegenden war die Verwendung des fließenden Wassers. Um 369 nChr trieben Wasserräder ein Marmorsägewerk an der Roer an, einem Nebenfluß der Mosel. Aus gallorömischer Zeit stammen die Reste einer ungewöhnlich großen Getreidemühle, die man unweit von Arles ausgegraben hat. Vom frühen MA an häufen sich die Nachrichten von derartigen Anlagen. Mit Wasserkraft betriebene Sägemühlen, Hammerwerke, Erzpochwerke, Schleifkotten usw sind in zunehmendem Maße aus dem 11.-15.Jh. bekannt. Auch die Tierkraft wurde vermehrt genutzt, seitdem im 10.Jh. das Zuggeschirr dahin verbessert wurde, daß Pferd und Rind jetzt nicht mit dem Hals, sondern mit Brust und Schulter ziehen konnten. Insbesondere fand der Tiergöpel vom 15.Jh. an zunehmende Verwendung auch im Bergbau, hier neben der Wasserkraft.

Im Laufe des 15.Jh.s hatten sich der deutsche Bergbau und das Hüttenwesen zu einer Vollkommenheit entwickelt, die den deutschen Bergknappen in aller Welt als begehrten Kulturpionier erscheinen ließen. Zu welcher Mannigfaltigkeit die »Kunstgezeuge«, dh die großen Wasserhaltungsmaschinen, die Pumpenanlagen und Antriebsmaschinen im Bergbau gediehen waren, zeigt vornehmlich das grundlegende bergbautechnische Werk von Georg Agricola »De re metallica« (1556, mit zahlreichen ausgezeichneten Holzschnitten), das noch über 2 Jh.e als Lehrbuch unübertroffen und maßgebend blieb. Die Wasserkraft blieb auch sonst bis gegen Ende des 18.Jh.s die Hauptantriebskraft für Maschinen aller Art, wie sie in der Hochrenaissance eine Anzahl Ingenieure in großangelegten Maschinenbüchern an Hand vorzüglicher Kupfertafeln entworfen haben.

Das 17.Jh. stand im Zeichen des Barock. Die physikalische Forschung befreite sich von den letzten Schlakken scholastischen Denkens. Neben → Galilei, Evangelista Torricelli und anderen gehört Otto v. Guericke in die erste Reihe jener großen Naturforscher, die den experimentellen Wissenschaften zum Durchbruch verholfen haben. Galileis Meisterschüler Torricelli hatte nachgewiesen, daß der Luftdruck - nach Vivianis Fundamentalversuch von 1643 - in einer 2 m langen mit Quecksilber gefüllten Glasröhre diese Flüssigkeit bis zu einer Höhe von 28 Zoll herabsinken ließ. Guericke war um einen augenfälligeren Beweis für den Luftdruck bemüht und suchte direkt ein Vakuum zu erzeugen. Diese Versuche, begonnen um 1650, führten zur Erfindung der Luftpumpe. Neben dem eindrucksvollen Versuch mit den »Magdeburger Halbkugeln« war der folgende Versuch grundsätzlich wichtig: eine größere Anzahl kräftiger Männer mußte mit einem Seil den Kolben eines großen Pumpenstiefels hochziehen. Wurde nun der Zylinderraum unter dem Kolben leergepumpt, so wurde der Kolben gewaltsam durch die Außenluft in den Zylinderraum hineingepreßt, und die haltenden Männer wurden durch den Ruck zu Boden gerissen. Dieser Versuch ist deshalb von besonderer Bedeutung, weil das Vakuum unter dem Kolben zum entscheidenden Ausgangspunkt für die Entwicklung der Dampfmaschine geworden ist. Dieser Weg führte über James Watt bis zu Lenoirs Gasmaschine, zu Otto, Benz und Daimler und zu Diesel. Nicht minder bedeutsam wurde Guerickes Schwefelkugel; sie bildet den Ausgangspunkt für die Erforschung der Elektrizität, die allerdings erst rd 70 Jahre später einsetzte. Die elektrische Funkenbildung, die Leibniz an einer ihm 1671 von Guericke übersandten Kugel erstmals beobachten konnte, war - sozusagen mit Zeitzündung - der zündende Funke für die Erforschung der elektrischen Erscheinungen im 18. und für die Entwicklung der Elektro-T. im 19.Jh.

Die Umstellung von Gewerbe und → Handwerk auf Maschinenbetrieb, die zuerst in England, dem Schrittmacher in der Industrialisierung (→ Industrie: I) erfolgte, ging nicht ohne schwere Erschütterungen vor sich. Die »Maschinenstürmer« traten auf den Plan: Arbeiter, die brotlos zu werden fürchteten, zerstörten die Maschinen. Aber die industrielle Revolution war nicht aufzuhalten. Umwälzend für die gesamte Textilindustrie wirkte sich der mechanische Webstuhl von Josef Marie Jacquard aus, der darauf 1801 sein erstes Patent erhielt. - 1706 erfand Denis Papin die erste brauchbare Kraftmaschine, die mit Dampf angetrieben wurde. Der bekannteste »Miterfinder« ist der englische Grobschmied Thomas Newcomen, der seit 1700 an einer atmosphärischen Kolbendampfmaschine baute. Diese führte sich in England zur Bewältigung der Grubenwässer schnell ein, war aber für andere Zwecke nicht verwendbar. Erst die weit leistungsfähigere Dampfmaschine von James Watt, auf die er 1769 sein erstes Patent erhielt, wirkte revolutionierend. Watts doppeltwirkende Niederdruckmaschine fand seit ca 1784 in zahlreichen Industriezweigen Eingang. George Stephenson setzte die Wattmaschine auf Räder und Schienen, und damit begann das Zeitalter des Eisenbahnverkehrs. - Eine Konkurrenz entstand der Dampfmaschine erst durch die Gasmaschine von Etienne Lenoir (1860). Nikolaus Otto entwickelte daraus in mühevoller Arbeit zusammen mit Eugen Langen zunächst eine allgemein brauchbare Verbrennungskraftmaschine (1864) und dann zusammen mit Gottlieb Daimler den Viertaktmotor (1877). Daimlers Petroleummotor mit Glührohrzündung trieb 1885 erstmals ein Motorrad an und 2 Jahre später einen Wagen. Die Erfindung des Kraftwagens teilte er mit Karl Benz, dessen »Patent-Motorwagen« im Laufe des Jahres 1885 in Mannheim entstand und 1886 die erste Probefahrt machte. Entscheidend für die Eroberung der Luft war der leichte, aber starke Motor. Rudolf Diesel hat dann einen bes. rationell arbeitenden Wärmemotor entwickelt (1892 patentiert).

Die Elektro-T. im eigentlichen Sinne beginnt erst mit der Erfindung der Dynamomaschine durch Werner v. Siemens (1867) und damit der Starkstrom-T. Bis in die 90er Jahre stand der Kraftwerkbau ausschließlich im Zeichen des Gleichstroms. Nach dem 1891 von Oskar v. Miller durchgeführten Versuch der Kraftübertragung

Lauffen-Frankfurt begann man mit dem Bau von Drehstromwerken. Das erste Berliner Werk dieser Art (1899) erhielt bereits Maschinen von 1800 und 3200 kW Einzelleistung. - Den Wettlauf um die Erfindung der elektrischen Glühlampe gewann der geniale Amerikaner Thomas Alva Edison (1879). 1882 lief in New York sein erstes öffentliches Elektrizitätswerk für die Lichtversorgung an. Im selben Jahre wurde in Berlin der Potsdamer Platz mit Bogenlampen beleuchtet. Diese Art der Straßenbeleuchtung, von Siemens & Co. entwickelt, hat sich jahrzehntelang bewährt. Unter den Pionieren des Fernsprechers war es Alexander Graham Bell, der die praktische Verwendung des Telephons durchsetzte (1876). Die elektrische Telegraphie führte nach einer Anzahl von Vorläufern der amerikanische Historienmaler Samuel Morse mit seiner Strichpunktschrift zum Siege. 1840 erhielt er darauf ein Patent. Den ersten Typentelegraphen schuf Werner Siemens 1847. Die elektrische Telegraphie beherrschte die Fernmelde-T., bis es auf Grund der von Heinrich Hertz geschaffenen Voraussetzungen Guiglielmo Marconi 1895 gelang, auf drahtlosem Wege Morsezeichen zu übertragen. Marconi war aber weniger ein selbständiger Erfinder als der erfolgreiche Vollender und Vereiniger bereits vorhandener Kenntnisse und Geräte. 1901 vermochte er erstmals drahtlos den Atlantik zu überbrücken. Die weitere Entwicklung führte zum → Rundfunk (1923) und zum → Fernsehen (1929ff), für das die bereits 1884 von Paul Nipkow erfundene Scheibe mit ihren spiralförmig angeordneten Löchern zur mechanischen Bildzerlegung eine der Voraussetzungen war.

Die t.e Entwicklung des 20.Jh.s ist durch den systematischen Ausbau der Technologie mit Hilfe hochrationalisierter Forschungsmethoden gekennzeichnet. Neben dem Fortschritt der traditionellen Fachgebiete haben vor allem die großindustrielle Chemo-T. (Ammoniaksynthese 1913, Perlon, Nylon 1938) und die bes. im 2. Weltkrieg vorangetriebene kernphysikalische Forschung und Raketen-T. sowie die Entwicklung elektronischer Rechenzentren und automatischer Produktionsanlagen völlig neue Perspektiven eröffnet.

F.M.Feldhaus, Die T. der Vorzeit, der geschichtl. Zeit u. der Naturvölker, 1914 - Ders., Die T. der Antike u. des MA, 1930 - Ders., Die Maschine im Leben der Völker, 1954 - A.P.Usher, A Hist. of Mechanical Inventions, Cambridge/Mass. 1954 - F.Klemm, T. Eine Gesch. ihrer Probleme, 1954 - Hist. of Technology, ed. Ch.Singer u. E.J.Holmyard, 5 Bde, Oxford 1954-58 - C.Graf v. Klinckowstroem, Gesch. der T., (1959) 1960². *C. Graf v. Klinckowstroem*

II. Soziologisch und sozialpsychologisch

Unter T. sind die Methoden und Hilfsmittel zu verstehen, die der Mensch in seiner → Arbeit (: I) zur Umwandlung vorgegebener Materialien in Bedarfsgüter und -leistungen verwendet. Die dem Menschen im Vergleich zum Tier angeborenen Organmängel und der Zwang zur Auseinandersetzung mit der Natur führten zur Ausbildung von T.en, die zunächst der unmittelbaren Umweltbehauptung dienten, allmählich aber durch ihre wachsende Zahl und größere Reichweite den Aufbau einer vom Menschen selbst geschaffenen, künstlichen Umwelt gestatteten, die in hohem Maße kontrollierbar wurde. Der entscheidende Schritt auf diesem Wege war die enge Verbindung von T. und analytisch-experimenteller → Naturwissenschaft (: I), ein Ergebnis der neuzeitlichen Kulturentwicklung in Europa. Ist durch eine derartige Synthese eine Systematisierung t.er Erfindungen und ihre planvolle Fortbildung bis zur Anwendungsreife gesichert, so hängt ihre Anwendung selbst jedoch entscheidend von den Anreizen ab, die Ergebnisse kommerziell zu nutzen (→ Produktivität und Rentabilität). Hierzu bot die allmählich entstehende Erwerbswirtschaft (→ Kapitalismus) die Möglichkeit. Als Folge bildete sich die Struktur der modernen industriellen Gesellschaft (→ Industrie) heraus. Eine soziologische Analyse der modernen T., ihrer sozialen Funktionen und gesellschaftlichen Auswirkungen muß also den funktionellen Zusammenhang zwischen der T., den Naturwissenschaften und dem Wirtschaftssystem beachten.

Die Entwicklung der T. zeigt, daß von einer immanenten Eigengesetzlichkeit des *t.en Fortschritts* nur sehr bedingt gesprochen werden darf. Zwar ist die Zahl grundlegender Erfindungen ausschlaggebend, aber der t.e Rückschritt mit dem Verfall der Antike wie die beachtliche Zahl von Parallelerfindungen in der Neuzeit zeigen, daß selbst hier eine Fülle von Beeinflussungsfaktoren mitwirken. Neben dem geographischen Milieu mit seinem unterschiedlichen Anpassungsdruck und den verfügbaren Naturschätzen ist vor allem das gesamtgesellschaftliche Wertsystem von grundlegender Bedeutung. Indem es Art und Ausmaß der Verwertbarkeit t.er Erfindungen determiniert, legt es auch die Richtung und Intensität t.er Bemühungen fest. Ein Blick auf die Verhältnisse in vielen Entwicklungsländern zeigt, daß die größten Widerstände gegen einen raschen t.en Fortschritt in den wertbestimmten Grundhaltungen der Beteiligten liegen. Umgekehrt wird in den hochentwickelten Industrieländern die Fortbildung der T. durch strukturelle Anreize, zB die Institutionalisierung t.er Berufe und Forschungszentren, aber auch die Dynamisierung der Nachfrage nach neuen Produkten (Mode), außerordentlich stark gefördert.

Sind die T. und ihr systematischer Ausbau einmal integrierender Bestandteil des Wirtschafts- und Gesellschaftssystems geworden und ermöglicht der erreichte Grad der Naturunabhängigkeit dem Menschen einen Spielraum jenseits der Befriedigung unmittelbarer Lebensbedürfnisse, so tritt ein grundlegender *Funktionswandel der T.* ein, der sich in den hochindustrialisierten Gegenwartsgesellschaften deutlich beobachten läßt. Die t.en Bemühungen dienen nicht mehr allein der Schaffung eines »wertneutralen Mittelsystems« (Freyer), das lediglich auf die zweckmäßigste Befriedigung eines vorgegebenen und begrenzten Bedürfnisses gerichtet ist, sondern sie schaffen darüber hinaus »Potenzen für freibleibende Zwecke« (Freyer) und ermöglichen von sich aus neue Zielsetzungen. Ein immer umfassenderer Teil der Umwelt, ja sogar ihre antizipierte langfristige Veränderung wird machbar und beliebig verfügbar (zB Umwandlung der Materie in Kunststoffe, Überwindung raumzeitlicher Schranken). Dies wird bes. bedeutsam, sobald die T. den eigentlichen Raum der Naturphänomene überschreitet und als Psycho- bzw. Sozio-T. direkt im sozialen Bereich Anwendung findet. Darüber hinaus schafft die Häufung t.er Neuerungen und ihre nun verstärkt möglich werdende systematische Verbindung in wachsendem Maße unbeabsichtigte und unkontrollierte Nebenwirkungen. Je differenzierter die Gesellschaft ist, desto umfassender können sie zur Geltung gelangen. Die T. wird damit nicht mehr allein durch ihre Primär-, sondern gerade durch ihre Sekundärwirkungen zum Träger sozialer Dynamik. Man denke zB an die Wirkungen des Rundfunks oder des Automobils jenseits ihrer unmittelbaren Funktionen als Nachrichten- und Unterhaltungs- bzw. als Transportmittel.

Bei einer Analyse der *sozialen Auswirkungen der T.* darf nicht vergessen werden, daß eine Isolierung von den übrigen, den t.en Fortschritt determinierenden Faktoren nur begrenzt möglich ist. Das industrielle Arbeitssystem zB ist, wie schon → Marx richtig erkannte, nicht nur das Ergebnis der Anwendung von Maschinen, sondern ebensosehr auch das Produkt sozialer Verhältnisse. Ob zB eine Arbeit als monoton empfunden wird, hängt nicht allein von t.en Erfindungen ab, sondern von der Art ihrer Anwendung bzw. ihrer Verbindung zu einem spezifischen Arbeitsmilieu. Zwar läßt sich der Einfluß der T. in den modernen Lebensgewohnheiten, den sozialen Beziehungen und Institutionen, ja sogar in der Sprache und in den Denkformen mühelos nachweisen. Die hierbei festgestellten und oft negativ beurteilten Tendenzen zur Verwissenschaftlichung, → Rationalisierung, Planung und Organisierung aber lediglich auf t.e Faktoren zurückführen zu wollen, hieße die komplexe Wirkungsweise sozialer Prozesse völlig verkennen. Durch eine derartige pseudosoziologische Argumentation wird der angeblich bekämpfte Technizismus unter dem Deckmantel der Kulturkritik erst rational begründet. Die These von der monokausalen Determination sozial-kultureller Prozesse durch die T. hält der wissenschaftlichen Analyse nicht stand. Wo diese Auffassung außerdem mit kulturkritischem Akzent vertreten wird, vermag sie ihre ideologische Herkunft aus den durch die industrielle Entwicklung von sozialem Funktionsverlust bedrohten Bevölkerungsschichten nicht zu verbergen. Sie ist also selbst Produkt eines »cultural lag« zwischen modernen Lebensformen, in denen das erreichte t.e Niveau schon ein nicht nur materiell, sondern auch ideell integrierter Bestandteil ist, und traditionellen Verhaltensweisen sozialer Randgruppen.

Das soziale Grundproblem, das die fortschreitende T. stellt, liegt nicht in ihrer angeblich »eigengesetzlichen« Bedrohung kultureller Werte, sondern in der Möglichkeit, sie – gegebenenfalls sogar unter Berufung auf ihre Eigengesetzlichkeit, der man sich zu unterwerfen habe – als Macht- und Herrschaftsinstrument gegen das wohlverstandene Interesse der Gesamtheit zu mißbrauchen. Hiergegen schützt nur ein von genauer Kenntnis sozialer und t.er Zusammenhänge gestütztes verantwortliches Handeln, das die Institutionalisierung t.er Abläufe im Rahmen der gesamtgesellschaftlichen Ordnung einzuleiten vermag.

F.v.Gottl-Ottlilienfeld, Wirtschaft u. T., (1914) 1923² – L. Mumford, Technics and Civilisation, New York 1934 – G.Gurvitch (Hg.), Industrialisation et technocratie, Paris 1949 – E.H.Spicer (Hg.), Human Problems in Technological Change, New York 1952 – A.Gehlen, Die Seele im t.en Zeitalter, 1957 – H.Popitz u.a., T. u. Industriearbeit, 1957 – G.Weippert, T. u. Gesamtgesellschaft (Hamburger Jb. f. Wirtschafts- u. Gesellschaftspolitik 4, 1959, 312–322) – HWSW X, 294ff (Lit.) – H.Freyer, Über das Dominantwerden t.er Kategorien in der Lebenswelt der industriellen Gesellschaft (AAMz 1960, Nr. 7). *F.Fürstenberg*

III. Sozialethisch

Die sozialethische Beurteilung der T. schwankt zwischen ihrer Lobpreisung als »Anteilnahme am fortfahrenden Schöpfungswerk« (F.Dessauer) und ihrer Verdammung als dämonischer Versuch einer Wiederholung des göttlichen Schöpfungsaktes (R.Dvorak). Demgegenüber sollte die Unbefangenheit, mit der die Bibel t.e Einrichtungen erwähnt, auch den modernen Betrachter leiten. Wie die → Arbeit (: III) ist auch die T. eine Lebensnotwendigkeit, darin allerdings der Problematik allen menschlichen Tuns verhaftet. Wenn Luther in seinen Tischreden die neue T. der Buchdruckerei als »die höchste und letzte Wohltat und Verehrung Gottes, durch welche er die Sache des Evangeliums forttreibet«, bezeichnet, so weist er in allem zeitbedingten Überschwang doch deutlich auf die Zweckabhängigkeit der T. hin. Eine T., die sich selbst und damit den reinen Nutzwert absolut setzt, ist ebenso fragwürdig wie eine T., die rein instrumental zur Manipulation der Umwelt im Sinne eines einseitigen Interessentenstandpunkts eingesetzt wird. Wo nicht die Fülle der Zwecke gesehen wird, die durch die menschliche Existenz vorgegeben sind, muß die T. notwendigerweise verarmen und mit ihr auch die von ihr Betroffenen. Eine erfreuliche Konsequenz aus dieser Erkenntnis sind die Bestrebungen in Richtung einer ästhetischen »Anreicherung« t.er Produkte, zB durch sinnvolle Formgebung. – Eine zweite, sozialethisch bedeutsame Überlegung bezieht sich auf den direkten Umgang des Menschen mit der T. Sie beansprucht ihn notwendigerweise partiell und formt sein Verhalten einseitig nach dem ihr vom Konstrukteur vorgegebenen Sachgesetz. Ordnung, Genauigkeit, Einordnung, Selbstbeherrschung sind Tugenden, die der Umgang mit der T. erfordert. Sie reichen aber nicht aus, um die Fülle der Lebensäußerungen zu prägen. Es ist deshalb erforderlich, dem t. beanspruchten Menschen Ausgleichsmöglichkeiten zu bieten, die die ganze Breite seiner Anlagen fördern (Freizeitproblem, Überwindung des reinen »Fachmann«-Ideals im Bildungswesen). – Schließlich stellt die T. in ihrer unausweichlichen Allgegenwart mit besonderer Dringlichkeit die Frage nach der Verantwortung für ihre Auswirkungen. »Im Fortschritt der T. liegen Probleme, welche nicht wieder durch die T. selbst ihre Lösung finden können« (J.Goldstein). Die Notwendigkeit einer sittlich einwandfreien Grundhaltung der Menschen, die die T. fortentwickeln und anwenden, wird mehr und mehr erkannt. Die Verantwortung darf sich aber nicht nur auf das unmittelbare Tun, sondern muß sich in hochorganisierten Leistungsgefügen mehr und mehr auf Fernwirkungen erstrecken. Damit wird sie aber über die Sache eines einzelnen hinaus zu einem Gruppenproblem. Die hochentwickelte T. erfordert die »verantwortliche Gesellschaft« und entsprechende Institutionen zur Wahrnehmung einer sozialen Kontrolle der t.en Auswirkungen.

J.Goldstein, Die T., 1912 – E.Zschimmer, Philosophie der T., 1914 – H.Lilje, Das t.e Zeitalter, (1928) 1932³ – F.G.Jünger, Die Perfektion der T., (1946) 1953⁴ – R.Dvorak, T., Macht u. Tod, 1948 – A.Rüstow, Kritik des t.en Fortschritts (Ordo 4, 1951, 373–407) – F.Dessauer, Streit um die T., 1956 – H.Thielicke, Mensch zwischen Konstruktionen, 1956 – EKL III, 1316ff. *F.Fürstenberg*

Teellinck, 1. *Johannes* († 7.5.1674), niederländ. ref. Theologe, * in Middelburg, Sohn von 3. Nach dem Studium ging T. nach England, wo er Pfarrer in Maidstone war, kehrte nach Zeeland zurück, wurde 1646 Pfarrer der englischen Gemeinde in Middelburg, 1649 der niederländ. Gemeinde in Vlissingen und 1654 in Utrecht. Hier vertrat er im Kampf um die kirchlichen Güter den Standpunkt, daß sie der Kirche und nicht erblich den vornehmen Familien zukämen. Er mußte Utrecht verlassen, wurde 1660 Pfarrer in Arnemuiden, 1661 in Kampen und im April 1674 in Leeuwarden. Er verband einen lebendigen Pietismus mit größter christlicher Aktivität.

Vf. u.a.: Den vruchtbaermakenden wijnstok Christus, 3 Tle, Kampen 1666–67. – Über T.: RE XIX, 470f – NNBW V, 885ff.

2. *Maximiliaan* (ca 1606–53), Sohn von 3, * in Angers, war Pfarrer der englischen Gemeinde in Vlissingen, dann in Zierikzee und zuletzt in Middelburg. Ebenfalls Pietist, war er viel stärker dogmatisch interessiert als sein Vater und ein anti-röm. und politischer Polemiker.

Vf. u.a.: Vredepredicaatsie, Amsterdam 1648; Vrijmoedige aanspraak aen Sijn Hoogheyt den Heere Prinse van Oraengien, Middelburg 1650. – Über T.: P. de la Rue, Geletterd Zeeland, Middelburg 1734 – RE XIX, 471f.

3. *Willem* (1579–1629), niederländ. ref. Theologe, * in Zierikzee aus einem Regentengeschlecht, studierte die Rechte (1603 Dr. juris in Poitiers) und lebte dann län-

gere Zeit in England, wo er unter puritanischem Erweckungseinfluß den Entschluß faßte, Theologe zu werden (1604). T. studierte in Leiden, wurde Pfarrer in Haamstede und 1612 in Middelburg. Seine fromme, eher mystische als praktische, aber klare, zweckmäßige und zugleich gelehrte Predigt zog große Mengen von Zuhörern in ihren Bann, zumal der asketische Prediger das lebendige Vorbild seiner Verkündigung war. Eine Zeitlang schien er zu den guten Werken hinzuneigen, und zwar in sehr kasuistischer Form, doch verbot ihm das seine tiefere mystische Überzeugung und seine Treue dem ref. Dogma gegenüber. → Voetius hat ihn einen ref. → Thomas a Kempis genannt. T. hat zahlreiche Schriften verfaßt, u.a. De volstandige Christen in dry tractaten, Middelburg 1620; Huysboek over de kleine Catechismus, ebd 1650. Als einer der ersten ref. Theologen hat er die Mission befürwortet. - Sein älterer Bruder *Eewoud* (1570-1629) blieb Jurist, war Bürgermeister von Zierikzee und später Generalschatzmeister der Provinz Zeeland. Er war aber Theologe aus Vorliebe und verfaßte anonym zahlreiche kirchenpolitische und dogmatische Schriften, auch während der remonstrantischen Streitigkeiten (zB Querela patriae, Amsterdam 1617).

GesW von W.T., Utrecht 1659. - Über T.: A.Ritschl, Gesch. des Pietismus I, 1880, 124ff - W.J.M.Engelberts, W.T., Amsterdam 1898 - RE XIX, 472ff - W.Goeters, Die Vorbereitung des Pietismus in der ref. Kirche der Niederlande, 1911 - NNBW V, 890ff.

J.N.Bakhuizen van den Brink

Tegnér, *Esaias* (1782-1846), schwed. Theologe und Dichter (→ Schweden: I, 3 d), * in Kyrkerud (Värmland), 1803 Dozent, 1812 Prof. für Griechisch in Lund, 1824 Bischof in Växjö. Seine Jugenddichtung ist von → Schiller und dem deutschen Klassizismus beeinflußt. Der Verlust Finnlands im Kriege gegen Rußland machte T. empfänglich für die Ideen → Fichtes und für die Huldigung des Nordischen durch die Romantiker. Dies zeigt sein vaterländisches Gedicht »Svea« (1811) mit der Aufforderung zum Revanchekrieg. Die naturphilosophische Seite der → Romantik bekämpfte T. von seinem klassisch-humanistischen Bildungsideal aus und behauptete die Klarheit der Form und die Schärfe des Gedankens gegenüber dem Mystizismus (Prolog vid magisterpromotionen i Lund, 1820). Den Humanismus wollte er mit dem Christentum verbinden und wandte sich, ähnlich wie Fichte, gegen das Transzendentale und die schmachtende Himmelssehnsucht: die Seligkeit und das ewige Leben können schon hier auf Erden erlebt werden. Der Glaube muß von Kraft, Klarheit und Freude durchdrungen sein. In seiner »Tal vid jubelfesten 1817« preist er Luther als den großen Versöhner zwischen Religion und Vernunft. T.s poetisches Hauptwerk »Frithiofs Saga« (1820-25) ist ein Gedichtzyklus, der die romantische Liebe in der Wikingerzeit behandelt. Aus dem nordischen Sagenstoff, aus dem er schöpfte, schied er das Primitive aus und zeichnete die Charaktere nach dem Muster der griech. Helden. Zuletzt benutzte er den Baldur-Mythos zur Darstellung platonisch-christlicher Gedanken von der Versöhnung der Seelen. Als Bischof beschäftigte sich T. bes. mit Schul- und Ausbildungsfragen. Theologisch war er liberal, in kultureller Hinsicht eine der bedeutendsten Persönlichkeiten in Schweden.

Samlade Skrifter hg. v. E.Wrangel u. F.Böök, 10 Bde, 1918-25. - Über T.: Ad.Schultz, E.T., 1905 - T.Persson Wärendh, T. och teologien, 1939 - F.Böök, E.T., 2 Bde, 1945/46.

G.Tolderlund-Hansen

Teilhabe (μέθεξις, participatio) ist der terminus technicus für die platonische Verklammerung der → Ideen mit der Welt der Erscheinungen. Zwar hatte → Aristoteles → Platon den Vorwurf gemacht, seine Methexis sei eine nichtssagende Metapher, nur ein anderer Name für die pythagoreische Nachahmung der Zahlen, was aber das eine oder das andere sei, lasse er als offene Frage stehen (Met. 987b). Die Aporie blieb, aber es ist im Hinblick auf die gewaltige geschichtliche Fortwirkung der T. auf Platons erklärende παρουσία und κοινωνία hinzuweisen (Phaid. 100d). T. ermöglichte der Idee des Guten ihre systemformende Funktion. Alles Seiende hat einerseits teil an der Idee der Ideen als dem Guten-an-sich und strebt in Erkennen und Wollen zu ihr hin. T. ist das alles verbindende Prinzip. - Die systembildende Kraft verlieh der T. in der philosophischen und theologischen Spekulation eine beherrschende Stellung. Man ergriff in ihr die allegorisch zu verstehende Bezeichnung für das Verhältnis von Schöpfer und Geschöpf. Das neuplatonische Denken (→ Neuplatonismus) gab mit der Wahl des Terminus → Emanation statt T. dem Prozeßcharakter im Verhältnis von Ur-Einem und Abgeleitetem symbolkräftig Ausdruck, verstärkte damit aber die im kosmischen Charakter des T.-Denkens liegende Gefahr des → Pantheismus. → Augustins Illuminationslehre ist T. in der Sphäre der Erkenntnis: der endliche Intellekt hat teil an dem unerschaffenen Licht. Das hierarchische System des → Dionysius Areopagita ist von dem Gedanken getragen, daß die All-Ursache allem Seienden die ihm zukommende Wesenheit verleiht und es in dem Grade zur T. an sich selbst beruft, wie es der göttlichen Natur mächtig ist (De cael. hier. 4, 1). Das aus diesem T.-Denken sich herleitende Stufensystem trug alle mittelalterliche Systematik und war das stärkste Bindeglied von neuplatonischer Philosophie und christlicher Theologie. Die Lehre von der T. bildete auch das Rückgrat des frühmittelalterlichen Symbolismus. - Mit Recht hat man das System des → Thomas von Aquino eine Philosophie der T. genannt. Gott ist das »esse subsistens et absolutum«; jede Kreatur hat Sein durch T., sie ist nicht Sein, sondern hat Sein (Qdl. II q. 2 a. 1). Die T. lebt im Verhältnis von Existenz und Essenz, insofern sie relativ ist auf ein nicht teilhabendes Sein und das Auseinandertreten von Wesen und Dasein unabdingbare Voraussetzung für alles am ipsum esse Partizipierende ist. T.-Sein besagt Verursachtsein durch das ens primum (S. th. I q. 44 a. 1): von der T. leben die → Gottesbeweise. Im T.- und Ähnlichkeits-Verständnis gründet die → analogia entis, die T. wirkt in ihr formalisiert weiter. Für die Erkenntnis gilt: »das natürliche Licht unserer Vernunft ist eine Art T. am göttlichen Licht« (ebd I q. 12 a. 11 ad 3), in dem die ewigen Urbilder aller Dinge enthalten sind (De ver. q. 84 a. 5). Die T. ermöglicht die Systematisierung der ethischen Normen. Der Mensch nimmt teil an der ratio aeterna. »Eine solche T. am ewigen Gesetz in der vernünftigen Kreatur wird Naturgesetz genannt« (S. th. 1/II q. 91 a. 3). Die T. verbindet → Natur und Übernatur. - Meister → Eckeharts T.-Lehre wurde des Pantheismus verdächtigt, ebenso die des → Nikolaus von Kues, der sein T.-Verständnis durch den Gedanken der complicatio und explicatio ergänzte: das im Urgrund Zusammengefaltete wird in der Welt der Erscheinungen auseinandergefaltet (→ Theismus: II, 3). Damit hatte der Kusaner eine neue Formel für das die T. fundierende Denken gefunden, das zur Dialektik des → Idealismus hinführen sollte. Bei M. → Buber erscheint die T. als existentielle Teilnahme in der dialogischen Korrelation von Ich und Du, die der Person erst »Wirklichkeit« verleiht.

M.Buber, Ich u. Du, 1923 - G.Söhngen, Thomas v. Aquin über T. durch Berührung (in: Festg. f. Kardinal Schulte, 1935, 114-141) - L.-B.Geiger OP, La participation dans la philos. de S. Thomas d'Aquin, Paris 1953.

J.Klein

Teilhard de Chardin, *Pierre,* SJ (1899), franz. Paläontologe, *1.5.1881 in Sarcenat (Puy-de-Dôme), † 10.4. 1955 in New York. Nach dem Studium der Paläontologie in Paris bereist T. in wissenschaftlichen Missionen China, ist 1926-39 an der Erforschung des Chinamenschen (Sinanthropus) und in der Folge an vielen anthropologischen Feldarbeiten beteiligt, zuletzt als Fachberater der amerikanischen »Wenner-Gren-Foundation«. Gefördert durch die von H. → Bergsons »Evolution créatrice« ausgehenden Impulse und unter dem Eindruck der paläontologischen Tatsachen, kreist sein Denken früh schon um das Evolutionsproblem. Diesem Ideen- und Gefühlsstrom hat er in mehreren größeren Werken Gestalt gegeben, die im Gegensatz zu den Auffassungen der kath. Kirche stehen. Ihre Publikation war erst nach seinem Tode möglich und hat eine weitwirkende Diskussion hervorgerufen. Seine Evolutionsideen überschreiten den Rahmen naturwissenschaftlicher Aussagen. Er selbst sah seine Aufgabe in einer Erneuerung des christlichen Welterlebens durch die Naturforschung. - Vgl. → Reformkatholizismus, 6.

Oeuvres. bisher 5 Bde, Paris 1955-59 (I: Le phénomène humain; II: L'apparition de l'homme; III: La vision du passé; IV: Le milieu divin; V: L'avenir de l'homme). - Über T.: A.PORTMANN, Der Pfeil des Humanen, 1960 - O.A.RABUT, Gespräch mit T. de Ch., 1961.

A.Portmann

Tekoa, Stadt 18 km südl. Jerusalem im judäischen Gebirge am Rande des Kulturlandes (vgl. 2Chr 20, 20; 1Makk 9, 33), Heimat des Propheten → Amos (Am 1, 1), heute chirbet teḳū'. Nach dem Oberflächenbefund schon im 3.Jt. vChr besiedelt, von Rehabeam (2Chr 11, 6; Alt II, 306ff: von Josia) befestigt; die Bewohner beteiligten sich am Wiederaufbau der Mauern Jerusalems unter Nehemia (Neh 3, 5. 27). Unter Ruinen finden sich Reste einer Kirche und ein Taufbecken.

F.M.ABEL, Géographie de la Palestine II, 1938², 478f - M.NOTH, ZDPV 73, 1957, 3f - A.KUSCHKE, ebd 74, 1958, 9f. *E.Kutsch*

Telefonseelsorge, 1953 in England und wohl gleichzeitig in USA entstanden. Rasch bildete sich ein Netz von T.-Stellen in Großstädten des westlichen Europa, vereinzelt auch in Asien. Die kath. Kirche mit ihrer Beichtmöglichkeit betreibt seltener T. Dafür hat sie Glaubensinformationsstellen mit schriftlichem Fernunterricht und Briefseelsorge eingerichtet. - In der technischen Struktur vor allem der Großstadtgesellschaft wachsen Einsamkeit und Ratlosigkeit. Menschliche Beziehungen verkümmern. Die T. wird anonym betrieben, um dem Mißtrauischen den Zugang zu erleichtern. Von der Möglichkeit des Anrufens wird Tag und Nacht reger Gebrauch gemacht. Die Bereitschaft, heimlichste Nöte zu bekennen, ist überraschend. Viel häufiger als Beichtgespräche sind allerdings Bitten um Beratung in Fragen der Lebensbewältigung. Der Mensch der »einsamen Masse« will ernst genommen werden. Barmherzigkeit des Seelsorgers erweist sich darum im aufmerksamen Zuhören. Bisweilen wächst das Zutrauen, so daß Telefongespräche unter 4 Augen fortgesetzt werden. Um den T.r vor der Routine zu bewahren, wird der größere Mitarbeiterkreis dem Einmannsystem vorgezogen. Auch die Differenziertheit der Probleme und der rasche Wechsel der Fragen machen es erforderlich, daß der T.r mit einem Beratungsteam verbunden ist. Häufigste Ursache der Anrufe sind Ehe- und Erziehungsnöte, Fragen des Lebensunterhalts, Schwermut, → Selbstmord-Absichten, Glaubensnöte, Vereinsamung, Suchtgefahren. - Die T. ist Notbehelf. Ziel ist Beheimatung des Einsamen in der Ortsgemeinde. Da die Bereitschaft der Gemeinde, die Entfremdeten aufzunehmen, erfahrungsgemäß gering ist, sucht die T. Lebensbegleiter und Gruppen als Kontaktbrücke zur größeren Gemeinschaft.

W.H.BOURNE, God gave me a Telephone, Evesham 1957 - E. STANGE, T., 1961. *O.Kehr*

Telemann, *Georg Philipp* (1681-1767), * in Magdeburg, † in Hamburg, Musiker, als solcher der berühmteste Zeitgenosse → Bachs. Bereits im Knabenalter Komponist, wurde T. 1704 Organist in Leipzig, 1709 Hofkapellmeister in Eisenach, 1712 Direktor der Kirchenmusik in Frankfurt/M. und 1721 städtischer Musikdirektor in Hamburg. T.s Schaffensgebiete waren in gleicher Weise die Oper, die Kammer- und Orchestermusik wie die Kirchenkantate und das → Oratorium (er schuf annähernd 50 Passionen).

Auswahlausg. erscheint seit 1950; Bd 2-5: Der Harmonische Gottesdienst (1725/26), 1953-57 (umfaßt 72 Solokantaten für das ganze Kirchenjahr). - Über T.: H.HÖRNER, G.Ph.T.s Passionsmusiken, 1933 - E.VALENTIN, G.Ph.T., 1952. *W.Blankenburg*

Teleologie (t. = teleologisch) ist die Lehre von der Ursächlichkeit des → Zweckes in der Natur, und zwar als Konsequenz einer Weltauffassung, die den physischen Prozeß als »Handlung« zu begreifen versucht (»Natur als Kunst«), deren Subjekt ein rationales Weltprinzip (Logos) oder die personale Gottheit sein kann. T. läßt sich auch aus einem metaphysischen Ökonomieprinzip herleiten: »die Natur tut nichts vergeblich«. Zumeist, aber nicht notwendig, tritt T. im Zusammenhang einer Deutung der Welt als Organismus auf. Die mit dem T.prinzip verbundene Sicherung der Weltvertrautheit und Sinngewißheit steigert sich bis zu einer anthropozentrischen T., die die Welt »um des Menschen willen« entstanden sein und dasein läßt. - T. ist keine »primitive« Form der Weltdeutung. Im magischen und mythischen Denken liegen Erfahrungen der Fremdheit und Sinnverborgenheit des Wirklichen zugrunde; im Prometheus-Mythos etwa ist die natürliche »Armut« des Menschen und seine Verlorenheit ohne die durch den Besitz des Feuers möglich werdende »Technik« vorausgesetzt. - Bei den *Griechen* ist schon sprachlich ein Vorrang des Wohin vor dem Woher orientierend für die Reflexion, erkennbar an der elementaren Befragung der Bewegung: ποῖ δὴ καὶ πόθεν; (Anfang des »Phaidros«). Im Anschluß an die universale Funktion des Geistes (Νοῦς) bei Anaxagoras scheint zuerst Diogenes von Apollonia die T. gegen die jonische Naturphilosophie formuliert zu haben (von ihm abhängig Xenophon, Memorab. I, 4; IV, 3). Damit wurde nicht nur ein bleibender Zusammenhang von Theologie und Physik gestiftet, sondern auch der logische Vorrang der Naturlehre (→ Naturalismus: I). Das Problem der → Theodizee ist damit ständig akut: Gott muß in seiner Verantwortung für den Weltzustand gerechtfertigt werden. - Bei → Plato liegt das t.e Moment in der exemplarischen Stellung der → Ideen, die jedem Wesen bestimmen, was es sein soll; das Erscheinende erstrebt und verfehlt zugleich sein Urbild. Der innere Strukturzusammenhang des Ideenreiches selbst ist durch die transzendente Idee des Guten t. reguliert, im »Timaios« unter der Vorstellung eines Lebewesens (ζῷον νοητόν). Bei → Aristoteles ist die T. (τὸ οὗ ἕνεκα) nachhaltig im Schema der → Kausalität systematisiert: jeder Naturprozeß ist durch sein Woraufhin (τέλος) bestimmt, selbst die natürlichen Ortsbewegungen durch das Prinzip der wesensmäßigen Örter (τόποι οἰκεῖοι) oder für die Kreisbewegungen der Himmelssphären durch die erotisch metaphorisierte T. des unbewegten Bewegers. Aber trotz der geozentrischen Kosmologie gibt es hier keine anthropozentrische T.: der Mensch ist nicht das höchstrangige Wesen im Kosmos.

Zwar läßt sich sagen, daß alles für den Menschen Notwendige in der sublunaren Natur vorhanden ist, nicht aber, daß alles dieses um des Menschen willen da ist (Physik II, 2; 194a 33-36). Daseinsfristung, nicht Daseinserfüllung (εὐδαιμονία) ist durch diese ökonomische T. dem Menschen in der Natur verbürgt. Die menschliche Kunstfertigkeit (τέχνη) ist selbst t. in das Universum der Zwecke der Natur integriert, sie ahmt nach oder vollendet, was natürlicherweise sein → Telos nicht erreicht hat (Phys. II, 8; 199a 15-17). In der Kunst wird die Natur dargestellt, wie sie sein soll: οἷα εἶναι δεῖ (Poetik 1460b 11). Die Rolle des Menschen ist schon hier auf einen Defekt in der T. der Natur angelegt, was aber deshalb nicht akut wird, weil der Mensch eben Glied und Organ dieser Natur ist. - Erst die → Stoa hat die T. voll anthropozentrisch ausgedeutet und die kosmische Geozentrik als Signatur der Anthropozentrik genommen; an der T. der Natur liest der Mensch seinen Seinsrang ab. - Dieses stoische Schema wird in der *Patristik* zur Essenz der »Vorsehung«. Biblisch bedeuten die Unterwerfungsaussagen (Gen 1, 26; Ps 8, 7) keineswegs, daß alles »für den Menschen« geschaffen sei. Universale T. ist kein genuin christlicher Gedanke und nicht einmal ein gemeinchristlicher Topos. Aber schon → Philo hat aus der biblischen Geschichts- und Heilsfürsorge Gottes ein kosmisches Prinzip herausgelesen: προνοεῖ τοῦ κόσμου ὁ θεός (De opif. mundi 171; vgl. das Pronoia-Gebet des Moses bei Josephus, Antiq. 4, 47). Aber kosmisierte Vorsehung und eschatologische Heilserwartung sind innere Widersprüche; hierher gehört, daß die Kritik an den Wundern immer wieder vom Standpunkt der T. geführt werden sollte. Aber mit dem Schwund eschatologischer Vorstellungen ist eine Verstärkung der T. wesentlich verknüpft. Die Heilssorge Gottes wird als Konsequenz seiner Weltsorge gesehen (Clemens Alex., Paidag. I, 2, 6). Nicht nach dem Wie der Entstehung der Dinge zu fragen, sondern nach dem Warum, ist dem Menschen angemessen: quomodo fiat, non potest pervideri, cur fiat, potest (Lactantius, De op. dei 18, 4); das ist eine erst mit dem Beginn der Neuzeit durch ihre Umkehrung abgelöste Grundformel. Die stoische T. wird als bloße Ungenauigkeit des Verständnisses des at. dominium hominis assimiliert: omnia subiecta esse homini de nostris didicerunt et ideo censent propter hominem esse generata (Ambrosius, De off. min. I, 28). Aber auch das theologische Gegenmotiv zur T. ist in der Patristik schon ausgebildet, die unbefragbare Selbstverherrlichung Gottes in der Schöpfung: in ornamentum maiestatis suae hat Gott geschaffen (Tertullian, Apolog. 17, 1). - Die *Scholastik* systematisiert zunehmend den Gedanken der Schöpfung als purer Demonstration der Omnipotenz: creator creando demonstrat suum posse (Albertus Magnus, S.th. II 1 q. 3 a. 1). Die Vollstreckung der gloria Dei ist menschlichem Daseinsinteresse und dem Anspruch auf Sinneinsicht gegenüber indifferent; Natur ist verdinglichte Allmacht. Die T. wird zu einer der menschlichen Nutznießung der Welt unterlegten Fiktion: nos utimur omnibus ... sicut propter nos existentibus (Thomas Aq., Physik-Komm. II, 4, 173). Ein anderes Motiv der T.kritik ist das Freiheitsproblem: das in jeder Handlung zielsetzende bonum ist deren Ursache (causa finalis) nur »metaphorice«, nicht »realiter« (Duns Scotus, II. Sent. d. 25). Das scholastische Axiom »omne agens agit propter finem« erlaubt danach keine ontologische Projektion der Wirkung auf die Ursache mehr. → Ockham und → Buridan haben diesen Ansatz weitergeführt: bei den menschlichen Werksetzungen (artificialia) ist ein non-ens (nämlich die Vorstellung des zu Bewirkenden) das Ziel der Handlung; also kann auch der Naturprozeß, als Quasi-Handlung begriffen, in seinem finis keine reale Ursächlichkeit haben. Aber die »artificialia« werden zum einzigen Bereich verläßlicher Sinneinsicht, nachdem mit der nominalistischen occulta voluntas Gottes die T.frage gegenüber den »naturalia« ihren Boden verloren hatte. In der Kritik an der physischen T. formuliert sich ein Bewußtsein der Autonomie der Weltbemeisterung, das in der T. eine Verschleierung der realen Bedingungen der Selbstbehauptung gewahrt. Die fundamentale Blickwendung vom Wohin auf das Woher, vom Warum auf das Wie zersetzt die Vorstellung von den »natürlichen« Bewegungen in ihrer t.en Interpretation, paradigmatisch zutage tretend an der Erörterung der Fallbeschleunigung, die nicht mehr aus der Annäherung an den Endpunkt der Bewegung, sondern aus der Entfernung von deren Ausgangspunkt verstanden wird. - Aber auch der *Renaissance-Humanismus,* der Formeln der anthropozentrischen T. so betont erneuert (→ Ficino, → Pico della Mirandola, Bovillus), entfremdet sie ihrem mittelalterlichen Gehalt, indem er mit ihrer Hilfe die Autonomie der Weltlichkeit statuiert: die Vollkommenheit der opera Dei erweist sich gerade in dem »res a se agere« (Campanella, De sensu rerum I, 6). Der Weltmechanismus wird dem alten Organismus-Bild äquivalent, aber mit dem Unterschied, daß das Mechanische konstruktive Einsicht prinzipiell zuläßt. Wie exzentrisch der Mensch sich zur Natur sehen kann, wird nicht erst nach Kopernikus greifbar, sondern zB schon an → Leonardos Idee, die Vernichtung der Menschheit »come cosa inutile al mondo« sei selbst ein Moment der T. des Naturprozesses zu letzter Homogenität. Die Umbildung des T.gedankens läuft seit Beginn der Neuzeit auf das hinaus, was Kant »formale Zweckmäßigkeit« der Natur nennen wird: die Angemessenheit des empirisch Gegebenen an den rational-systematischen Anspruch der Erkenntnis. Diese »Idealisierung« der T. tritt uns aufs deutlichste bei → Kopernikus entgegen, wenn er in der Vorrede an Paul III. sagt, es sei ihm zum Anstoß geworden, daß es keine zuverlässigere theoretische Darstellung für die Bewegungen einer Welt gegeben habe, qui propter nos ab optimo et regularissimo omnium opifice conditus esset. Die Nachwirkung seiner Reform fiel insofern hinter diese Position zurück, als sie die physische Exzentrizität des Menschen im Weltall als ateleologische Signatur nahm: »Seit Kopernikus rollt der Mensch aus dem Zentrum ins x« (Nietzsche). Der negative Status wurde freilich in einer positiven Dynamisierung als »Forderung an die Menschheit« (Goethe) aufgefangen und dem geschichtlichen Selbstbewußtsein der → Immanenz der Daseinsleistung dienstbar gemacht. Eine nicht aus der Vorsorge für den Menschen deutbare Natur durfte als pures Material der technischen Selbstbehauptung genommen werden: das »rebus omnibus uti posse« (Descartes) wird zum t.en »Rest«, der das dominium hominis zwar nicht voraussetzt, aber als Ziel legitimiert. - Sowohl im Empirismus wie im Rationalismus der *Neuzeit* bleiben t.e Implikationen bestehen, in → Bacons Satz »quod in operando utilissimum, id in scientia verissimum« (Nov. Org. II, 4) ebenso wie in → Descartes' Rechtfertigung der Vernunftevidenz aus dem Wohlwollen Gottes (Princ. Phil. III, 43). → Leibniz entwickelt noch einmal diese Implikationen zu einer metaphysischen T., deren Prinzip das »essentiam per se tendere ad existentiam« ist. Erst → Kant brachte die neuzeitliche Wendung des T.problems kritisch zur Klärung (Kritik der Urteilskraft): T. als Prinzip der reflektierenden Urteilskraft ist zwar keine gegenständliche Bestimmung der Natur, aber doch die faktisch hinzunehmende Voraussetzung dafür, daß Erfahrung zu systematischer Einheit und Struktur gebracht werden und der Idee der

Vernunft genügen kann. Die Vernunft stellt eine für sie notwendige Forderung an die Erfahrung, ohne dadurch die Gegenstände dieser Erfahrung bestimmen zu können; die »transzendentale Zweckmäßigkeit« ist ein die »Bedürfnisse unserer Fassungskraft« begünstigendes Faktum, die »Gesetzlichkeit des Zufalls« selbst ein »glücklicher Zufall«. Mehr kann theoretische Philosophie nicht behaupten, aber von der praktischen Philosophie her kann der »Verbindung der Zweckmäßigkeit aus Freiheit mit der Zweckmäßigkeit der Natur« durch die Postulate »objektiv praktische Realität« gegeben werden. Während das Prinzip der formalen Zweckmäßigkeit die Systematisierbarkeit der Natur überhaupt betrifft, ist durch das der objektiven Zweckmäßigkeit (der Organismen) die primäre Klassifikation der Naturgegenstände ermöglicht. In der allgemeinen Idee einer Natur liegt nicht, daß es in ihr Glieder geben müsse, welche einander als Mittel zu Zwecken dienen. Die objektive Zweckmäßigkeit ist also kein transzendentales, sondern ein empirisches Prinzip. Die T. bekommt selbst eine kritische Funktion, indem sie nicht zuläßt, für das Organische besondere Naturgesetze anzunehmen, sondern nur, die Aufgabe der Erklärung nach den allgemeinen → Naturgesetzen bestimmter zu definieren. Weil es keine positiv angebbare Grenze der mechanischen Interpretation von Organismen geben kann, kann das t.e Prinzip nie als Kausalität eintreten. Die T. ist ideales Ordnungsschema realer Kausalitäten. Die Evolutionstheorie seit → Darwin ist geradezu ein Modellfall der Leistungsfähigkeit des T.begriffs von Kant, indem eine ateleologische Voraussetzung den Faktor der Selektion erst möglich macht (»Kampf ums Dasein«), der das Auftreten bestimmter Zweckmäßigkeiten (»Anpassung«) erklären soll. - Trotz Kants Kritik - aber auch wegen ihrer Dunkelheiten und Lücken - sind gerade in der → Biologie objektive T.n immer wieder formuliert worden (Drieschs Vitalismus, Lecomte du Noüys Telefinalismus, → Teilhard de Chardins Personalisierung des Kosmos). Die immer wieder sich bewährende Maxime der Unabgrenzbarkeit der Erklärungsleistung exakt naturwissenschaftlicher Methodik läßt heute eine Unklarheit der Erkenntnissituation durch solche Entwürfe kaum noch befürchten; damit ist der Sinn t.er Spekulationen auf die Selbstdeutung des Menschen innerhalb eines »Weltbildes« begrenzt.

A. Stadler, Kants T. u. ihre erkenntnistheoret. Bedeutung, 1874 - R. Kroner, Zweck u. Gesetz in d. Biologie, 1913 - W. Theiler, Zur Gesch. d. t.en Naturbetrachtung bis auf Aristoteles, 1925 - L. v. Bertalanffy, Theoret. Biologie I, 1932 - N. Hartmann, T.es Denken, 1951 - P. Lecomte du Noüy, Die Entwicklung zum Menschen als geistig-sittlichem Wesen, dt. 1953 - A. Maier, Metaphysische Hintergründe d. spätscholast. Naturphilos., Rom 1955, 271ff - H. Blumenberg, Kosmos u. System (Studium Generale 10, 1957, 61-80) - G. Tonelli, Von den versch. Bedeutungen d. Wortes Zweckmäßigkeit in d. Kritik d. Urteilskraft (KantSt 49, 1957/58, 154-166) - P. Teilhard de Chardin, Der Mensch im Kosmos, dt. 1960 - W. Wieland, Die aristot. Physik, 1962, 254ff.

H. Blumenberg

Telesphorus, nach der chronologisch wertlosen röm. Bischofsliste der siebente Amtsnachfolger des Petrus (um 130). Berichte über sein Martyrium und Einführung der Mitternachtsmesse durch ihn sind Erfindungen späterer Quellen.

RE XIX, 474.

F. Jürß

Teller, 1. *Romanus* (1703-50), ev. Theologe, * und † in Leipzig, ebd 1731 Prediger an der Peterskirche, 1739 Diakonus an St. Thomas, 1745 Pastor, daneben 1738 ao., 1740 o. Prof. der Theologie. Durch sein Bibelwerk (s. Lit.) machte T. als konservativer Theologe die deutsche Theologie mit den Ergebnissen der englischen antideistischen Apologetik bekannt.

T.s Hauptwerk ist die dt. Bearbeitung der sog. »Englischen Bibel« (franz. in Den Haag, 1742ff): Die Hl. Schrift Alten u. Neuen Testaments mit einer vollst. Erklärung derselben, welche aus den auserlesensten Anm.en verschiedener engländischer Schriftsteller zusammengetragen u. ... mit vielen Anm.en u. einer Vorrede begleitet worden, 19 Bde, 1749-70 (I. II hg. v. T., III-XI v. J. A. Dietelmair, XII-XIX v. J. Brucker). - Über T.: RE XIX, 475 - K. Aner, Die Theol. der Lessingzeit, 1929, 28 - F. Blanckmeister, Leipziger Professorenbilder: R.T. (BSKG 44, 1935, 13-15).

2. *Wilhelm Abraham* (1734-1804), ev. Theologe, Sohn von 1, * in Leipzig, † in Berlin, nach Kirchendienst in Leipzig 1761 General-Sup. und Prof. in → Helmstedt. T.s aufklärerisch-biblizistisches »Lehrbuch des christlichen Glaubens« (1764), in dem er unter sozinianischem Einfluß (S. → Crell) die christliche Religion unter dem Gesichtspunkt der neuen Schöpfung mit Verkürzung der Christologie darstellte, erregte heftigen Widerspruch. Darum ging er 1767 gern als Propst und Oberkirchenrat nach Berlin und wurde, nunmehr ein entschiedener Neologe, der sich immer mehr dem reinen → Rationalismus (: II, 3 c) zuwandte, die treibende Kraft in der Kirchenbehörde bei der Reform der Liturgie, des Gesangbuches und des Religionsunterrichts (1786 auch Mitglied der Akademie der Wissenschaften; → Brandenburg: II, 4). Mit seinem »Wörterbuch des NT zur Erklärung der christlichen Lehre« ([1772] 1805[6]) wollte er unter Preisgabe der Versöhnungslehre das Orientalisch-Jüdische vom allgemeinen Christentum trennen, um dieses dadurch den Gebildeten annehmbar zu machen (vgl. auch Die Religion der Vollkommenen, 1792). Seine These, für einen übertretenden Juden genüge das Bekenntnis zu Jesus als dem Stifter einer »besseren moralischen Religion«, wurde heftig angegriffen.

Hg.: Neues Magazin f. Prediger 1-10, 1792-1802. - Über T.: H. Doering, Die dt. Kanzelredner d. 18. u. 19. Jh.s, 1830, 506ff (Bibliogr.) - ADB 37, 556ff - RE XX, 475ff (Lit.) - P. Gabriel, Die Theol. T.s, 1914 - K. Aner (s. 1) 86ff - W. Wendland, 700 Jahre KG Berlins, 1930, 159ff u.ö. - Hirsch IV, 96ff - R. Krause, Der Neuansatz zur Bewältigung der hermeneut., dogmat. u. prakt. Probleme in d. Predigt d. dt. Aufklärung zw. 1770 u. 1805 (Theol. Diss. Heidelberg), 1958, 133ff u.ö. - Stephan-Schmidt (s. Reg.).

H. Hohlwein

Telos

1. Geschichtlich - 2. Systematisch. - Vgl. ergänzend → Eschatologie: IV-VI, → Teleologie

1. Im Rahmen der eschatologischen Vorstellungen des NT (→ Eschatologie: IV) gewinnt der Begriff τέλος seinen qualifizierten Sinn. Seine Grundbedeutung bezeichnet das Ende als das erreichte Ziel, den Abschluß auch in zeitlichem Sinne. In der religiösen Sprache wird T. zum Terminus der Einweihung in die → Mysterien, im aristotelischen → Entelechie-Begriff zur ontologischen Grundstruktur, zur Bezeichnung der finalen Verfassung des Seienden im Ganzen.

Das *NT* verwendet den Begriff vorwiegend nicht im finalen Sinne (vgl. aber Röm 6, 21; Phil 3, 19 u.ö.), sondern zur Bezeichnung des abschließenden Zustandes bzw. des Endes, spezifisch für den Abschluß des Heilsgeschehens, welcher als ausstehend verstanden und in apokalyptischen Vorstellungen erwartet wird. Dabei kann mehr rückschauend an die Beendigung des gegenwärtigen Weltzustandes in kosmischen Katastrophen gedacht werden (Mk 13, 7. 13 par; consummatio mundi im engeren Sinne) oder aber die Aufrichtung einer neuen Ordnung der Dinge selbst gemeint sein (1Kor 15, 24). Abweichend von dieser gemeinurchristlichen Vorstellung erscheint im JohEv als T. im betonten Sinne der Abschluß des geschichtlichen Werkes Jesu (Joh 13, 1; 19, 30). In Apk 1, 8 gebraucht Gott, in Apk 21, 6; 22, 13 Christus den Begriff T. als Selbstbezeichnung.

Die Vorstellung des Endes als einer Reihe kosmischer Vorgänge wird nach dem Abklingen der → Parusie-Erwartung aufrechterhalten, wenn sie auch in den Hintergrund tritt. Während aber für die Naherwartung die Vorstellung der in sich gegliederten Reihe letzter Dinge keine Schwierigkeit besitzt, da diese ja als unmittelbar bevorstehendes Abbrechen der gegenwärtigen Zeit verstanden werden, schafft das Weitergehen der ihrerseits nach theologischer Interpretation verlangenden Weltzeit eine Reihe charakteristischer Probleme der kirchlichen → Eschatologie (: V. VI). Zunächst stellt sich die Frage nach dem Verhältnis des individuellen Endes (→ Tod: IV) zum Weltende (so schon 1Kor 15). Zweitens erhebt sich die Frage nach dem Verhältnis des historischen Prozesses der → Kirchengeschichte (: I, 1) zu den endgeschichtlichen Ereignissen. Sie führt dazu, daß die KG selbst als eines der endgeschichtlichen Momente begriffen wird (Entstehen einer theologischen Geschichtsphilosophie; → Geschichte: II B. C), während die eigentlichen Ereignisse der Vollendung jedoch transzendent bleiben. Drittens wird in der Interpretation der fortbestehenden → Welt auch das Verständnis der → Schöpfung (: IV) als Protologie, als Aussage über den Ursprung der gegenwärtigen Welt aus der Hand des Schöpfers theologisch bedeutsam. Indem diese erste Schöpfung aber mit Hilfe der teleologischen Naturphilosophie ausgelegt wird, tritt ein Schöpfungs-T. neben die eschatologische T.vorstellung der letzten Dinge.

Die kirchliche Theologie hat im allgemeinen versucht, die genannten Spannungen durch eine teleologische Ontologie zu überbrücken, in der die bestimmende Zweckursache mit dem unverfügbaren Vollendungsratschluß Gottes (und aktuell mit seiner Weltregierung) zusammenfällt. Als Mittelgedanke für die Verbindung des individuellen und des universalen Endes wird dann der Gedanke der Läuterung (→ Fegfeuer) bedeutsam. Radikal und unter Einwirkung spiritualistischer Tendenzen wird dieser Weg in der griech. Theologie beschritten (→ Origenes), gemäßigt und unter Beibehaltung des realistischen Charakters der Endereignisse in der abendländischen Tradition. So fordert bei → Thomas von Aquino die Vollendung des Menschen die verklärende Wandlung dieser Welt. Da der Mensch als leibliches Wesen Gott auch im Zustande der Vollendung nur vermittelt in seinen Werken erkennen kann, muß die Wirklichkeit der Welt deutlicher als jetzt von Gott zeugen. Die consummatio mundi bedeutet von hier aus Vervollkommnung der Welt.

Die Aktualisierung eschatologischen Denkens, die im reformatorischen Verständnis der → Gnadenmittel, vor allem der Evangeliumsverkündigung, geschieht, hat die Ausscheidung des Zweckgedankens aus der Eschatologie zur Folge. Das führt in der Orthodoxie dazu, daß die endzeitlichen Ereignisse nur noch rein positivistisch aus der Autorität der als inspiriert verstandenen Schrift als Einzelgeschehnisse begründet werden können. Der Fortfall der Teleologie läßt die consummatio mundi im engeren Sinne im Gegensatz zur Scholastik negativ, als Vernichtung der Gestalt dieser Welt verstehen. Mit der Erschütterung des Glaubens an die Verbalinspiration verliert daher auch die Lehre von den letzten Dingen ihren Boden. Im Neuprotestantismus wird statt dessen die Heilszukunft in verschiedener Weise aus der Heilsgegenwart als deren inneres Vollendungsziel begründet. Hier erst ist das T. in eine immanente Teleologie der Heilsaneignung verwandelt, die Eschatologie durch die KG (bzw. den Fortschritt des religiös-sittlich gefaßten → Reiches Gottes) aufgearbeitet. Das T. als solches ist dann nicht mehr als Ereignis oder Zustand zu verstehen, es hat den Charakter einer in mythologischen Vorstellungen wirksamen Idee. In diesem Sinne fordert Troeltsch, jede Zeit müsse ihren eigenen eschatologischen Mythos dichten (RGG[1] II, 622ff).

Die Erkenntnis, daß die neuzeitliche Umformung der Eschatologie in eine innergeschichtliche Teleologie dem Seinsverständnis der nt. Erwartung widerspricht, hat zu *neuen eschatologischen Lehrbildungen* geführt. In Weiterführung der Intentionen der Reformation sollen diese jetzt ausschließlich aus der im Glauben an die Verkündigung Jesu Christi beschlossenen Heilsgewißheit entwickelt werden. Der Versuch eines weltanschaulichen Ausweises der Endvorstellungen etwa durch den Hinweis auf zeitgenössische Theorien der Endlichkeit der Welt, wie er in der älteren Apologetik üblich war, wird abgelehnt, die Aufgabe einer »Entapokalyptisierung der Eschatologie« (Prenter) ins Auge gefaßt. Am konsequentesten geschieht dies in der existentialen Interpretation (→ Hermeneutik, 2 g), die jede endgeschichtliche Vorstellung als Verweltanschaulichung des Glaubens abweist. Das Bestimmtsein des Glaubens durch die in ihm heilsam erschlossene Zukunft wird dann zur einzig möglichen eschatologischen Grundaussage. Damit geschieht eine Reduktion der Endbezogenheit des Glaubens auf den Vollzug des Glaubens selbst, die nicht eigentlich Leugnung der futurischen Eschatologie ist, wohl aber Leugnung jeder inhaltlich allgemeinen Aussagbarkeit des T. (Dagegen beruht die Behauptung, durch die existentiale Interpretation werde das T. in das Je-Jetzt der einzelnen Glaubensvollzüge aufgelöst, auf einer unangemessenen, vorstellungsmäßigen Objektivierung der im Glauben gerade offengehaltenen Zukunft.) Wo demgegenüber der Versuch zu einer konkreteren Fassung von Endaussagen gemacht wird, geschieht dies so, daß die im Glauben an die Verkündigung beschlossene Hoffnung in Abhebung von der gegenwärtigen Gebrochenheit der Heilserfahrung als Vollendung des im Glauben erfahrenen Gesamtbereiches (→ Reich Gottes) ausgelegt wird, wobei das eschatologische Überlieferungsgut den Horizont der Interpretation gewährt. Eine Lehre von der consummatio mundi im weltanschaulichen Sinne kann in diesem Zusammenhang nicht den Rang einer selbständigen Aussage haben. Sie beschränkt sich auf die Feststellung, daß die Kreatur aus der soteriologisch gefaßten Ordnung der Vollendung nicht aus-, sondern in sie eingeschlossen ist.

2. Eine *Theologie des Endes* hat anzusetzen bei dem in den nt. Endaussagen zur Sprache kommenden Seinsverständnis im Ganzen, welches die Interpretation der Einzelaussage leitet. So allein können die erwähnten Problemspannungen in der Eschatologie, die in einem gegenständlichen Verständnis der Endaussagen unlösbar bleiben, als aus einem gemeinsamen Problemansatz entsprungen und sachentsprechend verstanden werden. Will im Anruf der Verkündigung die Zukunft und Ankunft des Heils die Gegenwart des Menschen bestimmen, so ist damit der Hinblick auf das T. als für das Selbstverständnis der zum Glauben Gerufenen konstitutiv gesetzt. Diese Aktualisierung des Zukünftigen im Glauben tilgt nicht etwa den Vorblick in das zeitlich Zukünftige der irdischen Existenz, sondern gibt ihn gerade frei (→ Tod: IV). Die Unverfügbarkeit des Heils verweist auf den Ausstand des End-gültigen und läßt, indem sie den Glauben vom Schauen unterscheidet, ihn erst recht Glauben sein: der auf das Verhüllte der Zukunft immer noch zugeht, sich ihm als dem unverfügbar sich Schenkenden immer noch offenhalten muß. Läßt die *eschatologische* Bestimmtheit des *Glaubens* so eine endbezogene (*»teleologische«*) Verfassung des *»Lebens aus dem Glauben«* entspringen, so gilt dies gleich ursprünglich für den universaleschatologischen Ausblick. Die im Glauben er-

schlossene Geschichtlichkeit der Existenz besitzt grundlegend eine soziale Struktur, sie wird gelebt als Geschichte der christlichen Bruderschaft. Diese umschließt auch die zeitliche Erstreckung, und in ihrer Überlieferung hat auch die Verkündigung des Heils allererst ihren konkreten Ort. Innerhalb des geschichtlich verfügten Geschehens der Verkündigung bestimmt der Glaube seinen heilsgeschichtlichen Ort von dem Ereignis Christi her auf die endgültige Vollendung hin, welche in Glauben und Liebe der (zum Wachsen in die Welt bestimmten und gerufenen) Bruderschaft zeichenhaft sich ankündigt.

Die Endbezogenheit des Glaubens wird dann verfehlt, wenn über sie in adäquaten Endvorstellungen verfügt werden soll. Diese scheitern und führen, wenn sie festgehalten werden, zum Wirklichkeitsverlust der christlichen Existenz. Die Endbezogenheit des Glaubens wird aber ebenso verfehlt, wenn sie in ein Strukturmoment des Glaubens aufgearbeitet wird. In beiden Fällen besteht die Gefahr, daß das T. in eine Vorstellung abgeschoben wird (sei es der protokollarisch feststehenden zukünftigen Ereignisse, sei es der existentialen Struktur einer abstrakten Geschichtlichkeit), statt daß man den Glauben an seine die Gegenwart bestimmende Macht wagt. Gegenüber beiden Versuchen, über die Zukunft vorwegnehmend zu verfügen, hat die Eschatologie das T. als das verhüllt Zukünftige der Vollendung anzusprechen, auf das die Gemeinde der Glaubenden zugeht.

Außer der Lit. zu → Eschatologie: VI: E.Schlink, Zum Begriff des Teleologischen (ZSTh 10, 1933, 94-125) - Barth, KD III/2 - R.Bultmann, Gesch. u. Eschatologie, 1958 - H.Ott, Eschatologie (ThSt [B] 53), 1958 - K.Rahner, Zur Theol. d. Todes, (1958) 1959² - LThK² III, 1094ff. *W.Lohff*

Tempel

I. Religionsgeschichtlich - II. In Israel

I. Religionsgeschichtlich

1. Allgemeines - 2. Übersicht über die T.anlagen der wichtigsten Kulturbereiche. - Zum Kunstgeschichtlichen vgl. auch → Kunst: II

1. Das lat. templum bezeichnet ursprünglich einen von den Auguren abgegrenzten hl. Bezirk, genau wie das griech. τέμενος oder im Semitischen lokalgefaßtes qdš (→ Heilig: I. II). Der → Tabu-Bezirk ist als → Heilige Stätte der Ort des → Kultus. Die Festlegung des Platzes wurde durch → Theophanien und (oder) durch bes. geheimnisvoll erscheinende Naturgegebenheiten bestimmt (zB die offenen Felskammern von Jazilikaja, die Grotte des Zeus in Kreta, die Höhle der Magna Mater am Sipylos, der hl. → Hain von Dodona). Nicht selten gilt der T. als mythischer Mittelpunkt der Erde (→ Nabel). Erst in archaischen Kulturen, in denen man die Technik des Hausbaus beherrscht und für den Kult ein (meist stationäres) → Priestertum besitzt, kommt es zur Erichtung von T.n. Vorbild ist dann gemeinhin das profane Wohnhaus (ναός = T. ist von ναίω = wohnen gebildet). Der T. ist Aufbewahrungsort hl. Objekte, vornehmlich aber birgt er ein Kultbild (→ Bilder: I). Die in den meisten Religionen begegnende Bezeichnung des T.s ist »Haus Gottes« (vgl. im AT bêt ᾿ᵆlohîm), was noch in der Benennung des Kirchengebäudes als »Gotteshaus« nachwirkt. Im Bereich der T. besitzenden Kulte finden sich bei der Ausgestaltung der T. - entsprechend der Verschiedenheit der Kulturen - die mannigfachsten Formen.

2. Die nachfolgende Übersicht charakterisiert die T.-bauten in einer geographisch-historischen Ordnung.

a) Im Bereich des *Vorderen Orients* und in Ägypten finden sich T. als Stein- und Ziegelbauten. Im vorgeschichtlichen *Ägypten* (→ Kunst: II E) bestand der T. aus einer Binsenhütte (mit Kultsymbol) in einem umfriedeten Hof. Die rechteckigen Pfeiler-T. des Alten Reiches (→ Ägypten: I, 4) sind Toten-T. der Könige. Die Sonnen-T. der 5. Dynastie in Abusir (s. Taf. 42 Abb. 4) haben in der Hofmitte einen Kegelobelisken. Die Normalform des ägypt. T.s ist der sog. Prozessions-T. (AOT 490f) mit hohen Eingangspylonen, Hof, Säulensaal und niedrigen Cellen (für Kultbild, Gottesbarke u.a.m.). In der 18. Dynastie gibt es daneben den von einem Säulengang umgebenen rechteckigen T. auf einem Unterbau, von neuem dann in ptolemäischer Zeit als sog. »Geburtshaus« (der Hathor oder Isis und dem göttlichen Kinde geweiht). - In → *Babylonien* (: II, 9) *und Assyrien* sind der auf einer Hochterrasse stehende T. (mit Kultnische und einer zum Dach heraufführenden Treppe im Inneren; vgl. Taf. 44 Abb. 1), der sich seit 2000 vChr in den mehretagigen Stufentürmen (zikkurat) vollendet (→ Kunst: II F, 2; s. Taf. 44 Abb. 4; vgl. auch → Babylon, 2), und der ebenerdige (Tief-)T. zu unterscheiden. Der Tief-T. der älteren Zeit ist ein Herdhaus- oder Knickachs-T., bei dem sich der Eingang zum Kultraum an einer Längsseite, das Podium für das Gottesbild an einer Schmalseite befindet (AOT 480; s. Taf. 44 Abb. 2). Der aus vielen, meist um einen Binnenhof gelagerten Nebenräumen bestehende T. des 2. Jt.s besitzt gegenüber vom Eingang eine Breitraumcella (AOT 471; s. Taf. 44 Abb. 3). Daneben begegnet der Langhaus-T. und in Assyrien der Langhaus-T. mit vorgelagertem Breitraum. Die Cella auf der obersten Stufe des T.turmes ist Wohn-T. der Gottheit (→ Babylonien: II, 11), der ebenerdige T. der Erscheinungsort. Das Neujahrsfesthaus (AOT 482) besaß Binnenhof und Breitraumcella. Ein Stufenturm erscheint auch auf dem schwer deutbaren Bronzemodell aus *Elam* (AOT 468); noch ungelöst ist das Problem des elamischen T.turmes von Zschoga Zambil (südöstl. von Susa) mit den (sonst fehlenden) Innenkammern. - Im Bereich → *Irans* besaßen die hochgelegenen Terrassen-Plätze nur Altäre und einen Raum für das hl. → Feuer. Den (seltenen) Gebäuden fehlt eine Cella. Wenn Darius in Bisutun § 14 (um 520 vChr) T. (ayadana) nennt, so sind damit die von den Achämeniden errichteten turmartigen Steinhäuser in Pasargadae und Nakš i-Rustem gemeint, in deren hochgelegener Tür man den Feueraltar zeigte. Außerhalb Irans gewann der Kult des vorpersischen, in Iran dem Ahura Mazda und der Anahita beigesellten → Mithra zuerst in Kleinasien (Vermittlung durch die → Magier?) an Bedeutung. Die zahlreichen Mithräen (der röm. Zeit) waren Grotten oder rechteckige unterirdisch angelegte T., deren Nischenwand das Bild des Stiertöters Mithra zeigte (AOT 466). - Von den → *Hethitern* sind T. nur in Boghazköy (= Hauptstadt Hattuša) und dem nahen Heiligtum Jazilikaja bekannt. Die beiden natürlichen Felskammern von Jazilikaja waren offene Adyta mit Großreliefs (u.a. Götterprozession, s. Taf. 46 Abb. 1); ihnen waren T. vorgelagert. Die in Boghazköy im 14./13. Jh. errichteten 5 T. sind nach einem Grundschema errichtet. In dem addierten Baugefüge erhalten die einzelnen Räume - auch die Cella! - ihr Licht durch Außenfenster. Dem monumentalen Torbau folgen ein rechteckiger Binnenhof, dann Hofhallen und die bes. markierte Vorhalle (hillamar), schließlich die seitlich betretbare Cella. In einigen T.n steht im Hof ein Lustrationshäuschen. Zum Kultbild vgl. → Kunst: II G. - Bei den bronzezeitlichen T.n im *syrisch-palästinischen* Raum ist die Verschiedenheit in der Anlage (verschiedene Kultureinflüsse) bes. groß; auch variiert bei kurzfristig sich ablösenden Erneuerungen die Raumauffassung. So wurde der T. von → Alalach aus einem Hochbau zu einem Achsial-T. mit Vorhalle(n), der Knickachs-T. von → Lakisch zu einem Langhaus-T. In → Megiddo lösen sich ab: ein Breitraum-T. der frühen, drei einem Opferplatz zugeordnete Breitraum-T. (mit Vorhallen) der mittleren und ein Langraum-T. mit bastionsartigem Vorbau aus der späten Bronzezeit. Letzterem ist der T. (Phase 1) von → Sichem vergleichbar. Die großen T. von Hazor (Galiläa) sind dreigliedrig achsial angelegt. Die sog. Kapellen von → Bethsean haben ein erhöhtes Adyton (wohl ägypt. Einfluß). In → Tirza fand man auch einen unterirdischen Kultraum, ähnlich dem sog. »Mithräum« von Alalach. Für den salomonischen T. in Jerusalem (→ Tempel: II) ist der Langraum-T. von Tell Tainat (9./8.Jh.) mit Vorhalle, Mittelraum und Cella wichtig, doch sind die Eingangssäulen zwischen den Anten hier Gebälkträger.

b) Im *Mittelmeergebiet* fand der Kult des ägäischen Bereiches (→ Kretisch-mykenische Religion) im 3./2. Jt. auf offenen Plätzen statt (das tempellose Heiligtum ist in *Cypern* auch später vorherrschend geblieben). Erst nach 2000 tauchen kleine Hauskapellen auf (Knossos, Mallia, Mykene). Noch seltener sind freistehende T. Der offene hl. Bezirk in *Griechenland* wird im 9./8.Jh. durch einen steingebauten T. (Cella mit Kultbild) abgelöst. Er entspricht (ohne Abhängigkeit!) dem älteren Palast-Megaron: ein rechteckiger Saal mit einer zweisäuligen Vorhalle zwischen vorgezogenen Anten, später auch von einer Säulenhalle umgeben (Peripteros). Bei Doppelanten-T.n existiert bei der Rückwand kein Durchgang (Parthenon, s. Taf. 48 Abb. 1; vgl. → Kunst: II H). Der *italische* und *etruskische* T., dem griechischen verwandt, steht auf einem hohen Podium mit einer Freitreppe an der Frontseite. Häufig sind (in älterer Zeit) T. mit 3 Cellen (für eine Trias). Einflüsse der apsidalen Rats-Basilika zeigt das (80 vChr gebaute) Fortuna-Heiligtum in Praeneste (s. Taf. 48 Abb. 3); singulär ist der Kuppelbau des Pantheons in Rom (s. Taf. 48 Abb. 4). Die röm. T. in Syrien haben ein erhöhtes Adyton (altsyrischer Einfluß).

c) Durch Beispiele aus Island kennt man den (seltenen) *germanischen* T. Bei einem in der Mitte durch einen niedrigen Trakt geteilten Querhaus (mit 2 Eingängen, aber ohne Durchgang) gilt der größere Raum den zum Opfermahl Versammelten, der kleinere dem Kultbild und dem Kessel mit Opferblut. Bei den → Kelten finden sich auch Rund-T. Vorherrschend bleiben aber offene Kultplätze (→ Germanische Religion, 6).

d) Im *indischen* Kulturbereich begegnen T. des → Buddhismus und → Jinismus. Die Pagode, der stupa - ein »Reliquiendenkmal« - ist ein rechteckiger Bau mit einer hohen Kuppel (→ Kunst: II D, 3). Die Kulthallen sind basilika-ähnlich (s. Taf. 40 Abb. 2) mit Tonnengewölbe. Eigenständig sind die T. in Birma durch ihren Pfeilerunterbau. Die T. des → Hinduismus haben eine rechteckige (oder runde) Cella und darüber einen vielstöckigen Turm (s. Taf. 41 Abb. 5).

e) Im *ostasiatischen* Kulturkreis treffen buddhistische Elemente mit einheimischen zusammen (Höhlen-T.; Pagode, s. Taf. 37 Abb. 3; vgl. → Kunst: II B). Rechteckige Holz-T., auch mit Vorhalle und doppeltem Umgang, haben ein bes. kunstvoll gebildetes Dach. Äußerst selten sind Rundbauten (Nordhalle des Himmels-T.s in Peking). Buddhistischen Einfluß verraten die Schreine und T. mit Bildern (→ Taoismus). Die Kultbauten in → *Japan* aus dem 5.Jh. waren Naturgottheiten, u.a. der Sonnengöttin gewidmet. Die ältesten »Schreine« bestehen aus einem Holzgerüst mit Dach, so in Ise und Izumo (→ Kunst: II C). Nach 1945 wurden die bis dahin öffentlichen Shintô-Schreine (→ Shintoismus: I) T. im Privatkult. Der von Japan im 6.Jh. übernommene Buddhismus zog die Übernahme »chinesischer« Pagoden und T. nach sich (s. Taf. 38 Abb. 3. 4).

f) Aus *Altamerika* kennen wir genauer nur die mexikanischen Hoch-T., die stufenturmartig angelegt sind. Oben befindet sich der T. in einem Vorhof. In der Ornamentik walten kosmische Symbole vor. Zur Orientierung vgl. → Kunst: II A, 2.

Allgemein: ELIADE - Le symbolisme cosmique des monuments religieux (Serie Orientale Roma 14), Rom 1957 - HEILER (Lit.). - *Zu 2 a:* W.ANDRAE, Das Gotteshaus u. die Urformen des Bauens im Alten Orient, 1930 - C.WATZINGER, Denkmäler Palästinas I, 1933 - BRL 511 ff - A.ALT, Verbreitung u. Herkunft des syr. T.typus (PJ 35, 1939, 83-99 = ALT II, 100-116) - K.ERDMANN, Das iranische Feuerheiligtum, 1941 - H.J.LENZEN, Die Entwicklung der Zikkurat, 1942 - RÄRG 778 ff - A.BARROIS, Manuel d'archéologie biblique II, Paris 1953 - A.BADAWY, A Hist. of Egyptian Architecture I, Giza 1954 - R.NAUMANN, Die Architektur Kleinasiens, 1955. - *Zu 2 b:* J.DURM, Die Baukunst der Griechen, 1910[3] - P.O.RAVE, T. Italiens, 1924 - W.HEGE-G.RODENWALDT, Griech. T., 1941. - *Zu 2 d:* H.v.GLASENAPP, Hl. Stätten Indiens, 1928 - A.H.LONGHURST, The Story of the Stupa, London 1936 - ST.KRAMRISCH, The Hindu Temple I. II, Calcutta 1946. - *Zu 2 e:* E.BOERSCHMANN, Chines. Architektur I. II, 1926 - DERS., Pagoden, 1931 - A.C.SOPER, The Evolution of Buddhist Architecture in Japan, Princeton 1942. - *Zu 2 f:* G.VAILLANT, Aztecs of Mexico, New York (1944) 1953[4]; dt. 1957 - J.A.MASON, The Ancient Civilizations of Peru, Harmondsworth 1957. - Vgl. ferner die Lit. zu → Kunst: II. *K.Galling*

II. In Israel

1. Für den zZ Samuels in → *Silo* vorhandenen Jahwe-T. gibt es keinen ἱερὸς λόγος (war es ein adaptierter T.?). Er beherbergte die → Lade, die als Wanderheiligtum keines festen Hauses bedurfte (die Kombination mit dem → Zelt ist für Silo sekundär). In 2Sam 7, 6f wird der T. in Silo übergangen (vgl. dazu Dus). Über das Aussehen der israelitischen T. in → *Bethel* und *Dan* (1Kön 12, 29f) wissen wir nichts. Der im 9.Jh. in → *Samaria* (, 1) errichtete Baal-T. besaß - wie wohl auch jene - einen Vorhof mit Brandopferaltar (2Kön 10, 17ff). Das Küssen des Stieres (→ Bilder: II), von dem in 1Kön 19, 18; Hos 13, 2 die Rede ist, deutet auf Prozessionen, da man schwerlich den Verehrern den Eintritt in das Sanctissimum gestattet hat. Der im 4.Jh. auf dem → *Garizim* errichtete T. der Samaritaner (mit leerem Adyton) dürfte ein Langhaus-T. gewesen sein, doch fehlen genauere Nachrichten und archäologische Indizien daselbst. Der Jahu-T. in → *Elephantine* hatte (nach Pap. Nr. 30) Steinsäulen, 5 (!) Tore und ein Flachdach aus Zedernholz. Der T. von → *Leontopolis* war nach Josephus (Bell. Jud. VII, 10, 3) festungsartig und im Typus dem von Jerusalem nicht gleich.

2. Im eroberten → *Jerusalem* (: II, 2) brachte → David die heimgeholte Lade in einem Zelt unter. Durch einen Gottesspruch (→ Nathan) wurde ihm der Bau eines T.s verwehrt, den dann → Salomo ausführte. Die in 1Kön 5, 1ff; 7, 13ff deutlichen Verbindungen zu Tyrus weisen auch für das T.gebäude auf einen phönikischen Einfluß, was nicht ausschließt, daß bei diesem noch assyrische und nordsyrische Einflüsse nachwirken. Das beste Analogon ist der im Grundriß erhaltene T. von Tell Tainat am Orontes (→ Tempel: I, 2a). Der T. Salomos lag im Bereich des heutigen Haram (→ Jerusalem: III, 3). Sieht man im hl. Felsen die Stätte des Altars, so macht das für den Westteil des T.s Schwierigkeiten (Aufschüttungen nötig!); sieht man in ihm die Stätte des erhöhten Debir (→ Allerheiligstes), so stoßen sich die Maße des Felsens (ca 18 × 13 m) mit denen in 1Kön 6. Lag der T. vielleicht weiter nördlich in der Achse des jetzigen »goldenen Tores«? - Bei der unzureichenden Schilderung des T.s in 1Kön 6f muß bedacht werden, daß sie uns zwar ein Bild des vorexilischen T.s bietet, aber damit keineswegs ausgeschlossen ist, daß Änderungen der nachsalomonischen Zeit mit hineingenommen wurden. Die in manchem hilfreiche »Vision vom neuen

T.« in Ez 40-42 kann man zur Ergänzung heranziehen (Fohrer-Galling, Gese), doch ist auch sie nicht erschöpfend. Bei der - gekürzten - Repetition von 1Kön 6f in 2Chr 3 (3.Jh.) könnten die Unterschiede darauf beruhen, daß der Autor den nachexilischen T. vor Augen hat. Aus alledem ist verständlich, daß die neueren Rekonstruktionen (zB bei Möhlenbrink, Watzinger, Nötscher, Garber, Albright-Wright, Vincent) erheblich differieren. U.E. kann man den folgenden Daten Wahrscheinlichkeit zusprechen: Der salomonische T. war ein dreigeteilter Langhausbau mit 30 m Länge, 10 m Breite und 15 m Höhe (die Elle approximativ zu 0,50 m gerechnet). Über einer Geröllunterlage waren 3 Reihen Quadersteine postiert und eine Lage Holz (Schutz gegen Zerstörungen durch Erdbeben). Darauf standen die ca 2,50 m dicken Wände aus Lehmziegeln (Nötscher, Galling). Die Vorhalle (Ulam: 5 m tief, 10 m breit) hatte einen offenen (!) Durchgang; zu dessen Seiten standen die ehernen Säulen (keine Monumentalkandelaber), den Eingangsmasseben von Sichem (→ Steine) vergleichbar. (Waren sie zunächst einfache Steinmasseben? Yeivin datiert den Hohlguß [1Kön 7, 15ff] in die Zeit Josias.) Die Trennmauer zum Hauptraum (Hekal, 20 × 10 m Ausmaß) hatte zwei zweiflügelige Türen (Gese) - jeweils zur Vorhalle und zum Hekal hin. Das Allerheiligste (Debir, 10 × 10 m bei 10 m Höhe) lag erhöht (syrischer T.typ noch in der Römerzeit [Alt]); das geht einwandfrei aus 1Kön 8, 8 hervor, ist also nicht von der Lokalisierung des Debir auf dem hl. Fels abhängig. Im Debir standen 2 große, die Lade umrandende Keruben. Die Innenwände des T.s waren mit Zedernholz getäfelt und zeigten, wie die Türen, Flachreliefs von Keruben und Palmen; Blattgold erhöhte die Wirkung. Das oben durch einen Lehmbelag geschützte Flachdach war vermutlich von einem Zinnenkranz umrandet; die Front hatte *keinen* Giebel. Der ca 8 m hohe dreietagige Umbau wurde *vor* 587, aber wohl erst in nachsalomonischer Zeit angefügt (in den T.wänden gab es keine Auflager); seine Räume dienten als Schatzkammern. Stand der ganze Bau bereits auf einer Terrasse, wie es Ez 40, 49 voraussetzt? Nach Jer 36, 10 gab es im 7.Jh. (ob schon vorher?) einen äußeren *und* einen inneren, höher gelegenen Vorhof. Im inneren Hof standen der große → Altar (: II), das Eherne Meer und Waschungen dienende Kesselwagen (→ Tempelgeräte). Der Haupteingang des äußeren Vorhofs lag im Osten; Ez 40, 17-27 nennt dazu ein Nord- und ein Südtor (die inneren Tore sind »Spiegelbilder«), 1Chr 24, 14-18 auch ein Abraum-Tor im Westen. - Konnte der T. (zu 1Kön 8, 12 vgl. Syria 35, 1958, 374) als Wohn-T. verstanden werden, so galt er doch vornehmlich als Erscheinungs-T. des im Himmel thronenden Gottes (kultische → Theophanie). Dies betont das deuteronomistische T.weihgebet (1Kön 8, 22-53) mit besonderem Akzent angesichts des damals zerstörten T.s in 1Kön 8, 27 (vgl. Ez 1-3; Apg 17, 24). Der 587 zerstörte T. war für fast 7 Jahrzehnte ein großer Schutthaufen, dessen Grundmauern beim Wiederaufbau (520) wieder zutage traten (zu Sach 4, 6f vgl. Galling, Serubbabel), und wurde in den alten Maßen (unrichtige Angaben in Esr 6, 3) erneuert. Auch im Oberbau dürfte er respektabel gewesen sein, wenn die persischen Staatsgelder (Esr 6, 8) mit den Stiftungen der Heimkehrer (die erheblichen Summen nennt Neh 7, 69-71) dafür eingesetzt wurden (vgl. auch Hag 2, 9). Dem nachexilischen T. fehlten die Lade und die beiden Säulen; anstelle der zehn gab es jetzt *einen* siebenarmigen → Leuchter. Das Allerheiligste war nach 2Chr 3, 14 durch einen Vorhang abgeschlossen; 1Chr 29, 2 erwähnt Wand-(?)Mosaiken. Reparaturen und (Neubau von) Säulenhallen bezeugt ein Erlaß Antiochus' III. um 200 vChr (Ant. XII, 3, 3). Die Pracht des T.s rühmt Sir 49, 11. Von den Kriegen mit den → Seleukiden wurde der T. mehrfach betroffen.

I.J. 20/19 vChr begann → Herodes mit dem *Neubau*, der 10 Jahre später eingeweiht wurde (endgültige Vollendung erst 64 nChr). Die Beschreibungen des T.s durch Josephus (Bell. Jud. V, 5, 1-6) und im Mischnatraktat Middoth geben ein relativ deutliches Bild von diesem Prachtbau (vgl. die Rekonstruktion bei Watzinger). Zwar hielt man an den Grundmaßen von Hekal und Debir fest, aber die Höhe betrug jetzt 25 (statt 15) m. Die T.terrasse beseitigte den Niveau-Unterschied zwischen Hekal und Debir; beide waren durch kunstvoll gewebte Vorhänge abgeschlossen (vgl. auch Joma V, 1). Einer Schaufassade gleich wurde die Vorhalle auf 50 m Breite und Höhe (!) erweitert. Die 3 Etagen des Umbaus maßen zusammen 25 m Höhe; dazu kam noch an der Nord- und Südseite des T.s ein Außengang mit einer Außenmauer. Über Hekal und Debir erstand ein riesiges Obergemach. Auf dem Flachdach befanden sich »Spieße«, die verhindern sollten, daß Vögel den T. verunreinigten. - War im Bilde des T.platzes, wie ihn die Vision in Ez 40 bis 42 entwarf, das Wesentliche die Absonderung eines besonderen Priestervorhofes, den nicht einmal der als »Kirchenpatron« fungierende Herrscher betreten durfte, so wurde jetzt eine noch umfassendere Gliederung durchgeführt. Unmittelbar vor dem T. war der schmale Priestervorhof (vgl. 2Chr 4, 9) mit dem großen Altar; dann folgte der Vorhof der Israeliten, dann derjenige der Frauen (mit Nebenräumen; die Trennung von Männern und Frauen auch in der → Synagoge). Die Terrasse des T.s und dieser Vorhöfe war von Osten durch das Prunktor des Nikanor (aus Alexandrien) zugänglich (Apg 3, 2). Den Nichtjuden verwehrten Warnschilder, den Bereich des äußeren Vorhofes zu überschreiten (vgl. TGI 80). Den Haupteingang bildete das heute zugemauerte »Goldene Tor« in der Ostmauer des Haram. Ferner gab es im Süden Treppenstiegen, die unter den Substruktionen (sog. »Ställe Salomos«) des im Süden erweiterten T.platzes zum äußeren Vorhof heraufführten. Josephus rühmt bes. die Pracht der ringsumgehenden Säulenhallen. Man kann verstehen, daß damals das Sprichwort umlief: »Wer nicht den Bau des Herodes gesehen hat, hat nie etwas Schönes gesehen« (vgl. Mk 13, 1f), aber auch, daß sich bes. zu den Festen, die Zehntausende von Festpilgern nach Jerusalem brachten, der »Betrieb« in den Vordergrund schieben konnte (Mk 11, 15ff par).

K.Möhlenbrink, Der T. Salomos (BWANT IV, 7), 1932 - H.Schmidt, Der hl. Fels in Jerusalem, 1933 - C.Watzinger, Denkmäler Palästinas I. II, 1933/35 (s. Reg.) - BRL 516ff - F.Nötscher, Bibl. Altertumskunde, 1940, 280ff - P.L.Garber, Reconstructing Solomon's Temple (BA 14, 1951, 2-24; vgl. auch JBL 77, 1958, 123 bis 133) - A.Parrot, Le Temple de Jérusalem (CAB 5, 1954, 5-94; dt. Zürich 1956) - K.Galling in: G.Fohrer, Ezechiel (HAT I, 13), 1955, 220ff - Ders., Serubbabel u. der Wiederaufbau des T.s in Jerusalem (in: Verbannung u. Heimkehr, Festschr. W.Rudolph, 1961, 67-96) - L.-H.Vincent-A.-M.Steve, Jérusalem de l'AT II: Archéologie du Temple, Paris 1956 - Alt II, 100-115 - G.E.Wright, Biblical Archaeology, 1957, 136ff; dt. 1958, 133ff - H.Gese, Der Verfassungsentwurf des Ezechiel (BHTh 25), 1957, 129ff - S.Yeivin, Jachin and Boaz (PEQ 91, 1959, 6-22) - H.C.Thomsen, A Row of Cedar Beams (ebd 92, 1960, 57-63) - J.Dus, Der Brauch der Ladewanderung im alten Israel (ThZ 17, 1961, 1-16).

K.Galling

Tempel, Deutscher → Tempelgesellschaft.

Tempelgeräte in Israel. Zu jedem israelitischen Heiligtum gehörte für die Darbringung vegetabiler und tierischer → Opfer (: II) ein → *Altar* (: II). Weihrauch verbrannte man auf Kleinaltären, den sog. ḥammanîm, oder in Räucherpfannen (Num 16f). Für flüssige Spenden (selten Wasser, meist → Wein) bediente man sich tönerner oder vorwiegend metallener *Schalen* (Num 7, 12ff). Einen besonderen Typ der Libationsgeräte (u.a. in Megiddo gefunden) kennt man aus dem allein erhaltenen Abschlußstück – mit Durchbohrung und Stielansatz –, das in einer Schale (oft mit einer Hand darunter) endet; die Deutung auf ein Räuchergefäß ist abwegig. – Ausführlicheres über T. erfahren wir allein durch die Beschreibung des salomonischen → Tempels (: II) in 1Kön 7. Im Hekal des Tempels gab es nach Jes 6, 6 und 1Kön 7, 48 einen *Räucheraltar* (nach De Langhe hieß er miqṭār hăzzahab, wobei zahab ursprünglich ein Aromaticum ist, das schon früh mit dem gleichlautenden zahab = Gold verwechselt wurde); der Form nach (Megiddofunde) wird es ein zylindrischer – nicht rechteckiger (Ex 30, 2ff) – Ständer gewesen sein. Ferner stand im Hekal ein *Tisch mit Schaubroten* (1Kön 7, 48; Ex 30, 23ff). Die 12 Ringbrote, die täglich oder wöchentlich erneuert wurden, galten in ägyptischer Weise als Gottesspeise (zur symbolischen Darbringung vgl. Lev 24, 7) und fielen den Priestern zu (so auch im Tempel von Nob: 1Sam 21, 7). Die in 2Chr 4, 8 erwähnten 10 Tische – des nachexilischen Tempels? – dienten der Deponierung von 100 Libationsschalen, sind jedenfalls nicht »Aufweitung« des einen (unerwähnt gebliebenen) Schaubrottisches. Diesen gab es jedoch nicht nur im nachexilischen Tempel, sondern auch in dem des Herodes. Im Hekal standen ferner zweimal 5 tönerne → *Leuchter;* der nachexilische Tempel hatte nach Sach 4 *einen* tönernen Leuchter mit 7 Lampenschalen. Erst in den Tagen Esras dürfte der als golden in die »Stiftshütte« vordatierte (Ex 25, 31–39) (bronzene?) siebenarmige Leuchter hergestellt worden sein, der später noch ein besonderes Fußgestell erhielt (→ Menora). – Eine technisch erstaunliche Leistung (1Kön 7, 22ff) ist das im Vorhof stehende bronzene *Meer* mit 5 m Durchmesser und 2,50 m Höhe (Parallele aus Stein in Amathus/Cypern). Es stand auf dreimal 4 Stieren (kein Jahreszyklus; Parrot). Ursprünglich das Urmeer (apsû) darstellend, wurde es als Waschbecken gedeutet (2Chr 4, 6; ob so nach der Tributabgabe der Stiere [2Kön 16, 17] auch verwendet?). Nach 1Kön 7, 27–39 gab es auf dem Vorhof auch 10 bronzene *Kessel,* die man in reich verzierte Ständer setzte; das ganze Gerät war durch Räder fahrbar gemacht (Rädermodelle kennt man aus Cypern, radlose auch aus Megiddo). Ahas beseitigte sie (2Kön 16, 17), was in 2Kön 25, 16 (Nachtrag) übersehen wurde. Der Priesterschrift-Tradition waren das Meer und die Kesselwagen irgendwie verdächtig, daher gibt es bei der Stiftshütte nur ein Waschbecken im festen Gestell (Ex 30, 17–21; vgl. auch Sir 50, 3). Ohne genauere Beschreibung ist in 1Kön 7, 45. 50 von metallenen Handschalen, Libationsschalen und bronzenen Pfannen bzw. Schaufeln (für Weihrauch) die Rede; von Gabeln spricht 1Sam 2, 13. Trotz des Hiskiatributes (2Kön 18, 13–16) konnte Nebukadnezar über 5000 silberne und 60 goldene Gefäße rauben (s. das Verzeichnis in Esr 1, 8–11). Im Hof des nachexilischen Tempels hat es kein ehernes Meer und keine Kesselwagen mehr gegeben. 1Makk 1, 21–23; 4, 49–51 kennen im Hekal den Leuchter, den Schaubrottisch und den Räucheraltar; diese gab es auch im herodianischen Tempel (Josephus, Bell. Jud. V, 5, 5); dargestellt sind Leuchter, Tisch und (Neujahrs?-)Trompeten auf dem Relief des Titusbogens (AOT 509). – Vgl. auch → Ephod und → Teraphim.

Außer den Kommentaren zu 1Kön, 2Chr u. Ez: BRL 340ff – A.-G. Barrois, Manuel d'archéologie biblique II, Paris 1953, 399ff – W.F. Albright, Die Religion Israels im Lichte der archäol. Ausgrabungen, 1956 – A. Parrot, Der Tempel von Jerusalem, Zürich 1956 (Lit.) – R. de Langhe, L'autel d'or du temple de Jérusalem (Bibl 40. 1959, 476–494) – K. Galling, Heimkehr u. Wiederaufbau. Studien zur Gesch. Israels im pers. Zeitalter, 1963, Abschn. III. *K. Galling*

Tempelgesellschaft *(Deutscher Tempel),* »eine christliche Religionsgemeinschaft, die die Verwirklichung des Evangeliums Jesu vom kommenden Gottesreich ... als Ziel der Menschheitsgeschichte anerkennt und daraus ... die Aufgabe entnimmt, durch Bildung von Gemeinden der Gleichgesinnten auf dieses Ziel hinzuwirken«. Die T. kennt keine Bindung an die Hl. Schrift und keine verbindlichen Dogmen, entscheidend ist allein das Bekenntnis der Tat: das Leben nach Mt 6, 33, dem Losungswort der T. In Kultushandlungen sieht sie darum nur Hilfs-, Vorbereitungs- und Erziehungshandlungen für den Gemeindezusammenhalt. Organe der T. sind a) der Vorsteher (zZ nicht besetzt) und die Zentralleitung, b) der Tempelrat und die allgemeine Tempelversammlung, c) die Gebiets-, d) die Gemeindeleitungen, e) die Zentralkasse der T. Die Gemeinden sind autonom, die Mitgliedschaft wird durch eine schriftliche Erklärung erworben. – Die T. hat ihre Wurzeln im separatistischen württembergischen Pietismus. Ihr Gründer Chr. → Hoffmann hielt wegen der kirchlichen und staatlichen Mißstände »Sammlung des Volkes Gottes« für nötig, und zwar gemäß den Weissagungen des AT und NT in Jerusalem. Mit Chr. Paulus und dem Kaufmann G.D. Hardegg wurde 1856 auf dem Kirschenhardthof bei Marbach eine Probesiedlung durchgeführt. Nach der Rückkehr der »drei Kundschafter« (Hoffmann, Hardegg, Bubeck) aus Palästina und Hoffmanns Bruch mit der Landeskirche fand hier 1861 eine Synode statt, bei der 64 Teilnehmer ihre »Lossagung von Babylon« erklärten und sich unter dem Namen »Der Tempel« (nach Eph 2, 19ff) als selbständige Religionsgemeinschaft »zur Ausführung des Gesetzes, des Evangeliums und der Weissagung« verbanden. 1868 wanderten Hoffmann und Hardegg nach Palästina aus und gründeten Tempelgemeinden in Haifa und Jaffa. Weitere Siedlungen entstanden 1871 in Sarona, 1873 in Jerusalem, 1902 in Wilhelmina, 1907 in Bethlehem, auch in Sachsen, Rußland und Nordamerika. Unter schweren Opfern entwickelten sich die Gemeinden in Palästina zu blühenden, mit Schulen und Hospitälern verbundenen, für Mission und Siedlung vorbildlichen, darum auch vom Deutschen Reich geförderten Einrichtungen. Im 1. Weltkrieg nur durch das Eintreten der Quäker und Unitarier erhalten, gingen die Siedlungen im 2. Weltkrieg zugrunde. 1939 wurden ihre Mitglieder interniert und etwa 700 nach Australien gebracht. Nach einem Überfall auf Bethlehem und Waldheim folgten weitere 300 Mitglieder. Sie gründeten 1950 die T. Australien (Gebietsleiter: Dr. R. Hoffmann-Melbourne). Die etwa 700 deutschen Mitglieder der T. wohnen zumeist in Württemberg-Baden (Gebietsleiter: Jon Hoffmann-Stuttgart).

Chr. Hoffmann, Occident u. Orient, 1875 – RE XIX, 482ff; XXIV, 559f – Chr. Rohrer, Die T., 1920 – H. Hermelink, Gesch. d. ev. Kirche in Württ., 1949, 399f – 100 Jahre T., 1961. – Zs.: Die Warte des Tempels, unter wechselndem Namen seit 1845. *H. Hohlwein*

Temple, *William* (15.10.1881 bis 26.10.1944), anglikanischer Geistlicher, Sohn des *Frederick* T. (1895–1902 Erzbischof von Canterbury), 1921 Bischof von Manchester, 1929 Erzbischof von → York, 1942 von → Canterbury. T. war ein fähiger Theologe (anfangs mehr liberal, später orthodox), geschätzter Prediger und eindrucksvoller Evangelist, vor allem ein einfacher, demütiger Christ. Schon früh zeigte er Interesse für die soziale Frage und die soziale Botschaft des Christentums (→ Christlich-sozial, 2 a). Zeitweise Mitglied der Labour-Party, erregten seine mutigen Äußerungen großes Aufsehen. Seit 1927 (Lausanner Konferenz) war T. stark an der → Ökumenischen Bewegung beteiligt, bes. an der Bewegung für Glaube und Kirchenverfassung (1929

Vorsitzender des Fortsetzungsausschusses, 1937 der Edinburgher Konferenz). Er unterstützte die Bildung des Ökumenischen Rates und wurde 1938 der erste Präsident des provisorischen Ausschusses. Während des Krieges setzte sich T. für den Zusammenhalt der Kirchen und die geistliche Bruderschaft unter den Christen ein.

Vf. u.a.: Mens Creatrix, 1917; Christus Veritas, 1924; Christian Faith and Life, 1931; Nature, Man and God, 1934 (Gifford Lectures); Readings in St. John's Gospel, 1939/40; Christianity and Social Order, 1942; The Church looks forward, 1944. – Über T.: F.A.IREMONGER, W.T., his Life and Letters, London 1948 – ROUSE-NEILL (s. Reg.). *S.C.Neill*

Templer. In Verbindung mit dem Gerücht, der → Ritterorden (, 2 a) der T. habe in Schottland heimlich fortbestanden, richtete in Deutschland der Reichsfreiherr Karl Gotthelf von Hund und Altengrotkau (1722–76) mit anderen Freimaurerlogen die alte Organisation der T. mit 9 Provinzen in Europa wieder auf. Er selbst wurde Heermeister. Außer den drei Johannesgraden gab es noch vier weitere Hochgrade sowie den geistlichen Zweig. Diese fratres clerici, den Gold- und → Rosenkreutzern verwandt, gaben vor, die Geheimnisse der natürlichen und göttlichen Alchemie zu kennen. Zu den T.n gehörten vornehmlich Adlige, die ihren Ordensoberen zu unbedingtem Gehorsam der »strikten Observanz« verpflichtet waren. Die weitgespannten wirtschaftlichen Pläne – u.a. Rückgewinnung des ehemaligen Besitztums der Tempelherren – konnten nicht verwirklicht werden. Durch Schwindler wie Johnson, Gugomos, Schrepfer, Cagliostro und durch Zweifel an der Legitimität der Heermeisterwürde von Hund erschüttert, fanden die T. auf dem Konvent zu Wilhelmsbad 1782 ihr Ende.

Allg. Hdb. der Freimaurerei II, 1901², 450ff (Lit.) – R.TAUTE, Der Wilhelmsbader Konvent u. der Zusammenbruch der strikten Observanz, 1909 – DERS., Das freimaurerische Templertum u. sein Begründer (in: A.HORNEFFER, Freimaurerisches Lesebuch, 1927², 71–79) – G.LANG, Aus dem Ordensleben des 18.Jh.s, 1929. *H.Hohlwein*

Temporalien, *Bona temporalia,* im kath. Kirchenrecht weltliche Vermögensgüter. Wenn sie in kirchlichem Besitz stehen, heißen sie Kirchenvermögen (Bona ecclesiastica). Weiteres s. → Beneficium, → Finanzwesen: I, → Kirchengut, 4, → Stiftungen. – *T.sperre,* nach früherem staatskirchlichem Recht die Einbehaltung kirchlichen Amtseinkommens durch den Staat. *H.Barion*

Tennhardt, *Johannes* (2.6.1661 bis 12.9.1720), pietistischer Mystiker und Enthusiast, * in Dobergast b. Pegau (Sachsen), † in Kassel, Bauernsohn, nach gescheitertem Versuch an der Fürstenschule in Zeitz 1681 Barbier, seit 1688 in Nürnberg. Frühzeitig mit Bibel und religiösen Schriften (→ Arnd, → Tauler, → Poiret, → Bourignon u.a.) beschäftigt, wandte sich T. nach dem Tod seiner Frau und nach einer visionären Berufung 1704 mit dem Rest seines erheirateten Vermögens prophetischer Schriftstellerei in oft gereimten Traktaten und Briefen auf Grund göttlicher »Diktatworte« zu, um gegen das Maul- ein Tatchristentum als »Kanzlist des großen Gottes« aufzurichten. Ausfälle gegen Kirche und Geistlichkeit führten zu leichter Haft in Nürnberg. Wieder freigelassen gelang es T. (wohl in Idstein), seine wild zusammengewachsene, zT autobiographische Schrift »Gott allein soll die Ehre sein« 1710 mit Begleitbriefen von Nürnberg aus an hochgestellte Personen und an Reichsstädte zu versenden und anschließend, wieder flüchtig, persönlich und literarisch zu verteidigen (u.a. gegen → Löscher). 1714 wurde er in Nürnberg wieder inhaftiert und in Hausarrest gehalten, verzichtete 1717 auf sein Bürgerrecht, ging abermals nach Frankfurt und verfaßte hier zuletzt seine »Warnung wegen des unnötigen Separierens« (1718). Den → Inspirationsgemeinden stand er fern, hielt aber seine Kirchenkritik etwa auf der Linie G. → Arnolds fest und arbeitete zT → Swedenborg vor. Seine Schriften wurden, mitunter auch von Theologen begrüßt, viel verbreitet und weitergereicht, bes. in Württemberg, auch in Franken und in der Schweiz. Späte Wirkungen reichen ins 19.Jh.

FR.BRAUN, J.T., 1934 (Bibliogr., Lit.). *Ernst Wolf*

Tennyson, *Alfred* (1809–92), engl. Dichter, Hauptrepräsentant des viktorianischen Zeitalters, 1850 als Nachfolger W. → Wordsworths zum poeta laureatus gekrönt, 1884 geadelt. – Die innere Bewegung seiner Dichtung ist bestimmt durch romantische Verklärung der Vergangenheit mit allegorischer Gegenwartsdeutung (Morte d'Arthur, 1842; Idylls of the King, 1859 bis 1889), wissenschaftlich fundierten Fortschrittsglauben (Locksley Hall, 1842) und Schwanken zwischen christlicher Offenbarung und pessimistischem Agnostizismus (In Memoriam, 1850), das in selbstbeschwichtigender Bezeugung des Auferstehungsglaubens endet (Crossing the Bar, 1889).

Poetical Works, London 1953. – Über T.: A.LORD T., A Memoir by his son, 2 Bde, ebd 1897 – CHARLES T., A.T., ebd 1949 – G.HOUGH, The Natural Theology of »In Memoriam« (Rev. of Engl. Stud. 23, 1947, 244–256) – G.MÜLLER-SCHWEFE, Fortschrittsglaube u. Dichtung im vict. England (Anglia 77, 1959, 145–172). *G.Müller-Schwefe*

Teraphim ist ein hebr. Wort, der Form nach ein Plural, aber nur 2Kön 23, 24; Sach 10, 2 eine Vielheit meinend, also in der Regel wie → Elohim ein sog. pluralis majestaticus (der vermeintliche – gegebenenfalls einzige außerbiblische – Beleg für den Singular, das ugaritische ttrp [G.R.Driver, Canaanite Myths and Legends, 1956, Baal I* I, 4], ist eine Verbalform). Im späteren at. Sprachgebrauch hat das Wort einen durch die religionsgeschichtliche Entwicklung bedingten abwertenden Klang: 2Kön 23, 24 bringt Dtr die T. mit Götzen und Wahrsagegeistern unter den Begriff »Scheusale«. In den älteren Traditionen schimmert noch ein durchaus legitimes Verhältnis zu den T. durch. Fest steht, daß der T. ein Mittel der Orakeleinholung war. Unter diesem Oberbegriff qæsæm wird Ez 21, 26 die von Nebukadnezar geübte T.-Befragung mit Lospfeileschütteln und Leberschau zusammengefaßt; parallel zu ihm erscheint sie als immer wieder auflebende Praktik Sach 10, 2 und als offiziell bereits bekämpfte »Sünde« 1Sam 15, 23. Was das Aussehen betrifft, so ist aus Michals List 1Sam 19, 13 zu schließen, daß der T. Gestalt und Größe mindestens – wenn das übergedeckte Kleid nichts als leere Attrappe war – eines Menschengesichtes besaß, bei dem das Fehlen des Haares oder Hinterkopfes durch das Ziegenhaargeflecht ersetzt wurde. Dieser Tatbestand spricht gegen die neuerdings gern angenommene Identität der T. mit den nur wenige cm großen, bei allen Ausgrabungen gefundenen »Astarte«-Tonfigürchen oder ähnlichen »Kleingöttern«. Aber er verträgt sich mit der Erzählung von Michas Bilderdienst, die Ri 17, 5; 18, 14–20 neben dem Gottesbild → Ephod und T. als Einrichtung eines Privatheiligtums nennt, wo also der T. schwerlich ein zweites Gottesbild, dagegen gut ein wie der Ephod, mit dem er auch Hos 3, 4 nicht zufällig zusammen erwähnt wird, zu Orakelzwecken dienender Gegenstand und dann am ehesten eine → Maske sein kann. Dem widerspricht auch nicht der letzte der älteren Belege, wenn Gen 31, 19.35 f Rahel sich auf den ihrem Vater gestohlenen T. setzt: in einem Kamelsattel (vgl. Tell Halaf III, Taf. 27 a) ist für eine Maske Platz genug, die man sich vorzustellen hat wie die beiden im Hazor der ausgehenden Bronzezeit gefundenen (vgl. Hazor I, ed. Y.Yadin u.a., 1958, Pl. CLXIII; II, 1960, Pl. CLXXXIII), die übrigens die Angaben des Rabbi Eliezer ben Hyrkanos bestätigen (um 100 nChr, s. RGG²). Von einer Fruchtbarkeitspraktik ist keine Rede, ebensowenig von einer Vielzahl; und daß Laban den T. »meinen Gott« nennen konnte, ist ohne weiteres verständlich. So lassen sich alle at. Angaben über T. ohne Zwang einheitlich verstehen, wobei dennoch die Frage offenbleiben mag, ob die oben eruierte Gestalt des T. die einzige, und vor allem, ob die Orakeleinholung der einzige Sinn war. Kein Wunder jedenfalls, daß diese »Götter« offiziell bald in Verruf gerieten, weil sie nicht nur dem Wahrsageunwesen Auftrieb gaben, sondern obendrein gegen das streng gefaßte Bilderverbot (→ Bilder: II) verstießen.

G.Hoffmann-H.Gressmann, T. (ZAW 40, 1922, 75-137) - RGG² V, 1051 - E.Sellin, Efod u. T. (JPOS 14, 1934, 185-193) - J.L.Kelso, The Ceramic Vocabulary of the OT, 1948, 41 - G.E.Wright, Bibl. Archäologie, 1958, 36f. *K.Elliger*

Terministischer Streit, eine Nebenfrucht des →Pietismus, entzündete sich an der Behauptung, daß dem Menschen eine bestimmte Frist zur Buße gesetzt sei, nach deren Ablauf er sich nicht mehr bekehren könne (Hebr 3, 7; 12, 17). Schon → Dannhauer hatte sich in diesem Sinne ausgesprochen, ihm folgend vor allem → Spener (zuletzt: Das Gericht der Verstockung, 1701, 24ff), vor und neben ihm Johann Michael Stenger-Erfurt und Heinrich Ammersbach-Halberstadt. Großes Aufsehen erregte jedoch erst Johann Georg Böse (1662 bis 1700), seit 1690 Diakonus in Sorau, der die Beichte sehr ernst nahm und die leichtfertige Reue auf dem Sterbebett verwarf. Auf Grund seiner Schrift Terminus peremptorius salutis humanae ([1698] 1701²) und sonstiger Zerwürfnisse am Ort wurde ein kirchliches und staatliches Verfahren gegen ihn eröffnet, das einen Monat vor seinem Tode zu seiner Suspension führte. Das juristische Recht dafür wurde von Chr. → Thomasius bestritten (Gutachten vom 23.12.1698). In der Sache erklärten sich die Fakultäten Rostock und Wittenberg gegen Böse, Leipzig zuerst neutral, dann für ihn (Sieg der pietistischen Mitglieder der dortigen Fakultät). - Die Fortsetzung des Streites spielte in Leipzig, wo A. → Rechenberg die Auffassung Böses, etwas abgemildert, mit neuen Argumenten und ohne Bezugnahme auf ihn vertrat (zuerst De gratiae revocatricis termino, 1700) und Th.Ittig ihm entgegentrat (zuerst: Predigt von Jesu dem guten Hirten, 1700). Daraus erwuchs die wohl umfangreichste literarische Auseinandersetzung des Pietismus (Übersicht bei Chr.Reineccius, Universae de termino gratiae peremtorio controversiae epitome, 1703; Hauptgegner Rechenbergs: Joh.Gg.Neumann, Ph.L. → Hanneken, Caspar Löscher in Wittenberg, Joh. → Fecht, A.J.v. → Krakevitz, Zach.Grapius in Rostock, Sam. → Schelwig in Danzig; Bundesgenosse außer Spener: Joh. → Fischer in Riga). Die luth. → Orthodoxie verteidigte den Grundsatz, daß der Heilswille Gottes keiner menschlich erkennbaren und festsetzbaren Einschränkung unterworfen sei (Joh 3, 16; 1Tim 2, 4) - der Pietismus den stärker anthropologisch gedachten, daß mit diesem Heilswillen nicht gespielt werden dürfe (Gal 6, 7). Daher war für die Orthodoxie der terminus peremptorius der Tod (vgl. zuletzt: Georgii dissertatio de termino salutis non peremtorio, 1759).

J.G.Walch, Hist. u. theol. Einl. in die Religionsstreitigkeiten der ev.-luth. Kirche II, 1730, 850-992 - Fr.H.Hesse, Der T.S., 1877 - A.Ritschl, Gesch. des Pietismus II, 1884, 210ff - RE XIX, 524ff.
M.Schmidt

Territorialismus. Als T. wird seit Ausgang des 18.Jh.s diejenige prot. Auffassung des Verhältnisses von → Kirche und Staat bezeichnet, nach der das Recht des Landesherrn in der Kirche als ein fester Bestandteil seiner landesherrlichen Stellung erscheint (→ Kirchenregiment). Man weist diesem System der → Kirchenverfassung (: VI, 4 b) zeitlich den Platz zwischen dem → Episkopalismus und dem vom rationalen → Naturrecht geprägten → Kollegialismus an. Es dürfte nach neueren Forschungen richtig sein, den entscheidenden Schnitt in der Lehre mit dem Eindringen des säkularen, alle Verbände atomar aufbauenden Naturrechts seit dem späten 17.Jh., seiner verbandsförmigen diesseitigen Sicht der Kirche und seiner Erhebung des Staates zur umfassenden und höchsten weltlichen Autorität zu vollziehen. Der T. reicht in seiner älteren Form auf den Anfang des 17.Jh.s zurück und verbindet sich hier häufig mit episkopalistischen Anschauungen. In dieser älteren Form folgt er der Devise »Ecclesia est in civitate« und ordnet die Kirche der Majestät des Herrschers unter. Es gehört zum T., daß er die fürstliche Stellung meist nicht mehr theologisch, sondern aus romanistischer und mittelalterlicher Überlieferung (→Kirchenvogt) ableitet. Der T. gewährt dem Fürsten indes keine Gewalt über das geistliche innere Leben der Kirche, sondern nur über das → Ius circa sacra, das äußere Kirchenwesen. In der späteren Phase bis Anfang des 18.Jh.s gibt der T. dem Gedanken der Toleranz Raum und weist unter dem Gedanken der libertas conscientiae (Noodt) dem einzelnen die Entscheidung über seinen Glauben zu. Vertreter des T. sind Hugo → Grotius, → Reinkingk, → Conring und → Pufendorf; dieser führt mit seiner Anlehnung an das rationale Naturrecht und seine körperschaftliche Auffassung der Kirche bereits zur kollegialen Sicht der Folgezeit hinüber. Der T. erkennt durch die Begrenzung des Staates auf die äußere Ordnung der Kirche einen Bereich kirchlicher Selbständigkeit an, ohne noch ein dualistisches Nebeneinander beider zu erhalten.

M.Heckel, Staat u. Kirche nach d. Lehren d. ev. Juristen Deutschlands in d. ersten Hälfte d. 17.Jh.s (ZSavRG, Kan. Abt. 42, 1956, 117 bis 247; 43, 1957, 202-308) - EKL III, 1330f. *U.Scheuner*

Territorialkirchengeschichte *im deutschsprachigen Bereich*

1. Wesen - 2. Geschichtliche Entwicklung - 3. Vereinsgründung - 4. Gegenwärtiger Stand. - Vgl. → Kirchengeschichte: I und die Artikel über die einzelnen deutschen Länder und Bistümer

1. Die Territorialkirchengeschichte (= TKG) erfüllt die Arbeit der Gesamtkirchengeschichte (= GKG) in ihrer ganzen Breite für verfassungsmäßig umschriebene Kirchengebiete der Gegenwart unter besonderer Berücksichtigung der bodenständigen Verwurzelung der einzelnen Erscheinungen. Beide unterscheiden sich also weder in ihrem Ziel noch in ihrer Arbeitsweise voneinander. Im Einzelfall darf weder die GKG die lückenlose Aufhellung örtlicher Quellen und Zusammenhänge übersehen noch die TKG den Blick über die Grenzen ihres engeren Arbeitsgebietes vergessen und die Heranziehung verwandter Erscheinungen selbst entfernter Gebiete außer acht lassen; denn das Wesen der Interpretation liegt in der Paradoxie, daß das Ganze nur aus seinen Teilen, die Teile aber nur aus dem Ganzen recht verstanden werden können. Die GKG wird durch die TKG vor falschen Verallgemeinerungen bewahrt, auf den Reichtum individueller Ausprägungen hingewiesen und gelangt um so mehr zu fruchtbaren und zuverlässigen Ergebnissen, aber auch neuen Fragestellungen, je sorgfältiger sie in umfassender Mosaikarbeit die oft mikroskopischen Ergebnisse der TKG verarbeitet. Umgekehrt

wird die TKG durch jene wieder ihre Einzelvorgänge als Auswirkungen übergreifender Strömungen und Geistesbewegungen besser und tiefer verstehen lernen. Die Grenzen der TKG sind sowohl nach oben (→ Haucks KG Deutschlands oder → Loesches Geschichte des Protestantismus in Österreich) wie nach unten (Orts- und Personen-KG) fließend.

2. Die TKG zweigte sich nicht infolge einer Arbeitsteilung von der GKG ab. Beide wurzeln vielmehr zunächst in völlig verschiedenen Lebenskreisen: die GKG in der theologischen Wissenschaft und Lehre, die TKG neben dem wissenschaftlichen Interesse einzelner Männer im Raum der praktischen Arbeit aus den kirchenrechtlichen Bedürfnissen der Gemeinden und Territorien (Nachweis des Besitzstandes zZ des Passauer Vertrages 1552 [→ Augsburger Religionsfriede] oder des → Annus normalis 1624; → Baulast und → Patronats-Streitigkeiten), aus den Jubiläumsfeiern zu Gedenktagen der Reformationsgeschichte und der Liebe der Gemeinde zu ihrem Gotteshaus und ihren Geistlichen, wobei dem Geschäftsinteresse von Kupferstechern und Verlegern keine geringe Bedeutung zukommt. Sie spannte hier einen Bogen von prozessual stichhaltiger Wissenschaftlichkeit bis zu erbaulicher Legendentradition und -bildung. - Eine besondere Belebung brachte das Erscheinen regelmäßiger, zunächst freilich der GKG dienender Zeitschriften (der »Unschuldigen Nachrichten« seit 1701, der »Acta historico-ecclesiastica« seit 1734). Einen weiteren Aufschwung gewann die TKG durch die Bedürfnisse der neuumschriebenen Diözesen wie der neugebildeten Landeskirchen. Das dadurch erhöhte und verbreitete Interesse an der TKG förderte zwar nicht immer ihre Wissenschaftlichkeit. Doch wurde diese sogleich durch die Verbindung mit den überall entstehenden historischen Vereinen und bes. durch die Öffnung der staatlichen Archive gehoben. Männer wie die bayerischen Domvikare Deutinger und Steichele, der Hilfsarbeiter am Konsistorium in Koblenz M.Goebel oder der Dorfpfarrer Gustav Bossert trieben hier vorbildliche Quellenbenützung, die weithin erzieherisch wirkte. Gleichzeitig begannen sich Vertreter der KG an den Universitäten auch der TKG zu widmen wie schon 1865 H. → Heppe in Marburg, 1879 J.K.Th.Otto und bald darauf Gg. → Loesche in Wien, 1882 G.V.Lechler in Leipzig, wo ihm 1889 Th. → Brieger folgte, 1892 H.v. → Schubert in Kiel und 1895 Th. → Kolde in Erlangen - eine Verbindung, die seither nur immer enger wurde. - Besondere Förderung fand die TKG durch die Errichtung landeskirchlicher Archive als öffentlicher Institute (Koblenz, Rheinisches Provinzialkirchenarchiv 1854; Nürnberg, Landeskirchliches Archiv für Bayern 1931) und durch ihre Vertretung an Universitäten und Hochschulen mit Lehraufträgen in Erlangen, Göttingen, Heidelberg, Jena, Kiel, Mainz, Münster, Tübingen, Neuendettelsau.

3. Frühzeitig begann auch bereits eine planmäßige Arbeit auf vereinsmäßiger Grundlage. Nachdem die Anliegen der TKG anfangs von den seit 1819 entstandenen Geschichtsvereinen mit übernommen worden, ja ein wesentlicher Bestandteil ihrer Arbeit gewesen waren, entstanden auch eigene territorial-kirchengeschichtliche Verbände, um den Interessentenkreis zu erweitern und die Möglichkeit zu Veröffentlichungen zu schaffen. 1862 bildete sich eine Kirchengeschichtliche Vereinigung für das Erzbistum Freiburg, 1879 eine Gesellschaft für Geschichte des Protestantismus in Österreich und 1880 eine für sächsische KG, 1882 ein Verein für Schleswig-Holstein und einer für Schlesien. Daneben begannen, nachdem ähnliche Unternehmungen früherer Zeit in den Diözesen Augsburg (seit 1836 und dann wieder 1863) oder München (1850-55) nicht von Bestand gewesen waren, Zeitschriftenreihen - zT von diesen Vereinen getragen - ihr Erscheinen: 1860 für Freiburg, 1864 für Fulda, 1882 für Österreich, Sachsen und Schlesien, 1883 für die mittelrheinischen Bistümer (Mainz), 1886 für Württemberg, 1888 für Bayern usw. Nach 1945 brachten die verfassungsrechtlichen Verhältnisse der DDR die Auflösung der dort bestehenden Vereine mit sich; ihre Arbeit wird in Form von kirchengeschichtlichen Arbeitskreisen weitergeführt. - Die Arbeit der Vereine geschieht außer durch die Herausgabe ihrer Veröffentlichungen durch die Einrichtung von Beratungsstellen, Wanderversammlungen, Abhaltung von Lehrgängen, Errichtung von Sammelstellen für landeskirchliches Schrifttum (Bayern 1925, Hessen-Nassau 1926) u.ä. Neben der Einzelforschung legt die TKG besonderen Wert auf die Zusammenstellung zuverlässiger Nachschlagewerke für ihre Gebiete, bes. in Bibliographien (Schleswig-Holstein 1899, Hessen-Nassau 1952), Pfarrerbüchern, → Patrozinien-Verzeichnissen u.ä.

Die innere Schwierigkeit der TKG besteht darin, daß sie es im Raume heutiger kirchlicher und staatlicher Gebilde mit Größen zu tun hat, die seit ihrer Entstehung wiederholt ihre Grenzen geändert haben und heute nur mehr oder weniger stückweise in den gegenwärtigen Räumen liegen. Schon deshalb stehen die Vereine untereinander vielfach in enger Verbindung, vor allem innerhalb des gleichen räumlichen Arbeitsgebietes auch zwischen den Konfessionen. Ein Versuch in Bayern, die Arbeit überhaupt interkonfessionell aufzubauen, gelang freilich nur zum Teil.

4. Der *gegenwärtige Stand* ist aus der folgenden Aufstellung ersichtlich. Nach der Bezeichnung des Raumes folgen der Name des Vereins (mit Gründungsjahr) bzw. o als Fehlanzeige, dann die Veröffentlichungen (mit den Namen der wichtigsten Mitarbeiter in zeitlicher Folge).

a) *Ev. Verbände:*

Anhalt: Seit 1929 = Sachsen, Pr.; seit 1949 = Sachsen, Land.

Baden: 1928 Verein f. KG in d. ev. Landeskirche Badens. - Veröffentlichungen d. Vereins f. KG d. ev. Landeskirche Badens, seit 1928 18 Hefte (J.Bauer, W. → Koehler, H.Neu, F.Hauß).

Bayern: 1925 Verein f. bayer. KG. - Blätter f. bayer. KG 1-3, 1887-89 (V.Wirth); BBKG 1-32, 1885-1925 (Th.Kolde); ZBKG, 1926ff (Bd 30, 1961) (H.Clauß, K. → Schornbaum, M.Simon); Quellen u. Forschungen zur bayer. KG 1-6, 1917-22; Einzelarbeiten aus d. KG Bayerns, seit 1925 40 Bde.

Brandenburg: 1902-45 Verein f. brandenburg. KG; 1949 = Sachsen, Land. - JBrKG 1-36, 1906-41 (N.Müller, L. → Zscharnack, W.Wendland).

Braunschweig = Hannover.

Bremen: 1953 Kommission f. bremische KG. - Freie Schriftenfolge: Hospitium ecclesiae, seit 1952 2 Hefte (B.Heyne).

Hamburg: O. - Freie Schriftenfolge: Arbeiten zur KG Hamburgs, seit 1958 6 Bde (K.D.Schmidt).

Hannover: 1895 (zusammen mit Braunschweig, Kurhessen-Waldeck, Schaumburg-Lippe und Oldenburg) Gesellschaft f. niedersächs. KG. - ZGNKG (seit 1941: JGNKG), 1896ff (Bd 59, 1961) (G. → Uhlhorn, J.Meyer, Ph.Meyer); Studien zur KG Niedersachsens, 11 Bde.

Hessen-Nassau: 1901 Vereinigung f. hess. KG; 1948 Kirchengeschichtl. Vereinigung f. Hessen u. Nassau. - Beiträge zur hess. KG 1-12, 1902-41 (W. → Diehl); Jahrb. d. kirchengeschichtl. Vereinigung f. Hessen u. Nassau, 1949ff (Bd 11, 1961).

Kurhessen: 1914 Verein f. kurhess. KG (R.Francke); seit 1949 = Hannover.

Lippe: Ausschuß für lippische KG.

Lübeck: O. O.

Mecklenburg = Sachsen, Land.

Oldenburg = Hannover.

Pfalz: 1925 Verein f. pfälz. KG. - Blätter f. pfälz. KG (seit 1950: u. relig. Volkskunde), 1925ff (Bd 28, 1961) (G.Biundo).

Pommern: 1949 = Sachsen, Land.

Rheinland: O. - Monatshefte f. rhein. KG 1-29, 1907-35 (E.Simons, W.Rothscheidt, A.Rosenkranz); Monatshefte f. ev. KG d. Rheinlands, 1952ff.

Sachsen, Land: 1880-1945 Gesellschaft f. sächs. KG. - BSKG 1-47, 1882-1942 (G.V.Lechler, Th.Brieger, A. → Hauck, H. → Boehmer). - 1949: gemeinsam mit gleichen Arbeitskreisen bzw. -kammern in Anhalt, Brandenburg, Pommern, Sachsen-Provinz, Thüringen, Schlesien Arbeitsgemeinschaft f. KG (F.Lau). - Herbergen der Christenheit, Jahrb. f. dt. KG 1-3, 1953-60.

Sachsen, Provinz: 1903 Verein f. KG d. Provinz Sachsen (seit 1929: u. d. Freistaates Anhalt); 1950 = Sachsen, Land. - ZKGPrSa 1-40, 1904-38.

Schaumburg-Lippe = Hannover.

Schlesien: 1882-1945 Verein f. Gesch. d. ev. Kirche Schlesiens; 1949 = Sachsen, Land; 1953 Verein f. schles. KG. - Correspondenzblatt (seit 1925: Jahrb.) f. schles. KG, 1903-41; Freie Schriftenfolge: Das ev. Schlesien, seit 1953 6 Bde (H.Eberlein, G.Hultsch).

Schleswig-Holstein: 1896 Verein f. schleswig-holst. KG. - Schriften des Vereins..., Reihe II: Beiträge u. Mitteilungen, 1897ff (Bd 17, 1960); außerdem: Sonderhefte (H.v. → Schubert, P.Meinhold).

Thüringen: 1917-45 Vereinigung f. KG Thüringens; 1949 = Sachsen, Land. - BThKG 1-12, 1929-40 (R.Herrmann, R.Jauernig).

Westfalen: 1897 Verein f. ev. KG d. Grafschaft Mark; 1904 Verein f. d. ev. KG Westfalens; 1924 Verein für westf. KG. - Jahrb. d. Vereins ..., 1899ff (Bd 52, 1959) (H.Rothert, W.Rahe).

Württemberg: 1920 Verein f. württ. KG. - Blätter f. württ. KG 1-10, 1886-95; NF 1897ff (Bd 60, 1960); Sonderhefte, seit 1921 12 Bde.

b) *Kath. Verbände:* Die Diözesen Aachen, Augsburg, Bamberg, Breslau, Eichstätt, Ermland, Essen, Köln, Münster, Osnabrück, Paderborn, Passau und Rottenburg begnügen sich mit der Zusammenarbeit mit ihren landesgeschichtlichen Vereinen; bei diesen steht die KG vielfach im Vordergrund, zumal sich ihr Forschungsgebiet häufig mit dem eines früheren geistlichen Territoriums deckt. Doch gaben oder geben Aachen, Augsburg, Breslau und Rottenburg auch eigene Veröffentlichungen heraus. - DG = Diözesangeschichte.

Augsburg: O. - Veröffentlichungen d. bischöfl. Diözesanarchivs Augsburg, 1836ff; Archiv f. Gesch. d. Bistums Augsburg, 1863ff; Archiv d. Hochstifts Augsburg, 1909ff; Diözesanarchiv von Schwaben, 1883-1912 (Steichele, Schröder, Fr.Zöpfl).

Berlin: 1943 Diözesangeschichtsverein im Bistum Berlin. - Wichmann-Jahrb., 1930-36. 1955ff.

Breslau: Archiv f. d. Gesch. d. Bistums Breslau 1-4, 1858-66; Archiv f. schles. KG, 1936ff (K.Engelbert).

Freiburg: 1862 Kirchengeschichtl. Vereinigung f. d. Erzbistum Freiburg. - Freiburger Diözesanarchiv, 1865ff (3. Folge 11, 1960) (J.König, Fr.Hefele, H.Ginter).

Fulda: 1895-1914 Hist. Verein d. Diözese Fulda. - Mitteilungen seit 1897; Quellen u. Abhandlungen zur Gesch. d. Abtei u. Diözese Fulda, 1896-1914. 1952ff.

Hildesheim: 1927 Verein f. Heimatkunde im Bistum Hildesheim. - Unsere Diözese in Vergangenheit u. Gegenwart, 1927ff.

Mainz: 1949 Gesellschaft f. mittelrhein. KG f. d. Diözesen Limburg, Mainz, Speyer u. Trier. - Geschichtsblatt f. d. mittelrhein. Bistümer, 1883-85; Archiv f. mittelrhein. KG, 1949ff; Quellen u. Abhandlungen zur mittelrhein. KG, 1956ff. - Ferner: Jahrb. f. d. Bistum Mainz, 1946ff.

Meißen: 1949 Arbeitskreis f. d. Gesch. d. Bistums Meißen.

München-Freising: 1924 Verein zur Erforschung der DG von München u. Freising. - Beiträge zur Gesch., Topographie u. Statistik d. Erzbistums München-Freising, 1850-55 (M. → Deutinger); Deutingersche Beiträge (seit 1929: Beiträge) zur altbayer. KG, 1901ff.

Regensburg: 1925-40 Verein zur Erforschung d. Regensburger DG. - Jahresbericht d. Vereins..., 1926-40.

Rottenburg: O. - Diözesanarchiv f. Schwaben, 1884-1912.

Speyer = Mainz.

Trier = Mainz.

Würzburg: 1932 Würzburger Diözesangeschichtsverein. - Würzburger Diözesangeschichtsblätter 1-22, 1933ff (J.Bendel, Th.Kramer); Quellen u. Forschungen zur Gesch. d. Bistums u. Hochstifts Würzburg, seit 1948 13 Bde.

c) *Deutschsprachiges Ausland:*

Österreich: 1879 Gesellschaft f. Gesch. d. Protestantismus in Österreich. - JGPrÖ, 1880ff (Bd 76, 1960) (Witz, G.Loesche).

Schweiz: O. - ZSKG, 1907ff (Bd 55, 1961).

Straßburg: O. - Archiv f. elsäss. KG 1-16, 1926-43; seit 1950: Archives de l'Eglise d'Alsace (L.Pfleger).

O.Clemen, Partial-KG (Dt. Geschichtsblätter 2, 1901, 35-40) - P.Arnold, Zur Partial-KG (ebd 203-209) - L.Zscharnack, Zur Gesch. u. Aufgabe der dt. ev. kirchengeschichtl. Organisation (ZKG 38, 1920, 138-165. 368-378) - Ders., Dt. kath. kirchengeschichtl. Organisation (ebd 378-384) - LThK[2] IV, 799f. *Matth.Simon*

Terror. Das heutige Verständnis von T. entstand durch die »Schreckensherrschaft« der Jakobiner (→ Frankreich: I, 7). Demnach ist T. die durch permanente allseitige Drohung physischer Gewaltanwendung verursachte Atmosphäre universellen Schreckens, die von revolutionären oder konterrevolutionären, despotischen oder totalitären Minoritäten zum Zwecke der Erlangung oder Erhaltung der Macht ausgeübt wird. Sonderfälle sind militärischer T., um den gegnerischen Widerstandswillen zu zermürben (Anwendung von Massenvernichtungswaffen gegen Zivilbevölkerung, Aufhebung des Völkerrechts gegenüber Partisanen), sowie spontaner Massen-T. (Pogrome), »der in der Regel ... wild, zügellos und von verhältnismäßig kurzer Dauer ist, falls ihn nicht Minderheiten oder Einzelne systematisieren« (Kogon). Auf dem Wege zur Macht dient der T. revolutionären Eliten dazu, die revolutionsfeindliche Mehrheit einzuschüchtern. Diesem »roten« T. entspricht der »weiße« (gegenrevolutionäre), der die Passivität der eingeschüchterten Menge zu durchbrechen sucht, um sie gegen die revolutionäre Minorität zu aktivieren. Beide Formen des T.s haben sich wiederholt wechselseitig bedingt und gesteigert. Von ihnen ist der staatliche (Polizei-)T. zu unterscheiden, der in totalitären Regimes perfektioniert wurde. Sein Zweck ist die Verstärkung des Gefühls der Vereinzelung und Ohnmacht gegenüber dem Herrschaftsapparat und die Verhinderung jedes freien, spontanen Zusammenschlusses der Bürger. T. ist hier »ein System der Gewaltanwendung von oben, ein legalisierter Plan für Massenabschreckung, Massenzwang, Massenausrottung seitens der Regierung, eine durchdachte Tabelle von Strafen, Vergeltungen und Drohungen...« (Steinberg). »T., Korruption und Propaganda sind nur drei Seiten des gleichen Dreiecks, alle drei zielen darauf ab, die Bevölkerung nach einem vorentworfenen Denk- und Handlungsschema zu lenken. Sie wird dadurch auf eine Haltung folgsamer Passivität reduziert und zum bloßen Objekt intellektueller Hypnose gemacht« (Bramstedt). Die Methoden des T.s sind durch wissenschaftliche Erkenntnisse verfeinert worden (Penthotal, Lügendetektor usw). Voraussetzung ihrer Massenwirksamkeit ist das vorherige Schwinden des in humanitärer oder religiöser Überzeugung ruhenden Persönlichkeitsbewußtseins bei der Mehrheit der Bevölkerung. Gerechtfertigt wird der T. durch Hinweis auf angebliche Geschichtsgesetze oder die Schicksalhaftigkeit der Stunde, deren Vollzugsorgan die terrorisierende Elite ist. → Lenin legitimierte ihn im Brief vom 17.5.1922 an Kurskij durch das »revolutionäre Rechtsbewußtsein und Gewissen«, → Stalin weist im Telegramm vom 20.1.1939 an Parteisekretäre und NKWD-Dienststellen auf das terroristische Verhalten »bourgeoiser Geheimdienste« gegenüber Kommunisten hin, um den physischen Zwang bei Verhören zu rechtfertigen. Da die jüngste Entwicklung in der Sowjetunion zu einem weitgehenden Abbau des T.s führte, tauchte die Frage auf, ob T. ein grundsätzliches Wesensmerkmal totalitären Regimes ist. Solange jedoch die Möglichkeit seiner Aktualisierung nicht geschwunden ist, wird man die Frage nicht eindeutig beantworten können.

I.Steinberg, Gewalt u. T. in d. Revolution, 1931 - ESS XIV, 575ff (Lit.) - E.K.Bramstedt, Dictatorship and Political Police. The Technique of Control by Fear, London 1945 - M.Merleau-Ponty, Humanisme et terreur, Paris 1949 (gegen A.Koestlers »Sonnenfinsternis«) - B.Kautsky u. E.Kogon, T. (Verhandl. d. 9. Dt. Soziologentages, 1949, 98-131) - H.Arendt, Ideologie u. T. (Offener Horizont, Festschr. f. K.Jaspers, 1953, 229-254) - C.J.Friedrich, Totalitäre Diktatur, dt. 1957 - K.Wittfogel, Oriental Despotism, New Haven-London 1957, bes. Kap. 5. *I.Fetscher*

Tersanctus → Liturgik: III.

Tersteegen, *Gerhard (Gerrit),* * 25.11.1697 in Moers (damals niederländisch-oranisch), † 3.4.1769 in Mülheim/Ruhr. Als Sohn eines dem individualistischen Pietismus zugewandten Kaufmanns trat T. nach der Lateinschule in den Beruf des Vaters († 1703) ein. Bes. wichtig wurde für seine innere Entwicklung der Einfluß des quietistischen Mystikers Wilhelm Hoffmann (1685 bis 1746), eines Schülers von P. → Poiret. Auch verehrte er → Hochmann von Hochenau. Aus Beweggründen quietistischer Frömmigkeit vertauschte er etwa 1717/18 den unruhigen Beruf des Kaufmanns mit dem stillen des Bandwirkers und wurde nach einiger Zeit für sein ganzes weiteres Leben zum klassischen pietistischen Seelsorger durch ausgedehnten Briefwechsel, Gesprächs- und Besuchsdienst (→ Pietismus). Am Gründonnerstag (13.4.)1724 verschrieb er sich, u.a. nach dem Vorbilde Gaston Jean-Baptiste de Rentys (1611-49), dem Heiland mit seinem eigenen Blute. Er verfaßte zahllose kleine Schriften, Übersetzungen aus dem französischen → Quietismus, gab eine eigenartige Zusammenstellung von Aussprüchen Jesu heraus (»Wahre Theologie des Sohnes Gottes«, 1727, gedr. 1821), dichtete geistliche Lieder (»Geistliches Blumengärtlein inniger Seelen« mit Zugabe: »Der Frommen Lotterie«, 1727) und brachte diejenigen J. → Neanders (J.Neandri vermehrte Glaubens- und Liebesübung, 1736[2]) neu heraus. Seine biographischen Schriften gipfelten in den »Auserlesenen Lebensbeschreibungen heiliger Seelen« (I-III, 1733-53, mehrere Aufl.). Außerdem wirkte T. in den »Übungen«, den pietistischen Konventikeln W. Hoffmanns mit, wo seine ernsten Ansprachen viele Hörer zur Bekehrung bestimmten. Bezeichnend für ihn war eine entschiedene asketisch-klösterliche Neigung. Er blieb zeitlebens ehelos. Unter dem Zuspruch W.Hoffmanns milderte er seine asketische Lebensweise und gab 1725 die Einsiedelei auf. Er teilte sein Zimmer mit einem Freunde, Heinrich Sommer, und unterrichtete die Kinder eines seiner Brüder. Ein Freund, Otterbeck, stellte seinen gleichnamigen Hof bei Velbert 7 Anhängern T.s zur Gründung einer brüderlichen Gemeinschaft zur Verfügung. T. schrieb für sie eine Instruktion; Gebet, Stille, körperliche Arbeit, Dienstbereitschaft, Friedfertigkeit machten ihren Inhalt aus. - Während des Verbotes der Hoffmannschen »Übungen« von 1740-50 beschränkte sich T. auf schriftliches Wirken (vgl. Geistliche und erbauliche Briefe I-IV, 2 Bde, 1773-75). Daneben betreute er Kranke, für die er einfache Arzneien verfertigte, und organisierte mit reichen niederländischen Freunden ein großes Hilfswerk, das die Anfänge psychosomatischer Medizin einschloß. Als die »Übungen« wieder beginnen durften, erreichte T. in ihnen den Höhepunkt seines Auftretens, bis ihm 1756 ein Bruchleiden das Sprechen in größeren Versammlungen und das Reisen unmöglich machte. Daher nahm der Zulauf in sein Heim stark zu. Sein Briefwechsel erstreckte sich bis nach Pennsylvanien, das Asyl der deutschen radikalen → Separatisten und mystischen → Spiritualisten.

T. ist der größte, theologisch tiefste, gedanklich reichste ev. Mystiker (→ Mystik: VII, 3 b) und gehört unmittelbar an die Seite von G. → Arnold, den er durch die Kraft und Vollendung der dichterischen Sprache übertrifft. Im Unterschied zu diesem (und zu → Angelus Silesius) zeichnet er sich durch große und freie Naturanschauung aus, die bes. in seinen Liedern hervortritt. Im Ringen biblischer und mystischer Motive siegt die Mystik. T. wandte sich gegen die gedankenlos übernommene »Erbreligion«, die traditionelle bekenntnisgebundene Kirchlichkeit, gegen die »Leichtsinnigkeit« der Herrnhuter Brüdergemeine, die den Bußernst und die wahre Wiedergeburt unterschätze, sowie gegen die frivole Religionsspötterei des aufklärerischen Philosophen von Sanssouci (→ Friedrich d. Gr.) - alles ohne scharfe Polemik, vielmehr in der liebenswerten → Gelassenheit des quietistischen Mystikers. Als Kirchenliederdichter (→ Kirchenlied: I, 3 c) hat er in sämtliche Gesangbücher Eingang gefunden, bes. in dasjenige seiner rheinischen Kirche.

Ges. Schriften I-VIII, 1844-46 (Neuausg. dringend!); Geistl. Blumengärtlein, (1727) 1956[15]; unter dem Titel: Weg der Wahrheit (mit Anhängen u. Biogr.), 1905; Geistl. Lieder, hg.v. W.Nelle, 1897. - Auswahlen: Kehrt ein u. werdet stille, hg.v. H.Leitz, 1949 - G.T., Gott ist gegenwärtig, hg.v. F.Weinhandl, 1955 - Aus G.T.s Briefen, hg.v. Dems., o.J. - Über T.: G.Kerlen, G.T., (1851) 1853[2] - M.Goebel, Gesch. d. christl. Lebens in d. rhein.-westfäl. ev. Kirche III, 1860, 289ff - A.Ritschl, Gesch. d. Pietismus I, 1880, 455ff - ADB 37, 576ff - RE XIX, 530ff - R.Zwetz, Die dichterische Persönlichkeit G.T.s (Phil. Diss. Jena), 1915 - H.Forsthoff, Von T. zum Methodismus (Monatshefte f. rhein. KG 10, 1916, 321-329; zur KG von Mülheim/Ruhr) - Ders., Wilhelm Hoffmann, der geistl. Vater T.s (ebd 11, 1917, 97-123) - Ders., T.s Mystik (ebd 12, 1918, 129-191. 193 bis 201) - Ders., Die Mystik in T.s Liedern (ebd 202-246) - Ders., T. u. d. Katholizismus (ebd 13, 1919, 129-149) - Ders., T. in Lehrstreitigkeiten (ebd 177-200) - Ders., Die Haupturkunden der prot. Mystik als Quellen der Mystik T.s (ebd 14, 1920, 3-41. 49-85. 113-126) - Ders., Der relig. Grundcharakter T.s (ebd 22, 1928, 1-22) - O.Söhngen, G.T. u. die Gemeindefrömmigkeit (ebd 20, 1926, 117-137) - W.Rotscheidt, Was versteht T. unter Mystik? (ebd 279-289) - F.Winter, Die Frömmigkeit G.T.s in ihrem Verhältnis zur franz.-quietist. Mystik (Theol. Arb. aus d. wiss. Predigerverein d. Rheinprov. H. 23, 1927, 3-165) - Ders., Zur Frömmigkeit T.s u. zum Problem der Mystik (Monatsh. f. rhein KG 22, 1928, 129-142) - W.Blankenagel, T. als relig. Erzieher, 1934 - A.Löschhorn, G.T. (Zwingli-Bücherei 50), 1946 - Ders., Ich bete an die Macht der Liebe. G.T.s christl. Mystik, 1948 - W.Nigg, Große Heilige, (1946) 1955[5], 356 bis 409 - Hirsch II, 274ff - D.F.Bub, Das Leiden Christi im dt. Kirchenlied der Reformation u. des Frühbarock (Phil. Diss. Bern), 1951 - F.Enderlin, Relig. Lyrik als Ausdruck verschiedener Frömmigkeitstypen (Schweiz. Theol. Umschau 22, 1952, 49-59) - A.Goes, Freude am Gedicht. 12 Deutungen, 1952 - J.Moltmann, Grundzüge myst. Theol. bei G.T. (EvTh 16, 1956, 205-224). *M.Schmidt*

Tertiarier und Tertiarierinnen, im kath. Ordenswesen die Mitglieder der sog. *Dritten* → *Orden,* dh Personen, die unter der Leitung und nach dem Geiste eines ersten männlichen Ordens teils ohne → Gelübde (: IV), teils mit feierlichen oder einfachen Gelübden leben und gemäß einer vom Hl. Stuhl für sie genehmigten Regel nach Erlangung der christlichen Vollkommenheit streben. Man unterscheidet weltliche T. und klösterliche, sog. regulierte T.

1. *Weltliche T.* Schon die alten Mönchsorden, bes. die → Kamaldulenser, hatten ihren Klöstern Weltleute angegliedert (sog. → Oblaten). Großen Aufschwung nahm diese Praxis durch den hl. → Franz von Assisi, der den »Orden von der Buße«, schon im 13.Jh. »Drittorden« genannt, gründete und ihm selbst eine noch heute gültige Regel gab (von Gregor IX. approbiert, 1289 von Nikolaus IV., 1883 von Leo XIII. verbessert). Auch folgende andere Orden nahmen Weltleute als T. auf: die → Prämonstratenser 1128/1752, → Trinitarier 13.Jh., → Merzedarier 13.Jh., → Augustiner-Eremiten 1400, → Dominikaner 1405, → Serviten 1424, → Karmeliten 1452, → Minimen 1505; deren Statuten wurden nach dem Inkrafttreten des CIC von der Religiosenkongregation neu bestätigt. Die Oblaten der alten Mönchsorden sind nach einer Entscheidung der Ablaßkongregation vom 15.1.1895 wie die T. anderer Orden zu betrachten.

Die T. waren ein vorzügliches Mittel, → Klerus und

Laien religiös zu beeinflussen und zu heben. Ihr Auftreten wirkte vielfach wie eine soziale Umwälzung. Der Dritte Orden des hl. Franz von Assisi versetzte dem Feudalwesen des 13.Jh.s einen mächtigen Schlag, da dessen Regel das Waffentragen und die Ablegung feierlicher Eide verbot. Das asketische Ideal, das die T. zum Verzicht auf Schauspiele, Tanz, Wollust usw verpflichtete und zu religiös-kirchlichen Übungen wie Stundengebet (in der Regel für jede kanonische Hore eine bestimmte Anzahl Vaterunser), Fasten und Eifer in allen guten Werken anhielt, brachte sie häufig in Gegensatz zu der weltlich gesinnten Geistlichkeit und dem höfischen Leben. Von Päpsten und Bischöfen wurden sie vielfach in Anspruch genommen, um innerkirchliche Schwierigkeiten zu überwinden oder auch um politische Ziele zu erreichen. Ihre Blütezeit war das 13.Jh. Einseitige Überspannung der Ideale brachte sie leicht in den Ruf der Ketzerei und des Schwärmertums. Eine neue Entwicklung setzte nach der Reformation, die ihnen starken Abbruch tat, im 17. und 18.Jh. ein und hat durch die Päpste der Neuzeit, bes. → Leo XIII., dauernde Förderung erhalten. - Die Eigenart und Stellung der Dritten Orden ist durch den CIC von 1917 von den eigentlichen Ordensgenossenschaften und den Gemeinschaften ohne Gelübde genau abgegrenzt worden (cc. 702-706). Sie stehen in Angelegenheiten der inneren Disziplin (c. 690 § 2) unter der Leitung eines Ordens; nach außen sind sie allein dem Bischof untertan. Deshalb können die Ordensoberen den Gebrauch eigener Kleidung bei öffentlichen gottesdienstlichen Verrichtungen nur mit besonderer Erlaubnis des Bischofs gestatten; sich im Ordenskleid begraben zu lassen, ist erlaubt. Das Recht körperschaftlicher Beteiligung (eine Pflicht besteht nicht) bei Prozessionen, Beerdigungen usw ist allgemein eingeräumt; doch müssen die Mitglieder mit ihrem Abzeichen und unter eigenem Kreuze teilnehmen. Fast jeder Dritte Orden ist ein einziger großer Verein, der sich in mehrere Untervereine (»Sodalitäten«) gliedert, die meist juristische Personen sind. Ein Verhältnis der Über- und Unterordnung zwischen Drittorden und Sodalität besteht nicht. Jede Sodalität besteht für sich und unterliegt in ihrem Verhältnis nach außen der Hoheit des Bischofs, ohne dessen Erlaubnis keine Sodalität errichtet werden darf. - Die Befolgung der Regel und die Teilnahme an den Übungen gewähren Anteil an den Verdiensten, Privilegien und Ablässen des Ordens. Um Gehorsamsgegensätze zu vermeiden, darf nicht gleichzeitig einem Drittorden angehören, wer sich durch ewige oder auch nur zeitliche Gelübde an einen klösterlichen Verband gebunden hat. Der T., der in einem klösterlichen Verband Gelübde abgelegt hat, gehört ausschließlich diesem an; seine Mitgliedschaft zum Dritten Orden ruht; wenn er nach Entbindung von den Gelübden in die Welt zurückkehrt, lebt die frühere Mitgliedschaft zum Dritten Orden wieder auf. Ebensowenig kann eine Sodalität ein Mitglied eines anderen Drittordens ohne apostolisches Indult aufnehmen. Dagegen ist der Übertritt in einen anderen Drittorden oder eine andere Drittordenssodalität bei Vorliegen eines gerechten Grundes erlaubt.

2. *Klösterliche T.* Für die regulierten T. hat nur der Franziskanerorden eine eigene Regel, die von Leo X. 1521 approbiert und von Pius XI. 1927 den Zeitverhältnissen angepaßt wurde (→ Elisabetherinnen, → Franziskanerinnen). Die klösterlichen T.verbände zerfallen wieder in verschiedene Gruppen, nämlich in solche, in denen feierliche oder einfache Gelübde abgelegt werden; neuerdings gibt es selbst solche, in denen nur ein Versprechen genügt. Zu den T.verbänden mit feierlichen Gelübden gehören vor allem der Regulierte Dritte Orden des hl. Franz von der Buße und mehrere klausurierte Frauenklöster (in Deutschland vertreten durch die Klöster Reutberg, Azlburg bei Straubing, Bautzen, Mainz, Koblenz-Pfaffendorf). Aus verschiedenen solcher Klöster (Dillingen, Maria Stern in Augsburg, Gnadenthal in Ingolstadt usw) sind neuerdings → Kongregationen mit einfachen Gelübden geworden (c. 492 § 1). Ähnlich liegen die Verhältnisse bei anderen Orden, zB bei den Dominikanerinnen vom Dritten Orden. Viele T.innenverbände sind Neuschöpfungen des 19.Jh.s. T.verbände ohne Gelübde sind zB die St.Annaschwestern in Ellwangen, die Ritaschwestern in Würzburg.

Heimbucher, passim - LThK X, 1 ff - EC XI, 2044 ff - Eichmann-Mörsdorf I, 563 f. *Ph.Hofmeister*

Tertullian, *Quintus Septimius Florens,* * um 160 in Karthago als Sohn eines heidnischen centurio proconsularis, erhielt eine vorzügliche rhetorische und juristische Bildung und wirkte wahrscheinlich in Rom als Anwalt. Nach seiner Bekehrung (gegen 195) widmete er sich in Karthago bis zu seinem Tode (nach 220) der Verbreitung und Vertiefung des christlichen Glaubens. Ob er als Katechet auch Priester war, wie Hieronymus berichtet, bleibt zweifelhaft. Um 203 führten ihn sein sittlicher Rigorismus und die Naherwartung seiner realistischen → Eschatologie (: V, 2 c) dem → Montanismus zu. Er brach später ganz mit der Großkirche, sonderte sich aber zuletzt auch von den Montanisten ab. Die Gruppe der »T.isten« hielt sich bis in die Zeit Augustins. - Erhalten sind von T. 31 Schriften in lat. Sprache. Wahrscheinlich hat er auch die Akten der → Perpetua und Felicitas herausgegeben. Daß die wenigen griech. Schriften verlorengingen, ist bezeichnend für die sprachliche und geistige Selbständigkeit, die → Nordafrika (: I, 3) und das Abendland gerade durch T. gewannen. Die Schriften wirkten dank seiner sprachlichen Meisterschaft, der Entschiedenheit seiner Überzeugung und der Gründlichkeit in der → Apologetik (: II; Apologeticum von 197) und Polemik (Adversus Marcionem, Adv. Praxean u.a.). Viele seiner praktischen Schriften blieben dauernd gültig, ebenso gewisse dogmatische Begriffe und Formeln, die in die orthodoxe Christologie und Trinitätslehre fast unverändert eingingen. Solche Verdienste ließen über manche Dunkelheit und maßlose Schmähung der kath. Kirche in den spätesten Schriften (De ieiunio, De pudicitia) hinwegsehen.

T. war kein Systematiker, aber er erörterte alle wichtigen kirchlichen Probleme seiner Zeit von klaren Grundanschauungen aus. Er will Schrifttheologe sein, der die Scheinweisheit der Philosophie und der → Gnosis (: III, 5) verwirft. Das Bibelverständnis regelt er durch seine → Hermeneutik (, 2 c) und durch Bindung an Glaubensregel und kirchliche Tradition (De praescriptione haereticorum). Doch kann er sich weder dem Einfluß der Philosophie noch dem der Gnosis ganz entziehen. Im Sinne der → Stoa denkt er sich Gott und die Seele als Körper eigener Art, die Menschwerdung des Logos als Durchdringung zweier bleibender Substanzen (→ Christologie: II, 2 b) und die → Gnade Gottes (: IV, 1 b) nicht nur als Vergebung und Güte, sondern auch als wirkende Substanz. Gegen die Gnosis und → Marcion betont er in → Gott (: V, 4) die Einheit des Schöpfers und des Erlösers, der Gerechtigkeit und der Liebe; auch in drei Personen bleibt Gott eine einzige Substanz. Die → Trinität (: III, 2) offenbart sich »ökonomisch« in Schöpfung und Gesetz, dann in Christus und abschließend in der zum Urstand zurücklenkenden Offenbarung des Parakleten. Die heilsgeschichtliche Entwicklung betrifft aber nicht die tradierte Lehre, sondern die disciplina, die das → Gesetz (: V, 4) in Gehorsam, Askese und Martyrium immer vollkommener erfüllt. - T.

prägt das abendländische Christentum bes. durch seine Deutung der Religion als eines Rechtsverhältnisses zwischen Gott und dem Menschen, das »Verdienste« fordert und ewige Strafen an Seele und Leib für schwere Sünden androht, wenn deren Vergebung im kirchlichen → Bußwesen (: II, 1 d) versäumt wird oder unmöglich ist. Anderseits hält T. der kath. Amts- und Bischofskirche die urchristliche Autorität des Geistes entgegen. Aber auch diese befreite ihn nicht von Moralismus und Gesetzlichkeit, die ihn des Evangeliums nicht froh werden ließen. T. ist der wichtigste Zeuge des frühen westlichen Christentums und zugleich sein einflußreichster Gestalter.

CSEL 20. 47. 69. 70. 76, 1890-1957 - CChr Series lat. 1-2, 1954 (Lit.). - Übers.: K.A.H.KELLNER, I-II, 1882 - BKV² 7 u. 24 - ACW 13. 24. 28. - Über T.: K.HOLL, T. als Schriftsteller (PrJ 88, 1897, 262 bis 278 = HOLL III, 1-12) - A.D'ALÈS, La théologie de T., Paris 1905 - K.ADAM, Der Kirchenbegriff T.s (FChLDG VI, 4), 1907 - H.KOCH, Kallist u. T., 1920 - J.LORTZ, T. als Apologet (Münsterische Beitr. z. Theol. 9-10), 1927-28 - TH.BRANDT, T.s Ethik, 1929 - A.BECK, Röm. Recht bei T. u. Cyprian (SGK VII, 2), 1930 - RGG² V, 1056f - PW 2. R. V/1, 822ff - J.K.STIRNIMANN, Die Praescriptio T.s im Lichte des röm. Rechts u. der Theol. (Paradosis 3), 1949 - GRILLMEIER-BACHT I, 43ff - QUASTEN II, 246ff - EC XI, 2025ff - H.KARPP, Schrift u. Geist bei T. (BFChTh 47), 1955 - H.FINÉ, Die Terminologie der Jenseitsvorstellungen bei T. (Theophaneia 12), 1958 - ALTANER § 30 - J.-M. HORNUS, Étude sur la pensée politique de T. (RHPhR 38, 1958, 1-38) - EKL III, 1334f - ST.OTTO, »Natura« u. »dispositio«. Unters.en zum Naturbegriff u. zur Denkform T.s (MThS II, 19), 1960 - H.v.CAMPENHAUSEN, Lat. Kirchenväter, 1960, 12-36 - W.BENDER, Die Lehre über den Hl. Geist bei T., 1961. *H.Karpp*

Teschemacher, *Werner* (1590-1638), ref. Theologe, * in Elberfeld. Nach dem Studium in Herborn, Burgsteinfurt und Heidelberg (1601-10) und Pfarrdienst in Grevenbroich bei Düsseldorf, Sittard bei Maastricht und Elberfeld (1611-17) bildet seine Tätigkeit als brandenburgischer Hofprediger in Cleve-Emmerich 1617-32 den Höhepunkt seines Wirkens. Unermüdlich ist er in den wirren Kriegszeiten um den Bestand und das synodale Leben der bedrängten Gemeinden sowie um holländische und brandenburgische Hilfe bemüht. 1632-38 lebt T. in Xanten vor allem historischen und kirchenhistorischen Studien, die er den Vertretern der brandenburg-preußischen prot. Schutzmacht, »unserm Josias und Pfleger«, widmet. Theologisch ist er mehr Humanist als reformiert.

Vf. u.a.: Vitae et elogia virorum qui ... per Cliviae, Juliae, Montium, Marcae et Ravensburgiae provincias unitas floruerunt, o.J.; »Annalen« von Jülich, Cleve, Berg, Mark u. Ravensberg (lat., heimatgeschichtlich), 1638; Annales evangelii reformati aut ecclesiarum Julia-Montensium (dt.; noch ungedr., Photokopie im Kirchenarchiv der Ev. Kirche im Rheinland in Düsseldorf). - Über T.: ADB 37, 582f - RE XIX, 551ff - HERM.KLUGKIST HESSE, Magister W.T. u. der Weg der Ref. Kirche im Westen Deutschlands (in: Zs. d. Berg. Geschichtsvereins 77, 1960). *E.Mülhaupt*

Testamente der XII Patriarchen, eine Sammlung von 12 Traktaten, in denen jeweils einer der Söhne → Jakobs angesichts seines bevorstehenden Todes seine Nachkommen versammelt, um ihnen, ausgehend von einem midraschartig ausgeweiteten Ereignis seines Lebens, meist einer begangenen Sünde, ethische Mahnungen und Warnungen zu erteilen im Blick auf das Endgericht, das meist unter Berufung auf das äthiop. → Henochbuch geschildert wird. Einen wichtigen Bestandteil bilden auch Mahnungen, sich dem Priestertum Levis unterzuordnen und nicht von ihm und Juda zu weichen. Von daher ist die etwas zwiespältige Haltung des TestJos zu verstehen, in dem Joseph einerseits als Vorbild der Keuschheit und Bruderliebe, andererseits als der nach Herrschaft Gierende und deshalb Jakobs Anordnungen Mißachtende erscheint. Erhalten sind die T., die → Origenes als erster zitiert, in 10 griech. Hss. und einer in zwei Rezensionen erhaltenen armenischen sowie einer stark christlich interpolierten altslawischen Übersetzung. Vorstufen der T. sind ein aram. TestLev, von dem Bruchstücke in Höhle 1 und 4 von → Qumran (, 1) und in der Geniza von Kairo gefunden worden sind, und ein aram. TestNaph, das in Bruchstücken in Qumran erhalten geblieben ist. Damit ist der auch durch die Erwähnung des Buches Henoch gegebene Ursprung der T. in der Qumrangruppe und ihr nahestehenden Kreisen zu suchen, aber kaum in Qumran selbst, da dort bisher außer aram. Vorstufen der T. Levi und Naphtali, die näher zum Genesis-Apokryphon zu stellen sind als zur späteren Gestalt der T., keine weiteren Spuren gefunden sind. Damit sind auch die sorgfältigen Analysen von Charles fraglich geworden, ebenso aber Philonenkos Versuch, den angekündigten Messias im Lehrer der Gerechtigkeit (→ Qumran, 4) zu sehen. Gewisse Berührungen mit der ethischen Haltung des → Jakobusbriefes könnten für de Jonges Annahme einer Entstehung um 200 nChr unter Benützung jüdischer, vor allem auch qumranischer und judenchristlicher Überlieferungen sprechen. Aber ein abschließendes Urteil ist noch verfrüht.

Text: R.H.CHARLES, The Greek Versions of the Testaments of the Twelve Patriarchs, ed. from 9 Mss. together with the Variants of the Armenian and Slavonic Versions and some Hebrew Fragments, 1908. - Übers.: KAUTZSCH, AP II, 458ff - CHARLES, AP II, 282ff - RIESSLER 1149ff. 1335ff. - Lit.: A.DE JONGE, The Testaments of the Twelve Patriarchs, 1953 - B.OTZEN, Die neugefundenen hebr. Sektenschriften u. die T. der 12 Patriarchen (StTh 7, 1954, 125-157) - E.BAMMEL, Ἀρχιερεὺς προφητεύων (ThLZ 79, 1954, 351-356) - D.BARTHÉLEMY-J.T.MILIK, Qumran Cave I (DJD I), 1955, 87ff, Taf. XVII - J.T.MILIK, Le Testament de Lévi en araméen. Fragment de la grotte 4 de Qumrân (RB 62, 1955, 398-406) - M.PHILONENKO, Les interpolations chrétiennes des Testaments des Douzes Patriarches et les manuscrits de Qumran, 1960. - Weitere Lit. s. O.EISSFELDT, EinlAT, 1962³, § 102. *L.Rost*

Testamentum domini nostri Jesu Christi heißt eine altchristliche → Kirchenordnung (: I) des 5.Jh.s; ursprünglich griech. abgefaßt, erhalten in syr., kopt., äthiop. und arab. Übersetzung. Heimat scheint Syrien zu sein. Zu Anfang eine Apokalypse, ist die Schrift in ihrem Hauptteil eine Bearbeitung und Erweiterung der KO → Hippolyts; sie gehört also zum Kreise der sog. → Apostolischen Konstitutionen.

Syr. Text mit lat. Übers. ed. J.E.RAHMANI, 1899. - F.X.FUNK, Das Testament unseres Herrn u. die verwandten Schriften, 1901 - PW XI/1, 488ff (Kirchenrechtl. Sammlungen) - DThC XV/1, 194ff - QUASTEN II, 185f (Lit.). *† H.Achelis (W.C.van Unnik)*

Testimonium spiritus sancti internum, das innere Zeugnis des hl. → Geistes zur Bekräftigung des äußeren Zeugnisses der hl. Schrift. Das reformatorische → Schriftprinzip mußte an zwei Fronten verteidigt werden: a) gegen den Anspruch Roms auf autoritative Auslegung der Schrift durch das kirchliche → Lehramt, b) gegen den Spiritualismus der »Schwärmer« oder »Enthusiasten« mit ihrer Berufung auf innere Eingebungen unabhängig von der hl. Schrift (→ Spiritualisten). In diesem Kampf wurde von → Calvin in Ausformung Lutherscher Gedanken die Lehre vom t. ausgebildet (→ Inspiration: II, 4). Sie soll die unmittelbare Evidenz oder Autopistie der Schrift nach beiden Seiten hin aussprechen. Zwar wird einerseits unter vielen herkömmlichen Gründen für die Glaubwürdigkeit der Schrift auch das Zeugnis der Kirche angeführt, aber die Autorität kirchlicher Instanzen ist nicht über jeden Irrtum erhaben und kann deshalb den erschreckten Gewissen nicht den Felsengrund geben, den sie brauchen. Die Göttlichkeit der Schrift wird angetastet, wenn man ihre Autorität auf die Autorität des

Lehramts begründet und somit von dieser abhängig macht. Vielmehr bezeugt sich die Schriftwahrheit in ihrer Göttlichkeit selbst oder, was dasselbe sagt, der hl. Geist durch sie an unsern Gewissen. Unser Schriftglaube beruht auf der Selbstmanifestation der Schrift im hl. Geist und nicht auf menschlichen (kirchlichen) Autoritäten. Andererseits scheint diese Berufung auf das Geistzeugnis in die Nähe der Schwärmer zu führen, so daß eine Abgrenzung nötig wird. Ist es nicht unwürdig, den Geist Gottes, dem doch alles zu unterwerfen ist, der Schrift zu unterwerfen? Die Antwort kann nur wieder der Hinweis auf die Selbstmanifestation der Göttlichkeit der Schrift sein, so daß die wahren und falschen Geister eben an ihrer Übereinstimmung oder Nichtübereinstimmung mit der Schrift unterschieden werden können. Rein logisch ergibt sich hier ein Zirkelschluß: Rom gegenüber wird das Geistzeugnis zum Erweis der Schriftwahrheit geltend gemacht, den Schwärmern gegenüber die Schrift als Prüfstein für die Echtheit des Geistzeugnisses. Aber ein derartiger Zirkel kennzeichnet jede logische Zergliederung der Selbstoffenbarung Gottes in der Geschichte. - Die Lehre vom t. ist sowohl von ref. wie von luth. Theologen (→ Orthodoxie, 3 a) aufgenommen und mannigfach weitergebildet worden. Den Reformierten lag es nahe, die t.-Lehre mit dem Prädestinationsgedanken zu verbinden: alle hören und lesen die Schrift, aber nicht alle, sondern nur die Erwählten erfahren das t. Diesen Satz bekämpften die Lutheraner als spiritualistische Entwertung des Predigtamtes und des Bibelworts. Sie lehrten dagegen, daß alle Leser und Hörer des Schriftwortes auch vom Geistzeugnis getroffen werden, wenn sich auch nicht alle zum Glauben bringen lassen. In der Aufklärungstheologie wurde die t.-Lehre subjektivistisch umgedeutet und infolgedessen als nicht beweiskräftig verworfen: man kann fromme Regungen haben und dennoch irren (→ Mosheim). - Die t.-Lehre ist auch heute noch von Bedeutung. Zwar kann aus dem t. die Wahrheit der Schrift nicht deduziert werden (so öfters in der Orthodoxie, jedoch nicht bei Calvin, Joh. → Gerhard u.a.), wohl aber ist die Berufung auf das t. berechtigt und nötig im Sinne eines Bekenntnisses zu dem sich selbst im Bibelwort bezeugenden Gott, wobei die Frontstellungen im wesentlichen die alten sind.

RITSCHL I-IV (s. Reg.) - RGG³ V, 1058f. - Vgl. die Lit. zu →Geist: V. VI, → Gewißheit. *E.Schott*

Tetragramm ist der Ausdruck, der seit → Philo (De vita Mos. II, 132; Cohn-Wendland IV, 231) für jhwh gebraucht wird, die volle Form des at. Gottesnamens (→ Jahwe). Juden und Samaritaner der nachchristlichen Zeit sprachen ihn »jahvae« aus (zuerst bezeugt bei Clemens Alex., Strom. V, 6, 34; Stählin II, 348; →Amama). Außerhalb des AT findet sich die volle hebr. Namensform in vorhellenistischer Zeit nur auf der moabitischen → Mesa-Stele und in den → Lakisch-Briefen. Diese Inschriften zeigen, daß in jener alten Zeit das T. noch nicht - wie später - so heilig war, daß man es nicht aussprechen durfte (→ Name Gottes, → Namenglaube: II). Sein Vorkommen in diesen Urkunden und beim → Jahwisten könnte bedeuten, daß jhwh die speziell südpalästinische, vielleicht künstlich geschaffene Form des Gottesnamens war, im Gegensatz zu den kürzeren, unabhängigen Formen jh, jhh, jhw (→ Jahu, → Elephantine-Urkunden, 5). Das T. erscheint verschieden transkribiert auf Keilschrifttexten in Assyrien und Babylonien; griech. Transkriptionen begegnen in Zauberpapyri der ersten christlichen Jh.e (K.Preisendanz, Papyri Graecae magicae, 1928/31).

Lit. s. →Jahwe. *D.W.Thomas*

Tetzel, *Johann* (ca 1465-1519), * in Pirna bei Dresden, † in Leipzig, studierte 1482-83 in Leipzig, wurde 1487 Baccalaureus und trat 1489 in das Leipziger Dominikanerkloster St. Pauli ein. Seit 1504 war er Ablaßprediger für den Deutschen Orden in Sachsen, Schlesien, am Niederrhein, im Elsaß, in Schwaben und Franken, wurde 1509 Inquisitor für Polen bzw. für Sachsen und 1516 Subkommissar im Bistum Meißen beim Ablaß für den Bau der Peterskirche. Seit 1517 war er Generalsubkommissar im Auftrage Erzbischof →Albrechts von Mainz in den Stiftern Halberstadt und Magdeburg. T. predigte den → Ablaß in der damals üblichen und erlaubten Weise mit besonderer Schamlosigkeit (vgl. die wahrscheinlich von ihm stammenden drei »Sermone«, das sind Anleitungen zur Ablaßpredigt). Als er in Jüterbog in der Nähe des ihm verschlossenen kursächsischen Wittenberg auftrat, wandte sich → Luther (: I, 2) in seinen 95 Thesen gegen Auswüchse der Ablaßpredigt. Gegen Luthers Thesen stellte → Wimpina in Frankfurt/O. eigene auf, über die T. dort 1518 auf dem Kapitel der sächsischen Dominikanerprovinz disputierte. Im selben Jahr wurde T. entweder durch die Frankfurter Fakultät oder den Ordensgeneral promoviert. Er veröffentlichte eine Reihe von 50 Thesen und eine Widerlegung von Luthers »Sermon von Ablaß und Gnade«. Vor seinem Tode erreichte ihn noch ein Trostbrief Luthers, daß nicht er mit seiner Ablaßpredigt die Reformation verursacht, sondern »das Kind einen viel anderen Vater« habe. Wieweit → Miltitz' Vorwurf, T. habe Ablaßgelder veruntreut und sei Vater zweier Kinder gewesen, berechtigt war, ist nicht zu entscheiden.

N.PAULUS, J.T., d. Ablaßprediger, 1899 - DERS., Zur Biogr. T.s (Der Katholik 81, 1901, 453-468. 554-570) - W.KOEHLER, Dokumente z. Ablaßstreit, 1902 - SCHL. 21 132-72. *I.Ludolphy*

Teufel

I. Religionsgeschichtlich - II. Im AT, Judentum und NT - III. Dogmengeschichtlich - IV. Dogmatisch

I. Religionsgeschichtlich

T.sglaube ist der in fast allen Natur- und Kulturreligionen auftretende Glaube an schädigende personifizierte Mächte (→ Personifikation). In der Religionsgeschichte begegnet der Glaube an einen zumeist über ein Heer von → Dämonen (→ Geister: I) gebietenden T. oder an ein im Gegensatz zur Gottheit stehendes selbständiges Wesen. In jedem Falle sind der oder die T. numinose Mächte. Das hängt zusammen mit der →Ambivalenz des → Numinosen überhaupt. Sie kann sich sowohl auf die Spannung von Güte- und Zornseite der Gottheit (→ Gnade: I, → Zorn: I) als auch auf die vielfach in gleicher Weise in der Gottheit angenommene Urheberschaft des Guten und des → Bösen beziehen. Deshalb kann sich gelegentlich die selbständige Gestalt des T.s aus der Gottesgestalt selbst entwickeln. Der T.sglaube entspringt dem Erlebnis der vielfältigen Gefährdetheit der menschlichen Existenz als deren mythische Interpretation. Diese Bedrohung menschlicher Existenz kann in verschiedenen Bezirken menschlichen Lebens erfahren werden. In den frühen Volksreligionen liegt sie vornehmlich in äußeren auf teuflische Einwirkung zurückgeführten Nöten der → Krankheit (: I), des → Todes (: I) und anderer negativer Schicksale. In den Religionen dagegen, in denen man von existentiellem Unheil (→ Sünde: I) weiß, erscheint der T. als die personifizierte Repräsentation der jeweiligen Unheilsmacht. So ist zB im → Buddhismus der T. Mâra die Verkörperung des »Durstes« (tanhâ) und damit jener Grundkraft, die nach buddhistischer Anschauung das Unheil individueller Existenzbildung immer aufs neue bewirkt. Im Parsismus (→ Iran: II. III), dessen Lebensmitte vom → Dualismus (: I) von Gut und Böse bestimmt ist, ist → Ahriman der Geist des Anfangs, der im Unterschied zum guten Geist das Böse erwählte. Leben und Tod hängen daher hier davon ab, für welchen der beiden Geister sich der Mensch entscheidet. Im Christentum und im → Islam ist der T. die versucherische Macht, die den Menschen zum Unglauben und zum sündhaften Ungehorsam gegen Gott zu verleiten sucht. – In den Höllen-Vorstellungen mancher Religionen, zB des Buddhismus, erscheinen T. als Wesen, die mit dem Strafvollzug an den für ihre Sünden verurteilten Höllenbewohnern beauftragt sind. – Vielfach werden die von einer neuen Religion überwundenen Götter von ihr zu T.n erklärt und somit degradiert. Das geschah zB bei den Göttern der vorzarathustrischen Religion durch → Zarathustra. Sie wurden als Devs zu Repräsentanten der widergöttlichen, lügnerisch-bösen Macht. Wie die Menschen, die sich zu ihnen bekennen, sind sie »falschgläubig« und daher wie diese zu bekämpfen. – Kosmische Weite gewinnt der Gegensatz von Gott und T. in den Religionen, in denen das gesamte Weltgeschehen unter dem Gesichtspunkte des Kampfes von Gottesreich und T.sreich gesehen wird. Das ist vom Parsismus abgesehen im → Manichäismus und im Christentum der Fall (→ Teufel: II, 3; III). – Vgl. → Jeziden.

W. Fischer, Die Gesch. d. T.s, 1906 – HWDA (s. Reg.) – HIsl (s. Reg.) – H. Colleye, Hist. du diable, Brüssel 1945 – Satan, ed. P. Bruno de Jésus-Marie, London 1951 – B.J. Bamberger, Fallen Angels, Philadelphia 1952 – R. Dubal, La psychoanalyse du diable, Paris 1953 – J. Henninger, Der Widersacher des Höchsten Wesens bei den Primitiven (Zur Erinnerung an P.W. Schmidt, 1954, 377–391) – E.v. Petersdorff, Dämonologie I. II, 1956/57 – R. Villeneuve, Le diable dans l'art, Paris 1957 – Thompson (s. Reg. s.v. Devil) – B.A. Allen, The Devil in Dog Form, Berkeley 1959 – R.H. Robbins, The Encyclopedia of Witchcraft and Demonology, New York 1959 – Heiler 476ff (Lit.). – Vgl. die Lit. zu → Beschwörung, → Besessenheit, → Böse, → Geister: I. *G. Mensching*

II. Im AT, Judentum und NT

1. Die dem *at*. Gottesglauben wesenhafte Exklusivität Jahwes führte auch Unheil und Böses irgendwie auf Gott zurück. Er wirkt es (Am 3, 6; Jes 45, 7; Hi 2, 10; 12, 16ff), er, besser sein → Zorn (: II), stiften dazu an (1Sam 26, 19; 2Sam 24, 1). Er kann Krankheiten und verderbende Plagen selber wirken, sie aber auch durch seine Boten, bes. den »Verderber«, bewirken lassen (Ex 12, 23; 2Sam 24, 16f; 2Kön 19, 35; vgl. Hi 2, 7). So auch entsendet er, um Menschen in vorgesehenes Verderben zu treiben, einen »bösen Geist« (1Sam 16, 14; 19, 9; Ri 9, 23; Jer 51, 1; vgl. Jes 19, 14; 29, 10); hingegen zählt 1Kön 22, 21f (2Chr 18, 20f) »der Geist«, der als Lügengeist in den Propheten zu wirken bereit ist, um Unheil zu wirken, zu den Dienern in der himmlischen Sphäre Jahwes. Eine Sonderstellung im himmlischen Hofstaat hat auch *»der Satan«*. Wo immer im AT gesagt wird, daß jemand, Engel oder Mensch, zum Satan wird oder als solcher auftritt, soll durch Widerstand oder Widerstreit eine Maßnahme verhindert oder ein Status angefochten werden (Num 22, 22. 32; 1Sam 29, 4; 2Sam 19, 23; 1Kön 5, 18; 11, 14. 23. 25; auch Ps 109, 4 und Esr 4, 6 [»Einspruch«]). Auch Sach 3, 1f ist der Satan nicht Ankläger, sondern eindeutig Opponent, dessen Einspruch zurückgewiesen wird. Führt Hi 1–2 der Einspruch des Satans zur Zulassung des Beweisgangs und damit zur Versuchung Hiobs, so zeigt sich daran, wie der Opponent Gottes nun auch zur Manifestation des Zweifels in Gott wird. Darüber hinaus verkörpert er 1Chr 21, 1, wo seine Funktionsbezeichnung nun auch zu seinem Eigennamen wird, die dunkle, rätselvolle Dämonie göttlichen Zorns. Als Empfänger des → Sündenbocks und damit als Verwalter der Sphäre, wo Sünde hingehört, steht aber Asasel weit eher Jahwe als böses Wesen gegenüber. Nur lebt, wie andere Dämonen (→ Geister: II, 2), auch diese Gestalt im AT durchaus am Rande religiösen Denkens. Mythische Aussagen (→ Mythos: III, 2) stellen dem Schöpfer und Weltkönig die im Meeresdrachen verkörperte Chaosmacht als »alt bösen Feind« entgegen. Dagegen will die Paradiesesschlange (Gen 3, 1ff) weder als Dämon noch als eine Gestalt des T.s angesehen sein.

2. Das alles wandelt sich im *nachbiblischen Judentum* (→ Geister: II, 4). Dualistische und remythologisierende Tendenzen machen den T. zum Gegner Gottes, der, einst von Gott abgefallen (slHen, LebAd; auch → Luzifer), die Herrschaft über die abgefallenen, zu Dämonen gewordenen Engel erhält (äthHen 6ff; Jub 10). Außer Satan heißt er nun auch (Fürst) Mastema (Jub, Dam), → Belial (TestXII, MartJes, Qumran) und häufig Sammael (DtnR 11: »Sammael, der Bösewicht, ist das Haupt aller Satane«). Drei verderbliche Tätigkeiten übt der Feind Gottes aus. Um das Verhältnis zwischen Gott und Menschen oder seinem Volk zu zerstören, sucht er, vom Sündenfall an bis in die Gegenwart, zur Sünde zu verführen. Hierfür finden sich neben Einzelbeispielen mancherlei allgemeine Aussagen (bes. zB TestXII). Der T. kann dabei mit dem »bösen Trieb« identifiziert werden. Gleicherweise lag ihm daran, Gottes Heilsplan zu stören, so durch seine Anschläge auf Mose (Jub 48, 2. 10) oder David (bSan 95 a). Der Verführer ist zugleich auch Verleumder und Verkläger (kategor) bei Gott (ExR 21; 43; äthHen 40, 7; Jub 48, 15. 18; ApkZeph 4, 2; 10, 5). Gegen ihn tritt → Michael als Israels Verteidiger auf (ExR 18). Dem einzelnen helfen Buße und gute Werke. Satan, der verführen, verklagen und verderben will (Jub 1, 20), wurde als typischer »Schädiger« auch noch mit dem Todesengel gleichgesetzt (bAbZ 20 b). Wirksamstes Abwehrmittel gegen den T. ist das → Gesetz (: III). Alle Macht des Bösen wird aber in der Endzeit vernichtet sein (4Esr 4, 43; Jub 23, 29; 50, 5; AssMos 10, 1 u.a.).

Eine besondere und nicht von biblischen Voraussetzungen her entwickelte Lehre vom T. hat die Gemeinde von → *Qumran* (, 4) ausgebildet (vor allem 1QS 3, 13 bis 4, 26). Hier stehen einander gegenüber der »Fürst der Lichter« und der »Engel der Finsternis«. Letzterer ist identisch mit dem »Geist des Frevels« im Gegenüber zum »Geist der Wahrheit« und führt überwiegend den Namen → Belial. Gegen die Gerechten, die Gott aus den Belialskindern herausrief, bietet der T. alle Macht der Bedrükkung und Verfolgung auf, um sie zu Fall zu bringen (1QS, auch 1QH passim). Doch wider alle Ränke Belials ist Gott und der Engel des Lichts Zuflucht und Hilfe (1QH IX, 28f u.a.). Die Endzeit wird in einem letzten großen Kampf das Ende Belials bringen, das Gericht über ihn, seine Engel und seine Menschen, damit das Ende von »Kummer, Seufzen und Frevel« und die Herrschaft der »Wahrheit« (1QH XI, 25ff u.a.). Denn wie der Dualismus in der Welt aus Gott hervorging – Gott hat auch den T. geschaffen –, so wird Gott ihn auch beenden und einmal alle böse Macht abtun.

3. Im *NT* erscheint der T. (διάβολος) unter mancherlei Namen: Satanas, Beliar (nur 2Kor 6, 15), Bee(l)zebul, der Feind, der Verkläger (nur Apk 12, 10), der Böse, der Versucher, die alte Schlange, der große Drache (Apk 12, 9), der Fürst (Joh) bzw. Gott (2Kor 4, 4) »dieser Welt«. Immer aber ist er der eine große Gegenspieler Gottes, der mit allen Mitteln zu verhindern sucht, daß durch Jesu Leben und Leiden Gottes Herrschaft komme und die seine weiche. Er bietet an, die Reiche dieser Welt dem zu vergaben, der ihn als Oberherrn anzuerkennen bereit ist (Mt 4, 9; Lk 4, 6). Er wirkt seinen Plan durch alle, die ihm kein Nein entgegensetzen (Mk 8, 33; Mt 16, 23; Lk 22, 3). Er ist der Starke (Mk 3, 22ff par), dem alle → Dä-

monen untertan sind, durch die er Menschen an Leib und Seele schaden kann (Lk 13, 16; Apg 10, 38 u.a.). Darum befreien Jesu Heilungen von T.smacht, und wo er Dämonen austreibt, bricht er in das Reich des Starken zerstörend ein. Grundsätzlich steht Jesu Sieg über den T. bereits fest (Mt 12, 28ff par; Lk 10, 18; Joh 12, 31; 16, 11); so kann Michaels Kampf den Satan endgültig aus dem Himmel stürzen und ihm die Möglichkeit, vor Gott anzuklagen, nehmen (Apk 12, 7ff). Bis aber alle Macht des Bösen für immer vernichtet sein wird (Mt 25, 41; Apk 20, 10), hat der T. noch eine »kurze Frist« (Apk 12, 12). In dieser Zeitspanne setzt er alles daran, die Gemeinde Gottes zu schädigen. Er sät Unkrautsamen in sie hinein (Mk 4, 4. 15 par), behindert das Werk des Apostels (1Thess 2, 18; 2Kor 12, 7), bedroht den Bestand der Gemeinde durch Verfolgungen (1Petr 5, 8; Apk 2, 8ff; 3, 9) und durch mancherlei Versuchungen (Apg 5, 3; 1Kor 7, 5; 2Kor 11, 14; Eph 6, 11; 1Thess 3, 5; 1Tim 3, 7; 5, 15). Seine gefährlichste Versuchung aber wird das Auftreten des → Antichristen sein (2Thess 2, 3ff; Apk 13; 17). Darum ergeht Mahnung wie Zuspruch, dem verderblichen Widersacher zu widerstehen durch festen Glauben wie durch Meiden jeder versucherischen Gelegenheit (Röm 16, 20; 2Kor 2, 11; Eph 6, 16; 2Thess 3, 3; 2Tim 2, 26; Jak 4, 7). Im Glauben ist die Gemeinde im Machtbereich ihres Herrn und damit aller Macht des T.s entnommen. Wer aber aus der Gemeinde ausgeschlossen werden muß, wird der Strafmacht des Satans übergeben (1Kor 5, 5; 1Tim 1, 20); denn wo Gott nicht geehrt wird, wird dem T. gedient (Apg 13, 10; 26, 18). Darum auch hat der T. die Herrschaft über den → Tod (Hebr 2, 14), wie Gott sie über das Leben hat. Wie sehr aller Gegensatz zwischen Gott und T. auch menschliches Wesen bestimmen muß, sprechen bes. JohEv und 1Joh aus. Wo des T.s Vaterschaft gegeben ist, wird der Mensch wesensmäßig durch die Sünde bestimmt (Joh 8, 44; auch 1Joh 3, 8. 12). Ein Mensch, in den der T. eingegangen ist – er selbst und nicht bloß ein Dämon (Joh 13, 27) –, wird geradezu selbst T. (Joh 6, 70). Umgekehrt wird der aus Gott Geborene nicht sündigen und nicht vom T. angerührt werden (1Joh 5, 18). Das schließt nicht aus, daß gerade an junge Menschen auch der Aufruf ergeht, den Bösen zu erkennen und den Sieg über ihn Wirklichkeit sein zu lassen (1Joh 2, 13f); dürfen doch Christen alle Fürbitte ihres Herrn, es möge Gott sie vor dem Bösen bewahren, hinter sich wissen (Joh 17, 15), wie auch sie um solche Bewahrung und Befreiung zu beten von ihrem Herrn gelehrt worden sind (Mt 6, 13). – In allen Aussagen über den T. lebt also das Wissen um die rätselvolle Mächtigkeit des Bösen, die Gott aber durch Jesus »schon«, wenn auch »noch nicht« endgültig gebrochen hat, aber gewiß besiegen wird.

BILL. I, 136ff. 983f – JüdLex V, 117ff – JewEnc XI, 68ff – ThW II, 69ff; VII, 151ff (Lit.) – A.BROCK-UTNE, »Der Feind«. Die at. Satansgestalt im Lichte d. sozialen Verhältnisse d. Nahen Orients (Klio 28, 1935, 219–227) – A.LODS, Les origines de la figure de Satan, ses fonctions à la cour céleste (Mélanges Syriens off. à R.Dussaud, 1939, 649–660) – R.SCHÄRF, Die Gestalt d. Satans (in: C.G.JUNG, Symbolik des Geistes = Psychol. Abh. 6, 1948, 151–319). – Weitere Lit. s. → Geister: II.

F.Horst

III. Dogmengeschichtlich

1. Namen – 2. Vorstellungen von Ursprung, Wesen und Endgeschick – 3. Bildliche Darstellung und Spiritualisierung

1. Von den *Namen des T.s* ist der LXX-Ausdruck διάβολος »Verleumder«, der Gott bei den Menschen und die Menschen bei Gott schmäht (erst von Tertullian als »Durcheinanderbringer« aufgefaßt), in die Vulgata als diabolus übertragen und von hier aus in die abendländischen Sprachen aufgenommen worden (diàvolo, diable, devil, T.). In der syr. Kirche benutzte man das hebr. Lehnwort sāṭānā (arab. šaiṭān) oder den alten Begriff akkadischer Herkunft ākelḳarṣā für den Dämon, »der die Abschneidungen ißt«, dh »der sich von Verleumdungen nährt«; auch die Ausdrücke »die ganze linke Seite« oder »der Empörer« (mārūdā) kommen vor. In der griech. und lat. Kirche ist »der Böse« eine vielgebrauchte Bezeichnung (erst Augustin ersetzte dieses Wort der siebenten Bitte durch malum), ferner »der Feind des Menschengeschlechts« (Basilius: μισάνθρωπος), »der das Heilvolle haßt« (μισόκαλος), die »Schlange« oder der »Drache« (ὁ ὄφις aus Gen 3), »Pharao« (Methodius, anknüpfend an Philos Beschreibung des »Zerstreuers und Vernichters unserer Anschauung vom Guten«) und »Aegyptius«. Die Übertragung des Lucifer-Namens aus Jes 14, 12 und Hi 41, 10 auf den T. ist nach Vorstufen bei Euseb und Athanasius (Vita Ant. 24) erst bei Hieronymus nachweisbar. Im MA taucht im Anschluß an die Acht-Laster-Lehre die Bezeichnung auf »Der Regierer der tiefen Traurigkeit«. – Aus dem vorderorientalischen Synkretismus stammen die Bezeichnungen »der Schwarze« (Barn 4, 9), der als ein »schwarzer Knabe« erscheint (Athanasius, Vita Ant. 6), »die Hefe des Prinzips der Finsternis« (Bardesan), »der die Materie umschwebende Geist«, der »mit der Verwaltung der Materie und der Erscheinungsformen der Materie betraut« ist (Athenagoras). Der Name Jaldabāōt (aram. »generatio paternitatis«) und der entsprechende Terminus Saklas (manichäisch auch Ašaḳlūn) dürften als Übernahme des iran. Ašōḳar (»der die Zeugungskraft verleiht«) zu erklären sein und begegnen in gnostischen Schriften (zB im Apokryphon Johannis) als Verteufelung der Geschlechtlichkeit.

2. Im prinzipiellen Dualismus wird der T. beschrieben als das persongewordene Finsternisreich, das von Ewigkeit her in unüberbrückbarem Gegensatz zum Lichtreich und seinen Emanationen steht und in dem der »Sohn des Bösen« (→ Thomaspsalm 1, 17) als monarchische Spitze über die Dämonen herrscht. Nach kirchlicher Anschauung dagegen war der T. *ursprünglich ein Engelfürst* (nach → Tertullian, → Gregor d. Gr., → Thomas von Aquino der oberste aller Engel, nach → Athanasius und → Cyrill von Alexandrien der erste der Cherubim, nach → Augustin und → Johannes Damascenus das Haupt der dritten Ordnung, der »Kräfte«). Aber er empörte sich und wurde mit den ihm anhangenden Engeln (nach → Hieronymus dem gesamten dritten Teil, nach dem Buch Causa causarum, dem sich → Berthold von Regensburg anschloß, dem obersten zehnten Chor) in die Tiefe geschleudert, wobei Satan nach → Origenes entsprechend dem höchsten Grad seiner Überhebung in den untersten Grund der Hölle geworfen wurde. Die feierliche Erklärung, daß der T. ein gefallener, ursprünglich guter Engel sei, war das Kernstück der kirchlichen Abschwörungsformeln für Manichäer. – Der Grund für die *Rebellion* des T.s wurde teils in der willentlichen Überhebung (superbia) gesehen, die sich nicht mit der Gottähnlichkeit begnügte, sondern die Gottgleichheit erstrebte (Athanasius, Basilius), also die Selbstliebe über die Liebe zu Gott stellte (Irenäus, Augustin), teils in der Verweigerung der von Gott allen Engeln befohlenen Anbetung des göttlichen Ebenbildes, des Urmenschen (syr. Schatzhöhle und Arab. Tradition). Andere sagen, daß der T. als der jüngere Bruder Christi sich aus Neid auf den Erstgeborenen aufgelehnt habe (→ Lactantius, → Bogomilen; ähnlich F. → Suarez); hier ist der T. der Widersacher Christi. Die → Katharer lehren, der T. sei der ältere, Christus der jüngere Sohn Gottes; hier liegt das zervanitische Verhältnis zwischen → Ahriman und → Ormazd zugrunde. – Das Alter des T.s vom Urfall ab wird mit 6000 oder mit 7000 Jahren berechnet. – Nach weit ver-

breiteter Meinung konnte die → Erlösung (: IV, 2) des Menschen gegen den Widerstand des T.s nur dadurch erreicht werden, daß diesem ein Lösegeld (oder Köder) in der Gestalt des inkarnierten Gottmenschen vorgeworfen, in der Auferstehung aber wieder entrissen wurde (Afrahat, Gregor von Nyssa, Rufin, Augustin, Gregor d. Gr.). - Während des Millenniums (→ Chiliasmus) ist der T. als gebunden gedacht, real in der Hölle, geistlich in dem Innern der Gottlosen. Da → Luther das Millennium als vergangen beurteilt hat, sah er den wieder losgebundenen T. in allen Werken tätig, die wider den göttlichen Willen streiten und außerhalb des Reiches Christi ein eigenes Reich des T.s bauen; der T. ist bei ihm jedoch nicht der Gegenpol des göttlichen Seins. Als *endgültiges Schicksal des T.s* im Jüngsten Gericht wurde die bleibende Verbannung in den Feuerpfuhl gelehrt; Origenes dagegen erwog auf Grund der → Wiederbringung aller die Möglichkeit der erneuten Wiederaufnahme.

3. Im Zusammenhang mit einem Wiederaufleben des T.sglaubens im MA gewann die T.svorstellung neue *bildhafte Züge:* Der T. wurde einerseits als »Affe Gottes« (simia Dei), bocksgestaltig (nach Jes 13, 21), mit Pferdefuß, oder hinkend (wegen seines Himmelssturzes) gedacht, anderseits als geflügelter Jüngling, elegant und sehr schön, aber von gelber Farbe. In der Malerei der griech. Kirche hat er drei Köpfe (so auch bei Dante) oder ist eine zweiköpfige Schlange. - In der Mystik wurde die T.sgestalt *spiritualisiert.* Bereits → Isaak von Ninive formulierte: »Satan ist der Name einer Abweichung des Willens von der Wahrheit, nicht aber einer erkennbaren eigenen Natur.« Die kritische Philosophie der Neuzeit dachte ähnlich: für → Kant ist der T. »die Idee des absoluten Egoismus« und für den Hegelianer → Daub »das Prinzip der Negation« als Verwirklichung des Wesenlos-Nichtigen. So konnte D.Fr. → Strauß in rationalistischer Beweisführung erklären, die dogmatische Lehre vom T. sei nunmehr völlig entwurzelt (→ Engel: I). Das war freilich nicht der Fall, da die Auskunft → Schleiermachers maßgebend wurde: die Frage nach dem Dasein des T.s habe zwar keinen Platz im christlich-theologischen Denken, sei in der Glaubenslehre also auch nicht zu verneinen, aber im liturgischen Gebrauch und im christlichen Liederschatz dürfe die Vorstellung als anschauliche Beschreibung der »positiven Gottlosigkeit des Bösen« unbedenklich beibehalten werden. - Eine andere Tradition erscheint bei J. → Böhme: das Böse sei die verselbständigte Macht des göttlichen Zornes, aus dem »Ungrund« Gottes selber hervorquellend. Unter Hinzunahme kabbalistischer Traditionen sah → Oetinger im T. die chaotische Zerstörungsmacht, von der die Schöpfung bedroht ist. → Schelling nahm in Übereinstimmung mit Fr. → Baader diese Linie auf, indem er das Böse als die positive Verkehrtheit beschrieb, zu der allein der Mensch als »die vollkommenste aller sichtbaren Kreaturen« fähig sei; der T. sei nach christlicher Ansicht »nicht die limitierteste Natur, sondern vielmehr die illimitierteste«, die »Hunger nach Wirklichkeit« habe und der reine Gegensatz zu Christus sei.

Qu.: F.CH.OETINGER, Bibl. WB, neu hg.v. J.HAMBERGER, 1849, 8. 216. 457ff - Das Hdb. d. Malerei vom Berge Athos, übers. v. G.SCHÄFER, 1855, 104f. 108. 273ff - Das Buch v. d. Erkenntnis d. Wahrheit oder der Ursache aller Ursachen, aus d. syr. Grundtext übers. v. K.KAYSER, 1893, 224ff - Mystic Treatises by Isaac of Nineveh, transl. by A.J.WENSINCK, Amsterdam 1923, 128 - H.S.NYBERG, Questions de cosmogonie et de cosmologie mazdéenne (JA 219, 1931, 88f. 109). - *Lit.:* A.DISSELHOFF, Über d. Gesch. d. T.s, (1877³) 1907⁵ - RE XIX, 564ff (Lit.) - ERE IV, 578ff - DThC IV, 339ff - F.J.DÖLGER, Die Sonne der Gerechtigkeit u. der Schwarze, 1918, 49ff - P.LEHMANN, Die Parodie im MA, 1922, 97 - B.BARTMANN, Lehrb. d. Dogmatik I, 1928⁷, 263ff - H.OBENDIEK, Der T. bei M. Luther, 1931 (Lit.) - RGG² V, 1064ff (Lit.) - O.A.ERICH, Die Darst. d. T.s in d. christl. Kunst, 1931 - GRIMM, Dt. WB XI/1, 1, 265ff - LThK X, 13ff (Lit.) - Satan (Les études Carmélitaines 27), Brügge 1948 (648-664: Bibliogr. démoniaque) - DACL XV/1, 909ff - A. BORST, Die Katharer, 1953, 151ff - G.J.M.BARTELINK, Μισόκαλος Epithète du Diable (VigChr 12, 1958, 37-44) - EKL III, 1336ff - RAC V, 190f - A.ADAM, Der T. als Gottes Affe, Vorgesch. eines Lutherwortes (LuJ 28, 1961, 104-109) - DERS., Die Herkunft des Lutherwortes vom menschl. Willen als Reittier Gottes (in: LuJ 29, 1962) - CH.JOURNET, Le mal, Brügge 1961 - K.LÜTHI, Gott u. das Böse, 1961 - A.WINKLHOFER, Traktat über den T., 1961. *A.Adam*

IV. Dogmatisch

In der Schriftoffenbarung geht es um die Wahrheit im Sinne der Wirklichkeit. Sie legt dar, wie Gott, Mensch, Geschichte, Natur wirklich sind. Glauben heißt entsprechend, die Wahrheit = Wirklichkeit erkennen, sie tun und in ihr sein. Gegenstand des biblischen Glaubens ist u.a. die Tatsache, daß es eine Wirklichkeit gibt, die Erkenntnis verblendet, Handeln vergiftet, Sein zersetzt. Sie wird in der Schrift den Grundkategorien des menschlichen Geistes *Selbst* (Identität), *Akt* (Personalität), *Sein* (Impersonalität) gemäß verkündet, dh sie erscheint als *Existential* des menschlichen Selbst (Gen 6, 5; 8, 21), als aktuose *Person* des Satans (1Chr 21, 1; Hi 1, 6), als transpersonale *Seinsmacht* (Lk 22, 53; Eph 1, 21).

Die Metaphysizierung dieser transkategorialen Wirklichkeit zur isolierten personalistischen T.sgestalt (Satanologie) und zur Lehre vom Pluralismus des satanischen Reiches (→ Dämonen) begann wesentlich unter iranischem Einfluß, steigerte sich im Einflußbereich des → Manichäismus und ist heute im dualistischen Pietismus wie in der Welt der Sekten wirksam.

Neben die historische und phänomenologische Erhellung von T.svorstellung und -glaube tritt die *systematische* (anthropologische): Die dualistisch-eschatologische Religion → Irans (: II), die die gesamte Weltwirklichkeit in gute und böse Personalitäten aufspaltet, an deren Spitze Gott und T. als antithetische Personalprinzipien grundsätzlich gleicher Potenz und Chance stehen, stellt ein anthropologisches Urmuster dar. Es handelt sich um eine Ergriffenheitsstruktur, die in der idealtypischen Schizophrenie zwangsläufig auftritt, als Folgeerscheinung des Hyperthyreoidismus bei Schilddrüsenkranken nahe liegt, hypnotisch, suggestiv und propagandistisch unschwer hervorzurufen ist. Schizothyme, Schizoide, Schizophrene sind für Satanologie und T.svisionen bes. vorgeprägt; nach neuen Erhebungen erfaßt die Erkrankung 1% der Weltbevölkerung. In der Propaganda politischer Eschatologien gibt es im Grunde keine Menschen, sondern Engel und T., dh Angehörige oder Nichtangehörige des betr. soteriologischen Systems.

Die reformatorischen Bekenntnisse sprechen (im wesentlichen übereinstimmend) vom T. als dem Obersten der bösen, gefallenen → Engel (: III), dem Urheber alles Bösen und alles Übels unter → Zulassung Gottes, der durch Christus gerichtet und gestürzt ist. Der manichäische Glaube an den T. als rivalisierendes Urwesen neben dem göttlichen Urwesen wird bei Lutheranern wie bei Reformierten verworfen. Im Gr. Kat. führt Luther darüber hinaus Geisteskrankheiten, Naturkatastrophen, Pest, Revolution und Selbstmord auf den T. zurück. Im Papsttum erscheint für Luther und Zwingli der T. als → Antichrist (: II, 5). Mit Recht wird heute betont, daß Luthers Aussagen über den T. und über den Deus absconditus scharf zu trennen sind: Der T. ist Werkzeug des göttlichen Zorns, nicht Funktion des verborgenen Gottes (P.Jacobs, EKL III, 1336ff). - Das Verblassen des personalistischen T.sglaubens beginnt mit dem Zerfall des antiken dreistöckigen → Weltbildes im (kopernikanisch-)brunoischen Schock ab 1600. Der T. wie Gott unterliegen der gleichen metaphysischen »Wohnungsnoth« (D.Fr.Strauß). Vor dem kosmischen All der neuen Unendlichkeit steht nun das ausgesetzte einsame Ich des Barockmenschen. Die entsprechenden weltanschaulichen Konsequenzen - Barockpantheismus, -panentheismus, -monismus auf der einen, Barockmystik, -skepsis, -deismus auf der anderen Seite - scheiden die dualistische, eschatologische, personalistische Satanologie als fremde Struktur aus (J. → Böhme, → Monismus, → Pantheismus, → Unio mystica). Sie flüchtet sich in den Bereich des reaktiven und restaurativen barocken Theismus und erlebt in den »mataiomata« der altprot. Orthodoxie eine gnostische Renaissance. Die orthodoxen Spekulationen über die »angeli mali« und die »obsessio diabolica duplex spiritualis et corporalis« wirkten unheilvoll auf den barocken → Hexen-Glauben zurück. - Die Blütezeit der Physikotheologie (1680-1740), die den kosmischen Nihilismus des Barock überwand, drängte Satanologie und Dämonologie zugunsten der »Herrlichkeit Gottes« zurück, die als weltanschauliches Substrat an die Stelle des zerstörten Welthauses trat. Die sog. »Franz. Aufklärung« (in Wirklichkeit ein verlängertes pantheistisches Barock), die deutsche und britische Neologie (J.S. → Semler, Hugo Farmer) und der theologische → Rationalismus (: II) wandten sich leidenschaftlich gegen die Vorstellung von dämonischen Personalgewalten. Ihre Ablehnung auch durch → Schleiermacher (Gl.L. §§ 44. 45) war von nachhaltiger Wirkung und konnte auch durch den Neukonfessionalismus des 19.Jh.s (auf luth. Seite bes. A.F.Chr. → Vilmar) nicht mehr rückgängig gemacht werden. → Kants biblisch fundierte Lehre vom »radikalen Bösen« wurde von → Klassik und → Idealismus mit Empörung bekämpft.

Die moderne Dogmatik spielt gern die Kategorien *Selbst, Akt* und *Sein* (s.o.) gegeneinander aus. Sie glaubt offenbar das Problem der Satanologie bewältigt zu haben, wenn sie anstelle der aktuosen Person des T.s (»Der Böse«) »Das Böse« setzt oder vom T. als Prinzip der »Selbstverderbnis« (O.Piper) spricht (→ Anfechtung). - Auf der anderen Seite steht heute die Einsicht, daß die theologiegeschichtliche Verdrängung des T.s »mit Hörnern, Schweif und Klauen« nicht zur Eliminierung der biblischen Botschaft von der transkategorialen Wirklichkeit der widergöttlichen Verblendung = Vergiftung = Zerstörung führen darf. Vor allem die Forderungen von F. → Nitzsch, M. → Kähler und A. → Schlatter wirken hier heute nach. Die Kräfte der Verblendung = Vergiftung = Zersetzung - gleichgültig ob sie sich existential, personal oder ontologisch manifestieren - sind transkategorial, transsubjektiv und transeunt. Das bedeutet aber nicht, daß sie transzendent (im Sinne der biblischen Transzendenz) sind.

Dies ist der Sinn der biblischen und dogmatischen Lehre von der Geschöpflichkeit auch der bösen Mächte und der kreatürlichen Subordination des Satans unter Gott. Weil alles Geschaffene sein Dasein aus der Gnade hat, macht auch der T. als Werk des als Verneinung kräftigen Wissens und Willens Gottes hier keine Ausnahme (Barth, KD II/2, 99). Das »Zeitalter der Ideologien« hat die »Wirklichkeit des Dämonischen« (H.Thielicke) neu zu sehen gelernt und begegnet dem besessenen (individual-, kollektiv-, massenpsychologischen) Willen bis in die Bereiche, in denen die menschlichen Träger des Kampfes gegen Gott und Christus über das hinausgerissen werden, dessen sie für sich fähig wären (P.Althaus). Da die Wirklichkeit des existentialen, personalen und ontologischen Bösen nicht kategoriabel ist, ist es durchaus angemessen, wenn sich dogmatische Aussagen über den T., das von *Gott* »Verneinte, Ausgeschlossene und Bestrittene« (KD II/1, 621), nicht auf einen logischen Nenner bringen lassen.

Ältere Lit. s. RGG² V, 1068. - J.Krüger, Das T.smotiv im mod. Roman (Welt u. Wort 8, 1953, 334f) - A.Roets, De duivel en de stichting van het Godsrijk (Collationes Brugenses 2, Gent 1956, 145 bis 162) - Ders., De duivel en de kristenen (ebd 300-321) - E.Gellner, The Devil in Modern Philosophy (HibJ 56, 1957/58, 251-255). - Vgl. ferner die Lehrbücher der → Dogmatik u. die Lit. zu → Teufel: III.

W.Philipp

Teutsch, 1. *Friedrich* (16.9.1852 bis 11.2.1933), hat als Bischof der Sachsen in → Siebenbürgen dem Erbe seines Vaters (s. 2) unter gewandelten Umständen die abschließende Gestalt gegeben. Nach Studien in Heidelberg, Leipzig und Berlin (1870-74; Wattenbach, Treitschke!) bewährte sich T. als Publizist, im Lehramt als Mitgestalter der neuen Lehrerbildung, in der Wissenschaft als nachmals »fruchtbarster Geschichtsschreiber« seines Volkes (bes. Bd 2-4 der »Sachsengeschichte« und Die Gesch. der ev. Kirche in Siebenbürgen), im Pfarramt von Großscheuern (1896), als Bischofsvikar (1899) und Stadtpfarrer von Hermannstadt (1903) durch den Ausbau der »kirchlichen Innerarbeit«, die er auch als Bischof (1906-32) im Verein mit → Herfurth und → Schullerus bevorzugt förderte (erneute Generalkirchenvisitation, Fürsorgearbeit, Diasporapflege, theologische Studienordnung usw). Hatte seine Einfühlungs- und Organisationsgabe nach 1890 schon eine Verständigung mit der ung. Staatsführung erleichtert, so kam sie nach 1918 der neu entstehenden Ev. Landeskirche A.B. in → Rumänien zugute, die T.s bischöflicher Leitung 1927 vier neue Kirchenbezirke zuführte (Altrumänien, Banat, Bessarabien, Bukowina). Die sächsische Volkskirche war für T. providentielle Hüterin aller gottgegebenen Werte.

Bibliogr.: AVSL NF 47, 1933, 81-125 (1351 Titel) - F.Müller, F.T. (ebd 129-188) - Siebenbürg. Vierteljahrsschrift 55, Hermannstadt 1932, 269-286 - H.Jekeli, Unsere Bischöfe, ebd 1933, 321ff - K.K.Klein, Sachsenbischof F.T. (Südostdt. Heimatblätter 2, 1953, 5-18).

2. *Georg Daniel* (12.12.1817 bis 2.7.1893), Historiker, Bischof und Führer der Siebenbürger Sachsen im Kampf um den nationalen und kirchlichen Bestand zZ des schärfsten ung. Staatsnationalismus. * in Schäßburg, wo er nach dem Studium (Ranke!) 1842 Lehrer, 1850 Rektor des Gymnasiums wurde, war T. maßgeblich an der Erneuerung seiner Kirche beteiligt: der Neugestaltung ihres höheren Schulwesens (1850) und dem wachsenden Ansehen von dessen Lehrerschaft, der Umgestaltung des Zehntrechts und der Durchsetzung einer neuen, staatsunabhängigen presbyterial-synodalen Kirchenverfassung (1861). Seine »Sachsengeschichte« (1852-58) prägte das Selbstbewußtsein seines Volkes bis in die Gegenwart und belebte die heimatliche Forschung (Verein für siebenbürgische Landeskunde). Publizistische und politische Tätigkeit (u.a. als Landtagsabgeordneter) machten T. weit bekannt. So wurde der Pfarrer (1863) und Dechant von Agnetheln 1867 zum Bischof gewählt und vertrat nun erst recht die vom neuen → Ungarn angefochtenen Rechte der »sächsischen Nation« in → Siebenbürgen. Bittere äußere Einbußen wurden durch den Aufschwung volkskirchlichen Gemeinschaftsbewußtseins ausgeglichen. Neue geistige Bindungen an das ev. Deutschland bewirkte u.a. seit 1861 T.s Auftreten im Gustav-Adolf-Verein. Nach der tiefen Wirkung der erstmaligen Generalkirchenvisitation aller Gemeinden, der sich zahlreiche neue Gemeinschaftsfeste zugesellten (»Vereinstage«, Lehrertag, Lutherfeier u.a.), wurde die Persönlichkeit des Bischofs das unbestrittene Symbol des gestärkten inneren Zusammenhalts. Der dreifache Dr. (phil.; theol., iur.) war u.a. Mitglied der bayr. Akademie der Wissenschaften.

AVSL NF 26, 1894, 293-432 (mit Bibliogr.; s. auch Trausch-Schuller III.IV, Reg.) - ADB 37, 618ff - RE XIX, 574ff - F.Teutsch,

G.D.T., Hermannstadt 1909 - DERS., Gesch. der Siebenbürger Sachsen III. IV, ebd 1910/26 (s. Reg.) - Die Generalkirchenvisitationsberichte von G.D.T., ebd 1925 - H.JEKELI (s. 1) 303ff. *P.Philippi*

Text und Textkritik der Bibel

I. Altes Testament - II. Neues Testament. - T. = Text, Tk. = Textkritik, tk. = textkritisch

I. Altes Testament

1. Der masoretische Text - 2. Die Aufgabe der Tk.

1. Der überlieferte hebr. T. des AT verdankt seine letzte Gestalt der Tätigkeit mittelalterlicher jüdischer Gelehrter (Masoreten), denen die Tradierung (Masora) des biblischen T.es oblag. Er wird deshalb als *masoretischer T.* (MT) bezeichnet. Zwei zeitlich verschiedene Elemente sind bei diesem T. zu unterscheiden: der Konsonantenbestand und die Vokalisation.

a) Da die hebr. Schrift bis in das MA keine Zeichen für Vokale kannte, bestand der T. Jh.e hindurch nur als Konsonanten-T., dem zur Andeutung der Aussprache sog. Vokalbuchstaben (matres lectionis) in kleinerem oder größerem Umfang beigegeben wurden. Als dieses Verfahren aus verschiedenen Gründen nicht mehr genügte, bezeichnete man nach syrischem Vorbild die Vokale durch unter oder über die Konsonanten gesetzte Zeichen (= punktieren). Etwa vom 5.Jh. ab wurden mehrere Punktationssysteme entwickelt (→ Bibel: I C, 3). Durchgesetzt hat sich schließlich das der tiberischen Gelehrten des 8./10.Jh.s, das auf Grund der Erfahrung mit einem älteren palästinischen System entwickelt wurde und zusammen mit dem Akzentuationssystem Aussprache und Vortrag des T.es bis in Kleinigkeiten hinein festzulegen erlaubte. Die traditionell gewordene tiberische Aussprache vereinigt alte, u.a. in den Hss. von → Qumran durch reichliche Verwendung von Vokalbuchstaben erkennbare Traditionen mit jüngeren künstlichen Bildungen (zB durchgehende Ultimabetonung, doppelte Aussprache der BGDKPT). Größtes Ansehen gewannen, mitbewirkt durch das Votum des → Maimonides, die Hss. der Familie Ben Ascher (→ Bibelhandschriften: I, 3 b; der dort als verloren bezeichnete Kodex von Aleppo ist jetzt, am Anfang und Ende beschädigt, wieder aufgetaucht und der Wissenschaft zugänglich gemacht worden, Ben-Zvi u.a., Textus I, 1960). Die Arbeit des Ben Naphtali trat demgegenüber zurück, beeinflußte jedoch in Einzelheiten den spätmittelalterlichen textus receptus, der die Grundlage der Drucke des 15. und 16.Jh.s bildete und durch diese bis ins 20.Jh. maßgebend blieb. Heutigen wissenschaftlichen Ausgaben legt man den Ben Ascher-T. zugrunde (R.Kittel-P.Kahle, BH³ff, 1929ff; N.Snaith, London 1958). - Die mittelalterliche Vokalisation spiegelt die jüdische Auffassung des T.es. Sie trifft zwar sicher weithin das Richtige. Da sie aber oft nur eine unter mehreren Möglichkeiten wählen kann und vielfach von dogmatischen und anderen Erwägungen bestimmt ist, kann sich die kritische Arbeit am T. nicht an sie binden lassen. Änderungen der Vokale, die sich aus sachlichen Gründen empfehlen, können deshalb nicht als eigentliche Eingriffe in den T. gelten.

b) Um Jh.e älter als die Vokalisation ist die von den Masoreten *übernommene,* nicht geschaffene Rezension des konsonantischen T.es. Im allgemeinen führt man sie auf die sog. Synode von Jamnia zurück, die Ende des 1.Jh.s nChr über die Kanonisierung einzelner umstrittener Schriften des AT entschied (→ Bibel: I B, 2). Doch sind gegen diese Datierung in den letzten Jahren ernste Bedenken geltend gemacht worden, u.a. von M.H. Segal (JBL 72, 1953, 35ff) und M.Greenberg (JAOS 76, 1956, 157ff). Die Aussage des → Josephus (Contra Ap. I, § 42) um 100 nChr, daß seit langem sich niemand erkühnt habe, an dem biblischen T. etwas zuzusetzen oder wegzulassen oder zu ändern, setzt doch wohl einen schon länger als unantastbar angesehenen Standard-T. voraus. Auch die Exegese R. → Akibas (ca 55-137 nChr), für den die kleinsten Bestandteile und Besonderheiten des T.es bedeutungsvoll waren und der darin vielleicht schon Vorgänger hatte, ging eher von einem schon bestehenden festen T. aus, als daß sie zu seiner Entstehung führte. Segal und Greenberg bringen aus solchen und anderen Gründen die, in einem längeren Prozeß vollzogene, Edition eines Standard-T.es in Zusammenhang mit der makkabäischen und hasmonäischen Renaissance. Der Geltungsbereich dieses T.es wäre freilich zunächst auf offizielle Kreise beschränkt geblieben, ohne Einfluß auf das palästinische Volk und die Diaspora. Erst nach 70 nChr setzte er sich allgemein durch. Ein abschließendes Urteil ist in dieser Frage beim gegenwärtigen Stand der Forschung noch nicht möglich. Die Funde von → Qumran und Murabbaʿāt (→ Qumran, 6 a) tragen nichts Entscheidendes bei, da sie nur Aussagen über die Verhältnisse in den jeweiligen Gemeinschaften ermöglichen: für die heterodoxe Gemeinde von Qumran war der Jerusalemer Standard-T. nicht maßgebend, für die orthodoxen Kreise von Murabbaʿāt wäre er vielleicht schon geraume Zeit vor dem 2.Jh. selbstverständlich gewesen.

c) Der Standard-T. repräsentiert nur eine von verschiedenen im Judentum vor 70 nChr umlaufenden T.gestalten. Neben ihr werden durch die Texte von Qumran zwei oder drei andere bezeugt, die vom orthodoxen Judentum unterdrückt wurden und ganz in Vergessenheit geraten wären, hätten sie sich nicht im Pentateuch der Samaritaner (→ Bibelhandschriften: I, 4) und in der LXX niedergeschlagen. Der Samaritanus erweist sich zB durch häufige Verwendung der Kopula und Vokalbuchstaben, Ersetzung ungewöhnlicher Ausdrücke und grammatischer Formen durch geläufige, Zufügung von Wörtern und Sätzen aus ähnlichen oder parallelen Stellen als Vulgär-T., und ähnliches, wenn auch in sehr viel geringerem Maße, läßt sich von der Vorlage der LXX sagen. Aus dem Vorhandensein beider T.gestalten in Qumran (neben einer als protomasoretisch [?] bezeichneten) ergibt sich, daß sie nicht als spezifisch samaritanisch bzw. alexandrinisch beurteilt werden dürfen. Für die LXX insbesondere folgt, daß Vieles, was man bisher den Übersetzern zuzuschreiben geneigt war, schon ihrer hebr. Vorlage eignete und darum bei der tk.en Arbeit ernsthaft bedacht werden muß.

2. a) Mit der, wie immer zu datierenden, Feststellung des authentischen T.es, dem die vorhandenen Hss. angeglichen wurden und der fortan allein tradiert wurde, ist ein entscheidender Einschnitt in der Geschichte des T.es erreicht. Das Nebeneinander divergierender T.gestalten wie zB in Qumran ist ebenso unmöglich geworden wie der freie Umgang mit der Schrift, der zu ihnen geführt hatte. Wenn man auch bei der T.-feststellung auf älteres und zuverlässiges Material zurückgriff, das den Vulgär-T.en überlegen war, und damit ein gutes Urteilsvermögen bewies, so kann doch keine Rede davon sein, daß mit ihr der *Urtext* des AT wiederhergestellt worden sei. Wo zB im AT ein T. zweimal überliefert ist (2Sam 22 = Ps 18 u.a.), zeigen sich so viele Abweichungen, daß jene Annahme unmöglich wird. Auch dieser T. enthält - abgesehen davon, daß seine völlig fehlerlose Tradierung in den Hss. trotz aller Sorgfalt ein nie ganz verwirklichtes Ideal blieb - von Anfang an eine Fülle von alten unbeabsichtigten und beabsichtigten Änderungen des Ursprünglichen. Er kam zu spät, und zu viele Zwischenglieder aus der Zeit, da man freier mit

dem T. umging, trennen ihn vom Ur-T. Daraus ergibt sich die wissenschaftliche Aufgabe der T.*kritik*, deren Ziel es ist, den Verderbnissen nachzugehen und unter Berücksichtigung der gesamten T.überlieferung den ältesten erreichbaren T. wiederherzustellen. Zu verbindlichen Ergebnissen kann sie nur gelangen, wenn sie sich an methodische Grundsätze hält und jeder Willkür, die gerade auf diesem Gebiet eine verlockende Gefahr darstellt, widersteht.

b) Sie muß ausgehen von einer klaren Vorstellung von den T.fehlern, die bei handschriftlicher Überlieferung und bes. bei einem konsonantischen T. zu unterlaufen pflegen. Unter die *unbeabsichtigten* Lese- und Schreibfehler (F.Delitzsch, Die Lese- und Schreibfehler im AT, 1920) rechnet man: a) Verwechslung ähnlicher Buchstaben. Da diese nicht erst in der Quadratschrift, sondern schon in der älteren, aber auch noch in Qumran für Bibel-Hss. gebrauchten *alt*hebr. Schrift geschehen konnte, müssen auch die Verwechslungsmöglichkeiten dieser Schrift in Betracht gezogen werden (Vaccari, Bibl 19, 1938, 188ff). b) Umstellung von Buchstaben. c) Haplo- und Dittographie. d) Ausfall durch Homoioteleuton und Homoioarkton. e) Fehlerhafte Wortverbindung und Worttrennung. Zwar wurde im Hebräischen nicht, wie im Griechischen, in scriptio continua geschrieben, aber der Abstand zwischen den Worten konnte so gering ausfallen, daß falsche Verbindungen und Trennungen eintraten. f) Mißverständnis von Vokalbuchstaben, die als echte Konsonanten aufgefaßt wurden. – Unter den in bestimmter *Absicht* vorgenommenen Änderungen steht wegen ihrer Häufigkeit voran die Beifügung der Kopula und kleiner und geläufiger Wörter, durch die das Verständnis u.U. sehr beeinflußt werden kann. Solche Änderungen sind auch noch häufig in die spätmittelalterlichen Hss. des MT eingedrungen. Gern werden auch seltene oder nicht mehr gebräuchliche Worte durch geläufige ersetzt. Bei einem aus religiösem Interesse gelesenen Buch finden sich auch Änderungen aus dogmatischen Gründen, Zusätze und – richtig oder falsch deutende – Glossen.

c) Ob der eine oder andere dieser Fehler vorliegt, läßt sich in manchen Fällen leicht, in anderen erst nach genauem Verhören der T.zeugen entscheiden. Jede tk.e Arbeit muß deshalb den in den verschiedenen Zeugen gebotenen T. sammeln und sichten. Als gewichtigster T.zeuge muß natürlich der MT gelten, dessen handschriftliche Überlieferung ziemlich einlinig ist, obwohl es auch ihr nicht an Varianten fehlt (vgl. die großen Sammlungen von B. → Kennicott, Vetus Testamentum Hebraicum cum variis lectionibus, 2 Bde, Oxford 1776/80; G.B. de Rossi, Variae Lectiones Veteris Testamenti, 4 Bde, Parma 1784–88). Ihre tk.e Verwertung leidet noch immer darunter, daß die in diesen Sammlungen aufgeführten Hss., unter denen sich viele wertlose finden, nicht so eingehend untersucht sind, wie das für ihre Beurteilung nötig wäre. Nur Varianten von Hss., die sich im Ganzen als zuverlässig erweisen, verdienen im Einzelfall Beachtung: manuscripta ponderantur, non numerantur. An zweiter Stelle sind jetzt die Hss. von Qumran heranzuziehen, die Varianten in großer Zahl enthalten. Viele erweisen sich als sekundär, aber manche bieten, wie es scheint, einen älteren und besseren T. Ähnliches gilt vom hebr. Pentateuch der Samaritaner. – Von den Übersetzungen ist die LXX die wichtigste für die tk.e Arbeit (→ Bibelübersetzungen: I). Sie ist in einer solchen Fülle von Hss., Fragmenten, Kirchenväterzitaten, Tochterübersetzungen u.a. mit divergierenden T.gestalten erhalten, daß sie ein schwierig zu handhabendes Instrument für die Tk. darstellt. Eine wertvolle Hilfe für die Klärung ihres eigenen T.es bieten die Ausgaben des Göttinger LXX-Unternehmens, die um die Herstellung des besten erreichbaren T.es bemüht sind. Die Übersetzung und Überlieferung ist in den einzelnen biblischen Büchern und den Hss. von so verschiedenem Wert, daß es nicht angängig ist, beliebige Lesarten ohne Rücksicht auf ihre Herkunft und den größeren Zusammenhang, dem sie entstammen, bei der Emendation heranzuziehen. Nur umfassende Studien ermöglichen ein begründetes Urteil im Einzelfall.

d) Der Sammlung und kritischen Sichtung der T.überlieferung muß ihre Prüfung nach sprachlichen und sachlichen Gesichtspunkten folgen. Mit der seit dem 19.Jh. neu gewonnenen Einsicht in Sprachen, Kulturen und Geschichte des Alten Orients sind auch neue Möglichkeiten des sprachlichen und sachlichen Verständnisses des AT eröffnet worden, durch die manche früher für notwendig gehaltene Änderung des MT überflüssig geworden ist. Dieser, aus direkter Überlieferung in der Ursprache geflossen und von vulgären Eingriffen ziemlich frei, verdient im ganzen den Vorzug vor anderen T.-zeugen, was natürlich Abweichungen im Einzelfall nicht ausschließt. – Stehen sich verschiedene mögliche Lesarten gegenüber, so verdient die lectio difficilior den Vorzug vor der facilior und ebenso die, aus der sich abweichende Lesarten am besten erklären lassen. Nur da, wo keiner der T.zeugen einen verstehbaren T. bietet, wird man sich zu einer Konjektur, die sich eng an das überlieferte Schriftbild anschließen soll, entschließen. Doch tut man in solchen Fällen oft besser, auf eine T.herstellung überhaupt zu verzichten.

Vgl. die Lit. zu → Bibelhandschriften: I, → Bibelübersetzungen: III, → Qumran, 1. 3. Ferner: H.Kantorowicz, Einführung in die Tk., 1921 – P.Maas, Tk. (EAW I, 2), 1927 – H.S.Nyberg, Das tk.e Problem des AT am Hoseabuche demonstriert (ZAW NF 11, 1934, 241–254) – Ders., Studien zum Hoseabuche (UUÅ 1935, 6) – J.Begrich, Zur Frage der at. Tk. (OLZ 42, 1939, 473–483) – D.W.Thomas, The Recovery of the Ancient Hebrew Language, 1939 – J.Coppens, La critique du texte hébreu de l'AT (Bibl 25, 1944, 9–49; 2e éd. [separat] 1950) – Ders., EThL 36, 1960, 466–475 – G.R.Driver, L'interprétation du texte masorétique à la lumière de la lexicographie hébraïque (AnLov, sér. 2, 18), 1950 – M.H.Goshen-Gottstein, T. and Language in Bible and Qumran, 1960.

E.Würthwein

II. Neues Testament

1. Aufgabe – 2. Geschichte – 3. Materialien – 4. Methodik – 5. Ergebnisse und Aufgaben. – t.r. = textus receptus

1. Die Originale der einzelnen Schriften des NT (→ Bibel: II C, 4) sind ohne Ausnahme verloren. Wir besitzen nur spätere Abschriften davon, die an unzähligen Stellen voneinander abweichen. Hieraus folgt die kritische *Aufgabe* der Rekonstruktion des Ur-T.es aus den vorhandenen Hss.: die Tk. Wer aber eine bestimmte Lesart für Ur-T. hält, muß gleichzeitig plausibel machen, wie die von ihm verworfenen Lesarten entstanden sind. Und umgekehrt: Ist die Entstehung einer Lesart ohne weiteres erklärbar, so hat die Gegenlesart den höheren Anspruch darauf, als Ur-T. zu gelten. Die Arbeit vollzieht sich somit in einem erkenntnistheoretischen Zirkel, indem sie zugleich mit der Wiederherstellung des Ur-T.es den Entwurf einer T.geschichte anstrebt, dh einer Gesamtschau des Ablaufs der handschriftlichen Weitergabe der T.e, die das Nach-, Neben- und Auseinander der zahlreichen Hss. mit ihren vielfach sehr erheblichen Abweichungen überzeugend erklärt. Sofern nicht, was höchst unwahrscheinlich ist, einzelne Urschriften der Evangelien, Briefe usw aufgefunden und – das weit Schwierigere! – als solche identifiziert werden, muß der von der Tk. erarbeitete T. den Charakter einer Hypothese behalten, deren Wahrscheinlichkeit freilich an den meisten Stellen der Gewißheit nahekommt. – Im Unter-

schied zur Literarkritik, die das Zustandekommen der nt. Schriften untersucht (zB der synoptischen → Evangelien), hat es die Tk. mit der abgeschlossen vorliegenden Schrift und ihrer handschriftlichen Überlieferung zu tun.

2. Die *Geschichte* der wissenschaftlichen Tk. des NT beginnt damit, daß man die weitverbreitete, von → Erasmus besorgte Erstausgabe des griech. NT (1516), der ganz wenige, vielleicht zu den verschiedenen Teilen nur je eine einzige, späte Hs. zugrunde liegt, durch Heranziehung weiterer Hss. und nicht zuletzt der Complutensis (→ Polyglotten) verbesserte: Ausgaben von Colinaeus 1534, → Stephanus 1546ff, → Beza 1565ff, der Druckerfamilie → Elzevir 1624-78 (Vorrede von 1633: »textum ... ab omnibus receptum«), von J. → Fell in Oxford 1675. 1689 schreibt R. → Simon anonym die erste »Histoire critique du texte du NT« (dt. 1776f, hg.v. Semler). 1707 erschien als erste große kritische Ausgabe diejenige von J.Mill. Sie druckt unter dem t.r. (Stephanus 1550) im Apparat rd 30000 Varianten aus 100 griech. Hss., den alten Übers.en und den Vätern ab und gibt ausführliche Prolegomena. Bald wurde auch der t.r. selbst verändert, so von N.Toinard 1707, E.Wells 1709, G.v.Maastricht 1711 und bes. W.Mace 1729. R. → Bentley kündigte 1720 in der Voranzeige zu einer geplanten, aber nie erschienenen Ausgabe an, er werde an fast 200 Stellen vom t.r. abweichen, womit er den T. des Origenes wiederhergestellt zu haben meint. Er legt Wert darauf, nur über 1000 Jahre alte Hss. und neben den alten Übers.en die griech. und lat. Väter nur der fünf ersten Jh.e heranzuziehen. J.A. → Bengel gibt 1734 ein griech. NT heraus, in dessen T. er nicht sehr viele und nur anderwärts bereits gedruckte Varianten gegenüber dem t.r. aufnahm. Der Apparat dagegen bietet zahlreiche Varianten in fünf Gruppen, von denen die erste als wahrscheinlicher Ur-T., die zweite als dem oben gedruckten T. überlegen, die dritte als ihm gleichwertig bezeichnet werden. In einem »Apparatus criticus« von 500 Seiten werden diese Varianten zT sehr ausführlich diskutiert und eine Einleitung in die Tk. gegeben, die die 43 canones des G.v.Maastricht (s.o.) auf den einen reduziert: Proclivi scriptioni praestat ardua. Auf Bengel geht vor allem aber die Unterscheidung von »T.familien« zurück, die in der Folge eine große Rolle spielen sollte. Sein eigener Vorschlag erwies sich freilich bald als unzureichend; er wollte zwischen einer afrikanischen (A, D und Verwandte, aeth, cop, lat) und einer asiatischen (alles Übrige) »Nation« der Hss. unterscheiden. Sein vorwiegend methodisch interessiertes, mehr konservativ eingestelltes Forschen fand einen lebhaften Gegner in J.J. → Wettstein. In seiner 1751f erschienenen Ausgabe des griech. NT druckt zwar auch er den t.r., leicht verändert nach G.v.Maastricht, ab. Auch er vermerkt nur unter dem T., wo er vom t.r. abweichen will. Aber in einem reichen Apparat werden Varianten aus über 90 ausgewählten Hss. mitgeteilt. Dabei wird erstmalig die noch heute gültige Hss.bezeichnung mit großen lat. Buchstaben für die Majuskeln und arab. Zahlen für die Minuskeln angewendet. Wettstein hält viele der alten Hss. für von der lat. Übers. beeinflußt - von B hat er keinen Gebrauch gemacht. Dafür schreibt er den Minuskeln mehr Wert zu als seine Vorgänger. Außer dem tk.en Apparat und eingehenden Ausführungen zur Methode der Tk. enthält seine Ausgabe auch die berühmte Stellensammlung aus der klassischen und der rabbinischen Literatur. J.S. → Semler hat 1767 als erster drei »Rezensionen« unterschieden: die alexandrinische (Schule des Origenes, ägypt. Väter, sy, aeg, aeth), die östliche (Antiochia, Byzanz) und die westliche. Nicht Alter und Zahl der Hss., sondern ihr Wert müsse den Ausschlag geben. Sein Schüler J.J. → Griesbach führt diesen Gedanken weiter. Seine Ausgabe 1805 beruht auf sorgfältigster Vergleichung der alten Übers.en und der Väter; nur so können bestimmte T.formen geographisch eingeordnet werden. Hauptsächlich durch Aufspüren und Vergleichen von Hss. wurde die Tk. gefördert von C.F.Matthäi 1782 (leider ist unbestreitbar, daß er Hss. entwendet und verkauft hat!), dem Dänen A.Birch 1785-1801, dem Wiener Prof. F.C.Alter 1786f. Nach Simon und Toinard (s.o.) haben am Ende dieser Zeit der Geltung des t.r. nochmals zwei kath. Gelehrte in die Diskussion eingegriffen. L.Hug 1808 führt die »Familienforschung« weiter und will vier Rezensionen erkennen: a) die koinê ekdosis (D^{ea} D^{p} E^{a} E^{p} F^{p} G^{p} fam l sy^{p} sy^{hmg} it sa Cl Or = Griesbachs »westliche«; hier zuerst Verwendung von »Koinê«, jedoch anders als heute), b) die ägyptische des Hesychius (A^{apr} B C L 33^{p} pc bo Cyr Athan = Griesbachs »alexandrinische«), c) die asiatische Lukians (E^{e} F^{e} G^{e} H^{e} K^{p} S^{e} V 33^{a} pl got slav Theophyl = Griesbachs »konstantinopolitanische«), d) die origenische (A^{e} K M pc sy^{ph} - nur in den Evangelien). Auf diese Arbeiten folgt 1830/36 die griech. T.ausgabe von J.A.M.Scholz. Er verfuhr eklektisch und näherte den t.r. der Griesbachschen T.form an.

Ein starker neuer Impuls kam der Tk. des NT von C.Lachmann, Prof. der deutschen und klassischen Philologie, ermuntert von → Schleiermacher. In seinen T.ausgaben (griech. 1831, griech.-lat. 2 Bde 1842/50) sowie in Aufsätzen (bes. ThStKr 1830, 817-845) drang er auf streng objektive Methoden, um alles subjektive Urteilen auszuschalten. Das Ziel sei nicht die Herstellung des vermutlichen Original-T.es, sondern des ältesten nachweislich verbreiteten, dh des um 380 im Osten - da im Westen die Quellen zu dürftig sind - gebrauchten T.es. Lachmann hält sich zwar insofern konsequent an seinen Leitsatz, als in seinem T. auch Teile erscheinen, die er selbst für sekundär hält (zB Lk 22, 43f; 24, 12). Aber die geringe Zahl der Zeugen, die er - vermutlich in Analogie zu seiner berühmten Lukrezausgabe - aus der bereits vorhandenen Vielzahl auswählte, und die starre Scheidung zwischen »orientalischen« und »occidentalischen« Zeugen, die zB die von Griesbach bereits berücksichtigten Unterschiede zwischen den Teilen gleicher Hss. ignorierte, zwang ihn gerade an den schwer zu entscheidenden Stellen oft genug, seine eigene Methode zu verlassen. Das ist seinem T. zwar zugute gekommen, hat aber sein Ringen um eine Methode »objektiver« T.herstellung weniger bedeutsam und ergiebig erscheinen lassen, als es in Wirklichkeit war. Auf ihn und Bentley beruft sich C.v. → Tischendorf für seine Editio octava critica maior von 1869-72, nachdem er sich in seinen früheren Ausgaben stark dem t.r. angenähert hatte. Die Auffindung des Codex Sinaiticus gab den Anstoß für ihn, in langjähriger Arbeit neue Grundsätze der T.herstellung zu gewinnen, deren Früchte in seiner berühmten Ausgabe vorgelegt werden. An mehr als 3000 Stellen unterscheidet sie sich von der vorhergehenden. Gruppierungsfragen interessieren ihn weniger; als Hss.-Sammler, -Vergleicher, -Hg. war er hochbedeutend. Selbständig gegenüber Tischendorf, aber trotz anfänglich mangelnder Bekanntschaft mit dem Sinaiticus seinem T. weithin nahestehend ist die große, sorgfältig gearbeitete Ausgabe von S.P.Tregelles 1857-72. Dagegen setzt sich F.H.A.Scrivener 1861 wieder für den t.r. ein. Trotzdem bereicherten seine zahlreichen Hss.kollationen die Tk. um eine Fülle von Material. Die große Ausgabe (1881) von B.F. → Westcott und F.J.A. → Hort bildet mit Einleitung und Anhang (1882) eine der imponierendsten Leistungen der Tk. Erklärtermaßen sind Geschichte und Genealogie der Zeugen nunmehr Fundament für die T.-

herstellung. Die innere Evidenz der Lesarten tritt an die zweite Stelle. Vier »T.typen« sind in vornicänischer Zeit erkennbar: a) der »westliche« (D usw), b) der »alexandrinische« (C A^{ap} usw), c) der »neutrale« (B usw); aus diesen allen entsteht durch eine planmäßige Rezension d) der schließlich siegende »syrische« T.typ. Die Hauptzeugen werden den einzelnen Typen zugeordnet, häufig so, daß die Hss.teile zu verschiedenen Typen gehören und viele Zeugen als Misch-T.e erscheinen. Die letzteren aber hielten die Diskussion in Gang, und H.v. → Soden kam zu weitgehend abweichenden Ergebnissen. Eine große Geldspende ermöglichte ihm unter Mitwirkung vieler Mitarbeiter umfangreiche Erhebungen aus allen ihm erreichbaren Hss. Sein großes tk.es Werk begann 1902 zu erscheinen und wurde 1913 mit dem T.band abgeschlossen. Er führt die gesamte T.geschichte auf drei Rezensionen zurück: H (Ägypten), I (Palästina, in Apk An[dreas]), K (Syrien-Antiochia) und rekonstruiert die diesen gemeinsam zugrunde liegende T.form I-H-K. Dieser T. wird dann mit Hilfe von Origenes, Tatian, vetus latina und vetus syra sowie der anderen vororigenistischen Väter emendiert und mit dem Stand etwa der Jahre 130/140 »die älteste erreichbare T.gestalt« hergestellt. Weder v. Sodens komplizierte Hss.bezeichnung noch seine I-Gruppe konnten sich durchsetzen; die Großartigkeit seines Versuches bleibt dennoch eindrucksvoll und wirkt fort. Dagegen haben die 1894-1900 veröffentlichten Arbeiten von B. → Weiß, der auf die Frage der Rezensionen kaum eingeht und einseitig den Vaticanus (B) bevorzugt, die Tk. kaum gefördert. Aus den Trümmern der v. Sodenschen I-Gruppe hat B.H. → Streeter 1926 einen Zusammenhang von bereits bekannten »Familien« und Einzelzeugen (W Θ, fam 1 - Lake, fam 13 - Ferrar, 28, 565, 700, fam 1424 usw) gefischt und - da ihn Origenes dort gebraucht hat - für Cäsarea in Anspruch genommen. Arbeiten von T.Ayuso haben inzwischen wahrscheinlich gemacht, daß von dem »cäsareensischen« ein »prächäsareensischer« T.typ zu unterscheiden ist. In mühevollster Kleinarbeit hat zuletzt J.Schmid die alten Stämme der Apk-Überlieferung untersucht (1955).

3. Das *Material* für die Tk. sind zunächst die *griech.* → *Bibelhandschriften* (: II) des NT. In den Anfängen des gedruckten T.es begnügte man sich mit ganz wenigen Hss. als Vorlage und Vergleichsmaterial (so Erasmus, etwas mehr wahrscheinlich die Bearbeiter der Complutensis). Aber die Entdeckung, daß es Hss. gab, die weit vom gewohnten t.r. abwichen, und die sich allmählich entwickelnde tk.e Methode ließen eine möglichst vollständige Erfassung der vorhandenen Hss. wünschenswert erscheinen. Diese Arbeit ist noch in vollem Gang und wird immer noch von überraschenden Neuentdeckungen begleitet. ZZ sind fast 2800 griech. Bibel-Hss. oder Teile und Bruchstücke davon bekannt. Um dieses immense Material einigermaßen zu ordnen und festzuhalten, begründete → Gregory eine auf seinem Bezeichnungssystem aufgebaute zentrale Listenführung, die nach E.v.Dobschütz und W.Eltester seit 1949 in den Händen von K.Aland liegt. Es werden danach allgemein bezeichnet: die Papyri durch 𝔓 mit Exponent (zB $𝔓^{45}$), die Unzialen mit 0-Zahlen (meist fett, zB **0112**) oder großen Buchstaben (zB ℵ, L, Δ), die Minuskeln mit einfachen Zahlen (zB 118), ebenso die → Lektionare (Perikopenbücher), jedoch mit vorgesetztem *l* (zB *l* 1610). Die letzteren enthalten keinen fortlaufenden T., sondern nur die Schriftlesungen für die einzelnen Sonn- und Feiertage des Kirchenjahres. Ihre Zahl von rd 1850 ist der oben gegebenen noch hinzuzurechnen. Mitte 1960 standen (laut Aland BZ NF 4, 1960, 316) die Papyri bei $𝔓^{72}$ (weitere sind bereits publiziert oder bekannt, aber noch nicht eingereiht), die Majuskeln bei **0242**, die Minuskeln bei 2570, die Lektionare bei *l* 1909. In diesen Reihen entstehen freilich regelmäßig wieder Lücken, wenn Doppelzählungen oder Zusammengehörigkeit an verschiedenen Orten aufbewahrter Hss.teile entdeckt wurden. Die freiwerdenden Zahlen werden nicht wieder besetzt, damit keine Verwirrung entsteht.

Anfänglich machten die Bibliotheken ihre Kostbarkeiten - sofern sie sie selbst kannten - nur zögernd der wissenschaftlichen Benutzung zugänglich. So waren die Tk.er genötigt, entweder selbst viele Bibliotheken aufzusuchen - wenn man ihnen den Zutritt gestattete - oder sich auf die nicht immer durchaus zuverlässigen Abschriften und Notizen anderer zu stützen. Das änderte sich, nachdem man begonnen hatte, wichtige Hss. im vollen T. zu drucken. Unter den ersten waren A (1786) und D (= **05**, 1793). Tischendorf gab 1862 den von ihm entdeckten ℵ in bes. geschnittenen Typen heraus, die die verschiedenen Schriftformen des gleichen Buchstabens berücksichtigten und auf diese Weise die Hs. weitgehend nachahmten. Diese typographischen Ausgaben wichen aber bald den photographischen, für A bereits 1878.

Als bes. wertvolle Urkunden haben sich vielfach die → *Palimpseste* erwiesen, deren Urschrift anfangs durch Behandlung mit Tinkturen oder Dämpfen besser sichtbar gemacht wurde. Heute erbringt die Fluoreszenzphotographie weit bessere Resultate, ohne die Hss. im geringsten zu beschädigen. Das berühmteste Palimpsest ist C, der »Codex Ephraemi rescriptus«, eine Hs. mit Abhandlungen des → Ephraem Syrus, die auf abgewaschene Blätter einer alten griech. Vollbibel geschrieben sind und auf diese Weise einen kleinen Teil des AT und den größten des NT bieten.

Neben den griech. Hss. sind die ältesten *Übers.en* des NT gewiß das wertvollste Material der Tk. (→ Bibelübersetzungen: II. III). Manche stellen sie noch über die griech. T.überlieferung, da sie ins 2.Jh. hinaufreichen und damit fast alle griech. Zeugen an Alter übertreffen. Allerdings sind die ältesten Hss. der syr., lat. und kopt. Übers. auch nicht älter als das 4.Jh. Aber mit dem Übergang in eine andere Sprache begann auch eine eigene T.geschichte, in der der Einfluß von griech. Hss. her nicht die Regel, sondern die Ausnahme darstellt. So darf erwartet werden, daß zB eine kopt. Hs. des 4.Jh.s von dem im 3.Jh. in Ägypten im Gebrauch befindlichen T. eine zuverlässigere Vorstellung geben kann als eine griech. Hs. des 4.Jh.s. - Im Syrischen ist das NT allem Anschein nach zuerst in der Form einer → Evangelienharmonie gebraucht worden. Von diesem »Diatessaron« → Tatians (um 170) ist umstritten, ob es ursprünglich syr., griech. oder gar lat. verfaßt war. Außer einem griech. Fragment aus Dura-Europos ist es nur indirekt bekannt aus Zitaten der syr. Väter, vor allem aber aus einem Kommentar des Ephraem, der - vorher nur in armen. Übers. bekannt - nunmehr auch im syr. Original-T. aufgefunden ist. Von den vielen Harmonien in lat., arab., pers., ahd., altengl., mittelniederländ., ital. Sprache ist noch weithin ungeklärt, wie getreu sie Tatians Werk widerspiegeln. Diesem ist als dem Werk eines Häretikers jedenfalls bald im »Evangelium der Getrennten« ein Konkurrent erstanden. Diese Auf- bzw. Unterschrift tragen die beiden einzigen uns erhaltenen Zeugen einer ebenfalls altsyr. Übers., der Cureton- und der Sinai-Syrer, beide im 5. oder 4.Jh. geschrieben. Noch im 5.Jh. hat Theodoret von Cyrus nach seinen eigenen Worten (Haer. fab. comp. 1, 20) mehr als 200 Exemplare des Diatessaron in den Gemeinden vorgefunden und vernichtet. Solche Lebenskraft besaß der Erstling des syr. NT! Sein Einfluß auf die T.geschichte ist nachweislich stark. Aber die Tendenz der Evangelien-Angleichung, bes. an das MtEv, tritt überall so hervor, daß nicht jede harmonisierende Lesart auf Rechnung Tatians gesetzt werden darf. - Gleichzeitig mit den ersten syr., vielleicht sogar schon etwas vor ihnen, scheint die lat. Übers. des NT (→ Bibelübersetzungen: II) begonnen zu haben, zuerst wohl in Nordafrika. Jedenfalls zeigen zwei der ältesten Codices, Bobiensis (k) und Palatinus (e), beide aus dem 4./5.Jh., starke Übereinstimmung mit den nt. Zitaten bei Cyprian von Karthago. Daneben gibt es jüngere Gruppen, die mit Süd- oder Norditalien, Spanien oder Gallien in Verbindung gebracht werden. Es ist kontrovers, ob die altlat. Übers. (Vetus Latina) in Afrika entstanden und von da unter allerlei Modifikationen ausgebreitet worden ist, oder ob in verschiedenen Regionen des Abendlandes selbständige Übers.en stattfanden, die später aneinander angeglichen wurden, bis mit der Vulgata ein annähernder Einheits-T. erreicht war. - Die Anfänge einer kopt. Übers. des NT (→ Ägypten: IV, 1) scheinen erst im 3.Jh. zu liegen. Im sahidischen Dialekt Südägyptens gibt es nur Fragmente des NT, jedoch so zahlreich, daß bis auf wenige Verse das ganze NT erhalten ist. Immerhin muß man sich darüber klar sein, daß die einzelnen T.partien auf sehr verschieden breiter Basis, manchmal nur auf einem einzigen Zeugen stehen. Die bohairische Übers. in Nordägypten, ursprünglich ins 2., dann ins 7. oder 8.Jh. angesetzt, hat nach Entdeckung einer bohairischen Hs. des 4.Jh.s heute eher wieder Anspruch darauf, den älteren Übers.en zugerechnet zu werden. - Auch spätere Übers.en bewahren bisweilen noch Spuren früherer Stadien der T.geschichte. Im allgemeinen spiegeln sie aber den bereits dem 𝔎-Typ (s. 5) sich annähernden T. ihrer Zeit wider. Die sog. Tochter-Übers.en, dh die aus anderen Sprachen als der griech. übersetzten, haben entsprechend nur noch mittelbare Bedeutung.

Als Material für die Tk. sind schließlich noch die *Väter* zu nennen, die in ihren Zitaten und Kommentaren einen nicht unwichtigen Beitrag zur indirekten Tradition liefern. Allerdings sind auch die Schriften der Väter nur durch Abschreiber auf uns gekommen, die sich bei ihrer Arbeit keineswegs archivalischer Genauigkeit befleißigten, sondern den in den Zitaten und Kommentaren vorgefundenen Bibel-T. weitgehend dem ihnen geläufigen anglichen, wenn er davon abwich. Voraussetzung für die Heranziehung der Väterzeugnisse ist daher das Vorhandensein kritischer T.editionen. In zahlreichen, wenn auch bei weitem nicht allen Fällen wird man auf Grund des Hss.befundes nachträgliche Angleichungen an den geläufigen Bibel-T. rückgängig machen können. Das ist namentlich auch dann möglich, wenn zwischen dem in einem Kommentar gebotenen T. und seiner Kommentierung Diskrepanzen sichtbar werden. Darüber hinaus steht man oft genug vor der Frage, ob der Verfasser wörtlich zitieren oder nur eine Anspielung machen will, ob er aus dem Gedächtnis zitiert oder »nachgeschlagen« hat. Untersuchungen zum Zitationsstil eines Autors oder Werkes sind daher häufig unerläßliche Voraussetzung. Eine besondere Gattung der Väter-Literatur bilden die → Catenae, Sammlungen von exegetischem Stoff, der, teils anonym, teils mit - richtiger oder falscher - Verfasserangabe, am Rande der Bibel-Hss. oder auch selbständig geschrieben erscheint. Die Aufarbeitung dieses Stoffes ist zZ noch im Gange.

4. Eine *Methodik* der Tk., die diesen Namen verdient, gibt es erst seit dem Aufkommen einer kritischen → Bibelwissenschaft. Schon in der Zeit der alten Kirche gab es zwar tk.e Entscheidungen; sie waren unumgänglich. Wo sie aber nicht im unzugänglichen Dunkel von nur zu erschließenden Rezensionen (s.u.) oder gar von Schreiberwillkür liegen, sondern in Väterschriften begründet werden, zeigt sich, daß sie ausschließlich vom Maßstab der Rechtgläubigkeit oder der Klarheit der Schrift her gefällt werden. Daß der originale T. verständlich gewesen sein müsse und nicht unüberwindliche Widersprüche zum Kontext (im weitesten Sinne) enthalten haben dürfe, ist zwar eine unaufgebbare Forderung. Aber als einziges kritisches Prinzip verwildert sie nur allzu leicht und setzt dem eigenen Wunsch und Willen keine ernsthaften Schranken. Das mußte die Bemühungen um eine objektive Methode des Urteilens auf den Plan rufen, deren eine Form die Konzeption einer T.geschichte ist, - eine ständig bleibende Aufgabe der Tk. Die andere besteht darin, daß zur Einzelstelle die Entstehung der Varianten aus dem wahrscheinlichen Verhalten der Abschreiber diskutiert wird.

Der Erhellung der T.geschichte dient als erstes die Feststellung des Alters (→ Paläographie) und wenn möglich von Entstehungsort und -umständen der Hss. Sodann ist das Verhältnis der verschiedenen Hss. zu klären. Ganz selten ist ein Zeuge als direkte Abschrift eines anderen erweisbar. Überhaupt ist das alte Verfahren der klassischen Philologie, ein Stemma (= Genealogie) der Hss. aufzustellen, im NT nicht anwendbar, weil Kontamination (Seiteneinflüsse durch Hss.vergleich) nicht Ausnahme, sondern Regel ist. Eine als Abschrift von einer anderen erwiesene Hs. kann gleichwohl auf einem anderen Wege noch zu Originallesarten gekommen sein. Im NT ist es daher lediglich möglich, Familien oder Gruppen unter den Hss. herauszufinden (→ Bibelhandschriften: II), was seit Bengel geschieht. Die Gruppenforschung stützt sich auf verschiedene Indizien. Manche Hss. erweisen sich schon durch Ausstattung und Beigaben (Über- und Unterschriften, Kapiteleinteilung, Canones des → Eusebius, Stichenzählung) als verwandt. v. Soden hat die Gruppen innerhalb seines K-Typs mit Hilfe der jeweiligen Form klassifiziert, in der die Perikope von der Ehebrecherin Joh 7, 53 - 8, 11 erscheint. Das wichtigste Merkmal einer Gruppe aber sind die ihr eigentümlichen Einzellesarten oder Lesartengruppen. Dabei ergeben sich neben den reineren immer auch weniger reine Vertreter eines Typs. Bei den Mischformen ist es oft nur eine Formulierungsfrage, ob man sie als x-T. mit y-Einschlag oder als y-T. mit x-Einschlag ansieht. So kommt man immer nur zu Annäherungen. Vor allem ist es nun wichtig, den für eine Gruppe eigentümlichen T. mit einem Kirchengebiet zu verbinden, am sichersten durch Väterzitate einer bestimmten Region. Man kann so ein Bild von dem T. bekommen, der in einer gewissen Gegend zu einer gewissen Zeit im Gebrauch war. Die Frage ist dabei stets, worauf eine vorhandene Übereinstimmung in Eigentümlichkeiten des T.es zurückzuführen ist. Man hat (s. 2) planmäßig unternommene Rezensionen dahinter vermutet und die bei Hieronymus genannten Namen des → Hesychius für Ägypten, des → Pamphilus für Cäsarea, des → Lucian für Antiochia damit in Verbindung gebracht. Aber es darf nicht verkannt werden, daß ein geschlossenes Kirchengebiet mit lebhaftem Austausch zwischen den Gemeinden auch ohne autoritativen Eingriff einen einheitlichen Normal-T. hervorbringen kann. Freilich waren Bibel-Hss. viel zu kostbar, als daß sie ohne Not vor der Zeit ausrangiert worden wären. So mußte auch manches Abweichende lange am Leben und im Gebrauch bleiben und konnte sich wohl gar gegen den genormten T. wieder durchsetzen.

Die Feststellung von T.gruppen oder -typen verstattet Einblicke in die T.geschichte. Wie ist sie aber für die Gewinnung des Ur-T.es fruchtbar zu machen? v. Soden hat den H-I-K-Text, dh den T., der allen drei Rezensionen zugrunde lag, als Ausgangspunkt für die Rekonstruktion des Ur-T.es genommen. Dabei ist die Möglichkeit außer acht gelassen, daß alle drei Rezensionen an einer Stelle zB harmonisiert haben und der Original-T. nur sporadisch erhalten ist. Deshalb kann auch ein bestimmter T.typ nicht als »der zuverlässigste« angesprochen werden; er kann auf eine Rezension zurückgehen, die dann jedenfalls nicht nach kritischen Prinzipien in unserem Sinne vorgenommen wurde. Das Zustandekommen zB des → Nestle-T.es macht ihn eher zum Repräsentanten des ägypt. T.types als des mutmaßlichen Original-T.es. Völlig abwegig wäre es, die »beste« Hs. ausfindig zu machen und ihr zu folgen. Die Kontamination, die bei allen denkbaren Vorlagen stattgefunden haben kann, schließt bei keiner Hs. das Vorhandensein völlig wertloser Lesarten aus.

In dieser Lage ist der gebotene Ausgangspunkt für die Gewinnung des Ur-T.es der Einsatz bei der Einzelstelle. Genaues Studium des Verhaltens der Abschreiber, exegetisches Eindringen in die Spannungen eines T.stückes, Kenntnis der verschiedenen Beleuchtungen, in die ein T. im Laufe der Dogmengeschichte treten konnte oder getreten ist, müssen zusammenwirken, um ein Urteil darüber zu gewinnen, welche Variante die - vielleicht auch unabsichtliche - Veränderung, welche den originalen T. darstellt. Hier haben die im Laufe der Zeit entwickelten kritischen Regeln ihre Stelle (Bengel: proclivi praestat ardua; andere: der längere T. ist sekundär; bei wiederkehrenden Wendungen: der ursprüngliche T. setzt sich am Ende durch usw). Häufig wird Argument gegen Argument stehen und ein Gefälle nach der einen oder anderen Seite nicht festzustellen sein. Das aber hebt den methodischen Grundsatz nicht auf: Diejenige Variante hat Anspruch darauf, als Ur-T. zu gelten, aus der die Entstehung der übrigen am einleuchtendsten erklärt werden kann. In zweiter Linie hat die Bezeugung das Wort - und zwar nicht nur dann, wenn die Gefälle-Prüfung ein non liquet ergeben hat. Dabei kommt es sehr auf den Charakter der Variante an, ob es sich etwa um eine sehr naheliegende Angleichung oder um eine ganz originelle, willkürliche Abweichung handelt. Im letzteren Falle wird das Auftreten in verschiedenen Kirchengebieten oder in gegnerischen Lagern ein starkes Echtheitsargument darstellen. Die synoptischen Evangelien mit ihren zahlreichen harmonistischen Lesarten bilden einen Sonderfall der Tk. Sie erlauben oft, mit hoher Wahrscheinlichkeit zu urteilen, weil die Motive zu Veränderungen leicht erkennbar sind. Erst in dritter Linie kommt in Ansatz, was dem Autor einer Schrift zuzutrauen, was an der betr. Stelle zu erwarten ist. Dies war in vorkritischer Zeit fast der einzige Gesichtspunkt; aber man war meist viel zu sicher bezüglich dessen, was zu erwarten war. In neuerer Zeit konnten die Beobachtungen zum Stil der einzelnen Autoren fruchtbar gemacht werden (Turner, Kilpatrick); die Gefahr des Zirkelschlusses ist hier freilich bes. naheliegend. - Zur T.geschichte der Apg s. → Apostelgeschichte, 1.

Ein gesondertes Problem bildet die Erforschung des T.es der → Lektionare (vgl. → Evangeliarien). Arbeiten von E.C.Colwell u.a. haben ergeben, daß sich auch für die → Perikopen-Bücher eine verhältnismäßig feste Tradition feststellen läßt. Nur daß der T.typ von einer zur anderen Perikope wechselt; ausgesprochen »ägypt.« Färbung steht neben reinen 𝔎-Formen. Das Erstaunlichste ist aber, daß diese scheinbare Un-ordnung festzustehen scheint, jedenfalls in einer großen Anzahl von Lektionaren nachgewiesen werden konnte: Die eine Perikope hat immer 𝔥-, die andere immer 𝔎-T. Das wird sich nur nach genauerer Erforschung der Geschichte dieser Bücher erklären lassen. Sicher stehen am Anfang bestimmte, örtlich verschiedene Systeme von Lektionen, für die man den T. zunächst den vorhandenen Vollbibeln entnahm, ehe man besondere Perikopenbücher anlegte. Es gibt daher schwerlich einen ursprünglichen Lektionar-T., wohl aber zunächst ganz einfache, dann ausgebaute Leseordnungen, in denen der Perikopen-T. allmählich fest wurde, um - wie häufig im Bereich des Liturgischen - ältere Formen noch lange zu konservieren.

5. Bleiben die *Ergebnisse* der Tk. nach Lage der Dinge auch mehr als die anderer Disziplinen Hypothesen, so besitzen einige davon doch hohe Wahrscheinlichkeit. Als gesichert darf gelten, daß der heute in der griech. Kirche gebrauchte T. des NT keineswegs dem Original entspricht. Er ist vielmehr das Ergebnis einer langen Überlieferung, an deren Anfang vielleicht eine Rezension (Lucian) gestanden hat, die dann aber durch Anpassung an und Glättung für den kirchlichen Gebrauch den 𝔎-(= Koinê)Typ hervorbrachte, der im griech. Gottesdienst schließlich gesiegt hat. Von diesem Typ aber sind andere sehr verschieden, die früher im Gebrauch waren, - so 𝔥 in Ägypten (Hauptvertreter: ℵ, B, C, 33, Clem Al, Orig, die meisten Papyri). Weiter sind als gesicherte Gruppen anzusprechen fam 1, fam 13, fam 1424; ihre Verbindung mit Cäsarea ist mindestens wahrscheinlich, wie auch die einer verwandten Gruppe, zu der Θ, 565^{Mk}, 28, 700, 544 gehören. Als Ergebnis der bisherigen Forschung darf auch der Umstand angesehen werden, daß uns die Papyrusfunde der letzten Zeit (bes. Chester-Beatty und Bodmer; → Papyrusforschung) ein Stadium der T.geschichte in Ägypten vor Augen führen, das noch keineswegs die einheitliche Herrschaft einer Rezension zeigt. Das Vordringen in eine Zeit der T.ausbreitung, die noch keine Koordinierungsmaßnahmen größeren Stils erkennen läßt, hat damit begonnen.

Aber alle Ergebnisse stellen zugleich neue *Aufgaben*. Die Sammlung und Darbietung des gesamten inzwischen bekannten Variantenmaterials mußte nach Tischendorf und v. Soden aufs neue in Angriff genommen werden. Nach einem Versuch von S.C.E.Legg, der über das Mk- und MtEv nicht hinauskam, hat jetzt eine größere Zahl angelsächsischer Gelehrter einen neuen, auf breiter Basis fundierten »Tischendorf« in Arbeit (alle bekannten Varianten, aufgereiht am t.r.). Darüber hinaus wird man sich aber auch von der Überzeugung des ausgehenden 19.Jh.s freimachen müssen, daß in den Hss. der ägypt. Gruppe der Ur-T. am reinsten erhalten sei, - eine Meinung, die bis heute in der Gestalt des »Nestle« praktisch die Grundlage für einen großen Teil der Arbeit am NT abgibt. Von den bisher erschienenen neueren T.rezensionen von Souter, v. Soden, Vogels, Merk, Bover hat keine bis jetzt eine allgemeinere Anerkennung finden können. Eine Neuausgabe von G.D. Kilpatrick (British and Foreign Bible Society) hat erst Teile, ein Unternehmen der American Bible Society noch gar nichts vom T. publiziert. Das Vetus-Latina-Institut in Beuron, das sich - in Wiederaufnahme des Werkes von P.Sabatier (1743 ff) - die Erforschung der altlat. Bibel zur Aufgabe gemacht hat, konnte vom NT bisher den T. von Jak und 1.2Petr vorlegen.

Allgemein: RE II, 728 ff - E.v.DOBSCHÜTZ, E.Nestles Einführung in das griech. NT, (1897) 1923^4 - H.J.VOGELS, Hdb. der Tk. des NT, (1923) 1955^2 - P.MAAS, Tk., (1927) 1957^3 - RGG^3 V, 1074 ff - F.G. KENYON, Der T. der griech. Bibel, engl. (1937) 1961^2, dt. (1952) 1961^2 - M.M.PARVIS-A.P.WIKGREN (Hg.), NT Manuscript Studies, 1950. - Lit.: E.MASSAUX, Etat présent de la critique textuelle du NT (NRTh 75, 1953, 703-726) - B.M.METZGER, Annotated Bibliography of the Textual Criticism of the NT 1914-39 (StD 16), 1955 - J. DUPLACY, Où en est la critique textuelle du NT?, 1959 (= RechSR 45, 1957, 419-441; 46, 1958, 270-313. 431-462). - Zu 2: C.R.GREGORY, Tk. des NT II, 1902, 848 ff - W.G.KÜMMEL, Das NT. Gesch. der Erforschung seiner Probleme, 1958. - Zu 3: Hss.liste: C.R.

GREGORY, Die griech. Hss. des NT, 1908 - Forts.: ZNW 23, 1924, 248-264; 25, 1926, 299-306; 27, 1928, 216-222; 32, 1933, 185-206; 45, 1954, 179-217; 48, 1957, 141-191 (vgl. 42, 1949, 242-253; 43, 1950/51, 260f; ThLZ 78, 1953, 465-496). - Vgl. die Lit. zu → Bibelhandschriften: II, → Bibelübersetzungen: II. III. - Zu 4: H.GREEVEN, Die T.gestalt der Evangelienlektionare (ThLZ 76, 1951, 513-522) - DERS., Erwägungen zur synopt. Tk. (NTS 6, 1960, 281-296). - Zu 5: Außer den zu → Bibelhandschriften: II genannten Ausg.n: J.M. BOVER, Novi Testamenti Biblia Graeca et Latina, (1943) 1959^{4}.
H.Greeven

Thaddäus, Mk 3, 18 als 10. Apostel nach → Jakobus Alphäi genannt. Mt 10, 3 bot statt dessen ursprünglich → Lebbäus, mit dem einige Mt-Hss. Th. ausdrücklich identifizieren. Lk 6, 16 und Apg 1, 13 haben anstelle dieser Namen → Judas Jakobi. In der späteren Überlieferung spielt Th. eine Rolle als Missionar von → Edessa (→ Abgar; so zuerst Euseb; hier ist Th. einer der Siebzig) und → Armenien (nach Simon von Chorene). Völlig legendarisch ist auch die syrisch erhaltene Doctrina Addäi (Addäus = Th.) und die noch späteren Acta Thaddäi.

BAUER, WB^{5} 691 - HENNECKE^{3} II. *H.Köster*

Thadden, *Adolf von* (1796-1882), Gutsbesitzer auf Trieglaff in Hinterpommern. Er nahm als Kadettenhauszögling am Befreiungskriege teil, geriet dann in einen Berliner Kreis erweckter junger Adliger und reiste 1816 nach München, um die um → Sailer und → Goßner versammelten Erweckungskreise kennenzulernen. Nach seiner Heirat wurde Trieglaff zum Mittelpunkt der dortigen → Erweckung (: I, 5 b; → Romantik: III, 2 a). In Th.s Hause hat auch → Bismarck seine Bekehrung erlebt. Die Trieglaffer Konferenzen hatten eine gewisse Berühmtheit. Politisch standen die Vertreter dieser Kreise Friedrich Wilhelm IV. nahe und gehörten zur Konservativen Partei. Gegenüber Bismarck, dessen politische Praktiken von den konservativen Frondeuren abgelehnt wurden, trat auch bei Th. eine zunehmende Entfremdung ein.

H.TH.WANGEMANN, Geistl. Regen u. Ringen am Ostseestrande, 1861 - ELEONORE FÜRSTIN REUSS, A.v.Th., (1890) 1894^{2} - F.MEINECKE, Bismarcks Eintritt in den christlich-german. Kreis (HZ 90, 1902, 56 bis 92) - H.PETRICH, A. u. H.v.Th. u. ihr Trieglaffer Kreis, 1931.
K.Kupisch

Thailand. Das Königreich Th. oder *Siam* liegt am Golf von Siam östlich von Burma (→ 13 B 5/6). 97% der Bevölkerung (1957: ca 23 Mill.) sind Thai (im Norden Lao genannt), der Rest setzt sich aus Malaien, Chinesen, Burmesen und verschiedenen Gebirgsstämmen zusammen. Staatsreligion ist der Theravada-Buddhismus, doch gibt es im Süden auch Muslim und in den Bergen Animisten. - Die *kath.* Mission begann im 16.Jh. mit portugiesischen Dominikanern. Dann kamen Jesuiten und Franziskaner; 1639 bat der König um Geistliche für seine portugiesischen Soldaten. 1659 wurde das Apostolische Vikariat des Hinteren Indien der Société des Missions Etrangères de Paris unterstellt, später wieder davon getrennt und 1844 erneut der Société angegliedert. 1928 kamen die Salesianer nach Th. und erhielten 1941 ein drittes Vikariat. Verträge mit Frankreich von 1685 und 1880 gewährten Religionsfreiheit und förderten das Wachstum der kath. Kirche. 1949 gab es in Th. 52557 getaufte Katholiken. - Die *Protestanten* nahmen zwischen 1828 und 1831 ihre Arbeit mit Karl → Gützlaff und Jacob Tomlin (Londoner Mission) auf. Der American Board of Commissioners sandte auf Bitten Gützlaffs von 1831-49 Missionare nach Th., zog sich jedoch zurück, als ihr Hauptvertreter Dr. Dan Beach Bradley (1835-93 in Th.) zur American Missionary Association hinüberwechselte. Die American Baptist Mission war von 1831-93 tätig und hinterließ die starke chinesische Maitri Chit Church of Bangkok, die erste in Th. organisierte Gemeinde. Diese Mission wurde 1956 neubegründet. Am stärksten hat die United Presbyterian Church in the USA (seit 1840) gewirkt. Die erzieherische und ärztliche Tätigkeit der Missionare gewann das Vertrauen fortschrittlicher Könige; zB wurde S.G.McFarland Leiter des Erziehungswesens. Thailändische und chinesische Kirchen entstanden im Süden. Noch rascher breitete sich das Christentum bei den Lao im Norden unter Führung von Daniel McGilvary in Chiangmai (1867 bis 1911) aus. Diese Mission bestand bis 1957 und ging in der 1934 gegründeten Kirche Christi in Th. auf, zu der auch Baptisten und Disciples of Christ gehören (1957: 119 Kirchen, 23333 getaufte Mitglieder, einschl. Kinder). Die S.P.G. (1903-40), United Christian Missionary Society (seit 1903), Seventh Day Adventists (seit 1918), Christian and Missionary Alliance (seit 1929) und 9 weitere Missionsgesellschaften, die seit 1947 ins Land gekommen sind, haben sehr kleine Gemeinden.

Allgemein: W.CREDNER, Das Land der Thai, 1935 - K.P.LANDON, Siam in Transition, Shanghai 1939 - DERS., The Chinese in Th., New York 1941 - V.THOMPSON, Th., the New Siam, ebd 1941. - *Missionen:* A.LAUNAY, Hist. générale de la Société des Missions Etrangères, 3 Bde, Paris 1894 - D.MCGILVARY, A Half Century among the Siamese and Lao, New York 1912 - J.SCHMIDLIN, Kath. Missionsgesch., 1925 - G.B.MCFARLAND, Historical Sketch of Protestant Missions in Siam 1828-1928, Bangkok 1929 - K.E.WELLS, Hist. of Protestant Work in Th. 1828-1958, ebd 1958. *R.P.Beaver*

Thalhofer, *Valentin* (1825-91), kath. Liturgiewissenschaftler, * und † in Unterroth b. Ulm. Prof. in Dillingen, München und Eichstätt, bekannt durch sein »Handbuch der Liturgik« (2 Bde, 1887-93; Neuaufl. v. L.Eisenhofer, 1912). 1872-86 war T. Leiter der ersten deutschen (Kemptener) Kirchenväterausgabe.

ANDR.SCHMID, V.T., 1892 - KL XII, 1451ff - LThK X, 19f - EC XII, 39. *G.Maron*

Thamer, *Theobald* (1502-69), * in Oberehnheim/Elsaß, wohl in Straßburg für die Reformation gewonnen, studiert 1535-39 Theologie in Wittenberg. Seit 1540 Griechischlehrer in Frankfurt/O., folgt er 1543 dem Ruf des Landgrafen → Philipp nach Marburg als Theologie-Prof. und Prediger an der Elisabethkirche. Als strenger Lutheraner gerät er 1544 mit → Hyperius in Konflikt über das Abendmahl. Schlimme Erfahrungen als Feldprediger im Schmalkaldischen Kriege machen Th. zum Polemiker gegen einen werklosen Glauben und rufen 1547 den Streit mit → Draconites und Ad. → Krafft hervor; Th.s 1548 verfaßtes Glaubensbekenntnis bedeutet die Lösung von der Lehre der Reformation. 1549 entlassen, läßt er sich vom Mainzer Erzbischof als Prediger in Frankfurt/M. anstellen, verliert aber 1552 die Stelle. Ohne Erfolg schickt ihn Landgraf Philipp 1553 zu → Schnepf, → Melanchthon, Greiser in Dresden und → Bullinger. Während des Romaufenthaltes 1553-55 erfolgt die offizielle Konversion. Th. wird dann Domprediger in Minden, ein Jahr später Kanonikus in Mainz, 1566 Prof. in Freiburg i. Br.

O.OPPER, Th.Th., sein Leben u. seine relig. Gedankenwelt, 1941 (Lit.) - G.FRANZ, Urkundl. Qu. zur hess. Reformationsgesch. II. III, 1954/55 (Reg.). *O.Dawid*

Theater

1. In der Antike - 2. Im MA: Geistliches und Fastnachtspiel - 3. Erneuerung von Drama und Th. 1500-1800 - 4. Th. im Bannkreis der Säkularisation: Romantik bis Naturalismus - 5. Das Th. im 20.Jh.

Das Th. im engeren Sinne ist die Anlage, in der vor einem Publikum mimische Vorstellungen veranstaltet werden; im weiteren Sinn ist es das Ganze der im Th.

verwirklichten Kunst. Zu ihr gehört auch das Th.stück, die Schauspielkunst, die Einrichtung der Bühne.

1. Die theatralische Kunst ist im abendländischen Kulturzusammenhang zuerst durch die Griechen geschaffen worden. Sie ging hier aus kultischen Darstellungen zu Ehren des → Dionysos hervor (→ Mysterien, 3), nach Aristoteles die Tragödie aus den dithyrambischen Gesängen, die Komödie aus den Phallusliedern. Hier wurde schon mimisch nachgeahmt: Dionysos trat mit seinem Gefolge, den Satyrn, auf, man tanzte und sang. Tragödie heißt Bocksgesang; Komödie geht auf den Komos zurück, auf das Schwärmen bei diesen Festen. Auch die dramatischen Grundthemen sind hier schon da. Die Tragödie zeigt das Leiden des Menschen durch sein problematisches Verhältnis zu den Göttern. Im Komos herrschte subjektiver Überschwang und auch der Spott; dies findet sich noch bei Aristophanes. - Die kultischen Darstellungen fanden auf einem runden Platz (Orchestra) statt; um ihn herum standen die am Kult Teilnehmenden. Für das dramatische Spiel sonderte man von der Orchestra einen Zuschauerraum (Theatron) ab. Man legte ihn und damit das Th. meistens am Abhang eines Hügels an, so daß die Sitze amphitheatralisch anstiegen und freien Blick auf die Orchestra gestatteten. Auf ihr tanzte und sang der Chor; Spieler und Chorführer standen in der Mitte der Orchestra, auf der Stufe des hier errichteten Altars (Thymele). Später schloß man an die Orchestra die Skene an, ein leichtes, aus Holz gefertigtes Gebäude. Man spielte jetzt vor ihr, auf einem rechteckigen Platz (Logeion = Sprechplatz). Die Wand der Skene kennzeichnete den Ort des Spiels: vor einem Palast, Tempel u.dgl., mit Toren, die geöffnet werden konnten, um Vorgänge im Innern des Gebäudes zu zeigen. Durch sie traten auch meist die Schauspieler auf und ab. Skene und Zuschauerraum waren auf beiden Seiten durch Gänge getrennt (Paradoi); durch sie trat der Chor ein oder der Schauspieler, der als von auswärts kommend gedacht war. - Nach Aristoteles soll das Drama Menschen und Vorgänge nicht nur dem Auge und Ohr vorstellen, sondern die Tragödie soll Phobos (Furcht) und Eleos (Mitleid) und hierdurch eine Katharsis (Reinigung) dieser Zustände, die Komödie aber eine wohltuende Freiheit und Heiterkeit des Gemüts bewirken. Hierauf waren schon Thema, Bau und Sprache des Dramas berechnet und damit auch die theatralische Aufführung. Der tragische Schauspieler trug melodramatisch vor; der komische Schauspieler wirkte durch grotesken Aufzug, durch ungereimtes Gebaren und Sprachkomik. Der Chor tanzte und sang, von Musik begleitet. - Schon die jüngere griech. Tragödie soll nur noch spannen und erregen, die attische Komödie bei Menander nur noch heiter unterhalten. Dies dominiert auch im röm. Drama. Plautus gibt derb-komische Unterhaltung. Augustin berichtet, daß er in den Tragödien nur die Lust an der traurigen Rührung gesucht habe. Die Römer betonten das mimische Spiel und gaben damit die in Griechenland übliche Gesichtsmaske preis. Auch führten sie den Th.vorhang ein und mehrten damit die Distanz zwischen Spieler und Publikum.

2. Im MA war das antike Drama nur noch als literarischer Bildungsbesitz gegenwärtig. Im christlichen Raum entwickelte sich, bes. im Zusammenhang mit den kirchlichen Feiern zu Weihnachten und Ostern, das *geistliche Spiel*. Anfangs erweiterte man den Gottesdienst durch verdeutlichende mimische Darstellung, später schuf man selbständige Spiele heilsgeschichtlichen Charakters (→ Mysterienspiele, → Passionsspiele, → Weihnachtsspiele). Man spielte zuerst im Chor der Kirche, dann auf den Plätzen der Städte. - Der einfache Vorgang des antiken Spiels lief meist nur auf *einem* Schauplatz und als ein Nacheinander ohne fühlbare Zeitsprünge, auf einer Einortbühne ab. Das geistliche Spiel umfaßte Himmel, Erde und Hölle. Man deutete sie durch Requisiten auf einem großen Spielplatz an und schuf damit die Mehrortbühne. Die Spieler begaben sich zu dem jeweiligen Ort des Spiels. Neben diesen Spielen entwickelte sich aus altem Brauchtum (dem Kampf gegen feindliche Dämonen, bes. gegen den Winter) das Fastnachtspiel als ein Kleindrama mit niedrig komischem Inhalt (→ Reformationszeit, 6). Es bedurfte zur Aufführung nur eines neutralen Spielplatzes, um den herum die Zuschauer standen oder saßen. Ortsveränderungen sagte man im Spieltext an, über Zeitsprünge spielte man ohne Pause hinweg. - Aus diesen Spielen hätte, wie in der Antike, ein autonomes Drama von höherem Rang hervorgehen können. Doch machte der Humanismus das schon fertige Drama der Antike wieder sichtbar und als Muster verbindlich. Man spielte wieder die antiken Dramatiker, bes. Terenz, schrieb lat. Komödien nach antikem Muster und nahm damit erneut Elemente der antiken Bühne auf. Diese Spiele laufen an *einem* Ort ab, vor einem Bühnenhintergrund, der ein oder zwei Häuser andeutet, mit Öffnungen, durch die die Spieler die Bühne betreten oder verlassen können. In Ermangelung einer Th.anlage spielte man in einem Saal.

3. Mimen von Beruf, wie die Histrionen, waren bis um 1550 fahrendes Volk, Possenreißer, die nur Jahrmarktsunterhaltung boten. Alle durch Gehalt und Gestalt bedeutenderen Spiele wurden durch Laien aufgeführt und zwar rezitiert, anfangs auch die Spiele der Humanisten. Doch verlangte deren höhere literarische Kunst eine künstlerisch bessere Darstellung. In Italien zuerst erhoben sich die Mimen zu Schauspielern, die literarischen und theatralischen Aufgaben gewachsen waren. Ihnen schlossen sich die Engländer an; ihre Kunst dominierte um 1600. Die Italiener hatten im ernsten Drama die große Deklamation der Antike erneuert; die Engländer hingegen bildeten im Anschluß an eigene Tradition eine mimische Schauspielkunst aus bis zur unterhaltsamen Artistik. Ende des 16.Jh.s nach Dänemark kommende englische Schauspieler wurden als »Instrumentister och Springere« registriert; sie sollten an der Tafel »mit ihrer Gygen und zugehörigen Instrumenten auffwarten, ...auch mit ihrer Springkunst ... Lust und Ergetzlichkeit machen«. Die englische, rein mimische Spielbühne ragte weit in den Zuschauerraum hinein. Auch eine feste Wand im Hintergrund, etwa eine Hausfront, mit Tür oder Balkon, war Requisit für das mimische Spiel, das mit vielen Veränderungen des Orts und mit großen Zeitsprüngen ohne Pause voranschritt.

In der weiteren Entwicklung des Th.s setzte sich nicht diese englische Spielbühne, sondern die italienische Kastenbühne durch. Man schuf sie im Anschluß an die antike Bühne. Der Spielplatz, die Bühne, zeigte den Ort des Spiels an, die Orchestra wurde mit den Musikanten, dem Orchester, besetzt; Parkett und Ränge mit Logen traten an die Stelle des amphitheatralisch aufsteigenden Zuschauerraums. Das Ganze faßte man in einem geschlossenen Gebäude, dem Th., zusammen. Man spielte jetzt im überdachten Raum, bei künstlichem Licht. Die Bühne wurde so zum Ort der theatralischen Illusion für den im Dunkeln sitzenden Zuschauer. Auf ihr dominierte zuerst die Oper, die, ursprünglich als Erneuerung der antiken Tragödie geschaffen, bald ganz der gesellschaftlichen und höfisch festlichen Unterhaltung diente. Im Geschmack eines Barockgemäldes stattete man die Bühne durch bemalte Prospekte und Kulissen prächtig aus; man entfaltete alle Reize der Kunst der Perspektive, alle Sinnenwirkungen durch reiche Kostüme, Musik, Tanz, Pantomime, von Lichteffekten, Feuerwerk, schließlich eines theatralischen Zauberwerks durch eine komplizierte Bühnenmaschinerie. Auf der Bühne herrschte jetzt oft der Virtuose des Gesangs oder des Tanzes.

Mit dem antiken Drama griff man bald auch dessen weltanschaulichen Gehalt auf, jetzt im Geiste des Christentums. Im lat. Jesuitendrama (→ Jesuitendichtung) und auch im weltlichen Barockdrama (→ Barock: II, 5) wurde das Verhältnis des Menschen zu Gott, Gottes Verhältnis zum Menschen demonstriert. Man zeigte, daß der bei sich selbst bleibende Mensch der Verlorene ist, er scheitert am Widerspruch zu Gott und seinem Gebot. Er kann sich zu Gott zurückfinden, dann wird Gott ihn retten. Auch den Gott verbundenen Menschen zeigt man, gerne den Märtyrer, wie er gefaßt, ja freudig stirbt. So zeigt noch → Goethe seinen Faust als den zu Gott Geretteten, → Schiller seinen Karl und Franz Moor als die an ihrer Eigenmächtigkeit Scheiternden, Maria Stuart in ihrer Weltüberwindung, ihrem religiösen Aufschwung. - Die Jesuiten setzen hier den barocken Opernapparat ein und bilden ihn weiter aus, um Übersinnliches sinnlich eindringlich zu machen. Doch bevorzugen schon im 17.Jh. die Franzosen das klassizistische Rededrama, und im 18.Jh. siegt das aufklärerische Ideal (→ Aufklärung: II) des Vernünftigen und Natürlichen. Im bürgerlichen Drama strebt man nach einem schlichten Realismus, im deutschen Drama der → Klassik herrscht der Seelenvorgang vor (Goethe, »Iphigenie«) oder der Wille zu einer idealen antikischen Monumentalität (Schiller, »Braut von Messina«).

4. Im 19. und 20.Jh., zuerst in der frühen → Romantik, bildet die Philosophie eigenständige säkularisierte Weltsichten aus, in deren Horizont man jetzt weitgehend den Menschen im Drama begreift (→ Hegel, → Schopenhauer, → Positivismus, → Marxismus, → Existenzphilosophie usw). Drama und Th. geraten jetzt in den Fluß des Spekulierens und Experimentierens, des dauernden grundsätzlichen Wandels. Die Romantiker fordern ein schlechthin überrealistisches poetisches Th. (mit Rückgriff auf Aristophanes, → Shakespeare) oder neue Dramen- und Bühnenformen (→ Kleist, »Penthesilea«). Ihnen setzen seit 1830 Bühnenpraktiker wie Laube und Gutzkow einen nüchternen Th.realismus entgegen. Im Anschluß an die französische Gesellschaftskomödie (Scribe u.a.) schreiben sie ihre Stücke für eine mit vielen Requisiten besetzte Bühne, für die der dramatische Vorgang genau berechnet wird. Durch die fortschreitende Technik entwickelt sich das Th. mehr und mehr zu einem autonomen Darstellungsapparat, für den das Drama den Stoff liefert. Dieses Technische gewinnt einen weltanschaulichen und wieder einen künstlerischen Sinn durch den fortschreitenden → Realismus (: II). Im historischen Stück erstrebt man geschichtliche Treue und Echtheit bis in das Material der Requisiten. Im → Naturalismus (: II) soll die Bühne ein getreues Bild der empirischen Wirklichkeit geben. Interieurs werden jetzt wirklichkeitsgetreu aufgebaut (durch feste Seitenwände, Decke). Das elektrische Licht soll die Illusion des natürlichen Lichts bewirken. An die Bühne erinnert nur noch die fehlende vierte Wand, das Spiel für den Zuschauer.

5. Dem dogmatischen Realismus bleibt im 20.Jh. nur das marxistische Th. und auch dies nur zT verhaftet. Sonst herrscht im Drama und Th. der Gegenschlag gegen den Naturalismus. Das Th. macht sich wieder selbst geltend, als ein eigener Schau- und Wirkungsapparat, mit Einsatz moderner Bühnentechnik (Rundhorizont, Drehbühne, Schiebebühne). M.Reinhardt als Magier der Bühne benutzte bes. die Drehbühne für eine neue Vielfalt der Inszenierung und für malerische Bühnenbilder. Neben dem Klassischen und Modernen inszenierte er auch alte Mirakelspiele mit ihren bühnenwirksamen Massenaufzügen. Ferner versuchte man das überlieferte klassische und romantische Drama, das Ideelle und Poetische zu wahren (H.v.Hofmannsthal, W.v.Scholz, H.Eulenberg). Man strebt hier zur Stilbühne, zur Formierung des Bühnenbildes durch den überrealistischen künstlerischen Gehalt. Hierüber hinaus schreitet der → Expressionismus (: II); für ihn sollen Drama und Bühne ganz der Manifestation des wieder wesenhaften, des philanthropisch, kosmisch, religiös gestimmten Menschen dienen. Man verselbständigt die Stilisierung, reduziert das Bühnenbild auf einfache, abstrakte, geometrische Formen und macht reichlichen Gebrauch von ungebrochenen, kontrastreichen, symbolhaltigen Farben und Lichteffekten.

Der literarische Expressionismus brach infolge der Verschwommenheit seiner weltanschaulichen und künstlerischen Intentionen rasch zusammen. Mehr als zuvor werden jetzt wieder übersubjektive Ordnungen gesucht. So kehrt man zT zur konkreten christlichen Weltsicht zurück, erfaßt den Menschen wieder von Gott her und in Gottes Schöpfungsordnung. H.v. → Hofmannsthal erneuerte das Jedermannspiel, damit auch ein Spiel für die Freilichtbühne, und schrieb nach → Calderon das »Große Salzburger Welttheater«, eine barocke Totalitätsschau. M. → Mell erneuerte das christliche Mysterienspiel und hierbei auch das alte religiöse Laienspiel; in gleicher Richtung wirkt L. →Weismantel. ZT aber sucht man jetzt auch die Säkularisation des 19.Jh.s weiterzutreiben und aus ihr umgreifende Weltbilder zu gewinnen. Der Nationalsozialismus forderte ein germanisch-deutsches arteigenes Th., das »Thingspiel«, eine völkisch politische Demonstration der Thingstätte, für die das antike Th. als Muster diente. Der Kommunismus fordert in den von ihm beherrschten Gebieten das marxistische Drama und Th. B.Brecht proklamiert das »epische Th.«. Hier soll die Wirkung nicht Gefühlsbewegung und Gefühlsgenuß sein, sondern, in einem wissenschaftlichen Zeitalter, die Belehrung des Verstandes, der Appell bes. an den Willen des Proletariers, der die bessere Zukunft gestalten soll. Auf der Bühne werden soziale Fälle demonstriert, teils als reine Lehrstücke, teils als Parabeln, teils in einer Art Volksstücke.

Im freien literarischen Leben wird das Experiment beliebt; man spielt mit der theatralischen Illusion und löst sie auf. Versierte Franzosen suchen so dem Bühnenspiel neue Reize zu entlocken. In Anouilhs »Antigone« sieht man die Schauspieler vor dem Spiel; sie plaudern, stricken, spielen Karten. Ein Sprecher erläutert ihren Charakter, ihre Rolle im Spiel, greift auch immer wieder erläuternd ins Spiel ein. Ähnlich gibt in den USA Th. →Wilder in seinem Spiel »Unsere kleine Stadt« nur die Darstellung dessen, was ein Sprecher berichtet. Hier gewinnt das theatralische Spiel eine neue Freiheit durch den Verzicht auf die Illusion durch Szene und Requisit. Damit ist auch grundsätzlich die Kastenbühne preisgegeben. In modernen Schauspielhäusern (zB Mannheim) wahrt man sich die Freiheit, den Spielplatz in den Zuschauerraum hineinzustellen. Die Bühne wird zum Ort für selbständige Montagen, die für alle Stücke geeignet scheinen, die nicht für die Kastenbühne geschrieben sind oder sie sprengen (antikes Drama, Shakespeare, Goethes »Götz«, Schillers »Räuber«).

Das tiefe weltanschauliche und künstlerische Vakuum, das der Expressionismus hinterließ, ist nur im kommunistischen Raum durch eine daseins- und fortschrittsfreudige Dramatik und Th.kunst und auch nur durch politischen Machtspruch ausgefüllt worden. Im Westen bleibt die Rückkehr zum christlich fundierten Drama nur begrenzte Tendenz. Die westliche Intelligenz betont nach wie vor ihre Freiheit als Freigeistigkeit; sie erfährt sie aber heute überwiegend als einen negativen Zustand, als einen Seinsverlust, den sie wie ein unausweichliches Schicksal betrachtet und hinnimmt. Der moderne Mensch steht als Nichtiger vor dem Nichts (→ Literatur der Gegenwart: I, 2 [Sp. 393]). Diesem negativ demonstrierenden Th.stück dienen heute starke Th.talente. M.Frisch stellt teils noch den Menschen in seinen Nöten mit menschlichem Anteil dar (»Nun singen sie wieder«), teils satirisch in seinem Versagen (»Biedermann und die Brandstifter«), teils in seinem grotesken Schicksal (»Don Juan oder die Liebe zur Geometrie«). Betont negativ, mit inhaltlichem und auch formalem Anschluß an Sartre, Anouilh, B.Brecht demonstriert F.Dürrenmatt. Mit sicherem Sinn für szenische Wirkungen schreibt er karikierende, tragikomische Farcen, die zeigen sollen, wie grundsätzlich bedenklich es mit dem Menschen bestellt ist. Dem dient die überrealistische Montage der Szene. Wie beim frühen → Heidegger oder bei → Sartre wird hier das Positive des Menschen und seines umgreifenden Seins nicht mehr gesehen. – So besteht heute das Th. mit einer beträchtlichen und insofern positiv zu wertenden Autonomie, als die große Dramenüberlieferung weitgehend entliterarisiert, der bloßen epigonalen Bildungspflege entrückt und wieder als Stoff für eine ursprüngliche theatralische Kunst ergriffen wird. Doch dient dieses Th. zu bereitwillig einer Moderne, die nur noch Problematik, Sinnlosigkeit, Not kennt und dies wie ein ausweglöses Schicksal der Gegenwart demonstriert. Hier sind Mut und Entschlossenheit zur echten, religiös fundierten Seinspositivität nötig.

J.L.Klein, Gesch. d. Dramas, 14 Bde, 1865-76 - W.Creizenach, Gesch. d. neueren Dramas, 5 Bde, 1893-1916 (I-III 1911-23²) - W.Knevels, Das moderne Drama, 1930 - J.Gregor, Weltgesch. d. Th.s, 1933 - M.Geisenheyner, Die Kulturgesch. d. Th.s, 1951 - S.Melchinger, Th. der Gegenwart, 1956 - Ders., Drama zwischen Shaw u. Brecht, 1957 - H.Kindermann, Th.gesch. Europas I ff, 1957 ff (ausführl. Lit.) - O.Mann, Gesch. d. dt. Dramas, 1960 (Lit.).

O.Mann

Theatiner. Der Orden der → Regularkleriker der Th. (O.Theat.) wurde vom hl. → Cajetan di Tiene gestiftet. Mitbegründer war Johann Peter Carafa, der nachmalige Papst → Paul IV. Die Bezeichnung rührt vom antiken Namen für Chieti (= Theate) her, wo Carafa Bischof war. → Clemens VII. bestätigte 1524 die Stiftung mit der → Augustinerregel. Die Th. pflegten zunächst die eigene Heiligung und wissenschaftliche Fortbildung, um eine Reform des Klerus und des Volkes anzubahnen. Für den Klerus bildete der Seeleneifer und die Uneigennützigkeit der Th. einen mächtigen Ansporn. Bereits am Ende des 16.Jh.s befanden sich in den größeren Städten Italiens und Siziliens Niederlassungen; im 17.Jh. dehnte sich der Orden auch in Frankreich, Deutschland, Spanien, hernach auch in Georgien, China, Mexiko und den USA aus. Die Hauptverdienste liegen auf dem Gebiete der kirchlichen Reform in Italien. Die Konstitutionen wurden 1604 von Clemens VIII. approbiert und 1948 bestätigt. Der Orden hat heute ca 1200 Mitglieder.

Heimbucher II, 97 ff - Escobar I, 567 ff - EC XI, 1814 ff (Lit.).

Ph.Hofmeister

Thebäische Legion. Nach der Passio Acaunensium martyrum des Bischofs → Eucherius von Lyon wurden in der diokletianischen Verfolgung (→ Diokletian) 6600 (aus dem ägypt. Theben stammende?) christliche Soldaten wegen ihrer Weigerung, an der Verfolgung teilzunehmen, nach zweimaliger Dezimierung in Acaunum (St.-Maurice-en-Vallaise) schließlich völlig niedergemacht. Die Entstehung der Legende liegt im dunkeln; das früheste erreichbare Datum ist die von der Passio berichtete Auffindung und Translatio der Leiber durch einen Bischof → Theodor (, 7; Ende 4.Jh.). Das kultische Interesse galt zumal in Deutschland bes. dem Führer der Legion, dem hl. Mauritius (Fest: 22. September). Spätere Tradition (Schweiz, Niederrhein, Italien) verbindet den Thebäern gern ihnen ursprünglich fremde Heilige.

Passio (vgl. BHL 5737 ff): MG Script. Merow. III, 32 ff = CSEL 31, 163 ff = AS Sept. VI, 1867, 342 f (345 ff mit Interpolationen). - DACL X, 2699 ff - A.J.Herzberg, Der hl. Mauritius (Phil. Diss. Münster), 1936 - L.Blondel in: Vallesia 3, 1948, 9-57 (zur Topogr.) - D.van Berchem, Le martyre de la légion thébaine, Basel 1956 (Lit.) - C.Curti in: Convivium Dominicum, Catania 1959, 297 ff (Lit.).

J.Dummer

Thebesius, *Adam* (1596–1652), ev. Theologe, * in Seifersdorf bei Liegnitz, aus alter schlesischer Pfarrersippe, 1619 Prediger in Mondschütz, 1627 Senior in Wohlau, 1642 Konsistorialassessor in Liegnitz. Seine Predigtweise (logischer Aufbau, ohne lat. Ballast) fand viel Beifall. Th.s einziges Lied »Du großer Schmerzensmann« (heute in 26 Gesangbüchern!) ist Zeugnis der Bedrängung durch die Gegenreformation.

S.J.Ehrhardt, Presbyterologie des Ev. Schlesiens IV, 1789 f, 187 f. 246 f. 275 ff. 290 f. 648 f - Hdb. z. EKG II/1, 1957, 146; Sonder-Bd, 1959², 121 f.

S.Fornaçon

Theiner, 1. Johann *Anton* (15.12.1799 bis 15.5.1860), kath. Theologe, * und † in Breslau, 1822 Priester, 1824 ao. Prof. der Exegese und des Kirchenrechts. In seinem Buch »Die kath. Kirche bes. Schlesiens in ihren Gebrechen dargestellt« (anonym [1826] 1827²) forderte er Abschaffung des Zölibats als einer Hauptquelle der kirchlichen Mißstände und bat den Staat um Hilfe für die Kirche. Daher mußte er 1830 seine Professur aufgeben, wurde Pfarrer in Polsnitz, später in Grüssau und 1837 in Hundsfeld. 1845 schloß sich Th. für kurze Zeit → Ronge an, wurde exkommuniziert und trat zur ev. Kirche über. 1855 wurde er Sekretär der Universitätsbibliothek in Breslau.

Vf. u.a.: Die Einführung d. erzwungenen Ehelosigkeit bei d. christl. Geistlichen u. ihre Folgen I. II, (1828) 1845² (mit seinem Bruder Augustin; neu hg.v. F.Nippold, 3 Bde, 1891-97); Die reformat. Bestrebungen in d. kath. Kirche, 3 Tle, 1845/46 (darin Selbstbiogr.); Das Seligkeitsdogma d. röm.-kath. Kirche, 1847. - Über Th.: H.Brück, Gesch. d. kath. Kirche im 19.Jh. II, 1889, 540 ff - J.Schlachcikowski, A.Th., 1910 - LThK X, 26 f - H.Hoffmann, A.Th. (Archiv f. schles. KG 9, 1951, 74-143; 10, 1952, 226-278; 11, 1953, 169 bis 209; 12, 1954, 199-232; 13, 1955, 228-267; Bibliogr.).

2. *Augustin* (11.4.1804 bis 8.8.1874), kath. Theologe, * in Breslau, † in Civitavecchia. Zunächst Jurist und wie sein Bruder (s. 1) reformfreundlich, wurde Th. auf einer Studienreise in Rom Priester und Oratorianer. Als Präfekt des Vatikanischen Archivs (1855) gewann er durch zahlreiche Werke hohes Ansehen, zog sich aber durch die »Geschichte des Pontifikats Clemens' XIV.« (I. II, Paris 1853; ital. Mailand 1855) den Haß der Jesuiten zu. Während des → Vatikanums verlor er am 5.7.1870 seine Stellung, weil er angeblich der Opposition Kenntnis von der Geschäftsordnung des → Tridentinums gegeben hatte.

Vf. u.a.: Gesch. d. geistl. Bildungsanstalten, 1835 (darin Autobiogr.); Herzog Albrechts von Preußen erfolgte u. Friedrichs I. von Preußen versuchte Rückkehr zur kath. Kirche, 1846. - Hg. u.a.: Forts. u. NB der Annalen des → Baronius, 1856 ff u. 1864 ff; Acta genuina ... concilii Tridentini, Agram 1874 (in Rom verboten). - Über Th.: H.Gisiger, Th. u. die Jesuiten (in: Bilder aus d. Gesch. d. kath. Reformbewegung I, H. 5/6, 1875, 213-314) - ADB 37, 674 ff - LThK X, 27 f - DThC XV/1, 217 f (Bibliogr.).

H.Hohlwein

Theismus

I. Religionsgeschichtlich - II. Philosophisch

I. Religionsgeschichtlich

Der Begriff Th. ist auf den des → Deismus (: I) bezogen, zu dem er im Gegensatz steht. Kants Worte, »der *Deist* glaube einen *Gott,* der *Theist* aber einen *lebendigen Gott*« (→ Theismus: II, 2) charakterisieren diesen Gegensatz treffend. Infolgedessen wird Th. zum gemeinsamen Nenner für alle Gestalten lebendiger Gottesbeziehung: Polytheismus, → Monotheismus (: I), → Pantheismus (: I), und selbst für die Verneinung aller, den → Atheismus (: I). Th. ist also nicht eine historische Religion, sondern ein mögliches Element jeder historischen Religion, sofern in ihr ein → Gott (oder eine Vielheit von Göttern) zur Geltung kommt, der selbst nicht ruht und dem Menschen eine Beunruhigung ist, der lebendige Person ist, die, von der Welt unterschieden, auf sie einwirkt. Theistisch sind daher in besonderem Maße die drei monotheistischen Religionen → Judentum, → Christentum und → Islam. Das th.e Moment fehlt jedoch auch nicht in den grundsätzlich monistischen Religionen → Indiens (: II). Wenn der Th. auch nicht als »die Religion des Hinduismus« (Radhakrishnan) gelten kann, so zeigen sich im → Hinduismus (: I), namentlich da, wo die → Bhakti-Frömmigkeit der liebenden Hingabe herrscht, in der → Bhagavadgîtâ, bei → Râmânuja und in aller → Vishnu-, → Shiva- und Shakti-Verehrung starke th.e Strömungen, die freilich letztlich vom → Monismus (: I) der Advaita-Lehre umklammert bleiben. Ebenso sind th.e Tendenzen im Mahâyâna- → Buddhismus (: I, 7) zu erkennen, wo sie in der gleichen Umklammerung bleiben. Stärker als in diesem mehr pantheistisch bzw. theopanistisch bestimmten Bereich der Religionen ist Th. in polytheistischer Religion wirksam, in der freilich das Moment der Unruhe geschwächt ist, weil bei Vielheit der Götter ihre Unterschiedenheit von der Welt und Einwirkung auf die Welt gemindert ist. Der Mensch kann deshalb leichter Beruhigungsversuche durchführen, auf die er aber auch in den monotheistischen Religionen nicht verzichtet. Am entschlossensten wird die Abwehr des Th. im Atheismus durchgeführt. Th. ist letztlich die große Störung aller Religion des in sich ruhenden Menschen, theologisch nicht nur ein mögliches, sondern notwendiges Element, letztlich der Grund jeder historischen Religion.

S. Radhakrishnan, Indian Philosophy I. II, New York (1923/27) 1955; dt. 1955/56 - Chant (s. Reg.) - K.W. Morgan (Hg.), The Religion of the Hindus, New York 1953, 214ff - van der Leeuw § 93.

W. Holsten

II. Philosophisch

1. Begriff - 2. Geschichtliche Entwicklung - 3. Grundsätzliches zur Systematik

1. Th. ist ein relativ moderner geschichtlich gewachsener Terminus, der sich in der Abwehr der Angriffe auf die Offenbarungsreligion infolge der im philosophischen Denken wirksam gewordenen exakten Naturwissenschaft und in der Gegnerschaft gegen den aufkommenden → Deismus und → Pantheismus allmählich herausgebildet hat. Er bezeichnet den Glauben an einen persönlichen, selbstbewußten und selbsttätigen außer- und überweltlichen Gott, der als Schöpfer die Welt aus dem Nichts ins Dasein gerufen hat, sie erhält und regiert. Vom Pantheismus unterscheidet sich der Th. durch den Charakter Gottes als Person und die Annahme einer radikalen substantiellen Unterschiedenheit von Gott und Welt. Aber auch er verwirft jede Form des → Dualismus und führt alles auf *ein* Prinzip zurück: Gott ist der Schöpfer alles Vollkommenen, einschließlich des Übels, jedoch nicht des Bösen. Im Unterschied zum Deismus vertritt der Th. nicht nur die bloße Erhaltung der Geschöpfe durch Gott, sondern seine Mitwirkung bei all ihrem Tun sowie eine positive Offenbarung und die Möglichkeit souveräner Eingriffe in das Weltgeschehen. Im Gegensatz zum → Polytheismus erkennt der Th. nur einen einzigen Gott an und lehnt den → Henotheismus ab, der bei Annahme einer Vielzahl von Göttern nur einen Gott verehrt. Heute wird Th. in doppeltem Sinne verstanden. Er bezeichnet entweder den Gott einer natürlichen Theologie (→ Natürliche Religion) oder den einer geschichtlichen → Offenbarung. Letzterer ist identisch mit dem monotheistischen Gottesglauben der jüdischen, christlichen und islamischen Religion, in der abendländischen Literatur jedoch wird der Terminus primär für den biblischen Gottesglauben verwandt.

2. Etymologisch gesehen hat Th. die gleiche Bedeutung wie Deismus, und dem entspricht die ursprüngliche Verwendung beider Begriffe: sie waren auswechselbar. Soweit aber in der Folge die Begründung der Offenbarung oder doch ihr Geltenlassen in erster Linie das Interesse beherrschte, wo man also die Frage des Zusammenhangs von rein humaner und von offenbarter Religion positiv beurteilte, wurde der Begriff Th. heimisch, mochte man auch weithin die Offenbarungsreligion als eine zu überwindende Vorform der Vernunftreligion ansehen. Der Terminus Deismus dagegen heftete sich an die Auffassung, daß zwar ein der Welt ferner Gott, eine meist unpersönlich verstandene Gottheit, die sich jeder näheren Erkenntnis entziehe, für den Kosmos samt der in ihm waltenden Gesetzlichkeit verantwortlich zeichne, ihn aber dem Schicksal seiner Entwicklung überlassen habe. Dieser Deismus ist ein Effekt der Kombination einer vagen natürlichen Theologie mit neuzeitlichem naturwissenschaftlichem Denken. Er tritt in einer Vielfalt von Variationen auf. Im Gegensatz zu ihm suchte der Pantheismus für den Verlust der genuin religiösen Substanz Ersatz in einer die Naturgesetzlichkeit des Kosmos überhöhenden gefühlvollen und weltfrommen All-Erfahrung. - Die Auseinandersetzung zwischen dem traditionellen christlichen und dem neuzeitlichen mechanistisch-naturwissenschaftlichen Weltverständnis führte vor allem in England zu langwierigen theologischen und philosophischen Streitigkeiten. Die Schule von Cambridge (→ Cambridge Platonists) traf sich in der Grundtendenz ihres Verständnisses des Verhältnisses von Philosophie und Theologie mit → Herbert von Cherbury. Sie war nicht wie die Empiristen der Zeit im Anschluß an Fr. → Bacon auf naturwissenschaftliches Wissen zum Zwecke der technischen Bewältigung der Wirklichkeit aus, sondern stemmte sich gegen die Entwicklung. Sie bekundete aber auch kein Interesse an den akuten theologischen Streitigkeiten, vielmehr vertrat sie eine ausgesprochen platonisch-neuplatonisch orientierte natürliche, den schlechthinnigen Primat beanspruchende Theologie, die die Einheit von Glaube und Vernunft festhielt, das Kriterium für alle Wahrheit jedoch letztlich der von ihr postulierten Vernunftreligion entnahm. Der in ihrem Schrifttum allgegenwärtige Gegner ist der in Mechanismus, Materialismus und Fatalismus gründende → Atheismus. Es ist daher wohlverständlich, daß der Begriff Th. in dieser philosophisch wie theologisch äußerst gespannten Epoche geprägt wurde und ursprünglich nur den Gegensatz zu Atheismus besagt. Er findet sich zuerst in der Vorrede zu → Cudworth's »The True Intellectual System of the Universe, . . . wherein all the Reason and the Philosophy of Atheism is confuted« (London 1678). Sein Weltanschauungsdenken arbeitet mit dem neuplatonischen Kausalitätsverständnis und Stufenschema, das seine Ergänzung und Vollendung

durch das Christentum erfährt, und beides vereinigt ergibt den Th. Drei Momente machen sein Wesen aus: Alles Seiende unterliegt einem obersten allmächtigen Lenker von wesenhafter Gerechtigkeit; der Unterschied zwischen gut und böse liegt in der Natur der Dinge; die Freiheit des Menschen begründet seine Verantwortlichkeit. Der gleiche teleologische und theologische Optimismus wie bei Cudworth spricht aus den Definitionen von Atheismus und Th. des jüngeren → Shaftesbury: Atheismus heißt die Leugnung eines planenden geistigen Prinzips und der Glaube an den Zufall. Dagegen: »To believe that every thing is govern'd, order'd, or regulated *according to the best,* by a designing Principle or Mind, such as is good and eternal, is to be a perfect *Theist*« (An Inquiry concerning Virtue, London 1699, 7). Für Shaftesbury muß »a settled Christian« zuerst einmal »a good theist« sein. Er steht wie die Cambridger Platonisten positiv zur abendländischen christlich-theologischen Tradition und sieht in der im Zuge der Intelligibilisierung der christlichen Offenbarungsweisheit entstandenen natürlichen Theologie das unumstößliche Fundament für den christlichen Glauben. In der Folge ist der Begriff des Th. (oder Deismus) bei den einzelnen Denkern abhängig von ihrer Stellungnahme zur christlichen Lehre und von ihrer Position im Kampf der Aufklärung um die Reduktion des Christentums auf eine philosophische Religion. Die Zerstörung aller natürlichen Theologie aber war eine Konsequenz der Zersetzung des philosophischen Gottesbegriffs, vor allem durch und im Anschluß an → Hume. Das hatte die zunehmend klarere Herausbildung des historischen Deismus zur Folge und gab den Anstoß für die theologische Einsicht, daß der Glaube eine Voraussetzung aller wahren Gotteserkenntnis sei und daß diese grundsätzlich nicht bloß theoretisch zu sein vermag, sondern existentiell sein muß. In diese Richtung wirkte de facto auch die schon bei Shaftesbury sich ankündigende Verselbständigung der Ethik, erst recht aber die englische ethische Phänomenologie, die durch die Betonung der Autonomie des Moralischen alsbald die im Cambridger Platonismus für den Beweis der Existenz Gottes streng aufrecht erhaltene teleologisch begründete Verbindung von ontologischem und ethischem Denken auflöste. Der mechanistisch eingestellte Deismus tendierte naturgemäß zur Ablehnung jedes positiven Christentums und betonte einen bloß ethisch begründeten Gottesglauben. Die aber noch unerschütterte traditionelle Einschätzung des Glaubens an Gott blieb jedoch bestehen, so wie selbst → Locke den Atheisten gegenüber auf Grund ethischer Erwägungen Toleranz ablehnte. → Voltaire betrieb in Abhängigkeit von → Bolingbroke und im Gegensatz zu den meisten Engländern die deistische Herauslösung des Gedankens einer natürlichen Religion aus allen theologischen Bindungen. Er betonte zwar die Notwendigkeit einer Annahme der Existenz Gottes, wollte sie aber im Laufe seiner Entwicklung nur mehr auf das Moralische gegründet wissen. Er war Deist, nannte sich aber Theist. Mit der Zeit nahm die philosophische Überzeugung überhand, daß alle positive Religion ein Naturzustand sei, den die Vernunft in die Ethik überzuführen habe. Die Physiko-Theologie wurde abgelöst von der Ethiko-Theologie. In dieser geistesgeschichtlichen Situation nahm → Kant eine Abgrenzung von Th. und Deismus vor, die grundsätzlich bis heute in Geltung blieb, obwohl seine Terminologie nur geschichtlich verstanden werden kann und keinesfalls definitiv ist. Kant unterscheidet eine transzendentale Theologie, die sich ihren Gegenstand »bloß durch *reine* Vernunft, vermittelst lauter transzendentaler Begriffe« denkt; wer nur eine solche Theologie einräumt, wird Deist genannt. Wer aber eine natürliche Theologie vertritt, dh wer durch einen der psychologischen Verfassung des Menschen entlehnten Begriff per analogiam auf eine höchste Intelligenz schließt, heißt Theist. Der Unterschied zwischen einem Deisten und Theisten kommt in dieser begrifflichen Bestimmung zu klarer Anschauung. Der Theist stellt sich den Welturheber als ein Wesen vor, »das durch Verstand und Freiheit den Urgrund aller anderen Dinge in sich enthält«. Der Deist dagegen denkt sich »unter demselben bloß eine Weltursache«, wobei unentschieden bleibt, ob sie dies durch Naturnotwendigkeit oder durch Freiheit ist. Kant nimmt auch die Problematik der Physiko- und Ethiko-Theologie auf: Die natürliche Theologie steigt »von dieser Welt zur höchsten Intelligenz auf, entweder als dem Prinzip aller natürlichen, oder aller sittlichen Ordnung und Vollkommenheit«. Er bringt die gültige Beurteilung des Deismus und Th. treffend zum Ausdruck: »Da man unter dem Begriffe von Gott nicht etwa bloß eine blind wirkende ewige Natur, als die Wurzel der Dinge, sondern ein höchstes Wesen, das durch Verstand und Freiheit der Urheber der Dinge sein soll, zu verstehen gewohnt ist, und auch dieser Begriff allein uns interessiert, so könnte man, nach der Strenge, dem *Deisten* allen Glauben an Gott absprechen und ihm lediglich die Behauptung eines Urwesens, oder obersten Ursache übrig lassen. Indessen, da niemand darum, weil er etwas sich nicht zu behaupten getraut, beschuldigt werden darf, er wolle es gar leugnen, so ist es gelinder und billiger zu sagen: der *Deist* glaube einen *Gott,* der *Theist* aber einen *lebendigen Gott.*« Die transzendentale Vernunft vermag von Gott nur einen deistischen Begriff zu geben, während die moralischen Gesetze das Dasein des theistischen Gottes postulieren. Kant spricht aber ausdrücklich auch von einer Erkenntnis des Urwesens auf Grund der Offenbarung, wovon die theologia revelata handle (Kritik der reinen Vernunft, B 659–62). – Die Bedeutungsentwicklung des Terminus Th. ergibt also, daß man einen doppelten Begriff von Th. unterscheiden muß: den der natürlichen Theologie und den der Offenbarungstheologie. Letztere kennt nicht den Weg des Denkens von einer transzendentalen über die natürliche zur Offenbarungs-Theologie, sondern sie vertritt die unerläßliche Voraussetzung der Notwendigkeit des Glaubens für echte Gotteserkenntnis und läßt philosophischen Th. nur gelten im Sinne einer negativen Orientierung der Gotteslehre an der Philosophie. Kants Th. ist die abgeklärte und abschließende Darstellung der philosophischen Stellungnahme zur Gottesfrage, wie sie erwachsen war aus dem Versuch der Intelligibilisierung der christlichen Offenbarungswahrheit. Die Frage des Th. kann nach ihm nicht entschieden werden auf Grund spekulativen Denkens. Th. steht auf dem Fundament der Ethik. Aber mit dem Aufkommen ihrer konsequenten Autonomie wurde auch dieser praktische Vernunftglaube abgetan. Damit war der Weg wieder frei für den von Kant nicht abgelehnten, aber aufklärerisch eingeschränkten reinen Offenbarungs-Th.

3. Es liegt in der Eigenart der geistesgeschichtlichen abendländischen Entwicklung, daß das gesuchte Ergebnis von der Stellungnahme zur natürlichen Theologie abhängt. Der Katholizismus hat letztere im → Vatikanum (1870) und damit auch den philosophischen Th. dogmatisiert, während die Besinnung der Theologie auf ihren eigenen Bereich Th. nur innerhalb der Sphäre des Offenbarungsglaubens anerkennt. Wohl kann der Th. zum Objekt des philosophischen Gedankens gemacht werden, dieser aber kann seine Richtigkeit nicht beweisen. Trotzdem ist die Philosophie und speziell der philosophische Th. παιδαγωγὸς εἰς Χριστόν, aber immer nur in ihrem Scheitern bzw. Nicht-zu Ende-Kommen. Was

über den Th. vernunftgemäß ausgemacht werden kann, ist nicht Sache einer natürlichen Theologie als → Religionsphilosophie, sondern Aufgabe der Theologie des Wortes und muß in der Sprache der Offenbarung geschehen. Zwar ist der absolute Ursprung letztlich in allem Philosophieren gegenwärtig und wirksam, aber er ist nicht als identisch mit dem Gott der Offenbarung zu erweisen. »Der Gott der Religion und der Weltgrund der Metaphysik mögen realidentisch sein; als intentionale Gegenstände sind sie wesensverschieden« (→ Scheler, Vom Ewigen im Menschen, 327). Durch das Nichts, aus dem die Welt gerufen wurde, vermag keine vom Menschen feststellbare Kausalität oder wie immer funktional zu bestimmende Abhängigkeit zu Gott emporzuführen. Nicht von der Seins-, sondern allenfalls von der Sinnfrage aus kann philosophisch über Gott etwas ausgemacht werden. Von daher erklärt sich die Entwicklung von der Physiko- zur Ethiko-Theologie, ebenso die Tatsache, daß durch Kants Grenzsetzung für endliches Erkennen Metaphysik in die Ethik fällt, dh als eine Frage nach dem Menschen als solchem sich entpuppt. In die gleiche Richtung weist Kants Erkenntnis, daß der Mensch des Intelligiblen nur in der Verwirklichung des Ethischen habhaft wird. Der gesamte in der Regel in die Erörterung des Th. einbezogene Problemkomplex, das Verhältnis von Gott und Welt, von Freiheit und Vorherbestimmung, alle Theodizee und die Frage der Attribute Gottes, sind keine echten Probleme eines philosophischen Th., sondern der theologischen Dogmatik. Dennoch gilt für sämtliche diesbezüglichen Fragen im positiven Sinne die Feststellung Kants, daß die transzendentale Theologie »aller ihrer Unzulänglichkeit ungeachtet ... von wichtigem negativem Gebrauche« ist und »eine beständige Zensur unserer Vernunft«. Denn unter der »Voraussetzung eines höchsten und allgenugsamen Wesens als oberster Intelligenz« ist es »von der größten Wichtigkeit, diesen Begriff auf seiner transzendentalen Seite ... genau zu bestimmen, und was der höchsten Realität zuwider ist, was zur bloßen Erscheinung (dem Anthropomorphism im weiteren Verstande) gehört, wegzuschaffen und zugleich alle entgegengesetzten Behauptungen, sie mögen nun *atheistisch* oder *deistisch* oder *anthropomorphistisch* sein, aus dem Wege zu räumen« (aaO 668). – Die Systematik eines philosophischen Th. kann nur die Aufgabe haben, die Offenbarungswahrheit des einen Gottes in Beziehung zu setzen zur Einheit alles Erkannten. Schon jede nähere inhaltliche Bestimmung des Gottesbegriffs ist philosophisch gesehen unmöglich. So münden denn auch die aus neuplatonischem Denken stammenden drei Wege für die Gotteserkenntnis, die via negationis, affirmationis und eminentiae streng genommen alle in eine negative Theologie. Auch die → analogia entis führt als Proportionalitätsanalogie darüber nicht hinaus. → Thomas von Aquino sagt zwar: »nomen scientiae convenit creaturae et Creatori secundum id in quo creatura Creatorem imitatur« (De ver. q. 2 a. 11 ad 8). Aber er charakterisiert die Analogie als einen formalisierten Symbolismus; denn: »sicut (Deus) se habet ad ea quae ei competunt, ita creatura ad sua propria« (ebd q. 23 a. 7 ad 9). Damit entfällt hinsichtlich der Attribute des Seins und der Tätigkeit Gottes jede echte Erkenntnis. Auch die vom Th. gegebene Erklärung des Bösen als privatio entitatis debitae ist eine ausgesprochen systembedingte Aussage. Prüfstein für den Th. ist die Interpretation der creatio ex nihilo, die über das Gott-Welt-Verhältnis (→ Transzendenz-Immanenz) entscheidet. Dieses auf Grund der Voraussetzung einer bestimmten, etwa der neuplatonischen Kosmologie entwerfen, heißt letztlich, Gott in dieser aufgehen lassen. Implizit trifft das ebenso zu auf den ontologischen Gottesbegriff des hohen MA wie auch auf den der abgefallenen vorkantischen Metaphysica specialis, mehr aber noch auf den des subjektiv-reziprok abgewandelten spekulativen → Idealismus. Alles hängt an der »vergeistigenden« Interpretation des benutzten Kategoriensystems im Hinblick auf den vorausgesetzten Gottesbegriff. So erklärt sogar Thomas die Schöpfung als »emanationem totius a causa universali, quae Deus est« (S. th. I q. 45 a. 1). Auch beim späten mit dem Th. ringenden → Schelling sieht man die Gefahren für den transzendenten reinen Gottesbegriff, ebenso bei der spätidealistischen spekulativen Theistenschule (I.H. → Fichte, Chr.H.Weiße, H.Ulrici u.a.), und selbst → Lotze vermochte sie nicht zu bannen. Für Schelling erbringen die Forschungen von H.Fuhrmans – entgegen seinen Intentionen – erneut den Beweis, daß er auch in seinem Spätwerk die idealistische Umklammerung nicht zu durchbrechen vermocht und einen reinen Th. nicht erreicht hat. »Immanenz-Th.« besagt nichts anderes als → Panentheismus, dem Schelling zeitlebens verhaftet blieb. Fuhrmans benutzt die Aufgliederung des gesamten abendländischen Th. als Th. der participatio und der explicatio für seine Konstruktion, in der subreptiv eine Glaubensüberzeugung in philosophische Kategorien gezwungen und die gesteigerte Gefährlichkeit des Terminus explicatio verkannt wird. – Wohl keines Denkers Lebenswerk dokumentiert das Scheitern alles philosophischen Th. in gleich eindringlicher Weise wie das H. → Cohens. In seinem System versuchte er die Unnatur der bloßen Nebeneinanderstellung von human-autonomer Ethik und der Majestas Gottes dadurch zu beseitigen, daß er Gott als Idee der Ethik definierte. Auf diese Weise gewann er den *Begriff* der Menschheit und des Menschen, dem *existenten* Menschen vermochte er jedoch nicht gerecht zu werden. Die Urphänomene von Schuld und Sünde zwangen ihn daher, sein gewaltiges methodisch-idealistisches System im Hinblick auf die schlechthin voraussetzungslose Voraussetzung des Gottes der Offenbarung umzudeuten. – Philosophie vermag nur das Kategoriengefüge für das Weltverständnis im Interesse der Weltbemächtigung zu liefern, der Mensch aber hat es auszurichten auf den Gott, dessen Wort die Welt ins Dasein rief. – Vgl. → Gott: VII, → Gottesbeweise, → Religionsphilosophie, → Theodizee, → Theologie und Philosophie.

Vgl. d. Lit. zu den genannten Sach- u. Person-Artikeln u. die Gotteslehre in den Lehrbüchern d. → Dogmatik. Ferner: A.Drews, Die dt. Spekulation seit Kant mit bes. Rücksicht auf d. Wesen des Absoluten u. d. Persönlichkeit Gottes I. II, (1892) 1895² – H.Schell, Gott u. Geist I. II, 1895/96 – J.Ward, The Realm of Ends, or Pluralism and Theism, Cambridge 1911 – Th.Steinmann, Die Frage nach Gott, 1915 – J.Lindsay, A Philosophical System of Theistic Idealism, Edinburgh-London 1917 – F.K.Schumann, Der Gottesgedanke u. d. Zerfall der Moderne, 1928 – Eisler III, 231 – E.Rochdieu, La personnalité divine (Diss.), Genf 1938 (vgl. dazu J. De La Harpe, RThPh 29, 1941, 66-75) – Ph.Weindel, Fr.W.Hegel – der Mensch in Gott (in: Festschr. f. Th.Steinbüchel, 1948, 191-207) – EF IV, 1107f (Lit.) – H.Fuhrmans, Schellings Philos. der Weltalter, 1954 (vgl. dazu J.A. Stüttler, Schol. 36, 1961, 73-83) – G.Ebeling, Elementare Besinnung auf verantwortliches Reden von Gott (in: Festg. f. E.Brunner, 1959, 19-40 = Wort u. Glaube, 1960, 349-371). *J.Klein*

Thekla, *die Heilige,* wurde nach den → Paulusakten durch die Predigt des Apostels in Ikonium bekehrt und begleitete ihn auf seinen Missionsreisen. In ihrem Leben, Wirken und Märtyrertode wurde die Verkörperung des Urbildes der gläubigen Seele gesehen. Von dem isaurischen Seleucia (→ 18 D 4) aus, wo ihr Martyrion stand, verbreitete sich ihr Kult bes. in der griech. Kirche.

Texte: BHG³ II, 267ff – A Manichaean Psalmbook II, ed. C.R.C. Allberry, 1938, Reg. 45 – Gregorii Nysseni In Cant. Cant. 14 (405, 3ff Langerbeck) – Silviae Peregrinatio 22f (CSEL 39, 69). – A.Har-

NACK, Gesch. d. altchristl. Lit. II/1, 1897 (Neudr. 1958), 493ff - HENNECKE, Hdb. 370ff - BARDENHEWER I, 561ff - LThK X, 28ff - DACL XV/2, 2225ff (Lit.) - ALTANER 60f (Lit.). *A.Adam*

Theoderich, *Gegenpapst* Sept. 1100, † 1102, Bischof von S. Rufina, Nachfolger → Clemens (III.), wurde von → Paschalis II. bald nach der Wahl in La Cava gefangengesetzt.

LThK X, 52. *F.Bock*

Theodizee

I. Religionsgeschichtlich - II. Dogmengeschichtlich - III. Systematisch

I. Religionsgeschichtlich

Die Th. als »Rechtfertigung Gottes« (auf Grund einer vorausgesetzten Anklage) und die Frage nach der Zulassung und dem Sinn des → Bösen und des → Leidens (: I) bzw. nach dem Sinn der Welt überhaupt ist nur dort ein echtes religiöses Problem, wo der Glaube an einen sittlich bestimmten und gerechten persönlichen → Gott (→ Gerechtigkeit Gottes: I) oder an ein geordnetes und halbwegs aufeinander abgestimmtes → Pantheon oder an eine entsprechende, mit dem theistischen Gottesgedanken verwandte höchste → Ordnungs-Macht vorhanden ist. Sie setzt ferner die positive Bewertung des Diesseits und die Annahme einer gerechten Weltordnung oder doch eines sittlichen Kosmos sowie der freien Entscheidung eines bewußten menschlichen Gegenübers von Gott für Gut und Böse voraus. Sehr oft äußert sie sich nur als Frage oder Klage. Alle Formen des unsystematischen Polydämonismus und Polytheismus (wo sie nur gelegentlich leise anklingt) und älterer Elementarreligiosität schließen die Th. so gut wie gänzlich aus, ferner der abstrakte Schicksalsglaube (→ Schicksal: I) und die konsequente unpersönliche oder pseudopersonalistische → Mystik, obwohl sie auch dort nicht gänzlich fehlt (zB bei → Laotse; vgl. Tao-teh-king 20). In einigen Religionen wird sie durch andere Vorstellungen überdeckt oder ersetzt (→ Karma).

Das Motiv des Vorwurfs an die Gottheit und der Klage über unverdientes Leid findet sich in mannigfaltiger Form bisweilen schon in den Religionen der *schriftlosen Völker* (vgl. F.Heiler, Das Gebet, 1923⁵, 59f. 83ff. 87ff). Das alte → *China* (: II) kennt die Frage an den Höchsten Herrn (Shang-ti) nach der Ursache des Leides (Schiking III, 3, 4; E.Lehmann-H.Haas, Textbuch zur Religionsgeschichte, 1922², 10f; s. auch → Konfuzius). In *Alt-Indien* beschäftigen sich die All-Einheitsmystik des Vedânta und der → Buddhismus (: I) in Ermangelung eines personalen Gottesbegriffes nicht mit der Th., die aber in der personalistischen Mystik als Klage, Vorwurf oder Frage an Gott erscheint, zB in der → Bhagavadgîtâ und in der tamulischen Shiva-Mystik (→ Hinduismus: I, 3 c). Die *iranische Religion* (→ Iran: II) klärt die Th. von vornherein durch ihren → Dualismus, ähnlich in ihrem Gefolge der → *Manichäismus* und die → *Gnosis*. In *Sumer* und → *Babylonien* (: II, 18) ist wohl das älteste Auftauchen des Th.problems, zumindest für den mittelländisch-vorderasiatischen Kultur- und Religionsbereich, zu verzeichnen. Das akrostichische Zwiegespräch des sog. »Kohelet« aus dem 14. oder 9.Jh. vChr (vielleicht erst um 800) zeigt das positivistische Vertrauen auf den Willen des Recht schaffenden Gottes. Im kollektiven und das Jenseits hoch bewertenden Denken des alten → *Ägypten* (: II) mit seinem → Optimismus (: I), der an den Mechanismus von Gut und Böse, Lohn und Strafe glaubt, ist dagegen die Th. weniger hervorgetreten, obwohl sie bereits in dem berühmten Gespräch eines Lebensmüden mit seinem Ba im 3.Jt. vChr aufklingt. Neben dem alten *Israel* (→ Theodizee: II, 1) hat *Griechenland* die bedeutendste frühe Entwicklung des Problems hervorgebracht. Der Gedanke der Freiheit und Willkür der Götter (RGL 4, 35. 55f. 60), eingeschränkt durch das übergeordnete Schicksal (ebd 36), läßt allerdings die Frage im strengen Sinne zunächst gar nicht aufkommen. Begriffe wie der → Neid der Götter (ebd 56f) und Forderungen wie die des gehorsamen Sich-Fügens unter die göttliche Allmacht (ebd 31. 55. 60f) treten an die Stelle der Th. Die μοῖρα, später die εἱμαρμένη machen sie im Grunde überflüssig. In Lehren wie dem Orphismus (→ Orpheus) und bei den dualistischen (→ Platon), monistischen und pantheistischen (→ Stoa) Denkern erübrigt sie sich ohnehin. Dennoch wird sie in der Literatur als eine paradoxe Größe seit Homer und Hesiod immer wieder laut. Andererseits rechnet der hellenische Optimismus mit einer gerechten Entsprechung von Tat und → Vergeltung (: I) im menschlichen Leben (ebd 39) und mit einem menschlichen Glück aus der Beugung unter die Götter (ebd 56f). Die Religionskritiker aktivieren dann die Th., zB → Epikur oder Kerkidas (vgl. ebd 79).

In der Erbfolge des Alten Orients und der Antike haben neben dem Christentum der → *Islam* und das *Judentum* die Th.frage in religionsphilosophischer Auseinandersetzung aufgegriffen, letzteres (bes. → Saadja Gaon im 10.Jh., → Maimonides im 12.Jh.) zT unter Berücksichtigung islamischer Theorien. Die Vorstellung des moralischen und rechtlichen Gleichgewichtes in der Welt unter dem Willen Gottes und des Ausgleichs im Jenseits bzw. beim Endgericht (→ Gericht: I) läßt allerdings im Islam die Frage nach dem Übel und der Th. (vgl. M.Horten, Die relig. Gedankenwelt des Volkes im heutigen Islam, 1918, 245ff. 269ff) zurücktreten. Theologisch wird das Th.thema bereits bei den Muʿtaziliten (seit 8.Jh.) angeschnitten (vgl. Chant I, 725ff. 736f).

K.F.NÄGELSBACH, Homerische Theol., (1840) bearb. v. G.AUTENRIETH, 1884³, 337ff - DERS., Die nachhomerische Theol. d. griech. Volksglaubens, 1857, 27ff. 380ff - ERE XII, 289ff - W.JAEGER, Solons Eunomie (SAB 1926, [69-85] 73 f = Scripta Minora I, Rom 1960, [315-337] 325 ff) - H.KÜHLER, Das Problem der Th. (Phil. Diss. Bonn), 1929 - J.ERICH, Das Problem der Th. in d. jüd. Religionsphilos. d. MA (Phil. Diss. Würzburg), 1936 - B.LANDSBERGER, Die babyl. Th. (ZA 43, 1936, 32-76) - J.STAMM, Die Th. in Babylon u. Israel (JEOL 9, 1944, 99-107) - J.H.WALGRAVE, Th. en godsdienstphilosophie (Tijdschrift voor philos. 14, 1952, 92-162; Lit.-Bericht) - J.NOUGAYROL, Une version ancienne du »juste souffrant« (CRAI 1952, 162-167) - H.JACOBSOHN, Das Gespräch eines Lebensmüden mit seinem Ba (Studien aus dem C.G.Jung-Institut 3, 1957, 1-48). - Vgl. die Lit. zu → Gerechtigkeit: I, → Leiden: I, → Schicksal: I.
K.Goldammer

II. Dogmengeschichtlich

1. AT und NT - 2. Patristische Theologie - 3. Scholastik - 4. Reformation - 5. Neuzeitliche Metaphysik

Der Begriff »Th.« stammt von Leibniz (s. 5) und meint die Frage nach der Vereinbarkeit des im gegenwärtigen Weltzustand begegnenden Übels in metaphysischer, physischer und moralischer Hinsicht (so die Einteilung bei Plotin und Leibniz) mit der Gerechtigkeit und Vollkommenheit Gottes.

1. Schon der biblische Schöpfungsbericht setzt sich mit der Erfahrung des Zerfalls der Urordnung auseinander und sucht den notvollen Zustand der Gegenwart durch den Hinweis auf die menschliche Urschuld zu verstehen. Das Schicksal der sündigen Protoplasten, des Brudermörders Kain und der hybriden Menschheit (Turmbau zu Babel) wird einerseits als Strafe aufgefaßt, andererseits als Zeichen der Güte Gottes auch gegenüber der entfremdeten Menschheit. Das spätere Eindringen der Satansgestalt in die biblische Gedankenwelt (→ Teu-

fel: II) hat nie zu einem konsequenten theologischen Dualismus und damit zu einer Gefährdung der Einheit des Gottesbildes geführt. Der politische Zusammenbruch des Volkes Israel galt im prophetischen Geschichtsverständnis immer als Folge des Abfalls von Jahwe und gab nie Anlaß zur Anklage gegen Gott oder zum Zweifel an seiner → Gerechtigkeit (: II). Viel stärker wurde das Problem im → Leiden (: II) der einzelnen Frommen empfunden, die sich subjektiv keiner Schuld bewußt waren (→ Hiobbuch, → Psalmen: I, 4 e). Aber auch hier setzt sich der Glaube an die Allmacht Gottes und den Sieg seiner Güte durch. Geschichtstheologisch eröffnet sich schließlich der Ausblick auf die eschatologisch bestimmte Zukunft, in der das Auseinanderfallen von irdischem Schicksal und göttlicher Liebe endgültig aufgehoben ist. - Auch im *NT* wird die Frage nach dem Bösen und dem → Leiden (: III, 4) niemals ein Grund zum Zweifel oder zum Rechten mit Gott (Röm 9, 14). Vor der göttlichen Weisheit hat sich der Mensch in Demut und Glauben zu beugen. Das einfache Schema, wonach Unglück Folge von Sünde sei, wird von Jesus ausdrücklich abgewiesen (Lk 13, 1-5); er mahnt statt dessen zur Umkehr angesichts des kommenden Gerichts. Seit der mit Jesu Kommen anbrechenden messianischen Wende ist der Satan als Verursacher des Bösen entmächtigt (Lk 10, 18). Auch im NT findet sich also keine spekulative Antwort auf die Frage nach dem Ursprung des Bösen. An die Stelle des philosophischen Fragens tritt die Glaubensgewißheit, daß die Christen Erben der neuen Welt Gottes sein werden (Apk 21, 4).

2. Das Th.problem steht als »häufig besprochene Frage« (Basilius, Hexaemeron II, 1; Euseb, h.e. V, 27) im Mittelpunkt der Auseinandersetzung von christlicher Theologie und heidnischer Philosophie. Von → Epikur bis Pierre → Bayle lautete die Antwort der Skeptiker auf die Frage, warum Gott Übel zugelassen habe: entweder will er nicht, dann ist er nicht heilig, gerecht und gut; oder er kann nicht, dann ist er nicht allmächtig; oder er kann nicht und will nicht, dann ist er schwach und mißgünstig zugleich; oder endlich, er kann es und will es - warum hat er dann die Schlechtigkeit nicht beseitigt? → Stoa und → Neuplatonismus haben den Kirchenvätern die Denkmittel zur Beantwortung dieser Fragen an die Hand gegeben. Es gehört zu den immer wiederkehrenden Topoi der *patristischen Theologie*, daß die Welt das Werk des vollkommenen Gottes sei und dieser niemals der Urheber des Bösen sein könne (vgl. Basilius, 8. Rede). Dieses geht aber auch nicht auf einen teuflischen Gegengott zurück noch ist es, wie → Gnosis und → Manichäismus annehmen, durch die Materialität des Leibes bedingt, sondern hat seinen Sinn als Erziehungs- und Strafmittel (Origenes, c. Cels. VI, 53-59). Das Böse ist eine Folge der menschlichen Sünde und hat seinen Ursprung im Willen; es ist keine eigene Substanz, auch nicht gleichursprünglich mit dem Guten, sondern Ergebnis freier Wahl. Auch der → Teufel (: III) ist als einst guter Engel aus freiem Willen böse geworden und verfolgt nun den Menschen aus Neid. → Augustin ordnet das Böse ebenfalls in den Plan der göttlichen Heilsökonomie ein. »Die Herrlichkeit der Weltordnung strahlt noch glänzender hervor, wenn auch das Böse in ihr sich vorfindet und dem Guten dienen muß« (De ord. I, 7, 18). Dem dient auch der Tod, durch den die Geburt in ein neues Leben erfolgt und das Böse vernichtet wird. Zwar verbirgt die →Vorsehung ihre Absichten in dieser Weltzeit oft vor den Augen der Menschen, wird sie aber in der zukünftigen offenbaren. Der dem → Platonismus entstammende Satz, das Böse sei im Grunde das Nichtseiende oder - im Anschluß an die aristotelische στέρησις-Lehre - ein Mangel an Gutem, beherrscht nicht nur das Denken der griech. Theologie, sondern geht auch in die Theologie Augustins und der mittelalterlichen Scholastik über. Daß der böse Wille des ersten Menschen die menschliche Natur überhaupt verändert hat, führt Augustin zu seinem Gedanken der Erbsünde (→ Sünde: V). Dabei hebt das göttliche Vorauswissen des Sündenfalls die menschliche Verantwortung nicht auf. Die Antwort auf die Frage, warum Gott den Menschen nicht sogleich in höchster Vollendung geschaffen habe, gibt Augustin mit → Plotin: da lückenlose Vollkommenheit allein Gott zukommt, muß alles Geschaffene dem Schöpfer nachstehen und verlangt die Einrichtung der Welt eine abgestufte Gliederung der Geschöpfe. Diese metaphysischen Erwägungen werden als selbständiger Bestandteil einer natürlichen Theologie behandelt, können jedoch mit der Soteriologie und Christologie verbunden werden: durch die Menschwerdung des Logos besteht für die Gläubigen Aussicht auf Errettung, und in der →Wiederbringung aller Dinge führt Gott alles Leben wieder zu sich zurück.

3. Die *Scholastik* folgt im wesentlichen den ontologischen Gedankengängen Augustins. Die Möglichkeit des Bösen ergibt sich für → Thomas von Aquino als Folge der Differenz von Wesen und Existenz im Menschen (de ver. XXII). Nach → Nikolaus von Kues ist die geschaffene Welt so vollkommen, wie sie nur werden konnte (de ludo globi I, 154). Das Problem des Bösen hängt für diese Denker mit der → Individuation und der → Kontingenz des menschlichen Seins zusammen. Es ist ein von der Scholastik der neuzeitlichen Metaphysik vererbter Grundgedanke, daß das Böse, im Zusammenhang mit dem Weltganzen betrachtet, sinnvoll werde, ebenso daß die Schöpfung als ganze ein Abbild göttlicher Vollkommenheit sei.

4. Für → *Luther* wird die Th. als Versuch der Rechtfertigung Gottes durch den Menschen unmöglich. Die spekulative Fragestellung wird umgekehrt: nicht Gott hat sich vor dem Forum des Menschenverstandes zu rechtfertigen, sondern der Mensch muß vor Gott gerechtfertigt werden. Gott bleibt, obwohl es gegen den Sinn und Verstand der Menschen geht, die regula omnium (WA 18, 712, 32ff), und wenn auch die Irregularität der Geschichte dem Verstand zur → Anfechtung wird, so erkennt doch der Glaube, daß Gott auch durch das Böse das Gute schafft (WA 56, 331, 27). Die Gerechtigkeit Gottes in der Annahme des Sünders bleibt für uns in dieser Zeit unbegreiflich; volle Erkenntnis wird es erst in der neuen Welt geben. - →Zwingli verbindet in seiner Schrift De providentia (1530) den philosophischen Vorsehungs-Gedanken mit dem christlichen Gedanken der → Prädestination.

5. Die reformatorische Umkehrung der Th.frage wird im *neuzeitlichen Rationalismus* nicht durchgehalten. Th. wird hier zugleich Kosmodizee, dh Antwort auf die Frage, ob diese Welt die bestmögliche ist, die Gott hat schaffen können. →Malebranche meint, sie sei nicht das *absolut* vollkommenste Werk, sondern nur das vollkommenste in Übereinstimmung mit den Wegen, die Gottes am würdigsten sind (Entretiens sur la Métaph. IX, 10). → Leibniz dagegen vertritt in seinen Essais de Théodicée sur la bonté de Dieu, la liberté de l'homme et l'origine du mal (1710) gegen P. → Bayles Bestreitung einer Übereinstimmung von Vernunft und Glauben den Satz, daß diese Welt die beste der möglichen Welten sei. Das Übel ist zwar nicht aus dem Prinzip der unbedingten Notwendigkeit, aber dem der Angemessenheit zugelassen. Dieser → Optimismus (: II) ist für → Aufklärung und → Idealismus exemplarisch geworden und spiegelt sich in der Flut der philosophischen und dichterischen Th.-Schriften wider (zB Pope, → Shaftesbury, v.Haller,

→ Brockes), wenngleich sich auch Gegenstimmen erheben. So lehnt → Hume von seinem skeptischen Sensualismus her eine doktrinale Th. ab, und → Voltaire zweifelt angesichts der Übel in der Welt an der Allmacht und speziellen Vorsehung Gottes (Candide!). Nachdem sich → Kant in seiner vorkritischen Periode Leibniz angeschlossen hatte, sieht er später in der Verfechtung der Sache Gottes »die Sache unserer anmaßenden, hiebei aber ihre Schranken verkennenden Vernunft« (Über das Mißlingen aller philosophischen Versuche in der Th., 1791); als Glaubenssache hat er sie dagegen nie abgelehnt. In der Philosophie des Spätidealismus gewinnt das Spekulative wieder die Oberhand. So ist für → Schelling das Böse als das irrationale Moment die negative Durchgangsstufe in der Selbstwerdung Gottes und seine Überwindung der Inhalt der Geschichte (Philosophische Untersuchungen über das Werden der menschlichen Freiheit, 1809), und für → Hegel der Entwicklungsgang der Weltgeschichte die »wahrhafte Theodicee, die Rechtfertigung Gottes in der Geschichte« (Vorlesungen über die Philosophie der Weltgeschichte, Einl.). Die vom Idealismus bestimmte Theologie teilt mit diesem die teleologische Sinngebung der Sünde (→ Schleiermacher, Biedermann, Brunstäd), während sie von der heutigen Dogmatik allgemein abgelehnt wird. Seither sind in Philosophie und Theologie keine neuen Gesichtspunkte zur Lösung des Th.problems aufgetaucht, auch nicht in der tragischen Dichtung des Idealismus, die das ergreifende Schauspiel des menschlichen Ringens um die letzte Sinnfrage und die Ehrenrettung Gottes oft behandelt. – Die → russische Religionsphilosophie des 19.Jh.s versteht die Welt als Theophanie und kommt von daher zum Gedanken einer Kosmodizee (→ Bulgakow) oder Anthropodizee (→ Berdjaew).

O.Lempp, Das Problem d. Th. in d. Philos. u. Lit. d. 18.Jh.s, 1910 – S.Bulgakow, Kosmodizee (Östl. Christentum II, 1925, 195–245) – N.Berdjaew, Das Problem der Anthropodizee (ebd 246–306) – A.Titius, Platons Gottesgedanke u. Th., 1929 – RGG² V, 1098ff (Lit.) – W.Eichrodt, Vorsehungsglaube u. Th. im AT (Festschr. O.Procksch, 1934, 45–70) – F.Billicsich, Das Problem d. Übels in d. Philos. d. Abendlandes I–III, 1936–59 (I, 1955²) – E.Bröking, Die christl. Th., 1941 – B.v.Wiese, Die dt. Tragödie von Lessing bis Hebbel I: Tragödie u. Th., 1948 – H.Zahrnt, Luther deutet Gesch., 1952, bes. Kap. VIII – G.Bornkamm, Die Frage nach Gottes Gerechtigkeit (Ders., Das Ende d. Gesetzes, [1952] 1958², 196–210) – B.Welte, Über das Böse, 1959. – Vgl. die Lit. zu → Theodizee: III.

H.-H.Schrey

III. Systematisch

1. Das Th.problem zeigt, daß der Glaube von metaphysischen Reflexionen schwer lösbar ist. Es ist die Frage nach der »Rechtfertigung Gottes«: Wie läßt sich angesichts der Übel in der Welt, angesichts vorzeitigen Todes, unaufhebbarer sozialer Misere, unheilbarer körperlicher und geistiger Entartungen und ungehemmter Bösartigkeiten noch von einer göttlichen Allmacht und Weisheit, von der Güte des Schöpfers und der Schöpfung, von einer Einheit der Welt und von einer moralischen Weltordnung reden? Es ist eine ins Rationale transponierte Zweifelsfrage, die nach einem Ausgleich von Gottesglaube und Welterfahrung begehrt. Die Erfahrung des Bösen, des »Übels« und des → Leidens bereitet der Ratio eine → Anfechtung, denn das sittliche Bewußtsein, das sich in einer zweckmäßigen Bestimmtheit der Welt und des Einzellebens bestätigt sehen möchte, befindet sich im Widerstreit mit der Erfahrung scheinbar »sinnloser« Schicksale und unbegründbaren Leidens. Obwohl das Problem der Bibel nicht fremd ist (→ Theodizee: II, 1), so hat ihm doch wie kaum einem sonst das Interesse der Aufklärung gegolten (→ Theodizee: II, 5).

In der Th. begegnen uns Glaubensfragen in weltanschaulicher Umformung. Die Voraussetzungen dafür, daß das Problem sich stellt, sind der Glaube an die Persönlichkeit Gottes, an seine Einheit und Einzigartigkeit (→ Eigenschaften Gottes), und das undialektische, »weltanschauliche« Verständnis Gottes als des Inbegriffes alles Guten und Vollkommenen. Ebenso gehört in die Voraussetzungen des Problems die These von der Einheit und teleologischen Ordnung der Welt, womit der begrenzte Erfahrungshorizont des einzelnen grundsätzlich überschritten wird. – Wirklich schwer wird das Problem nur unter diesen als metaphysische Thesen gemeinten Voraussetzungen empfunden, dh im Umkreis der biblischen Religion, des Christentums. Es gehört daher zu den Anfechtungen besonderer Art, die sich aus dem Th.problem ergeben, daß sich die Fragestellung solchen Antworten zuneigen möchte, welche aus anderen metaphysischen Voraussetzungen stammen. Das Problem der Th. verführt zum Spiel mit außerchristlichen Fassungen und daraus folgenden plausibleren Lösungen.

2. Eine der Lösungen, die sich immer der metaphysischen Spekulation anbieten, ergibt sich verhältnismäßig leicht unter der Voraussetzung einer dualistischen Weltansicht (→ Dualismus). Ob nun bei dem Kampf beider Prinzipien schließlich mit einem Sieg des guten über das böse Prinzip gerechnet werden mag oder nicht, das spielt in unserem Zusammenhang keine Rolle. Entscheidend ist, daß im Sinne solcher dualistischer Systeme das Übel in der Welt und das an seiner Verursachung wirkende Böse dem guten Prinzip, also Gott, nicht aufgelastet werden können. Eine gewisse Verwandtschaft mit diesem gnostischen (→ Gnosis) Erklärungstypus eignet dem in der Philosophie → Schopenhauers erneuerten Weltpessimismus. Nach ihm gehört das Übel schlechthin zum Wesen der Welt. Es bringt Leiden, wenn man an diesem Wesen der Welt Anteil hat und durch seinen Willen diese Welt tätig bejaht. Wir sollen aber von der Welt, von dem Übel ihrer leidvollen Materialität und Niedrigkeit durch Erkennen (durch die »Vorstellung«) freiwerden. Eine solchermaßen kosmologisch begründete Erlösungslehre erleichtert natürlich auch die Lösung des Problems der Th. In ähnlicher Weise hat der deutsche → Idealismus (: II) in seinen großen Systemen das Gewicht der Frage metaphysisch zu ermäßigen gesucht. Ähnlich wie bei → Hegel die Bedenklichkeiten der Individualethik in dem Notwendigkeitsanspruch der Rechtsphilosophie untergehen, so werden auch die individuellen Leiden relativ gegenüber dem notwendigen Gang der Weltgeschichte. Der Vollzug des göttlichen Ratschlusses in der Geschichte nimmt auf das Glück Einzelner keine Rücksicht. Nur in dem Gesamtergebnis liegt die Grundlage einer gerechten Beurteilung der Vernünftigkeit des Weltlaufes. Die Philosophie der Geschichte, ja die Weltgeschichte selbst ist für Hegel die Th. (→ Theodizee: II, 5). In ähnlicher und doch wieder sehr anderer Begründung relativierte auch → Schelling das Böse, ohne dessen Vermittlung für ihn kein Werdeprozeß der Welt und des selbständigen Geistes möglich schien. So wird im einen Falle dem Leiden ein vermittelnder Charakter im Gang der Geschichte, im anderen Falle dem Bösen ein vermittelnder Charakter im Werdeprozeß der Menschheit, ja der Welt überhaupt angewiesen und so das eine wie das andere, und damit auch Gott selbst »gerechtfertigt«. Schon vorher hatte bereits → Kant in seiner kleinen Schrift »Über das Mißlingen aller philosophischen Versuche in der Th.« (1791) das Problem selbst gleichsam stillgelegt; wenn man die Welt als eine göttliche Bekanntmachung der Absichten seines, nämlich Gottes Willens betrachten wolle, so erweist sie sich immer als ein verschlossenes Buch, »wenn es darauf abgesehen ist, sogar die Endabsicht Gottes (welche jederzeit moralisch ist) aus ihr, obgleich einem Gegenstande der

Erfahrung, abzunehmen«. Die Macht der spekulativen Versuchungen wird bes. auch durch E. → Troeltsch in RGG² V, 1102ff dargetan, wo sich die Erwägung findet, ob denn die ganze Weltwirklichkeit unter einen einzigen Weltzweck und Weltsinn begriffen werden müsse, ob also nicht ein Teil der Schöpfung von der Teilnahme an der Verwirklichung der höchsten geistigen und ethischen Ziele ausgenommen sei. Dieser Gedanke findet dann auch noch auf die unterschiedenen Schicksale der menschlichen Individuen Anwendung: Sind wirklich alle zum Höchsten bestimmt? Und lassen sich nicht viele dunkle und zweckwidrige Schicksale unter Zuhilfenahme von solchen Möglichkeiten, die jenseits unseres Erfahrungskreises liegen, bis hin zur Seelenwanderung, doch noch als letztlich zweckhaft vorstellen? Ja selbst der Leibnizsche Gedanke einer Pluralität der Welten, dort nur im Modus der Möglichkeiten erwogen, wird hier herangezogen, um den Spielraum der Deutungsmöglichkeiten auszudehnen.

3. Alle diese in ihrer Art typischen und insofern auch wiederholbaren und variablen Lösungen des Th.problems stellen metaphysische Spekulationen dar; es sind unmittelbare Weltdeutungen, welche den beschränkten Erfahrungshorizont überschreiten und durch teils pluralistische, teils pantheistische oder auch dualistische Welthypothesen das Problem selbst schon zu korrigieren versuchen, um seine Lösungen zu erleichtern. Der fiktive Charakter des Unternehmens, in dem die »wissenschaftliche Phantasie auf die Wege ausgeschickt wird, wo wir annähernde Lösungen solcher Rätsel ahnen können« (Troeltsch), gilt im Grunde auch für die metaphysischen Thesen. Einschneidender wirkt sich der Umstand aus, daß in diesen philosophischen Entwürfen einer Th. die christlichen Voraussetzungen der Fragestellung, die Einheit, Güte und Allmacht des Schöpfers, die Einheit der Welt und der Ernst des unausweichlichen menschlichen Daseins aufgehoben oder in Frage gestellt werden.

4. Das schließt nicht aus, daß auch die christliche Theologie zuweilen diese Wege beschritten hat (→ Origenes). Die klassische christliche Theologie hat die Th. jedoch nie zu einem eigenen Thema entwickelt. Die Welt ist gut geschaffen, aber die → Sünde, in der der Mensch seine Freiheit gegen Gottes Willen gekehrt hat, hat nicht nur den Menschen unter das Todesleid gestellt, ihn auf den Weg immer neuen Sündigens getrieben und seine Freiheit beschädigt, sie hat auch auf die Kreatur eine Gefangenschaft gelegt (Röm 8, 19f), und die Welt ist zur Verführungsmacht geworden. Bezüglich der Erhaltung der Welt hat die alte Dogmatik das geheimnisvolle gnädige Wirken Gottes in der Lehre von der → Vorsehung Gottes vielfältig zu beschreiben versucht: Gott ist bei allem, was in der Welt geschieht, mittätig (concursus), er lenkt alles zu seinen Zielen (gubernatio), er kann auch dem Bösen seine Folgen zulassen (permissio), wie er sie verhindern kann, wenn er will (impeditio), er kann diese Wirkungen lenken (directio) oder in ihrer Übermächtigkeit einschränken (determinatio). Doch wird erst die → Erlösung durch Christus die Überwindung des Todes und die Vergebung der Sünde bringen. Erst in der Vollendung der Zeit und im ewigen Leben wird alles Leid vergangen sein und werden sich auch alle Rätsel lösen. Es ist die Frage, ob die concursus-Lehre der Dogmatik (→ Schöpfung: IV B, 4 c), die Soteriologie und Eschatologie des christlichen Glaubens dem Problem der Th. wirklich entspricht. Denn hier handelt es sich ja um eine Zweifelsfrage, die eine allgemein verstandene, nicht heilsgeschichtlich gebrochene Güte Gottes bestätigt sehen möchte. Es handelt sich um eine Gegenwartsfrage, die sich an der Massenhaftigkeit scheinbar sinnloser Schicksale und an der Naturhaftigkeit des Übels und der Zerstörungskräfte entzündet. Diese Fragestellung muß vom christlichen Glauben aus selbst der Kritik unterworfen werden. Schon der Gedanke einer »Rechtfertigung Gottes«, also eine gleichsam an Gott gerichtete moralische Frage, übersteigt alle menschlichen Kräfte und Kompetenzen. Die in der Th. beschlossene Fragestellung versucht es, die unüberschaubare Welt überschaubar zu machen und eine religiöse, dh nur in der Subjektivität des Glaubens zu überwindende Not in eine weltanschaulich lösbare Fragestellung zu verwandeln. Da alle Glaubensfragen die Tendenz in sich tragen, sich weltanschaulich zu objektivieren, wird die Th. als eine unstillbare Frage anerkannt werden müssen, aber sie ist ihrer Natur nach zugleich eine unlösbare Frage.

5. Dennoch kann zur Klärung der Sachlage manches geschehen. Zunächst betrifft die Th. nicht das selbstverschuldete Übel. Sie wird auch kaum hinsichtlich der Natur überhaupt, abgesehen vom Menschen, zum Problem werden. Das eigentliche Feld des Widerspruchs, des Zweifels, der Anfechtung durch das Übel ist der leidende Mensch, es ist die geistige, bewußte Individualität, die hier ihre Not in Gestalt einer kosmologischen Frage ausspricht. Diese Frage wird aber nur dann zu einer echten Frage, wenn es die Frage des Menschen in seiner Subjektivität bleibt, wenn also ihr unmittelbarer religiöser Charakter zurückgewonnen wird. »Religiöse Fragen werden nicht gelöst, sondern überwunden« (Franz Dibelius). In dieser Zurücknahme der Fragestellung liegt nicht nur ein Verzicht auf weitreichende metaphysische Erklärungen, sondern mehr noch eine Beugung vor dem Deus absconditus. Sie verweist den Glauben in doppeltem Sinne auf sein Eigenstes. Die eine Aufgabe stellt sich unmittelbar. Auch das Übel, → Krankheit (: II), unverschuldetes Leid und die Trennung menschlicher Bande durch den → Tod (: IV) müssen uns auf dem Wege zu Gott fördern und dem Heilsrat Gottes dienen. Vollzieht sich doch Gottes eigentliche Erlösungstat durch das unschuldige Leiden Jesu Christi am Kreuz. Der böse Wille der Menschen, die falsche Gerechtigkeit, die Christus ans Kreuz bringt, wird zum Werkzeug unseres Heils. Das tiefste Dunkel seines Leidens und Sterbens öffnet uns die Tür zu Gottes Reich. Hier verbietet sich die Rede von einem ungerechten, sinnlosen Leiden. Im Blick auf das Kreuz bekommt auch unser menschliches Leiden einen – weltanschaulich freilich nicht mehr verrechenbaren – Sinn (Röm 8, 28). Indessen bedarf es der Überwindung unseres Selbst, damit der Glaube sein eigenes Leiden, sein »Kreuz« im Kreuz Christi aufgehoben wissen kann. – Die andere Aufgabe stellt sich durch die → Eschatologie, weil das in der Th. gemeinte Problem, das aus der Erfahrung unseres gegenwärtigen Seins in der Welt erwächst, über die Gegenwärtigkeit hinausweist. Das wird in vielen »Lösungen« des Problems auch insofern zugegeben, als sie die Überschaubarkeit der Welt selbst spekulativ zu überschreiten versuchen. Schon in den nach »schließlichem«, »endgültigem« Ausgleich verlangenden Fragen kündigt sich die Unvermeidbarkeit eschatologischer Auskunft an. Die Th. kann nicht im Felde der Kosmologie entschieden werden. Sie ist keine legitime und keine mögliche, dh beantwortbare Frage der »moralischen Weltordnung«. Sie ist, allerdings reduziert auf ihre Mitte als aus der persönlichen Anfechtung geborene Glaubensfrage, eine eschatologische Frage. Wenn man Th. in diesem gewandelten Sinne gelten lassen will, dann gilt: Ohne Eschatologie keine Th. Aber auch das enthält ein Überwindungsmotiv, insofern als die → Hoffnung die Gegenwart überwindet. In der Hoffnung wirft sich der Glaube voraus in das Neue, was Gott ihm zugesagt hat. Die Th. verweist den christlichen Glauben nicht auf eine Lösung, sondern auf die Erlösung.

H.C.W.SIGWART, Das Problem d. Bösen oder d. Th., 1840 - K.GUTBERLET, Lehrb. d. Philos. I: Die Th., (1878) 1909[4] - A.LEHMEN, Lehrb. d. Philos. III: Th., (1901) 1923[4.5] - J.DONAT, Summa philosophiae christianae VI: Theodicea, (1914) 1936[7] - ERE XII, 289ff (Lit.) - EISLER III, 231f (Lit.) - G.KATKOV, Unters.en zur Werttheorie u.Th., 1937 - B.BAVINK, Das Übel in d.Welt, 1947 - H.STRAUBINGER, Religionsphilos. mit Th., 1949 - J.BERNHART, Chaos u. Dämonie, 1950 - V.E.FRANKL, Homo patiens. Versuch einer Pathodizee, 1950 - E.BRUNNER, Die christl. Lehre von Schöpfung u. Erlösung. Dogmatik II, 1950, 201ff - M.KELLER-HÜSCHEMENGER, Die Kirche u. d. Leiden, 1954 - F.DESSAUER, Prometheus u. die Weltübel, 1959 - EKL III, 1346ff. - Vgl. die Lit. zu → Anfechtung, → Deismus: III, → Leibniz, → Leiden: IV, → Optimismus und Pessimismus: II, bes. zu → Theodizee: II. *W.Trillhaas*

Theodor I., *Papst* 24.11.642 bis 14.5.649, * als Sohn eines Bischofs in Jerusalem. Im Gegensatz zu seinen Vorgängern (→ Honorius I., → Johannes IV.) trat er energisch gegen den Monotheletismus (→ Christologie: II, 5c) und Byzanz auf. Er scheint mit dem aufständischen Statthalter von Afrika, Gregor, sympathisiert zu haben, der den aus Byzanz geflüchteten und von Th. geförderten Patriarchen Pyrrhus aufnahm. Als die Araber Afrika eroberten und Pyrrhus mit Byzanz Frieden schloß, verfluchte ihn Th. Aus Furcht vor einer politischen Schwächung versuchte der Kaiser, im sog. Typus (648) den Streit um den Monotheletismus zu unterdrücken.

(II.), *Gegenpapst* 686/87 (→ Johannes V., → Konon, → Sergius I.).

II., *Papst* Dez. 897. In den 20 Tagen seines Pontifikats ließ er die Leiche des → Formosus (→ Stephan VI.) feierlich bestatten und erklärte dessen Weihen für gültig.

Zu I.: CASPAR II, 543ff - BERTOLINI (→ Paul I.) 327ff. 703f - SEPPELT II, 59. - Zu I.-II.: RE XIX, 595 - LThK X, 43 - DThC XV/1, 224ff (Lit.) - EC XI, 1938. *H.Fuhrmann*

Theodor, 1. *von Andida* (wahrscheinlich Sandida in Pamphylien), byzantinischer Theologe des 12. (vielleicht noch 11.) Jh.s, Verfasser eines mystagogischen Kommentars zur Liturgie (προθεωρία κεφαλαιώδης; MPG 140, 417ff). Auf ihm beruht der von A.Mai → Sophronius von Jerusalem zugeschriebene Liturgiekommentar, der somit nicht vor dem 12.Jh. entstanden sein kann.

N.KRASNOSEL'CEV, Auskünfte über einige liturg. Hss. der Vatik. Bibliothek, Kasan 1885, 311ff (russ.) - DERS., Über alte Liturgiekommentare (Lětopis Odessa, Byz. Abt. 2, 1894, 178-257) - BECK 645. *H.-G.Beck*

2. *von Canterbury* (ca 602-90), Grieche aus Tarsus (Kilikien), in Athen gebildet, als röm. Benediktiner 668 durch Papst → Vitalian zum Erzbischof von → Canterbury ernannt, wirkt dort seit 669 zusammen mit dem gleichzeitig zum Abt des Peter- und Paul-Klosters bestellten Afrikaner Hadrian theologisch, organisatorisch, disziplinarisch grundlegend für die Kirchenprovinz Canterbury (→ England: I, 2; II, 1), nur etwas gehemmt durch den Eigenwillen der Angeln (Northumbrier) unter → Wilfrith von York.

A.W.HADDAN-W.STUBBS, Councils and Ecclesiastical Documents III, Oxford 1871, 114ff - Baedae Venerabilis Historia eccles. gentis Anglorum, ed. CH.PLUMMER, 2 Bde, ebd 1896 - P.W.FINSTERWALDER, Die Canones Theodori Cantuariensis, 1929 (dazu W.LEVISON, Ausgew. Aufs., 1948, 295ff). - G.F.BROWNE, Theodore and Wilfrith, London-New York 1896 - H.v.SCHUBERT, Gesch. d. christl. Kirche im Früh-MA, 1921, 269ff. *F.Flaskamp*

3. *von Euchaita,* einer der volkstümlichsten Soldatenheiligen der Ostkirche (Gedenktag: Sonnabend der ersten Fastenwoche), kam nach der ältesten Legende unter Kaiser Maximinian als Soldat (daher sein Beiname Teron = Rekrut) nach Amaseia in Pontus, wo er den Kybele-Tempel einäscherte und schließlich den Feuertod fand. Sein Grab in Euchaita nahe Amaseia wurde zum Wallfahrtsort. Sein Martyrium wurde schon früh erweitert (Drachenkampf), so daß Th. wahrscheinlich auch dem seit dem 9.Jh. (in den sog. Abgar-Akten) auftauchenden Märtyrer Th. Stratelates (»General«) gleichzusetzen ist.

Texte: BHG[3] II, Brüssel 1957, 277ff. 281ff - BHL II, ebd 1900/01, 1170f - BHO, ebd 1910, 255ff. - Über Th.: H.STARCK, Th. Teron, 1912 - W.HENGSTENBERG, Der Drachenkampf des hl. Th. (OrChr NF 2, 1912, 78-106. 241-280) - VSB II, Paris 1936, 150ff; XI, 1954, 280 - G.SÁNTHA, Der Soldatenheilige in d. byz. Legende, Budapest 1943, 15ff (ung.) - BECK 405 (Lit.). *J.Irmscher*

4. *von Mopsuestia* († 428), der berühmteste unter den Exegeten der → Antiochenischen Schule, von Geburt Antiochener, wurde 392 Bischof von Mopsuestia in Cilicien, wo er hochbetagt starb. Gemeinsam mit → Chrysostomus Schüler des → Diodor von Tarsus, genoß er zu Lebzeiten großes Ansehen, wurde aber kurz nach dem Konzil von → Ephesus 431 als Vater der Irrlehre seines Schülers → Nestorius bezeichnet und auf dem 5. allgemeinen Konzil 553 (→ Dreikapitelstreit) endgültig verurteilt, und zwar mit Hilfe von zumeist untergeschobenen Texten. In Wirklichkeit hat Th. die → Christologie (: II, 4 c) durch die Beachtung der menschlichen Seele Jesu sehr gefördert. Er schrieb (meist verlorengegangene) Kommentare zu fast allen biblischen Büchern (→ Schriftauslegung: IV A, 2) und zahlreiche theologische Abhandlungen, die von einer hervorragenden kritisch-wissenschaftlichen Begabung und unabhängigem Urteil zeugen (→ Hermeneutik, 2 c). Einige von ihnen sind in jüngster Zeit in orientalischen Übersetzungen wiederentdeckt worden, darunter bes. seine Katechesen, die seine Theologie in neuem Licht erscheinen lassen (→ Abendmahl: II, 1 a).

Schriften: MPG 66 - H.B.SWETE, Th.M. on the minor Epistles of S. Paul, Cambridge 1880/82 - F.NAU, PO 9, 1913, 637-667 (Disput. cum Macedonianis) - A.MINGANA, Woodbrooke Studies 5/6, 1932/33 (Katech.) - R.DEVREESSE, StT 93, 1939 (Komm. zu Ps 1-80) - R.TONNEAU u. R.DEVREESSE, StT 145, 1949 (Katech.) - J.M.VOSTÉ, CSCO 115/116, 1940 (Komm. zum JohEv) - P.DE LAGARDE, Analecta Syriaca, 1858, 100-108 - E.SACHAU, Th.M. fragmenta syriaca, 1869. - Weiteres über Ausg.n, Übers.en u. Forschungslit. bei QUASTEN III, 401ff - ALTANER § 68. - Seitdem bes.: L.ABRAMOWSKI, Zur Theol. Th.s v.M. (ZKG 72, 1961, 263-293) - U.WICKERT, Studien zu den Pauluskommentaren Th.s v.M. (BZNW 27), 1962. *J.Quasten*

5. *von Pharan* (* um 570/80, † vor 638), war Bischof der orthodoxen Reichskirche und ist wohl mit Th. von Raithu identisch. Er interpretierte das Chalcedonense cyrillisch und führte das gesamte Christusgeschehen auf die eine, unteilbare Energie (Wirksamkeit des Logos) zurück. Er wurde so zum Urheber der monenergistischen und monotheletischen Streitigkeiten (→ Christologie: II, 5 c). Die Lateransynode von 649 und das 6. Ökumenische Konzil von Konstantinopel (681) verurteilten seine Lehre. Seine Schriften wurden verbrannt.

Fragmente: MANSI X u. XI. - W.ELERT, Der Ausgang der altkirchl. Christologie. Eine Unters. über Th.v.Ph. u. seine Zeit, 1957 (mit 4 Karten zur Lage von Pharan u. Raithu). *P.Kawerau*

6. *Studites* (759-826), byzantinischer Theologe. Aus hohem Adel stammend, trat Th. um 780 in das Sakkudion-Kloster ein und wurde 794 als Nachfolger seines Onkels Platon Abt. 795-797 wurde er wegen seiner unversöhnlichen Haltung im sog. Moichianer-Streit verbannt. 798 siedelte er seine Klostergemeinde vor der Araber-Gefahr nach dem verfallenden Studios-Kloster in Konstantinopel um, das er zu einem koinobitischen Idealkloster ausbaute (→ Studiten). Die Fortdauer seiner Opposition gegen die Einigungspolitik der Patriarchen

Tarasius und → Nikephorus I. brachte ihm seit 808 Ungnade, Bann und schließlich ein zweites Exil ein. Ein drittes Mal ging er nach Ausbruch der zweiten Phase des Ikonoklasmus (815; → Bilder: III, 2) in die Verbannung, aus der er nicht mehr zurückkehrte. - Th.s Bedeutung beruht auf der von ihm inaugurierten Renaissance der klösterlichen Ideale des → Basilius von Cäsarea (zwei Sammlungen von Katechesen, eine nur überarbeitet überlieferte Regel, kleinere Schriften), auf seiner kühnen Formulierung der Bildertheologie und der damit verbundenen kirchenpolitischen Korrespondenz sowie auf seiner energischen Formung einer kirchenpolitisch straffen Opposition (»Zeloten«) gegen die verbindliche Politik des hohen Säkularklerus.

Werke: MPG 99 u. Nova Patrum Bibliotheca VIII/1, Rom 1871, 1-244; IX/1, 1888, 1-318; IX/2, 1888, 1-217. Einzelausg.n bei BECK (s.u.). - Über Th.: G.A.SCHNEIDER, Der hl. Th. v. Studion, 1900 - A.GARDNER, Th. of Studium, London 1905 - I.HAUSHERR, S. Th. Studite, Rom 1926 - DThC XV/1, 287ff - BECK 491ff (Lit.).

H.-G.Beck

7. *Walliser Bischof* des 4.Jh.s. Th. (Theodul) ist der erste, sicher bezeugte Bischof der → Schweiz (: I A, 1). Er hatte zur Zeit des → Ambrosius seinen Sitz in Octodurus-Martigny (→ Sitten), unterzeichnete die Beschlüsse des Konzils von → Aquileja 381 und nahm wahrscheinlich an der 3. Synode von Mailand 393 (Dupraz) teil. Nach der »Passio martyrum Acaunensium« des → Eucherius von Lyon entdeckte Th. die Gebeine der Märtyrer der → Thebäischen Legion und erbaute zu ihren Ehren die älteste Grabkirche in Agaunum (St. Maurice). Ob Th. aus dem Orient oder Wallis stammte, läßt sich nicht ermitteln. Die Volksfrömmigkeit verehrt St. Joder (oberwalliser Mundart für Th.) als Glockenheiligen und Schutzpatron gegen Unwetter.

M.BESSON (→ Sitten) 13ff - E.GRUBER (→ Sitten) 153ff - D. VAN BERCHEM, Le martyre de la légion thébaine (Schweiz. Beiträge zur Altertumswiss. 8), 1956, 35ff - H.BÜTTNER (→ Sitten) 242ff - L.DUPRAZ, Les passions de S. Maurice d'Agaune (Studia Friburgensia, NS 27), 1961, 129ff.

R.Pfister

Theodoret *von Kyros,* * um 395 in Antiochia, † ca 460, in syrischen Klosterschulen erzogen, wurde 423 Bischof in Kyros (östl. seiner Geburtsstadt), wo er auch für das äußere Wohl der Einwohner sorgte. Durch die → antiochenische Schule stand er unter dem Einfluß des → Theodor von Mopsuestia und des → Diodor von Tarsus. Dadurch in Gegensatz zur → alexandrinischen Theologie gekommen, veröffentlichte er 431 eine Streitschrift gegen → Cyrill von Alexandria; er verteidigte die Christologie des → Nestorius und wandte sich gegen dessen Absetzung. 434 schloß er sich dem durch eine Unionsformel geschaffenen Religionsfrieden an. 449 auf der Synode von Ephesus durch → Dioskur von Alexandria abgesetzt und nach Apameia verbannt, wurde er auf dem Konzil von → Chalcedon 451 rehabilitiert. - Seine schriftstellerische Tätigkeit begann Th. mit dogmatisch-apologetischen Werken, von denen viele verloren sind. Erhalten ist neben anderem unter dem Namen des Cyrill von Alexandria Περὶ θεολογίας καὶ τῆς θείας ἐνανθρωπήσεως (MPG 75, 1147ff. 1419ff) und das Hauptwerk Ἐρανιστὴς ἤτοι πολύμορφος. Außer Homilien und Briefen verfaßte Th. apologetische Schriften wie die Graecarum affectionum curatio (12 Bücher), die beste Gegenüberstellung christlicher und heidnischer Lehren. Neben zahlreichen exegetischen Arbeiten (→ Schriftauslegung: IV A, 3) stehen die kirchengeschichtlichen: eine Ketzergeschichte (5 Bücher), eine 30 Biographien umfassende Mönchsgeschichte und die 449/50 verfaßte Kirchengeschichte (von 325-428).

Ausg.n: J.SIRMOND, 4 Bde, Paris 1642; dazu P.GARNIER, Bd V, ebd 1684 - J.L.SCHULZE-J.A.NOESSELT, 5 Bde, 1769-74 (= MPG 80-84) - Graec. aff. curatio: P.CANIVET, SC 57, 1958 - Briefe: Y.AZÉMA, SC 40, 1955 - KG: L.PARMENTIER-F.SCHEIDWEILER, GCS 19², 1954. - P.CANIVET, Hist. d'une entreprise apolog. au Ve siècle, Paris 1958. - Lit. bei ALTANER § 73.

R.Hanslik

Theodorus Lector (dh Vorleser, an der Hagia Sophia zu Konstantinopel), griech. Kirchenhistoriker (6.Jh., vor 550). Sein Werk (in 8 Büchern) reichte von Konstantin d. Gr. bis etwa 518. Der erste Teil (bis 439), von dem die beiden ersten Bücher erhalten sind, ist ein Mosaikwerk aus → Sokrates (, 2), → Sozomenus und → Theodoret; von dem wertvollen zweiten Teil sind nur Fragmente und Auszüge auf uns gekommen.

MPG 86, 1, 165ff; Nachträge s. in PW (s.u.). Der erste Teil ist noch ungedr. GA für GCS vorgesehen. - I.V.SARRAZIN, De Th.L. Theophanis fonte praecipuo (Commentationes philologae Ienenses 1, 1881, 163-238) - BARDENHEWER V, 117f - PW 2. R. V/2, 1934, 1869ff - GY.MORAVCSIK, Byzantinoturcica I, (1942) 1958², 519f (Lit.).

G.Chr.Hansen

Theodosius I., *der Große,* röm. Kaiser (379-395), * 347 in Cauca (Spanien), nach der Katastrophe des Reiches bei Adrianopel (378) zur Bekämpfung der Gotengefahr von Kaiser Gratian zum Mitaugustus ausgerufen (379). Erst nach wechselvollen Kämpfen kam es 389 zum Frieden mit den → Goten, der in der Konzession eines fast autonomen Gotenstaates auf Reichsterritorium gipfelte und die Barbarisierung des röm. Heeres vollendete, ohne doch lange anzuhalten. Eine Auseinandersetzung mit dem Usurpator Maximus nach dem Tode Gratians (383) zog sich bis 388 hin. Durch den Tod Valentinians II. (392) erhielt Th. für kurze Jahre die Alleinherrschaft über das → Imperium Romanum (, 4; mit seinen Söhnen Honorius und Arcadius als jüngeren Augusti). 394 schlug er die Usurpation des Flavius Eugenius nieder. - Die *Religionspolitik* des Kaisers vollzieht die überfällige Restauration der nicänischen Orthodoxie durch Edikt vom 28.2.380, das die Konzilsbeschlüsse von 381 (→ Konstantinopel, 1) im voraus autorisierte. De facto war damit die nicänische Orthodoxie zur Staatsreligion erhoben (→ Arianischer Streit), da der Kaiser zugleich in aller Schärfe gegen das Heidentum vorging und die Häretiker bürgerlich disqualifizierte. Dabei war Th. nicht gewillt, die Staatskirche aus der Hand zu geben. Der Konflikt mit → Ambrosius ist zwar Ausdruck eines verstärkten kirchlichen Selbstbewußtseins im Westen, wird aber auch von Ambrosius selbst nicht als Sieg des Sacerdotiums über das Imperium aufgefaßt.

G.RAUSCHEN, Jahrbücher d. christl. Kirche unter d. Kaiser Th.d. Gr., 1897 - RE XIX, 615ff - O.SEECK, Gesch. d. Unterganges d. antiken Welt V, 1913 - E.STEIN, Gesch. d. spätröm. Reiches I, 1928 - W.ENSSLIN, Die Religionspolitik d. Kaisers Th.d.Gr. (SAM 1953, 2).

H.-G.Beck

Theodot *von Byzanz,* genannt der Gerber (oder Lederarbeiter), ist der führende Vertreter des dynamistischen Monarchianismus (→ Christologie: II, 2 c) in Rom am Ausgang des 2.Jh.s. Seine Lehre, daß Christus bloßer Mensch sei, ist nicht aus älterer christologischer Tradition zu verstehen. Vielmehr waren Th. und seine Anhänger allem Anschein nach die »Modernisten ihrer Zeit«. Näheres s. → Adoptianismus, 2.

Außer der dort genannten Lit.: A.GILG, Weg u. Bedeutung der altkirchl. Christologie, (1936) 1955, 18f. 48f.

M.Elze

Theodulf *von Orléans* († 821 [?]), Westgote, kam aus Spanien ins Frankenreich und wurde dort einer der hervorragendsten Vertreter des geistigen Aufschwunges unter → Karl d. Gr. Der König übertrug ihm wichtige Missionen und vertraute ihm mit verschiedenen Abteien (darunter → Fleury) das Bistum → Orléans an. Th. bewährte sich als dessen Verwalter (aufschlußreich die

Capitula und das Capitulare an seine Geistlichen), als Förderer der Bildung und Kunst (eigene Rezension der Vulgata in prächtigen Hss.), als Gutachter über das Filioque (→ Geist: V, 3) und andere theologische Fragen, bes. aber als Dichter und vielleicht als Hauptverfasser der Libri Carolini. In politische Wirren unter Ludwig d. Fr. (vielleicht schuldlos) verwickelt, wurde er 818 abgesetzt und nach Angers verwiesen.

MPL 105, 187ff; zu ergänzen durch CUISSARD (s.u.) 332ff - MG PL I, 437ff; II, 694ff; NA 7, 1882, 401 (krit. Ausg. der Gedichte). - Über Th.: CH.CUISSARD, Théodulfe, évêque d'O., Orléans 1892 - RE X, 88ff; XIX, 622ff - MANITIUS II, 537ff - HAUCK II, 169ff - LThK VI, 553f; X, 61f - DThC XV, 330ff - EC XI, 1924 - A.FREEMAN, Th. of O. and the Libri Carolini (Speculum 32, 1957, 663-705) - G.HAENDLER (→ Karl d. Gr.) 30ff. *M.A.Schmidt*

Theognost (Alexandrien, 2. Hälfte des 3.Jh.s), theologischer Schriftsteller in den Bahnen des → Origenes; von seinem Hauptwerk (Hypotyposen über 1. Vater, 2. Sohn, 3. hl. Geist, 4. Engel und Dämonen, 5.-6. Menschwerdung des Erlösers, 7. Schöpfung) sind nur wenige, kurze Fragmente erhalten. Von → Athanasius noch geschätzt, von → Gregor von Nyssa verketzert, wurde Th.s Werk bald verdrängt und fiel dem Vergessen anheim.

A.HARNACK, Die Hypotyposen des Th. (TU 24, 3), 1903 - L.-B. RADFORD, Three teachers of Alexandria, 1908 - DThC XV, 334ff - QUASTEN II, 109f - EC XI, 1956. *M.Tetz*

Theogonie

1. Bei den Griechen - 2. Bei den Hethitern

1. Th., wörtlich »die Geburt (oder Abstammung) der Götter«, war der Titel von Hesiods berühmtem Werk, der ersten »bewußt religiösen Schrift« in der griech. Literatur. Nach Herodot (II, 53) »empfingen die Griechen die Namen ihrer Götter von den Pelasgern. Ob aber jeder dieser Götter erzeugt war, oder ob sie alle immer gewesen waren oder welche Gestalt sie hatten, das wußten die Griechen nicht bis (sozusagen) ganz vor kurzem; denn die Zeit von Hesiod und Homer liegt nicht mehr als 400 Jahre zurück, und sie sind es, die den Griechen die Abstammung der Götter lehrten, ihnen die Namen gaben, ihnen Ehrungen und Wirkungsbereich zuwiesen und ihre Gestalt beschrieben.« Plato (Leges 886 C) achtet diese Mythen ihres Alters wegen, stellt aber fest, daß sie weder sehr nützlich noch ganz wahr sind und daß sie so erzählt werden sollten, »wie es den Göttern am wohlgefälligsten sei«. - Nach Hesiod (wie allgemein im griech. Denken) gab es keinen Schöpfer oder Schöpfungsakt. Zuerst wurden → Chaos und Gaia von Eros zueinander gezogen; sie erzeugten die Götterlinie Uranos, Kronos und Zeus (Theogonie 116ff). Uranos wurde von seinem Sohn Kronos, dem Führer der Titanen, vernichtet, der Rhea heiratete und seine eigene Nachkommenschaft verschlang - alle außer Zeus. Der ganze Mythos ist nicht homerisch und in seinem Ursprung wahrscheinlich vorhellenisch; Kronos wurde später mit verschiedenen grausigen fremden Göttern identifiziert. Wie Herodot annimmt, gab es noch andere Th.n, und die Mythen (und Namen) der Götter waren viel älter als Hesiod.

PW VIII, 1167ff (Hesiod) - FR.SCHWENN, Die Th. des Hesiodos, 1934 - W.JAEGER, Die Theol. der frühen griech. Denker, (engl. 1947) 1953 - NILSSON I. II (s. Reg.) - G.S.KIRK-J.E.RAVEN, The Presocratic Philosophers, Cambridge 1957 - H.SCHWABL, Zur Th. bei Parmenides u. Empedokles (Wiener Studien 70, 1957, 278-290). - Zur Th. bei den Phöniziern vgl. O.EISSFELDT, Ras Schamra u. Sanchunjaton, 1939, 75ff. - Vgl. die Lit. zu → Schöpfung: I. *F.C.Grant*

2. Ein *hethitischer* Text, dessen Titel verloren ist, handelt von der Abfolge dreier »Könige im Himmel«: Alalu, Anu und Kumarbi. Alalu und Anu herrschen je »neun Jahre«, bis sie von dem ihnen vorher dienenden Gott entthront werden. Der Kampf des Kumarbi mit Anu enthält das Motiv der Kastration: durch Abbeißen des Gliedes wird Kumarbi mit fünf Gottheiten schwanger, die im weiteren (fragmentarisch berichteten) Verlauf aus seinem Leib herauskommen. Der bedeutendste unter ihnen ist der Wettergott. Die Fortsetzung scheint von Kämpfen zu handeln, durch die dieser die Herrschaft erringt. Das »Lied von Ullikummi« (→ Hethiter: II) handelt von dem Steinunhold, der nach anfänglichem Sieg am Berge Hazzi (Casius) mit Hilfe des Ea überwunden wird. Die Namen der Götter sind teils babylonisch (Alalu, Anu, Ea), teil churritisch (Kumarbi, im Ullikummi-Epos auch andere). Diese Th. dürfte churritisch sein, babylonische Vorstellungen von Göttergenerationen (→ Babylonien: II) frei ausgestaltend; die hethitischen Epen sind wohl freie Nachdichtung churritischer Originale. Die Abfolge ist vergleichbar mit der in der Th. Hesiods (die Rolle des Ullikummi mit der des Typhoeus) und der von → Philo Byblius nach → Sanchunjaton berichteten.

Texte: ANET 120-125 (Lit.) - P.MERIGGI, Athenaeum NS 31, 1953, 101-107 - H.G.GÜTERBOCK, in: Mythologies of the Ancient World, hg.v. S.N.KRAMER, New York u. Chicago 1961, 155-172. Für Vergleiche noch M.H.JAMESON, ebd 258-268 - H.SCHWABL, Die griech. Th.n u. der Orient (in: Éléments orientaux dans la religion grecque ancienne, Paris 1960, 39-56; Lit.) - G.STEINER, Der Sukzessionsmythos in Hesiods Th. u. ihren oriental. Parallelen (Diss. Hamburg), 1958. *H.G.Güterbock*

Theokratie, die »Gottesherrschaft« in einem Staate. Nicht jede auf die Gottheit zurückgeführte Herrschaft ist Th. Die charismatischen Könige der Frühzeit und die von Gott berufenen und eingesetzten Herrscher üben keine Th. aus. Eine echte Th. liegt vor, wenn die wirkliche Regierungsgewalt in der Hand von Priestern (→ Priestertum: I) oder sakralen Persönlichkeiten liegt und diese die Gottheit selbst zu vertreten meinen. Das Urbild einer th.en Volksverfassung lag zB in → Israel vor; denn schon → Mose, der nach der ältesten Tradition ein Levit war, übte am → Sinai eine th.e Herrschaft über die »Stämme« aus. Im Unterschied zu charismatischem oder sakralem → Königtum liegt in der Th. ein besonderes priesterliches Verhältnis des Regenten zur Gottheit vor, wie es etwa bei Mose der Fall war, zu dem (Ex 18, 19) sein Schwiegervater sagte: »Vertritt du die Leute Gott gegenüber und bringe du ihre Rechtsbegehren vor Gott.« - Abgesehen vom → Judentum, auf dessen nachexilische Gemeinde → Josephus zuerst den Begriff Th. anwandte, finden sich in der Religionsgeschichte vor allem an drei Stellen Th.n: im → Lamaismus, im → Islam und im mittelalterlichen Christentum. In → Tibet war bis zur Eroberung durch Rotchina (1958) die lamaistische Kirchenorganisation zugleich die Herrschaftsform des Landes. Dalai Lama und Pantschen Lama, die höchsten Geistlichen des Lamaismus, waren th.e Regenten. Der Islam hat zwar keine Kirche gebildet, aber in einmaliger Weise einen th.en Staat. → Muhammed selbst war ein th.er Herrscher, und nach seinem Tode leiteten die → Kalifen als Stellvertreter des Propheten bzw. Allahs jahrhundertelang den islamischen Staat. Die großen Päpste des MA (→ Papsttum: II, 2) versuchten im Anschluß an → Augustins Ideen vom Gottesstaat ein th.es Ideal zu verwirklichen, das praktisch in den mannigfachen Machtkämpfen zwischen → Kaisertum und Papsttum nie voll verwirklicht wurde.

R.HARTMANN, Die Religion des Islam, 1944 - G.MENSCHING, Soziologie der Religion, 1947, 59ff. 124ff - WACH, Relsoz. (s. Reg.) - G.SCHULEMANN, Gesch. der Dalai-Lamas, 1958. *G.Mensching*

Theologenaustausch. Schon vor 1914 bestand ein Th. für Professoren zwischen Deutschland und den USA, nach 1919 nur durch Vortragsreisen fortgesetzt. 1925 wurde mit Unterstützung des Deutschen Ev. Kirchenausschusses ein Th. für jährlich je 6 junge Geistliche und Theologiestudenten eingerichtet, der später auf Großbritannien, Skandinavien und Paris ausgedehnt wurde. Nach 1945 begann im Rahmen der zwischenkirchlichen Hilfe ein umfassender Th. für Studenten und Kandidaten zwischen Europa und Amerika. Die Freiplätze werden von Kirchen und Universitäten/Colleges bereitgestellt und über den Ökumenischen Rat der Kirchen, den Luth. und auch den Ref. Weltbund vermittelt. Der Ökumenische Rat vermittelte bis 1961 (ab 1947) 608 deutsche Theologiestudenten ins Ausland und (ab 1950) 250 ausländische nach Deutschland, der Luth. Weltbund (ab 1952) 54 deutsche ins Ausland und 60 ausländische nach Deutschland. Daneben unterhält der Luth. Weltbund einen Professoren- und Forschungsaustausch und seit 1956 kurzfristige Th.e für kirchliche Mitarbeiter, auch Laien. Ein direkter Th. für Professoren wird durch staatliche und Universitätsstipendien, Freistellungen und Stiftungen gepflegt.

P. Collmer, Länder, Menschen, Universitäten, 1950 - H. Laugs, Ich komme aus Chikago, 1951 - G.G. Bluhm, Begegnung mit der Kirche von England. 1959. *H.-Chr. Schmidt-Lauber*

Theologentag *der Ev.-Theol. Fakultäten in Deutschland.* Aus den seit 1919 meist in Halle stattfindenden Zusammenkünften der Vertreter aller deutschen ev.-theol. → Fakultäten bildete sich der *Fakultätentag* (= F.), der ab 1926 eine eigene Satzung hatte, die 1932 verbessert, 1934 durch eine staatlich erlassene ersetzt wurde. - Schon 1925 hatte Berlin (auf Vorschlag von Holl und Greßmann) einen Th. angeregt, der 1926 vom F. beschlossen und im Okt. 1927 in Eisenach abgehalten wurde (Vorsitz: Titius). Es folgten der 2. Th. im Okt. 1928 in Frankfurt a.M. (Vorsitz: Pfennigsdorf; Thema: Der christliche Erlösungsgedanke) und der 3. Th. im Okt. 1930 in Breslau (Vorsitz: Lohmeyer; Thema: Vom Worte Gottes). Der für 1932 geplante Th. konnte nicht mehr stattfinden, und auch die Arbeit des F.s kam ab 1933 weitgehend zum Stillstand. - Auf Dekanskonferenzen 1946 und 1947 wurde die Arbeit des F.s wieder aufgenommen und die Satzung von 1932 erneut in Kraft gesetzt (Vorsitz: Noth, dem 1950 Galling folgte). Ein Th. konnte März 1950 in Marburg zusammentreten. Durch neue Satzungen (März 1951) bekamen F. und Th. einen festen Rahmen. Der F. konnte in kontinuierlicher Arbeit die allen Fakultäten gemeinsamen Probleme beraten und nach außen vertreten. Der Th. kam erst 1954 erneut zustande (Berlin; Präsident: Ebeling). Es folgten jeweils in Berlin die Th.e 1956 (Präsident: W. Maurer; kein Gesamtthema, aber im Zeichen Bonhoeffers), 1958 (Thema: Das Problem der Sprache) und 1960 (Thema: Das Erbe des 19. Jh.s; Präsident 1958 und 1960: Schneemelcher). - Satzungsgemäß ist der Th., der vom F. veranstaltet wird, eine Arbeitstagung, auf der wissenschaftliche Probleme erörtert werden. Teilnahmeberechtigt sind die habilitierten Mitglieder der Fakultäten, die hauptamtlichen Dozenten der Kirchlichen Hochschulen sowie einzelne besonders eingeladene Theologen. Die deutschsprachigen Fakultäten der Schweiz und Österreichs sind zumeist vertreten.

Dt. Theol. Bericht über d. 1. dt. Th. zu Eisenach (Herbst 1927), hg.v. A. Titius, 1928; Bd II: Der Erlösungsgedanke, hg.v. E. Pfennigsdorf, 1929; Bd III: Vom Worte Gottes, hg.v. E. Lohmeyer, 1931 - Berichte u. Kurzreferate von den Th.en in ThLZ 75, 1950; 79, 1954; 81, 1956; 85, 1960 (für 1958 u. 1960) - Das Problem d. Sprache in Theol. u. Kirche. Referate vom Th. 1958, hg.v. W. Schneemelcher, 1959 - Das Erbe des 19. Jh.s. Referate vom Th. 1960, hg.v. W. Schneemelcher, 1960. *W. Schneemelcher*

Theologie

I. Begriffsgeschichtlich - II. Ev. Theologie - III. Kath. Theologie - IV. Orth. Theologie

I. Begriffsgeschichtlich

1. Hermeneutisches - 2. Wortgeschichte bis 13. Jh.: a) Vor- und außerchristliche Antike - b) Christlicher Sprachgebrauch: α) griechisch - β) lateinisch - 3. Phänomengeschichte bis 13. Jh.: a) Aporie der Antike - b) Entstehung christlicher Th. - c) Entfaltung christlicher Th. - 4. Begriffsgeschichte vom 13. Jh. bis zur Gegenwart: a) Im aristotelischen Denken - b) Im neuzeitlichen Denken. - Vgl. ergänzend → Philosophie, → Theologie und Philosophie: I-III

1. Die Frage nach dem Begriff »Th.« erledigt sich nicht schon durch die Etymologie (θεο-λογία), die zwar die maßgebende Weisung gibt, das Zur-*Sprache*-Kommen *Gottes* und darum das Verhältnis von Gott und → Sprache (: IV) zu bedenken. Es genügt auch nicht, sich an das Vorkommen der Vokabel »Th.« (samt Nebenformen) zu halten, so wichtig es ist, deren Herkunft und sich wandelnde Verwendung zu untersuchen. Das Vorkommen von Wort und Sache differiert, auch wenn die Sache selbst »Rede von Gott« ist. Nicht jedes Reden von Gott ist »Th.«. Und auch ohne sich selbst so zu bezeichnen, kann ein bestimmtes Reden von Gott als »Th.« ansprechbar sein. Dazu gehört freilich hermeneutische Sorgfalt, wie sie für historiographischen Sprachgebrauch allgemein zu fordern ist, aber im Umgang mit dem Terminus »Th.« nicht immer angewandt wird. Einerseits muß man sich an eine weite, durchschnittliche Wortbedeutung halten, die der Mannigfaltigkeit der Erscheinungen Raum läßt, freilich im Rahmen desjenigen Verständnisses, das sich sprachgeschichtlich allgemein durchgesetzt hat (also etwa: diszipliniert denkende Rechenschaft über die Sache des christlichen Glaubens im Ganzen). Anderseits ist, in Auseinandersetzung mit der Begriffsgeschichte, eine möglichst präzise Begriffsbestimmung anzustreben: das jetzt zu verantwortende Verständnis von Th., das als *Sach*verständnis selbst Th. ist.

2. Das Grundproblem meldet sich schon darin an, daß der herrschend gewordene Sprachgebrauch mit der nicht zufällig dem Griechischen entstammenden Vokabel ein Phänomen benennt, für das die Berufung auf eine Überlieferung nichtgriechischen Ursprungs (die biblische Offenbarung) wesenhaft ist. Die zögernde und sich wandelnde christliche Rezeption der Wortgruppe θεολογία, θεολογεῖν, θεολόγος, θεολογικός deckt sich zwar nicht mit der Geschichte der Entstehung christlicher Th., trägt aber bei zur Erhellung ihres Wesens.

a) Der *Etymologie* nach handelt es sich um Rede (oder: Rechenschaft) von Gott, den Göttern oder göttlichen Dingen (Aug., De civ. Dei VIII, 1: de divinitate ratio sive sermo), wobei Weise, Grund und Sinn dieses Wortgeschehens noch offen bleiben. Die Wortbildung impliziert von Haus aus nicht die Einschränkung auf wissenschaftliches Reden. Daß keine dieser Vokabeln mit Sicherheit vor → *Platon* (das Vorkommen in den Fragmenten der Vorsokratiker geht auf Rechnung der Tradenten) und bei ihm erstmals θεολογία belegt ist (nur einmal: Rep. II 379a), läßt ihn freilich kaum als »Schöpfer dieses Begriffs« erscheinen (gegen W. Jaeger). Jedenfalls bezeichnet Platon als θεολογία nicht die eigene, philosophische Gotteslehre, sondern die kritisch beurteilten Mythen, die zwar zur musischen Erziehung der Kinder gehören, aber im Interesse der politischen Erziehung nach strengen Richtlinien (τύποι), die im Staat Gesetzeskraft erhalten sollen, von allem Anstößigen zu säubern sind. Solche τύποι περὶ θεολογίας, dh Maßstäbe für die Zulässigkeit von »Götter-Sagen«

(θεολογίας ist hier u.E. Acc. Plur. wie Meteor. B 353a 35, dem einzigen Vorkommen bei Aristoteles) sind: daß die Götter nicht Urheber des Bösen und nicht wandelbar sind, also nicht lügen können. → *Aristoteles* gebraucht entsprechend ferner θεολόγος bzw. θεολογήσαντες von den Mythendichtern wie Hesiod oder Homer in Gegenüberstellung zu den jonischen »Physikern« (Met. A 983b 29; B 1000a 9; Λ 1071b 27; 1075b 26; N 1091a 34; de mundo 391b 4 unecht). Um so überraschender ist die an zwei (parallelen) Stellen der Met. (E 1026a 19; K 1064b 3) ganz isoliert begegnende, auch in der Lehre von Gott als unbewegtem Beweger Met. Λ nicht wiederkehrende Wendung: θεολογικὴ φιλοσοφία bzw. ἐπιστήμη, nach Mathematik und Physik die höchste der drei theoretischen Wissenschaften (πρώτη φιλοσοφία = Theologik = Metaphysik). Die Echtheit wurde gelegentlich angezweifelt, doch kaum mit hinreichenden Gründen.

In der Tat stellte sich der griech. Philosophie die Aufgabe, in Auseinandersetzung mit der Religion das Reden von der Gottheit als philosophische Möglichkeit zu bedenken. Daraus entstand ein komplexer Gebrauch der Wortgruppe, bei dem das primäre Verständnis als *religiöse mythische Rede* von den Göttern bestimmend blieb. So wird die Bezeichnung θεολόγος u.W. nie von Philosophen beansprucht oder auf sie angewandt (nur selten auf Mythographen). »Theologen« sind »Gotteskünder«. Außer den alten Mythendichtern heißen so Kultbeamte in Delphi (Plutarch, De def. or. 417 F) und später im Kaiserkult und in anderen hellenistischen Kulten (dort auch weibliche θεολόγοι), die neben den Hymnoden den Kultmythos vorzutragen hatten. Entsprechend erhält θεολογεῖν homologischen Sinn (als Gott proklamieren) und θεολογία die Bedeutung von »Predigt« (im Kultus vollzogene Götteransage). Sofern nun *im philosophischen Sprachgebrauch* θεολογία (θεολογούμενα) nicht einfach mythische Götterlehre meint, sondern sich ein sog. »th.er Teil« der Philosophie herausbildete (bes. in der → Stoa: als Gipfel der Physik, vgl. Kleanthes, 4./3.Jh. vChr, Stoic. Vet. Fragm. ed. H.v.Arnim I, 108, 12), war dies - gerade auch in terminologischer Hinsicht - der Versuch eines Brückenschlags zum Phänomen der religiösen Überlieferung, in der die θεολογία als konkreter Vollzug religiöser Rede von den Göttern ihren ursprünglichen Ort hatte. Als deren fortgeschrittene Abart soll philosophisches Reden vom Göttlichen dem Gebildeten ermöglichen, sich teils kritisch verstehend, teils loyal mit den antiken Erscheinungsformen des Religiösen abzufinden. Das wird deutlich in der weitverbreiteten stoischen Unterscheidung dreier Genera von Th., des mythischen der Dichter, des physischen der Philosophen und des politischen der Gesetzgeber (bei Varro [1.Jh. vChr], wohl auf Panätius [2.Jh. vChr] zurückgehend, überliefert bes. durch Aug., De civ. Dei VI, 5-10; Tertullian, Ad nat. II, 1.2; Euseb, Praep. ev. IV, 1, 1-4 u.ö.). Augustins folgenreiche Latinisierung des bei Varro noch als Fremdwort übernommenen »physicon« in »theologia naturalis« darf nicht den späteren Sinn dieses Terminus (→ Natürliche Religion und Th.) an die Stelle des ursprünglich Gemeinten: der physischen Interpretation des Göttlichen und der Mythen treten lassen. Darüber hinaus ist eine philosophische Inanspruchnahme des Wortes Th. zunächst kaum zu belegen. Auch der gelegentliche Buchtitel Theologumena (Plutarch, De def. or. 421 E) meint vorerst Mythologie. Eine Wendung im philosophischen Sprachgebrauch tritt, angebahnt durch den Neupythagoreismus (→ Numenius) und mittleren → Platonismus (→ Plutarch), erst im → Neuplatonismus ein. Während noch → Plotin außer einer traditionellen Verwendung von θεολόγος (Enn. III, V, 8, 21) die Wortgruppe nicht gebraucht, findet sich bei → Jamblichus (4.Jh. nChr) in Ansätzen (zB De myst. I, 4: ἐπιστημονικὴ θεολογία; X, 2: ἀληθινὴ θεολογία; s. auch I, 1. 3 und Lit.!), bei → Proklus (5.Jh. nChr; s. Lit.!) aber in Fülle ein Sprachgebrauch von »Th.«, der erkennen läßt, daß hier die antike Philosophie in Religion ausmündet. Zur Erklärung dieses terminologischen Befundes ist zu berücksichtigen, daß inzwischen die Wortgruppe bereits vom Christentum okkupiert und hier zu intensivem Gebrauch gelangt ist.

b) α) Im NT und bei den apostolischen Vätern fehlt zwar die Wortgruppe ganz, trotz der Häufigkeit anderer Bildungen mit θεός. Die wenigen Stellen bei den → *Apologeten* belegen im wesentlichen den mythisch-kultischen (»Götterlehre«: Ath. 20, 1; »von den Göttern« bzw. allgemein »religiös reden«: Ath. 18, 2; 19, 1; 22, 7; Just., Dial. 113, 2; »als Gott proklamieren«: Tat. 10, 2; Ath. 19, 1; Just., Dial. 56, 15), weniger den philosophischen Sprachgebrauch (Ath. 10, 3; 13, 1). Auf beiden Geleisen kündigen sich indirekt künftige Aneignungsmöglichkeiten an (Just., Dial. 56, 15; Ath. 10, 3). Im Kontrast zu der Bereitschaft, das Christentum als »wahre Philosophie« zu verstehen (→ Apologetik: II, 2), ist die Zurückhaltung gegenüber dem Wort »Th.« überraschend, vom bisherigen Sprachgebrauch her aber verständlich, der ganz überwiegend im heidnisch-religiösen Sinn festgelegt ist, während die abgeleitete philosophische Ausprägung bis Anfang des 4.Jh.s praktisch unbedeutend ist. Trotzdem bahnt sich in der alexandrinischen Th. die Übernahme an. Bei → *Clemens* dominiert noch die traditionelle Verwendung im heidnischen Sinne, die freilich teils im Geiste der philosophischen Tradition in Richtung auf »wahre Th.« (Päd. VI, 72, 1; Strom. V, 56, 3; 46, 1; I, 57, 6: die »Th. des ewig seienden Logos« im ausdrücklichen Gegensatz zur »Mythologie des Dionysos«), teils durch Vorordnung des AT als älterer Quelle von Th. (Strom. V, 24, 1; I, 176, 2; Moses - neben Orpheus V, 78, 4 - als θεολόγος: I, 150, 4; vgl. Philo, Praem. poen. 9, 53; Vit. Mos. 2, 11) überwunden wird. Entschiedener christianisiert → *Origenes* (neben herkömmlicher Ausdrucksweise). Den Anhalt dafür bietet freilich weder die Gemeinsamkeit mit philosophischer Th. noch die neutralisierende Ausweitung von mythischer »Th.« (zB auch »Th.« der Perser oder Ägypter, wohl auf der Linie des mittleren Platonismus), sondern der im heidnisch-religiösen Sprachgebrauch enthaltene homologische Sinn »als Gott bekennen« (zB Christus als θεολογούμενος In Joh. II, 1; ἡ περὶ σωτῆρος θεολογία ebd I, [23] 24; vgl. Contra Cels. II, 71).

Bei → *Euseb* von Cäsarea erreicht der Gebrauch dieser Wortgruppe plötzlich erstaunliche Häufigkeit, die nicht aus seinen philosophischen Quellen herzuleiten ist, sondern aus dem sein ganzes Denken bestimmenden Sieg der Kirche über die heidnische Religiosität, der sich nun auch sprachlich in der entschiedenen Annexion der Wortgruppe kundtut. Nicht über die Brücke des philosophischen, sondern in Antithese zum heidnisch-religiösen Sprachgebrauch werden die Vokabeln θεολογία usw im Christentum definitiv heimisch, und erst im Gefolge davon wird auch deren bisherige philosophische Verwendung rezipiert und ausgebaut. Neben der weitgefaßten traditionellen Bedeutung (nun praktisch = Religion; häufig in Praep. ev.) ist für den spezifisch christlichen Gebrauch der homologische Sinn (θεολογεῖν oft zusammen mit ὑμνεῖν) bestimmend: entgegen der Kreaturvergötterung Gott den Schöpfer und den Logos als Gott bekennen. θεολογία kann darum sowohl die kirchliche »Gottes-Kunde« (vgl. Titel einer Schrift, s. Lit.!; programmatisch: h.e. I, 1, 7; II, 1, 1) als auch die darin bekannte göttliche Natur (typisch zB ἡ τοῦ υἱοῦ θεολογία) bedeuten. »Theologen« sind nun statt der alten Mythendichter die Propheten des AT bzw. Paulus und bes. (wegen Joh 1, 1ff!) der Evangelist Johannes.

Damit ist der weitere Sprachgebrauch im *4. und 5. Jh.* vorgezeichnet. θεολογία und θεολογεῖν wird charakteristische Terminologie der Orthodoxie im *trinitarischen* (zB Athanasius MPG 26, 1017 A 14: ὁ υἱὸς ... θεολογουμένος ἐν πατρί, ὡς ἀεὶ ὁ πατὴρ ἐν υἱῷ θεολογεῖται. 26, 49 A 10: ... ἐν τριάδι ἡ θεολογία τελεία ἐστιν. Sokrates, h.e. III, 7 von der Synode von Alexandrien 362: τὸ ἅγιον πνεῦμα θεολογήσαντες) und *christologischen* Streit (Cyrill von Alex. MPG 77, 1069 C 6f: θεολογίαν προσάγειν τῷ Χριστῷ). »Th.« bleibt also beschränkt auf die Gotteslehre (jedoch im Bewußtsein ihres homologischen Charakters) und wird unterschieden von der οἰκονομία (Lehre von der Heilsveranstaltung, bes. Menschwerdung; diese terminologische Unterscheidung schon bei Euseb, h.e. I, 1, 7; Dem. ev. III prooem.). In Hinsicht auf die Gotteslehre erhalten neben den biblischen Schriftstellern insgesamt (Theodoret von Cyrus, Graec. affect. curat. II MPG 83, 860 B 12f: παλαιὰ - καινὴ θεολογία = AT - NT; Dion. Areop., De coel. hier. IV, 2: θεολογία = Hl. Schrift) einzelne den Ehrentitel ὁ θεολόγος: der Evangelist Johannes (vgl. den späteren Zusatz zur Inscr. der Apk), Gregor von Nazianz (vgl. seine 5 λόγοι θεολογικοί MPG 36, 11ff) und Symeon der »Neue Theologe« (im Blick auf die mystische Schau des göttlichen Lichts; vgl. schon die θεωρία θεολογική als 3. Stufe des geistigen Aufstiegs bei Evagrius Ponticus und Maximus Confessor).

Einen weiteren Schritt in der Entwicklung des Sprachgebrauchs vollzieht → *Dionysius Areopagita* durch die neuplatonisch bestimmte Differenzierung verschiedener gleichzeitig zusammengehörender Weisen, wie Gott zur Sprache zu bringen ist: als θεολογία ἀποφατική (aufsteigend - negativ), καταφατική (absteigend - affirmativ: RAC III, 1109f), μυστική (s. Lit.!), συμβολική (Titel einer verlorenen Schrift), bzw. in Hinsicht auf Einheit (ἡνωμένη) oder Dreiheit (διακεκριμένη) der göttlichen Trias. Die vielleicht vom christlichen Sprachgebrauch angeregte gesteigerte Verwendung von θεολογία im späten Neuplatonismus wirkt also von dort wieder zurück auf das Christentum, systematisiert die verschiedenen Methoden einer Gotteslehre im engen Sinne (entsprechend dem ebenso begrenzten philosophischen Gebrauch des Wortes Th.), erzeugt aber noch nicht den uns gewohnten umfassenden Sprachgebrauch von Th. als Wissenschaft.

β) Dazu ist es erst am Beginn der Hochscholastik gekommen, und zwar überraschenderweise im *lat. Sprachbereich*, wo bis dahin das Fremdwort nur ganz selten gebraucht war: *theologi* als Mythendichter (zB bei Cicero nur zweimal: De nat. deor. 3, 53. 54; ebenso: Laktanz, De ira Dei 11; Aug., De civ. Dei XVIII, 14; Isidor von Sev., Etym. 8, 6. 7); *theologia* nur im außerchristlichen Sinn (Tert., Ad nat. II, 1. 2 und Aug., De civ. Dei VI, 5-10; VIII, 1. 5; auch »vera theologia« VI, 8 bleibt im Rahmen innerphilosophischer Kritik an einer in »Physiologie« verkehrten »Th.«), folgenreich jedoch bei → *Boethius* (In Porph. dial. 1; De trin. I, 2; u.W. in der christlichen Literatur die erste Erwähnung der aristotelischen Dreiteilung der theoretischen Wissenschaft, s.o.). Die durch ihn dem Abendland vermittelte Idee der Gipfelung der Wissenschaft in einer philosophischen Th. wurde aber erst im 12.Jh. fruchtbar gemacht für den Versuch, das Ganze der christlichen Lehre mittels der dialektischen Methode, also wissenschaftlich, zu durchdenken, nachdem allerdings schon seit dem 9.Jh. das Schrifttum des Dionysius Areopagita in lat. Sprache (→ Johannes Scotus Eriugena) und damit dessen Sprachgebrauch von Th. im engen Sinn von Gotteslehre zu wirken begonnen hatte (zB bei Hugo von St.Viktor; dagegen nicht bei Anselm). Das erste Vorkommen von »Th.« im neuen Sinne läßt sich nicht genau fixieren, weil der Übergang von »Gotteslehre« zu »th.er Wissenschaft« gleitend ist. Der übliche Hinweis auf → Abaelard läßt sich wohl trotz zweifelhafter Authentizität der betr. Buchtitel (s. Lit.!) und zumindest überwiegend noch auf »Lehre von Gott« beschränkten Gebrauchs von theologia rechtfertigen (J. Rivière). Erhellender ist jedoch die wissenschaftsmethodologische Besinnung des → Gilbert Porreta (Kommentar zu Boethius, De trin.), der als pars theologica des aristotelischen Wissenschaftsschemas die christliche Gotteslehre einsetzt, dabei jedoch die Dreiheit der theoretischen Wissenschaften reduziert auf eine Zweiheit von naturales und theologicae rationes (MPL 64, 1264ff). Indem die christliche Lehre von Gott auf das Verhältnis zur Wissenschaft bedacht wird, bahnt sich der weite Sprachgebrauch an, der th.e Wissenschaft von anderen Wissenschaften (dann aber auch von der Philosophie) unterscheidet. (Vgl. Radulphus Ardens, der aber entgegen Grabmann I, 248ff erst in das späte 12.Jh. gehört.) Die Bezeichnung »facultas theologica« bzw. »theologia« als Wissenschaft taucht an der Universität Paris in der ersten Hälfte des 13.Jh.s auf (H.Denifle, Die Entstehung der Universitäten des MA, 1885, 71ff). Der neue Sprachgebrauch setzt sich zwar nicht sofort durch. Man begegnet noch den alten Bezeichnungen für das Ganze der christlichen Lehre: sacra doctrina, s. pagina, s. scriptura, s. eruditio, doctrina fidei, fidei summa u.a. Noch bei Thomas ist dieser Gebrauch des Wortes theologia selten (zB S.th. I q.1 a.1; In Boeth. de trin. q.II a.3 ad 7), häufiger bei Bonaventura (zB Breviloqu. Prol. § 3. 6 I, 1), intensiv dann zB bei Heinrich von Gent (Summae quaest. ord. art. VI-XIX). Dieses im Unterschied zur Entwicklung im griech. Sprachbereich entscheidend von Aristoteles her mitbestimmte Verständnis von Th. erfordert aber die Unterscheidung zweier Arten: philosophischer und »th.er« Th. (Thomas, S.th. I q.1 a.1: Unde theologia, quae ad sacram doctrinam pertinet, differt secundum genus ab illa theologia, quae pars philosophiae ponitur), so daß zwar einerseits die Gemeinschaft mit der Philosophie, anderseits aber gerade die Unterscheidung von ihr konstitutiv ist für diese Prägung des Wortes Th. (zB Bonav., Breviloqu. Prol. § 3; Thomas, S.th. 1/II q.71 a.6 ad 5; S. c. Gent. II, 4).

3. Der seit der Hochscholastik herrschende Wortsinn von »Th.« als Wissenschaft vom christlichen Glauben kam dadurch zustande, daß die Rechenschaft über die sacra doctrina mittels der dialektischen Methode und der Aristoteles-Rezeption erstmals systematisch als wissenschaftliche Aufgabe betrieben wurde. Das nun als »Th.« bezeichnete Phänomen war jedoch nicht so schlechthin neu, daß nicht auch für die neue Verwendung wie bisher der etymologische Sinn der Vokabel (zumindest als Problem) konstitutiv blieb und nicht auch trotz der eingetretenen Veränderung der neue Wortsinn von Th. auf frühere Erscheinungen anwendbar war.

a) Die *rückwärtige Anwendbarkeit* des neuen Begriffs »Th.« ist unter Berücksichtigung der in der bisherigen Wortgeschichte zutage getretenen Problemgeschichte zu prüfen und wirft schwierige Fragen auf. Obwohl die Vokabel der vor- und außerchristlichen Antike entstammt, muß man nun jedoch mit ihrer Anwendung auf jene Zeit sehr vorsichtig sein und darf nicht etwa θεολογία (im damaligen Sinn) naiv mit »Th.« (im neuen Sinn) übersetzen. In der vor- und außerchristlichen Antike ist überhaupt nichts als »Th.« in dem neuen Wortsinn ansprechbar. Nicht wegen dogmatischer Entscheidung für die christliche Th. als die wahre, der allein diese Bezeichnung gebühre, sondern weil das, was in der neuen Begriffsstruktur verbunden ist, in der Antike gespalten bleibt und nicht in entsprechender Verbindung begegnet. Symptomatisch dafür ist der antike Sprachgebrauch selbst, der die Kluft zwischen mythisch-kultischer »Th.« und philosophischer »Th.« nicht zu überbrücken vermag. Von diesem her ergeben sich nur zwei gegensätzliche allgemeinere Anwendungsmöglichkeiten. Solange die mythische und kultische Bedeutung von »Th.« dominierte (bis Anfang des 4.Jh.s nChr, s.o.), bestand die Möglichkeit, dieses Wort auf alle Religionen anzuwenden, in denen dem gedanklichen Moment einiges Gewicht zukommt (s.o. zu Origenes und Euseb). »Th.« meint dann »Religion«. Indem jedoch, in Abhängigkeit davon, zugleich aber auch in Konkurrenz dazu, »Th.« als philosophische Möglichkeit in Betracht kam, konnte man etwa auch von der »Th.« Platons - abweichend von dessen eigener Ausdrucksweise - sprechen (wohl schon Celsus: διδάσκαλος τῶν θεολογίας πραγμάτων, vgl. Origenes, Contra Cels. VII, 42; ferner im Neuplatonismus vor allem Proklus, s. Lit.!). Es ist zwar fraglich, ob der philosophische Sprachgebrauch von Th., ohne Dazukommen der christlichen Inanspruchnahme dieses Wortes, je imstande gewesen wäre, über das traditionelle mythisch-kultische Verständnis von »Th.« die Oberhand zu gewinnen. Die Schwäche philosophischer Th. besteht darin, mit dem mythologischen auch das homologische Element zu verlieren und damit das Reden von Gott seinem spezifischen Geschehenscharakter zu entfremden. Umgekehrt entkräftet die Idee philosophischer Th. ein Verständnis von Th., zu dem nicht wesenhaft die Rechenschaft über den Grund des Redens von Gott gehört. So läßt die Antike die Problematik von »Th.« erkennen in der ungelösten Spannung zwischen mythischer und philosophischer Th. Trotz den Vermittlungsversuchen war das religiöse Leben nicht fähig und willens, um seines Redens von den Göttern willen wissenschaftliche Th. auszubilden, und die Philosophie nicht imstande, mit ihrem Reden von Gott bestimmter Homologie zu dienen. Die an der Schwelle zur Hochscholastik entstandene Auffassung von »Th.« überwindet die Aporie des antiken Th.verständnisses. Um des homologischen Redens von Gott willen wird die Rechenschaft disziplinierten Denkens darüber, also wissenschaftliche Th. bejaht. Allerdings bleibt die Unterscheidung von philosophischer Th. bestehen. Die Spannung im Th.verständnis verschwindet nicht einfach, wird nun aber diskutierbar. Der Philosophie, die in bestimmter Hinsicht auch Th. zu sein beansprucht, erwächst ein Partner, der nur Th., und zwar mit höherem Recht, zu sein beansprucht und sich, obwohl darüber denkend Rechenschaft gebend, doch nicht in die Philosophie einordnen läßt. Dabei kommt die mythisch-kultische »Th.« zum Erliegen und wird zu einer nur noch historischen bzw. literarisch-ästhetischen Größe, während die an deren Stelle getretene christliche Verkündigung und die dieser dienende Th. keineswegs entsprechend auch die philosophische Th., obwohl ihr gegenüber ebenfalls kritisch, zum Erlöschen bringt und bringen will (trotz beschämender Vorgänge im 5./6.Jh.: Ermordung der → Hypatia in Alexandrien, Schließung der Philosophenschule in Athen).

b) Dasjenige Phänomen, das in methodologisch durchreflektierter Gestalt in der Hochscholastik die Bezeichnung »Th«. annahm, aber bei prinzipieller Gleichartigkeit auch in anderer Gestalt ebenso benannt werden kann, begegnet *allein im Christentum*. Diese eigentümliche geschichtliche Tatsache darf man nicht einebnen in ein vermeintlich allgemeines Gesetz, wonach unter bestimmten Bedingungen in der Religionsgeschichte Th. auftrete. Anzeichen, die man dafür anführen könnte (etwa: Besitz von kultischem Geheimwissen, Systematisierung philosophischer Vorstellungen in → Theogonien oder → Synkretismus, interpretierende Anpassung an hl. Überlieferung, vor allem in apologetischem Interesse bei Begegnung mit aufgeklärtem Denken, vgl. dazu RGG² V, 1114f), treffen nicht den Kern des als Th. anzusprechenden Phänomens: nämlich daß der Glaube von sich aus auf Verstehen drängt in einer der Verstehenssituation angemessenen Weise. In diesem Sinn hat in der Antike keine der polytheistischen Volksreligionen oder → Mysterien-Kulte, aber auch nicht das Judentum Th. hervorgebracht. Weder die Aufstellung gewisser Regeln der Tora-Interpretation noch die Ausbildung apokalyptischer Geschichtsentwürfe noch auch, obwohl dem Phänomen sehr nahe kommend, die Zusammenstellung von Lehr-Topoi und der Versuch der Kombination mit philosophischem Gedankengut im Diasporajudentum (→ Philo) ist im strengen Sinne als Th. ansprechbar. Schon diese Beobachtungen warnen davor, die Entstehung von Th. auf dem Boden des Christentums einfach aus der Tatsache der Begegnung mit der griech. Philosophie herzuleiten. Damit wäre nicht erklärt, warum allein das Christentum diese für alle antiken Religionen bestehende Situation th. verarbeitete. Und christliche Th. würde dann von vornherein mißverstanden als nur apologetisches Unternehmen bzw. als Ausdruck der Überfremdung durch einen von außen hinzutretenden Faktor (»Hellenisierung«). Vielmehr muß gefragt werden, ob im Wesen des christlichen Glaubens selbst der Grund zu erkennen ist, der Th. möglich und notwendig macht, als dessen Folge das spätere Sicheinlassen auf die Begegnung mit der Philosophie zu verstehen wäre und der bereits zuvor unabhängig von dieser Begegnung christliche Th. entstehen ließ. Die Th. in dem jetzt erörterten Sinne beginnt eindeutig mit → Paulus, nicht etwa erst mit den Apologeten des 2.Jh.s. Nur durch Zurückfragen nach dem Grund der Th. in der Sache des christlichen Glaubens selbst kann die folgendermaßen zu präzisierende Frage Beantwortung finden: Was setzte allein das Christentum instand zur Ausbildung einer Th., die weder mythisch-kultische noch philosophische Th. ist?

Der Einwand, daß die Sache des christlichen Glaubens nicht ohne weiteres bestimmbar sei, weist anscheinend auf einen die Klärung erschwerenden Umstand, tatsächlich aber auf die entscheidende Spur. Die auffallende Tatsache, daß schon (und in gewisser Hinsicht besonders) am Anfang das → Christentum (: I) vielgestaltig in Erscheinung tritt, ist paradoxerweise Symptom des Konstitutiven. Diese Vielgestaltigkeit ist keineswegs als solche im Widerspruch zu dem einen für das Christentum Spezifischen, vielmehr entspricht sie, recht verstanden, diesem so sehr, daß das Konstitutive nicht jenseits von ihr, sondern nur *in* ihr als Grund der Einheit geltend gemacht werden kann, so daß sich der Grund der Einheit als Grund der Vielgestaltigkeit zur Geltung bringt. Das für das Christentum Konstitutive stellt sich nicht ein als *Fixierung* des Konstitutiven (wie die Niederschrift eines Gesetzes, die Formulierung eines Mythos, die Festsetzung einer Lehre), dessen Weise, konstitutiv zu sein, sich dann darin erfüllte, es fixiert sein zu lassen. Vielmehr tritt das für das Christentum Konstitutive als → *Verkündigung* des Konstitutiven auf, so daß das Konstitutivsein sich erfüllt im antwortenden und verantwortenden Glauben. Das darf nicht zu schlechter Alternative verzerrt werden. Der Glaube lebt als Gewißheit der in Jesus ein für allemal (ἅπαξ) geschehenen eschatologischen Tat Gottes, die eben deshalb bis ans Ende allein als Zuspruch zu überliefern ist. Das Konstitutive konzentriert sich darum allerdings in den Namen Jesu, der jedoch der »historische« gerade nicht ist in historischem Fixiertsein, sondern in der Verkündigung von ihm zum Glauben an ihn. Mit dem Beginn des Christentums beginnt freilich auch Überlieferung (παράδοσις) und deren allmähliche (teils schon recht frühe, wenn auch souverän gehandhabte, teils erst überraschend späte) Fixierung; aber sie ist nicht die Offenbarung selbst, sondern deren Folge. Die Kanonsbildung (→ Bibel: II B) endlich ist bewußter Ausdruck der Abgeschlossenheit apostolischer Bezeugung der Offenbarung; aber der Kanonsinhalt selbst ist spröde gegen die Verwendung als offenbartes Lehrgesetz statt als Texthilfe zur Verkündigung des Evangeliums. Die in diesen Hinweisen immer wiederkehrende eminente → Geschichtlichkeit, die um der Bindung an den historisch datierbaren Ursprung willen diesen selbst in die Fülle geschichtlicher Gegebenheiten überliefert und darum in die Vielfalt der Sprachen übersetzt (primär im Sinne nicht von Vokabularen, sondern innerster Verdichtungen von Geschichte), begründet als legitimer Grund der Vielgestaltigkeit zugleich die *Notwendigkeit der Th.* und die *Freiheit zu ihr*. Denn wo das Verkündigungsgeschehen auf seine Geschichtlichkeit hin verantwortet wird, nämlich daraufhin, daß die Sprache sich wandelt, damit die Sache dieselbe bleibt, da stößt man faktisch auf das (zunächst noch unbewußte) Phänomen th.er Sprachgestalt, die zwar um der Sache der Verkündigung willen je neu zu gewinnen ist, aber auch mit der Sache der Verkündigung nicht verwechselt werden darf. Damit drängt sich dann aber Th. auch als Aufgabe auf: um der Sache des christlichen Glaubens willen das Sicheinlassen der Verkündigung auf die Geschichtlichkeit zu bedenken, damit neuer geschichtlicher Situation gegenüber im Hören auf überlieferte Sprache in rechter Weise Sprache gewonnen wird, aber auch gewonnene Sprache um der Verkündigung willen nicht für die Sache selbst gehalten wird. Das Urchristentum liefert dafür mit dem Neben- und Nacheinander verschiedenster Interpretationsschemata (apokalyptischer, gnostischer u.a.) reichlich Anschauungsmaterial. Nicht zufällig steht der erste christliche Theologe im Schnittpunkt der Probleme des Juden und Griechen angehenden Verkündigungsgeschehens (Problem des Gesetzes!). Bei der Begründung der Notwendigkeit der Th. in der Geschichtlichkeit des Verkündigungsgeschehens muß aber beachtet werden, daß die Verkündigung nicht etwa bloß einem allgemein notwendigen Geschick der Geschichtlichkeit verfällt, vielmehr, indem sie geschieht, um ihrer Sache willen diese Geschichtlichkeit erst als zu bejahende eröffnet und zu ihr frei macht. Statt einer leidigen Einschränkung der Reinheit der Verkündigung ist das Sicheinlassen auf die Geschichtlichkeit vielmehr Grundkennzeichen des ihrem Inhalt entsprechenden Vollzugs der Verkündigung. Denn als Berufung von Juden und Griechen im Glauben zu einem Leib ist das Evangelium Befreiung aus dem trennenden Gesetz mythischen und kultischen Denkens zum Dienst an allen Menschen. Th., die in der so verstandenen Geschichtlichkeit gründet, ist weder mythische noch philosophische Th. Wenn die Verkündigung, der sie dient, sich mit Recht auf Jesus beruft, dann ist in einem sehr tiefen Sinne durch Jesus Th. als christliche Th. möglich und notwendig geworden.

c) Zur bewußten Inangriffnahme der th.en Aufgabe trug entscheidend die *Existenzkrise* bei, die dem Christentum im *2.Jh.* aus dem tieferen Eindringen in die hellenistische Welt erwuchs. Den verschiedenen Möglichkeiten, der Herausforderung zu begegnen, entsprechen die anfänglichen drei Grundtypen christlicher Th.: die *Gnostiker* (abgesehen von dem Sonderfall → Marcion), die den Weg der Amalgamierung des Christentums an die hellenistisch religiöse Umwelt unter Gefährdung seiner spezifischen Geschichtlichkeit in Richtung auf eine mythische Th. einschlugen; die *Apologeten*, die mit Anleihen bei der Popularphilosophie das Christentum unter Wahrung seiner geschichtlichen Besonderheit durch eine philosophische Th. auf seine Allgemeingültigkeit und -verständlichkeit hin zu interpretieren versuchten; die frühen *antignostischen Theologen* (bes. → Irenäus), die der Gefahr mythischer Th. mit Ansätzen zu einer biblischheilsgeschichtlichen Th. entgegentraten, um damit zugleich die Verkürzungen und Akzentverlagerungen auf seiten christlich-philosophischer Th. zu korrigieren. Der hier wiederum drohenden Verengung begegnete die frühe *alexandrinische Th.*, bes. Origenes, durch Verarbeitung all dieser Versuche (einschließlich berechtigter Momente der christlichen Gnosis) in Verbindung mit größter Bildungsweite und entschiedener Kirchlichkeit. Damit war die maßgebende Grundgestalt christlicher Th. erreicht. Auch wenn sie verdächtigt wurde oder zu dürftigster Ausführung verkümmerte, konnte sie doch von der Kirche nicht mehr preisgegeben werden. In überragender Weise wurden jedoch der so gefaßten th.en Aufgabe nur solche gerecht, die als Theologen der Bildung ihrer Zeit gewachsen waren (vgl. bes. → Augustin). Die hauptsächlichen Strukturelemente christlicher Th. waren nun: der Doppelkanon Hl. Schrift, die regula fidei als Kristallisationspunkt kirchlicher Lehrüberlieferung und, in wechselnder Konstellation und Betonung, philosophisches Denken. Für die Durchführung der th.en Aufgabe wurden grundlegend: die in der Rezeption des Logosbegriffs (→ Christologie: II, 2) übernommene Verpflichtung, den Zusammenhang aller th.en Aussagen (vor allem über Schöpfung und Erlösung, Gott und Jesus Christus, Vernunft und Offenbarung, AT und NT) zu erfassen; ferner, der in der Sache der Th. begründeten Liebe zur Wahrheit und zur Kirche folgend, zu verbindlicher und verbindender Formulierung der Grundlehre (Dogma) zu helfen und weiterhin an ihrer Interpretation zu arbeiten; endlich mit alldem dem schlechthin Fundamentalen, der Schriftauslegung, sowie dem eigentlichen Ziel der Th., der Verkündigung, zu dienen. Die Auswirkungen der Th. erstreckten sich, von dieser Verantwortung für die Verkündigung und ihre ewigen Folgen abgesehen, in weiteste geschichtliche Dimensionen: Obwohl in besonderem Maße dem geschichtlichen Wandel und Streit ausgesetzt, ist Th. doch ein entscheidender Faktor der geschichtlichen Kontinuität und Einheit der → Kirche. Obwohl allein auf Gottes Wort und das ewige Heil bedacht, macht Th. nicht gleichgültig gegenüber der Verantwortung für die zeitlichen Dinge (→ Sozialethik, → Staat: III). Dem Wesen christlicher Th. als Sicheinlassen auf die Geschichtlichkeit der christlichen Verkündigung entspricht die grundsätzliche Bereitschaft zum Mittragen politischer Verantwortung (→ Politik: II). Die Th. des Origenes war ein erheblicher Schritt in Richtung der konstantinischen Wende und befand sich darin grundsätzlich nicht im Widerspruch zu Paulus. Ebenso sind die kulturellen Aufgaben an sich nicht Sache der Th. Aber wie die sich entfaltende Th. Werke von allgemeinem literarischen Rang und von kultureller Ausstrahlung hervorzubringen begann, so wurde sie geradezu mit Selbstverständlichkeit Tradent der antiken Bildung im Zusammenbruch der alten und Aufbau der neuen Welt, die ohne den geschichtlichen Mittlerdienst der Th. eine unvorstellbar andere geworden wäre.

4. Der steile Aufstieg, der die Th. im MA aus anfänglich bescheidenstem Traditionalismus im allgemeinen Prozeß der geistigen Differenzierung unter der Spannung von auctoritas und ratio auf eine vorher und nachher

nicht erreichte Höhe systematischer Perfektion führte, wurde terminologisch besiegelt durch *Prägung des Th.-begriffs*, in dessen weiterer Geschichte sich nun die Grundbewegung der Th.geschichte seither abzeichnet. Da für ihn einerseits die *Wissenschaftlichkeit*, anderseits die dem christlichen Glauben eigene *Geschichtlichkeit* bestimmend ist, erwächst die seine Wandlungen bewirkende Problematik aus dem Verständnis und dem Verhältnis beider. Die entscheidende Zäsur ergibt sich aus der Ablösung des aristotelischen Denkens, in dem dieser Th.begriff konzipiert war, durch das neuzeitliche Denken, das das Verständnis von → Wissenschaft und → Geschichte tiefgreifend veränderte.

a) In enger Beziehung zur Weltherrschaft des Papsttums und der Weltmission der Bettelorden hat → *Thomas von Aquino*, abweichend vom Augustinismus (Verschmelzung von Glauben und Wissen in der Illuminationstheorie und dem religiösen Verständnis der Th. als sapientia) und polemisch gegen den → Averroismus (Trennung von Glauben und Wissen, »Lehre von der doppelten Wahrheit«), mit Hilfe des aristotelischen Denkens Glauben und Wissen unterscheidend harmonisiert und so die klassische Begründung der Th. als Wissenschaft aufgestellt (vgl. bes. S.th. I q. 1 und Expos. super libr. Boethii De trinitate). Obwohl als sacra doctrina allein durch die Hl.Schrift ermöglicht und zur Erlangung des übernatürlichen Zieles des Menschen notwendig und darum von der Philosophie unterschieden, entspricht Th. doch den Bedingungen von scientia, nämlich dem syllogistischen Fortschreiten von Prinzipien zu Schlußfolgerungen. Sie gehört freilich zur Art der Subalternwissenschaften, deren Prinzipien nicht unmittelbar einleuchten, sondern einer übergeordneten scientia verdankt werden. Die Prinzipien der Th. sind die offenbarten Glaubenswahrheiten, die in der scientia Dei et beatorum evident sind. Die Einheit der Th. als scientia und ihr Recht, sich trotz der Vielfalt ihrer Materialobjekte *Th.* zu nennen, ist darin begründet, daß Gott als das eigentliche subiectum der Th. zugleich ihr Formalobjekt bestimmt, insofern in ihr alles sub ratione Dei, in Hinordnung auf ihn als Ursprung und Ziel behandelt wird. Das wissenschaftliche Verfahren ist wie stets argumentierend, selbstverständlich nicht um die Prinzipien (Glaubensartikel) zu beweisen, sondern um aus ihnen folgernd ihren inneren Zusammenhang zu erhellen, Teilprobleme zu lösen und bei radikaler Leugnung der Prinzipien wenigstens die Gegengründe rational zu entkräften und ein gewisses Vorverständnis zu erzeugen. Nach der aristotelischen Einteilung der Wissenschaften in theoretische und praktische ist die Th., obwohl beides umgreifend, doch überwiegend scientia speculativa, weil es in ihr nicht um menschliches Tun, sondern um Gotteserkenntnis geht, in deren Vollendung die ewige Seligkeit besteht. – Die bedenklichen Folgen dieser imponierenden Konzeption, die zur Gewährleistung der praeambula fidei eine natürliche Gotteserkenntnis voraussetzt, sind: die Einpassung der th.en Wahrheit in die Struktur metaphysischer Wahrheit und infolgedessen Abschwächung der Geschichtlichkeit der Sache der Th., die Schwerpunktverlegung von dem biblisch-kerygmatischen auf das systematisch-spekulative Interesse sowie die Tendenz, die Konklusionen stärker zu beachten als die Grundwahrheit des Glaubens selbst.

Die lebhafte *innerscholastische Auseinandersetzung* um das Th.verständnis stritt nicht um das Recht des aristotelischen Wissenschaftsbegriffs als Basis, wohl aber um die Art seiner Anwendbarkeit auf die Th. Auf der franziskanischen Linie von → Duns Scotus zu → Ockham begnügte man sich nicht mit dem augustinisch-altfranziskanischen Verständnis der Th. als scientia practica bzw. affectiva, sondern bestritt, daß sie scientia proprie dicta sei, da sie von ihren »Prinzipien« her unter dem Vorzeichen des Glaubens steht, also der Evidenz entbehrt. Die Einordnung als scientia subalternata wird abgelehnt, da die Gottesschau der Seligen (visio Dei beatificat!) dem Genus nach verschieden ist von der auf Glauben beruhenden und begrifflich diskursiven theologia viatorum. Zwar enthält die Th. auch gewisse evidente, notwendige Wahrheiten, überschneidet sich also mit eigentlicher Wissenschaft, obschon der natürlichen Gotteserkenntnis Evidenz im strengen Sinne abgeht. Überwiegend sind die th.en Wahrheiten jedoch kontingent, also nicht Sache wissenschaftlicher Erkenntnis. Im Gefolge der nominalistischen Suppositionslogik wird auch die Bezeichnung Gottes als subiectum der Th. problematisiert, ebenso die Einheit der Th., die nur positivistisch als Summe der credenda aufrechterhalten werden kann. Zwar wird die Begründung der Th. auf den Glauben um so stärker betont. Aber die → fides implicita bedarf nicht notwendig th.er Entfaltung, und diese wiederum ist als wissenschaftliche Fertigkeit ablösbar vom Glaubenshabitus. Die Betonung der Kontingenz th.er Wahrheiten im Hinblick auf deren Prädikate bringt zwar das Problem der Geschichtlichkeit schärfer zum Zuge, kommt aber über eine beunruhigende Wirkung und eine schärfere Betonung der Differenz von → Theologie und Philosophie (: II) hinaus dem Th.verständnis selbst weder methodologisch noch in der Sacherfassung wegweisend zugute. Dennoch hat sich der Gebrauch des Begriffs »Th.« im Spät-MA völlig durchgesetzt und ist gerade durch die Verschärfung seiner Problematik und der Unterscheidung von der Philosophie von der speziellen Konzeption unabhängig geworden, der er seine Entstehung verdankte.

Darum hat → *Luther* trotz schärfster Ablehnung der aristotelisch bestimmten scholastischen Th. (vgl. WA 39/I, 229, 22) entschieden am Th.begriff festhalten und ihn mit programmatischer Betonung verwenden können (zB »Eyn deutsch Theologia...« in der Ausgabe 1518, WA 1, 378f). Die traditionelle Formulierung (scientia) »practica« (nicht speculativa: WATR 1, 72, 16 Nr. 153) erhält vom Kontext seiner Th. her neuen Sinn, die scholastische Fragestellung nach dem subiectum theologiae eine bezeichnend abweichende Beantwortung (WA 40/II, 328, 1: homo reus et perditus et deus iustificans vel salvator). Mit dem treffend modifizierenden Prädikat »theologia crucis« im Gegensatz zur »theologia gloriae« (WA 1, 354. 362. 613; 40/III, 193, 6; dem Sinne nach auch zu theologia mystica: WA 5, 163; 6, 562) bringt er das in seinen verschiedenen Dimensionen *eine* geschichtliche »Wesen« der Sache der Th. reformatorisch bahnbrechend zum Ausdruck (Christus crucifixus – verbum praedicatum – fides – experientia) und damit ihren »existentiellen Charakter« (L.Pinomaa; vgl. WA 5, 163, 28: Vivendo, immo moriendo et damnando fit theologus, non intelligendo, legendo aut speculando. WA 50, 658ff: oratio, meditatio, tentatio als »rechte Weise in der Theologia zu studirn«). Ihre sachgemäße Methode ist Schriftauslegung in der Strenge des Sprachlich-Grammatischen und der Weite des hermeneutischen Horizonts. Und die Art ihrer → Gewißheit entspricht dem Geschehen ihrer Sache (WA 40/I, 589, 8: Ideo nostra theologia est certa, quia ponit nos extra nos). Den umwälzenden wissenschaftsmethodologischen Sinn dieses Th.verständnisses hat Luther nicht theoretisch durchreflektiert.

→ *Melanchthon*, der für eine schulmäßig tradierbare Lehrform wieder Aristoteles, jedoch nicht die Metaphysik, heranzuziehen begann, hat, wahrscheinlich im Bewußtsein der sprachgeschichtlichen Zusammenhänge sowie altkirchlich orientiertem Traditionalismus und rational-pädagogischer Tendenz folgend, das Wort »Th.« auffallend gemieden und durch doctrina christiana, später doctrina Ecclesiae ersetzt. Trotzdem hat sich um 1600 in der prot. → *Orthodoxie* mit der neuaristotelischen Besinnung auf die Wissenschaftlichkeit der Th.begriff allgemein durchgesetzt. Seit → Keckermann (bei ihm als Melanchthonianer zwar mit ausdrücklichen Bedenken) und vor allem *Joh.* → *Gerhard* (bestärkt durch Luthers Sprachgebrauch) wird es üblich, die Dogmatik mit Erörterung des Th.begriffs zu beginnen (bes. ausführlich zB → Calov). Trotz der sich nun einstellenden Nähe zum mittelalterlichen scholastischen Verständnis treten teils durch die konfessionelle, teils durch eine zeitbedingte wissenschaftsmethodologische Differenz beachtliche Verschiebungen ein. Mit Rücksicht auf das reformatorische »sola scriptura« verschiebt sich der fundamental-th.e Ansatz. Zwar wird die alle Stufen von »Gotteserkenntnis« umgreifende Hierarchie von »Th.n« (archetypa Gottes - ectypa beatorum und viatorum [naturalis oder revelata]) übernommen. Doch wird nicht, wie bei Thomas, von daher die Wissenschaftlichkeit der Th. begründet. Man rekurriert unmittelbar auf die Offenbarungsgegebenheit der Hl. Schrift als unicum et proprium theologiae principium (als den articuli fidei vorgeordnet, die nicht »Prinzipien«, sondern »Konklusionen« sind!), dessen »Evidenz« sich nicht von der visio Dei, sondern von dem an das Wort gebundenen → Testimonium spiritus sancti internum herleitet. Entsprechend ändert sich auch die Bestimmung des subiectum theologiae. Obwohl Gott das unicum et summum principium essendi der Th. und als solches zumindest indirekt auch in methodischer Hinsicht als natürliche Gotteserkenntnis Verstehensvoraussetzung des in der Schrift als principium cognoscendi Gemeinten (verbum Dei!) ist, veranlaßt doch der Primat der Hl. Schrift die Ausrichtung auf das den Menschen betreffende Heilsgeschehen. Daß also abweichend von der Scholastik nicht Gott, sondern der Mensch (quatenus ad aeternam beatitudinem est perducendus) als subiectum theologiae angegeben wird, ist nicht als »Anthropologisierung« gemeint, sondern als biblisch-heilsgeschichtliche Orientierung, die zur analytischen Methode führt, entsprechend dem Charakter der Th. als sapientia eminens practica. Das Schema des aristotelisch-metaphysischen Denkens läßt freilich diese Betonung der Geschichtlichkeit der Sache der Th. nicht zu sachentsprechender Auswirkung kommen, so daß sich über die weitere Einführung von »religio« (christiana!) als Objekt der Th. ungewollt die künftige Krisis des Th.begriffs anbahnt. Dazu trägt auch das habituale Wissenschaftsverständnis des Neuaristotelismus (J. → Zabarella) bei. Während bei Joh.Gerhard noch der doktrinale und habituale Sinn von Th. als »Gottesgelehrtheit« (habitus θεόσδοτος) eine Einheit bildet, treten dann beide Aspekte auseinander. Schon bei → *Calixt* wird in Fortsetzung der humanistischen Tradition Melanchthons die Th. als natürlich erwerbbarer wissenschaftlicher Habitus verstanden, dessen Objekt die kirchliche Lehre ist und der seine Einheit als Wissenschaft allein durch die praktische kirchliche Abzweckung hat, die eine Aufteilung in kurze thetische (theologia ecclesiastica) und ausführlich explizierende Th. (academica oder scholastica) nach sich zieht. Diese ebenfalls schon in die neuzeitliche Entwicklung weisende Auffassung trägt insofern inneren Schwierigkeiten des orthodoxen Th.begriffs Rechnung, als dieser, wie die Lehre von den Fundamentalartikeln zeigt (→ Orthodoxie, 3), Mühe hat, die Einheit der Sache der Th. aufzuweisen und nicht einem (der Wissenschaftlichkeit widersprechenden) Offenbarungspositivismus vieler credenda zu verfallen, und darum ebenfalls nur gewaltsam die prinzipielle Identität von Glaube und Th. aufrechterhalten kann.

b) Der gewaltige *geistige Umbruch*, der das sog. konfessionelle Zeitalter ablöste und der altprot.-orthodoxen Gestalt der Th. ein Ende bereitete, aber mit den eigenen Ursprüngen weit über diese nächstbenachbarte Phase zurückreicht und dessen erst allmählich hervortretendes Ausmaß den Vergleich mit dem Szenenwechsel von der Antike zum MA nahelegt, betraf nicht nur beiläufig, sondern zentral den herrschenden Th.begriff, der, weil für die zu Ende gehende Periode repräsentativ, mit ihr auch erledigt schien. Indem der → Aristotelismus aufhörte, die maßgebende wissenschaftliche Denkform zu sein, konnte er dem Th.begriff, an dessen Entstehung und methodologischer Entfaltung er bisher praktisch allein beteiligt war, jedenfalls den entscheidenden Dienst nicht mehr leisten: die Inbeziehungsetzung der Th. als Wissenschaft zu den übrigen Wissenschaften. Zwar war es, genauer, der christlich adaptierte und zum Instrument kirchlicher Gleichschaltung der Wissenschaft benutzte Aristotelismus, so daß sich nun nicht bloß eine Wandlung in philosophischer Hinsicht vollzog, sondern in erster Linie die Emanzipation der → Philosophie wie der Einzelwissenschaften von der Th. und der kirchlichen Aufsicht. Damit kamen für die Th. Probleme ins Rollen, die auch durch den Aristotelismus nur allenfalls in dessen domestizierter Gestalt gelöst schienen. Daß der Th.begriff auch ohne, ja gegen aristotelische Interpretation festzuhalten war, hatte freilich die Reformation gezeigt, doch noch im nachwirkenden Schutz des kirchlichen Wissenschaftssystems, ohne selbst zu entsprechender wissenschaftsmethodologischer Explikation genötigt zu sein. Aber mit der sich von Grund auf verändernden Gesamtsituation stellte sich das Problem der Th. als Wissenschaft völlig neu. Dabei setzte, abweichend von der geistigen Situation des MA, nicht eine neue in sich geschlossene Denkweise ein, sondern eine anhaltend revolutionäre Bewegung sich wandelnder Wissenschaftskonzeptionen und vor allem auch überraschender Fortschritte der Einzelwissenschaften, die das gesamte Weltbild und Wirklichkeitsverständnis veränderte und es der Th. in doppelter Hinsicht schwer machte, über ihr Verhältnis zum allgemeinen Wahrheitsbewußtsein Rechenschaft zu geben. Einerseits mußte die Th. selbst verantwortlich teilnehmen an der im Fluß befindlichen allgemeinen wissenschaftsmethodologischen Problematik, anderseits konnte sie sich gewissen Grundzügen des neuzeitlichen wissenschaftlichen Denkens (Weltlichkeit und Freiheit, in gewissenhaftem Vernunftgebrauch), die der Th. in ihrer traditionellen Gestalt höchst bedrohlich wurden, nicht entziehen, wenn nicht überhaupt auf ein Verantworten des christlichen Glaubens, also auf Th., in dieser geistigen Situation verzichtet werden sollte. Die Fülle der daraus für den Th.begriff entstehenden Probleme konzentriert sich auf zwei Hauptpunkte: die Unterscheidung von Th. und Religion sowie das Verhältnis von historischer und dogmatischer Th.

Der orthodoxe Th.begriff, in dem Th. mit Gotteserkenntnis (darum auch mit Offenbarung: theologia revelata!) bzw. → Religion (: IV B) grundsätzlich gleichgesetzt war, beförderte selbst die Probleme, an denen er zerbrach. Er rief dadurch zwei in entgegengesetzter Weise ihm verwandte Versuche hervor, die grundsätzliche Identität von Th. und Religion unter Überwindung des orthodoxen Verständnisses erst richtig herzustellen. Der → Pietismus (→ Spener) wandte sich gegen die Hypertrophie th.er Gelehrsamkeit infolge eingedrungener »Weltweisheit«, die die Th. zu einer bloßen »Philosophia de rebus sacris« werden läßt. Statt dessen müsse sie ihrem Verständnis als habitus practicus entsprechend als theologia regenitorum auf die praxis pietatis ausgerichtet und so von der Subtilität »scholastischer Th.« zur Einfachheit »biblischer Th.« zurückgebracht werden. Der → Deismus (: III) hingegen vollzog die Reduktion auf die »natürliche Th.«, die zugleich Ausdruck »natürlicher Religion« sein sollte. Während der Pietismus (der Orthodoxie gemäß:) den durch die geschichtliche Offenbarung eröffneten Glauben (der Orthodoxie widersprechend:) unter Vernachlässigung seiner wissenschaftlichen Verantwortung festzuhalten suchte, nahm der Deismus (der Orthodoxie gemäß:) die wissenschaftliche Rechenschaft über den Glauben ernst, aber (der Orthodoxie widersprechend:) unter Preisgabe der Geschichtlichkeit des christlichen Glaubens. Das Verhältnis beider zur Orthodoxie ist freilich so verschränkt, daß sie in dem der Orthodoxie Gemäßen diese auch in gewisser Hinsicht korrigierend übertreffen und in dem der Orthodoxie Widersprechenden auch in gewisser Hinsicht deren eigene Fehlansätze vergröbert sichtbar werden lassen. → Semler hat, beide Erscheinungen überholend, den bisherigen Th.begriff tiefer kritisiert, aber darum auch legitimer fortgeführt durch die für die Folgezeit wegweisende *Unterscheidung zwischen Th. und Religion*. Sie ist begründet in der sich notwendig geschichtlich wandelnden Lehrform des christlichen Glaubens, der nicht identisch ist mit einer bestimmten geschichtlich gegebenen Sprachgestalt, aber auch nicht abstrahiert davon darstellbar. Th. ist darum ebensowenig auf biblische wie auf natürliche Th. zu reduzieren, weil sie wesenhaft zur Interpretation der Offenbarungswahrheit anderer, von dieser unterschiedener Strukturmomente bedarf. Th. ist folglich eine wissenschaftliche Fachangelegenheit, die nicht (direkt) dem einzelnen Christen als solchem, sondern dem Lehrer der christlichen Religion nötig ist. Diese Einsicht in die Unterscheidung von Th. und Religion um der Geschichtlichkeit beider willen hat → Schleiermacher methodologisch dahin fixiert, daß Th. als eine »positive Wissenschaft« ihre Einheit hat in der Ausrichtung auf die »Kirchenleitung« (Kurze Darst. § 1 ff). Die nähere Bestimmung der Unterscheidung führt im folgenden aber in eine Zerreißprobe. Indem der Glaube (bzw. die christliche Religion) nun als Gegenstand wissenschaftlicher Th. objektiviert wird, wird er zunächst jedenfalls historisiert. Damit wird die Th. selbst in doppelter Hinsicht »historisch«. Einerseits werden alle überlieferten Aussagen des christlichen Glaubens zu historisch bedingten und begrenzten Gestalten von Th., so daß jetzt das Wort »Th.« vornehmlich mit historisch differenzierenden Bestimmungen gebraucht (auch »biblische Th.« wird zu einem historischen Begriff und löst sich deshalb in eine Vielheit von Th.n auf) bzw. entwertet wird gegenüber dem fundamentaleren, freilich ebenfalls historisch objektivierten und differenzierten Phänomen der Religion. Anderseits wird Th. als historische Betrachtung von Th. selber historisiert und scheint darum »schicklicher wohl Religionswissenschaft genannt« zu werden (Bretschneider), da Gott nicht Gegenstand historischer Wissenschaft sein könne. Eine sich bewußt nicht als Th. verstehende Religionswissenschaft pflegt dann freilich oft um so großzügiger die Vokabel »Th.« auf alle möglichen religionsgeschichtlichen Erscheinungen anzuwenden und so zur Auflösung von Th. beizutragen, deren »Geheimnis« in sachlicher Hinsicht nun als »Anthropologie« interpretiert wird (→ Feuerbach).

Daß trotzdem der Th.begriff festgehalten und bes. seit der → Dialektischen Th. sogar mit Emphase verwendet wird, erklärt sich daraus, daß der christliche Glaube notwendig als verantwortliches Reden von Gott existiert. Die rechte Unterscheidung von Th. und Glaube erhellt deren Untrennbarkeit. Denn die Sache der Th. treibt dazu, sie gegenwärtig zu verantworten. Das entscheidende Symptom des Sicheinlassens auf das wissenschaftliche Denken der Neuzeit, nämlich die Aufgliederung der Th. in verschiedene Disziplinen, führt, gründlich bedacht, zur Erfassung ihrer wesenhaften Einheit. Zwar hatte es auch zuvor Spezifizierung nach Arbeitsbereichen gegeben: zB theologia exegetica, didactica, polemica, catechetica usw. Das schlechterdings Neue, die Einheit der Th. und darum diese selbst fraglich Machende ist die *Zweiteilung* nach methodischem Gesichtspunkt *in historische und dogmatische Th.* Ihre Zerreißung in »wissenschaftliche« Th., die sich auf die historischen Disziplinen, und »kirchliche« Th., die sich auf die dogmatisch-praktischen Disziplinen beschränkt, ist ein Widerspruch in sich, weil keine von beiden mehr Th. ist. Entgegen dem Schein von Radikalität ist diese »Lösung« gerade nicht an der »Wurzel« von Th. orientiert, die in dem Geschehen von Verkündigung ihren Grund hat. Jener scheinbare Zwiespalt erweist sich im übrigen als Problem neuzeitlicher Wissenschaft überhaupt, wandelt sich aber in der hermeneutischen Besinnung zu einer den Historismus überwindenden umfassenden Einsicht in das Wesen von Geschichtlichkeit. So treffen die beiden konstitutiven Momente des Th.begriffs (s. 3 b), die Wissenschaftlichkeit und die Orientierung an der Geschichtlichkeit der Sache des christlichen Glaubens, in neuer Konstellation zusammen. Dadurch ist die Frage nach dem Th.begriff nicht erledigt, sondern erst recht aufgegeben: nämlich in der Tiefe des wissenschaftlichen Sinnes von »Th.«, der Wortgeschichte folgend, den homologischen Sinn von »Th.« zu erfassen.

Zu 2: *Buchtitel, die für d. Wortgesch. aufschlußreich sind:* (JAMBLICHUS) Τὰ θεολογούμενα τῆς ἀριθμητικῆς, ed. V.DE FALCO, 1922 - PROKLUS, Εἰς τὴν Πλάτωνος θεολογίαν, ed. AEM.PORTUS, 1618 - DERS., Στοιχείωσις θεολογική, ed. E.R. DODDS, Oxford 1933 - EUSEB, Τῆς ἐκκλησιαστικῆς θεολογίας Α' - Γ' (GCS, Euseb IV, 1906, 59 ff) - THEODORET VON CYRUS, Περὶ θεολογίας καὶ τῆς θείας ἐνανθρωπήσεως (MPG 75, 1147 ff. 1419 ff; vgl. ALTANER 305) - DIONYSIUS AREOPAGITA, Περὶ μυστικῆς θεολογίας (MPG 3, 997 ff) - ABAELARD, Introductio ad theologiam (MPL 178, 979 ff) - DERS., Theologia christiana (ebd 1123 ff) - DERS., Theologia Summi Boni, hg.v. H.OSTLENDER (BGPhMA 35, 2-3), 1939. - *Lexika u. Sekundär-Lit.* (zT auch zu 3 u. 4 in Betracht kommend): J.C.SUICERUS, Thesaurus Ecclesiasticus II, (1682) 1728², s.v. - Thes. Ling. Gr., ed. H.STEPHANUS, IV, 1841, s.v. - DU CANGE, Gloss. med. et infim. Lat. VIII, 1887, s.v. - KL XXIII, 310 ff - A.DEISSMANN, Neue Bibelstudien, 1897, 58 f - DERS., LvO 297 - RE XXI, 900 ff - F.POLAND, Gesch. d. griech. Vereinswesens (Preisschriften der Jablonowskischen Gesellsch. Nr. 38), 1909 - R.REITZENSTEIN, Historia Monachorum u. Historia Lausiaca, 1916, 135 ff - J.STIGLMAYR, Mannigfache Bedeutung von »Th.« u. »Theologen« (ThGl 11, 1919, 296-309) - P.BATIFFOL, Theologia, theologi (EThL 5, 1928, 205-220) - F.KATTENBUSCH, Die Entstehung einer christl. Th. Zur Gesch. der Ausdrücke θεολογία, θεολογεῖν, θεολόγος (ZThK 38, 1930, 161-205; separat 1962) - PW 2. R.X, 2031 ff - J.RIVIÈRE, Theologia (RevSR 16, 1936, 47-57) - LThK X, 65 ff - LIDDELL-SCOTT, Greek-English Lexicon, 1940⁹, s.v. - FORCELLINI, Lex. tot. Lat. IV, 1940, s.v. - DThC XV/1, 341 ff - A.J.FESTUGIÈRE, La révélation d'Hermès Trismégiste II, 1949, 598 bis 605 - W.KAMLAH, Christentum u. Geschichtlichkeit, 1951, 93 f - W.JAEGER, Die Th. der frühen griech. Denker, 1953.

Zu 3 b: A.v.HARNACK, Die Entstehung d. christl. Th. u. d. kirchl. Dogmas, 1927 (= ChW 40, 1926, 778-787. 834-842. 882-890. 938 bis 948. 986-993) - F.KATTENBUSCH (s. zu 2) - R.BULTMANN, Das Problem d. Verhältnisses von Th. u. Verkündigung im NT (in: Aux sources de la tradition chrétienne. Mélanges offerts à M.Goguel, Neuchâtel 1950, 32-42) - VAN DER LEEUW - E.KÄSEMANN, Die Anfänge christl. Th. (ZThK 57, 1960, 162-185) - G.EBELING, Der Grund christl. Th. (ebd 58, 1961, 227-244) - E.FUCHS, Über die Aufgabe einer christl. Th. (ebd 245-267). - Vgl. ferner die Lehrbücher der Th. des NT u. die Lit. zu → Theologie und Philosophie: II.

Zu 3 c u. 4 vgl. die Lit. zu → Theologie: II. III. IV, → Theologie und Philosophie: II u. zu den Spezialartikeln. - RGG² V, 1114ff - EKL III, 1354ff.

Zu 4 a: E.KREBS, Th. u. Wissenschaft nach d. Lehre d. Hochscholastik (BGPhMA 11, 3-4), 1912 - M.D.CHENU, La théol. comme science au XIIIe siècle, Paris (1926) 1957³ - DERS. (→ Theologie: III) - J.COTTIAUX, La conception de la théol. chez Abélard (RHE 28, 1932, 247-295. 533-551. 788-828) - C.FECKES, Glauben u. Glaubenswissenschaft nach Albert d.Gr. (ZKTh 54, 1937, 1-39) - A.ROLNER, De natura theologiae iuxta S. Albertum Magnum (Angelicum 16, 1939, 3-23) - J.FRIEDERICHS, Die Th. als spekulative u. prakt. Wissenschaft nach Bonaventura u. Thomas v. Aquin (Diss. Bonn), 1940 - J.BEUMER, Die Th. als intellectus fidei. Dargestellt an Hand d. Lehre d. Wilhelm v. Auxerre u. Petrus v. Tarantasia (Schol. 17, 1942, 32-49) - DERS., Der Th.begriff d. Richard v. Mediavilla (FS 40, 1958, 20-29) - J.DE GHELLINCK, »Pagina« et »Sacra Pagina«. Hist. d'un mot et transformation de l'object primitivement désigné (in: Mélanges A.Pelzer, Louvain 1947, 23-59) - M.GRABMANN (→ Theologie: III) - B.HÄGGLUND, Die Hl. Schrift u. ihre Bedeutung in d. Th. Joh.Gerhards, Lund 1951 - J.PEDERSEN, L'intellectus fidei et la notion de théol. chez S. Bonaventura (StTh 5, 1951, 1-36) - J.FINKENZELLER (→ Theologie: III) - J.WALLMANN, Der Th.begriff bei Joh.Gerhard u. G.Calixt (BHTh 30), 1961 - TH.BONHOEFFER, Die Gotteslehre d. Thomas v. Aquin als Sprachproblem (ebd 32), 1961.

Zu 4 b: FR.D.E.SCHLEIERMACHER, Kurze Darst. d. th.en Studiums, (1811/30) hg.v. H.SCHOLZ, 1935 - W.M.L.DE WETTE, Über Religion u. Th., (1815) 1821² - C.A.BERNOULLI, Die wissenschaftl. u. d. kirchl. Methode in d. Th., 1897 - E.TROELTSCH, Über hist. u. dogmat. Methode in d. Th. (1898; Ges. Schr. II, 1913, 729-753) - M. REISCHLE, Th. u. Religionsgesch., 1904 - W.HERRMANN, Die mit der Th. verknüpfte Not d. ev. Kirche, 1913 - E.PETERSON, Was ist Th.?, 1925 (= E.P., Theol. Traktate, 1951, 9-43) - H.SCHOLZ, Wie ist eine ev. Th. als Wissenschaft möglich? (ZZ 9, 1931, 8-53) - TH.SIEGFRIED, Th. als Religionswissenschaft bei R.Otto (ZThK 46, 1938, 16-45) - M.FISCHER, Die notwendige Beziehung aller Th. auf d. Kirche in ihrer Bedeutung für d. prakt. Th. bei Schleiermacher (ThLZ 75, 1950, 287-300) - E.FUCHS (→ Theologie: II) - F.GOGARTEN (→ Theologie: II) - G.EBELING, Die Geschichtlichkeit d. Kirche u. ihrer Verkündigung als th.es Problem (SgV 207/208), 1954 - DERS., Was heißt »Biblische Th.«? (in: Wort u. Glaube, 1960, 69-89) - DERS., Th. u. Verkündigung. Ein Gespräch mit R.Bultmann (HUTh 1), 1962 - E.SCHLINK, Die Struktur d. dogmat. Aussage als oekum. Problem (KuD 3, 1957, 251-306) - E.BENZ, Ideen zu einer Th. d. Religionsgesch. (AAMz 1961, 5) - G.HORNIG, Die Anfänge d. hist.-krit. Th. Joh.Sal.Semlers Schriftverständnis u. seine Stellung zu Luther (FSThR 8), 1961. - Vgl. ferner die Lehrbücher der → Dogmatik.

G.Ebeling

II. Ev. Theologie

1. Grundlagen und Eigenart - 2. Die Wissenschaftlichkeit der Th. - 3. Die Kirchlichkeit der Th. - 4. Gegenwärtige Methodenprobleme - 5. Einheit und Gliederung

1. Ev. Th. weiß sich von ihren Anfängen her den Grunderkenntnissen der Reformation verpflichtet. Für Luther galt, daß das eigentliche Subjekt der Th. der schuldige und verlorene Mensch und der rechtfertigende Gott und Heiland ist (Auslegung von Ps 51, 1532, WA 40/II, 317ff). Damit ist in der ev. Th. der Mensch nicht als geschichtslose Vernunftnatur verstanden, wie in der Scholastik, noch ist der in der th.en Aussage gemeinte Gott mögliches Denkobjekt dieser Vernunft, vielmehr wird der Mensch definiert als der allein durch den Glauben gerechtfertigte Mensch (Disputatio de homine, 1536, WA 39/I, 175) und Gott als der dem Menschen sich in Jesus Christus zuwendende, in Gesetz und Evangelium richtende und erbarmende Gott. Durch die radikale Rückbeziehung auf das Urdatum des christlichen Glaubens, die geschichtlich-kontingente → Offenbarung (: VI) Gottes in Jesus Christus, unterscheidet sich ev. Th. sowohl von einer sakramentalen Th., für welche die Kirche die mit dem Ursprung gleichberechtigte Fortsetzung der Offenbarung ist, als auch von einer → Religionswissenschaft, die von einem allgemeinen Religionsbegriff ausgeht. Zugleich ist damit die Absage an eine die Kontinuität zwischen Transzendenz und Immanenz, Gott und Mensch betonende Seinsmetaphysik gegeben. Die Erkenntnis von der Rechtfertigung des Sünders allein aus Gnade setzt den tiefen Riß zwischen Idealität und Realität, also die Gebrochenheit der → Schöpfung (: IV B) voraus. Die ontologische Differenz zwischen Schöpfer und Geschöpf macht die Annahme einer Synthese zwischen beiden unmöglich. Gegenüber aller denkbaren menschlichen oder kirchlichen Vermittlung zwischen dem richtenden Gott und dem sündigen Menschen bleibt → Gott (: VI) wesentlich der heilige und der Mensch wesentlich der Sünder (»simul peccator et iustus«). Darum wird auch für ev. Th. eine Sakralisierung der → Welt ebenso unmöglich wie eine sichtbare Darstellung der Heiligung in »guten Werken«, die sich in besonderer Weise von anderen weltlichen Werken abheben würden. → Heiligung (: III) bleibt ebenso wie → Rechtfertigung (: III) unsichtbares Werk Gottes allein, während Mensch und Welt sub ratione peccati sind und dieser Profanität in keiner Weise und durch kein Mittel entgehen können. So steht im Protestantismus eine Th. der Gnade als »Th. des Kreuzes« gegen eine Th. der Glorie, dh der zu versichtbarenden Durchdringung von Gott und Welt. Th. als Selbstbesinnung über das der Kirche anvertraute Wort ist sowohl eine kritische wie eine verstehend-aufschließende Aufgabe; kritisch, weil sie das in der Kirche geltende Wort auf seine Sachgemäßheit hin zu prüfen hat, verstehend-aufschließend, weil der Glaube sich einer Sprache bedient, die als geschichtliches Phänomen selbst geschichtlich ist und daher den späteren Generationen angesichts der drohenden Gefahr des Verfallens in Unverständlichkeit oder vermeintliche Verständlichkeit je neu erschlossen werden muß. Th. als »Sprachlehre des Glaubens« (Fuchs, Ebeling) hat ein unmittelbares Verhältnis zur Wahrheit der kirchlichen Rede, indem sie das Wächteramt wahrzunehmen hat, daß der Glaube der Kirche auch wirklich Glaube sei. Zusammenfassend lassen sich die Aufgaben der Th. in vierfacher Weise bestimmen: a) Th. ist *Doxologie* als Rühmung der großen Taten Gottes, steht somit in engem Zusammenhang mit dem gottesdienstlichen Geschehen der Kirche. b) Th. ist *Homologie* als Bekenntnis des Glaubens vor den Menschen, ist daher keine esoterische Angelegenheit, sondern geht die Öffentlichkeit der Kirche und der Welt an (→ Öffentlichkeitsauftrag). c) Th. ist »notwendigerweise *Exegese*« (Iwand) als Dienst an der Vergegenwärtigung des Kerygmas in der → Predigt (: II) und damit zugleich als Dienst an der Vergegenwärtigung der »Tradition« in der Kirche. d) Th. ist *Apologie des Glaubens* in Anknüpfung an und Widerspruch gegen das Selbstverständnis der Zeit als Dienst an der verantwortlichen Rede der Kirche (→ Apologetik: III. IV).

2. Wenn die Th. eine enge Beziehung zur Praxis der kirchlichen Verkündigung hat, so erhebt sie nichtsdestoweniger den Anspruch, *Wissenschaft* zu sein. Als solche hat sie »ihre eigenen Voraussetzungen zum Gegenstand« (Bonhoeffer), dh sie ist auch als Wissenschaft nicht ablösbar von der Verkündigungsaufgabe, der sie zu dienen hat. Dies kam schon im orthodoxen Verständnis der Th. als sapientia eminens practica (→ Hollaz) zum Ausdruck. Diese Aufgabenstellung hatte zT den Verzicht auf eine exakte wissenschaftstheoretische Bestimmung der Th. zur Folge (so bei J. → Gerhard [→ Theologie: I, 4 a]), einmal weil in der Th. der Glaube das Gewißheitskriterium ist, in der Wissenschaft dagegen die Vernunfteinsicht, sodann weil Christus als Erkenntnisgegenstand der Th. nicht auf dem Wege der Wissenschaft, sondern nur durch Offenbarung erkannt werden kann. Für die → Orthodoxie im ganzen ist es aber bezeichnend, daß sie zu der am gegenständlichen Denken orientierten aristotelischen Metaphysik zurückkehrte und so in Gegensatz zu dem in der → Renaissance sich bildenden neuen Wahrheits- und Wissenschaftsbewußtsein geriet. Das führte einer-

seits zu einer geschichts-th.en Objektivierung des Heilsgeschehens in der Föderal-Th. (→ Bund: IV) des → Coccejus, die weithin im → Pietismus herrschend wurde, anderseits zur Reduktion der Th. auf die Innerlichkeit des frommen Subjekts (→ Schleiermacher). Im 19.Jh. wird die Wissenschaftlichkeit der Th. in der → Geschichtlichkeit ihres Gegenstandes gesehen. In dem Schwanken zwischen Metaphysik, Psychologismus und Historismus wird vor allem durch die → Dialektische Th. die Wissenschaftlichkeit der Th. nicht in Anlehnung an einen allgemeinen, theologiefremden Wissenschaftsbegriff gewonnen, sondern in der Konzentration auf die für die Th. typische Gegenstandsgemäßheit. Sie hat mit allen anderen Wissenschaften die Bemühung um einen bestimmten Erkenntnisgegenstand gemeinsam; sie geht dabei einen bestimmten, in sich konsequenten Erkenntnisweg, und sie muß in der Lage sein, sich selbst und jedermann über diesen Weg Rechenschaft abzulegen (so K. Barth). Indem diese für die Wissenschaftlichkeit der Th. bestimmenden Merkmale genannt werden, muß alsbald auch das die Th. von anderen Wissenschaften *Unterscheidende* zur Sprache kommen. Für → Wissenschaft ist das sog. Satzpostulat typisch, dh die Widerspruchslosigkeit aller in der betreffenden Wissenschaft zu bildenden Sätze. Dieses Postulat steht in Spannung zu der für die Th. typischen Denkform des Paradox, denn das Kreuz ist eine Torheit für die Griechen (1Kor 1, 18), Christus als der Herr der Welt ist der verborgene Messias, und der Glaube bezieht sich auf das Unsichtbare (Hebr 11, 1). Für Wissenschaft ist weiter die menschliche Erdenklichkeit typisch (Cogito-Postulat), dh sie entwirft das Bild der Welt im Denken und verifiziert es durch Experiment und Erfahrung. Ev. Th. dagegen kann ihren Gegenstand nicht erdenken, kann ihn auch nicht experimentell verifizieren. Ihre einzige »Erfahrung« ist das Sprachereignis der Offenbarung im Hören auf das → Wort Gottes. Wissenschaft erstrebt weiter, die Ganzheit des Seienden in den Griff zu bekommen und sich die Welt im gegenständlichen Bild zu vergegenwärtigen (Ganzheits-Postulat). Für die ev. Th. dagegen ist nicht das ganzheitliche Schauen, sondern der → Glaube (: V) konstitutiv als »der Mut und die Kraft, in allem Dunkel, in allen Rätseln das ›Dennoch!‹ zu sprechen« (Bultmann). Th. als theologia viatorum kann sich nicht anmaßen, die Welträtsel zu lösen und das Dunkel zu lichten. Für Wissenschaft ist sodann das Wahrheitsaxiom als die adäquate Erfassung der Wirklichkeit in wahren Sätzen bezeichnend. Ev. Th. versteht das Wahrheitsaxiom existentiell, dh die Wahrheit tritt in der Person Jesu Christi so auf uns zu, daß der ihr begegnende Mensch nicht nur theoretisch und abstrakt erkennt, was wahr ist, sondern im Licht dieser Wahrheit selbst wahr werden soll. Somit ist Wahrheit für ev. Th. nicht das im Sinne des Positivismus Wirkliche, sondern das im Glauben an Christus Mögliche.

Wenn bisher in Auseinandersetzung mit dem allgemeinen Wissenschaftsbegriff die für die ev. Th. typischen Merkmale genannt worden sind, so geschah dies nicht auf Grund eines apriorischen Postulats, sondern in Anwendung des Grundsatzes der Gegenstandsgemäßheit der Th. Wie zeigt sich aber dieser Gegenstand? Nicht im einfachen Rückgriff auf ein vorgegebenes kirchliches Bekenntnis oder eine Glaubensregel, aber auch nicht in der Zitierung des schriftlichen Niederschlags der Offenbarung in der Bibel als dem »Wort Gottes«, sondern in der Auslegung geschehener und in der Bibel aufgezeichneter Verkündigung in Richtung auf künftige, in der Kirche zu vollziehende → Verkündigung. Ev. Th. als Th. des Wortes (→ Bibel: III, 5) kann nicht im Sinne eines naiven → Biblizismus dieses Wort mit den schriftlichen Zeugnissen von der Offenbarung gleichsetzen, entdeckt vielmehr im Umgang mit diesen Zeugnissen die vielfältige Gestalt der Aussage und die geschichtliche Kontingenz, wozu auch die Bindung des biblischen Zeugnisses an die Sprache und Vorstellungsweise seiner Zeit gehört. Damit wird aber für die Wissenschaftlichkeit ev. Th. die historisch-kritische Methode vordringlich wichtig. Diese bedeutet nicht - das muß sowohl im Blick auf gewisse Erscheinungen dieser Methode wie gegen die Befürchtung des th.en Substanzverlustes gesagt werden - die Auflösung der Einmaligkeit des biblischen Zeugnisses durch historische Analyse und die Einebnung in die Reihe allgemein-religionsgeschichtlicher Erscheinungen, sondern das Ernstnehmen der einmaligen Erscheinung Jesu Christi in ihrer vollen Geschichtlichkeit, dh als zu einer bestimmten geschichtlichen Vergangenheit gehörig, aber zugleich unsere eigene Gegenwart beanspruchend. Die Kontingenz der Offenbarung wird in der gegenwärtigen Situation der ev. Th. vor allem durch das Programm der → *Entmythologisierung* betont, das Moment der Vergegenwärtigung tritt in der *existentialen Interpretation* hervor (→ Hermeneutik, 2 g). Damit sucht gegenwärtige Th. die Alternativen des liberalen Historismus einerseits und des orthodoxen Dogmatismus oder Fundamentalismus andererseits zu überwinden.

3. Daß es ev. Th. auch und gerade mit der → Tradition (: VII) zu tun hat, macht ihre *Kirchlichkeit* aus. Von dem Zusammenhang von Kirche und Lehre kann auch die Th. nicht absehen. Dabei darf sich aber die → Kirche (: III) als »Geschöpf des Wortes Gottes« (Luther) nicht als Richterin über das Wort erheben, sondern muß unter ihm bleiben in der Demut dessen, der weiß, daß er dieses Wort niemals als sicheren Besitz haben und darüber verfügen kann. Es ist Aufgabe der Th., dieses dialogische Geschehen im Gegenüber von Wort Gottes und Kirche wachzuhalten. Kirchlichkeit der Th. kann also nicht heißen: Wort Gottes, Hl. Schrift und kirchliches Bekenntnis gleichsetzen, ebensowenig wie die Th. an der Brauchbarkeit für kirchliche Zwecke messen oder sie gar als ideologische Bestätigung für bestimmte Parteimeinungen in der Kirche mißbrauchen. Th. soll sich vom Bekenntnis der Kirche aufmerksam machen lassen auf das Zentrum dessen, worum es in der Hl. Schrift geht. Es gehört aber sowohl zur Überordnung der Schrift über das Bekenntnis wie zur Freiheit der Th., daß die Th. das Bekenntnis der Kirche immer neu auf seine Sachhaltigkeit am Maßstab der Schrift prüft. Damit stehen wir vor dem hermeneutischen Zirkel, der auch das Verhältnis von Wissenschaftlichkeit und Kirchlichkeit der Th. bestimmt: das → Bekenntnis (: V), und damit die Tradition der Kirche, hat den Sinn, die Schrift aufzuschließen, ist deren hermeneutisches Prinzip; andererseits aber muß sich das Bekenntnis an der norma normans der Schrift, die sich selbst auslegt, messen lassen. Gegenüber einer Absolutsetzung des → Schriftprinzips mit seinem rationalen Objektivismus und des Bekenntnisprinzips, woraus sich dann eine biblizistische oder konfessionalistische Zensur der Th. ergibt, muß ev. Th. darin ihre Freiheit bewähren, daß sie allein an die im Wort Gottes gemeinte Sache gebunden ist. Vergißt die Th. die Bindung an diese Sache, dann kann es freilich Aufgabe der Kirche werden, sie zu ihrer Sache zurückzurufen.

Die Kirchlichkeit der Th. ist darum problematisch, weil durch den faktischen Pluralismus der Kirchen die Einheit der Th. gefährdet oder gar unmöglich gemacht wird, dh es gibt nicht *die* ev. Th., sondern verschiedene konfessionell geprägte Th.n. *Konfessionalität* gehört zum historischen Schicksal ev. Th., kann also nicht einfach negiert oder übersehen werden, ist aber zugleich Gefährdung der Wahrheit der Th., weil jeder Pluralismus, der mit einem Absolutheitsanspruch auftritt, das Wesen der Wahrheit als der einen überhaupt in Frage stellt. Der kath. Weg des einheitlichen kirchlichen Lehramtes scheint hier der gegebene Ausweg zu sein. Dieser kommt jedoch für den Protestantismus nicht in Frage, weil dann einer menschlichen Instanz die Verfügung über das grundsätzlich freie und unverfügbare Wort Gottes eingeräumt wird. In dieser Lage wird die *ökumenische Perspektive* der Th. wichtig. Unter dieser ist nicht ein vager Interkonfessionalismus zu verstehen, auch nicht der exklusive Anspruch einer Konfession, allein die einzig legitime Manifestation der Kirche Jesu Christi zu sein, sondern der Dialog der Kirchen, der schließlich zu den Grundlagen der Kirche in der Hl. Schrift führt. Die Analyse der Gründe, warum die verschiedenen Kirchen die Schrift verschieden auslegen, ist eine der Th. infolge ihrer Konfessionalität vordringlich gestellte Aufgabe. Soweit hier nicht-th.e Faktoren am Werke sind, wird sich die Th. wissenssoziologischer Methoden bedienen müssen, die zur Erhellung des verschiedenen hermeneutischen Vorverständnisses beitragen können.

4. Die Bedeutung des *Methodenproblems* in der Th. liegt darin, daß sie in einem steten Ringen um die Sachgemäßheit ihrer Kategorien begriffen ist. Sie steht vor einer dreifachen Anforderung, durch die zugleich die Pluralität der möglichen Th.n bedingt ist: a) sie hat auf die in der Hl. Schrift enthaltene und auszulegende Botschaft hinzuhören; b) sie hat diese Auslegung in Übereinstimmung mit den Stimmen der Väter zu treffen; c) sie hat auf die Zeitsituation und das Selbstverständnis der jeweiligen Gegenwart zu achten, in der die biblische Wahrheit aufgenommen und geglaubt werden soll. Vor dieser großen Aufgabe resignierte die vom → Historismus bestimmte Th., so daß E. → Troeltsch feststellen konnte, die Trennung von Historie und Dogmatik sei das Ergebnis der Situation. Die Überwindung dieses Auseinanderbrechens darf als das theologiegeschichtliche Ergebnis der Wende der ev. Th. nach dem 1. Weltkrieg betrachtet werden. Dies geschah einmal in der Gewinnung eines neuen Geschichtsbegriffs, sodann in der Erfassung der th.en Verbindlichkeit reformatorischer Grunderkenntnisse (Rechtfertigung, Wort Gottes). Geschichte ist weder Entwicklungsprozeß eines reinen Ichs, wobei dann der letzterreichte Punkt als Höhepunkt anzusehen ist, noch museale Vergangenheit, die die Gegenwart nichts angeht, sondern ein dialogisches Verhältnis zwischen Gott und Mensch, wobei Gottes Anrede an den Menschen durch Christus und seine Geschichte geschieht.

Dieser für die gegenwärtige Th. gemeinsame Ausgangspunkt läßt allerdings verschiedene Entfaltungsmöglichkeiten zu. So betont → Barth die Priorität der göttlichen Anrede, die schlechthinnige Analogielosigkeit des göttlichen Wortes und die in Christus allein geschehende Offenbarung. Damit bleibt aber das Problem des gläubigen Verstehens offen, dh die Frage, wie die Sprache der Verkündigung den wirklichen Menschen erreicht. Hier betont → Bultmann, daß Offenbarung nur darum für Menschen sinnvoll sein kann, wenn sie ihn als Bestimmung seines Daseins trifft. Damit wird das Sprachproblem zu einem Problem des menschlichen Selbstverständnisses. In der die heutige th.e Situation beherrschenden Kontroverse zwischen Barth und Bultmann ist allerdings zu fragen, ob diese nicht auf einer unzureichenden ontologischen Grundlage geführt wird, indem beide noch zu sehr dem Subjekt-Objekt-Denken einer durch neueste Denkansätze überholten Denkart (Heideggers Kehre!) verhaftet sind. Barths Analogiegedanke setzt eine statisch gedachte Andersartigkeit Gottes voraus, wie andererseits Bultmanns Betonung des natürlichen Sprachvermögens des Menschen diesen bei einer im Subjekt vorfindlichen Fähigkeit behaftet, die ihrerseits zum auswählenden Kriterium für die Verbindlichkeit des christlichen Kerygmas wird. Bei der Sache der Th. geht es weder um eine objektive Statik der Andersartigkeit Gottes noch um die Annahme eines ebenso statischen subjektiven Sprachvermögens des Menschen, sondern um ein jenseits der Subjekt-Objekt-Spaltung sich vollziehendes, *personal-geschichtliches Geschehen der Begegnung,* wobei das Sein Gottes als »Geschehen der Entbergung« (Ott) dem menschlichen Denken als ein Geschick begegnet, das diesem Denken als zu bedenkendes aufgetragen ist, es als unbedingter Anspruch trifft und vom Menschen eine Entsprechung in der Freiheit des Glaubens fordert. Darum kann auch die Dynamik dieser Begegnung nicht von vornherein durch ein Programm der Entmythologisierung eingeschränkt werden, für das die Kategorien des sog. »modernen Bewußtseins« maßgebend sind, vielmehr muß das in der Th. sich vollziehende Denken des Glaubens aus diesem Engpaß herausgeführt werden zur ursprünglichen Nachfrage nach der in der biblischen Botschaft gemeinten Wirklichkeit. Ev. Th. wird sich darum allerdings die Modernität ihrer Begrifflichkeit nicht verboten sein lassen, wozu auch die nicht-religiöse Interpretation biblischer Begriffe gehört (→ Bonhoeffer, → Tillich), jedoch muß diese Begrifflichkeit die Kontinuität mit der Grundstruktur der in der Schrift bezeugten Gottes- und Christuserfahrung wahren.

5. Die *Gliederung* der Th. ist zugleich die Frage nach ihrer *Einheit.* Entsprechend dem soeben über den Geschichtsbegriff Gesagten können die verschiedenen Aufgabenbereiche nicht als selbständig nebeneinanderher bestehende, innerlich aber unzusammenhängende Größen behandelt werden; sie sind vielmehr Teilaufgaben eines Ganzen, dessen Mitte das Verstehen des in der Verkündigung geschehenden Geschehens ist. Dieses Geschehen hat eine Vergangenheit, und insofern gehört die Beschäftigung mit dem AT und NT (→ Biblische Theologie) ebenso wie mit der → Kirchengeschichte zur Aufgabe der Th., denn in allen dreien handelt es sich um »geschehene Verkündigung« (Ebeling), ohne die es keine zukünftige Verkündigung geben kann. Mit dem, was heute als Verkündigung in der Kirche laut werden soll, hat sich sowohl die → Systematische Th. (→ Dogmatik und → Ethik) wie die → Praktische Th. zu befassen. Wenn sowohl für die historische wie die systematische Th. das hermeneutische Problem (→ Hermeneutik) als Problem des Verstehens von Glauben grundlegend ist, muß der die Th.geschichte belastende Dualismus der Methoden als irrig und auf falscher Erfassung der wesenhaften Einheit der Th. beruhend angesehen werden. Neue Disziplinen lassen sich unschwer in dieses allgemeine Bild der Gliederung der Th. einzeichnen. So ist zB die → Sozialethik insofern eine th.e Disziplin, als in ihr die Besinnung über das Handeln der Gemeinde Jesu Christi in der Welt geschieht, die Ökumenik, insofern in ihr über die konfessionelle Differenziertheit und die Einheit der Kirche nachgedacht wird.

Zur Begriffsbestimmung vgl. die Lehrbücher der → Dogmatik, bes. BARTH, KD I/1, § 1. - RGG² V, 1116ff (Lit. bis 1931). - Ferner: BULTMANN I-III - DERS., Das Problem des Verhältnisses von Th. u. Verkündigung im NT (Festschr. f. M.Goguel, 1950, 32-42) - H. SCHOLZ, Was ist unter einer th.en Aussage zu verstehen? (Theol. Aufs. K.Barth z. 50. Geb., 1936, 25-37) - P.BRUNNER, Gebundenheit u. Freiheit der th.en Wissenschaft (EvTh 6, 1947, 404-417) - H.-H. SCHREY, Existenz u. Offenbarung, 1947 - DERS., Grundfragen einer ökum. Th. (ThLZ 75, 1950, 271-278) - DERS., Der Begriff der Komplementarität u. seine Bedeutung für Erkenntnistheorie u. Th. (EvTh 19, 1959, 391-398) - H.DIEM, Th. als kirchl. Wissenschaft I, 1951; II, (1955) 1957² - DERS., Dogmatik zwischen Personalismus u. Ontologie (EvTh 15, 1955, 408-415) - BARTH, PrTh - E.FUCHS, Was ist Th.? (SgV 203/204), 1953 - DERS., Hermeneutik, (1954) 1958^2 - F.GOGARTEN, Th. u. Gesch. (ZThK 50, 1953, 339-394) - G.GLOEGE, Offenbarung u. Überlieferung (ThF 6), 1954 - DERS., Der th.e Personalismus als dogmat. Problem (KuD 1, 1955, 23-41) - H.J.IWAND, Wider den Mißbrauch des »pro me« als methodisches Prinzip in der Th. (EvTh 14, 1954, 120-125) - DERS., Um den rechten Glauben. Ges. Aufs. (ThB 9), 1959 - K.G.STECK, Autorität u. Freiheit in der Th. (EvTh 14, 1954, 389-398) - G.WINGREN, Teologiens metodfråga, Lund 1954; dt. 1957 - H.VAN OYEN, Theol. Erkenntnislehre (SDGSTh 8), 1955 - J.L.HROMADKA, Theology between yesterday and tomorrow, Philadelphia 1957; dt. 1960 - H.GOLLWITZER, Die Th. im Hause der Wissenschaften (EvTh 18, 1958, 14-37) - H.R.MÜLLER, Der Standort der Th. in unserer Zeit, 1958 - H.OTT, Th. als Gebet u. Wissenschaft (ThZ 14, 1958, 120-132) - DERS., Denken u. Sein. Der Weg M.Heideggers u. der Weg der Th., 1959 - R.C.JOHNSON, Authority in Protestant Theology, Philadelphia 1959 - G.EBELING, Wort u. Glaube, 1960 - H.SCHRÖER, Die Denkform der Paradoxalität als th.es Problem (FSThR 5), 1960 - H.G.FRITZSCHE, Die Strukturtypen der Th. (ebd 6), 1961 - U.NEUENSCHWANDER, Vom Gebrauch neuer Begriffe in der Th. (Der Spannungsbogen, Festg. f. P.Tillich, 1961, 63-85) - H.H.WOLF, Towards an Ecumenical Theology (ER 13, 1961, 215-227).

H.-H.Schrey

III. Kath. Theologie

1. Begriff - 2. Aufbau - 3. Offene Fragen: a) Zentralobjekt - b) Th. und Verkündigung - c) Th. als Wissenschaft - d) Gegenstand und Methode - e) Wissenschaft und System

1. Th. ist nach kath. Auffassung der Versuch einer wissenschaftlichen Durchdringung der Gegebenheiten des christlichen Glaubens. Ihr ist demnach eine doppelte Bindung wesentlich: diejenige an den Geist des Glaubens und diejenige an den Geist der Wissenschaft. Als Glaubens-wissenschaft sieht sie in den Aussagen des Glaubens ihren Gegenstand, den sie von sich aus weder hervorbringen noch aufheben kann, dem sie vielmehr durch methodisches Denken zu dienen hat, indem sie ihn zu vertieftem Verständnis und zu lebendigerer Aneignung führt. Die Aussagen des Glaubens empfängt der kath. Theologe aus dem Mund der Kirche, die sich ihrerseits an das zwiefach-eine Zeugnis von Schrift und Überlieferung gebunden weiß. Die kath. Kirche als die konkrete Wahrerin des Wortes ist ihm so die norma proxima et directa seines Lehrens, wobei diese direkte Norm doch zugleich norma normata et mere directiva ist und ihrerseits normiert wird vom historisch ergangenen Offenbarungswort. In dem so bestimmten Sinn ist Th. eine kirchliche Wissenschaft: Der Glaube, dem sie dient, empfängt seinen Inhalt unmittelbar aus den Händen der Kirche. Th. setzt demnach Glauben sowohl im subjektiven Sinn der persönlichen Gläubigkeit des Theologen wie im objektiven Sinn der vorgegebenen Glaubensaussagen voraus; sie ist auf diese Weise von der philosophischen Gotteslehre, der sog. theologia naturalis, wesensmäßig unterschieden und bezeichnet eine völlig neue geistige Ebene, die als »übernatürlich« benannt wird. Das schließt nicht aus, daß »natürliche« Erkenntnisse vom Glauben bestätigt werden und im Zusammenhang der Glaubenswissenschaft zu neuer Geltung kommen; darüber hinaus findet kath. Th. im natürlichen Erkennen eine immanente Offenheit für die neue Botschaft, welche in der Offenbarung ergangen ist. Insofern kann sie von »praeambula fidei« sprechen, die gewiß nicht fähig sind, den Glauben aus sich hervorzubringen, aber den Raum des Empfangenkönnens (die »potentia oboedientialis«) darstellen, der allererst den Menschen fähig macht, »Hörer des Worts« zu werden.

2. Als Ergebnis mannigfaltiger Entwicklungen tritt heute die kath. Th. in der Dreiteilung von historischer, systematischer und praktischer Th. in Erscheinung. Die Zweiheit von historischer und systematischer Th. zeichnet sich schon im Hoch-MA durch das Auseinandertreten von Schriftkommentar und → Sentenzenkommentar bzw. → Summe deutlich ab; doch versteht sich die ganze Th. noch immer als sacra doctrina, dh als Auslegung der Hl. Schrift. Erst in der Neuzeit erwächst aus verschiedenen Antrieben, nicht zuletzt aus der historisch argumentierenden Polemik eine eigenständige historische Th., die heute wiederum in die zwei Hauptgruppen → Bibelwissenschaft (: II, 7) und → Kirchengeschichte (: I, 2g; jeweils mit einem Kranz von Hilfswissenschaften) zerfällt und in der Bindung an die historische Methode ihren Sonderweg innerhalb der einen Th. erblickt. Als eigentliche Mitte aller Th. erscheint nach wie vor die systematische Th., die seit der Neuzeit in → Dogmatik und → Moraltheologie zerfällt. Dieser ist neuerdings die aus der → Apologetik (: V) entwickelte Fundamental-Th. als eine Art th.er Grundwissenschaft vorgebaut, welche das Recht einer den Glauben voraussetzenden Wissenschaft und so speziell das Recht der in der Dogmatik angewendeten Methode rechtfertigen soll. Daß diese Grundlegungswissenschaft selbst Th. heißt, zeigt, daß es nicht um eine rationale Konstruktion des Glaubens geht, sondern darum, die rationale Verantwortbarkeit dieses Glaubens aufzudecken. Aus den Bedürfnissen der Aufklärung erwuchs die praktische Th., nach der heute üblichen Einteilung → Pastoraltheologie mit → Liturgik, → Katechetik und → Homiletik sowie das → Kirchenrecht (: I A) umfassend, in der Methode weitgehend den entsprechenden profanen Fächern (Pädagogik, Psychologie, Rechtswissenschaft usw) verbunden. Die zunehmende Einsicht in die Eigenbedeutung des Kerygma für das Dogma läßt mehr und mehr auch das Verständnis für den spezifisch th.en Charakter dieser Disziplinen reifen, wie die Einsicht in den historischen Aufbau der Offenbarung inzwischen fast allgemein zu der Erkenntnis geführt hat, daß die historische Th. nicht bloß - wie früher - eine Hilfswissenschaft der Dogmatik, sondern ein selbständiger Weg der Th. ist. Geeint sind die drei großen Wege der Th. durch die gemeinsame Einordnung in die Haltung des Glaubens und die Zuordnung zu dem vom Glauben vorgezeichneten Gegenstandsbereich.

3. Die *offenen Probleme* im gegenwärtigen Selbstverständnis der kath. Th. ergeben sich zumeist aus der noch ungeklärten Zuordnung von historischer und systematischer Th. Das mächtige Anwachsen der historischen Th. in den letzten Jahrzehnten forderte zum Rückgriff hinter die klassischen Lösungen der thomistischen Wissenschaftslehre heraus.

a) Die Frage wurde zuerst deutlich in der Auseinandersetzung um das sog. Subjekt oder *Zentralobjekt* der Th. Während die herkömmliche, an → Thomas von Aquino angelehnte Wissenschaftslehre als solches »Deus sub ratione deitatis«, dh die essentia metaphysica Gottes bezeichnet und damit der Th. einen spekulativ-metaphysischen Ausgangspunkt gab (der Mensch Christus wie überhaupt die ganze Heilsgeschichte gehört dann zu den obiecta secundaria der Th.), versuchte vor allem der belgische Theologe E.Mersch einer christologischen Konzeption der Th. Gehör zu verschaffen: der Christus totus, caput et membra, soll als Zentralobjekt gelten und eine wesentlich historische, heilsgeschichtliche Konstruktion ermöglichen. Das würde etwa der Definition der dem hl. Thomas gleichzeitigen Alexandersumme entsprechen, welche als Gegenstand der Th. die substantia divina cognoscenda per Christum in opere reparationis bestimmt (I d.6 c.7).

b) In engem Zusammenhang mit dieser Frage wurde vor allem von einer Gruppe von Innsbrucker Theologen das Problem des Verhältnisses von *Th. und Kerygma* aufgerollt. Ihr ursprünglicher Vorschlag, zweierlei Th. auszubilden, eine wissenschaftliche des Deus sub ratione deitatis und eine kerygmatische, die vom Christus totus ausgehe, so daß jene um die »essentia« und das »verum« der Offenbarung, diese um deren »existentia« und das »bonum« kreise, fand keine Zustimmung. Doch wurde als Ergebnis der Kontroverse deutlicher, daß die ganze Th. letztlich auf Verkündigung bezogen ist und einer Wahrheit dient, die niemals reine Theorie sein kann, sondern auf das Heil des Menschen abzielt. Die genaue Stellung der praktischen Th. im Gesamt der Th. bleibt damit freilich ebenso offen wie die Frage einer präzisen Einordnung der historischen Th.

c) Mit dem kerygmatisch-praktischen Charakter der Th. ist die Frage nach der Weise ihrer *Wissenschaftlichkeit* verflochten. Die vorthomistische Überlieferung hatte sich um eine genauere Bestimmung eines th.en Wissenschaftsbegriffes nicht gemüht und die Th. lieber sapientia als scientia genannt. Dementsprechend umgreift die mittelalterliche → Universität nicht nur die eine Ordnung der Wissenschaft, sondern die Dreiheit von sapientia - scientiae - artes. Der neue Anspruch der artes (und der Philosophie), der sich aus dem Einströmen des → Aristotelismus ergab, schuf auch für die Th. eine neue Lage. Thomas trug ihr Rechnung, indem er die Th. dem aristotelischen Wissenschaftsbegriff unterstellte. Danach sind die Glaubenssätze (die geglaubt und nicht eigentlich beweisbar, also auch nicht »gewußt«, nicht wissenschaftlich sind) nicht mehr Gegenstand, sondern Voraussetzungen der Th., die daraus Schlußfolgerungen zieht. Die Th. ist damit zur scientia conclusionum geworden. Sie fällt mit dieser Bestimmung unter die scientiae subalternatae, die von Voraussetzungen ausgehen, welche sie nicht selbst beweisen. Freilich werden die Voraussetzungen der Th. im Gegensatz zu den übrigen scientiae subalternatae überhaupt in keiner irdischen Wissenschaft bewiesen werden, sondern - wie Thomas sagt - in der scientia Dei et beatorum. Damit ist an entscheidender Stelle der aristotelische Wissenschaftsbegriff durchbrochen. Aus diesem Grunde haben andere Theologen wie → Duns Scotus darauf verzichtet, die Th. als Wissenschaft im eigentlichen Sinne zu bezeichnen. Neuerdings wird vielfach darauf hingewiesen, daß → Wissenschaft im neuzeitlichen Verstand lediglich Einheit des Objekts, methodische Erarbeitung der Resultate und deren systematische Darstellung verlange und daß diese Bedingungen bei der Th. vollauf erfüllt seien (zB LThK X, 70). Doch wird so die Wahrheit eingeklammert und nur noch die methodische Richtigkeit gefragt, also praktisch ein vollendeter Positivismus gesetzt - eine Entwicklung, mit der sich der Theologe am allerwenigsten wird befreunden dürfen. Vielleicht wäre es richtiger, wieder eine Rückbesinnung auf die Stufung des in der Universität vertretenen geistigen Kosmos zu versuchen, der mit einem einlinigen Wissenschaftsbegriff nun einmal nicht zu meistern ist.

d) Aus der eben geschilderten thomistischen Wende im Wissenschaftsbegriff ergaben sich zwei weitere schwerwiegende Folgerungen. Während mit dem Verständnis der Th. als sapientia zugleich ihre Beziehung auf das Heil im Bewußtsein geblieben war, charakterisiert Thomas sie vom aristotelischen Denken her als theoretische Wissenschaft. Damit verändert er ihre geistige Ausrichtung, wenn auch bei ihm selbst die übrigen Gesichtspunkte noch deutlich gesehen werden. Die Franziskanerschule hat die Th. demgegenüber im Anschluß an → Bonaventura und Scotus als scientia practica bezeichnet. Folgenreicher wurde die Verschiebung in der Bestimmung des *Gegenstandes* der Th. Hatte sie sich bisher als fides quaerens intellectum verstanden und als ihr Ziel eine vertiefte Einsicht in das vorher bloß Geglaubte angesehen, so lautete nun der Gegensatz nicht mehr Einsicht und Glaube, sondern Glauben und Wissen. Dieser letzte Gegensatz war im Unterschied zum ersten absolut: Das Geglaubte kann bis zu einem gewissen Grad zwar eingesehen, aber nicht zugleich geglaubt und gewußt werden. So wurden die eigentlichen Glaubensaussagen als Voraussetzungen an den Rand der Th. verwiesen, die sich statt dessen mehr mit den Ableitungen aus dem Geglaubten befaßte. Freilich erwies sich in der Wirklichkeit der Abstand zwischen dem alten Weg des quaerere intellectum und dem neuen Weg der scientia conclusionum geringer, als eine solche zugespitzte Gegenüberstellung erwarten läßt. Heute gilt gerade auch in der thomistischen Schule das Schlußfolgern nur als eine Weise der Suche nach dem Glaubensverständnis, die nicht vom Glaubensgegenstand weg-, sondern am Ende wieder geradewegs in ihn hineinführt. Das 1. → Vatikanum nennt bei seiner Beschreibung des Th.begriffs als Ziel der Th. aliquam mysteriorum intelligentiam und als ihren Weg die doppelte Analogie, die aus dem natürlichen Erkennen und die innere Analogie der Welt des Glaubens, erwähnt die conclusio hingegen nicht (Denz. 1796). Das thomistische Lehrbuch der Fundamental-Th. von J. Brinktrine spricht demgemäß - die verschiedenen Entwicklungslinien zusammenfassend - von einer dreifachen Aufgabe der Th.: 1. Sie sucht Einsicht in das Geglaubte; 2. sie verteidigt den Glauben (Apologetik); 3. sie zieht Konklusionen (I, 7).

e) Die tatsächliche Vielfalt der geschichtlichen Gestalten einerseits, der nachdrückliche Hinweis des kirchlichen Lehramts auf das System des Thomas von Aquino (zB c. 1366 § 2 CIC) andererseits, hat in neuerer Zeit, zumal in der sog. »Neuen Th.« (1945-50; → Frankreich: II, 1, → Natur und Übernatur) zu der Frage geführt, inwieweit ein Wandel in der Gesamtgestalt der Th. auch weiterhin möglich bleibt. Die Enzyklika → Humani generis verwarf nicht nur den dogmatischen Relativismus, sondern auch den Relativismus der Th.n, der eine Abfolge verschiedener Stile von Th. für möglich hält (AAS 42, 1950, 566f). Sie bestätigte damit grundsätzlich die von den Dominikanern des Kreises um die Revue Thomiste und des Angelicum gegenüber der Th. nouvelle erarbeitete Auffassung, daß zu unterscheiden sei zwischen historischem Ursprung und sachlicher Geltung eines Begriffs; jener sei zufällig-vergänglich, diese davon unabhängig, bleibend. Wie es nur *eine* menschliche Natur gebe, so letztlich auch nur *eine* Philosophie und *eine* Th. Nicht betroffen von der Enzyklika ist jedoch die von Gardeil aufgestellte Unterscheidung zwischen th.em »System« und th.er »Wissenschaft«: Die *eine* th.e Wissenschaft kann in verschiedenen Systematisierungen auftreten. Deshalb hat es seit der Restauration des → Thomismus auch weiterhin neben diesem andere th.e Schulen gegeben, bes. den → Scotismus der Franziskaner und die von → Suarez bestimmte Lehrform der Jesuiten. Die kath. Th. ist sich gerade heute sehr deutlich der Tatsache bewußt, daß die ewige Wahrheit Gottes je neue Aneignung verlangt, weil die bleibende Wahrheit in den neuen Erfahrungen jeder Generation neu gelebt und neu erlitten werden muß, um so als die eine dennoch neu ausgesagt zu werden.

A. Gardeil, Le donné révélé et la th., (1910) Paris 1932² - J. de Ghellinck, Le mouvement théol. du XIIe siècle, (1914) Brüssel 1948² - K. Adam, Glaube u. Glaubenswiss., (1920) 1923² - F. Cavallera, La th. positive (Bull. de litt. eccl. 26, 1925, 20-42) - A. Lang, Die Loci theologici des Melchior Cano u. d. Methode d. dogmat. Beweises, 1925 - K. Eschweiler, Die zwei Wege d. neueren Th., 1926 - B. Geyer, Der Begriff d. scholast. Th. (Synthesen. Festschr. f. A. Dyroff, 1926, 112-125) - R. Garrigou-Lagrange, Le sens du mystère, Paris 1934 - M. Penido, Le rôle de l'analogie en th. dogmatique, ebd 1934 - J. Bilz, Einführung in d. Th., 1935 - Th. Soiron, Hl. Th., 1935 -

M.SCHMAUS, Kath. Dogmatik I, (1937) 1960[6] (Lit.) - P.WYSER, Die Th. als Wissenschaft, 1937 - J.BRINKTRINE, Offenbarung u. Kirche (Fundamental-Th. I), (1938) 1947[2] - F.LAKNER, Das Zentralobjekt d. Th. (ZKTh 62, 1938, 1-36) - H.RAHNER, Eine Th. d. Verkündigung, 1938 - DThC XV, 341ff (Y.CONGAR; Lit. bis 1939) - J.CL.FENTON, The Concept of Sacred Theology, Milwaukee 1941 - A.STOLZ, Introductio in sacram Theologiam, 1941 - J.R.GEISELMANN, Lebendiger Glaube aus geheiligter Überlieferung. Der Grundgedanke d. Th. J.A.Möhlers u. d. kath. Tübinger Schule, 1942 - E.MERSCH, La th. du corps mystique I, Brüssel 1944 - CH.JOURNET, Introduction à la th., Paris 1947 - M.LABOURDETTE-J.NICOLAS, L'analogie de la vérité et l'unité de la science théol. (Revue thom. 47, 1947, 417-466) - H. BOUILLARD, Notions conciliaires et analogie de la vérité (RechSR 35, 1948, 251-270) - M.GRABMANN, Die theol. Erkenntnis- u. Einleitungslehre d. hl. Thomas v. Aquin, Fribourg 1948 - A.A.ESTEBAN, Nota bibliografica sobre la llamada »Nueva Teologia« (Revista española de teologia 9, 1949, 303-318) - B.M.XIBERTA, Introductio in sacram theologiam, Madrid 1949 - P.PARENTE, La Teologia, Rom 1952 - G.SÖHNGEN, Die Einheit in d. Th., 1952 - DERS., Philos. Einübung in d. Th., 1955 - J.BEUMER, Th. als Glaubensverständnis, 1953 - G.M.ELDAROV, Presenza della Teologia, Padua 1954 - K.RAHNER, Über d. Versuch eines Aufrisses einer Dogmatik (Schriften z. Th. I, 1954, 9-47) - M.BERTI, Methodologiae theologicae elementa, Rom 1955 - R.MARKOVICS, Grundsätzl. Vorfragen einer method. Thomasdeutung, Rom 1956 - M.D.CHENU, La th. au XIIe siècle, Paris 1957 - C.COLOMBO, La metodologia e la sistemazione teologica (Problemi e orientamenti di teologia dommatica I, hg.v. d. bischöfl. Fakultät Mailand, Mailand 1957, 1-56; Lit.) - A.KOLPING, Einführung in d. kath. Th., 1960 - J.FINKENZELLER, Offenbarung u. Th. nach d. Lehre d. Joh. Duns Skotus, 1961. *J. Ratzinger*

IV. Orth. Theologie

Die orth. Th. (vgl. → Orthodoxe Kirche: II) gründet sich in der Tradition der griech. Kirchenväter. In der Neuzeit jedoch wurde sie nach westlichem Muster umgebildet. Die patristische Tradition wurde in → Byzanz bis zum politischen Zusammenbruch treu bewahrt. Die Doktrin ist in der Ostkirche niemals formell systematisiert worden. Es gab keine »byzantinische Scholastik«, obwohl der starke Druck der aufsteigenden westlichen → Scholastik auf manchen Gebieten fühlbar wurde und das heftige Mißfallen der Traditionalisten erregte. Die byzantinische Th. war tief in der Andacht und mystischen Kontemplation verwurzelt. Sie fand ihre Vollendung in der Bewegung der → Hesychasten, die th. von → Gregor Palamas interpretiert wurde. Der Fall Konstantinopels (1453) führte zu einer Versteifung der byzantinischen Gelehrsamkeit. Von dieser Zeit an waren griech. Gelehrte gezwungen, im Westen, vor allem in Padua, zu studieren. Dabei nahmen sie westliche th.e Gepflogenheiten an, auch wenn sie versuchten, fest in der alten Tradition zu verharren. Traditionelle Doktrinen wurden dann auf neue Art und in neuer Form dargeboten. Die Kirche war in einen Verteidigungskampf auf zwei Fronten verwickelt: gegen die röm. Propaganda und gegen die Herausforderung durch die Reformation. Die alte Tradition wurde in diesem Kampf mit westlichen Waffen verteidigt. Die calvinistische Tendenz des Patriarchen von Konstantinopel Kyrill → Lukaris in seiner berüchtigten »Konfession« (1629) wurde mit schmerzlichem Mißfallen aufgenommen und formell verworfen. Widerstand gegen den Protestantismus bestimmte die th.e Orientierung des 17.Jh.s. Sie fand ihren Ausdruck in der »Orth. Konfession« des Peter → Mogila (1667) und in der »Konfession« des Patriarchen von Jerusalem → Dositheos, die von der Synode zu Bethlehem bestätigt wurde. In beiden Dokumenten ist der formale Einfluß röm. Gelehrsamkeit offensichtlich. Ein neues Zentrum th.er Gelehrsamkeit, das berühmte »Collegium Mogilianum«, wurde 1631 in → Kiew von Mogila gegründet. Es war die einzige höhere Bildungsstätte der Orthodoxie in dieser Zeit und wurde zum Muster für spätere th.e Schulen in Rußland. Mogila war trotz seines Widerstands gegen die Union mit Rom durch Erziehung und Überzeugung ein »Romanist« und wollte die Orthodoxie verwestlichen. Das Lateinische wurde als th.e Unterrichtssprache eingeführt, und th.e Handbücher und Abhandlungen wurden in Rußland noch bis in die ersten Jahrzehnte des 19.Jh.s lateinisch abgefaßt. Sie besaßen wenig Originalität. Oft wurden auch westliche Handbücher in orth. Schulen verwendet. Im 17.Jh. herrschte der Stil des kath. Barock vor. Der hervorragendste Vertreter dieser Richtung war Stefan → Jaworskij, der in Kiew und im Ausland gebildet war und einfach → Bellarmin abschrieb. Dann folgte eine schnelle Wendung zu prot. Quellen, noch immer auf lateinisch. Diese Strömung wurde energisch von → Prokopovič in Gang gebracht, dem Hauptberater → Peters d.Gr. in Fragen der Kirchenpolitik. Diese neue Th. befand sich in starker Spannung mit der orth. Tradition, wie sie sich in den liturgischen Formen und geistlichen Gepflogenheiten verkörperte, und kann als eine »westliche Pseudomorphose« der östlichen Th. bezeichnet werden. In Rußland begann das th.e Erwachen erst in den ersten Jahrzehnten des 19.Jh.s; doch blieb der starke Einfluß des Westens zunächst noch deutlich fühlbar. Diesmal war es eine Welle der westlichen Erweckungsbewegung in ihrer kath. und prot. Form. Der Einfluß des Deutschen → Idealismus war ebenfalls in der th.en Ausbildung, die in Rußland i.J. 1808 reorganisiert wurde, stark fühlbar. Die Bibel als das Wort Gottes wurde zum Zentrum des th.en Studiums. Der Metropolit von Moskau Filaret Drozdow (1782-1867) war die hervorragende Gestalt in dieser Generation. Selbst auf westliche Art ausgebildet, war er im wesentlichen ein biblischer Theologe, doch tief in der patristischen Tradition verwurzelt. Seine Th., die vorwiegend in seinen Predigten zum Ausdruck kam, war betont »kerygmatisch«. Er war ein offener Verteidiger der th.en Forschung. In den 40er Jahren wurde offiziell versucht, die th.e Ausbildung zur Mogila-Tradition zurückzuführen. Diese Bewegung fand ihren Ausdruck in dem berühmten Handbuch der dogmatischen Th. von Makarius → Bulgakow, dem nachmaligen Metropoliten von Moskau. In seiner Anlage folgte er dem Vorbild der zeitgenössischen röm. Th. Das wichtigste Handbuch der Dogmatik war das von Sylvester Malevanskij (Prof. an der Kiewer Akademie, dann Bischof von Kanew). Seine Methode war die der »positiven Th.«: die th.e Synthese war in einer gründlichen Analyse der Aussagen der Hl. Schrift und der patristischen Tradition und in der historischen Perspektive gegründet. Das führte zu einem neuen Interesse an der Kirchengeschichte, mit besonderer Betonung der Dogmengeschichte. Auf der anderen Seite bestand ein fortdauerndes Interesse an der philosophischen Behandlung th.er Probleme. In der → russischen Religionsphilosophie (, 4) des 19.Jh.s gab es eine starke th.e Strömung, die oft als »Laien-Th.« bezeichnet wird (bes. A. → Chomjakow, der den Ideen der zeitgenössischen kath. Schule von Tübingen sehr nahe stand, und Wl. → Solowjew). In den letzten Jahrzehnten des 19.Jh.s kam die moralische Auslegung der christlichen Lehre auf. Diese Richtung vertrat bes. Antonij Chrapovickij, nachmals Metropolit von Kiew. Sein Einfluß war weit verbreitet, obwohl er nur einige wenige kurze programmatische Essays schrieb. Bes. auffällig war die veränderte Deutung des Erlösungsdogmas, die das Gewicht vom Opfer am Kreuz ganz auf den Todeskampf in Gethsemane verlegte. Ein extremer Vertreter der gleichen Strömung war der Prof. der Moskauer Akademie Michail M. Tareev mit seiner heftigen Ablehnung der gesamten patristischen Tradition, die von ihm als verkappter und krankhafter »Gnostizismus«

verworfen wurde. Erwähnt sei ferner die eigenartige Strömung der → »Sophiologie«, die in den philosophischen Spekulationen Solowjews ihren Ursprung hatte und im 20. Jh. th. von → Florenskij und S.N. → Bulgakow ausgebaut wurde. Unter dem Sowjetregime wurde die th.e Ausbildung und das th.e Studium in Rußland unterbrochen.

Die *griech.* Th. schlug einen ähnlichen Weg ein. Nach einer Zeit konfessioneller Polemik (im 17.Jh.) folgte eine Periode der Aufklärung. Deren typischer Vertreter war Eugenius → Bulgaris, der auf dem Athos eine Akademie zu gründen versuchte, um dort die Philosophie von → Leibniz und → Wolff zu lehren. Er war auch der erste, der auf griechisch ein Handbuch der Th. im Stil zeitgenössischer westlicher Gelehrsamkeit schrieb. Er stieß auf Widerstand, und seine Akademie wurde zerstört und geschlossen. Doch die Strömung, die er eingeleitet hatte, blieb bestehen und kam im befreiten → Griechenland wieder zum Vorschein. Zu dieser Zeit, im 2. Jahrzehnt des 19.Jh.s, wurde die griech. Kirche in die Spannung zwischen den Traditionalisten und dem liberalen Westlertum hineingezogen. Die 2. Hälfte des 18.Jh.s war auch eine Periode starker geistiger Wiederbelebung in den monastischen Kreisen auf dem → Athos gewesen, die sich auch nach Rußland und Rumänien verbreitete. Das neue Griechenland sah sich wiederum, wie im 18.Jh., in der Verteidigungsstellung. In der 1. Hälfte des 19.Jh.s ragte auf seiten der Traditionalisten Konstantin → Oekonomos, auf seiten der Liberalen Theoklitos → Pharmakides hervor. Die th.e Fakultät an der Universität → Athen (seit 1837) folgte der westlichen Richtung. Die grundlegenden Handbücher der Th. in griech. Sprache waren in diesem Geiste abgefaßt (Zekos Rossis, Christos → Androutsos, Konstantin Dyobouniotis, Panaiotis Trembellas). Nur der »Abriß der dogmatischen Lehre der Orth. Kath. Kirche« (1957) von Prof. Joh. → Karmiris ist an der Tradition der Kirchenväter orientiert. Apostolos → Makrakis, ein Mann von starkem Charakter und heftigem Temperament, übte einen tiefen Einfluß auf das geistige Erwachen der Kirche aus, geriet aber in scharfen Konflikt mit der Hierarchie. Seine Lehre wurde formell verdammt. Seine zahlreichen Schriften sind aber noch im Umlauf und wurden unlängst ins Englische übersetzt. – In Griechenland macht sich auch ein steigendes Wiederaufleben auf dem Gebiet des Andachts- und geistigen Lebens bemerkbar, das auch im th.en Denken spürbar wird.

Die th.e Entwicklung in den anderen orth. Ländern verlief wenig originell; nur in Rumänien lebte in den letzten Jahrzehnten die Hesychastentradition wieder auf. Im 19.Jh. herrschte der russ. th.e Einfluß vor. Wichtig ist nur das Handbuch der Dogmatik von Archimandrit Justin Popovič, vormals Prof. an der Belgrader Fakultät (in serbischer Sprache). Bes. in Bd II seines unvollendeten Werkes versucht Popovič seine Darlegung unmittelbar auf das Zeugnis der Kirchenväter und der liturgischen Bücher zu gründen.

Im ganzen scheint die orth. Th. in einer Übergangsperiode zu stehen; sie sucht ihre eigene Methode und ihren Stil. Die Zeit der westlichen Ausrichtung scheint ihrem Ende zuzustreben. Der nächste Schritt dürfte eine Rückkehr zu den patristischen Grundlagen sein; man könnte das Ziel als »Neopatristische Synthese« bezeichnen.

PH.MEYER, Die th.e Litt. d. griech. Kirche, 1899 – A.PALMIERI, Theologia dogmatica orthodoxa I, Florenz 1911 – N.N.GLUBKOVSKIJ, Conspectus litterarum russicarum theologicarum (in: Acta Academiae Velehradensis XI, Prag 1922; separat: Warschau 1928) – F.GAVIN, Some Aspects of Contemporary Greek Orthodox Thought, London-Milwaukee 1923 – Östl. Christentum, Dokumente, hg.v. N.v.BUBNOFF u. H.EHRENBERG, Bd II, 1925 – M.JUGIE, Theologia dogmatica Christianorum Orientalium, bes. Bd I, Paris 1926 – G.FLOROVSKY, Die Wege d. russ. Th., Paris 1937 (russ.) – DERS., Westl. Einflüsse in d. russ. Th. (Kyrios 2, 1937, 1-22) – N.GORODETZKY, The Humiliated Christ in Modern Russian Thought, London 1938 – VL. LOSSKY, Essai sur la Théologie Mystique de l'Eglise d'Orient, Paris 1944; dt. 1961 – W.ZENKOVSKY, Gesch. d. russ. Philos. I. II, Paris 1948/50 (russ.; engl. 1953) – B.SCHULTZE, Russ. Denker, 1950 – BECK – H.KOTSONIS, Die griech. Th. (Die orth. Kirche in griech. Sicht, hg.v. P.BRATSIOTIS, Bd II, 1960, 7-37) – M.J. LE GUILLOU OP, Aux sources des mouvements spirituels de l'Eglise de Grèce (Istina 7, 1960, 95-128. 133-152. 261-278).

G.Florovsky

Theologie und Philosophie

I. Problemstrukturen – II. Historisch – III. Dogmatisch – IV. Im angelsächsischen Bereich

I. Problemstrukturen

1. Hermeneutisch – 2. Formal – 3. Sachlich – 4. Geschichtlich. – Vgl. ergänzend bes. → Philosophie, Begriff und Wesen, → Theologie: I, → Religionsphilosophie

1. Sofern Th. und Ph. als gegenwärtige Möglichkeiten und Aufgaben des Denkens ernst genommen werden, erfordert die Bestimmung ihres Verhältnisses zueinander eine Besinnung auf die Sache selbst, die, entsprechend dem, womit es »Th.« und »Ph.« zu tun haben, in deren gegenseitiger Beziehung in Frage steht. Darum bedarf es einer »systematischen« (dh den inneren Sachzusammenhang aufspürenden) bzw. »dogmatischen« (dh sachgemäße Entschiedenheit verantwortenden) Erörterung. So wenig hier eine »rein historische« Darlegung angemessen wäre, sind Th. und Ph. sowie deren Verhältnis zueinander doch ihrem Wesen nach geschichtlich, so daß nicht nur ihre Geschichtlichkeit die Fragestellung der systematisch-dogmatischen Erörterung entscheidend bestimmt, sondern auch das Sicheinlassen auf ihre faktische Geschichte konstitutiv ist für die Sachgemäßheit in systematisch-dogmatischer Hinsicht. Die Vorausnahme einer historischen Darstellung würde aber das eigentliche Ziel, ja schon die historische Aufgabe selbst verfehlen, wenn nicht eine gewisse Vertrautheit mit der Problemstruktur die historische Untersuchung leitete. Eine solche das Sachverständnis eröffnende Vororientierung kommt zwar schon von dem Umgang mit den nie voneinander zu trennenden historischen und systematischen Problemaspekten her, stellt aber als vorläufige Besinnung auf den Sachverhalt im ganzen den sinnvollen Anfang eines – trotz des hermeneutischen Zirkels – geordneten Vorgehens dar. Entsprechend ist die Dreiteilung (→ Theologie und Philosophie: II. III) nur die Artikulation der unteilbaren hermeneutischen Aufgabe, wie sie durch das Stichwort »Th. und Ph.« gestellt ist.

Die Unterscheidung zwischen Th. und Ph. weist auf die tiefsten Wurzeln der europäischen Geistesgeschichte zurück und vertritt im Bereich des Denkens deren fundamental geschickhafte Dualität, die nach Verständnis und Gestalt sehr verschieden begegnet: als zwei Welten, zwei Reiche, Gott und Welt, Offenbarung und Vernunft, Glauben und Wissen, Kirche und Staat u.a. Die symbolkräftige Repräsentation durch eine Fülle historischer Erscheinungen, die Verankerung in der Gliederung der Wissenschaften und – institutionell – der Universität (th.e und ph.e Fakultät) sowie die oberflächig allgemeinverständliche Zuordnung zu verschiedenen Lebensbereichen (Religion – Profanität) und Grundhaltungen (autoritätsgebunden – kritisch) verleiht der Unterscheidung von Th. und Ph. einen Anschein von Klarheit, der jedoch auf schärfere Nachfrage hin dem Eindruck äußerster Verwickelung weicht.

2. Statt nur nach den möglichen Modalitäten einer feststehenden Unterscheidung sind wir nach Recht und

Sinn jener Unterscheidung als solcher gefragt als dem, was auch in der Geschichte des Verhältnisses von Th. und Ph. letztlich strittig ist. Statt daß man sich auf eine Verhältnisbestimmung fixer Größen beschränken könnte, steht deren Selbstbestimmung mit in Frage. Zwar ist die Verwendung der Termini »Th.« und »Ph.« als abstrakter und neutraler Gattungsbegriffe in gewisser Hinsicht (vor allem historiographisch) unvermeidlich. Ist es einem aber um ihre Sache zu tun, so erfordern sie konkrete, Entscheidungen treffende Bestimmung, in der die Sache selbst zur Explikation kommt. Darum ist die Frage, was »Ph.« ist, selber ph.er Art und nur philosophierend zu beantworten, weil es dabei um die Erfassung der ph.en Grundfrage geht. Dann ist aber die Antwort nicht ein für allemal zu geben, sondern bleibt dem Philosophieren aufgegeben. Zum Wesen der Ph. gehört also, daß die Frage danach, obwohl je und je zu beantworten, doch nicht zu erledigen ist. Entsprechendes gilt von der Th. In der Auffassung dessen, als was Th. zu verstehen sei, spricht sich das Verständnis ihres Grundes aus, so daß Th., solange sie als solche verantwortet wird, die Beantwortung der Frage nach ihrem Wesen selbst zu vollziehen hat und sie sich weder von einer nicht-th.en noch von einer der konkreten Verantwortung enthebenden th.en Instanz abnehmen lassen kann.

Darum ist zu fragen, wie überhaupt das Verhältnis von Th. und Ph. sinnvoll zur Erörterung kommen kann. Eine »neutrale« Konfrontation hätte bestenfalls historischen Charakter, beschränkte sich also auf die Wiedergabe vergangener Begegnung von Th. und Ph., ohne dabei freilich auf das Moment andersgearteter (etwa psychologischer oder soziologischer) Interpretation völlig verzichten zu können. Sie ist - mit dieser Einschränkung - möglich, wird aber dem eigentlichen Problem nicht gerecht, weil sie sich letztlich weder auf die Th. noch auf die Ph. einläßt. Dann bleibt aber offenbar nur die andere Möglichkeit, das Verhältnis in konkreter Begegnung von Th. und Ph. durchzustehen. Dabei ist einmal zu beachten, daß weder *das* ph.e Verständnis von Ph. noch *das* th.e Verständnis von Th. als gegeben vorausgesetzt werden, vielmehr nur in der Begegnung zwischen bestimmtem th.en und bestimmtem ph.en Denken die Frage nach dem Verhältnis von Th. und Ph. zum Austrag kommen kann. Ferner vollzieht in solcher Begegnung die Ph. notwendig eine ph.e Ortsbestimmung der Th., wie umgekehrt die Th. eine th.e Ortsbestimmung der Ph., so daß sich das Selbstverständnis der Ph. am ph.en Verständnis von Th. und das Selbstverständnis der Th. am th.en Verständnis von Ph. verrät. Die Frage nach dem Verhältnis von Th. und Ph. ist dann nicht ein zusätzliches Problem, sondern die Nötigung zu äußerster Explikation dessen, was Th. oder Ph. ist.

Die beiden daraus entspringenden Probleme: inwiefern trotzdem Begegnung (und nicht bloß gegenseitiges Nichtverstehen) möglich und warum das In-Beziehung-Treten wesenhaft unumgänglich (und nicht bloß akzidentell möglich) ist, weisen darauf, daß Th. und Ph. von Haus aus ineinander verzahnt sind. Man kann dafür durchschlagende historische Argumente anführen, die in Anbetracht der Geschichtlichkeit beider Größen den Rang von Sachgründen haben. Es handelt sich zunächst um eine nicht bloß anfängliche, sondern bleibend konstitutive Partnerschaft. Die griech. Ph. ist entstanden in kritischer Unterscheidung von der mythischen »Th.«. Die christliche Th. ist als methodologisch durchreflektiertes Unternehmen in der Scholastik ihrer selbst vollends bewußt geworden in (erst auf Grund intensivster Begegnung möglicher) Unterscheidung von der Ph. Die Ph. der Neuzeit wiederum steht im Zeichen der Emanzipation von der Th. Dieses die verschiedensten Gestaltungen erfahrende, auch bei scheinbarer Beziehungslosigkeit oder Verschmelzung verborgen wirksame Moment der Unterscheidung wurzelt in einer sachlichen Berührung, als deren auffälligster Punkt herkömmlich der Gottesbegriff gilt, die aber, weil es in beidem um die Wirklichkeit im ganzen geht, sich auf alles erstreckt, sofern es unter dem Gesichtspunkt des den Menschen letztlich und unbedingt Angehenden erscheint. Die thematische Affinität bedingt jedoch nicht nur dies, daß Th. und Ph. nicht voneinander loskommen, sondern auch, daß Th. und Ph. nicht völlig zueinander kommen, vielmehr sich letztlich im Streit befinden, weil vom Verständnis des den Menschen letztlich und unbedingt Angehenden her in die Thematik selbst ein Faktor der Differenz kommt. Anderseits umschließt wiederum der differierende Faktor, der in den Bereich des Formalen, Methodologischen zu gehören scheint, aber als das spezifisch th.e oder ph.e Wahrheitsverständnis in engstem Zusammenhang mit der Sachthematik selbst steht, neben dem Trennenden auch Verbindendes. An der Ph. tritt das im allgemeinen weniger in Erscheinung, weil ihre Selbständigkeit ihr Prinzip ist, was jedoch nicht ausschließt, daß deren Realisierung sowohl in der Antike als auch in der Neuzeit wesentlich mitbestimmt ist von der griech. Religion bzw. dem christlichen Glauben. Ungleich stärker jedoch liegt die Verzahnung in methodologischer Hinsicht in der Th. zutage, da von ihr Wissenschaftlichkeit (im Sinne gewissenhaften Verantwortens der Verstehensfrage und darum der Offenheit zur Ph. hin) nicht zu trennen ist. Deswegen ist das Interesse der Th. an der Ph. gewöhnlich dringender und expliziter als das Interesse der Ph. an der Th.

3. Um solcher Überschneidungen und Verschränkungen willen erscheint die Unterscheidung von Th. und Ph. als sekundäre und verworrene Gestalt der primären, fundamentalen Differenz zwischen Religion und Ph. Für eine Rückführung der Problematik auf dieses Verhältnis spricht die Ausgangssituation in der vorchristlichen Antike, die auf seiten der Religion keinen der christlichen Th. vergleichbaren Partner der Ph. kannte, sowie das dienende Verhältnis der christlichen Th. zur »christlichen Religion«. In solcher Konfrontation vereinfachen sich allerdings die Beziehungen, indem nun die Religion im wesentlichen als Objekt der Ph. in Betracht kommt: entweder kritisch negiert oder bedingt in Geltung gelassen oder in höherem Verständnis »aufgehoben«. In solche Markierung der Extreme lassen sich wohl alle Misch- und Übergangsformen der Stellung der Ph. zur Religion einzeichnen. Es läßt sich mit diesem Schema aber nicht die spezifische Problemstellung erfassen, auf die das Verhältnis von Th. und Ph. weist. Sie meldet sich in der Bedeutungswandlung des Wortes »Th.« von Götter-Sage zu wissenschaftlicher Explikation des Wortes Gottes an (→ Theologie: I). Und ihr liegt eine Veränderung zugrunde, die durch die Verwendung der Vokabel »Religion« als umgreifenden Oberbegriffs (es sei denn in der Antithetik von religio falsa und vera!) verdeckt zu werden droht. Für diese Veränderung ist symptomatisch, daß der christliche Glaube (im Unterschied zu den antiken Religionen!) instand setzt zu denkender Verantwortung seines Grundes und seiner Folgen in Kommunikation mit der Ph., also Th. in diesem Verständnis hervorbringt. Alles, was sonst an Symptomen des Umbruchs in religiöser Hinsicht angeführt werden könnte: die Tendenz auf ein nichtmythisches Verständnis und eine unkultische Existenzweise, die Konzentration auf Wort und Glaube, der universale Geltungsanspruch, die Bedeutung des Sittlichen als Verstehensbedingung, und was an weiteren Auswirkungen daran hängt, trifft ursächlich zusammen zur Ermögli-

chung von Th. Man würde darum gerade das Verhältnis von christlichem Glauben und Ph. in seiner auffälligen Besonderheit nicht treffen, wenn man es nur unter dem Gesichtspunkt »Religion und Ph.« und nicht unter der Fragestellung »Th. und Ph.« bedächte. Anderseits schließt dieser Aspekt dasjenige mit ein, was an der Unterscheidung zwischen Religion und Ph. in Anwendung auch auf das Christentum cum grano salis berechtigt ist. Denn Th. geht darin auf, den christlichen Glauben zu verantworten. Was diesen von der Ph. unterscheidet, muß also bestimmend sein auch für die Unterscheidung zwischen Th. und Ph. Nur daß die Th. zugleich etwas der Ph. Verwandtes darstellt, zumindest die Reflexion des Glaubens selbst auf sein Verhältnis zur Ph. impliziert, also etwas vollzieht, was im Raum der antiken Religion der Ph. vorbehalten war. Was als verwirrend empfunden werden könnte, nämlich daß hier das Problem des Verhältnisses von Religion und Ph. gewissermaßen in die Religion mitaufgenommen, von ihr selbst aufgegriffen ist, entspricht gerade der Besonderheit der Beziehung von christlichem Glauben und Ph.

Das Charakteristische am Verhältnis von Th. und Ph. zeigt ein Vergleich ihrer Struktur als Wortgeschehen. Zwar drängt sich auch in Hinsicht auf Religion und Ph. eine das Sprachverständnis betreffende Differenz auf: zwischen ursprünglich-mythischer und rational-begrifflicher (u.U. auch verbunden mit künstlich-mythologischer) Redeweise. Diese Differenz kommt für den christlichen Glauben zwar auch, aber, als von ihm prinzipiell schon überholte, nur sekundär in Betracht. Die entscheidende Differenz besteht zwischen der auf Ermächtigung sich berufenden, zum Glauben ermächtigenden Zeitansage der homologischen Verkündigung und dem an die Einsicht sich wendenden, begründenden Sehenlassen eines zeitlosen Sinngehalts. Während nun die Ph. selber dieses Wort ist, um das es ihr zu tun ist, unterscheidet sich Th. als methodische Reflexion auf die Verkündigung von dieser, indem sie als nur indirekte Anrede dienend auf das Wortgeschehen der Verkündigung bezogen ist. Während Ph. sich grundsätzlich an die Stelle des religiösen Wortes setzt und offen oder verborgen »Heilslehre« wird, bleibt Th., obwohl der Heilsbotschaft verpflichtet, von dieser grundsätzlich unterschieden als ihr untergeordnet. Sie überbietet nicht den Glauben, sondern ist darum bemüht, daß er Glaube bleibt.

Auch was sonst an Unterscheidungsmerkmalen in Betracht kommt, darf nicht zu direkten Antithesen vereinfacht werden, die die spezifische Eigenart der Th. überspringen. Zwar gilt es als die Eigentümlichkeit von Th., von schon gegebener Wahrheit, nicht in Frage zu stellender Gewißheit auszugehen und entsprechend auf die Autorität überlieferter Offenbarung zu gründen. Ph. dagegen geht aus von dem durch das Sichwundern über das vermeintlich Selbstverständliche erregten Fragen nach der Wahrheit und beharrt in fortgesetzt suchendem Hinschauen (»skeptisch«), grundsätzlich kritisch gegenüber Autorität und Überlieferung, nur dem Urteil der Vernunft folgend. Jedoch darf über dem, was daran richtig ist, nicht vergessen werden: einerseits vollzieht Th. gerade um der vorgegebenen Wahrheit willen die kritische Bewegung des Fragens und Zu-Verstehen-Suchens, um die Überlieferung in rechter Weise wahrzunehmen und einem dem christlichen Glauben widersprechenden Verständnis von Autorität und Offenbarung zu wehren; anderseits ist Ph. gerade um des vorbehaltlosen Fragens willen auf Tradition (Sprache!) angewiesen und muß ebenfalls in irgendeiner Weise von der vorgegebenen, nicht begründbaren »Autorität« (= Evidenz!) eines Vergewisserungsgrundes ausgehen. Damit wird die an dieser Stelle sich meldende Verschiedenheit nicht zum Verschwinden gebracht. Aber sie muß differenzierter erfaßt werden als mit den einfachen Entgegensetzungen von Glaube und Vernunft, Autorität und Evidenz, Offenbarung und »Menschenweisheit«. Deren wahrer Alternativ-Charakter ist nur dann scharf zu bestimmen, wenn gesagt werden kann, in welcher Hinsicht sie sich ausschließen und in welcher Hinsicht sie zueinander gehören. Und zwar gilt dies nicht nur um der Th., sondern gerade auch um des Glaubens selbst willen. Entsprechend weisen auch andere Oberflächenaspekte des Unterschiedes von Th. und Ph. nur bei differenzierender Interpretation auf Wahrheitsmomente hin: daß Th. an Kirche gebunden, Ph. dagegen Sache des Einzelnen sei (während doch, unbeschadet dessen, Th. in der Verantwortung des Einzelnen geschieht und Ph. auch einen soziologischen Aspekt hat) oder daß Th. wesenhaft »praktisch« (auf Verkündigung, auf das Heil) ausgerichtet, Ph. jedoch primär theoretisch sei (während doch daraufhin weder die Th. von der Strenge des Denkens noch die Ph. von der Verantwortung für das »Leben« dispensiert ist).

Die verschiedenen Ansätze zur Bestimmung des Unterscheidenden lassen sich nicht aus der abstrakten Differenz eines th.en und eines ph.en Prinzips herleiten. Am ehesten macht wohl eine scheinbar äußerliche Beobachtung zur üblich gewordenen Nomenklatur auf die Grunddifferenz in dem so überaus komplizierten Sachverhalt aufmerksam: »Th.« begegnet nicht nur als Gegenüber zur Ph., sondern auch als Teil der Ph. Dieses doppelte Verständnis tritt scharf heraus, wenn man zwischen »ph.er Th.« und »th.er Th.« unterscheidet. Th., als Ph. verstanden, tritt u.U. als partielles ph.es Sachgebiet auf, das nicht dem Ganzen den Namen zu geben vermag. Selbst wenn Ph. als solche, wie bei Hegel, auf die Identität mit ph.er Th. hintendiert, liegt es doch nicht zufällig fern, statt »Ph.« »Th.« zu sagen. Daß sich vielmehr allein in strenger Bindung an die Explikation des christlichen Glaubens ein Sprachgebrauch durchgesetzt hat, in dem aus einer Gegenstandsbestimmung (Th. = Lehre von Gott, im engen Sinne) eine normative Bestimmung des diesem »Gegenstand« gemäßen Redens von allen »Gegenständen« wird (»th.« im Unterschied zu ph.), ist durch eine bestimmte geschichtliche Weise von Gott zu reden bedingt, die sich nicht der Ph. verdankt, wohl aber bereit ist, der Begegnung mit der Ph. die größtmögliche gedankliche Schärfe ihrer Selbstexplikation und damit gerade auch ihres Unterschiedenseins von der Ph. zu verdanken. Es ist eine geschichtliche Feststellung, daß nicht nur dieser Sprachgebrauch von »Th.« allein dem Christentum angehört, sondern überhaupt »Th.« nirgends eine der christlichen auch nur annähernd vergleichbare Entfaltung erfahren hat. Der Versuch, den Sachdifferenzen zwischen Th. und Ph. auf den Grund zu gehen, nötigt dazu, auf ihre Verwurzelung in der Geschichte zu achten.

4. Th. und Ph. sind nicht beliebig überall auftretende geschichtliche Erscheinungen. Vielmehr gehen sie auf einen bestimmten geschichtlichen Ursprung zurück und bleiben trotz allen Wandlungen durch diesen geprägt. Zu ihren Kennzeichen gehört das verantwortende Übernehmen der Überlieferung jener Herkunft. Schlechterdings außerhalb dieses Traditionszusammenhangs sind Th. und Ph. unmöglich. Treffender als allgemeine Definitionsversuche weist diese geschichtliche Ortsbestimmung in das »Wesen« von Th. und Ph. Daß Ph. – trotz scheinbar gleichartigen Phänomenen in anderen Kulturkreisen – ihren singulären Ursprung bei den Griechen hat, besagt, daß das Beieinander von Mut zur Freiheit und Mut zur Wahrheit das für die Ph. konstitutive absichtslose »gründliche« Hinsehen (θεωρία) ermöglichte, das einerseits unabhängig macht von Ge-

wohnheit und autoritativer Überlieferung, anderseits den Weg bahnt zu allem Wißbaren. Obwohl Ph. das religiöse Moment ausdrücklich in sich aufnehmen und u.U. stark hervorkehren kann, haftet ihr doch prinzipiell die Tendenz auf Aufklärung an. Und obwohl sie sich bisweilen von »Wissenschaft« scharf distanzieren kann, ist doch das wegweisende Freigeben und besonnene Respektieren der Wissenschaften von der Ph. unabtrennbar. Th. dagegen im herrschend gewordenen Verständnis als christliche Th. beruft sich auf das Offenbarungszeugnis Hl. Schrift als ihren Grund und damit auf einen geschichtlichen Ursprungsort außerhalb des Griechentums. Allerdings dokumentiert die gesamte nt. Überlieferung bereits den Übergang in den griech. Sprachraum. Insofern gehört zumindest der Ansatz zur Begegnung mit dem Griechentum in den Bereich des für die Th. Kanonischen. Darüber hinaus hat faktisch jede die Antike überdauernde Gestalt des Christentums die Phase der umfassenden Begegnung mit der griechisch sprechenden Welt durchlaufen, so daß seither keine Ausbreitung des Christentums mehr möglich ist ohne Teilgabe an diesem Erbe. Dazu gehört in erster Linie der entscheidende Schritt zu th.er Entfaltung, der mit dem Sicheinlassen auf die Begegnung mit der Ph. getan war und später auch die der griech. Antike entstammende, aber umgeprägte Bezeichnung »Th.« auf sich zog. So weist Th. nicht etwa um der ursprünglichen Herkunft und Bedeutung dieser Vokabel willen ebenfalls wie Ph. in das Griechentum als ihren Ursprung, sondern um der biblischen Botschaft selbst willen auf den Ort der anspruchsvollsten Begegnung, die dieser je widerfahren ist. Darum widerspricht der Berufung der Th. auf die Hl. Schrift als ihren Ursprung nicht die verpflichtende Tatsache ihrer faktischen Herkunft aus dem Begegnungsgeschehen von christlichem Glauben und griech. Bildung. Denn die Bejahung dieser Herkunft ist das Ja zu jenem Ursprung als Sendung in die Welt. Th. wiese nicht in diesem Sinne auf das biblische Offenbarungszeugnis als ihren Ursprung, wenn sie nicht als zu universaler Weltbegegnung bereite Th. eben darum zugleich auf die ursprüngliche Begegnung mit der Ph. verwiese als den Ursprung äußerster Herausforderung zur Th. Deshalb treffen sich freilich in tiefem Mißtrauen gegen diese Begegnung der biblischen Botschaft mit dem Geist der Ph. und in dem Bestreben ihrer Entflechtung entgegengesetzte Tendenzen: einerseits die Furcht vor der Schärfe der th.en Aufgabe, anderseits aber gerade die Wachsamkeit gegenüber einem die Schärfe der th.en Aufgabe stumpf machenden Kompromiß mit der Ph. Ist der geschichtliche Ort der Th. jene Begegnungssituation, so kommt es auf das volle Aushalten der Begegnung an.

Daß Th. und Ph. ihren bestimmten geschichtlichen Ursprung haben, auf den sie auch bezogen bleiben, widerspricht nicht der beiden gemeinsamen prinzipiellen Universalität, läßt diese jedoch sich in geschichtlicher Weise vollziehen, dh in geschichtlichen Wandlungen, die als bestandene Herausforderungen nicht Zeichen von Schwäche, sondern von Kraft sind. Diese Wandlungen liegen der historischen Betrachtung in verwirrender Fülle vor. Da Th. und Ph. den gleichen Geschichtsraum teilen, treten die mannigfachsten Verflechtungen ein. Die Begegnung mit der Ph. verändert die Th., aber auch umgekehrt. Die Wandlungen der Ph. zeichnen sich in der Th. auf verschiedenste Weise ab; aber auch Veränderungen im Verständnis des christlichen Glaubens haben ihre Ausstrahlungen in die Ph. Die Veränderungen in geschichtlicher Folge werden überlagert durch konkurrierende Mannigfaltigkeit gleichzeitiger Erscheinungen, die Differenzen verschiedener th.er oder ph.er Prägung durch die abweichenden Auffassungen der Struktur des Verhältnisses von Th. und Ph. (im Sinne letzter Identität, oder der Ergänzung, oder der Unvereinbarkeit). Dazu hat das Verhältnis stets einen doppelten Aspekt, je nachdem ob es in der Sicht der Th. oder in der Sicht der Ph. in den Blick kommt. Und schließlich verändert sich wiederum beides miteinander, je nach dem Selbstverständnis der Zeit und ihrem Verhältnis zur Geschichte als solcher.

Die Frage nach den tiefsten Gründen und Zusammenhängen der geschichtlichen Wandlungen von Th. und Ph. wird man trotz der drohenden Gefahr der Geschichtskonstruktion nicht abweisen können. Sie stellt sich der dogmatischen Besinnung auf die Geschichtlichkeit von Th. und Ph. unausweichlich. Die historische Beobachtung selbst gibt einige eindrückliche Hinweise. Historische Arbeit ist überhaupt nur möglich, insofern die scheinbar wirre und zufällige Masse historischer Fakten von sich aus gewisse Ordnungsgesichtspunkte und wie immer geartete Zusammenhänge erkennen läßt. Daß Th. und Ph. in ihrem verschlungenen Miteinander geschichtliches Geschehen von unvergleichlicher Tiefe repräsentieren, wird daran deutlich, daß der Geschichte ihres Verhältnisses eine einzigartige Weite geschichtlichen Zusammenhangs und Großlinigkeit der Hauptgliederung eigen ist. Bei aller hier erforderlichen Behutsamkeit läßt sich folgendes feststellen:

Die Geschichte der Ph. weist drei klar unterschiedene Perioden auf. Die erste ist nahezu identisch mit der griech.-röm. Antike und erstreckt sich von den Anfängen der Ph. bei den Vorsokratikern bis zur Endgestalt des Neuplatonismus. Die zweite Periode ist begrenzt durch diesen Endpunkt der antiken Ph. einerseits und den unverkennbaren Neuansatz des Philosophierens in der Neuzeit anderseits und ist bestimmt durch die prinzipielle Beschränkung des Philosophierens auf das interpretierende Nach-Denken in den Grenzen überlieferter Ph. Im Gegensatz dazu ist die dritte Periode gekennzeichnet durch den bewußten Neubeginn eines Philosophierens, das zwar der antiken Ph. ebenfalls verpflichtet, ihr gegenüber aber grundsätzlich selbständig ist.

Diesen Perioden entsprechen drei geschichtliche Hauptphasen in Hinsicht auf das Christentum: *die »vorchristliche« Zeit,* die einerseits, obzwar in ihren Ausläufern mit dem beginnenden Christentum gleichzeitig, von diesem noch nicht bestimmt ist, anderseits, obzwar in der Hauptsache dem Christentum vorausgehend, doch dieses auch in seiner weiteren Geschichte entscheidend bestimmt; *die »christliche« Zeit,* die ihre Einheit in der öffentlichen, vor allem kulturellen Vorherrschaft des Christentums hat, also keineswegs »rein christlich« ist, aber alle anderen mitbestimmenden Faktoren als irgendwie christianisierte, der Einheit eingefügte, in sich trägt; *die »nachchristliche« Zeit,* in der das Christentum jene umfassende öffentliche Herrschaft nicht mehr ausübt, aber keineswegs nur in diesem privativen Sinne sozusagen als historische Folie charakteristisches Moment bleibt, sondern, von seinem weiteren Dasein und Wirken ganz abgesehen, in vielfacher Hinsicht sich in das Gesicht der Zeit eingegraben hat und es in jener merkwürdigen Verbindung von Antichristentum, Entchristlichung und säkularisiertem christlichem Erbe zu einem spezifisch nachchristlichen macht.

Der Zusammenhang dieser drei Zeiträume mit jenen drei Perioden der Ph. ist deutlich, und ebenso, daß es sich zugleich um die drei Hauptperioden des Verhältnisses von Th. und Ph. handelt. In der ersten entsteht und entfaltet sich die Ph. im Gegenüber zur heidnischen mythischen »Th.«. In der zweiten entsteht und entfaltet sich christliche Th. in der Überwindung mythischer

»Th.« und in (nicht spannungsloser) Rezeption der Ph., die nun in doppelter Hinsicht abhängig wird: von der Autorität der überlieferten Ph. einerseits, von der Offenbarungsautorität, die die Th. repräsentiert, anderseits. In der dritten Periode entsteht und entfaltet sich eine der antiken Ph. wie der christlichen Th. gegenüber sich verselbständigende Ph., ein geistiger Vorgang, der, so sehr er in zunehmendem Maße antichristliche Züge aufweist, doch einerseits vom Christentum ermöglicht ist und ihm Entscheidendes verdankt, anderseits in völlig neuer Weise zur Th. herausfordert, der Th. die Chance radikaler Selbstbesinnung gibt und nun erst das Verhältnis von Th. und Ph. in eine für das ganze Zeitalter typische revolutionäre Bewegtheit und Schärfe aktueller Begegnung versetzt. War in der ersten Periode die mythische »Th.« kein wirklicher Gesprächspartner der Ph. und in der zweiten Periode die unselbständig gewordene Ph. nur bedingtermaßen Gesprächspartner der christlichen Th., so kommt erst in der dritten Periode das Gespräch zwischen Th. und Ph. als selbständigen Partnern voll in Gang, vorausgesetzt daß die Th. sich dem weder entzieht noch auch ihrerseits in bloße Abhängigkeit von der Ph. gerät, sondern sich durch die selbständige Ph. herausfordern läßt, ihr selbständig als Th. zu begegnen. Der Ort der Verhältnisbestimmung war zunächst die Ph., dann die Th. und schließlich beide in ihrem strittigen Miteinander und ihrer gegenseitigen Interpretation. *G. Ebeling*

II. Historisch

1. In »vorchristlicher« Zeit: a) Griechentum - b) Hellenismus - 2. In »christlicher« Zeit: a) Patristik - b) Scholastik - 3. In »nachchristlicher« Zeit: a) Theistische Phase - b) Atheistische Phase. - Vgl. ergänzend die Artikel über die einzelnen Theologen und Philosophen sowie die Übersichtsartikel, bes. → Gott: V. VII, → Griechisch-römische Philosophie, → Platonismus, → Neuplatonismus, → Aristotelismus, → Antike und Christentum, → Apologetik: I. II, → Alexandrinische Theologie, → Antiochenische Theologie, → Jüdische Philosophie, → Jüdische Theologie, → Islamische Philosophie, → Scholastik, → Neuscholastik, → Thomismus, → Neuthomismus, → Scotismus, → Nominalismus, → Renaissance, → Humanismus, → Orthodoxie, → Neuzeit, → Aufklärung, → Deismus, → Idealismus, → Identitätsphilosophie, → Rationalismus, → Liberalismus, → Neukantianismus, → Pantheismus, → Theismus, → Positivismus, → Atheismus, → Nihilismus, → Lebensphilosophie, → Existenzphilosophie, → Existenztheologie

1. Die *vorchristliche Phase* des Verhältnisses von Th. und Ph. hat für dessen weitere Geschichte einerseits die fundamentale Bedeutung der Genesis dieser Zweiheit. Anderseits ist sie bloßes Vorspiel, da hier → Theologie (: I, 2 a. 3 a) nur als mythische und als ph.e Th. begegnet, aber noch nicht in dem durch den christlichen Glauben eröffneten Verständnis (→ Theologie: I, 2 b. 3 b), das erst die Partnerschaft von Th. und Ph. und damit die eigentliche Geschichte dieses Verhältnisses ermöglichte. In der vorchristlichen Antike setzt die Problembewegung mit dem Auftreten von Ph. neben der durch mythische Th. gekennzeichneten Religion ein, läßt diese Differenz aber eine eigentlich zu überwindende sein und mündet schließlich aus in eine (allerdings nur prätendierte, infolge der bereits durch das Christentum veränderten Situation nicht mehr wirklich erprobbare) religionsartige Verschmelzung ph.er mit mythischer Th. Die entscheidende Peripetie ist der in Religion und Ph. gleichermaßen sich abzeichnende Wandel von der griech. zur hellenistischen Wirklichkeitserfahrung.

a) Der *Aufbruch des Philosophierens* hebt sich kritisch ab von der überlieferten Religion, schon durch die freie Haltung rationalen Befragens alles Gegebenen auf seinen Grund und die damit einsetzende Aufklärung (vgl. dazu RAC I, 938ff), dann aber auch explizit durch Verwerfung der anthropomorphen und moralisch anstößigen Mythen (→ Xenophanes u.a.) und Aufstellung von Theorien über Wesen und Ursprung der Religion (Sophisten, Demokrit u.a.). Philosophen werden in Asebieprozesse verwickelt (→ Sokrates der einzige Hingerichtete, → Aristoteles u.a.; RAC I, 735ff). Obwohl extremer Atheismus (RAC I, 866ff) selten ist, droht doch den Philosophen weithin der Vorwurf, »gottlos« zu sein, gemessen an den traditionellen Göttervorstellungen, die darum später bes. in der Stoa allegorisch rezipiert, von → Epikur jedoch umgekehrt als »gottlos« getadelt werden. Trotzdem darf dieser religionskritische Aspekt nicht einseitig die Auffassung vom Verhältnis der Ph. zur mythischen Th. beherrschen. Daß die Ph. in der ganzen vor- und außerchristlichen Antike die öffentlichen Kulte und privaten religiösen Bräuche praktisch unangetastet läßt, ja zunächst ausdrücklich die religiöse Sitte bejaht (in Platons letztem Staatsentwurf [Leg. 10, 907 D ff] Todesstrafe auf Atheismus!), ist nicht als opportunistische Anpassung abzutun, sondern hat tiefere Wurzeln. Der Übergang von der herkömmlich religiösen zur rationalen Haltung bedeutet keineswegs Entgötterung der Welt. Thales' »πάντα πλήρη θεῶν« (Diels A 22) und → Heraklits »Tretet ein, auch hier sind Götter« (Diels A 9) lassen trotz Deutungsschwierigkeiten einen Grundzug griech. Wirklichkeitserfahrung überhaupt erkennen, der sich vom Mythischen ins Philosophische fortsetzt und es erlaubt, die rational erkannte ἀρχή als τὸ θεῖον zu bezeichnen (erstes Vorkommen bei Anaximander, Diels A 15, vgl. W. Jaeger, Die Th. der frühen griech. Denker 233ff). Θεός ist ohnehin ein Prädikatsbegriff (WM 17ff) und wird von übermächtig erfahrener Wirklichkeit prädiziert. Entsprechend der Vielgestaltigkeit der einen Wirklichkeit ist als deren Grund das eine Göttliche (Götterwelt) auch vielgestaltig. Der Zug zur Einheit hebt den Polytheismus nicht auf. Darum kann ebenso der κόσμος im ganzen wie etwa die Ursache des Regens oder das Wiedersehen oder ein überragender Mensch als θεός prädiziert werden. Es tritt keine Strukturveränderung, sondern nur ein »Wandel der Seinsformen des Göttlichen« (Kleinknecht) ein mit der Übertragung der mythischen Redeweise von den Göttern in das ph.e Reden vom Göttlichen als Prinzip des Seienden. Insofern hat die griech. Ph. von Anfang an eine »th.e« Komponente, die ein Grundmotiv griech. Religion aufnimmt, darum auch die polytheistische Denkweise in relativer Geltung läßt, jedoch zu deren Vorstellungen und kultischer Praxis in problematische Differenz gerät und mit zunehmender Vergeistigung an religiöser Konkretion verliert. Darin sind jedoch ebenfalls genuin religiöse Motive wirksam, als Korrektur zu naiver Erfassung des Göttlichen in der Wirklichkeit: teils die Erfahrung des die Welt der Menschen und Götter umgreifenden geheimnisvollen Geschicks (Tragödie), teils das Zurückgeworfensein auf die Aufgabe der menschlichen Selbsterkenntnis (Sokrates). In der selbstverständlichen Gegebenheit des Göttlichen, in der Bestimmung seiner Eigenschaften (Ewigkeit, Unendlichkeit, Unbewegtheit, Leidensunfähigkeit, Vollkommenheit, Sinnhaftigkeit, Gutheit usw, vgl. den bezeichnenden Begriff θεοπρεπές) sowie in dem Beieinander naturhafter und menschlicher, kosmischer und politischer Dimension bleibt zwar ein Zusammenhang der Ph. mit der Religion noch erkennbar. Aber die metaphysische Gottesidee entfernt sich doch weit von der Gottesverehrung und nimmt zugleich die Erfahrung der Ferne des Göttlichen in sich auf. Das trotz Weltbildnermythos (Tim. 28 c ff) unpersönliche Göttliche rückt bei → Platon in die Distanz eines Entsprechungsverhältnisses zweier Welten. Der Idee des Guten kann man nur noch annäherungsweise ähnlich werden. Bei Aristoteles (Met.

Λ) vollends ist Gott als das »wahrhaft Seiende«, der »unbewegte Beweger«, die Grundbestimmung einer »Onto-Theo-Logik« (M.Heidegger), die de facto Verneinung der Religion und ihrer »Th.« ist.

b) Gerade in der äußersten Entfernung zwischen ph.er »Theologik« und mythischer »Th.« wird ihre Schicksalsgemeinschaft erkennbar. Die Welthaftigkeit der → griechischen Religion und die Menschlichkeit ihrer Göttervorstellung liegt der denkenden Erfassung des Göttlichen als Weltprinzips zugrunde, geht aber auch an ihr zugrunde, doch so, daß sie sich als Umschlagen ins Gegenteil (vgl. die Bedeutungswandlung von κόσμος) strukturell wieder durchsetzt. Obwohl Ph. einerseits die mythische »Th.« vernichtet bzw. selbst an deren Stelle rückt, wo diese kraftlos wird, bleibt sie doch auf sie angewiesen, da sie deren politische Funktion nicht ersetzen kann. Wie die griech. Religion, so versteht zwar auch die Ph. das Theologische als zugleich physisch und politisch relevant (die drei Genera der Th. bei Varro [→ Theologie: I, 2 a] sind bloß Entfaltung des wesenhaft Einen), vermag ihrerseits aber nur das physische Genus der Th. selbständig zu vertreten, während das politische Genus weiterhin des mythologischen bedarf. Indem nun in engster Verquickung der »th.en« und politischen Veränderungen die griech. Polis als Inbegriff der Freiheit gebenden göttlichen Gesetze unter- und in eine kosmopolitische Ordnung aufgeht (→ Hellenismus), befinden sich Religion und Ph. in neuer Lage. Die → *Stoa* versucht ihr durch die großartige Zusammenschau von Gottheit, Welt, Menschheit und Einzelseele unter dem Gesichtspunkt des alles als νόμος durchwaltenden λόγος gerecht zu werden. Aber die Identität von Natur und Vernunft realisiert sich nicht von selbst, sondern erfordert ethischen Appell. Die Ph. wird zur religiös-moralischen Predigt, jedoch mit doppelter Begrenzung: Die Freiheit als Einverständnis mit der φύσις bedeutet Kampf mit den πάθη, darum aber letztlich Rückzug von der Welt auf den Mikrokosmos des eigenen vernunftgemäßen Selbst. Ph. vermag darum zwar den Weisen auch zum Politischen zu befähigen, aber, weil sie freimachende Gewalt nur über wenige gewinnt, politische Autorität nicht allgemein durchzusetzen, muß also die mythische Th., obschon ph. umgedeutet, gelten lassen. So stärkt die Schwäche der Ph. wiederum die Religion. Einerseits entwickelt sie sich zum Kaiserkult (→ Herrscherkult), anderseits ergänzt sie sich, entsprechend der privaten ph.en Frömmigkeit, zu nicht politisch bestimmten Kultgemeinschaften, in denen alte durch die homerische Götterwelt zurückgedrängte, aber unterschwellig fortwirkende (→ Orpheus und die Orphiker) religiöse Erfahrung, verstärkt durch orientalische Einflüsse, das den Aufklärungsoptimismus ablösende Gefühl der Unheimlichkeit im Kosmos, des Ausgeliefertseins an dunkle Mächte und der Erlösungssehnsucht des Einzelnen anspricht (→ Mysterien, → Astrologie). In der → *Gnosis* (: I) ist der äußerste Gegensatz zum alten griech. Weltgefühl erreicht, doch dieses in der Umkehrung noch erkennbar. Der Kosmos ist ungöttlich, nicht infolge säkularisierender Entgötterung, sondern im Sinne einer dämonisierenden Neuinterpretation des göttlichen Weltprinzips als antigöttlichen Zwangsgesetzes, dem gegenüber das wahrhaft Göttliche das schlechterdings Unweltliche ist. Auch die Ph. ist bis zu einem gewissen Grade dieser Tendenz gefolgt. Ihr Antrieb zu wissenschaftlicher Welterhellung im einzelnen nahm in dem Maße ab, wie sie in Anspruch genommen war vom Problem der Weltangst im ganzen. Der → *Neuplatonismus* suchte zwar dank dem Bildungserbe der Antike alle Extreme zu mäßigen und in ein th.es System zu vereinen, dessen Grundbewegung die Weltwerdung des Göttlichen und die entweltlichende Vergottung des Menschen ist. Obwohl er zunehmend auch dem Mythologischen und apokryph Superstitiösen Raum gewährte, vermochte doch diese Synthese nicht die ihr von → Julian zugedachte Aufgabe der Rettung der heidnischen Antike durch Versöhnung von Religion und Ph. in einer einzigen Th. zu erfüllen. Denn diese Th. trug die Ursache der griech. Problematik von Th. und Ph. in sich: nicht in der rechten Weise unterscheiden zu können zwischen Gott und Welt, und endete darum – dieses Paradox ist symptomatisch – als Theo-Logie im Demonstrieren dessen, daß letztlich in bezug auf Gott nicht das Wort, sondern das Schweigen angemessen ist.

2. Die Hauptlinien des Geschichtsverlaufs überschneiden sich in breiten Übergangszonen. Die *»christliche« Zeit* (→ Theologie und Philosophie: I, 4) beginnt in der noch »vorchristlichen« und endet in der schon beginnenden »nachchristlichen«. Sie umschließt dort auch die Vorbereitung der für sie charakteristischen Verbindung von Th. und Ph. und hier die wechselvolle Phase deren innerer Problematisierung bis zum Ende auch der prot. »Scholastik«. Die Hauptzäsur ist der Übergang von den Mittelmeerländern als dem Lebensraum der Antike in den das MA vornehmlich repräsentierenden Raum der germanisch-romanischen Völker und damit von dem noch lebendigen bzw. erlöschenden originären Philosophieren zu dem Umgang mit tradierter Ph. Der gemeinsame Grundzug dieser Zeit: das christlich beherrschte Beieinander von Th. und Ph., modifiziert sich dabei so, daß in der *Patristik* – charakteristisch für die Antike – der Gesichtspunkt der Vereinigung überwiegt, in der *Scholastik* dagegen – symptomatisch ist die Entstehung unseres Th.begriffs (→ Theologie: I, 2 b β) – der Gesichtspunkt der Unterscheidung.

a) An der eruptiven Gewalt, mit der eine anfangs innerjüd. Sekte binnen kurzem zur tragenden Kraft der griech.-röm. Welt und später darüber hinaus der abendländischen Geschichte wurde, ist das Erstaunlichste und Entscheidende, daß *der Christusglaube sich zusammenfand mit dem griech. Denken*. Der Hinweis auf die damalige allgemeine religionsgeschichtliche Ost-West-Strömung und selbst auf unmittelbare Wegbereiter einer Assoziation nichtgriech. Religion mit griech. Ph. (→ Philo) bestätigt nur das Einzigartige jenes Vorgangs, der weder aus der bloßen Tatsache des Zusammentreffens noch etwa als künstliches Mittel zum Missionserfolg noch auch als dessen nachträgliche Folge zu erklären ist, vielmehr sich darin vollzog, daß Denkende Glaubende und als Glaubende Denkende wurden. Dieser Vorgang ist identisch mit der Besinnung auf seine Legitimität. Was dazu in Hinsicht auf den christlichen Glauben zu sagen ist (→ Theologie: I, 3 b), hat zum Untergrund die tiefe Differenz zwischen griech. und hebr. Wirklichkeitsverständnis, die in der strukturellen Verschiedenheit der Sprachen waltet und in der extremen Andersartigkeit zum Ausdruck kommt, wie das AT und der griech. Geist Gott und Welt, Mensch und Geschichte, Wort und Wahrheit zur Sprache bringen (vgl. → Sprache: IV, 2. 3). Die Herausarbeitung des Unterschiedes (formelhaft angedeutet: zwischen geschichtlicher und zeitloser Wahrheit; einer Wirklichkeitserfahrung, in der die Freiheit zu ph.em Fragen nach dem göttlichen Logos als Weltprinzip nicht entspringen konnte, und einer anderen, der das Inanspruchgenommensein zu Vertrauen und Gehorsam durch das souverän erwählende, verheißende und gebietende Wort des Schöpfers fremd war) ist zum Verständnis der trotzdem so geschichtsmächtig gewordenen Verbindung unentbehrlich, darf aber nicht die Grenzen verletzen, die der Betonung des Gegensätzlichen in diesem Fall gesetzt sind. Die Verschiedenheit der Sprach- und Denkstrukturen hängt zwar aufs engste mit der zur Entscheidung herausfordernden religiösen Erkenntnis- und Bekenntnisdifferenz zusammen, darf aber dennoch nicht einfach damit identifiziert werden. Zwischen dem Worte Gottes und der hebr. Sprache besteht trotz aller Übersetzungsprobleme (→ Bibelübersetzungen: I, → Septuaginta-Frömmigkeit) ebensowenig Identität wie zwischen ph.er Vernunft und griech. Sprache. Über den Symptomen der Verschiedenheit darf auch nicht übersehen werden, daß gerade deren unerschöpfliche Tiefe einer verborgenen Korrespondenz zu verdanken ist, die der Verschiedenheit beispiellosen Beziehungsreichtum verleiht. Es lohnt sich, das Verhältnis etwa von dabar und ῥῆμα/λόγος, von 'æmæt und πίστις/ἀλήθεια, von ʿôlam und αἰών/κόσμος usw auf das Differierende, aber keineswegs nur sich Ausschließende, sondern auch Gemeinsame und sich Ergänzende hin zu bedenken.

Nun modifiziert sich aber die Beziehung weiter dadurch, daß die christliche Verkündigung trotz enger Beziehung zum AT von diesem selbst (nicht bloß seiner jüd. Interpretation) gerade durch dasjenige unterschieden ist, was sie unterschiedslos an Juden und Griechen (Nichtjuden) gerichtet sein läßt. Die »Heidenmission« war, obzwar in der Urgemeinde nicht sofort erfaßt, nicht ein zufälliges Moment, sondern sachidentisch mit der Verkündigung Jesu Christi als eschatologischen Heilsereignisses, da der → Glaube (: IV) das trennende religiöse → Gesetz (: III. IV) hinter sich hat. Das Ende des Kultus, das neue Verständnis von → »Heilig« (: III), die Gleichheit aller vor Gott als Sünder und auf Gnade Angewiesener, die durch den Glauben bewirkte Befreiung zum Sittlichen als → Liebe (: III) sind die zusammenhängenden Aspekte einer universalen Menschlichkeit des eschatologischen Gotteswortes. Dadurch rückte die Relation des AT zum griech. Geist in neues Licht; und das Evangelium war um dieser Menschlichkeit willen auf Sprachgewinn mittels des Griechischen geradezu angewiesen, da von daher die Sache des Evangeliums in gewisser Hinsicht deutlicher zu sagen war (zB ἐλευθερία bei Paulus, → Freiheit: I). Der *Übergang ins Griechische* brachte der christlichen Verkündigung nicht nur Gefährdung, sondern auch Erklärung und ermöglichte, in bezug auf den griech. Geist zu prüfen, inwiefern er dem Evangelium widersprach, inwiefern er aber auch dessen Menschlichkeit entsprach. Dem kam die Unterscheidung zwischen griech. Religion und Ph. außerordentlich entgegen, obwohl sie den Sachverhalt nur grob traf, da in der Ph. entscheidende religiöse Grundmotive, in der Religion dagegen Züge der → Humanität wirksam waren und darum das Evangelium zu beidem in Widerspruch trat, aber auch beides auf darin verborgene Entsprechung hin ansprach.

Obwohl → *Paulus* die Problemwurzel in 1Kor 1, 18 bis 2, 16 scharf gekennzeichnet hat, hatte er doch - abgesehen von gelegentlichen Berührungen (zB Röm 1, 19ff; 2, 14ff) - noch keinen Anlaß, in direkte Auseinandersetzung mit der Ph. einzutreten. Apg 17, 16ff (Paulus als neuer Sokrates! → Areopagrede) trifft als von Lukas komponierte ideale Szene nicht die Th. des Paulus, wohl aber deren auf die Begegnung mit der Ph. hinführende geschichtliche Relevanz. Das einzige Vorkommen von φιλοσοφία im erhaltenen christlichen Schrifttum vor den Apologeten (sensu malo Kol 2, 8) meint die dort bekämpfte Irrlehre, also eine zu Mythologie und Magie entartete Ph., und zeigt, daß die früheste christliche Inanspruchnahme dieses Wortes in gnostischen Kreisen erfolgte. Nach späterem kirchlichen Verständnis leitet sich die → Gnosis (: III) als Inbegriff der Häresie - angesichts der großen gnostischen Systeme des 2.Jh.s mit einem Schein des Rechts - aus der griech. Ph. her, so daß die antignostischen Theologen dieser außerordentlich kritisch gegenüberstehen (Irenäus, Adv. haer. II, 14; Hippolyt, Philosoph. I, bes. prooem.; Tertullian, De an. 3 u.ö., bes. De praescr. haer. 7: Quid ergo Athenis et Hierosolymis? quid academiae et ecclesiae? quid haereticis et Christianis? ... viderint qui Stoicum et Platonicum et dialecticum Christianismum protulerunt. nobis curiositate opus non est post Christum Iesum, nec inquisitione post euangelium...). Doch hatten bereits zuvor die Apologeten - der gelegentlichen Selbstbezeichnung des hellenistischen Judentums als Ph. (Philo, Josephus, 4Makk) folgend - in kirchlicher Meinung und orientiert an rationaler Ph. den positiven Anschluß an sie vollzogen und für das Christentum als die »zuverlässige und heilsame Ph.« (Justin, Dial. 8) die alles überragende Stellung im hellenistischen Geistesleben beansprucht.

Die wichtigsten Stufen, die von da an die Reflexion auf das Verhältnis von christlichem Glauben und Ph. bis zum Ausgang der Antike durchschritten hat, sind folgende: α) Die *frühchristlichen Apologeten* (→ Apologetik: II), deren maßgebende Gestalt → Justin ist, lassen in noch rohem Grundriß schon die bleibend charakteristische Doppelstruktur von Übereinstimmung mit und Kritik an der Ph. erkennen (→ Antike und Christentum, 1). Obwohl Christentum und Ph. ineinander zu verschwimmen scheinen (vgl. Justins Auftreten ἐν φιλοσόφου σχήματι; Inanspruchnahme aller Wahrheit als christlich, Just. Apol. II, 13; die Christen seien jetzt Philosophen oder die Philosophen schon früher Christen gewesen, Min. Felix, Oct. 20), zielt dieses Ineinssetzen doch gerade auf den Erweis der Überlegenheit des Christentums. Obschon der christlichen Lehre durch die Ph. auch Bestätigung und gegenüber der heidnischen Religion Kampfhilfe zuteil wird und dabei die Unterschiede faktisch vielfach nivelliert werden, steht die Ph. doch infolge von Irrtümern, Widersprüchen, mangelnder sittlicher Kraft und begrenztem Wirkungsradius (das Christentum dagegen die Ph. für alle: Euseb, Praep. I, 4) der biblischen Offenbarung nach und ist, sofern wahr, ihr doch untergeordnet, da dem AT entlehnt bzw. im Unterschied zur vollen Offenbarung des Logos λόγος σπερματικός. Auch in der Folgezeit hat die Begegnung mit der Ph. einen Schwerpunkt in Werken der Apologetik (vgl. bes. Euseb, Praep. XI-XV; Theodoret von Kyros, Graec. affect. cur.; Augustin, De civ. Dei VIII). Doch traten neue Gesichtspunkte hinzu. - β) Die frühe → *alexandrinische Th.* baute die bisherigen partiellen Berührungen mit der Ph. zu einem umfassenden Lehrganzen aus. Der christliche Schulbetrieb in Alexandrien und später Cäsarea umschloß Unterricht in den wissenschaftlichen Grundfächern und Ph. Mit → Clemens und vor allem → Origenes waren Christen erstmals führende Männer der Bildung ihrer Zeit. Clemens hat, betont unsystematisch, mit großer Belesenheit bei grundsätzlicher Überordnung des christlichen Glaubens vor allem den Ausgleich mit der Ph. betrieben, diese entsprechend dem mosaischen Gesetz als Pädagogie für die Griechen auf Christus hin verstanden und mit ihrer Hilfe entgegen bildungsfeindlichem Glaubensverständnis den Glauben zur Gnosis vertieft und zur Existenz als wahrer Gnostiker angeleitet. Origenes dagegen, schon von Haus aus und in rigoristischem Sinne Christ und in apologetischer Absicht Schüler des Neupythagoreers → Ammonius, hat trotz ungleich selbständigerer Aneignung und Verarbeitung ph.en Denkens (vgl. schon den Titel Περὶ ἀρχῶν; auch Verfasser zweier nicht erhaltener ph.er Schriften) in erster Linie den Gegensatz zwischen (wenn auch ph. interpretiertem) Christentum und (nicht christlicher) Ph. betont und sich ihr wie der Gnosis gegenüber, trotz Verwandtschaft seines Systems mit beiden, um der universalen Geltung der Bibel und der kirchlichen Lehre willen in Kampfstellung befunden (c. Cels.). – γ) Aus dem ph.-th.en Werk des Origenes leitet sich das Verhältnis von Th. und Ph. in der *klassischen patristischen Zeit* (4./5.Jh.) her: Neben direkter Fortsetzung des origenistischen Erbes (→ Pamphilus, → Euseb von Cäsarea u.a.), partiellen Anleihen (→ Lucian von Antiochien, → Arius u.a.), mißtrauischer Zurückhaltung (spätere alexandrinische Th.) und offener Feindschaft (→ Origenistische Streitigkeiten) ihm gegenüber setzt sich die Unentbehrlichkeit der Ph. zur Präzisierung des Dogmas und zum systematischen Ausbau des christlichen Lehrganzen allgemein durch. Der Fortgang der dogmatischen Fragestellung und die Veränderung der geistigen (speziell ph.en) Gesamtsituation bewirken miteinander neue Differenzierungen: die selbständige Erneuerung der von Origenes gewiesenen ph.en Durchdringung des th.en Denkens bei den Kappadoziern (bes. → Gregor von Nyssa), die zur Beendigung des trinitarischen Streits half (→ Trinität: III); die stärker an Aristoteles und der aristotelischen alexandrinischen Philologie orientierte → antiochenische Th., die die christologische Fragestellung wesentlich vorantrieb (→ Christologie: II); endlich die, getragen vom Neuplatonismus, nun auch im lat. Westen erfolgende Rezeption der griech. Th. (→ Hieronymus, → Ambrosius, Marius → Victorinus), die bei → Augustin zur umfassendsten Synthese von Christentum und Antike und hier auch zur spezifisch abendländischen Ausprägung des Dogmas führte. – δ) Mit dem Erlöschen eigenständigen nichtchristlichen Philosophierens (letzter bedeutender Vertreter: → Proklus) und dem Übergang zu konservierender Interpretation des Dogmas und schulmäßiger Zusammenfassung und Tradierung des geistigen Erbes werden dem *scholastischen Verhältnis von Th. und Ph.* Material und Vorbild bereitgestellt. Neben der zu einem wichtigen Ferment der künftigen Entwicklung werdenden vorchristlichen neuplatonischen Mystik (→ Dionysius Areopagita) ist hier vor allem auf die Tradenten ph. disziplinierter Dogmatik bzw. christlich interpretierter Ph. im Osten (→ Leontius von Byzanz, → Johannes Philoponus, → Maximus Confessor, → Johannes Damascenus, für Syrien: Schule von → Nisibis) und Westen (→ Boethius, → Cassiodor, → Isidor von Sevilla) zu verweisen.

Zu genauerer sachlicher *Charakteristik der Rolle der Ph. in der Patristik* muß nach Art der Ph., ihrer Bedeutung für die Th. und ihrer Veränderung durch die Begegnung mit dem Christentum gefragt werden. – Selbstverständlich kam zunächst nur zeitgenössische Ph. in Betracht, die als solche noch »vorchristlich« war, nun aber zur Auseinandersetzung mit dem Christentum herausgefordert wurde. Von dieser Literatur sind nur Bruchstücke erhalten (vor allem → Celsus, 'Ἀληθὴς λόγος; → Porphyrius, Κατὰ Χριστιανῶν; → Julian Apostata, ebenso). Sie ist derselben Ph. erwachsen, von der auch die Apologeten des Christentums bestimmt waren, die also für die Begegnung mit dem Christentum entgegengesetzte Möglichkeiten in sich barg. Trotz des vielfältigen ph.en Angebots im Zeitalter des Hellenismus (anschaulich am Werdegang Justins: Dial. 2-8, Clemens' von Alex.: Strom. I, 11, 1-3, Augustins: Conf.), des weitverbreiteten Eklektizismus und der Abhängigkeit von doxographischen Kompendien weiß sich die »christliche« Ph. (vgl. Philo!) von Anfang an der platonischen nahe, in Gestalt zunächst des mittleren Platonismus (Justin, Clemens, Origenes, auch Celsus), dann des Neuplatonismus (Gregor von Nyssa, Marius Vict., Augustin, Dion. Areop.). Die Bewunderung Platons entspricht der überragenden Stellung des → Platonismus in der Spätantike überhaupt. Obwohl sich damit viel stoisches Gedankengut (Logoslehre, Ethik) und schon im mittleren Platonismus einige aristotelische Elemente (Logik und Naturwissenschaftliches) verbanden, deren Einflüsse im Neuplatonismus im Steigen waren, so daß die verschiedenen ph.en Traditionsströme sich auch bei den Kirchenvätern mischten, traten doch die nicht-platonischen Elemente nur selten gesondert auf. → Tertullians starkes Beeinflußtsein von stoischem Denken (bes. in ontologischer Hinsicht: Realität = Körperlichkeit, auch der Seele und Gottes, vgl. De carne Christi 11; trotz pathetischer Polemik gegen alle Ph.!) ist eine Ausnahme. Aristoteles war kirchlicher Th. lange Zeit suspekt und galt als Philosoph der Häretiker (für die röm. Adoptianer: Euseb, h.e. V, 28; aristotelischer Einfluß ferner bei Lucian von Antiochien und den Arianern, der späteren antiochenischen Th. und den Pelagianern). Trotz abschätziger Urteile (zB Gregor von Nyssa, c. Eun. 1: 'Ἀριστοτέλους κακοτεχνία; auch Augustin im allgemeinen ablehnend) findet sich doch schon bei Clemens von Alex., Origenes, den Kappadoziern und Augustin nicht wenig Aristotelisches. Der Aristotelismus der Antiochener folgt, von anderen Einflüssen abgesehen, dem neuplatonischen Interesse für Aristoteles (vgl. Porphyrius: unter zahlreichen Aristoteles-Kommentaren bes. die Εἰσαγωγή über die Begriffe γένος, εἶδος, διαφορά, ἴδιον, συμβεβηκός [»quinque voces«]; ferner auch 7 Bücher über die Übereinstimmung Platons und Aristoteles'). Darum steht die Ausbreitung der Aristoteleskenntnis auch in der Th. der Spätantike (bes. ausgeprägt in Syrien bei Nestorianern und Monophysiten; syr. Übersetzungen vermitteln Aristoteles an die Araber [→Islamische Philosophie, 1]) nicht in Spannung zum Neuplatonismus (Maximus Confessor und bes. Joh. Damasc., Πηγὴ γνώσεως, im ersten Teil eine Einführung in die aristotelische Dialektik). Dem Westen hat schon Marius Victorinus des Porphyrius Εἰσαγωγή und Aristoteles' De interpr. und Kat. in lat. Übersetzung zugänglich gemacht. Boethius plante eine vollständige Aristotelesübersetzung; erhalten sind nur kommentierte Übersetzungen zu De interpr. und Kat. Dazu kommen seine Kommentare zu Porphyrius' Isagoge in seiner und des Victorinus Übersetzung, – der Grundstock der frühmittelalterlichen Aristoteleskenntnis.

Der außerordentlich bewegte Verlauf der Begegnung von christlichem Glauben und Ph. in der Patristik, die nicht als starre Größen alternativ, additiv oder kompromißhaft synkretistisch zu verrechnen sind, in wesentlicher Hinsicht auch nicht sich mit verteilten Rollen gegenüberstehen, sondern jeweils in einer und derselben Person zu einem einzigen geistigen Vorgang sich verbinden, der beide, wenn auch in sehr verschiedener Weise, an- und miteinander wachsen und sich wandeln läßt, stand grundsätzlich im Zeichen unantastbarer *Geltung des christlichen Glaubens als des Kriteriums ph.er Lehren.* Aber wie diese selbstverständlich der Kritik ausgesetzt und nicht pauschal übernommen wurden, so hielt ebenfalls das ph. disziplinierte Denken dazu an, nicht unkritisch alles, was den Schein christlicher Lehre hat, auch dafür zu halten. Zwei ihrer Herkunft und ihrem Wesen nach so verschiedene Größen wie die griech. Ph. und den christlichen Glauben in ständiger Symbiose auf Gemeinschaft und Gegensatz hin zu bedenken, stellt eine so einzigartig anspruchsvolle Aufgabe dar, daß zu dem daraus erwachsenden Gewinn an Wahrheitserkenntnis begreiflicherweise auch eine hohe Risiko- und Verlustquote gehörte. Aber trotz der Gefahr, die Unterschiede zu verwischen und ungut zu harmonisieren, ist doch der patristischen Th. nie das Bewußtsein einer tiefen *Differenz* verlorengegangen. Auch für den ph. Gebildeten hatte die Wendung zum Christentum den Charakter von »Bekehrung« (vgl. Justin, Clemens von Alex., Augustin), die zwar im Schema von Frage und Antwort in sinnvollem Zusammenhang mit dem Vorausgehenden stand und darum auch als »Erfüllung« und als Wendung zu »wahrer Ph.« (in dem Gemeinsamkeit und Gegensatz umschließenden Doppelsinn) verstanden werden konnte. So wurde die »Bekehrung« nicht zur Flucht in einen religiösen Separatraum, sondern räumte dem Anspruch des christlichen Glaubens an die Welt diese selbst ein, soweit und wie sie erfahren und erschlossen war. Es entsprach der Art hellenistischer Ph., wenn zunächst das Verhältnis im Sinne inhaltlich vergleichbarer Lehren aufgefaßt wurde und dafür der Platonismus mit seiner Unterscheidung zweier Welten (κόσμος νοητός und κόσμος αἰσθητός) und seinem Gottes- und Menschenverständnis einen dem biblischen Denken verwandten Rahmen zu bieten schien, innerhalb dessen einzelnes zu korrigieren sein mochte, der aber als solcher außer missionarisch-apologetischer »Anknüpfung« dem Christentum den Dienst eines geistigen Ordnungsschemas leistete, in dem alles an seinen Ort gewiesen und zueinander in Beziehung gesetzt werden konnte. Die dadurch ermöglichte Erfassung des inneren Sachzusammenhangs der Glaubensaussagen untereinander und mit aller vernünftigen Welterkenntnis hat das Christentum (trotz der darin liegenden Gefahr) entscheidend zu dauernder kritischer Selbstbesinnung angehalten und vor Verkehrung in Mythologie geschützt. Der Dienst der Ph. trifft sich hier im Effekt mit dem ganz andersartigen und dadurch nie ersetzbaren Dienst, den das AT dem christlichen Glauben leistet. Mit fortschreitender Durchdringung von christlichem Glauben und ph.em Denken verschob sich allerdings der Schwerpunkt der Beziehung von den vergleichbaren Lehrinhalten auf die Indienststellung durchreflektierter Denkdisziplin, wie sie – den platonischen Einfluß ergänzend, aber auch korrigierend – sich im aristotelischen »Organon« darbot. Der Formalismus dieser »Sprachlehre« konnte zwar in Hinsicht auf die »Sachlehre« keineswegs neutral sein, wohl aber die Aufmerksamkeit gerade auf die hinter den einzelnen Lehrinhalten liegenden Probleme der Differenz von Th. und Ph. lenken.

Für die Verknotung von Th. und Ph. in sachlicher wie formaler Hinsicht ist charakteristisch, daß die Stelle ihrer engsten Berührung – der Gottes- und der Logosbegriff – zum Ort der grundlegenden kirchlichen Lehrbildung wurde (trinitarisches und christologisches Dogma). Nicht nur an dem *Faktum* der Dogmenbildung, die analog zu den ph.en »Dogmen« und mit ph.en Mitteln den kirchlichen Glauben in Abgrenzung gegen die Ph. und in nicht-ph.em Sinne als Dogma präzisiert, sondern auch am *Inhalt* der Dogmenbildung, der – als Symbol der Begegnung von christlichem Glauben und griech. Geist – die Interpretation der Offenbarung mittels des ph.en Gottes- und Logosbegriffes, damit aber zugleich eine Infragestellung dieses Interpretationsmittels durch die Offenbarung darstellt, ist zu erkennen, wie das Dogma als »Werk des griechischen Geistes auf dem Boden des Evangeliums« (A.v.Harnack) zugleich eine »Frucht des Evangeliums auf dem Boden des griechischen Geistes« ist, so daß das Dogma nur von seiner Geschichte her auf seine Wahrheit als ein Geschehen hin interpretierbar ist. – Daß der ph.e (platonische) *Gottesbegriff* (→ Gott: V) dem christlichen Glauben im Kampf mit der religiösen Umwelt als Zeuge des Monotheismus und der Transzendenz des Göttlichen Bundesgenosse zu sein schien, ist begreiflich. Obwohl gerade die hervorragendsten Polemiker gegen das Christentum Platoniker waren, erkannte man nicht die tiefe Differenz, die die Übereinstimmung zwar nicht völlig illusorisch, aber deren Interpretation schwieriger machte, als man sich eingestand. Der metaphysische Gott ist das erschlossene Weltprinzip, dessen »Natur« es ist, der ewige, dem Zeitlichen ferne, unveränderliche, eigenschaftslose, unbegreifliche, unpersönliche Grund der Welt zu sein, den zu erkennen die Rückkehr aus dem Vergänglichen über die zeitlosen Wahrheiten in den wahren Seinsgrund ist. Nicht daß hier überhaupt am Gottesverständnis sich das Seinsverständnis verrät und die spiegelbildartige Entsprechung von Kosmologie und Soteriologie erzeugt, ist das eigentlich Bedenkliche, sondern daß hier ein in der griech. Wirklichkeitserfahrung befangenes Gottesverständnis die Auslegung des Evangeliums leiten soll, in dem Gott in Freiheit als »Person« durch das Wort auf Glauben hin geschichtlich handelt und seine eschatologische Offenbarung als Ereignis der Menschwerdung Gottes verkündigt wird. Die patristische Th. hatte grundsätzlich recht, das christliche Reden von Gott dem metaphysischen Gottesbegriff auszusetzen, jedoch unrecht in dem Versuch, das metaphysische und das biblische Reden von Gott schichtweise zusammenzusetzen, was eben doch nur mit Friktionen möglich war. Die deutlichsten Zeichen sind einerseits die bis in das Heilsverständnis sich gefährlich auswirkende Vorordnung einer metaphysischen Lehre vom Wesen Gottes, anderseits die trotzdem festgehaltene, den ph.en Voraussetzungen widersprechende Lehre von der → Schöpfung (: IV A, 1) aus dem Nichts und der Offenbarung in der Geschichte, und schließlich als gewaltiges Dokument dieses trotz allem neue Denkaufgaben erschließenden Ringens die als solche weder in der Bibel noch in der Ph. enthaltene durchreflektierte Trinitätslehre, die Gott, unbeschadet der Einheit seines Wesens, als den Lebendigen verstehen lehrt in der distinctio personarum, dem innergöttlichen Geschehen von Wort und Geist. Auch hier gibt sich – mit Recht – im Gottesverständnis das Seinsverständnis kund, welches durch (nicht im Gegensatz zu) Geschehen, Wort, Willen und Freiheit bestimmt ist. Entsprechend gerät auch der → *Logos-Begriff,* dessen durch Joh 1, 1ff vorbereitete Einführung seit den Apologeten gleichsam den Katalysator des th.en Denkens liefert und zum Zusammendenken von natürlicher Gotteserkenntnis und Offenbarung, AT und NT, Schöpfung und Erlösung, Gotteslehre und Christologie anleitet, in einen Umbruch des Denkens, in dem die griech. Logostradition mit dem biblischen Verständnis des geschehenden Wortes zusammentrifft, dadurch aber keineswegs zerstört, vielmehr in gewisser Hinsicht tiefer ausgelegt wird. Das Erbe, das die Patristik hinterließ, verpflichtete durch die Größe nicht nur des Geleisteten, sondern vor allem auch der dadurch erst gestellten Aufgaben.

b) Obwohl das Verständnis des Christentums als wahrer Ph. im Christentum selbst keine Zweiheit im Sinne einer Unterscheidung von Th. und Ph. mehr zuzulassen schien, ist doch gerade mit dem äußeren Sieg des Christentums und dem Erlöschen nichtchristlichen Philosophierens zunehmend deutlich geworden, daß eine entsprechende Zweiheit gewahrt bleiben muß. Analog ist aus der konstantinischen Wende und der schließlich verfügten alleinigen Geltung des christlichen Glaubens in Öffentlichkeit und Kultur nicht (bzw. nur zeitweise und am Rande, als fraglicher Sonderfall) das Einheitsgebilde eines »Kirchenstaates« hervorgegangen. Vielmehr nahm die hergestellte Einheit die fortdauernde Unterscheidung von → Kirche und Staat in sich auf, so daß nach Beendigung der Verfolgungssituation und zustande gekommener Versöhnung und Verquickung von Kirche und Staat ihr Verhältnis überhaupt erst eigentlich zum Problem und zum Leitmotiv einer konfliktreichen Geschichte wurde. Weil dem → *Mittelalter* die Aufgabe zufiel, die Einheit der »christlichen« Welt aufzubauen und zu erhalten, mußte sich hier wie auf die Unterscheidung geistlicher und weltlicher Gewalt in politischer Hinsicht, so auch auf die Unterscheidung von Th. und Ph. die Problematik konzentrieren. Dazu nötigte nicht nur die auch nach dem Zusammenfluß wirksam bleibende Doppelheit biblischer und griech.-röm. Tradition, sondern auch die damit aufs engste verbundene sachliche Zweiheit von Offenbarung und Vernunft, von Glauben und Wissen, die durch die christliche Verkündigung nicht aufgehoben, vielmehr erst eigentlich aufgerichtet wurde. Die Frage stellte sich um so dringender, als nun Th. und Ph. nicht bloß zu Momenten innerhalb der christlichen Einheit, sondern sogar zu vorwiegend in Personalunion betriebenen Aufgaben wurden. Die fast ein Jt. durchlaufende Bewegung, die auf die bei Thomas von Aquino klassisch konzipierte Einheit des zu Unterscheidenden hin- und von da wiederum in die Strittigkeit dieser Einheitskonzeption fortführte, weil die Spannung mächtiger erfahren wurde, als in jener harmonischen Zusammenfügung vorgesehen, umschließt auch noch die Reformation, aus deren Neubruch zunächst, parallel zur kath. Restauration, eine prot. Scholastik hervorging als letzte Variation des Verhältnisses von Th. und Ph. innerhalb der Grundstruktur »christlicher« Zeit. Symptom des so weitreichenden Zusammenhangs ist die durch alle Wandlungen sich durchhaltende Rolle der aristotelischen Ph., die schon vor dem eigentlichen Aristotelismus des Hoch-MA das für die Scholastik konstitutive dialektische Rüstzeug beisteuerte und ebenfalls bei der Auflösung der hochmittelalterlichen Synthese als Anlaß, aber auch als Mittel der Kritik mitbestimmend war.

Das Werden des scholastischen Wissenschaftsverständnisses vollzog sich entscheidend durch schärfere Erfassung von »Ph.«, durch die daraus folgende Ermöglichung der Frage nach »Th.« als Wissenschaft und durch die Reflexion auf das Verhältnis beider zueinander. Waren im frühen MA die → Artes liberales mit ihrem enzyklopädisch tradierten bescheidenen Wissensstoff Inbegriff von Wissenschaft, identisch mit Ph. (in weitem Verständnis) und für die Th. in erster Linie um der Grammatik, dann zunehmend um der Dialektik willen von Belang, so ermöglichte erst die tiefere Erschließung von Ph. und ihre Unterscheidung von den Artes einen auch die Th. umfassenden Wissenschaftsbegriff, der wiederum die Präzisierung des Verhältnisses von Th. und Ph. erforderte. Der für die → Scholastik konstitutiven Interdependenz von Th. und Ph. liegt ihre gemeinsame Abhängigkeit von der Tradition zugrunde, die nicht bloß getrennte, sondern auch die schon in der Patristik miteinander verbundene Tradition ist. Th. wie Ph. sind in gleicher Weise (wie alle scholastische Wissenschaft) auf die auctoritas der überlieferten maßgebenden Texte angewiesen, deren kommentierende lectio gegenwärtige Th. und Ph. als Partizipation an genuiner Th. und Ph. ermöglicht. Doch setzt hier die Differenzierung ein, indem die überlieferte Ph. bis zu einem gewissen Grade den eigenen Gebrauch der ratio in Gang setzt, während die Th., die es mit Glauben zu tun hat, wesenhaft auf auctoritas bezogen bleibt, freilich so, daß der Glaube, wenn auch in Grenzen, nachträglich zu verstehen sucht und so sich der Spannung von auctoritas und ratio aussetzt. Infolge der prinzipiellen Überordnung der kirchlichen auctoritas droht hier zwar letztlich kein Konflikt, aber auch nicht Verdrängung der ratio. Einerseits wird sie selbst in Gestalt von ph.en auctoritates ins Feld geführt, die zu den th.en auctoritates ebenso wie diese untereinander scheinbar in Widerspruch stehen können; anderseits erwächst aber gerade daraus die gewaltige Aufgabe der ratio und darum die Unentbehrlichkeit der Ph.: die Lösung dieser quaestiones zu bewerkstelligen. Die wissenschaftliche Methode der Scholastik wurzelt also in der Exegese und zielt, von deren Schwierigkeiten angetrieben, auf Erkenntnisgewinn durch distinguierende syllogistische Systematik, die allen Autoritäten gerecht zu werden sucht und so zu möglichst vollständiger Einsicht in den Wahrheitszusammenhang vordringt.

Dem Geist dieser Zeit entspricht es, daß seine Geschichte markiert ist durch stufenweise *Wiedererschließung verschütteter ph.er bzw. ph.-th.er Texte*. Deren Hinzukommen ist jeweils neben bestimmten äußeren Umständen auch einer wachsenden Aufnahmebereitschaft zu verdanken und darum in komplizierter Wechselwirkung Ursache, aber auch Folge geistiger Veränderungen. Anfänglich besaß man, abgesehen von dem in der patristischen Überlieferung, bes. bei Augustin, diffus Enthaltenen, an ph.en Texten nur sehr wenig, fast ausnahmslos die Logik betreffend und zumeist Boethius zu verdanken (der nächst Augustin zum Lehrer des MA wurde): außer dem oben schon Erwähnten noch einen boethianischen Kommentar zu Ciceros Topik, einige logische Abhandlungen von Boethius und Marius Victorinus und Platons Timaeus in Ciceros Übersetzung. Das 9.Jh. brachte Verstärkung neuplatonischen Gedankenguts durch die Schriften des Dionysius Areopagita, bes. in der Übersetzung des → Johannes Scotus Eriugena. Um die Mitte des 12.Jh.s wurde das gesamte aristotelische Organon (und damit erst eigentlich die aristotelische Wissenschaftsmethodik) bekannt und kam als »nova logica«, im Unterschied zu dem nun als »vetus logica« bezeichneten bisher bekannten Teil, zur Verwendung. Etwa gleichzeitig kamen einige platonische Dialoge und naturwissenschaftliche Schriften des Aristoteles und anderer zur Kenntnis sowie, wichtig für die Entwicklung der scholastischen Methode in Anknüpfung an deren Vorbereitung in der ausgehenden Antike, Joh.Damascenus' De fide orthodoxa. Alles überragt jedoch das Bekanntwerden des vollständigen Aristoteles (nun bes. der Physik, Metaphysik, der ethischen Schriften und der Politik) in einem seit Mitte des 12.Jh.s über etwa ein Jh. sich erstreckenden vielschichtigen Übersetzungsvorgang, teils aus dem Griechischen, teils aus dem Arabischen, wodurch zugleich die islamische (→ Avicenna, Algazel [→ Ġazzālī], → Averroes) und jüdische (→ Maimonides) Aristotelesinterpretation und Ph. zugänglich und zu kritischer Bemühung um den echten Aristoteles Anlaß wurde. Wichtig ist auch die in diese Zeit fallende Übersetzung von Werken des Proklus.

Von diesen Wandlungen des ph. Vorgegebenen her werden zT auch die Hauptfaktoren verständlich, die in dieser Zeit das Verhältnis von Th. und Ph. in sachlicher Hinsicht bestimmen und verändern. Ein Grundmotiv ist die wechselvolle Konkurrenz von → *Platonismus* (bzw. Neuplatonismus bzw. Augustinismus) und → *Aristotelismus*. Obwohl sich das Verhältnis zeitlich im Blick auf den epochalen Umschwung zugunsten des Aristotelismus im 13.Jh. und sachlich als die Ablösung der Tendenz zur Verschmelzung durch die Tendenz zu unterscheidender Verbindung von Th. und Ph. aufs gröbste andeuten läßt, handelt es sich doch, näher besehen, um ein dichtes Gewebe, in dem zwar die Schwerpunkte wechseln, aber alle pauschalen Etikettierungen den ungemein nuancenreichen Sachverhalt zu vergewaltigen drohen. Wie schon in der Spätantike die Differenz zwischen Platon und dem Neuplatonismus verwischt und sowohl der originale als auch der augustinische Neuplatonismus aristotelisch durchsetzt war, so blieb die Aufgabe, den neuentdeckten Aristoteles von neuplatonischen Übermalungen seiner arab. und jüd. Kommentatoren zu befreien, doch selbst bei Thomas in den Grenzen neuplatonisch infiltrierter Gesamtkonzeption. Die Vorherrschaft des Augustinismus in der Frühscholastik darf nicht das Gewicht der aristotelischen Logik vergessen lassen und die Vorherrschaft des Aristotelismus in Hoch- und Spätscholastik nicht (außer den verschiedenen ausgesprochen augustinischen Gegenbewegungen, die nun aber ebenfalls sich des Aristoteles bedienen) den Einfluß der religiösen Grundmotive des Augustinismus. Die einzelnen Vertreter und Richtungen lassen sich deshalb nur gradweise und unter bestimmten Hinsichten den nie schlechterdings alternativ in Betracht kommenden Haupttypen ph.er Tradition zuordnen. Ebenso ist Vorsicht geboten, das zwar charakteristische *Universalienproblem* (→ Universalienstreit) zum Leitfaden der scholastischen Gesamtentwicklung zu machen. Die Frage nach der Seinsweise der Allgemeinbegriffe (Gattungen und Arten): ob sie (körperlich oder unkörperlich) für sich bestehen oder bloß als Verstandessetzung und ob sie getrennt von oder in und an dem sinnlich Wahrnehmbaren gegeben sind, ist in der Formulierung des Porphyrius (am Anfang der Isagoge) durch die Erörterungen des Boethius und in Verbindung mit dessen Fragestellung, ob die Kategorien res oder voces seien, dem MA von Anfang an als die Frage nach der ontologischen Verwurzelung der Logik vertraut, die »realistisch« oder »nominalistisch« zu beantworten sei. Dem vorherrschenden Platonismus der Frühscholastik entsprach die »realistische« Annahme der eigenen Subsistenz der Universalia als von den Einzeldingen unabhängiger wahrer Wirklichkeit. Das erste Auftauchen eines extremen → Nominalismus (→ Roscelin) blieb eine mit häretischen Konsequenzen (→ Tritheismus) belastete Episode, aus der jedoch über den vermittelnden Standpunkt Abaelards eine Überwindung der extremen Lösungen überhaupt hervorging. Auf der Basis des aristotelischen Realismus hat die Hochscholastik die verschiedenen Aspekte verbunden (das Universale existiert als Form in re, obwohl im göttlichen Geist ante rem und als »Begriff« post rem) und das Problem in den Hintergrund treten lassen, das dann jedoch durch → Ockham und den ihm folgenden spätmittelalterlichen Nominalismus (richtiger: Konzeptualismus) im Anschluß an die terministische Logik (logica moderna) des Petrus Hispanus (→ Johannes XXI.) neu aufgegriffen wurde und den Richtungsstreit zwischen via antiqua und via moderna bis ins 16.Jh. hinein bestimmte. Erst in dieser Phase tritt die Tragweite des Universalienproblems und sein Zusammenhang mit der Th. schärfer heraus. Wenn das Einzelne das einzig Wirkliche ist und darum nur intuitive Erkenntnis evidente Gewißheit des Realen vermitteln kann, so entfernt sich das begriffliche Denken, je mehr es vom Konkreten ins Allgemeine hin abstrahiert, von der Wirklichkeit und büßt an Gewißheit ein. Damit ist der Wirklichkeitsvorrang des Allgemeinen, des Essentiellen und die Erkenntnisqualität des reinen Denkens in Frage gestellt. Davon wird vor allem die Metaphysik und die nach dem traditionellen Verständnis darauf aufbauende Th. betroffen. Zur richtigen Einschätzung dessen muß auf das hinter dem Universalienproblem verborgene und in der Scholastik überhaupt nur indirekt als verdrängtes wirksame *Problem der Geschichte* verwiesen werden. Es ist griech. Erbe, daß im scholastischen Wissenschaftsbegriff kein Raum ist für Geschichte. Denn von Kontingentem kann es keine »wissenschaftliche«, syllogistisch zu beweisende Erkenntnis geben. Nun ist allerdings vom Universalienproblem die Frage nach dem → Individuations-Prinzip, für das Thomas die materia signata, Duns Scotus dagegen als zusätzliche Form die haecceitas ausgab, unabtrennbar und damit das Problem der → Kontingenz, des Willens und der Freiheit, das nicht nur von der alltäglichen Wirklichkeitserfahrung her sich aufdrängte, sondern darüber hinaus durch die christliche Überlieferung im Gottes- und Offenbarungsverständnis, weil in der Orientierung an dem geschichtlich ergangenen und ergehenden freien Tatwort Gottes, verwurzelt ist. Die Spannung zwischen metaphysischer und biblisch-offenbarungsgeschichtlicher Ausrichtung der Th., zwischen notwendigen und kontingenten Aussagen sowie zwischen primär vom »Wesen« oder primär vom Willen her bestimmtem Gottes- und Wirklichkeitsverständnis ist schon von der Patristik ererbt und verstärkt mit der Struktur scholastischer Th. gegeben. Im Grunde ist dies das Kernproblem, das das Verhältnis von Th. und Ph. in der Scholastik in Bewegung hält, obwohl sie es von ihren Voraussetzungen her nicht als Problem der Geschichte erfassen konnte.

Explizit laufen die Problemlinien in dem Verhältnis von *Glauben und Wissen* (fides und ratio) zusammen. Im Früh-MA vertritt → Johannes Scotus Eriugena in Anlehnung vor allem an die griech. Patristik extrem die Identität wahrer Religion und wahrer Ph., so daß die mit der göttlichen Autorität übereinstimmende wahre Vernunft u.U. Kriterium der kirchlichen Autorität ist. Im 11.Jh. führte dies infolge aufschäumender Bewunderung der Dialektik zT zu einem mit der herrschenden kirchlichen Lehre in Konflikt geratenden Rationalismus (→ Berengar, → Roscelin), was wiederum in Kreisen der mönchischen Kirchenreform die Reaktion scharfer Grenzziehung gegen die Dialektik hervorrief. → Petrus Damiani bestritt, daß die göttliche Allmacht am logischen Grundprinzip (Satz vom Widerspruch) eine Schranke habe (MPL 145, 612), und vertrat als erster im MA den zwar schon in der Patristik begegnenden, auf Philo zurückzuverfolgenden, nun aber schroff akzentuierten Gedanken, die Dialektik habe als ancilla der sacra doctrina als ihrer domina gehorsam zu dienen (603). Trotzdem erkämpfte sich die Dialektik ihr Recht in gemäßigtem Gebrauch bei → Lanfrank, bei → Anselm von Canterbury aber in kühner Verbindung absoluter Unantastbarkeit des vorausgesetzten Glaubens (fides quaerens intellectum) und nachträglicher Beweisführung für alle kirchlichen Glaubenslehren (rationabili necessitate, remoto Christo; → Gottesbeweise: Monol., Proslog.; Versöhnungslehre: Cur Deus homo?). Während Anselm jedoch seinem platonischen Realismus entsprechend die hoch eingeschätzte spekulative Kraft der ratio vornehmlich zur Erhellung des Autoritätsglaubens einsetzte, lag bei → Abaelard der Schwerpunkt in der dialektischen Auflösung der scheinbaren Widersprüche zwischen den Autoritäten (Sic et non). Mit dieser aus der Jurisprudenz in die Th. übertragenen dialektischen Methode, die die spekulative Kraft der ratio geringer und deren Differenz zum Glauben ausgeprägter sein ließ, hat Abaelard den weiteren Gang der Scholastik entscheidend bestimmt. Die, verglichen mit Anselm, distanziertere Rolle der ratio konnte, obwohl gegenüber dem Glauben begrenzter, doch auch als kritischer und als Mangel an humilitas empfunden werden, so daß → Bernhard von Clairvaux um der Frömmigkeit willen protestierte (haec mea sublimior interim philosophia, scire Iesum et hunc crucifixum, MPL 183, 995). Trotzdem hat sich bei → Hugo von St. Viktor das mystische Interesse mit dem dialektischen in fruchtbarer Weise verbunden. Von ihm wie von Abaelard ist das Sentenzenwerk des → Petrus Lombardus bestimmt, das zwar in der Fülle des Zitierten (weitaus am meisten Augustin, zum ersten Mal auch Joh.Damascenus) keine ph.en Autoritäten aufführt (vgl. III d. 22 c.1: fidei sacramentum a philosophicis argumentis est liberum), aber in Methode und Gedankengut durchaus am Anfang des Weges steht, in dessen weiterem Verlauf es als kommentiertes Unterrichtsbuch zu ungeahnter Bedeutung kam.

Die Entstehung der → Universitäten, die Flutwelle der neuen Aristoteleskenntnis und die das Abendland aufrüttelnde Bewegung der → Bettelorden, die in dieser veränderten Wissenschaftssituation die Führung ergreifen, markieren die in ihrer Auswirkung nicht auf das MA beschränkte Wendung zum methodisch durchreflektierten Verständnis der Th. als Wissenschaft, für das die Unterscheidung von der Ph. mittels der nun vehement diskutierten Verhältnisbestimmung von fides und ratio konstitutiv ist. Gegen den anfänglichen Widerstand der Kirche (Behandlung aristotelischer Physik und Metaphysik an der Pariser Universität 1210 verboten, ab 1231 geduldet, ab 1366 päpstlich verlangt; → Aristotelismus), aber in scharfem Gegensatz zu einem radikalen Aristotelismus (Bezeichnung als »lat. → Averroismus« umstritten; → Siger von Brabant), welcher Lehren, die dem christlichen Glauben widersprachen (zB Ewigkeit der Welt oder Bestreitung individueller Unsterblichkeit), in ungelöstem Konflikt als ph.e Wahrheit neben die th.e Wahrheit setzte (als sog. »Lehre« von einer doppelten, dh widersprüchlichen Wahrheit unsinnig und wohl nie ernsthaft vertreten), haben die hochscholastischen Theologen die gewaltige Aufgabe der *Synthese von kirchlicher Lehre und aristotelischer Ph.* in Angriff genommen und dadurch den umfassenden Wirklichkeitsbezug des christlichen Glaubens zur Geltung zu bringen und ein Höchstmaß an systematischer Durchdringung und Bewältigung aller th.en Probleme zu erreichen versucht. Nach → Thomas von Aquino (vgl. bes. S.c.gent. I, 1-9) sind ratio und fides entsprechend der positiven Zuordnung von Natürlichem und Übernatürlichem zu unterscheiden: Cum enim gratia non tollat naturam sed perficiat, oportet quod naturalis ratio subserviat fidei, sicut et naturalis inclinatio voluntatis obsequitur caritati (S.th. I q.1. a.8 ad 2). Die Offenbarung ist supra rationem, kann jedoch nicht contra rationem sein. Darum sind die Glaubenswahrheiten weder zwingend zu beweisen – das würde mit der Autoritätsbezogenheit auch die Verdienstlichkeit des Glaubens beeinträchtigen – noch auch zu widerlegen, nehmen aber die Ph., ohne letztlich auf sie angewiesen zu sein, in sinnvollen Gebrauch: um die praeambula fidei sicherzustellen (Beweis der Existenz Gottes a posteriori »quinque viis«, S.th. I q.2 a.3, aber nicht der Trinität, ebd q.32 a.1); um den Glaubensinhalt als in sich widerspruchsfrei zu erweisen und in analogischer Beziehung auf die geschöpfliche Wirklichkeit mittels Ontologie und Psychologie zu interpretieren (vgl. zB als entscheidenden Knotenpunkt die als Lehre von den virtutes theologicae sich entfaltende Auffassung der gratia als gratia habitualis); und schließlich um die Einwände gegen den Glauben zu entkräften, die als ihm widersprechende eo ipso unvernünftig sind, während die Nichtfaßbarkeit für die Vernunft kein Einwand gegen die Wahrheit des Glaubens ist (insofern tatsächlich: duplex veritas divinorum, non ex parte ipsius Dei, qui est una et simplex veritas; sed ex parte cognitionis nostrae, quae ad divina cognoscenda diversimode se habet, S.c.gent. I, 9). Gegen diese thomistische Position hielten die ältere Franziskaner-Th. und → Heinrich von Gent an der augustinischen Illuminationslehre fest, wonach auch in naturalibus wirkliche Wahrheitserkenntnis nicht ohne göttliche Erleuchtung zustande kommt, die scharfe Unterscheidung zwischen fides und ratio also bestritten wird. Obwohl → Duns Scotus sich in dieser Hinsicht Thomas anschloß, hat er gegen ihn in Fortsetzung von Grundmotiven augustinisch-franziskanischer Th. das angeblich fugenlose Aneinanderanschließen von vernünftiger Welterkenntnis und kirchlicher Glaubenslehre vielfältig in Frage gestellt: Infolge schärferer Handhabung des aristotelischen Wissenschaftsbegriffs und des Gesichtspunktes der Stringenz ist die Th. nicht scientia proprie dicta und die Menge des Beweisbaren kleiner als bei Thomas. Entsprechend dem Primat des Willens und der Unterscheidung zwischen potentia Dei absoluta und ordinata verringert sich die Verstehbarkeit des Göttlichen (die potentia absoluta hat zwar ihre Grenze am Satz vom Widerspruch und am göttlichen Wesen selbst, aber nicht an Sachkriterien der Vernunft) und verschärft sich die Kontingenz des Geschöpflichen, indem dessen Geltung nicht essentiell begründet werden kann, sondern an der acceptatio divina hängt, nicht in der Erkenntnis, sondern in der Liebe die Seligkeit besteht und darum der auctoritas, in Spannung zur ratio, stärkeres Gewicht zukommt.

Die Tendenz auf ein kritisches Verständnis des Verhältnisses von fides und ratio radikalisiert sich bei → Ockham in Verbindung mit seiner Wendung vom hochmittelalterlichen Realismus (nun »via antiqua«) zum *Nominalismus.* Die Beweisbarkeit auch der praeambula fidei, jedenfalls in strengem Sinne, wird nun bestritten. Indem die Th. ganz auf den Glauben gestellt ist, wird ihr Wissenschaftscharakter problematisch, da weder ihre Prinzipien noch ihre Konklusionen evident sind. Einerseits drückt sich darin das Pathos der Eigenart von Th. aus, indem die Reflexion auf die Freiheit Gottes (potentia absoluta) ihren methodischen Sinn in der Konzentration auf die Bruchstelle zwischen fides und ratio und in der Einschärfung der autoritativ vorgegebenen potentia ordinata hat. Anderseits nimmt die ph.e Implikation der Th. damit keineswegs ab, steigert sich vielmehr zu abstraktem Formalismus, weil der Schwerpunkt sich von der Entfaltung des Glaubensinhalts auf den kritischen Aufweis des ihn bestimmenden Vorzeichens der Nichtbegründbarkeit verlegt, – eine Grundhaltung im Zwielicht von Lust am Gebrauch der ratio und Ergriffensein durch das ihr Überlegene und Entzogene. Es ist darum verständlich, wenn in der die überkommenen Richtungen vornehmlich konservierenden Spätscholastik der Ockhamismus (vgl. → Petrus von Ailly, Joh. → Gerson) sich verbinden kann mit der an sich im entgegengesetzten scholastischen Lager wurzelnden → *Mystik* (: VI). Neben fortwirkenden älteren Erscheinungsweisen repräsentiert sie in ihrer neuplatonisch spekulativen Gestalt bei → Eckehart, verbunden mit thomistischem Denken, wieder die Verschmelzung von Glauben und Erkennen, von Th. und Ph. In ihrer praktisch-erbaulichen Gestalt (→ Tauler, → Seuse, → Thomas a Kempis, → Deutsche Theologie, → Devotio moderna) läßt sie eher Animosität gegen die ph.e Überfremdung des eigentlich Theologischen erkennen. Schließlich bringt sie mit dem universalen ph.-th.en System des → Nikolaus von Kues ein überragend selbständiges Übergangswerk hervor, das die Vielfalt aller, auch der scholastischen Denkrichtungen, in sich aufzuheben und als letztlich koinzident zu überwinden trachtet, sowie durch die Idee Gottes als der Komplikation der Welt und der Welt als der Explikation Gottes weit über die Renaissance-Ph. hinaus Problemaspekte des neuzeitlichen Denkens vorwegnimmt. Die scheinbar der Gesamtbewegung der sich verschärfenden Unterscheidung von Th. und Ph. zuwiderlaufende erneute Ineinssetzung beider in der Ph. der → Renaissance (: III) ist als »Aufhebung« auch der christlichen Th. in eine universal-synkretistische ph.e Th. gerade Antithese zu der von der Ph. sich unterscheidenden christlichen Th. und insofern unter der Betonung von Harmonie Anbahnung der Emanzipation und Trennung der Ph. von der Th. Obwohl als Gegenbewegung bes. gegen den Nominalismus bzw. als Renaissance des Platonismus (Platonische Akademie in Florenz, → Ficino, → Pico della Mirandola) unter Berufung auf Patristik und Antike gegen die aristotelische Scholastik überhaupt (L. → Valla, Dialecticae disputationes contra Aristotelicos) gerichtet, kündigt sich darin doch schon die »nachchristliche« Zeit an.

Die extrem gegensätzlichen Haupttypen spätmittelalterlichen Verhältnisses von Th. und Ph., der scholastische Nominalismus und die antischolastische Renaissance-Ph., treffen sich in der zwar völlig verschieden begründeten und formulierten Tendenz, an die Stelle der als widersprüchlich oder als unberechtigt empfundenen unterscheidenden Zusammenfügung von Th. und Ph. die Scheidung der Ph. von der christlichen Th. treten zu lassen. Die *Reformation* scheint sich als dritter geschichtlicher Faktor in wieder anderer Weise an dieser Tendenz zu beteiligen. Doch trifft das Schlagwort »Freiheit der Th. von der Ph.« nicht den vollen Sachverhalt. Allerdings enthalten schon → *Luthers* (: II, 2 b) früheste th.e Äußerungen anti-ph.e Polemik (zB WA 9, 23, 6ff; 43, 4f. 41f; 91, 22ff), die sich aus seiner ockhamistischen Schulung zT, aber nicht völlig erklären läßt, zumal angesichts des damit von Anfang an verbundenen hermeneutischen Gesichtspunktes der Verschiedenheit griech.-ph.en und biblischen Sprachgebrauchs (zB 3, 176. 419f. 440f). Trotz der scholastischen Bemühung um die Unterscheidung von fides und ratio stellt Luther den gegenteiligen Effekt fest: eine heillose Vermischung, weil die fides nicht rein als fides erfaßt ist, so daß auch die ratio nicht rein als ratio zur Geltung kommen kann. Der reformatorische Kampf gegen die scholastische Th. ist zentral gegen Aristoteles (freilich zugleich auch gegen den Neuplatonismus, 5, 163; 6, 562) gerichtet (Theologus non fit nisi id fiat sine Aristotele; bes. 1, 226. 355), dh gegen die th.e Auswirkung der Dialektik (WAB 1, 149f), der Physik und der Metaphysik (56, 334) sowie der Ethik (als Fehlerquelle scholastischer Gnadenlehre, 1, 226, 10). Doch ist sich Luther bewußt, daß der scholastische Aristoteles nicht einfach identisch ist mit dem echten (1, 226, 28), daß der Ph. an ihrem Ort Respekt gebührt, wie auch der ratio, sofern sie in ihren Grenzen als rechtmäßige Herrin (39/I, 175) und nicht als Hure des Teufels in ihrem Widerspruch zum Glauben (18, 164. Fides hanc rationem occidit 40/I, 361ff) in Betracht kommt, und daß sich von der Sache der Th. her auch ein sachgemäßeres ph.es Reden von der Wirklichkeit überhaupt eröffnen könnte (56, 371f). So kommt es gerade auf die rechte Unterscheidung von Ph. und Th. (40/I, 410) an als die Unterscheidung der die Verschiedenheit ihrer Wahrheit bestimmenden Hinsichten, die für beider fora konstitutiv sind (39/II, 3ff. 93ff; 39/I, 228ff). Das ist aber nicht die Unterscheidung einander zugeordneter Bereiche des »Natürlichen« und »Übernatürlichen«, sondern die durch die Verkündigung sich ereignende Unterscheidung von → Gesetz (: V, 5) und Evangelium. Luther hat diesen bahnbrechenden Neuansatz für das Verhältnis von Th. und Ph. künftigen Generationen zur Explikation aufgegeben. Im Unterschied zu seiner Herkunft aus der scholastischen Tradition nötigte die überwiegend humanistische Bildung die übrigen führenden Männer der Reformation nicht zu entsprechend tiefer Erfahrung des Problems. → *Melanchthon*, der noch 1518, aber schon in antischolastischer Absicht, eine neue Aristotelesübersetzung plante, dann aber durch die Begegnung mit Luther bis 1522 in der Antithese von Th. und Ph. lebte, obwohl auch darin von seiner bes. in der Rhetorik wurzelnden humanistisch-ph.en Denkweise geprägt, hat das wissenschaftsmethodologische Vakuum, das durch die Aristotelesbekämpfung eintrat, mit schulmäßiger Herrichtung vor allem der aristotelischen Dialektik, Physik, Psychologie und Ethik (neben platonischen und stoischen Einflüssen) ausgefüllt, – eine der Reformation zwar nicht eigentlich entsprechende, aber unter den gegebenen Umständen verdienstliche Notlösung. Dadurch konstituierte sich auch wieder die traditionelle Funktion der Ph. in der Th. (bes. in der Gotteslehre und der Anthropologie) und bahnte sich eine prot. Scholastik an. Obwohl dem Wiedereindringen auch der aristotelischen Metaphysik th.es (Matthias → Flacius) und humanistisch-ph.es (Petrus → Ramus, von einigem Einfluß auf ref. Th. im Gegensatz zur aristotelischen Orthodoxie → Bezas) Denken sich widersetzte, gelangte doch um 1600 die Aristoteles-Renaissance (vgl. bes. Jak. → Zabarella und Fr. → Suarez) auch in der prot. → Orthodoxie zur Herrschaft und gestaltete das Verhältnis von Th. und Ph. ähnlich wie bei Thomas von Aquino. Die Offenbarung ist supra, aber nicht contra rationem. Auch nach dem Fall bleibt der Vernunft noch eine gewisse natürliche Gotteserkenntnis, auf der die Offenbarungs-Th. aufbaut (vgl. die Unterscheidung von articuli fidei puri et mixti). Aber auch die durch die Wiedergeburt erleuchtete Vernunft ist nicht normativ in bezug auf die Offenbarung, sondern hat ihr instrumental zu dienen. Joh. → Gerhard unterscheidet dreifachen usus rationis in der Th.: organicus (Benutzung von Grammatik, Rhetorik, Dialektik und Physik zur Interpretation der Offenbarung), κατασκευαστικός (Begründung natürlicher Gotteserkenntnis in Unterordnung unter die Offenbarung), ἀνασκευαστικός (rationale Widerlegung von Einwänden, auf der Basis der Offenbarung).

3. Die Umwälzung, durch die die *»nachchristliche«* Zeit die »christliche« ablöst (→ Theologie und Philosophie: I, 4), indem sie die umfassende Vorherrschaft des Christentums beendigt, tritt zwar an dem veränderten Verhältnis von Th. und Ph. bes. symptomatisch in Erscheinung, ist aber nicht etwa einseitig aus einer Veränderung der Ph. zu erklären, sondern stellt ein Grundgeschehen dar, das je in verschiedener Weise Ph. und Th. sowie ihr Verhältnis zueinander betrifft. Obwohl es sich nicht um ein plötzliches Geschehen handelt, vielmehr die vorbereitenden Faktoren (verwickelt in die soziologischen und politischen Wandlungen und nuancierende Interpretation erfordernd, vornehmlich: → Nominalismus, → Renaissance, → Humanismus, → Reformation sowie die Vielfalt sektiererischer Bewegungen und Einzelgänger: → Spiritualisten, → Täufer, → Sozinianer, → Antitrinitarier, → Arminianer, Seb. → Franck, Val. → Weigel, Seb. → Castellio, Jac. → Acontius, Jak. → Böhme) weit und vieldeutig zurückreichen und ebenso die Erfassung der Auswirkungen sich mit wechselnden Aspekten über lange Zeit erstreckt, verdichten sich doch in der 2. Hälfte des 17. Jh.s die Zeichen des Umbruchs. Der konfessionell strittig gewordene christliche Glaube vermag als solcher nicht mehr die Einheit des Wahrheitsbewußtseins zu bestimmen. Im Bereich des Rechtes (→ Toleranz: II), des Ethos und der Wissenschaft bedarf es verbindender, aus Natur und Vernunft geschöpfter Normen. Dies trifft sich jedoch mit dem im christlichen Glauben selbst eröffneten relativen Recht des Säkularen, dessen Unterscheidung vom »Geistlichen« schon das ganze MA beschäftigte, aber in Gestalt des kirchlich-weltlichen Systems auf Widerspruch nicht nur einzelner weltlicher Faktoren, sondern vor allem auch des reformatorischen Glaubensverständnisses stieß. Damit wiederum verquickte sich der aus vielen Quellen gespeiste allgemeine geistige Strukturwandel, der an Stelle des kraftlos werdenden Autoritäts- und Traditionsprinzips die Freiheit zu selbstverantwortender Erkenntnis treten ließ, so daß

die Wissenschaft, statt scholastisch an autoritativen Texten, sich an den Sachverhalten selbst zu orientieren und zur Forschung zu werden begann. Die Umstellung vom Lateinischen auf den Gebrauch der lebenden Sprachen ist wesentlich für den revolutionierenden Charakter dieses geistigen Aufbruchs.

Die Ph. erwacht in diesem Geschehen zu einer *Selbständigkeit,* wie sie sie seit der Antike nicht besessen hatte. Aber die damit sich vollziehende doppelte Emanzipation von der Autorität der Th. (bzw. der kirchlichen Lehre) und der antiken Ph. (bes. Aristoteles) hängt zusammen mit der zugleich, wenn nicht primär, beginnenden Emanzipation der Einzelwissenschaften (zunächst der Jurisprudenz und bes. der Naturwissenschaften) von der Ph. Antike und MA verstanden die Wissenschaften als »Ph.« in weiterem Sinne, was an ihren Ursprung, aber auch an ihre letztlich »theoretische« Abzweckung auf kontemplative Welterkenntnis erinnerte. Nun jedoch verselbständigt sich die Einzelwissenschaft in Hinsicht auf die Aufgabe der Berechenbarkeit zu technischer Weltbemächtigung. In völlig neuer Weise wird die wissenschaftliche Methode gerechtfertigt und vorangetrieben durch faszinierende Erfolge und verändert → Weltbild (: IV), Daseinsauffassung und schließlich umfassend das soziale Leben. Dem Philosophieren erwächst dadurch die Aufgabe, dieses wissenschaftliche Weltverhältnis theoretisch zu begründen, methodologisch durchzureflektieren und im übrigen seine Ergebnisse zu respektieren. War zuvor Ph. der Inbegriff der Wissenschaft, so beginnt nun das Verhältnis von Ph. und Wissenschaft problematisch zu werden, sei es, daß Ph. reduziert wird auf Wissenschaftslehre, sei es, daß ihre eigene Wissenschaftlichkeit fraglich wird oder sie selbst sich als von Wissenschaft unterschieden versteht. Nicht bloß die Th., auch die Ph. gerät in der Neuzeit in einen kritischen Prozeß. Das ihr mit Beginn der Neuzeit zufallende Grundthema ist im Gegenzug zur Abweisung des Autoritäts- und Traditionsprinzips das Problem der absoluten Evidenz, des unbedingten Gewißheitsgrundes. So liegt der Schwerpunkt zunächst in der → Erkenntnistheorie (→ Apriorismus - Empirismus), der sich aber mit dem Fragwürdigwerden der noch am Naturbegriff orientierten metaphysischen Alternative von Idealismus und Materialismus in die Hermeneutik als die Methodologie geschichtlichen Wirklichkeitsverständnisses verlagert, womit die Gewißheitsfrage sich zur Sinnfrage radikalisiert. Diese Themaverschiebung kommt aus der Erfahrung her, daß die entthronte aristotelisch-scholastische Ph. nicht durch eine neue, entsprechend stabile zu ersetzen war, vielmehr die angeblich zeitlose Vernunft, die man beschwor, sich als geschichtlich erwies, die Welt des neuzeitlichen Menschen in zunehmender Beschleunigung und Totalität des Geschehens zur geschichtlichen Welt wurde und angesichts der daraus erwachsenden Probleme des → Historismus, → Relativismus und → Nihilismus die ph.e Grundfrage nach dem Sinn von Sein nun nicht mehr unter Absehen von, sondern im Horizont der → Zeit gestellt werden mußte.

Nach oberflächlichem Anschein ist das Verhältnis von Th. und Ph. in der Neuzeit grundsätzlich durch gegenseitiges Auseinanderstreben bestimmt, auch von seiten der Th., die zwar, von dieser vermeintlich normativen Linie (vgl. → Pietismus) abweichend und im Unterschied zu den seltenen Anleihen der Ph. bei der Th., faktisch überwiegend sich in Abhängigkeit von der Ph. begibt, so daß, in Widerspruch zu ihrem Wesen, ihre Wandlungen in der → Neuzeit vorwiegend bestimmt sind durch den Versuch der Anpassung an die Wandlungen der Ph. Diese Auffassung trifft jedoch nicht den Kern der Problematik, wie sie durch die veränderte Gesamtsituation gegeben ist. Die absolute Entflechtung von Th. und Ph. - schon in Anbetracht des faktischen Verlaufs ihrer Geschichte unmöglich - bedeutete nicht nur die Preisgabe von Th. überhaupt, sondern widerspräche auch dem Auftrag des christlichen Glaubens (→ Theologie: I, 3 b; s.o. 2 a). Die Meinung jedoch, unberührt von den Wandlungen der Neuzeit die tradierte Th. durchhalten zu können, täuscht sich über deren ph.e Implikationen. Die Th. geriet mit Beginn der Neuzeit in die fatale Lage, verwechselt zu werden und sich selbst zu verwechseln mit der Ph. und dem Wissenschaftsverständnis einer früheren Zeit. Obwohl zuerst auch ev. Th., im Widerspruch zu ihren reformatorischen Anfängen, sich zum Anwalt aristotelischer Schulmetaphysik machte, zeigte sich jedoch bald, daß der → Protestantismus sich dem geistigen Umbruch gegenüber in anderer Situation befand als der → Katholizismus und die konfessionelle Differenz sich auch auf das Verständnis von Th. und damit auf das Verhältnis von Th. und Ph. erstreckte. Die röm. Kirche gelangte schließlich zu einer dogmatischen Definition des Verhältnisses von fides und ratio (Denz. 1795ff. 1816ff) im Sinne der Bejahung natürlicher Gotteserkenntnis (... naturali humanae rationis lumine ... certo cognosci posse, Denz. 1785. 1806), schrieb die Orientierung an der scholastischen Ph. des Thomas vor (→ Aeterni patris, Mirbt 616, CIC c. 1366 § 2; → Neuscholastik, → Neuthomismus) und nahm gegen abweichende ph.e Einflüsse entschieden Stellung, vor allem gegen G. → Hermes (Denz. 1618ff), A. → Günther (Denz. 1655ff), den Modernismus (→ Reformkatholizismus: Denz. 1701ff. 2001ff) und die Existenz-Ph. (→ Humani generis: Denz. 2305ff). Daß evangelischerseits nicht so verfahren wurde, lag, abgesehen von der Frage der Lehrautorität, an dem anderen Grundverständnis des Evangeliums, das in der Unterscheidung vom Gesetz die Freiheit zum Sicheinlassen auf die der Glaubensverkündigung spezifische Geschichtlichkeit gab und darum auch in der veränderten Situation der Neuzeit den Mut zu th.er Neubesinnung, obwohl, verglichen mit der Tradition, sich völlig neue Probleme stellten. Was in der »christlichen« Zeit sich als »christliche« Weltanschauung wie eine schützende, aber auch beengende Hülle um den Glauben selbst gelegt hatte und von diesem infolge ungewöhnlicher Dauerhaftigkeit ihres Bestandes kaum noch unterscheidbar war, wurde nun brüchig und verlor in dem Zuendegehen der »christlichen« Zeit seine überzeugende Kraft und Fraglosigkeit. Die sich emanzipierende Wissenschaft löste das überkommene »christliche« Weltbild, zu dem sich Aussagen des Glaubens und der kirchlich domestizierten Wissenschaft ineinander verschlungen hatten, in der Weise auf, daß das methodisch Abstrahierbare und Objektivierbare als solches in seiner rein »weltlichen«, vom Gottesgedanken unabhängigen Geltung (vgl. Hugo → Grotius, De iure belli et pacis, Prol. § 11: ... etiamsi daremus, quod sine summo scelere dari nequit, non esse Deum ...) erforscht wurde, so daß der mathematisch-physikalisch aufgefaßte Raum nicht mehr in der Erde und dem Menschen und die mathematisch-historisch aufgefaßte Zeit nicht mehr in Jesus Christus den Mittelpunkt und das im Weltzusammenhang noch Unerklärte nicht in Gott eine hypothetische Erklärungsmöglichkeit hatte. Obwohl der Absicht nach durchaus nicht gegen den christlichen Glauben gerichtet und sogar grundsätzlich legitimiert durch die seitens der Th. gelehrte (wenn auch infolge falschen Glaubensverständnisses faktisch verworrene) Unterscheidung von fides und ratio, wurde dieser Prozeß dem Christentum gefährlich, sofern die Th. sich dadurch nicht zu klarerer Erfassung ihrer Sache herausfordern ließ. Als ev. Th. hatte sie dazu um so mehr Anlaß, als die durch die Reformation neu aufgegebene Frage der th.en Methodologie durch die Orthodoxie mehr unterdrückt als in Angriff genommen war und die neue wissenschaftsmethodologische Situation in gewisser Hinsicht der gestellten Aufgabe entgegen kam. Die Th. war dadurch in engste Problemberührung mit der Ph. versetzt, da sich beide angesichts der gleichen, mit der »nachchristlichen« Zeit eingetretenen Tatsachen, in Auseinandersetzung mit ihrer gemeinsamen Tradition und bemüht um die Erfassung der spezifischen Verschiedenheit ihrer Aufgaben neu auf sich selbst zu besinnen hatten. Die Verhältnisbestimmung von Th. und Ph. kompliziert sich demzufolge zu gegenseitigen Urteilen und Grenzziehungen, zumal nun auch der christliche Glaube zum Gegenstand ph.er Reflexion und profaner Historie wird, und gerät in den sich beschleunigenden revolutionären Prozeß, der das Geschick der Neuzeit ist. Daß dessen Bewegung sich im allgemeinen stärker in der Ph. (aber auch hier oft sekundär gegenüber Wissenschaft, Literatur und Kunst) abzeichnet, ist damit gegeben, daß das Christentum nicht mehr der die Zeit einigende und ihre Veränderungen primär bestimmende Faktor ist. Entsprechende geschichtliche Wandlungen der Th. sind jedoch keineswegs eo ipso »Anleihen« bei der gleichzeitigen Ph. (zum Spitznamen »Mode-Ph.«: Hegel, ed. Glockner, 17, 72 und 85: Ph. ist »ganz identisch mit ihrer Zeit«, »Wissen des Substantiellen ihrer Zeit«), sondern, falls recht, Folge th.er Zeit-Verantwortung. Daß damit an den Nerv gerade auch der »nachchristlichen« Zeit gerührt wird, zeigt die Tatsache, daß ihre Grundbewegung die auf Hegel folgende Kehre von »theistischem« (in weitem Sinne) zu atheistischem Denken ist.

a) Die *klassische Entfaltung neuzeitlicher Ph.* vollzieht sich in erstaunlicher Gestaltfülle in rd 2 Jh.en von den rationalistischen Systemen des 17.Jh.s über die Aufklärungs-Ph. des 18.Jh.s zur Ph. des deutschen Idealismus im Übergang zum 19.Jh. Diese unerhört lebendige geistige Bewegung wird dadurch zu einer Einheit verbunden, daß die Aufgabe, von den Denkvoraussetzungen der Neuzeit her kraft der autonomen Vernunft ein in sich geschlossenes, Natur, Moral und Religion umspannendes Weltverständnis aufzubauen, noch wesentlich mitbestimmt ist von dem durch die Tradition Vorgegebenen. Die Art, wie die Aufgabe gerade in Emanzipation von der Tradition in Angriff genommen wird, ist weithin noch von dieser Herkunft geprägt, indem entsprechend zur »vorchristlichen« und »christlichen« Ph. die Lösung der Aufgabe zumeist in der Begründung von Metaphysik gesehen wird. Die großen Denker dieser Zeit stimmen auch darin noch mit der Tradition überein, daß, in welchem Verständnis auch immer, der Gottesbegriff notwendiges Element der Metaphysik ist und darum auch zum rationalen Weltverständnis gehört, so daß das bei der Selbstgewißheit einsetzende Denken die Bewegung des Aufschwungs zur Gottesgewißheit zu vollbringen hat. Die im öffentlichen Bewußtsein zunächst noch verhältnismäßig ungebrochene, aber zunehmend bedrohte Stellung der Religion bewirkt sogar die (zumeist nicht etwa opportunistische) Tendenz, durch die ph.e Besinnung der Religion apologetisch zu Hilfe zu kommen und den christlichen Glauben, von dessen Autorität man sich grundsätzlich frei gemacht hat, soweit als möglich von der Vernunft her zu autorisieren und u.U. besser zu interpretieren, als es in der traditionellen Th. geschieht. Freilich ist dieser apologetische Beistand der Ph. zweischneidig, weil er schon die grundsätzliche Entmachtung des Glaubens in sich schließen könnte. Anderseits nötigt die Weise, wie hier in verschiedensten Variationen die Ph. sich im Interesse der Kontinuität der kulturellen Entwicklung mit dem christlichen Erbe auseinandersetzt, zu tiefem Respekt, obschon der Schwerpunkt gerade auch der th.en Relevanz dieses Philosophierens nicht in den offensichtlichen thematischen Berührungen, sondern in der tieferen Schicht liegt, wo die Aporien und vorwärtstreibenden Wandlungen des ph.en Denkens aufzuspüren sind.

Bei → Descartes tritt die ph.e Grundhaltung dieser *»theistischen« Phase* (im allgemeinen Sinne der Bejahung des Gottesbegriffs im Anschluß an die Tradition der abendländischen Metaphysik, also nicht enggefaßt als Antithese zu »Deismus« und »Pantheismus« [→ Theismus: II]) epochemachend und beispielhaft auf als Entschlossenheit zum Neubeginn des Philosophierens, jedoch mit erklärter christlich-apologetischer Absicht (vgl. Widmungsschreiben der Meditationes an die th.e Fakultät zu Paris): Die mittels des methodisch destruktiven Zweifels an allen Autoritäten, Traditionen und Vorurteilen sowie der mathematischen Evidenz als Maßstabs radikal gestellte Gewißheitsfrage ermöglicht vom festen Punkt des »cogito sum« her die rationale Konstruktion, die über den Gottesbeweis (aus dem im Selbstbewußtsein enthaltenen Gottesbegriff) zur Gewißheit in bezug auf die Außenwelt (res extensa) führt. Der mechanistische Denkansatz bei → Hobbes entging zwar nur knapp der atheistischen Konsequenz mittels des blassen Postulats einer prima causa, verbunden mit massivem → Positivismus in bezug auf die autoritative staatliche Religionsregelung. In anderer Weise setzte sich ebenfalls → Spinoza dem Atheismusverdacht aus, indem sein Verständnis der (im Unterschied zu Descartes) nur *einen* Substanz als Gott (deus sive natura) die religiösen Unterschiede völlig vergleichgültigte zugunsten des amor dei intellectualis. Dagegen hat in einzigartiger Tiefe → Leibniz die Verbindung zwischen dem wissenschaftlichen Denken der Neuzeit und der metaphysischen und christlichen Tradition zu knüpfen versucht durch ein Gottesverständnis, das für den idealistisch konzipierten Weltzusammenhang den Gesichtspunkt der Personalität und Aktuosität bestimmend sein läßt. Leibniz hat als ein Brückenpfeiler zwischen den großen Denkern der Scholastik und der Ph. des deutschen Idealismus entscheidend dazu beigetragen, daß das Geistesleben in Deutschland zunächst ohne Bruch mit der Vergangenheit den Übergang zur Neuzeit vollzog. Die *Aufklärungs-Ph.* (→ Aufklärung: I), die den Schwerpunkt von der Systembildung in die moralisch-praktischen Konsequenzen und in die Popularisierung des zukunftsfrohen Kulturideals der Vernunftherrschaft verlegte (vgl. die Selbstbezeichnung als »ph.es Jahrhundert«), hat in Hinsicht auf das Verhältnis zur christlichen Überlieferung infolge der verschiedenen geistigen und politischen Voraussetzungen in den Hauptzentren eine sehr unterschiedliche Ausprägung erfahren. Die *englische* Aufklärung hat in Anknüpfung an die Ideen des → Herbert von Cherbury zur natürlichen Religion, jedoch unter dem Einfluß des Empirismus (John → Locke) in stärkerer Orientierung an dem geschichtlichen Christentum, das in seiner wahren Gestalt der wahren Vernunft entspreche, die Bewegung des → Deismus (: III) hervorgebracht, die erstmals das traditionelle kirchliche Christentum einer radikalen kritischen Reduktion nach dem Maßstab der Vernunft unterzog, dabei auch alles »Übervernünftige« eliminierte und in mancher Hinsicht künftige Ergebnisse der Bibelkritik vorwegnahm. Ein radikalerer Denker, → Hume, hat entsprechend seinem jeder Metaphysik (auch einer atheistischen) gegenüber skeptischen Empirismus, der sogar die objektive Geltung des Kausalitätsprinzips in Frage stellte, entgegen dem Deismus die Religion rein psychologisch-historisch hergeleitet und damit auf die französische Aufklärung eingewirkt. Unter dem Einfluß von, aber auch im Gegensatz zu Descartes hatten in *Frankreich* religiös bestimmte neuzeitliche Denker aufs schärfste die Spannung zwischen Vernunft und Glaube betont: → Pascal im Sinne der Gegensätzlichkeit zweier »Naturen« des Menschen (der ursprünglichen und der faktischen), so daß die »natürliche« Gotteserkenntnis der Philosophen derjenigen aus Gnade inkommensurabel ist; → Bayle im Sinne skeptischen Aufweises der im Metaphysischen sich in Antinomien verwickelnden Vernunft und der Bejahung der Widervernünftigkeit des Glaubens, von dem jedoch die im Vernunftgesetz begründete Sittlichkeit unabhängig ist. Vollends unter dem Druck der kirchlichen und politischen Situation Frankreichs nahm hier die Aufklärung eine scharf antireligiöse Wendung, bei → Voltaire noch trotz metaphysischer Skepsis die Gottesidee um der Sittlichkeit willen bejahend (Si Dieu n'existait pas, il faudrait l'inventer), bei → Lamettrie, v. Holbach u.a. in → Materialismus (: II, 2) und → Atheismus (: II, 4) ausmündend. Infolge der andern Verhältnisse in *Deutschland* (u.a. → Pietismus) hat hier die Ph. der Aufklärung die religiöse Überlieferung und als deren vernunftgemäßen Gehalt »Gott«, »Freiheit« und »Unsterblichkeit« grundsätzlich bejaht und blieb in engem Kontakt mit der Th. Auf Leibniz gründend hat Chr. → Wolff ein in Kontinuität mit der älteren Schul-Ph. stehendes, im akademischen Bereich außerordentlich erfolgreiches System geschaffen, mit breitangelegter Metaphysik (Ontologie, rationaler Psychologie, Kosmologie und rationaler Th.), während → Lessing, essayistisch, als Kritiker um der Unterscheidung von Ph. und Th. willen unmittelbar in die th.e Diskussion eingreifend und über die herrschende Ph. und Th. der Aufklärung hinausgehend, die eigentliche Gottesfrage nicht der Vernunft, sondern der Erfahrung zuwies, darum aber auch das Kernproblem nicht als metaphysisches, sondern von der Geschichte her gestellt sah. Durch die transzendentale Methode stellte sodann → Kant in kritischer Destruktion aller vorausgehenden rationalistischen und empiristischen, dogmatistischen und skeptizistischen Positionen die Erörterung des Problems der → Metaphysik auf eine völlig neue Basis, indem er die Möglichkeit rationaler Metaphysik (→ Gottesbeweise) vernichtete, jedoch von der praktischen Vernunft her ansetzend die Ideen Gott, Freiheit und Unsterblichkeit als notwendige Postulate begründete und in diesem Sinne das (metaphysische Pseudo-)Wissen aufhob, um dem (durch die praktische Vernunft geforderten) Glauben Platz zu machen. Daß dieser Neuansatz sich bei Kant selbst an den religiösen Ideen der Aufklärung konkretisierte, hebt seine bis für die Gegenwart unvermindert wegweisende grundsätzliche Bedeutung nicht auf. Die erstaunliche Tatsache, daß Kant die große Welle der spekulativen Systeme des *deutschen* → *Idealismus* (: II) ausgelöst hat, ist zu verstehen aus dem Zusammentreffen der durch ihn provozierten Neuerfassung des metaphysischen Problems von Grund auf mit den die enge moralistische Vernünftigkeit der Aufklärung überwindenden Kräften (→ Rousseau, → Oetinger, → Hamann, → Herder, → Jacobi, → Sturm und Drang, deutsche → Klassik, → Romantik). Daß die führenden Philosophen ursprünglich Theologen waren (→ Fichte, → Schelling, → Hegel, vgl. bes. dessen th.e Jugendschriften), steht in dem Zwielicht der jetzt übermächtigen Anziehungskraft der ph.en Aufgabe und der Überzeugung, als Philosophen die Grundwahrheiten des christlichen Glaubens erst eigentlich sachgemäß auszulegen, also die Sache der Th. wahrzunehmen. Dem korrespondiert das umstrittene, nicht leichtfertig als bloßer Trug zu interpretierende, vor noch unausgeschöpfte Probleme stellende gespannte Beieinander offensichtlichen Widerspruchs zum Christentum und tiefsinniger ph.er Aufnahme zentraler dogmatischer Motive (Trinität, Christologie, Versöhnung, Heilsgeschichte; bei Hegel auch wieder Gottesbeweise und emphatisches Eintreten für das Dogma). In der Grundtendenz der Vermittlung der Gegensätze (→ Subjekt und Objekt, Idealität und Realität, Geist und Natur u.a.) im Absoluten vollzieht sich im Unterschied zum Einsatz der neuzeitlichen Metaphysik beim mathematisch-naturwissenschaftlichen Denken das Ergriffenwerden des metaphysischen Denkens vom Problem der → Geschichte (: III; vgl. Fichtes Ersetzung von »Substanz« durch »Tathandlung« und vor allem Hegels Dialektik des Geistes). Der → Atheismusstreit um Fichte war zwar eine bloße Episode, aber in tieferem Sinne symptomatisch dafür, daß mit der im deutschen Idealismus sich vollendenden und eben damit in das Geschichtsproblem umschlagenden Metaphysik das überlieferte Reden von Gott zutiefst problematisch wurde.

Die *Th.* stellte sich zunächst nur zögernd der veränderten geistigen Situation: nicht in voller Erkenntnis der ihr auferlegten umfassenden Neubesinnung, sondern überwiegend beschränkt auf apologetische Erwiderung oder reduzierende Korrekturen der traditionellen Dogmatik. Dabei sah sie in der gleichzeitigen Ph. entweder kurzschlüssig die zu bekämpfende Ursache der neuartigen Schwierigkeiten oder - meist nicht minder kurzschlüssig - den Beistand zu deren Lösung. Erst am Ende dieses Zeitraumes wurde durch Schleiermacher die der Th. gestellte Aufgabe in radikalem Ausmaß erkannt und die Th. in den Rang des selbständigen Partners der Ph. erhoben. - Die ersten Versuche einer Anpassung des orthodoxen Systems sind keine imponierenden th.en Leistungen, aber als schrittweise Bewußtwerdung der Problemlage instruktiv. In *Holland* entzündete sich die Auseinandersetzung am Cartesianismus, dem → Voëtius am Maßstab der aristotelisch-scholastischen Metaphysik, also im Namen konservativer ph.er Bindung, atheistische Konsequenzen unterstellte, während die cartesianischen Theologen (Abr. → Heidanus, → Wittich, → Bekker, → Roëll), von der scharfen Unterscheidung zwischen (rationaler) Ph. und (biblischer) Th. ausgehend, bezeichnenderweise zugleich Coccejaner (→ Coccejus) waren. Die Ph. Descartes' sollte die Th. aus ihrer Verbindung mit dem scholastischen Weltbild befreien, mußte dann aber auch mehr und mehr Einfluß auf die inner-th.e Entfaltung gewinnen. Die Verbindung von konservativer Tendenz in bezug auf die Lehrinhalte mit Aufgeschlossenheit in methodischer Hinsicht (Verstärkung der natürlichen Th., Abschwächung der Inspirationslehre, Reduktion des »Fundamentalen« im Unterschied zur orthodoxen Behandlung des Problems der Fundamentalartikel) in der Überzeugung harmonischer Verbindung von Vernunft und (übervernünftiger) Offenbarung kennzeichnet auch die »vernünftige Orthodoxie« in der *Schweiz* (J.A. → Turrettini, S. → Werenfels) und die »Übergangs-Th.« in *Deutschland* (→ Buddeus, → Pfaff, → Rationalismus: II, 3 a). Hier wirkte die Ph. Chr.Wolffs verändernd auf die th.en Fragestellungen. Sein Konflikt mit der th.en Fakultät in Halle und seine Vertreibung von dort verwandelte den bisherigen Gegensatz zwischen Orthodoxie und Pietismus in gemeinsamen Gegensatz gegen die Wolffsche Ph. (V.E. → Löscher, Joachim → Lange), bereitete ihr aber zugleich den Boden in einer vom Pietismus durchsetzten und erweichten Orthodoxie. Vor allem bei S.J. → Baumgarten förderte sie die dogmatische Arbeit durch Rückführung aus pietistischer Erbaulichkeit zu subtilem Denken, während bei den übrigen th.en Wolffianern vor allem die natürliche Th. zur Physiko-Th. ausgewalzt, durch andere Übergangstheologen jedoch die kirchenhistorische Arbeit gefördert und in methodischer Hinsicht verselbständigt wurde (J.L.v. → Mosheim, J.G. → Walch). Unter Einfluß der deistischen Streitliteratur, der allgemeinen Ideen der → Aufklärung (: III) und der kritischer werdenden historischen → Bibelwissenschaft leisteten die Neologen (der bedeutendste: J.S. → Semler) entscheidende Vorarbeit für die »Umformung des christlichen Denkens in der Neuzeit« (E.Hirsch) und die dafür notwendige Neugestaltung dogmatischer Th.: durch Unterscheidung zwischen Wort Gottes und Hl. Schrift, Religion und Th. (→ Theologie: I, 4 b) sowie durch kritische Prüfung einzelner dogmatischer Inhalte auf ihre Verständlichkeit und ihren »moralischen« Sinn (= »sittlich-religiös« im Gegensatz zu »physisch«). Die Art, wie Semler im hermeneutischen Problem (→ Hermeneutik, 2 f) die traditionelle Frage: Vernunft und Offenbarung verbunden sah mit dem Verhältnis von Sprache und Geschichte, bedeutet wohl den in der Neuzeit ersten wichtigen th.en Beitrag zur Förderung der Ph. und des Ringens um die wissenschaftsmethodologische Problematik. Indem die Th. die notwendige kritische Arbeit selbst anpackte, nahm sie in ermutigender Weise ihre Verantwortung wahr, erwies (darin mit der Orthodoxie einig) ernsthaftes Interesse an der Lehre und vertrat die Sache des christlichen Glaubens durchaus nicht in resignierter Rückzugsstimmung. Gerade die entschiedeneren unter den Neologen standen im praktischen Kirchenamt (→ Jerusalem, → Spalding, → Sack [, 2] u.a.). Die mit der Neologie allerdings ebenfalls in Erscheinung tretende (in ihren Ursachen tief in die Orthodoxie zurückreichende) Gefahr des th.en Substanzverlustes steigerte sich noch mit dem Wirksamwerden der Kantschen Religions-Ph., die trotz der Kritik der rationalen Metaphysik vor allem in ihrer Konformität mit den Ideen der Aufklärung Aufnahme fand: im sog. → Rationalismus (→ Henke, → Tieftrunk, Krug, H.E.G. → Paulus, → Wegscheider, → Röhr) als Anweisung zur Interpretation des christlichen Glaubens am Maßstab der Vernunftreligion, im Supranaturalismus (→ Jung-Stilling, G.Ch. → Storr, → Reinhard) und den Zwischenformen (→ Stäudlin, → Bretschneider u.a.) zwar zur Behauptung der Notwendigkeit übernatürlich geoffenbarter Religion im Interesse der Distanzierung von Th. und Ph., was jedoch faktisch nur auf Gradunterschiede der Nuancierung hinauslief. Die Ph. des deutschen Idealismus brachte als Gegenbewegung zum Rationalismus der Aufklärung für die Th. nicht unmittelbar eine Wende, entzog ihr zunächst eher Kräfte und hat nur durch wenige interessante, aber nicht epochale Erscheinungen direkt auf die Th.geschichte eingewirkt: die → Spekulative Theologie, vertreten durch → Daub und → Marheineke, die selbst der Entwicklung von Kant über Schelling zu Hegel folgten, sowie → De Wette, der sich an die Ph. von J.F. → Fries anschloß. Die Sonderstellung → Schleiermachers am Ende der 1. Phase der neuzeitlichen Th.geschichte (entsprechend dem Standort Hegels in der Ph.geschichte) muß im Blick auf seine in diesem Zeitraum ebenfalls einzigartige Verbindung von Th. und Ph. bedacht werden (wie auch Hegel von der Ph. her wie kein anderer den Zusammenhang mit der Th. herstellte). Daß diese außerordentlich enge Verflechtung von Th. und Ph., die die Art ihrer Verbundenheit in der »christlichen« Zeit in der »nachchristlichen« aufgegeben haben, nun gleichzeitig in doppelter, widerstreitender Gestalt auftritt, unterstreicht, daß es sich um einen Höhe- und Wendepunkt handelt, dem eine Phase verschärfter Problematik folgt. Die Struktur der Verbindung von Th. und Ph. bei Schleiermacher ist völlig anderer Art als die entsprechende bei Hegel und stellt das Kernproblem der Schleiermacherinterpretation dar. Hegels spekulative Verschmelzung beider liegt ihm ebenso fern wie Jacobis Empfindung der Unvereinbarkeit: »ein Heide mit dem Verstande, mit dem ganzen Gemüte ein Christ«. Das Verhältnis im Sinne Schleiermachers ist durch zwei Grenzmarkierungen gekennzeichnet: Einerseits sind Th. und Ph. untrennbar in seiner Existenz: als »die beiden Brennpunkte meiner eigenen Ellipse ..., aus denen dieses Schweben hervorgeht, und ich habe in diesem Schweben die ganze Fülle meines irdischen Lebens. Meine Ph. also und meine Dogmatik sind fest entschlossen, sich nicht zu widersprechen, aber eben deshalb wollen auch beide niemals fertig sein, und, solange ich denken kann, haben sie immer gegenseitig aneinander gestimmt und sich auch immer mehr angenähert« (An Jacobi, Br. II², 349ff). Anderseits: »Niemals ... werde ich mich dazu bekennen können, daß mein Glaube an Christum von dem Wissen oder der Ph. her sei ...« Er habe seinem »eignen ph.en Dilettantismus ... keinen Einfluß auf den Inhalt der Glaubenslehre gestattet« (2. Sendschreiben an Lücke, W I/2, 616. 650). Die Bewährung dieser Aussagen an seinem th.en und ph.en Werk selbst hängt daran, ob es gelingt, die Selbständigkeit dessen, womit es »Religion« zu tun hat im Unterschied zu »Metaphysik« und »Moral«, zu interpretieren als das, was nur in Hinsicht auf Wissen und Tun konkret wird, was darum aber auch die größtmögliche Offenheit für beides erfordert, damit der »Knoten der Geschichte« nicht so auseinander geht: »das Christentum mit der Barbarei, und die Wissenschaft mit dem Unglauben« (W I/2, 614). Es liegt in der Struktur dieser Verhältnisbestimmung von Th. und Ph., daß sie, unterschieden als zwei Hinsichten des Denkens, sowohl in getrennten Disziplinen als auch je in sachlicher Beziehung zueinander begegnen (also etwa als Gotteslehre in der Dialektik oder als »ph.e Th.« in der Dogmatik).

b) Die Wende, die in den 30er Jahren des 19.Jh.s als tiefste Zäsur der gesamten geistigen Bewegung der Neuzeit in Erscheinung tritt, läßt mit plötzlich steiler werdendem Gefälle den nachchristlichen Charakter der Zeit scharf hervortreten. Die bis dahin vorherrschende Tendenz auf Metaphysik schlägt um in antimetaphysischen Affekt, der nicht ausschließt, daß gerade darin die fortwirkende Virulenz des metaphysischen Problems wirksam ist, der jedoch nicht zufällige Augenblicksstimmung, sondern Anzeichen einer tiefgreifenden Veränderung ist. Das auffälligste Symptom ist die Ablösung der bis dahin aufs Ganze gesehen auch in der Ph. noch in Kraft stehenden Gottesidee durch eine zunehmend um sich greifende *atheistische Grundhaltung,* deren zT recht fragliche Oberflächenaspekte nicht verwechselt werden dürfen mit einem unaufhaltsamen Tiefengeschehen, das die Bedingungen des Redens von Gott in noch nicht zu ermessender Weise verändert. Damit steht das andere hervorragende Kennzeichen in erregendem Zusammenhang, daß sich in verschiedener Weise die Geschichtlichkeit des Daseins als fundamentale Signatur der Wirklichkeitserfahrung aufdrängt und sich zum Grundproblem verdichtet. Selbstverständlich wirken die mannigfachsten gegenläufigen Motive nach und lassen den auf die Gegenwart zuführenden Geschehensverlauf ungleich differenzierter und auch widerspruchsvoller sein, als es die auf dürftige Andeutungen reduzierte Skizze erkennen lassen kann. Das alarmierendste Signal, das die Wende einleitet, ist das Umschlagen der Hegelschen Ph. in atheistische, materialistische und revolutionäre Interpretation bei den Linkshegelianern (L. → Feuerbach, A. → Ruge, F. → Engels, K. → Marx u.a.). Feuerbach statuiert als »die Aufgabe der neueren Zeit ... die Verwandlung und Auflösung der Th. in Anthropologie«, die Auflösung der »bisherigen Mesalliance zwischen der Ph. und der Th.«. »Die Hegelsche Ph. ist der letzte Zufluchtsort, die letzte rationelle Stütze der Th.« »Der ›absolute Geist‹ ist der ›abgeschiedene Geist‹ der Th., welcher in der Hegelschen Ph. noch als Gespenst umgeht.« Statt Gott oder des Absoluten ist Anfang wahrhaft positiver Ph. das Endliche, Bestimmte, Wirkliche und damit die Realität des Mitmenschen. Bei Marx schlägt die in Hegels System hergestellte Versöhnung von Vernunft und Wirklichkeit um in die dem dialektischen Geschichtsprozeß entsprechende Aufgabe, diese Einheit durch Änderung der Wirklichkeit zu tätigen, wofür die Destruktion der christlichen Religion die Voraussetzung ist, um, »nachdem das Jenseits der Wahrheit verschwunden ist, die Wahrheit des Diesseits zu etablieren«. Die Geschichtsmächtigkeit des dialektischen → Materialismus (: III) im 20.Jh. zeigt, wie sehr diese Linie zeitbestimmend ist. In ganz anderer Weise hat → Schopenhauer, selbst noch in der Metaphysik des deutschen Idealismus verwurzelt, das Umschlagen in den → Atheismus (: II) vollzogen durch die pessimistische Auffassung des Innenaspektes der Welt als irrationalen Willens, der zur Flucht ins Nichts treibt. »Unser Dasein hat keinen Grund und Boden, auf dem es fußte, als die dahinschwindende Gegenwart.« Wiederum anders tritt die Wende in Erscheinung im → Positivismus, in dessen Vielgestaltigkeit die antimetaphysische Bindung an die positiven Wissenschaften als Basis des Philosophierens und die Beschränkung auf erkenntnistheoretische und wissenschaftsmethodologische Fragestellung bestimmend ist, wobei allerdings die Problematik der Möglichkeit solcher Beschränkung sich in verschiedenster Weise anmeldet (grotesk bei → Comte in seiner Pseudo-Religion der Humanität). In einem weiten Sinne gehört auf die Linie des antimetaphysisch-positivistischen Ansatzes auch der → Neukantianismus (→ Cohen, → Natorp), der dem Phänomen des Religiösen gegenüber offen war, aber es unmetaphysisch »innerhalb der Grenzen der Humanität« unter Ausschaltung objektivierter Transzendenz zu interpretieren versuchte, im übrigen sich der Methodologie der Geschichtswissenschaft (in Unterscheidung von der Naturwissenschaft) annahm (H. → Rickert), die sich zum Problem des → Historismus verschärft (W. → Dilthey, E. → Troeltsch). Die verschiedenen Impulse dieser nachidealistischen Phase treffen bei → Nietzsche zusammen, der die Kulturkrise zutiefst erfährt und in schonungsloser Zeitdiagnose und leidenschaftlich kritischer Analyse von Christentum und Moral das Wesen der abendländischen Metaphysik als Nihilismus interpretiert. Dessen Bejahung und Überwindung zugleich ist die Intention seiner schicksalhaften Botschaft »Gott ist tot« und seiner Lehre vom »Willen zur Macht«. Die von Nietzsche herkommenden Anstöße haben über die → Lebens-Ph. (W. → Dilthey, H. → Bergson u.a.) und in Verbindung mit dem methodischen Einfluß der → Phänomenologie (E. → Husserl, M. → Scheler) die → Existenz-Ph. befruchtet, wo sie mit der späten Auswirkung des Denkens → Kierkegaards zusammentrafen. Dessen Hegel-Kritik hatte, im Gegensatz zu der »Gottesverspottung« in dem abgeschlossenen dialektischen System ebenso wie zu der kirchlichen Form der Abschaffung des Christentums, zur Existenzdialektik geführt, da um des im Gewissen erfahrenen qualitativen Unterschiedes zwischen Gott und Mensch willen Gott nicht als objektive Wahrheit, sondern in der Form des »absoluten Paradox« (Gottmensch) nur für den Existierenden da ist im Glauben als einem Akt der Entscheidung. Die Existenz-Ph., in der außer Kierkegaard auch andere th.e Einflüsse (Augustin, Luther, Pascal) wirksam sind, ist eine in sich so differenzierte Erscheinung, daß mit der Fraglichkeit ihres Namens auch der Versuch der Bestimmung eines Gemeinsamen sofort in die Strittigkeit gerät (→ Jaspers, → Heidegger, → Sartre, → Camus, → Marcel). Das Gemeinsame begegnet am ehesten unter dem Gesichtspunkt der → Geschichtlichkeit, von dem her die theoretische Wesensmetaphysik erledigt ist, nicht jedoch die Frage nach dem Wesen der Metaphysik, durch die nach Heidegger überhaupt erst die »Überwindung der Metaphysik« als das Achten auf die Seinsvergessenheit vorbereitet wird. So ist das Denken dazu angehalten, die Geschichte der abendländischen → Metaphysik von ihrem Ende her auf ihren Grund hin als auf das Seinsgeschick hin, dem sie entspringt, zu bedenken. Trotz der Spielart eines »christlichen Existentialismus« (Marcel) und der Konzeption eines »ph.en Glaubens« als Transzendenzerfahrung (Jaspers) eröffnet sich hier nicht eine Erledigung der Probleme, die mit dem neuzeitlichen Atheismus aufgebrochen sind. Das unterstreicht nicht nur der wirkungsvolle atheistische Existentialismus (Sartre, Camus), sondern auch das sehr viel behutsamere Denken Heideggers.

Das wirre Bild, das die *ev. Th.* nach Schleiermacher zunächst bietet, steht nicht nur zu dessen tiefer Problemerfassung in bezug auf das Verhältnis von Th. und Ph., die keine unmittelbare Nachfolge findet, in enttäuschendem Kontrast, sondern vor allem auch zu dem in bezug auf Tragweite und Ernst lange nicht erkannten Umbruch der geistigen Gesamtlage. Während Kierkegaard wirkungsloser Einzelgänger bleibt, gruppieren sich die th.en Richtungen der freien, restaurativen und → Vermittlungs-Th. mit sich überkreuzenden und sich verschieden mischenden Anleihen bei der idealistischen Ph. Unter den systematischen Theologen geschieht dies noch am eindrücklichsten bei R. → Rothe und A.E. Biedermann. Bahnbrechend wurden dagegen die von Hegel kommenden Anregungen für die historische Th. (D.F. → Strauß, F.Chr. → Baur). Erst bei A. → Ritschl und W. → Herrmann wird, in Rückgriff auf Kant (zT vermittelt durch den Neukantianismus, dazu Anregungen von → Lotze), das Problem der Grundlegung systematischer Th. im Gegensatz zu ihrer traditionellen metaphysischen Begründung scharf gestellt. Trotz der Kant folgenden Konzentration auf die Beziehung zum Sittlichen kann von einer Auflösung der Religion in Ethik nicht die Rede sein, so sehr der bedeutsame Neuansatz in unzureichenden Bestimmungen (zB »Werturteile«) und Problemerfassungen (vor allem in bezug auf Geschichte) stecken geblieben ist. Die nachfolgenden, sehr unterschiedlichen Beiträge zum Verhältnis von Th. und Ph. (neben den Beiträgen zur → Religionsphilosophie [: II, 2]) von A. → Schlatter, H.Lüdemann, J. → Kaftan u.a. werden durch die Energie, mit der E. → Troeltsch das Problem der Geschichte aufwirft, übertroffen. Die im Zeichen der Abkehr vom »Kulturprotestantismus«, des Kampfes gegen Schleiermacher, der ausschließlichen Betonung der Antithese von Idealismus und Christentum und der Neubesinnung auf die biblisch-reformatorische Th. vor allem (aber nicht allein) durch die Gruppe der → Dialektischen Theologie vollzogene Wendung schien zunächst auf eine völlige Trennung der Th. von der Ph. zuzustreben. Doch am (unglücklich formulierten und nicht zureichend durchreflektierten) Problem der »natürlichen Th.« schieden sich bald die Geister (vgl. die Auseinandersetzung zwischen K. → Barth und E. → Brunner, vgl. auch P. → Althaus). Während Barth das Verhältnis zur Ph. durch die Formel eklektischer Benutzung meint umschreiben zu können (faktisch aber dazu einen erheblich darüber hinausgehenden impliziten Beitrag geleistet hat, dessen Explizierung sehr fruchtbar sein könnte), haben K. → Heim und E.Brunner das

Verhältnis in erster Linie unter apologetischem (»eristischem«) Gesichtspunkt bedacht. E. → Hirsch hat in verdienstvoller Weise die positive Bedeutung auch der idealistischen Ph., bes. aber umfassend der geistigen Wende zur Neuzeit, für die Th. eingeschärft. Als einziger hat P. → Tillich einen systematischen Gesamtentwurf für das Verhältnis von Th. und Ph. auf ontologischer Basis vorgelegt. In Konzentration auf das hermeneutische Problem hat R. → Bultmann den Zusammenhang mit dem frühen Stadium der Ph. Heideggers hergestellt, während F. → Gogarten in Fortsetzung der Fragestellung von Troeltsch vor allem die Ablösung des metaphysischen durch das geschichtliche Denken untersucht. Die im Brennpunkt der Diskussion stehenden, im Grunde ein einziges Problem bildenden Fragen der → Hermeneutik, der → Geschichte und der → Sprache (E.Fuchs) sind der gegenwärtige Ort der Begegnung von Th. und Ph. im Hinblick auf verantwortliches Reden von Gott.

Hier werden neben größeren Darst.en einige Hinweise auf Speziallit. gegeben, deren Auswahl in den versch. Bereichen nach wechselnden Gesichtspunkten erfolgte u. nur in Verbindung mit den bibliogr. Angaben zu den Artikeln über die einzelnen Theologen u. Philosophen sowie zu den Übersichtsartikeln sinnvoll ist.

Zum Ganzen: Ü I-IV - RGG² IV, 1204ff (»Philosophie und Religion«!) - F.COPLESTON SJ, A Hist. of Philosophy I-VI (bis Kant), Westminster/Maryland 1946-60 - EKL III, 196ff. - Vgl. die Darst.en der Philosophie-, Dogmen- u. Theologiegesch. Gesamtdarst.en der Gesch. des Verhältnisses von Th. u. Ph. fehlen.

Zu 1: E.CAIRD, The Evolution of Theology in the Greek Philosophers I. II, Glasgow 1904 - C.REINHARDT, De Graecorum theologia capita duo, 1910 - W.W.FOWLER, Roman Ideas of Deity in the last Century before the Christian Era, London 1914 - ERE XII, 293ff - WM - H.JONAS, Gnosis u. spätantiker Geist I (FRLANT 33), (1934) 1954²; II/1 (ebd 45), 1954 - E.PETERICH, Die Th. der Hellenen, 1938 - DERS., Formen u. Formeln vorchristl. Th. (Festg. W.Hausenstein, 1952, 75-90) - FR.SOLMSEN, Plato's Theology, Ithaca/N.Y. 1942 - L.GARDET-M.M.ANAWATI, Introduction à la th. musulmane (EPhM 37), Paris 1948 - M.POHLENZ, Die Stoa I. II, (1948/49) 1955/59² - L.J.ROSÁN, The Philosophy of Proklos, New York 1949 - WACH, Relsoz. - NILSSON I. II (s. Reg.) - PH.D.MEHTA, Early Indian Religious Thought, London 1956 - S.B.DASGUPTA, Aspects of Indian Religious Thought, Calcutta 1957 - G.BORNKAMM, Mensch u. Gott in d. griech. Antike (Ges. Aufs. II [BEvTh 28], 1959, 9-46) - A.A.T. EHRHARDT, Polit. Metaphysik von Solon bis Augustin I. II, 1959 - G.PATZIG, Th. u. Ontologie in d. »Metaphysik« d. Aristoteles (KantSt 52, 1960, 185-205).

Zu 2: Darstellungen größerer Zeiträume: GRABMANN I. II - K.HEIM, Das Gewißheitsproblem in d. syst. Th. bis zu Schleiermacher, 1911 - E.GILSON, La ph. au moyen âge des origines patristiques à la fin du XIVe siècle, Paris (1922) 1947² - DERS., L'esprit de la ph. médiévale, ebd (1932) 1948²; dt. 1950 - DERS. (u. PH.BÖHNER), Christl. Ph. von ihren Anfängen bis Nikolaus von Cues, (1937) 1954² - DERS., Hist. of Christian Philosophy in the Middle Ages, London 1955 - B.ROMEIER, La ph. chrétienne jusqu'à Descartes I-III, Paris 1935/37 - H.A.WOLFSON, The Philosophy of the Church Fathers I, Cambridge/Mass. 1956 - R.NEWALD, Nachleben d. antiken Geistes im Abendland bis zum Beginn d. Humanismus, 1960.

Zu 2 a: E.BRÉHIER, Les idées philosophiques et religieuses de Philon d'Alexandrie (EPhM 8), (1908) 1950³ - J.M.PFÄTTISCH, Der Einfluß Platons auf d. Th. Justins des Märtyrers (FChLDG 10), 1910 - J.MEIFORT, Der Platonismus bei Clemens Alex., 1928 - H.JONAS, Augustin u. d. paulin. Freiheitsproblem (FRLANT NF 27), 1930 - G.KUHLMANN, Theologia naturalis bei Philon u. bei Paulus, 1930 - E.BENZ, Marius Victorinus u. d. Entwicklung d. abendländ. Willensmetaphysik (FKGG 1), 1932 - H.KOCH, Pronoia u. Paideusis. Studien über Origenes u. sein Verhältnis zum Platonismus (AKG 22), 1932 - J.STELZENBERGER, Die Beziehungen d. frühchristl. Sittenlehre zur Ethik der Stoa, 1933 - J.RITTER, Mundus intelligibilis. Eine Unters. zur Aufnahme u. Umwandlung d. neuplaton. Ontologie bei Augustinus, 1937 - V.LOSSKY, La th. négative dans la doctrine de D. l'Aréopagite (RSPhTh 28, 1939, 204-221) - B.SEEBERG, Die Geschichts-Th. Justins des Märtyrers (ZKG 58, 1939, 1-81) - R.BULTMANN, Das Urchristentum im Rahmen d. antiken Religionen, (1949) 1954² - M.POHLENZ, Paulus u. die Stoa (ZNW 42, 1949, 69-104) - H.KARPP, Probleme altchristl. Anthropologie (BFChTh 44, 3), 1950 - G.BORNKAMM, Mensch u. Gott in d. griech. Tragödie u. in d. urchristl. Botschaft (Ges. Aufs. I [BEvTh 16], [1952] 1958², 173-195) - DERS., Gesetz u. Natur (Röm 2, 14-16) (Ges. Aufs. II [ebd 28], 1959, 93-118) - DERS., Glaube u. Vernunft bei Paulus (ebd 119-137) - C.ANDRESEN, Logos u. Nomos. Die Polemik des Kelsos wider d. Christentum (AKG 30), 1955 - R.LORENZ, Die Wissenschaftslehre Augustins (ZKG 67, 1956, 29-60. 213-251) - R.SCHNEIDER, Seele u. Sein. Ontologie bei Augustin u. Aristoteles (FKGG NF 6), 1957 - W.PANNENBERG, Die Aufnahme d. ph.en Gottesbegriffs als dogmat. Problem d. frühchristl. Th. (ZKG 70, 1959, 1-45) - U.WILCKENS, Weisheit u. Torheit. Eine exeget.-religionsgesch. Unters. zu 1Kor 1 u. 2 (BHTh 26), 1959.

Zu 2 b: Vgl. die Lit. zu → Theologie: I, 4 a; III.

Kath. Scholastik: M.GRABMANN, Der göttl. Grund menschl. Wahrheitserkenntnis nach Augustinus u. Thomas v. Aquin, 1924 - DERS., Mittelalterl. Geistesleben I-III, 1926-56 - B.GEYER, Der Begriff d. scholast. Th. (Festg. A.Dyroff, 1926, 112-125) - W.BETZENDÖRFER, Glauben u. Wissen bei d. großen Denkern d. MA, 1931 - R.BRAUN, Die Erkenntnislehre Heinrichs v. Gent, 1933 - E.DWYER, Die Wissenschaftslehre Heinrichs v. Gent, 1933 - H.MEYER, Die Wissenschaftslehre d. Thomas v. Aquin (PhJ 47, 1934, 171-206. 308-348. 441-486; 48, 1935, 12-40. 289-312; separat 1934) - B.BAUDOUX, Philosophia ancilla theologiae (Antonianum 12, 1937, 293-326) - F.MANTHEY, Die Sprach-Ph. d. hl. Thomas v. Aquin u. ihre Anwendung auf Probleme d. Th., 1937 - R.KLIBANSKY, The Continuity of the Platonic Tradition during the Middle Ages, London 1939 - H.DE LUBAC, Surnaturel, Paris 1946 - R.GUELLUY, Ph. et th. chez Guillaume d'Ockham, Louvain-Paris 1947 - G.VAJDA, Les Notes d'Avicenne sur la »Th. d'Aristote« (RThom 51, 1951, 346-406) - A.J.ARBERRY, Avicenna on Theology, London 1951 - B.MELLER, Studien zur Erkenntnislehre d. Peter v. Ailly, 1954 - H.MÜHLEN, Sein u. Person nach Joh.Duns Scotus, 1954 - Artes liberales. Von d. antiken Bildung zur Wissenschaft d. MA, hg.v. JOS.KOCH, Leiden 1959.

Humanismus: I.PUSINO, Ficinos u. Picos religiös-ph.e Anschauungen (ZKG 44, 1925, 504-543) - W.DRESS, Die Mystik des Marsilio Ficino (AKG 14), 1929 - E.MONNERJAHN, Giovanni Pico della Mirandola. Ein Beitrag zur ph.en Th. d. ital. Humanismus, 1960.

Luther: F.NITZSCH, Luther u. Aristoteles, 1883 - K.HEIM, Zur Gesch. d. Satzes von d. doppelten Wahrheit (Festg. Th.v.Haering, 1918, 1-16) - W.LINK, Das Ringen Luthers um d. Freiheit d. Th. von d. Ph. (FGLP IX, 3), (1940) 1955² - B.HÄGGLUND, Th. u. Ph. bei Luther u. in d. occamist. Tradition (LUÅ NF Avd. 1, 51, 4), 1955 - B.LOHSE, Ratio u. Fides. Eine Unters. über d. Ratio in d. Th. Luthers (FKDG 8), 1957 - L.GRANE, Contra Gabrielem. Luthers Auseinandersetzung mit Gabriel Biel in der Disputatio Contra Scholasticam Theologiam 1517 (Acta Theologia Danica IV), 1962 - R. SCHWARZ, Fides, spes u. caritas beim jungen Luther. Unter bes. Berücksichtigung der mittelalterl. Tradition (AKG 34), 1962.

Altprot. Orthodoxie: E.TROELTSCH, Vernunft u. Offenbarung bei Johann Gerhard u. Melanchthon, 1891 - H.E.WEBER, Die ph.e Scholastik d. dt. Protestantismus im Zeitalter d. Orthodoxie, 1907 - DERS., Der Einfluß d. prot. Schul-Ph. auf d. orthodox-luth. Dogmatik, 1908 - P.ALTHAUS, Die Prinzipien d. dt. ref. Dogmatik im Zeitalter d. aristotel. Scholastik, 1914 - P.PETERSEN, Gesch. d. aristotel. Ph. im prot. Deutschland, 1921 - E.LEWALTER, Spanisch-jesuit. u. dt.-luth. Metaphysik d. 17.Jh.s, 1935 - M.WUNDT, Die dt. Schulmetaphysik d. 17.Jh.s, 1939 - J.MOLTMANN, Zur Bedeutung des Petrus Ramus für Ph. u. Th. im Calvinismus (ZKG 68, 1957, 295-318) - E.BIZER, Die ref. Orthodoxie u. d. Cartesianismus (ZThK 55, 1958, 306-372).

Zu 3: HIRSCH I-V.

Zu 3 a: A.SCHLATTER, Die ph.e Arbeit seit Cartesius nach ihrem ethischen u. relig. Ertrag (BFChTh 10, 4/5), (1906) 1910² - W.LÜTGERT, Die Religion d. dt. Idealismus u. ihr Ende I-IV, 1923-30 - TH. SIEGFRIED, Luther u. Kant, 1930 - F.FLÜCKIGER, Ph. u. Th. bei Schleiermacher, 1947 - A.RICH, Pascals Bild vom Menschen (SDGSTh 3), 1953 - L.RICHTER, Immanenz u. Transzendenz im nachreformat. Gottesbild (FSThR 1), 1955 - D.HENRICH, Der ontolog. Gottesbeweis, 1960 - W.SCHULTZ, Kant als Philosoph des Protestantismus (ThF 22), 1960 - H.LIEBING, Zwischen Orthodoxie u. Aufklärung. Das ph.e u. th.e Denken G.B.Bilfingers, 1961.

Zu 3 b: W.HERRMANN, Die Metaphysik in d. Th., 1876 - DERS., Die Religion im Verhältnis zum Welterkennen u. zur Sittlichkeit, 1879 - A.RITSCHL, Th. u. Metaphysik, 1881 - J.KAFTAN, Ph. d. Protestantismus, 1917 - W.ELERT, Der Kampf um d. Christentum seit Schleiermacher u. Hegel, 1921 - H.DIEM, Ph. u. Christentum bei S.Kierkegaard (FGLP II, 1), 1929 - DERS., Die Existenzdialektik von S.Kierkegaard, 1950 - K.LÖWITH, Von Hegel zu Nietzsche, (1941) 1953³ - FR.SCHNEIDER, Erkenntnistheorie u. Th. Zum Kampf um den Idealismus (BFChTh 45, 1), 1950 - W.ANZ, Ph. u. Glaube bei S.Kierkegaard (ZThK 51, 1954, 50-105) - E.HEIMANN, Vernunftglaube u. Religion in d. modernen Gesellschaft, 1955. - Vgl. die Lit. zu → Theologie und Philosophie: III. *G. Ebeling*

III. Dogmatisch

1. Fehlbestimmungen der Unterscheidung: a) Grundformen - b) Ursachen - 2. Ort der Unterscheidung: a) Verantwortendes Denken - α) Ph. - β) Th. - b) Sprache des Verantwortens - α) Metaphysik - β) Geschichtlichkeit - 3. Grund der Unterscheidung: a) Evangelium - b) Gesetz - 4. Gebrauch der Unterscheidung: a) Was Ph. der Th. zu denken gibt - b) Was Th. der Ph. zu denken gibt. - Vgl. ergänzend → Apologetik: III, → Denken, → Dogmatik, → Dualismus, → Entmythologisierung, → Erkenntnistheorie, → Geisteswissenschaften, → Geschichte und Geschichtsauffassung, → Geschichtlichkeit, → Gewißheit, → Gott, → Gottesbeweise, → Hermeneutik, → Kultur, → Logik, → Logos, → Metaphysik, → Mythos und Mythologie, → Natürliche Religion und Theologie, → Offenbarung, → Ontologie, → Phänomenologie, → Religion, → Religionsphilosophie, → Sprache, → Systematische Theologie, → Theologie, → Vernunft, → Verstehen, → Wahrheit, → Wissenschaft

Das Fragen nach dem Verhältnis von Th. und Ph. gerät unausweichlich in die Geschichte. Als gegenwärtig zu verantwortende treibt die Geschichte jedoch über das historische Fragen desto tiefer in die strittige Sachfrage. Diese Kehre ist nicht als einmaliger Umweg durch die Historie mißzuverstehen, sondern als unablässiger Umgang mit der Geschichte wahrzunehmen. Die Beantwortungsmöglichkeit der Sachfrage läßt sich daraufhin folgendermaßen umreißen: Das Verhältnis von Th. und Ph., das nicht willkürlich zu bestimmen, sondern an geschichtlich gegebene Grundbedingungen gebunden ist, ist auf *Entscheidung* angelegt, ob letztlich in th.er oder ph.er Verantwortung gedacht und geredet wird. Selbst die Explikation des Verhältnisses von Th. und Ph. ist von dieser Entscheidung mit betroffen und insofern dogmatischer Art. Auch entschieden skeptische Haltung wäre als ph.e Stellungnahme »dogmatisch« in diesem Sinne. Doch wäre es jedenfalls th.er Entscheidung nicht gemäß, das Verhältnis durch Scheidung auflösen zu wollen, statt es durch *Unterscheidung* zurechtzubringen und wirksam sein zu lassen. Dann ist aber auch die Erwartung widersinnig, die Frage nach dem Verhältnis von Th. und Ph. durch abschließende Antwort erledigen zu können. Sie bleibt, wie Th. und Ph. selbst, aufgegeben. Ihre Klärung von Fall zu Fall bemißt sich danach, ob sie den rechten *Gebrauch* des Verhältnisses von Th. und Ph. aufschließt. Die dogmatische Verhältnisbestimmung ist nur dann sachgemäß, wenn sie der Geschichtlichkeit dieses Verhältnisses gerecht wird.

1. Wenn die wegweisende Formel für das Verhältnis von Th. und Ph. »Unterscheidung« lautet im Sinne rechter Inbeziehungsetzung des trotz verwirrenden Streits Zusammengehörenden, so läßt sich über *Grundformen der Fehlbestimmung* folgendes sagen.

a) Das Verhältnis von Th. und Ph. wird verfehlt: α) durch Aufhebung oder *Verwischung* der Unterscheidung, indem etwa Th. sich auf ph.e (»natürliche«) Th. reduziert, sich ihr Wesen von einem aprioristischen Wissenschaftssystem diktieren läßt oder sonst in unkritische Abhängigkeit von (und zugleich unsachgemäße Konkurrenz zu) bestimmtem Philosophieren gerät; β) durch den Versuch völliger Entflechtung und *Trennung*, die, obschon im Namen der (als Beziehungslosigkeit mißdeuteten) Freiheit der Th. von der Ph. vertreten, die Th. erst recht apokrypher ph.er Abhängigkeit ausliefert und sie nicht mehr als → Theologie (: I, 2 b. 3 b) ansprechbar sein läßt; γ) durch die harmonisierende Idee stückweiser *Ergänzung*, so daß die Th. Lücken der Ph. füllt oder diese als ganze krönt, die Ph. dagegen als materialer Unterbau (praeambula fidei) oder als formales Strukturgerüst der Th. dient (bzw. durch solchen »Dienst« über sie herrscht). Der Gesichtspunkt der Unterscheidung ist nicht nur bei α) preisgegeben, sondern auch bei β) durch den Verlust der Zusammengehörigkeit und bei γ) durch das Eliminieren der für das Verhältnis konstitutiven Strittigkeit, um derentwillen die Unterscheidung als ständig zu vollziehende Bewährung des rechten Verhältnisses notwendig ist.

b) Als *Ursachen* solcher Fehlbestimmungen wirken jeweils zusammen: α) *Absolutsetzung eines Teilaspekts.* Jede Fehlbestimmung zehrt von einem Wahrheitsmoment. So muß Th. in der Tat ihre Wissenschaftlichkeit durch Rechenschaft über ihr Verhältnis zu den anderen Wissenschaften klären und betätigen. Sie ist angewiesen auf den Vollzug ph.er Arbeit und sieht dieser u.U. partiell zum Verwechseln ähnlich. Anderseits hat sie mit Recht über ihre Selbständigkeit zu wachen und darf nicht ins Schlepptau der Ph. geraten. Daß ph.es Denken in materialer und formaler Hinsicht (aber auch in bezug auf die Fraglichkeit dieser Unterscheidung) in die Th. eingeht, ist durchaus in der Ordnung. Aber keiner dieser Gesichtspunkte allein vermag die Unterscheidung zu bestimmen. - β) *Abstrakte Konfrontation.* Das Verharren bei allgemeinen Erwägungen über die grundsätzliche Differenz verführt zu Kurzschlüssen. Nur in der Begegnung geschichtlich bestimmten th.en und ph.en Denkens kann die Frage des Verhältnisses von Th. und Ph. ausgetragen werden. Sie muß darum immer weiter ausgetragen werden, und zwar so, daß jede bestimmte Frage auf das zwischen Th. und Ph. letztlich Strittige hin zu bedenken ist. Die Unterscheidung ist deshalb durch Aufstellung einer Formel nicht zu fixieren, sondern bestenfalls in Aktion zu halten. Sofern man sich auf das Wesen von Th. und Ph. einläßt, stehen sich nicht Gedankensysteme gegenüber, die sich als abgeschlossene Größen vergleichen lassen; sondern unterschiedliche Aufgaben und Vollzüge des Denkens treffen und modifizieren sich in der Weise des Gesprächs. Das Problem der Unterscheidung konkretisiert sich darum am deutlichsten im Gegenüber von Theologen und Philosophen. Hier tritt mit der Entschiedenheit der Differenz th.er und ph.er Existenz zugleich die Fraglichkeit von Disziplinentrennungen in Erscheinung, insofern trotz berechtigter Arbeitsteilung jeder das Ganze des im Gespräch zur Sprache Kommenden zu bedenken hat und ohnehin in beiden Überlieferungen steht, so daß auch der Philosoph sich mit Th. befassen, vor allem aber auch der Theologe philosophieren muß. - γ) *Vergewaltigende Gleichstellung.* Die Unterscheidung betrifft nicht zwei auf der gleichen Ebene vergleichbare Größen (also etwa zwei Weisen des Philosophierens). Deshalb versagen auch die Versuche, den Unterschied als einen solchen des Gegenstandsbereichs oder der Erkenntnismethode zu bestimmen. Das ergibt nur verwirrende Halbwahrheiten. Allererst muß nach dem Ort gefragt werden, wo das Verschiedenartige sich als zu Unterscheidendes trifft und so der Unterschied wahrnehmbar wird.

2. Der *Ort der Unterscheidung* zwischen Th. und Ph. ist radikal verantwortendes Denken. Damit ist der Weg in ihre Sach- und Sprachdifferenz gewiesen.

a) Der Einsatz beim Gesichtspunkt der *Verantwortung* scheint die Reinheit des ph.en Denkens zu beeinträchtigen, indem von vornherein auch schon die Frage der Verlautbarung des Denkens sowie die Beziehung zum Ethischen, an dem der übliche Sinn von »Verantwortung« orientiert ist, einbezogen werden. Doch empfiehlt die Ursprünglichkeit des Zusammenhangs gerade dieses Vorgehen. Anderseits widerstreitet die Bestimmung »radikal verantwortendes Denken« der gängigen Vorstellung von Th.: sie habe es, weil mit Offenbarung und Glauben, mit dem auf Autorität gründenden Fraglosen zu tun und sei dank des Gefundenhabens des Suchens enthoben, im Unterschied zur Ph., die als Denken ständig im Fragen bleibt (vgl. Tertullian, De praescr. 8ff). Doch ermöglicht gerade der Gesichtspunkt der Verantwortung, über die Vermengung von Richtigem und Falschem in solcher Auffassung zu urteilen.

Der Begriff des Verantwortens leitet dazu an, Th. und Ph. auf ihre *Verwurzelung im Menschsein* hin zu bedenken. Er führt an den Ursprung des Denkens in der Sprachlichkeit als dem Angesprochensein, das als Gefragtsein zum Fragen und Antworten zugleich nötigt. In diesem Brennpunkt treffen sich Gewissen und Vernunft. Das läßt fragen (in Abbreviatur), welcher λόγος letztlich zum λόγον διδόναι herausfordert und ermächtigt. Das Elementargeschehen von Sprache ist eine Bewegung, deren Antrieb und Richtungssinn zu kennzeichnen ist durch das Spannungsverhältnis von Vorgegebenem und Aufgegebenem, von Fraglosem und Fragwürdigem, von Verdanken und Bedenken. Dieses für die Existenz konstitutive Spannungsverhältnis steht in engstem Bezug zur Zeit (Gegenwart als »Intervall« von Vergangenheit und Zukunft). Die als Sprachgeschehen zu verstehende Grundbewegung ist das »Wesen« von Geschichte.

α) *Philosophieren* versteht sich als radikale Explikation der Sprachlichkeit (des Menschen und der Wirklichkeit im ganzen, was, recht verstanden, nicht zweierlei, sondern nur in der Einheit des Bezogenseins aufeinander zu erfassen ist). Die Kennzeichnung als voraussetzungslosen, alles in Frage stellenden, autoritätsfreien Denkens trifft den Sachverhalt nur bedingt, verglichen mit unsachlichen, unfreien und insofern uneigentlichen Weisen des Denkens. Die Überlegung jedoch, was zum ph.en Denken nötigt, instand setzt und Weisung gibt, führt inmitten des der Fraglichkeit ausgesetzten Vorgegebenen auf ein auch dem radikalsten Fragen vorgegebenes Fragloses als Bedingung der Möglichkeit des Fragens. Es besteht zumindest in dem zum Fragen herausfordernden Gefragtsein, das die Ermöglichung sinnvoller Fragestellung, die Selbstverständlichkeit der Denkprinzipien sowie die kategorische Pflicht in sich schließt, bei der Wahrheit zu bleiben und sich nicht täuschen zu lassen (und dh zugleich: frei zu bleiben). Im Gesichtspunkt des vorgegebenen Fraglosen sind die sich darbietende Evidenz und gebietende Autorität *eines* als Geheiß des Denkens. So verdankt sich das Denken dem Vorgegebenen als das Aufgegebene. Das Fraglose macht frei für das Fragwürdige. Dieses Spannungsfeld, in dem sich das Philosophieren vollzieht, ist dadurch konkret bestimmt, daß das Geheiß des Denkens gebunden ist und bindet an die begegnende Wirklichkeit im ganzen, die als begegnende untrennbar ist von Sprache als Überlieferung von Wirklichkeitsauslegung. So erfährt auch das Aufgegebene seine Konkretion: durch bestimmtes Fragen die Explikation der Sprachlichkeit voranzutreiben, um das Fragwürdige vom Fraglosen her und das Fraglose vom Fragwürdigen her zu bestimmen, - eine Aufgabe, die gerade im Horizont der Endlichkeit zur unendlichen wird.

Der Konkretheit des philosophierenden Denkens ist aber eine Grenze gesetzt durch die ihm wesenhaft eigene Abstraktion. Damit ist nicht die je nachdem verschieden ausgeprägte Abstraktheit der Gedankenführung und Ausdrucksform gemeint, die dem Bezug auf das Konkrete nicht zu widersprechen braucht, vielmehr um seinetwillen notwendig sein kann; auch nicht das (Pseudo-)Ideal bloßen Denkens, das nicht die Situation mitbedenkt, in der sich Denken als Verantwortung bewährt im Hinblick auf mögliches Einverständnis im menschlichen Miteinander und angesichts der unabweisbaren Frage nach dem, was das Denken vollbringt. Aber auch das konkret der Überlieferung wie dem gegenwärtig Notwendigen (dh der Erfahrung im weitesten Sinne) verpflichtete, dem Gespräch sich aussetzende Philosophieren verharrt bei dem *Denken* als dem, was das eigentlich Aufgegebene sei. So ist es, zumindest der Intention nach, zwar radikale *Explikation* der Sprachlichkeit. Diese jedoch ist nicht identisch mit der radikalen *Erfüllung* der Sprachlichkeit. Die Verantwortung, zu der der Mensch als solcher herausgefordert ist, erfüllt sich nicht im Denken, sondern allein in dem Wortgeschehen, das der ihn im Gewissen treffenden Fraglichkeit gewachsen ist. Obwohl auf Konkretes bezogen, läßt das Denken den Menschen auf das Allgemeine aussein in der Hingabe an das Objektivierbare bzw. Interpretierbare. Die → *Vernunft*, in deren Reich der Mensch, sofern er mit der Vernunft eins ist und eins sein kann, sich als herrschend verstehen darf, ist zwar letztlich *eines* Ursprungs mit dem → *Gewissen*, jedoch faktisch von der Distanz (nicht Beziehungslosigkeit) zum Gewissen bestimmt, wodurch überhaupt erst Gewissen als das Angegangensein des Menschen in seinem Selbstsein in Erscheinung tritt. Das der Vernunft verpflichtete Denken partizipiert an der Abstraktion vom wirklichen Menschsein, die die Vernunft vom Gewissen unterscheidet. Das Fraglose, von dem das Denken herkommt und auf das es aus ist, kann durch das Denken nicht als dasjenige Fraglose zur Sprache gebracht werden, von dem der Mensch herkommt und zu dem hin er unterwegs ist und das ihm zuzusprechen hieße, ihn aus der Fraglichkeit seiner selbst in die Gewißheit des Fraglosen einzulassen, die erst wahre Freiheit zum Fragwürdigen verleiht. Darum ist strittig, inwiefern das Denken als solches überhaupt radikal verantwortend und das Philosophieren wirklich radikale Explikation der Sprachlichkeit sein kann.

β) *Th.* leitet sich nicht wie das Philosophieren unmittelbar aus dem Gefordertsein des Menschen zu verantwortendem Denken überhaupt her. Sie versteht sich darum auch nicht eigentlich als Explikation der Sprachlichkeit des Menschen und der Wirklichkeit im ganzen. Th. unterscheidet sich von der Ph. durch den λόγος, auf den sich Th. beruft als den letztlich zum λόγον διδόναι herausfordernden und ermächtigenden. Ist dieser λόγος für die Ph. die die Vernunft angehende Sprachlichkeit, so ist er für die Th. das das Gewissen angehende → Wort Gottes. Das der Th. Vorgegebene, von dessen Fraglosigkeit sie den Ausgang nimmt, ist ein ganz bestimmtes geschichtlich Gegebenes: die Verkündigung von Jesus Christus, die, geleitet von der kanonischen Überlieferung und unter Berufung auf ihn selbst (in seinem Namen und Auftrag), das Grundgeschehen von Kirche ist, gegenwärtig als ἀκοὴ πίστεως geschieht, Glauben eröffnet und zu weiterem Verantworten der ἀκοὴ πίστεως ermächtigt. Th. ist jedoch gerade durch diesen ihren konkreten Ursprung und um seinetwillen auf das zur Verantwortung Gefordertsein des Menschen überhaupt bezogen. Ihre Bindung an bestimmte Sprachüberlieferung trägt durchaus bei zur Explikation der Sprachlichkeit des Menschen und der Wirklichkeit im ganzen. Entsprechend ist zwar für die Th. das eigentlich Aufgegebene, ihr Worumwillen, die auf Glauben zielende Verkündigung, also etwas außerhalb ihrer selbst, auf das sie dienend bezogen ist. Aber gerade im Dienst an diesem verkündigenden Verantworten vollzieht sich Th. als radikal verantwortendes Denken. Seit den frühchristlichen Apologeten ist darum mit Recht der Sachverhalt dahin präzisiert, daß die Th. den sie zum λόγον διδόναι herausfordernden und ermächtigenden λόγος (Jesus Christus als Verbum Dei incarnatum) auf dessen Verhältnis zu dem entsprechenden λόγος der Ph. hin zu verantworten hat.

Der Einwand, daß im Gegensatz zur Ph. der Th. radikal verantwortendes Denken abzusprechen sei, weil sie sich auf eine vorgegebene Autorität stützt, die dem Theologen die Verantwortung und so auch das Denken eigentlich abnimmt, ja gar untersagt, verkennt den fundamentalen Unterschied der Denksituation in Th. und Ph. Das der Th. vorgegebene Fraglose, das dem th.en Denken das in th.er Hinsicht Fragwürdige freigibt und aufgibt, tritt, recht verstanden, nicht zu dem der Ph. vorgegebenen Fraglosen und dem dadurch aufgegebenen Fragwürdigen in direkte Konkurrenz. Zwar steht nach vorherrschender Meinung die Offenbarungsautorität, auf der Th. gründet, in Konkurrenz zur Vernunftevidenz, an die sich das Philosophieren hält. Diese Auffassung ist jedoch dann irrig, wenn beides als den Menschen in derselben Hinsicht angehend verstanden wird. Die Offenbarungsautorität ist mißverstanden, wenn sie einerseits in Hinsicht auf das durch sie Eröffnete - analog zur Vernunft - als Wahrheit des Allgemeinen interpretiert wird, anderseits in Hinsicht auf die Eröffnungsweise - in Konkurrenz zur Vernunft - als auf Autorität hin zu glaubende Wahrheit. Die in der Tat zur Sache der Th. gehörende »Autorität« ist nicht Ersatz für Evidenz, so wenig der Glaube Ersatz für Vernunft ist (für den Fall, daß es an dieser subjektiv mangelt, oder sofern sie objektiv auf ihre Grenzen stößt). Darum ist hier Autorität gerade als Glauben weckender, mit der Überzeugungskraft des Fraglosen, Unwidersprechlichen begegnender Zuspruch und entsprechend Glaube als Gewißheit verstanden. So wenig die Vernunft in der Weise willkürlicher Setzung »autonom« ist, sondern ihre Autonomie die der Vernunft zukommende Sachtreue am Ort ihrer Zuständigkeit meint, so wenig ist der Glaube »heteronom« als durch äußere Autorität erzwungenes sacrificium intellectus, obwohl er gerade im Unterschied zur Vernunft dem verbum externum »hörig« ist. Wenn die Unterscheidung von Denken und Glauben und korrespondierend: von Evidenz und Autorität (nach dem nicht unproblematischen gängigen Sprachgebrauch) sinnvoll die Unterscheidung von Ph. und Th. kennzeichnet, so nur kraft der darin wirksamen Differenz verschiedener Weisen, wie Wort und Mensch aufeinander bezogen sind: einerseits im *Horizont der Vernunft, wo das Wort zur Sache des Menschen wird* (so daß der Akzent auf dem λόγον ἔχειν im Sinne von Denkvermögen liegt, in dem der Mensch »aufgeht«); anderseits im *Horizont des Gewissens, wo der Mensch zur Sache des Wortes wird* (so daß der Akzent auf dem λόγον ἀκούειν liegt im Sinne konkreten Wortgeschehens, in dem der Mensch zum Tode oder zum Leben getroffen wird). »Autorität« und »Glaube« als Kennzeichnung des vorgegebenen Fraglosen, auf dem Th. gründet, dürfen darum nicht formal (im Horizont der Vernunft!) interpretiert werden, sondern müssen von dem Wortgeschehen her (im Horizont des Gewissens!) verstanden werden, auf das als auf Gottes Wort Th. bezogen ist.

Die verschiedenen Symptome dessen, was Th. von Ph. unterscheidet, konvergieren also in einem Einzigen: Th. gründet in der bestimmten, in der Hl. Schrift fixierten, auf den Namen Jesus konzentrierten, in der Verkündigung weitergegebenen Überlieferung der ἀκοὴ πίστεως. Sie setzt das Getroffensein durch dieses Wortgeschehen und deshalb das Verantwortlichsein für es voraus, hat darum homologisch-assertorischen Grundcharakter in Zuordnung zu konkreter Gemeinschaft (Kirche) und zielt auf konkrete Ausrichtung der Verkündigung als Heilsbotschaft. Dieses Ausgerichtetsein auf bestimmtes Wortgeschehen ist notwendiges Korrelat der Sache, um die es darin geht: des Wortes Gottes, das auf Glauben hin das Gewissen gewiß macht und als Botschaft in bestimmter geschichtlicher Überlieferung empfangen wird. Daß in diesem Sinne Gott und darum das Wort und darum der Glaube die Sache der Th. ist, ist eins mit der Orientierung der Th. an konkretem (und das meint zugleich: konkret machendem) Wortgeschehen, was wiederum identisch ist mit der Ortung der Th. im Horizont des Gewissens. Demgegenüber ist es für die Ortung der Ph. im Horizont der Vernunft kennzeichnend, daß trotz Angewiesenseins auf Sprachüberlieferung hier keine konfessorische Orientierung an konkretem Wortgeschehen statthaben kann und darf, darum auch - sofern überhaupt - »Gott«, »Glaube« und »Gewissen« nur allgemein in Hinsicht auf die Bedingung ihrer Möglichkeit zur Sprache kommen und deshalb nur uneigentlich, weil im Horizont der Vernunft, aber nicht konkret in Ausrichtung auf den Gegensatz von Sünde und Gnade im Horizont des Gewissens.

So sehr sich damit eine den Widerspruch ausschließende Unterscheidung von Th. und Ph. abzuzeichnen beginnt, endet doch nicht einfach die Strittigkeit, weil Ph. ein verantwortendes Denken im Horizont des Gewissens nur als allgemeine Möglichkeit erwägen, darum aber nur als widersprüchlich, weil nur im Horizont der Vernunft, in Betracht ziehen kann, während verantwortendes Denken im Horizont des Gewissens von dem konkreten Wortgeschehen der christlichen Verkündigung herkommt, das allein das Denken zur Th. zu bestimmen vermag. Die nicht ein für allemal auszuschließende Strittigkeit der Unterscheidung von Th. und Ph. beruht gerade auf dem, was ihre Begegnung ermöglicht: daß es nicht einfach um die Verschiedenheit von Glauben und Denken, von Gewissen und Vernunft geht, sondern um den Unterschied verantwortenden Denkens in der Verschiedenheit beider Horizonte. Während von der Th. her die Ph. zu fragen ist, ob das Denken in dem Sinne verantwortend sein kann, daß dadurch der Mensch sich selbst in der Fraglichkeit seines Selbstseins verantwortet, ist von der Ph. her die Th. gefragt, ob nicht das Denken des Glaubens ein Widerspruch in sich ist. Mit dieser Frage steht das Verhältnis von Th. und Ph. als methodologisches Problem der Th. selbst zur Entscheidung.

Wie bestimmt sich von dem der Th. vorgegebenen Fraglosen her das ihr Aufgegebene? Den Sachverhalt trifft nicht die naive Meinung, der Th. seien ihre »Ergebnisse« vorgeschrieben. Was sich aus dem ihr Vorgegebenen »ergibt«, hat freilich den Charakter nicht von »Erfindungen«, sondern eines Sprachgeschehens, das als Verantworten des der Th. vorgegebenen Wortes von diesem her freigegeben und darum dessen interpretierende Selbstfreigabe ist. Das der Th. Aufgegebene lautet nicht: über das ihr Vorgegebene hinauszugehen, sondern: ihm zu folgen im Sicheinlassen auf dessen Geschehen. Deshalb ist es auch nicht Sache der Th., hinter das ihr vorgegebene Wort Gottes (= ἀκοὴ πίστεως!) durch Aufstellung von »Beweisen« begründend zurückzugehen - das hieße, es nicht Wort Gottes, weil nicht das vorgegebene Fraglose, sein lassen -, wohl aber das Wort Gottes als Grund des Glaubens, dh in dem Geschehen seines »Wesens« zur Sprache zu bringen. Endlich wird die recht verstandene Th. auch nicht von dem Vorwurf ungeprüfter Prämissen getroffen. Allerdings erfordert es Rechenschaft darüber, wie überhaupt das der Th. vorgegebene Fraglose (Wort Gottes als ἀκοὴ πίστεως) als Fragloses vorgegeben sein kann. Die für die Th. konstitutive Berufung auf die Hl. Schrift stellt nur dann die sachgemäße Rechenschaft dar, wenn damit nicht eine alles Fragen abschneidende Fraglosigkeit positivistisch statuiert wird, sondern dem Wesen des Textes folgend die hermeneutische Aufgabe wahrgenommen wird: als Herkunft und Zukunft des Textes das Wortgeschehen des Glaubens zu bedenken, das sich am Gewissen als die

Macht des Fraglosen erweist. Damit ist schon angedeutet, inwiefern und was der Glaube zu denken gibt: das der Th. vorgegebene Fraglose inmitten der andrängenden Fraglichkeit des Vorgegebenen überhaupt (christlicher und sonstiger Überlieferung in Beziehung zu der den Menschen angehenden Wirklichkeit) als das schlechterdings Fraglose geltend zu machen, dh die ἀκοὴ πίστεως als Sprachgeschehen durch Sprachkritik und Sprachgewinn zu verantworten.

b) Das Verhältnis von Th. und Ph. führt nicht erst dadurch in das hermeneutische Problem (→ Hermeneutik), daß die Verständigung zwischen zwei verschiedenen Sprachen im einzelnen zur Diskussion steht. Bereits die Aufgabe der Unterscheidung von Th. und Ph. stellt in fundamentalem Sinne vor das hermeneutische Problem. Nicht nur weil Th. und Ph. je in verschiedener Weise fundamental-hermeneutischen Anspruch erheben als differente Weisen radikal verantwortenden Denkens, sondern auch und vor allem weil trotz aller Strittigkeit mit dem Gesichtspunkt der »Unterscheidung« das *Problem einer legitimen Sprachdifferenz* in den Blick kommt, mit dessen Berücksichtigung erst die Tiefe des hermeneutischen Problems erreicht wird. Wie die Geschichte des Verhältnisses von Th. und Ph. zeigt, handelt es sich in rechtem Verstande weder um die pure Widersprüchlichkeit gegensätzlicher Sprachen noch um eine Sprachvermischung, sondern um eine Sprachbegegnung, deren hermeneutischer Sinn gerade der Erhellung der Sprachdifferenz und insofern beiden, der Th. und der Ph., zugute kommen sollte.

α) Nach dem traditionellen Verständnis der Sprachdifferenz, wie es in der »christlichen Zeit« (→ Theologie und Philosophie: II, 2) konzipiert war und darüber hinaus sich zäh behauptet, ist die *Sprache der Metaphysik* die Sprache der Grund-Verantwortung, deren sich auch die Th. bedient, um so freilich gerade dasjenige zu verantworten, was im Unterschied zur Metaphysik Sache der Th. ist. Daran ist grundsätzlich dies zu bejahen, daß die Th. vor dem allgemeinen Wahrheitsbewußtsein Rechenschaft gibt und ihre Unterscheidung von der Ph. in der Begegnung mit ihr vollzieht. Bedenklich ist jedoch, wenn mit der vorbehaltlosen Bejahung der Sprache der Metaphysik als Sprache der Grund-Verantwortung die Th. einen Teil ihrer Verantwortung sich abnehmen läßt und sich als übernatürliche Ergänzung natürlicher Th. versteht, dadurch aber im Banne der Metaphysik bleibt und so die Th. einer Hermeneutik unterwirft, die die Sache des Glaubens nicht rein zur Geltung kommen läßt. Denn → Metaphysik ist das Grund-Verständnis im Horizont der Vernunft, dementsprechend der *Mensch* als vernünftiges und gemäß seiner Rationalität (als Herr auch seiner selbst) tätiges Subjekt außer Frage steht, das *Sein* als dem Denken korrespondierendes Vorhandensein des gegenständlich Selbständigen unter Absehen von der Zeit vorausgesetzt ist, die *Sprache* als Aussage- (»Kategorien«) und Bezeichnungsfunktion verstanden wird und deshalb *Wahrheit* ihren Ort hat im Bereich des Vorgestellten (→ Subjekt und Objekt). Jeder dieser Hinweise läßt erkennen, inwiefern die Sprache der Metaphysik der Sprache des Glaubens fremd ist. Ihre hermeneutische Verwendung in der Th. droht darum die Glaubensaussagen von dem genuinen Wortgeschehen und Horizont zu lösen und dadurch Glaube und Vernunft in falsche Konflikte zu bringen und in falscher Weise zu harmonisieren. Jedoch wird dem Sachverhalt im ganzen nur ein besonnen abwägendes Urteilen gerecht. Auch bei hermeneutischer Inanspruchnahme der Sprache der Metaphysik kann die Sprachdifferenz von Ph. und Th. zur Geltung kommen. Die traditionelle (kath. und ev.) Dogmatik, die nicht im einzelnen nur, sondern als ganze vom metaphysischen Denken geprägt ist, stellt dennoch durchgehend – wenn auch mit unterschiedlichem Erfolg – den Versuch dar, unter Aufnahme, aber auch kritischer Begrenzung und Umformung der Sprache der Metaphysik jeweils die Sache der Th. in unterscheidende Beziehung zum vernünftigen Welterkennen zu setzen, von der Sprache der Metaphysik also in der Disziplin th.er Verantwortung Gebrauch zu machen. Wenn der Glaube um der Reinheit der Verkündigung willen (dh damit sie wirklich ἀκοὴ πίστεως bleibe) zu Th. als radikal verantwortendem Denken anhält, dann kann man sich nicht zufrieden geben mit der Antithese von Sprache der Metaphysik und Sprache des Glaubens, sondern muß das Denken des Glaubens im Zusammenhang der allgemeinen Sprache des Denkens vollziehen.

β) Es ist geschichtlich zu verstehen, daß die Th. an die (kritisch zu gebrauchende) Sprache der Metaphysik gewiesen war, solange diese das allgemeine Wahrheitsbewußtsein beherrschte, wie es in der »christlichen Zeit« infolge gegenseitiger Stützung ph.er und christlicher Tradition der Fall war. Ebenso stellt es ein Ph. und Th. gleichermaßen betreffendes und darum auch ihre Begegnungssituation veränderndes Sprachgeschick dar, daß die Sprache der Metaphysik zerfiel und sich das Problem einer *Sprache der → Geschichtlichkeit* stellte. Gegen die Simplifizierung zu flachen Schlagwörtern ist die Tiefe und Vielfalt des damit angedeuteten Geschehens hervorzuheben. Es handelt sich nicht um Möglichkeiten, die beliebig zur Wahl stehen, sondern um Veränderungen des Wirklichkeitsverständnisses, denen sich verantwortliches Denken in Ph. und Th. gleichermaßen nicht entziehen kann. Doch sind Th. und Ph. in verschiedener Weise davon betroffen und daran beteiligt. Während die Sache der Th. zu einem geschichtlichen Wirklichkeitsverständnis anleitet und dementsprechend auch th.e Vorstöße gegen die Herrschaft der Metaphysik zu verzeichnen sind (vgl. → Luther, → Schleiermacher, → Kierkegaard, A. → Ritschl, W. → Herrmann), erscheint die Th. in der Neuzeit überwiegend als Vorkämpferin der Metaphysik. Dagegen ist die mannigfache ph.e Kritik der Metaphysik im Zeichen der Geschichtlichkeit geistesgeschichtlich gesehen eine Folge des christlichen Glaubens, die sich aber gegen ihn zu kehren scheint. Mit dem Schwinden der Geltungskraft der traditionellen abendländischen (cum grano salis: platonisch-aristotelischen) Metaphysik, das in dem sich steigernden Widerfahrnis von Geschichtlichkeit in Erscheinung tritt, ist eine tiefe Sprachkrise ausgebrochen. Denn wenn auch nur eine bestimmte Gestalt von Metaphysik erledigt schien, war doch die mit dieser verbundene Idee zeitlos gültiger Metaphysik überhaupt und ineins damit das faktische Bestehen einer wissenschaftlichen Einsprachigkeit (dieselben Grundbegriffe für Th., Physik usw!) von erstaunlicher Dauer entschwunden. Anderseits wirkte die metaphysische Sprache nicht nur in den metaphysischen Ersatzentwürfen, sondern gerade auch in den antimetaphysisch sich gebärdenden positiven Wissenschaften als deren unbedacht bleibende Voraussetzung nach und bestimmte so auch die Versuche zur Bewältigung der im Zeichen der Geschichtlichkeit stehenden Sprachkrise. In der Tat ist dem Problem der Metaphysik durch bloße Abkehr von ihr nicht zu entkommen. »Überwindung der Metaphysik« kann sich allenfalls durch den »Rückgang in ihren Grund« anbahnen, wäre dann aber nicht »Abschaffung«, sondern »Verwandlung« (M. → Heidegger). So ist Besinnung auf sachgemäße Sprache der Geschichtlichkeit nicht unter Umgehung des ontologischen Problems möglich. Wenn sich um dieser Aufgabe willen Philosophen und Theologen in der Arbeit am hermeneutischen Problem treffen, so wäre das Kriterium der Fruchtbarkeit dieser Begegnung in der gemeinsamen Zeitverantwortung dies, daß die Verständigung in bezug auf das Problem der Sprache der Geschichtlichkeit einer Präzisierung der legitimen Sprachdifferenz von Th. und Ph. zugute kommt, so daß beide in Einverständnis und Streit einander helfen, um so reiner ihrer verschiedenen Verantwortung gerecht zu werden.

3. Wenn die Th. sich von der Ph. in dem Sinne unterschieden weiß, daß sie diese grundsätzlich als legitime Aufgabe des Denkens und in bestimmter Hinsicht als der Th. selbst notwendig bejaht, so ist diese Bestimmung des Verhältnisses nicht davon abhängig, daß die Ph. ihr Verhältnis zur Th. entsprechend versteht. Es sei dahingestellt, ob seitens der Ph. das Verhältnis überhaupt als Unterscheidung des weder zu Trennenden noch zu Vermischenden begründet werden kann. Jedenfalls kann Th. nicht eine ph.e Bestimmung des Verhältnisses übernehmen, sondern muß den *Grund der Unterscheidung* als th.en verantworten können. Und zwar muß sich von daher verstehen lassen, inwiefern das Verhältnis zugleich Einverständnis und Strittigkeit umschließen muß.

a) Grundbedingung für ein sachgemäßes Verständnis von Th. und ihrer Unterscheidung von der Ph. ist die Erfassung des *Evangeliums* und deswegen der Unterscheidung von Gesetz und Evangelium (→ Gesetz: V. VI) als der eigentlichen Sache der Th. Die Unterscheidung von Th. und Ph. muß darum, wenn sie überhaupt th. interpretierbar ist, zur Unterscheidung von Gesetz und Evangelium in Beziehung gesetzt und von daher begründet werden. Der Einwand, damit werde ein begrenzter th.er Gesichtspunkt zu einem formalistisch gehandhabten Prinzip erhoben, verkennt zwei fundamentale Sachverhalte: daß das konkrete Wortgeschehen des Evangeliums nicht einer von vielen Gegenständen der Th., vielmehr deren ausschließlicher Grund ist, sowie: daß die Unterscheidung von Evangelium und Gesetz und als deren Interpretation die → Zwei-Reiche-Lehre an der Unterscheidung von Th. und Ph. nicht einen willkürlich gewählten Fall übertragender Anwendung, sondern ihre eigentliche Konkretion im Felde des Denkens hat. Es ist damit zugleich der Punkt bezeichnet, an dem die Verschiedenheit kath. und ev. Bestimmung des Verhältnisses von Th. und Ph. deutlich wird: im Sinne der Unterscheidung von natürlicher und übernatürlicher Erkenntnis einerseits, von Gesetz und Evangelium anderseits. Doch darf solche fundamental-th.e Zuordnung der Unterscheidung von Th. und Ph. nicht schematisch ohne differenzierenden Sachverstand erfolgen.

Durch die Orientierung des Th.verständnisses am Evangelium ist der Verwechslung der Sache des christlichen Glaubens mit einem System allgemeiner Welterkenntnis gewehrt. Das Evangelium gibt der Th. nicht etwa bloß eine besondere inhaltliche Note, sondern läßt sie auf ein konkretes Wortgeschehen (viva vox Euangelii!, → Luther: II, 3 e) bezogen sein, was ihre Notwendigkeit (→ Theologie: I, 3 b) und ihre charakteristische Verschiedenheit von der Ph. (s. 2 a β) begründet. Ferner ist durch die Orientierung am Evangelium bestritten, daß sich die Unterscheidung von Th. und Ph. aus allgemeinen Möglichkeiten des Menschseins ableiten ließe. Zwar ist die Unterscheidung auf eine Grundgegebenheit des Menschseins bezogen. Das ist das (mit Vorbehalt) zu Bejahende an der üblichen Verhältnisbestimmung von Ph. und Th. nach Gemeinsamkeit und Verschiedenheit ihres Bezugs auf die Gottesidee oder auf das Phänomen der Religion (vgl. auch → Tillichs Begriff des den Menschen unbedingt Angehenden). Nur muß zugleich auch das die Differenz Begründende als im Menschsein selbst verwurzelt aufgewiesen werden, wenn Th. und Ph. nicht in ausschließender Konkurrenz zueinander stehen sollen. Die obige Rückführung auf die Differenz von Vernunft und Gewissen entspricht zwar dieser Aufgabe, läßt jedoch auch die Grenzen dieses Vorgehens erkennen. Denn inwiefern Th. auf den Horizont des Gewissens bezogen ist, läßt sich nur von dem bestimmten Wortgeschehen des Evangeliums her sagen. Darum ist auch schon die dabei leitende Interpretation des Gewissens und seines Verhältnisses zur Vernunft vom Evangelium her bestimmt. Sie unterscheidet sich fundamental von der moralischen Gewisseninterpretation, die ihren Ort im Horizont der Vernunft selbst hat. Nur vom Evangelium her eröffnet sich auch eine Unterscheidung der Horizonte, die beides berücksichtigt: inwiefern Vernunft und Gewissen untrennbar zusammengehören und inwiefern sie aufs schärfste zu unterscheiden sind (zu der nur im Hinblick auf das Wortgeschehen des Evangeliums sinnvollen Verklammerung des »coniunctissime« und »distinctissime« vgl. zB WA 40/I, 469. 490. 527). Um Erfassung eben dieser Zusammenhänge geht es in der Unterscheidung von Gesetz und Evangelium. Gerade weil Th. am Evangelium orientiert ist, hat sie mit dem Gesetz zu tun, aber auch nur insofern! Daraus ergibt sich eine doppelte Relation: ein Widersprechen (das Gesetz hält vom Evangelium fern, das Evangelium befreit vom Gesetz) und ein Entsprechen (das Evangelium ist Erfüllung des Gesetzes, das in seine Grenzen gewiesene Gesetz bezeugt das Evangelium). Die daraus erwachsene reformatorische Lehre von den usus legis und der Unterscheidung der zwei Reiche leitet zu th.em Durchdenken (nicht zu einer Schablonisierung) auch des Verhältnisses von Th. und Ph. an.

b) Wie (rechte!) Th. am Evangelium orientiert und von daher bestimmt ist, so ist Ph. (th. geurteilt) im Banne des *Gesetzes* und als höchste Möglichkeit des Menschen besonders signifikantes Zur-Sprache-Kommen des Gesetzes (vgl. Hegel, ed. Glockner, 7, 35: Ph. ist »ihre Zeit in Gedanken erfaßt«). Reformatorische Th. hat diesen Zusammenhang zwischen ratio und lex mit Nachdruck betont. Während nun die Th. gerade um des Evangeliums willen und vom Evangelium her das Gesetz als Gesetz zur Sprache bringt, ist Ph. als nicht vom Evangelium bestimmte Interpretation des Gesetzes in der Gefahr, das Gesetz zum Evangelium zu machen. Hier (und nicht im Bereich weltbildhafter Vorstellungen) liegt der th.e Grund des Konfliktes zwischen Vernunft und Glaube als eines Streits um das Gewissen des Menschen, der vom verantwortenden Denken als Streit zwischen Ph. und Th. um die wahre Definition des Menschen ausgetragen wird (vgl. WA 39/I, 175 ff; das Grundsätzliche daran gilt auch dann, wenn sich die ph.e Denkweise in bezug auf die traditionelle Definition des Menschen als animal rationale bzw. seine Definibilität überhaupt verändert hat).

Trotzdem erkennt gerade die am Evangelium orientierte Th. das Recht der Vernunft und darum auch der Ph. in den Grenzen von deren Zuständigkeit entschieden an in der Gewißheit, daß der recht verstandene Glaube den sachgemäßen Gebrauch der Vernunft fordert und fördert und das Evangelium durch die Ortsbestimmung des Gesetzes auch die Ph. wie alle Werke des Menschen an den Ort ihrer Notwendigkeit und dh zugleich ihrer Freiheit stellt, ohne sie einem angeblichen christlichen Gesetz zu unterwerfen. Jedoch ist die Ph. keineswegs bloß dort, wo der Th. im einzelnen Einverständnis mit ihr möglich ist, von Bedeutung für die Th. Auch und gerade da, wo sie das Gesetz in gegenwärtiger Wirklichkeitserfahrung als Widerspruch zum Evangelium zur Sprache bringt, dient sie, sofern sie von der Th. recht gebraucht wird, zu konkreter Interpretation des Evangeliums, indem sie die Th. dazu nötigt und ihr hilft, sich auf konkrete Interpretation des Gesetzes einzulassen. Auf keinen Fall aber darf die Th. sich von der Ph. der eigenen Verantwortung für enthoben halten. Auch das, worüber, für sich genommen, Einverständnis herrscht, steht, da in verschiedenem Zusammenhang, in verschiedenem Wahrheitshorizont, so daß, streng gedacht, in Ph. und Th. nicht dasselbe wahr sein kann (vgl. WA 39/II, 5, 33), ohne daß doch damit - in Anbetracht der Differenz des Horizontes - eine als Selbstwiderspruch zu bezeichnende doppelte Wahrheit statuiert wäre. Dieselbe Vokabel wird different als ph.er oder als th.er Begriff (WA 39/I, 231: Omnia vocabula fiunt nova, quando e suo foro in alienum transferuntur), doch so, daß die Beziehung zwischen beidem interpretierbar sein muß.

4. Der *Gebrauch der Unterscheidung* von Th. und Ph. ist unter dem Gesichtspunkt zu erörtern, was eine der andern zu denken gibt. Der recht verstandene gegenseitige Dienst besteht nicht darin, unfrei zu machen und verantwortliches Denken abzunehmen, sondern zur Wahrnehmung der verschiedenen Verantwortung herauszufordern und freizumachen.

a) *Was Ph. der Th. zu denken gibt,* liegt grundsätzlich darin, daß die Ph. dazu anhält, sich der gegenwärtigen Wirklichkeitserfahrung im Horizont der Vernunft in der Spannung von letztlich Fraglosem und darum unbedingt Fragwürdigem radikal auszusetzen und so das Wort des Glaubens im Gegenüber zu den höchsten Möglichkeiten des Menschseins zu verantworten. Sie treibt die Th. dazu an, in diszipliniertem Denken Th., nicht Ph. zu sein. Was sie dafür im einzelnen in formaler und materialer Hinsicht dem in gleicher geschichtlicher Bewegung begriffenen th.en Denken zu vermitteln vermag, unterliegt, trotz letzter Strittigkeit, der Prüfung in dem doppelten Sinne: daß eine unkritische oder gar pauschale Übernahme ohnehin ph.em Denken als solchem widerspricht, deshalb »Übernahme« nur in eigener Verantwortung erfolgen darf und Kritik im einzelnen als ph.e Kritik sich vollziehen muß; und daß in bezug auf jede Berührung (im Einverständnis oder Widerspruch) die Differenz des Verantwortungshorizonts mit zu bedenken ist.

b) *Was Th. der Ph. zu denken gibt,* ließe sich geschichtlich vielfältig durch die Aufgaben und Fragestellungen belegen, die der Ph. aus der Sache der Th. erwachsen sind und in denen Ph. durch die Th. gefördert worden ist (zB Personbegriff, Problem der Geschichte, Hermeneutik). Darüber hinaus aber stellt die Partnerschaft der Th. ein kritisches Moment dar, das die ph.e Verantwortung aufs äußerste schärft gerade durch die ihr in der Sache der Th. begegnende Begrenzung und Infragestellung. Selbst das Versagen der Th. kann noch der Ph. zu denken geben und so wiederum umschlagen in das, was die Ph. der Th. zu denken gibt, indem der Philosoph fragt: »Ob die christliche Th. sich noch einmal entschließt, mit dem Wort des Apostels [1Kor 1, 20] und ihm gemäß mit der Ph. als einer Torheit Ernst zu machen?« (M.Heidegger, Was ist Metaphysik?, 20).

Trotz Hervorhebung einzelner Schriften der führenden Theologen u. Philosophen der letzten Jahrzehnte ist selbstverständlich deren Gesamtwerk zu berücksichtigen.

F.Gogarten, Illusionen. Eine Auseinandersetzung mit d. Kulturidealismus, 1926 - Ders., Verhängnis u. Hoffnung d. Neuzeit, 1953 - Ders., Entmythologisierung u. Kirche, (1953) 1954[2] - Ders., Die Wirklichkeit d. Glaubens, 1957 - M.Heidegger, Sein u. Zeit, (1927) 1953[7] - Ders., Was ist Metaphysik?, (1929) 1960[8] - Ders., Über d. Humanismus, (1947) 1951[2] - Ders., Einführung in d. Metaphysik, (1953) 1958[2] - Ders., Identität u. Differenz, 1957 - E.Brunner, Religions-Ph. prot. Th. (HPh II), (1927) 1948[2] - Ders., Wahrheit als Begegnung, 1938 - Ders., Offenbarung u. Vernunft, 1941 - G.Marcel, Journal métaphysique, (1927) 1949[14]; dt. 1955 - R.Bultmann, Die Geschichtlichkeit d. Daseins u. d. Glaube (ZThK NF 11, 1930, 339 bis 364) - Bultmann I, 294ff; II, 211ff - Ders. in: Kerygma u. Mythos I, 15ff; II, 191ff - Ders., Gesch. u. Eschatologie, 1958 - K.Löwith, Phänomenolog. Ontologie u. prot. Th. (ZThK NF 11, 1930, 365-399) - Ders., Wissen, Glaube u. Skepsis, 1956 - P.Tillich, RGG[2] IV, 1198ff (= GesW IV, 1961, 15ff). 1227ff - Ders., Syst. Th. I, 1951; dt. 1955 - Ders., The Courage to Be, 1952; dt. 1954 - Ders., Biblical Religion and the Search for Ultimate Reality, 1955; dt. 1956 - K.Barth, Fides quaerens intellectum, (1931) 1958[2] - Ders., KD III/3, 1950, 383-402 (zu M.Heidegger u. J.-P.Sartre) - D.Bonhoeffer, Akt u. Sein. Transzendental-Ph. u. Ontologie in d. syst. Th., (1931) 1956[2] - K.Heim, Der ev. Glaube u. d. Denken d. Gegenwart I: Glaube u. Denken. Ph.e Grundlegung einer christl. Lebensanschauung, (1931) 1957[5] - K.Jaspers, Ph. III: Metaphysik, (1932) 1956[3] - Ders., Der ph.e Glaube, (1948) 1954 - Ders.-R.Bultmann, Die Frage d. Entmythologisierung, 1954 - H.E.Eisenhuth, Ontologie u. Th., 1933 - W.Andersen, Der Existenzbegriff u. d. existenzielle Denken in d. neueren Ph. u. Th. (BFChTh 42, 1), 1940 - A.Camus, Le mythe de Sisyphe, 1943; dt. 1950 - Ders., L'Homme révolté, 1951; dt. 1953 - J.-P.Sartre, L'être et le néant, 1943; dt. 1952 - Ders., L'existencialisme est un humanisme, 1946; dt. 1947 - E.Frank, Philosophical Understanding and Religious Truth, 1945; dt. 1950 - R.Mehl, La condition du philosophe chrétien, 1947 - W.Kamlah, Der Mensch in d. Profanität, 1949 - Ders., Gibt es wirklich »die Entscheidung zwischen geschichtl. u. metaphys. Denken«? (EvTh 14, 1954, 171-177) - K.E.Løgstrup, Kierkegaards u. Heideggers Existenzanalyse u. ihr Verhältnis zur Verkündigung (Breviarium Litterarum 3), 1950 - W.Schulz, Über d. philosophiegesch. Ort M.Heideggers (PhR 1, 1953/54, 65-93. 211-232) - Ders., Der Gott d. neuzeitl. Metaphysik, 1957 - E.Fuchs, Was ist Th.? (SgV 203/204), 1953 - Ders., Hermeneutik, (1954) 1958[2] - Ders., Zum hermeneut. Problem in der Th. (Ges. Aufs. I), 1959 - H.Kuhn, Begegnung mit dem Sein, 1954 - H.Ott, Gesch. u. Heilsgesch. in d. Th. R.Bultmanns (BHTh 19), 1955 - Ders., Denken u. Sein. Der Weg M.Heideggers u. d. Weg d. Th., 1959 - G.Söhngen, Ph.e Einübung in die Th., 1955 - W.Anz, Warum kann unsere Kirche d. ph.e Arbeit nicht entbehren? (EvTh 16, 1956, 145-162) - P.Biehl, Welchen Sinn hat es, von »th.er Ontologie« zu reden? Antwort an H.Ott (ZThK 53, 1956, 349-372) - H.Diem, Gott u. d. Metaphysik (ThSt [B] 47), 1956 - F.Hoefeld, Der christl. Existenzialismus G.Marcels (SDGSTh 9), 1956 - G.W. Ittel, Der Einfluß d. Ph. M.Heideggers auf d. Th. R.Bultmanns (KuD 2, 1956, 90-108) - U.Luck, Heideggers Ausarbeitung d. Frage nach dem Sein u. d. existential-analyt. Begrifflichkeit in d. ev. Th. (ZThK 53, 1956, 230-251) - E.Reisner, Die Frage d. Ph. u. d. Antwort d. Th. (ebd 251-263) - H.Haug, Offenbarungs-Th. u. ph.e Daseinsanalyse bei R.Bultmann (ebd 55, 1958, 201-253) - H.Franz, Kerygma u. Kunst, 1959 - Ders., Das Denken Heideggers u. die Th. (ZThK 58, 1961, Bh. 2, 81-118) - O.Schnübbe, Der Existenzbegriff in d. Th. R.Bultmanns, 1959 - G.Ebeling, Wort u. Glaube, (1960) 1962[2] - Ders., Verantworten d. Glaubens in Begegnung mit d. Denken M.Heideggers. Thesen zum Verhältnis von Ph. u. Th. (ZThK 58, 1961, Bh. 2, 119-124) - H.-G.Gadamer, Wahrheit u. Methode. Grundzüge einer ph.en Hermeneutik, 1960 - E.Jüngel, Der Schritt zurück (ZThK 58, 1961, 104-122; Auseinandersetzung mit H.Ott) - H.-R.Müller-Schwefe, Existenz-Ph., 1961 - L.Steiger, Die Hermeneutik als dogmat. Problem, 1961 - W.Weischedel, Paul Tillichs ph.e Th. (Festg. f. P.Tillich z. 75. Geb., 1961, 25-47) - G.Noller, Sein u. Existenz. Die Überwindung d. Subjekt-Objekt-Schemas in d. Ph. Heideggers u. in d. Th. d. Entmythologisierung (FGLP X, 22), 1962. - Vgl. auch die dogmat. Lehrbücher.

G.Ebeling

IV. Im angelsächsischen Bereich

1. Überblick über die neuere Entwicklung des angelsächsischen Empirismus - 2. Die Herausforderung der Th. durch den Empirismus - 3. Die Antwort der Theologen. - Vgl. → England: III

1. In den letzten 50 Jahren hat der angelsächsische Empirismus die Religionsphilosophie vor weitreichende Fragen gestellt hinsichtlich des Sinnes und der Vernünftigkeit th.er Behauptungen. In dieser Entwicklung lassen sich vier Stufen unterscheiden:

a) Die 1. Stufe ist mit den Namen von G.E.Moore und B. → Russell verbunden, deren Angriff vor allem der Sprache der → Neuhegelianer galt. Das Gesagte (so argumentierten sie) sollte klarer gesagt werden; es könnte sich vielleicht erweisen, daß hinter dem großen Sprachaufwand der Idealisten überhaupt nichts stünde, daß er nur Lärm sei, voll logischer Fehler und Unklarheit. - Moores Parolen waren »Klarstellung« und »Analyse«; bezeichnend für ihn ist, daß er sich jedem problematischen Begriff x mit der Frage näherte: was bedeutet x? Mit gleichem analytischem Interesse meinte Russell, daß das Versagen gegenüber bestimmten logischen Unterscheidungen nicht nur im Hintergrund vieler Probleme der überlieferten → Metaphysik stehe, sondern der Metaphysik auch zu mehr anmaßenden als verständlichen Lösungen verhelfe. So sei sie zB unfähig, zwischen der sprachlichen Form einer Aussage und ihrer logischen Rolle im Beweisgang zu unterscheiden. Oder sie versage bei der Unterscheidung zwischen Kategorien, die in ihrem »logischen Typ« verschieden seien (wie zB die Zugehörigkeit des Individuums zu einer Klasse etwas anderes ist als die Bezogenheit der Klassen untereinander). Solches Versagen, so behauptete er, führe zu unnötigen Unklarheiten und Widersprüchen. So war Russell ein Pionier, sowohl indem er sich für eine Untersuchung des rein sprachlichen Gebrauchs der Kategorien einsetzte, um von daher zur Klarstellung ihrer logischen Rolle zu gelangen, als auch in seiner Darlegung der Verschiedenartigkeit der Logik der Sprache, die bisher als durchgehend gleichartig aufgefaßt wurde. Er hatte auch eine Anweisung für eine klare, unzweideutige Redeweise. Eine derartige Sprache würde als ihre logischen Bausteine Worte verwenden, die man mit einer naturwissenschaftlichen Metapher »atomisch« nennen kann und die mit »Sinneswahrnehmungen« durch hinweisende (ostensive) Definition verbunden sind. Aus solchen »Atom«-Worten könnten die »Molekular«-Aussagen einer verläßlichen, eindeutigen Sprache aufgebaut werden. Jede Erörterung würde so letztlich in Sinneswahrnehmungen verankert sein: manche Ausdrücke sehr einfach, wie zB »schwarzer Kaffee«, andere am Ende eines langen Weges, wie zB »Elektron«. – Auch jetzt noch war das kein expliziter Angriff auf die Th.; vielmehr haben einige Religionsphilosophen wie F.R.Tennant (1866–1957) den Idealismus verworfen und diesen empirischen Versuch begrüßt. Doch sollte der Empirismus noch viel radikaler werden als bei Russell, zumal als die Philosophen in wachsendem Maß mit Sinneswahrnehmungen als einer »soliden Wissensgrundlage« unzufrieden wurden. So findet Russell – wahrscheinlich weil die Art, wie er den Begriff Sinneswahrnehmung prägt und verwendet, zu Schwierigkeiten führt – bei den heutigen Empiristen selten Zustimmung, obwohl er für die logischen Einsichten, die sie vielfach benutzen, den Weg bahnte.

b) Jedenfalls entstand das Bedürfnis nach einem Kriterium für den Sinn einer Aussage, das Moore zwar voraussetzte, doch niemals formulierte, und ein Verlangen nach noch größerer empirischer Strenge, als Russell sie zeigte. Es handelt sich um die als »logischer Positivismus« bekannte Bewegung, die sich nicht auf Sinnesdaten verläßt (die eine bestimmte Metaphysik der Sinneserfahrung enthalten), sondern auf die Sinneserfahrung selber, ebenso wie sie sich mehr für den Sinn als für die Wahrheit der Aussage interessiert. – In England wurden die Anschauungen des Wiener Kreises durch A.J.Ayers »Language, Truth and Logic« (1936) popularisiert. Nach dieser Ansicht müssen alle sinnvollen Aussagen mit dem sog. Verifikationsprinzip übereinstimmen, demzufolge ein Satz Sinn hat, »wenn und nur wenn er durch die Sinneserfahrung verifiziert werden kann«, oder wie es später hieß: »wenn und nur wenn die Sinneserfahrung irgendwie und auf irgendeine Weise für sie relevant ist«. Doch zogen die logischen Positivisten nicht den Schluß, daß *alle* Behauptungen, die nicht mit dem Verifikationsprinzip übereinstimmten, völlig wertlos seien. So ließ man Logik und reine Mathematik zu, indem man erklärte, ihre Behauptungen seien bloße Tautologien, Sätze, die notwendig aus anerkannten Voraussetzungen folgten. Ein Satz etwa über das euklidische Dreieck veranschaulicht nur in anderer Weise die Axiome, aus denen er abgeleitet ist. – So gibt es nur zwei verläßliche Arten von Behauptungen: solche, die sich direkt oder indirekt auf Sinneserfahrung beziehen, und solche, die nur aus Übereinkunft, nur als Wort- oder Symbolgefüge wahr sind, dh sie sind Behauptungen über logisch-syntaktische Verhältnisse, bei denen überprüft werden muß, ob die Worte (Symbole) in Übereinstimmung mit der Sprache (oder dem Symbolsystem) verwendet sind.

Damit kam es zu einem direkten Angriff auf die Th., wie ihn in England zuerst Ayer klar aussprach: Die Th. beschreibt keine empirischen Tatsachen. Th.e Behauptungen können nicht durch die Sinneserfahrung verifiziert werden. Zwar sprechen wir davon, Gott zu »sehen«, aber wir *sehen* Gott nicht, wie wir grünes Gras oder schwarzen Kaffee *sehen*. Da aber die Th. ihre Sätze als notwendig ausgibt, so macht sie sie zu Tautologien über nichts. Die Th. erfüllt also keines der beiden Verifikationsprinzipien für eine verläßliche Behauptung: deshalb ist sie »Un-sinn«. – Dieses Wort »Unsinn« mußte nicht notwendig eine abwertende Bedeutung haben. Es braucht bloß – als negative Abgrenzung – zu besagen, daß th.e Behauptungen den Verifikationsprinzipien nicht entsprechen. Daraus ergibt sich unvermeidlich die Frage: Ist das Verifikationsprinzip zureichend? Kann es ein zuverlässiger Schlüssel für *alle* sinnvolle Rede sein? Der Verifikations-Gesichtspunkt hat nämlich durchaus seine Schwierigkeiten, von denen nur drei genannt seien: 1. Nach den Verifikationskriterien werden weite Bereiche der Rede etwa in der Ethik wie in der Th. zu »Unsinn«. – 2. Wenn zwei zugegeben verschiedene Arten des Schließens zugelassen werden, warum nicht mehr? Gäbe es nur eine, so wäre es schwierig, eine weitere zu behaupten. Doch wenn es schon zwei sind, warum nicht mehr? – 3. Wie steht es mit dem Verifikationsprinzip selbst? Es ist weder ein notwendiger Satz noch kann es durch Sinneserfahrung bewiesen werden. Ist es dann selber Unsinn? Wittgenstein bejaht diese Frage. Aber, so fügte er hinzu, es ist *nützlicher* Unsinn, weil er uns hilft, die Sätze mit Hilfe der Sinneserfahrung zu ordnen. Das besagt implizit, daß es noch anderen, nutzlosen Unsinn gibt. Gilt das für die Th.?

c) Die Erwähnung Wittgensteins führt zur 3. Stufe dieses Überblicks über den angelsächsischen Empirismus, wobei sich die 2. und 3. Stufe zeitlich überschneiden. Doch nimmt man → Wittgenstein besser zur 3. Stufe, weil er zweifellos einer Strömung angehört, die den früheren, engen und scharf umrissenen logischen → Positivismus durch einen weniger strengen, breiteren Empirismus ersetzen will. – Wittgenstein war nie so eng wie seine Kollegen des Wiener Kreises, Schlick und Carnap. Er wollte keine starren Regeln festlegen. Sein Verständnis der Sprache drückt sich nicht so sehr in Grundsätzen als vielmehr in »Schlagworten« (slogans) aus, die einen brauchbaren Zugang eröffnen.

In unserem Zusammenhang läßt sich Wittgensteins Bedeutung in zwei Punkten zusammenfassen: α) Das Verifikationsprinzip ist für ihn nur ein Anhaltspunkt für jene Sprache, die die geringsten Schwierigkeiten bereitet – eine klare, präzise, unzweideutige Sprache. Es mag andere bedeutsame Sprache geben; der frühe Wittgenstein meinte sogar, eine dieser Sprachen könnte einer mystischen Erkenntnis dienen, *daß* die Welt ist, im Gegensatz zu der wissenschaftlichen Darlegung, die sagt, *wie* die Welt ist. Wittgenstein hat diese mystische Linie freilich nie durchgeführt, und ebensowenig kann man sich damit zufrieden geben, daß die Th. nicht ausdrückbar sei. Doch hat er Spielraum für eine Rechenschaft über den logischen Gehalt th.er Worte gelassen, für ihre Rolle im Beweisgang. Die Th. ist nicht (wie bei den logischen Positivisten) ausgeschlossen. - β) Wittgensteins Bedeutung ergibt sich ferner aus der Parole: Frage nicht nach »*der* Bedeutung« eines Wortes; schau auf seinen Gebrauch. Halte nicht Ausschau nach den »nackten Tatsachen«, die irgendwie einem Wort oder Satz entsprechen (oder auch nicht entsprechen). Auch hierin geht Wittgenstein weit über Russell hinaus. Ph.e Probleme entstehen als Sprachprobleme - diesen Satz würden beide Philosophen unterschreiben. Aber nach Wittgensteins Ansicht dürfen wir die Worte *nicht* auf irgendeine besondere Bedeutung festlegen (geschweige denn eine strenge, vollkommen klare Sprache konstruieren), wenn wir diese Probleme überwinden oder wenigstens erhellen wollen. Wir müssen die fraglichen Worte in so vielen sprachlichen Zusammenhängen wie nur möglich betrachten, in der Hoffnung, das ph.e Problem auf diese Weise zu lösen; denn dieses ist vermutlich dadurch entstanden, daß die logische Struktur der Sprache nicht genügend erfaßt wurde. »Jede Behauptung hat ihre eigene Logik« ist ein viel verläßlicherer Führer zur Sprache als das Verifikationsprinzip. Von diesem Standpunkt aus gesehen sind dann Metaphysik und Th. eine bes. problematische Sprache - ein »Stammeln« -, und es ist die Aufgabe der ph.en Th., solches Stammeln zu erhellen, indem sie aus einer Sprache, deren empirische Begründung leicht zu ersehen ist, naheliegende Parallelen beibringt. Doch erhebt sich die Frage: *Kann* es empirische Parallelen für die th.e Sprache geben, die sich doch grundsätzlich mit dem mehr als Raumzeitlichen befaßt? Es könnte so aussehen, als ob die Th. bestenfalls für sich selbst einen abgegrenzten Sprachraum zu erhellen vermag, der nur die etwas angeht, die sich schon irgendwie in seinen Grenzen befinden. Aus solchen Erwägungen heraus haben einige empirische Philosophen unter Wittgensteins Einfluß eine Th. auf der Linie K.Barths begünstigt (s. 3 a).

d) Auf der 4. Stufe in der Entwicklung des englischen Empirismus haben sich die Philosophen in Entfaltung dieser Einsichten Wittgensteins immer mehr von den fest umschriebenen, begrenzten Anschauungen des logischen Positivismus entfernt. - Russells Ontologie der Sinneswahrnehmung (s. 1 a) wird verworfen. Die sinnvolle Sprache ist als weit komplexer erkannt, als das Verifikationsprinzip es nahelegte. Als neue Grundlage für alle Überlegungen soll nun die »Alltagssprache« dienen. Es geht nicht mehr (wie bei Moore) darum, die Sprache zu analysieren, um auf ihren Sinn zu kommen, oder sie (wie bei Russell) durch treffendere Worte zu ersetzen. Nun geht es darum, die Sprachrätsel durch Beibringung anderer Sprachbereiche zu erhellen. Der rechte Weg, ein beliebiges ph.es Problem in Angriff zu nehmen, ist also, daß man nach entsprechenden Situationen Ausschau hält, die das Wort oder die Worte erklären, um die das Problem sich rankt. Der Empirist sucht zB nicht nach einem besonderen Charakteristikum, das etwa das Wort »Güte« beschreibt - obwohl ein so guter Empirist wie Moore das getan hat. Er überprüft vielmehr die verschiedenen Kontexte, in denen das Wort »gut« begegnet, und erkennt Verwandtschaften wie Unterschiede. Man entdeckt u.U. einen bes. typischen Fall, der alle übrigen aufhellt oder bes. bezeichnend ist. Bei dieser Methode lassen sich Erkenntnisse über bestimmte Worttypen und Wortfunktionen gewinnen, die überhaupt bei ph.en Überlegungen nützlich sind. R.M.Hare hat zB gezeigt, daß das Wort »gut« immer ein Wort des Empfehlens ist, das eine bestimmte Art des Verhaltens oder eine besondere Sache, zB ein Auto, anpreist. Aber es *beschreibt* auch mehr oder weniger genau das Verhalten oder Ding, das es empfiehlt. Wenn »gut« prophetisch gebraucht wird, ist sein beschreibender Gehalt gering; zB gibt der Satz: »Es ist gut, deine Feinde zu lieben« keine Beschreibung, die das »deine Feinde lieben« erhellt. Aber wenn »gut« in standardisierter, gleichsam legalisierter Weise gebraucht wird, ist sein beschreibender Gehalt groß; zB: »Es ist gut, seinen Kopf nicht durch ein Eisenbahnfenster zu strecken.« Auch P.Nowell-Smith gibt zu (wie sehr er sich auch in anderm von Hare unterscheidet), daß ein Wort wie »prächtig« oder »hartherzig« beschreibend ist, betont aber, daß mit der Beschreibung Untertöne der Billigung oder Mißbilligung verbunden sind.

Die wichtige Folgerung daraus ist, daß die Philosophen nicht davon ausgehen dürfen, daß die → Ethik die Aufgabe habe, entweder *nur* den einen oder anderen allem sittlichen Verhalten gemeinsamen Zug zu finden und zu beschreiben, oder *nur* die Haltung für sittlich zu erklären, die in Übereinstimmung mit bestimmten Verhaltensregeln ist. Sondern jede ethische Betrachtung muß so komplex sein wie die Sprache des Sittlichen. Negativ will die ethische Ph. zeigen, wieviele überlieferte Ansichten über die Ethik aus Unklarheit oder Vernachlässigung des Sprachlichen entstanden sind; positiv will sie lehren, die Sprache des Sittlichen besser anzuwenden. - Desgleichen wird - was das Allgemeine betrifft - der Philosoph die verschiedenen Arten logischen Verhaltens in der gewöhnlichen Sprache unterscheiden und entdecken, daß viele überlieferte Probleme und Mißverständnisse aus logischer Kurzsichtigkeit entstanden sind, indem man zB Beschreibung und Hinweisung verwechselte oder den beschreibenden und den ausführenden Gebrauch der Worte nicht unterschied. Metaphysik betreiben heißt, eine weitgefaßte logische Landkarte zeichnen, die uns führt, wenn wir von der Welt reden; solche Landkarten können »beschreibender« oder »nachprüfender« Art sein (P.F.Strawson). So wird die Metaphysik zur Rechenschaft über den Weg, auf dem wir die stärkste Erhellung unserer Fragen gefunden haben; sie bezeichnet eine Weise, die Welt zu betrachten. Ihre Landkarte kann auch Züge der Welt hervortreten lassen, die man sonst wohl übersieht.

2. Angesichts der hier skizzierten neueren Entwicklung des angelsächsischen Empirismus besteht das Hauptproblem der ph.en Th. zweifellos darin, den Sinn th.er Behauptungen im Hinblick auf empirische Situationen zu erhellen. Die Frage ist um so ernster, als die th.en Behauptungen oft unabhängig von empirischen Umständen zu sein scheinen. Von der Behauptung »Gott liebt« kann man zB annehmen, daß sie logisch der Behauptung »mein Vater liebt« ähnlich sei. Nun zeigt ein Vater, der seine Kinder liebt, große Sorge um sie, wenn sie krank sind. Was aber tut Gott bei einem Menschen, der an nichtoperierbarem Krebs stirbt? Offensichtlich nichts. Dennoch will, so sagt man, der Theologe nicht zugeben, daß seine Behauptung über Gottes Liebe sich folglich als falsch erweist. Allem Anschein zum Trotz wird er immer noch von Gottes »Liebe« sprechen. Aber was bleibt dann von dem gewöhnlichen Sinn von Liebe übrig? Jetzt geht der Streit um die Überprüfbarkeit, und die Frage erhebt sich: Wie ist die th.e Aussage auf die gewöhnliche Erfahrung bezogen? Es gibt keinen normalen, verifizierbaren oder falsifizierbaren Gebrauch des Wortes »Liebe«, der irgendwie geeignet erscheint, den besonderen th.en Gebrauch des Wortes zu erhellen.

Der moderne Empirismus hat die ph.e Th. noch in andern Fragen teils explizit, teils implizit herausgefordert. So hat J.N.Findlay behauptet, daß der Gedanke des »notwendigen Seins« vom religiösen Menschen zu Recht behauptet und vom Philosophen zu Recht verworfen wird. Wenn Gott religiöse Wünsche und Nöte befriedigen soll, so muß er ein Wesen sein, dessen Existenz »wir unmöglich fortdenken können«, dessen Sein notwendig ist; hingegen erlaubt es die moderne Ph. nicht, den Begriff der Notwendigkeit mit dem des Seins zu verbinden. Notwendigkeit gehört, wie wir sahen, nur zu den Tautologien der Logik und reinen Mathematik, Existenz gehört nur zu dem Bereich, der durch Sinneserfahrung überprüft werden kann. Findlay kann nur widerlegt werden, wenn der ph.e Theologe über das logische Verhalten des Begriffs eine andere Auskunft geben kann. - Gilbert Ryle hat behauptet, daß die Auffassung, die menschliche Seele sei eine Art Gespenst in einer Körpermaschine, ein metaphysischer Mythos sei, der gar nichts nütze, um unser Reden über menschliches Verhalten zu leiten. Denn nach Betonung des radikalen Unterschieds zwischen Seele und Leib spricht der betreffende Mythos von der Seele dann in einer Sprache, die nur physischen Gegenständen angemessen ist, so daß zB die Selbstbetrachtung eine besondere Art der Wahrnehmung wird. Ryle sagt, daß alle Behauptungen über die menschliche Persönlichkeit logisch verschiedene Redeweisen über das sichtbare Verhalten sind, wie es menschliche Wesen zeigen, und nicht logisch gleichartige Redeweisen über ontologisch verschiedene Bereiche. Der Theologe kann Ryles logische Erkenntnisse ebenso begrüßen wie die von Russell. Doch muß er fragen: Ist eine Person nicht mehr als das äußere Verhalten, das sie zeigt? Ob dem Wort »Seele« eine befriedigende empirische Verankerung gegeben werden kann oder nicht, wird von unserer Antwort auf diese Frage abhängen.

3. Es zeigt sich erneut: Das Zentralproblem, das der zeitgenössische Empirismus der ph.en Th. stellt, ist die Frage, wie und wo wir empirische Erhellung für th.e Behauptungen finden können. Wo und auf welchen Wegen ist die Sinneserfahrung relevant? Drei zeitgenössische Antworten lassen sich unterscheiden:

a) Einige Theologen, zB MacIntyre, würden mit K. → Barth sagen, daß die Th. völlig sui generis sei, so daß sie nur von innen her verstanden werden könne. Der religiöse Mensch lebt in einem Engagement, das um so religiöser ist, je unüberprüfbarer, unvernünftiger und unabhängiger von empirischen Ereignissen es ist. Empirische Parallelen würden, wenn sie vorkämen, die religiösen Behauptungen eher ins Zwielicht bringen als erhellen. - Es sei zugegeben, daß diese Ansicht wichtig und auch richtig ist, insofern sie betont, daß es die Th. mit etwas so Seltsamem wie »totaler Hingabe« zu tun hat - daß ihre Sprache sich zur Welt der Sinneserfahrung *nicht* genau wie eine wissenschaftliche Theorie verhält. Müssen wir jedoch deshalb jede Verbindung zur Sinneserfahrung leugnen? Müssen th.e Worte, logisch isoliert von allen andern, in ihrer Verständlichkeit fragwürdig sein? Gibt es keine Möglichkeit, apologetisch von »der Natur« auf »den Gott der Natur« zu schließen? Will man die Verbindung zwischen Th. und Sinneserfahrung nicht ganz aufgeben, so erhebt sich die Frage: Wo kann die Th. aus der gewöhnlichen Sprache die Beispiele gewinnen, die zu ihrer komplexen Struktur hinführen? Kann es in der Sinneserfahrung eine »solide Grundlage« für die Tiefen th.en Denkens geben, das ja nicht auf Sinneserfahrung beschränkt werden kann? Damit stehen wir wieder dort, wo der Empirist den ph.en Theologen herausfordert.

b) Eine andere Antwort bietet R. Braithwaite. Er nimmt für die religiöse Sprache das in Dienst, was für die Sprache der Ethik erkannt wurde (s. 1d). Es geht um eine Sprache, für die die Sinneserfahrung wichtig ist: reden wir zB vom »Guten«, so haben wir beschreibend und mehr oder weniger genau eine Aussage über ein Schema äußeren Verhaltens gemacht. Doch die Rede vom »Guten« ist nicht nur beschreibend, denn sie erklärt zugleich meine Billigung einer bestimmten Verhaltensrichtung, sie verpflichtet mich zu einer besonderen Art des Verhaltens. Eine Sprache, die beides, Beschreibung und Engagement, klar ausdrückt, scheint eine sehr verheißungsvolle Parallele zur religiösen Sprache zu sein. Noch spezieller behauptet Braithwaite: Das Verhaltensschema, das christliche Aussagen beschreiben und empfehlen, ist »agapeistisch« (vgl. 1Kor 13). Ferner: Was Aussagen eindeutig christlich macht und worin die christliche Sprache mehr ist als die Sprache der Ethik, besteht nicht darin, daß ἀγάπη (Liebe) ein Begriff der biblischen Th. ist, sondern vielmehr darin, daß christliche Aussagen bestimmte »Geschichten« enthalten. Diese Geschichten sind in den Evangelien (und in der Bibel) berichtet und von der christlichen Lehre entwikkelt; sie ermutigen und begeistern für die »agapeistische« Lebensweise - und das ist alles, worauf es Braithwaite ankommt. *Sie müssen nicht geglaubt werden.* Sie gelten unabhängig von der Bibelkritik, ob sie wahr sind oder nicht. Über ihre Historizität können unter Christen ruhig Meinungsverschiedenheiten bestehen.

Braithwaite glaubt, daß die Auffassung der christlichen Lehre als Geschichten, die eine »agapeistische« Art zu leben anregen, für viele Menschen einen starken evangelistischen Appell bedeutet; das gilt bes. für Wissenschaftler, die oft das Christentum verwerfen, weil sie meinen, sie müßten gewisse Berichte des NT als direkte Beschreibungen raumzeitlicher Ereignisse verstehen. - Auch wenn wir Braithwaites Lösung nicht zustimmen, so ist doch zu sagen, daß er sich ehrlich um die sich aus der Bibelkritik ergebenden Fragen bemüht und offen zugibt, daß viele Christen nicht recht wissen, was manche ihrer Glaubensaussagen eigentlich besagen. Die entscheidende Kritik ist jedoch, daß Braithwaite die christlichen Geschichten oder Aussagen überhaupt nicht religiös verstehen kann. Die Parallele zur Sittlichkeit ist wertvoll. Aber die christlichen Geschichten sind Berichte von etwas, das sowohl raumzeitlich als auch mehr als raumzeitlich sich ereignete, etwas *in diesem Sinn* Transzendentes. Der Sinn und die Pointe christlicher Geschichten ist so oder so, jenem transzendenten Ruf Gestalt zu geben; zu diesem Zweck sind sie seltsam genug in ihrer logischen Struktur, und nur bei einer entsprechenden Antwort auf solchen transzendenten Ruf können wir von christlicher Hingabe oder »agapeistischer« Lebensweise sprechen. Die Bedeutung christlicher Geschichten liegt für Braithwaite im Psychologischen: sie regen durch die Einbildungskraft an. Für den christlichen Philosophen liegt ihre Bedeutung jedoch im Logischen: er fragt nach der Struktur, die sie haben müssen, um die transzendente Geschichte zu berichten, die die Christen aus ihnen herauslesen.

c) Eine dritte mögliche Antwort sucht zwischen den beiden ersten zu vermitteln. Sie versucht, dem transzendenten Charakter und der »ganzen Hingabe« der Th. gerecht zu werden, aber auch zur empirischen Erhellung ihrer komplexen Logik etwas beizutragen.

α) Sie nimmt als empirisches Beispiel das Selbst-bewußtsein. In einer Situation der Enthüllung, die zwar überprüfbare Kriterien enthält, jedoch über sie hinausgeht, werden wir unser selbst gewahr. Der hier vorliegende Empirismus ist weiter als der von Ryle. Die Alternative würde heißen, das »Ich« als Objekt anzunehmen und also das Subjekt zu objektivieren und damit eine grundlegende Voraussetzung aller Erfahrung und aller Sprache zu leugnen. In solcher Enthüllungssituation also geschieht es, daß das »Ich« begründet wird; auf sie bezieht es sich entscheidend (wenn auch nicht nur beschreibend). Hier also, wenn wir subjektiv »zu uns selbst kommen«, liegt in bezug auf eine gleich transzendente objektive Forderung das empirische Beispiel, mit dessen Hilfe wir religiöse Aussagen verstehen können. Die Aussage »Ich bin« enthält nützliche logische Wegweiser zu der Struktur von »Gott ist«, obwohl die Behauptungen logisch nicht identisch sind.

β) Die 3. Antwort begrüßt ferner die logischen Erkenntnisse zB von Russell und Ryle. Besonders unterscheidet sie streng zwischen sprachlicher und logischer Form, vor allem in bezug auf die Attribute Gottes. »Allmacht« ist logisch dem »unermeßlich mächtig« völlig ungleich, obwohl sich die Ausdrücke ähneln. »Allmacht«, aber auch Ausdrücke wie »unendliche Liebe« und »notwendiges Sein« werden am besten als *qualifizierte Modelle* verstanden. Als »Modell«, von dem das religiöse Verständnis ausgeht, dient jeweils ein Wort mit einer direkten empirischen Festlegung (zB »Macht«, »Liebe«, »Sein«), und dieses Wort wird durch Aussagen qualifiziert (zB »all-«, »vollkommen«, »unendlich«, »notwendig«), die sich logisch wie Imperative verhalten. Denn sie leiten uns an, so lange überprüfbare Kriterien zu bilden, bis an einem Punkt in der Entwicklung der Reihe eine transzendente Enthüllung begegnet, die die empirische Grundlage des Gottesglaubens ist. Hier ist die Verankerung, die die modernen Empiristen verlangen. Hier ist die logische Struktur für »notwendiges Sein« - die keineswegs der ihres wörtlichen Gegensatzes »kontingentes Sein« gleicht -, der Findlays Einwände (s. 2) nichts anhaben können. Hier besteht die Möglichkeit, den Überprüfungsschwierigkeiten für »Gottes Liebe« zu begegnen.

γ) Die →Gottesbeweise müssen als Angebote verstanden werden: sie verhelfen zu bestimmten Techniken, um eine transzendente Enthüllung hervorzurufen, und geben Möglichkeiten, um das Wort »Gott« logisch einzuordnen.

δ) Ein solcher empirischer Weg kann in Beziehung zur Sprache der Bibel, der christlichen Lehre und der Liturgie gegangen werden. Er stellt dann neben diese Sprache empirische Situationen, die bezeichnenderweise personal sind, um damit zu zeigen, welche logische Struktur die Sprache haben muß, wenn sie in einer transzendenten Enthüllung begründet sein soll (wie es sein muß, wenn sie religiös sein soll). Viele biblische Mißverständnisse und Lehrstreitigkeiten sind entstanden, weil die Theologen mit unangemessenen logischen Parallelen gearbeitet haben.

Vgl. die Lit. zu → England: III, ferner zur Einführung: I.T.RAMSEY, The Challenge of Contemporary Philosophy to Christianity (Modern Churchman 42, 1952, 252-269) - H.D.LEWIS, Survey of Recent Work in the Philosophy of Religion (Philosophical Quarterly 4, 1954, 166-181. 262-274) - DERS., Contemporary Empiricism and the Philosophy of Religion (Philosophy 32, 1957, 193-205) - I.TRETHOWAN-L.WILLIAMS, God and Logical Analysis (Downside Review 74, 1956, 185-198) - J.WILSON, Language and Christian Belief, London 1958.

Zu 1: G.RYLE, The Concept of Mind, London 1949 - J.WISDOM, Philosophy and Psycho-analysis, Oxford 1953, bes. 149ff - A.J.AYER (Hg.), The Revolution in Philosophy, London 1956 - DERS., The Problem of Knowledge, ebd 1956 - J.URMSON, Philosophical Analysis, Oxford 1956 - G.J.WARNOCK, English Philosophy since 1900, London 1958 - P.F.STRAWSON, Individuals, ebd 1959 - J.L.AUSTIN, Philosophical Papers, Oxford 1961.

Zu 2: A.FLEW-A.MACINTYRE, New Essays in Philosophical Theology, London 1955 - R.W.HEPBURN, Christianity and Paradox, ebd 1958.

Zu 3: R.BRAITHWAITE, An Empiricist's View of the Nature of Religious Belief, Cambridge 1955 - H.EKLUND, On the Logic of Creeds (Theoria 22, 1956, 75-84) - M.B.FOSTER, Mystery and Philosophy, London 1957 - A.MACINTYRE (Hg.), Metaphysical Beliefs, ebd 1957, Tl III - E.L.MASCALL, Words and Images, ebd 1957 - B.MITCHELL (Hg.), Faith and Logic, ebd 1957 - I.T.RAMSEY, Religious Language, ebd 1957 - DERS., The Logical Character of Resurrection-belief (Theology 60, 1957, 186-192) - DERS., Freedom and Immortality, London 1960 - DERS., Prospect for Metaphysics, ebd 1961 - N.SMART, Reasons and Faiths, ebd 1958 - F.H.CLEOBURY, Christian Rationalism and Philosophical Analysis, ebd 1959 - H.D.LEWIS, Our Experience of God, ebd 1959 - T.R.MILES, Religion and the Scientific Outlook, ebd 1959 - C.B.MARTIN, Religious Belief, Cornell 1959 - W.H.POTEAT, Birth, Suicide and the Doctrine of Creation: an Exploration of Analogies (Mind 68, 1959, 309-321) - I.T.RAMSEY-N.SMART, Paradox in Religion (Proc. Arist. Society, Suppl.-Bd 33, 1959, 195-232) - W.F.ZUURDEEG, An Analytical Philosophy of Religion, London 1959 - The Christian Scholar 43, New York 1960, Nr. 3 (Sonder-Nr. über Empirismus u. Religion) - S.HOOK (Hg.), Religious Experience and Truth, New York 1962. *I.T.Ramsey*

Theologiestudium, *Reform des.* Eine Reform des Th.s wurde in Deutschland bes. nach dem 1. Weltkrieg diskutiert, einmal weil die humanistische Vorbildung der Studenten durch die Reform des Gymnasialunterrichts seit 1900 zu wünschen übrig ließ und die Zulassung von Absolventen der Realgymnasien und Oberrealschulen zum Th. sowie die besonderen Verhältnisse der Kriegsteilnehmer die Durchführung eines normalen Th.s in Frage stellten, sodann weil das Anwachsen des wissenschaftlichen Materials und die Vertiefung der einzelnen Fächer eine Ausdehnung des Studiums in sachlicher und zeitlicher Hinsicht erforderlich machte. Es wurde daher auf die Notwendigkeit religionsgeschichtlicher, religionsphilosophischer, soziologisch-geschichtlicher sowie pädagogischer Studien hingewiesen, was einerseits eine Erhöhung der Studiendauer von 6 auf 8 Semester, andererseits den Wegfall des Hebräischen erwägen ließ (Harnack). 1919 forderte die österreichische ev.-theol. Studentenschaft und der theologische Fachausschuß der Berliner Studentenvertretung die Abschaffung des Hebräischen als obligatorischen Prüfungsfachs. Das Ergebnis der Diskussion war, daß es für das theologische Vollstudium als unerläßlich beibehalten, aber für den Erwerb der Religionsfakultas durch Nicht-Volltheologen nur Griechisch verlangt wurde. Die Behebung der Mängel in der philologischen Vorbildung und der Bibelkunde gab den theologischen → Hochschulen, zB Bethel, ihre besondere propädeutische Bedeutung für das Th. - Für den immer mehr anwachsenden historischen Lehrstoff wurde eine Beschränkung gefordert; der Vorschlag, sich alternativ entweder in AT oder KG prüfen zu lassen, wurde abgelehnt. Als Neuerung hat sich allgemein eine einsemestrige Vorlesung »KG im Überblick« durchgesetzt. - Der Forderung, den Umkreis der Wissenschaftsgebiete zu erweitern, trugen die Prüfungsordnungen kaum Rechnung, jedoch wurden an verschiedenen Fakultäten neue Lehrstühle für Spezialgebiete errichtet, so für Sozialethik und Innere Mission (Berlin, Marburg, später Tübingen und Münster), christliche Archäologie und Kunstgeschichte (Berlin), Religionsgeschichte und Missionswissenschaft (Marburg, Heidelberg, Mainz, Tübingen); das neue Fach der Ökumenik ist bisher nur an amerikanischen theologischen Schulen mit eigenen Lehrstühlen vertreten. - Problematisch ist auch die Methodik des Universitätsbetriebs. Sowohl nach dem 1. wie dem 2. Weltkrieg wurde eine Einschränkung der rein darbietenden Vorlesungen und die Vermehrung der Übungen und Seminare (Einführungsseminare, einjähriges Oberseminar) gefordert. Eine didaktische Auflockerung der Vorlesung durch Disputation oder Repetition hat sich in Deutschland bisher nicht allgemein durchgesetzt.

Die Erkenntnisse der → Dialektischen Theologie und die Erfahrungen des → Kirchenkampfes führten in den 30er Jahren zu einer stärkeren Hinwendung zum Sachproblem der Theologie. Daraus ergab sich die Forderung der kirchlichen Verantwortung des Theologiestudenten

(Schlier), die sich vor allem in der Überwindung des reinen Historismus durch eine theologische Exegese der Hl. Schrift und der persönlichen Einübung des Wortes Gottes in brüderlicher Gemeinschaft äußern soll. 1952 wurde erneut eine stärkere Bezogenheit von Th. und kirchlichem Amt gefordert, was einerseits eine stärkere Berücksichtigung von Pädagogik, Psychologie und Sozialwissenschaften, andererseits eine Stoffbeschränkung nötig macht; Ziel des Studiums sollte die kirchliche Ordination sein (Hahn-Wolff). Diesem Vorschlag wurde entgegengehalten, daß auf keinen Fall die Radikalität des wissenschaftlichen Fragens in der Theologie aufgegeben und das Leitbild der kirchlichen Praxis unkritisch zum Maßstab des Studiums gemacht werden dürfe. Die Frage nach der Reform des Th.s wird so zur Frage nach der Aufgabe der Theologie überhaupt. Das Gespräch stößt auf die Aporie der gegenwärtigen theologischen Situation, in der darum gerungen wird, die Theologie des Kerygmas und der Historie nicht als sich ausschließende Alternativen zu sehen, sondern zu einer neuen Einheit von exegetisch-historischer und systematischer Wissenschaft zu kommen.

P.Feine, Zur Reform d. Studiums d. Theol., 1920 - Greifswalder Reformgedanken zum theol. Studium (J.Haussleiter u. V.Schultze zum 70. Geb.), 1922 - Zur Neugestaltung d. theol. Studiums (Vortr. d. 4. Konferenz theol. Hochschullehrer d. balt. Länder), 1935 - H.Schlier, Die kirchl. Verantwortung d. Theologiestudenten (ThEx 36), 1936 - H.H.Wolff-W.Hahn, Gutachten zum theol. Studium (MPTh 41, 1952, 129-144); dazu kritisch: E.Käsemann, Kritik eines Reformvorschlages (EvTh 12, 1952, 245-259); G.Eichholz, Reform d. theol. Studiums oder Reform d. Theol.? (ebd 13, 1953, 6-25); Fr.Baumgärtel, Zur Reform d. Th.s (MPTh 42, 1953, 73-88) - Ferner: E.Osterloh, Bemerkungen zur Entwicklung d. Studiums d. ev. Theol. in d. letzten 20 Jahren (ThLZ 77, 1952, 629-631) - W.Hahn, Zur Frage d. Reform d. Th.s (ebd 631-634) - H.E.Tödt, Studentisches Votum zur Frage d. Reform d. Th.s (ZThK 50, 1953, 99-121) - H.Rich.Niebuhr, The Purpose of the Church and its Ministry, New York 1956.

H.-H.Schrey

Theonomie → Autonomie.

Theopantismus → Pantheismus: II, 1.

Theopaschiten → Christologie: II, 5 b.

Theophan *(Feofan)*, 1. *Zatwornik*, d. i. der Klausner (weltlicher Name *Georgi Goworow*, 1815-94), nächst → Seraphim von Ssarow bedeutendster Vertreter des russ. → Hesychasmus. * als Sohn eines Dorfpriesters im Gouvernement Orel, absolvierte Th. die Kiewer Geistliche Akademie, erfuhr dabei den geistlichen Einfluß des Höhlenklosters (→ Kiew, 2), hielt Vorlesungen in Kiew, später in Nowgorod über Logik und Psychologie und wurde Prof. der christlichen Sittenlehre an der Petersburger Geistlichen Akademie. Nach mehrjähriger Tätigkeit an der Russ. Geistlichen Mission in Jerusalem (Berührung mit der hesychastischen Tradition in Palästina) war Th. 1855-57 als Archimandrit Vorsteher der russ. Botschaftskirche in Konstantinopel. Eine Berufung als Rektor der Petersburger Akademie lehnte er ab. 1859 wurde er Bischof von Tambow, 1863 von Wladimir. Seit 1866 im Ruhestand, lebte er in immer strengerer Klausur in der Wyschen-Einsiedelei unweit Tambow, mit Gebeten, Ikonenmalen, Schriftstellerei - auf Grund ausgebreiteter Lektüre auch der westlichen neueren Philosophie sowie bes. der Patristik - und seelsorgerlicher Korrespondenz befaßt, durch die er weite Kreise der Gebildeten erreichte. Sein Einfluß bes. auf die weibliche Askese wirkt bis in die Gegenwart.

Th. übersetzte u.a. die → Philokalia, verfaßte mehrere Bände »Briefe über das christl. Leben« (Auszüge dt. hg.v. N.v.Bubnoff, 1947), »Briefe vom geistl. Leben«, »Weg zur Errettung«, »Kurze Übersicht über die Asketik« (1868 u.ö.) sowie bibl. Kommentare (Pss, Paulus-Briefe). - Über Th.: I.Smolitsch, Leben u. Lehre der Starzen, (1936) 1952² - Ders., Russ. Mönchtum, 1953 (Lit.).

Hildegard Schaeder

2. (weltlicher Name *Vasilij Bystrov*, ca 1870- ca 1940), russ.-orth. Theologe, 1897 an der St. Petersburger Geistlichen Akademie Dozent für biblische Geschichte, 1898 Mönch, dann Prof., Inspektor und (1909) Rektor der Akademie und Bischof, später Erzbischof von Poltawa. Sein wichtigstes Werk ist: »Tetragramma oder der at. Name Jehova« (St. Petersburg 1905). Th. war ein Eiferer gegen den theologischen Liberalismus und Anhänger des Imjaslavie (Gottesnamen-Verehrung). Selber Favorit in den höfischen Kreisen, hat er zusammen mit anderen G. → Rasputin am kaiserlichen Hofe zur Macht verholfen (1908-09), sich aber nach dessen Entlarvung scharf gegen ihn gewandt. Er wurde aus dem Petersburger Episkopat nach der Krim, später nach Astrachan (1912) und Poltawa versetzt. Während der Revolution war Th. Mitglied des allruss. Kirchenkonzils, wanderte dann nach Serbien aus, wurde dort Mitglied des Synods von Karlovci und lebte in asketischer Zurückgezogenheit in Bulgarien, später in Paris.

B.V.Titlinov, Die Kirche während der Revolution, Petrograd 1924 (russ.) - R.Fülöp-Miller, Der Hl. Teufel (Rasputin), 1927.

F.Lieb (Hildegard Schaeder)

Theophanes *von Nicäa*, Metropolit, † ca 1380/81, Parteigänger des Kaisers Johannes IV. Kantakuzenos, in dessen Auftrag er die Anfragen des lat. Patriarchen Paulus von Konstantinopel über Fragen der palamitischen Theologie (→ Gregor, 7) beantwortete. Neben Traktaten gegen die Lateiner ist bes. seine ungedruckte große Apologie des Christentums gegen die Juden und eine dogmatisch wohldurchdachte Marienrede zu nennen.

Gedr. sind einige Pastoralschreiben (MPG 150, 288-350) u. die Marienrede (ed. M.Jugie, Rom 1935). - DThC XV/1, 573 ff - Beck 746 f.

H.-G.Beck

Theophanie

I. Religionsgeschichtlich - II. Im AT

I. Religionsgeschichtlich

Wo eine Gottheit durch Erscheinen und Auftrag an den begnadeten Partner sich neu kundgibt und dadurch Glauben und Verehrung begründet, sollte man von → Offenbarung (: I) sprechen. Demgegenüber ist Th. als temporäres Erscheinen bereits bekannter Gottheiten zu definieren; sie kann religiöses Leben auf persönlicher wie gesellschaftlicher Ebene intensivieren und modifizieren, aber sie schafft nichts wesenhaft Neues. Ihre Grenzen zur Epiphanie (→ Erscheinungsformen der Gottheit) sind also fließend. Entgegen der Wortbedeutung sollte man die Arten der Th. grundsätzlich nicht auf das beschränken, was der Gesichtssinn wahrnehmen kann; Hörbares (Gottes Worte an prophetische Naturen: → Theophanie: II), Riechbares (vgl. E.Lohmeyer, Vom göttlichen Wohlgeruch [SAH 1919, 9]), Schmeckbares (→ Abendmahl: I), Tastbares (besonderer Fall: Joh 20, 25 ff) sind im Prinzip gleichrangige Mittel der Th. - *Einerseits* können Th.n a) regulär (wiederholbar) oder b) außergewöhnlich (einmalig) sein. a) Klassischer Fall ist die Th. am Fest. In der → griechischen Religion ist sie bes. mit Apollon (Delos: Callimachus hymn. 2 in Apoll.; Delphi: Alkaios fr. 2-4 Bergk) und → Dionysos (Athen: Schiffskarrenprozessionen, vgl. L.Deubner, Attische Feste, 1932; in Chios heißt ein wohl auf Dionysos bezügliches Fest geradezu Th.: Sylloge³ 1064, 3) verbunden und beendet heilvoll ein längeres Fernsein (Nilsson I, 547 f). In → Ägypten (: II) »erscheinen« die Bilder der

Götter am Fest, indem sie das Adyton verlassen und im Tempel, ja in der Stadt umherziehen (→ Prozession: I); von diesem »Erscheinen« hat ein ägypt. Wort für »Fest« seinen Namen (S.Morenz, Ägypt. Religion, 1960, 93ff). b) Min, ägypt. Gott der Ostwüste, wird sichtbar in der Gabe eines seltenen → Regens. Der im Sphinx von Gîza verkörperte Harmachis erscheint einem Prinzen im Traum, um ihn auf Sandverwehung seines Bildes hinzuweisen usw (Morenz, aaO 33f). - Das Leben des Griechen ist in älterer Zeit erfüllt von Th., die jedermann jederzeit erfahren kann, so daß man die hellenische Gotteswirklichkeit unter diesem Kennwort dargestellt hat (W.F.Otto, Theophania. Der Geist der altgriech. Religion, 1956). Oft erscheint hier ein Heros (Ἡροφάνεια als Fest in Megara: IG 7, 48) im Sonderfall der Schlachtnot (P.v.d.Mühll, Der große Aias, Basler Rektoratsprogramm 1936). Im Christentum blieben außergewöhnliche Th.n von → Stephanus (Apg 7, 55f) bis zu Bernadette Soubirous (→ Lourdes) und darüber hinaus wirksam. - *Anderseits* werden Th.n vom Gott gewirkt oder vom Menschen gesucht. In den vorgenannten Beispielen kam Gott. Menschliches Streben zur Th. durch Reise findet sich demgegenüber vorzugsweise beim Schamanen (→ Schamanismus), der seine Seele in einer Mischung von Technik und Hingabe zur Gottheit schickt, um ihre Hilfe zu holen (O.Zerries in: Die Religionen des alten Amerika, 1961, 295f. 369ff). In diesem Unterschied wird zugleich die Differenz von Grundtypen sichtbar, wobei die menschliche Aktivität dem magischen, die göttliche Wirksamkeit dem religiösen Pol nähersteht.

Außer der Lit. im Text u. zu → Erscheinungsformen der Gottheit: PW 2. R. V, 2133 - Nilsson I. II (s. Reg. s.v. Epiphanie).

S.Morenz

II. Im AT

1. Die reale Th. - 2. Die visionäre Th. - 3. Die kultische Th.

Im Unterschied vom Griechentum kennt das AT das dichterische (zB Hos 6, 14) und das (verbotene) plastische Tierbild für Jahwe, aber - abgesehen von dem ganz singulären des rauchenden Ofens (Gen 15, 17) - nur die Th. im Menschen als seiner wahren Gestalt, im Unterschied auch von Bhagavadgîtâ XI. Die Th. findet sich im AT in dreifacher Form:

1. In den älteren → Sagen (: II) erscheint Jahwe *real* (bisweilen als Erbe eines »Erscheinungsgottes«, des 'El rā'î?): als Wanderer selbdritt bei → Abraham, mit dem er über Land geht (Gen 18, 2ff), als Gigas mit allen artificia luctorum (Luther, WA 44, 102, 34f zu Gen 32, 25; vgl. Hos 12, 3), den → Gideon berufend (Ri 6, 14). Jüngere Erzählungen sprechen von seinem Engel (Ri 6, 12; 13, 20; → Geister: II, 3), wie sie auch das Lustwandeln Jahwes in der Abendkühle und sein Zuschließen der Arche (Gen 3, 8; 7, 16) aus der jahwistischen Urgeschichte nicht wiederholen. In der Spätzeit erhält der Engel einen Namen (Tob 3, 25; 12, 15; Lk 1, 19, anders Dan 10, 15; 2Makk 3, 25f. 33), den er nach vollbrachter Tat oder auf eine Zweifelsfrage hin nennt. Analoge theologische Reflexion (vgl. Dtn 4, 12) läßt selbst die Begnadeten nicht mehr das »Angesicht« Jahwes (Ex 33, 20, anders 24, 10f), sondern seine posteriora sehen und seine Stimme hören (1Kön 19, 13; Gen 21, 17; 22, 1f. 11; die spätere Ikonographie [s. Taf. 9 Abb. 2] läßt die Hand in den Wolken erscheinen). In solchem Zurückdrängen der persönlichen Gottesnähe wie auch in seiner Verhüllung in der (Feuer- und) Wolkensäule (Ex 13, 21f; 40, 34 u.ö.) spricht sich durch die Th. ausgelöste Schreckreaktion aus, die auch die Christophanie Apg 9, 4 beherrscht, während sie im Griechentum - zB den Th.n der Athene in der Odyssee - weithin fehlt. In den dichterischen Schilderungen des mythischen (→ Mythos: III) Kommens »dessen vom Sinai« zur grundlegenden → Offenbarung (: II) seines bundesstiftenden Willens (Ex 19ff), zur Schlacht (Ri 5, 2ff), zum → Gericht (Hab 3, 3ff, vgl. Ps 50, 3; 97, 2ff) oder zur Rettung (Dtn 33, 2ff; Ps 18, 8ff) wird der Schrecken durch die Ausmalung der die Th. begleitenden Naturphänomene (Erdbeben, Feuer, Gewittersturm, Vulkanausbruch) - mag man sie ästhetisch bewundern (v.Rad) - und durch die Gefolgschaft Jahwes an Engeln (vgl. Dan 7, 10) und den alten Göttern des Todes und der Pest (Hab) weiter gesteigert. Nicht minder gehört es zum Wundercharakter der Th., daß nicht jeder sie erblickt. Nur als Inhaber von zwei Dritteln des Geistes des → Elia kann → Elisa die Feuerrosse sehen (2Kön 2, 10), wie auch Paulus allein Jesus schaut (Apg 9, 7, anders 22, 9). Es ist das Privileg des »Volks der Heiligen im Bunde«, die Engel zu schauen (1QM X, 11), bis Gott am Ende der Tage in immerwährender Th. über dem Heiligtum sichtbar sein wird (4QFl 1, 5 'ljw jr'h Nifal).

2. Zum Entsetzen christlicher, an Joh 1, 18 gebundener Theologen (→ Vitringa) spricht das AT unbefangen von dem Sich-Sehen-Lassen Gottes im → *Traum* und in der → *Vision* (: II). Das geschieht wiederum zunächst in den Vätersagen (Gen 28, 12f), auch gegenüber Heiden (Gen 20, 3 Abimelech, vgl. Mt 2, 12). Nicht nur als einer, der »Heuschrecken formt« oder als »ein Mann auf der Mauer« erscheint Jahwe den Propheten (Am 7, 1. 11), sondern auch in seiner königlichen Majestät auf dem hohen und erhabenen Thron (1Kön 22, 19 = Jes 6, 1) oder auf dem blitzumzuckten Lichtglanzwagen (Ez 1, 4ff u.ö.; → Herrlichkeit Gottes, 1), in der Rolle des Schächters am großen Festtag (Passa? Zeph 1, 2ff) oder - in derselben dialogischen Verlebendigung wie in Jes 6 - als der bluttrunkene Recke (Jes 63, 1ff, vgl. E.M. Arndt), auch als der Wirt, der seinen Gästen den Taumelkelch reichen läßt (Jer 25, 15ff). Wie bei der realen kommt es bei der visionären Th. zu Schreckreaktionen (vgl. Jes 6, 5), die sich bei → Ezechiel darin geltend machen, daß er auf der Rolle in der Hand Jahwes sofort Klage und Wehe erkennt (2, 10), bei → Jeremia in dem (vergeblichen) Aufbegehren wider den Auftrag (1, 6). Sie haben sich in Grauenbildern auch da niedergeschlagen, wo die Th. zugunsten Israels geschaut wird (Jes 63!) oder wo sie ohne Bezug auf die unmittelbare Gegenwart eschatologischen Charakter trägt (Dan 7, 15). In den Auseinandersetzungen mit den Kittäern (1Qp Hab, 1QM), an deren Ende die Vernichtung des Belial steht (1QS, 1QH), bricht die letzte Zeit nicht ohne große Nöte herein (Mt 24, 6), in denen mit der Welt auch alle Götter außer dem einen vergehen (Jes 2, 18; 46, 1ff). Nur aus neuem Chaos geht neuer Kosmos hervor!

3. Die reale wie die visionäre Th. entnehmen ihre Bilder gutenteils dem → *Kultus*, in dem sie nicht nur besungen, sondern je und dann dramatisch dargestellt wurde. Mit der Selbstpräsentation »Ich bin Ištar von Arbela« tritt die Göttin in dem Kostüm vor die Versammlung, in dem sie sowohl im Traum vor Asarhaddon (ANET 450) als auf dem Siegel AO 17/18, 2, Abb. 222 (auch H.Frankfort, The Art and Architecture of the Ancient Orient, 1954, Taf. 119 A) erscheint. In analoger Weise deutet die Präsentationsformel »Ich bin Jahwe« im Kontrast zu der in der dritten Person gegebenen (Ex 32, 8; 1Kön 12, 28, vgl. »Das sind Mose und Aaron« Ex 6, 26) auf ein ähnliches Auftreten des Priesters (in Hebron?) in Gewand und Maske des Gottes. Die Schilderung des Erscheinens des Simon im hohenpriesterlichen Ornat gleich Sonne, Mond, Morgenstern, Regenbogen und Blume (Sir 50, 6ff) ist ein letzter Nachklang dieser Sitte, bei der die Th. mit Hymnus und Proskynese begrüßt wurde. Im

Kultus treten die Schreckreaktionen zurück, da er als Heilsveranstaltung die dauernde Sicherung der in der ersten Selbstprädikation (»der dich aus Ägypten geführt hat«) gegebenen Zusage in sich schließt. Ganz fehlen sie aber auch hier nicht, insofern die Formel »Ich bin Jahwe« zu ihrer Fortsetzung nicht nur das »Erhörungsorakel« (Begrich) oder eine Paränese haben kann (Lev 18, 3), sondern auch die Betonung der »Eifersucht« Jahwes als des 'El qânna' (Ex 20, 5; Dtn 5, 9).

Vgl. die isr. Religionsgeschichten u. bibl. Theologien, bes. G.v. Rad I. II, 1957/60 (s. Reg.) u. G.A.F.Knight, A Christian Theology of the OT, 1959, 75ff. - Ferner: A.R.Johnson, The One and the Many in the Isr. Conception of God, 1942 - H.Frederiksson, Jahwe als Krieger, Lund 1945, 86ff - A.Weiser, Bertholet-Festschr., 1950, 513-531 - W.Zimmerli, Alt-Festschr., 1953, 179-209 - O.Kaiser, ZAW 70, 1958, 107-126 - E.Beaucamp, NRTh 9, 1959, 897-915 - J.Barr, VT Suppl. 7, 1960, 31-38 - J.Lindblom, HUCA 32, 1961, 91-106.

J.Hempel

Theophilanthropen (anfangs *Theanthrophile*), eine Religionsgesellschaft der französischen Revolutionszeit (→ Frankreich: I, 7), vertrat nach englischen Vorbildern einen spiritualistischen und moralisierenden Deismus und forderte Glauben an Gott als den Vater der Natur, an die Unsterblichkeit der Seele sowie Liebe zu Gott und den Menschen. Am 16.12.1796 von Chemin-Dupontès, V.Haüy u.a. gegründet, trat sie am 15.1.1797 an die Öffentlichkeit, gewann als bürgerliche Religion der Republik unter den Gebildeten Anhänger und erhielt in Paris für ihren Kultus zehn »Nationalgebäude« (Kirchen). Die Th. erklärten sich für ein »moralisches Institut«; unter Berufung auf die von ihnen bekannten ewigen Grundsätze der Moral bestritten sie, eine Sekte zu sein. In ihren »fêtes religieuses et morales« wechselten Gebete, Gesänge, Vorlesungen und Reden. Den Stoff dazu entnahmen sie den Philosophen aller Zeiten; auch Jesus, der Koran und die Weisen aus China und Indien waren vertreten. Man bemühte sich um Pflege der häuslichen Andacht, religiös-sittliche Erziehung der Kinder, Einrichtung von Schulen u.dgl. Die hl. Handlungen der kath. Kirche wurden ersetzt (zB die Kinder gen Himmel gehoben statt getauft). Außer den National- und Dekadenfesten feierten die Th. besondere Feste, u.a. für Sokrates, Rousseau, George Washington, ferner ein Fest der Toleranz und das der Wiederentdeckung der natürlichen Religion. - Von der kath. Kirche wurden die Th. heftig bekämpft. Ein auf Grund des Konkordats von 1801 am 4.12.1802 erlassenes Versammlungsverbot bedeutete ihr Ende. Der Versuch einer Neugründung (1822) mißlang.

J.B.Chemin-Dupontès, Manuel des Théanthrophiles ou Adorateurs de Dieu et Amis des Hommes, 1796 (dt. 3 Tle, 1798/99) - Ders., Année religieuse des théophilanthropes ou ... recueil de discours et extraits sur la religion et la morale universelle, 1796 - Ders., Code religieux et moral des th., (1798) 1800² - A.J.M.Fornand-Bauvinay, Religion naturelle, 1798 - F.A.Daubermesnil, Extraits d'un manuscrit intitulé »Le culte des adorateurs«, 1798 - J.M. La Reveillère-Lépaux, Réflexions sur le culte, sur les cérémonies et sur les fêtes nationales, 1798 - J.B.Leclerc, Discours sur l'existence et l'utilité d'une religion civile en France, 1798 - Recueil des cantiques, hymnes et odes pour les fêtes ... des th., 1798 - Journal des th., 21.3.-3.7.1798 - H.Grégoire, Gesch. d. Theophilanthropismus, 1806 - A.Mathiez, La Théophilanthropie ou le culte décadaire (1796-1801), 1903 - Ders.-G.Lefebvre, Die franz. Revolution III, 1950, 150f - P. de la Gorce, Hist. religieuse de la révolution française IV, 1924, 271ff - DThC XV/1, 518ff (Lit.) - Hermelink I, 84f.

H.Hohlwein

Theophilus, 1. Bischof *von Alexandrien* 385-412, gewalttätig wie sein Neffe und Nachfolger → Cyrill, entfesselt 391 den Sturm auf das Serapeum (→ Sarapis). Durch die dem → Anthropomorphismus ergebene Mehrheit der ägyptischen Mönche unter Druck gesetzt geht Th., der 396/97 in Palästina zugunsten der Origenisten vermittelt hatte (→ Origenistische Streitigkeiten, wo statt »Timotheus« überall »Theophilus« zu lesen ist), seit 399 zur Bekämpfung des bes. bei den nitrischen Mönchen verbreiteten Origenismus über, was er zu einer brutalen Kampagne gegen unbequem gewordene Mitarbeiter (Isidor und die 4 »langen Brüder«) ausnutzt. Als sie bei → Chrysostomus Zuflucht finden, kann Th. auch diesen durch skrupellose Intrigen stürzen und über die seit 381 mit der alten Vormachtstellung Alexandriens konkurrierenden Konstantinopeler Bischöfe triumphieren. - Vom Schrifttum des Th. (u.a. Osterkanon für 380 bis 479, Osterbriefe, Kommentare und Homilien) sind nur Reste (großenteils in Übersetzungen) übrig. Sie zeigen rhetorische Gewandtheit, reiche Bibelkenntnis und Beeinflussung durch → Didymus und → Athanasius. - Th. lehrt Geburt des Logos aus der Jungfrau ohne Schmälerung der Gottheit; Annahme eines vollen, mit dem Logos unvermischten, aber untrennbar mit ihm verbundenen Menschen; Christus ist nur *ein* Gottessohn ἄμφω τυγχάνων, θεός τε καὶ ἄνθρωπος, δοῦλος ὁρώμενος καὶ κύριος γνωριζόμενος (der Terminus δύο φύσεις fehlt).

Schriften: MPG 65, 29ff. 197ff (unvollst.). - Lit. außer Patrologien usw: E.Drioton, ROC 20, 1915/17, 92-100. 113-132 - PW 2.R. V/2, 2149ff - G.Lazzati, Teofilo d'Alessandria, 1935 - M.Richard, Écrits de Théophile (Muséon 52, 1939, 33-50) - DThC XV/1, 523ff - A.Favale, Salesianum 18, 1950, 215-246. 498-535; 19, 1951, 34-82. 215-272. 452-486 - Ders., Teofilo d'Alessandria, 1958.

F.H.Kettler

2. *von Antiochia,* Bischof und Schriftsteller in der 2. Hälfte des 2.Jh.s nChr, biographisch wenig faßbar. Das Hauptwerk »An Autolykus« weist als erster Euseb (h.e. IV, 24) dem Bischof von Antiochia zu, während Laktanz (Div. inst. I, 23) davon nichts weiß. Nach dieser Quelle (Ad Aut. II, 24) wurde Th. in der Nähe des Euphrat geboren und lernte als Erwachsener das Christentum kennen (I, 14). In seiner Chronik (ad annum 169 ed. Helm 205) gibt Euseb für das Bischofsamt die Jahre 169 bis 177 an; nach Ad Aut. III, 27 muß Th. aber noch 180 nChr im Amt gewesen sein. Viele Traktate (Euseb h.e. IV, 24), so gegen den Gnostiker → Hermogenes (→ Tertullians gleichnamiger Traktat Basis der Rekonstruktion?) und gegen → Marcion (Rekonstruktion aus → Irenäus durch Fr.Loofs), sind verloren. Th. selber erwähnt noch eine Arbeit »περὶ ἱστοριῶν« (Ad Aut. II, 30), die vielleicht mit dem Werk »Über die Entstehung der Welt« (II, 29) zusammenhing oder identisch war. Ob er Kommentare und eine Evangelienharmonie geschrieben hat (Hieronymus, vir. ill. 25; ep. 121, 6, 15), ist ungewiß. Das protreptische Hauptwerk zeigt ihn als einen stark an der Schrift orientierten Apologeten (→ Apologetik: II), der mit Hilfe des enzyklopädischen Bildungswissens seiner Zeit die philosophisch-moralische Überlegenheit und chronologische Priorität des Christentums nachzuweisen sucht, - eine primitive Urform von → Eusebs »Praeparatio evangelica«. Dogmengeschichtlich ist er durch erste Verwendung des Begriffes »Trias« und seine Geistlehre bedeutsam (→ Geist: V,1). Vieles spricht dafür, daß seine → Trinität (: III) von Gott-Logos-Weisheit mit der monarchianischen Tendenz jüdisch beeinflußt ist (Kretschmar); syrisch-jüdische Tradition deutet ferner seine Inspirationslehre an (bei Th. eindeutig auf das NT angewandt).

Ausg.n u. Lit.: Altaner § 22, 5. Ferner: G.Kretschmar, Studien zur frühchristl. Trinitätstheol. (BHTh 21), 1956, 27ff.

C.Andresen

Theophylakt *von Achrida* (ca 1050 bis ca 1108), stammte aus Euböa, Schüler des → Psellos, dann Diakon und Lehrer der Rhetorik in Konstantinopel. Seit ca 1090

Erzbischof von Bulgarien mit Sitz in Achrida (Ochrid), entfaltete er eine umfassende soziale Tätigkeit, die sich in seiner Korrespondenz spiegelt. Hauptwerk aber sind seine katenenhaften Kommentare zu Büchern des AT und NT, wobei er sich auf → Theodoret, → Chrysostomus, Ps.-Petrus von Laodicea und Ps.-Oekumenius stützt. Eine Vita des Bulgarenapostels Klemens ist in ihrer Echtheit umstritten. Th.s Polemik gegen die Lateiner anläßlich der Unionsbestrebungen unter Papst → Urban II. ist auf nachsichtige, leicht verächtliche Duldung gestimmt.

Werke: MPG 123-126. - B.Leib, Rome, Kiev et Byzance, Paris 1924, 41ff - D.Xanalatos, Beiträge zur Wirtschafts- u. Sozialgesch. Makedoniens im MA (Diss. München), 1937 - DThC XV/1, 536ff - Beck 649ff (Einzelausg.n, Lit.). *H.-G.Beck*

Theosophie

1. Wesen der Th. - 2. Christliche Th. - 3. Außerchristliche Th.

1. Wenn auch zwischen christlicher und außerchristlicher Th. sowohl im Ausgangspunkt wie in der inhaltlichen Gestaltung wesentliche Unterschiede bestehen, so lassen sich doch gemeinsame Gesichtspunkte herausstellen, die für jede Art von Th. charakteristisch sind. Die Th. ist von dem Verlangen erfüllt, die religiöse bzw. christliche Überzeugung nicht nur lebensmäßig zum Ausdruck zu bringen, sondern auch nach der Seite der Erkenntnis hin so weit wie möglich auszubauen. Die Th. begnügt sich nicht mit dem, was Philosophie, Metaphysik und Theologie über Gott, Welt und Mensch auszusagen wagen, man will vom Glauben aus zu höheren Formen der Wahrheitsschau aufsteigen. Der buchstäbliche Sinn der hl. Schriften soll voll von geheimnistiefen Hintergründigkeiten sein, die sich mit Hilfe allegorischer Schriftdeutung aufschlüsseln lassen. Ein Lieblingswort der Th. lautet: »Der Geist erforscht alles, auch die Tiefen der Gottheit« (1Kor 2, 10). Zu den wichtigsten Rätselfragen, die es zu lösen gilt, gehören als ständig wiederkehrende Lieblingsthemen: Wie verhalten sich Geist und Stoff zueinander, wie ist der Fall Luzifers und Adams zu verstehen, was bedeutet der Androgynmythos für das Verhältnis von Mann und Frau, welcher Art wird die neue Leiblichkeit sein, die der Mensch in der Vollendungswelt Gottes trägt? Das spekulative Verlangen treibt die Th. nicht selten in die Nähe von → Alchemie und → Astrologie, von → Parapsychologie und → Okkultismus. Aber auch → Askese und → Mystik sind allezeit Schwestern der Th. gewesen, weil nur geläuterte Seelen an den höheren Intuitionen und an dem Wunder der »Zentralschau« Anteil gewinnen können. Eine gewisse Neigung zum Synkretismus ist unverkennbar. Man verehrt die großen Eingeweihten überall in der Welt, heißen sie Hermes, Pythagoras und Platon, Moses, Jesus oder → Apollonius von Tyana. Charakteristisch ist der esoterische Zug. Nur Auserwählte und besonders Gewürdigte sollen das ungewöhnliche Wissen empfangen. Während die christliche Th. nie vergessen hat, daß »unser Wissen Stückwerk ist« (1Kor 13, 9), und sich darum gern als »Weisheit im Staub« bezeichnet, steht die außerchristliche Th. ständig in der Gefahr, in unersättlichem gnostischem Drang zu vergessen, daß »Gott in einem Lichte wohnt, da niemand zukommen kann« (1 Tim 6, 16). Die Lebenskraft der Th. beruht darauf, daß sie das Erkenntnisverlangen des Menschen unmittelbar anspricht und zu erfüllen verheißt.

2. Da im NT, bes. im Kol (2, 3), Christus als die Quelle aller Weisheit bezeichnet wird, aus der die christliche Gemeinde ihre Einsicht gewinnen soll und nicht von den Weltelementen her, war von diesem Ansatz aus die Möglichkeit zur Entfaltung einer christlichen Th. durchaus gegeben. Trotz aller Ablehnung von → Gnosis, → Manichäismus und → Neuplatonismus im frühchristlichen Zeitalter ergaben sich durch die nahe zeitgeschichtliche Berührung mit diesen machtvollen geistigen Erscheinungen gleichwohl starke Beeinflussungen und Abhängigkeiten. Die eine Christus-Sophia-Linie läuft von den Alexandrinern → Clemens und → Origenes über → Dionysius Areopagita durch die Theologie und Frömmigkeit der Ostkirche über → Johannes Damascenus bis hin zu den großen russischen Religionsphilosophen des 19. und 20.Jh.s, → Solowjew, → Berdjajew und → Bulgakow (→ Sophiologie). Eine zweite Christus-Sophia-Linie prägt die Geschichte des Abendlandes von → Plotin über → Augustin, → Albert d.Gr., → Hildegard von Bingen bis hin zu → Görres und Fr.v. → Baader. Bes. reich an th.en Neigungen sind die Unterströmungen, die das MA und das Reformations-Jh. begleiten, die Kabbalisten (→ Kabbala) und → Rosenkreuzer, die → Katharer, → Albigenser und → Bogomilen, → Paracelsus und Val. → Weigel, → Schwenckfeld und Seb. → Franck. Innerhalb der Geschichte des Protestantismus hat Jakob → Böhme weitaus die stärksten Anstöße zur Entfaltung eines christlich-th.en Gesamtverständnisses von Gott, Welt und Mensch, Leben und Tod, Zeit und Ewigkeit gegeben. Von ihm zeigen sich die schwäbischen Theosophen → Oetinger und M. → Hahn und der ältere → Schelling nachhaltig beeinflußt. - Trotz dieser bedeutsamen Ansätze ist festzustellen, daß die Zielsetzung einer fides quaerens intellectum in der ev. Theologie und Kirche wenig wirksam geworden ist. Die große, vorbildliche Leistung des Protestantismus blieb in der Hauptsache auf die Bereiche von Gesinnungsbildung, Charaktererziehung und Seelenpflege beschränkt. Weil man im Blick auf das Denken vom Glauben her keine Aufgabe sah, war man nur allzu bereit, das Denken beliebig freizugeben und von der Glaubensüberzeugung abzutrennen. Darum konnten die außerchristlichen th.en Systeme (s. 3) in der Neuzeit so erfolgreich auf den Plan treten und das vom Glauben vernachlässigte oder völlig preisgegebene Gebiet für sich in Anspruch nehmen. Der menschliche Geist, bes. der männliche Geist, will das Ganze der Wirklichkeit einheitlich verstehen. Wenn ihm vom Glauben her diese Möglichkeit nicht gezeigt wird, dann sucht er anderwärts die umfassende Durchschau. Insofern ist die außerchristliche Th. eine ständige Frage an die christliche Theologie, ob sie ihrerseits bereit ist, ein Weltbild des Glaubens zu schaffen, das von der Christusoffenbarung her Mensch und Erde, Natur und Geschichte zu deuten wagt. Ob man für eine solche Zielsetzung das Wort Th. verwenden will oder nicht, dürfte eine zweitrangige Frage sein. Die einen werden es bedenkenlos bejahen, andere werden das Wort lieber meiden, weil es - ähnlich wie die Worte Mystik und Gnosis - von der allgemeinen religionsgeschichtlichen Verwendung her als zu sehr belastet erscheint, um als Bezeichnung für christliche Vollzüge gebraucht zu werden.

3. Völlig unabhängig vom Leben der christlichen Kirche gründete 1875 die Russin H.P. → Blavatsky in New York eine *»Th.e Gesellschaft«*, wobei der Schwerpunkt der Bewegung zu Beginn auf spiritistischen Experimenten beruhte (→ Spiritismus), zumal die Stifterin selbst als ein gutes Medium galt. Zum ersten Präsidenten wurde der amerikanische Oberst H.St.Olcott († 1907) gewählt. 1879 erfolgte die Übersiedlung nach Indien. Sitz der Gesellschaft war zunächst Benares, dann Bombay und seit 1882 Adyar, ein Vorort von Madras. Unter dem Einfluß brahmanischer, buddhistischer und hinduistischer Elemente wurde der spiritistische Ansatz überdeckt zugunsten einer allgemeinen okkulten Er-

fahrungsweisheit, die sich mit dem indischen Wiedergeburtsdenken und der → Karma-Lehre verband. Nachfolgerin von Frau Blavatsky († 1891) wurde die Engländerin Annie Besant, die zum Brahmanismus übertrat, nachdem sie in überschwenglicher Weise den großen indischen Meistern und Eingeweihten gehuldigt hatte. Die Bewegung sprang von dem Hauptquartier in Adyar rasch auf Amerika und Europa über. In allen Ländern der Welt entstanden Sektionen der Indisch-Th.en Gesellschaft mit Generalsekretären, die von der Zentrale aus mit fester Hand geleitet wurden. Gleichwohl kam es im Abendland wie in der Neuen Welt zu mehreren Abspaltungen. Die bedeutsamste war die Sezession, die zur Entstehung der Anthroposophischen Gesellschaft führte (→ Anthroposophie). R. → Steiner war von 1902-13 Generalsekretär des deutschen Zweiges mit dem Sitz in Berlin. Als Annie Besant den Hinduknaben Krishnamurti als den »Stern im Osten« ausrufen ließ, der zum Heil der Menschheit aufgegangen sei, weigerte sich Steiner, diese »Heilsbotschaft« weiterzureichen, mit der Begründung, daß über das »Christusereignis« hinaus höhere Offenbarung nicht zu erwarten sei. Steiner verließ mit den meisten Mitgliedern die Th.e Gesellschaft und wird daher in den Kreisen der Th. bis heute mit besonderem Haß verfolgt. Gleichwohl ist unverkennbar, daß Steiner viele Anstöße von seiner mehr als zehnjährigen Tätigkeit innerhalb der Th.en Gesellschaft empfangen hat, zB die Siebengliederung der menschlichen Wesenheit, das Dogma von Reinkarnation und Karma, die esoterische Erziehung der Mitglieder und die Lehre von den Emanationen und Evolutionen im Welt- und Menschheitsgeschehen.

Die außerchristliche Th. lebt von der Überzeugung, daß die hellseherische Fähigkeit zur ursprünglichen Ausrüstung des Menschengeschlechts gehört hat. Erst in der Neuzeit sei unter der Einwirkung von Rationalismus und Materialismus die außerordentliche Begabung verlorengegangen. Doch glaubt man Anhaltspunkte dafür zu haben, daß in kommenden Zeiten immer mehr Menschen eine neue Hellsichtigkeit gewinnen werden. Alle th.en Systeme enthalten ausführliche Anweisungen, wie man Erkenntnisse höherer Welten erlangen kann. Dabei wird der moralischen Einübung und Selbsterziehung eine wesentliche Rolle zugeschrieben. Nur wer sittlich voranschreitet, kann auch im gnostischen Wissen bereichert werden. Neben dem Hunger nach spekulativer Erkenntnis dürfte es vor allem dieser ethische Idealismus sein, der die Th. für viele Menschen so anziehend erscheinen läßt. Dabei greifen Selbsterlösungstendenzen und Hinweise auf die durch Jesus Christus vollbrachte Erlösung in den einzelnen Schulrichtungen vielfältig ineinander. Bes. im Abendland ergeben sich alle Spielarten vom reinen → Pelagianismus bis hin zu augustinischem Denken.

J.HAMBERGER, Stimmen ... der Mystik u.Th., 2 Bde, 1856 - H.P. BLAVATSKY, The Secret Doctrine, 3 Bde, 1892-97; dt. 4 Bde, 1957f - E.SCHURÉ, Die großen Eingeweihten, 1907 - A.BESANT, An Autobiography, London 1908 - FRANZ HARTMANN, Was ist Th.?, 1916 - K.LEESE, Moderne Th., (1918) 1921² - L.J.FROHNMEYER, Die th.e Bewegung, 1920 - W.v.SCHROEDER, Christl. Theosophen, 1922 - H. GOMPERZ, Die indische Th., 1925 - O.DILSCHNEIDER, Das christl. Weltbild, 1951 - E.BENZ, Die christl. Kabbala, 1958 - A.KÖBERLE, Das Glaubensvermächtnis der Schwäbischen Väter, 1959 - W.NIGG, Heimliche Weisheit, 1959. *A.Köberle*

Theotokis, *Nikiphoros* (1736-1800 oder 1805), griech.-orth. Theologe und Pädagoge, * auf Korfu. Th. studierte in Bologna und Padua Naturwissenschaften und Theologie und begründete seinen Ruf als glänzender Pädagoge durch die Errichtung der ersten höheren Schule Korfus. Nach Konstantinopel berufen, verfeindete er sich bald mit Patriarch Samuel und folgte der Einladung des moldauischen Fürsten Gregor III. Ghika, der ihn zum Leiter der griech. Schule von Jassy berief und in seiner wissenschaftlichen Arbeit förderte (ihm u.a. einen Studienaufenthalt in Leipzig ermöglichte). Nach Ghikas Ermordung wurde er durch → Bulgaris nach Rußland berufen und 1779 zum Erzbischof von Slavonien und Cherson ernannt. Die griech. Kolonie seiner Diözese stärkte er durch Neugründung vieler Gemeinden und Schulen. Seit 1796 lebte Th. in einem Kloster in Moskau. Th.s Lebensarbeit war der religiösen, geistigen und sittlichen Hebung seines Volkes gewidmet.

Vf. u.a.: Leipziger Katene, Leipzig 1772; Rundschreiben an die Raskolniki, Moskau 1792; Kyriakodromia, ebd 1796 u. 1808; ferner Schriften zur Auseinandersetzung mit Rom u. naturwissenschaftl. Werke. - Über Th.: RE XIX, 673ff - Megali Elliniki Enkyklopädia XII, 533 (Bibliogr.) - D.KOTSAKIS, Begründer der Naturwissenschaften in Griechenland (Zs. »Aktines« 6, 1943, 92-98; griech.).
G.Möckel

Theozentrische Theologie → Systematische Theologie: II, 2b.

Therapeuten, eine nur von → Philo von Alexandrien (in De vita contemplativa) beschriebene asketische jüdische Gemeinschaft, die er als Vertreter des Bios theoretikos den Essäern (→ Essener) gegenüberstellt, die den Bios praktikos üben. Der nach hellenistischem (Isisdienst) oder jüdischem Vorbild gestaltete Name bedeutet Diener oder Knechte Gottes. Th. sollen sich nach Philo überall finden, vornehmlich aber sei am Mareotis-See in der Umgebung von Alexandrien diese aus Männern und Frauen bestehende Gesellschaft seßhaft. Die Th. halten sich an 6 Wochentagen einzeln in ihren aus einem profanen und einem heiligen Raum bestehenden Hütten auf und verbringen die Zeit mit Schriftstudium und dem Gesang von Hymnen. Die aus Brot und Salz bestehende, bisweilen mit Ysop gewürzte Nahrung wird nur nach Sonnenuntergang eingenommen, von einigen nur alle 4 oder gar 7 Tage. Am 7. Tag trifft man sich im gemeinsamen Kultraum. Ein berufenes Mitglied hält die Ansprache; die Hörer sitzen nach dem Alter, Männer und Frauen getrennt. Alle 50 Tage findet ein nächtliches Fest statt, das aus einem gemeinsamen Mahl mit Schriftauslegung, danach Wechselgesängen und Reigentänzen besteht. - Die historische Treue des philonischen Berichts ist fragwürdig. Die Kirchenväter, vorab Euseb, haben in den Th. ohne zureichenden Grund das älteste christliche → Mönchtum erkennen wollen. Eine wirkliche Einordnung ist bisher nicht möglich gewesen.

RE XIX, 677ff (Lit.) - SCHÜRER III, 687ff - BOUSSET, Rel. 465ff. - Vgl. die Lit. zu → Philo. *H.Kraft*

Theremin, *Franz* (1780-1846), * in Gramzow (Uckermark), nach Studium in Halle und Genf französischer Prediger in Berlin, 1814 Hof- und Domprediger daselbst, 1824 Vortragender Rat im preußischen Kultusministerium und 1840 Honorar-Prof. für Homiletik. Für ihn bildet die »Beredsamkeit eine Tugend«, die über die von der klassischen Rhetorik übernommenen Regeln hinaus die Existenz des Pfarrers betrifft, die Predigt zur Tat werden läßt und auf die in Taten sich vollendende Umwandlung des Hörers zielt. In seinen Predigten auf eine genaue Textauslegung bedacht, zeigt er sich in seinen übrigen Schriften als Vertreter der romantisch-ästhetischen Bewegung, später der → Erweckungsbewegung seiner Zeit.

Vf. u.a.: Die Beredsamkeit eine Tugend, (1814) 1837² (Neudr. 1888); Predigten, 4 Bde, 1817-28; Adalberts Bekenntnisse, 1828; Das Kreuz Christi. Predigten, 4 Tle, 1828-41; Abendstunden, 1833

bis 1839. - Über Th.: RE XIX, 680ff - ADB 37, 724ff - O.FROMMEL, F.Th., 1915 - DERS., PrM 25, 1921, 97ff - RGG² V, 1141 f.
A.Niebergall

Therese, 1. *von Jesus,* OCarm, Lehrerin der → Mystik (: VI, 5), * 18.3.1515 aus kastilischem Adel in Avila, † 4.10.1582 in Alba de Tormes, 1622 heiliggesprochen. Als Mädchen eher weltlich, wurde sie durch Hieronymusbriefe für das Ordensleben begeistert und 1535 Karmelitin im Kloster der Menschwerdung (Avila). Der Zwiespalt zwischen Welt- und Gottesliebe führte zu neuropathischen Störungen, bis 1545 der Tod des Vaters und Augustins »Bekenntnisse« Befreiung brachten. Seelenführer förderten die mystische Entfaltung (Fr. de → Osuna, Balt.Alvarez, D. → Bañez, → Johannes vom Kreuz). Glänzende Geistesgaben und gefälliger Umgang, rege Auffassung und psychologische Intuition, gedankliche Klarheit und sprachliche Kunst, Phantasie und Organisationsgabe dienten zur Entfaltung eines ungewöhnlichen, durch keinen Widerstand aufgehaltenen Eifers in Gründung von Frauenklöstern strenger Observanz über ganz Spanien (→ Karmelitinnen), mit geistlichen Vorträgen an die Schwestern, woraus ihr Schrifttum hervorging. Es ist bezeichnet durch mystischen Individualismus, psychologisch-praktische Einstellung, christologische Orientierung, Stufenlehre (mit Neigung zu Schematisierung): Betrachtung und innerliches Gebet - Gebet der Ruhe - Vereinigung (»Verlöbnis« und »Vermählung«), und hohe Bewertung der Seelenführung, auch geistliche Freundschaft (zu dem viel jüngeren Johannes vom Kreuz). Außer den mystischen Lehrschriften »Weg der Vollkommenheit« und »Seelenburg« fanden weite Verbreitung die autobiographische »Vida« und die »Klostergründungen«, dazu Briefe, Gedichte, Denksprüche und kleine Schriften. Bedeutsam für die kath. Erneuerung wurden auch die Klostergründungen.

Erstausg. d. Werke v. LUIS DE LEÓN, Salamanca 1588 - Obras, ed. SILVERIO DE SANTA TERESA, 9 Bde, Burgos 1915-24; dt. v. ALOYSIUS AB IMM. CONC., 6 Bde, 1933-41 - Obras completas, Madrid 1951ff. - Über Th.: AS Oct. VII, 1845, 109ff - H.JOLY, Sainte Th., Paris (1922) 1926¹⁸ - G.ETCHEGOYEN, L'Amour divin, Bordeaux 1923 - E. ZU OETTINGEN-SPIELBERG, Gesch. d. hl. Th., 2 Bde, 1926 - O.KARRER, Gott in uns, 1926, 71ff - E.A.PEERS, Studies of the Spanish Mystics I, London (1927) 1951⁴ - DERS., A Handbook to the Life and Times of St. Teresa, ebd 1954 - SILVERIO DE SANTA TERESA, Vida de S. Teresa de J., 5 Bde, Burgos 1935-37 - LThK X, 90ff - DThC XV/1, 552ff - I.BEHN, Span. Mystik, 1957, 264ff - E.SCHERING, Mystik u. Tat, 1959.
O.Karrer

2. *von Lisieux, »vom Kinde Jesu und vom Hl. Antlitz«,* auch »kleine Hl. Th.«, OCD (Marie-Françoise-Thérèse Martin), * 2.1.1873 in Alençon, † 30.9.1897 in Lisieux. Nach dem frühen Tod der Mutter (1877) tritt Th. als religiös frühreifes Kind vorzeitig in den Karmel von Lisieux ein (1888). 1895 beginnt sie auf Geheiß ihrer Oberin die Aufzeichnung ihrer Erinnerungen, die (stark verändert) seit 1898 als »Geschichte einer Seele« größte Verbreitung erfahren haben. Th. wurde 1923 selig-, 1925 heiliggesprochen und 1927 zur Mitpatronin der Mission erhoben. - Ihre Frömmigkeit ist jesuzentrisch, aller Marianismus tritt zurück: ein persönlich-familiärer Umgang mit Jesus, dem sie sich als das »kleine Spielzeug« darbietet, ein kindliches Vertrauen des »kleinen Vogels«, auf dem Rücken des Adlers in den brennenden Abgrund der Liebe zu fliegen. Das Eigentliche ihrer Anschauung liegt im sog. »Kleinen Weg« der »Übung der Kleinigkeiten«. Der Weg zur Begegnung mit Jesus geht nicht nach oben, sondern nach unten. Gerade Ohnmacht und Kleinheit sind Gott angenehm. Dieser »fruchtbare Verzicht« bedeutete einen Abbau aller Leistungsethik und eine starke, zT befreiend wirkende Reduktion. Auffallend ist die Nähe zur Hl. Schrift, die häufig zitiert wird, und ein Betonen des »Gott allein«. Th.s Hingabe an Gott und die Gemeinschaft mit den Sündern ist wohl nicht ohne Einfluß auf die → Arbeiterpriester-Bewegung geblieben (F.Heer). Das Geheimnis der Hl. Th. war die Umwandlung des Leides (bis hin zur nihilistischen Versuchung) in gläubige Freude und Liebe.

Erste krit. Ausg. der »Gesch. einer Seele«: Manuscrits autobiographiques I-III, hg.v. FR. DE SAINTE MARIE OCD, Lisieux 1956 (dt.: Selbstbiograph. Schriften, Einsiedeln 1958³); Lettres hg.v. A.COMBES, Lisieux 1948; Novissima Verba, ebd 1926. - Bildmaterial: FR. DE SAINTE-MARIE OCD, Th.v.L. wie sie wirklich war, Einsiedeln 1961. - Über T.: I.FR.GÖRRES, Das verborgene Antlitz, (1944) 1947³ - DIES., Das Senfkorn v. Lisieux, 1958 - W.NIGG, Große Heilige, 1946, 393ff - H.U.v.BALTHASAR, Th.v.L., Gesch. einer Sendung, 1950 - A.COMBES, Die Heilige des Atomzeitalters, dt. (1956) 1957² (Nachw. v. FR.HEER) - C.PETERS OCD, Th.v.L. in neuester Sicht (Carmelus 5, 1958, 269-290; Lit.) - G.HINZMANN SJ, Th.v.L. - Wandlungen ihres Bildes u. ihrer Verehrung (Geist u. Leben 33, 1960, 142-145; Lit.) - CÉLINE MARTIN, Meine Schwester Th., 1961. - Bibliogr.: R.ERCOLI TOCD, Bibliografia su Santa Teresa del Bambino Gesù (Analecta Ordinis Carmelitarum Discalceatorum 19, 1947, 274-348).
G.Maron

Thessalonich (griech. Θεσσαλονίκη, später *Saloniki*), mazedonische Stadt am Thermaischen Meerbusen nordwestl. von Chalkidike (→ 14 E 4), in hellenistisch-röm. Zeit die größte Hafenstadt Mazedoniens, in byzantinischer Zeit (nach Konstantinopel) die zweitgrößte und heute (nach Athen und Piräus) die drittgrößte Stadt Griechenlands.

1. Th. war eine *hellenistische Gründung*. Kassander (Eroberer Mazedoniens) vereinte 315 vChr Therme und andere Orte zu einer Stadt und gab ihr den Namen seiner Gemahlin (Halbschwester Alexanders). Die von Südosten nach Nordwesten laufende Küstenstraße bildete die Längsachse der rechteckig gebauten Stadt. - Im *röm. Reich* war Th. freie Stadt und Hauptort der Provinz Mazedonien. Es war als Mittelpunkt der West und Ost verbindenden Via Egnatia, als Endpunkt der von den Donauländern kommenden Straße und wegen seines trefflichen Hafens ein Handelsplatz von Weltbedeutung und wegen seiner malerischen Seefront berühmt.

2. Auf seiner 2. Missionsreise kam → *Paulus* (, 2 c) mit → Silas und → Timotheus von Philippi her i.J. 50 nach Th. (Chronologie nach der → Gallio-Inschrift). Er fand dort eine einflußreiche Kolonie von Juden mit angeschlossenen Gottesfürchtigen vor (Apg 17, 1. 4). Aus beiden Gruppen gewann er Anhänger, so auch unter vornehmen Frauen (17, 2-4). Das veranlaßte zelotische Juden, mit Hilfe des Marktgesindels die Bevölkerung gegen die Christen aufzuwiegeln (17, 5-9). Die Apostel mußten fliehen und zogen nach Beröa (17, 10), worauf Paulus allein nach Athen weiterfuhr (17, 14f). Weil er dort über die Lage in Th. unruhig war, beauftragte er Timotheus, die Gemeinde wieder zu besuchen (1Thess 2, 17 - 3, 5). Dieser kam 51 mit guten Nachrichten zu Paulus nach Korinth (Apg 18, 5; 1Thess 3, 6). Daraufhin schrieb der Apostel 1Thess. Sofern auch 2Thess von ihm stammt, kann er ihn etwas später während des bis 53 dauernden Aufenthaltes in Korinth geschrieben haben. Die junge Gemeinde war durch eine heidnische Verfolgung (1Thess 2, 14; vgl. 2Kor 7, 5) und eine eschatologische und soziale Schwärmerei belastet (→ Thessalonicherbriefe). Letztere scheint, weil nicht mehr erwähnt, bald aufgehört zu haben. Paulus erneuerte nämlich während der 3. Reise seine Beziehungen zu Mazedonien; dabei wurde die Beherrscherin der Via Egnatia kaum übergangen, obwohl sie nicht genannt wird (Apg 19, 22 Timotheus wieder in Mazedonien; 20, 1. 3; 2Kor 2, 13 Paulus dreimal wieder daselbst; 8, 1; 9, 2. 4 Kollekte der mazedonischen Gemeinden). Paulus nahm übrigens Aristarch und Sekundus aus Th. als Begleiter mit (Apg

20, 4; 27, 2); ein anderer Mitarbeiter wirkte später dort (2Tim 4, 10). In keinem Falle wird die Gemeinde in Th. mehr kritisiert (auch nicht in 2Tim 4, 10; gegen Dibelius zSt).

3. In *nachapostolischer* Zeit tritt Th. zunächst nicht hervor. Erst bei Melito wird es erwähnt (kaiserlicher Schutzbrief; Euseb, h.e. IV, 26, 10). Die überlieferten Bischofslisten (Aristarch an der Spitze) haben für die älteste Zeit geringen Wert. Seit dem Konzil von Nicäa (325) erscheint der Bischof als Metropolit. Bedeutung gewann Th. unter Kaiser → Theodosius, der von Th. aus die Goten und nach seiner dortigen Taufe 380 die Ketzer und Heiden bekämpfte. 390 ließ er das gegen den Kommandanten revoltierende Volk von Th. niedermetzeln, worauf ihn → Ambrosius zur Kirchenbuße zwang. An Vorgänger anschließend, machte Innozenz I. den Metropoliten von Th. 412 zum päpstlichen Vikar für Illyrien. In dieser Zeit entwickelte sich der Kult des Stadtbeschützers → Demetrius (, 3). - Das Band mit Rom wurde 732 gelöst. Aus Th. gingen im 9.Jh. die Slawenapostel → Konstantin und Methodius hervor. Zur Zeit der Germanen- und Slawenwanderungen blieb Th. wie Byzanz ein Bollwerk der byzantinischen Kirche und hielt auch gegen die Bulgaren stand. 1204-46 war Th. Sitz der Kreuzfahrerkönige und wechselte dann, in einer blühenden Zeit, mehrmals die Herrscher, bis es 1430 von den Türken erobert wurde. - Tausende von Juden aus Spanien und Portugal (Sephardim) durften sich um 1500 in Th. niederlassen (hier Spanioler genannt). Industrie und Handel wurden durch sie gefördert. Sie machten im 19.Jh. über die Hälfte der Bevölkerung aus. Th. kam 1912 an Griechenland, was eine Verstärkung der griech. Bevölkerung und Kirche herbeiführte. - Zu den Kunstdenkmälern und zur Universität s. → Saloniki: I. II.

O. Tafralí, Topographie de Th., Paris 1913 - Ch. Diel, Salonique, ebd 1920 - PW 2. R. VI, 143ff - C. Constantopoulos, Th., 1940 - DACL XII, 310ff; XV, 624ff - G. Ostrogorsky, Gesch. d. byz. Staates (HAW XII/1, 2), 1952² (s. Reg.) - F. Baulier, Grèce (Les guides bleus), Paris 1953, 593ff - E. Dyggve in: Studia orient. J. Pedersen, Kopenhagen 1953, 59-70 - B. Vonderlage, Th., 1953. *B. Reicke*

Thessalonicherbriefe, bei Voraussetzung der Echtheit die beiden ältesten Paulusbriefe. Über die geschichtlichen Umstände vgl. → Thessalonich, 2.

1 Thess wurde von → Paulus, auch im Namen des → Silas und → Timotheus (1, 1), bald nach der Gründung der Empfängergemeinde geschrieben (1, 3; 2, 1. 5-12), allem Anschein nach 51 nChr von Korinth aus (Apg 18, 5). Paulus hatte von einer Verfolgung in Thessalonich gehört und ließ, da er selbst verhindert war (2, 17ff), Timotheus die Gemeinde wieder besuchen (3, 1f. 5). Dieser brachte erfreuliche Nachrichten (3, 6-9). Paulus möchte zwar bald persönlich kommen (3, 10-13), schreibt aber vorläufig, um eine soziale und eschatologische Schwärmerei zu bekämpfen (4, 1 - 5, 11). Einige wollten nicht arbeiten (4, 11). Wegen einseitiger Naherwartung war man enttäuscht, daß Gläubige schon gestorben waren (4, 13). Paulus weist auf ein Jesuswort hin, nach dem gerade die in Christus Verstorbenen die → Parusie zuerst erleben werden (4, 15). Zwischen jener Verfolgung und dieser Schwärmerei bestand offenbar ein Zusammenhang. - Die *Gestalt* von I ist schon die für die → Paulusbriefe typische: Grußformeln am Anfang und am Ende, in der ersten Hälfte Erinnerungen, in der zweiten Ermahnungen. Der Brief hat folgenden Aufbau: 1, 1 Gruß. I. Gemeindefragen: 1, 2-10 Dank für den Glauben der Leser; 2, 1-13 Auftreten des Paulus unter ihnen; 2, 14-16 (vgl. 3, 3f) Verfolgung der Gemeinde seitens der Umgebung. II. Persönliches: 2, 17 - 3, 13 Paulus hat bisher nur Timotheus senden können, will aber bald selbst kommen. III. Paränetisches: 4, 1-12 Ermahnungen zu Keuschheit, Bruderliebe, Arbeitsamkeit; 4, 13-18 Auferstehung der in Christus Verstorbenen; 5, 1-11 Der Tag des Herrn kommt unerwartet; 5, 12-25 Ordnung im Gemeindeleben. 5, 26-28 Grüße. - Der Brief sollte der Gemeinde vorgelesen werden (5, 27): das erklärt den predigtähnlichen Stil, der hier wie in späteren Briefen spürbar ist. - *Theologisch* lehrreich ist I bes. in bezug auf das Verhältnis zwischen sozialen Pflichten und eschatologischer Hoffnung. In Gesellschaft und Gemeinde soll ein Christ Solidarität und Ordnung fördern: nicht obwohl, sondern eben weil das Ende jeden Moment eintreffen kann.

Auch *2 Thess* soll von Paulus unter Mitwirkung von Silas und Timotheus geschrieben sein (1, 1). Seit dem 19.Jh. werden oft Bedenken gegen diese Angabe vorgebracht; sie heben sich aber zT auf (unten a. d - b. c) und sind an sich historisch fragwürdig. a) Man findet I und II stilistisch ähnlich, deshalb sei II unecht: Einem unvoreingenommenen Betrachter scheint das eher auf Echtheit hinzuweisen, zumal dieselbe Lage vorausgesetzt ist (Verfolgung, 1, 4ff). b) Die Parusielehre sei eine andere als in I: In Wirklichkeit kommt eine neue Vorstellung über den Tag des Herrn nicht beim Verfasser, sondern bei den Lesern vor (er sei bereits da, 2, 2). c) Die Vorstellung vom → Antichrist (2, 3-12) weise auf das Ende des 1.Jh.s hin: Der Abfall und der Verführer der letzten Zeit sind aber der jüdischen und synoptischen Apokalyptik bekannte Motive (Dan 9, 27; 11, 36; → Belial und Lügenmann in → Qumran [, 4 b]; Mt 24, 10ff. 15. 24 par) und wären ohnehin bei Paulus nicht undenkbar. d) Die Angst vor Fälschungen (2, 2) und die persönliche Unterschrift (3, 17) seien für einen Fälscher typisch: Weil nicht durch äußere Umstände begründet, ist diese Behauptung willkürlich. - Von den beiden Briefen ist II der spätere, weil I an die Bekehrung der Adressaten so konkret erinnert und II auf einen früheren Brief hinweist (2, 15). Briefanlaß waren Nachrichten über eine fortgesetzte Verfolgung (1, 4) und über eine noch zugespitzte Schwärmerei (2, 2; 3, 4-16). Da die Umstände mit den in I geschilderten weitgehend übereinstimmen, dürfte II noch in Korinth 52/53 entstanden sein (spätere Datierung aber nicht ausgeschlossen). - Der *Form* nach ist II deswegen kürzer als I, weil ein Abschnitt über Persönliches fehlt. Sonst findet sich dieselbe Grundstruktur: zuerst Erinnerungen, dann Ermahnungen. Der einleitende Gnadenwunsch ist durch die später übliche Wendung »von Gott dem Vater« usw ergänzt worden (1, 2, vgl. Gal 1, 3 u.a.). Man kann den Inhalt auf folgende Abschnitte verteilen: 1, 1-2 Gruß. I. Gemeindefragen: 1, 3-12 Geduld im Leiden, bei der Parusie belohnt. II. Dogmatisches: 2, 1-12 Der Tag des Herrn ist noch nicht da; vorher muß der »Gesetzlose«, dh der eschatologische Verführer wirken. III. Paränetisches: 2, 13 - 3, 5 Standhaftigkeit; 3, 6-16 gegen soziale Anarchie, Arbeitsweigerung und Parasitenleben. 3, 17-18 eigenhändiger Gruß. - Die *theologische* Bedeutung von II ist die gleiche wie bei I: das Verhältnis von sozialen Pflichten und eschatologischer Hoffnung wird beleuchtet, und zwar auf dem Hintergrund einer noch weiter entwickelten Schwärmerei. - Bei den Apostolischen Vätern spiegelt sich bereits eine allgemeine Verwertung des Briefes wider (Rigaux 112ff).

Neuere Kommentare: M. Dibelius (HNT 11), 1938³ - B. Rigaux (Etudes bibl.), Paris 1956 (Lit.) - C. Masson, Neuchâtel 1957 - R.G.V. Tasker (Tyndale NT Comm.), London 1957 - L. Morris (The New Lond. Intern. Comm.), ebd 1959 - K. Staab-J. Freundorfer, 1959³. - Lit.: E. Schweizer, Der 2Thess ein Phil? (ThZ 1, 1945, 90-105. 286-289; s. W. Michaelis, ebd 282-286) - Ch.E. Faw, On the Writing of 1Thess (JBL 71, 1952, 217-225) - H. Braun, Zur nachpaulin. Herkunft des 2Thess (ZNW 44, 1952/53, 152-156) - T.W.MANSON, St. Paul in Greece. The Letters to the Thess. (BJRL 35, 1953, 428-447) - C.SPICQ, Les Thessaloniciens »inquiets« étaient-ils des paresseux? (StTh 10, 1956, 1-13) - M.BRUNEC, De »homine peccati« in 2Thess 2, 1-12 (VD 35, 1957, 3-33) - E.BAMMEL, Judenverfolgung u. Naherwartung. Zur Eschatologie des 1Thess (ZThK 56, 1959, 294-315) - M.MIGUENS, L'apocalisse »secondo Paolo« (Bibbia e Oriente 2, 1960, 142-148) - L.-M.DEWAILLY, Une communauté naissante (Vie spirit. 104, 1961, 359-376) - K.-G.ECKART, Der zweite echte Brief... (ZThK 58, 1961, 30-44) - M.SABBE, De paulin. beschrijving van de parousie (Collat. Brug. et Gand. 7, 1961, 86-114) - W.G.KÜMMEL, Das lit. u. gesch. Problem des 1Thess (Festschr. O.Cullmann [NovTest Suppl. 6], 1962, 213-227). *B.Reicke*

Zur *Auslegungsgeschichte* (s. auch → Paulusbriefe, → Schriftauslegung: IV B):

Qu.: 6.Jh.: Johannes Diaconus (Ps.-Hieronymus, MPL 30). - 16.Jh.: Zwingli (SCHULER-SCHULTHESS VI/2, 229-248) - Chr.Hofmann, Frankfurt 1541 (2Thess) - Jod.Willich, Straßburg 1545 - Hieron.Weller, Nürnberg 1561 - Hieron.Zanchi, Neustadt 1594, 1601. - 17.Jh.: Joh.Crell, Amsterdam 1656. *W.Werbeck*

Theutbert (Theatbert), nach dem Besitzvermerk der Wiener Livius-Hs. »episcopus de Dorostad« (Wijk bij Duurstede bei Utrecht), war einer der von → Willibrord geweihten friesischen Bischöfe oder identisch mit Bischof Thiaterd von Utrecht (ca 784-790).

W.LEVISON, NA 33, 1908, 517-525 - HAUCK II, 367 - P.LEHMANN, Erforschung des MA, (1941) 1959, 210f - WATTENBACH-LEVISON 2, 173. *H.Löwe*

Thiersch, *Heinrich Wilhelm Josias* (1817-85), ev. Theologe, * in München als Sohn des um das bayerische Gymnasialschulwesen verdienten Philologen und Pädagogen *Friedrich* Th. (1784-1860), 1838 Lehrer am Basler Missionsseminar, 1839 Repetent, dann PDoz. in Erlangen, 1843 ao., 1846 o. Prof. in → Marburg. Angesichts der Ohnmacht der Staatskirchen und ihrer Fakultäten, der Entkirchlichung im Vormärz wirksam entgegenzutreten, schloß sich Th. 1847 der → Katholisch-apostolischen Gemeinde an, weil hier mit der Erneuerung der altkirchlichen Geistesgaben der Ruf zur Einheit der Kirchen in der beginnenden Endzeit erfolge. 1849 verzichtete er auf seinen Lehrstuhl. Der bes. durch A. → Vilmar betriebene Ausschluß aus der luth. Kirche traf ihn hart. Doch blieb er in einem ökumenischen Briefwechsel und Begegnungen mit Kirchenmännern wie in der Betreuung kath.-apostolischer Gemeinden zuerst in Marburg, später in München, Augsburg und Basel seinem Kirchenideal treu.

Vf. u.a. die noch heute wichtige Diss. De Pentateuchi Versione Alexandrina, 1841 (→ Septuaginta-Forschung, 5); Vorlesungen über Protestantismus u. Katholizismus, (1846) 1848[2]; Die Kirche im apost. Zeitalter, (1852) 1877[3] (gegen F.Chr. → Baur); Über christl. Familienleben, (1854) 1876[7]. - Über Th.: P.WIGAND, H.Th.s Leben, 1888 - ADB 38, 17ff - RE XIX, 684ff - F.W.KANTZENBACH, Die Erlanger Theol., 1960, 149ff - R.F.EDEL, Das ökum. Anliegen der kath.-apost. Gemeinden, insbes. im Leben u. Werk von H.Th. (Diss. Marburg), 1961 (vollst. Bibliogr.). *E.Beyreuther*

Thietmar *von Merseburg* (975-1018), aus dem Grafenhaus von Walbeck, seit 1009 zweiter Bischof des von Heinrich II. erneuerten Bistums → Merseburg, eifrig um Wiederherstellung der alten Diözesangrenzen bemüht. Seine 1012-18 verfaßte Chronik ist eine der Hauptquellen für die Kirchen- und Reichsgeschichte der Ottonenzeit, bes. für Sachsen, Mitteldeutschland und die Westslawen, deren Sprache er verstand. Sie gibt wichtige Einblicke in Volksglauben und Brauchtum.

Ausg.n: F.KURZE, MG SS rer. Germ., 1889; R.HOLTZMANN, ebd, 1935 (Neudr. 1955); M.Z.JEDLICKI, Posen 1953 (mit wichtigem Komm., poln.). - Über Th.: WATTENBACH-HOLTZMANN 1, 50ff (Lit.) - N.FICKERMANN, Th.v.M. in der lat. Sprachtradition (Jb. f. d. Gesch. Mittel- u. Ostdeutschlands 6, 1957, 21-76). *P.Classen*

Tholuck, *Friedrich August Gottreu,* * 30.3.1799 in Breslau, † 10.6.1877 in Halle. Als Handwerkerssohn arbeitete er sich mühsam empor, behindert durch ein früh erworbenes Augenleiden. Ungewöhnlich sprachbegabt und dadurch schon früh zur altindischen und semitischen Welt hingezogen, studierte Th. in Breslau und Berlin Arabisch und Indologie. Von Anfang an verlangte er nach geistiger und menschlich-ethischer, gemütvoller Gemeinschaft. Hierin ist noch vor seiner Wendung zum biblischen Christentum im Sinne der → Erweckungsbewegung seine Leidenschaft zur Seelsorge vorgebildet. Die Wendung geschah etwa 1819 in Berlin durch den Einfluß des Orientalisten H.F.Die(t)z und des Barons v. → Kottwitz. Th. entschloß sich, durch das praktische schlichte Christentum der beiden ergriffen, zum Studium der Theologie, hatte jedoch anscheinend schon in Breslau den Altlutheraner J.G. → Scheibel gehört. Sein theologischer Lehrer wurde bes. A. → Neander, dagegen fand er zu → Schleiermacher keinen Zugang. Mit 21 Jahren habilitierte er sich, nachdem er - noch Student - eine Berufung nach Dorpat ausgeschlagen hatte, an der Berliner theologischen Fakultät, nicht ohne Schwierigkeiten, vor allem von seiten Schleiermachers. 1821-26 lehrte er außerdem an → Jänickes Missionsseminar, war seit 1822 Sekretär der Judenmission und 1821-25 Direktor der Hauptbibelgesellschaft. Er behandelte in seinen Vorlesungen sämtliche Fächer der Theologie, in seiner Forschung lag der Nachdruck immer noch auf der Orientalistik, die er durch Benutzung von Hss. aus Berlin, Leiden und Oxford bereicherte. Seine Habilitationsschrift galt dem persischen → Sufismus (1821). Seine erste theologische, einflußreiche Schrift war in Briefform gehalten und stellte die Lehre von der Erbsünde nach Gen 3 und Röm 5 in den Mittelpunkt der christlichen Aussage (Die Lehre von der Sünde und dem Versöhner oder die wahre Weihe des Zweiflers, [1823] 1871[9]). Es folgte eine Erklärung und umschreibende Übersetzung des Röm (1824f). Der preußische Minister → Altenstein berief Th. 1826 gegen den Willen der überwiegend rationalistischen Fakultät nach → Halle, wo er sich gegen harte Widerstände durchsetzte und sein Leben lang blieb (dazwischen 1827-29 Gesandtschaftsprediger in Rom). Hier reifte er zu einer christlichen Führergestalt heran, der das erbauliche und seelsorgerliche Moment in der Theologie mehr galt als das wissenschaftlich-methodische. Er war darum der eigentliche Antipode zu Schleiermacher. Mit hingebendem Fleiß widmete er sich bes. der nt. Exegese und der KG, für die er das großlinig gedachte, aber ungenügend, unkritisch und willkürlich ausgeführte Programm einer Vorgeschichte und Geschichte des Rationalismus entwarf, die von der Orthodoxie bis zum Ende des Pietismus reichte (1853-65). Daneben griff er in die Tageskämpfe ein (zB Glaubwürdigkeit der ev. Geschichte [gegen D.F. → Strauß], 1837; Gespräche über die vornehmsten Glaubensfragen der Zeit für nachdenkende Laien, 1846), predigte unermüdlich und war ein echter Studentenvater. In seiner Theologie (→ Vermittlungstheologie) hütete er sich vor engem Konfessionalismus und juridischer Behandlung der Bekenntnisfrage. Ihre mangelnde begriffliche Schärfe verhinderte es, daß er zum eigentlichen dogmatischen Führer der Erweckungsbewegung wurde. Sein hervorragender Schüler war M. → Kähler.

GA, 11 Bde, 1862-73. - Über Th.: M.KÄHLER, A.Th.s Lebensabriß, (1877) 1899[2] - DERS., RE XIX, 695ff - L.WITTE, Das Leben Th.s I. II, 1884/86 (dazu H.CREMER, ThStKr 62, 1889, 398-416) - H.HERING, A.Th. (Die Predigt der Kirche, hg.v. W.LANGSDORFF, 28), 1895 - ADB 38, 55ff - W.ZILZ, A.Th. Leben u. Selbstzeugnisse, 1930 - H.GIESEN, Studentenväter d. 19.Jh.s, 1937 - M.SCHELLBACH, Die Predigt Th.s, 1956. - Vgl. ferner die Geschichten der Theol. d. 19.Jh.s, bes. F.H.R.Frank, 1894, 221 ff - W.Elert, Der Kampf um das Christentum seit Schleiermacher u. Hegel, 1921, 78 ff - Barth, PrTh 459 bis 468 - Hirsch V, 103 ff - Stephan-Schmidt 113 ff. *M.Schmidt*

Thoma, *Hans* (2.10.1839 bis 7.11.1924), Maler und Graphiker, * in Bernau (Schwarzwald), † in Karlsruhe, bildete sich nach handwerklichen Anfängen als Uhrenschildmaler in Karlsruhe unter Schirmer aus. 1870 zog er nach München, 1877 nach Frankfurt/M.; seit 1899 lebte Th. als Leiter der Kunsthalle und Akademie-Prof. in Karlsruhe. - Die leicht archaisierende, volkstümlich besinnliche, manchmal auch etwas billig gemütvolle Kunstweise des Bauernsohnes gewann in breitesten Schichten des deutschen Bürgertums größte Beliebtheit. Heute werden aus seinem Schaffen, das die Aufgaben der Landschaft, des Stillebens und Bildnisses wie der Mythologie, Allegorie und der Bibel umfaßte, mehr die charaktervollen, von pathetischen Ansprüchen freien Werke geschätzt, in welchen sich der Einfluß des Realisten Courbet und seiner offenen, tonigen Malweise zeigt. Wenn sich der Ehrgeiz des naiven, gegen sich selbst etwas unkritischen Meisters dagegen nach dem Vorbild Böcklins in die antike Sagenwelt verstieg, vermochte er sich nicht über eine kleinbürgerliche Modellgebundenheit zu erheben. Das gilt auch von dem religiösen, ev.-biblischen Maler und seinem erneuert nazarenischen Geschmack (2 große Wandgemälde in der Heidelberger Universitätskirche, Gemäldezyklus für die »Th.-Halle« des Karlsruher Museums, u.a.m.). Insbesondere spricht uns Th.s etwas schulmeisterlicher Christustyp (→ Malerei: V, 2 c) heute nicht mehr an. - Vgl. → Erbauungsliteratur, 3 d.

H.Th., des Meisters Gemälde, hg.v. H.Thode, 1909 - H.E.Busse, H.Th., (1922) 1939³ - Ders. (Hg.), H.Th. Sein Leben in Selbstzeugnissen, Briefen u. Berichten, 1942. *G.F.Hartlaub*

Thomä, *Nikolaus* (1492-1546), * in Siegelsbach im badischen Elsenzgau, studierte seit 1510 in Heidelberg, wo er als Pfarrer von Flinsbach 1519 den Magistergrad erwarb. Seit 1524 Lehrer an der Lateinschule in Bergzabern, führte er 1527 mit dem Täufer Hans → Denck ein Gespräch über die Kindertaufe und disputierte drei Tage mit den Juden. Über Luthers Abendmahlslehre urteilte er schroff, nahm sich dagegen → Schwenckfelds offen an. Th. stand in engster Verbindung mit Joh. → Bader in Landau, den er bes. gegen K. → Hubert verteidigte. Über Th.s Leben in Bergzabern, wo er bis zum Tode als Pfarrer und Sup. tätig war, unterrichtet am besten sein Briefwechsel.

Epistolae theologicae (1526-46) im Stadtarchiv Straßburg. - J.P. Gelbert, M.Joh.Baders Leben u. Schriften, N.Th. u. seine Briefe, 1868. *G.Biundo*

Thomander, *Johan Henrik* (1798-1865), schwed. Theologe, 1833 Prof. in → Lund, 1850 Dompropst in Göteborg, 1856 Bischof von Lund. Th. spielte um die Mitte des 19.Jh.s eine führende Rolle im kirchlichen, kulturellen und politischen Leben → Schwedens (: I, 3). Sein kirchliches Reformprogramm basierte auf einer naturrechtlich-liberalen Anschauung. Zudem hatte er entscheidende Impulse von der ev. Erweckungsbewegung und dem deutschen Neupietismus empfangen. Th. erstrebte eine Erneuerung des kirchlichen Lebens in Schweden durch strenge Trennung des Aufgabenbereichs der Kirche von dem des bürgerlich-staatlichen Lebens, wollte aber das bestehende Verhältnis von Staat und Kirche bewahren. Seine grundlegenden Reformvorschläge machte er in einem Entwurf zu einem neuen Kirchengesetz 1837. Es kam zwar zu keinem neuen Kirchengesetz, doch wurde Th.s Programm in Teilen verwirklicht. So wurden durch die Kommunalgesetze von 1862 die kirchlichen und bürgerlichen Belange innerhalb der Gemeindeverwaltung voneinander getrennt und 1863 eine allgemeine Kirchensynode (kyrkomöte) geschaffen, deren Gestaltung im großen ganzen Th.s Vorschlag entsprach.

P.-O.Ahrén, Kyrkomöte och synodalförfattning, Lund 1956 - L.Österlin, Th.s kyrkogärning, Stockholm 1960. *S.Kjöllerström*

Thomas, 1. der *Apostel,* kommt in den synoptischen → Apostel-Listen sowie Joh 11, 16; 20, 24 ff; 21, 2 vor. Seine Bezeichnung als Δίδυμος (»Zwilling«; griech. Übersetzung des hebr. Namens) läßt ihn in den → Thomasakten und im → Thomasevangelium als Zwilling Jesu erscheinen und macht seine wachsende Wertschätzung vor allem in gnostischen Kreisen verständlich. Die apokryphe Überlieferung versteht Joh 20, 27 als Auszeichnung des Apostels, dem es als einzigem gewährt war, den Auferstandenen zu berühren. So wird er in der → Pistis Sophia neben Philippus und Matthäus, im Th.-evangelium allein zum Empfänger der geheimen Worte der Offenbarung. Die syr. Überlieferung (nicht nur die Th.akten) gibt ihm den Beinamen Judas (Euseb I, 13, 11 im Bericht über den Briefwechsel des → Abgar von Edessa). Sein Grab in Edessa wurde der Mittelpunkt seiner Verehrung und zugleich Ursprung weiterer ihm zugeschriebener Literatur wie einer Apokalypse, die sich als Brief des Auferstandenen an den Apostel gibt, der Th.akten und des → Kindheitsevangeliums von Th. dem Israeliten. Die Legende schreibt ihm die Mission des Iran zu (Euseb III, 1, 1 nach Origenes), das als Land des Ostens später mit → Indien (: IV, 1 a) verwechselt wurde; daher gilt Th. in der kath. Kirche wie in den ältesten Kirchen Indiens als der Apostel des Subkontinents.

E.Lucius, Die Anfänge des Heiligenkults in der christl. Kirche, 1904, 244 f - M.R.James, The Apocryphal NT, 1924, 364 ff - P.Devos, Le miracle posthume de saint Th. (AnBoll 66, 1948, 249-254) - W.Michaelis, Die apokr. Schriften zum NT, (1956) 1958², 402 ff. 456 ff - J.Doresse, L'Evangile selon Th., Paris 1959, 38 ff - Hennecke³ II. *H.-W.Bartsch*

2. *von Aquino* (1225 bis 7.3.1274)

I. Leben und Werke - II. Theologie. - th. = thomistisch. - Vgl. ergänzend bes. → Thomismus, → Neuthomismus

I. Leben und Werke

Th.v.A. ist der doctor communis der röm. Kirche (so 1923 Pius XI.). Seine Lehre wurde 1879 zur Richtschnur kath. Theologie erklärt (vgl. c. 1366 § 2 CIC; → Neuscholastik, → Neuthomismus). Er gilt als der Gipfel der → Scholastik, alles Frühere nur als Vorbereitung, spätere Abweichungen als Abstieg. Historische Forschung wird dieses Urteil nicht unbesehen übernehmen, obwohl es erstaunlicherweise auch die prot. Sicht der Scholastik weithin beeinflußt hat. Doch bleibt das Lebenswerk des Th. eine gewaltige Leistung. Zwar hat er hinsichtlich seiner Stoffe wie seiner Probleme die Früchte der älteren Scholastik ernten können. Aber er hat die Kenntnis des → Aristoteles und auch der Kirchenväter (bes. der griechischen) durch eigene Studien vertieft, und seine theologisch-philosophische Konzeption führte er mit klarer Konsequenz und einer hohen Kunst prägnanter Formulierung bis in feinste Verästelungen der überlieferten Problematik hinein durch. Allerdings ist Th. den seiner Zeit gestellten, zT bereits vor ihm deutlich gesehenen Fragen nicht immer gerecht geworden, und oberflächlich glänzende Lösungen verdecken oft tiefere Spannungen. Darum mußte die Scholastik, solange sie lebendig war, auch über sein System hinausschreiten.

Th. wurde als Sohn des Grafen Landulph auf Roccasecca bei Aquino geboren. Vom 5. bis zum 15. Jahr wurde er im nahen Kloster Monte Cassino von einem Onkel, dem Abt, erzogen. 1239 ging er zum Studium der → Artes liberales nach Neapel. Dort kam er durch Petrus von Hibernia in erste Berührung mit Aristoteles. Gegen den heftigen Widerstand seiner Familie trat Th. 1244 in den → Dominikaner-Orden ein. Er studierte von 1245-48 in Paris bei → Albert d.Gr. und folgte ihm für 4 weitere Jahre nach Köln. 1252 kehrte er als Baccalaureus nach → Paris (: II) zurück und las dort zunächst über biblische Schriften, dann 1254-56 über die Sentenzen des → Petrus Lombardus. Der Sentenzenkommentar (→ Sentenzenwerke) ist also eine erste, in vielen Punkten noch nicht endgültige Fassung der th.en Lehre. Aus dieser Zeit stammt auch die kleine Schrift De ente et essentia, eine Einführung in philosophische Grundbegriffe. - Die ersten Pariser Dozentenjahre zogen Th. in den Kampf der Professoren aus dem Weltklerus gegen den wachsenden Einfluß der Kollegen aus den Bettelorden hinein (Th.: Contra impugnantes Dei cultum et religionem). Wie → Bonaventura erhielt Th. erst durch Eingreifen Alexanders IV. 1256 die licentia docendi. Als Magister hatte er fortan vor allem die biblischen Schriften auszulegen. Daneben hielt er regelmäßig Disputationen ab. Aus dieser Zeit stammt die Sammlung De Veritate, die für des Th. Auffassung vom Erkennen, aber auch von Wille und Freiheit wichtig ist, ferner ein Kommentar zu → Boethius' De Trinitate.

1259-69 lehrte Th. an der Kurie und an verschiedenen italienischen Dominikanerschulen. Bis 1264 schloß er die noch in Paris begonnene Summa contra gentiles ab. Dieses theologisch-apologetische Werk ist der Auseinandersetzung mit dem heidnischen, bes. dem islamischen Denken gewidmet (→ Islam: II, 1), - eine aktuelle Aufgabe, nicht nur durch die Maurenmission in → Spanien, sondern auch durch den Einfluß des arabischen Aristotelismus an den christlichen Universitäten. Die ersten drei Bücher behandeln die dem Christentum und Islam gemeinsamen Themen: Gott, Schöpfung, Vorsehung und sittliches Leben, das vierte Buch die spezifisch christlichen Mysterien: Trinität, Erbsünde, Inkarnation, Sakramente, Auferstehung. Mehrere kleinere Arbeiten dieser Jahre entstanden auf Wunsch Urbans IV., so 1263 Contra errores graecorum (zur ostkirchlichen Trinitätslehre) und 1264 das Fronleichnamsoffizium, das zusammen mit einer Reihe eucharistischer Hymnen (so EKG 161) den Beitrag des Th. zur Liturgik bildet (→ Kirchenlied: I, 2b). 1265-67 schuf er neue Gruppen von Quaestiones disputatae sowie den ersten Teil der theologischen Summe.

Die zweite Pariser Lehrtätigkeit (1269-72) zeigt Th. auf der Höhe seiner Kraft. In diesen Jahren schrieb er den größten Teil seiner Aristoteleskommentare, den zweiten, anthropologisch-ethischen Teil der Summe und Disputationen ethischen Inhalts. Ferner gehören einige der erhaltenen biblischen Vorlesungen und Kommentare in diese Zeit: jedenfalls die zu Jer, Hi, Joh und den Paulusbriefen und die Vollendung der Catena aurea zu den vier Evangelien. Dagegen stammt die Vorlesung über Mt wohl aus der ersten Pariser, der Jes-Kommentar aus der letzten italienischen Lehrtätigkeit. In der → Schriftauslegung (: IV A, 6) hielt Th. die von den → Viktorinern durchgesetzte Priorität des Literalsinnes fest (→ Hermeneutik, 2d). Für seine Aristoteleskommentare (fortlaufende Textauslegungen, nicht nur Paraphrasen) konnte Th. die neuen Übersetzungen → Wilhelms von Moerbeke aus dem griech. Urtext (statt auf dem Umweg über das Arabische) zugrunde legen. Wilhelm machte Th. auch die griech. Kommentatoren zugänglich. Nach seiner Übersetzung der Institutio theologica des → Proklus fand Th. in dem Aristoteles zugeschriebenen Liber de causis einen Auszug aus jenem Werk und konnte so das Aristotelesverständnis von neuplatonischen Zügen reinigen. - Seinen christlichen → Aristotelismus mußte Th. in Paris gegen zwei Fronten verteidigen. Einmal gegen den an → Averroes orientierten Aristotelismus → Sigers von Brabant. Th. schrieb 1270 De unitate intellectus gegen die für die individuelle Unsterblichkeit und Freiheit ruinöse These, daß der Intellekt in allen Menschen nur ein einziger sei. Die Verurteilung des → Averroismus in Paris (10.12.1270) warf jedoch auch auf Th. selbst ihren Schatten, weil er die Einheit der Wesensform des Menschen lehrte und im Gegensatz zu den konservativ-augustinischen Theologen die Schöpfung als Anfang der Zeit für philosophisch unbeweisbar hielt (De aeternitate mundi, 1270 oder 1271). In diesen Auseinandersetzungen bildete sich ein scharfer Gegensatz zwischen Augustinismus und Aristotelismus. Th. wurde aus Paris abberufen und durch den mehr augustinisch gesonnenen Romanus a Roma ersetzt.

In seinen letzten Jahren (1272-74) in Neapel schuf Th. das katechismusartige Compendium theologiae, eingeteilt nach den drei theologischen → Tugenden Glaube (Trinität und Christologie nach Nicänum), Hoffnung (nach Vaterunser, bricht bei der 2. Bitte ab), Liebe (fehlt). Vor allem ging er nun an den 3. Teil der theologischen → Summe, der jedoch nicht mehr vollendet wurde. Ihr 1. Teil handelt von Gottes Dasein, Wesen, innerer Tätigkeit (samt Providenz und Prädestination) und Trinität sowie von Schöpfung und Weltregierung; der 2. Teil zunächst (II/I) von der Bestimmung des Menschen zur Seligkeit, von den Bedingungen und Dispositionen des menschlichen Handelns auf sie hin sowie vom Einfluß Gottes darauf durch Gesetz und Gnade; sodann (II/II) werden sehr ausführlich die theologischen und moralischen Tugenden und die Verschiedenheiten der ethischen Subjekte dargestellt. Die Bewegung von Gott zur Welt und vom Menschen zu Gott faßt der 3. Teil zusammen, indem er Christus und seine beneficia (so der Prolog!), die Sakramente, als Weg zur Seligkeit beschreibt. Der Text bricht beim Bußsakrament ab; die Eschatologie fehlt. Die Summe ist trotz ihres Umfanges als einführendes Handbuch gedacht und muß daher durch die oft genaueren Darlegungen anderer Werke, bes. der Disputationen, ergänzt werden.

Th. starb auf dem Wege zum Konzil von Lyon. Der Streit um seine Lehre erreichte Höhepunkte in Verurteilungen zu Paris 1277 und zu Canterbury noch 1284 und 1286. Die bedeutendsten Theologen der nächsten Jahrzehnte standen kritisch zu Th., selbst im eigenen Orden (→ Durandus). Doch nicht nur seine Schüler und Freunde, auch das Generalkapitel des Dominikanerordens trat schon bald (1278) für Th. ein und machte 1309 seine Lehre im Orden verbindlich (→ Thomismus). Der Einfluß des Ordens im Kardinalskollegium durch Petrus von Godino und die Bemühungen seines Generals Herveus → Natalis führten schon am 18.7.1323 zur Heiligsprechung des Th., die sein Ansehen endgültig festigte.

Lit. s. → Thomas von Aquino: II. *W. Pannenberg*

II. Theologie

Das Denken des Th. verbindet schon im Ansatz theologische mit philosophischen Zügen (→ Theologie und Philosophie: II). Sein theologischer Kern ist im Gedanken der göttlichen Liebe zu suchen. Diese ist für Th. wie schon für Albert (I. Sent. 40, 19) nicht nur eine einzelne → Eigenschaft Gottes, sondern der sein ganzes Verhalten bestimmende Wesenszug. → Schöpfung (: IV A, 2c), Erwählung, Providenz und → Prädestination (: III, 2) sind ihm Äußerungen der göttlichen Liebe im Vollzug der Hervorbringung der Weltordnung als eines in der göttlichen Weisheit begründeten, auf Gott hingeordneten Prozesses (generationis ordinatio, I. Sent. 39, 2, 1). Dabei ist der göttliche Liebeswille als dynamische Zielstrebigkeit verstanden, und hier hängt die th.e Konzeption mit der aristotelischen zusammen: Die Unterscheidung von → Form und → Materie, von Akt und Potenz, bildet nicht für sich schon das eigentliche Wesen des th.en Aristotelismus, sondern nur das Werkzeug einer theologischen Deutung des Alls. Damit stießen Albert und Th. über den älteren Aristotelismus etwa des → Alexander von Hales, dessen Interesse vor allem dem Form-Materie-Schema galt, zum Geist der aristotelischen Philosophie vor. Während aber diese Gott nur als *Final*ursache der immanenten Zielstrebigkeit der Dinge und der Welt im Ganzen kennt, haben Albert und Th. → Gott (: V, 10; VII, 2) selbst als zielstrebigen Willen und somit auch als schöpferische *Wirk*ursache der → Welt und ihrer Zielstrebigkeit verstanden. Th. hat diesen Grundgedanken mit schärferer Konsequenz als sein Lehrer durchgeführt. Er äußert sich im Aufbau der Summa theologica: Die sie durchziehende Dynamik von Gott zu Gott durch Gott erneuert die neuplatonische Systemidee (→ Dionysius Areopagita). Aber wie die schaffende Liebe Gottes bei Th. zweckvoll wirkt, so ist nun auch die Rückkehr der Geschöpfe zu Gott nicht mehr primär durch von außen kommende Erleuchtung, sondern durch den aristotelischen Gedanken einer den Dingen eigenen Zielstrebigkeit motiviert. So gesehen bilden die ethischen Analysen des 2. Teils der Summe (→ Sittlichkeit: VI, 4) das Rückgrat des Systems. Die aristotelische Ethik wird bei Th. zur Beschreibung des menschlichen Verhaltens als Ausdruck des Strebens nach der seligen Gottesnähe. Nur für die übernatürlichen Hilfen zu dieser Bewegung (→ Tugend, 2d. 3) bleibt die Erleuchtungsvorstellung in Kraft. Aber auch die Gnade hat die Funktion, den Menschen zu eigenem Streben nach der Seligkeit zu befähigen.

Die Verbindung des christlich-platonischen Erbes seiner Gottes- und Schöpfungslehre, zT auch der Gnadenlehre, mit der aristotelischen Konzeption eines Systems immanenter Zielstrebigkeit konnte Th. nicht bruchlos gelingen. Das zeigt sowohl seine → Ontologie als auch seine Darstellung des menschlichen Erkennens und Strebens zu Gott.

Ontologisch brachte Th. die Geschöpflichkeit der Welt gegen Aristoteles zum Ausdruck, indem er mit dem Araber → Avicenna das → Sein vom Seienden schied. Durch die Vorstellung, daß das Sein zur essentia der Dinge noch hinzutreten muß, setzte er sich wie Avicenna in Widerspruch zur aristotelischen These, daß das Sein Funktion der Form ist. Dieser Widerspruch wird weder dadurch behoben, daß Th. mit Avicenna vom göttlichen Sein ein geschaffenes, den Dingen eigenes Sein unterscheidet (nur das Sein Christi ist unmittelbar das Gottes), noch dadurch, daß Th. das Seiende selbst vom Sein her zu verstehen sucht, noch dadurch, daß er das endliche Sein durch die Form bewirkt sein läßt, aber eine begleitende Mitwirkung Gottes fordert. Der Widerspruch zeigt die Unvereinbarkeit der immanenten → Teleologie des aristotelischen Weltbildes mit dem biblischen Schöpfungsgedanken (vgl. → Wesen, 2).

Den Gegensatz seiner theologischen Tradition zum aristotelischen Weltbild suchte Th. durch systematischen Ausbau der ursprünglich in der Gnadenlehre beheimateten Unterscheidung zwischen → Natur und Übernatur zu meistern. Diese Unterscheidung formuliert den Kompromiß mit der Immanenz aristotelischen Daseinsverständnisses. Sie führt im System des Th. zu neuen Spannungen: Wie kann sich das menschliche Streben von Natur auf das übernatürliche Ziel der seligen Gottesschau richten, dessen die natürlichen Kräfte weder ansichtig noch teilhaft zu werden vermögen? Der neuplatonische Horizont eines Universums, in welchem jede Natur an der höheren partizipiert (S. th. II/II, 2, 3), ist mit der Immanenz des aristotelischen Finalismus unvereinbar.

Die Beschränktheit der natürlichen Fähigkeiten ergibt sich Th. aus der Forderung einer Proportionalität zwischen Erkenntnis- und Strebekräften einerseits, den ihnen erreichbaren Gegenständen andererseits. Da der Mensch nicht ein rein geistiges Wesen, sondern als Seele einem Körper verbunden ist, vermag er von Natur aus Geistiges nicht unmittelbar zu erkennen, sondern nur auf dem Umwege der Abstraktion allgemeiner Wesenszüge aus körperlichen Dingen. Das Allgemeine bleibt Th. zwar das geistig Reale (Universalienrealismus [→ Universalienstreit]) und so sehr ontologisch Primäre, daß eine → Individuation nur durch die Materie erfolgt, aber es ist menschlicher Erkenntnis nur auf dem Umweg der Sinneserfahrung und Abstraktion zugänglich. Darum kann auch der Begriff Gottes nur im Rückschluß von der materiellen Welt auf ihre erste Ursache gebildet werden, nicht durch → Anselms ontologischen → Gottesbeweis. Die Erkenntnis des göttlichen Wesens selbst (Trinität: S. th. I, 12, 13 ad 1) übersteigt die natürlichen Kräfte (I, 12, 4) und ist nur durch gnadenhafte Erleuchtung zu gewinnen (ebd 5), die vorläufig als Glaubenserkenntnis (ebd 13 ad 3), später als Schau der Seligen stattfindet.

Der Notwendigkeit übernatürlicher Erleuchtung entspricht die einer übernatürlichen Hilfe zum tätigen Erstreben der Seligkeit; denn auch das Strebevermögen ist von Natur auf den dem körperlichen Dasein des Menschen angemessenen Bereich beschränkt (II/I, 109). Der → Wille richtet sich auf das → höchste Gut mittels endlicher Güter, und obwohl er jenes notwendig will, kann er unter letzteren frei wählen, wie Th. gegenüber dem averroistischen Determinismus betont (De malo 6). So liegt Verirrung nahe, und der Wille bedarf über die Glaubenserkenntnis des Zieles hinaus nicht nur der Heilung vom sündhaften Hang zum Irdischen, sondern auch einer übernatürlichen Erhebung, um die Richtung auf das Seligkeitsziel zu gewinnen (II/I, 109, 2). Dabei empfängt die Seele die Gnade nicht nur als äußere Wirkung, sondern als Habitus, damit sie aus sich selbst zum übernatürlichen Ziel streben kann (110, 2). Statt einer Zier, die den Menschen der göttlichen Akzeptation würdig macht, wird die → Gnade (: IV, 2) bei Th. zur übernatürlich erhebenden und auf das Seligkeitsziel hin bewegenden Kraft. Die begnadenden → Sakramente (: I, 2a) werden nun nicht mehr bloß als Heilmittel der Sünden, sondern als übernatürliche Erhebung der Seele in den 7 hauptsächlichen Daseinsbezügen verstanden (III, 65, 1). Im Gegensatz zu seinen Zeitgenossen und zu seinem eigenen Sentenzenkommentar wurde Th. durch das Verständnis der Gnade als übernatürlicher Erhebung geneigt, sich von → Augustin und der theologiegeschichtlichen Entdeckung des → Semipelagianismus zu scharfer Ablehnung aller natürlichen Vorbereitung auf die Gnade anregen zu lassen (II/I, 112, 1). Die Erneuerung augustinischer Gnadenlehre bleibt jedoch theologisch zweideutig, weil die Gnade den Menschen zu eigenem Erstreben des Heils ausrüsten soll (aristotelische → Entelechie! Darum auch bei Th. Gnadenstufen mit zwischengeschaltetem liberum arbitrium; vgl. II/I, 112, 3!). Die Vorstellung übernatürlicher Erhebung bleibt dem Bedenken ausgesetzt, daß sie das Menschsein des Menschen verändert. Th. hat seit Ver. 29, 3, 3 diese Schwierigkeit durch die berühmte potentia oboedientialis aller Dinge auf Gott hin beheben wollen (vgl. S. th. I, 42, 2, ad 4), aber diese ist mit dem aristotelischen → Substanz-Begriff nicht vereinbar, so daß → Duns Scotus den Einwand gegen Th. aufrechterhielt. Eine potentia oboedientialis müßte die Scheidung zwischen Natur und Übernatur sprengen, die ja wesentlich auf der Einschränkung menschlicher Erkenntnis- und Strebefähigkeit auf die Grenzen der körperlichen Daseinsverfassung im Ganzen eines vom Materiellen zum Geistigen stufenweise aufsteigenden Universums beruht. Wegen dieser kosmischen Einordnung konnte die Unendlichkeit menschlichen Strebens, die Th. im Ansatz wohl erkannt hat (s.o.), noch nicht voll zum Durchbruch kommen.

Die Spannung von Natur und Übernatur zeigt sich auch im Begriff der → Theologie (: I) als spekulativer Wissenschaft. Im Zeichen der erkenntnistheoretischen Priorität des Allgemeinen (die Abstraktion erfaßt das Allgemeinste zuerst) verstand Th. Wissenschaft als Deduktion aus Prinzipien. Die Theologie kann sich jedoch nicht wie andere Wissenschaften auf evidente Prinzipien stützen. Sie ist daher einer abgeleiteten Wissenschaft wie der Musik vergleichbar, deren Prinzipien in einer andern Disziplin erkannt werden. Die übergeordnete Wissenschaft wäre im Falle der Theologie das Wissen Gottes selbst von sich (S. th. I, 1, 2). Diese Theorie kann, wie Duns gezeigt hat, die Wissenschaftlichkeit der Theologie nicht begründen, weil auch die Prinzipien abgeleiteter Wissenschaften immer der Vernunft selbst evident sein müssen (Ord. prol. p. 4, q. 2). Eine spekulative Wissenschaft aus übernatürlichen Prinzipien bleibt ein Widerspruch in sich.

Eine eigenartige Verbindung natürlicher und übernatürlicher Züge bietet die Trinitätslehre. Ihre Sätze werden in der Summe aus den vorangehenden Analogieschlüssen auf das innere Leben der ersten Ursache als Intellekt und Wille begründet, wenn auch nur als angemessen. Solche konstruktive Verwendung der bei Augustin mehr illustrativen psychologischen Analogien steht in hartem Gegensatz zu deren Verwerfung 100 Jahre früher durch → Gilbert Porreta und zu seiner Forderung nach strenger begrifflicher Durchführung der Trinitätslehre. Daß Th. in der Summe (noch nicht im Sentenzenkommentar) diese Bedenken überging, mag mit seiner Lehre der Analogie der Welt zu Gott zusammenhängen, die (I, 13) dem Abschnitt über das innere Leben Gottes vorausgeht. Doch in seinen wechselnden Lösungsversuchen des → Analogie-Problems hat Th. dessen traditionelle Schwierigkeiten nicht bewältigt. Wahrte der aristotelische Empirismus scheinbar den Abstand zu Gott, so ruhte doch auch für Th. die Analogie auf dem neuplatonischen Partizipationsgedanken, und ihre Mittelstellung zwischen univok und äquivok blieb ungeklärt.

Die → Trinität (: III) wurde im MA überall spekulativ konstruiert. In andern Partien findet sich bei Th. eher stärkere Anlehnung an die Schrift als sonst bei Theologen des 13.Jh.s. So werden die Schöpfungswerke im Anschluß an den Aufbau von Gen 1 erörtert (S. th. I, 65-74). Die Ursünde hingegen wird in der Summe (erst hier!) unter den mehr zeitlosen Aspekt einer anthropologischen Verhaltensstruktur gerückt (→ Sünde: V, 4). Heilsgeschichtlich ist der Kern des großen Abschnitts über Gesetz und Gnade, der mit dem allgemeinen Gesetzesbegriff beginnt (II/I, 90-93), dann das Naturrecht (94) und dessen wegen der Sünde nötige Abwandlung durch menschliche Gesetze (95-97) behandelt (→ Naturrecht: II, 3), darauf das Gesetz des Alten Bundes (98-105) und demgegenüber das neue Gesetz des Evangeliums (106ff), das zwar durch seinen Buchstaben ebenfalls tötet, aber durch die Gnade des Hl. Geistes (die eigentliche nova lex: 106, 1f!) und des Glaubens (106, 2) rechtfertigt. Diese Gnade (104-114; → Rechtfertigung: II, 1c) ist durch den menschgewordenen Gottessohn gebracht, durch die Sakramente vermittelt und zu guten Werken wirksam (108, 1). Die → Christologie (: II, 6) im 3. Teil der Summe handelt nach Erörterung der Einheit von Gott und Mensch in Christus und seines menschlichen (!) Mittlertums (III, 1-26) ausführlich von seinem Lebensgang, angefangen von der Person Marias (die nur vom Makel, nicht vom reatus der Erbsünde frei ist: 27, 1), über Jesu Empfängnis, Geburt, Taufe bis hin zu seinem Leiden und Tod, Höllenfahrt, Auffahrt und Sitzen zur Rechten des Vaters. Trotz so weitgehender Aufnahme biblisch-heilsgeschichtlicher Stoffe kann die Summe des Th. aber nicht als Fortsetzung der heilsgeschichtlichen Theologie der Viktorinerschule des 12.Jh.s verstanden werden. Die biblischen Themen sind eingefügt in einen kosmischen ordo, der durch das neuplatonische Schema exitus-reditus, von Gott zu Gott, geprägt ist und in seiner Dynamik die Züge des aristotelischen Finalismus trägt. Die so ausgewogene Systematik der Summe hinterläßt einen zwiespältigen Eindruck. Die große Leistung umfassender Synthese ist erkauft durch die nur oberflächliche Verknüpfung widerstrebender Elemente.

Werke: Editio Leonina (krit. GA im Auftrage → Leos XIII.), bisher 16 Bde, Rom 1882ff (für neuere Ausg.n der hier noch nicht edierten Werke s. CHENU [s.u.] 79ff). Dt.-lat. Ausg. der Summa theol. mit Anm. u. Komm., seit 1933. - Dazu: M.GRABMANN, Die Werke des hl. Th.v.A. Eine literarhist. Unters. u. Einführung, (1931) 1949[3] - I.T.ESCHMANN, A Catalogue of S. Th. Works (in: E.GILSON, The Christian Philos. of S. Th.A., New York 1956, 379-439).

Lexika: L.SCHÜTZ, Th.lexikon, (1881) 1895[2], Nachdr. 1958 - R.J. DEFERRARI-M.I.BERRY-I.MCGUINESS, A Lexicon of S. Th.A. based on the Summa Theologica and sel. Passages of his other Works, Washington 1948 - R.J.DEFERRARI-M.I.BERRY, A complete Index of the Summa Theol. of S. Th.A., Baltimore 1956.

Bibliogr.n: P.MANDONNET-J.DESTREZ, Bibliogr. thomiste, Paris (1921) 1960[2] ed. M.-D.CHENU (bis 1920) - V.J.BURKE, Thomistic Bibliography 1920-40 (Suppl. zu The Modern Schoolman), St. Louis 1945 - P.WYSER, Th.v.A. (BEStPh 13/14), 1950. - Fortlaufend: Bulletin thomiste, seit 1924 - Revue philos. de Louvain (syst. geordnet).

Biogr.: A.WALZ, Th.v.A., Lebensgang u. Lebenswerk, 1953.

Einführungen: M.GRABMANN, Th.v.A. Eine Einf. in seine Persönlichkeit u. Gedankenwelt, (1912) 1949[8] - DERS., Einf. in die Summa theol. d. hl. Th.v.A., (1919) 1928[2] - E.GILSON, Le Thomisme, Paris (1919) 1947[5] - M.-D.CHENU, Introduction à l'étude de S. Th.d'A., Paris (1950) 1954[2]; dt. 1960.

Eine Gesamtdarst. der Theol. des Th. fehlt. Unter den gesonderten Darst.en seiner Philos., deren Isolierung freilich problematisch bleibt, ragt die von E.GILSON hervor (s.o.). Vgl. auch H.MEYER, Th.v.A., sein System u. seine geistesgesch. Stellung, (1938) 1961[2]. - *Spezial-Lit.* (Auswahl): *Ontologie:* M.D.ROLAND-GOSSELIN, Le »De ente et essentia« de S. Th.d'A., Paris (1926) 1948[2] - C.FABRO, La nozione metafisica di partecipazione secondo S. T.d'A., (Mailand 1939) Turin 1950[2] - L.B.GEIGER, La participation dans la philos. de S. Th., Paris (1942) 1953[2] - J.DE FINANCE, Être et agir dans la philos. de S. Th., ebd 1945 - A.KREMPEL, La doctrine de la relation chez S. Th., ebd 1952 - H.LYTTKENS, The Analogy between God and the World. An Investigation of its Background and Interpretation of its Use by Th. of A. (UUÅ 1953, 5; vgl. VF 1956/57, 136-142) - L.OEING-HANHOFF, Ens et unum convertuntur. Stellung u. Gehalt des Grundsatzes in d. Philos. d. hl. Th.v.A., 1953. - *Erkenntnislehre:* K.RAHNER, Geist in Welt, Zur Metaphysik d. endl. Erkenntnis bei Th.v.A., (1939) 1957[2] - MAX MÜLLER, Sein u. Geist, 1940. - *Übernatürl. Ziel des Menschen:* H.DE LUBAC, Surnaturel, Paris 1946 - W.R.O'CONNOR, The Natural Desire for God, Milwaukee/Wisc. 1948 - R.GUINDON, Béatitude et théologie morale chez S. Th.d'A., Ottawa 1956 (Lit.) - M.SECKLER, Instinkt u. Glaubenswille nach Th.v.A., 1961. - *Theologie:* I.BACKES, Die Christologie d. hl. Th.v.A. u. d. griech. Kirchenväter, 1931 - F.P.SLADEK, Gott u. Welt nach d. Sentenzenkommentar d. hl. Th.v.A., 1941 - A.FOREST, Consentement et création, Paris 1943 - H.BOUILLARD, Conversion et grâce chez S. Th.d'A., ebd 1944 - M.GRABMANN, Die theol. Erkenntnis- u. Einleitungslehre d. hl. Th.v.A. auf Grund seiner

Schrift »In Boethium de Trinitate«, 1948 - H.LAIS, Die Gnadenlehre d. hl. Th.v.A...., 1951 - L.B.GEIGER, Le problème de l'amour chez S. Th.d'A., Paris 1952 - P.VANIER, Théologie trinitaire chez S. Th.d'A. Evolution du concept d'action notionnelle, ebd 1953 - H.M.CHRISTMANN, Th.v.A. als Theologe der Liebe, 1958 - TH.BONHOEFFER, Die Gotteslehre d. Th.v.A. als Sprachproblem (BHTh 32), 1961. - *Ethik:* J.PIEPER, Die ontische Grundlegung des Sittlichen nach Th.v.A., 1929 - DERS., Die Wirklichkeit u. das Gute, (1935) 1949[5] - O.LOTTIN, Le droit naturel chez S. Th.d'A. et ses prédécesseurs, Brügge 1931[2] - DERS., Psychologie et morale aux XIIe et XIIIe siècles I-VI, Löwen 1942-60 - M.WITTMANN, Die Ethik d. hl. Th.v.A., 1933.

Artikel (jeweils mit Lit.): RE XIX, 704ff; XXIV, 564f - LThK X, 112ff - DThC XV/1, 618ff - EC XII, 252ff - VerfLex IV, 443ff; V, 1088 - EF IV, 1223ff.

Weitere Lit. s. bei → Thomismus, → Scholastik u. bei den im Text genannten Einzelartikeln. *W.Pannenberg*

3. *von Bradwardine* (ca 1290-1349), * in oder bei Chichester, engl. Theologe (»Doctor profundus«), 1335 Chaplain des Bischofs von Durham, seines Gönners Richard von Bury, 1337 Kanzler der Paulskirche in London, 1339 Hofprediger Eduards III., 1348 Erzbischof von Canterbury. Nach dem Studium in Oxford (Merton College) trat Th. 1325 als Proctor (kanonischer Rechtsberater) der Universität im Kampfe gegen die Anwälte und Nutznießer des abwesenden Archidiakons Galhardus, Kardinal von St. Lucia, hervor. Die Universität siegte und erhielt Exemtion von der bischöflichen Gerichtsbarkeit. Als Augustinist wandte er sich gegen alle zeitgenössischen pelagianischen Strömungen, bes. durch strenge Fassung der Prädestinationslehre, welche er möglicherweise an → Wyclif weitergab. Seine Theologie führte ihn in die Nähe des Determinismus, so daß → Gott (: V, 11 c) beinahe zum Urheber der Sünde zu werden drohte, zumal Th. die Freiheit des göttlichen Willens scharf betonte. Er betrieb auch eindringende philosophische, mathematische und astronomische Studien.

Hauptwerk: De causa Dei contra Pelagium et de virtute causarum libri 3, ed. H.SAVILE, London 1618 (m. Biogr.). - Über Th.: G.V. LECHLER, De Thoma Bradwardino commentatio, 1862 - DERS., J.v. Wiclif u. d. Vorgesch. der Reformation I, 1873, 229ff - RE III, 350ff - S.HAHN, Th.B. u. seine Lehre von d. menschl. Willensfreiheit (BGPhMA V, 2), 1905 - Ü II, 622f. 788 - J.F.LAUN, Th.v.B., der Schüler Augustins u. Lehrer Wyclifs (ZKG 47, 1928, 333-356) - DERS., Die Prädestination bei Wyclif u. B. (Imago Dei, Festg. f. G.Krüger, 1932, 63-84) - DNB II, 1096ff - DThC XV/1, 765ff - EC III, 2f - G.LEFF, B. and the Pelagians, 1957 - H.A.OBERMAN, Archbishop Th.B., 1958. *M.Schmidt*

4. *von Cantimpré* (ca 1200 bis ca 1270), * bei Brüssel, adliger Herkunft, 1217 Kanoniker in Cantimpré bei Cambrai, 1232 Dominikaner in Löwen, wo er nach Studien in Köln und Paris Lektor, später Subprior wurde. Durch → Jakob von Vitry, dessen Vita der Marie von Oignies er ergänzte, wurde ihm die Frauenfrömmigkeit Brabants (→ Beginen) vertraut. Er erzählte das Leben der Lutgart von Tongern, Margarete von Ypern, Christina von St. Trond u.a. Nach einem »Liber de natura rerum«, das schon sein Lehrer → Albert d.Gr. benutzte (s. P.Aiken, Speculum 22, 1947), schrieb er das viel gelesene, mehrfach übersetzte, seit 1472 oft gedruckte »Bonum universale de apibus«, das voller »Exempla« die Bienen den Frommen vergleicht.

P.KIRSCH, Des Th.v.C. Buch der Wunder, 1875 - E.BERGER, Thomae Cantiprat. Bonum univ., 1895 - A.KAUFMANN, Th.v.C., 1899 - W.A.VAN DER VET, Het Biënboec van Th.v.C. en zijn exempelen, Haag 1902. *H.Grundmann*

5. *von Celano* (in den Abruzzen, † ca 1260), OFM seit ca 1215, ca 1222 bis ca 1227 in Deutschland (1223 Vikar des Provinzialministers), verfaßte in offiziellem Auftrag Sammlungen von Legenden des → Franz von Assisi (1228 Vita beati Francisci = Vita prima; 1246/47 Memoriale in desiderio animae de gestis et verbis sanctissimi patris nostri Francisci = Vita secunda; 1250/53 Tractatus de miraculis beati Francisci) und seiner Schülerin Klara (→ Klarissenorden). Aus der Vita prima machte er 1230 einen Auszug (Legenda in usum chori). Ob er auch → Sequenzen (darunter bes. Dies irae) gedichtet oder vollendet hat, ist fraglich.

Legenda sanctae Clarae virginis, hg.v. F.PENACCHI, Assisi 1910 - Über die anderen Werke s. → Franz v. Assisi. - Über Th.: RE XIX, 717ff - M.BIHL, Disquisitiones Celanenses (AFrH 20, 1927, 433-524; 21, 1928, 3-54. 161-205) - LThK X, 125f - P.HOONHOUT, Het Latijn van Th. van C. (Diss. Amsterdam), 1947 - EC XII, 243 (Lit.). - Über das Dies irae: EC IV, 1576f - LThK[2] III, 380f (Lit.). *M.A.Schmidt*

6. *a Kempis* = Th. *Hemerken* aus Kempen im Gelderland (1380-1471), kam auf der Schule in Deventer in Berührung mit den → Brüdern vom gemeinsamen Leben. Auf Anraten des → Florentius Radewijns trat er ins S. Agneskloster bei Zwolle ein, wo sein älterer Bruder Johannes Prior war. Über 70 Jahre gehörte er dem Kloster an, eine Zeitlang als Subprior. Große Gelehrsamkeit besaß er nicht, wohl aber eine vortreffliche Bibelkenntnis. Viermal hat er die Bibel abgeschrieben, außerdem das Meßbuch und die Werke → Bernhards von Clairvaux. Th. war Chronist des Agnetenberges, schrieb auch die Viten Gert Grootes, des Florentius u.a. Hauptsächlich widmete er sich der erbaulichen Schriftstellerei. Seine Schriften, charakteristische Zeugnisse der Devotio moderna, sind einfach, volkstümlich und führen von der praktischen Frömmigkeit des Alltags bis zur Höhe mystischer Erfahrung (→ Mystik: VI). Th. ist in allem schlichter und verständlicher als → Tauler und → Jan van Ruysbroek. Seine berühmteste Schrift, die Vier Bücher der Imitatio Christi (→ Nachfolge Christi: II, 2), ist ein typisches Werk der Mönchsliteratur. Es gilt nächst der Bibel als das meistgelesene Buch der Weltliteratur. Unverkennbar ist der Parallelismus membrorum und der Rhythmus bzw. stellenweise der Reim. In den von ev. Seite hergestellten Übersetzungen fehlen oft die Stellen, die für die röm.-kath. Frömmigkeit des Spät-MA kennzeichnend sind. - Über den Verfasser des Buches ist seit Jh.en viel gestritten worden. Neben → Gerson und Gersen nennen die meisten Hss. Th. als Verfasser. Das Autograph liegt in Brüssel. In der neueren Forschung wollte man in G. → Groote den Verfasser sehen und Th. zT nur als Abschreiber oder höchstens als Redaktor gelten lassen. Diese Stimmen sind aber vereinzelt geblieben. Vermutlich hat Th. umlaufende Sentenzensammlungen zu einem Ganzen verbunden. Französische Forscher lehnen einen einzelnen Verfasser ab und behaupten, das ganze MA hätte an dem Buch geschrieben.

Werke ed. M.J.POHL, 7 Bde, 1902-22. - L.SCHULZE, Zur Th. a K.-Frage (ZKG 9, 1888, 119-129) - P.PAULSEN, Th. a K., sein Leben u. seine Schriften, 1898 - W.G.RORING, Th. a K., seine Vorgänger u. Zeitgenossen, 1902 - RE XIX, 719ff; XXIV, 565 - A.HYMA, The »Christian Renaissance«, a Hist. of the devotio moderna, Grand Rapids 1924 - J.VAN GINNEKEN, De navolging van Christus of het dagboek van G.Groote, Brüssel 1929 - DERS., Trois textes Pré-Kempistes du premier livre de l'Imitation (VAA 44, 1940) - R.R.POST, De moderne devotie, Amsterdam (1940) 1950[2] - F.KERN, Die Nachfolge Christi oder das Buch vom inneren Trost. Von Gerrit Grote (im Text von 1384 wiederhergestellt), Olten 1947 - P.DEBONGNIE, Urschrift ou remaniement? L'Imitation de Lubeck (RHE 44, 1949, 488-507) - DERS., Le prototype latin de l'Imitation de Lubeck (ebd 50, 1955, 480-498). - Vgl. die Lit. zu → Brüder vom gemeinsamen Leben. *R.Stupperich*

7. *von Straßburg* († 1357), Augustiner-Eremit, * Ende des 13.Jh.s in Hagenau, † in Wien, studierte um 1316 in Padua, war dann Lektor am Ordensstudium in Straßburg, 1337 in Paris zum Doktor promoviert, 1343 Provinzial für Rhein-Schwaben, 1345 Ordensgeneral. In der

Kirchenpolitik stand Th. auf päpstlicher Seite. In seinem Sentenzenkommentar (mit sehr knappen Distinktionen zu allen 4 Büchern, gedr. 1490 u.ö.) schloß er sich in vielem → Ägidius von Rom an, tendierte aber zB in seiner Ansicht über den freien Willen und die moralischen Möglichkeiten des Menschen mehr zur »modernen« franziskanischen Theologie und lehrte eine praedestinatio post praevisa merita. Sein Nachfolger im Generalat, → Gregor von Rimini, bezog dann eine entgegengesetzte Position.

LThK X, 133 (Lit.) - J.L.Shannon, Good Works and Predestination according to Th. of S. (Diss. Pontif. Univ. Gregoriana), 1940 - DThC XV/1, 780 - EC XII, 250 - D.Trapp, Augustinian Theology of the 14th Century (Augustiniana 6, 1956, [146-274] 175ff).

R.Schwarz

Thomasakten, das einzige vollständig erhaltene Buch einer Sammlung apokrypher Apostelakten, die unter dem Namen des Leucius Charinus umlief und Akten des Petrus, Johannes, Andreas, Paulus und Thomas umfaßte. Im 4.Jh. zu einem Corpus verbunden, waren sie in gnostischen Kreisen, vor allem im → Manichäismus in Gebrauch; doch sind sie auch bei den → Enkratiten, den → Apostolikern sowie bei → Priscillian und seinen Anhängern bezeugt. Daß sie auch bei rechtgläubigen Christen beliebt waren, bezeugt die scharfe Verurteilung durch die Kirche. - Die Th. sind in der 2. Hälfte des 3.Jh.s wahrscheinlich in Edessa in syr. Sprache verfaßt. Sie schildern die Mission des Apostels → Thomas in → Indien (: IV, 1 a). Es ist jedoch fraglich, ob damit das heutige Indien gemeint ist. Eher ist darunter der äußerste Teil des Iran verstanden. Als Werk der vormanichäischen → Gnosis verdanken die Th. ihre Entstehung nicht nur dem Bestreben, gnostische Gedanken mit apostolischer Autorität zu versehen, vielmehr sind sie als Werk der erbaulichen Literatur auf ein Interesse der frommen Neugier zurückzuführen. In Romanform erzählen sie die Geschichte einer Bekehrung von der materiellen Welt zur geistigen. Innerhalb des Buches, das uns allein in einer verkirchlichenden Bearbeitung des 4.Jh.s vorliegt, haben einzelne Stücke wie das Lied von der himmlischen Hochzeit (c. 6f) und das Perlenlied (c. 108-113) eine besondere Bedeutung für die religionsgeschichtliche Forschung.

G.Bornkamm, Mythus u. Legende in den apokr. Th., 1933 - W.Michaelis (→Thomas, 1) 402ff - J.Doresse (→Thomas, 1) 44ff - Hennecke³ II.

H.-W.Bartsch

Thomas-Christen → Indien: IV, 1 a.

Thomasevangelium, bis dahin nur dem Namen nach bekannt (Origenes, in Luc. hom. 1; Hippolyt, Ref. V, 7, 20; Euseb, h.e. III, 25, 6), befand sich unter den 49 Traktaten der 13 Bände umfassenden gnostischen Bibliothek, die von ägypt. Bauern ca 1946 in Nag Hamâdi (bei Luxor) in einem Grab entdeckt wurde (jetzt im kopt. Museum von Kairo). Das »Evangelium nach Thomas« (so am Schluß der in sahidischer Sprache abgefaßten Hs. aus dem 4./5.Jh.), nicht zu verwechseln mit dem → Kindheitsevangelium des Thomas, besteht aus einer Sammlung von 114 lose, oft durch Stichwortverbindung aneinandergereihten Jesusworten, von denen einige schon in einer griech., wohl ursprünglicheren Version bekannt waren (Ox. Pap. 654 = Logia Nr. 1-6 [7]; Ox. Pap. 1 = Nr. 26-33 [77]; Ox. Pap. 655 = Nr. 36-39 [40] und 24). Gnostische Worte wechseln darin mit weniger gnostischen ab. Diese Tatsache wirft verschiedene Fragen auf: 1. Lassen sich kleinere Sammlungen von Worten als Vorstufen der vorliegenden Sammlung erkennen? (diese Vermutung wird durch zahlreiche Dubletten nahegelegt); 2. Ist der Tradierungsweg der Einzelworte näher zu bestimmen? 1. Die letzte Redaktion, die unter dem Namen des → Thomas (, 1) geht, ist sowohl in der Auswahl als auch in der Deutung sicher gnostisch; in ihrer griech. Fassung dürfte sie auf das 2.Jh. zurückgehen und nach Syrien oder dem nördlichen Mesopotamien gehören (sie ist in den → Thomasakten benützt). Anhand der Dubletten läßt sich aber zeigen, daß diese ausgesprochen gnostische Sammlung aus weniger stark gnostisch geprägten Sammlungen hervorgegangen ist. Eine dieser Vorstufen ist mit dem Namen des Herrenbruders Jakobus verknüpft; sie weist in judenchristlich-gnostische Kreise der 1. Hälfte des 2.Jh.s (sie ist verwandt mit der Jesusüberlieferung der → Pseudo-Clementinen). Möglicherweise könnten ihr aber noch ältere Logiensammlungen in der Art von Q (→ Evangelien, synoptische, 1 c β) zugrunde liegen. - 2. Was die einzelnen Worte betrifft (Seligpreisungen, Weherufe, Dialoge, Gleichnisse, Doppelbilder usw), so sind für die Forschung bes. diejenigen interessant, die wohl Parallelen in den kanonischen Evangelien haben, aber Varianten zu ihnen bieten. Sie scheinen allerdings zT aus einer Benützung der kanonischen Evangelien entstanden zu sein, in einigen Fällen könnten sie aber eine unabhängige parallele Weiterentwicklung ursprünglicher Logien darstellen, bes. dann, wenn in ihnen echte Aramaismen vorliegen. Daneben finden sich wörtliche Entlehnungen aus den Synoptikern, ferner von Kirchenvätern, apokryphen Evangelien und manichäischen Texten zitierte Agrapha, schließlich bisher ganz unbekannte Worte, die überwiegend aus gnostischer Überlieferung stammen. - Die Forschung wird noch viel Einzelarbeit zu leisten haben, bevor die Bedeutung des Fundes in allen Punkten sicher feststeht.

Wichtigste Ausg.n u. Übers.en: Pahor Labib, Coptic Gnostic Papyri in the Coptic Museum of Old Cairo I, Kairo 1956 (photograph. Wiedergabe, schwer lesbar) - J.Leipoldt, Ein neues Evangelium? Das kopt. Th. übers. u. bespr. (ThLZ 83, 1958, 481-496; beruht auf Labib) - H.-Ch.Puech in: Hennecke³ I, 199-233 (dt. in Auswahl) - J.Doresse, L'Evangile selon Thomas, Paris 1959 (franz. Übers. u. Komm.) - H.-Ch.Puech-G.Quispel-W.Till-Y.'Abd al Masîh, Evang. nach Thomas. Kopt. Text hg. u. übers., Leiden 1959 (auf gründl. Vorarbeiten beruhend; kollationierter Text mit neuer Numerierung u. paralleler dt., franz., engl. u. holl. Übers.) - R.M. Grant-D.N.Freedman, The Secret Sayings of Jesus acc. to the Gospel of Thomas, London-Glasgow 1960; dt. 1960. - Lit. u.a.: A.Guillaumont, Sémitismes dans les logia de Jésus retrouvés à Nag-Hamâdi (JA 246, 1958, 113-123) - G.Quispel, L'Evangile selon Thomas et le Diatessaron (VigChr 13, 1959, 87-117) - J.B.Bauer, Echte Jesusworte? (in: W.C.van Unnik, Evangelien aus dem Nilsand, 1960, 108-150) - O.Cullmann, Das Th. u. die Frage nach dem Alter der in ihm enthaltenen Tradition (ThLZ 85, 1960, 321-334) - B.Gärtner, The Theology of the Gospel acc. to Thomas, 1960 - E.Haenchen, Die Botschaft des Th.s, 1961 - Ders., Lit. zum Th. (ThR NF 27, 1961, 147-178. 306-338) - R.Kasser, L'Evangile selon Thomas, Neuchâtel 1961.

O.Cullmann

Thomasius, 1. *Christian* (1.1.1655 bis 23.9.1728), Jurist, * in Leipzig (Sohn von 2), † in Halle/S. Seit 1679 vertrat Th. als Anwalt und Dozent in Leipzig im Sinne von → Grotius und → Pufendorf das → Naturrecht (: I, 3 c) und lehrte seit 1687 als erster in deutscher Sprache. Seine Angriffe auf die Unduldsamkeit der herrschenden Theologie, bes. sein Rechtsgutachten für A.H.→Francke, seine tolerante Stellung zur Ehe des luth. Herzogs Moritz Wilhelm zu Sachsen-Zeitz mit einer Reformierten und in einem Gelehrtenstreit um die Begründung der fürstlichen Souveränität trugen ihm 1690 ein vollständiges Rede- und Veröffentlichungsverbot ein. Darum verließ er Leipzig und wurde, von Kurfürst Friedrich III. mit der Abhaltung von juristischen und philosophischen Vorlesungen an der Ritterakademie in Halle beauftragt, zum Mitbegründer der Universität → Halle. - Th. war Empirist und Vertreter der praktischen → Aufklärung.

Er unterschied scharf zwischen Offenbarungstheologie und Naturrecht, religiösem und politischem Lebensgefühl. Das Natur- und → Völkerrecht leitete er aus dem gesunden Menschenverstand (sensus communis), später aus dem Willen des Einzelnen (→ Locke) ab und verstand es als die Gesamtheit der Gesetze, deren Befolgung dem Menschen ein langes und glückseliges Leben sichert. So war für ihn mit dem Naturrecht auch die Sittenlehre begründet. Geregelt war für Th. dieses - erzwingbare - Recht durch den auf Grund eines Gesellschaftsvertrages ermächtigten Herrscher. - Im Kirchenrecht war Th. bemüht, die reformatorischen Gedanken von der »unsichtbaren Kirche« gegenüber dem im → Episkopalismus (,2) noch vorhandenen Einfluß des kanonischen Rechts durchzusetzen. Auch hier zog er eine scharfe Grenze zwischen kirchlichem und staatlichem Lebensraum. Für die äußerlich in Erscheinung tretende Kirche (ecclesia repraesentativa) könne es keine andere Rechtsquelle als für den Staat geben. In Sachen der öffentlichen Lehre und kirchlichen Ordnung sollte das im Territorium gegründete Hoheitsrecht der Fürsten gelten (→ Territorialismus). Aus der Verpflichtung für das Wohlergehen ihrer Untertanen sollte ihnen auch das Recht zustehen, die Zeremonien der Kirche zu ändern und über Ketzerei und Häresie in ihren Ländern zu entscheiden. - Th. hat »den Geist des politischen Ethos, der juristischen Sachlichkeit und religiösen Toleranz, der das preußische Beamtentum im 18.Jh. geformt hat, erweckt«. Sein Denken hat sich »politisch im friderizianischen Preußen und juristisch im Allgemeinen Landrecht ausgewirkt«. Als »ein Führer der neuen bürgerlichen Geisteskultur seiner Zeit ... ist Th. nicht mit Unrecht als der ›zweite Reformator‹ Deutschlands bezeichnet worden« (Erik Wolf).

Vf. u.a.: Discours, welcher Gestalt man denen Franzosen in gemeinem Leben u. Wandel nachahmen solle, (1687) 1701²; Scherz- u. ernsthafte, vernünftige u. einfältige Gedanken über allerhand nützliche Bücher u. Fragen (sog. Monatsgespräche), 1688/89; Rechtmäßige Erörterung der Ehe- u. Gewissensfrage: Ob zwei Fürstliche Personen im Röm. Reich, deren eine der Luth., die andre der Ref. Religion zugethan ist, einander mit gutem Gewissen heiraten können?, 1689; Einl. zu der Vernunft-Lehre, (1691) 1719⁵; Einl. zur Sittenlehre, (1692) 1726⁵; Versuch vom Wesen des Geistes oder Grund-Lehren sowohl zur natürl. Wissenschaft als der Sittenlehre, (1699) 1709²; De crimine magiae, 1701; Fundamenta Juris Naturae et gentium ex sensu communi deducta, (1705) 1718⁴; De tortura ex foris Christianorum proscribenda, 1705. - Über Th.: ADB 38, 93ff - RE XIX, 733ff - M.Fleischmann, Chr.Th. Leben u. Lebenswerk, 1931 (vollst. Bibliogr.) - W.Bienert, Der Anbruch d. christl. dt. Neuzeit, dargest. an Wissenschaft u. Glauben des Chr.Th., 1934 (vollst. Bibliogr.) - Erik Wolf, Große Rechtsdenker, (1939) 1951³, 367-420 (Bibliogr., Lit.) - Hirsch I, 94ff - R.Lieberwirth, Chr.Th., 1955.

H.Hohlwein

2. *Jakob* (1622-84), Vater von 1, Lehrer von → Leibniz, lehrte in → Leipzig zunächst als Magister (1643), dann als Prof. der Moral (1652), der Dialektik (1656) und der Eloquenz (1659) und übernahm 1670 außerdem das Rektorat der Nicolaischule und 1676 das der Thomasschule. Seine in die Hunderte gehenden akademischen Schriften zeugen ebenso von einer profunden Gelehrsamkeit und anregenden Lehrtätigkeit, vor allem auf dem Gebiete der Geschichte der Philosophie, der klassischen Literatur und der Kirchengeschichte, wie seine Tagebücher (Acta Nicolaitana et Thomana) Rechenschaft ablegen von einer fruchtbaren pädagogischen Wirksamkeit. Mit seinen weitverbreiteten philosophischen Lehrbüchern versuchte Th. dem → Aristotelismus im Geiste → Melanchthons zu einer neuen Blüte zu verhelfen, ohne sich jedoch gegen die vordringende neuere Naturforschung zu sperren.

ADB 38, 104ff - G.Aceti, J.Th. ed il pensiero filosofico-giuridico di Leibniz (Jus NS 8, Mailand 1957, 259-319; Lit.). *H.Schepers*

Thomaspsalmen, eine Gruppe von 20 Gedichten, die jetzt den Schluß des koptisch-manichäischen Psalmbuches (→ Kopten: II, 4) bilden und dem Mani-Jünger Thomas zugeschrieben werden, der vor 275 nChr u.a. in Syrien den → Manichäismus predigte. Die Th. lassen eine westaramäische Grundlage erkennen und haben in Prosodie und Strophenbau frappante Parallelen in der Poesie der → Mandäer. Die inhaltlichen, zT wörtlich übereinstimmenden Parallelen haben im wesentlichen die Not des Sängers, die Sendung des Apostels und den Seelenaufstieg zum Inhalt; die übrigen Teile repräsentieren frühmanichäische Systembildung unter Verwendung folkloristischer Motive. Wie und wo die Mandäer jene älteste Schicht mit den Überlieferungen verbanden, die die Charakteristika des gnostischen Erlösermythos (→ Gnosis: I) enthalten, ist noch ungeklärt.

Text: C.R.C.Allberry, A Manichaean Psalm-Book II, 1938, 203-227. - T.Säve-Söderbergh, Studies in the Coptic-Manichaean Psalm-Book (Diss. Uppsala), 1949 - A.Adam, Die Psalmen des Thomas u. das Perlenlied als Zeugnisse vorchristl. Gnosis (BZNW 24), 1959.

C.Colpe

Thomassin, *Louis* (1619-97), kath. Theologe und Kirchenrechtshistoriker, * in Aix-en-Provence, 1632 → Oratorianer, seit 1643 Prof. der Theologie in Lyon, Saumur usw, 1654-68 in Paris. Er verfaßte u.a. »Dissertationes ... in concilia generalia et particularia« (Paris 1667), »Mémoirs sur la grâce« (Louvain 1668) sowie »Ancienne et nouvelle discipline de l'Eglise« (3 Bde, Paris 1678/79 u.ö.; lat. 1688 u.ö.). Durch seine »Dogmata theologica« (3 Bde, Paris 1680-89) wurde Th. zu einem Schöpfer der historisch-positiven Dogmatik.

M.Grabmann, Gesch. d. kath. Theol., 1933 - H. van Camp, La »Philosophie chrétienne« de L.Th. (Revue néo-scholastique 40, 1937, 242-266) - LThK X, 139f - DThC XV, 787ff (Lit.) - EC XII, 60f.

H.R.Guggisberg

Thomismus (th. = thomistisch). Schon zu seinen Lebzeiten hatte die Philosophie und Theologie des → Thomas von Aquino rasche Verbreitung gewonnen. Das bedeutete aber nicht, daß die th.e Lehre kritiklos angenommen worden wäre. Kritik fanden vor allem seine peripatetischen Neuerungen. Sie kam in ältester Zeit von drei Seiten: von Dominikanern, die noch in der augustinischen Tradition aufgewachsen waren (u.a. Robert Kilwardby, † 1279), ferner den Franziskanern (zB Joh. → Peckham, † 1292; Wilhelm de la Mare, † 1298) und dem Weltklerus (Stephan Tempier, 1270-77 Bischof von Paris; → Heinrich von Gent, † 1293). Sie bekämpften die philosophischen Eigenlehren des Thomas, u.a. die Einheit der Lebensform im Menschen, die Lehre vom Individuationsprinzip, die Möglichkeit einer ewigen Weltschöpfung. Wilhelm de la Mare schrieb ca 1277/82 ein »Correctorium fratris Thomae«, das viele Gegenschriften hervorrief. Der Angriff auf die th.e Lehre veranlaßte zumal die Dominikaner zur Abwehr. Es bildete sich eine th.e Schule, und auf Grund der Gesetzgebung der Generalkapitel des Ordens (Mailand 1278, Paris 1286, Saragossa 1309, Metz 1313) wurde die Lehre des Thomas zur Ordensdoktrin. Aber auch in anderen Orden hatte Thomas Anhänger, zB bei den Augustinereremiten, Karmelitern und Zisterziensern (s.u.). Im *14.Jh.* ging die th.e Bewegung von Paris und Neapel aus. Der Führer der franz. Thomistenschule, Herveus → Natalis († 1323), wirkte in Paris und Avignon. In der Erkenntnistheorie vertritt er allerdings von Thomas abweichende Ansichten und verwirft ein Kernstück des späteren Th., nämlich die reale Unterscheidung von Wesenheit und Dasein (essentia und esse). Zur alten Pariser Thomistenschule wird der eigenständige Johannes Parisiensis (Jean Quidort, † 1306) gerechnet. Er tritt entschieden für die Eigenlehre des th.en Systems ein, nicht jedoch in seiner Abendmahls- und Kirchenlehre. In seinem Traktat »De potestate regia et papali« wendet er das von Kanonisten vertretene Korporationsprinzip auf die Kirche an. Der Papst unterscheidet sich von den übrigen Geistlichen nur durch seine jurisdiktionelle Gewalt; er hat sie durch menschliche Erwählung und Zustimmung; darum kann er auch bei Verfehlungen von der Kirche abgesetzt werden. Johannes von Neapel († nach 1336) hat für die ital. Thomistenschule dieselbe Bedeutung wie Herveus Natalis für die französische. 1317 wurde er auf den Lehrstuhl des Thomas in Neapel berufen. Er griff die Pariser Artikel gegen Thomas an und stellte Listen der Irrtümer des → Durandus von S. Porciano († 1334) zusammen. In England ist aus dieser Zeit Thomas von Sutton zu nennen, einer der bedeutendsten Vertreter des älteren Th. - Nach einem Rückgang im 14.Jh. tritt der Th. im *15.Jh.* wieder stärker hervor. Johannes Capreolus (1380-1444), der princeps Thomistarum, wirkte in Paris und verteidigte die th.e Lehre u.a. in seinem Sentenzenkommentar, worin er fortlaufend auf die Summa theol. und Quaestiones disputatae des Thomas Bezug nimmt. Diese »Defensiones theologiae D. Thomae de Aquino« können als geschichtlich bedeutendstes Werk des Th. zur Verteidigung der th.en Lehre bezeichnet werden. Ein hervorragender span. Thomist ist der Dominikanergeneral Juan de → Torquemada († 1468). - Um 1480 begann man, die Sentenzen des → Petrus Lombardus durch die Summe des Thomas als theologisches Textbuch zu ersetzen und diese nun ebenfalls zu kommentieren (→ Summen). 1507-22 schrieb der Dominikanerkardinal Thomas de Vio → Cajetan seinen klassisch gewordenen Kommentar zur Summa theol. des Thomas (abgedruckt in der Editio Leonina). Im ganzen treu gegen Thomas, neigt Cajetan philosophisch - in seiner Aristotelesdeutung - gewissen averroistischen Ideen zu, dh er hält gewisse für beweisbar gehaltene Theologumena philosophisch für unbeweisbar. Seine Schrift über das → Analogie-Problem hat der sog. Proportionalitätsanalogie zur Alleinherrschaft im → Neuthomismus verholfen. Im Gegensatz zu Thomas hielt er die Rettung von sterbenden, ungetauften Kindern für möglich. Den klassischen Kommentar zur Summa contra gentiles (ebenfalls in der Editio Leonina) verfaßte der Ordensgeneral Franciscus de Sylvestris von Ferrara (1474-1528). Sein Versuch, die kontrastierenden Aussagen des Thomas über die Gott-Welt-Analogie zu erklären, hat viele moderne Nachfolger gehabt. Er war kritisch gegen Cajetans → Averroismus. Bes. seine Ausführungen über das desiderium naturale, die Unfehlbarkeit der göttlichen Vorsehung und die Unveränderlichkeit der Seele haben im modernen Th. Beachtung gefunden. - Zentrum des Th. im *16. und 17.Jh.* war Spanien mit der Dominikanerschule von San Esteban in Salamanca. Der Vater der Schule, → Franz von Vitoria († 1546), schrieb Kommentare zu S.th. II/I und II/II. Sein Schüler Dominikus → Soto († 1560) verfaßte außer einem Kommentar zu II/II Schriften über Rechtsfragen und über die Gnade. Gegen Ambr. Catharinus → Politus, der die tridentinische Rechtfertigungslehre als Bestätigung einer faktischen Erlösungsgewißheit deutete, verteidigte er die th.e Ansicht, die nur eine gewisse moralische Gewißheit anerkannte. Die Schule in Salamanca strebte eine Verbindung von Humanismus und Scholastik an. Ein humanistisch-historisches Interesse begegnet zB bei dem Vitoria-Schüler Melchior → Cano († 1560). - Die Zeit nach dem → Tridentinum ist von einem theologischen und religiösen Aufschwung geprägt. 1567 wurde Thomas von Pius V. zum → Doctor ecclesiae erhoben. Mit Ausnahme der Franziskaner (→ Scotismus) schlossen sich die meisten Theologen mehr oder minder an Thomas an. An der Spitze der Schule von Salamanca standen jetzt Dominikus → Báñez († 1604) und → Bartholomäus Medina († 1580), beide Schüler von Dom. Soto und M.Cano. Ihre Kommentare zur Summa ergänzen sich gegenseitig zu einem Gesamtwerk, das als klassischer Typus der Thomistentheologie bezeichnet worden ist. Báñez war auch th.er Wortführer im Streit mit → Molina über das Verhältnis zwischen Gnade und freiem Willen. Gegen Molinas Betonung der menschlichen Freiheit lehrt Báñez die praemotio physica, dh eine Lehre von Gott als Ursache aller erlösenden Handlungen. Wie Augustin und Thomas will er die göttliche Priorität und Unabhängigkeit im Verhältnis zum menschlichen Willen bewahren. Der Portugiese Johannes a S. Thoma (1589-1644) will in seinem th.en »Cursus philosophicus« und »Cursus theologicus« nichts Neues bringen, sondern die Gedanken des Thomas darlegen und verteidigen. Nur insofern entwickelt er eine neue Methode, als er die Probleme seiner Zeit in Disputationen und nicht in Kommentaren zu Schriften des Thomas behandelt. - Thomas hat auch viele Schüler in anderen Orden gehabt, so bei den Augustinereremiten bes. → Ägidius von Rom († 1316) und → Jakob von Viterbo († 1307/08), ferner den Kartäuser → Dionysius Ryckel († 1471). Die → Jesuiten schließen sich an Thomas an, huldigen aber einem gewissen Eklektizismus. Kardinal Franz → Tolet († 1596) kommentierte die Summa. → Suarez († 1617) neigt in seiner Philosophie scotistischen Ansichten zu. Die von der hl. → Therese reformierten → Karmeliten folgen dagegen treu Thomas und schufen im »Cursus Salmanticensis in Summam S. Thomae« (15 Folio-Bände, 1631-1701) das größte Werk der Thomistenschule. - Das 18.Jh. war im Th. wie in der kath. Theologie überhaupt eine Zeit des Niedergangs. Zur Neubelebung des Th. im 19.Jh. s. → Neuthomismus, → Neuscholastik.

Vgl. die Lit. zu den im Text genannten Artikeln (bes. zu → Neuthomismus, → Neuscholastik) u. die zu → Thomas v. Aq. angegebenen Bibliographien. Ferner bes.: A.MICHELITSCH, Kommentatoren zur Summa theol. d. hl. Thomas v. Aq., Graz 1924 - P.GLORIEUX, Les premières polémiques thomistes I. II, Kain 1926/56 - Ü II, 528ff. 625ff. 769ff. 788f (Lit.) - G.M.MANSER, Das Wesen des Th., (1932) 1949³ - DThC XV/1, 823ff (Lit.) - P.WYSER, Der Th. (BEStPh 15/16), 1951 (Lit.) - EF IV, 1232ff. *H.Lyttkens*

Thondrakier, mittelalterliche armenische Sekte, in Resten noch im 19.Jh. nachweisbar, benannt nach der armenischen Stadt Thondrak nördl. des Wan-Sees, gegründet angeblich im 9.Jh. von einem gewissen Smbat, der sich als Christus ausgab. Die Sekte weist Ähnlichkeit mit den → Paulizianern auf. Sie basiert auf dem Dualismus, verwirft Sakramente und apostolische Sukzession und unterscheidet Anfänger und »Vollkommene«. Unsere uneinheitlichen Nachrichten beruhen hauptsächlich auf Gregor Magistros (11.Jh.), Paul von Taron (12.Jh.) und Nerses von Klaj (12.Jh.). Inwieweit der »Schlüssel der Wahrheit« ein offizielles Buch der Th. war, bleibt fraglich.

KARAPET TER-MKRTTSCHIAN, Die Paulikianer im byz. Kaiserreiche, 1893 - F.C.CONYBEARE, The Key of Truth, Oxford 1898 - S.RUNCIMAN, The Medieval Manichee, Cambridge 1955.

H.-G.Beck

Thorbecke, *Jan Rudolf* (1798-1872), niederl. Staatsmann und Rechtsphilosoph, * in Zwolle, 1822 PDoz. in Gießen, nach kurzer Tätigkeit als Advokat 1825-30 Prof. der Staatswissenschaften in Gent, nach der Loslösung → Belgiens 1831 Prof. in Leiden. Seit 1844 wandte sich Th. der Politik zu. Statt des autokratischen Konservatismus Willems I. erstrebte er Fortschritt in liberalem Sinne. 1848 erreichte er die von ihm mit Gleichgesinnten entworfene Reform des Grundgesetzes. Mit Unterbrechungen war er seit 1849 dreimal Minister; seine Regierung leistete Bedeutendes auf dem Gebiet der Gesetzgebung. Allmählich stieß er aber auf zunehmenden Widerstand der Kirchlichen und Jung-Liberalen und trat kurz vor seinem Tode zurück. Th. gilt mit Recht als der einflußreichste niederl. liberale Politiker des 19.Jh.s.

Vf. u.a.: Aantekeningen op de Grondwet, 1841-43²; Parlementaire redevoeringen, 6 Bde, 1856-70; De onuitgegeven parlementaire redevoeringen, 6 Bde, 1900-10. - Über Th.: K.H. Boersema, J.R.Th., 1949 (Lit.). *S. van der Linde*

Thorndike, *Herbert* (1598-1672), anglikanischer Theologe und → Caroline Divine, 1620 Fellow des Trinity College in Cambridge, unter Cromwell zum Rücktritt gezwungen und 1660 wieder eingesetzt. 1661 wurde Th. Präbendar von Westminster. Die Frucht seines orientalistischen Studiums war ein Hebräisch-syrisch-arabisches Lexikon (1635) und seine Ausgabe der syrischen Texte in B. → Waltons »Biblia Sacra Polyglotta« (1652-57). Sein Ruhm beruht jedoch vorwiegend auf seinen apologetischen Schriften, in denen er die Kirche von England gegen den Ultramontanismus einerseits und den Puritanismus andererseits verteidigt. Zu ihnen gehören: »Of the Government of Churches« (1641; apostolischer Ursprung des Bischofsamtes), »Of Religious Assemblies« (1641; Verteidigung der anglikanischen Liturgie), »Discourse of the Right of the Church in a Christian State« (1649; Staatskirchentum), »Epilogue to the Tragedy of the Church of England« (1659; Hauptwerk, ursprünglich lat. geschrieben: die Reformation muß sich, wenn sie bestehen will, mit der Lehre und Ordnung der Urchristenheit wappnen; Th. faßt eine christliche Einigung auf der Grundlage der ersten 6 ökumenischen Konzile ins Auge), »Just Weights and Measures« (1662; Reform der kirchlichen Lebensordnung), »The Reformation of the Church of England better than that of the Council of Trent« (1670). - Wegen seines umständlichen Stils gerieten Th.s Schriften in Vergessenheit. Erst die Traktarianer (→ Hochkirchliche Bewegung: I) haben diesen gelehrten Verteidiger der anglokath. Haltung wiederentdeckt.

GesW in der Library of Anglo-Catholic Theology, 6 Bde, 1844-56 (mit 8 hsl. Werken u. guten Anm.en; Biogr. von A.W.Haddon in VI, 153-266). - D.Stone, Hist. of Doctrine of Holy Eucharist II, 1909, 342ff - Cambridge Hist. of English Lit. VIII, 1912, 294f (Bibliogr.: 462) - T.A.Lacey, H.Th., 1928 - DNB XIX, 770ff - ODCC 1355f. *D.Carter*

Thorner Religionsgespräch (Colloquium charitativum, 28.8.-21.11.1645), der erfolglose Versuch Władisławs IV., eine Verständigung zwischen den Katholiken und Protestanten in → Polen (: I, 3) herbeizuführen. Auswärtige Redner durften hinzugezogen werden. Am Gespräch im Thorner Rathaus nahmen 26 kath., 28 luth. und 24 ref. Theologen teil. Den Vorsitz führte zuerst Krongroßkanzler Ossoliński, seit dem 25.9. Graf Leszcziński. Die von dem rhetorisch befähigten Jesuiten Gregor Schönhof geleiteten Katholiken verfolgten mit diplomatischem Geschick das Ziel der Rekatholisierung Polens. Unter Berufung auf die königliche Instruktion, wonach eine Darlegung der verschiedenen Lehren allen Diskussionen über strittige Lehr- und Kultusfragen vorangehen sollte, suchten sie jede Kritik an der röm. Kirche zu unterbinden. Eine gemeinsame prot. Front kam nicht zustande. Die Lutheraner, unter ihnen → Calov (Danzig), → Hülsemann (Wittenberg), Pouchen, Behm und → Dreier (Königsberg), bekannten sich zur CA invariata und grenzten sich entschieden von den Reformierten ab. → Calixt (Helmstedt), den der Kurfürst von Brandenburg nach Thorn gesandt hatte, wurde zu ihren Beratungen nicht zugelassen und in das Lager der Reformierten abgedrängt. Diese wiederum erklärten die Hl. Schrift zur alleinigen Glaubensregel und legten ihren Standpunkt in der Declaratio Thoruniensis dar. Ihnen hatte sich auch → Comenius (Elbing) als Vertreter der Böhmischen Brüder angeschlossen. Die Spannung zwischen den Parteien steigerte sich in unerquicklicher Weise. In der 36. Sitzung wurden die Verhandlungen als zwecklos abgebrochen. Die Folge des »liebreichen Gesprächs« war eine Verschärfung der konfessionellen Gegensätze.

Scripta facientia ad Colloquium ... Thorunii, Helmstedt 1645 - Acta conventus Thoruniensis celebrati 1645, Warschau 1646 - F.Jacobi, Das liebreiche R. zu Th., 1895 (erw. Sonderdr. aus ZKG 15, 1895) - RE XIX, 745ff - K.Völker, KG Polens, 1930, 235. 238 - J.Müller, Gesch. der Böhm. Brüder III, 1931, 362 - K.E.J.Jørgensen, Ökum. Bestrebungen unter den poln. Protestanten bis zum Jahre 1645, Kopenhagen 1942, 377ff - EKL III, 1437f. *E.Peschke*

Thorn-Prikker, *Jan* (5.6.1868 bis 5.3.1932), Maler, Glasmaler, Entwerfer von Mosaiken, Gobelins und kunsthandwerklichen Arbeiten, * in den Haag, † in Köln, lehrte 1904-10 an der Kunstgewerbeschule in Krefeld, 1913-18 in Essen, 1920-23 in München, 1923-26 an der Kunstakademie in Düsseldorf, 1926-32 an den Kölner Werkschulen. Aufträge: 1901 Sgrafitto Haus Dr. Levring, den Haag; 1910 Glasfenster Bahnhofshalle, Hagen i.W.; 1911 Fenster St. Dreikönigen, Neuß; 1923-27 Wandbilder Rathaus Rotterdam; 1926 Abendmahlmosaik Oude Kerk, den Haag; 1930 Fenster St. Georg, Köln. - Th.-P. wurde von → Giotto, van Eyck und van → Gogh beeindruckt, lernte durch H. van de Velde den Jugendstil kennen und wandte seine Erkenntnisse vorwiegend in der Wand- und → Glasmalerei an. Seine Themen sind religiöser Natur mit symbolistischem Einschlag, sein Ziel ist eine zeitgemäße Monumentalkunst, sein Mittel das gute Handwerk.

Brieven van Th.-P., Amsterdam 1897 - A.Hoff, Die relig. Kunst J.Th.-P.s, 1924 - Ders., Th.-P. u. die neuere Glasmalerei, 1925 - Ders., Th.-P., 1958 - Die christl. Kunst 28, 1931-32, 225-237 - B.Polak, Het fin-de-siècle in de nederlandse Schilderkunst, s'Gravenhage 1955 - P.Wember, Th.-P., 1956. *W.Grohmann*

Thornton, *Henry* (1760-1815), Kaufmann und Bankdirektor. Bereits sein Vater, *John* Th., stellte als Freund der Methodisten sein großes Vermögen völlig in den Dienst christlicher Liebestätigkeit. H.Th. setzte dies fort und unterstützte bes. → Wilberforces Bemühungen um die Abschaffung der Sklaverei. Th. wurde der eigentliche Gestalter der Negerrepublik in Sierra Leone, für die er die Verfassung entwarf und die wirtschaftlichen Grundlagen schuf. Außerdem unterstützte er die Schulen von Hannah → More. Er war eines der eifrigsten Mitglieder in dem Erweckungskreise von Clapham bei London (Clapham Sect), wo Anglikaner die Methoden und Ziele der Methodisten weitgehend übernahmen. Seit 1782 im Parlament, trat er für Greys Parlamentsreform, die Einkommensteuer und die Gleichberechtigung der irischen Katholiken ein.

Vf. u.a.: Enquiry into the Nature and Effects of the Paper Credit of Great Britain, 1802. - Über Th.: DNB XIX, 781ff. *M.Schmidt*

Thorvaldsen, *Bertel* (1768 oder 1770-1844), einer der bedeutendsten Bildhauer seiner Zeit, * und † in Kopenhagen, wirkte fast immer in Rom. Auswahl seiner Werke: Statuen Jason (1803), Hebe (1806), Venus (1813 bis 1816); Bildnisse von W.v.Humboldt (1808), Byron (1817, 1831), Schiller (1835), Luther (1844, letzte Arbeit, unvoll.); Alexanderfries (1812); Löwendenkmal in Luzern (1818-25) und Grabmal des Papstes Pius VII. in der Peterskirche (1824-31, von einem Protestanten geschaffen!). Th.s Hauptwerk, der Skulpturenschmuck der Frauenkirche in Kopenhagen, ist das wichtigste Beispiel eines einheitlichen sakralen Figurenprogramms der Epoche (s. Taf. 62 Abb. 4); vor allem die Statue des Erlösers (1829) gelangte durch zahllose Kopien zu ungeheurer Popularität, der gegenüber Kierkegaards Kritik verhallte (→ Christusbild, 2 e). Th.s Schaffen spiegelt die Problematik der Vereinigung von Griechentum und Christentum in der Gestaltkunst des → Klassizismus (→ Malerei und Plastik: V, 2 a).

THIEME-BECKER XXXIII, 94ff (Lit.) - P.O.RAVE, Th., 1947 (mit zahlr. Abb., Lit.) - Th.s Museum, 1953 (Führer) - R.ZEITLER, Klassizismus u. Utopia (Figura 5, 1954, 144-164). *K.Lankheit*

Thüringen

1. MA - 2. Reformation und Lehrstreitigkeiten - 3. 1580-1918 - 4. Seit 1918 - 5. Statistik. - th. = thüringisch

Der als Th. bezeichnete mitteldeutsche Raum umfaßte 1918 die preußischen Regierungsbezirke Merseburg und Erfurt sowie die 9 th.en Herzog- und Fürstentümer. Um letztere handelt es sich hier, jedoch muß wegen der historischen Zusammenhänge auch die Landschaft Th. berücksichtigt werden.

1. Das in der Schlacht an der Unstrut (531) von den → Franken vernichtete Königreich Th. (→ Thüringer) umfaßte das Gebiet von Main und Thüringerwald im Süden bis Ohre und Aller im Norden, von Werra, Kaufunger- und Seulingswald im Westen bis Elbe und Mulde im Osten. Nun wurde das westsaalische Th. fränkische Provinz, das ostsaalische ging an einsickernde slawische Stämme verloren. Der letzte th.e König Irmfried war mit Amalaberga, der arianischen Nichte des Ostgotenkönigs Theoderich verheiratet. Aber von einer arianischen Mission ist ebensowenig bekannt wie von einer iroschottischen; vielmehr läßt die Schenkung von Grundbesitz um Arnstadt (704) an → Willibrord eher angelsächsische Missionstätigkeit vermuten. Im 8.Jh. begann die fränkische Kolonisation und Missionierung. → Bonifatius gründete in → Erfurt ein kurzlebiges Bistum. Auch das von ihm angeregte, von th.en Edelingen 725 gegründete Kloster → Ohrdruf kam bald als Geschenk an → Hersfeld, dem ebenso wie → Fulda zahlreiche Stiftungen gemacht wurden. Mit dem Landausbau traten zu den Urpfarreien auf fränkischen Königshöfen von th.en Grundherren errichtete und dotierte (→ Eigenkirche) Pfarreien. Im ostsaalischen Th. wurden erst die 968 begründeten Bistümer → Zeitz (um 1030 nach → Naumburg verlegt) und → Merseburg in den gleichnamigen Marken zur Ausgangsbasis für die Kolonisation und Christianisierung durch Bauern aus Th. und Sachsen. Die Burgwardeien wurden Urpfarreibezirke, Burgkapellen die ersten Kirchen. Im 13.Jh. war die kirchliche Organisation beendet. Im westsaalischen Th. errangen die Ludowinger solches Ansehen, daß Kaiser Lothar ihnen 1130 die Landgrafenwürde verlieh. Die → Wartburg, stolzes Wahrzeichen landgräflicher Macht, wurde auch Mittelpunkt des höfisch-kulturellen Lebens. 1137 fielen den Landgrafen umfangreiche Besitzungen in → Hessen zu, die aber nach dem th.en Erbfolgekrieg 1264 verloren gingen. Mit der Pfalzgrafschaft Sachsen erwarben die Landgrafen noch ein zweites Reichsfürstentum. Ihre Erben wurden 1247 die Wettiner, Markgrafen von Meißen, die nach dem Aussterben des askanischen Hauses Sachsen-Wittenberg (1423) dessen Land und die damit verbundene Kurfürstenwürde erlangten. Sie nannten sich nun Herzöge zu Sachsen. 1312 erwarben sie das Reichsgut um Altenburg, Gebiete der Grafen von Henneberg (1353 auch die Herrschaft Coburg) und weitere ausgedehnte Territorien, teils zu unmittelbarem Besitz, teils in der Form der Lehnsabhängigkeit. Dieses größte Reich östlich des Rheins wurde in der Leipziger Teilung 1485 in zwei Teile zerschlagen, denen die Schließung ihrer Territorien nicht mehr gelang. Die Teilung führte zu dauernden Rivalitäten. Der ältere Bruder Ernst erhielt mit dem Kurland die Kurwürde, den südlichen (größeren) Teil Th.s, wesentliche Teile des Osterlandes, das Vogtland und das fränkische Th., der jüngere, Albrecht, das nördliche Th. und das meißnische Gebiet. Diese nordwestliche Teilung Th.s zwischen Ernestinern und Albertinern hatte bis 1945 Bestand. 1815 rückte Preußen in die albertinischen Besitzungen ein.

Kirchlich gehörte das westsaalische Th. zum Erzbistum → Mainz, aufgegliedert in 4 Archidiakonate: Erfurt-St. Marien mit 17 Erzpriesterbezirken, deren sedes meist den Namen der Urpfarrei tragen, umfaßte das Gebiet östlich Erfurt mit dem Orlagau; zum Archidiakonat Erfurt-St. Severi gehörte West-Th. (5 sedes), zum Archidiakonat Dorla (13 sedes) das th.e Werragebiet bis zur Unstrut, zum Archidiakonat Jechaburg das nördliche Th. zwischen Unstrut und Harz. Das Bistum → Würzburg (Archidiakonat Mellrichstadt) umfaßte mit den Dekanaten Mellrichstadt, Coburg und Geisa (Rhön) einen erheblichen Teil Süd-Th.s, das Bistum → Bamberg nur 6 Gemeinden in Südwest-Th., das Bistum → Halberstadt (Dekanat Kaltenborn) in Nordost-Th. 11 Orte. Das ostsaalische Th. gehörte zum Bistum Zeitz-Naumburg, das mit 3 Archidiakonaten nach Th. reichte, mit dem Sitz in Naumburg, Zeitz und Altenburg (seit 1418). - Am Vorabend der Reformation gab es in Th. 46 selbständige Männerklöster (u.a. 10 Franziskaner-, 8 Benediktinerklöster). Von 32 selbständigen Frauenklöstern waren 22 Zisterzienserinnen-, 5 Benediktinerinnen-Niederlassungen. Eisenach hielt mit 8 Klöstern die Spitze. Die meisten Klöster wurden im 13.Jh. gegründet. Die → Inkorporation von Pfarreien in Klöster war in Th. stark entwickelt; auch hatten viele geistliche Institute Patronate über Pfarr- und andere geistliche Stellen inne.

2. Im ernestinischen Th. und in einigen kleinen th.en Territorien wurde entsprechend Luthers Absicht die *Reformation* durch ev. Predigt langsam zum Siege geführt. In Gera und Arnstadt widersetzten sich die kath. Landesherren. Seit 1523 gab es im ernestinischen Th. keine Fronleichnamsprozessionen, in kath. Ländern Th.s kaum noch »fromme« Stiftungen. Schon vor 1525 galt Luthers Kampf den radikal-mystischen Strömungen (→ Müntzer, → Karlstadt). Besonders → Menius hatte sich noch lange mit ihnen und Anhängern der → Täufer auseinanderzusetzen. Vor Ausbruch des → Bauernkriegs in Th. visitierte 1525 Jakob Strauß das Eisenacher Land auf Wunsch von Herzog Johann, der als Kurfürst 1526 durch → Myconius und → Draconites im Amt Tenneberg eine Visitation durchführen ließ. 1528/29 und abschließend 1533 wurden das ernestinische Th., die Grafschaft Gleichen und die Herrschaft Blankenhain visitiert, 1533 auch die Saalfelder Abtei, jetzt aber nicht das fränkische Th. (hier 1535 und 1545, nun mit Bewidmung der Pfarreien). - Graf Johann Heinrich von Schwarzburg-Leutenberg ließ sich 1522 von Luther beraten und besetzte seit 1523 in seiner Grafschaft die wenigen Pfarrstellen nach und nach mit ev. Geistlichen. In der südlichen Hälfte der Grafschaft Schwarzburg berief der ev. Heinrich XXII. in das ihm 1527 eingeräumte Amt Rudolstadt und nach dem Tod seines kath. Vaters (1531) auch in die übrigen Ämter seines Landes ev. Pfarrer. Von den anderen forderte er ev. Predigt und Sakra-

mentsverwaltung und Abtun der »Unehe«, ließ aber erst 1533 durch eine eigene Kommission (Joh. → Lang) eine Visitation durchführen. Im nördlichen Teil der Grafschaft konnte der kath. Günther XL. nach dem Tod seines Oberlehnsherrn, → Georg (, 5) zu Sachsen (1539), den Sieg der Reformation nicht mehr aufhalten. 1539 wurde auch das albertinische Th., wozu einige später th.e Ämter und Ortschaften gehörten, einer Visitation unterzogen (1540 wiederholt). In den nachmals reußischen Landen erzwang 1533 der Oberlehnsherr, Kurfürst Johann Friedrich, nach dem 1529 gescheiterten Versuch die von → Spalatin geleitete Visitation, der 1534 eine weitere folgte. 1536 bzw. 1541 bekannten sich auch die beiden Landesherren zur Reformation. 1543 ließ der Kurfürst die längst ev. reußische Herrschaft Lobenstein visitieren. Die Landesherren verloren 1547 als Parteigänger des Kurfürsten ihr Land an den kath. Burggrafen Heinrich IV. zu Meißen, der aber nicht mehr wagte, Änderungen der »Religion und Ordnung« vorzunehmen. Die 5 Superintendenten seines vogtländischen Gebiets erließen 1552 die »Burggräfliche KO«, die einzige nichtstaatliche in Th. In Henneberg-Schleusingen überließ 1543 der kath. Graf die Regierung seinem ev. Sohn Johann Georg, der sofort Joh. → Forster berief und 1544 das Land visitieren ließ (1546 mit besserem Ergebnis wiederholt). In die Herrschaft Henneberg-Römhild kam auf Forsters Veranlassung der in Wittenberg ordinierte Adam Rüdiger als Prediger der Residenz. Nach dem Anfall des Landes an die Ernestiner wurde 1555 ein fast ganz ev. Land visitiert. - In diesen → Visitationen wurden bedeutsame organisatorische und wirtschaftliche Maßnahmen getroffen. 1529 wurden erstmals Superintendenten eingesetzt, weitere bei der jeweils ersten Visitation eines Gebiets. Die Frauenklöster verfielen bald der Sequestration. Trotz erbitterten Widerstandes der Franziskaner waren 1533 zahlreiche Ordensangehörige in Th. ev. Prediger, vier sogar Superintendenten. Ersteres gilt auch von den Benediktinern. Die Augustiner-Eremiten leisteten weithin ihrem Ordensbruder Martin Gefolgschaft. Die Feldklöster der älteren Orden mit umfangreichen Besitzungen hatten im Bauernkrieg schwere Schäden erlitten. Auch kath. Landesherren lehnten Mittel zum Wiederaufbau ab. Die Klöster gingen nun an die Landesherren über und wurden sequestriert. Pfarreien, deren Grundbesitz den am Ort gegründeten Klöstern durch Inkorporation zugefallen war, erhielten bei der Säkularisation nur Haus und Garten, Naturalabgaben und Geldzins, der rasch entwertet war. Manche Priester und Mönche studierten noch in Wittenberg, andere hatten zT seit 1520 Kloster oder Amt verlassen und bürgerliche Berufe ergriffen; von ihnen wurden manche als Angehörige dieser Berufe (!) später in Wittenberg ordiniert.

Im Schmalkaldischen Krieg verlor Johann Friedrich Freiheit und Kurwürde und konnte nur die th.en Ämter bis zur Saale und den Neustädter Kreis retten, erhielt aber, 1552 aus der Gefangenschaft zurückgekehrt, den Altenburger Ostkreis und zT das Amt Herbsleben zurück (1554). Die bereits vor 1547 von ihm vorbereitete Bewidmung der Pfarreien wurde von seinem Sohn Johann Friedrich dem Mittleren 1554/55 in einer Visitation vollendet. Durch die Berufung von → Flacius als Professor nach → Jena wurde Th. nach dem einmütig abgelehnten → Interim völlig in die Lehrstreitigkeiten hineingezogen, verschärft durch den politischen Gegensatz der Ernestiner - die ihre Erblande und die Kurwürde wiedergewinnen wollten - und Albertiner. Im majoristischen Streit (→Major) floh →Menius aus Th., im synergistischen (→ Synergismus) wurde das von → Strigel, → Schnepf und Hügel-Jena verfaßte Konfutationsbuch gegen ihren Willen von den Flacianern geändert und vom Herzog als Landesgesetz mit symbolischem Anspruch 1559 herausgegeben. Als Flacius, → Judex, → Wigand und S. → Musäus sich 1561 gegen des Herzogs Predigtverbot, Zensurerlaß, Verbot des Bannes durch Geistliche und gegen die Konsistorialordnung als Eingriff des Herzogs in die Rechte der Kirche wandten, wurden die ersten drei Professoren entlassen; Musäus hatte schon vorher seine Entlassung erbeten und erhalten. Strigel, rehabilitiert, verfaßte die Declaratio, die u.a. von Jak. → Andreä, → Stößel und M. → Mörlin als theologisch einwandfrei erklärt, aber von → Amsdorff bekämpft wurde. Ihre Anerkennung verweigerten in der Visitation 1562/63 trotz der Superdeclaratio Stößels über 40 Pfarrer und wurden abgesetzt. Nach Herzog Johann Friedrich dem Mittleren, der, in die → Grumbachschen Händel verwickelt, 1567 als Geächteter in Gefangenschaft geriet († 1595 in Steyer), rief sein Bruder Johann Wilhelm als Landesherr die abgesetzten Pfarrer zurück und setzte die in deren Stellen »Eingedrungenen« kurzerhand ab. Stößel, wegen der Absetzungen 1562/63 zur Rechenschaft gezogen, entwich. Nach dem Tod Johann Wilhelms (1572) übernahm entgegen dessen Testament der Albertiner, Kurfürst August, die vormundschaftliche Regierung und ließ in der Visitation 1573 alle Gnesiolutheraner (106 von 530) absetzen. Schon 1571, bei Übernahme der für die Kosten der Reichsexekution von 1567 »assekurierten« Ämter, hatte er in den Superintendenturen Weida und Neustadt a. d. Orla 42 (von 62) Pastoren aus dem Amt entfernen lassen. 1574 gab er einem in Jena zusammentretenden Konsistorium eine Ordnung und führte die »Kurfürstliche KO« von 1580 (Augustea) in Th. ein. - Mit der Annahme der → Konkordienformel in Th. (1577) fanden die Lehrstreitigkeiten ein Ende. Nur die reußischen Lande hatten sich 1567 in der »Reußischen Konfession« eine eigene symbolische Schrift gegeben, mit deren 2. Aufl. (1599) zugleich die Konkordienformel als Bekenntnisschrift rezipiert wurde. - Dem Kampf der Gnesiolutheraner gegen die Philippisten verdankt die Jenaer → Lutherausgabe (, 4) ihre Entstehung.

3. In der Mitte des 16.Jh.s begannen die Landesteilungen. Um 1680 war das Gesamthaus Weimar in 3, das Gesamthaus Gotha in 7, Schwarzburg in 3, die beiden Reuß in je 5 Staaten aufgespalten, jedoch hatten die beiden Reuß nur je ein Konsistorium, drei Staaten des Gothaer Hauses waren anderen Konsistorien zugewiesen. Die Grafschaft Obergleichen (Ohrdruf) und die Herrschaft Blankenhain wurden von den Ernestinern auch in ihrer Kirchengewalt bedrängt. → Jena blieb »Gesamtuniversität« der Ernestiner. - Die ohnmächtigen th.en Kleinstaaten waren als Durchmarschgebiet willkommenes Ausbeutungsobjekt in allen Kriegen. Nach dem Aussterben der Henneberger (1583) konnten die alleinigen Erben, die Ernestiner, nur eine Teilung des Landes mit den Albertinern (1660) erreichen. Um 1800 gab es noch 12 th.e Staaten. 1815 erhielt Weimar, 1741 um Sachsen-Eisenach vergrößert, bedeutenden Gebietszuwachs und wurde »Großherzogtum Sachsen«. 1826 fand die letzte Gebietsveränderung unter den Ernestinern statt. 1848 kam Reuß j.L. zur staatlichen Einheit. So bestanden 1918: Großherzogtum Sachsen(-Weimar-Eisenach), die Herzogtümer Sachsen-Coburg und Gotha, Sachsen-Altenburg, Sachsen-Meiningen sowie die Fürstentümer Schwarzburg-Rudolstadt, Schwarzburg-Sondershausen, Reuß ältere Linie und Reuß jüngere Linie.

Im Anschluß an die Augustea verfaßte J. → Gerhard die »Casimiriana« (gedr. Coburg 1626). Diese KO galt im Gesamthaus Gotha und erhielt für Sachsen-Weimar in der »Verbesserten« oder »Weimarer KO« (1664) eine neue

Fassung (J. → Kromayer). Die im → Frankfurter Parlament projektierte Trennung von Kirche und Staat führte in ganz Th. zur Forderung des Ausbaus der Kirchenverfassung, ja 1849 zum (vergeblichen) Ruf nach einer th.en Einheitskirche mit Presbyterien und Synode. Doch nur Weimar erhielt 1851 eine Kirchgemeindeordnung. Die übrigen Staaten - außer Gotha und Coburg - folgten 1854-1904. Trotz der 1873 in Weimar (→ Stichling) und 1876 in Meiningen eingeführten Landessynoden blieb es beim landesherrlichen Kirchenregiment. Die Konsistorien wurden 1848-63 beseitigt, ihre Geschäfte den Regierungen übertragen. Nur in Greiz übte das Konsistorium seit 1822, in Meiningen der Oberkirchenrat seit 1849 unmittelbar unter dem Landesherrn die kirchenregimentlichen Befugnisse aus. Soweit in Th. »Kirchenräte« bestanden, hatten sie nur beratende Funktion. - Die in den KOen enthaltenen *Agenden* kamen in der Aufklärung außer Gebrauch. → Röhrs rationalistischer Agendenentwurf kam zu den Akten. 1860/63 wurde die Weimarische Landesagende (»Kirchenbuch«, 2 Bde) eingeführt. In Reuß hatten sich Gera, Schleiz und Greiz (1730. 1766. 1767) eigene Agenden geschaffen. In beiden Schwarzburg galt die Agenda Schwarzburgica (1574, 1618^2, neu bearb. 1675), dann wurde die Privatarbeit von Busch (1822) empfohlen. 1887 wurde eine textlich einheitliche Agende von beiden Schwarzburg und Reuß j.L. eingeführt; Altenburg konnte sie wegen Fehlens der dafür im staatlichen Grundgesetz von 1831 vorgesehenen Landessynode nicht übernehmen. Der Meininger Agendenentwurf (1895) fand so widersprechende Beurteilungen, daß es bei dem Gebrauch von 35 Agenden und über 60 Gottesdienstordnungen blieb! Luthers *Katechismus* galt in ganz Th., auch in den vormals kurhessischen Gebieten. Gebraucht wurden exponierte Katechismen (→ Rosinus), dann → Herders Katechismus (1794), an dessen Stelle 1882 der Weimarische Landeskatechismus trat. Im übrigen Th. wurden noch der sächsische Katechismus oder der hannöversche (1791) verwendet. Ältestes *Landesgesangbuch* war das »Geistliche Gesangbüchlein« 1660 (→ Ernst der Fomme). Erst 1714 wurde in Weimar ein Landesgesangbuch bestimmt (MuK 1950, 197f). Sonst hatte fast jede Stadt ihr Gesangbuch. H.Reinhard wünscht im Sondershäuser Gesangbuch (1722^{11}), »daß die gantze Ev. Kirche zusammenträte und auctoritate publica ein allgemeines Gesangbuch einführen ließe«. Die Aufklärung prägte seit etwa 1760 die rd 30 th.en Gesangbücher, bes. das Altenburger (1807) und Hildburghäuser (1808). Nur Herders → Gesangbuch (: I, 2 c) von 1795 behielt viel altes Liedgut. Landesgesangbücher führten ein: 1882 das Großherzogtum, 1887 Sondershausen, 1896 Coburg und Gotha, 1900 Altenburg, 1901 Rudolstadt, 1911 die beiden Reuß. In Meiningen ließ sich das Hildburghäuser Gesangbuch (1882) nicht vom Ackermannschen (1862, offiziell 1898) verdrängen. - Die Saalfelder (1741, 1754^2), Schleizer (1766, 1783^2) und Hildburghäuser (1755, 1760^2) Gesangbücher enthielten viel pietistisches, das Ebersdorfer (1742) viel Herrnhuter Liedgut. Th. stellte zahlreiche bedeutende Hymnologen, Dichter und Melodisten von Kirchenliedern. Die Kirchenmusik wurde so hervorragend durch Knabenchöre, verstärkt durch Adjuvanten (Sänger und Instrumentalisten), gepflegt, daß die KOen vor zu viel und zu langem Musizieren in den Gottesdiensten warnten. Die organische Verbindung von Schul- und Kantorenamt bestand in Meiningen bis 1908, sonst bis 1919. - Die *theologische Entwicklung* Th.s verläuft wie anderwärts. In die Zeit der Orthodoxie gehören die Altenburger und die von J.G. → Walch edierte → Lutherausgabe (, 5. 6). 1734-94 erschienen in Weimar die Acta historico-ecclesiastica (mit Fortsetzungen). Stärkste Exponenten der Aufklärung waren J.F. → Röhr, bekämpft von K.A. → Hase, und K.G. → Bretschneider. Der Pietismus erfuhr in Greiz, Saalfeld, Lobenstein und Schleiz offizielle Förderung, doch gab es in vielen Adelssitzen und in allen Städten trotz vieler Verbote Pietistenzirkel, von E.S. → Cyprian bes. bekämpft. Ebersdorf wurde 1711 pietistisch und schloß sich später → Zinzendorf an. Herrnhuter siedelten sich 1752 in Neudietendorf an, gehörten aber bis 1849 zur Gothaer Landeskirche. Toleranzideen und theologische Erweichung führten in Weimar (1818) und Eisenach (1843) zur »Union«, tatsächlich zum Aufgehen der wenigen Reformierten in der luth. Landeskirche. Die einzige kleine Refugié-Gemeinde in Hildburghausen, 1711 anerkannt, wurde 1807 vom Herzog aufgehoben, trotzdem 1824 mit der Neustädter Gemeinde uniert, ihre Sonderstellung 1876 beseitigt, während ihre Pfarrer stets auf das luth. Bekenntnis verpflichtet wurden. Mit M. → Stephan wanderte aus Th. Pfarrer G.H.Löber mit 146 Thüringern aus und wurde Mitbegründer der → Missouri-Synode. Aus der deutschen → Erweckungsbewegung erwuchs das Neuluthertum (→ Luthertum: II), das in den th.en Fürstentümern und in Sachsen-Altenburg zum vollen Sieg kam. Gleichgesinnte schlossen sich auch im übrigen Th. zu »Konferenzen« zusammen, gründeten 1849 den Ev. luth. Missionsverein, waren bis 1903 alleinige Träger der Inneren Mission und schufen zwei große Anstalten und zahlreiche Werke der Diakonie und eine blühende Sonntagspresse. Anhänger der liberalen Theologie gehörten den Ev. prot. Vereinigungen, wenige dem → Protestantenverein, viele den Freunden der → Christlichen Welt an. Die von H. → Weinel gegründete »Christliche Freiheit« wandte sich mit großem Erfolg an die Gebildeten. Die von P.Niese 1906 begonnenen »Heimatglocken« fanden weite Verbreitung (1916: 16500). In zahlreichen Vereinen und in den drei Bibelgesellschaften arbeiteten viele Laien mit. 1884 wurde in Weimar der »Allgemeine prot. Missionsverein« (Deutsche → Ostasienmission) gegründet. Die Katholiken genossen seit Ende des 18.Jh.s in Th. beschränkte Duldung. Im Großherzogtum, das 1815 altfuldaisches kath. Gebiet erhielt, wurde das Verhältnis zur kath. Kirche einseitig durch ein Gesetz (1823), im übrigen Th. durch Reskripte oder überhaupt nicht geordnet. Die Volkszählung 1910 ergab 1,5 Mill. Evangelische mit 920 Pfarrstellen und ca 1400 Kirchgemeinden, 45000 Katholiken mit 22 Priestern, 30 Kirchen und Kapellen.

4. Schon am 15.11.1918 beschlossen führende Kirchenmänner »eine einheitliche Organisation des th.en Kirchenwesens«. Am 5.12.1919 trat die Synode einstimmig diesem Beschluß bei. Noch vor der Konstituierung des Landes Th. (1.5.1920) kam am 13.2.1920 die »Thüringer ev. Kirche« zustande. Von den 9 th.en Landeskirchen ging Coburg 1921 in der Ev. Luth. Kirche in Bayern auf, Reuß ä.L. schloß sich erst 1934 der th.en Kirche an. Die kirchenrechtliche Rückständigkeit erforderte zahlreiche Gesetze, die wichtigsten wurden in der Verfassung vom 10.10.1924 kodifiziert. Das Pfarrwahlrecht wurde geordnet, das Patronat des Staates und der Kommunen beseitigt, das dingliche Patronat eingeschränkt (1948 »ruhend«). Die meist unbekannten Landes- und Ortskirchensteuern wurden 1921 eingeführt, ihre Verwaltung 1929 in eigene Regie überführt, 1939 den Kreiskirchenämtern eingegliedert. Die Pfründenverwaltung wurde zentralisiert, 1955 eine eigene Forstverwaltung eingerichtet. Die th.e SPD-Regierung zahlte ab Okt. 1921 die Staatsleistungen in alter Höhe, entwertete die Reichsdarlehen durch verzögerte Auszahlung und verursachte so in den Pfarrhäusern große Not. Nach vielen von der Kirche gewonnenen Prozessen

wurde 1929 ein Vertrag geschlossen und durch Staats- und Kirchengesetz gesichert, aber schon 1940 nicht mehr voll erfüllt. Diese Zahlungen deckten 1930 $^2/_5$, 1960 kaum $^1/_7$ des kirchlichen Etats. Ein Gesetz über das Kirchenmusikamt, die finanzielle Auseinandersetzung zwischen Kirche und Schule wurde erforderlich, 1925 ein Landeskirchenmusikwart berufen, 1928 das Thüringer Ev. → Gesangbuch (: I, 3 c) geschaffen, 1954 durch das EKG ersetzt. Eine Gottesdienstordnung beseitigte 1923 das liturgische Chaos. Der Gemeindedienst (»Volksdienst«) baute seit 1921 unter Otto Senffleben die innerkirchliche Schulungs- und die Öffentlichkeitsarbeit auf (1923 »Glaube und Heimat«), veranlaßte den Erwerb eines Freizeit- und Erholungsheims, die Anstellung eines Landesjugendpfarrers usw. Er wurde 1933 zum Propagandainstrument der Deutschen Christen (D.C.). Der Landeskirchenrat forderte 1924 die eindeutige Formulierung des luth. Bekenntnisstandes in der Kirchenverfassung, erreichte aber nur den Kompromiß: Die Thüringer ev. Kirche ist »ihrem Ursprung und Wesen nach eine Kirche luth. Bekenntnisses. Sie will eine Heimat ev. Freiheit und Duldsamkeit sein...« Den zweiten Satz, großzügig ausgelegt, nutzte die »Kirchenbewegung Deutscher Christen« (→ Deutsch-christliche Bewegungen, 2 a), um die am Bekenntnis festhaltenden Pfarrer als intolerante, den Geist der Verfassung verletzende Volksschädlinge zu behandeln und die th.e Kirche zum Zentrum der »Deutschen Nationalkirche« auszubauen. Unter Führung der Luth. Bekenntnisgemeinschaft (Ernst Otto, Gerhard Bauer, beide von der Staatspolizei ausgewiesen) wurde gegen die Rechtsbrüche und Häresien der D.C. gekämpft. Die Synode übertrug am 14.5.1934 mit qualifizierter Mehrheit ihr Gesetzgebungsrecht an die Deutsche ev. Kirche (→ Kirchenkampf, 6). Trotzdem erließ dieselbe Synode am 25.9.1935 ein verfassungänderndes Gesetz, um die Alleinherrschaft der D.C. zu sichern. Die vom Reichskirchenausschuß begonnene Neuordnung in Th. scheiterte am Widerspruch des th.en Gauleiters (→ Kirchenkampf, 7). Pfarrer Werner Sylten (→ Märtyrer: III, 1 b), nach seiner Ausweisung aus Th. Leiter des Büros Grüber (→ Kirchenkampf, 9), starb in Dachau. Der politische Umsturz führte am 2.5.1945 zur Übernahme der Kirchenleitung durch die bekenntnisgebundenen Gruppen. Der Neuaufbau von Bibel und Bekenntnis her wurde mit der Verfassung vom 2.11.1951 beendet. Am 19.12.1948 vollzog die Synode den Anschluß an die EKD und änderte bei dem gleichzeitigen Eintritt in die VELKD und in den Luth. Weltbund den Namen der Kirche in »Ev.-Luth. Kirche in Th.«. Die → Kirchenverfassung (: VII, 6) versucht synodale, konsistoriale und episkopale Elemente mit- und ineinander zu verschmelzen. - Wieder eingerichtet wurde der Gemeindedienst. Das Landeskirchliche Amt für Innere Mission (1948) betreut die diakonischen Werke und Einrichtungen. Die Altenburger Bibelanstalt druckt Bibeln, Agenden und anderes kirchliches Schrifttum. Zwei Katechetenseminare wurden gegründet und in Verbindung mit der Kirchenmusikschule (1950) Kantorkatecheten ausgebildet. 1945 wurden Nicht(voll)theologen zum geistlichen Dienst zugelassen (»Pfarrvikare«) und ihre Aus- und Weiterbildung geordnet, 1954 die Diakonenanstalt (»Johann-Falk-Haus«), 1956 das Frauenseminar für kirchlichen Dienst errichtet. 1950 begann die Ev. Akademie ihre Arbeit. Pfarrkonvente (Konventsordnung 1949) und Pastoralkolleg (1950) fördern, unterstützt von freien Konferenzen und Arbeitskreisen, die wissenschaftliche und praktische Weiterbildung und Gemeinschaft der Geistlichen. Die Gesellschaft für th.e KG (e.V. 1929) konnte sich wieder konstituieren. Eine Standesvertretung der Pfarrerschaft ist kirchengesetzlich geordnet. Die Kirchliche Pressestelle gibt »Glaube und Heimat«, das Amtsblatt und zwei Buchreihen heraus. Unter Leitung der kirchlichen Baustube (1923: »Kirchenbauwart«) konnten die Kriegsschäden trotz größter Schwierigkeiten beseitigt werden. Die staatlichen Veränderungen seit 1945 (→ Deutschland: II, 3) trennten die Superintendentur Ostheim v. d. Rh. von Th. Der kath. Kirche sind seit 1946 ev. Kirchen zur Mitbenutzung überlassen.

5. *Statistik 1959/60:* Seelenzahl ca 1,5 Mill., 26 % Abendmahlsgäste, 75% Taufen, 59% Trauungen von ev. Ehen. Die Synode bilden der Landeskirchenrat (9 Mitglieder), 4 Abgeordnete des Superintendentenkonvents, ein Professor der theol. Fakultät in Jena, 14 geistliche, 28 weltliche Synodale, 4 vom Landesbischof, 1 von der Synode berufener Synodaler. Der Landesbischof (zZ D. M. Mitzenheim) ist Vorsitzender der Synode und des Landeskirchenrats. Es bestehen 4 Aufsichtsbezirke - geistlich von Oberkirchenräten (»Visitatoren«), in weltlichen Dingen von 4 Kreiskirchenämtern betreut -, 41 (1920: 65) Superintendenturen, 1406 Kirchgemeinden, 1566 Kirchen, 1300 Gemeinderäume, 67 Gemeindehäuser, 885 Pfarrhäuser, 972 Gemeindepfarrstellen (78 Pfarrstellen unbesetzt). 17 Pfarrer stehen in landeskirchlichem oder im Dienst der Inneren Mission. Ferner gibt es 364 Katecheten, 44 hauptamtliche Kirchenmusiker, 678 Kirchen- und 121 Posaunenchöre. Die nicht mehr beitreibbaren Kirchensteuern sind leicht zurückgegangen; die Höhe der Opfergaben beträgt 3,3 Mill. DM. (Sonst vgl. → Mecklenburg: II, 3.)

RE XIX, 751ff - R.Jauernig, Der Bekenntnisstand der th.en Landeskirchen, 1930 - Ders., Luther in Th., 1953 - RGG² V, 1163ff - G.Mentz, Ein Jh. th.e Geschichtsforschung, 1937 - R.Herrmann, Thür. KG I. II, 1937/47 (Lit.) - W.Flach, Stamm u. Landschaft Th. im Wandel der Gesch. (Bll. f. dt. Landesgesch. 84, 1938, 171-187; Lit.) - Ders., Die staatl. Entwicklung Th.s in der Neuzeit (ZVThG NF 35, 1941, 6-48; Lit.) - Dt. Städtebuch II, Mitteldeutschland, hg.v. E.Keyser, 1941, 253-394 (Lit.) - J.S.Bach in Th. (Festg. zum Gedenkjahr), 1950 - W.Quandt, Bedeutende Männer aus Thüringer Pfarrhäusern, 1956 - O.Schlüter-O.August, Atlas des Saale- u. mittleren Elbegebietes I-III, 1958-61 - W.Wucher, Die Spur führt durch Th., 1959 - Kirchenmusik heute, hg.v. H.Böhm, 1959 - Domine dirige me in verbo tuo. Festschr. z. 70. Geb. v. Landesbischof D. M.Mitzenheim, 1961. - *Zs.en:* ZVThG 1-45, 1852-1943 (seit 1887 mit Lit.-Übersichten); dazu: Beihefte 1-28, 1905-43 - BThKG 1-6, 1929-40 - Herbergen der Christenheit (Beitr. z. KG Deutschlands), hg.v. F.Lau, Bd 2-4, 1957-61. *R.Jauernig*

Thüringer, mitteldeutsche *Völkerschaft,* Nachkommen der germanischen Hermunduren, zunächst Königreich zwischen Unstrut und Main, 531 durch → Franken und → Sachsen zum Herzogtum zwischen Saale und Werra eingeschränkt, durch Karl Martell zur fränkischen Provinz herabgedrückt. Das Christentum wurde durch südliche und westliche Nachbarschaft früh beim Adel bekannt und im Volke durch die irische (→ Kilian), northumbrische (→ Willibrord) und westsächsische (→ Bonifatius) Mission verbreitet. Willibrord plante 716 eine Klostergründung in Hammelburg. Bonifatius gründete 725 → Ohrdruf und als Thüringerbistum 741 → Erfurt (→ Wilbald, 1), mußte aber die Th. kirchlich bei → Mainz belassen.

O.Dobenecker, Regesta diplomatica necnon epistolaria historiae Thuringiae, 4 Bde, 1896-1939 - Hauck I, 383ff. 458ff - H.v. Schubert, Gesch. d. christl. Kirche im Früh-MA, 1921 - F.Flaskamp in: Festschr. »St. Bonifatius«, 1954, 157-172. *F.Flaskamp*

Thürlings, *Adolf* (1.7.1844 bis 14.2.1915), altkath. Theologe und Musikforscher, * in Kaldenkirchen, † in Bern, 1867 Priester, 1870 wegen seiner ablehnenden Haltung zum → Vatikanum amtsenthoben, 1872 altkath. Pfarrer in Kempten/Allgäu, 1877 o. Prof. für syst.

Theologie an der christkath. Fakultät in Bern. Th. war maßgeblich an der Gestaltung der altkath. deutschen Liturgie beteiligt, in die er das Erbe des lat. Kultus und ev. Liedgut übernahm.

Vf. u.a.: Kleine Erinnerungen aus großer Zeit (in: Der romfreie Katholik 2, 1879, Nr. 37-39); Die schweiz. Tonmeister im Zeitalter der Reformation, 1903. - Hg.: Liturg. Gebetbuch nebst Liederbuch, 1885; Gesangbuch der christkath. Kirche für die Schweiz, 1893; Choralbuch dazu, 1894. - Mit-Hg.: IKZ 1911-15. - Über Th.: F.Spitta, A.Th. (MGkK 20, 1915, 150-155; Lit.) - R.Keussen, IKZ 5, 1915, 1-4 - A.Th. zum Gedächtnis, Aarau 1915 - H.Riemann, Musiklexikon, 1961[12], 793f. *H.Hohlwein*

Thumm, 1. *Theodor* (1586-1630), * in Hausen a. d. Zaber, 1608 Diakonus in Stuttgart, 1614 Spezial-Sup. in Kirchheim u. T. und in Stuttgart, 1618 Prof. der Theologie in Tübingen, Hauptgegner der Gießener im Streit um die → Kenosis, Polemiker, bes. gegen Papst und Jesuiten. Th. behandelt Fragen der Zeit: das Recht der Kriegführung, des Zinsnehmens, des Widerstandes gegen die Obrigkeit, bes. den Hexenwahn. Auf die Frage, »ob ein ev. Christ auff begehren und nötigen weltlicher Obrigkeit mit gutem Gewissen zur Päpstischen Religion sich begeben könte« (1617[1]), warf er dem Papst vor, blutschänderische Ehen zu billigen, und wies zum Beweis auf Philipp von Spanien und Erzherzog Karl von Österreich hin. Daher wurde er 1627 auf Veranlassung Kaiser Ferdinands II. wegen Beschimpfung seines Hauses auf Schloß Hohentübingen in Haft gesetzt, im Juni 1628 aber wieder freigelassen.

Vf. u.a.: Synopsis praecipuorum articulorum fidei nostro saeculo maxime controversiorum, (1621) 1626[2]. - Über Th.: F.Fritz, Die württ. Pfarrer im Zeitalter d. 30jähr. Krieges (Blätter f. württ. KG NF 29, 1925, 163-167; 30, 1926, 42-46. 70-79; 31, 1927, 91-101. 169 bis 177) - Ders., Th.Th. (Luthertum 50, 1939, 202-219. 225-230) - Chr.Kolb, Die Kompendien d. Dogmatik in Württ. (Blätter f. württ. KG NF 51, 1951, 39-42). *O.Dawid*

2. *Wilhelm* (1818-89), * in Pflummern/Württ., besuchte das Lehrer-Seminar in Eßlingen. Als Lehrer in Meßstetten erlebte er in der »Stunde« seine Wendung. 1839 wurde Th. Lehrer in Wilhelmsdorf und war 1847 bis 1878 Gemeindevorsteher dieser Brüdergemeinde. 1876 gründete er ein Töchter-Institut, in dem im Laufe der Jahre 1300 Mädchen erzogen wurden. Durch die → Heiligungsbewegung R.P. → Smiths erhielt Th. starke Impulse und hat später vielfach Evangelisationsvorträge gehalten.

Vf. u.a.: Gesch. der Gemeinde Wilhelmsdorf, 1875[2]. - Über Th.: Fr.Buck, Württ. Väter IV, 1905, 312ff - Fr.Baun, Das schwäbische Gemeinschaftsleben, (1910) 1929[2]. *H.Brandenburg*

Thurneysen, *Eduard,* ev. Theologe, * 10.7.1888 in Wallenstadt (St. Gallen), seit 1927 Pfarrer und seit 1930 auch Prof. für Prakt. Theol. in Basel. Beeinflußt von der reformatorischen Theologie, dem jüngeren → Blumhardt und H. → Kutter, von früh an mit K. → Barth verbunden, gehört Th. zu den markantesten Vertretern der → Dialektischen Theologie (Mit-Hg. von ZZ und ThEx). Ihre Ansätze und Anregungen entfaltet er für die Verkündigung und Seelsorge. Alle kirchliche Arbeit ist »Ausrichtung und Aufrichtung der Botschaft vom Bund Gottes mit den Menschen«. In vielen Predigten und zahlreichen Abhandlungen zeigt sich ebenso eine strenge Bindung an die biblische Botschaft wie eine Aufgeschlossenheit gegenüber den Problemen des modernen Menschen.

Vf. u.a.: Suchet Gott, so werdet ihr leben!, (1917) 1928[2]; Dostojewski, (1921) 1948[5]; Komm, Schöpfer, Geist!, (1924) 1932[4]; Das Wort Gottes u. die Kirche, 1927; Der Mensch von heute u. die Kirche, 1936; Christ u. Welt. Fragen u. Antworten, (1950) 1953[2]; Die Lehre von der Seelsorge, (1946) 1957[2]; Predigt, Beichte, Abendmahl (zus. mit W.Lüthi), 1957. - Vollst. Bibliogr. in: Gottesdienst - Menschendienst, E.Th. z. 70. Geb., 1958, 333-350. *A.Niebergall*

Thysius, *Antonius* (1565-1640), niederländ. ref. Theologe, * in Antwerpen aus einem Kaufmannsgeschlecht, studierte in Genf noch unter → Beza und in Heidelberg, wo er mit → Gomarus befreundet war. Er wirkte 1590 in Haarlem, dann in Frankfurt/M., Danzig, Rostock, Stade, Amsterdam, studierte noch in Leiden und in Frankreich. 1601 wurde er Prof. in → Harderwijk, 1619 in → Leiden. Th. war ein milder, aber entschiedener Contra-Remonstrant, Mitglied der → Dordrechter Synode, aber Infralapsarier, und Revisor der Staaten-Übersetzung des AT. Mit seinen Leidener Kollegen → Polyander, → Rivet und → Walaeus stellte er die Synopsis purioris theologiae (1625) zusammen. Sein gleichnamiger Sohn (1603-65) war Professor juris et eloquentiae in Leiden, Bibliothekar und Geschichtsschreiber der Staaten von Holland.

Vf. u.a.: Anglicana scripta de praedestinatione, 1613; Lere ende order der Nederl. gereformeerde Kercken, 1615; Responsio in Remonstrantium remonstrantiam, 1617. - Über Th.: P.C.Molhuysen, Bronnen tot de geschiedenis der Leidsche Universiteit II, 's-Gravenhage 1905 - NNBW V, 923ff - A.Eekhof, De theol. faculteit te Leiden in de 17e eeuw, Utrecht 1921 - Ritschl III, 375ff. *J.N.Bakhuizen van den Brink*

Tibboniden, Bezeichnung für die jüd.-arab. Übersetzerfamilie ibn Tibbon im 12. und 13. Jh. - 1. *Jehuda ben Saul ibn T.,* der »Vater der Übersetzer« (1120-90, * in Granada, lebte in Lunel, † in Marseille), übersetzte sehr wortgetreu die »Herzenspflichten« des Bachja ibn Paquda (→ Jüdische Philosophie, 3 b), den »Kusari« des → Jehuda Ha-Levi sowie die philosophischen Hauptwerke des → Saadja und → Avicebron u.a. aus dem Arabischen ins Hebräische. - 2. *Samuel ben Jehuda ibn T.* (* 1150 in Lunel, † 1230 in Marseille), Sohn von 1, übersetzte vor allem medizinische und philosophische Schriften des Hippokrates, → Aristoteles und → Averroes ins Hebräische. Mit → Maimonides stand er wegen der Übersetzung des Môræ n^ebûchîm in Briefwechsel. - 3. *Mose ibn T.* (1240-83), Sohn von 2, übersetzte in Montpellier u.a. Hippokrates, al- → Farabi und Maimonides sowie die Aristoteleskommentare des Averroes ins Hebräische. - 4. *Jakob ben Machir ibn T.* (Profatius Judaeus; * 1230 in Marseille, † 1312 in Montpellier), Übersetzer philosophischer und astronomischer Werke, trat nachdrücklich gegen die orthodoxe antiphilosophische Richtung des Judentums seiner Zeit für wissenschaftliche Bildung der Jugend ein. Er war das Haupt der medizinischen Fakultät von Montpellier. - 5. Vom Übersetzer der Ökonomik des Aristoteles, *Abraham ibn T.,* ist fast nichts bekannt. - 6. *Jakob Anatoli(o) ben Abba Mari* (1194-1258), Schwiegersohn von 2, ein wenig selbständiger, aber interessanter Gelehrter, arbeitete zusammen mit → Michael Scotus am Hofe → Friedrichs II. in Neapel. Seine philosophisch-allegorische Bibelexegese im Sinne des Maimonides trug ihm Angriffe der jüd. Orthodoxie ein. - Alle Tibboniden waren auch selbständig literarisch tätig, doch beruht ihre Bedeutung bes. in der Vermittlung griech., arab. und jüd.-arab. Wissens für das Judentum und die christliche → Scholastik sowie in der Prägung einer neuen hebr. Terminologie und des wissenschaftlichen hebr. Stils im MA.

M.Steinschneider, Die hebr. Übers.en des MA u. die Juden als Dolmetscher, (1893) Graz 1956 - Ders., Die arab. Lit. der Juden, 1902 - M.Waxman, A Hist. of Jewish Lit., 1960, I, 177ff. 347. 369f; II, 207. 312. *E.L.Rapp*

Tiberias, Stadt am Westufer des Sees Genezareth (vgl. Joh 6, 1. 23; 21, 1), von → Herodes Antipas (4-39 nChr) gegründet, zu Ehren des Kaisers Tiberius benannt und zur Hauptstadt des ihm zugefallenen Gebietes gemacht. Die hellenistisch-römisch geprägte, durch ihre warmen Heilquellen berühmte Stadt wurde zunächst von frommen Juden gemieden. Sie beteiligte sich dann aber am Aufstand gegen die Römer und nahm nach der Zerstörung Jerusalems (70 nChr) viele Juden auf. Im 2.Jh. wurde T. Sitz der berühmtesten Gelehrtenschulen und bald darauf auch des rabbinischen → Synhedriums. Anfang des 5.Jh.s wurde hier der palästinische → Talmud redigiert, im 8. und 9.Jh. die palästinische (tiberiensische) Vokalisation des Bibeltextes vorgenommen (→ Bibel: I C, 3). In T. hat sich die Jh.e hindurch eine jüdische Gemeinde gehalten. Während der jüdisch-arabischen Kämpfe wurde die Altstadt 1948 zerstört. T. hat heute 12000 Einwohner und gehört zum Staat Israel.

Schürer II, 216ff - G.Dalman, Orte u. Wege Jesu, (1919) 1924³, 195f - Bill. II, 467ff - Bauer, WB⁵ 1613 - Cl.Kopp, Die hl. Stätten der Evangelien, 1959, 278ff. - Reiseführer von Israel: Nagel, 1953, 224ff - Guide bleu, 1955, 218ff - Schwann, 1959, 52ff. *E.Lohse*

Tibet

I. Religionsgeschichtlich - II. Missionsgeschichtlich

I. Religionsgeschichtlich

T. umfaßt das Gebiet zwischen Himalaya, Kansu und Setschuan. Tibetische Stämme siedeln auch in Amdo, Nepal, Sikkim, Bhutan und Ladakh (»Klein-T.«), das heute zum Staat Kaschmir der indischen Union gehört. Religionsgeschichtlich bilden sie eine Einheit. - Im allgemeinen unterscheidet man zwei Religionen: die vorbuddhistische und bis heute lebendige → Bon-Religion und eine oft → Lamaismus genannte Form des → Buddhismus (: I). Manche unterscheiden mit M.Hermanns drei Religionen: primitiven → Schamanismus, Bon, Lamaismus. - Als Begründer der *Bon-Religion* wird der mythische gSheurab verehrt. Höchste Gottheit ist Kuntubzaṅpo (Samantabhadra). Bon hat eigene Mythologie, Texte (erst in nachbuddhistischer Zeit schriftlich festgelegt), Tier- und (jedenfalls in älterer Zeit) Menschenopfer, Priester und Wahrsager, später auch Klöster nach buddhistischem Muster. - Der *Buddhismus* wurde - von einer später erzählten Visionslegende abgesehen - unter dem mit zwei buddhistischen Prinzessinen verheirateten tib. König Sroṅbcansgampo († 649 nChr) und nach einer kurzen antibuddhistischen Periode unter gLaṅdarma (von einem Lama getötet) verbreitet. Die indische Richtung behauptete sich gegenüber der chinesischen (Konzil von Lhasa). Der Dalailama wird in englischsprachigen Zeitungen oft »godking« betitelt und war bis vor kurzem der Herrscher T.s. Der fünfte »große« Dalailama befestigte und systematisierte das Inkarnationsdogma. - Der Lamaismus wird nicht selten als völlig bodenständige Entwicklung betrachtet; doch lassen sich Parallelen zB zu Iran und zu griech. und lat. christlichem Gedankengut und Ritus nachweisen. - Seit der Eingliederung T.s in die Chinesische Volksrepublik (1951) haben sich die Verhältnisse wesentlich geändert. Eine Anzahl Klöster und ihre Bewohner wurden vernichtet. Die vielen großen Mönchs- und Nonnenklöster waren auch Kulturzentren mit Hochschulen und Stätten künstlerischer und kunstgewerblicher Betätigung.

Qu. (Auswahl): Sarat Chandra Das (Hg.), Pag Sam Jon Zang ... Hist. of the Rise, Progress and Downfall of Buddhism in India (by Sumpa Khanpo, 1702-75), Calcutta 1908 - B.Laufer, Der Roman einer tib. Königin, 1911 - E.Obermiller (Transl.), Hist. of Buddhism I. II (by Buston, 1290-1364), Heidelberg 1931/32 - G.N.Roerich, The Blue Annals I. II, Calcutta 1949-53 - J.W. de Jong, Mi la ras pa'i i rNam thar. Texte tibétain de la vie de Milarépa, 's Gravenhage 1959. - *Lit.* (Auswahl): L.A.Waddell, The Buddhism of T. or Lamaism, London (1895) 1934 - A.K.Gordon, The Iconography of T.an Lamaism, Rutland-Tokyo (1939) 1959² - S.H.Ribbach, Drogpa Namgyal, ein T.erleben, 1940 - G.Tucci, T.an painted Scrolls I. II, Rom 1949 - T.Schmid, The cotton-clad Mila, Stockholm 1952 - M.Hermanns, Mythen u. Mysterien der T.er, 1956 - R. de Nebesky-Wojkowitz, Oracles and Demons of T., London 1956 - M.Lalou, Les religions du T. (MR 35), Paris 1957 - F.W.Thomas, Ancient Folklit. from North-Eastern T. (AAB 1952, 3), 1957 - G.Schulemann, Gesch. der Dalai-Lamas, 1958. - Der chines.-tib. Vertrag 1951 ist abgedr. in: A.Winnington, T., London 1957. - Zur Lage des gegenw. Dalailama nach der Flucht 1959 s. G.N.Patterson, T. in Revolt, London 1960. - Vgl. die Lit. zu → Bon-Religion, → Lamaismus. *T.Schmid*

II. Missionsgeschichtlich

Nach Expeditionen einzelner Jesuiten im 17. und 18.Jh. und mehrjährigem Aufenthalt von Kapuzinern in der Hauptstadt Lhasa im 18.Jh. blieb T. bis ins 19.Jh. erneut verschlossen. Auch die Lazaristen (1841) und die Pariser Société des Missions Etrangères hatten in T. keinen Erfolg. 1856 gelang es Herrnhuter Missionaren, denen die Einreise von Indien aus in die Mongolei verweigert wurde, in den nordindischen Hochtälern zwischen westlichem Himalaya und Karakorum-Gebirge unter tibet. Bevölkerung Fuß zu fassen (Stationsgründungen). Ihr Anteil an der sprachwissenschaftlichen Erschließung der tibet. Literatur (H.A.Jäschke, A.H.Francke) ist beträchtlich. 1885 wurde in Leh (Hauptort der Provinz Ladakh in Kaschmir) von ihnen eine bis heute bestehende Gemeinde gegründet. Ihnen zur Seite stehen die Central Asian Mission und weitere 9 Missionsgesellschaften mit zT internationaler Organisation, für die die Vereinigte Kirche von Nordindien wachsende Bedeutung gewinnt. Tatsächlich arbeiten sie, wie auch kath. Ordensmissionen, nur im indischen und chinesischen Grenzgebiet bzw. von dort aus. Groß-T. ist, zumal seit der chinesischen Besetzung, völlig unzugänglich. Srinagar (Kaschmir) ist Sitz einer Apostolischen Präfektur. Die Missionserfolge in den Grenzgebieten sind bes. wegen des straff hierarchisch organisierten → Lamaismus bis heute zahlenmäßig minimal geblieben. Seit 1945 ist, auch infolge der politischen Verwicklungen in diesem Gebiet, ein äußerer Rückgang der Missionsarbeit zu verzeichnen. Dennoch wird weiterhin Traktat- und Bildermission sowie Schul- und Hospitalarbeit getrieben. 1950 konnte nach langer Vorarbeit durch Herrnhuter Missionare und tibet. Übersetzer die Bibel in klassischem Tibetisch herausgegeben werden (Bibelteile in Dialekten). In neuester Zeit wird ein wachsender Druck des Islam in den Grenzgebieten vermerkt. Die Abwanderung aus den besetzten Gebieten nach Nordindien eröffnet neue Möglichkeiten, unter den geflüchteten T.ern Mission zu treiben.

R.Clark, The Pundjab and Sindh Missions of the C.M.S., 1885 - C.Wessels, Jesuit Travellers in Central Asia 1603-1721, 1924 - M.Cable, The Challenge of Central Asia, 1929 - K.Müller-Ad. Schulze, 200 Jahre Brüdermission II, 1932 - Latourette III. VI. VII - A.Mulders, Missionsgesch., dt. 1960 (kath.). - Vgl. IRM, seit 1912 (Rubrik »Central Asia«); zur Statistik: WChH 1957. *H.Motel*

Ticonius *(Tyconius)* († um 400), Donatist aus → Nordafrika (: I, 3), griff nach 370 mit mehreren Schriften in den Kampf mit der kath. Kirche ein. Er näherte sich ihr durch einen Kirchenbegriff, der die Ausscheidung der falschen Christen aus dem corpus Christi bipertitum vor dem Endgericht verwehrt, und durch die Annahme objektiver Heiligkeit der Sakramente. Da er so dem → Donatismus die theologische Grundlage entzog, wurde er um 378 ausgeschlossen. Er trat aber nicht der kath. Kirche bei, da er an ihr das Merkmal der Verfolgung vermißte. Trotzdem wirkten sein Liber Regularum, die erste lat. → Hermeneutik (, 2 c), und sein verlorener, aber zT rekonstruierbarer Kommentar zur → Johannesapokalypse (, 3 b) stark nach, zB bei → Augustin (: I, 3) mit der Vorstellung vom Gottes- und Teufelsreich und der Verwerfung des → Chiliasmus (, 2; → Eschatologie: V, 2 d). Theologie und Exegese des T. kreisen um den Begriff der → Kirche (: III, 2 d). Er betont Gnade und Prädestination, Glaube und lebenslängliche Bußgesinnung.

The Book of Rules of T., ed. F.C.Burkitt (TSt III, 1), Cambridge 1894 - MPL Suppl. I, 1958, 621ff (Reste des Apk-Kommentars). - Tr.Hahn, T.-Studien, 1900 - RE XX, 851ff - RGG² V, 1173f - PW 2. R. VI/1, 849ff - G.Ebeling, Ev. Evangelienauslegung, 1942, 124ff - DThC XV, 1932ff - RepBibl V, Nr. 8263-8266 - Altaner § 82, 5 - A.Quacquarelli, La concezione della storia in Ticonio (Studi di storia medievale e moderna in onore di Ettore Rota, Rom 1958, 11-30). *H.Karpp*

Tidehverv (Zeitwende) nennt sich eine Bewegung in der dänischen Volkskirche nach ihrer seit 1926 erscheinenden gleichnamigen Zeitschrift (→ Dänemark: I, 4; II). Die Bewegung entstand in den 20er Jahren als eine Opposition innerhalb der christlichen Studentenbewegung. Sie protestierte gegen die Entstellung der christlichen Botschaft zu suggestivem Erlebniskult und manierierter Persönlichkeitsumkreisung, die man den Leitern des CVJM vorwarf. Gefängnispfarrer N.J.Heje trat unter den Angreifern am stärksten hervor; bemerkenswert ist, daß seinem Einsatz nicht eine akademisch angeeignete, von einem der großen christlichen Denker vorgezeichnete Lehre zugrunde lag, sondern daß er sich selbständig mit den Erscheinungen seiner Umwelt auseinandersetzte und von daher seiner Rede Kraft verlieh. Die Angriffe dehnten sich auf weitere kirchliche Kreise aus, und schließlich fand eine größere Abrechnung innerhalb der Kirche statt. Der Streit wurde mit Erbitterung ausgefochten. Man hatte eine so starke Polemik innerhalb der eigenen Reihen gegen führende kirchliche Persönlichkeiten bisher nicht erlebt und brandmarkte sie daher als Verrat an der Kirche. T.s Kritik am gegenwärtigen Christentum enthüllte jedoch tiefere Differenzen, und es erfolgte nun eine Auseinandersetzung mit dem kirchlich-herkömmlichen Christentumsverständnis, dessen Wurzeln bis in den Pietismus hineinreichten. Anfangs stützte man sich kurze Zeit auf die Theologie von Karl → Barth, entdeckte aber bald, daß hier eine Mesalliance vorlag. Bleibend wichtig jedoch wurde für T. die theologische Arbeit R. → Bultmanns. - Der Einfluß K.Olesen Larsens bewirkte, daß T. sich immer stärker auf die Denkrichtung → Kierkegaards festlegte, was nach 1945 wachsende innere Spannungen im T.-Kreise hervorrief. Zwar hat T. den Charakter einer theologischen Arbeitsgemeinschaft, ist aber zugleich ein Forum schonungsloser theologischer Kämpfe. Ein bedeutender Exeget war G.Brøndsted († 1959). Ein → Hamann-Kenner und Sachkundiger auf dem Gebiet der englischen Literatur war T.Schack, der 1945 dem Terror der Besatzungsjahre zum Opfer fiel. T. hat bei Anhängern und Gegnern entscheidend auf die Problemstellung in der dänischen Kirche eingewirkt. Ansichten von T.-Theologen, die einst schockierten, sind heute zum Allgemeingut geworden. - Nach 1945 wollte T. die Kampffront vom innerkirchlichen auf den volklichen und kulturellen Bereich verlegen. Bis auf wenige Ausnahmen, insbesondere H.Østergaard-Nielsens Angriff auf den rückwirkenden Strafgesetzanhang, mit dem die dänische Regierung ihren Säuberungsaktionen nach der Besatzung eine Rechtsgrundlage zu geben versuchte, ist dies bisher nicht gelungen. Der Grund ist T.s Stagnation in den in der kirchlichen Auseinandersetzung gewonnenen Gesichtspunkten und Argumenten und die Scheu, sich von den kulturellen Problemen tatsächlich anfechten zu lassen und sie theologisch unvoreingenommen in Angriff zu nehmen. Daß sich der Christ mit dem Nichtchristen in den Fragen des bürgerlichen und kulturellen Lebens auf gleicher Ebene trifft, wie es → Grundtvigs Auffassung war, wird zwar durch K.Thaning in T. betont, freilich in latenter Spannung zu der vorherrschenden Ausrichtung auf Kierkegaard. - Die Bewegung hat keine Organisation. Es findet alljährlich eine Sommertagung statt.

G.Brønsted, Historisk bibelsyn, Kopenhagen 1925 - Ders., To verdenssyn-to sprog, ebd 1955 - N.J.Heje, Ungdomsløgn eller kristentro, ebd 1928 - K.L.Aastrup, Salmer I-IV, ebd 1933-49 - V.Krarup, K.E.Løgstrup, H.Østergaard-Nielsen, Opgørets nødvendighed, ebd 1946 - T.Schack, Afhandlinger, ebd 1947 - Ders., G.Hamann, ebd 1948 - K.Olesen Larsen, Videnskaben og mennesket, ebd 1954. *K.E.Løgstrup*

Tiefenpsychologie

1. Wesen und Wirken - 2. S.Freud - 3. A.Adler - 4. C.G.Jung - 5. Verzweigung der Erkenntnismöglichkeiten und der Wege - 6. T. und Weltanschauung - 7. T. und Theologie. - Vgl. ergänzend bes. → Psychotherapie: I. II

1. T. ist der Gesamtbereich an Forschung und Erfahrung derjenigen neuzeitlichen → Psychologie, deren Wesensmerkmal im Unterschied zu früheren Psychologien die *Einbeziehung des Unbewußten* in das Verständnis des Menschen ist. Ihre klassischen Namen sind die des Dreigestirns ihrer Begründer Freud, Adler und Jung. Durch diese drei und in weiterer Verzweigung hat sie wesentlich vertiefende Einblicke in das Wesen und Verhalten des Menschen gebracht. Infolge der Dynamik des Unbewußten ist die T. als Forschung und Erfahrung vom Ursprung an in gegenseitiger Befruchtung und Ergänzung verbunden mit der → Psychotherapie als Praxis. Beide erwachsen zunächst aus erweiterter und neu gesehener Erfahrung der Medizin (→ Psychiatrie), sind aber durch eigene universale Anlage und durch Zustrom allseitiger Erkenntnisse emporgewachsen zu einem Ferment in der Geistesgeschichte der Gegenwart und im öffentlichen Bewußtsein.

2. Das öffentliche Dasein der T. als selbständiger Wissenschaft mit der ihr verbundenen Praxis beginnt, nach Jahren vorbereitender und zum Resultat sich gestaltender Arbeit, genau in der Jh.wende (1900) mit → *Freuds* großem Wurf »Die Traumdeutung«. Dieses Buch ist, trotz seiner Einseitigkeit, noch heute ein klassisches Werk und eine der lebendigsten und konkretesten Einführungen in Geist, Atmosphäre und Methode der T. bzw. der Psychotherapie. Sein erster Satz lautet (Betonungszeichen von uns): »Auf den folgenden Blättern werde ich den Nachweis (!) bringen, daß es eine psychologische Technik (!) gibt, welche gestattet, Träume zu deuten, und daß bei Anwendung dieses Verfahrens jeder Traum sich als ein sinnvolles (!) psychisches Gebilde herausstellt, welches an angebbarer Stelle (!) in das seelische Treiben des Wachsens eingereiht ist.« Grundlegend neu ist hierin die neuzeitliche Auffassung vom *Lebenssinn der Träume* nebst der wissenschaftlichen Methode ihrer Deutung. Grundlegend neu ist damit zugleich das neue Verständnis des *»Unbewußten«*, mit dem zum ersten Male derjenige Bereich des Untergrundes unserer Existenz, den die Bewußtseinsphilosophie ignorierte, die romantische Philosophie nur tastend auffangen konnte, wissenschaftlich erfaßt, methodisch zugänglich gemacht und therapeutisch erschlossen ist. Und zwar geschieht das sogleich mit einer großen Reihe psychologischer Grundbegriffe (→ Psychotherapie: I), die zu einem erheblichen Teil noch heute gelten, wenn auch vielfach modifiziert. Grundsätzlich überwunden ist heute vor allem die noch rein negative Fassung des Unbewußten bei Freud, bei dem es ausschließlich Reservoir »verdrängter«, weil unerfüllbarer oder als mora-

lisch anstößig empfundener Wünsche ist. Damit parallel ist überwunden das rein mechanistische Verständnis des Triebes mitsamt seiner alleinigen Geltung als Lebensantrieb. Ebenso ist überwunden der berüchtigte Pansexualismus, dh die Zurückführung aller Intentionen auf sexuelle Wünsche; er wurde freilich bei Freud nicht so rein »sexuell« verstanden, wie es der heutige Sprachgebrauch irreführend oft vermuten läßt. Überwunden ist auch grundsätzlich, obwohl gegen zähe Beharrlichkeit, die verbreitete Vorstellung, daß T. wesenhaft mit Areligiosität verbunden sei, wie es bei Freud persönlich freilich der Fall war (Das Unbehagen in der Kultur, I, Anfang). All das aber nimmt Freud nichts von seiner persönlichen Größe und von seiner sachlichen Bedeutung.

Der Terminus *»Unterbewußtes«* bzw. Unterbewußtsein steht im Gegensatz zu Oberbewußtsein. Freud lehnt diese Unterscheidung ab, »da gerade sie die Gleichstellung des Psychischen und des Bewußtseins betont« (Traumdeutung 620). Andere unterscheiden das Unterbewußtsein vom Unbewußten dahin, daß das Unbewußte immer unbewußt bleibt, während das Unterbewußte schon einmal bewußt war oder jederzeit bewußt werden kann. Besser und klarer ist die einfache Unterscheidung zwischen Bewußtsein und Unbewußtem.

3. *Alfred Adler* (Wien, 1870-1937), eine halbe Generation jünger als Freud, der Begründer der *»Individualpsychologie«*, ist dessen Gegenspieler insofern, als er nicht vom Sexualtrieb, sondern vom Machttrieb ausgeht; dieser zeigt sich schon im Kinde, wenn es baut und wieder zerstört, wenn es die Mutter trotz zu erwartender Strafe durch Ungezogenheit zu der vermißten Beschäftigung mit der kleinen Person zwingt. So sieht Adler die Entwicklung der Neurose nicht *kausal*, wie Freud, sondern *final* und findet den Entstehungsgrund der Neurosen nicht im »Trauma« (Freud), dh in der Verletzung der Seele in der Kindheit, die nun im Leben des Erwachsenen unbewußt nachwirkt, sondern in dem *Minderwertigkeitsgefühl*, das ständig genährt wird durch die Gegenschläge des Lebens, die den Menschen am Erreichen seiner Machtziele hindern. Die Minderwertigkeitsgefühle sind Quelle der Neurosen, auch und gerade dann, wenn der Mensch sie durch *»Geltungstrieb«* »überkompensiert« und sie also äußerlich schwer erkennbar sind. Adler selbst ist nicht so populär geworden wie Freud und Jung, um so mehr sein bedeutendster Schüler aus der ersten Generation nach den Gründern, F.Künkel, dessen eingängige Literatur weite Verbreitung fand, jedoch nicht überall in die letzten Tiefen vordringt. Durchaus in der Weite und Tiefe ganzheitlicher Schau steht unter den Lebenden Johanna Herzog-Dürck, die, wie Künkel im Christentum stehend, mit tiefgreifender Psychologie intensives Erleben und plastische Darstellungskraft verbindet.

4. Die dritte Etappe beginnt mit *C.G.* → *Jung* (Zürich, 1875-1961), der, 5 Jahre jünger als Adler, der Begründer der *»Komplexen Psychologie«* geworden ist. Jung ist nicht, wie oft angenommen wird, Schüler Freuds, sondern lernte diesen als selbst schon fertiger Psychiater, der bereits Weltruf genoß, kennen und stellte weitgehende Gemeinsamkeiten fest. Zu seiner Größe erwuchs er an der Trennung von Freud (s.u.) und an der Vergleichung zwischen Freud und Adler. Zunächst zu diesem Zweiten: Jung stellt fest, daß zwei bedeutende und erfahrene Tiefenpsychologen dieselben Tatbestände ganz verschieden auffassen, und kommt zu dem Ergebnis, daß diese Divergenz in der Verschiedenheit des *Psychologischen Typs* der beiden begründet ist. Freud sucht seine Erfüllung im Gegenüber und ist damit *extravertiert*. Adler sucht seine Erfüllung in sich selbst und ist *introvertiert:* Dem Machtstrebenden, der die anderen zu beherrschen sucht, sind diese im Grunde Mittel zum Zweck, er genießt in ihrer Beherrschung sich selbst. Freud und Adler sehen nun offenbar an der Neurose ihrer Patienten (die ja gewiß nicht alle total entgegengesetzt denen des jeweils anderen sind) den Aspekt, der ihrer persönlichen Eigenart am meisten entspricht.

Auf dieser Grundlage unterscheidet Jung *vier Grundfunktionen*, die sich in jedem Typ entsprechend seiner Eigenart auswirken: Rationale Funktionen (weil sie mit Wertung verbunden sind) sind Denken (wahr und falsch) und Fühlen (Lust und Unlust), irrationale Funktionen (weil ohne Wertung nur wahrnehmend) sind Empfinden und Intuieren. Und zwar ist das Empfinden der Sinn für äußere Wahrnehmung der Gegebenheiten, Intuition der Sinn für das Innere, Hintergründige, Eigentliche. Mit der Empfindung zB nehme ich wahr, was für ein Gesicht mein Gesprächspartner hat, mit der Intuition, ob und wie er mir wesensverwandt ist. Die Vernachlässigung eines dieser vier Bereiche macht die entsprechende Funktion zur »minderwertigen Funktion«, und dadurch entstehen Neurosen. Die »Differenzierung« dieser Funktion ist eine wesentliche Hilfe zur Überwindung der Neurose. – Den *Willen* rechnet Jung nicht zu den Grundfunktionen, weil er erst mit der Lösung des Menschen aus dem rein kollektiven Sein entstanden ist. Damit wird er jedoch als Faktor der Behandlung und der Heilung keineswegs zurückgesetzt, sondern hat seinen gesunden und wesentlichen Platz in der Therapie sowie im Menschenbild Jungs. – Die Erkenntnis und Markierung der *Intuition* als Grundfunktion ist ein grundsätzlicher Gewinn an Neuland der Erkenntnis und an Hilfen zur Lebensgestaltung. – Das Begriffspaar *»Lust und Unlust«* (s.o.) ist hier nicht nur reguliert durch das Realitätsprinzip (so bei Freud), sondern die Werte haben neben ihm selbständige Bedeutung (s. auch 6). Generell sei hier hinzugefügt: Die Erkenntnis des Ortes von Lust und Unlust in der Gesamtstruktur der Person (nicht nur der Psyche!) zeigt, daß diese nicht kurzschlüssig ausgelebt bzw. unterdrückt werden dürfen, sondern beide zu sinnvoller Einordnung, Läuterung und Gestaltung kommen müssen. – Der Wert der T. Jungs liegt einerseits in ihrer therapeutischen Differenziertheit, andererseits in der Weite und Tiefe, mit der sie den Menschen in seiner Totalität der Beziehungen und Möglichkeiten erfaßt.

Dementsprechend trägt auch die Struktur der → Person bei Jung eigengeprägte Züge. – Der *Schatten* ist die dunkle Seite im Menschen, und zwar ausdrücklich nicht nur sein Böses, sondern auch seine erdhaften Elemente umfassend. Man muß ihn »annehmen« lernen, das Erdhafte als zum Wesen gehörig, so daß es nicht ignoriert werden darf, das Böse als wirklichen eigenen Anteil der Person, so daß es als »mein« Böses, als Teil meines Ich, nicht geleugnet werden kann. »An-nehmen« heißt auch hier nicht kritiklos oder neigungsgemäß triebhaften Wünschen nachgeben, sondern alles, das Dunkle und das Böse, in die personale Verantwortung einbeziehen und zur Gestaltung bzw. zur Wandlung führen. – Die *anima* beim Manne und der animus bei der Frau sind das vielgestaltige Seelenbild des andersgeschlechtlichen Personanteils im Menschen, dessen Realisierung ebenfalls zum vollen Menschsein gehört. Daß der Mensch im Vollsinne Mensch sein soll, ist nicht ästhetisches oder theoretisches Prinzip, sondern aus der Erfahrung der Sprechstunde als Notwendigkeit erhoben und in Fühlung mit der Existenz in der Theorie, in Fühlung mit dem Sinn der Existenz in der theoretischen Fassung durchgeführt. So hat Jung u.a. aus dem Verhältnis zwischen dem Geschlecht der Person und ihrem andersgeschlechtlichen Anteil wesentliche Erkenntnisse für die Ehe gewonnen hinsichtlich der Wandlung beider Partner nach der Lebensmitte (Seelenprobleme 265ff). – *Persona* ist das Gesicht, das wir den anderen zeigen, teils aus Notwendigkeit und mit Recht als Schutz des Eigensten und in Rücksicht auf die anderen, teils aber auch als Maske, hinter der das eigentliche Ich sich versteckt. Die Ordnung der Beziehungen zwischen Ich und persona gehört somit zu den zentralen Aufgaben der Persongestaltung. – Die drei Termini Schatten, anima und persona, hier als wichtigste herausgehoben, sind Elemente fruchtbarer Differenzierung der Person in ihrer Struktur und in ihrer Dynamik. Indem hier jedesmal ein oft nur als fremde Macht, Spiel der Phantasie oder Zwang der Sitte empfundenes Moment der Lebensführung als zentrales und verantwortliches Element der Person herausgestellt wird, ist ein wesentlicher Beitrag geleistet zur Vertiefung der Erkenntnis anthropologischer Grundelemente und damit zu den Möglichkeiten der Lebensgestaltung. T.e Prinzipien und Erkenntnisse dieser Art sind zugleich weithin Ferment in den öffentlichen Leitbildern der Lebensgestaltung, hier also etwa Beitrag zur Vertiefung der ethischen Selbsterkenntnis, der Phantasie als Lebenselement und der Sitte als Hilfe und Gefahr.

Die Linien der T. Jungs nähern sich der Mitte mit der Kategorie des *Selbst*. Das Selbst ist die Einheit der Person in echter und gelungener Verbindung des bewußten Seins mit dem Unbewußten. Der Weg zu ihr heißt *Individuation*. Die Nötigung zu dem schweren und gefahrvollen therapeutischen Wege der Individuation hat sich für Jung an Patienten ergeben, die nicht mit gutem Gewissen zur Ruhe und zum befreiten Leben kommen konnten, ehe sie sich nicht allen Angriffen ihres Unbewußten ausgesetzt hatten, ohne ihnen auszuweichen und ohne ihnen zu verfallen. Individuation führt zu einer totalen Wandlung und Erneuerung der Persönlichkeit. Aber sie ist ein Weg, der nur bei äußerster Notwendigkeit und in höchster Verantwortlichkeit beschritten werden darf. Hingegen ist das *Leitbild des »Selbst«* als der inneren Einheit der bewußten Person mit ihrem Unbewußten, soweit es ihr erfahrbar geworden ist oder werden kann, ein in alle Breite und Tiefe hinein hilfreicher und richtungweisender Ruf zum Hören auf die inneren Stimmen und zum Verarbeiten der inneren Spannungen, die viel von ihrer Macht verlieren, sobald man sie wirklich annimmt und in Angriff nimmt.

Mit der Selbstfindung aber ist nun schon der Weg beschritten zu dem entscheidenden Beitrag, den Jung zu dem Problem des *Unbewußten* geliefert hat. Dem unbeirrbaren und allem bereiten Empiriker ist erster Grundsatz, daß wir über das Unbewußte allein aus Erfahrung wissen können. Und eben von dieser Basis aus wird der Inhalt des Unbewußten sofort als ungleich viel weiter als bei Freud erkannt: zunächst das normal Vergessene, dann an zweiter Stelle in einer ganzen Reihe das intentional Vergessene (Freuds »Verdrängung« als einziger Inhalt des Unbewußten), ferner unbewußte Apperzeption von Sinneseindrücken ohne bewußte Wahrnehmung, auch Gedachtes und Gefühltes, das dem Bewußtsein entschwand, u.a.m.

Noch folgenreicher als diese Erweiterung des persönlichen Unbewußten ist die Erkenntnis: »Neben diesen persönlichen unbewußten Inhalten gibt es aber andere Inhalte, die nicht aus persönlichen Acquisitionen, sondern aus der ererbten Möglichkeit des psychischen Funktionierens überhaupt, nämlich aus der ererbten Hirnstruktur stammen. Das sind die mythologischen Zusammenhänge, die Motive und Bilder, die jederzeit und überall ohne historische Tradition oder Migration neu entstehen können. Diese Inhalte bezeichne ich als das *kollektive Unbewußte«* (Werke VI, 527). Diese These ist erwachsen an der Beobachtung, daß in der Analyse immer wieder uralte mythologische Motive in den Träumen auftauchten, und zwar auch bei Patienten, die nachweislich keinerlei rationale Kenntnis von diesen haben und sie auch subjektiv unbewußt aus ihrer Umgebung nicht aufgenommen haben konnten. 17 Jahre lang hat Jung an einer Fülle von Fällen das Problem sorgsamst kritisch untersucht, ehe er sein Resultat veröffentlichte.

Von da aus ergibt sich eine weitere Erkenntnis für Wesen und Bedeutung der urtümlichen Bilder in der Mythologie (→ Mythos: I, 8). Das urtümliche Bild wird von den Mythologen meist auf die Natur bezogen, zB die Sonnenmythen auf das tägliche Aufgehen und Untergehen der Sonne. Dabei bleibt aber die Frage offen, warum denn nicht der betreffende Inhalt (zB die Sonne) direkt als Inhalt des Mythos auftritt. Daß er allegorisiert auftritt, weist auf eine Mitarbeit der Psyche hin. So ist das urtümliche Bild zwar unzweifelhaft auf Naturvorgänge, aber ebenso unzweifelhaft auch auf psychische Vorgänge bezogen. Diese urtümlichen Bilder nennt Jung *Archetypen*. Traumbilder oder Phantasiebilder, auch Leitbilder und begleitende Ideen sind dann archetypisch, wenn sie eine auffallende Ähnlichkeit mit bekannten mythologischen Motiven haben, und drükken in diesem Falle überwiegend kollektive Materialien aus. Sie bezeichnen dann auch eine derzeitige Bewußtseinslage, die weniger persönlich als kollektiv beeinflußt ist, dh durch übersubjektive Ideen, Motive, Kräfte usw (s. Werke VI, 450ff). Archetypen sind unbegrenzt mannigfaltig. In Träumen häufig sind etwa der uralte Mann, der Held, der König, die Urmutter (die sorgende und die »fressende«); dann Tiermotive wie: Vogel, Löwe, Schlange, Pferd, Stier; Naturmotive wie Wald, Meer, Wolken und so fort. Natürlich kann subjektiv ein solches Bild zugleich persönlichen *und* kollektiven Hintergrund haben. Aber die Ausweitung auf kollektive Hintergründigkeit vergrößert den Raum und vertieft die Perspektive der t.en Erkenntnis und der therapeutischen Möglichkeiten.

Wenigstens kurz skizziert muß die Bedeutung werden, die in Jungs T. dem Vorgang der *Projektion* zukommt. Grundsätzlich wichtig ist er durch die Erkenntnis, daß der Mensch das eigene Unbewußte auf seine Umgebung überträgt. Praktisch bedeutet das, daß man an anderen die Fehler sieht und rügt (und nicht vertragen kann!), die man selbst an sich trägt. In den kollektiven Lebensräumen gehört hierher zB die Übertragung des Bildes des eigenen Vaters auf Gott, mitsamt allen Affekten, die man gegen den eigenen Vater hat, und den entsprechenden Folgen für die Einstellung zum Glauben, zur Kirche usw. Diese Sicht konkreter Fälle ist zugleich ein wesentlicher Beitrag zur t.en Anthropologie. – Die Förderung der Problematik des → *Symbols*, Jungs Beitrag zur → *Meditation* (aktive Imagination und Mandala) und die psychologische Durchleuchtung der *Alchemie*, die für diese ein neues Verständnis bedeutet und u.W. zum ersten Male sie als sinnvolles Geschehen begreifen lehrt, seien wenigstens stichwortartig genannt.

5. Das eigentliche Charakteristikum der T. ist und bleibt die Einbeziehung des Unbewußten in das Bild vom Menschen, und der eigentliche Weg der Therapie ist und bleibt deshalb die Traumanalyse. Sowohl zur Erkenntnis der Totalperson aber wie auch als therapeutische Hilfen haben sich weitere Möglichkeiten ergeben und sind t. ausgebaut worden. Das Stichwort *Test* gilt heute für zwei Bereiche. Es gibt nicht nur den Leistungstest, in dem zB Aufgaben gestellt werden, bei denen an Art und Dauer der Lösung die Fähigkeiten der Versuchsperson erkannt und etwa zur Berufswahl ausgewertet werden können, sondern es gibt in mannigfacher

Form den *t.en Test*. Er dient sowohl der t.en Diagnose wie auch der therapeutischen Heilung. Denn die Lösung der Aufgabe bringt infolge der Art dieser Aufgabe Wesen und Intentionen der Person zum Ausdruck. Diese unbewußte aktive Gestaltung der Personprobleme aber und deren t.e Deutung hilft zur Klärung der Problematik und zur Lösung der Schwierigkeiten. So besteht etwa der *Wartegg*-Test darin, daß acht Felder vorgelegt werden, auf denen wenige Striche, Bogen, Punkte usw sich befinden, die zu Zeichnungen zu ergänzen sind. Im *Szeno*-Test werden Kindern Puppen vorgelegt, die Typen darstellen (Vater, Mutter u.a.), wobei die Kinder im Spiel mit diesen Puppen ihre psychische Situation zum Ausdruck bringen. Der *Baum*-Test fordert einfach dazu auf, einen Baum zu zeichnen. Was für einen Baum der Betreffende wählt und wie er ihn zeichnet, das wird auch dann vom Unbewußten des Zeichnenden gesteuert, wenn er es »bewußt« überlegt. Im *Scondi*-Test werden dem Patienten charakteristisch (nach triebpsychologischen Gesichtspunkten) ausgewählte Photos (Porträts) vorgelegt, zu denen er sich äußert. Schon jeder Laie weiß aber, daß bei einer Auswahl zwischen verschiedenen Porträts der Mensch nicht nur seinen Geschmack, sondern damit zugleich auch viel von seinem Wesen, seinen Wünschen usw verrät. Wesentlich tiefer und gestaltender wirkt der Test. Entsprechendes gilt von den *Farben*-Tests, in denen man serienweise Farben auswählt nach Sympathie und Antipathie, *Erzähl*-Tests, in denen zu Bildern Geschichten zu erzählen sind u.ä. - Auch die *Graphologie* ist bedeutsame t.e Hilfe. *Musiktheraphie*, wie sie jetzt mancherorts getrieben wird, ist nicht nur therapeutisch wirksam, sondern auch t. instruktiv. So gibt es heute eine große Zahl verschiedenartigster Tests mit t.em Hintergrund. - Einen Bereich für sich bildet das vor allem von Jung ausgebildete Zeichnen bzw. *Malen aus dem Unbewußten*, bei dem der Betreffende entweder malt, was er im Traum gesehen hat, oder absichtslos zu malen anfängt und sich dabei ganz seiner Intuition überläßt. Bemerkenswerterweise gelingt das auch Menschen, die bewußt kein »Talent« zum Malen haben, ja dieses unbewußte Malen kann zu Bildern von erstaunlicher Vollendung führen. Der künstlerische Gesichtspunkt spielt hierbei freilich keine Rolle, und die Deutung solcher Bilder erfordert ein hohes Maß an Erfahrung. Es wird erheblich unterstützt durch Kenntnis der Mythologie. Wenn eine Analyse von solchem Malen begleitet ist, entstehen Serien von Bildern, aus denen der therapeutische Fortschritt oft erstaunlich plastisch abgelesen werden kann. (Beispiele in Jung, »Gestaltungen des Unbewußten« und »Wurzeln des Bewußtseins«.)

6. Die T. als Wissenschaft und ebenso die Psychotherapie als Praxis sind in ihrem Beginn für das öffentliche Bewußtsein verkoppelt gewesen mit den Grundthesen Freuds und mit seiner Weltanschauung. Sie wurden weithin gleichgesetzt mit Sexualismus und, wenn nicht mit Areligiosität, so doch mindestens mit einer Zerbröckelung des Glaubens an den Gott der Christenheit (s. dazu 7). Mit dem ersten vermeintlichen Wesenszug der T. und der Psychologie verband sich das Gefühl einer Auflösung von Ordnung und Sitte. Obwohl Jung und Adler sich bereits 1912 eben wegen des Pansexualismus von Freud getrennt hatten, blieb das Mißtrauen gegenüber der gesamten T. und Psychotherapie gefühlsmäßig weithin bestehen. So wurde es grundsätzlich bedeutsam, daß neben anderen in der Mitte des 20.Jh.s aus der Wiener Schule selbst drei namhafte Therapeuten und Autoren hervorgingen, die für den Blick der Öffentlichkeit erkennbar machten, daß die T. und die Psychotherapie als solche auch mit anderen weltanschaulichen Überzeugungen als der Freuds verbunden sein können. Aus den Erfahrungen der Sprechstunde, also aus der zwingenden Praxis, erwuchs *Viktor E.Frankl* die Nötigung, von der »Psycho«-Therapie zur »Logo«-Therapie fortzuschreiten: nicht schon von der »Psyche« her, sondern erst vom »Logos« her ist Heilung möglich, nicht schon die Seele, sondern erst der Geist gibt dem Menschen die Ausrichtung, die er zur Gesundheit und zur Lebensführung braucht. »Tatsächlich wird der Psychotherapeut täglich und stündlich, im Alltag seiner Praxis und in der konkreten Situation seiner Sprechstunde, *mit weltanschaulichen Fragen konfrontiert*. Ihnen gegenüber erweist sich alles, was ihm seitens der bisherigen, der ›bloßen‹ Psychotherapie an Rüstzeug an die Hand gegeben wurde, als unzulänglich« (Ärztl. Seelsorge 9). »Was der neurotische Mensch verlangen darf, ist eine immanente Kritik all dessen, was er an *weltanschaulichen Argumenten* vorbringen mag« (ebd 10, Unterstreichung von uns). Wir bedürfen einer *»am Geistigen orientierten Psychotherapie«* (ebd 11). Dementsprechend fordert Frankl den Fortgang »von der Psychoanalyse zur Existenzanalyse« (20), »von der weltlichen Beichte zur ärztlichen Seelsorge« (180). - Dem verwandt kommt *Igor A. Caruso* durch die Sprechstunde zu dem Ergebnis, daß die Therapie zusteuern muß auf die »bewußte Anerkennung des Bezugssystems, in welches der Mensch gestellt ist«, denn »es entspricht dem Wesen des Menschen, daß sein Leben auf transzendente Werte zentriert ist« (Psychoanalyse und Synthese 145). So gilt: »Es kann nur eine einzige Rettung vor der neurotischen existenziellen Angst, vor der zusammenhangslosen Zerrissenheit und Verabsolutierung der Empfindung geben: *die Hierarchie der objektiven Werte*« (147). Die pädagogische Aufgabe der Psychotherapie kann, wenn man schon erkannt hat - und das hat mancher moderne Psychotherapeut erkannt -, daß das geistige Problem in einem Abfall vom Absoluten liegt, *»nur vom Religiösen her«* (148) gelöst werden. - *Wilfried Daim* vollzieht in verwandter Richtung eine »Umwertung der Psychoanalyse«, eine »Wendung um 180 Grad« (13), indem er die Neurose zurückführt auf den Gegensatz Gott-Götze. Neurose ist Abfall von Gott und Hinwendung zu Götzen, zu Werten, die man selbst verabsolutiert hat. Aber: »ist Gott eine ontologische Realität, so kommt dem Götzen in seiner Götzenhaftigkeit nur eine psychologische Realität zu« (141). Darum gilt: »Die falsche Zentrierung aufzuheben und die wahre herzustellen, muß das Ziel der psychotherapeutischen Bestrebungen sein« (154). Die Frage, inwieweit Daim mit der These einer »Umwertung« »der« Psychoanalyse Freud wirklich gerecht wird, kann hier nicht erörtert werden. Seine Parallelisierungen zwischen Freud und seinen eigenen Termini werden stark bestritten. Hier geht es, davon unabhängig, um die Ausweitung der T. und der Psychotherapie dahin, daß sie grundsätzlich mit jeder Weltanschauung verbunden sein können, obgleich ihre Positionen damit vielfach einen anderen Stellenwert bekommen.

Die Begegnung mit der Philosophie erstreckt sich weiterhin auf die *wissenschaftliche Einordnung* der T. (zB Meinertz) und, praktisch intensiv wirksam, auf die weltanschauliche Verbindung mit der → *Existenzphilosophie* in psychologischer Theorie und therapeutischer Praxis (zB Binswanger, G.Bally, Boss, ähnlich die oben genannten Caruso und Frankl). Innerhalb der T. wird weithin von Therapeuten, die dem Christentum nahestehen, eine neuzeitliche *theologische Anthropologie* gefordert, die in der Tat dringend nötig wäre, mit Verarbeitung aller philosophischen und psychologischen Erkenntnisse von theologischer Sicht aus. Intensive Beziehungen bestehen seitens der T., wie verständlich, zur *Soziologie*. Auch auf *Kunst und Künstler*, vor allem auf Maler und

Dichter, wirkt die T. breit und tief ein. In weitem Maße schließlich ist sie in das *Bewußtsein der Gegenwart* eingedrungen, als Element im persönlichen Weltbild und als Hilfe in der persönlichen Daseinsgestaltung. Hier steuert sie ihren sich immer stärker festigenden Weg zwischen der überholten Auffassung, daß man das Unbewußte ignorieren oder bagatellisieren könne, und den flachen Intentionen der Sensationsfreudigen, die, zB weithin in Amerika, aus einem Lebensstrom eine Modeströmung machen und damit zugleich weiteren Kreisen große Möglichkeiten der Klärung und Reifung dem Bereich ihres ernsten Interesses und ihres Vertrauens entrücken.

7. In der ev. *Kirche* ist die T. und ebenso die → Psychotherapie (: II) zunächst und zu lange mit Unbehagen, Mißtrauen und prinzipieller Ablehnung beantwortet worden. Überwiegend empfand man sie als säkularisierende Gefahr für den Glauben oder als willkommenen Ersatz für ihn. Die Sorge war oft ehrlich, aber sie wurzelte in dem überkommenen Bild vom Menschen und von der Glaubensforderung, und es blieb gerade das aus, was hätte kommen sollen: fruchtbare Beunruhigung aus neuen Erkenntnissen heraus und realistische Bereitschaft, überkommene Vorstellungen zu überprüfen und nötigenfalls zu revidieren. Echte Glaubenskräfte schossen aus in stagnierendes Festhalten des Bewährten ohne Gespür für die Tatsache, daß auch die einst besten Formen sich überleben können, wenn in ihrem Existenzraum neue Wahrheiten erwachsen. Der erste Pfarrer, der entschieden und viel Verfemung auf sich nehmend sich für Freud als Psychologen, gegen Freud als Atheisten und Pansexualisten einsetzte, war Oskar Pfister (Zürich). Wir danken ihm außer dieser tapferen Fehde eine wertvolle, aus der T. erwachsene Kritik an der Praxis des Christentums (→ Angst, Lit.) mit der These, daß in allen Jh.en die Angst zu intensiv großgezogen worden und dadurch viel Qual und viel Neurose entstanden sei. Die praktische Begegnung zwischen Theologie und T. hat vor allem für die → Seelsorge gute Früchte gezeitigt. Auf ärztlicher Seite vgl. Th. → Bovet, P. Tournier, H. March, Felicia Froboese-Thiele, Johanna Herzog-Dürck u.a., aus der älteren Generation vor allem F. Künkel, zur Pastoralpsychologie H.J. Thilo. Um Auswertung der T. für die Predigt ist O. Haendlers Buch »Die Predigt« ([1941] 1960[3]) bemüht, um Begegnung mit der Problematik der Praktischen Theologie Haendlers »Grundriß der Praktischen Theologie« (1957). Von großer praktischer und grundsätzlicher Bedeutung sind die Gemeinschaften → »Arzt und Seelsorger«, bes. die Stuttgarter (Dr. Bitter) in fruchtbarer Zusammenarbeit der Konfessionen mit bedeutsamen Tagungsberichten seit 1952 (grundsätzlich und praktisch reiches Material). Die Monatsschrift »Wege zum Menschen« verarbeitet ständig die Beziehungen zwischen Seelsorge, Psychotherapie und Erziehung sowie die Zusammenarbeit zwischen Arzt und Seelsorger.

Die grundsätzliche Verarbeitung des Problems »*Theologie* und T.« wird in allen drei großen Kirchen betrieben. Auf kath. Seite ist stark beachtet die Psychologie von C.G. Jung, hierzu Frhr. v. Gebsattel, J. Goldbrunner, Viktor White, Raimund Hostie, am Jung-Institut und in Stuttgart Gebhard Frei. Von griech.-orth. Seite Gerhard Zacharias (Jung-Institut). Auf ev. Seite ist die Literatur noch spärlich. Affemann, der weithin vereinfacht, und auch das in seiner Art gründliche Buch von W. Bernet kommen an die eigentliche Problematik noch nicht heran. Wesentlich richtig ist diese erfaßt bei Klaus Winkler, mit der These, daß jede Vergleichung unzureichend ist, die sich auf ein Vergleichen lediglich der Aussagen über Religion beschränkt und nicht die Prämissen beachtet, die u.U. gleichlautenden Aussagen verschiedenes spezifisches Gewicht geben kann und hier tatsächlich in fundamentaler Bedeutung gibt.

In der Theologie ist die Auseinandersetzung mit der T. nicht Randproblem dogmatischen Denkens, sondern Kernproblem der Existenz. Sie geschieht also nicht schon in rationaler Beurteilung eines Gedankengebildes, demnach erst recht nicht mit vermeintlicher Erledigung empirischer Tatbestände durch dogmatische Thesen, sondern erst in Bereitschaft für eine dynamische Wirklichkeit. Zur stichhaltigen Bewertung, darum auch zur gültigen theologischen Einordnung, gehört eigentlich die Erfahrung der Macht des Unbewußten in einer Analyse. Da diese nur wenigen möglich ist, sollte hier offene Bereitschaft bestehen. Man muß mit offenen Fragen leben können. Unbedingt zu warnen ist vor pseudopsychologischem Dilettantismus in der seelsorgerlichen Praxis und vor pseudotheologischem Dilettantismus in der Begegnung mit t.en Werten. Erweiterung und Vertiefung kann jedem der beiden Bereiche vom anderen her zuteil werden: zur dogmatischen Wahrheit kann die T. neue Lichter geben, ohne die Wahrheit zu gefährden, und zur Erkenntnis der psychologischen Wirklichkeit kann die Theologie neue Beiträge liefern. Soweit beide Seiten für einander offen sind, werden für den kritischen Blick die Grundlagen frei, von denen aus die Beziehungen zwischen Theologie und T. ihre Klärung finden (vgl. hierfür Haendlers Thesen zu Jung in ThLZ 84, 1959, 585ff).

Die beiden Grundfragen der *Praxis* sind die, ob der christliche Therapeut *in* der Analyse Christ sein »darf« und ob der Christ als Analysand ohne Schaden zu einem nichtchristlichen Therapeuten gehen kann. Sie gehören zu den existentiellen Lebensfragen, die Prinzipienfragen sind, ohne daß es für sie eine einfache prinzipielle Lösung gäbe. – Die an sich unbedingt gültige These, daß die Therapie reine Therapie bleiben soll, hat die Schwierigkeit, daß sie das Problem zwar in der Grundlinie löst, in der Praxis aber weithin gerade erst stellt. Namhafte Therapeuten sind der Überzeugung, daß u.U. ein totaler persönlicher Einsatz unerläßlich ist, weil in bestimmten Situationen erst die Begegnung mit der ganzen »Person« des Therapeuten im Patienten den Kern seiner »Person« wachruft und so die wirkliche Neugestaltung ermöglicht. – Der Patient kann von einem nichtchristlichen Therapeuten zwar pflichtgemäß dazu geführt werden, daß er unechte Bestandteile seines »Glaubens« abstößt, aber es gibt auch Beispiele dafür, daß Menschen durch Therapie zu einem gewachsenen, dem Leben standhaltenden Glauben durchgedrungen sind.

Vgl. die Lit. zu → Angst, → Freud, → Jung, → Psychologismus, → Psychotherapie: I. II. Dort Genanntes ist hier nicht wiederholt. Außerdem: J. Meinertz, Psychotherapie – eine Wissenschaft!, 1939 – Ders., Moderne Seinsprobleme in ihrer Bedeutung für die Psychologie, 1948 – Ders., Philosophie, T., Existenz, 1958 – W. Bitter, Die Angstneurose. Entstehung u. Heilung, 1948 – J.C. Flugel, Probleme u. Ergebnisse der Psychologie, dt. 1950 – G. Anschütz, Psychologie. Grundlagen, Ergebnisse u. Probleme der Forschung, 1953 – L. Brachfeld, Minderwertigkeitsgefühle, dt. 1953 (viele hist. Beispiele) – O. Haendler, Komplexe Psychologie u. theol. Realismus (ThLZ 78, 1953, 199-216) – Ders., Wahrheit u. Wertung der T. (ebd 81, 1956, 407-414) – Ders., C.G. Jung, Lit.Bericht als Situationsprofil (ebd 84, 1959, 561-588) – W. Bitter (Hg.), Vorträge über das Vaterproblem in Psychotherapie, Religion u. Gesellschaft, 1954; Vorträge über die Wandlung des Menschen in Seelsorge u. Psychotherapie, 1956; Heilen statt Strafen, 1957; Magie u. Wunder in der Heilkunde, 1959; Gut u. Böse in der Psychotherapie, 1959; Zur Rettung des Menschlichen in unserer Zeit, 1961 – F. Froboese-Thiele, Träume, eine Quelle relig. Erfahrung? (mit theol. Einl. v. O. Haendler), 1954 – W. Kemper, Der Traum u. seine Be-deutung, 1955 – H.R. Lückert, Konfliktpsychologie, 1957 – E. Stern (Hg.), Die Psychotherapie in der Gegenwart (Hdb. der klinischen Psychologie II), 1958 – J. Cohen, Psychologie psychologisch betrachtet, dt. 1959 – P. Seidmann,

Der Weg der T. in geistesgesch. Perspektive, 1959 - J.Herzog-Dürck, Menschsein als Wagnis, 1960 - E.R.Kiesow-J.Scharfenberg (Hg.), Forschung u. Erfahrung im Dienst der Seelsorge (Festschr. f. O. Haendler), 1960 - K.Winkler, Dogmat. Aussagen in der neueren Theol. im Verhältnis zu den Grundbegriffen der Komplexen Psychologie C.G.Jungs (Diss. Berlin), 1960 - H.Schär, Seelsorge u. Psychotherapie, 1961. *O.Haendler*

Tieftrunk, *Johann Heinrich* (1759-1837), ev. Religionsphilosoph, * in Stove bei Rostock, † in Halle, wo er seit 1792 o. Prof. der Philosophie war und bis 1799 auch Theologie lehrte. Als Kantschüler und Vertreter einer reinen Vernunftreligion gründete T. die Religion auf die praktische Vernunft. In deren moralischen Grundsätzen glaubte er die Grundgedanken der Religion auch unabhängig von der Bibel zu finden, zugleich in Übereinstimmung mit der vom Christentum unterschiedenen Religion Jesu. Die biblische Offenbarung soll die religiösen Wahrheiten nur versinnbildlichen und bezeugen. Mit Hilfe der »moralischen Schriftauslegung« deutete T. die Sündenvergebung als Aufhebung der Schuld und des Schuldbewußtseins.

Vf. u.a.: Einzig möglicher Zweck Jesu aus dem Grundgesetze der Religion entwickelt, (1789) 1793²; Versuch einer Kritik der Religion u. aller relig. Dogmatik mit bes. Rücksicht auf das Christentum, 1790; Zensur des christl. prot. Lehrbegriffs I-III, 1791-95 (I, 1796²); Die Religion der Mündigen I. II, 1799/1800; Philos. Unters.en über das Privatrecht, 1791; ... über das öffentl. Recht, 1799; ... über die Tugendlehre, 1805; Denklehre in rein dt. Gewande, 1825 bis 1827. - Über T.: A.Ritschl, Die christl. Lehre von der Rechtfertigung u. Versöhnung I, (1870) 1888³, 461ff - RE XIX, 763ff - G.Kertz, Die Religionsphilosophie J.H.T.s (KantSt ErgH. 4), 1907 - Hirsch V, 15f - Stephan-Schmidt 65. *H.Hohlwein*

Tiele, *Cornelis Petrus* (16.12.1830 bis 11.1.1902), niederl. Theologe und Religionswissenschaftler, entscheidender Wegbereiter der modernen → Religionswissenschaft. 1856 Pfarrer der → Arminianer-Gemeinde in Rotterdam, 1873 Prof. am Seminar der Arminianer in Amsterdam bzw. Leiden, 1877 Prof. für → Religionsgeschichte in → Leiden. Methodisch verwertete er bei seiner Erforschung der Religionen → Ägyptens (: II), → Babyloniens (: II), → Indiens (: II) und des → Iran (: II) die Ergebnisse der → Ethnologie und → Prähistorie. In einem »Kompendium der Religionsgeschichte« gab T. einen zusammenfassenden Überblick über die Fremdreligionen.

Vf. u.a.: Vergelijkende geschiedenis der egypt. en mesopotamische godsdiensten, Amsterdam 1869-72; Geschiedenis van den godsdienst tot aan de heerschappij der wereldgodsdiensten, ebd 1876 (franz.: Manuel de l'hist. des religions, Paris [1880] 1885²; dt.: Kompendium d. Religionsgesch., [1880] 1931⁶ bearb. v. N.Söderblom); Geschiedenis van den godsdienst in de oudheid tot op Alexander den Groote, ebd 1891-93 (dt. 1896-1903); Elements of the Science of Religion (→ Gifford Lectures), Edinburgh 1897/99 (niederl.: Inleiding tot de godsdienstwetenschap, Amsterdam [1897/99] 1900²; dt. 1899-1901). - Über T.: J.H. de Ridder, C.P.T., Haarlem 1902 (358-364 vollst. Bibliogr.) - RE XIX, 766ff. *G.Lanczkowski*

Tiele-Winckler, 1. *Eva von* (1866-1930), * und † in Miechowitz b. Beuthen/Oberschlesien, gründete ebd 1888 das Diakonissenhaus »Friedenshort«. Von dort gingen fast 40 Kinderheimaten in Deutschland aus, in denen erziehungsbedürftige Kinder in Familiengruppen betreut wurden. Eine Gefangenenfürsorge schloß sich an. 1912 entstand eine eigene Missionsarbeit in China. »Mutter Eva« war seit 1896 einige Jahre Oberin des Betheler Diakonissenhauses »Sarepta«. Durch ihren Seelsorgedienst und ihr Schrifttum war sie eine Förderin der → Gemeinschaftsbewegung (→ Heiligungsbewegung, → Keswick-Bewegung).

Vf. u.a.: Wie der Friedenshort entstand, (1921) 1949⁵; Denksteine d. lebendigen Gottes, (1926) 1952; Nichts unmöglich! Erinnerungen, 1929. - Über T.: W.Thieme, Mutter Eva, (1932) 1955² - M.Witte Das große Wagnis, (1949) 1959³ - A.Roth, E.v.T.-W., (1951) 1956⁴.

2. *Hans-Werner von* (1865-1915), Bruder von 1, einer der Begründer der → Gemeinschaftsbewegung in Mecklenburg, wo sein Gut Rothenmoor eine Keimzelle der Bewegung wurde. Im Berliner CVJM war T. durch → Rothkirch zur Erweckung gekommen. Auf seinem Gut lud er Offiziere, Landwirte, Schüler und Studenten zu Glaubenskonferenzen ein. Er berief Evangelisten und Gemeinschaftsprediger und wurde der erste Vorsitzende eines Brüderrats für Gemeinschaftsarbeit in Mecklenburg.

H.v.Sauberzweig, Er der Meister, wir die Brüder, 1959. *H.Brandenburg*

Tierkult (Tk.; T. = Tier). Nach allgemeiner Sprachregelung bedeutet → Kultus die dem höheren Wesen dargebrachte Verehrung. So sollte man auch von Tk. nur dort sprechen, wo *Verehrung des T.es als Gottheit* vorliegt. Das ist beim sog. → Totemismus wohl bisweilen der Fall, aber mindestens nicht wesentlich; darum muß zwischen Tk. und Totemismus von vornherein scharf getrennt werden. Damit soll nicht gesagt sein, man habe auf grundsätzliche Erwägungen zu verzichten, wie man sie auch für den Totemismus anstellen wird. Als solche gelten vorab Gedanken über die *Gemeinsamkeit alles Lebendigen* und bes. von Mensch und T. für den frühstufigen Menschen. In → Afrika (: II) besteht eine regelrechte Schicksalsgemeinschaft beider, die sich bes. in → Krankheit und → Tod äußert: Was dem Menschen zustößt, ist auch seinem »Bruder im Walde« begegnet (Schleswig-Holst. Missionsblatt 42, 1928, Nr. 12). Aus den Frühzeiten alter und neuer Hochkulturen künden → Märchen (: I) und (auf eine Tendenz hinzielende) → Fabeln (: I), in denen T.e menschlich handeln, vom alten Bewußtsein dieser Gemeinsamkeit (E.Brunner-Traut, Altägypt. T.geschichte und Fabel. Gestalt und Strahlkraft [Saeculum 10, 1953, 124-185; Lit.]), und Lehren von einer → Seelenwanderung bringen es in ein ethisch mehr oder minder verbindliches System. Ob die Vorstellung von Gott als dem → guten Hirten (bes. im alten Orient entwickelt: D.Müller, Der gute Hirte [ZÄS 86, 1961, 126-144]) auch nur als indirektes Zeugnis verwendet werden darf, erscheint fraglich, weil diese Bildrede auf das Gott-Mensch-Verhältnis zielt. Aber uralte religiöse Weisheit der hier in Betracht kommenden Art spricht aus M. → Bubers Kindheitsbericht von dem instinktiven, durch die Ratio nur gestörten lebendigen Kontakt mit einem Schimmel, den er in seine »Begegnung« aufgenommen hat (1960, 15f). Von wirtschaftlichen Erfahrungen und Notwendigkeiten (Jägertum [→ Jäger], Domestikation) bis hin zur sentimentalisierten Form des durchschnittlichen modernen T.freundes (Wirtschaftliches paart sich mit Sentimentalem in der liebevollen Haltung der rinderzüchtenden Altägypter zum Kälbchen: A.Hermann, Altägypt. Liebesdichtung, 1959, 28ff) zieht sich das Bewußtsein solcher Gemeinsamkeit, in die freilich auch die Pflanze als dritte Gruppe des Lebendigen einbezogen werden kann (S.Morenz-J.Schubert, Der Gott auf der Blume, 1954, 73). Nun ist aber das T. nicht nur - dem Menschen gleich - ein Gestalthaft-Lebendiges, sondern es vertritt ebenso das ganz Andere. Wo Gott Gestalt annimmt (→ Erscheinungsformen der Gottheit), legt sich daher Verkörperung im T. nahe, weil hier zugleich *Gestalt und numinose Andersartigkeit* gegeben sind.

Zu diesen Grundgedanken müssen Ermittlungen darüber treten, *welche Eigenschaften* den einzelnen T.gattungen Verehrung eingebracht haben. Freilich wird man hier Einsichten oft nur im Blick auf lokale Besonderheiten gewinnen, denn die Tatbestände sind nicht immer so allgemeiner Natur und daher plausibel wie dort, wo Kraft (Löwe u.a.), → Fruchtbarkeit (Stier [→ Stierdienst], Widder, auch Fische), freizügige Beweglichkeit (Vogel), Unheimlichkeit und Gefährlichkeit (→ Schlange) als Ursachen der Kultwahl ohne weiteres einleuchten. Auch ist damit zu rechnen, daß die → *Totenverehrung* mit ihren besonderen Erfordernissen die Verehrung von T.gattungen herbeigeführt und schließlich zum Tk. weitergeleitet hat (hier scheint das begrenzte Recht der Theorie des → Animismus vom Entstehen der Machtwesen aus Totenseelen zu liegen, das als eine Möglichkeit hinter anderen bestehen bleibt). Fest steht jedenfalls, daß überall in der Welt, u.a. in der → germanischen Religion, »primitive Seelenwesen . . . als unheimliche große T.e . . . erscheinen können . . .; sie haben Macht über Gedeih und Verderb von Mensch, T. und Pflanze«, und darum genießen sie primär im Maskenzug wenigstens temporäre Verehrung (HWDA V, 1744ff, Zitat 1851).

In diesem Lichte bedarf der Tk. als Verehrung tiergestaltiger Götter nicht einmal so sehr der Erklärung wie vielmehr die *Vermenschlichung von ursprünglich als T. erscheinenden Göttern;* man pflegt sie mit Recht in einem progressiven Zug zur geistigen Bewältigung der Welt durch den aus seiner Umgebung heraustretenden Menschen zu sehen. Beispiele hierfür finden sich u.a. in Griechenland, wo offenbar → Homer den entscheidenden Durchbruch zum → Anthropomorphismus markiert, ohne daß Götter-Epiphanien in T.gestalt deshalb aufhörten, nicht einmal bei Homer selbst (WM I, 1955, 140ff). Die eindrucksvollsten Zeugnisse bietet jedoch → Ägypten (: II) mit seiner Hauptlinie einer teilweisen Vermenschlichung tiergestaltiger Götter, neben denen rein menschliche (speziell kosmische) und rein tierische als Sonderfälle erscheinen (S.Morenz, Ägypt. Religion, 1960, 20f). Ob auch das dominante Nebeneinander von menschen- und tiergestaltigen Göttern in Mittelamerika und dem nördlichen Andenraum auf solche Tendenzen zurückzuführen ist, müssen wir dahingestellt lassen; auf jeden Fall gründet es im Sinne unserer generellen Ableitung in einem Denken, »dem die Einheit des Lebendigen im Vordergrund steht, die Grenze also nicht zwischen Mensch und T. . . . verläuft, sondern zwischen unbelebt und belebt« (H.Trimborn in: Die Religionen des alten Amerika, 1961, 124f).

Anscheinend hat man, freilich mit ganz verschiedener Bewertung, weithin vorzugsweise (chaotische) *Urwesen als T.e* gesehen: »Des dunklen Tierweibchens (Kuh?) Pforte, das ist die Wurzel Himmels und der Erde« (Tao-teh-king 6, vgl. A.Kühn, Bericht über den Weltanfang bei den Indochinesen usw, 1935, 15ff). Die akkadische Tiâmat, aus deren Leib der siegreiche Marduk Himmel und Erde schafft (→ Babylonien: II, 14, → Schöpfung: I), pflegt man in → Drachen-Bildern zu erkennen (ferner T.ungetüme in ihrem Gefolge: D.O.Edzard in: WB der Mythologie, 1961, 100f. 129). Zu Jahwes Schöpfungswerk gehört ebenfalls die Vernichtung maritimer T.ungeheuer (vgl. → Leviathan [Lit.]; zum T. im AT überhaupt: M.L.Henry, Das T. im relig. Bewußtsein des at. Menschen [SgV 220/21], 1959).

Nun sollte man freilich über dem Vorkommen und sogar Vorherrschen tiergestaltiger Götter niemals vergessen, daß es sich stets um eine Verehrung der Gottheit handelt, die im T., offenbar als der angemessen lebendigen und zugleich fremdartig-numinosen Form (s.o.), begegnet. Zur Verdeutlichung diene *der am besten bekannte,* aber offenbar auch ausgeprägteste Tk. einer Nationalreligion: *der ägyptische.* Hier wimmelt es von Aussagen, die zunächst die Meinung des Theologen kundmachen und darauf hinauslaufen, daß das tiergestaltige Kultbild ebenso wie das beim → Tempel gehaltene lebende Kult-T. (Al.Badawy, Chr. d'Ég. 31, 1956, 257 bis 266) die Erscheinungsform (meist: »Ba«) der eben von einer T.gestalt keineswegs begrenzten Gottheit sei. So gilt der → Phönix als Ba des → Osiris, der Widder als Ba des Re, des Schu, des Osiris, der Bock als Ba des Amun, das Krokodil als Ba des Sobek, der Apis (Stier) als Ba des Ptah oder Osiris usw (Morenz, aaO 165). Dem steht die Verehrung jedes einzelnen Exemplars bestimmter T.-gattungen gegenüber, die entweder gauweise (Hund, Oxyrhynchosfisch, vgl. Plutarch, Über Isis und Osiris 72) oder über das ganze Land hin (Falke, Ibis) geübt wurde und die sich u.a. in der Mumifizierung von Tausenden dieser T.e äußerte (Lortet-Gaillard, La faune momifiée de l'ancienne Egypte, 1903/09). Was bedeutet diese volkstümliche generelle Verehrung? Hier ist zu bedenken, daß die bestatteten T.e, soweit wir Texte dazu haben, den Titel »Osiris« tragen (zB Osiris-Ibis). Damit zeigen sie sich dem Menschen parallel gesetzt, der durch ritualgerechte Bestattung ebenfalls zu einem Osiris (plus Personennamen) erhöht wird; sie erweisen sich aber auch der Verbindung mit einer über ihre Gestalt hinaufreichenden Gottheit fähig und bedürftig. So scheint in der späten, aus dem Volksglauben aufgebrochenen allgemeinen T.verehrung sowohl die alte Gemeinsamkeit von Mensch und T. samt numinoser Scheu vor dem anderen Wesen wie die Einbindung der T.e in einen sie übergreifenden Gottesglauben vorzuliegen. Übrigens nähern die eine T.gestalt nachbildenden Särge (Katzen!) als »Reliquiare« diese Ausformung des Tk.s dem Reliquiendienst an. Unter den mancherlei antiken »Erklärungen« des ägypt. Tk.s, die zugleich als warnende Beispiele unbekümmerter Aufklärung dienen können (Belege s. RÄRG 822ff), rührt die aus den vermuteten gesellschaftlichen Verhältnissen (Zusammenschluß Schwacher gegen Übergriffe Starker unter dem Zeichen nachmals aus Dankbarkeit göttlich verehrter T.e: Diodor I, 86. 90, Variante bei Plutarch, aaO 72) immerhin an ein echtes Problem: das Wesen der Gottiere als Lokalnumina. Für die frühchristlichen Schriftsteller ist der ägypt. Tk. im allgemeinen »ein bequemes Mittel, die Verirrung heidnischer Gottesvorstellung sichtbar zu machen« (RÄRG, aaO; Stellungnahmen gesammelt bei Th.Hopfner, Plutarch über Isis und Osiris II, 1941, 263). Doch klingt bei ihnen sogar bisweilen ein Wissen um die alte Kompliziertheit nach, die eben durchaus eine höhere Glaubensschicht einschließt: Man glaubt, unter den T.gestalten verhüllen sich göttliche Mächte, was immer noch respektabler als die allzumenschliche Menschengestalt der griech. und röm. Götter sei (Arnobius gegen die Heiden III, 15). Heilsgeschichtliche Bezüge auf altägypt. Tk. finden sich in halbchristlichen gnostischen Texten (A.Böhlig, WZ Halle 10, 1961, 1325ff). Die christliche Erhöhung des T.es durch Symbolik (→ Symbole: III), wie sie literarisch in der → Physiologus-Tradition, bildlich von den → Evangelistensymbolen an und in der Romanik stark verdichtet zu fassen ist, kann dagegen zureichend (und besser!) aus den antiken (überwiegend klassischen, zT aber auch aus Ägypten bezeugten) Naturlehren hergeleitet werden, die ihrerseits einige Querverbindungen zum ägypt. Tk. haben.

Außer der Lit. im Text: ERE I, 483ff - G.Herrlinger, Totenklage um T.e in d. antiken Dichtung, 1930 - PW 2. R. VI, 862ff - HWDA VIII, 850ff - W.v.Blankenburg, Hl. u. dämonische T.e. Die Symbolsprache d. dt. Ornamentik im frühen MA, 1943 - H.Rahn, T. u. Mensch in d. homerischen Auffassung der Wirklichkeit (Paideuma 5, 1950/54, [277-297. 431-480] 464ff) - Mens en dier. Festg. f. F.L.Sassen, Amsterdam-Antwerpen 1952 - C.W.Hume, The Religious Attitude towards Animals (HibJ 51, 1952/53, 262-268) - G.Manzini, Animali sacri e profani, Rom 1953 - V.Preston, Divine Names and Attributes of Animals..., New York 1953 - L.Röhrich, Mensch u.

T. im Märchen (Schweiz. Archiv f. Volksk. 49, 1953, 165-193) - H.STRAUBE, Die T.verkleidungen der afrik. Naturvölker, 1954 - NILSSON I, 197ff - H.FINDEISEN, Das T. als Gott, Dämon u. Ahne, 1956 - HEILER 77ff (Lit.) - The Supernatural Owners of Nature (Stockholm Studies in Comparative Religion I), 1961 - F.HERRMANN, Symbolik in d. Religionen der Naturvölker, 1961, 86ff - S.MORENZ, Ein neues Denkmal der T.bestattung (in: ZÄS 88, 1963). - Vgl. → Bärenfest, → Herr der Tiere, → Stierdienst u. die einzelnen T.-Artikel.

S.Morenz

Tiersymbolik → Christussymbole, → Fisch, → Lamm, → Pfau, → Physiologus, → Symbole: III, → Taube.

Til, *Salomo(n) van* (1643-1713), ref. Theologe, * in Weesp, studierte in Utrecht, wo F. → Burman ihn tiefer beeinflußte als → Voetius, dann in Leiden unter → Coccejus. Seit 1666 Prediger, zuletzt in Dordrecht, war T. schon dort Prof. an der Schola Illustris und wurde 1702 Nachfolger → Spanheims d. J. in Leiden. Er war jedoch nicht so stark historisch interessiert wie sein Vorgänger, sondern vorwiegend Dogmatiker, mit offenem Auge für die Praxis (Homiletik). Sein dogmatisches Hauptwerk »Theologiae utriusque compendium cum naturalis tum revelatae« (1704) wurde auch in Deutschland geschätzt. Natürliche und geoffenbarte Theologie werden streng geschieden, bleiben aber verbunden, da die Glaubenswahrheit einen vernünftigen Sinn hat. T. illustriert die folgenschwere Entwicklung der ausgehenden Föderaltheologie (→ Bund: IV) auf die Aufklärung hin. Unter den cartesianisch gesinnten Coccejanern nimmt er eine bedeutende Stelle ein.

RE XIX, 775ff - NNBW X, 1027ff (Lit.) - A.F.STOLZENBURG, Die Theol. des J.F.Buddeus u. des Chr.M.Pfaff, 1926, 321ff passim.

S. van der Linde

Tilak, *Narayan Waman* (1861-1919), Marathi-Dichter, indischer Patriot und führender Christ, * als Brahmane, 1895 getauft. T. war ein furchtloser und unorthodoxer Mann, ein Rebell und Prophet, stets freimütig und von tiefer Demut erfüllt. Mehr als andere prägte er im westlichen Indien ein eigenständiges christliches Bewußtsein, bes. durch seinen Kampf gegen die Kaste, seine zahlreichen Gemeindelieder und sein Streben nach Unabhängigkeit von der westlichen Mission. Seine Frau Lakshmi vollendete sein großes Epos über das Leben Christi (»Christayan«). Viele seiner Gedichte und Lieder wurden ins Englische übersetzt.

LAKSHMIBAI T., I Follow After, London 1950 (dt. Auszug: Ein Brahmane wird Christ, 1958). *R.P.S.Waddy*

Tilenus, *Daniel* (1563-1633), * in Goldberg/Schlesien, † in Paris, humanistisch-ref. Theologe, 1602-18 Prof. in → Sedan, vertrat ab 1614 im Streit mit dem orthodox-ref. P. → Du Moulin über den Begriff der unio hypostatica die spätzwinglianische Abendmahlschristologie (→ Bullinger, → Piscator) mit ihrer Ablehnung des Substanzbegriffes. In den arminianischen Streitigkeiten (→ Arminianer) stellte er sich nach anfänglichem Widerstand auf die Seite der Remonstranz und verteidigte gegen → Camero deren Gnadenlehre. Als die franz. Nationalsynode zu Tonneins 1618 den Streit unterdrückte, wurde T. entlassen. Versuche Jakobs I., ihn wegen seiner Anerkennung des Episkopats nach England zu holen, scheiterten; T. blieb in Paris.

Syntagma tripart. disput. theologicarum in Acad. Sedan. habitarum, Genf 1622 - JÖCHER IV, 1198 (Bibliogr.) - E. u. E.HAAG, La France Protestante IX, Paris 1859, 385ff - RE V, 58. *J.Moltmann*

Tiling, *Magdalene von,* * 19.5.1877 in Riga, unterrichtete ab 1909 am Oberlyzeum in Elberfeld (später Berlin), 1911 zugleich Oberin der dortigen Frauenschule. 1917-39 Vorsitzende des Verbandes für ev. Religionsunterricht und Pädagogik und 1923 der Vereinigung ev. → Frauenverbände Deutschlands (1933 abgesetzt), 1921 bis 1930 Mitglied des preußischen Landtags, 1930-33 des Reichstags. 1926 D. theol. h.c. (Rostock). - Theologisch → Gogarten nahestehend, will M.v.T. durch ihre pädagogische Arbeit eine idealistische, christlich-weltanschauliche Erziehung verhüten, aber auch nicht einfach Glaubensaussagen in die Pädagogik eintragen, sondern die Gesetzmäßigkeiten kindlichen Seins und Werdens (Altersstufen!) in Beziehung zu Gott, den Mitmenschen und der Welt setzen, um dem Kind in dieser Bezogenheit leben zu helfen. - Vgl. → Religionspädagogik: I, 2.

Vf. u.a.: Psyche u. Erziehung der weibl. Jugend, (1921) 1928⁶; Erziehung zu kirchl. Bewußtsein u. kirchl. Gemeinschaft, (1923) 1925²; Grundlagen päd. Denkens, (1932) 1934²; Der Unterricht im NT, 1948; Die Geschichtsbücher des AT, 1949; Der Mensch vor Gott, 1950; Wir u. unsere Kinder, 1955. - Hg.: »Aufgaben u. Ziele«, 1920ff; »Schule u. Evangelium«, 1926ff. *G.Roth*

Tillemont, *Sebastian Le Nain de* (1637-98), kath. Kirchenhistoriker, * in Paris, erzogen in → Port Royal, 1676 Priester, 1677-79 in Port Royal, zog sich dann auf sein Schloß T. bei Paris zurück. T. neigte dem → Jansenismus zu, ohne sich an der Kontroverse zu beteiligen. Sein Hauptwerk »Mémoires pour servir à l'histoire ecclésiastique des six premiers siècles« (16 Bde, 1693-1712; bis 513 reichend) ist die erste aus den - weitgehend wörtlich zitierten - Quellen gearbeitete → Kirchengeschichte (: I, 2d) in Frankreich, bietet aber trotz gelehrter Anmerkungen keine eigentlich kritische Darstellung.

Vf. ferner: Hist. des Empereurs et des autres princes qui ont régné durant les six premiers siècles de l'Eglise, 6 Bde, 1690-1738; Vie de Saint-Louis, 6 Bde, hg.v. J.DE GAULLE, 1847-51. - Über T.: M.TRONCHAI, Idée de la vie et l'esprit de Le Nain de T., (Nancy 1706) Köln 1711 - CH.A.SAINTE-BEUVE, Hist. de Port-Royal III, (1840ff) 1940¹⁰ - C.v.HEFELE, Beiträge zur KG II, 1864, 100ff - E.FUETER, Gesch. d. neueren Historiographie, 1911, 314ff - DThC XV/1, 1029ff.

P.Honigsheim

Tillich, *Paul,* ev. Theologe und Philosoph, * 20.8. 1886 in Starzeddel (Kr. Guben), promovierte mit Arbeiten über → Schelling, 1919 PDoz. in Berlin, wo er mit → Dehn u.a. den Kreis religiöser Sozialisten begründete, 1924 Prof. der Theologie und Philosophie in Marburg, 1925 in Dresden und Leipzig, 1929 in Frankfurt/M. Am 6.2.1933 verlor er als führender Kopf des religiösen → Sozialismus (: II) seinen Lehrstuhl. Bis 1955 lehrte er am Union Theol. Seminary in New York, seitdem als »University Professor« in Harvard. - In der Mitte von T.s Denken steht eine neue Formulierung der Antwort auf die eigentliche theologische Frage nach dem Verhältnis von → Offenbarung (: VI) und menschlicher Wirklichkeit. Das Recht, beide auseinanderzureißen und etwa die → Vernunft einer theologischen Heteronomie zu opfern, bestreitet T. mit Leidenschaft (→ Erkennen, 3, → Christentum: IV A, 3). Als Schüler von → Kähler geht er aus von einem neuen Verständnis der → Rechtfertigung durch den Glauben als des ontologisch zu fassenden »prot. Prinzips« (→ Protestantismus: I, 1. 2). Es formuliert die paradoxe Gegenwart Gottes (dessen, »was uns unbedingt angeht«) in allen Lebensbereichen und ermöglicht es so, den theologisch unergiebigen Konflikt zwischen neuorthodoxer, sog. → dialektischer Theologie (vor allem im Supranaturalismus → Barths) und liberal-humanistischem Denken zu überwinden. Ausdruck dieses Grundgedankens ist die »Methode der Korrelation«, in der Offenbarung und Wirklichkeit, ewige Botschaft und geschichtliche Situation (»Kairos«), → Theologie und Philosophie (als Inbegriff der Arbeit am Problem des menschlichen Lebens und Denkens) aufeinander bezogen sind. Damit wird die *gesamte*

→ *Kultur* (: IV) in die theologische Arbeit einbezogen, außer der Philosophie im engeren Sinne auch Wirtschaft, Politik, Soziologie, Geschichte, Literatur, Kunst, Erziehung, Ethik, Psychotherapie. Für alle diese Gebiete gewinnt T.s Formulierung der christlichen Botschaft eine verblüffende Relevanz (ihre Intention ist der von → Bonhoeffer geforderten »nichtreligiösen Interpretation« der biblischen Begriffe nahe verwandt). Ihr zentraler Begriff ist *»das neue Sein«*, das in »Jesus als dem Christus« in »letztgültiger Offenbarung« (Kriterium: Einheit mit dem »Grund des Seins« und Transparenz für das repräsentierte göttliche Geheimnis; → Mythos: I, 8) erschienen ist und in der → Kirche fortlebt als die den Menschen in seiner Existenz befreiende und erneuernde Macht. Entsprechend ist T.s Ethik »transmoralisch«, ihr Prinzip die nicht emotional, sondern ontologisch verstandene Liebe. - Die *Auswirkungen* von T.s Denken lassen sich noch nicht absehen. In der jüngeren theologischen Generation wächst allerdings die Zahl derer, die von T. den entscheidenden Anstoß für die von Barth und → Bultmann vergeblich erhoffte Erneuerung der Theologie erwarten.

Bibliogr. bis 1959 (400 Nummern) in der Festschr.: Religion and Culture. Essays in Honour of P.T., New York 1959, u. beim P.T.-Archiv (Ev. Theol. Seminare der Univ. Münster). - Hauptwerke (dt. Übers. in Klammern): Das System d. Wissenschaften nach Gegenständen u. Methoden, 1923; Kirche u. Kultur, 1924; Rechtfertigung u. Zweifel, 1924; Die relig. Lage d. Gegenwart, 1926; Kairos (Hg.), 1926; Relig. Verwirklichung, 1930; Die sozialist. Entscheidung, 1933 (eingestampft) u. 1948; The Shaking of the Foundations, 1948 (In der Tiefe ist Wahrheit, [1952] 1958²); The Protestant Era, 1948 (Der Protestantismus. Prinzip u. Wirklichkeit, 1950); Systematic Theology I. II, 1951/57 (Syst. Theol. I, [1955] 1957²; II, 1958); The Courage to Be, 1952 (Der Mut zum Sein, [1953] 1958³); Love, Power, and Justice, 1954 (Liebe, Macht, Gerechtigkeit, 1955); Biblical Religion and the Search for Ultimate Reality, 1955 (Bibl. Religion u. d. Frage nach dem Sein, 1956); The New Being, 1955 (Das neue Sein, [1957] 1958²); Theology of Culture, 1959; GesW I (Frühe Hauptwerke), 1959 (9 Bde geplant). - Über T.: C.W.Kegley-R.W. Bretall (Hg.), The Theology of P.T., New York 1952 - W.Hartmann, Die Methode der Korrelation v. phil. Fragen u. theol. Antworten bei P.T. (Theol. Diss. Göttingen), 1954 - C.Rhein, P.T. Philosoph u. Theologe. Eine Einführung in sein Denken, 1957 (Lit.) - R.Lindner, Grundlegung einer Theol. der Gesellschaft, 1960.

C.Rhein

Tillmann, *Fritz* (1.11.1874 bis 24.3.1953), kath. Theologe, * in Honnef, † in Rhöndorf/Rh., 1908 PDoz. für NT in Bonn. T. gab »Die Hl. Schrift des NT« (Übersetzung mit Kommentar) heraus, deren erste Lieferungen (Mt 1-9 von F.Maier) infolge der Stellungnahme Roms zurückgezogen werden mußten. Er bearbeitete selbst Joh und Phil, zeichnete aber nicht mehr als Herausgeber des Gesamtwerks. Seit 1913 o.Prof. für Moraltheologie, blieb er jedoch der Exegese eng verbunden und wußte sie moral- und pastoraltheologisch fruchtbar zu machen. Seine von der traditionellen Theologie und von der offiziellen Kirche mit Reserve aufgenommene »Kath. Sittenlehre« ging in der biblischen Fundierung weit hinaus über die zu Beginn des Jh.s gemachten Reformvorschläge (→ Mausbach). Das Werk baut auf einer idealistisch gesehenen Ethik des NT auf und verwertet bes. die positiven Ergebnisse der ev. Exegese (→ Moraltheologie). T. besaß hohes, verantwortungsbewußtes wissenschaftliches Ethos; sein organisatorisches Talent und seine große Energie befähigten ihn zu erfolgreicher wissenschaftspolitischer Tätigkeit.

Vf. u.a.: Der Menschensohn, 1907; Die Wiederkunft Christi nach den paulin. Briefen, 1909; Jesus u. das Papsttum, 1910; Das Selbstbewußtsein des Gottessohnes, (1911) 1923³; Die Idee der Nachfolge Christi, (1934) 1953⁴ und: Die Verwirklichung der Nachfolge Christi, (1935/36) 1950⁴ (Bd 3 u. 4 in dem mit Müncker, Steinbüchel u. Schöllgen hg. Hdb. d. kath. Sittenlehre); Sonn- u. festtägl. Episteln- u. Evangelien-Erklärungen u. ausgew. Schriftlesungen im Dienste der Predigt (6 Bde). - Hg.: Abh.en aus Ethik u. Moral, seit 1921. - Festschr. z. 60. Geb.: Das Bild vom Menschen, 1934; z. 75. Geb.: Aus Theol. u. Philos., 1949, beide hg.v. Th.Steinbüchel u. Th. Müncker.

J.Klein

Tillotson, *John* (1630-94), anglikanischer Theologe, * in Sowerby (Yorkshire), studierte in Cambridge (Clare Hall), wurde dort 1651 Fellow, 1662 Pfarrer in Kedington, 1664 Prediger der Juristenvereinigung Lincoln's Inn in London, im selben Jahr ebd Lektor an St. Laurence Jewry, 1670 Pfründeninhaber in Canterbury, 1672 Dekan dort, 1689 Dekan der Paulskirche in London, 1691 Erzbischof von Canterbury. 1661 nahm T. als Beobachter auf seiten der Nicht-Anglikaner (Nonconformists) an der Savoykonferenz zur Wiedereinführung des anglikanischen Kirchentums teil. Eine ähnliche »breitkirchliche« Haltung (→ Broad Church Party) bezeugt 1668 seine Mitwirkung an einem Staatskirchengesetz, das die Nicht-Anglikaner durch Konzessionen in die anglikanische Kirche aufnehmen wollte (comprehension anstatt toleration oder suppression). 1689 gehörte er zur Kommission für die Abänderung des Book of Common Prayer und die Reform der kirchlichen Gerichtshöfe. Dabei verfolgte er, bes. mit → Baxter, seine Unionspläne weiter. Nur die Aufnahme der → Unitarier lehnte er entschieden ab. Sein nächster Freund war G. → Burnet. Als Prediger war er weltberühmt (2 deutsche Übersetzungen 1728, mit Vorreden von B.W.Marperger und → Mosheim), → Voltaire stellte ihn über → Massillon.

Sermons, ed. R.Barker, 14 Bde, 1695-1704 - Works, ed. Th. Birch, 3 Bde, 1752 (m. Biogr.). - Über T.: Jöcher IV, 1205ff - G.V. Lechler, Gesch. d. engl. Deismus, 1841, 146ff - W.F.Mitchell, English Pulpit Oratory from Andrewes to T., 1932 - DNB XIX, 872ff.

M.Schmidt

Timan, *Johann* (vor 1500 bis 1557), * in Amsterdam (daher: Amsterdamus), † in Nienburg, luth. Theologe, vermutlich aus dem Kreise Wessel → Gansforts stammend. Nach Studium in Wittenberg (1522) war T. seit 1525 als Pastor an St. Martini neben → Heinrich von Zütphen und Jak. → Propst an der Reformation in → Bremen durch die Bremische KO von 1534, am Kampf gegen die Wiedertäufer und an der kirchlichen Vertretung Bremens im Reich beteiligt. 1529 reiste er zur Überwindung des Täufertums nach Ostfriesland. 1535 nahm er am Konvent der Hansestädte zur Abwehr schwärmerischer Bewegungen, 1537 am Schmalkaldischen Konvent teil. 1538 wirkte er als Visitator und Verfasser der KO in Lippe-Detmold. 1540/41 besuchte er die Religionsgespräche zu Worms und Regensburg. Als Gegner des → Interims schloß sich T. den Gnesiolutheranern an. 1555 verurteilte er die Abendmahlslehre A.R. → Hardenbergs und wurde mit seiner »Farrago sententiarum consentientium« ein Wortführer im 2. Abendmahlsstreit (→ Abendmahl: II, 3b).

H.W.Rotermund, Lexikon aller Gelehrten... II, 1818, 216 - C.H.W.Sillem, Briefsammlung des ... Joach.Westphal, 1903 - RE XIX, 778ff - O.Veeck, Gesch. d. ref. Kirche Bremens, 1909.

J.Moltmann

Timmermans, *Felix* (* 5.7.1886 in Lier, † 24.1.1947 ebd), flämischer Erzähler, Autodidakt. Nach pessimistischem Debut mit »Todesschatten« (1910) und schwerer Krankheit erfolgt der Durchbruch zum Optimismus mit »Pallieter« (1916; dt. 1921), einer dionysischen Hymne auf das Leben. Der lebensbejahende Pallieter, der die Schöpfung als eine Ausstrahlung der Gottheit verherrlicht, ist in der Weltliteratur zu einem Begriff geworden und hat T. mit einem Schlag berühmt gemacht. Es folgt eine Reihe von Romanen und Erzählungen, ungleich im Wert, doch stilistisch originell und voller Spannung, gekrönt durch den »Bauernpsalm« (1935; dt. 1936), den Lobgesang auf den Menschen in Gestalt des in seinem kath. Gottesglauben und in seiner Scholle fest verankerten Bauern Wortel. Dieser starke, mystisch getönte Glaube, der das ganze Werk von T. durchzieht, findet sich in sublimiertester Form in dem Gedichtband »Adagio« (1947; dt. 1949). T. hat seine Bücher selbst illustriert. Er ist der meistübersetzte und in Deutschland meistgelesene flämische Schriftsteller.

Vf. ferner u.a.: Das Jesuskind in Flandern, 1917 (dt. 1919); Die sehr schönen Stunden von Jungfer Symforosa, dem Beginchen, 1918 (dt. 1920); Anna-Marie, 1921 (dt.: Die Delphine, 1930); Der Pfarrer vom blühenden Weinberg, 1924 (dt. 1927); En waar de ster bleef stille staan, 1925 (Bühnenstück); Pieter Bruegel, 1928 (dt. 1928); De Harp van Sint Franciscus, 1932 (dt.: Franziskus, 1932); Adriaan Brouwer, 1948 (dt. 1951). - Über T.: Th.Rutten, F.T., Groningen 1928 - A.v.Hatzfeld, F.T., Dichter u. Zeichner seines Volkes, 1935 - S.Streicher, T. der ewige Poet, Luzern 1948 - Lia Timmermans, Mijn Vader, Brügge 1951 - A.Westerlinck, De innerlijke T., Antwerpen 1957. *W.Thys*

Timotheus, Sohn eines heidnischen Vaters und einer jüdischen Mutter, stammte aus Lystra (Apg 16, 1), wurde dort vermutlich von → Paulus bekehrt (Apg 14, 5-7; 1Kor 4, 14-17) und schloß sich ihm und → Silas auf der 1. Reise nach Europa an (Apg 16, 3; 17, 14f; 18, 5). Daß Paulus ihn beschneiden ließ (Apg 16, 3), wird oft - kaum zu Recht - bezweifelt. Während des mehrjährigen Aufenthaltes in Ephesus ist T. des Paulus engster und vertrautester (Phil 2, 19f) Mitarbeiter. Er sendet ihn auf Visitationsreisen nach Mazedonien und Korinth (Phil 2, 19-23; 1Kor 4, 17; 16, 10f), im Anschluß an den Zwischenbesuch in Korinth von Athen aus nach → Thessalonich (1Thess 3, 1-8, gehört in die 3. Missionsreise und nicht mit Apg 17, 14f zusammen) und am Ende des ephesinischen Aufenthaltes nach Mazedonien (Apg 19, 21f), wo er sich mit ihm trifft (2Kor 1, 1) und von ihm nach Achaia begleitet wird (Röm 16, 21). In 6 Briefen ist T. Mitabsender: Phil, 1.2Thess, 2Kor, Kol, Phlm. Er begleitet Paulus - jedenfalls anfangs - auch auf dessen letzter Reise nach Jerusalem (Apg 20, 4). Damit tritt er aus unserem Gesichtskreis. Vielleicht ist 2Tim 4, 9-22 von Cäsarea aus an ihn gerichtet. Die beiden an T. adressierten Briefe des NT sind unecht (→ Pastoralbriefe), ebenso die Notiz Hebr 13, 23. Früh bemächtigt sich die Legende des T. (2Tim 1, 5); die kirchliche Überlieferung macht ihn wegen 1Tim 1, 3 zum Bischof von Ephesus.

RE XIX, 781ff - PW 2. R. VI/2, 1342ff (Lit.) - Bauer, WB[5] 1619. *W.Schmithals*

Timotheus Aelurus, Patriarch von Alexandria 457 bis 460 und 475-477, Führer der Monophysiten (→ Christologie: II, 5 a). Kaiser Leo I. verbannte ihn 460 nach Gangra, 464 nach Cherson, wo er zwei größere Werke gegen → Chalcedon und den Tomus Leonis schrieb. Von Kaiser Basiliskos zurückberufen, hielt er in Ephesus eine Synode ab, die das gegen Chalcedon gerichtete Enkyklion des Basiliskos annahm. † bald nach dem Zusammenbruch der antichalcedonischen Politik des Basiliskos.

Zehn erhaltene Schriften verzeichnet H.G.Opitz in: PW 2. R. VI/2, 1937, 1356f. - Ältere Lit.: Bardenhewer IV, 78ff; V, 6 - A.Moberg, On some Syriac Fragments of the Book of T.A. against the Synod of Chalcedon, 1928 - E.Schwartz, Publizist. Sammlungen zum acacianischen Schisma (AAM NF 10, 1934, 172-190) - E.Honigmann, Évêques et évêchés monophysites d'Asie antérieure au VIe siècle (CSCO 127), 1951 - Grillmeier-Bacht I-III (s. Reg.; Lit.). *P.Kawerau*

Timpler, *Clemens* (1567/68-1624), * in Stolpen (Sachsen), Magister in Leipzig, das er 1592 als »Kryptocalvinist« verlassen mußte. Er ging nach Heidelberg und 1595 als Prof. nach Steinfurt (Grafsch. Bentheim). Dort schrieb er über fast sämtliche Teile der Philosophie Lehrbücher, die sich im ref. Bereich ziemlich verbreiteten. Am wichtigsten ist das »Metaphysicae systema methodicum« (1604), eines der ersten Lehrbücher dieses Gebietes auf deutschem Boden. Es bleibt in der aristotelischen Überlieferung und greift insofern auf das MA zurück; die platonischen Neigungen des 16.Jh.s sind abgestoßen. Dafür zeigt sich der Einfluß des Petrus → Ramus, der im Sinne der Humanisten die Metaphysik auf die Dialektik zurückführte. Wohl von daher stammt T.s Neigung zu Verfahrensfragen.

P.Petersen, Gesch. d. arist. Philos. im prot. Deutschland, 1921, passim - M.Wundt, Die dt. Schulmetaphysik d. 17.Jh.s, 1939, 72ff. *M.Wundt*

Tindal, *Matthew* (1657-1733), führender englischer Deist, * in Beer-Ferris (Devonshire), nach dem Studium in Oxford (Lincoln und Exeter College) 1678 Fellow am juristischen College All Souls, 1685 Dr. jur. Durch seine hochkirchliche Erziehung überzeugt, daß von ihren Grundsätzen aus kein Einwand gegen den röm. Katholizismus möglich sei, trat er um 1685 für kurze Zeit zu ihm über. Dann schlug seine Meinung in eine radikal antikirchliche (nicht antichristliche) Haltung um, bes. in der Schrift »The Rights of the Christian Church, asserted against the Romish and all other Priests who claim an independent power over it« (1706), die durch das Unterhaus mit öffentlicher Verbrennung bestraft wurde. An der Polemik gegen ihn beteiligte sich sein Lehrer G. → Hickes in dem anonymen Buch »Spinoza revived« (1709). Als juristisch-politischer Schriftsteller trat T. für Pressefreiheit ein, bekämpfte aber den liberalen Premierminister Robert Walpole. Sein Alterswerk »Christianity as old as the Creation, or the Gospel a Republication of the Religion of Nature« ([1730] 1733[4]; dt. v. J.L. → Schmidt, 1741) galt als die »Bibel der Deisten« (→ Deismus: III, 3).

J.Leland, A View of the Principal Deistical Writers I, 1754, 144ff - G.V.Lechler, Gesch. d. engl. Deismus, 1841, 326ff - L.Stephen, Hist. of English Thought in the 18th Century I, 1876, 134ff - DNB XIX, 883ff - Hirsch I, 323ff. *M.Schmidt*

Tindale, *William* → Tyndale.

Tirza, Zentrum eines kanaanäischen Stadtstaates (Jos 12, 24), Residenz der Könige → Israels (: I, 10) von → Jerobeam I. (1Kön 14, 17, Jochims 78f) bis → Omri (1Kön 16, 23). Die Gleichsetzung von T. mit dem am wasserreichen Kopf des wādi el-far'a verkehrsgeographisch und strategisch günstig gelegenen tell el-far'a ist, obgleich epigraphisch noch nicht gesichert, völlig einleuchtend; der archäologische Befund deckt sich mit der at. Überlieferung.

R.de Vaux, The Excavations at Tell el-Far'ah and the Site of Ancient T. (PEQ 88, 1956, 125-140) - U.Jochims, Thirza u. die Ausgrabungen auf dem tell el-far'a (ZDPV 76, 1960, 73-96, bes. 81ff; ältere Lit.). *A.Kuschke*

Tischendorf, *Konstantin von* (18.1.1815 bis 7.12. 1874), ev. Theologe, 1845 ao., 1851 o. Prof. für NT in → Leipzig. Auf ausgedehnten Reisen entdeckte und kollationierte er zahlreiche → Bibelhandschriften, entzifferte schwer lesbare → Palimpseste (zB den Codex Ephraemi) und gab 36 Unzialen erstmalig oder in Neuausgabe heraus (zB den Vaticanus und Claromontanus). Seine berühmteste Entdeckung gelang ihm im Katharinenkloster am → Sinai, wo er (1844) 43 Blätter und (1859) den Rest des Codex Sinaiticus unter abenteuerlichen Umständen aufspürte. Auf dieser neben dem Vaticanus ältesten und bedeutendsten griech. Hs. basiert im wesentlichen auch sein nt. Text, von dem er 8 Editionen veranstaltete. Die Editio octava critica maior (1869/72) ist mit ihrem umfangreichen Apparat bis heute ein Standardwerk aller textkritischen Arbeit (→ Text: II). Auch die Apokryphen- und LXX-Forschung verdankt T. wichtige Impulse.

Vf. ferner u.a.: Acta Apostolorum Apocrypha, 1851; Evangelia Apocrypha, 1853; Wann wurden unsere Evangelien verfaßt?, 1865; Haben wir den echten Schrifttext der Evangelisten u. Apostel?, 1873. - Über T.: C.R.Gregory, Prolegomena zur Editio Octava, pars I, 1884, 3-22 - Ders., Textkritik des NT I, 1900, 18ff; II, 1902, 875ff - RE XIX, 788ff - H.J.Vogels, Hdb. der Textkritik des NT, (1923) 1955² (s. Reg.) - L.Schneller, T.-Erinnerungen, (1927) 1954 - F.G. Kenyon, Der Text der griech. Bibel, (1952) 1962² (s. Reg.) - K. Junack, C.T. in seiner Bedeutung für die nt. Textkritik (Das Altertum 2, 1956, 48-56). *W.Schrage*

Tittmann, *Johann August Heinrich* (1.8.1773 bis 30.12. 1831), ev. Theologe, Sohn von *Karl Christian* T. (1744 bis 1820; 1775 Propst und Prof. in Wittenberg, 1789 Sup. und Oberkonsistorialrat in Dresden), * in Langensalza, 1793 philosophischer PDoz. in Leipzig, 1795 Frühprediger an der Universitätskirche, 1796 ao. Prof. der Philosophie, 1800 der Theologie, 1805 o. Prof. Als Vertreter eines konfessionell gefärbten Supranaturalismus (→ Rationalismus: II, 3c) widersprach T. der geplanten preußischen → Union und rief eine Fülle von Gegenschriften hervor. Von hervorragender Gelehrsamkeit, ciceronischer Beredsamkeit und unverwüstlicher Heiterkeit, war er auch im öffentlichen und staatlichen Leben erfolgreich.

Vf. u.a.: Encyklopädie d. theol. Wissenschaften, 1798; Christl. Moral, 1802; Lehrbuch d. Homiletik, (1804) 1824²; Pragmat. Gesch. d. Theol. u. Religion in d. prot. Kirche während d. 2. Hälfte d. 18.Jh.s, (1805) 1824²; Über Supranaturalismus, Rationalismus u. Atheismus, 1816; Abh. über d. Vereinigung d. Kirchen, 1818. - Über T.: H.Döring, Die gelehrten Theologen Deutschlands IV, 1835, 496ff - ADB 38, 384f - RE XIX, 797f. *E.Beyreuther*

Titularbischöfe (-Erzbischöfe, episcopi titulares) heißen, seit 1882 ausschließlich, Bischöfe, die auf den Titel einer in Händen von Schismatikern oder Ungläubigen (→ In partibus infidelium) befindlichen oder abgegangenen Diözese vom Papst (seit Clemens V., 1311) ernannt werden. Sie empfangen die bischöfliche Konsekration, üben aber an sich keinerlei → Jurisdiktion aus; doch sollen sie ab und zu das Meßopfer für ihre Diözesen darbringen. Im allgemeinen kommen ihnen die Privilegien und Ehrenrechte der Residentialbischöfe zu (cc. 348. 349 CIC; → Bischof: II). Sie werden vom Papst mannigfach im Kirchendienst verwandt. Den Titel erhalten regelmäßig Apostolische Administratoren, Äbte und Prälaten nullius, Weih-(Hilfs-)Bischöfe, in der Mission die → Apostolischen Vikare, im diplomatischen Dienst die → Nuntien. Das AnnPont führt etwa 1800 Sedi titolari an. *H.E.Feine*

Titus, 1. Mitarbeiter des → Paulus, Heidenchrist (Gal 2, 3) unbekannter Herkunft und schon zZ des Apostelkonzils Begleiter des Paulus (Gal 2, 1-10). Die Apg erwähnt ihn nicht. T. ist des Paulus Vertrauter in den korinthischen Wirren. Paulus sendet ihn nach seinem Zwischenbesuch in Korinth dorthin, u.a. wegen der Kollektensammlung (2Kor 7, 13-15; 8, 6), wahrscheinlich mit einem Brief. Dort setzt er ihn zZ des »Tränenbriefes« voraus (2Kor 12, 18). Nach seiner endgültigen Abreise aus Ephesus trifft er den von Korinth kommenden und schon in Troas erwarteten (2Kor 2, 12f) T. in Mazedonien und sendet ihn wieder nach Korinth, das Kollektenwerk zu vollenden (2Kor 8, 6. 17. 23f). 2Tim 4, 10 bezeugt, wenn historisch, eine Wirksamkeit des T. in Dalmatien. Damit tritt er aus unserem Gesichtskreis. Der an ihn gerichtete Brief im NT ist unecht (→ Pastoralbriefe). Die kirchliche Tradition machte ihn auf Grund von Tit 1, 5 zum Bischof von Kreta.

RE XIX, 798ff - PW 2. R. VI/2, 1579ff (Lit.). *W.Schmithals*

2. Bischof *von Bostra* († vor 378), der Hauptstadt der röm. Provinz Arabia, rhetorisch geschulter Polemiker gegen Kaiser → Julian und bes. gegen die → Manichäer, die er in 4 Büchern philosophisch und durch Klärung mißdeuteter Stellen des AT und NT zu widerlegen suchte (vollständig syrisch, im griech. Original nur bis III, 7 erhalten). Daneben liegen Bruchstücke einer Predigt und eines Hirtenbriefes vor. Ihm zugeschriebene Katenen-Fragmente einer Lukas-Homilie haben in Wirklichkeit nur Scholien von ihm benützt; sie stehen der → Antiochenischen Schule nahe.

T.B. contra Manichaeos libri IV syriace, ed. P.de Lagarde, (1859) 1924² - T.B. quae... servata sunt graece, ed. Ders., 1859. - Über T.: J.Sickenberger, T.v.B. Studien zu dessen Lukashomilien (TU 21, 1), 1901 - RE XIX, 800 - A.Baumstark, Gesch. d. syr. Lit., 1922, 60 - Altaner § 63, 2 (Lit.) - Beck (s. Reg.). *B.Spuler*

Tizian (*Tiziano Vecellio,* ca 1487-1576), * in Pieve di Cadore (Dolomiten), † in Venedig, ist das Haupt der venezianischen → Malerei (: III, 8) der Hochrenaissance (→ Renaissance: II). Nach der Lehrzeit bei Giovanni Bellini und Giorgione wird er uns zuerst in der Werkstatt Giorgiones 1507-10 als Schöpfer einiger Porträts und Madonnenbilder greifbar. Die ersten selbständigen Werke sind die Freskenfolge in der Scuola di Sant'Antonio zu Padua mit Darstellungen aus dem Leben des hl. Antonius und der Altar mit dem hl. Markus (heute Sta. Maria della Salute), 1511. Seinen Ruhm begründeten in gleicher Weise Porträts, mythologische Darstellungen, Altar- und Madonnenbilder. Als Porträtist → Karls V. kam er 1548 und 1550 nach Augsburg, als solcher des Papstes Paul III. 1545/46 nach Rom. Seine religiösen Kompositionen gliedern sich in drei Gruppen: a) die großen Altäre der Frühzeit (Himmelfahrt Mariä 1516 bis 1518, Venedig, Sta. Maria dei Frari; Marienaltar in Ancona 1520; Auferstehungsaltar in Brescia 1518-22; Madonna des Hauses Pesaro 1519-26, Venedig; Altar des Petrus Martyr von 1528 [nur in Kopien erhalten]), b) eine Gruppe höfischer Andachtsbilder (Zinsgroschen in Dresden von 1514; Madonna mit dem Hasen, Louvre; Madonna mit der hl. Katharina, National-Galerie London; die Darstellungen der Magdalena von 1533 im Pitti und des hl. Hieronymus, die in zahlreichen Fassungen erhalten sind), c) die späten Altarwerke, in denen seine Kunst eine staunenswerte Vertiefung erfährt. Diese neue Epoche beginnt mit dem Dreifaltigkeitsaltar für Karl V., der sog. Gloria (voll. 1554), der Marter des hl. Laurentius in Venedig um 1550-58, der Kreuzigung in Ancona um 1565, der letzten Fassung der Laurentiusmarter im Escorial von 1567, endlich der Dornenkrönung Christi um 1570 in München und der Pietà für das eigene Grab von 1573-76, die unvollendet blieb. In diesen Spätwerken erreicht seine Farbe die Kraft eines magischen Impressionismus, sein Stil entwickelt sich von der großen Form der Hochrenaissance zu der Vergeistigung der Gegenreformation. In → Bibelillustrationen (: II, 3 g) und überaus zahlreichen graphischen Reproduktionen (→ Graphik) erfuhren seine Bildwerke weiteste Verbreitung.

Zus.fassende Lit.: J.A.Crowe-G.B.Cavalcaselle, T., his Life and Times, London 1877; dt. v. M.Jordan, 1877 - Th.Hetzer, T., Gesch. seiner Farbe, 1935 - H.Tietze, T., Leben u. Werk, Wien 1936. - Zu T.s relig. Kunst: D.Frey, Das relig. Erlebnis bei T. (Jb. d. Berl. Museen I, 1959, H. 2, 218-261). *W.Braunfels*

Tobitbuch (Tb.; T. = Tobit). Das Buch T. oder Tobias (Vulg., Luther) gehört als didaktisch-paränetische Novelle zur → Weisheitsdichtung. - T. oder Tobi (4Q), ein gesetzestreuer Naphtalit, ist nach seiner Deportation unter Salmanassar V. (726-722) in Ninive zu Ansehen und Reichtum gelangt, so daß er bei seinem Freunde im medischen Rages Geld hinterlegen kann. Sanherib (704 bis 681) - Sargon II. ist übergangen - verfolgt ihn, weil er die auf seinen Befehl erschlagenen Juden begräbt; aber auf Betreiben des Siegelbewahrers Achikar, seines Neffen, darf er unter Asarhaddon (680-669) nach Ninive zurückkehren. Als er wieder einen Toten bestattet hat, erblindet er, doch setzt er sein Vertrauen, obwohl verspottet, allein auf Gott (1, 2 - 3, 6). Gleichzeitig wendet sich in Ekbatana Sara, die Tochter Raguels, an Gott; ihr hat der Dämon → Asmodi in der Hochzeitsnacht bereits 7 Freier getötet (3, 7-15). Beiden kommt nun Hilfe durch den Engel → Raphael (3, 16f). Als T. seinen Sohn Tobias oder Tobija (4Q) wegen des Geldes nach Rages schickt, ist der Engel unerkannt als Begleiter zur Stelle (4 - 6, 1). Am Tigris fängt Tobias einen Fisch, dem er auf sein Geheiß Herz, Galle und Leber entnimmt (6, 2-9). Ebenfalls durch ihn veranlaßt, heiratet er in Ekbatana Sara, nachdem er durch das Räuchern von Herz und Leber Asmodi vertrieben hat, der hierauf durch Raphael in Oberägypten gebunden wird (6, 10 - 8, 20). Gleichzeitig erledigt der Engel T.s Auftrag in Rages (9). Nach Ninive zurückgekehrt, heilt Tobias seinen Vater mit der Galle, und bei der anschließenden Familienfeier findet sich auch Achikar mit seinem Neffen Nasbas (= Nadin) ein (10 bis 11). Als der Reisegefährte entlohnt werden soll, gibt er sich zu erkennen (12, 15). Hierauf stimmt T. einen Lobgesang an (13, 1 - 14, 1), und abschließend wird erzählt, wie Tobias nach dem Tode der Eltern das dem Untergang geweihte Ninive verläßt und nach Ekbatana zieht (14, 2-15).

Die kunstvolle, teils autobiographisch, teils erzählend gehaltene Novelle fußt auf dem → Märchen vom dankbaren Toten (K.Simrock). Dieses Gerüst ist durch Paränesen, Gebete und Weisheitssprüche (vgl. 4, 15 mit Mt 7, 12) zu einer eigenständig-jüd. Erzählung geformt, in die sich angesichts der ausgebildeten Angelologie auch der ursprünglich iranische Dämon Asmodi einfügt. - Das Tb. liegt in drei griech. Rezensionen vor; nach Ausweis einiger 4Q-Fragmente (→ Qumran, 1) aber war es ursprünglich aram. oder hebr. abgefaßt. Das Verhältnis des aram. zum griech. Text veranschaulicht 4QTob aram^{b} 7, 2: k^{e}mā damē ʿulêmā den l^{e} Ṭôbî (= Sinaiticus: ὡς ὅμοιος ὁ νεανίσκος οὗτος Τωβει) bar dodî (= Vaticanus/Alexandrinus: τῷ ἀνεψιῷ μου) »Wie gleicht dieser Jüngling dem Tobi, meinem Neffen!« - Da nach 14, 5 der herodianische Tempel (20 vChr) noch nicht steht und die 4Q-Texte wohl dem 1.Jh. vChr angehören, wird das Tb. um oder vor 200 vChr verfaßt sein, und zwar eher in der östlichen Diaspora als in Palästina. Es setzt nicht nur den Achikar-Roman, sondern auch das → Jonabuch (14, 4) voraus.

Kautzsch, AP I, 135-147 - Charles, AP I, 174-241 - K.Simrock, Der gute Gerhard u. die dankbaren Todten, 1856, 131f - M.Plath, Zum Buche T. (ThStKr 74, 1901, 377-414) - O.Eissfeldt, EinlAT, 1962³, § 81 (Lit.). *R.Meyer*

Zur *Auslegungsgeschichte* (s. auch → Schriftauslegung: IV B): Qu.: 4.Jh.: Ambrosius (MPL 14 bzw. CSEL 32, 2). - 8.Jh.: Beda Venerabilis (MPL 91). - 12.Jh.: Matthäus v. Vendome (MPL 205). - 16.Jh.: Victorin Strigel, Leipzig 1571 - Marcellinus Evangelista, Rom 1587 - Nik.Serarius SJ, Mainz 1599. - 17.Jh.: Barth.Heiderich, Jena 1608 - Fabian Justinianus, Rom 1621, Antwerpen 1629 - Caspar Sanctius SJ, Lyon 1628 - David a Mauden, Antwerpen 1631 - J.Drexel SJ, ebd 1652 - Didacus de Celada SJ, Lyon 1664. - 18.Jh.: A.J.Neuville SJ, Paris 1723 - L.Mauschberger, Olmütz 1758. *W.Werbeck*

Tod

I. Tod und Totenreich, religionsgeschichtlich - II. Tod und Totenreich im AT - III. Im NT - IV. Dogmatisch - V. Philosophisch. - Vgl. ergänzend → Eschatologie, → Ewiges Leben, → Totenverehrung, → Trauerbräuche, → Unsterblichkeit

I. Tod und Totenreich, religionsgeschichtlich

1. Auffassungen des T.es - 2. Seelenreisen - 3. Jenseits

1. Aus Liberia berichtet D.Westermann: »Für den Kpelle besteht kein wesentlicher Unterschied zwischen dem lebenden und dem kürzlich verstorbenen Menschen. Beide haben dieselben Bedürfnisse nach Nahrung. Auch der Tote hört und sieht, was um ihn vorgeht, empfindet das Gute oder das Übel, das man ihm antut. Dem Toten fehlt nur die Möglichkeit sich zu bewegen und zu sprechen; aber die fehlt auch dem Schlafenden. Und selbst dieser Mangel ist nur ein scheinbarer; die Eingeborenen erzählen sich zahlreiche Erlebnisse, in denen Menschen von Toten verfolgt wurden, oder in denen Gestorbene noch im Grabe sich bewegten und Laute von sich gaben.« In diesen Worten kommt anschaulich zum Ausdruck, was es bedeutet, wenn man heute gerne die *Vorstellung vom »lebenden Leichnam«* oder »lebenden Toten« (vgl. → Afrikanistik, 3 a) als primäre T.esauffassung ausgibt. Es ist die Auffassung einer Agnes in → Ibsens »Brand«, die von ihrem toten Kinde sagt: »Magst du kalt ihn Leichnam nennen / Mir ist Alf noch heut mein Kind! / Leib und Seele soll ich trennen? / Ich vermag nicht so geschwind / Zwischen diesen zwein zu scheiden, / Eins noch sind für mich die beiden.« Eine Fülle von Material aus der ganzen Welt belegt diese Auffassung, vorab der Glaube an den wiederkehrenden Toten. Dieser Ansicht gegenüber steht der Glaube an eine → Seele (→ Animismus, → Leib und Seele: I). Was den Menschen überlebt, ist nur jenes gewisse Etwas eines »zweiten Ich« im Menschen, sein Abbild und Schattenbild, das εἴδωλον, das, »ihm selber zum Erstaunen gleichend« (Ilias XXIII, 103ff), dem Überlebenden im → Traum erscheinen kann. - Diese beiden Auffassungen des T.es stimmen darin überein, daß er *nicht die Aufhebung des → Lebens* bedeutet, *sondern nur eine veränderte Zuständlichkeit* ist, eine Variation, wo nicht der Ausgangspunkt zu neuem Leben: so wenig hat menschlicher Geist sich mit dem T.e als etwas Endgültigem abzufinden vermocht. Als *Anomalie* ist er in die Welt eingetreten, und sein Ursprung ist ein beliebtes Thema des → Mythos (: II, 3 d). Und wie der T. als etwas für die Menschheit Unnatürliches empfunden wird, so wird er auf primitiven Stufen, bes. beim schlimmen T., immer wieder auf die Einwirkung bösen Zaubers zurückgeführt, so daß sich der Mensch mit den verschiedensten magischen Mitteln (→ Magie) gegen ihn zu wappnen sucht. In allen Fällen erscheint der einmal Gestorbene seinerseits als *Träger unheimlicher Kräfte* (→ Macht: I, → Mana), und der Leichnam ist die Quelle gefürchteter magischer Ausstrahlungen (→ Aberglaube, 2 a; → Amulett, 3).

2. Zwischen T. und endgültigem Aufenthalt des Toten liegt - es sei denn, daß dieser auf dem außergewöhnlichen Wege der → Entrückung oder der → Auferstehung (: II) sein Endziel erreiche - die *Toten- oder Seelenreise* (→ Himmelfahrt: I, → Höllenfahrt). Diese ist wohl zu unterscheiden von → Seelenwanderung, die die Seele von → Wiedergeburt (: I) zu Wiedergeburt führt; dabei wird man als eine ihrer Voraussetzungen speziell die weitverbreitete Vorstellung in Rechnung zu stellen haben, daß die Seele den Körper im T.e in Gestalt eines Tieres, etwa eines Vogels (→ Seelenvogel) oder einer → Schlange verläßt. Die eigentliche Seelenreise fängt vielleicht nicht gleich im Augenblick des T.es an; vielmehr hält sich die Seele in der ersten Zeit, etwa 3 Tage,

wenigstens bis zur Bestattung oder beginnenden Verwesung, gerne noch in der unmittelbaren Nähe des Leichnams auf (→ Totenverehrung: I); ihr Zusammenhang mit ihm – übrigens ein mehr oder minder schwacher Nachklang der Vorstellung vom »lebenden Leichnam« (s. 1) – tritt auch darin zutage, daß von seiner Behandlung das Gelingen der Seelenreise abhängen kann. Wo es nämlich an einer gewissen Leichenbehandlung, vor allem am richtigen → Begräbnis (: I) fehlt, muß die Seele (oder der Verstorbene als »lebender Leichnam« überhaupt) unstet umherirren; vornehmlich haben sie das Bestreben, zu den früheren Aufenthaltsorten zurückzukehren und den Hinterbliebenen Schaden anzutun, sie namentlich nachzuziehen oder wenigstens krank zu machen – eine primitive Erklärung epidemischen Sterbens. Das Heer dieser wiederkehrenden Toten bilden bes. solche, die eines gewaltsamen T.es gestorben sind (→ Märchen: I, 1; → Sagen: I, 1). – Die Vorstellungen einer Reise ins Jenseits charakterisiert meist, daß sich dem Toten die mannigfachsten *Hemmnisse* in den Weg stellen. Gegen sie schützt sich vielleicht schon der Sterbende (vgl. noch »viaticum« als Bezeichnung der letzten → Ölung). Zum Teil machen dämonische Wesen (→ Geister: I) ihm zu schaffen, wie solche denn, zB nach persischem Glauben, der Seele schon gleich nach ihrem Ausfahren aus dem Körper auflauern, um ihrer habhaft zu werden (vgl. Jud 9). Aber auch an sich pflegt der Weg mühsam zu sein; er führt durch steinige, unwirtliche Gegenden, geht steil in die Tiefe oder in die Höhe, an schauerlichen Abgründen vorbei, und blühender Phantasie blieb hier ein ungemessenes Feld der Betätigung. Vielfach folgen die Seelen dem Weg der Sonne, wie denn ihre Beziehungen zu → Sonne, → Mond und → Sternen bes. häufig sind. Als *»Seelenweg«* denkt man sich neben den Sonnenstrahlen gerne etwa → Regenbogen oder → Milchstraße, u.U. genügen auch schon Spinnenfäden. In den tausendfachen Beschreibungen des Jenseitsweges kehrt ein Zug bes. häufig wieder: der Tote muß übers → *Wasser;* denn Wasser trennt das Jenseits vom Diesseits, sei es ein Meer oder ein Meerarm, sei es ein See, sei es ein Fluß (vgl. zB den Gjöll der Germanen, den Vaitarani der Inder, den Acheron, Pyriphlegeton, Kokytos, die Styx der Griechen, den Tuonela der Finnen; vgl. → Finnisch-ugrische Religionen, 2). Gelegentlich, so nach Anschauung der Perser, schwillt dieser Fluß von den Tränen der Hinterbliebenen an und wird so zum größeren Hindernis. Über die Wasser des T.es werden die Toten in einem Fahrzeug hinübergeschafft (so erzählt Prokop von der Überfahrt der Seelen von der Bretagne nach Britannien), und allbekannt ist der Nachen des Charon; oder es führt eine → Brücke über den Totenfluß, an der sich vielleicht schon ein Gericht vollzieht. Naturgemäß spiegelt sich in der Mannigfaltigkeit dieser besonderen Vorstellungen die Verschiedenheit der geographischen Beschaffenheit der irdischen Wohnstätten der betr. Völker. Vielfach erkennt man im Weg, der über ein Wasser oder einem solchen entlang führt, den Reflex ihrer eigenen einstigen Wanderungen, so daß es sich für den Toten nur um Rückkehr zu den Stammsitzen seiner Väter handelt. Dazu kommt, daß Wasser trennende Gewalt hat – Geister können es für gewöhnlich nicht überschreiten –, und die Hinterbliebenen wollen drohender Wiederkehr der gefürchteten Toten gegenüber gesichert sein. Im Blick auf die den Toten erwartenden Fährlichkeiten gilt es ihn aber auch entsprechend auszurüsten (→ Trauerbräuche: I). Daneben gibt es für ihn besondere *Seelenführer.*

3. Im Grunde liegt es auf der Linie des Gedankens vom »lebenden Leichnam« (s. 1), daß das *Jenseits* als *Fortsetzung des früheren Lebens* erscheint. Das gilt bald im Sinne einer *Abschwächung,* bald im Sinne einer Steigerung. Das erstere bedeutet, daß das Schicksal der Toten meist mehr als bloßes Vegetieren denn als volles Leben gilt; vgl. etwa die Schilderung der babylonischen Unterwelt in der → Höllenfahrt der Ischtar oder im → Gilgamesch-Epos (→ Babylonien: II, 16). Der Gedanke, daß der Tote im Jenseits nur sein bisheriges Leben fortsetze, äußert sich schon darin, daß sich für ihn in Stand wie Erscheinung und Beschäftigung nichts ändert. Noch ist Minos ein König, der seinen Untertanen Recht spricht, und Agamemnon von seinen Gefolgsleuten umgeben, die zugleich mit ihm den T. gefunden hatten (Nilsson I, 454). Odysseus begegnen aus der Unterwelt »Bräute und Jünglinge und kummerbeladene Greise / Und aufblühende Mädchen, in jungem Grame sich härmend. / Viele kamen auch verwundet von ehernen Lanzen, / Kriegserschlagene Männer mit blutbesudelter Rüstung« (Odyssee XI, 38-41). – Wo sich überhaupt eine *Differenzierung des Loses innerhalb der Totenwelt* bemerkbar macht, da ist sie zunächst noch weit davon entfernt, ethisch bedingt zu sein. Ungleich mehr wird sie bestimmt durch die Verschiedenheit des früheren Lebensstandes einerseits und durch die T.esart der Betreffenden anderseits. Ihren eigentlichen Sinn gewinnen solche Differenzierungen natürlich erst da, wo die Lebensfortsetzung im Jenseits zugleich eine *Steigerung* aller äußeren Verhältnisse bedeutet: Wohl sind Speise und Trank im Jenseits dieselben wie hienieden, aber sie sind ungleich reicher und köstlicher, und die Beschäftigung, zB des Jägers, bleibt drüben dieselbe, aber sie ist ungleich ertragreicher. Der Creek-Indianer geht nach seinem T.e dahin, wo es Wild die Fülle gibt, wo das Korn das ganze Jahr hindurch wächst und die Brunnen voll reinen Wassers nie vertrocknen. Neben den Gedanken, daß sich im Jenseits das diesseitige Leben einfach fortsetze, tritt bisweilen der andere, wonach das Jenseits unter den Gedanken der → Vergeltung (: I) gerückt erscheint. Das kann bis zu einer Umkehrung der früheren Verhältnisse, zum mindesten zu einem Ausgleich gewisser Mißstände führen, unter denen der Mensch im Diesseits zu leiden hatte: wer hienieden bedrückt und arm und unglücklich war, kommt zu Macht und Reichtum, zu Glück und Seligkeit. Oder *kultisch*-religiöse Qualifikation gibt den Ausschlag; bei den Griechen lautete in den eleusinischen → Mysterien der Grundsatz: »Selig der Mensch, der diese hl. Handlungen geschaut hat. Wer aber uneingeweiht ist und unteilhaftig der hl. Begehungen, der wird nicht gleiches Los haben nach dem T.e im dumpfigen Dunkel des Hades.« – Wo der ethische Vergeltungsgedanke den Jenseitszustand bedingt, geht es für den Verstorbenen meist durch ein förmliches → Gericht (: I) hindurch (→ Ägypten: II, 2. 3). – Die Differenzierung, die mit alledem in das Jenseits hineingetragen wird, mußte notwendig zur Entwicklung der Verschiedenheit seiner *Lokalisierungen* beitragen. Gesucht wird das Jenseits unter der Erde, bald auf, bald über ihr. Am verbreitetsten dürfte die Vorstellung einer *unterirdischen* Lage sein, die sich am häufigsten da einstellen mußte, wo Begraben der Toten üblich war (→ Grab, → Hölle: I). Wo die Totenwelt *auf Erden* selber lokalisiert erscheint, da liegt sie meist im Westen, gelegentlich aber auch zB im Norden (vgl. → Orientation), möglichst durch Wasser von den Lebenden getrennt (s. 2), vielleicht aber auch sonst für sie schwerer zugänglich, etwa in unwegsamer bergiger Gegend. Am lichtesten sind die Vorstellungen einer *himmlischen Totenwelt* (→ Himmel: I), wobei der Gedanke eines Zusammenhanges der Verstorbenen mit den Gestirnen (vgl. → Astralreligion) eine große Rolle spielt. Vgl. zB Rigveda IX, 113, 7ff: »Wo das ewige Licht erstrahlt, in die Welt von unendlichem Glanz / In

die Welt der Unsterblichkeit, dahin, Soma, führe du mich. / Da wo König Vaivasvata herrscht, wo des Himmels geheimer Saal / Wo die mächtigen Wasser sind, mach' unsterblich, o Soma, du mich« (→ Paradies: I). Gerade diesen letzten Worten läßt sich entnehmen, daß die *Totenwelt als organisiertes Reich* mit monarchischer Spitze vorgestellt wird (→ Hinduismus: I, 2 e; vgl. → Buddhismus: I, 5; → China: II, 1 c. 2 d; → Japan: II).

Soweit die gekürzte, aber durch Hinweise ergänzte Darstellung Bertholets aus RGG² (V, 1189ff) mit ihrer leicht präanimistischen und - hier getilgten - evolutionistischen Prägung. In der ersten Hinsicht und in ihrer ganzen phänomenologischen Anlage stimmt sie aber mit einer der letzten Zusammenfassungen über T. bei den → Naturvölkern (F.Herrmann) gut überein. Das gilt zT auch von der Übersicht Heilers, obgleich bei ihm die Beispiele aus den Hochkulturen überwiegen und die Jenseitsvorstellungen der Heilsreligionen eine Sonderstellung einnehmen. Hier unterscheidet Heiler zwischen einer mystisch-pantheistischen (→ Gnosis, → Neuplatonismus, → Upanishaden), einer personal-theistischen (→ Bhagavadgîtâ, → Amida: I) und einer universal-eschatologischen (→ Eschatologie: I) Auffassung von der → Unsterblichkeit oder dem ewigen Leben. - Wegen des existentiellen → Erlebnisses des T.es und der T.esangst ist das Thema natürlich unerschöpflich. Man kann auch innerhalb derselben Kultur verschiedene Verhaltensweisen gegenüber dem T.e und mehrere Deutungen des T.es beobachten. Nicht nur in der → Griechisch-römischen Philosophie bedeutet der T. sowohl totale Vernichtung als auch → Erlösung (: I); man betrachtet ihn ebenso als einen natürlichen Vorgang oder als eine → Strafe (: I); das Leben wird einerseits durch den T. abgebrochen, anderseits entsteht das Leben aus dem T.e, oder dieser ist eine Voraussetzung des wahren Lebens. Die Aufführung oder das Erleben eines T.esmysteriums bewirkt also eine Neu- → Schöpfung (: I, → Drama, → Feste: I, → Initiation).

ERE VIII, 1ff; XI, 817ff - R.Hertz, Mélanges de sociologie religieuse et folklore, Paris 1928; engl. Aberdeen 1960 - E.Benz, Das T.esproblem in d. stoischen Philos., 1929 - HWDA VIII, 970ff. 1019ff - A.Brelich, Aspetti della morte nelle iscrizioni sepolcrali dell' Impero Romano, Budapest 1937 - R.Eklund, Life between Death and Resurrection acc. to Islam (Diss. Uppsala), 1941 - R.Lattimore, Themes in Greek and Latin Epitaphs, Urbana/Ill. 1942 (vgl. dazu The Classical Journal 41, 1945/46, 38ff) - J.Leipoldt, Der T. bei Griechen u. Juden, 1942 - C.E.Sander-Hansen, Der Begriff d. T.es bei den Ägyptern, Kopenhagen 1942 - F.Bar, Les routes de l'autre monde (MR 17), Paris 1946 - C.-M.Edsman (→ Auferstehung: II) - E.Hoffmann, Leben u. T. in d. stoischen Philos., 1946 - H.Fehr, T. u. Teufel im alten Recht (ZSavRG 67, Germ. Abt., 1950, 50-75) - H.Abrahamsson, The Origin of Death. Studies in African Mythology (Diss. Uppsala), 1951 - G.Pfannmüller, T., Jenseits u. Unsterblichkeit in der Religion, Lit. u. Philos. der Griechen u. Römer, 1953 - Eliade (s. Reg., auch »Tote«) - H.J.Sell (→ Begräbnis: I) - C.Hentze (→ China: II) - Thompson (E-F, Reg. s.v. Dead, Death, Otherworld [Journeys]) - Nilsson I. II (s. Reg., auch »Unterwelt«) - W.-H.Friedrich, Verwundung u. T. in der Ilias (AAG III, 38, 1956) - A.Gühring, Die T.esauffassung der dt. Volkssage (Diss. Tübingen), 1956 - L.Kretzenbacher, Die Seelenwaage. Zur rel. Idee vom Jenseitsgericht auf der Schicksalswaage in Hochreligion, Bildkunst u. Volksglaube, 1958 - L.Röhrich, Die dt. Volkssage (Studium Generale 11, 1958, [664-691] 668ff) - E.Herzog, Psyche u. T. Wandlungen des T.esbildes im Mythos u. in den Träumen heutiger Menschen, Zürich 1960 - J.Zandee, Death as an Enemy according to Ancient Egyptian Conceptions, Leiden 1960 - Heiler 515ff (Lit.) - F.Herrmann (→ Totenverehrung: I) - Le jugement des morts. Egypte ancienne, Assour, Japon, Babylone, Iran, Islam, Inde, Chine, Israël (Sources Orientales 4), Paris 1961 - PW 2. R. IX/1, 672ff. - Weitere Lit. bes. zu → Apokalyptik: I, → Auferstehung: II, → Begräbnis: I, → Brücke, → Eschatologie: I, → Gericht Gottes: I, → Paradies: I, → Totenverehrung: I, → Trauerbräuche: I.

† A.Bertholet - C.-M.Edsman

II. Tod und Totenreich im AT

1. T. - 2. Totenreich (= Tr.) - 3. Weiterleben nach dem T.

1. In den Texten von → Ugarit (→ Kanaan: III) ist der T. (môt) ein Gott, der → Baal tötet und dann von → Anath getötet wird. Auch im AT erscheint in Jer 9, 21 der T. als ein selbständiges Wesen, das nach Ps 49, 15 die Toten im Tr. weidet. Die in Ugarit bezeugte Vorstellung des *Sterbens* als eines Austretens der Seele oder des Geistes (→ Mensch: II) aus dem Körper wie ein Wind oder ein Rauch (Seelenloch in ugaritischen Gewölbegräbern!) findet sich in Jer 15, 9 und Hi 11, 20, wobei es nach Pred 3, 21 ungewiß ist, ob der → Geist (: II) zu Gott »aufsteigt« (anders Pred 12, 7). Die Aussagen in Ps 104, 29 und 146, 4 a (vgl. 1Kön 17, 21; Hi 34, 14f; Pred 12, 7) stellen geradezu eine Umkehrung des → Schöpfungs-Vorganges in Gen 2, 7 (J; vgl. Ez 37, 8) dar. Der T. tritt auch durch Vergießen des → Blutes ein (Gen 9, 4). Der Sterbende hat hellseherische Fähigkeiten (→ Jakobsegen). Wie die ugaritischen Götter mit Ausnahme von Baal und môt - beide wurden später in → Adonis vereinigt - ewig leben, das Sterben aber das problematische Los der Menschen ist, so ist Jahwe ewig (Dtn 32, 40; Hab 1, 12; Dan 12, 7); die Menschen hingegen müssen sterben (Gen 3, 19. 22; Pred 3, 19), es sei denn, sie werden entrückt (Gen 5, 24; 2Kön 2, 11; → Entrückung). Ist nach Gen 2, 17 der T. der → Sünde Sold (vgl. Ps 9, 18; 90, 7; Spr 22, 23), so ist an anderen Stellen im Gegensatz zum »T. der Gerechten« (Num 23, 10) der plötzliche und vorzeitige T. eine Folge der Sünde (Gen 38, 7; Hi 15, 32; 22, 16; Ps 55, 24; Spr 10, 27; Jer 17, 11; 28, 16).

2. Der Gott môt (s.o.) residiert in einer *Stadt* des Tr.es, das wie in Ex 15, 12; Num 16, 30; 1Sam 28, 13; Ps 106, 17; Jes 26, 19; Jon 2, 7 als »Erde« bezeichnet wird. Die »Tiefen der Erde« (Ps 63, 10; 71, 20; 95, 4), die dem → Himmel (: II, 1) entgegengesetzt sind (Jes 44, 23; Am 9, 2), liegen gemäß dem damaligen → Weltbild (: II; vgl. Ex 20, 4) »im Wasser unter der Erde« (Hi 26, 5; 38, 16; Ps 18, 5; Jon 2, 3f). Das Tr. wird außer als »Stadt« mit Toren (Jes 38, 10) auch als »Haus« (Hi 17, 13; 30, 23; Spr 7, 27; Pred 12, 5), als »Finsternis« (Hi 38, 17) und als »Grab« (Ps 88, 12) vorgestellt. Die häufigste Bezeichnung ist š^{e}'ôl (→ Hölle: II); damit stehen parallel '^{a}bäddôn (= Verderben; Hi 26, 6), bôr (= Zisterne; Ps 30, 4; Jes 14, 15), mawæt (= T.; Jes 28, 15. 18) und šāḥāt (= Grube; Ps 16, 10). »Eine Differenzierung innerhalb Scheols, deren Leben sonst ... grau in grau gemalt wird, findet sich ... erstmalig Ez 32, 17-32« (A.Bertholet, RGG² V, 1196).

3. Wenn auch der Mensch wieder zu Staub wird (Gen 3, 19; Ps 90, 3), so leben die Toten dennoch in einer *herabgeminderten Existenz* (vgl. Jes 14, 10) weiter. Sie werden in Jes 14, 9 *Rephaim* genannt, wo sie zu den »Führern der Erde« parallel stehen und wohl identisch mit den »Helden aus der Vorzeit« (Ez 32, 27 emendiert nach Gen 6, 4) sind. Diese Bezeichnung geht vielleicht auf die Rephaim zurück, einen riesenhaften Stamm der Urbevölkerung → Kanaans (: II; vgl. Dtn 2, 20f), deren → Dolmen noch vorhanden sind (vgl. Dtn 3, 11; → Begräbnis: II, 1). Andere Deutungen sind: r^{e}p'îm = Schlaffe oder »cultic functionaries« nach J.Gray auf Grund der Texte von → Ugarit. Bemerkenswert sind die Zusammenhänge zwischen *Grab* und Tr.: → Samuel, der sicherlich in seinem Prophetenmantel bestattet wurde (→ Begräbnis: II, 2), trägt denselben auch als Totengeist (1Sam 28, 14). Graues Haar kann blutbefleckt in das Tr. hinabgebracht werden (1Kön 2, 9). Den Toten werden Beigaben wie »Schüsseln und Kannen, Krüge und Lampen, vereinzelt einmal Stuhl und Bett,

daneben Geräte aus Metall und Waffen, Schmuckstücke aller Art und Skarabäen« (BRL 239) ins Grab gelegt, damit sie sich derselben im Tr. bedienen. Für diese Auffassung spricht Ez 32, 27: Die Helden, die mit Schwert und Schild beigesetzt wurden, »stiegen mit ihren Kriegswaffen in die Scheol hinab«. Sie haben dort eine ehrenvolle Stätte, während die »Schwerterschlagenen«, nach Nationalitäten getrennt, bei den »Unbeschnittenen« liegen (Ez 32, 17ff). Der Wunsch, im Familiengrab (2Sam 19, 38) »zu seinen Vätern versammelt zu werden« (Ri 2, 10 u.ö.) oder »bei seinen Vätern zu liegen« (Gen 47, 30 u.ö.), hat seinen Grund darin, daß man auch im Tr. mit seiner Sippe vereint sein wollte. Allerdings rechnet → Jakob damit, daß er trauernd zu seinem Sohn → Joseph in das Tr. hinabsteigen werde, obgleich derselbe unbestattet gewesen wäre (Gen 37, 35; vgl. Gen 42, 38; 44, 29).

T. und Tr., ursprünglich von ewiger Dauer (Hi 14, 12), werden später in der → Apokalyptik (: II) dadurch aufgehoben, daß Gott »den T. für immer verschlingt« (Jes 25, 8), die Toten auferstehen werden (Dan 12, 2; → Auferstehung: III; → Ewiges Leben: I) und die »Erde (= Tr.) die Rephaim gebären wird« (Jes 26, 19).

Lit. s. → Hölle: II. Ferner: A.R.JOHNSON, The Vitality of the Individual in the Thought of Ancient Israel, Cardiff 1949 - J.GRAY, The Rephaim (PEQ 81, 1949, 127-139) - G.v.RAD, TheolAT I. II, (1957) 1958[2] u. 1960 (s. Reg. s.v. T. u. Tr.). *H.Schmid*

III. Im NT

Der T. (θάνατος) ist für das NT ein auf das Leben in der Welt folgender, vom → ewigen Leben (: III B) aber vorläufig oder für immer getrennter Zustand. Er ist evtl eine diesen Zustand herbeiführende Macht und wird oft auf eine unterirdische Sphäre bezogen, die → Hölle (: III), das Totenreich (ἄβυσσος, ᾅδης, γέεννα).

1. Die *Ursachen* des T.es sind situationsbedingt: a) Physisch betrachtet ist er das Ergebnis der zwar von Gott bestimmten (Gen 6, 3), bisweilen aber einfach als empirische Tatsache hingenommenen Sterblichkeit der Menschen (Mt 22, 24 par; Joh 6, 49; 8, 52f). Jesus, Petrus und Paulus verlängerten durch Totenerweckungen das Leben einiger junger Personen (Mt 9, 24 par; Lk 7, 12; Joh 11, 44; Apg 9, 40; 20, 10). Das weist auf die eschatologische Herrschaft Christi über den T. hin (s. 3), hebt aber bis zur → Parusie die Sterblichkeit nicht auf (Röm 8, 10; Hebr 9, 27). - b) Juristisch spielt der T. eine Rolle als qualifizierte Strafe in Religionsprozessen. Eine solche traf Jesus (Mt 20, 18 par; 26, 66 par; Lukas ohne Erwähnung eines jüdischen T.esurteils), ferner → Stephanus (Apg 7, 58) u.a. und wird auch mehrere Jünger treffen (Mt 10, 21 par). - c) Eschatologisch ist der T. in der Predigt des Täufers Gottes Strafe über die Halsstarrigen (Mt 3, 10/Lk 3, 9), in der Lehre Jesu die Vergeltung für Frechheit (Mt 5, 22; 15, 4/Mk 7, 10), Verirrung (Mt 7, 13. 19; 18, 6-9 par), Verstockung (Mt 11, 23/Lk 10, 15; Joh 8, 21). Explizit als Folge der → Sünde (: IV) erscheint der T. erst bei Paulus (Röm 5, 12 usw) und Jakobus (1, 15). T. und Gericht sind obligatorisch (Hebr 9, 27); für die Sünder wird das → Gericht (: III) zu einem zweiten T. führen (Apk 2, 11; 20, 6. 14; 21, 8).

2. Die gegenwärtige *Herrschaft* des T.es wird verschieden gedacht. a) Bei den Synoptikern finden sich nur Andeutungen darüber (T.esschatten, Mt 4, 16; Lk 1, 79). - b) Das JohEv, → Paulus (, 3 b β) und spätere Autoren vertreten weiter entwickelte Vorstellungen: T. und Gericht kennzeichnen die Sphäre der irdischen Existenz, aus der nur die Gläubigen zum Leben gelangen können (Joh 5, 24). Sünde und T. im Sinne der Vergänglichkeit beherrschen seit Adam die Geschichte (Röm 5, 12. 17), bis Christus als neuer Adam den T. als letzten Feind vernichtet (1Kor 15, 26. 55). In der Umgebung der Kirche erscheinen → Teufel und T. als Quelle und Folge des Abfalls (Jak 5, 20; 1Petr 5, 8; 1Joh 3, 7f. 13f) oder der Verfolgung (Hebr 2, 14f; Apk 20, 14). - c) Ferner ist das Totenreich nicht nur ein Ort der Verwahrung, Bestrafung oder Vernichtung der Toten (Mt 10, 28 usw), sondern zT auch eine gottes- und lebensfeindliche Macht (Mt 16, 18; 23, 15; Jak 3, 6; Apk 6, 8; → Hölle: III, 2).

3. Christus bringt nach allen nt. Schriften die *Auflösung* der T.esmacht (so bereits das Kerygma, Apg 2, 24; 1Kor 15, 4). Er hat die uralte Verbindung von Sünde und T. gelöst, indem er beide auf sich nahm, ohne selbst von Sünde belastet zu sein (Mt 16, 21 par; 26, 28 par; Joh 1, 29; Röm 8, 3; Hebr 2, 14; 1Petr 3, 18; Apk 1, 5). Damit verlor der T. seinen Vergänglichkeitscharakter (Apg 2, 27; 13, 37; Röm 6, 9), wie es die → Auferstehung Jesu bewies. Auf Grund der in dieser Gottestat eingeschlossenen → Versöhnung, → Rechtfertigung, → Erlösung werden seine Jünger, die im → Glauben, in → Taufe und → Abendmahl und im → Leiden mit dem T. Christi verbunden bleiben, seines Sieges über Sünde und Vergänglichkeit teilhaftig und dürfen nach ihrem leiblichen T. einmal zum ewigen Leben auferstehen (Mt 16, 24-27 par; Joh 11, 25; Röm 6, 8; Apk 20, 4). Die am Jüngsten Tage noch Lebenden werden ohne T. dem Menschensohn begegnen (Mt 16, 28 par; 1Thess 4, 17).

P.VOLZ, Die Eschatologie der jüd. Gemeinde im nt. Zeitalter, 1934 - W.T.HAHN, Das Mitsterben u. Mitauferstehen mit Christus bei Paulus, 1934 - LThK X, 187ff - ThW III, 7ff - G.WIENCKE, Paulus über Jesu T., 1939 - J.LEIPOLDT, Der T. bei Griechen u. Juden, 1942 - EC VIII, 1427ff (Lit.) - O.CULLMANN, Unsterblichkeit der Seele u. Auferstehung der Toten (ThZ 12, 1956, 126-156) - G.WAGNER, Das religionsgesch. Problem von Röm 6, 1-11 (AThANT 39), 1962. - Vgl. die Lit. zu → Hölle: III. *B.Reicke*

IV. Dogmatisch

1. Der T. als Natur und als Unnatur für den Menschen - 2. Der Sinn des T.es: a) im Lichte des ursprünglichen Schöpferwillens, b) des Gesetzes, c) des Evangeliums

1. Alles menschliche Leben findet sein Ende im T. Es teilt dieses Schicksal mit allen Lebewesen. Den Einzellern freilich eignet »potentielle Unsterblichkeit« durch fortgesetzte Zellteilung. Aber sobald die Zellen sich in vielzellige Lebewesen differenziert haben, erscheint der natürliche T. Er ist im Individuum mit seinem Entstehen schon angelegt: das Altern und Sterben beginnt mit der Empfängnis. Das Leben selbst ist von Anfang an todesträchtig.

Der T. ist *Ende,* unbedingte, unüberschreitbare Grenze des Einzellebens. So zeigt er sich im Prozeß der Verwesung. So wissen wir um ihn, indem wir ihm entgegengehen. Er ist Ende nicht etwa nur für die Leiblichkeit des Lebens, sondern für die ihrem Wesen nach leibhaftige irdische Existenz überhaupt. Gegen dieses Wissen kommt keine dualistische Theorie auf, nach der sich im T. die Seele vom Leibe trenne und selber weiterlebe, geschweige denn parapsychologische Phänomene; was immer es um diese sei, sie können an dem existentiellen Wissen um die Totalität des T.es als Ende nicht irre machen (→ Auferstehung: VI, 2).

Von dem Ableben pflanzlichen und tierischen Lebens ist der T. des Menschen wesenhaft unterschieden. Er ist freilich auch für den Menschen biologisch-natürlich: wir erfahren in ihm die Endlichkeit und Begrenztheit des Geschöpfes. Man kann nach einem erfüllten, ausgelebten Leben zufrieden ableben, »lebenssatt« (Gen 25, 8; 35, 39 u.a.), ja sich nach dem Ende des Lebenskampfes sehnen. Wir mögen und können uns dieses irdische Leben nicht unendlich-fortgesetzt denken.

Aber der T. kommt nicht nur als Alters-T., sondern mitten im Leben, und auch als jener, als natürlicher, wird er doch zugleich als dem Menschsein widernatürlich erfahren, als der »bittere T.«, als furchtbare Wirklichkeit. Alles Lebendige erlebt den T. als Feind und bäumt sich gegen ihn. Keine Kreatur aber ist so vom T. gezeichnet wie der Mensch: er weiß um seine Sterblichkeit, geht seinem T. mit Wissen entgegen und nimmt ihn darin vorweg. Er wird seiner gewahr als des vollendeten Widerspruchs gegen das uns verliehene Menschsein. Der T. zerbricht eben das, worin wir uns als Menschen erfahren. Die relative Selbstbestimmung versinkt im totalen Erleiden der Naturgesetzlichkeit, die Kraft zu erkennen und zu gestalten in völliger Ohnmacht; das Leben miteinander, die Gemeinschaft in Vertrauen und Dienst wird zerrissen; das Wachsein zu Gott endet in der Nacht der Bewußtlosigkeit; der T. schließt aus der Gemeinde, die Gott lobt, aus (Ps 6, 6; 30, 10; 115, 17). In alledem ist der T. Feind, Zerstörer des von Gott gegebenen Menschseins, in aller seiner biologischen Natürlichkeit doch für den Menschen als solchen Unnatur. Daher die »Angst des Sterbenmüssens, die potentiell gegenwärtig ist in jedem Augenblicke« (P. Tillich), das Grauen vor dem T. als Versetzung in das Nicht-sein.

2. Der T. als menschliches Geschehen muß nach seinem *Sinne* innerhalb des Menschseins verstanden werden, dh innerhalb des Verhältnisses zwischen Gott und Mensch. Was bedeutet der T. für mich als Mensch vor Gott? was sagt und wirkt Gott durch den T.? – Auf diese Frage kann nicht mit *einem* Satze, sondern nur gegliedert geantwortet werden. Der T. ist auszulegen a) im Lichte des ursprünglichen Schöpferwillens Gottes, als Berufung zur Furcht und Liebe Gottes; b) im Lichte des Gesetzes Gottes, als Erfahrung des Gerichtes; c) im Lichte des Evangeliums, als Gnade der Erlösung. – Für die Biologie bleibt es ein ungelöstes, vermutlich unlösbares Problem, warum die Organismen altern und sterben. Die Theologie fragt nicht nach der Ursache, sondern nach dem Sinn des menschlichen T.es.

a) Auch in der Theologie der Bibel gibt es eine Linie, auf welcher der T. offenbar als ursprüngliche Ordnung Gottes verstanden wird; so im AT und etwa 1Kor 15, 45. (Man kann auch hier schon von Auslegung des T.es im Lichte des Gesetzes sprechen; aber »Gesetz« ist dann im weiten Sinne genommen, nicht in dem engeren des Willens Gottes, wie er dem Sünder begegnet, sondern als der Schöpfungswille Gottes an den Menschen, das ursprüngliche *Gebot,* wie es in Gottes Angebot beschlossen ist.) Der T. kommt dem Menschen von Gott dem Schöpfer ursprünglich zu (→ Schöpfung: IV B, 4b). Gott hat ihm einen ursprünglichen Sinn eingestiftet. Im Schicksal des T.es besiegelt der Schöpfer die Kreatürlichkeit des Menschen in doppeltem Sinne: den *Abstand* und die *Abhängigkeit* des Seins als das Gesetz menschlichen Lebens. Den Abstand: Gott allein hat Unsterblichkeit (1Tim 6, 16), wir sind endlich, sterblich; der T., die Sterblichkeit setzt und zeigt die strenge unüberschreitbare Grenze zwischen Gottes und des Menschen Leben. Die Abhängigkeit: im T. verfügt der Schöpfer über mich. Daß ich das Leben nur als sein Lehen und Leihgabe habe, erfahre ich daran, daß er es mir nimmt. Im Wissen um den T. erkenne ich mich als Mensch, als Geschöpf. Indem wir den T. so sehen und uns unter ihn beugen, ehren wir unseren Gott als den Schöpfer und Herrn unseres Lebens, der das Leben hat in sich selber. Schon deswegen erwächst am T. Furcht Gottes, noch zu unterscheiden von der Furcht des Richters, nämlich die Furcht vor dem, der in Freiheit das Leben gibt und nimmt, wie er will.

Weil zwischen Gottes und des Menschen Leben der T. steht, kann der Mensch nur durch Sterben hindurch an Gottes Leben teilnehmen. Man muß sein Leben hingeben, um es zu finden (Joh 12, 24f). Nur durch den T. kann man zum Vater gehen (Joh 13, 1). Auch Jesus war dieser ursprünglichen Ordnung Gottes untergeben.

Der T. ist auch damit Ur-Ordnung des Schöpfers, daß er dem menschlichen Leben im Ganzen und damit in jedem einzelnen Momente den Akzent der strengen Einmaligkeit gibt, des Heute, das nicht wiederkehrt. Dadurch bekommt Gottes Gebot, im Heute für ihn da zu sein, und das Heute, in dem wir für ihn da sein sollen, erst den ganzen Ernst, die unbedingte Dringlichkeit. Der T. macht jeden Tag zum letzten Tag. Auch in diesem Sinne gibt Gott sich uns gerade im Sterbenmüssen kund.

Der T. beruft in besonderer Weise zum Sein für Gott. Das ist wie nirgends anders an Jesu Bereitschaft und Gang zum T. abzulesen. Angesichts des T.es leben, das ist unvergleichliche Berufung und Gelegenheit zum *Glauben.* Glauben heißt: sich allein auf Gott verlassen. Daher hat das Glauben seinen Platz und entfaltet sich zu seinem ganzen Wesen gerade dort, wo die irdischen Fundamente und Stützen brechen. Das geschieht total nur im T. Er reißt allen irdischen Boden unter den Füßen weg und rückt den Menschen vor das Nichts. Dann, wenn aller weltliche Halt entfällt, es auf Gott wagen in der Zuversicht, daß er der einzige und unbedingte Halt ist, das ist das Vollmaß des Glaubens. Im Leben wird das Vertrauen auf Gott immer vermischt mit Selbst- und Weltvertrauen. Nur im Sterben bleibt der Mensch mit Gott allein und kann Gott preisen mit dem Gottesdienste des völligen und alleinigen Vertrauens auf ihn. So gehören → Glaube (: V) und T. zusammen (vgl. 2Kor 1, 8). Das heißt nicht, daß man nur und erst in der Stunde des Sterbens ganz glauben könnte, sondern daß der Glaube erst angesichts des im Vorblick immer gegenwärtigen T.es ganz zu sich selbst kommt. In diesem Sinne kann man »dem Herrn sterben« (Röm 14, 8), den eigenen T. für Gott leben. Gilt das gewiß im besonderen Sinne von dem Zeugen, der im Dienste der Wahrheit Gottes, seines Evangeliums willig sich einsetzt – er ist Opfer für Gott (Phil 2, 17; 2Tim 4, 6) –, so greift das Sterben für Gott darüber doch weit hinaus.

Wie durch den T. der Glaube zu seiner ganzen Wirklichkeit kommt, so auch die *Liebe.* Die Sterblichkeit, die Möglichkeit des T.es ist die Voraussetzung dafür, daß die Liebe das Ganzopfer bringen kann, das Opfer des Lebens. → Liebe (: IV) ist Bereitschaft und Kraft zum → Opfer (: V). Sie opfert nicht erst im Sterben. Sie gibt schon im echten Dienen am anderen immer ein Stück Leben, zB auch wenn sie Zeit schenkt. Alles Opfer ist schon ein Stück Sterben. Aber erst in der Bereitschaft zum leiblichen Sterben für den anderen wird das Opfer völlig (Joh 15, 13). Auch bei Jesus ist die Liebe, mit der er sich an die Menschen hingibt, erst in seinem Sterben ganz verwirklicht (1Joh 3, 16). Liebe und T. gehören zusammen.

Diese Würdigung des Sterbens für... bedeutet keine falsche Aktivierung und Heroisierung des T.es. Sterben ist primär ein Erleiden, nicht Tat. Aber Gott gibt uns die Möglichkeit, wie alles Erleiden, so auch dieses im Gehorsam gegen seine Führung anzunehmen und zu leben. In diesem Sinne kann das Sterben bei all seinem Passivitäts-Charakter Akt, Tat sein. Die Berufung zum Akte des Sterbens gehört zu Gottes ursprünglichem Willen über den Menschen. Sie ist Gnade der Schöpfung.

b) Diese Sinngebung des T.es im Lichte des Schöpferwillens Gottes bleibt auch für den in die → Sünde (: VI) gefallenen Menschen erhalten. Die Gnade der Schöpfung hat nicht aufgehört. Aber jene Sinngebung sagt nicht das Ganze. Sie ist bei uns Sündern immer verknüpft mit einem ganz anderen Sinn, den der T. von Gott her für uns hat, weil wir Sünder sind. Der T. tritt hier in das Licht des *Gesetzes* Gottes, dieses prägnant genommen als Gottes Wort an den Sünder.

Wir erfahren im T. nicht allein den Abstand und die Abhängigkeit des Seins von Gott, sondern zugleich den Gegensatz Gottes wider den Sünder. Das Nein Gottes, das der Mensch im erweckten Gewissen vernimmt, gewinnt im Schicksal des T.es objektive Gestalt und Ausdruck. Die durch den T. bewirkte Einmaligkeit des Lebens und der Stunde wird dem Sünder nun zur Unwiderruflichkeit der Schuld, dessen was getan oder unterlassen wurde. Durch den T. behaftet Gott uns endgültig bei der Schuld unseres Lebens, bei allem Versagen und Vergehen und fordert zur Verantwortung und Rechenschaft. Wir werden durch den T. vor den Richter gestellt. Darüber hinaus erfährt das lebendige Gewissen, wie Gott in der Zerstörung unseres Lebens durch den T. ausdrückt, daß er es verwirft: ein Leben, das seinem Wesen nach nicht wahres Leben, sondern bei aller biologischen Lebendigkeit doch selber T. ist (Lk 9, 60), unwürdig erhalten zu bleiben, löscht er aus. Das biologische Widerfahrnis des Sterbens wird Träger des Nein Gottes zum Sünder. Durch dieses im leiblichen T. sich ausdrückende Nein Gottes wird der T. erst T. im theologischen Vollsinne des NT, von dem bloßen Ableben und Ende zu unterscheiden. Dieser T., unter dem Nein Gottes, unter seinem → Zorn (: IV), ist erst durch die Sünde in die Welt gekommen (Röm 5, 12). Er ist »der Sünde Sold« (Röm 6, 23). Biologisch unterscheidet er sich nicht von dem T., wie wir ihn als Gottes ursprüngliche Setzung verstanden, und ist doch durch die Sünde, durch das Gesetz, mit dem Gott wider den Sünder steht, für den Menschen ein ganz anderer geworden. Für niemanden ist der T. noch reines Sterben als natürliche Gottesordnung, er ist immer zugleich T. der Sünder - so gewiß er auf der anderen Seite immer auch noch jener ursprüngliche ist (neben Röm 5, 12 bleibt 1Kor 15, 45 stehen). Auch die Angst vor dem Sterben ist für uns Sünder noch eine andere geworden gegenüber der kreatürlichen: wir fürchten jetzt angesichts des T.es nicht allein den Schöpfer, sondern den Richter.

Daß wir den Sinn des T.es im Lichte des ursprünglichen Schöpferwillens und den T. als Gestalt und Ausdruck des → Gerichtes Gottes (: IV) nebeneinander stellen, daß wir den T. als Ableben und als T. unter Gottes Zorn unterscheiden, das besagt schon: die Theologie kann den leiblichen T. als solchen, als biologisches Geschehen nicht etwa kausal von der Sünde, von dem Fall der Menschheit herleiten und als strafenden Eingriff Gottes in die ursprüngliche Gestalt seiner Schöpfung begreifen. Sie kann nicht einen todfreien Urstand im Sinne des nicht endenden natürlichen Lebens und den T. als Zeichen einer »gefallenen Schöpfung« lehren. Die Dogmatik führt den T. im biologischen Sinne nicht metaphysisch auf die Sünde zurück, aber sie sieht ihn unserer Sünde zugeordnet als Gestalt und Ausdruck des Zornes Gottes. Der immer wieder unternommene Versuch jener Herleitung ist als Spekulation gnostischer Art abzulehnen. Er bringt die Theologie und das christliche Denken nicht nur in einen unheilbaren Konflikt mit den klaren Erkenntnissen der Naturwissenschaft - der T. im biologischen Sinne geht dem Auftreten des Menschen unendliche Zeiten vorauf -, er verkennt auch die Aufgabe der Theologie und ihre Grenze: sie hat die Wirklichkeit nicht abzuleiten oder zu erklären, sondern innerhalb unseres Verhältnisses zu Gott zu *verstehen*. Sie hat nicht nach ihrer Ursache zu suchen, sondern ihren Sinn auszulegen. - Diese Erkenntnis hat sich erst in der neueren Dogmatik mehr und mehr durchgesetzt. Die ältere kirchliche Theologie und die neuere konservative halten an der Herleitung des natürlichen T.es vom Sündenfall fest. Entscheidend durchbrochen wurde sie durch Schleiermachers Kritik. Ihm folgten viele Dogmatiker des 19. Jh.s. In der Gegenwart vertreten die Unterscheidung zwischen dem natürlichen Sterbeschicksal, das als solches nicht Folge und Strafe der Sünde ist, und dem T. der Sünder u.a. K. Barth, E. Brunner, H. Thielicke, P. Althaus.

c) Der gleiche natürliche T., den der Sünder als Ausdruck des Gerichtes Gottes erfährt, wird im Lichte des *Evangeliums* zum Akt der erlösenden → Gnade Gottes (: V). Denn der T. macht ein Ende mit einem Leben, das unentrinnbar gebunden ist an die Sünde, das daher immer nur gebrochenen Gehorsam gegen Gott kennt, keine volle Heiligung, das immer zwischen Glaube und Unglaube bleibt. Wenn Christus den Menschen durch das Evangelium ergreift, dann stirbt der Mensch diesem Leben grundsätzlich ab. Das Ergriffensein durch Christus ist in sich selbst Sterben des »alten Menschen« (Röm 6, 3ff; Kol 3, 3). Das Leben des Christen hat seine Mitte in dem immer neuen, im Handeln vollzogenen Ja zu dieser durch Christus an uns geschehenen Versetzung in den T., in der immer neuen Hingabe an das Sterben des alten Menschen, auf das Gottes Führung unseres Lebens hinzielt (Röm 6, 11. 13; 8, 13; Kol 3, 5). Aber während des irdischen Lebens kommt dieses Sterben nicht an sein Ziel. Das Verlangen des Christenmenschen, von seinem alten Wesen frei zu werden, wird erst im leiblichen T. ganz erfüllt. Er erfüllt die Verheißung, die Jesus Christus jedem in der Taufe versiegelt hat. Der T. führt den Glaubenden in die Freiheit der Söhne Gottes. Er bringt den Christen aus der Christus-Ferne der irdischen Existenz in das vollkommene Leben bei ihm (2Kor 5, 6ff; Phil 1, 23).

Das vermag der T. freilich nicht für sich allein. Er würde nicht echte Befreiung von uns selbst, nicht die Erfüllung des Verlangens nach dem Freisein für Gott bringen, wenn er nur Ausgang in das Nichts wäre. Das Zunichtewerden, die Auslöschung des Daseins wäre nicht die im Evangelium verheißene Erlösung. Diese hängt daran, daß der leibliche T. für den Glaubenden nichts anderes als die uns zugekehrte Seite der → *Auferstehung* (: VI) ist. Nur darum kann er die Geburt zum → Ewigen Leben (: IV) sein.

Der T. im Lichte des Gesetzes und im Lichte des Evangeliums - das ist zuletzt kein Gegensatz, sondern Einheit im Wollen und Wirken Gottes. Im Glauben an das Evangelium erkennt der Christ, daß Gottes Nein, wie der Sünder es im T. erfährt, im Grunde mit dem Ja seines gnädigen Willens über ihn eins ist. Das Todesgericht steht im Dienste der Schöpfung des neuen Menschen.

Die Gnade des Evangeliums gibt dem T. seinen ursprünglichen schöpfungsmäßigen Sinn zurück. Obgleich die Sterbensnot der Kreatur bleibt, gilt nun: »Der T. ist mein Schlaf worden« (Luther). Die drei aufgezeigten Sinn-Gebungen des T.es lösen sich nicht etwa ab zu einem exklusiven Nacheinander. Solange wir noch unterwegs sind, noch nicht ganz los von der Sünde, hat der T. den dreifachen Sinn *zugleich* für uns: als ursprüngliche Ordnung Gottes, als Ausdruck seines Gerichtes, als Gnade der endlichen Erlösung.

Außer den Lehrbüchern der → Dogmatik: M. Luther, Auslegung des 90. Psalms (WA 40/III, 485ff) - Fr. Schleiermacher, Der christl. Glaube, §§ 75f - A. Ritschl, Die christl. Lehre von der Rechtfertigung u. Versöhnung III, (1874) 1895^{4}, § 42 - RE XIX, 801ff - H. Scholz, Der Unsterblichkeitsglaube als philos. Problem, 1920, 7ff (Zur Metaphysik des T.es) - P. Althaus, Die letzten Dinge, (1922) 1961^{8}, 83ff - Ders., Vom Sterben u. vom Leben, 1950 - K. Heim, Glaube u. Denken, 1931^{1}, 370ff - Ders., Jesus der Herr, (1935) 1953^{4}, 139ff - W. Künneth, Theol. der Auferstehung, (1933) 1951^{4}, 187ff - E. Dacqué, Das verlorene Paradies, 1938 - H. Thielicke, T. u. Leben, 1946; dazu P. Althaus, Der Mensch u. sein T. (Universitas 3, 1948,

385-394) - BARTH, KD III/2, § 47, 5 - K.RAHNER, Zur Theol. des T.es, (1958) 1959² (kath., Lit.) - A.BUTENANDT, Altern u. T. als biochemisches Problem (Dt. Mediz. Wochenschrift 84/I, 1959, 297-300).

P.Althaus

V. Philosophisch

1. Fragestellung - 2. Geschichtliches - 3. Gegenwärtige Problemlage

1. T. ist allgemein Aufhören der organischen Tätigkeit individuellen Lebens. Doch hebt sich das Sterben des Menschen ab gegen bloßes Verenden des sonstigen Lebens: Der Mensch ist dasjenige Wesen, das nicht nur vom T. schlechthin, sondern auch um den eigenen T. und seine Unabwendbarkeit *weiß*. Der T. bestimmt die Sinngebung des Lebens mit, macht seine Fragwürdigkeit offenbar und läßt die Endlichkeit des Lebens selber fragwürdig erscheinen. - Die Philosophie fragt nach *Art* und *Herkunft* des Todes*wissens*, nach der Art und Weise seiner *Gewißheit*, und sie bemüht sich um *Sinndeutung* des T.es. Da letztere stets eine wertende Auslegung des Lebens einschließt, ergeben sich aus ihr auch Weisungen und Imperative für die Lebensgestaltung. Damit wird der T. auch für die Ethik bedeutsam. Ferner verlangt jede Deutung des T.es eine Stellungnahme zur Frage nach Fortleben und → Unsterblichkeit, die aber nach Ursprung und Gehalt in den religiösen Bereich gehört (→ Tod: I-IV, → Ewiges Leben).

2. Die Deutungsfrage, historisch die älteste, ist thematisch zuerst bei → *Platon* erörtert. Die überlieferten orphisch-pythagoreischen Vorstellungen vom Fortleben der Seele werden zunächst durch den Einwand erschüttert, daß es darüber kein Wissen gebe. Platons Versuche, die Unsterblichkeit der Seele dann zu beweisen, zeigen das starke Bedürfnis nach rational begründeter Einsicht, lassen aber zugleich erkennen, daß das Wissen vom Leben nach dem T. auch hier letztlich religiöse, im Apollonkult gründende Gewißheit ist, die nur mit logischen Mitteln verteidigt und mit Hilfe der Ideenlehre interpretiert wird. Der T. erscheint so als der Augenblick, in dem die Seele vom Leibe sich löst, um im Reich der → Ideen, dem sie ursprünglich angehört, erst eigentlich zu leben in reiner, durch keine Sinnesaffektion mehr getrübter Erkenntnis des Gültigen und Ewigen. Von daher versteht sich der platonische Gedanke vom »Sterbenwollen des Philosophen«, als sein Streben nach → Teilhabe am Unvergänglichen. - Die → *Stoa* deutet den T. im Sinne eines rein stofflichen Monismus: Als »Feuerstoff« (πνεῦμα) ist die Seele eines der Elemente, die den Organismus aufbauen. Im T. findet eine irreversible Änderung der Elementmischung statt, indem der Feuerstoff der Einzelseele in das göttliche πνεῦμα zurückkehrt. In der späten Stoa steht das sittliche Problem im Vordergrund. Den T. als notwendiges Geschehen im Rahmen der gesetzlich geordneten Gesamtschöpfung zu begreifen und darum furchtlos ihn anzunehmen, gilt als sittliche Forderung für den Weisen. - Während Patristik und MA den T. innerhalb der Arbeit an der Begründung und Verteidigung des Dogmas behandeln, führt im neuzeitlichen → *Rationalismus* die Leugnung eines eigenständigen Lebensphänomens auch zu einer Verkürzung des T.esproblems. → Descartes' Auffassung, der T. sei nichts als eine durch äußere Ursache bewirkte Zerstörung des körperlichen Mechanismus und als solcher nur eine beobachtbare »Tatsache«, wurde bis ins 19.Jh. weithin maßgeblich für die Wissenschaft. - Im → Idealismus nimmt dagegen der T. bei → *Hegel* eine zentrale Stellung ein. Für das Leben des Geistes ist der T. schlechthin notwendige Voraussetzung; der Geist kann, da er Bewegung ist, nur in endlichen Gestalten sich auseinanderlegen. Sein Träger ist das freie Individuum. Frei ist es durch seine Tat, dh sein ständiges *Negieren* des Gegebenen, wozu an ihm selbst seine »Natur« gehört. Sein T. ist so die letzte, selbsterwirkte Manifestation seiner Freiheit. Als Negativität bedeutet sie aber im doppelten Sinne die Aufhebung dessen, was ist: Durch die Zerstörung des einzelnen sichert sie zugleich dessen Bewahrung in der Allgemeinheit des von ihm vollbrachten Werks und ist damit die Macht der Geschichte. Diese ist wiederum nur als Tradition möglich und verlangt den T. der Generationen wie auch die Folge der Geschlechter. Zum Selbstbewußtsein des Menschen gehört also das Bewußtsein seines T.es, es gewinnt seine Wahrheit nur, indem es »dem Negativen ins Angesicht schaut«. - Einflüsse Hegels finden sich in den Frühschriften L. → Feuerbachs, später deutlich bei *G.Simmel*. Hegels »Notwendigkeit« des T.es als des dialektischen Gegenstücks zum Leben wird hier zu einem »formalen → Apriori« in der Strukturgesetzlichkeit individuellen (hier aber biologisch konzipierten) Lebens, das bereits jeden seiner Inhalte »*vor*wirkend« gestaltet.

3. Die radikale Fassung der *Immanenz des T.es*, die die mechanistische Lösung ebenso wie den christlichen Gedanken an ein ewiges Leben verwirft, gab der *Gegenwartsphilosophie* entscheidende Impulse a) zu neuen Deutungen, die entweder strenge Zurückhaltung gegenüber Glaubensnormen wahren (Heidegger, Jaspers) oder die in scharfer Abgrenzung von Glauben und Wissen versucht werden (Scheler), b) zur erkenntnistheoretischen Frage nach Wissensart und Gewißheitscharakter des T.es, die nun erstmalig thematisch erörtert wird (Scheler, Heidegger). - *Max* → *Scheler* stellt diese Frage anläßlich der für ihn soziologisch begründbaren Tatsache, daß der moderne Mensch »das Wesen des T.es im Grunde *leugnet*«. Die Gewißheit des T.es erweist sich als *apriorisch-intuitiv*, da der T. ein Moment des Lebensprozesses selbst ist und das Ende nur seine »Realisierung« darstellt. Das wird bestätigt an der Erfahrung des Alterns und an der Vitalbewegung. Für das Fortleben wird jeder Beweisversuch abgelehnt; der Glaube daran scheint aber aus Struktur und Inhalt geistiger Akte auch philosophisch evident erfüllt. - Simmels Gedanken zum T. sind ontologisch abgewandelt bei → *Heidegger* (→ Existenzphilosophie). Das → Dasein »hat« im T. nicht erst sein Ende, es *ist* »Sein zum Ende«: seinkönnend stets, was es noch nicht ist, findet es im T. seine *letzte, unüberholbare Seinsmöglichkeit*, so daß es in ihm erst eigentlich ist. Zugleich ist der T. die *äußerste Verstehensmöglichkeit* des Daseins, weil dieses sich vom T. her versteht und nur im »Vorlaufen« zu ihm Dasein erst als Ganzes offenbar wird. - → *Jaspers* löst die Problematik des T.es aus der existentialen Verfestigung Heideggers und betont die *existentielle*, den Menschen in seiner konkreten Situation treffende Bedrohung des T.es, der in verschiedenen *Haltungen* begegnet wird. Der T. ist eine endgültige, unübersehbare »*Grenz*situation«. Erfahren zwar beim T. des Nächsten, bleibt er im letzten jedoch unbegreiflich - die Wand, an der wir *scheitern*. Als angemessene Haltung bleibt nur die Tapferkeit zum T., das Aushalten seiner als letzte Bewährung der eigenen Existenz.

L.FEUERBACH, Gedanken über T. u. Unsterblichkeit, 1830 - G. SIMMEL, Lebensanschauung, 1918 - M.HEIDEGGER, Sein u. Zeit, (1927) 1953⁷ - E.BENZ, Das T.esproblem in d. stoischen Philos., 1929 - K.JASPERS, Philosophie, (1932) 1956³ - H.-G.BOEHM, Das T.esproblem bei Hegel u. Hölderlin (Diss. Marburg), 1932 - M.SCHELER, T. u. Fortleben (Schriften aus d. Nachlaß I, 1933, 1-51 = GesW X, 1957, 9-58) - J.WACH, Das Problem d. T.es in d. Philos. unserer Zeit, 1934 - A. STERNBERGER, Der verstandene T. Eine Unters. zu M.Heideggers Existentialontologie, 1934 - P.L.LANDSBERG, Die Erfahrung d. T.es, Luzern 1937 - K.LEHMANN, Der T. bei Heidegger u. Jaspers, 1938 - R.GUARDINI, Der T. des Sokrates, (1943) 1956⁴ - B.v.BRANDENSTEIN, Leben u. T., 1948 - J.CEDRINS, Gedanken über d. T. in d. Existenzphilos. (Diss. Bonn), 1949 - H.PLESSNER, Über d. Beziehung d. Zeit zum T.e (ErJb 20, 1951, 349-386) - E.MARTIN, Das Problem d. T.es bei Platon (Diss. München), 1952 - R.BERLINGER, Das Nichts u. d. T., 1954 - A.METZGER, Freiheit u. T., 1955. *E.Ströker*

Todesstrafe

I. Biblisch - II. Juristisch - III. Theologisch

I. Biblisch

1. Im AT - 2. Im Judentum - 3. Im NT

1. Öffentliche T., im geordneten Verfahren rechtskräftig verhängt und von der Rechtsgemeinde bzw. in ihrem Auftrag vollstreckt (Dtn 17, 2-7; zur Haftungsformel: Lev 20, 9), erwuchs *in Israel,* wie auch anderwärts, aus privater Deliktsahndung (Racherecht), sippenrechtlicher Ächtung und sakralrechtlicher Frevel- und Frevlertilgung. Das ergibt die Rechtsgeschichte der Tötungs- und Ehebruchsdelikte wie des Strafvollzugs. Besonderer Art ist die T. für politische Rechtsbrecher, die der Inhaber der politischen Gewalt verhängt.

Das AT *sieht T. vor* für vorsätzliche Tötung (Ex 21, 12; Lev 24, 17; Num 35, 16ff) - für unvorsätzliche besteht → Asylrecht (, 2), bei konkurrierendem Verschulden (Ex 21, 28ff) ist Lösegeld möglich, das sonst (Num 35, 31) unzulässig ist - sowie für Diebstahl eines Menschen zum Verkauf als Sklaven (Ex 21, 16; Dtn 24, 7). T. steht ferner auf Ehebruch (Lev 20, 10; Dtn 22, 22; Ez 16, 38ff), auf Fälle von Inzest (Lev 20, 11ff) und widernatürlicher Unzucht (Ex 22, 18; Lev 20, 13. 15f). Auch Delikte gegen die elterliche Autorität (Ex 21, 15. 17; Lev 20, 9; Dtn 21, 18ff) ziehen T. nach sich; ebenso Prostitution einer Priestertochter (Lev 21, 9). Als crimina laesae maiestatis Dei sind todeswürdig der religiöse Hochverrat von Apostasie und Fremdkult (Ex 22, 19; Lev 20, 1ff; Dtn 13; 17, 2ff, vgl. Num 25, 1-5), Gotteslästerung (Lev 24, 15f, vgl. 1Kön 21, 9ff: Fluch gegen Gott und König), Zauberei u.ä. (Ex 22, 17; Lev 20, 27; vgl. 1Sam 28, 3. 9), Sabbatschändung (Ex 31, 14f; 35, 2; Num 15, 32ff), Bruch des Banngebots im hl. Krieg (Jos 7, vgl. auch 1Sam 14, 24: Eidbruch). Bei anderen kultischen Vergehen ist nicht sicher, ob die geforderte »Abtrennung« von der Gemeinschaft durch T. zu vollziehen war. Leben und Freiheit eines Menschen, sexuelle Geordnetheit der Großfamilie und religiöse Intaktheit der Kultgemeinschaft sind somit die Rechtsgüter, deren Verletzung mit T. geahndet wird.

Im Vollzug der T. erhielt sich lange aus altem Racherecht die Auslieferung des Mörders an den Bluträcher zur Tötung mit der Waffe (Dtn 19, 12, vgl. 1Kön 2, 28ff); Privatrache auch Num 25, 7f und Gen 34, 25. Typische *Vollzugsform* der T. ist aber Steinigung (Lev 24, 16. 14!; Num 14, 10; 15, 35; Dtn 13, 11; 17, 5 u.a.; als Tierstrafe Ex 21, 29; NT: Joh 8, 5; Apg 7, 58f u.a.). Wo Steinigung mehr ist als Ausdruck tumultuarischer Leidenschaft (Num 14, 10; 1Kön 12, 18; Joh 10, 31; Apg 5, 26 u.a.), ist sie Strafe »zu gesamter Hand«, die den Täter ächtet (ursprünglich: vertreibt), verflucht (vgl. 2Sam 16, 5ff) und so die sich lossagende Gemeinde von Mithaftung befreit. Steinigung kann verkoppelt werden mit Verbrennen (Jos 7, 25) und Zerhauen (Ez 16, 40f; 23, 47). Verbrennen erscheint gelegentlich als (alte) Unzuchtsstrafe (Lev 21, 9; 20, 14; Gen 38, 24; vgl. Jub 20, 4; 30, 7; 41, 19. 25) wie als (seltene) babylonische Strafe (Jer 29, 22), Zerhauen (»vor Jahwe«) als Vollzug von → Bann (1Sam 15, 33; persisch: Dan 3, 29). Zusätzlich tritt auch Vermögenskonfiskation ein (1Kön 21, 15). Zusätzliche Hinrichtungsstrafe ist ferner das Aufhängen der Getöteten an Pfähle (Dtn 21, 22f; vgl. Jos 8, 29; 10, 26f, auch 2Sam 4, 12); es gilt als Entehrung (Fluch). Num 25, 4 und 2Sam 21, 9 geschieht das Aussetzen der Hingerichteten »für Jahwe«, hat also sakralen Hintergrund. Fremdländisch ist Tötung durch Erhängen (Gen 40, 19. 22; Est 2, 23; 5, 14; 7, 10; 9, 14) sowie das Pfählen (Esr 6, 11). Gleiches gilt für den »Todesturm« (Sir 26, 22; 2Makk 13, 5ff) und für die römische Kreuzigung.

Nur gelegentlich *begründet* das AT die Forderung der T. So kann auf die dem Racherecht entstammende Talionsregel (Ex 21, 23ff; Dtn 19, 21; vgl. Lev 24, 18ff und das Sprichwort Gen 9, 6 a) verwiesen werden; Zweck der T. ist somit → Vergeltung (: II), zumal für die Untat an Gottes »Ebenbild« (Gen 9, 6b). Anders im Dtn: T. soll »das Böse« (13, 6; 17, 2. 12; 19, 19; 21, 21f. 24; 24, 7; Ri 20, 13), zumal unschuldig vergossenes Blut (19, 13; 21, 9) »wegschaffen«. T. ist somit Sühne für Entweihung geweihter Personen (Lev 21, 9) wie des Jahwe gehörenden Landes (Num 35, 33f); zugleich soll sie Abschreckung sein (Dtn 13, 12; 19, 20; 21, 21). Die disqualifizierenden Begründungen in Lev 20, 11ff zeigen, wie auch Unzuchtssünden die Kultsphäre tangieren und ihre Bestrafung darum Sühne bedeutet. Erst recht bedarf der unmittelbare Frevel am Heiligen der durch die T. bewirkten reinigenden Sühne.

2. Seitdem mit persischer Vollmacht um 400 vChr das »Gesetz des Himmelsgottes« für die *jüd. Kultgemeinde* verbindlich gemacht war, konnte das dem Großreich eingegliederte jüd. Gemeinwesen durch seine leitenden Instanzen Strafrecht und Strafvollzug, auch T., weiterhin nach den »väterlichen Gesetzen« regeln. Auch die seleukidische und römische Herrschaft ließ die innerjüd. Gerichtsbarkeit unangetastet. Erst → Herodes drängte die Rechte des → Synhedriums auf geordnete Prozeßführung erheblich zurück, indem er das ius gladii der Könige, die Ermächtigung zum Einschreiten gegen Aufrührer und Banden, selbstherrlich ausdehnte. Nach ihm haben die in Judäa eingesetzten römischen Prokuratoren das herrscherliche Schwertrecht in Anspruch genommen und den jüd. Instanzen jeden Vollzug von T. entzogen (Josephus, Bell. II § 117; Joh 18, 31). Doch blieben Ausnahmen. Mit T. durfte jedes Betreten des Jerusalemer Tempelbezirks durch Heiden bedroht werden (TGI 80). Toleriert wurde die Steinigung des → Stephanus (Apg 6, 12; 7, 58f). Möglich war unter Herodes Agrippa I. die Hinrichtung des Zebedaiden → Jakobus (Apg 12, 2) und wohl auch die Verbrennung einer Priestertochter wegen Unzucht (Sanh. VII, 2); vgl. auch die Steinigung des Ben Seṭada (Tos. Sanh. X, 11). Nach dem Untergang der jüd. Staatlichkeit i.J. 70 nChr beanspruchte das sich zum rabbinischen Gerichtshof umbildende Synhedrium zwar auch weiter das Recht, Todesurteile über Juden auszusprechen, aber ein amtlicher und öffentlicher Strafvollzug war unmöglich. Akte der Lynchjustiz wurden gelegentlich toleriert. Die Kodifikation der überkommenen Rechtslehre von den T.n in der → Mischna (Sanhedrin) fügt zu Steinigung, Verbrennen (Einführen von glühendem Blei in den Verdauungstrakt) und Enthaupten die Erdrosselung hinzu, wo immer die Tora keine andere Vollzugsform vorgeschrieben hatte. Die Strafprozeßordnung weist mancherlei Milderungen zugunsten des Angeklagten auf. Doch bleibt manches an Erörterungen über Kompetenzen, Verfahrens- und Vollzugsvorschriften Theorie. Nicht anders steht es um die entsprechenden Abschnitte in → Tosefta und → Talmud. War T. durch Menschen nicht zu vollziehen, galt der Täter zur »T. durch den Himmel« verurteilt. Über die allein von Gott zu vollziehende Karet-Strafe (früher Tod des Täters und seiner Nachkommen, auch Ausschluß vom künftigen Leben) handelt der Traktat Keretot.

3. Das *NT* spricht zur T. keine eigene Stellungnahme aus, es sei denn der im Vergeben Jesu begründete Verzicht auf T. (Joh 8, 2ff). Die Darstellung des Prozesses Jesu (→ Jesus Christus, 11) ist zwar nicht frei von Wider-

sprüchen zur geltenden jüd. Rechtslehre, läßt aber zu Recht Verurteilung und Vollzug der T. durch den römischen Statthalter erfolgt sein.

A.Büchler, Die T.n d. Bibel u. d. jüd.-nachbibl. Zeit (MGWJ 50, 1906, 539-562. 664-706) - R.Hirzel, Die Strafe der Steinigung (AGL 27/7, 1909, 222-226) - J.Juster, Les Juifs II, 1914, 156ff - JüdLex IV/2, 736ff. 965ff - J.Gabriel, Die T. im Licht des AT (Theol. Fragen d. Gegenw., Festschr. Kard. Innitzer, 1952, 69-79) - P.Winter, On the Trial of Jesus (StudJud 1), 1961 - E.Lohse, Der Prozeß Jesu Christi (Ecclesia u. Res Publica, Festschr. K.D.Schmidt, 1961, 24-39). † *F.Horst*

II. Juristisch

1. Die T. als Rechtstatsache: a) Zur Geschichte - b) Rechtsvergleichendes - c) Strafrechtsreform - 2. Die Frage nach dem Recht zur T.

1. a) Wie wohl in jeder frühen Rechtskultur, so findet sich im germanischen Rechtsleben die Tötung des Missetäters in der Form der → Blutrache (bei Taten gegen den Einzelnen und die Sippe) und als Sakral-»Strafe« (bei Taten gegen höchste Güter der Rechtsgemeinschaft). Das Erstarken des Gemeinschaftsbewußtseins drängte die Blutrache zurück zugunsten des vereinbarten oder auferlegten Sühnegeldes; die Christianisierung verwandelte die Sakralstrafe in die T. In den Volksrechten (→ Strafrecht: I, 2) ist die T. schon vielfach genannt; daneben kommt die verstümmelnde Leibesstrafe auf. Im Laufe des MA wurden T. und Leibesstrafe immer häufiger angewandt, zunächst wohl vor allem gegen die Unfreien, die zur Sühnezahlung nicht in der Lage waren, später ganz allgemein, bes. auf Grund von Stadt- und Landfrieden. Die Peinliche Gerichtsordnung Karls V. (1532) bringt ein umfangreiches System von Strafen an Leib und Leben (u.a. Ausstechen der Augen, Abschneiden der Ohren und der Zunge; als T. das Vierteilen bei Verrat, den Feuertod u.a. bei Zauberei, Münzfälschung und Brandstiftung, das Rad bei Mord und Vergiftung, den Galgen bei schwerem Diebstahl, das Schwert u.a. bei Notzucht und Raub; die T. wurde verschärft durch Schleifen und Zangenreißen; für Frauen war weitgehend das Ertränken vorgesehen). Nachdem Ende des 16.Jh.s die Freiheitsstrafe aufgekommen war (→ Strafe: II, 2), drängte sie die Leibes- und Lebensstrafen zurück; aber erst mit der Aufklärung setzte - vor allem unter dem Gesichtspunkt des Gesellschaftsvertrags - ein entschiedener Kampf gegen die T. ein (Cesare Beccaria, Dei delitti e delle pene, 1764). Nachdem die Leibesstrafen schon im 18.Jh. außer Gebrauch gekommen waren, wurde die T. in Deutschland (in Österreich hatte schon das StGB von 1787 die T. nicht mehr gekannt) erstmals durch die Paulskirchenverfassung 1849 für abgeschafft erklärt und daraufhin in mehreren deutschen Ländern (meist allerdings nur für kurze Zeit) aufgehoben. Die T. wurde 1870 im Norddeutschen Bund mit 127:119, 1919 in der Weimarer Nationalversammlung mit 153:128 Stimmen beibehalten; sie war - außerhalb des Militärstrafrechts - 1871 nur für Mord, 1932 außerdem für schwere Verstöße nach dem Sprengstoffgesetz (1884), Sklavenhandelsgesetz (1895) und Republikschutzgesetz (1922) angedroht. Der nationalsozialistische Staat setzte die T. rücksichtslos ein, so daß 1944 mit T. bedroht waren u.a. Hoch- und Landesverrat, Nichtanzeige von Verbrechen, Wehrmittelbeschädigung, erpresserischer Kindesraub, Autofallenstellen, ferner Verstöße gegen typische Gesetze jenes Staates (zB »zur Gewährleistung des Rechtsfriedens« 1933, »gegen Wirtschaftssabotage« 1936, Volksschädlings- und Gewaltverbrecher-Verordnung). Den ungeheuerlichsten Mißbrauch zeigen die Zahlen von *vollstreckten* gerichtlichen Todesurteilen in Deutschland (in Klammern jeweils die Zahlen der *ergangenen* Todesurteile): 1914-19: 104 (230), 1920-26: 158 (759), 1927-32: 16 (293), 1933-39: 660, 1940 bis April 1945: 15 890. - Während die T. in der DDR beibehalten wurde, hat das GG von 1949 sie abgeschafft (Art. 102). Seitdem haben sich - nach Pressemitteilungen über Meinungsumfragen - stets mehr Leute in der BRD (offenbar zuletzt über 70% der Befragten) für die Wiedereinführung der T. ausgesprochen. - Die Todesurteile wurden in Deutschland nach 1871 durch Enthaupten (mit Hand- oder Fallbeil) vollstreckt, seit 1933 auch durch Erhängen.

b) Mehrere Länder haben die T. im regulären Strafrecht abgeschafft: Österreich (1919-34 und wieder seit 1950), die Schweiz (1942, zuvor, seit 1874, in einer Vielzahl der Kantone), Holland (1870), Italien (1890-1926 und wieder seit 1944), Norwegen (1905, letzte Hinrichtung 1875), Schweden (1921), Dänemark (1930), mehrere Staaten der USA und eine Reihe von Ländern in Mittel- und Südamerika. Todesurteile werden im Ausland durch Erhängen, Enthaupten, ferner durch elektrischen Strom und Giftgas vollstreckt.

c) Der amtliche Entwurf eines StGB 1960 sieht - unter Hinweis auf das GG - die T. nicht vor. Die große Strafrechtskommission (→ Strafrecht: II) hat 1958 die T. (als Rechtsfolge des Mordes) mit 19:5 Stimmen abgelehnt.

2. Die letzten Jahre haben - vom wissenschaftlichen Schrifttum bis zur Tagespresse - eine Fülle von Äußerungen über die T. gebracht. Der Fragwürdigkeit der T. ist man sich heute weithin bewußt; sie ist - seit der Aufklärung - Ausdruck der Säkularisierung unseres Strafrechts. Will man durch die Strafe den Übeltäter eines Gutes berauben, so kann die T. nur dort wirklich als Strafe gelten, wo der Glaube an ein Fortleben nach dem Tode *unmittelbar lebendig* ist; dann wird dem Übeltäter nur das irdische Leben, nicht aber die eigentliche Existenz genommen. Ein säkularisiertes Strafrecht dagegen vernichtet in der T. den Übeltäter und läßt damit die Besonderheiten der T. deutlich erkennen: daß sie nicht eigentlich mit Totsein (wie die Freiheitsstrafe mit Eingesperrtsein), sondern mit »Sterben« bestraft (das ja unser aller Schicksal ist); daß die vollstreckte T. nicht im geringsten wiedergutzumachen ist, was im Falle des - entgegen vielfacher Laienmeinung nie sicher vermeidbaren - Justizirrtums die trostloseste Bedeutung hat; ferner, daß die Tötung des wehrlosen Verbrechers heute etwas Abstoßendes hat (und zwar selbst in den Formen, die sich - wie zB die Hinrichtung durch elektrischen Strom - vom Schlachten eines Tieres am weitesten entfernen) und daß in ihr die menschliche Kommunikation völlig abbricht. Es liegt wohl an diesen Besonderheiten der T., daß die Frage ihrer Anwendung meist unsachlich erörtert wird; es geht hier eben nicht um eine wissenschaftlich-juristische Frage, sondern um eine vorjuristische, in deren werthafte Entscheidung die verschiedensten Momente seelischer und geistiger Haltung eingehen. Die Überschrift dieses Artikels kann demnach nur bedeuten, daß die Frage der T. hier in den dem Juristen geläufigen Kategorien und aus den ihm bekannten Erfahrungen erörtert wird.

Die *Frage nach dem Recht des Staates zur T.* ist zuerst die Frage nach dem »Sinn« der → Strafe (: II, 6) überhaupt. Wer von einer *»absoluten Theorie«* ausgeht und im staatlichen Strafen die »Herstellung der Gerechtigkeit auf Erden« oder die Ermöglichung der »Sühne« für den Bestraften sieht, der kann die T. bejahen, ohne sich auf mehr als Rechtsgefühl und Glauben berufen zu müssen. Aber die Gerechtigkeit gibt kein absolutes Maß, und so muß sich diese Auffassung der T. über eine Reihe gewichtiger Bedenken hinwegsetzen: Wir lehnen längst das System der Leibes- und Lebensstrafen ab, in dem die T. - gerade auch in der Öffentlichkeit ihrer Vollstreckung - einst ihren Platz hatte; so ist die T. ein Überbleibsel, das geschichtlich um so mehr überholt ist, als alle anderen Strafen stetig milder geworden sind. Immerhin scheint auch schon früher die Hinrichtung als etwas Würdeloses empfunden worden zu sein, denn seit Jahrhunderten wird der Henker in der Gesellschaft verachtet. – In der T. geben wir dem alten Ruf der Rache »Dich schlage ich tot!« im Ergebnis recht; wenn wir den Mörder töten, dann verleugnen wir gerade bei der schwersten Strafe die Vergeistigung unserer sonstigen Strafen, in denen wir die primitive Talion überwunden haben und das Tatübel in ein Strafübel ganz anderer Art und Größe übertragen (nämlich in den Verlust von Freiheit oder in finanzielle Beeinträchtigung). – Wir lassen seit langem die Korrektur richterlicher Todesurteile durch eine Vielzahl nicht-richterlicher Begnadigungen zu und verneinen damit allzu oft, daß die Gerechtigkeit die T. fordere. – Wenn wir in der Diskussion über die T. Gedanken religiöser Art verwenden (zB »mors ianua vitae«), so beziehen wir sie regelmäßig und ganz einseitig nur auf die Hinrichtung des Mörders und nicht auch auf den Tod seines Opfers. – Wenn der zum Tode Verurteilte schwer erkrankt, suchen wir ihn mit allen Mitteln zu heilen, um ihn dann töten zu können, obwohl wir schon in seiner Krankheit den Ausdruck göttlicher Gerechtigkeit sehen könnten. – Soweit wir gar in der T. dem Übeltäter die Sühne als sittliche Umkehr zu ermöglichen glauben, provozieren wir künstlich diese sittliche Leistung dadurch, daß wir den Täter zum Sterben führen, und setzen uns offenbar darüber hinweg, daß wir manchen töten, der zu einer Umkehr nicht gefunden hat, zu der er vielleicht später noch gefunden hätte. – Wer schließlich die T. fordert, weil er sie für »humaner« hält als die lebenslange Zuchthausstrafe, der könnte sich ebenso für einen erträglicheren Vollzug der Freiheitsstrafe oder gegen ihre unbegrenzte Dauer einsetzen.

Vielfach wird die T. gefordert aus der Sicht der *»relativen Straftheorie«*, die die → Strafe (: II, 6) als Mittel zur Verhütung künftiger Verbrechen auffaßt. Da man auf diesem Gebiet nicht experimentieren kann und da alle Statistiken vor und nach Abschaffung der T. und alle Vergleiche zwischen Ländern mit oder ohne T. *nichts* Stichhaltiges ergeben, ist nur eines sicher: daß der Hingerichtete kein Verbrechen mehr begehen wird (freilich ist dies fast immer auch durch längere Einsperrung zu erreichen). Keine Erfahrung spricht dafür, daß die Androhung der T. mehr abschrecke als die einer gewichtigen Freiheitsstrafe; wenn Laien üblicherweise das Gegenteil annehmen, so verkennen sie die Tatsituation: der Missetäter entschließt sich in aller Regel nicht im Bewußtsein, bestraft zu werden (wobei er freilich die T. mehr als die Freiheitsstrafe fürchten würde), sondern im Vertrauen, überhaupt nicht gefaßt zu werden; die Erwartung, gefaßt zu werden, schreckt denn auch viel mehr ab als die besondere Höhe einer angedrohten Strafe (oft genug haben unter der Drohung der T. Täter eines leichteren Delikts einen Mitwisser getötet, um einer geringeren, aber sicher erwarteten Strafe zu entgehen). – Zu bedenken ist schließlich, daß staatliche Hinrichtungen die Achtung vor dem menschlichen Leben nicht unbedingt zu fördern, eher vielleicht zu beeinträchtigen vermögen.

Die jahrhundertealte Tradition der T. nötigt dazu, sie im *Für und Wider der Auffassungen* darzustellen, als könne man die T. so gut befürworten wie ablehnen. Man darf sich dadurch nicht darüber täuschen lassen, daß *die T. heute unerlaubt* ist: denn aller ursprüngliche Glaube, daß nur durch die T. Gerechtigkeit und Versöhnung möglich werde, und alles Vertrauen, daß durch die T. das Unheil in der Welt vermindert werde, sind dahin. Die Frage ist nicht mehr, was *dem Übeltäter* zukommt, sondern nur, was *wir* ihm zufügen dürfen. Daß *er* getötet hat, heißt aber nicht, daß *wir* töten dürfen; daß das Recht sich mit Gewalt gegen den widerstrebenden Einzelnen in Notwehr und staatlichem Zwang behaupten darf, heißt nicht, daß wir den gefangenen Verbrecher töten dürfen; daß die Gemeinschaft von ihren Gliedern den Einsatz des Lebens in der Abwehr kriegerischen Angriffs von außen erwartet, heißt nicht, daß sie den Übeltäter, der den Frieden im Innern gestört hat, hintendrein töten darf. Wo wir nur irgend beginnen können, nicht mehr zu töten, da müssen wir damit beginnen.

Aus der jurist. Lit. jüngster Zeit (mit weiterer Lit.): E. Dreher, Für u. wider die T. (Zs. f. d. ges. Strafrechtswiss. 70, 1958, 543-565) – Niederschriften über die Sitzungen der Großen Strafrechtskommission, Bd XI: Beratungen zur T., 1959 – J. Baumann, Zur Diskussion um die T. (ARSP 46, 1960, 73-87) – D. Lang-Hinrichsen, Zur Frage der T. (Jurist. Rundschau 15, 1961, 321-326). – Vgl. ferner: B. Düsing, Die Gesch. der Abschaffung der T. in der BRD, 1952.

E. Schmidhäuser

III. Theologisch

1. Erörterung: a) Bis zur Aufklärung – b) Bis zur Gegenwart – 2. Überprüfung der Argumente

1. Das Problem der T. gehört theologisch mit der göttlichen Begründung der staatlichen potestas zusammen (→ Staat: III). Die T. ist in der christlichen Tradition vorwiegend aus dem Grunde bejaht worden, weil man in ihr exemplarisch die göttliche Legitimation der Obrigkeit manifestiert sah. Alle anderen theologischen Argumente für die T. haben nur in diesem Zusammenhang Gewicht. Die Schwäche der sehr viel selteneren Ablehnung der T. ist deshalb immer darin gesehen worden, daß damit zugleich die göttliche Verankerung staatlicher Autorität verloren zu gehen drohe.

a) Diese Problemlage entspricht dem *geschichtlichen Befund*. Die T. tritt überall relativ spät auf im Zuge einer staatlichen Wahrnehmung aller Rechtsverletzung, die langsam an die Stelle der Privatrache, Verstoßung aus der Gemeinschaft usw tritt. Aus der frühen israelitischen Auffassung der »schicksalwirkenden Tat«, in deren innerer Konsequenz Gott wirksam ist, erhält sich dabei der Gedanke, daß das strafende Handeln der Gemeinschaft am einzelnen immer auch ein göttliches Strafhandeln wahrnimmt. Das apokalyptische Denken des Frühjudentums dürfte die Voraussetzung dafür bilden, daß im Unterschied zum göttlichen Endgericht die zeitliche Strafe, die immer die T. einschließt, ganz der staatlichen Gewalt zugeordnet wird (Röm 13), weil sie Statthalter Gottes im vergehenden Äon ist. Alle anderen Gesichtspunkte – Wahrung der Gemeinschaftsordnung, jus talionis, Schuld und Sühne – sind deshalb der theologischen Erörterung des staatlichen Amtes unterzuordnen, dessen Funktion nicht »von Natur« göttlich begründet erscheint, sondern ihren Ort im eschatologischen Welthorizont hat. – Eine Problematisierung der T. findet sich erst im *Frühchristentum*. Im Rahmen einer allgemeinen Reserve gegenüber dem röm. Staat wird das Recht auf T. gelegentlich ausdrücklich bestritten, bei → Tertullian mit der Tendenz, das staatliche Strafhandeln überhaupt in Frage zu stellen, während sich das Problem zB bei → Lactantius schon auf die Frage beschränkt, ob Christen ein staatliches Amt wahrnehmen dürfen, mit dem die T. verbunden ist. Hier bereitet sich die spätere gemeinchristliche Auffassung vor, daß die Kirche sich nicht an der T. beteiligen darf, der Staat aber in seinem göttlichen Amt zur T. berechtigt sei (1250; Denz. 425). Der komplexe eschatologische Aspekt der Rechtsgemeinschaft wird dabei naturrechtlich eingeebnet, neben die Rechtfertigung der T. aus dem Amt des Staates tritt ihre Notwendigkeit zum Schutz der Gemeinschaftsordnung (Thomas), wobei schon vorher auch das religiöse Verbrechen (Ketzerei) der staatlichen T. überantwortet werden kann. Die *Reformation* bringt in der Beurteilung der T. keine grundsätzliche Wandlung, das gottverordnete Strafamt der Obrigkeit wird noch wesentlich stärker hervorgehoben. Immerhin zeigt sich bei Luther etwa eine Zwiespältigkeit, die noch nicht zum Austrag kommt. Wo die Ordnung als Gottesordnung und die sie wahrende Obrigkeit angetastet werden, wird deren volle potestas einschließlich der T. massiv betont. Im Blick jedoch auf das Maß ihres strafenden Handelns wird die Milde vernünftiger Liebe empfohlen (Von weltlicher Oberkeit). Im schwärmerischen Protest taucht dann die Erwägung auf, da das Schwertamt von Röm 13 für alles Strafen gelte, sei es nicht an die T. gebunden (Schmaltz, Osterodt), wogegen J. → Gerhard betont, daß die potestas der Obrigkeit das Recht auf T. verlange. Immer wieder geht es um die theologische Legitimation der staatlichen T. Der theologische Bezug der Obrigkeit ist noch unzweifelhaft mit Recht und Pflicht zur T. identisch.

b) Eine Wende im Problem der T. und den Anlaß für ihre bis heute andauernde Diskussion bedeutete es, als in der *Aufklärung* die Person des Täters in die Erörterung einbezogen wurde. Gegenüber der aufklärerischen These, die den Schutz der Gemeinschaft in die Forderung der (undenkbaren) Einwilligung des Täters in die T. verwandelt (Vertragstheorie), haben → Kant und → Hegel die sittliche Persönlichkeit des Täters geltend gemacht. Beider Bejahung der T. wird zu Unrecht für die rein objektiv-absolute Straftheorie in Anspruch genommen. Die Möglichkeit der T. wird gerade aus der Täterpersönlichkeit selbst begründet, sofern diese nicht nur Objekt staatlichen Handelns ist, sondern zugleich als Glied der sittlichen Rechtsgemeinschaft in Betracht kommt. Es macht die »Freiheit der Person« (Kant), die »Ehre« des Verbrechers (Hegel) aus, daß ihm in der Strafe sein eigenes Recht zukommt. Nicht die Einwilligung des Täters in die Strafe, die → Schleiermacher die T. verwerfen läßt, weil sie der Zustimmung zum Selbstmord gleichkäme, sondern der vorgängige sittliche Rechtscharakter der Person macht die Schuldfähigkeit aus. Die Strafe dient nicht nur dem Schutz der Gemeinschaft. Sie wie die Person des Täters sind gemeinsam auf die Sittlichkeit bezogen. Nur im Verhältnis zu ihr ist der Täter mehr als bloßes Objekt der Strafe. Er wie auch die Gemeinschaft erhalten ihr eigenes Recht, indem sich die sittliche Ordnung unbedingte Geltung verschafft. Wird die Person des Täters in die Begründung der Strafe einbezogen, so spricht für die T. doch nur die Vergeltung im Sinne der Talion; denn der Tod ist »der beste Ausgleicher« (Kant), die T. entspricht dem »Wert« (Hegel) der Rechtsverletzung. Zu dieser Konsequenz, in der die Tat direkt in die Vergeltung überleitet, werden sie gedrängt, weil sie den geschichtlichen Charakter der Rechtsstrafe noch nicht erkannt haben, die ein gegenüber der Tat neues, sie übergreifendes Rechtshandeln ist. Ihr Interesse gilt aber nicht schon der T. als solcher, sondern der ethisch-metaphysischen Begründung von Recht und Strafe, die bei den Gegnern der T. in einer reinen Zweckstrafe verlorenzugehen droht. Insofern ist die Struktur dieser Begründung der theologischen Diskussion verwandt, der es um die göttliche potestas der Strafgewalt ging. Vermittelt durch F.J. → Stahl hat dann R. → Rothe mit Hegels Argumenten die T. sehr bewußt befürwortet und die Zustimmung des Täters zu ihr aus sittlichen Gründen in Anspruch genommen. Für die T. spricht wieder die Unbedingtheit der sich durchsetzenden sittlichen Ordnung, die der Staat wahrnimmt. Die Theologie hat sich diesem Urteil weithin angeschlossen. Vereinzelter Ablehnung (→ Baumgarten-Crusius, Wirth, → Bitzius, auf kath. Seite → Linsenmann) steht ein breiter Strom von Zustimmung gegenüber, der aber keine neuen Gesichtspunkte geltend machen kann, ja eine nähere Begründung aus dem Rechtscharakter der Strafe wie aus der Rechtsgemeinschaft theologisch kaum würdigt. In der Gegenwart heben sich bes. die emphatischen Betonungen der T. von Althaus und Künneth hervor, wobei jener mehr das »Geltendmachen der ewigen Ordnung«, dieser stärker die metaphysische Begründung staatlicher Autorität im Auge hat. Auf kath. Seite dominiert, freilich nicht unbestritten, die naturrechtliche Begründung der T. zum Schutz der Gemeinschaftsordnung. Die Theologie steht mit dieser eindrucksvollen Übereinstimmung unter den mit der T. befaßten Wissenschaften allerdings ziemlich isoliert da. Die Ablehnung der T. aus dem Gedanken der Mitschuld der Gesellschaft bei E. Brunner und K. Barth hat die Diskussion aufs neue in Gang gebracht, ließ jedoch das staatliche Recht zu strafen theologisch offen. Problematisch bleibt auch die völlige Preisgabe des Sühnegedankens in der Strafe auf Grund der Sühneleistung Christi (Barth), wenn dabei nicht die wirksame Behaftung des Täters bei seiner Schuld anders gewahrt und so das Abgleiten in ein rein präventives oder pädagogisches Strafrecht vermieden wird (C.H. Ratschow). Eine scharfsinnige Destruktion der Argumente für die T. hat Ernst Wolf unternommen.

2. Das theologische Problem betrifft nicht unmittelbar die T. als Strafmaß, sondern den theologischen Aspekt staatlicher Autorität einerseits, der Verantwortung des Täters in Schuld und Sühne andererseits. Es geht um eine Begründung, die umfassender ist als das Schutzbedürfnis der Gesellschaft, aber auch als die reine Vergeltungsstrafe. Die Überlegenheit der Rechtsordnung ist nicht schon darin zu sehen, daß sie sich unbedingt und mit Gewalt durchsetzt. Theologisch belangvoll ist vielmehr, daß mit der Rechtsstrafe in den Komplex von Tat und Täter ein neues Element eintritt, das die durch die Tat geschaffene Situation nicht reaktiv zu deren eigener, immanenter Konsequenz führt, sondern übergreift, indem sich die Rechtsordnung als Rechtsgemeinschaft bewährt. Nur so kann hier staatliches Handeln als eine Funktion Gottes aufgewiesen werden. Strafe ist keinesfalls *unmittelbare* Wiedervergeltung einer Tat, so wenig diese schon als solche (negatives) *Rechts*handeln ist. Die von Rothe herkommende Tradition steht im Banne einer unvermittelten Metaphysizierung der Tat und vermag darum dem Sachverhalt nicht Rechnung zu tragen, daß erst durch das vermittelnde Eingreifen der Rechtsordnung Tat und Täter in die Rechtsgemeinschaft in neuer Weise eingeholt werden. Die Überlegenheit der Rechtsordnung wird dann fälschlich in ihrer direkten Durchsetzung gegenüber dem Täter gesehen, in der Spitze also in der T., statt diese Überlegenheit aus dem *Rechts*charakter der Strafe zu gewinnen. Dieser übergreift den Tat-Täter-Komplex und schafft ihm gegenüber eine neue Situation. Insofern ist das → Recht (: I) eine Gestalt der Liebe. Die theologische Begründung staatlicher Autorität hat sich an deren Funktion, die Rechtsgemeinschaft zu wahren, zu orientieren, während die damit verbundene Gewalt für diese Autorität nicht konstitutiv ist, ihr vielmehr sachlich folgt und inhaltlich aus der Rechtsfunktion bestimmt ist. Aus der Preisgabe der T. kann deshalb keinesfalls auf eine Unterhöhlung dieser Autorität geschlossen werden, zumal feststeht, daß die Rechtsgemeinschaft auch ohne T. gewahrt werden kann. Es bleibt die Frage, ob von der Tat selbst her in Schuld und Sühne die T. zu fordern ist. Schuld und Sühne stehen nicht in automatischer Abfolge. Theologisch ist festzuhalten, daß die Strafe nicht die existen-

tielle Schuld (→ Sünde: VII, 1) eines Menschen einlösen kann; sie ist nicht das Weltgericht. Strafe als Sühne kann nur den Täter als Glied der Rechtsgemeinschaft meinen. Die abstrakte Vergeltungstheorie blendet diesen Zusammenhang aus und führt zur reinen Talionsstrafe, wobei der Staat als Erfüllungsgehilfe eines automatischen Ausgleichs jeder eigenen Verantwortung entkleidet ist. Der Täter kann zur Verantwortung gezogen werden, indem die Rechtsgemeinschaft ihre ihn umfassende Verantwortung wahrnimmt. Die Rechtsgemeinschaft ist nur einseitig vom Täter aufgehoben, nicht total zerstört. Der Staat hat vielmehr deren Überlegenheit wahrzunehmen, indem er den Täter bei seiner Schuld verantwortlich behaftet, dabei aber in neuer Weise in die Rechtsgemeinschaft hineinholt. Die Sühne ist ein der Schuld gegenüber neuer Akt, der seinen Inhalt nicht aus der Rechtlosigkeit des Verbrechens, sondern aus dem Rechtscharakter der Strafe erhält. Diesem Sachverhalt kann die T. nicht genügen. Man hat darauf verwiesen, daß mit dem Tode jedenfalls die Gottesgemeinschaft nicht aufgehoben sei. Ein solcher Vorgriff auf das zukünftige Leben gehört sicher nicht in die Kompetenz staatlichen Handelns und wäre für die T. ein äußerst zynisches Argument. Der proleptische Charakter staatlichen Handelns, der theologisch entscheidend ist, weil ohne ihn sein göttliches Amt nicht ausgesagt werden kann, ist ausschließlich an seine Rechtsfunktion gebunden. Im Recht und in der Rechtsgemeinschaft gewährt Gott Leben und Gemeinsamkeit, die sich gegen alle Schuldverstrickung durchzuhalten vermag. Damit ist zugleich die Möglichkeit und die Grenze von Schuld und Sühne in der Strafe gegeben. – Die theologischen Gründe, die immer wieder Anlaß zu einer Bejahung der T. gegeben haben, können deshalb besser und konsequenter gewahrt werden, wenn sie aus ihrer Verkoppelung mit der T. gelöst werden, so daß ein Verzicht auf die T. auch theologisch nicht ungerechtfertigt erscheinen kann.

Außer den gesch. Darst.en u. Lehrbüchern der → Ethik: RE XIX, 806ff - LThK X, 194f - BARTH, KD III/4, 499ff - W.KÜNNETH, Politik zwischen Dämon u. Gott, 1954 - P.ALTHAUS, Die T. als Problem d. christl. Ethik (SAM 1955, 2) - H.DOMBOIS, Mensch u. Strafe, 1957 - B.SCHÖPF, Das Tötungsrecht bei d. frühchristl. Schriftstellern, 1958 - C.H.RATSCHOW, Vom Sinn d. Strafe (in: Die weltl. Strafe in d. ev. Theol., hg.v. H.DOMBOIS, 1959, 98-116) - G.ERMECKE, Zur ethischen Begründung d. T. heute, 1959 - CHR.WALTHER, Die Abschaffung d. T. u. d. Theol. (Kirche in der Zeit 14, 1959, 313-317) - H.P.ALT, Das Problem d. T., 1960 - ERNST WOLF, Naturrecht u. Christusrecht. T. (unterwegs 11), 1960 - T.? (Kirche im Volk 24), 1960 - P.NOLL, Die ethische Begründung der Strafe, 1961 - Die Frage der T. Zwölf Antworten, 1962.

T.Rendtorff

Todt, *Rudolf* (1839-87), ev. Pastor und Sup. in der Mark Brandenburg, wurde durch → Stoeckers Frage in der Neuen Ev. Kirchenzeitung (1873), warum es noch keine Darstellung der sozialen Anschauungen des NT gebe, zu seinem Buch »Der radikale Sozialismus und die christliche Gesellschaft« ([1877] 1878²) angeregt. Bei unzulänglicher theologischer Position ist dies doch der erste Versuch, neben einer Kritik der Haltung der Konservativen, die christlich-kirchlichen Kreise zu einer Revision ihrer Stellung zur Sozialdemokratie zu bewegen, da die sozialistischen Forderungen dem NT nicht entgegenstünden. Allein der Atheismus sei abzulehnen. – Mit Stoecker u.a. gründete T. den Zentralverein für Sozialreform auf religiöser und konstitutioneller Grundlage und redigierte das Blatt »Der Staatssozialist«. – Vgl. → Christlich-sozial, → Evangelisch-sozial.

Vf. ferner: Der innere Zusammenhang ... zwischen d. Studium d. Theol. u. d. Studium d. Sozialwissenschaften, 1877. - Über T.: W.BREDENDIEK, Christl. Sozialreformer im 19.Jh., 1953, 287-349.

K.Kupisch

Toellner, *Johann Gottlieb* (9.12.1724 bis 26.1.1774), ev. Theologe, * in Charlottenburg, † in Frankfurt/O., wo er nach Tätigkeit als Hauslehrer und Feldprediger 1756 ao., 1760 o. Prof. der Philosophie und Theologie wurde. Schüler von S.J. → Baumgarten, vollzog er den Übergang vom theologischen Wolffianismus zur Neologie (→ Rationalismus: II, 3b). T. bejahte die christlichen Wahrheiten und ihre Ableitung aus der Bibel und erkannte auch den kirchlichen Bekenntnissen eine relative Geltung zu, hielt aber die natürliche Religion für genügend zur Seligkeit; die christliche Religion überhöhe diese gleichsam nur. Darum verstand er die Offenbarung als nur bedingt, unterschied zwischen Schrift und Wort Gottes, schob die Lehre von der Trinität beiseite, deutete die Erbsünde psychologisch und sah den Inbegriff der christlichen Wahrheit in der »Lehre Jesu«. Indem er dessen Menschlichkeit bes. betonte, lehnte er seinen »tätigen Gehorsam« als Teil der Lehre von der Rechtfertigung ab (→ Christologie: II, 8a).

Vf. u.a.: Gedanken von der wahren Lehrart in der dogmat. Theol., 1759; Wahre Gründe, warum Gott die Offenbarung nicht mit augenscheinlicheren Beweisen versehen hat, 1764; Beweis, daß Gott die Menschen bereits durch seine Offenbarung in der Natur zur Seligkeit führt, 1766; Der tätige Gehorsam Jesu Christi, 1768; Die göttl. Eingebung der hl. Schrift, 1772; Theol. Unters.en I. II, 1772-74; Versuch eines Beweises der christl. Religion, 1772. - Über T.: J.G.MEUSEL, Lexikon ... deutscher Schriftsteller IV, 1815, 93ff (Bibliogr.) - ADB 38, 427ff - RE XIX, 814ff (Lit.) - K.ANER, Die Theol. der Lessingzeit, 1929 (s. Reg.) - HIRSCH IV, 36ff.

H.Hohlwein

Török, *Pál* (29.6.1808 bis 7.10.1883), Organisator der ung. ref. Kirche im 19.Jh., * in Alsóvárad, † in Budapest, studierte in Debrecen und Wien. Nach Pest berufen (1839) wurde er bald Senior und war seit 1860 Bischof des Donaudistriktes. 1855 gründete er – als gemeinsame prot. Hochschule – die Budapester Theologische Akademie, deren erster Rektor er war, und 1857 ebd ein ref. Gymnasium. 1861 erwarb er für die neue Akademie die berühmte Ráday-Bibliothek. 1855 nahm er an der Wiener Konferenz über die Organisation und Verfassung der ung. prot. Kirchen teil und kämpfte gegen das reaktionäre kaiserliche Protestantenpatent Thuns, das 1860 zurückgezogen wurde. T. gab, zT mit seinem luth. Kollegen Székács, verschiedene Zeitschriften und Sammelwerke heraus.

L.PAP-M.BUCSAY (Hg.), Gesch. d. ref. theol. Akademie in Budapest 1855-1955, 1955, 11ff (ung.) - M.BUCSAY, Gesch. d. Protestantismus in Ungarn, 1959.

L.Pap

Togo, früher Bezeichnung einer an der Westküste Afrikas (→ 2 B 2) gelegenen, 88000 qkm großen deutschen Kolonie, jetzt Name des durch den Versailler Vertrag unter französisches Mandat gestellten, 1960 selbständig gewordenen Ostteils derselben (55600 qkm). Die Republik mit der Hauptstadt Lome hat ca 1,5 Mill. Einwohner (50000 Evangelische, 190000 Katholiken, 35000 Muslim; der Rest sind Heiden). Die meisten Christen gehören dem begabten Ewevolk im Süden des Landes an, wo manche Gebiete als »christianisiert« bezeichnet werden können. Durch Handel und Verkehr und das wachsende Verlangen nach Schulbildung, aber auch durch eigentliche Missionsarbeit gewinnt das Christentum auch im Norden des Landes immer mehr Boden. Zu der 1847 in Peki (→ Ghana) begonnenen Arbeit der → Norddeutschen (Bremer) Mission und zu dem in bescheidenen Grenzen gebliebenen Missionswerk der Methodisten in der Südostecke des Landes kamen 1896 mit großem Aufwand an Menschen und Mitteln die → Steyler Missionare, die 1921 von den Sendboten der »Société des Missions Africaines« (Lyon) abgelöst wurden. Das schnelle Wachstum der kath. Gemeinden führte 1923 zur

Gründung des Bistums Lome (1956 Erzbistum), 1956 des Bistums Sokode weiter im Norden. - Im Mai 1922 konstituierten sich die aus der Arbeit der Bremer Mission hervorgegangenen, durch Ausweisung der Missionare verwaisten und durch die neue Grenzziehung in 2 Teile getrennten Gemeinden in einer denkwürdigen Synode in Kpalime als selbständige Kirche, die ihre durch Sprache und Geschichte gegebene Einheit durch den gemeinsamen Namen (jetzt: Ev.-Presbyterianische Kirche) ausdrückt und u.a. durch eine alle 3 Jahre stattfindende Generalsynode festzuhalten bestrebt ist. Im Unterschied zu ihrer Schwesterkirche in → Ghana hatte die Kirche in Ost-T. schwer um ihre Existenz zu kämpfen. 1929 kam ihr die Ev. Pariser Mission zur Hilfe, die sich bes. des Schulwesens annahm, aber auch tatkräftig dazu beitrug, daß unter dem Volk der Kabure in Mittel-T. eine Missionsarbeit begonnen wurde. Ende 1960 wurde wieder ein Bremer Missionar ausgesandt.

A.W.Schreiber, Bausteine zu einer Gesch. der Norddt. Missionsgesellschaft, 1936 (ausführl. Lit.) - R.Cornevin, Hist. du T., Paris 1959 - H.Debrunner, A Church between the Powers. Life and Growth of the Protestant Church in T., 1961 - Karl Müller, Gesch. d. kath. Kirche in T. (Kath.-theol. Diss. Münster), 1961.

P.Wiegräbe

Toland, *John,* führender Deist (→ Deismus: III, 3), * 30.11.1670 in Redcastle (Irland), † 11.3.1722 in Putney bei London. Ursprünglich röm.-kath., trat T. 1687 zum Protestantismus über. Führende Dissenters ließen ihn seit 1687 in Glasgow und Edinburgh zum Pfarrer ausbilden. Nach kurzer Hauslehrerzeit in Schottland studierte er 1692-94 in Leiden unter Fr. → Spanheim d.J. 1694/95 verfaßte er in Oxford das - 1702 zT widerrufene - deistische Hauptwerk »Christianity not mysterious« (gedr. 1696; dt. 1908, mit hist. Einl. v. L.Zscharnack), das einen Sturm der Entrüstung erregte (dagegen u.a. → Leibniz: Annotatiunculae ad librum de Christianismo mysteriis carente, 1701). T. wandte sich nach Irland, wo der Jurist und Cartesianer William Molyneux (1656-98) in Dublin sein Gönner wurde. T.s selbstbewußtes Auftreten schuf ihm viele Feinde, sein Buch wurde 1697 verbrannt. Er floh nach London und war dort schriftstellerisch und editorisch tätig (zB → Miltons Prosawerke, 1698). Seine Entdeckung, daß das anglikanisch-royalistische Bekenntnisbuch Karls I. (Εἰκὼν βασιλική) nicht vom König selbst, sondern von dem Bischof John Gauden verfaßt sei, trug zur Schwächung der konservativ-restaurativen Geschichtslegende gegen die Cromwellsche Revolution bei (Amyntor, 1699). Auf Reisen nach Deutschland, die ihn 1701 und 1707 an die Höfe von Hannover und Berlin führten, wurde T. als aufgehender Stern der Aufklärung bes. von der Kurfürstin-Königin Sophie Charlotte und ihrem Kreise bewundert (T.s Bericht über die erste Reise: Account..., [1705] 1706^2). An sie richtete er die spinozistischen »Letters to Serena« (1704; franz. 1768, dt. mit Einl. v. E.Pracht 1959). In Holland schrieb er 1709 den »Adeisidaemon«, den er dem Deisten A.→Collins widmete. In deistischem Sinne verfaßte er 1718 den »Nazarenus« (dagegen → Mosheim), 1720 den »Tetradymus«. Den Gipfel erklomm T. mit dem »Pantheisticon« (1720; dt. 1897), in dem er eine freie philosophische Gemeinschaft zur Pflege des → Pantheismus (: II) mit einer aus antiken Philosophen entlehnten Liturgie vorschlug.

GA fehlt. Teilausg.: Collection of Several Pieces of Mr. J.T., 2 Bde, 1726 (mit Biogr. v. P.Des Maizeaux: I, III-XCII). - Über T.: J.A. Trinius, Freydenkerlexikon, 1759, 479ff - U.G.Thorschmid, Engelländische Freydenkerbibliothek III. IV, 1766/67 - G.V.Lechler, Gesch. d. engl. Deismus, 1841, 180ff. 463ff - J.Hunt, Religious Thought in England in the 18th Century II, 1870, 226ff - G.Berthold, J.T. u. der Monismus der Gegenwart, 1876 - F.Bourne, J.Locke II, 1876, 415ff - J.F.Nourisson, Philosophies de la nature: Bacon, Boyle, T., Buffon, 1887 - DNB XIX, 918ff - M.Muff, Leibnizens Kritik der Religionsphilos. von T. (Diss. Zürich), 1941 - Hirsch I, 295ff u.ö. - F.H.Heinemann, J.T. and the Age of Reason (APh 4, 1950-52, 35-66).

M.Schmidt

Toledo, *Erzbistum* in → Spanien, mit den Suffraganbistümern T., Coria-Cáceres, Cuenca, Madrid-Alcalá, Plasencia und Sigüenza-Guadalajara mit (1960) 4212260 Seelen. Der Erzbischof ist Fürstprimas von Spanien. T. war Hauptstadt und kirchlicher Mittelpunkt des Westgotenreiches. Von 400-702 tagten hier 18 Konzile, deren Beschlüsse auch für das politische Leben bedeutsam waren. Auf dem 3. Konzil 589 trat König Rekkared zum Katholizismus über. 712 wurde T. von den Arabern erobert und war seit 1036 Hauptstadt eines maurischen Teilreiches. 1085 wurde es von Alfons VI. von Kastilien zurückerobert. Unter Erzbischof → Raimund (1126-52) war T. Sitz einer Übersetzerschule. Zu den großen Kirchenfürsten T.s gehören bes. der Historiker und Ratgeber Alfons VIII., Rodrigo Ximénez de Rada (1209-47), der »Große Kardinal von Spanien« und Kanzler Ferdinands und Isabellas, Pedro González de Mendoza (1482 bis 1495) und Francisco → Ximénez de Cisneros (1495 bis 1517), zeitweise Regent Kastiliens. Unter Philipp II. wurde Erzbischof Bartolomé de → Carranza (1557-76) durch den 17 Jahre dauernden Prozeß bekannt, den die Inquisition gegen ihn wegen angeblichen Bekenntnisses luth. Lehren führte.

San Román y Corbonero y Sol, T. religioso, Sevilla 1852 - A.M.Gamero, Historia de la ciudad de T., 2 Bde, T. 1863 - Juan Marina Muñoz, Nueva Geografía de T., T. 1908 - M.González-Simancas, T., Madrid 1929 - Rubio Piqueras, Episcopologio toledano, T. 1929 - AnnPont 1962, 428.

R.Konetzke

Toledo *(Tolet), Francisco de* (1532-96), SJ, * in Córdoba, † in Rom, nach Studium der Philosophie in Valencia und der Theologie in Salamanca (bei D. → Soto) ebd Lehrer der Philosophie. 1558 Jesuit, lehrte er 1559-63 Philosophie, 1563-69 Theologie am Collegium Romanum und war Mitglied der → Paenitentiarie. Päpstliche Aufträge führten ihn 1571 nach Polen, 1572 nach Wien, 1580 in der Angelegenheit des → Bajus nach Belgien. 1593 wurde er Kardinal und wirkte an der Aussöhnung Heinrichs IV. von → Frankreich (: I, 4) mit. In seinem Summenkommentar wandte sich T. gegen → Cajetans Thomasdeutung und lehrte die → Prädestination (: III, 2) post praevisa merita.

Vf. u.a.: Opera philosophica omnia, 4 Bde, Lyon 1592; In Summam theologiae S. Thomae Aquinatis enarratio, 4 Bde, Rom 1869/1870; Kommentare zum JohEv (1592) u. Röm (1602). - Über T.: Backer-Sommervogel VIII, 64ff - A.Astrain (→ Jesuiten), Bd II bis IV - F.Stegmüller, T. et Cajetan (RThom 39, 1935, 358-371) - DThC XIV/1, 1223ff - ATG 3, 1940 (versch. Aufsätze) - EC XII, 196ff (Lit.) - J.Leal, La vida eterna en San Juan, según T. y Maldonado (ATG 14, 1951, 5-40).

W.Göbell

Toleranz

I. Religionsgeschichtlich - II. In der Geschichte des Christentums - III. Sozialethisch. - I. = Intoleranz

I. Religionsgeschichtlich

In der Religionsgeschichte begegnen zwei verschiedene Arten der T. und ihres Gegenteils: die formale und die inhaltliche T. und I. Das Wort T. (von lat. tolerare = dulden, erdulden) weist nur auf die erste Form der T. hin; denn unter *formaler* T. verstehen wir das bloße Unangetastetlassen fremder Religion und Praxis. Vom tolerierten Objekt aus spricht man dann von Glaubensfreiheit. Das Gegenteil, die formale I., zwingt die Bekenner fremden Glaubens zur Unterwerfung unter eine sakrale Institution des Staates oder einer Kirche, deren formale Einheit durch abweichenden Glauben und Kultus gestört werden würde. *Inhaltliche* T. dagegen beschränkt sich nicht auf bloße Duldung, sondern ist darüber hinaus die positive Anerkennung fremder Religion als echter Möglichkeit der Begegnung mit dem Heiligen.

Wir unterscheiden in der → Religionsgeschichte Volks- und Universalreligionen (→ Religion: II, 1, → Universalismus: I). Aus der Grundstruktur der *Volksreligion* ergeben sich notwendige Konsequenzen für T. und I. Die Religionen der frühen Völker, die jeweils nur auf ein Volk bzw. Land beschränkt waren, übten inhaltliche T., insofern sie fremden Völkern eigene Götter zugestanden und an deren Existenz nicht zweifelten. Ein markantes Beispiel ist die → Römische Religion, denn das Pantheon der Römer wuchs mit der Ausbreitung des Imperium Romanum durch Aufnahme fremder Gottheiten (sacra peregrina). Diese T. schlug indessen in formale I. um (so bei den → Christenverfolgungen), wenn die Einheit der staatlichen Sakralinstitution durch eine fremde Religion gestört zu werden drohte. In gleicher Weise waren alle Volksreligionen inhaltlich tolerant. – In den *Universalreligionen* dagegen hängen T. und I. von ihrer Grundstruktur ab, dh davon, ob sie prophetischen oder mystischen Charakters sind. In den prophetischen Religionen begründet der in ihnen durchweg vorhandene exklusive Absolutheitsanspruch eine radikale inhaltliche I., zB im Parsismus (→ Iran: III), wo der Kampf gegen die »Falschgläubigen« gefordert wird (Yasna 31, 18; 33, 2). Die gleiche Haltung findet sich bei den großen → Propheten Israels (zB Jer 2, 10ff; Jes 2, 8). Auch der → Islam ist formal und inhaltlich intolerant, zumindest gegenüber den »Götzendienern« (Sure 9, 5). Ebenso ist die Sakralinstitution universaler Religionen prinzipiell intolerant im formalen und inhaltlichen Sinne. Nicht nur die christliche Kirche (→ Inquisition, → Toleranz: II), auch das späte Judentum kannte die Verfolgung Andersgläubiger. Desgleichen die konfuzianische Kirche, seit Kaiser Wutsung 845 nChr den Buddhismus in seinem Reiche aufhob und die Klöster zerstören ließ; erst nach der chinesischen Revolution von 1911 wurde formale T. geübt.

Im Unterschied zu den prophetischen Religionen liegt der → Mystik die T. gewissermaßen im Blut. Von der Konzeption der Einheit des Göttlichen aus betrachten alle mystischen Religionen wie der → Buddhismus (: I), → Hinduismus (: I) und → Sufismus die verschiedenen Religionen als divergente Wege zur Einheit mit dem Göttlichen. – Vgl. → Akbar, → Religionskongresse.

M.S.Bates, Glaubensfreiheit, (New York 1945) dt. 1947 – J.Verkuyl, Enkele aspecten van het probleem der godsdienstvrijheid in Azië (Diss. Freie Univ. Amsterdam), Kampen 1948 – S.L.Guterman, Religious Toleration and Persecution in Ancient Rome, London 1951 – G.Mensching, T. u. Wahrheit in der Religion, 1955 (Lit.) – M.Quéguiner, Intolérance hindoue et tolérance indienne (Études 290, Sept. 1956, 161–176) – J.Maritain, Tolérance et vérité (Nova et Vetera 32, 1957, 161–169) – RSPhTh 42, 1958, 198ff (Forschungsbericht).

G.Mensching

II. In der Geschichte des Christentums

1. Problem und Begriff – 2. Röm. Reich und Reichskirche – 3. MA – 4. Humanismus und Reformation – 5. Rechtliche Ordnung im 16./17.Jh. – 6. Westeuropa und Amerika – 7. Aufklärung – 8. Moderner Staat – 9. Neuerer Katholizismus. – I. = Intoleranz

1. Das Christentum ist in seiner Geschichte immer wieder vor die doppelte Aufgabe gestellt worden, T. zu erringen und T. zu gewähren. Dabei verschlingen sich jeweils religiöse und philosophische Voraussetzungen untrennbar mit rechtlichen, politischen und wirtschaftlichen Gegebenheiten. Die historische Leitlinie bildet die rechtliche, öffentliche T., in der die Gesinnungs-T. erst geschichtswirksam wird. Die dogmatische »T.« innerhalb einer Kirche wird durch den Begriff nicht wesensgemäß, die T. zwischen den Kirchen durch den des ökumenischen Denkens heute treffender bezeichnet. Die öffentliche T. reicht von beschränkter Duldung bis zu vollkommener, nur durch die allgemeinen Staatsgesetze begrenzter Freiheit. Ihre Geschichte durchläuft drei Situationen: a) konfessionelle Staatseinheit (mit unterdrückten oder geduldeten Häresien), b) konfessionelle Pluralität auf christlicher Basis, c) religiöse Neutralität (einschließlich des Atheismus). Wenn sich die großen Einschnitte dazwischen (Reformation und Spätaufklärung/19.Jh.) auch deutlich abzeichnen, so ist der Ablauf doch im einzelnen ganz verschieden. Die Übergänge zwischen den drei Situationen sind das eigentliche Thema der T.geschichte. Die (noch nicht untersuchte) Wortgeschichte folgt der Problemgeschichte. Der Tugendbegriff tolerantia (Leidensfähigkeit, Geduld) erhält vor der Mitte des 16.Jh.s (deutsch zuerst bei Luther 1541 nachgewiesen, s. 4b) den zweiten Sinn der vorläufigen Duldung (befristet durch den erhofften Sieg der Wahrheit oder eine spätere Regelung durch ein Konzil oder dgl.), dann im 17./18.Jh. den einer christlich-humanen Grundpflicht des Staates und wandelt sich in der Aufklärung wieder in eine Tugend (Weitherzigkeit, Friedfertigkeit).

2. a) Die historische Vielfalt zeigt sich beispielhaft schon am Ringen der Kirche um T. im *Röm. Reich* (→ Antike und Christentum, 4, → Imperium Romanum). Die Diskussion um die Motive der → Christenverfolgungen weist bereits die entscheidenden Momente der späteren T.geschichte auf: religiöser Charakter des Staates und notwendige Verehrung der ihn schützenden Götter, Erhaltung der öffentlichen Ordnung gegenüber unerlaubten, vom mos maiorum abweichenden Kulten, vermutete oder denunzierte Verbrechen oder allgemeine Gesellschaftsfeindlichkeit der Christen (Tacitus Ann. XV, 44: odium generis humani; → Pliniusbrief: pertinacia, obstinatio), absurdes, martyriumsüchtiges Verhalten einzelner Gruppen (zB der → Montanisten) und als Frucht von allem Empörung und Unruhen in der Bevölkerung. Zusammengefaßt: Gottlosigkeit und Staatsgefährlichkeit bilden im jeweiligen Verständnis die bleibenden Hauptgründe für die Verweigerung der T. Gegen beide richten sich die Beteuerungen der politischen Unschuld, Frömmigkeit und vernunftgemäßen Lehre der Christen durch die altchristlichen Apologeten (→ Apologetik: II) und die Warnungen → Tertullians, der Staat werde durch Verletzung der Religionsfreiheit selbst gottlos (Apolog. 24), er frevle gegen die allgemeine Regel μὴ θεομαχεῖν (Ad Scap. 4) und verletze das natürliche Recht des Menschen, zu verehren, was er für gut hält (ebd 2). Bis zum Anfang des 3.Jh.s blieb das Verhalten des Staates gegenüber den Christen rechtlich ungeordnet. Erst mit dem Verbot des Übertritts zum Judentum und Christentum durch Septimius Severus 202 beginnen die Ausnahmegesetze, die zu den schweren, durch die politischen Krisen des Jh.s und die Verstärkung der religiösen Einheit des Reiches hervorgerufenen Verfolgungen führten. Durch ihre Standhaftigkeit erkämpfte sich die Kirche allmählich Duldung. Schon Gallienus hatte nach 260 die Kult- und Begräbnisstätten zurückgegeben, ohne das Christentum dadurch zur religio licita zu machen. Das geschah erst nach der Diokletianischen Verfolgung im Edikt des Galerius (311), der resigniert, die alten Vorwürfe gegen die Christen nochmals wiederholend, T. gewährte. Sie wurde 313 in dem Mailänder Abkommen zwischen → Konstantin und Licinius (fälschlich als »T.edikt« bezeichnet) zur Gleich-

berechtigung mit den anderen Religionen und zur Rechtsfähigkeit der Gemeinden erweitert.

b) Diese Beschlüsse und Konstantins weitere Religionspolitik waren Ausdruck der vom Röm. Reich prinzipiell stets behaupteten, nur den gottlosen und gemeingefährlichen Christen vorenthaltenen T. Schon unter Konstantin erhob sich die Frage, ob sie nach dem Siege der Kirche aufrechterhalten werden sollte. Obwohl christliche Stimmen ihn zum Vorgehen gegen die Heiden drängten, hielt er zeitlebens an ihr fest. Dagegen beurteilte er die Häretiker (→ Häresie: I) strenger, wenn auch abstufend, und suchte ihre öffentliche Tätigkeit zu unterbinden. Diese Differenzierung zwischen Heiden und Häretikern ist ebenso üblich geblieben wie Konstantins römisch gedachte Berufung auf seine kaiserliche »Amtspflicht«, für die wahre Religion und einheitliche Gottesverehrung im Reich zu sorgen (Opt. App. VII). Die zögernd eingeleiteten Zwangsmaßnahmen gegen den → Donatismus hat er freilich, als sie erfolglos blieben, eingestellt: man solle Gottes Strafe nicht vorgreifen. Über die bei Konstantin einsetzende Privilegierung der Kirche hinaus haben seine Söhne (Konstantius zuerst 341), aufgestachelt durch christliche Fanatiker wie → Firmicus Maternus, die heidnischen Kulte verboten und die Tempel geschlossen. Die Erhebung des Christentums zur Staatsreligion durch → Theodosius I. vollendete diese Religionspolitik durch das völlige Verbot der heidnischen Kulte (schärfstes Gesetz 393) und die Proklamation der nicänischen Trinitätslehre (→ Trinität: III) zum Reichsglauben. Die Häretiker gelten als wahnsinnig, sie dürfen den Namen »Kirche« nicht in Anspruch nehmen. Aus der röm. I. des Kultes wurde die christliche I. des Glaubens - die verhängnisvolle Kehrseite der persönlicheren Auffassung der Religion und der vertieften religiösen Verantwortung des Herrschers. Damit war ein Fundament gelegt, das erst im 16.Jh. in Zweifel gezogen wurde. Die Sache der T. vertraten wie früher die Donatisten jetzt die Wortführer der antiken Religion, bes. der griech. Rhetor → Libanius und der röm. Senator Symmachus; sie konnten sich dabei auf das Vorbild Konstantins berufen. Dagegen verurteilte → Augustin Konstantins Einlenken gegenüber den Donatisten als ignominiosissima indulgentia (Contra p. Don. 31, 54), nachdem er unter dem Eindruck der Bekehrungserfolge und der wirkungsvollen Ketzergesetze des Theodosius seine ursprünglich tolerante Überzeugung aufgegeben und stattdessen erklärt hatte, daß eine erzwungene Zugehörigkeit zur Kirche doch wenigstens Belehrung ermögliche. Es gibt eine iusta persecutio durch die Kirche und eine ungerechte durch die Gottlosen. »Die Kirche verfolgt aus Liebe, die Gottlosen aus Grausamkeit« (ep. 185, 11). Als biblische Begründung benutzte er u.a. Lk 14, 23: cogite (nach der altlat. Bibelübersetzung) oder compelle intrare (ep. 93, 5; 173, 10), verwarf aber Todesstrafe und schwere Tortur. Opfer der Verfolgungen waren neben den Häretikern auch der → Manichäismus und in steigendem Maße die Juden (→ Judentum: II, 1). Die reichskirchliche Praxis fand ihren Abschluß in den Rechtsbüchern Theodosius II. und → Justinians. Auf ihnen beruhten noch die späteren Maßnahmen gegen Täufer und Antitrinitarier (s. 4b) und das Judentum. Nur die Zugehörigkeit zur Kirche, dh zu ihren Sakramenten, ermöglicht die volle Bürgerschaft im christlichen Reich. So steht der T. gegenüber Häretikern und Juden ein sakramental begründetes Recht im Wege.

3. Das *MA* hat diesem Resultat gedanklich wenig hinzugefügt, sondern die einzelnen Kategorien nur genauer differenziert und schließlich, nachdem die übernommenen Kaisergesetze wegen des Fehlens von Ketzerbewegungen jahrhundertelang im Abendland kaum zur Anwendung kamen, die Praxis ungeheuer erweitert und verschärft. Von der T. der arianischen West- und Ostgoten und Langobarden (Theoderich nach Cassiodor Var. II, 27: religionem imperare non possumus, quia nemo cogitur, ut credat invitus; dagegen kehrten die → Vandalen die röm. Ketzergesetze gegen die Katholiken) blieb nach dem Siege des Katholizismus nichts übrig. Die unter den Karolingern anwachsende religiöse Funktion des Herrschers, zumal des Kaisers, führte notwendig dazu, daß Herrscher und Päpste sich auf diesem Gebiete entweder verbündeten (vgl. den Brief Karls d. Gr. an Leo III. 796, Mirbt Nr. 238) oder, wenn sie im Konflikt lagen, überboten. Seit dem Aufkommen der → Katharer steigerten sich die Maßnahmen in rascher Folge: gemeinsame Ächtung und Bannung durch → Friedrich I. und → Lucius III. in Verona 1184 mit dem darauf beruhenden päpstlichen Dekret (Decr. Greg. IX., lib. 5, tit. 7, c. 9), Begründung aus dem staatlichen crimen laesae maiestatis durch → Innozenz III. und das 4. Laterankonzil 1215 (ebd c. 10-13) und die als schuldige Hilfe des weltlichen für das geistliche Schwert vollzogene, bis zum Feuertode verschärfte Übernahme in die Gesetzgebung → Friedrichs II. (Mirbt Nr. 340-343). Diese - von Friedrichs T. gegen Araber und Juden abstechende - Schärfe und die Erklärung der Häretiker zu Staatsfeinden hatten verhängnisvolle Folgen. Die schon vorher regellos geübte Verbrennung, die alte Strafe für Zauberei und Giftmischerei, stellte die Ketzerei diesen gleich, wie es auch der Sachsenspiegel damals tat (Mirbt Nr. 344). Die Ketzergesetze Friedrichs II. wurden wiederum von → Gregor IX. (1231) und → Innozenz IV. (1252) sanktioniert und verbreitet. Zu gleicher Zeit wurde auf Grund der Verordnungen des 4. Laterankonzils das Judenrecht kirchlich kodifiziert (Decr. Greg. IX., lib. 5, tit. 6). Die seit dem Ende des 12.Jh.s in großem Stil einsetzende → Inquisition sorgte für die Durchführung. So entstand ein höchst wirksames staatlich-kirchliches Rechtsganzes, in dem die beiden sonst schon oft entzweiten Gewalten sich vereinigten. - Die volle theologische Begründung gab → Thomas von Aquino. Er unterschied Unglauben, Häresie und Abfall. Ungläubige dürfen nicht zum Glauben gezwungen werden, denn credere voluntatis est (S. th. 2/II q.10 a.8, im Anschluß an Augustin In Joh 26, 2). Ihr Kult kann, falls ihre Zahl erheblich ist, toleriert werden, bes. der jüdische, der eine Präfiguration des wahren Glaubens darstellt (ebd a.11). Häretiker sind gleich den Geldfälschern (ein Majestätsdelikt) mit dem Tode zu bestrafen; sie verbreiten einen Infekt, der die Seele verdirbt (ebd q.11 a.3). Sie verdienen zugleich als Apostaten Strafe, denn: Accipere fidem est voluntatis, sed tenere eam acceptam est necessitatis. Apostasie eines Herrschers bewirkt daher ipso facto die Lösung der Untertanen vom Treueid (ebd q.10 a.8 ad 3; q.12 a.2). Der Häretiker darf sich dabei nicht auf die verpflichtende Kraft auch des irrenden Gewissens berufen, obwohl Thomas sie prinzipiell mit → Abaelard bejahte. Denn sie gilt nicht gegenüber den hinreichend bekanntgemachten Glaubenswahrheiten. Das seit den → Kreuzzügen wachsende Interesse für die »edlen Heiden« erweiterte die im scholastischen Vernunftbegriff angelegte Anerkennung von Wahrheitskeimen im natürlichen Menschen bis zur Anschauung des → Nikolaus von Kues von der einen Wahrheit in der Mannigfaltigkeit der Religionen, deren Riten daher untergeordnete Bedeutung haben (De pace fidei, 1453). In neuer platonisierender Form lebte hier die rationale apologetische Idee der Universalität des Christentums auf; das Häretikerproblem blieb davon unberührt. Dafür legte nur → Marsilius von Padua eine neue Konzeption vor, indem er in

seiner prinzipiellen Teilung der beiden im MA vermischten Gewalten ein nötiges Vorgehen gegen Ketzer, auch die Exkommunikation, der staatlichen Verantwortung unterstellte und die lex humana zum Kriterium machte.

4. Die Wende in der Geschichte der T. bahnt sich erst im 16.Jh. an. Freilich bringen weder der *Humanismus* noch die *Reformation* Duldung im modernen Sinn. Aber es zeigen sich die ersten, sehr voneinander verschiedenen Ansätze zu ihr.

a) Noch auf dem Boden der alten Einheitskirche ziehen einzelne Denker der → *Renaissance* und des *frühen* → *Humanismus* Linien aus, die sich im späteren MA andeuteten. Den Kusaner überbietend finden → Marsilio Ficino und gesteigert → Pico della Mirandola in einem christlichen Neuplatonismus den Grund aller echten Religion, deren Erscheinungsformen daher friedlich nebeneinander bestehen können. Das politische Problem, das die religiöse T. stellte, löste Thomas → Morus in seiner Utopia (1516) ähnlich wie Marsilius von Padua durch eine rein staatliche Gesetzgebung: strenge Einheit eines auf wenige Lehren (Monotheismus, Schöpfung, Vorsehung, Unsterblichkeit der Seele) beschränkten Volkskultes und Freiheit aller sonstigen Glaubensmeinungen. Diese Verbindung eines Kernes von I. mit einer Hülle von T. bekam allerdings erst für eine spätere Zeit paradigmatische Bedeutung (s. 7: Hobbes, Spinoza). Die auch in der Utopia schon wirksame Sorge vor der Zerstörung des Staates hat Morus dazu geführt, in seinem Dialogue concerning heresies (1528) schärfste Strafen gegen die Ketzerei als Verrat zu fordern. Für die Zeit wirksamer war die rein pragmatische Stellung des → Erasmus. Er mahnte, damit der Religionskrieg vermieden würde, die kath. Seite zur Geduld gegenüber den Häresien wie die reformatorische zum Warten auf den Spruch der kirchlichen Instanzen. Sollte der Gegensatz unüberwindlich bleiben, so müsse man wohl zu scharfen Mitteln greifen; aber dann werde der halsstarrig erscheinende Teil die öffentliche Meinung gegen sich haben. Die Mischung von Skepsis und Autoritätsbedürfnis und die Reduktion des Glaubens auf die einfachen Lehren und sittlichen Gebote des frühen Christentums, die in diesen Vorschlägen steckten, machten sie für die Zeit, in der die Frage nach dem Heil leidenschaftlich erörtert wurde, unanwendbar.

b) Die → *Reformation* stand in der gleichen Situation wie die alte Kirche: sie mußte T. fordern und wurde bald gefragt, ob sie selbst sie gewähren wollte. Das erste war selbstverständlich, und zwar nicht nur gegenüber der kath. Kirche. Sondern wie *Luther* in der Adelsschrift (1520) verlangt hatte: »Man sollte die Ketzer mit Schriften, nicht mit Feuer überwinden« (WA 6, 455, 21), so erklärte er auch gegenüber den aus den eigenen Reihen entstandenen Sonderbewegungen: »Es müssen Secten (Spaltungen) sein und das Wort Gottes muß zu Felde liegen und kämpfen... Man lasse die Geister aufeinander platzen und treffen... Wo ein Streit und Schlacht ist, da müssen etliche fallen und wund werden« (1524, WA 15, 218f). Damit löste Luther sich von der für das mittelalterliche Ketzerstrafrecht grundlegenden Auffassung der Häresie als Mord an den Seelen. Er konnte anerkennen, daß auch die anderen aus ihrem Gewissen handelten; man müsse sie deshalb dabei lassen (WATR 2, Nr. 2325). Die unerzwingbare Freiheit des Glaubens, die Natur des Gotteswortes und die Trennung des Geistlichen vom Weltlichen (→ Zwei-Reiche-Lehre) machen bei ihm dem kirchlichen Inquisitionsverfahren und der staatlichen Verfolgung ketzerischer Lehre ein Ende. An dieser Anschauung hat er zeitlebens festgehalten. Spätere Vorkämpfer der T. wie Seb.Franck (s. 4c) und Seb. Castellio (s. 4d) haben sich darin mit Recht auf ihn berufen. Damit war ein wesentlicher Schritt zur T. getan. Dagegen blieb Luther der Auffassung von der politischen Gefährlichkeit der Ketzerei verhaftet; freilich nicht im Sinne eines Sakrilegs gegen den christlichen Charakter des Staates, den er ablehnte, sondern der empirisch begründeten Sorge vor der Zerstörung der staatlichen Ordnung durch Zwiespalt in Lehre und Gottesdienst. Er war daher ebenso bereit, der reformatorischen Predigt in kath. Territorien Beschränkung aufzuerlegen (1530, WA 31/I, 209ff), wie er Verzicht auf öffentliche Verkündigung anderen Glaubens in ev. forderte. Die Glaubensverschiedenheit der Länder und Städte innerhalb des Reiches bot jedem die Möglichkeit, frei nach seinem Kultus zu leben. Statt einer prinzipiellen Lösung der T.frage genügte es Luther wie auch sonst, eine Regelung für die gegebene Situation zu finden; für alles Weitere vertraute er darauf, daß das Wort Gottes sich selbst Bahn brechen werde. In dieser Hoffnung kann er auch einmal von einer »T.« für das ganze Reich sprechen: einer Vereinbarung über ein Minimum wie die 4 angenommenen Regensburger Artikel 1541, bei voller Freiheit der Predigt über alle anderen Fragen (WAB 9, 439ff). Die politische Gefahr der Ketzerei reichte für ihn aber über die entstehende Unruhe bis in den Bereich des Zornes Gottes über ein Land, in dem die Blasphemie der Messe, Synagoge oder schwärmerischen Predigt zugelassen wird. Die Obrigkeit muß hier um des Landes willen Ordnung schaffen, nicht um des Evangeliums willen, das keinen Schutz braucht. Wenn Andersgläubige auf öffentlichen Gottesdienst verzichten, bleiben sie selbstverständlich geduldet. Die Täufer verschärften für Luther das Problem. Sie erschienen ihm in steigendem Maße nicht nur als Ketzer, sondern, wie → Müntzers Wirkung im → Bauernkrieg erwiesen hatte, als Aufrührer. Darum hat er schließlich, nachdem er es bis dahin stets abgelehnt hatte, 1531 mit spürbarem Zögern einem Gutachten Melanchthons, das die Todesstrafe für Führer und bes. Hartnäckige forderte, zugestimmt (WAB 6, 223) und 1536 dem Landgrafen Philipp gegenüber ihre prinzipielle Berechtigung vertreten; doch solle je nach dem Fall auch Gnade gewährt werden (WA 50, 8ff). Die politische Gefahr der Täufer erhellt für ihn aus der Ablehnung der obrigkeitlichen Ämter, des Eides, des Kriegsdienstes, zT des Eigentums, aber auch des geordneten Predigtamtes, in dem er eine Hilfe für den inneren Frieden sah. Auch seine spätere Stellungnahme hielt sich im Rahmen der 1525 ausgesprochenen Regel: »Oberkeit soll nicht wehren, was jedermann lehren und gläuben will, es sei Euangelion oder Lügen. Ist genug, daß sie Aufruhr und Unfriede zu lehren wehret« (WA 18, 298, 18). Nur erweiterte sich ihm diese Dimension, je mehr seine Sorge um das Volk wuchs. Mit der Duldung anderer Lehre und der Freigabe des Gewissens überwand er das MA; in der politischen Sorge vor öffentlicher T. blieb er mittelalterlich. Mit den prinzipiellen Ansätzen zur Glaubensfreiheit verbindet sich die historische Tatsache, daß Luther eine Bewegung ins Leben rief, die wie das frühe Christentum die Kraft besaß, sich gegen eine intolerante, sakrale Staatsidee zu behaupten. Erst das unaufhebbare, den bisherigen Zustand von Grund auf verändernde Nebeneinander von Kirchen schuf die Möglichkeiten für eine künftige Entfaltung der T.

Von Luthers Schülern stand → Brenz ihm in seiner mehrfachen Behandlung der Frage am nächsten. Dagegen trat → Melanchthon nach anfänglicher Milde unter Berufung auf die Reichsgesetze, das Naturrecht des christlichen Staates und die patriarchalische Lehr- und Zuchtgewalt des Herrschers für ein strenges Vorgehen gegen Täufer und andere Häretiker ein; ebenso → Rhegius, der sich dabei wieder auf die im kanonischen Recht enthaltenen Augustintexte stützte, und → Capito, lange zögernd, dann bes. scharf. Bei ihm wie bei → Bucer wirkte die Erfahrung mit, daß die Straßburger nach anfangs ungewöhnlicher T. auf die Dauer der Täufer und Spiritualisten nicht mehr Herr wurden. Immerhin zeichneten sie sich weiterhin dadurch aus, daß sie wie der ihnen nahestehende Landgraf → Philipp die Todesstrafe vermieden. Auf Grund einer genossenschaftlichen Form der humanistischen Staatsidee, der auf Disputation und Ratsbeschluß begründeten christlichen Stadt, forderte → Zwingli die Ausweisung Andersgläubiger, in einigen Fällen auch die Hinrichtung von Täuferführern. Der thomistischen Anschauung von der Häresie als Seelenmord kam → Calvin am nächsten, als er die Hinrichtung → Servets verteidigte (Defensio orthodoxae fidei, 1554). Es handelte sich dabei aber nicht um Kirchenzucht, sondern um einen vom Reichsrecht bestimmten Kriminalprozeß vor dem weltlichen Gericht. Leugnung der Trinität galt noch lange allgemein als Atheismus. Auch der Berner Ratsschreiber → Zurkinden, einer der leidenschaftlichsten Mahner zu maßvollem Vorgehen, trat in diesem Falle nur für eine mildere Todesart ein. Die Todesstrafe gegen Täufer lehnte auch Calvin ab.

c) Die ersten Wortführer der T. waren die → *Täufer und* → *Spiritualisten,* und zwar nicht nur als die Verfolgten, sondern auch auf Grund ihrer Auffasssung der Lehre Jesu und der Absonderung der Christenheit von der Welt. In ihrer internen Auseinandersetzung mit → Müntzer schieden sie sich darum von dessen eschatologischer I., die das Reich Gottes durch die Herrschaft der »Auserwählten« über die »Gottlosen« herbeizwingen wollte. Der Schatten Müntzers überdeckte die echte Gestalt des Täufertums, da er für den Blick der Reformatoren mit ihm verschmolz. Seine gewalttätige Lehre wurde noch einmal durch den Münsterer Wiedertäufertheologen → Rothmann verfochten. Der wichtigste Beitrag der Täufer zur T. lag darin, daß sie unermüdlich Duldung forderten und durch ihr Leiden dafür eintraten. Literarisch taten es → Hubmaier (Von Ketzern und ihren Verbrennern, 1524), → Joris u.a., daneben die nichttäuferischen Spiritualisten wie → Denck, → Schwenckfeld, Seb. → Franck und → Paracelsus. Die Motive sind verschieden: Nachfolge Christi, radikal spiritualistischer, ja individualistischer Kirchenbegriff, mystische Elemente und beginnende Skepsis nicht nur gegenüber einzelnen Dogmen, sondern gegenüber zuverlässigen und verbindlichen Glaubensaussagen überhaupt (bes. Denck und Franck). Die brennende Frage nach der öffentlichrechtlichen Ordnung des Kirchenproblems, ohne die ein Weg zur T. für die Zeit nicht zu finden war, stellte freilich keiner, oder man wußte wie Franck keine praktikable Antwort darauf. Denn eine uferlose Sektiererei wünschte auch er nicht, zumal er die innere I. der Täufer kennengelernt hatte, die immer neue Spaltungen unter ihnen selbst hervorrief. Aus dem Individualismus der Glaubensmeinungen entwickelte Franck eine Relativierung des Ketzerbegriffs, die er in seiner Ketzerchronik (3. Teil seiner Chronica, 1531) mit einer Fülle von Beispielen begründete.

d) Aus diesen zuletzt in der untergründigen Skepsis des Erasmus beheimateten Motiven entstanden im *späteren Humanismus* die wirkungsvollsten Plädoyers für den T.gedanken. Sie waren erst in einer Generation möglich, die sich von der alten Kirche gelöst hatte und nicht mehr wie Erasmus auf eine schonsame Erhaltung der alten Ordnung hoffte. Das Signal gab die Verbrennung Servets, die → Castellio mit seiner Schrift De haereticis an sint persequendi (1554) beantwortete. Er verband darin geschickt ausgewählte Stimmen zur Glaubensfreiheit von Erasmus, Luther, Franck (pseudonym) u.a. mit einem eindringlichen Aufruf an Herzog Christoph von Württemberg, für sie einzutreten: I. widerstreite der Liebe Christi, aber auch der Vernunft, die er teils mit sittlicher Leidenschaft, teils mit sarkastischem Zweifel an den Lehren der Kirche zu Worte kommen läßt. Aber auch für Castellio hat die T. Grenzen. Er unterscheidet zwischen Ketzern und Gottlosen, welche die einfachen, zutiefst natürlichen Wahrheiten der christlichen Gottes- und Sittenlehre leugnen; gegen sie muß der Staat einschreiten, wenn auch im Höchstfalle nur mit Gefängnisstrafen. Sein Conseil à la France désolée (1562) verwandelte die sonst gegen die T. angeführten politischen Argumente in solche für sie. Wenn diese bis dahin bedeutendsten T.schriften auch die Keime der künftigen Entfaltung enthalten, so war das skeptische Element in ihnen doch zu stark und das religiöse zu schwach, als daß sie Gehör finden konnten. Aus ihnen und den Ideen Gleichgesinnter wie → Ochino, → Postel, → Coornheert, → Bodin u.a. erwuchs aber ein sich langsam verstärkender Druck auf die öffentliche Meinung. Bedeutsam war, daß → Acontius die von ihm betonte → Cura religionis des Landesherrn zu einem Instrument der Duldung auf dem Boden einer weitherzig ev. (nicht natürlichen) Heilslehre machte; Abirrende soll die Obrigkeit mit Maßen in Schranken halten. Damit zeigte er als einziger unter den T.schriftstellern einen für die nähere Zukunft gangbaren Weg. Die von den rationalen Ideen der italienischen Humanisten ausgehenden antitrinitarischen → Sozinianer machten sich deren T.forderung zu eigen, indem sie zwischen wesentlichen und unwesentlichen Aussagen des Dogmas unterschieden, grenzten sich aber selbst gegen extreme Anschauungen (Täufertum, Nichtanbetung Christi [→ Davidis]) scharf ab. Über die Ketzerfrage hinaus erweiterte sich bei einigen das Problem auf eine nicht mehr wie beim Kusaner apologetische, sondern relativierende Verständigung unter den Religionen; am radikalsten in dem der Öffentlichkeit unbekannt gebliebenen Colloquium heptaplomeres von Bodin (ca 1587, erst 1857 gedr.), in dem zugleich erstmals eine verbindliche politische Ethik das bisherige Glaubensfundament des staatlichen Lebens ersetzt.

5. Die *rechtlich-politische Ordnung* der T.frage, die das Nebeneinander der Kirchen unausweichlich erforderte, war in Deutschland vorgezeichnet durch den in der Reichsverfassung begründeten territorialen Ablauf der Reformationsgeschichte, frühere Ausgleichsvorschläge und das Modell der Friedensschlüsse von 1529 und 1531 in der Schweiz. Der → Augsburger Religionsfriede (1555) legalisierte den daraus erwachsenden Zustand: T. zwischen den weltlichen Reichsständen, I. in den Ländern, Parität in den Reichsstädten, Glaubensfreiheit und Auswanderungsrecht für den einzelnen. Das bedeutete einen gewaltigen Fortschritt gegenüber der totalen I. des MA, aber doch nur einen ersten Schritt in der Richtung auf wirkliche T., da neben dem Existenzrecht der beiden Konfessionen das Prinzip des → Cuius regio, eius religio rechtlich begründet wurde. Auch abgesehen davon, daß Reformierte, Täufer u.a. vom Religionsfrieden ausgeschlossen waren, drängte er von selbst über sich hinaus, und zwar nach verschiedenen Richtungen. Für das *Reich* zielten die Protestanten auf weitergehende Neutralisierung gegenüber den Religionsfragen und auf Beseitigung der Schranken des Friedens. Den Reformierten erkennt man wenigstens den Schutz des Reichslandfriedens zu, freilich ohne ihnen das Recht der Religionsänderung einzuräumen. Die Katholiken dagegen erstrebten, gegründet auf die Erneuerung der scharfen mittelalterlichen Ketzertheologie durch → Bellarmin, eine Beseitigung des nur als erzwungenes Interim empfundenen Religionsfriedens. Wichtiger war, daß auch

für die *Territorien*, allerdings nur von prot. Autoren, eine Erweiterung der Glaubensfreiheit auf eine, im einzelnen verschieden definierte, häusliche Religionsübung gefordert wurde. Darüber hinausgehende Bemühungen um freies Religionsexercitium erreichten in den habsburgischen Landen ihre größten, aber auch unsichersten Erfolge (von der Religionskonzession 1568 bis zu den Majestätsbriefen 1609 [→ Österreich, 4]). Die → Gegenreformation und der 30jährige Krieg machten hier dann alle Religionsfreiheit zunichte. Der → Westfälische Friede (1648) konnte nur den Augsburger Frieden bestätigen und geringfügig erweitern (Anerkennung der Reformierten und - im einzelnen unklare - Gewährung von privater oder häuslicher Religionsübung). Aber so wenig sich rechtlich änderte, so tief erschütterte der Krieg doch die Überzeugung von dem selbstverständlichen Recht religiöser I. Eine faktische Überwindung des territorialen Konfessionalismus wurde zunächst freilich nur an wenigen Stellen erreicht; am bedeutsamsten in → Brandenburg (: II, 3) nach dem Übergang des Herrscherhauses zum Calvinismus (1615), in Abmachungen zwischen den beiden prot. Bekenntnissen in Ostfriesland (vor 1600) und in einigen Friedensbestimmungen für Hochstifter wie → Osnabrück u.a. Die erste wirkliche Gleichberechtigung der Bekenntnisse war außerhalb des Reiches allerdings schon seit langem gewährt: im Fürstentum → Siebenbürgen (Landtagsbeschluß von 1557: »daß jeglicher des Glaubens leben könne, des er wolle«; bezogen auf Lutheraner und röm. Katholiken, später auch auf Reformierte und → Unitarier; das orth. Bekenntnis der Rumänen war »toleriert«). Neben dieser prinzipiellen Regelung konnten außerhalb des Reiches auch aus besonderen außen- oder innenpolitischen Gründen Maßnahmen der Duldung für einzelne Gebiete oder Stände (bes. in → Polen und → Ungarn) erreicht werden. Sie wurden mit geringen Ausnahmen (zB → Mennoniten in der Weichselniederung) von der Gegenreformation wieder beseitigt. Oft erwies sich dabei die gegenseitige I. der ev. Bekenntnisse in den gefährdeten Ländern als verhängnisvoll. Die seltenen → Einigungsbestrebungen (: II, 1b) waren von geringem Erfolg, Unionsversuche wie der polnische Consensus von Sandomierz (1570) von kurzer Dauer.

6. Während in Deutschland die politischen Regelungen einigermaßen stabile Verhältnisse geschaffen und damit sowohl die Möglichkeiten einer weitergehenden Reformation wie einer weiterwachsenden T. abgeschnitten hatten, boten sich in *Westeuropa* völlig andere politische, geistige und kirchliche Voraussetzungen, welche nach schweren Kämpfen den Durchbruch des T.gedankens ermöglichten. *Frankreich* leistete zwei ganz verschiedenartige Beiträge: a) den heldenhaften, aber schließlich mit der Vernichtung endenden Kampf der → Hugenotten um Religionsfreiheit (→ Frankreich: I, 4), der notgedrungen auf eine politische Sicherung des Protestantismus, eine Art Variante des Cuius regio, eius religio abzielte; b) die von dem Kanzler → L'Hôpital und der Partei der »Politiker« vertretene Neutralität des Staates gegenüber den Religionsfragen. Beide Bemühungen, für ihre Zeit erfolglos, übten auf eine fernere Zukunft eine bedeutende Wirkung aus. Das Leiden der Hugenotten hat wie nichts anderes die Glaubwürdigkeit einer unduldsamen Kirche zerstört, ihre Vertreibung auch den - im 16./17.Jh. noch selten betonten - wirtschaftlichen Widersinn der I. offenbar gemacht. L'Hôpitals Gedanken gingen über Bodin in den Staatsgedanken der Aufklärung über. - Auch in den → *Niederlanden* setzte sich die Einsicht Wilhelms von Oranien, daß den verschiedenen Konfessionen Existenzrecht gewährt werden müsse, gegen den Calvinismus nicht durch. Vielmehr wurden die noch in der Union von Utrecht (1579) enthaltenen Freiheiten stufenweise beseitigt. Und doch war auch hier die Alleinherrschaft einer Konfession nicht mehr lange aufrechtzuerhalten. Reste des Täufertums und ein bodenständiger, durch italienisch-sozinianische Einflüsse verstärkter Humanismus (→ Coornheert, → Coolhaes, → Uytenbogaerdt) wehrten sich gegen die Orthodoxie. Ebenso wie die daraus erwachsende kleine Sonderkirche der → Arminianer konnten sich auch kath. und täuferische Restgemeinden behaupten, da an die Errichtung einer Staatskirche nicht mehr zu denken war; die kirchliche Vielfalt wirkte auflockernd auf den Calvinismus. - Die eigentümliche Situation in *England*: Lösung von Rom und Nebeneinander staatskirchlich-konservativer Traditionen und zahlreicher vom Festland stammender Kirchengemeinschaften, erzeugte ebenfalls scharfe innerprot. Spannungen. Da sie eng mit dem Kampf gegen das Königtum verbunden waren, wurde die Revolution zum Sammelbecken aller T.ideen. Zu ihren Wortführern gehörten humanistisch gesinnte Anglikaner wie → Hales, → Chillingworth (The Religion of Protestants, 1638), Jeremy → Taylor, welche nichtfundamentale und fundamentale, dh biblische Glaubenswahrheiten unterschieden. Gegenüber der Schwierigkeit, diese irrtumsfrei festzustellen, blieb als letzte Instanz die sittliche Vernunft (Taylor). Damit war der Zukunftsweg vorgezeichnet: immer weiterer Umfang der nichtfundamentalen, immer geringerer der fundamentalen Wahrheiten, bis hin zur rationalen Vernunftreligion. Zu diesen Argumenten der anglikanischen Latitudinarier (→ Broad Church Party), deren Ziel die comprehension einer weitherzigen Staatskirche war, gesellten sich in der lebhaften T.debatte täuferisch-spiritualistische: Individualität des Glaubens und der Bekehrung (→ Baptisten), Scheidung von Kirche und Staat, die vom → Kongregationalismus geforderte Unabhängigkeit der Einzelgemeinde und Züge natürlicher Religiosität. Die skeptischen Elemente wurden zumeist aufgewogen durch den Glauben an die sich selbst durchsetzende Wahrheit. Er lebt auch in der weitgespannten, auf das Vorbild Christi begründeten T. der → Quäker, die → Fox freilich von einer Gewissensfreiheit auch für böse Geister unterschied; gegen sie hat auch der Staat einzuschreiten. Diesen Gruppen standen die → Puritaner entgegen, die am meisten für die T. gelitten hatten, sie aber nun (wie auch die schottischen → Presbyterianer) in der Sicherheit ihres Schriftverständnisses anderen verweigerten. Die selbst intolerante kath. Kirche und die Atheisten (dh auch die → Antitrinitarier) zu dulden, wurde von allen abgelehnt. Die Revolution entwickelte mannigfache politische Aspekte des T.problems. → Cromwell suchte durch weitgehende Duldung die verschiedenen Gruppen im Kampf zusammenzufassen, zog aber Grenzen, wo er die öffentliche Ordnung durch Absolutheitsansprüche gefährdet glaubte. In seinem inspirierenden Helfer → Milton verkörpern sich alle T.motive der Zeit in großartiger Einheit. Gewissensfreiheit war ihm christliches und prot. Urprinzip und Grundlage aller bürgerlichen Freiheiten. Darum forderte er über Cromwell hinaus völlige Trennung von Staat und Kirche. In anderer Weise war für die → Levellers T. eines der Grundrechte ihrer radikalen Demokratie. Die Restauration der Stuarts lenkte danach nicht mehr ungestraft zur anglikanischen Uniformität und zur Begünstigung der Katholiken zurück. Sie verloren die Herrschaft an Wilhelm III. von Oranien (→ England: I, 6), dessen Act of Toleration (1689) die prot. → Dissenters, freilich mit verminderten bürgerlichen Rechten, nicht aber Katholiken - wenn auch deren Lage sich besserte - und Sozinianer anerkannte. - Ähnliche T.gesetze waren

schon in einigen *nordamerikanischen Kolonien* (→ Vereinigte Staaten: I) erlassen worden, die sich damit aus der anfänglichen, bes. hart von den Puritanern geübten territorialen Regelung der Glaubensfrage heraushoben (Maryland 1649, Rhode Island 1663 durch Roger → Williams, Pennsylvania 1682 durch → Penn). Die tiefsinnigste Begründung gab Williams: Das Wirken des hl. Geistes in Erwählung und Wiedergeburt erfordert völlige Glaubensfreiheit, die weltliche Natur des Staates absolute Trennung von der Kirche (The Bloody Tenent of Persecution for Cause of Conscience, 1644). Das führte nach innen zu einer strengen, wenn nötig intoleranten Heiligkeitsgemeinde, nach außen zur Säkularisation des Staates.

7. Dieser Scheidung stand die auf die → *Aufklärung* hinführende Staatsphilosophie zunächst noch entgegen. Sie suchte vielmehr die absolutistische Kirchenhoheit des Staates zu begründen: zunächst bei → Grotius im Sinne eines auf einfachen biblischen und natürlichen Geboten beruhenden, innerlich toleranten Christentums; dann bei → Hobbes (Leviathan, 1651) in der Verpflichtung auf wenige fundamentale Glaubensartikel und den vorgeschriebenen Gottesdienst, während man sonst denken kann, was man will; schließlich bei → Spinoza (Tractatus theologico-politicus, 1670) im Nebeneinander eines verbindlichen Staatskultes auf Grund einer allgemeinen monotheistisch-ethischen Religion und einer im übrigen unbeschränkten Meinungsfreiheit. Diese Verknüpfungen von Staatsreligion und Duldung, hinter denen das Modell der Utopia durchschimmert, benutzten die relativistischen Elemente des T.gedankens zu einer neuen, naturrechtlich begründeten Sakralisierung des Staates. Erst → Locke drehte dieses paradoxe Verhältnis um (A Letter concerning Toleration, 1689). Der Staat muß die Religion völlig freilassen; die Kirchen dagegen können in ihren eigenen Reihen intolerant sein und aufnehmen oder ausscheiden, wen sie wollen. Atheismus, der auch die natürliche Religion leugnet, und Katholizismus, der auf staatlichen Zwang gerichtet ist, duldet auch Locke nicht. Dieser liberalen, den Staat neutralisierenden T. gehörte die Zukunft. Die bei Locke noch vorhandenen Begrenzungen beseitigte gleichzeitig → Bayle, indem er um der Verpflichtungskraft auch des irrenden Gewissens willen den Atheismus in die T. einbezog und am Katholizismus I. und Dogma scharf unterschied. Die Naturrechtsjuristen (→ Pufendorf, → Thomasius, J.H. und G.L. → Boehmer) benutzten den Gedanken der T. zur Milderung ihres absolutistischen Staatskirchenrechts, forderten sie aber vor allem von den Kirchen selbst. Mannigfache theologische Tendenzen zielten auf das gleiche: die fortschreitende Begrenzung des Fundamentalen in der → Orthodoxie (→ Calixt) und Übergangstheologie (→ Rationalismus: II, 3a), die auf Gewissen und Wiedergeburt begründete T. im Pietismus (→ Spener, → Zinzendorfs Homopoikilie, Einigung im Mannigfaltigen), der Individualismus der → Separatisten (G. → Arnolds Wiederentdeckung der Ketzer als Glaubenszeugen, → Dippel), schließlich die breite T.debatte im Rationalismus (vgl. u.a. Fliegende Blätter für T., Aufklärung und Menschenbesserung, Dessau 1783/84; → Lüdke, Über T. und Gewissensfreiheit, 1774). Klassisch verband → Lessing (Nathan der Weise, 1779) T. mit Ehrfurcht vor der Religion, aber Distanz gegenüber den Offenbarungsreligionen. Damit war die Ideengeschichte der T. im wesentlichen abgeschlossen. Da der Weg zu ihr vom Glauben her, wozu es bei Luther Ansätze gab, nicht gefunden wurde, war sie aus der Skepsis gegenüber dem Dogma erwachsen. Sie endete aber nicht nur im Respekt vor der Hoheit des Gewissens, sondern auch in Formen des Glaubens: christlich an die Freiheit des hl. Geistes oder rational an die Universalität der Gottesoffenbarungen.

8. Die *Verwirklichung der T. in den modernen Staaten* vollzog sich in einem stufenreichen Prozeß: zuerst in der Form von Zugeständnissen bei bestehender → Kirchenhoheit des Staates (→ Friedrich d.Gr.), ausgewogen im Allgemeinen Preuß. Landrecht von 1794 (→ Freiheit: II), in begrenzter Form im T.patent → Josephs II. (1781). Entscheidend darüber hinaus führte die Proklamation der Religionsfreiheit im Rahmen der → Menschenrechte in Einzelstaaten und der Unabhängigkeitserklärung Nordamerikas (1776) und den Menschen- und Bürgerrechten der Französischen Revolution (1789), freilich mit der dehnbaren Einschränkung, daß die öffentliche Ordnung nicht gestört werden dürfe: eine Handhabe zur grausamen Anwendung der religionsfeindlichen I. einer politischen Idee, die in der Neuzeit in vielen Gestalten an die Stelle der religiösen I. getreten ist. Trotzdem ist vom Ursprungspathos der Französischen Revolution ein allgemeiner Zug zur Duldung (auch des → Judentums [: III, 1]) auf Europa ausgegangen und auch von → Napoleons Staatskirchentum gefördert worden. In den deutschen linksrheinischen Gebieten und den Rheinbundstaaten wurde damit das Recht des Westfälischen Friedens zugunsten von Duldung oder → Parität überwunden. Im Ringen von → Restauration und → Liberalismus setzen sich zwei Auswirkungen des T.gedankens durch: a) Die Bindungen zwischen → Kirche und Staat werden gelockert, b) bestehende Schranken für Kultus oder bürgerliche Betätigung ganz oder weithin aufgehoben, so in England (1791 kath. Kultusfreiheit, 1828ff Gleichberechtigung für Katholiken und Dissenters, 1829 auch in → Irland [: II, 3]), → Belgien (1830), → Österreich (Protestantenpatent 1861), → Dänemark (1849), → Norwegen (1845ff), → Schweden (1860ff, 1951), Schweiz (1848, mit gewissen Einschränkungen [→ Schweiz: I B, 3c]). Vorbild für Deutschland wurden die Religionsartikel des → Frankfurter Parlaments 1848, die in die Länderverfassungen übergingen, zT in Spannung zu älterem Landesrecht (→ Kulturkampf, 2b). Im 19./20.Jh. hat sich, wo es nicht schon früher geschehen war, im gesamten Protestantismus die Überzeugung durchgesetzt, daß öffentliche T. eine Forderung des Glaubens selbst, nicht nur der Menschlichkeit oder des politischen Zusammenlebens sei.

9. Die *röm.-kath. Kirche* hat wie im MA und wie in der Gegenreformation (Ungültigkeitserklärung des Westfälischen Friedens 1648) auch im 19.Jh. T. wiederholt scharf abgelehnt (Protest gegen die bürgerliche Gleichberechtigung der Protestanten in Bayern 1803, Enzykliken Mirari vos → Gregors XVI. 1832 und Quanta cura → Pius IX. mit → Syllabus 1864). Erst → Leo XIII. hat bei grundsätzlicher Wahrung dieses Standpunktes hinzugefügt, daß Staaten, die »zur Erlangung eines großen Gutes oder zur Verhütung eines großen Übels« mehrere Kulte duldeten, nicht zu verurteilen seien (Enzykl. Immortale Dei 1885, Libertas praestantissimum 1888). Genauso sprach sich → Pius XII. in einer Rede vor den kath. Juristen Italiens am 6.12.1953 aus. Nach anderer Formulierung ist T. nicht grundsätzlich, als »These«, sondern nur unter dem Zwang einer gegebenen Situation als »Hypothese« zulässig. Damit ist der grundsätzliche Anspruch auf Alleinherrschaft der kath. Kirche im Staat nicht aufgegeben. Er wird, soweit es noch möglich ist, auch praktiziert, wie zB in → Spanien, wo die Schwierigkeiten für den Protestantismus nicht nur aus der Staatsgesetzgebung, sondern ebenso aus dem Konkordat von 1953 entspringen. So fordert die röm. Kirche in prot. oder paritätischen Ländern T. (zB in dem seit 1900 mehrfach wiederholten »T.antrag«

des → Zentrums), ohne sie selbst überall zu gewähren. Gegenüber dieser offiziellen Haltung bemühen sich neuere kath. Autoren (Pribilla, Hartmann, → Marcel, → Maritain u.a.) um eine dem persönlichen Charakter des Glaubens und der Situation der Christenheit in der heutigen Welt entsprechende Lösung des Problems.

Über Probleme der Glaubensfreiheit in den außereuropäischen Ländern vgl. auch → Menschenrechte: III.

Allg. Lit. u. zu 1: P.Hinschius, Das Kirchenrecht der Katholiken u. Protestanten IV-VI, 1888-97, §§ 252. 259. 286. 288-297. 374-379. 382-391 - F.Ruffini, La libertà religiosa I, Turin 1901 - A.Matagrin, Hist. de la t. religieuse, Paris 1905 - RE XIX, 824ff - H.Holmquist, Den religiösa Toleransens Historia, Uppsala 1917 - J.Kühn, T. u. Offenbarung, 1923 - StL V, 394ff - RGG² V, 1212ff - LThK III, 483ff - R.H.Bainton, The Travail of Religious Liberty, Philadelphia 1951 - W.Maurer, Kirche u. Synagoge, 1953 - E.G.Rüsch, T., 1955 - E.Wolf, T. nach ev. Verständnis (ZEE 1, 1957, 97-109).

Zu 2: S.L.Guterman, Religious Toleration and Persecution in Ancient Rome, London 1951 - W.Ensslin, Die Religionspolitik des Kaisers Theodosius d. Gr. (SAM 1953, 2) - H.Doerries, Constantine and Religious Liberty, New Haven 1960 - J.Moreau, Die Christenverfolgungen im röm. Reich, 1961 - J.Vogt, Zur Religiosität der Christenverfolger im Röm. Reich (SAH 1962, 1).

Zu 3: J.Ficker, Die gesetzl. Einführung d. Todesstrafe für Ketzerei (MIÖG 1, 1880, 177-226) - H.Köhler, Die Ketzerpolitik d. dt. Kaiser und Könige 1152-1254, 1913 - J.Guiraud, Hist. de l'inquisition au moyen âge I. II, Paris 1935/38 - K.Voigt, Staat u. Kirche von Konstantin d.Gr. bis zum Ende der Karolingerzeit, 1936 - W.Maurer, Bekenntnis u. Sakrament I, 1939, 60ff.

Zu 4: W.Köhler, Reformation u. Ketzerprozeß (SgV 22), 1901 - Ders., Luther (Mennonit. Lexikon II, 1937, 703ff) - H.Hermelink, Der T.gedanke im Reformationszeitalter (SVRG 98, 1908, 39-70) - N.Paulus, Protestantismus u. T. im 16.Jh., 1911 - G.Bossert, Johann Brenz ... u. seine T.ideen (Blätter f. württ. KG 15, 1911, 150 bis 161; 16, 1912, 25-47) - K.Völker, T. u. I. im Zeitalter d. Reformation, 1912 - R.H.Murray, Erasmus and Luther: their Attitude to Toleration, London 1920 - L.Blaschke, Der T.gedanke bei Seb. Franck (Blätter f. dt. Philos. 2, 1928, 40-56) - H.Hoffmann, Reformation u. Gewissensfreiheit, 1932 - Ders., Reformation u. Gewissensfreiheit (ARG 37, 1940, 170-188) - P.J.Schwab, The Attitude of W.Musculus toward Religious T., Scottdale/Pa. 1933 - E.Benz, Der T.gedanke in d. Religionswiss. [Bodin] (DVfLG 12, 1934, 540-571) - W.Kaegi, Castellio u. d. Anfänge der T., 1953 - M.Schmidt, Die Grundlage d. T. in d. Reformation (Ev. Unterweisung 10, 1955, 153-164) - J.Lecler, Hist. de la t. au siècle de la réforme I. II, Paris 1955 - E.Hassinger, Wirtschaftl. Motive u. Argumente für relig. Duldung im 16. u. 17.Jh. (ARG 49, 1958, 226-245) - H.Bornkamm, Das Problem d. T. im 16.Jh. (Ders., Das Jh. d. Reformation, 1961, 262-291).

Zu 5: B.v.Bonin, Die prakt. Bedeutung des ius reformandi (KRA 1), 1902 - P.Philippi, Grundsätzliches u. Historisches über d. Anfänge d. relig. Freiheit in England u. Siebenbürgen (Die ev. Diaspora 26, 1955, 107-118) - M.Heckel, Staat u. Kirche nach d. Lehren d. ev. Juristen Deutschlands in d. ersten Hälfte d. 17.Jh.s (ZSavRG, Kan. Abt. 42, 1956, 117-247; 43, 1957, 202-308).

Zu 6: F.Puaux, Les précurseurs français de la t. au XVIIe siecle, Paris 1881 - L.Ulbach, La Hollande et la liberté de penser au XVIIe et au XVIIIe siècle, 1884 - G.Bonet-Maury, Hist. de la liberté de conscience en France depuis l'édit de Nantes, Paris (1900) 1909²; dt. 1912 - S.H.Cobb, The Rise of Religious Liberty in America, New York 1902 - A.O.Meyer, Der T.gedanke im England der Stuarts (HZ 108, 1912, 255-294) - M.Freund, Die Idee d. T. im England der Großen Revolution, 1927 - W.K.Jordan, The Development of Religious Toleration in England I-IV, Cambridge/Mass. 1932-46 - A.S.P.Woodhouse, Puritanism and Liberty, 1938 - Th.Lyon, The Theory of Religious Liberty in England 1603-39, Cambridge 1939 - G.R.Cragg, From Puritanism to the Age of Reason (1660-1700), ebd 1950 - W.Haller, Liberty and Reformation in the Puritan Revolution, New York 1955.

Zu 7: F.Lezius, Der T.begriff Lockes u. Pufendorfs, 1900 - L.Dubois, Bayle et la t., Paris 1902 - J.Feiner, Gewissensfreiheit u. Duldung in d. Aufklärungszeit, 1914 - S.Nielsen, Der T.gedanke bei Zinzendorf I. II, 1952/56.

Zu 8: Außer der Lit. zu 1: T. aus Glauben (Luth. Generalsynode 1956).

Zu 9: C.Mirbt, Der T.antrag des Centrums, (1901) 1902² - A.Vermeersch SJ, La t., Louvain (1912) 1922²; dt. 1914 - DThC XV, 1208ff - M.Pribilla SJ, Dogmat. I. u. bürgerl. T. (StZ 144, 1949, 27 bis 40) - J.Gross, Religionsfreiheit u. kath. Kirche (EvTh 9, 1949/50, 481-497) - J.Cadier u.a., Unité chrétienne et t. religieuse, Paris 1950 - A.Hartmann SJ, T. u. christl. Glaube, 1955 - N.Monzel, Das Problem der T. (MThZ 7, 1956, 81-98) - J.Maritain, Truth and Human Fellowship, Princeton 1957; dt.: Wahrheit u. T., 1960 - A.F.Carrillo de Albornoz, Roman Catholicism and Religious Liberty, Genf 1959; franz. Paris 1961.

Vgl. auch die Lit. zu → Freiheit: II, → Inquisition, → Kirche und Staat.

H.Bornkamm

III. Sozialethisch

1. Duldung einer zuvor nicht geduldeten Religion oder Konfession kann in verschiedenem Umfang gewährt werden. Das Minimum: das bloße Recht zu existieren wird zuerkannt, aber jede Gewissensdemonstration bleibt verweigert. Das Maximum: die zuvor Ausgeschlossenen werden voll in die Volksgemeinschaft aufgenommen mit aktiver Teilhabe an den Staatsgeschäften. Auch der geringste Freiheitsgrad ist für beide Teile von positiver Bedeutung. Der Gewissensanspruch kommt aber nur zu seinem Recht, wo ein T.erlaß mit dem Maximum zusammenfällt oder ihm angenähert ist. Die Änderung der Stellung in Staat und Volk weckt - entsprechend dem gewährten Freiheitsgrad! - positiv zu würdigende Kräfte. Früher oder später müssen die immer unangefochtenen Glieder der Volksgemeinschaft und die einst Verfolgten und nun Geduldeten ihr Verhältnis neu überdenken und bestimmen. Mag das zunächst auch scharf polemisch geschehen, die Beziehung ist gleichwohl ein geistiger Gewinn.

2. Der T.erlaß als *geschichtlicher* Vorgang zielt auf vorhandene Gruppen von Gläubigen bestimmter Religionen und Konfessionen, der *verfassungsrechtliche* Grundsatz der T. dagegen ist allgemein auf Religionen und Konfessionen ausgerichtet. Auch wenn ein solcher Verfassungsartikel auf einen T.erlaß nach einem Zeitraum der Unduldsamkeit zurückgeht, wird die Beziehung des (zeitlos gültigen) verfassungsrechtlichen Grundsatzes zum einstigen (geschichtlichen) Erlaß von Generation zu Generation praktisch bedeutungsloser. - Was besagt der Grundsatz der T. für die Gesellschaft? Die Antwort, es werde dadurch die gewissensmäßige Bindung in Glaubensfragen als für das Verhältnis zum Staat und zur Volksgemeinschaft irrelevant ein für allemal ausgeklammert, ist problematisch, ihre Folgerungen nicht unbedenklich. Die Frage, wie man sich von dieser Sicht zum Andersglaubenden zu verhalten habe, müßte strenggenommen schon als Frage abgewiesen werden. Man hätte in ihm eben nicht den Andersglaubenden, sondern nur den Volksgenossen zu sehen - für den Gewissensgebundenen eine unmögliche Abstraktion. Dieser kann sich dem Nächsten gegenüber nicht von einer ihn bindenden Gewissensforderung lossprechen. Das gilt nicht nur für die Glieder einer Kirche, die strenge Unterordnung unter die gültige Lehre verlangt (zB röm. Katholiken), auch nicht nur von Anhängern radikaler Richtungen mit sektiererischem Einschlag, sondern auch vom prot. Christen reformatorischer Prägung, ja auch vom philosophisch ausgerichteten Vertreter einer kategorischen Gewissensforderung. Die Form der Auseinandersetzung ist freilich von Fall zu Fall sehr verschieden, das Faktum aber zutiefst dasselbe. Auf die Auseinandersetzung verzichten könnte letztlich nur der Relativist, der jeden Gewissensanspruch, jeden Glauben für gleichberechtigt bzw. gleich unberechtigt hält. Das T.prinzip kann also nicht den Sinn haben, einen Bereich der Gewissensüberzeugung und -forderung als irrelevant für Staat und Volksgemeinschaft endgültig auszuklammern. Es enthält vielmehr die Aufgabe, das Verhältnis zum Andersgläubigen in der Spannung zwischen befohlener Duldung und gebietendem Glauben stets neu zu bestimmen.

Prot. Ethiker haben diesen Problemaspekt eher vernachlässigt; kath. Ethiker dagegen bearbeiten ihn oft, freilich meist betont kirchenrechtlich ausgerichtet (charakteristisch dafür ist die Terminologie: »bürgerliche T. - dogmatische I.«) ; so wird die Fragestellung eingeengt. - Prinzipiell ist zu sagen: Die Auseinandersetzung der Konfessionen und Religionen im Raum verfassungsrechtlich gewährleisteter T. zielt auf ein Verstehen des Andern auf dem Grunde vertieften Selbstverständnisses eben durch die Auseinandersetzung (ein unauflösbarer Zirkel!).

Ein T.prinzip, das jeden künftigen Konflikt zwischen Gewissensanspruch und Forderung des Staates ein für allemal ausschließt, ist nicht wünschenswert, weil sozialethisch problematisch. Solche T. würde Staat und Volksgemeinschaft letztlich auflösen, entweder durch wild wuchernde individualistische »Gewissensansprüche« oder durch allgemeine Relativierung aller geistigen und sittlichen Werte. Die konkrete Entscheidung, ob eine bisher nicht geduldete Gewissensforderung künftig geduldet werden soll oder nicht - zB die → Kriegsdienstverweigerung aus religiösen Motiven -, ruft den Staatsrechtler und den Ethiker zur Zusammenarbeit auf. Der Problemgehalt der Entscheidung kann in zwei sich ausschließende Sätze gefaßt werden: Entweder ist der Anspruch des Staates an den Einzelnen um des Gewissensanspruches Einzelner willen zu beschränken, oder es muß dem Gewissen Einzelner die Last der Nichtduldung um der Volksgemeinschaft willen zugemutet werden.

Vgl. die Lit. zu → Toleranz: II. Ferner: S. Kierkegaard, Die Tagebücher, ausgew. u. übertr. v. Th. Haecker, Olten 1948, 445ff.

D. Lerch

Tolet, *Franz* → Toledo, Francisco de.

Tolstòj, *Lew* (Leo) *Nikolàjewitsch,* Graf, * 28.8.(9.9.) 1828 auf dem Gute Jàsnaja Poljàna bei Tula, † 7.(20.)11. 1910 Bahnhof Astàpowo; Romancier und Dramatiker, Religionskritiker, Sozialphilosoph. Der früh verwaiste T. wuchs mit vier Geschwistern bei Verwandten auf. Das Studium der orientalischen Sprachen, dann des Rechts in Kasan (1844-47) enttäuschte ihn. Aber auch eigene Lebenspläne des jugendlichen Rousseauschülers, ein Musterlandwirt und allseitig gebildeter Mensch zu werden, scheiterten u.a. an Verlockungen gesellschaftlichen Lebens. Der »unnütze Bursche« folgte seinem älteren Bruder - zunächst ohne festen Plan - 1851 zur Armee in den Kaukasus und wirkte im Krimkrieg als Artillerieoffizier 1854/55 an der Verteidigung von Sewastopol mit. Die Skizzen aus der belagerten Festung machten ihn, der 1851 zu schreiben begonnen hatte, berühmt. Vom literarischen Betrieb in der Petersburger Zeitschrift »Sovremènnik« zog er sich jedoch bald aufs Gut zurück und brach 1859 mit der Zeitschrift ganz, als sie die Literatur politischen Zeitideen unterordnete. Die Auslandsreisen von 1857 und 1860/61 nach Westeuropa (u.a. Begegnungen mit B. Auerbach, → Diesterweg, J. Froebel, A. → Herzen, Proudhon) waren für die weltanschauliche und künstlerische Entwicklung T.s von großer Bedeutung. In der Heimat wirkte T. bei Durchführung der Bauernreformen als Schiedsmann mit, legte das Amt aber wegen Differenzen mit Standesgenossen nieder, nahm seine pädagogische Tätigkeit von 1849 und 1860 unter den Bauernkindern wieder auf und berichtete darüber in der Zeitschrift »Jasnaja Poljana«. 1862 heiratete T. die Tochter des Hofarztes Behrs, Sòphia Andrèjewna (1844-1919). In der zunächst ruhigen Atmosphäre der Ehe, der neun Kinder entstammten, schrieb T. 1863-77 seine berühmten Romane »Krieg und Frieden« und »Anna Karenina«. 1873, 1891/93 und 1898 organisierte T. eine großzügige Hilfe für die hungernden Bauern in den von Mißernte betroffenen mittelrussischen Gouvernements. T.s ab 1879 bes. deutliche krisenhafte religiöse und weltanschauliche Entwicklung brachte ihn in immer stärkeren Gegensatz zu Kirche und Staat, die er in zahlreichen Schriften heftig angriff. Der Staat antwortete 1882 mit geheimer Polizeiaufsicht, die orth. Staatskirche 1901 mit Exkommunizierung. Die von T. immer quälender empfundene Diskrepanz zwischen seinen religiösen und sozialen Einsichten und dem Leben eines reichen Gutsbesitzers zerstörte den Familienfrieden und trieb ihn am 28.10.(10.11.)1910 aus dem Hause. Auf der Flucht erkrankte er und starb. Er wurde in Jasnaja Poljana beigesetzt.

Starke Widersprüche, Schwanken zwischen verschiedenen Lebensaufgaben und Krisen kennzeichnen das ganze Leben T.s und sind um 1880 nur bes. auffällig. Bleibend ist der Drang nach »Selbstvervollkommnung«, die Suche nach »unbestreitbaren, ewigen Wahrheiten« in heftigem Kampf gegen starke Sinnlichkeit. Entscheidend für immer ist die Begegnung des Fünfzehnjährigen mit dem Werke → Rousseaus. Dem prinzipiellen Dilettanten bleiben wesentliche Kulturbereiche uninteressant, ethische Fragen bewegen und quälen ihn; von ihnen aus beurteilt er alles. So kann er den Zeitgenossen bald reaktionär, bald allzu fortschrittlich erscheinen. Wie Rousseau ist er in Selbstbeobachtung und Selbstverurteilung zugleich Akteur und sein eigener unerbittlicher Kritiker. Aus der fast zynischen Bloßstellung des eigenen Seelenlebens in den Tagebüchern erwachsen auch seine ersten literarischen Werke. Die Selbstanalyse wird durch eine nicht minder grausame Analyse der Mitmenschen ergänzt. Gerade dadurch versteht jedoch T. alles Menschliche und toleriert (im künstlerischen Werk) alle gegensätzlichen »Überzeugungen« als gleichberechtigte Erscheinungen des Seelenlebens. Minuziöseste Beschreibung selbst von Kleinigkeiten und Generalisation - in einem wohlabgewogenen Verhältnis zueinander - betrachtet er als das Kompositionsprinzip seiner Werke. Der psychologische Realist T. führt bereits in der »Anna Karenina« künstlerische Symbolik in sein System ein; mit dem Drama »Macht der Finsternis« (1886) wird er zum Anreger des deutschen → Naturalismus (: II). Die früh geäußerte Auffassung, daß das Ziel der Literatur einzig das moralische sei, behielt T. zeitlebens bei. So gibt es für ihn keinen eigentlichen Bruch zwischen seinen verschiedenen Arten literarischer Betätigung.

Die *religiöse Entwicklung* T.s ist die eines Rousseau tief verwandten Geistes. Mit seiner »natürlichen Religion« stimmt die eigene Lehre T.s nach 1880 in wesentlichen Punkten überein. Die jahrzehntelange qualvolle Auseinandersetzung mit der Lehre der eigenen Kirche führt in mehreren Etappen - über die Philosophie → Schopenhauers und → Kants, die Erkenntnisse der rationalen und liberalen, vorwiegend prot. Theologie (Zschokke, → Strauß, → Renan u.a.), das Studium des griech. NT an Hand prot. Kommentare (E. → Reuß, H.A.W. → Meyer) - zur Enthistorisierung, Rationalisierung und Ethisierung des Christentums. Die → Bergpredigt (: II) als die wahre »Lehre« Jesu tritt in das Zentrum auch des eigenen Systems. Von ihren Geboten der Nächstenliebe und des »Nichtwiderstehens dem Übel« her bestimmt T. großartig einseitig das Verhältnis des wahren Christen zur Kirche (Priestertum, Sakrament, Dogmen, Kultus), zur Gesellschaft (Ehe, Familie, Volk, Eigentum) und zum Staat (Gericht, Eid, Wehrdienst, Steuern). Die Frömmigkeit T.s bewahrt auch noch orth. Züge; zeitgebundene protestantische überwiegen jedoch. In der radikalen Verwerfung jeglichen Kirchentums zugunsten eines allmenschlichen, »im Geist und in der Wahrheit« verkündeten Christentums, dessen höchste Wahrheiten allen Religionen gemeinsam sind, erweist sich T. als radikaler Spiritualist. – Über T.s Anhänger vgl. → Russische Sekten (Sp. 1233).

Werke: GesW, russ., 1928ff (Bd 1-45: Werke, 46-58: Tagebücher, 59-90: Briefe); dt.: hg.v. R.LÖWENFELD, 33 Bde, 1901-11 (auch theoret. Schriften), hg.v. E.BÖHME, 14 Bde, 1924/25, u.a. – Tagebücher: Tagebuch der Jugend 1847-52, 1919; Tagebuch 1895-1902, 2 Bde, 1923. – Briefe: an seine Frau, 1925; mit der Gräfin A.A.Tolstaja, 1926²; mit der Tochter Maria, 1927. – *Bibliogr.:* Bibliogr. der Lit. über L.N.T. 1917-58, Moskau 1960 (russ.) – L.N.T., Bibliogr. der Erstausgaben deutschsprachiger Übers.en, 1958.

Biogr.: P.I.BIRJUKOV, 3 Bde, russ. 1906-09 u. 1921; 4 Bde, 1923 – N.N.GUSEV, L.N.T., Bibliographisches Material 1828-55, russ. 1954; 1855-69, russ. 1957 – DERS., Chronik des Lebens u. Schaffens L.N.T.s, 2 Bde, russ. 1958/60 – R.ROLLAND, Das Leben T.s, 1951 – Zahlr. Erinnerungen an T. – *Monographien:* K.NÖTZEL, T.s Meisterwerke, 1918 – D.S.MERESCHKOWSKIJ, T. u. Dostojewskij, 1924 – J.ACKERMANN, T. u. das NT, 1927 – B.EICHENBAUM, L.T., 3 Bde, 1928/31/60 (russ., grundlegend) – K.HOLL, T. nach seinen Tagebüchern (HOLL II, 433 bis 449) – M.MARKOVITCH, J.J.Rousseau et T., Paris 1928 – K.HAMBURGER, T., Gestalt u. Problem, 1950 – W.A.HAUCK, R.Sohm u. L.T., 1950 – L.MÜLLER, Russ. Geist u. ev. Christentum, 1951 – F.H. PHILIPP, T. u. der Protestantismus, 1959 (Lit.) – F.STEPUN, Dostojewski u. T., Christentum u. soziale Revolution, 1961.

A.Rammelmeyer

Tomkins, *Oliver Stratford,* anglikanischer Theologe, * 9.6.1908 in Schanghai, 1933-40 an leitender Stelle im Christlichen Studentenweltbund tätig, übernahm 1945 nach mehrjährigem pfarramtlichem Dienst in Sheffield das Londoner Büro des im Aufbau begriffenen Ökumenischen Rates (→ Ökumenische Bewegung). Seit 1948 dessen beigeordneter Generalsekretär, widmete er sich vor allem seinen Aufgaben als gleichzeitiger Sekretär der Kommission für »Glauben und Kirchenverfassung«. An Vorbereitung und Durchführung der Weltkonferenz in → Lund (1952) maßgeblich beteiligt und dort zum Vorsitzenden des Arbeitsausschusses der Kommission gewählt, zählt T., von 1953-58 Rektor des Theological College in Lincoln und seither Bischof von Bristol, zu den führenden Theologen der Bewegung für »Glauben und Kirchenverfassung«. Er verbindet eine betont anglikanische Grundhaltung mit ökumenischer Weite.

Vf. u.a.: The Wholeness of the Church, 1949; The Church in the Purpose of God, 1950 (dt.: Um die Einheit der Kirche, 1951); The Life of Edward Woods, 1957. – Über T.: R.C.MACKIE, O.S.T. (Ökum. Profile II/2), o.J. (1952).

H.Krüger

Tonsur, *Tonsura (Corona) clericalis,* im lat. Kirchenrecht das Ausscheren des Haupthaars bei Klerikern oder die dadurch entstehende kahle Stelle. Sie bildet als Prima tonsura die erste Stufe der → Ordination (: III, 1) und bewirkt die Aufnahme des Tonsurierten in den Klerikalstand, bei jemand, der nicht schon durch die Profeß an eine Klostergenossenschaft gebunden ist, also bei einem Weltkleriker, außerdem die Zuschreibung zu der Diözese, für deren Dienst er geweiht werden soll oder deren Bischof ihn tonsuriert (*Inkardination;* ihre Aufhebung, die *Exkardination,* ist nur möglich, wenn zugleich die Inkardination in eine andere Diözese erfolgt oder der Kleriker sich durch ewige Profeß an eine Klostergenossenschaft bindet). Die T. soll stets getragen werden; jedoch läßt der CIC gegenteilige Gewohnheit zu. – Im Kirchenrecht der Unierten Orientalischen Kirche sind sowohl die Aufnahme in den Klerikalstand wie die Zuschreibung eines Klerikers zu einer Eparchie (= Diözese) oder Klostergenossenschaft nicht an eine T., sondern an die jeweilige erste Weihestufe geknüpft. – *Geschichtlich* ist die T. eine ursprünglich asketische Übung, die im 5.Jh. aus dem mönchischen in den klerikalen Bereich übergriff und in der lat. Kirche seit dem beginnenden 13.Jh. gemeinrechtlich den Eintritt in den Klerikalstand bezeichnet. An die Stelle der morgenländischen Voll-T. (Paulus-T.) und der frühmittelalterlichen irisch-britischen T. des Vorderhauptes (Johannes-T., T. Simonis Magi) trat dabei die Kranz-T. (Petrus-T.), die beim Weltklerus in der Form der kleinen Scheitel-T. getragen wird. Die Kloster-T.en sind vielgestaltiger.

cc. 108 § 1. 111-117. 136. 950 CIC – cc. 38 § 1 n. 1. 45. 46 § 1 De Ritibus orientalibus et de Personis pro Ecclesiis Orientalibus (AAS 49, 1957, 448. 450). – Lehrbücher des → Kirchenrechts – ERIK WOLF, Ordnung der Kirche, 1961, 215f. 220f. – Gesch.: FEINE u. PLÖCHL (s. Reg.).

H.Barion

Topelius, *Zacharias* (1818-98), Finnlands produktivster, schwedischschreibender Dichter in der Zeit des russ. Regimes, 1854-78 Prof. für Geschichte in Helsingfors. Seine romantisch-lyrischen Gedichte und seine Prosaerzählungen sind von inniger Vaterlandsliebe und frommem, unkompliziertem Christenglauben durchdrungen. T. idealisiert die Natur und die Menschen und besingt die Haltung, Pflicht und Verantwortung der Jugend, um sie zum Festhalten an den Kulturtraditionen anzuspornen. Sein Hauptwerk sind die historischen Erzählungen »Fältskärns berättelser« (1854-66; dt. Die Erzählungen des Feldschers, 1926) im Stile Walter Scotts und B.S. → Ingemanns. Das »Sångbok för Finland« (1886) enthält 30 Gedichte von T.

V.VASENIUS, Z.T., 6 Bde, 1912-29 – S.LAGERLÖF, Z.T., 1920; dt. 1921.

G.Tolderlund-Hansen

Toplady, *Augustus Montague* (1740-78), anglikanischer Geistlicher und Kirchenliederdichter, wurde 1762 ordiniert und bekam später Pfründen in Devonshire. T. war ein entschiedener und heftiger Vertreter des Calvinismus. Seine Ansichten vertrat er mit großer Gelehrsamkeit u.a. in »The Church of England vindicated from the Charge of Arminianism« (2 Bde, 1769) und »Historic Proof of the Doctrinal Calvinism of the Church of England« (1774). In übler Weise führte er 1769 einen Streit mit J. → Wesley. – Sein Ruf als Kirchenliederdichter beruht vor allem auf der Hymne »Rock of Ages«, die noch allgemein gesungen wird; seine anderen Lieder haben geringeren Wert.

GesW ed. W.ROW, 6 Bde, London (1794) 1825² (m. Biogr.). – Über T.: J.JULIAN, Dictionary of Hymnology, 1907², 1182f – DNB XIX, 984ff – ODCC 1367.

D.Carter

Tora. Herkunft und Etymologie des hebr. Wortes tôrā sind unsicher. Die früher häufig vermutete Ableitung von der Verbalwurzel jrh »werfen« in der (nur Jos 18, 6 belegten) Bedeutung »das Los werfen« (vgl. RGG² V, 1228) ist kaum zutreffend; eher ist an ein Lehnwort zu denken, von dem das Verbum hôrā »unterweisen« abgeleitet ist (Östborn; anders Albright, JBL 46, 1927, 178ff). Damit ist aber einer Herleitung der T. aus dem Losorakel, für die das AT sonst keinen Anhalt bietet, der Boden entzogen.

T. ist in ihrem ursprünglichen Sinne »Weisung«, und zwar stets göttliche Weisung (vgl. Dtn 33, 10; Jes 2, 3). Die at. Texte lassen einerseits einen allgemeinen Sprachgebrauch erkennen; so kann das Wort des Propheten als T. bezeichnet werden (Jes 8, 16; 30, 9f), aber ebenso in der Weisheitsliteratur die Belehrung des Weisen (Spr 13, 14), ja sogar die Anweisungen der klugen Hausfrau und Mutter (Spr 1, 8; 31, 26). Andererseits zeigt sich, daß T. im engeren Sinne als Spezifikum des Priesters gilt (Dtn 33, 10; Hos 4, 6; Mi 3, 11; Zeph 3, 4; Jer 18, 18; Ez 7, 26; Mal 2, 6f). Danach ist unter T. die Belehrung der Laien durch die Priester zu verstehen (→ Priestertum: II, 2).

Über die *Art,* in der sich diese Belehrung vollzog, lassen sich aus dem AT nur noch einige Hinweise entnehmen. So ergibt sich aus Dtn 31, 10f, daß bestimmte Teile der T. regelmäßig vor der versammelten Kultgemeinde am Heiligtum vorgetragen wurden. Ein anderer kultischer Akt wird in einigen → Psalmen (: I, 4 g) erkennbar: die Erteilung einer T. im Rahmen einer Einlaßliturgie am Tempeltor (Ps 15; 24; vgl. Jes 33, 14-16; Mi 6, 6-8). Hier ist an eine Gruppe von Festpilgern als Empfänger der T. zu denken. Nach Hag 2, 11-13 kann auch der einzelne Israelit eine T. vom Priester erbitten. Die verschiedenen Anlässe bedingen auch eine jeweils verschiedene Form der T.: sie kann in einprägsamen Imperativsätzen (zB Lev 7, 23-25. 26f), in unpersönlichen Reihen (Ps 15, 2-5; 24, 4f) oder im bloßen Ja oder Nein auf die Laienfrage (Hag 2, 12f) formuliert sein.

Als wichtigster *Inhalt* der T. wird mehrfach die Unterscheidung von → Rein und Unrein (: II) bzw. von → Heilig und Profan (: II) genannt (Lev 10, 10f; Ez 44, 23 u.ö.). Darin zeigt sich aber offenbar ein verengtes Verständnis der T.; in den Einlaßliturgien ist der ganze Bereich des Lebens einbezogen, und es zeigen sich auffallende Gemeinsamkeiten mit dem apodiktischen Recht (→ Gesetz: II, 2 a; vgl. Koch).

Eine tiefgreifende Veränderung erfuhr der Begriff T. durch die Anwendung auf *schriftlich fixierte Gesetze*. Hier zeigen sich zwei verschiedene Linien: In der → Priesterschrift und verwandten Texten bezeichnet T. jeweils das einzelne kultische Gesetz (Lev 6, 2 u.ö.), so daß der Begriff zusammenfassend auch im Plural gebraucht werden kann (Lev 26, 46; Ez 44, 5). Im Dtn hingegen wird die gesamte - nicht nur kultische - Gesetzgebung als T. zusammengefaßt (→ Gesetz: II, 1). - Beide Linien wirken im späteren jüdischen Verständnis von T. weiter. In der Priesterschrift ist schon die auf das Detail gerichtete → Kasuistik (: II) der rabbinischen Gesetzesinterpretation angelegt (→ Gesetz: III). Im Dtn hingegen liegen die Wurzeln für das Verständnis der T. als einer Einheit, das nicht nur dazu geführt hat, daß zunächst der → Pentateuch, später auch vielfach der ganze Kanon als T. bezeichnet wurde, sondern auch die T. als Heilsgabe Gottes verstehen und zum Gegenstand hoher Verehrung werden ließ. In der Theologie der → Apokalyptik (: II) wurde die T. zum Dokument der Erwählung und das Bewahren der T. zur Voraussetzung der eschatologischen Heilsteilhabe (vgl. Rössler).

Lit. s. → Gesetz: II. Ferner: D.Rössler, Gesetz u. Gesch., 1960 - K.Koch, Tempeleinlaßliturgien u. Dekaloge (in: Studien zur Theol. d. at. Überlieferungen, hg.v. R.Rendtorff u. K.Koch, 1961, 45 bis 60). *R.Rendtorff*

Torquemada, 1. *Juan de* (1388-1468), OP, * in Valladolid, † in Rom. Schon 1417/18 als Begleiter der Gesandtschaft Kastiliens auf dem Konstanzer Konzil, ernannte ihn → Eugen IV. wegen seines Eintretens für den röm. Kirchengedanken und die päpstlichen Hoheitsrechte auf dem Basler → Reformkonzil 1434 zum Magister Sacri Palatii. 1439 erhielt T. den Titel Defensor fidei und wurde Kardinal. Maßgeblich war er an den Unionsverhandlungen und antikonziliaristischen Entscheidungen des Konzils von Ferrara-Florenz (1438-43) beteiligt. Zwischendurch vertrat er die päpstlichen Obödienzansprüche in Deutschland und Frankreich. Seine ekklesiologischen Gedanken entfaltete er bes. in einem Kommentar zu den Dekreten Gratians und in einer Summa de ecclesia; diese behielt als umfassendste scholastische Schrift zur Ekklesiologie bleibende Bedeutung. T. rechtfertigt die päpstliche Suprematie und beschreibt die → Kirche (: III, 3 b) als das seit Adam bestehende → Corpus Christi mysticum, dessen spirituelle Sakramentswirklichkeit die institutionelle Ordnung der Kirche in sich aufnimmt. Andere Werke sind der knapp und traditionell glossierende Pss-Kommentar 1463 und die Quaestiones evangeliorum 1465/66.

DThC XV/1, 1235ff - EC XII, 330f - K.Binder, Wesen u. Eigenschaften der Kirche bei Kardinal J. de T., 1955 (Bibliogr., Lit.) - LThK² V, 1093f. *R.Schwarz*

2. *Thomas* (1420-98), * in Valladolid, Dominikanerprior zu Segovia, seit 1482 Mitglied des spanischen Inquisitionsgerichtes, 1483 Großinquisitor für Kastilien, Aragonien und Valencia. Von ihm stammen die später mehrfach erweiterten Instruktionen für die → Inquisition vom Jahre 1484.

E.de Molènes, T. et l'inquisition, 1897 - E.Lucka, T. u. die span. Inquisition, Wien 1926 - R.Sabatini, T. and the Spanish Inquisition, London 1927; franz. Paris 1937 - M.Jouve, T., grand inquisiteur d'Espagne, Paris 1934 - P. La Pinta, Historia de la Inquisición, Madrid 1944 - B.Llorca, Bulario de la Inquisición española en su período constitucional (1478-1525), Rom 1949 - DThC XV/1, 1239. *R.Konetzke*

Torrey, 1. *Charles Cutler* (20.12.1863 bis 12.11.1956), amerik. Theologe, in Hardwick/Vt., 1892 Dozent am Andover Theological Seminary, 1900/01 Direktor der American School of Archaeology in Jerusalem, seit 1900 Prof. für semitische Sprachen an der Yale University (vgl. auch BASOR 132, 1953, 6-8).

Vf. u.a.: The Composition and Historical Value of Ezra-Nehemiah (BZAW 2), 1896; The Mohammedan Conquest of Egypt and North Africa, 1901; Ezra Studies, 1910; The Translations made from the Original Aramaic Gospels, 1912; The Composition and Date of Acts, 1916; Mysticism in Islam, 1921; The Aramaic Origin of the Gospel of John (HThR 16, 1923, 305-344); The Second Isaiah, a new Interpretation, 1928; Pseudo-Ezekiel and the Original Prophecy, 1930; The Four Gospels, a new Translation, o.J.; Our Translated Gospels, o.J.; The Chronicler's Hist. of Israel, 1954; Apocalypse of John, 1958. - Mit-Hg. des JAOS, 1901-17. *W.Michaelis (M.Black)*

2. *Reuben Archer* (28.1.1856 bis 26.10.1928), amerik. Erweckungsprediger, * in Hoboken/N.J., † in Biltmore bei Asheville/N.C., 1878-82 kongregationalistischer Pfarrer in Garrettsville/Ohio, nach Studien in Leipzig und Erlangen (1882/83) 1883-86 Pfarrer der »Kirche der Offenen Tür« in Minneapolis, 1886-89 ebd Leiter der Stadtmission, 1889-1908 auf Bitten von → Moody erster Leiter des Moody Bible Institute in Chicago, 1894-1905 auch Pfarrer der Chicago Avenue Church (jetzt Moody Memorial Church). Seine erste Missionsreise führte T. (zusammen mit Charles McCallon Alexander) nach dem Fernen Osten, Australien, Großbritannien, Deutschland und Frankreich (1902-05). Von 1906-11 und 1924-28 hielt er Erweckungsversammlungen in Kanada und den USA ab, 1911 wieder in Großbritannien, 1919 und 1921 im Fernen Osten. 1912-24 war er Dekan des Los Angeles Bible Institute, 1915-24 auch Pfarrer in Los Angeles. In dieser Zeit schloß er sich den Presbyterianern an. 1927 wurde er wieder Dozent am Moody Bible Institute. - T.s Theologie ist fundamentalistisch, nicht-denominationell, chiliastisch und pfingstlerisch bestimmt. Seine 57 Bücher und Broschüren wurden vielfach übersetzt.

Vf. u.a. (jeweils New York): How to bring Men to Christ, 1893 (dt. 1910); The Baptism with the Holy Spirit, 1895 (dt. 1905); What the Bible teaches, 1898; How to pray, 1900 (dt. 1925⁸); How to study the Bible with the greatest Profit, 1909 (dt. 1925⁴); The Fundamental Doctrines of the Christian Faith, 1918; The Christ of the Bible, 1924; The Power of Prayer and the Prayer of Power, 1924; Soul-Winning Sermons, 1925. - Über T.: G.Th.B.Davis, T. and Alexander, New York 1905 - R.Harkness, R.A.T., the Man - his Message, Chicago 1929 - E.O.Sellers, Evangelism in Sermon and Song, ebd 1946, 25ff - G.Th.B.Davis, The Treasury of R.A.T. (Anthologie), Westwood/N.J. 1954. *A.C.Piepkorn*

Tosefta

1. Name, Inhalt, Aufbau - 2. Entstehung und Verhältnis zur Mischna - 3. Ausgaben und Übersetzungen

1. T. (von hebr. jasăf, hi, hinzufügen) heißt in dem vorliegenden aram. stat. emph. sing.: Zusatz, Ergänzung. Der (hebr.) pl. Tôsafôt bezeichnet die aus den französisch-deutschen Talmudschulen des 12. und 13.Jh.s stammenden »zusätzlichen« Erläuterungen zur Gemara des babylonischen → Talmud in Form eines fortlaufenden Kommentars am äußeren Rand der Drucke. Der sing. Tôsefta' oder (paläst. aram.) Tôsifta' ist Titel einer der → Mischna ähnlichen Sammlung halachischer Traditionen (→ Halacha) aus palästinensischen Lehrhäusern der tannaitischen Zeit. - In *Inhalt* und *Aufbau* gleicht die T. im wesentlichen der Mischna, wird aber im Unterschied zu ihr nicht als kanonisch gewertet. Sie hat 4 Traktate weniger (Abot, Tamid, Middot, Qinnim) und ist zudem noch um rd 80 Kapitel an Umfang geringer. Im einzelnen enthält sie mehr → Haggada als diese und ist darum in der Darbietung des Stoffes lebendiger und farbiger.

2. Das noch immer ungelöste, zuerst von Zuckermandel erörterte Problem der T. betrifft ihre *Entstehung* und ihr *Verhältnis zur Mischna*. Nur eine synoptische Darstellung und Vergleichung aller in Mischna und T. parallelen Traktate kann hier weiterhelfen. Nach anderen hat vor allem die Gießener Mischna in den letzten Jahren darin gute Arbeit geleistet. Daneben sind auch die Baraitot der beiden Talmude und diese selbst heranzuziehen und auf ihr Verhältnis zur T. zu befragen. Hier aber erschweren die noch fehlenden kritischen Ausgaben vorerst die Arbeit. - Mit aller gebotenen Zurückhaltung wird man heute sagen können, daß Mischna und T. auf eine gemeinsame Vorform zurückgehen. So ergeben sich Berührungen, Überschneidungen, selbst Widersprüche zwischen beiden. Die T. gibt einen etwas späteren Ausschnitt aus den Stoffsammlungen, hat dabei aber jeweils Ausgangspunkt und Verlauf der Diskussion besser erhalten. Sie steht im großen ganzen dem palästinensischen Talmud näher als dem babylonischen. Gegenüber der Mischna ist sie selbständig redigiert. - Nach der Tradition (Sanh. 86 a) entstammt die T. dem Lehrhaus des R.Nechemja, die Mischna dem des R.Meïr. Beide waren Schüler des R. → Akiba. Der Gaon Scherira berichtet in seinem Sendschreiben (987 nChr), daß nach Abschluß der Endredaktion der Mischna unter R.Jehuda dessen Schüler R.Chijja bar Abba auch die T. abschließend redigiert habe. Er mag dabei neben den aus der Kurzform der Mischna offiziell ausgeschiedenen auch damals noch mündlich überlieferte Stoffe berücksichtigt haben. Wie die Mischna hat aber auch die T. nach dieser Endredaktion noch eine Geschichte gehabt, die auch gelegentliche Harmonisierungsversuche zwischen beiden umfaßt.

3. Die T. ist in 2 Hss. erhalten (Erfurt, Wien). Gleichwertig ist der Erstdruck im Rahmen des sefær rab Alfas (1013-1103), Venedig 1521 f. B. → Ugolinus hat in seinem Thesaurus antiquitatum sacrarum (Venedig 1755 bis 1765) 3 Ordnungen (31 Traktate) der T. ediert und ins Lateinische übersetzt. Die erste kritische Ausgabe lieferte M.S.Zuckermandel 1880/82. Seit 1933 erscheint im Rahmen der Rabbinischen Texte, I. Reihe, auch die T., hg.v. (G.Kittel und) K.H.Rengstorf (Text, Übersetzung, Erklärung). Eine kritische, kommentierte Ausgabe von Sch.Lieberman, Tosephta kifschuṭa, erscheint seit 1955 in New York (hebr.).

STRACK, Einl. - A.SPANIER, Die T.periode in der tannaitischen Lit., 1922 - A.GUTTMANN, Das redaktionelle u. sachliche Verhältnis zwischen Mischna u. T., 1928 - B.COHEN, Mishna and T., London 1935.

E.Groß

Totemismus

1. Begriffsbestimmung und allgemeine Merkmale - 2. Formen - 3. Ideologische Hintergründe - 4. Religionsgeschichtliche Stellung und Theorien. - t. = totemistisch

1. T. ist ein auf naturbezogener Weltanschauung (→ Weltbild: I A) beruhender Komplex von Vorstellungen und Haltungsweisen im Sinne mystischer, reverentieller und verwandtschaftlicher Dauerbeziehungen von sozialen Gruppen oder Einzelpersonen zu Tieren und Naturobjekten, den sog. Totems. Diese Bezeichnung ist der Sprache der Ojibwa-Indianer entnommen, in der totam, ndọdem u.ä. »Verwandtschaft, Familienemblem, persönlicher Schutzgeist« bedeutet. Man unterscheidet Gruppen-T., Individual-T. und Geschlechts-T. Diese Formen weisen grundsätzlich gewisse Gemeinsamkeiten auf, die aber verschieden akzentuiert und nicht immer vollständig auftreten. Die mehr oder weniger gemeinsamen Züge sind im wesentlichen folgende: a) das Totem als Gefährte, Verwandter, Schützer oder Helfer, zT mit übermenschlichen Kräften, dem Respekt und Verehrung, aber auch Scheu und → Furcht entgegengebracht werden kann; b) auf das Totem anspielende Namen und Embleme; c) Identifikation mit dem Totem oder symbolische Angleichung an dasselbe; d) Vorschrift, das Totem nicht zu töten, zu essen oder zu berühren. - T. ist keine Religion, kann aber u.U. in variierendem Ausmaß religiöse Elemente aufweisen, ebenso in den Bereich der → Magie treten. Verehrung bestimmter Tiere (→ Tierkult) und Naturdinge (→ Naturdienst) von allen Angehörigen einer ethnischen Einheit (Stammeskulte) gehört nicht in den T. Der kollektive T. bezieht sich jedenfalls auf tribale Untergruppen.

2. a) Der *Gruppen-T.* ist die am weitesten verbreitete Form. Sein wesentliches Merkmal ist die mystische Assoziation von Tier- oder Pflanzenarten mit unilinealen Verwandtschaftsgruppen (Linien, Clans, Sippen, Stammeshälften [→ Stamm und Sippe]) oder Lokalgruppen. Eine charakteristische und vielleicht auch ursprüngliche Erscheinungsform des Gruppen-T. zeigt sich darin, daß eine enge Verwandtschaft zwischen den Gruppenmitgliedern und der Tierspezies angenommen wird. Hinsichtlich ihrer Verbreitung überwiegen jedenfalls die Totems aus der Tierwelt gegenüber denen von Pflanzenarten, Naturerscheinungen oder gar materiellen Objekten. Für die Beurteilung des Gruppen-T. sind Erzählungen über Wesen der Totems und Ursprung der betr. Sozialeinheiten sehr aufschlußreich. Man kann sich direkt oder indirekt vom Totem abstammend denken. So wird zB berichtet, daß sich ein tierischer Vorfahre in einen Menschen verwandelt hat, der dann Begründer der Gruppe wurde, oder der Ahnherr entstammt der ehelichen Verbindung eines Menschen mit einem Vertreter der Tierspezies. Menschengruppe und Tierart können aber auch denselben Vorfahren haben. In anderen Fällen wird erzählt, daß der menschliche Ahn einer Verwandtschaftsgruppe mit einem Tier oder Naturgegenstand bestimmte Erlebnisse und Erfahrungen hatte, sei es in positivem, sei es in negativem Sinne, und dann anordnete, daß seine Nachkommen die Spezies zu respektieren hätten. Indem man in die t.e Verwandtschaftsgruppe hineingeboren wird, erfolgt eine erbliche (patrilineale oder matrilineale) Weitergabe des Totems. Gruppenexogamie hat von Haus aus mit T. nichts zu tun. Die Namen der Totemgruppen können sich auf das Totem, auf dessen Eigenschaften oder Episoden der Ursprungserzählung beziehen. Dasselbe gilt für die innerhalb der Gruppen gebräuchlichen Personennamen. T.-Embleme, Symbole und → Tabu-Vorschriften sind in der Regel Angelegenheit der gesamten Gruppe, können

aber entsprechend ihren Untergliederungen differenziert werden. Manchmal sind Totemgruppen mit einer Mehrzahl von Tieren oder Naturobjekten verbunden. Hier kann mitunter zwischen Haupt- und Nebentotem unterschieden werden. Assoziationen und Koordinierungen von Totems erfolgen auf Grund wirklicher oder fiktiver Analogien oder aus mythischen und rituellen Gründen. Tabus und Meidungsgebote können für die Spezies an sich gelten oder sich bloß auf Teile von Tieren oder Pflanzen beschränken.

Im Gruppen-T. tritt das weltanschauliche oder religiöse Moment gegenüber der sozialen Seite vielfach stark in den Hintergrund. Insofern ist T. manchmal eine mehr oder weniger profan-soziale Angelegenheit mit mystischem Einschlag, ein erstarrtes System, in dem die t.en Züge bloß formalen Charakter aufweisen. Es ist aber im einzelnen oft schwierig zu entscheiden, ob es sich hierbei stets um Verfallserscheinungen handelt, oder ob die t. anmutenden Züge nur den Zweck haben, soziale Gruppen voneinander zu unterscheiden. Bei verschiedenen Stämmen repräsentieren die Totemgruppen wiederum rituelle Einheiten im Rahmen von Stammeszeremonien, wobei es jedoch nicht immer leicht ist zu bestimmen, was von den damit verbundenen Glaubensinhalten auf das Konto des T. zu schreiben ist. Die Erfassung des Wesens des Gruppen-T. wird überhaupt deswegen so erschwert, weil er sich jeweils mit anderen Elementen des Glaubenslebens verbindet, mit Ahnenkult (→ Totenverehrung: I), → Seelen-Vorstellungen, Kraft- und Geisterglaube (→ Macht: I, → Geister: I).

Eine Sonderform des Gruppen-T. ist der sog. Kult-T. australischer Stämme (→ Australien: I). Die mythischen Vorfahren und → Urheber-Gestalten der lokalisierten Verwandtschaftsgruppen werden mit Tier- und Pflanzenarten assoziiert und mit hl. Stätten (»Totemzentren«) und den dort befindlichen Kultobjekten (→ Schwirrhölzer u.a.) und → Felsbildern in engster Beziehung gedacht, ihre Taten in Mythen und Gesängen rezitiert und in feierlichen Zeremonien dramatisiert (→ Drama). An diesen Plätzen finden auch Riten zur magischen Vermehrung der betr. Tier- und Pflanzenspezies statt, außerdem kann mit den Totemzentren die Vorstellung von der außernatürlichen Herkunft der → Kinder von den t.en Vorzeitwesen verknüpft werden (→ Geburt). Vielfach sind Totemgruppen auf antagonistische Dualsysteme (Stammes- und Dorfhälften) aufgeteilt, die dann ihrerseits t.es Gepräge erhalten können. Im Zusammenhang damit tritt dann eine Entwicklung im Sinne einer kosmo-magischen Weltsicht ein (Korrespondenz des → Makro- und Mikrokosmos). Der Stamm mit seinen Unterabteilungen wird zu einem Abbild der Welt, und jede Verwandtschaftsgruppe repräsentiert symbolisch und magisch einen Teil der Natur (zB bei Siouxstämmen am Missouri).

Gruppen-T. findet sich bes. bei →Ackerbau-Völkern, u.a. in →Afrika (: II, 2), → Indien (: II), → Melanesien, Nordamerika (→Amerika: I, →Amerikanistik). →Jäger-Völker mit Gruppen-T. sind u.a. Australier, afrikanische Pygmäen, Ugrier (→ Finnisch-ugrische Religionen) und → Indianer-Stämme im nordöstlichen Nordamerika. Die patrilinealen Clans des Siouxstammes der Oto leiten sich von den Tiertotems ab (jeweils vier Tierbrüder hatten sich einst in Menschen verwandelt) und haben streng gehütete Privilegien, Funktionen und Ursprungslegenden. Beim Algonkinstamm der Penobscot (Nordosten der USA) benennen sich manche Verwandtschaftsgruppen nach dem Jagdtier, das in ihren Territorien am meisten gejagt wird. Die Kpelle (Liberia) sehen in den Clantotems Vorfahren, denen sie → Opfer darbringen. Nach dem Glauben der Nuer (Niloten) ist mit dem Gruppentotem ein Geist verbunden. Bei den Ituri-Pygmäen beruht die mystische Beziehung zwischen Clan und Totem auf einer Lebenskraft, die von Gott ausgeht.

b) Der *Individual-T.* äußert sich in einem intimen Freundschafts- und Schutzverhältnis zwischen einer Person und einem Einzeltier oder Naturobjekt, das seinem Besitzer besondere Kräfte verleihen kann. Mit Individual-T. verbinden sich vielfach bestimmte → Seelen-Vorstellungen, wie die von der sog. Freiseele. Daraus ergibt sich der Glaube an einen mystischen Lebensgleichlauf von Mensch und Tier bzw. Naturding (Nagualismus). Eine Sonderform sind die »königlichen« Totems von Herrschern afrikanischer Reiche (Löwe, Leopard). Das Erwerben eines persönlichen Schutzgeistes in Tiergestalt in Träumen und Visionen nordamerikanischer Indianer muß vom Individual-T. grundsätzlich unterschieden werden. Bei diesem liegt das Schwergewicht auf einem konkreten Tier, bei jenem auf einem Geist.

c) Der *Geschlechts-T.* ist vorwiegend auf Südost- und Ostaustralien beschränkt. Männer und Frauen haben je ein eigenes Totem, das vor allem bei → Initiationen und antagonistischen Vorführungen der beiden Geschlechter eine Rolle spielt.

3. Eine wesentliche Basis des T. bildet die animalistische Weltanschauung, wie sie bei Völkern mit betontem Jägertum anzutreffen ist, aber auch bei Bodenbauern und Hirten nachwirken kann. Aus dem Interesse, das der → Jäger dem Tier entgegenbringt, resultieren verschiedene Vorstellungen und Praktiken, u.a. Verwandtschaft zwischen Tier und Mensch, Tier als Kraftträger, Tierverwandlungen, Tiergefährte, Eingehen der Totenseele in Tiere, Kontrollgeist des Wildes, zoomorph gedachter Stammvater, Versöhnen des Jagdwildes, Jagdmagie. Dieser Ideenkomplex, der bis ins obere Paläolithikum (Felsbilder!) zurückzuverfolgen ist (H. Baumann: »Proto-T.«), ist die Quelle vieler t.er Elemente. Einen weiteren Hintergrund bilden elementare Eigenheiten des psychomentalen Habitus der → Naturvölker. Auf Grund der anthropozentrischen Einstellung zur Natur werden Tiere usw als Personen aufgefaßt. Beim Individual-T. spielen noch Erscheinungen des Unterbewußtseins und okkulte Fähigkeiten herein.

4. Längst widerlegt ist die Auffassung, daß der T. ein allgemeines Durchgangsstadium der Kulturentwicklung darstelle oder daß er an der Basis von Gesellschaft und Religion stehe. Die Formierung des Gruppen-T. hat sich bereits im Jägerstadium angebahnt, ist aber vor allem in Kulturen mit Bodenbau und Jagd vor sich gegangen. Allerdings ergab sich dann ein stärkeres Hervortreten des sozialen Aspekts gegenüber dem weltanschaulich-religiösen. Eine wichtige Rolle spielt der Gruppen-T. für die ideologische Fundierung der Gruppensolidarität. T. dürfte auf mehrfachen Ursprung zurückgehen. Eine Quelle des Gruppen-T. liegt im Individual-T. (Sozialisierung des Personal-T. eines Vorfahren).

J.G.Frazer, Totemism and Exogamy I-IV, London (1910) 1935^5; Suppl. 1937 - Chr.Chulliat, Bibliogr. critique du totémisme (Diss. Clermont), Paris 1936 - H.Baumann, Afrik. Wild- u. Buschgeister (ZE 70, 1938, 208-239) - Ders., Das Tier als Alter Ego in Afrika (Paideuma 5, 1950-54, 167-188) - H.Petri, Kult-T. in Australien (ebd 44-58) - J.Haekel, Zum Individual- u. Geschlechts-T. in Australien (Acta Ethnologica et Linguistica I), Wien 1950 - Ders., Zum T. der afrik. Pygmäen (ZE 76, 1951, 157-188) - Ders., Der heutige Stand des T.problems (Mitt.en d. Anthropol. Gesellsch. 82, Wien 1952, 33 bis 49) - A.E.Jensen, Mythos u. Kultus bei Naturvölkern, (1951) 1959^2 - P.M.Worsley, Totemism in a Changing Society (AmA 57, 1955, 851-861) - O.Falsirol, Totemica et Exogamica (Rivista di Etnografia 15, Neapel 1961, 17-38). *J.Haekel*

Totensonntag. Den letzten Sonntag im → Kirchenjahr als T. zu bezeichnen, entspricht kaum reformatorischer Übung. Die Waldecker KO von 1556 nennt ihn »Fest des jüngsten Tages«; doch kennt die Brandenburger KO von 1540 »ein sonderlich Amt und dabei eine Predigt von den Verstorbenen«. Luther hatte den → Allerseelentag abgelehnt (Predigt vom 2.11.1522; WA 10/III, 407ff), allerdings im Blick auf die Beerdigungen pietätvolles Verhalten und Gesang der Glaubens- und Auferstehungslieder gefordert (→ Begräbnis: III, 3). Das städtische Leben des 17.Jh.s war durch die Bestattungen so stark geprägt, daß man sie als Reaktion darauf im 18.Jh. völlig aus der Öffentlichkeit verdrängte. Daraus erwuchs die Forderung *allgemeiner* »Totenfeiern«, wofür die aus anderen Motiven erwachsene Herrnhuter Osterfrühfeier nur äußerlich als Vorbild dienen konnte. Kirchlich *angeordnet* hat 1816 Friedrich Wilhelm III. von Preußen, nachdem Sachsen-Altenburg vorangegangen war, einen »Feiertag zum Gedächtnis der Entschlafenen« (Kabinettsordre vom 24.4. und Verordnung vom 25.11.), der sich rasch (bald auf den letzten Trinitatissonntag gelegt) auch in fast allen anderen deutschen Kirchen einbürgerte, wohl gefördert durch die Erinnerung an die Toten der Freiheitskriege. An → Schleiermachers zahlreichen T.s-Predigten ist zu sehen, wie völlig unromantisch und biblisch er den T. begehen lehrte. → Kliefoths und anderer Lutheraner Kritik am T. schoß trotz Berufung auf Luther über das Ziel. Führte der Tag in seiner außerkirchlichen Prägung auch zu unerwünschtem Gräberkult, so ging doch die Kirche längst den Friedhofsbesuchern mit Predigten, Choralsingen und Posaunenblasen nach, um sie von hoffnungsarmer Trauer zum ev. Trost zu führen. – Neuere Kritik am T. betont, daß er seinem inneren Gehalt nach ungeeignet sei, das Kirchenjahr abzuschließen. Wenn die vorgeschlagene Bezeichnung »Ewigkeitssonntag« (besser als »Fest des jüngsten Tages«) *mehr* als eine neue Bezeichnung werden sollte, könnte sie zu vertiefter Verkündigung am bisherigen T. mithelfen. Die »Luth. Agende I« (1955) sieht vor, daß der »Gedenktag der Entschlafenen« (Lesungen 1Kor 15, 50–57 und Joh 5, 24–29; Graduallied »Mitten wir im Leben sind«) »bis auf weiteres in Verbindung mit dem letzten Sonntag des Kirchenjahres begangen« werden soll.

R. Franke, Zur Gesch. u. Beurteilung des T.s (in: Halte, was du hast 22, 1898/99) – P. Graff, Beiträge zur Gesch. des Totenfestes (MPTh 2, 1905/06, 62–76) – Ders., Gesch. der Auflösung der alten gottesdienstl. Formen I, (1921) 1937²; II, 1939 (s. Reg.) – Rietschel-Graff I, 178f – Leiturgia I, 523. *W. Jannasch*

Totentanz, Darstellung von tanzenden Toten bzw. von Toten und Lebenden (Sterbenden), meist mit Versen; in übertragenem Sinne Bilder und Texte, die die überragende Gewalt des Todes zum Inhalt haben. – Der *mittelalterliche T.* gehört wie Memento mori, Ars moriendi, Contemptus mundi, Vadomori u.a. zur religiösen Bußliteratur. Er erwuchs unter dem Eindruck des Massensterbens an der Pest (1348), verwertet volkstümliche Vorstellungen vom nächtlichen Tanz der Toten als Fegfeuerqual und wurde als Mahnung zu rechtzeitiger Buße zuerst von den Dominikanern verbreitet, und zwar wahrscheinlich als Bilderbogen mit lat. Versen, die sich an die Vadomori anlehnen. Die *Bilder* zeigen Vertreter aller Stände als Sterbende (Neuverstorbene) wechselweise mit halbverwesten Toten im Reigen vereint, nach der Pfeife des Todes tanzend. Die *Verse,* ursprünglich von einer Vers-Predigt umrahmte kurze Monologe der Sterbenden, sind bei Umsetzung in deutsche Sprache (Würzburg 1360) bereits zum Dialog zwischen Sterbenden und Toten geworden, werden schließlich zum Dialog zwischen Tod und Mensch und mischen in franziskanischer Fassung (Mainz vor 1460, Berlin 1484) Ständesatire ein, ebenso bereits in der kunstvollen franz. Fassung (Danse macabre, 1375). Der franz. Text ist nur in Holzschnittdrucken erhalten (vermehrt um eine Danse macabre des femmes 1485, 1492), der franziskanische mittelrheinische Text in einer illuminierten Pracht-Hs. und zwei durch ihre Musikinstrumentendarstellung berühmten Holzschnittdrucken (1485, 1492). Die *T.-Wandgemälde* wurden zunächst meist im Zusammenhang mit Pestkatastrophen geschaffen, zB Paris (1424), Basel (1440), Ulm (1440), Lübeck (1463), Berlin (1484). Für Frankreich ist die Darstellung des Todes als Totengräber typisch; doch kommt der T. hier wie auch in den anderen romanischen Ländern bald wieder ab. In Italien ist er fast überall mit der Vorstellung vom Triumph des Todes verbunden, Verse sind selten. Kaiser und Kaiserin im T. erweisen Ursprung des T.es in Deutschland, wo der T. auch bis zur Gegenwart in Bild und Text lebendig blieb. Jedoch wandelte er sich mit der Renaissance bzw. mit Hans → Holbein (1538, Zerlegung in Einzelbilder mit Genredarstellung der einzelnen Stände) aus einer zur Buße mahnenden Todesvision zur Erinnerung an die Vergänglichkeit alles irdischen Seins. Alfred Rethels T.-Holzschnitte, unter dem Eindruck der Revolution von 1848 geschaffen, und zahlreiche künstlerische T.-Visionen aus der Zeit der Weltkriege zeigen Abwandlungen des T.-Motivs.

St. Kozáky, Gesch. der T.e I–III, Budapest 1936–44 – W. Stammler, Der T., 1948 – Hellmut Rosenfeld, Der mittelalterl. T., 1954 (umfassende Lit.) – Ders., Der T. in Deutschland, Frankreich u. Italien (Letterature moderne 5, 1954, 62–80) – Ders., Der T., sein Werden u. Verfall (Wirkendes Wort 4, 1954, 327–337).
H. Rosenfeld

Totentaufe. Der Brauch einer stellvertretenden → Taufe für ungetauft Verstorbene wird bei Paulus 1Kor 15, 29 für seine Gegner in Korinth bezeugt. Der Apostel will damit gegen die Leugner der → Auferstehung (: V) argumentieren, wobei er (vgl. 2Kor 5, 1–5) aus einem Mißverständnis heraus unterstellt, die Gegner leugneten *jede* Hoffnung auf ein Leben nach dem Tode. Sie verneinten indes nur eine Auferstehung des σῶμα. Nur bei Einbeziehung von 2Kor 5 wird die T. in 1Kor 15 sinnvoll. – Der Brauch der T. ist bei gnostischen Christen geübt worden, und Paulus hat ihn weder bejaht noch kritisiert. Die Stelle ergibt nichts für die Taufanschauung des Apostels und darf nicht gegen die Abweisung eines magischen Sakramentsverständnisses in 1Kor 10, 1–13 ausgespielt werden. – Der Versuch, das ὑπὲρ [τῶν νεκρῶν] final zu verstehen und in den νεκροί verstorbene Christen zu sehen, mit denen man nach dem Tode vereinigt sein will und deshalb sich taufen läßt (Raeder, Jeremias), ist zwar philologisch möglich, aber sachlich verfehlt. Die Ableitung aus jüd. Fürbitteakten (2Makk 12, 39ff; Stauffer) oder jüd. Eschatologie (4Esr 4, 35f; Preisker) ist gezwungen. Der Brauch ist gnostisch. Irenäus (adv. haer. I, 21, 4), Clemens Alex. (Exc. ex Theod. 22, 1–3), Epiphanius (haer. 28, 6, 4), Chrysostomus (hom. 40) u.a.m. bezeugen die T. für Marcioniten und Cerinthianer, Philastrius (haer. 49) für Montanisten. Religionsgeschichtliche Parallelen bringt Lietzmann (HNT 9⁴, 82). Die Sitte ist nicht aus einer Mißdeutung der Kor-Stelle abzuleiten. Die Kirche hat die T. auf dem 3. Konzil zu Karthago 397 verboten. Noch Anfang des 6.Jh.s mußte Fulgentius von Ruspe das Illegitime der T. begründen (MPL 65, 379f. 388).

Vgl. die Kommentare zSt – H. Preisker, Die Vikariatstaufe (ZNW 23, 1924, 298–304) – A. Marmorstein, Paulus u. die Rabbinen (ebd 30, 1931, 277–285) – ThW I, 540 – E. Stauffer, TheolNT, (1941) 1948⁴, 280f – M. Raeder, Vikariatstaufe in 1Kor 15, 29? (ZNW 46, 1955, 258–260) – J. Jeremias, NTS 2, 1955/56, 155 – W. Schmithals, Die Gnosis in Korinth, 1956, 220ff. – Zur mandäischen T.: K. Rudolph, Mandäer II, 1961 (s. Reg.). *Erich Dinkler*

Totenverehrung

I. Religionsgeschichtlich - II. Im AT - III. Ahnenkult und junge Kirche

I. Religionsgeschichtlich

1. Unter T. versteht man die durch den → Tod (: I) ungebrochene Gemeinschaft zwischen Nachlebenden und Toten, die sich als gegenseitige Abhängigkeit äußert: jene sorgen beim → Begräbnis (: I), an bestimmten Tagen nach der Bestattung, bei → Anniversarien oder bei regelmäßig wiederkehrenden allgemeinen Gedächtnisfeiern in verschiedener Weise für diese, die ihrerseits bes. das Leben und die → Fruchtbarkeit der Menschen, der Tiere und der → Erde befördern sollen. Je nachdem die fürsorglich-liebende Haltung oder das do ut des-Denken überwiegt, kann man von T. oder Totenkultus sprechen bzw. von Beigabe (→ Gabe) oder → Opfer (: I). Ebenso kann das herkömmliche Totenritual von → Liebe (: I) oder → Furcht begleitet sein. Sein Objekt sind bes. die näher oder entfernter stehenden jeweiligen Ahnen; aber auch Tote überhaupt oder bes. hervorragende Personen wie Häuptlinge oder Könige (→ Königtum, sakrales; → Herrscherkult) werden von der ganzen Gesellschaft verehrt. Die einzelnen Riten der T. erlauben verschiedene Deutungen - die archäologischen Funde (→ Ausgrabungen: I, 1; → Dolmen; → Germanische Religion, 1; → Grab) ohne entsprechende Texte erfordern größte Vorsicht bei der Interpretation - und werden am besten mit Hilfe konkreter Beispiele beschrieben.

2. In den 16 von C.L.Woolley 1927-29 entdeckten sog. »Königsgräbern« des alten → *Ur I* (ca 2500 vChr; → Assyriologie, 4) befanden sich in demselben Raum wie die Hauptperson oder in angrenzenden Kammern die Leichen des Gefolges: Soldaten mit ihren Waffen, Wagenführer samt Wagen und angespannten Ochsen oder Eseln, Hofdamen, Musikantinnen, Diener - bis zu 74 Personen, alle in Festkleidern. Woolley selbst deutete dies als ein Massenopfer von Menschen zu Ehren vergöttlichter Könige (so auch Herrmann 194, unter Heranziehung von Parallelen aus dem heutigen Afrika und dem alten Ägypten, China und Japan). Furlani und Schmökel (33, 158) nehmen freiwilligen Tod durch den Giftbecher an, Schmökel mit Zufügung religiöser Beweggründe: Nachfolge des gestorbenen, zum Dumuzi (→ Tammuz) gewordenen Königs und dadurch Überwindung des Todes. Nach Schneider (ChrRel II, 434f) sind sumerische und akkadische → Menschenopfer nirgends eindeutig belegt; die Königin Schubad sei nicht zu göttlichen Ehren erhoben, und bei anderen Gräbern sei es sogar nicht sicher, daß darin Könige begraben worden sind. Dadurch »fehlt jede Spur von Beweis«, daß der Tod jener Leute religiös begründet sei; es handle sich nur um freiwillige Gefolgschaft des Toten. - Ob das ein religiöser Akt ist oder nicht, hängt aber von der Definition des Wortes → Religion ab, auch wenn hier eher T. als Totenkultus vorliegen dürfte. Die fehlenden Quellen erlauben wenigstens keine sicheren Schlüsse. Wenn aber Schneider von den Grabbeigaben (Lebensmittel, Gebrauchsgegenstände usw) schreibt: »dieses tat man, obschon jeden Tag festgestellt werden konnte, daß alles unverbraucht bei der Leiche lag«, so daß es nach mehreren Jt.en unberührt gefunden wurde, so denkt er materialistischer und rationalistischer als die alten Hochkulturvölker und die heutigen → Naturvölker. Sowohl der Neuplatoniker → Iamblichus (De mysteriis) wie die heutigen Zulu meinen, daß die Götter bzw. Toten nicht die grobe Opfermaterie genießen, sondern nur deren geistige Quintessenz. Unter denselben unausgesprochenen Voraussetzungen haben noch in der Gegenwart die Armen die Totenspeise der karelischen Gedächtnisfeste verzehrt.

3. Für die T. im alten → *Ägypten* (: II, 3; → Ägyptologie, 1) ist man nicht auf Vermutungen angewiesen, da hier die bildlichen und schriftlichen Quellen reichlich fließen. Das ägypt. Totenopfer heißt »Herauskommen auf die Stimme«, weil etwa der Sohn beim Ruf »Stehe auf und empfange von mir dieses dein Brot« erwartet, daß der verstorbene Vater heraustritt und das vor das Grab gestellte Wasser und Brot genießt (RÄRG 828). Diese Darbringung setzt die tägliche Tischgemeinschaft fort, und die Angehörigen sind auch entweder im Bild dargestellt oder persönlich, bes. an Totenfesten, anwesend. Die Opferliturgie an den Totentempeln der Herrscher spiegelt eine uralte, allgemeine Sitte bei der feierlichen Beisetzung und den einzelnen Totenfesten wider. Sonst ging es einfacher zu, wie der spätere Name »Wassergießer« für den Totenpriester bezeugt, der auf Grund testamentarischer Stiftungen die Pflichten des ältesten Sohnes dauernd übernahm. Auch bildliche Darstellungen konnten als → Ersatzgaben der Libationskrüge oder Opfermahle erscheinen. Oder wenn die am Grabstein Vorübergehenden die Bitte des Toten um ein Gebet erfüllten, genügte »ein Hauch des Mundes«, dh das Aussprechen der Opferformel, um den Toten zu sättigen mit seinem »Tausend an Brot, an Bier, an Ochsen und Gänsen und an allem Guten«. Wie realistisch und zugleich spiritualistisch sich die alten Ägypter den Opfervorgang dachten, geht aus der Opferliturgie hervor. Zu dieser mit ihrer genauen Vorbereitung, Durchführung und Abschluß der → Mahlzeit (: I) gehörte nämlich auch die Mundöffnung, wodurch das Bild des Toten wie eine Götterstatue »belebt« wurde, um das Opfer entgegennehmen zu können. Und doch war die Speisung letzten Endes geistig, indem die beigefügten Sprüche übersinnliche Kräfte vermittelten.

4. Funde aus *mykenischer Zeit* (→ Kretisch-mykenische Religion, 2) bezeugen einen Grabkult, aus dem bisweilen der Kultus der → Heroen (vgl. → Chthonische Gottheiten, → Altar: I, 3 c) hervorgegangen ist, obgleich man nicht wie der antike → Euhemerismus oder in neuerer Zeit H. → Spencer die T. als die → Urreligion annehmen darf (ERE I, 427). Die *Griechen* (→ Griechische Religion) brachten Speisen und Getränke am 3., 9. und 30. Tage nach dem Begräbnis. Im Gegensatz zu den Römern hatten sie keine Tischgemeinschaft mit den Toten, sondern diesen wurde ein Tier geschlachtet und der Körper ganz verbrannt, während man das → Blut in die Erde des Grabes hinabfließen ließ. Später wurden die σφάγια verboten; die Speisen auf dem Grabe bestanden jetzt meist aus Kuchen und die Spenden aus Honig, Öl und Wasser. Wie viele andere → Indogermanen feierten auch die Griechen im Frühling ein allgemeines Seelenfest, das in Athen mit dem 3. Tag (Χύτροι) der Anthesterien verbunden war und am vorhergehenden Abend anfing. Man dachte sich die Seelen als unsichtbar anwesend und gab ihnen in Krügen ein gekochtes Gericht aus Getreide und Früchten (Panspermie), dazu vermutlich Wasser. Nach dem Abschluß dieses »Allerseelentages« jagte man die Toten fort mit dem Ruf: θύραζε Κῆρες, οὐκέτ' Ἀνθεστήρια. Die *Römer* (→ Römische Religion) feierten ein ähnliches Fest am Ende des alten Jahres im Februar, die Parentalia, an denen sich die divi parentum einfanden und man auch Brot, Salz, Wein und Kränze auf die Gräber legte. Von diesen wohltätigen Toten unterschieden sich die spukhaften und gefährlichen Lemuren, von denen man sich an 3 Tagen im Mai mit schwarzen Bohnen loskaufte.

5. Die hier gewählten Beispiele der T. im alten Mittelmeerraum als Umkreis der Bibel erschöpfen weder das

somit geographisch begrenzte Thema noch erst recht die T. in ihrer Ganzheit. Dazu bedarf es einer kulturgeschichtlichen Darstellung. In den → Ackerbau- und Pflanzer-Kulturen spielt die T. eine bes. hervorragende Rolle (→ Äthiopien: II, 2; → Afrika: II, 1; → Melanesien, → Mikronesien, → Polynesien; → China: II, 1 c, → Konfuzius; → Baltische Religion, 3), obgleich es Ausnahmen gibt (→ Indianer: I, 4). Aber sie fehlt auch nicht bei den → Jägern und Hirten (→ Ainu-Religion, → Altaische Religion, 5, → Finnisch-ugrische Religionen, 2). Die je verschiedenen Jenseitsvorstellungen (→ Eschatologie: I, 1) und Bestattungsformen beeinflussen die Formen der T., die die → Trauerbräuche (: I) fortsetzt. Die Zeiten der Totenfeier sind von den Stadien der Verwesung des Körpers und vom jeweiligen Seelenglauben abhängig. Mehrere Stätten der T. - zB Haus, → Herd, Ahnenbild oder -tafel, Grab und etwa Ahnentempel - sind auf einmal möglich, weil mit vielen → Seelen gerechnet wird. Die Ahnenverehrung erstreckt sich im allgemeinen bis auf die 3. Generation der Gestorbenen; in Karelien werden die Ahnen sogar bis zum 9. Glied eingeladen. - Je nachdem lokal begrenzte Monographien über die T. zahlreicher werden, vermehren sich die Vorlagen für kulturgeschichtliche und phänomenologische Untersuchungen über dieses Thema.

Allgemein: ERE I, 425ff - RGG[3] V, 1239ff - HWDA I, 226ff; VIII, 1079ff, vgl. 1051ff - J.v.Trauwitz-Hellwig, T., Totenabwehr u. Vorgesch., 1936 - K.Ranke, Indogerman. T. (FFC 140), 1951 (Lit.) - KLNM V, 119ff - F.Herrmann, Symbolik in den Religionen der Naturvölker (Symbolik der Religionen IX), 1961, 188ff. - *Einzelne Gebiete, Mesopotamien u. Vorderasien:* H.Schmökel, Das Land Sumer, 1955 - H.Otten, Hethitische Totenrituale, 1958. - *Ägypten:* H.Kees (→ Begräbnis: I) - RÄRG 554ff. 828ff - F.W.v.Bissing, Der Tote vor dem Opfertisch (SAM 1952, 2) - E.Otto, Das ägypt. Mundöffnungsritual, 1960. - *Griechenland u. Rom:* E.Rohde, Psyche, (1893) 1925[10] - J.Wiesner, Grab u. Jenseits (RVV 26), 1938 - RAC I, 190ff - F.Bömer, Ahnenkult u. Ahnenglaube im alten Rom (ARW, Bh. 1), 1943 - E.Bickel, Pagani. Laren- u. Kaiseranbeter im Rom der Apostel (RheinMus 97, 1954, 1-47) - G.Niebling, Laribus Augustis Magistri Primi (Historia 5, 1956, 303-331) - Nilsson I (s. Reg.) - K.Latte, Röm. Religionsgesch. (HAW V/4), 1960, 98ff. - *Übriges Europa:* E.Birkeli, Fedrekult i Norge (SNVAO 1938, 5) - Ders., Huskult og hinsidighetstro (ebd 1943, 1) - Y.v.Grönhagen, Über den Totenglauben bei den Finnen (ARW 37, 1941/42, 182-195) - J.Meier, Ahnengrab u. Brautstein, 1944 - Ders., Ahnengrab u. Rechtsstein, 1950 - R.Th.Christiansen, The Dead and the Living, Oslo 1946 - K.Straubergs, Lettisk folktro om de döda, Stockholm 1949 (dt. Zusammenfassung) - K.Frölich, German. Totenrecht u. Totenbrauchtum im Spiegel neuerer Forschung (Hess. Blätter f. Volkskunde 43, 1952, 41-63) - H.Hartmann, Der Totenkult in Irland, 1952 - H.Siuts, Bann u. Acht u. ihre Grundlagen im Totenglauben, 1959. - *Indien:* W.Caland, Altind. Ahnenkult, Leiden 1893 - E.Abegg, Der Pretakalpa des Garuḍa-Purāṇa, (1921) 1956[2]. - *Südostasien:* J.T.Erwei, Totenbräuche in Tonkin u. Annam u. deren Beziehung zu China (Diss. Freiburg/Schw.), 1953 - L.G.Löffler, Zur sakralen Bedeutung des Büffels u. Gajals für Ahnenkult, Ernteriten u. soziale Feste im Gebiet Südostasiens (Diss. Mainz), 1954 (Masch.) - W.Stöhr, Das Totenritual der Dajak, 1959. - *Nordostasien:* I.A.Lopatin, The Cult of the Dead among the Natives of the Amur Basin, 's-Gravenhage 1960. - *Altamerika:* G.Eckert, Totenkult u. Lebensglaube im Caucatal, 1948. - *Afrika:* J.-A.T.Fourche-H.Morlighem, Les communications des indigènes du Kasai avec les âmes des morts, Brüssel 1939 - M.Pauwels, Imana et le culte des mânes au Rwanda, ebd 1958. - Weitere Lit. s. →Begräbnis: I, →Eschatologie: I, →Tod: I, → Trauerbräuche: I.

C.-M.Edsman

II. Im AT

1. Totenbefragung - 2. Furcht vor Totengeistern - 3. Totenopfer - 4. Ahnenkult

1. Daß in Israel T. geübt wurde, geht direkt aus 1Sam 28, 13 f; 2Kön 21, 6 und Jes 8, 19, indirekt aus den Verboten in Lev 19, 31; 20, 6. 27 und Dtn 18, 11 (vgl. 2Kön 23, 24) hervor. Bes. instruktiv ist 1Sam 28, 13f: die Totenbeschwörerin sieht, wie ein »Gott (→ Elohim) aus der Erde (= Unterwelt; → Tod: II, 2) heraufsteigt«; → Saul vollzieht vor ihm die Proskynese. Jes 8, 19 fordert zur *Totenbefragung* auf: »Suchet die Totenbeschwörer (LXX »Bauchredner«) und Wahrsager auf, die flüstern und murmeln (vgl. Jes 29, 4 b); sollte nicht ein Volk seine Götter (→ Elohim), die Toten um der Lebenden willen aufsuchen?« Der Totengeist spricht durch den (die) Beschwörer(in); demgemäß heißt es in Lev 20, 27: »ein Mann oder eine Frau, in denen sich ein Toten- oder Wahrsagergeist befindet, sie müssen sterben ...«. Diesen Geistern wurde gleich Götzen »nachgehurt« (Lev 20, 6; → Götzendienst).

2. *Furcht vor Totengeistern* zeigt sich darin, daß selbst Verbrecher zu bestatten sind (Dtn 21, 23; Jos 8, 29; 10, 26f). Fraglich ist, ob das Verhüllen des Hauptes (2Sam 19, 5) und des Bartes (Ez 24, 17. 22) vor dem Totengeist unkenntlich machen soll.

3. Werden in 1Sam 28, 13 und Jes 8, 19 die Totengeister als *Götter* bezeichnet (s. 1), so ist nicht verwunderlich, daß ihnen Opfer dargebracht wurden (Ps 106, 28). Auf eine *Versorgung* von Toten läßt Dtn 26, 14 schließen. Räucherwerk - in Israel nur bei der Bestattung von Königen dargebracht (2Chr 16, 14; 21, 19; Jer 34, 5) - war in → Babylonien (: II) für die Totengeister bestimmt. Der Zweck des Scherens des Bart- und Haupthaares, das »hingeworfen wurde« (Jer 7, 29), und des Blutritzens (Jer 16, 6 u.ö.) ist nicht eindeutig zu klären. Da aber diese beiden, auch in den Texten von → Ugarit bezeugten → Trauerbräuche (: II) verboten sind (Lev 19, 27f; 21, 5; Dtn 14, 1), müssen sie ursprünglich eine heidnisch-kultische Bedeutung gehabt haben.

4. 1Sam 28, 13 und Jes 8, 19 lassen auch auf eine Verehrung von *Ahnen* schließen, die bei dem »Jahresschlachtopfer für die ganze Sippe« in Bethlehem (1Sam 20, 6. 29) sicherlich einbezogen waren. Ihre Gräber, mit einer → Stele, also einem Kultobjekt, versehen (Gen 35, 20; vgl. V. 14) oder unter einer »Klageeiche« (Gen 35, 8) gelegen, oder die bamā (so Albright; vgl. 2Sam 18, 18; Ez 43, 7) waren Stätten des Ahnen- (und → Fruchtbarkeits-)Kults. Jes 65, 4 spielt wohl auf → Inkubationen an. Wenn nach Jer 31, 15 die Ahnen am Schicksal ihrer Nachkommen Anteil nehmen, so betont Jes 63, 16 demgegenüber, daß Jahwe »unser Vater ist, denn Abraham weiß nichts von uns«.

Lit. s. →Trauerbräuche: II - J.Frey, Seelenglaube u. Seelenkult im alten Israel, 1898 - W.F.Albright, The High Place in Ancient Palestine (VT Suppl. 4, 1957, 248-258).

H.Schmid

III. Ahnenkult und junge Kirchen

Die erste Generation der Christen in den »jungen« Kirchen besteht aus Leuten, die selbst am Ahnenkult (= A.) beteiligt gewesen sind, und auch die nächsten Generationen leben in einer Gesellschaft, die vom A. geprägt ist. Freilich muß man in jeder Gesellschaft mit der gemeinmenschlichen Ehrfurcht vor den Toten rechnen, die auch unter Christen natürlich ist. In einer vom A. geprägten Gesellschaft sind jedoch Ehrfurcht und (institutionalisierter) Kult verbunden, und dies stellt die »junge« Kirche vor das Problem: Welche Erscheinungen im Familien- und Gesellschaftsleben sind als Ehrerbietung gegenüber den Toten vertretbar, und was ist Totenkult und folglich unchristlich; wie weit kann man den Sitten der Gesellschaft mit gutem Gewissen folgen, und wo muß man als Christ widerstehen? - Der direkte Kult ist für die Kirchen kein theologisches Problem. Die Christen wissen meist, daß das Anbeten der Toten oder das Opfer für sie Übertretungen des ersten Gebots sind. Nimmt ein Christ dennoch daran teil, so gilt das als Abfall. Das Problem ist mehr ein praktisches und persönliches, zB wenn junge Christen von den Eltern oder der Sippe gezwungen werden zu tun, was sie selbst als unrichtig erkennen. – Schwieriger sind diejenigen Erscheinungen zu beurteilen, wo das spezifisch Kultische abgestreift ist, obwohl es zugrunde liegt, und wo das Verfahren bloß als eine übliche Sitte zur Ehrenbezeigung gegenüber den Ahnen empfunden wird. Die Grenzen zwischen Kultus und Ehrerbietung sind in der Praxis schwer zu ziehen, und die Gefahr des Synkretismus ist groß. Einem Christen der dritten Generation kann ja ein Verfahren, das für den Heiden eine kultische Handlung ist, als eine nichtreligiöse Ehrenbezeigung erscheinen. In Ostasien wird zB die Verbeugung oder das Verbrennen von Räucherholz vor dem Sarg oder dem Bild des Gestorbenen von einigen heute bloß als Ehrenbezeigung angesehen, während es für den Buddhisten eine kultische Handlung ist. Die Kirche kann hier aber nicht allein im Blick auf das Bewußtsein des einzelnen Christen entscheiden, sondern muß immer bedenken, wie die Handlungen in der umgebenden Gesellschaft aufgefaßt werden. Sonst wird die christliche Haltung der T. gegenüber nie klar. – Anfänglich war der Missionar Autorität für die christliche Lebensführung. Darum hing auch hinsichtlich des A.s viel von seinem Urteil ab. Bisweilen gingen die Ansichten der Missionare auseinander (vgl. den → Ritenstreit in China). Da es für einen Ausländer schwer ist, die Religion und das gesellschaftliche Leben gründlich zu kennen, könnte man erwarten, daß die »jungen« Kirchen jetzt einige Erscheinungen anders beurteilen. Davon hört man aber sehr wenig; die Missionare haben ja die Entscheidungen nach Beratung mit einheimischen Christen getroffen. Kasuistische Bestimmungen auf diesem Gebiet finden sich gewöhnlich nicht in der kirchlichen Gesetzgebung; wie andere ethische Normen gründen sie im ethischen Bewußtsein der Gemeinde, das auf Schrift, Verkündigung und Katechumenenunterricht beruht. – Die Kirche kann aber auch nicht ohne Rücksicht auf die umgebende Gesellschaft entscheiden, was für Christen möglich und nicht möglich ist. Die Gesellschaft fordert, daß ihre Glieder an gewissen Handlungen teilnehmen (zB am Begräbnis eines Verwandten oder Nachbarn), um mindestens als rechtschaffen und gebildet zu gelten. Sehr selten haben sich aber auch Christen ganz von nichtchristlichen Begräbnissen fernhalten müssen, denn meistens ist es möglich, ein passiver Zuschauer der Riten zu sein. – Zu den stärksten Ansprüchen der afrikanischen Gesellschaft gehören die Beschneidungs- und Mannbarkeitsriten, denn eben bei diesen wird man Glied der Gesellschaft, und sie hängen darum eng mit dem A. zusammen. Hier ist es nicht immer gelungen, die jungen Christen von diesen Riten fernzuhalten. Man hat aber auch versucht, sie durch christliche zu ersetzen (→ Beschneidung: II). Handlungen, die eine bestimmte gesellschaftliche Funktion haben, können jedoch oft nicht ohne weiteres beseitigt werden, und Ersatz wird nicht immer von der umgebenden Gesellschaft als gleichwertig anerkannt. Wo die Sitte weniger sozial belastet ist, wird der Ersatz leichter und gebräuchlicher; zB ersetzt christlicher Gesang bei der Totenwache leicht das Heulen, das dem gestorbenen Heiden Eingang unter die Vorfahren sichern soll.

J. Th. Addison, Chinese Ancestor Worship. Relations with Christianity, 1925. *O. Chr. Dahl*

Totes Meer → Kanaan: I, 2.

Toul (Tullum), lothringische *Diözese,* seit etwa 400 bezeugt, früher in der Kirchenprovinz → Trier, seit 1817 als Diözese »Nancy und T.« bei → Besançon. Mittelalterliche Bischöfe, soweit gewählt, waren aus dem heimischen Adel, später durch päpstliche Providierung auch Bürgerliche, außerdem Italiener und Franzosen. Sie förderten die 1551/52 angebahnte, 1648 bestätigte Preisgabe an Frankreich. Bei Gründung von Nancy und St. Dié (1777) wurde T. beschnitten, im Konkordat von 1801 zugunsten von Nancy aufgehoben, im Konkordat von 1817 nur im Nebentitel des Bischofs von Nancy die geschichtliche Erinnerung gewahrt. Bischof ist seit 1957 Emil Pirolley.

Hauck I–V (s. Reg.; Bischofs- u. Klosterlisten) – E. Martin, Hist. des diocèses de T., Nancy et Saint-Dié, 3 Bde, 1900–03 – B. Morret (→ Metz) 56 ff – L. Duchesne, Fastes épiscopaux III, 1915, 58 ff – M.-J. Maujean, Le chapître de la cathédrale de T. à la fin du moyen âge (Ann. de l'Est, 5. série, 2, 1951, 245–272) – AnnPont 1962, 280. *F. Flaskamp*

Tournai (Doornijk), belgische *Diözese,* 1146 von Noyon abgezweigt, zunächst in der Kirchenprovinz → Reims, 1559 (spanisch-niederländische Hierarchie) nach → Cambrai, 1801 (Konkordat) nach → Mecheln verwiesen. T. hat eine romanisch-gotische Domkirche, bischöfliche Akademie und Priesterseminar. *Bestand* (1959): 1197000 Katholiken (unter 1276000 Einwohnern) in 559 Pfarreien, 1141 Welt- und 524 Ordensgeistliche, 75 Männerklöster und 409 Schwesternheime. Bischof ist seit 1949 Karl Maria Himmer.

Ch. Piot, Les limites et les subdivisions de l'ancien évêché de T., 1870 – J. Vos, Le clergé au diocèse de T. depuis le concordat, 5 Bde, 1887–93 – Ders., Les paroisses et les curés du diocèse actuel de T., 8 Bde, 1899–1904 – Ders., Notre-Dame de T., 2 Bde, 1899 – J. Warichez, Les origines de l'église de T., 1902 – A. Hocquet, T. dans l'art et dans l'hist., 1913 – E. De Moreau, Hist. de l'Eglise en Belgique I–V, Brüssel 1940–52, passim – AnnPont 1962, 432. *F. Flaskamp*

Tours, franz. *Erzbistum* im Gebiet des Departements Indre-et-Loire. Als erster Bischof und Diözesanpatron wird der hl. Gatian (2. Hälfte des 3. Jh.s) verehrt. Der hl. → Martin († 397) gründete die ersten Landgemeinden seiner Diözese und wohl → Galliens. In die merowingische Zeit gehört → Gregor von T. († 395). T. unterstanden zunächst die Suffragane Le Mans, Rennes, Angers, Nantes, Quimper, Vannes, St-Pol de Léon und Aleth (St-Malo). Seit Gründung des Erzbistums → Rennes (1859) hat T. die Suffragane Le Mans, Angers, Nantes, Laval. – Das Martinsgrab war bis zur Blüte des Jakobskultes in → Compostela einer der wichtigsten Wallfahrtsorte (herrliche Basilika, 11.–13. Jh.). In karolingischer Zeit war die Abtei St. Martin unter → Alkuin ein Mittelpunkt des geistigen und künstlerischen Lebens. – Das Erzbistum hat (1960) 350000 Einwohner (274600 Katholiken), 304 Kirchen, 181 Pfarreien, 321 Diözesanpriester und 40 Ordensleute.

E. R. Vaucelle, La collégiale de St-Martin de T. (397–1328), Paris 1908 – D. Beaunier-J. M. Besse, Province ecclésiastique de T., ebd 1920 (Material für eine Diözesangesch.) – LThK X, 238 ff (Lit.) – EC XII, 386 ff (Lit.) – Artikelreihe in: Revue d'Hist. de l'Eglise de France 46, 1960 – AnnPont 1962, 432. *E. Jarry*

Toussain *(Tossanus),* 1. *Daniel* (1541–1602), Sohn von 3, * in Montbéliard, studierte in Basel, Tübingen, Paris, Orléans, wo er 1562 Pfarrer wurde. 1568 mußte er fliehen und fand in Montargis Schutz bei → Renata von Ferrara. 1570 kehrte T. über Sancerre nach Montbéliard zurück. In Orléans überstand er die Bartholomäusnacht, floh nach Basel und wurde auf Empfehlung → Bezas 1573 als Hofprediger nach Heidelberg berufen. 1576 entlassen, kam er als Prof. an das Casimirianum nach Neustadt und versah 1579–81 auch die Pfarrei in Lambrecht. 1583 kam er als Pfarrer und Prof. nach Heidelberg zurück.

Sein Sohn Paul (s. 2) veröffentlichte seine Schriften u. schrieb seine Vita (1603). – A. Müller, D.T. Leben u. Wirken (in: Jahresbericht d. Gymnasiums zu Flensburg, 1881) - G.PETREQUIN, D.T., son ministère dans le pays de la langue française, 1896 - F.W.CUNO, D.T., 2 Bde, Amsterdam 1898 - ADB 38, 469ff - RE XX, 3 ff - H.NEU, Pfarrerbuch d. ev. Kirche Badens II, 1939, 613.

2. *Paul* (1572-1634), Sohn von 1, * in Montargis, studierte in Heidelberg, Altdorf, Genf, Leiden, war Rektor in Deventer und Amsterdam, nach ausgedehnten Reisen (Oxford, Cambridge, Basel) 1600 Pfarrer der Wallonischen Gemeinde in Frankenthal (Pfalz). Seit 1608 Pfarrer und seit 1613 Prof. in Heidelberg, nahm er 1618 an der → Dordrechter Synode teil. 1622 durch Tilly vertrieben, unterrichtete er an der Hohen Schule in Hanau, kehrte aber 1631 nach Heidelberg zurück.

Vgl. 1. - F.LAMEY, Die letzten Lebensjahre des P.T. (Zs. f. d. Gesch. d. Oberrheins NF 4, 1889, 330-336) - ADB 38, 474 - H.NEU, aaO (s. 1). *F.Hauss*

3. *Peter* (1499-1573), * im lothringischen Grenzort St. Laurent, wird 1515 Kanonikus in Metz und dort mit Luthers Lehre bekannt. Beargwöhnt, flieht er nach Basel. Er versucht in Metz zu evangelisieren, geht 1525 nach Paris zu → Budé und wird bei einem erneuten Predigtversuch in Metz in Haft genommen. T. entkommt zu Margaretha von Navarra nach Blois und flieht weiter in die Schweiz und nach Wittenberg. 1535 beauftragt ihn Herzog Ulrich von Württemberg, die durch → Farel in der württembergischen Grafschaft Mömpelgart (Montbéliard) begonnene Reformation weiterzuführen. 1539 wird die Messe abgeschafft. T. gibt der Kirchenorganisation weder eine streng calvinische noch luth. Färbung. Dennoch kommt es zum Zwist zwischen den französischsprachigen ref. Predigern und den luth. Württembergern. T. zieht sich 1545 nach Basel zurück, wird aber schon bald zurückgerufen. Das → Interim (1548) beläßt T. in seiner Stellung, aber erst 1552, nach Wiedereinführung des alleinigen ev. Gottesdienstes, kann er sein Reformationswerk fortsetzen. Als jedoch die württembergisch-luth. KO von 1559 (1560 auch franz.) trotz Widerstandes der Calvinisten auch für Mömpelgart als verpflichtend erklärt wird und Jak. → Andreä als herzoglicher Visitator die Geistlichen prüft (1571), wird T. abgesetzt. Die Kirche von Montbéliard wurde luth.

Württ. KG, hg.v. Calwer Verlagsverein, 1892, 349 - J.VIÉNOT, Hist. de la Réforme dans le pays de Montbéliard I. II, Montbéliard 1900 - RE XX, 5ff. *O.E.Straßer*

Towianski, *Andreas* (1799-1878), polnischer Mystiker, * in Antoszwińce (Litauen), † in Zürich. T. studierte in Wilna die Rechte, wurde dort Anwalt und übernahm dann das väterliche Gut, wo er den Frondienst aufhob. In einer seiner letzten Visionen, in denen er die von ihm sog. »Sache Gottes« schaute, wurde er von der »Mutter Gottes« aufgefordert, in Paris die »Sache Gottes« zu proklamieren und zu realisieren. Der polnische Dichter Adam Mickiewicz schloß sich ihm an (L'église officielle et le messianisme, 1848). Unter dem Verdacht staatsfeindlicher Agitation wurde T. ausgewiesen, suchte in Rom Gregor XVI. zu gewinnen und ging schließlich nach Zürich. - Nach seiner Lehre besteht ein heimlicher Zusammenhang zwischen der sichtbaren Welt und der Welt der Geister. Das Böse ist im Schöpfungsplan ein Werkzeug bei der Vervollkommnung der Menschheit durch die »Realisierung« des Geistes im Körper und die Durchdringung der weltlichen Angelegenheiten durch die Liebe Gottes und die Wahrheit des Evangeliums. Die Leiden Polens sind Strafe und zugleich Reinigung. Polens Befreiung kommt von selbst als Frucht moralischer Wiedergeburt, während Mickiewicz und andere für eine Befreiungsaktion eintraten und sich von T. trennten. Hauptwerk: Das Gastmahl (Biesiada). - Vgl. → Polen: I, 5.

Auswahl aus T.s Schriften hg.v. S.PIGOŃ, Krakau (1920) 1922² (poln.). - Über T.: P.SEMENKO, T. et sa doctrine, Paris 1850 - F.RÓZAŃSKI, A.T., seine polit. Ziele u. seine soziale Religion, Posen 1882 (poln.) - A.BAUMFELD, Poln. messian. Gedanke, Warschau 1910 (poln.) - Z.GASIOROWSKA, Der nationale Dienst in der »Sache« A.T.s, Krakau 1918 (poln.) - B.M.BERSANO, Vita e pensiero di A.T., Mailand 1918 - J.KALLENBACH, Towianismus auf hist. Hintergrund, Krakau 1924 (poln.) - W.HOROSZKIEWICZÓWNA, T.s Ethik, Wilna 1938 (poln.) - ST.SZPOTAŃSKI, A.T., sein Leben u. seine Lehre, Warschau 1938 (poln.) - H.DESMETTRE, T. et le messianisme polonais I. II, Lille 1947 - W.NIEMCZYK, Poln. Religionsphilosophie (Theologia Evangelica, Prag 1949, 187-198). *W.Niemczyk*

Tractus. Der T. gehört zu den Gesängen, die zwischen den Lesungen der → Messe (: IV) gesungen wurden. Er umfaßt mehrere Psalmverse, die solistisch vom Kantor ohne Unterbrechung durch Responsa (→ Responsorium) des Chores vorgetragen wurden, entspricht also der synagogalen Solopsalmodie (→ Musik: IV). Die Melodie entfaltet sich unter Benutzung feststehender Formeln. Verwendet werden nur die beiden ältesten gregorianischen Tonarten, die 2. (in D) und 8. (in G). Der T. ist dem Typ nach älter als das verwandte → Graduale, bei dem der Chor beteiligt ist, und hat sich fast nur in der → Fastenzeit und an den → Quatembertagen erhalten. → Halleluja und T. schließen sich gegenseitig fast aus. - Art und Name werden verschieden erklärt, im MA als langsamer, getragener Trauergesang, entsprechend der Verwendungszeit, oder als tractim-Gesang, dh als nichtunterbrochener Gesang (so → Amalarius), oder (P.Wagner) als ein aus der Modellstrophe abgeleiteter Gesang (= dem byzantinischen → Hirmos).

P.WAGNER, Einführung in d. greg. Melodien I³, 1911, 98ff; III, 1921, 352ff - Leiturgia II, 75f - W.APEL, Gregorian Chant, 1958, 312ff. *E.Jammers*

Tradition

I. Phänomenologisch - II. Religionsgeschichtlich - III. Im AT - IV. Im Judentum - V. Im Urchristentum - VI. Dogmengeschichtlich - VII. Dogmatisch - VIII. Liturgiewissenschaftlich

I. Phänomenologisch

T. ist nicht primär ein hermeneutischer Begriff, der in der Theologie und der Wissenschaft eine Rolle spielt, sondern bildet ein *Element der menschlichen Kultur*. Zu ihr gehört alles, was als Ritual, als Sitte und Brauch von den Vätern übernommen das Leben einer Gruppe ordnet. Selbst dort, wo kodifizierte Gesetze eine staatliche Rechtsordnung fixiert haben, ist sie eine unentbehrliche Ergänzung solcher Ordnung. (Vgl. den griech. Begriff des ungeschriebenen Gesetzes und in Rom die Rolle des mos maiorum.) T. ist es, was die Folge der Geschlechter verbindet (vgl. L.Ziegler: »Überlieferung« als »Ahmung«). - Der Begriff der T. wird überall dort akzentuiert, wo ein revolutionärer Radikalismus ganz von vorn beginnen will. Man denke etwa an den reformatorischen Impuls und die Reaktion des → Tridentinum. Vor allem aber ist es die französische Revolution gewesen, die im Zeichen der modernen Aufklärung nicht nur bestimmte T.selemente zu brechen suchte, sondern die Geltung von T. überhaupt (Kult der raison). In der Kritik an dieser französischen Revolutionsideologie (vor allem E.Burke sowie die romantischen Staatstheoretiker, zB de → Bonald, Adam → Müller u.a.) gewinnt der Begriff seine theoretische Zuspitzung und legitimiert damit die bewußte Pflege der T. (T.alismus). Philosophisch gesehen ist es die Endlichkeit des Menschen, an der die Illusion des Von-vorn-anfangens zuschanden wird (vgl. Heideggers »Geworfenheit«).

Als *hermeneutischer Grundbegriff* bedeutet T. vom Standpunkt der radikalen Aufklärung aus den Inbegriff der Vorurteile, die ein freies Denken über die Sache verhindern. Sie repräsentiert das Alte, in dem man befangen ist und das dem Neuen und Wahren im Wege steht. Solche Wertung entspricht der spezifisch neuzeitlichen Idee der → Wissenschaft, die Forschung, Vorstoß ins Unbekannte, Entdeckung von Neuem sein will. Aufhebung aller Vorurteile der T., Vertrauen auf das lumen naturale, ist ihre Grundform (vgl. Fr. → Bacon, → Descartes). Ganz anders war die antike Wissenschaft. Sie verstand sich selber als Wiederentdeckung vergessener Wahrheit (Plato; Aristoteles, Met. XII, 8) und vollzog sich, bes. in ihrer Spätform, der mittelalterlichen → Scholastik, in der Berufung auf die Autoritäten (→ Autorität). Doch bezeichnet das Moment der T. auch für den modernen Wissenschaftsgedanken eine schlechthinnige Grenze. So hat Descartes' Neuaufbau der Erkenntnis die Moral und die Glaubenswahrheiten ausdrücklich ausgenommen. Die Idee einer provisorischen Moral, die alles beim alten läßt, soll für die radikale Prüfung aller übrigen Überzeugungen freimachen. Indessen macht die Unendlichkeit der Aufgabe wissenschaftlicher Forschung diese Unterscheidung aus einer provisorischen zu einer endgültigen (vgl. Descartes, Discours de la methode, 3. Teil). Es ist widersinnig, moralische Entscheidungen von der Vollendung der Wissenschaft abhängig zu denken. – Anerkennung der hermeneutischen Bedeutung der T., die der ihrer moralischen Bedeutung entspricht, macht sich bes. in der Methodenlehre der historischen → Geisteswissenschaften geltend. T. ist in der Themenwahl, der Problemstellung und am Ende auch in der Einordnung der Ergebnisse methodengerechter Forschung in das Ganze der Wissenschaft wirksam. In der Philosophie hat der Begriff der T. einen neuen Akzent erhalten durch → Heideggers Destruktion der T. der → Metaphysik (, 3 e). – Vgl. → Entwicklung: II, 2.

L. ZIEGLER, Überlieferung, (1948) 1949² - Die mündl. Überlieferung, hg. v. M. SCHMAUS, 1957 - H.-G. GADAMER, Wahrheit u. Methode, 1960, 250ff. *H.-G. Gadamer*

II. Religionsgeschichtlich

Mündliche bzw. gedächtnismäßige T. (der an sich schon vielschichtige Begriff ist schärfer geprägt als der der »Überlieferung«!) ist eine der wichtigsten Praktiken zur Erhaltung religiösen Gedankengutes und Brauchtums. In der gesamten frühen Religionsgeschichte, zunächst sogar noch nach der Einführung der Schrift in den höheren Kulturen, überwiegt das mündliche T.sprinzip schon aus → Tabu-Vorstellungen und → Arkandisziplin gegenüber anderen Methoden der Erhaltung und Sicherung des religiösen Besitzstandes. Seine Bedeutung ist für den rituellen Bereich (→ Ritus) mindestens ebenso groß wie für die mythische Vorstellungswelt (→ Mythos: II), für die Sitte (→ Sittlichkeit: II) und für die → Lehre. Man muß unterscheiden zwischen der T. als Bewußtseinslage und Methode einerseits, als inhaltlich mehr oder weniger fest umgrenzter Substanz von Tabucharakter (→ Observanz) andererseits (formale und materiale Seite der T.). In den Religionen der Hochkulturen tritt zu der mündlichen eine geschriebene T., deren Eigenart dann in der Abgrenzung gegenüber einer höher gewerteten und festgelegten → »Offenbarung« (: I) deutlich wird (zB Unterscheidung zwischen »shruti« und »smrti« in → Indien). Der wirkliche Gegensatz zu T. ist hier also nicht die »Schrift«, aber auch nicht eigentlich die »Offenbarung«, sondern der Begriff des »Kanonischen«, des abgeschlossenen und womöglich in hl. → Schriften unveränderlich deponierten Glaubensgehaltes. In diesem Sinne sind T. die den chinesischen Kanon des Wu-king ergänzenden »klassischen Schriften« des Ssĕ-schu, die Fülle des Kommentar- und Erweiterungsschrifttums zum buddhistischen → Tripitaka, der → Talmud im Verhältnis zum AT, die sunnah des → Islam (: I, 4) im Erzählgut des ḥadîth und im Gesetz (šarî'ah) als Ergänzung zum festgelegten Prophetenwort des → Koran. Der Begriff der T. geht aber in den hohen Schriftreligionen schließlich auch auf anerkannte Werke der Theologie, der religiösen Literatur und Dichtung, bes. auf das Kommentarschrifttum, auf → Dogma, → Ritual und → Liturgie, ja auch auf Ikonographie und Kunstsymbolik über. Andererseits kann man hier das Ganze des überlieferten Besitzstandes als T. bezeichnen, die in ständigem Widerstreit mit der Neubildung liegt. Merkwürdigerweise hat gerade in den Stifter- und Universalreligionen, die aus Protest und Neuschöpfung hervorgegangen sind, sich aber dann auch auf ein kanonisch fixiertes geschriebenes Offenbarungs- und Stifterwort berufen können, der Begriff der T. eine große – oft umstrittene – Rolle gespielt.

W. BACHER, T. u. Tradenten in d. Schulen Palästinas u. Babyloniens, 1914 - A. DENEFFE, Der T.sbegriff, 1931 - W. LIUNGMAN, T.swanderungen I. II (FFC 118/19), Helsinki 1937/38 - H. BIRKELAND, Zum hebr. T.swesen, Oslo 1938 - HIsl (s. Reg.) - S. MOWINCKEL, Prophecy and T., Oslo 1946 - WACH, Relsoz. (s. Reg.) - O. CULLMANN, Die T. als exeget., hist. u. theol. Problem, 1954 - G. MENSCHING, Die Religion, 1959, 321ff - K. GOLDAMMER, Die Formenwelt des Religiösen, 1960, 145ff. 263f. 465f. *K. Goldammer*

III. Im AT

T. ist einerseits die Gesamtheit der Vorgänge bei der Übergabe von Sagengut und Brauchtum einer abtretenden Generation an die kommende, andererseits die Gesamtheit des dabei an die nächste Generation Weitergegebenen. Daß man im alten Israel auf die Weitergabe überlieferten Brauchtums Gewicht gelegt hat, zeigt zB das später ins Ritual des Passafestes aufgenommene Frage- und Antwortspiel Dtn 6, 20–25. Ps 22, 31 erwartet die Weitergabe der Kunde von Jahwes Großtaten, und Ps 48, 13f wünscht eine solche T. für die Mauern und Türme Jerusalems. T.en haften an Gegenständen, Geländepunkten, Gräbern, Bauten, Bräuchen. So befand sich bis in die Zeit Hiskias ein Schlangensymbol im Tempel in Jerusalem, das von Mose verfertigt sein sollte und deshalb seit alters geehrt, ja verehrt worden war (2Kön 18, 4; → Eherne Schlange). Der Ort Lechi (Ri 15, 14ff) soll von einem Eselskinnbacken seinen Namen haben, mit dem → Simson dort Philister erschlagen hatte. Von der Höhle Machpela als Patriarchengrab (Gen 23) wußte man ebenso zu erzählen wie vom Grab der Stammutter Rahel (Jer 31, 15). Die Wolfskelter Ri 7, 25 trug ihren Namen nach dem dort niedergehauenen Midianiterfürsten Zeeb. Und das Sukkothfest (→ Feste: II, 4 c) sollte an die Laubhütten erinnern, in denen die Israeliten nach der Flucht aus Ägypten gewohnt haben sollen (Lev 23, 43). Das Purimfest (→ Feste: II, 6 a) aber sollte seinen Namen von dem akkadischen puru herleiten, weil Haman oder Ahasveros das Los geworfen hatten zur Vernichtung der Juden. Um das erst in persischer Zeit aufgekommene Purimfest zu begründen, wurde die dramatische Erzählung des → Estherbuchs gestaltet und überliefert. T.en können übertragen werden; so wurden die Israel-T.en (→ Israel: I, 6) nach dem Untergang des Reiches Israel von Juda übernommen, wie die Aufnahme des Israelnamens durch die Propheten seit Jes 8, 14 zeigt. Auch das → Deuteronomium dient in einer Hinsicht dem gleichen Ziel. Bei der Überführung der → Lade nach Jerusalem wanderten die Lade-T.en mit (1Sam 4–6; 2Sam 6) und wurden weitererzählt, auch noch, als die Lade im → Allerheiligsten ihren Ruheplatz gefunden hatte, bis schließlich P die Anfertigung der Lade dem Mose zuschrieb und so in einer Zeit, in der die Lade schon nicht mehr existierte, einen neuen Kranz von T.en um sie wob (Ex 25, 10ff). Dabei macht sich hier das Bestreben geltend, durch Neubildung von T.en dem Gegenstand höheres Alter und größere Bedeutung zu geben. Im Laufe der Zeit können sich T.en ändern. Bes. beliebt ist es, T.en an bedeutende Personen der Vergangenheit zu heften; zB sollte das Heiligtum von → Bethel nach Gen 28, 19ff durch → Jakob begründet sein. Eine andere T. ließ schon → Abraham dort einen Altar bauen und den Namen Jahwes anrufen, also einen kultischen Akt vollziehen (Gen 12, 8). Die → Chronikbücher machen → Salomo nur zum Ausführenden des von → David entworfenen Tempelbauplanes und sehen in David weiter den, der sämtliche im Lauf der Geschichte gewordenen → Tempel-Institutionen ins Dasein gerufen hat, ja Begründer der → Psalmen-Dichtung gewesen ist, so wie man auf Salomo die → Weisheitsliteratur und auf → Mose die gesamte Gesetzgebung, auch der späteren Zeit, zurückführte. Durch Verbindung verschiedener T.en können neue Überlieferungen entstehen. So sind der Segensspruch über Sem und der Fluchspruch über Kanaan mit der in der Genealogie der → Völkertafel festgehaltenen T., daß Ham Vater des Kanaan sei, verbunden und dann dem Noah als Vater des Sem, Ham und Japhet in den Mund gelegt worden, wobei man für Japhet ein anders formuliertes Segenswort hinzufügte. T.en werden zu T.sreihen zusammengefaßt, wie die mannigfachen Landnahme-T.en in Jos 1-11, obwohl sie, wie die archäologische Untersuchung von → Jericho und → Ai gezeigt hat, zeitlich weit auseinanderliegen und ganz anders geordnet werden sollten. Dabei spielen Wanderungen eine große Rolle, wenn es gilt, T.en, die an verschiedenen Orten von der gleichen Person oder Gruppe berichten, aneinanderzureihen. Eine wichtige Aufgabe ist es, die Heiligkeit eines Ortes (→ Heilige Stätten: II) oder die Richtigkeit einer kultischen Begehung zu sichern. Dabei können sich T.en überlagern und gegenseitig beeinflussen. Das Werden und sich Wandeln der T.en, die gegenseitige Anziehung wie ihre Ausgestaltung hat sich weithin außerhalb einer schriftlichen Fixierung von Mund zu Mund vollzogen. Besonders Heiligtümer, aber auch die Hofgesellschaft und der Prophetenzirkel waren Stätten, an denen T.en erzählt, gepflegt, gesammelt, ergänzt, weitergebildet wurden. Um die Entstehung und Überlieferung von T.en müht sich die traditionsgeschichtliche Forschung. - Vgl. → Formen: I, → Geschichtsschreibung: I, → Märchen: II, → Sagen und Legenden: II.

K.Galling, Die Erwählungs-T.en Israels, 1928 - Noth, ÜSt - Noth, ÜPent - J.van der Ploeg, Le rôle de la t. orale dans la transmission du texte de l'AT (RB 54, 1947, 5-41) - H.Ringgren, Oral and Written Transmission in the OT (StTh 3, 1949, 34-59) - E.Nielsen, Oral T. A Modern Problem in OT Introduction, 1954 - H.J. Kraus, Zur Gesch. d. Überlieferungsbegriffs in d. at. Wiss. (EvTh 16, 1956, 371-387) - EKL III, 1476ff - O.Eissfeldt, EinlAT, 1962[3], §§ 2 bis 21 (Lit.).
L.Rost

IV. Im Judentum

»Der starre Begriff eines Gesetzeskodex ist niemals der jüdische Gesetzesbegriff gewesen. Vielmehr war der jüdische Gesetzesgedanke immer eingebettet in den weiteren Gedanken der T.« (Kümmel). Diese Anschauung liegt bereits dem Schrifttum der → Pseudepigraphen zugrunde, das unter den Namen der Frommen des AT erschien, um die T. mit dem geschriebenen Gesetz zusammenzubinden. So sollte Esra nach 4Esr 14, 45f nur die zuerst geschriebenen 24 Bücher veröffentlichen, die letzten 70 aber den Weisen des Volkes übergeben. Nach rabbinischer Lehre steht die mündlich überlieferte T. gleichberechtigt neben dem schriftlich aufgezeichneten → Gesetz (: III). Schrift und T. wurden Mose am Sinai übergeben: »Mose empfing die Tora am Sinai und überlieferte sie Josua und Josua den Ältesten und die Ältesten den Propheten, und die Propheten überlieferten sie den Männern der Großen Synagoge« (Abot I, 1). In der lückenlosen Kette der Schriftgelehrten (→ Sopherim) wird die T. von Generation zu Generation weitergereicht. Die Legitimität der die Schrift aktualisierenden T. aber wird dadurch nachgewiesen, daß jeder Lehrsatz der T. durch Exegese (→ Schriftauslegung: II) als sachgemäß aus der Schrift begründet wird. Obwohl die → Sadduzäer dieser Auffassung widersprachen und sich allein auf das geschriebene Gesetz beriefen, setzte sich doch die Autorität der vor allem von den → Pharisäern verteidigten T. durch und wurde nach 70 nChr allgemein anerkannt. (Eine Ausnahme stellt die mittelalterliche Sekte der → Karäer dar.) Wurde die T. zunächst mündlich weitergegeben und vom Schüler »wiederholend« (šanā) erlernt, so erwies es sich doch als notwendig, den umfangreichen Stoff der T. schriftlich zu fixieren. Die Gemeinde von → Qumran hat in ihren Schriften, vor allem in der → Sektenregel (1QS) und der → Damaskusschrift (Dam), ihre in der T. entfaltete, strenge Auslegung des Gesetzes aufgezeichnet. Die pharisäisch-rabbinische T. wurde in der → Mischna und später in den beiden → Talmuden festgehalten. Da es dem Wesen der T. entspricht, niemals abgeschlossen zu sein, mußte die gelehrte Diskussion der T. ständig fortgesetzt werden. Im MA faßte → Maimonides in den mišne tôrā die T. zu einer systematischen Lehre des Gesetzes zusammen. Der im 16.Jh. durch Joseph → Karo zusammengestellte šulḥan ʿaruk bietet eine handliche Sammlung der wichtigsten in der T. entwickelten Weisungen dar und hat in weiten Kreisen des Judentums Anerkennung gefunden. Da Schrift und T. unlöslich aufeinander bezogen sind, bleibt für das Judentum die Aufgabe der Exegese stets gestellt.

Schürer II, 372ff - W.Bacher, T. u. Tradenten, 1914 - Bousset, Rel. 153ff - Bill. I, 691ff - G.F.Moore, Judaism I, 1927, 29ff. 251ff - RGG[2] V, 1247f - W.G.Kümmel, Jesus u. der jüd. T.sgedanke (ZNW 33, 1934, 105-130) - F.Maass, Von den Ursprüngen der rabbin. Schriftauslegung (ZThK 52, 1955, 129-161) - O.Betz, Offenbarung u. Schriftforschung in der Qumransekte (WUNT 6), 1960 - D.Rössler, Gesetz u. Gesch., 1960, 15ff. 45ff - B.Gerhardsson, Memory and Manuscript. Oral T. and Written Transmission in Rabbinic Judaism and Early Christianity (ASNU 22), 1961.
E.Lohse

V. Im Urchristentum

1. Bedeutung und Terminologie - 2. Paulus - 3. Deuteropaulinen - 4. Die Entwicklung um 100 und in der 1. Hälfte des 2.Jh.s

1. a) T. ist für das Urchristentum konstitutiv. Das Selbstverständnis der ältesten Gemeinden, durch die geschichtliche Offenbarung Gottes in Jesus Christus erwählt und für das Heil versiegelt zu sein, fordert Bindung an die T., die dies einmalige Geschehen bezeugt. Der Sache nach ist die T. anfangs weitgehend identisch mit → Kerygma (: I), → Offenbarung (: IV), dem Evangelium, formal aber unterscheidbar. T. begegnet in Bekenntnisgut (→ Bekenntnis: III), in der Paränese, in liturgischen → Formeln (: II) und in Regeln für den → Gottesdienst (: IV). Die → Schriftauslegung (: III) des AT im NT, die im weiteren Sinne zur T. gehört, klammern wir aus (→ Weissagung und Erfüllung: II), da ihr ein strukturell anderes Verhältnis zum Heilsereignis unterliegt, als es der christlichen T. eigen ist. - Die Entwicklung ist dadurch gekennzeichnet, daß die T. zunächst vom Verkündigungsauftrag des Glaubens an den gekreuzigten und erhöhten Herrn getragen ist, bald jedoch durch die Auseinandersetzung mit → Häretikern ihre entscheidende Prägung erfährt.

b) Christliche T. gibt es seit Ostern, seit es mit dem Bekenntnis zum Auferstandenen Kirche gibt. Der Glaube gibt in Bekenntnis, Predigt und Lehre das Christus-Ereignis als historisches und eschatologisches Geschehen weiter und begründet damit T. (παράδοσις). Die Terminologie für das Tradieren wird dem Judentum entlehnt: παραδιδόναι bzw. παραλαμβάνειν (1Kor 11, 23; 15, 3). Häufig fehlt jede terminologische Kenntlichmachung der T.; oft läßt sich eine zitierte T. durch den Stil erheben; noch geläufiger aber ist die im κηρύσσειν, ὁμολογεῖν, πιστεύειν und διδάσκειν grundsätzlich inhärente T., die nicht in einer Zitation fester Formeln sich auszuweisen braucht (wenngleich technischer Gebrauch der Verben vorkommt: vgl. 1Joh 2, 23; 4, 15; 5, 1. 5 u.a.), sondern in kerygmatischem Gehalt sich zeigt. Die jüdische T.smethode (→ Tradition: IV) ist preisgegeben, und damit hat sich auch der Begriff gewandelt.

2. Der Grund dieser Wandlung wird bei *Paulus* deutlich: Der Inhalt der T. besteht nicht mehr in Lehren, sondern ist primär das Ereignis Jesus Christus und dessen Heilsbedeutung für die Glaubenden, also das → Kerygma. Es trägt die Verkündigung der Apostel, und diese setzt die T. fort. Die in diesem T.sprozeß in übernommenen Formularen eingefügten Interpretamente (zB in 1Kor 11, 23-25; 15, 3ff; Phil 2, 6ff) sind keine »Verfälschungen« der T. - wie es im Rabbinat der Fall wäre -, sondern legitime Klärungen. Auch handelt es sich niemals um die T. von reinem Kerygma oder von bruta facta, sondern jeweils um T. von Ereignis *und* soteriologischer Interpretation, von Geschehen *und* Bekenntnis. Wohl ist bei Paulus daneben schon eine T. von Herrenworten da, die, gering an Zahl, als verpflichtende Autorität gilt (1Thess 4, 15; 1Kor 7, 10; 9, 14). Erstaunlich ist aber, daß ebenfalls verpflichtend die T. sittlicher Grundsätze (Phil 4, 8f) und überlieferter Sitte (1Kor 11, 2) ist, wenn auch in weniger autoritativer Weise. Anderseits kann Paulus als Apostel paränetische T.en, die inhaltlich vor- und nichtchristlichen Ursprungs sind, unter Berufung auf den Herrn zur bindenden T. erheben (vgl. 1Thess 4, 1-12). Somit liegen zweierlei T.skategorien vor: *einmal* die T. von Christusereignis und dessen soteriologischer Interpretation, *sodann* T.en, die konkrete Fragen der Gemeinde betreffen. Dies Nebeneinander läßt sich nicht einfach auf die Begriffe *eines* Kerygmas und *vielfältiger* theologischer Explikationen reduzieren, da auch die T. vom ἐφάπαξ-Ereignis nur in Verbindung mit theologischer Auslegung begegnet. Ebensowenig ist die Unterscheidung durch Zurückführung auf zwei verschiedene T.squellen zu erklären. Die Spannung zwischen der Aussage in Gal 1, 12 einerseits - Offenbarung und nicht menschliche T. - und 1Kor 11, 23 und 15, 3 anderseits - T. »vom Herrn«, aber gleichwohl durch Menschen überliefert - läßt sich nicht auflösen und systematisierend klären. Im Grunde ist für Paulus immer der κύριος Urheber der T., auch dann, wenn er, Paulus, seine Meinung abgibt (1Kor 7, 25. 40) und nicht ohne Betonung auf den ihm gegebenen Geist Gottes (𝔓[15] und 33: Christi) hinweist. Die eindeutige Klärung des Verhältnisses von → Geist (: IV) und T. ist nicht möglich, weil T. im Wort geschieht und dieses durch die menschliche Handhabung Buchstabe sein *kann* (2Kor 3, 6; → Geist und Buchstabe, 1). Scheidet man begrifflich zwischen T. und Überlieferung, so ist jene durch die engste Verbindung zum lebenspendenden Geist bestimmt, diese durch die Gefahr der Verfügbarkeit und Leistung fordernden Gesetzlichkeit. Wie Paulus das Tradieren versteht und vollzieht, sofern er sich der T. des einen Heilsereignisses zuwendet, zeigt neben 1Kor 15, 1-11 bes. 2Kor 5, 16-6, 2: Das in 5, 14f genannte Heilsgeschehen wird verkündigt und in der Verkündigung als geschehene Versöhnung Gottes mit der Welt interpretiert und zugleich in der Anrede aktualisiert. In der Verkündigung des »traditum« begegnet Christus, ja Gott selbst (5, 20). Die *Predigt* ist somit in ausgezeichnetem Sinne der »actus tradendi«, begründet die Kontingenz des eschatologischen Geschehens, fußt auf T. und setzt T. heraus.

3. In den *Deuteropaulinen* wird die antihäretische Ausbildung der T. angebahnt. Wenn es Eph 2, 20 heißt, die Kirche sei »auf dem Fundament der Apostel und Propheten erbaut, indem Christus der Eckstein ist«, so werden hier Inhalt und Garanten der T. zusammengefaßt. Eine Verfestigung der T. als Glaubenslehre bahnt sich an; die apostolische Lehre des Paulus ist Basis (3, 1-13), die Kirche lebt letztlich im himmlischen Bereich (1, 3. 20; 3, 10; 6, 12). Vorgeprägte liturgische Stücke werden aufgenommen, um- und eingearbeitet (Eph 1, 5-8. 9-12a. 20ff; 2, 4-10. 14-17), ein Tauflied wird zitiert (5, 14). Überhaupt herrscht noch stärker als bei Paulus die Argumentation aus der Tauftheologie vor, mit der die gnostische T. (Kol 2, 6ff) bekämpft wird. Der Kol 1, 15-20 christianisierte und auf die Taufe bezogene Hymnus fixiert die Bekenntnis-T. und verbindet sie mit dem apostolischen Amt als Wächterin der T. - Noch einen Schritt weiter führen die → *Pastoralbriefe,* in denen die lehrhafte T. auf Kosten der kerygmatischen ausgeweitet wird. Aus der παράδοσις wird die παραθήκη (= depositum 1Tim 6, 20; 2Tim 1, 12-14; das Verbum παρατιθέναι in 1Tim 1, 18; 2Tim 2, 2), und diese »gute Lehre« wird gegen die gnostische Häresie (deren Verwendung des Begriffs παράδοσις neben διαδοχή vermutlich zur Einführung des juristischen Terminus παραθήκη geführt hat [v. Campenhausen]) durch die Autorität des Paulus als Autor und Garant der T. gesichert (1Tim 2, 7; 2Tim 2, 8). Mit der Zitationsformel πιστὸς ὁ λόγος wird diese »Lehre« (2Tim 3, 10), dieses »Wort der Wahrheit« (ebd 2, 15), als für die Gegenwart verbindlich betont (1Tim 1, 15; 3, 1; 4, 9; 2Tim 2, 11; Tit 3, 8). Die Kontinuität der T. wird durch → Ordination (: II) der Amtsträger gewährleistet. Die Basis einer Verrechtlichung der T. im Frühkatholizismus ist damit gelegt, obgleich der Sukzessionsgedanke noch nicht mit der apostolischen T. verbunden wird. Die Spannung zwischen T. und Geist ist aufgefangen, da Amtsgnade und Amtsgeist durch Handauflegung übertragen werden.

4. *Die Entwicklung um 100 und in der 1. Hälfte des 2. Jh.s* ist vielfältig. Im 1. → Johannesbrief kennzeichnet die häufige »kirchengeschichtliche Verwendung der Formel ἀπ' ἀρχῆς« (Conzelmann; 1, 1; 2, 7. 13f. 24; 3, 8. 11) die T. als Prinzip des wahren Glaubens und als Mittel der Ketzerbekämpfung. Die Verlängerung des »Anfangs« der T. vom geschichtlichen Beginn der Kirche auf den absoluten Anfang mittels des → Präexistenz-Gedankens begegnet implizit der antiken Kritik an Wahrheiten, die sich nicht durch Alter auszuweisen vermögen. Die Verwendung der Begriffe »alt« und »neu« ist nicht mehr eschatologisch, sondern historisch.

Der 1. → *Clemensbrief* führt die Ausbildung des → Sukzessions-Gedankens weiter, indem er die Kette von Amtsträgern in Gottes Sendung von Jesus Christus begründet, die Apostel von Christus, die Episkopen und Ältesten von den Aposteln eingesetzt sein läßt (c. 42); aber er verbindet mit dieser Ordnung - die in Jes 60, 17 als Gottes Wille offenbart ist - nicht explizit die Garantie der T. Überhaupt tritt das T.sproblem merkwürdig zurück. Zweimal nur werden Worte Jesu frei zitiert (13, 2; 46, 8) und in ihrem Offenbarungsanspruch keineswegs über das AT gehoben, das vielmehr die eigentliche Last der theologischen Lehre zu tragen hat. Gewiß begegnet erstmalig der Begriff ὁ κανὼν τῆς παραδόσεως = regula traditionis, aber er ist nicht technisch gebraucht und inhaltlich allzu unbestimmt. In der *Didache* (→ Apostellehre) ist die T. (= Lehre) solange orthodox, als sie sich im Rahmen dessen hält, »was bisher mitgeteilt ist« (11, 1f; 4, 13). Neben dem Kriterium der antiquitas erscheint implizit das der consensio. → *Ignatius* führt diese Entwicklung nicht weiter, sondern orientiert die T. mehr als seine Zeitgenossen am Christusereignis selbst, und zwar als Leiden, Auferstehung und Ankunft des Heilands (Phil 9, 2: παρουσία τοῦ σωτῆρος); er ist der letzte, dem es weniger um die Frage der historischen T. als um das eschatologische Kerygma geht.

Durchreflektiert ist der T.sgedanke in der *lukanischen Theologie*, und hier wird im Zuge der Einbürgerung der Kirche in der Welt die T. mit der apostolischen Sukzession verbunden. Diese Wende zur personalen Sicherung der Sache ist folgenreich, zumal jetzt innerhalb der T. zwischen Kerygma und historischer Begründung unterschieden wird, beide Seiten Gegenstand kritischer Reflexion werden, der Nachdruck aber auf die Begründung gelegt und im Zusammenhang damit ein »christliches Geschichtsbild« gestaltet wird (→ Geschichte: II A, 4a). Lukas hat eine »kath.« T. entscheidend begründet; sie ist für ihn ein historisches Phänomen, das er mit den Mitteln der Kausalität, Theologie und sogar Psychologie erforscht und fixiert (Lk 1, 1-4). Der Konzeption nach ist T. ebenso wie in den Past παραθήκη = depositum, wenngleich das Wort fehlt. Um so häufiger erscheint das Verb παρατιθέναι und verweist durch seinen Kontext Apg 14, 23 und 20, 32 darauf, daß »nicht eine Wahrheit, sondern Menschen ›übergeben‹ werden«, also der Akzent sich im actus tradendi von der apostolischen T. auf die apostolische Sukzession verschiebt (G.Klein), ohne dabei diese in jener aufgehen zu lassen. Im »Testament des Paulus« (Apg 20, 17ff) wird nicht nur die Gefährdung der T. durch die Häresie (»greuliche Wölfe«), zT sogar eine innerkirchliche, deutlich, sondern wird auch das Aufkommen neuer und falscher T.en angedeutet, so daß die im Lehren des Paulus enthaltene ganze βουλὴ θεοῦ Kriterium der orthodoxen T. wird. Die Herausstellung des Zwölferapostolats und deren Legitimation als Augenzeugen »von der Taufe des Johannes bis zum Tage, da er von uns entrückt wurde« (Apg 1, 22), festigt den lukanischen T.sbegriff, der sich auf dem apostolischen Zeugnis von Heilstatsachen erhebt und durch die Kontinuität des kirchlichen Amtes die Gabe des Pneuma reguliert und kontrolliert.

Der 2. → *Petrusbrief* spiegelt die Lage in der Mitte des 2.Jh.s. T. ist nicht mehr Weitergabe des Zeugnisses von einem geschichtlichen Ereignis, sondern Lehre über ein historisches Faktum geworden. Darum gilt nicht mehr das κηρύσσειν, sondern das μνησθῆναι; fast kann man interpretierend sagen: es gilt die Repristinierung »der von den hl. Propheten vorausgesagten Worte und der von den Aposteln überlieferten Gebote des Herrn« (3, 2). Die T. beinhaltet also die zur Lehre verobjektivierte Offenbarung. Neben die Propheten und Jesus tritt ausdrücklich Petrus als Autorität, aber auch dem Paulus wird noch neben den »Zwölfen« ein Platz gewährt. Angesichts der vorausgesetzten schriftlichen T. (vgl. 3, 16) wird wegen der »Verdreher« des Sinnes sogar die Interpretation und somit die → Hermeneutik zur Aufgabe der Garanten der T. Ja, Petrus hinterläßt ein »Testament«, um für immer die ὑπόμνησις (1, 12f) wachzuhalten. Damit aber wird die T. aus einer geschichtlichen Kategorie, wie im apostolischen Zeitalter, zu einer historischen. Der Abstand vom Ursprung der T. führt zu ihrer Abschließung und zur Mahnung des → *Judasbriefes*, »für den ein für allemal den Heiligen überlieferten Glauben« zu kämpfen. Der »überlieferte Glaube« ist damit als eindeutige und abgeschlossene Lehre Wesen der T. geworden und Mittel im Streit gegen die Häresie. Und doch ist die Abschließung noch nicht so weit gediehen, daß nicht durch die fingierte Autorschaft des Petrus – wie vorher des Paulus und wahrscheinlich des Johannes (→ Johannesbriefe) – apostolische T. geschaffen werden konnte. – Mit der antihäretischen Orientierung des frühkath. T.sbegriffes hängt nicht nur die Historisierung in der Lehre zusammen, sondern auch das zeitweilige Vergessen oder Zurücktreten des kerygmatischen T.sbegriffes.

J.Ranft, Der Ursprung d. kath. T.sprinzips, 1931 – W.G.Kümmel (→ Tradition: IV) – C.H.Dodd, The Apostolic Preaching and its Developments, London 1936 – Ders., According to the Scriptures, ebd 1952 – R.Asting, Die Verkündigung d. Wortes im Urchristentum, 1939 – P.Carrington, The Primitive Christian Catechism, Oxford 1940 – H.Strathmann, Hl. Schrift, T. u. d. Einheit d. Kirche (ThBl 21, 1942, 33-46) – N.Monzel, Die Überlieferung. Eine phänomenol. u. religionsgesch. Unters. über d. T.alismus d. christl. Lehre, 1944 – J.de Ghellinck, Les origines du symbole des apôtres (NRTh 67, 1945, 178-201) – A.Fridrichsen, The Apostle and His Message, 1947 – N.A.Dahl, Anamnesis (StTh 1, 1948, 80-94) – E.Lichtenstein, Die älteste christl. T.sformel (ZKG 63, 1950/51, 1-74) – J. Munck, Discours d'adieu dans le NT (Goguel-Festschr., Neuchâtel 1950, 155-170) – H.v.Campenhausen, T. u. Geist im Urchristentum (Studium Generale 4, 1951, 351-357 = H.v.C., Tradition u. Leben, 1960, 1-16) – Ders., Lehrerreihen u. Bischofsreihen im 2.Jh. (In memoriam E.Lohmeyer, 1951, 240-249) – Ders., Kirchl. Amt u. geistl. Vollmacht in d. ersten 3 Jh.en (BHTh 14), 1953 – J.R.Geiselmann, Jesus der Christus, 1951 – E.Käsemann, Begründet der nt. Kanon d. Einheit d. Kirche? (EvTh 11, 1951/52, 13-21 = E.K., Exeget. Versuche I, 1960, 214-223) – Ders., Eine Apologie d. urchristl. Eschatologie (ZThK 49, 1952, 272-296 = ebd 135-157) – Ders., Sätze heiligen Rechts im NT (NTS 1, 1954/55, 248-260) – Ders., Amt u. Gemeinde im NT (Exeget. Versuche I, 1960, 109-134) – O.Cullmann, Die T. als exeget., hist. u. theol. Problem, 1952 – Chr.Baumgartner, T. et magistère (RechSR 41, 1953, 69-107. 161-187) – R.Bultmann, TheolNT, (1953) 1961⁴ – Ders., Gesch. u. Eschatologie, 1958 – L.Cervaux, Die T. bei Paulus (Catholica 9, 1953, 94-104) – H.Conzelmann, Die Mitte der Zeit (BHTh 17), (1954) 1960³ – Ders., Was von Anfang war (Nt. Studien f. R.Bultmann, 1954, 194-201) – Ders., Was glaubte die frühe Christenheit? (Schweiz. Theol. Umschau 25, 1955, 61-74) – J.Daniélou SJ, Qu'est-ce que la t. apostolique? (Dieu vivant Nr. 26, 1954, 73-78) – E.Flessmann-van Leer, T. and Scripture in the Early Church, Assen 1954 – K.Stendahl, The School of St. Matthew (ASNU 20), 1954 – K.E.Skydsgaard, Schrift u. T. (KuD 1, 1955, 161-179) – H.Schlier, Kerygma u. Sophia (H.S., Die Zeit d. Kirche, 1956, 216-232) – H.Köster, Die außerkanon. Herrenworte (ZNW 48, 1957, 220-237) – J.K.Stirnimann, Apostelamt u. apost. Überlieferung (Freiburger Zs. f. Phil. u. Theol. 4, 1957, 129-147) – A.Bacht, Die Rolle d. T. in d. Kanonbildung (Catholica 12, 1958, 16-37) – L.Goppelt, T. nach Paulus (KuD 4, 1958, 213-233) – J.L.Leuba, Der Zusammenhang zwischen Geist u. T. nach dem NT (ebd 234-250) – J.N.Bakhuizen van den Brink, Traditio im theol. Sinne (VigChr 13, 1959, 65-86) – P.Bonnard, La t. dans le NT (RHPhR 40, 1960, 20-31) – U.Luck, Kerygma, T. u. Gesch. Jesu bei Lukas (ZThK 57, 1960, 51-66) – K.Wegenast, T. bei Paulus u. in den Deuteropaulinen (Diss. Heidelberg), 1960 – G.Klein, Die zwölf Apostel (FRLANT NF 59), 1961.

Erich Dinkler

VI. Dogmengeschichtlich

1. Grundsätzliches – 2. Alte Kirche – 3. Katholizismus – 4. Stellung des Protestantismus zur T.

1. Geistiges Leben entspringt schöpferischer Aneignung des Überlieferten aus der Sicht und dem Willen eines geschichtlichen Horizonts. Der geschichtliche Horizont der in der Welt sich etablierenden Kirche – seit dem 1. → Clemensbrief bis hin zum gegenwärtigen → Katholizismus – ruht auf dem Gottes- und Selbstverständnis, das die griech.-röm. Welt kraft geschichtlicher Synthese am Evangelium gewonnen hat (→ Antike und Christentum). Die relative Eigenständigkeit des Menschen vor Gott als Vernunft, freier Wille, Autorität ist trotz reicher Modifikationen und Einschränkungen (→ Augustin) konstitutiv. Sie bestimmt die T. bei allen Wandlungen ihrer Schätzung und Reichweite in zuletzt gleichbleibendem Sinn: es geschieht die – wohlverstan-

dene – Selbstbewahrung des seine geschichtliche Vergangenheit in der T. mitbringenden *Menschen mit Gott* (s. 4). Dem entspricht die Fixierung einer »objektiven T.« als eines in der tradierenden Kirche vorfindlich verfügbaren depositum fidei.

2. Der Selbstbehauptungswille der → altchristlichen Kirche (, 4) gegenüber der von der → Gnosis (: III) beanspruchten apostolischen Geheim-T. führte im 2.Jh. zur Besinnung auf eine wahre apostolische, an die Bischöfe als Apostelnachfolger gebundene T. (παράδοσις, traditio; → Hegesipp, → Irenäus, → Tertullian). Als deren Ursprung dachte man sich Jesus (vgl. schon 1Clem 42), als ihre Zeugen nächst den Aposteln die → Presbyter (, 1), als ihre Garanten die ältesten apostolischen Kirchen (Rom; Irenäus). → Hippolyt nennt die Kirchenschriftsteller als Verfechter des ἐκκλησιαστικὸν φρόνημα. Dieser Ausdruck erläutert treffend den Begriff der nach Ursprung und Umfang gleich vagen »T.«: durch Glaubensregel (→ Bekenntnis: IV), → Konzile und → Schriftauslegung (: IV A) wird das *kirchliche Glaubensbewußtsein* zum bestimmenden Faktor der (die Hl. Schrift einschließenden) T. Eine der Kirche gegenübertretende kritische Eigenständigkeit kommt dem urchristlichen Zeugnis nicht zu: das bedeutet nicht den Verlust, aber eine wesentliche Modifikation des Evangeliums aus neuem Horizont (s. 1). Wie stark mit der Dogmenbildung im engeren Sinn (→ Trinität: III, → Christologie: II) das Verständnis des Christlichen überhaupt von bibelfremden Voraussetzungen getragen war (»Natürliche Theologie«), lehrt heute die Auslegungsgeschichte. Ein kritisches Bewußtsein von der die Ursprünge *verdeckenden* Funktion der → Tradition (: I) fehlte. So konnte → Vincenz von Lerinum als Inbegriff der T. definieren: quod ubique, quod semper, quod ab omnibus creditum est (= universitas, antiquitas, consensio). Den nivellierenden Charakter der T. bringt diese Formel zum Ausdruck: was einzelne Geister, an die Ursprünge christlicher wie heidnischer Frömmigkeit rührend (→ Origenes, Augustin), hervorgebracht hatten, wurde dem sensus ecclesiasticus angepaßt oder als → Häresie (: I) verworfen. Durch → Gregor d.Gr. wurde die simplifizierte T. dem MA überliefert.

3. Nach dem 7. Ökumenischen Konzil (→ Nicäa, 2) entwickelte sich in der orientalischen Kirche die T. nicht mehr: das zusammenfassende Werk des → Johannes von Damaskus symbolisiert die Abgeschlossenheit einer mit sich zur Ruhe gekommenen Welt. Dagegen lebte in der immer stärker durch Rom (→ Papsttum: II) repräsentierten Kirche des Westens ein in die Zukunft drängender geschichtlicher Impuls. Dem entsprach die Intensität, mit welcher die altkirchliche T. selbständig fortentwickelt (→ Anselm, 1) bzw. mit dogmatischen Neubildungen ausgeglichen (→ Abendmahl: II, 2a) wurde. Frühscholastische Theologen erörterten die Möglichkeit eines Fortschritts in der Lehre durch neue Offenbarungen an die Kirche (Joh 16, 13). Wie stark sich andererseits das beharrende Element geltend machte, zeigt die zögernde Rezeption der Lehre von den → Sakramenten (: I, 2a). Vor allem dauerte es lange, bis die sog. »mündliche« T. formell gleichwertig neben die Schrift trat: für → Thomas von Aquino gebührte dieser noch eindeutig der Vorrang. Erst das → Tridentinum bestimmte, daß die ungeschriebenen T.en, von Christus oder dem Hl. Geist durch die Apostel überkommen, mit der Schrift »pari pietatis affectu ac reverentia« zu akzeptieren seien (→ Bibel: III, 3). Als »unmittelbare und nächste Quelle des Glaubens und der Glaubenswissenschaft« rückt in neuerer Zeit das → Lehramt immer stärker in den Vordergrund. Die unter bestimmten Bedingungen uneingeschränkte Stellung, die das → Vatikanum dem Papst verlieh (→ Infallibilität), bezeichnet den Abschluß des geschichtlichen Prozesses, in welchem der in den T.en der christianisierten Antike gegründete *Mensch* (s. 1) die christliche Wahrheit zu verbindlicher Deutung an sich nimmt. Zugleich gewinnt der »Glaubenssinn« der Kirche zunehmend an Gewicht: die hier sich abzeichnende Entwicklung (→ Mariologie, 2d) nötigt die röm. Theologie zu Erörterungen über Wesen und Umfang der T. überhaupt. Eine Dogmenentwicklung im Sinne des Fortschritts der → fides implicita zur fides explicita wird bejaht.

4. → *Luther* war berufen, den geschichtlichen Horizont der abendländischen Kirche zu durchbrechen und aus Glauben die *Umkehr der Geschichte* zu vollziehen: es gilt nicht mehr der in seinen T.en sich bewahrende »Mensch mit Gott« (s. 1), sondern *Gott allein* und durch ihn gehalten der Mensch. So inkonsequent Luther notwendig verfuhr – am altkirchlichen → Dogma (: II, 4) hielt er fest – : grundsätzlich war die T. als menschlich in Frage gestellt und an einer vor und »jenseits« der christianisierten Antike, im »Wort« gegebenen Norm zu messen (sola scriptura; → Bibel: III, 4). Der immer wieder geschehende Rückgriff auf (altkirchliche) Elemente der T. seitens der prot. Theologie (→ Melanchthon, 5), neuerdings die kritisch-produktive, aber in ihrem geschichtlichen Sinn noch unerhellte Aneignung der T. durch K. → Barth ist ein Hinweis darauf, daß weder die Reformation noch die gelehrte prot. Destruktion des Dogmas (A.v. → Harnack) den abendländischen geschichtlichen Horizont radikal zu überwinden vermochte. Das ist auch nur scheinbar der Fall, wo »T.« – bei in einer Hinsicht höchst fruchtbarer Radikalisierung des prot. Prinzips – in der Geschichtlichkeit der Existenz zu verschwinden scheint (→ Bultmann). Auf dem Standpunkt prot. »Entweltlichung« und historischer Kritik stellt sich der → Dogmengeschichte die Aufgabe, die T. des Katholizismus aus dessen eigenem Horizont zu verstehen. Die *theologische* Aufgabe ist erfüllt, wenn *im Kontrast* begriffen ist, inwiefern ein aus derselben urchristlichen Wurzel wie der Protestantismus stammendes Christentum doch auf anderer, gleichsam der horizontalen Ebene sein Wesen hat. Demgegenüber ist die Beschreibung und Beurteilung einer »T.«sbildung innerhalb der reformatorischen Kirchen (→ Bekenntnis: IV) eine Aufgabe eigenen Rechts.

Die Lit. reicht so weit wie das Problem der aneignenden Auslegung des Evangeliums durch die »Kirche« u. ist kaum zu begrenzen. Vgl. die Darstellungen der DG sowie H.GRASS, Die kath. Lehre v. d. Hl. Schrift u. v. d. T. (QKK A 1), 1954 (Qu., Lit.). – Ferner: H.J. HOLTZMANN, Kanon u. T., 1859 – RE XX, 8ff – RITSCHL I-IV – GRABMANN I. II – RGG² V, 1249f – J.RANFT, Der Ursprung d. kath. T.sprinzips, 1931 – LThK X, 243ff – DThC XV, 1252ff – H.RÜCKERT, Schrift, T. u. Kirche, (1951) 2. Aufl. o.J. – DERS., Das ev. Geschichtsbewußtsein u. das MA (in: Mittelalterl. Erbe – ev. Verantwortung, 1962, 13–23) – LANDGRAF I/1, 30ff u. passim – CH.BAUMGARTNER, T. et magistère (RechSR 41, 1953, 161–187) – B.CAPELLE, Autorité de la liturgie chez les Pères (RThAM 21, 1954, 5–22) – M.SCHMAUS, Kath. Dogmatik V, 1955, 9ff – J.R.GEISELMANN, Das Konzil v. Trient über d. Verhältnis d. Hl. Schrift u. d. nicht geschriebenen T.en (Die mündl. Überlieferung, hg.v. M.SCHMAUS, 1957, 123–206) – ALTANER (s. Reg. s.v.) – F.W.KANTZENBACH, Evangelium u. Dogma, 1959 – EKL III, 1471ff (Lit.). – Zum Begriff des für die T. sinngebenden »geschichtl. Horizonts« vgl. U.WICKERT, Studien zu d. Pauluskommentaren Theodors v. Mopsuestia (BZNW 27), 1962, Einl. Abschn. X u. passim. – Vgl. die Lit. zu d. einzelnen Stichworten sowie zu → Dogma: II, → Tradition: V. VII.

U. Wickert

VII. Dogmatisch

1. T. und T.en – 2. Schrift und T. – 3. T. und Geschichtlichkeit – 4. T. und Hl. Geist. – Ü. = Überlieferung

1. »T.« ist in Hinsicht auf den christlichen Glauben nicht ein akzidentelles Spezialthema, sondern Schnitt-

punkt der verschiedenen Dimensionen seiner Erscheinung und darum Leitbegriff für das Fragen nach deren Zusammenhang. Der → Glaube (: V) ist, als Berufung auf seinen Grund, wesenhaft auf Jesus Christus als das rettende fleischgewordene Wort Gottes bezogen. Er ist deshalb auf die Jesus bezeugende Ü. angewiesen und nimmt verantwortlich an ihr teil. Er lebt in der →Kirche (: IV) als dem anhaltenden Ü.sgeschehen, in dem die *eine* Offenbarungs*tradition* mannigfaltige *T.en* hervorbringt, durch diese wirksam, aber auch bedroht ist und darum von ihnen zu unterscheiden und doch nicht zu trennen ist.

Dieser Sachverhalt scheint hinreichend erfaßt zu sein mit der Feststellung, daß der christliche Glaube den Bedingungen der Geschichte unterworfen ist. In der Tat lassen sich allgemeine Strukturgesichtspunkte von T. auch hier wiedererkennen: das Angewiesensein des (allein in Mitmenschlichkeit existierenden) Geistes auf Sprach-Ü. (wozu in weitem Sinne auch Sitte, Institutionen, Riten usw gehören), das notwendige Ineinander von Identität und Variabilität im Ü.svorgang sowie die zwischen starrem T.alismus, progressivem Evolutionismus oder revolutionärer T.sfeindschaft sich bewegenden Modifikationen des Verhältnisses zur T. Jedoch entzieht sich das für den christlichen Glauben eigentlich Konstitutive der Einfügung in einen vermeintlich formalen und allgemeinen, an anderen T.sphänomenen gewonnenen T.sbegriff, nicht weil es zu diesem beziehungslos wäre, sondern weil vom christlichen Glauben her die Sachbestimmtheit des allgemeinen T.sbegriffs aufgedeckt und so im Problem des T.sbegriffs die Sache selbst strittig wird, um die es in der T. geht. Wie Jesus Christus als eschatologische Offenbarung Gottes in der Geschichte eine Inanspruchnahme der Geschichte ist, die das Verständnis von Geschichte überhaupt betrifft und strittig werden läßt, so wandelt sich entsprechend durch das Faktum der Christus-Ü. das T.sproblem selbst. Darauf weisen einige Hauptsymptome hin.

Die Christus-Ü. tritt nicht in eine Reihe (und so in die Konkurrenz des Gleichartigen) mit den übrigen Ü.en der Menschheit, sondern als *die* Ü. eschatologischer Relevanz setzt sie alle übrigen Ü.en in bestimmter Hinsicht außer Kraft, weist ihnen aber zugleich den Ort ihrer begrenzten Geltung an. Sie tritt also nicht an deren Stelle als uniforme T., sondern ist als die *eine* T. ausschließlich in mannigfaltigen T.en in Aktion. Dem entspricht, daß sie, obwohl auf die historische Einmaligkeit der Erscheinung Jesu (einschließlich der durch ihn zum *alten* Bund gewordenen mosaischen Ü.) bezogen, nicht Gesetzes-T. ist, durch die die Vergangenheit über die Gegenwart verfügt, sondern Ü. des Evangeliums, die als Glaubensüberlieferung Ü. des Hl. Geistes ist, durch die von der Zukunft her die Gegenwart frei wird. In diesem T.sgeschehen ist das traditum nicht unabhängig vom actus tradendi ausweisbar. Vielmehr ist der actus tradendi das Geschehen (nicht bloße Erinnerung) des traditum selbst, wie auch das traditum nur dann wahrgenommen ist, wenn es nicht traditum bleibt, sondern sich ereignet als actus tradendi.

Diese Symptome weisen auf eine so radikale Wandlung des T.sproblems, daß es fraglich ist, ob das Wort »T.« überhaupt als tragendes Kennwort des Christusglaubens in Anspruch genommen werden kann. Denn so fraglos die Sache des christlichen Glaubens durch Ü. auf uns zukommt, so problematisch ist der Versuch, das eigentliche traditum als solches zu fixieren und dessen Geltungsweise vom Gesichtspunkt der T. herzuleiten. Die Fülle greifbarer tradita und in Kraft und Geltung stehender T.en innerhalb des Christentums erlaubt gerade nicht, einzelnes daraus mit *dem* traditum schlechthin zu identifizieren.

2. Die herkömmliche dogmatische Behandlung des T.sproblems steht im Banne der kontroverstheologischen Diskussion um das Verhältnis von *Schrift und T.* Durch die Antithetik des reformatorischen »Sola Scriptura« und des tridentinischen »libri scripti et sine scripto traditiones« (Denz. 783, im Entwurf: partim - partim) ist zwar die intensive Erörterung des T.sproblems erst in Gang gekommen. Jedoch wurde die umfassende Einsicht in den Sachverhalt zugleich beeinträchtigt durch die beiderseitig polemische Entfaltung. »Sola Scriptura« ist zunächst nichts spezifisch Reformatorisches, sondern als strikter Ausdruck der Kanonizität Hl. Schrift (vgl. Augustin, Ep. ad Hier. 82, 1, 3 MPL 33, 277 = CSEL 33, 354) gemeinchristlich im Sinne der allein maßgebenden Autorität des → Apostolischen. Wenn die frühkath. Kirche von vornherein die Apostolizität außer an den → Kanon (: II) an die regula fidei und das bischöfliche Amt (→ Sukzession) gebunden sein ließ, wenn ferner der Gesichtspunkt mündlicher Ü. von den Aposteln her neben die in der Schrift fixierte trat und schließlich »T.« als Inbegriff gegenwärtiger Autorität der Kirche Gegenpol zur Schrift wurde, so sollte doch dadurch die einzigartige Sonderstellung der Hl. Schrift grundsätzlich nicht angetastet und keinerlei Möglichkeit eines Widerspruchs zu ihr zugelassen sein. Dabei nimmt der lehramtlich noch nicht definierte, der theologischen Definition weiten Spielraum lassende röm.-kath. *T.sbegriff* im Unterschied zur Schrift als festumrissener vorfindlicher Größe sehr verschiedenartige, ihn ungemein flexibel machende Momente in sich auf: a) hinsichtlich der *Ü.sweise:* den Vollzug der Weitergabe der Offenbarung, wie er der Schrift vorausgeht und weiterhin folgt, so daß das Wort »T.«, obwohl an sich auch Schriftliches umfassend, eingeengt wird auf nichtschriftliche, »lebendige« T.; b) hinsichtlich des *Ü.sinhalts:* trotz grundsätzlich behaupteter Übereinstimmung und überwiegender Identität mit dem Schriftinhalt die Möglichkeit inhaltlicher Ergänzung durch einzelne von den Aposteln nur mündlich weitergegebene tradenda (zB Kindertaufe) oder durch explizierende Folgerung aus dem in der Schrift Enthaltenen; c) hinsichtlich der *Ü.snorm:* die zum T.sprozeß notwendig gehörende Wahrung der Reinheit der Ü. in deren wachstümlichem Fortgang (Denz. 1800 unter Bezugnahme auf Vincentius von Lerinum, Comm. XXIII, 28), die im T.svollzug selbst durch das für das autoritative exponere und proponere zuständige, in letzter Instanz unfehlbare kirchliche → Lehramt garantiert ist (vgl. Denz. 786. 1788. 1792. 1839), so daß im Begriff der T. als kirchlichen Selbstbewußtseins Vollzug, Inhalt, Norm und Instanz der Ü. ununterscheidbar und kritische Prüfung ausschließend zur Deckung kommen. Der T. im röm.-kath. Verständnis kommt darum der Schrift gegenüber (den peripheren Gesichtspunkt der materialen Ergänzung einschließend) hermeneutische Funktion zu (vgl. Tertullian, De praescr. haer. 19; Vincentius von Lerinum, Comm. II, 2; Denz. 1788), so freilich, daß sie letztlich der hermeneutischen (und historischen) Rechenschaft enthebt.

Nicht T.alismus, sondern »Enthusiasmus« (ASm III, 8), Nichtachtung des verbum externum (als Inbegriff von »Schrift oder mündlich Wort«, BSLK 454, 2f. 11f) wird deshalb reformatorischerseits dem kath. T.sverständnis vorgeworfen. Gerade um der Wiederherstellung und Reinerhaltung der wahren Ü. willen schließt das *»Sola Scriptura«* die Beiordnung der T. aus. Insofern wäre das → »Schriftprinzip« gerade ein streng gefaßtes T.sprinzip, für das jedoch diese Bezeichnung nicht beansprucht wird: Der Sprachgebrauch von »T.« war überwiegend durch Unterscheidung von der Schrift festgelegt. Die reformatorische Frontstellung hatte Anhalt an der entsprechenden nt. Polemik gegen die jüdische Konzeption »Schrift und T.« (→ Tradition: IV) und am nt. Sprachgebrauch (vgl. auch Vulg.!), der das Substantiv »T.« vornehmlich kritisch im Sinne von traditiones humanae, antithetisch zu verbum Dei, verwendet. Auch sachlich dominieren im Phänomen der T. Gesichtspunkte, die nicht eine ungebrochene Inanspruchnahme dieser Vokabel für das Wortgeschehen des Evangeliums zulassen. Der reformatorische Sinn des »Sola Scriptura« besteht nicht wie bei dem romkritischen Vorkommen dieser Formel im MA (→ Bibel: III, 3 b; → Schriftprinzip, 2) in bloßer biblizistischer *Reduktion* des normativen T.sbereichs und einer Verschärfung des gesetzlich-formalen Charakters der T.sgeltung. Die am Anfang des 19.Jh.s aufgekommene Kennzeichnung als *»Formalprinzip«*, dessen Geltung durch ein »Materialprinzip« reguliert und beschränkt wird, ist Ausdruck der Verlegenheit gegenüber dem mißverstandenen reformatorischen → Schriftprinzip und ein unzureichender Versuch der Korrektur. Der Hauptakzent des reformatorischen »Sola Scriptura« liegt auch nicht auf der *Schriftlichkeit*, so wichtig diese ist als einziger Ausweis und Schutz der ursprünglichen T. Daß der Mündlichkeit der nt. T. historische Priorität vor der schriftlichen Fixierung zukommt und insofern auch bleibend sachliche Priorität, als die Ü. der Schrift als Text darauf abzielt, nicht Schrift zu bleiben, sondern viva voce verkündigt zu werden, wird von Luther aus dem Wesen des Evangeliums selbst begründet (vgl. WA 7, 526; 10/I, 1, 17f; 10/I, 2, 34f). Weil das Schriftprinzip die im fortdauernden Ü.sgeschehen gebrauchte, mit auctoritas causativa und normativa wirksame Schrift meint, ist das *Zeugnis der Kirche*, wie es in der Kanonsbegrenzung und in dem dogmatischen Urteil über die Schrift zum Ausdruck kommt, Hinweis nicht auf einen inneren Selbstwiderspruch des »Sola Scriptura«, sondern auf den faktischen »Prinzip«-Charakter der Schrift, deren Zeugnis sich selbst zur Geltung bringt durch das testimonium ecclesiae im → testimonium spiritus sancti internum.

Das »Sola Scriptura« ist darum – entsprechend der hermeneutischen Funktion der T. im kath. Verständnis – nur als hermeneutische These (identisch mit: Sacra Scriptura sui ipsius interpres, WA 7, 96–100) reformatorisch verstanden. Das *»sui ipsius interpres«* meint allerdings nicht eine biblizistische harmonisierende Konkordanzinterpretation, sondern umschließt als streng zusammengehörend: a) den allgemeinen hermeneutischen Grundsatz, daß der Text selbst hermeneutische Funktion hat und Auslegung samt Auslegungs-T. hervorbringt, über deren Angemessenheit allein vom Text her, also nur auf dem Wege der Auslegung, zu urteilen ist (was zwar ausschließt, eine Auslegungs-T. zur Norm des Textes oder eine tradierende Instanz zum Garanten der Auslegung zu machen, nicht jedoch, alle hermeneutisch gebotenen Hilfsmittel in den Dienst der Selbstauslegung des Textes zu stellen); b) den theologischen Grund-Satz, daß Jesus Christus als die »Sache« der Schrift von Klarheit schaffender, gewiß machender Klarheit ist (vgl. WA 18, 606ff. 653ff), und daß darum ebenso zwischen Christus (dem Worte Gottes) und der Schrift (in ihrem tradierten historisch-philologischen Bestand) unterschieden werden muß (vgl. WA 39/I, 47) wie *mittels* der die Verkündigung leitenden Schrift zwischen der tradierenden und selbst zur T. werdenden Kirche und dem sie schaffenden Worte Gottes bzw. Christus als ihrem Haupt (vgl. WA 6, 560f).

3. Den Eindruck, daß der reformatorische Beitrag zum T.sproblem ein rein negativer sei, erweckt (außer der die Terminologie bestimmenden Polemik gegen das herrschende T.sverständnis) der in der Kirchengeschichte beispiellos folgenreiche faktische Bruch mit T.en. Zwar ist die darin wirksame Grundintention die Wahrung bzw. Wiederherstellung der reinen T. (nicht archaisierend: der urchristlichen Zeit, sondern theologisch: des Evangeliums). Das führte nicht in schwärmerischen Radikalismus, sondern gab Freiheit zum Geltenlassen guter T.en und zu neuer T.sbildung. Jedoch kam das Problem der T. in der Weise des Problems der → *Geschichtlichkeit* zunächst nicht zu theologischer Explikation. Insbesondere verhinderte der T.alismus der altprot. Orthodoxie die Rechenschaft über die theologische Relevanz des T.sproblems für Schriftauslegung, Verständnis der Kirchengeschichte und gegenwärtiges Verantworten des christlichen Glaubens in Verkündigung, kirchlicher Lehre und dogmatischer Theologie.

Um so radikaler nötigte zu den vernachlässigten Aufgaben das Denken der Neuzeit, dessen Grundkennzeichen die *Emanzipation von der Autorität der T.* ist. War das mittelalterlich-kath. T.sverständnis eingebettet in ein allgemeines Verständnis von Wahrheit als überlieferter, so hat das neuzeitliche Wahrheitsverständnis sein Pathos in der T.skritik am Maßstab vernünftiger Selbstvergewisserung (→ Tradition: I). Während die Historisierung der T. zum Forschungsobjekt zunächst im Schutz der vermeintlich wesenhaft traditionsfreien Vernunft (sowie faktisch noch sehr wirksamer christlicher T.) geschah, erwies jedoch der Geist selbst sich als geschichtlich: »... was wir sind, sind wir zugleich geschichtlich ... so ist das, was wir in der Wissenschaft und näher in der Philosophie sind, gleichfalls der T. zu verdanken, die durch Alles hindurch, was vergänglich ist, und was daher vergangen ist, sich als, wie sie Herder genannt hat, eine heilige Kette schlingt, und was die Vorwelt vor sich gebracht hat, uns erhalten und überliefert hat« (Hegel, ed. Glockner, 17, 28ff). Die wiedererwachende Einsicht in die Notwendigkeit von T. verleiht jedoch nicht den relativierten und kraftlos gewordenen T.en Verbindlichkeit. Die Befreiung von der T. schlägt um in das Problem des T.sverlustes, der die radikale Vergeschichtlichung der Welt erfahren, aber ihr nicht standhalten läßt. Das Fragen richtet sich auf solche T., die den gegenwärtigen Menschen nicht aus der Geschichtlichkeit flüchten läßt, sondern sie zu bestehen Mut macht.

Die allgemeinen Wandlungen im Verhältnis zum Phänomen der T. haben die Theologie zunächst veranlaßt, die ihr anvertraute T. schärfer auf deren historische Herkunft und Differenziertheit sowie auf die Beziehung zu anderen T.en und zur Struktur von Geschichtlichkeit überhaupt zu untersuchen. Dabei wurde die *Einheit des NT* problematisch, das sich als spannungsvoller Niederschlag eines T.sprozesses zu erkennen gab, der zT noch Jüdisches und schon Frühkatholisches in sich schließt. Unter Voraussetzung des traditionellen Gebrauchs der Schrift als dogmatischer Summe von dicta probantia begründet der Kanon statt der Einheit der Kirche die Vielzahl der Konfessionen (Käsemann). Doch hat dieser historische Einblick in Genesis und Fortgang urchristlichen T.sgeschehens zu einem strengeren Fragen nach dem eigentlichen tradendum, das nicht identisch sein kann mit einem Gesamtlehrsystem des NT oder einer bevorzugten einzelnen nt. Lehr-T. (»Kanon im Kanon«), und nach dem Strukturzusammenhang zwischen dem traditum tradendum und der diesem gemäßen Weise des Geschehens der traditio genötigt.

Entsprechend wandelte sich das Verständnis der → *Kirchengeschichte* im ganzen. Die geschichtliche Bedingtheit und der komplexe Charakter insbesondere der großen Konfessionen als T.sgebilde wurde deutlicher. In ihren durch vielerlei »nichttheologische Faktoren« mitbestimmten Spezial-T.en ist die *eine* T. bezeugt, aber auch strittig. Keineswegs alle T.sdifferenzen implizieren Entscheidung an der Wahrheitsfrage. Vielmehr gehört die Vielgestaltigkeit der T.en notwendig zum rechten T.sgeschehen, ohne daß dadurch die (gerade infolge verschiedenen Verständnisses der gemeinsam bekannten Einheit der Kirche!) konfessionelle Bestreitung der Einheit erledigt wäre. Doch drängt die Frage nach dem Wesen von Kirchen*geschichte* auf eine Antwort, die weder im Sinne der Abfallstheorie eine positive theologische Relevanz der Variabilität des T.sgeschehens bestreitet noch den kritischen Gesichtspunkt der vom Ursprung her gegebenen Identität evolutionistisch preisgibt. Das Be-denken des T.sproblems zielt auf eine Hermeneutik der Begegnung der Konfessionen. (Die 3. Weltkonferenz für Faith and Order Lund 1952 hat eine theologische Studienkommission für »T. and T.s« eingesetzt, von deren amerikanischer und europäischer Sektion für die 4. Weltkonferenz 1963 Berichte zu erwarten sind.)

Noch mehr freilich als diese Veränderungen, die primär in der historischen Sicht christlicher T. eingetreten sind und so sich auch auf die *Gegenwart* auswirken, stellen die neuzeitlichen Wandlungen im Lebensverhältnis zur T. vor eine neue Situation. Die christliche T. in der Vielfalt ihrer Gestalten (in Geltung stehendes Bekenntnis, Ordnung und Sitte kirchlichen Lebens, Kirchensprache, christliches Ethos usw) hat im Zuge des → Säkularismus weithin die Macht der Selbstverständlichkeit als lebendiger T. eingebüßt und den unverbindlichen oder befremdenden Charakter historischer Relikte angenommen. Damit ist eine Änderung der Verstehenssituation eingetreten, die auf weitere Aspekte des T.sproblems achten läßt. Vollzieht sich die Weitergabe der christlichen Verkündigung in einem Bereich, in dem diese bereits sich durchgesetzt hat und nun kraft T. in Geltung steht, so brauchen zwar deswegen Wort und Glauben nicht zwangsläufig im Traditionellen zu bleiben, stehen aber dank dem aus T. geleisteten vorschüssigen Einverständnis unter anderen (teils erleichternden, teils erschwerenden) Verstehensbedingungen als in rein missionarischer Situation. So wenig die wahre traditio christlichen Glaubens auf eine durch christliche T. schon bewirkte Kreditvorgabe angewiesen ist – vielmehr ohne diese in gewisser Hinsicht elementarer ihre Vollmacht erweist –, so wenig steht die Verkündigungssituation zur Wahl oder spaltet sich fundamental. In der so oder so vorbestimmten Verstehenssituation muß das Geschehen der wahren Verkündigungs-traditio sich auf jeden Fall auch *gegen* die Macht der T., selbst der christlichen, durchsetzen. In einer Zeit weit vorgeschrittenen Schwundes christlicher T. wird auch im »christlichen« Raum die hermeneutische Aufgabe durch bloße T. sich nicht erledigen, vielmehr um so dringlicher werden. Und selbst wo die traditionsbestimmte Verstehenssituation noch intakt zu sein scheint, versagt man sich in diesem Getto doch der Verantwortung für das Geschehen der traditio an die Welt. Die ökumenische Bewegung muß sich prüfen, ob das Fragen nach der T. und den T.en um der Einheit der Kirche willen, verbunden mit tastenden Einigungsversuchen in Formeln traditioneller Kirchensprache, etwa unbemerkt von dem T.sproblem in der eigentlich bedrängenden Gestalt der heutigen Verkündigungsaufgabe ablenkt.

4. Im Geschehen von T. ereignet sich geistige Macht, die vom Menschen Besitz ergreift. Entgegen der oberflächlichen Antagonie von T. und *Geist* ist T. das Feld der Antagonie des Geistes. Das Stichwort »T.« gibt darum in bezug auf den christlichen Glauben dessen Notwendigkeit und Strittigkeit für den Menschen in der Geschichte zu bedenken. Das Teilhaben an T. entscheidet über das Teil-Sein, dh die Zugehörigkeit des Menschen als Gliedes zu einem Leib. T. als Ü. an den Menschen impliziert deshalb zugleich das Überliefertwerden des Menschen an die ihn angehende T. Indem die christliche Verkündigung als traditio ebenfalls auf diese Struktur hin zu befragen ist, erhebt sie jedoch den Anspruch, das einzige Ü.sgeschehen zu sein, das dieser Struktur so radikal gerecht wird, daß es sie überwindet. Dem Menschen, der um der Nichtigkeit seiner selbst willen auf T. angewiesen ist als auf eine zum Existieren notwendige Behausung, die ihn schützt vor der schweifenden Unberechenbarkeit der Weltmächte ebenso wie seiner selbst, widerfährt T. in den verschiedensten Variationen stets so, daß ihm ein Stück »Weltmacht« überliefert und dadurch er selbst dahin ausgeliefert wird. Die »Ü.« führt in eine partiell möglicherweise heilsame, letztlich aber heillose Gefangenschaft, gerade weil der Mensch auf seine Freiheit hin in Anspruch genommen ist, nach der Vorschrift der Ü. sich selbst zu verwirklichen, also letztlich an die eigene »Macht« ausgeliefert ist. Der damit umrissenen Gesetzesstruktur von T. tritt die Verkündigung des Evangeliums entgegen als Übergabe Gottes durch Jesus Christus im Hl. Geist zur Ü. des Menschen an Gott durch den Glauben als das Widerfahrnis geschenkter, zugesprochener Freiheit.

Die theologische Frage nach dem Wesen von T. muß in die Tiefe hinein verfolgt werden, in der sie als Frage nach der T. des christlichen Glaubens nicht isoliert bleibt von, sondern eins wird mit dem Problem der T. überhaupt und in der die Frage nach dem eigentlichen traditum tradendum identisch wird mit der nach der wahren Weise des T.sgeschehens. Der Kern des ungemein komplexen Sachverhalts ist, daß das von Jesus her in seinem Namen aller Welt zu Überliefernde das *Evangelium* ist, das Jesus, als das menschgewordene Wort Gottes, in Person ist. Der von vornherein uneinheitliche T.sbefund unterstreicht dies: Nicht eine Lehre, ein Gesetz, ein Offenbarungsbuch, sondern die Person Jesu selbst als Autorisation von Evangelium, von Geschehen vollmächtigen Wortes des Glaubens ist Inbegriff dessen, was zu überliefern ist, und entsprechend der Hl. Geist als Gottes Präsenz im glaubenschaffenden Wort der Verkündigung.

Das Geschehen dieses verbum externum, welches bezeugt, was in Jesus zur Sprache gekommen ist, und auf Glauben abzielt, bedient sich mannigfacher T.sgestalten: der vielfältigen Weisen von Christuszeugnis und Christusverkündigung, des verbum visibile der Sakramentshandlungen, der kerygmatischen Formeln, der Ordnungen und Dienste der ἐκκλησία, der autoritativen Texte, der theologischen Auslegungs-T., der christlichen Sitte, der Ausstrahlungen in die ganze Breite sittlichen, kulturellen und geschichtlichen Lebens. Doch vollzieht sich durch all diese T.sformen nur dann die eigentliche traditio des Hl. Geistes, wenn sie dienend bezogen sind auf das Wort des Glaubens, durch das Jesus Christus den Menschen überliefert wird und die Menschen Jesus Christus überliefert werden. Die christliche T. ist ständig in der Gefahr, zur Gesetzes-T. zu werden und die Überlieferung des Evangeliums schuldig zu bleiben. Nicht die Wahrung und Weitergabe der T.sinhalte und -formen als solcher, sondern nur deren rechter Gebrauch als Weisen und Mittel des Evangeliums wird dem Ü.sgeschehen gerecht.

Das Grundproblem, inwiefern überhaupt Evangelium, Glaube, Hl. Geist Sache von T. sein können, erfordert rechte *Unterscheidung von Evangelium und Gesetz*. Einerseits ist das Evangelium in so radikalem Sinne Wortgeschehen, daß es wahre Erfüllung von »Ü.« ist. Anderseits hat T. als solche faktisch die unausrottbare Tendenz, zur Gesetzes-T. zu werden und den Charakter reinen

Wortgeschehens einzubüßen, zur litera (→ Geist und Buchstabe) zu werden. Jedoch muß auch dies beachtet werden, daß das Evangelium, als in T. geschehendes, in legitimer Weise dem Gesetz (im Sinne des usus civilis) Raum läßt beim T.sgeschehen: in der Weise von Ordnungen, Recht, Erziehung, Sitte usw. Aber nur vom Evangelium her kann dieser legitime Sinn gewahrt werden. Kriterium ist, daß das Ü.sgeschehen offen bleibt zur Welt hin, und zwar in der doppelten Hinsicht: daß das Evangelium befreiend in die Gesetzes-T.en der Welt hinein überliefert wird; aber auch daß solidarisch mit der Welt in rechter Weise die Aufgabe der Verantwortung für die T. des Gesetzes (zB gerade angesichts des Problems des T.sschwundes) wahrgenommen und nicht durch überfremdende Oktroyierung eines christlichen Gesetzes nur zum Schein gelöst wird.

Das Problem der T. mündet in das Problem der → Hermeneutik einerseits, des → Kirchenrechts andererseits. Vom Gesichtspunkt der *Hermeneutik* her erschließt sich die Struktur des T.sgeschehens als Auslegungsgeschehens: daß, damit *dasselbe* gesagt wird, um der geschichtlichen Differenz willen es *anders* gesagt werden muß, daß aber, um *neu* gesagt werden zu können, der überlieferte *Text* in der Weise der Auslegung zur Geltung kommen muß. In dem Fortgang des Auslegungsgeschehens als Weitergabe der Evangeliums-Ü. in je neuer Begegnung mit und Unterscheidung von der Wirklichkeit des Gesetzes liegt der - einen Erkenntnis- und Erfahrungszuwachs einschließende - Sinn der Kirchengeschichte. Unter dem Gesichtspunkt des *Kirchenrechts* bestimmt sich das T.sgeschehen als der über den Hl. Geist nicht verfügende, ihm Freiheit einräumende Dienst am Wortgeschehen des Evangeliums, um dessentwillen Rechtsordnungen soweit gut und notwendig sind, als sie ihre Ortsanweisung erhalten aus der Unterscheidung von Gesetz und Evangelium. Dem rechten theologischen Verständnis der T. in dem Ineinandergreifen des Problems der Hermeneutik und des Problems des Kirchenrechts dient das reformatorische »Sola Scriptura«, indem es dafür sorgt, daß die Unterscheidung von Text und Auslegung und darum auch von Jesus Christus und Kirche erhalten und so das Wortgeschehen des Evangeliums wirklich *»Überlieferung«* bleibt.

J.Beumer, Das kath. Schriftprinzip in d. theol. Lit. d. Scholastik bis zur Reformation (Schol. 16, 1941, 24-52) - Ders., Kath. u. prot. Schriftprinzip im Urteil d. Trienter Konzils (ebd 34, 1959, 249-258) - DThC XV, 1252ff - G.Krüger, Gesch. u. T. (Lebendige Wissenschaft H. 12), 1948 (= Ders., Freiheit u. Weltverwaltung, 1958, 71-96) - D.Koster, Volk Gottes im Wachstum d. Glaubens, 1950 - J.-L.Leuba, L'institution et l'événement, Neuchâtel 1950; dt. 1957 - G.Merz, Das Problem d. T. in d. reformat. Theol. u. in d. prot. Kirche d. Gegenwart (Kirche u. Kosmos 1950, 64-76) - L.Müller, Die Bedeutung d. T. in d. orth. Theol. u. Kirche (ebd 77-97) - P.Brunner, Schrift u. T. (Festschr. H.Meiser, 1951, 119-140) - D.Jenkins, T., Freedom and the Spirit, Philadelphia 1951 - Studium Generale 4, 1951, H. 6 (Beiträge z. Problem d. T. v. A.Rüstow, Th.Litt, G.Krüger, F.Becker, K.Reinhardt, B.Snell, J.Ebbinghaus, H.v. Campenhausen, M.Schmaus) - H.Diem, Das Problem d. Schriftkanons (ThSt [B] 32), 1952 - Ders., Was heißt schriftgemäß?, 1958 - O.Müller, Zum Begriff d. T. in d. Theol. d. letzten hundert Jahre (MThZ 4, 1953, 164-186) - G.Ebeling, Die Geschichtlichkeit d. Kirche u. ihrer Verkündigung als theol. Problem (SgV 207/08), 1954 - Ders., Wort Gottes u. kirchl. Lehre (MdKI 13, 1962, 21-28) - G.Gloege, Offenbarung u. Ü. (ThLZ 79, 1954, 213-236 = ThF 6, 1954) - K.Rahner, Zur Frage d. Dogmenentwicklung (in: Schriften zur Theol. I, [1954] 1956^2, 49-90) - J.Pelikan, Die T. im konfessionellen Luthertum (LR 6, 1956/57, 228-237) - Die mündl. Ü. Beiträge zum Begriff d. T. v. H.Bacht, H.Fries, J.R.Geiselmann, hg.v. M.Schmaus, 1957 - J.R.Geiselmann, Die T. (in: Fragen d. Theol. heute, hg.v. J.Feiner u.a., Einsiedeln [1957] 1958^2, 69-108) - Ders., Die lebendige Ü. als Norm d. christl. Glaubens. Die apost. T. in d. Form d. kirchl. Verkündigung - das Formalprinzip d. Katholizismus dargest. im Geiste d. T.slehre v. Joh.Ev.Kuhn, 1958 - E.Kinder, Schrift u. T. (in: Die Katholizität d. Kirche, hg.v. H.Asmussen u. W.Stählin, 1957, 9-79) - A.Sperl, Zur Gesch. d. Begriffs »T.« in d. ev. Theol. (in: Das Wort in Gesch. u. Gegenwart, 1957, 147-159) - Ders., Melanchthon zwischen Humanismus u. Reformation (FGLP X, 15), 1959 - J.Pieper, Über d. Begriff d. T., 1958 - H.Schüssler, Wahrheit u. Ü. zwischen d. Konfessionen. Zur Diskussion um Schriftprinzip u. kirchl. Lehramt (Festschr. J.Lortz, 1958, I, 109-134) - LThK^2 II, 449ff; V, 115ff - EKL III, 1471ff - H.Lennerz, Scriptura Sola? (Gregorianum 40, 1959, 38-53) - R.Bultmann, Reflexionen zum Thema Gesch. u. T. (Festschr. E.Beutler, 1960, 9-21) - Y.Congar, La t. et les t.s, Paris 1960 - Ders., Traditio u. Sacra doctrina bei Thomas v. Aquin (Festschr. J.R.Geiselmann, 1960, 170-210) - B.Decker, Sola Scriptura bei Thomas v. Aquin (Festschr. A.Stohr, I, 1960, 117-129) - H.Engelland, Schrift u. T. (ThLZ 85, 1960, 19-32) - P.Lengsfeld, Überlieferung. T. u. Schrift in d. ev. u. kath. Theol. d. Gegenwart, 1960 - W.Maurer, Luthers Verständnis d. nt. Kanons (Fuldaer Hefte 12, 1960, 47-77) - E.Schlink, The Significance of the Eastern and Western T.s for the Christian Church (ER 12, 1960, 133-142) - E.Stakemeier, Das Konzil v. Trient über d. T. (Catholica 14, 1960, 34-48) - WKL 1469ff - H.Beintker, Die ev. Lehre v. d. Hl. Schrift u. v. d. T. (QKK B 2), 1961 - P.Fraenkel, Testimonia Patrum. The Function of the Patristic Argument in the Theology of Philip Melanchthon, Genf 1961 - The Old and the New in the Church. World Council of Churches Commission on Faith and Order. Report on T. and T.s. Report on Institutionalism and Unity (Faith and Order Commission Paper Nr. 34), London 1961 - M.Thurian, L'unité visible des chrétiens et la t., Neuchâtel 1961 - T. u. Glaubensgerechtigkeit. Das Arnoldshainer Gespräch zwischen Vertretern d. EKD u. d. Russ. Orth. Kirche v. Okt. 1959, hg.v. Außenamt der EKD, 1961 - W.Kasper, Die Lehre v. d. T. in d. Röm. Schule, 1962 - E.Wolf, T. u. Rezeption (EvTh 22, 1962, 326 bis 337). - Vgl. ferner die Lehrbücher der → Dogmatik u. → Konfessionskunde sowie die Lit. zu → Bibel: I-III, → Geist und Buchstabe, → Geschichte: II. III, → Geschichtlichkeit, → Hermeneutik, → Kanon: II, → Schriftprinzip, → Tradition: I. V. VI. *G.Ebeling*

VIII. Liturgiewissenschaftlich

Das Thema der »liturgischen Erbfolge« (F.Rendtorff, s. Lit.) ist für eine streng historisch verstandene Liturgiewissenschaft von zentraler Bedeutung. Auf den Grundlinien der Religions- und Kirchengeschichte sind die Quellen für eine Geschichte des Gottesdienstes zu erforschen, einzuzeichnen und miteinander zu verbinden. Die Verbindungslinien sind teils zahlreicher und stärker, teils schwächer oder kaum erkennbar. Dabei ist nie zu übersehen, daß die Übernahme von Riten, Formeln oder ganzen Ordnungen allein nicht die Stärke der T.slinie bestimmt. Der je neue Gehalt schafft nicht nur neue Formen, sondern füllt auch die übernommenen. Am schwierigsten ist deshalb die Erforschung von T. und Neuschöpfung an den Knotenpunkten der Entwicklung (urchristlicher Gottesdienst - Judentum, Hellenismus, abend- und morgenländischer, reformatorischer und röm. Gottesdienst). Das Schwergewicht der T. läßt sich an der Feststellung ermessen: »In der Gegenwart enthalten alle [?] Liturgien der Kirchen in den verschiedensten Gegenden der Welt für den sog. ›Hauptgottesdienst‹ im Grunde das Justinische Schema« (Fendt 29). Nicht die Liturgiewissenschaft, sondern die praktische Liturgik hat zu erwägen, ob in der Gestaltung des ev. Gottesdienstes der T. oder der freien Neuschöpfung der Vorrang gebührt. »Das Gewicht echter T. und die Kraft echten neuen Gutes ergänzen einander« (O.Haendler 1957). - Vgl. →Gottesdienst: V, →Liturgie, →Liturgik.

F.Rendtorff, Die Gesch. des christl. Gottesdienstes unter dem Gesichtspunkt der liturg. Erbfolge, 1914 - L.Fendt, Grundriß der Prakt. Theol. II, (1938) 1949^2, 4ff - Th.Klauser, Abendländ. Liturgiegesch., (1944) 1949 - W.Wiefel, Der Synagogengottesdienst im nt. Zeitalter u. seine Einwirkung auf den entstehenden christl. Gottesdienst (Diss. Leipzig), 1959 (Masch.). *H.Urner*

Traditionalismus ist allgemein das Hängen am Überlieferten. Unter den Konfessionen ist vor allem die → Orthodoxe Kirche in diesem Sinn traditionalistisch.

Aber auch in allen andern Kirchen und Gemeinschaften finden sich stärkere oder schwächere Einflüsse von T., wie überhaupt jede Gegenwart zum guten Teil aus der Vergangenheit lebt.

Im Bereich der *röm.-kath. Kirche* (→ Katholizismus: I, 2) hat das Wort T. im 19. Jh. eine besondere Bedeutung bekommen. Es geht dabei darum, das Verhältnis von → Vernunft und → Tradition richtig zu bestimmen. Die Frage nach dem Verhältnis von Schrift und Tradition bleibt hier beiseite. Das Problem lautet: Kann die Vernunft, unabhängig von der geschichtlichen Offenbarung und überhaupt von geschichtlicher Überlieferung, zu sicheren Erkenntnissen gelangen? Schrift und Tradition sind dabei als Quellen der geschichtlichen Offenbarung oder allgemeiner der geschichtlichen Überlieferung vorausgesetzt. Vernunft und Geschichte (= Überlieferung) sind gegenübergestellt. Die dogmatisch richtige Antwort wird durch drei vom Papst verurteilte Häresien verfehlt. Der Rationalismus (G. → Hermes) begründet alle Erkenntnis ausschließlich auf die Vernunft. Der → Ontologismus (G. → Rosmini) läßt alle Vernunfterkenntnis aus einer unmittelbaren Seinserkenntnis (Sein = Gott) hervorgehen, so daß die Gotteserkenntnis im Grunde unsere einzige Erkenntnis ist. Die dritte Häresie ist der T. Er führt die gesamte Erkenntnis, bes. die sittliche und religiöse, auf die von Geschlecht zu Geschlecht weitergegebene Überlieferung zurück, die mit einer dem ersten Menschen zuteil gewordenen → Uroffenbarung Gottes ihren Anfang nahm; alle bloße Vernunfterkenntnis verfällt scharfer Kritik. Der T. gelangte vor allem im französischen Sprachgebiet in zahlreichen Spielarten zu großem Einfluß.

Man unterscheidet den strengen und den gemäßigten T. Der *strenge* T., auch *Fideismus* genannt, wurde begründet durch → Bonald und fortgebildet durch → Lamennais (Essai sur l'indifférence en matière de religion I-IV, 1817-23). Lamennais geht von der Irrtumsfähigkeit der Vernunft aus und argumentiert: Gewißheit suchen, heißt eine unfehlbare Vernunft suchen. Diese Unfehlbarkeit muß geglaubt, dh ohne Beweise angenommen werden; denn jeder Beweis setzt schon sichere Wahrheiten, mithin die behauptete Unfehlbarkeit der Vernunft, voraus. Wenn wir also genötigt sind zu glauben, um nicht auf alle Gewißheit verzichten zu müssen, so ist die Autorität der allgemeinen Übereinstimmung (le consentement commun, sensus communis) der individuellen Vernunft vorzuziehen. Die allgemeine Übereinstimmung ist für uns das Siegel der Wahrheit, ein anderes gibt es nicht. Die sicherste Wahrheit ist das Dasein Gottes, da es durch die ganz allgemeine Überlieferung des Menschengeschlechts bezeugt wird. Diese Überlieferung nimmt nach ihrem eigenen Zeugnis ihren Anfang mit der Selbstmitteilung Gottes, auf die alle Vernunfterkenntnisse zurückgehen. Die aus der Uroffenbarung stammenden Glaubenswahrheiten sind das unveränderliche Kapital der Geister, das Band ihrer Gesellschaft und der Grund ihres Daseins. Der Mensch kann die empfangenen Wahrheiten kombinieren, aber nie eine neue Wahrheit finden. Auch die Sprache ist nicht eine Erfindung des Menschen, sondern dieser hat von Gott zugleich mit den Ideen auch die Worte empfangen. Von → Augustins Gnadenlehre her kam L.E.M. Bautain (1796-1867) zu ähnlichen Thesen: Gott durch die Kräfte der Vernunft erkennen, würde heißen, zum Glauben nicht der Gnade zu bedürfen. - Der Fideismus fand zahlreiche Anhänger, die ihn mannigfach variierten. Seine Häresie besteht in der Hauptsache darin, daß er dem Glauben seine Vernunftbasis entzieht, daß er alle Gotteserkenntnis ausschließlich auf die Autorität der Offenbarung gründet. Die fides divina wird nicht nur psychologisch, sondern der Sache nach der vernünftigen Gotteserkenntnis vorgeordnet. Der → Atheismus läßt sich dann mit Vernunftargumenten (Gottesbeweisen) nicht widerlegen.

Der *gemäßigte* T. (G. Ventura [1792-1861], A. Bonnetty [1789-1879], die Löwener Schule unter ihrem Haupt G.C. Ubaghs [1800-75] u.a.) macht Einschränkungen: Nicht alle Ideen, sondern nur die moralischen und religiösen beruhen auf Offenbarung. Nachdem die Vernunft auf dem sozialen Wege vom Dasein Gottes Kenntnis erhalten hat, kann sie nachträglich den Beweis dafür liefern. Die Vernunft ist also nicht nur rezeptiv, sondern in der Erkenntnis aktiv. Aber im gegenwärtigen (sündlichen) Zustand bedarf sie der Mitteilung von außen, um eine sichere Gotteserkenntnis zu erlangen. Sich selbst überlassen, kann sie Gott nicht klar und sicher erkennen; die Menschen »quales nunc nascuntur« haben die soziale Mitteilung absolut nötig. Der gemäßigte T. ist nur unter der Bedingung nicht häretisch, daß die soziale Mitteilung über Gott nicht auf die Uroffenbarung zurückgeführt, die fides divina also nicht der natürlichen Gotteserkenntnis vorgeordnet wird.

Das → Vatikanum hat den T. ausdrücklich verurteilt: »Wenn jemand sagt, der eine und wahre Gott, unser Schöpfer und Herr, könne nicht an dem Geschaffenen durch das natürliche Licht der menschlichen Vernunft mit Sicherheit erkannt werden, der sei verdammt« (Denz. 1806). Der → Antimodernisteneid hat die Formel verschärft durch den Zusatz: »(erkannt) und sogar auch bewiesen (werden)« (Denz. 2145). Jedoch besteht über den Gewißheitsgrad (→ Gewißheit, 3c) dieses Zusatzes Meinungsverschiedenheit, ob er de fide divina et catholica oder fidei proximus oder nur theologice certus ist. Auch wird gern betont, daß der Begriff des Beweises nicht gepreßt werden dürfe, als wenn den → Gottesbeweisen mathematisch-naturwissenschaftliche Stringenz zuerkannt würde; vielmehr handle es sich eher um »Aufweise« des Daseins Gottes.

Das T.-Problem setzt den kath. Glaubensbegriff voraus: Glaube als Dogmenglaube ist ein Fürwahrhalten auf Grund der Autorität Gottes und der Kirche (fides divina et catholica). Diese Autoritäten müssen aber begründet werden, wenn sie zur Anerkennung verpflichten sollen. Die Offenbarung kann der Beweisgrund nicht sein, weil sie sich selbst auf die Autorität Gottes stützt, die erst zu beweisen ist. Nur die Vernunft kann den Beweis führen, was in der Fundamentaltheologie geschieht. Daher der ausgewogene kath. Mittelweg, durch den der Vernunft weder zu viel noch zu wenig eingeräumt wird, damit sie unter der kirchlichen Lehraufsicht ihren Dienst für die Kirche tun kann. Rationalismus, Ontologismus und T. sind Versuche der Vernunft, aus der kirchlichen Lehrbevormundung auszubrechen oder sie zu lockern. Der T. eliminiert die Vernunftautorität und entzieht sie damit den Ansprüchen des kirchlichen Lehramtes. - Unter ev. Voraussetzungen stellt sich das Problem Vernunft und → Offenbarung (: VI) von Grund aus anders.

H. Lennerz, Natürl. Gotteserkenntnis. Stellungnahme der Kirche in den letzten 100 Jahren, 1926 - DThC XV/1, 1300ff (Lit.) - EC XII, 395ff - M. Schmaus, Kath. Dogmatik I, 1960[6], 216ff. 272f.

E. Schott

Trakl, *Georg,* * 3.2.1887 in Salzburg, † 4.11.1914 in Krakau, neben → Stadler und → Heym der bedeutendste Lyriker des frühen → Expressionismus (: II, 2), stammt aus einer prot. Bürgerfamilie. T. studiert seit 1908 Pharmazie in Wien und arbeitet dann als Apotheker in Innsbruck. 1914 nimmt er an der Schlacht bei Grodek teil und wird durch den Anblick der Verwundeten so tief erschüttert, daß man ihn zur Beobachtung seines Geisteszustandes in das Krakauer Spital bringt.

Dort stirbt er an einer Überdosis Kokain, die er sich als Militärapotheker verschafft hatte. – Während → Hölderlin und → Novalis, den ihm nächsten deutschen Dichtern, die Welt für ein Überwirkliches transparent wird, verliert sie für T. ihre Symbolhaftigkeit. Seine Bildersprache wird im Anschluß an den franz. → Symbolismus (: II) zeichenhaft, steht in freier Verfügung des poetischen, auch durch → Nietzsche emanzipierten Ich. In seiner Zeit wendet er sich nur dem Kreis um die Zeitschrift »Der Brenner« zu (Theodor Häcker, Ludwig von Ficker, Karl Kraus), die auch seine reifen Gedichte bringt. – Von Natur robust, karg in seinen Mitteilungen an Freunde, trägt T. bewußt und unpathetisch sein Ausnahmeschicksal. »Du magst mir glauben, daß es mir nicht leicht fällt..., mich bedingungslos dem Darzustellenden unterzuordnen, und ich werde mich immer und immer wieder berichtigen müssen, um der Wahrheit zu geben, was der Wahrheit ist« (an E.Buschbeck). Diese Hingabe an die Wahrheit seiner Gesichte fällt T. darum so schwer, weil die Melancholie seine Grundverfassung ist und die Welt sich ihm, auch das Böse bergend, als verfallende darstellt. Von frühen Erfahrungen der Verwesung, Nacht und Schuld vermag auch die Kirche ihn nicht zu lösen (»Die tote Kirche«). Wenn T. versucht, sich dichtend zu fassen, die Welt im »Einklang«, im »Kleinen Konzert« zu versöhnen, so geschieht das oft in der Balance von Bildelementen des Verfalls und der Schönheit, die, obwohl manchmal der heimatlichen Landschaft entnommen, in ihrer Auswechselbarkeit kaum mehr als Zeichenwert haben. Aus dem Ablauf des Jahres ragt der Herbst hervor, da in ihm Fülle und Vergänglichkeit ineins fällt (»Der Herbst des Einsamen«). In seiner subtilen und spannungsreichen Farbensprache, die er in Anlehnung an Rimbaud entwickelte, bedeutet somit das Blau, T.s expressionistischer Grundtendenz gemäß, zugleich Verfall und Verklärung. Um sich seiner Verlorenheit nicht völlig auszuliefern, hat er »Gegenbilder zu seinem Selbst« (Heselhaus) entworfen (»Kaspar Hauser Lied«, »Elis«, »Helian«, »Sebastian im Traum«). Solche Figurationen von »Abgeschiedenen« versinnlichen ein schuldloses, an orphischen Einklang gemahnendes Dasein (das »Gerechte«), das T., Novalis folgend, in der religiösen Haltung des mittelalterlichen Menschen verwirklicht glaubte (»Abendländisches Lied«). Von seinen letzten Gedichten, die sich den Freien Rhythmen Hölderlins nähern, sind die im Sept. 1914 entstandenen »Klage« und »Grodek« wohl die gültigsten lyrischen Zeugnisse des 1. Weltkriegs geworden. – T. hat sich als Christ gefühlt, auch biblische Motive in seine Dichtung einbezogen (Erstfassung von »Passion«, »Abendländisches Lied«, »Ein Winterabend«), doch hat er sich auf Grund seiner Leidens- und Gnadenerfahrung des Christlichen wohl nur in dieser poetischen Umsetzung versichert.

Die Dichtungen, (1919) 10.Aufl. o.J. – Aus goldenem Kelch. Die Jugenddichtungen, (1939) 1951[2] – Nachlaß u. Biogr., 1949 – Erinnerung an G.T., Zeugnisse u. Briefe, 1959[2] – Nachgel. Gedichte, in: Merkur 12, 1958, 1101-1108. – Über T.: M.Heidegger, G.T., eine Erörterung s. Gedichtes (ebd 7, 1953, 226-258) – E.Lachmann, Kreuz u. Abend (T.-Studien 1), 1954 – K.Simon, Traum u. Orpheus (ebd 2), 1955 – W.Ritzer, T.-Bibliogr. (ebd 3), 1956 – L.Dietz, Die lyr. Form G.T.s (ebd 5), 1959 – W.Killy, Über G.T., 1960 – C.Heselhaus, Dt. Lyrik d. Moderne, 1961, 228-257. *P.Requadt*

Trandberg, *Peter Christian* (18.8.1832 bis 18.6.1896), * auf Bornholm. Von → Kierkegaard beeinflußt, 1858 Kapellan in Jütland, polemisierte T. schon als freier Prediger auf seiner Heimatinsel (seit 1860) scharf gegen den Weltsinn der Pastoren. Als seine Forderung allgemeiner Predigtfreiheit abgelehnt wurde, begann er die Staatskirche, deren Mitglieder kein Pastorenwahlrecht hätten und deren Diener keine Abendmahlszucht übten, anzugreifen und trat 1863 aus der »Wohnung der großen Hure« aus. Seine Freigemeinde zählte schon im Okt. 1863 1000 Mitglieder und wuchs reißend. Bald aber brachen Streitigkeiten unter seinen Anhängern aus, und die von T. entsandten Laienprediger zeigten Selbständigkeitsgelüste (Abspaltung der → Bornholmer). Als T. auf Grund des Gesetzes über Wahlgemeinden (→ Dänemark: I, 4) 1870 eine solche bilden wollte, fand er keine genügende Teilnehmerzahl. Zwar wurde er 1872 Wahlgemeinde-Prediger und unternahm seit 1877, von seinen Freunden unterstützt, viele Predigtreisen im ganzen Lande, ging aber 1882 als Predigerseminarlehrer und Freiprediger nach Amerika.

RE III, 328 – K.M.Kofod, Den bornholmske Vækkelsespræst P.C.T., 1925 – M.Neiiendam, Frikerker og Sekter, (1927) 1958[4], 318ff – DBL XXIV, 1943, 223ff. *† H.Stocks (Hal Koch)*

Transfiguristische Schule → Rosenkreutzer, 2.

Transzendentalismus, *in Amerika* Bezeichnung einer geistigen Erneuerungsbewegung, die bes. von 1830-50 großenteils von → Unitariern in und um Boston/Mass. getragen wurde. R.W. → Emerson war ihre führende Stimme, sein Buch »Nature« (1836) und die Ansprache vor der Harvard Divinity School (1838) ihr kräftigster Ausdruck. Auch Th. → Parker, G.Ripley und Margarete Fuller spielten eine große Rolle. Ihre Romantik war zT eigenständig, aber auch durch → Coleridge und → Carlyle von Kant, Schleiermacher, Schelling und Goethe beeinflußt. Die Denker des T. neigten dazu, Natur, Intuition, Gefühl, Gewissen und menschliche Religiosität bes. zu betonen. Aller dogmatischen Orthodoxie standen sie kritisch gegenüber, ebenso der sittlichen und religiösen Trägheit und dem Einfluß der Aufklärung auf Ethik, Literatur, Philosophie, Theologie und Ästhetik. Sie zeigten auch starkes soziales und humanitäres Interesse, bes. gegen die Sklaverei. Obwohl der T. nach 1860-65 aufhörte, eine besondere Bewegung zu sein, wurden seine Leitgedanken weithin anerkannt, vor allem von liberalen Theologen. – Vgl. → Vereinigte Staaten: II. III.

O.B.Frothingham, Transcendentalism in New England, 1876 – H.C.Goddard, Studies in New England Transcendentalism, 1908 – P.Miller, The Transcendentalists, 1950 – H.A.Pochmann, German Culture in America, 1957 – W.R.Hutchinson, The Transcendentalist Ministers, 1959. *S.E.Ahlstrom*

Transzendentalphilosophie ist die Bezeichnung für → Kants System oder seine Methode und für alle Theorien, die seiner Bestimmung der Aufgabe einer philosophischen Wissenschaft folgen. Kant hat den Terminus in die deutsche Sprache eingeführt und damit zugleich einer auf Aristoteles zurückgehenden Tradition eine neue Bedeutung gegeben.

1. Das Adjektiv »transcendentalis« bezeichnet vom 13.Jh. an (zunächst synonym mit dem Partizip »transcendens«) eine Klasse von Begriffen, welche den Begriff → »Sein« (ens) als solchen in verschiedenen Hinsichten bestimmen (Thomas v. Aq., De ver. 1 a. 1: res, unum, aliquid, verum, bonum). Diese Begriffe sind den Prädikamenten (→ Kategorien) noch vorgeordnet (»gehen über sie hinaus«), in denen Weisen des Seins gedacht werden, und sind auf jede von ihnen anwendbar. → Aristoteles hatte durch diese Unterscheidung die Schwierigkeiten vermeiden wollen, die aus dem Satz des → Parmenides, daß nur das Seiende ist und daß dieses Eines sei, noch für → Platons Ideenlehre entstanden waren (Met. 1001 a 1ff, 1040 b 16ff). Die Philosophie des MA untersuchte die Beziehung der Transzendentalien zueinander und zum Wesen Gottes, durch den jedes Seiende Sein hat. – In der reduzierten Gestalt der Lehre

vom ens als »unum, verum, perfectum« hat die neuere Schulphilosophie diese Tradition aufgenommen. Die von Chr. → Wolff eingeführte Disziplin einer »cosmologia transcendentalis« hat zu der größten Annäherung an den späteren Kantischen Gebrauch des Terminus »transzendental« geführt: In ihr wird nachgewiesen, welche Bedingungen in jedem mundus erfüllt sein müssen, damit er ein geschlossenes System und nach den Grundsätzen vom ausgeschlossenen Widerspruch und vom zureichenden Grunde erkennbar ist.

2. Kant unterscheidet »transzendental« von »transzendent«. T. nennt er die Wissenschaft, welche »vor aller Metaphysik notwendig vorhergeht« (Prol. § 5) und nicht, wie bisher, ein Teil von ihr ist. Sie behandelt nicht besondere Gegenstände, sondern untersucht unsere Erkenntnis von Gegenständen, »sofern diese a priori möglich sein soll« (Kritik der reinen Vernunft B 25 und 80). Sie stellt den Umfang und die Grenzen der Geltung solcher Erkenntnis fest und hat zum Ergebnis, daß die von aller Erfahrung unabhängigen Prinzipien der Erkenntnis doch nichts weiter sind als Bedingungen, die Erfahrungserkenntnis möglich machen. Solche Prinzipien nennt Kant nun ebenfalls transzendental. Die T. ist somit die systematische Erkenntnis des Zusammenhangs aller Bedingungen a priori, unter denen allein Dinge Objekte unserer Erkenntnis werden können (Kritik der Urteilskraft XXIX). – In der Zeit des spekulativen Idealismus hat T. eine veränderte Bedeutung erhalten, die mit dem Versuch entstand, Konsequenzen aus Kants Lehre zu ziehen, die seiner Beschränkung der Erkenntnis auf Bedingungen der Erfahrung nicht unterliegen (→ Schelling). Seit dem → Neukantianismus und seit → Husserls Wendung zur transzendentalen → Phänomenologie ist es als charakteristisch für den Standpunkt einer T. anzusehen, daß sie die Bedingungen der Möglichkeit einer gegebenen Erkenntnis (Neukantianismus) oder ihre Genesis in den Akten der Subjektivität (Phänomenologie) aufdecken will. Den verschiedenen Methoden von T. in neuerer Zeit ist mit Kant der Anspruch gemein, alle Erkenntnis vor Annahme irgendeiner Wirklichkeit zu prüfen, und die Überzeugung, daß sich eine systematische Theorie der Erkenntnisbedingungen durch dieses Verfahren erreichen läßt.

M. Scheler, Die transzendentale u. d. psychol. Methode, (1900) 1922² – H. Knittermeyer, Der Terminus transzendental in seiner hist. Entwicklung bis zu Kant (Diss. Marburg), 1922 – M. Selling, Studien zur Gesch. der T., Lund 1938 – Fritz Meier, Die Idee der T. beim jungen Schelling (Diss. Basel), 1961. *D. Henrich*

Transzendenz und Immanenz (t. = transzendent, i. = immanent). Der Begriff T. geht von der Vorstellung einer Grenze des Gegebenen und Verfügbaren aus; jenseits dieser Grenze wird eine heterogene, unbedingte, nicht objektivierbare Wirklichkeit angenommen, die deshalb nicht als gleichgültig übergangen werden kann, weil alles diesseits der Grenze Existierende in seinem Grunde von ihr abhängig ist, ja in seinem Bestand und Heil ständig in Frage gestellt sein kann. Der Ausdruck T. bezeichnet sowohl die absolute Differenz zwischen dem Bedingten (Welt) und seinem Seinsgrund als auch diesen Grund selbst, insofern er sich jeder theoretischen Befragung und praktischen Verfügbarkeit entzieht; schließlich wird mit T. noch der Akt bezeichnet, durch den das endliche Wesen seine Natur übersteigt (transzendiert) oder seiner Endlichkeit entrissen wird, jedoch um den Preis seines genuinen theoretischen Anspruches, ja seines Selbstbesitzes (→ Ekstase). Ursprünglich ist diese Vorstellung an ein räumliches Schema gebunden: t. ist, was außerhalb des Kosmos existiert und mit den an kosmischen Gegebenheiten orientierten Begriffen nicht erfaßt werden kann. Die Ausbildung einer für unsere Tradition höchst charakteristischen und folgenreichen negativen Sprache ist von der Geschichte der T.vorstellung unablösbar. Sie ermöglicht in sekundärer Anwendung die Entdeckung der Innerlichkeit als einer der Objektivierung entzogenen und darin t.en Region, in der aber gerade die Bedingungen für die Möglichkeit aller objektivierenden Leistungen erschlossen werden (»transzendentale Reflexion«). Dieser T. »im Rücken« des Subjekts entspricht der erkenntnistheoretische Gebrauch von T., der zum Ausdruck bringt, daß das → Bewußtsein immer schon bei seinen Gegenständen und damit »über sich hinaus« ist (Intentionalität). Theologie und Metaphysik bezeichnen → Gott (: V-VII) als t., um zu sagen, daß er unter den Gegebenheiten der Welt nicht vorgefunden wird und mit ihr im ganzen nicht identisch ist, aber auch nicht darin aufgeht, sie hervorzubringen oder zu erhalten oder erklärbar zu machen, sondern im Verhältnis einer freien Ursächlichkeit zu ihr steht, »wie ein Erfinder sich zu seiner Maschine, ein Herrscher zu seinen Untertanen, ein Vater sich zu seinen Kindern verhält« (Leibniz). – Die Gegenvorstellung der I. ist logisch und historisch sekundär: sie leugnet jene absolute Differenz und spricht allem Existierenden eine letzte Homogeneität zu oder hält – in einer undogmatischen Formulierung – die Einführung des Gedankens der T. für rational unvollziehbar und damit irrelevant für Dasein und Erkenntnis des Menschen. Positiv gewendet fordert das Prinzip der I., alle Erscheinungen der Welt aus dem gegebenen und prinzipiell erfahrbaren Bestand zu erklären. Theologisch und metaphysisch kann diese Position als Identifizierung von Gott und Welt ausgesprochen werden (→ Pantheismus). Aber das Prinzip der I. kann auch rein methodisch, dh mit metaphysischem Vorbehalt, formuliert werden. Entsprechendes gilt für die erkenntnistheoretische I., die das unbestrittene Phänomen der Bewußtseinsunabhängigkeit der Gegenstände als Leistung des Bewußtseins selbst zu interpretieren gebietet.

Der *Ursprung der T.vorstellung* liegt einmal in der Aufdeckung der Differenz von Denken und Wahrnehmung (→ Parmenides) und dann in der philosophischen Kritik an der Götterwelt des → Mythos (: I), der das Göttliche innerweltlich erscheinen ließ. → Platos Trennung von Erscheinungswelt und Ideenwelt (χωρισμός) hat das eine Motiv für die Tradition entfaltet, der Vers des → Xenophanes vom einzigen Gott und seiner gestaltlichen und gedanklichen Andersheit gegenüber den Menschen hat dem anderen Motiv ersten prägnanten Ausdruck gegeben. Plato selbst ist mit der Überordnung der → Idee des Guten über den Ideenkosmos noch einen wesentlichen Schritt weitergegangen, indem er diesen letzten Grund der Idealität der Ideen selbst »jenseits des Seienden« (ἐπέκεινα τῆς οὐσίας) ansetzte (Staat 509 B). Das Gleichnis der Sonne veranschaulicht die T. der Idee des Guten, die als Urgrund des Seins, Werdens und Erkennens selbst dem Blick verwehrt und nur der philosophischen Wendung erschließbar ist. Wesentlich aber ist, daß die t.e Instanz schon hier nicht mehr in der Funktion aufgeht, die Welt zu erklären, sondern zumindest potentiell einen metaphysischen »Überschuß« enthält, dessen Entfaltung Aufgabe der Tradition werden konnte. Eben dieses Mehr enthält der »unbewegte Beweger« des → Aristoteles nicht, dessen Bestimmungsstücke präzis auf die Funktion zugeschnitten sind, den ersten Umlauf des äußersten Weltkörpers und damit alle Prozesse des Kosmos herzuleiten, der seinem eidetischen Bestand nach ewig und damit i. vorgegeben ist. Wesentlich i. ist auch der Kosmos der Stoiker (→ Stoa) trotz der später christianisierten »Vorsehung«, die ein innerweltliches Ordnungsprinzip ist und mit dem Weltfeuer identifiziert werden kann. Aber als Prinzip ist die I. doch erst in der Wiederaufnahme und Weiterbildung des Systems des Demokrit durch → Epikur und seine Schule ausgebildet worden, obwohl - oder gerade weil - die Götter ein t.es Dasein in den außerweltlichen Räumen führen, das eben als solches den Menschen nichts anzugehen braucht und ihm weder zur Furcht noch zur Hoffnung Grund gibt. Zum ersten Mal zeigt sich, daß T. nicht nur ein Schema der Überhöhung und bedingungslosen Unterwerfung ist, sondern potentiell den Umschlag in die Vergleichgültigung der t.en Instanz und die → Autonomie der i.en Region impliziert. Bei Lukrez wird die Welt als »omne quod est« definiert (I, 958) und das »extra summam nihil« zur Schutzformel der menschlichen Daseinserfüllung in der I.; die Natur der Götter ist »semota ab nostris rebus seiunctaque longe« (II, 648). Epikur habe die Mauern der Welt durchstoßen und dahinter, im unendlichen Leeren, nur immer wieder Welten gefunden (I, 73). Die Unendlichkeit des Raumes und die Unzahl der Welten bekommen positive Qualität, indem sie der T. ihren »Ort« verweigern. Aber diese Ansätze werden erst geschichtlich effektiv durch den Rückgriff der beginnenden Neuzeit auf die hier bereitliegenden Systemmittel, um mit ihrer Hilfe den Selbstbehauptungsakt gegen die T.angst des späten MA zu formulieren.

Dieser T.begriff des MA hat nicht nur und nicht so sehr biblische, als vielmehr *neuplatonische* Wurzeln. Bei → *Plotin* kann von dem Höchsten, dem Einen, nichts mehr positiv ausgesagt werden, es ist ἄρρητον. Alles Reden über die T. widerruft sich ständig selbst oder sprengt sich in der Inkonsistenz seiner Bilder, so wenn der nur als Relation faßbare Ursachbegriff auf das Eine als »Ursache seiner selbst« übertragen wird (Enn. VI, 8, 14), während die aristotelische Vorstellung von dem »sich selbst denkenden Denken« ausdrücklich zurückgewiesen wird (V, 6, 2), weil sie als vollziehbare Formel erscheint. Dieser Gott ist nicht mehr nur dadurch t., daß er außerhalb der Welt ist, sondern ebenso dadurch, daß er in ihr als »Mitte« oder als »Tiefe« ist (VI, 8, 18). Hier wird nicht nur die Sprache der Mystik vorgeformt, sondern Mystik wesentlich *als* Reflexion auf die Sprache und ihre Insuffizienz entworfen; der einmal gestiftete Zusammenhang von Sprachkritik (bis zum Begriffsnihilismus) und T.mystik reicht in unserer Tradition bis zu → Wittgensteins Anweisung: »Worüber man nicht sprechen kann, darüber muß man schweigen« (Tract. 7) und seiner Beschreibung der Selbstaufhebung der Sprache: »Meine Sätze erläutern dadurch, daß sie der, welcher mich versteht, am Ende als unsinnig erkennt, wenn er *durch* sie - *auf* ihnen - *über* sie hinausgestiegen ist...« (Tract. 6. 53f). Das ist so gut »mittelalterlich«, wie nur etwas sein kann - aber die »Stelle« der T. ist unbesetzt und die Demut ist atheologisch. Das Verfahren der transzendierenden Logik ist von Plotin ein für allemal als das der Iteration des rational Vollziehbaren beschrieben: »Wie der, welcher die intelligible Natur schauen will, ohne irgendeine sinnliche Vorstellung schaut, was über das Sinnliche hinausgeht, so wird auch der, der das über das Intelligible Hinausgehende schauen will, es nur nach Preisgabe alles Intelligiblen schauen, indem er zwar durch dieses erst erfährt, *daß* jenes ist, aber darauf verzichtet zu erfahren, *was* es ist« (Enn. V, 5, 6). Nur die Ekstase bietet die extraordinäre Möglichkeit des unmittelbaren Transzendierens im punktuellen Akt einer »geistigen Berührung« von bestürzender, Hören und Sehen auslöschender Sprach- und Lichtlosigkeit (V, 3, 17).

In dieses Ausdrucksmedium ist die *biblische* T.vorstellung trotz ihrer Heterogeneität eingegangen, die Bultmann (S. 107) so formuliert hat: »Die T. Gottes ist in der Bibel nicht gedacht als die Jenseitigkeit des Geistes gegenüber der Sphäre des Materiellen, Sinnlichen, als die Zeitlosigkeit gegenüber dem Werden und Vergehen, sondern als die schlechthinnige Autorität, die Unverfügbarkeit und ständige Zukünftigkeit Gottes.« Der biblische Gott enthält sich in seiner T. vor, um Glauben als Unterwerfung und zugleich als Bedingung der Zurücknahme dieses Vorenthalts möglich zu machen, dh seine T. ist innergeschichtlich, nicht »substantiell«, und daher eschatologisch aufhebbar. Das kosmisch-statische Schema ist auf den Heilsprozeß funktionalisiert. Die Differenz zwischen dieser Konzeption und ihrem antiken Rezeptionsboden ist in der → *Gnosis* akut geworden, die noch den biblischen Schöpfer zum Demiurgen und damit zur Weltinstanz immanentisierte, um die Reinheit der T. des nt. Liebesgottes zu »retten«. Seinsgrund und Heilsprinzip fallen auseinander, die kosmische Grenze trennt zwei Machtbereiche: die T. schlägt in den Dualismus um. Aber in diesem Dualismus entsteht ein neuer Aspekt der T., der anthropologische. Der Mensch birgt in sich ein Element der T., das an die Welt verlorenging und aus ihr wieder geborgen werden kann, das Pneuma, die innere, Soma und Psyche noch ans Diesseits verweisende, die Heilsbestimmung allein tragende »Substanz« des Menschen. Das »ganz Andere« beginnt nicht jenseits der Welt, sondern noch »vor« allem Welthaften, in der Tiefe des Selbstseins, als substantielle Bürgschaft der Fremdheit des Menschen in der Welt. Die Steigerung der T. und die Entweltlichung des Ich sind interdependente Prozesse. Die Kritik und Überwindung der Gnosis durch die *Patristik* hat wesentliche Momente transformierend bewahrt, aber die T. immer vor dem Umschlag in den Dualismus »anzuhalten« versucht, indem sie die T.formeln durch I.formeln auffing. Das »omnia complet et omnia ... transcendit« ist eine dafür schon früh gefundene Prägung (Aristides, Apol. I, 4). Bei → *Augustin* ist die neuplatonische Ekstase sorgfältig ausgespart und statt dessen ein Stufenweg in die T. entworfen, der nun immer zugleich kosmisch und innerlich gedacht werden muß: gradibus ascendens ad eum qui fecit me (Conf. X, 8, 12). In der Ostia-Vision durchschreitet er mit seiner Mutter den Kosmos (perambulavimus gradatim cuncta corporalia et ipsum coelum), aber an dessen Grenze wird noch nicht die T. berührt, sondern hier setzt die Innenwendung ein (mit dem überaus signifikanten »ascendebamus interius«), um erst aus der Selbstbetrachtung des Geistes heraus zu »transzendieren« (et venimus ad mentes nostras et transcendimus eas). Daß Gott der Seele innerlicher sei als diese sich selbst (intimior animae quam ipsa sibi), ist die zentrale mittelalterliche Formulierung der »inneren« T. (Bonaventura, I. Sent. d. 1 a. 3 q. 2).

Für die mittelalterliche *Scholastik* entsteht ein Systemkonflikt zwischen der Durchführung des Programms der → Gottesbeweise und der Idee der T. Schon das rein aus dem Begriff Gottes gewonnene sog. ontologische Argument des → Anselm von Canterbury macht die Antinomie offenkundig, da sich nur aus positiv bestimmbaren Prädikaten die Existenz eines höchsten Wesens ableiten läßt, die T.idee solche Prädikate aber ausschließt - schon → Basilides hatte, noch vor Plotin, von dem »nichtseienden« Gott gesprochen (Hippolyt, Elench. VII, 20ff). Anselm »versteckt« dieses Dilemma mitten in seinem »Proslogion« (c. 15), an dessen Anfang er den vielumstrittenen Gottesbeweis gegeben hatte (c. 2-4). Erst an der späteren Stelle spricht er von zwei Gottesbegriffen, einem rationalen, durch die unüberbietbare Steigerung des Denkbaren definierten einerseits, und einem t.en andererseits, der die Grenze des Denkbaren übersteigt und damit der Deduktion entzogen ist: non solum es quo maius cogitari nequit, sed es quiddam maius quam cogitari possit. Das bedeutet: der Gott, der bewiesen werden konnte, ist noch nicht der Gott, an den sich der gläubige Sinn hier in betender Anrede wendet, und nur eine nachträgliche Umdeutung des Begriffs, die man T.projektion nennen könnte, läßt diese Differenz verschwinden. Ähnliches findet sich in der Scholastik immer wieder. Der von ihr bevorzugte kosmologische Gottesbeweis führt auf eine Weltursache, die als letzte Instanz der Kausalkette in der I. bleibt; hier ist sogar eine doppelte T.projektion notwendig, die zunächst die Weltursache mit dem Grenzbegriff des Denkens identifiziert und daran nochmals Anselms Substitution des Höchstdenkbaren für das Denkjenseitige vornimmt. →Thomas von Aquino argumentiert mit dem »unbewegten Beweger« des Aristoteles (Contra Gentiles I, 13), der doch nur für die Prozesse einer ewig vorgegebenen Welt einsteht, und identifiziert diesen mit dem Schöpfer der Welt, indem er das Vorgegebene auf 0 reduziert - aber der »Schöpfer« ist nicht der Limes des »Bewegers«, sondern eine ihm t.e Vorstellung. Der Beweis bleibt allemal innerhalb der I. Diese Beweispraxis hat in der Explikation der Kritik an ihr seit → Duns Scotus die Begriffe von T. und I. selbst erst zu klarer Bestimmtheit gebracht; die Reaktion auf den theoretischen Anspruch der Scholastik in → Mystik (: VI), → Nominalismus und → Devotio moderna erneuert und radikalisiert die negative Sprache der T., sie dynamisiert diese Vorstellung durch das voluntaristische Moment: Gott ist nicht nur das »ganz Andere« seinem Wesen nach, sondern auch und vor allem das sich nach seinem Willen Entziehende, ein »obiectum voluntarium«, der das Wissen verweigernde und den Glauben provozierende »Deus absconditus«, der aber selbst den Glauben noch als Heilsbedingung seinem t.en Ratschluß vorbehält.

Wenn die *Neuzeit* seit ihren Anfängen durch das I.-prinzip beherrscht wird, muß das vor diesem geschichtlichen Hintergrund der radikalen Infragestellung des Menschen, seiner Heilsgewißheit im weitesten Sinne, gesehen werden. Da nicht einmal das moralische Bewußtsein verbürgen kann, wie der Mensch vor dem göttlichen Gericht zu bestehen vermag, seine »Rechtfertigung« also eine t.e Qualität ist, verliert die I. jede Bezugsfunktion, jeden »Zeichen«wert für die T. Aber gerade die Indifferenz gibt die Möglichkeit frei, die t.e Instanz für das Weltbewußtsein und den Daseinswillen ebenso wie für die Vernunft und ihren Wahrheitsanspruch »auszuklammern«, den »Versuch« der Absolutsetzung der I. als Alternative zu riskieren. Das I.prinzip läßt sich als generelle Hypothese der Epoche beschreiben, deren Bewährungskonsistenz die Ausklammerung der T. stabilisiert. Die Unerschwinglichkeit der T. hatte das Bewußtsein nicht erfüllt, sondern entleert und auf die Entschlossenheit für das Erreichbare gestoßen. Die i.e Verfügbarkeit der letzten Voraussetzungen von Theorie und Praxis wird zum geschichtlichen Programm; aber nicht die mit dem Namen »Renaissance« seit Nietzsche assoziierte Hybris des Willens zur Macht ist das historische Motiv, sondern die Not der Selbstbehauptung und Selbstbestätigung. Die i.e Lösung des Gewißheitsproblems durch → Descartes ist weniger wegen ihres systematischen Gehaltes als wegen ihrer formalen Ausdrücklichkeit für diese Motivation zum Modell geworden: das »cogito ergo sum« formuliert so ein epochales Ideal, dem die mathematische Evidenz als Normierung aller Erkenntnis zum genauesten Korrelat wurde. Naturphilosophisch hängt die Ermöglichung des Systems der I. an Voraussetzungen, die für die scholastische Physik nicht gegeben waren, bes. an der Gewinnung von Konstanzsätzen. Durch das Trägheitsprinzip, das die Bewegung ebenso wie die Ruhe als konstanten Zustand bestimmt, wird das Kausalbedürfnis der Mechanik auf Zustandsänderungen (Beschleunigung) eingeschränkt. Die aristotelisch-scholastische Physik hatte für jede - auch die gleichförmige - Bewegung einen Kausalfaktor gefordert: omne quod movetur, ab aliquo movetur. Die Umdrehungen der Weltkörper mußten auf eine außerweltliche Potenz zurückgeführt werden; in Radikalisierung dieses Schemas galt der Bestand der Welt als aus sich selbst unmöglich (→ Kontingenz) und nur durch eine für jeden Augenblick nötige Wiederholung des Schöpfungsaktes (creatio continua) gewährleistet. Durch diese Konzeption sollte das ontologische Korrelat der T. mit den Mitteln des Aristotelismus definiert werden. Das ausgehende MA hat in einem langwierigen und komplizierten Prozeß das aristotelische Bewegungsprinzip destruiert, und zwar zunächst durch die Vorstellung eines auf den bewegten Körper »übertragenen« Kausalfaktors (impetus). Schon damit wurde der für die Scholastik zentrale Zusammenhang zwischen Theologie und Kosmologie in Frage gestellt; der 7. Tag der Schöpfungsgeschichte bekommt eine bis dahin unbeachtete Bedeutung: im »Ruhen« Gottes wird der Ausdruck für die Abgeschlossenheit und energetische Autarkie der Schöpfung gesehen, deren Bestand nun unabhängig von dem t.en Ursprung betrachtet werden kann. Die Entdeckung der I. bereitet sich nicht als Absage an die T. vor, sondern aus dem Versuch ihrer letztmöglichen Formulierung: der »Deus otiosus« der Epikureer wird aus der inneren Logik der T. erneut möglich und mit ihm das Prinzip der i.en Naturerklärung. Die Möglichkeit schließt aber noch nicht die Mittel ihrer Verwirklichung ein; eine Restriktion des theoretischen Anspruches auf Erfassung der Dinge, wie sie aus ihrem t.en Ursprung her sind, war erforderlich, um das Prinzip der I. in der Gestalt der neuen Wissenschaft zu realisieren. Die Erwägung, daß die Wahrheit der Dinge dem adäquaten Zugriff des Erkennens entzogen sein könnte, beruht gerade auf dem Zusammenhang des I.prinzips mit der Idee der T.; der theoretisch konstruierte Mechanismus, der die Phänomene der Natur zu reproduzieren vermag, muß nicht den physischen Mechanismus repräsentieren, der eben diese Phänomene zutage bringt. Die von der nominalistischen Logik erarbeitete Theorie *hypothetischer* Aussagen gibt dieser, den Erkenntnisgewinn durch einen Wahrheitsverzicht erkaufenden, Einstellung das methodische Instrumentarium; die Loslösung der Naturwissenschaft von der Metaphysik setzt hier ein.

Noch und wieder im *17. und 18.Jh.* scheinen I. und T. in einem System ausgewogener Korrelation zu stehen. Dieses System läßt sich, vom theologischen Standpunkt aus, so formulieren: »Gott macht weniger die Dinge, als daß er macht, daß sie sich machen (les fait se faire)« (→ Teilhard de Chardin). Aber die derart »bedingt« freigesetzte Naturerklärung enthält schon die Konsequenz, daß die Realisierung der bedingten Leistung schließlich die Bedingung entkräftet und irrelevant macht. Der hypothetische Einschluß der I. schlägt in den hypothetischen Ausschluß der T. um. Charaktere der T. werden von Inhalten und Prozessen der I. absorbiert oder in i.e Zielvorstellungen transformiert. Die Idee des → »Fortschritts« legt der Geschichte die Möglichkeit der Erfüllung des menschlichen Daseinsanspruches bei, aber in der Quasi-T. des unendlichen Prozesses. Diese neue Struktur der T. wird effektiv als Dynamisierung der i.en Energien. Die sich selbst hervorbringende Natur und der sich selbst vollendende Mensch, Evolution und Arbeit werden korrelate Vorstellungen. Der → Materialismus gehört nicht so sehr als metaphysisches Dogma in dieses System, sondern als pragmatische Leitidee, die dem Prozeß der universalen Technizität die Verfügbarkeit seines letzten »Materials« zusichert. Die T. hatte den Menschen auf die entschlossene Ergreifung seiner eigenen Möglichkeiten konzentriert; aber indem sie diese Wendung erzwang, indem sie die i.e Realität zu äußerster Bewußtseinsandringlichkeit steigerte, entmachtete sie sich selbst zur Irrealität.

Während der T.begriff metaphysisch depotenziert wird, erhält er in der neuzeitlichen → *Erkenntnistheorie* neue Bedeutung. Die Welt-T. des Menschen transformiert sich in das Problem der T. seiner theoretischen Gegenstände. Erkenntnis ist nicht mehr Aktualisierung der im geistigen Organ schon angelegten Partizipation an der Gegenstandswelt, wie es der Aristotelismus nachhaltig ausgesprochen hatte: anima est quodammodo omnia. Erkenntnis wird Bewältigung der t.en Gegenständlichkeit mit den heterogenen Kategorien des menschlichen Geistes, der in der Verfügbarkeit des Gegebenen die Verifikation seiner Möglichkeiten findet. Technische Herrschaft ist also nicht - nach einer landläufig gewordenen Redeweise - das in sich letztwertige Ziel, sondern sie ist der konsequent ergriffene Modus der Verifikation, also des Wahrheitsbezuges (→ Wahrheit: II). Die Frage, wie das Subjekt zu seinen Objekten kommt, übernimmt die akute Dringlichkeit, mit der zuvor die Frage gestellt worden war, wie die Seele zu ihrem t.en Heil gelangen kann; bei → Descartes war diese Frage noch mit dem ganzen Personal und Inventar der Heilsszenerie ausgestattet gewesen (der »genius malignus« als Widersacher, die unbotmäßige »précipitation« des Willens gegenüber der Vernunft, die Gewißheitsbürgschaft des »ens perfectissimum« usw). Aber schon hier liegt die Konsequenz beschlossen, daß dieses Problem schließlich nur gelöst werden konnte durch die Aufhebung der T. des Objekts in der I. des Subjekts. Die Art, wie → Kant den Begriff »transzendental« aus der scholastischen Tradition übernimmt und für seine Wendung des Problems letzter allgemeiner Gegenstandsbestimmtheiten in Dienst stellt (→ Transzendentalphilosophie), ist der nach Descartes entscheidende nächste, aber noch nicht letzte Schritt. Die Systeme des → Idealismus (: II) heben den »Rest« an t.en Elementen aus den metaphysischen Voraussetzungen Kants, freilich um den Preis der Metaphysizierung der I. selbst. Dieser wohl in der Sache tief begründeten Konsequenz ist selbst → Husserl nicht entgangen mit dem Versuch, in seiner → Phänomenologie die T. des Gegenstandes als analysierbares Moment der Bewußtseinsstruktur selbst zu beschreiben: »T. in jeder Form ist ein i.er, innerhalb des ego sich konstituierender Seinscharakter« (Werke I, 117). Kritisch kann man sagen, daß dieser Ansatz seine Schwäche zeigt, wenn es um die T. des »anderen Ich«, um die Problematik der Konstitution der »Intersubjektivität« geht, die durch eine Art Projektion der Subjektivität (Appräsentation) zustande kommen soll, aber als solche die ganze Last der »Objektivität« der Welt nicht zu tragen vermag. → Heidegger hat, in Radikalisierung, genauer: Umkehrung der phänomenologischen Konzeption, sein »Dasein« als »In-der-Welt-sein« nicht genuin als theoretische Subjekt-Objekt-Struktur zu fassen gesucht und die T. als einen zeitlich-ekstatischen Bezug des Seinsvorgriffes wieder aufgedeckt: »T. meint Weltentwurf...« (Vom Wesen des Grundes). → Sartre hat das so formuliert, daß das Ich »n'est ni formellement, ni matériellement dans la conscience; il est dehors, dans le monde«. Die T. von → Subjekt und Objekt, das klassische Grundproblem der neuzeitlichen »Erkenntnistheorie«, erweist sich selbst schon als eine sekundäre Objektivierung, als diesseits der »ontologischen Differenz« (Heidegger) angesetzte Reduktion des Seinsbezuges auf »Seiendes«. Die Antithese von T. und I. scheint bodenlos geworden zu sein; ihr kosmologisch-metaphysisches Ausgangsschema hat seine »Übertragbarkeit« verloren. So wie der Begriff der T. den der I. logisch und historisch erst ermöglicht und provoziert hatte, macht die Aufhebung der ins Erkenntnisproblem umgesetzten T. es nun schließlich sinnlos, solche zugleich abschließenden und auflösenden Formulierungen dieses Problems als Vorstellungen reiner I. zu charakterisieren; der Gehalt dieser Begrifflichkeit ist dadurch paralysiert, daß die formale Struktur, auf die sich die Antithese begründen ließ, nicht mehr »erfüllt« werden kann.

Diese Entwurzelung des Problems der erkenntnistheoretischen T. ist aber noch nicht zugleich die Absetzung der *anthropologischen* Relevanz des Begriffs. Wenn Descartes fraglos vorausgesetzt hatte, daß die Bemeisterung der Gegenstandswelt zugleich die Erfüllung des inneren Daseinsanspruches des Menschen bedeuten würde, also die theoretische Integration eo ipso die moralische Endgültigkeit etablieren müsse, so hat sich das in den geschichtlichen »Erfahrungen« der Neuzeit nicht bewährt, als deren Resultat angesehen werden darf, daß die innere Dasein*serfüllung* des Menschen heterogen ist gegenüber der äußeren Daseins*sicherung* und Bedürfnisbefriedigung. Sachgemäßheit und »Glück« erwiesen sich nicht als identisch. → Pascal hat wohl zuerst die in den »Zerstreuungen« des Daseins sich ebenso verdeckende wie anzeigende Unruhe des Menschen mit Hilfe der Vorstellung einer i.en T. zu umschreiben versucht: »l'homme passe infiniment l'homme.« → Lockes Grundbegriff der »uneasiness« (den Leibniz mit »inquiétude« ins Positive noch unbestimmter Vorformen der Selbstrealisierung »übersetzt« hat) beschreibt dasselbe Phänomen als das produktive Substrat aller menschlichen Leistungen. Auf diese Deutungsdifferenzen kommt es aber gar nicht an: der Mensch erfährt sich allemal als für sich selbst unerschwinglich, er vermag sein Seinkönnen nicht einzuholen und ist von ihm doch unausweichlich beansprucht - er ist sich selbst t. Jede Beruhigung gegenüber diesem Anspruch schlägt in die Unruhe sinnloser, an die Gegenständlichkeit sich preisgebender Betriebsamkeit um. Hatte Pascal für dieses Phänomen noch eine religiöse Transkription bereit, so setzt bei → Kierkegaard eine Tradition der »leeren« T. ein, die ihren literarischen Ahnen wohl in → Baudelaire hat. Die T. in ihrer Inhaltslosigkeit hat rein i.e »Funktion«, sie ist »Spannungspol« des Daseins (Hugo Friedrich). Die Grenze zur T. ist nicht mehr die Provokation, eine jenseits geglaubte Realität anzuerkennen und ihr zugewendet zu sein, von ihr her alles andere nichtig sein zu lassen, sondern der Appell zu einer entschlossenen Unruhe, einer bejahten Ungesichertheit, durch die das Leben erst den Horizont seiner Möglichkeiten erfährt und in ihm die Intensität seiner Selbsterfahrung steigert. Das »Transzendieren« (zum Unendlichen) ist für Kierkegaard verhängnisvoller Selbstverlust, Vergessen der Existenz; die geschichtliche Erfahrung der in die I. hineindrängenden T. ist bei ihm als Existenzmodell ergriffen und in bejahender Wiederholung »angenommen«. Sein »subjektiver Denker« ist nicht ein Ideal, das um das Objektive sich nicht zu kümmern gebietet, sondern gerade in der Leidenschaft für die Gegenstände die Reflexion erst möglich werden läßt; im Ungenügen der Gegenstände für die Leidenschaft zu ihnen, in dieser »Differenz« (statt in der traditionellen »adaequatio« [→ Wahrheit: II]) liegt die Wahrheit, also »in« der T., aber in neuer Bedeutung. Es ist eigentümlich und für die Geistesgeschichte der jüngsten Zeit höchst bedeutsam, wie hier Formalisierung und Effektivität für das Dasein zusammengesehen werden: »Die Existenz kann schärfer nicht betont werden.« Kierkegaard hat sich an der zentralen christlichen Aussage von der Inkarnation von der christlich-metaphysischen Tradition gelöst, indem er den Sinn dieses Theologumenon gerade darin sah, daß der anwesend gewordene Gott das transzendierende Vergessen der Existenz sinnlos macht. Vielleicht hat die formalisierte T. ihren reinsten Ausdruck bei → Kafka gefunden, die »Richtung aus der Menschheit«, aber nicht mehr als das »Mittel, das Entscheidende sich vom irdischen Leibe zu halten«, sondern als Überwindung der Selbstberuhigung an und in der modernen Leistungswelt. Man könnte sagen, T. sei ein »kritischer« Grundbegriff für eine Welt ohne kodifizierbare Normen geworden, die sich dennoch nicht im Faktischen und Objektivierbaren verlieren darf. Das Gefährlich-Gefährdende der leeren T. ist freilich ihre »Besetzbarkeit«, das ideologisierte Aufgehenlassen der nicht ausgehaltenen Spannung. Es liegt in der Konzeption wie in der Situation, daß die »kritische« Funktion ständig auf sich selbst angewendet werden muß, daß sie die Iterierbarkeit der formalen Struktur ausschöpft.

B.SCHMITZ, Über das Verhältnis von I. u. T. (Diss. Bonn), 1920 - M.HEIDEGGER, Vom Wesen des Grundes, (1929) 1955[4] - H.JONAS, Gnosis u. spätantiker Geist I, (1934) 1954[2] - J.P.SARTRE, La T. de l'Ego (Recherches Philosophiques 6, 1936/37, 85-123) - ThW III, 113ff - P.HENRY, La vision d'Ostie, Paris 1938 - H.W.THOMAS, Epekeina (Diss. München), 1938 (dazu: Gn 16, 1940, 132ff) - J.WAHL, I. et T. (in: Actes Congr. Descartes VIII, Paris 1937) - L.RICHTER, I. u. T. im nachreformat. Gottesbild, 1955 - P.THÉVENAZ, La notion de T. vers l'intérieur (in: DERS., L'homme et sa raison, Neuchâtel 1956) - F.LEIST, T., t. u. transzendental (PhJ 65, 1957, 294-308) - R.BULTMANN, Gesch. u. Eschatologie, 1958 (dazu: Gn 31, 1959, 163ff) - H.BLUMENBERG, Ordnungsschwund u. Selbstbehauptung (in: Akten d. Kongr. f. Philos., 1960, 37-57) - DERS., Die Vorbereitung der Neuzeit (PhR 9, 1962, 81-133). - Vgl. die Lit. zu → Autonomie, → Kontingenz, → Naturalismus: I. *H.Blumenberg*

Trappisten, *Reformierte → Zisterzienser (Ordo Cisterciensium Strictioris Observantiae, OCSO),* gehen zurück auf das Kloster La Trappe in der Normandie, in dem Abt → Le Bouthillier de Rancé 1664 eine bes. strenge Lebensweise einführte, die dem Wortlaut der Regel Benedikts und der ursprünglichen Observanz von Citeaux entsprechen sollte. Völlige Abstinenz, absolutes Schweigen, tägliche Handarbeit (bes. Feldarbeit), langwährendes Gebet und Weltabgewandtheit unter Ablehnung wissenschaftlicher Betätigung charakterisieren die T. Nur 2 Klöster schlossen sich im Laufe des 18.Jh.s an La Trappe an. Nach dem Untergang durch die franz. Revolution erfolgte im 19.Jh. eine Neubelebung und Ausbreitung. 1892 trennten sich die Klöster der T.observanz vom Zisterzienserorden und schlossen sich zu einem eigenen Orden unter einem Generalabt zusammen. 1898 erwarb der Orden das Kloster Citeaux, 1925 wurden die neuen Konstitutionen (mit gewissen Erleichterungen der Lebensweise) von Rom bestätigt. Der Orden zählt heute 79 Klöster mit 4200 Mitgliedern, der weibliche Zweig 39 Klöster mit 2200 Mitgliedern. In Deutschland besteht nur die T.abtei Mariawald im Kreis Schleiden und das Trappistinnenkloster Maria Frieden in der Eifel.

Règlement de La Trappe (1671) hg.v. P.BONAVENTURA, Graz 1887. - C.GOERKE, Mariawald, (1926) 1937[4] - C.B.CHAUTARD, Les Cisterciens Trappistes, Paris 1931 - A.PRESSE in: Revue Mabillon 21, 1931, 49-60 - HEIMBUCHER I, 363ff - TH.MERTON, Der Berg der 7 Stufen, dt. 1950 - DERS., Das Zeichen des Jonas, dt. 1954 - EC III, 1745ff - Das Wirken der Orden u. Klöster in Deutschland I, 1957, 156f - L.J.LEKAI, Gesch. u. Wirken der Weißen Mönche, dt. 1958, 124ff. *St.Hilpisch*

Trauerbräuche

I. Religionsgeschichtlich - II. Im AT, NT und Judentum - III. Kirchlich-volkstümlich. - Vgl. ergänzend → Begräbnis

I. Religionsgeschichtlich

Im weiteren Sinne sind T. alle Veranstaltungen vor, bei und nach einem → Begräbnis (: I), von der Totenklage bis zu den Totenfeiern in der ersten Trauerzeit bzw. der Generationen währenden → Totenverehrung (: I). Weil der → Tod (: I) einen solchen Einbruch in das menschliche Leben darstellt, besteht hier eine fast unübersehbare Fülle von T.n, die trotz zeitlich, lokal und kulturgeschichtlich bedingter Verschiedenheit große Ähnlichkeiten aufweisen. Jedoch werden gleichförmige Sitten von den Beteiligten selbst verschieden aufgefaßt, sofern überhaupt eine Selbstauslegung vorhanden ist. Das führt dann auch zu entgegengesetzten wissenschaftlichen Erklärungsversuchen. In RGG[2] (V, 1253ff) hat A.Bertholet, von der ambivalenten Einstellung (Liebe - Furcht) der Hinterbliebenen zu den Toten ausgehend, das Material systematisch gegliedert: auf dynamistischer Stufe (→ Macht: I) will man den Toten neue Lebenskraft geben bzw. sich gegen die gefährliche Ansteckung schützen; auf persönlich-animistisch-dämonistischer Stufe gilt das entsprechende Verhalten der → Seele der Toten. - Im engeren Sinne sind T. solche zum → Ritus und zur Demonstration gewordenen Affekthandlungen, die als direkter Ausdruck der Trauer verstanden werden können (so Meuli): das Weinen (→ Lachen und Weinen), Scheren (nach Tylor u.a.: → Ersatzgaben für → Menschenopfer) oder Wachsenlassen der → Haare (Ranke 103ff: Verharrung im Totenzustand als Ablösung uralter Totenfolge; dem Verstorbenen wachsen die Haare weiter), Zerreißen der → Kleidung (Marti: Erledigung der in den Kleiderfalten hausenden bösen → Geister), Beschmutzen, Bemalen oder → Tatauierung des Leibes (→ Frazer: Unkenntlichmachen vor den rachsüchtigen Toten; Schreuer: symbolische Selbstbestattung; Ranke 101: symbolische Andeutung der Unreinheit), Wundenschlagen oder Fingerabhacken (Preuß: Kraftentladung als Gegenzauber; Spencer: → Blut-Opfer; W.R.Smith: Herstellung von Kommunion zwischen Lebenden und Toten), Zerstörung der Fruchtbäume oder des Hausrats, Tötung von Menschen und Tieren, → Speiseverbote (: I; → Fasten: I), Enthaltsamkeit (→ Geschlechtliches, → Keuschheit: I), Redeverbot und andere → Tabus. Allerdings ist gegen eine nur psychologisierende Deutung hervorzuheben, daß die T. auch rituell und als solche mythisch vorgebildet sind (→ Mythos: II, 4).

Urbild aller *Totenklagen* in → Ägypten (: II, 2. 3) ist zB die Klage von → Isis und Nephthys an der Bahre ihres toten Bruders Osiris: »O schöner Knabe..., ich sehe dich nicht, und doch bangt mein Herz nach dir und meine Augen begehren dich... Ich rufe nach dir und weine, daß man es bis zum Himmel hört, aber du hörst meine Stimme nicht, und ich bin doch deine Schwester, die du auf Erden liebtest...« (A.Erman, Die Religion der Ägypter, 1934, 73). »Die große und die kleine Klagefrau« auf den Darstellungen altägyptischer Begräbnisse vertreten die beiden Göttinnen, weil jetzt jeder Verstorbene mit Osiris gleichgesetzt wird. Seit der 19. Dynastie begegnen die Klageweiber als Holzfiguren mit den Zügen von Isis und Nephthys auch an der Vorder- und Rückseite der Särge. Zur Gestensprache der altägyptischen Klagefrauen gehörten Entblößung des Oberkörpers (→ Nacktheit; Ranke 130: Abwehrzauber), eine blaue Trauertracht und das Streuen von Asche, Staub oder Lehm auf das Haupt, also zugleich eine Art Verhüllung. Auch die Männer nahmen an der Trauer teil und fielen wechselweise in die Gesänge ein. Mit stürmischen Tänzen geleitete man den Toten zum → Grabe.

Die Totenklage ist im ganzen Vorderen Orient wie im alten Griechenland wohlbekannt. Schon im → Gilgamesch-Epos heißt es: »Hört mich, ihr Ältesten, mich höret an! Um Engidu wein' ich, um meinen Freund, wie Klageweiber bitterlich klagend« (Schott 51). Auch Klagemänner sind für die Ur III-Zeit (ca 2000 vChr) bezeugt. Das Wehgeschrei sollte nach Schmökel (Das Land Sumer, 1955, 154) die Dämonen fernhalten. Im vorislamischen → Arabien (: I) wie in Hellas (θρῆνος; PW 2. R. VI, 596f) ist aus dem Klagegeschrei eine besondere Dichtungsgattung entstanden. Die Dichterin Alchansâ (ca 600 nChr) ist wegen der Verse auf ihre Brüder berühmt: »Unsere Weiber klagen um ihn (den Bruder Ṣachr) mit heiser gewordener Stimme, wenn sonst schon die Klagefrauen (wegen der späten Stunde) still geworden sind. Sie schreien sehnsüchtig, nachdem die Augen etwas geschlummert haben, gleich betrübten Kamelstuten, (die ihre Jungen verloren haben) und nicht mehr trinken wollen, schmutzig, abgemagert, (noch) nicht aufhörend, wenn die bellenden Hunde des Nachts aufhören zu bellen...« (Cramer 1941, 84). - Bei Homer beteiligen sich die Gefährten des gefallenen Patroklos, bes. Achilleus, an der Trauer (Il. 23), und vor Hektors Bestattung treten die Troer auf, ehe die Frauen die große Klage anfangen und dann Andromache ihre individuelle Klage anstimmt. Die griech. Gesetzgeber haben vom 6.Jh. vChr an immer wieder Luxusaufwand, maßlose Schmerzäußerungen und die Länge der Klagezeit verboten, aber ohne dauernden Erfolg (Ranke 94; Nilsson I, 714f). Ähnlich wandten sich die alte Kirche und der Islam gegen ungebührliche T., doch ebenfalls vergebens. In der heutigen monophysitischen koptischen Kirche (→ Kopten: I) wie auch in der griech.-orth. Kirche Griechenlands und Rußlands haben sich die vorchristlichen T. zT bis heute erhalten. Von der Insel Karpathos (zwischen Rhodos und Kreta) hat 1932 ein Zuschauer folgendes berichtet: »Solange der Sterbende noch am Leben ist, unterdrückt man laute Klagen, weil man glaubt, daß dadurch der Todeskampf verlängert wird. Sobald aber der Tod eingetreten ist, erheben die anwesenden Verwandten ein lautes Klagegeschrei, so daß auch die Nachbarschaft von dem Trauerfall Kenntnis nimmt und herbeikommt. Wenn der erste wilde Schmerz sich ausgetobt hat, wird der Tote aufgebahrt, und nun beginnt die eigentliche Totenklage: alle Frauen der engeren Verwandtschaft sitzen um den Toten herum, unbedeckten Hauptes und mit offenen Haaren, raufen sich rhythmisch die über das Gesicht hängenden Locken, schlagen sich mit beiden Handflächen auf die Knie oder vor die Brust, zerkratzen sich die Wangen und zerreißen oft ihre Kleider. Dann ertönen auch die Moirologia, Improvisationen, doch sehr ausdrucksvoll bei dem noch frischen Schmerz. In Karpathos müssen alle Frauen Moirologia erfinden können, aber natürlich zeichnen sich manche darin besonders aus, und man hört ihnen mit frommem Schweigen zu. Am Schluß jedes Distichons stöhnen alle anwesenden Frauen auf, wie bei Homer. An der Klage beteiligen sich auch diejenigen Frauen, die im letzten Jahre einen Trauerfall gehabt haben. So dehnt sich die Klage auf zwei bis drei Stunden aus, wiederholt sich beim Zug zum Grabe, auch noch in der Kirche und vor allem beim Begräbnis selbst, wo der Höhepunkt erreicht wird. Im ganzen dauert die Klage um einen Toten mindestens ein Jahr, und zwar mit derselben Lebhaftigkeit wie im ersten Augenblick« (Boehm 8f). - Ähnliches gibt es zB unter den Finnen Kareliens (→ Finnisch-ugrische Religionen) und bei den Naturvölkern.

Die Länge der Trauerzeit hängt mit den Jenseitsvorstellungen zusammen. Solange der Tote in irgendeiner Gestalt anwesend ist, wenn er sich wegbegibt (bei den → Indogermanen am 30. oder 40. Tage) oder zufällig wiederkommt, müssen die jeweiligen T. genau beachtet werden. Auch das Tragen der Trauertracht ist von diesen Terminen abhängig. Eine bestimmte Trauer- → Farbe scheint es nicht zu geben; schwarze, weiße, seltener blaue oder rote Trauerkleidung ist zB nur für die Indogermanen bezeugt. Auch hier werden zwar allgemeingültige Deutungen versucht: die Farbe sei eine Angleichung an den Totenzustand, entweder als Abwehr oder Teilnahme (Ranke 116ff). Im nordwesteuropäischen Raum zeigt sich aber, wenigstens vom MA her, »daß die Trauerkleidung lediglich eine Abwandlung des Kleides ist, das sowohl für Hochzeit, Patenschaft, Abendmahl als auch für alle hohen religiösen Anlässe getragen wird« (Cramer 1956, 12).

PW 2. R. VI, 2225 - HWDA IX, 1071ff. 1130ff - E.Reiner, Die rituelle Totenklage der Griechen, 1938 - M.Cramer, Die Totenklage bei den Kopten. Mit Hinweisen auf die Totenklage im Orient überhaupt (SAW 219, 2), 1941 - Dies., Trauergewandung u. Totenklage in Nordwesteuropa u. ihre Parallelen im Orient (Rhein.-Westf. Zs. f. Volkskunde 3, 1956, 1-20) - K.Meuli, Entstehung u. Sinn der Trauersitten (Schweiz. Archiv f. Volkskunde 43, 1946, 91-109) - E.Boehm, Die neugriech. Totenklage, 1947 - K.Ranke, Indogermanische Totenverehrung (FFC 140), Helsinki 1951, 86ff - RÄRG 376ff - R.Needham, A Penan Mourning Usage (Bijdragen tot de Taal-, Land- en Volkenkunde 110, 1954, 236-267) - E.de Martino, Morte e pianto rituale nel mondo antico. Dal lamento pagano al pianto di Maria, Turin 1958 - K.Latte, Röm. Religionsgesch., 1960, 101. - Vgl. die Lit. zu → Begräbnis: I, → Eschatologie: I, → Tod: I, → Totenverehrung: I.

C.-M. Edsman

II. Im AT, NT und Judentum

1. Im AT - 2. Im NT - 3. Im nachbiblischen Judentum

1. Die dem in der Regel am Todestag erfolgten → Begräbnis (: II, 2) und der 7tägigen (Gen 50, 10) oder - bei besonders Angesehenen - 30tägigen (Num 20, 29; Dtn 34, 8) mit Weinen und Fasten begangenen *Trauerzeit* vorausgehenden T., die zT nicht mehr sicher zu begründen sind (→ Tod: II, 3), hat Israel mit den Nachbarvölkern gemein. Folgende in den Texten von → Ugarit bezeugten T. finden sich auch im AT: das Sitzen auf der Erde (Hi 2, 13), das Streuen von Staub auf das Haupt (Jos 7, 6), das Anziehen des Trauergewandes (Gen 37, 34), das Blutritzen (→ Totenverehrung: II, 3), das Auftreten von Klageweibern (Jer 9, 17), der Weheruf (1Kön 13, 30) und das Klagelied (2Sam 1, 17ff). Ferner wird im AT erwähnt, daß die Angehörigen die Augen des Verstorbenen zudrücken und ihn küssen (Gen 50, 1). Die Trauernden zerreißen das Obergewand (Gen 37, 29. 34), lösen den Kopfbund (Ez 24, 17), scheren Haare und Bart (→ Totenverehrung: II, 3), verhüllen Haupt und Bart (→ Totenverehrung: II, 2), legen die Sandalen ab (Ez 24, 17) und schlagen sich an die Hüften (Ez 21, 17). Sie laufen ungepflegt an Füßen und Bart (2Sam 19, 25) in ungewaschenen Kleidern und ungesalbt (2Sam 12, 20) herum.

2. Die *»jüdische Begräbnissitte«* (Joh 19, 40) zZ Jesu kennt das Waschen (Apg 9, 37) und Salben (Mk 16, 1 par) der Leiche, die dann in ein Leintuch (Mk 15, 46 par) oder in aromatisierte Binden (Joh 19, 39f) eingehüllt wird (Joh 20, 5f). Hände und Füße werden mit Bändern umwickelt, das Haupt wird in ein Schweißtuch eingeschlagen (Joh 11, 44; 20, 7). Bei der Totenklage treten Flötenspieler auf (Mt 9, 23).

3. Zusätzlich zu 1 und 2 finden sich im *nachbiblischen Judentum* noch folgende T.: Nach der Waschung und Ölung und der seit Rabban → Gamaliel I. üblichen Linnenbekleidung des Leichnams werden die Kopfhaare des Toten abgeschnitten. Am Kopfende des Sarges brennt während der Aufbewahrung im Trauerhaus eine Öllampe. Auf dem Gang zum Grab preisen Männer die Verdienste des Verstorbenen; allmählich kommt die Leichenrede am Grab in Gebrauch.

Lit. s. → Begräbnis: II - S.KLEIN, Tod u. Begräbnis in Palästina zZ der Tannaiten, 1908 - S.KRAUSS, Talmudische Archäologie II, 1911, 54ff - R.DE VAUX, Das AT u. seine Lebensordnungen I, (franz. 1958) dt. 1960, 99ff. *H.Schmid*

III. Kirchlich-volkstümlich

1. Motive und Formen - 2. Wandlungen

1. Kirchlich-volkstümliche Formen der T. entwickeln sich aus folgenden Motiven: a) *Ehrfurcht,* darum Stille, ernste Tracht, Arbeitsruhe, Verzicht auf Festlichkeit (selbst zu Weihnachten), Tabu des Sterbezimmers, Entfernung von Bildern. - b) *Ehrung:* Totenwache durch Verwandte und Nachbarn, Totenkronen (Symbole der Jungfräulichkeit) u.a. - c) *Klage:* Klageweiber traten bis ins 20.Jh. auf (Siebenbürgen). Auch die nächsten Angehörigen klagten vor der Leiche (in läppischen oder konventionellen Phrasen, aber auch in tief empfundenen Bekenntnissen). Übermaß galt als unchristlich (Luther) oder gefährlich, weil es die Seele des Toten beunruhige. - d) *Abschied,* ein letzter Gruß innerhalb der T. - e) *Tröstung,* weithin in geprägter traditioneller Spruchform. - f) *Stärkung der Gemeinschaft* durch Nachbarhilfe, Geleit, Versöhnung nach jahrelangem Hader. - g) *Kennzeichnung des Trauerstandes* durch Kleidung (oft phasenhaft abklingend von Schwarz zu Blau; regional ist Weiß Trauerfarbe), Sitzen auf »Klagestühlen« im Gottesdienst (Süddeutschland, Schweiz) und Abweichungen von der liturgischen Sitte wie Sitzenbleiben bei Verlesungen und Segenspendung (Thüringen). Die T. können Standesstolz und Geltungsdrang widerspiegeln. - h) *Sicherung des Lebens* durch apotropäische Wirkung des Geläutes, der Kleidung (?) wie der Verhüllung des Spiegels. Bewirtung dient auch der Rückführung ins gute Leben. Musikkapellen spielen oft auf dem Heimweg »Freut euch des Lebens«. - i) *Erinnerung* durch Grabpflege und Gedächtnistage (kollektiv an → Totensonntag und → Allerseelen).

2. In der Neuzeit schrumpfen die T. weithin; auch der Ernst der Trauer scheint zu sinken. Aus dem MA wirkte überhitzte Todesfurcht lange nach und verlangte nach düsterer Strenge. Luther wies zu Stimmungen der frühen Christenheit zurück (→ Begräbnis: I, 3). So konnte vom Tod als Feierabend oder als Freund geredet werden. Bei Hochbetagten kamen Bestattungen in Hochzeitsgewändern vor. In der Gegenwart herrscht Gleichgültigkeit vor und unterhöhlt die T. Staatliche Verfügungen begünstigten die Schrumpfung aus hygienischen Gründen (Hinwerfen auf den Sarg, Kuß des Toten) und aus Gründen der Wohlfahrtsfürsorge (Befreiung der Minderbemittelten von untragbarem Aufwand).

Das Material ist ungesammelt u. weit zerstreut in der Gemeindepresse, Sammlungen von Landes- u. Kirchengesetzen, Monographien zur landschaftl. Volkskunde, ungedruckt in Traditions- u. Memorabilienbüchern. - Vgl. die Lit. zu → Begräbnis: III, → Volkskunde: III, bes.: P.SARTORI, Sitte u. Brauch I, 1910 (Lit.) - A.JOBST, Dorfkirchliche Beerdigungssitten (Dorfkirche 29, 1936, 328-333) - O.A. ERICH-R.BEITL, WB d. dt. Volkskunde, (1936) 1955² (s.v. Tod, Trauertracht) - HWDA VIII, 1130ff - A.JOBST, Sammlung kirchl. Sitte, 1938 - E.R.LANGE, Sterben u. Begräbnis im Volksglauben zwischen Weichsel u. Memel, 1955. *G.Holtz*

Traum

1. Religionsgeschichtlich - 2. Im AT

1. Seit Menschengedenken übt der T. eine fast numinose Anziehungskraft aus. Da er anders als die Tageswirklichkeit ist, zugleich aber auch Bildelemente aus dem Tagesleben bietet, sah man in ihm oft den Ort, an dem eine andere Wirklichkeit in den Menschen einbricht. Als einer → Offenbarung (: I) der Gottheit kann dem T. die gleiche Wirklichkeit zukommen wie dem Wachgeschehen. In vielen Kulturen findet sich die Meinung, die → Seele verlasse den Körper während des → Schlafes. Der Locus classicus eines solchen → Dualismus (: I, 4) ist die Brhad-Âranyaka-Upanishad 4, 3, 7-9 (2. Hälfte 7.Jh. vChr). Diese Vorstellung ist - unter hellenistischem Einfluß - noch in der rabbinischen Literatur (Midr. Ps 11, 7, ed. Buber, S. 102) und im Islam nachweisbar (vgl. F.Meier 125ff). Die Herkunft der T.e kann auch nach ihrer Qualität unterschieden werden: Glückverheißende T.e kommen von guten → Geistern, unglückbringende von neidischen Dämonen. So heißt es im → Talmud: »Im T. rede ich mit ihm; dagegen: Die T.e reden Nichtigkeit. Das ist kein Widerspruch, das eine durch einen Engel, das andere durch einen Dämon« (bBer. 55b). Schließlich hat man auch gewußt, daß physiologische Vorgänge im Körper T.e hervorrufen können (Jes 29, 8; vgl. auch das arab. Sprichwort: »Der T. des Hungrigen ist Brot«), oder die T.entstehung durch die Gedanken oder die Stimmung des Tages erklärt (Herodot VII, 16, 2; Artemidor ed. Krauss, 1. Buch, 1. Kap. S. 4; Arist 216; Maimonides, More Neb. II, Kap. 36).

Ausführliche T.berichte finden sich selten in sumerischen und akkadischen historischen Texten und fast gar nicht in ägyptischen und hethitischen. Vielmehr wird meist nur die Situation des Träumers sowie eine Zusammenfassung des T.s angegeben. Eine besondere Rolle spielen dabei die Königs-T.e (aus Mesopotamien u.a. von Assurbanipal [7.Jh.] und Nabonid [6.Jh.] berichtet). In der sog. Autobiographie des → Hethiter-Königs Ḫattušili III. (13.Jh.) stellen T.e ein Mittel der Gottheit dar, dem König den Weg zur Macht zu weisen. Der T. des ägypt. Königs Thutmose IV. (Ende 15.Jh.) wird an einem numinosen Ort im Schatten der großen Sphinx geträumt. T.e an → Heiligen Stätten sind bes. bedeutsam (1Kön 3; Gen 28) und gelten, wenn sie bewußt hervorgerufen werden, als → Inkubation. Für T.e im Erzählgut besitzt das → Gilgamesch-Epos klassische Bedeutung. Das Eingreifen der Gottheit in den bedeutungsvollen T.en geschieht meist durch göttliches Erscheinen, wobei die Gottheit riesige Ausmaße besitzt (T. das Gudea und Merenptah). Zu derartigen T.en gehören - gattungsmäßig verwandt mit den Königs-T.en - Geburts-T.e, durch die die Geburt eines Großen angezeigt wird (zB Mose: Pseudo-Philo, Liber Antiquitatum Biblicarum, ed. G.Kisch, 1949, 139; Jesus: Mt 1, 20; Buddha: vgl. H.v.Glasenapp, Buddha, 1950, 7f; Augustus: Suet. Augustus 94; Perikles: Herodot VI, 131).

Viele T.e enthalten eine klar zu verstehende, von dem Träumer selbst zu deutende Botschaft; andere hingegen bedürfen einer Deutung ihres Inhalts, einer Entschlüsselung der Symbole. Um die Wirkung eines solchen T.s zu verstärken, erfolgt bisweilen eine Wiederholung mit gleichen oder ähnlichen Symbolen (Gilgamesch-Epos, Ludlul-bêl-nemêqi) oder bei Botschafts- und Weisungs-T.en die Wiederholung der Gottesrede, wobei die dreimalige Wiederholung eine besondere Rolle spielt (vgl. H.Schmidt-P.Kahle, Volkserzählungen aus Palästina I, 1918, 147; Lincoln 268; H.R.Ellis, The Road to Hell, 1943, 131; F.v.d.Leyen-Zaunert, Märchen aus dem Donaulande, 1926, 92ff). Symbolische T.e können durch einen charismatischen oder durch besondere magische Fähigkeiten ausgezeichneten T.deuter, aber auch durch T.bücher gedeutet werden (bBer. 55a-57b; Artemidor; Papyrus Chester-Beatty, XII. Dynastie, ed. A.Gardiner, 1935; A.Volten, Demotische T.deutung, 1942; J.v.Negelein, Der T.schlüssel des Jagaddeva, 1912; Oppenheim 256ff: assyrische T.omina von Susa). Die für die T.e zuständigen Deuter gehören in Assyrien zu den → Orakel-Priestern. - Neben der allgemeinen Einteilung der T.e in natürliche und übernatürliche, wahre und falsche, gute und böse unterschieden die auf Gelehrsamkeit bedachten Verfasser von T.büchern noch verschiedene Arten von T.en. In den klassischen T.büchern ist der Stoff nach Sachgebieten angeordnet: der Mensch, seine Glieder und Organe, seine Beschäftigungen, häufigsten Lebenssituationen, Krankheiten und Sorgen, Gefühle und Freuden, Natur, Tiere und Pflanzen. Der Inhalt der T.e wird auf etwas Zukünftiges bezogen (Artemidor, Cardanus), oder es wird vom Zeitpunkt des T.-geschehens ausgegangen (Astrampsychos, Nikephoros). In welcher Weise T.bücher selbst in den Dienst des christlichen Glaubens gestellt werden können, beweist → Melanchthon, der die deutsche Ausgabe von Artemidors Oneirokritika mit einem ausführlichen Traktat über die Deutung von T.en bereichert hat und für die »richtige«, dh »gottesfürchtige« Interpretation eingetreten ist.

So wie man bes. durch die Inkubation bedeutungsvolle T.e hervorzurufen suchte, bemühte man sich auch, böse T.e abzuwenden. Hierbei bediente man sich des → Gebets (akkad. Gebetsserie »Handergebung«, hg.v. E.Ebeling, 1953, 49, Z. 115; G.Meier, AfO, Bh. 2, 1937, 51; Gurney, JCS 8, 1954, 90, Z. 22f; vgl. bBer. 60b), des → Fastens (bTaan. 12b) oder des Ausredens (vgl. D.Eggan, AmA 51, 1949, 179). → Muhammed gab für schlimme T.e die Anweisung, nach dem Erwachen dreimal nach links zu spucken und Gott um Hilfe zu bitten, damit sich das Schlimme nicht verwirkliche (vgl. Meier 117).

Die Unterscheidung zwischen zukunftsträchtigen T.en göttlicher Herkunft von bedeutungslosen T.en wurde zwar bereits in der Antike vorgenommen (Odyssee XIX, 562ff), doch erst → Aristoteles hat den psychologischen Charakter der T.e voll erkannt und es abgelehnt, im T. eine göttliche Sendung zu erblicken. T.e seien Bewegungen der Sinnesorgane, die Einbildungen verursachen. Hippokrates versuchte den T. für die Therapie nutzbar zu machen. Die T.deuterei der Antike wurde schließlich von → Cicero einer gründlichen Kritik unterzogen, wobei er T.e als göttliche Eingebungen weitgehend ablehnt (De divinatione I, 39-65; II, 119-148). Im MA wird jedoch nicht selten wieder an der Wirklichkeit der Offenbarungs-T.e festgehalten (Honorius von Autun, → Wilhelm von Conches, Bartholomäus Anglicus u.a.). Im Leben christlicher Heiligen (→ Augustin, → Ambrosius, → Gregor d.Gr.) spielen T.e oft eine wichtige Rolle (H.Günter, Psychologie der Legende, 1949).

Die Aufklärung mißachtete den T., doch das Volk hielt sich an den in dieser Zeit immer mehr aufkommenden T.büchern schadlos, die meist aus falsch übersetzten oder mißverstandenen ägyptischen und arabischen Quellen schöpften. Erst die Romantiker und ihre Nachfahren entdeckten den T. wieder in seinem emotionalen und irrationalen Aspekt (→ Novalis, → Jean Paul, Carus, → Schelling). Die moderne T.forschung leitete S. → Freud mit seiner 1900 erschienenen T.deutung ein. Er lehrte den T. als eine Äußerung des menschlichen Seelenlebens mit dessen unbewußten normalen oder krankhaften Äußerungen verstehen und stellte dem manifesten T.text den latenten T.hintergrund der äußeren und inneren Gesamtsituation des Träumers aus Gegenwart und Vergangenheit gegenüber. Hat Freud dem T. wieder die Würde eines ernsthaften wissenschaftlichen Forschungsobjektes und den Wert eines therapeutischen Werkzeugs verliehen, so hat vor allem C.G. → Jung dem T. eine für die religiöse Persönlichkeit bedeutungsvolle Einschätzung zu geben versucht, indem er nach den Grundtypen der T.e fragte und wiederkehrende mythologische Motive in den verschiedensten Kulturen der Menschheit untersuchte (Archetypen). Jung behauptet, die menschliche Seele sei nur zu einem Teil einmalig oder persönlich, zum andern aber kollektiv und objektiv. Er schuf daher den Begriff eines »kollektiven Unbewußten« (→ Tiefenpsychologie), das gleichsam eine tiefere Schicht als das bewußtseinsnähere persönliche Unbewußte darstellt. Die »bedeutungsvollen« T.e entstammen nach Jung dieser tieferen Schicht.

J.Hundt, Der T.glaube bei Homer (Diss. Greifswald), 1934 - G.D.Kelchner, Dreams in Old Norse Lit. and their Affinities in Folklore, Cambridge 1935 - J.St.Lincoln, The Dream in Primitive Cultures, London 1935 - PW XVIII, 448ff; 2. R. VI, 2233ff - HWDA (s. Reg.) - F.Meier, Die Welt der Urbilder bei Ali Hamadani (ErJb 18, 1950, 115-172) - E.R.Dodds, The Greeks and the Irrational, Boston (1951) 1957 - RÄRG 835ff - R.Robinson, Legend and Dreaming (austral. Ureinwohner), Sydney 1952 - H.R.Steiner, Der T. in der Aeneis (Diss. Bern), 1952 - E.L.Ehrlich, Der T. im AT (BZAW 73), 1953 - Ders., Der T. im Talmud (ZAW 47, 1956, 133-145) - W.v.Siebenthal, Die Wissenschaft vom T., 1953 - E.E.Bourguignon, Dreams and Dream Interpretation in Haiti (AmA 56, 1954, 262-268) - J.Frick, Der T. u. seine Deutung bei den Chinesen in Ch'ing-hai (Anthropos 49, 1954, 311-313) - W.Kemper, Der T. u. seine Be-Deutung, 1955 - Nilsson I. II (s. Reg.) - A.L.Oppenheim, The Interpretation of Dreams in the Ancient Near East, Philadelphia 1956 - M.Eliade, Mythes, rêves et mystères, Paris 1957 - H.Gätje, Philosoph. T.lehren im Islam (ZDMG 109, 1959, 258-285) - H.-J.Schumann, T.e der Blinden vom Standpunkt der Phänomenologie, Tiefenpsychologie, Mythologie u. Kunst, 1959 - Les songes et leur interprétation (Sources orientales 2), Paris 1959.

2. Das *AT* kennt zwei Arten von bedeutungsvollen T.en: den *Botschafts-T.*, durch den Jahwe in direkter Rede → Offenbarung (: II) oder Weisung erteilt, und den *symbolischen T.*, der einer Deutung bedarf. a) In einem Königs-T. erfährt → Salomo zu Beginn seiner Herrschaft in direkter Gottesrede die ihm von Gott zuteil werdenden Verheißungen (1Kön 3, 5-15). Dieser T. stellt übrigens auch das einzige Beispiel einer deutlich beschriebenen → Inkubation im AT dar. Gen 20; 31, 24 sowie 31, 11. 13 enthalten T.befehle Gottes, durch die er seinen Willen kundtut. Diese Stellen gehören dem → Elohisten an, der die Gottheit gerne durch das Mittel des T.s, also aus der Ferne, zum Menschen sprechen läßt. - b) Der symbolische T. muß seiner ganzen Art nach gedeutet werden, doch kann der Träumer ihn gelegentlich auch ohne Deuter verstehen (Jakob, Gen 28). Die in der → Josephs-Geschichte bes. hervortretenden T.e dienen als entscheidendes Antriebsmittel der Handlung. Sie besitzen insofern Offenbarungscharakter, als sie das spätere Schicksal des Helden ankündigen (Gen 37) oder diesem Gelegenheit bieten, seine charismatische Weisheit zu zeigen (Gen 40f). Auch → Gideon versteht einen symbolischen T. ohne Deuter und nimmt ihn als göttliche Botschaft und Verheißung des Sieges an (Ri 7, 13f). Dan 2 ist in seinem Rahmen zwar Gen 41 nachgebildet, steigert aber das T.deuten noch durch das T.erraten und unterscheidet sich ferner von den Erzählungen der Gen durch die Einfügung einer Apokalypse als T.inhalt (ähnlich auch Dan 3, 31 - 4, 34, dessen ältere Form fragmentarisch in 4Q erhalten ist). - c) T.offenbarungen sind also nach at. Auffassung die Weise, in der Gott mit Menschen verkehrt. Man weiß zwar, daß T.e etwas Rätselhaftes in sich tragen (Num 12, 6-8) - daher wird Mose eines unmittelbaren Gespräches mit Gott gewürdigt -, doch ist der T. sonst oft legitimes Mittel, die Gottheit zu befragen (1Sam 28, 6. 15) und ihren Willen zu erfahren (Hi 7, 13f). - d) Das AT weiß aber sehr wohl um die Flüchtigkeit des T.s (Jes 29, 7f; Hi 20, 8; Ps 73, 20; 126, 1). Bes. → Jeremia hat erfahren, in welcher Weise die falschen → Propheten (: II B, 1 e) den T. in ihren Dienst stellen. Daher lehnt er den T. als Offenbarungsmittel kategorisch ab (23, 25ff; 27, 9f; 28, 8f). Auch das Dtn (13, 1ff) kennt die Verbindung zwischen T. und

fremden Kulten, Sach 10, 2 die Verwendung des T.s bei anrüchigen Wahrsagern.

E.L.Ehrlich, Der T. im AT (BZAW 73), 1953. *E.L.Ehrlich*

Trauung

I. Liturgisch - II. Rechtlich

I. Liturgisch

Die kirchlichen Trauordnungen sind nach Zeit und Ort sehr verschieden; denn sie sind nicht nur durch die Konfession, sondern auch durch das jeweils geltende Eherecht (→ Ehe: VI, → Trauung: II) und die im Volke lebendigen Eheanschauungen bestimmt. Da in alter Zeit die Eheschließung Sache der Familie oder Sippe ist, vollzieht der *Vater* die T., indem *er* die Rechte der Tochter in die Hand des Mannes legt und sie ihm damit anvertraut. Die alte Kirche kennt keine durch Priester oder Bischof vollzogene T. Sie beschränkt sich auf den Rat, das Brautpaar möge nicht ohne Zustimmung des Bischofs und ohne Wissen der Gemeinde heiraten (Ignatius, Tertullian); sie lädt die Neuvermählten ein, durch Darbringung von Opfergaben und gemeinsame Feier der Messe die Ehe zu festigen (confirmare); sie erbittet für sie im Gemeindegottesdienst Gottes Segen und ehrt voreheliche Enthaltsamkeit durch feierliche Krönung (Chrysostomus). Die kath. Brautmesse, die älter ist als die kirchliche T. und ihr heute in der Regel folgt, hat als Epistel Eph 5, 22-33, als Evangelium Mt 19, 3-6 und nach dem Vaterunser den Brautsegen (benedictio nuptiarum intra missam), der so gut wie ausschließlich der Braut gilt. (Die röm. Brautmesse steht in Parallele zu der confarreatio, der feierlichen Eheschließung mit Opferdarbringung, die im heidnischen Rom in Patrizierfamilien üblich war.) Da sich im röm. (und kanonischen) Recht der Grundsatz durchsetzte: »Nudus consensus facit nuptias«, konnte es im Geltungsbereich dieses Rechts eigentlich keine T. geben. Eine kirchliche Trauordnung konnte nur entstehen unter Einfluß des deutschen Rechts, das an der »Sippenehe« festhielt, die durch »Muntvertrag« (→ Verlöbnis) rechtskräftig geschlossen und durch »Muntübertragung« (T.) vollzogen wurde (→ Trauung: II, 1). Weil aber für den kirchlich gebundenen Menschen des MA kein wichtiger Akt ohne Gebet und Segen stattfinden durfte, lag es nahe, daß die Braut den für sie zuständigen Priester (parochus) als Treuhänder wählte. Die Kirche förderte, ja forderte bald die »klerikale« anstelle der »laikalen« T. Sie bekämpfte damit wirksam die »heimlichen Ehen« (nuptiae clandestinae) die nach kanonischem Recht gültig, aber kirchlich unerwünscht waren. Behindert wurde die Entstehung einer vom Priester im Namen der Kirche vollzogenen T. durch das kanonische Recht, das nur die Konsensehe kannte, und durch die Sakramentslehre, die (unter maßgebendem Einfluß des → Thomas von Aquino) die Eheleute zu Sakramentsspendern und den Konsens zur forma sacramenti erklärte (→ Ehe: III B, 2). Mit dieser Schwierigkeit hatte noch das Tridentinum zu kämpfen, das im Dekret »Tametsi« vorschrieb, daß die Ehe vor der Kirche (in facie ecclesiae) vor dem zuständigen Pfarrer und zwei oder drei Zeugen zu schließen sei. Erst im 16.Jh. wurde die T. in den Kirchenraum verlegt. Die für die deutschen Diözesen approbierte Trauordnung besteht heute aus folgenden Riten: Nach einer Ansprache (sermo) folgt a) die Segnung der Trauringe (benedictio anulorum): »Segne, o Herr, diese Ringe..., auf daß, die sie tragen, einander die Treue bewahren...«; b) Erfragung des Ehewillens und der Bereitschaft, Kinder aus Gottes Hand anzunehmen (scrutinium); c) Ringwechsel, bei dem sich Bräutigam und Braut gegenseitig die Ringe anstecken (der Name arrhatio cum anulis zeigt, daß er als rechtskräftige Bindung durch ein Unterpfand = arrha verstanden wird); d) Eheschließung (consensus), vollzogen durch die Nupturienten, die die Hände ineinanderlegen und sprechen: »Vor Gottes Angesicht nehme ich dich zu meiner Ehefrau (meinem Ehemann).« Die priesterliche Mitwirkung besteht aus Bestätigung (confirmatio) und Segnung (benedictio): »Im Namen der Kirche bestätige ich den Bund, den ihr geschlossen habt, und segne ihn.« Dieser Segen wird durch Ps 128, Vaterunser und Segensbitten entfaltet. Die »T.« ist nur solemnisatio matrimonii in facie ecclesiae, dh feierliche öffentliche Bekanntgabe und Bestätigung der Eheschließung, wenn die Formel benutzt wird: »Matrimonium per vos contractum confirmo...«, aber Kopulation, wenn die (im Rituale Romanum vorgeschlagene) Formel gebraucht wird: »Ego vos coniungo in matrimonium...«. - Die orth. Kirche sieht in der altchristlichen Krönung des Brautpaares (στεφάνωμα) *den* kirchlichen Trauakt, der seit 993 auch vom Staat als zur gültigen Ehe notwendig gefordert wurde. (Auch in der Kirche Schwedens kennt man eine Krönung der Braut!) - Altertümliche Züge hat die Solemnization of Matrimony der Church of England. Nach der Frage: »Who giveth this woman to be married to this man?« empfängt der Pfarrer die Braut aus des Vaters oder eines Freundes Hand und veranlaßt den Mann, die Hand der Braut zu ergreifen mit den Worten: »I take thee to my wedded wife... I plight thee my troth«, während sie sagen soll: »... I give thee my troth.« Einen Ring erhält nur die Braut, wobei der Bräutigam sagt: »With this ring I thee wed; with my body I thee worship; with all my wordly goods I thee endow...« Auch die luth. Kirche Schwedens kennt keinen Ringwechsel: der Bräutigam gibt (giver), die Braut empfängt den Ring (mottager) als Wahrzeichen (vårdtecken). - Für alle luth. Kirchen ist Luthers »Traubüchlein« von 1529 (WA 30/III, 74-80) maßgebend. Nach ihm fragt der Pfarrer das Brautpaar *vor* der Kirche in schlichtester Form nach dem Ehewillen, läßt sie die Trauringe einander geben, fügt die Hände zusammen und spricht: »Was Gott zusammenfügt, soll kein Mensch scheiden« und darauf: »Weil denn Hans N. und Greta N. einander zur Ehe begehren und solches hie öffentlich *vor Gott und der Welt* (!) bekennen, darauf sie die Hände und die Trauringe einander gegeben haben, so spreche ich sie ehelich zusammen« (!). *In* der Kirche wird »über Bräutigam und Braut« Gottes Wort verlesen, und zwar Gen 2, 18. 21-24 (Stiftung der Ehe), Eph 5, 25-29 (Gottes Gebot), Gen 3, 16-19 (Kreuz der Ehe), Gen 1, 27f. 31; Pred 18, 22 (Gottes Trost). In einem kollektenartigen Gebet wird endlich um Gottes Segen für das Paar gebetet. Luther, der selbst Traupredigten hinterlassen hat, gibt hier offenbar nur eine Minimal-Ordnung. Sie wurde bald erweitert und auch zeitgemäß umgestaltet. Dabei wurde immer wichtiger, daß der Pfarrer der Staatskirche das Paar auf Anordnung des Fürsten, der zugleich summus episcopus war, traute und daß nur diese vom Pfarrer als dem Delegaten der Obrigkeit vollzogene T. die Gültigkeit der Ehe garantierte. Die Forderung der Juristen (zB J.H. → Boehmers), daß nur die *öffentliche* Konsenserklärung *vor dem Pfarrer* (publica consensus declaratio coram parocho) eine gültige Ehe bewirken könne und dürfe, wurde gesetzlich sanktioniert, zB durch Teil II, Tit. I, § 136 des Allgemeinen Preußischen Landrechts von 1794: »Eine vollgültige Ehe wird durch die priesterliche T. vollzogen.« Dabei wurde der »priesterliche Segen« (benedictio sacerdotalis) meist als konstitutiver Teil der priesterlichen T. angesehen. - Die Einführung der obligatorischen Zivileheschließung (im Deutschen Reiche 1876) mußte die Kirche und ihre Pfarrer in Verlegenheit bringen, weil die

Notwendigkeit einer kirchlichen T. *nach* der standesamtlichen Eheschließung neu begründet und die Trauliturgie neu formuliert werden mußte. Man half sich damit, daß man eine »Ehegelübde« forderte, durch das sich die Eheleute verpflichten sollten, ihre Ehe »christlich« oder »nach Gottes Wort und Willen« zu führen (zB Sächsische Agende 1906; [ref.] Kirchenbuch 1951). Die Trauformel der Sächsischen Agende ist typisch: »Auf das Gelübde, das ihr beiderseits abgelegt habt, lege ich eure Hände ineinander und spreche als ein verordneter Diener der Kirche euch zusammen ...« Nach der »Ordnung der T.« der VELKD (Bd III, H. 3 der »Luth. Agende«, 1958) fragt der Pfarrer nach Verlesung der aus Luthers »Traubüchlein« übernommenen, etwas verkürzten Bibelstellen, ob das Paar die Ehe »nach Gottes Gebot und Verheißung« führen wolle; aber nach dem »Begleitwort« von Chr.Mahrenholz sind »die Traufragen auf die confessio abgestellt, auf die Anerkenntnis der Eheleute, daß Gott sie sich gegenseitig anvertraut, und auf das Ja zu dem, was daraus für die Eheleute folgt«. Und bei dem Ineinanderlegen der Hände beschränkt sich der Pfarrer unter Verzicht auf jede Trauformel auf Verlesung des Herrenwortes Mt 19, 6 b. Zu dem Segnungsgebet aus Luthers »Traubüchlein« tritt das Segnungsvotum: »Gott Vater, Sohn und Hl. Geist segne eure Ehe. Er erleuchte euch durch sein Wort und erfülle euch mit seiner Gnade, daß ihr bleibet in seiner Gemeinde und das ewige Leben erlangt.«

L.Eisenhofer-J.Lechner, Grundriß der Liturgik d. röm. Ritus, 1950[5], 290ff - Rietschel-Graff 658ff (Lit.) - Weltl. u. kirchl. Eheschließung, hg.v. H.A.Dombois u. F.K.Schumann, 1953 - LThK[2] III, 675ff. *E.Hertzsch*

II. Rechtlich

1. Im weltlichen Recht - 2. Im ev. Kirchenrecht - 3. Im kath. Kirchenrecht

1. T. (von traditio) bedeutet einen Akt der Übergabe und kommt so nur im Bereich der Eheschließung, nicht bei der Begründung personen- oder sachenrechtlicher Treuverhältnisse vor. Ein Dritter übergibt die Frau dem Mann zur → Ehe (: VI, 1). Das setzt voraus, daß der Konsens der Beteiligten über die Ehe, bes. der consensus nupturientium im Sinne des Satzes »consensus facit nuptias« nicht ausreicht, sondern mindestens ergänzender Handlungen bedarf. In diesem prägnanten Sinn ist T. ein Institut des *germanischen,* insbesondere deutschen Rechts. Die im eheschließenden → Verlöbnis bereits begründete Ehe (negative Ehewirkung, Treupflicht) wird durch die T. zur vollen Lebensgemeinschaft, indem die Frau in die Schutzgewalt des Mannes übergeben wird. Dadurch erklärt sich auch die Möglichkeit der im 17./18.Jh. bezeugten Zwangskopulation, weil diese nicht Erzwingung des Eheschlusses, sondern Vollstreckung des Anspruchs auf Perfizierung der bereits bestehenden Ehe ist. - Ein direktes Analogon zur T. im *röm.* Recht fehlt. Kaser spricht selbst dem röm. Ehekonsens den Rechtscharakter ab und sieht in ihm nur den Dauerzustand beiderseitiger Ehegesinnung - freilich mit einer sehr bestimmten statusrechtlichen Intention (Lebenslänglichkeit, Monogamie, Hausgemeinschaft). Mit dem consensus verbindet sich neben vielfältigem sakralem und profanem Brauchtum die deductio in domum (Heimführung). Praktisch von Anfang an tritt durch conventio in manum, durch eine Art Selbstübergabe der Frau, der rechtliche Erwerb der Ehegewalt zur Ehe (zum Ehekonsens) hinzu. - Die unterschiedliche Gestaltung dieser teils rechtlichen, teils außerrechtlichen, zum Konsens hinzutretenden Akte in beiden Rechtsüberlieferungen hat die Entwicklung der T. wesentlich bedingt. In der germanischen Sippenvertragsehe vollzieht der Vater die T. öffentlich vor der Sippe. Nach Zerfall des Sippenverbandes geht diese Funktion auf einen rechtskundigen Salmann als Treuhänder über, dem sich die Braut zu diesem Zweck übergibt. Von diesem übernimmt die Kirche die T. als einen von der Benediktion deutlich gesonderten Akt, der ohne Stola *vor* der Kirche vorgenommen wird. Im Zusammenwirken sozialgeschichtlicher Tendenzen zur Individualisierung, jener beiden Rechtstraditionen und kirchlicher Einflüsse zeigen sich gegenläufige Entwicklungen: einerseits zur trauungslosen (bes. auch clandestinen) reinen Konsensehe, andererseits zur Verschmelzung von T. und kirchlicher Benediktion. Der kirchliche Formzwang für die Eheschließung (Tridentinum, ev. KOen) sowie die staatliche Anerkennung der kirchlichen T. (obligatorische kirchliche Eheschließung) läßt weltliche T. und kirchliche Benediktion vom 16.Jh. ab objektiv und für das öffentliche Bewußtsein bis zur Ununterscheidbarkeit zusammenrücken. Die Entwicklung der T. ist von da ab wesentlich kirchliches T.srecht. Mit der staatlichen Regelung der Eheschließung (→ Zivilstandsgesetzgebung seit Ende des 18.Jh.s) gibt es nur noch Eheschließungsrecht (Konsensrecht), keine T. im Rechtssinne mehr. T. ist von da ab nur eine traditionelle Bezeichnung, in der das Bewußtsein von der realen Konkretion der Vergemeinschaftung aufbewahrt wird, welche durch den Konsensgedanken nicht voll gedeckt wird.

R.Sohm, Das Recht d. Eheschließung aus d. dt. u. kanon. Recht gesch. entwickelt, 1875 - P.Koschaker, Eheschließungsformen der Indogermanen (in: Zs. f. ausländ. u. internat. Privatrecht 11, 1937, Sonder-H.) - H.Dombois-F.K.Schumann (Hg.), Weltl. u. kirchl. Eheschließung, 1953 - M.Kaser, Das röm. Privatrecht I (HAW X, 3, 3), 1955 - C.Mahrenholz, Die Neuordnung d. T., 1959 - H. Dombois, Das Recht d. Gnade (Ökum. Kirchenrecht I), 1961, 628 ff.

2. Die *Reformation* verwirft den kirchlichen Anspruch auf (ausschließliche) Ehegerichtsbarkeit und bekämpft die heimlichen Konsensehen. Indem sie in den KOen die T. anbietet und fordert, begründet sie eigenes T.srecht, auch in Verbindung mit der → Kirchenzucht. Das T.srecht impliziert jedoch grundsätzlich, mindestens praktisch Entscheidungen über Eherecht, bes. im Falle der Wiederverheiratung. Die Kirche schafft zwar nicht normativ Eherecht, beeinflußt es jedoch vom 16.-18.Jh. entscheidend durch ihr T.srecht. Die dogmatische Trennung von weltlichem Eherecht und kirchlicher T. gelingt nicht. Andererseits wird die Kirche durch die obligatorische kirchliche T. mit dem Zwang belastet, Partner zu trauen, die den Segen der Kirche in Wahrheit nicht begehren. Dieser Mißstand wird durch die obligatorische Zivilehe beseitigt - das T.srecht wird rein innerkirchlich. Die Notwendigkeit eherechtlicher Vorentscheidungen wird hierdurch jedoch nur scheinbar beseitigt. Solche werden, da das Eheschließungsrecht bis jetzt in einer kirchlich unanstößigen Weise geregelt ist, nur bei der Wieder-T. erforderlich. Das staatliche Scheidungsurteil verpflichtet den Pfarrer noch nicht zur Wieder-T. Nach 1945 haben sämtliche deutsche Landeskirchen das Recht der Wieder-T. positiv geregelt. Zuständig ist der Pfarrer, zT unter Zuziehung der Presbyter, mit begrenzter Beschwerdemöglichkeit auf der Kreisebene. Die Wieder-T. soll als Ausnahme verstanden werden (Übersicht bei Hesse 165). Im staatskirchlichen Protestantismus des Nordens besteht der ältere Zustand mit seinen Mißlichkeiten. Die deutsche Praxis ist noch in Fluß. Es wird geltend gemacht, daß die gegenwärtige Regelung den Pfarrer überfordere.

J.Heckel, Lex charitatis (AAM 1953, 36) - H.G.Hesse, Ev. Ehescheidungsrecht in Deutschland, 1960 - Chr.Walther, Probleme

d. Wieder-T. Geschiedener (Kirche in der Zeit 17, 1962, 76-80). - Vgl. die Lit. zu 1 sowie zu → Ehe: VI, 3, → Ehescheidung.

H.Dombois

3. T. ist im *kath. Kirchenrecht* die Assistenz des dazu berechtigten Geistlichen bei der kirchlichen Eheschließung (→ Ehe: VI, 2e). Das Verhältnis einer etwaigen staatlichen T. zu der kirchlichen Eheschließung ist dahin geregelt, daß die kanonischen Wirkungen nur aus dieser entstehen, daß aber der Staat wegen seiner Zuständigkeit für die zivilrechtlichen Wirkungen der → Ehe (: VI, 2a) diese auch von einer Zivil-T. abhängig machen kann, soweit er für diese keine kanonischen Wirkungen verlangt und eine kirchliche Eheschließung nicht durch die Verweigerung der Zivil-T. unmöglich macht.

cc. 1016. 1063 § 3 CIC - cc. 5. 53 § 3 De disciplina sacramenti matrimonii pro Ecclesia Orientali (AAS 41, 1949, 91. 101). - Außer der Lit. zu → Ehe: VI, 2: K.Mörsdorf, Die kirchl. Eheschließungsform nach dem Selbstverständnis der christl. Bekenntnisse (MThZ 9, 1958, 241-256) - J.Fleischer, Die standesamtl. T. kath. Brautleute, 1958 (Freiburg i. Br., Selbstverlag) - L.Bender, Forma iuridica celebrationis matrimonii, Rom 1960 - Erik Wolf, Ordnung der Kirche, 1961, 314ff.

H.Barion

Travers, *Walter* (ca 1548-1635), Führer der Calvinisten im elisabethanischen England. * in Nottingham, gebildet in Cambridge (Christ's College, 1567 Fellow am Trinity College), ging er, unbefriedigt von der milden Haltung John → Whitgifts, 1570 nach Genf zu → Beza. Dort verfaßte er das kirchenrechtliche Hauptwerk der englischen Calvinisten »Ecclesiasticae disciplinae et Anglicanae ecclesiae ab illa aberrationis plena e verbo Dei et dilucida Explicatio«, gewöhnlich »De disciplina ecclesiastica« genannt (1574). Als allein urchristliche kanonische KO forderte er den Gemeindeaufbau auf die Ämter der Pfarrer, Ältesten und Diakone, als oberste Instanz die Synode. 1576 zurückgekehrt, verweigerte er die Unterschrift unter die 39 Artikel. Daraufhin erhielt er kein Pfarramt und ging 1578 als englischer Pfarrer nach Antwerpen. 1579 Pfarrer bei der Familie Burghley (Schatzkanzler), war er seit 1581 als Lecturer am Temple in London der jüngere Kollege von R. → Hooker, mit dem sich ein heftiger grundsätzlicher Streit entspann. 1585 abgesetzt, unternahm T. mit → Cartwright den Versuch, die Kirche von England zum Calvinismus zu führen. Infolge seiner Verbindung mit Burghley wurde er von Strafmaßnahmen verschont, jedoch 1595 als Leiter (Provost) des Trinity College nach Dublin versetzt. Aus Gesundheitsgründen legte er dieses Amt 1598 nieder und lebte seitdem in London.

M.M.Knappen, Tudor Puritanism, 1939, 247ff - DNB XIX, 1089ff.

M.Schmidt

Treitschke, *Heinrich von* (15.9.1834 bis 28.4.1896), Historiker, * in Dresden, † in Berlin. Nach dem Studium der Geschichte und der Volkswirtschaft wurde T. 1858 PDoz. in Leipzig, 1863 ao. Prof. in Freiburg, 1866 o. Prof. in Kiel, 1867 in Heidelberg, 1874 in Berlin, 1895 Mitglied der Preuß. Akademie der Wissenschaften. Der gebürtige Sachse, der von emigrierten Vorfahren auch tschechisch-hussitisches Erbe in sich trug, geriet früh in die deutsche Nationalbewegung. Anfänglich Gegner → Bismarcks, wurde er nach 1866 dessen glühendster Bewunderer und Propagandist der kleindeutschen Reichsidee. Als Schriftleiter der Preußischen Jahrbücher (1866-89) und als nationalliberales Mitglied des Reichstages nahm er unmittelbar Stellung zu den politischen Zeitfragen. Der kontemplativen Art → Rankes abgeneigt, stellte er auch die Geschichtsschreibung unter das bekenntnishafte Zeichen politischer Wertgebung. In seiner unvollendeten »Deutschen Geschichte im 19. Jh.« (I-V, 1879-94; RegBd 1921), deren hinreißende Darstellungsart und künstlerische Sprachkraft bis heute kaum überboten ist, hat er sich selber ein Denkmal gesetzt. Dieses Werk hat in der bürgerlichen Generation vor 1914, bis weit in die nationalen Pastorenkreise hinein, eine große geistig-politische Wirkung gehabt. In einer Zeit des Aufstiegs Deutschlands zur Weltgeltung nahm T.s These »Der Staat ist Macht« die Gemüter gefangen. In den Gruppen der Alldeutschen galt er, der die Kolonialpolitik bejaht, die Sozialdemokratie und das moderne Judentum scharf bekämpft hatte, als einer der großen politischen Erzieher. Dennoch war T. ganz Geistesaristokrat im Sinne des älteren deutschen Idealismus, der freilich, bes. in seinen ethischen Bezügen, immer wieder übertönt wurde vom politischen Pathos, das den Wahlpreußen oft zu ungerechten, auch gehässigen Urteilen über andere (das Haus Habsburg, die kleineren Dynastien, die Engländer, Franzosen, Polen) hinriß. Sein Patriotismus war ein Glaube an die Macht der Ideen, und er erblickte im Staat eine sittliche Größe, aber ganz einseitig nationalistisch. Das führte zu allerlei Spannungen und unausgeglichenen Gegensätzen in seinem geschichtlichen Denken. Anfänglich dem Christentum nahezu völlig entfremdet - in dieser Zeit hat er am stärksten auf den jungen F. → Overbeck gewirkt -, ist T. in späteren Jahren zu einer positiveren Einschätzung gekommen. Sein Verständnis von Protestantismus und Luthertum blieb jedoch immer stark deutschbetont. Der Sturz Bismarcks hat ihn mit düsteren Zukunftsahnungen erfüllt. Die Ära Wilhelms II. fand seine bittere Kritik.

Vf. ferner u.a.: Vaterländ. Gedichte, 1856; Die Gesellschaftswissenschaft, 1859 (Neudr. 1927); Hist. u. polit. Aufs. I-IV, 1865-97 u.ö.; 10 Jahre dt. Kämpfe, (1874) 1879², NF 1896; Reden im Reichstag, 1896; Politik I. II, 1897/98; Briefe, 3 Bde, hg.v. M.Cornicelius, 1912-20. - Über T.: ADB LV, 263ff - RGG³ V, 1266f (Lit.) - K.Kupisch, T., 1949 - H.v.Srbik, Geist u. Gesch. v. dt. Humanismus bis z. Gegenwart I, 1950, 385ff - W.Bussmann, T., 1952 (Lit.) - Ders., T. als Politiker (HZ 177, 1954, 249-279).

K.Kupisch

Trelcatius, 1. *Lucas d. Ä.* (1542-1602), ref. Theologe, * in Erin bei Arras, studierte in Paris, wo er zur Reformation übertrat, und in Orleans. Einige Jahre lebte er als Flüchtling in London, wurde dann Prediger der wallonischen Gemeinden in Rijssel (ca 1578), Gent (1581), Brüssel und Leiden (1585); seit 1587 Prof. ebd.

2. *Lucas d. J.* (1573-1607), ref. Theologe, Sohn von 1, * in London, 1595 wallonischer Prediger in Leiden, 1603 Prof. ebd. T. war an den prädestinatianischen Kontroversen beteiligt.

Lucae Trelcatii senioris et ... junioris opuscula theologica omnia, 1614. - L.Trelcatius jr., Scholastica et methodica locorum communium s. theologiae institutio, 1604. - Zu 1 u. 2: A.Eekhof, De theol. faculteit te Leiden in de 17de eeuw, 1921 - NNBW X, 1038f.

W.F.Dankbaar

Tremellius, *Immanuel* (1510-80), * im Ghetto zu Ferrara, 1540 in Padua kath. getauft, 1541/42 Lehrer des Hebräischen an der Klosterschule zu Lucca. Nach seiner Flucht in die Schweiz ev. geworden, war T. 1542-47 Lehrer des Hebräischen in Straßburg, 1548-53 Prof. in Cambridge und Mitarbeiter am Common Prayer Book, 1554-58 Prinzenerzieher in Zweibrücken, 1559-61 erster Rektor des Gymnasiums in Hornbach, 1561-67 Prof. für AT in Heidelberg. Wegen seiner ref. Gesinnung mußte er nach Metz weichen und wurde dann Prof. des Hebräischen an der Akademie in → Sedan. T. übersetzte den → Genfer Katechismus ins Hebräische ([1551] 1554²) und schrieb eine chaldäische und syrische Grammatik (Genf 1569). Sein Hauptwerk ist die mit seinem Schwiegersohn Fr. → Junius herausgegebene lat. Übersetzung des AT mit kurzen Erklärungen (5 Bde, 1575 bis 1579). T. wurde auch zu diplomatischen Sendungen zugunsten der Reformierten verwendet (1560 und 1562 in Heidelberg und Orléans, 1569 in England).

FR. BUTTERS, I.T., 1859 - WILH. BECKER, I.T., (1887) 1890² - ADB 38, 563 - RE XX, 95ff - A. NEUBAUER, Die Schule zu Hornbach, 1909, 31ff - Pfälz. Heimatbl. 1960, 45ff. *G. Biundo*

Trendelenburg, Friedrich *Adolf* (* 30.11.1802 in Eutin, † 24.1.1872 in Berlin), Philosoph, 1833 ao., 1837 o. Prof. in Berlin. Als Sekretär der historisch-philosophischen Klasse der Akademie (1847–71) »beherrschte er über ein Menschenalter die philosophischen Studien« (Rosenkrantz) in Berlin. → Hegels spekulative Logik unterzog er einer epochemachenden Kritik, übernahm jedoch dessen Verknüpfung von → Logik und → Metaphysik, die er auch bei seinem Heros → Aristoteles wiederzufinden meinte, den er als das Vorbild seiner eigenen, am Zweckbegriff orientierten »organischen Weltanschauung« ansah. In seinem Hauptwerk »Logische Untersuchungen« (2 Bde, [1840] 1870³) will T. mit dem Begriff der »konstruktiven Bewegung« als eines *gemeinsamen* Elements von Denken und Wirklichkeit zwischen beiden vermitteln. Das Denken erzeugt apriori, aber in wesentlicher Übereinstimmung mit der Realität, die Anschauungsformen (Raum und Zeit) und die Kategorien. Diese Theorie, die N. → Hartmanns Lehre von der partialen Identität von Erkenntnis- und Seinskategorien vorwegnimmt, ruht auf der falschen Prämisse, die formalen Gesetze der Logik seien reale Determinanten des Denkprozesses. Im Gegensatz zu Hegel führt T. in seiner Lehre vom Naturrecht die staatliche Rechtsordnung auf die Individualethik zurück. – Ein bleibendes Verdienst T.s ist die Einführung von Textseminaren in den philosophischen Universitätsunterricht.

Vf. ferner u.a.: Platonis de ideis et numeris doctrina ex Aristotele illustrata, 1826; Aristotelis de anima libri tres (Krit. Ausg. u. Komm.), (1833) 1877²; Elementa logices Aristotelicae, (1836) 1892⁹; Erläuterungen zu den Elementen der Aristotelischen Logik, (1842) 1876³; Hist. Beiträge zur Philos. I–III, 1846–67; Das Naturrecht auf dem Grunde der Ethik, (1860) 1868²; K. Fischer u. sein Kant, 1869; Kleine Schriften I. II, 1870. – Über T.: E. BRATUSCHECK, A.T., 1873 – O. VEECK, Darst. u. Erörterung d. religionsphilos. Grundanschauungen T.s, 1888 – F. ACRI, Moto e fine secondo A.T., Bologna 1911 – P. PETERSEN, Die Philos. F.A.T.s, 1913 – Ü IV, 702 (Lit.) – E. FELDMANN, Der preuß. Neuhumanismus I, 1930. *G. Patzig*

Treue (fides, fiducia) ist die → Tugend der Beständigkeit im sittlichen Verhalten. Sie begründet die Zuverlässigkeit eines Menschen, eingegangene Bindungen einzuhalten und zu bewahren, seien sie ausdrücklich übernommen und fest umrissen (zB in der → Ehe) oder unausgesprochen, wie in der → Freundschaft (: II). T. wurzelt in der Gesinnung (→ Gesinnungsethik), ja sie ist das Beharren in der Gesinnung überhaupt, die Beharrungskraft der → Person. Ihr Wesen wurzelt in der Zeitlichkeit menschlichen Seins insofern, als die T. das gegenwärtige Verhalten am Gedächtnis vorausgegangener Stellungnahmen und Zusagen orientiert und wiederum in die Zukunft greifend sich selbst vorweg in Zusage und Versprechen bindet. Man versichert sich in der Tiefe einer Beständigkeit, die den inneren Kern unserer sittlichen Entscheidungen gegen Zufälle und Beeinflussungen abschirmt. So kommt durch die T. die Person selbst zustande, und alle T. ist im Grunde T. gegen sich selbst. Wenn auch T. zunächst als Bindung an einen anderen Menschen erscheint, so ist doch darin die T. gegen sich selbst der eigentliche Kern und dem äußeren Festhalten von Bindungen übergeordnet. Intentional ist jede T. auf unabsehbare Dauer gemeint, »ewige T.«; tatsächlich kann im Gange der menschlichen Entwicklung, zB im Schicksal von Jugendfreundschaften, die Unbedingtheit und Unwandelbarkeit der T. nur an ihrem inneren Kern abgelesen werden. Wiederum läßt sich die Rede von einer »T. zur Sache« nur von der T. zu sich selbst aus rechtfertigen. Die Zuverlässigkeit der sittlichen Person entscheidet sich schlechthin an ihrer T. – Der Begriff reicht auch in die *Rechtssphäre*. Das Versprechen, der Vertrag, das Eingehen eines Dienstverhältnisses begründen ein Vertrauensverhältnis und setzen T. voraus. Insofern ist »Treu und Glauben« ein allgemeines Prinzip der Rechtsordnung. Der Arbeitnehmer und in uneingeschränkterem Sinne der Beamte steht unter der T.pflicht. Der mitunter sehr weitreichende Inhalt der T. wird im Treueid (→ Eid: IV) fest umrissen und feierlich bekräftigt. Dieser promissorische Eid findet immerhin seine Grenze am sittlich Erlaubten. Er schließt die persönliche Bindung an eine andere Person, dann auch an eine bestimmte Instanz (Verfassung) ein. Doch sind dabei auch ethische Gesichtspunkte zu berücksichtigen: Die Erfüllung der T.pflicht kann äußerlich verhindert werden (ultra posse nemo obligatur); man kann keiner Lehre die T. zusagen, weil man sich zwar der Wahrheit überhaupt, nicht aber bestimmten relativen Überzeugungen verpflichten kann; und schließlich gibt es keine T.bindung dem Bösen gegenüber. – In der biblischen Begriffswelt ist T. nahe verwandt mit Glauben. Der → *Glaube* ist vertrauendes Festhalten an Gottes Zusage, Beständigkeit in dem Bunde, den Gott mit dem Volke geschlossen hat. Unser Unglaube hebt Gottes »T.« nicht auf (Röm 3, 3). Gott hat sich in seinen Verheißungen gebunden, hat uns seine Gnade zugesagt, und unser »Glaube« ist insofern seiner »T.« korrelat, als wir dessen versichert sein dürfen, daß Gott bei seiner Zusage bleibt und sich uns als der »treue« Gott beweisen wird (1Kor 1, 9; 10, 13; 2Kor 1, 18; Hebr 10, 23 u.ö.). In diesem Sinne ist das Paradigmengebet ein Appell an die T. Gottes, dem in relativischen Zusätzen zur Anrede seine früheren Taten vorgehalten werden in der Hoffnung, daß er sich auch jetzt in gleichen Taten beweisen werde (vgl. das sog. »Sintflutgebet« bei der → Taufe).

N. HARTMANN, Ethik, (1926) 1949³ – StL V, 413ff – LThK X, 269f – W. SCHULTZ, Vom Wesen der T. (ZThK 43, 1935, 211–233) – O.F. BOLLNOW, Wesen u. Wandel der Tugenden, 1958, 154ff. *W. Trillhaas*

Treviranus, *Georg Gottfried* (1788–1868), ev. Pastor in Bremen, seit 1814 zusammen mit → Menken an der Martini-Gemeinde, später Menkens Nachfolger. T. war Mitbegründer des Missions-Vereins, der Sonntagsschule und anderer Vereine. Neben → Mallet stand er an der Spitze der → Erweckungsbewegung in Bremen und war ein viel gesuchter Seelsorger.

L. TIESMEYER, G.G.T., 1879. *H. Brandenburg*

Treysaer Konferenz 1945 → Evangelische Kirche in Deutschland: I, 1.

Tridentinum *(Tridentinisches Konzil, Trienter Konzil)*

1. Vorgeschichte – 2. Geschäftsordnung – 3. Verlauf – 4. Durchführung und Bedeutung. – K. = Konzil, K.T. = Konzil von Trient, T.K. = Trienter Konzil

1. Obwohl der K.iarismus (→ Reformkonzile) vom 5. Lateranum 1516 verurteilt worden war (Denz. 740), appellierte → Luther (: I, 2) kurze Zeit später an ein allgemeines – »ökumenisches« – K.; weite Kreise in Deutschland werteten seine Verurteilung durch → Leo X. nicht als endgültige Entscheidung. → Hadrian VI. trat dem K.splan während seines kurzen Pontifikates nicht näher.

→ Clemens VII. war aus sachlichen und persönlichen Gründen nicht für das K. zu gewinnen. Die deutsche Forderung nach einem freien und christlichen K. in deutschen Landen, worunter zT ein dem Papst übergeordnetes, sich nur nach der hl. Schrift richtendes und auch Laien die Mitarbeit gestattendes K. verstanden wurde, ließ die Gefahr eines neuen Basler K.iarismus nahe rücken, der »an der Kurie kaum weniger verhaßt als das Luthertum« war (Jedin). Man stellte dem K. unüberwindbare Schwierigkeiten in den Weg, so daß schon 1524 auf dem Reichstag zu Nürnberg zur Selbsthilfe geschritten und eine Art von National-K. geplant wurde. Dagegen wandte sich aber → Karl V. Er versagte sich allen separaten mitteleuropäischen Lösungsversuchen und lehnte es auch ab, nach altkirchlichem Vorbild selbst ein K. einzuberufen. Er meinte, nur mit Hilfe eines allgemeinen K.s die religiöse Einheit des Reiches wiederherstellen zu können. Clemens VII. ließ sich aber nicht umstimmen. Auch → Paul III. stand dem K. mit Distanz gegenüber. Zwar berief er nach einer Begegnung mit dem Kaiser das K. zum 23.5.1537 nach Mantua ein; aber politische Gründe veranlaßten ihn, den Eröffnungstermin viermal zu prorogieren, den Versammlungsort zu verlegen (Vicenza) und schließlich am 21.5.1539 das K. ohne Terminangabe zu suspendieren. Die Protestanten hatten es abgelehnt, diese »päpstliche Synode« zu beschicken (→ Deutschland: I, 2a). Sie bezweifelten, daß dem Papst ernsthaft am Zustandekommen des K.s gelegen sei. Auch die Reform der Kirche wurde nur nachlässig betrieben: es wurden zwar Gutachten erstellt und Anordnungen erlassen, aber den Worten folgten keine Taten. Als Paul III. das K. zum 1.11.1542 nach → Trient einberief, folgten nur wenige Bischöfe seinem Ruf. Politische Ereignisse bedingten sowohl eine nochmalige Suspension (am 6.7.1543) als auch die zweite, endgültige Einberufung zum 15.3.1545. Die Vorbereitungen der Kurie verliefen zwar auch jetzt noch schleppend, aber immerhin wurden am 22.2.1545 Del Monte (→ Julius III.), Cervini (→ Marcellus II.) und → Pole zu K.spräsidenten ernannt. Nur langsam regte sich die röm.-kath. Welt; die Evangelischen lehnten wieder eine Beteiligung ab. Mit dreivierteljähriger Verzögerung wurde das K. in Anwesenheit von nur 34 Stimmberechtigten eröffnet (15.12.1545). Das ursprünglich so stürmisch geforderte K. brachte jetzt fast niemanden mehr in Bewegung.

2. Eine *Geschäftsordnung,* die Rechtskraft erlangt hätte, besaß das T. zwar nicht, es bildete sich aber ein festes Schema für die Bewältigung der Aufgaben heraus. Abgestimmt wurde nach Köpfen, nicht nach Nationen. Stimmberechtigt waren nur die Bischöfe, die Ordensgeneräle und je 3 Äbte als Vertreter von Mönchskongregationen mit zusammen 1 Stimme. Den Prokuratoren abwesender Bischöfe wurde anfangs gar kein, später nur ein beratendes Stimmrecht zugestanden, um Stimmenkumulationen zu verhindern. Man wollte das K. von einer Majorität italienischer Bischöfe getragen wissen. Zwar war auch diese Gruppe nicht homogen, doch hat ihre Mehrzahl gewöhnlich die Wünsche der Legaten beifällig aufgenommen. Wichtiger war, daß eine antikuriale Entwicklung durch die straffe K.sleitung der Legaten verhindert wurde, die sich das alleinige Propositionsrecht vorbehielten. Die dogmatischen Dekrete wurden zuerst in den *Theologenkongregationen* diskutiert; sämtliche Dekrete wurden in der Plenarversammlung der Stimmberechtigten, den *Generalkongregationen* beraten. Ihre endgültige Formulierung vollzog man je länger desto mehr in den *Deputationen,* die vom Plenum meist auf Vorschlag der Legaten gewählt wurden. Die Publizierung und endgültige Abstimmung über die Beschlüsse erfolgte in den *Sessionen.*

3. a) Während der *1. Tagungsperiode* (1545-48) wurden die für die Abgrenzung gegenüber dem Protestantismus wichtigsten dogmatischen Entscheidungen gefällt. An der Kurie hielt man die *Behandlung der dogmatischen Fragen* für die genuine Aufgabe des K.s. Die *Reform der Kirche* dagegen sollte dem Papsttum vorbehalten bleiben. Vom K. war zwar die gleichzeitige Beratung der Dogmen und der Reform beschlossen worden (woran während aller Tagungsperioden festgehalten wurde), de facto lag aber das Schwergewicht während der 1. Periode auf den dogmatischen Entscheidungen. Im Dekret über *Schrift und → Tradition* (: VI, 3) wurde der Kanon, den das K. von Florenz festgelegt hatte, akzeptiert (→ Kanon: II, 6). Die authentische, für den dogmatischen Beweis entscheidende Version der Bibel ist die Vulgata (gegen humanistische Übersetzungen). Die mündliche Überlieferung des Evangeliums Christi und apostolischer Traditionen, die in der Kirche bewahrt werden, tritt als 2. Glaubensquelle neben die schriftlichen Zeugnisse und muß pari pietatis affectu verehrt werden (Denz. 783f). Damit ist die grundsätzliche Frontstellung gegen den Protestantismus mit seiner Betonung der Bibel als norma normans (→ Schriftprinzip) vollzogen. Gegen Luther grenzte man sich im Dekret über die *Erbsünde* ab (→ Sünde: V, 6). Dessen Fundament bildet die hochscholastische Lehre, deren Differenzen nicht ausgeglichen werden (keine Entscheidung über die »Unbefleckte Empfängnis« Mariens [→ Mariologie, 2c]). Im Dekret über die → *Rechtfertigung* (: II, 1d) - der größten theologischen Leistung des T.s - wurde dem luth. »sola gratia« eine Mitwirkung des menschlichen Willens am Rechtfertigungsprozeß gegenübergestellt, gleichzeitig aber auch im Anschluß an → Thomas von Aquino das franziskanisch-nominalistische »meritum de congruo« durch die Herausstellung der göttlichen → Gnade (: IV, 4) als des Grundelementes der Rechtfertigung überwunden. Einer bloß imputativ verstandenen Rechtfertigung setzte man eine durch die Sakramente bewirkte innere Erneuerung des Menschen entgegen; die reformatorischen Aussagen über die Heilsgewißheit des Glaubenden wurden scharf abgelehnt (Denz. 792a-843). Pole, dem diese Lehre nicht biblisch genug war, verließ Trient noch vor der Publikation des Dekretes - die vom »Evangelismus« (→ Gegenreformation, 2c) herkommenden Kreise vermochten sich gegen die Erneuerung hochscholastischer Elemente nicht durchzusetzen. Im Dekret über die → *Sakramente* (: I, 2a) wurde deren Siebenzahl sowie ihre Wirksamkeit ex opere operato gelehrt und zu → Taufe und → Firmung Stellung genommen (Denz. 843a-873). Während diese dogmatischen Aussagen im allgemeinen in der röm. Kirche anerkannt wurden (dagegen vgl. zB → Calvin: I, 2d, M. → Chemnitz), stießen die Richtlinien des K.s über die Reform der Kirche trotz ihres konservativen Charakters auf Widerspruch und blieben ohne Bedeutung. - Die *Bologneser Episode* (1547/1548) bildete den Abschluß der 1. Periode: Am 11.3.1547 wurde auf Betreiben der Legaten die Translation nach → Bologna beschlossen, um das K. dem Einfluß des Kaisers zu entziehen. Die Anhänger Karls V. protestierten und tagten in Trient weiter. Die in Bologna versammelten Prälaten wagten nicht, Beschlüsse zu fassen, leisteten aber wichtige Vorarbeiten für die folgenden Tagungsperioden.

b) Julius III., der erste Präsident der 1. Periode, berief auf Grund seiner Wahlkapitulation und kaiserlichen Verlangens das K. zum 1.5.1551 wieder nach Trient ein, wo es unter Kardinal Crescenzi als erstem Präsidenten termingemäß eröffnet wurde, in Gegenwart von nur 15 Stimmberechtigten. Erst im Herbst konnte nach Ankunft weiterer, bes. auch deutscher Kleriker (u.a. die drei geistlichen Kurfürsten und unter den Theologen → Gropper und → Billick) die Arbeit aufgenommen werden. Im Dekret über das → *Abendmahl* (: II, 2d) wurden die Realpräsenz Christi und die Transsubstantiation vertreten; die Lehre über *Buße* (→ Bußwesen: II, 4a) und *letzte* → *Ölung* (Denz. 873a - 929) wurde nach relativ kurzer Debatte festgelegt. In den Beschlüssen über die Reform wurde alles vermieden, was die bisherige Praxis der Kurie eingeengt hätte (zB keine Abschaffung der Kommenden). Die Arbeit wurde belastet durch die *Ankunft prot. Gesandter*. Nur Brandenburg anerkannte die bisherigen K.sbeschlüsse. Württemberg, Straßburg und Kursachsen verlangten Beratung der bereits publizierten Dekrete, Befreiung der anwesenden K.sväter vom Treueid gegen den Papst und dessen Unterordnung unter das K. Julius III. verbot eine Diskussion dieser Punkte durch das K. → Brenz, → Marbach und andere ev. Theologen fanden sich in Trient ein, → Melanchthon war auf dem Weg dorthin. Zu Verhandlungen kam es aber nicht. Nach dem Angriff → Moritz' von Sachsen auf Karl V. suspendierte sich das K. Die bisherigen Ergebnisse des T.s bildeten »in jeder Hinsicht einen Torso« (Jedin).

c) Zur *3. Tagungsperiode* (1562/63) berief → Pius IV. die Prälaten und Stände (auch die ev. Fürsten) ein. Frankreich und Österreich wünschten ein neues K., Spanien die Fortsetzung des begonnenen. In Gegenwart von 113 Stimmberechtigten erfolgte die Eröffnung am 18.1.1562. An dieser Periode nahm erstmals eine größere Zahl von Franzosen teil. Dafür fehlten fast alle deutschen Bischöfe (mit Rücksicht auf den → Augsburger Religionsfrieden) und die Protestanten. Als Präsidenten amtierten die Kardinäle Gonzaga, → Seripando, → Hosius, Simonetta und Hohenemps. Die personelle Zusammensetzung hatte sich seit 1548 fast völlig geändert. Der 1545 eingeschlagene Weg, Thomas zum doctor ecclesiae zu machen, wurde weiter beschritten. Zu einer Vertrauenskrise zwischen Pius IV. einerseits und Gonzaga sowie Seripando andererseits, die »den Weiterbestand des K.s« bedrohte (K.D.Schmidt), führte eine Diskussion über die *bischöfliche* → *Residenzpflicht*. Trotzdem gelang es, die 1552 unterbrochene Arbeit wieder aufzunehmen und zum *Laienkelch*, der → *Kinderkommunion* und der *Messe* (Repräsentation des Opfers Christi im Abendmahl [→ Opfer: IV, 4a]) Stellung zu nehmen (Denz. 929a-956). Damit war die Anknüpfung an die 2. Periode vollzogen. Die Krisis des K.s vermochte erst → Morone zu überwinden, dem nach dem Tod Gonzagas und Seripandos die K.sleitung anvertraut worden war. Das Schwergewicht der Arbeit lag während dieser Periode auf dem Gebiet der Reform. Neben der *Revision des bischöflichen Selbstverständnisses* (der → Bischof [: II] als Hirte) und der bischöflichen Rechte wurde bes. die Anordnung über die *Errichtung von Priesterseminaren* wichtig (→ Pfarrervorbildung, 3). Unter Zeitdruck brachte Morone mit sicherer Hand das K. zum Abschluß. In der letzten, zweitägigen Session (3./4.12.1563) wurde u.a. die Lehre vom → *Fegfeuer* (, 3), von der → *Heiligenverehrung* (: II, 3) und dem → *Ablaß* (, 3) definiert (Denz. 983-989). In der Schlußversammlung wurden alle vom T. erarbeiteten Dekrete gebilligt. Sie sollten zur Bestätigung dem Papst vorgelegt werden. Ihm wurden auch verschiedene, zT bereits in Angriff genommene Aufgaben anvertraut: Herausgabe des → Index und eines Katechismus (→ Römischer Katechismus) sowie eine Überarbeitung des Meßformulars (→ Messe: II, 2) und des Breviers (→ Stundengebet: I, 2).

4. Pius IV. bestätigte in der Bulle vom 26.1.1564 sämtliche Dekrete des T.s. Noch im gleichen Jahr ernannte er eine (noch bestehende) Kardinalskongregation für deren Interpretation, publizierte den Index und schrieb ein Glaubensbekenntnis vor, die → Professio fidei Tridentinae. Sein Nachfolger → Pius V. machte die Reform der Kirche zu seinem größten Anliegen. An der Kurie wie in den Ländern waren mannigfache Schwierigkeiten zu überwinden. - Die seit kurzem rege Erforschung der Rezeption des T.s zeigt, daß der sog. »nachtridentinische → Katholizismus« (: I, 1) das Werk des → Papsttums (: III, 2) und von Einzelgestalten ist, die - wie → Borromäus - zur Erneuerung und Umgestaltung der röm. Kirche sehr viel beigetragen haben. Das T. ist »das K. von Rom-Trient« genannt worden (Dupront), weil zwar die Beschlüsse in Trient gefaßt, die Entscheidungen aber in Rom gefallen seien. Das gilt weniger für das K.sgeschehen als für die Auswirkungen des T.s: hätte das Papsttum nicht die Reformdekrete des K.s zu seiner eigenen Sache gemacht, dann wären sie genauso ungehört verhallt wie diejenigen des 5. Lateranums. Nur weil die Päpste - außer den genannten vor allem → Gregor XIII. und → Sixtus V. - sich des T.s bedienten, hat es an Bedeutung »alle anderen K.ien in den Schatten gestellt« (Merkle). Das T. hat durch fast ausschließlich italienische und spanische Bischöfe unter dem Einfluß scholastisch gebildeter Ordenstheologen die Lehre in Abgrenzung zur reformatorischen Verkündigung fixiert und dadurch auch den Prozeß der *Konfessionalisierung* des Christentums eingeleitet. Das Wesen der röm. Kirche selber wurde durch das T. verändert: durch Bekenntnisverpflichtung wurde sie »zu einer *Bekenntniskirche*« (K.D.Schmidt).

Qu.: Canones et decreta concilii Tridentini, Rom 1564 u.ö. - Concilium Tridentinum. Diariorum, actorum, epistolarum, tractatuum nova collectio, ed. Societas Goerresiana, Bd 1-13, 1901-61 (Lit.) - H.JEDIN, Das K.stagebuch d. Bischofs J.Pflug v. Naumburg 1551/52 (RQ 50, 1955, 22-43; Lit.) - E.BIZER, Die Wittenberger Theologen u. d. K. 1537 (ARG 47, 1956, 77-101) - E.M.WERMTER, Kard. S.Hosius ... u. Herzog Albrecht v. Preußen. Ihr Briefwechsel über d. K.T. (1560-62) (RGST 82), 1957 - G.ALBERIGO, Un informatore senese al Conc. di Trento (Riv. di storia della chiesa in Italia 12, 1958, 173-201) - Die Visitationsprotokolle d. ersten nachtrid. Visitation im Erzstift Köln unter Salentin v. Isenburg i.J. 1569, hg.v. A.FRANZEN (RGST 85), 1960. - Weitere Angaben über Qu. in LThK X, 282 u. EC XII, 477.

Lit. (vgl. → Sarpi, → Pallavicino): H.RÜCKERT, Die Rechtfertigungslehre auf d. Trident. K. (AKG 3), 1925 - K.D.SCHMIDT, Studien zur Gesch. d. K.T., 1925 - H.JEDIN, Das K.T. Ein Überblick über d. Erforschung seiner Gesch., Rom 1948 - JEDIN I. II (Lit.) - DERS., Domschule u. Kolleg. Zum Ursprung d. Idee d. Trienter Priesterseminars (TThZ 67, 1958, 210-223) - DERS., Hist. Randbemerkungen zum Thema: T. u. Wiedervereinigung (Begegnung d. Christen, hg.v. M.ROESLE u. O.CULLMANN, 1959, 450-461) - DERS., Kleine K.iengesch., 1959, 80ff (Lit.) - DERS., Delegatus Sedis Apostolicae u. bischöfl. Gewalt auf d. K.T. (Die Kirche u. ihre Ämter u. Stände. Festg. f. Kard. Frings, 1960, 462-475) - DERS., Das Trident. Bischofsideal. Ein Lit.bericht (TThZ 69, 1960, 237-246) - DERS., Die Päpste u. d. K. in d. Politik Karls V. (Karl V., hg.v. P.RASSOW u. F.SCHALK, 1960, 104-117) - DERS., Il significato del periodo bolognese per le decisioni dogmatiche e l'opera di riforma del Conc. di Trento (Problemi di vita relig. in Italia nel Cinquecento, Padua 1960, 1-16) - DERS., Das Gefolge der T.K.sprälaten i.J. 1562 (Aus Gesch. u. Landeskunde. F.Steinbach z. 65. Geb., 1960, 580-596) - DERS., Die Geschäftsordn. der beiden letzten ökum. K.ien (Catholica 14, 1960, 105 bis 118) - DERS., Il Conc. di Trento. Scopi, svolgimenti e risultati (Divinitas 2, 1961, 345-360) - G.SCHREIBER (Hg.), Das Welt-K. von Trient I. II, 1951 - L.JUST, Neue Arbeiten zur Gesch. d. K.T. (ARG 44, 1953, 240-247) - E.BOULARAND, Le sacerdoce de la loi nouvelle d'après le décret du Conc. de Trente sur le Sacrement de l'Ordre (Bull. de litt. eccl. 56, 1955, 193-228) - R.STUPPERICH, Die Reformatoren u. das T. (ARG 47, 1956, 20-63) - DERS., Kirchl. Leitung u. Autorität im reformat. Verständnis (Ecclesia. Festg. f. J.N. Bakhuizen van den Brink, Haag 1959, 123-137) - P.BROUTIN SJ, La Réforme pastorale en France au XVIIe siècle I. II, Tournai 1956 - J.A.O'DONOHOE, Tridentine Seminary Legislation. Its Sources and its Formation, Löwen 1957 - B.EMMI OP, Una votazione pro o contro i testi originali della S. Scrittura al Conc. di Trento? (Angelicum 34, 1957, 379-392) - F.MOLINARI, Il card. teatino beato P.Burali e la riforma trid. a Piacenza (1568-76) (AnGreg 87), Rom 1957 - M.FERRANDIS TORRES, El conc. de Trento, obra de la diplomacia de Carlos V (Carlos V, Granada 1958, 373-400) - A.IBÁÑEZ ARANA, »Escritura y Tradición« en el Conc. de Trento (Lumen 7, 1958, 336-344) - G.ALBERIGO, Studi e problemi relativi all'applicazione del Conc. di Trento in Italia (1945-58) (Riv. Storica Ital. 70, 1958, 239-298; Lit.) - DERS., I vescovi italiani al Conc. di Trento (1545-47), Florenz 1959 (Lit.) - EKL III, 1487ff - H.S.SZÁNTÓ OPraem, Reformversuche im Stifte Wilten nach dem K.T. (AnPraem 35, 1959, 56-78. 227-264) - J.STADLHUBER, Die trid. Priesterbildung unter dem Brixner Fürstbischof Johann Thomas v. Spaur (1578-91) (ZKTh 81, 1959, 351-368) - J.OSWALD, Das Bistum Passau u. seine Beteiligung am K.T. (Ostbair. Grenzmarken 3, 1959, 204-211) - H.O.EVENNETT, Three Benedictine Abbots at the Council of Trent 1545-47 (Studia Monastica 1, 1959, 343-377) - S.TROMP SJ, De primis secretariis s. Congregationis concilii (Gregorianum 40, 1959, 523-531; Lit.) - E.STAKEMEIER, Das K.T. über die Tradition (Catholica 14, 1960, 34-48; Lit.) - L.KRUSE, Die Stellungnahme des K.T. zur Ansicht Cajetans über die Kinderersatztaufe (ebd 55-77) - A.DUPRONT, Le conc. de Trente (Le concile et les conciles, Chevetogne 1960, 195-243) - L.WILLAERT SJ, Après le conc. de Trente. La Restauration catholique 1563-1648, Bd I (Hist. de l'Eglise 18), o.O. 1960 (Lit.) - R.REINHARDT, Restauration, Visitation, Inspiration. Die Reformbestrebungen in d. Benediktinerabtei Weingarten von 1567-1627, 1960 - J.LORTZ, Zur Zielsetzung des K.T. (Universitas. Festschr. f. Bischof Dr. A.Stohr II, 1960, 89-102) - G.RAMBALDI SJ, In libris scriptis et sine scripto traditionibus. La interpretazione del teologo conciliare G.A.Delfino O.F.M.Conv. (Antonianum 35, 1960, 88-94; Lit.) - L.JAEGER, Das ökum. K., die Kirche u. die Christenheit, 1960, 49ff - J.BEUMER SJ, Der Begriff der »traditiones« auf d. T.K. im Lichte d. ma.lichen Kanonistik (Schol. 35, 1960, 342 bis 362) - J.PEGON SJ, Episcopat et Hiérarchie au Conc. de Trente (NRTh 82, 1960, 580-588) - U.HORST OP, Das Verhältnis von Schrift u. Tradition nach Melchior Cano (TThZ 69, 1960, 207-233) - A.WALZ OP, I domenicani al Conc. di Trento, Rom 1961 - P. MEINHOLD, Der ev. Christ u. d. K., 1961, 49ff - DERS., K.e der Kirche in ev. Sicht, 1962, 141ff - W.DE VRIES SJ, Einladung nicht-röm.-kath. Orientalen zum K.T. (Catholica 15, 1961, 134-150) - A.SPINDELER, Pari pietatis affectu. Das T. über Hl. Schrift u. apost. Überlieferungen (ThGl 51, 1961, 161-180) - H.LENNERZ SJ, Scriptura et traditio in decreto 4. sessionis Concilii Trid. (Gregorianum 42, 1961, 517-522; Lit.) - N.JUBANY, El Conc. de Trento y la renovación de las órdenes inferiores al presbiterado (Estudios ecl. 36, 1961, 127-143; Lit.) - A. EBNETER SJ, Luther u. d. K. (ZKTh 84, 1962, 1-48). - Weitere Lit. in Bibliogr. de la Réforme, Fasc. 1-3, Leiden 1958-61 (Reg.).

Gerh.Müller

Trient. Das laut Legende im 1.Jh. begründete Bistum T., dessen erster nachweisbarer Bischof Abundantius 381 am Konzil von Aquileja teilnahm, war bis 1751 Suffragan von → Aquileja, kam dann zu → Görz, war 1772-1825 exemt und 1825-1920 Suffragan von → Salzburg. 1920 wieder eximiert, wurde T. 1929 zum Erzbistum ohne Suffragane erhoben. Der ca 400 als Märtyrer gestorbene Bischof Vigilius wird als Patron verehrt. Das seit 952 zum Deutschen Reich gehörige Bistum erhielt 1004 die Grafschaft T. und 1027 die Grafschaften Bozen und Vintschgau, die Bischöfe führten bis 1951 den Fürstentitel. Der Dom wurde 1145 von Bischof Altmann († 1149) geweiht und diente unter Bischof → Madruzzo dem → Tridentinischen Konzil als Tagungsort. Die Erzdiözese umfaßt die seit 1947 autonome Region Trentino-Alto Adige (T.-Tiroler Etschland) Italiens mit Ausnahme des Bistums → Brixen, dem der deutschsprachige Diözesanteil schon 1922 abgetreten werden sollte. 1956 wurde für diesen ein Weihbischof mit Sitz in Bozen ernannt, 1961 der Brixener Bischof zum Apostolischen Administrator der Erzdiözese T. bestellt.

B.BONELLI, Notizie istorico-critiche delle chiese di Trento I-IV, Trient 1760-65 - A.BRACKMANN, Germania pontificia I, 1911, 398ff - C.AUSSERER, Regestum ecclesiae Tridentinae, 1939 - L.SANTIFALLER, Urkunden u. Forschungen zur Gesch. des T.er Domkapitels im MA, 1948 - A.SPARBER, KG Tirols, 1957 - AnnPont 1962, 434. - Studi Trentini di scienze storiche, seit 1920.

H.Zimmermann

Trier

I. Archäologische Denkmäler - II. Bistum - III. Universität

I. Archäologische Denkmäler

Um Christi Geburt von den Römern als Hauptetappenplatz gegründet, entwickelte sich T. (Augusta Treverorum) durch wirtschaftliche und politische Vormachtstellung in den ersten 3 Jh.en zur bedeutendsten Stadt → Galliens und wurde gegen Ende des 3.Jh.s als Kaiserresidenz für mehr als 100 Jahre politischer und militärischer Mittelpunkt des Westens. Von dieser Bedeutung zeugen heute noch ein gut ausgebautes Straßennetz, der umfangreiche Tempelbezirk im Altbachtal und das Stammesheiligtum der Treverer (Lenus Mars), Großbauten wie Amphitheater, Barbarathermen, Römerbrücke, Porta Nigra, sog. Basilika, Domkern, Kaiserthermen und Horrea. - Ausgedehnte frühchristliche Gräberfelder befanden sich im Norden (St. Maximin bis St. Paulin) und Süden der Stadt (St. Matthias mit Grabkammern). Aus ihnen stammt die größte Sammlung von Grabinschriften nördlich der Alpen; bedeutende Einzelfunde sind der Noah-Sarkophag und die Isaak-Schale. Die ersten Gotteshäuser entstanden über den Grabstätten von St. Eucharius (St. Matthias), St. Maximinus und St. Paulinus. Dem Range der Kaiserresidenz gemäß wurde nach 326 auf dem Gelände eines kaiserlichen Palastes eine der größten abendländischen Kirchen errichtet, aus der der heutige Dom und Liebfrauen erwachsen sind.

PW 2. R. VI, 2349ff - S.LOESCHCKE in: Rhein. Verein f. Denkmalpflege 29, 1936, 91ff - TH.KEMPF in: Germania 29, 1951, 47ff - T., hg.v. Rhein. Verein f. Denkmalpflege, 1952.

E.Gose

II. Bistum

1. Im Schnittpunkt wichtiger Handels- und Militärstraßen gelegen, röm. Kolonie, später röm. Kaiserstadt und Sitz des Praetor Galliarum, wurde T. schon früh Ausgangspunkt des über Lyon eindringenden Christentums im Rheinland (→ Germanien). Es hatte im 2.Jh. eine Christengemeinde, an deren Spitze in der Mitte des 3.Jh.s Bischof Eucharius stand und dessen dritter Nachfolger Agroecius 314 an der Synode von Arles teilnahm. Unter ihm entstand 326-48 eine Doppelbasilika, deren Nordkirche 370/80 durch eine quadratische Halle erweitert wurde. Die Bischöfe Maximinus († 347) und Paulinus († 358) waren Vorkämpfer der Orthodoxie und Freunde des nach T. verbannten → Athanasius. Das Christentum gelangte am Ende des Jh.s in der Stadt zum vollen Sieg, während die damals begonnene Landmission noch bis ins 7.Jh. dauerte. Auch die T.er Kirchenprovinz, spätestens im 6.Jh. nachweisbar, hat ihre Wurzeln in der röm. Zeit. Sie umfaßte die Bistümer der Belgica secunda, später des deutschen Herzogtums Oberlothringen und erlosch, trotz Loslösung der Bistümer → Metz, → Toul und → Verdun vom deutschen Reich, erst 1802. - Unter den Franken (seit ca 460) blieb das Bistum, mit Südgallien (Poitiers) in Verbindung stehend, Mittelpunkt des christlichen Lebens, energisch gefördert von Nicetius (527-66) und seinem Nachfolger, dem ersten Germanen Magnerich (570-96). Unter Ludwinus († 711) wurden zahlreiche Stifte und Klöster gegründet. Das Erzbistum dehnte sich im Osten bis Gießen und im Westen bis Stenay aus. Es war seit 910 in die 5 Archidiakonate T., Karden, Tholey, Dietkirchen und Longuyon eingeteilt. Zu gleicher Zeit begann sich in der Umgebung der Bischofsstadt ein weltliches *Territorium* zu bilden, in dem unter Albero (1131-52) die Souveränität des Erzbischofs voll entwickelt war. Im Kurfürstentum führten die T.er Erzbischöfe den Titel eines kaiserlichen

Erzkanzlers für Gallien. - Im 10. und 11.Jh. waren sie meistens dem innerdeutschen Adel entnommen und Stützen der Königsgewalt, unter ihnen der kunstsinnige Egbert (977-93) und der energische Poppo (1016-47); sie standen im Investiturstreit meistens auf kaiserlicher Seite, so Egilbert (1079-1101) und Bruno (1102-24). Albero (1131-52) entstammte einem lothringischen Grafengeschlecht. Er beteiligte sich an der Reichs- und Landespolitik wie an der kirchlichen Organisation. Als Freund → Bernhards von Clairvaux förderte er die Zisterzienser (Himmerod), Prämonstratenser (Wadgassen) und Augustiner (Springiersbach). Der Architektur führte er oberlothringische Einflüsse zu. Dagegen stellte der wohl bedeutendste T.er Erzbischof Balduin (1307 bis 1354) enge politische und kulturelle Verbindungen mit dem Mittelrhein her. Er griff in die Reichspolitik ein, erweiterte sein Land und war ein kluger Organisator des kirchlichen Lebens. Den Humanismus vertraten in T. die 1473 gegründete Universität (→ Trier: III), die → Brüder vom gemeinsamen Leben, die Abtei St. Matthias und der wohl gelehrteste T.er Erzbischof Jakob von Baden (1503-11).

2. In die Regierungszeit Richards von Greiffenklau (1511-31) fällt die Fehde → Sickingens gegen T. (1522). Der *Reformation* widersetzte sich der Erzbischof. 1521 versuchte er in Worms Luther zum Widerruf zu bewegen, vermochte jedoch die ev. Bewegung aus dem Erzstift nicht ganz fernzuhalten. Geringer war der Widerstand Johanns von Metzenhausen (1531-40), während die Nachfolger Johann Ludwig von Hagen (1540-47) und Johann von Isenburg (1547-56) die kirchlichen Zustände zu bessern und so die Untertanen beim alten Glauben zu halten suchten. Es gelang dies für den Kurstaat und die lothringischen und luxemburgischen Gebiete des Erzbistums, nicht aber für die weltlichen Herrschaften außerhalb des Kurstaates. In ihm wurde ein kleiner Versuch zur Reformation in Koblenz und ein stärkerer des Kaspar → Olevian in T. (1559) vom Kurfürsten Johann von der Leyen (1556-67) unterdrückt. Er berief 1560 die Jesuiten nach T., die als Führer der *Gegenreformation* von den Erzbischöfen Jakob von Eltz (1567-81), Johann von Schönenberg (1581-99) und Lothar von Metternich (1599-1623) energisch unterstützt wurden. Die Nöte des 30jährigen Krieges wurden für T. durch die Wirren um Kurfürst Christoph von Sötern (1623-52) verschlimmert, durch Kaspar von der Leyen (1652-76) aber wieder behoben. Hugo von Orsbeck (1676-1711) steuerte dem Elend der Réunions- und spanischen Erbfolgekriege und förderte die Missionen der Jesuiten und Kapuziner. - Im 18.Jh. entstammten die Erzbischöfe meist den großen Fürstenhäusern. Franz Georg von Schönborn (1729-56) ragte wie seine Brüder durch Kunsttätigkeit hervor. Die Protestanten wurden unter ihm 1731 aus der Stadt T. ausgewiesen, durch das Toleranzedikt vom 3.12.1784 aber wieder zugelassen. Kurfürst Klemens Wenzeslaus (1768-1801) vertrat wie seine beiden Vorgänger eine gemäßigte Aufklärung, die in Weihbischof Nik.v. → Hontheim (Febronius) einen überzeugten Vertreter hatte. Sein Einfluß war wie schon der seiner Vorgänger dadurch gewachsen, daß er wegen des Erstarkens des Nationalismus die Verwaltung des Erzbistums im französischen und luxemburgischen Gebiet fast ausschließlich inne hatte. Er verhinderte zwar die seit dem 16.Jh. angestrebte Gründung eines Bistums Luxemburg, mußte aber zustimmen, daß 1784 für die »terra Gallica« ein eigenes Generalvikariat in Longwy eingerichtet wurde.

3. Während der *Franzosenherrschaft* wurde das Bistum T. (Bischof Ch.Mannay, 1802-16) räumlich dem Saardepartement angeglichen und dem Erzbistum → Mecheln unterstellt, während auf der rechten Rheinseite Klemens Wenzeslaus und nach dessen Tod (1812) ein Apostolischer Vikar die Bischofsgewalt ausübte. 1815 kam T. an Preußen und wurde 1821 Suffraganbistum von → Köln. Bischof wurde der edle, tolerante Josef von Hommer (1824-36), dessen letzte Lebensjahre durch den → Kölner Kirchenstreit und das zunehmende Staatskirchentum Preußens getrübt waren. Wilhelm Arnoldi (1842-64; → Rock, hl.) geriet mit dem Staat in Widerstreit, und der bekannte Kanzelredner Matthias Eberhard (1867-76) wurde eines der ersten Opfer des → Kulturkampfes. Bischof → Korum bemühte sich um die Heilung der Schäden und vertrat in der Schul- und Gewerkschaftsfrage die strengere kath. Richtung. Er setzte sich wie ein Nachfolger Franz Rudolf Bornewasser (1921-51) für das Verbleiben des Saarlandes beim Bistum und bei Deutschland ein. - Das Bistum umfaßt die Regierungsbezirke T. und Koblenz im Land Rheinland-Pfalz und den größten Teil des Saarlandes. Es zählt 935 Seelsorgsbezirke mit 1263 Bistumsgeistlichen. Die Zahl der Katholiken beträgt 1765576, die der Nichtkatholiken (meistens Protestanten) 620363.

J.MARX, Trevirensia. Literaturkunde d. T.er Lande, 1909 - Gesch. d. Pfarreien d. Diözese T., hg.v. J.MARX-M.SCHULER, I-V, 1923-56 - M.SCHULER, Über d. Anfänge d. Christentums in Gallien u. T. (TThZ 6, 1931, 80-103) - J.STEINHAUSEN, Archäol. Siedlungskunde d. T.er Landes, 1936 - N.KYLL, Die Einführung d. Christentums bei d. Landbevölkerung d. trier. Landes (Pastor bonus 48, 1937, 189-198. 241 bis 251) - LThK X, 284ff (Lit.) - E.DONCKEL, Die Kirche in Luxemburg, 1950 - E.ZENZ, Die Gründung des Generalvikariates Longwy, o.J. - A.HEINTZ, Die Anfänge d. Landdekanates im Rahmen d. kirchl. Verfassungsgesch. d. Erzbistums T. (TThS 3), 1951 - Hdb. d. Bistums T., 1952 - E.EWIG, T. im Merovingerreich, 1954 (Lit.) - A.THOMAS, Wilhelm Arnold Günther (Veröff. d. Bistumsarchivs 4), 1957 - Festschr. 400 Jahre. Caspar Olevian 1559 u. Ev. Gemeinde T., 1959 - W.KRÄMER, Kurtrierische Hexenprozesse im 16. u. 17.Jh., 1959 - R.LAUFNER, Der T.er Reformversuch vor 400 Jahren (T.er Jb. 1960, 18-41) - SOPHIE-MATHILDE GRÄFIN ZU DOHNA, Die ständischen Verhältnisse am Domkapitel zu T. vom 16.-18.Jh., 1960.

A.Thomas

III. Universität

Auf Antrag des Kurfürsten Jakob v. Sierck (1439-56) wurde die Errichtung einer Universität in T. von Papst Nikolaus V. durch Bullen vom 2. und 12.2.1454 genehmigt. Wegen politischer Schwierigkeiten wurde sie aber erst am 16.3.1473 eröffnet, wobei dieses Mal die Initiative von der Stadt T. ausgegangen war. Träger der Universität waren die Stadt und der Kurfürst. Organisatorisch war sie nach dem Vorbild von → Köln (: III) geschaffen worden. Kanzler war der Kurfürst, dem ein Prokanzler zur Seite stand. Der Rektor wurde anfangs stets aus der Artistenfakultät, später aus allen Fakultäten, mit Ausnahme der medizinischen, gewählt. Die artistische Fakultät war stets die größte; ihr folgte an Bedeutung die theologische. Die Stellung der juristischen Fakultät wechselte im Laufe der Jh.e, während die Bedeutung der medizinischen Fakultät stets sehr gering war; zwischen 1530 und 1722 ging sie sogar ein. - Nach ihrer Eröffnung war die Universität eine Heimstätte des scholastischen Humanismus, wobei sie es vermochte, Männer von Rang und Namen nach T. zu ziehen. Doch setzte bald ein Rückgang ein, der seine Ursache neben der Eröffnung zahlreicher anderer Generalstudien vor allem in den religiösen, kriegerischen und sozialen Wirren der ersten Hälfte des 16.Jh.s hatte. Nachdem der T.er Bürgerssohn → Olevian 1559 versucht hatte, über die Universität die Reformation in → Trier (: II) einzuführen, gestaltete sie der Kurfürst 1561 völlig neu. Sie wurde ein landesherrliches Institut rein konfessionellen Charakters. Die Verpflichtung der Universitätsangehörigen zur Ablegung der »professio fidei«, die Übernahme der philosophischen und theologischen Fakultät durch die Jesuiten und eine Studienreform verstärkten und erhielten diesen Charakter für lange Zeit. Mit den Jesuiten, die durch ihre gutgeleiteten Gymnasien für ständigen Nachwuchs sorgten, stieg die Zahl der Studenten an der T.er Universität wieder auf ein gesundes Maß. Andererseits brachte das Festhalten an der scholastischen Tradition ihr öfter den Vorwurf der Rückständigkeit und des Obskurantismus ein. - 1722 organisierte Kurfürst Franz Ludwig von Pfalz-Neuburg (1716-29) die Universität völlig neu. Er veranlaßte die Landstände, sich an den Unkosten der Universität zu beteiligen, und befahl, die Disziplinen zu erweitern und den Lehrbetrieb zu modernisieren. Die bisher bestehende Zensur für wissenschaftliche Veröffentlichungen fiel weg. Gleichzeitig setzten die Ideen der Aufklärung sich stärker durch, und der Kampf gegen die Monopolstellung der Jesuiten in der philosophischen und theologischen Fakultät begann. Hauptträger dieser aufkläerischen Tendenz waren der Jurist Neller und der Trierer Weihbischof Nik. v. → Hontheim, der als Prokanzler der Universität einen bes. starken Einfluß auf sie ausübte. 1763 wurde zum ersten Mal ein Nichtjesuit zum Rektor gewählt und 1764 auch in der theologischen und philosophischen Fakultät Nichtjesuiten zu Professoren ernannt. Unter dem Eindruck der französischen Revolution fand die freiheitliche Richtung an der Universität ein Ende. 1798 wurde sie von den französischen Revolutionsbehörden geschlossen.

L.Keil, Akten u. Urkunden zur Gesch. der T.er Univ., H. 1: Das Promotionsbuch der Artistenfakultät (Trierisches Archiv ErgH. 16), 1917; H. 2: Die Promotionslisten der Artistenfakultät von 1604 bis 1794, 1926 - E.Zenz, Die T.er Univ. 1473-1798, 1949. *E.Zenz*

Triest-Capodistria, *Bistum.* Im röm. Tergeste soll es bereits im 1.Jh. Christen gegeben haben, Bischöfe sind erst seit 546 bezeugt. Das Bistum unterstand bis 1751 → Aquileja, bis 1791 und seit 1830 → Görz, war 1787-91 nach Gradisca verlegt, 1791-1807 Suffragan von → Laibach und 1807-30 exemt. 1791 ging das Bistum Pedena, 1831 das Bistum Cittanova in der Diözese T. auf. 1828 wurde das im 6.Jh. gegründete, seit 1810 vakante Bistum Capodistria mit T. in Personalunion vereinigt. Der nach 1945 an Jugoslawien geschlagene Teil der Diözese wird von Apostolischen Administratoren betreut. Bischof von T. war → Pius II., von Capodistria → Vergerio. Die Gründung einer ev. Gemeinde wurde in T. schon vor dem Toleranzedikt → Josephs II. 1778 gestattet.

A.Tamaro, Storia di T., 2 Bde, Rom 1924 - P.F.Kehr, Italia pontificia VII/2, 1925, 207ff - V.Scrinari, Tergeste, Rom 1951 - AnnPont 1962, 435. *H.Zimmermann*

Trigland, *Jacobus* (1583-1654), ref. Theologe, * in Vianen, studierte seit 1598 in Löwen, trat 1603 zur ref. Kirche über, wurde 1607 Pfarrer in Stolwijk, 1610 in Amsterdam, 1634 Prof. in Leiden. In Predigten und polemischen Schriften bekämpfte er die Remonstranten (→ Arminianer) und wurde deswegen von → Vondel in seinen Hekeldichten durchgehechelt. Auf der → Dordrechter Synode (1618-19) war T. einer der Verfasser der Canones gegen die Remonstranten. Seine Kerkelycke Geschiedenissen (1650) schrieb er als Widerlegung der remonstrantischen Darstellung → Uytenbogaerts.

Opuscula, 3 Bde, 1640. - Über T.: H.W.ter Haar, J.T., 1891 - RE XX, 107ff - A.Eekhof (→ Trelcatius) - NNBW VI, 1282ff. *W.F.Dankbaar*

Triller, *Valentin* (ca 1493-1573), Pfarrer, Kirchenlieddichter, * in Guhrau (Vater Hieronymus T.), † in Panthenau bei Nimptsch. Seit seiner Immatrikulation in Krakau (Juni 1511) fehlen Nachrichten bis Nov. 1550, wo T. Nachfolger des ersten ev. Pfarrers in Panthenau wurde. Er fand dort ein liturgisches Vakuum vor: die röm. Meßgesänge sollte man nicht mehr verwenden, die reformatorischen Lieder waren der Gemeinde aber noch fremd. Auch fehlte ein Lehrer, der Schüler zum Chor heranzog. So schuf T. ein Chorbuch für Dorfgebrauch, sein »Schlesisch Singebüchlein« (1552 fertiggestellt, 1555 gedr.). Die 152 Texte schrieb er sämtlich selbst; sie fußen auf der Lutherbibel und erweisen T. als ev. Theologen, auch wenn er nur 5 reformatorische Melodien übernimmt. Daneben gebraucht er 25 weltliche Kunst- und Volksweisen. Den Hauptanteil haben mittelalterliche Hymnen, Cantionen, Antiphonen, Leisen u.ä. Die 10 zwei- und 47 dreistimmigen Sätze geben zT Kompositionen des 14.Jh.s wieder! T.s Singebüchlein ist die älteste ev. Quelle für mehrere heute noch gebräuchliche oder wieder in Aufnahme gekommene Dichtungen oder vorreformatorische Kirchenweisen (10 Melodien, 4 Texte). 1559 wurde das Buch neu gedruckt, um 1600 von M. → Prätorius benutzt und dann vergessen. 1553 schrieb T. gegen → Schwenckfeld ein Büchlein (»Vom Fleisch Christi, von seinem Ursprung, angeborner Herrlichkeit und göttlicher Kindschaft«), das ungedruckt blieb; anscheinend mußte sich T. gegen schwenckfeldische Nachbarn wehren.

Ph.Wackernagel, Bibliogr. z. Gesch. des dt. Kirchenliedes, 1855, 270f. 294f. 599f - Wackernagel IV, 19ff - Koch I, 469; II, 160ff - Zahn VI, 37. 40 - K.W.Wiontzek, Aus der Vergangenheit des Kirchspiels Oberpanthenau, 1931, 19ff. 60ff - W.Salmen, Der volkskundl. Gehalt in V.T.s »Schlesisch Singebüchlein« (Der Kirchenmusiker 6, 1955, 1-3) - H.Eberlein, V.T. u. sein schles. Singebüchlein (Jb. f. Schles. Kirche u. KG, NF 34, 1955, 48-58; 35, 1956, 22-30).
S.Fornaçon

Trine, *Ralph Waldo,* amerik. philosophischer Schriftsteller, * 9.9.1866 in Mount Morris/Ill. Nach dem Studium der Geschichte, Politik und Sozialwissenschaft lebte er als Privatmann in Croton-on-Hudson. Er war Vorsitzender der Human Education Society und der von → Emerson geprägten geistigen Gemeinschaft verbunden. Mit seinen in Amerika weit verbreiteten und auch in Deutschland viel gelesenen Schriften will T. auf der Grundlage der Gedanken von Emerson sowie alter, neu entfalteter Wahrheiten (u.a. der indischen Religionsphilosophie und → Fichtes) den Menschen helfen, ihr Dasein möglichst vollkommen zu gestalten. T.s Antwort auf das Verlangen nach Glück lautet: »Du mußt danach streben, in Harmonie mit dem Unendlichen zu kommen!« Er vertritt einen realistischen Rationalismus, indem er, ausgehend von der Einheit der Welt im idealistischen Sinne, Gott pantheistisch als das unendliche Sein und Religion als Übereinstimmung mit diesem Sein in völliger Hingabe an Gott und den Nächsten versteht. In Jesus sieht er diese Einheit vollkommen verkörpert. Aufgabe des Christen ist es daher, aus der Erkenntnis Gottes heraus ein Mitarbeiter Gottes zu sein, indem er sich seinem Nächsten verbunden weiß und ihm hilft, sein Leben zu bestehen. Lebensziel ist die vollendete Persönlichkeit, die in der Zucht der Gedanken - »Gedanken sind Kräfte« - und festen Willensentscheidungen ihren Weg geht und auch das Böse in der Welt überwinden kann. Für die Beurteilung dieser optimistischen und ganz auf praktische Lebensgestaltung ausgerichteten Gedanken muß die besondere amerikanische Situation des ausgehenden 19.Jh.s bedacht werden. - Vgl. → Neugeistbewegung.

T.s Hauptwerke sind die Reihe der »Lebensbücher«: What all the World's a seeking, 1896 (dt. 1905); In Tune with the Infinite, 1899 (dt.: In Harmonie mit dem Unendlichen, 1904); In the Hollow of His Hand, 1915; My Philosophy and my Religion, 1921. - Ferner: The Greatest Thing ever known, 1898 (dt. 1905); Character-building Thought Power, 1900 (dt. 1906); On the Open Road, 1908 (dt.

1909); The Power that wins, 1929 (dt. 1929). - Über T.: M.CHRISTLIEB, R.W.T. (Dt. Monatsschrift 5, 1906, 525-529) - R.EWALD, R.W.T.s Weltanschauung mit bes. Berücksichtigung seiner Stellung zu den Übeln der Welt (Diss. Erlangen), 1910 - RGG[1] V, 1346ff - W.ZIEGENFUSS-G.JUNG, Philosophen-Lexikon II, 1950, 739f (Lit.).

H.Hohlwein

Trinität

I. Triaden, religionsgeschichtlich - II. Im NT - III. Dogmengeschichtlich - IV. Dogmatisch - V. In der Kunst. - t. = trinitarisch

I. Triaden, religionsgeschichtlich

Wegen der Beliebtheit der Dreizahl (→ Zahlensymbolik: I) lassen sich auf den verschiedensten Gebieten Triaden (= T.) aufstellen, die jeweils mehr oder weniger organisch zusammengehören. Davon scheiden - gemäß der Einteilung Heilers - hier folgende aus: anthropologische und psychologische T. (→ Geist: I, 2, → Leib und Seele, → Seele), kosmologische T. (→ Himmel: I, → Erde, → Hölle: I; → Weltbild: I), chronologische T. (→ Apokalyptik: I. IV, 3, → Weltperioden), ethische T. (zB der Heilsweg der → Mystik [: II, 1]), liturgische und legendäre T. Größere Aufmerksamkeit verdienen dagegen die göttlichen und metaphysischen T. als formale Entsprechungen oder evtl geschichtliche Hintergründe der christlichen Trinität. Götter-T. bei den → Sumerern, in → Babylonien (: II, 5. 6) und → Ägypten (: II, 1. 2) sind wohlbekannt. Im Bereich der → Indogermanen will G.Dumézil die »tripartition sociale« der menschlichen Gesellschaft (Herrscher - Priester, Krieger, Bauern) in einer entsprechenden Dreiteilung der göttlichen Welt wiederfinden, zB im alten Rom Jupiter - Mars - Quirinus. Diese verschiedenen T. haben also je eine kosmologische (Anu - Ellil - Ea; Sin - Schamasch - Ischtar), familienhafte (→ Isis und Osiris - → Horus) und soziale (→ Stand, 3) Verankerung. Wo drei Götter bzw. Prinzipien als → Erscheinungsformen derselben Gottheit oder des Urprinzips hervortreten, ist die phänomenologische Übereinstimmung mit der ausgebildeten Trinitätslehre größer. Die Trimûrti Brahma - → Vishnu - → Shiva des → Hinduismus (: I, 2f), der trikâya, der dreifache Leib des → Buddha (, 6), die → Hypostasen τὸ ἕν - νοῦς - ψυχή des → Neuplatonismus (, 3) und die Christologie der → Gnosis, θεός - βουλή (weiblich wie aram. rûhâ!) - λόγος, werden trotz geographisch und chronologisch bestehender Lücken nicht selten mit jener zusammengebracht. Auf Grund der → Kulturkreislehre und in Anlehnung an W. → Schmidt und seine Schüler hat neuerdings Seifert umgekehrt die ganze Religionsgeschichte im Lichte der christlichen Trinitätslehre verstehen wollen: begriffsgeschichtlich ende die Isoliertheit von Gott-Vater im → Deismus, von Gott-Geist im → Monismus, von Gott-Sohn im → Dualismus. Kulturgeschichtlich spalte sich der → Urmonotheismus der Urkultur in den Primärkulturen in dreifacher Weise auf: a) in den Himmelsgott der Hirtenvölker, b) in den Geistglauben der höheren → Jäger (→ Herr der Tiere) und c) in den Glauben an den → Heilbringer und an die Jungfraumutter (→ Jungfrauengeburt, → Muttergottheiten) der mutterrechtlichen Hackbauern (→ Ackerbau: I, → Mutterrecht). Die Dreispaltung des Gottesbegriffs spiegle sich auch im → Mythos (: II, 3 a), so daß zB die → Schöpfung (: I, 2) ex nihilo je nachdem in grobes Handwerk, → Emanation und Urzeugung oder Generation und eheliche Zeugung übergehe. Die offenbarte → Urreligion sei somit t. - Auf ikonographisches Material gestützt führt Kirfel die dreiköpfige Gottheit, die vom alten Indien bis zum mittelalterlichen Europa verbreitet ist, auf einen großen mediterranen Kulturkreis vorindogermanischer Zeit zurück. Die dreiköpfigen oder dreigesichtigen Gestalten als Symbole der christlichen Trinität seien auch in vorchristlicher Zeit drei Aspekte einer einzigen lunaren Gottheit mit ihren drei Phasen (→ Mond). - Die atomistisch-mechanistische Zusammenstellung einzelner T. verschiedener Herkunft, die die ältere Forschung kennzeichnete, ist also von einer synthetischen kulturgeschichtlichen Betrachtungsweise abgelöst worden; deren Resultate erscheinen aber noch als widerspruchsvoll und nicht immer gesichert.

D.NIELSEN, Der dreieinige Gott in religionshist. Beleuchtung I. II, Kopenhagen 1922/42 - ERE XII, 457ff - HWDA II, 430ff - W.KIRFEL, Die dreiköpfige Gottheit, 1948 - RÄRG 251 - H.GOLLOB, Die internat. archaische Trinitas, 1953 - F.ZUCKER, Ein angebl. Zeugnis für eine hellenist. Götterdreiheit (Archiv f. Papyrusforschung 15, 1953, 61-70) - G.L.SEIFERT, Sinndeutung des Mythos. Die Trinität in den Mythen der Urvölker, 1954 - G.DUMÉZIL, L'idéologie tripartie des Indo-Européens, Brüssel 1958 - P.GERLITZ, Außerchristl. Einflüsse auf die Entwicklung des christl. Trinitätsdogmas (Diss. Marburg), 1960 - R.PETTAZZONI, Der allwissende Gott, 1960 - HEILER 163ff (Lit.).

C.-M.Edsman

II. Im NT

Allgemeiner Übereinstimmung nach gibt es im NT keine T.slehre. Die Frage betrifft vielmehr die Art der Grundlage, die das nt. Zeugnis für die Entwicklung einer t.en Formulierung liefert. Triadische → Formeln (: II) im NT hat man schon lange im Zusammenhang mit der Entstehung frühchristlicher Glaubensbekenntnisse festgestellt (→ Bekenntnis: III). Mt 28, 19; 2Kor 13, 13 zB sind fast sicher liturgischen Ursprungs. Doch bleibt ihre Bedeutung für die T.sfrage unsicher, solange neben ersterem eine Taufe auf den Namen Jesu besteht (Apg), neben letzterem binitarische Formeln wie Röm 1, 7; 1Kor 1, 3 wiederkehren. Gerade darin liegt das Problem: sind die nt. Autoren zu solchen triadischen Formulierungen durch ein »auf Dreiheit drängendes Formgesetz« getrieben (Dibelius, RGG[2])? Dann ist die Zufügung des Geistes als der dritten Person eine willkürliche und nicht entscheidende Erweiterung einer früheren Zuordnung des Sohnes an den Vater. Aber so gewinnt man weder eine nt. T.slehre noch eine Erklärung dessen, daß der Glaube schließlich t. und nicht binitarisch wurde. Eine Erklärung dafür liefert auch nicht das vermeintliche Auftauchen eines »personalen« Geistbegriffs, zB Joh 14, 26; 15, 26. Weder im Hebräischen noch im Griechischen gibt es einen Begriff für Person; was »persona« in diesem Zusammenhang bedeuten kann oder soll, wird erst durch späteren Streit klar (→ Trinität: III). Die Frage ist weiter kompliziert durch die Unebenheit der Entwicklung. Nach Kretschmar steht im Hintergrund der ältesten T.sanschauung das jüdische Schema von zwei obersten himmlischen → Parakleten, das seinen Niederschlag im JohEv gefunden hat. Doch lassen sich die theologischen Absichten der nt. Autoren nicht in dieses Schema einzeichnen. Diese wurden nur dadurch entschieden geschützt, daß diese Art Engelchristologie samt ihren Konsequenzen durch das Homousios des Nicänum abgewiesen wurde. - T. im NT gibt es nicht dadurch, daß diese Autoren die Einzigartigkeit Gottes an der Spitze eines monotheistischen Systems bewahren wollen, sondern indem nach ihrer Verkündigung der *eine* Gott in Jesus Christus der Welt und der *eine* Herr Jesus Christus in der Kraft des → Geistes (: IV) seiner Gemeinde entgegentritt. Unter diesem Gesichtspunkt fördern »subordinierende« Stellen wie Joh 5, 30; 14, 26 mit ihren Intentionen die Lehre genauso, wie die »gleichstellenden« Joh 10, 30; 2Kor 3, 17. Die exegetische Untersuchung der nt. Grundlage im einzelnen wird demnach nicht bei formellen Triaden anfangen dürfen, sondern bei der inneren Dynamik solcher Stellen wie 1Kor 12, 4-6; Röm 8, 9-11. Ein Beispiel dafür wäre der Aufsatz von Dibelius von 1939.

H.WINDISCH, Der 2Kor (MeyerK V[9]), 1924, Exkurs zu 2Kor 13, 13 (Lit.) - RGG[2] I, 2016f (M.DIBELIUS) - DERS., Der Herr u. der Geist bei Paulus (DtPfrBl 43, 1939, 369ff = Botschaft u. Gesch. II, 1956, 128-133) - K.L.SCHMIDT, Le dieu trinitaire (RHPhR 18, 1938, 126-144) - G.KRETSCHMAR (→ Trinität: III). *P.Meyer*

III. Dogmengeschichtlich

1. Frühstadium (bis ca 150) - 2. Ausbau der Positionen und erste größere Kämpfe (ca 150-300) - 3. Arianischer Streit und Festlegung des Dogmas (4.Jh.) - 4. Augustin und das MA - 5. Seit der Reformation. - Vgl. ergänzend → Christologie: II, → Geist: V, → Gott: V

1. Aus den mannigfaltigen Formen der noch in statu nascendi befindlichen t.en Auffassungen heben sich schon in *nachapostolischer Zeit* 3 Typen heraus, deren Konkurrenz für die Entstehung des t.en Dogmas grundlegend werden sollte: der adoptianische (= adopt.), subordinatianische (= subord.) und modalistische (= mod.); die beiden ersten lassen sich ins apostolische Zeitalter zurückverfolgen (→ Trinität: II). Unsere Skizze der Entwicklungsgeschichte dieser 3 Typen bis zur Einschmelzung in das Dogma muß aus Raumgründen auf die von G.Kretschmar mit Recht geforderte und in Angriff genommene Mitberücksichtigung der untergründigen (bes. der liturgischen) Traditionsströme verzichten.

Gemäß dem judenchristlichen Aspekt des *Adoptianismus* (= Adopt.) besteht die T. aus Gott (= dem Vater), dem Geist und dem auserwählten Menschen Jesus, den Gott mit dem Geist gesalbt = zum Christus gemacht = in den Stand des Sohnes erhoben hat. Der Geist wird dabei meistens als persönliches, von Gott unterschiedenes Wesen (zB bei →Hermas als höchster Engel = himmlischer Gottessohn, bei Gnostikern als himmlischer »Christus«), seltener als bloße Kraft Gottes aufgefaßt (wodurch die T. binitarisch wird). Jesu Erhebung zum Gottessohn ist nach dem älteren Adopt. mit seiner Auferstehung (Herm sim V, 5f und schon Apg 2, 32ff; vgl. Röm 1, 3f; 2Kor 3, 17; 5, 16f; 1Tim 3, 16 usw), nach dem jüngeren mit seiner Taufe (→ Ebionitenevangelium, → Cerinth und viele andere Gnostiker, aber auch schon Apg 10, 37f; Lk 3, 22 westlicher Text) verbunden. Der nächste Schritt, die Beteiligung des Geistes an der Empfängnis Jesu (→ Jungfrauengeburt), bildet den Übergang zur sog. Geistchristologie, der (ebenfalls zur Binität führenden, bes. im Westen noch lange nachwirkenden) Gleichsetzung des Geistes mit dem sich inkarnierenden Christus (2Clem 9, 5; 14, 2) und damit zu der dem Adopt. entgegengesetzten (aber für die beiden anderen Typen der T.slehre charakteristischen) physischen Inkarnationslehre.

Nach dem *Subordinatianismus* (= Subord.) ist Christus ein besonderes präexistentes, dem Vater am nächsten stehendes, aber untergeordnetes Gottwesen, das sich bei der Geburt Jesu physisch inkarniert, wobei keine Aufspaltung in 2 Personen eintritt. Diesen aus dem vorpaulinisch-hellenistischen Christentum (vgl. Phil 2) stammenden, von Paulus, Hebr u.a. vertretenen, bes. durch Johannes (der Sohn als subordinierter Gott und → Logos) und Kol (1, 15: Zeugung als »Erstgeborener vor aller Kreatur« und »Bild des unsichtbaren Gottes«) weiterwirkenden Subord. treffen wir zB bei → Ignatius, wo das Verhältnis des Geistes zu Vater und Sohn (ähnlich wie bei Paulus) noch in der Schwebe bleibt. Doch hatte schon Johannes den Geist als drittes, auch dem Sohn untergeordnetes Personwesen aufgefaßt (16, 15), woraus sich die Stufenfolge Gott Vater, Gott Sohn und hl. Geist als konsequente t.e Form des Subord. ergab. Der Subord. ist zwar durch die gnostische Erlöseridee beeinflußt (Bultmann), aber antignostisch zugespitzt, weil seine Verfechter die physische Inkarnation betonen und schon seit Paulus (1Kor 8, 6) den präexistenten Christus als Mittler der Schöpfung auffassen und dadurch die Erlösung fest mit der Schöpfung verknüpfen.

Nach dem *Modalismus* (= Mod.) sind Vater, Sohn und Geist nur verschiedene Namen desselben Gottes. Der Sohn ist die irdische Erscheinung und der Geist das darin verborgene göttliche Wesen des Vaters. Der Geist hat keine eigene und der Sohn überhaupt keine Präexistenz, weil der Vater sich im Sohne inkarniert; nach den Vertretern des sog. »Patripassianismus«, der schon bei → Marcion anklingt, leidet auch der Vater selbst. Der erst in der 2. Hälfte des 2.Jh.s bei → Melito (Passahomilie) und anderen Kleinasiaten (→ Noet und wahrscheinlich auch → Montanus) vollausgeprägt erscheinende Mod. dürfte trotz Ähnlichkeit mit der Lehre des → Simon Magus (bes. der Simonianer bei Iren. haer. I, 23, 1) und erstmaligem Vorkommen bei Marcion aus der Kirche und letztlich aus dem jüdischen Mod. stammen, der die at. Theophanien (im Gegensatz zur jüdischen Hypostasen- und Engellehre) um des Monotheismus willen auf eine nur vorübergehend von Gott ausgestrahlte und jeweils wieder eingezogene Dynamis zurückführte (Justin Dial. 128, 2ff; vgl. Midr. Ber. r. 78 S. 378 f Wünsche). Die jüdische Herkunft erhellt auch aus der Betonung der göttlichen »Monarchie«, die den kirchlichen Modalisten den Spitznamen »Monarchianer« einbrachte.

2. Das *frühkath.* Zeitalter brachte den Ausbau der verschiedenen Positionen mit Hilfe der Philosophie, wodurch erst wissenschaftlich formulierte, scharf miteinander konkurrierende »Lehren« über die T. entstanden. Die christlichen Platoniker, die sich an den *Subord.* hielten und die Logoslehre des JohEv ontologisch interpretierten, verstanden die T. in Anlehnung an den sog. Mittleren → Platonismus und Wiederanknüpfung an → Philo als stufenförmigen Übergang vom geistigen, ganz transzendenten Gott zur sichtbaren Welt, also als Rückgrat eines pyramidal aufgebauten idealistischen Weltbildes. → Justin denkt zB auch an Pseudo-Plato Ep. 2 S. 312 E (vgl. Apol. I, 60, 7), wenn er die T. als 3 einander physisch subordinierte, durch den gleichen Willen geeinte Geistwesen auffaßt: den Vater als eigentlichen Gott, an »2. Stelle« den Logos als »anderen« »Gott«, an »3. Stelle« den zu den Engeln überleitenden Geist. Den zwischen »Wort« und »Vernunft« schillernden Logos versteht er als Mittler der Schöpfung und aller (auch bei einigen Philosophen anzutreffenden) Offenbarung und als Subjekt der at. Theophanien, den Geist vornehmlich als Inspirator der Bibel. Höhepunkt dieser über → Hippolyt und → Clemens von Alexandrien weiterführenden »Hellenisierung« (Harnack) ist das System des (durch die Dreigötterlehre des Pythagoreers → Numenius mitbeeinflußten) → Origenes, der die Lehre von »3 Hypostasen« (= Wesen) einbürgert (vgl. Hebr 1, 3). Er betrachtet Vater und Sohn physisch als »2 Götter« (nur hinsichtlich ihrer Willenseinheit als »1 Gott«) und den Sohn als das rangälteste »Geschöpf«, prägt den Terminus ὅμοιος (»gleich« im Sinn von »ganz ähnlich«) für das Verhältnis des Sohnes zum Vater, lehrt eine ewige Zeugung (= unmittelbare Schöpfung) des Sohnes durch den Willen des Vaters (Vater und Sohn verhalten sich zueinander wie Licht und Schein) und schreibt allen 3 Hypostasen der T. anfangslos-ewige Existenz zu (die er allerdings auch allen übrigen Vernunftwesen zuzugestehen scheint). In diesem christlichen Platonismus wurde die dem Subord. von vornherein anhaftende Gefahr des Polytheismus akut, und die Zäsur zwischen Schöpfer und Geschöpf drohte zugunsten sanfter Übergänge zu verschwinden. Das erstere gab dem Mod., das letztere dem Adopt. weitere Chancen, obwohl der platonisierende Subord. - dank der großen Anhängerschaft

des Origenes - während der 2. Hälfte des 3. Jh.s im Osten vorherrschend wurde.

Inzwischen hatte sich die jüngere Form (s. 1) des durch den Vormarsch des paulinisch-johanneischen Christentums zurückgedrängten → *Adoptianismus* in der → Gnosis (: III) eingebürgert, der an der Vermeidung einer physischen Bindung des himmlischen Christus an den irdischen (ohne Christus leidenden) Jesus gelegen war. → Theodot der Gerber suchte diese gnostische, auf Trennungschristologie hinauslaufende Fassung des Adopt. mit der kirchlich-traditionellen zu verbinden (vgl. Hippol. Ref. VII, 35, 1f): der Mensch Jesus, mit dem sich Christus (= der Geist) bei der Taufe vereinigt, ist nach Theodot niemals Gott geworden; Jesus und Christus sollen trotz ihrer Vereinigung physisch unterschieden bleiben. Obwohl Theodot um 190 exkommuniziert wurde, strahlte sein Adopt. auf die anderen Positionen aus, zumal er von der Schule Theodots mit Hilfe des → Aristotelismus wissenschaftlich ausgebaut wurde. Auch Origenes hat beim Adopt. Anleihen gemacht, sofern er nur eine indirekte Inkarnation des Logos über das mit diesem in Willenseinheit verbundene Engelwesen Jesus lehrte. Einen mit der Logoslehre kombinierten Adopt. vertrat der über → Artemon mit Theodot zusammenhängende → Paulus von Samosata, durch den wohl Adopt., Trennungschristologie und Aristotelismus in die → Antiochenische Theologie hineingelangt sind. Paul läßt Jesus wohl schon seit der Jungfrauengeburt, aber nur ethisch-persönlich mit dem Logos vereinigt sein. Da Logos und Geist nach Paul nur Kräfte Gottes sind, schmilzt die T. bei ihm auf 2 Personen zusammen (Gott und Jesus). Eine Synode von Origenisten, die ihm eine physische Inkarnationslehre entgegensetzte, verurteilte 268 seine Lehre, wobei man auch das aus der Gnosis stammende (H.Kraft, ZKG 66, 1954/55, 3ff), wohl zuerst von Modalisten auf die T. angewandte und wahrscheinlich von Paul auf das Verhältnis des Logos zu Gott bezogene ὁμοούσιος (= »wesensgleich« oder »wesenseins«) verwarf.

Der in Kleinasien verbreitete, pointiert antignostische (Verhoeven) und dem Subord. Gottes »Monarchie« entgegensetzende *Modalismus* (daher Monarchianismus, zu dem man die Adoptianer nicht rechnen sollte!) benutzte zB Jes 44, 6; Ex 20, 2f und auch Joh 10, 38; 14, 9f als Schriftbeweise. Wie sein jüdischer Vorgänger konnte er den stoischen Monotheismus und Materialismus als wissenschaftliche Basis verwenden, was zB um 200 bei → Noet, dessen Schule durch → Praxeas u.a. in den Westen (bes. Rom und Nordafrika) hinüberwirkte, im Sinne des konsequenten »Patripassianismus« geschah. Nebenher ging die mildere, schon von → Melito vertretene (dem Adopt. nur äußerlich ähnliche) Richtung, nach der das als »Sohn« bezeichnete »Fleisch« gelitten und der Vater = »Geist« in diesem nur »mitgelitten« haben sollte. Ihr pflichteten auch die röm. Bischöfe → Zephyrin und → Calixt I. bei, wogegen der Subordinatianer → Hippolyt, dem man Ditheismus vorwarf, vergebens protestierte. Allerdings sah sich Calixt um 215 zum Ausschluß des radikaleren → Sabellius genötigt, der wahrscheinlich 3 (aufeinanderfolgende?) »Wirkungsweisen« (ἐνέργειαι) und »Benennungen« nur einer »Person« (πρόσωπον) oder »Hypostase« lehrte: die schöpferische (?) als Vater, die »erleuchtende« als Sohn und die »entzündende« als hl. Geist, wobei Sohn und Geist als zeitweilig ausgesandte Strahlen der väterlichen Sonne gedacht sind. (Die Rede von 3 πρόσωπα = Masken kam erst im späteren Sabellianismus auf.)

Noch deutlicher als bei den Päpsten wird die westliche, für die Zukunft entscheidende *Mittellinie zwischen Subord. und Mod.* bei Irenäus und Tertullian. Beide betonen die physische Einheit Gottes, halten aber an 3 persönlich gedachten Wesen fest. → Irenäus nimmt trotz modalistischer, mit Melito verwandter Grundanschauung (der Sohn »das Sichtbare des Vaters«, der Vater »das Unsichtbare des Sohnes«) die ewige Präexistenz des Sohnes und des Geistes mit dem Vater an. Beide faßt er bald als »Hände Gottes«, bald (wie → Theophilus von Antiochia) als »Logos« und »Weisheit« auf, die letzteren bald als Eigenschaften oder Kräfte Gottes, bald als 2 persönliche Wesen, die Gott an der Spitze der Engel (obwohl grundsätzlich über diesen stehend) lobsingen. Hier tritt eine neue, auch bei Origenes und → Methodius als Nebenströmung sichtbare und im Nicäno-Konstantinopolitanum nachklingende Form des Subord. zutage. Sie hebt zwar die Überordnung des Vaters hervor, stellt aber Sohn und Geist auf die gleiche Stufe (jedenfalls bringt sie die Überordnung des Sohnes über den Geist nicht mit zum Ausdruck). Kretschmar hat ihren Zusammenhang mit dem jüdischen Theologumenon von 2 obersten, Gott flankierenden Engeln richtig erkannt; aber es fragt sich, ob sie mit Kretschmar (der sie für die älteste T.sanschauung hält) aus dem palästinensischen Christentum des 1. Jh.s oder nicht besser (mit Barbel) aus der notorischen Einwirkung Philos auf das hellenistische Christentum und die Kirchenväter herzuleiten ist, bei dem sich außer den flankierenden Engeln (Cherubim Ex 25, 22 bzw. Seraphim Jes 6, 2) auch die beiden Hände oder Mächte Gottes finden und der den Anstoß zu der vielleicht schon bei Origenes, sicher bei Ambrosius begegnenden, in der byzantinischen Kunst so beliebten t.en Ausdeutung von Gen 18, 2 gegeben hat. → Tertullian sucht das richtige Gleichgewicht von Dreiheit und Einheit herzustellen, indem er den (zuerst bei → Theophilus von Antiochia vorkommenden) Terminus »T.« (trinitas = τριάς) durch häufigen Gebrauch unterstreicht und nur *eine* (stoisch-materialistisch und -dynamisch verstandene) »Substanz« lehrt, nämlich die des Vaters, die sich aber aus Gründen der »Ökonomie« (um der Schöpfung und Erlösung willen) durch sukzessive Ausgliederung des präexistenten Sohnes und des Geistes ohne Abbruch der Kohärenz zur T. entfaltet, so daß sich doch 3 »Personen« in abgestufter Rangfolge ergeben. Auch von Tertullians Bildern für die T. (Sonne, Strahl, Strahlspitze; Wurzel, Zweig, Frucht; Quelle, Fluß, Kanal) stammt mindestens das erste aus dem (von Tertullian bekämpften) Mod. Mit seiner Formel una substantia (= οὐσία?) oder status (= ὑπόστασις?), tres personae (= πρόσωπα; vgl. Hippol. c. Noet. 14 und Spr 8, 30) oder formae (= μορφαί?) hat Tertullian dem t.en Dogma vorgearbeitet, mit seiner christologischen Formel duplex status non confusus sed coniunctus in una persona einer schärferen Zäsur zwischen Schöpfer und Geschöpf (wobei er ungewollt auch dem berechtigten Anliegen des Adopt. Geltung verschaffte). Der Inhalt beider Formeln wurde nach und nach Gemeingut des Westens, wobei man die zeitliche Entfaltung der T. zugunsten der ewigen Koexistenz von Vater, Sohn und Geist fallen ließ. Auch → Novatian ist von Tertullian beeinflußt, steht aber dem eigentlichen Subord. näher als dieser. - Der t.e »Person«-Begriff, der sich zuerst bei Hippolyt für Vater und Sohn und zuerst bei Tertullian für Vater, Sohn und Geist findet, erklärt sich ebensowenig wie ὑπόστασις und andere t.e Termini allein aus der Bibel, sondern (nach Andresen) hauptsächlich aus der (erstmalig von Justin) bei der christologischen oder t.en Exegese von at. Bibelstellen gebrauchten Formel ὡς ἀπὸ προσώπου τοῦ … (»gleichsam von der Person des …« gesprochen), mit der man einzelne Bibelverse t. festzulegen suchte, die aber letztlich aus der profanen Interpretationskunst stammt und mit den dialogischen Literaturformen der Antike zusammenhängt. Der mod. Gebrauch von πρόσωπον ist u. E. als Gegenschlag gegen den ursprünglich subord. zu erklären.

3. Die Tendenz zu einem schärferen Einschnitt zwischen Schöpfer und Geschöpf machte sich seit der 2. Hälfte des 3.Jh.s auch bei den im Osten dominierenden Origenisten geltend. Der Einschnitt wurde von den Rechts-Origenisten unterhalb, von den Links-Origenisten oberhalb des Sohnes gemacht (der Geist blieb zunächst noch außerhalb der Debatte), während die Mittelpartei bei der Zäsurlosigkeit verharrte und alle 3 Richtungen an der Lehre von 3 Hypostasen oder Usien festhielten. Mit der letzteren prallte die westliche Lehre von 1 Usie oder Hypostase im *Streit der Dionyse* (um 260) zusammen. Der Links-Origenist → Dionysius von Alexandria, der im Streit mit Sabellianern behauptet hatte, daß der präexistente Sohn ein »Geschöpf«, ganz anderen Wesens als der Vater (ξένος κατ' οὐσίαν τοῦ πατρός) und in der Zeit erschaffen sei (οὐκ ἦν πρὶν γένηται), sah sich auf Drängen des → Dionysius von Rom, der die 3-Hypostasen-Lehre als Zerspaltung der T. brandmarkte und eine (bei den christlichen Platonikern wegen Spr 8, 22 bisher nicht übliche) Unterscheidung der Zeugung (γεννᾶσθαι) des Sohnes vom Geschaffenwerden (ποιεῖσθαι) der Kreaturen verlangte, zu teilweisem Rückzug und Rechtfertigung seiner Ablehnung des ὁμοούσιος genötigt (das wohl von den Sabellianern vertreten, vom Papst als korrekter Ausdruck der westlichen Lehre von *einer* Usie empfunden, aber von den Origenisten abgelehnt und darum kurz darauf im Prozeß gegen Paul von Samosata auf ihr Betreiben verurteilt wurde). 50 Jahre später rief der (über → Lucian von Antiochia) vom Adopt. des Paul von Samosata mitbeeinflußte Links-Origenist → Arius durch verschärfende Erneuerung der Position des Dionysius von Alexandria, bes. durch seine These, der präexistente Sohn sei aus dem Nichts (ἐξ οὐκ ὄντων) erschaffen, den → *Arianischen Streit* (ca 318-381) hervor, der nach dem Zusammenstoß des Arius mit dem Rechts-Origenisten → Alexander von Alexandria in ein jahrzehntelanges Ringen der östlichen 3-Hypostasen-Lehre mit der westlichen Lehre von 1 Usie oder Hypostase ausmündete. Nachdem → Konstantin I. das wohl von westlichen Vertretern gewünschte ὁμοούσιος des Sohnes auf dem Konzil von → Nicäa (325) durchgedrückt und der Rechts-Origenist → Athanasius sich im nachfolgenden Kirchenkampf entschieden auf den Boden nur einer Hypostase oder Usie gestellt hatte, wurde die 3-Hypostasen-Lehre hauptsächlich von der origenistischen Mittelpartei hochgehalten, bis Athanasius sich 362 bereitfand, neben der Lehre von 1 Usie oder Hypostase auch die von 3 Hypostasen gelten zu lassen, wenn sie mit der Anerkennung des ὁμοούσιος verbunden werde. Diese schon vorher sporadisch aufgetauchte Mittellösung machten sich die (aus dem rechten Flügel der origenistischen Mittelpartei hervorgegangenen) Jungnicäner unter der Führung des → Basilius zu eigen, dem die Einbürgerung der bisher nicht üblichen Unterscheidung von οὐσία und ὑπόστασις hauptsächlich zu verdanken ist. → Theodosius I. verhalf dem ὁμοούσιος (einschließlich der zuerst von Athanasius und dann von den Jungnicänern gegen die »Pneumatomachen« verfochtenen Homousie des Geistes) durch seine Edikte und das Konzil von → Konstantinopel (381) zum endgültigen Sieg (vgl. auch das historisch umstrittene → Nicäno-Konstantinopolitanum).

Dank der theologischen Leistung und Breitenwirkung der *drei Kappadozier* drang die jungnicänische Lehre von 1 Usie und 3 Hypostasen (die man im Westen mit den »3 Personen« Tertullians gleichsetzte, aber auch wörtlich übersetzen konnte) allmählich überall als Dogma durch. Den Westen hatte schon → Hilarius in der letzten Phase des Arianischen Streits für ein besseres Verständnis der östlichen, durch den Origenismus mitbestimmten Denkweise vorbereitet. Während Athanasius das ὁμοούσιος vorwiegend als »wesenseins« verstanden hatte, verstanden es Basilius (und die Jungnicäner) vorwiegend als »wesensgleich«, obwohl es von beiden Seiten in seiner Doppelbedeutung genommen wurde, weil Wesenseinheit ohne Wesensgleichheit zum Mod. (den auch Athanasius ablehnte) und Wesensgleichheit ohne Wesenseinheit zum → Tritheismus hätte führen müssen, der nach dem Fortfall der substantiellen Subordination erst recht bedrohlich werden mußte. Nach Basilius soll sich die Usia zur Hypostasis wie der Gattungsbegriff zum Individualbegriff verhalten, aber so, daß sich nur 1 Gott (bzw. 1 »Gottheit«) ergibt. Alle 3 Hypostasen wirken nach ihm stets zusammen (sog. inseparabilis operatio trinitatis), ihre Eigentümlichkeiten sollen nur inner-t.e (keine heilsökonomischen) Gründe haben, aber auch nicht Folge ihrer Substanz (der Gottheit), sondern ihrer gegenseitigen Beziehungen (Relationen) sein, die sich aus der Rangfolge des Auseinanderhervorgehens ergeben; von der letzteren soll die Gleichheit der Usie unberührt bleiben. Solche mit bohrender Gedankenschärfe und aristotelischen Denkmitteln ansetzenden Erklärungsversuche machen das Geheimnis der T. nicht wirklich denkbar; sie umreißen es nur schärfer und lassen seine paradoxe Unergründlichkeit um so fühlbarer werden. Das vor dem Dogma und seinem Geheimnis resignierende Denken tritt bei → Gregor von Nazianz und → Gregor von Nyssa noch deutlicher zutage, welche die T.slehre des Basilius prägnanter formulieren und mit Hilfe des → Neuplatonismus (vgl. auch → Antike und Christentum, 1 e) vertiefen, wobei die Überzeitlichkeit und transzendente Geistigkeit der in sich kreisenden T. noch stärker herausgearbeitet wird. Eigentümlichkeit des Vaters ist das Ungezeugtsein, des Sohnes das »Gezeugtwerden« durch den Vater, des Geistes das »Hervorgehen« aus dem Vater.

4. Für die T.slehre des *abendländischen MA* wurde → Augustin richtunggebend, der auf die der Kappadozier aufbaute, aber (der westlichen Tradition gemäß) mehr von der Einheit als von der Dreiheit ausging. Er sah den menschlichen Geist (mens) als Ebenbild der T. an, suchte die T. nach Analogie des geistigen Lebens zu deuten, das im Zusammenspiel von memoria (als der Quelle der geistigen Inhalte), intelligentia (als dem schauenden, zur Widerspiegelung der Quelle bestimmten Organ) und voluntas (die das Organ zur Quelle hinzieht) bestehe, also auch in einer Dreifaltigkeit (obwohl man nicht vergessen dürfe, daß es sich bei der göttlichen T. um 3 personae und beim menschlichen Geist nur um 1 persona handle!), und lehrte das doppelseitige Hervorgehen des hl. Geistes aus dem Vater und Sohn (statt »aus dem Vater durch den Sohn«, wie die überwiegende Lehrtradition, oder nur »aus dem Vater«, wie das Nicäno-Konstantinopolitanum wohl um der physischen Gleichstellung des Geistes mit dem Sohne willen besagte). Augustins T.slehre dokumentierte sich im sog. → Athanasianum. Seit dem 6.Jh. drang seine Lehre vom doppelseitigen Hervorgehen des Geistes durch den Zusatz »filioque« allmählich in die abendländischen Texte des Nicäno-Konstantinopolitanum ein (→ Geist: V, 3), wodurch sie im Westen Dogma wurde. Dieser Zusatz rief (bes. seit dem 9.Jh.) Widerspruch in der Ostkirche hervor, die sich streng an den überlieferten Text hielt, auf dem Ausgang des Geistes allein aus dem Vater beharrte (nach → Photius soll die Mittlerrolle des Sohnes nicht inner-t. sein, sondern sich auf die Sendung des Geistes zu den Geschöpfen beziehen) und das Filioque

seit Photius durchweg (bis auf die »Latinophrones«) als Häresie betrachtete. Außer Augustin haben → Boethius, → Gilbert Porreta, Richard von St. Viktor (→ Viktoriner), → Joachim von Fiore, → Bonaventura und → Thomas von Aquino besonderen Einfluß auf die Gestaltung der T.slehre im westlichen MA gehabt. Die östliche, unmittelbar an die Kappadozier anknüpfende, von → Dionysius Areopagita in sehr eigenwilliger Abwandlung vertretene, durch → Johannes Damaszenus (den Initiator der Lehre von der Perichorese = gegenseitigen Durchdringung der 3 Hypostasen, deren Usia Gemeinbesitz ist) für das *byzantinische MA* richtunggebend formulierte T.slehre ließ die 3 Hypostasen stärker in den Vordergrund treten; sie war mehr von liturgischer als abendländisch-rationaler Art (Kattenbusch), obwohl sie auch auf Abendländer (zB Joachim von Fiore und Richard von St. Viktor) hinüberwirkte.

5. Die Stellung der *Reformatoren* zum t.en Dogma war anfangs reserviert; aber sie bejahten die im Dogma gemeinte Sache und überzeugten sich im Kampf mit den Antitrinitariern von dessen Unentbehrlichkeit. → Luther stieß sich gelegentlich an der philosophischen Abstraktheit der t.en Terminologie und wünschte im Grunde eine lebendigere, unmittelbarer auf das Heilswerk bezogene Gestaltung der T.slehre. → Calvin, der später → Servet hinrichten ließ, hat sich anfangs gegen die Verbindlichkeit des Nicäno-Konstantinopolitanum und des Athanasianum gesträubt, aber das biblisch redende → Apostolikum (mit Luther) immer hochgeschätzt. Am liebsten wäre er auch später ohne die Termini des Dogmas mit der Bibel ausgekommen. Der Humanist → Melanchthon dachte trotz seiner Beeinflussung durch Luthers Einstellung ähnlich wie → Erasmus; beide standen dem t.en Dogma anfangs gleichgültig, wenn nicht gar skeptisch gegenüber; später siegte in ihnen die Ehrfurcht vor der Tradition. Für die Mehrzahl der Reformatoren wurde die T.slehre Augustins, also die straffere Einheit, richtunggebend, während Melanchthon sich mehr an die östliche Akzentuierung der Dreiheit hielt. Das Auftreten der → *Antitrinitarier,* deren führende Köpfe aus romanischen Ländern (bes. Oberitalien) stammten, erklärt sich teils aus der mittelalterlichen Sektenbewegung (die den kath. Dogmenzwang ablehnte und altertümliche Lehren mitschleppte), teils aus dem Humanismus (der zu rationaler Kritik und Rückgriffen auf die Frühzeit neigte). Anfangs aus Modalisten (zB Servet), Subordinatianern (wie → Biandrata und die meisten anderen Italiener) und Adoptianern (zB Fausto Sozzini) bestehend und sich mit den → Spiritualisten, → Täufern und Calvinisten überschneidend, kam die anti-t.e Bewegung durch die → Unitarier zur Gründung eigener Kirchen, zunächst in Polen und Siebenbürgen (→ Sozinianer) auf adoptianischer, später in England und Amerika auf einer mehr vom Deismus bestimmten Grundlage.

Dem → *Pietismus* war persönliche Heilserfahrung wichtiger als das Dogma. Vernünftige Religion, → *Deismus und* → *Aufklärung,* die mit dem Siegeszug des physikalischen Weltbildes aufkamen, verminderten die Glaubwürdigkeit des t.en Dogmas bei den Gebildeten, der → Kant durch Infragestellung der metaphysischen Anwendbarkeit des Substanzbegriffs noch weiteren Boden entzog. Die mit der *Romantik* zusammenhängende Rehabilitierung des Dogmas in den philosophischen Systemen von → Schelling und → Hegel, der aber eine pantheistische Umdeutung zugrunde lag, führte zu einer vorübergehenden Neubelebung der T.stheologie im Zeichen des allgewaltigen dialektischen Dreischritts (→ Daub, → Marheineke, Chr.H.Weiße u.a.), hatte aber keine durchschlagende Wirkung, so daß die Entwicklung zum liberalen, dem Dogma ganz entfremdeten Christentum sich unaufhaltsam vollzog. Bestimmend wurde der ebenfalls durch die Romantik inspirierte Ansatz von → Schleiermacher, der die persönliche religiöse Erfahrung zur Richtschnur für das Verständnis der dogmatischen Lehrüberlieferung machte und darum nur noch zu einer ganz gelockerten, weder mit dem Dogma noch mit dem alten Sabellianismus (dem sich Schleiermacher selbst verwandt fühlte) vergleichbaren Auffassung der T. gelangte: Einwohnung Gottes in Jesus, in der Kirche als deren »Gemeingeist« und allmächtige Gegenwart Gottes in der Welt überhaupt. Die Krise des t.en Dogmas gegen Ende des 19.Jh.s erhellt aus der dogmengeschichtlichen Konzeption A.v. → Harnacks.

Vgl. die Darst.en der Theologiegesch. u. DG sowie die Lit. zu → Christologie: II, → Geist: V, → Gott: V, → Arianischer Streit, → Antitrinitarier, → Sozinianer u. den anderen im Text genannten Artikeln. Ferner: F.C.Baur, Die christl. Lehre von der Dreieinigkeit ... in ihrer gesch. Entwicklung I-III, 1841-43 - W.Macholz, Spuren binitarischer Denkweise im Abendlande seit Tertullian (Diss. Halle), 1902 - Gust.Krüger, Das Dogma von der Dreieinigkeit ... in seiner gesch. Entwicklung, 1905 - J.Hessen, Hegels T.slehre, 1922 - A.Stohr, Die T.slehre d. hl. Bonaventura, 1923 - Ders., Die Hauptrichtungen der spekulativen T.slehre in d. Theol. d. 13.Jh.s (ThQ 106, 1925, 113-135) - J.Lebreton, Hist. du dogme de la trinité I, 1927[6]; II, 1928 (bis Irenäus) - RGG[3] I, 2017ff - M.Schmaus, Die psychol. T.slehre Augustins, 1927 - Ders., Das Fortwirken d. augustin. T.s-psychologie bis zur karoling. Zeit (Festg. f. K.Adam, 1956, 44-56) - M.Kriebel, Studien z. älteren Entwicklung d. abendländ. T.slehre bei Tertullian u. Novatian (Diss. Marburg), 1932 - G.L.Prestige, God in Patristic Thought, London (1936) 1952[2] - M.Gomes de Castro, Die T.slehre d. hl. Gregor v. Nyssa, 1938 - F.Erdin, Das Wort Hypostasis, 1939 - A.M.Ethier, Le »De trinitate« de Richard de St. Victor, Paris-Ottawa 1939 - P.Smulders, La doctrine trinitaire de S. Hilaire (AnGreg 32), Rom 1944 - M.Richard, L'introduction du mot »hypostase« dans la théol. de l'incarnation (MSR 2, 1945, 5-32. 243 bis 270) - Th.L.Verhoeven, Studiën over Tertullianus' Adv. Praxean..., Amsterdam 1948 - V.Lossky, La procession du Saint-Esprit dans la doctrine trinitaire orthodoxe, Paris 1948 - DThC XV/2, 1545ff - J.A.Heyns, De grondstruktuur van de modalist. triniteitsbeschouwing, 1953 - P.Vanier, Théol. trinitaire chez S. Thomas d'Aquin, Paris 1953 - K.Ruh, Die t.e Spekulation in dt. Mystik u. Scholastik (Zs. f. dt. Philol. 72, 1953, 24-53) - H.Dörrie, Hypostasis (NAG 1955, 3, 35-92) - E.Hammerschmidt, Die Begriffsentwicklung in d. altkirchl. Theol. zwischen... Nicäa 325 u. ... Konstantinopel 381 (ThRv 51, 1955, 145-154) - J.Koopmans, Das altkirchl. Dogma in d. Reformation (BEvTh 22), 1955 - G.Kretschmar, Studien z. frühchristl. T.stheol. (BHTh 21), 1956 - M.A.Schmidt, Gottheit u. T. nach d. Kommentar des Gilbert Porreta zu Boethius De Trinitate, 1956 - H.A.Wolfson, The Philosophy of the Church Fathers I, Cambridge/Mass. 1956 - J.Daniélou, Trinité et angélologie dans la théol. judéo-chrétienne (RechSR 45, 1957, 5-41) - J.Barbel, Zur »Engel-T.slehre« im Urchristentum (ThRv 54, 1958, 49-58. 103 bis 112) - C.Andresen, Zur DG der alten Kirche (ThLZ 84, 1959, 81-88) - Ders., Zur Entstehung u. Gesch. d. t.en Personbegriffs (ZNW 52, 1961, 1-39) - EKL III, 1494ff - Beck 306ff (Lit. zum Filioque) - LThK[2] III, 549ff - P.Löffler, Die T.slehre des Hilarius zwischen Ost u. West (ZKG 71, 1960, 26-36) - Joh.Schneider, Die Lehre vom dreieinigen Gott in d. Schule des Petrus Lombardus (MThS II/2), 1961.

F.H.Kettler

IV. Dogmatisch

1. Der doxologische Ansatz - 2. Die Einheit in der Gemeinschaft - 3. Die Gemeinschaft in der Einheit - 4. Der dreieine Gott - 5. Die göttliche Lebensfülle - 6. Die ökumenische Bedeutung des T.s-dogmas

1. Das t.e Dogma wurzelt in der doxologischen Antwort des Glaubens auf Gottes geschichtliche Heilstat in Jesus Christus (→ Christologie: III) durch den Hl. → Geist (: VI). Es sagt nichts Neues gegenüber den nt. Zeugnissen von Jesus Christus, dem menschgewordenen Gottessohn, und vom Hl. Geist, der im Glaubenden den Vater anruft und den Sohn bezeugt. Aber es faßt die Antworten der Kirche auf diese Zeugnisse zusammen (→ Gott: VI, 2). Von Anfang an hatte die Kirche den ihr

verkündigten Christus im Gebet angerufen und ihn dann als den ewigen Sohn und Herrn auch angebetet wie Gott den Vater. Da im NT der Hl. → Geist (: IV) keineswegs nur als göttliche Kraft, sondern als der willentlich Kommende, Redende, für den Menschen an Christi Statt vor Gott Eintretende (Paraklet) bezeugt ist, war die Kirche auch dazu übergegangen, den Hl. Geist anzurufen (nicht nur Gott um den Geist zu bitten) und ihn wie Gott den Vater und den Sohn anzubeten. Dabei ist der Glaube gewiß, daß im Wirken Christi Gott der Vater und im Wirken des Hl. Geistes Gott der Vater und der Sohn gegenwärtig handeln. Das t.e Dogma faßt diese Doxologien (→ Gott: VI, 3) in *einer* Formel zusammen. Dabei gründet es auf den geschichtlichen Taten Gottes, aber es bleibt, wie die Doxologie überhaupt, nicht bei Aussagen über die Taten Gottes stehen, sondern rühmt die ewige Herrlichkeit dessen, der diese Taten vollbracht hat, nämlich Gott Vater, Sohn und Hl. Geist als den ewigen einen Gott und Herrn. Sein Inhalt ist somit, gründend auf dem Nacheinander der geschichtlichen göttlichen Taten in Schöpfung, Erlösung und Neuschöpfung (ökonomische T.), wesensmäßig die ewige Einheit Gottes des Vaters, des Sohnes und des Hl. Geistes (immanente T.).

Die Härte der Kämpfe, in denen das t.e Dogma entstand (→ Trinität: III), war vor allem dadurch bedingt, daß von den verschiedenen adoptianischen, subordinatianischen und modalistischen Konzeptionen eine jede auf ihre Weise das soteriologische Geheimnis der Menschwerdung und damit der göttlichen Stellvertretung des Menschen vor Gott in Frage stellte, aber doch auch nt. Inhalte geltend machte, die in den anderen nicht zur Geltung kamen: Der Adoptianismus das Angewiesensein Jesu auf die Erhöhung durch Gott, der Subordinatianismus die Vorordnung Gottes des Vaters vor dem Sohn und dem Hl. Geist, der Modalismus die Einheit Gottes in den Offenbarungen des Vaters, des Sohnes und des Hl. Geistes. Hinzu kam die Schwierigkeit der Gewinnung angemessener Begriffe und der Zuordnung lat. und griech. Begrifflichkeit. Die Entscheidung fiel im Bekenntnis der Wesenseinheit von Vater, Sohn und Hl. Geist und damit in der soteriologisch notwendigen Ablehnung aller Vorstellungen vom Sohn und vom Geist als Geschöpfen oder als Zwischenwesen zwischen Gott und Welt. Wenn das t.e Dogma in der Weiterführung nt. triadischer Formeln (→ Trinität: II) auch an jüdische Triaden anknüpfte und Begriffe der griech. Philosophie verwandte, so war dies keine Überfremdung des christlichen Bekenntnisses, sondern seine Ausrichtung hinein in die damalige Umwelt unter tiefgreifender Umwandlung der dort vorliegenden Vorstellungen. Als Antwort auf Gottes Heilstat ist das t.e Dogma zugleich der Schutz für die Soteriologie, indem es eine Vielzahl irriger christologischer und pneumatologischer Vorstellungen ausschließt. Dabei sind von ihm die nt. Anliegen jener Konzeptionen, in deren Widerstreit es entstand, gewahrt, so das des Subordinatianismus in der Anerkennung Gottes des Vaters als des ewigen Ursprungs des Sohnes und des Hl. Geistes.

Das t.e Dogma zerfällt, wo das soteriologische Interesse an der göttlichen Stellvertretung fehlt. Aber es wird auch da fragwürdig, wo die doxologische Wurzel vergessen und es zum Gegenstand spekulativer Lehre wird. Diese Verschiebung begann schon in den t.en Streitigkeiten der alten Kirche und setzte sich bei Augustin und vollends im MA fort. Hatte noch → Augustin die psychologischen vestigia trinitatis lediglich als Erläuterung der T. benutzt, so leitete → Thomas die Dreizahl der Personen aus Gottes Erkennen und Wollen ab, wenngleich er die T. im Unterschied zu Gottes Existenz und Wesen nicht als Gegenstand natürlicher Theologie, sondern als Offenbarungsmysterium lehrte. Auch sonst verschoben sich die Aussagen der Anbetung in der Richtung auf theoretische Aussagen über ein metaphysisches mysterium logicum. → Melanchthon rief zwar zurück zur Anbetung der Geheimnisse der Gottheit (Loci 1521), was keineswegs mit einem Verzicht auf das T.sdogma verwechselt werden darf. Aber in der altprot. Dogmatik fand die mittelalterliche Gotteslehre ihre Fortsetzung, so daß dann die pietistische Frömmigkeit die existentielle Bedeutung des Dogmas nur noch zT erkennen konnte. So hat nach dem Zerfall des Dogmas im Rationalismus → Schleiermacher der T.slehre die Bedeutung einer unmittelbaren Aussage über christliches Selbstbewußtsein abgesprochen und sie nur als nachträgliche Verknüpfung der Aussagen über Gott, die Kräftigkeit des Gottesbewußtseins Jesu und den Gemeingeist der Kirche gedeutet. Aber wenn schon Christi Präexistenz und die göttliche Stellvertretung bestritten werden, ist es richtiger, mit A. → Ritschl auf den Begriff der T. überhaupt zu verzichten. Die Versuche einer spekulativen Erneuerung der T.slehre (→ Twesten, E.Sartorius, Jul. → Müller, I.A. Dorner) mußten scheitern, vollends wenn der Unterschied zwischen Gott und Welt in die Selbstunterscheidung Gottes hineingenommen wurde (→ Hegel, Chr.H. Weisse, Biedermann). Denn das T.sdogma gründet in Gottes geschichtlicher Offenbarung. Es konnte aber auch nicht antispekulativ reduziert werden auf die Anerkennung der heilsgeschichtlichen Offenbarungs-T. (A. → Schweitzer, → Lipsius, zT auch J.Chr.K. → Hofmann, → Kähler). Denn als doxologische Antwort auf die geschichtliche Offenbarung ist es wesensgemäß Anerkennung der immanenten T. In diesem Sinn hat K. → Barth die altkirchliche T.slehre dem Ganzen seiner KD beherrschend vorangestellt.

Der Inhalt des t.en Dogmas ergibt sich zu allen Zeiten mit Notwendigkeit, wenn der Glaube auf die nt. Zeugnisse antwortet. Ob hierbei die altkirchlichen oder andere Begriffe verwendet werden, immer wird die Kirche auf Grund der göttlichen Heilstat die Einheit Gottes in der Gemeinschaft des Vaters, des Sohnes und des Hl. Geistes (unitas in trinitate) und die Gemeinschaft des Vaters, des Sohnes und des Hl. Geistes in der Einheit Gottes (trinitas in unitate) zu bekennen und beide Aussagen zusammenzufassen haben.

2. Der christliche Glaube bekennt notwendig *die Einheit* Gottes *in der Gemeinschaft* des Vaters, des Sohnes und des Hl. Geistes:

a) Das Evangelium verkündigt die Heilstat Gottes in Jesus Christus, seinem Sohn, in dessen Auftreten die Gottesherrschaft angebrochen ist, in dessen Sterben sich Gott der Welt erbarmt hat und in dessen Erscheinungen als Auferstandener Gottes Herrlichkeit erschienen ist. Als Botschaft von dieser Heilstat ist das Evangelium zugleich selbst Heilstat, nämlich rettendes Tat-Wort Gottes, Herrschaftserweis des erhöhten Christus und Kraft des Hl. Geistes, der die Hörer für den Glauben erschließt. So geschieht die Offenbarung Gottes als *ein* Akt Gottes des Vaters, des Sohnes und des Hl. Geistes.

b) Der Glaube an das Evangelium erkennt *alle* Taten Gottes in Schöpfung, Erlösung und Neuschöpfung als Taten des Vaters, des Sohnes und des Hl. Geistes. Gott, der in Christus und durch den Hl. Geist die Erlösung vollbracht hat, hat bereits zu Anfang durch den Sohn das All und durch seinen Geist das Lebendige geschaffen. Er wird in Christi Parusie durch den Geist die neue Schöpfung vollenden. Indem im NT der Vater wie der Sohn wie auch der Hl. Geist als der Gebietende, Richtende, Heiligende und Lebendigmachende bezeugt wird, werden nicht drei, sondern *ein* gebietender, richtender, heiligender und lebendigmachender Gott und Herr bezeugt. Keine Gottestat kann exklusiv dem Vater oder dem Sohn oder dem Hl. Geist zugeordnet werden. Opera trinitatis ad extra sunt indivisa (Augustin).

c) Gott wird auf Grund seiner Taten mit dem *einen* »Namen des Vaters, des Sohnes und des Hl. Geistes« angerufen. Ob der Vater oder der Sohn oder der Hl. Geist angerufen wird, so wenden sich alle Gebete an einen und denselben Gott, nicht an ein »Ihr«, sondern an das eine göttliche »Du«.

d) Auf Grund seiner Taten wird Gott gepriesen in Anerkennung derselben Eigenschaften des Vaters, des Sohnes und des Hl. Geistes, in deren Vollkommenheit Gott von aller Kreatur unterschieden ist. Auf Grund der nt. Zeugnisse ist in gleicher Weise die Heiligkeit, die Gerechtigkeit, die Liebe usw des Vaters wie des Sohnes wie des Hl. Geistes zu bekennen. »Qualis pater, talis filius, talis et Spiritus Sanctus: increatus pater, increatus filius, increatus Spiritus Sanctus. Immensus pater, immensus filius, immensus Spiritus Sanctus...« (Athanasianum). Keine dieser Eigenschaften kann einer göttlichen Person in exklusiver Weise zugeordnet werden. Der Glaube bekennt nicht nur die Ähnlichkeit, auch nicht nur die Gleichheit, sondern die Wesensidentität des Vaters, des Sohnes und des Hl. Geistes.

e) Der Lobpreis Gottes beschränkt sich nicht auf die Einheit göttlichen Wirkens und der in diesem Wirken offenbaren göttlichen Eigenschaften, sondern er preist den Vater, den Sohn und den Hl. Geist als den einen Gott. Diese Einheit ist schlechthin einzig und unvergleichlich, nicht Einheit von Teilen, nicht Einheit der Gattung, nicht Einheit der Familie usw, auch nicht nur Einheit des Ursprungs des Sohnes und des Geistes aus Gott dem Vater, auch nicht nur Einheit der wechselseitigen Liebe, sondern Vater, Sohn und Hl. Geist sind der eine Gott selbst, der ewige »Ich bin«.

3. Der christliche Glaube bekennt notwendig *die Gemeinschaft* des Vaters, des Sohnes und des Hl. Geistes *in der Einheit* Gottes:

a) Das Evangelium verkündigt die Heilstat Gottes als Sendung des Sohnes in die Welt durch den Vater und als Gehorsam des Sohnes gegenüber dem Vater. Das Gegenüber des Vaters und des Sohnes tritt am stärksten hervor in der Überlieferung von Jesu Beten (zumal in Gethsemane und am Kreuz). Auch der Erhöhte, wenngleich in göttlicher Vollmacht, wird verkündigt als der von Gott Unterschiedene (sessio ad dextram). Auch der Hl. Geist wirkt als Geist des Vaters und des Sohnes zugleich im Gegenüber zum Vater und zum Sohn, indem er in den Herzen der Glaubenden Abba ruft und Jesus Christus bezeugt.

b) Wenn auch alle göttlichen Taten zugleich Taten des Vaters, des Sohnes und des Hl. Geistes sind, so sind sie es doch nicht in gleicher Weise: Nicht Gott der Vater, auch nicht der Hl. Geist, sondern der Sohn ist Mensch geworden. Nicht Gott der Vater, auch nicht der Sohn, sondern der Hl. Geist ist ausgegossen über alles Fleisch. Gott der Vater wird als der Schöpfer, der Sohn als der Schöpfungsmittler und Erlöser und der Hl. Geist als Lebenskraft und Neuschöpfer bezeugt. In Anerkennung ihrer Einheit in allen Werken sind diese doch dem Vater, dem Sohn und dem Hl. Geist in unterschiedlicher Weise zu eigen (Appropriationen).

c) In der Anrede des Gebetes werden Vater, Sohn und Hl. Geist nicht nur als *ein* Gott angeredet, sondern auch unterschieden. »Im Namen Jesu« ist Gott der Vater anzurufen. In der Kraft des Hl. Geistes wird der Abba-Ruf und das Christusbekenntnis laut. Das Gebet der Kirche wird erhört, indem sie sich hineingenommen weiß in das Gegenüber des Vaters, des Sohnes und des Hl. Geistes.

d) In dem Lobpreis der Wesenseinheit von Vater, Sohn und Hl. Geist im Gegenüber zur Welt ist nicht aufgehoben der ewige Unterschied der göttlichen Eigenschaften, die in dem geschichtlichen Gegenüber von Vater, Sohn und Geist geoffenbart sind: die ewige Vaterschaft, Sohnschaft und Geistigkeit Gottes. Von den Unterschieden der personalen Eigenschaften her liegt es auch nahe, die Vollkommenheiten, in denen Gott von der Welt unterschieden ist, dem Vater oder dem Sohn oder dem Geist in besonderer Weise zuzueignen. Wenngleich keine der göttlichen Vollkommenheiten einer göttlichen Person in exklusiver Weise zugeordnet werden kann (s. 2 d), sind solche Appropriationen im Hinblick auf die besonderen Taten des Schöpfers, Erlösers und Neuschöpfers (s. 3 b) sinnvoll: zB Gott dem Vater die Allmacht, dem Sohn die Weisheit, dem Geist die Liebe.

e) Der eine Gott wird gepriesen in Anerkennung des ewigen Unterschiedes von Vater, Sohn und Hl. Geist. Dieser Unterschied kann nach den nt. Zeugnissen nicht auf die Verschiedenheit der göttlichen Erscheinungsweisen und Taten reduziert werden. Er besteht vielmehr im ewigen Gegenüber, Füreinander und Ineinander, in ewiger Gemeinschaft und wechselseitiger Durchdringung (Perichorese) von Vater, Sohn und Hl. Geist.

4. Die alte Kirche hat diese beiden Aussagereihen unter Verwendung des metaphysischen Begriffs des Wesens oder der Substanz (οὐσία) für Gottes Einheit und des Begriffs der Person (ὑπόστασις) und der Dreizahl für Gott Vater, Sohn und Hl. Geist in der t.en Formel zusammengefaßt. Dabei bedeutet T. nicht nur Dreifaltigkeit, auch nicht nur Dreieinigkeit, sondern *Dreieinheit* im strengen Sinn.

In der Formel »una substantia in tribus personis« ist der Substanzbegriff gegenüber seinem metaphysischen Ursprung tiefgreifend gewandelt, vor allem in Anerkennung der Kontingenz des göttlichen Handelns und des Unterschieds zwischen Gott und Welt. Aber in seiner Verbindung mit neutrischen Definitionen von Gottes Wesen (summum esse, summum bonum usw) bringt er das personal-voluntaristische Moment in Gottes Selbstoffenbarung, zumal inmitten der Wandlung des Substanzbegriffs im modernen Denken, nicht explizit zur Aussage, wenngleich er es keineswegs ausschließt. Der t.e Begriff der → Person, der in schwierigen Abgrenzungen gegenüber der lat. funktionalen Bedeutung (Maske, Rolle, Stellung) und der Synonymität von substantia und hypostasis fixiert wurde, betont die allem göttlichen Wirken zugrunde liegende ewige Selbständigkeit des Vaters, des Sohnes und des Hl. Geistes. Er mußte jedoch mißverständlich werden, als sich mit ihm beim Aufkommen des neuzeitlichen → Persönlichkeits-Begriffs psychologische Momente des Selbstbewußtseins usw verbanden, die dem Dogma fremd waren und einen tritheistischen Anschein nahelegten.

Seit der Ablehnung pantheistischer Tendenzen im deutschen Idealismus und auch bei Schleiermacher wurde es üblich, auf Grund des Begegnungscharakters von Gottes Handeln am Menschen den einen Gott als den persönlichen zu bekennen (auch in der röm.-kath. Dogmatik), – teils neben weiterem Gebrauch, teils unter Ablehnung des Substanzbegriffs. Infolge solcher Verwendung des Personbegriffs für die göttliche Einheit, sowie infolge der modernen Veränderung des Personbegriffs überhaupt, lag es nahe, den Begriff der drei Personen durch einen anderen zu ersetzen. Hatten Augustin und Thomas die drei göttlichen Personen als drei innergöttliche Relationen interpretiert, so hat K. Barth darüber hinaus den Begriff der drei Personen durch den der drei göttlichen Seinsweisen ersetzen wollen. Die Formel »ein persönlicher Gott in drei Seinsweisen« ist jedoch mißverständlich in Richtung auf den Modalismus. Sie bringt nicht zum Ausdruck das personale Gegenüber des den Sohn liebenden Vaters, des zum Vater betenden Sohnes und des den Vater und den Sohn bekennenden Geistes, auch wenn sie dieses Gegenüber nicht bestreitet.

Wenngleich jede der beiden Formeln für sich mißverstanden werden kann, so schützt doch in ihrem Miteinander eine jede die andere vor ihren spezifischen Mißverständnissen. So haben sich von Anfang an die T.slehren des Ostens und Westens darin ergänzt, daß dasselbe t.e Dogma dort stärker gegen den Modalismus, hier stärker gegen den Subordinatianismus und → Tritheismus entfaltet worden ist. Hat die östliche T.slehre stärker die *Dreiheit* in der monarchisch verstandenen Wesenseinheit betont, so die westliche stärker die *Einheit* in der ewigen Dreiheit (Gott dreimal ein und derselbe). Zugleich aber wird hier deutlich, daß die Bemühung, den göttlichen »Namen des Vaters und des Sohnes und des Hl. Geistes« in zwei mit Zahlen verwendbaren Begriffen (Substanz - Person, Persönlichkeit - Seinsweise o.ä.) zu konzentrieren, sich an der äußersten Grenze der Aussagbarkeit überhaupt bewegt. So war sich die Theologie auch von jeher bewußt, daß hier die Zahlen in einem ganz anderen Sinn als sonst verwendet werden; sie dienen nur als formelhafte Abbreviatur für den einen dreifachen Gottesnamen.

5. Das t.e Dogma bekennt das *Geheimnis der göttlichen Lebensfülle:* Gott ist von Ewigkeit her kein einsamer Gott, sondern Einheit und Gemeinschaft zugleich, - kein isoliertes Ich, sondern ewiges Gegenüber von Ich und Du und damit ewiges Ich und Wir zugleich. Gott wurde zum Liebenden, Redenden und Verherrlichenden nicht erst durch das Gegenüber seiner Schöpfung, sondern er ist von Ewigkeit der Liebende, der Geliebte und Wiederliebende, - der Redende, das Wort und der Antwortende, - der Verherrlichende, der Verherrlichte und Wiederverherrlichende in der Einheit und der Gemeinschaft des Vaters, des Sohnes und des Hl. Geistes. Die Anbetung der göttlichen Liebe, Weisheit, Herrlichkeit usw umschließt die Anerkennung der ewigen gegenseitigen Zuwendung und Durchdringung der göttlichen Personen im Erkennen, Lieben, Reden, Verherrlichen usw.

Einer spekulativen Entwicklung der Lehre vom göttlichen Leben ist dabei dadurch eine Grenze gesetzt, daß die t.en Aussagen über Gott den Vater, den Sohn und den Hl. Geist in einzigartiger Weise unvertauschbar sind. Auf Grund der geschichtlichen Offenbarung bekennt die Kirche Gott den Vater als den ewigen Ursprung des Sohnes und des Hl. Geistes. Die Lehre von der ewigen Zeugung des Sohnes und der ewigen Hauchung des Geistes (und von den darin enthaltenen innergöttlichen Relationen und Notionen) ist im Gegensatz zu der Konzeption des → Origenes, der in diesen beiden göttlichen Produktionen bereits einen ersten Übergang von Gott zur Schöpfung sah, keine unerlaubte Spekulation, sondern die doxologische Anerkennung der geschichtlichen Sendung des Sohnes und des Hl. Geistes. So ist Gott das Leben, indem er von Ewigkeit in einzigartiger Weise der Leben Spendende und Leben Empfangende ist. Durch seine Werke der Schöpfung, der Erlösung und Neuschöpfung ruft er eine von ihm unterschiedene Wirklichkeit aus dem Nichts zur Teilhabe an diesem ewigen Leben.

6. Das t.e Dogma ist der Ostkirche, der röm. Kirche und den Reformationskirchen gemeinsam. Auch der Ökumenische Rat der Kirchen hat es in der Erweiterung seiner Basis in Neu-Delhi 1961 als Voraussetzung für die Vereinigung der Kirchen anerkannt. Freilich besteht zwischen der östlichen und der westlichen Formel die Differenz des filioque (→ Geist: V, 3), das endgültig durch Papst → Benedikt VIII. 1014 in das → Nicäno-Konstantinopolitanum eingefügt wurde. Diese Differenz betrifft nicht das Verständnis der geschichtlichen Sendung, sondern des ewigen Ausgangs des Geistes und somit der inner-t.en Prozessionen und Relationen. Dabei ist zu unterscheiden das kanonistische Problem, ob der Papst einen von einer ökumenischen Synode angenommenen Bekenntnistext zu ändern berechtigt ist, und das dogmatische. Ein dogmatischer Gegensatz läge dann vor, wenn östlicherseits das ex patre gegenüber dem filioque exklusiv oder westlicherseits das filioque so interpretiert würde, daß dadurch der Vater als Quelle der inner-t.en Prozessionen in Frage gestellt würde. Aber die klassische östliche Interpretation ex patre per filium und diejenige westliche Interpretation, wonach der Sohn im Unterschied zum Vater principium ex principio und mit dem Vater, dem principium sine principio, *ein* Prinzip des Ausgangs des Geistes ist, schließen sich nicht aus, sondern ergänzen einander und schützen sich gegenseitig ebenso, wie die beiderseitigen verschiedenen t.en Gesamtkonzeptionen, vor Mißverständnissen.

Vgl. außer der Lit. zu → Gott: VI: L.Hodgson, The Doctrine of the Trinity, London (1943) 1960[6] - C.Welch, In This Name. The Doctrine of the Trinity in Contemporary Theology, New York 1952 (Lit.). - Zum filioque: M.Jugie, Theologia Dogmatica Christianorum Orientalium ab Ecclesia Catholica Dissidentium, Paris 1926ff, Bd II, 296ff (Lit.) - V.Lossky, La procession du Saint-Esprit dans la doctrine trinitaire orthodoxe, ebd 1948. *E.Schlink*

V. In der Kunst

1. Sinnbilder und Zeichen - 2. Bildtypen und -szenen - 3. Das Gottesbild in der Kunst

1. Das frühe Christentum stellt das Mysterium der T. in *Sinnbildern und Zeichen* dar. Die → Hand Gottes, das → Lamm, die → Taube bilden die Achse wichtiger Apsisbilder des frühen 5.Jh.s. Da sich über die ursprüngliche Apsiskomposition der Lateranbasilika Sicheres nicht aussagen läßt, auch das Mosaik von S.Pudenziana gerade hinsichtlich der t.en Symbole unsicher bleibt, ist → Paulinus von Nola der älteste Zeuge. Sein Ep. 32 überlieferter Titulus für die Felixbasilika in Cimitile (s. Taf. 12 Abb. 1): »Pleno coruscat Trinitas misterio...« bezeugt den t.en Sinn der Komposition (vgl. ebd über Fundi). Das Kompositionsschema wirkt bis ins MA hinein (Fassade Le Puy-en Velay, Poitou, 12.Jh.) und wirkt noch fort im Genter Altar und in → Raffaels Disputa (s. Taf. 8 Abb. 1). Möglich, aber nicht gesichert ist, daß der leere Thron, die sog. Etimasia, auch t.e Symbolik einschließt. Bei der primär soteriologischen und doxologischen Aussage der frühchristlichen Kunst wird man hinsichtlich einer Betonung dogmatischer Gehalte vorsichtig sein müssen. - Als Hinweis auf die T. kommt der Drei besondere Bedeutung zu (→ Zahlensymbolik: II), in der Tier- und Pflanzensymbolik wie auch in der Architektur. Eine t.e Bedeutung der karolingischen Dreiapsidenanlagen ist unwahrscheinlich (RDK IV, 401). Das Dreieck, dessen t.e Deutung durch die Manichäer von Augustin bekämpft wurde (c. Faustum 20, 6), tritt zwar auf wenigen frühchristlichen Grabplatten auf - auch in Verbindung mit → Monogramm Christi und → A und O -, ist aber wohl nur ornamental gebraucht. Eine christliche Deutung auf Gottes Schöpfermacht läßt sich im 11.Jh. (Utakodex) aufzeigen, eine t.e mit Sicherheit etwa seit dem 15.Jh. (RAC IV, 312f; RDK I, 1243f). Seit dieser Zeit findet sich das Dreieck auch als → Nimbus Gottes (vgl. Taf. 8 Abb. 1). Seit dem frühen → Barock schmückt es im Bereich von kath. und ev. Kirchen Kanzeln und Altäre, oft von Strahlen umgeben, meist mit dem Auge Gottes, dem → Symbol (: III, 3) der Allwissenheit und Allgegenwart Gottes. Zum Grundriß

der T. geweihter Kirchen wird das Dreieck - mit Vorläufern im MA? - im Barock. Vollkommenste Verwirklichung findet dieser Gedanke in der von Gg.Dientzenhofer 1685/89 erbauten, der T. geweihten »Kappel« (Kr. Tirschenreuth/Oberpfalz), die im Grund- und Aufriß aus dem gleichseitigen Dreieck entwickelt ist (vgl. RDK IV, 533). - Das dreifache Kreissymbol ist in unzähligen Variationen, zu denen auch - mit Sicherheit erst im Barock - der Dreipaß gehören kann, Zeichen der T., oft zusammen mit dem Christusmonogramm und A und O, so im Mosaik des Baptisteriums von Albenga (Anf. 5.Jh.). Auch dem Kreis im Quadrat wird t.e Bedeutung zugesprochen. → Hildegard von Bingen schaut die T. als zwei konzentrische Kreise, die den in der Mitte stehenden Christus-Logos umfassen.

2. Die *bildliche Darstellung* der T. durch drei einander ähnliche Männer geht auf Gen 18, 2 zurück. Der Besuch der 3 Männer bei Abraham wird von den Kirchenvätern, bes. Augustin, als Präfiguration der T. gedeutet: »Tres vidit et unum adoravit« (MPL 42, 809). Das zweizonige Abrahamsmosaik in S. Maria Maggiore, Rom (um 440), hat neben dem eucharistischen auch t.en Sinngehalt, ebenso das Presbyteriumsmosaik von San Vitale, Ravenna (vor 547). Der t.e Bezug der Abrahamsbegegnung geht nie verloren; noch → Rembrandts Zeichnungen haben ihn. Die Entwicklung führt zur Herauslösung der 3 Gestalten aus dem szenischen Zusammenhang: in der russ. → Ikone von A.Rublew (ca 1410; s. Taf. 18 Abb. 1) sind sie zur zeitlosen Gruppe verselbständigt. Die T. als drei gleichgestaltete Männer begegnet ferner in Schöpfungsszenen; Gen 1, 26 und 3, 22 sprechen von Gott im Plural. Diese Stellen werden von Ambrosius und Augustin wie auch von der Scholastik und Mystik als Selbstzeugnis der T. gedeutet. Der Lateransarkophag Nr. 104 (ca 320) mit der Erschaffung des Menschen durch 3 bärtige Männer ist zwar als Darstellung der Trinitas creator mundi umstritten; erst im 12.Jh. ist diese Darstellung gesichert: auf Schöpfungsbildern in der Walthersbibel im Kloster Michelbeuren und beim »Ratschluß der Erlösung«. Im Hortus deliciarum der → Herrad von Landsberg ist die Dreimännergruppe nach byzantinischem Vorbild thronend dargestellt wie noch Anfang des 16.Jh.s auf dem Töpferaltar in Baden bei Wien. 1745 warnt → Benedikt XIV. vor dieser Darstellung der T. Kirchlich abgelehnt wird auch die Darstellung der T. als Dreikopfgottheit (RDK IV, 506f). - Gottvater und Gottsohn nebeneinander thronend, zwischen ihnen die Taube, das ist die bildliche Umsetzung der Psalmworte 110 (109), 1: Dixit Dominus Domino meo: sede a dextris meis. Dieses byzantinische Psalterschema wird im Abendland in Psalter-Hss. des 12. und 13.Jh.s gebräuchlich; im 14.Jh. wird es zum → Andachtsbild, im 15.Jh. findet es sich in Bibeln und → Stundenbüchern, Antiphonarien und Missalen; es findet Eingang in die Darstellung der Marienkrönung. In → Tizians »Gloria« wird es zum Triumphbild der T., der im Himmel Selige und Irdische huldigen. Darin wird es Prototyp barocker Altarbilder und Fresken, so in dem von Matthäus Günther 1763 ausgemalten Gewölbe der Abteikirche Rott am Inn. - Den Triumph der T. feiern auch die zuerst im Barock aufgestellten Columnae Trinitatis (RDK IV, 449ff); die 1679 von Kaiser Leopold I. gelobte Säule am Graben zu Wien wurde Vorbild für viele ähnliche Monumente. In die Zeit des Barock gehen auch die sog. Dreifaltigkeitsringe zurück (RDK IV, 447ff).

Der *Gnadenstuhl* (nach Röm 3, 25; Hebr 9, 5) ist eine Bildschöpfung des MA, ein Bildtyp, auf dem Gottvater seinen Sohn vor sich am Kreuz hält; hinzu kommt die Taube. Dieser Typ tritt im 12.Jh. im Abendland auf. Als Titelblatt in Meßbüchern bleibt er bis in die Gegenwart gebräuchlich. Seine Vorgeschichte reicht ins 10.Jh. zurück. Zu ihr gehören die Kruzifixe (→ Kreuz: III) mit der Gotteshand und der Taube über dem Gekreuzigten sowie italo-byzantinische Darstellungen des thronenden Gottvaters, der auf seinem Schoß Christus als Kind, mit der Taube, hält. Der Gnadenstuhl versinnbildlicht Eucharistie und T. Bekannte Beispiele sind das Evangeliar in Perpignan (12.Jh.), der Soester Altaraufsatz um 1250 (Berlin), das Fresko von Masaccio in S. Maria Novella, Florenz, 1427, und die Altartafel für die Allerheiligenkapelle, Nürnberg, 1511 von → Dürer (s. Taf. 8 Abb. 2). - Im späteren MA wandelt sich der Gnadenstuhl zum Bild der »Not Gottes« (Troescher): Gottvater hält nicht den Kruzifixus, sondern den Schmerzensmann in den Armen, eine wohl im Burgundischen entstandene Bildvorstellung, die in der Frankfurter Tafel des Meisters von Flémalle ihre tiefste Verwirklichung fand (um 1425; s. Taf. 12 Abb. 4). - Moderne Darstellungen der T. greifen alte Sinnbilder in neuer Zusammenfügung auf: so vereinen sich auf dem Bronzerelief von G. → Meistermann (Köln 1943) das Auge Gottes mit dem Kreuz und den Flammen des Geistes zu einem Rund im Quadrat.

3. Das *Gottesbild* (= G.) in der Kunst hat eine Sonderstellung (vgl. zum Ganzen Schöne, Das Gottesbild). Dem at. Gebot der Undarstellbarkeit Gottes (Ex 20, 4) ist die Kunst bis ins hohe MA gefolgt. Sie stellte Gott nur im Sinnbild dar, zB als → Hand, oder sie versuchte mittels des Lichtes auf das Transzendente hinzuweisen, etwa im Goldgrund ottonischer Buchmalereien oder in den Kathedralfenstern. In der T.svision im Liber Scivias (1140/50) der → Hildegard von Bingen wird Gott durch das Licht versinnbildlicht. In Genesisbildern tritt nicht Gott, sondern der präexistente Christus auf (Cottonbibel, London; Viviansbibel, Paris, beide 6.Jh.), ebenso in den Gottesvisionen des AT, die bei den Kirchenvätern als Offenbarungen des präexistenten Christus gedeutet werden (vgl. Mosaik von Hosios David in Saloniki, 5./6.Jh.). Gott erscheint als Brustbild Christi im Himmelssegment in karolingischen und ottonischen Hss. und auf der Kreuzabnahme der Externsteine (1115). Noch die Hildesheimer Bronzetür (Anf. 11.Jh.) hat als Schöpfer-Gott den präexistenten Christus. Auf der Gnadenstuhlminiatur des Landgrafenpsalters (Anf. 13.Jh.) hat Gott »die Gestalt des Sohnes, den er als Gekreuzigten vor sich hält« (Schöne 35). Seit dem 11.Jh. treten, zunächst im Osten, die ersten eigentlichen G.er auf: auf dem Eingangsbild des Oktateuch von Smyrna, 1. Hälfte 12.Jh. Das Abendland kennt eigentliche G.er vereinzelt seit dem 12.Jh., zunehmend dann im 13.Jh. (Gnadenstuhl des Soester Retabels 1250/70). Es gibt aber »auch aus dem späteren MA noch immer viele Bilder, welche statt Gottvater den präexistenten Christus darstellen« (Schöne 35), zB Grabower Altar des Meisters Bertram 1380, Genter Altar 1427/32. Erst im 15.Jh. setzt sich das G. als Eigenbild durch: Gnadenstuhl des Meisters von Flémalle, um 1425 (s. Taf. 12 Abb. 4). Unter dem Einfluß mittelalterlicher → Mysterienspiele wird Gott in französischen Miniaturen des 15.Jh.s als Papst mit der Tiara dargestellt. → Michelangelos Erschaffung Adams (Sixtinische Decke, um 1510) enthält die Bildwerdung des Schöpfergottes. »Gott ist der aktiv Handelnde, Adam der empfangende Teil«, beide sind gemäß Gen 1, 27 »in der Erscheinungsweise ebenbildlich« (Schöne 39). Der Schöpfergott Michelangelos wird zum »christlichen Jupiter« in → Raffaels Kuppelmosaik (Capella Chigi, 1515 bis 1516) und in seiner Ezechielvision. Das von der Renaissance geprägte G. wirkt fort bei Domenichino, Guido Reni, Poussin, in barocken Fresken und bis zum Ende des 18.Jh.s. Die neuere Kunst des Abendlandes kennt das G. nicht. In W.Leibls »Drei Frauen in der Kir-

che« (1881) ist die unsichtbare Gegenwart Gottes dargestellt. Gott selbst ist undarstellbar geworden, »er ist für heute und morgen unsichtbar« (Schöne 54).

Zu 1 u. 2 (vgl. auch → Geist: VIII, → Taube): A.HEIMANN, Trinitas creator mundi (Journal of the Warburg Institute 2, 1938/39, 42-52) - W.BRAUNFELS, Die hl. Dreifaltigkeit, 1954 (Lit.) - V.H.ELBERN, Die Dreifaltigkeitsminiatur im Book of Durrow (Wallraf Richartz-Jb. 17, 1955, 7-42) - RDK IV, 414ff (umfassende Lit.). - Zu 3 (eine Monographie zum Thema fehlt): A.KRÜCKE, Über einige angebliche Darst.en Gott-Vaters... (Marburger Jb. f. Kunstwiss. 10, 1937, 5-36) - H.SCHRADE, Der verborgene Gott, 1949 - W.SCHÖNE, Das Licht in der Malerei, 1954 - DERS. u.a., Das G. im Abendland, 1957 - K.BADT in: Wallraf Richartz-Jb. 22, 1960, 245-255. *M.-D.Beck*

Trinitarier, *Ordo Trinitatis redemptionis captivorum (OST),* von den hll. Johannes von Matha († 1213) und Felix von Valois († 1212) gegründet. Joh. von Matha verfaßte die Ordensregel, die von Innozenz III. 1198 bestätigt und von Clemens IV. 1267 gemildert wurde. Im Chordienst hielt man sich an die Gewohnheiten der Augustinerchorherren von St. Viktor in Paris. Die Ordenstracht ist weißer Habit mit rot-blauem Kreuz auf dem Skapulier und dem schwarzen Mantel. Die T. widmeten sich der Befreiung der Gefangenen, der Seelsorge und Krankenpflege auf den Kreuzzügen und in Spitälern. Sie sollen 900000 Christensklaven losgekauft haben. Schnell verbreitete sich der Orden in Frankreich, Spanien, England, Portugal, Italien, Deutschland, Österreich und Polen. Durch die von Clemens VIII. 1599 bestätigte Reform teilte er sich in Beschuhte (erloschen 1894) und Unbeschuhte T., deren Statuten zuletzt 1932 genehmigt wurden. Durch die Säkularisation wurde der Orden stark dezimiert (zZ nur ca 800 Mitglieder). Seit 1609 gehören die T. zu den → Bettelorden. Heute fördern sie den Kult der hl. Dreifaltigkeit, der alle ihre Kirchen geweiht sind, und üben seelsorgerliche Tätigkeit, auch in Missionsgebieten (Madagaskar, USA, Kanada, Argentinien, Chile), Loskauf und Erziehung von Negerkindern. Die Generalkurie ist in Rom. - Der *Zweite Orden* entstand schon 1236 durch die Infantin Konstantia von Aragon (Konstitutionen 1645, 1676). Seit 1612 gibt es auch Unbeschuhte T.innen (Konstitutionen 1634, 1685), heute mit Klöstern in Spanien, Peru und Chile. - Der *Dritte Orden,* der sich früh aus der 1200 gegründeten Bruderschaft von der hl. Dreifaltigkeit bildete, zerfällt in regulierte (verschiedene Kongregationen mit Mutterhäusern) und weltliche Tertiarier.

HEIMBUCHER I, 448ff - LThK IX, 292f - ESCOBAR I, 131ff. *Ph.Hofmeister*

Trinitatisfest. Das T. ist nach Ursprung und Geschichte unerforscht. Zuerst taucht im MA eine missa de trinitate auf, für die wie bei Votivmessen kein bestimmter Tag festliegt. Im Sakramentar von Senlis (9.Jh.) steht sie erstmalig zwischen → Pfingsten und den Sonntagen nach Pfingsten. Erst im 11.Jh. (Cluny) wird die Pfingstoktav »pro commemoratione s. Trin.« gefeiert. Papst Alexander III. erklärte noch 1179 auf dem Laterankonzil, die röm. Kirche feiere kein besonderes T. wie andere, weil jeder Gottesdienst der hl. Trinität gelte. Papst Johannes XXII. ordnete 1334 an, das T. »singulis diebus dominicis post festum Pentecostes« zu feiern, und im Spät-MA setzte sich die Feier am Sonntag nach Pfingsten allgemein durch. Die Reformation hat das T. übernommen und sogar die folgenden 27 Sonntage n. Trin. gezählt (röm. Ordnung: nach Pfingsten). Die röm. Kirche ersetzte im Missale Romanum die Evangelienlesung der Pfingstoktav durch Mt 28, 16-20, die luth. Kirche hielt an Joh 3, 1-15 fest. - Das T. hat weder in der röm. noch in der prot. Kirche besondere Bedeutung erlangt.

W.CASPARI in: Halte, was du hast 14, 1891, 341ff - K.A.H.KELLNER, Heortologie, (1900) 1906², 87ff - RIETSCHEL-GRAFF I, 160f. *J.Beckmann*

Triodion → Gottesdienst: V A, 2 b.

Tripitaka. Die Grundlage aller Forschungen über den → Buddhismus (: I) ist der Kanon der hl. Schriften der Buddhisten, das T. (Pâli: Tipitaka), der »Dreikorb«, so genannt nach den drei »Körben« oder Sammlungen, in die er sich gliedert: 1. das *Vinaya*pitaka, die Sammlung der Ordensregeln; 2. das *Sûtra*pitaka (Pâli: Sutta-), die Sammlung der Lehrreden; 3. das *Abhidharma*pitaka (Pâli: Abhidhamma-), die Sammlung der scholastischen Texte über die Lehre. Die ältesten Teile dürften bald nach dem Tode des → Buddha entstanden sein. Die Spaltung in Schulen verhinderte jedoch eine einheitliche Überlieferung altbuddhistischen Gedankengutes. Jede Sekte schuf sich einen eigenen Kanon, wodurch Abweichungen unausbleiblich waren. Vollständig überliefert ist allein der Kanon in der Pâlisprache. Der Pâlikanon hält sich an die »Lehre der Ältesten« (Theravâda; Skt. Sthaviravâda). Eine andere alte Schule, die der Sarvâstivâdins, hatte einen Kanon in Sanskrit, von dem nur Bruchstücke erhalten sind. Größere Teile dieses Kanons sind jedoch - gemeinsam mit Schriften weiterer Schulen - in chinesischer Übersetzung bekannt. Daneben gibt es tibetische Übertragungen von Schriften der Mûlasarvâstivâdins, deren Sanskritkanon gleichfalls nur fragmentarisch auf uns gekommen ist.

Lit. u. Texte s. → Buddhismus: I. Ergänzend: P.CH.BAGCHI, Le Canon Bouddhique en Chine I. II, Paris 1927 - L'Inde Classique, Manuel des Études Indiennes II, Paris-Hanoi 1953 - E.FRAUWALLNER, The Earliest Vinaya and the Beginnings of Buddhist Lit. (Serie Orientale Roma VIII), Rom 1956. - Neuere Editionen verschied. kanon. Sanskrittexte von E.WALDSCHMIDT in AAB. *H.Härtel*

Tripolis. In Esr 4, 9 werden als Beamte des Perserkönigs Leute aus T. erwähnt (ṭărpᵉlajê). Die Stadt lag am Meer (→ 21 B 2) und ist im Vorland (unbedeutender Hafen) el-mīna des heutigen tarabulus, 65 km nördl. von Beirut zu lokalisieren. Nach Pseudo-Skylax § 104 (Zeit Alexanders) und Diodor XVI, 41 war T. in der Perserzeit Sammelplatz der Flotten von Aradus, Tyrus und Sidon. Die Erklärung als »Dreistadt« stammt von griech. Seefahrern, dahin ausgesponnen, daß jedes »Quartier« eine eigene Mauer besessen habe. Der phönikische Name (etwa ṭărpol) bedeutet »Neuland« oder Neugründung (daher findet man auch sonst im Mittelmeerbereich andere Städte dieses Namens). Nach Diodor darf man annehmen (vgl. auch Esr 4, 9), daß sich seit Darius der Sitz des persischen Satrapen der (verselbständigten) Provinz »Jenseits des Stromes« (= Syrien-Palästina und Cypern) in bzw. unmittelbar bei el-mīna, also in ṭārablus (ob identisch mit Sumur?) befand. Nach dem Zusammenbruch der Perserherrschaft verlor T. als Hafenstadt jegliche Bedeutung, erlebte im frühen MA (als Binnenstadt) eine neue Blütezeit und ist heute die zweitgrößte Stadt des Staates Libanon.

R.DUSSAUD, Topographie hist. de la Syrie antique et médiévale, Paris 1927 (s. Reg.) - K.GALLING, Die syrisch-paläst. Küste nach der Beschreibung bei Pseudo-Skylax (ZDPV 61, 1938, 66-96) - DERS., Kronzeugen des Artaxerxes? (ZAW 63, 1951, 66-74) - DERS., Zur Deutung des Ortsnamens ṭrpl = T. in Syrien (VT 4, 1954, 418-422). *K.Galling*

Trishagios → Liturgik: III.

Tritheim *(Trithemius), Johannes* (1462-1516), * in Trittenheim (Moselgebiet), † in Würzburg, bedeutender Vertreter der Geistigkeit seiner Zeit. Nach Studien in Heidelberg trat T. im Febr. 1482 in die Abtei Sponheim ein, die der → Bursfelder Kongregation angehörte, und wurde dort 1483 Abt. Er mühte sich um das monastische und geistige Leben, bes. durch Pflege der Bibliothek. T. übernahm Okt. 1506 das Schottenkloster in Würzburg, das er 1514 der Bursfelder Kongregation zuführte. T.s asketische Schriften erschienen als Exhortationes ad monachos 1516 in Straßburg. Große Nachwirkung erlangten historische Arbeiten (Chronicon Sponheimense, vollendet 1506; Annales Hirsaugienses, hg. St. Gallen 1690), die zahlreiche Arbeitshypothesen enthalten und fingierte Quellen und Daten in sich bergen.

Opera historica I. II, ed. M.Freher, Frankfurt 1601. - J.Silbernagel, J.T., (1868) 1885² - Chevalier, BB II, 1907, 4559f - Kl.Löffler, Dt. Klosterbibl., 1922, 239ff - U.Berlière in: Rev. lit. et monast. 13, 1928, 21-32. 64-78 - J.Fischer in: Archiv hist. Ver. Unterfranken 67, 1928, 41-82 - H.v.Jan, J.T. (Blätter f. Pfälz. KG 18, 1951, 33-42) - H.Rössler-G.Franz, Biograph. WB zur dt. Gesch., 1952, 851f - P.Lehmann, Merkwürdigkeiten des Abtes J.T. (SAM 1961, 2).

H.Büttner

Tritheismus, in der Dogmen- und Theologiegeschichte verwendetes Etikett, das eine Aufsprengung der orthodoxen Trinitätslehre (→ Trinität: III) kennzeichnen soll. Gewöhnlich wird definiert, im T. werde den göttlichen Personen die göttliche Natur in einer Weise zugeteilt, nach der das Wesen Gottes verdreifacht werde oder drei Gottheiten entstünden. »Wir verkünden nicht drei Götter, es mögen schweigen die Marcioniten...; denn nicht trennen wir die hl. Trinität, wie es einige tun«; so → Cyrill von Jerusalem (cat. 16, 4), der offenbar voraussetzt, daß es einen T. aus gnostischen Motiven gab (→ Marcion selbst war nicht-gnostischer Dualist). Bei den »Personen« der alten Trinitätslehre handelte es sich um »Relationen« (Vaterschaft, Sohnschaft, Geisthauchung). Mit dem Aufkommen des → Aristotelismus im kirchlichen Osten des 6.Jh.s wirkte sich alsbald der aristotelische → Hylemorphismus aus: Verstand man die Hypostasen (Personen) als μορφαί (Formen), die die ὕλη (Materie) der göttlichen οὐσία (Wesen) informierten, so differenzierte sich die Mystik des Gottwesens in bisher ungewohnter Weise. Johannes Askusnages von Byzanz, → Johannes Philoponus von Alexandrien, Konon von Tarsos (mit der Sekte der Kononiten), Stephanus Gobar, deren Beziehungen untereinander nicht befriedigend zu klären sind, vertreten diesen Typ von T. (vgl. Timotheus von Konstantinopel, De recept. haeret. [MPG 86, 60]). Ähnlich wirkten sich die Denkzwänge des abendländischen → Nominalismus wie des → Realismus auf die Metaphysik des göttlichen Seins- und Substanzmeeres aus. Für → Roscelin (1092 zu Soissons verdammt) sind Allgemeinbegriffe wie die den drei Personen gemeinsame essentia = natura nur »voces sive flatus«. Die verbleibenden drei »Selbstände« suchte er so wieder zu einen, »ut potentia et voluntate idem sunt omnino« (Anselm, De incarn. verbi 1). Ähnlich wollte noch → Joachim von Fiore (verurteilt 1215; Denz. 431-433) keine gemeinsame »natura« der Personen anerkennen und einte sie als moralisches Kollektiv. Ein konsequenter Realist wie → Gilbert Porreta kam zur Formulierung, »quod divina ... natura ... non sit Deus, sed forma, qua est Deus«. Die Tendenz der westlichen Gotteslehre auf das »simplex omnino« hin schien damit (formal) quaternitarisch zu zerfallen (Vater + Sohn + Geist + Gottheit). In der Neuzeit hatte der Zerbruch des antiken Welthauses Konsequenzen im Sinne des T. 1691 erklärte William Sherlock (Dean von St. Paul's, London): »There are three infinite and distinct minds in the Trinity.« Ähnliche Gedanken entwickelte der Abbé Pierre Faydit (1640-1709). Der Trierer Theologie-Prof. Anton Oehms (1735-1809) wurde wegen seines spekulativen Buches »De Deo uno et trino« des T. angeklagt. Großen Einfluß hatte der T. des Anton → Günther, der als Cartesianer und Hegelianer im theogonischen Prozeß (These, Antithese, Synthese) die göttliche Substanz sich triplizieren sah und die trinitarische Einheit als eine organisch-dynamisch-ethische konstituierte. Seine Ideen gingen »wie ein Sturmwind« durch Deutschland. Nach seiner Verurteilung beugte sich ein Teil der Anhängerschaft; ein anderer Teil schloß sich den → Altkatholiken an. - Gottheiten mit drei Körpern, drei Köpfen, drei Gesichtern gibt es in Asien, Afrika, Europa (hier die Kultur der → Kelten bes. wichtig) in Fülle. Genau entsprechende Darstellungen der Trinität erscheinen in verschiedenen christlichen Jh.en. Die Beziehungen zu den Strömungen des T. sind noch zu erforschen.

Vgl. die Lehrbücher der DG u. die Lit. zu → Trinität: III. Ferner: RE XX, 129ff - J.Lebreton, Hist. du dogme de la Trinité I. II, Paris 1928⁴ - A.Hackel, Die Trinität in der Kunst, 1931 - W.Kirfel, Die dreiköpfige Gottheit, 1948 - J.Rabeneck, Das Geheimnis des dreipersönl. Gottes, 1950.

W.Philipp

Troeltsch, *Ernst* (17.2.1865 bis 1.2.1923), * in Augsburg als Sohn eines Arztes, während des Theologiestudiums stark beeinflußt von A. → Ritschl, → Lotze (→ Neukantianismus) und sich bes. → Kant sowie → Schleiermacher widmend. 1890 wurde T. PDoz. in Göttingen, 1892 ao. Prof. der Syst. Theol. in Bonn, 1894 o. Prof. in → Heidelberg (seit 1910 auch in der Philosophischen Fakultät), 1914 Prof. der Philosophie in Berlin. 1919-21 war T. im Nebenamt Unterstaatssekretär für die ev. Angelegenheiten im Preußischen Kultusministerium.

1. *Ein* Hauptthema bestimmt T.s ungewöhnlich umfassendes Schrifttum: Wie gelangt man angesichts der nach der Erschütterung der christlichen Ideenwelt (1898, II, 730) bestehenden Anarchie der Werte, dem geheimen Grundgefühl der Zeit (1904, II, 678), zu einer neuen Wertordnung? Nach kurzer Auseinandersetzung mit dem → Naturalismus (bis ca 1895) wird T., sich mehr und mehr von Ritschl abwendend (→ Ritschlianer), alsbald von der historischen Betrachtungsweise ergriffen, die er zunächst auf Christentum und Religion anwendet, um dann diese Methode selber allseitig zu erforschen. Schon in seinem Erstwerk »Vernunft und Offenbarung...« (1891) zeigen sich die Motive der künftigen Arbeit: Er findet bei der Erforschung der Wurzeln des Protestantismus den mittelalterlichen Charakter des reformatorischen Denkens in der aristotelisch-stoischen Verformung der christlichen Idee. Fortan ist ihm der Supranaturalismus das Kennzeichen des »Altprotestantismus«, während das → Naturrecht als Verbindung stoischer und biblischer Elemente das in die Zukunft weisende »vernünftige« Moment der Reformation darstellt (→ Neuprotestantismus).

2. Theologiegeschichtlich bedeutsam ist T.s Herausarbeitung der die dogmatische Methode überwindenden historischen Methode (1905). Sie ist gekennzeichnet durch eine nur Wahrscheinlichkeitsurteile zulassende Kritik und die Anwendung der Prinzipien von Analogie und Korrelation auf alle geschichtlichen Erscheinungen. Bei der historisch-psychologischen Erforschung der *Religion* verließ ihn nie das von Schleiermacher her unverlierbare Wissen um die Selbständigkeit der → Religion (: IV B, 2 g), die für ihn stets das zentrale Wertgebiet bleibt (→ Christentum: V, 1 d). Religion ist subjektiv ein unmittelbares Gottesverhältnis, objektiv ein geschichtliches Wertgebiet. Zur Begründung konstruierte er ein religiöses → A priori. Folgerichtig gelangte T. zur Erörterung der → Absolutheit des *Christentums* (1902). Nachdem sowohl eine dogmatische und supranaturalistische wie eine Hegelsche Lösung des Problems erledigt ist, vermag die religionsgeschichtliche Arbeit allenfalls

eine faktische Höchstgeltung des Christentums im Vergleich mit anderen Religionen und auf Grund einer letzten persönlichen Entscheidung herauszustellen. 1922 kehrte er noch einmal ausdrücklich zu diesem Problem zurück. Jetzt war ihm der Begriff der historischen Individualität so wichtig geworden, daß er die faktische Höchstgeltung des Christentums nur für den europäischen Kulturkreis aussagte (Überwindung 62ff). 1902 wie 1922 bewegten sich T.s Gedanken auf ein Jenseits der Geschichte zu. Die Schrift über die Absolutheit ist »der Keim alles Weiteren« (IV, 9). Einzelnen dogmatischen Fragen wendete sich T. in den Artikeln der RGG[1] zu (Offenbarung, Glaube, Kirche, Gericht, Eschatologie u.a.). Die 1925 herausgegebene Glaubenslehre enthält die Diktate und die Nachschrift einer 1911/12 gehaltenen Vorlesung; sie ist ein Beispiel für die praktische, nicht wissenschaftliche, aber mit wissenschaftlicher Methode vorzunehmende Zergliederung und Entfaltung des persönlichen Bekenntnisses für Predigt und Unterricht. Da er das *»Dogma«* nur noch als »bewegliche Glaubensvorstellung« denken konnte, verallgemeinerte er die dogmatischen Zentralbegriffe religiös-philosophisch. → Offenbarung (: VI, 3) liegt als Lebenssteigerung, nicht als bloße Lehre, im Ganzen des christlichen Lebens. Die von der Bibel bezeugte Geschichte ist zentral und normativ. Die *Kirche* ist der Glaubensgedanke einer von Jesus ausgehenden (→ Christologie: III, 1) und Gemeinschaft bildenden Lebensmacht. In der *Eschatologie* trennt T. den mehr pantheistisch-immanenten, auf gegenwärtige Werte bezogenen von dem mehr personalistischen, auf Abschluß und Vollendung des Lebens (→ Telos) auch jenseits des Todes gerichteten Typ. Das Gericht Gottes wird zur sittlichen Weltordnung, in der der einzelne eine stufenweise Läuterung erfährt. Weil T. das Gewicht der Sünde verkannte, verloren die entscheidenden dogmatischen Aussagen ihre eigentliche Kraft, indem an die Stelle des Sünde vergebenden Gottes in Christus das christliche Ideal trat. Gerade als Dogmatiker der → Religionsgeschichtlichen Schule wurde er der »Aporetiker der liberalen Theologie« (Bultmann) überhaupt (→ Liberalismus: III, 1).

3. Unter dem Einfluß M. → Webers überwand T. die ideologische Auffassung der Dogmengeschichte durch eine universal-historische. Umfangreiche historische Studien zur Analyse der modernen Lage ergaben, daß das typisch Moderne erst mit der → Aufklärung zum Durchbruch gekommen sei (in RE: Aufklärung, 1897; Deismus, 1898; die englischen Moralisten des 17. und 18.Jh.s, 1903; ferner: Prot. Christentum und Kirche in der Neuzeit, 1906). Die Geschichtsauffassung des historischen → Materialismus (: III) ergriff ihn »mit der größten Gewalt« (IV, 11). Zwar vernachlässigte er nie die mitbestimmende Macht des religiösen Gedankens in aller, selbst der Wirtschaftsgeschichte (IV, 800); wohl aber mußte nun die Bedeutung der *ökonomischen, institutionellen* usw Realitäten für die Geschichte des Christentums und der Kirche herausgearbeitet werden. So entstanden 1908-12 die in den »Soziallehren der christlichen Kirchen und Gruppen« gesammelten Aufsätze (Ges. Schr. I). Ihr Thema ist das Verhältnis der in sichtbarer Gestalt organisierten christlichen Idee zu der Welt (Familie, Wirtschaftsgesellschaft, Staat) in seinem geschichtlichen Wandel. Die → Kirche (: VII) wird als sakramentale Gnadenanstalt, die → Sekte (: II, 2) - nach M.Weber - als willentlicher Zusammenschluß bewährter Einzelner und der mystische Typus als geistiger Individualismus verstanden. Die Wirksamkeit der drei im NT noch ineins liegenden, in der KG auseinandertretenden Typen ist stets auch soziologisch bedingt: Die Kirche bedarf des Absolutheitsanspruchs und darum des Zwanges in irgendeiner Form, während die Sekte auf Freiwilligkeit angelegt ist. Das Ideal einer inneren Einheit von christlicher Idee und Welt, von der »Kirche« mit dem sich anpassenden »relativen Naturrecht«, von der »Sekte« mit dem radikalen »absoluten Naturrecht« angestrebt, ist in keiner Epoche erreicht worden. - Den stärksten Widerspruch fanden T.s Ausführungen über das Luthertum (Holl, Hirsch, Elert, Althaus): T. übersehe den Unterschied Luthers von der Orthodoxie und stelle die Reformation zu stark unter ein mittelalterliches Vorzeichen; auch verkenne er die sozialethische Wirkung des Luthertums. Die Diskussion führte ihn zu der genaueren Unterscheidung einer mit der Aufklärung beginnenden → Neuzeit (, 1) im engeren Sinn von einer um 1500 sich ankündigenden Neuzeit im weiteren Sinne. Kriterium dafür war die Auflösung der bis zur Aufklärung selbstverständlichen Verbindung von Christentum und gesellschaftlicher Wirklichkeit.

4. Den *geschichtsphilosophischen* Keim seiner Arbeiten entfaltete T. immer mehr, nacheinander angeregt durch → Dilthey, → Rickert und Windelband (nomothetische, ideographische und normative Wissenschaften), K. → Marx (ökonomische Geschichtsbetrachtung) und → Spengler (Kulturkreise, Untergang). T. wurde nun der Historiker der Geschichtsauffassung des 19.Jh.s und vor allem der Philosoph des → Historismus (Ges. Schr. III, 1922). Er erforschte die formale Geschichtslogik, die erkenntnistheoretischen Voraussetzungen der Geschichtsschreibung, das Maßstabsproblem und zielte auf eine materiale Geschichtsphilosophie. Am wichtigsten blieb ihm die Frage nach dem Maßstab zur Wertung geschichtlicher Gebilde (→ Religionsphilosophie: II, 2 d). Das Ergebnis: Es ist weder Deduktion noch Konstruktion eines allgemeinen Wertsystems möglich, weil das historische Einzelgebilde zu individuell, der Gesamtprozeß aber verwickelt und ohne eindeutig erkennbares Ziel ist. Dennoch muß man eine das Vergangene zusammenfassende, das Gegenwärtige deutende und die Zukunft normierende *»Kultursynthese«* wagen, weil die Weltgeschichte kein sinnloses Chaos ist. Solche persönliche Entscheidung für ein bestimmtes Wertsystem geschieht aus letzter Glaubensüberzeugung, die T. ausdrücklich als Verallgemeinerung der dogmatischen Lehre von der Rechtfertigung aus Glauben interpretiert. Ihre metaphysische Voraussetzung findet er auf der Linie → Malebranche, → Leibniz, → Hegel: Das Einzel- und Kollektivindividuum partizipiert an der universalen göttlichen Weltvernunft. Die inhaltliche Gestaltung seiner Kultursynthese konnte er nicht mehr ausführen. Er nennt sie den *»Europäismus«*, in dem er das gültige Wertsystem auf den europäisch-amerikanischen Kulturkreis beschränkt und dessen Aufbau er in der Schichtung von Orient (Prophetentum und Christentum), Antike (griech. Wissenschaft und Kunst sowie Verwaltung, Recht und Weltreich aus Rom) und dem alles verarbeitenden, vertiefenden und verinnerlichenden MA findet. Der religiöse Wert, für uns eine entwicklungsfähige christliche Idee, bleibt im Zentrum (»meine erste Liebe«, IV, 15). So allein sind Skepsis und → Relativismus zu überwinden.

5. Die *Ethik* bezeichnete T. schon 1902 als »übergeordnete und prinzipiellste Wissenschaft« (II, 553). Allgemeine Ethik und Praktische Sittenlehre verhalten sich zueinander wie wissenschaftliche Religionsphilosophie und mit wissenschaftlicher Methode betriebene praktische Glaubenslehre. Die → Ethik sah er von einem doppelten geschichtlichen Strom gespeist: Der eine mündet über Bergpredigt, Stoa und Kant in die Persönlichkeits- und Gewissensmoral (gelegentlich »Ethik der Gebote« genannt), der andere, aus der Antike kommend, über Schleiermacher und R.Rothe in eine Ethik der

Kulturwerte. Innerhalb des Europäismus ist die Gewinnung und Behauptung einer freien, in sich selbst begründeten und einheitlichen Persönlichkeit der zentrale Zweck der Persönlichkeitsmoral, der, an sich formal, erst in der Ethik der Kulturwerte inhaltlich gefüllt wird. Diese Werte erwachsen geschichtlich in den Einzelgebieten (Ehe und Familie, Wirtschaft, Recht und Staat, Kunst, Wissenschaft und Religion). Die Eigenständigkeit der Wertgebiete entspricht dem einst gelehrten religiösen A priori. Wie weit die persönliche Entscheidung (auch »Sprung«), die das letzte Wort der Persönlichkeitsmoral wie der Kulturethik ist, mit dem von T. häufig zitierten → Kierkegaard zusammenhängt, ist noch nicht hinreichend geklärt. Jedenfalls liegt für T. hier der Kern seines Versuches, den Relativismus zu überwinden. - In die Zukunft hinein kann eine neu zu erringende Kultursynthese nur auf dem Wege über sich bildende kleine Kreise und Gruppen in einem »Gemeingeist« geschichtswirksam werden. Wer die Krisis in gleicher Tiefe wie T. sieht, wird solchen Ausweg aus dem Chaos (»Der Weltkrieg hat die ganze bisherige Epoche in den Schmelztiegel geworfen« III, 772) nicht geringschätzig abtun.

6. T. wurde aus dem liberalen Theologen zum großen Analytiker einer konsequenten Historisierung aller Dinge. Sicher mehr als »der letzte Romantiker in der Theologie« (K.Barth), stand er, philosophisch stets Eklektiker, an der Wende zweier Zeiten. Er verarbeitete die vergangene Epoche, indem er allseitig ihre Aporien aufzeigte, und suchte mit aller Leidenschaft nach einem Weg in die Zukunft durch das tatkräftige Ergreifen eines verbindlichen Wertsystems. »Immer radikaler und überkonfessioneller« (Überwindung 81) zwar, bekannte er sich doch stets zu dem Gott der Christen und seiner Macht in Jesus (ebd XI). Sein Problem »Geschichte und Glaube« ist noch das unsere, und seine geschichtsphilosophischen Analysen sind nicht überholt. Auch durch den Widerspruch, den er in der → Dialektischen Theologie (→ Gogarten) hervorrief, trug er zur Entstehung der neuen Theologie nach dem 1. Weltkrieg bei. Weltanschaulich blieb er trotz allem historischen Realismus Idealist. Sein politischer Einsatz für die Weimarer Republik, demokratisch im innenpolitischen, national im außenpolitischen Raum, sei unvergessen (Spektator-Briefe).

Ges. Schriften I-IV, 1912-25. Ferner u.a.: Vernunft u. Offenbarung bei J.Gerhard u. Melanchthon, 1891; Die Absolutheit d. Christentums u. d. Religionsgesch., 1902; Psychologie u. Erkenntnistheorie in d. Rel.wissenschaft, 1905; Prot. Christentum u. Kirche in d. Neuzeit, (1906) 1922³; Augustin, d. christl. Antike u. d. MA, 1915; Der Historismus u. seine Überwindung, 1924 (postum); Glaubenslehre, 1925 (postum). Bibliogr. in IV, 863-872; vgl. ebd 3-18: Meine Bücher. - Lit. über T. s. RGG² V, 1287 u. (zeitlich anschließend) bei H.-H.Schrey, E.T. u. sein Werk (ThR NF 12, 1940, 130-162). Ferner: H.Benckert, E.T. u. d. ethische Problem, 1932 (mit Dispositionen u. Auszügen aus unveröffentl. Vorlesungen) - Ders., Der Begriff der Entscheidung bei E.T. (ZThK 12, 1932, 422-442) - W.Brachmann, T.s hist. Weltanschauung, 1940 - W.Köhler, E.T., 1941 - H.O.Wölber, Dogma u. Ethos. Christentum u. Humanismus von Ritschl bis T., 1950 - J.Nome, Det moderne Livsproblem. Hos T. og var Tid, Oslo 1950 - J.Rathje, Die Welt d. freien Protestantismus, 1952 - E.Fülling, Gesch. als Offenbarung. Studien zur Frage Historismus u. Glaube von Herder bis T., 1956 - W.Bodenstein, Neige des Historismus. E.T.s Entwicklungsgang, 1959 - H.-G.Drescher, Das Problem d. Gesch. bei E.T. (ZThK 57, 1960, 186-230) - W.Kasch, Die Sozialphilos. von E.T. (BHTh 34), 1963. *H.Benckert*

Troice-Sergiew-Kloster, nordöstl. von Moskau in Zagorsk (früher Sergiew Posad), um 1340 von dem hl. → Sergius von Radonesch gegründet. Unter seiner Leitung als Abt entwickelte es sich rasch und wurde zum Volksheiligtum. Durch seine strenge Koinobia-Regel wurde das K. zu einem Vorbild des Klosterlebens (→ Rußland: I, 3). In der Zeit der Wirren (Anfang des 17.Jh.s) erfüllte das K. durch seinen mutigen Kampf gegen die polnische Belagerung eine national-kirchliche Aufgabe. Wegen seiner religiösen Bedeutung für das Volk zog es Tausende von Pilgern an sich. 1744 wurde ihm der Rang der → Laura verliehen. Trotz des Verlustes ihrer Ländereien durch Säkularisation 1764 blieb die L. das reichste K. des Landes (13 große Steinkirchen mit kostbaren Schätzen an Ikonen, Ornaten u.a., Bibliothek mit alten Hss.). Seit 1814 war dort die Moskauer theologische Akademie untergebracht. Um 1914 zählte man über 400 Mönche und Novizen. Das K. unterhielt ein Kranken-, Asyl-, Alters- und Waisenhaus, eine Ikonenschule und Ornatenwerkstatt. In einer eigenen Druckerei und Handwerksschule arbeiteten Mönche und Novizen. 1920 wurde die L. von der Sowjetregierung »nationalisiert« und in ein »historisches Museum« verwandelt; die Mönche wurden vertrieben und die Kirchen geschlossen. Erst Anfang 1946 mit einigen Kirchen und Gebäuden zurückgegeben, wurde die L. wieder zum religiösen Mittelpunkt für die Gläubigen. Etwas später wurde dort die theologische Akademie neueröffnet. Die Zahl der heutigen Bruderschaft ist schwer festzustellen.

A.Gorskij, Hist. Beschreibung d. Troice-Sergiewa Laura, 2 Bde, Moskau 1890² (russ.) - E.Golubinskij, Der hl. Sergij v. Radonesch u. d. von ihm gegründete Laura der Hl. Dreieinigkeit, ebd (1893) 1909² (russ.) - I.Smolitsch, Russ. Mönchtum, 1953. *I.Smolitsch*

Tronchin, 1. *Louis* (1629-1705), Sohn von 2, studierte 1646 in Genf, 1652 in Leiden, war 1654-61 Pfarrer in Lyon, seit 1662 Prof. der Theologie und Pfarrer in → Genf (1663-68 Rektor der Académie). Bei Studien in → Saumur geriet T. unter den Einfluß → Amyrauts, den er als zu bekämpfenden Gegner hatte hören sollen. 1696 trat er zusammen mit Mestrezat für Verzicht auf den von den Studenten geforderten Treueid auf die ref. Lehre ein, der freilich erst 1725 unter J.A. → Turrettini verschwand. T. stand in reger Verbindung mit auswärtigen, bes. englischen Theologen.

2. *Théodore* (1582-1657), 1606 in Genf Prof. für Hebräisch, 1608 ebd Pfarrer, 1610-15 Rektor der Académie, seit 1615 Prof. der Theologie. Auf der → Dordrechter Synode waren er und → Diodati die einzigen Ausländer, die für die Ächtung der Unterlegenen und damit das Todesurteil → Oldenbarnevelts stimmten. T. ging später als Feldprediger des Herzogs von Rohan ins Veltlin. Als strenger Calvinist schrieb er u.a. gegen den Jesuiten Cotton (Cotton plagiaire, 1620). Seine »Harmonia confessionum« ist verschollen.

F.Lichtenberger, Encycl. des sciences rel. XII, 1881, 234f - Ch. Borgeaud, Hist. de l'Univ. de Genève I, 1900, bes. 333ff. 359ff - H.Heyer, L'Eglise de Genève, 1909, 522 - HBLS VII, 60 (Lit.). *J.Courvoisier*

Troparion (τροπάριον), im griech. Sprachbereich seit dem 6.Jh. nachweisbare Bezeichnung einer kurzen, für den liturgischen Gesangsvortrag bestimmten Hymne. Das Wort T. wird häufig als eine von τρόπος = Tonart ausgehende Suffixbildung mit der Bedeutung Lied, Weise verstanden. Sachlich näherliegend ist jedoch die Ableitung von τρόπος = rhetorische Figur oder von τροπὴ λέξεως = Abwechslung der Rede durch Redefiguren. Denn sowohl die Interpretationen des Worts T. in zeitgenössischen Quellen als auch die wenigen, aus der frühen Zeit erhaltenen Troparia selbst weisen auf rhetorische Prinzipien. Es handelt sich nämlich bei den Troparia nicht um eigenständige »Dichtung«, sondern um ein Verfahren der Paraphrasierung von gegebenen textlichen Vorlagen, vor allem von einzelnen, liturgisch verwendeten Bibelversen und dogmatischen Formeln. In der liturgischen Praxis bilden Vers und anschließendes T. stets eine geschlossene Einheit, wodurch das charakteristische Nebeneinander beider sprachlicher Ebenen, des Gegebenen, »Gesagten« (ῥητόν) und der Paraphrasierung im T. auch anschaulich zur Geltung kommt. Das später übliche, gleichbedeutende Begriffspaar Stichos - → Stichiron betont diese Verbindung noch stärker. - Wenn auch über die ursprüngliche musikalische Vortragsweise des T. nichts Näheres bekannt ist, so scheint doch dem sprachlichen Gegensatz Vers - T. ein ähnlicher Gegensatz von einfach psalmodierendem und melodisch-gesanglich mehr differenziertem Vortrag entsprochen zu haben. - Die Geschichte des T. reicht sicher weit hinter die erste Erwähnung in der Literatur zurück. Ein enger Zusammenhang mit dem griech. Antiphonon, mit der syr. Manitha und sogar mit den ältesten Hymnen der Häretiker im 4.Jh. ist wahrscheinlich. Diskutiert wird auch ein möglicher Zusammenhang von griech. T. und lat. → Tropus.

W.CHRIST, Beiträge zur kirchl. Lit. der Byzantiner, 1870 - W. CHRIST-M.PARANIKAS, Anthologia graeca carminum christianorum, 1871 - S.PÉTRIDÈS, Notes d'hymnographie byzantine (ByZ 13, 1904, 421-428) - O.URSPRUNG, Die kath. Kirchenmusik, 1931 - J.KUNZ, Die Struktur der drei ältesten Epiphanie-Troparien (ByZ 41, 1941, 40-44) - E.WELLESZ, Hist. of Byzantine Music and Hymnography, Oxford (1949) 1960² (Lit.) - R.SCHLÖTTERER, Die kirchenmusikal. Terminologie der griech. Kirchenväter (Diss. München), 1954 (Masch.) - BECK 262ff. *R.Schlötterer*

Tropus, ein Einschiebsel in den vorhandenen liturgischen Text. Die Technik des Einschiebens ist alt. Bereits die → Antiphonen und responsorialen Chorgesänge der lat. Kirche und ihre Vorbilder oder Parallelen in östlichen Liturgien waren Einschiebsel in die Psalmen. Beim T. handelt es sich um Ergänzungen des 9. und späterer Jh.e in die nach Gallien verpflanzten → gregorianischen Gesänge des Ordinariums wie des Propriums de Tempore et Sanctis, jedoch nicht mehr in die Psalmen selber. Der T. kann rein musikalisch, aber auch textlich sein; textlich stellt er eine Hinführung zum liturgischen Text dar. Zu verstehen ist er von der Lage der Kirchenmusik im Karolingerreich aus: Er ist ein Mittel, heimischer Musik in den fremden vorgeschriebenen Formen Unterkunft und Lebensmöglichkeit zu bereiten. - Der T. ist wesentlich solistisch: Der Kantor unterbricht mit seinem T. die Chorgesänge der Gregorianik. In fast alle Formen und an fast allen Festen kann der T. eindringen. Ausgenommen sind der → Tractus und das Evangelium sowie die Fastenzeit. Beliebt (vor allem in der Frühzeit) sind der Weihnachtsfestkreis und die Gesänge zu Beginn des Gottesdienstes. Zunächst nur musikalisch sind die Einschübe bei den responsorialen Formen und dem → Halleluja, aber sehr bald setzt das Verlangen nach Textierung dieser Einschübe ein, und aus ihnen werden Prosen und textierte → Sequenzen. Der T. ist in der röm. Kirche endgültig durch das Trienter Konzil verdrängt worden. Manche Tropen, bes. solche des → Kyrie haben sich im → Altargesang erhalten. Auch das → Kirchenlied und sogar in ihren Anfängen die mehrstimmige → Musik (: V, 3) ist ihm verpflichtet. - Die Reformation schaffte die Tropen zunächst nicht vollständig ab, formte sie jedoch so, daß sie von der Gemeinde gesungen werden konnten (zB »Wir glauben all an einen Gott«, EKG 132).

P.WAGNER (→ Tractus) I³, 1911, 277ff; III, 1921, 502 - BRAUN, LH 355f - J.HANDSCHIN, Trope, Sequence and Conductus (New Oxford Hist. of Music II, 1954, 128-174) - DACL XV, 2779ff - Leiturgia II, 12; IV, 377ff. *E.Jammers*

Trotzendorf (eigentl. Friedland), *Valentin,* Pädagoge, * 14.2.1490 in Trotzendorf (Troitschendorf) b. Görlitz, † 26.4.1556 in Liegnitz. Nach humanistischen und theologischen Studien bes. bei Melanchthon und Luther wurde T. 1523 Lehrer, 1524 Rektor der Lateinschule in Goldberg (Schlesien). Er hat durch vorbildliche Gestaltung des Unterrichts, des Schullebens und des Internatsbetriebes (Grundsätze in: Goldberger Schulordnung, 1546; Goldberger Schulgesetze, 1563) sowie durch vielbenutzte Schulbücher (Katechismus, 1558; Gebetssammlung, 1564; Bibelspruchbuch, 1565) die Schulen in → Schlesien stark beeinflußt. T.s Schule hatte ein umfangreiches Ordner- und Helfersystem, zB Haus- und Tischordner (Ökonomen, Ephoren), Studien- und Sittenaufseher (Quästoren, Zensoren), auch ein förmliches Schülergericht. Im Zentrum der Schularbeit stand Erziehung zu Frömmigkeit und zuchtvoller Haltung, Studium der alten Sprachen und Literatur, Stil- und rhetorische Übungen.

T.s Schulordnung u. -gesetze in: R.VORMBAUM, Die ev. Schulordnungen des 16.Jh.s I, 1860. - Über T.: RE XXIV, 582ff - ST.JÜRGENS, Das Helfersystem in d. Schulen d. dt. Reformation, 1913 - G.BAUCH, V.T. u. die Goldberger Schule (MG Paed. 57), 1921 - F.WEIGL, V.T. u. seine Zeitgenossen, o.J. (1948). *A.Reble*

Trubar, *Primus* (1508-86), Reformator von Krain (→ Österreich, 4), * bei Laibach, predigte seit 1531 in → Laibach wider Ehelosigkeit der Priester, Kommunion sub una und für Rechtfertigung aus Glauben unter Einfluß von Kommentaren → Pellikans und → Bullingers. Nach dem Tod reformfreundlicher Bischöfe bedroht und gebannt, floh er zu V. → Dietrich und wurde durch dessen Vermittlung 1548 Prediger in Rothenburg o. T. 1550 wurde in der von ihm erfundenen slowenischen Druckschrift der erste Katechismus gedruckt. 1553 Pfarrer in Kempten, wirkte er seit 1561 wieder in Laibach. Seine KO (1564) wurde durch Erzherzog Karl verboten, T. selbst ausgewiesen und 1565 Pfarrer in Laufen, 1566 in Derendingen. Im nahen Tübingen veranstaltete er mit Hilfe des Freiherrn Hans Ungnad und ev. Fürsten und Städte viele Drucke (1557-77 NT [→ Bibelübersetzungen: V, 2 l 3], 1567 Gesangbuch, 1581 FC, 1586 Luthers Hauspostille).

C.F.SCHNURRER, Slav. Bücherdruck in Württ. im 16.Jh., 1799 - C.W.SILLEM, P.T., 1861 - TH.ELZE, P.T.s Briefe, 1898 - RE XX, 136ff (Lit.). *R.Dollinger*

Trubetzkoj *(Trubeckoj),* russ. Fürsten, Brüder.

1. *Eugen* (Evgenij Nikolaevič, 1863-1920), * in Moskau, † in Novorossijsk, Prof. in Kiew und Moskau, das er 1918 verließ. Seine und seines Bruders (s. 3) geistige Entwicklung begann unter dem Einfluß des Evolutionismus und → Positivismus »vom Typ Spencers« und endete zunächst im Atheismus. Kuno Fischer ließ ihn vorübergehend im → Skeptizismus Ruhe finden. Auf der Universität führte ihn → Schopenhauer in die religiöse Problematik des Lebens. Schließlich wurden Begegnung und Auseinandersetzung mit der Philosophie → Solovjevs für ihn entscheidend (Die Weltanschauung Vl. Solovjevs, 2 Bde, 1913). Dessen kritische Verarbeitung ließ ihn den »Sinn des Lebens« schreiben ([Moskau 1918] Berlin 1922², russ.). Unter Ablehnung gnostischer und pantheistischer Elemente sowie der → Sophiologie Solovjevs und → Bulgakovs gelingt T. eine Synthese des Guten und Bösen in der Welt. Die Wahrheit ist ihm das »universale Bewußtsein«. Da sie einen Seinswert besitzt, besteht - ähnlich wie im → Neukantianismus - die Möglichkeit einer umfassenden Kultursynthese, die bei T. im Anschluß an Solovjev auf dem Faktum der Menschwerdung Gottes beruht. So finden sich in seiner Philosophie platonische und neukantianische Elemente nebeneinander. Eine kritische Untersuchung dieses be-

deutenden Vertreters der → russischen Religionsphilosophie steht noch aus.

N.v.ARSENIEW, Einl. zu: E.N.T., Die relig. Weltanschauung d. altruss. Ikonenmalerei, 1927 - B.SCHULTZE, Russ. Denker, 1950, 309ff - B.ZENKOVSKY, Hist. de la philos. russe II, Paris 1954, 364ff (Lit.) - N.v.BUBNOFF (Hg.), Russ. Religionsphilosophen, 1956, 249 bis 364 (Sinn des Lebens).

2. *Gregor* (Gregorij, 1873-1930), Diplomat und mit Struve Außenminister bei General Wrangel, Mitglied des Konzils von 1917-18, mit Patriarch → Tychon befreundet, seit 1923 Mittelpunkt der russ. Emigration in Paris.

Zum Gedächtnis an den Fürsten G.T. (Sammelband), Paris 1930 (russ.).

3. *Sergius* (Sergej, 1862-1905), * in Kaluga, † in Moskau, kurz nachdem er der erste frei gewählte Rektor der Universität geworden war. T. stand unter dem Einfluß von → Chomjakov, → Kirejevskij, aber auch von Kant, dem deutschen Idealismus, Platon, Aristoteles, Jak. → Böhme, → Baader u.a. Mit Solovjev eng befreundet, hat er manche von dessen Ideen vertieft. So hat er den, nicht zuletzt durch Verarbeitung des prot. → Liberalismus gewonnenen Anthropozentrismus seines Freundes zur Idee von der »kollektiven Natur des Bewußtseins« erweitert. In seiner gleichnamigen Schrift, in »Die Metaphysik in der griech. Antike« (1890) und in seiner Dissertation »Die Lehre vom Logos in ihrer Geschichte« (1900) hat er Grundlegendes zur → Ssobórnostj geschrieben. Ihre Konzeption weitet sich aus zu einem »metaphysischen Sozialismus«, dessen Ansätze ebenfalls bei Solovjev zu suchen sind. Den Idealismus und Panlogismus → Hegels unterzog T., auch hinsichtlich seines Einflusses auf Solovjev, einer gründlichen Kritik, indem er das Absolute als Quelle des Seins und nicht als das Sein selbst proklamierte. Dabei scheinen Elemente der → Mystagogischen Theologie mitzusprechen. - T. hat seine Philosophie stets mit politischen Forderungen verbunden. Als Sprecher des Semstvo-Kongresses übergab er 1905 dem Zaren die Forderungen auf Rede-, Presse- und Versammlungsfreiheit.

B.SCHULTZE (s. 1) 299ff - ZENKOVSKY (s. 1) 351ff (Lit.).
K.Onasch

Trudel, *Dorothea* (1813-62), * in Hombrechtikon Kt. Zürich, Schweiz, seit 1840 in Männedorf wohnhaft. Sie verbindet herrnhutische und darbystische Einflüsse zu einer originellen pietistischen Frömmigkeit. Wegen ihrer Gabe der → Heilung Gemütskranker durch Handauflegung wurde sie gedrängt, Kranke in ihr Haus aufzunehmen. 1861 endete ein Medizinal-Prozeß mit ihrem Freispruch. Ihr Mitarbeiter Sam. → Zeller führte nach ihrem Tode die heute noch bestehende Anstalt in ihrem Sinn weiter.

(S.ZELLER), Aus dem Leben u. Heimgang der Jungfrau D.T., o.J. - LYDIA LOCHER, D.T., 1939. *E.G.Rüsch*

Trutpert, wohl in früher Merowingerzeit iroschottischer Wandermönch und Gründer einer »Zelle« im Breisgau, aus der das Kloster St. T. erwuchs; hier wurden 816 seine (angeblichen) Gebeine gehoben und sein »Leben« (passio) erdichtet.

Passio Thrudperti, ed. B.KRUSCH: MG SS rer. Merov. IV, 1902, 352-363 - HAUCK I, 340f - H.v.SCHUBERT, Gesch. d. christl. Kirche im Früh-MA, 1921, 291 - A.BRACKMANN, Germania pontificia II/1, 1923, 180ff - LThK X, 311f (Lit.). *F.Flaskamp*

Trutvetter, *Jodocus* (ca 1460-1519), * in Eisenach, † in Erfurt, 1501-05 als Vertreter der Via Moderna → Luthers philosophischer Lehrer. In Erfurt 1476 immatrikuliert, 1478 Baccalaureus, 1484 Magister, publizierte er als Prof. in 3 Jahren über 6 Schriften zur Logik, 1500 den Leitfaden (breviarium dialecticum) und 1501 sein Hauptwerk: Summulae totius logicae. »Wirklich der Sache nach Neues gab er nicht und wollte er nicht geben« (Plitt 26). Seit 1503 war er daneben Pfarrer an der Andreaskirche. 1504 wurde T. Doktor der Theologie und lehrte 1507-10 in Wittenberg. Febr. 1516 erklärte Luther die Schriftstellerei → Arnoldis von Usingen und T.s für ganz nutzlos und wollte Sept. 1517 über seine 99 Thesen in Erfurt disputieren. T. warf Luther brieflich vor, er sei kein Logiker, sondern ein Ignorant der Dialektik und der Theologie. Mai 1518 erreichte Luther, daß T. wenigstens einsah, er könne seine Ansichten nicht beweisen, noch die Luthers widerlegen; T.s letzter Brief führte zum Bruch (Juni 1518). Luther hat gemäß seinem reformatorischen Grunderlebnis bereits vor 1516 in T. den Vertreter eines aristotelisch-philosophischen Christentums gesehen und ihn als »Fürsten der Dialektiker« bekämpft, von dem er als radikaler Biblizist biblisch bzw. theologisch nichts Positives gelernt hat.

G.PLITT, J.T., 1876 - O.KOHLSCHMIDT, J.T. (Blätter für Heimatkunde, Beil. der Mitteldt. Zeitung, Erfurt, 1928, Nr. 14 u. 15) - O.SCHEEL, Martin Luther I, 1921³; II, 1930³·⁴ (s. Reg.) - H.BOEHMER, Der junge Luther, (1925) 1951⁴. *E.Barnikol*

Tschaadajew (Čaadaev), *Petr Jąkowlewitsch*, russ. Philosoph, * 27.5. (7.6.) 1794 (?), † 14. (26.) 4.1856 in Moskau. - T., hochgebildet, weitgereist, befreundet mit Puschkin, persönlich bekannt mit vielen bedeutenden Russen seiner Zeit, aber auch mit → Schelling, zeitweise politisch liberalen und sogar radikalen Gedanken nahestehend, gab in seinen 8 »Philosophischen Briefen« (geschrieben 1828-31 in franz. Sprache) einen kühnen Entwurf einer christlichen Philosophie der Geschichte im Geiste der Romantik und des Traditionalismus. Gegen eine ahistorische Anthropologie und eine vom säkularen Fortschrittsgedanken geprägte Geschichtsanschauung betont T. die geschichtliche Bedingtheit unserer kulturellen und geistigen Existenz und behauptet, daß es nur in einer vom Christentum bestimmten Gesellschaft wirklichen und unbegrenzten Fortschritt geben könne. Den Anfang der im eigentlichen Sinne menschlichen Geschichte leitet er von einer Uroffenbarung Gottes an den Menschen ab. Von hier aus begründet er die Notwendigkeit der Tradition und die sittliche Pflicht, sich ihr zu beugen. Hüter und Repräsentant der Offenbarungstradition ist vor Christus das jüdische Volk. In der christlichen Ära sieht er die Offenbarungstradition vor allem durch das Papsttum garantiert, unter dessen Führung Europa im MA die von der Geschichte erstrebte Einheit der Menschheit in vorläufiger Weise verwirklicht habe. Die Reformation wird als Wiederherstellung der durch Christus überwundenen Zerrissenheit der Menschheit betrachtet und scharf abgelehnt, obwohl T. in seinem persönlichen religiösen Leben dem Protestantismus vielleicht näher stand als dem Katholizismus. Von dem gleichen Standpunkt aus wird aber auch die russ. Kultur und Geschichte schärfstens kritisiert. Rußlands Unglück war nach T., daß es das Christentum von dem schismatischen Byzanz empfing und dadurch abseits der weltgeschichtlichen Entwicklung blieb. Wie die späteren Westler, von denen T. sich im übrigen durch seine religiöse Grundhaltung unterscheidet, sieht er das Heil Rußlands in einer entschlossenen Hinwendung zur europäischen geistigen Tradition. Als Vorzug Rußlands gilt ihm, daß es die Irr- und Umwege der europäischen Geschichte vermeiden könne. Ziel der Geschichte ist für T. die »apokalyptische Synthese«, die Verschmelzung aller moralischen Kräfte der Welt, die Vereinigung der Menschheit in einer vollkommenen sozialen Ordnung.

Immanente und transzendente Auffassung vom Reiche Gottes gehen hier ineinander über. - Die »Philosophischen Briefe« T.s konnten zu seinen Lebzeiten nur bruchstückweise gedruckt werden; nach der Veröffentlichung des 1. Briefes i.J. 1836 wurde T. für wahnsinnig erklärt und amtsärztlicher Aufsicht unterstellt. Dennoch haben seine scharf und glänzend formulierten Thesen heftige und geistesgeschichtlich sehr bedeutsame Diskussionen über die Bedeutung und den Sinn der russ. Kultur und Geschichte und über das Verhältnis der russ. Orthodoxie zu den westlichen Konfessionen ausgelöst (→Slawophile, → Solowjew, → Russische Religionsphilosophie). In der radikalen Anwendung religiös-sittlicher Maßstäbe auch bei der Beurteilung der Kunst nimmt T. Gedanken → Tolstojs voraus.

H.Falk, Das Weltbild P.J.T.s nach seinen acht »Philos. Briefen«, 1954 (hier die ältere Lit. u. wesentl. Texte) - P.Scheibert, Von Bakunin zu Lenin I, Leiden 1956 - Ders., Neue Texte von P.J.Č. (ZSlPh 28, 1959/60, 44-58. 413-415) - P.S.Škurinov, P.J.Č., Moskau 1960 (russ., Lit.). *L.Müller*

Tschechen, *Stamm.* Von Waldgebirgen umgeben, die über einige Pässe und Senken unschwer überschritten werden können, ist Böhmen seit alters ein großes natürliches Sammelbecken, das aus verschiedenen Richtungen Kulturgut aufgenommen und nach vielen Seiten hin weitergegeben hat. Von Slawen als Bewohnern des Landes sprechen die Quellen, zB die Getica des → Jordanis, erst um die Mitte des 6.Jh.s nChr. Von etwa 600 an ist, nach der Abwanderung der → Langobarden, Böhmen und Mähren von Slawen besetzt. Der Westfranke Samo erlangte unter ihnen um 620 bei einem Aufstand gegen die → Awaren eine führende Rolle; in seinem westslawischen Königreich war dann anscheinend Böhmen das Kerngebiet. Nach dem Untergang dieses Reichs bildeten sich in den einzelnen Kulturlandschaften allmählich Stammesorganisationen, die aber großenteils wohl nicht auf ethischer Verwandtschaft gegründet waren, wie bisher von vielen angenommen wurde, sondern aus mehr oder weniger unbeständigen Landschaftsverbänden hervorgegangen sein dürften. Noch im 10.Jh. findet sich keine einheitliche Bezeichnung für das böhmische Land und seine Bewohner. Auf einem nicht umfangreichen Gebiet in der Umgebung von Prag, im Norden bis zur unteren Eger und zur Elbe, siedelten (nach L.Niederle) die T.; ihr Name ist freilich erst im 10.Jh. sicher bezeugt, in dem sie, endgültig unter dem Přemysliden Boleslav II., die übrigen Stämme des Landes zu einer Einheit zusammenschlossen. - Die *Christianisierung* Böhmens erfolgte vom Westen und vom Osten aus. Die durch die Vernichtung des Awarenreichs von → Karl d.Gr. gewonnenen Länder wurden Missionsgebiet der 798 in einer eigenen bairischen Kirchenprovinz vereinigten Bistümer → Regensburg, → Passau, → Freising und → Salzburg. Regensburg wirkte vor allem nach Böhmen, Passau nach Mähren und der westlichen Slowakei. Wie die Fuldaer Annalen berichten, ließen sich am 13.1. 845 vierzehn böhmische Herzöge (»ex ducibus Boemanorum«) mit ihren Leuten am Hof Ludwigs des Deutschen, wahrscheinlich in Regensburg, taufen. Die auf die ältere Tradition sich stützende Mitteilung des böhmischen Chronisten Kosmas (um 1100), der böhmische Fürst Borivoj habe von Methodius die Taufe empfangen, wird von der Böhmischen und der Mährischen Legende in legendärer Ausschmückung wiederholt. Neuere tschechische Forscher halten diese Tradition für glaubwürdig. Die Taufe Borivojs, der unter den Fürsten der Přemyslidendynastie als erster ins Licht der Geschichte rückt, könnte zwischen 874 und 878 stattgefunden haben. Vermutlich hat ihm Methodius einen oder mehrere seiner slawischen Priester mitgegeben und hat Borivoj seine Gattin Ludmila dem Christentum zugeführt und auf seiner Burg die Kirche des hl. Klemens erbaut. Rostislav, Herrscher in dem um 840 gegründeten Großmährischen Reich, hatte 862 aus Konstantinopel des Slawischen kundige Missionare erbeten. Daraufhin hatten die Brüder → Konstantin und Methodius aus Saloniki in Mähren, wo die Grundlagen des Missionswerks schon vordem von bairischen Bistümern und Klöstern aus gelegt waren, mit dem sog. Alt(kirchen)-slawischen (→ Kirchenslawisch) als Sprache der Liturgie zu missionieren begonnen. Wie neuere tschechische Untersuchungen des altslawischen Schrifttums in Böhmen erkennen lassen, haben die Schüler des Methodius das Christentum und die altslawische Schriftsprache auch in Böhmen, das damals zum großen Teil schon christianisiert war, verbreitet. Das Großmährische Reich, in dem ein erstaunlicher kultureller und vermutlich auch wirtschaftlicher Aufschwung erfolgt war, hörte 894 zu bestehen auf. 907 fielen die Magyaren ein, die aber nicht bis nach Böhmen vordrangen. Nach den Fuldaer Annalen fanden sich im Juli 895 die böhmischen Herzöge Spitignĕv und Vitisla (der spätere Vratislav I., Vater des hl. Wenzel) beim Reichstag zu Regensburg ein, um erneut die deutsche Oberhoheit über Böhmen anzuerkennen. Dies bedeutete auch eine engere Bindung der böhmischen Christen an das Regensburger Bistum. Gegen die mit der Mission verbundene Anlehnung an Baiern machten sich dann, vor allem von seiten des tschechischen Adels, Widerstände geltend. Sie führten zum Bruderzwist zwischen Wenzel und Boleslav (dem späteren Boleslav I.) und schließlich zur Ermordung → Wenzels durch seinen Bruder i.J. 929. Mehrere Quellen bezeugen, daß mit einigen Unterbrechungen die Priester des slawischen und des lat. Ritus in Böhmen bis ins 11.Jh. in Frieden nebeneinander gewirkt haben (Grivec). - Vgl. → Tschechoslowakei: I.

A.Schäfer, Staatsrechtl. Beziehungen Böhmens zum Reich, 1886 - V.Jagić, Entstehungsgesch. d. kirchenslav. Sprache, (1900) 1913² - A.Köster, Die staatl. Beziehungen d. böhm. Herzöge zu d. dt. Kaisern, 1913 - A.Naegle, KG Böhmens I. II, 1915/18 - L.Niederle, Slaw. Altertumskunde, Hist. Teil, III, Prag 1919 (tschech.) - F.Dvorník, Les Slaves, Byzance et Rome au IXe siècle, Paris 1926 - H.Preidel, Die Anfänge d. slaw. Besiedelung Böhmens u. Mährens I. II, 1954/56 - F.Grivec, Konstantin u. Method, Lehrer der Slaven, 1960 - F.Zagiba, Die bair. Slavenmission u. ihre Forts. durch Kyrill u. Method (Jahrbücher f. Gesch. Osteuropas NF 9, 1961, 1-56; Lit.). *W.Lettenbauer*

Tschechoslowakei

I. Kirchengeschichte - II. Theologiegeschichte

I. Kirchengeschichte

1. Lage - 2. Territoriale Geschichte - 3. Frühe und mittelalterliche kirchliche Entwicklung - 4. Reformatorische Bewegungen - 5. Kath. Barock und Aufklärung - 6. Das 20.Jh.

1. Den am 28.10.1918 gegründeten, im Mai 1945 wieder errichteten Staat - um 12681,20 qkm karpathenukrainischer Gebiete verkleinert - bildeten die im ehem. Österreichischen Reichsrat vertretenen Kronländer Böhmen, Mähren, Schlesien und die vom Königreich Ungarn abgetrennten oberungarischen 14½ Komitate (Slowakei). 1952 zählten die »Böhmischen Länder« 9061800 Einwohner auf 78869,71 qkm und die Slowakei 3542000 auf 48957,09 qkm (1930: 10516300 und 3963300 Einwohner).

2. Die Franken trafen vor 630 auf slawische Stämme im Lande »Behaim«, das → Karl d. Gr. nach Feldzügen gegen die → Awaren seit 806 seinem Reich angliederte. 855 löste sich das »regnum Marahensium« vom Ostfrankenreich und gewann böhmische und oberungarische

Landschaften hinzu. 906 wurde es vom Ungarneinfall zerstört. Von Prag aus einigten die Przemysliden anfangs des 10.Jh.s Böhmen und Mähren. Die Siege 933 und 955 sicherten gegen Ungarn und banden an das Deutsche Kaisertum. Die Herzöge - seit 1085 Könige - Böhmens und Markgrafen Mährens erschlossen die Länder unter Mitarbeit deutscher Bauern, Bergleute, Bürger, Ritter und Priester. König Johann von Luxemburg (seit 1310) erwarb die beiden Lausitzen, schlesische Fürstentümer und den Pfandbesitz Egerland hinzu. → Karl IV. erbaute für die → Heiltümer des Reiches die Burg Karlstein bei Prag. Dem Hussiten-Landtag seit 1419 leisteten Randlandschaften wie das Egerland und die Lausitz, Städte wie Brüx und Breslau Widerstand. In Ferdinand von Österreich wählten die Stände am 22.10.1526 einen Landesfürsten, der die Türkenheere mit Hilfe → Karls V. abwehrte, aber seit 1547 seine Hausmacht auf ihre Kosten stärkte. Im Erzgebirge (1515 St. Joachimsthal) und in Oberungarn erforderten neue Erzfunde die Zuwanderung deutscher Werkleute. Gegen Ferdinand II. (1619 bis 1637) rebellierte der Adel am 23.5.1618 (Fenstersturz) und wählte Kurfürst Friedrich von der Pfalz. Der Sieg der kath. Liga vor Prag (Weißer Berg, 8.11.1620) führte zur Landesverweisung von über 30000 prot. Familien aller Stände beider Völker. Der → Westfälische Friede 1648 restituierte den Kaiser in seinen Erbländern Böhmen und Mähren, beließ ihm die schlesischen Fürstentümer und bestätigte den Verlust der Lausitz an Sachsen. Im Jh. der Türkenkriege verwuchsen die Länder mit Österreich. Kaiserin Maria Theresia mußte am 15.2. 1763 endgültig Schlesien mit Glatz an Preußen abtreten, die Fürstentümer Jägerndorf und Troppau blieben als Österreichisch-Schlesien bei den Böhmischen Ländern. Die Revolution 1848 brachte nationale Trennung, Deutsche als Abgeordnete ins → Frankfurter Parlament, den 1. Slawenkongreß nach Prag. Föderalisierungspläne ergaben im Februarpatent vom 26.2.1861 Landesordnungen für die drei Länder und 1905 für Mähren den »Ausgleich« nationaler Interessen. Die Slowakei verblieb 1867 beim Königreich Ungarn. Der tschechoslowak. Nationalrat setzte in den Friedensverträgen vom 10.9.1919 und 4.6.1920 die Grenzen der T. durch. Das »Münchener Abkommen« vom 29.9.1938 und der Beschluß des slowak. Landtages vom 14.3.1939 führten zur Teilung der T. (»Sudetenland«, Slowakei und »Protektorat Böhmen und Mähren«). Nach ihrer Aufhebung durch das Kaschauer Programm der neuen Regierung vom 5.4.1945 wurden 3000400 Deutsche und 100000 Magyaren ausgewiesen. Am 25.2.1948 sind die Staatsführung revolutionär und die historischen Länder mit dem 1.1.1949 in 19, mit dem 5.7.1960 in 10 Kreise umgegliedert worden.

3. In Südmähren und Oberungarn (Bistum Neutra 833) sind Kirchen vor 850 und in → Regensburg (Domkloster St. Emmeram) 845 die Taufe adeliger Böhmen nachweisbar. 863 kamen → Konstantin und Method (885 in Welehrad begraben) nach Mähren. Böhmen war seit 895 kirchlich wieder bei Regensburg. Herzog → Wenzels Märtyrertod 929 erhob den Przemysliden zum Landespatron. Die Trennung Böhmens und Mährens von → Salzburg als Bistum → Prag 973 unterstützte Bischof Wolfgang. Das Herzogshaus stiftete 973 das Benediktinerinnenkloster St. Georg innerhalb, 993 Bischof → Adalbert das Benediktinerkloster Břevnov außerhalb der Burg. Herzog Břetislav beendete die Stammesfehden und überführte die Gebeine Adalberts (1039) und des Benediktinereinsiedlers Gunther (aus Niederaltaich 1055) nach Prag. In Ungarn gelang König Stephan 1002 die Errichtung des Erzbistums → Gran, dem auch Oberungarn eingegliedert war. Mähren wurde eigenes Bistum (→ Olmütz 1063). Als Klöster der Reformbewegungen bauten cluniazensische Benediktiner seit 1117 Kladrau u.a., Zisterzienser seit 1143 Sedletz, Pomuk u.a. auf Herzogsland, Prämonstratenser seit 1142 Strahov b. Prag, Seelau u.a. auf Bischofsland. Seit 1193 folgten Zisterzienser- und Prämonstratenserklöster auf Herrenland in Osseg, Welehrad, Hohenfurth (1259) bzw. Tepl. Dominikaner (1220 Znaim), seit 1234 Franziskanerinnen auf der Prager Burg, 1237 die Kreuzherren (Hospitalorden) an der Prager Brücke stützten die jungen Städte. Die Johanniter waren seit 1218, der Deutsche Ritterorden seit 1252 ansässig (Ballei Komotau). Nationaler Frühhumanismus bestimmte Bischof Johann von Dražitz 1333 bei der Errichtung des Augustiner-Chorherrnstiftes Raudnitz. Karl IV. setzte 1344 das eigene Erzbistum → Prag (: I), 1348 die Universität durch (→ Prag: II). Neben der Parler-Bauhütte in Prag (→ Malerei: III, 3) war im Südböhmen der Herren von Rosenberg seit 1350 (Hohenfurth) ein Malerkreis tätig. Der kaiserliche Kanzler Johannes von Neumarkt († 1380) und Johannes aus Tepl, Notar in Saaz († 1415) als Dichter des »Ackermann und der Tod« zeugen für die Religiosität deutscher Frühhumanisten. Die Mystik Karls IV., der 1361 aus dem Augustiner-Chorherrnstift Waldhausen bei Linz den Bußprediger Konrad († 1369) berief, wirkte über die Hofkreise hinaus.

4. Johann → Milič aus Kremsier/Mähren schied aus der Hofkanzlei und wurde 1364 als Mitarbeiter Konrads Prediger der tschech. Devotio moderna. Seit 1340 hatten sich → Waldenser in West- und Südböhmen gesammelt (Tepler Bibel um 1350). 1366 lehrte Adalbert Ranconis aus Südböhmen, ebenso wie → Hieronymus von Prag, an der Universität, seit 1396 Johannes → Huß. Der Universitäts-Streit griff 1408 auf die städtische Bevölkerung über. Die Ermordung des Johannes aus → Nepomuk hatte schon 1393 die Lage verschärft. Wie die waldensischen Magister aus Dresden um → Jakob aus Mies, zog der Hussitismus (→ Huß, 2) Peter Payne aus England, 1418 Pikarden aus Nordfrankreich und Deutsche aus Franken und Österreich an. Nach den Kompaktaten mit dem Basler Konzil (1436) behaupteten sich die gemäßigten Utraquisten auf den Hussitensynoden unter Johann → Rokycana. → Johannes von Capestrano stärkte 1451/54 namentlich in den deutschen Städten den kath. Widerstand (Fronleichnamsbruderschaften). Außerhalb der politischen Bewegungen stand der Laientheologe → Petrus Chelčický, an den sich 1453 die Anhänger der späteren → Brüderunität (: I), auch Deutsche aus Ostböhmen wie Michael → Weiße anschlossen. Olmütz in Mähren und Gran in Oberungarn führten eine kath. Humanistengruppe in Verbindung mit Breslau und Wien (→ Celtis). Die nordböhmischen Humanisten um Bohuslaw Lobkowitz von Hassenstein ebneten seit der Leipziger Disputation Luthers Lehre den Weg auf den Herrschaften der Schlick (1521 Joachimsthal, Elbogen) - denen Luther Schriften widmete -, Salhausen (1523 Bensen, Tetschen), Redern (Reichenberg) und in den Bergstädten wie Iglau 1522 (Paul → Speratus). Um Joh. → Mathesius an der Lateinschule, dann Pfarrkirche in St. Joachimsthal sammelten sich Schüler Luthers (u.a. Nik. → Hermann). Bis in die oberungarischen Bergstädte wirkte dieser wittenbergische Stützpunkt. Auch die Prager Utraquisten traten schon 1519 mit Luther in Verbindung, seit 1524 mit Gegenströmungen unter Gallus Cahera. In Prag wirkte 1521 Th. → Müntzer. Zwischen Luther und der Brüderunität (→ Lukas aus Prag) blieben die Beziehungen schwankend. 1524 gewann Zwinglis Lehre Einfluß in Nikolsburg. Unter Balth. → Hubmaier und dann Jak. → Huter wandelte sich die Bewegung der sowohl taboritisch wie durch Zürich be-

stimmten separierten Brüderunität der Habaner (Hr.Joh. Duvčansky auf Habrobany) in jene der → Täufer und griff 1528 bzw. 1546 in die Zips über. Von der Oberpfalz drang der Calvinismus in tschech. Gebieten vor. Die böhmischen Stände einigten sich am Landtag 1575 auf die »Böhmische Konfession«; der Majestätsbrief vom 9.7.1609 bewilligte dann den Ständen und königlichen Städten freie Religionsübung, das eigene Konsistorium und die Universität. Ausgeschlossen blieb die Brüderunität. Um den 1612 zum Erzbischof bestellten Generalvikar Johann Lohelius aus Tepl sammelten sich die kath. Humanisten Böhmens. Nach 1621 führte die Zerklüftung unter den Protestanten die Exulantengruppen nach verschiedenen Ländern. Europäische Bedeutung gewann unter ihnen neben Künstlern (A. → Hammerschmidt, V.Hollar) und Wissenschaftlern J.A. → Comenius.

5. Die Jesuiten, seit 1551 in Böhmen, erhielten 1622 die Schulaufsicht. Über die »Generalreformationskommission« hinaus halfen Kapuziner seit 1600 und andere neue Orden die Bürgerschaft zu rekatholisieren. Es kam zu Bauernaufständen in Nordböhmen, Widersetzlichkeiten in altutraquistischen Landschaften. Die schlesischen und lausitzer Grundherren boten Rückhalt wie bei Jak. → Böhme. Neue Bischofssitze wurden dagegen in → Leitmeritz 1655 und → Königgrätz 1664 errichtet. Aus Halle und den Exulantenlandschaften in Sachsen und der Lausitz führte die pietistische Mission, seit 1711 in Böhmen, zu einem Wiedererwecken ev. Lebens. Die erzbischöfliche Residenz Tyrnau bei Preßburg war Rückhalt der kath. Mehrheit Oberungarns. In den Bergstädten und der Zips hielt sich dennoch das Luthertum und der Calvinismus unter Deutschen, Slowaken und Magyaren. Neuen Rekatholisierungskommissionen seit 1733 ging ein Marienkult mit barocker Kunstentfaltung in Wallfahrtsorten und 1729 die Heiligsprechung Johanns von Nepomuk voraus. Piaristen - seit 1756 mit einer führenden Lateinschule in Prag - stützten die von Maria Theresia und → Joseph II. geförderten Reformen des Schulwesens in → Österreich (, 5). Die Erhebung von → Olmütz 1777 zum Erzbistum und Errichtung des Bistums → Brünn im gleichen Jahr, von → Budweis 1785, gingen vom Hofe aus (→ Josephinismus); das Dekanat Eger von der Regensburger in die Prager Diözese zu übernehmen gelang erst 1807. Im Höhepunkt des böhmischen Barock drang von Halle und Leipzig die → Aufklärung über kirchlich kath. Kreise ein. Josef Stepling SJ wirkte 1752-78 in Prag. Benediktinerklöster Böhmens und Mährens hatten dem → Jansenismus nahestehende Gelehrte wie Abt St. → Rautenstrauch. Die Aufklärung vertrat Karl Heinrich Seibt aus Nordböhmen seit 1764 als erster Laie an der Prager philosophischen Fakultät, leitend für die Lateinschulen in Böhmen bis 1784. Das Toleranzpatent vom 13.10.1781 löste unmittelbar 80000 Meldungen - überwiegend zur helvetischen Konfession - aus. Die 1707 vom Schwedenkönig Karl XII. erzwungenen 6 »Gnadenkirchen« für → Schlesien, darunter Teschen, das nach 1763 bei Österreich verblieb, waren luth. Hier wie in dem 1775 endgültig an Böhmen gefallenen Ascher Ländchen hatten sich ev. Gemeinden seit der Reformation ununterbrochen erhalten. Das kaiserliche Patent vom 8.4.1861 ermöglichte volle Gleichstellung in Österreich. Unter der kath. Geistlichkeit wirkten B. → Bolzanos Reformgedanken. Die ev. Bekenntnisse konnten sich schwer unter dem Oberkirchenrat in Wien einigen, zumal nationale Gegensätze in Böhmen hinzutraten. Seit ca 1865 sammelten sich tschech. Freireformierte und eine tschech. Brüdergemeinde, seit 1885 tschech. Baptisten. Im Deutschtum Nordböhmens löste das → Infallibilitäts-Dogma eine Übertrittsbewegung zur altkath. Kirche (Bistum Warnsdorf) aus. 1898 setzte die → Los-von-Rom-Bewegung ein, die zu den 54 deutschen ev. Gemeinden 131 neue (bis 1914) ermöglichte. Das → Gustav-Adolf-Werk half seit 1861 beiden Nationen.

6. Mit dem Ausscheiden aus Österreich konnte die seit 1905 wirkende tschech. Unionsbewegung die beiden Bekenntnisse am 17.12.1918 in Prag zur Ev. Böhmischen Brüderkirche zusammenschließen (123675 Helvetisch, 22860 Augsburgisch), deren Zahl sich rasch durch Übertritte verdoppelte. Die 6 deutschen Kirchenkreise mußten sich daher am 25.10.1919 als eigene Deutsche ev. Kirche in Böhmen, Mähren und Schlesien konstituieren (ca 12000). Die Ev. Kirche AB in der Slowakei (385000) blieb selbständig und umfaßte Slowaken, Deutsche und Magyaren, ebenso die Augsburgisch ev. Kirche in Ostschlesien (46000) und die ref. christliche Kirche in der Slowakei und Karpathenrußland (200000). 1919 entstanden die ehem. Freie ref. Kirche als Böhmische Brüderunität (6300) neu neben der alten Brüdergemeine (700), die Baptisten als Chelčickýs Brüderunität (ca 600) und 1921 die Ev. Methodistenkirche (ca 10000 Glieder). Aus dem liberalen kath. Reform-Priesterklub entstand am 8.1.1920 die Tschechoslowak. Kirche, die als Los-von-Rom-Bewegung innerhalb Jahresfrist 525000 Glieder zählte. Der Bund der (tschech.) ev. Kirchen gewann durch Männer wie J.L. → Hromádka Anschluß an die ökumenische Bewegung. Der Modus vivendi der T. mit dem Vatikan vom 2.2.1928 regelte die neuen Diözesangrenzen der 6 Bistümer Tyrnau, Neusohl, Neutra, Zips, Rosenau, Kaschau in der Slowakei. Jugend- und Erneuerungsbewegungen wie der Finkensteiner Bund (→ Singbewegung) wirkten verbindend zwischen den Bekenntnissen und Nationen. Der wechselnde staatliche Druck seit 1939 hat in der kath. Kirche 1940 den Deutschen Orden in Schlesien und seit 1950 alle Klöster aufgelöst und Bischöfe in Haft gesetzt. Die Deutsche ev. Kirche besteht seit 1953 als »Gemeinschaft« (Sitz Marburg/Lahn) ähnlich slowak. und tschech. Gemeinden im Exil. Den Brüderkirchen gewährt die Kommunistische Partei der T. größere Bewegungsfreiheit, weil sie im Hussitismus eine verwandte Tradition zu sehen glaubt. Die Kirchengesetze vom Okt. 1949 haben im Staatsamt für Kirchensachen die gesamte Verwaltung aller zentralisiert. Die letzte amtliche Zählung ergab 1930 für die böhmischen Länder + Slowakei 8378079 + 2384355 Katholiken, 499685 + 555900 Evangelische, 779672 + 11495 Tschechoslowak. Kirche, 21544 + 149 Altkatholiken, 36637 + 222791 griech. Katholiken und Orthodoxe, 5808 + 1117 andere christliche Kirchen, 117551 + 136757 Israeliten, 1505 + 349 andere Bekenntnisse, 832795 + 16890 ohne Bekenntnis. Die am 14.7.1950 verstaatlichte Theologenausbildung erfolgt in 6 Fakultäten (→ Prag: II, 7).

Vgl. die Lit. zu → Österreich, → Prag, → Tschechen. Ferner: H.Hassinger, Die T., ein geogr., polit. u. wirtschaftl. Hdb., 1925 - W.Wostry, Dt. Bischöfe, Mönche, Weltgeistliche vor 1200 (Sudetendt. Lebensbilder II, 1930, 1-25; III, 1934, 1-49) - RGG² V, 1294ff (Lit.) - Statist. Jahrb. (tschech.), 1938. 1957 - E.Winter, Tausend Jahre Geisteskampf im Sudetenraum, (1938) 1956² (Lit.) - Ders., Die tschech. u. slowak. Emigration in Deutschland im 17. u. 18.Jh., 1955 - F.Hrejsa, Gesch. d. Christentums in d.T., Prag 1947-50 (tschech.) - H.Preidel, Die Anfänge d. slaw. Besiedlung Böhmens u. Mährens I. II, 1954/57 - Gebhardt-Grundmann II, 559ff - V.Husa, Th.Müntzer u. Böhmen, Prag 1957 (tschech.) - P.Ratkoš, Die Anfänge d. Wiedertäufertums in d. Slowakei (Aus 500 Jahren dt.-tschech. Gesch., 1958, 41-59) - K.Bosl, Der Eintritt Böhmens u. Mährens in d. westl. Kulturkreis im Lichte d. Missionsgesch. (Böhmen u. Bayern, 1958, 43-64) - W.Wegener, Böhmen/Mähren u. d. Reich im HochMA, 1959 (Lit.) - W.Weizsäcker, Quellenbuch z. Gesch. d. Sudetenländer I, 1960 - G.Stökl, Gesch. d. Slavenmission (Die Kirche in ihrer Gesch. II, Lfg. E, 1961, 75-91; Lit.).

K.Oberdorffer

II. Theologiegeschichtlich

1. Theologiegeschichtlich sind die Anfänge der böhmischen Reformation bereits um 1360 anzusetzen. → Milič von Kremsier gab, joachitisch beeinflußt, Predigt und Eucharistie ihre endzeitliche Ausrichtung wieder. Durch Matthias von → Janow nahm die Bewegung mit der wissenschaftlichen Theologie Fühlung auf. Sein Wirken beeinflußte spätere hussitische Denker. → Huß radikalisierte das Schriftprinzip im Sinne → Wiclifs und wandte sich in seiner Ekklesiologie gegen die Papstkirche. Mit seinem Märtyrertod verselbständigte sich das hussitische Denken und fand bes. in den vier Prager Artikeln (1419/20) bekenntnisartigen Ausdruck: 1. Freiheit und Autorität des gepredigten Wortes Gottes, 2. Kommunion unter beiderlei Gestalt, 3. Absage an die politische und wirtschaftliche Machtstellung der Kirche, 4. sozialethische Folgen des Glaubensgehorsams. In der revolutionären Periode des Hussitismus (1419-34) diente dieses Programm sowohl einer radikalen wie einer milderen Gruppe als Ausgangspunkt ihrer verschiedenen Sicht.

Das radikale *Taboritentum,* geistesgeschichtlich von der Prager Linken (Nikolaus und Peter von Dresden, Johann von Selau) vorbereitet, entfaltete seine eigentümliche Kampftheologie, nachdem es 1421 eine chiliastische Krisis überwunden hatte. Was nicht schriftgemäß begründet werden kann, wird abgewiesen, vor allem die auf »apostolischer Sukzession« ruhende Hierarchie, Einzelheiten des Zeremonienwesens, die Lehre vom Fegfeuer, von der letzten Ölung, dazu Eid und Todesstrafe. Als gesellschaftliches Ideal erscheint die at. Richterzeit. Der erhöhte Herr kann, wie Johann der Deutsche von Saaz lehrte, nur sacramentaliter, spiritualiter, vere, jedoch weder corporaliter noch dimensionaliter im Sakrament weilen. Nikolaus Biskupec von Pilgram (Pelhřimov), 1420 zum Taboritenbischof erwählt, stellte die hl. Schrift als Maßstab auch über die Parteiinteressen. Auf ihn gehen die Confessio Taboritarum und das Chronicon zurück, Bekenntnisschrift und Apologie. Taboritentheologen waren es auch, die am 18.5.1432 in Eger den Gesandten des Basler Konzils die Anerkennung des hussitischen Autoritätsprinzips abgerungen haben: lex divina, praxis Christi, apostolica et ecclesiae primitivae una cum conciliis doctoribusque fundantibus se veraciter in eadem, pro veracissimo et indifferenti iudice admittentur. Durch zahlreiche Manifeste und auch auf dem Weg über die europäische Diaspora der → Waldenser, die in Saaz einen mit Tabor verbündeten Mittelpunkt gefunden hatten, übte die Taboritentheologie im 15. Jh. eine beträchtliche Anziehungskraft aus, auch nachdem ihre Wortführer N.v. Pilgram und Wenzel Koranda d.Ä. seit dem endgültigen Fall der Stadt Tabor 1452 zum Schweigen gebracht worden waren.

Die Prager hussitische *Orthodoxie* wurde wieder konservativer. → Jakob von Mies begründete biblisch und historisch die Notwendigkeit der Kelchspendung und die communio parvulorum. Der Kelch, Symbol des gesamten Hussitentums, wurde im Prager Utraquismus zum Rest des Protestes gegenüber der röm. Kirche. Jakobs Nachfolger Jan → Rokycana gelang es, die romfreundliche Tendenz einiger führender Universitätstheologen (Jan von Příbram, Prokop von Pilsen) einzuschränken. Auf Grund der Kompaktaten (1436) siegte seine Richtung 1444. Wenzel Koranda d.J. († 1519) repräsentierte gegenüber dem auf völlige Trennung von Rom drängenden Martin Lupáč († 1468) die Forderung der Selbständigkeit gegenüber Rom ohne einen ausdrücklichen Bruch und unter Einschluß der Priesterweihe. – In den hussitischen Kriegen erhob → Petrus Chelčický einsamen Protest gegen jede Gewaltanwendung. Er deutete die Botschaft des NT als ständige Krisis der Welt und der Kirche. In biblischer Hoffnung könne nur eine Kirche leben, die sich in den Dienst des Königs Jesu stelle und bereit sei, um seinetwillen auf jede Sicherung der äußeren Existenz zu verzichten und gemeinsam mit ihm zu leiden. Die feudale Struktur der Gesellschaft wird zugleich abgewiesen.

Die → *Brüderunität* (: I) folgte zunächst dieser Wegweisung Chelčickýs. Um 1495 erkannte sie aber darin eine moralisierende Überbewertung menschlichen Tuns. → Lukas von Prag half zu rascher Überwindung dieser Krise durch Betonung der objektiven Geltung der Heilstaten Gottes, die der Mensch in Glaube, Liebe und Hoffnung zu bewähren habe. Erasmus, Luther und Zwingli gegenüber verfocht Lukas die Eigenständigkeit der theologischen Erkenntnis der Brüder. Der Ausgleich mit dem Luthertum wurde aber eines der Ziele der Brüderkonfession von 1535. Luther und → Bucer gegenüber beharrten die Brüder jedoch auf dem Grundsatz, daß jede Intervention der weltlichen Macht in Sachen des Glaubens unzulässig sei. Wachsende melanchthonische Einstellung führte zur Rezeption des Calvinismus. Matthias Červenka schrieb so 1564 im Anschluß an das Apostolikum eine Dogmatik unter kritischer Berücksichtigung der beiden Haupttypen der europäischen Reformation. In der Konfession von 1561 (1573) beschritten die Brüder dann theologisch einen Mittelweg, und seit den 80er Jahren betrachtete die ref. Welt die Unität als ihr zugehörig (→ Polanus). Simeon Theophilus Turnovský († 1608), Senior der Gemeinden in Polen, führte die brüderische Tradition energisch weiter. Die letzte Epoche der theologischen Entwicklung vor 1620 zeigt einerseits eine spürbare Befruchtung durch ref. Denken, bes. in der Bibelarbeit und in der öffentlichen Tätigkeit des brüderischen Adels, andererseits aber auch ein Ermatten angesichts neuer Fragen. Das große Werk des → Comenius entfaltete das brüderische Vermächtnis unter stark veränderten Verhältnissen. Die Unität zeigt im Verlauf ihrer Geschichte theologische Führer von schöpferischer Kraft, betrachtete aber immer die Theologie als eine Gesamtfunktion der Kirche. Dogmengeschichtlich bedeutet die Unität eine theologische Radikalisierung des taboritischen Erbes, vorgezeichnet durch den Protest Chelčickýs gegen Verweltlichung. Hauptanliegen der Brüdertheologie scheint der Gehorsam gegenüber dem Heilsangebot Gottes gewesen zu sein, wobei sie ihre Ekklesiologie der Soteriologie ein- und unterordnete. *A. Molnár*

2. Neben der Unität entwickelte sich die hussitische Kirche unter dem starken Einfluß des Luthertums, jedoch unter Festhalten am Erbe des Hussitismus: Das christliche Leben wurde betont, spitzfindige Spekulation abgewiesen. Von daher war der Philippismus den Tschechen angemessener als das Gnesioluthertum, obwohl auch dieses seine Vertreter in Böhmen hatte. Die Böhmische Konfession (1575) wurde von Paul Přáza-Pressius u.a. auf Grund der CA und in Wahrung des Zusammenhanges mit dem Hussitismus verfaßt. Anklänge an die Confessio Helvetica und den → Heidelberger Katechismus lassen sich feststellen. Auf dieser Grundlage näherte sich die Brüderunität der Utraquistenkirche. In Mähren hingegen war das Luthertum der → Konkordienformel stärker vertreten, aber auch hier wuchs die Tendenz zur Vereinigung mit den milden Lutheranern. Die Katastrophe am Weißen Berge (1620) unterbrach diese Entwicklung. Im Exil mußten sich die Utraquisten dem luth. Landeskirchentum anpassen, während die Brüder sich mit den Reformierten vereinigten.

In der *Slowakei* errang nach einer Periode des Philippismus das strenge Luthertum die Vorherrschaft (Sup. Elias Láni, † 1618; der Exulant Georg Třanovský-Tranoscius, † 1637). Die sächsische Theologie des 17. und 18.Jh.s blieb für die slowak. Lutheraner maßgebend. Der → Pietismus wurde offiziell abgelehnt (Sup. Dan. Krman, † 1740), jedoch von einigen, zB Math.Bel († 1749), gepflegt. Er wirkte in seiner luth. Gestalt stark auf die tschech. Exulanten in Sachsen, später auch in Preußen und auf die prot. Reste in Böhmen. Dennoch überwog unter den Exulanten neben einer tschech. Gruppe der im pietistischen Sinn erneuerten → Brüderunität (: II) die ref. Richtung in Anlehnung an die Reste der mit den Reformierten verschmolzenen Brüderunität in → Polen (: I, 2). Der Prediger der luth. tschech. Gemeinde in Berlin, Joh. → Jänicke, gehörte zu den führenden Gestalten der → Erweckung (: I, 5b).

In der Toleranzzeit führte der Mangel religiöser Erziehung im Geheimprotestantismus zu einem Anwachsen des spiritualistischen Schwärmertums in Ostböhmen. Diese Gruppen wurden vom Staate nicht toleriert. Zahlreiche Anmeldungen zur hussitischen Kirche wurden abgewiesen. Von den beiden ihnen bewilligten Bekenntnissen wählten die meisten Tschechen das Helvetische, nur etwa ein Viertel blieb beim Luthertum. In beiden Kirchen war unter dem Einfluß → Ungarns zunächst noch die milde Orthodoxie maßgebend, später der Rationalismus. In der nächsten Generation machte sich der Einfluß des deutschen → Idealismus geltend. Den slawischen Völkern schrieb man besondere religiöse Begabung zu (Jan Kollár, ev. Pfarrer und Dichter, 1793 bis 1852). Das gefühlsbetonte slowak. Luthertum lehnte daher auch die Union mit der madjarischen ref. Kirche Ungarns ab (Jos.M.Hurban, 1817-88). Unter den tschech. Protestanten propagierten dagegen Jos.Ružička und B.V.Košut 1848/49 die Rückkehr zum geistigen Erbe der heimischen Reformation. Aber die beabsichtigte Vereinigung auf dieser Basis wurde durch die politische Reaktion unmöglich gemacht, obwohl die beiden Konfessionen sich seit 1781 zusammengelebt hatten. Der freie Verkehr mit den ausländischen ev. Kirchen steigerte nach 1861 wieder den Konfessionalismus, der dann auch in der luth. Slowakei Fuß faßte (Ján Leška, † 1909; Ján → Kvačala). Die ref. Tschechen hingegen standen jetzt bes. unter der Wirkung → Kohlbrügges und des schottischen Presbyterianismus (H.Tardy, 1832-1917; Fr.Šebesta, 1844-96; Čeněk Dušek, 1843-1918). Sie bemühten sich um den Gemeindeaufbau und eine synodal-presbyteriale Verfassung. Jan Karafiát (1846-1929) vereinigte unter westfälischen und schottischen Einflüssen in eigenartiger Weise brüderische Milde mit calvinischer Entschiedenheit. In die ref. Kirche drang die Erweckungsfrömmigkeit ein (L.B.Kašpar, 1837-1901); sie wurde in den kleinen Missionskirchen eifrig gepflegt, bes. in der Freien ref. Kirche (Al.Adlof, 1861-1927). In ihren Dienst stellten in der slowak. luth. Kirche die Schwestern Roy (Kristina, 1860-1936; Mária 1858-1924) ihre dichterische Begabung.

Um 1900 wich der Konfessionalismus einer gemäßigt positiven oder auch liberalen Theologie, nicht ohne Einwirkung des Prager Professors Thomas G.Masaryk (1850-1937), des späteren Präsidenten der Tschechoslowak. Republik, der 1880 aus der röm. zur ref. Kirche übergetreten war. Er sah in der religiösen Frage die Frage des Menschen überhaupt und deutete die böhmische Reformation im Sinn seiner Idee der Humanität als Aufforderung zu einer moralisch strengen, das Leben des Einzelnen wie auch die öffentliche Moral bestimmenden Religion. Obgleich ihm unter dem Einfluß des Positivismus das Verständnis für die biblische Offenbarung fehlte, bestärkte er die tschech. Protestanten darin, daß die heimische Reformation auch ein lebendiges Programm für die moderne Welt biete. Die Theologen nach 1900 suchten im Sinne → Ritschls, → Harnacks und → Troeltschs das Wesen des Christentums in einer undogmatischen Religion der Menschenliebe und der Sittlichkeit. So verstand man auch die böhmische Reformation. Die Abneigung gegen den Konfessionalismus bereitete die gemeinsame Rückkehr der Lutheraner und Reformierten zum »Glauben der Väter« und zur Bildung der Ev. Kirche der Böhmischen Brüder (1918) vor. Der freie Protestantismus wirkte hierbei mit. Ihn vertrat zB der Neutestamentler der ev.-theol. Hus-Fakultät Fr.Žilka (1871-1944), während der Alttestamentler Sl.Daněk (1885-1946) die Richtung der → Religionsgeschichtlichen Schule radikal durchdachte und die Kritik am biblischen Text mit einer glaubensmäßigen Wertung der Schrift als eines Instruments des Gotteswortes verband. Der Systematiker Jos.L. → Hromádka unternahm in losem Anschluß an K. → Barth eine gründliche Revision des Kulturprotestantismus. Er machte ernst mit der Offenbarung Gottes in seinem Wort, mit der Botschaft der at. Propheten, sah den Sinn des Evangeliums in der Person Jesu Christi und näherte sich dem Calvinismus in der Deutung des Evangeliums als der Botschaft vom Erlöser und Herrn der ganzen Erde. Dem Nationalismus stellte er ein neues Verständnis für die Allgemeinheit der Kirche Christi entgegen. Nach 1945 rief er zur Verantwortung des Christen für die Welt, die zu richten der bußfertige Christ nicht berufen sei. Auch der atheistischen Umwelt solle er die Gnade und Souveränität Christi verkündigen und damit die wahre Aufgabe der Kirche ohne Klage über den Verlust der einstigen Machtpositionen erfüllen. Die aus einer geschichtlich und modernistisch begründeten antiröm. Bewegung hervorgegangene Tschechoslowak. Kirche erklärte ihren Anschluß an die tschech. religiöse Tradition, indem sie den Grundsatz aufnahm, daß die Lehre der alten Kirche im Geist der gegenwärtigen Kultur verstanden werden solle. Als ihr Systematiker arbeitete Al.Spisar (1874-1955) in der liberalen Richtung ihres Begründers K.Farský. Ihre jetzigen führenden Theologen (→ Prag: II, 7), zu denen sich auch der Patriarch der Kirche Fr.Kovář (* 1888) gesellt, nehmen immer deutlicher eine Wendung zur Theologie des Wortes.

Vgl. die Lit. zu → Brüderunität: I, → Huß, → Kirchenlied: I, 8. Ferner: R.Říčan, Das Reich Gottes in d. böhm. Ländern. Gesch. d. tschech. Protestantismus, 1957 (Lit.) - Ders. u. A.Molnár, Die Böhm. Brüder, Prag 1957 (tschech., Lit.; dt. 1961) - J.L.Hromádka, Evangelium für Atheisten, 1958 - Ders., Evangelium vom Wege zum Menschen, Prag 1958 (tschech.; dt. 1961) - Ders. u.a., Von der Reformation zum Morgen, dt. 1959 - EKL III, 520ff. 1510ff (Lit.) - N.Cohn, Das Ringen um d. Tausendjährige Reich, 1961 - Dienende Gemeinde. Leben u. Werk d. prot. Kirchen in d. T., Prag 1961 - F.G. Heymann, The Hussite-Utraquist Church in the 15th and 16th Centuries (ARG 52, 1961, 1-16).

R.Říčan

Tschernembl, *Georg Erasmus Frhr. von* (1567-1626), bedeutendster politischer Führer des Protestantismus in → Österreich (, 4) zZ der → Gegenreformation, * in Schwertberg. Als leidenschaftliche, aktive Natur wandte er sich dem Calvinismus zu und wurde zum Haupt des Widerstandes der prot. Stände gegen die absolutistischen Ansprüche des Landesfürstentums, wobei er die Verbindung mit den führenden Persönlichkeiten des europäischen Protestantismus sowie Türkengefahr und habsburgischen Bruderzwist klug zu nützen verstand. Sein Eintreten für standesrechtliche Freiheit und ev. Glauben verhalf der prot. Sache noch einmal zum Sieg. Die Niederwerfung des böhmischen Aufstandes (1620), in den T. die Stände hineingezogen hatte, brachte jedoch zugleich dem österreichischen Protestantismus eine entscheidende Niederlage, die sich auch im persönlichen Schicksal T.s spiegelt. Er starb als Flüchtling in Genf.

H. STURMBERGER, G.E.T. Religion, Libertät u. Widerstand, 1953 - G. MECENSEFFY, Gesch. d. Protestantismus in Österreich, 1956.

L.v. Eltz-Hoffmann

Tschesch, *Johann Theodor (Dietrich) von* (1595-1649), * in Voigtsdorf bei Grottkau (Schlesien), wurde nach juristischem Studium in Marburg herzoglicher Rat in Brieg. Ein Unfall veranlaßte 1621 seine Wendung zur → Mystik (: VII). Seit 1622 gehörte T. dem schlesischen Freundeskreis um J. → Böhme und A. v. → Frankenberg an. Nach 1641 lebte er arm, aber »Gott ergeben« in Amsterdam, Hamburg, Danzig und Elbing. T. stand den Unionsbestrebungen des Brieger Hofdiakonus Augustin Fuhrmann (1591-1644) nahe, dessen Begriff der »wahren Catholisch-Ev. Religion« er übernahm. Sie ist ihm einmal die überkonfessionelle »wahre und allgemeine Religion«, von der zwar »alle Menschen-Religionen etwas haben«, die vollkommen aber nur das Wort Gottes als »die sichere Wahrheit« enthält. Zum andern ist sie ihm die »Herzens-Religion«, die sowohl die Innerlichkeit der deutschen Mystik wie auch die reformatorische Gewissensfrömmigkeit umschließt: »Taulerus [et] Lutherus duo centra unienda.«

G. KOFFMANE, Die relig. Bewegungen in d. ev. Kirche Schlesiens während d. 17. Jh.s, 1880 - G. ELLINGER, Angelus Silesius, 1927 - W.-E. PEUCKERT, Die Rosenkreutzer, 1928 - W. ZELLER, Augustin Fuhrmann (ZRGG 4, 1952, 214-229).

W. Zeller

Tschirschky-Boegendorff, *Carl von* (1802-33), ev. Mystiker, * in Kaulwitz bei Namslau (Schlesien), erlebte als Offizier in Potsdam durch die Vorträge des Schweizer Physikers Prof. von Tscharner eine Erweckung und arbeitete zuerst in der von → Eylert geleiteten Bibelgesellschaft mit, mit dem er sich überwarf. Er wurde → Quäker, lehnte Eid, Kriegsdienst und Staatskirche ab und zog sich in die Quäkersiedlung Valdorf bei Minden zurück, wo er wie ein Bauer lebte. → Volkening konnte ihn nicht vor dem Einfluß der Schriften → Gichtels bewahren. So zog T. schließlich Buße predigend und Kranke heilend durchs Ravensberger Land. Als er in einem öffentlichen Gottesdienst von Valdorf gegen den rationalistischen Ortspfarrer protestierte, setzte man ihn im Amtsgefängnis fest, wo er kurz darauf starb.

C. FABRICIUS, C.v.T.-B. (Jb. d. Vereins f. ev. KG Westfalens 20, 1918, 1-91).

E. Beyreuther

Tucher, *Gottlieb Freiherr von* (1798-1877), bayrischer Justizrat, * in Nürnberg, † in München, einer der Hauptverfechter der kirchenmusikalischen Restauration (vor allem des rhythmischen Gemeindegesangs; → Kirchenlied: II, 1. 5) und des romantischen → A cappella-Ideals.

Vf. u.a.: Kirchengesänge der berühmtesten älteren ital. Meister... gesammelt, 1827; Schatz des ev. Kirchengesangs I. II, 1840/48; Nachtrag: Über den Gemeindegesang der ev. Kirche, 1867.

W. Blankenburg

Tucker, *Josia* (1712-99), anglikanischer Theologe aus Wales, frühester Gegner des Methodismus, zugleich Theoretiker der Volkswirtschaft. Nach dem Studium in Oxford (St. John's College) seit 1737 Pfarrer in Bristol, verfocht T. als liberaler Denker die Naturalisierung auswärtiger Protestanten und Juden und zog sich dadurch viel Widerspruch in konservativen Kreisen zu. 1758 wurde er Dekan in Gloucester. Dort gestaltete sich sein Verhältnis zu Bischof → Warburton so schlecht, daß dieser über ihn spottete, er mache aus seinem Glauben ein Geschäft und aus seinem Geschäft einen Glauben. 1742 schrieb T. im Auftrag J. → Butlers eine dogmatische Widerlegung des → Methodismus als halb calvinistisch und halb arminianisch, wobei er ihn völlig aus den Schriften → Laws ableitete. In der Frage der nordamerikanischen Kolonien vertrat er deren Interessen gegen das Mutterland. 1771 setzte er sich für eine (aufklärerisch) abgemilderte Bekenntnisverpflichtung gegenüber den 39 Artikeln ein.

W.E. CLARK, J.T., New York 1903 - R.L. SCHUYLER, J.T. A Selection from his Economic and Political Writings, ebd 1931 - DNB XIX, 1209ff - M. SCHMIDT, John Wesley II, 1962.

M. Schmidt

Tudeschi, *Nikolaus von* (1386-1445), OSB, *Panormitanus* (auch *Abbas Siculus, A. modernus*), letzter bedeutender Kanonist des MA (»Lucerna iuris«), 1440 Kardinal. Nach Studium in Bologna und bei → Zabarella in Padua lehrte T., seit 1425 Abt von S. Maria de Maniaco (Diöz. Messina), in Bologna, Parma (1412-18) und Siena (1419 bis 1430). Zuerst 1433 als Gesandter Eugens IV., der ihn 1435 als Erzbischof von Palermo konfirmierte, auf dem Basler Konzil, vertrat T. dort ab 1436 die wechselvolle Politik Alfons' V. von Aragon und Sizilien. Er rechtfertigte die Konzilsautorität auf Frankfurter Reichstagen von 1438 und 1442.

Werke (bes. Dekretalen-Kommentar, 221 Consilia, 7 Quaestiones) zuletzt Venedig 1617 - Dt. Reichstagsakten XIII, 1925, bes. 195ff; XVI, 1928, 439-538 Nr. 212. - R. ZENO, N.T. (Arch. stor. per la Sicilia orientale 5, 1908, 258-267. 350-374) - J. SCHWEIZER, N.de'T.... Seine Tätigkeit am Basler Konzil (Theol. Diss. Basel), 1924 - DDC VI, 1957, 1195ff (Bibliogr., Lit.) - L. BUISSON, Potestas u. Caritas, 1958 - CH. LEFEBVRE, L'enseignement de N. de T. et l'autorité pontificale (Ephemerides Iuris Canonici 14, 1958, 312-339).

J. Leuschner

Tübingen

I. Universität - II. Stift

I. Universität

1. Allgemein - 2. Ev.-theol. Fakultät - 3. Kath.-theol. Fakultät

1. a) Im Geiste des aufstrebenden Territorialfürstentums stiftete Graf Eberhard im Bart von Württemberg i.J. 1477 am wichtigsten Ort des von ihm regierten Landesteils die Hochschule, die seit 1769 neben seinem Namen den des Herzogs Karl (Eugen) trägt. Die Geschichte der Universität in ihren ersten Jahrzehnten zeigt, daß dabei das bewahrende Moment der Tradition zunächst stärker war als die in die Zukunft weisenden Kräfte, die sich im Plan des Ganzen geltend machten. Mochte bei der Gründung auch die Anregung von Eberhards Mutter Mechthild, der Witwe des Freiburger Universitätsgründers, mitgewirkt haben - der Stiftungsbrief verrät die Freiburger Vorlage -, so war daran bes. sein Erzieher und Ratgeber → Nauklerus beteiligt, der als ehem. Basler Dozent die Verfassung der neuen Hochschule nach dem dortigen Vorbild gestaltete. Papst Sixtus IV. verlieh 1476 dem Herkommen gemäß die Privilegien und bestätigte die finanzielle Ausstattung: Das unter Mechthilds Patronat stehende Chorherrenstift in Sindelfingen wurde mit 8 Kanonikaten, deren eines Naukler innehatte, an die Pfarrkirche in T. verlegt und 6 von ihnen für je 3 theol. und kirchenrechtliche Lehrstühle, die restlichen 2, halbiert, für 4 Magisterstellen der Artistenfakultät verwendet. Die übrigen Professuren - 2 zivilrechtliche, 2 medizinische und eine für Beredsamkeit - wurden mit den Einkünften von 5 Pfarreien aus Eberhards Patronat bestritten. Kanzler der Universität wurde der Propst des Stifts, das aber schon 1482 zur Vereinfachung der Verhältnisse aufgehoben wurde. Als im selben Jahr der Inhaber dieser Würde starb, wurde sie Naukler verliehen, der auch der erste Rektor gewesen

war, - ein Zeichen dafür, wie sehr Eberhard die Geschicke der Hochschule allein zu bestimmen gedachte. So erhielten zB die T.er Klöster keinen Einfluß auf die Gründung, wenn sie dann auch u.a. durch → Scriptoris und → Staupitz am Unterricht beteiligt waren. Selbst das kaiserliche Privileg hatte keine wesentliche Bedeutung mehr. Es traf erst 1484 ein. Am inneren Ausbau wirkten zwei frühere Basler Kollegen Nauklers mit, bes. J. → Heynlin. Ihm ist es wohl zu verdanken, daß wie in → Basel (: II) beiden Richtungen der spätmittelalterlichen Schulwissenschaft Raum gegeben wurde. Via antiqua und via moderna erhielten eigene Bursen, und die theol. Lehrstühle wurden paritätisch besetzt: Neben Heynlin und K.Summenhard († 1502), die wichtigsten Vertreter der einen Seite, traten auf der anderen G.→ Biel (1484-92), sein Schüler W.Steinbach u.a. Für die geistige Leistung der neuen Hochschule sprechen bes. Biels Collectorium, die letzte große theol. Systematik des MA, und Nauklers Weltchronik, in der sich der universale Stil der überkommenen Historiographie mit Tendenzen des → Humanismus verband. Diese aber kamen in T. nicht zur Herrschaft. Die Professur für Beredsamkeit wurde wohl überhaupt erst 1496 besetzt, und zwar mit H. → Bebel, der mit eigenartiger Verbindung von rigorosem Eifer um die lat. Sprache und schwäbischer Bodenständigkeit bis 1518 einträchtig neben den Vertretern der Tradition wirkte. → Reuchlin gelangte nicht zur vollen Ausübung des ihm noch 1521 angetragenen Lehramts. Doch war er das Vorbild eines Kreises von Studenten, der sich, angezogen bes. von dem Gräzisten G. Simler und dem Mathematiker J.Stöffler, in → Melanchthons T.er Studienjahren (1512-18) sammelte (M. → Alber, A. → Blarer, J. → Oekolampad u.a.). Der Plan einer Aristoteles-Ausgabe kündet am deutlichsten von den gemeinsamen Ambitionen. Aber die Professoren verschlossen sich ihnen mit wenigen Ausnahmen (u.a. der Jurist M.Prenninger). Melanchthon konnte das in T. konzipierte Programm einer Studienreform erst an der Universität → Wittenberg vortragen, die durch Vermittlung von Staupitz als Tochtergründung von T. entstanden war. Eberhard († 1495) hatte keine ebenbürtigen Nachfolger gefunden, seine Schöpfung verlor sich in Epigonentum, und der Versuch der habsburgischen Regentschaft, ihr durch eine modernere Studienordnung (1525) aufzuhelfen, fruchtete wenig.

b) Mit Herzog Ulrichs Rückkehr (1534) begann die Reformation, deren Durchführung zunächst unter dem Gegensatz des luth. und des Schweizer Elementes litt. Neben A.Blarer wurde sie, da Melanchthon mehrmalige Berufungen ablehnte, dem Basler S. → Grynäus anvertraut, der sich vergeblich für H. → Bullinger und Th. → Bibliander verwendete und bald seinem Landsmann P.Phrygio († 1543) Platz machte. Mit dem Wirken von J. → Brenz (1537/38) setzte sich der luth. Charakter endgültig durch. Und nun gab es auch in allen Fakultäten Gelehrte, die das Ansehen T.s förderten, u.a. J. → Camerarius als Gräzist, der Botaniker Leonh. Fuchs als Mediziner, J. Sichard als Jurist; später bes. der Philologe M.Crusius († 1607), ferner J. → Schegk und N. → Frischlin. Da sich aber der Kanzler der Universität - es war Nauklers Nachfolger, der Jurist Ambr.Widmann - beharrlich der Neuordnung widersetzte, konnte erst nach seinem Tod i.J. 1561 eine endgültige Regelung getroffen werden, die, von Brenz entworfen, an die ursprünglichen Verhältnisse anknüpfte. Die 3 theol. Professuren wurden mit den Würden des Stiftspropstes, Stiftsdekans und Stiftspfarrers und den zugehörigen Visitationsbefugnissen ausgestattet. Seither war der erste von ihnen Kanzler der Universität - eine Würde, die im 19.Jh. aus Gründen der konfessionellen Parität an Angehörige anderer Fakultäten überging, 1933 aufgehoben wurde und danach nicht wieder erneuert worden ist. Auch die Pfarrei wurde erst am Ende des 18.Jh.s von der theol. Fakultät abgetrennt; noch heute sind drei ihrer Ordinariate mit einem Predigtauftrag in der Ortsgemeinde verbunden. Der Herzog konnte so kraft seines Patronats über die Besetzung der theol. Lehrstühle entscheiden, wobei er in der Regel im Dienst der Landeskirche bewährte Männer bevorzugte. Da auch die Juristen (u.a. N.Varnbüler, Chr.Besold, W.A.Lauterbach, mehrere Harpprecht) durch gleichzeitige Verwendung am Hofgericht stark an die Interessen des Landes gebunden waren, war damit der Charakter der Hochschule als reiner Landesuniversität bis ins 19.Jh. hinein festgelegt. Das zeigt sich u.a. auch daran, daß sich die Lehrstühle vielfach innerhalb einzelner Familien weitervererbten. Alle Angehörigen des Lehrkörpers mußten sich bis zur Gewährung der Religionsfreiheit (1806) auf die von dem T.er Kanzler J. → Andreä entworfene → Konkordienformel verpflichten. Zusammen mit der theol. Fakultät bestimmte das theol. Stipendium (→ Tübingen: II), das die Mehrzahl aller Studenten stellte, den Geist der Universität. Statt einer geplanten, ihm entsprechenden Ausbildungsstätte für künftige Staatsbeamte wurde 1594 ein Collegium illustre für auswärtige Adlige mit 4 Professuren errichtet. Es besaß nur vorübergehend Anziehungskraft, teilte sich aber noch bis 1816 mit der philosophischen Fakultät in deren Fächer.

c) Der konservative Charakter der Universität brachte es mit sich, daß oft gerade die besten Kräfte des Landes an ihr keine Heimstätte fanden. So blieb der Pietismus fast ganz von ihr ausgeschlossen, und nur wenig konnten sich auch die Tendenzen der Aufklärung in T. auswirken. Herzog Karl Eugen (1737-93) suchte den Studien zwar eine stärker praktische Ausrichtung zu geben, aber noch für Historiker wie G.J. → Planck und L.T. → Spittler bot sich keine Wirkungsmöglichkeit, wie sie sie in → Göttingen fanden. Unter der Konkurrenz der nach modernen Grundsätzen eingerichteten Hohen Karls-Schule (1775-94) kam darum die Universität fast zum Erliegen. Und noch für den vom T.er Stift ausgegangenen Deutschen → Idealismus (: II) war sie völlig unzugänglich. Die philosophische Fakultät hatte ohnehin bis 1818 einen niedrigeren Rang, und erst in der Mitte des 19.Jh.s wurde eine Studienordnung erlassen, die ihr die alte Funktion einer bloßen Unterstufe endgültig abnahm und die Eigenbedeutung ihrer Disziplinen anerkannte. Bis dahin war das Studium der Theologie Bedingung für den Eintritt in den höheren Schuldienst gewesen, und Theologen waren noch die meisten Ordinarien der Fakultät. Auch die naturwissenschaftlichen Fächer wurden jetzt (1863) aus ihr und der aufblühenden medizinischen Fakultät ausgegliedert und als eigene Fakultät konstituiert. Daneben bestand seit 1817 eine staatswirtschaftliche Fakultät (Fr.List 1817/18, ferner R.Mohl u.a.), die nach 1918 als wirtschaftswissenschaftliche Abteilung in der juristischen Fakultät aufging. Ebenfalls 1817 wurde die kath.-theol. Fakultät (s. 3) eröffnet. So nahm die Universität, deren Lehrkörper jetzt nicht mehr auf Württemberger beschränkt war, mit 7 Fakultäten, unter denen die ev.-theol. weiterhin für lange Zeit die bedeutendste war, am allgemeinen Aufschwung in der zweiten Hälfte des 19.Jh.s teil. Die Studentenzahl überschritt erstmals 1876 die Tausendergrenze. Die Verfassung, die angesichts der burschenschaftlichen Bewegung zwischen 1820 und 1830 vorübergehend aufgehoben war, erhielt 1912 die heute geltende Form. Die Philosophie hatte in F.Th.Vischer, I.H. → Fichte, Chr.Sigwart, M.Wundt, Th.Haering, die Geschichte in A.v.Gutschmid, D.Schäfer, G.v.Below, W.Götz, J.Haller, die Philologie in

R.Roth, R.Garbe, E.Littmann, O.Crusius, W.Schmid bis in die Gegenwart namhafte Vertreter. Von den Zerstörungen des 2.Weltkrieges verschont, konnte die Universität im Herbst 1945 die Arbeit wieder aufnehmen und Gelehrten wie R. → Guardini, W.F.Otto, E. → Spranger einen neuen Wirkungskreis bieten. Dazu waren einige Max Planck-Institute gekommen, deren Leiter wie A.Butenandt, A.Kühn in den Lehrkörper der Universität eintraten. Seither ist sie in weiterem Ausbau begriffen und zählt (Sommer 1962) ca 500 Lehrkräfte (davon 155 Lehrstuhlinhaber) und 10042 Studenten.

2. Die *ev.-theol. Fakultät,* in der, neben einem der früheren Professoren, P.Phrygio (s. 1b) und vorübergehend J. → Forster und E. → Schnepff tätig waren, kam erst nach dem → Interim mit J. → Beurlin und M. → Frecht zu voller Aktivität. J. → Heerbrand, J. → Andreä und M. → Hafenreffer sind die ersten Vertreter der luth. → Orthodoxie, die der Fakultät und der ganzen Universität für lange Zeit das Gepräge gab. Man nahm auch ökumenische Kontakte mit dem Patriarchen von Konstantinopel → Jeremias II. auf. Im Lehrtyp durch J. → Brenz bestimmt, stellten sich die T.er Theologen im Streit um die → Kenosis gegen die Gießener. Sie besaßen in L. → Osiander einen scharfen Polemiker. Die Lectura controversiarum wurde 1652 neben den biblischen Vorlesungen verbindlich, das systematische Kolleg (nach Hafenreffers »Loci«) ging an das seit 1561 bestehende Extraordinariat über. Ihm fiel im 18.Jh. auch die KG zu, während die 3 Ordinarien alternierend Thesis, Exegesis und Controversiae lasen. Oft rückten jetzt Professoren der philosophischen Fakultät auf. So kamen mit G.B. → Bilfinger und I.G.Canz († 1753) - gegen den Wunsch der Fakultät - die Ideen von → Leibniz und Chr. → Wolff zu Wort. Aber die Orthodoxie behielt mit J.W. → Jäger, J.F.Cotta († 1779) und Chr.F. Sartorius († 1785) die Führung: Ihre Lehrbücher lagen den Vorlesungen zugrunde. Demgegenüber hatten auch der vielseitige, weltoffene Chr.M. → Pfaff und der von → Spener angeregte Chr.E. → Weismann nur vorübergehenden Einfluß. Neues brachte dann Chr.G. → Storr, der sich kritisch mit → Kant auseinandersetzte und den auf die formale Autorität der Bibel gestützten Supranaturalismus der sog. älteren T.er Schule begründete (→ Rationalismus: II, 3c). J.F. und K.Chr. → Flatt und F.G. → Süskind bauten diese Position aus, die sich in E.G. → Bengel und dem nur wenig selbständigeren J.Chr.F.Steudel († 1837) schließlich selbst überlebte. Bengels Tod (1826) bot den Anlaß zu einer tiefgreifenden Reform der Fakultät, die Fächer wurden auf die (seit 1814: 4) Ordinariate aufgeteilt, und mit F.Chr. → Baur kam die Fakultät auf die Höhe der Zeit. Er, der Bahnbrecher der historisch-kritischen Theologie, ist der bedeutendste Gelehrte, den sie besessen hat. Um ihn sammelte sich die sog. jüngere T.er Schule (E. → Zeller, A. → Schwegler, Baurs Nachfolger C.v. → Weizsäcker u.a.). Sein radikalster Schüler, D.F. → Strauß, hat freilich nur kurz von der Lehrbefugnis der Stiftsrepetenten Gebrauch machen können. Das (5.) Ordinariat für AT wurde 1841 mit H.G.A. → Ewald besetzt. Auf Baurs Rat berufen und mit ihm befreundet, lehrte ferner J.T. → Beck mit spekulativem Biblizismus Dogmatik und NT, und dieses Nebeneinander von kritischer und biblizistischer Theologie macht bis in die Gegenwart das Besondere der Fakultät aus. Um die Jh.wende wurden weitere Lehrstühle für AT, NT und KG errichtet. Nachdem bes. Männer wie E. → Kautzsch, A. → Hegler, K. → Holl das einmal gewonnene Niveau gehalten hatten, bestimmten jetzt für lange Zeit A. → Schlatter und K. → Müller den Charakter der Fakultät. Ritschls Einfluß war durch Th.Haering (1894-1920, † 1928) und J.Gottschick (1892-1907, †), die → Religionsgeschichtliche Schule vorübergehend durch A. → Bertholet (1913/14) und W. → Heitmüller vertreten. In der Besetzung P. Volz (AT, daneben H. → Schmidt, W.Rudolph), Heitmüller und G. → Kittel (NT), Müller und G. → Anrich (KG, daneben O.Scheel, H.Dörries), F.Traub, K. → Heim, G.Wehrung (Syst. Theol., daneben F.K.Schumann), H. → Faber und K.Fezer (Prakt.Theol.), M. → Schlunk (Missionswissenschaft) war die Fakultät nach dem 1.Weltkrieg jahrelang die meistbesuchte in Deutschland (Sommer 1933: 952 Studenten). Nach dem Ausscheiden von H.Thielicke (1945-1954), G.Ebeling (1946 bis 1956) und E.Fuchs (PDoz. 1949, apl. Prof. 1953-55) lehren heute AT: A.Weiser (seit 1930, em.), K.Elliger (1937), H.Gese (1962); NT: O.Bauernfeind (1931, em.), O.Michel (1946), E.Käsemann (1959), F.Lang als Honorar-Prof. (1959); KG: H.Rückert (1931), W.Eltester (1955), E.Stracke als ao.Prof. (1928, em.); Syst. Theol.: A.Köberle (1939), H.Diem (1957), E.Steinbach (1946); Prakt. Theol.: H.Faber (1923, em.), W.Uhsadel (1957), W.Jetter (1961); Missionswissenschaft: G.Rosenkranz (1948). Neben der ev. Predigeranstalt (seit 1816, derzeitige Leiter Uhsadel, Jetter) bestehen ein Institutum Judaicum (Michel) und Institute für ökumenische Theologie (Rosenkranz), christliche Gesellschaftslehre (Steinbach), biblische Archäologie (Elliger) und christliche Archäologie (kommissarisch: Eltester). Die Studentenzahl im Sommer 1962: 697.

3. Die *kath.-theol. Fakultät* verdankt ihre Gründung dem Umstand, daß nach 1803 an das bis dahin fast rein ev. → Württemberg umfangreiche kath. Gebiete fielen, für deren Belange i.J. 1812 in Ellwangen eine neue Hochschule (»Friedrichs-Universität«) eröffnet wurde. Da sie nicht recht florierte, wurden im Zusammenhang mit der Bildung des Bistums → Rottenburg ihre 5 theol. Lehrstühle i.J. 1817 mit der Universität T. vereinigt. Als Gegenstück zum Ev. Stift wurde ein kath. Theologenkonvikt, das Wilhelmstift, eingerichtet. Mit den Professoren J.S.Drey, J.G.Herbst und J.B. → Hirscher, zu denen 1822 J.A. → Möhler trat, errang die Fakultät sofort eine führende Stellung. Die sog. kath. T.er Schule, deren Organ seit 1819 die - noch heute erscheinende - ThQ wurde, nahm in Auseinandersetzung mit der zeitgenössischen ev. Theologie Anregungen von Romantik und Idealismus auf und war mit ihrem Streben nach einer Einheit von historischer und spekulativer Theologie bis in die Gegenwart, und gerade in ihr wieder neu, richtungweisend. Damals reichte ihre Ausstrahlung bes. nach → Gießen und → Freiburg. J.E. → Kuhn setzte die spekulative, der spätere Bischof K.J. → Hefele die historische Linie glänzend fort. 1857 wurde ein (6.) Ordinariat für Kirchenrecht errichtet, während ein außerdem gewährter konfessioneller Lehrstuhl für Geschichte in der philosophischen Fakultät blieb (im Dritten Reich aufgehoben). 1903 erhielt auch die scholastische Philosophie einen eigenen Lehrstuhl. Die Nachfolge Hefeles übernahm ebenbürtig F.X. → Funk, dem aus einer Zahl von bedeutenden Schülern K. → Bihlmeyer folgte. Die Moraltheologie hatte in F.X. → Linsenmann und P.W. → Keppler zwei Vertreter, die ebenfalls zur bischöflichen Würde aufstiegen. Außer ihnen sind bes. P.Schanz (Dogmatik, 1876 bis 1905), J.B.Sägmüller (Kirchenrecht, 1896-1926), P. Rießler (AT, 1907-33), O.Schilling (Moraltheologie, bes. Sozialethik, 1916-41) und vor allem K. → Adam (seit 1919, em.) zu nennen. Das große Erbe, das für die Fakultät eine oft bewußt empfundene Verpflichtung bedeutet, erfuhr durch J.R.Geiselmann (seit 1926, em.) besondere Pflege. Mit dem aus München vertriebenen Th. → Steinbüchel erhielt die Universität eine ihrer be-

deutendsten Persönlichkeiten in den Jahren um 1945. Heute lehren Scholastische Philosophie: J.Möller (seit 1953); Fundamentaltheologie: H.Küng (1960); AT: H. Haag (1960); NT: K.H.Schelkle (1950); KG: K.A.Fink (1940); Dogmatik: L.Scheffczyk (1959); Moraltheologie: J.Stelzenberger (1950); Kirchenrecht: H.Flatten (1955); Pastoraltheologie: F.X.Arnold (1937). Es besteht ein eigenes Seminar für Scholastische Philosophie unter Leitung von J.Möller. Die Studentenzahl im Sommer 1962: 251.

Qu: Sammlung d. württ. Schulgesetze III: Universitätsgesetze bis zum Jahre 1843, hg.v. TH.EISENLOHR (Samml. d. württ. Gesetze, hg.v. A.L.REYSCHER, XI/3), 1843 - Urkunden zur Gesch. d. Univ. T. aus d. Jahren 1476-1550, hg.v. R.ROTH, 1877 - Die Matrikeln d. Univ. T., I, hg.v. H.HERMELINK, 1906 (Reg. 1931); II. III, bearb. v. A.BÜRK-W.WILLE, 1953. - *Lit.:* K.KLÜPFEL, Gesch. u. Beschreibung d. Univ.T., 1849 (darin 216-247 u. 389-426: F.C.BAUR, Die ev. theol. Fakultät vom Jahre 1777 bis 1812 u. vom Jahre 1812 bis 1848) - DERS., Die Univ. T. in ihrer Vergangenheit u. Gegenwart, 1877 - C.v. WEIZSÄCKER, Lehrer u. Unterr. an d. ev.-theol. Facultät d. Univ. T. von d. Reformation bis zur Gegenwart, 1877 - H.HERMELINK, Die theol. Fakultät in T. vor d. Reformation 1477-1534, 1906 - DERS., Univ. u. Wissenschaften (Herzog Karl Eugen v. Württ. u. seine Zeit, hg.v. Württ. Gesch.- u. Altertumsverein, 1909, II, 191-260) - KARL MÜLLER, Zur Gesch. d. kath. Professuren an d. Univ. T. (1907; in: Aus d. akadem. Arbeit, 1930, 272-289) - RE XX, 148ff - M.v.RÜMELIN, Die Univ. T. (Württ. unter d. Regierung König Wilhelms II., hg.v. V.BRUNS, 1916, 406-438) - Beiträge zur Gesch. d. Univ., bes. d. kath. theol. Fakultät in T. (ThQ 108, 1927, H. 1) - J.HALLER, Die Anfänge d. Univ. T. I. II, 1927/29 - P.JOACHIMSEN, Zwei Univ.geschichten I: T. (ZKG 48, 1929, 390-415) - F.ERNST, Die wirtschaftl. Ausstattung d. Univ. T. in ihren ersten Jahrzehnten 1477-1537 (Darst. aus d. württ. Gesch. 20), 1929 - J.R.GEISELMANN, Lebendiger Glaube aus geheiligter Überlieferung. Der Grundgedanke d. Theol. J.A. Möhlers u. d. kath. T.er Schule, 1942 - H.RÜCKERT, T. u. d. Theologie (Tübinger Hochschulführer SS 1948, 12-24). *M.Elze*

II. Stift

Nach dem Vorbild der Marburger Stipendiatenanstalt (→ Marburg, 1) gründete Herzog Ulrich 1536 das »Hochfürstliche Stipendium« in T. zur Heranbildung des theologischen Nachwuchses. 1547 fand die neue Anstalt im ehemaligen Augustinerkloster ihre dauernde Bleibe. Im Rahmen der zweiten württembergischen Reformation unter Herzog Christoph erhielt das St. 1557 seine endgültige Ordnung, die dann in der Großen KO von 1559 den krönenden Abschluß des neuorganisierten Schulwesens bildete. In dieser Ordnung ist sowohl die wirtschaftliche Grundlage des Stipendiums für die 150 Insassen als auch die Verfassung des St.s verankert. Dem Magister Domus (später Ephorus) als Leiter des Hauses standen zwei Superattendenten zur Seite, die aus den theologischen Professoren genommen wurden. Die eigentliche theologische Ausbildung erhielten die Stipendiaten an der Universität. Die die Vorlesungen begleitenden Repetitionen wurden von den magistri repetentes erteilt. Das herzogliche Konsistorium überwachte den Studiengang. Das St. sollte dem Land in Philosophie und Theologie solid und gleichmäßig ausgebildete, rechtgläubige Pfarrer und Theologen stellen. Diese Erwartung erfüllte sich. → Württemberg besaß seit der 2. Hälfte des 16.Jh.s einen einheitlichen, durch das Brenzsche Luthertum geprägten, von Lehrstreitigkeiten kaum behelligten Theologenstand, der zugleich die geistige Elite des Landes darstellte und es in theologischer Hinsicht autark machte. Durch seine Theologen, die das St. durchlaufen hatten, übte Württemberg in der frühen Orthodoxie einen starken Einfluß auf das deutsche Luthertum aus (J. → Andreä, J. → Heerbrand, M. → Hafenreffer, St.Gerlach, J. → Heilbrunner, P. → Leyser, Aeg. → Hunnius). Manche Stiftler, wie J. → Kepler oder J.V. → Andreä litten allerdings auch unter der geistigen Enge. - Durch den 30jährigen Krieg geriet das St. in eine schwere äußere Krise, die es dank des energischen Einsatzes von J.V.Andreä überstand. In der folgenden Zeit machte sich jedoch die theologische Inzucht verhängnisvoll bemerkbar. Ebensowenig wie in der Tübinger Fakultät fand man im St. nach 1650 den Anschluß an die sonst noch in Blüte stehende Orthodoxie. Man begnügte sich damit, das Alte zu repristinieren, und war mißtrauisch gegen alles Neue in Philosophie und Theologie. - 1688 begann auf konsistoriale Empfehlung hin der → Pietismus (, 3e) im St. und damit in der württembergischen Kirche überhaupt Fuß zu fassen. Repetenten des St.s hielten die ersten Erbauungsstunden. Das Eindringen des Pietismus gab um die Wende zum 18.Jh. Anlaß zu erheblichen Auseinandersetzungen in der Tübinger Fakultät und im Konsistorium. Seither findet sich dauernd eine allerdings kleine pietistische Gruppe im St., die zwar bald nicht mehr dasselbe behördliche Wohlwollen genoß wie am Anfang, da sie sich immer wieder als Herd des Separatismus erwies, die aber geduldet wird. Aus ihr gingen die Theologen des schwäbischen Pietismus hervor: S. → Urlsperger, J.A. → Bengel, G.K. → Rieger, Chr. → Steinhofer, Fr.Chr. → Oetinger, Ph.Fr. → Hiller, M.Fr. → Roos u.a. - Mit dem Aufkommen des Pietismus war die Einheitlichkeit des württembergischen Luthertums in Frage gestellt. Zwar wurde die orthodoxe Fassade durch das ganze 18.Jh. sowohl von der Kirchenleitung als auch von der Tübinger Fakultät gewahrt. Während die Fakultät sich vorwiegend ablehnend gegen die Neologie verhielt, drang diese über das St. in Württemberg ein und fand u.a. in H.E.G. → Paulus, G.J. → Planck, L.Th. → Spittler begeisterte Anhänger. Ihr eigentlicher Repräsentant in T. war der bedeutende Ephorus Schnurrer (1777-1806). Im letzten Jahrzehnt des 18.Jh.s, als → Hegel, → Hölderlin und → Schelling im St. studierten, wurde das Unbehagen gegenüber der politisch und theologisch unbefriedigenden Situation deutlich spürbar. Häufig kehrten gerade die fähigsten Köpfe der Theologie und der Kirche den Rücken. - Erst 1808 nahm man im St. offiziell von der idealistischen Philosophie Kenntnis. Durch D.F. → Strauß und Fr.Th.Vischer wurde seit 1829 die Philosophie Hegels wirksam. Sie verband sich mit der historischen Kritik F.Chr. → Baurs zu einer diesen Stiftlern eigentümlichen Form des Linkshegelianismus. Das Ergebnis war das »Leben Jesu« von Strauß. Diesen kritischen Theologen standen die Anhänger der → Erweckung (: I, 5c) in schärfster Opposition gegenüber. - Am »Fall Strauß« zeigte sich endgültig, was sich seit dem Aufkommen des Pietismus im St. angebahnt hatte: Die Konzeption Herzog Christophs von der einheitlichen, kirchlich beaufsichtigten Ausbildung der Theologen war zerbrochen. Den Weg durchs Studium mußte künftig jeder in eigener Verantwortung gehen. Das gemeinsame Leben und Arbeiten prägt allerdings bis heute die Stiftler und übt weiterhin eine vereinheitlichende und ausgleichende Wirkung aus. Daß die Funktion des St.s auch im 19.Jh. als sinnvoll empfunden wurde, zeigt die Gründung ähnlich gemeinter Anstalten in Bonn, Berlin und Göttingen nach dem Tübinger Vorbild. - Die Aufgabe des St.s, aus dem etwa die Hälfte der württembergischen Theologen kommt, liegt heute darin, den Studenten soweit als möglich in seinem eigenen Studium zu fördern. Die Übungen, die wissenschaftlichen Arbeiten und die Bibliothek sollen zur selbständigen methodischen Arbeit anleiten. Darüber hinaus stehen die Repetenten den Studenten bei der Klärung der mit dem Studium auftretenden Fragen zur Verfügung. Die Repetenten sind daneben auch zu eigener wissenschaftlicher Arbeit freigestellt. Die für das Studium wesentlichen mittleren Semester verbringt der Stiftler mehr und mehr an einer von ihm gewählten auswärtigen Fakultät. Seit 1928 ist das St. eine rein kirchliche Institution, die aber zum größten Teil durch Staatsleistungen unterhalten wird. Nachdem K.Fezer 1956 von der Leitung des St.s zurückgetreten war, übernahm Fr.Lang das Ephorat.

F.Fritz-A.Schneiderhan, Baugesch. d. Tübinger St.s, 1919 - M.Leube, Gesch. d. Tübinger St.s I-III, 1926-36 (III, 1954²; Lit.) - E.Müller, St.sköpfe, 1939 - EKL III, 1515f - M.Brecht, Die Entwicklung der Alten Bibliothek des Tübinger St.s in ihrem theologie- u. geistesgesch. Zusammenhang (Diss. Tübingen), 1961 (Masch.) - Ders., Das Augustiner-Eremiten-Kloster zu T. (in: Ma. Erbe - Ev. Verantwortung, hg.v. Ev. Stift, 1962, 45-91). *M.Brecht*

Türkei

I. Geschichte - II. Mission in der Türkei

I. Geschichte

A. Bis 1839 - B. Neuzeit ab 1839. - Vgl. → Türken

I A. Bis 1839

1. Eintritt der Türken in die westliche Kulturwelt - 2. Das große Seldschukenreich und der Seldschukenstaat von Rum (Anatolien) - 3. Aufstieg der osmanischen Herrschaft - 4. Das Osmanenreich als islamische Weltmacht - 5. Machtverfall der T. - 6. Staatliche, soziale und kulturelle Struktur des alten Osmanenreiches

1. Die → Türken, deren erste Reichsbildungen (seit 552 nChr) in Innerasien (Mongolei) in näherer Berührung mit dem chinesischen Reiche und seiner Kultur gestanden hatten, kamen, je weiter sie nach Westen vordrangen, immer mehr unter den Einfluß des Vorderen Orients, zumal seitdem die muslimischen Araber über Iran hinaus gegen Innerasien vordrangen. Der Sieg der Araber bei Talas 751 über eine chinesische Armee entschied endgültig die Zugehörigkeit der Türken zum westlichen Kulturbereich. Sie gerieten damit unter den Einfluß des → Islam in seiner persischen Ausprägung. 960 nahm der Herrscher des türk. Reiches der Karachaniden oder Ilekchane, deren Residenz in Kaschghar (chines. Turkestan) lag, mit seinem ganzen Volke den Islam an. Die Karachaniden dehnten ihre Herrschaft mit der Zeit auf Transoxanien aus, wo die iranischen Samaniden herrschten; 999 eroberten sie deren Hauptstädte Buchara und Samarkand. Von da ab blieb Transoxanien unter türk. Herrschaft; die schon seit längerem andauernde türk. Unterwanderung bewirkte schließlich die völlige Türkisierung des Landes.

2. Seitdem die muslimischen Araber mit den Türken in Mittelasien in Berührung kamen, warben sie unter diesen Soldaten für ihre Leibwache, die sie meist im Grenzgebiet als Waffensklaven (Mamluken) kauften. Bes. in Schwung kam dieser Sklavenhandel unter dem ʿAbbasiden-Kalifen al-Muʿtaṣim (833-842). Auch die Reichsfürsten persischer Nationalität bedienten sich türk. Waffensklaven als Leibgardisten. Diesen wurden hohe Ämter und Statthalterposten anvertraut; und nicht selten wußte ein solcher türk. Prätorianerführer sich auf einen Fürstenthron zu schwingen, so zB Sultan Maḥmūd von Ghazna (998-1030). - In der ersten Hälfte des 11.Jh.s traten in Vorderasien, aus dem Gebiete des Jaxartes (Sir Darya) kommend, frische Türkenscharen aus dem Stamme der Oghuzen auf, geführt von Fürsten aus dem Hause *Seldschuk*. 1037 fielen sie unter den Brüdern Tschaghrı̄ Beg und Toghrı̄l Beg, Enkeln des Seldschuk, über Iran her und erklärten ihre Souveränität, der erstere in Merv, der letztere in Nischapur (beides in Chorasan, Nord-Iran). Sie dehnten dann ihre Herrschaft über ganz Vorderasien aus. 1055 zog Toghrı̄l Beg in Bagdad ein und ließ sich vom Kalifen zum Sultan, dh vom Kalifen anerkannten weltlichen Herrscher ernennen. Nachdem Tschaghrı̄ Beg 1059 gestorben war, folgte ihm sein Sohn Alp Arslan, der nach dem Tode Toghrı̄l Begs (1063) auch dessen Herrschaft erbte und somit über das gesamte Seldschukenreich gebot (1063 bis 1072). Ihm folgte sein Sohn Malikschāh (1072-92). Politischer Berater war 1063-92 der Perser Nizāmulmulk. Gegen Ende der Regierung Malikschāhs machten sich Wühlereien der Geheimsekte der Assassinen bemerkbar, die auf den Umsturz sowohl des ʿabbasidischen Kalifats wie des Seldschukenreiches ausgingen. Als erster fiel Nizāmulmulk dem Dolche eines Assassinensendlings zum Opfer (14.10.1092). Bald darauf starb auch Malikschāh unter ungeklärten Umständen (Nov. 1092). - Danach zerfiel das Seldschukenreich in seine einzelnen Bestandteile. Vielerorts nahmen die militärischen Erzieher von Seldschukenprinzen (Atabeks) deren Thron in Anspruch und gründeten lokale Dynastien, wie die Buriden in Damaskus, die Zengiden in Mossul, die Artukiden in Diyārbekr u.a. - Länger im Besitze der Dynastie Seldschuk hielt sich nur der westlichste Teil des großen Seldschukenreiches, das *Reich von Rum* (Anatolien). Um den türk. Einfällen zu begegnen, rückte der byzantinische Kaiser Romanos IV. Diogenes ins Feld, wurde aber von Alp Arslan 1071 bei Melazgird (Mantzikert) geschlagen. Der seldschukische Prinz Süleymān b. Kutlumisch schlug 1077 in Nicäa sein Hauptquartier auf. Doch die Kreuzfahrer des 1. Kreuzzuges eroberten am 20.6.1097 Nicäa und besiegten kurz darauf (1.7.1097) in der Schlacht bei Doryläon die Seldschuken, so daß diese Westanatolien räumen mußten. Der Seldschukenstaat von Rum blieb in der Folgezeit zunächst auf das Innere Anatoliens beschränkt mit der Residenz in Konya (alt Ikonion). Erst als im Westen (Eroberung Konstantinopels durch die Lateiner im sog. 4. Kreuzzug 1204) und im Osten (Einfall der → Mongolen unter Tschingiz Chan von 1219 ab in Persien) Erschütterungen eintraten, konnte das Rumseldschukenreich »im Windschatten der Weltgeschichte« erblühen: 1207 eroberten die Seldschuken Attalia am Mittelmeer (seitdem Adalya oder Antalya), 1214 Sinope am Schwarzen Meer (Sinop) und unter dem größten der Seldschukensultane von Rum, ʿAlāʾaddīn I. Keyḳubād (1219-34), 1220 Galonoros am Mittelmeer, von ihm ʿAlāʾiyya (jetzt Alanya) umbenannt. Der so errungene Zugang zu den Meeren wirkte sich in einem wirtschaftlichen und kulturellen Aufschwung des Landes aus. Doch schon 1243 wurden die Seldschuken am Köse Dagh von den einbrechenden Mongolen besiegt. Der Seldschukenstaat von Rum sank allmählich zu einem Protektorat des mongolischen Ilchanenreiches von Iran herab. Ca 1307 ist er klanglos aus der Geschichte verschwunden. In sein Territorium teilten sich turkmenische Fürstentümer, von denen einige ihr Herrschaftsgebiet bis ans Ägäische Meer vorschoben; die Kernlande mit Konya eigneten sich Fürsten aus dem Hause Karaman an, während den Nordosten des Landes mit Sivas die Ilchane durch Statthalter in eigene Verwaltung nahmen.

3. Unter den spät- und nachseldschukischen Fürstentümern Anatoliens lag das des ʿOsmān, des Sohnes des Ertoghrul, in der Umgebung von Eskişehir, des alten Doryläon, in unmittelbarer Nachbarschaft des spätbyzantinischen Machtbereiches. → Byzanz (: II, 3) hatte seit 1261 unter Michael VIII. Paläologos eine Restauration mit dem von den Lateinern zurückeroberten Konstantinopel erlebt. Doch waren die Paläologen nicht stark genug, um Osman und seinen Nachfolgern, die von der Idee des hl. Krieges (dschihād) zur Ausbreitung des Islam beseelt waren, erfolgreich Widerstand leisten zu können. So eroberte Osmans Sohn Orhan 1326 Brussa (Bursa), das er zur Hauptstadt des jungen *osmanischen Fürstentums* machte, 1331 Nicäa (Iznı̄k) und 1337 Niko-

media (Izmit). 1354 erfolgte ein erster Übergang von Türken über die Dardanellen nach Europa. Orhans Sohn Murad I. (1359-89) eroberte 1361 Adrianopel (Edirne), machte die Stadt zur zweiten Residenz und zwang fast die ganze Balkan-Halbinsel unter seine Botmäßigkeit. Dadurch wurde der Rest des byzantinischen Reiches, der fast nur mehr aus der Kaiserstadt am Bosporus und ihrer nächsten Umgebung bestand, vollständig von türk. Herrschaftsgebiet eingeschlossen. Murads Sohn Bayazid I. (1389-1402) setzte kurzerhand die noch vorhandenen türk. Fürsten in Anatolien ab und schlug 1396 bei Nikopolis an der Donau ein gegen ihn entsandtes abendländisches Kreuzheer. An der Eroberung Konstantinopels hinderte ihn der innerasiatische Eroberer Timur der Lahme (lenk), der ihn am 20.7.1402 bei Ankara (Angora) schlug und gefangennahm. Nach dem Abzuge Timurs stritten sich Bayazids Söhne um die Herrschaft, bis es seinem jüngsten Sohne Mehmed I. 1413 gelang, die Einheit des Osmanischen Reiches wiederherzustellen. Dessen Sohn Murad II. (1421-51) konnte gegen Ende seiner Regierung wieder zu außenpolitischer Aktivität übergehen und besiegte 1444 bei Varna am Schwarzen Meere ein gegen ihn entsandtes Kreuzheer. Sein Sohn Mehmed II. (1451-81) vermochte endlich am 29.5.1453 Konstantinopel selbst zu erobern und machte es zur neuen Hauptstadt des Osmanischen Reiches. Durch zahlreiche Feldzüge nach Rumelien und Anatolien, wo er 1461 den Restbestand des byzantinischen Reiches in Morea und Trapezunt liquidierte und den Rest der türk. Teilfürsten unterwarf, und durch die Eroberung von Bosnien (1463) und Albanien (1466) rundete er das Osmanenreich ab, das nunmehr die gesamte Länderbrücke Anatolien-Rumelien umspannte. Einen neuen Angriff aus dem Osten wußte Mehmed 1473 durch den Sieg bei Terdschan abzuwehren. Er nannte sich danach »Sultan«, während sich die Osmanen bis dahin schlicht Beg (»Fürst«) genannt hatten.

4. Mehmeds II. Sohn Bayazid II. konnte den Venezianern ihre letzten Stützpunkte im Ostmittelmeer nehmen und sie als Seemacht in diesem Teil des Mittelmeeres ausschalten. Durch die Sicherung dieser Flanke schuf er die Voraussetzung für die Unternehmungen seines Sohnes Selims I. (1512-20). Dieser wandte sich zunächst gegen Persien; in der Schlacht bei Tschaldıran 1514 setzte er den Ambitionen Schah Ismā'īls eine Grenze. Darauf griff er das Mamlukenreich in Ägypten an und eroberte es 1516-18 (1517 Einzug in Kairo), wodurch ihm auch die Schutzherrschaft über die hl. Stätten des Islam, Mekka und Medina, zufiel. Auch die Korsarenführer in Algerien (1519), Tunesien (1531) und Tripolitanien (1551) unterstellten sich ihm. Damit hatten die Osmanen ein Weltreich errichtet, das sich über drei Kontinente erstreckte und in dem eine streng sunnitische Richtung in der Theologie herrschend wurde. Dadurch daß Selim die Bücherschätze von Kairo nach Konstantinopel überführte und auch Gelehrte dorthin übersiedeln ließ, machte er Konstantinopel auch zur geistigen Metropole der islamischen Welt. - Selims Sohn Süleyman I. bekam nach der Einnahme Belgrads (1521), dem Siege bei Mohács (1526) und der Besetzung von Buda auch Ungarn unter osmanische Botmäßigkeit. Die damaligen Kämpfe gegen das Habsburger Reich wurden von entscheidender Bedeutung für die Ausbreitung der Reformation in Deutschland; denn die Angriffe der Türken nötigten Habsburg, den ev. Reichsständen Zugeständnisse zu machen. In Asien fügte Süleyman nach der Einnahme von Bagdad (1534) das Zweistromland dem Osmanischen Reiche als Provinz hinzu. Seine Regierung (1520-66) bildete den Machthöhepunkt dieses Reiches. Die erfolglose Belagerung von Wien (1529) und die vergeblichen Versuche der osmanischen Admirale, gegen die Portugiesen im Indischen Ozean vorzugehen, um den neuen Seeweg nach Indien in die Hand zu bekommen (1551 und 1555), zeigten jedoch die Grenzen der Ausdehnungsmöglichkeit. - Den bisherigen klugen und energischen Herrschern folgt nun eine Reihe weniger tüchtiger Sultane. 1571 erlitten die Osmanen in der Seeschlacht bei Lepanto die erste bedeutende Niederlage, die ihren Nimbus der Unbesiegbarkeit zerstörte. 1606 mußte Sultan Ahmed I. im Frieden von Zsitvatorok mit Kaiser Rudolf II. als gleichgestelltem Herrscher verhandeln. 1623 eroberte der Perserschah 'Abbās I. Bagdad, das dann 1638 der Osmane Murad IV. zurückerobern mußte. Bagdad blieb fortan bis zum 1. Weltkrieg (1918) im Verbande des Osmanischen Reiches. In dieser Zeit der untüchtigen Sultane retteten vielfach hervorragend tüchtige Großvezire das Ansehen des Reiches, wie der Bosnier Soḳollı Mehmed Pascha (1566-79) und später Köprülü Mehmed Pascha (1656-61) und sein Sohn Fāżil Ahmed Pascha (1661-76).

5. Der *Machtverfall der T.* begann mit der zweiten Belagerung von Wien (14.7.-12.9.1683), die durch den Sieg des verbündeten Entsatzheeres in der Schlacht am Kahlenberge (12. Sept.) beendet wurde. Fortan war die T. gegen das Habsburger Reich und bald auch gegen Rußland in die Defensive gedrängt. 1686 fiel Buda, 1687 ging im Nachstoß der Kaiserlichen im Bunde mit Polen und Venedig in der 2. Schlacht von Mohács Ungarn den Türken verloren, 1688 (nach späterer Wiedergewinnung endgültig 1717) auch Belgrad. Die Türkenkriege Österreichs endeten mit dem Frieden von Karlowitz (1699) und von Passarowitz (1717). Seit 1762 führten die Türkenkriege Rußlands zu weiteren Gebietsverlusten. Sie fanden einen vorläufigen Abschluß in dem Frieden von Kütschük Kainardsche (1774), in welchem die T. zum ersten Mal ein muslimisches Gebiet, die Krim, abtreten mußte. Die militärische Unterlegenheit der T. veranlaßte Sultan Selim III. (1789-1807), 1792 eine Heeresreform in Angriff zu nehmen. Doch mußte er diesen Versuch mit dem Leben bezahlen. Erst seinem zweiten Nachfolger Mahmud II. (1808-39) gelang es, die Reform durchzusetzen, nachdem er durch ein Blutbad am 16.6.1826 den Aufstand der sich dagegen sträubenden Janitscharen niedergeschlagen hatte. Unter seiner Herrschaft erhielt 1830 Griechenland die Unabhängigkeit und Serbien die Autonomie. Auch wurde das Verhältnis zu Ägypten (bis dahin Provinz) in das eines Vasallenstaates umgewandelt.

6. Die *Staatsform* der alten T. war, wie überall im islamischen Orient, die Despotie. Ein gewisses Korrektiv lag im hl. Gesetz des → Islam (: I, 5), der Scherī'at, dem auch der Herrscher unterworfen war. Es hatte die Funktion einer öffentlichen Meinung, und von der Anerkennung seiner unverbrüchlichen Verbindlichkeit durch den Herrscher hing auf der Seite der Untertanen die unverbrüchliche Gehorsamspflicht ab. Über beides wachte die Körperschaft der 'Ulemā' als der Kenner und Ausleger der Scherī'at. Über fallweise Übertretungen der Scherī'at durch den Herrscher sah man hinweg und überließ deren Ahndung Gott. - Die Scherī'at wurde bedarfsweise ergänzt durch eine rein weltliche Gesetzgebung (ḳānūn). Theoretisch galt sie als die alleinige Rechtsform in der T. Praktisch jedoch war sie nur für den muslimischen Bevölkerungsteil da, und zwar ohne Unterschied der Volkszugehörigkeit. Ebenso wurde kein Unterschied gegenüber den einzelnen in der T. vertretenen islamischen Gruppen gemacht (Sunniten, Schiiten o.ä.). Anders war es bei den Christen und Juden. Diese gehörten dem muslimischen Staate als »Schutzbefohlene« (ahl adh-dhimma) an. Sie hatten nur die Kopfsteuer

(dschizya) zu zahlen und genossen dafür völlige Kultus- und Gesetzesfreiheit. Jede nichtmuslimische religiöse Gemeinschaft bildete eine »Nation« (millet); ihre Bekenner unterstanden, soweit nicht ein Konflikt mit einem Muslim vorlag, ihren geistlichen Oberen, den Patriarchen der einzelnen christlichen Kirchen oder dem Oberrabbiner (Ḥaḫam-baschi) der Juden. Die nichtmuslimische Bevölkerung stand sich dabei nicht schlecht. Zu Mißhelligkeiten kam es erst, als im 18. Jh. die europäischen Ideen von Nationalismus und Liberalismus sich unter der christlichen Bevölkerung verbreiteten und seitdem Rußland sich den Schutz der orthodoxen Bevölkerung in der T. anmaßte. – Freilich darf nicht verschwiegen werden, daß schon seit dem 15. Jh. (wahrscheinlich unter Murad II.) die T. begann, durch eine alle paar Jahre vorgenommene Knabenauslese (devschirme) die brauchbarsten jungen Leute und damit die besten Kräfte der christlichen Bevölkerung der Balkan-Halbinsel zu entziehen. Diese jungen Leute wurden türk. Großen zur Erziehung übergeben, um dann in das Janitscharenkorps gesteckt zu werden. Die meisten Großvezire des 16. Jh.s sind aus der Janitscharenpresse hervorgegangen, waren also von Haus aus keine Türken. – Da es auf Grund der Staatsidee als Despotie keinen Begriff eines Staates als eigenen Vermögensträger gab, kamen auch alle Aufgaben, die nach heutigen Begriffen dem Staate zufallen, in Wegfall. Aus der Schatulle des Padischah wurden in erster Linie die Ausgaben für die Hofhaltung bestritten, sodann die des Heeres; dagegen fiel das ganze kulturelle und karitative Aufgabengebiet aus. Doch hat sich im islamischen Orient eine Ersatzeinrichtung entwickelt, das rechtlich der Scherīʿat unterstehende und von ihr geschützte religiöse Stiftungswesen (vaḳıf). Die Stiftung, die ein reicher Mann zugunsten seines Seelenheils machte, war sakrosankt und jedem willkürlichen Zugriff entzogen. So haben die Großen des Osmanenreiches, an ihrer Spitze die Herrscher selbst, überall reichdotierte Stiftungen zu religiösen, kulturellen und karitativen Zwecken gemacht, die der Allgemeinheit zugute kamen, und ersetzten damit den Ausfall auf den Gebieten des Bildungswesens und der Wohlfahrt.

Zu 1: W. Barthold, 12 Vorlesungen über die Gesch. der Türken Mittelasiens, dt. 1935 – O. Pritsak, Von den Karluk zu den Karachaniden (ZDMG 101, 1951, 270–300). – *Zu 2:* Fikret Isiltan, Die Seldschukengesch. des Akserāyī, 1943 – H. W. Duda, Die Seldschukengesch. des Ibn Bībī (Übers.), Kopenhagen 1959. – *Zu 3:* H. A. Gibbons, The Foundation of the Ottoman Empire, Oxford 1916 – M. F. Köprülü, Les Origines de l'Empire Ottoman, Paris 1935 – P. Wittek, The Rise of the Ottoman Empire, London 1938 – F. Babinger, Mehmed der Eroberer u. seine Zeit, 1953 (auch franz. u. ital.). – *Zu 4:* Jos. v. Hammer, Gesch. des Osman. Reiches I–X, Pest 1827–35 – N. Jorga, Gesch. des Osman. Reiches I–V, 1908–13 – V. de la Jonquière, Hist. de l'Empire Ottoman I. II, Paris 1914 – P. Wittek, Türkentum u. Islam (Archiv f. Sozialwiss. u. Sozialpolitik 59, 1928, 489–525). – *Zu 5:* F. Bamberg, Gesch. der oriental. Angelegenheit, 1888 – C. Ritter v. Sax, Gesch. des Machtverfalles der T., (1908) 1913^2 – T. W. Arnold, The Chalifate, Oxford 1924 – R. Tschudi, Das Chalifat, 1926. – *Zu 6:* J. v. Hammer, Des Osman. Reiches Staatsverfassung u. Staatsverwaltung, Wien 1825 – H. A. R. Gibb – H. Bowen, Islamic Society and the West I/1. 2, Oxford 1950/57. – Vgl. die Lit. zu → Türken.

F. Taeschner

I B. Neuzeit ab 1839

1. Reformen – 2. Jungtürken – 3. Mustafa Kemal – 4. Ismet Inönü – 5. Celâl Bayar – 6. Cemal Gürsel

1. Die Errichtung des Königreichs → Griechenland (1830) bewog Admiral Halil Pascha zu dem Ausspruch: »Wenn wir uns nicht beeilen, Europa nachzuahmen, werden wir nach Asien zurückkehren müssen.« Das von Sultan Abdul-Medschid 1839 vollzogene »Kaiserliche Handschreiben« von Gülḫane, das neue Gesetze zur »Ergänzung« der Scherīʿat und Modernisierung der Staatsverwaltung vorsah, leitete die Periode der »wohlwollenden Anordnungen« ein. »Weltliche« Gerichte und Schulen sollten abendländischem Geist Einlaß verschaffen. Noch stärker kam dies zum Ausdruck im »Reformerlaß« von 1856, mit dem die T. nach dem Krimkrieg als Verbündete Englands und Frankreichs ihre Zulassung zu den »Vorteilen des europäischen öffentlichen Rechts und Konzerts« zu rechtfertigen suchte (Art. 7 und 9 des Pariser Friedens). Der letzte Schritt auf dem »Wege nach Europa« war die von Midhat Pascha nach belgischem Vorbild ausgearbeitete und von Sultan Abdul-Hamid II. verkündete Verfassung von 1876. Alle Untertanen sollten fortan »Osmanen« heißen und gleiche Rechte genießen (Art. 8 und 17). Ein Parlament wurde gewählt (von 115 Abgeordneten 69 Muslime) und hielt zwei Tagungen ab (März–Juni 1877, Dez. 1877–Febr. 1878). Dann wurde es »geschlossen«. Der unglückliche Friede von San Stefano stand vor der Tür. Er zeigte, daß alle Reformen das Anwachsen des Nationalismus und den Machtverfall der T. nicht aufhalten konnten. Nur Uneinigkeit der Großmächte (Berliner Kongreß) rettete ihr noch einen Rest des Besitzes auf der Balkanhalbinsel. Das diplomatische Geschick des Sultans bescherte dem Reiche eine letzte Atempause von 30 Jahren, in denen Deutschland zum stärksten Verteidiger seiner Unabhängigkeit aufrückte; die »orientalische Frage« blieb ungelöst, während das Geheimkomitee »Einheit und Fortschritt« vom Ausland her für Wiederanwendung der Verfassung auch innerhalb der T. immer mehr Anhänger gewann.

2. Die Revolution von 1908 löste einen kurzen Verbrüderungstaumel aller Nationalitäten aus, dem bald die Auflösung des Osmanischen Reiches folgte, gefördert durch törichte Türkisierungsmaßnahmen. Im neuen Parlament waren von 233 Abgeordneten nur 107 Türken. Die Absicht, auch in Bosnien-Herzegowina wählen zu lassen, zwang Österreich-Ungarn zur Annexion. Im Tripoliskriege (1911–12), den beiden Balkankriegen (1912–13) und dem 1. Weltkriege, an dem sich die T. vor allem wegen der Expansionspolitik Rußlands beteiligte, verlor sie ihren gesamten Besitz außer Anatolien, wozu heute auch die von den Armeniern »gereinigten« (1915 bis 1916) Ostprovinzen gehören, und Ostthrakien. Trotzdem darf man die Leistung der *Jungtürken* nicht unterschätzen. Ihre Bemühungen, den Anschluß an Europa zu gewinnen, blieben nicht ohne Erfolg, zB in der Frauenemanzipation. Ohne das nationale Erwachen (Ziya Gökalp) wäre die heutige T. undenkbar. An Stelle des Panislamismus, dem der Aufstand der Araber (1916) den Todesstoß versetzte, trat 1918 vorübergehend der unrealistische Turanismus (Besetzung von Baku). Beim Zusammenbruch (Waffenstillstand von Mudros, 30.10.1918) schienen der Islam als Staatsreligion und die Monarchie (Sultan Mehmed V., 1909–18; Mehmed VI., 1918–22) noch unerschüttert zu sein.

3. Die von den Westmächten geplante Aufteilung der T. verhinderte *ein* Mann, der mit Energie und Besonnenheit einen Staat mit natürlichen Grenzen schuf, bewohnt nur von Türken und Kurden (»Bergtürken«) und zu 98% muslimisch. In zwei Etappen erreichte *Mustafa Kemal* (seit 1934 Atatürk, † 10.11.1938) sein Ziel: a) vollständige *Unabhängigkeit* der T. nach kurzem Krieg gegen Armenien (Friede von Gümrü 1920) und wechselvollen Kämpfen gegen Griechenland und die untereinander uneinigen Westmächte mit Rückendeckung durch Sowjetrußland und die islamische Welt (Friede von Lausanne 1923), sowie Demokratisierung der Staatsform (Große Nationalversammlung 1920, vorläufige Verfassung 1921, Abschaffung des Sultanats 1922, Ausrufung der Republik 1923) und Verstaatlichung der

Wirtschaft; b) *Europäisierung* der T. durch Austritt aus der islamischen Kulturgemeinschaft (Abschaffung des Kalifats 1924 [→ Kalif]), Verweltlichung des Rechts und der Gerichtsbarkeit durch Übernahme europäischer Gesetze und des Schulwesens. Der Islam ist nicht mehr Staatsreligion (1928), steht aber unter staatlicher Kontrolle; Derwischzeremonien sind verboten (1925), die Scheri'at ist auf den Kultus beschränkt (Laizismus). Öffentlicher Religionsunterricht wurde abgeschafft, die Theologische Fakultät in Istanbul und die Schulen für Vorbeter und Freitagsprediger wurden geschlossen (1933). Die Einführung eines Lateinalphabets (1928) erleichterte die Bekämpfung des Analphabetentums und die Türkisierung der Sprache. »Volkshäuser« dienten der Ausbreitung europäischen Kunstempfindens (1932). Die Nichtmuhammedaner von Istanbul erhielten 4 Sitze im Parlament (1935).

4. Mit großem Geschick hielt *Inönü*, der ehemalige General Ismet Pascha, die T. aus dem 2. Weltkriege heraus. Die Kulturpolitik Atatürks setzte er fort. Arabische Rezitation des Gebetsrufes (ezān) wurde unter erhöhte Strafe gestellt (1941), die schon bisher zulässige Kritik durch Übergang zum Mehrparteiensystem (1945) erweitert, aber der politische Mißbrauch der Religion durch Gesetze zum Schutz des Laizismus unterbunden. Dagegen gab Inönü dem berechtigten religiösen Verlangen des Volkes nach durch Wiedereinführung öffentlichen Religionsunterrichts und von Kursen für Vorbeter und Freitagsprediger und Errichtung einer theologischen Fakultät in Ankara (1949). Historisch bedeutende Mausoleen (türbe) wurden wieder geöffnet und dem Amt für die geistlichen Angelegenheiten mehr Befugnisse eingeräumt (1950). Die Sprachreform wurde fortgeführt, die Lehrerausbildung durch »Dorfinstitute« (1940) lebensnahe gestaltet. Die Kündigung des Neutralitätsvertrages von 1925 durch die Sowjetunion (1945) zwang die T. zur Anlehnung an die USA (Truman-Doktrin 1947). Sie trat 1949 auch der Europa-Union bei.

5. Unter *Celâl Bayar*, dem 3. Präsidenten der Republik (1950), versuchte die Demokratische Partei die Staatswirtschaft zu lockern und den Laizismus einzuschränken (Wiederzulassung des arabischen Gebetsrufes 1950). Eine Anpassung des Zivilrechtes an das von der Scheri'at beeinflußte Volksempfinden wagte sie aber nicht. Nur mit Mühe erwehrte sie sich der religiösen Reaktion. Die Beteiligung der T. am Koreakrieg (1950) führte 1952 zu ihrer Aufnahme in die Nordatlantikpaktorganisation (NATO). Ein neuer Balkanpakt (1953) blieb toter Buchstabe, der Bagdadpakt (1955) durch den Austritt des Irak verstümmelt (CenTO 1959). Trotz großer Kredite Amerikas bewirkten uferlose Wirtschaftspläne rasch wachsende Verschuldung und Inflation. Diplomatischer Druck der Sowjetunion trotz Verzicht auf Gebietsforderungen (1953) nötigte zu immer höheren Rüstungsausgaben. Lediglich der Zypernkonflikt, der 1955 zu Tumulten gegen die Minderheiten in Istanbul Anlaß bot, konnte beigelegt werden (Londoner Abkommen 1959). Gewaltmaßnahmen gegen die Volkspartei, die mit Schließung der »Volkshäuser« (1951) begannen, endigten mit blutiger Unterdrückung von Studentenkundgebungen und dem Sturz der Regierung Menderes (27.5.1960).

6. Die Übernahme der Macht durch das (Offiziers-) Komitee der nationalen Einheit unter General *Cemal Gürsel* zeigte, daß das »Erbe Atatürks« im Volke stärker verankert ist, als es zeitweise schien. Allerdings bewies auch der orthodoxe Islam sein Beharrungsvermögen (arabischer Gebetsruf), während die Sprachreform neuen Auftrieb erhielt. 400 Führer der Demokratischen Partei erhielten Gefängnisstrafen, diese wurde aufgelöst, dagegen neue Parteien zugelassen. Ein von Universitätsprofessoren ausgearbeiteter Verfassungsentwurf (Zweikammersystem, Verhältniswahlrecht, Verfassungsgericht) wurde nach Umbildung des Komitees in mäßigendem Sinne einer in indirektem Verfahren gewählten »Verfassunggebenden Versammlung« vorgelegt. Die von ihr beratene und beschlossene Verfassung wurde durch Referendum gebilligt (9.7.1961). Bei den Wahlen errang keine von 4 Parteien die Mehrheit. Gürsel, der zum Präsidenten der Republik gewählt wurde, beauftragte Ismet Inönü, ein Koalitionskabinett zu bilden. Unruhe erregte der Streit um eine Amnestie. Das Amt für die geistlichen Angelegenheiten gab eine Koranübersetzung heraus. Beim Vatikan wurde eine Botschaft errichtet.

G. JÄSCHKE, Die Entwicklung des osman. Verfassungsstaates, 1917 - DERS., Der Islam in der neuen T., Leiden 1951 - DERS., Gesch. der T. seit dem Waffenstillstand von Mudros (30.10.1918) (HO I/6, 3, 1959, 70-97; Lit.). *G. Jäschke*

II. Mission in der Türkei

Die erste Mission (= M.) plante der American Board of Commissioners for Foreign M.s (1810; → Islam: III; → Orient, Vorderer; → Vereinigte Staaten: V) als »eine im Heilsplan Gottes für die Endzeit (Millennium) vorgesehene Aufgabe«. Als Vorbedingung erschien ihm die Erweckung der alten östlichen Kirchen. Rege Evangelisation unter den gregorianischen Armeniern führte 1850 zur Gründung prot. Gemeinden. Direkte Islam-M. plante Joh. Lepsius (→ Lepsius-Deutsche-Orient-M.). Doch die Verfolgungsnot der Armenier (→ Armenien: III) bewog ihn 1896 zu einem Hilfswerk, gemeinsam mit dem → Hülfsbund für christliches Liebeswerk im Orient, der - unterstützt vom → Frauen-Missions-Gebetsbund und dem Bibelhaus → Malche - vor allem → ärztliche M. leistete, von der umfangmäßig nicht abschätzbare M.swirkungen ausgingen, so auch von der Arbeit der → Kaiserswerther Diakonissen in Konstantinopel (1852) und der → Christoffel-Blinden-M. in Malatia (1908). Öffentliche Predigt wagte die Lepsius-M. in Konstantinopel 1909, Bekehrung durch Bibelkurse der Hülfsbund in Marasch 1932, was aber bald unterdrückt wurde. Statt des Gesetzes wider den Abfall vom Islam, der zuletzt 1843 mit dem Tode bestraft wurde, erschwert heute das muslimische Solidaritätsgefühl, verbunden mit türkischem Nationalstolz die M., sogar den an sich gestatteten Bibelverkauf. Neue Wege, in gemeinsamem Wahrheitssuchen ohne vorschnelle Bekehrungsversuche dem Muslim das Evangelium nahezubringen, wies die Konferenz von Bhamdun im Libanon 1954 und ihr Continuing Committee on Muslim-Christian Cooperation (Washington).

G. JÄSCHKE, Die christl. M. in der T. (Saeculum 7, 1956, 68-78) - P. KAWERAU, Amerika u. die Oriental. Kirchen (AKG 31), 1958 - B. SPULER, Islamisches Selbstbewußtsein (Die Welt als Gesch. 18, 1958, 14-25). *G. Jäschke*

Türken, eine räumlich sehr ausgedehnte Sprachgemeinschaft, die erstmals im 6. Jh. nChr im Altai unter diesem Namen (»Kraft«, wohl ursprünglich für einen Stamm oder eine Dynastie) faßbar wird, sich durch Wanderungen und Eroberungen auf den Raum zwischen dem Balkan und Nordostsibirien, zwischen der mittleren Wolga, Anatolien, Teilen Irans und bis Turkestan ausbreitete und politisch zeitweise fast den ganzen arabischen Raum sowie Südosteuropa beherrschte (in sehr wechselnder Ausdehnung, 16./20. Jh.). Die einzelnen türk. *Sprachen* sind (mit Ausnahme des Tschuwaschischen westl. Kasan und des Jakutischen in Nordostsibirien) sehr eng miteinander verwandt und fast als Mundarten einer einzigen Sprache anzusehen, die sich seit dem

Auftauchen ihrer ersten Denkmäler um 720 bemerkenswert wenig verändert hat. Über ihre Vorstufen (»Proto-Türkisch«) und die Zugehörigkeit von Völkern wie den Hiung-nu und Hunnen, → Awaren, Hephthaliten u.a. zu den T. oder verwandten Gruppen ist das letzte Wort noch nicht gesprochen. Urverwandtschaft mit dem Mongolischen (→ Mongolen) und Tungusischen wird heute weithin angenommen, mit dem Koreanischen, Japanischen (und von G.Dumesnil sogar dem Ketschua, → Amerika: I, 2) verschiedentlich vermutet.

Als älteste *Religion* der T. in Innerasien wird aus den »Orchon-Inschriften« (1893 von V.Thomsen entziffert) die Verehrung eines höchsten Wesens (Tängri = »Gott« und »Himmel«), der Seelen Abgeschiedener sowie irdischer Geister an hl. Orten faßbar. Den Toten wurden Gedenksteine (Balbals) nach der Zahl der getöteten Feinde sowie eine umständliche → Begräbnis-Feier gewidmet. Ohne Zweifel gab es damals auch → Schamanen. Sie haben noch heute bei den (wenigen) heidnischen T.-Stämmen im Altai Bedeutung und Einfluß (→ Altaische Religion).

Schon bald wurden die T. aber von der Mission der Weltreligionen erreicht. Im mittelasiatischen Großreich der Uiguren (762-840; → Turfan) setzte sich zeitweilig der → Manichäismus fest. Auch das nestorianische Christentum (→ Nestorianer) gewann bei verschiedenen Stämmen der T. (und → Mongolen) Einfluß. Vor allem hat aber der → Buddhismus lange und nachhaltig auf die T. (bes. die Uiguren im Hoch-MA) eingewirkt. - Freilich konnten sich all diese Religionen dem → Islam gegenüber nicht behaupten. Er breitete sich seit 960 von Nordostiran aus rasch und meist kampflos unter den T. aus und bewirkte, daß die T. schon als Muslime in das islamische → Iran (: I) und Vorderasien einbrachen (11.Jh.). Dort wurden sie noch nachhaltiger vom sunnitischen Islam ergriffen und kulturell stark iranisiert. In den folgenden Jh.en sind fast alle T. (außer den orth. *Tschuwaschen* und *Jakuten*, den christlichen *Gagausen* in der Dobrudscha und einigen Altaistämmen) Muslime geworden: einmal in ganz Mittelasien, wo der sunnitische Islam sich fortschreitend bis ins 16.Jh. ins Tarim-Becken, nach → Turfan und weit ins westliche → China hinein vorschob; zum andern bei den T.-Stämmen in Persien, vor allem aber den T. in Anatolien (T. im engeren Sinne). Dabei hat der starke persische Einfluß, der sich bei allen T. (auch in ihrer Kultur) bemerkbar macht, kaum in Innerasien, wohl aber in Anatolien auch schiitische Einflüsse gefördert. Sie wurden anläßlich der Auseinandersetzung mit den schiitischen Ṣafaviden in Persien (1502-1736) im 16.Jh. in Anatolien zusammen mit der Ideologie der Grenzkämpfer (Ghāzīs), die den Staat bisher getragen hatte, offiziell ausgemerzt, spielten aber unter der Decke noch lange eine Rolle. Das amtliche Bekenntnis des Osmanischen Reiches war aber nun mit besonderem Nachdruck der sunnitische Islam. Nur die T.-Stämme in Persien und die Aserbaidschaner sind von den Ṣafaviden anfangs des 16.Jh.s schiitisiert worden (→ Islam: I, 7). - Für die sunnitische Dogmatik und die Rechtslehre lieferten die T. kaum einen Beitrag, hielten sich hier vielmehr in den vorgeschriebenen orthodoxen Bahnen. Hingegen gewannen neben der Schīʿa und (im 15.Jh.) einigen kommunistischen Strömungen (Bedr ed-Dīn) vor allem mystische Ideen und die Derwisch-Orden (auch als → Männerbund) Einfluß auf die anatolischen T.: die von Dschelāl ed-Dīn Rūmī (1207-73) gestifteten *Mewlewis* (betont sunnitisch), weiter die mit den Janitscharen zusammenarbeitenden *Bektaschīs* und die *Naqschbendīs* (diese beiden mit schiitischen Neigungen). Daneben gab es in Anatolien (Jūnus Emre, † ca 1310) und in Innerasien (Aḥmed Jesewī, † 1166; Heiliger der Naqschbendīs) zahlreiche volkstümliche Heilige, von denen und über die es eine ausgedehnte poetische und biographische Literatur gibt (→ Islam: I, 8).

War die → Türkei vom 16.-19.Jh. Vormacht des (sunnitischen) Islams und der Einfluß dieser Religion auf die Staatsführung und auch die Gebildeten sehr stark, so hat sich ihre Verwandlung in eine laizistische Republik durch Kemâl Atatürk seit 1923 merkwürdig leicht durchführen lassen (1925 Verbot der Derwisch-Orden, 1928 Abschaffung des Islams als Staatsreligion). Seither stehen weite Kreise der Gebildeten dem Islam recht gleichgültig gegenüber. In den Kleinstädten und auf dem flachen Lande ist seine (traditionelle, weniger kulturelle) Macht aber noch heute recht bedeutsam, und manche der allzu radikalen Maßnahmen Atatürks mußten seit 1945 zurückgenommen werden. Gelegentlich machen sich restaurative Strömungen bemerkbar. - Im Bereich der atheistischen Propaganda des *Bolschewismus* (Mittelasien, Kaukasien, Wolgaland) hat sich der türk. Islam hingegen als bemerkenswert resistent erwiesen. Seit 1942 hat ihm die Regierung des Rätebundes wieder den Aufbau einer amtlich anerkannten Organisation erlaubt.

EI[1] IV, 969 ff (ohne bes. Abschnitt über die Religion) - HO V (Turkologie), 1962 - Philologiae Turcicae Fundamenta, 3 Bde (bisher Bd I, 1959: Sprache). - *Christentum u. Buddhismus bei den T.:* W.Barthold, Zur Gesch. d. Christentums in Mittelasien, 1901 - J.Dauvillier, Les provinces Chaldéennes »de l'Extérieur« au Moyen Age (in: Mélanges Cavallera, Toulouse 1948, 261-316; Lit.) - B.Spuler u. A.v.Gabain in HO VIII/2, 1961, 120-324 bzw. 496-514. - *Islam in Anatolien:* Köprülüzāde Meḥmed Fu'ād (jetzt: Fuad Köprülü), Die ersten Mystiker in d. türk. Lit., Konstantinopel 1919 (türk.; dazu vgl. Th.Menzel im Körösi Csoma Archivum II/III, 1927/32) - F.Babinger, Schejch Bedr ed-Dīn (Islam 11, 1921, 1-106). - *Derwisch-Orden:* G.Jacob, Beiträge zur Kenntnis ... der Bektaschis, 1908 - Ders., Die Bektaschījje..., 1909 - J.K.Birge, The Bektashi Order of Dervishes, London 1937 - H.J.Kissling, Aus der Gesch. d. Chalvetijje-Ordens (ZDMG 103, 1953, 233-289). - *Zur Lage in der modernen Türkei* vgl. G.Jäschke, zahlr. Aufsätze in der Zs. »Die Welt des Islams«. - *T. in Rußland u. dem Rätebunde:* B.Spuler, Idel-Ural, 1942 - Ders. in: Islam 29, 1949/50, 142-216. 296-300 - Ders. in HO V/5 (Gesch. der T. Innerasiens) (im Druck) - Ch.W. Hostler, Turkism and the Soviets, London 1957; dt. 1960 - G.Wheeler, Racial Problems in Soviet Muslim Asia, ebd 1960. - Vgl. die Lit. zu → Türkei: I.

B.Spuler

Tugend

1. Der Wandel von Wort und Begriff - 2. Geschichtlich vorliegende T.systeme - 3. T. und christliche Ethik

1. T. drückt ursprünglich ähnlich wie ἀρετή und virtus die männliche Tüchtigkeit und Kraft, später jede in irgendeinem Vermögen des Menschen gründende, sich durchhaltende dauernde Festigkeit und Geneigtheit aus, die dem in Frage stehenden Vermögen entsprechenden Akte leicht und gut zu vollbringen. T. umgreift demnach körperliche und geistige Tauglichkeit und Tüchtigkeit. Der Wortgebrauch verengte sich jedoch, man schloß aus ihm die als rein körperlich angesehenen Fertigkeiten aus; schon in der griech. Philosophie wurde T. ein Ausdruck zur Bezeichnung der → Sittlichkeit. In der T. erscheint das Ethische spezifiziert; gleichzeitig ist sie das Mittel seiner Verwirklichung. Sie wurde daher oft als Weg zur Sittlichkeit bestimmt. Es hängt mit dem ethischen Intellektualismus des → Sokrates und dem Einfluß der aristotelischen Ethik zusammen, daß sämtliche als primär geistig betrachteten Fähigkeiten des Menschen unter den Begriff der T. subsumiert wurden. Doch nahm → Aristoteles eine Zweiteilung vor und stellte neben die im eigentlichen Sinn ethischen (ἀ. ἠθικαί, zB Mäßigkeit, Gerechtigkeit) die dianoetischen (ἀ. διανοητικαί, zB ἐπιστήμη »Wissen« und φρόνησις »Klugheit«) T.en. Letztere werden in vielen Moralkom-

pendien wie ein Relikt bis in unsere Zeit mitgeschleppt. Die Klugheit wurde lange beiden T.arten zugezählt, heute aber spricht man auch von ihr meist nur als einer moralischen T. Aristoteles bestimmt den Allgemeinbegriff der T. als eine spezifische Qualität menschlichen Verhaltens (ἕξις, habitus). Die Definition der einzelnen T.en hängt ab von dem vorausgesetzten materialen Verständnis des Ethischen, also der Fassung des → »höchsten Gutes«, oder von der jeweils in Frage stehenden Phänomenologie der ethischen Werte (→ Wertethik). Bloß formale Begriffsbestimmungen der T. sind unzulänglich, solange nicht ein materiales Moment hinzutritt. Dieser Sachverhalt macht die von den Stoikern (→ Stoa) scharf betonte unaufhebbare Einheit und die Naturgemäßheit der T.en verständlich, die trotz des Wandels des sittlichen Bewußtseins und seines in steter Bewegung befindlichen Horizonts materialer ethischer Werte bestehen. Der Wandel erklärt die immer wieder feststellbare Auflehnung gegen die in den T.en kodifizierte Sittlichkeit, sobald diese dem jeweils geltenden moralischen Bewußtsein nicht mehr konform ist, sowie die Tatsache, daß das Wort T. »fast nur noch in ironischer Signalisierung lebendig« ist (Gadamer). Am eindrucksvollsten dokumentiert das die Philosophie → Nietzsches in ihrem Kampf gegen die konventionellen T.en, aber auch er lehnt nicht die T. schlechthin ab. Wenn → Kant sich gegen den traditionellen T.begriff wendet und vertritt, T. sei »die moralische Stärke in Befolgung seiner Pflicht, die niemals zur Gewohnheit werden, sondern immer ganz neu und ursprünglich aus der Denkungsart hervorgehen soll« (Anthrop. § 12), so spricht sich auch darin die Notwendigkeit der unablässig situationsbedingten Aktualisierung jeder einzelnen T. aus. Der Mensch hat die T. nie als festen Besitz, er muß sie in jeder sittlichen Handlung produzieren. Der Begriff des Menschen als eines geschichtlichen Wesens umgreift das Ethische; so führt ein statutarisches T.verständnis notwendig zur → Selbstentfremdung. Die → Ethik sucht daher in neuen T.namen das der Zeit entsprechende Ethos aufzufangen, wobei der Inhalt einer scheinbar überholten Moral in anderer Verteilung und neuer begrifflicher Fassung wieder aufgenommen wird. Zu allem ist das Verständnis des Handelns des Gerechtfertigten trotz der Unmöglichkeit einer T.ethik der Erlösten zumal seit der Reformation in die humane Ethik eingegangen und wirkt in säkularisierter Form gegenüber allem T.verständnis als ausgesprochen kritisches Ferment. Die Harmonisierung von christlichem Ethos und natürlichen T.schemata führte im Interesse des »übernatürlichen« christlichen T.faktors zur Schaffung neuer Begriffe. Zu den humanen T.en traten als übernatürliche »göttliche« oder »theologische« T.en Glaube, Hoffnung und Liebe und »eingegossene sittliche« T.en (s. 3). Bei dieser historisch und systematisch äußerst komplizierten Sachlage kann im folgenden nur bes. Charakteristisches an Hand historisch vorliegender exemplarischer T.systeme ausgeführt werden. – Zu den Kardinal-T.en s. 2 b.

2. a) Schon früh läßt sich der Wandel im T.verständnis bei den *Griechen* nachweisen. Sokrates wertete die aristokratische Standes-T., die Arete, zu der von der Polis anerkannten sittlichen Bürger-T. um. Seine ethische Reflexion schränkte das Wort grundsätzlich auf die sittliche Tüchtigkeit ein. Das Moment der ursprünglich in der Arete gelegenen intellektuellen Tüchtigkeit und die Wirksamkeit der Sophisten führten ihn zu der Auffassung, daß die T. lehrbar sei. Gut (ἀγαθός) und einsichtig (ἐπιστήμων) wurden geradezu auswechselbar. Infolgedessen konnte Sokrates die T. im eigenen Bemühen des Menschen verankern und auf die persönliche Verantwortung stellen. Damit war die Arete grundsätzlich von der Beziehung zur Polis abgelöst. Liebe zur Weisheit (Philosophie) als Ziel der T. wird zur Lebensform und begründet die Eudämonie (→ Eudämonismus). – Die philosophische Auseinandersetzung mit der persönlichen und sozialen Lebensgestaltung führte → Platon zu einem T.verständnis, auf Grund dessen er das eigentliche Sein des Menschen im ethischen Eidos (→ Idee) erblickte. Dieses läßt die geforderte Gestalt wahrer Selbstverwirklichung des Menschen und der Gemeinschaft erschauen. Die T. legt sich auseinander in die einzelnen T.en, die Platon an Hand seiner Seelenlehre gewinnt und die sich in seiner Staatskonstruktion widerspiegeln. In der »Politeia« gibt er denn auch die vollendete Darstellung seiner T.lehre. Die menschliche Seele besteht aus drei übereinander gelagerten Schichten, denen drei seelische Fähigkeiten, die Grundfunktionen menschlicher Aktivität, entsprechen. Die Ordnung des elementarsten, des begehrend-triebhaften Seelenteils (ἐπιθυμητικόν) ist Sache der Besonnenheit oder des Maßhaltens (σωφροσύνη). Die mittlere, schon edlere Schicht umfaßt das Eifrig-Mutartige (θυμοειδές); sie untersteht der Herrschaft der Mannhaftigkeit oder Tapferkeit (ἀνδρεία). Dem obersten, beherrschenden vernünftigen Seelenteil (λογιστικόν) ist die T. der Einsicht und Weisheit (φρόνησις, σοφία) zugeordnet. Die richtige Ordnung aller drei seelischen Kräfte untereinander ist die Aufgabe der Gerechtigkeit (δικαιοσύνη). Sie bringt als Individual-T. alle Seelenteile in ihr richtiges naturgemäßes Verhältnis, und in der dadurch bewirkten Harmonie der Seele garantiert sie die Einheit aller T.en (vgl. → Shaftesburys und → Natorps T.lehre). Die → Gerechtigkeit gründet wie alle T.en in der Idee des Guten als des voraussetzungslosen Ursprungs alles Seins. Diese Idee ist als solche undefinierbar, aber in der Gerechtigkeit vermag der Mensch ihrer rational habhaft zu werden. Sie fordert von jedem, daß er das Seinige tue (τὰ ἑαυτοῦ πράττειν). Von daher erweist sie sich als die zentrale Idee der Gemeinschaft und gewinnt den uns vertrauten Sinn. Sie ordnet die drei übrigen Grund-T.en unmittelbar auf das Gemeinwesen und gestaltet den sozialen Kosmos der Bürger.

b) Platons Grund-T.en sind unter dem Namen der vier *Kardinal-T.en* (Angel-T.en) wie ein Kanon in das christliche ethische Denken eingegangen. Ihnen ordnete man in der Folge mehr oder weniger gewaltsam alle T.en ein. Die Weish (8, 7) zählt sie auf, → Ambrosius spricht ausführlich (im Anschluß an → Cicero) von *den* vier T.en (De off. min. I, c. 24–49), nennt sie die Haupt-T.en und verwendet schon den Namen Kardinal-T.en (Lk-Komm. V, 50. 62–68). → Augustin sieht in den vier Grund-T.en den Inhalt des guten Willens (De lib. arb. I, 27), und → Thomas von Aquino begründet ihre Ausschließlichkeit. Nur selten wird diese traditionelle Auffassung durchbrochen. → Geulincx ersetzt sie durch Fleiß, Gehorsam, Gerechtigkeit und Demut, → Schleiermacher will die Gerechtigkeit durch die Liebe abgelöst wissen. In der Kunst spielt die Darstellung der Kardinal-T.en eine große Rolle.

c) *Aristoteles* hält den von Platon vertretenen Zusammenhang der T.en mit der abstrakten Idee des Guten für eine nutzlose Konstruktion, es geht nach ihm in der Ethik um das in den T.en faßbare Gute für den Menschen (ἀνθρώπινον ἀγαθόν). Auch verschmäht er ihre Herleitung aus der Trichotomie der Seele und entwirft statt dessen eine breite Phänomenologie der einzelnen T.en – er zählt deren 13 bzw. 14 –, auch solcher, für die der Name fehlt und die er daher umschreiben muß. Er unterscheidet klar Ethik und Politik, sieht aber die T. so sehr gemeinschaftsbezogen, daß er sagen kann, im Idealstaat sei die T. des Bürgers identisch mit der des Menschen (Polit. 288 a; vgl. N.E. 1130b). Zudem ist die gesetzliche Gerechtigkeit (τὸ νόμιμον, iustitia generalis) als höchste T. auch für ihn der Inbegriff der Sittlichkeit. Terminologisch trennt er sie ab von der platonischen Gerechtigkeit als der inneren Harmonie der Seelenkräfte. Die Stellung der die Gerechtigkeit fundierenden und transzendierenden Epikie (→ Billigkeit) beweist, daß für ihn alle T. letztlich auf Entscheidung angewiesen ist. Das bezeugt auch seine Definition der T., in der er das Urteil über die konkret verpflichtende Norm dem Einsichtigen (φρόνιμος) zuspricht. Unter Beachtung dieser entscheidenden Festsetzung bestimmte Aristoteles die T. als ein gefestigtes Verhalten, das in bezug auf den handelnden Menschen die Mitte (μεσότης) einhält (N.E. 1107 a). Das will besagen, jede T. stelle die Mitte dar zwischen zwei Extremen, einem Zuviel und einem Zuwenig (Freigebigkeit ist zB die Mitte zwischen Geiz und Verschwendung, Tapferkeit die zwischen Feigheit und Tollkühnheit). Diese Mesotes-Lehre gewann exemplarische Geltung, verfiel aber weithin dem trivialen Mißverständnis des goldenen Mittelweges. Aristoteles sagt jedoch ausdrücklich, Mitte sei die T. ihrer Seinsweise (der οὐσία und dem τὸ τί ἦν εἶναι) nach, ontologisch gesehen also; axiologisch dagegen, unter dem Gesichtspunkt des Guten (κατὰ τὸ ἄριστον καὶ τὸ εὖ) sei sie ein Extrem (ἀκρότης). Eine vertiefende Interpretation der Mesotes als einer Wertsynthese hat N. → Hartmann gegeben (s. Lit.). Die von Aristoteles betonte spezifische T.mitte der Gerechtigkeit (1133b) bezeichnet Thomas von Aquino als medium rei im Gegensatz zum medium rationis der übrigen T.en (S. th. II/II, 58, 10).

d) Für die Überlieferung der ausgedehnten stoischen T.lehre wurden die Schriften Ciceros von größter Bedeutung. Er läßt entsprechend der ethischen Einheitstendenz der Stoiker alle T.en im Grundbegriff des »honestum« enthalten sein (s. honestas in → Moraltheologie). → Plotin radikalisierte die platonischen T.en und gewann durch sein T.system des Aufstiegs in die ekstatische Vereinigung mit dem Ur-Einen großen Einfluß auf die religiös-ethische Lebensgestaltung und Mystik (contemplatio) des MA. Seine Lehre baute → Porphyrius weiter aus zu dem Stufenbau der bürgerlichen, reinigenden, kontemplativen und exemplarischen T.en. Über Macrobius fand dieses T.schema seinen Eingang ins MA. – Thomas von Aquino entwarf eine Synthese der schon rezipierten mit den Nikomachischen T.en, ordnete alle dem Schema der Kardinal-T.en ein und verband diesen T.-komplex lose mit dem T.system des Macrobius (aaO I/II, 61, 5). In den Rahmen des letzteren seine gesamte natürliche T.lehre einzugliedern, ließ die Nahstellung des neuplatonischen T.verständnisses zu seiner Konzeption einer Ethik der Gerechtfertigten nicht zu, ganz abgesehen davon, daß die Zweistufigkeit der Sittenlehre des Thomas den Parallelismus von gesetzlicher Ethik und T.lehre festzuhalten genötigt war: iustitia generalis est omnis virtus (aaO I/II, 100, 12; vgl. II/II, 58, 6; N.E. 1129b/1130a). Wie auch immer man diese Systematisierung werten mag, ihr entscheidender Mangel ist gerade von ihren Voraussetzungen aus die Verkennung der humanen T. der Liebe, die Vernachlässigung der natürlichen T. der Gottesliebe und die wenig angemessene Subsumierung der natürlichen Religiosität unter die Kardinal-T. der Gerechtigkeit.

e) Die *spätere Entwicklung* der T.lehre bietet nur unwesentliche Varianten und Variationen der bisher erreichten, wobei die stoische immer stärker hervortrat. Ein gegen Kants formale Pflichtenlehre (→ Pflicht, 2) gerichtetes hochbedeutsames inhaltliches T.system bot Schleiermacher. Innerhalb des kath. Denkens bemühte sich → Sailer um eine religiöse Vertiefung des T.verständnisses. → Schelers Versuch einer zumal gegen Nietzsches Entlarvung der bürgerlich-christlichen T. gerichteten »Rehabilitierung der T.« blieb eine literarische Angelegenheit. Wie angemessen jedoch das T.denken kath. Selbstverständnis ist, zeigt zB D.v.Hildebrands Phänomenologie der T.en.

3. Die harmonisierende Kombination von christlichem Ethos und antikem T.denken erreichte ihren altchristlichen Höhepunkt in Augustin, der alle T.en der caritas ein- und unterordnete; in Thomas von Aquino fand sie ihren abschließenden Systematiker. Thomas machte die natürliche T.lehre auf Grund des Prinzips »gratia supponit et perficit naturam« zur Grundlage für ein meritorisches T.system der Gerechtfertigten, das sich das → Tridentinum und der → Römische Katechismus zu eigen machten. In der → Rechtfertigung (: II, 1 c) werden nach ihm die natürlich-humanen zu eingegossenen übernatürlichen T.en, wie es die theologischen oder göttlichen T.en Glaube, Hoffnung und Liebe als das Fundament des übernatürlich-meritorischen Lebens wesensmäßig sind. »Von der Gnade fließen die T.en in die Vermögen der Seelen«; diese aber sind »die Prinzipien der Werke«, und so ist »die Gnade das Prinzip der verdienstlichen Werke durch die Vermittlung der T.en« (S.th. I/II, 110, 4 ad 1 und 2). Die übernatürliche T. der göttlichen Liebe (caritas) ist die Wurzel aller eingegossenen T.en und die Bedingung aller verdienstlichen Werke (I/II, 114, 4). Sie ist »forma virtutum« (II/II, 23, 8). Die Systematisierung der geschichtlich überkommenen T.en, erst recht aber ihre Synthese mit der Rechtfertigungsgnade als dem übernatürlichen Lebensprinzip aller eingegossenen göttlichen und sittlichen T.en, zu denen noch die sieben Gaben des Hl. Geistes als vervollkommnende Beigaben treten, wodurch jeder Getaufte auch zur Mystik berufen ist (vgl. I/II, 68, 2 und 3; dt.-lat. Ausg. Bd 11, 644), stellt eines der imposantesten Beispiele scholastischer Wissenschaftskonstruktion dar. Im Gegensatz zu Thomas entwickelt → Bonaventura (wie → Petrus Lombardus) seine T.lehre nicht im Anschluß an die Schöpfungs-, sondern an die Erlösungslehre und gestaltet sie rein theologisch. Er versteht alle natürlichen T.en im Interesse des übernatürlichen Verständnisses symbolisch, leitet sie von der exemplaritas Gottes her und ordnet sie seinem aszetisch-moralisch-mystischen Aufstieg der Seele zu Gott ein. Es war konsequent, wenn er im neuplatonischen T.schema das natürliche Vorbild seines christlichen T.weges sah. Wie fest das scholastische T.system als solches im Katholizismus verankert ist, zeigt der Seligsprechungsprozeß (→ Heiligsprechung). In ihm muß nachgewiesen werden, daß der »Diener Gottes« die göttlichen und die Kardinal-T.en samt allen damit zusammenhängenden T.en in heroischem Maße besessen hat (c. 2104 CIC). – Eine T.lehre als Ethik der Erlösten, die auf dem Wege über die T.en die Möglichkeit und Garantie meritorischen Handelns in sich begreift, ist mit reformatorischem Denken unvereinbar (→ Ethik, 3). Das ist aus der »streng auf das Religiöse gebauten Sittlichkeit« Luthers klar zu ersehen (Holl). Die theologische Bedeutung der T.lehre liegt auf Grund der Korrelation von T. und Sollen im Bereich der Problematik des → Gesetzes (: V–VII).

Vgl. d. Werke d. genannten Autoren u. d. Kommentare zu ihrer T.lehre bzw. Ethik. Die Handbücher d. → Ethik, bes. N. Hartmann, Ethik, (1926) 1949[3] – Ders., Die Wertdimensionen der Nik. Ethik (AAB 1944, 5 = Kleinere Schriften II, 1957, 191–214) – E. Brunner, Das Gebot u. d. Ordnungen, (1932) 1939[3] – Th. Steinbüchel, Die philos. Grundlegung d. kath. Sittenlehre, Hbd II/2, 1938, 108ff – B. Häring, Das Gesetz Christi, (1954) 1961[6] (Lit.). – Lexika: Eisler III, 274ff – DThC XV/2, 2739ff – EF IV, 1601ff (Lit.). – Außerdem: M. Winkler, Die T.lehre d. hl. Thomas v. Aquin (Diss. Erlangen), 1914 – G. Israel, Die T.lehre Bonaventuras (Diss. ebd),

1914 - M.SCHELER, Zur Rehabilitierung d. T. (Vom Umsturz der Werte I, [1915] 1919², 11-42) - K.HOLL, Der Neubau der Sittlichkeit (HOLL I, 155-287) - D.v.HILDEBRAND, Reinheit u. Jungfräulichkeit, 1927 - DERS., Sittl. Grundhaltungen, 1933 - DERS. (Pseudonym: P.OTT), Die Umgestaltung in Christus, 1940 - O.LOTTIN, Les premières définitions et classifications des vertus au moyen âge (RSPhTh 18, 1929, 369-407) - DERS., La connexion des vertus avant St. Thomas d'Aquin (RThAM 2, 1930, 21-53) - H.SCHILLING, Das Ethos d. Mesotes, 1930 - M.WITTMANN, Neuplatonisches in d. T.lehre d. hl. Thomas v. Aq. (Philosophia Perennis, Festg. f. J.Geyser, 1930, I, 167-178) - R.HOFMANN, Die heroische T., 1933 - E.KERN, Das T.system d. hl. Bernhard v. Clairvaux, 1934 - J.PIEPER, Vom Sinn d. Tapferkeit, (1934) 1938³ - DERS., Über d. Hoffnung, 1935 - DERS., Traktat über d. Klugheit, 1937 - DERS., Zucht u. Maß, 1939 - DERS., Über d. Gerechtigkeit, 1953 - W.SCHÖLLGEN, Die Lehre von d. T. bei Thomas v. Aq. u. d. Kritik Nietzsches an d. christl. Ethik (Catholica 6, 1937, 62-80) - F.M.UTZ, De connexione virtutum moralium inter se sec. doctr. St. Thomae Aqu., 1937 - E.R.CURTIUS, Das »ritterl. T.system« (Europ. Lit. u. lat. MA, Bern 1948, 508-525) - C.A.EMGE, Über d. Unterschied zwischen »tugendhaftem«, »fortschrittlichem« u. »situationsgemäßem« Denken, ein Trilemma der »prakt. Vernunft« (AAMz 1950, 5) - E.FORSTHOFF, Der moderne Staat u. d. T. (Tymbos f. W.Ahlmann, 1951, 80-91) - G.HILLARD-STEINBÖHMER, Vom Ethos d. Stoa (ebd 288-304) - E.NEUMANN, Der Streit um »das ritterl. T.system« (Festg. K.Helm, 1951, 137-155) - O.F.BOLLNOW, Die Behandlung d. T.en bei N.Hartmann (N.Hartmann, Der Denker u. sein Werk, 1952, 81-96) - DERS., Wesen u. Wandel d. T.en, 1958 - H.LAUE, Maß u. Mitte, 1960 - W.STÄHLIN, Von d. »T.en« des Christen (Quatember 25, 1960/61, 16-20. 68-73. 119-123) - R.SCHWARZ, Fides, spes u. caritas beim jungen Luther unter bes. Berücksichtigung d. ma.lichen Tradition (AKG 34), 1962.
J.Klein

Tulsîdâs (1532-1623), berühmter religiöser Dichter Hindostâns, * wahrscheinlich in Râjpur (Distrikt Bândâ). T. entstammte einer Familie von Kanauji-Brahmanen, soll aber wegen eines schlechten Horoskops von den Eltern ausgesetzt und von einem Asketen gefunden und aufgezogen worden sein. Nach kurzer Ehe entsagte er der Welt und lebte meist in Benares, wo er auch starb. Im Avadhî-Dialekt der Hindî-Sprache dichtete er zahlreiche Werke, in denen er Râma (eine Form → Vishnus; → Hinduismus: I, 2f) als den ewigen Weltenherrn besingt. Bes. das »Râmcarit-mânas« (der See der Taten Râmas), eine Neuschöpfung von Vâlmîkis → Râmâyana, erfreut sich noch heute großen Ansehens und weitgehender Volkstümlichkeit. T. ist orthodoxer Hindu; mit der Anerkennung des Kastenwesens (→ Kaste: I) und der Gottheiten des brahmanischen Pantheons verbindet sich bei ihm die namentlich von Râmânand, zu dessen Schule er gehört haben soll, vertretene Lehre von dem über die anderen Götter erhabenen Râma, der alle Menschen ohne Unterschied des Standes durch seine → Gnade (: I) erlöst, wenn sie in gläubiger Ergebenheit (→ bhakti) zu ihm ihre Zuflucht nehmen. T.s monotheistische Gottesvorstellung weist gleich derjenigen der meisten Râmaverehrer stark theopantistische Züge auf, da der Dichter die Alleinheitslehre des Vedânta mit dem Râmaglauben verschmilzt.

Engl. Übers.en v. F.S.GROWSE, Allahabad 1880 u.ö.; W.D.HILL, London 1952; A.G.ATKINS, Neu-Delhi 1954. Ausw. von Versen: F.O.SCHRADER, RGL 14, 1930, 75ff; H.v.GLASENAPP, Ind. Geisteswelt I, 1959, 229ff. - Über T.: ERE XII, 469ff - CH.VAUDEVILLE, Etude sur les sources et la composition du Râmâyana de T. (Diss. Paris), 1955 (auch Übers. ebd 1955).
H.v.Glasenapp

Tunder, *Franz* (1614-67), * in Burg auf Fehmarn, † in Lübeck, 1632-41 Hoforganist in Gottorp, danach Organist an der Marienkirche in Lübeck, Vorgänger und Schwiegervater von D. → Buxtehude. T. schuf vor allem Geistliche Konzerte und Orgelwerke. Daß er ein Schüler von Frescobaldi in Rom war, ist nicht erwiesen.

W.STAHL, F.T. u. D.Buxtehude, 1926 - DERS., Musikgesch. Lübecks II: Geistl. Musik, 1952.
W.Blankenburg

Turbae (von lat. turba, Menge), die in einer → Passions-Musik, in Oratorien u.ä. in die Handlung eingreifenden, dramatisch behandelten Chöre des Volks, der Jünger, Juden, Hohepriester, Kriegsknechte oder Heiden im Unterschied zu den (oft ebenfalls mehrstimmig gesetzten) Reden Einzelner und den (später aufgekommenen) Chören betrachtenden Inhalts. Die kath. Kirche gestattet mehrstimmige Wiedergabe der T. innerhalb der gregorianischen Lektion der Leidensgeschichte während der Karwoche.
S.Hermelink

Turfan, Oasen-Region (15 m unter dem Meer) im Nordosten des Tarim-Beckens (= Ost- bzw. Chinesisch-Turkestan), wo die Nordstrecke (Aqsu, Kutscha, Qaraschahr, T.) der dort doppelt geführten Seidenstraße durch Querwege mit der (später aufgegebenen) Südstrecke (Kaschgar, Jarkänd, Chotan) verbunden war. Solange auf dieser Straße Seide, Gold u.a. nach Westasien und dem Mittelmeerraum sowie Glas- und Luxuswaren nach China gebracht wurden, also etwa vom 2.Jh. vChr bis zum Mongoleneinfall im 13.Jh., besaß die T.-Oase (mit mehreren Einzelstädten: Alt- und Neu-T., [Qara-]Chotscho [heute: Iduqqut-Schahry] u.a.) große Bedeutung für Handel und Kultur. Erreichten doch auf der Seidenstraße auch Kunststile (hellenobaktrische Kunst, Gandhara) und Weltreligionen (→ Buddhismus, → Nestorianer, → Manichäismus) Ostasien, daneben früh auch chinesische Einflüsse Innerasien. Seit dem 13.Jh. sank T.s Bedeutung mehr und mehr. - Erst die russ., engl., deutschen und franz. T.-Expeditionen (unter W.Radloff, Sir Aurel Stein, A.Grünwedel und A.v.Le Coq, P.Pelliot u.a.) zwischen 1898 und 1916 ließen die alte Bedeutung dieses Raumes wieder deutlich werden. T. war zwischen 60 vChr und 153 nChr zwischen Chinesen und Hiung-nu (Hunnen) umkämpft und später von Indern, iranischen Saken, (Pseudo-)Tocharern und sogdischen Kaufleuten bewohnt. Durch den Wettkampf der Religionen entstanden in T. und überhaupt im Tarim-Becken religiöse und profane Texte in diesen Sprachen, von denen sich bedeutende Reste fanden (jetzt in Leningrad, London, Berlin, Paris). Sie haben für die religiöse, politische und wirtschaftliche Geschichte des Landes außerordentliche Bedeutung. Zahlreiche »T.-Fresken« aus dem 5.-10.Jh. aus Ruinen und Höhlentempeln im indisch-iranischen und chinesisch-buddhistischen Stil kamen ins Völkerkundemuseum nach Berlin (davon im 2. Weltkriege 300 zerstört), seit 1957 in Berlin-Dahlem ausgestellt (daneben Plastiken). - T. war 762-840 südl. Hauptstadt der türk. Uiguren und wurde ein Mittelpunkt des Manichäismus, der nach 840 im »west-uigurischen« Reststaat (bis ins 13.Jh.) allmählich vom Mahâyâna-Buddhismus verdrängt wurde. Seit etwa 1500 setzte sich der sunnitische → Islam durch. T. gehörte seit 1758 zu China und gehört jetzt (ca 15000 Einwohner) zum Autonomen Gebiet der Uiguren, deren Sprache auch die indogermanischen Bewohner schon lang angenommen haben (daneben Chinesen).

H.YULE, China and the Way thither I-IV, London (1866) 1913-16² - A.GRÜNWEDEL, Altbuddhist. Kultstätten, 1912 - A.v.LE COQ, Chotscho, 1913 - DERS., Die buddhist. Spätantike I-VII, 1922-33 - DERS., Auf Hellas Spuren, 1926 - DERS., Von Land u. Leuten in Ostturkistan, 1928 - E.WALDSCHMIDT, Gandhara, Kutscha, T., 1925 - Sir AUREL STEIN, Innermost Asia II, Oxford 1928 - S.HEDIN, Die Seidenstraße, (1936) 1942² - H.HÄRTEL, T. u. Gandhâra (Ausstellungskatalog), 1957 - A.v.GABAIN, Das uigurische Königreich von Chotscho 850-1250 (SAB 1961, 5) - EI¹ IV, 967ff. - Karte zB: A.HERRMANN, Atlas of China, Cambridge/Mass. 1935, 46 unten.
B.Spuler

Turgot, *Anne Robert Jacques,* Baron de l'Aulne (10.5. 1727 bis 20.3.1781), franz. Nationalökonom, * und † in Paris. Seit 1761 Intendant von Limoges, bemühte sich

T. durch wirtschaftliche, soziale und humanitäre Maßnahmen die Lage der Bevölkerung zu bessern. In seinen daraus erwachsenen »Réflexions sur la formation et la distribution des richesses« (1766, dt. 1903) vertrat er physiokratische Ansichten (→ Liberalismus: I, 3c). Als Finanzminister (1774-76) unter Ludwig XVI. versuchte er unter der Parole »Kein Bankrott, keine Steuererhöhung, keine Anleihen« und durch radikale Maßnahmen zur Entlastung der unteren Schichten (u.a. gerechte Verteilung der Lasten, Aufhebung der Frondienste, des Zunftzwanges) das innere Gefüge des franz. Staates neu zu ordnen. Doch zog er sich damit den Haß der Bevorrechteten (Adel, Klerus, Militär) zu und wurde unter dem Einfluß von Marie Antoinette entlassen, ohne seine geplante Steuer- und Justizreform und die Ergänzung des königlichen Absolutismus durch die »Munizipalitäten« durchführen zu können. Seit 1777 widmete er sich als Vizepräsident der Académie des Inscriptions et Belles Lettres wissenschaftlichen und literarischen Studien.

GesW hg.v. P.-S. Du Pont de Nemours, 9 Bde, 1808-11 - Correspondance inédite de Condorcet et de T. 1770-79, hg.v. C.Henry, 1883 - Oeuvres de T. et documents le concernant, avec biographie et notes, hg.v. G.Schelle, 5 Bde, 1913-23. - Über T.: L.Say, T., Paris (1887) 1904² - G.Schelle, T., ebd 1909 - P.de Ségur, Louis XVI et T., ebd 1910 - C.-J.Gignoux, T., ebd 1945 - W.Weddigen, A.R.J.T., 1950 - G.Weulersee, La physiocratie sous les ministères de T. et de Necker, Paris 1951 - HWSW X, 422ff (Lit.). *H.Hohlwein*

Turin, *Erzbistum.* Der Homilet → Maximus (, 4) ist Anfang des 5.Jh.s der erste sicher bezeugte Bischof. Im 9.Jh. ist Bischof → Claudius als Bilderfeind bekannt. Die Diözese reichte bis zum Ligurischen Meer und war der Kirchenprovinz → Mailand unterstellt. 1471 wurde sie exemt. 1515 verlieh ihr Leo X. Metropolitanrechte. Im 16.Jh. wurde die reformatorische Bewegung in T. von der Inquisition heftig bekämpft. Nach der Herrschaft Napoleons ordnete Pius VII. die Kirchenprovinz neu. Heute hat T. 11 Suffragane: Acqui, Alba, Aosta, Asti, Cuneo, Fossano, Ivrea, Mondovì, Pinerolo, Saluzzo, Susa. T. besitzt ein erzbischöfliches Seminar (Päpstliche theol. Fakultät), die Anstalten der Salesianischen Kongregation (→ Salesianer, 2) und seit 1940 das Päpstliche Athenaeum Salesianum. Es zählt 1462810 Einwohner (1405000 Katholiken), 2830 Kirchen, 349 Pfarreien, 1935 Welt- und Ordensgeistliche.

F.Ughelli-N.Coleti, Italia sacra IV, Venedig 1719², 1015ff - F.Savio, Gli antichi vescovi d'Italia dalle origini al 1300 I, T. 1898, 281ff - Chevalier, TB II, 1900, 3189ff - P.F.Kehr, Italia Pontificia VI/2, 1914, 78ff - EC XII, 318ff - M.Grosso-M.F.Mellano, La Controriforma nell'arcidiocesi di T., 3 Bde, Città del Vaticano 1957 - AnnPont 1962, 430. *V.Vinay*

Turiner Grabtuch

1. *Bestand:* Ganzes Stück gut erhaltener Leinwand von hoher Qualität. Herkunft wohl naher Orient; Art des Gewebes dort seit 1.Jh. nChr nachgewiesen. Länge 436-437 cm, Breite 109-110 cm. In gefaltetem Zustand wurde es durch Brand (Schloß Chambéry 1532) an einer Ecke beschädigt, an 2. Ecke Wasserschaden, eine Längskante versengt. Dadurch 16 gleichförmige Fehlstellen (unterlegt).

2. Das Tuch zeigt Verfärbungen, die Rücken- und Vorderansicht eines 180-183 cm großen, nackten, schwer verletzten Mannes in Begräbnishaltung erkennen lassen. Verkrustete Blutspuren finden sich an Stirn, Hinterhaupt, Handgelenken, Unterarmen, rechter Brust. Das Tuch wird nachweislich seit etwa 1350 als Grabtuch Jesu verehrt, ebensolange (auch von hohen kirchlichen Stellen) in seiner Echtheit bestritten.

3. *Gesicherte Geschichte:* Godefroy I. Seigneur de Charny (Champagne), Gründer des Chorherrnstiftes Lirey (Weihe 1353), schenkt diesem (vor 1353) das Tuch. Im Laufe des langen Streites zwischen Stift und Diözesanbischof (Troyes) verlangt 1389 Bischof Peter von Arcis von Clemens (VII.) ein Verbot der Ausstellung, da frühere Untersuchung das Tuch als Werk eines Malers (um 1350) erwiesen habe. Der Papst läßt weitere Verehrung zu, untersagt aber Bezeichnung als Grabtuch Christi. Um 1449 wird das T.Gr. von den Herzogen von Savoyen gekauft. 1449-78 ist es in der Schloßkapelle Chambéry, seit 1578 in einer Kapelle des Turiner Doms. - Seit dem Spät-MA erscheinen zahlreiche (gemalte) Kopien, mitunter als Originale ausgegeben (zB Besançon).

4. *Vermutete ältere Geschichte:* In Konstantinopel ist 1203 (Blachernenkirche) ein Grabtuch mit der erkennbaren Figur Jesu bezeugt. Da später in Konstantinopel nicht mehr genannt, ist das Tuch wohl durch französische Teilnehmer des 4. Kreuzzuges 1204ff nach dem Westen gekommen. Die Identität des Stückes von 1203 mit einem früher in Konstantinopel bezeugten Grabtuch ist nicht eindeutig. Diese zeitliche Lücke erweckt immer wieder Bedenken.

5. Die Formen des toten Körpers sind auf dem Tuch unscharf und unvollständig. Helle Partien (Nase, Stirn) erscheinen dunkel, dunkle (Augenhöhlen, Nasenwurzel) hell. Dagegen zeigt das Negativ jeder Foto-Aufnahme ein »farbrichtiges«, sehr viel plastischeres, deutlicheres Bild (entdeckt 1898 durch S.Pia; seither vielfach überprüft). Kein mittelalterlicher Maler konnte, das fotografische Negativ vorausahnend, tonumkehrend malen. Völlige Nacktheit Jesu ist in der kirchlichen Kunst um 1350 ebenfalls undenkbar. Die Verletzungen des Rückens zeigen das Phänomen der Parallelspaltbarkeit der Haut, die erst im 20.Jh. entdeckt wurde. Demgegenüber sind die Verfärbungen des Tuches eher als Naturabdrucke erklärbar: der Leib eines eben Verstorbenen wurde, von konservierenden Substanzen (Aloe) umgeben, auf dieses Tuch gelegt, das dann, über seinen Kopf geschlagen, sowohl Rück- wie Vorderseite des Toten aufnahm. Einzelheiten sind umstritten; grundsätzlich wird sich die Annahme einer Malerei gegen die zahlreichen naturwissenschaftlich erhärteten Phänomene, die für Naturabdruck sprechen, nicht durchsetzen.

6. *Der Tote* zeigt viele kleine blutende Wunden um den Kopf umlaufend, vielfache, gleichartige Schlagverletzungen auf Rücken und Brust, Perforation der Füße und Handgelenke, ausgeronnenes Blut auf den Unterarmen, eine große Perforation der rechten Brust. Der Tod ist am Kreuz eingetreten. Ungewöhnlich für diese Hinrichtungsart sind die kleinen Kopfwunden, die Schlagverletzungen des Oberkörpers und die der rechten Brust zugefügte klaffende Wunde. Die Übereinstimmung mit den Ereignissen vor, bei und nach der Hinrichtung Jesu ist auffällig. Die Annahme, man habe später irgendwann, um eine »Reliquie« zu erhalten, einem anderen Menschen alle Einzelheiten der Passion Jesu zugefügt und dann einen »gewollten Abdruck« herbeigeführt, ist nahezu unvollziehbar.

7. Solange die Untersuchung des Tuches mit modernsten technischen Mitteln und die Publikation weiterer, farbiger Detailaufnahmen nicht gestattet wird, ist eine Einigung der Forscher anscheinend nicht zu erreichen. Trotz der erwähnten zeitlichen Lücke ist von den Spuren des Gekreuzigten auf dem Tuch aus geurteilt die Möglichkeit, daß der Bestattete der historische Jesus war, wissenschaftlich nicht auszuschließen. Es muß in diesem Zusammenhang auf die Würde und monumentale Harmonie des toten Antlitzes hingewiesen werden. Für die Osterfrage kann das Tuch nicht herangezogen

werden; es erhärtet naturwissenschaftlich nur, daß der Leichnam sich in diesem Tuch nicht zersetzte, sondern daß Leichnam und Tuch nach etwa 36-40 Stunden keinen Kontakt mehr hatten (Optimum der Abdrücke). - Hyperkritik und Erbauungsliteratur haben gleichermaßen dem einzigartigen historischen Dokument des Turiner Tuches geschadet.

Ausführl. Bibliogr. (182 Titel) bei W.BULST, Das Grabtuch von Turin, (1955) 1959². - Beste Abbildungen: G.ENRIE, La santa Sindone rivelata dalla Fotografia, 1938²; dt. 1939. - Gegen Echtheit bes. J.BLINZLER, Das Turiner Grablinnen u. die Wissenschaft, Ettal 1952.
H.-M.Decker-Hauff

Turmbau → Babylon.

Turmel, *Joseph* (1859-1943), radikaler modernistischer Dogmenkritiker, * und † in Rennes, 1882 Priester und Prof. am Seminar in Rennes, 1892 wegen seiner liberalen Ideen als Prof. abgesetzt. T. vertrat zumeist extrem kritische Positionen; u.a. suchte er die paulinischen Briefe als marcionitische Erzeugnisse zu erweisen. Aufsehen erregte bes. seine breite pseudonyme Produktion (ca 15 Decknamen!). Mehrere seiner Schriften wurden indiziert, T. selbst 1930 exkommuniziert.

Vf. u.a. (jeweils Paris): Hist. de la théologie positive I. II, 1904-06; S.Jerome, 1905; (Ps. A.DUPIN), Le Dogme de la Trinité, 1907; (Ps. G.HERZOG), La Sainte Vierge dans l'hist., 1908; Hist. du dogme de la papauté, 1908; (Ps. H.DELAFOSSE), Les écrits de saint Paul I-IV, 1926 bis 1928; (Ps. L.COULANGE), Catéchisme pour adultes I. II, 1929-30; Hist. du diable, 1931. - Über T.: J.P.GRAUSEM SJ, Ein Nachspiel des Modernismus in Frankreich (Schol. 5, 1930, 268-273; Lit.) - F. SARTIAUX, J.T., Paris 1931 (Bibliogr.) - E.DUJARDIN, Grandeur et décadence de la critique. Sa rénovation. Le cas de l'Abbé T., ebd 1931 - EC XII, 642f. - Vgl. auch die Lit. zu → Reformkatholizismus. *G.Maron*

Turnen → Sport.

Turrettini. Das aus Lucca (Italien) stammende Geschlecht wurde 1592 in → Genf (: II) seßhaft. Bedeutende Theologen: 1. *Benedikt* (1588-1631), 1612 Pfarrer und Prof. an der Akademie. Er war wie G. → Diodati und Th. → Tronchin orthodoxer Calvinist. - 2. *François* (1623-87), Sohn von 1, Pfarrer der italienischen Exulanten und 1653 Prof. der Theologie. T. lehrte im Sinne der Canones der → Dordrechter Synode, bekämpfte die Theologie von → Saumur und beteiligte sich mit dem Basler L.Gernler (→ Basel: II, 2) an der Vorbereitung der »Formula Consensus Ecclesiarum Helveticarum Reformatarum« von 1675, deren Redaktion der Zürcher J.H. → Heidegger übernahm. Sie bildete den Höhepunkt der Spätorthodoxie (→ Orthodoxie, 3b) in der → Schweiz (: I B, 2b). Hauptwerk: Institutio theologiae elencticae (3 Bde, 1679-85). - 3. *Jean Alphonse* (1671-1737), Sohn von 2. Nach Studien in Genf und → Leiden wurde er in England mit → Newton, in Frankreich mit → Bossuet, → Mabillon und → Malebranche bekannt. 1693 Pfarrer in Genf, war er 1697-1705 Prof. für KG, danach für Syst. Theol. (1701-11 Rektor der Akademie). Als Schüler des Genfer Philosophen R.Chouet vertrat T. die Übergangstheologie der »orthodoxie libérale«; mit dem Neuenburger J.F. → Ostervald und dem Basler S. → Werenfels bildete er das »helvetische Triumvirat«. Das altref. Dogma begann sich aufzulösen (vgl. → Bibelwissenschaft: II, 3; → Hermeneutik, 2f). Unter T.s Einfluß wurde 1725 in Genf jegliche Bekenntnisverpflichtung aufgehoben. Wie → Pfaff reduzierte er das Glaubensnotwendige auf die »Fundamentalartikel«. Auf dieser Grundlage hielt T. die Union zwischen Anglikanern, Lutheranern und Reformierten für möglich, worüber er mit → Leibniz diskutierte (→ Einigungsbestrebungen: II, 2b). Der Frage war das Erzbischof W. → Wake von Canterbury dedizierte Werk »Nubes testium« (1719) gewidmet. Wichtig sind auch die »Cogitationes et dissertationes theologicae« (2 Bde, 1737).

RE XX, 165ff - RGG² V, 1328 (Lit.) - J.COURVOISIER, L'Eglise de Genève de Th. de Bèze à J.A.T., Genf 1942, 23ff - DERS., Henri Fiot, traducteur de J.A.T. (Mélanges hist. offerts à M.J.Meyhoffer, 1952, 39-51) - HIRSCH II, 389f - M.GEIGER, Die Basler Kirche u. Theol. im Zeitalter der Hochorthodoxie, 1952, passim - DERS., Die Unionsbestrebungen der schweiz. ref. Theol. unter der Führung des helvet. Triumvirates (ThZ 9, 1953, 117-136) - ROUSE-NEILL I, 127f - P.F. GEISENDORF, L'Univ. de Genève, 1959, 92ff. 136ff - G.MIEGGE, Il problema degli articoli fondamentali nel »Nubes testium« di G.A.T. (Ginevra e l'Italia, Florenz 1959, 505-538) - E.G.LÉONARD, Hist. générale du Protestantisme II, Paris 1961, 239ff. *R.Pfister*

Tutilo (Tuotilo; ca 850 bis bald nach 912), Mönch in → St. Gallen, Freund von → Notker Balbulus und → Ratpert, wirkte als vielseitiger Künstler, auch außerhalb seines Klosters. Entgegen der Aussage → Ekkehards IV. wird ihm jetzt die Elfenbeinschnitzerei beider Deckel des Evangelium longum (Hs. Nr. 53) von St. Gallen zugeschrieben. Als Dichter und Musiker wurde er berühmt durch die → Tropen, die er wohl nach westfränkischem Vorbild schuf.

A.GOLDSCHMIDT, Die Elfenbeinskulpturen der Karolingerzeit I, 1914, 80f. 163ff - W. VON DEN STEINEN, Notker der Dichter I, 1948, 42ff. 402f. 522ff - Verf Lex IV, 1953, 529ff - E.G.RÜSCH, T. (St. Galler Mitt. zur vaterländ. Gesch. 41, 1953, 1-89). *H.Löwe*

Twesten, *August* (11.4.1789 bis 8.1.1876), * in Glückstadt (Holstein), 1814 Prof. der Philosophie und Theologie in → Kiel, 1835 Nachfolger seines Lehrers → Schleiermacher in Berlin, 1841 Mitglied des Konsistoriums, 1852 des Oberkirchenrates. Gegenüber der spekulativen (→ Marheineke) und neuorthodoxen (→ Hengstenberg) Theologie führte T. die Tradition Schleiermachers fort, wobei er den kirchlichen Charakter der Theologie deutlicher betonte und die → Union als organisatorische, nicht als Bekenntnisunion bejahte. - Vgl. → Protestantismus: I, 1.

Vf. u.a.: Die Logik, 1825; Grundriß d. analyt. Logik, 1834; Vorlesungen über d. Dogmatik d. ev.-luth. Kirche I, (1826) 1838⁴; II/1, 1837; Matth. Flacius Illyricus, eine Vorlesung, 1844. - Über T.: C.F.G. HEINRICI, D. A.T. nach Tagebüchern u. Briefen, 1889 - ADB 38, 30ff - RE XX, 171ff. *W.Lohff*

Twisse, *William* (ca 1578-1646), milder Vertreter des → Puritanismus, gebildet in der Winchester School und im New College in Oxford. Seine Predigten und bes. seine katechetischen Unterweisungen als Fellow fanden großen Zuspruch. 1613 begleitete er die Kurfürstin Elisabeth von der Pfalz als Hofprediger nach Heidelberg. Danach zog er das Leben als Landpfarrer (1613 in Newton/Newington Longueville, 1620 in Newbury) allen lockenden Angeboten vor, so einem Lehrstuhl in Franeker und der Leitung der Winchester School. Mit → Laud befreundet, gehörte er als bes. milder Vertreter der (calvinistischen) Gegenpartei an und vertrat nicht die Abschaffung, sondern die Abänderung des Bischofsamts. Die → Westminster-Synode wählte ihn 1643 gegen seinen Willen zum Sprecher.

Opera, 2 Bde, Amsterdam 1652 (unvollst.). Vf. bes.: A Discovery of D. (Thomas) Jackson's Vanitie, 1631; Vindiciae gratiae, potestatis ac providentiae Dei, 1632; The Morality of the Fourth Commandment, 1641; 1652²: The Christian Sabbath Defended; A Brief Catechetical Exposition of the Christian Doctrine, 1645; The Doubting Conscience resolved, 1652; The Scripture's Sufficiency, 1656. - Über T.: RITSCHL III, 310ff - DNB XIX, 1324ff. *M.Schmidt*

Tychon, 1. *der Heilige,* Patron der Winzer, nach der Legende Bischof von Amathus auf Cypern (Festtag: 17.6.). Sein Leben beschrieb Johannes Eleemon von Alexandria († 620), der bis 610 Bischof auf Cypern war;

von dieser Vita sind nur in der Hs. Paris gr. 1488 Fragmente erhalten. Auf Grund mehrerer Fruchtbarkeitswunder, die in der Vita erzählt sind, versuchte Usener eine Gleichsetzung des hl. T. mit dem Gotte T., der dem lat. Priapus entspricht. Usener vermutete einen Kult des Gottes T., der für Attika wohl bezeugt ist, sicher irrig auch für Cypern. So kann die These, im Kult des hl. T. lebe der Kult des Gottes T. fort, nicht aufrechterhalten werden. Delehayes Kritik an Usener schoß insofern über das Ziel hinaus, als die eifrig verfochtene Historizität des hl. T. keineswegs gesichert ist.

Texte: a) Synaxarion: AS Iun. IV, 79ff u. AnBoll 26, 1907, 229 bis 232 - b) Aus dem Paris gr. 1488: H.Usener, Sonderbare Heilige I: Der hl.T., 1907, 111ff; vgl. A.Ehrhard, Überlieferung u. Bestand... I/1, 1937, 649; BHG 1859f. - Über T.: Usener, aaO - H.Delehaye, AnBoll 26, 1907, 244f; ebd 28, 1909, 119-122 - A.Brinkmann, RheinMus 63, 1908, 304-310. *H.Dörrie*

2. (Wassili Belawin, 19.1.1865 bis 7.4.1925), erster *Patriarch* der Russ. Orth. Kirche nach der Wiederherstellung des Patriarchats. * in Toropez (Gouv. Pskow), 1888 Dozent für Syst. Theol. am Pskower Seminar, empfing T. 1891 die Mönchsweihe und wurde 1897 Bischof von Lublin, 1898 der Diözese Alëuten und Amerika, 1905 Erzbischof. Nach 7jähriger Tätigkeit in der Heimat wurde er 1914 Erzbischof von Litauen und Wilna, am 19.7.1917 Metropolit von → Moskau, am 21.11./4.12.1917 Patriarch (→ Rußland: I, 6). Während der Bürgerkriege 1917-19 wandte sich T. in Buß- und Warnungssendschreiben u.a. gegen die Bodenenteignung, die Verstaatlichung der Schulen, die Schändung von Kirchen und Klöstern und anathematisierte die praktizierenden Kirchenfeinde (19.1.1918). Erst nach dem Inkrafttreten der 1. Sowjetverfassung vom Juli 1918 und dem Abzug der Weißen Truppen rief er 1919 die Geistlichen zur Loyalität und politischen Neutralität auf. Doch erklärte er die Enteignung geweihter Kirchengeräte - nach kirchlicher Freigabe der nicht geweihten Kirchenschätze zur Linderung der Hungersnot - als Sakrileg (19. und 22.2.1922). Nach seiner Entlassung aus einer 13monatigen Haft exkommunizierte T. alsbald die Anhänger der konformistischen »Lebendigen Kirche«; er richtete den Kampf der Orth. Kirche ausdrücklich gegen diese und nicht gegen die Sowjetregierung (Manchester Guardian-Interview 1923). T.s »Letzter Wille« bekräftigt die früheren Loyalitätserklärungen und hält zugleich an dem Prinzip des unbedingten Glaubensgehorsams und der Reinheit des kirchlichen Lebens fest.

Wichtigste Original-Dokumente bei J.Lagowski, Die Russ. Orth. Kirche seit 1917 (in: Evangelium u. Osten, Riga 1938, H. 6-11; 1939, H. 2-7) - K.Saizew, Die Orth. Kirche in Sowjetrußland I, Shanghai 1947 (russ.) - M.Pol'ski, Neue russ. Märtyrer I, Jordanville/USA 1949 (russ.). - Ferner: M.Spinka, The Church in Russia, New York 1956 - J.Sh.Curtiss, Die Kirche in der Sowjetunion 1917-56, 1957 - K.Rose in: Ökum. Profile I, hg.v. G.Gloede, 1961, 334ff.

3. *von Sadonsk* (Timofej Ssokolow, 1724-83), volkstümlicher russ. Asket (kanonisiert 1861), 1754 Lehrer der Rhetorik am Nowgoroder Priesterseminar, empfing 1758 die Mönchsweihe und wurde 1761 gegen seinen Willen Bischof von Keksholm und Ladoga (Vikarbischof von Nowgorod). 1763 nach Woronesch am Don versetzt, trat der erfolgreiche, aber kränkelnde Bischof 1767 in den Ruhestand. Im Kloster Sadonsk bei Woronesch widmete er sich der Askese, dem Gebet, der Volks- und Priesterseelsorge. Von seinen Hauptschriften ist »Der aus der Welt gesammelte geistliche Schatz« methodisch von J. → Halls »Meditations« (1601ff, russ. erst 1786) abhängig. »Das wahre Christentum« schließt sich an J. → Arnd (1606ff, russ. 1735) an. Bei den griech. Vätern stand er → Chrysostomus am nächsten. T.s Schriften sind »der erste russ. Versuch einer lebendigen Erfahrungstheologie im Unterschied und als Gegengewicht gegen den Verzicht der theologischen Schulen auf authentische Erfahrung« (Florovsky). → Dostojewski setzte T. in dem Starez Sossima (Brüder Karamasow) und dem Bischof T. (Dämonen, Beichte Stawrogins) ein Denkmal. - Vgl. → Mystik: V, 2d.

GesW I-V, Moskau 1889-95. - Über T.: G.Florovsky, Wege der russ. Theol., Paris 1937 (russ.) - N.Gorodetzky, Saint T. Zadonsky, London 1951 - L.Müller, Die Kritik d. Protestantismus in d. russ. Theol. vom 16.-18.Jh. (AAMz 1951, 1) - I.Smolitsch, Russ. Mönchtum, 1953 - T.Popov, Die ethisch-theol. Weltanschauung des Bischofs T.v.Z. (ZMP 1957, H. 5, 47-57; russ.) - K.Onasch, Dostojewski-Bibliogr., Zürich 1960. *Hildegard Schaeder*

Tyndale, *William* (ca 1490/91-1536), englischer Lutherschüler und Bibelübersetzer, * in der Grafschaft Gloucester, studierte in Oxford (Magdalen College) und schloß sich dort der erasmischen Gruppe an. Trotz der staatskirchlichen Verbote ging T. 1524 nach Wittenberg. Er geriet völlig in den Bann Luthers, lehnte sich in seiner englischen Übersetzung des NT (1525/26 mit William Roy) eng an ihn an und übertrug auch weitere Lutherschriften. Von Köln, Worms und Frankfurt aus baute er Herstellung und Vertrieb reformatorischer Schriften für England auf. Von Heinrich VIII., Th. → Morus, → Wolsey und dem Klerus heftig bekämpft, wurde sein NT bis auf 3 Exemplare verbrannt. T. selbst fiel in Antwerpen der Inquisition in die Hände und erlitt am 6.10.1536 den Feuertod. Seine → Bibelübersetzung (: V, 2 b) wurde von M. → Coverdale fortgeführt und ging zT in die King James' Bibel (Authorized Version) 1611 ein.

Works of W.T., John Frith and Dr. Barnes ed. John Day, London 1573; Neuausg. v. T.Russell, ebd 1828-31 - Doctrinal Treatises, Expositions and Notes u. Answer to Sir Th.More's Dialogue ed. H.Walter, ebd 1848-50 - Auswahl aus T.s Werken ed. S.L.Greenslade, ebd 1938. - Über T.: J.Bale, Illustrium Maioris Britanniae scriptorum ... summarium, 1548, 220ff - E.Arber, The first printed English NT, 1871 - R.Demaus, W.T., (1872) 1904 - DNB XIX, 1351ff - P.Smith, Englishmen at Wittenberg in the 16th Century (Engl. Hist. Rev. 36, 1921, 422-433) - L.F.Gruber, The first English NT and Luther, 1928 - A.H.Gerberich, Luther and the English Bible, 1933 - M.M.Knappen, W.T., first English Puritan (ChH 5, 1936, 207 bis 225) - Ders., Tudor Puritanism, 1939, 3ff - J.F.Mozley, W.T., 1937 - T. Commemoration Volume, 1939 - E.G.Rupp, Studies in the Making of the English Protestant Tradition, 1947, passim. *M.Schmidt*

Typaldos, *Jakobatos Konstantin* (1795-1868), griech.-orth. Theologe, * in Lixourion auf Kefalonien. In Venedig umfassend gebildet, wurde T. 1833 in Korfu Ephorus des Priesterseminars und später Prof. an der Jonischen Akademie. Da ihn die englischen Behörden als Metropoliten von Kefalonien nicht bestätigen wollten, ging er 1843 nach Konstantinopel und wurde dort der erste Direktor der theologischen Hochschule von Chalki. Unter seinen Schülern waren zahlreiche spätere Patriarchen und Metropoliten.

Vf. u.a.: Katechese d. orth. christl. Glaubens, 1829; Doppelte Parallele oder die Kirche gegenüber Papst u. Reformation, 1851; ferner Mitarbeit am »Tomos« des ökum. Patriarchats über die Anerkennung der autokephalen Kirche → Griechenlands, 1850. - Einige seiner Werke sind noch nicht veröffentlicht. - Über T.: Enkyklopädikon Lexikon Iliou IX, 748 - Megali Elliniki Enkyklopädia XII, 772 (Bibliogr.). *G.Möckel*

Typenlehre. Die Unterscheidung von Typen stützt sich auf gemeinsame Hauptmerkmale einzelner Dinge, Lebewesen, seelischer Eigenart und geistiger Gebilde, deren übergreifende Prägungsformen sie zu bestimmen sucht. - Am Beginn wissenschaftlicher Besinnung hat man, in Anlehnung an die antiken Bühnengestalten, bes. der Komödie, einzelne Eigenschaften des Menschen zu

Charaktertypen verallgemeinert (Theophrast: Schmeichler, Heuchler usw). Unter medizinischem Einfluß (Hippokrates) wurde diese Aufreihung, nach dem Vorbild der frühgriech. Elementenlehre, durch eine Vierzahl von Temperamentsformen ersetzt (Galenos: Choleriker, Melancholiker, Sanguiniker, Phlegmatiker). - Die Typenforschung der Gegenwart geht, nach Anregungen → Kants und → Schillers, vorwiegend von einem Gegensatzpaar aus, dem das lebenswichtige Verhältnis des an der Umwelt und des an sich selbst orientierten Menschen zugrunde liegt (Kretschmer: zyklothym-schizothym; E.Jaensch: außen-innen-integriert; C.G.Jung: extravertiert-introvertiert). Innerhalb dieser Richtung sind bes. Konstitutions-, Funktions- sowie wandelbare Einstellungstypen zu unterscheiden; eine tiefenpsychologische Sonderform bilden die Archetypen (→ Tiefenpsychologie, 4). Unter biologischem Gesichtspunkt grenzen sich Phäno- und Genotypen voneinander ab; ein antagonistisches Verhältnis besteht zwischen Real- und Idealtypen. In der → Psychologie werden auch Teilgebiete des Seelenlebens (zB Wahrnehmung, Gedächtnis, Denken und Wollen, Phantasie) typologisch untersucht. Das Bild des Typus wird zunächst intuitiv gewonnen und kann beschreibend aufgezeigt oder rechnerisch nachgewiesen werden. Auf geisteswissenschaftlichem Gebiet sind namentlich Weltanschauungstypen (Dilthey, Jaspers) sowie typische Lebensformen (Spranger) herausgearbeitet worden. Für die systematische T. ist vielfach kennzeichnend, daß die konträren Formen in positiver und negativer Hinsicht gleichgewichtig sind, was für die mehrgliedrigen Konzeptionen seltener zutrifft. Gelegentlich stellt ein dritter Typus die verbindende Überhöhung des Gegensatzes dar (Jaspers, Krueger, Jaensch), oder dieser wird als Polarität dem Aufbau des Charakters im ganzen eingefügt (Wellek). Eine mehr oder minder bedeutsame Rolle spielt der Typenbegriff in den meisten Fachwissenschaften (naturwissenschaftliche → Anthropologie [: I], Rassenlehre [→ Rasse: I], → Psychiatrie, → Völkerkunde, → Kulturwissenschaft, Geschichtsphilosophie [→ Geschichte: III], → Religionspsychologie). Wo bei der Unterscheidung von Typen der Oberbegriff, auf den sie bezogen werden, fehlt oder keine Klärung erfährt, bietet sie nur Teilaspekte des jeweiligen Blickfeldes. Die Gegensatztypen sind strenggenommen Grenzpositionen, zwischen denen Übergangsformen liegen, die sich als Mischtypen bezeichnen lassen. Von der neueren Strukturlehre des menschlichen Wesens (Klages, Lersch, Vetter; → Strukturpsychologie) hebt sich die T. dadurch ab, daß jene auf das gegliederte Gesamtgefüge der → Persönlichkeit gerichtet ist, während diese stets eine Mehrzahl von Grundformen annimmt (→ Charakterologie, 1 b).

Außer der Lit. zu → Strukturpsychologie: E.Spranger, Lebensformen, (1914) 1950[8] - K.Jaspers, Psychologie der Weltanschauungen, (1919) 1954[4] - C.G.Jung, Psychologische Typen, (1921) 1960[9] - E.Kretschmer, Körperbau u. Charakter, (1921) 1955[21-22] - E. Jaensch, Grundformen menschlichen Seins, 1929 - G.Pfahler, System der T.n, (1929) 1936[2] - W.Dilthey, Die Typen der Weltanschauung (in: Ges. Schr. VIII, [1931] 1960[2], 75-118). *A.Vetter*

Typikon. Man unterscheidet das *disziplinäre* T. (russ. Ustav, duchovnaja gramota) zur Regelung des Klosterlebens (→ Orthodoxe Kirche: II, 7) vom *liturgischen* T. (russ. Tipik; vgl. v.Lilienfeld), das den Ablauf des → Gottesdienstes (: V A, 2) und des → Stundengebetes (: I, 1) für das ganze Jahr vorschreibt. In den Hss. finden sich beide Typika. Das liturgische T. spiegelt Traditionseinflüsse von Jerusalem und Byzanz (Sabas-T.). Heute regelt das T. in den → Menäen die Koinzidenz zweier Feste (zB Karfreitag am 25.III.). - Hiervon zu unterscheiden ist das Typika-»Singen« (russ. Čin izobrazitel'nych), ein aus Psalterrezitationen bestehendes Offizium (vgl. I.M.Hanssens, Institutiones liturgicae II, 1930, Nr. 186-195).

A.Dmitrievskij, Beschreibung liturg. Hss... I: Typika, Kiew 1895 (russ.) - Ders., Älteste Patriarchatstypika..., ebd 1907 (russ.) - M.Skabalanovič, Kommentiertes T., ebd 1910 (russ.) - Pl.de Meester, De statu monachico iuxta disciplinam byzantinam, 1942 - Beck 252f - F.v.Lilienfeld, Nil Sorskij u. seine Schriften (Theol. Diss. Halle), 1960. *K.Onasch*

Typologie

I. Im AT - II. Im NT - III. Auslegungsgeschichtlich

I. Im AT

T. liegt dann vor, wenn geschichtliche Fakten (Personen, Handlungen, Ereignisse, Einrichtungen) »als von Gott gesetzte, vorbildliche Darstellungen, dh ›Typen‹ kommender und zwar vollkommenerer und größerer Fakta aufgefaßt werden« (Goppelt, Typos 18f). Typologische Auslegung in diesem Sinne kann man bereits im AT vorfinden. Ihre Wurzeln sind umstritten. Sieht Bultmann die T. als unter dem Gedanken der Wiederholung stehend, also letztlich dem zyklischen Denken verhaftet und so gängigen altorientalischen Vorstellungen eng verwandt (wohingegen der Weissagungsbeweis von der T. streng zu trennen sei, da er die Anschauung vom linearen Zeitverlauf voraussetze), so wird dies zB von Eichrodt und v.Rad bestritten (so daß hiernach die der T. zugrunde liegende Geschichtsauffassung dann doch dieselbe wäre wie beim Weissagungsbeweis). Wie man sich hier entscheidet, hängt eng mit der Frage zusammen, ob man hinsichtlich des Ursprungs der israelitischen → Eschatologie (: II) eine Verbindung mit dem sakralen altorientalischen Denken behaupten darf. - Es empfiehlt sich, eine sakral-kultischen Vorstellungen nah verwandte Spielart at. T. von der geschichtlich-eschatologischen T., wie sie sich vor allem bei den Propheten findet, zu unterscheiden. Zu ersterer wäre zB die Anschauung zu rechnen, wonach Mose die irdische »Stiftshütte«, Salomo den Tempel entsprechend einem himmlischen Modell herstellen sollte (Ex 25, 9; 1Chr 28, 11f; der Sinn der letztgenannten Stelle allerdings umstritten); altorientalisch-sakrales Denken faßt ja die → Tempel als Abbilder ihrer himmlischen Urbilder. Allerdings ist hier das himmlische Urbild das vollkommenere im Vergleich mit dem irdischen Abbild. - Dagegen sehen die → Propheten das, was sie für die Zukunft erwarten, als vollkommenen und unüberbietbaren »Antitypus« bestimmter, von Jahwe einst in die Geschichte hineingegebener »Typen«, denen solche Vollkommenheit noch abgeht. Es sind hier in erster Linie Ereignisse, genauer: Handlungen Jahwes, die als Typus unüberbietbarer eschatologischer Taten Jahwes erscheinen. Die wichtigste Rolle spielt das Geschehen von der Ausführung Israels aus Ägypten über den Wüstenzug hin zur Landnahme; hierin sehen Hosea, Jeremia, Ezechiel, dann vor allem Dtjes - jeweils in verschiedener Weise - das Vorbild kommender, letztgültiger Ereignisse. Wenn Jeremia hingegen einen neuen → Bund (: II) ankündigt und mit dem alten konfrontiert, so scheint hier weniger T. als vielmehr die Vorstellung einer »Vergegenwärtigung« des Alten in neuer Gestalt vorzuliegen. Bei Jesaja stehen die Davidgestalt und die Zionstradition als »typisch« im Vordergrund; bei ihm und den von ihm abhängigen Späteren (bes. Sacharja) könnte man die messianische Hoffnung auch wohl als eine bestimmte Spielart der T. ansehen. Für Dtjes war möglicherweise Mose Typus des → Knechtes Jahwes. Ob man Mose auch als Typus des Propheten schlechthin angesehen hat (so Eichrodt und v.Rad mit Berufung auf Dtn 18, 15-18), dürfte hingegen zweifelhaft sein.

E.JACOB, L'AT et la prédication chrétienne (VC 4, 1950, 151-164) - J.DANIÉLOU, Sacramentum futuri. Etudes sur les origines de la T. biblique, 1950 - R.BULTMANN, Ursprung u. Sinn der T. als hermeneut. Methode (ThLZ 75, 1950, 205-212) - F.MICHAELI, La »T.« biblique (Foi et Vie 50, 1952, 11-18) - W.EICHRODT, Ist die t.e Exegese sachgemäße Exegese? (ThLZ 81, 1956, 641-654 u. VT Suppl. IV, 1957, 161-180 = Probleme at. Hermeneutik, hg.v. C.WESTERMANN [ThB 11], 1960, 205-226) - G.v.RAD, TheolAT II, 1960, 130f. 285. 334ff. 378.

F.Hesse

II. Im NT

T., → Allegorie (: II) und Weissagungsbeweis (→Weissagung und Erfüllung: II) sind voneinander zu unterscheiden. T. sieht die Entsprechungen zwischen Personen und Ereignissen im Rahmen des Geschichtsablaufes, während Allegorese einen tieferen Sinn in der Erzählung selbst zu finden sucht. Anderseits steht T. »unter dem Gedanken der Wiederholung, der Weissagungsbeweis unter dem der Vollendung« (Bultmann, vgl. v.Rad). Beide hermeneutischen Bemühungen, das AT von Christus her zu verstehen, haben implizit das theologische Ziel, den christlichen Glauben als immer schon von Gott - wenngleich verhüllt - intendiert herauszustellen und damit dem Vorwurf der Antike gegen das Christentum, etwas Neues und Geschichtsloses zu sein, zu begegnen. - Der Ausdruck »Typos« begegnet in t.em Zusammenhang erstmals bei Paulus. Röm 5, 14 wird Adam als »Typos des Kommenden« Christus gegenübergestellt. Mittels dieser T., deren Struktur in Entsprechung (ὥσπερ ... οὕτως 5, 12. 18. 19) und vergleichender Unterscheidung (πολλῷ μᾶλλον 5, 15. 17) beruht, macht Paulus deutlich, daß Christus die neue Schöpfung gebracht und den Fall aufgehoben hat (vgl. 1Kor 15, 22. 45-49). Die Israeliten in der Wüste sind Typen der Christen, beide gleichermaßen in Heiligung und Versuchung stehend (1Kor 10, 1-13; vgl. Hebr 3, 7 - 4, 11). In Hebr 7, 1 - 10, 18 wird Christus als Antitypos zum levitischen Priestertum beschrieben. Ein t.es Schema, gemischt mit Allegorie, läßt sich ferner in der Sarah-Hagar-Geschichte Gal 4, 21-31 erkennen. 1Petr 3, 21 wird die → Taufe (: II) als Antitypos der Sintflut beschrieben, deren Wasser die Taufe präfiguriert. Die Stellen zeigen, daß der Antitypos der christlichen Zeit dem at. Typos entspricht, teils ihn auch sachlich übertrifft, ohne indes notwendig an die at. Terminologie gebunden zu sein.

L.GOPPELT, Typos (BFChTh II, 43), 1939 - DThC XV/2, 1935ff - E.FUCHS, Hermeneutik, (1954) 1958², 192ff - G.W.H.LAMPE-K.J. WOOLLCOMBE, Essays on Typology (Studies in Bibl. Theology 22), 1957 - E.E.ELLIS, Paul's Use of the OT, 1957 - B.S.CHILDS, Prophecy and Fulfillment (Interpretation 12, 1958, 259-271) - H.MÜLLER, Die Auslegung at. Geschichtsstoffs bei Paulus (Diss. Halle), 1960 (Masch.; vgl. ThLZ 86, 1961, 788f) - N.H.RIDDERBOS, Typology (Vox Theologica 31, 1961, 149-159; Lit.). - Vgl. die Lit. zu → Typologie: I. III.

H.Nakagawa

III. Auslegungsgeschichtlich

Die im NT geübte t.e Betrachtungsweise (→ Typologie: II) ist in der alten Kirche weiter entwickelt worden. Dazu forderten Bemerkungen wie Lk 18, 31; 22, 37; 24, 44; Apg 13, 29, aber auch Stellen wie 1Kor 10, 11 und Hebr 1, 1 geradezu auf. So müht sich der Verfasser des → Barnabasbriefes um vollkommene Erkenntnis (1, 5. 7) und versteht darunter eine Darlegung der Leiden Jesu mit Hilfe der T. Die Opferung Isaaks (7, 3), die zwei Böcke aus Lev 16, 7-9 (7, 6ff), die geopferte Kuh aus Num 19 (c. 8), aber auch die auf Weisung des Geistes von Mose ausgereckten Hände und die eherne Schlange von Num 21 sind nicht nur Zeichen des Kreuzes, sondern auch der Herrlichkeit Jesu (12, 1-7). → Justin behauptet in seiner Auseinandersetzung mit dem Juden Tryphon, er könne nachweisen, daß alle übrigen Anordnungen des Moses Vorbilder (Typen), Symbole und Hinweise auf Christus seien (Dial. 42, 4), nachdem er die Beschneidung als Typus der wahren Beschneidung, das Passalamm als Typus des Christus (41, 4; 40, 1) und das Mehlopfer von Lev 14, 10 als Typus des Brotes der Eucharistie erwiesen hatte. Auch die erhöhte Schlange von Num 21 fehlt bei ihm nicht, und der Hinweis auf ein Mißverständnis Platons (Apol. 60) zeigt die Bereitschaft, auch heidnische Schriftsteller zur t.en Beweisführung heranzuziehen. → Irenäus (Adv. haer. IV, 32, 2) hebt eine dreifache Bedeutung des AT hervor: Es ist Vorbild (Typus) der himmlischen Dinge; es zeigt im voraus die Bilder von dem, was in der Kirche sein sollte, damit unser Glaube fest sei; es bietet Prophezeiungen künftiger Dinge, damit der Mensch lerne, daß Gott alles im voraus weiß. Damit ist auch die T. der Grundanschauung von der Einheit der Offenbarung im AT und NT untergeordnet. Das Verhältnis von T. und Allegorie läßt sich an der Exegese des → Theodor von Mopsuestia verdeutlichen. Zwischen jüdischer Buchstäblichkeit und alexandrinischer Umdeutung geht er den Weg der T., den er an dem Gedanken der Mimesis klar macht. Er will die volle Geschichtlichkeit des at. Vorbildes erhalten. Die typischen Ereignisse dürfen nicht zu Schattenbildern herabgemindert werden. Seine Nachfolger haben diese Linie nicht streng durchgehalten, sondern sind in zunehmendem Maße der Allegorese erlegen. → Augustin geht einen Mittelweg, wenn er einseitig historisches und einseitig allegorisches Verständnis für alle Texte ablehnt. Es gibt solche, die nur historisch oder nur allegorisch ausgelegt werden können, und solche, die beides bedeuten. Augustin hat nichts dagegen, einen »geistlichen Sinn« festzustellen, sofern in erster Linie an der geschichtlichen Wirklichkeit der Ereignisse festgehalten wird. Er spricht in diesem Zusammenhang von »allegorica praefiguratio« und von »significationes allegoricae« (De civ. Dei XVII, 3). Dabei baut er eine Weltgeschichte mit Hilfe der T. auf und vollendet den Ansatz Justins, wenn er die T. beim ersten Menschen beginnt und Kain und Abel als Typen zweier Menschenreihen darstellt, nämlich der Erwählten Gottes und der Kinder der Welt (De civ. XV, 5). Kain und Romulus, beide Brudermörder und Städtegründer, gehören als Urbilder und Archetypen zusammen. Abel (=Trauer) und Seth (= Auferstehung) bilden den Tod Christi und seine Auferstehung vor (XV, 18). Die kommende Kirche ist durch Noahs Arche vorgebildet (XV, 26). Der doppelte Wechsel im Priestertum (Eli - Samuel) und Königtum (Saul - David) weisen auf den neuen und ewigen König Christus hin. - Für die altkirchliche T. ergibt sich also: 1. T.e Betrachtung geht davon aus, daß hinter beiden Testamenten derselbe Gott steht und aus den Propheten wie den Aposteln derselbe Geist redet (Justin, Dial. 90, 2; Iren. IV, 32, 2). 2. Da manche Texte des AT anstößig oder schwer verständlich sind, muß ihr eigentlicher Sinn mit Hilfe des Geistes aufgespürt werden (Iren. IV, 31, 1: »den Typus suchen«). 3. Die richtige Auslegung des AT führt zu Christus hin (Barn 12, 7; Just., Dial. 42, 2; Iren. IV, 32; Aug., De civ. XVI, 2). 4. T.e und allegorische Auslegung greifen öfter ineinander über (Barn 8; Iren. IV, 21; Clem. Alex., Strom. II, 5, 20, 2; Aug., De civ. XVII, 3). 5. Beliebte t.e Motive sind zB: a) die eherne Schlange (Joh 3, 14; Barn 12, 5ff; Just., Dial. 91. 94; Tertullian, Adv. Marc. III, 18; Aug., Joh. Evang. XII, 11), b) Isaaks Opfer (Hebr 11, 17; Barn 7, 3; Melitofragment; Clem. Alex., Strom. II, 5, 20, 2; V, 73; Tertullian, Adv. Marc. III, 18; Adv. Jud. X), c) die ausgebreiteten Hände des Moses als Kreuzeszeichen (Barn 12, 2; Just., Dial. 90; Iren. IV, 33, 1; Firmicus Maternus, De errore 21, 6). d) Synagoge und Kirche sind vorgebildet in Jakob und Esau (Iren. IV, 21; Aug.,

De civ. XVI, 42), in Jakobs zwei Ehen (Justin, Dial. 134, 3, später auch Zwingli), in Lots Töchtern (Iren. IV, 31). e) Jakob mit den Fellen (Gen 27) ist Typus Christi bei → Isidor von Pelusium, und selbst den babylonischen Turm hat man als Typus dessen angesehen, der die Verbindung zwischen Himmel und Erde darstellen sollte.

Auch die *christliche Kunst* bes. der altkirchlichen Zeit und des MA ist voller Beispiele für die T. Vgl. dazu → Malerei und Plastik: I-III, → Symbole: III und die dort genannten Einzelartikel, ferner u.a. → Armenbibel, → Heilsspiegel. - Für die *mittelalterlichen Exegeten* (→ Schriftauslegung: IV A, 5-7) war die t.e Auslegung wegen Joh 5, 39; 1Kor 10, 11 u.a. weitgehend selbstverständlich, selbst wenn sie, wie etwa → Nikolaus von Lyra, dem Literalsinn den Vorzug gaben.

Die *Reformatoren*, bes. Luther und Calvin, haben energisch auf den buchstäblichen Sinn der Schrift gedrängt. Vor allem → Luther hat die Allegorese scharf bekämpft (→ Hermeneutik, 2e; → Schriftauslegung: IV B, 2) und seit 1519 auch für die Bilderreden der Bibel für wörtliche Auslegung gegen die von → Erasmus bevorzugte Allegorie plädiert. Diese hat → Calvin am entschiedensten abgelehnt, wenn er dagegen spottet, daß man in jedem Teil des Zeremonialgesetzes Geheimnisse wittere. Dennoch finden sich auch bei den Reformatoren Beispiele von T. → Zwingli behauptet, das AT enthalte so viele Weissagungen auf Christus, daß niemand leugnen könne, er sei durch die Schriften schattenhaft abgebildet (adumbratum esse). Luther war fest überzeugt, »daß die ganze Schrift von heimlichen Hinweisen auf Christus erfüllt ist« (Bornkamm 82), und seine prophetische Deutung ist im Grunde eine christozentrische. So trat neben die Rückkehr zum Literalsinn die t.e Deutung. Nicht umsonst schätzte Luther → Bugenhagens Erklärung der Pss (1524) als christliches Buch sehr hoch. Hier werden Jerusalem und Zion stets als Typen der Kirche verstanden. Zu verweisen ist ferner zB auf Aeg. → Hunnius (Bornkamm 158 Anm. 3) und auf die Ansicht des → Flacius, Lea schatte die menschliche Philosophie ab, Rahel aber die göttliche Theologie. Erst der Rationalismus bereitet dieser Typologese ein Ende. Bezeichnend ist der Satz von → Semler: »Wer keine Typos annimmt ..., der entbehret gar nichts; und ein noch so großer Liebhaber der T. kann sie doch nicht unter die Grundsätze des Christentums hintennach versetzen« (1779 zur Übersetzung von A.H.Sykes, Paraphrase des Hebr, S. 86 Anm. 96). Die T. lebte dennoch weiter. Aug. → Tholuck (Das AT im NT, [1836] 1872[6]) meint, Jesus habe das AT mit seinen Anstalten, in seiner Geschichte und in einzelnen seiner Aussprüche überwiegend vorbildlich betrachtet (S. 25), und berichtet von organisch-typischer Betrachtungsweise der neueren Theologie seiner Zeit. Als Vertreter nennt er → De Wette und → Hengstenberg. Charakteristisch für den Erlanger v. → Hofmann ist das Bestreben, bei allem Nachweis von → Weissagung und Erfüllung (: III) die Wirklichkeit des at. Geschehens nicht abzuschwächen. Jede Stufe dieser Geschichte enthalte das eine Heil, aber keine das ganze. Wie das AT den Heiland nur im Bild und Schatten hat, worin er sich selbst als zukünftig vorbildet, so hat die nt. Zeit ihn selbst als das Heil, aber vor seiner Erhöhung nicht vollständig und nach ihr noch nicht völlig; denn das Ende steht ja noch aus. Zugunsten eines lebendigen Stromes göttlicher Offenbarung kämpft v. Hofmann energisch gegen eine Geschichtsbetrachtung, bei der der jedesmalige Augenblick für eine bloße Einkleidung einer sog. ewigen Idee gehalten werde (vgl. seine Rechtfertigung in: Mecklemburgisches Kirchenblatt 1, 1844, 54-82). - Zur gegenwärtigen Diskussion für und wider die t.e Auslegung des AT s. → Hermeneutik, 2 g, → Typologie: I, → Weissagung und Erfüllung: I.

Vgl. die Lit. zu → Hermeneutik, → Hofmann (, 1), → Schriftauslegung: IV A, → Typologie: I. II, → Weissagung und Erfüllung: I-III. Ferner bes.: W.Molsdorf, Führer durch d. symbol. u. t.en Bilderkreis d. christl. Kunst d. MA, 1920 - F.Torm, Hermeneutik des NT, 1930, 213ff - E.Auerbach, Figura (Arch. Romanicum 22, 1938, 436-489 = Neue Dantestudien, Istanbul 1944, 11-71) - Ders., Mimesis, Bern (1946) 1959[2] - H.Bornkamm, Luther u. das AT, 1948, 74ff. 176ff. 222ff - J.Daniélou, Sacramentum Futuri. Etudes sur les origines de la typologie biblique, Paris 1950 - L.Réau, Iconographie de l'art chrétien I, ebd 1955, 192ff.

E.Fascher

Tyrannenmord → Widerstandsrecht.

Tyrrell, *George* (6.2.1861 bis 15.7.1909), kath. Modernist, * in Dublin, † in Storrington. Einer anglikanischen Familie entstammend, wurde T. 1879 kath., 1881 Jesuit, 1891 Priester und war 1894-96 Prof. der Moraltheologie in Stonyhurst. Durch F. v. → Hügel seit 1898 mit den Arbeiten von → Bergson, M. → Blondel, L.Laberthonnière und → Loisy bekannt geworden, zugleich durch Ignatius von → Loyola und die → Exerzitien auf das Streben nach religiösen Erlebnissen statt intellektueller Gewißheit gewiesen, vertrat er nunmehr eine anti-intellektualistische, mystische und liberale Auffassung vom Katholizismus und wurde einer der führenden Modernisten (→ Reformkatholizismus, 3). 1906 aus dem Orden entlassen und als Priester suspendiert, wurde er wegen seines Protestes gegen die Enzyklika »Pascendi« (in der Times, 30.9. und 1.10.1907) exkommuniziert. - T. wollte ein gläubiger Katholik sein, der in der kath. Religion »den breitesten, ältesten und tiefsten Strom christlicher Gesamterfahrung« sah. Zur Ablehnung des traditionellen Lehramts kam er, indem er »Offenbarung und Theologie als zwei der Art nach völlig verschiedene Sphären der Wahrheit und des Wesens« sorgfältig unterschied. Richtschnur des Glaubens konnte nach T. nur die Autorität des Gesamtgeistes der Kirche sein, wie er sich in ihrem Glauben, nicht in ihren Dogmen kundtut. »Die Kirche hat den Auftrag, zu lehren, was Christus gelehrt hat, und nicht mehr... Das ›Reich‹ und der ›Weg‹, so wie Christus beides selbst gepredigt hat, ist das ganze Depositum fidei.« »Das Depositum fidei ist nicht ein bloßes Glaubensbekenntnis, eine Glaubensregel, sondern eine konkrete Religion, von Christus seiner Kirche hinterlassen. Es ist vielleicht in bestimmtem Sinne weit unmittelbarer eine Lex orandi als eine Lex credendi. Der Glaube ist im Gebet enthalten und muß aus ihm herausgelöst werden.« - T. starb mit den Sterbesakramenten versehen, doch wurde ihm das kirchliche Begräbnis verweigert. Abbé Brémond, der am Grabe sprach, wurde suspendiert, T.s Biographie kam 1913 auf den Index.

Vf. u.a.: Nova et vetera, 1897; Hard Sayings, 1898; On External Religion, (1899) 1906[4]; The Faith of the Millions, 1901; (Pseud. E.Engels), Religion as a Factor of Life, 1902; (Pseud. H.Bourdon), The Church and the Future, (1903) 1910; Lex orandi, 1904; Lex credendi, 1906; A much Abused Letter, 1906; Through Scylla and Charybdis, 1907 (dt. 1909); Medievalism, 1908; Christianity at the Cross-Roads, 1909 (dt. mit Einl. v. E.Erasmi, 1961); Essays on Faith and Immortality, 1914; Letters, ed. M.D.Petre, 1920. - Über T.: J.Kübel, G.T.s letztes Buch (ChW 23, 1909, 919-924) - M.D.Petre, Autobiography and Life of G.T., 1912 (ital. 1915) - Dies., Von Hügel and T., 1937 - DNB 2. Suppl. III, 542ff - A.Loisy, G.T. et H.Bremond, 1936 - J.L.May, Father T. and the Modernist Movement, 1938 - J.J.Stam, G.T. (Diss. Utrecht), 1938 - J.A.Laubacher, Dogma and the Development of Dogma in the Writings of G.T., 1939 - DThC XV/2, 2016ff. - Vgl. die Lit. zu → Reformkatholizismus.

H.Hohlwein

Tyrus (keilschriftlich Ṣurri, hebr. und phönizisch ṣor, griech. Τύρος, heute ṣūr), phönizische Küsten-, einst (bis

Alexander d. Gr. sie zum Zwecke der Eroberung durch einen Damm mit dem Festland verband) Inselstadt etwa 600 m vor der Küste (→ 21 A 3), 75 km ssw Beirut und 55 km nnö Haifa. Über die Anfänge der Stadt sind zahlreiche mythologische, historisch kaum verwertbare Nachrichten überliefert. Geschichtliche Nachrichten setzen erst mit den → Amarna-Briefen des 14. Jh.s vChr ein. Sie zeigen T. als eine Ägypten treu ergebene Stadt, die deshalb von den ägyptenfeindlichen Nachbarn hart bedrängt und von der festländischen Wasserversorgung und Nekropole abgeschnitten ist. In der Folgezeit schwang T. sich zur führenden Stadt der → Phönizier auf. König Hiram I. (969-936 vChr; vgl. die Königsliste des Menander bei Josephus c. Ap. I, 18) pflegte Beziehungen zu → David (2Sam 5, 11: Lieferung von Zedernholz) und → Salomo (1Kön 5, 15ff: Hilfe beim Bau des Tempels; 9, 26ff: Beteiligung an den Handelsexpeditionen Salomos), und unter Ittobaal (887-856 vChr) kam es zur Verschwägerung der Königshäuser von T. und Israel (→ Ahab, → Isebel). Gegen die Assyrer und Babylonier führte T. einen wechselvollen, erbitterten, von seiner Insellage begünstigten Kampf um seine Unabhängigkeit (13jährige Belagerung durch Nebukadnezar). Erst → Alexander d. Gr. gelang die Eroberung.

W. B. Fleming, The Hist. of Tyre (Columbia Univ. Oriental Studies X), 1915 - D. le Lasseur, Mission archéologique à Tyr (Syria 3, 1922, 1-26. 116-133) - E. Unger, Nebukadnezar II. u. sein Šandabakku (Oberkommissar) in T. (ZAW 44, 1926, 314-317) - MeyerG II/1. 2 (s. Index) - RLV XIII, 516ff (P. Thomsen) - O. Eissfeldt, Das Datum der Belagerung von T. durch Nebukadnezar (FF 9, 1933, 421f = Ras Schamra u. Sanchunjaton, 1939, 4ff) - BRL 526ff - PW 2. R. 14. Hbd, 1948, 1876ff (O. Eissfeldt) - J. Liver, The Chronology of Tyre at the Beginning of the First Millennium B.C. (IEJ 3, 1953, 113-120) - K. Galling, ZDPV 69, 1953, 91-93 (zur Ansetzung von Ušu = Palai-T. auf dem tell reschēdīje) - W. F. Albright, The New Assyro-Tyrian Synchronism and the Chronology of Tyre (AIPh 13, 1955, 1-9). *R. Bach*

Tzschirner, *Heinrich Gottlieb* (14.11.1778 bis 17.2. 1828), ev. Theologe, * in Mittweida i.S., 1805 o. Prof. in Wittenberg, 1809 in → Leipzig, 1815 zugleich Sup. und Pfarrer an der Thomaskirche. Als Vertreter eines an → Kant orientierten vermittelnden ethisch-kritischen Supranaturalismus kämpfte T. für die Gleichberechtigung des theologischen → Rationalismus (: II, 3c) neben dem »ästhetischen« System → Schleiermachers als Formen eines freien Protestantismus gegenüber Reaktion, Romantik und Pietismus. Seine Vorlesungen über KG haben → Ranke und → Hase angeregt. T. galt als bedeutender Prediger seiner Zeit (→ Predigt: I, 4).

Vf. u.a.: Briefe, veranlaßt durch Reinhards Geständnisse, 1811; Predigten, 5 Bde, 1812-16 u. 1829; Protestantismus u. Katholizismus aus dem Standpunkt der Politik, (1822) 1824[4]; Die Gefahr einer dt. Revolution, (1822) 1823[2]; Das Reaktionssystem, 1824; Vorlesungen über die christl. Glaubenslehre, 1829; Der Fall des Heidentums, 1829. - Hg.: Bd IX. X von → Schroeckhs KG, 1800; Memorabilien für das Studium u. die Amtsführung des Predigers, 8 Bde, 1810-21; Archiv für alte u. neue KG, 5 Bde, 1813-22; Magazin für christl. Prediger, 5 Bde, 1823-27. - Über T.: C. Lötzsch, H. G. T., 1875 - RE XX, 178ff. *E. Beyreuther*

U

Überlieferung → Tradition.

Übertritt → Kirchenaustritt: II, → Kirchenmitgliedschaft.

Uganda, britisches Protektorat in Ostafrika (→ 2 G 3) mit (1961) ca 6538000 Einwohnern, wird von bantuhamitischen und nilotischen Stämmen bewohnt. U. wurde 1861 von einer europäischen Expedition unter J. H. Speke entdeckt, der die Quellen des Nils erforschte. H. M. Stanley kam im April 1875 nach U. Von dort schrieb er an die Londoner Zeitung Daily Telegraph und bat um die Entsendung von Missionaren. Die Zeitung veröffentlichte den Brief am 15.11.1875. Die Church Missionary Society (→ Anglikanische Kirche: II) reagierte spontan, und die ersten Missionare kamen 1877 in U. an. 1879 folgten die röm.-kath. → Weißen Väter. Durch arabische Händler war der muslimische Einfluß im Lande stark. Der Kabaka (Herrscher) von Buganda, beunruhigt durch die Ankunft von Europäern, versuchte die Anglikaner, Katholiken und Muslim gegeneinander auszuspielen und verursachte dadurch einen Bürgerkrieg. Nach der Errichtung eines britischen Protektorats (1894) wurde der Friede wiederhergestellt. In den nächsten 50 Jahren gewann der christliche Glaube rasch an Boden, bes. dank der Erziehungsarbeit der anglikanischen und röm.-kath. Missionen. 1961 sind etwa $^{2}/_{5}$ der Bevölkerung zum mindesten nominelle Christen (1,25 Mill. Katholiken und 750000 Anglikaner). 1960 wurde eine autonome anglikanische Kirchenprovinz mit 7 Diözesen und einem Erzbischof gegründet. Die röm.-kath. Kirche hat ebenfalls 7 Diözesen. Seit Beginn der 20er Jahre hat die britische Regierung in steigendem Maße dazu beigetragen, bessere Erziehungsmöglichkeiten und medizinische und landwirtschaftliche Dienste zu schaffen. 1922 wurde der Grundstein für eine Ostafrikanische Universität (Makerere) gelegt. Die industrielle Entwicklung ist bis jetzt gering; die Wirtschaft ist daher in prekärer Weise von den Weltmarktpreisen für die Haupterzeugnisse des Landes, Kaffee und Baumwolle, abhängig. - Es gibt kein anderes vergleichbares Gebiet in Afrika, wo der christliche Glaube prozentual an so vielen Menschen wirksam ist. Wenn innenpolitische und religiöse Streitigkeiten vermieden werden können, ist sein möglicher Einfluß unabsehbar.

M. Perham, Lugard - the Years of Adventure, London 1956 - K. Ingram, The Making of Modern U., ebd 1958 - J. V. Taylor, The Growth of the Church in Buganda, ebd 1958 - H. P. Gale, U. and the Mill Hill Fathers, ebd 1959. *M. A. C. Warren*

Ugarit

1. Ausgrabung - 2. Geschichte und geschichtliche Texte - 3. Religiöse Texte

1. Im Jahre 1928 wurde man durch den Zufallsfund eines Bauern an der von Kreidefelsen eingefaßten Bucht Mīnet el-Bēḏa (»der weiße Hafen« [λευκὸς λιμήν] der griech. Geographen), 10 km nördlich von Laḏaqīye, auf den Hafen von U. (→ 18 E 4) aufmerksam. Claude F. A. Schaeffer, sofort von der Pariser Akademie entsandt, konnte 1929 mit der Freilegung einer Nekropole der Spätbronzezeit (→ Ausgrabungen: III, 1) beginnen und die dazugehörige städtische Siedlung auf dem 1 km landeinwärts gelegenen, 32 ha umfassenden und 12-20 m hohen Schutthügel *Ras esch-Schamra* entdecken. Ihre Identität mit der in der Korrespondenz von → Amarna, Ḫattuša (→ Hethiter: I) und → Mari bezeugten phönikischen Küstenstadt U. war durch inschriftliche Funde

bald gesichert. Die Stadt hatte, wie neun Tiefgrabungen ergaben, schon im präkeramischen Neolithikum (7./6.Jt. vChr) fast dieselbe Ausdehnung wie zZ ihrer höchsten Blüte. Im 4. und 3.Jt. vChr war sie auf die Oberstadt beschränkt und umwallt, aber nicht isoliert. Ihre Keramik läßt schon in dieser Epoche rege Beziehungen nach Cypern einerseits, nach Mesopotamien und Iran andererseits erkennen. Bald nach 2000 vChr dehnte sie sich wieder über den ganzen Hügel aus, und in der Oberstadt entstanden der → Baal- und der → Dagon-Tempel. Die dort gefundenen Großplastiken mit Kartuschen der Pharaonen der 12. Dynastie (→Ägypten: I, 5) verraten eine enge Anlehnung des aufstrebenden U. an Ägypten, dessen Handel mit Kreta wohl schon damals über den »weißen Hafen« lief, wie kretische Importkeramik dieser Kulturphase (Mittelminoisch II) vermuten läßt. Die Epoche der → Hyksos hat auch hier ihren Niederschlag gefunden, zB in der absichtlichen Zertrümmerung jener ägyptischen Statuen im stratigraphischen Kontakt mit Tell Yehūdīye-Keramik.

Das Hauptziel der Ausgrabungen, die noch heute (1962) unter der Leitung Schaeffers stehen, war bisher eine möglichst weitgehende Freilegung der obersten, dh spätbronzezeitlichen Schichten, die die überaus reiche Hinterlassenschaft der letzten Entwicklungsphasen U.s vor seiner Vernichtung durch die Seevölker (→ Philister, 1) in sich bergen. Abgesehen von einem kleinen Stützpunkt frühgriechischer Seefahrer am Südrand der Oberstadt ist U. seit 1200 vChr nicht wieder besiedelt gewesen. Ein Fünftel der Gesamtoberfläche konnte bis jetzt in 24 Kampagnen geöffnet werden. Während der ersten zehn Jahre konzentrierten sich die Arbeiten auf die Magazine, Werkstätten, Grab- und Kultanlagen am Hafen, vor allem aber auf die Oberstadt, wo man schon 1929 das Tempelarchiv fand, das den Ras esch-Schamra plötzlich berühmt machte (s. 3). Die südlich, westlich und nördlich anschließenden Wohnviertel des 15.-13.Jh.s weisen immer die gleichen, an langen, engen Straßen aufgereihten Hausanlagen auf, die um einen offenen Hof mit Brunnen gruppiert sind. Das Erdgeschoß enthält Werkstätten, Magazine, Toiletten und Bäder mit Wasserleitungen. Zu den Wohnräumen im Obergeschoß führt eine Treppe. Unter dem Fußboden des Hofes liegt die fast nie fehlende Familiengruft mit Kragsteingewölbe, in die man durch einen gestuften Dromos gelangt und unter deren Grabbeigaben kyprische und mykenische Töpferware stets reichlich vertreten ist. Gegen Ende der 30er Jahre wurden am Westrand des Hügels ein Stück Befestigung mit Poterne, der Marstall und der Nordwesteingang des großen Palastes entdeckt. Der letztere ist in Struktur und Technik eher ägäisch als vorderorientalisch; seine Freilegung war 1955 im wesentlichen abgeschlossen. Er bedeckt mit seinen drei Eingängen und 90 Räumen eine Fläche von mehr als 1 ha. Aus seinen vier Archiven und dem eines südlich anschließenden kleineren Palastes, von dem nur die Nordfront und die unmittelbar dahinter liegenden Räume ausgegraben wurden, konnten über 1000 Tontafeln geborgen werden, ca 80% in akkadischer und 20% in ugaritischer Sprache und Schrift, dem Inhalt nach juristische und wirtschaftliche, aber auch diplomatische Texte, die zusammen mit hethitischen → Siegeln und Siegelzylindern das Verhältnis U.s zum Hethiterreich und dessen südöstlichen Vasallen beleuchten, außerdem churritische Texte, ugaritische »ABC-Tafeln« und Proben kypro-mykenischer Schrift. Alabastervasen, Skarabäen und Schwerter mit den Kartuschen Thutmoses III., Amenophis' III. und IV., Ramses' II. und Mernephtas bezeugen die engen Bindungen der Könige von U. auch an das → Ägypten (: I, 6) des Neuen Reiches. - Umfangreiche Privatbibliotheken kamen während der vier letzten Kampagnen in den Wohnvierteln östlich und südöstlich der Paläste zutage. Darin fanden sich u.a. allein 300 lexikalische Texte, zT viersprachig: sumerisch-akkadisch-churritisch-ugaritisch. Im Herbst 1961 wurde am Südrand der Oberstadt erstmals wieder seit 30 Jahren eine umfangreiche Gruppe religiöser Texte gefunden, 50 besterhaltene Tafeln, u.a. ein El-Epos, ein Baal-Epos, Götterlisten und Tonlebermodelle.

Grabungsberichte von CL.F.A.SCHAEFFER, vorläufige in Syria ab Bd 10, 1929 u. in Annales Archéologiques de Syrie, ab Bd 1, 1951; definitive: Ugaritica I, 1939 (mit Bibliogr. bis 1938), II, 1949 (die Goldschalen, die große Stele mit dem »Blitz-Baal« u. Corpus Céramique de Ras Shamra), III, 1956 (Archäol. Materialien z. Studium d. Beziehungen U.s zum Hethiterreich, zu Ägypten u. Cypern), IV, 1962 (vorwiegend Forschungen zum prähist. U.). - Textausgaben s. unter 2 u. 3. Die jüngst außerhalb der Paläste gefundenen Texte werden in Ugaritica V veröffentlicht werden. *A.Kuschke*

2. Die *Geschichte* des Stadtstaates U. (rās esch-schamra) ist in erster Linie durch seine verkehrs- und wirtschaftsgeographische Lage bestimmt worden (s. 1). Strukturell gehört U. zu den in der Regel dynastisch regierten Stadtstaaten der syrisch-palästinischen Landbrücke (→ Syrien: I), unter diesen bes. zu den Hafenstädten wie Arwad, → Byblos, → Sidon, → Tyrus, Akko u.a. Das Verhältnis der Völker und Staaten des orientalischen Altertums zu diesen seit alters bedeutenden Häfen der phönikisch-syrischen Küste ist hauptsächlich von wirtschafts- und kulturpolitischen Gesichtspunkten abhängig gewesen. Die Bewohner der Küste waren territorial auf einen schmalen, zur Ackerwirtschaft nicht völlig ausreichenden Küstenstreifen beschränkt und haben niemals größere politische Machtgebilde entfalten können. Dafür entwickelten sie nach innen eine höchst eigenartige stadtstaatliche Kultur und nach außen einen beispiellos umfassenden Welthandel, der ihnen die Sympathie, aber auch die Begehrlichkeit der altorientalischen Kulturvölker einbrachte. - Ins helle Licht der Geschichte tritt U. in der Zeit des ägyptischen Mittleren Reiches (ca 2000 bis 1780 vChr; → Ägypten: I, 5), dessen Herrscher lebhafte, vertraglich geregelte Handelsbeziehungen zu U. unterhielten. Doch unbeschadet seiner engen Beziehungen zu Ägypten bewahrte U. seinen Charakter als internationaler Handelsumschlagplatz der östlichen Mittelmeerwelt; wahrscheinlich fällt in diese Zeit die Einrichtung einer Handelskolonie der mittelminoischen Seeherrschaft Kretas. Gegen Ende des Mittleren Reiches erfolgte die Überfremdung U.s durch ḫurritische Bevölkerungselemente, deren Einfluß in der Namengebung und im Auftauchen ḫurritischer Texte noch in der 2. Hälfte des 2.Jt.s spürbar ist. - Nach dem Intermezzo der → Hyksos-Zeit geriet U. in der Epoche des Neuen Reiches (ca 1580-1085 vChr; → Ägypten: I, 6) erneut und ungleich stärker als vorher unter ägyptischen Einfluß; es hat zeitweilig sogar eine ägyptische Garnison aufgenommen. Um 1440 begann das »goldene Zeitalter« von U., die Zeit des höchsten Glanzes der Stadtkultur, die nur einmal (um 1360) durch eine vermutlich von Erdbeben und Feuersbrunst verursachte Niedergangsperiode vorübergehend unterbrochen worden ist. Die Ausgrabungen haben neben zahlreichen religiösen Texten (s. 3) *historische Urkunden* verschiedener Gattungen zutage gefördert: vor allem in akkadischer und ugaritischer Sprache abgefaßte Briefe, Rechtsurkunden, Wirtschafts- und Verwaltungstexte aus den Archiven des königlichen Palastes. Diese Urkunden geben Einblick in die innen- und außenpolitischen Verhältnisse des Stadtstaates und lassen die Aufeinanderfolge der Stadtfürsten von ca 1375-1235 erkennen: Niqmadu I., Jaqarum, Ammistamru I. (zZ Amenophis' IV. Echnaton), Niq-

madu II. (zZ Echnatons und Šuppiluliumas von Ḫatti), Arḫalbu, Niqmepa (zZ Muršilis II. von Ḫatti), Ammistamru II. (zZ Ḫattušilis III. und Tutḫalijas IV. von Ḫatti), Ibiranu, Niqmadu III., Ammurabi. Der Stadtstaat umfaßte etwa 100 Ortschaften und deckte sich ungefähr mit dem Gebiet des heutigen Bezirkes laḏaqīje; seine Südgrenze lag bei tell sukās südl. von dscheble (= röm. Gabala [→ 21 B 2]). – Mit dem Aufstieg des hethitischen Neuen Reiches (→ Hethiter: I) und dem Rückgang der ägyptischen Macht in der Amarnazeit (→ Amarna) orientierte sich U. mehr und mehr an der Politik seines kleinasiatischen Nachbarn, ohne die Beziehungen zu Ägypten aufzugeben. Die Stadtfürsten praktizierten ein kunstvolles diplomatisches Wechselspiel zwischen Ḫatti und Ägypten unter Ausnutzung der jeweiligen politischen Gegebenheiten in der Auseinandersetzung der Großreiche. Sie nahmen zeitweilig eine hethitische Garnison auf, konspirierten im geheimen mit Abdiaširta und Aziru von Amurru (Amarnabriefe 1, 39; 89, 51; 98, 9; 126, 6; 151, 55; wohl auch 45–49), unterstützten zur See ein hethitisches Unternehmen gegen Cypern und stellten in der Schlacht bei Qadesch (1296) ein Truppenkontingent auf der Seite des Hethiters Muwatalli. Indessen kann von festen Formen hethitischer Hegemonie, etwa der Einrichtung einer Sekundogenitur, und von nennenswertem hethitischem Kultureinfluß in U. nicht die Rede sein. Nur selten begegnet man Formen der Herrschaftsausübung, die von den Hethitern entlehnt worden sind (zB das Amt der Königinmutter). – Im 13.Jh. erfolgte der Einstrom beträchtlicher ägäomykenischer Bevölkerungselemente. Schließlich endete im 12.Jh. die Geschichte des Stadtstaates U. im Zusammenhang der Seevölkerbewegung (→ Philister); U. schied aus der Reihe der phönikisch-syrischen Hafenstädte aus und blieb fortan zerstört und unbewohnt. Die letzten Reste des mykenischen Bevölkerungsteiles scheinen nach Enkomi/Cypern ausgewandert zu sein.

Cl.F.A.Schaeffer, Ugaritica I. III, 1939/56 – Ders., Stratigraphie comparée et chronologie de l'Asie occidentale I, 1948 – H.Schmökel, Gesch. d. alten Vorderasien (HO II/3), 1957, 222ff – H.Donner, Art u. Herkunft d. Amtes d. Königinmutter im AT (Festschr. J.Friedrich, 1960, 105–145). – Veröffentlichungen geschichtl. Texte: Syria seit Bd 18, 1937 – RA seit Bd 37, 1940 – C.H.Gordon, Ugaritic Manual (AnOr 35), 1955 – Ch.Virolleaud, Le palais royal d'U. (PRU) II, 1956 = Mission archéologique de Ras Shamra VII (ugar. Texte) – J.Nougayrol, PRU III, 1955 = Mission VI (akkad. u. ḫurr. Texte) – Ders., PRU IV, 1956 = Mission IX (akkad. Texte). *H.Donner*

3. Unter den seit 1929 in Ras Schamra-U. gefundenen Texten befinden sich neben ägyptischen, sumerischen, akkadischen und hethitischen auch solche, die in einer bis dahin unbekannten, aus 30 Zeichen bestehenden Alphabet-Schrift abgefaßt sind. Einige dieser Tontafeln weisen einen hurritischen Text auf und sind uns, da die Erforschung des Hurritischen noch in ihren Anfängen steht, bisher kaum verständlich. Der weitaus größte Teil von ihnen trägt aber eine dem Hebräischen sehr ähnliche, wohl als altkanaanäisch oder altphönizisch oder auch als »ugaritisch« im engeren Sinne bezeichnete Sprache (→ Semitische Sprachen). Für diese Texte ist die Einteilung in »kleine« und »große« üblich geworden, wobei zunächst der Umfang der Tafeln und die Zahl der von ihnen gebrachten Zeilen maßgebend war, dann aber auch eine inhaltliche Verschiedenheit hinzukam. Die »kleinen« Texte religiös-kultischen Inhalts sind nämlich Opfer-Listen, Verzeichnisse von Gottheiten, liturgische Formulare, Gebete u.dgl., während die »großen« dichterische Erzählungen mythischer oder epischer Art darstellen, die von Geschehnissen in der Götterwelt und in der ständigem Eingreifen der Gottheiten ausgesetzten Menschenwelt zu sagen wissen. So soll zunächst eine kurze *Übersicht über die kleinen Texte* religiös-kultischer Art gegeben und dann etwas ausführlicher von den mythischen und epischen Dichtungen, wie sie die großen Texte bieten, gehandelt werden. Dabei werden die Texte mit den von Eißfeldt in seinen Aufsätzen (s. Lit.) für sie gebrauchten Siglen unter Klammer-Beifügung der von Gordon in seinem »Manual« (s. Lit.) vorgeschlagenen bezeichnet.

Listen von Opfern an einzelne oder an mehrere Gottheiten (→ El, → Ascherat, Rescheph, Schamasch u.a.) sind 1 (1), 3 (3) = 180, 9 (9), 68 (71), 182, während 151 (144) unter Nennung des Frommen von einem Opfer an Rescheph berichtet. 5 (5), 6 (6) und 8 (8) enthalten Vorschriften für den Kult, während der umfangreiche, leider fragmentarische und dem Verständnis noch viele Rätsel aufgebende Text 2 (2) so etwas wie die Liturgie für eine mit Opfern verbundene große, alle Einwohner von U. einbeziehende Entsühnungshandlung, eine Art Buß- und Bettagsliturgie zu sein scheint. 17 (17), ein zu den Funden von 1929 gehörendes Verzeichnis der in U. verehrten Gottheiten, hat durch die 1956 zutage gekommene Tafel RŠ 20. 24 eine wundervolle Ergänzung erfahren. Diese Tafel nennt nämlich die Namen der den ugaritischen Gottheiten entsprechenden akkadischen Gottheiten: Adad (→ Hadad) für → Baal, Ischtar für → Astarte usw. Von den ziemlich zahlreichen Lieferungstexten gehören diejenigen hierher, die neben anderen auch Gottheiten als Empfänger nennen, etwa 268 und 269, wo von Lieferungen bestimmter Kleidermengen an die »Herrin des Hauses«, an die Sänger der Astarte und andere Gottheiten die Rede ist, und 287 und 304, wo für die Leuchte der Götter bestimmtes Öl und für den Kelch der Götter gedachtes Edelmetall erwähnt wird. 53 (107) enthält ein Gebet, während IV Myth. Fr. und VI Myth. Fr. wohl nicht Fragmente mythischer Erzählungen darstellen, sondern Beschwörungen enthalten.

Handelt es sich bei diesen kleinen Texten ohne Zweifel um Niederschläge des wirklichen religiösen Lebens, so ist es bei den *großen*, den *mythisch-epischen Texten* sehr umstritten, ob sie als unmittelbare kultische Zeugnisse, etwa gar als Librettos kultdramatischer Aufführungen zu verstehen sind oder aber Dichtungen darstellen, die freilich den Götterglauben und den Kultus ihrer Umgebung voraussetzen, aber als freie Dichtungen ihnen doch unabhängig gegenüberstehen, wie das etwa bei Homers Ilias und Odyssee der Fall zu sein scheint. Man wird sich für die zweite Möglichkeit entscheiden müssen. Jedenfalls gilt das von den großen Texten, die mehr in der Menschen- als in der Götterwelt spielen, also mehr Epen als Mythen sind, während für die anderen die Annahme engerer Verbindung mit dem Kultus schon sehr ernsthafte Erwägung verdient.

»Epen« stellen die Keret- und die Danel- oder Aqhat-Erzählung dar. Die erste der drei Tafeln I K (Krt), II K (125. 126. 127) und III K (128), die aber dem Erzählungsgange nach sicher in der Folge I K, III K und II K zu lesen sind, erzählt, wie König Keret, der Frauen und Kinder verloren hat, dem Gott El sein Leid klagt und, von diesem im Traum dazu angeleitet, mit gewaltiger Heeresmacht in das Land des Königs von Udum einfällt und so dessen schöne Tochter mit Waffengewalt gewinnt. III K berichtet von der großartigen Feier der Hochzeit, von der Geburt zahlreicher Töchter und Söhne, von lebensgefährlicher Erkrankung Kerets, von seiner Errettung, von der Bedrohung seiner Herrschaft durch seinen Sohn Jasab und von dessen Verfluchung durch den ob solcher Anmaßung aufs höchste aufgebrachten Vater. Die in die Folge II D, III D und I D gehörenden Tafeln I D (1 Aqht), II D (2 Aqht) und III D

(3 Aqht) erzählen, wie Danel, der über seine Kinderlosigkeit sehr traurig ist, auf Fürsprache des Gottes Baal von El mit einem Sohn, Aqhat, gesegnet wird, darüber hoch erfreut ist und ein großes Fest feiert, bei dem auch die Koscharot, die »Charitinnen von U.«, mitwirken. Weiter wird erzählt, wie Koscher-wa-Chasis, »Geschickt und Gescheit«, der »Hephaistos von U.«, den Danel, der gerade vorm Tore sitzt und Recht spricht, besucht, von ihm und seiner Gemahlin außerordentlich freundlich bewirtet wird und ihm einen kostbaren Kriegsbogen als Gastgeschenk überreicht, den Danel seinem Sohne Aqhat aushändigt. Diesen Bogen möchte die Göttin → Anat gern haben. So versucht sie Aqhat zu seiner Hergabe zu bewegen, spart dabei nicht mit Versprechungen und stellt ihm gar ewiges Leben in Aussicht. Aber Aqhat lehnt ab und begründet das auch mit der Bemerkung, die Handhabung eines Bogens sei Männer-, nicht Weibersache. Darob aufs höchste empört, begibt Anat sich zu El und bewegt ihn durch furchtbare Drohungen, ihr in ihrer Auseinandersetzung mit Aqhat beizustehen. Zugleich gewinnt sie Jatpan, einen Diener der Ascherat, der Gemahlin Els, ihr bei ihrem Anschlag auf Aqhat behilflich zu sein. Als Adler verkleidet stürzen Anat und Jatpan inmitten einer Adler-Schar auf den arglos beim Mahle sitzenden Aqhat und töten ihn. Dieser Tod hat, wie es scheint, eine große Dürre zur Folge. Jedenfalls ist in I D von einer solchen und von der Trauer Danels und seiner Tochter Pagat darüber die Rede. Während eines Ganges durch die vertrockneten Felder erfährt Danel den Tod seines Sohnes und bricht darob in laute Klagen aus. Zugleich erblickt er einen Schwarm von Adlern, bewirkt durch eine Beschwörung, daß sie zu Boden fallen, läßt sie aufschlitzen und findet im Innern der Adlermutter die Reste seines Sohnes. Danel bestattet ihn und veranstaltet eine sieben Jahre dauernde Klage, bei der auch Klagefrauen mitwirken. Daraufhin begibt sich Pagat zu Jatpan, um an ihm für die Ermordung ihres Bruders Rache zu nehmen. Von ihrem Kommen benachrichtigt, trifft Jatpan Vorbereitungen, um ihren Plan zu vereiteln. Da der Text hier abbricht, läßt sich über den Fortgang der Handlung leider nichts sagen.

Im Unterschied von der Keret-Erzählung, die freilich vom Eingreifen der Götter in die Menschengeschicke zu sagen weiß, aber als ganze doch Menschen-, nicht Götter-Geschichte bietet und keinerlei Zusammenhang mit Fruchtbarkeitsriten erkennen läßt, enthält also der Danel-Text ein paar Züge – Eintreten einer Dürre nach Aqhats Tod, Danels Umgang durch seine Felder mit Gebeten, die sich auf die Wiederkehr der → Fruchtbarkeit beziehen –, die zur Not als Beweis für die Annahme, unser Text sei aus einem der Abwendung einer Dürre dienenden Ritual zu verstehen, in Anspruch genommen werden könnten. Wahrscheinlich ist diese Deutung indessen nicht. So wird man wie die Keret- so auch die Danel-Erzählung als Epos betrachten und von beiden annehmen müssen, daß in ihnen dunkle Erinnerungen an Gestalten und Geschehnisse aus der Vorgeschichte der kanaanäischen Einwohner U.s weiterlebten.

Götter-Geschichte, also Mythos, enthalten aber jedenfalls die Texte, in deren Mittelpunkt der Gott Alijan Baal steht, und bei einem Teil von ihnen ist auch deutlich, daß sie eine Form des Mythos von sterbenden und wiederauferstehenden Göttern darstellen, wie er im Alten Orient weit verbreitet gewesen ist (→ Auferstehung: I). Das gilt zunächst von den enger zusammenhängenden, aber doch keine lückenlose Folge ergebenden Tafeln V AB (ʿnt), II AB (51), I* AB (67) und I AB (49 + 62): Anat, Alijans Schwester, bittet El, er möchte ihrem Bruder den Besitz eines himmlischen Tempelpalastes zugestehen, und Els Gemahlin, Ascherat, schließt sich dieser Bitte an. El stimmt zu. So errichtet der Götter-Architekt Koscher-wa-Chasis für Alijan einen prächtigen Bau. Aber dieses Glück Alijans bedeutet zugleich sein Ende. Er muß zu Mot, dem Herrn der Unterwelt, hinabsteigen und Wolken, Wind und Regen dahin mitnehmen. Anat bereitet ihrem Bruder eine würdige Trauerfeier, fordert Mot auf, ihr den Bruder zurückzugeben, und braucht, als er sich weigert, Gewalt: sie zerschneidet Mot mit der Sichel, worfelt ihn mit der Schaufel, verbrennt ihn im Feuer, zermahlt ihn in der Mühle und streut seine Reste aufs Feld. Das Ende Mots bedeutet zugleich das Wiederaufleben Alijan Baals.

Naturhafte Vorgänge stehen auch im Mittelpunkt von Text III AB, A B C (68, 137, 129), der den Kampf Alijan Baals mit dem nach Ausweis seines Doppelnamens über die Meeresfluten gebietenden Gott Zebul-Jam »Herr Meer« und Schophet-Nahar »Regent Strom« zum Inhalt hat, von Text IV AB (76), der berichtet, wie zur großen Freude seiner Schwester Anat dem Alijan Baal von einer Kuh ein Stier geboren wird, und von Text BH (75), der von einem mit dem Doppelnamen Baal und El Had bezeichneten, aber gewiß mit Alijan Baal identischen Gott erzählt, wie er ein gefährliches Abenteuer mit Wüstendämonen zu bestehen hat.

Eher Anspielungen auf mythische Erzählungen als solche selbst bieten der von den lieblichen Göttern Schachar und Schalem handelnde, 76 Zeilen umfassende Text SS (52) und der noch kleinere, nämlich nur 50 Zeilen enthaltende Text NK (77), der die Werbung des Gottes Jerach um Baals Tochter Nikal feiert und die Koscharot besingt. Übrigens stellen diese beiden Tafeln offenbar keine einheitlichen Größen, sondern, wie die horizontalen Striche, die SS in zehn (Z. 1-7. 8-11. 12. 13-15. 16-18. 19-20. 21-22. 23-27. 28-29. 30-76) und NK in zwei (Z. 1-39. 40-50) Absätze zerlegen, zeigen, Sammlungen verschiedener Stücke dar.

O. Eissfeldt, Bestand u. Benennung der Ras Schamra-Texte (ZDMG 96, 1942, 507-539) – Ders., The Alphabetical Cuneiform Texts from Ras Shamra etc (JSS 5, 1960, 1-49) – C.H. Gordon, Ugaritic Manual, Rom 1955.

Transkription mit lat. Buchstaben: Hans Bauer, Die Alphabetischen Keilschrifttexte von Ras Schamra, 1936 – G.R. Driver, Canaanite Myths and Legends, Edinburgh 1956 (mit Übers. ins Englische). – Transkription mit hebr. Buchstaben: J.A. Montgomery-Z.S. Harris, The Ras Shamra Mythological Texts, Philadelphia 1935 – H.L. Ginsberg, The U. Texts, Jerusalem 1936 (mit Übers. ins Hebräische). – Übers. ins Englische: C.H. Gordon, Ugaritic Literature, Rom 1949 – H.L. Ginsberg, Ugaritic Myths, Epics, and Legends (ANET 129 bis 155). – Übers. ins Deutsche: J. Aistleitner, Die mythol. u. kult. Texte aus Ras Schamra, Budapest 1959. – Lit. s. → Kanaan: III.

O. Eißfeldt

Ugolinus, *Blasius* (Biagio Ugolini), Polyhistor, * um 1700 in Venedig, soll jüd. Konvertit gewesen sein, doch ist über sein Leben fast nichts bekannt. Die 34 Folianten seines »Thesaurus antiquitatum sacrarum« (Venedig 1744-69) sind immer noch eine Fundgrube für die Realien der hebr. Antiquitäten (→ Archäologie: I, 2), zumal er auch die Arbeiten der Hebraisten des 17. und 18. Jh.s umfaßt. Von den Stücken der ältesten nachbiblischen Literatur scheint der Text von drei Sᵉdarîm der → Tosefta bemerkenswert, da er von den übrigen Texten abweicht.

J.G. Meusel, Bibliotheca historica I/2, 1784, 118ff – JewEnc XII, 339 – RE XX, 196f. *E.L. Rapp*

Uhde, *Fritz von* (22.5.1848 bis 25.2.1911), Maler, * in Wolkenburg/Sa., † in München, Schüler der Dresdener Akademie, 1866-77 Offizier, arbeitete um 1880 bei Munkácsy in Paris, wo ihn auch Eindrücke der holländischen Malerei sowie des jungen Max Liebermann erreichten. U.s oft ausgezeichnete Plein-air-Bilder gehören nach Menzel und neben Liebermann zu den wichtigsten Zeugnissen des deutschen → Impressionismus (: I). Problematisch dagegen blieb sein Versuch, die christliche Kunst mit den modernen naturalistisch-impressionistischen Ausdrucksmitteln und zugleich im Geiste der sozialen Bewegung auf eine neue Grundlage zu stellen. Seit 1883 (»Lasset die Kindlein zu mir kommen«) brachte U. etwa 15 Jahre lang immer neue Gemälde mit Motiven aus dem Leben Jesu heraus, meist unter Ausklammerung der eigentlichen Passion (s. Taf. 64 Abb. 1; → Christusbild, 2 e, → Malerei: V, 2 c). Er wollte die Gestalt Jesu aus dem Abstand ihrer historischen Einmaligkeit befreien und unmittelbar lebendig machen, ohne ihr das Wunderbare und Mystische zu nehmen (Vorbild → Rembrandts?). Die Lichterscheinung blieb, das Angesicht Christi wurde immer nur im (oft verlorenen) Profil gezeigt, das Kostüm durfte weder bürgerlich modern noch biblisch antik sein - wobei freilich der Gedanke an Wanderprediger und an Theatergewandung nicht zu vermeiden war.

H.Rosenhagen (Hg.), F.v.U. Des Meisters Gemälde, 1908. - F.v.Ostini, U., (1902) 1911² - Thieme-Becker XXXIII, 545ff.

G.F.Hartlaub

Uhland, *Ludwig* (1787-1862), Dichter der Spätromantik, Literatur- und Sprachwissenschaftler, * und † in Tübingen. Die weltoffene, dem Sittlichen verpflichtete Frömmigkeit der Eltern prägte U.s Persönlichkeit. Befruchtend auf sein dichterisches Schaffen wirkte der Freundeskreis der schwäbischen Dichterschule, bes. J. → Kerner. U.s *Lyrik* gestaltet vorzugsweise romantische Motive in volksliedhafter Form (→ Volkslied: I), Gefühlseindrücke in wesentliche Aussage verwandelnd. Einige seiner Gedichte sind in das deutsche Liedgut eingegangen. Mehr und mehr tritt in U.s Dichtung das bloß Stimmungshafte hinter das bildhaft Charakteristische zurück. In diesem Vorgang, der freilich zum fast völligen Versiegen schöpferischer Gestaltungskraft führte, wird U.s Übergang von der → Romantik (: II) in die Welt des Bürgerlichen sichtbar. - Während U. als *Balladiker* höchsten Ruhm erntete, blieb ihm als *Dramatiker* der Erfolg versagt. Als *Literatur- und Sprachforscher* entfaltete U., vorübergehend Prof. für deutsche Sprache und Literatur in Tübingen, eine bedeutende Forschungstätigkeit. Die Germanistik verdankt ihm grundlegende Arbeiten über → Walther von der Vogelweide und die germanischen Heldenlieder. Die Mythen erscheinen U. als dichterische Ausformung einer Uroffenbarung. - Als *Politiker* war U. hervorragender Repräsentant bürgerlich-liberalen Denkens. Schon während seiner Anwaltszeit verfocht er das »gute alte Recht« der württembergischen Landstände gegen absolutistische Bestrebungen. Als Mitglied des → Frankfurter Parlaments von 1848 forderte er den Einschluß Österreichs und ein deutsches Wahlkaisertum.

GesW, hg.v. H.Fischer, 6 Bde, 1892; Gedichte, krit. Ausg. v. E.Schmidt u. J.Hartmann, 4 Bde, 1898; Briefwechsel, hg.v. J.Hartmann, 4 Bde, 1911-16. - Über U.: K.Mayer, L.U., seine Freunde u. Zeitgenossen, 2 Bde, 1867 - L.U.s Leben, v. seiner Witwe, 1874 - W.Reinöhl, U. als Politiker, 1911 - H.Schneider, U. u. d. dt. Heldensage, 1918 - Ders., L.U., 1920 - Ders., U.s Gedichte u. d. dt. MA, 1920 - W.Heiske, L.U.s Volksliedersammlung, 1929 - A.Thoma, L.U.s Volksliedersammlung, 1929 - G.Schwarz, U., 1940 - H.Niethammer, Des jungen U. Umwelt, 1953.

P.Geiger

Uhlhorn, *Gerhard* (17.2.1826 bis 15.12.1901), ev. Theologe, * in Osnabrück, † in Hannover, 1852 PDoz. in → Göttingen, trat 1855 in Hannover in den Kirchendienst und wurde 1857 zweiter, 1861 erster Schloßprediger, 1863 Oberkonsistorialrat, 1866 geistliches Mitglied im neugebildeten Landeskonsistorium, 1878 Abt von Kloster → Loccum. U., der eine gläubige → Vermittlungstheologie vertrat, hat als Prediger und Seelsorger sowie durch seine kirchenregimentliche Tätigkeit die luth. Bestimmtheit der hannoverschen Landeskirche gefestigt und vertieft (→ Hannover, 4). In den Spannungen zwischen Orthodoxie (→ Petri, → Münchmeyer) und der Göttinger Fakultät suchte er ebenso die Geschlossenheit der Landeskirche zu bewahren wie in den Auseinandersetzungen mit den Separierten (Altlutheraner, Hermannsburg). Dem Vordringen des → Protestantenvereins in Hannover widersetzte er sich erfolgreich, verschloß sich jedoch nicht ganz der Theologie von A. → Ritschl. Der → Inneren Mission war er durch wissenschaftliche und praktische Arbeit eng verbunden. Durch den Bau neuer Kirchen und Vermehrung der Pfarrstellen bes. in der Stadt Hannover förderte er die geistliche Versorgung der wachsenden Industriegemeinden. Im Gegensatz zu → Stoecker vertrat er den Grundsatz, die Kirche habe nicht Partei zu ergreifen oder soziale und wirtschaftliche Probleme zu lösen, sondern im Sinne der luth. Sozialethik nur durch Predigt und Seelsorge an ihrer Lösung mitzuwirken.

Vf. u.a.: Das Leben Jesu in seinen neueren Darst.en, (1866) 1892⁴; Der Kampf d. Christentums mit d. Heidentum, (1874) 1899⁶; Vermischte Vorträge über kirchl. Leben d. Vergangenheit u. d. Gegenwart, 1875; Gnade u. Wahrheit (Predigten) I. II, (1876/77) 1888/90²; Die christl. Liebestätigkeit I-III, (1882-90) 1896², Neudr. 1959; Katholizismus u. Protestantismus gegenüber d. soz. Frage, 1887; Hannoversche KG, 1902. - Über U.: Fr.Uhlhorn, G.U., 1903 - RE XX, 197ff - C.Cordes, U. u. d. soz. Frage seiner Zeit (JGNKG 50, 1952, 130-148; Lit.) - Hermelink II. III (s. Reg.).

H.Hohlwein

Uhlich, *Leberecht* (27.2.1799 bis 23.3.1872), ev. Theologe, * in Köthen, † in Magdeburg, 1824 Pfarrer in Diebzig bei Aken, 1828 in Pömmelte bei Schönebeck, 1845 an St. Katharinen in Magdeburg. Als Begründer der → Lichtfreunde 1847 vom Amte suspendiert und dann freiwillig aus dem landeskirchlichen Dienst geschieden, gründete U. eine freie »Christliche Gemeinde«. 1848 wurde er Mitglied der preußischen Nationalversammlung.

Vf. u.a.: Bekenntnisse, (1845) 1846⁴; Das Büchlein vom Reich Gottes, (1845) 1848³; Die Throne im Himmel u. auf Erden u. die prot. Freunde, 1845; Worte beim Scheiden aus der Staatskirche, 1847; Ob das Christentum durch die Staatsumwälzungen 1848 in Gefahr gebracht sei, 1848; Sonntagsbuch, 1858; Selbstbiogr., 1872². - Über U.: Neues Repertorium für d. theol. Lit. u. kirchl. Statistik 12, 1847, 34-100 - ADB 39, 171ff - W.Nigg, Gesch. d. relig. Liberalismus, 1937, 177ff - Hermelink II, 332f. - Vgl. die Lit. zu → Lichtfreunde.

H.Hohlwein

Ukraine, der südliche Teil des europäischen Rußland. Auf dem gleichen Boden, auf dem die orth. Kirche der Metropolie → Kiew zur Blüte gelangt und im Tatarensturm zerstört war (→ Rußland: I, 2. 3), entwickelte sich die Orthodoxie neu, jedoch in einer kennzeichnenden Gespaltenheit. Unter der Krone Polen-Litauens (→ Polen: I, 1) wurden seit 1458 wieder Metropoliten von Kiew ernannt. Die 1303 vom Konstantinopler Patriarchen Athanasius I. gestiftete Metropolie Halicz, die die Westgebiete unter ihre Jurisdiktion genommen hatte, erlosch wieder. Daß sich der Kiewer Metropolit 1596 am Abschluß der Brester Union mit Rom beteiligte (→ Unierte Kirchen), zog weder das Kirchenvolk mit, noch legte es eine bleibende Zugehörigkeit des Kiewer Stuhls zu Rom fest. 1619 weihte der Jerusalemer Patriarch Theophanes bei einem Besuch in Kiew einen neuen nicht-unierten Metropoliten und neue Bischöfe für alle in unierter Hand befindlichen Bistümer. Als König Wladislaw IV. 1632 in seiner Wahlkapitulation die rechtliche Gleichstellung der orth. Hierarchie neben der nach der Brester Union allein legalen unierten zugestehen mußte, konnte er dieses Zugeständnis nur dadurch mildern, daß er den Archimandriten des Höhlenklosters, Petrus → Mogila, zum Metropoliten von Kiew erhob. Obwohl Mogila das polnisch-litauische Reich im Gegensatz zur orth. Führungsmacht Moskau bejahte, vermied er doch eine neue Union. Gewitzigt durch den Kosakenaufstand von 1638, in dem sich anti-unierte und anti-polnische Motive mischten, entschied er sich für die Einordnung der ukr. Orthodoxie in das Konstantinopler Patriarchat. Die Errichtung des Kosakenstaates durch Hetman Bogdan Chmelnickij 1648, in dem die Verschmelzung des Kosakentums mit dem bis dahin orth. gebliebenen ukr. Kleinadel gelang, legte den Grund zum nationalen Selbstbewußtsein der U.r. Daß der Hetman 1654 im Vertrag von Perejaslavl die Schutzherrschaft des Zaren anerkannte, schuf freilich schon die politischen Grundlagen dafür, daß die ukr. Orthodoxie unter das Moskauer Patriarchat gezogen, Kiew 1685 auf den Rang einer bloßen Eparchie herabgestuft und der russifizierenden Wirkung großrussischer Hierarchen unterworfen wurde.

In den der polnisch-litauischen Adelsrepublik verbleibenden ukr. Woiwodschaften gelangte indes die *röm. Union* zu umfassendem Erfolg. Zunächst freilich brachten die lat. Bischöfe, die aus ihrem Verständnis der Territorialjurisdiktion den unierten Bischöfen die unabhängige Amtsführung und die Aufnahme in den Senat verwehrten, die Unionskirche in eine schwierige Lage. Entscheidend wurde, daß sich der orth. Bischof von → Lemberg, Josef Szumlánski, 1699 von den Theatinern zum Einschwenken in eine öffentlich bekannte Union bestimmen ließ. - Bereits 1617-21 hatte der unierte Metropolit Rutski das bisher orth. Mönchtum Polen-Litauens im Sinne eines überdiözesanen Gesamtverbandes nach dem Vorbilde der röm. Orden reformiert (→ Basilianer). Innerhalb der Union trat damit ein machtvoller Faktor neben den Episkopat. Zunächst ließ sich noch immer der Metropolit als Ordensoberer der Basilianer wählen. Bei einer Vakanz auf dem Metropolitenstuhl setzten jedoch die Basilianer die Wahl eines einfachen Mönches durch. Damit verlor das Metropolitenamt die Zügel des Ordens gänzlich aus der Hand. Die Basilianer entwickelten sich nach jesuitischem Beispiel zum Priesterorden. Sie sandten ihre Mönchsstudenten nach Rom, von wo sie latinisierende liturgische Neuerungen einführten. Andererseits wurde der ostkirchliche Brauch fortgesetzt, die Bischofskandidaten aus dem Bestand der Mönche zu wählen. So entstand eine Unausgeglichenheit in der Struktur der unierten Kirche, die das Reformwerk der Synode von Zamošć (1720) nötig machte. - Nach der polnischen Teilung wurde das unierte ukr. Kirchentum teils von der auf österreichisches Betreiben 1808 neugegründeten Metropolie Halicz (Sitz → Lemberg), teils vom »Unierten Kolleg« (selbständig seit 1805), einer staatskirchlichen Behörde in St. Petersburg, regiert. In der Metropolie Halicz kam ein »Purismus« zur Auswirkung, der seinen Ausgangspunkt in dem 1851 in Wien errichteten »Griechisch-Kath. Zentralseminar« hatte und die Zugehörigkeit zur Orthodoxie betonte. Der Ausgleich Habsburgs mit dem galizischen Polentum ließ nach 1860 eine russophile Stimmung hochkommen, die die Unierten bereit machte, die eigene ukr. Nationalität und die unierte Kirchenform aufzugeben. Die Enzyklika Pius IX. vom 13.5.1874, die vor der Annäherung an die östlichen Schismatiker warnte, und der Einfluß der vor der zaristischen Verfolgung weichenden ostukr. Nationalführer, die Galizien zur Basis für eine nationale Befreiung des gesamten Ukrainertums ausbauten, unterbrachen vorläufig diese Entwicklung. Seit 1900 ordnete Metropolit Graf Šeptyćkyj die Metropolie von Halicz im Sinne des »Uniatismus«, der in der Unionskirche etwas von Rom wie von der Orthodoxie gleichermaßen Geschiedenes sah. Dadurch wurde der Volkskörper im Sinne der österreichischen Politik gegen Moskau geschützt, nach der Eingliederung in den Staat Pilsudskis auch gegen Warschau. - Im Zarenreich war angesichts der Verbindungen des unierten Klerus mit dem polnischen Aufstand von 1831 das Mißtrauen gegen die Union erwacht. Nach dem Plan eines Beamten im »Unierten Kolleg«, Josef Siemaszko, wurde 1833 den Grundbesitzern das Patronatsrecht genommen und die Union damit ihrer Stütze beraubt. Siemaszko, die Bischöfe Losinski und Zubko traten mit 21 Priestern zur orth. Staatskirche über. 1875 wurde mit der Disunion des Cholmgebietes die unierte Kirchenform im Zarenreich ausgelöscht.

Während der dreijährigen staatlichen Selbständigkeit der U. (1917-20) kamen in der orth. Kirche *nationalkirchliche Tendenzen* zum Durchbruch, die auf ein autokephales ukr. Patriarchat zielten. 1917 bildete sich im revolutionären Kiew aus dem Organisationskomitee für ein Allukr. Kirchenkonzil der sog. Kirchenrat (Cerkovna Rada). Er konnte sich jedoch nicht gegen die konservative Hierarchie durchsetzen, die an der jurisdiktionellen Verbundenheit mit dem Moskauer Patriarchat festhielt. Moskau gewährte dem wieder in den Rang einer Metropolie erhobenen Kiew Autonomie (1918). Erst nach der sowjetischen Besetzung der U. gelang, begünstigt von den Spaltungsabsichten der sowjetischen Kirchenpolitik, die Konstituierung einer autokephalen ukr. Teilkirche (1921). Da sich kein Bischof zur Weihe des Erzpriesters Lipkovskij zum ersten Metropoliten bereit fand, ließen die Anhänger des nationalkirchlichen Gedankens in einer neuerfundenen Zeremonie die Weihe durch Priester und Diakone vollziehen. Das hatte bis heute schwerwiegende kanonische Anzweiflungen der Hierarchie der Lipkovcy zur Folge.

Die *ev. Bewegung* unter den U.rn Ostgaliziens, die 1925 begann, war Teilerscheinung des politischen und kirchlichen Aufstandes. Heimkehrer aus der österreichischen Armee, die mit stundistischen Gemeinden (→ Stundismus) der Ost-U. in Berührung gekommen waren, hatten die ev. Denkweise in die ostgalizischen Dörfer mitgebracht. Teile der ukr. Emigration in USA und Kanada, die sich der presbyterianischen Kirche angeschlossen hatten, wirkten missionierend auf die ostgalizische Heimat zurück und leisteten die Finanzierung. Daß Th. → Zöckler, der luth. Rektor der für die deutschen Kolonisten errichteten Stanislauer Anstalten, in eine führende Position genötigt wurde, lag an der kirchenrechtlichen Situation in → Polen (: I, 4). Nachdem 1930 eine Spaltung in die luth. und presbyterianische Konfession erfolgt und die Verbindung mit → Neuendettelsau aufgenommen war, zog der Geist → Löhes auf dem galizischen Missionsfelde ein.

Die *orth. Nationalkirche,* im Zuge der politischen Liquidation der ukr. Bewegung 1930 gewaltsam unterdrückt, lebte 1941 im Augenblick des deutschen Einmarsches erneut auf. Der schnelle Wiederaufbau der in der Ježovščina 1937 gänzlich ausgelöschten Kirchenorganisation während der deutschen Besatzungszeit vollzog sich daher unter der Rivalität einer nationalkirchlichen »autokephalen« Jurisdiktion (»Administrator« Polikarp in Luck) und einer »autonomen«, die auch jetzt den jurisdiktionellen Zusammenhang mit Moskau bewahrte (Metropolit Aleksij Gromadskij in Kremianec und die aus dem Mönchsbestand von Počajev gewählten Bischöfe). Bei der sowjetischen Rückeroberung blieb das orth. Kirchenwesen erhalten, wurde jedoch unter dem 1944 vom Moskauer Patriarchen eingesetzten Exarchen der »Autonomen Orth. Ukr. Kirche« Ioann (Sokolov) in einer Einheitsorganisation zusammengefaßt. Bei der Einverleibung des unierten Galizien in die UdSSR 1944/45 wurde der gerade verstorbene Metropolit Šeptyćkyj mit einem Staatsbegräbnis geehrt, die übrige Hierarchie jedoch wegen deutscher Kollaboration in Haft genommen. Im Zusammenspiel mit der »Initiativgruppe« des Dr. Gavril Kostelnik wurde ein gewaltsamer Anschluß an die Orthodoxie durchgesetzt. Soweit die ukr. Emigration von 1944/45 der nationalkirchlichen Richtung zugehörte, kam ihr die amerikanische Eparchie zu Hilfe, die 1921 von dem nach den USA entsandten Bischof Ioann Teodorovič mit ukr. Auswanderern errichtet war. Metropolit Mstislav (Skrypnik), einst Abgeordneter der ukr. Volksgruppe im polnischen Sejm, baute das »Ucrainian Center« von South Bound Brook auf. Metropolit Ilarion (Ohienko), einst Kultusminister Petljuras, übernahm die kanadische Metropolie in Winnipeg. Die ukr. Emigranten der BRD gruppieren sich um Metropolit Nikanor (Abramovič) in Karlsruhe, den Metropoliten von Kiew während der deutschen Besatzungszeit. - Vgl. → Unierte Kirchen, 1 b α. d.

L'Eglise orthodoxe panukrainienne (Orientalia Christiana 3), 1923 - Dossier américain de l'orthodoxie panukrainienne (ebd 4), 1923 - I.Ohienko, Ukr. Kirche, 1942 (ukr.) - E.Winter, Byzanz u. Rom im Kampf um die U., 1942 - Ders., Rußland u. das Papsttum I. II, 1960/61 - H.J.Beyer, Ziele u. Methoden der südöstl. Volkstumspolitik Polens (Südostforschungen 7, 1942, 369-439) - A.M.Ammann, Abriß der ostslaw. KG, 1950 - F.Heyer, Die orth. Kirche in der U. von 1917-45, 1953 - I.Vlassovskij, Abriß der Gesch. der ukr. orth. Kirche I-III, 1955-57 (ukr.) - H.Koch, Die unierte Kirche in Polen (Osteuropa-Hdb. II, 1959, 109-113) - O.Wagner, Die ev. Bewegung unter den U.rn in der West-U. 1925-33 (Kirche im Osten 4, 1961, 92-134); 1939-48 (Ostdt. Wiss. 7, 1960, 317-340). *F.Heyer*

Ulenberg, *Kaspar* (1549-1617), kath. Theologe, * in Lippstadt, Sohn luth. Eltern, studierte in Wittenberg und trat 1572 in Köln zur kath. Kirche über. 1575 war U. Pfarrer in Kaiserswerth, 1583-94 Pfarrer und Kanonikus von St. Kunibert in Köln, seit 1592 Regens des Laurentius-Gymnasiums, 1610-12 auch Rektor der Universität. Seine → Bibelübersetzung (: IV, 4; Köln 1630), eine Überarbeitung der deutschen Bibel von J. → Dietenberger, war als »Mainzer Bibel« unter den deutschen Katholiken weit verbreitet (50 Aufl.). Seine Psalterbearbeitung beeinflußte viele kath. Gesangbücher (→ Kirchenlied: I, 9).

Vf. u.a.: Die Psalmen Davids, in allerlei dt. Gesangreime gebracht (mit Katechismus), 1582; Zweiundzwanzig Beweggründe für den kath. Glauben, 1589 (lat.: Causae graves et iustae); Historia de vita ... Lutheri, Melanchthonii, Flacii Illyrici, G.Maioris et A.Osiandri, 2 Bde, 1622. - Über U.: ADB 39, 181ff - A.Herte, Das kath. Lutherbild... I, 1943, 188ff. *W.Göbell*

Ulfilas → Wulfila.

Ullman, *Uddo Lechard* (1.5.1837 bis 2.1.1930), schwedischer Theologe und Bischof, 1869 Dozent der prakt. Theol. in Uppsala, 1872 Gymnasial-Prof. in Göteborg, 1889-1927 Bischof in Strängnäs. Grundlegende Bedeutung für U.s liturgische und hymnologische Forschungen und für seinen Beitrag zu den Arbeiten an einem neuen Kirchengesangbuch und einer neuen Agende hatten seine Studienjahre in Dresden und seine Begegnung mit dem gottesdienstlichen Leben der bayrisch-luth. Kirche. U. war vor allem Restaurator; sein Ausgangspunkt war in erster Linie die Reformationszeit und das ihr folgende Jh.

Vf. u.a.: Om den kyrkliga psalmboken med särskild hänsyn till den svenska kyrkans psalmbok af år 1819, 1871; Evangelisk-luthersk liturgik I. II, (1874-75) 1901[3]; Några tankar om vår svenska kyrkas nuvarande läge, 1910. - Über U.: D.Helander, Den liturgiska utvecklingen i Sverige 1811-94, 1939 - A.Arvastson, Psalmboksarbetet i Sverige vid slutet av 1800-talet, 1954 - Ders., Svensk psalm under 1900-talet, 1959. *S.Kjöllerström*

Ullmann, *Karl* (15.3.1796 bis 12.1.1865), ev. Theologe, * in Epfenbach/Pfalz, † in Karlsruhe, beeinflußt von → Schleiermacher und → Neander, seit 1821 Prof. in → Heidelberg, dazwischen 1829-36 in → Halle. U. war ein führender Vertreter der → Vermittlungstheologie (1828 mit Umbreit Gründer der ThStKr). Dem → Rationalismus gegenüber betonte er bes. die Heilsbedeutung Jesu, forderte aber auch Freiheit der theologischen Forschung und Lehre. 1853 wurde er Prälat und war 1856-61 Direktor des Oberkirchenrates in Karlsruhe. Seine Bemühungen, das innere Gefüge der badischen Kirche im Bunde mit dem Pietismus durch Klärung des Bekenntnisstandes, eine neue Gottesdienstordnung und einen Landeskatechismus zu festigen, führten zu seinem Sturz durch liberale Kräfte. U. gehörte zu den Mitbegründern des Deutschen Ev. Kirchentages.

Vf. u.a.: Der 2. Brief Petri kritisch untersucht, 1821; Gregor von Nazianz, (1825) 1867[2]; Die Sündlosigkeit Jesu, (1828) 1863[7]; Historisch oder mythisch (gegen D.F. →Strauß), (1838) 1866[2]; Reformatoren vor der Reformation, (1841/42) 1866[2]; Das Wesen des Christentums, (1845) 1865[5]. - Über U.: W.Beyschlag, K.U. (ErgH. der ThStKr), 1867 (darin 111-179 U.s Denkschrift über seinen Anteil an der Regierung der ev. Kirche in Baden) - RE XX, 204ff - ADB 39, 196ff - Hermelink I. II (s. Reg.). *H.Hohlwein*

Ulmer, 1. *Friedrich* (15.3.1877 bis 18.8.1946), bayrischer ev. Theologe, seit 1910 im heimischen Kirchendienst, 1920 Dekan in Dinkelsbühl, 1924 Prof. für Prakt. Theol. in Erlangen, 1937 zwangspensioniert. Besondere Bedeutung erlangte er als Präsident des → Martin-Luther-Bundes (1928-39); u.a. begründete er 1935 dessen Auslands- und Diasporatheologenheim in Erlangen.

Vf. u.a. (vgl. RGG[2] V, 1345; CKL II, 1216): Wesen u. Umgrenzung d. Liturgik (Festg. f. Th.Zahn, 1928, 151-164); Die Augsburgische Konfession, 1930; Kirchenwerkkunde d. ev.-luth. Kirche, 1938. - Festschr. z. 60. Geb.: Luth. Kirche in Bewegung, hg.v. G.Werner, 1937. *W.Jannasch*

2. *Johann Konrad* (1519-1600), * in Schaffhausen, studierte in Basel, in Straßburg bei Calvin und in Wittenberg bei Melanchthon. Von Luther ordiniert, wurde U. 1543 Pfarrer in Lohr am Main. Als → Antistes der ref. Kirche in Schaffhausen festigte U. seit 1569 die Reformation durch Einführung seines Katechismus, seines Gesangbuches, einer neuen Liturgie und KO.

Vf. mehrere theol. Schriften - Umfangr. Briefwechsel in der Ministerialbibliothek Schaffhausen u. in Zürich. - Über U.: ADB 39, 209f - R.Lang, Festschr. d. Stadt Schaffhausen, 1901, Art. U., 8-23 - J.Wipf, Reformationsgesch. d. Stadt u. Landschaft Schaffhausen, 1929, 348ff (Bibliogr.) - E.Scherrer, Schaffhauser Beitr. zur vaterländ. Gesch. 16, 1939, 179-198 - K.Schib, Gesch. d. Stadt Schaffhausen, 1945, 197f. *J.Staedtke*

Ulrich, 1. *der Heilige* (890-973), aus dem Geschlecht der Grafen von Dillingen, seit 923 Bischof seiner Vaterstadt → Augsburg, baute Kirchen und war auf bessere Ausbildung des Klerus und Hebung der Klosterzucht bedacht. 955 verteidigte er die Stadt siegreich gegen die Ungarn. Bald nach seinem Tod verehrt, wurde er 993 heiliggesprochen (erste offizielle → Heiligsprechung; Mirbt Nr. 258), Fest 4.7. Mit seinem Namen sind U.-segen und U.skreuze verbunden.

Vita in: MG SS IV, 377-425 - RE XX, 211ff - Künstle II, 564f - LThK X, 365ff - HWDA VIII, 1295ff - J.M.Friesenegger, Die U.skreuze, 1937 - P.Dörfler, St. U., der große Bischof u. Reichsfürst, 1955 - F.Zoepfl (→ Augsburg). *O.Rühle*

2. *von Straßburg* (U. Engelberti, † 1277/78), OP, aus der Straßburger Patrizierfamilie Zorn, wohl 1248-54 in Köln Schüler, später Freund → Alberts d.Gr., Lektor im Straßburger Konvent, 1272-77 Ordensprovinzial, nach Rücktritt für die Sentenzenprofessur in Paris bestimmt, aber dort vor Amtsantritt gestorben. U. schrieb neben verlorenen Kommentaren zu Aristoteles' Meteorologie und zu den Sentenzen eine (unvollendete) theologische Summe »De summo bono« (1262/68/72), die zT in engem Anschluß an → Dionysius Areopagita die neuplatonische Komponente der Schule Alberts dokumentiert und damit die Dominikaner- → Mystik (: VI, 3) mitbestimmt, zT bereits thomistischen Einfluß zeigt.

H.Finke, Ungedr. Dominikanerbriefe d. 13.Jh.s, 1891, 78-104 - *Teiled. der Summe:* La »Summa de bono« lib. I, ed. J.Daguillon (BiblThom 12), Paris 1930; dazu I.Backes, HJ 62-69, 1949, 359-386 - Lib. II tract. 2 c. 1-3 u. tr. 3 c. 1-2 ed. F.Collingwood in: Nine Mediaeval Thinkers, ed. J.R.O'Donnell, Toronto 1955, 293-307 - M.Grabmann, Des U. Abhandlung »De pulchro« [= lib. II tr. 3 c. 4] (SAM 1925, 5; m. Übers.) - A.Fries, Die Abh. »De anima« des U. [aus lib. IV] (RThAM 17, 1950, 328-331) - Lib. V tr. 1 c. 13 ed. I.Backes (Florilegium patristicum 40, 1935, 28-31) - Lib. VI tr. 4 ed. J.Daguillon (La vie spirituelle 14-15), 1926 - *Predigt:* ed. Dies. (ebd 17), 1927. - Über U.: M.Grabmann, Ma. Geistesleben I, 1926, 147 bis 221; II, 1936, 362ff; III, 1956, 271. 422 (Lit.) - A.Stohr, Die Trinitätslehre U.s (Münster. Beitr. z. Theol. 13), 1928 - I.Backes, Der Aufbau der Christologie U.s (Aus d. Geisteswelt d. MA [BGPhMA, Suppl.-Bd 3, 1], 1935, 651-666) - VerfLex I, 574ff; V, 203 - LThK X, 369 - DThC XV/2, 2058ff. *J.Leuschner*

Ultramontanismus

1. Begriff - 2. Geschichtliche Entwicklung - 3. Kirchengeschichtlicher Ertrag

1. U. bezeichnet im MA, zunächst geographisch verstanden, Menschen und Kräfte von »jenseits der Berge« (ultra montes), zB während des Investiturstreites die deutschen Parteigänger röm. Interessen, in Frankreich die Vertreter des → Kurialismus gegenüber dem → Gallikanismus. Im Laufe des 19.Jh.s bedeutet U. in zahlreichen europäischen Ländern eine Haltung, die für die Freiheit der Kirche gegenüber dem Staat und damit für die Stärkung der Macht des Papstes und der kath. Kirche auf allen Gebieten des öffentlichen Lebens kämpft und konkurrierende Kräfte, bes. den Protestantismus, zu unterdrücken sucht. F.X. → Kraus beschreibt U. im 2. »Spektatorbrief« 1895: »Ultramontan ist, wer den Begriff der Kirche über den der Religion setzt; wer den Papst mit der Kirche verwechselt; wer da glaubt, das Reich Gottes sei von dieser Welt, und es sei ... in der Schlüsselgewalt Petri auch weltliche Jurisdiktion über Fürsten und Völker eingeschlossen; wer da meint, religiöse Überzeugung könne durch materielle Gewalt erzwungen oder dürfe durch solche gebrochen werden; wer immer sich bereit findet, ein klares Gebot des eigenen Gewissens dem Anspruche einer fremden Autorität zu opfern.« Im Verlauf und in der Folge des → Kulturkampfes wird U. zum Schlagwort, das, meist kritisch gebraucht, die Bindung kath. politischer Kräfte an die Weisungen der außerhalb des eigenen nationalen Lebens sitzenden röm. Kurie charakterisiert.

2. a) Die Anfänge des modernen U. liegen in → *Frankreich* (: I, 8). Gegenüber den Angriffen der franz. Revolution auf die Kirche und dem Versuch → Napoleons I., mit der franz. die gesamte kath. Kirche und das Papsttum zu einer Staatseinrichtung zu machen, entstand unter Führung von → Chateaubriand, → Bonald, de → Maistre eine Bewegung für die Freiheit und Erneuerung der kath. Kirche in Frankreich. Sie zeigte Schönheit und Tiefe des kath. Kultus auf und wies auf die enge Verbundenheit von natürlicher und übernatürlicher Ordnung hin, die im Papsttum den Garanten der Religion bes. gegenüber weltlicher Obrigkeit und Protestantismus habe. Aus dieser Richtung kath. Frömmigkeit entstand unter dem Einfluß von → Lamennais seit 1830 eine Partei, die mit der Losung »avant tout catholique« eine Macht im Parlament und im öffentlichen Leben darstellte. Ihrem Wirken verband sich kräftige volksmissionarische Arbeit des Klerus, der Orden und Kongregationen. Von den Erfolgen des U. zeugten zB das Gesetz über das Sakrileg (1815), das religiöse Verbrechen ebenso strafte wie solche gegen die Person und gegen den Staat, oder der maßgebliche Einfluß, den der Katholizismus auf die Schulen gewann. Gegenüber der gallikanischen Opposition gab sich der U. teils im Bunde, teils im Gegensatz zu den wechselnden kirchenpolitischen Tendenzen des Königtums als »liberaler Katholizismus«, der die Freiheit der Kirche vom Staat, insbesondere Unterrichts- und volle Vereinsfreiheit forderte (dh unbeschränkte Freiheit für das Wirken der Mönchsorden, zumal der → Jesuiten). Bedeutende Prediger wie der Jesuit de Ravignan (1795 bis 1858) und → Lacordaire, Seelsorge in den höheren Gesellschaftsschichten und eine vielfältige kath. Presse verbreiteten den U. → Herz Jesu- und → Marienverehrung, → Marienerscheinungen, → Lourdes-Wunder und Papstverherrlichung prägten seine Frömmigkeit. In der Mitte des 19.Jh.s hatte sich der U. vom Liberalismus losgesagt und kämpfte unter Napoleon III. nicht mehr nur für die Freiheit, sondern für die Herrschaft der Kirche. Unter dem Einfluß von → Montalembert, Tocqueville, → Ozanam, Veuillot u.a. betrieb Frankreich eine klerikal bestimmte Außenpolitik, und der Krieg von 1870/71 war für den U. auch ein Kampf gegen die prot. Vormacht in Europa.

b) Einen sichtbaren politischen Erfolg errang der U. mit der Entstehung des Staates → *Belgien* (, 1 a. b). Nach der verfassungsmäßigen Trennung von Staat und Kirche »wurde Belgien ein Zentrum und das Musterland für die modernen ultramontanen Strömungen und Tendenzen in Westeuropa mit vielen Konversionen, Vereinsgründungen aller Art, einer scharf oppositionellen Presse und mit privaten Schulen und Klerikalseminaren« (Hermelink I, 373). - Vgl. ferner → Irland: II, 3; → Italien, 4; → Österreich, 5; → Schweiz: I B, 3 c.

c) In → *Deutschland* (: I, 3 b) hatte sich der Katholizismus zwar positiv mit der → Aufklärung (: III, 6) und dem deutschen → Idealismus auseinandergesetzt (→ Sailer, G. → Hermes, A. → Günther, → Möhler, → Hirscher), doch hatten die → Säkularisation (, 2 b γ) und die Übersteigerung der Staatsmacht auch hier dem U. den Boden bereitet. Der Würzburger Weihbischof Frey gründete mit Gesinnungsgenossen in Augsburg, Eichstätt, München den »Literarischen Verein zur Aufrechterhaltung, Verteidigung und Auslegung der röm.-kath. Religion«, der die Kirche gegen »die zeitgenössische Philosophie und den von ihr beeinflußten Staat« schützen sollte. Seine Vertreter errangen im Bunde mit liberalen Politikern einen politischen Erfolg in der »Erklärung von Tegernsee« (→ Bayern, 3 a). Größere Bedeutung gewann der »Mainzer Kreis«, der die Gedanken von de Maistre aufnahm. In der von A.Räss und Nik.Weis 1821 gegründeten Monatsschrift »Der Katholik« und in zahlreichen Schriften kämpfte er gegen die Aufklärung, das Luthertum, Eingriffe des Staates in den kirchlichen Bereich und für die Erneuerung des Katholizismus aus dem Geiste der Scholastik und den Primat des Papstes. In München gewann → Görres als Führer der »Konföderation« mit seiner Zeitschrift »Eos« und den »Historisch-politischen Blättern« weitreichenden Einfluß. Die Forderungen des U. faßte die 1835 anonym erschienene Schrift »Beiträge zur KG des 19.Jh.s« zusammen. Sie griff bes. die kirchlichen Zustände in Preußen an und gab in Verbindung mit dem → Kölner Kirchenstreit auch hier dem U. mächtigen Auftrieb. Die Kirche steigerte ihn durch die Ausstellung des hl. → Rocks zu Trier (1844). - Auf Grund des 1848 errungenen Versammlungsrechts blühten die von den Orden getragene → Volksmission mit ihren Exerzitien, das Bruderschaftswesen, die Standesvereine (→ Kolping, Studentenverbindungen), die → Caritas und zahlreiche »Piusvereine«. Sie schlossen sich 1848 zum »Kath. Verein Deutschlands« zusammen und hielten vom 3.-6.10.1848 in Mainz ihre erste Generalversammlung (den ersten → Katholikentag). Im Okt. 1848 folgte in Würzburg die erste »Konferenz der deutschen Bischöfe« nach der Säkularisation. Sie forderte u.a. das Recht der Bischöfe, mit Papst, Klerus und Volk unabhängig vom Plazet des Staates zu verkehren, für den Fall der Trennung von Staat und Kirche den Schutz der kath. Schulen und die Sicherung der religiösen Volkserziehung, ferner die Verwaltung des Kirchenvermögens durch die Bischöfe. Im Dienste des U. stand auch der soziale Katholizismus von → Ketteler. - Nachdem die Beschlüsse des → Frankfurter Parlaments, damit auch die von der »Kath. Fraktion für besondere Zwecke« beschlossenen kirchlichen Freiheiten von den Ländern nicht übernommen worden waren, suchte der U. seine Forderungen über die Länderparlamente durchzusetzen. Dabei schnitt er im Gegensatz zu den reaktionären süddeutschen Ländern in Preußen günstig ab, da Friedrich Wilhelm IV. die Frankfurter Beschlüsse dem Sinne nach in die Verfassung von 1850 aufnahm und eine besondere »Kath. Abteilung« im Kultusministerium einrichtete. Doch wurden diese Freiheiten schon 1852 durch die Raumerschen Erlasse weitgehend eingeschränkt. Der Widerspruch dagegen führte zu parteipolitischen Zusammenschlüssen der Katholiken, zunächst 1852 in der »Kath. Fraktion« (→ Reichensperger), seit 1859 »Fraktion des → Zentrums«. Dabei stieß der U. auf den Widerstand des Staates, der den Mißbrauch der »Religion zum Deckmantel politischer Bestrebungen« und »Übergriffe der kath. Kirche« (Wilhelm I.) nicht dulden wollte. Auch der bürgerliche politische Liberalismus sah im U. jetzt einen Feind der Gewissensfreiheit und des Fortschritts, der U. dagegen im Liberalismus den Feind wahrer Frömmigkeit und Gegner seiner kirchlichen Forderungen, zB in der Ehefrage.

3. Die Erfolge des U. wertete → Pius IX. aus, indem er 1854 die Unbefleckte Empfängnis der Maria zum Dogma erhob, 1864 mit der Enzyklika Quanta cura und dem → Syllabus die Entwicklung der modernen Wissenschaft verurteilte und im → Vatikanum 1869/70 mit den Lehren vom Gesamtepiskopat des Papstes (→ Papat und Primat) und der → Infallibilität den U. unlöslich mit dem röm. → Katholizismus verband. Das bedeutete den Abschluß des alten Gegensatzes zwischen → Episkopalismus und → Kurialismus und den endgültigen Sieg des Rechts- und Herrschaftsgedankens im kath. Kirchenbegriff. Im → Kulturkampf bewies der U. seine Stärke und erweiterte seine Macht bes. in der Presse und im Zentrum - trotz → Altkatholiken und → Reformkatholizismus. Die Freiheit der Kirche wurde in den modernen Staatsverfassungen sichergestellt, ihre Rechte in → Konkordaten verbürgt (→ Kirche und Staat, 6; → Kirchenverfassung: V, 6). Doch lebt der U. als ein Wesenszug des röm. Katholizismus fort und ist bes. dort wirksam, wo im Namen der kath. Frömmigkeit Herrschaftsansprüche auf politischem, kulturellem oder sozialem Gebiet erhoben werden.

Außer den Werken der im Text genannten Personen: P.v.Hoensbroech, Der U., sein Wesen u. seine Bekämpfung, (1897) 1898^{2} - K.Sell, Die Entwicklung d. kath. Kirche im 19.Jh., 1898 - C.Mirbt, Der U. im 19.Jh., 1902 - B.Duhr (Hg.), Aktenstücke zur Gesch. d. Jesuiten-Missionen in Deutschland 1848-72, 1903 - C.Eberle, Der »U.« in seinem wahren Sinne, 1904 - L.K.Goetz, Der U. als Weltanschauung, 1904 - RE XX, 213 ff (Lit.) - G.Anrich, Der moderne U., 1909 - G.Krüger, Der Mainzer Kreis (PrJ 148, 1912, 395-414) - L.Bergsträsser (Hg.), Der polit. Katholizismus. Dokumente seiner Entwicklung I. II, 1921 - H.Esch, Der Katholik, seine inner- u. kirchenpolit. Anschauungen 1821-48 (Diss. Bonn), 1924 - G.Weill, Le catholicisme français de 1830-59, 1927 - F.Mourret, Le mouvement catholique en France de 1830-59, 1927 - W.Gurian, Die polit. u. soz. Ideen d. franz. Katholizismus 1789-1914, (1929) 1948^{2} - J.Maurain, La politique ecclésiastique du second empire de 1852-69, 1930 - F.Schnabel, Dt. Gesch. im 19.Jh. IV, (1937) 1951^{2}, 1 ff - Hermelink I, 362 ff; II, 218 ff; III, 24 ff. 506 ff - K.Buchheim, Gesch. d. christl. Parteien in Deutschland, 1953 (s. Reg.).

H.Hohlwein

Umfrid, *Otto* (1857-1920), Stuttgarter ev. Pfarrer, gehörte zu den »hervorragendsten Theoretikern des Pazifismus« (Fried) im Deutschland der Jh.wende. Mit M. → Rade versuchte er, u.a. auch die ev. Pfarrerschaft für die → Friedensbewegung zu gewinnen; Anfeindungen durch Amtsbrüder und Verwarnungen durch die Kirchenbehörde waren die Folgen. U. ging es um ideologischen und praktischen Abbau des Rechts des Stärkeren als des »geschichtlichen Rechts« zugunsten des »natürlichen Rechts«, das sich nicht aus der jeweils herrschenden Gewalt, sondern aus der sittlichen Idee der Gerechtigkeit ableitet und die Gewalt für eine zwischenstaatliche Friedensordnung in Dienst nimmt.

Vf. u.a.: Friede auf Erden, (1897) 1898^{2}; Recht, Gewalt u. Zukunftskrieg, 1901; Anti-Treitschke, 1904; Europa den Europäern, 1913; Als die Zeit erfüllet war, 1917. - Über U.: A.H.Fried, Hdb. d. Friedensbewegung, (1905) 1913/14^{2} (Lit.) - RGG^{2} V, 1349 f.

W.Dignath

Umgang. Der U. (Umzug) unter Einhaltung fester Formen ist eine bes. häufige Grundform von → Kultus und Volksbrauch und gehört zu den magischen Umkreisungsriten (→ Kreis). Ein U. kann die Bindung an einen kultischen Mittelpunkt, aber auch die Trennung und den Schutz des umgangenen Objektes nach außen bezwecken. Einfache Formen sind der U. um hl. → Bäume, → Quellen und Brunnen, die Umschreitung des → Herdes (zB durch die Braut), des → Grabes oder Scheiterhaufens im Totenkult, des Eigentums beim Diebssegen, das Umkreisen eines Brandes bei der Feuerbannung, die Grenzbegehungen im Rechtsbrauch (→ Grenze) oder das Umgehen eines Stückes Land zur Besitzergreifung. Einen gemeinschaftlich geübten U. um Haus, Kirche und Dorf zeigen viele agrarische → Feste (→ Ackerbau: I), bes. die sog. Flurumgänge mit der Absicht, der ganzen Ortschaft → Fruchtbarkeit, Gedeihen und Wohlstand zu vermitteln (vgl. den Nerthusumzug der → Germanischen Religion [, 6] und die Luperkalien und Ambarvalien der → Römischen Religion). Glaube und Brauch der Jahresfeste bieten viele Beispiele: den U. in der → Neujahrs-Nacht und zu Dreikönig, Todaustragen und Sommereinbringen, → Maibaum- und Pfingstumgänge. Mit dem U. verbinden sich oft noch andere Brauchelemente: geweihte oder zauberkräftige Dinge werden mitgeführt; → Feuer, → Licht oder Lärm sind damit verknüpft (Lärmumzüge, Lichterprozession). Viele Umkreisungsriten müssen mit der Richtung des Sonnenlaufes ausgeführt werden. Manchmal sind die Umziehenden verkleidet (→ Masken-Umzüge, Perchtenlauf), oder Bettel- und Heischebräuche werden mit dem U. verknüpft. Das Umgehen wird verstärkt als Umlaufen, -tanzen, -reiten, -fahren, -pflügen. Ein U. im christlichen Bereich ist vor allem die → Fronleichnams-Prozession, die auf dem Lande ganz den Charakter eines Flur-U.s hat, aber zT auch andere → Prozessionen und → Bittgänge, die meist mit Segnungen verbunden sind; ferner das Umreiten oder Umfahren der → Leonhards-Kapellen oder der Kirchen anderer Viehpatrone in Süddeutschland.

ERE III, 657ff - G.SCHIERGHOFER, Umrittbrauch u. Roßsegen (Bayer. Hefte f. Volkskunde 8, 1921, 1-96) - K.MEULI, Bettelumzüge im Totenkult, Opferritual u. Volksbrauch (Schweiz. Archiv f. Volkskunde 28, 1928, 1-38) - HWDA II, 1677ff; III, 120ff; VIII, 1298ff. 1313ff. 1328ff. 1362ff - A.MITTERWIESER, Gesch. d. Fronleichnamsprozession in Bayern, (1930) 1949² - H.KOREN, Volksbrauch im Kirchenjahr, 1934, 128ff - P.GEIGER, Dt. Volkstum in Sitte u. Brauch, 1936, 63ff - PW Suppl. VII, 892ff - HIsl 742f - GERH.MÜLLER, Der Umritt, 1941 - B.KÖTTING, Peregrinatio religiosa, 1950, 386ff - RAC III, 143ff - ELIADE § 141 - F.SIEBER, Volk u. volkstüml. Motivik im Festwerk d. Barocks, 1960 - HEILER 179. - Weitere Lit. s. → Begehung, → Bittgänge, → Fronleichnamsfest, → Kreis, → Labyrinth, → Prozession: I. *L.Röhrich*

Umwelt → Milieu.

Una-Sancta-Bewegung. Der Name stammt aus dem → Nicäno-Konstantinopolitanum: »Credo ... unam sanctam catholicam et apostolicam ecclesiam ...« und drückt die Sehnsucht vor allem der röm. Katholiken nach der Wiedervereinigung mit den getrennten Christen aus. Zwischen den Weltkriegen entstanden, schließt die U.S.B. an frühere → Einigungsbestrebungen an, bes. an die anglikanisch-röm., die seit 1864/65 wiederholt, zuletzt 1923, am päpstlichen Widerstand gescheitert waren. Geistige Zusammenhänge bestehen zur → Hochkirchlichen Bewegung, deren erste Zeitschrift den Titel »Una Sancta« trug, und zur → Ökumenischen Bewegung, der sich jedoch der röm. Katholizismus offiziell verschlossen hat (Enzyklika »Mortalium animos« vom 6.1.1928), ebenso zu → Jugend- und sozialistischen Bewegungen, wie sie sich nach dem 1. Weltkrieg formten. In → Deutschland (: IV, 2 i) kommt hinzu die unmittelbare Begegnung von Christen beider Konfessionen im Kampf gegen → Materialismus und → Nationalsozialismus, in den Friedensbemühungen der Kirchen (→ Friedensbewegung), im Leiden unter der Verfolgung und in gemeinsamen ethischen und kulturellen Aufgaben gegenüber der Gegenwart. Die gemeinsamen Erlebnisse christlichen Glaubens waren stärker als die Grenzen in der Lehre, die unter diesen Erfahrungen an Bedeutung verloren.

Die röm.-kath. Gründer der U.S.B. sind in bestimmten Kreisen des europäischen → Katholizismus (: II; → Reformkatholizismus) zu suchen, in denen das Unbehagen über die lehramtliche, dogmatische und rechtliche Selbstabschließung und konfessionelle Selbstrechtfertigung ihrer Kirche gewachsen war. Es bestehen Querverbindungen zur Liturgischen Bewegung (→ Gottesdienst: V A, 1 h), zur Bibel- und modernen Laienbewegung, auch zur Neuen Theologie und den → Arbeiterpriestern in → Frankreich (: II, 1) wie zu den Bestrebungen um eine neue Verkündigungstheologie (→ Predigt: III). Ein neues Verständnis für Luther und die Reformation ist zugleich Voraussetzung und Ergebnis der U.S.B.

Die U.S.B. selbst entstand anfangs aus allenthalben aufkommenden »Gesprächen über den Zaun«, die mit Beginn der nationalsozialistischen Herrschaft intensiver und öffentlicher wurden. Die erste Ausrichtung gab der Bewegung Pater Dr. M.J. → Metzger, der als asketischer Pazifist und Rufer zur christlichen Einheit schon 1917 den »Weltfriedensbund vom weißen Kreuz« (später: »Christkönigsgesellschaft vom weißen Kreuz« in Meitingen) gegründet hatte. 1928 schuf er die »Bruderschaft U.S.«, deren Basis jedoch auf die Dauer für die Weite der Bewegung zu schmal war. Dagegen entstanden in vielen Städten freie U.S.-Kreise. Die ev. Gesprächspartner stammten im wesentlichen aus ökumenischen Kreisen, der Hochkirchlichen Bewegung, dem Berneuchener Dienst (→ Berneuchen) und der Michaelsbruderschaft (→ Bruderschaften: III, 2 b). Durch die Gespräche sollten Laien und Theologen die verschiedenen Konfessionen nach Lehre und Leben kennenlernen, Mißverständnisse und Polemik abbauen, das Gemeinsame suchen, das Trennende nicht vertuschen, einen »schöpferischen Frieden« zwischen den Konfessionen stiften und zur endlichen Überwindung der Spaltung gemeinsam die Gabe des Hl. Geistes erflehen. Nach dem Märtyrertod von Dr. Metzger (17.4.1944) übernahm Pfarrer Dr. Matthias Laros die Arbeit, die sich nach 1945 kräftig entfaltete und u.a. die Gründung der CDU und die Klimaverbesserung im praktischen Zusammenleben beeinflußte.

Einen anderen Charakter bekam die U.S.B., als sie wegen schwärmerischen »Wildwuchses« durch das Monitum »Cum compertum« vom 5.6.1948 der Kontrolle des Hl. Officium unterstellt und an die Vorschriften des CIC erinnert wurde: Die Teilnahme an »gemischten Zusammenkünften« bedarf der vorherigen Genehmigung des Hl. Stuhls (c. 1325 § 3), und jegliche Gemeinschaft in hl. Handlungen ist grundsätzlich verboten (cc. 1258. 731 § 2). Die Instructio »Ecclesia catholica« vom 20.12.1949 delegiert die Verantwortung für die U.S.B. an die Bischöfe und stellt Grundregeln für interkonfessionelle Gespräche auf; dabei darf nicht der Eindruck entstehen, als brächten die Getrennten »durch ihre Rückkehr der Kirche etwas Wesentliches, was ihr bisher gefehlt hätte«. Danach müßte die U.S.B. als Schule zur Konvertitengewinnung und -betreuung verstanden werden. Das Dogma von der leiblichen Aufnahme Marias in den Himmel (1.11.1950) hat das marianische Einheitsprinzip der röm. Kirche betont und die U.S.B. erneut hierarchisch eingeengt.

Trotzdem konnte sich die Arbeit ausweiten. Die Paderborner Gespräche unter Erzbischof Jaeger und Bischof W.Stählin, die Gründung des Johann Adam Möhler-Institutes für Konfessions- und Diasporakunde in Paderborn (1957) und die jährlichen ev.-kath. Publizistentreffen gehören zu den Auswirkungen der U.S.B. Neuen Aufschwung bekam diese vor allem durch die Konzilsankündigung Johannes XXIII. (1959) und die damit verbundene Einrichtung eines »Sekretariats zur Förderung der Einheit der Christen«. Auch das Zentralkomitee der Deutschen Katholiken hat 1960 eine »Sektion für U.S.-Fragen« eingerichtet.

Als Zentrum der U.S.B. gilt seit 1955 das Haus der Begegnung in der Benediktinerabtei Niederaltaich, deren Pater Dr. Thomas Sartory die »Una Sancta«, Rundbriefe für interkonfessionelle Begegnung herausgibt. Die U.S.B. will ev. Glaubensgut im Katholizismus integrieren, um damit einerseits die röm. Kirche für die Begegnung mit den ev. Christen bereitzumachen und andererseits dem Protestantismus die Versöhnung mit der röm. Kirche (so neuerdings statt »Rückkehr«) zu erleichtern. Er soll dort sein eigenes Glaubensgut wiederfinden – freilich nicht in »häretischer Isolierung«, sondern heimgeholt in die Fülle des Katholischen. – Das ev. Zeugnis in der U.S.B. müßte dagegen lauten: die Einheit der Kirche ist nicht durch »Rückkehr nach Rom« zu gewinnen, sondern in der »Heimkehr aller Konfessionen zum Evangelium«.

Ev. Lit.: A.DEISSMANN, U.S., 1936 - H.E.WEBER-E.WOLF, Begegnung. Theol. Aufsätze zur Frage der U.S., 1941 - W.LEMPP, Ökumenisch oder kath.?, 1948 - F.HEILER, Utopie oder Wirklichkeit d. U.S.-Arbeit? DERS., Die Krise d. U.S. (beides in: Ökum. Einheit, H. 1, 1948) - H.HERMELINK, Katholiken u. Prot. im Gespräch um d. U.S., 1949 - W.v.LOEWENICH, Der moderne Katholizismus, (1955) 1959⁴ - E.MÜLHAUPT, Das Problem d. Einheit in d. Christenheit, 1957 - K.NITZSCHKE, Gespräch zwischen d. Konfessionen, 1957 - H.RÜKKERT, Die Einheit d. Kirche u. d. Zwiespalt d. Konfessionen, 1958 -

H. ASMUSSEN, Kath. Reformation, 1958 - W. STÄHLIN-H. ASMUSSEN, Katholizität d. Kirche, 1958 - WKL 1491 ff - H. LEITZ, U.S. - eine hl. Kirche, 1960.

Kath.: M. PRIBILLA, Um kirchl. Einheit, 1929 - DERS., Nach 400 Jahren (StZ 129, 1935, 155-168) - A. RADEMACHER, Die Wiedervereinigung d. christl. Kirchen, 1937 - R. GROSCHE, Pilgernde Kirche, 1938 - M. BESSON, Nach 400 Jahren, 1940 - H. BÄCKER (Hg.), M.J. Metzger, Gefangenschaftsbriefe, 1948 - K. ADAM, U.S., 1948 - M. BUCHBERGER, Aufbruch zur Einheit u. Einigkeit im Glauben, 1948 - M. LAROS, Schöpferischer Friede d. Konfessionen, 1950 - DERS., Die U.S.B., 1952 - TH. SARTORY OSB, Die ökum. Bewegung u. d. Einheit d. Kirche, 1955 - DERS., Die kath. Kirche u. d. getrennten Christen, 1957.

Gemeinsam: H. ASMUSSEN-A. BRANDENBURG, Wege zur Einheit, 1960.

Zs.en: U.S., Rundbriefe f. interkonfessionelle Begegnung, 1946 ff; Catholica, Vierteljahresschrift f. Kontroverstheol., 1946 ff; Suchen u. Finden, Monatsblätter f. Konvertiten, 1952 ff; MdKI passim (Bibliogr. zum Gespräch zwischen d. Konfessionen: 3, 1952, 61 ff); Ut Omnes Unum, o.J. - Vgl. die Lit. zu → Ökumenische Bewegung, 7.

J. Lell

Unbedingte, *das*

1. Die U.heit Gottes - 2. Die u.e Wahrheit des Glaubens. - U. = unbedingt

1. Der Wesenszug des U.en als Ausdruck der letzten, alle andere Wirklichkeit erst setzenden Urwirklichkeit Gottes kam nicht erst durch den Deutschen → Idealismus in die religiöse Fragestellung herein, sondern ist wesensmäßig bereits mit jeder Reflexion auf die Ursprünge des Glaubens in der → Offenbarung (: V) gesetzt. Als solcher lebt der Gedanke des U.en in allen großen Kulturreligionen, zB auch in der indischen → Nirvâna-Lehre des Sichlösens von aller Endlichkeit und Immanenz. Auf anderen Wegen kam die → Mystik dazu, »das Entsinken ins Weiselose« als Freiwerden von allem Bedingten und Hinwenden auf Gott als das reine U.e zu fordern. Jedes Bezeichnen Gottes mit einem Prädikat würde eine Verendlichung seines Absolutheitscharakters (→ Absolute) darstellen, daher muß man im Denken, Fühlen und Wollen »aller Bildnis ledig« werden, wenn man zur unio mystica mit Gott, dem U.en, gelangen will. Philosophisch gewendet ist diese Forderung des U.en wohl am radikalsten von → Spinoza für Gott als absolute Denknotwendigkeit erwiesen, die, selbst u., alles andere erst bedingen, selbst undefiniert, alles andere erst umgreifen und determinieren kann. Im Grunde ist dieser Gedankengang schon bei den Vorsokratikern angelegt, namentlich den Eleaten (→ Xenophanes, → Parmenides), aber hier wird auch die Gefährlichkeit dieses Gedankens für den Glauben sichtbar. Der Glaube sieht seine Lebenswirklichkeit dahinschwinden, wenn sich die greifbare Nähe des lebendigen persönlichen Gottes auflöst in eine Begriffsverflüchtigung des reinen Denkens, statt daß der Gedanke des U.en höchstens als Korrektiv gegen Transzendenzverlust durch zu starkes Anthropomorphisieren des Gottesbildes wirksam würde.

2. Akut wird die Fragestellung durch → Jaspers' Entgegensetzung von allgemeingültiger (absoluter) Wahrheit der Philosophie (die beweisbar und dadurch eben bedingt ist) und u.er existentieller Wahrheit des Glaubens, beispielhaft bei Jaspers verkörpert in den Gestalten von → Galilei und G. → Bruno: Wahrheit, die durch Widerruf leidet, ist u.e Wahrheit, die eben dadurch u. ist, daß sie nicht allgemeingültig bewiesen werden kann. Für solche Glaubenswahrheit kann man nur den Wahrheitsbeweis antreten durch das Opfer seines Lebens im Martyrium (s. »Der philosophische Glaube«, 1951, 11). An sich könnte die Kennzeichnung der Glaubenswahrheit als u.er Wahrheit höchst fruchtbar sein. Das ganze wird aber dadurch umstritten, daß Jaspers dem Christentum und jeder Offenbarungsreligion vorwirft, sie beanspruche, beide Kennzeichen, die der beweisbaren allgemeingültigen (absoluten) und der u.en Wahrheit, auf ihre Offenbarungsinhalte zu vereinigen. Dadurch wird nach Jaspers der philosophische Wahrheitscharakter in die »allgemeine Katholizität« religiöser Dogmen eingespannt. Gerade das, was → Kierkegaard in der absoluten Form der Religiosität B fordert, das Paradox, daß der ewige Gott in Christus in die historisch abgegrenzte Zeit getreten sei, im Glauben zu ergreifen, nennt Jaspers Verlust der Wahrheit in »geronnener Geschichte«. Dadurch gehe die Transzendenz Gottes, seine U.heit, verloren. - Für die theologische Glaubenswahrheit ist aber gerade der bewußte Gegensatz zur philosophischen Wahrheit wesenserhellend für ihren Sonderauftrag in Bindung an den Offenbarungsglauben, und deshalb könnte bei ihr der Begriff der »u.en Wahrheit« zu einem Leitfaden und Korrektiv werden, an dem die Begriffsverflüchtigung der U.heit des philosophischen Gottesbegriffs immer wieder zu korrigieren und zu konkretisieren wäre.

P. TILLICH, Relig. Verwirklichung, 1930 - DERS., Wesen u. Wandel des Glaubens, 1961 - RGG³ V, 1350 (Lit.) - H. REINER, Das Phänomen des Glaubens, 1934 - K. JASPERS, Von der Wahrheit, 1947 - E. FRANK, Philosoph. Erkennen u. relig. Wahrheit, 1950 - L. RICHTER, Christl. u. philosoph. Glaube (StTh 6, 1952, 115-127) - DIES., Immanenz u. Transzendenz im nachreformat. Gottesbild, 1954 - S. HOLM, Religionsfilosofi, Kopenhagen 1955; dt. 1960 - H.D. LEWIS, Our Experience of God, London 1959 - W. PHILIPP, Die Absolutheit des Christentums, 1959 - D.T. SUZUKI, Der westl. u. der östl. Weg, 1960 - X. TILLIETTE, K. Jaspers, Paris 1960, 107 ff. *L. Richter*

Unbefleckte Empfängnis → Mariologie, 2 c.

Unbefleckte Empfängnis, *Orden von der U.E.*

1. *Weibliche Kongregationen von der U.E.* gibt es, zT mit bedeutenden Mutterhäusern, in Frankreich, Belgien, Italien, Spanien, Polen, Türkei, Kanada, USA, Brasilien, Kolumbien und Mexiko. In Deutschland führen die Marienschwestern von Breslau (Mutterhaus in Berlin-Lankwitz) die U.E. als Nebenbezeichnung, ebenso die Schwestern der christlichen → Liebe von Paderborn und die Franziskanerinnen von Bonlanden/Württ. Die Mägde Mariens von der U.E. von Leschnitz (Oberschlesien; Mutterhaus 1866-1923 in Proemba b. Leschnitz) waren ein seit 1890 selbständiger Zweig der 1850 von Edmund von Bojanowski gegründeten Genossenschaften für ländliches Caritas- und Erziehungswesen. Filialen bestanden bis zum 2. Weltkrieg in Schlesien, Sachsen, Brandenburg, Polen und der Tschechoslowakei. - 2. *Religiosenkongregationen von Klerikern:* Söhne Mariens der Unbefleckten (Congregatio Filiorum Mariae Immaculatae, CFMI), 1821 in Brescia gestiftet; Söhne Mariens der Unbefleckten von Luçon (Congregatio Filiorum BMV Immaculatae, FMI), 1828; Missionare der U.E. von Lourdes (Pia Presbyterorum Societas ab Immaculatae Virginis Mariae Conceptione, PSIC), früher »Missionspriester U.L. Frau von Garaison« genannt, 1848 von Abbé Laurence begründet; Regulierte Chorherren von der U.E. (Congregatio Canonicorum Regularium Immaculatae Conceptionis, CRIC), 1866 in St-Claude gegründet. Die Oblaten der Unbefleckten Jungfrau Maria (Congregatio Missionariorum Oblatorum Sanctissimae et Immaculatae Virginis Mariae, OMI) wurden 1816 in Aix (Provence) von Ch.E. de Mazenod (später Bischof von Marseille) für Volksmissionen, Exerzitien, Leitung von Priesterseminaren und Heidenmission ins Leben gerufen. Die weltweit verbreitete Kongregation ist eingeteilt in 20 Provinzen, 17 Vikariate, 6 Missionsbezirke und hat über 7000 Mitglieder (davon mehr als 2000 in der Heidenmission). Die deutsche Ordensprovinz (Mutterhaus in Hünfeld b. Fulda) besteht erst seit 1895 und widmet sich der Volksmission

(P.Max Kassiepe, † 1948; Gründer der Missions-Konferenz, einer Arbeitsgemeinschaft von Volksmissionaren und Exerzitienmeistern aus allen Orden) sowie den Missionen in Windhuk, Kimberley (Südafrika) und in der »Grünen Hölle« des Chako in Paraguay. – *Religiosenkongregationen von Laien:* Christliche Brüder von der U.E. der Jungfrau und Gottesmutter Maria (Fratres Christiani Immaculatae Conceptionis BMV Matris Dei), 1854 vom Apostolischen Vikar Jan van Hooydonk begründet, in Holland in der Jugenderziehung tätig; Hospitalbrüder der U.E. (Fratres Hospitalarii Filii Immaculatae Conceptionis, FHIC), auch »Konzeptionisten« genannt, 1857 von P.Luigi M. Monti in Rom begründet, arbeiten in Waisenhäusern und Spitälern; Brüder von der U.E. (Congregatio Fratrum Immaculatae Conceptionis BMV, CFIC), 1840 in Maastricht zur Erziehung und Pflege von verwaisten, verwahrlosten und taubstummen Knaben entstanden. – 3. *Bruderschaften:* Erzbruderschaften in S. Andrea della Valle, S. Lorenzo in Panisperna und S. Maria in Vineis in Rom; Verein der U.E. Mariä in Ara Coeli in Rom. – 4. *Orden:* Konzeptionistinnen (Nonnen der U.E.), gegr. 1484 in Galliana b. Toledo von Beatrix von Silva, in Spanien verbreitet, widmen sich vorwiegend dem kontemplativen Leben. – Vgl. auch → Herz Mariä.

HEIMBUCHER I. II (s. Reg.) – F.VEUILLOT, Les Oblats de Marie Immaculée, Paris 1946 – ESCOBAR II, 1171ff – Das Wirken der Orden u. Klöster in Deutschland I, 1957, 268ff – LThK² III, 851ff.

W.Göbell

Unbewußtes → Tiefenpsychologie.

Undereyck (Untereyck, Ondereick), *Theodor* (1635 bis 1693), ref. Theologe, * in Duisburg, studiert 1654–58 in Utrecht, Duisburg und Leiden bei G. → Voetius, Joh. Clauberg und Joh. → Coccejus. Studium und Bildungsreise bringen ihn auch mit den holländischen und englischen Erbauungsschriftstellern des Puritanismus in Berührung (→ Lodenstein, Bogaart, → Perkins, → Bayly, → Baxter u.a.). Unter Aufnahme der zeitkritischen, praktisch-seelsorgerlichen und modern anthropozentrischen Tendenzen seiner Lehrer wird er als Pfarrer in Mülheim/Ruhr (1660–68) zum Begründer ref. pietistischen Konventikelwesens in Deutschland. Weiter reichende Wirksamkeit entfaltet U. an St. Martini in → Bremen (1670–93), das zu einer Pflanzschule des ref. → Pietismus wird (J. → Neander, F.A. → Lampe). Seine Haupttätigkeit und eigentliche Kraft liegen auf katechetischem Gebiet. Wie → Spener der luth., so ist U. der ref. Orthodoxie gegenüber nicht revolutionär eingestellt, sondern um Kontinuität bemüht.

Vf. u.a.: Christi Braut unter den Töchtern zu Laodizea, 1670; Wegweiser der Einfältigen zu den ersten Buchstaben des wahren Christentums, 1676; Halleluja, d. i. Gott in dem Sünder verklärt, 1678; Der närrische Atheist, entdeckt u. von seiner Torheit überzeuget, 1689. – Über U.: ADB 39, 270f – RE XX, 228ff (Lit.) – RGG³ V, 1399 – J.MOLTMANN, Geschichtstheol. u. pietist. Menschenbild bei Joh.Coccejus u. Th.U. (EvTh 19, 1959, 343–361). *E.Mülhaupt*

Undset, *Sigrid* (20.5.1882 bis 10.6.1949), norweg. Schriftstellerin, gibt in ihren ersten Büchern (u.a. »Jenny«, 1911; dt. 1921) eindringliche Schilderungen der Liebessehnsucht der Frau. In den folgenden Romanen wendet sie sich gegen den naturalistischen Individualismus, der auf das uneingeschränkte Recht der Liebe pocht. Als Gattin und Mutter schuldet die Frau in erster Linie dem Heim und der Familie Rücksicht. In den Hauptwerken »Kristin Lavransdatter« (1920–22; dt. 1926/27) und »Olav Audunssøn« (1925–27; dt. 1927/28), die im 14. bzw. 13.Jh. spielen, wird in breitem Realismus das Miteinanderleben von Mann und Frau geschildert, wie es von Sünde und Gnade her bestimmt ist und wie die Menschen durch Reue und Leiden die Versöhnung mit Gott suchen müssen. 1924 konvertierte S.U.; die folgenden Romane »Gymnadenia« (1929; dt. 1930) und »Der brennende Busch« (1930; dt. 1931) sind von ihrem röm.-kath. Glauben geprägt. Weitere Gesellschaftsromane mit moralischen und religiösen Motiven sind »Ida Elisabeth« (1932; dt. 1934) und »Elf Jahre« (1934). In dem historischen Roman »Madame Dorthea« (1939) wandelt sie das Hauptproblem ihrer früheren Werke ab: die Stellung der Frau in der Familie und Gesellschaft. – S.U. war eine hervorragende Essayistin und Kulturhistorikerin, u.a. durch »Etappen« (1929), »Hellig Olav« (1930), »Norske Helgener« (1937). Während der Besatzung flüchtete sie in die USA und schrieb dort »Return to the Future« (1942; dt. 1944) und »Happy Times in Norway« (1943). 1928 erhielt sie den Nobelpreis für Literatur.

Werke: Romaner og fortellinger fra nutiden, 10 Bde, 1949; Middelalder-romaner, 10 Bde, 1950. – Über S.U.: CHR.FLASKAMP, S.U., 1934 – A.H.WINSNES, S.U. En studie i kristen realisme, 1949 – A.BALDUS, S.U., 1951 – G.STACHEL, Liberale u. kath. Ehemoral bei S.U. (Phil. Diss. München), 1951 – N.C.BRØGGER, Korset og rosen. En studie i S.U.s middelalder-diktning, 1952. *G.Tolderlund-Hansen*

Unfehlbarkeit des Papstes → Infallibilität.

Ungarn

I. Kirchengeschichte – II. Ungarische prot. Theologie

I. Kirchengeschichte

1. MA – 2. Reformation – 3. Gegenreformation – 4. Neuere Zeit – 5. Gegenwart – 6. Kirchenverfassung – 7. Statistik

1. Schon vor der Landnahme durch die Magyaren (896) hat Byzanz versucht, Ober-U. zu missionieren. West-U. (Pannonia) machte in röm. Zeit mit dem Christentum Bekanntschaft. Die Christianisierung des Landes im Sinne Roms geschah aus politischen Gründen und unter Zwang durch den später kanonisierten König Stefan I. (997–1038), der die Kirche organisierte (Erzbistum → Gran 1001) und eine christliche Monarchie begründete. Wiederholte heidnische Aufstände wurden grausam unterdrückt. Erst König Ladislaus I. (1077–95) gelang es, die Ungarn zu christianisieren und damit das Christentum zu ungarisieren. König Béla IV., der U. schon »die Schutzwehr des Christentums« nannte, versuchte 1241 vergebens, das Land gegen den übermächtigen Mongolensturm zu verteidigen. Unter dem großen Renaissancekönig Matthias Corvin Hunyadi (1458–90) erreichte U. den Höhepunkt seiner bisherigen Geschichte, aber die Verweltlichung und damit der Niedergang der Kirche setzte sich unaufhaltsam fort. Der Aufstand der ursprünglich für einen Kreuzzug rekrutierten Leibeigenen (1514) war zugleich antifeudal und antiklerikal und endete mit völliger Auslieferung der Bauern an die feudale Herrenschicht (vgl. Werböczy, Tripartitum, 1517). Die Schlacht bei Mohács 1526 bedeutete u.a. auch den Verlust fast des gesamten Episkopats und war der Anfang der 150jährigen Türkenherrschaft in Süd- und Mittel-U. Im Osten entstand das Fürstentum Siebenbürgen; West- und Ober-U. standen unter der Herrschaft Habsburgs.

2. 1522 wurde die päpstliche Bannbulle gegen Luther in U. bekanntgemacht. 1523 wurde das alte ung. Gesetz über Kopf- und Gutverlust der Ketzer gegen die Lutheraner erneuert und 1525 auf Verbrennung verschärft. Dennoch verbreitete sich die *Reformation* seit 1526 schnell trotz Abwehr beider röm.-kath. Monarchen des in drei Teile zerspaltenen Landes. Die Türken mischten sich im allgemeinen nicht in Religionsangelegenheiten.

Die Reformation in U. war zuerst luth., wurde aber bald unter Schweizer Einfluß ref. In → Siebenbürgen siegten die → Antitrinitarier (Unitarier), die aber später durch die Reformierten zurückgedrängt wurden. Die bedeutendsten ung. Reformatoren waren → Sylvester, → Dévai Biró, → Szegedi Kis, → Sztárai, Ozorai, → Kálmáncsehi, Huszár, → Dávid(is), → Melius(z) und → Károlyi (Bibelübersetzung 1590). Der Reichstag 1548 hatte die ref. und unitarische Richtung verboten, die luth. aber geduldet. In Siebenbürgen bekamen die Lutheraner 1550 die Freiheit der Religionsausübung und wurden 1557 rezipiert. Die ersten Glaubensbekenntnisse (von Erdöd 1545, Pentapolitana 1549, Montana oder Heptapolitana 1559, Scepusiana 1569) waren hauptsächlich durch die CA beeinflußt. Die Reformierten, die in Siebenbürgen 1564 rezipiert wurden und in der Gegend der Theiss schon in der Mehrheit waren, stellten 1562 die sehr ausführliche Confessio Ecclesiae Debrecienensis oder Catholica auf. 1566 fand in Nagyvárad ein Streitgespräch zwischen dem ref. Méliusz und Dávid, dem Führer der Unitarier aus Siebenbürgen, statt. Es führte zu der Synode von Debrecen (1567), wo ein lat. und ung. Glaubensbekenntnis angenommen, eine Kirchenordnung »Articuli ex verbo Dei et lege naturae compositi« aufgestellt und die Confessio Helvetica posterior (→ Bullinger) unterzeichnet wurde. Damit konstituierte sich eine gesonderte ref. Kirche. Im unitarischen Siebenbürgen wurde 1568 allgemeine Religionsfreiheit proklamiert. 1571 fiel Dávid bei dem neuen röm.-kath. Fürsten Stefan Báthory in Ungnade. Die Unitarier wurden 1576 rezipiert; inzwischen aber hatte bei vielen die Rückkehr in die ref. Kirche begonnen. Gegen Ende des 16.Jh.s war das ganze Land zu 90% prot., hauptsächlich ref.

3. Die *Gegenreformation* in U. geschah im Bündnis mit dem Hause Habsburg. Die von den ung. Protestanten nie angewandte Formel → »Cuius regio, eius religio« wurde jetzt so ausgelegt, daß im Lande eines röm.-kath. Königs auch die Bevölkerung röm.-kath. sein solle. Die gewaltsame Rekatholisierung begann erst unter Rudolf (1576-1608; → Österreich, 4) mit Hilfe der Jesuiten. Hunderte von prot. Kirchen, auch der Dom von Kaschan (1604), wurden mit Militärgewalt weggenommen. Der Aufstand des Siebenbürger Fürsten Stefan → Bocskay führte 1608 zum Preßburger Reichstag. Dessen erstes Grundgesetz gab den Protestanten freie Religionsübung in Habsburg-U., aber mit der zweideutigen Klausel: »absque tamen praeiudicio Romano-catholicae religionis«. Der bedeutendste ung. Gegenreformator, Primas → Pázmány, sah im nationalen Unglück (Türken) eine Folge des prot. Abfalls von Maria. Als durch ihn und von Wien aus die Freiheit der Protestanten erneut angegriffen wurde, führte Fürst Gabriel Bethlen drei Freiheitskriege, die mit der Garantie der Religionsfreiheit im Preßburger Frieden (1626) endeten. Gegen noch größere Gewaltsamkeiten erhob sich Fürst Georg Rákóczi I. und erreichte im Linzer Frieden (1645), daß in Zukunft eine Benachteiligung der Protestanten unterbleiben sollte. Leopold I. (1657-1705) erstrebte trotzdem die völlige Ausrottung der ung. Protestanten, und der röm.-kath. Bischof Bársony erklärte in seiner Schrift »Veritas toti mundo declarata« (1671), der Monarch sei durch die Freiheitsdekrete nicht gebunden. Unter erzbischöflicher Leitung hatte der Preßburger Gerichtshof (1673-74) über Hunderte prot. Pfarrer und Lehrer die Todesstrafe verhängt. Viele wurden eingekerkert oder als Galeerensklaven verkauft. Selbst die Befreiung Budas von den Türken (1686) gab einen neuen Anlaß zur Vertreibung aller Protestanten aus Buda und Pest und zu verschärfter Verfolgung im ganzen Lande. Davon zeugen das Blutgericht von Eperjes (1687), das Diploma Leopoldinum und die Explanatio Leopoldina (1691) sowie das ganze Ausrottungswerk des Erzbischofs Kollonics. Dagegen wandte sich 1703 der Fürst Franz Rákóczi II.; aber sein Freiheitskampf wurde 1711 niedergeschlagen. Einer vorübergehenden Besserung folgte die stille Unterdrückung. Maria Theresia (1740-80) wollte U. durch zahlreiche Verordnungen in ein »Regnum Marianum« umwandeln.

4. Das Toleranzedikt → Josephs II. (1781) bedeutete eine Verbesserung. In kurzer Zeit lebten 1015 prot. Gemeinden wieder auf. Der Preßburger Landtag 1790/91 stellte die Protestanten wieder unter den Schutz der Verfassung. Die Synoden von 1791 (für die Reformierten in Buda, für die Lutheraner in Pest) erarbeiteten – unter starkem Einfluß der Feudalherren – die synodal-presbyteriale Kirchenordnung. Für beide Konfessionen wurde ein gemeinsames Consistorium generale vorgesehen. Der Unabhängigkeitskrieg und die Entthronung der Habsburger (1848-49) war weitgehend durch Protestanten inspiriert (→ Kossuth); die röm.-kath. Hierarchie war zurückhaltend. Der Reformreichstag 1847-48 hatte die völlige Gleichberechtigung der Konfessionen ausgesprochen. Nach der Niederschlagung des ung. Freiheitskampfes durch die Russen (1849) begann eine grausame Vergeltung und Unterdrückung durch den Absolutismus. Das Patent von 1859 nahm den Protestanten fast alle gottesdienstlichen Rechte, wurde aber nach hartem Widerstandskampf 1860 zurückgezogen. Erst der »Ausgleich« (1867) ermöglichte einen Neubau der prot. Kirchen. Der 53. Gesetzesartikel von 1868 erneuerte die liberale Gesetzgebung von 1848 und schuf eine Neuordnung auf dem Boden der Gleichberechtigung der 4 rezipierten Konfessionen. Die Carolina Resolutio II (1734) ordnete die Wahl von jeweils 4 ref. und luth. Superintendenten (Bischöfen) an. Die Reformierten hatten seit der Synode von Bodrogkeresztur (1734), die Lutheraner seit 1735 Oberkuratoren bzw. Inspektoren neben den Superintendenten eingestellt. Seit 1885 (bis 1944) waren die 3 rangältesten Superintendenten und Oberkuratoren bzw. Inspektoren der ref., luth. und je einer der unitarischen Kirche Mitglieder des ung. Oberhauses. 1894-95 wurden die bürgerliche Eheschließung eingeführt, die Religion aus Mischehen stammender Kinder (Revers vor der Eheschließung!) geregelt, die Juden rezipiert und die allgemeine Religionsfreiheit einschließlich des Rechtes der Konfessionslosigkeit gesichert.

5. Im Friedensdiktat von Trianon (1920) verlor U. zwei Drittel seines Gebietes (u.a. Siebenbürgen), verschaffte sich aber Freiheit vom Hause Habsburg. Die Kirchen erkannten jedoch nicht den Zusammenhang zwischen dem Zunehmen der Sekten und dem Elend des Agrarproletariats. Am Anfang des 2. Weltkrieges schloß U. sich Hitlerdeutschland an als einem willkommenen Bundesgenossen für die ung. Revisionsansprüche. Die unmenschlichen Deportationen der Juden enthüllten aber bald das wahre Gesicht des Nazismus. Die Kirchen haben in U. viel getan, die Juden zu retten. – Die russische Militärregierung erlaubte 1945 sofort die Wiedereröffnung der Kirchen und Abhaltung von Gottesdiensten. Alle Kirchen und auch die bisher verbotenen Sekten erhielten prinzipiell die Freiheit. Eine radikale Bodenreform wurde durchgeführt. Der Wiederaufbau zerstörter Kirchen wurde staatlich unterstützt. Alle durch die Sowjets stimulierten Maßnahmen bezweckten aber die leichtere Einführung und Verwirklichung ihrer ideologisch-politischen Ziele. 1948 dankte der ref. Bischof → Ravasz ab (28.4.), wurden der luth. Bischof → Ordass (10.9.) und Fürstprimas → Mindszenty (26.12.) gefangengesetzt. Der

neugewählte ref. Bischof → Bereczky suchte eine Verständigung zwischen der Kirche und der ung. Volksdemokratie zu erreichen. 1948 wurde die Verstaatlichung der Schulen beschlossen und den Kirchen ein Konkordat mit degressiven finanziellen Subventionen angeboten. Es wurde am 7.10. durch die ref. Kirche, am 14.12. durch die luth. und 1950 durch die röm.-kath. Kirche unterzeichnet. 1949 wurde der obligatorische Religionsunterricht aufgehoben, aber 98% der Eltern aus ländlichen Gemeinden und 70% aus den Großstädten haben für ihre Kinder fakultativen Religionsunterricht gewünscht. Eine neue Übersetzung des NT ist 1954 erschienen; das AT erscheint zZ in Lieferungen (→ Bibelübersetzungen: V, 2 m). Die Probeausgabe eines neuen ref. Gesangbuchs wurde schon 1948 ausgegeben. Mit Ausnahme der Unitarier nehmen die prot. Kirchen U.s lebhaft teil an der Arbeit der Ökumenischen Bewegung, der Christlichen Friedenskonferenz in Prag und der Weltfriedensbewegung. Nach den Ereignissen des Jahres 1956 läßt sich eine Verinnerlichung und Vertiefung des kirchlichen Lebens und eine wachsende Opferfreudigkeit erkennen.

6. Die gegenwärtige *Kirchenverfassung* haben sich die Reformierten nach presbyterial-synodalen Grundsätzen in der Debrecener Synode (1881-82) geschaffen und in den Synoden von Budapest (1891-93, 1904-07, 1928-31) weiter ausgestaltet. Das liturgische Buch der ref. Kirche wurde nach Vorarbeiten (1927) von L.Ravasz 1930 einheitlich eingeführt. Die Lutheraner haben ihre Verfassung auf gleicher Grundlage in der Budapester Synode von 1891-93 ausgebaut. Den Grundstock bilden die Kirchengemeinden, aus denen die Seniorate, die Distrikte und die Synode herauswachsen; aus praktischen Gründen schiebt sich zwischen Distrikte und Synode bei den Reformierten als oberstes Verwaltungsorgan der Generalkonvent. Die jetzige ref. Kirche besteht aus 4 Distrikten oder Superintendenturen, die luth. Kirche aus 2 Distrikten. Baptisten, bischöfliche Methodisten und 7 andere Denominationen wurden im Bund der Freikirchen vereinigt. Die röm.-kath. Kirche besteht aus 3 Erzbistümern (→ Gran, → Erlau, → Kalocsa). Kirchenrechtlich ist der Erzbischof von Gran der Fürstprimas. Die Leitung der Bischofskonferenz hat aber zZ der Erzbischof von Kalocsa. Alle Kirchen in U. sind dem Kirchenamt des Ministeriums für Volksbildung unterstellt. Es ist berechtigt, in gewissen Fällen kirchliche Ämter selbst zu besetzen (18. Dekret 1959); in jedem Fall ist seine Zustimmung nötig für Wahlen und Nominierungen zu höheren kirchlichen Ämtern (22. Dekret 1957). Die Reformierten hatten vor 1950 noch in Pápa und → Sárospatak eine Theol. Akademie, jetzt nur in → Budapest und → Debrecen. Die Theol. Akademie der Lutheraner befindet sich in Budapest (vor 1950 in Ödenburg). Die röm.-kath. Kirche bildet ihre Geistlichen in den Seminaren der Diözesen aus und hat eine Zentrale Theol. Akademie in → Budapest.

7. Bei einer Gesamtbevölkerung von (1961) 10024000 waren (1955) röm.-kath. 6122583, Reformierte 1954000, Lutheraner 432000, Juden 400980, Unierte 263672, Orthodox 39893, Baptisten 14000, Unitarier 8465, Andere 5515.

RE XX, 235ff; XXIV, 613f - E.Doumergue, La Hongrie Calviniste, Toulouse 1912 - I.Révész, Die Gesch. d. ung. Protestantismus, Budapest 1925 (ung.) - Ders.-J.St.Kováts-L.Ravasz, Hungarian Protestantism, ebd 1927 - RGG² V, 1354ff - I.Révész, Ung. ref. KG I, Debrecen 1938 (ung.) - S.Makkai, Das Leben der ung. ref. Kirche, ebd 1940 - A.Bereczky, Das ung. Christentum im neuen ung. Staate, Budapest 1948 - S.Biró-M.Bucsay-E.Tóth-Z.Varga, Die Gesch. d. ung. ref. Kirche, ebd 1949 - K.Barth, Christl. Gemeinde im Wechsel der Staatsordnungen. Dokumente einer Ungarnreise, Zürich 1948 - Kardinal J.Mindszenty, Weißbuch. Vier Jahre Kirchenkampf in U., ebd 1949 - 5 Jahre ung. Protestantismus (1945-50), Budapest 1950 - Christelijke Encyclopedie, 2. Aufl., 6 Bde, Kampen 1956ff (Artikel aus ung. KG) - Hungarian Protestantism: Its Past and Present, Budapest 1956 - M.Bucsay, Gesch. d. Protestantismus in U., 1959 - EKL III, 1541ff - WKL 1494f - Gy.Gombos, The Lean Years. Hungarian Calvinism in Crisis, New York 1960. - Vgl. die Lit. zu →Ungarn: II.

A.Szekeres

II. Ungarische prot. Theologie

1. Reformationszeit - 2. Das 17. und 18.Jh. - 3. Das 19.Jh. - 4. 1918-45 - 5. Seit 1945

1. Im MA war die Kirche U.s enger und vielseitiger mit der großen christlichen Gemeinschaft verbunden als in der Neuzeit. Die Handelsstraßen nach dem Osten, die über U. führten, wurden erst im 16.Jh. durch die Türken gesperrt. Am geistigen Leben der Scholastik und des Humanismus war U. nehmend und gebend stark beteiligt. Dazu kamen Berührungen mit dem angrenzenden, sporadisch auch in U. vorhandenen morgenländischen Christentum und mit dem Hussitismus. Obwohl die *Reformation* in U. geistig gut vorbereitet war, fand sie erst nach der Katastrophe bei Mohács (1526) im Volk Eingang, da diese als Gericht Gottes gedeutet wurde. Bis etwa 1550 schloß sich die Reformation Luther und Melanchthon, später Bullinger und Calvin an. Die Deutschen hielten jedoch weiterhin an Wittenberg fest, während bedeutende Gruppen der Reformierten sich um 1570 vorübergehend antitrinitarisch einstellten. Unter den Theologen des 16.Jh.s wiesen → Dévai Biró, → Sztárai, → Kálmáncsehi Sánta, → Melius, P.Bornemisza und → David(is) originelle Züge auf, andere wie → Honter, → Stöckel und M.Hebbler folgten den Wittenbergern, B.Szikszai Hellopoeus, → Szegedi Kis und andere den Schweizern, wieder andere wie der ref. Senior und Bibelübersetzer G. → Károlyi eklektisch beiden Vorbildern. Das theologische Schrifttum war reich und vielseitig. Werke von Szegedi Kis oder I.Fegyverneki wurden in der Schweiz und in England in zahlreichen Auflagen herausgebracht.

2. Die *Gegenreformation,* die in U. bes. rücksichtslos durchgeführt wurde (→ Pázmány, → Alvinczi) und bis ins 19.Jh. dauerte, warf die ung. Protestanten ganz auf ihr staatsrechtlich anerkanntes Bekenntnis. Gleichwohl begannen bei den Reformierten englische und holländische Vorbilder auf Liturgie und Kirchenverfassung einzuwirken, die zT noch an konservativ-mittelalterlichen oder luth. Formen festgehalten hatten. Eine starke Bewegung der »Ung. Puritaner« propagierte durchgreifende Reformen. Die presbyteriale Kirchenverfassung setzte sich wegen des Widerstandes des Adels (→ Apáczai Csere) allerdings erst im 19.Jh. überall durch. Fast alle theologischen Richtungen und Entwicklungen des Westens waren im 17.Jh. auch in U. anzutreffen. Ein bes. farbenreiches Bild bot in der 2. Hälfte dieses Jh.s der Kampf der Orthodoxie gegen Coccejanismus und Cartesianismus. Die Gegenreformation brachte im 18.Jh. eine starke Einschränkung; nur Erbauungsschriften konnten die Zensur passieren. Zunächst aber belebte der Pietismus das kirchliche Leben unter den Lutheranern. Mehr und mehr schien es aber, als bliebe den Protestanten U.s nur noch die Aufgabe, den Bestand ihrer Gotteshäuser und Schulen möglichst zu retten. Zusammen mit dem Rationalismus unter den Gebildeten wuchs der Anspruch des Adels auf die Kirchenregierung. Eine erfolglose Gegenbewegung organisierte der schroff klerikale M. → Sinai. In den »verwaisten« Dorfgemeinden, die durch die Gegenreformation ihrer Pfarrer beraubt wurden, entwickelte sich zwischen Lutheranern und Reformierten eine wechselseitige Aushilfe in Predigt und Sakramentsverwaltung. Doch war diese behördlich zT untersagte, weitverbreitete Praxis nicht Ausdruck konfessioneller Gleichgültigkeit. Vielmehr zeigt sich an ihr,

daß die Reformationskirchen U.s tief im Volke wurzelten. So machten auch nach dem Toleranzpatent (1781 bis 1784) über 1000 »verwaiste« Gemeinden Gebrauch vom Recht des freien Kultus. Auch das prot. Schulwesen blühte wieder auf.

3. Um 1840 tauchte der Plan einer Union der Reformationskirchen auf, der vor allem nationale Ziele verfolgte. Aber abgesehen von einigen Gemeinden in der Diaspora sowie von Wohlfahrtseinrichtungen und Unterrichtsanstalten konnte diese Bewegung ihr Ziel nicht erreichen. Gegen die konfessionellen Bindungen wandte sich in der 2. Hälfte des 19.Jh.s auch der theologische Liberalismus. Er war an allen theologischen Akademien vertreten, hatte in → Budapest, → Sárospatak und → Klausenburg die Führung (M. → Ballagi, A. und Ö. → Kovács) und wollte »die Gebildeten der Zeit in die Gotteshäuser zurückführen und zu diesem Zweck die Dogmen mit dem Weltbild der Zeit versöhnen« (A. Kovács). Außerdem strebte er die Union der Reformationskirchen an, sogar die Reunion mit Rom auf liberaler Grundlage. Gegen diesen Liberalismus erhoben sich in den 70er Jahren in der ref. Kirche »Neuorthodoxe« (I. → Révész d. Ä., F.Balogh), die den Protestantenverein der Liberalen bekämpften. Aber nicht sie, sondern der Kreis um den Erweckungstheologen A.→Szabó entfachte eine starke Bewegung, die nach vielen Kämpfen Arbeit und Einrichtungen der Inneren Mission in U. einführte. Gegen die Verbindung der Kirche mit der feudalen Sozialstruktur U.s kämpfte der religiöse Sozialist Z. → Jánosi.

4. Als sich nach 1918 manche Gefahren des Gemeinschaftschristentums zeigten, lenkte der ref. Konfessionalist J.Sebestyén, ein Schüler A. → Kuypers, das theologische Leben in neue Bahnen. Auf den Sturz der Räterepublik folgte in U. ein antirevolutionäres Regime unter Führung der röm.-kath. Kirche. In diesen Jahren vermochte der im Grunde konservative, stark antiröm. »geschichtliche Calvinismus« J.Sebestyéns das Reformiertentum und mit ihm alle Protestanten zu sammeln und zu sichern. - Während die älteren theologischen Richtungen weiterlebten, wie die religionsgeschichtliche (Zs. → Varga), die neukantisch-idealistische (L. → Ravasz, S. → Makkai), die vermittelnde Richtung (S.Csikesz, S. → Czeglédy) sowie die Erweckungstheologie (J.Victor u.a.), setzte mit den 30er Jahren die Einwirkung der Theologie K. → Barths in U. ein, zuerst in Klausenburg (S.→Tavaszy), dann auch an anderen theologischen Akademien. - Auch in der ev.-luth. Kirche, in der der Rationalist J.Kis in der 1. Hälfte des 19.Jh.s epochemachend wirkte, wurde das theologische Bild erst um die Jh.wende bunter. Neben gemäßigten Liberalen, wie E.Masznyik und A.Bancsó, wirkten bedeutende Neukantianer, zB K.Böhm und I.Schneller, sowie verdiente Vertreter der Religionsgeschichtlichen Schule. Bald erlangte aber auch hier ein von der → Erlanger Schule inspirierter Konfessionalismus die Oberhand und in gutem Einvernehmen mit ihm eine biblizistische Erweckungstheologie. Auch hier wurde man noch vor 1939 auf die Theologie K.Barths aufmerksam.

5. Der Ausgang des 2. Weltkrieges schuf eine völlig neue Situation. Es erhob sich zunächst die Frage, ob die Ablehnung des durch Kommunisten gelenkten Staates zugunsten einer bürgerlichen Gesellschaftsordnung mit zum christlichen Glaubenszeugnis gehöre, oder ob die Kirchen die neuen Verhältnisse als ein Gericht Gottes ansehen und gehorsam auf sich nehmen müßten. Nach der Anerkennung des neuen Staates durch die Kirchen (→ Ungarn: I, 5) stellte sich die weitere Frage, wie die Kirchen innerhalb der marxistisch-sozialistischen Gesellschaftsordnung ein wirksames Zeugnis von ihrem Herrn ablegen sollten. In der neuen Lage haben A. → Bereczky und sein Kreis die Ereignisse nicht nur als Zeichen göttlichen Gerichtes verstanden, sondern auch als Gnade und neuen Auftrag. Sie lehren »den schmalen Weg« des Glaubens und der Diakonie. Ihr theologisches Denken verbindet eng Begriffe wie Glaube und Gehorsam, koinonia und diakonia, gratia specialis und gratia universalis, zukünftiges und gegenwärtiges Leben des Christen. Die prot. Kirchen U.s haben sich diese theologische Wendung weithin zu eigen gemacht, auch in enger Fühlungnahme mit verschiedenen ökumenischen Unternehmungen.

Außer der Lit. zu → Ungarn: I: F.Balogh, Hist. of the Creeds and Confessions of the Hungarian Reformed Church, 1880 - A. Schullerus, Luthers Sprache in Siebenbürgen II: Die Augustana in Siebenbürgen, 1923 - S.Makkai, Die ref. kirchl. Lit. in Siebenbürgen seit 1850 bis zur Gegenwart, 1925 (ung.) - Das ev. Schrifttum in U., hg.v. M.Bucsay, H. 1: J.I.Kovàts, Soziologie, Weltanschauungsfragen; H. 2: L.Pap, Die Wissenschaft vom AT, 1940 - K.Karner, Evangelium u. Ungartum, 1942, 72ff (ung.) - A.Bereczky, Der schmale Weg, 1953 (ung.) - L.Vetö, Vom Aufbau der Kirchen in U., 1955 - I.Kádár, Kirche im Sturm. Die ref. Kirche in U. zZ der beiden Weltkriege, der Revolutionen u. Konterrevolutionen, 1958.

M.Bucsay-G.Kathona

Ungleich (Unglerus), *Lucas* (1526-1600), * in Hermannstadt, wo der Melanchthonschüler und Wittenberger Magister 1556 erster Lektor des Gymnasiums wurde. 1565 ging er ins Pfarramt von Kelling. Mit seiner Wahl zum Bischof (1572) wurde Birthälm, wo U. seit 1567 Pleban war, für 3 Jh.e »sedes episcopalis« der Sachsen in → Siebenbürgen. Unter diesen hat U. die CA endgültig durchgesetzt (1572), nachdem er schon 1561 → Heblers luth. Abendmahlsbekenntnis deutschen Fakultäten erfolgreich vorgelegt hatte. U.s »Formula pii consensus...« (1572) ist unter anderen Lehrbekenntnissen seiner Amtszeit das bedeutendste theologische Dokument der siebenbürgisch-sächsischen Spätreformation. Gegenüber den Ansprüchen bürgerlicher und fürstlicher Obrigkeit festigte U. die Stellung des geistlichen Amtes, nicht zuletzt durch dessen innere Konsolidierung (Visitationsartikel, 1577).

ADB 39, 205 - Trausch-Schuller III. IV (s. Reg., Lit.) - Urkundenbuch d. ev. Landeskirche AB in Siebenbürgen II, Hermannstadt 1883, 139-175(ff) - F.Teutsch, Gesch. d. ev. Kirche in Siebenbürgen I, ebd 1921 (s. Reg.) - H.Jekeli, Unsere Bischöfe, ebd 1933, 24-37.

P.Philippi

Unierte Kirchen des Orients (U. = Union) nennt man diejenigen Kirchen, die zu irgendeiner Zeit den Primat des Papstes (→ Papat) anerkannt und die Dogmen (nicht aber Ritus, Disziplin und hierarchische Ordnung) der röm.-kath. Kirche angenommen haben. Dabei ging die röm.-kath. Lehre davon aus, daß die nestorianische und die monophysitischen Kirchen häretisch und die orth. Kirche seit 1054 (→ Byzanz: II, 2) schismatisch seien. Insofern die Orthodoxen später das Dogma der päpstlichen → Infallibilität (1870; →Vatikanum) und der leiblichen Himmelfahrt Mariens (1950 → Mariologie, 2 d) nicht angenommen haben, sind sie für die röm.-kath. Theologie nun ebenfalls häretisch. Die Kurie betrachtet deshalb die U. einer östlichen Kirche als »Aufgabe des Schismas« bzw. der »Häresie« und als »Wiedervereinigung«. Sie sieht darin das einzige Mittel, um die Einheit der Kirche unter Anerkennung des päpstlichen Primats als ihrer wesentlichsten Voraussetzung herbeizuführen. Da dies nach ihrer Auffassung für das Heil wesentlich ist, sei die Werbung für die U. keine »Proselytenmacherei«. - Die östlichen Kirchen lehnen demgegenüber nicht nur die einschlägige Dogmatik der röm.-kath. Kirche ab (→ Orthodoxe Kirche: II, 2. 3), sondern auch deren zentrales Verwaltungssystem. Sie glauben durch eine U. ihre dogmatische Überzeugung, aber auch ihren Ritus und ihr kirchliches Brauchtum, ihre Frömmigkeitsformen und vor allem die enge Bindung zwischen Kirche und Volk gefährdet. Die Kurie hat sich mehr und mehr auf diese Mentalität eingestellt, ohne daß ihre Erfolge dadurch wesentlich größer geworden wären, ja ohne daß (auch freiwillige) Verluste hätten abgewehrt werden können. Die Auseinandersetzungen um die Stellung der unierten Patriarchen innerhalb der Hierarchie und um einzelne Bestimmungen des neu kodifizierten Rechts (s.u.) zeigen, daß die Spannungen eher zu- als abnehmen. »Die morgenländischen Kirchen haben ihren richtigen Platz innerhalb der Gesamtkirche und gegenüber der lat. Kirche noch nicht gefunden« (so die röm.-kath. HerKorr, Nov. 1959, 60f).

Die *Geschichte der U.en mit Rom* zeigt das unablässige Bemühen der Kurie, wenigstens Teile der orth. und morgenländischen Kirchen für eine Vereinigung zu gewinnen. In der Zeit der → Kreuzzüge und des Mongoleneinfalls (13.Jh.) kam es zu Vereinbarungen mit den Armeniern in Kleinarmenien (s.u. 2 b), den Nestorianern (s. 4), den → Maroniten, ferner zur Aussendung röm.-kath. Missionen bis nach → Indien (: IV, 2), → China (: IV B) und in die Mongolei, wo kurzfristig auch eine lat. Hierarchie entstand, die gegen Mitte des 14.Jh.s wieder unterging. - 1274 schloß der oström. Kaiser auf dem → Konzil von Lyon eine U. ab, durch die er sich gegenüber dem Abendlande vor einer Wiedererrichtung des Lat. Kaiserreiches und gegen seine feindliche Umwelt zu sichern hoffte. Sie wurde aber angesichts des einhelligen Widerstandes des Kirchenvolkes nach seinem Tode 1282 offiziell widerrufen. Während des → Reformkonzils von Ferrara-Florenz kam es zwischen 1439 und 1442 zu U.svereinbarungen mit fast allen östlichen Kirchen; auch Metropolit Isidor von Kiew (ein Grieche) schloß sich ihr an. Aber selbst im Angesichte der Türken lehnten die Griechen, von Kirchenfürsten wie Metropolit → Markus Eugenikus geführt, die U. ab, die nach dem Fall Konstantinopels 1453 endgültig unterging (vgl. auch unten, 1 a). Diese Versuche hatten vor allem die Folge, daß man sich an der Kurie, aber auch bei den Orthodoxen über gewisse Grundsatzfragen klarer wurde. Man erkannte insbesondere, daß der Versuch einer Latinisierung jegliche Annäherung im Keim töte, daß vielmehr Ritus, kirchliche Gewandung, Laienkelch und Priesterheirat zugesichert werden müßten, wenn Verhandlungen überhaupt eine Aussicht haben sollten. Freilich hat die Latinisierung *nach* der U. bes. bei morgenländischen Kirchen, etwa den Maroniten und den Syrianern (s.u. 2 a), zT erhebliche Fortschritte gemacht; insbesondere fördert man hier den Zölibat. - Seit → Benedikt XIV. (1740-58) hat sich eine ganze Reihe von Päpsten mit der Einordnung der Unierten in die kath. Kirche beschäftigt und seit → Leo XIII. (1894) vor allem im 20.Jh. ihr steigendes Interesse an Fragen der östlichen Kirchen bekundet. Papst → Johannes XXIII. sieht in der Förderung der Annäherung ein Hauptanliegen seines Pontifikats.

Dauernde Erfolge erzielte das → Papsttum (: III, 6 b) seit dem 16.Jh. im Raume der syrischen Kirchen (→ Syrien: IV); nur hier schloß sich allmählich die Mehrheit der Gläubigen, bei den Maroniten sogar eine ganze Kirche, der U. an. Gerade die Unierten fanden seit dem 17.Jh. bei Toskana, seit dem 18.Jh. in steigendem Maße bei Frankreich einen Beschützer an Ort und Stelle, bei der Hohen Pforte und gegenüber dem orth. Rußland. Im bisher orth. Raume kam es zu Teilerfolgen nur in Polen und Österreich-Ungarn, wo die U. auch von der weltlichen Macht geschützt und durchgeführt wurde. Der Wegfall dieser Unterstützung führte im 20.Jh. zu schweren Rückschlägen. Die politisch unabhängigen Orthodoxen haben sich praktisch gar nicht, die nicht vom Syrertum herkommenden → Orientalischen Nationalkirchen (Monophysiten: Kopten, Abessinier, Armenier) nur zu Bruchteilen und erst ziemlich spät für eine U. ansprechbar erwiesen. Hier (wie bei den syrischen Kirchen) ist übrigens die Fluktuation zwischen dem angestammten Bekenntnis, der U. (und gelegentlich auch prot. Bekenntnissen) recht stark.

Rechtlich gelten die Unierten als Katholiken, aber, von den Italo-Griechen (s. 1 a) abgesehen, nicht als Angehörige des Patriarchats Rom. Alle morgenländischen Riten werden von der Kurie jetzt grundsätzlich als gleichberechtigt anerkannt. Die morgenländischen Kirchen haben (zT erst im 20.Jh.) eine eigene, einheimische Hierarchie erhalten. Eine Anzahl abendländischer Mönche und Weltgeistlicher ist zur Arbeit unter östlichen Christen zu dortigen Riten übergetreten (ein Wechsel, der übrigens nur *einmal* möglich ist). Die »U.s-Benediktiner« haben 1924 in Amay an der Maas, später in Chèvetogne (beide in Belgien), die Jesuiten zwischen den Weltkriegen in Albertyn (Ostpolen) eigene klösterliche Missionszentren errichtet. Das päpstliche »Institutum Pontificium Orientale« (seit 1917; Zeitschr.: OrChrP), das »Collegium Russicum« (seit 1929; beide in Rom), die Akademie zu Welehrad in Mähren (1905 bis nach 1945) und ähnliche Institute beteiligen sich nachhaltig an der wissenschaftlichen und materiellen Förderung des U.sgedankens. Für die Ausbildung der einheimischen Geistlichkeit ist Bedeutendes geleistet worden; der Bildungsstand der Theologen ist meist beachtlich. - 1862 wurde innerhalb der → Propaganda-Kongregation eine Abteilung »Pro negotiis ritus orientalis« geschaffen, die 1917 in eine unmittelbar dem Papst unterstehende »Congregatio pro ecclesia orientali« umgewandelt wurde. Seit 1935 hat man eine Neukodifizierung des morgenländischen Kirchenrechts in Angriff genommen (→ Codex Iuris Canonici, → Papsttum: III, 6 b). Dabei sind (bes. gegenüber dem uniert-melkitischen Patriarchen [s. 1 h]) erhebliche Schwierigkeiten aufgetaucht, die einmal die Stellung der morgenländischen Patriarchen zu den Kardinälen, zum andern die Gleichberechtigung der Riten mit dem lateinischen auch in Übersee (zB in Amerika) und die eigene Mission betreffen.

Die folgende *Übersicht* über die unierten Kirchen richtet sich nach der Konfession und dem Ritus, aus dem sie hervorgegangen sind.

1. Bei den *orth.* Kirchen erwies sich die Werbung für die U. stets als bes. schwierig.

a) Eine Anzahl von *Griechen* in *Unteritalien* und auf *Sizilien* unterstand lange den lat. Bischöfen dieser Region und wurde dadurch zT latinisiert und sprachlich italianisiert. Erst 1919 bzw. 1937 wurden für sie (insgesamt ca 75000 Seelen) eigene Bistümer geschaffen; ein Kloster dieses Ritus mit einem Kleinen Seminar ist jetzt nur noch Grottaferrata bei Rom. Unierte griechischer Herkunft werden seit 1577 durch das Collegium Graecorum (des hl. Athanasius) in Rom ausgebildet. Eine kleine unierte Gemeinde in *Konstantinopel* (seit 1861) wurde 1922/23 fast vollständig nach *Griechenland* ausgewiesen (etwa 2500 Seelen), wo seither ein unierter Bischof residiert (seit 1958: Hyazinth Gad). Diese Tatsache und überhaupt das Vorhandensein einer kleinen Schar Unierter hat in den letzten Jahren wiederholt scharfe Proteste der orth. Geistlichkeit Griechenlands ausgelöst. Sie belastet auch alle ökumenischen Gespräche.

b) Die *russische* Kirche benützte die kurzfristige U. der byzantinischen Kirche (1439-53), um sich verwaltungsmäßig von ihr zu lösen und 1448 die eigene Autonomie auszurufen (→ Rußland: I, 3). Metropolit Isidor (s.o.) konnte nicht in seine Diözese zurückkehren. Trotz aller Bemühungen von Geistlichen wie Peter Skarga und Anton → Possevin im 16.Jh. gelang die U. nur:

α) 1595 auf der Synode von *Litauisch-Brest* (am Bug) mit einem Teil der politisch zum *polnisch-litauischen Doppelstaat* gehörigen Hierarchie; nach der Errichtung des orth. Patriarchats → Moskau 1589 hatte auch der Staat ein Interesse daran. Diese U. hatte mit vielerlei Widerständen zu kämpfen, denen zB 1623 Erzbischof Josaphat Kuncevyč von Polock zum Opfer fiel, und war ein wesentlicher Anlaß zur Hinwendung der Zaporoger Kosaken zu Moskau 1648. Sie hielt sich aber in den ostslawischen Bereichen Polen-Litauens bis zum Ende dieses Staates (1772/95) und weiter unter russischer Herrschaft bis ins 19.Jh. Auf staatlichen Druck hin haben sich 1839 die unierten Weiß-Ruthenen und ein Großteil der Ukrainer in Podolien und Wolhynien, 1875 der Rest um Cholm von der U. gelöst und sind in die Orthodoxie zurückgekehrt (→ Ukraine). Hingegen blieben die Ukrainer in *Ost-Galizien* der U. unter österreichischer (bis 1918) und dann polnischer Herrschaft (bis 1939) treu. Für sie wurde 1808 eine Metropolie Halicz mit dem Sitz in → Lemberg und drei, später zwei Suffraganen (in → Przemysl und Stanislau) errichtet, die sich rasch, bes. unter Metropolit Andreas (Graf Šeptyćkyj, 1900–44), zu einem starken Mittelpunkt von Kirche und Volkstum entwickelte. Nach seinem Tode wurde am 11.4.1945 der unierte Klerus von den Sowjetrussen verhaftet und 1946 unter Mitwirkung einer geringen Anzahl unierter Priester die U. gelöst; seither gelten die bisher Unierten (1931: 3,6 Mill.) amtlich als orthodox und haben eine orth. (zT aus übergetretenen Priestern hervorgegangene) Hierarchie.

β) Die *ruthenischen* Orthodoxen in *Oberungarn* (der späteren *»Karpaten-Ukraine«*) wurden seit 1689 unter Mitwirkung der Habsburger der U. zugeführt und für sie 1771 das Bistum Munkács (Residenz: Užhorod/Ungvár), 1818 das Bistum Preschau gegründet. Ein Drittel der hier ansässigen Orthodoxen, die schon anfangs des 20.Jh.s stark russophil eingestellt waren, wurde um 1921, nach der Zuweisung des Landes an die → Tschechoslowakei, wieder orthodox. Der Rest wurde 1948 (Karpatenukraine, die seit 1945 zum Rätebund gehört) bzw. 1950 (Ost-Slowakei) der Orthodoxie einverleibt und gehört seitdem in den Verband der Orth. Kirche der UdSSR bzw. der Tschechoslowakei.

c) Ebenfalls unter Mitwirkung der Habsburger wurde 1697, nach der Befreiung des Landes von der türkischen Oberherrschaft, auf der Synode zu Karlsburg durch den Übertritt des dortigen Erzbischofs ein Teil der *Siebenbürger Rumänen* für die U. gewonnen. Doch erfolgten schon bald, zT unter der Einwirkung serbischer Geistlicher, wieder viele Rücktritte zur Orthodoxie. Die Hierarchie der treugebliebenen Unierten wurde 1777 und 1853 durch die Errichtung der Bistümer Großwardein bzw. Armenierstadt (Gherla) und Lugoș ausgebaut. Seit dem Konkordat mit → Rumänien 1929 bestand die Metropolie → Fogaraș (Sitz: Blasendorf) mit 4 Suffraganen und (um 1940) etwa 1600000 Gläubigen. Unter Mitwirkung einiger unierter Priester wurde die U. im Beisein des orth. Patriarchen im Okt. 1948 gelöst. Die Gläubigen wurden der Orthodoxie zugeführt, die meisten Bischöfe und viele Priester verhaftet.

d) Für ins eigentliche → *Ungarn* eingewanderte unierte Ruthenen und Rumänen, die sprachlich weithin madjarisiert waren, wurde auf Drängen der ungarischen Regierung das Bistum Hajdúdorog (Sitz: Debrecén) errichtet. Die hier vorgeschriebene griech. Liturgiesprache setzte sich freilich kaum durch. Im Gegensatz zu den benachbarten Ländern ist die U. dieses Bistums mit (1952) 182000 Gläubigen bisher nicht angetastet worden. Ebenso gibt es in *Polen* (um Przemysl) einige unierte Restgemeinden.

Wieweit sich die übrigen, bisher unierten Gläubigen in diesen Ländern in ihrem Gewissen noch an die U. gebunden fühlen, ist von außen her nicht zu sagen. Von heimlichen unierten Gottesdiensten hörte man nur in den ersten Jahren nach der Rückgliederung. Es wird sich dabei weithin um ein Problem der religiösen Einstellung überhaupt und auch der Generationen handeln. Man darf nicht vergessen, daß die 1839 und 1875 innerhalb Rußlands zur Orthodoxie zurückgeführten Unierten ihrem neuen Bekenntnis mit geringen Ausnahmen auch treu blieben, als sie nach 1921 die Möglichkeit gewannen, sich in Polen erneut der U. anzuschließen. (1905/06 hatten sich noch unter russischer Herrschaft etwa 400000 Weißruthenen dem lat. Ritus angeschlossen.) Ein solcher Schritt wäre freilich innerhalb Polens auch deshalb psychologisch schwierig gewesen, weil die Unierten von den Polen allen vatikanischen Warnungen zum Trotz meist als Bürger zweiter Klasse behandelt wurden, deren Ritus als dem lat. nicht gleichstehend angesehen wurde. An dem Rücktritt von etwa ⅓ der Unierten in der Karpaten-Ukraine zur Orthodoxie um 1921 läßt sich auch ein gewandeltes Verhältnis zur Frage der U. ablesen. Wie etwa auch in der → Kirchenaustritts-Bewegung zB Deutschlands haben sich hier nun vielfach außer-religiöse Beweggründe, zB ein gesteigertes slawisches (bzw. rumänisches) Selbstbewußtsein, geltend gemacht, das sich den unter fremder (polnischer, österreichischer) Herrschaft erfolgten Entscheidungen auch im Glauben nicht mehr fügen will. – Im übrigen wird die Rückführung der Unierten in die Orthodoxie von allen orth. Kirchenleitungen (in Ost und West) begrüßt und gebilligt.

So hat sich eine uniert-ukrainische Kirche nur in der *Emigration*, vor allem in Amerika, erhalten. Seit 1958 gliedert sie sich in den USA in die Metropolie Philadelphia (seit Aug. 1961 unter A.Senyšyn) mit dem Suffraganbistum Stamford (Conn.) mit 454000 Gläubigen, in das Erzbistum Winnipeg in Kanada mit über 200000 Gläubigen sowie in ein Bistum in Brasilien für die etwa 300000 Seelen in Südamerika. Die 75000 Gläubigen in Westeuropa und die einigen Tausend in Australien unterstehen jeweils einem apostolischen Administrator (zZ in Europa: Johannes Bučko).

e) In *Slawonien* wurde für etwa 55000 Seelen (überwiegend Ruthenen, daneben kroatisierte Serben), die von einer spätmittelalterlichen U. in diesem Raume übrig geblieben waren, i.J. 1777 das Bistum Kreutz errichtet. Es blieb auch in Südslawien bis 1945 unangetastet. Seitdem ist es von den gleichen Beschränkungen und Schwierigkeiten betroffen wie die röm.-kath. Diözesen, in seinem Glaubensstand aber bis heute nicht behelligt worden.

f) Eine durch Jurisdiktionsschwierigkeiten mit Konstantinopel um 1860 in → *Bulgarien* ausgelöste U.swelle (60000 Seelen) erwies sich nach deren Behebung 1870 nicht als dauerhaft. Die wenigen treu Gebliebenen (etwa 6000) unterstanden seit 1883 Apostolischen Vikaren. Der 1947 als erster Bulgare zum unierten Bischof (von Nikopolis) ernannte Eugen Bosilkov wurde 1952 hingerichtet. Seitdem war von dieser Gemeinschaft nichts mehr zu erfahren.

g) Die Mehrzahl der mit Rom verbundenen *Georgier* (etwa 50000) hatte den lat. oder armenischen Ritus angenommen. Nur in Konstantinopel gab es eine kleine unierte Gemeinde mit georgischer Liturgie. Über das Schicksal der Gläubigen in → Georgien (: I) ist nach 1945 nichts mehr bekannt geworden.

h) Im *syrischen* Raum hatte sich ein Teil der Orthodoxen des Patriarchats Antiochien unter Führung eines Patriarchen seit 1709 der U. angeschlossen (mit arabischer und griech. Liturgie); doch kehrte der größere Teil nach wenigen Jahren zur Orthodoxie zurück. Die Hierarchie der uniert gebliebenen *Melkiten* wurde 1833 auch zivilrechtlich vom orth. Patriarchat unabhängig, und der (vom → Jansenismus beeinflußte) Patriarch Maximus III. Maẓlūm (1833-53) konnte nun den äußeren und inneren Aufbau seiner Gemeinschaft zum Abschluß bringen. Der Klerus wird (seit 1881) im Seminar von ʿAin Trāz, ferner in Beirut, Jerusalem und Rom ausgebildet und von einem in mehrere Gemeinschaften gegliederten Ordensklerus unterstützt. Patriarch ist seit 1947 Maximus IV. (Ṣā'igh; * 1877). Da ihm auch die unierten Melkiten in den Patriarchaten Jerusalem und Alexandrien unterstehen, residiert er neben Damaskus gelegentlich auch in Kairo. Ihm unterstehen 5 Metropoliten, 1 Erzbischof, 6 Bischöfe, mit etwa 180000 Gläubigen im Vorderen Orient und 50000 im Auslande (bes. Nord- und Südamerika). Da sich die Orthodoxen des Vorderen Orients seinem Ritus anschließen müßten, wenn sie in die U. einträten, so hat er eine starke Stellung innerhalb der Kurie, die er im Sinne einer Stärkung der Rechte der unierten Patriarchate und ihrer Riten nützt.

2. Ehemalige *Monophysiten:* a) Verschiedene Annäherungsversuche zwischen → *Jakobiten* und Rom in den Jahren 1169, 1237, 1247 und die gelegentliche Ablegung eines »kath.« Glaubensbekenntnisses im MA, ebenso der Abschluß einer U. auf dem Konzil von Ferrara-Florenz 1442 und erneute Verbindungen zu den Patriarchen der Jakobiten 1552 und 1583, endlich der Übertritt eines Bischofs von Aleppo mit dem Großteil seiner Gemeinde (1662/77) blieben »infolge mangelnder psychologischer Vorbereitung bei der Masse des Volkes und des Klerus sowie der zu gewaltsamen U.smethoden« (W.de Vries SJ) fruchtlos. Erst seit 1760 gelang der Aufbau einer beständigen *»syrianischen«* Kirche (auch irreführend »Syrische Kirche des reinen Ritus« genannt) unter eigenen Patriarchen. 1830 wurde sie vom Sultan als eigene »Nation« (Millet) anerkannt. Festigung und Ausbau verdankt sie vor allem dem Patriarchen Ignaz Ephraem II. Raḥmānī (1898-1929). Sie ist jetzt in 7 Erzbistümer, 2 Bistümer und 3 Patriarchatsvikariate gegliedert mit (1955) ca 76000 Seelen im Nahen Osten und 18000 im Auslande. Die Anziehungskraft der U. auf die Jakobiten war zeitweise recht stark, so zu Beginn des 20.Jh.s und um 1956. Gegenwärtig scheint ein Stillstand zu herrschen. Der Patriarch (seit 1929) Ignaz Gabriel Tappouni (* 1879) residiert in Beirut und ist seit 1935 Kardinal.

b) Beziehungen → *Armeniens* (: II) zur Kurie gab es schon während des MA, bes. in dem Fürstentum (seit 1198: Königreich) Klein-Armenien in Kilikien (1146 bis 1375), das zeitweilig der Lehenshoheit der deutschen Kaiser unterstand. Freilich hielt sich die U. hier nur kurz. Erst seit 1740 entstand, anfänglich in Aleppo, ein *uniert-armenisches* Bistum. Schon seit 1717 gab es die unierten → *Mechitaristen,* deren religiöse und nationale Wirksamkeit stets ein Rückgrat der U. war. Ein uniert-armenisches Patriarchat konnte aber angesichts der Schwierigkeiten, die die Hohe Pforte im Gefolge zahlreicher Zusammenstöße zwischen Gregorianern und Unierten in Konstantinopel (bis 1831) machte, erst 1845 bzw. (durch Zusammenlegung mehrerer Linien) 1867 (unter Anton Petrus IX. Hassun) errichtet werden. Bald kam es zu einem Schisma, zu vielen inneren Reibungen zwischen einflußreichen Notabeln und der Geistlichkeit und damit zur Abwendung vieler Gläubiger von der U. Die Armenier-Massaker 1895/96 und 1915 forderten ebenfalls viele Opfer. Nach dem 1.Weltkrieg wurde die Residenz des unierten Patriarchen nach Bzommār im Libanon verlegt. Von den etwa 60000 Seelen hier wanderte ein erheblicher Teil 1946/49 auch um den Preis einer Aufgabe der U. nach Räte-Armenien ab. Patriarch (seit 1937) Gregor Petrus XV. (Agagianian; * 1895) ist seit 1946 Kardinal und eines der einflußreichsten Mitglieder der Kurie, seit 1958 Präfekt der »Congregatio de propaganda fide«. - Eine kleine Gemeinde (seit 1629) unierter Armenier in *Galizien* untersteht dem uniert-armenischen Erzbistum Lemberg (als armenisches Bistum seit 1467 bestehend) und ist neuerdings zT in Schlesien angesiedelt worden. Für die (etwa 10000) unierten Armenier in → *Siebenbürgen* wurde 1930 eine Apostolische Administratur in Armenierstadt eingerichtet, über deren Schicksal in den letzten Jahren nichts Näheres bekannt wurde.

c) Nach vergeblichen Bemühungen im MA, bes. auf dem Konzil von Ferrara-Florenz 1442, und nach gescheiterten Verhandlungen mit ihren Patriarchen hat der U.sgedanke bei den → *Kopten* (: I) erst im 19.Jh. Fuß gefaßt. Die Zahl der unierten Kopten ist in den letzten Jahren verhältnismäßig rasch angewachsen, umfaßt aber doch nur einen geringen Bruchteil der Nation (1957 etwa 75000). Die Fluktuation zum Monophysitismus hin ist nicht unerheblich, und selbst der erste unierte Patriarch (seit 1895) Kyrill II. (Maqār) trat 1908 zu seiner angestammten Kirche zurück, die er in Kampfschriften wider Rom verteidigte († 1922 als erneut Unierter). Daraufhin wurde das unierte Patriarchat erst 1947 wieder besetzt. Seit 1957 unterstehen ihm 3 Bistümer. Patriarch in Kairo ist seit 1958 Stefan (Sīdārūs; * 1904), Sohn eines früheren Gesandten.

d) Eine von den Jesuiten erreichte U. des *äthiopischen* Herrschers und seiner Kirche 1626 scheiterte schon 1632 endgültig. Erst Ende des 19.Jh.s gelang ein neuer Ansatz. Die (1957) ca 37500 Unierten unterstehen seit 1930 einem einheimischen Bischof und besitzen seit 1919 ein Seminar in Rom.

3. Als einzige Kirche sind die → *Maroniten* geschlossen zur U. übergetreten.

4. Von der *nestorianischen* (→ Nestorianer) bzw. → *assyrischen* Kirche löste sich seit 1551 im Gefolge innerer Wirren ein Teil der Gläubigen los und wandte sich der U. zu. Aber erst 1830 konnte eine feste Hierarchie für das nunmehr *»Chaldäisch«* genannte Patriarchat (mit ostsyrischer Liturgiesprache) errichtet werden, das von den Türken 1845 als Leiter einer eigenen »Nation« anerkannt wurde und sich über mancherlei innere Unruhen bis heute behauptete. Durch die Assyrer-Massaker 1915/17 und 1933 weniger betroffen, ist die chaldäische Kirche unter der langen Regierung Emmanuels II., Thomas (1900-47), der als einziger Christ im irakischen Senat eine angesehene Stellung innehatte, zu einer festgefügten Gemeinde von (1957) 176000 Seelen geworden. Patriarch (seit 1958) Paul II. (Schaichū) residiert in Bagdad; er wird seit 1957 von 6 Erzbischöfen und Bischöfen im Irak, 2 in Iran und je 1 in Syrien und dem Libanon umgeben. Der Klerus ist auch hier gut ausgebildet und wird von abendländischen Ordensgeistlichen unterstützt. Die Lage der christlichen Gemeinden unter der republikanischen Regierung (seit 1958) wird als günstig bezeichnet. Gemeinden bestehen auch in Persien, der Türkei, auf Cypern und in Amerika.

5. a) Dem Nestorianismus hatte auch die *Thomas-Christenheit* angehangen, bevor sie 1599 auf der Synode von Diamper durch die Portugiesen geschlossen der U. zugeführt wurde (→ Indien: IV, 2). Diese scheiterte 1653 durch psychologische Ungeschicklichkeiten der jesuitischen Missionare; doch konnten die Unbeschuhten Karmeliter 1661/63 den größeren Teil in der *»Syrisch-Mala-*

barischen Kirche« (mit ostsyrischer Liturgiesprache) zurückgewinnen. Erst 1923 wurde die Abhängigkeit von der portugiesischen Hierarchie in Goa endgültig beseitigt, und seit 1956 gibt es 2 Metropolien mit 5 Suffraganbistümern. Ihnen untersteht die Mehrheit der Thomas-Christen (1956 etwa 1171000 Seelen). Sie besitzen Colleges, Schulen, eine eigene Presse, eigene Missionen, Krankenhäuser und eine sehr gut geschulte Priesterschaft.

b) Die Thomas-Christen, die sich der U. seit 1653 versagten, hatten sich der monophysitischen Lehre zugewandt und dem jakobitischen Patriarchat unterstellt. Infolge innerer Spannungen schloß sich 1930 ein Teil der Gläubigen der U. an. Aus ihnen entstand die selbständige *»Syrisch-malankaresische Kirche«* mit westsyrischer Liturgie und etwa 70000 Seelen. An eine Verschmelzung mit der syrisch-malabarischen Kirche ist wegen der verschiedenen Liturgiesprache und Überlieferung nicht zu denken. - Vgl. → Indien: IV, 4 a.

Ohne Zweifel bilden die unierten Kirchen, bes. im Vorderen Orient, ein geistig sehr lebendiges, wohlorganisiertes und Christus tief ergebenes Element der Bevölkerung, dessen Zeugnis als sehr wesentlich angesehen werden darf. Die Sorgfalt ihrer Ausbildung hat auf die selbständigen Nationalkirchen gewirkt, und auch für diese besitzt manche unierte Publikation Bedeutung. Freilich bringt die Aufspaltung aller morgenländischen Kirchen (außer den Maroniten) den dortigen Christen auch Schwierigkeiten mit ihrer muslimischen Umgebung und innere Unsicherheit ein. Sie kann der Glaubwürdigkeit des Evangeliums nicht dienlich sein. So wird man die Förderung der einheimischen Gemeinden ohne die Absicht der Gewinnung von Proselyten, wie sie heute von fast allen ev. Gemeinden dieses Raumes praktiziert wird, als Zeugnis ökumenischer Verbundenheit der Christen nicht gering veranschlagen dürfen.

Vgl. die Lit. zu → Konfessionskunde, → Orthodoxe Kirche: I. II, → Orientalische Nationalkirchen, → Syrien: IV sowie zu den im Text genannten Einzelartikeln.

Speziell über die Unierten: *Allgemein:* A.FORTESCUE, The Uniate Eastern Churches, London 1923 - D.ATTWATER, The Christian Churches of the East I (Unierte), Milwaukee (1935) 1947². - *Übersichten* (jeweils mit Lit.): R.JANIN, Les églises orientales et rites orientaux, Paris (1922) 1955⁴ - B.SPULER, Die Gegenwartslage der Ostkirchen, 1948 - DERS. in: HO VIII/2, 1961, 120-324 - W.DE VRIES SJ, Der christl. Osten, 1951. - *Laufende Berichterstattung:* B.SPULER in IKZ (halbjährlich seit 1939); L'Orient Syrien (Paris, seit 1956); Proche-Orient Chrétien (Jerusalem, seit 1951); Irénikon (Chèvetogne, Belgien, Jg. 35: 1962); Re-unión (Madrid, seit 1956).

Dokumente: G.HOFMANN SJ, Griech. Patriarchen u. röm. Päpste I-III/4 (OrChrA 47. 52. 63. 64. 76. 84. 97), Rom 1928-34 - Concilium Florentinum, Documenta et Scriptores, hg.v. G.HOFMANN u.a., I-VII/1, Rom 1940-58 - D.J.GEANAKOPLOS, Emperor Michael... 1258 bis 1282. A Study in Byzantine-Latin Relations, Cambridge/Mass. 1959 - M.GORDILLO SJ, Theologia orientalium cum latinorum comparata. Commentatio historica I: 431-1453 (OrChrA 158), Rom 1960. - *Sonderfragen:* L.LE FUR, Le protectorat de la France sur les Catholiques d'Orient, Paris 1914 - F.J.VOGEL, Rom u. die Ostkirchen, 1959 (bes. Recht).

Einzelnes, zu 1 a: DHGE VI, 1180ff. - *Zu 1 b:* J.PELESZ, Gesch. der U. der ruthen. Kirche mit Rom I. II, 1878/80 - E.LIKOWSKI, U. de l'église grecque ruthène, Paris 1903 - A.KORCZOK, Die griech.-kath. Kirche in Galizien, 1921 - A.M.AMMANN, Abriß der ostslaw. KG, 1950 - M.LACKO SJ, Unio Užhorodensis (OrChrA 143), Rom 1955 - G.PROKOPTSCHUK, Der Metropolit (Graf Šeptyćkyi), 1955 - *Tschechoslowakei:* R.URBAN, Die slavisch-nationalkirchl. Bestrebungen in der Tschechoslowakei, 1938. - *Zu 1 c:* N.POP, Kirche unter Hammer u. Sichel, 1953. - *Zu 1 d:* G.GEORGESCU, La diocesi magiara di Hajdu-Dorogh, Blasendorf 1940. - *Zu 1 e:* P.N.NILLES, Symbolae St. Stephani, 1885 - G.MARKOVIĆ, Gli slavi ed i papi II, Agram 1897. - *Zu 1 f:* I.SOFRANOV, Hist. du mouvement Bulgare vers l'église catholique I: Les origines (1855-65), Rom 1960. - *Zu 1 g:* K.LÜBECK, Georgien u. die kath. Kirche, 1918. - *Zu 1 h:* C.CHARON (KARALEVSKIJ), Hist. des patriarcats melkites I. II, Rom 1910/11 - DHGE III, 563ff - M. BLACK, Rituale Melchitarum, 1938.

Zu 2 a: W.DE VRIES SJ in: Ostkirchl. Studien 5, 1956, 137-157 u. OrChrP 23, 1957, 33-57. - *Zu 2 b:* M.ORMANIAN, Le Vatican et les Arméniens, Rom 1873 - A.BALGY, Historia doctrinae catholicae inter Armenos, Wien 1878 - D.VERNIER, Hist. du patriarcat arménien catholique, Lyon-Paris 1891 - S.OBERTYŃSKI, Die Florentiner U. der poln. Armenier (OrChrA 96), Rom 1934 - G.PETROWICZ, L'unione degli Armeni di Polonia... (ebd 135), ebd 1950 - Memorie del Pont. Collegio Armeno 1883-1958, Venedig 1958. - *Zu 2 c:* G.MACAIRE, Hist. de l'église d'Alexandrie, Kairo 1894 - V.BURI SJ, L'unione della chiesa copta con Roma sotto Clemente VIII (OrChrA 72), Rom 1931 - J.P.TROSSEN, Les relations du patriarche copte..., Luxemburg 1948 - A.COLOMBO, Le origini della gerarchia ... copta cattolica (OrChrA 140), Rom 1953. - *Zu 2 d:* M.CHAÎNE, Le rituel éthiopien, Rom 1914.

Zu 4: S.GIAMIL, Genuinae relationes... Assyrorum..., Rom 1902 (läßt manche Urkunden aus) - J.TFINKDJI, L'église chaldéenne-catholique, Paris 1913 - G.BELTRAMI, La chiesa caldea (OrChrA 83), Rom 1933 - ST.BELLO, La congrégation de S. Hormisdas et l'église chaldéenne (ebd 122), ebd 1939.

Zu 5: K.WERTH, Das Schisma der Thomas-Christen, 1937 - P.PLACID in: L'Orient Syrien 1, 1956, 376-424 - E.TISSERANT, Eastern Christianity in India, London 1957 - P.J.THALLIATH, The Synod of Diamper (OrChrA 152), Rom 1958. *B.Spuler*

Unigenitus Dei Filius, dogmatische Konstitution → Clemens' XI. vom 8.9.1713, in der 101 Sätze aus → Quesnels »Réflexions morales sur le NT« verworfen werden. Sie betreffen die jansenistische Gnadenlehre (These 1-43), die Lehre von der Liebe als einzig wirksamer göttlicher Tugend (44-71) und die Kirche als wesentlich unsichtbar und dem Zugriff der hierarchischen Autorität entzogen (72-101). Aus national- und kirchenpolitischen Gründen entstand der jahrzehntelange Streit der Akzeptanten und der jansenistischen oder gallikanischen Appellanten, der zum Zerfall des → Jansenismus führte und den französischen Katholizismus für die Revolution reif machte. Die Bulle mußte mehrfach vom röm. Stuhl bestätigt werden. Sie stellt die letzte lehramtliche Äußerung zum Augustinismus dar. Mit Recht sah sich auch die prot. Theologie von ihr betroffen.

Text: MIRBT 542; DENZ. 1351ff - Dt. in Ausw.: J.NEUNER-H. ROOS, Der Glaube d. Kirche, 1958⁵, 795ff; QKK A 2, 103f. - Lit.: CHR.M.PFAFF, Historia Constitutionis U., 1721 - A.SCHILL, Die Constitutio U., 1876 (dazu K.KNITTEL, ThQ 59, 1877, 150-158) - SEEBERG, DG IV, 865ff - LThK X, 392f - DThC XV/2, 2061ff - J.F. THOMAS, La querelle de l'U., 1950 - SEPPELT V², 396ff.

K.G.Steck

Unio mystica, Ziel des mystischen Weges und letzte der drei (oft weiter differenzierten) Grundstufen aller echten → Mystik. Im idealtypischen Fall erfolgt zunächst das Abwerfen aller Bezüge zu personalen und impersonalen Werten in der *Purificatio,* dann das Wiederentdecken eines nun radikal objektlosen Werterlebens in der reinen Innerlichkeit *(Illuminatio),* schließlich die verzückte existentielle Identifizierung mit dem summum bonum (→ Höchstes Gut) in der Ekstase der *U.m.* Sie kann sich in drei Haupttypen äußern: dem absoluten Vergottungserlebnis, der Verschmelzung mit einem personalen Gegenüber (→ Christusbild, 2 c, → Christusmystik) oder dem Entrücktwerden in vergottende Räume (»Himmelsreisen«). Jede dieser Möglichkeiten wird weiter variiert; so kann die personale U.m. substantial, moralisch, erotisch gefärbt sein.

Im Hinblick auf die Anthropologie der Bibel, die eine Zerspaltung von »Seele« und »Körper« ausschließt (→ Mensch: II. III), wie auf die Erkenntnisse der → Psychosomatik muß die U.m. auch als anthropologisches Phänomen in den Blick gefaßt werden. Sie ist vielfach klinisch mit der Epilepsie (morbus sacer) und mit epileptischen Dämmerzuständen verbunden, so daß prominente Mystiker wie → Dostojewskij keine Befreiung von ihrer Epilepsie wünschten, der sie das »Verschlungenwerden vom Himmel« verdankten. Das bedeutet nicht, daß umgekehrt jeder Mystiker epileptisch oder epileptoid geprägt ist. Jedoch erzeugt das psychosomatische, oft erschreckend zerrüttende asketische Training der mystischen Techniken analoge Krampfzustände des Hirns mit den entsprechenden Erlebnissen. Die äußeren physiologischen Erscheinungen in der U.m. (Sekretionen, Hervortreten des Auges usw) sind durch plötzlichen Anstieg des hormonalen Adrenalinspiegels bedingt; sein steiler Abfall erzeugt die vernichtende Abgeschlagenheit, die Epileptiker wie Mystiker nach der U.m. überfällt und die als »in der Hölle sein« o.ä. beschrieben wird. Die U.m. dauert oft nur Sekunden, während subjektiv Ewigkeiten erlebt werden. In der Regel verbleibt die Gewißheit, durch asketisches Abwerfen allen Mit-seins und So-seins das todüberlegene Da-sein eines »Seelenfünkleins« retten zu können.

Um des letztgenannten Elements willen, das ihnen für die U.m. unentbehrlich erschien, strebten die mittelalterlichen Mystiker die anthropologische Trichotomie (→ Anthropologie: III, 1 d) an, so daß die dichotomische *röm.-kath. Seinsmetaphysik* wiederholt mit dem Anathem einschreiten mußte. In deren Gehäuse erscheint die U.m. als Lehre von der »unmittelbaren Gottanschauung« und der »Teilnahme an der göttlichen Natur«. Die erste kann »supernaturaliter et praeter communem ordinem« dem Menschengeist auf Erden gewährt werden. Jedoch bedarf der Mensch dazu des sog. »Glorienlichtes«, eines dem Intellekt eingegossenen übernatürlichen habitus operativus (unfehlbare Lehre; Denz. 475). Die zweite ist eine Folge der eingegossenen sakramentalen Gnade. Sie darf weder pantheistisch noch moralisch mißverstanden werden, sondern ist physische Gemeinschaft zwischen Mensch und Gott, die sich als akzidentelle Vereinigung mittels der gratia infusa vollzieht (sichere Lehre). Durch beide Motive ist die U.m. ontologisch und sakramental integriert.

Eine zentrale Stellung besitzt die U.m. naturgemäß in der *Wesensmystik* der *östlichen Orthodoxie* (→ Eigenschaften Gottes, 2). Bes. nach der Dogmatisierung des Palamitismus (→ Gregor von Palamas) wird vorausgesetzt, daß der Gläubige zur mystischen identifizierenden Schau des »Taborlichtes« gelangen kann und soll, in dem die »Energien« der »unteren Gottheit« zur Einheit verglühen (→ Mystik: V, 2 d).

Eine interessante Rolle spielt die U.m. als Lehrstück der *altprot.* → *Orthodoxie* im Barockzeitalter (→ Heilsordnung). Die Frage nach der Ursache des Phänomens erübrigt sich bei geistesgeschichtlicher Kenntnis der Epoche. Mit der Zertrümmerung des alten → Weltbildes (: IV) an der Schwelle des 17.Jh.s verfällt das Barock in einen kosmischen Nihilismus und anthropologischen Pessimismus, der eine einzige grandiose »Purificatio« darstellt. In der Auflösung aller Dimensionen und im radikalen Zweifel des »de omnibus dubitandum« wird die Barockmystik weithin zum letzten Halt. Zu ihr verhält sich die altprot. U.m. wie die Existenzmetaphysik der Gegenwart zur modernen → Existenztheologie. Vom ersten Viertel des 17.Jh.s, dem Ausgang des Frühbarock, ab erscheint die U.m. als Lehre bei H.Varenius, → Hülsemann, → Feurborn, → Mentzer, → König, → Calov, → Quenstedt, → Hollaz. Charakteristisch dabei ist die Vorstellung von der Einung der göttlichen mit der menschlichen *Substanz*. Die verwandten Begriffe sind: »Unio, approximatio, conjunctio, inhabitatio, desponsatio«. Eine »commixtio, transformatio, transsubstantiatio, coalitio, conversio« werden als pantheistisch abgelehnt. Bemerkenswert sind die Versuche, Trinität, Rechtfertigung, Glaube und die Bedeutung Christi »nach dem Fleisch« gegen das neue Heilsziel abzusichern. Die Substanz der Hl. Trinität und des Fleisches Christi will König mit der Substanz der Gläubigen »arctissime, impermixtibiliter, illocaliter, incircumscriptive« vereint wissen, und zwar mittels des durch das Wort des Evangeliums und den Gebrauch der Sakramente entflammten Glaubens, während Quenstedt die U.m. mit der Rechtfertigung, Wiedergeburt und Erneuerung im mathematischen Punkt zusammenfallen lassen und nur begrifflich als ein Letztes von diesen trennen will. Der Übergang zur pietistischen Himmelserotik ist dort gegeben, wo etwa Hollaz die U.m. als »geistliche Ehe« definiert, bei dem die Prediger als »Brautführer« der Seele fungieren. Die Belegstellen werden vor allem dem JohEv entnommen; der Begriff U.m. wird mit Eph 5, 32 gerechtfertigt. – Die Grenze zwischen Unionsmystik und biblischem Glauben ist mit Dtn 30, 11-16 und Joh 3, 13 klar gekennzeichnet. Blickt man andererseits auf die zahlreichen biblischen Belege für die Einwohnung Gottes in den Christusgläubigen, so lehnt die FC mit Recht die Meinung ab, »daß nicht Gott selbst, sondern nur Gottes Gaben in den Gläubigen wohnen« (935, 65; vgl. 785, 18). Hier ist es unfruchtbar, eine diastatische oder personalistische Metaphysik gegen die Lehre von der U.m. ins Feld zu führen. Der biblische Glaube steht in einer trinitarischen Spannung von Transzendenz-Kondeszendenz-Inszendenz, dh die absolute Unnahbarkeit Gottes, seine sich herabneigende Gegenüberhaftigkeit und sein Einwohnen in den Christusgläubigen bezeichnen ein Spannungsfeld, das in einer Dimension jenseits der metaphysischen Spekulation und der religionsgeschichtlichen Phänomene liegt.

W.Koepp, Wurzel u. Ursprung d. orth. Lehre von der U.m. (ZThK 29, 1921, 46-71. 139-171) - O.Ritschl, Das Theologumenon von der U.m. (Harnack-Ehrung, 1921, 335-352) - Ritschl IV (s. Reg.) - A.Köberle, Rechtfertigung u. Heiligung, (1929) 1930[3] - RGG[2] V, 1368ff - Elert, ML I, Abschn. 13 - E.Vogelsang, Die U.m. bei Luther (ARG 35, 1938, 63-80) - V.Losskij, Essai sur la théologie mystique de l'Eglise d'Orient, Paris 1944; engl. London 1957 - F.Wessely, Moderne Probleme d. myst. Vereinigung mit Gott (Theol. Fragen d. Gegenwart. Innitzer-Festschr., 1952, 25-35) - A.Rüd, Vom Gottesbild ostkirchl. Mystiker (Begegnung 9, 1954, 90-95) - A.Theodorou, Die Mystik in d. orth. Ostkirche (Die orth. Kirche in griech. Sicht, hg.v. P.Bratsiotis, I, 1959, 175-208). - Vgl. ferner die Lehrbücher der → Dogmatik.

W.Philipp

Union, Ev. Kirche der (EKU)

1. Die EKU verdankt ihre Entstehung der Kabinettsorder des preußischen Königs Friedrich Wilhelm III. vom 27.9.1817, durch die eine »Vereinigung« der luth. und ref. Kirche zu einer »neu belebten ev. christlichen Kirche im Geist ihres hl. Stifters« angeregt wurde (→ Unionen: I, 2 a). Die geplante Konsensusunion kam jedoch nicht zustande, denn infolge der Widerstände mußte der König 1834 in einer zweiten Kabinettsorder erklären, daß die Union kein Aufgeben des bisherigen Glaubensbekenntnisses bedeute, sondern lediglich »Ausdruck für den Geist der Mäßigung und Milde« sei, der die Lehrunterschiede nicht mehr als Grund zur Versagung der kirchlichen Gemeinschaft gelten läßt. Damit war die preußische Landeskirche (→ Preußen, 2) rechtlich eine »föderative Verwaltungsunion«. Die »Ev. Kirche in den preußischen Landen« konnte jedoch aus konfessionellen Gründen 1866 nicht auf die neuen Provinzen ausgedehnt werden, daher hieß sie nun »Ev. Landeskirche der älteren preußischen Provinzen«. Nach und nach wurde das unmittelbare landesherrliche Kirchenregiment abgebaut (1850 Ev. → Oberkirchenrat, 1873 die Kirchengemeinde- und Synodalordnung). Nach dessen Ende (1918) gab sich die Kirche 1922 ihre erste Verfassung und nannte sich »Ev. Kirche der altpreußischen Union«. Konfessionelle Gegensätze gab es damals nicht, sondern einen Kampf zwischen der theologischen Rech-

ten und Linken um die sog. »Präambel«. Dieser Bekenntnisvorspruch war der erste Schritt zu einer Fixierung ihres Selbstverständnisses. Die Kirche »steht auf dem in der Hl. Schrift gegebenen Evangelium von Jesus Christus ... und erkennt die fortdauernde Geltung ihrer Bekenntnisse an ...«. 1933 wurde die Kirche der APU durch den → Kirchenkampf auf eine schwere Bewährungsprobe gestellt. Gerade hier wurden die Gegensätze zwischen der → Bekennenden Kirche und den Deutschen Christen in äußerster Schärfe ausgetragen, so daß sie zu den am stärksten zerstörten Kirchen jener Zeit gehörte.

Vor dem 1. Weltkrieg war die preußische Landeskirche die größte ev. Kirche in Deutschland (zu ihr gehörten etwa 50% aller Evangelischen). 1919 kamen die Kirchenprovinzen Westpreußen und Posen unter polnische Herrschaft. Durch die 1945 beginnende Vertreibung der Deutschen aus dem Raum jenseits der Oder-Neiße-Linie verlor sie ihre 5 östlichen Kirchenprovinzen (außer der Oberlausitz und Westpommern). Die politische Entwicklung (→ Deutschland: II) brachte sie in das Spannungsfeld der großen Weltmächte, deren Konflikte die Fortsetzung ihrer kirchlichen Gemeinschaft erschwerten. Ihre bisherige Einheit in Verwaltung und Kirchenregiment mußte aufgelockert werden. Die noch vorhandenen 6 Kirchenprovinzen (→ Rheinland, → Westfalen, Provinz → Sachsen [, 10], Berlin- → Brandenburg, → Pommern, → Schlesien) wurden selbständige Gliedkirchen der Ev. Kirche der APU, die sich 1951 eine neue Ordnung und 1953 auch den neuen Namen »EKU« gab, weil der Name »altpreußisch« in der DDR für untragbar gehalten wurde. Diese Neuordnung gab der Ev. Kirche in → Anhalt 1960 die Möglichkeit, als erste nichtpreußische Kirche der EKU beizutreten.

2. Die Grundordnung der EKU von 1951 versucht den Tatbestand rechtlich zu fassen, daß die EKU Kirche und nicht bloß Bund ist, andererseits aber aus Gliedkirchen besteht, die in Ordnung, Gesetzgebung und Leitung selbständig sind. Ihre Verbundenheit ist daher wesentlich eine »geistliche«, aus der alles Gemeinsame in freier Übereinkunft wächst: zB die Agende, die Lebensordnung, das Ordinationsgelübde sowie zahlreiche Kirchengesetze. Die von den Synoden der Gliedkirchen gebildete Synode der EKU ist die oberste gesetzgebende Körperschaft, die als solche nur mit Zustimmung der Gliedkirchen tätig werden kann. Der aus den leitenden Männern der Gliedkirchen zusammengesetzte Rat der EKU ist als leitendes Organ von entscheidender Bedeutung, da er praktisch alle Angelegenheiten der EKU in der Hand hat. Er wird bei seiner Arbeit von der Kirchenkanzlei der EKU unterstützt. In den 10 Jahren seit der Neuordnung ist der Zusammenhalt der EKU gewachsen, wozu freilich auch die Notwendigkeit beigetragen hat, die kirchliche Gemeinschaft zwischen Ost und West zu stärken.

3. Die EKU ist von Anfang an als Unionskirche theologisch, rechtlich und kirchenpolitisch umstritten gewesen. Eine Unsicherheit über das Wesen der Union steht bei ihrer Gründung Pate. Es gelingt eigentlich nie, ein für allemal zu klären, ob es sich nur um eine Verwaltungsunion, eine föderative Union oder um eine Konsensusunion handelt. In Wirklichkeit finden alle Unionstypen (→ Unionen: II) irgendwie in dieser Kirche Platz. Es gibt in ihr konsensusunierte Gemeinden, aber die Kirche als solche hat keinen formulierten Lehrkonsensus. Auch in der Präambel 1922 ist beides da: Union und Konfession. Der Bekenntnisstand der Gemeinden wird aufrechterhalten, aber es wird ausdrücklich auch von dem »in diesen Bekenntnissen bezeugten Evangelium« als der »unantastbaren Grundlage für die Lehre, Arbeit und Gemeinschaft der Kirche« gesprochen. Das bedeutet: In den verschiedenen reformatorischen Bekenntnissen wird dasselbe Evangelium bezeugt. Und diese Übereinstimmung im Evangelium ist ausreichend für die Kirchengemeinschaft, die gemeinsame Verwaltung, die Synoden, das Kirchenregiment sowie für die Gemeinschaft des Gottesdienstes und des Abendmahls.

Schon in der Verfassungsurkunde von 1922 wurde dem Tatbestand Rechnung getragen, daß die Gemeinden in 100 Jahren zusammengewachsen waren und nicht daran dachten, ihre Union wieder zu lösen. Diese Entwicklung ist in den Jahrzehnten seit 1933 nur befestigt worden. Wenn auch der Kirchenkampf ein neues Verständnis der Konfession mit sich brachte, so gab er doch auch gerade in Altpreußen Anlaß zu der → Hallenser Synode 1937, in der die Bekennende Kirche über die theologische Verantwortbarkeit der Union beriet. Ihre Fortsetzung fand diese theologische Arbeit im Zusammenhang mit der Neufassung des Grundartikels der EKU 1951, zumal vorher und nachher eine Kontroverse mit der neugebildeten VELKD zur Überprüfung der »Union« Anlaß gab. Der Grundartikel spricht den die Union tragenden Konsensus aus, indem er das Christusbekenntnis der Kirche mit den reformatorischen Erkenntnissen von der Schrift als der »alleinigen Quelle und Richtschnur des Glaubens« und von der Rechtfertigung, »daß das Heil allein im Glauben empfangen wird«, verbindet. Das vierfache reformatorische »Allein« ist gleichsam das Integral dieser Union: Christus allein, die Gnade allein, der Glaube allein, die Schrift allein. Die bisher noch nicht überwundenen Lehrunterschiede der reformatorischen Bekenntnisse werden nicht bestritten, aber sie haben kein kirchentrennendes Gewicht angesichts der Übereinstimmung im Verständnis des Evangeliums, die sich für die Kirchengemeinschaft als tragfähig erwiesen hat und darum durch die noch vorhandenen Lehrdifferenzen nicht in Frage gestellt werden kann. Zur Befestigung der Union hat auch wesentlich die »Theologische Erklärung von → Barmen« beigetragen, die im Grundartikel der EKU verankert ist.

E. Foerster, Die Entstehung d. preuß. Landeskirche I. II, 1905/07 - RE XX, 253 ff - KJ 1945-48 ff - O. Söhngen, 100 Jahre Ev. Oberkirchenrat der APU, 1950 - J. Beckmann, Neuordnung der Ev. Kirche der APU, Antwort an ihre Kritiker, 1951 - Ders., Die unierten Kirchen (in: H. Lamparter [Hg.], Und ihr Netz zerriß, 1957, 317-380) - P. Brunner, Das luth. Bekenntnis in der Union, 1952 - EKL III, 1554 ff. - Vgl. die Lit. zu → Preußen, 2; → Unionen: I.

J. Beckmann

Unionen im Protestantismus

I. Geschichtlich, im Bereich der EKD - II. Kirchenrechtlich - III. In der Mission und den jungen Kirchen. - U. = Union. - Vgl. ergänzend bes. → Einigungsbestrebungen

I. Geschichtlich, *im Bereich der EKD*

1. Die Antriebe zum Zusammenschluß der Konfessionen: a) Vor 1815 - b) Im Landeskirchentum nach 1815 - 2. Die U.sschlüsse - 3. Die spätere theologische Auseinandersetzung

1. a) Während der Geltung des → Westfälischen Friedens konnten die konfessionellen Verhältnisse im deutschen Protestantismus nicht geändert werden, weil dadurch staatsrechtliche Nachteile für das betr. Territorium eingetreten wären. Indem aber der → *Pietismus* das konfessionelle Bewußtsein zurückdrängte und die → *Aufklärung* jedes Streiten über trennende Dogmen als sinnlos erscheinen ließ, breitete sich die Überzeugung aus, die alten bekenntnismäßigen Abgrenzungen seien überholt und müßten durch kirchliche Zusammenschlüsse überwunden werden (→ Christentum: II, 3 c). Das U.sbedürfnis (→ Einigungsbestrebungen: IV, 3) erwuchs in allen Territorien, in denen während der Jahrzehnte vor dem 30jährigen Krieg die fürstlichen Träger des west-

deutschen politischen Calvinismus Schritte in der Richtung der sog. zweiten Reformation getan hatten oder wo konfessionsverschiedene ev. Gemeinden eng nebeneinander lagen.

b) Mit dem Ende des alten Reiches waren die uneingeschränkten Hoheitsrechte auf die Länder des Deutschen Bundes übergegangen; die kirchlichen Verhältnisse konnten neu geordnet werden, da der landesherrliche → Summepiskopat mit der *Umwandlung des Territorialkirchentums in das neue Landeskirchentum* (→ Landeskirche) auch die Verfügungsgewalt über den Bekenntnisstand einschloß. Die landesmäßige Vereinigung des ev. Kirchentums war Errichtung einer U., dh Verbindung der luth. und ref. Kirchen in einem übergreifenden Gesamtorganismus auf Grund des Gemeinsamen in ihren Bekenntnissen.

2. Die *U.sschlüsse nach 1817* waren nicht von unmittelbar theologischen Erwägungen geleitet, sondern richteten sich nach der tatsächlichen Lage innerhalb der einzelnen Länder.

a) Das erste Beispiel wurde vom Herzogtum → *Nassau* gegeben. Angeregt durch Nachrichten über preußische Pläne ließ der Landesherr eine Generalsynode nach Idstein einberufen, die die Grundlage für das herzogliche U.s-Edikt vom 11.8.1817 schuf. In ihm wurde die Verwaltungs- und Kultusvereinheitlichung verordnet, für die Bekenntnisgrundlage aber auf die Verhandlungen der Synode verwiesen, in denen die CA ausdrücklich als das gemeinsam festzuhaltende Band bezeichnet war, so daß der Bekenntnisstand sich als Reduktion auf die vorkonfessionelle Grundlegung der Reformationskirchen darstellte.

In → *Preußen* bestand seit Generationen in dem ref. Herrscherhaus, bes. bei dem Großen Kurfürsten, Friedrich I. und Friedrich Wilhelm I., der Wunsch nach kirchlicher Einigung des Landes. Er hatte in § 39 des Allgemeinen Preußischen Landrechts von 1794 einen ersten Ausdruck gefunden. Der Verwirklichung, die Friedrich Wilhelm III. sich als Klammer zwischen den östlichen und westlichen Provinzen seines Landes dachte und für die Reformationsjubelfeier des Jahres 1817 plante, kam der U.sschluß in Nassau zuvor. Aber aus der kritischen Beurteilung der dortigen Vorgänge gewann der U.s-Aufruf des Königs vom 27.9.1817 seine besondere Gestalt: er war kein Edikt, das die U. verordnete, sondern nur die feierliche Anregung zu ihrer kirchlichen Durchführung. Der Aufruf selbst hat daher keinen kirchenverändernden Inhalt. Lediglich dort, wo die Gemeinden ihm folgten, war U. im Sinne der Kabinettsorder als Konsensus-U. begründet. Wie die U. allgemein ausgelegt wurde, zeigte → Schleiermachers Vorwort zur 1. Aufl. seiner Glaubenslehre (1821): ihm scheine »keine dogmatische Scheidewand zwischen beiden Kirchengemeinschaften zu bestehen«; er habe daher dies Werk »nach den Grundsätzen der ev. Kirche« ausarbeiten können. Diese Bezeichnung der Kirche konnte in der Tat bald amtlich übernommen werden. Die Einführung der Agende seit 1822 (→ Agendenstreit) brachte die Kultus-U., deren Recht auch → Altenstein voll anerkannte. Nachdem sich die aus der → Erweckung (: I, 5 b; → Luthertum: II, 2) herkommenden schlesischen Altlutheraner (→ Luthertum: III B) 1830 aus Protest gegen die bekenntnismäßigen Folgen der U. gerade in Schlesien von der Landeskirche getrennt hatten, betonte der König in seiner Kabinettsorder vom 28.2.1834, daß die Bekenntnisschriften überall in unveränderter Gültigkeit stünden, der Beitritt zur U. Sache des freien Entschlusses sei und die vorgeschriebene einheitliche Agende nichts mit der U. zu tun habe. Die ev. Generalsynode, die vom 2.6.-29.8.1846 in Berlin tagte, stellte mit Recht fest, daß in Preußen nur die Gesamtkirche und die theologischen Fakultäten uniert seien, und versuchte die erstrebte volle Einheit durch Neuformulierung der Ordinationsverpflichtung und Aufstellung eines Lehrkonsensus (Nitzsch S. 127) zu erreichen; die Beschlüsse fanden jedoch nicht die königliche Bestätigung. Lediglich die Kirchenbehörden konnten ihre Mitglieder auf die Wahrung der U. verpflichten; gleichzeitig wurden sie in dem Erlaß vom 6.3.1852 angewiesen, »das Recht der verschiedenen Konfessionen« und die auf ihm ruhenden Einrichtungen »zu schützen und zu pflegen«. Die Kabinettsorder vom 12.7.1853 suchte beides festzuhalten: den geltenden, altüberlieferten Bekenntnisstand und die bisherigen Ergebnisse der U. Für neugegründete Gemeinden freilich, wie sie vor allem in den westlichen Teilen Preußens entstanden, galt der Konsensus der Bekenntnisse als Bekenntnisgrundlage. – Vgl. → Union, Ev. Kirche der.

b) Der U.sschluß in Nassau und die Maßnahmen zum allmählichen Ausbau der werdenden U. in Preußen stellen die beiden geschichtlichen Typen dar, deren Anregungen in den weiteren U.sschlüssen nach 1817 befolgt wurden. In → Kurhessen war der Landesherr im Jahr der nationalen Begeisterung 1817 geneigt, auch in seiner Landeskirche die U. nach preußischem Muster einzuführen. Es kam jedoch nur in *Hanau* für den Bereich des früheren Fürstentums Hanau-Isenburg und des Großherzogtums Fulda i.J. 1818 zu einer gemeinsamen Synode der luth. und ref. Gemeinden. Sie entschied sich für die Idsteiner Beschlüsse, nahm also den Namen »ev.-christliche Kirche« an, beschloß die Verwaltungs-U. und die Vereinheitlichung des Abendmahlsritus, nannte als gemeinsame Bekenntnisgrundlage die CA, sicherte aber den einzelnen Gemeinden nach dem Muster Preußens ausdrücklich ihren bisherigen Bekenntnisstand zu. Im übrigen Kurhessen wurden nur die Konsistorien zusammengelegt und die Universität Marburg für uniert erklärt (1823). – In den Fürstentümern *Waldeck und Pyrmont* (→ Kurhessen-Waldeck, 9) blieb bei der U.sschließung am 21.12.1820 der Bekenntnisstand formal unangetastet, obwohl die Abendmahlslehre vereinheitlicht wurde; erst in der Verfassung von 1921 (abgeändert 1925) wurde die CA ausdrücklich als Hauptbekenntnis hervorgehoben.

In der → *Pfalz* (, 1) war auf Grund der wechselnden Konfessionsverhältnisse der nachreformatorischen Zeit und der lebhaft von den Gemeinden ergriffenen Aufklärungstheologie der Wunsch nach einer U. bes. stark. Die gegensatzreiche Geschichte der pfälzischen U. mündete schließlich in die Bahn der übrigen U.skirchen ein, als die Generalsynode von 1853 die Rückkehr zur Bekenntnisgrundlage beschloß: die CA Variata von 1540 wurde als formulierter »Konsensus beider Konfessionen« angenommen und ist seitdem in die Amtsinstruktion der Geistlichen als bindend für Predigt und Lehrtätigkeit eingefügt.

In → *Anhalt*-Bernburg wurde die U. am 27.9.1820 geschlossen, ohne den Bekenntnisstand neu zu ordnen. Anhalt-Dessau folgte am 14.4.1827 mit gleichlautendem Statut, aber erst die Vereinigung der anhaltischen Landesteile 1865 machte mit der Einbeziehung von Köthen die abschließende Errichtung der »unierten ev. Landeskirche« möglich; in ihrer Ordinationsverpflichtung waren als Bekenntnisgrundlage die drei ökumenischen Symbole, die CA und deren Apologie genannt. Von hier aus bot sich dem Eintritt in die EKU im Herbst 1960 keine Schwierigkeit.

In → *Baden* (, 1 c) kam am 26.7.1821 eine lückenlose Bekenntnis-, Kultus- und Verfassungs-U. zustande; als Bekenntnisschriften wurden die vor der Trennung der

Reformationskirchen erschienenen Bücher anerkannt, dh die CA als Grundbekenntnis, der Katechismus Luthers und der Heidelberger Katechismus als Kommentar für die Praxis.

In *Rheinhessen* (→ Hessen: I, 4) ergab eine vom Staatsministerium angeordnete Abstimmung der Pfarrer und Gemeinden das einmütige Ja zur U.; der Landesherr verfügte daraufhin am 28.11.1822 die Verbindung der Konfessionen zu der »vereinten ev.-prot. Kirche«. Als Lehrnorm wurden alle bisher geltenden symbolischen Bücher unter Neuformulierung der Abendmahlslehre anerkannt, so daß eine theologisch unklare Konsensus-U. entstand. - Im übrigen Großherzogtum → *Hessen* (: I, 4) faßte eine Anzahl von Gemeinden auf Grund staatlicher Ermächtigung Beschlüsse über eine Konfessionsvereinigung, die amtlich bestätigt wurden. Die letzte U. erfolgte am 28.7.1848 in Offenbach a.M. Die Landeskirche selbst war eine Verwaltungs-U., die den Bekenntnisstand der Gemeinden zu erhalten strebte, so daß die »Ev. Konferenz«, die → Dieffenbach »hauptsächlich für die Lutheraner in der Landeskirche« 1876 gegründet hatte, keinen Grund sah, sich der Renitenz anzuschließen.

3. Der *Widerstand gegen die U.* war zunächst nur gegen die zwangsmäßige Einführung der Agende in Preußen gerichtet, ging also gegen das staatskirchliche System, nicht gegen die Kirchenvereinigung selbst. Schleiermacher war ein Wortführer dieser Bedenken, und A.F. C. → Vilmar hat zu Unrecht in dem Anspruch der weltlichen Obrigkeit auf Leitung der Kirche »eine spezifisch unionistische Lehre« gesehen. Der Protest, den Cl. → Harms in seinen 95 Thesen im Spätsommer 1817 gegen die Herrschaft der Aufklärungstheologie gerichtet hatte, zielte in den Schlußsätzen auf die nassauische U. In dem erstarkenden *Neuluthertum* (→ Luthertum: II) wurde jeder Konsensus der Bekenntnisse als »Lehrverdünnung« (Fr.J.Stahl) abgelehnt, ebenso wie kath. Beobachter (Jörg) in der U. das prot. Prinzip des »Minimalismus« zur Herrschaft gekommen sahen. Doch erst nach der Übertragung des Begriffes → Bekenntniskirche auf die einzelne luth. Landeskirche ließ sich der Protest gegen die U. theologisch begründen (→ Bekenntnis: VII, 5). Er drang aber nicht in die Gemeinden ein, weil die Verwendung des → Apostolikums (: II, 1 c) in der altpreußischen Agende und der grundlegende Rang der CA in den meisten übrigen U.skirchen ein wirksames Gegengewicht darstellten. In → Bayern (, 3 b) wurde 1849 die 1818 verordnete Kirchenregiments-U. aufgehoben: die ref. Gemeinden und die unierte pfälzische Kirche wurden aus der Unterstellung unter das Oberkonsistorium entlassen. In den übrigen deutschen Landeskirchen blieben die U.sschlüsse bestehen und wurden nach der Aufhebung des Staatskirchentums 1919 von den Synoden anerkannt. Durch die Zugehörigkeit zur DEK (1933), die ein feierlicher Bund der aus der Reformation erwachsenen, gleichberechtigt nebeneinander stehenden Bekenntnisse war, fanden sich die U.skirchen in ihrem Wesen und Selbstverständnis bestätigt, und in den Verhandlungen über die → Abendmahlsgemeinschaft (, 1) innerhalb der EKD (1948), die in den Arnoldshainer Thesen vom 2.11.1957 gipfelten, ist dieser Eindruck nicht abgeschwächt worden.

Verhandlungen d. Ev. General-Synode zu Berlin vom 2.6.-29.8. 1846 (Amtl. Abdr.), 1846 (88ff: Gutachten d. ersten Kommission über d. Angelegenheit d. U.) - C.I.NITZSCH, Urkundenbuch d. Ev. U., mit Erläuterungen, 1853 - J.MÜLLER, Die ev. U., ihr Wesen u. göttl. Recht, 1854 - J.E.JÖRG, Gesch. d. Protestantismus in seiner neuesten Entwicklung I, 1858, 144ff - FR.J.STAHL, Die luth. Kirche u. d. U., (1859) 1860², 574ff - A.F.C.VILMAR, Kirche u. Welt I, 1872, 201 - CHR.TISCHHAUSER, Gesch. d. ev. Kirche Deutschlands in d. 1.Hälfte d. 19.Jh.s, 1900, 343ff. 492ff - RE X, 344ff (Kirchenagende); XX, 253ff (U.) - E.FOERSTER, Die Entstehung d. preuß. Landeskirche I. II, 1905/06 - R.MARSSON, Die preuß. U., 1923 (Lit.) - G.HOLSTEIN, Die Grundlagen d. ev. Kirchenrechts, 1928, 243ff - H.SASSE, U. u. Bekenntnis, 1936 - A.ADAM, Der Bekenntnisstand d. Landeskirchen in d. DEK (JK 5, 1937, 485-491. 573-580. 899-906. 940-945) - DERS., Nationalkirche u. Volkskirche im dt. Prot., 1938 (25: Corpus Evangelicorum; 39ff: die kirchl. U.en) - DERS., Die nassauische U. von 1817 (Jb. d. Hess. kirchengesch. Vereinigung 1, 1949, 35-408, mit Dokumenten; dazu J.HECKEL, ZSavRG, Kan. Abt. 37, 1951, 482-492) - W.GEPPERT, Das Wesen d. preuß. U., 1939 (465ff: Kabinettsorder vom 28.2.1834, Erlaß über den Ev. Oberkirchenrat vom 6.3.1852, Kabinettsorder vom 12.7.1853) - CKL II, 1222ff - H.NEBELSIECK, Die kirchl. U. in d. ehem. Fürstentümern Waldeck u. Pyrmont (ZKG 62, 1943/44, 232-271) - K.HANDRICH, Die Pfälzer U. (EvTh 6, 1946/47, 258-272) - Briefwechsel zwischen Bischof H.MEISER u. Präses L.KREYSSIG: ELKZ 5, 1951, 201-203. 302-304; Ev. Welt 5, 1951, 340-343 - P.BRUNNER, Das luth. Bekenntnis in d. U., 1952 - HIRSCH V, 85ff. 184ff - E.WILKENS, Bekenntnis u. Kirchenbegriff in der EKU (ELKZ 9, 1955, 393-395) - J.BECKMANN, Die unierten ev. Kirchen (Und ihr Netz zerriß, hg.v. H.LAMPARTER, 1957, 317-380) - W.MAURER, U.skirchen im Strome d. Gesch. (ELKZ 12, 1958, 246-250) - H.HEYDEN (→ Pommern) - EKL III, 1549ff (Lit.) - H.STEITZ, Die U.surkunden d. Ev. Kirche in Hessen u. Nassau (Jb. d. Hess. kirchengesch. Vereinigung 11, 1960, Sonderdr.; Lit.) - M.SCHULZ, The Altpreuß. U. (Concordia Theol. Monthly 31, 1960, 5-22) - Lehrgespräch über d. Hl. Abendmahl, hg.v. G.NIEMEIER, 1961. - Vgl. außerdem die Länderartikel, auf die im Text verwiesen ist. *A.Adam*

II. Kirchenrechtlich

1. Kirchen-U.en, dh Vereinigungen von getrennten Kirchen, begegnen in der KG immer wieder. Dabei ist der Begriff der U. wesentlich durch das Selbstverständnis der Kirchen bestimmt, die eine U. eingehen. Es gibt daher weder theologisch noch kirchenrechtlich einen allgemeingültigen Begriff von U. Auch innerhalb des Protestantismus ist dies nicht der Fall, erst recht nicht, wenn man zu ihm die → Anglikanische Kirche und die aus ihr hervorgegangenen Kirchen rechnet. Wir beschränken uns daher auf die U.en zwischen luth. und ref. Kirchen in Deutschland. Das hier begegnende Verständnis von U. hat sich im Zusammenhang der Geschichte der U.en des 19.Jh.s entwickelt (→ Unionen: I). Die Vielschichtigkeit auch dieses Begriffs der U. hat ihren Grund in den theologischen Differenzen über das Gewicht, das die Lehrunterschiede zwischen dem luth. und ref. Bekenntnis für die Frage der Vereinigung dieser Kirchen haben.

2. Die lockerste Form der U. ist die *Verwaltungs-U.* Hier bleiben die luth. und ref. Gemeinden als Konfessionsgemeinden bestehen; lediglich die kirchliche Verwaltung ist gemeinsam. Diese U. ist nur denkbar im Bereich des alten Landeskirchentums (→ Landeskirche), wo das landesherrliche → Kirchenregiment die Voraussetzung zur Bildung einer einheitlichen landesfürstlichen Kirchenverwaltung für alle ev. Gemeinden eines Landes bot. Solche U.en waren deshalb staatskirchenrechtliche Akte, deren Voraussetzungen heute nicht mehr bestehen. Je mehr an die Stelle des landesherrlichen Kirchenregiments in Deutschland selbständige kirchliche → Synoden und → Kirchenbehörden traten, um so mehr wurde der Typus der Verwaltungs-U. überwunden. Nur die Lippische Landeskirche und die Bremische Ev. Kirche sind in ihrer Verfassung noch davon geprägt.

3. Die Verwaltungs-U. weist immer schon in die Richtung der sog. *föderativen U.* Sie verbindet die luth. und ref. Gemeinden nicht nur durch die gemeinsame Verwaltung, sondern vereinigt sie auch im geistlichen Bereich. Sie hält zwar daran fest, daß die luth. und ref. Gemeinden ihren Bekenntnisstand unverändert bewahren. Aber sie verbindet diese Gemeinden auch auf gemeinsamen Synoden und Pfarrkonventen, in einer gemeinsamen Kirchenordnung und Leitung, wobei ver-

sucht wird, dem konfessionellen Charakter der Gemeinden und Pfarrer durch besondere Bestimmungen bei Ordination, Visitation und geistlicher Leitung Rechnung zu tragen. Entscheidend bei dieser Konföderation ist die gegenseitige Zulassung der Glieder luth. und ref. Gemeinden zum Abendmahl. Diese Zulassung ist noch nicht die vollständige → Abendmahlsgemeinschaft, denn zu ihr gehört auch die gemeinsame Verwaltung des Abendmahls (Interzelebration). Die Feier des Abendmahls wird hier aber noch nach luth. oder ref. Ritus gehalten. Die Grenze der föderativen U. wird darin sichtbar, daß keine vollständige Kirchengemeinschaft besteht, da hierzu die volle Übereinstimmung in der Lehre fehlt. Die föderative U. verzichtet grundsätzlich oder praktisch auf die Herstellung einer Lehreinheit und begnügt sich mit einer Kirchenvereinigung, die so weit durchgeführt wird, als es unter Respektierung des Konfessionsstandes der Gemeinden möglich ist. Die Ev. Kirche der (altpreußischen) → Union ist das bedeutendste Beispiel einer föderativen U. Aber gerade in dieser Kirche ist die Spannung zwischen dem Verständnis der U. als Verwaltungs-U. und Konsensus-U. symptomatisch. Auch diese Kirche hat den Typ der föderativen U. nicht rein verwirklicht. Kirchenrechtlich ist hier der U.sstatus dadurch kompliziert geworden, daß aus den Konfessionsgemeinden in steigendem Maße durch faktische Aufgabe ihres alten Bekenntnisstandes »ev. Gemeinden« wurden. Außerdem traten durch Neugründungen in den Großstädten und Industriegebieten weitere ev. Gemeinden ohne ausgesprochenen Bekenntnisstand hinzu, die sich nicht als »konsensusuniert« bezeichneten, obwohl sie es rechtlich und faktisch waren.

4. Die föderative U., ja schon die Verwaltungs-U. setzt voraus, daß es im Protestantismus einen zwar noch nicht formulierten, vielleicht auch noch nicht formulierbaren, aber doch faktisch vorhandenen und tragfähigen Konsensus über die entscheidenden Lehrpunkte des luth. und ref. Bekenntnisses gibt. Hier hat die dritte Gestalt der U., die sog. *Konsensus-U.*, von vornherein den entscheidenden Schritt getan. Sie gründet die U. auf eine wörtlich festgelegte Übereinstimmung in der Lehre der Kirche. Bei dieser U. behalten die Gemeinden nicht mehr ihr Bekenntnis, sondern bilden unter Aufgabe ihres bisherigen Konfessionsstandes auf Grund des Lehrkonsensus, wie er in der U.surkunde formuliert wird, eine einheitliche ev. Kirche. Die bisherigen Lehrunterschiede werden durch den Konsensus aufgehoben. Dabei kann dieser Konsensus in verschiedener Weise zum Ausdruck gebracht werden. Das hängt davon ab, worüber die sich vereinigenden Kirchen einen Konsensus für erforderlich halten. So sind auch die in Deutschland vorhandenen Konsensus-U.en nicht identisch. Es sind dies die Ev. Landeskirche in → Baden und die Vereinigte Prot. Ev. Christliche Kirche der → Pfalz. Während es in den Kirchen der Verwaltungs- und auch der föderativen U. auch rechtlich ev.-luth. und ev.-ref. Gemeinden und Gemeindeglieder gibt, kennt die konsensusunierte Kirche nur ev. Gemeinden und Christen. Hier ist die Konfessionsbezeichnung ebenso aufgehoben wie in den konsensusunierten Gemeinden der EKU.

5. Neben den bisher genannten U.en wird auch der Begriff der *absorptiven U.* gebraucht. Bei jeder Kirchen-U. findet auch eine »Absorption«, dh ein Prozeß der Aufsaugung der einen oder anderen Konfession statt. Meistens wird die jeweils stärkere Konfession die weniger kräftige aufsaugen, sowohl bei föderativen als auch bei Konsensus-U.en. Allerdings ist beim Typus der absorptiven U. daran gedacht, daß hier die U. dadurch verwirklicht wird, daß die eine Konfession in der anderen aufgeht, auch wenn dabei gewisse Besonderheiten der aufgesogenen Konfession in der andern zur Geltung kommen. Eine derartige Entwicklung kann sich in jeder U. anbahnen, ja sie ist irgendwie mit der Tatsache der U.skirchen gegeben.

6. Neuerdings ist auch noch der Begriff der *konfessionell gegliederten U.* eingeführt worden. Dieser Begriff ist die Frucht der Auseinandersetzung über das theologische Recht der U. während des → Kirchenkampfes und bei der Neuordnung der EKD. Er ist der Versuch, der föderativen U. eine stärkere konfessionelle Profilierung zu geben (zB bei der geistlichen Leitung, Ordination, Visitation, Lehrzucht, Gottesdienstordnung), um den Weg in eine formlose Konsensus-U. zu hindern; statt dessen soll durch ein Lehrgespräch der Weg zu einer echten Konsensus-U. auf Grund einer Lehrkonkordie eröffnet werden. Nur durch Überwindung der »kirchentrennenden Lehrunterschiede« zwischen den Bekenntnissen kann nach dieser Überzeugung eine wahre U. herbeigeführt werden, nicht aber durch kirchenrechtliche Konstruktionen, kirchenrechtliche Maßnahmen und kirchliche Fakten ohne theologische Klärungen und Entscheidungen. Ob dieser Versuch, durch eine konfessionelle Gliederung der kirchlichen Ordnung und des gemeindlichen Lebens den föderativen Charakter der U. zu stärken, Aussicht hat, sich durchzusetzen, ist angesichts der theologischen und kirchlichen Situation der Gegenwart fraglich.

Lit. s. → Union, → Unionen: I. *J. Beckmann*

III. In der Mission und den jungen Kirchen

1. U.en innerhalb der gleichen Konfession - 2. Größere U.en des föderalistischen Typs - 3. Größere U.en des kirchlichen Typs. - Vgl. → Einigungsbestrebungen: VII

Eine Liste der U.en findet sich unter → Einigungsbestrebungen: VI. Hier kann es sich nur um eine systematische Darstellung handeln, die die einzelnen U.stypen aufzeigt und jeden Typ einer kritischen Betrachtung unterzieht. Dabei ist bemerkenswert, daß der Anfang der Zusammenarbeit auf dem Gebiet der Mission zwar weit ins 19.Jh. zurückreicht, die tatsächliche Einigung jedoch ein Phänomen des 20.Jh.s ist; alle U.en sind während der letzten 60 Jahre entstanden.

1. a) Die erste *U. innerhalb der gleichen Konfession* ist die der südindischen Missionen der Holländisch-Ref. Kirche von Amerika und der Presbyterianischen Kirche von Schottland (*The United Church of South India*, Okt. 1901). Begünstigt wurde diese U. durch die enge geographische Nachbarschaft und die gemeinsame ref. Tradition. - b) Ein ähnlicher Prozeß vollzog sich bei den luth. Missionen → Neuguineas. Der erste Schritt war die Vereinigung der Neuendettelsauer, der Rheinischen und der Mission der Ev.-Luth. Kirche von Amerika zur *Lutheran Mission, New Guinea* (1951). Der zweite Schritt folgte 1956 mit der Annahme einer Kirchenverfassung für die Ev.-Luth. Kirche von Neuguinea. Wegen rechtlicher Schwierigkeiten mit der Regierung ist diese Kirche noch nicht völlig autonom, und Kirche und Mission führen bis zu einem gewissen Grade immer noch eine eigenständige Existenz. - c) Ähnlich verlief die Entwicklung in → Madagaskar, wo sich im Nov. 1950 drei luth. Missionen zur *Malagasy Lutheran Church* zusammenschlossen. Alle 3 Missionen waren norwegischen oder norwegisch-amerikanischen Ursprungs, und alle vertraten die von H.N. → Hauge bestimmte pietistische Richtung des Luthertums.

2. Es ist wichtig, zwischen einer reinen Föderation, dh einem Bund noch völlig unabhängiger Kirchen zu unterscheiden, und einer kirchlichen U. des föderalistischen Typs, in welcher jeder Teil zwar ein gewisses Maß an

Unabhängigkeit behält, diese jedoch zT zugunsten einer übergeordneten kirchlichen Organisation aufgibt. Die meisten U.en im Bereich der »jungen« Kirchen gehören zum letzteren Typ. Folgende Beispiele sind charakteristisch: a) Die 1908 aus presbyterianischen und kongregationalistischen Gemeinden gebildete zweite *South India United Church*. Diese aus einer Generalsynode und 8 regionalen Kirchenräten bestehende Körperschaft betrachtete sich selbst als eine wirkliche Kirche, aber tatsächlich besaß jedes Kirchengebiet ein großes Maß an Unabhängigkeit und hielt zahlreiche frühere, von verschiedenen Missionen geprägte Traditionen aufrecht. So war der South Travancore Council, der größte der acht Kirchenräte, aus der Arbeit der → Londoner Mission (kongregationalistisch) ohne irgendwelche presbyterianischen Traditionen hervorgegangen. Und doch war die Existenz dieser Kirche von größter Bedeutung für die Gründung der C.S.I. (s. 3). – b) Die *Church of Christ in China* (1927) setzte sich aus den meisten Missionen des freikirchlichen Typs zusammen (einschl. der Baptisten, ohne Lutheraner und Anglikaner). Sie hatte viele föderalistische Züge. Die großen Entfernungen und die kleine Zahl von Christen machten ein starkes gemeinsames Leben unmöglich, und jede Gruppe neigte dazu, den eigenen Traditionen treu zu bleiben; und doch herrschte ein starkes Gefühl der Zusammengehörigkeit, das durch die gemeinsame Missionsaufgabe bes. gestärkt wurde. – c) Die *Church of Christ in Japan* (Nippon Kirisuto Kyodan) wurde 1940 unter Regierungsdruck gebildet und vereinigte fast alle nichtkath. Kirchen und Gemeinschaften in einer eher organisatorischen als theologischen Körperschaft. 1945 zogen sich die konfessionell geprägten Kirchen – Anglikaner, Lutheraner und die strengeren Presbyterianer – zurück. Inzwischen wurde der Kyodan jedoch reorganisiert; er nahm 1956 ein Glaubensbekenntnis an, will also auf gleicher Linie wie die historischen Kirchen der Christenheit stehen; er entwickelt sich von einer Föderation zu einer Kirche hin. – d) 1948 entstand die *United Church of Christ* auf den → Philippinen als Zusammenschluß von 6 Kirchen vorwiegend amerikanischen Ursprungs und des freikirchlichen Typs. Auch hier spielte der Druck der Japaner während des Krieges eine wichtige Rolle. Es handelt sich um eine episkopale Kirche, die für ihre Bischöfe jedoch keine apostolische Sukzession beansprucht. Sie strebt eine völlige Integration ihrer verschiedenen Teile an und hat bereits stark ökumenisch gewirkt, indem sie viel zur Bildung der → Ostasiatischen Christlichen Konferenz beitrug.

3. Als *größere U. des kirchlichen Typs* kann lediglich die *Kirche von → Südindien* (C.S.I.) erwähnt werden. Ihr Charakteristikum ist der paradoxe Plan, von Anfang an eine *Kirche* zu sein und gleichzeitig eine Periode des Wachstums zu gestatten, während der sich die U. voll entwickeln kann. Obwohl alle Glieder und Geistlichen (Missionare) der C.S.I. als gleichberechtigt behandelt wurden, blieb doch viel Freiheit für ein allmähliches Hineinwachsen in die vollständige Einheit: a) Die Schaffung eines Glaubensbekenntnisses wurde der Kirche überlassen, da es Ausdruck eines in Einigkeit gelebten Lebens sei und keine von verschiedenen Kirchen aufgestellte Verhandlungsbedingung. b) Es wurde anerkannt, daß die Kirche nur allmählich die der einheimischen Lebensart angepaßte Form des Gottesdienstes finden könne. Inzwischen wurde jedem Gebiet und jeder bisher eigenständigen Körperschaft die Anwendung der traditionellen Formen des Gottesdienstes zugebilligt; aber die C.S.I. selbst hat Formen für Abendmahl, Taufe, Konfirmation und Ordination zur Wahl angeboten. c) Die verwaltungsmäßige Einigung der alten Missionsorganisationen schreitet allmählich voran, ist aber noch nicht vollendet. d) Von Anfang an sind alle neuen Ordinationen gemeinsam von Bischöfen und Pfarrern durchgeführt worden; niemand wurde erneut ordiniert; die alten episkopalen (anglikanischen) und nichtepiskopalen »Ämter« bestehen aber noch, und es werden Jahre vergehen, ehe die Geistlichkeit kirchlich völlig geeint ist. Diese Methode wurde absichtlich angewandt in der Überzeugung, Einheit im Glauben, Liebe und gegenseitiges Vertrauen würden zu gegebener Zeit in einem voll geeinten Leben und ebensolcher Zeugnisschaft ihren Ausdruck finden. – Die anglikanischen, presbyterianischen und methodistischen Kirchen in → Nigeria haben sich für eine Kirche fast genau nach dem südindischen Vorbild ausgesprochen, doch ist es noch nicht zu der geplanten einen Kirche gekommen. – Andere stehen dieser Art der Einigung kritisch gegenüber und glauben, daß von Anfang an eine vollständigere Einheit angestrebt werden sollte. In Südindien wollen die Lutheraner, ehe sie sich der C.S.I. anschließen, ein klar formuliertes Glaubensbekenntnis haben (die Verhandlungen sind noch im Gange). In Nordindien und → Ceylon, wo die Anglikaner und die Freikirchen auf eine U. hinarbeiten, bestand der Wunsch nach einer von Anfang an kirchlich geeinten Geistlichkeit; es wurde vorgeschlagen, dies durch gegenseitige Handauflegung aller Geistlichen, die dies wünschen, zu erreichen. Die Ansichten darüber gehen stark auseinander; manche halten einen solchen Vollzug, der bisher theologisch noch nicht ausreichend begründet ist, kaum für den richtigen Weg zur Erreichung einer gültigen und dauernden U. Es hat sich auch bis jetzt auf diese Weise noch keine vereinigte Kirche gebildet.

Außer der Lit. zu → Einigungsbestrebungen: VI. VII u. → Südindien: Lambeth Conference Reports, 1948 u. 1958 (über Ceylon u. Nordindien) – G.F.Vicedom, Church and People in New Guinea, London 1960 – S.C.Neill (Hg.), Twentieth Century Christianity, ebd 1961. – Zu Einzelheiten über die jüngsten Entwicklungen auf dem Gebiet der kirchl. U. vgl. die period. Überblicke in ER seit 1957. *S.C.Neill*

Unitarier

1. Begriff, Sprachgebrauch – 2. Geschichtliche Entwicklung: a) Mittel-, Ost- und Südosteuropa – b) Britische Inseln und Nordamerika. – u. = unitarisch

1. U. ist der Sammelname für diejenigen Christen, die das Dogma von der Dreieinigkeit Gottes ablehnen (→ Trinität: III). Ihr Interesse richtet sich dabei auf den strengen Monotheismus, so daß häufig auch die Gottheit Jesu verworfen wird. Der Ausdruck wurde in den siebenbürgischen Kämpfen 1566-73 von P. → Melius gegen F.Davidis geprägt. Die entgegengesetzte Bezeichnung »Trinitarier« erscheint zuerst in Servets Briefwechsel 1546, wo sie offenbar als herabsetzender Sektenname für die herrschende Linie der Theologie gemeint ist. Im prinzipiellen Sinne könnten bereits die dynamistisch-adoptianischen Monarchianer (→ Christologie: II, 2 c), → Arius und die Pneumatomachen (→ Trinität: III, 3) als U. angesprochen werden. Jedoch hat sich der Sprachgebrauch auf die durch den Humanismus des 16.Jh.s bestimmten Erscheinungen der Neuzeit beschränkt. Der Ausdruck → »Sozinianer« ist synonym. Als Kern hat sich ein rationaler Biblizismus herausgebildet.

2. a) Die Anfänge liegen insofern bei → Erasmus von Rotterdam, als er das trinitarische → Comma Johanneum (1Joh 5, 7) in seiner Ausgabe des NT (1516) wegließ. Die nächste Spur findet sich bei Martin Cellarius (1499-1564), einem Schüler → Reuchlins, der die besondere Gottheit für Jesus bestritt und ihm nur die für alle Christen als Kinder Gottes gültige zubilligte (De

operibus Dei, 1527). Zum Schlagwort wurde diese Denkweise jedoch erst durch → Servets Erstlingswerk »De trinitatis erroribus« (1531). Ähnliche Gedankengänge liefen in Venedig (Warnung Melanchthons an den dortigen Senat 1539, B. → Ochino), Florenz, Neapel (Juan → Valdes, Ochino) und sonst in Italien um (Lelio → Sozzini). Bereits 1539 wurde in Polen, einem der klassischen Länder des Humanismus, Katharina Vogel in Krakau wegen antitrinitarischer Äußerungen verbrannt. David → Joris erklärte sich antitrinitarisch. → Calvin geriet unter den gleichen Verdacht. Servets Angriff auf die Trinität (Restitutio Christianismi, 1553) bildete möglicherweise den Höhepunkt und kündigte vielleicht die Machtergreifung der U., bes. im humanistisch-calvinistischen Bereich an. Er gab das Signal zum harten Einschreiten der offiziellen ref. Kirchenleitungen (Verbrennung Servets in Genf). - Seine Altersgenossen, der Siebenbürge → Davidis und der Italiener → Biandrata, begründeten seit 1566 die u.e Tradition im ungarischen → Siebenbürgen, wobei die Nähe der islamischen Türkei mit ihrem polemisch betonten Monotheismus moralische Unterstützung bot (→ Neuser). 1568 gewährte ein königliches Edikt Johanns II. Zapolya den U.n als einer der »Vier Religionen« (röm. Katholiken, Lutheraner, Calvinisten, U.) volle Religionsfreiheit - ein einzig dastehender Vorgang im damaligen Europa (→ Toleranz: II, 5). Um die christologische Frage entwickelten sich heftige Kämpfe, in denen Davidis die Anbetungswürdigkeit Jesu leugnete (Nonadorantismus) und damit die ganze Bewegung diskreditierte. Um dem zu begegnen, rief Biandrata 1577 den jungen Fausto → Sozzini ins Land. Als dieser 1579 nach → Polen (: I, 2) weiterging, gestaltete er den dort heimischen, noch unklaren Unitarismus zu einer Gemeinschaft mit eigenem theologischem Profil aus und machte dieses Land zur klassischen Heimat der Bewegung (vgl. im einzelnen → Sozinianer). Sie strahlte als selbständige Hauptform des christlichen Humanismus weit nach Europa aus. Deutsche Theologen wurden in Raków, später in Leiden und → Altdorf für sie gewonnen, zB Valentin Schmalz (1572-1622), Johann Völkel (1560-1618; verfaßte die sozinianische Dogmatik De vera religione, 1630), Christoph Ostorodt (1550-1611), Johann Crell (1590-1631), Jonas Schlichting (1592-1661), Martin → Ruarus, Joachim Stegmann d.Ä. (1597-1633) und d.J. (1629-78), Johann Ludwig v. Wolzogen (1599-1661), Ernst → Soner, Christoph Sand jun. (1632-80), Daniel Zwicker (1595-1678).

b) Auf *britischem* Boden knüpfte der Unitarismus an die alte biblizistische Tradition an (→ Acontius, → Chillingworth), die mit der Ablehnung der → Dordrechter Synode durch John → Hales verstärkt wurde. Nach der rationalen Seite hin geschah das Entsprechende durch → Herbert von Cherbury und zT H. → Grotius, obwohl dieser F. Sozzini ablehnte. Bereits im 16. Jh. waren vereinzelt u.e Auffassungen vertreten und zur Abschwörung oder Bestrafung gebracht worden (1548 John Assheton, 1551 George van Parris, 1613 Thomas Helwys). Paul Best (1590-1657) brachte von einer Reise durch Polen u.e Anschauungen mit. J. → Milton schien damit, wenn auch eingeschränkt, zu liebäugeln. Die offiziellen Pfarrkonferenzen (Convocations) von Canterbury und York vereinbarten 1640 ein Einfuhrverbot für sozinianische Literatur. 1648 bedrohte das Parlament die Leugnung der Trinität mit der Todesstrafe. - Der eigentliche Vater der englischen U. wurde John → Biddle. Sein »Twofold Scripture Catechism« (anonym 1654) ähnelt sachlich dem → Rakauer Katechismus und wurde von J. → Owen widerlegt (Vindiciae Evangelicae, 1655). Der Kaufmann Thomas Firmin (1632-97) förderte die Verbreitung u.er Literatur. Trotzdem kam die Bewegung nur langsam vorwärts. Das Toleranzgesetz von 1689 schloß die U. von der Duldung aus, und S. → Clarkes Schrift »The Scripture Doctrine of the Trinity« (1712) erklärte sich nur mit Einschränkung für die u.-arianische Auffassung, war jedoch tatsächlich subordinatianisch. Der Arianismus, meist nicht näher begrifflich definiert, wurde das eigentliche Kennzeichen der englischen U. Der erste entschiedene Vertreter nach Biddle, W. → Whiston, verlor deswegen 1710 seine Professur für Mathematik in Cambridge. Er rechtfertigte sich in dem umfassenden Werk »Primitive Christianity revived« (5 Bde, 1711/12). In gleicher Richtung wirkte im 18. Jh. vor allem Joseph → Priestley angesichts der humanistisch-humanitären Stimmung der Zeit mit außerordentlichem Erfolg. Aus seinem Kreise organisierte Th. → Lindsey 1774 in London die erste u.e »Kapelle« (Versammlungsraum) auf privater Basis. Ihm folgte Thomas Belsham (1750-1824). 1791 wurde die Unitarian Society for promoting Christian Knowledge and the Practice of Virtue by the Distribution of Books nach dem Vorbild der anglikanischen Society for Promoting Christian Knowledge (1698) gegründet. Zu Beginn des 19. Jh.s besaßen die U. etwa 200 Versammlungsräume auf privater Basis sowie 2 größere Stiftungen. Eine gesetzliche Grundlage wurde ihnen jedoch erst 1844 in der Dissenters' Chapels Act gewährt. Dogmatisch trat durch Priestley und Belsham (A Calm Inquiry into the Scripture Doctrine concerning the Person of Christ, 1811) die wahre Menschheit Jesu in den Mittelpunkt, zu der sich bei Thomas Southwood Smith (1788-1861) die Lehre von der Wiederbringung aller (→ Universalismus) gesellte (Illustrations of the Divine Government, 1816). - Im 19. Jh. entfaltete der U. James → Martineau eine weitreichende Wirkung. Er verließ, zT unter dem Einfluß von F. Chr. → Baur und D. F. → Strauß, die intellektuell-dogmatische Linie des Offenbarungsbegriffs und verfolgte sowohl die Historisierung als auch die Ethisierung als den gebotenen Weg in die Zukunft (The Rationale of Religious Inquiry, 1836; Types of Ethical Theory I. II, 1885; A Study of Religion I. II, 1888). Jesus war danach die höchste Form der Personalität und als solche Offenbarung der Gerechtigkeit und Liebe Gottes. Den schärfsten Widerspruch gegen den Supranaturalismus, wie er bes. durch die Oxfordbewegung (→ Hochkirchliche Bewegung: I) verkörpert wurde, erhob William Rathbone Creg (The Creed of Christendom, [1851] 1883[8]). Die Hibbert-Stiftung suchte durch das Hibbert Journal of Theology im u.en Sinne in die Breite zu wirken. Im ganzen wandte sich die u.e Aktivität in England mehr der Bildung und Sozialfürsorge als der Kirchenbildung zu.

In den → *Vereinigten Staaten* (: I, 3) erstarkte der Unitarismus einerseits aus englischen Einflüssen (Priestley, Lindsey), andererseits aus dem Widerspruch gegen die stark calvinistische »Große Erweckung« unter → Edwards und → Whitefield. Die erste u.e Gemeinde entstand 1785 in Boston unter James Freeman (1759-1835). W. E. → Channing arbeitete seit 1803, ebenfalls in Boston, die anthropologische Seite des Unitarismus im Sinne der Aufklärung heraus (Gottähnlichkeit, Freiheit, Unsterblichkeit des Menschen). Durch ihn, R. W. → Emerson und Th. → Parker wurde der Unitarismus in Amerika zum eigentlichen Vertreter liberalen Christentums der Gottesnähe und Nächstenliebe, der menschlichen Persönlichkeit und Freiheit, der Vorbildlichkeit Jesu unter Ablehnung seiner Wunder (vgl. → Transzendentalismus). 1825 wurde die American Unitarian Association gegründet (zZ etwa 360 Gemeinden mit ca 105 000 Mitgliedern), 1900 das International Council of

Unitarian and other Liberal Religious Thinkers and Workers (in Boston). Die seit 1953 im Council of Liberal Churches zusammengeschlossenen U. und Universalisten organisierten 1961 die Unitarian-Universalist Association. Theologische Bildungsstätten der U. in den USA sind die Harvard Divinity School in Cambridge/Mass., die Unitarian Theological School in Meadville/Pa. und die Starr King School in Berkeley/Calif. Widerspruch von orthodoxer Seite wurde überall entschieden erhoben.

Lit. s. → Sozinianer. Ferner: J.G.WALCH, Hist. u. theol. Einl. in die Religionsstreitigkeiten außer der ev.-luth. Kirche IV, 1736, 1ff - F.S.BOCK, Historia Antitrinitariorum maxime Socinianorum I. II, 1774/84 - O.FOCK, Der Socinianismus... I. II, 1847 - L.WALLACE, Antitrinitarian Biography I-III, 1850 - G.BONET-MAURY, Des origines du christianisme unitaire chez les Anglais, 1881 - J.H.ALLEN, A Hist. of the Unitarians and Universalists in the US, 1894 - A.GORDON, Heads of English Unitarian Hist., 1895 - RE XX, 261ff - ERE XII, 519ff - H.B.SCHOLEFIELD, Unitarianism - some past Hist. and present Meanings, 1950 - A.PIRNÁT, Die Ideologie der Siebenbürger Antitrinitarier, Budapest 1961. *M.Schmidt*

United Brethren Church → Evangelical United Brethren Church.

United Church of Christ → Evangelical and Reformed Church, → Einigungsbestrebungen: V, 2.

Unity, School of Christianity, ein unabhängiger Zweig des amerik. New Thought Movement (→ Neugeist). Wie der → Christian Science (, 2), von der sie abhängig ist, geht es ihr um die Heilung von Krankheit und Beseitigung aller Nöte durch rechte Erkenntnis. Darunter versteht U. die Annahme (affirmation) alles Guten als göttlicher Wahrheit und eigentlicher Wirklichkeit, und dementsprechend die Zurückweisung (negation) alles Üblen als unwahr, dh als letztlich unwirklich und ohnmächtig. Das Wort »Unity« stellt ein Glaubensbekenntnis dar und meint »die Einheit des Menschen mit Gott, welche heiles Leben bedeutet«. - 1889 von dem Ehepaar Charles und Myrtle Fillmore gegründet, ist U. heute eine straff organisierte und sehr aktive religiöse Gruppe. Zentrale: Unity Village bei Kansas City, Mo. Verbreitung in 240 selbständigen »Centers« mit 400 »ministers« und »teachers«, vor allem in den USA; seit 1961 auch auf dem europäischen Festland. Schriftenversand (seit 1955): Deutsche U.-Gesellschaft für praktisches Christentum, e.V., Bad Godesberg, Deutschherrenstraße 190.

H.E.CADY, Lessons in Truth, Kansas City/Mo. (1894) rev. 1953; dt.: Wahrheitslehre, 1958 - CH.FILLMORE, Christian Healing, the Science of Being, ebd (1909) 1957; dt. 1948 - J.D.FREEMAN, Household of Faith, ebd 1951; dt. 1954 (Gesch. der U.). - Kritisch: CH.S. BRADEN, These also believe, New York 1949, 144ff - H.-D.REIMER, DtPfrBl 61, 1961, 373-378. *H.-D.Reimer*

Universalienstreit des MA

1. Das Problem - 2. Seine Geschichte. - U. = Universale, U.n = Universalien, Us. = Universalienstreit

1. Der mittelalterliche Us. umgreift ein zentrales Problem der Auseinandersetzung von → Theologie und Philosophie (: II, 2 b) innerhalb des abendländischen christlichen Denkens. Seine Wurzeln liegen in der Verschmelzung von → Antike und Christentum. Die antiken philosophischen Kategorien, die für einen Kosmos entworfen waren, der das Prinzip seines Seins in sich selber trug, waren unbesehen auf eine Welt angewendet worden, die einem absoluten ihr transzendenten Willen ihren Ursprung verdankt. Der dadurch bedingte Bedeutungswechsel überkommener philosophischer Begriffe trug den Keim des Zwistes in sich, der noch verstärkt wurde durch die Vermengung von Philosophie und Theologie. Wenn vielfach der Us. als *das* Problem mittelalterlicher Philosophie angesehen wird, so ist das übertrieben, tatsächlich aber betraf der Streit den zentralen Punkt eines in erster Linie theologischen Interesses, vor allem das Verhältnis von Schöpfer und Geschöpf.

Das Verhältnis des im Denken auf Grund von Abstraktion ergriffenen Allgemeinen zu dem unter dieses fallenden Individuellen (zB des Menschen zum konkreten Menschen) verstand → Platon als das von Eidos (→ Idee) und konkreter Erscheinung. Der denkende Geist erfaßt das Eidos als das eigentliche → Sein, in dem alles konkret Gegebene gründet; das Eidos ist das Wirkliche, das Reale. Von dieser platonischen Sicht aus erklärt sich die mittelalterliche Bezeichnung »Realismus« für die Ansicht, daß »real« sei, was in einem Allgemeinbegriff (U.) ausgedrückt werden könne. → Aristoteles dagegen verstand das Eidos als die immanente beharrende Form des konkret gegebenen Seienden. Er bezeichnete es als »zweite → Substanz«. »Erste Substanz« ist das individuell Gegebene: das, worauf man hinweisen kann. Sie steht in der Aussage immer als Satzsubjekt und kann selbst nicht ausgesagt werden, während die zweite Substanz (Mensch, Lebewesen) als Subjekt und als Prädikat zu fungieren vermag. Nun läßt sich Aristoteles ursprünglich in der Bestimmung dessen, was als real zu gelten hat, von der nicht prädizierbaren ersten Substanz leiten. Er findet m.a.W. das Reale in dem in der Aussage zu bestimmenden Individuellen. In diesem ist auch das Eidos zu suchen. Er sieht in ihm aber nicht etwa bloß einen Begriff im logischen Sinne; vielmehr trifft die zweite Substanz als Prädikat universale Wesenszüge des gegenständlich gegebenen Realen. Es erhebt sich die Frage, ob ihre Seinsweise als real zu qualifizieren sei. Das ontologische Verhältnis der zweiten zur ersten Substanz, m.a.W. das Miteinander von »eidetischer« und Erscheinungs-Realität muß geklärt werden. In seiner Metaphysik scheint Aristoteles das Eidos individualisiert vorauszusetzen, dh er schaut konkret-phänomenales und universal-eidetisches Sein ineins. Welchem von beiden - dem konkretisierten Eidos oder dem der Aussage - Realität zuzuerkennen ist, bleibt eine offene Frage. Die Schwierigkeit dieses Verhältnisses erklärt die fortgesetzt später sich findende Verwechselung des eidetischen Seins eines Gegenstandes mit seinem Begriff, dh die Verkennung der von der ursprünglichen Problemlage losgelösten Frage nach der Realität des Eidos als eines U. Es wird nicht beachtet, daß erst in der Beantwortung der ursprünglichen Frage Realität sich determiniert, daß erst hier entschieden werden kann, ob sie ihr Maß vom Eidos her nimmt oder vom wahrnehmbaren Satzsubjekt. Wenn Platon im Logos nach dem Sein fragte und Aristoteles in der Aussage die Wesenszüge des Seienden suchte, zielten beide nicht auf den Begriff im Sinne der späteren Logik. - Mächtiger noch als die platonische und aristotelische wirkte auf das christliche Denken die neuplatonische Spekulation. → Plotin denkt das Sein ausschließlich von der → Transzendenz her. Das Ur-Eine ist jenseits alles Seins, das es in seiner Gesamtheit als seine Manifestation begründet. Sein erscheint in seiner Reinheit in der ersten Hypostase, dem mundus intelligibilis der Ideen, und von diesem leitet sich alles ab, wovon Sein ausgesagt werden kann. Bestand hat es in der höchsten Kausalität des Ur-Einen, seiner Dynamis bzw. Energeia. Dieses neuplatonische Denkmodell wurde paradigmatisch für das christliche Kategoriensystem zur Darstellung des Verhältnisses von Gott und Welt. Im Ur-Einen hatte das in der Antike geltende Gesetz vom Vorrang des Allgemeinen gegenüber dem Besonderen seinen spekulativen Höhepunkt erreicht, ebenso die Identifikation von Denken und Sein.

Das Ur-Eine ist das U. schlechthin. Daraus aber, daß das Allgemeine in späterer Terminologie mit dem Begriff identisch wurde, erklärt sich das unzulängliche, in bezug auf den Us. vielverwandte Wort vom mittelalterlichen »Begriffsrealismus«.

Die offene, Ontologisches und Logisches umgreifende Problematik des Verhältnisses von Allgemeinem und Besonderem fand das MA in der Tradition vor. Sie ist die Quelle für den durch die Jh.e sich hinziehenden Us. Philosophisch gesehen wurde das ursprüngliche Problem im Bereich christlichen Denkens noch verwickelter durch die Verlegung der Ideen als der Urgründe des Seins in den Geist Gottes (rationes aeternae, Augustin, De div. qu. 83 q. 46); außerdem wurde es überlagert von dem im → Neuplatonismus gründenden augustinischen trinitarischen Symbolismus, der in allem konkret Seienden das Abbild des dreifaltigen Gottes aufspürte. Aber trotz der Vielschichtigkeit der Problematik bleibt in all ihren Variationen während des MA als philosophische Kernfrage das spezifisch aristotelische Problem dominierend: wo und wie ist das Reale zu fassen? Denn das mit der platonischen Frage verquickte Problem des Ursprungs, der letzten Gründung und Begründung alles Seienden war im Glauben beantwortet. Auch ließ jeder Lösungsversuch die Glaubensvoraussetzung gelten, daß alles Sein »secundum suum modum« ursprünglich in Gott sei und als Erscheinungssein seine Realität der → Teilhabe am »ipsum esse« verdanke. Der als platonisch ausgegebene Ultrarealismus (nach ihm ist das U. »quaedam res existens extra singularia«; Thomas, De ente et essentia c. 4) findet sich zwar in neuplatonischer Form zB bei → Johannes Scotus Eriugena. Grundsätzlich aber war die ontologische Transzendenz (χωρισμός) der seinsgründenden Ideen schon bei den Kirchenvätern auf Grund der Harmonisierung von → Platonismus und christlichem Gottesbegriff (→ Gott: V) überwunden. Daher sahen sich in der philosophischen Argumentation auch alle platonisierenden Denker bei der Bestimmung der Realität auf den aristotelischen Ausgangspunkt zurückverwiesen, wie umgekehrt alle peripatetischen Lösungsversuche den Bezug zu den rationes aeternae herstellten oder voraussetzten. Die von → Avicenna übernommene stereotyp gewordene Formel »Universalia ante rem, in re, post rem«, die auf eine schon von → Proklus aufgestellte Dreiteilung zurückgeht, verführt infolgedessen zu einer viel zu schematischen Klassifizierung der zahlreichen historisch vorliegenden, aus den verschiedenartigsten Quellen gespeisten Lösungen und verstellt den Blick für eine Präzisierung der eigentlichen Problematik. Die Formeln erwecken den irreführenden Eindruck, als stehe fest, was unter »real« zu verstehen sei, während in Wirklichkeit die Frage auf die Bestimmung dessen zielt, was real besagt. Da aber das »ante rem« identisch mit dem U. im Geiste des Absoluten war, konnte die Definition dessen, was real ist, philosophisch nur als eine innerweltliche, das kontingente Sein der Schöpfung betreffende Frage gesehen werden, auf die das aristotelische Denken in exemplarischer Weise seine Aufmerksamkeit gelenkt hatte. So ist es wohlverständlich, daß die peripatetische Problemstellung der geheime Mittelpunkt des Us.s wurde, ohne daß damit bei der Verflechtung von Philosophie und Theologie das Nachwirken des Ultrarealismus und Realismus erledigt gewesen wäre.

2. Der unmittelbare geschichtliche Anlaß des Us.s liegt in der spätantiken Aristoteleserklärung. Das schon bedingte die dem Streit fortgesetzt immanente aristotelische Orientierung, auch wo die systematisch-theologische Sinngebung führend war. Den direkten Anlaß zur Auseinandersetzung im Früh-MA gab nach einem neuplatonisch-realistischen Vorspiel im 9.Jh. die Beschäftigung mit den beiden Porphyrius-Kommentaren des → *Boethius*. → Porphyrius selbst schreibt, er wolle davon absehen, schwierige metaphysische Fragen zu behandeln wie die, ob die Gattungen und Arten, dh die U.n etwas Wirkliches seien oder bloße Vorstellungen; ob sie für den Fall des Zutreffens der ersten Alternative körperlich oder unkörperlich seien und schließlich, ob sie getrennt für sich beständen oder in und an den sinnlichen Dingen. Er betont, er wolle nur die logische Seite der Frage behandeln. Boethius nahm zwar die metaphysische Seite des Problems in Angriff, kam aber zu keiner eindeutigen Stellungnahme. Der letzte Grund dafür ist die noch nicht erreichte klare Unterscheidung von logischer und ontologischer Fragestellung und die Verkennung der Tatsache, daß für die griech. Denker im Logos die Sprache mitgegeben ist. Man kann bei Boethius lediglich die Vielfalt der möglichen Lösungen des Problems feststellen. - Die Maßgeblichkeit der theologischen Fragestellung zeigt sich in aller Deutlichkeit bei → *Anselm von Canterbury*. Als Gegenstand göttlichen Denkens entzieht sich das U. trotz seiner Exemplarität allem menschlichen Begreifen und verbleibt außerhalb jeder philosophischen Diskussion. Zwar besteht zwischen dem Wort in Gott und dem ihm korrespondierenden Ding der Erscheinung Übereinstimmung (similitudo = ὁμοιότης), aber man kann bei der selbstverständlichen Präponderanz des Seins der Ideen im Geiste Gottes von einem theologischen Platonismus Anselms sprechen. Seine Rangordnung der Seinsstufen ist eindeutig augustinisch: Sein im Geiste Gottes, Sein in der Welt der Erscheinungen, Sein im Geiste des Menschen. Seine Methode, die in der Sphäre des Logischen geltende Ordnung ohne Beachtung der augenscheinlichen Differenzen auf den Bereich der Erscheinungswirklichkeit und den der Mysterien von Inkarnation und Trinität zu übertragen, mußte ihn in Konflikt mit dem philosophischen Denken Roscelins bringen. Trotzdem aber findet sich bei Anselm neben dem platonisierenden unausgeglichen auch aristotelisch-ontologisches Denken. Er geht von der objektiven Realität der Erscheinungsdinge aus und argumentiert auf Grund der in ihnen gelegenen teleologisch verstandenen ontologischen Wahrheit (De ver. c. 10). Anselm steht philosophisch in der boethianischen Aristotelestradition (vgl. De gramm. c. 9. 10), kennt die universale Substanz (Mon. c. 27) und versteht sie als Realität im Sinne eines eidetischen Seins. Gegenüber seiner theologischen Methode der Konkordanz im Interesse der Intelligibilisierung des Glaubens vermochte die aristotelische Problematik vorab nichts auszurichten. - In Abhängigkeit von Anselms »realistischem« Denken versuchte *Odo von Tournai* († 1113) das Dogma von der Erbsünde zu erklären: mit der Erschaffung des Individuums Mensch tritt zur Substanz, dh der species Mensch, lediglich eine neue Eigenschaft hinzu. Die darin liegende Entwertung der Einzelpersönlichkeit signalisierte die Bedeutung des Verhältnisses von eidetischer und individueller Realität und mußte als Antrieb für die philosophische Bearbeitung des Problems wirken. - → *Roscelin* ist vor allem infolge seines Konfliktes mit Anselm als Begründer des mittelalterlichen → Nominalismus in die Geschichte eingegangen; aber infolge der Quellenlage ist über seine Ansichten, abgesehen von irrigen theologischen Konsequenzen, keine Klarheit zu gewinnen. Anselm zählt ihn zu den häretischen Dialektikern und wirft ihm vor, daß er in der »universalen Substanz« einen bloßen »flatus vocis« sehe; doch war der eigentliche Streitpunkt das Verhältnis von universaler Substanz und Person. Roscelin hatte sich Anselms Gegnerschaft vor allem durch tritheistisch klingende Anschauungen zugezogen, die er unter

starker Betonung des Personalismus in Anlehnung an die ältere griech.-theologische Terminologie vertreten hatte. Sicher scheint zu sein, daß Roscelin sich für den subjektiven Charakter und gegen die Verdinglichung der U.n ausgesprochen hat. Er war Antirealist. Wenn er die U.n als »flatus vocis« verstanden wissen wollte, muß man darin wohl einen naiven Nominalismus erkennen, der den Nachdruck auf das U. in voce gegenüber dem U. in re legte. – Die entgegengesetzte Position bezog → *Wilhelm von Champeaux*. Er vertrat, daß das U. den nur durch Akzidenzien verschiedenen einzelnen Dingen einwohne. Abaelard warf ihm die unausbleibliche pantheistische Konsequenz neuplatonischen Denkens entgegen. Aber in Wirklichkeit hatte Wilhelm aus traditioneller eidetischer Sicht argumentiert, um die eigentliche Wirklichkeit, die des Glaubens, zu intelligibilisieren. In dieser geistesgeschichtlichen Situation bedeutet Abaelards denkerisches Bemühen um die U.n einen gewaltigen Fortschritt auf dem Wege der Wiedergewinnung des autonomen philosophischen Gedankens. Gegen Wilhelm machte er die Konsequenz von der Identität der Individuen in dessen Theorie geltend. Wilhelm zog sich auf die »Indifferenzlehre« zurück, nach der die artgleichen Dinge nicht essentialiter, sondern nur indifferenter gleich sein sollen. Das aber ist nur eine negative Formulierung der alten Aporie, worüber auch ihre positivere Fassung als »Statuslehre« nicht hinausführte. Wilhelm präzisierte seine Position schließlich dahin, daß die Summe gleicher Eigenschaften nicht die Identität der Substanz besage, sondern »similitudo«. Er betonte ausdrücklich, daß die Similitudolehre nicht auf die Trinität anzuwenden sei. – Die bes. von Walter von Mortagne († 1174) vertretene Statuslehre begegnet bei → *Adelard von Bath* in der Form eines Perspektivismus: es besteht die Möglichkeit, das Individuum oder die Species oder das Genus allein ins Auge zu fassen, wobei die Bestimmung der Realität in der Schwebe bleibt, womit wiederum die dem U.n-Problem zugrunde liegende Frage immunisiert, aber nicht gelöst wird. – →*Abaelard* war ein dezidierter Gegner des Realismus. Er machte sich zuerst die Formel Roscelins zu eigen: U. est vox, aber keine res: res de re non praedicatur. Doch gab er die anfängliche Position auf zugunsten der Formel: U. est sermo (Ausdruck). Er fragt dann weiter nach der Bedeutung der als »sermones universales« bezeichneten »intellectus universales« und nach der Übereinstimmung der U.n mit der objektiven Wirklichkeit. Er weist auf die Art der erkennenden Tätigkeit des Subjekts hin und auf die Entstehung der U.n in der Abstraktion. Für die Bestimmung des durch das U. bezeichneten Gemeinsamen – dh für die Übereinstimmung (convenientia) von Realem in einer species – das Wort res oder essentia anzuwenden, lehnt er ausdrücklich ab. Doch auch er versteht die Ideen als exemplarische Formen im Geiste Gottes; aber er wertet sie zu bloßen Begriffen ab. Die theologisch verwertete philosophische Begrifflichkeit wird in ihrer Bildhaftigkeit mehr und mehr durchschaut. – Infolge ihres Platonismus rang die *Schule von Chartres* vornehmlich mit dem Problem der Form. Daher fand die Frage der U.n in ihr eine spezifische, individuell allerdings sehr verschiedene Beantwortung. Man kann mit einem gewissen Recht von einem Begriffsrealismus ihrer ersten Vertreter reden, der in der Identifikation der U.n mit den rationes aeternae seinen Grund hatte; aber schon → Gilbert Porreta orientierte sich an der aristotelisch-boethianischen Tradition und entwarf in einer eigenwilligen Metaphysik der Erkenntnis den Weg von den exemplarischen Formen in Gott über die formae nativae von genus und species zu den Formen konkreter Erscheinungsdinge; aber seine Distinktion zwischen der gemeinsamen und individuellen essentia eines jeden Dinges wurde ihm als eine Gefährdung der Trinitätslehre nachgewiesen. Gilbert hat das Problem durch überflüssige Vermehrung der U.n lediglich komplizierter gestaltet. – Einen mit akademischer Skepsis abgefaßten Bericht über die verschiedenen Richtungen im Us. hat → *Johannes von Salisbury* in seinem Metalogicus gegeben. Er verachtete das endlose U.n-Gezänk und traf die intimste symbolistische Intention alles Realismus, wenn er dessen Absicht ablehnte, mit Hilfe der U.n die Ähnlichkeit der Dinge untereinander und mit Gott nachzuweisen. Mit der Frage der Realität der U.n sich zu befassen, hielt er für Zeitverschwendung. Er selbst wollte ausschließlich Aristoteles folgen, sah jedoch dessen offene Problematik nicht und logisierte sie. Sachlich traf er sich mit Abaelard. Beide zogen die Konsequenz der Singularität alles realen Seins: Gott denkt das Einzelne; Realität von U.n verliert ihren Sinn. – → *Albert d. Gr.* bezog eine ausgesprochen neuplatonisch orientierte Position. Er bestimmte das U. als Ausstrahlung der göttlichen Intelligenz, die sich als reale Form in drei existierenden Klassen manifestiert: in Gott, in den Dingen, in der Abstraktion. → *Thomas von Aquino* dagegen entwarf eine Konkordanz aller im Us. aufgekommenen Elemente, die für den gemäßigten Realismus der philosophia immutabilium essentiarum (→ Humani generis) brauchbar waren. Er ging aus von Abaelards Überlegungen, übernahm ihr Ergebnis und baute es spekulativ aus. Er akzeptierte den Satz des → Avicenna und → Averroes: intellectus agit universalitatem in rebus; damit zollte er dem Nominalismus seinen Tribut (De ente et essentia c. 4). In der essentia erblickte er das ontologische Korrelat der logischen species und machte ihr im Individuellen verwirklichtes eidetisches Sein zum Angelpunkt seiner Wesensphilosophie. Darin dokumentiert sich das in der essentia wirksame, ursprünglich ontologische und nicht bloß logische Element des Eidos. Hinsichtlich ihrer Gegebenheitsweise kommt er jedoch nicht über eine negative Umgrenzung hinaus und damit nicht über die aristotelische Aporie. Diese erzeugt die essentia als eine systembedingte Funktion, die später zur bloßen Möglichkeit abgleiten sollte. Die essentia verharrt in einer eigenartig schwebenden Realität, die die Verbindung mit den U.n im Geist des Menschen herstellt: »Intellectus solus apprehendit essentiam rerum«, »directe non est cognoscitivus nisi universalium« (S. th. I, 57, 1 ad 2; I, 86, 1); »species intelligibilis est similitudo ipsius essentiae rei, et est quodammodo ipsa quidditas et natura rei secundum esse intelligibile, non secundum esse naturale prout est in rebus« (Quodl. 8, a. 4). Von dem so interpretierten U. aus war die Brücke zu den rationes aeternae leicht zu schlagen, schwieriger dagegen zu den konkreten Gegebenheiten der Erscheinungswelt, und so erfand Thomas hierfür das verbindende Konstruktionsstück der materia non signata (De ente et ess. c. 2; vgl. → Individuation). Den gegen den Realismus erhobenen Einwand der unausbleiblichen Identität der Individuen gleicher Art paralysierte er dadurch, daß er der essentia Singularität und Pluralität absprach (ebd c. 4). Wirklich nachvollziehbar ist philosophischem Denken lediglich der Zusammenhang zwischen dem mit essentia bezeichneten Bündel von Eigenschaften der Individuen einer Art; sie sind das »fundamentum in re« für das in den eidetischen Seinsordo erhobene U. So fand Thomas zwischen dem traditionellen theologischen Realismus und dem gegen diesen sich erhebenden philosophischen »Nominalismus« den Weg der Mitte. – Von der Wirkung in die Geschichte aus gesehen ist dieser Kompromiß der Kulminationspunkt im Us. Aber die nicht aufzuhaltende Dynamik des philosophischen Gedankens schritt mit innerer Notwendigkeit über die gesetzte Sperre hinweg. Schon Roger → Bacon hatte den Nachdruck auf die Vordringlichkeit von Erfahrung und Experiment gelegt und betont, die Philosophie dürfe nicht von den U.n, sondern müsse von den Individuen ausgehen und nach der causa universalitatis fragen. - Der aus einem neuen Verhältnis zur Wirklichkeit bald von allen Seiten einsetzenden Kritik an der Wesensphilosophie stellte → *Duns Scotus* seine höchst subtilen formalen Distinktionen und seine Konstruktion der naturae communes entgegen, die sich gegenüber Singularität und Universalität indifferent verhalten, aber im Individuellen reale Existenz haben sollen. Die dreifache Existenz des U. hielt er aufrecht. Aber der Höhe seiner Abstraktion entspricht nicht der Wert der Konstruktion. Die individuierende Form der haecceitas war die letzte Konsequenz des in sein Gegenteil umschlagenden traditionellen U.ndenkens. Jetzt trat das Interesse an den in concreto gegebenen Einzeldingen in den Mittelpunkt des Philosophierens. Exponent der darin sich ankündigenden Revolution des abendländischen philosophischen Denkens ist → *Ockham* (, 3 d). Das U.nproblem entwand sich der Fesseln der Theologie und Spekulation, um als philosophische Frage weiter zu leben in → Nominalismus, → Realismus (: I) und → Erkenntnistheorie. Vgl. → Individuation.

Die Handbücher d. Gesch. d. Philos., bes. Ü II - E.GILSON-P.BÖHNER, Die Gesch. d. christl. Philos., (1937) 1954² - F.COPLESTON SJ, A Hist. of Philosophy II, (1950) 1960⁵. - Ferner: J.REINERS, Der aristotel. Realismus in d. Frühscholastik (Diss. Bonn), 1907 - DERS., Der Nominalismus in d. Frühscholastik (BGPhMA 8, 5), 1910 - B.GEYER, Die Stellung Abaelards in d. U.nfrage nach neuen handschriftl. Texten (Festg. Baeumcker, 1913, 101-127) - J.KRAUS, Die Lehre des J.Duns Scotus von d. Natura Communis, Fribourg 1927 - J.BROSCH, Der Seinsbegriff bei Boethius, 1931, 74ff - H.BARTH, Philos. d. Erscheinung I, Basel 1947 - EF IV, 1408ff. *J.Klein*

Universalismus, *Universalisten*

1. Grundsätzlich und allgemein - 2. In England - 3. In Schottland - 4. In Nordamerika. - U. = Universalismus, U.en = Universalisten, u. = universalistisch

1. Der U., genauer: Heils-U., ist als Antithese zur Prädestinationslehre (→ Prädestination: III) eine beständige Begleiterscheinung des christlichen Denkens, zumal er sich auf entscheidende Aussagen des NT berufen kann (Röm 11, 32; 1Tim 2, 4; Joh 3, 16; umstritten: 1Kor 15, 28). Während aber dort die rational-logische Konsequenz einer Leugnung der endgültigen Verdammnis vermieden und der doppelte Ausgang der → Heilsgeschichte aufrechterhalten ist, sind seit → Origenes zahlreiche Theologen und Denker darüber hinausgegangen und haben den prinzipiellen U. gelehrt (→ Wiederbringung aller: I).

2. Trotz seiner weiten Verbreitung und starker Sympathien gelangte der U. nur im *englischen Sprachbereich* über eine theologische Schulmeinung hinaus zu einer eigenen Kirchen- oder Gruppenbildung. Als erste u.e Gemeinde erscheint die des Baptisten Thomas Helwys († ca 1616; A Short and Plaine Proof by the Word and Works of God . . . that all men are redeemed by Christ, 1611) in und um London. Der im Widerspruch zur → Dordrechter Synode (1618/19) formulierte U. hypotheticus der theologischen Schule von → Saumur (→ Camero, → Amyraut) wirkte auf W. → Penn ein. Universalistisch denkende Anglikaner wie John Davenant (1576-1641, Bischof von Salisbury) wurden von calvinistischen Puritanern wie J. → Owen und Obadjah Howe (The Universalist Examined and Convicted, 1648) heftig bekämpft. In der großen Revolution (1639 bis 1660) spielte die Frage eine wichtige Rolle. Die anonyme u.e Flugschrift »Divine Light, manifesting the Love of God unto the Whole World« (1640) wurde in einer Stellungnahme der Londoner Pfarrer abgelehnt (A Testimony to the Truth of Jesus Christ..., 16.12. 1647). Die Draconic Ordinances des Parlaments von 1648 bedrohten die U.en mit Gefängnis. Spätere Wortführer waren Henry Horn (The Light of God spreading itself in all the dark Corners of the Earth, 1653) sowie die Wanderprediger William Erbury (1604-54), Gerard Winstanley († 1652), Richard Coppin († 1659). George Rust (seit 1667 anglikanischer Bischof von Dromore/Irland) sprach sich anonym und zurückhaltend für den U. aus (A Letter of Resolution concerning Origen and the Chief of his Opinions, 1661), offen und entschieden der Baptist Samuel Richardson (Of the Torments of Hell..., 1658), ferner der Kongregationalist R. → Baxter (Universal Redemption of Mankind by the Lord Jesus, 1694), der Theologe und Mathematiker I.Barrow, Thomas Burnet (1635-1715), George Cheyne (1671-1743). J. → Wesley schloß sich (gegen → Whitefield) bewußt dieser Tradition an (Titelwahl seiner Zeitschrift: The Arminian Magazine, 1778ff). Ausgesprochene Wortführer des U. wurden Jeremiah White (1629-1707; The Restoration of all Things..., anonym 1712) und James Relly (1720-78), der in London eine u.e Bewegung entfachte. Rellys Schüler John Murray (1741-1815) trug sie nach Nordamerika, wo sie ihre eigentliche Zukunft fand (s. 4). Zunächst freilich brachte sie Elchanan Winchester (1751-97) nach England zurück (The Universal Restoration, 1788). Seine Londoner Gemeinde übernahm William Vidler (1758-1816), der 1797 die Zeitschrift »The Universalist's Miscellany« (seit 1802: The Universal Theological Magazine, 1806-37: The Monthly Repository) begründete. Einen beredten, patristisch hochgebildeten Anwalt fand der U. in George Stonehouse († 1793) in Cambridge (Universal Restitution I-III, 1761-73). Selbständig verfaßte James Brown, britischer Militärpfarrer in Savannah (Georgia) »The Restitution of All Things« (1785). David Thom (1793-1862) gab 1850 J.Whites »Restoration of All Things« (s.o.) neu heraus. Aus seinen Anhängern bildeten sich in Liverpool die Berean Universalists. 1850 trat die Zeitschrift »The Universalist« ins Leben. In der anglikanischen Theologie lehrten U.F.W.Farrar (Eternal Hope, 1878), Andrew Jukes (The Second Death and the Restitution of All Things, 1887¹²), Alfred Gurney (Our Catholic Inheritance in the Larger Hope, 1888) im Sinne des U.

3. In *Schottland* trat der U. zuerst als Abkömmling der Schule von Saumur auf (Merse Congregations seit 1755). Theologischer Repräsentant wurde James Purves (1734 bis 1795) in Edinburgh. Seine Gemeinde ging später zum Unitarismus über. U.e Gemeinden entstanden in Greenock und Glasgow durch Neill Douglas (1750 bis 1823), in Johnstone, Paisley, Ayr, Falkirk durch William Worrall († 1828), der auch die Zeitschrift »The Gospel Communicator« begründete. Aus seiner Tätigkeit hat die Universalist Church of Stenhousemuir (Larbert) ihren Bestand bis zur Gegenwart.

4. In *Nordamerika* gründeten die täuferischen → Dunkers deutscher Herkunft 1719 in Germantown bei Philadelphia die erste u.e Gemeinde. Pennsylvanien blieb die bevorzugte Heimat der Bewegung. Die dort umlaufende Grundschrift war »Das von Jesu Christo . . . aller Creatur zu predigen befohlene ewige Evangelium« (1705) von Paul Siegvolck (Georg Klein Nicolai; engl.: The Everlasting Gospel, 1753 nachweisbar, wahrscheinlich früher). U.e Strömungen faßten während des 18. und 19.Jh.s in Massachusetts und New York (State) in episkopalistischen, presbyterianischen und kongregationalistischen Gemeinden Fuß. Hauptvertreter waren Charles Chauncy (1705-87; Salvation for all Men, anonym

1782) und John Murray (s. 2), der seit 1770 als baptistischer Wanderprediger wirkte. An seinem späteren Wohnsitz Gloucester/Mass. (seit 1774) wurde 1779 der erste organisatorische Zusammenschluß der u.en Gemeinden vollzogen, aus dem 1790 in Philadelphia die First Independent Church of Christ commonly called Universalists (durch den Hinzutritt von Anhängern E.Winchesters) erwuchs. Lehrdifferenzen zwischen Winchesters Gefolgschaft (Tendenz zum Antinomismus, Verwandlung der Erde in einen Feuersee zur Läuterung der Teufel und der Bösen) und Murrays Anhängern (sofortige endgültige Rechtfertigung ohne Strafe oder Läuterung) bewirkten keine Kirchenspaltung. In der Winchester-Profession (1803) verbanden die U.en der Neu-England-Staaten (38 Gemeinden) das Bekenntnis zum Schriftprinzip und zur schrankenlosen Liebe Gottes mit dem menschlichen Glücksverlangen. Der Gedanke der göttlichen Liebe als Urdatum diente Hosea Ballou (1771-1852), dem selbständigsten Denker des nordamerikanischen U., als Ausgangspunkt (Hauptwerk: A Treatise on Atonement, [1805] 1902^{14}). In seiner stark moralistisch-evolutionistischen Grundrichtung erblickte er im individuellen Tode den Abschluß des beständig erziehenden Strafhandelns Gottes am Menschen. Die Gottheit Jesu lehnte er ab. Der Widerspruch, den er fand, führte zu einer vorübergehenden Spaltung (Massachusetts Association of Universal Restorationists 1831-41). Seit etwa 1870 näherten sich U.en und → Unitarier, was durch ihre gemeinsamen sozialen Bemühungen unterstützt wurde. 1903 wurde die Winchester Profession ausdrücklich bestätigt. Die U.en bilden einen wesentlichen, durch ihren evolutionistischen Optimismus und ihre Verbindung zwischen der Liebe Gottes und dem menschlichen Glücksverlangen charakteristisch nordamerikanischen Zweig innerhalb des Christentums in der Neuen Welt. Aus solcher Haltung gelangen sie zu einem ausgesprochen aktivistischen Glauben. - In den USA gibt es, obwohl der U. inhaltlich dem optimistischen Harmonieglauben des Amerikanertums entspricht, nur etwa 480 u.e Gemeinden mit 80000 Mitgliedern.

Problemgesch. u. Gesamtdarst. fehlt. Zum Allgemeinen vgl. → Wiederbringung aller: I. Flüchtige Überschau: H.Corrodi, Krit. Gesch. d. Chiliasmus, 1781 (ablehnend) - W.Nigg, Das Ewige Reich, 1944 (zustimmend; beide qualitativ u. quantitativ ungenügend). Ferner: J.G.Walch, Hist. u. theol. Einl. in d. Religionsstreitigkeiten d. ev.-luth. Kirche, 1730, I, 763ff; II, 591ff; III, 260ff; V, 937ff (für den Pietismus) - H.Ballou, The Ancient Hist. of Universalism, (1829) 1885^{2} - T.Whittemore, The Modern Hist. of Universalism, 1830 (I, 1860^{2}) - T.Allin, Universalism asserted, (1880) 1899^{8} - R.Eddy, Universalism in America I. II, 1884/86 - Ders., Hist. of Universalism, 1894 - ERE XII, 529ff - A.G.Earle, Beginnings of Universalism, 1940 - A.S.Cole, Our Liberal Heritage, 1951 - R.Cummins, The Universalist Church in America (in: V.Ferm, The American Church of the Prot. Heritage, 1953, 333-349).

M.Schmidt

Universalismus und Partikularismus

I. Religionsgeschichtlich - II. Im AT - III. Im NT. - Vgl. → Gemeinschaft und Individuum

I. Religionsgeschichtlich

Die Begriffe U. und P. bezeichnen den religionsgeschichtlichen Tatbestand, daß es Volks- und Universalreligionen gibt (→ Religion: II, 1). Die Religionen der → Naturvölker, → Babyloniens und Assyriens, → Ägyptens, → Chinas und → Japans, die → germanische, → griechische, → römische Religion usw sind eindeutig Volksreligionen, während → Buddhismus, → Manichäismus, → Christentum und → Islam Universalreligionen sind. Aber auch manche Volksreligionen gewannen in ihrer Geschichte zeitweilig, wie die ägypt. Religion zur Zeit → Amenophis IV., oder endgültig, wie zB die griech. Polisreligion (→ Stadtkult, 1) zur Zeit der Tragiker oder die israelitische Religion in der Verkündigung der → Propheten, universale Züge. - Eine tiefergreifende Analyse zeigt jedoch, daß der Unterschied zwischen partikularer Volksreligion und Universalreligion nicht nur in dem Grade der äußeren Ausbreitung liegt, sondern in divergenten Grundstrukturen (→ Religion: II, 1). In der Universalreligion vollzieht sich eine Entnationalisierung des religiösen Anliegens. Die Gottheit oder das Göttliche sind nun gleichfalls universal geworden. So war die Ausbreitung (zumeist durch → Mission [: I]) dieser innerlich universalen Religionen unter verschiedenen Völkern grundsätzlich möglich und wurde von ihnen auch angestrebt.

N.Söderblom, Das Werden des Gottesglaubens, (1915) 1926^{2} - ERE XII, 529ff - G. van der Leeuw, De primietive mensch en de religie, 1937 - G.Mensching, Volksreligion u. Weltreligion, 1938 - Ders., Die Religion, 1959, 65ff. - Vgl. die Lit. zu → Gemeinschaft und Individuum: I.

G.Mensching

II. Im AT

Daß das »ganze AT« von einer »Spannung zwischen dem natürlichen P. Israels ... und einem in die Höhe und Weite weisenden U.« durchzogen ist, läßt sich heute noch genauer belegen, als es für Haller (RGG^{2} V, 1381) möglich war. In → Ugarit ist nicht nur → El, der »Vater der Menschen«, sondern auch → Baal mehr als ein lokaler, vielmehr ein universaler Gott, der das feste Land wider den Ansturm der See verteidigt und durch die Errichtung eines Tempels als Großgott anerkannt wird. Auch in dem wahrscheinlich auf das vorisraelitische Jerusalem zu beziehenden Spruch Gen 14, 19 begegnet El als 'el ʿæljôn qonē šamăjim wa'aræṣ wie in → Karatepe und verwandten Texten. Auch der Bundesgedanke (→ Bund: II) verhindert einen U. nicht grundsätzlich, insofern der Großkönig Suzeränitätsverträge mit mehreren Völkern abschließen kann (Asarhaddon mit den medischen Kleinfürsten wie mit Baal von Tyros), solange die darin enthaltenen Zusagen sich nicht ausschließen. So macht die Herausführung Israels aus Ägypten ein analoges Geschichtshandeln Jahwes an Kuschiten, Philistern und Aramäern nicht unmöglich (Am 9, 7), und als Jahwes »Erbbesitz« wird Israel einst mit Assur als »seiner Hände Werk« und mit Ägypten als »seinem Volk« einen hl. Dreibund bilden (Jes 19, 25). Das erste große Zeugnis für den U. in diesem, den Bundesgedanken einschließenden Sinne ist das Werk des → Jahwisten. Seit der »Urzeit« steht die Menschheit als Ganzes unter dem Verdikt ihres Schöpfers, und ihre Aufspaltung in die Nationen und Sprachen ist keine »natürliche«, selbstverständliche Gegebenheit, sondern Strafe, deren Überwindung in eine Zeit gemeinsamen Segens hinein die → Erwählung Abrahams gilt. »Jahwe ist Anfang, Mitte, Ende der Geschichte« (Vriezen). Der U. hat im AT seine feste Stelle weiterhin in prophetischen Aussagen über richterliches Handeln Jahwes auch gegenüber Heidenvölkern (zB Am 1, 3ff, → Nahumbuch) und durch sie (zB Jes 10, 5ff; vgl. 47, 6), und nicht minder über den kabôd, den himmlischen Lichtglanz (→ Herrlichkeit Gottes) wie in Jes 6, 3 (vgl. Jer 23, 23) oder über die Verleihung der Weltherrschaft an Jahwes »Knecht« Nebukadnezar (Jer 27, 6). Als Endpunkt der Weltperioden hat der Jahwetag (→ Offenbarung: II) vollends universale Bedeutung (Jes 2, 12; Jer 46, 10), mag sein Hereinbrechen für Israel von ambivalenter Bedeutung sein (Am 5, 18). In solchen Äußerungen ist die deuterojesajanische Verknüpfung der neuen Offenbarung des kabôd mit der Messiasproklamation des Kyros vorbereitet (40, 5; 45, 1), die ihrerseits von der Erwartung einer Anerkennung der universalen Heilsbedeutung des »Gottesknechtes« (→ Knecht Jahwes) und seines Leidens durch die Heidenkönige abgelöst wird (52, 13ff). Eine andere feste Stütze des U. sind gegen Ende des 7.Jh.s die jähwæ maläk-Psalmen als stärkste Äußerungen des Glaubens an das weltweite → Königtum ihres Gottes im Zusammenbruch des assyrischen Weltreiches. In der → Apokalyptik (: II) begegnen alle diese Züge vereint: die Wiederherstellung der Einheit der Menschheit in dem Gericht des Uralten und der Übertragung des Vezirates auf den Menschengestaltigen nach Ablauf der bestehenden Weltperioden (Dan 7, 9ff. 25). Endlich zeigt die→Weisheit, durch ihre internationale Verflechtung dazu prädisponiert, eine so starke Betonung des U., daß ihr als der frömmste Mensch der Araber Hiob erscheint und daß Spruchgruppen in Spr Arabern zugeschrieben werden (30, 1ff; 31, 1ff).

Aber gerade Dan 7 kann in seiner Deutung des Menschengestaltigen auf das »hl. Volk des Höchsten« (V. 27) die Verflochtenheit von U. und P. im AT deutlich machen. Bei der Verteilung der Welt unter die Göttersöhne (Dtn 32, 8 4Q nach BASOR 136, 1954, 12ff und LXX) ist Israel Jahwes »Anteil« geworden. Er hat ihm seinen Landbesitz ebenso zugewiesen wie Kemoš den Moabitern den ihren (Ri 11, 24). Der → Elohist bietet keine Urgeschichte, sondern sein Interesse ruht allein (wie das des Dtn) auf Israel, das nicht zu den Heiden zählt und damit gegen Zauber gefeit ist (Num 23, 9. 23 [→ Bileam und Bileamsprüche], vgl. Dtn 7, 1f). Darum werden Ammoniter und Moabiter unter Umbiegung ihrer Unreinheit durch blutschänderischen Ursprung (Gen 19, 30) in »geschichtliche« Schuld in gleicher Weise wie Eunuchen und Bastarde auf immer vom q^{e}häl jhwh ausgeschlossen (Dtn 23, 1ff). Für prophetische Aussagen hat Jahwe ausschließlich Israel erwählt (Am 3, 2), während er Esau haßt (Mal 1, 3). In den Jerusalemer Tempel als seine einzige Wohnstatt auf Erden wird der kabôd zurückkehren (Ez 43, 1ff). So eng ist ja die Verbindung Jahwes mit Israel, daß er den Assyrer in Palästina als »seinem Land« und auf »seinen Bergen« vernichten wird, um so sich als den (in seiner regio) Handelnden zu manifestieren (Jes 14, 24ff); daß ein endgültiger Untergang des Volkes seine »Ehre« verletzen (Ez 36, 22ff), seine Wiederannahme aber das Schicksal anderer Völker ändern muß. Sie müssen ihm dienen (Jes 45, 14) oder werden als Lösegeld für Israel dem Kyros übergeben (Jes 43, 3). Auch die jähwæ maläk-Psalmen lösen sein Königtum nicht vom Zion (vgl. Ps 97, 8; 99, 2) und der Kultus- und Gebetsgeschichte des Volkes (Ps 99, 6ff). Selbst der Weisheit ist die Bezeichnung »Gott Israels« nicht fremd, wenngleich sie nur selten auftritt (Sir 47, 17), wie auch in → Qumran die Segensformeln »dessen der weise macht«, des mäśkil, in Übereinstimmung mit dem Bewußtsein der »Einung«, die wahre Auslegung von »Gesetz und Propheten« zu besitzen, von der Gemeinde und den Priestern als den Trägern »seines hl. Bundes« sprechen und ihnen Weltherrschaft und Reichtum (1QS^b I, 1f; III, 18. 22f; V, 18; vgl. Gen 49, 9; Dtn 33, 17) verheißen. Hier hat der P. seine eigenartige Ausbildung durch die Verbindung mit dem Dualismus (→ Qumran, 4 b) gewonnen, insofern zwar nicht alle Israeliten (vielmehr nur die Glieder der Einung) Lichtsöhne sind, aber außerhalb Israels die Sphäre der Finsternissöhne liegt.

Die Spannung zwischen U. und P. wird am greifbarsten in der persischen Zeit. In Urkunden stehen nebeneinander als Gottesbezeichnungen einerseits »Gott Israels« (Esr 4, 3; 6, 14, vgl. »das Auge ihres Gottes« Esr 4, 5), anderseits »der große Gott« (Esr 6, 8), »Gott Himmels (und der Erde)« (Esr 5, 11f, vgl. 6, 10), die Jahwe bewußt dem Ahuramazda (→ Ormazd) angleichen. Der Bundesgedanke wird von den Reformern keineswegs preisgegeben (Neh 1, 5ff; vgl. 2, 8 »mein Gott«), sie verschärfen ihn vielmehr in der Frage der Mischehen praktisch zur Grundlage auch des Alltagslebens der Familien in der neukonstituierten Gemeinde (→ Nehemia), und das trotz der Tradition von moabitischem Blut in Davids Stammbaum (Ruth 4, 17). Nicht minder zeigt das → Jonabuch die für den im partikularen Bundesgedanken Verwurzelten gegebenen Schwierigkeiten, aus dem theoretisch feststehenden universalen Monotheismus praktische Folgerungen im Sinne einer Bejahung des Heilswillens Jahwes auch für die Heiden zu ziehen. Die ihm unerträgliche Möglichkeit seines Erbarmens mit Ninive treibt den Propheten zu Ungehorsam und Flucht. Im U. wurzelt der Missionswille als Wegbereitung der letzten Zeit in der Anbetung Jahwes allein in der von ihm erlösten Welt, ein Wille, der dort nicht zur Entfaltung kommen kann, wo ein Übermaß an Leiden unter einer Fremdherrschaft oder andere Verfolgungen eben diesen Willen zur Heilsausbreitung hemmen, oder wo, wie in Qumran, der Bundesglaube mit der Hoffnung auf die Vernichtung der Belialsscharen vergesellschaftet ist. Im P. des Bundesgedankens wurzelt die eigentümliche Form, in der der Missionswille sich nach dem Exil konkretisiert hat: die Gewinnung von Proselyten verschiedener Grade bis zu ihrer völligen Eingliederung in die um den in der Tora geoffenbarten Gotteswillen gescharte Heilsgemeinde (→ Mission: II).

Vgl. die Lit. zu → Biblische Theologie: I u. → Bund: II (seitdem vor allem TH.C.VRIEZEN, TheolAT in Grundzügen, 1956, s. Reg. s.v. P. u. U.), → Erwählung: I (seitdem K.WILHELM, MPTh 48, 1959, 332-344), → Mission: II. - Ferner: J.HEMPEL, Die Wurzeln des Missionswillens im Glauben des AT (ZAW 66, 1954, 244-272) - P.J.N.SMAL, Die Universalisme in die Psalms, 1956 - E.BEAUCAMP, La Bible et le sens religieux de l'Univers (Lectio Divina 25), 1959 - R.MARTIN-ACHARD, Israël et les Nations (Cah. Théol. 42), 1959 - H.WILDBERGER, Jahwes Eigentumsvolk (AThANT 37), 1960. - Zur Gleichung »Bund« = Qumrangemeinde vgl. bes. H.BRAUN, Spätjüd.-häret. u. frühchristl. Radikalismus I (BHTh 24), 1957 (s. Reg. s.v. b^{e}rît).

J.Hempel

III. Im NT

1. Formale Besinnung zur Abwehr eines unter dem Einfluß der Tübinger Schule (vgl. dazu W.G.Kümmel, Das NT, 1958, 156ff) immer noch beliebten kombinatorischen Klischees: U. und P. sind Relationsbegriffe, die heute in die Soziologie gehören: U. überwindet den P., P. schränkt den U. ein. Im U. steckt ein Angriff, der sich den Gegner ideologisch unterordnet. Der U. ist daher immer ungerecht; wird er selbstverständlich, so können die als P. gebrandmarkten Kräfte sich dennoch durchgesetzt haben, dem ideologischen Kampf aber eine Läuterung verdanken, sofern Ideologie auch im P. angelegt war, also eine Angriffsfläche bot. Solche Beziehungen unterliegen von vornherein einer Dialektik: eine Position bedarf der Gegenposition, um ihren Anspruch begreiflich zu machen. Die Position ist daher im Grunde ironisch und kann nur gewinnen, wenn sie eine gefährdete Wahrheit schützen soll und sofern sie das tut. Die Beziehung zwischen U. und P. ist insofern hermeneutischer Natur; sie zeigt nie die Sache selbst, sondern nur, daß gestritten bzw. kombiniert wird.

In diesem Sinne kann das Schema U.-P. im Blick auf das NT und seine Erforschung nur beweisen, daß das NT zuerst einmal auf seine Sache hin befragt werden muß, weil der Forschung ein methodologischer Kurzschluß unterlief, wenn sie ihr Schema schon für die Sache hielt. Das übliche Klischee: universales → Heidenchristentum (Eph und MkEv) gegen partikulares → Judenchristentum (etwa in Q) kommt dem NT, auch Paulus, nicht auf den Grund und erklärt noch nicht einmal die Entstehung der urchristlichen Literatur, geschweige denn des nt. Kanons, obwohl zuzugeben sein wird, daß dieser Kanon (→ Bibel: II B) einem soziologisch motivierten Einheitsbedürfnis entsprach. Aber P. ist nicht gleich Vielheit, U. ist Einheit nur in einer Idee, die Differenziertes überformt.

2. Ein moderner, den kombinatorischen Charakter der nt. Forschungsarbeit seit F.Chr → Baur instruktiv unter Beweis stellender Versuch zur »redaktionsgeschichtlichen« Klärung der in der Tat folgenreichen Christologie des MkEv (J.Schreiber) mag unsre hermeneutische Situation verdeutlichen: Mk verstehe Jesu Kreuzigung mit Hilfe des (gnostisch geprägten) hellenistisch-paulinischen »Christusmythus« zugleich als Jesu Erhöhung (Phil 2, 6ff; 1Kor 2, 8). Daß sich Mk an der Geistbegabung der Jünger orientiert, die im verlorenen Mk-Schluß erzählt gewesen sein muß, entgeht sonst minutiösen Beobachtungen über ein geoffenbartes »Sehen«, wenn nicht beachtet wird, daß Mk doch, abgesehen von prophetischen Ausnahmen (zB 15, 39), auf Erden alles und nichts »sehen« läßt, bevor der Hl. Geist empfangen wird. Dessen Empfang setzt Jesu Kreuzigung voraus (vgl. Gal 4, 6 und die Formel »durch unsern Herrn Jesus Christus« zB in Röm 5, 1f). Isoliert man die Titel »Sohn Gottes« und »Herr« usw, so kann man freilich einen universalen Christusmythos gegen ein partikulares Judenchristentum ausspielen. Dem widerspricht aber schon die weder universale noch partikulare Stellung des → Petrus, der ja beiden Seiten zuzurechnen wäre, wenn Paulus mit Recht gegen ihn auftrat (Gal 2, 11ff). Daß → Paulus gegen das Gesetz stritt, wird unverständlich bzw. zur Niederlage angesichts einer sich neu herausbildenden christlichen nova lex (Haustafeln!), wenn nicht beachtet wird, daß sein Kampf in Wahrheit den Geist präzisieren sollte, den Paulus mit dem Glauben an das neue Kerygma vom gekreuzigten Herrn verband, das Judenchristentum dagegen in der Gemeinschaft mit dem kommenden Menschensohn Jesus fixierte. Wenn sich die einen wie die andern als eschatologische Gemeinde der Endzeit verstanden - ist da eine wirklich trennende Differenz gewesen? Oder erhob sich hier ein erst durch die Geschichte zu beantwortendes Problem? Wer hat das Recht, der sich aus Jerusalem zurückziehenden »Urgemeinde« den Stempel der Sekte aufzudrükken? Andererseits: nicht einmal der heilsgeschichtliche Entwurf des Lukas darf als »universal« angesprochen werden, weil dieser Entwurf einen judenchristlichen P. gar nicht kennt, sondern das Judentum selbst als den Gegner Jesu, Gottes, markiert.

3. Was die Gegner des Glaubens betrifft, so zeigen sich freilich ebenfalls Unterschiede. Jesu Gegner ist bei Lukas der Satan, bei Markus und Paulus die Sünde, bei Jesus das tägliche Leben. Wenn also ein kirchliches Christentum aufkommt (Apg 11, 26), dann wird der dieses Christentum kennzeichnende Glaube insofern sein eigener Feind werden, als das tägliche Leben oder die Geschichte auch in der Kirche weitergeht. Das Bekenntnis zu Jesus war zwar wegen der Kreuzigung Jesu nach wie vor erforderlich, wenn man sich zu Jesus halten wollte. Aber dieses Bekenntnis wurde problematisch, weil es sich zum dogmatischen Glauben an Jesus verdichten mußte. Eben deshalb bedurfte der (eschatologische) Geist innerhalb des neuen Lebens der Präzisierung, damit der eschatologische Charakter des Bekenntnisses zu Jesus nun auch im Glauben an Jesus gewahrt werde. Der dem Glauben an Jesus zugeordnete Geist konnte nur Er selbst bleiben, wenn man sich wie schon Jesus mit dem »Gesetz« auseinandersetzte, da der Geist nicht in das tägliche Leben abfließen sollte, während dem Gesetz die Aufgabe obliegt, das tägliche Leben zu regulieren, sofern es geistlos ist. So waren und sind der Kirche keineswegs in erster Linie »Missionsprobleme« in einem neuen Feld, der Welt, gestellt, sondern Fragen, die aus ihrem eigenen Dasein aufstiegen, sobald Jesus einen soziologisch faßbaren Erfolg hatte, wie ihn Jesu Kreuzigung endgültig bewirkte.

4. Gerade daß die Kirche mindestens auch infolge der Theologie des Paulus weder einer Apokalyptik noch einem Christusmythos erlag, macht ihre Bemühungen um die rechten Wirkungen des Glaubens und damit um Klarheit im Glauben als den inneren Nerv ihrer »Entwicklung« kenntlich und ihre Rezeption des Außenseiters Paulus als des theologisch maßgebenden »Apostels« verständlich: der Geist Gottes war dem Glauben an den Gekreuzigten gegeben. Und weil dieser Geist den Anspruch erhob, Jesus nicht verloren, sondern verstanden zu haben, so mußte ein sich auf den Geist als Glaubenswirkung berufendes Bekenntnis zum Gekreuzigten nachweisen können, daß es Jesus abschließend verstand. Das ist das alle kanonischen Evangelien bestimmende Motiv ihrer Entstehung. Auch für Lukas heißt Christentum soviel wie Kirche, und für Paulus gibt es wie für seine Vorgänger, Petrus eingeschlossen, nur dort eschatologische Offenbarung Gottes, wo Jesus als der ins Licht gestellte Mensch allein auch Licht verbreitet und daher als der alle Anfordernde verstanden wird, so daß sich an der Gemeinschaft mit dem Gekreuzigten entscheidet, wo es der Mensch mit Gott zu tun hat und wo nicht, mag auch der Tod dann Leben heißen müssen.

5. Universal, nämlich geschichtlich undifferenziert, wird die Sprache der Anfänge erst in den Past. Aber auch dort befindet sich die Kirche eher in einem Rückzug auf ihr Inneres, sozusagen in Akkomodation an den moralischen Stil ihrer Verfolger. Auch diese Situation ist nicht eigentlich ideologisch geprägt, auch keine echte Kampfsituation; man fürchtet sich nicht, nicht einmal die nebenbei abgewehrte Gnosis. Wohl aber steht jetzt die eschatologische Kraft des Glaubens im Innern der Kirche und endgültig in Gefahr. An die Stelle der belanglosen Unterscheidung zwischen universal und partikular muß deshalb die innertheologische Untersuchung der christologischen Unterschiede im NT treten, die im JohEv noch einmal zu einer Auslegung der Existenz Jesu führen, während der Hebr eher abwartet und sich mit der Differenzierung von Jesu Person und Werk begnügt: sein hohepriesterliches Werk macht Jesus für uns als Sohn Gottes sagbar. Die christologischen Differenzen machen die Entwicklung der Kirche zur Kirche aus, nicht eine Mitwirkung der Welt am kirchlichen Dogma, wie noch die Tübinger Schule meinte. Die christologischen Unterschiede sind nicht von vornherein sich ausschließende, nach Vermittlung durch ihre Veränderung rufende Gegensätze, sondern jeweils neu entdeckte Sprachmöglichkeiten einer Auslegung, die Jesus selbst immer wieder erfährt. Jesus geht eben in der Tat nicht in die Geschichte ein, wie er denn schon dem täglichen Leben widerstand, indem er Gott für alle und darum viele in Anspruch nahm. Mag es dann in der Geschichte der Kirche Siege und Niederlagen geben - die Bindung an Jesus ist im NT und später als NT festgehalten worden. Solches Festhalten ereignet sich vor jeder Ideologie; es kann deshalb weder als universal noch als partikular abgestempelt werden. Die Kirche Jesu Christi behauptet ein Jenseitiges im Diesseits als Ereignis und kann glauben, weil ihr Glaube, wie sie weiß, jenen Geist schenkt, in welchem Jesus Gott bezeugt hat.

Vgl. die Lehrbücher der TheolNT - E.Fuchs, Das Sprachereignis in der Verkündigung Jesu, in der Theol. des Paulus u. im Ostergeschehen (Ges. Aufs. I, 1959, 281-305) - J.Schreiber, Die Christologie des MkEv (ZThK 58, 1961, 154-183) - H.Franz, Das Denken Heideggers u. die Theol. (ebd Bh. 2, 81-118). *E.Fuchs*

Universalisten → Universalismus.

Universität

1. Historisch: a) Entstehung und mittelalterliche Frühphase - b) 16.-18.Jh. - c) Entwicklung seit 1800 - 2. Gegenwartsprobleme im Bereich der BRD - 3. U.en in der DDR seit 1945. - Vgl. ergänzend → Fakultäten (Theologische, in Deutschland), → Hochschulen, konfessionelle und pädagogische

1. a) Die höchste Form der Lehr- und Lernanstalt ist eine Schöpfung des mittelalterlichen Europa (→ Scholastik, 5), von wo aus sie seit dem 16.Jh. auch auf die andern Erdteile übergegriffen hat. Prägend und richtungweisend schon für die Frühform in den romanischen Ländern (→ Paris, → Bologna) war das gelehrte, wissenschaftliche Interesse (an Aristoteles [→ Aristotelismus, 2 d], am röm. Recht), kennzeichnend die korporative Autonomie von Magistern und Scholaren; ihre weder sozial noch national begrenzte Lebens- und Studiengemeinschaft (Universitas magistrorum et scholarium, erstmals Anfang des 13.Jh.s belegt) gab den bleibenden Rahmen für diese Institution ab, deren anderslautende, ursprünglich geläufigere Benennungen (studium, studium litterarum, studium generale, collegium scholasticum, collegium studii, collegium ecclesiasticum, societas studii) allmählich schwanden. Umgekehrt erfuhr der Begriff U., an sich von viel breiterer Anwendungsmöglichkeit (etwa auf die fast gleichzeitig mit den U.en aufkommenden Städte oder auf die Lebensgemeinschaft der Deutschen in → Siebenbürgen), eine zunehmende Einengung auf den heutigen Gebrauch. Überholt erscheint die Streitfrage des 19.Jh.s, ob die U. eine primär geistliche oder weltliche Anstalt sei, weniger wichtig auch, ob sie den Typ der Stadt-, der Kanzler- oder Staats-U. verkörpert; wesentlich ist, daß die beiden einander zeitlich folgenden Formen - die erwachsenen (in England → Oxford und → Cambridge) und die im Gründungsakt datierbaren U.en - Korporationen sind, die nach Entstehung und Dasein durch Kirche und weltliche Obrigkeit (Fürst, städtische Kommune) bedingt, auf beiden Seiten, zT in wirksamem Ausspielen gegeneinander, Schutz und Förderung suchten, und daß schon das 13.Jh. im »Studium« ein eigenständiges »Weltamt« neben Sacerdotium und Imperium sehen konnte (→ Alexander von Roes). Eine frühe ausgesprochene Staats-U. war Neapel, 1224 gegründet von → Friedrich II., mit einem königlichen Kanzler und Besuchszwang für die Landeskinder. Weitere namhafte Gründungen des 13. und beginnenden 14.Jh.s, unter Verleihung eines Stiftungsbriefes von Kaiser oder Papst, sind auf der Iberischen Halbinsel Palencia, Salamanca (1220), Valladolid (1250) und Lissabon (1290, verlegt nach Coimbra 1308), in Frankreich Toulouse (1219/29), Orléans (1309) und Grenoble (1339), in Italien Padua (1264), Rom (1303), Perugia (1308), Modena (1328), Pisa (1343) und Florenz (1349). Von der Mitte des 14.Jh.s an folgen die Gründungen auf Reichsboden nördlich der Alpen und in Ost- bzw. Nordeuropa, ohne daß deshalb Studenten aus diesen Gebieten an den älteren U.en Süd- und Westeuropas fehlen (→ Prag 1348, → Krakau 1364, → Wien 1365, Pécs-Fünfkirchen 1367; begünstigt durch das Große Schisma dann → Heidelberg 1386, → Köln 1388, Ofen 1389/90, → Erfurt 1392 und - die erste Gründungswelle in Deutschland abschließend - → Leipzig 1409 und → Rostock 1419, zu denen das reichsburgundische Dôle 1422 und das niederländische → Löwen 1425 gestellt werden darf; bei der zweiten, stärker humanistisch bestimmten Gruppe dann → Greifswald 1456, → Freiburg i. Br. 1457, → Basel 1460, → Ingolstadt 1472, → Trier 1473, → Mainz, → Uppsala und → Tübingen 1477, → Kopenhagen 1479, → Wittenberg 1502, → Frankfurt a. d. O. 1506).

Gemeinsam sind allen U.en des MA die lat. Unterrichtssprache, die Unterrichtsform der Vorlesung und Disputation (→ Scholastik, 3), die weitgehende Wohngemeinschaft in Kollegien und Bursen (→ Bursa), die regelmäßig wechselnde Spitze eines gewählten Rektors und die innere Gliederung nach Fakultäten bzw. Nationen. Unter den Fakultäten stellt die zahlenmäßig stärkste, die der Artisten (→ Artes liberales), Unterbau und Vorstufe für die drei höheren dar (pia nutrix ceterarum facultatum), unter denen die theol. ihrerseits nach Lehrkörper und Hörerkreis stärker war als die juristische und medizinische; nicht jede U. war von Anfang an Voll-U. im Sinne der Vierzahl ihrer Fakultäten, oft wurde gerade eine theol. Fakultät erst mit erheblichem Abstand eingerichtet (Rom, Krakau, Wien). Wenn auch im Lehrkörper - schon im Blick auf die zum Lebensunterhalt dienenden kirchlichen Pfründen und Stiftungen - das klerikale Element überwog (Weltgeistliche, Angehörige der Bettelorden, dann auch der Benediktiner und Zisterzienser), so war doch weder die Zugehörigkeit zum geistlichen Stand noch die Ehelosigkeit unbedingtes Erfordernis für ein U.slehramt; unter den Studenten, von denen 65-75% ohne akademischen Abschluß im heutigen Sinn die U. verließen, dürfte sogar der Laienanteil den klerikalen früh überwogen haben. Fließend war der Übergang zwischen Studenten und Lehrern dadurch, daß der Aufstieg zu den - universal gültigen - Graden der Artisten-Fakultät (Baccalaureat, Licentiat, Magister; → Grade) sowie das Studium in einer der oberen Fakultäten bereits mit einer Lehrtätigkeit auf bestimmten Unterstufen Hand in Hand gehen konnte. Der höchste erreichbare Abschluß, die Promotion zum Doktor, bedeutete für die geistliche oder weltliche Laufbahn des Inhabers die Gleichstellung mit dem Adel. Die - oft auch den Einschreibungen in die U.smatrikel zugrunde liegende - Gliederung der Lehrer und Studenten nach Nationen (Herkunftsgemeinschaften nicht selten recht äußerlich-geographischer Art) baute - mit Ausnahme von Italien - zumeist ebenfalls auf der Vierzahl auf; sie bot bei der herrschenden Freizügigkeit den Scholaren in der Fremde eine gewisse Heimstatt, war aber auch öfters die Wurzel von Spannungen und Krisen (→ Prag). Der für die Bevölkerungszahl mittelalterlicher Städte recht ansehnliche Anteil, den die Universitas magistrorum et scholarium und die ihr angeschlossenen akademischen »Bürger« (Familienangehörige der Dozenten, Pedelle, Handwerker, bald auch Buchdrucker) mit ihrer rechtlichen und wirtschaftlichen Sonderstellung ausmachten, schloß ebenfalls manche Sorge für die Stadtväter in sich (zB Bologna, Erfurt, Wien). - Im Zeitalter der → Reformkonzile erwies sich erstmals das Ansehen, welches die U.en bereits genossen, anhebend mit der Rolle der U. Paris im Schisma von 1378. Professoren gehörten zu den wichtigsten Ratgebern der um die kirchliche Einigung bemühten Fürsten und spielten auf den Konzilen von Konstanz und Basel mit Gutachten und Diskussionsbeiträgen eine gewichtige Rolle. In Frankreich waren die - damals ebenfalls merklich vermehrten - U.en (Aix-Marseille 1413, Poitiers 1431, Caen 1432, Bordeaux 1441, Rennes 1461) beharrliche Verfechter der gallikanischen Freiheiten. Entsprechende Kräfte stellten die deutschen U.en für die um 1500 mit Reichskammergericht und Reichshofrat neubelebte zentrale Rechtsprechung und für das damals entstehende Territorial-Beamtentum.

b) → Humanismus und → Reformation schufen für das U.swesen in mehrfacher Hinsicht eine neue Lage. Die im Humanismus angelegte Möglichkeit, der freien

Forschung in Akademien eine eigene Pflegestätte zu bieten (→ Celtis), gewann mit dem 17.Jh. bleibende Gestalt (→ Akademie: I) und drohte damit den Wirkungsgrad der U.en zeitweise stark herabzusetzen. Die hier empfundene Gefahr ist an der Selbstbenennung von U.en als »Akademie« abzulesen. Auch die Konfessionsbildung des 16.Jh.s brachte Krisenmomente für die U.en, die der kath. Seite als Herde der verwerflichen Neuerung verdächtig, der prot. durch die herkömmlichen Unterrichtsformen und -stoffe änderungsbedürftig erschienen. Aber beide Glaubenslager wollten schließlich doch nicht auf dieses wertvolle und entwicklungsfähige Ausbildungsinstrument verzichten. Für das paritätische Gremium der Assessoren am Reichskammergericht erkannte der → Augsburger Religionsfriede die U.svorbildung beider Konfessionen als gleichwertig an, die Einholung von Gutachten und die Wahl des Studienortes machten an den Bekenntnisgrenzen nicht allenthalben halt. Auf prot. Seite entfielen wohl die päpstlichen U.sprivilegien, nicht jedoch die kaiserlichen. Als Vollanstalten traten hier in den Kreis der älteren Schwestern 1527 → Marburg, 1544 → Königsberg, 1558 → Jena, 1576 → Helmstedt, 1607 → Gießen, 1621 → Rinteln; als Rumpf-U.en - im Blick auf die Zahl der Fakultäten bzw. die Verleihung von Graden - kann man die städtischen U.en → Altdorf (1580) und → Straßburg (1622), → Herborn (1584) sowie allgemein die → Reformierten Hohen Schulen bezeichnen. Die Entsprechung auf kath. Seite besteht darin, daß seit der Mitte des 16.Jh.s die → Jesuiten die Schlüsselpositionen der älteren U.en (Philosophie und Theologie) in ihre Hand nahmen oder Rumpfanstalten dieser Zusammensetzung neu gründeten (→ Freiburg, → Ingolstadt, → Mainz, → Köln, → Trier; 1551 Dillingen, 1576 Olmütz, 1582 → Würzburg, 1586 → Graz, 1614 Paderborn, 1618 Molsheim im Elsaß, 1648 Bamberg, 1669 → Innsbruck, 1702 → Breslau). Zwitterformen verkörpern zeitweise Erfurt (seit 1566 luth. Stiftungsprofessur in der kath. U.) und Heidelberg (Nebeneinander kath. und prot. Theologen nach 1685). Wenn die Richtungskämpfe des Spät-MA (via antiqua, via moderna) in den Spannungen zwischen luth. und ref., orthodoxen und vermittlungsgeneigten Fakultäten bzw. U.en eine Entsprechung fanden, so fehlt auch hier die - schwächere - kath. Parallele in der Abwehr des Jesuiten-Monopols nicht (→ Prag: II, 3; 1622 Benediktiner-U. Salzburg). Die bei der wachsenden Zahl landesfürstlicher U.en in Deutschland (nach dem 30jährigen Krieg 1665 → Kiel, 1694 → Halle, 1734 Fulda, 1737 → Göttingen, 1743 → Erlangen, 1760 Bützow, 1777 → Bonn, 1780 → Münster) naheliegende Provinzialität darf nicht überschätzt werden: U.swechsel kam auch damals häufig vor, die kath. bzw. luth. und calvinische Konfessionsgemeinschaft oder auch Exulantenschicksale führten die studentische Jugend oft über Landes- und Volksgrenzen hinaus; starke Sammelpunkte für den deutschsprachigen Protestantismus waren die U.en, die in den vom Reich sich lösenden Niederlanden in rascher Folge entstanden (→ Leiden 1575, → Groningen 1614, → Amsterdam 1632, → Utrecht 1636), und ebensowenig fehlten an den deutschen U.en Lehrkräfte und Lernende aus den allmählich erst ein U.swesen ausbauenden nördlichen und östlichen Reichen Schweden (→ Dorpat 1632 im heutigen Estland, → Åbo/Turku 1640 im heutigen Finnland, → Lund 1666), Polen (Lemberg 1661) und Ungarn (Preßburg 1546, Tyrnau 1635). Schließlich besteht die Analogie, daß die ältesten überseeischen U.en aus missionarischer Aktivität erwuchsen, auf kath. Seite 1538 Santo Domingo, 1551 Mexiko und Lima, 1562 Guatemala, 1573 Bogotá, 1580 Michoacana, 1598 Cuzco und weitere amerikanische Gründungen des 17.Jh.s sowie in Ostasien Manila 1611, auf prot.-angelsächsischer Seite 1636 die → Harvard-U. und 1701 → Yale-U. als kongregationalistische Gründungen, 1693 William and Mary College als anglikanische.

Stufen und Ausmaß im Schwinden bzw. Wandel der mittelalterlichen Lehrformen und Bildungsziele sind für die U.en des 16.-18.Jh.s noch nicht allenthalben durchsichtig. Deutlich ist die begrenzte soziale Geltung des noch nicht eng an einen Fachlehrstuhl gebundenen Professors neben den Inhabern hoher Hof- und Stadtämter sowie auf prot. Seite die finanzielle Sicherstellung durch eingezogenes, oft als eigener Fonds fortlebendes Kirchengut; unbestritten ist der derbe Pennalismus der in Kriegsnöten als Waffenträger geschätzten Studenten, deren »nationes« noch fortbestanden, während die Formen ihrer mittelalterlichen Wohngemeinschaft zumeist geschwunden waren. Der Pflege der klassischen und der biblischen Sprachen steht die langsame Ablösung des Lateins im Lehrbetrieb durch die einzelnen Landessprachen gegenüber. Das Stipendienwesen spielt für die Ausbildung des geistlichen und Beamtennachwuchses eine große Rolle; in den prot. Ländern wird U.sstudium zur Voraussetzung für die Bekleidung eines geistlichen Amtes, während auf kath. Seite vom → Tridentinum an das Priesterseminar eine zentrale Funktion hierfür gewinnt. An den prot. Voll-U.en schwächt sich der Vorrang der theol. Fakultät ab, während die philosophische an Gewicht zunimmt. Den »Durchbruch zur modernen U. als Staatsanstalt« knüpft man gern an die Gründung von → Halle 1694, wo Rationalismus und Pietismus nicht immer gleichläufig nebeneinander wirkten und die Vertreibung von Chr. → Wolff zeitweise einen Rückschlag brachte, und von → Göttingen 1737, dem in besonderer Weise die Personalunion seines Fürstenhauses mit England zustatten kam. Mit → Königsberg als Drittem im Bunde (→ Kant) boten diese prot. U.en Deutschlands im 18.Jh. maßgebende Vorbilder, als die kath. Landesfürsten kurz vor dem Ende des Ancien régime, überzeugt von der Reformbedürftigkeit ihres Hochschulwesens, selbst nach neuen Wegen suchten und auch nichtkath. Lehrkräfte an ihren U.en zuließen.

c) In dem Zusammenbruch des alten Reiches und seiner beiden Vormächte Österreich und Preußen unter den Schlägen der Französischen Revolution und Napoleons stellte der akademische Sektor einen bevorzugten Ansatzpunkt des geistigen Erneuerungswerkes dar. Während Frankreich 1802 mit der Auflösung seiner alten, meist kirchlich bestimmten U.en zu einem Land staatlich gelenkter Fachschulen (ohne theol. Fakultäten und getrennt von den großen Forschungsgremien) wurde, während England und Kanada (Fredericton 1787, Halifax 1818, Montreal [Mc Gill U.] 1829) ihr U.swesen ohne direkte Staatsaufsicht, aber mit wachsender staatlicher Finanzunterstützung staatskirchenfrei auszubauen suchten, während die → Vereinigten Staaten (: VI) ihr altes System der privaten U. durch Stiftungs-U.en und konfessionelle Hochschulen ausweiteten, es im neuen Westen aber mit Hilfe von Einkünften aus staatlichen Landreserven durch Staats-U.en ergänzten, entwickelte Deutschland seine eigene, zwischen den Gegenpolen staatlicher Lenkung und privater Initiative stehende Spielart der U., deren Wesenszug der enge Zusammenhang von Forschung und Lehre sowie das partnermäßige Wechselverhältnis von staatlicher Finanzierung und verantwortlicher Selbstverwaltung wurde. Dynamik und Einheit der Wissenschaft - das waren die Grundsätze, nach denen W.v. → Humboldt dem überkommenen U.swesen mit dem Modell → Berlin 1810 einen neuen Inhalt verlieh, den die Umdeutung des Begriffs U. als »universitas litterarum« treffend wiedergab. Kennzeichen der hiermit anhebenden dritten Epoche deutscher U.s-geschichte - in der die Ansätze zur Überfremdung und Aushöhlung durch den Nationalsozialismus für die U.en der heutigen BRD ein Zwischenspiel blieben - sind: 1. Die Bevorzugung großer Städte für U.sgründungen und -verlegungen (1811 → Breslau, 1826 → München, 1914 → Frankfurt a.M., 1919 Hamburg und → Köln). 2. Der fortschreitende Rollentausch zwischen philosophischer und theol. Fakultät - für diese abzulesen an dem Nebeneinander zweier solcher Fakultäten in → Breslau, → Tübingen (seit 1817), → Bonn (1818), → Münster (1914) und → Mainz (1946) bzw. ihrem Fehlen in Frankfurt, Köln, bis 1954 in Hamburg, seit 1945 in → Gießen. 3. Der Gestaltwandel der philosophischen Fakultät durch das Auseinandertreten der geistes- und der naturwissenschaftlichen Fächer, wobei in diesen letzten eine Überschneidung mit dem gleichartigen Sektor der neuen Technischen Hochschulen unvermeidlich wurde. 4. Die Gründung des Studiums, in das auch die Frauen nun eintraten (1. Promotion 1867 in Zürich), auf das Reifezeugnis einer höheren Schule und sein normaler Abschluß in einem staatlich geregelten Examen. - Die idealistisch-humanistischen Erwartungen, welche die Generation der Humboldt, → Fichte, → Steffens, → Schelling und → Schleiermacher auf die Erneuerung der deutschen U. setzte, wurden durch das opferbereite Vorbild von Professoren und Studenten im Befreiungskrieg gegen Napoleon, ihren Anteil an der liberalen Bewegung des Vormärz (Burschenschaften, Göttinger Sieben) und den Charakter des → Frankfurter Parlaments von 1848/49 als Professorenparlament weitgehend erfüllt. Die 1807 mutig ausgegebene Losung aber, durch geistige Kräfte zu ersetzen, was an physischen verlorengegangen war, ist im Notjahr 1919 wie im Aufbauwerk nach 1945 neuerdings zugkräftig geworden.

Auch das außerdeutsche U.swesen der letzten 160 Jahre ist in starkem Maße Spiegel und Triebkraft der jeweiligen politischen und geistigen Entwicklung gewesen. Stand es im alten Rußland und in seinen nichtsowjetischen Nachfolgestaaten bis 1940 zumeist dem deutschen U.styp nahe, so hat es seit 1917 in der Sowjetunion und seit 1944ff in allen dem Ostblock eingefügten Ländern dem Weltbild und Selbstverständnis des Kommunismus zu dienen. In Frankreich wie in Belgien ließ das besondere Verhältnis von Staat und Kirche »freie« kath. Hochschulen (→ Löwen, → Paris: II, 4) entstehen, die wie ihre prot. Entsprechungen (→ Montauban / → Montpellier, → Straßburg, → Paris: III; in den Niederlanden → Amsterdam) als private Sondertypen von U.srang gelten können. In England (für die schottische Sonderentwicklung s. →Schottland: III) rückt erst das moderne Zeitalter der naturwissenschaftlich-technischen Institute die U.en (9 Gründungen zwischen 1833/97, 10 weitere im 20.Jh., 4 bevorstehende) unter dem Zwang der finanziellen Bedürfnisse spürbarer in den Bereich staatlicher Einflußnahme. Die USA haben neben weit über 1000 Colleges rd 180 Voll-U.en, in deren Unterbau (college) und Oberbau (graduate school) das alte englische Prinzip der College-Erziehung und das deutsche der Einheit von Forschung und Lehre eigentümlich amerikanische Verbindungen verschiedenster Spielart eingegangen sind (zu den theol. Ausbildungsstätten s. → Vereinigte Staaten: VI). Die seit Beginn des 19.Jh.s selbständig gewordenen mittel- und südamerikanischen Staaten stehen mit ihren aus der spanisch-portugiesischen Tradition stammenden und im 19./20.Jh. vermehrten, überwiegend staatlichen U.en ebenfalls bis heute in der organisch über den Atlantik hin entfalteten europäischen U.sfamilie. Dasselbe gilt von Australien-Neuseeland (5 Gründungen 1850/90) und Teilen des nahen Orients (Beirut, Jerusalem), während für das übrige Asien und für Afrika (mit eigenwüchsigen islamischen und fernöstlichen Ansätzen) dieser Zusammenhang und seine Zukunftsaussichten nach der Entwicklung des jüngsten Menschenalters behutsamer beurteilt werden müssen.

Minerva, Jahrb. d. gelehrten Welt, 1892ff (letzte Ausg. für die U.en: 3 Bde, 1952-56) - ERMAN-HORN - B.SCHMALHAUS, Hochschul-Matrikeln. Verzeichnis der Drucke nebst anderen Nachweisen, 1937 (Neuaufl. in Vorb.). - Das akad. Deutschland, hg.v. M.DOEBERL u.a., 3 Bde, 1930 - H.RASHDALL, The Universities of Europe in the MA, new Ed. by F.M.POWICKE u. H.B.EMDEN, 3 Bde, Oxford 1936 - C.M.AJO Y SÁINZ DE ZÚÑIGA, Historia de las Universidades hispánicas, 3 Bde, Madrid 1957-61 - H.GRUNDMANN, Vom Ursprung d. U. im MA (BAL 103, 2), (1957) 1961² - L.PETRY, Dt. Forschungen nach d. Zweiten Weltkrieg zur Gesch. d. U.en (VSWG 46, 1959, 145-203; Lit.) - G.STEIGER-M.STRAUBE, Forschungen u. Publikationen seit 1945 zur Gesch. d. dt. U.en u. Hochschulen auf d. Territorium d. DDR (Sonderheft d. Zs. f. Geschichtswiss., 1960, 563-599) - S.STELLING-MICHAUD, Hist. des universités au MA et à la Renaissance au cours des 25 dernières années (Comité internat. des sciences hist. XIe Congrès Internat. Stockholm 1960, Rapports I, 97-143; Lit.) - H.SCHNEPPEN, Niederländ. U.en u. dt. Geistesleben von d. Gründung d. U. Leiden bis ins späte 18.Jh., 1960 - D.GERHARD, Zur Struktur d. akad. Unterrichts in d. Vereinigten Staaten. Ein Vergl. mit d. dt. U.en (Studium Berolinense, 1960, 648-674) - G.KISCH, Die U.en u. d. Juden (Philos. u. Gesch. 77), 1961. - Vgl. ferner die Lit. zu den einzelnen Länder- u. U.sartikeln sowie zu → Fakultäten, → Josephinismus. → Reformierte Hohe Schulen. *L.Petry*

2. Trotz der Unterschiede in der Organisationsform der U.en werden die Prinzipien, die W.v. → Humboldt zu verwirklichen suchte (Verbindung von Forschung und Lehre, akademische Freiheit und Freizügigkeit, Bindung an die Idee des Wissens und an öffentliche Verantwortung), noch heute von vielen U.slehrern auch im nichteuropäischen Ausland als »klassische« Fundamente der U. angesehen, die auch bei erheblichen Gegenströmungen nicht voreilig aufgegeben werden sollten. Schwierigkeiten für ein Festhalten dieser Prinzipien entstehen aber durch fortschreitende Spezialisierung der Wissenschaften und das rapide Anwachsen der Studentenzahlen.

Die zunehmende Verselbständigung von Spezialfächern, die sich von ihren philosophischen Voraussetzungen lösen, führt zur Gefahr einer Aushöhlung der U. von innen her und zu ihrem Ersatz durch ein bloßes Aggregat disparater Fachinstitute, von denen sich viele bereits außerhalb der U. ansiedeln. Aber auch inmitten der von dieser Gefahr bes. betroffenen »Großbetriebe« moderner Riesen-U.en ist die »klassische« U. noch an vielen Stellen lebendig.

Die didaktischen Versuche, der Isolierung der Spezialgebiete im Bildungsgang der Studenten durch ein »studium generale« entgegenzuwirken, können und müssen, sofern es sich um orientierende Zusammenschau heterogener Wissenszweige (etwa in Ringvorlesungen) handelt, nach der unterschiedlichen Bildungspotenz der Fächer verschieden beurteilt werden. Am fruchtbarsten haben sich bisher geschlossene kollegartige Einführungskurse (zB Leibniz-Kolleg Tübingen) oder langfristige kleine Arbeitsgemeinschaften (zB in Wohnheimen) erwiesen sowie die selbstverständlichen Horizonterweiterungen von den noch nicht allzu philosophiefernen und spezialisierten Studienfächern selber aus. Doch ist mit alledem nur ein kleiner Teil der Studenten erreichbar und das Grundproblem der Aufsplitterung nicht beseitigt.

Im Steigen der Hörerzahlen liegt das zweite vordringliche Problem (1830 gab es in ganz Deutschland 15000 Studenten, 1961 allein in Hamburg 13700, in der BRD mehr als 200000, davon etwa 8-10% Ausländer). Gemessen am Bedarf der modernen Gesellschaft an qualifizierten Fachkräften ist dieses internationale Phänomen zwar nicht inflationär, aber es erzwingt Strukturveränderungen im Studienbetrieb: Der persönliche Kontakt zwischen Student und Professor schwindet, die Förderung der wirklich »hochschulreifen« Studierenden und des potentiellen Forschungsnachwuchses wird inmitten der Vielzahl bloßer »Brotstudenten« schwieriger, ein studentisches Gemeinschaftsleben versteht sich nicht mehr von selbst, und dem Lehrkörper wachsen zusätzliche Unterrichts-, Prüfungs- und Beratungsaufgaben zu, denen er in vielen überfüllten Fächern nicht mehr gewachsen ist. Zur Abhilfe haben einzelne U.slehrer, freie Zusammenschlüsse wie der »Hofgeismarer Kreis«, Gutachtergremien und hochschulpolitische Organe wie die Westdeutsche Rektorenkonferenz u.a. vorgeschlagen: Vermehrung der Lehrstühle und Vergrößerung der bestehenden U.en, Gründung neuer U.en, Ergänzung und Entlastung der Lehrkörper durch einen »Mittelbau« von Studienprofessoren oder Studienräten im Hochschuldienst. Der Wissenschaftsrat hat 1960 in maßvoller Kombination dieser Vorschläge detaillierte Empfehlungen vorgelegt, denen die Kultusministerien der Länder der BRD nunmehr gerecht zu werden suchen.

Doch bleibt dabei die Alternative bestehen: Erhaltung der »klassischen« U. als Kern innerhalb eines Systems von Instituten, die den Spezialisierungs- und Berufsbildungsbedürfnissen dienen, oder zeitliche Zweiteilung durch »Verschulung« der unteren Semester und Teilnahme an der Forschung erst für höhere Grade. Beide Lösungen stellen sich für verschiedene Fakultäten verschieden dar. Die erste entfacht, sobald man sie institutionalisieren will, soziale Spannungen innerhalb des Lehrkörpers. Die zweite würde den Verzicht auf wirksame Verbindung von Forschung und Lehre, auf akademische Freiheit und philosophische Studiengesinnung während der Hauptzeit des normalen Ausbildungsgangs für viele bisher »akademisch« genannte Berufe bedeuten und nur noch dem Forschungsnachwuchs wissenschaftliche Bildung im vollen Umfang gewähren. Auch wenn eine progressive »Verschulung« der U. sich de facto in manchen Fakultäten (durch »Scheine« und Pflichtvorlesungen) schon bis in mittlere Semester hinauf durchgesetzt und manche Vorbilder im Ausland hat, so ruft sie doch wegen ihrer Rückwirkungen auf die akademischen Berufe und Ämter stärkste - u.a. von der Westdeutschen Rektorenkonferenz und dem Wissenschaftsrat geäußerte - Bedenken hervor und läßt weitere Bemühungen um Wahrung der »klassischen« U.sprinzipien als Kern der akademischen Bildung auch in den Groß-U.en und in den sog. »Massenfächern« ratsam und dringlich erscheinen.

Hofgeismarer Kreis, Gedanken zur Hochschulreform, 1956 - H.PLESSNER (Hg.), Unters.en zur Lage der dt. Hochschullehrer, 1956 - L.RAISER, Die U. im Staat, 1958 - W.FLITNER, Hochschulreife u. Gymnasium, 1959 - Empfehlungen des Wissenschaftsrates zum Ausbau der wiss. Einrichtungen, Teil I, 1960 - Dokumente zur Hochschulreform 1945-59, im Auftrag der Westdt. Rektorenkonf. bearb. v. R.NEUHAUS, 1961 - K.JASPERS-K.ROSSMANN, Die Idee der U., 1961.

H.Scheuerl

3. Die Sowjetische Militäradministration ließ im Bereich der heutigen *DDR* zT noch 1945 die bisherigen U.en und Hochschulen eröffnen. Der Wiederaufbau wurde wesentlich von U.sangehörigen getragen, die durch keine aktiv nationalsozialistische Vergangenheit belastet waren. Strukturelle Veränderungen begannen zunächst im studentischen Bereich: Um durch politische, soziale sowie kriegsbedingte Hemmnisse benachteiligte junge Leute den Hochschulen zuzuführen, gliederte man diesen sog. Vorstudienanstalten an, die von 1949 bis 1962 als Arbeiter- und Bauernfakultäten bestanden haben. Darüber hinaus werden auch unter den Oberschulabsolventen Arbeiter- und Bauernkinder bevorzugt, um diesen in einem der Bevölkerungsstruktur angenäherten Verhältnis akademische Berufe zu erschließen; heute machen sie etwa 56% aus, wobei die Landbevölkerung noch keinen angemessenen Prozentsatz stellt. Parallel damit und zugleich durch die wirtschaftlichen Veränderungen überhaupt bedingt ging neben der Abschaffung der Gebühren ein gestufter Ausbau des Stipendienwesens, heute etwa 90% erfassend. Die schon bei der Oberschulzulassung dank numerisch errechneter Leistung praktizierte Gleichberechtigung der Geschlechter bewirkt ein starkes Angebot an Abiturientinnen; dem entsprechen rd 32% weibliche Studierende insgesamt, in den pädagogischen Hochschulen fast, den medizinischen Akademien über 50%. - Die Kuratorialverfassung der U.en wurde durch die »Vorläufige Arbeitsordnung der U.en usw« vom 23.5.1949 aufgehoben; diese verstärkte die Stellung der vom Senat für 2 Jahre gewählten Rektoren innerhalb der Hochschulen. Der unmittelbare Einfluß des Staates, vertreten durch das (seit dem 1.3.1951 hierin die Kultusministerien der Länder ersetzende) Staatssekretariat für Hochschulwesen bzw. verschiedene Fachministerien, wird gewährleistet durch die ernannten Prorektoren (für das gesellschaftswissenschaftliche Grundstudium, Studentenangelegenheiten, Forschungsangelegenheiten, wissenschaftlichen Nachwuchs), Verwaltungsdirektoren, Bibliotheksdirektoren sowie die der Arbeiter- und Bauernfakultäten. Senatsmitglieder sind ferner die durch die Fakultätsräte ebenfalls für 2 Jahre gewählten, staatlich bestätigten Dekane, ein Sekretär der Hochschulgruppe der Sozialistischen Einheitspartei Deutschlands, ein akademisches Mitglied der U.sgewerkschaftsleitung des Freien Deutschen Gewerkschaftsbundes, vom Rektor vorgeschlagene Wahlsenatoren sowie für studentische Angelegenheiten ein Vertreter der Freien Deutschen Jugend mit beratender Stimme. - Die Zahl der Hochschulen wurde stark erweitert; zZ bestehen außer den 6 U.en (→ Berlin, → Greifswald, → Halle, → Jena, → Leipzig, → Rostock), der Technischen U. (seit 1961) Dresden und der Freiberger Bergakademie 41 staatliche Hochschulen (je 8 Technische und Pädagogische Hochschulen bzw. Institute, je 4 Landwirtschaftliche und Wirtschafts- bzw. Staatswissenschaftliche Akademien, 3 medizinische Akademien, 12 Kunsthochschulen, 1 für Körperkultur) mit rd 69000 Studierenden. Hinzu kommt für Berufstätige die Möglichkeit des Fernstudiums und der Ausbildung in sog. Industrieinstituten. - Dem Versuch eines einheitlichen philosophischen Fundamentes aller Wissenschaften dient das obligatorische gesellschaftswissenschaftliche Grundstudium auf marxistisch-leninistischer Grundlage, ferner eine in gleicher Richtung zielende Auswahl und Beeinflussung des wissenschaftlichen Nachwuchses, bes. der gesellschaftswissenschaftlichen Disziplinen. Diese Entwicklung war zugleich Grund und Vorwand einer empfindlichen Abwanderung wissenschaftlicher Kräfte aller Art.

Vgl. die genannten U.sartikel, die WZ.en der U.en u. Hochschulen, die Zs. »Das Hochschulwesen« (seit 1953/54) - F.WOHLGEMUTH, Beiträge z. Gesch. d. Hochschulwesens in der DDR seit 1945 (Phil. Diss. Rostock), 1954 (Masch.) - Forschen u. Wirken, Festschr. z. 150-Jahr-Feier d. Humboldt-U. zu Berlin I-III, 1960 - Hochschulführer der DDR, hg.v. Staatssekretariat f. d. Hoch- u. Fachschulwesen, 1960 - Statistisches Jb. der DDR, 1960.

E.Kähler

Universitätsgottesdienst (= UG.; U. = Universität, UP. = Universitätsprediger, StP. = Studentenpfarrer) ist ein öffentlicher ev. Gottesdienst, nur selten noch »akademischer Gottesdienst« genannt, der kraft staatlicher oder kirchlicher Beauftragung oder herkömmlich von U.stheologen in Räumen der U. oder einer Kirchengemeinde mit gewisser Regelmäßigkeit gehalten wird. Die Sache ist älter als der Begriff. Luther zB erhielt 1514 vom *Wittenberger* Rat einen Predigtauftrag für die Stadtkirche, den er, obwohl auch Klosterprediger, fleißig wahrnahm, auch noch nach seiner Rückkehr von der Wartburg. Seine Rücksicht auf die anwesenden Studenten ist ebenso erkennbar wie die Tatsache, daß diese die Predigten ihres Prof.s »in templo« als Stück ihrer Unterweisung ansahen. In → Basel (: II, 2) entstand eine ähnliche Personalunion 1523, als der Rat die Prediger → Oekolampad und → Pellikan beauftragte, Professuren an der immer mehr verwaisenden U. wahrzunehmen. In Wittenberg wurde der vorher lange von Luther vertretene Stadtpfarrer → Bugenhagen 1535 auch U.s-Prof. - Die Verbindung von Lehr- und Kirchenamt bleibt dann häufig (*Rostock:* Joh. → Aurifaber [, 2] und die beiden → Quistorp; *Marburg:* Joh. → Draconites Prof. und Pfarrer; ebenso *Tübingen:* Paul Phrygio 1535-43). Herzog Christoph († 1568) verband in Tübingen die 3 biblischen Professuren mit der Predigt in der Stiftskirche (»Frühprediger«). In *Jena,* wo u.a. Martin Mirus († 1593) oder Eduard Schwarz († 1870) Prof. und Sup. zugleich waren, hat die Fakultät bis in die jüngste Vergangenheit die Predigten in der Stadtkirche an 5 bestimmten Festtagen zu besetzen gehabt. In *Leipzig* waren Prof.en zugleich Pfarrer an St. Thomae und St. Nicolai - bis 1888, obwohl es dort schon seit dem zweiten Drittel des Jh.s eigenen akademischen Gottesdienst an St. Pauli gab.

Die Frage, weshalb man - zuerst im letzten Drittel des 17.Jh.s - solche *besonderen* UG.e einrichtete und UP. ernannte, ist nicht voll geklärt. Sicher sprachen pietistische Tendenzen mit, zB in Halle, vielleicht aber auch Emanzipationsbestrebungen der theol. Fakultäten oder ein allgemeines »akademisches« Geltungsbedürfnis. In *Marburg* beauftragte Landgräfin Hedwig Sophie 1676 den o. Prof. der Eloquenz und Geschichte und ao. Prof. der Theologie Sam. Andreae, alle 4 Wochen in der U.s-kirche zu predigen. In *Halle* predigten seit 1694 ein Ordinarius und neben ihm andere U.slehrer den Studenten in der Schulkirche. Bei der Berufung Schleiermachers wurde dieser UG. behördlich erneuert (1805). *Göttingen* hatte seit 1742 einen UP., *Erlangen* seit der Gründung 1743 sogar ein U.spfarramt, seit 1814 nur einen UP. Die *Bonner* U.sstiftung 1818 sah den UG. vor, der 1822 begonnen, aber erst 1930 in die in der U. gelegene Schloßkirche verlegt wurde. Auch *Königsberg* hatte (jährlich achtmal) in der Schloßkirche akademischen Gottesdienst. *Breslau* bekam 1853 UG. und einen UP. - Zum *Stand des UG.es um 1930* vgl. im übrigen RGG² V, 1393 f. Schon damals gab es vereinzelt StP., und Andachten in der U. kamen auf; damit bahnte sich eine Entwicklung an, die an den U.en für das gottesdienstliche Leben im weitesten Sinn sehr folgenreich gewesen ist (→ Studentengemeinde, → Studentenpfarrer).

Gegenwärtig ist die Lage des UG.es allenthalben durch das Neben- oder Miteinander von UP.n und StP.n und durch die gegenüber früher große Zahl von regelmäßig predigenden Prof.en gekennzeichnet, wie auch die Zahl der UG.e selbst im Durchschnitt wesentlich gewachsen ist. Mancherorts kennt man die ständige (so Heidelberg, Jena, Leipzig) oder häufige und regelmäßige (so Mainz) Verbindung von Predigt und Abendmahl, *auch* »Sakramentsgottesdienst« (so Leipzig). Die Pflege der Kirchenmusik ist für manche UG.e charakteristisch (zB Heidelberg und bes. Leipzig). Der einzelne Prediger kann sich im UG. heute, weil seltener auf die Kanzel kommend, wohl kaum so sehr - auch über den Rahmen der U. hinaus - Gemeinde sammelnd auswirken wie früher, als der UG. vom UP. allein gehalten wurde, etwa von → Tholuck in Halle, R. → Rothe in Heidelberg, W. Thümmel in Jena oder O. → Baumgarten in Kiel. - Einen, zuweilen auch zwei UP. gibt es zZ in Bonn, Erlangen, Göttingen (2), Hamburg, Heidelberg, Jena, Kiel, Leipzig (2), Mainz, Marburg und Münster; er ist für den UG. verantwortlich und wird in verschiedenem Maße in der Predigt von vielen seiner Kollegen, oft von der ganzen Fakultät, unterstützt. In Greifswald und Halle hat ein Praktischer Theologe, in Rostock der Dekan die Verantwortung für den UG. In Tübingen besteht noch heute die Einrichtung der 3 Frühprediger, nur daß diese sich jetzt mit den Pfarrern der Stiftskirche abwechseln. - Die Einsetzung der UP. durch den Staat, wie sie in der Mehrzahl der neuen Staatskirchenverträge (bei verschiedenartiger Mit- und Nachwirkung der Kirchen) vorgesehen ist, widerspricht dem kirchlichen Charakter auch dieses Predigtamtes. Eine Anzeige der - sei es durch die Fakultät, sei es durch die Kirche - getroffenen Wahl des UP.s an den Rektor oder das Ministerium müßte ausreichen, um das Ineinandergreifen kirchlichen Dienstes und körperschaftlicher oder staatlicher Ordnung zu betonen.

Statistische Einzelheiten: Berlin hat UG. in unregelmäßigen Abständen, gehalten von den Mitgliedern der Fakultät der Humboldt-U. Sonst amtieren allenthalben die StP. *Bonn:* Die meisten Fakultätsmitglieder und der StP. predigen im Wechsel. *Erlangen:* Der UP. und seine Kollegen predigen in der »Neustädter und U.skirche« im Wechsel mit den Gemeindepfarrern (außer August bis Oktober). *Göttingen:* In der U.skirche (simultane Nicolaikirche) wechseln sonntäglich UP. und Prof.en (UG.) und StP. (Studentengemeinde). *Greifswald:* UG. 14tägig in der Jakobikirche. *Halle:* In der Magdalenenkapelle der Moritzburg wird wie in Göttingen gewechselt. *Hamburg:* Der UP. predigt in St. Katharinen, die anderen Prof.en in zwei anderen Hauptkirchen, insgesamt 8 bis 10mal im Semester. Dazu kommen die Gottesdienste der Studentengemeinde. *Heidelberg:* wie Halle (Peterskirche). *Jena:* In der Aula ist sonntäglich UG., bis auf jeden 4. Sonntag, wo der StP. in der Stadtkirche predigt. *Kiel:* Sonntäglicher Wechsel ähnlich Halle u.a. *Leipzig:* In der U.skirche predigen UP. und die anderen Prof.en; die Verbindung mit der Studentengemeinde wird wieder angestrebt. *Mainz:* In der U.skapelle predigen die meisten Prof.en und der StP. ganzjährig sonntäglich; außerdem ist monatlich ein UG. *nach* dem Gottesdienst in einer Stadtkirche vorgesehen. *Marburg:* In der U.skirche ist 10 bis 12mal im Jahr »akademischer Gottesdienst« des UP.s und seiner Kollegen. An diesen Sonntagen fällt der sonst dort stattfindende Gottesdienst der Studentengemeinde aus. *Münster:* In der Observantenkirche wird sonntäglich zwischen einem Prof. und den beiden StP.n gewechselt. *Rostock:* In der Hl. Kreuz-Kapelle ist 14-tägig im Semester UG., außerdem Karfreitag und an den ersten Festtagen.

H. Hering, Der akad. Gottesdienst u. der Kampf um die Schulkirche in Halle, 1909 - U. Stutz, Das Bonner ev. UP.amt in seinem Verhältnis zu Staat, Kirche u. Gemeinde (SAB 1921, 171-193) - RGG² V, 1393 ff - J. Konrad (Hg.), Bonner U.spredigten, 1959 - U.spredigten in mehreren Bänden von P. Althaus. *W. Jannasch*

Unsterblichkeit

1. Religionsgeschichtlich - 2. Philosophiegeschichtlich - 3. Theologisch

U. ist Unvergänglichkeit eines Wesens, das nicht sterben kann (Gott) oder für das der Tod den Übergang in eine neue Existenzform bedeutet. Diese kann persönlich oder unpersönlich, leiblos oder mit einer verwandelten Leiblichkeit gedacht sein. Der Übergang kann zu einer höheren oder niederen Existenzform führen. U. im engeren Sinne heißt U. der Seele oder der Person. Im erweiterten Sinn wird der Begriff als Wertprädikat für menschliche Verhaltungsweisen und Leistungen gebraucht.

1. Der *U.sglaube der Religionen* spricht sich in mannigfachen Vorstellungen aus. In den primitiven Religionen wird das Leben nach dem → Tode (: I) vielfach als modifizierte Fortsetzung des irdischen Lebens verstanden, wie Bestattungsbräuche und Totenkult zeigen (→ Begräbnis: I, → Totenverehrung: I). Dabei braucht die Existenz einer → Seele und eine »ewige« Fortdauer noch nicht erfaßt zu sein. Frühzeitig findet sich die Vorstellung eines unterschiedlichen Loses der Verstorbenen. Es kann bedingt sein durch den Rang des Toten, durch die Todesursache, durch Erfüllung oder Nichterfüllung magischer, kultischer und ritueller Vorschriften oder auch durch das sittliche Verhalten. In den antiken → Mysterien sollen die Weihen den Mysten die U. verbürgen. Der in Indien und Griechenland entwickelte Reinkarnations- oder → Seelenwanderungs-Glaube verbindet das künftige Los eng mit den Gedanken der Belohnung, Bestrafung und schrittweisen Läuterung. Letztes Ziel ist die Befreiung vom Kreislauf der Wiedergeburten. Der Orphismus (→ Orpheus) erwartet sie als Erlösung der Seele aus der Gefangenschaft des Leibes, der → Buddhismus als Eingang in das Nichts, der Brahmanismus als Aufgehen im großen unpersönlichen Brahman; der spätere → Hinduismus kann auch ein Fortleben in persönlicher Gemeinschaft mit dem höchstverehrten Gott annehmen. Im Mahâyâna-Buddhismus kann die durch Wiedergeburten ermöglichte irdische oder himmlische Wirksamkeit als Bodhisattva, durch die andere Menschen gerettet werden, begehrenswerter erscheinen als das → Nirvâna. → Konfuzius verzichtet überhaupt auf Vorstellungen über ein Leben nach dem Tode, ohne jedoch den Ahnenkult anzutasten.

2. Die *philosophische U.slehre* wurde von → Plato im Anschluß an orphische Anschauungen ausgebildet. Plato geht von erkenntnistheoretischen Erwägungen aus. Die ewigen → Ideen des Wahren, Guten, Schönen sind nicht aus der Wahrnehmung abzuleiten, sondern sind Erinnerungen des von der präexistenten Seele Geschauten. Die Seele (→ Leib und Seele: II) muß als erkennende, einfache, immaterielle Substanz gedacht werden, den Ideen wesensverwandt, die sie erfaßt, und wie diese ewig und unsterblich. Ihre Befreiung aus dem Gefängnis der Leiblichkeit vollzieht sich als Läuterung in Wiedergeburten und führt zur Wiedervereinigung mit dem Göttlichen, ohne daß sie jedoch ihre Individualität verliert. Nach → Aristoteles ist nur die überindividuelle Weltvernunft unsterblich, nicht dagegen die Seele als Entelechie des Leibes. Die Epikureer leugneten die U., von den Stoikern wurde der Seele meist nur eine zeitlich beschränkte Selbständigkeit zugestanden, nach der sie in die allgemeine Weltseele zurückgenommen wird. Für die → Gnosis und den → Neuplatonismus war die Rückkehr der Seele oder des Selbst aus der Entfremdung in die himmlische oder geistige Welt das Ziel der Erlösung. Die altkirchliche Theologie konnte das → Abendmahl (: II, 1 a) als Heilmittel zur U. verstehen, der Menschwerdung Gottes die Gottwerdung des Menschen korrespondieren lassen. Frühzeitig verbanden sich platonisch-neuplatonische U.s-Vorstellungen mit dem Gedankengut der biblischen Eschatologie. Für → Augustin zB folgt die U. der Seele aus ihrem Teilhaben an den ewigen Wahrheiten. Auch nach der Rezeption des Aristoteles im MA dachte man in der U.sfrage platonisch. Der → Averroismus, der die U. der Einzelseele leugnete, wurde von → Albert d.Gr. und → Thomas abgelehnt und auf dem 5. Laterankonzil 1513 verworfen (Denz. 738). Seither ist es offizielle kath. Lehre, daß die Seele eine geistige, unsterbliche und individuelle Substanz ist. Unter den Renaissancephilosophen stritten sich Platoniker und Skeptiker über die U. der Seele. In der Aufklärungstheologie und -philosophie war die U. weithin ein Lieblingsdogma, das die reichere kirchliche Eschatologie ersetzte. → Descartes, die meisten englischen Deisten (→ Deismus: III), → Leibniz, → Wolff, → Reimarus traten für sie ein. M. → Mendelssohn schrieb 1767 seinen Phädon zum Erweis der U. Dagegen wurde die U. durch den Pantheismus → Spinozas und die Skepsis P. → Bayles und → Voltaires zweifelhaft gemacht; → Hume hat sie direkt verneint. Andererseits fand → Swedenborgs Verkehr mit der Geisterwelt großes Interesse, weil er den unsicher gewordenen U.sglauben durch Erfahrungen zu stützen versprach. → Oetinger, → Jung-Stilling, → Oberlin, G.H.v. → Schubert, → Baader, auch der späte Schelling gingen in Swedenborgs Spuren. → Kant kritisierte 1766 die »Träume eines Geistersehers«. In der Kritik der reinen Vernunft zerstörte er erkenntnistheoretisch die U.sbeweise aus dem Wesen der Seele, postulierte aber ethisch in der Kritik der praktischen Vernunft die U. aus der Bestimmung des Menschen zur sittlichen Heiligkeit, die erst in einem jenseitigen Progressus annähernd erreicht werden kann, und aus der sittlichen Weltordnung, welche den Ausgleich der Diskrepanz zwischen Tugend und Schicksal fordert. Für → Fichtes Ich-Philosophie ist die U. des wahren Ich bereits im Ansatz gegeben. Der dem Vernunftgesetz Gehorchende hat schon hier das ewige Leben. Fichte beschreibt es auch in der Sprache der Mystik. Ein Leben nach dem Tode kann er sich nur als Fortwirken in neuen höheren Pflichtbereichen denken. Weniger von Kants Ethizismus als von Spinozas naturphilosophischem Monismus bestimmt sieht → Herder die U. im Zusammenhang mit der Fortdauer aller wirkenden und lebendigen Kräfte der Weltschöpfung. Wohl die Ichheit, aber nicht das Ewige im Selbst vergeht. Durch die allwirksame Gotteskraft wird es zu neuen Bestimmungen hinübergeführt. Letztes Ziel ist die Vollendung der Humanität. → Goethes diesseits gerichtete Lebensanschauung kann auf neue Tätigkeiten im Jenseits hoffen. Der junge → Schleiermacher dagegen wollte unter spinozistischem Einfluß die U. auf das Einswerden mit dem Unendlichen mitten in der Endlichkeit beschränken. Später hat er sich mit der Hoffnung auf ein ewiges Leben etwas mehr befreundet. → Schelling läßt in den theosophischen Spekulationen seines Spätwerks die gottentfremdeten Seelen emporgeläutert werden zum Eingang in die Geisterwelt. Nach → Schopenhauer überdauert nur der vernunftlose Wille den Tod, während jedes persönliche Fortleben pessimistisch verneint wird. Wie Schopenhauer, so bildet auch → Hegel einen Übergang zur Leugnung der U. im 19.Jh. Da der einzelne nur als Durchgangsstufe in der sich in der Geschichte vollziehenden Selbstverwirklichung des absoluten Geistes in Betracht kommt, ist eine Fortdauer seiner Existenz in Hegels System nicht angelegt und wird von ihm auch mit beredtem Schweigen übergangen. Offenkundig wurde das allerdings erst durch die Linkshegelianer → Strauß und → Feuerbach, welche den U.sglauben als letzten Feind bekämpften, gefolgt von den Materialisten Moleschott, Vogt, Büchner und → Haeckel. Der jüngere → Fichte und Chr.H.Weisse traten von ihrem ethischen Theismus her für persönliche U. ein. Vor allem aber hat G.Th. → Fechner die U. auf der Basis seiner romantischen organischen Naturphilosophie neu zu begründen versucht. Für ihn ist der Tod der Durchbruch aus einer engeren niederen Lebenssphäre in die höhere weitere des allbeseelten Kosmos, in dem die Einzelseelen in Gemeinschaft miteinander und mit den noch Lebenden fortleben in der erweiterten Leiblichkeit ihrer irdischen

Nachwirkungen. - Die Reinkarnations- oder Seelenwanderungslehre ist in der neueren Philosophiegeschichte verschiedentlich aufgegriffen worden. → Lessing wollte den einzelnen durch Seelenwanderung am Fortschritt der Menschheit teilnehmen lassen, → Nietzsche in der Lehre von der ewigen Wiederkunft der Bejahung dieses Lebens Ausdruck geben. Für → Theosophie und → Anthroposophie ist die Reinkarnation ein fester Bestandteil des Systems. - In der heutigen Philosophie werden Beweise für die U. fast durchweg abgelehnt, nicht immer jedoch diese selbst. H. → Scholz versucht auf der Basis Kants und Fichtes, jedoch unter stärkerer Berücksichtigung des Gottesglaubens, die persönliche U. zu rechtfertigen. Der Vitalist Driesch, der mit seiner organischen Naturauffassung in gewisser Weise die Linie Fechners fortführt, neigt dazu, daß das Ich nach dem Tode in ein Überpersönliches eingeht, ohne darin ausgelöscht zu werden. K.Groos, der Driesch nahesteht, bezweifelt die Erhaltung von Individuationen in der Allseele. A.Mittasch scheint sich auf ein Fortbestehen seelisch-geistiger Werte zu beschränken. Für → Jaspers ist U. nur der metaphysische Ausdruck für den Aufschwung der Existenz in der Grenzsituation.

3. Die heutige *ev. Theologie* verwirft meist den U.sglauben, und zwar von zwei verschiedenen Standpunkten aus. Entweder polemisiert sie gegen ihn von der Auferstehungshoffnung her. Nur in ihr sei der Ernst des → Todes (: IV), die Verantwortlichkeit des ganzen Menschen, das völlige Angewiesensein auf Gottes schöpferische Gnade gewahrt und ein falscher Leib-Seele-Dualismus ausgeschaltet (C.Stange, A.Schlatter, W.Künneth, E.Brunner, K.Barth, H.Thielicke). Hingegen beruhe der U.sglaube auf der Annahme eines unvergänglichen Wertes des Menschen oder der Identität seines Wesenskerns mit dem ewigen Gott. Oder aber die Theologie beschränkt sich wie Schleiermacher und → Ritschl auf ein gegenwärtiges ewiges Leben unter Verzicht auf Zukunftsaussagen. Dabei wird jedoch die Unverfügbarkeit auch des gegenwärtigen ewigen Lebens betont. Bei → Bultmann zB konzentriert es sich im Akt des Glaubens in der Begegnung mit dem Kerygma. Für → Tillich tragen alle Aussagen über das → ewige Leben (: IV) nur Symbolcharakter. Dabei gilt das Symbol der U. als weniger angemessen als die Symbole der Auferstehung und des Reiches Gottes. - Die schroffe Entgegensetzung von U. und → Auferstehung (: VI) ist in der Lehrtradition der Kirche nicht begründet. Die alte und mittelalterliche Kirche kennt sie nicht. Luther war bei aller Bevorzugung der Auferstehungshoffnung doch nicht direkt polemisch gegen die U. Noch mehr gilt das von Calvin und vollends von Zwingli, bei denen das humanistische Erbe stärker war als bei Luther. Die altprot. Dogmatiker sprechen vom Fortleben der Seelen nach dem Tode. Gebete und Lieder der ev. Kirche geben häufig einer Jenseits-Eschatologie Ausdruck. Im NT dominiert, wenn man vom JohEv absieht, die Auferstehungshoffnung, doch kennt es auch den Eingang ins Leben unmittelbar nach dem Tode (zB 2Kor 5, 1ff; Phil 1, 21ff). Die Vorstellungen des antiken Judentums sind keineswegs einheitlich (ThW VI, 376ff). Innerhalb des AT finden sich seit dem 4.Jh. (?) einige Aussagen über eine → Auferstehung (: III, 3. 4) der Toten, während die U. ausdrücklich ausgeklammert ist (Gen 3, 22). - Durch den Verzicht auf jegliche Zukunftshoffnung, auch wenn er mit der radikalen Offenheit des Glaubens für das je und je auf uns Zukommende begründet wird, gerät die Theologie in die Nähe der skeptischen oder materialistischen Leugnung der U., die übrigens auch von der Theologie der Auferstehung gern zur Eideshelferin herbeigerufen wird. Alle positiven philosophischen Bemühungen um das U.sproblem werden damit grundsätzlich preisgegeben. Ob die Theologie damit recht tut, ist sehr fraglich. Sie hat zum mindesten die im U.sglauben zum Ausdruck kommende Sonderstellung und Bestimmung des Menschen zu würdigen. Für den christlichen Glauben ist die Erwartung einer uns im Tode bevorstehenden Begegnung mit Gott, seinem → Gericht (: IV) und seiner → Gnade (: V), unaufgebbar. Sie läßt sich jedoch mit dem U.sglauben durchaus vereinen. Abzulehnen ist nur eine U., welche, unter Absehen von Gott, dem Menschen oder der Seele eine wesensmäßige U.smächtigkeit zuschreibt. Der Leib-Seele-Dualismus ist mit dem U.sglauben nicht notwendig verbunden. Es geht um die U. der Gott verantwortlichen Person.

Allgemein: RE XX, 282ff; XXIV, 618f - RGG² V, 1395ff - Eisler III, 322ff (jeweils ältere Lit.). - Zu 1: J.Witte, Das Jenseits im Glauben der Völker, 1929 - K.Th.Preuss, Tod u. U. im Glauben der Naturvölker, 1930 - T.Andrae, Die letzten Dinge, dt. (1940) 1941² - F.Heiler, U.sglaube u. Jenseitshoffnung in d. Gesch. d. Religionen, 1950. - Zu 2: H.Scholz, Der U.sgedanke als philos. Problem, (1920) 1922² - W.Lütgert, Die Religion d. Dt. Idealismus u. ihr Ende I, 1923, 183ff; III, 1926, 228ff - W.Götzmann, Die U.sbeweise in d. Väterzeit u. Scholastik bis zum Ende d. 13.Jh.s, 1927 - H.Mandel, Metapsychologie, 1935, 162ff - K.Groos, Die U.sfrage, 1936 - A.Mittasch, Unvergänglichkeit?, 1947 - A.Wenzl, U., 1951 - N.M.Luyten-A.Portmann-K.Jaspers-K.Barth, U., 1957. - Zu 3: P.Althaus, Retraktationen zur Eschatologie (ThLZ 75, 1950, 253 bis 258) - H.Grass, Das eschatol. Problem in d. Gegenwart (in: Dank an P.Althaus, 1958, 47-78). - Weitere Lit. in d. genannten Schriften u. bei → Auferstehung, → Eschatologie, → Ewiges Leben, → Ewigkeit.

H.Graß

Unterbewußtes → Tiefenpsychologie.

Untereyck, *Theodor* → Undereyck.

Unternehmensgewinn (Profit, Rendite; fälschlich oft mit dem → »Zins« gleichgesetzt) ist der Geldertrag des → Kapitals. Er ergibt sich aus der Differenz zwischen den Markterlösen eines Unternehmens und seinen Kosten. Auf das eingesetzte (dh in der Gewinnperiode wirksam gewordene) Kapital bezogen, drückt sich der Gewinn in einem bestimmten Prozentsatz aus, der Gewinn- oder Profitrate. - *Geschichtlich* gesehen taucht der U. schon in vorkapitalistischen kommerziellen Gesellschaftsformen auf, jedoch stammt er hier vorwiegend aus dem → Handel, noch nicht aus der Produktion. Auch fehlt die typische »kapitalistische« Verwendung des Gewinns: Dieser wird noch ganz überwiegend konsumtiv verwendet. Im Gegensatz hierzu beruht der U. der modernen Erwerbswirtschaft primär auf Kapitalverwertung in der *Produktion;* auch wird der Gewinn hier ständig der weiteren Kapitalverwertung wieder zugeführt: Es geschieht dauernde Neubildung (Akkumulation) von Kapital. - Der U. beruht einerseits auf der Tatsache volkswirtschaftlicher Wertschöpfung, anderseits auf dem Umstand, daß der erwirtschaftete Mehrertrag auf Grund des Sondereigentums an den Wirtschaftsmitteln Privaten als deren Einkommen zufällt. - In der modernen → Wirtschaftstheorie werden vom Kapitalgewinn der sog. Eigenkapitalzins sowie die »Risikoprämie« häufig abgetrennt, so daß eine entsprechend verkleinerte Restgröße bleibt, die u.U. (im »Gleichgewicht«) gleich Null ist. Es wird indessen zweckmäßig sein, all das zum U. zu rechnen, woraus eine Erweiterung oder Verbesserung der Produktion, in der Regel mit entsprechenden Neuinvestitionen, bestritten werden kann. - Folgende *Arten* des U.s lassen sich unterscheiden: 1. Der »konkurrenzübliche« *Normalgewinn;* ein Zurückbleiben hinter diesem (freilich nur durch die Erfahrung jeweils ungefähr zu bestimmenden) Gewinnsatz würde mangelnde Fähigkeit des beteiligten Unternehmens bedeuten, vermittels der erforderlichen Neuinvestitionen sich auf dem Niveau der → Konkurrenz zu halten. 2. *Renten:* Diese können sein a) *Differentialrenten* auf Grund verhältnismäßig günstigerer Kosten bestimmter Unternehmungen bei gleichen Absatzpreisen aller Beteiligten; b) *Monopolrenten* auf Grund einer dauernden Vorzugsstellung bestimmter Unternehmungen auf den Märkten. Die Bedeutung dieser → Monopol-Gewinne hat infolge der allgemeinen Durchorganisierung der Märkte und des Übergangs zu mehr oder minder ausgeprägten Formen des monopolistischen Wettbewerbs in neuerer Zeit zugenommen. - Vgl. → Betrieb: II.

E.Carell, Unternehmergewinn u. Arbeitslohn, 1950 - St. Varga, Der Unternehmungsgewinn, 1957 - B.S.Keirstead, Capital, Interest and Profits, Oxford 1959. - Vgl. die Lit. zu → Zins. *W.Hofmann*

Unternehmer

1. Begriffsbildung im Zusammenhang einer Theorie - 2. Eigentümer-U. und »angestellter« U. - 3. U. ist kein Spezialist - 4. Herkunft der U. - 5. Individualismus und Verbandsbildung der U.

1. Begriffe überleben oft die Theorie, in deren Zusammenhang sie definiert sind, und führen dann leicht zu sinnlosem Streit. Die englische → Wirtschaftstheorie wurzelt in der Praxis der Übersee-Handelsgesellschaften des 17.Jh.s und setzte den U. dem Kapitalisten gleich, obwohl die neuen U. in der verarbeitenden → Industrie oft gänzlich mittellos waren und sich das für ihre Neugründung nötige → Kapital durch Bankkredit beschaffen mußten. Die französische Theorie geht auf die handwerklich-staatswirtschaftliche Entwicklung dieses Landes zurück und betrachtete denjenigen als U., der in Manufaktur und Fabrik die Arbeiten leitete und beaufsichtigte. → Turgot bezeichnete als »bloßen« U. denjenigen, der ohne eigenes Kapital wirtschaftete. Die deutsche Theorie des zweiten Drittels des 19.Jh.s wollte zwischen diesen Auffassungen vermitteln und erkannte die wirtschaftliche Funktion des U.s in der Zusammenfassung geteilter → Arbeit, somit in der Ermöglichung einer ständig zunehmenden Arbeitsteilung und der dadurch steigenden Arbeitsproduktivität. Rau definierte den U. als denjenigen, der »die Güterquellen in eine solche Verbindung setzt, daß sie eine hervorbringende Wirkung äußern«. Diese Erkenntnis konnte sich gegen die englische Auffassung nur schwer durchsetzen, weil die Gleichsetzung von U. und Kapitalist den politischen Absichten von Karl → Marx entgegenkam. Es bedurfte eines neuen Anstoßes, der 1907 von J.B.Clark gegeben und seit 1912 von Schumpeter ausgestaltet wurde. Clark und Schumpeter betrachten als U. diejenigen, deren Funktion die Durchsetzung neuer Kombinationen von Produktionsfaktoren ist und die dabei das aktive Element sind. Jede Kombination von Produktionsfaktoren ist eine bestimmte wirtschaftliche Zusammenfassung geteilter Arbeit, die Funktion des U.s ist die stets neuartige Arbeitszusammenfassung, die eine stärkere Arbeitsteilung, somit eine höhere → Produktivität, folglich eine bessere Versorgung der Konsumenten, eine Verdichtung der Bevölkerung und eine Erhöhung des Lebensstandards erst möglich macht.

2. In der Regel stützt sich der U. bei Erfüllung dieser Funktion auf → Eigentum an und Arbeit in dem Unternehmen, aber das ist nicht immer der Fall. Gewiß kann nicht jedes Vorstandsmitglied einer Kapitalgesellschaft als U. anerkannt werden, aber eine grundsätzliche Gegenüberstellung von Eigentümer-U. und »angestelltem« U. erscheint nicht ratsam. Da die Banken ihre frühere Funktion, fähigen jungen Menschen zu wirtschaftlicher Selbständigkeit zu verhelfen, in der Regel nicht mehr erfüllen, muß der Weg kapitalloser U.-Naturen in die Vorstände von Kapitalgesellschaften offengehalten werden, ohne daß sie dadurch sozial gegenüber dem Eigentümer-U. deklassiert werden.

3. Aus der Koordinierungsfunktion des U.s folgt, daß er kein Spezialist sein darf. Er muß sich einen Überblick über jedes Sachgebiet verschaffen können, das für das Gedeihen seiner Unternehmung Bedeutung erlangen kann. Dagegen kommt es auf die Größe der Unternehmung nicht an.

4. U. kommen aus allen Schichten der Bevölkerung, nicht nur aus Adel und Kaufmannschaft, die im MA oft untereinander verschwägert waren, sondern schon im 15.Jh. aus dem Handwerk (Fugger), im 16. aus der Beamtenschaft; seit dem 17.Jh. kamen Pfarrersöhne, seit dem 18. Bauernsöhne, seit dem 19. Lehrer- und Arbeitersöhne hinzu. Seither stammen mit der Zunahme der Zahl bestehender U.-Familien immer mehr U. aus diesen, was teils auf anthropologischer Aussiebung erblicher Anlagen, teils auf zunehmendem Kapitalbedarf für Neugründungen beruht.

5. Die U. des 18.Jh.s, die sich nur mit Hilfe der Staatsmacht gegen die Verbandsmacht der → Zünfte hatten durchsetzen können, konnten nicht umhin, liberale Individualisten zu sein, und waren erst seit 1870 für die Bildung von Wirtschaftsverbänden, seit 1890 für die Bildung von Arbeitgeberverbänden (→ Sozialpartner) zu gewinnen. Neuerdings bestehen auch U.-Verbände mit gesellschaftspolitischer und sozialethischer Zielsetzung.

W.Kellner, Die Wirtschaftsführung als menschl. Leistung, 1949 (Lit.) - W.Hoffmann, Die Stellung d. U.s in d. Marktwirtschaft (in: Verwaltung u. Wirtschaft, H. 1, 1950, 169-201) - F.O.Leibrock, Die U.funktion als Wesenselement d. modernen Sozialwirtschaft, 1951 - W.Eucken, Wettbewerb, Monopol u. U., 1953 - K.F.Veil, Das Wesen von Unternehmung u. U., 1954 - J.Winschuh, Das neue U.bild, 1954 - G.Briefs, Die Verantwortung d. christl. U.s heute, 1955 - P.F.Drucker, Praxis d. Management, 1956 - M.Metzner, Der U., seine Stellung u. seine Aufgaben, 1956 - HWSW X, 486ff. 532ff (Lit.). *W.Kellner*

Unterrichtsformen → Katechetik.

Unterwelt → Hölle, → Tod: I. II.

Unwissenheit *als terminus technicus der kath.* → *Moraltheologie* bezeichnet den Mangel eines faktisch nicht vorhandenen, jedoch geforderten sittlich relevanten Wissens (privatio scientiae aliquo modo debitae). Sie kann ignorantia (= i.) iuris bzw. poenae oder facti sein, je nachdem, ob sie sich auf ein Gesetz bzw. allgemeines Prinzip erstreckt oder auf eine Tatsache. Der Zusammenhang zwischen U. und Verantwortlichkeit erklärt ihr Verständnis als Hemmnis der Willensfreiheit auf Grund der Voraussetzung, daß es eine verpflichtende objektive Erkenntnis in Philosophie, Dogmatik und Ethik gibt: »omnes tenentur scire communiter ea, quae sunt fidei, et universalia iuris praecepta; singuli autem ea, quae ad eorum statum vel officium spectant« (Thomas von Aquino, S.th. I/II, 76, 2). In diesem objektivistischen Denken macht das vorausgesetzte Verhältnis von Wissen und Gesetz die Feststellung der Sünden mit Hilfe der Kategorie der U. möglich: U. kann die Freiheit und damit die Verantwortlichkeit aufheben oder beeinflussen, je nach dem Grad ihrer Verschuldung, und danach bemißt sich der Grad der Sündhaftigkeit einer Tat oder Unterlassung. Man spricht daher von i. inculpabilis und culpabilis, von i. graviter und leviter culpabilis, von i. crassa vel supina und von i. affectata; letztere ist vorsätzliches Nicht-wissen-wollen, was ausgemachter Verantwortungslosigkeit gleichkommt. Der Grad der Verschuldung bemißt sich nach der Möglichkeit, die U. zu überwinden: i. vincibilis und invincibilis, eine Bestimmung, die den Fragepunkt nur verlagert und auch auf Grund weiterer Unterscheidungen kein brauchbares Kriterium für Schuld und Sünde abzugeben vermag. Mit der Lehre von der U. hängt engstens zusammen die von der conscientia erronea antecedens, concomitans, subsequens, die die Funktion des Gewissens vor, bei oder nach der Tat betrifft, eine Klassifizierung, die man auch auf die i. anwendet. Für die Bewertung der Unachtsamkeit und Vergessenheit werden die U.sbestimmungen ebenfalls verwandt. Die Unmöglichkeit, mit diesen groben Distinktionen den sittlichen Akt moraltheologisch zu erfassen, dürfte außer Zweifel stehen, und sie bedingen nur eine ausgedehnte, ohnmächtige → Kasuistik. Aufhellend ist dafür zB die vieldiskutierte Frage, unter welchen Voraussetzungen man eine i. vincibilis beheben darf, wenn die Aufklärung lediglich aus der materiellen eine formelle Sünde machen würde! - Die Moralkasuistik der U. deckt sich infolge des gleichartigen Bezugs auf gesetzliche Normen grundsätzlich mit der entsprechenden Rechtskasuistik. Man ersieht das zB an der Präsumption der als peccatum grave interpretierten strafrechtlichen imputabilitas gravis (c. 2218 § 2; vgl. c. 986). Eine daher auch moraltheologisch hochbedeutsame kanonistische Darstellung der U. als Grund der Aufhebung oder Minderung der Imputabilität findet sich im CIC (cc. 2199. 2200 § 1. 2202; vgl. cc. 16. 1082). Doch offenbaren sich gerade in ihr die Grenzen aller Anwendung der U.sbestimmungen, wenn sie zB dem Richter und Beichtiger zumuten, außer der i. crassa vel supina noch eine i. graviter culpabilis zum Zwecke der Feststellung des Grades der Verantwortlichkeit und Strafbarkeit zu unterscheiden (vgl. c. 2229). Diese praktischen Schwierigkeiten sind denn auch in erster Linie der Grund dafür, daß moralische und kanonistische Imputabilität sich nicht proportional zueinander verhalten. - Die mannigfachen ethischen Konsequenzen der Lehre von der fides implicata, die Bestimmungen über den error communis (c. 209), über irritierende Gesetze, bes. im Eherecht u.a.m. gehören auch zum Problemkomplex der U. Die Abgrenzung der materiellen von den formellen Häretikern geschieht ebenfalls mit Hilfe der Kategorie der U. Infolge des gesetzlichen Verständnisses der res fidei et morum ist die Kasuistik der U. geradezu omnipräsent in der kath. Theologie und Seelsorge und ein gefährliches Instrument im Dienst eines ethischen Minimismus. In Wahrheit ist sie ein unwesentlicher Faktor für das theologische Verständnis des Satzes: »Alles, was nicht aus Glauben geschieht, ist Sünde« (Röm 14, 23).

Die Lehrbücher der → Moral- u. → Pastoraltheologie (bes. der kasuistischen) - THOMAS v.A., S.th. I/II, 6, 8; 19, 6; 76 - DERS., De malo, q. 3, a. 6-8 - V.CATHREIN, Moralphilos., (1890/91) 1924[6] - M.MÜLLER, Ethik u. Recht in d. Lehre v. d. Verantwortlichkeit, 1932 - J.KLEIN, Kanonist. u. moraltheol. Normierung in d. kath. Theol., 1949, 84-100 - LThK[2] V, 615ff (Lit.). *J.Klein*

Upanishaden sind Geheimlehren, deren Name davon herrührt, daß der Schüler sie vom Lehrer erfuhr, wenn er ganz in seiner Nähe saß (upa-ni-sad). Sie bilden zunächst aus Brâhmanas gelöste, selbständige Texte am Ende der »Waldbücher« (Âranyaka) und stehen am Schluß des jeweiligen Veda (Vedânta = Ende des Veda), dem die U. zugeordnet werden (→ Veden). Diese Zuordnung hat sich mit der Zeit mehr und mehr gelockert und erscheint endlich nur nominell. Gewöhnlich wird die kanonische Zahl von 108 U. aufgeführt, deren Mehrzahl spät ist. Die ältesten U. gehen in die Zeit von 800-600 vChr vor das Aufkommen des → Buddhismus zurück. Es sind Prosastücke in Gestalt von Debatten, an denen die Kshatriyas (»Krieger«) hervorstechenden und belebenden Anteil haben. Bestrebt, über die überkommene ritualistische Denkweise hinauszugelangen, gelten ihre zentralen Gedanken den Problemen von Geburt, Tod und Wiedertod, Schicksal nach dem Tode und Erlösung. Dabei schält sich der → Karma-Gedanke als causa movens des endlosen Geburtenkreislaufs (→ Seelenwanderung: I) heraus. Dieses Karma zu überwinden und dadurch zur → Erlösung (: I) zu gelangen, vermag nur die Erkenntnis, daß die Weltseele, das absolute Brahman, mit der Individualseele, dem → Âtman, identisch ist. In den jüngeren U. ist diese Erlösungsvorstellung mit Gedanken des → Sânkhya und → Yoga verknüpft. In den jüngeren und jüngsten U. haben zahlreiche monotheistische Hindusekten ihre auf → Bhakti gegründeten Gedanken geformt, ja eine Allopanishad aus → Akbars Zeit hat sogar Allah zum Gegenstand. Da die U. der Shruti (Offenbarung) zugerechnet werden, werden sie von allen philosophischen Systemen als Argumentationsbasis herangezogen. Auch Sektenschriften wie den vishnuitischen Samhitâs wird oft der Titel U. beigelegt. - Vgl. → Hinduismus: I, → Indien: II, → Indologie.

Auswahl-Übers.en: P.DEUSSEN, 60 U. des Veda, (1897) 1921[3] - SBE I u. XV - A.HILLEBRANDT, Aus Brâhmanas u. U., (1921) 1958 - SWAMI NIKHILANANDA, U., New York 1949-59 - S.RADHAKRISHNAN, The Principal U., London 1953 - W.RUBEN, Beginn d. Philos. in Indien, 1955, 128ff. - *Lit.:* P.DEUSSEN, Allg. Gesch. d. Philos. I/2: Die Philos. der U., (1899) 1922[5] - M.WINTERNITZ, Gesch. d. ind. Lit. I, 1908; engl. (erweitert) Calcutta 1927 - H.OLDENBERG, Die Lehre d. U. u. d. Anfänge d. Buddhismus, (1915) 1923[2] - S.RADHAKRISHNAN, Indian Philosophy I, New York (1923) 1955; dt. 1955 - CHANT II, 66ff - A.B.KEITH, Religion and Philosophy of the Veda, Cambridge/Mass. 1925 - R.D.RANADE, A Constructive Survey of Upanishadic Philosophy, Poona 1926 - W.RUBEN, Die Philosophen der U., Bern 1947 - H.V.GLASENAPP, Die Philos. der Inder, (1949) 1958[2] - S.DASGUPTA, Hist. of Indian Philosophy I, Cambridge 1951 - E.FRAUWALLNER, Gesch. d. ind. Philos. I, 1953 - R.N.DANDEKAR, Vedic Bibliography II, Poona 1961, 56ff. *H.Losch*

Uppsala

I. Erzbistum - II. Universität

I. Erzbistum

Die Vorgeschichte des Erzbistums U. ist dunkel; vielleicht geht es auf einen Bischofssitz in Sigtuna zurück (→ Schweden: I, 1). Jedenfalls wurde es 1164 errichtet, als Erzbischof → Eskil von Lund während eines Aufenthaltes bei Papst → Alexander III. in Sens (Frankreich) den Mönch Stefan von Alvastra (in Oestergötland) zum Erzbischof mit Metropolitanrechten über die schwedische Kirche weihte. Die ersten 100 Jahre residierten die Erzbischöfe in Alt-U., nach 1274 im jetzigen U. Zunächst war der Erzbischof in → Lund (damals dänisch) Primas der schwedischen Kirche, aber im Laufe der Zeit suchte sich U. unabhängig zu machen. Dem Erzbischof Nils Allesson (1295-1305) gelang es, sich vom Papst selbst das Pallium zu verschaffen. Seit 1457 trägt der Erzbischof in U. den Titel »Primas Sueciae«. Nach der Reformation hörte diese Primatstellung auf; seitdem ist der Erzbischof primus inter pares. Doch weiht er in der Regel die übrigen Bischöfe des Reiches und ist Vorsitzender in der Kirchenversammlung und gewissen kirchlichen Organisationen (→ Schweden: I, 3 a). - Abgesehen von Lund ist das Domkapitel in U. das älteste Schwedens (regular während der 90er Jahre des 12.Jh.s, säkular nach 1248).

G.ÅSBRINK-K.B.WESTMAN, Svea rikes ärkebiskopar, Stockholm 1935 - U. ärkestift i ord och bild, ebd 1954. - Vgl. die Lit. zu → Schweden: I. *A.Sandewall*

II. Universität

Zur Zeit der Union mit Dänemark (1397-1520) gelang es dem schwedischen Erzbischof J.Ulfsson, eine Bulle von → Sixtus IV. (27.2.1477) für ein studium generale in U. zu erwirken (eröffnet am 7.10.1477). Während der Unionsstreitigkeiten im Spät-MA führte die Universität ein kümmerliches Leben. Der einzige bedeutende Gelehrte war der Theologie-Prof. und Historiker Ericus Olai (1477-86, via antiqua). Versuche zur Erneuerung im 16.Jh. scheiterten an den theologischen und kirchenpolitischen Gegensätzen zwischen dem König und den Vertretern der Kirche (→ Schweden: I, 2 a). 1580 wurde die Universität geschlossen, nachdem Johann III. 1576 die Professoren an ein neugegründetes collegium regium in Stockholm versetzt hatte. Die Synode zu U. 1593 beschloß, die Universität wieder zu eröffnen. Ihre Neubildung erfolgte durch Gustav Adolfs II. Mandat von 1621 und seine Universitätskonstitutionen von 1626 (17 Professoren, davon 4 Theologen). Die Theologie war vorherrschend. In den Lehrstreitigkeiten der Orthodoxie ging die Fakultät eine via media: eine von der Jena-Helmstedt-Straßburger Theologie beeinflußte praktische Orthodoxie mit einer starken Neigung zu biblischer und rabbinischer Philologie (L.Stigzelius 1640-70, Erzbischof; J.E.Terserus 1647-58, Bischof; E.Odhelius 1652-65; L.Norrmannus 1693-1702, Bischof). So gewann der Pietismus leicht Eingang in die Fakultät (J. → Swedberg 1692-1702, Bischof; D.Djurberg 1705-36; L.Molin 1705-23). Um die Mitte des 18.Jh.s wurde sie stärker orthodox und bekämpfte die philosophische Fakultät, den Wolffianismus und die Herrnhuter Bewegung. Ihr bedeutendster Mann wurde der naturwissenschaftlich und philosophisch hervorragende Wolffianer N.Wallerius (1755-64). In der 2. Hälfte des 18.Jh.s begann der Verfall der Fakultät; 1779 und 1786 wurden die beiden Professuren für Exegese abgeschafft. Die bedeutendsten Forscher jener Zeit waren Naturwissenschaftler (zB der Botaniker C.v.Linné 1741-78, der Physiker A.Celsius 1730-44). Vom Ende des 18.Jh.s an hatte die Philosophie 100 Jahre lang den stärksten kulturellen Einfluß. Um 1800 traten an die Stelle des → Lockeschen Empirismus und Rationalismus die von → Kant und → Fichte beeinflußten Philosophen D.Boëthius (1779-1810) und B.Höijer (1809-12). Unter dem Einfluß → Schleiermachers, → Hegels und → Schellings wurde eine christliche Persönlichkeitsphilosophie entwickelt (N.F.Biberg 1811-27, S.Grubbe 1813-53, in einer durch den historischen Empirismus abgewandelten Form bei E.G. → Geijer 1817-46). Einen rationalistischen Idealismus vertrat Ch.J.Boström (1842-66). Dieser stieß bei der nunmehr konfessionellen Theologie auf Widerstand. - Die schwache Stellung der Theologie während der Aufklärung besserte sich etwas in den ersten Jahrzehnten des 19.Jh.s durch die im Geiste J.A. → Ernestis und J.D. → Michaelis' wirkenden Neologen E.J.Almquist (1796-1808) und S.Ödmann (1799-1829). Aber erst nachdem die supranaturalistische Theologie während der 40er Jahre von einem durch → Hengstenberg, J.T. → Beck und die → Erlanger Schule beeinflußten luth.-konfessionellen Pietismus abgelöst wurde (A.F.Beckman 1851-63, Bischof; A.F.Torén 1853-89; M.Johansson 1877-88, Bischof; O.F.Myrberg 1866-92; Teologisk tidskrift 1861-89 und Bibelforskaren 1884 bis 1923), gewann die Fakultät wieder an Bedeutung. Unter dem Einfluß Geijers blühte nun die schwedische kirchengeschichtliche Forschung in nationalkirchlichem Geiste auf (L.A.Anjou 1845-55, Staatsrat, Bischof; A.E. Knös 1835-62). Zudem wurde die Ausbildung der Geistlichen 1831 den Universitäten übertragen. Die Fakultät beeinflußte daher große Teile der Geistlichkeit in kirchlich-pietistischer Richtung, während die hochkirchliche Fakultät in → Lund (: II) auf Südschweden einwirkte. - Ende des 19.Jh.s zerbrach die Vorrangstellung der idealistischen Philosophie durch den Vormarsch der Naturwissenschaft (F.Holmgren der erste nordische Prof. für Physiologie 1864-97), der Philologie (A.Noréen 1887-1919) und der Geschichtswissenschaft (H.Hjärne 1885-1913, H.Schück 1898-1920). In der Theologie folgte auf die konfessionelle Epoche eine Zeit kritisch-wissenschaftlicher Theologie, die von Mitgliedern der »großen Fakultät« in U. vertreten wurde: in der historischen Bibelkritik durch den Exegeten E.Stave (1900-22), in der Lutherforschung und ev. Bibelauslegung durch den von W. → Herrmann und M. → Kähler beeinflußten Systematiker E.Billing (1909-20, Bischof), in der Religionsphilosophie, Religionspsychologie und DG durch den Systematiker N.J.Göransson (1911-28), in der Religionsgeschichte durch N. → Söderblom (1901-14, Erzbischof), in der KG durch H.Lundström (1898-1917, Gründer der KÅ, 1900ff). Das wissenschaftliche Ansehen der Fakultät stärkte die Stellung des Christentums im Lande und indirekt den Gedanken der Volkskirche (→ Schweden: I, 3 d). - Nach dem 1. Weltkrieg hatte die religionshistorische Schule Vertreter in dem Exegeten G.Wetter (1923-26) und dem Kirchenhistoriker E. → Linderholm (1919-37); die Hauptlinie der »großen Fakultät« führten die Systematiker A.Runestam (1923 bis 1937, Bischof) und T.Bohlin (1929-34, Bischof) und der Religionshistoriker T.Andrae (1929-36, Bischof) fort. Nachdem der »Wertnihilismus«, die Antimetaphysik und der Antisubjektivismus an der Universität in den Philosophen A.Hägerström (1911-33) und A.Phalén (1916-31) hervorragende Vertreter bekommen hatten, wurde auch die Systematik davon beeinflußt (Hj.Lindroth 1936-60, Schleiermacher-, Lutherforscher). Gleichzeitig erfolgte ein Umschwung in der nt. Exegese (»realistische Bibelinterpretation«, A. → Fridrichsen 1928-53, Gründer des SEÅ, 1936ff; H.Riesenfeld seit 1953), der at. Exegese und der Religionsgeschichte (→ Uppsala-Schule: I.Engnell 1947, G.Widengren 1940). In der KG wurden ökumenische, missionshistorische, theologiegeschichtliche und kirchenpolitische Probleme aufgegriffen (G.Westin 1937-56, S.Göransson 1956; K.B.Westman 1930-49 [neuer Lehrstuhl], B.Sundkler 1949). Kirchenhistorische Methode und Forschungseinstellung werden in der praktischen Theologie vertreten (Å.Andrén 1954, Liturgiegeschichte, Kirchenrecht). In der systematischen Theologie werden reformationshistorische, soziologische und religionsphilosophische Grundprobleme behandelt (H.Olsson 1954, A.Gyllenkrok 1960).

Die Universität umfaßt (1962) 5 Fakultäten mit 104 Professoren (davon 8 Theologen), 98 Dozenten (davon 7 Theologen) usw und annähernd 10000 Studenten (davon 650 Theologen). Die Acta Universitatis Upsaliensis sind seit 1861 das wissenschaftliche Organ der Universität.

C. Annerstedt, U. universitets historia, 5 Bde, 1877-1914 (bis 1792) - A. Nelson, Om universitet under medeltiden (in: Symbola litteraria, 1927) - U.s studentmatrikel 1595-1800, 1900-46 - Matrikel d. Lehrer m. Bibliogr., letzte Ausg. 1953 (für die Jahre 1937-50).

S. Göransson

Uppsala-Schule → Kultgeschichtliche Schule, 2.

Ur, alte Stadt in Südbabylonien (→ 3 E 5). Nach Schürfungen durch J.Taylor 1854/56 und H.Hall 1918/19 wurde Ur von L.Woolley 1922-34 teilweise ausgegraben. Es bestand schon im 4.Jt., wurde aber wohl erst im 3.Jt. durch die → Sumerer zu einem politischen und religiösen Zentrum und einer wichtigen Seehafenstadt (auch für den Indienhandel). Woolley legte über einer dicken Schwemmschicht (→ Sintflut: I) aus der Zeit der 1. Dynastie von Ur (etwa 2600-2500) einen Friedhof frei, zu dem etliche Gräber von Königen und Hohenpriesterinnen mit überwältigend reichen Beigaben gehörten. Da mit den Königen bis zu 80 Menschen anscheinend freiwillig in den Tod gingen, stellen die Gräber und die in ihnen gefundenen Bildwerke und Gegenstände schwierige religionsgeschichtliche Probleme (→ Auferstehung: I; → Tammuz; → Totenverehrung: I, 2). Urnammu von der 3. Dynastie von Ur (2123-2015) erbaute die teilweise noch heute stehende große Tempelhochterrasse (Zikkurrat; → Babylonien: II, 9, → Kunst: II F, 2) für den Mondgott Nanna/Sin; seine Nachfolger legten die für den Königskult bestimmten merkwürdigen Grabanlagen und Königstempel an, deren Deutung zT noch umstritten ist. Auch nach 2000 war Ur noch lange eine vorwiegend sumerische Stadt und ein Mittelpunkt sumerischer Kulte (→ Königtum, sakrales, 4) sowie Sitz der en-Priesterin. Große Tempel errichteten nach 1400 die Kassitenkönige und nach 600 Nebukadnezar II. und Nabonid. Nach 400 verfiel Ur, weil sich der Euphrat ein neues Bett weit entfernt von Ur gegraben hatte. - Das AT nennt Ūr Kasdîm (Ur in Chaldäa), dessen Identität mit Ur wohl zu Unrecht öfter bestritten wurde, in Gen 11, 28. 31 und 15, 7 sowie Neh 9, 7 die Heimat → Abrahams und seiner Familie (→ Haran) und bezeugt damit die große Bedeutung Babyloniens für die Kultur Israels.

Die Bücher von L.WOOLLEY, letzte Fassung: Excavations at Ur, 1954; dt. 1956. - Ur in Retrospect, in Memory of C.L.Woolley (Iraq 22, 1960, passim; Lit.). - Ur Excavations I-V u. X (VI-IX druckfertig), 1927 ff (meist von L.WOOLLEY); Ur Excavations, Texts I-V, 1928 ff (VI ff in Vorbereitung). *W.v.Soden*

Urban I., *Papst* 222-230, Römer, Nachfolger → Calixts I., in S.Callisto (Papstgruft) beigesetzt. Unter ihm blieb → Hippolyt im Schisma. Weiteres ist Legende.

CASPAR I, 23 ff - P.STYGER, Röm. Märtyrergrüfte I, 1935, 91 - DThC XV/2, 2268 f. *F.H.Kettler*

II., *Papst* 12.3.1088 bis 29.7.1099, Otto von Lagery, * ca 1040, Mönch und Prior in Cluny, ca 1078 Kardinal von Ostia, 1084/85 Legat in Deutschland. Als fähiger Politiker verfolgte er die Pläne → Gregors VII., zunächst abwartend gegenüber Anselm von Mailand, → Ivo von Chartres und dem König von England. 1094 exkommunizierte er → Heinrich IV. und Philipp von Frankreich. In Rom mußte er vor → Clemens (III.) 1089 nach Süden ausweichen. Auf der Synode von Melfi erließ er 16 Canones über die Kirchenreform und belehnte Robert Guiscard d.J. mit Apulien. 1095 proklamierte U. in Piacenza und Clermont den → Kreuzzug und sicherte der militia S.Petri das Übergewicht über das Imperium. 1096 konnte er nach Rom zurückkehren. Die Kirche Dänemarks trennte er von Hamburg und stellte die päpstliche Oberhoheit über Spanien her. 12.7.1881 heiliggesprochen.

MPL 151 - JAFFÉ I, 657 ff; II, 713. 752 - WATTERICH I, 571 ff. 744 ff - DUCHESNE, LP II, 293 ff - G.MEYER v.KNONAU, Jb.er d. dt. Reiches unter Heinrich IV. u. V., Bd IV. V, 1903/04 - HAUCK III, 858 ff - A.FLICHE, L'élection d'Urbain II (Moyen Age 28, 1916, 356-394) - B.LEIB, Rome, Kiev et Byzance, Paris 1924 - DERS., Urbain II et l'Orient byzantin (Etudes 212, 1933, 660-680) - P.F.KEHR, Das Papsttum u. der katalanische Prinzipat (AAB 1926, 1) - DERS., Das Papsttum u. die Königreiche Navarra u. Aragon (AAB 1928, 4) - W. HOLTZMANN, Die Unionsverhandlungen zw. Kaiser Alexios I. u. Papst U. II. i.J. 1089 (ByZ 28, 1928, 38-67) - H.KLEWITZ, Studien über d. Wiederherstellung d. röm. Kirche in Süditalien durch d. Reformpapsttum (QFIAB 24, 1933/34, 105-157) - A.FLICHE-V.MARTIN, Hist. de l'Eglise VIII, Paris 1941, 177 ff - HALLER II, 434 ff. - Vgl. die Lit. zu → Kreuzzüge. Weiteres s.u.

III., *Papst* 25.11.1185 bis 20.10.1187, Uberto Crivelli, unter → Lucius III. Erzbischof von Mailand. Als Gegner → Friedrichs I. reizte er ihn gelegentlich der Trierer Bischofswahl. Heinrich VI. rückte in den Kirchenstaat ein, U. floh aus Verona und starb in Ferrara.

MPL 202, 1331 ff - JAFFÉ II, 492 ff - WATTERICH II, 663 ff - DUCHESNE, LP II, 451 - W.MEYER, Zum Streit Friedrichs I. mit U. III. (Forsch. z. Dt. Gesch. 19, 1879, 61-98) - HAUCK IV, 318 ff - M.C.DE FISCHER-REICHENBACH, Urbain III et Barberousse, Bern 1940 - HALLER III, 259 ff. - Vgl. die Lit. zu → Lucius III. Weiteres s.u.

IV., *Papst* 29.8.1261 bis 2.10.1264, Jakob Pantaleon, * ca 1200 in Troyes, 1253 Bischof von Verdun, 1255 Patriarch von Jerusalem. Rom war U. verschlossen. Er weilte im Kirchenstaat, brach alle Verhandlungen mit Manfred und England über Sizilien ab und bereitete die Übertragung des Königreichs an Karl von Anjou vor. Die Doppelwahl in Deutschland benutzte er im Interesse der französischen Mächte, ebenso die Übertragung der Senatorenwürde in Rom an Karl von Anjou. Geschickt brach er den Widerstand gegen seine Politik im Kardinalskollegium und im Episkopat.

POTTHAST R II, 1474 ff - J.F.BÖHMER-J.FICKER, Regesta Imperii V, 5. Lfg., 1892, 1441 ff - W.SIEVERT, Das Vorleben des Papstes U. IV. (RQ 10, 1896, 451-505; 12, 1898, 127-161) - J.GUIRAUD, Les registres d'Urbain IV, Paris 1901-58 - K.HAMPE, U. IV. u. Manfred, 1905 - E.JORDAN, Les origines de la domination angevine en Italie, Paris 1909 - HALLER IV, 296 ff - F.BOCK, Le trattative per la senatoria di Roma e Carlo d'Angiò (Archivio della Società Romana 78, 1955, 69-105). - Weiteres s.u.

V., *Papst* 28.9.1362 bis 19.12.1370, Wilhelm Grimoard, OSB, Rechtslehrer in Montpellier und Avignon, 1361 Abt von St. Viktor in Marseille, Legat in der Lombardei, Neapel und Rom. Sachlich, gerecht und sittenrein suchte er Rom wieder zum Zentrum der christlichen Welt zu machen, gab aber 1370 Italien auf, um im Kriege zwischen England und Frankreich vermitteln zu können. Hochverehrt in der Provence, wurde sein Kult am 10.3. 1870 bestätigt.

U. V, Lettres secrètes se rapportant à la France, Paris 1900-55 - M.LAURENT, U. V, Lettres communes I, fasc. 1-5, 1954-58 - A.FIERENS, Suppliques d'U. V, Rom 1914. - J.P.KIRSCH, Die Rückkehr der Päpste . . . nach Rom, 1898 - ST.BALUZIUS-G.MOLLAT, Vitae paparum Avenionensium I, Paris 1914, 349 ff - G.MOLLAT, Les papes d'Avignon, ebd (1930) 1950⁹, 109 ff - G.PIRCHAN, Italien u. Kaiser Karl IV., Bd I. II, Prag 1930 - T.LECCISOTTI, Documenti Vat. di U. V, Montecassino 1952. - Weiteres s.u.

VI., *Papst* 8.4.1378 bis 15.10.1389, Bartolomeo Prignano, * ca 1318 in Neapel, 1363 Erzbischof von Acerenza, 1377 von Bari, Leiter der päpstlichen Kanzlei unter → Gregor XI. Bei seiner Wahl in Rom kam es zu Demonstrationen, die später von den französischen Kardinälen zum Vorwand genommen wurden, von unfreier Wahl zu sprechen und U. den Gehorsam zu kündigen. Mit Billigung Karls V. wurde in Fondi → Clemens (VII.) gewählt. So entstand das Schisma (→ Papsttum: II, 2 e), das den gerecht denkenden U. in gewalttätige Verstrickungen führte.

M.GIUSTI, StT 165, 1952, 417; dazu RepGerm II - Dt. Reichstagsakten I^2, 1956, 144. 260. - N.VALOIS, La France et le grand schisme I, 1896 - HAUCK V, 676 ff - v.PASTOR I, 1925^{5-7}, 120 ff - E.PERROY, L'Angleterre et le grand schisme, Paris 1933 - M.DE BOUARD, Les origines des guerres d'Italie. La France et l'Italie au temps du grand schisme, ebd 1936 - M.SEIDLMAYER, Die Anfänge des großen abendländ. Schismas, 1940 - O.PREROVSKÝ, L'elezione di U. VI e l'insorgere dello schisma, Rom 1960.

Zu II.-VI.: RE XX, 318 ff - LThK X, 431 ff - DThC XV/2, 2269 ff - EC XII, 905 ff (jeweils Lit.) - SEPPELT III, 118 ff. 297 ff. 501 ff. 603 f. 618 (Lit.); IV, 157 ff. 188 ff. 477. 480 f (Lit.). *F.Bock*

VII., *Papst* 15.-27.9.1590, Giambattista Castagna, * 1521 in Rom, aus genuesischem Adel, seit 1551 im diplomatischen Dienst der Kurie, 1553 Erzbischof von

Rossano, ab 1561 Teilnehmer am → Tridentinischen Konzil, 1583 Kardinal. U. wurde durch die spanisch-florentinischen Gegner → Sixtus V. gewählt.

v.PASTOR X, 503ff - DThC XV/2, 2305 - EC XII, 910ff (Lit.).

VIII., *Papst* 6.8.1623 bis 29.7.1644, Maffeo Barberini, * 1568 in Florenz, aus Kaufmannsfamilie, zweimal Nuntius in Paris, 1606 Kardinal, Legat in Bologna, wurde als Kandidat der französischen Partei gewählt. U. war hochgebildet und selbst als Poet tätig. Er befreite 1626 → Campanella aus spanischer Haft und behandelte → Galilei, der 1633 abschwor, mit Milde. U. förderte die Bibliothek und das Geheimarchiv des Vatikans und gründete das Konsistorialarchiv. Als Mäzen der Gelehrten, Literaten und Künstler wurde U. mit seiner Familie der Schöpfer des hochbarocken → Rom (: II, 7). Die Errichtung zahlreicher Bauten, die das Bienenwappen tragen (Sommerresidenz in Castelgandolfo, Palazzo Barberini u.a.), erschöpfte die Finanzen des Kirchenstaates ebenso wie sein hemmungsloser → Nepotismus. Dieser veranlaßte den unglücklichen Krieg gegen die Farnese. U.s einziger territorialer Erfolg war die Eintreibung des Lehens Urbino (1626). - Das ständige Bemühen, die Erfordernisse der → Gegenreformation mit den politischen Notwendigkeiten abzustimmen, macht U. zu einer der großartigsten und zugleich unglücklichsten Gestalten der neueren Papstgeschichte. Bis 1629 konnte er jedes Vorgehen gegen die Protestanten in Frankreich, Deutschland und im Veltlin unterstützen. Die Neutralität im Erbfolgestreit um Mantua (1626) vermochte er nicht durchzuhalten, als der Kaiser erfolgreich war. So unterstützte U. die französischen Ansprüche und zwang 1630 Ferdinand II. zum Verzicht sowie - mit Hilfe der Reichsstände - zur Entlassung Wallensteins. Das Bündnis Bayerns mit → Richelieu begünstigte er, bis ihn das Vordringen → Gustav Adolfs wieder auf die Seite der deutschen Katholiken trieb. Erst die Entkonfessionalisierung des Krieges nach dem Prager Frieden (1635) erlaubte ihm, offen die Partei Frankreichs zu ergreifen. Seine Friedensbemühungen kamen zu U.s Lebzeiten nicht zum Ziel.

RE XX, 326ff - v.PASTOR XIII, 225ff - DThC XV/2, 2305f - EC XII, 912ff (Lit.) - SEPPELT V², 275ff. 527ff (Lit.). *H.Liebing*

Urchristentum

1. Definition und Abgrenzung - 2. Das palästinische U. - 3. Das frühe Heidenchristentum - 4. Das ausgehende U.

1. Der seit dem Anfang des 19.Jh.s (H.E.G. → Paulus) gebräuchliche Begriff U. ist schwer zu definieren und zu begrenzen. Die unreflektierte Gleichsetzung mit dem Zeitraum, in dem die im NT gesammelten Schriften entstanden, wird mit der Feststellung »frühkath.« Züge im NT (Käsemann, Marxsen) problematisch. Falls man einzelne Schriften des NT weit ins 2.Jh. datiert (etwa Past und 2Petr), wird diese Gleichsetzung erst recht fraglich. Will man aber unter U. die ideale Frühzeit der Kirche verstehen, so spricht dagegen, daß die älteste christliche Geschichte so viele diesem Ideal widersprechende Züge aufweist, daß nicht einmal für die erste christliche Generation diese Bezeichnung sachgemäß wäre. Eher könnte das Abklingen oder Aufgeben der Erwartung der nahen → Parusie als chronologische Grenze dienen, doch teilt auch → Hermas noch die Naherwartung, und das Bewußtwerden der Parusieverzögerung deutet sich auf alle Fälle schon im MkEv an. Am ehesten könnte man sagen, das U. sei da zu Ende, wo das bewußte Miteinander des Glaubens an die durch Jesus begonnene eschatologische Heilszeit und der sehnenden Erwartung der Vollendung dieses begonnenen Heils sich auflöst und die Kirche zur Heilsanstalt geworden ist (→ Heidenchristentum, 2). Doch ergibt sich daraus keine chronologisch genau festlegbare Grenze des U.s.

2. Die Einteilung des U.s in ein »apostolisches« und ein »nachapostolisches« Zeitalter ist ungeeignet, weil die entscheidende Wende im U. der Übergang von der rein jüd. Kirche Palästinas zur Heidenkirche Syriens und des Mittelmeerraumes war; die palästinische und die heidenchristliche Kirche aber bestanden längere Zeit nebeneinander, ehe die palästinische Kirche aus der Entwicklung ausschied, und nur innerhalb der heidenchristlichen Kirche hat, soweit wir sehen können, eine stärkere Entwicklung stattgefunden, die eine gesonderte Betrachtung des späteren heidenchristlichen U.s rechtfertigt. Es empfiehlt sich daher für die Darstellung des U.s keine rein chronologische Einteilung.

Für die Geschichte der sog. *»Urgemeinde«* und der *palästinischen Kirche* bis zur Zerstörung Jerusalems i.J. 70 sind wir fast ausschließlich auf Rückschlüsse aus den in der heidenchristlichen Kirche abgefaßten Schriften des NT angewiesen (Einzelheiten s. → Judenchristentum: I). Darum bleibt die Geschichte der palästinischen Christenheit in wesentlichen Punkten undeutlich. Sicher ist, daß die Auferstehungserfahrung zuerst des Petrus, dann der Zwölf, dann auch weiterer Menschen (1Kor 15, 4f; → Auferstehung Christi: I) die Sammlung der zerstreuten Jünger bewirkt und bald danach eine im einzelnen nicht mehr erkennbare ekstatische Erfahrung dieser zum Glauben an den Auferstandenen Gekommenen (Apg 2, 1ff) die Verkündigung vom auferstandenen Jesus als dem → Messias (: IV) in die Wege geleitet hat. Die damit heute vielfach verbundene These, daß erst mit der Entstehung dieses Osterglaubens das U. beginne (Bultmann, Braun, Dinkler), ist freilich nur dann richtig, wenn man die Entstehung des → Christentums (: I) mit der Entstehung der → Kirche (: II) gleichsetzt, nicht aber, wenn man sieht, daß das in der ältesten Predigt der Auferstehungszeugen verkündete Heilsgeschehen schon mit dem Heilshandeln Gottes in der Verkündigung und den Taten des Menschen Jesus nach der eigenen Anschauung Jesu begonnen hat. Ob es neben der Jerusalemer Gruppe von Anfang an eine galiläische Christenheit gegeben hat (Elliott-Binns), ist unsicher trotz der Wahrscheinlichkeit, daß Auferstehungserscheinungen sowohl in Jerusalem wie in Galiläa stattgefunden haben, und Einzelheiten über die auf alle Fälle bald existierende galiläische Christenheit kennen wir nicht (auch nicht aus dem MkEv). Eine beschränkte Kenntnis haben wir für die älteste Zeit allein von der Jerusalemer Gemeinde, die freilich keine so einheitliche Größe war, wie es die → Apostelgeschichte darstellt. Die Annahmen, daß sich bereits die älteste Gemeinde in Analogie zur Sekte von → Qumran als jüd. Sekte organisiert habe (Flusser, Leipoldt) und daß die Jesusgläubigen sich kaum von den vorchristlichen »Heiligen« der Qumran-Essener unterschieden haben (Kosmala), sind ebenso unwahrscheinlich wie die Behauptung, die Urgemeinde habe sich bereits als außerhalb des Judentums stehend gewußt (Strecker). Aber wenn auch das Leben der ersten Christen sich zunächst im Rahmen der jüd. Religionsgemeinde vollzog, so bedeutete die Übung von → Taufe (: II), gemeinsamen Mahlfeiern und eigener Kirchenzucht doch eine sich rasch verstärkende Selbständigkeit der Christusgläubigen gegenüber dem sie umgebenden Judentum. Freilich scheint diese grundsätzliche Andersartigkeit der christlichen Gruppe erst dann den Juden voll bewußt geworden zu sein, als die christliche Botschaft auch in Jerusalem ansässige Diasporajuden ergriff und sich mit deren freierer Stellung zum Gesetz verband. Denn so wenig es richtig sein wird, daß die älteste Urkirche den gesetzeskritischen

Weg Jesu völlig verlassen und die Jesusüberlieferung rejudaisiert habe (Leipoldt, Stauffer), so wenig dürften die unter Führung des → Stephanus stehenden »Hellenisten« einfach die Bewahrer der ursprünglichen Lehre Jesu gewesen sein (Caird, Goppelt, Simon). Freilich ist es trotz aller Bemühung nicht gelungen festzustellen, inwieweit die radikal kultkritische Haltung der Stephanusrede (Apg 7) wirklich auf Stephanus oder die Hellenisten zurückgeführt werden kann und wo die Wurzeln dieser »auch im NT einsamen« (Barnard) Anschauung liegen. Zusammenhänge mit Qumran (Klijn, Geoltrain) oder einer besonderen Richtung des Diasporajudentums (Simon) sind schwerlich nachgewiesen, und als »Hellenisten« bezeichnete man wohl nicht hellenisch gesinnte Juden (Simon), sondern Juden, die *nur* Griechisch sprachen (Moule). Die Vertreibung dieser Diasporajudenchristen aus Jerusalem betraf offensichtlich die palästinischen Judenchristen nicht (Apg 8, 1), aber die dadurch ausgelöste Mission in der Diaspora führte bald zur planmäßigen Gewinnung von Heiden für den Christusglauben, nachdem solche Bekehrungen bisher nur Ausnahmen gewesen waren (→ Christentum: I, 3). Damit brach innerhalb der christlichen Gemeinde das Problem der Gültigkeit des Gesetzes auch für die Heidenchristen auf, und im Zusammenhang damit sehen wir, daß auch die palästinajüd. Urgemeinde nicht einheitlich gewesen ist. Ihr Führer war von Anfang an → Petrus als der erste Auferstehungszeuge, und wir wissen nichts davon, daß der Herrenbruder → Jakobus (, 3) ebenso von Anfang an Haupt einer besonderen Gruppe gewesen ist (Carrington). Als sich aber in der Jerusalemer Gemeinde Bedenken erhoben gegen die gesetzesfreie Heidenmission der syrischen Christen und des Paulus und es zu einer Zusammenkunft in Jerusalem kam (ca 48/49, das sog. »Apostelkonzil«, vgl. Gal 2, 1ff; Apg 15, 1ff und dazu → Heidenchristentum, 8; → Paulus, 2c), gelang zwar eine Einigung über die verschiedenen Missionsmethoden gegenüber Juden und Heiden zwischen Paulus und Barnabas auf der einen und dem inzwischen in den Vordergrund gerückten Herrenbruder Jakobus, Petrus und Johannes auf der anderen Seite. Aber eine radikal konservative Minderheit der Jerusalemer Gemeinde (zu Unrecht von Munck bestritten) widersetzte sich dieser Regelung, erreichte einen Rückzug des Petrus von der Tischgemeinschaft mit den Heidenchristen in Antiochia (Gal 2, 11ff) und agitierte gegen die paulinische Heidenmission in Galatien und vielleicht auch in Korinth. Petrus, der zZ des Apostelkonzils noch zur führenden Gruppe der Jerusalemer Gemeinde gehört hatte, scheint danach nicht mehr in Jerusalem, sondern anderswo als Missionar gewirkt zu haben (mit Cullmann, Dinkler gegen Haenchen) und ist wahrscheinlich später auch nach Rom gekommen und dort gestorben (→ Petrustradition). Jakobus aber, der erst nach dem Apostelkonzil alleiniger Leiter der Jerusalemer Gemeinde wurde (Klein), blieb der Repräsentant der gesetzestreuen Jerusalemer Judenchristen, so daß der sadduzäische Hohepriester ihn angesichts der Volksstimmung nur während einer Vakanz in der röm. Prokuratur (62) hinzurichten wagte. Über die Entwicklung des palästinischen Judenchristentums seit dem Apostelkonzil wissen wir aber sonst nichts Sicheres; daß es auch hier wie unter den Heidenchristen eine enthusiastische Bewegung gegeben habe (Käsemann), ist ebensowenig zu erweisen wie wir sagen können, inwieweit die jüd. Wurzeln der im Jak, im Hebr und in der Apk hellenisiert begegnenden Gedanken im palästinischen Judenchristentum liegen. Nur das ist sicher, daß mit dem jüd. Krieg von 66-70 die geschichtliche Wirksamkeit des palästinischen Judenchristentums zu Ende ging und einige ihrer Vorstellungen im sektiererischen → Judenchristentum (: I, 2; → Ebioniten) weiterlebten, das nicht aus dem Heidenchristentum abgeleitet werden kann (gegen Munck).

3. Auch vom frühen Heidenchristentum kennen wir nur einen Ausschnitt einigermaßen, die paulinische Mission, und über das von Paulus unabhängige → *Heidenchristentum,* etwa in Syrien, Alexandrien und Rom, wissen wir praktisch nichts. → *Paulus* ist ja erst nachträglich in die im syrischen Grenzgebiet Palästinas schrittweise begonnene Heidenmission eingetreten, und seine Mission hat auch im kleinasiatisch-griech. Raum offensichtlich nur die Städte erreicht, ja das Christentum scheint im heidnischen Bereich bis zum Anfang des 2.Jh.s eine städtische Angelegenheit geblieben zu sein (Judge). Aber während die schon vor Paulus entspringenden syrischen Gemeinden Juden und Heiden umschlossen, woraus sich das Problem des gemeinsamen Herrenmahls ergab, scheinen die paulinischen Gemeinden überwiegend aus ehemaligen Heiden bestanden zu haben, und das Problem der Geltung des jüd. Gesetzes ist erst von außen her in sie hineingetragen worden (die Gegner des Paulus in Galatien waren keine Heidenchristen, gegen Munck). Aus dieser heidnischen Herkunft der großen Mehrzahl der Glieder der paulinischen Gemeinden erklärt sich der Kampf, den Paulus mit diesen Gemeinden zu führen hatte. Denn so sehr Paulus selber neben pharisäisch-jüd. und hellenistisch-jüd. Begriffen und Vorstellungen auch solche heidnischer Herkunft verwendet, so sehr ist das von ihm verkündete Heil und die von ihm geforderte christliche Existenz eine streng eschatologisch-geschichtliche Wirklichkeit, die den Gläubigen abhängig weiß von der vergangenen geschichtlichen Heilstat Gottes, durch die er befähigt und verpflichtet wird zur Verwirklichung des empfangenen Heils in der kurzen Zeit bis zur Heilsvollendung. Diese »geschichtliche« Heilsverkündigung geriet bei den ehemaligen Heiden in Spannung zu ihrem naturalistischen oder gnostisch-dualistischen Erbe, und darum muß Paulus das geschichtliche Heil gegen ein naturalistisches Mißverständnis verteidigen und zugleich die Anzweiflung seines Apostelamtes abwehren, die einerseits von extremen Vertretern der Urgemeinde, andererseits von enthusiastischen Gruppen in seinen Gemeinden vorgebracht werden (→ Häretiker, 2. 3). Obwohl Paulus auch auf dem Apostelkonzil die juristische Oberhoheit Jerusalems niemals anerkannt hat (gegen Stauffer), diente die von ihm überbrachte Kollekte (Gal 2, 10; Röm 15, 25ff) der Erhaltung des Zusammenhangs der heidenchristlichen Gemeinden mit der Urgemeinde als der Trägerin der Jesusüberlieferung. Doch scheint sich die Jerusalemer Gemeinde für Paulus nicht eingesetzt zu haben, als er auf Betreiben von Diasporajuden bei seinem letzten Aufenthalt in Jerusalem verhaftet wurde (Apg 21, 27ff).

So war die Beziehung zwischen den gesetzesfreien heidenchristlichen Gemeinden Kleinasiens und Griechenlands und den palästinischen Judenchristen schon zZ des Paulus offenbar recht schwach und brach mit dem Verschwinden der Judenchristen (s. 2) völlig ab. Dagegen müssen zwischen der palästinischen Christenheit und den *hellenistischen Christen Syriens* lange Zeit regere Beziehungen bestanden haben. Denn im palästinisch-jüd. Bereich müssen die Wurzeln der synoptischen Tradition liegen, die uns ausschließlich in griech. Sprache in den synoptischen Evangelien überliefert ist. Und wenn auch die Annahme einer weitgehenden Rejudaisierung der Jesustradition unbegründet ist (gegen Stauffer), so zeigt sich doch vor allem im MtEv eine Schicht der synoptischen Tradition, die stärkere jüd. Einflüsse erfahren hat. Da nun die Tradition über die Entstehung des MkEv in Rom auf sehr schwachen Füßen steht und das MtEv am ehesten in Syrien entstanden zu denken ist (→ Evangelien, synoptische, 2 b. c), liegt die Annahme nahe, daß in dem Palästina benachbarten syrischen Heidenchristentum die Umformung der palästinischen Jesustradition für die griechisch sprechenden Heidenchristen stattgefunden hat. In diesem Raum muß man aber auch die Wurzeln anderer Ausprägungen des späteren Heidenchristentums vermuten, die deutlich jüd. Denken verpflichtet sind, nämlich der Gedankenwelt des Hebr, des Jak, des Johanneskreises (Evangelium und Briefe), der Apk. Diese Vermutung träfe bes. dann zu, wenn die freilich noch durchaus offene Frage sicher bejaht werden dürfte, ob manche dieser Schriften (etwa Eph und Hebr) Einflüsse speziell von seiten der Sekte von Qumran erhalten haben (Kosmala; → Qumran, 5 e. f).

4. Am undurchsichtigsten ist für uns die Geschichte des *ausgehenden U.s*. In dieser Zeit, dh in den letzten drei Jahrzehnten des 1.Jh.s und vielleicht auch noch in den ersten Jahren des 2.Jh.s sind zwar, abgesehen von den echten → Paulusbriefen und möglicherweise von der synoptischen Redenquelle und dem MkEv, alle übrigen Schriften des NT abgefaßt worden, aber auch die ältesten Schriften der »Apostolischen Väter« und vielleicht auch die ältesten der apokryphen Evangelien. Aber es fehlt uns für diese Zeit nicht nur jeder zusammenhängende Geschichtsbericht, sondern wir haben auch für die meisten der Schriften keine Möglichkeit, ihre Entstehung genau zu datieren oder gar zu lokalisieren. Infolgedessen ist die Forschung oft der Versuchung erlegen, die erhaltenen Schriften durch die Annahme literarischer Zusammenhänge in ein Abhängigkeitsverhältnis zueinander zu setzen und so wenigstens in beschränktem Maße eindeutige Zusammenhänge herzustellen. Form- und traditionsgeschichtliche Betrachtung haben aber gezeigt, daß die formalen und inhaltlichen Berührungen weitgehend nur durch die Verwertung der gleichen Tradition bedingt sind, so daß wir vielmehr annehmen müssen, daß direkte literarische Zusammenhänge nur vereinzelt (zwischen → Judasbrief und 2. → Petrusbrief) bestehen und außerdem die → Pastoralbriefe und die → Johannesbriefe jeweils aus derselben Schule stammen. Aber auch die Annahme, Paulus habe direkt oder durch seine Briefe auf zahlreiche spätere Schriften des U.s eingewirkt, läßt sich wohl nur für die direkt auf Paulus zurückgeführten Schriften (Eph, Past) sichern. Dagegen ist deutlich, daß die paulinische Theologie insofern Voraussetzung für fast die gesamte spät-urchristliche Literatur ist, als die Tatsache der Gesetzesfreiheit nicht mehr diskutiert zu werden braucht, weswegen freilich auch die radikale Frontstellung des Paulus gegen die verdienstliche Wertung des menschlichen Handelns vor Gott nicht mehr verstanden wird. Im übrigen zeigen sich in den Schriften dieses Zeitraums außer stärkerem Anschluß an die gnostischen Vorstellungsformen (Hebr, Joh), an die Popularphilosophie (Past), die jüd. Apokalyptik (Apk), das jüd. Traditionsdenken (Jud, Past) und die jüd. paränetische Tradition (Eph, Past, Jak) vor allem zwei Entwicklungen, die zugleich ein Hereinreichen des Frühkatholizismus in das NT bedeuten (→ Heidenchristentum, 11): a) Die Erwartung der nahen Gottesherrschaft (→ Reich Gottes: I, 2) und der nahen → Parusie des Christus trat mehr und mehr in den Hintergrund, ist aber nur in den Past und ausdrücklich im 2Petr aufgegeben. Die damit sich ergebende Dehnung der Zeit bis zum Weltende bringt zwar das Problem der Parusieverzögerung allmählich zum Bewußtsein, führt aber trotzdem nicht zu einer Krise, weil schon das Zeitbewußtsein Jesu mit einer kurzen Zwischenzeit zwischen seiner Auferstehung und der Parusie rechnete und die heilsgeschichtliche Betrachtung der Gegenwart als »Mitte der Zeit« im Vorblick auf das erst in einer ungewissen Zukunft erwartete Ende, wie sie vor allem die lukanischen Schriften vertraten, in der heilsgeschichtlichen Deutung der Gegenwart als eschatologischer Zwischenzeit in der Urgemeinde und bei Paulus ihre Vorbereitung hatte. Wo aber die Naherwartung völlig aufgegeben ist, dürfte die Grenze des U.s überschritten sein. – b) Infolge des Fernrückens der Parusie und der verlorengegangenen Beziehung zum palästinischen U. mit seiner lebendigen Erwartung der Erscheinung des Auferstandenen in Herrlichkeit entwickelt sich die Kirche als eschatologische Gemeinde weiter zur Kirche als Heilsanstalt mit festgelegten moralischen Gesetzen, durch besondere Kultpersonen gefeierten Sakramenten und einem festgelegten Glaubensbekenntnis, wobei die in den lukanischen Schriften zuerst deutlich erkennbare Beschränkung des ursprünglich weiteren Apostelbegriffs auf die Zwölf (Klein), das Eindringen des jüd. Sukzessionsgedankens (Past, 1Clem) und des naturalistischen Sakramentsdenkens (Past, Ign) deutlich Zeichen einer mit Hilfe der Vorstellungen der Umwelt sich vollziehenden Festlegung der Kirche sind. Ungeklärt ist für diese Entwicklung vor allem, auf welchem Wege die starken jüd. Züge in das späte U. nach der Zerstörung Jerusalems eingedrungen sind (auf dem Weg über die Diasporasynagogen?, infolge des erneuten Hervortretens jüd. Erbes des ältesten U.s?, als Parallelentwicklung innerhalb der christlichen Gemeinde selbst?). Außer Zweifel steht, daß die Aufnahme der hellenistischen Vorstellungen von der Wirksamkeit des kultischen Handelns an sich (Tit 3, 5; IgnEph 20, 2) und von der göttlichen Natur und der zu erwerbenden Vergottung des Menschen (Apg 17, 29f; 2Petr 1, 3f) eine radikale Veränderung der Heilsauffassung mit sich bringen, die über die Grenzen des U.s hinausführt. Man kann angesichts dieser fließenden Grenzen des U.s zur frühkath. Kirche hin nur feststellen, daß das U., theologisch betrachtet, nicht eine fest umrissene chronologische Periode, sondern eine durch kritische Besinnung zu erkennende geschichtliche Norm darstellt (→ Bibel: II B, 4).

Vgl. die Lit. zu → Christentum: I, Geschichte: II A, → Gnosis: II, → Häretiker, → Heidenchristentum, → Jakobus, → Jesus Christus, →Judenchristentum: I, →Kirche: II, →Kirchenverfassung: I, →Paulus, → Petrus, → Sittlichkeit: V. – Forschungsberichte: H.WINDISCH, U. (ThR NF 5, 1933, 186-200. 239-258. 289-301. 319-334) – W.G. KÜMMEL, Das U. (ebd 14, 1942, 81-95. 155-173; 17, 1948/49, 3-50. 103-142; 18, 1950, 1-53; 22, 1954, 138-170. 191-211) – E.DINKLER, Die Petrus-Rom-Frage (ebd 25, 1959, 189-230. 289-335; 27, 1961, 33-64) – E.GRÄSSER, Die Apg in der Forschung der Gegenwart (ebd 26, 1960, 93-167).

C.WEIZSÄCKER, Das apostol. Zeitalter d. christl. Kirche, (1886) 1892^{2} – J.WEISS, Das U., 1917 – W.BAUER, Rechtgläubigkeit u. Ketzerei im ältesten Christentum (BHTh 10), 1934 – M.GOGUEL, La naissance du Christianisme, Paris 1946 – DERS., L'Eglise primitive, ebd 1947 – R.BULTMANN, Das U. im Rahmen d. antiken Religionen, 1949 – J.KLAUSNER, Von Jesus zu Paulus, Jerusalem 1950 (dazu W.G. KÜMMEL, Jesus u. Paulus [Judaica 4, 1948, 1-35]) – O.LINTON, The Third Aspect. A Neglected Point of View. A Study in Gal I-II and Acts IX and XV (StTh 3, 1950/51, 79-95) – O.CULLMANN, Petrus, (1952) 1960^{2} – B.REICKE, Der gesch. Hintergrund d. Apostelkonzils u. der Antiochia-Episode, Gal 2, 1-14 (Studia Paulina in honorem Joh. de Zwaan, Haarlem 1953, 172-187) – W.FOERSTER, Stephanus u. d. Urgemeinde (Dienst unter dem Wort, Festg. f. H.Schreiner, 1953, 9-30) – J.MUNCK, Paulus u. d. Heilsgesch. (Acta Jutlandica 26, 1), 1954 (dazu M.SMITH, HThR 50, 1957, 107-131; R.BULTMANN, ThLZ 84, 1959, 481-486) – DERS., Jewish Christianity in Post-Apostolic Times (NTS 6, 1959/60, 103-116) – DERS., ThLZ 86, 1961, 342-345 – L.GOPPELT, Christentum u. Judentum im 1. u. 2.Jh. (BFChTh II, 55), 1954 – DERS., U., Urgemeinde (EKL III, 1581ff. 1586ff) – C.SCHNEIDER, Geistesgesch. d. antiken Christentums I. II, 1954 (dazu E.STOMMEL, JAC 1, 1958, 119-127) – G.B.CAIRD, The Apostolic Age, London 1955 – E.DINKLER, Early Christianity (The Idea of Hist. in the Ancient Near East, New Haven 1955, 171-214) – H.J.SCHOEPS, Urgemeinde, Judenchristentum, Gnosis, 1956 – L.E.ELLIOTT-BINNS, Galilean Christianity (Studies in Bibl. Theol. 16), London 1956 –

E.Stauffer, Die Urkirche (Historia Mundi IV, 1956, 298-310) - Ders., Petrus u. Jakobus in Jerusalem (Begegnung der Christen, hg.v. M.Roesle u. O.Cullmann, 1959, 361-372) - Ph.Carrington, The Early Christian Church I, Cambridge 1957 - J.Dupont, Pierre et Paul à Antioche et à Jérusalem (RechSR 45, 1957, 42-60. 225-239) - A.F.J.Klijn, Stephen's Speech - Acts VII, 2-53 (NTS 4, 1957/58, 25 bis 31) - D.Flusser, The Dead Sea Sect and Pre-Pauline Christianity (Scripta Hierosolymitana 4, 1958, 215-266) - R.McL.Wilson, The Gnostic Problem, London 1958, 64ff - J.Daniélou, Théologie du Judéo-Christianisme, Tournai 1958 - M.Simon, St. Stephen and the Hellenists in the Primitive Church, London 1958 - W.Marxsen, Der »Frühkatholizismus« im NT (BSt 21), 1958 - Ph.Seidensticker, Die Gemeinschaftsformen d. relig. Gruppen d. Spätjudentums u. d. Urkirche (Studii Biblici Franciscani Liber Annuus 9, 1958/59, 94 bis 198) - C.F.D.Moule, Once More, Who Were the Hellenists? (ET 70, 1958/59, 100-102) - E.Schweizer, Gemeinde u. Gemeindeordnung im NT (AThANT 35), 1959 - R.M.Grant, Gnosticism and Early Christianity, New York 1959, 151ff - H.Kosmala, Hebräer-Essener-Christen (Studia Postbiblica 1), Leiden 1959 (dazu G.Delling, ThLZ 86, 1961, 501-504) - J.Leipoldt, Die Ablösung d. frühen Christentums vom Judentum (Communio Viatorum 2, 1959, 217-227) - P.Geoltrain, Esséniens et Hellénistes (ThZ 15, 1959, 241-254) - E.Käsemann, Die Anfänge christl. Theol. (ZThK 57, 1960, 162-185) - G.Klein, Gal 2, 6-9 u. d. Gesch. d. Jerusalemer Urgemeinde (ebd 275-295) - Ders., Die zwölf Apostel (FRLANT NF 59), 1961 - E.A. Judge, The Social Pattern of the Christian Groups in the First Century, London 1960 - L.W.Barnard, Saint Stephen and Early Alexandrian Christianity (NTS 7, 1960/61, 31-45) - E.Haenchen, Petrusprobleme (ebd 187-197) - P.Benoit, Qumrân et le NT (ebd 276 bis 296).

W.G.Kümmel

Urheber, Bezeichnung für Hochgötter und höhere Wesen (→ Hochgottglaube), auf deren Wirksamkeit Welt, Menschen, Naturdinge, topographische Gegebenheiten, menschliche Einrichtungen und Kulturgüter zurückgeführt werden. N. → Söderblom, der diesen Terminus in die → Religionswissenschaft eingeführt hat, wollte damit auch zum Ausdruck bringen, daß das Höchste Wesen der → Naturvölker nicht im Sinne des → Monotheismus zu verstehen sei, sondern bloß als mythischer Verursacher der Welt, dem in der praktischen Religion keine sonderliche Bedeutung zukomme. Diese Beurteilung ist zu einseitig und entspricht nur zT den religionsethnologischen Tatsachen. U. können auch sein mythische Vorfahren, → Kulturbringer, Transformer und die Dema-Wesen A.E.Jensens, aus deren Körper nach erfolgter Tötung die Kulturpflanzen hervorgingen. Die Wirksamkeit der U. wird zT nach der → Sintflut oder in die Endphase der mythischen Vorzeit verlegt. - Vgl. → Mythos: II, 3.

N.Söderblom, Das Werden des Gottesglaubens, (1916) 1926² - Ders., Der lebendige Gott im Zeugnis der Religionsgesch., 1942 - H.Baumann, Schöpfung u. Urzeit des Menschen im Mythos der afrik. Völker, 1936 - A.E.Jensen, Mythus u. Kult bei Naturvölkern, (1951) 1959² - K.Dittmer, Allg. Völkerkunde, 1954 - J.Haekel, Religion (in: Lehrbuch d. Völkerkunde, hg.v. L.Adam u. H.Trimborn 1958, [40-72] 49ff) - F.Herrmann, Symbolik in den Religionen der Naturvölker, 1961, 98ff.

J.Haekel

Uriel (= mein Licht ist Gott), Name eines der 4 oder 7 Erzengel, die nach Anschauung des nachbiblischen Judentums vor Gottes Thron stehen (→ Geister: II, 4 a). Er gilt als Regent über die Sternenwelt, der über die Lichter wacht und ihre Gesetze kennt (äthHen 72ff). Er ist über das Engelheer und den Tartarus gesetzt (äthHen 20, 2) und wird die Pforten des Hades zerbrechen, wenn die Erzengel die Toten heraufholen und vor den Richterstuhl Gottes führen werden (Sib II, 229). Sehern und Propheten übermittelt er göttliche Weisungen und deutet ihnen ihre Gesichte (4Esr 4, 1; 5, 20; 10, 28).

W.Lueken, Michael, 1898 - JewEnc XII, 383 - Bill. II, 97 - Bousset, Rel. 320ff, bes. 328.

E.Lohse

Urim und Tummim, Bezeichnung der Gegenstände für einen → Orakel-Entscheid in Israel; nach Dtn 33, 8 in der Hand jedes levitischen Priesters, später dem → Hohenpriester vorbehalten (Ex 28, 30; Lev 8, 8; Num 27, 21). Widengren setzt den König-Priester (Ps 110) an den Anfang. - Wahrscheinlich waren es 2 (verschiedenfarbige?) Steine, da in Sach 4, 10 der Stein der Aussonderung (lies: 'æbæn hăbbadîl) zur Investitur Josuas gedacht ist (Galling). Daß die Wortwahl mit dem ersten und dem letzten Buchstaben des Alphabets zusammenhängt, ist unbeweisbar und unwahrscheinlich. Der Plural als Qualitätssuperlativ (→ Elohim) könnte zur Deutung führen: »das vollkommene Licht« (von 'ôr) bzw. die größte Vollkommenheit (von tam), zusammen als Hendiadyoin = untrügliches Orakel. Andere denken an »verflucht« ('arār) und »unschuldig«. Wie das Werfen bzw. Heraustreten des Loses aus der »Tasche der Entscheidung« vor sich ging, ist unbekannt, doch gab es immer nur eine Entscheidung zwischen zwei Möglichkeiten (vgl. 1Sam 14, 38ff). Zuweilen schwieg auch das Orakel (1Sam 14, 36f); kamen dann beide Lose zugleich heraus? Die gegen zweideutige Wahrsagepraktiken gerichtete Polemik des Dtn (18, 10ff) mag dazu beigetragen haben, daß man wohl noch in vorexilischer Zeit die mantische Praxis aufgab; das Wort des Priesters war Gottesentscheid. Doch behielt man »die Tasche der Entscheidung« (hošæn hămmišpaṭ) als Ornat für den Hohenpriester bei, die durch den Besatz mit 12 Edelsteinen (als ein Pectorale) einen neuen Akzent erhielt. In Esr 2, 63 (um 518 vChr) ist vorausgesetzt, daß der erst nach der Tempelvollendung voll ins Amt tretende Hohepriester dann auch die U. und T. tragen (und entscheiden) soll. Josephus (Ant. III, 8, 9) deutet das Aufleuchten der Edelsteine als Orakel (letzter Nachhall!). In → Qumran, wo man die diversen Entscheide - gewiß nur archaistisch - als »Los« bezeichnete (u.a. 1QS 5, 3; 9, 7), sagt ein Jes-Kommentar zu 54, 11 (JBL 77, 1958, 221): »Die Deutung bezieht sich auf die 12 [Steine], die leuchtenden nach der Ordnung der U. und T.«

RE XX, 328ff; XXIV, 619f - J.Döller, Die Wahrsagerei im AT, 1923 - G.Widengren, Psalm 110 och det sakrale kungadömet i Israel (UUÅ 1941, 7, 1) - J.Schoeneveld, U. en T. (Orient. Neerlandica, Leiden 1948, 216-222) - K.Elliger, Ephod u. Choschen (VT 8, 1958, 19-35) - K.Galling, Serubbabel u. d. Wiederaufbau d. Tempels in Jerusalem (Festschr. f. W.Rudolph, 1961, [67-96] 90ff).

K.Galling

Urlsperger, 1. *Johann August* (1728-1806), ev. Theologe, * in Augsburg (Sohn von 2), studierte 1747-54 in Tübingen und Halle, Zentren einer Leibniz-Wolffschen Methode, mit deren Hilfe man Deismus und Naturalismus bekämpfte. U. wurde hier zum Apologeten. 1755 erwog er bereits die Gründung einer apologetischen Gesellschaft. Seit 1756 war er Geistlicher in Augsburg, 1772 bis 1776 Senior. U. verteidigte unermüdlich das altkirchliche Trinitätsdogma unter Hereinnahme mystisch-spiritualistisch-theosophisch-kabbalistischer, später auch chiliastisch-apokalyptischer Elemente. 1780 gelang ihm durch Reisen (Deutschland, Schweiz, Holland, England) und Briefwechsel die Gründung der Deutschen → Christentumsgesellschaft, in der er bald die Führung einbüßte. Eine tiefe Tragik überschattete seinen unruhevollen Lebensabend mit dem vergeblichen Bemühen, eine apologetische Zentrale bzw. Schule zu gründen.

Vf. u.a.: Kurzgefaßtes System meines Vortrages von Gottes Dreieinigkeit, 1777 (mit Einl. über seine theol. Entwicklung). - Über U.: ADB 39, 355ff - RE XX, 336ff - P.Wernle, Der schweiz. Protestantismus im 18.Jh. III, 1925, 29ff u.ö. - H.Weigelt, J.A.U. (Theol. Diss. Erlangen), 1961 (vollst. Bibliogr.).

2. *Samuel* (1685-1772), ev. Theologe, * in Kirchheim u. Teck, unternahm nach dem Studium in Tübingen (1703-07) eine 5jährige Studienreise u.a. nach Halle, wo

er lebenslange Freundschaft mit A.H. → Francke schloß. 1710 wurde U. Pfarrer an der deutschen Savoykirche in London, 1712 korrespondierendes Mitglied der SPCK, 1713 Pfarrer in Stetten, 1714 Hofkaplan, 1715 Hofprediger und Konsistorialrat in Stuttgart. 1718 wegen seiner von Francke ermunterten Opposition gegen die das Land beherrschende Mätresse von Grävenitz abgesetzt, wurde er 1720 Sup. in Herrenberg und war 1722-65 Senior und Pfarrer zu St. Anna in Augsburg, das er zu einem pietistischen Zentrum in Süddeutschland machte. Seine sozial-karitative, missionarische und ökumenische Wirksamkeit umspannte die Sorge für das Augsburger Armenkinderhaus, die → Salzburger Emigranten und deren Ansiedlung in Ebenezer (Georgia), die Juden- und Heidenmission und den Geheimprotestantismus in den habsburgischen Ländern. 1715 bewirkte U. die erste württembergische Landeskollekte für die indische Missionsarbeit (B. → Ziegenbalg). U. führte einen weltweiten Briefwechsel mit Holland, England, Amerika und orientalischen Kirchenführern.

Vf. u.a.: Ausführl. Nachricht von den Salzburgischen Emigranten, die sich in America niedergelassen ..., 1744; Americanisches Ackerwerk Gottes ..., 1753. - Über U.: ADB 39, 361ff - L.RENNER, Lebensbilder aus der Pietistenzeit, 1886, 332ff - A.STEIN, S.U., 1899 - B.KOCH, S.U. u. seine Liebesarbeit an den Glaubensgenossen (Bilder aus Augsburgs kirchl. Vergangenheit, 1906, 97-140) - RE XX, 342ff - C.v.KOLB, Die Entlassung U.s (Blätter f. württ. KG NF 12, 1908, 31-49) - H.SCHOBERT, Der pietist. Einfluß U.s auf das Bildungswesen Augsburgs (Diss. Erlangen), 1939 - W.ZORN, S. u. J.A.U. (in: Lebensbilder aus dem bayer. Schwaben I, 1952, 322-342).

E.Beyreuther

Urmensch

1. U. und/oder erster Mensch - 2. U.lehren: a) Indo-Iran - b) Israel/Judentum - c) Gnosis - d) Christentum - e) Islam

1. Die Vorstellungen vom Ursprung des Menschen sind so zahlreich wie vielfältig und bilden bei Natur- und Kulturreligionen selbständige Mythenkomplexe des Urzeitgeschehens (→ Mythos: II, 3 b). Man kann dabei zwischen urzeitlichen, übermenschlichen Wesen und den eigentlichen ersten Menschen unterscheiden. Der erste → Mensch (: I, 2) ist entweder von einem himmlischen Schöpfer (→ Schöpfung: I) aus Ton, Lehm, Erde, Holz, Stein usw »gebildet« bzw. »geformt«, mit einer Göttin »gezeugt« (Urpaar), aus dem → Himmel (: I) »herabgefallen« oder »herabgeklettert«. Oder er ist »geworden«, »hervorgekommen«: aus der → Erde, dem → Wasser, einem → Baum, → Berg, Felsen, einer Höhle, Pflanze, einem → Ei, auch aus einem Teil des Urwesens (→ Erlöser: I, 2 a). Die ersten Menschen werden meist als vollkommen, groß und schön vorgestellt, ihr Leben bis zur ersten → »Sünde« als paradiesisch (→ Paradies: I. II). Demgegenüber spielen die → Kulturbringer bzw. → Urheber, Demiurgen, Urahnen, Stammväter oder Urkönige (feudale Tradition) eine spezifische Rolle als höchste Wesen (zB der Moma der Uitoto, der Unkulunkulu der Zulu; → Hochgottglaube). Dazu gehört auch der (zT androgyne) Ur- oder Weltriese (Ymir, Pan-ku, Banio).

2. Ein einheitlicher sog. »orientalischer U.mythos«, wie ihn R. → Reitzenstein u.a. postuliert hatten (s. RGG² V, 1416f), existiert nicht. Es lassen sich nur folgende U.lehren als bes. ponderabel herausheben, deren wechselseitige Abhängigkeit entweder nur zT rekonstruierbar oder erst Aufgabe zukünftiger Forschung ist.

a) Nach der *altindischen* Priesterspekulation haben die Götter aus Purusha (»Mensch«) Welt und Menschenkasten geschaffen (→ Makrokosmos, 2). Daneben stehen Manu(s) als Stammvater, Yama (= iran. Yima) als Urkönig (Herrscher des Totenreiches) und Mārtāṇḍa, der »foetusgestaltige« 8. Sohn der Aditi und göttliche Ahn der Menschen. In → *Iran* ist der Mythos von Gayōmart (< avest. gaya marətan »sterbliches Leben«?) erst im mittelpersischen Bundahišn greifbar, aber zT sicher älter (vgl. Mārtāṇḍa). Aus Gayōmart, einer idealen Schöpfung → Ormazds, deren Tod → Ahriman verursachte, entstehen die → Metalle; zwei Drittel seines Samens gehen zum Himmel, eins in die Erde, wo aus einer Pflanze das erste Menschenpaar Mahryaγ/Mašyê und Mahryānaγ/Mašyānê wächst. In der Endzeit wird Gayōmart als Erster auferstehen.

b) Der alte Orient kennt nur (göttliche) Urkönige (→ Gilgameš, → Tammuz) oder Urzeitweise (Adapa). Den U.en als (Paradies-)König belegt Ez 28. Gen 1.2 erzählt die Erschaffung des ersten Menschen 'Adam (→ Mensch: II); er ist im Besitz der Weisheit (Hi 15, 7f; Weish 10, 1f; slHen 30, 12; 31, 2; PsClemHom 16, 11f) und Herrlichkeit (Sir 49, 16; 1QH 17, 15). Erst in jüd. und rabbinischer Zeit sind androgyne (→ Geschlechtliches), makrokosmische, dualistische U.motive mit Adam verknüpft worden (→ Philo, apokryphe Adamlegenden), wohl bes. in heterodoxen Kreisen. Inwieweit der → »Mensch(ensohn)« damit zusammenhängt (Präexistenz!), ist aus Mangel an Belegen noch unsicher (eschatologische Rolle!). Eine selbständige U.-lehre entstand in der jüd. Mystik (→ Kabbala): der androgyne 'Adam qadmôn ist die manifestierte Gestalt Gottes, der das All entspricht.

c) In der → *Gnosis* (: I) ist eine U.lehre entstanden, die altes (iranisches und jüd.) Material verarbeitet (Spekulation über Gen 1, 26f!), aber durchaus original ist (»Anthroposmythos«). Der (androgyne) Anthropos, Urbild des vollkommenen »Menschen«, ist 1. der höchste Gott (Anthropos protos) oder/und 2. dessen Abbild (Eikon) und Emanation, der durch einen Fall in sein irdisches Abbild (Adam-Mensch) gerät und als unsterbliches Element (Pneuma, innerer Adam, Makroanthropos) in allen Menschen der → Erlösung (: I) harrt. Die Beziehung von U. und Erlöser bzw. Offenbarer der Gnosis wird unterschiedlich aufgefaßt und darf nicht verallgemeinert werden; die Konsubstantialität von U. und zu erlösendem »Selbst« macht ihn zum salvator salvandus (U. als Logos-Christus). Die großartigste Ausprägung dieser Idee gab Mani (→ Manichäismus). Vgl. auch → Mandäer, 2.

d) Bereits das *NT* hat jüd. und gnostische U.motive zur Ausgestaltung der Christologie verwendet (Röm 5, 12ff; 1Kor 15, 44ff; Kol 1, 15ff; Joh 1; → Erlöser: II), was sich weiterhin fortsetzt (Ignatius, Ps.-Clementinen, Clemens von Alex., Origenes; → Adambücher). Aus dem MA sind makrokosmische Auffassungen Adams, adamitische Spekulationen und Praktiken (»Freie Geister«) bekannt. Seit der Renaissance wird unter Aufnahme der kabbalistischen und griech. Lehre vom androgynen U.en (vgl. Plato, Symp. c. 14f) in mystischen Kreisen der Androgyn Adam zum Symbol der Vollkommenheit des Menschen (Leone Ebreo, J.Böhme; s. Benz).

e) Der → *Koran* verwertet die jüd.-christliche Adamlegende (2, 28ff; 7, 10ff; 20, 114ff), die für die Folgezeit maßgebend bleibt. Eine Lehre vom »Vollkommenen Menschen« (al-insān al-kāmil) als Urbild (= Mohammed) des mit Allah und dem All vereinigten Ṣūfī schuf die islamische Mystik (Ibn al-ʿArabī, al Ǧīlī). Auch die Ismaeliten spekulieren über den »All-Adam«.

Zu 1 u.a.: H.BAUMANN (→ Urheber) - DERS., Das doppelte Geschlecht, 1955 (Lit.) - E.ERKES, Eine P'an-ku Mythe der Hsia-Zeit (T'oung Pao 36, 1941, 159-173) - F.GENZMER, German. Schöpfungssagen, 1944 - A.E.JENSEN, Das Weltbild einer frühen Kultur, 1948 - F.HERRMANN (→Urheber) 126ff. - Zu 2: M.FÖRSTER, Adams Erschaffung u. Namengebung (ARW 11, 1908, 477-529) - H.H.SCHAEDER,

Die islam. Lehre vom vollkommenen Menschen (ZDMG 79, 1925, 192-268) - B.Murmelstein, Adam, ein Beitrag zur Messiaslehre (WZKM 35, 1928, 242-275) - W.Staerk, Die Erlösererwartung in d. östl. Religionen, 1938 - E.L.Dietrich, Der U. als Androgyn (ZKG 58, 1939, 297-345) - HIsl 212f (al-Insān al-Kāmil) - R. Strothmann, Gnosistexte der Ismaeliten (AAG III, 28), 1943 - L. Massignon, L'homme parfait en Islam (ErJb 15, 1947, 287-314) - A.Bentzen, Messias - Moses redivivus - Menschensohn (AThANT 17), 1948 - E.Peterson, La libération d'Adam de l'Ἀνάγκη (RB 55, 1948, 199-214 = Frühkirche, Judentum, Gnosis, 1959, 107-128) - S.Mowinckel, U. u. Königsideologie (StTh 2, 1948, 71-89) - G. Quispel, Der gnost. Anthropos u. die jüd. Tradition (ErJb 22, 1953, 195-234) - G.Scholem, Die Vorstellung vom Golem... (ebd 235-289 = Zur Kabbala u. ihrer Symbolik, 1960, 209-259) - Ders., Die jüd. Mystik, dt. 1957 (Lit.) - Ders., Die myst. Gestalt der Gottheit in d. Kabbala (ErJb 29, 1960, 139-182) - S.Hartman, Gayōmart (Diss. Uppsala), 1953 (Qu.) - K.Hoffmann, Mārtāṇḍa u. Gayōmart (Münch. Stud. z. Sprachwiss. 11, 1957, 85-103) - K.Rudolph, Ein Grundtyp gnost. U.-Adam-Spekulation (ZRGG 9, 1957, 1-20) - Ders., Theogonie, Kosmogonie u. Anthropogonie in d. mandäischen Schriften (Phil. Habil.-Schr. Leipzig), 1961 (Masch.) - E.Werner, Die Nachrichten über die böhm. »Adamiten« in religionshist. Sicht (in: Th.Büttner-E.Werner, Circumcellionen u. Adamiten, 1959, 73-141) - E.S.Drower, The Secret Adam, Oxford 1960 (dazu ThLZ 87, 1962, 103ff) - Dies., ADAMAS-humanity: ADAM-mankind (ThLZ 86, 1961, 173-180) - J.Jervell, Imago Dei (FRLANT 58), 1960 - C.Colpe, Die religionsgesch. Schule (ebd 60), 1961 - E. Abegg, U. u. Messias bei den Iraniern (Asiat. Studien 14, 1961, 1-8) - E.Schweizer, ThLZ 86, 1961, 163-165 - H.M.Schenke, Der Gott »Mensch« in der Gnosis, 1962. *K.Rudolph*

Urmonotheismus nennt man die Lehre, daß bereits die älteste Menschheit den Glauben an Einen Gott gekannt habe. Sie geht in der neueren Zeit auf den Jesuitenmissionar J.F.Lafitau (1670-1740) zurück (→ Monotheismus: I, 1). Er konstruierte für den Anfang der religiösen Menschheitsentwicklung den Glauben an ein »Estre supérieur«, wobei → Gott (: I) selber als Urheber seiner → Offenbarung (auteur de la revelation) aufgefaßt wird. Später wurden ähnliche Ideen von den Romantikern (Friedr. Creuzer, Otfried Müller) entwickelt. An diese knüpft der schottische Romancier Andrew Lang (The Making of Religion, 1898) an, und an Lang P.Wilhelm → Schmidt, bes. in seinem Lebenswerk »Der Ursprung der Gottesidee« (12 Bde, 1912-55). Die theologische Ausgangsbasis ist für Schmidt eine ganz ähnliche wie für Lafitau, obwohl er diesen anscheinend nicht gekannt hat. Durch → »Uroffenbarung« setzt Gott selber den Glauben an sich: Dies ist a) möglich, denn der Urmensch hat die geistige Fähigkeit zur Aufnahme dieser Offenbarung bereits besessen; es ist aber auch b) historisch-faktisch, denn die ethnographischen Tatsachen beweisen es. Vor allem besteht eine Übereinstimmung des biblischen Schöpfungsberichtes mit den (von Schmidt so genannten) »Paradies- und Sündenfallmythen« bei → Naturvölkern. Die biblische Schöpfungsgeschichte bewahrt also Urzeiterinnerungen. - Für diese Theorie hat das Werk Schmidts den empirischen Nachweis zu erbringen versucht. Auch ermutigte er seine Schüler (P. W.Koppers, P. P.Schebesta, P. M.Gusinde u.a.), durch Feldforschungen bei den einfachsten Naturvölkern, bes. bei den als Vertretern der »Urkultur« (→ Kulturkreislehre) verstandenen Zwergrassen (Pygmäen), Zeugnisse für deren Glauben an ein »Höchstes Wesen« zu sammeln. - Bei Religionshistorikern und Theologen (beider Konfessionen) sind die Theorien Schmidts starken Bedenken begegnet (Söderblom, van der Leeuw, Pettazzoni, J.W.Hauer, J.Daniélou); ebenso schwer wiegen die Einwendungen von seiten der Ethnologen (K.Th.Preuß, A.Krämer, W.Thalbitzer, D.Westermann, R.H.Lowie, P.Radin). Das Fazit langjähriger Diskussionen ist, daß der U. weder ein echter → Monotheismus (: I) noch ein »Ur«-Monotheismus ist. Im einzelnen ist zu sagen:

1. Die sog. »Höchsten Wesen« bei Naturvölkern sind in der Regel wenig prägnant, vage und umrißlos. Viele Hochgötter (→ Hochgottglaube) rechnen zur Kategorie der »Dei otiosi« oder »Dei incerti«. Opfer und Gebete an sie, welche die Theorie zu erweisen unternimmt, bleiben unklar oder bestreitbar. Magische Handlungen (→ Magie), die Schmidt bei den »Urvölkern« als unvereinbar mit einem reinen Gottesglauben hinwegbeweisen möchte, sind tatsächlich in größtem Umfange vorhanden. Der Charakter der Hochgötter ist paralysiert durch »Nebenwesen« - Ahnengeister, Dämonen, Kobolde, Unholde -, die in der praktischen Religionsübung die größere Rolle spielen. In anderen Fällen ist das Höchste Wesen mit dem Stammvater der Gruppe oder sogar mit dem Widersacher verschmolzen, bei manchen nordamerikanischen → Indianern von der zweideutigen Figur des Schelms (»Trickster«; → Kulturbringer) nicht zu trennen. Die Höchsten Wesen sind auch sonst, wo sie nicht einfach otios sind, kaum Schöpfer und Erhalter, sondern vieldeutig in ihrem sittlichen Charakter und ihrer Wirkungsweise, zB spielerisch-zerstörend.

2. Die sog. Schöpfungsmythen der Naturvölker (→ Mythos: II, 3, → Schöpfung: I) bewahren keine Urzeiterinnerungen. Sie sind zeitgenössische Dokumente, deren historisches Alter uns fast stets unbekannt ist. Auf keinen Fall führen die ethnographischen Zeugnisse zu den Anfängen der Menschheit zurück. Die von Schmidt herangezogenen Stämme sind aber nicht einmal bes. altertümlich. Am wenigsten beweisend sind die als Kronzeugen bemühten Zwergrassen: zentralafrikanische Pygmäen, Wedda, Negritos von Malaya, den Andamanen und Luzon. Denn diese befinden sich sämtlich in Sozialsymbiose mit benachbarten großwüchsigen Stämmen, von denen sie als abhängige Gastvölker sprachlich, kulturell und religiös aufs stärkste beeinflußt sind; sie repräsentieren also in keiner Weise »Urkulturen«. Relativ ausgeprägtere Vorstellungen von »Höchsten Wesen« finden sich gerade *nicht* bei den von der U.-Theorie herangezogenen »Urvölkern«, sondern bei höheren Naturvölkern (zB der Himmelsgottglaube bei Ural-Altaiern [→ Altaische Religion]). Bei allen ausgeprägteren Hochgott-Vorstellungen muß die Möglichkeit der Beeinflussung durch theologisch durchgebildetere (Hoch-) Religionen in Betracht gezogen werden.

3. Methodologisch sind gegen die Theorie des U. Einwände zu erheben. a) Das ethnographische Material läßt sich nicht so weit historisieren, daß über eine → Urreligion wirklich *historische* Aussagen möglich wären. Schmidts Versuch, die ethnographischen Zeugnisse mit der biblischen Schöpfungsgeschichte mittels der Theorie von der »Uroffenbarung« historisch zu verbinden, ist daher unhaltbar. Die Religionen der Naturvölker sind in der uns bekannten Form nicht älter, sondern historisch jünger als alle theologischen Religionen, einschließlich des Christentums. - b) Missionarforscher erliegen leicht der Gefahr einer unbewußten »Induktion« von Informationen bei Eingeborenen, bes. wenn sie sich selbst in der Situation von patronisierenden Autoritätspersonen befinden (namentlich gegenüber Kleinwüchsigen). Die Aussagen können durch diese Situation gefärbt sein. Das Hineinspielen christlich-theologischer Begriffe präjudiziert schon in der Terminologie Themen und Ergebnisse, zB die Rede von »Paradies-« und »Sündenfallmythen« bei Naturvölkern, die angebliche Allmacht, Allgüte, Allgegenwart des Höchsten Wesens u.a.m. Gegen solche Charakteristiken spricht schon der »Ethnozentrismus« der Naturvölker, wonach das Höchste Wesen die Welt bestenfalls nur für die eigene Gruppe erschafft, und das Fehlen einer theologischen Systematisierung überhaupt. Die Art, wie die U.-Theorie die Quellenaussagen

preßt, enthält ein grundlegendes Mißverständnis der untheologischen Psyche. Gerade bei einer feineren Strukturanalyse enthüllen sich wesentliche Unterschiede zwischen dem Hochgottglauben bei Naturvölkern und dem jüdisch-christlichen Monotheismus.

Außer der zu → Hochgottglaube, → Kulturkreislehre, → Monotheismus: I, W. → Schmidt u. RGG² IV, 190f angeführten Lit. von SCHMIDT, → SÖDERBLOM, PREUSS u. → PETTAZZONI: W.SCHMIDT, Die Uroffenbarung als Anfang der Offenbarungen Gottes (in: Religion, Christentum, Kirche, hg.v. G.ESSER u. J.MAUSBACH, I, [1911] 1921⁴, 481-636) - DERS., UdG I-XII, 1912-55 (dazu kritisch: K.TH. PREUSS, ZE 61, 1930, 227ff; 65, 1934, 153f; Anthropos 23, 1928, 464f; A.KRÄMER, ZE 62, 1931, 207ff; W.KRICKEBERG, ZE 66, 1935, 335f; R.H.LOWIE, Anthropos 25, 1930, 751ff; W.THALBITZER, ebd 27, 1932, 653ff; D.WESTERMANN, ebd 29, 1934, 237ff; A.CLOSS, ebd 32, 1937, 997ff; D.J.WÖLFEL, ebd 35/36, 1940/41, 511ff) - DERS., Der Ursprung der Gottesidee. Eine weiterführende Überschau (Anthropos 16/17, 1921/22, 1006-1051) - DERS., La formation du monothéisme (ebd 21, 1926, 269-272) - DERS., Hist. Tatsächlichkeiten des Zustandekommens meines »Der Ursprung der Gottesidee« (ebd 23, 1928, 471-474) - DERS., Die Urkulturen: Ältere Jagd- u. Sammelstufe (in: Historia Mundi, hg.v. F.VALJAVEC, I, 1952, 375-501) - P.RADIN, Monotheism among Primitive Peoples, (1924) Basel 1954 - DERS., Die relig. Erfahrung der Naturvölker, 1951 - J.J.FAHRENFORT, Het hoogste wezen der primitieven, Groningen 1927 (dazu D.WESTERMANN, Zs. f. Völkerpsych. u. Soziol. 5, 1929, 352ff) - C.CLEMEN, Der sog. Monotheismus der Primitiven (ARW 27, 1929, 290-333; Antikritik von SCHMIDT: Anthropos 25, 1930, 703ff) - G. VAN DER LEEUW, Die Struktur der Vorstellung des sog. Höchsten Wesens (ARW 29, 1931, 79-107) - R.PETTAZZONI, Allwissende Höchste Wesen bei primitiven Völkern (ebd 108-129. 209-243) - DERS., L'omniscienza di Dio, Turin 1955; engl. 1956; dt. 1960 - DERS., Das Ende des U.? (Numen 3, 1956, 156-159) - K.TH.PREUSS, Die Hochgottidee bei den Naturvölkern (Africa 4, 1931, 287-301) - F.R.LEHMANN, Dei incerti (Mitt.-Bl. d. Ges. f. Völkerkunde 6, 1935, 23-32) - ChrRel I, 111-160 (W.KOPPERS) - W.E.MÜHLMANN, Das Problem des U. (ThLZ 78, 1953, 705-718) - K.L.BELLON, Der Sinn der Frage nach dem Ursprung der Gottesidee (ZMR 38, 1954, 318-328) - F.C. BURSCH, Het probleem van het oermonotheisme in ethnologie en praehistorie (Mens en Matschappij 29, 1954, 321-331) - D.BIDNEY, The Ethnology of Religion and the Problem of Human Evolution (AmA 56, 1954, 1-18) - J.HAEKEL (→ Urheber) - F.HERRMANN (→ Urheber) 65ff. 97f.

W.E.Mühlmann

Uroffenbarung

1. Begriff - 2. Beurteilung - 3. Schöpfer-Offenbarung. - O. = Offenbarung, n.Th. = natürliche Theologie

1. Die *Bezeichnung* U. begegnet im 19.Jh. erstmalig (gelegentlich) bei J.T. → Beck, die *Sache* (ausführlich) bei A. → Schlatter. Dieser behandelt in seiner die Dogmatik eröffnenden Anthropologie den Menschen als das »Werk Gottes« und beschreibt »das persönliche Leben als die O. des göttlichen Lebens«, »die Natur als die O. der göttlichen Kraft« und »die menschliche Gemeinschaft als Gottes Reich«.

Der *Begriff* U. geht in seinem gegenwärtigen Sprachgebrauch auf *P.* → *Althaus* zurück. Er soll, im Unterschied zur → Offenbarung (: VI) des Heiles in Jesus Christus, Gottes »ursprüngliche Selbstbezeugung« oder »Grund-O.« bezeichnen. »Das Beiwort ›ursprünglich‹ bzw. die Vorsilbe ›Ur‹ haben nicht historischen, sondern prinzipiellen Sinn. Sie sagen von der gemeinten O. nicht, daß sie ihren Ort am Anfange der menschlichen Geschichte hatte, daß sie nur an das erste Geschlecht der Menschen geschah; sondern, daß sie von der Heils-O. Gottes schon vorausgesetzt wird, daß sie ihr zugrunde liegt, daß diese sich auf sie wesentlich zurückbezieht. Nicht von einem Präteritum ist die Rede, sondern von einem *Präsens,* das aber dem Perfectum präsens der Heils-O. wesentlich immer schon voraufgeht. Wir suchen die U. nicht am Anfange der Geschichte der Religion, sondern *überall* ›hinter‹ ihr, in diesem Sinne natürlich *auch* am Anfange« (Christl. Wahrheit 41). - Obwohl Althaus den Begriff U. dem Sprachgebrauch der Religionsgeschichte entnahm, scheidet er ihn also aus deren Vorstellungskreis (→ Urmonotheismus) aus. Ihm zufolge gilt: a) Die Lehre von der U. ist dogmatisch *notwendig*. Sie ist geboten durch die urchristliche Missionspredigt, die sich auf die jederzeit ergehende Bezeugung Gottes an die ganze Menschheit bezieht. Die Heils-O. setzt die Schuld der Menschheit und ihr Wissen um Gottes Gesetz voraus (Röm 1f), dieses aber wiederum die vorgängige Gottesbezeugung. - b) In der U. geht es um bestimmte konkrete *Wirklichkeit.* Gott bezeugt sich uns: in unserer Lebendigkeit, in ihrer Gewirktheit wie im Ungenügen an uns selbst; sodann in den »Normen des Wahren, Schönen, Guten«; ferner in der Geschichte und ihren spannungsvollen Ordnungen; nicht zuletzt in der Natur, einschließlich des ihr innewohnenden Widerstreites von Sinn und Sinnlosigkeit. - c) U. und *n.Th.* (→ Natürliche Religion) sind jedoch streng zu *scheiden*. Eine unversehrte »Natur« im kath. Verständnis ist durch die Einsicht in die völlige Verderbtheit ebenso ausgeschlossen wie die natürliche Gotteserkenntnis. Die schon im Empfang durch den Menschen verkehrte U. bedarf nicht der Ergänzung durch das Evangelium, sondern ihrer Bekehrung zu ihm. »Natürliche Theologie und Religion« ist nur »das Destillat theologischer Scholastik bzw. der Religionsphilosophie«.

2. Die *Absicht* dieser Lehre von der U. ist, soweit sie den Gegensatz zur n.Th. durchzuhalten trachtet, theologisch rechtmäßig. Sie soll vor allem die Aussagen von der → Verborgenheit Gottes (→ Heilig, → Zorn Gottes, → Gericht Gottes) wie von des Menschen Verlorenheit (→ Sünde) anzielen. Sie trägt dem bes. im NT bezeugten Sachverhalt Rechnung, daß die Botschaft des Evangeliums nicht voraussetzungslos geschieht, sondern jeweils den von Gottes Wirklichkeit bereits angegangenen Menschen vorfindet. Die im → Kerygma sich ereignende Heils-O. fügt der Wirklichkeit des Menschen nichts Zusätzliches bei. Vielmehr wird Gott als der verkündigt, der »schon immer zur Wirklichkeit des Menschen gehört« (G.Ebeling). Menschliches Dasein ist immer schon durch Gottes An-wesen qualifiziert, das die Sünde erst bestimmbar macht. Die empirische Religion ist »Produkt« der beiden »Faktoren«: »U.« *und* »Ursünde« (E.Brunner). Auch Althaus zeigt die Grenze: »Die U. kann uns Gottes inne werden lassen, aber sie gibt uns, wie wir sind, keine Gewißheit des Heils.« Die unter dem »notvollen Gesetz des Lebens-Widerstreites« gemachte Erfahrung führt in die Verzweiflung: »So ruft die verkannte und mißbrauchte U. nach der Heils-O. Der Weg geht von Röm 1, 21 zu 1Kor 1, 21.«

So sehr indessen die Lehre von der U. durch ernstere Exegese biblischer Texte das rationale Schema sprengt, in dem die altprot. → Orthodoxie eine »allgemeine O.« der »besonderen« zu- und unterordnete, so sehr fragt es sich, ob die vorliegende Fassung den Grad von Sachgemäßheit erreicht, die der Botschaft angemessen ist. Ein Dreifaches ist zumindest *zu bedenken:* a) Die Verklammerung von U. und Heils-O. mittels einer Theorie der *Anamnesis,* derzufolge der vom Evangelium angesprochene Mensch in Jesus Gott *wieder*-erkenne, hat im NT keinen Anhalt. Die von Althaus herangezogene pneumatologischen Aussagen des JohEv (14, 16ff. 26; 16, 12-15) beziehen das Wirken des Geist-Parakleten streng *zurück* auf den fleischgewordenen Logos. Sie verstehen es nicht als ein der Heils-O. vorauslaufendes »allgemeines« Geschehen, das sich durch den »Geist« ereignet, den die Religionen in sich tragen und dessen »Ur-Wahrheit« das Evangelium nicht zerbräche. Dagegen sprechen u.a. 1Kor 2, 14; Röm 1, 21; Joh 3, 6; 18, 37. - b) Die Art, in der die Geschichts-O. Gottes Handeln in *»Stufen«* bzw. »Stationen« (noch dazu unter Berufung auf Lk 15, 11ff) dartue (59f), neutralisiert die → Geschichtlichkeit als Element des Geschehens. Zudem ist es kaum möglich, eine allgemeine Berufung in den »Ordnungen und Ständen« von einer »außerordentlichen« zu unterscheiden, die in besonderen »geschichtlichen Stunden« an Völker und einzelne ergehe. Hier droht sich eine geschichtsphilosophische Schau einzuschleichen, die sich aus den Quellen romantischer Spekulation speist. – c) Schließlich wird die Aussage von Gottes Selbstbezeugung *im Menschen* überinterpretiert: »Der Mensch weiß um Gott, indem er um sich selbst weiß, und er weiß um sich selbst, indem er um Gott weiß« (90). Die zweite Satzhälfte ist unfraglich richtig: Indem Jesus Gottes Gnade offenbart, offenbart er den Menschen als Gottes Geschöpf, Feind und Kind. Aber der Satz von der Selbigkeit der O. Gottes und (von daher!) des Menschen ist irreversibel. Jedenfalls bedeutet »wissen« in beiden Satzhälften je etwas Verschiedenes. – Obwohl Althaus also grundsätzlich zwischen U. und n.Th. unterscheidet und diese verwirft, wird die folgerichtige Durchführung der Absicht tatsächlich schwer erkennbar.

Eine eigentümliche Formierung erfährt die durch den Begriff U. angezeigte Problematik bei *K.* → *Barth.* Die Differenz zwischen noetischer und ontischer Hinsicht außer acht lassend, identifiziert er U. und n.Th. Damit scheint er zwar berechtigt diese (→ Analogia entis, → Anknüpfung), zugleich aber unberechtigt jene abzulehnen. Der *Ausdruck* »U.« spielt hier allerdings eine untergeordnete Rolle: beiläufig zB innerhalb der Kritik der Lehre von den »vestigia trinitatis« (KD I/1, 352ff) und der Erörterung des Geheimnisses der O. (KD I/2, 196ff). Da aber Barth den durch den Begriff U. – von ihm selbst als »n.Th.« – bezeichneten *Textbefund* nicht zu leugnen vermag, sucht er ihn innerhalb der Gotteslehre zu erhellen. Zwar sei jede n.Th. auf dem Boden der Kirche »diskussionslos unmöglich« (KD II/1, 93), jedoch nötigten die Texte zu dem »offenen Zugeständnis«: es gebe durch die ganze hl. Schrift hindurch eine »Linie« (nicht nur Einzelstellen), von wo aus »durchgehend« nicht nur an das die O. bestätigende Zeugnis Gottes appelliert werde, sondern auch an das des Menschen und des Kosmos, dessen Stimme »gelegentlich geradezu den Charakter eines selbständigen dritten Zeugen bekommt« (ebd 109). Diese Linie mache als »Nebenlinie« das »Echo« hörbar, das Gottes Stimme im Raum der Welt, die zum Raum der O. wird, erweckt. »Es wird der Mensch im Kosmos, der mit Gottes O. konfrontiert ist (lange bevor er dessen gewahr ist, lange bevor sie ihm zur Entscheidung geworden ist und wie auch die Entscheidung ausfalle!), als der mit Gottes O. Konfrontierte objektiv ein anderer Mensch« (ebd 122). Was schließlich in der an der Christologie ausgerichteten und durch sie begründeten Anthropologie innerhalb der Schöpfungslehre entfaltet wird (KD III/2), entspricht sogar inhaltlich weithin den Intentionen der Lehre von der U.

3. In Aufnahme und Weiterführung der scheinbar sich ausschließenden »Gegen«-Positionen von Althaus und Barth bietet sich folgende Fassung des Gesamtproblems dar: Mit der Abweisung der n.Th. (vgl. 1. Barmer These [→ Barmen, 2]) ist die Frage nach der U. nicht erledigt, sondern eigentlich erst gestellt. Dadurch, daß wir (nur!) durch die Heils-O. *heilsame* Gotteserkenntnis empfangen, wird uns gerade Gottes vorgängiges Handeln vernehmlich. Dies Vernehmen läßt sich weder pneumatologisch (Althaus) noch christologisch (Barth), sondern nur theologisch im strengen Sinne (→ Trinität: IV) begründen. Allerdings sind dann bereits die Bezeichnungen »U.« bzw. »Grund-O.« preiszugeben, da sie das Mißverständnis befördern, die U. sei als Vorstufe oder Vorbedingung der Heils-O. ausgezeichnet. Statt dessen wäre von Schöp*fer*-O. zu reden, die freilich nicht mit Schöp*fungs*-O. im Sinne einer dem Dasein innewohnenden Geschaffenheits-O. (→ Gottesbeweise) zu verwechseln ist. Schöpfer-O. (→ Schöpfung: IV B) steht vielmehr mit den in Gottes Gesetz erfolgenden Willenskundgebungen im Bunde. Sie vollzieht sich in drei unterschiedlichen »Aggregatzuständen« wirkender Gottesrede: a) als Schöpfung, b) als Geschichte, c) als Existenz – und zwar so, daß in je *einem* Gesprächsgang jeweils drei Entgegnungen laut werden: α) Gottes Spruch, β) des Menschen Wider-Spruch, γ) Gottes An-Spruch.

a) Gott ereignet O. in der *Schöpfung.* α) Das Seiende in seiner Gesamtheit bildet die → Welt, die, durch Gottes Wort ins Dasein gerufen, den Menschen je und je »angeht«. Der Mensch vermag sie als Natur, dh als Wirkungszusammenhang (→ Naturwissenschaft), zu erkennen (→ Weltbild) und zu beherrschen (→ Technik). β) Aber er verhört sich an ihr, sofern er aus ihr Gottes spendenden und fordernden Ruf nicht vernimmt. Gottes Gesprächigkeit im Modus seines Schaffens bleibt für ihn stumm: durch eigenmächtiges Deuten (→ Naturphilosophie, → Naturmythologie) meint er, selbst der Welt die Zunge lösen zu müssen. γ) Über den Versuch, Schöpfer und Geschöpf zu verwechseln, offenbart Gott seinen brennenden Zorn (Röm 1, 18ff). Dennoch läßt er sein Welt-schaffendes Reden weiterhin an alle Menschen ergehen.

b) Gott ereignet O. in der → *Geschichte.* α) Geschichte ist – theologisch verstanden – das »in, mit und unter« menschlichem Handeln geschehende Gotteswort (hebr. dabar = Wort = Geschichte). Der Mensch vermag sie als »Historie«, dh als Geschehenszusammenhang, zu verstehen und zu erfassen. β) Aber er vergreift sich an ihr, sofern er sich unterfängt, ihr im Akt der → Selbstbehauptung (→ Selbstgerechtigkeit) seinen Sinn aufzuzwingen. Im Willenswiderstreit der Menschen gegen Gott und gegeneinander wird ihre Rede beharrlich mißverstanden und mißbraucht. γ) Obwohl der Mensch in und an der Geschichte ständig scheitert, läßt Gott nicht davon ab, ihn zur Sinnverwirklichung aufzurufen.

c) Gott ereignet O. in der menschlichen *Existenz.* α) Existenz (→ Existenztheologie) meint das dem Menschen je vorgegebene → Dasein, in dem er sich, als vom redenden Gott sich selbst geschenkt und gefordert, vorfinden darf (→ Anthropologie: IV). β) Jedoch verdeckt er im »Bilde«, das er von sich selbst entwirft (→ Ideologie), die ihm zugesprochene Gottesbildlichkeit. Indem er sein Dasein als das »nur-je-seine« beredet, verschweigt er es als Dasein »vor Gott« (→ Selbstentfremdung). γ) Dennoch fährt Gott fort, dem Menschen sein Wesen als → Person zuzusprechen und ihn weiterhin als Glied der Gemeinschaft in die → Ver-antwortung zu rufen.

»U.« besagt mithin: Der dreieinige Gott bringt sich als Herr der Welt in seinem Schaffen ständig zur Sprache. Deswegen braucht das Kerygma der Kirche das hier Gesprochene nicht nochmals zu wiederholen (Abweisung der n.Th.!). Um seiner in Jesus Christus geschehenden O. willen läßt Gott sich dadurch, daß sich der Mensch seinem Anruf ver-sagt, nicht zum Schweigen bringen. Durch den → Geist (: VI), der die → Gemeinde als Gottes endzeitliches Aufgebot (→ Kirche) sammelt, hält er der Menschheit den durch die O. freigelegten Horizont ihrer Zukunft offen. – Dieser durch den fragwürdigen Begriff U. (= Schöpfer-O.) verschlüsselte Sachverhalt ist auf die Prävenienz der → Gnade hin *auszulegen,* die bereits im Felde des »Natürlichen« (D. Bonhoeffer) waltet: als »Vorsprung der Ewigkeit« (Kierkegaard) inmitten der zweideutigen Zeit. Er ist zugleich zu *eröffnen* für den Ausblick auf den → Geist (: IV, 2), der als »Macht des Angriffs der Gnade auf die Welt« (Käsemann) die reale Aufrichtung der universalen → Gerechtigkeit Gottes (: IV) end-gültig ins Werk setzt (→ Reich Gottes: III). Jene Auslegung wie diese Eröffnung wäre so durchzuführen, daß die durch die Trinitätslehre gezogenen Abgrenzungen nicht entschärft werden.

Vgl. die Lit. zu den im Text genannten Artikeln (bes. zu → Offenbarung: VI, → Natürliche Religion und Theologie) sowie die Lehrbücher der → Dogmatik. Außerdem bes.: A.SCHLATTER, Das christl. Dogma, (1911) 1923² - P.ALTHAUS, Grundriß d. Dogmatik, (1929) 1958⁴, §§ 3-6 (Lit.) - DERS., Die christl. Wahrheit, (2 Bde, 1948) 1959⁵, §§ 3-11 - BARTH, KD I/1, § 8; I/2, §§ 13-18; II/1, § 26 - BULTMANN I, 294-312; II, 79-104. 117-132 - W.LÜTGERT, Schöpfung u. O. (BFChTh II, 34), 1934 - G.HEINZELMANN, U.? (ThStKr 106, 1934/35, 415-431) - F.BRUNSTÄD, Allg. O., 1935 - E.SCHLINK, Die Verborgenheit Gottes d. Schöpfers nach luth. Lehre (Theol. Aufsätze f. K.Barth, 1936, 202-221) - DERS., Die O. Gottes in seinen Werken u. d. Ablehnung d. n.Th. (ThBl 20, 1941, 1-14) - E.BRUNNER, O. u. Vernunft, 1941 - R.HERMANN, Fragen um d. Begriff d. n.Th. (BFChTh 44/2), 1950 - K.LEESE, Recht u. Grenze d. natürl. Religion, 1954 (Lit.) - R.PRENTER, Skabelse og Genløsning I, 1955; dt.: Schöpfung u. Erlösung I, 1958, §§ 9. 15, Exkurs - H.VAN OYEN, Theol. Erkenntnislehre (SDGSTh 6), 1955, 31 ff - F.BURI, Dogmatik I, 1956 - H.KRAEMER, Religion and the Christian Faith, London 1956; dt. 1959, Kap. 20. *G.Gloege*

Urreligion. Die Bemühungen, von den religiösen Vorstellungen, Erlebnis- und Kultformen der ältesten Menschheit ein Bild zu gewinnen, gingen ehedem von der Voraussetzung aus, daß die heutigen → Naturvölker als überlebende Repräsentanten der »U.« aufzufassen seien. Durch die Fortschritte der Paläoanthropologie und der → Prähistorie, die den Beginn der Menschheit zeitlich immer weiter zurückverlegt haben, sowie durch die Einsichten der ethnographischen Kulturkunde (→ Ethnologie) ist diese evolutionistische Voraussetzung inzwischen als irrig erwiesen. Die zeitgenössischen Naturvölker haben, genauso wie die Völker höherer Zivilisation, eine lange, freilich ungeschriebene Geschichte hinter sich. Demgemäß sind die älteren Theorien über eine Abfolge von »prä-animistischen« Zauberpraktiken (→ Magie), → Animismus und → Urmonotheismus innerhalb der religiösen Entwicklung der Menschheit sämtlich hinfällig (so auch die diesbezüglichen Spekulationen von H. Kühn, s. Lit.). Für unsere Vorstellungen über die »U.« der Menschheit sind wir vielmehr ausschließlich auf die Zeugnisse der Urgeschichtsforschung angewiesen. Allerdings ist für die *Ausdeutung* dieses spröden Materials dann doch wieder die ethnographische Kulturkunde (und die → Volkskunde) vonnöten, aber nicht im Sinne einer Historisierung, sondern einer Vermittlung von heuristischen Modellen aus der Variantenfülle des anthropologisch-religiös überhaupt »Möglichen«. - Heranzuziehen sind die → Begräbnis-Formen und die Zeugnisse der paläolithischen Kunst, in letzter Zeit vor allem die Höhlenmalereien und -zeichnungen. Die Bestattungsformen haben bezüglich des Seelenglaubens und der - wohl ambivalenten - Einstellung zu den Toten (→ Totenverehrung: I) bisher keine eindeutigen Ergebnisse erbracht (→ Ausgrabungen: I). Animismus ist höchstwahrscheinlich *kein* Merkmal der U. Aussagen, die über die allgemeine Annahme eines »sensus numinis« hinausgehen, sind aber kaum zu machen. Auch Tierbestattungen in Höhlen sind erwiesen; ob es sich dabei um Opfer oder (wahrscheinlicher) um Wiederbelebungsriten gehandelt hat, ist fraglich. Aus den eindrucksvollen → Felszeichnungen in den eiszeitlichen Höhlen ergeben sich am ehesten historische Verbindungen zum → Totemismus und → Schamanismus zeitgenössischer Naturvölker Nordeurasiens, welche die Fortdauer einer »jägerischen Geisteshaltung« bis heute immerhin wahrscheinlich machen (→ Jäger).

M.EBERT, Die Anfänge des europ. Totenkultus (Prähist. Zs. 13/14, 1921/22, 1-19) - J.V.TRAUWITZ-HELLWIG, Urmensch u. Totenglaube, 1929 - DERS., Totenverehrung, Totenabwehr u. Vorgesch., 1936 - C.CLEMEN, Urgeschichtl. Religion, 1932 - K.TH.PREUSS, Entwicklung u. Rückschritt in der Religion (ZMR 47, 1932, 225-248) - L.FRANZ, Religion u. Kunst der Vorzeit, 1937 - F.R.LEHMANN, Die Religionsgesch. des Paläolithikums u. die Völkerkunde (ARW 35, 1938, 288-306) - H.KÜHN, Das Problem des Urmonotheismus (AAMz 1950, 22) - H.KIRCHNER, Ein archäol. Beitrag zur Urgesch. des Schamanismus (Anthropos 47, 1952, 244-286) - J.MARINGER, Vorgeschichtl. Religion, (1952) 1956 - C.-M.EDSMAN, Studier i jägarens religion (Annales Acad. Regiae Scient. Upsaliensis 2, Stockholm 1958, 33-94; dt. Zus.fassung) - F.HERRMANN (→ Urheber) 202ff. *W.E.Mühlmann*

Ursinus, 1. *Gegenpapst,* vorher Diakon, 366 von einer auf ihre Bekenntnistreue pochenden Minderheit zum Nachfolger des → Liberius erhoben, bevor die Mehrheit → Damasus I. wählte. Dieser ließ U. ausweisen und den in der Liberius-Kirche verschanzten U.-Anhängern blutige Verluste zufügen, konnte aber ihre Gottesdienste erst nach Jahren unterbinden; 371 brachten sie Damasus durch einen von ihnen angestifteten Kriminalprozeß in die peinlichste Lage. U. starb erst zZ des → Siricius.

CASPAR I, 196ff. 592f - LIETZMANN IV, 41f - FLICHE-MARTIN III, 232f - A.HOEPFFNER, Rev. des études anciennes 50, 1948, 288-304. *F.H.Kettler*

2. *Zacharias* (1534-83), ref. Theologe. Sein Vater war *Caspar* U., Diakonus zu Breslau beim Gemeinen Almosen. U. studierte in Breslau und Wittenberg bei Melanchthon, den er 1557 zum Religionsgespräch nach Worms begleitete. Von dort reiste er über Straßburg, Basel und Genf, wo er Calvin nahe kam, nach Paris und Zürich. Über Wittenberg kam U. im Herbst 1558 wieder nach Breslau als Prof. an der Elisabethenschule. Als Calvinist in die Sakramentsstreitigkeiten verwickelt, ging er 1560 nach Zürich zurück und 1561, von → Bullinger empfohlen, nach → Heidelberg. Zuerst Lehrer an der Sapienzanstalt, wurde er → Olevians Nachfolger als Prof. der Dogmatik. Zusammen mit Olevian verfaßte er 1562 den → Heidelberger Katechismus, der 1563 in die Pfälzer KO aufgenommen wurde. Der Versuch, die Genfer Kirchenzucht einzuführen, schuf ihm viele Gegner (→ Erastus). Infolge des Konfessionswechsels vertrieben, unterrichtete U. seit 1578 am Casimirianum in Neustadt.

GA hg.v. Q.REUTER, 3 Bde, 1612. - Über U.: K.SUDHOFF, K.Olevian u. Z.U., 1857 - J.F.GILLET, Crato v. Crafftheim u. seine Freunde, 1860, I, 87ff. 179ff; II, 98ff. 362 - H.ROTT, Briefe d. Heidelberger Theologen Z.U. (Neue Heidelb. Jb.er 14, 1906, 39-172) - ADB 39, 369ff - RE XX, 348ff - L.BURKARDT, Z.U. in seinem Abhängigkeitsverhältnis von Melanchthon (NKZ 37, 1925, 669-700) - SCHL. II, 345 - H.NEU, Bad. Pfarrerbuch II, 1939, 622. *F.Hauss*

Urstand

I. Religionsgeschichtlich - II. Im AT und Judentum - III. Im NT - IV. Dogmengeschichtlich - V. Dogmatisch

I. Religionsgeschichtlich

Die Vorstellung vom U. als einer engen bzw. ungestörten Gemeinschaft von Göttern und Menschen gehört zu den *menschlichen Gemeingütern.* Das Konzept ist vieler Variationen fähig: Der U. kann mit oder ohne Schuld des Menschen beendet, er selbst und sein Ende, aber auch das Ziel seiner Wiederherstellung verschiedenartig ausgemalt werden. - Zahlreich sind die *U.smythen schriftloser Völker* (→ Mythos: II, 3 d), die von der Zeit unmittelbar nach der → Schöpfung (: I) handeln. Nach ihrem Grundtenor war die Gottheit unter den Menschen auf Erden und zog sich dann nach Versehen oder Mißverständnis oder nach Ungehorsam der Menschen zurück, womit →Leiden (: I) und →Tod (: I) sowie geschlechtliche Zeugung begann, aber auch die Summe der → Kultur (→ Feste: I, 2, → Kulturbringer, → Urheber) und mit alledem Geschichte überhaupt. So schränkt U. als Eschaton des Anfangs zusammen mit dem des Endes Zeit und Geschichte auf eine Durchgangsstrecke ein (van der Leeuw § 87). Diese werden außerdem vom Glauben oder Streben umspannt, den U. durch →Gnade (: I) oder Leistung wiederzuerlangen (P.Nagel, FF 34, 1960, 375ff). Mitunter entfaltet sich der U. in Stufen und beginnt, so bei den Irokesen, mit ungeschaffenen und unsterblichen Wesen (den Ongwe), die als Urbilder den Ideen → Platons ähneln (W.Müller in: Die Religionen der Menschheit VII, 1961, 211ff). Er kann sogar negativ sein, indem der Schöpfer mit Fehlleistungen beginnt, so bei den Ketschua mit ihren alsbald in Statuen verwandelten Urriesen (H.Trimborn, ebd 147). – Vom *historischen Menschen* wird der U. durch kultische und politische Handlungen immer neu vergegenwärtigt und angestrebt. In → Ägypten (: II) und → Babylonien (: II) ist jedes Thronbesteigen bzw. → Neujahr eine Wiederholung von Weltanfang und U. (S.Schott, NAG 1957, 3, 57. 88; H.Zimmern, Das babyl. Neujahrsfest, 1926; → Eschatologie: I, 1; vgl. → Kultgeschichtliche Methode bzw. Schule). Noch die Amnestieerlasse der Ptolemäer beruhen auf dieser Ideologie (L.Koenen, APF 17, 1960, 11ff), und entsprechende Säkularisierungen der Moderne haben ebendort ihren Ursprung. – Die oft katastrophale Beendigung des U.s (→ Sintflut: I) wird noch in Hochkulturen *teils im gottgewirkten oder schicksalhaften Lauf, teils durch menschliche Schuld* (→ Sünde: I) ausgelöst. Ersteres geschieht zB in Indien oder Griechenland und Rom, wo zyklische Weltalterlehren (→ Weltperioden) dominieren (Hesiod, Werke und Tage 109ff; Vergil, 4. Ekloge 4ff, vgl. H.Hommel, ThViat 2, 1950, 182ff); aber die Dinge verwickeln sich, und mit dem Pandoramythos kommen Torheit und Ungehorsam (Epimetheus = »Nachbedacht«) ins Spiel (Hesiod, Theogonie 535ff; Werke und Tage 53ff). Durch Schuld wird das Ende des U.s (wie im AT: → Urstand: II) zB im ägypt. Mythos von der Vernichtung der Menschen herbeigeführt, die sich gegen Re empören und deshalb zT vernichtet werden (Ch.Maystre, BIFAO 40, 1941, 53f). Dieser verlorene U. der Gemeinschaft mit Gott galt folgerichtig später als Ideal: In der von Maat durchwalteten Urzeit gab es Überfluß und keine Gefahren (K.Sethe, AAB 1929, 4, § 125). Noch heute wirkt die Idee vom U. wissenschaftstheoretisch in so verschiedenen Lehren wie dem marxistischen Konzept einer Urgesellschaft und dem → Urmonotheismus des P. W. → Schmidt nach.

ELIADE §§ 150ff – F.HERRMANN (→ Urheber) 133ff. 142ff.

S.Morenz

II. Im AT und Judentum

1. Im AT – 2. Im Judentum

1. Die traditionelle Kirchenlehre findet den sog. U. des Menschen als den durch Adams Fall verlorenen Zustand einer wie auch immer verstandenen Vollkommenheit in Gen 2f bezeugt. Die Frage nach der Beschaffenheit des urständlichen Menschen steht in engem Konnex mit der Lehre von der imago Dei seit deren Interpretation durch iustitia originalis. Den Begriff *imago Dei* entnahm man Gen 1, 26f. – Das Wortpaar b^eṣālmenû kidmûtenû zielt auf die Elohimgestalt des Menschen (vgl. den mythischen Hintergrund der Aussage und Gen 5, 3). Das konkretere ṣælæm (»Statue«) meint die aufrechte Gestalt, das abstraktere d^emût (»etwas wie«) abschwächend die Ähnlichkeit. Der allein bei P begegnende Begriff (mit Wechsel der Präpositionen und Substantiva) erweist sich durch seine – an den Hymnus Ps 8 gemahnende – Wiederholung in 1, 27 als Würdeprädikat des → Menschen (: II) für seine Sonderstellung in der → Schöpfung (: II). Illegitim ist die Aufteilung: ṣælæm – imago – εἰκών = unverlierbare Vernunftanlage und d^emût – similitudo – ὁμοίωσις = verlierbare-verlorene Vollkommenheit, ebenso wie die Interpretation des in eins gefaßten Wortpaares mit iustitia originalis. Unsachgemäß ist es aber auch, eine Definition des Begriffes in der Herrschaftsbeauftragung des Menschen oder gar im Zueinander von Mann und Frau zu sehen. Ist in dem Begriff das berechtigte Anliegen des theologischen Fragens nach der imago Dei nicht gegeben, so ist streng zwischen Begriff und Sache zu unterscheiden. Diese liegt zwar auch nicht Gen 1, 26. 28 vor, wo nur die Herrscherstellung des Menschen ausgesagt ist, aber überall dort, wo der Mensch (Israel) so um seine herrscherliche Verantwortung für seine Welt vor Gott weiß, daß er zugleich seinen Ungehorsam erkennt. Nur im Blick auf seine verkehrte Stellung zu Gott und seiner Welt (→ Sünde: II) enthüllt sich dem at. Menschen seine mit U. gemeinte wahre Möglichkeit. Das geschieht zB bei den Propheten in der Rede von der Sohnschaft (Jes 1, 2-4; Hos 11, 1-7), Brautschaft (Jer 2, 1-3) bzw. Ehe (Ez 16; Hos 2, 4-17) des ausgesonderten Volkes. Das dem AT geläufige Zeugnis und Bekenntnis des mit U. anvisierten Sachverhaltes *kann* sich auch des Paradiesesmythos (→ Paradies: II. III) bedienen: Gen 2f (J) und in anderer Zuspitzung Ez 28, 1-10. 11-19; 31. Die sog. Sündenfallgeschichte von Gen 2f, in der J im Wissen um das böse Trachten des menschlichen Herzens (Gen 6, 5; 8, 21) eine Ätiologie der als leidvoll und schuldhaft verstandenen Lebenssituation des Menschen gibt, darf nicht als Chronik vom U., Fall und status corruptionis Adams gelesen werden, sondern als Ausdruck des Wissens um verwirkte Existenz. Der von Gott (sterblich!) geschaffene Mensch – Israel oder der einzelne – zweifelt daran, daß Gott ihm gut ist, begeht im Ungehorsam den Raub an Gott, wird, von Gott gefragt, seiner Blöße gewahr und begreift so die verfehlte, nur von Gott neu zu schaffende Möglichkeit seiner Existenz. Diese meint die Rede von U.

2. Das *hellenistische Judentum* wird sich in seinem Fragen nach dem Ursprung des Leides (→ Sünde: III) und in der daraus entstehenden Endzeitspekulation (→Eschatologie: III) der für die Heilszeit erhofften, verlorenen Güter des U.s bewußt. Seit Adams bzw. Evas Fall (oder seit dem Engelfall, vgl. Jub 7, 21; äthHen 6-11 u.ö.) steht der Mensch unter der Knechtschaft von Tod, Elend (4Esr 3, 7; 7, 118; ApkBar [syr] 17, 3; 23, 4; 48, 42f; 56, 5f) und Sünde (4Esr 3, 21f; LebAd: Vita 44; Apk 32); Unsterblichkeit (Weish 2, 23), Herrlichkeit und Gerechtigkeit (LebAd: Apk 20f) sind verloren. – Genauere Angaben über Dauer und Beschaffenheit der urständlichen Vollkommenheit Adams macht das *rabbinische Judentum*. Die durch Adams Fall verlorenen Güter (u.a. als Sechsergruppe zusammengefaßt: Herrlichkeit, Leben, Größe der Gestalt, Fülle der Erde, der Bäume [bzw. Eden], Lichter) wurden bei der Gesetzgebung am Sinai dem Volke Israel neu verliehen (vgl. u.a. Num r 16), sind ihm aber durch seinen Sündenfall (Stierdienst) wieder verlorengegangen, bis sie in den Tagen des Messias, bzw. im kommenden Olam, abermals restituiert werden (u.a. Gen r 12). – Der → *Qumran*-Fromme kann vom gewonnenen Heilsstande aus im Bekennen früherer Sünde neben dem pæšā' ri'šôn (1QH 9, 13) beispielhaft den Abfall der Väter (1QH 4, 34 u.ö.), aber auch den Engelfall nennen (1QH 10, 34f; Dam 2, 18; vgl. 1QM 14, 15; 1QGenApokr 2; 1Q27 1, 7). Im Bereich des prädestinierenden Handelns Gottes bleibt aber nicht

anders Raum für eine urständliche Vollkommenheit als nur im Sinne der Vorherbestimmung der Auserwählten zum Heil. So kann das Heil der Erwählten des Neuen Bundes im Rückgriff auf die Paradiesesterminologie (1QH 7, 24; 8, 4ff; 10, 25f) wie auch mit dem Terminus k^{e}bôd 'adam (?) (1QS 4, 23; Dam 3, 20; 1QH 17, 15; 4QPs37 2, 1f) beschrieben werden. – Der Sinn der Rede von U. kommt bei → *Philo* nicht in den wenigen Aussagen über die in buchstäblicher Schriftauslegung gewonnene Adamsgestalt, den mit außerordentlichen Vorzügen begabten ersten Menschen, zur Sprache, sondern in den Ausführungen über die Bestimmung des logosebenbildlich geschaffenen, aber dem Irdischen verfallenen Menschen zur Vollendung der εἰκών im Schauen Gottes.

Außer den at. u. jüd. Theol.: Bill. I-V (s. Reg.) – BOUSSET, Rel. (s. Reg.) – RGG^{2} V, 1419ff (Lit.) – ThW I, 282ff; II, 387ff – L. KÖHLER, Die Grundstelle der Imago-Dei-Lehre, Gen 1, 26 (ThZ 4, 1948, 16-22) – FR. HORST, Der Mensch als Ebenbild Gottes (Interpretation 4, 1950, 259-270 = Gottes Recht, 1961, 222-234) – FR. GOGARTEN, Der Mensch zwischen Gott u. Welt, 1956, passim – J. JERVELL, Imago Dei (FRLANT NF 58), 1960 (Lit.) – J. MAIER, Die Texte vom Toten Meer I. II, 1960 (s. Reg.; Lit.). – Vgl. ferner die Lit. zu → Paradies: II. III, → Sünde: II. III. *Fr. Ellermeier*

III. Im NT

Bei den biblischen Aussagen über den U. handelt es sich keineswegs um die Fixierung einer fernen Vergangenheit, auch nicht um gnostische Umdeutung eines vorgegebenen Materials, sondern um den Menschen treffende geschichtliche Entscheidungen, die auch in der Gegenwart gültig sind. Die eschatologischen Denkformen des NT lieben es, Anfang und Ende der → Geschichte (: II A) aufs engste miteinander zu verbinden, und verstärken daher die Bedeutung des U.s. Alle Aussagen des NT über den U. sind exegetischer und midraschartiger Art, berufen sich also auf vorgegebene Texte des AT und der angeschlossenen Literatur. Allerdings feiert das Urchristentum im Bekenntnis und Hymnus Jesus Christus als Abbild Gottes, als Erstling der → Schöpfung (: III), als Sinn, Mitte und Ziel des Weltganzen (Kol 1, 15ff). Damit wird der erhöhte Herr selbst zum eigentlichen U. der Menschheit, Schöpfung und Heilsgeschichte. – In der Verkündigung Jesu spielt die exegetische Tradition vom U. eine abgegrenzte, aber bedeutsame Rolle: gegenüber der mosaischen Erweichung der Forderung Gottes wird ähnlich wie in Dam 4, 21 auf Grund von Gen 1, 27 die unauflösliche Geltung der Einehe wiederhergestellt (Mk 10, 1-9). Es handelt sich also um einen Fall der Toraverschärfung durch Jesus. Bei Paulus nimmt der Hinweis auf den U. einen breiten Raum ein: Adam ist der Stammvater der Menschheit, der durch seinen Ungehorsam einen schicksalsschweren Geschichtsprozeß auslöste (Röm 5, 12ff; 1Kor 15, 21ff). Hier gewinnt der U. geschichtstheologische Bedeutung, tritt aber in den Schatten des Christusgeschehens. Er steht innerhalb eines bestimmten Beweisverfahrens. Daß auch Paulus dem U. normative, verschärfende und exegetische Bedeutung zuschreibt, geht aus 1Kor 11, 3ff hervor. Der Prolog des JohEv versteht die Schöpfung nicht vom U. des Menschen, sondern vom Worte Gottes als der Voraussetzung des Lebens und Lichtes (1, 1-18). Das Bekenntnis zu Jesus Christus tritt in den Vordergrund und erschließt nunmehr allein das Geheimnis des Schöpfungsberichtes.

Vgl. die nt. Theologien u. die Lit. zu → Schöpfung: III. Ferner: H.-D. WENDLAND, Geschichtsanschauung u. Geschichtsbewußtsein im NT, 1938 – W. DITTMANN, Die Auslegung der Urgesch. Gen 1-3 im NT (Diss. Tübingen), 1939 – W. G. KÜMMEL, Das Bild des Menschen im NT, 1948. *O. Michel*

IV. Dogmengeschichtlich

1. Altkirchliche Lehre – 2. Scholastische und röm.-kath. Lehre – 3. Reformation und altprot. Dogmatik – 4. Neuere ev. Theologie

Die Lehre vom U. war die systematische Entfaltung und Einordnung der im AT (Gen 1-2) und NT (→ Urstand: II. III) bezeugten Schöpfung und Gottebenbildlichkeit des Menschen (vgl. → Anthropologie: III). Zunächst ging es vorwiegend darum, die geschichtliche Entwicklung des menschlichen Geschlechts von der → Schöpfung (: IV A) über Sündenfall (→ Sünde: V) und → Erlösung (: IV) bis zum endzeitlichen Heil aufzuzeigen. Im Rahmen einer solchen universalen heilsgeschichtlichen Schau sah man den U. meistens als einen dem Sündenfall zeitlich vorgelagerten Zustand ursprünglicher Vollkommenheit, die, zunächst teilweise oder ganz verloren, erst wieder in der Endzeit erlangt werden kann. Diese Spannweite seiner Bedeutung legte weiterhin nahe, ihn – nicht zuletzt auf Grund der nt. Aussagen – auch grundsätzlich als das dem Menschen zu jeder Zeit zukommende schöpfungsgemäße Wesen zu verstehen und an ihm die Interpretation von Sünde, Wiedergeburt, Werk und Person Christi zu orientieren. Beide Motive – das geschichtliche und das grundsätzlich anthropologische – wurden meistens miteinander verknüpft, und an der differenzierten Bestimmung der U.svermögen in ihrem Verhältnis zu Gott und zur Sünde entschied sich die Lösung des Problems.

1. Sieht man von den gelegentlichen Äußerungen über den U. im Zusammenhang der kosmo- und anthropogonischen Spekulationen der → Gnosis (: III) ab, so findet sich die erste umfassendere Ausprägung dieser Lehre bei → *Irenäus*. Schon hier wird im Anschluß an die Tautologie von ṣælæm und d^{e}mût (Gen 1, 26f; → Urstand: II) die für die weitere Lehrentwicklung grundlegende Unterscheidung zwischen εἰκών (imago) und ὁμοίωσις (similitudo) getroffen. Die imago (Gottebenbildlichkeit) hatte der Mensch schon auf Grund der Erschaffung durch Gott; ihre Kennzeichen waren nach stoischem Vorbild das »innere Licht der Vernunft« und die Freiheit der Selbstbestimmung zum Guten oder zum Bösen. Weil die Unsterblichkeit noch nicht dazu gehörte, konnte der Mensch allein auf Grund der imago auch nicht die letzte Vollkommenheit erlangen. Die similitudo (Ähnlichkeit) dagegen war eine spätere Gabe Gottes, welche, in Freiheit angenommen, die Unsterblichkeit und Vollkommenheit verbürgt. Im Sündenfall ging nur die similitudo verloren; die imago mit ihrer Freiheit blieb, so daß der Mensch theoretisch jederzeit die Möglichkeit hat, sich zu Gott zu bekehren und die Seligkeit zu erlangen. – Diese Grundkonzeption wurde in der alten Kirche im wesentlichen beibehalten und nur verschieden akzentuiert. Das gilt für → Clemens von Alexandrien und → Origenes, die neben der Betonung der unverlierbaren Freiheit auch noch, unter neuplatonischem Einfluß, deren rationalen Charakter hervorhoben. Nicht wesentlich anders lehrten → Athanasius, → Cyrill, → Dionysius Areopagita, → Gregor von Nyssa, → Chrysostomus und → Johannes Damascenus, nur daß diese den Spannungsbogen der U.swirklichkeit heilsgeschichtlich weiterzogen und in der Erlösung die Heilung und Restitution der ursprünglichen Beschaffenheit des Menschen, der inneren Harmonie seiner Kräfte und damit auch der Unsterblichkeit sahen. – Die bedeutendste und einflußreichste U.slehre der alten Kirche verdanken wir → *Augustin*. Während → Pelagius den U. zum Deutungsprinzip des menschlichen Wesens erhob, seine Wirklichkeit unter Geringschätzung der Sünde als die des Menschen schlechthin ansah und an ihr die natürliche Gesetzeserkenntnis und Wahlfreiheit als

lediglich psychologisches Vermögen bes. akzentuierte, erfuhr die Deutung des U.s durch Augustin eine ganz neue sittliche Vertiefung. Auch für Augustin war das Hauptkennzeichen des U.s die Freiheit, aber über eine Wahlfreiheit hinaus positiv als sittliche Potenz. Und die aus Freiheit geübte Verehrung Gottes und Beherrschung der leiblichen Triebe war nicht das Werk des Menschen, sondern nur dank der ihn wie ein indumentum erleuchtenden prima gratia möglich (→ Gnade: IV, 1 b). Durch deren adiutorium konnte der Mensch auch wirklich gut sein. Sie bewirkte ein posse non peccare und ein posse non mori, aber nicht ein non posse peccare und kein non posse mori. Erst als der Mensch im Sündenfall aus Freiheit sich dieses signaculum imaginis begab, verlor er auch infolge der Herrschaft der Triebe diese Freiheit, und von da an war er lediglich creatura, begabt allerdings immer noch mit dem Licht der Vernunft. Wiederhergestellt wird dieser U. erst durch die Erlösungsgnade, so daß er mit deren Ziel, dem unmittelbaren Schauen des ewigen Lichts, identisch ist.

2. Die *scholastische* U.slehre knüpfte an Augustins Unterscheidung zwischen Schöpfung und adiutorium gratiae an, wich aber infolge weiterer Differenzierungen nicht unwesentlich von ihr ab. Das Problem entschied sich an der Frage, welche Vermögen und Wesensverfassungen der Schöpfung einerseits und den übernatürlichen Gaben andererseits zuzuordnen sind. – Allgemein wurde angenommen, daß der U. über die bloße geistig-seelisch belebte Natur des Menschen hinaus durch eine vollendete Harmonie zwischen Intellekt und freiem Willen gekennzeichnet war. Vernunft und Freiheit waren demnach nicht mehr natürliche (connaturales), sondern präternaturale, »höhere« Vermögen, und ihre Herrschaft über die Natur (zB Freiheit von Leiden und Tod) war »non naturae vi, sed divino beneficio« (Römischer Katechismus 1566). Erst auf Grund des in zeitlicher Folge noch hinzukommenden donum superadditum, dh der übernatürlichen Gaben der heiligmachenden Gnade (gratia habitualis elevans) und der eingegossenen Tugenden des Glaubens, der Liebe und der Hoffnung war es dem Menschen möglich, in urständlicher Gerechtigkeit (iustitia originalis) zu leben und – nach → Bellarmin – die Herrschaft der pars inferior (zB der sinnlichen Triebe) zu überwinden (so auch → Hugo von St. Viktor, → Alexander von Hales, → Bonaventura). → Petrus Lombardus drückte diese Unterscheidung zwischen dona naturae und dona gratiae folgendermaßen aus: ohne adiutorium sei nur bene, nicht spiritualiter vivere, nur ein resistere malo, nicht perficere bonum möglich. → Thomas von Aquino dagegen meinte, der Mensch habe schon auf Grund der Schöpfungsgaben, also ohne ein donum gratiae superadditae, Gott auf natürliche Weise erkennen und über alles lieben können. – Einigkeit herrschte allerdings darin: die urständlichen Vermögen und perfectiones sind *nicht* von natürlichem Charakter; davon zeugen auch die Verdammungen gegenteiliger Lehren (→ Bajus 1567, → Quesnel 1713, Synode von Pistoja [→ Ricci, 2] 1794). – Nicht geklärt wurde die Frage, ob das donum superadditum der iustitia originalis eine gratia gratum faciens (Thomas) oder eine gratia gratis data (→ Duns Scotus) sei, bzw. ob es *mit* oder *nach* der Erschaffung Adams verliehen wurde. Eine Entscheidung darüber umging das → Tridentinum (Sess. V can. 1), indem es lehrte: »Adam ... sanctitatem et iustitiam, in quo *constitutus* (nicht *creatus*!) fuerat, amisisse«. – Deutlich wird die Nichtnatürlichkeit der urständlichen Gaben auch darin, daß sie nach einhelliger Meinung im Sündenfall verlorengingen, um dem Menschen erst wieder im »status naturae lapsae reparatae« zuzukommen. Als schwierig erwies sich allerdings hierbei die Bestimmung der Freiheit. Die neuere auf Thomas zurückgreifende röm.-kath. Theologie unterscheidet methodisch zwischen dem schon mit Vernunft und Willen ausgestatteten status purae naturae, der wohl nicht wirklich war, in dem Gott den Menschen aber hätte erschaffen können, dem status naturae integrae, der durch die außernatürlichen Gaben einer Harmonie zwischen Intellekt und Freiheit gekennzeichnet war, und schließlich dem status naturae integrae der iustitia originalis auf Grund der gratia elevans. Im Sündenfall gingen dem Menschen nur die außer- und übernatürlichen Gaben verloren, so daß der ontische Kräftebestand des Menschen im status naturae lapsae reparandae mit dem des status purae naturae identisch wäre. Vernunft und (Wahl-)Freiheit bleiben dem Menschen also auch nach dem Fall (vgl. Tridentinum, Sess. VI can. 5).

3. Ein wesentlich anderes Verständnis des U.s entwickelten die *Reformatoren*. Hier wurde er – vom biblischen Menschenbild her und zT unter dem Einfluß Augustins und → Ockhams – ausschließlich theozentrisch begründet, ethisch radikalisiert und auf den ganzen personalistisch und voluntaristisch verstandenen Menschen bezogen. Dh, man sah den U. im ursprünglichen schöpfungsgemäßen Verhältnis des Menschen zu Gott, also in seiner iustitia originalis, die der Gottebenbildlichkeit gleichgesetzt wurde. – Luther hat sich über den U. selbst nur gelegentlich geäußert (zB in »De servo arbitrio« und im Kommentar zu Gen 3). Nach → Melanchthons Loci (1521) und den Aussagen der Bekenntnisschriften wurden die ersten Menschen von Gott gut geschaffen, sie hatten die Gottebenbildlichkeit als eine Grundrichtung ihres Lebens, und diese äußerte sich in der notitia, im timor und in der fiducia Dei. Gottebenbildlichkeit und iustitia originalis sind demnach Wechselbegriffe; sie bedeuten kein Vermögen und keine Beschaffenheit (temperamentum), sondern sie sind eine »Gabe« Gottes und kennzeichnen die »Natur« und »Substanz« des Menschen (Apol. II). – Eine weitere Präzisierung des U.s mit besonderer Betonung des theozentrischen Aspektes erfolgte in der → Konkordienformel. Hier wird – aus Anlaß des Streites zwischen → Flacius (Sünde ist die Substanz) und → Strigel (Sünde ist Akzidens) – zwischen der Natur und Geschöpflichkeit des Menschen einerseits und dem widergöttlichen, die ganze Person pervertierenden Verhalten des Menschen andererseits unterschieden. Und weil die Geschöpflichkeit als ein habitus concreatus ein Werk Gottes ist und auch nach dem Sündenfall erhalten bleibt, so bedeutet diese Interpretation eine Überführung des U.s von der rein geschichtlichen Sicht vor dem Fall in sein Verständnis als Grundwirklichkeit des Menschen schlechthin. Von Gott her ist der Mensch immer im U., vom Menschen her ist dieser radikal zerstört, und nur Gott kann diese beiden, Geschöpflichkeit und Erbsünde, scheiden. – Die umfassendste Ausprägung dieser Lehre erfolgte in der *altprot. Dogmatik*. Hier wird der U. – ohne im wesentlichen den reformatorischen Ansatz zu verlassen – unter dem Gesamtbegriff des status integritatis (im Unterschied vom status corruptionis, gratiae, gloriae und ignominiae aeternae) nach dem Schema einer selbständigen Prinzipienlehre sorgfältig differenziert. Seine Vollkommenheit, welche die der Gottebenbildlichkeit (imago simillima) ist, gliederte man auf in die geistigen und sittlichen perfectiones principales und in die leiblichen minus principales. Unter der *geistigen* Vollkommenheit wird die Weisheit und Erkenntnis Gottes, der menschlichen und irdischen Dinge verstanden. Diese Erkenntnis war aber noch keine absolute oder »intuitive«, sondern lediglich eine »nach dem Maß der Bedürfnisse«. Dennoch war sie größer als die aller anderen Menschen nach dem Fall. –

Die *sittliche* Vollkommenheit bestand in der Bereitschaft, Gott über alles zu lieben und den göttlichen Geboten gemäß zu leben. Sie war Heiligkeit, aber keine absolute, sondern nur ein »Freisein von Sünde«. – Die *leiblichen* Vorzüge (nur in der luth., nicht in der ref. Lehre) waren Schmerzunempfindlichkeit, Unsterblichkeit (ebenfalls nicht absolut als non posse mori, sondern »hypothetisch« als posse non mori) und die Herrschaft über die Erde gemäß dem göttlichen Auftrag. – Zusammengefaßt wurden diese höheren und niederen Kräfte in der vollkommenen Harmonie der iustitia originalis: die Glieder des Leibes gehorchten den Trieben, diese dem sinnlichen Begehrungsvermögen, dieses gehorchte dem Willen, der Wille der Vernunft und die Vernunft dem Gesetz Gottes. – Bei allen diesen Bestimmungen des status integritatis (auf luth. wie auch auf ref. Seite) liegt der Akzent auf ihrem *natürlichen* Charakter. Sie sind ein »donum naturale« und ein »habitus concreatus«, und nicht – wie in der Scholastik – ein donum supernaturale ac accessorium. → Gerhard, → Calov und → Quenstedt wollten zwar in der »gnadenhaften Einwohnung der Trinität« eine solche übernatürliche Gabe erkennen; demgegenüber ließ aber → Hollaz höchstens eine revelatio imprimis extraordinaria gelten.

4. Die Aussagen der *neueren ev. Theologie* über den U. sind weitgehend durch eine fortschreitende Kritik und Destruktion der traditionellen Lehre gekennzeichnet. Schon die → *Arminianer* verwarfen die anerschaffene Unsterblichkeit, schränkten die iustitia originalis ein und betrachteten die ersten Menschen lediglich als vom Naturinstinkt geleitete Kinder, deren imago in der Herrschaft über die sonstige Kreatur bestand (Confessio Remonstr. 5, 5 und → Limborch, Theologia christiana II, 24, 2–5). – Die U.slehre der → *Sozinianer* (vgl. Fausto Sozzini, De statu primi hominis ante lapsum, 1578; → Rakauer Katechismus 1605) stand unter dem Einfluß des Humanismus und des sich anbahnenden Rationalismus. Die wesentlichen Vermögen Adams waren mens und ratio, aber nicht als besondere Weisheit und Erkenntnis, sondern nur zur Ausübung der Herrschaft (= imago) über die Natur. Vor dem Fall war Adams Sterblichkeit natürlich, nach dem Fall dagegen wegen der Sünde notwendig. Adam hatte die Freiheit, zwischen gut und böse zu wählen, und dieses Vermögen ist ihm auch nach dem Fall in geschwächter Form geblieben. Eine Erbsünde wird abgelehnt; alle Menschen werden im gleichen Zustand geboren, wie Adam gewesen ist. – Während die *Supranaturalisten* (zB → Reinhard) den Akzent auf die Entwicklung lediglich angeborener natürlicher Anlagen legten und die *Rationalisten* (zB → Wegscheider) das Schwergewicht von der Schöpfung auf die Bestimmung des Menschen verlagerten (homo Deo similis non nascitur sed fit), wird die U.slehre der *Aufklärung* allgemein durch eine Reduktion aller bisher genannten Vorzüge auf die Herrschaft der Vernunft über den sinnlichen Leib gekennzeichnet. An der Vorherrschaft der Vernunft haben weder Urfall noch weitere Sünde etwas ändern können. – Die entscheidende Wende in der Lehrentwicklung trat mit → *Schleiermachers* Glaubenslehre ein (§§ 60f). Er war, abgesehen von gelegentlichen Äußerungen bei → Jerusalem, der erste, der einen U. in zeitlicher Datierung vor dem Fall als Gegenstand eines Glaubenssatzes ablehnte und die Aussagen der Tradition auf das, zT von → Kants Persönlichkeitsbegriff her verstandene, menschliche Dasein schlechthin bezog. Der Sinn eines U.s liegt dann nur noch in der »sich immer gleichen ursprünglichen Vollkommenheit der Natur«, die sich über das »schlechthinnige Abhängigkeitsgefühl« im Gottesbewußtsein des »höheren Selbstbewußtseins in seiner Allgemeinheit« verwirklicht. Zusammengeschaut »in einer einzelnen menschlichen Erscheinung« begegnet einem der U. »nicht in Adam…, sondern in Christo«. Damit wurde die Frage nach dem zeitlichen Ursprung des Menschen grundsätzlich in die Frage nach dem ursprünglichen Wesen des Menschen umgedeutet. – Wohl haben noch einige Theologen des 19.Jh.s am geschichtlichen U. festgehalten: → Vilmar im Sinne der altprot. Orthodoxie, und mit Einschränkungen F.A.Philippi, O.Zöckler, → Hofmann, → Frank, I.A.Dorner, → Kaftan und → Kähler. Den meisten Theologen ging es jedoch lediglich um die bleibenden Grundverhältnisse der menschlichen Natur abgesehen von der Erbsünde; zu ihnen gehören Biedermann, → Pfleiderer und → Lipsius. – Eine weitere Akzentverschiebung brachte *A.* → *Ritschl.* Er sah den Inhalt der von ihm hochgeschätzten U.slehre »in der geistigen und sittlichen Bestimmung des Menschen, welche in der Lebensführung Jesu und in seiner Absicht des Gottesreichs offenbar wird«. Hier wird der U. zum christlichen Ideal, an dem des Menschen tatsächliche Natur zu messen ist. – In der *neuesten ev. Theologie* tritt die Frage nach dem U., soweit er überhaupt erwähnt wird, weitgehend zugunsten der mit Christus verknüpften Gottebenbildlichkeit zurück (vgl. dazu → Anthropologie: IV, 2).

Vgl. die Lit. zu → Anthropologie: III. IV, → Sünde: V sowie die Lehrbücher der DG (bes. von A.Harnack, R.Seeberg, O.Ritschl). Ferner: O.Zöckler, Die Lehre vom U. des Menschen, 1879 – H.H. Wendt, Die christl. Lehre von der menschl. Vollkommenheit, 1882 – F.A.B.Nitzsch, Lehrbuch d. ev. Dogmatik, (1889–92) 1912^{3}, 297ff – J.Kaftan, Dogmatik, (1897) 1920$^{7.8}$, § 30 – RE V, 113ff (Ebenbild Gottes); VI, 546ff (Ursprüngl. Gerechtigkeit). – Zur röm.-kath. Lehre: M.Schmaus, Kath. Dogmatik II/1, 1954^{5}, § 132. – Vgl. auch die Lit. zu → Urstand: V.

P.Wrzecionko

V. Dogmatisch

Die kirchliche Lehre vom U. ist nicht ein Relikt der U.smythen der religionsgeschichtlichen Umwelt Israels und der Christenheit. Sie gründet auch nicht allein auf den at. und nt. Aussagen über Adam und seinen Fall, sondern sie ergibt sich, wie die Lehre von der → Schöpfung (: IV) überhaupt, mit innerer Notwendigkeit aus der Anerkennung der geschichtlichen Heilstat, durch die Gott alle Menschen als Sünder, sich selbst aber als den gnädigen Herrn geoffenbart hat.

Dabei machen die U.slehren aller Kirchen – bei vielen Unterschieden im einzelnen – Aussagen über die ursprüngliche Beschaffenheit des Menschen und damit über den Anfang der Menschheitsgeschichte. Obwohl sie zugleich Aussagen über die bleibende Bestimmung und das unveränderliche Wesen des Menschen enthalten, gehen sie doch nicht darin auf. Wie aus der Lehre von der Schöpfung überhaupt, so kann auch aus der Lehre vom U. das Moment des zeitlichen Anfangs nicht eliminiert werden, ohne den Glauben an Gott den Schöpfer und Erlöser in Frage zu stellen.

Hat Gott sich in seiner Heilstat als der liebende Herr geoffenbart, so stand sein liebendes Wirken auch am Anfang der Menschheitsgeschichte. Gott hat dem Menschen keine Bestimmung gegeben, ohne ihn in seiner leiblich-seelischen Einheit ursprunghaft so auszustatten, daß er der göttlichen Bestimmung auch zu entsprechen vermochte. Gott hat den Menschen gut geschaffen. Er hat vom Menschen keine Güte gefordert, die er ihm nicht zuvor gegeben hätte. Als der vom Schöpfer Geliebte sollte der Mensch Gottes Ebenbild sein in der Liebe zu Gott und zum Mitmenschen und in der Herrschaft über die Erde. Als dieses Ebenbild sollte er dem Tode entnommen sein. Mit der Lehre vom U. ist abgelehnt nicht nur der marcionitische Mythos vom bösen Schöpfergott, sondern auch das gnostische Verständnis des Leibes oder der sichtbaren Welt überhaupt als Verbannung der Seele in eine gottfremde Wirklichkeit.

Hat Gott in seiner Heilstat alle Menschen als Sünder aufgedeckt und ihnen die Möglichkeit genommen, die Herrschaft der Sünde zu entschuldigen, so kann als Ursache dieses Zustandes nur eine Entscheidung des Menschen selbst gegen Gott anerkannt werden, und zwar eine Entscheidung, durch die die → Sünde (: VI) zur Herrschaft über das ganze Menschengeschlecht gelangt ist. Andernfalls wäre die Sünde nicht Schuld und Gottes → Gericht (: IV) nicht gerecht. Wie auch immer der Zusammenhang zwischen dem ersten Sündigen und der Schuldversklavung aller Menschen näher bestimmt wird, es ist unmöglich, zugleich an den Erlöser und an einen solchen Schöpfer zu glauben, der den Menschen als Sünder oder auch nur als ohnmächtig gegenüber der Versuchung geschaffen hätte. Vollends ist es unmöglich, die Sünde idealistisch als notwendiges Ereignis in der Menschwerdung des Menschen oder gar in der Entwicklung Gottes zum bewußten Ich im Gegenüber zum Du zu verstehen. Mit der Lehre vom U. lehnt die Kirche radikal ab, die Sünde zu verharmlosen und die Herrschaft der Sünde anders zu begründen, als allein in der unbegreiflichen Entscheidung des Geschöpfs gegen seinen Schöpfer.

Wie die Schöpfungstat Gottes am Anfang, so kann auch der U. nicht empirisch-wissenschaftlich festgestellt werden. So weit wir auch biologisch und paläontologisch in die Prähistorie zurückfragen, stoßen wir auf den Menschen im Widerstreit und unter dem Todesschicksal. Wollte sich dem die Theologie dadurch entziehen, daß U. und Fall in die Präexistenz des Menschen verlegt werden (Julius → Müller), so würde diese Welt als Gottes ursprunghaft gute Schöpfung in Frage gestellt. Würde man U. und Fall als Grundbefindlichkeit und Entscheidung jedes einzelnen Menschen verstehen (E.Brunner), so scheint es unvermeidlich, daß die Ausnahmslosigkeit des Sündigens aller Menschen aus der Geschöpflichkeit abgeleitet und Gottes Schöpfergüte ebenfalls in Frage gestellt wird. Die Lehre vom U. ist Lehre des Glaubens, die empirisch weder zu begründen noch zu widerlegen ist. Sie ist die notwendige lehrhafte Entfaltung des Bekenntnisses des Schöpfers und der Sünde.

In unvereinbaren Widerspruch zur empirischen Anthropologie gerät die U.slehre freilich, je mehr sie sich nicht auf Aussagen über den Ursprung und die Bestimmung des Menschen und damit über Gottes ursprüngliche Tat und Anrede beschränkt, sondern den ersten Menschen als ein vollkommenes und unsterbliches Wesen beschreibt. An einer Schilderung des U.s aber haben die biblischen Texte kein Interesse. Vielmehr sind sie konzentriert auf die ursprüngliche Bestimmung des Menschen, für die Gott ihn geschaffen hat, und die Entscheidung des Menschen. Im Unterschied zu solchen beschreibenden anthropologischen Ausweitungen, wie sie in der Geschichte der U.slehre in mannigfacher Weise vorgenommen worden sind, wird man sich den ersten Menschen eher bedürftig als vollkommen, eher als Möglichkeit denn als Verwirklichung, wohl aber als von Gott zum Ebenbild zubereitet und berufen vorstellen müssen. Die → Unsterblichkeit war nicht seine Eigenschaft, sondern die ihm gegebene Verheißung. – Vgl. → Anthropologie: IV, 2.

Ev. Lit.: E.SCHLINK, Der Mensch in d. Verkündigung d. Kirche, 1936 - DERS., Die bibl. Lehre vom Ebenbilde Gottes (in: Pro Veritate, 1963) - E.BRUNNER, Der Mensch im Widerspruch, (1937) 1941³ - DERS., Dogmatik II, 1950, 50ff - P.ALTHAUS, Die christl. Wahrheit, (1948) 1958², 382ff - BARTH, KD III/2; IV/1, § 60, 3 - H.VOGEL, Gott in Christo, (1951) 1954², 440ff - P.BRUNNER, Der Ersterschaffene als Gottes Ebenbild (EvTh 11, 1951/52, 298-310) - P.TILLICH, Syst. Theol. II, 1958, 35ff. - *Kath. Lit.* (außer den Lehrbüchern d. → Dogmatik): G.HUARTE, De distinctione inter iustitiam originalem et gratiam sanctificantem (Gregorianum 5, 1924, 183-207) - R.GARRIGOU-LAGRANGE, Utrum gratia sanctificans fuerit in Adamo innocente dos naturae an donum personale tantum? (Angelicum 2, 1925, 133-144) - E.HUGON, De gratia primi hominis (ebd 4, 1927, 361-381) - K.FRUHSTORFER, Weltschöpfung u. Paradies, 1927 - CH.BOYER, Dieu pouvait-il créer l'homme dans l'état d'ignorance et de difficulté? (Gregorianum 11, 1930, 32-57) - A.VANDENBERGHE, De dono integritatis protoparentum (Collat. Brug. 37, 1937, 394-398) - DERS., De protoparentum immortalitate (ebd 427-431) - H.RAHNER, Über d. Geheimnis d. U.es u. d. Ursünde (Theol. d. Zeit [2], 1937, 19-33) - H.VOLK, E.Brunners Lehre v. d. ursprüngl. Gottebenbildlichkeit d. Menschen, 1939 - DERS., E.Brunners Lehre v. dem Sünder, 1950 - DERS., Die theol. Bestimmung des Menschen (in: Gott alles in allem, 1961, 62-85) - K.ADAM, Der erste Mensch im Licht d. Bibel u. d. Naturwiss. (ThQ 123, 1942, 1-20; separat 1959) - J.LONCKE, Doctrina Magisterii de primi hominis elevatione ad ordinem supernaturalem (Collat. Brug. 44, 1948, 8-13) - P.OVERHAGE-K.RAHNER, Das Problem der Hominisation. Über d. biol. Ursprung d. Menschen, 1961. *E.Schlink*

Ursulinen, Bezeichnung des größten kath. Frauenordens für Jugenderziehung und Unterricht, bedeutsam für die kath. Frauenbildung seit den Trienter Reformen; ursprünglich »Gesellschaft der hl. Ursula« (OSU), hervorgegangen aus einer 1535 durch die hl. Angela Merici (1474-1540) in Brescia gesammelten Gemeinschaft von Jungfrauen, 1544 von Paul III. bestätigt. Die Religiosen blieben zunächst in ihren Familien und lebten nach den ev. Räten. Karl → Borromäus berief die U. 1568 nach Mailand und ließ sie unter einfachen Gelübden und teilweiser Klausur ein gemeinschaftliches Leben beginnen. Er gab der Kongregation neue Statuten, die 1582 durch Gregor XIII. bestätigt wurden. Die in Oberitalien verbreitete Genossenschaft kam 1594 nach Südfrankreich, von dort 1608 nach Paris und erhielt hier in diesem Zweig ihre klösterliche Form (Augustinerregel). Wie den → Jesuiten wurde auch den U. ein viertes Gelübde auferlegt, das ihnen die christliche Erziehung weiblicher Jugend zur Pflicht macht. Man unterscheidet: a) Societas der hl. Ursula, deren Glieder nach der ursprünglichen Regel der hl. Angela (1536) in der Familie leben; b) Frauengenossenschaften, die nur den Namen U. führen, ohne die hl. Angela als Stifterin zu haben; c) Orden von der hl. Ursula mit feierlichen Gelübden in päpstlich klausierten Klöstern, die unabhängig voneinander sind; d) Kongregationen von U. ohne feierliche Gelübde. Im regulären Orden bestehen die in der röm. Union (Generalat in Rom) zusammengefaßten Häuser und daneben selbständige Klöster. Die U. (ca 15000) sind weltweit verbreitet und im Erziehungs- und Unterrichtswesen führend. Die Kongregation von Bordeaux wurde von Lüttich aus für die Klostergründungen in Deutschland bedeutsam: Köln 1639, Aachen 1651, Prag 1655, Wien 1660, Landshut 1677, Düren 1681, Breslau 1687. Gegenwärtig sind in Deutschland etwa 1800 U. in 24 Mutterhäusern und ca 60 Niederlassungen tätig.

HELYOT IV, 178ff - Beiträge zur Darst. u. zur Gesch. d. U.ordens, 1926ff (Jahrbuch; Lit.) - HEIMBUCHER I, 628ff - Sant'Angela Merici e la compagnia di S. Orsola 1535-1935, Brescia 1936 - LThK X, 455ff - J.-L.BEAUMIER, L'Union romaine des Ursulines, Trois Rivières (Kanada) 1951 - EC IX, 380ff - LThK² I, 530f - M.B.BANAŚ, Die Anfänge d. Ordens d. hl. Ursula in Polen 1857-71 (Nasza Przeszlość 6, 1957, 127-168; poln.) - DERS., Die poln. U. in d. Epoche d. »Kulturkampfes« 1871-77 (ebd 7, 1958, 181-217; poln.). *W.Göbell*

Uruguay. 1535-1814 spanisch kolonisiert, 1814-28 brasilianisch besetzt, seit 1830 selbständig und für Einwanderung aus Europa geöffnet, hat sich U. zu einem modernen Freistaat entwickelt (3190000 Einwohner). Präsident José Batlle y Ordóñez gab dem Lande zwischen 1903 und 1915 seine seither typische Prägung eines für Südamerika vorbildlichen Wohlfahrtsstaats, dessen vom Positivismus A. → Comtes geformte Ideologie Religionsfreiheit mit Trennung von Staat und Kirche (1919) ohne Wegnahme der Kirchengüter brachte. Sie bedingt die religiöse Gleichgültigkeit weiter Volkskreise. Das mittelständisch betonte Sozialgefüge bilden kleine Betriebe in Viehzucht, Ackerbau, Handwerk. Das staatlich sehr geförderte Bildungswesen ist kostenlos. 10% des Volkes sind kirchlich erfaßte Katholiken, 3% Juden, 2% Evangelische. 30% sind erklärte, weitere 55% unerklärte Dissidenten. 1 Erzbischof und 2 Bischöfe leiten die kath. Kirche. 1958 wurde erstmals ein Kardinal ernannt. Den ev. Kirchenbund bilden Waldenser, Methodisten, Heilsarmee, Mennoniten, Nazarener, Lutheraner und deutsche Evangelische (1957 insgesamt 10459). Die erste ev. Predigt in der Landessprache hielt 1867 der argentinische Methodist Juan Thomson. Baptisten, Nazarener, Pfingstbewegung und Heilsarmee kamen seit 1900, die luth. (Missouri-)Synode 1942, die luth. Augustana-Kirche 1952. Als Einwandererkirche kamen 1850 Waldenser, die große blühende Landgemeinden gründeten, Deutsche 1846, Schweizer 1861, Mennoniten 1926. Deutsche ev. Gemeinden entstanden in Montevideo (21.8.1857) und Paysandú (1.10.1956); sie gehören zur La Plata Synode (→ Argentinien), ebenso 1874-1946 und wieder seit 1961 die Schweizer Gemeinde in Nueva Helvecia.

W.Nelke, Deutschtum in U., 1921 - J.L.Mecham (→ Mexiko: II) - J.C.Thiessen (→ Südamerika) 385 - T.S.Goslin (→ Südamerika) - St.W.Herman (→ Südamerika) - Ibero-Amerika, 1957³, 28-37 (Lit.) - WChH 1957, 148 - WKL 832. 1522. *R.Obermüller*

Usedom (slawisch: Uznam, Huznoim) wurde durch → Otto von Bamberg, der hier auf einer Landesversammlung am 10.6.1128 slawische Notabeln für das Christentum gewonnen hatte, Ausgangspunkt für die Mission in Westpommern (Gützkow, Wolgast). Nach Zerstörung → Wollins durch die Dänen hielt sich Konrad I., ehe er seinen Bischofssitz 1176 in → Kammin nahm, vermutlich kurze Zeit in U. auf.

M.Wehrmann, Das Bistum U. (Monatsbl. d. Gesellsch. f. pomm. Gesch. u. Altertumskunde 49, 1935, 17-20). *H.Heyden*

Usingen, *Bartholomäus Arnoldi von* → Arnoldi, 1.

Ussher *(Usher), Jakob* (1581-1656), anglikanischer Theologe, * in Dublin, 1606 Kanzler der St. Patrick's Kathedrale, 1607 Lektor der Theologie in Dublin. Als gründlicher Kenner der → Patristik bekämpfte U. bes. den röm. Katholizismus (das irisch-englische Christentum älter und echter als das römische!). Daneben wollte er zwischen der anglikanisch-hochkirchlichen Richtung und dem calvinistischen Klerus in Irland vermitteln. Seine sog. 104 »Irischen Artikel« wurden aber abgelehnt. 1625 zum Erzbischof von Armagh und Primas von Irland ernannt, versuchte U. auf Veranlassung von → Laud, die 39 Artikel der englischen Kirche auch in → Irland (: II) einzuführen. Das weckte aber den Widerstand der irischen Puritaner. U. zog sich 1630 zu gelehrten Studien nach England zurück, geriet aber hier in die Unruhen der Revolution. Er wurde Mitglied der → Westminstersynode (1643), die seine »Irischen Artikel« weithin der Konfession zugrunde legte, ihn selbst aber als Royalisten desavouierte. Er mußte flüchten, erlebte Ungnade und Gnade → Cromwells, wurde aber tief erschüttert durch die Hinrichtung seines Gönners, Karls I. U.s Bitte, wenigstens private anglikanische Religionsübung zu dulden, wurde von Cromwell abgewiesen. - Als Kirchenhistoriker und Archäologe hat U. Hervorragendes geleistet.

Vf. u.a.: Gravissimae quaestionis de Christianarum Ecclesiarum ... continua successione et statu historica explanatio, 1613 (Nachdr. 1663, 1688); An Answer to a Challenge ..., wherein the Judgement of Antiquity ... is truly delivered and the Novelty of the now Romish Doctrine plainly discovered, 1625; The original Bishops and Metropolitans, 1641 (für apostol. Sukzession); Reduction of Episcopacy unto the Form of synodical Government, 1647; Annales Veteris et Novi Testamenti I. II, 1650-54. - GA hg.v. C.R.Elrington u. J.H.Todd, 17 Bde, Dublin-London 1847-64 (m. Biogr.: I, 1-324). - Über U.: Biogr. v. N.Bernard (London 1656), R.Parr (ebd 1686; m. Briefwechsel), J.A.Carr (ebd 1895) - RE XX, 360ff. *O.E.Straßer*

Utenheim, *Christoph von* († in hohem Alter 1527), einer der ehrwürdigsten deutschen Kirchenfürsten an der Schwelle der Reformation. Er ging aus dem Kreis der elsässischen Frühhumanisten (→ Geiler, → Wimpfeling usw) hervor und wurde, nach langer Tätigkeit in verschiedenen kirchlichen Würdenstellungen, 1502 Bischof von → Basel (: I). U. versuchte, vorwiegend mit Hilfe einer strengeren Leitung und Kontrolle des Klerus, eine innere Erneuerung seiner Diözese zu erreichen, hatte damit aber ebensowenig Erfolg wie bei dem Versuch, seine politische Stellung zu stärken. Bekannt ist er als Verehrer und Gönner des → Erasmus. Seine anfängliche Sympathie für Luther verwandelte sich bald in klare Ablehnung.

RE XX, 370ff - R.Wackernagel, Humanismus u. Reformation in Basel, 1924, 86ff - Schl. III, Nr. 29306ff - K.W.Hieronimus, Das Hochstift Basel im ausgehenden MA, 1938 (s. Reg.). *B.Moeller*

Utenhove, *Jan* (ca 1520-65), * aus adligem Geschlecht in Gent, dort Schüler → Cassanders, studierte in Löwen, flüchtete seiner ref. Glaubensgesinnung wegen 1544 nach Aachen und Köln und lebte 1545-48 in Straßburg. Das → Interim vertrieb ihn nach England, wo er als Ältester mit Joh. → Laski die niederländischen Flüchtlingsgemeinden organisierte. Durch Besuche und Korrespondenz stand U. in Beziehung zu → Bucer, → Bullinger und → Calvin. Die von Maria Tudor vertriebene Londoner Gemeinde begleitete er über Dänemark nach Emden, Wesel und Frankfurt. 1556-59 arbeitete er mit Laski für die Reformation in → Polen (: I, 2) und kehrte dann nach England zurück, wo er wieder den Flüchtlingsgemeinden diente. Als Theologe war er Laski und Bullinger am meisten verwandt.

Vf. niederländ. Übers.en von Laskis Compendium Doctrinae (Cort Begrip, 1551) u. Katechismus (Kinderleere, 1551); Simplex et fidelis narratio (die Erlebnisse der Londoner Gemeinde auf ihrer Flucht) mit Rationes quaedam (gegen die luth. Abendmahlslehre), 1560 (hg.v. F.Pijper, Bibliotheca Reformatoria Neerlandica IX, 1912); Vijf en twintig psalmen, 1551; De Psalmen Davids, 1566 (vollst. Reimung ins Niederländische; → Kirchenlied: I, 7). - Über U.: F.Pijper, J.U., 1883 - A.A.van Schelven, De Nederduitsche Vluchtelingenkerken der 16de eeuw, 1908 - G.van Es in: Geschiedenis van de Letterkunde der Nederlanden III, 1947, 191f. *W.F.Dankbaar*

Utilitarismus, eine Morallehre, die alles Handeln danach bemißt, inwieweit es das Glück der meisten zu mehren vermag und in diesem Sinne »nützlich« (utilis) ist. Schärfste Einwände: a) Der U. als sozialer → Eudämonismus wird notwendig → Hedonismus, da die flachsten sinnlichen Gefühle die am leichtesten herzustellenden sind (→ Scheler). b) Der strikt gedachte U. muß die Gesinnung, aus der eine Handlung erwächst, als gleichgültig betrachten und sich auch mit dem bloßen Anschein von Tugendhaftigkeit begnügen (M. → Weber). - F. → Bacons These, der Wert alles Wissens sei von seinen praktischen Resultaten her zu bestimmen, und → Hobbes' Anwendung von Kausalbegriffen auf die politisch-moralische Sphäre bilden die methodischen Grundlagen des in England heimischen U. Eine Art Naturgesetzlichkeit des moralischen Bewußtseins ist Ausgangspunkt für

Cumberlands »De legibus naturae« (1672), worin der Grundsatz, oberstes Ziel des Handelns sei das Gemeinwohl (greatest happiness of all), erstmals ausgesprochen wird. Solches Handeln erfüllt zugleich den Willen Gottes (so auch bei J.Gay, A.Tucker und W. → Paley). J. → Bentham (»On the Principles of Morals and Legislation«, 1789) zieht die politischen und rechtlichen Konsequenzen aus dem Utilitätsprinzip, A. → Smith (»Inquiry into the Nature and Causes of the Wealth of Nations«, 1776) die ökonomischen. Bedeutendster Nachfolger Benthams ist J.St. → Mill (»Utilitarianism«, 1863) mit der Tendenz zur qualitativen Differenzierung des Begriffes der Glückseligkeit; ebenso H.Sidgwick (»Methods of Ethics«, 1874) und G.E.Moore (»Principia Ethica«, 1903; »Ethics«, 1912). Unausdrücklich wirkt der U. in der Theorie des modernen → Wohlfahrtsstaates nach. - Vgl. → Pragmatismus.

I.H.Fichte, System d. Ethik I, 1850 - E.Albee, A Hist. of English Utilitarianism, (1901) 1957² - L.Stephen, The English Utilitarians I-III, 1912 - W.D.Ross, Foundations of Ethics, 1939 - J.Plamenatz, The English Utilitarians, (1949) 1958² - HWSW X, 611ff - EF IV, 1466ff (Lit.). *H.Braun*

Utopie und Utopisten. Der Begriff der U. (griech. οὐ τόπος, Nirgendheim) wurde zuerst von dem englischen Lord-Kanzler Th. → Morus in dessen »Utopia« (1516) verwendet. Historisch werden U.n jedoch bereits im apokalyptischen Judentum (→ Apokalyptik: II) deutlich greifbar. Freilich gehen hier → Eschatologie (: III), U. und → Chiliasmus ineinander über. Der jüdische → Messianismus (→ Messias: III) ist darüber hinaus bereits gleichzeitig ein u.es, religiöses und soziales Phänomen. Entscheidend für die Entstehung der eigentlichen U.n ist die Erfahrung der jeweiligen Gegenwart als des Zeitalters der vollendeten Sündhaftigkeit (→ Joachim von Fiore, J.G. → Fichte), dem sich seit den humanistischen U.n der → Renaissance (Morus, → Campanella, Fr. → Bacon) der Mensch mit seinem Willen zur autonomen Erneuerung entgegenstemmt. Ein Ausdruck dieses voluntativen Moments in der neuzeitlichen U., das auch seine begriffliche Scheidung von der Eschatologie erleichtert, ist der radikale pädagogische Idealismus und das Bewußtsein der sozialen Verantwortung - Elemente, die in den U.n des Humanismus, der Aufklärung (Mably, Morelly, Rétif de la Brétonne) und des Frühsozialismus (Fourier, → Saint-Simon, → Owen, Proudhon; → Sozialismus: I, 2) gleichermaßen wiederkehren. Damit verbunden ist in den neuzeitlichen U.n der Gedanke, daß das gemeinschaftliche Glück der Menschen abhängt von der - mitunter durch die Technik begünstigten (Bacon, Cabet) - Umwandlung ihrer gesellschaftlichen und politischen Zustände. Insofern ist auch in den U.n der Renaissance schon ein sozialkritisches Element enthalten, wie Kritik überhaupt Wesensbestandteil der U. ist. Dies zeigt sich in Platons Kritik der Athener ebenso wie in → Fénélons Kritik Ludwigs XIV. Das sozialkritische Element wird noch verstärkt durch die etwa schon von Morus und Campanella vertretene Abschaffung des Privateigentums, der gerechten Arbeitsverteilung durch die Regierung, der → Gleichheit aller vor dem Gesetz. Bereits in den U.n der Renaissance, bes. aber in denen der Aufklärung, des u.en Sozialismus und des frühen → Marxismus ist U. mit → Ideologie untrennbar verbunden. Die Totalisierung der Freund-Feind-Vorstellung, genährt durch den Haß, die kirchlichen und staatlichen Autoritäten zu enthüllen, machen die sozialen U.n immer stärker auch zu Vehikeln der → Emanzipation und des Selbstverständnisses einer neu sich bildenden sozialen Schicht, der clerici laici. Das eigentlich Utopische erhält allmählich die Funktion der politisch-sozialen Verhüllung der eigenen sozialen Position dieser neu sich bildenden Intelligenzschicht.

Die U.n des Humanismus sind klassische U.n. Sie sind Idealbilder sittlicher Vollkommenheit des Menschen in einem heilen, in sich geschlossenen Gemeinwesen, das von der empirischen Geschichte abgehoben ist. Diese Geschlossenheit ist auch äußerlich dokumentiert, etwa durch die »vici« in J.V. → Andreäs »Christianopolis« oder die »Phalanstères« Fouriers. Die klassischen U.n sind aus einer Verbindung spätantiker (stoische Ethik) und frühchristlicher Elemente gebildet. Xenophon, → Aristoteles, → Augustin (Civitas Dei), bes. jedoch → Platons idealisierter spartanischer Staat mit der »Regierung der Weisen« (Politeia) haben auf sie gewirkt. Formal gehen diese U.n meist nach einem einheitlichen Schema vor, das schon Jambulos, Morus, Campanella verwandten und das im Anschluß an die geographische Reiseliteratur schon im 16. und 17.Jh. bis hin zu → Swift usw sich großer Beliebtheit erfreute: Ein Reisender kommt in ein fernes, unbekanntes Land, in dem seine Idealvorstellungen des vollkommenen Gemeinwesens bereits verwirklicht sind.

U.es Wollen und Bewußtsein, der »Traum nach vorwärts« (E.Bloch) gehen jedoch über die literarisch fixierte U. hinaus und gehören als »Negation des Negativen« (P.Tillich) ontologisch zum Sein des Menschen. Dem Menschen als geschichtlicher Existenz, dh theologisch: seit der Austreibung aus dem Paradies, philosophisch-idealistisch: seit der Heraustrennung des Menschen aus seiner Identität mit der Natur (Entfremdung), hat sich die christliche und humanistisch-klassische U. immer mehr in eine soziale U. verwandelt. Jedoch gerade an ihr werden die Aporien der u.en Verwirklichung deutlich. Schon die klassische U., bes. jedoch die des u.en Sozialismus, ist ein »Triumph des sozialwissenschaftlichen Kalküls« (H.Freyer). Als solche sind sie jedoch nicht prozeßhaft-dynamisch, sondern statisch gedacht. Dieses statische Denken tritt auch hervor in der Identifizierung von staatlicher Ordnung und Natur, wie sie Morus und Bacon aussprechen, und die noch bis in den u.en Sozialismus hinein weiterwirkt. Durch → Herder und bes. → Hegel tritt dann das historisch-dynamische Denken in den Vordergrund. Jedoch erst bei → Marx wird die Entfremdung des Menschen von Staat und Natur gleichermaßen voll wirksam (→ Selbstentfremdung). In seinen Kategorien der geschichtlichen Entwicklung muß dieses statische Idealbild, auch des u.en Sozialismus, zerschmelzen. Dies haben Marx und → Engels in ihrer Abwertung der bloß »phantastischen Schilderung der zukünftigen Gesellschaft« durch den u.en Sozialismus im Kommunistischen Manifest (1848) klar ausgesprochen. Ihre Bewertung des u.en Sozialismus hat sich bis ins 20.Jh. hinein (W. → Sombart) erhalten und beginnt erst neuerlich einem gewandelten positiveren Bilde zu weichen. Mit der Rationalisierung der christlich-antiken U. schon seit der Renaissance scheint ein »Sinken der u.en Intensität« (K.Mannheim) oder doch eine Verwandlung der U. in »Mätopie« (G.Huntemann) verbunden zu sein, wie sie auf Grund der U.n von H.G.Wells, Huxley und Orwell als Ausdruck des Zusammenbruchs der »neuzeitlich-bürgerlichen Weltanschauung« gedeutet wird. Ihr stemmt sich der Marxist E.Bloch mit seinem Begriff der »prozeßhaft-konkreten U., dem methodischen Organ fürs Neue, dem objektiven Aggregatzustand des Heraufkommenden« entgegen, während doch bereits im Reform-Marxismus der II. Internationale wie im institutionalisierten → Leninismus und Neo-Leninismus ein Schwinden des u.en Bewußtseins zu konstatieren ist. Der Soziologe K.Mannheim fordert dagegen eine »soziologische Strukturgeschichte des modernen

Bewußtseins«, die mit einem »qualitativ historisch und sozial abgestuften U.-Begriff« arbeitet. Dieser U.-Begriff würde es gestatten, die Metamorphosen »leitender U.n«, die zunächst nur als Phantasiebilder auftreten, ins »politische Wollen breiterer und soziologisch stets genauer bestimmbarer Schichten« aufzuspüren. Gerade die Mannheimsche Soziologie demonstriert mit diesem Ansatz, wie fruchtbar die soziologische Forschung das U.-Problem aufgenommen hat.

Qu.: PLATON, Politeia, nach 388 vChr - AUGUSTIN, De civ. Dei, 413-426 - TH.MORUS, De optimo reipublicae statu, deque nova insula Utopia, 1516 - G.BRUNO, Del infinito, universo e mondo, 1584 - J.V.ANDREÄ, Reipublicae Christianopolitanae descriptio, 1619 - T.CAMPANELLA, Civitas Solis, 1623 - F.BACON, Nova Atlantis, 1627 - F.GODWIN, The Man in the Moon, 1638 - J.HALL, Mundus alter, 1643 - S.CYRANO DE BERGERAC, L'autre monde, 1656 - D.VAIRASSE-ALLAIS, Hist. des Sévarambes, 1677 - B.DE FONTENELLE, Entretiens sur la pluralité des mondes, 1686 - CHR.HUYGENS, Cosmotheoros, 1698 - J.HARRINGTON, The Oceana and other Works, 1700 - Abbé MORELLY, Naufrage des Isles flottantes, 1753 - DERS., Code de la nature, 1755-60 - Abbé de MABLY, De la législation, 1776 - RÉTIF DE LA BRETONNE, La découverte australe par un homme volant, 1781 - M.J.-A.N.CONDORCET, Esquisse d'un tableau hist. des progrès de l'esprit humain, 1794 - J.G.FICHTE, Der geschlossene Handelsstaat, 1800 - DERS., Die Grundzüge d. gegenw. Zeitalters, 1806 - R.OWEN, A New View of Society, 1812/13 - C.H.DE SAINT-SIMON, Réorganisation de la société européenne, 1814 - DERS., Le nouveau Christianisme, 1825 - CH.FOURIER, Le nouveau monde industriel et sociétaire, 1829 - M.HESS, Die heil. Gesch. d. Menschheit, 1837 - E.CABET, Voyage en Icarie, 1840 - W.WEITLING, Garantien d. Harmonie u. Freiheit, 1842 - A.RUGE, Die Gründung d. Demokratie in Deutschland, 1849 - F.ENGELS, Die Entwicklung d. Sozialismus v. d. U. zur Wiss., 1882 - E.BELLAMY, Looking Backward 2000-1887, 1888 - TH.HERTZKA, Freiland, 1890 - H.G.WELLS, The Time Machine, 1895 - DERS., A Modern Utopia, 1905 - A.HUXLEY, Brave New World, 1932 - E.JÜNGER, Heliopolis, 1949 - G.ORWELL, Nineteen eightyfour, 1949 - N.WIENER, The Human Use of Human Beings, 1950.

Lit.: R.MOHL, Die Staats-Romane (ZgesStW 2, 1845, 24-74) - A.GEHRKE, Kommunist. Idealstaaten, 1878 - M.KAUFMANN, Utopias, 1879 - M.BRASCH, Sozialist. Phantasiestaaten, 1885 - K.KAUTSKY, Einl. zu: Th.More u. seine U., 1890 - F.KLEINWÄCHTER, Die Staatsromane, 1891 - A.v.KIRCHENHEIM, Schlaraffia politica, 1892 - R.STAMMLER, Utopien (Dt. Rundsch. 70, 1892, 281-296) - E.WADSTEIN, Die eschatol. Ideengruppe: Antichrist, Weltsabbat, Weltende u. Weltgericht (ZWTh 38, 1895, 538-616; 39, 1896, 79-157. 251-293) - J.ROHR, Die Prophetie im letzten Jh. vor d. Reformation (HJ 19, 1898, 29-56. 447-466 [= 547-566]) - A.ROSENKRANZ, Prophet. Kaisererwartungen im ausgehenden MA (PrJ 119, 1905, 508-524) - J.REINER, Berühmte Utopisten u. ihr Staatsideal, 1906 - A.VOIGT, Die sozialen U.n, 1906 - G.LANDAUER, Die Revolution, (1907) 1923 - J.PRYS, Der Staatsroman d. 16. u. 17.Jh.s u. sein Erziehungsideal, 1913 - F.BRÜGGEMANN, U. u. Robinsonade, 1914 - E.BLOCH, Geist d. U., 1918 - DERS., Th.Münzer als Theol. d. Revolution, 1921 - DERS., Freiheit u. Ordnung, 1947 - DERS., Das Prinzip Hoffnung I-III, 1954 bis 1959 - H.FREYER, Das Problem d. U. (Dt. Rundsch. 183, 1920, 321-345) - DERS., Die polit. Insel, 1936 - F.GERLICH, Der Kommunismus als Lehre vom 1000jähr. Reich, 1920 - E.SALIN, Platon u. d. griech. U., 1921 - L.MUMFORD, The Story of Utopias, 1922 - J.O. HERTZLER, The Hist. of Utopian Thought, 1923 - K.HOLL, Luther u. die Schwärmer (HOLL I, 420-467) - E.DERMENGHEM, Th.Morus et les utopistes de la Renaissance, 1927 - A.DOREN, Wunschräume u. Wunschzeiten (Vorträge d. Bibl. Warburg 1924-25, 1927, 158-205) - K.MANNHEIM, Ideologie u. U., (1929) 1952^3 - DERS. in: ESS XV, 200ff - W.E.CAMPBELL, More's Utopia, 1930 - M.FREUND, Zur Deutung der Utopia des Th.Morus (HZ 142, 1930, 254-278) - J.PLENGE, Hegel u. d. Weltgesch., 1931 - G.QUABBE, Das letzte Reich, 1933 - R.NIEBUHR, Reflections on the End of an Era, 1934 - J.TAUBES, Abendländ. Eschatologie, 1947 - W.-E.PEUCKERT, Die große Wende, 1948 - P.TILLICH, Die sozialist. Entscheidung, 1948 - DERS., Polit. Bedeutung d. U. im Leben d. Völker, 1951 - M.BUBER, Pfade in Utopia, 1950 - R.RUYER, L'U. et les utopistes, 1950 - H.KESTING, U. u. Eschatologie (Phil. Diss. Heidelberg), 1952 - V.SUCHY, Zukunftsvisionen d. 20.Jh.s (Wiss. u. Weltbild 5, 1952, 18-30. 338-363) - G. HUNTEMANN, U.es Menschenbild u. u.es Bewußtsein im 19. u. 20.Jh. (Phil. Diss. Erlangen), 1953 - R.GERBER, Utopian Fantasy, 1955 - TH.RAMM, Die großen Sozialisten I: Die Vorläufer. Die Theoretiker d. Endstadiums, 1955 - M.SCHWONKE, Vom Staatsroman zur Science Fiction, 1957 - Der u.e Staat, hg.v. K.J.HEINISCH, 1960 (Lit.) - H. COHN, Das Ringen um das Tausendjähr. Reich, 1961.

P.Ludz

Utrecht

I. Diözese und Kirchenprovinz - II. Universität

I. Diözese und Kirchenprovinz

Die fränkisch-friesische *Diözese* U. (Ultrajectum) wurde durch die Missionsarbeit der Northumbrier → Wilfrith, → Wigbert (, 1) und → Willibrord vorbereitet und 795 durch den Majordom Pippin gegründet. Willibrord war auch Erzbischof, sein Nachfolger → Dadan aber nur Bischof. Gegen Ende des 8.Jh.s war U. unter dem Franken Alberich Sprengel der Kirchenprovinz → Köln. Erst 1559 (spanisch-niederländische Hierarchie) wurde U. selber *Kirchenprovinz* mit den Sprengeln Haarlem, U., Leeuwarden, Groningen, Deventer, die aber ein Jahrzehnt später sämtlich im Calvinismus untergingen. Das erhaltene U.er Domkapitel wählte 1723 unter jansenistischer Einwirkung einen neuen Erzbischof und begründete mit den Sprengeln Haarlem, U., Deventer die »Altröm. Kirche von U.« (→ Altkatholiken). Die *heutige* röm.-kath. Kirchenprovinz U. mit den Sprengeln Haarlem, U., Breda, 's Hertogenbosch, Roermond wurde 1853 durch → Pius IX. (Bulle »Ex qua die«) errichtet. *Bestand* der Diözese U. (1959): 697673 Katholiken (unter 2,5 Mill. Einwohnern) in 306 Pfarreien, 721 Welt- und 623 Ordensgeistliche, 74 Männerklöster und 178 Schwesternheime; Erzbischof (seit 1955): Bernhard Johannes Alfrink, seit 1960 Kardinal.

G.BROM, Bullarium Trajectense, 2 Bde, 1891/96 - DERS., Regesten van oorkonden, 1918 - S.MULLER, Regesten van het archief der bisschoppen van U. (722-1528), 4 Bde, 1917-22 - DERS., Oorkondenboek van het sticht U. (bis 1301), 1921ff - J.W.BERKELBACH, Regesten van oorkonden, 1937. - Archief voor de Geschiedenis van het aartsbisdom U., seit 1874 - HAUCK I-V (s. Reg.; Bischofs- u. Klosterlisten) - W.PELSTER, Stand u. Herkunft der Bischöfe der Kölner Kirchenprovinz im MA, 1909, 43ff - F.A.L. VAN RAPPARD-S.MULLER, Verslagen van kerkvisitatien in het bisdom U. uit de 16. eeuw, 1911 - C.PIJNACKER-HORDIJK, Listen der U.sche prelaten vóór 1300, 1912 - P.J.VERMEULEN, Verslag aangaande de archieven der provincie en de voormalige vijf kapittelen te U., 1914 - S.MULLER, Kaart van het bisdom U. (Atlas), 1919 - F.FLASKAMP, Die Anfänge friesischen u. sächsischen Christentums, 1929 - EC XII, 948ff - AnnPont 1962, 447.

F.Flaskamp

II. Universität

Während des 80jährigen Befreiungskrieges der → Niederlande (: I, 3) gegen Spanien erwarb sich jede bedeutende Provinz ihre eigene Hochschule: Holland in → Leiden, Friesland in → Franeker, Groningen in der Stadt → Groningen, Geldern in → Harderwijk und als letzte U. in der Stadt U. Hier hatte man schon 1470 die Stiftung einer Universität beabsichtigt. Um 1474 gründeten die → Brüder vom gemeinsamen Leben die Hieronymusschule, die bald zu großer Blüte gelangte. Ihr bekanntester Rektor, Hinne → Rode, wurde 1522 wegen seiner reformatorischen Gesinnung entlassen. Im 80jährigen Krieg ging diese Schule zurück; als 1578 die Reformationsbewegung in der Stadt stark geworden war, verwandelte der Rat sie in eine Stadtschule. Unter der Regierung Leicesters kamen die strengen Calvinisten an die Macht und reformierten 1586 die Schule in ihrem Geiste; bald wurden aber die neu angestellten Lehrer durch gemäßigtere Personen ersetzt. Nach jahrzehntelangem Planen kam es 1634 endlich zur Stiftung eines Gymnasium Illustre, in dem die Humaniora, Theologie und Rechtswissenschaft doziert wurden. Einer der ersten Professoren war G. → Voetius. Dessen Ruhm bewirkte am 26.3.1636 die Erhebung zur Akademie mit dem Recht, akademische Grade zu verleihen. Voetius war ihr erster Rektor und bis 1676 geehrter und gefürchteter Leiter der theol. Fakultät. In zahlreichen Polemiken verteidigte er die Orthodoxie der → Dordrechter Synode und bekämpfte → Coccejus und den Cartesianismus, der in U. von dem Philosophen Henricus Regius vertreten wurde. Im Geiste des Voetius lehrten auch die Theologen Andr. → Essenius, Joh. → Hoornbeek, Petrus van Mastricht (1677-1706) und Melchior Leydekker (1678-1716). Dagegen gehörte Frans → Burman zu der milderen coccejanischen Richtung. Unter der französischen Besatzung von U. (1673) hatte die Universität schwer zu leiden; nur allmählich konnte die Ordnung wiederhergestellt werden. 1680-98 war H. → Witsius ein ausgezeichneter Theologe, Anhänger der Föderaltheologie (→ Bund: IV), ohne eigentlich Coccejaner zu sein, irenisch gesinnt und dem ref. Pietismus zugetan. H.A. → Roëll, der schon in Franeker wegen seiner cartesianischen und rationalistischen Ansichten auf Widerstand gestoßen war, wurde auch als Prof. in U. (1704-18) von orthodoxer Seite scharf bekämpft. Aus dem 18.Jh. sind noch hervorzuheben: Frans → Burman d.J., gelehrter Orientalist, F.A. → Lampe, Vertreter des Pietismus und der Föderaltheologie, und Gisbertus Bonnet (1761 bis 1804), einflußreicher Verteidiger der Orthodoxie gegen den Rationalismus seiner Tage. 1761 wurde das Stipendium Bernardinum gestiftet, das 200 Jahre lang vielen pfälzischen und ungarischen Studenten das Studium in U. ermöglichte. In napoleonischer Zeit (1811) wurde die Universität zu einer Ecole secondaire herabgesetzt und verlor das Recht, akademische Grade zu verleihen. Bei der Restauration als städtische Akademie wiederhergestellt, wurde sie am 2.8.1815 zur Staatsuniversität erhoben. Dabei hat sich vor allem Jodocus Heringa (1765 bis 1840, Prof. 1794-1835) verdient gemacht, der anfangs zur liberalen Theologie neigte, später aber mehr der orthodoxen Richtung beitrat. Im 19.Jh. waren J.J.Doedes (1817-97, Prof. 1859-87), J.J.van → Oosterzee und Nic. Beets (1814-1903, Prof. 1875-84) die führenden Männer einer biblisch-apologetischen Richtung (→ Niederlande: II, 2 d). H.J.Rooyaards (1794-1854, Prof. seit 1823) war ein verdienstvoller Kirchenhistoriker, der mit dem Leidener Prof. N.C.Kist das Studium der KG erneuerte. 1876 wurden die theol. Fakultäten der niederländischen Universitäten von Staats wegen in Fakultäten für Religionswissenschaft verwandelt. Die Staatsprofessoren für Religionsgeschichte, AT, NT, KG und Religionsphilosophie sollten diese Disziplinen neutral-wissenschaftlich dozieren; für die dogmatischen und praktischen Fächer wurden kirchliche Professoren ernannt. Die ersten Professoren der Niederländisch Ref. Kirche in U., T.Cannegieter (1846-1929, Prof. 1878-1916) und E.H.Lasonder (Prof. 1878-86), gehörten der → Groninger Schule an, Lasonder trat später der liberalen Richtung bei. Viele waren hierüber sehr empört, weil U. von jeher als Bollwerk der Orthodoxie gegolten hatte. Dr. A.W.Bronsveld, einflußreicher Pfarrer der Ethischen Richtung (→ Niederlande: II, 2f), dozierte deswegen lange Jahre Dogmatik im Auftrag eines Vereins. Vertreter der Ethischen Theologie waren im 19.Jh. der Alttestamentler J.J.Ph.Valeton (1848-1912, Prof. seit 1877) und in der ersten Hälfte des 20.Jh.s F.E.Daubanton (1853-1921, Prof. für Prakt. Theol. 1903-16), der Religionshistoriker H.Th.Obbink (1869-1947, Prof. 1913-39), der Sozialethiker J.R.Slotemaker de Bruïne (1869-1941, Prof. 1916-26, nachher Arbeitsminister), die Neutestamentler A.M.Brouwer (1875-1948, kirchlicher Prof. 1921-35, für NT 1935-45) und D.Plooy (1877-1935, Prof. seit 1931), die Kirchenhistoriker J.A. Cramer (1864-1952, Prof. 1921-34) und M.van Rhijn (* 1888, kirchlicher Prof. 1926-34, für KG 1934-58), der Dogmatiker und Ökumeniker S.F.H.J.Berkelbach van der Sprenkel (* 1882, kirchlicher Prof. 1935-52) und M.J.A. de Vrijer (* 1881, kirchlicher Prof. für Prakt. Theol. 1935-47). Die altref. Orthodoxie wurde vertreten von H.Visscher (1864-1944, Prof. 1903-31), Stifter des Reformierten Bundes (→ Niederlande: I, 7), und J.Severijn (* 1883, Prof. 1931-53). Die moderne Theologie (→ Niederlande: II, 2 g) lehrten G.A. van den Bergh van Eysinga (1874-1957, Prof. in U. 1924-35, nachher in Amsterdam) und M.C.van Mourik Broekman (1878 bis 1945, Prof. seit 1926) im Auftrag der → Haager Gesellschaft zur Verteidigung der christlichen Religion. Die jetzige Fakultät besteht aus folgenden Professoren: Ordinarien H.W.Obbink (Religionsgeschichte), W.C. van Unnik (NT), A.R.Hulst (Hebräisch), G.Quispel (alte KG), J.de Graaf (Ethik), A.E.Loen (Religionsphilosophie), Th.C.Vriezen (AT), J.C.Hoekendijk (KG des 20.Jh.s), G.P.van Itterzon (KG seit 800 und DG), S. van der Linde (Geschichte des ref. Protestantismus), D.J.Hoens (Religionsgeschichte), J.W.Doeve (Judentum im Zeitalter des NT); kirchliche Professoren A.A. van Ruler (Dogmatik, Kirchenrecht), H.Jonker (Prakt. Theol., Apostolat); Extraordinarien J.Severijn (ref. Dogmatik), J.H.van den Berg (Pastoralpsychologie), H.J.H.M.Fortmann (kath.Theologie), J.M.van der Linde (Geschichte und Mission der Moravischen Brüder). Die Universität hatte (1959) 6 Fakultäten mit 184 Professoren, 99 Lektoren und Dozenten, 5890 Studenten (darunter 1317 Studentinnen); die Zahl der Theologiestudenten betrug 277 (20 Studentinnen).

L.Ph.van den Bergh, Gedenkboek van het tweede eeuwfeest der U.sche Hoogeschool, 1836 - A.Ekker, De Hiëronymusschool te U., 1863-64 - Album Studiosorum Academiae Rheno-Trajectina, 1886 - Resolutien van de Vroedschap van U. betreffende de Academie, hg.v.J.W.Wynne u. L.Miedema, 1900 - J.A.Cramer, De theol. faculteit te U. ten tijde van Voetius, 1932 - Ders., De theol. faculteit te U. in de 18de en het begin der 19de eeuw, 1936 - De U.sche Universiteit 1636-1936, 2 Bde, 1936. *W.F.Dankbaar*

Utrechter Erklärung, ein Glaubensbekenntnis, das am 24.9.1889 in Utrecht von einer Konferenz altkath. Bischöfe und Theologen als die besondere Glaubensgrundlage der → Altkatholiken angenommen wurde. Sie bekennt sich zu dem Glauben der Kirche vor der Scheidung zwischen West und Ost. Sie verwirft die Unfehlbarkeit und universale Jurisdiktion des Papstes, das Dogma von der unbefleckten Empfängnis, die Beschlüsse des → Tridentinums zur Kirchenordnung und seine Lehrentscheidungen, soweit sie nicht in Übereinstimmung mit der ungeteilten Kirche stehen. Sie stimmt in allen Einzelheiten der kath. Lehre vom Abendmahl zu. Ihre Bedeutung als einigendes Band hat die Erwartung ihrer Verfasser übertroffen.

Text der U.E. u.a. in Altkath. Volksblatt, 1889, Nr. 41 - CConf, Abt. 6, 1935, 237f - C.G.van Riel, IKZ 29, 1939, 129-136. - Lit.: A.Küry, IKZ 18, 1928, 205-211 - A.Rinkel, ebd 39, 1949, 1-15 - E.Lagerwey, De Oud-katholieke Kerk van Nederland, Amsterdam 1951, 39ff. 129ff. - Vgl. die Lit. zu → Altkatholiken. *D.Carter*

Utschimura, *Kanso,* Evangelist, * 26.3.1861 in Tokyo, † 28.3.1930. Als Sohn eines Samurai konfuzianisch erzogen, ließ sich U. als Schüler der Landwirtschaftshochschule in Sapporo am 2.6.1878 taufen. Von 1884-88 weilte er in Amerika, wo ihn ein kurzes Theologiestudium nicht befriedigte. Danach wirkte er als Lehrer, u.a. in Tokyo, wo er wegen seiner Weigerung, dem Erziehungserlaß des Tenno Verehrung zu erweisen, 1891 entlassen wurde. Als Prediger, Vortragender, Schriftsteller und bes. durch seine Zeitschrift »Bibelstudium« bemüht, »Jesus und Japan« innerlich zu verbinden, wirkte er auch auf kirchliche Kreise, lehnte selber aber Missionen und organisierte Kirchen samt ihren Sakramenten ab. 1907 gründete er die Nicht-Kirche-Bewegung (→ Japan: IV, 2 a), durch die er für eine Ekklesia als Gemeinschaft von Christusbekennern warb, die allein aus der Bibel lebt. Sie fand bes. in der geistigen Elite des Landes viele Anhänger und zählt heute mindestens 50000 Mitglieder. In viele örtliche Gruppen aufgeteilt, ist sie eine individualistisch-pietistische Gemeinschaft und in ihrer inneren und äußeren Selbständigkeit die am stärksten vom einheimischen Wesen geprägte Form des Christentums in Japan.

GesW (jap.), 20 Bde, Tokyo 1933 - Ausgew. Werke (jap.), 21 Bde, ebd 1953-55. - In dt. Übers.: Wie ich ein Christ wurde, 1923 - Vaterlandsliebe u. Christentum (ZMR 50, 1935, 178-186). - Über U.: R.P.JENNINGS, Jesus, Japan and K.U., Tokyo 1958 (umfangreiche Lit.).

G.Rosenkranz

Uytenbogaert *(Wtenbogaert), Johannes* (1557-1644), Führer der niederländ. Remonstranten (→ Arminianer), * in Utrecht, besuchte dort die Hieronymusschule, studierte 1580-84 in Genf bei → Beza, wo er schon von der strengen Prädestinationslehre abwich. Trotzdem wurde er von den Calvinisten in Utrecht als Pfarrer berufen (1584-90). Seit 1591 war er Pfarrer im Haag, wo er der Vertraute → Oldenbarnevelts und Hof- und Feldprediger des Prinzen Moritz von Oranien wurde. Sein theologischer und kirchlicher Standpunkt brachte ihn an die Seite der Arminianer; er war an vielen Konferenzen beteiligt und einer der Verfasser der »Remonstrantie« von 1610. Gegen alle Angriffe verteidigte er sich selbst und die Remonstranten in zahlreichen Schriften. Mit Gefängnis bedroht, flüchtete er 1618 nach Antwerpen. Die Provinzialsynode in Delft setzte im selben Jahre, noch vor der → Dordrechter Synode, ihn und andere remonstrantische Führer ab; 1619 wurde er von Staats wegen verbannt. In Antwerpen organisierte er die Remonstrantische Bruderschaft. 1621-26 lebte er in Rouen, konnte dann ins Vaterland zurückkehren und predigte noch im hohen Alter in remonstrantischen Kirchen.

Vf. u.a.: Kerckelicke Historie, 1647. Bibliogr. in B.GLASIUS, Godgeleerd Nederland III, 1856, 456ff u. H.C.ROGGE, Bibliotheek der Remonstrantsche Geschriften, 1863, 87ff. Autobiogr. hg.v. C. RYCKEWAERT, J.U.s leven, kerckelycke bedieninghe ende zedighe verantwoordingh, (1645) 1647². - H.C.ROGGE, J.U. en zijn tijd, 1874-76 - DERS., Brieven en onuitgegeven stukken van J.U., 1868 bis 1879 - RE XXI, 510ff - NNBW II, 1469f - A.H.HAENTJENS, U. en de stichting der Broederschap (in: De Remonstranten, 1919, 109-136).

W.F.Dankbaar

V

Vadian (eigentlich *von Watt*), *Joachim* (1483/84[?] bis 1551), * in St. Gallen, 1512 in Wien als Schüler des → Celtis Dozent der Rhetorik und Poetik (1514 poeta laureatus durch Maximilian I.), Rektor der Universität (1516/17), Herausgeber klassischer, geographischer und historischer Schriften. Nach dem Studium der Medizin kehrte V. 1518 nach St. Gallen zurück, wurde Stadtarzt, 1521 Mitglied des Großen Rates und war seit 1526 Bürgermeister. Zunächst unter dem Einfluß von → Erasmus, vollzog sich bei V. im Verkehr mit → Zwingli (Briefe seit 1511) der Übergang vom Humanismus zur Reformation durch Verbreitung von Schriften Luthers und Einrichtung von Collegia biblica. Er fand dabei einen treuen Helfer in Joh. → Keßler und wurde im Kampf gegen den Abt von St. Gallen und gegen die radikalen → Täufer durch die auch politisch freiheitlich gesinnte Bürgerschaft unterstützt. Vorsitzender der 2. Zürcher Disputation (1528 auch des Berner Religionsgesprächs), führte er seit 1525/26 die ev. Sache in St. Gallen zum Siege (→ Schweiz: I B, 1 a). V. unterstützte die Burgrechtsbestrebungen, verurteilte aber die kriegerische Politik Zwinglis. Als Mitförderer der Einigung der Schweizer Reformierten in der 1. Helvetischen Konfession (1536) betonte er in der Lehre vom Abendmahl bes. dessen Gedächtnischarakter.

Vf. u.a.: Aphorismorum de consideratione eucharistiae libri VI, 1535. - Dt. hist. Schriften hg.v. E.GÖTZINGER, 3 Bde, 1875-79 - Briefsammlung hg.v. E.ARBENZ u. H.WARTMANN, I-VII, 1890-1913. - Über V.: RE XXI, 25ff - W.NÄF, V. u. seine Stadt St. Gallen I. II, 1944/57 (vollst. Bibliogr., Lit.) - V.-Studien. Unters.en u. Texte, hg.v. W.NÄF, seit 1945 - D.F.RITTMEYER, V.-Bildnisse, 1948 - C.BONORAND, J.V. u. die Täufer (Schweiz. Beiträge zur allg. Gesch. 11, 1953, 43-72).

O.E.Straßer

Valdés, 1. *Alfonso de* (ca 1500-32), * in Cuenca (Kastilien), kaiserlicher Sekretär und Mitarbeiter des Kanzlers Gattinara, begeisterter → Erasmus-Verehrer, begleitete → Karl V. nach Worms und berichtete dem Humanisten Pedro Martyr de Anglería über das Auftreten Luthers. Nach der Plünderung Roms schrieb er 1527 den Dialog »Lactantius«, in dem er Papst und Kurie scharf angriff, und verteidigte die kaiserliche Politik in einer anderen Flugschrift, dem »Diálogo de Mercurio y Carón« (1529). In Augsburg vermittelte er 1530 zwischen Kaiser, Legat und Melanchthon.

2. *Juan de* (ca 1500-41), Zwillingsbruder von 1, studierte an der Universität Alcalá de Henares, wo ihn der Gräzist und Erasmusfreund Francisco de Vergara beeinflußte, entzog sich 1531 einem Inquisitionsprozeß durch die Flucht nach Italien und stand seit 1534 im Dienst des Kardinals Gonzaga in Neapel, wo er Mittelpunkt eines vornehmen, humanistisch wie religiös interessierten Kreises wurde (→ Italien, 3). V. war der hervorragendste Vertreter der spanischen → Alumbrados, die im Geiste des Erasmus eine innere Erneuerung des religiösen Lebens durch Glauben und Gebet erstrebten. Seine Schriften wirkten im 16.Jh. auch auf die kleine ev. Gemeinde in Valladolid.

Neue Ausg.n der Schriften von 1: Diálogo de las cosas ocurridas en Roma, Diálogo de Mercurio y Carón, hg. u. eingel. v. J.F.MONTESINOS (Clásicos Castellanos 89. 96), Madrid 1928/29. - Von 2: Diálogo de doctrina cristiana. Faksimiledr. d. Ausg. v. Alcalá de Henares 1529, eingel. v. M.BATAILLON, Coimbra 1925. Weitere Neudr. Madrid 1929 u. Buenos Aires 1946 - Alfabeto cristiano, hg.v. B.CROCE, Bari 1938 - Diálogo de la lengua, hg.v. J.F.MONTESINOS (Clásicos Castellanos 86), Madrid 1928 - Cartas inéditas de J.de V. al Cardenal Gonzaga, hg.v. DEMS., ebd 1931. - Über 1 u. 2: W.SCHLATTER, Die Brüder A. u. J. de V., 1901 - E.SCHÄFER, Beiträge zur Gesch. des span. Prot. ... im 16.Jh., 3 Bde, 1902 - RE XX, 380ff; XXIV, 620 - M.BATAILLON, Erasme et l'Espagne, Paris 1937; erw. span. Ausg. Mexiko 1950 - LThK X, 470ff - E.CIONE, J. de V., Bari 1938 - J.E. LONGHURST, Erasmus and the Spanish Inquisition. The Case of J. de V., Albuquerque/New Mexico 1950 - DERS., A. de V. and the Sack of Rome, ebd 1952 - DOMINGO DE STA. TERESA, J. de V., su pensamiento religioso (AnGreg 85), Rom 1957 (Lit.) - D.RICART, J. de V. y el pensamiento religioso europeo en los siglos XVI y XVII, Mexiko 1958.

R.Konetzke

Valdes, *Petrus,* auch Valdesius oder Waldensis (Petrus erst 1368 bezeugt), Begründer der → Waldenser-Bewegung. Er war ein reicher Kaufmann aus Lyon, der sich

1176 durch Bibellektüre oder durch die von einem Spielmann gehörte Legende des hl. → Alexius zur apostolischen Armut bekehrte. V. ließ die Hl. Schrift in die Volkssprache übersetzen und begann mit seinen Anhängern (Pauperes Christi) überall zu predigen. Da der Bischof von Lyon ihm dies verbot, sandte V. eine Delegation zum 3. Laterankonzil, das sein Armutsgelübde bestätigte, aber die Laienpredigt verwarf. Anscheinend legte V. um 1181 ein kath. Bekenntnis ab; aber er achtete das Predigtverbot nicht. Seine Anhänger wurden daher 1182 aus Lyon vertrieben und 1184 auf dem Konzil von Verona verdammt. V.s Todesjahr (vor 1184 oder vor 1217?) ist unbekannt.

Außer der Lit. zu → Waldenser: J.Jalla, Pierre Valdo, Paris 1934 - A.Dondaine, Aux origines du Valdéisme. Une profession de foi de V. (AFP 16, 1946, 191-235) - W.Mohr, Waldes u. das frühe Waldensertum (ZRGG 9, 1957, 337-363). *V.Vinay*

Valentin, 1. *Gnostiker,* wirkte nach → Irenäus (adv. haer. III, 4, 3) etwa 138-158 in Rom; nach → Epiphanius (adv. haer. 31, 7) kam er aus Alexandrien und wäre später nach Zypern gegangen. V. war offenbar freier christlicher Lehrer wie → Justin oder später → Clemens von Alexandria; vielleicht lassen sich sogar die Grundzüge einer esoterischen Schulschrift rekonstruieren (so 1947 Quispel). Erhalten sind nur Fragmente einiger Homilien, Briefe und eines Liedes; vielleicht stammt der Brief an Rheginos aus dem »Codex Jung« von V. (so Quispel). Das sog. Evangelium Veritatis, eine Meditation oder Homilie über die Erlösung, ist wahrscheinlich die nach Irenäus von den V.ianern benutzte Schrift dieses Namens (anders bes. Schenke); ob sie aber von V. abgefaßt wurde, ist umstritten (dafür van Unnik, Grobel, Grant u.a.). Die Fragmente zeigen einen hochgebildeten Mann, der feste Topoi der gemeinchristlichen (Taufe, Auferstehung), gnostischen (Anthropos-Mythos) und schulphilosophischen (Schaffen des Künstlers als Modell für die Ursprünge des Seienden) Tradition eigenwillig abwandelt und so eine neue Weltsicht erschließt, die ihm visionär offenbart ist. Auch sein Versuch, Verlorenheit und Erlösung des Menschen durch Christus in einem Mythos vom Ursprung und Ziel der Welt auszusagen (→ Gnosis: III, 3 d), bleibt an die Bildersprache gebunden, weil diese Welt die Wahrheit nicht anders fassen kann. Danach ist die Schöpfung nicht Gott entglitten wie in der ältesten → Gnosis (: III, 2 b), auch nicht Entfaltung eines gottgeschaffenen Urkeimes wie bei → Basilides, sondern Folge eines Urfalles, der im Sophia-Mythos erzählt wird. Sophia, die den Ursprung der Gottheit eigenmächtig erkennen wollte, ist für V. nicht nur Symbol der Schöpfung und ihrer Erlösung als Kirche, sondern auch des menschlichen Erkenntnisstrebens, der Philosophie (Quispel). Ihr Scheitern führt in Furcht und Verzweiflung und so zum Ursprung und Wesen der psychischen und materiellen Welt. Aufhebung der Unwissenheit, also Gnosis, hebt auch diese Welt auf. Diese Erkenntnis kommt aus dem Pleroma als »Soter« und ist Voraussetzung bereits der Schöpfung, in der Pneumatisches, Psychisches und Materielles vermengt sind. Den Menschen wird sie durch Christus in der Gestalt Jesu gebracht. Die Erlösung durch die Gnosis ist »Formung« der von der Sophia herkommenden Pneumatiker durch den Soter. Der Mythos V.s ist die systematische Entfaltung älterer Syzygien-Spekulationen. V. entwickelt sein System streng von oben nach unten, bes. in der Emanations- und Syzygien-Spekulation, offenbar um die reine Gnadenhaftigkeit des Heils festzuhalten (Quispel); aber eben damit wird die Erlösung, wenn die Bildsprache dieses Mythos verkannt wird, zu einem gleichsam physikalischen Prozeß (Marcus). Das zeigen bereits die Bearbeitungen des Systems durch V.s Schüler → Ptolemäus und → Herakleon im Westen, Theodot im Osten; bei → Markus dringt die von V. spiritualisierte Vulgärgnosis wieder breit ein. Die Geschichte der valentinianischen Schulen wird sich erst nach der Veröffentlichung der Texte von Nag Hammadi ganz überblicken lassen.

Lit. s. → Gnosis: III, seitdem *zu den Nag Hammadi-Texten u. anderen gnost. Qu.:* J.Doresse, Les livres secrets des gnostiques d'Égypte, Paris 1958 - W.C.van Unnik, Openbaringen uit egyptisch zand, Den Haag 1958; erw. dt. Übers. 1960 - H.-Ch.Puech in: Hennecke[3] I, 158-271 - J.Leipoldt-H.-M.Schenke, Kopt.-gnost. Schriften aus den Papyrus-Codices von Nag-Hamadi, 1960. Weitere Lit. s. S. Schulz, Die Bedeutung neuer Gnosisfunde für d. nt. Wissenschaft 2 (ThR NF 26, 1960, 237-266). - *Zum sog. Evangelium Veritatis:* f. VIII^v-XVI^v/XIX^r-XXII^r ed. M.Malinine, H.-Ch.Puech, G.Quispel, 1956; f. XVII^r-XVIII^v ed. Dies. u. W.Till, 1961 - W.Till, Das Ev. d. Wahrheit (ZNW 50, 1959, 165-185; dt. Übers.) - K.Grobel, The Gospel of Truth, London 1960 (engl. Übers. u. Komm.) - H.-Ch. Puech-G.Quispel-W.C.van Unnik, The Jung Codex, ebd 1955 - H.-M.Schenke, Die Herkunft des sog. E.V., 1959 - H.Jonas, Rez. d. Edition in Gn 32, 1960, 327-335 - W.Dunn, What does »Gospel of Truth« mean? (VigChr 15, 1961, 160-164). - *Zur Gnosis allg.:* H.Jonas, The Gnostic Religion, Boston 1958 - Ders., Gnosis u. moderner Nihilismus (KuD 6, 1960, 155-171) - R.McL.Wilson, The Gnostic Problem, London 1958 - R.M.Grant, Gnosticism and Early Christianity, New York 1959 - E.Peterson, Frühkirche, Judentum u. Gnosis, 1959 - W.C.van Unnik, Die jüd. Komponente in d. Entstehung d. Gnosis (VigChr 15, 1961, 65-82) - C.Colpe, Die religionsgesch. Schule. Darst. u. Kritik ihres Bildes vom gnost. Erlöser (FRLANT 78), 1961.

Qu. zu V. u. den V.ianern: W.Völker, Qu. z. Gesch. d. christl. Gnosis (SQS NF 5), 1932 - F.Sagnard, Clément d'Alexandrie: Extraits de Théodote (SC 23), 1948 - Vgl. auch → Herakleon, → Ptolemäus. - *Lit.:* K.Müller, Beiträge zum Verständnis der val. Gnosis (NGG 1920, 179-204. 205-242) - W.Foerster, Von V. zu Herakleon (BZNW 7), 1928 - G.Quispel, The Original Doctrine of V. (VigChr 1, 1947, 43-76) - Ders., La conception de l'homme dans la gnose val. (ErJb 15, 1947, 249-286) - Ders., L'inscription de Flavia Sophè (Mél. J.de Ghellinck I, Louvain 1951, 201-214) - F.Sagnard, La gnose val. et le témoignage de s. Irénée (EPhM 36), Paris 1947 - A.J. Festugière, Notes sur les extraits de Théodote de Clément d'Alex. et sur les Fragm. de V. (VigChr 3, 1949, 193-207) - R.A.Marcus, Pleroma and Fulfilment (ebd 8, 1954, 193-224) - A.Orbe, En los albores de la exegesis johannea (AnGreg 65), Rom 1955 - Ders., Los primeros herejes ante la persecución (ebd 83), Rom 1956 - Ders., Hacia la primera teologia della procesión del Verbo (ebd 99-100), Rom 1958 - A.J.Visser, Der Lehrbrief der V.iane̲r (VigChr 12, 1958, 27-36) - Y.Janssens, Héracléon. Commentaire sur l'Ev. selon s. Jean (Muséon 72, 1959, 101-151. 277-299; Text, Übers., Komm.) - R.M. Grant, The Mystery of Marriage in the Gospel of Philip (VigChr 15, 1961, 129-140). *G.Kretschmar*

2. *der Heilige,* a) Bischof von Interamna (Terni) und Märtyrer, Festtag 14.2. Am gleichen Tage wird b) V., Priester in Rom und Märtyrer unter Claudius Gothicus, gefeiert. Vielleicht sind beide miteinander identisch; nur V. von Terni wäre dann als historisch anzusehen. Mit völliger Sicherheit ist die Frage jedoch nicht zu entscheiden.

Zu 2 a: AS Febr. II, 1864, 757f (vgl. BHL Nr. 8460-61); zu 2 b: AS Febr. II, 754f (vgl. BHL Nr. 8463-66). - A.Urbain, Ein Martyrologium d. christl. Gemeinde zu Rom… (TU 21, 3), 1901, 101f. 128f. 212. 262f - J.P.Kirsch, Der stadtröm. christl. Festkalender im Altertum, 1924, 206f - VSB II, 322ff (Lit.) - DACL XV, 2906ff. *J.Dummer*

3. *Papst* Aug. bis Sept. 827, Römer, vorher Archidiakon der röm. Kirche.

RE XX, 418 - LThK X, 477 - DThC XV/2, 2497 - EC XII, 981. *H.Fuhrmann*

Valerius, *Adrianus* (Adriaan Wouterszoon, 1570/75 bis 1625), niederl. Notar und Ratsherr in Veere bei Middelburg, beschrieb in seinem »Neder-landtsche Gedenck-clanck« (Haarlem 1626) den Kampf der Niederlande gegen Spanien und nahm darin 72 Lieder auf (3 davon nicht von V., u.a. die niederl. Nationalhymne »Wilhelmus von Nassauen«), die er auf bereits bestehende Melodien dichtete und die die damalige politische und religiöse Gesinnung der Niederländer schildern. Zu der Sammlung des V. gehört auch das bekannte Lied »Wir treten zum Beten vor Gott den Herren« (wortgetreue dt. Übers. von K. → Budde, ChW 15, 1901, Nr. 6-12. 44. 50). Die in Deutschland bes. in der Zeit des 1. Weltkrieges volkstümlich gewordene Form »Wir treten zum Beten vor Gott den Gerechten« ist eine vom Original stark abweichende Neudichtung des Wiener Schriftstellers Josef Weyl (1821-95). In den Niederlanden sind die Lieder des V. seit 1871 (Neudruck von 17 Liedern) im Volkssang immer mehr, seit 1938 (Aufnahme einiger Lieder im Gesangbuch der Ned. Herv. Kerk) sogar im Kirchengesang einigermaßen bekannt geworden.

Neder-landtsche Gedenck-clanck, Neudr. 1947³ mit biogr., sprachl., hist. u. musikologischen Erläuterungen von P.J.Meertens, N.B.Tenhaeff u. A.Komter-Kuipers (ausführl. Lit.). - Über V.: H.Petrich, Unser geistl. Volkslied, (1920) 1924², 208ff - NNBW V, 990ff - M.J.Leendertse, V.' Neder-landtsche Gedenck-clanck, 1930 - P.J.Meertens, V. en wij (in: Groot Nederland, 1943).

G.L.Slagmolen

Valesius, *Heinrich* (*Henri de Valois,* 1603-76), * in Paris, Schüler von → Sirmond und → Petavius am Collège de Clermont, studierte die Rechte in Bourges und wurde Parlamentsadvokat, widmete sich aber seit 1630 nur noch historischen Studien. Sein wichtigstes Werk ist die im Auftrag des franz. Episkopats bearbeitete Ausgabe der griech. Kirchenhistoriker (Eusebius 1659, Sokrates und Sozomenus 1668, Theodoret und Evagrius 1673). V. war u.a. mit → Mabillon und → Grotius befreundet und wurde von Ludwig XIV. zum königlichen Historiographen ernannt.

RE XX, 421f - LThK X, 483 - Ph.Sagnac-A.de Saint-Léger, Louis XIV, Paris 1944 - DThC XV/2, 2525f. *H.R.Guggisberg*

Valla, *Laurentius* (1407-57), * und † in Rom. Der vielseitig gebildete Humanist lehrte 1431-33 in Pavia Rhetorik und stand seit 1435 im Dienst Alfons' V. von Neapel. Literatenstreit und die epikureische Tendenz in »De voluptate ac de vero bono« (1431, gemildert 1432/33), die noch Leibniz beeindruckende Schrift über die Willensfreiheit, die (schwache) Aristoteleskritik der »Dialecticae disputationes« (1439), Kritik am asketischen Mönchtum und → Apostolikum brachten V. (1444?) vor die → Inquisition. Dennoch und obwohl er 1440 die → Konstantinische Schenkung endgültig als Fälschung erwiesen und damit die Kirchenherrschaft verworfen hatte, erhielt V. 1448 als Skriptor → Nikolaus' V., für den er u.a. Thukydides übersetzte und dem er die (1505 von → Erasmus edierten) textkritischen »Adnotationes in NT« überreichte, und 1455 als Sekretär → Calixts III. das erstrebte Kurialamt. Der glänzende Stilist, Philolog (»Elegantiarum linguae lat. lib. VI«, 1435-44) und Kritiker der verweltlichten Kirche ist weder als Vorläufer der Reformation noch als reiner Skeptiker zu verstehen; sein Versuch einer Synthese von Antike und Christentum, von Theologie und Philologie blieb der kirchlichen Lehre unterworfen.

Opera, Basel 1543 - J.Vahlen, L.V. Opuscula tria (SAW 61, 1869, 7-67. 357-444; 62, 1869, 93-149) - De falso credita et ementita Constantini donatione declamatio, ed. W.Schwahn, 1928 - De libero arbitrio, ed. M.Anfossi, Florenz 1934. - W.Schwahn, L.V. (Diss. Rostock), 1896 - G.Laehr, Die Konst. Schenkung in der abendländ. Lit. des ausgehenden MA (QFIAB 23, 1931/32, 120-181) - H.J. Grimm, L.V.'s Christianity (ChH 18, 1949, 75-88) - G.Radetti, La politica di L.V. (Giorn. crit. della filos. ital. 29, 1950, 326-334) - Ders., La religione di L.V. (Medioevo e Rinascimento, Studi in onore di B.Nardi, II), 1955 - F.Gaeta, L.V., Neapel 1955 (Lit.) - G.Zippel, L.V. e le origini della storiografia umanistica a Venezia (Rinascimento 7, 1956, 93-133) - Ders., La »Defensio quaestionum in philosophia« di L.V.... (Bull. dell' Ist. stor. ital. per il ME 69, 1957, 319 bis 347) - Ders., E.Nasalli Rocca, G.Manfredi, G.Berti, Arch. stor. per le Provincie parmensi, Ser. 4, 9, 1957, 225-315 - G.Toffanin, L.V. (StRo 5, 1957, 269-284) - C.Vasoli, Le »Dial. disp.« del V.... (Riv. crit. di stor. della filos. 12, 1957, 412-434; 13, 1958, 27-46). - *Zu V.s Übers.en:* G.B.Alberti, Studi ital. di filolog. class., NS 29, 1957, 224-249 - G.Billanovich-F.Ferraris, Italia medioevale e umanist. 1, 1958, 245-275. *J.Leuschner*

Vallombrosaner, Zweig des → Benediktiner-Ordens, gehört zu den → Einsiedlerorden, die sich im 11.Jh. als Reaktion gegen das weltförmige und kulturfreudige Benediktinertum bildeten. Der Gründer, Johannes Gualbertus († 1073), trat als Mönch in S. Miniato bei Florenz ein, ging dann nach Camaldoli (→ Kamaldulenser) und bezog 1036 eine Klause in Vallombrosa in Toskana, die sich zu einer Eremitenkolonie entwickelte. Johannes lehnte zwar die völlige Anachorese ab, verlangte aber gänzliche Abkehr von der Welt, stetes Schweigen und unter Ablehnung der Handarbeit die reine Kontemplation. Der Orden breitete sich in Italien und Frankreich aus und hatte zur Zeit seiner höchsten Blüte 60 Abteien (heute nur noch 8 Klöster mit 72 Insassen).

Konstitutionen bei L.Holstenius-M.Brockie, Codex regularum IV, 1759, 358ff. Älteste Consuetudines bei Br.Albers, Consuetudines monasticae IV, 1911, 221ff. - P.F.Kehr, Italia Pontificia III, 1908, 83ff - P.Lugano, L'Italia benedettina, Rom 1929, 307ff - Heimbucher I, 320ff - A.M.Zimmermann, Kalendarium Benedictinum II, 1934, 439ff - Ph.Schmitz, Gesch. d. Benediktinerordens III, 1955, 28f. *St.Hilpisch*

Vandalen, ostgermanisches Volk, um 200 vChr aus Vendsyssel (Jütland) ins Gebiet südlich der Netze eingewandert, gegliedert in Silingen, die → Schlesien den Namen gaben, und Hasdingen. Die Hasdingen wanderten im 3.Jh. in die Theißebene, die Silingen im 4.Jh. zum Obermain ab. Durch die Hunnen aus dem heutigen Ungarn verdrängt, zogen die Hasdingen mit den Silingen, den Donausueben (Quaden) und den sarmatischen Alanen 409 in Spanien ein. Die Silingen und Alanen wurden 416/18 durch die Westgoten (→ Goten, 2) aufgerieben; ihre Reste vereinigten sich mit den Hasdingen. Die V. wurden 429 von König Geiserich (428-477) nach Afrika geführt. Zunächst als Föderaten angesiedelt, gründeten sie 439 das selbständige V.reich (442 von Rom anerkannt). Geiserich dehnte nach der Plünderung Roms (455) seine Herrschaft über das ganze röm. Afrika und die Balearen, Sardinien und Korsika aus. - Der betonte Souveränitätsanspruch der ersten V.könige Afrikas, die sich wie Kaiser gerierten, und der Versuch, die reiche und von Grund auf romanisierte prokonsularische Provinz zu einer vandalischen Provinz zu machen, führten zu einem nationalen Gegensatz, der sich auch in einem aggressiven Arianismus äußerte, den die Hasdingen schon in der Theißebene angenommen hatten. Unter Geiserich wurde die vandalische Kirche in Nachahmung der Reichskirche als Patriarchat mit dem Sitz in → Karthago organisiert. Der religiöse Konflikt entzündete sich, als Geiserich gegen die kath. Kirche in der Proconsularis vorging. Die Verfolgung erreichte ihren Höhepunkt unter Hunerich (477-484). Sie hat die Erinnerung an die Kriegsgreuel während der Wanderung lebendig erhalten und das Andenken der V. in der Geschichte verdunkelt. Der Volksname ist in pejorativer Bedeutung zuerst 1663 in England nachweisbar, Bischof Grégoire von Blois prägte 1794 das Schlagwort »Vandalismus«. - Obwohl der nationale und religiöse Gegensatz zeitweise unter Gunthamund (484-496) und Hilderich (523-530) abflaute, verhinderte er doch eine Konsolidation des V.-

reichs. Als Kaiser → Justinian im Sommer 533 Belisar zur Rückeroberung Afrikas aussandte, brach es in wenigen Monaten zusammen (534). Für → Nordafrika (: I) blieb die V.herrschaft eine Episode, die nur insofern Bedeutung hatte, als sie den Rückgang der Provinzen antiker Kultur beschleunigte.

K.D.Schmidt, Die Bekehrung der Germanen zum Christentum I, 1939 - L.Schmidt, Gesch. d. Wandalen, 1942[2] - K.Wessel, Die antikath. Religionspolitik d. V.könige (Habil.-Schr. Berlin), 1948 (Masch.) - Ch.Courtois, Les Vandales et l'Afrique, Paris 1955.

E.Ewig

Vandsburg ist ein Ort in Westpreußen, wohin ein halbes Jahr nach der Gründung in Borken/Ostpreußen (1899) ein kleines Gemeinschaftsdiakonissenhaus verlegt wurde. Als Nachfolger des Gründers, Pfarrer Ferdinand Blazejewski (1862-1900), übernahm der Pfarrer in V., Theophil Krawielitzki (1866-1942), die Leitung. Hier ist der Ursprung des heutigen Deutschen Gemeinschafts-Diakonieverbandes (DGD). »V.« ist ein Kind der Erweckung. Bei der Gründung traten 4 Schwestern ein. Am 31.12.1960 gehörten zum DGD 3855 Diakonissen und 270 Diakone. Das Werk hat vier Richtlinien: 1. Alle Arbeit geschieht aus dem Glauben. Es wird weder um Geld gebeten noch um Schwestern geworben. 2. Alle Arbeit geschieht in erster Linie zur Seelengewinnung. 3. Es werden »nur wirklich bekehrte« Schwestern angenommen. 4. Jede Schwester muß sich vom Herrn in den Dienst gerufen wissen. Das Werk erlebte eine erstaunlich schnelle Entwicklung. 1906 hatte es schon 300 Schwestern. 1908 wurde in Wehrda bei Marburg ein zweites Mutterhaus gegründet. 1909 folgten das Mutterhaus Hensoltshöhe bei Gunzenhausen/Mfk. und das Brüderhaus Tabor bei Marburg. Nach dem 1. Weltkrieg wanderten 400 Schwestern aus V. ins Reich. Es entstand »Neu-V.« in Elbingerode im Harz (1921). 1945 ging ein Teil der Schwestern nach Westen und gründete »Neu-V. West« in Velbert/Rhld. Auch die übrigen Schwestern aus V. in Westpreußen zogen in den Westen. So entstand in Lemförde/Hann. das Haus »Alt-V.«. Aus der Arbeit unter deutschen jungen Mädchen, die in Holland in Stellung waren, ging 1935 das »Zendings-Diaconessenhuis« in Amerongen und vorher (1933) in Liberty Corner, New Jersey/USA ein Mutterhaus Hebron hervor. Seit 1909 besteht eine eigene → Marburger Mission. 1932 folgte eine eigene Gemeinschaftsarbeit in Brasilien. Das im selben Jahre in Lachen/Pfalz geschaffene Missionshaus wurde zum Mutterhaus. In der Hauptstelle in Marburg ist die Zentralverwaltung aller Zweige des DGD, der dem → Gnadauer Verband angeschlossen ist.

H.Bruns, Ein Vater (Th.Krawielitzki), 1948 - Ders., Er wirkte - es wurde, 1955 - F.Mund, Th.Krawielitzki, 1954 - H.v.Sauberzweig, Er der Meister, wir die Brüder, 1959. - Ferner 10 periodisch erscheinende Blätter.

H.Brandenburg

Van Dusen, *Henry Pitney,* amerik. Theologe, * 11.12. 1897 in Philadelphia, lehrte seit 1926 am Union Theological Seminary in New York und ist seit 1945 dessen Präsident. V.D. gehörte vielen kirchlichen Ausschüssen an. Viele seiner Bücher handeln von der Bedeutung und Sendung der Kirche. Lange Jahre war er in seiner eigenen Kirche (United Presbyterian, USA), im YMCA, im National Council of Churches und ähnlichen Organisationen in leitender Stellung tätig. Bes. bedeutsam ist seine Mitarbeit in der Mission und Ökumene, wo er bei aller Aufgeschlossenheit für die europäische Theologie die Eigenstellung des »American Protestantism« vertritt. Als Vorsitzender des Verbindungsausschusses (seit 1954) hat V.D. auf die Verschmelzung des → Internationalen Missions-Rates und des Ökumenischen Rates hingearbeitet.

Vf. bes. (meist New York): In Quest of Life's Meaning, 1926; The Plain Man seeks for God, 1933; God in these Times, 1935; For the Healing of the Nations, 1940; What is the Church doing?, 1943; They found the Church there, 1945 (auch schwed. u. franz.); World Christianity, 1947 (auch holländ.); Life's Meaning, 1951; Spirit, Son and Father, 1958; One Great Ground of Hope, Philadelphia 1961. - Über V.D.: G.Hammar, Christian Realism in Contemporary American Theology, Uppsala 1940.

L.Pope

Vane, *Sir Henry* d.J. (1613-62), * in Debden (Essex), † in London, Sohn des gleichnamigen Staatsmannes (1589-1655). Da V. schon früh in inneren Widerspruch zum staatskirchlichen System des Anglikanismus trat, verschmähte er eine Laufbahn im Staatsdienst. Nach dem Studium in Oxford und an calvinistischen Universitäten im Ausland (Leiden oder Genf?) privatisierte er, ging 1635 zu den Puritanern nach Massachusetts und war 1636-37 Gouverneur der Kolonie. Nach England zurückgekehrt, trat er in der beginnenden Großen Revolution auf die Seite des Parlaments, unterstützte → Cromwell, beteiligte sich aber nicht an der Verurteilung Karls I. zum Tode. In der Folgezeit hielt er die Rechte des Parlaments gegen den Protektor unbeugsam aufrecht. Deshalb 1656 gefangengesetzt, unterstützte er die Sache der Offiziere gegen Richard Cromwell (1659) und stieg dadurch für kurze Zeit zur höchsten Machtfülle und Verantwortung auf. 1660 stürzte ihn das Parlament. Die Restauration der Stuarts verurteilte ihn zum Tode. V. kämpfte unerschrocken für Gewissensfreiheit und parlamentarische Demokratie gegen Absolutismus und Intrige. In stillen Stunden schrieb er Erbauungsschriften, bes. »The Retired Man's Meditations« (1655), »An Epistle General to the Mystical Body of Christ on Earth« (1661), »A Pilgrimage into the Land of Promise« (1664).

Biogr. v. J.Forster (1838), J.K.Hosmer (1888), W.W.Ireland (1905), J.Willcock (1913) - DNB XX, 116ff - DAB XIX, 191ff.

M.Schmidt

Varga, *Zsigmond* (1886-1956), ungarischer ref. Theologe und Orientalist, * in Marosdécse, † in Debrecen. Nach dem Studium in Kolozsvár, Berlin, Genf und Utrecht 1911 Pfarrer in Kolozsvár, 1912 Bibliothekar in Debrecen, 1915 Dozent der ref. Pfarrerbildungsanstalt, 1921 Prof. der Religionsgeschichte an der theol. Fakultät daselbst. Angeregt vom Assyriologen Friedrich Delitzsch, jedoch mit vermittelnder Tendenz, wertete V. die vergleichende religionsgeschichtliche Methode zur Beleuchtung der Welt und Umwelt der Bibel aus.

Vf. u.a. (alles ung.): Die at. Psalmdichtung in vergleichender assyr.-babyl. Beleuchtung, 1911; Religiöse Weltanschauung u. geschichtl. Forschung, 1911; Kulturgesch. der Völker des alten Orients mit bes. Hinsicht auf die Bibel I. II, 1915-18; Das sumerisch-babyl. Erbe im relig. Leben der ural-altaischen Völker, 1925; Allg. Religionsgesch. I. II, 1932-34; Bibl. Religionsgesch., 1938; Nt. Religionsgesch. (ungedr.).

M.Bucsay

Vaterlandsliebe ist ein spontanes und tiefes Gefühl, das einerseits zu aufopferndem, ja heldischem Handeln anspornen kann, sich aber andererseits nur wenig über das Wesen seines Gegenstandes und seine Berechtigungsgründe Rechenschaft gibt. Deshalb erscheint V. so oft als heftige Leidenschaft. Sie steht zweifellos dem Gefühl der Liebe und Blutsverbundenheit zu Vätern und Brüdern nahe. Aber das Objekt der V. variierte in der Geschichte. Zunächst Familienliebe, die sich auf das Land als väterliches Erbe richtet, wurde sie zur Liebe der »civitas«, dh einer abstrakten Größe, die sich nicht mehr in gleicher Weise »besitzen« läßt. Civitas meint zunächst Rechtsordnung, eine Form des Zusammenlebens, dann ein Kulturerbe und schließlich ein Zukunftsbild von Herrschaft und Größe. Sobald es der röm. civitas gelang, ihre Eroberungen auf die ganze Welt auszudehnen, durchbrach auch die V. die Grenzen der civitas und richtete sich auf jene noch abstraktere Größe, das Reich. Auch die Christen, die anfangs einen ausgeprägten Sinn für die Vorläufigkeit der civitas terrena besaßen, bekundeten seit dem 4.Jh. eine solche Liebe zum Reich, seiner Ordnung und Kultur, daß der Zusammenbruch Roms für sie wirklich eine Katastrophe war. So wird der Staat nach und nach ins Objekt der V. aufgenommen. Grundsätzlich richtet sich das Gefühl auf *Werte* und findet in diesen seine Rechtfertigung. Dabei besteht freilich die Gefahr, daß diese einen religiösen Anstrich erhalten und das Reich zur »geheiligten« Sache wird. Der Kaiserkult hatte bereits in diese Richtung gewiesen; der Ersatz des heidnischen Imperiums durch ein christliches Reich, die »Christenheit«, mußte erst recht zur Verklärung des Gegenstandes der V. mit religiösem Glanz führen. Das Reich mußte »heilig« werden, die Liebe zum Reich mit der Treue gegen Gott verschmelzen. Außerhalb der Grenzen des Reiches mit seinen zwei geweihten Häuptern, Papst und Kaiser, konnte es nur noch Feinde Gottes geben. Diese Liebe zum christlich-kaiserlichen Vaterland äußerte sich im sinnlosen und grausamen Unternehmen der → Kreuzzüge. – Die Entstehung der modernen Nationalstaaten führte zum Zerbrechen der seit dem 12.Jh. tief eingewurzelten Einheit des christlichen Westens. Die alte V. verlor ihre universalistischen Dimensionen. Von nun an gab es Franzosen, Deutsche, Italiener usw, und V. wurde wieder zur Anhänglichkeit an das Geburtsland. Andererseits weitete sich die V. mit der Entstehung moderner monarchischer Nationen auf eine ganze Nation aus. Bis heute richtet sich die V. ausschließlich auf die Nation, dh auf einen Boden (seine Schätze, seine Landschaften), eine Sprache, bisweilen ein Glaubensbekenntnis, eine Geschichte (die die V. oft in mythisch verklärter Einheitlichkeit und Großartigkeit sieht), ein gemeinsames Schicksal, eine solidarisch zu gestaltende Zukunft. In einem Universum, das sich in beängstigendem Maße ausdehnt, scheint der Mensch das Bedürfnis zu haben, sich lieber an ein Teilstück von Geschichte und Raum zu hängen, das er überschauen und als sein eigen betrachten kann. Heute kann man weder die künftige Entwicklung der V. voraussehen noch damit rechnen, daß sie sich auf ein endgültiges Objekt festgelegt hätte. Schon jetzt entwickelt sich etwa ein arabischer Patriotismus, der an nationalstaatlichen Grenzen nicht haltmacht, und das panafrikanische Solidaritätsbewußtsein könnte leicht zu einem regelrechten afrikanischen Patriotismus anwachsen. Selbst Europa als »Vaterland« ist kein unmöglicher Gedanke mehr.

Man kann von einer *Pathologie der V.* sprechen. Die Verabsolutierung ihres Gegenstandes liegt in der Natur jeder Liebesleidenschaft: alle guten Eigenschaften werden auf ihn übertragen, alle übrigen Gegenstände verachtet oder gehaßt. So hat die V. bei den einzelnen Nationen zu Argwohn und Empfindlichkeit geführt, zum Machtwillen, zu Verachtung oder Haß dem Ausland gegenüber, zur Bildung eines Mythenkranzes, der die internationalen Beziehungen vergiftet: die eine Nation gilt als »Erbfeind«, eine andere als »perfide« usw. In ihrer pathologischen Ausprägung ist die V. für → Nationalismus und Volksvergötterung verantwortlich. Je uneingeschränkter die Nation als religiöse Größe gilt, um so mehr wird »Vaterland« zum hl. Wort und erhält eine besondere Rolle in der Erfüllung des göttlichen Planes zugewiesen. Sehr rasch nimmt übrigens diese Vaterlandsreligion heidnische Elemente in sich auf. Extremer Ausdruck dieser krankhaften Entwicklung ist der »Blut-und-Boden«-Kult des → Nationalsozialismus.

Die *Gefahren* der V. bleiben nicht immer unbewußt. Bes. wenn sich die nationalen Grenzen verhärten, kommt es zu Gegenströmungen. Als sich das röm. Reich zur geschlossenen Gesellschaft entwickelte, erklärte sich der Stoiker zum Weltbürger und predigte das Christentum die Liebe zu allen Kreaturen, und mitten im Aufbruch der modernen Nationalstaaten schrieb Erasmus: »Einst trennte der Rhein den Franzosen vom Deutschen, aber der Rhein kann nicht den Christen vom Christen trennen.« Gerade das 18. und 19.Jh., als die alten Nationen sich konsolidierten und neue entstanden, erlebte den Kosmopolitismus der geistigen Eliten und die tiefergehende Erscheinung des sozialistischen Internationalismus. Alle diese Bewegungen, die man das schlechte Gewissen des Patriotismus nennen kann, mahnen dazu, das Vaterland nicht zu verabsolutieren.

Trotz dieser Pathologie hat die V. eine positive, ja *theologische Bedeutung*. Das Vaterland gibt der Nächstenliebe Gelegenheit, sich konkret als *Dienst* zu betätigen. Für den Menschen in seiner Begrenzung ist der Nächste derjenige, der ihm in Zeit und Raum nahesteht. Dies gilt in ethischer wie in kultureller Beziehung: so wenig ich allen Menschen dienen kann, so wenig kann ich alle Kulturtraditionen in mir tragen. Wenn nach dem Zeugnis der Hl. Schrift die Nationen (bei aller soziologischen Relativität des Begriffes) in Gottes Augen einen Sinn haben und demnach trotz ihres provisorischen Charakters Geschenk der göttlichen Gnade sind, dann deshalb, weil sie uns die Möglichkeit (freilich nur die *Möglichkeit!*) bieten, brüderliche Gemeinschaften zu bauen, die Last einer Geschichte gemeinsam zu tragen, in Not und Unglück Solidarität zu üben und gemeinsam eine Zukunft zu planen, für die man kein Opfer scheut – langfristige Investitionen sind oft das deutlichste Zeichen echter V. Auch durch die Liebe des Kindes geht die V. hindurch und läßt damit eine tiefe Gemeinsamkeit zwischen Familie und Vaterland entstehen. Zugleich darf freilich die Relativität des Vaterlandes nicht übersehen werden: auch der Ausländer kann jeden Augenblick mein Nächster werden, den ich wie meinen Mitbürger zu lieben habe. Ich kann die Verpflichtung fühlen, meinem Vaterland für immer den Rücken zu kehren. Mein eigentliches Vaterland, das ich lieben muß, ist stets dort, wo ich meinen Mitmenschen einen Dienst zu leisten habe. Deshalb ist auch das Los der Vertriebenen trotz seiner Härte kein Anlaß zur Verzweiflung: sie können ein neues Vaterland finden, wenn ihnen Gelegenheit gegeben wird, durch ihre Arbeit dem Nächsten zu dienen. V. ist im letzten Grunde aktives Zeugnis der Dankbarkeit gegen Gott für die Gabe des Dienendürfens und dient der Erfüllung der Aufgabe am Nächsten.

E. Hirsch, Die Liebe zum Vaterland, 1924 – H. Bergson, Les deux sources de la morale et de la religion, Paris 1932 – J. Lacroix, Force et faiblesse de la famille, ebd 1948, Kap. 5 – Barth, KD III/4 – W. Künneth, Politik zwischen Dämon u. Gott, 1954 – G. Gloege, Elite, 1958, 7ff. – Weitere Lit. s. → Nationalismus: I. *R. Mehl*

Vatername Gottes

I. Religionsgeschichtlich – II. Im AT – III. Im NT

I. Religionsgeschichtlich

In der Religionsgeschichte kann der V.G. 1. eine reale physische Beziehung zwischen → Gott und → Mensch bezeichnen, 2. als symbolische Aussage über verschiedene an der Gottheit erlebte Eigenschaften in ihrem Verhältnis zu Mensch und Welt und 3. als Ausdruck der Haltung des Menschen der Gottheit gegenüber verwendet werden. – 1. Die dem naiven Menschen nächstliegende Anwendungsform des V.ns G. ist die Übertragung des Zeugungsverhältnisses zwischen Vater und

Kind auf die Gottheit. So heißt es etwa in einem babylonischen Hymnus auf den Gott Sin (→ Babylonien: II, 6 a): »Vater, Erzeuger der Götter und Menschen.« Auf der Basis dieses physischen Zusammenhanges kann sich bereits im realen Sinne das Bewußtsein der Einheit der Menschen als Verwandte oder Kinder Gottes ergeben: im indischen Rigveda (1, 31, 10) zB heißt es: »Du, o Agni, bist unser Vater, wir sind deine Verwandten.« Im gleichen physischen Sinne bezeichnet die Sippe eine Gottheit, die sie als Begründer oder Ahnherrn ansieht, als Vater. Deshalb findet sich bei vielen → Naturvölkern als Bezeichnung des Höchsten Wesens (→ Hochgottglaube) der V.G. (→ Schöpfung: I, 1). In einem besonderen Sinne begegnet der V.G. zB in → Ägypten (: II) und im → Hellenismus wiederum im physischen Sinne zur Bezeichnung einer individuellen Gottessohnschaft etwa des Pharao oder hellenistischer Göttersöhne (→ Sohn Gottes: I). – 2. Verbunden mit dem Glauben an einen physischen Zeugungszusammenhang oder ohne ihn ist sodann der V.G. die aus dem menschlichen Erfahrungsbereich genommene symbolhafte Aussage über bestimmte göttliche Eigenschaften und Funktionen wie Allmacht, gebietender Wille, Treue und Fürsorge, → Liebe, Güte und → Gnade Gottes, aber auch als Aussage über ein bes. nahes Gottesverhältnis etwa des Königs (→ Königtum, sakrales). – 3. Vor allem aber drückt sich im V.n G. von den Religionen der Naturvölker an bis hin in die universalen Religionen eine zwiefache Grundhaltung der Menschen gegenüber der Gottheit aus: nämlich einerseits die Erkenntnis der eigenen Ohnmacht und des totalen Angewiesenseins auf die Gottheit. So beten zB die Konde: »Rette uns vor dem Hungertode, du bist ja unser Vater und wir sind deine Kinder und du hast uns geschaffen« (F.Heiler, Das Gebet, 1923[5], 91). Andererseits drückt sich im V.n G. die Haltung des kindlichen Vertrauens und der Liebe zur Gottheit aus. Deshalb beruft sich der Mensch vertrauensvoll auf das physisch oder geistig aufgefaßte Kindesverhältnis zur Gottheit, wenn er sie um Gaben bittet. In einem Gebet der Ewe heißt es (ebd): »Gib uns noch heute Regen. Wir sind ja deine Kinder.« – Schließlich ist zu fragen, ob die Anwendung des V.ns G. zu bestimmten Strukturtypen der → Religion in Beziehung steht. Zweifellos sind Vater und Mutter religiöse Ursymbole der Menschheit (→ Vaterrecht, → Mutterrecht), so daß man je nach dem Überwiegen des einen oder des anderen Symbols mit van der Leeuw (98) Vater- und Mutterreligionen ihrer Struktur nach unterscheiden kann. Wo jedoch die transzendente Ferne und die Willensmacht bis zur Willkür gesteigert ist, wie im → Islam, ist der V.G. um der zu großen Vertraulichkeit willen ausgeschlossen. Aber auch in der → Mystik ist er selten, weil hier angesichts der starken Betonung der Immanenz des Göttlichen die für die Anwendung des V.ns G. vorausgesetzte Distanz zur Gottheit fehlt.

TH.OHM, Die Liebe zu Gott in den nichtchristl. Religionen, 1950 – ELIADE § 84 – VAN DER LEEUW § 20 – G.MENSCHING, Die Religion, 1959, 224f – F.HERRMANN (→ Urheber; s. Reg. s.v. Vater).

G.Mensching

II. Im AT

Der Brauch, eine Gottheit mit »Vater« anzureden, ist in der syrisch-kanaanäischen Welt schon früh bezeugt. Der → El von → Ugarit wird »König und Vater« oder »Vater der Menschheit« genannt. Hier zeigen sich mythische Vorstellungen von einer Urzeugung und einer naturhaft-physischen Zusammengehörigkeit von Gottheit und Menschheit. Im kanaanäischen Volksglauben werden Baum und Stein als Repräsentationen göttlicher Zeugungskraft aufgefaßt. Man ruft dem Baum zu: »Du bist mein Vater« (Jer 2, 27). Eng verbunden weiß sich der Mensch mit der ihm im Vegetationskult begegnenden zeugenden Urkraft. In Israel sind Bestrebungen nachweisbar, die Anrede »Vater« auch auf → Jahwe zu übertragen. Im Bereich der → Namengebung kam es zu Bildungen wie Eliab, Joab, Abiel und Abija. Die Geburt wurde den Machtwirkungen Els bzw. Jahwes unterstellt. Zugleich wurde in den theophoren Namen ein religiöses »Verwandtschafts- und Vertrauensverhältnis« statuiert. – Zeugungsmythos und physische Verwandtschaftsassoziationen haben Israel veranlaßt, eine Übertragung der Benennung »Vater« auf Jahwe im offiziellen Kult zu meiden. Bemerkenswert ist die Tatsache, daß erst in nachexilischer Zeit unbekümmert von der Vaterschaft Jahwes gesprochen wurde. Wahrscheinlich hat Dtjes die Bahn gebrochen, wenn er ständig davon spricht, daß Israel von Jahwe »erschaffen« worden sei. Formulierungen wie die in Jes 63, 16; 64, 7 sind im Kraftfeld des großen unbekannten Propheten entstanden. Nachwirkungen der bedenkenlosen Einführung des V.ns finden sich dann in Mal 1, 6; 2, 10. Die zeitliche Ansetzung von Dtn 32, 6 ist umstritten. – Ganz anderer Art ist die Benennung Jahwes als »Vater« des Königs in 2Sam 7, 14 (vgl. auch Ps 2, 7; 89, 27; → Königtum in Israel, 3). Hier wird die Vater-Sohn-Beziehung von der Adoptionsvorstellung bestimmt. Die physischen Relationen werden in diesem Zusammenhang bewußt ausgeschieden. Nicht kraft irgendeiner mythisch-naturhaften Abstammung ist der Regent »Sohn Gottes«, sondern kraft des prophetischen Spruches, durch den die Adoption wirkungsmächtig vollzogen wird. Das Vater-Sohn-Verhältnis beruht also nicht auf einer mythischen Zeugung, sondern auf der geschichtlich-prophetischen Erwählung. – Diese Vorstellungen finden, auf das Gott-Volk-Verhältnis übertragen, eine starke Beachtung bei Jeremia. In der Auseinandersetzung mit den naturhaften Vorstellungen (vgl. Jer 2, 27), doch auch im Kraftfeld des herrschenden Themas von der Liebe und innigen Zusammengehörigkeit von Gott und Volk, tritt der V.G. im Adoptionsmotiv hervor. Dieses ist sowohl in Jer 3, 19 wie auch in Jer 31, 9 deutlich zu erkennen. In Jer 3, 4 zeigt die synonyme Anrede (»Vertrauter meiner Jugend«), daß die Vorstellung einer physischen, in einem Zeugungsakt begründeten Gemeinschaft ausgeschieden wird. – Endlich ist auf Ps 68, 6 hinzuweisen. Wer sich im Rechtsakt schützend für einen Rechtlosen einsetzt, nennt sich »Vater« (Hi 29, 16). Wahrscheinlich gab es förmliche Akte, durch die ein solches Eintreten für die Hilflosen Rechtscharakter erhielt. In Ps 68, 6 wird Jahwe als der Vater der Waisen und Richter der Witwen im Kultbereich geehrt.

P.BAUR, Gott als Vater im AT (ThStKr 72, 1899, 483-507) – R.GYLLENBERG, Gott der Vater im AT u. in der Predigt Jesu (StOr 1, 1926, 3-140) – NOTH, Pers 66ff – W.EICHRODT, TheolAT I, 1959[6].

H.-J.Kraus

III. Im NT

Ebenso wie das AT und das palästinische Judentum einschl. Qumran (hier einziger Beleg 1QH 9, 35) hat Jesus den V.n nur selten für Gott gebraucht (Mk 4, Mt/Lk-Logien 7 [Mt 11, 27 b c par als allgemeingültiger Vergleich nicht mitgezählt], Lk-Sondergut 6 Belege). Erst bei Mt (42mal) und Joh (109mal) wird der V. im Munde Jesu zum festen Synonym für Gott. Jesus nennt Gott den Vater der Jünger (»euer Vater«), in dessen Fürsorge (Mt 6, 32) und vergebender Liebe (Lk 15, 11ff) sie völlig geborgen sind, und »meinen Vater«, schließt sich aber nie mit »unser Vater« mit den Jüngern zusammen (→ Vaterunser, 3). Alle Quellenschichten sind sich darin einig, daß Jesus Gott im → Gebet (: IV) stets als Vater angeredet hat (einzige Ausnahme Mk 15, 34 par Mt 27, 46) und daß er dabei die aramäische Anredeform

Abba gebraucht habe (Mk 14, 36; das Schwanken zwischen πάτερ, πατήρ, ὁ πατήρ, πάτερ μου erklärt sich aus der Doppeldeutigkeit von Abba als Vokativ und status emphaticus). Die Anwendung dieser Kleinkind-Anrede des Vaters auf Gott ist ohne jede Parallele im Judentum; in ihr findet Jesu Gottesverhältnis (→ Gott: IV, 2) und Vollmacht den schlichtesten Ausdruck. Bei Paulus begegnet der V.G. 42mal in liturgischen Formeln, nicht jedoch in theologischen Aussagen; die Abba-Anrede lebt als geistgewirkter Gebetsruf fort (Röm 8, 15; Gal 4, 6), erlischt aber schon mit Mk (14, 36) in den griechisch redenden Gemeinden.

T.W.Manson, The Teaching of Jesus, Cambridge (1931) 1935[2], 89-115 - ThW I, 4ff (G.Kittel); V, 981ff (G.Schrenk) - J.Jeremias, Kennzeichen der ipsissima vox Jesu (in: Synopt. Studien f. A.Wikenhauser, 1954, 86-93) - Ders., Abba (ThLZ 79, 1954, 213f = ZNW 45, 1954, 131f). *J.Jeremias*

Vaterrecht. Das V., die betonte soziale Stellung des Mannes und Vaters, ist viel weiter verbreitet als das sog. → Mutterrecht und begegnet in allen Kulturformen (Jäger, Sammler, Bodenbauer, Hirten, Hochkulturen). Auch in Gesellschaften mit wesentlicher Gleichberechtigung der beiden Geschlechter tritt der Mann in verschiedenen Belangen stärker hervor (vor allem als Familienvorstand und Namensträger). Zur Ausbildung des V.s kommt es hauptsächlich dann, wenn spezifisch männliche Tätigkeiten und Einrichtungen großes Gewicht haben, für eine soziale und rechtliche Bevorzugung der → Frau (: I) aber keine Veranlassung besteht. Zu männlich betonter Gesellschaft führen vor allem differenzierte Jagd (→ Jäger), Großherdenviehzucht, intensiver → Ackerbau (: I), Fernhandel (→ Handel: I), Hochbewertung der alten Männer als Hüter der Traditionen und Riten, entwickelte politische Organisation. Wesentliche Merkmale des V.s sind: patrilineale Vererbung von Eigentum, Namen, Titeln und Funktionen (in der Regel vom Vater auf den Sohn), patrilineale Deszendenz (Familien-, Verwandtschafts- und Statuszugehörigkeit nach dem Vater), viri-patrilokale Heirat (die Frau zieht in die Gruppe des Mannes), Hervorhebung der männlichen Linie in der Verwandtschaftsterminologie. Bei Hirten (zB Turko-Mongolen) und Bodenbauern (zB Sudanneger, Nord- und Zentral-Indien) kommt es oft zur Ausbildung der paternalen Großfamilie als Wohn- und Wirtschaftsgemeinschaft (→ Stamm und Sippe), die von einem Patriarchen, der auch priesterliche Funktionen ausüben kann, autoritativ geleitet wird. V. begünstigt auch Polygynie und die Institution des Brautpreises, in religiöser Hinsicht den Ahnenkult (→ Totenverehrung: I). Der Schwerpunkt liegt hierbei auf der kultischen Verehrung der Vorfahren der Patrilinie. Söhne sind auch deswegen sehr erwünscht, weil durch sie die Kontinuität des Ahnendienstes gewährleistet wird.

R.Lowie, Primitive Society, New York (1921) 1949[3] - R.Thurnwald, Die menschl. Gesellschaft II, 1931 - Wilh.Schmidt, Das Eigentum auf den ältesten Stufen der Menschheit I-III, 1937-42 - Z.Vinski, Die südslaw. Großfamilie, Zagreb 1938 - H.Günther, Formen u. Urgesch. der Ehe, (1940) 1951[3] - Cl.Lévi-Strauss, Les structures élémentaires de la parenté, Paris 1949 - R.Firth, Elements of Social Organization, London 1951 - A.Phillips (Hg.), Survey of African Marriage and Family Life, ebd 1953 - F.Herrmann (→ Urheber) 213ff. *J.Haekel*

Vaterunser

1. Der Wortlaut bei Mt und Lk - 2. Der Kontext der beiden Fassungen - 3. Die älteste Überlieferung - 4. Der Sinn - 5. Praktisch-theologisch

1. Das V. ist uns in *zwei Fassungen* überliefert, einer längeren (Mt 6, 9-13; leicht gräzisiert und um eine zweigliedrige Doxologie erweitert Did 8, 2f) und einer kürzeren (Lk 11, 2-4). Textkritisch ist Mt 6, 12 im Nachsatz der 5. Bitte der Aorist als schwierigere Lesart vorzuziehen; er wird auf ein aramäisches perf. praes. zurückgehen (»wie wir hiermit vergeben«). Daß die Doxologie in den ältesten Hss. fehlt, berechtigt schwerlich zu der Annahme, das V. sei je ohne lobpreisenden Schluß gebetet worden; vielmehr blieb dieser in der ältesten Zeit vermutlich der freien Formulierung des Beters überlassen. Bei Lk taucht früh, aber nur in einem ganz schmalen Sektor der Überlieferung, eine neue Bitte auf: »Es komme dein hl. Geist auf uns und reinige uns.« Die Minuskeln 162. 700, → Gregor von Nyssa und ihm folgend → Maximus Confessor bieten sie an Stelle der zweiten Bitte; schon → Marcion hatte eine Bitte um den Geist, jedoch an Stelle der ersten Bitte (nach Tertullian, Adv. Marc. IV, 26, 3). Die auch selbständig überlieferte Geistbitte ist nicht ältester Lk-Text, sondern eher ein altes Taufgebet, das man wohl bei der Taufe dem V. einfügte.

2. Die Existenz von zwei Fassungen des V.s im NT wird verständlich, wenn man ihren *Kontext* betrachtet. Bei Mt (→ Bergpredigt: I) steht das V. im Rahmen einer Gebetsdidache (6, 5-15), die die Symmetrie der drei parallelen Stücke 6, 2-4. 5f. 16-18 sprengt; im Anschluß an 6, 7f wird hier das V. als Beispiel für ein kurzes Gebet geboten. Auch Lk bringt das V. im Rahmen einer Gebetsunterweisung (11, 1-13). Der völlig verschiedene Inhalt der beiden *Gebetsdidachai* läßt erkennen, daß diejenige des Mt auf judenchristliche, die des Lk auf heidenchristliche Gemeinden zugeschnitten ist. In beiden Bereichen der Kirche gehörte das V. zum katechetischen Stoff. Daraus ergibt sich, daß die Abweichungen der beiden Fassungen kaum auf die Evangelisten selbst, vielmehr auf den liturgischen Gebrauch in verschiedenen kirchlichen Bereichen zurückgehen.

3. Ein Vergleich der beiden Fassungen hat davon auszugehen, daß die kürzere lukanische vollständig in der längeren des Mt enthalten ist. An drei Stellen weist Mt einen Überschuß auf: die kurze Anrede »Vater« ist durch den Zusatz »unser, der (du) im Himmel (bist)« volltönend geworden; die beiden Du-Bitten sind durch die Parallelbitte »es geschehe dein Wille wie im Himmel, so auch auf Erden« auf die Dreizahl der Wir-Bitten gebracht; die dritte Wir-Bitte ist durch eine Antithese (»sondern erlöse uns von dem Bösen«) den in sich parallel gegliederten beiden ersten Wir-Bitten in der Form angeglichen. Offensichtlich haben wir bei Mt eine auf judenchristlichem Gebiet entstandene liturgische Ausgestaltung der *älteren Kurzform* (Lk) vor uns. Doch ist bei Mt der gemeinsame Wortlaut ursprünglicher, da der Text bei Lk gräzisiert (zB »Sünden« statt »Schulden«) und generalisiert (»jeden Tag« statt »heute«) ist. Zugrunde liegt beiden Fassungen ein aramäischer Text, wie am deutlichsten die Worte »Schulden« und »Schuldner« zeigen; denn die Bezeichnung der Sünde mit dem Wort für Geldschuld ist eine Eigentümlichkeit des Aramäischen. Die verschiedenen Rückübersetzungsversuche (Torrey, Burney, Dalman, Littmann, Kuhn) haben die rhythmische Struktur des V.s deutlich gemacht.

4. Da der eigene Gebetsritus die religiöse Gruppe kennzeichnet (Essener, Pharisäer, Johannesjünger), ist aus Lk 11, 1 zu folgern, daß Jesus das V. als Formular gibt, das seine Jünger zusammenschließen soll. Die *Anrede* Gottes mit »Vater«, höchstwahrscheinlich in der aramäischen Form Abba (vgl. Mk 14, 36; Röm 8, 15; Gal 4, 6), gibt den Jüngern Anteil an Jesu Gottesverhältnis (→ Vatername Gottes: III). Die beiden *Du-Bitten* nehmen das Qaddiš, mit dem der synagogale → Gottesdienst (: III, 2 a) schloß, auf (vgl. das Fehlen eines verbindenden »und«, anders bei den Wir-Bitten!); dadurch ist gesichert, daß sie den baldigen Herrschaftsantritt

Gottes erflehen. Der Ton liegt auf den *Wir-Bitten*. Dem in der Deutung umstrittenen ἐπιούσιος entspricht im → Nazaräerevangelium maḥar (»morgig«); ist mit dem »Brot für morgen« das Brot der Heilszeit gemeint, dann gewinnt das »heute« den vollen Ton: jetzt schon, heute schon. Auch die durch die Selbsterinnerung an das Vergeben ermöglichte Vergebungsbitte erfleht die Vorweggabe des Heils, nämlich des Freispruchs im Endgericht. Brotbitte und Vergebungsbitte mit ihrem »Jetzt schon« sind die Aktualisierung der Du-Bitten. Absichtlich abrupt und ohne Parallelismus membrorum lenkt die Schlußbitte um Bewahrung vor dem Erliegen in der letzten Versuchung in den Alltag der bedrängten Jüngerschar zurück; so schließt das V. mit dem Notschrei um die Erhaltung des Glaubens in der Anfechtung.

C.C.TORREY, The Translations made from the Original Aramaic Gospels (Studies in the Hist. of. Rel. für C.H.Toy, New York 1912, [269-317] 309ff) - C.F.BURNEY, The Poetry of Our Lord, Oxford 1925, 112f - G.DALMAN, Die Worte Jesu I, 1930², 283-365 - E.LITTMANN, Torreys Buch über die vier Evangelien (ZNW 34, 1935, 29f) - E.LOHMEYER, Das V., (1946) 1960⁴ - K.G.KUHN, Achtzehngebet u. V. u. der Reim (WUNT 1), 1950 - T.W.MANSON, The Lord's Prayer (BJRL 38, 1955/56, 99-113. 436-448) - H.SCHÜRMANN, Das Gebet des Herrn, 1957 - J.JEREMIAS, The Lord's Prayer in Modern Research (ET 71, 1959/60, 141-146); dt.: Das V. im Lichte der neueren Forschung (Calwer Hefte 50), 1962. *J.Jeremias*

5. a) Es hat lange gedauert, bis das V. *liturgisches Stück* im Gottesdienst wurde. Im Rahmen einer KO erscheint es zuerst in der → Didache (8, 2; dreimal täglich - mit zweiteiliger Doxologie); aber es ist ungewiß, ob hier auch der Gebrauch bei Gebetsversammlungen und in der Eucharistie gemeint ist. Bei → Tertullian wird das V. als »legitima oratio«, bei → Cyprian schon als »publica et communis oratio« bezeichnet (ohne Doxologie!). Die Clementinische Liturgie (Const. ap. VIII, 5-15) nennt es nicht, wohl aber → Cyrill von Jerusalem, wo es zwischen der Fürbitte für Lebende und Tote und dem folgenden Gebet des Diakonus steht. Seitdem fester Bestandteil der orth. Gottesdienstordnung, wird es im Anfang der Liturgie des → Chrysostomus nach einem trinitarischen Gebet und dreimaligem Kyrie vom Diakonen gesprochen und vom Priester trinitarisch-doxologisch geschlossen; im Kommunionteil betet es das Volk, - mit entsprechendem priesterlichem Schluß. Heute ist das V. dem Chor zugeteilt. - In der *Missa Romana* (→ Messe: II) hat das V. seinen festen Platz nach dem Kanon und ist dadurch zum »Bereitungsgebet« geworden. Auch in den Horen wird es gebraucht. Im mittelalterlichen Predigtauftritt wurde es oft *vor* der Predigt und als Abschluß der Fürbitten *nach* der Predigt gebetet, hier mit entsprechender Überleitung, worauf die Gemeinde es leise und kniend nachsprach. Auch im → Rosenkranz hat das V. seinen Platz. - Wie in der Messe die letzte V.-Bitte durch den hinzugefügten → Embolismus eine Erweiterung erfährt, so hat Luther in der deutschen Ordnung das *ganze* Gebet durch eine der Predigt folgende Paraphrase *ersetzt*, für die er - wie für die Abendmahlsvermahnung - einen feststehenden Wortlaut forderte. Da er aber in seiner lat. Messe das Pater noster nach den Einsetzungsworten und mit der röm. Einleitungsformel beließ und luth. Liturgien durch *beide* Formulare Luthers beeinflußt wurden, bürgerte sich das unparaphrasierte V. in den luth. Gottesdiensten ein, teils vor, teils nach den Einsetzungsworten. So faßten es zB Joh. → Gerhard u.a. als eine Art Weihegebet vor den Einsetzungsworten auf. Da aber nicht immer Predigt und Abendmahl verbunden waren, bürgerte sich das V. auch - ähnlich wie im mittelalterlichen Predigtauftritt - als Abschluß des Fürbittengebetes ein. - Die in den beiden ev. Konfessionen üblichen Formen des Wortlauts bildeten sich erst allmählich heraus; so sagt → Bugenhagen in seinen KOen noch »Erlöse uns von dem *Bösen*«, umgekehrt lautet bei Zwingli (1525) die letzte Bitte »sunder erlöß uns von dem *übel*« und die Anrede »Vatter unser«, während Luther Mt 6, 9 »Unser Vater« übersetzt, in der Deutschen Messe und den Katechismen aber im Anschluß an die kath. Überlieferung die umgekehrte Wortfolge benutzt. Innerhalb des ev. Predigtauftritts fand sich vielfach ein *stilles* V. Daß Luther das V. in seinem Taufbüchlein in besonderer Weise mit dem Kinderevangelium verband, fand nicht überall Nachahmung. Heute wird es in allen ev. Gottesdiensten und Amtshandlungen gebetet und vielfach von der Gemeinde selbst gesprochen. Doch ist zu fragen, ob nicht dieser häufige Gebrauch des V.s, um der Veräußerlichung vorzubeugen, eingeschränkt werden sollte. Nie dürfte es in einem Gottesdienst *zweimal* gebetet werden.

b) In der *ev. Predigt* hat die Auslegung des V.s durch die frühzeitig von Luther eingeführten Katechismuspredigten (→ Katechismus: II, 3) große Bedeutung bekommen. Durch Bugenhagens KOen wurden diese und damit Predigten über das V. für Jahrhunderte zu feststehender Übung. Heute bleibt es dem Prediger überlassen, solche Predigtreihen zu halten. Dies sollte öfter geschehen, um zu einem sinnvollen Gebrauch des V.s anzuleiten und seinen Zusammenhang mit der zentralen Verkündigung Jesu immer wieder aufzuweisen.

c) Über das V. im Unterricht → Katechismus: II. III.

Vgl. die ev. u. kath. Lehrbücher der → Liturgik - O.DIBELIUS, Das V., Umrisse zu einer Gesch. d. Gebetes in d. alten u. mittleren Kirche, 1903 - K.ANER, Das V. in d. Gesch. d. ev. Frömmigkeit, 1924 - LThK X, 498ff - Leiturgia (s. Reg. in III) - EKL III, 1611ff (Lit.).- Vgl. die auslegungsgesch. Lit. zu → Evangelien, synoptische (Matthäus). *W.Jannasch*

Vatikan. Mit dem Namen V. (mons vaticanus, auch mons saccorum) wurde schon im Altertum die hügelige Zone auf der rechten Seite des Tiber zwischen Engelsburg und Janiculus bezeichnet. Sie war von drei Straßen (Via Aurelia nova, Cornelia und Triumphalis) durchzogen und von ausgedehnten Grabanlagen begleitet. Ein Teil des Gebietes mit kaiserlichen Gärten und einer Zirkusanlage ist durch das Martyrium röm. Christen unter Nero bekannt (→ Petrustradition). Kaiser Konstantin ließ hier unter Verschüttung zahlreicher Mausoleen die große Basilica Constantiniana errichten. An sie schlossen sich bald Kirchen, Kapellen, Klöster, Diakonien und die Hospize der vorwiegend germanischen Landsmannschaften (scholae peregrinorum) an. Vorläufer des späteren v.en *Palastes* waren die frühen Bauten vor allem an der Nordseite der Basilika für den hier tätigen Klerus und für den Aufenthalt des Papstes bei liturgischen Feiern. Von diesen Bauten ist nichts mehr erhalten. Um die Mitte des 9.Jh.s wurde die v.e Zone mit starken Mauern umgeben und an die Befestigungen der Hauptstadt angeschlossen (Leostadt). Die ältesten Teile der heutigen Palastanlage gehen auf → Innozenz III. und → Nikolaus III. zurück. Nach dem Großen Schisma (→ Papsttum: II, 2 e) beginnt der eigentliche Ausbau, nachdem die Residenz am Lateran aufgegeben war. Von → Nikolaus V. Planung einer eigenen V.stadt ist nur ein kleiner Teil verwirklicht worden. Die folgenden Jh.e bringen erhebliche Neubauten und Veränderungen (→ Rom: II, 5. 6), so unter → Sixtus IV. die neue Palastkapelle (Sixtinische Kapelle), unter → Innozenz VIII. das Belvedere, unter → Alexander VI. die Torre Borgia und die Appartamenti Borgia. → Julius II. verband durch 2 lange Korridore das auf der Höhe des v.en Hügels liegende Belvedere mit dem alten Palast. Auf → Leo X. gehen die Logien und Stanzen, auf → Paul III. die Sala Regia und Capella Paolina zurück. → Sixtus V. ließ auf der Ostseite des Damasushofes den heutigen Wohnpalast und den Bibliothekstrakt im Cortile del Belvedere aufführen, und → Alexander VII. fügte die Scala Regia hinzu. Seit dem Bau des Quirinalpalastes unter Sixtus V. war der V. bis 1870 nicht mehr ausschließlich Residenz. Im 18. und 19.Jh. entstanden die baulichen Anlagen zur Aufstellung der riesigen, seit der Renaissance angelegten *Sammlungen* von antiken Plastiken, heidnischen und frühchristlichen Sarkophagen, Inschriften, Gemälden, Kleinkunst und Münzen. → Benedikt XIV. gilt als Gründer des Museo di antichità cristiana (jetzt Museo sacro); seine Maßnahmen wurden fortgeführt von → Clemens XIV. und → Pius VI. (Museo Pio-Clementino), → Pius VII. (Museo Chiaramonti und Braccio Nuovo für die weltberühmten Skulpturen), → Gregor XVI. (etruskisches und ägyptisches Museum), während → Pius XI. die neue Pinakothek errichten ließ. Große Teile des päpstlichen Kunstbesitzes sind im Lateran untergebracht. Die ausgedehnte v.e Palastanlage mit über 1000 Räumen und größeren und kleineren Innenhöfen bietet ein malerisches Konglomerat von Altem und Neuem; vorwiegend sind die Stilrichtungen der Renaissance und des Barock vertreten. Der v.e Palast beherbergt auch das v.e Archiv und die v.e Bibliothek. Außer dem Staatssekretariat haben zahlreiche kuriale Ämter und Behörden hier ihren Sitz. – Zur Lösung der röm. Frage wurde 1929 durch die Lateranverträge zwischen → Italien (, 5) und dem hl. Stuhl die *V.stadt (Stato della Città del Vaticano)* geschaffen. Sie umfaßt praktisch den v.en Palast mit seinen Gärten (44 ha), was schon im Garantiegesetz von 1871 enthalten war; dazu eine Reihe von Gebäuden in Rom als exterritoriales Gebiet in verschiedenen Abstufungen der Selbständigkeit und den päpstlichen Sommersitz in Castel Gandolfo; diese Gebiete sind größer als die eigentliche V.stadt. Als Fiktion zur Sicherung der Unabhängigkeit des hl. Stuhles hat die V.stadt nur den Namen eines Staates, aber keine der sonst üblichen Aufgaben eines Staatswesens. Sie ist absolute, hierokratische Monarchie; eine Art Verfassung bieten die 6 Leggi fondamentali vom 7.6.1929, die die Souveränität, die Rechtsgrundlagen, das Staatsbürgerrecht und die Verwaltung behandeln. An der Spitze steht ein vom Papst ernannter Gouverneur, seit 1939 ist die Pont. Commissione per lo stato della Città del V. eingerichtet. Als Ausdruck der Souveränität dienen eigener Bahnhof, Rundfunksender, Post und Münzen. Etwa ⅓ der V.-stadt ist überbaut und ein großer Teil noch von den alten Mauern umgeben. Schutz und fürstliche Repräsentation gewähren die Nobelgarde, Schweizergarde, Palatingarde und die Gendarmerie. Die Farben des Staates sind aufrecht nebeneinander gelb/weiß mit Tiara über gekreuzten Schlüsseln im weißen Feld.

F.EHRLE-H.EGGER, Der v.e Palast in seiner Entwicklung bis zur Mitte d. 15.Jh.s, Rom 1935 – P.A.D'AVACK, Chiesa, s. Sede e Città del Vaticano nel ius publicum ecclesiasticum, Florenz 1936 – EItal XXXIV, 1032ff; App. II/2, 1091ff – EC XII, 1040ff (ausführl. Lit.) – B.NOGARA, Origine e sviluppo dei Musei e Gallerie Pont., Rom 1948 – D.REDIG DE CAMPOS, Itinerario pittorico dei Musei vaticani, ebd 1954 – DERS., Les constructions d'Innocent III et de Nicolas III sur la colline vaticane (Mélanges d'archéol. et d'hist. 71, 1959, 359-376; dt. gekürzt in RQ 55, 1960, 235-246) – E.FRANCIA, La pinacoteca vaticana, Rom 1961 – AnnPont 1961, 1057ff. – Vgl. die Lit. zu → Rom: II.

K.A.Fink

Vatikanum

1. Geschichte – 2. Hauptentscheidungen – 3. Folgen. – K. = Konzil

1. Das als 20. ökumenisches → Konzil röm.-kath. Zählung geltende sog. V. geht auf die Stimmung → Pius IX. und die Situation der röm. Kirche in der Zeit des → Syllabus zurück (→ Ultramontanismus). Am 6.12.1864, zwei Tage vor dessen Veröffentlichung, ließ der Papst zuerst die Absicht erkennen, »in dieser außerordentlichen Weise (durch ein K.) den außerordentlichen Bedrängnissen der Kirche abzuhelfen«. Während → Antonelli aus politisch-diplomatischen Erwägungen abriet, fand die Mehrzahl der zu Rate gezogenen Kardinäle und anderen Hierarchen doch genug Motive, den K.splan zu empfehlen: die seit dem → Tridentinum noch ausstehenden ekklesiologischen Präzisierungen, die nötige Herausstellung der kath. Grundprinzipien und der Autorität der Kirche, der repräsentative Eindruck einer so großen Bischofsversammlung u.a.m. Auch die Definition der päpstlichen Unfehlbarkeit wurde schon in diesen vorbereitenden Stadien gefordert. Nach einer mündlichen Ankündigung am 26.6.1867 wurde die Berufungsbulle Aeterni Patris am 29.6.1868 publiziert. Die Aufforderung zur Teilnahme an die orth. Bischöfe und das offene Schreiben Pius IX. an alle Protestanten und Nicht-Katholiken vom 13.9.1868, die ja nur eine Reunion zur Voraussetzung und zum Ziele haben konnten, wurden mehr oder weniger heftig abgelehnt.

Während die *Vorbereitungsarbeiten* von 5 Unterkommissionen – Glaube, Disziplin, Ordenswesen, orientalische Kirchen und Mission, Kirchenpolitik – betrieben wurden, erregte nach außen ein Artikel der Civiltà Cattolica vom 6.2.1869 besonderes Aufsehen. Als Verhandlungsthemen wurden dort genannt: die Definition des Syllabus, die Verkündigung der Unfehlbarkeit des Papstes, die Dogmatisierung der leiblichen Himmelfahrt Mariens. Widerstand dagegen gab es vor allem in Frankreich und Deutschland, auch in England. → Döllinger schrieb kritische Aufsätze in der Augsburger Allgemeinen Zeitung, aus denen sein Janusbuch »Der Papst und das K.« (1869) entstand. Auch die deutschen Bischöfe suchten in einem Hirtenbrief vom Sept. 1869 zu beruhigen. Sie versicherten, das K. werde »keine neuen und keine anderen Grundsätze aufstellen als diejenigen, welche euch allen durch den Glauben und das Gewissen ins Herz geschrieben sind«. 14 von den versammelten 19 Bischöfen baten den Papst, mit Rücksicht auf die Zeitverhältnisse und die innerkirchlichen Unruhen die Erklärung der päpstlichen Unfehlbarkeit von der Tagesordnung abzusetzen. Freilich fehlte es an Verteidigern der röm. Pläne weder unter den Bischöfen noch unter den Theologen: neben Döllingers Publizistik trat u.a. die wesentlich von M.J. → Scheeben geschriebene Zeitschrift »Das ökumenische K.« (I-III, 1870/71), neben den späteren Minoritätsbischöfen → Ketteler, → Hefele u.a. standen C.Martin-Paderborn und → Senestrey-Regensburg. – Die Regierungen, als solche nicht mehr wie in vergangenen Zeiten eingeladen und auch durch ihre Gesandtschaften beim Vatikan in keiner festen Beziehung zum K., verhielten sich im ganzen abwartend. Französische Versuche und von Bayern ausgehende Pläne, im Sinne der K.sminorität mäßigend auf das Geschehen einzuwirken, kamen über Ansätze nicht hinaus. Die Vertreter der Minorität mußten sich sagen lassen, sie stünden allzu stark unter dem Einfluß ihrer Regierungen. Durch all dies hat sich im öffentlichen Bewußtsein der Antagonismus zwischen den ultramontanen K.spläne und dem Geiste des Jh.s sehr tief eingeprägt. Das K. fand von Anfang an keine gute Presse.

Am 8.12.1869 trat das K. im rechten Querschiff der Peterskirche in Rom zusammen. Von 1050 stimmberechtigten Teilnehmern, in der Mehrzahl Bischöfe, waren 774 erschienen, längst nicht alle auf Dauer, und ohne in ihrer geographischen und nationalen Zusammensetzung die wirklichen Verhältnisse des Orbis Catholicus echt widerzuspiegeln: 146 aus den angelsächsischen Ländern, rd 30 aus Mittel- und Südamerika, 40 aus

Deutschland und Österreich-Ungarn, 50 Orientalen; alle übrigen also Romanen, davon 276 italienische Bischöfe mit teilweise sehr geringfügigen Diözesen, dazu noch 62 Bischöfe aus dem engeren Kirchenstaat und 119 vom Papst unmittelbar abhängige Bischöfe ohne eigenen Sitz. - Der ganze Verlauf war erschwert durch die schlechte Akustik der K.saula, durch das recht unterschiedliche Latein und die Redefreudigkeit der Teilnehmer, mehr noch durch erbitterte Kämpfe um die Geschäftsordnung, die der Kurie und der Majorität immer mehr Macht zuspielte, durch heftige Publizistik außerhalb des K.s, obendrein durch die kaum zu leistende Pflicht der Geheimhaltung, die allen Gerüchten Tür und Tor öffnete und seltsame Überwachungsmaßnahmen zur Folge hatte. Pius IX. selbst trat nur bei den HaupterEreignissen in Erscheinung, übte aber seinen Einfluß im Sinne der Mehrheit ungehindert aus. - Von den vier geplanten und mehr oder weniger vorbereiteten Sachgruppen (Glaubensfragen, Kirchenrecht, Ordensangelegenheiten, Fragen der orientalischen Riten), erst recht von den vielen zusätzlichen Anträgen, zumal Reformanträgen, kam nur sehr wenig zur Erledigung. Dies wenige wurde in den Generalkongregationen um so ausführlicher erörtert. Bei der Annahme der zweiten Konstitution am 18.7.1870 waren 535 Teilnehmer anwesend, am 1.9.1870 nur noch 104. Mit Rücksicht auf die politischen Ereignisse (deutsch-französischer Krieg, Auflösung des → Kirchenstaates) verfügte Pius IX. am 18.10. 1870 die Vertagung des K.s auf gelegenere Zeiten. Einer Ankündigung Pius XI. vom 23.12.1923, die Verhandlungen wieder in Gang zu bringen und das K. abzuschließen, folgten keine Taten. So ragte das V. unabgeschlossen in die Gegenwart, bis der neue K.splan → Johannes XXIII. von 1959 das Interesse an der Idee eines K.s wieder anfachte (Indiktionsbulle für das II. Vatikanische K. »Humanae salutis« vom 25.12.1961; Beginn für den 11.10.1962 geplant). Die Debatte über das V. hat die ursprüngliche Leidenschaft längst verloren. Sofern sich die heutige Erörterung der K.sprobleme überhaupt mit dem V. befaßt, erörtert man Einzelfragen und betont, daß das V. keineswegs als abschließendes und endgültiges Ereignis zu werten sei.

2. Nur zwei *Lehrentscheidungen* kamen auf dem V. zustande: die dogmatische Konstitution »Filius Dei« De fide catholica vom 24.4.1870 und »Pastor aeternus« De Ecclesia Christi vom 18.7.1870 (diese als »prima« bezeichnet, ohne daß ihr eine weitere gefolgt wäre). Beide Dokumente sind auf Grund offizieller Entwürfe (Schemata) erst nach vielen Diskussionen im heutigen Wortlaut fixiert worden und zunächst als geschichtlicher Abschluß der vorausgegangenen Entwicklungen zu verstehen. Zu Unrecht trat in der öffentlichen Meinung wie in der theologisch-wissenschaftlichen Forschung und Debatte die erste Konstitution weit hinter der zweiten zurück.

Die *Konstitution De fide catholica* beginnt mit einer anklagenden Charakterisierung der Neuzeit und ihres Geistes; ihre antiprot. Färbung ist durch das legendär gewordene Auftreten → Stroßmayers keineswegs völlig beseitigt worden. In vier Kapiteln und entsprechenden anathematisierenden, damit höchst verbindlichen Kanones wird 1. von Gott dem Schöpfer aller Dinge, 2. von der Offenbarung, 3. vom Glauben, 4. vom Glauben und der Vernunft geredet. Es handelt sich um das für die religionsphilosophische und theologische Selbsterfassung des röm. → Katholizismus (: I) wohl wichtigste, ebenso kunst- und eindrucksvolle wie problematische Dokument des → Lehramts. Es will sich nicht nur gegen die Zeitströmungen des Jh.s abgrenzen, sondern vor allem die innerkath. Debatten über die rechte Glaubensbegründung und das korrekte Verhältnis von Offenbarung und Vernunft, von → Theologie und Philosophie (: II) abschließen, indem es die früheren Lehrentscheidungen gegen die Anknüpfung des kath. Denkens an den kritischen Idealismus → Kants (durch G. → Hermes), an den spekulativen Idealismus → Schellings (A. → Günther), aber auch an die romantische Geschichtsauffassung (im → Traditionalismus und Fideismus de → Bonalds und Bautains) und andere Strömungen zusammenfaßt und klärt. Die Konstitution sucht dabei einen mittleren Weg zwischen Über- und Unterschätzung der Vernunft in ihrer Bedeutung für den Glauben zu finden. »Gott, der Ausgang und das Ziel aller Dinge, kann durch das natürliche Licht der menschlichen Vernunft aus den geschaffenen Dingen mit Gewißheit erkannt werden« (Denz. 1785; → Gewißheit, 3 a, → Gottesbeweise, 1). Aber faktisch wird die Vernunft nur als die vom Glauben erleuchtete Vernunft anerkannt. Die zitierte Aussage weiß ja nur von einer Erkenntnis*möglichkeit,* deren Verwirklichung sie weder behauptet noch leugnet. Offenbarung und Glaube sollen vor- und übergeordnet sein und bleiben. Dann aber gilt: »Wenngleich der Glaube über der Vernunft steht, so kann doch niemals zwischen Glauben und Vernunft ein wirklicher Widerspruch stattfinden« (Denz. 1797). Die mögliche tiefe Wahrheit dieses Satzes wird dadurch beeinträchtigt, daß er ganz und gar von der Kirche und ihrem Lehramt statt nur von Offenbarung und Lehre selbst abhängig erscheint. Sowohl für den Glauben und die Vernunft wie für die Offenbarung und ihr Verständnis wird die Kirche maß- und ausschlaggebend »als Bewahrerin und Lehrerin des geoffenbarten Wortes« (Denz. 1793), und dies nicht nur in ihrer Funktion als »custos et magistra« (ebd), sondern durch das Ganze ihrer geschichtlichen Entwicklung und Selbstdarstellung: als solche, und nicht nur durch die ihr anvertraute Wahrheit ist sie »ein wichtiger und fortwährender Beweggrund zur Glaubwürdigkeit und ein unwiderlegbares Zeugnis ihrer göttlichen Sendung« (Denz. 1794). Diese exklusive Bindung der biblisch-christlichen Offenbarungsüberlieferung an das Lehramt wird in ihrer Tragweite und Besonderheit erst völlig deutlich, wenn man beachtet, wie sich damit ein starker Supranaturalismus im Verständnis des Glaubens (Denz. 1789. 1791) und in der Aussage über die Inspiration und Autorität der Bibel (Denz. 1787) verbindet und zu vertragen scheint. Wichtiger noch sind die kirchenrechtlichen Folgen dieser Bestimmungen über Offenbarung, Glaube und Kirche. Der Glaube hat zu bejahen, was das Lehramt als Inhalt und Aussage göttlicher Offenbarung zu glauben vorlegt (Denz. 1792), und diese Glaubenspflicht ist - für Katholiken - juristisch einklagbar: »Diejenigen, die einmal den Glauben unter dem kirchlichen Lehramt angenommen haben, können niemals einen gerechten Grund haben, diesen Glauben zu wechseln oder in Zweifel zu ziehen« (Denz. 1794). Wenn es also im röm. Katholizismus ein letztes Recht des einzelnen und seines Gewissens gibt, so ist in den Bestimmungen dieses Dokuments davon keine Spur zu finden. So wird auch der Satz von der letzten, unwidersprüchlichen Einheit aller Wahrheit zum Argument für den Vollmachtsanspruch des Lehramts über alle Philosophie und Wissenschaften. Daher können auch freundliche, freilich geschichtlich keineswegs eindeutige Sätze über die wechselseitige Hilfe von Glaube und Vernunft (Denz. 1799), über Kirche und Kultur (ebd) und über die wahre Entfaltung von Glaube und Wissen (1800) gesprochen werden.

Während diese Konstitution relativ leicht und rasch zustande kam und angenommen wurde, blieb die *Konstitution über die Kirche* bis zuletzt heftig umstritten. Gerade der ekklesiologische Lehrbereich war durch ein sehr ausführliches Schema vorbereitet worden (zT bei Neuner-Roos 358-369). Es befand sich seit dem 21.1.1870 in den Händen der Teilnehmer. Kap. 1-10 behandeln die Lehre von der → Kirche (: III, 5) im allgemeinen, mit stärkster Hervorhebung ihrer äußeren Sichtbarkeit, Heilsnotwendigkeit und hierarchischen Verfassung, Kap. 11 und 12 den Primat des Papstes, Kap. 13-15 das Verhältnis zur weltlichen Gewalt. Am 6.3.1870 wurde auf Antrag der Infallibilisten an Kap. 11 ein Anhang über die Unfehlbarkeit des Papstes angefügt, während im ursprünglichen Entwurf nur von der Unfehlbarkeit der Kirche die Rede war. Dieses neue Schema wurde entsprechend der Geschäftsordnung debattiert. Auf Grund der Verbesserungsvorschläge arbeitete die zuständige Glaubensdeputation die früheren Kap. 11 und 12 des Schemas um und legte sie, nunmehr in vier Kapitel geteilt, unter Beiseitelassung der übrigen Stücke am 9.5.1870 vor. Um diese Fassung ging des weiteren der Kampf. Die aus der Hälfte der deutschen, französischen, englischen und nordamerikanischen, der Mehrzahl der österreichisch-ungarischen, einer Anzahl oberitalienischer Bischöfe und mehreren Kardinälen bestehende Opposition versuchte vergeblich, die Dogmatisierung dieses Zusatzes zu verhindern: nicht aus Motiven einer unkath. Ekklesiologie, sondern in Abwehr einer Minderung der bischöflichen Gewalt, im Blick auf negative Auswirkungen in Welt und Kirche, zT auch aus wissenschaftlich-historischen Bedenken angesichts des tatsächlichen Befundes in Bibel und Tradition (zB → Honorius I.). Die Dogmatisierung wurde als inopportun betrachtet. Eine erste Abstimmung in der Generalkongregation am 13.7. ergab von 671 Anwesenden 451 Stimmen für die Annahme, 88 für die unbedingte Ablehnung, 62 für bedingte Annahme, 70 für Stimmenthaltung. Ein letzter Versuch der Minderheitsdeputation (mit Ketteler u.a.), von Pius IX. die Zurücknahme der Formel zu erreichen, endgültige Entscheidungen des Papstes seien »durch sich selber, aber nicht durch Zustimmung der Kirche unabänderlich« (Denz. 1839), war vergeblich. Um nicht gegen den Papst stimmen zu müssen, verließ fast die ganze Minorität das K., so daß die Konstitution am 18.7.1870 mit 533 Ja- gegen 2 Nein-Stimmen (Fitzgerald von Little Rock und Riccio von Cajazzo) angenommen wurde. Die beiden Neinsager unterwarfen sich der Entscheidung sofort nach deren Annahme, die übrigen Gegner nach kürzerer oder längerer Frist, als letzter im Dez. 1872 Stroßmayer.

Nach einer knappen Einleitung handelt die Konstitution in vier Kapiteln, denen sich wieder anathematisierende Kanones anschließen, 1. von der Einsetzung des apostolischen Primats in Petrus, 2. von der beständigen Fortdauer dieses Primats in den röm. Päpsten, 3. von der Gewalt und dem Wesen des Primats (→ Papat), 4. von dem unfehlbaren Lehramt des röm. Papstes (→ Infallibilität). So wichtig die beiden ersten Kapitel mit ihrer Verknüpfung historischer Hypothesen und dogmatischer Thesen sind, liegt das eigentliche Gewicht doch auf dem 3. und 4. Kapitel mit der doppelten Inanspruchnahme der »vollen und obersten Gewalt der Rechtsentscheidung in der ganzen Kirche« in Sachen von Dogma und Ethos, Disziplin und Kirchenregiment für den röm. Bischof (Universalepiskopat) wie der Unfehlbarkeit, »wenn er vom Lehrstuhl aus spricht, dh wenn er ... endgültig entscheidet, eine Lehre über Glauben und Sitten sei von der ganzen Kirche festzuhalten ... und daß solche endgültigen Entscheidungen durch sich selber, nicht aber durch Zustimmung der Kirche unabänderlich sind« (Denz. 1839).

3. Die am meisten gefürchteten Folgen traten nur in geringem Maße ein; die Abspaltung der → Altkatholiken blieb in engen Grenzen. Nur indirekt wird man den → Kulturkampf und andere laizistische Bewegungen der Zeit nach dem V. mit dessen Entscheidungen begründen dürfen. Innerkirchlich bedeutete das V. zunächst das Ende jedes Restes von konziliaren und episkopalistischen Neigungen, wenn auch die exakte Abgrenzung zwischen papaler und episkopaler Gewalt (→ Kirchenverfassung: V, 5) bis heute aussteht. Da die näheren Bestimmungen der lehramtlichen Unfehlbarkeit etwas Schwebendes haben, und da diese Unfehlbarkeit mit voller Eindeutigkeit nur in den beiden mariologischen Dogmen von 1854 und 1950 (→ Mariologie, 2 c. d) in Anspruch genommen wurde, dürfen die Folgen der Kirchenkonstitution nicht überschätzt werden. Wohl aber hat sich allmählich der Geist des V.s dem Geist des so hart angeklagten 19.Jh.s gewachsen, wenn nicht überlegen gezeigt und Wesentliches zur heutigen Situation beigetragen. Und wenn heute unter Berufung auf das → Subsidiaritäts-Prinzip auch für den inneren Aufbau des Orbis Catholicus eine kräftige Dezentralisierung gefordert wird, so muß dem das V. nicht unbedingt entgegen sein. C.Mirbt behält recht: »Aber die röm. Kirche wird bei ihrer großen Anpassungsfähigkeit und Elastizität auch solchen Eventualitäten gewachsen sein; denn sie hat sich den Weg der authentischen Interpretation des Dogmas nicht verschlossen...« (RE XX, 474).

Bibliogr.: C.Mirbt, HZ 101, 1908, 529-600 - RE XX, 445ff - V.Cramer, Bücherkunde zur Gesch. d. kath. Bewegung, 1914, 65ff - C.Butler-H.Lang, Das vat. K., 1933, 10ff; 1961², 538ff - EC XII, 1140ff.

Akten u. Texte: J.Friedrich, Documenta ad illustrandum Conc. Vat., 1871 - E.Friedberg, Samml. d. Aktenstücke... (m. Grundriß d. Gesch.), 1872 - Collectio Lacensis VII, 1892 - Mansi XL-LIII, 1923 bis 1927 - H.Lennerz, Documenta Conc. Vat., Rom 1932 - R.Aubert in: Festschr. f. K.Adam, 1952, 241-259. - *Dekrete u. Kanones:* Mirbt 605f; Denz. 1781-1840; lat.-dt. bei Butler-Lang¹ 427ff; dt. bei J.Neuner-H.Roos, Der Glaube d. Kirche, 1958⁵, 31-61. 87-91. 190-197. 355-357. 370-388; QKK A 5 u. 6.

Berichte: Quirinus (d.i. I.v.Döllinger), Röm. Briefe vom K., 1870 - J.Friedrich, Tagebuch, (1871) 1873² - L.Veuillot, Rome pendant le concile I. II, Paris 1872 - Th.Mozley, Letters from Rome I. II, London 1891 - J.Gibbons, Retrospect of fifty Years, Baltimore 1917 - C.Butler-H.Lang, Das vat. K. Seine Gesch. von innen geschildert in Bischof Ullathornes Briefen, (1933) 1961².

Geschichtl. Darst.en: J.Fessler, Das vat. Concilium, 1871 - E.Cecconi, Storia del concilio ecum. Vaticano I. II, Rom 1873/79 (Bd I dt. 1873) - K.Martin, Die Arbeiten d. vat. K.s, 1873 - J.Friedrich, Gesch. d. vat. K.s I-III, 1877-87 - H.E.Manning, The true Story of the Vatican Council, London 1877; dt. 1877 - E.Ollivier, L'église et l'état au concile du Vat. I. II, Paris (1879) 1884⁴ - I.v.Döllinger, Briefe u. Erklärungen über d. vat. Dekrete, 1890 - Th.Granderath, Gesch. d. vat. K.s I-III, 1903-06 - W.v.Hörmann, Zur Würdigung d. vat. Kirchenrechts, 1917 - F.Mourret, Le concile du Vat., Paris 1919 - F.Vigener, Ketteler, 1924, 565ff - E.Campana, Il conc. vat., 1926 - J.Schmidlin, Papstgesch. d. neuesten Zeit II, 1934, 255ff - Hermelink III, 24ff - G.MacGregor, The Vatican Revolution, London 1958 - H.Jedin, Kleine Konziliengesch., 1959, 103ff - R.Aubert, Le concile et les conciles, 1960, 245ff - V.Conzemius, »Röm. Briefe vom Concil« (ThQ 140, 1960, 427-462) - B.Schneider, Beobachtungen zum ersten Vat. K. (StZ 87, 1961/62, 200-207).

Lehrfragen: M.J.Scheeben, Die dogmat. Constitution de fide catholica (Das ökum. K. vom Jahre 1869 II, 1870, 118-138. 217-286) - Ders., Die theol. u. prakt. Bedeutung d. Dogmas von d. Unfehlbarkeit d. Papstes (ebd III, 1871, 81-133. 212-263) - G.Uhlhorn, Das röm. K., 1870 - W.E.Frhr.v.Ketteler, Das unfehlbare Lehramt d. Papstes nach d. Entscheidung d. vat. K.s, 1871 - W.E.Gladstone, The Vatican Degrees in their bearing on civil Allegiance, London 1874; dt. 1875 - Th.Granderath, Constitutiones dogmaticae ss. oecumenici conc. Vat., 1892 - J.M.A.Vacant, Etudes théol. sur les constitutions du concile du Vat. I. II, Paris 1895 - H.Lennerz, Natürl. Gotteserkenntnis, 1926, 133ff - Barth, KD I/1. 2; II/1; IV/1 (s. Reg. s.v. Katholizismus) - P.Simon, Die natürl. Gotteserkenntnis u. d. Entscheidung d. vat. K.s (PhJ 53, 1940, 78-96) - J.Beumer, Die Heilsnotwendigkeit d. Kirche nach d. Akten d. vat. K.s (ThGl 38, 1947/48, 76-86) - R.Schlund, Zur Quellenfrage d. vat. Lehre von d. Kirche als Glaubwürdigkeitsgrund (ZKTh 72, 1950, 443-459) - H.U.v.BALTHASAR, Die Natur im V. (in: Karl Barth, 1951, 314-335) - E.HOCEDEZ, Hist. de la théol. au XIXe siècle II, Brüssel 1952, 379ff - J.RABENECK, Die Lehrentscheidungen d. vat. K.s über d. Freiheit d. Schöpfers (Schol. 32, 1957, 565-569) - U.NEMBACH, Die ev. Kirche u. d. V. (Diss. Basel), 1960 - L.JÄGER, Das ökum. K., d. Kirche u. d. Christenheit, 1960, 61ff - J.-P.TORRELL, L'infaillibilité pontificale est-elle un privilège personnel (RSPhTh 45, 1961, 229-245) - DERS., La théol. de l'épiscopat au premier concile du Vat., Paris 1961 - H.HOLSTEIN, Lessius a-t-il été condamné au concile du Vat.? (RechSR 49, 1961, 219-226) - H.LANG in: BUTLER-LANG (s.o.), 1961², 519ff - U.BETTI OFM, La costituzione dommatica »Pastor Aeternus« del Conc. Vat. I, Rom 1961 (dazu B.SCHNEIDER, Gregorianum 42, 1962, 159-161) - G.DEJAIFVE, Pape et évêques au premier Conc. du Vat., Brügge 1961. *K.G.Steck*

Vatke, Johann Karl *Wilhelm* (1806-82), ev. Theol., * in Behndorf b. Magdeburg, † in Berlin; dort 1830 PDoz. und 1837 ao. Prof., eng befreundet mit D.F. → Strauß, von den orthodoxen Theologen, bes. von → Hengstenberg heftig befehdet. In seinem Hauptwerk, der »Biblischen Theologie« (Bd I, 1835), bietet V., auf einer hervorragenden exegetischen Leistung aufbauend und unter Verwendung des philosophischen Systems → Hegels die historische Arbeit → de Wettes weiterführend und zT überwindend, die erste historisch-kritische Darstellung der at. Theologie. - Vgl. → Spekulative Theologie.

Vf. ferner u.a.: Die menschl. Freiheit in ihrem Verhältnis zur Sünde u. zur göttl. Gnade, 1841; postum: Hist.-krit. Einl. ins AT, 1886; Religionsphilos. oder allg. philos. Theol., 1888 (beides hg.v. H.G.S.PREISS). - Über V.: H.BENECKE, W.V. in seinem Leben u. seinen Schriften, 1883 - ADB 39, 508ff - KRAUS 178ff u.ö. - R.SMEND, W.M.L. de Wettes Arbeit am Alten u. Neuen Test., 1958, 99ff u.ö. - DERS., ThZ 14, 1958, 112f u. EvTh 22, 1962, 172ff. *E.Kutsch*

Vázquez, *Gabriel* (1549-1604), kath. Theologe, * in Belmonte (Prov. Cuenca, Spanien), 1569 Jesuit, seit 1575 Prof. der Theologie in Ocaña, Madrid, Alcalá, Rom (von 1586-91 an Stelle des erkrankten → Suárez) und wieder Alcalá. V. war ein bedeutender Vertreter der spanischen Spätscholastik; er folgte → Thomas von Aquino, doch mit selbständigem Urteil. Im Gnadenstreit (→ Molina) vertrat er gegen Suárez u.a. den strengen Molinismus. Als erster Jesuit verteidigte er den »einfachen« → Probabilismus.

Kommentare zur Summa des Thomas u. andere Schriften, 10 Bde, Alcalá 1598-1617. - Über V.: F.STEGMÜLLER, Zur Prädestinationslehre des jungen V. (BGPhMA, Suppl.-Bd III, 1935, 1287-1311) - LThK X, 511ff (Lit.) - L.SULLIVAN, Justification and the Inhabitation of the Holy Ghost, the Doctrine of Fr. G.V., Chicago 1940 - DThC XV/2, 2601ff - EC XII, 1146 - L.VEREECKE, Conscience morale et loi humaine selon G.V., Tournai 1957. *R.Konetzke*

Vedder, *Heinrich,* * 3.7.1876 in Westerenger (Westf.), seit 1903 ev. Missionar in → Südwestafrika (SWA). V. wurde als langjähriger Leiter des »Augustineums«, der Lehrerausbildungsstätte der Rheinischen Mission, für die Entwicklung des Schulwesens in SWA bedeutsam (1911-37). Von 1937-47 war er Präses der Rheinischen Mission in SWA. Er verfaßte historische, ethnologische und linguistische Arbeiten und setzte sich stark für das Deutschtum in SWA ein. 1950-58 gehörte er als Vertreter für die einheimische Bevölkerung von SWA dem Senat der Südafrikanischen Union an.

Vf. u.a.: Grammatik d. Namasprache, 1908; Grundriß einer Grammatik d. Buschmannsprache, 1910; Die Bergdama, 2 Bde, 1923; Das alte SWA, 1934; Kurze Geschichten aus einem langen Leben (Biogr.), 1953. Hg.: Afrikanischer Heimatkalender, Jahrg. 1930 bis 1951 (ca 70 Beiträge). - Über V.: Ein Leben für SWA. Festschr., hg.v. d. Wissenschaftl. Gesellsch. SWA, 1961. *G.Menzel*

Veden. Der Veda, das »Wissen«, ist der Sammelname für die älteste, sehr umfangreiche, fast ausschließlich religiöse Literatur der arischen Inder (→ Indien: II). Das »Wissen« bezieht sich auf die Kenntnis der übermenschlichen Mächte und die Methoden, sie zu beeinflussen. Es ist nach traditioneller Ansicht ewig, von der Gottheit nur formuliert, und soll in der Urzeit von inspirierten Weisen (Rishis) »geschaut« sein (→ Inspiration: I, 3). Der Veda ist zum großen Teile in brahmanischen Familien entstanden und wurde in den »Schulen« der Brahmanen lange Zeit nur mündlich überliefert. Das älteste Korpus ist der *Rigveda* (samhitâ), eine Sammlung von 1028 sog. aus Strophen (Ric) bestehenden Hymnen, deren älteste Bestandteile etwa vom 12.Jh. ab im Nordwesten Indiens redigiert worden sind und die Lob der Götter, Gebete, Anrufungen, Litaneien, mythische Begebenheiten usw enthalten; einige »Hymnen« sind kosmogonischen (→ Schöpfung: I) und spekulativen Inhalts. Obwohl ein Teil des Rigveda unabhängig vom Opferritual entstanden sein mag, wurden ihm die Textteile entnommen, die der »Hotar« genannte Priester und seine Helfer beim Ritus zu rezitieren hatten. Der Rigveda lieferte fast den ganzen Inhalt der *Sâmaveda* (samhitâ), die als Text für die vom Udgâtar-Priester und seinen Gehilfen vorzutragenden Gesänge (Sâmans) dient. Der Adhvaryu, der ministrierende Opferpriester, der die Handlungen mit Sprüchen, Gebeten und Formeln (Yajus) zu begleiten hatte, gebrauchte den *Yajurveda,* der mehrere einander ähnliche Sammlungen (samhitâs) umfaßt. Der vierte Veda, die *Atharvaveda* (samhitâ), spielte ursprünglich keine Rolle beim großen Ritus. Er enthält in erster Linie Texte (Segenssprüche, Beschwichtigungen, Entsühnungsformeln, Flüche, Beschwörungen, Heirats- und Bestattungstexte usw) zum Gebrauche des Hauspriesters, der u.a. durch die Macht seiner brahmanischen Person, durch seine umfassende Vedakenntnis und durch Riten die religiös-rituellen Interessen seines Auftraggebers zu wahren hatte. Dazu gehörte, daß er die Ausführung der großen Opfer überwachte, wozu er gleichfalls dem Atharvaveda entnommene Sprüche verwendete. An den Rigveda, Sâmaveda und Yajurveda schließen sich die im ganzen jüngeren *Brâhmanas,* von den Brahmanen gegebene Interpretationen der Kultushandlungen, Erklärungen und Begründungen der dabei zu verwendenden Verse, Gesänge und Formeln und Spekulationen über die Beziehungen der rituellen Handlungen zueinander und zu der phänomenalen Wirklichkeit (die liturgisch-kosmischen Äquivalenzen). Hervorzuheben sind das zum Yajurveda gehörige Shatapatha Brâhmana und die Pancavimsha und Jaiminîya (Sâmaveda). Die Autoren dieser ausführlichen Prosaschriften, die meist dem 10.-7.Jh. vChr zugeschrieben werden, argumentieren mit mystischen Identifikationen, klassifizierenden Reihen, Mythen, Etymologien, zahlenmäßigen Kombinationen usw. Jünger sind wieder die kurzgefaßten *Shrautasûtras,* die Leitfäden der Priester beim Ritus, und die *Grhyasûtras,* die das häusliche Zeremoniell darstellen. Ihr Inhalt ist aber stellenweise sehr alt. Die *Aranyakas* (»Waldbücher«, weil ihr Inhalt, Opfermystik und priesterliche »Philosophie«, nicht im Dorfe studiert werden durfte) und → *Upanishaden* bilden eine Art Fortsetzung der Brâhmanas. - Vgl. → Vedische und brahmanische Religion.

Ausg.n u. Übers.en der wichtigsten vedischen Texte: Rigveda: TH.AUFRECHT, Die Hymnen des Rigveda, (1877) 1955² - K.F.GELDNER, Der Rigveda übers., Cambridge/Mass. 1951. - Sâmaveda: Pancavimsha Brâhmana transl. by W.CALAND, Calcutta 1931. - Yajurveda: Shatapatha Brâhmana transl. by J.EGGELING (SBE 12. 26. 41. 43. 44), Oxford 1882-1900. - Atharvaveda: W.D.WHITNEY-CH.R. LANMAN, Atharvaveda Samhitâ transl., Cambridge/Mass. 1905. - Bibliogr.: L.RENOU, Bibliogr. védique, Paris 1931; Forts. in R.N. DANDEKAR, Vedic Bibliogr., Bombay 1946; Bd II, Poona 1961. - Vgl. bes. J.GONDA, Die Religionen Indiens I: Veda u. älterer Hinduismus, 1960 (Lit.). *J.Gonda*

Vedische und brahmanische Religion. Religion war den alten Indern Sorge für Heil und Wohlsein im weitesten Sinne, in dieser Welt und im Jenseits. Sie ist jedoch mit verschiedenartigen Anschauungen über Leben und Welt (→ Weltbild: I B) und mit vielen »magischen« Praktiken (→ Magie) unlöslich verbunden. Die Religion war ein zentraler, alles andere durchdringender Komplex von Ideen, Erfahrungen, Praktiken, Verhaltensregeln, weltanschaulichen und welterklärenden Spekulationen über einen in den Volkstraditionen mehr unbestimmten, in den geistig führenden Kreisen der Brahmahnen mehr systematischen Glauben an persönliche und unpersönliche Mächte. Das Ganze war durchwaltet von der Überzeugung, daß der Mensch von diesen Mächten abhängig ist, daß aber seine Mitwirkung in Form von Kult, Verehrung, angemessenem Betragen erforderlich ist, damit diese Mächte richtig funktionieren können, das Weltgeschehen normal verläuft und die Interessen des Menschen gefördert werden. Es gab weder eine Kirche oder sonstige Organisation noch ein Glaubensbekenntnis. Die Wörter und Handlungen, welche dem Menschen die Erfüllung seiner Aufgabe ermöglichen, sind im → Veda gesammelt. Der Veda ist ewige Wahrheit, Quelle aller Erkenntnis und unfehlbare Autorität. Die Brahmanen neigten dazu, alles weltanschaulich Bedeutungsvolle (zB auch Erziehung, Gesellschaftsordnung, Interpretation des Weltgeschehens) in ihr »System« einzubeziehen, und legten dazu allmählich größeres Gewicht auf diejenigen Potenzen und Größen - zB die → Askese (: I) oder die Allmacht des → Ritus -, die aufs engste mit ihrer Weltanschauung zusammenhingen. Wie weit die Masse an den »vedischen« Ideen und Kulten beteiligt war, steht dahin. Es ist aber deutlich, daß es mancherlei Göttergestalten und Vorstellungen gab, welche die Tradition der Brahmanen nur selten erwähnt.

Nach vedischem Glauben ist die Welt voll von Wesen und Substanzen, Mächten und Kräften, die den menschlichen Interessen günstig oder feindlich sein können. Dabei wurde zwischen Person und Nicht-Person, lebend und leblos, Substanzen und Eigenschaften nicht scharf unterschieden. Der Weltprozeß bestand in einem Zusammenwirken von Potenzen, Wesenheiten und Daseinsmächten, die bald dingliches, bald persönliches Dasein haben. Es gab zB eine kreative Macht Ojas, die inaugurierende Energie, kraft welcher der Gott Indra seine großen Taten ausführte und deren (Sohn) Manifestation er auch ist. Bes. wichtig für die Folgezeit war das Brahman, eine fundamentale, tragende Kraft, die sich sehr verschieden zeigen und äußern - zB in den vedischen Texten und in den Brahmanen - und auf die Dauer das Bedürfnis nach einem festen Grund alles Existierenden befriedigen konnte. Viele kleinere Götter sind oft nicht mehr als Namen für Funktionen - die auch bei den bedeutenden Göttern nicht selten stärker hervortreten als ihre Personen -: der Setzer (Dhâtar), der Schützer (Trâtar) usw; bisweilen gelangte einer zu größerer Bedeutung (Tvashtar »der Bildner«, der Handwerker unter den Göttern). Das → »Pantheon« stellt einen Versuch dar, das Weltgeschehen zu durchschauen, Wesen und Tätigkeit der vielen Mächte in ihrer Individualität und Zusammenarbeit zu erfassen und eine Theorie zu schaffen, die einer rituellen Praxis zugrunde lag. Die Naturmächte wurden als göttliche Mächte aufgefaßt; die großen Götter waren aber keineswegs einfach Naturmächte, sondern verkörpern vielmehr Ideen, die sich u.a. im Naturgeschehen manifestieren (→ Naturdienst, → Naturgottheiten, → Naturmythologie).

Die größeren, zwar vielseitigen, aber im wesentlichen doch oft einheitlichen *Göttergestalten* (→ Hinduismus: I, 2 f) sind ohne Zweifel nicht selten Erweiterungen von bestimmten Kernideen, die unter dem Einfluß des brahmanischen Denkens neue Aspekte bekamen. Das erklärt auch, daß ihre Taten und Funktionen oft schon früh verschiedenartig interpretiert wurden. Ihre anthropomorphe Gestalt ist sehr variabel; es gibt kaum Götterfamilien oder eine Götterhierarchie. Sie wurden weder bildlich dargestellt noch in Idolen verehrt. Ihre individuellen Charakterzüge sind wenig ausgeprägt, aber jeder erfüllt seine Aufgabe auf seine Weise. Die Beziehungen zwischen den Göttern untereinander sind endlos variiert; Affinität in Funktionen konnte zu Verschiebungen, Absorption und Zusammenfall Veranlassung geben. Die Dichter neigten dazu, die Wichtigkeit bestimmter den Devas zugeschriebener Funktionen zu verabsolutieren und die Göttlichkeit ihrer Träger hervorzuheben. Die Götter sind heilsame Mächte, deren Potenz der Mensch instand halten muß: dazu stehen ihm die Opfer (Spessungen der Götter; → Mahlzeiten: I), die Riten, dia gesprochene Wort zu Gebote. Wesentlich ist, daß der Mensch zuversichtlich an den Gott glaubt und sich auf die Kompetenz des Priesters und die Wirksamkeit der Riten verläßt (Shraddhâ). Es besteht somit zwischen diesen Göttern (Devas) und den Menschen ein Verhältnis gegenseitiger wesentlich amoralischer, auf einem Austausch von Diensten beruhender Abhängigkeit. Die Götter - Hypostasen von Kräften und Phänomenen, mit denen der Mensch konfrontiert wird - sind im allgemeinen freundlich zu denjenigen, die sich an das Rita - die normale, natürliche, wahre, harmonische Struktur alles ordnungsmäßigen, regelmäßigen, gesetzmäßigen Geschehens - halten (→ Ordnung).

Über Wesen und »Vorgeschichte« vieler Göttergestalten gibt es mehrere Ansichten und Hypothesen. Der im Rigveda hervorragendste, *Indra,* ist der große Kämpfer und Nothelfer. Er offenbart sich in allem, was positive Kraft ist. Er ist Brecher des »Widerstandes« (Vritra). Der Kampf mit dem dämonischen, als → Schlange beschriebenen Vritra, der die Wasser versperrt, eine bewohnbare Welt nicht will und die universelle Unordnung mit sich bringt, ist das zentrale Thema der Indra-Mythologie (→ Drache). Indras Sieg bedeutet Ordnung und Wiederherstellung der Welt, die Befestigung von → Himmel (: I) und → Erde, das Aufgehen der → Sonne. Die Brâhmanas betonen seine Herrschermacht. In den Sûtras und später wird er mehr zum → Regen- und → Gewitter-Gott. Damit hängt zusammen, daß der Vritrakampf als Regenmythos umgedeutet wurde. Die Ackerbauern hatten wahrscheinlich schon damals besonderes Interesse an den generativen Aspekten Indras (→ Fruchtbarkeit), dessen Baumfest im → Mahâbhârata beschrieben wird. Sein Trank, dem er seine besondere Kraft zu danken hat, ist der Soma, selbst eine äußerst wichtige Macht. *Soma,* der ausgepreßte Saft einer vom Himmel stammenden Pflanze, ist ein indo-iranischer (avestisch Haoma) → Rausch-Trank, dessen Pressung und Darbietung, in komplizierten Riten geordnet, zur vornehmlichsten Feier des höheren Kultus wurde. Er ist das Lebenselixier (Amritam) mit ekstatischer Wirkung (→ Ekstase). Von Göttern und Priestern getrunken, verbindet er die Menschen mit der Götterwelt. In der Natur stellt Soma, sich in die Lebenssäfte von Pflanze, Tier und Mensch verwandelnd, den alles durchpulsenden Lebensstrom dar. Er ist auch die lebenspendende Macht, die in den zyklischen Befruchtungsprozessen gegenwärtig ist. Darum heißt er König des ganzen Kosmos. Im Kult werden diese wichtigen Prozesse reproduziert und gefördert. Soma bildet mit dem anderen Opfergott, Agni, gewissermaßen ein Paar. *Agni* ist das als göttliche Macht geltende → Feuer, dessen Funktion als Opferfeuer im Mittelpunkt des Interesses steht. Er befördert die Opfergaben der Menschen zu den anderen Göttern. Er schaut die göttlichen Dinge und die verborgenen Zusammenhänge, verleiht den Rishis den Sehersinn und verscheucht die Dämonen. In den Brâhmanas wird er mit dem Brahmanenstand identifiziert. - Zum Kreise der Âdityas gehören in erster Linie Varuna und Mitra. *Varuna* verwaltet als Verkörperung der statischen Aspekte des Königtums alle Ordnungen der Welt; er ist der Hüter des Rita und der ehrfurchtgebietende Herr der Wunderwerke, der großen und segensreichen Naturerscheinungen, Regulator des → Wassers und Herr des → Eides und der Richtschnuren (Vratas). *Mitra* repräsentiert die auf Kontrakt oder Übereinkunft beruhende Nicht-Feindschaft. Mitra und Varuna heißen häufig Asura (etwa »mächtiger Herr«). Diese Benennung haftet bes. an dem Besitz der ethisch indifferenten Macht, Wunderbares zu schaffen (Mâyâ), und bezeichnet in den nachrigvedischen Texten fast ausschließlich die Feinde der Devas. Die → Ambivalenz des numinosen asurischen Wesens ist aber auch an Varuna ersichtlich: als Sohn der Aditi (die als Große Mutter dargestellte »Freiheit« und Unbeschränktheit) erlöst er vom Übel, bindet aber die Sünder und sendet die → Krankheiten. - Aditi berührt auch die Sphäre des im Rigveda noch nicht bes. hervortretenden → *Vishnu,* dessen wirkliche Bedeutung aber gewiß größer war, als aus den Texten hervorgeht. Er durchmißt und durchdringt das Universum, schafft Raum für den himmlischen Segen, die Erde zu erreichen, für Indras Sieg über Vritra, gewinnt den Göttern Kraft, den Menschen Lebensraum und dem Opferer die Macht, sich mit den göttlichen Potenzen zu identifizieren. *Rudra,* eine furchtbare Gestalt, begegnet meistens in Abbitten. Er ist der gern in der Wildnis verweilende, als göttlich erfahrene Repräsentant der unberechenbaren, gefährlichen Natur und hat intime Beziehungen zu dem Räuber, Wildekstatiker und allen, die außerhalb der Grenzen der arischen Kultur ihr Wesen treiben. Von den vielen anderen Göttern seien die weibliche Ushas (die Morgenröte), die jungen Zwillingsgötter Ashvin, mit dem Licht des anbrechenden Tages verbundene Nothelfer, Himmel und Erde, die Göttin Nirriti (die Vernichtung) und die Göttin Vâc (das Wort; → Schöpfung: I, 2) genannt.

Die alten Inder waren davon überzeugt, daß dem feierlich ausgesprochenen → Wort eine große Macht innewohne, die auch zum Gelingen der rituellen Handlungen immer wieder aktiviert werden mußte. Die wiederholten, aber niemals vollständigen Anspielungen auf mythische Begebenheiten bedeuteten wie das Erwähnen der Aspekte und Eigenschaften der Götter (das sog. Preisen) eine Zelebration und Stärkung der im → Mythos (: II) sich betätigenden positiven Mächte. Ein vedischer Mythos drückt in der Form einer im Zeitlosen sich abspielenden Erzählung von einer mit → Macht (: I) geladenen Begebenheit eine Realität und ewige Wahrheit aus. Was sich in Welt und Kosmos immer wieder begibt, ist die stete Wiederholung des mythischen Ereignisses, das in bedeutsamen Erlebnissen als sich wiederholend erfahren wird (→ Feste: I, 2).

Die vedische Religion ist in erster Linie eine Liturgie ausgeprägten und ausgebildeten Charakters, in welcher das gesprochene Wort eine entscheidende Rolle spielt und für die eine verwickelte → Spekulation (: I) die theoretische Grundlage liefert. Die Überzeugung, daß jedem rituellen Akt ein spiritueller Effekt zukomme und daß der richtige Vollzug der Riten dem »Opferer« die Erfüllung seiner Wünsche verschaffe, trug dazu bei, Religiöses und Magisches zu vermischen. Der → Kultus fand zu Hause oder auf besonders hergerichteten Opferplätzen statt. Die → Opfer (: I), zu denen die Götter meistens gruppenweise eingeladen wurden, waren fast nur Bitt- und Sühnopfer. Sie sollten einerseits durch utilitaristische Techniken nützliche Potenzträger in Tätigkeit setzen, andererseits (bes. in den Brâhmanas) durch pünktlich genauen Vollzug der Handlungen dem wissenden Menschen ermöglichen, unabhängig vom Willen der Götter die gewünschten Wirkungen zu erzwingen. Gemäß den späteren Exegeten sind die Götter nur eine notwendige Hypothese, um das Vollziehen der vom in sich selbst absolut maßgebenden Veda vorgeschriebenen, aus automatisch wirkenden magisch-mystischen Akten bestehenden und periodisch zu vollziehenden Riten möglich zu machen. Nichts setzte dabei die Existenz oder Hilfe eines hohen Gottes voraus. Das Teilhaben an der Idâ, einer als »Opfersegen« betrachteten besonderen Portion der Opferspeise, die voller gewaltiger Kräfte ist, führt zur Aufnahme göttlicher Energie, zu einer höheren Existenzstufe, zur Vollständigkeit des Lebens und zur Gemeinschaft mit dem Herrn oder der Seele des Ritus, Prajâpati, »dem Herrn der Geschöpfe«. Die mystische Interpretation des Ritus gewinnt in den Brâhmanas an Gewicht: das Verbrennen der Opfergaben bedeutet zB die Vernichtung der beschränkten Menschlichkeit des Opferers.

Man unterscheidet auf der Shruti - »dem Hören« der ewigen Wahrheit durch inspirierte Weise - beruhende sehr komplizierte Shrauta- oder große Riten, die Spezialkenntnis und gemeinsame Arbeit vieler Priester (Brahmanen) voraussetzen, und einfachere Hausriten, die auf der Smriti - »der Erinnerung«, dh dem Herkommen - beruhen und bei denen der Hausvater oder ein von ihm zugezogener Brahmane der Offiziant ist. Bisweilen - zB bei den Bestattungsfeierlichkeiten (Kremation) - sind die Grenzen fließend. Zu den Hausriten, die manches Allgemein-Menschliche enthalten, gehören u.a. die Samskâras (»Firmungen« oder Sakramente), die vor und nach der Geburt, beim Veda-Unterricht, der Heirat usw stattfinden, und die täglich oder zu bestimmten Zeiten oder auch bei besonderen Gelegenheiten (Hausbau, Aufnahme eines Gastes usw) zu vollziehenden Zeremonien. Für das Shrauta-Ritual sind drei Feuer erforderlich. Der Opferveranstalter (Yajamâna, ein verheiratetes männliches Mitglied der drei höheren Stände), dem eine neue Geburt bevorsteht, muß sich einer Weihung (Dîksâ) unterziehen. Diese Privatperson ließ die Riten vollziehen und erntete die Früchte, selbst wenn diese wie bei den großen Königsriten (Râjasûya oder Konsekration und Ashvamedha oder Roßopfer) mittelbar dem Reiche des fürstlichen Yajamâna zugute kamen. Zu den Shrauta-Riten gehörten u.a. Voll- und Neumondopfer und viele Abarten von Soma-Riten. Zudem gab es eine große Menge magischer Riten und Praktiken. Auch enthält das Ritual Elemente, die sich mit späteren → Yoga-Praktiken berühren.

In den Brâhmanas treten andere Gestalten in den Vordergrund, bes. Prajâpati, der - als populäre Gottheit Herr der Fortpflanzung - Schöpfer und in gewissem Sinne höchste Gottheit ist. Ihre Autoren befassen sich bes. mit der Theorie des Ritus; er stellt im wesentlichen eine Konsekration dar, deren Zweck und Wirkung über die Interessen und Anforderungen des Alltagslebens hinausragen. Er ist eine Technik, um das Weltgeschehen und das Leben und die Interessen des Individuums zu regulieren; ein Läuterungs-, Transformations- und Transsubstantiationsprozeß für den Yajamâna. Bes. die sehr komplizierte Schichtung der Feuerstätte (Agnicayana) diente der rituell-mystischen Überwindung des → Todes (→ Auferstehung: II, 3). In den → Upanishaden ist dieser in Prajâpati zentrierende Ritualismus in den Hintergrund getreten. Das metaphysische Brahman wird von nun an schöpferisches Prinzip und zugleich dasjenige, dessen empirische Manifestation die phänomenale Realität ist. Anfänglich ritualistisch formuliert, mündete diese Theorie in die bekannte Lehre Yâjnavalkyas aus, wonach das hinter den Lebensphänomenen und Funktionen liegende, durch Introspektion zu findende Substrat (→Âtman) mit dem Brahman zu identifizieren ist. Zu dem Bewußtsein dieser Identität durchzustoßen, bedeutet die höchste spirituelle Eroberung und die endgültige Unabhängigkeit von jeder schöpfungsmäßigen Relativität (→ Mystik: II).

A.Hillebrandt, Vedische Mythologie, (1891-1902) 1927-29² - Ders., Ritual-Lit. Vedische Opfer u. Zauber, 1897 - H.Oldenberg, Die Religion des Veda, (1894) 1923⁴ - Ders., Vorwissenschaftl. Wissenschaft, 1919 - A.A.Macdonell, Vedic Mythology, Straßburg 1897 - M.Bloomfield, The Atharvaveda, ebd 1899 - W.Caland-V. Henry, L'Agnistoma, Paris 1906-07 - Chant II, 1-88 (S.Konow) - J.Gonda, Aspects of Early Vishnuism, Utrecht 1954 - Ders., Die Religionen Indiens I: Veda u. älterer Hinduismus, 1960 (Lit.).

J.Gonda

Vega, *Andreas de* (1498-1549), * in Segovia, 1532-38 Prof. der Theologie an der Universität Salamanca, wurde dann Franziskaner und lehrte im Franziskanerkloster von Salamanca. Im Auftrage des Kaisers nahm er 1545-48 am → Tridentinum teil, wo er bes. an der Abfassung der Dekrete über den Kanon der biblischen Bücher und über die Rechtfertigung mitwirkte. → Canisius empfahl lobend die Rechtfertigungslehre V.s, der bes. gegen Calvin polemisierte.

Vf. u.a.: Opusculum de iustificatione, gratia et meritis, Venedig 1546; Tridentini decreti de iustificatione expositio et defensio, ebd 1548 (Canisius änderte den Titel in: De iustificatione doctrina universa, Köln 1572). - Über V.: H.Rückert, Die Rechtfertigungslehre auf dem Tridentinischen Konzil, 1925 - C.Gutiérrez, Españoles en Trento, Valladolid 1951 - V.Heynck, Zur V.-Forschung. Neuere Lit. über ... A. de V. (FS 34, 1952, 293-313; Bibliogr.) - Jedin II (s. Reg.).

R.Konetzke

Veghe, *Johannes* (ca 1430-1504), Vertreter der Devotio moderna (→ Brüder vom gemeinsamen Leben), * in Münster (Westf.), ebd Mitglied des Fraterhauses »zum Springborn«. Vorübergehend nach Rostock berufen, gab er dem dortigen Brüderhaus eine Ordnung für dessen geistliches Leben. Hier entstand auch sein erster Traktat »gheystlike jagd«, eine Art Fürstenspiegel für den jungen Herzog Magnus II. von Mecklenburg. 1475 wurde V. Rektor des Münsterschen Brüderhauses, 1481 Beichtvater und Rektor am Schwesternhaus Niesink in Münster. Seine Predigten (erhalten sind 24 niederdeutsche Kollationen in Nachschriften aus dem Jahr 1492) und Traktate weisen ihn als einen Meister der eloquentia moderna aus, darin stark vom westfälischen Humanismus beeinflußt.

Lectulus noster floridus. Unser Blumenbettchen, hg.v. H.Rademacher, 1938 (Lit.); Wyngaerden der sele, hg.v. Dems., 1940. - Über V.: F.Jostes, J.V., 1883 - F.Landmann, Das Predigtwesen in Westfalen, 1900 - H.Triloff, Die Traktate u. Predigten V.s untersucht auf Grund des »Lectulus floridus« der Berliner Hs., 1904 - RE XX, 478ff; XXIV, 621 - A.Bömer, J.V. (Westf. Lebensbilder I, 1930, 166-182; Lit.) - H.Kunisch, J.V. u. d. oberdt. Mystik d. 14.Jh.s (Zs. f. dt. Altertum 75, 1938, 141-171).

W.Rahe

Veit, *Friedrich* (1861-1948), ev. Theologe, Lehrerssohn aus Augsburg, studierte in Erlangen und Leipzig, wurde 1884 Reiseprediger für das westliche Oberbayern, 1887 zweiter Pfarrer in Schwarzenbach/Saale, 1892 Pfarrer in München, 1905 Dekan, 1915 Oberkonsistorialrat. Als Präsident des Oberkonsistoriums (1917) führte er die Verhandlungen mit dem Freistaat Bayern und leitete die Schaffung einer neuen Kirchenverfassung in die Wege. 1921 wurde er Kirchenpräsident, 1924 auch Präsident des Deutschen Ev. Kirchenbundesrates. 1933 trat er in den Ruhestand, um die Auseinandersetzung mit dem nationalsozialistischen Staat jüngeren Kräften zu überlassen.

Matth.Simon

Veličkovskij, *Paisij* (1722-94), * in Poltava, † im Sekul-Kloster (Moldau), gilt mit Recht als Erneuerer des russ. Starzentums. 1739 verläßt er die Kiever Akademie, ohne seine Studien beendet zu haben, und beginnt eine ruhelose Wanderschaft durch die Klöster der Moldau. 1746 besucht V. den → Athos und lernt dort das Hagioritentum kennen. Sein intensives Studium der griech. Väter ließ ihn 1793 im Sekul-Kloster in 2 Bden eine verkürzte Ausgabe der → Philokalia (russ. Dobrotolubie) schreiben. Sie bildete die Grundlage einer Reihe späterer Dobrotolubie-Ausgaben. Damit wurde die Tradition des klassischen → Hesychasmus in eine Art russ. »Pietismus«, eine Verinnerlichung umgeformt, wie sie in dem »Aufrichtigen Bericht eines Pilgers an seinen geistlichen Vater« (hg. 1884 in Kazan) unter unmittelbarem Einfluß des Dobrotolubie V.s zum Ausdruck kommt. Über die Starzen von → Optina wird diese Frömmigkeit noch heute in bestimmten Kreisen der russ. Orthodoxie gepflegt.

E.Kadloubovsky-G.E.H.Palmer, Early Fathers from the Philokalia, London 1951 - La prière de Jésus (Coll. Irénikon, NS 4), (1951) 1959³ - B.Zenkovsky, Hist. de la Philosophie russe I, 1953², 63f - I.Smolitsch, Russ. Mönchtum, 1953, 482ff u.ö. (beste Darst., Lit.) - ΦΙΛΟΚΑΛΙΑ..., Bd I, Athen 1957, 11.

K.Onasch

Venatorius (Gechauf [= Jähauf; mißverstanden als jagauf], Jäger), *Thomas* (ca 1488-1551), * und † in Nürnberg, Frühmesser in Kornburg, seit 1522 in Nürnberg Prediger an verschiedenen Kirchen, seit 1534 auch Leiter des städtischen Schulwesens. 1544 weilte er vorübergehend zur Durchführung der Reformation in Rothenburg. Als gelehrter Humanist, der mehrere Klassiker herausgab (u.a. erstmals die Werke des Archimedes), war er mit W. → Pirkheimer befreundet, der ihn zum Verwalter seines wissenschaftlichen Nachlasses bestellte. V. verfaßte aber auch zahlreiche reformatorische Schriften, darunter mit »De virtute christiana« (1529) die erste ev. Ethik und eine klare Antwort an J. → Haner. Seinen kurzen Unterricht zur Krankenseelsorge (1527) gab Luther mit einer Vorrede heraus (WA 30/II, 70-80).

J.C.E.Schwarz, Th.V. u. d. ersten Anfänge d. theol. Ethik (ThStKr 23, 1850, 79-142) - Th.Kolde, Th.V. (BBKG 13, 1907, 97-121. 157-195) - RE XX, 489ff.

Matth.Simon

Venedig, *Patriarchat,* seit der 2. Hälfte des 8.Jh.s Sitz eines Bistums (Olivolo, nach dem Namen einer der V. bildenden Inseln, vom 9.Jh. ab Castello genannt, nach der Kathedrale S. Pietro de Castello). V. dehnte seinen politischen Einfluß sehr bald auch auf das Patriarchat von Grado aus, das sich auf dem benachbarten Festland zZ des → Dreikapitelstreits in Opposition zum Patriarchat von → Aquileja gebildet hatte. Schon vor 1000 waren die Patriarchen von Grado durchweg Venezianer. Sie hatten in V. ein Gebiet unter eigener Jurisdiktion, wohin sie im Laufe des 12.Jh.s ganz umsiedelten. Nachdem sie mehrere Jh.e lang in V. nebeneinander bestanden hatten, wobei sich das Zusammenleben durch zahlreiche Streitfragen auf dem Gebiet der Jurisdiktion und aus Prestigegründen schwierig gestaltet hatte, wurden das Patriarchat von Grado und die Diözese von Castello aufgehoben. Am 8.10.1451 errichtete Nikolaus V. mit der Bulle »Regis Aeterni« das alleinige Patriarchat von V. mit der Jurisdiktion über beide Gebiete. Das Patriarchat wurde 1466 um das Gebiet der Diözese von Iesolo vergrößert und übte eine sehr umstrittene Vormachtstellung über die Metropolitan-Diözese von → Zara und deren Suffragane aus. Während der Krise in den politischen Beziehungen zwischen der Republik V. und der Kurie stellte sich das Patriarchat, wie zZ des berühmten Interdiktes von 1605, auf die Seite des Staates. 1818 vereinigte Pius VII. die aufgehobenen Diözesen von Torcello und Caorle mit dem Patriarchat von V. und unterstellte ihm als Suffragan-Diözesen Adria, Belluno und Feltre, Ceneda, Chioggia, Concordia, Padua, Treviso, Verona, Vicenza und bis 1847 Udine. Die Diözese von V. hat heute 98 Pfarreien mit ca 400000 Seelen.

P.F.KEHR, Italia Pontificia VII/2, 1925, 27ff. 124ff (reiche Lit.) - R.CESSI, Storia della repubblica di Venezia I. II, Mailand 1944/46 - EC XII, 1205ff - Storia di Venezia II, V. 1958ff - AnnPont 1962, 7.
R.Manselli

Venezuela. 1498 entdeckt, bis 1811 spanisch, 1819 als Teil Großkolumbiens unabhängig, 1830 selbständig, hat das Land unter inneren Wirren viel gelitten. 1528-45 überließ es Karl V. den Augsburgern Ehinger und Welser. Ob 1532 die luth. Reformation eingeführt wurde, ist ungewiß. 1513 missionierten Franziskaner, dann Dominikaner; erst seit 1650 hatten Kapuziner mehr Erfolg. Die kath. Kirche war im 19.Jh. angefochten. 1834 (?) wurde Religionsfreiheit eingeführt, 1839 Kirchen- und Klostergut beschlagnahmt, 1854 die Sklaverei beseitigt, 1870 Ehe und Friedhöfe säkularisiert. 1929 anerkannte eine Verfassung die kath. Kirche als offizielle Religion mit Staatszuschüssen; sonstige Religionen werden geduldet. Die kath. Kirche hat 2 Erzbischöfe, 8 Bischöfe, je 1 apostolischen Vikar und Präfekt, 706 Kleriker und ca 4295000 Glieder. – Die Zahl der Protestanten wird auf 20000 geschätzt. Die ev. Arbeit geschah anfangs stokkend und vereinzelt. 1826 und 1854 wurden Bibeln verteilt. 1873 bot Präsident Guzmán Blanco eine Kirche an, aber mangels ev. Mission ging die Gelegenheit vorbei. Nachdem 1883 Brüdermissionare aus Spanien, 1886 Bibelboten, 1890 USA-Methodisten gepredigt hatten, organisierte erstmals 1891 ein USA-Bibelbote eine Gemeinde. 1896 begannen kanadische Brüder, 1897 USA-Presbyterianer ihr Werk, 1898 skandinavische Freikirchen, 1910 englische Darbysten, 1914 Adventisten, 1919 die Freie Ev. Kirche, 1920 die Orinoko-Flußmission, 1929 die »Bewegung Ev. V.«, später Pfingstgemeinden und ev. Allianzmission, 1945 verschiedene Baptisten, 1951 die Missouri-Synode der Luth. Kirche (Caracas, Monagas); dazu kommt eine Diözese der Kirche Englands und die Ev.-Luth. Kirche in V. Diese faßte am 26.10.1952 deutsche, ungarische, lettische und schwedische Predigtgemeinden in einer Gesamtgemeinde zusammen (Caracas, Valencia, Maracay, Maracaibo, Turén, Barquisimeto). Die erste deutsche Einwanderung war kath. (1840 in Tovar). Marinepfarrer besuchten Caracas schon seit 1866, doch erst am 1.1.1894 bildete sich eine Gemeinde, die bis 1928 mit Pfarrern aus Deutschland versorgt wurde. – Die Evangelischen (1957: 17766) zerfallen heute in 2 Gruppen, die sich meiden. Die geistige Einstellung ist überwiegend fundamentalistisch.

C.DE CARROCERA, La Orden franciscana en V. durante el siglo XIX, Caracas 1929 - N.E.NAVARRO, Anales eclesiásticos venezolanos, ebd (1929) 1951² - M.TALAVERA Y GARCIA, Apuntes de historia eclesiástica de V., ebd 1929 - T.DE RIONEGRO, Misiones de los padres capuchinos ... hoy República de V. 1646-1817, Pontevedra 1929 - K.GRUBB, The Northern Republics of South America, London 1931, 91ff - M.WATTERS, A Hist. of the Church in V. in 1810-1930, Chapel Hill 1933 - J.L.MECHAM (→ Mexiko: II) - F.J.MONTALBAN SJ, Historia de la Iglesia Católica IV, Madrid 1951, 187. 193. 667ff - E.WAGNER, Gesch. u. Gegenwart d. ev. Kirchengemeinden in V. (Ev. Diaspora 25, 1954, 74-91) - ST.W.HERMAN (→ Südamerika) - Ibero-Amerika, 1957³, 28-37 (Lit.) - WChH 1957, 149 - WKL 834. 1527.
R.Obermüller

Venn, *Henry* (1725-97), anglikanischer Erweckungstheologe, * in Barness, 1749 Fellow am Queen's College in Cambridge, 1750 Pfarrer in London, 1754 in Clapham bei London, dem Zentrum der »Evangelicals« (Erweckte mit zT stark calvinistischer Theologie), 1759 in Huddersfield, 1771 in Yelling bei Cambridge. V. übte starken Einfluß auf die jüngere Generation aus (bes. Charles Simeon, 1759-1836). Unter seinen Erbauungsschriften ragt hervor »The Complete Duty of Man« (1763). Sein Sohn *John* (1759-1813), seit 1793 Pfarrer in Clapham, war das Haupt der sozialen und kirchlichen Vorkämpfer der Erweckung (»Clapham Sect«) und Mitbegründer der Church Missionary Society (→ Anglikanische Kirche: II, 1), sein Enkel *Henry* (1796-1873) seit 1846 deren Generalsekretär.

H.VENN (Enkel), The Life ... of the late Rev. H.V., 1834 (Bibliogr.) - DNB XX, 207f - M.M.HENNELL, J.V. and the Clapham Sect, 1958.
M.Schmidt

Venturini, *Karl Heinrich Georg* (1768-1849), ev. Theologe und Geschichtsschreiber, * in Braunschweig, 1794 PDoz. in Helmstedt, 1795 auf Vorschlag von → Henke Mitarbeiter am politischen Journal in Altona, dann Lehrer in Kopenhagen. 1799 versucht V. trotz Wohlwollens des Herzogs von Braunschweig vergeblich, als Prof. in Helmstedt oder als Bibliothekar in Wolfenbüttel anzukommen. 1807 wird er Pfarrer in Hordorf, seit 1844 privatisiert er in Schöppenstadt. V.s »Natürliche Geschichte des großen Propheten von Nazareth« (Bd II. III, 1800; viele Aufl.) gilt als Fortsetzung eines anonymen Werkes in Romanform. Nicht frei von Trivialitäten erscheint in diesem typisch rationalistischen Werk Jesus als Werkzeug der Essener. Im 19.Jh. gehen alle romanhaften Leben Jesu direkt oder indirekt auf den von V. geschaffenen Typus zurück.

Vf. ferner u.a.: Ideen zur Philos. d. reinen Christentums, 1794; Der Geist d. Philos. in Beziehung auf Moral u. Christentum, 1796; Die Religion d. Vernunft u. d. Herzens, 1799; Jesus der Auferstandene, (1802) 1806²; Hdb. d. vaterländ. Gesch. für alle Stände Braunschweig-Lüneburgischer Landesbewohner, 1805-09; Chronik d. 19. Jh.s (unter wechselnden Titeln fortgesetzt), 1806-41; Gesch. d. Urchristentums im Zusammenhang mit d. natürl. Gesch. des großen Propheten von Nazareth, 1807-09; Vom relig. Schwindel, 1839. - Über V.: ADB 39, 607ff - A.SCHWEITZER, Gesch. d. Leben-Jesu-Forschung, 1951⁶, 44ff.
E.Beyreuther

Venturino *von Bergamo* (* 1304, † 1346 in Smyrna), OP, Volksprediger in Norditalien, leitete 1335 eine Pilgerfahrt Tausender sich geißelnder Büßer (→ Flagellanten) von Bergamo nach Rom, was bei → Benedikt XII. den Anschein einer gegen das avignonesische → Papsttum (: II, 2 d) gerichteten Agitation erweckte und V. Predigtverbot und Zwangsaufenthalt in verschiedenen französischen Konventen eintrug. → Clemens VI. rehabilitierte ihn 1343 und bestellte ihn 1344 zum Kreuzzugsprediger. V.s geistliche Korrespondenz zeigt ihn in Verbindung mit deutschen → Gottesfreunden.

G.CLEMENTI, Un santo patriota; il beato V. da B., Bergamo (1904) 1909² (im Dokumententeil Ausg. der persönliche Aufzeichnungen V.s enthaltenden Legenda u. der von ihm erhaltenen aszetischen Traktate u. Briefe) - B.ALTANER, V.v.B., 1911 (Lit.) - W.OEHL (→ Mystik: VI) 278ff. 774ff - H.GRUNDMANN (→ Mystik: VI) 458f - LThK X, 535f - EC XII, 1242f.
M.A.Schmidt

Verantwortung. Verantwortlich, und damit ein »Selbst«, wird der Einzelne, indem er gefordert ist. Wie er dem Gefordertsein entspricht, dh darauf antwortet (daher Ver*antwort*ung), bleibt ihm selber überlassen; dabei ist stets anderes von ihm abhängig, zB die Lösung einer Aufgabe, die Klärung einer Situation oder die Fürsorge für einen anderen Menschen. Er hat daher Rechenschaft abzulegen und wird schuldig, wenn er der an ihn gerichteten Forderung nicht nachkommt. Aus den Wendungen, in denen wir das Wort V. gebrauchen, geht deutlich hervor, daß etwas dabei von uns abhängig ist, und daß wir dies zugleich als Beanspruchung und Bürde empfinden: man »trägt« und »übernimmt« V., sie kann schwer auf einem »lasten«, und man kann sich ihrer zu »entledigen« suchen. Die Abhängigkeit drückt sich bes. in der Präposition aus: Eltern tragen V. »für« ihre Kinder, der Ingenieur ist »für« die Tragfähigkeit der Brücke verantwortlich. Man muß einstehen für das, wofür man verantwortlich ist; daher liegt in der V. auch schon immer die Möglichkeit der Anklage. Der Ausdruck »sich der V. entziehen« besagt, daß man versucht, der drohenden Anklage zu entgehen, indem man sich der Gebundenheit an das Verhältnis zu entledigen sucht. - »V.slosigkeit« beurteilen wir härter als »Pflichtvergessenheit«. Sagen wir von einem Menschen, er sei »verantwortungslos«, so ist seine gesamte Person damit getroffen: man kann ihm nicht vertrauen; ist er »pflichtvergessen«, so braucht das nur eine Charakterschwäche zu bezeichnen. Unsere → Pflicht ist verhältnismäßig fest umrissen und übersehbar, während sich die V. schwer abgrenzen läßt. Seiner Pflicht kann man im großen und ganzen Genüge tun, sie läßt sich erfüllen; aber die V. ist nicht mit dem Getanen abgeschlossen, sondern muß von dem Verantwortlichen in jeder neuen Lage neu realisiert werden. Das bedeutet nicht, daß Pflicht und V. in ganz voneinander verschiedenen Akten auftreten; sie sind nicht als Klassifizierungen verschiedener Handlungen aufzufassen; vielmehr drücken sie nur verschiedene Aspekte der gleichen Situation aus, in der sich der Einzelne befindet. - V. ist ein zweiseitiges Verhältnis, das a) im Verantwortlichsein *für* einen anderen, b) im Verantwortlichsein *vor* einem Dritten besteht. Das »Du sollst« an den Verantwortlichen geht nicht von dem aus, *für* den er verantwortlich ist, sondern von dem, *vor* dem er verantwortlich ist. Wenn es zB bei Luther heißt, daß die Eltern im Verhältnis zu ihren Kindern an Gottes Stelle stehen, so sind hier die Eltern *für* die Kinder verantwortlich und *vor* Gott verantwortlich dafür, wie sie in ihrer V. für die Kinder an diesen gehandelt haben. Es kann nämlich in allen V.sverhältnissen so sein, daß die V. für den anderen etwas ganz anderes von mir verlangt als das, was der andere selber von mir verlangt oder für meine V. hält. Hier spielt ein Machtfaktor mit ins V.sverhältnis hinein, der von dem Verantwortlichen in der rechten Weise verstanden und genutzt werden muß, und zwar so, daß seine Macht demjenigen, für den er verantwortlich ist, dient und zugute kommt. Hat man diese Spannung zwischen → Macht (: III) und Dienst in der V. nicht durchschaut, so erhält das V.sverhältnis leicht den Anschein der Machtlosigkeit und Undurchdringlichkeit (wie bei → Grisebach). - War in der philosophischen und theologischen → Ethik des 19. und zu Beginn des 20.Jh.s weithin der Begriff der Pflicht von fundamentaler Bedeutung, so wurde in der Zeit nach dem 1. Weltkrieg der Begriff der V. als grundlegend hervorgehoben. Mit der → Dialektischen Theologie, der Ich-Du-Philosophie (→ Ich-Du-Verhältnis) und der → Existenzphilosophie gewann man Klarheit darüber, daß das Entscheidende im menschlichen → Dasein die gegenseitige Abhängigkeit (das Miteinandersein, die Interdependenz), das aufeinander Angewiesensein ist (→ Gogarten; → Gehorsam, 2). Die Theologen des 19.Jh.s glaubten mit dem Begriff der Pflicht ein wesentliches Element des Evangeliums erkannt zu haben, während die Theologen des 20.Jh.s den Begriff der V. als ein Schlüsselwort zum Verständnis des Evangeliums betrachten.

F. Gogarten, Ich glaube an den dreieinigen Gott, 1926 - Ders., Polit. Ethik, 1932 - K. Löwith, Das Individuum in der Rolle des Mitmenschen, 1928 - W. Weischedel, Das Wesen der V., 1958² - G. Ebeling, Hauptprobleme der prot. Theol. in der Gegenwart (ZThK 58, 1961, 123-136) - Ders., Theol. u. Verkündigung, 1962, bes. 104f - M. Henschel, V. oder Autonomie des Menschen? (KuD 8, 1962, 46-55).

K.E.Løgstrup

Verborgenheit Gottes

1. AT - 2. NT - 3. Alte Kirche und MA - 4. Luther - 5. Neuere ev. Theologie. - Vgl. → Gott, → Offenbarung

1. Die Erkenntnis der V.G. kündigt sich schon in den ältesten Schichten des *AT* in dem noch ganz naiv-unreflektierten Gedanken an, daß der Mensch Gott nicht »sehen« kann, ohne zu sterben (Gen 32, 30; Ri 6, 22; 13, 22; theologisch verarbeitet in Ex 33, 18ff; vgl. Jes 6, 1ff). Dem entspricht die Vorstellung, daß Gott sich in Finsternis und Wolkendunkel birgt (Ps 18, 10. 12; 97, 2; vgl. Ex 34, 5 u.ä.; → Theophanie: II), ja daß er im Dunkel wohnen *will* (1Kön 8, 12). Nicht im Bilde (→ Bilder: II), überhaupt nicht in anschaulicher Gestalt, sondern in seinem Reden, in der Bekanntgabe seines Namens und in seinem geschichtlichen Heilswalten tut er sich kund (Dtn 4, 12; Ex 3, 6. 14; 20, 2; → Wort Gottes: I). Diese offenbarenden Kundgebungen Gottes an sein Volk heben jedoch seine V., nämlich das Geheimnis seines zukünftigen Handelns, nicht völlig auf (Dtn 29, 29; vgl. Jes 40, 13; Jer 23, 18; Hi 15, 8). Gottes → Offenbarung (: II) wird im AT nie als Vermittlung theoretischer Einsicht in das ewige Wesen der Gottheit verstanden, sondern jeweils als Führung in einer konkreten → Geschichte (: I) erfahren, die mit den Worten Jahwes und seinen einstigen Heilstaten wohl eröffnet, aber durchaus noch nicht abgeschlossen ist, die vielmehr erst in der vollen Erfüllung der göttlichen Zusagen an ihr Ziel kommt (→ Eschatologie: II). Im Zuge dieser Geschichte muß Israel immer wieder durch Zeiten des → Gerichtes (: II) und der Anfechtung hindurch, in denen Gott »ein fremdes, seltsames Werk« an seinem Volk ausrichtet (Jes 28, 21) und »sein Antlitz vor ihm verbirgt« (Dtn 32, 20; Jes 8, 17; 54, 8; 64, 7; Ez 39, 29f; Mi 3, 4; Pss passim; Hi 13, 24). Auf Grund dieser Erfahrung ist für Dtjes der Gott Israels - trotz seines verheißenden und offenbarenden Redens (Jes 45, 19; 48, 6. 16) - gerade als der »Retter«, der schließlich seine Zusagen an Israel einlösen und damit zugleich die Weltgeschichte zurechtbringen wird, »ein verborgener Gott« (45, 15).

2. Die *nt.* Verkündigung knüpft an die at. Gotteserkenntnis an, weiß sie jedoch überboten durch Gottes offenbarendes Handeln in Jesus Christus (→ Offenbarung: IV). In ihm ist der eschatologische Heilsbringer erschienen und die Endgeschichte Gottes mit der Welt angebrochen (Synoptiker → Christologie: I, 3; → Eschatologie: IV, 7). An ihm hat Gott seinen bisher verborgenen → Heilsratschluß (, 2) geoffenbart und ihn durch die apostolische Predigt kundwerden lassen (1Kor 2, 7-9; Kol 1, 25-27; Eph 3, 4f. 9; Röm 16, 25f; vgl. Mk 4, 11). Auch damit ist freilich die V.G. nicht gänzlich aufgehoben (Kol 2, 2f). Denn Gottes Heilswille kommt im Kreuzestod Christi auf einem welthafter Erwartung schlechthin widersprechenden Wege zur Durchführung und kann daher nur gegen alle Menschenweisheit im → Glauben (: III) erkannt werden (1Kor 1, 18ff; 2, 2ff; vgl. Mt 11, 25; Joh 6, 46f). Überdies bedeutet die Offenbarung des göttlichen Heilsratschlusses noch nicht dessen endgültige Verwirklichung (Kol 1, 27b). Darum ist der Glaube, obwohl er sich auf die geschehene Offenbarung Gottes gründet (und also bestimmte Erkenntnis einschließt), kein begreifendes Wissen (1Kor 13, 12; 2Kor 5, 7), sondern Vertrauen (Röm 4, 3) und hat damit zugleich den Charakter der → Hoffnung (: II), die sich auf die in Christus verheißene Zukunft ausstreckt (Röm 8, 18ff; 1Kor 15, 24ff; Kol 3, 3; 1Petr 1, 3ff; 1Joh 3, 2; vgl.

→ Parusie). In dieser Spannung zwischen dem, was schon geschehen, und dem, was noch nicht erschienen ist, existiert der Glaubende bzw. die Gemeinde in der Endgeschichte, die mit dem Kommen Christi zwar erschlossen, aber noch nicht vollendet ist, die vielmehr durch Zeiten des Leidens (Phil 3, 10; Kol 1, 24; 1Petr 2, 19ff), der Bedrängnis (Mk 13, 9. 19), der Verlassenheit (Joh 16, 16ff), des Nichtwissens (Röm 8, 26; Joh 13, 7), der Versuchung und Bewährung (1Kor 10, 13; 1Petr 1, 6) ihrer noch ausstehenden Erfüllung erst entgegenläuft (Phil 1, 6; 3, 12ff). Selbst da, wo Paulus von den at. Verheißungen und der Offenbarung Gottes in Christus her das Geheimnis (μυστήριον) dieser Endgeschichte in seiner universalen Tragweite zu deuten unternimmt (Röm 9-11), geschieht dies (ähnlich wie bei Dtjes) mit einem Bekenntnis zu dem als Vollender der Weltgeschichte noch verborgenen Gott (Röm 11, 33-36).

3. Die biblischen Aussagen über die V.G. sind in der *altkirchlichen und mittelalterlichen Theologie* unter dem Einfluß der griech. Metaphysik als Unsichtbarkeit und Unbegreiflichkeit des überweltlichen göttlichen »Seins« nur in eigentümlicher Verkürzung zur Geltung gekommen (→ Gott: V. VII). Kennzeichnend für die theologiegeschichtliche Entwicklung ist vor allem der Bedeutungswandel des nt. Begriffs μυστήριον: meinte er ursprünglich den verborgenen Heilsratschluß Gottes (und damit das Geheimnis der göttlichen Geschichtslenkung überhaupt), so dient er seit dem 2.Jh. mehr und mehr zur Bezeichnung der den Christenstand begründenden Heilstatsachen (mysteria Christi), die als übernatürlich geoffenbarte Wahrheiten Gegenstand der Glaubenserkenntnis sind (mysteria fidei = credenda) und an denen der Christ kraft der Wirkmächtigkeit der →Sakramente (: I) Anteil erhält (μυστήρια = sacramenta). Der Gedanke der V.G. ist dadurch aus seiner ursprünglichen Geschichtsbezogenheit nahezu vollständig herausgelöst worden.

4. Zu einer Wiederbelebung und eigenständigen Verarbeitung der biblischen Aussagen über die V.G. ist es erst in der Theologie → *Luthers* (: II) gekommen. Ausgangspunkt und bleibende Grundlage für sein Verständnis der V.G. ist die Erkenntnis, daß Gott in dem Menschen Jesus nur in verhüllter Gestalt (als Deus in carne, in passionibus, in cruce absconditus) begegnet und also nur im Glauben erfahrbar wird. Hat Luther dieser Erkenntnis zunächst unter weitgehender (allerdings nicht unkritischer) Aufnahme überlieferten Gedankengutes Ausdruck gegeben (vgl. WA 3, 124f), so ist er doch bei ihrer Entfaltung schon frühzeitig den Verengungen der Tradition entwachsen: a) V.G. bedeutet für ihn nicht so sehr die »Übernatürlichkeit« göttlichen Seins und göttlicher Wahrheit, als vielmehr die konkrete Gestalt des göttlichen Heilshandelns *sub contrariis* (so schon 4, 82, 17). Gott ist verborgen, insofern er (wie im Leben Christi, so auch im einzelnen Christenleben) seine Gnade im → Gericht (: IV), seine Liebe im → Zorn (: IV), seine Macht unter Schwachheit und Leiden erweist, insofern er sein opus proprium mit Hilfe eines opus alienum ausrichtet. Die V.G. betrifft daher den Menschen nicht nur in seinem Erkennen, sondern in seiner gesamten Existenz: sie führt ihn immer wieder in → Anfechtung, stellt ihn in seinen welthaften Verfestigungen beständig in Frage und erhält so den Glauben bei seiner Gesundheit. - b) V.G. besagt für Luther nicht so sehr die »Mysterien« sakramentaler Gnadenvermittlung, als vielmehr die Wirklichkeit der göttlichen Heilszuwendung *in einer Geschichte*. Gottes Werk »muß« (wie im Leben Christi, so auch im einzelnen Christenleben) verborgen sein, während es geschieht; der Mensch kann es nicht wie sein eigenes Werk vorwegwissen, sondern nur als Wunder göttlichen Zurechtbringens hernach erfahren (56, 376f). Gott ist ihm auch in seinen schon vollbrachten Heilstaten nicht verfügbar. Luther stellt das bes. dadurch sicher, daß er alle geschehene Offenbarung unter dem Begriff der promissio Dei befaßt, die (als Zusage) den Glaubenden der Liebe Gottes gewiß macht und ihm zugleich (als Verheißung) Zukunft eröffnet, ohne sie doch im Wissen vorwegzunehmen. - c) V.G. bezeichnet für Luther nicht so sehr die »Irrationalität« des göttlichen Willens, als vielmehr die Weise, in der Gott durch die geschichtlichen Formen seiner Offenbarung seine *Freiheit bezüglich der Durchführung seines Heilsratschlusses* jedem menschlichen Anspruch und Zugriff gegenüber wahrt. Wohl wirkt er auch außerhalb seiner Offenbarung überall im Weltgeschehen in seinen »Mummereien«, »Masken« und »Larven«, »das sind aber nit die rechten werck, damit man yhn erkennen kan« (7, 588, 10). Mag immerhin dies »allgemeine« Wirken Gottes im Lichte seiner Offenbarung dem Glaubenden bisweilen ein Stück weit erhellt werden, so bleibt doch völlig unbegreiflich, warum Gott so wenige Menschen durch sein Wort zum Glauben überwindet und so viele im Unglauben beläßt (18, 633, 15 u.ö.). Inwiefern auch darin (trotz des offenkundigen Scheines von »Ungerechtigkeit«) Gottes guter, weiser und gerechter Wille am Werke ist, gehört zu den undurchdringlichen Geheimnissen der göttlichen Majestät, die sich erst im lumen gloriae, bei der noch ausstehenden Offenbarung Gottes in Herrlichkeit lichten werden. Wenn Luther in diesem Zusammenhang zwischen dem Deus absconditus (d.i. Gott, *»insoweit* er von uns nicht erkannt werden will«) und dem Deus revelatus (d.i. Gott, *»insoweit«* er durch sein Wort »mit uns in Verkehr tritt«) unterscheidet (18, 685, 3ff), so geschieht dies keineswegs zur Kennzeichnung zweier verschiedener Willensrichtungen in Gott, sondern zur Bestimmung der unüberschreitbaren Grenzen menschlicher Gotteserkenntnis, die in Gottes Offenbarung selbst gesetzt sind (689, 22) und die den Glauben von allen spekulativen Sicherungsversuchen abschneiden (690, 23; 784, 6 u.ö.).

5. Luthers Verständnis der V.G. hat erst mit Beginn der Lutherforschung (bes. seit Th. → Harnack) wieder stärkere Beachtung gefunden. Durch sie und durch die Wirksamkeit der → Dialektischen Theologie ist der Gedanke der V.G. (allerdings in sehr verschiedenartigen Ausprägungen) in der *neueren ev. Theologie* heimisch geworden. Unter den neueren Dogmatikern hat sich vor allem K. → Barth (unter Aufnahme Lutherscher Erkenntnisse) um eine theologische Präzisierung des Begriffes V.G. als Ausdruck der Indirektheit der göttlichen Offenbarung und des terminus a quo aller menschlichen Gotteserkenntnis bemüht (KD II/1, 16ff. 200ff), zugleich jedoch die Luthersche Unterscheidung zwischen Deus absconditus und revelatus einer scharfen Kritik unterzogen (II/1, 608ff; II/2, 68ff u.ö.). Obschon diese Kritik vereinzelten prädestinatianisch überspitzten Aussagen Luthers gegenüber ihre Berechtigung hat, dürfte sie doch an dem eigentlichen Sinn der Lutherschen Unterscheidung: der Begrenzung menschlicher Gotteserkenntnis durch ein konkret-geschichtliches Verständnis der göttlichen Offenbarung vorbeigehen.

Zu 1-3: ThW III, 959ff; IV, 809ff (Lit.) - H. Schrade, Der verborgene Gott. Gottesbild u. Gottesvorstellung in Israel u. im Alten Orient, 1949 - G.v. Rad, TheolAT II, 1960, 387ff. - Zu 4: Th. Harnack, Luthers Theol. I. II, 1862/86 (Neudr. 1927) - Seeberg, DG IV/1 - F. Kattenbusch, Deus absconditus bei Luther (Festg. f. J. Kaftan, 1920, 170-214) - F. Blanke, Der verborgene Gott bei Luther, 1928 - W.v. Loewenich, Luthers Theologia crucis, (1929) 1954[4] - E. Seeberg, Luthers Theol. I. II, 1929/37 - W. Koehler, Der verborgene Gott (SAH 1942/43, 4), 1946 - H. Rückert, Luthers åskådning om Guds fördoldhet (SvTK 28, 1952, 229-238) - J. Richter, Luthers »Deus absconditus« - Zuflucht oder Ausflucht? (ZRGG 7, 1955, 289 bis 303) - H. Bandt, Luthers Lehre vom verborgenen Gott, 1958

(Lit.). - Vgl. Lit. zu → Luther: II. - Zur neueren kath. Theol. vgl. LThK² IV, 593ff. *H.Bandt*

Verbrechen. Das V. (crimen) ist einigermaßen exakt faßbar nur als Rechtsbegriff. Es ist rechtlich strafbarer Verstoß gegen rechtliche Normen. Das schließt aber nicht aus, daß das V. nicht nur ein Gegenstand juristischer Betrachtung, sondern auch moralphilosophischer, historischer, soziologischer, psychologischer, biologischer, kurz: »deskriptiver« (beschreibender) Untersuchung ist. Neben die strafrechtswissenschaftliche Lehre vom V. treten demgemäß Wissenschaften vom V., die solche Namen tragen wie »Geschichte des V.s«, »Kriminalsoziologie«, »Kriminalpsychologie«, »Kriminalbiologie« oder ganz allgemein »Kriminologie«, unter der man gewöhnlich das Ganze derjenigen deskriptiven Forschungen versteht, die den tatsächlichen Erscheinungen des V.s, seinen wechselnden Gestalten, seinen in der Person (der »Anlage«) des Verbrechers und den Bedingungen der Umwelt (des »Milieus«) wurzelnden Ursachen gewidmet sind. Auch die berühmte Unterscheidung der V. in Gelegenheits- und Zustands-V. (V. aus Hang) ist primär eine kriminologische Unterscheidung, wenn sie dann auch in Gestalt des »Gewohnheitsverbrechers« rechtliche Verwertung gefunden hat (§ 20 a StGB). Die Heimat des V.sbegriffs ist und bleibt aber die Rechtsordnung.

Nach heutiger Auffassung, wie sie namentlich auch die deutsche Strafrechtswissenschaft herausgearbeitet hat, sind Wesensmerkmale des »V.s« (im weiteren Sinne): ein menschliches Verhalten (Tun oder Unterlassen), das unter einen strafgesetzlichen »Tatbestand« fällt (nullum crimen sine lege!), rechtswidrig (dh ohne besondere Rechtfertigungsgründe wie → Notwehr, → Notstand, Einwilligung des Verletzten, staatliche Zwangsbefugnis) und schuldhaft (→ Sünde und Schuld: VII, 2) begangen ist und außerdem etwa besonders vorgesehene »objektive Strafbarkeitsbedingungen« (wie zB die Verbürgung der Gegenseitigkeit bei feindlichen Handlungen gegen ausländische Staaten) erfüllt. Dieser mehr formalen Definition des V.s läßt sich zur Seite stellen die materiale Kennzeichnung des V.s als einer Verletzung rechtlich anerkannter Interessen des Einzelnen oder der Gemeinschaft (sog. »Rechtsgüter«) oder als Verletzung der vom Recht zugrunde gelegten Sittenordnung. Dieser materiale V.sbegriff spielt namentlich in Gestalt der »Rechtsgüterverletzung« eine entscheidende Rolle bei der Systematisierung der einzelnen V.sarten in der Lehre vom »Besonderen Teil« des → Strafrechts (: I). Hier unterscheidet man nämlich V. gegen den Einzelnen und gegen die Gemeinschaft, in letzterer Beziehung wieder V. gegen die organisierte Gemeinschaft (den Staat) und gegen die »Gesellschaft«. Jede dieser Gruppen wird dann weiter unterteilt, zB die V. gegen den Einzelnen in V. gegen das Leben (Mord, Totschlag, fahrlässige Tötung), gegen den Körper, die Freiheit, die Ehre, das Eigentum (Diebstahl, Unterschlagung, Raub, Sachbeschädigung), gegen das Vermögen (Betrug, Erpressung, Untreue, Hehlerei) usw. - Die subtilsten Erörterungen widmet die Strafrechtswissenschaft den Lehren vom »Allgemeinen Teil«, insbesondere der Analyse des formalen V.sbegriffs, wo heute bes. der Begriff der »Handlung« als Merkmal des V.s diskutiert wird (Streit um die sog. finalistische Handlungslehre, nach der »Finalität« = Zweckhaftigkeit zum Wesen jedes menschlichen Handelns, also auch des verbrecherischen Handelns gehört).

Das deutsche StGB teilt im Anschluß an das französische Recht die V. im weiteren Sinne in § 1 unter in V. im engeren Sinne (= mit Zuchthaus oder mit Einschließung von mehr als 5 Jahren bedrohte Handlungen), Vergehen (= mit Einschließung bis zu 5 Jahren, mit Gefängnis oder mit Geldstrafe von mehr als 150 DM oder mit Geldstrafe schlechthin bedrohte Handlungen) und Übertretungen (= mit Haft oder mit Geldstrafe bis zu 150 DM bedrohte Handlungen). In Zukunft sollen die Übertretungen aus dem StGB ausgeschieden werden (→ Strafrecht: II).

Zur jurist. V.slehre s. die zu → Strafrecht: I angeführten Lehr- u. Handbücher. Zur Kriminologie s. etwa: F.Exner, Kriminologie, 1949 - E.Mezger, Kriminologie, 1951. *K.Engisch*

Verdammnis *im NT.* Das deutsche Wort V. hat im griech. NT keine einheitliche Entsprechung. In Luthers Übersetzung steht es oft für ἀπώλεια (Verderben), das Verb verdammen meist für κατακρίνειν (verurteilen). Aber auch andere griech. Begriffe, die bei Luther nur gelegentlich mit V. übersetzt sind, gehören hierher: κρίμα, κατάκριμα (Urteilsspruch, Verurteilung), vor allem aber das Verb ἀπόλλυμι (vernichten, umkommen, verlorengehen), ferner alle Begriffe, die ewige Qual und Strafe bezeichnen. Die Gegenbegriffe zu V. sind → Ewiges Leben (Mt 18, 8f par; 25, 46; Joh 3, 16 u.ö.), Errettung und → Erlösung (Phil 1, 28; 2Thess 2, 10; Jak 4, 12), → Herrlichkeit (Mt 7, 13f; Röm 9, 22f), bei Paulus aber auch → Gerechtigkeit und → Rechtfertigung (Röm 5, 16. 18; 2Kor 3, 7-9). - Die jüd.-apokalyptischen Vorstellungen von der V. hat das NT zT unkritisch übernommen, bes. das MtEv, 2Petr, Jud, Apk (zB Mt 25, 41 bis 46; 2Petr 2; Apk 14, 6-11; 20, 11-15). Danach ist die V. an den Vollzug des Endgerichts gebunden (→ Gericht Gottes: III), der verdammende Urteilsspruch erfolgt auf Grund der Worte und Werke des Menschen (Mt 12, 37; Apk 20, 12), und die eigentliche V. besteht meist in ewiger Feuerqual an einem besonderen Ort der Strafe (→ Hölle: III). Sie betrifft auch die mythischen widergöttlichen Mächte (2Thess 2, 3ff; Apk 17, 8ff) und ist identisch mit einer Total-V. des Kosmos (1Kor 11, 32), die in Parallele gesetzt werden kann zur Sintflut (Lk 17, 26f; Hebr 11, 7; 2Petr 3, 6) oder zum Untergang von Sodom und Gomorrha (Lk 17, 29; 2Petr 2, 6). - Davon zu unterscheiden ist schon das Verständnis der V. bei Jesus selbst. Wenn auch die Bindung an das kommende Gericht nicht aufgegeben ist, so verfällt doch schon unmittelbar der V., wer nicht bereit ist, seine irdischen Bindungen zu lösen (Mt 5, 29f par), wer sein eigenes Leben mehr liebt als den Ruf zur → Nachfolge (Mk 8, 34ff par), und wer den Ruf zur Bekehrung verweigert (Lk 13, 1ff). Wie somit in Jesu Verkündigung die V. an die Entscheidung zu seiner Person gebunden ist, so bei Paulus direkt an die Heilstat Gottes in Christus, in der die Sünde verdammt (Röm 5, 16. 18; 8, 3) und für die Glaubenden die V. aus der Welt geschafft ist (Röm 8, 1; vgl. 8, 34). An der Gültigkeit dieser Tat Gottes (1Kor 15, 12 bis 18) und an der Verkündigung des Kreuzes entscheidet sich daher auch die Frage der V. (2Kor 2, 15f; vgl. 3, 7-9). Die dieses Wort vom Kreuz ablehnen, sind die Verdammten (οἱ ἀπολλύμενοι 1Kor 1, 18; vgl. Phil 1, 28; Röm 9, 22). Daß daher bes. die → Häretiker als Verfälscher des Evangeliums der V. verfallen sind, sagt bereits Paulus (Phil 3, 19), und später wird es zur stereotypen Behauptung (2Petr 2, 1; 3, 16; Jud usw). Noch radikaler als Paulus hat das JohEv die apokalyptischen Vorstellungen von der V. preisgegeben und die Rettung aus der Verlorenheit als den unmittelbaren Sinn der Sendung des Sohnes bezeichnet (Joh 3, 16). Dem Ewigen Leben als dem Sein in Jesus steht hier die V. gegenüber als das endgültige Verlorengehen aus der Hand Jesu (vgl. Joh 6, 39; 10, 28; 17, 12 u.a.).

Außer der Lit. zu → Ewiges Leben: III B, → Eschatologie: IV → Gericht Gottes: III, → Hölle: III: ThW I, 393ff (ἀπόλλυμι; Oepke); III, 943f. 953f (κρίμα, κατακρίνειν; Büchsel); III, 624f *H.Köster*

Verden (sprich: Fehrden = Fährstadt), Bischofsstadt an der Aller mit monumentalem gotischem Dom, ist vor allem durch die Tötung von 4500 Sachsen durch → Karl d.Gr. i.J. 782 bekannt. Sicher war dies ein Akt *politischer* Justiz, keine Maßnahme der religiösen Auseinandersetzung. – Das *Bistum* V. wurde von Karl d.Gr. höchstwahrscheinlich zunächst in Bardowick an der Ilmenau gegründet (die Gründungsurkunde von 786 ist mit Sicherheit unecht, vgl. M.Tangl, MIÖG 18, 1897, 53ff), eng mit dem Kloster Amorbach verbunden und → Mainz unterstellt. Es umfaßte die sächsischen Gaue Sturmi, Mosidi, Bardengau, dazu bis zur Gründung des Bistums → Hamburg (831) die nordelbischen Gaue Stormarn und Holstein, für die es dann mit Waldsati entschädigt wurde; endlich die Wendengaue Drevani und Osterwalde (= Altmark) (Karte LThK X, 541). Von Karl d.Gr. wurde es mit der Wendenmission im Nordosten betraut. Die Verlegung nach V. erfolgte vor 848. – Der Reformation widersetzte sich Bischof Christoph (1503–58) im Stiftsbezirk V., während er sie im Lüneburgischen nicht verhindern konnte. Unter Eberhard von Hollen (1566–86) siegte sie endgültig. Der Friede von 1648 säkularisierte das Stift und unterstellte es Schweden, das 1651 eine Generalsuperintendentur in Stade für die Herzogtümer Bremen-V. errichtete. Der Nordische Krieg brachte das Gebiet (ohne die Stadt Bremen) 1715 an das Kurfürstentum Hannover, dessen Geschichte es seitdem teilt.

Chr.G.Pfannkuche, Die ältere u. neuere Gesch. d. vormaligen Bistums V., 2 Bde, 1830/34 – A.Siedel, Unters.en über d. Entwicklung d. Landeshoheit u. Landesgrenze d. Fürstbistums V. (Diss. Göttingen), 1914 – E.G.Wolters, Kirchl. u. sittl. Zustände in den Herzogtümern Bremen u. V. 1650–1725 (ZGNKG 19/20, 1914/15, 1–79) – C.A.Elfers, Das Erzstift Bremen im Zeitalter d. Reformation (Stader Archiv 1929, 3–54) – LThK X, 540ff (für die Anfänge überholt) – K.D.Schmidt, Die Gründung d. Bistums V. u. seine Bedeutung (Stader Jb. 1947, 25–36; Lit.) – B.Engelke, Die Grenzen u. Gaue d. älteren Diözese V. (Niedersächs. Jb. 21, 1949, 63–92).

K.D.Schmidt

Verdi, *Giuseppe,* * 10.10.1813 in Roncole b. Busseto (Parma), † 27.1.1901 in Mailand, größter ital. Opernkomponist. V. teilte die politisch und sozial begründete Abneigung des Risorgimento gegen die Kirche. Seine Verwurzelung in Christentum und Katholizität zeigen aber die freien geistlichen Spätwerke. Sie sind wie fast alle bedeutende Kirchenmusik Italiens seit → Monteverdi (1610) sinnlich-opernhaft empfunden und halten sich von romantischem Mystizismus frei. Das Requiem (1874), nach Rossinis Tod (1868) begonnen und zum Gedenken → Manzonis vollendet, gehört zu den eindrucksvollsten Vertonungen der Totenmesse. Die Dante-Kompositionen von 1880 (Pater noster, a cappella, und Ave Maria für Sopran und Streicher) leiten V.s Spätstil ein: gedrängte Intensität in Ausdruck und Gebärde. Hinzu tritt, bes. in den monumentalen Quattro pezzi sacri (1898: Ave Maria, Stabat Mater, Laudi alla Vergine Maria, Te Deum), die für V. programmatische, mehr ethisch als technisch zu verstehende »Rückkehr zum Alten«. Die einsame Größe dieser Werke fand keine Nachfolge.

A.-E.Cherbuliez, G.V., 1949 (Lit.). *W.Osthoff*

Verdienst

I. Religionsgeschichtlich

Die seltene Lehre, Menschen seien zu V.en unfähig, findet sich im Sukhavatî-Buddhismus schon beim Patriarchen Tâo-cho († 628 nChr; Haas 121) und bei Shinran (→ Gnade Gottes: I, 3). Dieses menschliche Unvermögen kommt aus der moralischen und geistigen Zuchtlosigkeit (Shunjô 185f) und der Unfähigkeit, so wie Buddha das Gute zu erkennen (Haas 141). – Der → *Islam* (: I) räumt menschliche Schwäche ein, glaubt aber, Allahs Forderungen seien menschlichem Vermögen angepaßt (Koran 6, 153); er kennt die Begrenztheit natürlichen Verstehens, leitet die Pflichten jedoch von offenbarten Geboten her. Dank Allahs Gnade sind Taten vollkommenen Gehorsams möglich und belohnenswert (Wensinck 191ff). Überschüssiges V. wird anerkannt: die zweite (sunna) Kategorie von Handlungen im islamischen Gesetz umfaßt freiwillige Taten, welche empfohlen und belohnt, nicht befohlen werden (EI[1] s.v. nafila; Juynboll 60ff). Die V.idee im Islam wurde von frühen Formen des Prädestinationsdogmas abgelehnt, die der Behauptung von V.en wenig Raum ließen (→ Prädestination: I). – Nach *zoroastrischer* Eschatologie beruht → Erlösung (: I) auf V.en. Diese werden wie Rechnungen aufgeschrieben und zusammengezählt oder wie in einem Speicher aufbewahrt und gegen die bösen Taten aufgewogen; oder sie kommen nach dem Tod, zu schönen Gestalten personifiziert, um die Seele durch die Prüfungen des → Gerichts (: I, 3) sicher zu geleiten (SBE 18, 54; 24, 137). Sie helfen den Mächten des Guten bei der Erneuerung des Universums (SBE 28, 343). V. ist Tun, das Ahura Mazdah hilft und erneuert (Yasna 30, 5), der es aufbewahrt und belohnt (Pavry 51ff). – In → *Indien* neigt man zu nicht-theistischen Auffassungen. Die Erfüllung unpersönlich gesetzter sozialer und ritueller Pflichten ist V. Die ihm eigene Macht zur → Vergeltung (: I) ist eine unbewußte, von der guten Tat selbst erzeugte Potenz, die fortdauert und automatisch angemessene Belohnung bewirkt, häufig nach der → Wiedergeburt (→ Karma). → Shankara und → Râmânuja verknüpfen jedoch Tat und Vergeltung durch einen vernünftigen Gott (SBE 28, 182f; 48, 153ff). Râmânuja betont, V. wirke nur, weil es Gott erfreut und dieser Belohnungen gewährt (SBE 48, 155. 626. 701). Das nach-vedische Indien meint, V. habe nur endliche Belohnungen im Geburtenkreislauf zur Folge, keine wahre Erlösung. Endliche Belohnungen sind dem indischen Erlösungsgedanken unwillkommen; er findet Wege, ihnen auszuweichen (Gîtâ 4, 19ff; 3, 30f). In seiner wahren Funktion ist V. reinigend, es führt zur rettenden → Bhakti oder Gnosis (Grierson, JRAS 1908, 345f; SBE 28, 307ff). – Der → *Hinduismus* verneint die Übertragbarkeit von V.en (SBE 25, 166), der Theravâda-Buddhismus kennt sie. Das Mahâyâna (→ Buddhismus: I, 7) schildert den idealen Buddhisten, der unermeßliche V.e anhäuft, um sie mit anderen zu teilen. Hier erwuchsen Kulte wie der von → Amida (: I), die fortgeschrittenen Wesen zugewandt sind, welche V.e auf Bittsteller übertragen können.

P.Deussen, Das System des Vedanta, 1883, 339ff – Hans Haas, Amida Buddha unsere Zuflucht, 1910 – Th.W.Juynboll, Hdb. d. islam. Gesetzes, 1910 – A.B.Keith, Buddhist Philosophy in India and Ceylon, Oxford 1923, 203ff – Shunjô (übers. v. H.Coates-R.Ishizuka), Hônen the Buddhist Saint, Kyoto (1925) 1930[2] – Jal Dastur C.Pavry, The Zoroastrian Doctrine of a Future Life, New York (1926) 1929[2] – A.J.Wensinck, The Muslim Creed, Cambridge 1932 – F.Edgerton, The Bhagavad Ghita II, Cambridge/Mass. 1944, 51ff – Nyanatiloka, Buddhist. WB, 1953; engl. 1956 (s.v. puñña u.a.).

N.J.Hein

II. Im Judentum

Der hebr. Begriff zakût (= V.) bedeutet ursprünglich »Gerechtigkeit« und entspricht dem Wort ṣ[e]daqā. Indem der Mensch einem Gebot Gottes gehorcht, erweist er sich in bezug auf dieses als gerecht und kann das dadurch erworbene V. vor Gott geltend machen. Durch eine Übertretung gesetzlicher Vorschriften dagegen lädt er eine Verschuldung auf sich. Über die Taten der Menschen wird im Himmel genau Buch geführt. Es kommt daher darauf an, daß jeder sich bemüht, durch Gebotserfüllungen sowie durch Almosen und Liebeswerke die Summe der V.e zu mehren. Nach herrschender rabbinischer Lehrmeinung rechnet Gott wie ein Krämer ab, indem er die V.e gegen die Verschuldungen abwägt (vgl. R.Akiba, Abot III, 16). Dabei werden die V.e je nach der Schwere der zu erfüllenden Gebote bemessen. Da der Mensch aber nicht weiß, welcher Lohn für die Gebote gegeben wird, soll er in der gewissenhaften Gehorsamsleistung keinen Unterschied zwischen sog. leichten oder schweren Geboten machen (Abot II, 1). Wie jeweils der Stand der Rechnung aussieht, ist dem Menschen verborgen, so daß er sich niemals auf seinen V.en ausruhen und unbedingte Sicherheit erlangen kann. Überwiegt bei der Abrechnung am Ende des Lebens die Summe aller V.e die der Verfehlungen, dann wird das Urteil »gerecht« gesprochen werden. - Von dieser V.-lehre, die die gesetzliche Praxis einer allgemeinen Durchschnittsfrömmigkeit anzupassen suchte, ist die Auffassung der Gemeinde von → *Qumran* deutlich unterschieden. Hier fehlt sowohl der vom Rabbinat verwendete Begriff zakût als auch der Gedanke, daß V.e gegen Verschuldungen aufgewogen werden könnten. Gott fordert vielmehr totalen Gehorsam gegen das ganze Gesetz, das als der eine und unteilbare Wille Gottes verstanden wird. - Von großer Bedeutung ist in der rabbinischen Lehre der Gedanke des *stellvertretenden V.es.* Da die Taten der Väter und Frommen einen weit höheren Wert ausmachten, als sie zum Erweis der eigenen Gerechtigkeit benötigten, konnten die überschüssigen V.e ganz Israel zugute kommen. Der Schatz der guten Werke wurde durch den vorbildlichen Gesetzesgehorsam, vor allem aber auch durch das stellvertretende Leiden und Sterben der Gerechten vermehrt (vgl. 2Makk 7, 37f; 4Makk 6, 28 u.ö.). Um des V.es der Väter willen handelt Gott gnädig mit seinem Volk. Durch die leibliche Abstammung von den Vätern gewinnt der Jude Anteil an den V.en der Väter und kann sich daher dessen getrösten, daß neben seinen eigenen Taten die von den Vätern vollbrachten Werke zu seinen Gunsten auf die Waagschale gelegt werden.

A.Marmorstein, The Doctrine of Merits in Old Rabbinic Lit., 1920 - G.F.Moore, Judaism, 1927, I, 537ff; II, 90ff - Bill. I, 177ff; IV, 5ff - Bousset, Rel. 198f - J.Bonsirven, Le Judaïsme au temps de Jésus Christ II, 1935, 53ff - E.Sjöberg, Gott u. die Sünder im paläst. Judentum (BWANT IV, 27), 1938 - H.Braun, Spätjüd.-häret. u. frühchristl. Radikalismus (BHTh 24) I, 1957, 12ff. 27ff. *E.Lohse*

III. Im NT

1. Jesus - 2. Paulus - 3. Übriges NT

1. Der V.gedanke hat in Jesu Verkündigung keinen Raum, wohl aber der Lohngedanke. Selbstverständlich und häufig begegnet er in der Überlieferung der Jesusworte, unter wechselnden Begriffen und Bildern (Mt 5, 12. 46; 6, 1; 10, 41f; Lk 6, 23. 35; 14, 11; 18, 14 u.ö.). Parallelen bes. aus Weisheitsliteratur und Rabbinensprüchen beweisen den starken Einfluß jüd. Tradition. Doch durchbricht Jesus sie damit, daß er die im Judentum (→ Verdienst: II) selbstverständliche Gleichsetzung von Lohn und V. nicht kennt. Diese gehört unveräußerlich zur jüd. Gerichtserwartung (→ Gericht: II) und findet ihren Ausdruck in charakteristischen Bildern (Buchführung im Himmel, Abwägen guter und böser Werke, himmlisches Kapital aus Werken, abgestufte Auszahlung von Lohn und Zinsen, Anrechnung der V.e der Väter beim Gericht). Diese Anschauungen sind gemein-, mindestens vulgär-jüdisch, obwohl es schon bei den Rabbinen nicht an gelegentlicher korrigierender Polemik gegen unfromme Lohnsucht und an Versuchen einer Vertiefung von Gehorsam und Lohn fehlt und hier und da betont wird, daß der Fromme keinen Anspruch vor Gott habe und Gott nicht sein Schuldner sei. Die beherrschenden Grundgedanken der jüd. V.- und Lohnordnung sind jedoch erst in Jesu Verkündigung radikal aufgehoben, auch wenn er die Entsprechung zwischen dem Verhalten des Menschen auf Erden und seinem ewigen Schicksal (Lk 6, 37f) nicht preisgibt, vom »Schatz im Himmel« redet, den es zu »sammeln« gilt (Mt 6, 19f; Mk 10, 21), und denen, die Gottes Willen tun, »Lohn« verheißt. Bezeichnend ist aber, daß der Lohngedanke bei Jesus überhaupt nicht mehr im Zusammenhang jener jüd. rechtlichen und kommerziellen Gerichtsvorstellung begegnet. Nicht zufällig fehlen bei Jesus die oben erwähnten Bilder (himmlische Buchführung, Abwägen der menschlichen Werke, Gott als Kaufmann) und damit die Anschauung von einer vom Menschen selbst ablösbaren, objektiven Werthaftigkeit der menschlichen Werke und einer Norm, der Gott selbst als Richter unterstellt wäre. Die Verheißung des göttlichen Lohnes ist vielmehr ein integrierender Bestandteil der Heilsbotschaft Jesu vom Kommen der Gottesherrschaft überhaupt (→ Eschatologie: IV, 3; → Jesus Christus, 10; → Reich Gottes: I, 2 c). Dem entsprechen in zahlreichen Gleichnissen die von Jesus gebrauchten Bilder vom Herrn (oder König) und Knecht (Mt 24, 45ff; 25, 14ff), wobei dem Menschen zumeist nicht die Rolle des vertraglich gemieteten Arbeiters (doch vgl. Lk 10, 7), sondern die des Sklaven zufällt, der überhaupt keinen Lohn zu beanspruchen hat (Lk 17, 7ff), dafür aber in einem besonderen Vertrauensverhältnis zu seinem Herrn steht, von diesem mit der Verwaltung seiner Güter bis zum Tage der Abrechnung betraut und zur Belohnung für die Bewährung mit noch größerem Vertrauen, ja mit der Teilhabe an seines Herrn Freude beschenkt wird (Mt 24, 47; 25, 21. 23). Doch nicht schon diese Bilder als solche sind das Neue (auch für sie finden sich jüd. Parallelen), sondern erst die Tatsache, daß sie ganz in die Zusage der kommenden Gottesherrschaft hineingenommen sind und die Güte des Herrn gegenüber seinen treuen Knechten (freilich auch seine Strenge gegenüber den Untreuen) zusprechen. Wiederholt ist darum auch von dem Lohn des Vaters für seine Kinder die Rede (Mt 6, 1. 4. 6. 18; 25, 34). Dieser Lohn steht in keinem Verhältnis zum Verhalten des Menschen. Er bedeutet Eingang in und Teilhabe an Gottes Herrschaft (Lk 12, 32; 22, 29; Mt 21, 43). Das ist der die Jünger erwartende »Schatz im Himmel« (Lk 12, 33; Mk 10, 21; Mt 6, 20f). Daß menschliches Verhalten keinen V.anspruch begründet, sagt Lk 17, 7ff; auch verwirft Jesus jegliches Tun, das auf menschliches Ansehen spekuliert (Mt 6, 1ff) oder die Erwartung himmlischen Lohnes zu seinem Beweggrund macht (Mt 25, 31ff). Die radikale Auflösung der Fiktion einer Gleichwertigkeit von Leistung und Lohn, also des jüd. V.gedankens, zeigt am deutlichsten das Gleichnis von den Arbeitern im Weinberg, das gerade auf dem geschilderten breiten Hintergrund eines rechtlichen Arbeitsverhältnisses die souveräne Überlegenheit und Freiheit der göttlichen Güte vor Augen stellt (Mt 20, 1ff).

2. Mit dem Wandel von Jesu Reich-Gottes-Botschaft zur nachösterlichen Heilsbotschaft gewinnt auch die jüd. Gerichts- und Vergeltungslehre stärker Raum. → *Paulus* setzt ihre Gültigkeit in der Auseinandersetzung mit den Juden Röm 2, 6-11 selbstverständlich voraus, und zwar nicht im Sinne einer apologetisch bezogenen Scheinposition, die durch das Heilsgeschehen in Christus und die Rechtfertigung allein durch Glauben überholt wäre. Das künftige Gericht geschieht im Sinne dop-

pelseitiger → Vergeltung (: IV) nach den Werken auch über die Glaubenden (Röm 14, 10; 2Kor 5, 10; 1Thess 5, 23; 1Kor 3, 8. 12ff u.ö.). Von verdientem Lohn läßt sich bei ihm im strengen Sinn nur in Anwendung auf den Tod als den »Sold der Sünde« reden; das ewige Leben nennt er »Gnadengabe« (Röm 6, 23). Doch durchzieht der Gedanke der Entsprechung von »Saat« und »Ernte« (Gal 6, 7ff) die Paränesen seiner Briefe (Röm 6, 21ff; Phil 1, 10f; 2, 12ff u.ö.) wie die Aussagen über sein eigenes Verhalten (vgl. das Bild des »Kranzes« 1Kor 9, 24ff u.a.). Der V.gedanke ist bei ihm durch das Verständnis der → Rechtfertigung (: I, 3), die dem »Gottlosen« nicht als »Schuldigkeitslohn«, sondern als »Gnadenlohn« durch das Evangelium widerfährt (Röm 4, 4f) und durch den Glauben allein empfangen wird, radikal durchbrochen. Die gedanklich und explizit nicht voll aufgelöste Spannung zwischen Rechtfertigung und Gerichtserwartung führt bei Paulus jedoch nicht zu einer Heilsungewißheit (Röm 8, 31ff), sondern spricht - wider alle Schwärmerei - die Verantwortung des einzelnen Glaubenden aus und das »Noch nicht«, unter dem alles christliche Leben steht.

3. Während bei Paulus der → Glaube (: III, 4 a) in strenger Antithese zu den Werken als Aneignung der dem Sünder geschenkten Gerechtigkeit verstanden ist und in Spannung, wenn auch nicht im Widerspruch zum künftigen Gericht nach den Werken bleibt, wird das jüd. Erbe stärker und ungebrochener in der übrigen nt. und frühchristlichen Literatur (mit Ausnahme des JohEv; doch vgl. die Glosse 5, 28f) wirksam. Paränese und eschatologische Aussagen zeigen überall deutlich, wie selbstverständlich zugleich mit der Forderung der guten Werke die Erwartung der doppelten Vergeltung nach den Werken gilt (Eph 6, 8; 1Tim 5, 24f; 2Tim 4, 8; 1Petr 1, 17; 2Joh 8; vgl. auch 1Clem 34, 3; Barn 21, 1. 3). Vor allem ist die Apk davon durchzogen und in ihren apokalyptischen Bildern geprägt (2, 19. 23; 7, 9ff; 11, 18; 14, 13; 15, 2ff; 22, 12 u.ö.). Sogar das Bild der aufgeschlagenen Schuldbücher taucht dabei vereinzelt auf (20, 12f), wenn auch unter Vermeidung weiterer Ausmalung (Zählen, Rechnen, gute Werke als Überschuß und Fürbitter). In enger Anlehnung an die Tradition at., hellenistisch-jüd. und urchristlichen Spruchgutes redet bes. der → Jakobusbrief von Lohn und Strafe (1, 2ff. 12. 25; 2, 12f; 5, 4f. 7ff) und mißt den Glauben nach seiner Einheit mit den Werken (2, 14ff). Erst die Bewährung in der Anfechtung (Jak 1, 12) und in der Verfolgung (1Petr 1, 6f; 5, 5f) sichert den himmlischen Lohn. Auch der → Hebräerbrief betont mit Nachdruck, daß Gott unbestechlich richtet (4, 12f; 10, 31; 11, 6), und versteht den Glauben nicht wie Paulus antithetisch zu den Werken, sondern als das beispielhafte Verhalten der Frommen (c. 11), dem die künftige Vergeltung zuteil wird (10, 34; 11, 26). Doch bleibt der spezifisch jüd. V.gedanke schon darum ausgeschlossen, weil der Heilsstand der Glaubenden als Gottes Erlösungstat verstanden wird, die den Christen um so größere Verantwortung auferlegt (2, 2f; 6, 4ff; 10, 26ff; 12, 25). So kann auch in den jüd. Tradition wieder stärker aufnehmenden Schriften durch die Begründung des Christseins in dem mannigfaltig beschriebenen Erlösungsgeschehen (Apk 17, 8; 3, 4f; 5, 10; 7, 14; 14, 4 u.a.; Hebr 2, 14ff; 3, 14; 4, 14ff; 8, 6ff; 10, 15ff; 12, 22ff; 1Petr 1, 16ff; 2, 3ff. 21ff; Tit 3, 5ff; 2Tim 1, 9f; Jak 1, 18 u.a.) und wegen der unvergleichlichen Größe des ebenso vielfältig ausgemalten zukünftigen Heiles eine schematische Entsprechung von Leistung und Lohn, die dem V.gedanken zugrunde liegt, nicht mehr aufkommen. Auch die Vorstellung der Anrechnung eines überschüssigen V.es Christi auf die Glaubenden ist dem NT fremd.

Vgl. die nt. Theologien u. die Art. ἀποδιδόναι, ἔργον, θησαυρός, κρίνειν, λογίζεσθαι, μισθός usw im ThW. Ferner: H.Braun, Gerichtsgedanke u. Rechtfertigungslehre bei Paulus, 1930 - Ders., Spätjüd.-häret. u. frühchristl. Radikalismus II, 1957, 41f. 53ff - W.Heidland, Die Anrechnung des Glaubens zur Gerechtigkeit, 1936 - B.Reicke, The NT Conception of Reward (Mélanges M.Goguel, Neuchâtel 1950, 195-206) - W.Pesch, Der Lohngedanke in der Lehre Jesu (MThS I, 7), 1955 - G.Bornkamm, Jesus von Nazareth, (1956) 1960[4,5], 126ff - Ders., Der Lohngedanke im NT (in: Ges. Aufs. II [BEvTh 28], 1959, 69-92). *G.Bornkamm*

IV. Dogmengeschichtlich

1. Alte Kirche - 2. Scholastik - 3. Reformatorische Kritik - 4. Tridentinum

Meritum (= m.) von mereo(r) bedeutet passiv das Verdiente (Lohn oder Strafe), aktiv das V., das sich eine Person erwirbt oder welches ein Werk darstellt (opus meritorium). Im theologischen Sprachgebrauch bedeutet V. immer das opus meritorium. M. ist vox media, aber da man in malam partem die Worte demeritum, demereri gebrauchte, blieb für m., mereri fast ausschließlich der Gebrauch in bonam partem. Immerhin sah noch das Tridentinum in der Wendung bona merita (Denz. 842) keinen Pleonasmus. Im Griechischen fehlt eine genaue Entsprechung. Zwar hat ἀξία etwa den Sinn von m. (die Wendungen παρά, κατά [πρός] ἀξίαν bedeuten extra, secundum m.), aber ein Verb vom gleichen Stamm im Sinn von mereri fehlt. Eine Lehre vom V. hat nur die röm.-kath. Kirche ausgebildet. Die orth. Kirche hat sich daran nicht beteiligt und lehnt das Ergebnis ab. Ihr ist das in der V.lehre bes. hervortretende juridische Denken der röm. Kirche fremd und zuwider. Die Reformationskirchen sind sich in der Verwerfung der röm. V.lehre einig.

1. Der V.gedanke ergab sich als Entsprechung zum biblischen Lohngedanken. Der Lohn bezieht sich auf Werke und gibt diesen damit eine Geltung vor Gott. V.e heißen also die guten Werke zunächst allgemein im Blick auf ihre Belohnung durch Gott. Doch tauchte der V.begriff in der altchristlichen Kirche nicht sofort auf. Die nachapostolische Zeit betonte die Notwendigkeit, das christliche Sittengesetz zu erfüllen, mit großem Nachdruck. Auch der Gedanke, daß bestimmte Werke größeren Lohn haben, wurde bereits ausgesprochen, aber der V.begriff noch nicht verwendet. Die Apologeten und Ketzerbestreiter verteidigten menschliche Willensfreiheit und göttliche → Vergeltung (: V) nach den Werken gegen stoischen Fatalismus, gnostischen Dualismus und gnostische Gotteslehre (→ Gnosis); aber erst → Tertullian systematisierte den V.begriff. Sein scharfes juristisches Denken wies der Lehrentwicklung im Abendland die Richtung. Er reflektierte bereits über die Prinzipien des V.es: Willensfreiheit und Gnadenbeistand. Quelle der V.e sind nach ihm die guten Werke, die überpflichtmäßigen Quelle größerer V.e. Auch der Gedanke, daß der Sünder Gott satisfactio schuldet, begegnet bei Tertullian. → Cyprian nahm Tertullians Gedanken auf; daß die V.e des Menschen nach dem Fall zugleich satisfaktorisch sind, wurde durch ihn ein fester Bestandteil der Tradition. Im Orient gebrauchte → Clemens den ἀξία-Begriff, freilich nicht systematisch-juridisch. Ähnlich → Origenes; dieser hob die ungelöste Antinomie zwischen V.- und Gnadengedanken hervor. Das 4.Jh. brachte keinen Fortschritt in der V.lehre. Weder → Hilarius, → Ambrosius, → Ambrosiaster, → Hieronymus noch → Chrysostomus, → Cyrill, → Basilius übernahmen die juristischen Distinktionen Tertullians. Sie hielten am V.- und Vergeltungsgedanken fest, betonten jedoch die Notwendigkeit der Gnade und die Unzulänglichkeit unserer V.e. Vor allem der Osten verwies nachdrücklich auf die Disproportion zwischen V. und Lohn,

warnte vor Lohnsucht und ermahnte, das Gute um des Guten willen zu tun (zB → Gregor von Nazianz). Erst → Augustin (: II, 3) förderte wieder die Systematisierung des V.begriffs. Gegenüber der These des → Pelagianismus, daß der freie Wille im Prinzip auch ohne Gnadenbeistand V.e erwerben könne, lehrte Augustin a) die Notwendigkeit der Gnade (selbst vor dem Fall), b) die Gratuität (= Unverdienbarkeit) der Gnade, c) die → Prädestination (: III) ante praevisa merita. Im V. wirken Gnade und freier Wille zusammen, so daß die V.e zugleich ganz Werk des freien Willens und ganz Frucht der Gnade sind. Gott krönt seine eigenen Gaben, wenn er die V.e belohnt. Das von Origenes gesehene Problem war damit gelöst. Auf den Synoden von Karthago 418 und Arausio 529 wurde Augustins V.lehre im wesentlichen angenommen (Denz. 103-105. 191-194. 200).

2. Entsprechend der besonderen Themastellung behandelte → Anselm (, 1) in Cur Deus Homo nur die überpflichtmäßigen Werke als V.e, gewann mit dieser in der bisherigen Tradition vereinzelten Auffassung jedoch keinen Einfluß. Dagegen bereitete → Abaelard durch scharfsinnig begründete Thesen die dialektische Bearbeitung des V.problems in der Scholastik vor, während → Bernhard, mehr mystisch als dialektisch veranlagt, die Barmherzigkeit Gottes als Zuflucht des Sünders pries. → Petrus Lombardus unterschied die gratia operans, die vorauslaufende, von der gratia cooperans, der das V. bewirkenden Gnade. Die allen V.en vorausgehende Gnade (gratia praeveniens) ist eine ohne V. geschenkte Gnade (gratia gratis data). Die nun folgende *Hochscholastik* gab der V.lehre ihre bis heute in der röm.-kath. Kirche geltende Gestalt. In der zT verwirrenden Fülle der einander widerstreitenden Meinungen sind folgende Grundlinien erkennbar: Alle unter Gnadenbeistand gewirkten guten Werke (nicht nur die überpflichtmäßigen) sind V.e. Entscheidend wichtig ist die → Intention (, 2): Non bonum facere, sed bene facere laudabile est; non enim verbis, sed adverbiis meremur. Der V.grad bemißt sich nach der Schwierigkeit des Werkes: ubi maior est difficultas, ibi maior est ratio virtutis et meriti, aber auch nach dem Maß der Liebe: par caritas par m. Am einschneidendsten ist die zu Anfang des 13.Jh.s allenthalben begegnende Distinktion zwischen m. de congruo und de condigno (→ Rechtfertigung: II, 1 c). Die Begriffe congruus und condignus fanden sich auch schon vorher (merces congrua, praemia condigna), bekamen jetzt aber einen spezifischen Sinn. Die Rechtspflicht der Belohnung beruht auf a) der Setzung eines belohnungswürdigen guten Werkes, b) der förmlichen vorhergehenden Akzeptierung des Werkes und festen Zusicherung der Vergeltung. Wo eine der beiden Bedingungen oder beide mangelhaft oder gar nicht erfüllt sind, kommt ein V. im strengen Sinn (m. de condigno) nicht in Betracht, sondern höchstens ein Billigkeits-V. (m. de congruo). Gott gegenüber ist der Mensch nur bedingt frei, zur Setzung von Werken also nur bedingt fähig, dh er kann vor Gott nur de congruo verdienen, und zwar sowohl in der natürlichen wie in der übernatürlichen Ordnung. Daß auch in der übernatürlichen Ordnung ein de congruo-V. angenommen werden muß, ergibt sich aus der an den Menschen gerichteten Forderung, sich auf die erste Rechtfertigung vorzubereiten: facienti, quod in se est, Deus non denegat gratiam. Auch das Gebet hat neben seiner deprekatorischen zugleich meritorische Bedeutung. Darüber hinaus gibt es in der übernatürlichen Ordnung auch das de condigno-V. auf Grund der freien Selbstverpflichtung Gottes zur Belohnung der guten Werke des Gerechtfertigten. Freilich ist das praemium condignum von seiten Gottes nicht ein Akt der iustitia commutativa im strengen Sinn (weil die genaue Entsprechung der Personen fehlt, wie sie bei einem Rechtsverhältnis zwischen Menschen besteht), wohl aber der iustitia distributiva auf Grund einer durch die Verheißung festgesetzten Entsprechung zwischen V. und Lohn. Im ganz strengen Sinn V. ist nur das → Verdienst Christi, weil Christus selber Gott und damit Gott gleichartig ist. Doch kann auch der Gerechtfertigte übernatürlich verdienstliche Akte setzen, welche in einem angemessenen Verhältnis zu einer Belohnung von einer ebenfalls übernatürlichen Ordnung stehen. Wer nicht gerechtfertigt, dh nicht im Stand der Gnade ist, kann nur de congruo-V.e erwerben. Allerdings ist hierbei zu unterscheiden zwischen m. de congruo fallibili und infallibili. Ein Akt vollkommener Liebe und Reue, den ein Todsünder setzt, ist nicht ein de condigno-V. (weil nicht im Stand der Gnade gesetzt), wird aber unfehlbar belohnt, ist demnach ein m. de congruo infallibili. Im Unterschied dazu fehlt andern mehr oder weniger übernatürlichen Akten des Glaubens, der Hoffnung u.dgl. außerhalb des Gnadenstandes die Garantie einer göttlichen Belohnung. Alle V.e in der übernatürlichen Ordnung, ob de congruo oder de condigno, setzen einen Gnadeneinfluß voraus; bloß natürlich gute Werke sind nicht meritorisch in der übernatürlichen Ordnung: Quidquid habes meriti, praeventrix gratia donat; / Nil Deus in nobis praeter sua dona coronat. Auch das facere, quod in se est darf also nicht ohne Gnadeneinwirkung gedacht werden; die Franziskaner setzten hier die gratia gratis data an, mit der jeder Mensch nach der allgemeinen Vorsehung Gottes begabt ist.

→ Thomas von Aquino hält sich in seinem Sentenzenkommentar ganz auf der allgemeinen Linie. Anders in seiner Summa theol. Auch hier wird zwar die Vorbereitung auf die Rechtfertigung in der üblichen Weise gelehrt, der Ausdruck m. de congruo aber vermieden. Die Differenz dürfte sachlich nicht so groß sein, wie sie in manchen Darstellungen erscheint. Vor allem darf nichts Besonderes in dem Satz gesehen werden, daß dem V. des Gerechtfertigten hinsichtlich des menschlichen Beitrages nur congruitas und bloß hinsichtlich des Gnadenanteils condignitas zukomme. Damit sagte Thomas nur, was bis heute allgemein in der röm.-kath. Kirche gelehrt wird. Das V. entstammt zugleich ganz dem freien Willen und ganz der Gnade, aber die Kondignität des V.es beruht allein auf der Gnade. Bei einer Reihe anderer Fragen dagegen ergaben sich Kontroversen. Nur zwei seien erwähnt: a) Da ohne Gnadeneinfluß kein V. möglich ist, kann der allererste Gnadeneinfluß, die prima gratia, nicht verdient werden. Kann nun der Gerechtfertigte solche V.e erwerben, die sich auf die Wiedererlangung der prima gratia beziehen, falls er durch Begehen einer Todsünde die Gnade verlieren sollte? Oder sind mit der Todsünde alle vorhergehenden V.e derart erloschen, daß sie für die Wiederausstattung mit der prima gratia nicht einmal de congruo in Betracht kommen? Thomas bejahte die zweite, → Bonaventura die erste Frage. b) Für das V. sind der Sache nach konstitutiv die Leistung eines guten Werkes und die von vornherein festgesetzte Akzeptierung des Werkes. Wer zB einem andern Hilfe leistet, ohne daß dieser sie akzeptiert und eine Belohnung für sie ausgesetzt hat, erwirbt kein V. im Rechtssinn. Ist nun im Verhältnis des Menschen zu Gott der Nachdruck auf das menschliche opus oder auf die göttliche acceptatio zu legen? Nach Thomas, Bonaventura u.a. trägt das V. seine Geltung in sich: quaedam proportionis aequalitas invenitur inter Deum praemiantem et hominem merentem (Thomas). Bereits → Duns Scotus aber unterschied scharf zwischen der Substanz des Aktes und der acceptatio und hob diese als essentielles Moment der ratio meritorii hervor. Gott sei in seinen Dekreten absolut unabhängig und könne nie durch äußere Gründe genötigt werden (potentia absoluta). Daß er die guten Werke des Gerechtfertigten als V.e ansehe, sei nicht in diesen Werken, als ob sie der Substanz nach besser wären als die des natürlichen Menschen, sondern allein in Gottes potentia ordinata begründet. Dieser Gedanke, der von → Ockham und seiner Schule stark in den Vordergrund gestellt wurde, läßt die V.lehre als Ganzes unangetastet, gibt ihr aber ein neues Vorzeichen: Gott könnte auch die natürlich guten Werke mit dem ewigen Leben belohnen, er will aber nur die übernatürlich guten Werke akzeptieren. Darum geh den dir von der Kirche bezeichneten Weg mit seinem Ineinander von sakramentalem Gnadenempfang und eigener Bemühung!

Die V.e des Menschen sind auf Grund des V.es Christi und neben ihm partielle Ursache des Heils. Die in der aszetischen Literatur häufigen Mahnungen, sein ganzes Vertrauen allein auf Gottes Barmherzigkeit zu setzen, bes. an Sterbende gerichtet, heben die V.lehre nicht auf, sondern unterstreichen nur ein Moment in ihr: die Mangelhaftigkeit unserer V.e in praxi. Hier knüpfte Luther an.

3. Die V.lehre ist der krönende Abschluß der Lehre von der → Gnade (: IV). Das *reformatorische Neuverständnis* der Gnade Gottes als favor Dei mußte daher auch die V.lehre treffen. Wenn die → Rechtfertigung (: II) nicht die sakramentale Eingießung der heiligmachenden Gnade ist, sondern die im Glauben an das Evangelium ergriffene gnädige Zuwendung Gottes zum Menschen, dann sind die Früchte der Rechtfertigung nicht die aus dem Zusammenwirken von Gnade und freiem Willen entspringenden V.e, sondern das Leben in der Gemeinschaft mit Gott mit seinen Glaubens- und Liebeswerken, die nova oboedientia (CA VI). → Gute Werke sind dann Glaubensfrüchte, geboren aus der Glaubens- und Heilsgewißheit (→ Gewißheit, 3 d), nicht V.e, die uns erst eine Position bei Gott schaffen und einen Anspruch auf das Heil erwerben. – Im einzelnen betrifft die reformatorische Kritik an der V.lehre folgende Punkte: a) Die V.-lehre zerstört die Einfalt des sittlichen Urteils, insofern sie – je nach dem Fehlen oder Vorhandensein des Gnadenbeistandes – zwischen natürlich gut und übernatürlich gut unterscheidet und nur das übernatürlich Gute als V. für die Seligkeit gelten läßt. Die Gnade wird damit zur Auflage gemacht, das Evangelium zum Gesetz. Das sittliche Verhalten wird – unabhängig davon, wie es sich im übrigen darstellt – anders beurteilt, wenn der Gnadenbeistand als mitwirkend gedacht ist. Statt dessen gilt es zu zeigen und in der Paränese einzuschärfen, wie der Glaube den Menschen sittlich erneuert (→ Sittlichkeit: VI, 5). – b) Die V.lehre zerstört die Einfalt des Gottvertrauens. Sie hat zur Folge, daß »das Gewissen . . . Hilfe, Trost und Seligkeit sucht in eigenen Werken . . . und rechnet, wieviel es gestiftet, gefastet, Messe gehalten hat etc, verlässet sich . . . darauf, als wolle es nichts von ihm (sc. Gott) geschenkt nehmen, sondern selbst . . . verdienen« (Luther). Auch der Gedanke, daß alle V.e Gnadengeschenke sind, ändert nichts daran, daß der Blick auf die bei mir aufweisbaren Werke gelenkt und von diesen das Heil erwartet wird. – c) Die V.lehre zerstört die Einfalt des christlichen Lebens. Glaubensgehorsam und Nächstenliebe werden durch den V.gedanken, der den Menschen an sich selber und sein Seelenheil bindet, alteriert. Sie gedeihen nur dann, wenn die Heilsfrage in Christus bereits abschließend beantwortet und der Mensch damit für den Dienst am Nächsten frei geworden ist. Das Abwägen der Werke nach dem V.grad tangiert die Ganzheit des Gott geschuldeten Gehorsams und gibt den kultischen Werken ein übermäßiges Gewicht.

4. Das → *Tridentinum* verschloß sich der reformatorischen Kritik mit dem Satz: iustificatum bonis operibus . . . vere mereri augmentum gratiae, vitam aeternam . . . gloriae augmentum (Denz. 842). Die Schulausdrücke (m. de congruo/condigno) fehlen, um eine Stellungnahme in den Schulstreitigkeiten zu vermeiden, aber mit vere mereri ist eindeutig das m. de condigno gemeint. Das Ergebnis der V.lehre ist damit voll aufrechterhalten. Die Geschichte des V.gedankens ist ein Schulbeispiel dafür, wie ein harmlos eingeführter Begriff nach und nach seine innere Dialektik entfaltet und schließlich zu Aussagen führt, durch welche die Ausgangsposition tiefgreifend verändert wird. Es ist für den rückschauenden Betrachter schwer, den Punkt zu bestimmen, an dem die falsche Weichenstellung erfolgt ist. Prot. Kritik ist hier vielleicht manchmal überscharf gewesen. Auf jeden Fall aber ist in dem m. de condigno des 13. Jh.s und dem vere mereri des Tridentinum das evangeliumsfremde Element unverkennbar.

Vgl. die Lehrbücher der DG, der kath. → Dogmatik u. → Moraltheologie u. die Lit. zu → Gnade Gottes: IV, → Rechtfertigung: II, 1. 2. Ferner: RE XX, 500ff – DThC VI, 574ff (Lit.) – J. Auer, Die Entwicklung d. Gnadenlehre in d. Hochscholastik II, 1951, 58 ff – Landgraf I/1.2 – A. Zumkeller, Das Ungenügen d. menschl. Werke bei d. dt. Predigern des Spät-MA (ZKTh 81, 1959, 265-305).

E. Schott

Verdienst Christi. Mit diesem Begriff wird, ebenso wie mit »Genugtuung« und »Lohn«, ein Terminus der Bußlehre des MA (→ Bußwesen: II) auf das Werk Christi (→ Christologie: II, 6 c; III, 2) angewandt, der Sache nach schon bei → Gregor d. Gr., ausdrücklich bei → Anselm von Canterbury und seit ihm. Er lehrt: der Gottmensch schuldet zwar als Mensch Gott Gehorsam, aber nicht seinen Tod; als ungeschuldete freiwillige Tat ist dieser ein V., das gemäß dem Gesetz der Vergeltung Lohn erheischt: er besteht darin, daß Gott das V. der sündigen Menschheit zugute kommen läßt zur Befreiung von der Strafe, durch Genugtuung für die Schuld. Auch die reformatorische Theologie hat den Begriff übernommen. Er findet sich in den Bekenntnisschriften, in der altprot. Dogmatik, auch in der Liturgie und im Kirchenliede. Diese Übernahme war in hohem Maße problematisch: die Reformation verwarf die V.-Frömmigkeit völlig (→ Verdienst: IV) und hielt zugleich ihre lehrhaften Grundlagen fest im Verständnis des Werkes Christi. Aus der Lehre von der Aneignung des Heils durch den sündigen Menschen wird das V. ganz entfernt, aber für die Erwerbung des Heils bleibt es in Geltung in Gestalt des V.es Christi, das nun den eigenen oder fremden menschlichen V.en als alleiniger Grund des Heils gegenübertritt. Die alte Dogmatik lehrt: als der Gottmensch war Jesus Christus dem Gesetz nicht unterworfen und brauchte es nicht zu erfüllen. Er war ferner ohne Sünde und mußte daher nicht sterben, geschweige den Gerichtstod der Sünder erleiden. Wenn er dennoch das Gesetz erfüllte und willentlich in den Tod ging, so begründet das ein V. Meritum oritur ex impletione legis et passione indebita (Hollaz). Gott überträgt es auf die Menschheit zur satisfactio für deren Schuld. – Diese Theorie arbeitet mit Voraussetzungen, die von der ev. Erkenntnis der Reformation grundsätzlich überwunden sind. Ein V. soll zustande kommen durch eine ungeschuldete freiwillige Leistung, soll einen Rechtsanspruch auf Lohn begründen und durch Gottes richterlichen Entscheid anderen zugewendet werden können. Aber nach ev. Erkenntnis gibt es kein Werk, das über Gottes Anspruch an den Menschen hinausginge: auch mit dem größten Opfer ist der Mensch sich Gott schuldig. Es gibt vor Gott keinen Anspruch auf Lohn. Die Leistung kann nicht von dem, der sie aufbringt, als sachliche Größe abgelöst und auf einen anderen übertragen werden. Gott will nicht irgendeinen, sondern meinen Gehorsam von mir, mich in meinem Gehorsam. Das alles muß aber auch auf Jesus Christus angewandt werden. Es verbietet ein Verständnis seines Heilswerkes mit dem Begriff des V.es. Der Satz, Jesus Christus habe Gott den Gehorsam gegen sein Gesetz nicht geschuldet, verstößt doketisch gegen seine wahre Menschheit. Jesus gibt in seinem Gehorsam dem Vater die Liebe, die er ihm als der Sohn schuldet. Und wo die Liebe am Werke ist, kann von V. nicht die Rede sein. Die altprot. Lehre hat aus ihrer Abweisung der V.-Frömmigkeit nicht die unerläßliche dogmatische Folgerung gezogen. Sie hat theologisch nicht Ernst damit gemacht, daß der Begriff V. im Verhältnis von Gott und Mensch nirgends und nie Platz hat, nicht nur nicht im Falle des sündigen Menschen, sondern auch nicht im Falle des Heilandes Jesus Christus. Der Begriff und die mit ihm arbeitende Lehre von Christi Werk war ein unangemessener, angesichts der ev. Grunderkenntnisse unhaltbarer Ausdruck für das Geheimnis der Stellvertretung Jesu Christi, nämlich dessen, daß unser Heil darin begründet ist, daß Jesus in seinem Leben und Leiden sich liebend mit dem sündigen Menschen ineinssetzt und daß Gott in seiner Liebe sich dazu bekennt. - Die neuere Dogmatik verzichtet demgemäß in der Regel auf den Begriff. Wo man ihn kirchlich noch gebraucht, da geschieht das nicht mehr in dem bestimmten Sinne der V.-Lehre, sondern in einem weiteren, wie ihn der allgemeine Sprachgebrauch auch kennt. V. will dann, neben anderen Begriffen, nur ein Ausdruck für den Heilsertrag des Lebens und Sterbens Jesu Christi sein, also für das propter Christum des Heils. Als solcher kann der Begriff dazu dienen, daß in der Lehre von Christi Werk dieses nicht allein als ein Handeln Gottes in ihm, sondern auch als auf Gott gerichtet zur Geltung kommt. Christi Leben und Sterben dient nicht nur zur Offenbarung der Liebe Gottes für die Menschen, sondern hat Wert auch für Gott selbst, als unerläßliches Mittel heiliger → Versöhnung (: VI) mit der Menschheit. Gott ist in Christi Werk *auch* sich selbst gegenüber. Das propter Christum darf nicht auf ein bloßes per Christum der Versöhnung und Rechtfertigung reduziert werden. - In der röm.-kath. Theologie wird, wie der Begriff des V.es überhaupt, so auch die Lehre vom V. Christi bis heute festgehalten, wesentlich in der Gestalt, die → Thomas von Aquino ihr gegeben hat.

H.SCHULTZ, Der sittl. Begriff d. V.es u. seine Anwendung auf d. Verständnis d. Werkes Christi (ThStKr 67, 1894, 7-50. 245-314. 554 bis 614). *P.Althaus*

Verdun *(Virodunum)*, lothringische *Diözese*, seit etwa 400 bezeugt, im MA bei der Metropole → Trier, im Konkordat von 1801 aufgehoben, im Konkordat von 1817 als Sprengel von → Besançon erneuert. Durch den Vertrag von Friedewalde (1551) wurde die Reichsstadt V. (ebenso wie → Metz, → Toul und → Cambrai) an Frankreich abgetreten, im → Westfälischen Frieden (1648) das ganze Hochstift, womit die geistliche Landeshoheit erlosch. *Bestand* (1960): 205091 Katholiken (unter 207106) in 586 Pfarreien, 314 Welt- und 20 Ordensgeistliche, 3 Männerklöster und 47 Schwesternheime.

HAUCK I-V (s. Reg.; Bischofs- u. Klosterlisten) - N.ROBINET-J.B.A.GILLIANT, Pouillé du diocèse de V., 3 Bde, V. 1888-1904 - L.BAUNARD, L'épiscopat français 1802-1906, Paris 1907, 674ff - CH.AIMOND, La cathédrale de V., Nancy 1909 - B.MORRET, Stand u. Herkunft der Bischöfe von Metz, Toul u. V. im MA (Diss. Bonn), 1911, 95ff - L.DUCHESNE, Fastes épiscopaux III, Paris 1915, 66ff - P.E. HÜBINGER, Die weltl. Beziehungen der Kirche von V. zu den Rheinlanden (Diss. Bonn), 1935 - AnnPont 1962, 453. *F.Flaskamp*

Verecundus, Bischof *von Junca* (Nordafrika), † 552 in Chalcedon, wohin sich der von → Justinian I. wegen seiner Haltung im → Dreikapitelstreit Vorgeladene geflüchtet hatte (MG AA XI, 202). Erhalten sind ein Kommentar zu 9 at. Gesängen, die er als Presbyter nach 534 schrieb, Auszüge der Akten von Chalcedon und ein gelungenes hexametrisches Gedicht De satisfactione poenitentiae. → Isidor von Sevilla nennt De vir. ill. 7 nur letzteres und ein verlorenes Werk De resurrectione et iudicio.

Ausg.n: J.B.PITRA, Spicil. Solesm. 4, Paris 1858 - E.KULLENDORFF, Textkr. Beitr. zu V., Lund 1943 (ed. De satisf.). - Mit Lit.: BARDENHEWER V, 324ff - DThC XV/2, 2672ff - PW 2. R. VIII, 1010ff - ALTANER § 97, 6. *H.Berthold*

Verein für Reformationsgeschichte, gegr. 1883, Vorsitzende Jul. → Köstlin, G. → Kawerau, H.v. → Schubert, O.Scheel, H.Bornkamm. Außer volkstümlichen »Schriften für das ev. Volk« (1-45, 1888-1906) veröffentlichte er: SVRG (1-180, 1883-1962), QFRG (I-XXVIII, 1911-62), ARG (1-52, 1903-61; hg.v. W. Friedensburg, seit Bd 35, 1938 v. Gerh.Ritter, der es aus einem Organ zur Publikation und Untersuchung von Texten zu einer internationalen historischen Zeitschrift umgestaltete; seit Bd 42, 1951 zusammen mit der American Society for Reformation Research). Von den Supplementa Melanchthoniana (im CR fehlende Werke Melanchthons) erschienen 5 Bde (1910-26); Neuausg. des Briefwechsels wird vorbereitet. Die 1920 begründeten, umfangreiches Material erschließenden »Quellen zur Geschichte der Täufer« (I-III: »Wiedertäufer«) werden seit dem Kriege mit Hilfe der amerikanischen → Mennoniten fortgesetzt (I-IX, 1930-62). Neben Akten bringen sie jetzt auch die Schriften von → Denck, → Hubmaier, → Müntzer u.a. *H.Bornkamm*

Vereinigte Ev.-Luth. Kirche Deutschlands (VELKD)

1. Entstehung und Vorgeschichte - 2. Verfassung, Aufgaben, Organe - 3. Wirksamkeit

1. Die ev.-luth. Landeskirchen in → Bayern, → Braunschweig, → Hamburg, → Hannover, → Lübeck (seit 30.6.1949), → Mecklenburg, → Sachsen, → Schaumburg-Lippe, → Schleswig-Holstein und → Thüringen haben sich auf der verfassunggebenden Generalsynode in Eisenach am 6.-8.7.1948 zur VELKD zusammengeschlossen; sie wissen sich »geeint« in dem gleichen Bekenntnis und »gerufen zum gemeinsamen Bekennen und einheitlichen Handeln« (Präambel der Verfassung). Die Verfassung trat am 31.12.1948 in Kraft. Alle 10 Gliedkirchen der VELKD sind auch der → Evangelischen Kirche in Deutschland (: I) als einem Bund luth., unierter und ref. Kirchen beigetreten.

Diese doppelte Gliedschaft luth. Landeskirchen in der VELKD und der EKD ist das Ergebnis des Ringens der Kirchen der luth. Reformation um ihre Einheit im Spannungsfeld von Territorialgrenzen und Bekenntniseinheit. In der durch CA VII verbürgten relativen Freiheit des → Luthertums in Verfassungsfragen konnte das aus dem MA überkommene Prinzip → Cuius regio eius religio zur Bildung luth. Landeskirchen mit dem Landesherrn als summus episcopus führen. Aber die Verfälschung des obrigkeitlichen Amtes durch den Absolutismus, dazu die Konversion von luth. Landesfürsten zur röm.-kath. oder zur ref. Kirche und der Mißbrauch des → Summepiskopats zur Erzwingung von Kirchenunionen bes. im 19.Jh. ließen das landesherrliche → Kirchenregiment immer stärker als Last empfinden. Aus der konfessionellen Erweckungsbewegung des 19.Jh.s erwuchsen die Rufer zur Erneuerung und Einheit der luth. Kirche auf der Basis von Schrift und Bekenntnis (→ Luthertum: II). Das territoriale Staatskirchenrecht sollte durch eine am Bekenntnis orientierte KO eingeschränkt und überwunden werden.

Wesentliche *Faktoren der Entwicklung* waren: a) Neuerkannte gemeinsame Predigt- und Seelsorgeaufgaben führten zu über-landeskirchlicher Zusammenarbeit: Diasporafürsorge (Gotteskasten, → Martin-Luther-Bund, 1840 bzw. 1853), Mission (1836 → Leipziger, 1846 → Neuendettelsauer, 1849 → Hermannsburger Mission), Auswanderer- und Seemannsmission, Predigerseminare für Nordamerika (Neuendettelsau, Hermannsburg, Kropp). – b) Die Ansätze zu freien luth. Konferenzen (1842 Hannover, 1843 Leipzig, 1852 Liturgische Konferenz) erhielten Auftrieb durch den Widerstand gegen die Einführung der Union in den 1866 von Preußen erworbenen Gebieten Hannover und Schleswig-Holstein. Seit 1868 wurde die »Allgemeine ev.-luth. Konferenz« zur eigentlichen Sammlungsbewegung des → Luthertums (: II, 2). – c) Das Erlöschen des landesherrlichen Kirchenregiments 1918 schuf die Voraussetzung, eigene kirchliche Ordnungen entwickeln zu können. Dabei führte der neue Gedanke des Reiches zur Forderung der nationalen Einheitskirche, während das vom Bekenntnis her bestimmte Denken eine über-territoriale Einheit erstrebte. – d) Die »Allgemeine ev.-luth. Konferenz«, seit der Jh.wende in enger Verbindung mit dem skandinavischen und amerikanischen Luthertum, entwickelte sich unter Führung von Landesbischof Ihmels zum Luth. Einigungswerk, veranlaßte 1927 die 1. deutsche luth. Bischofskonferenz, regte eine Föderation der niederdeutschen luth. Kirchen an und bildete am 14.5.1935 in Würzburg ein Direktorium mit Bischof Meiser an der Spitze, um die luth. Landeskirchen zu einem »luth. Zweig« der werdenden DEK zusammenzuschließen. – e) Der → Kirchenkampf wurde in doppelter Hinsicht ausschlaggebend für das Entstehen der VELKD: Angesichts der Irrlehre der »Deutschen Christen« (DC) zwang die Verpflichtung gegenüber Schrift und Bekenntnis zum aktuellen Bekennen. Die Neubesinnung auf die Reformation in der frühen → dialektischen Theologie und in der jungreformatorischen Bewegung förderte eine bewußte Bekenntnisorientierung. Andererseits überspitzten die DC die nationalkirchliche Forderung und diskreditierten dadurch das unionistische Denken. Darum wurde auf der 1. Bekenntnis-Synode in → Barmen nicht nur die Barmer Theologische Erklärung 1934 von Lutheranern, Unierten und Reformierten gemeinsam bekannt, sondern es wurde gleichzeitig in der dortigen »Erklärung zur Rechtslage« einmütig festgestellt: »Ihre echte kirchliche Einheit kann die DEK nur auf dem Wege gewinnen, daß sie die reformatorischen Bekenntnisse wahrt und einen organischen Zusammenschluß der Landeskirchen und Gemeinden auf der Grundlage ihres Bekenntnisstandes fördert.« Wenn die luth. Landeskirchen und Bruderräte am 24.8.1934 den »Luth. Rat« gründeten, am 12.2.1935 den »Luth. Pakt« zwischen Bayern, Hannover und Württemberg schlossen, vom 2.-5.7.1935 in Hannover den »Luth. Tag« begingen und am 18.3.1936 den »Rat der Ev.-Luth. Kirche Deutschlands« (sog. »Lutherrat«) schufen, dann griffen sie zugleich auf die Bekenntnissynode von Barmen zurück. – f) Die Arbeit des Lutherrates und seines ständigen Sekretariats führte folgerichtig nach 1945 zur Bildung der VELKD. Die luth. Landeskirche von Württemberg schied dabei aus, weil von dort her eine »groß-luth.« Lösung im Sinne einer ganz Deutschland umfassenden »Ev. Kirche Augsburgischer Konfession« erstrebt wurde. Auch eine Einheitskirche auf Grund des gemeinsamen Bekenntnisses von Barmen ließ sich nicht durchsetzen. So kam es auf Grund der Verhandlungen in Treysa 1945 und 1947 zu der erwähnten doppelten Gliedschaft der luth. Landeskirchen (s. 1).

2. Die Grundlage der VELKD ist das in der Hl. Schrift gegebene und in den luth. → Bekenntnisschriften bezeugte Evangelium von Jesus Christus. Die VELKD ist ein Zusammenschluß von ev.-luth. Kirchen, die sich in Verkündigung und Sakramentsverwaltung wie auch in Ordnung, Leitung und Verwaltung sowie im gesamten Handeln der Kirche an das Bekenntnis gebunden wissen. Sie ist eine Vereinigte Kirche mit voller Kanzel- und Abendmahlsgemeinschaft. Durch ihre Gliedkirchen der EKD verbunden, ist sie der in Barmen bezeugten Gemeinschaft verpflichtet; sie weiß sich mit allen ev.-luth. Kirchen in der Welt verbunden und beteiligt sich an der ökumenischen Arbeit. Ihre *Gliedkirchen* behalten zwar ihre Selbständigkeit in Kultus und Verfassung, Gesetzgebung und Verwaltung, erstreben aber eine größere Einheitlichkeit ihrer Ordnungen und erkennen an, daß die Gesetze und Rechtsverordnungen der VELKD vor ihren eigenen Gesetzen Vorrang haben.

Die *Aufgaben* bestimmen sich durch die Förderung der Einheit und erstrecken sich darum auf Lehre, Gottesdienst und Gemeindeleben, Öffentlichkeitsarbeit, Diaspora, Diakonie, Mission und Ökumene. Die VELKD vertritt ihre Gliedkirchen in allen gemeinsamen Angelegenheiten nach außen, bes. gegenüber der Ökumene. Die Gliedkirchen sind dem Ökumenischen Rat der Kirchen unmittelbar als ev.-luth. Kirchen angeschlossen und lassen sich innerhalb der Grenzen seiner Zuständigkeit vom Rat der EKD vertreten.

Die *Organe* sind Bischofskonferenz und Leitender Bischof, Generalsynode und Kirchenleitung. An der *Bischofskonferenz* können Bischöfe luth. Kirchen, die nicht zur VELKD gehören, mit beratender Stimme teilnehmen. Die Bischofskonferenz kann Kundgebungen erlassen und wirkt bei der Gesetzgebung mit. Der *Leitende Bischof* (1949-55 D. → Meiser, seit 1955 D. → Lilje) hat innerhalb der VELKD volles Kanzelrecht, kann Hirtenbriefe erlassen, führt den Vorsitz in Bischofskonferenz und Kirchenleitung und vertritt die VELKD. Die *Kirchenleitung* (Leitender Bischof, sein Stellvertreter, Präsident der Generalsynode und 2 gewählte Synodale) leitet die VELKD. Die *Generalsynode* (54 Mitglieder) ist das gesetzgebende Organ. Die allgemeine kirchliche Verwaltung übt das *Luth. Kirchenamt* in Hannover (Präsident) und Berlin (Vizepräsident) aus. Ferner bestehen ein Verfassungs- und Verwaltungsgericht, ein Senat für Lehrfragen und ein Spruchkollegium für Lehrverfahren, ein Prediger- und Studienseminar in München-Pullach, ein Pastoralkolleg und ein eigenes Amtsblatt. Zur Statistik s. → Luthertum: III A, 2 a.

3. Da die Gliedkirchen der VELKD an der Öffentlichkeitsarbeit der EKD beteiligt sind, liegt das Schwergewicht der Arbeit der VELKD auf innerkirchlich-geistlichem Gebiet. Die Fachausschüsse für Theologie, Gemeindeaufbau, Liturgik, Ökumene, Mission, Rechtsfragen und Presse erarbeiten im Auftrag der Kirchenleitung Vorlagen für Bischofskonferenz und Generalsynode. Die Auslandsbeziehungen in Diaspora, Mission und Ökumene werden durch das Auslandsreferat in enger Zusammenarbeit mit dem Kirchlichen Außenamt der EKD und dem → Lutherischen Weltbund wahrgenommen. Die Pressestelle des Luth. Kirchenamtes hält Verbindung mit der kirchlichen und der Tagespresse. Die Arbeiten an der Erneuerung der Ordnungen für das gottesdienstliche und gemeindliche Leben (EKG, Agendenwerk, Textfassung des Kleinen Katechismus, Lektionar, Ordnung der Predigttexte, Lebensordnung, Lehrordnung) sind durch ihre theologisch-kirchliche Ausrichtung auch über den Bereich der VELKD hinaus

fruchtbar geworden. Dasselbe gilt für die Beschlüsse und Anregungen der Generalsynoden zu Themenkreisen wie »Toleranz zwischen den Konfessionen« (1956), »Die Predigt« (1957), »Die missionierende Kirche: Volksmission« (1958), »Sendung der Kirche in die Welt der Völker« (1959) und »Der Mensch in unserer Welt« (1961). – Obwohl die VELKD das in ihrer Verfassung gesteckte Ziel noch keineswegs erreicht hat und auf ihrem Wege mancherlei Mißdeutungen ausgesetzt war, hat sie mit der reformatorischen Bindung an das durch Schrift und Bekenntnis bezeugte Evangelium eine Ausgangsposition gewonnen, die solange zu Recht besteht, wie sie zugleich der Einheit der Christenheit dienen will.

Veröffentlichungen d. VELKD: Amtsblatt f. d. Ev.-Luth. Kirche in Bayern, 1948-53 – Amtsblatt d. VELKD, 1954ff – Ordnungen u. Kundgebungen d. VELKD, 1954 – Protokolle d. Luth. Generalsynoden, 1948ff – ELKZ, 1947-61 (fortgesetzt ab 1962 durch »Luth. Monatshefte«), bes. Sonderhefte 1952, Nr. 14; 1956, Nr. 12; 1957, Nr. 16; 1958, Nr. 15 – Viva Vox Evangelii, Festschr. f. H.Meiser, 1951 – Informationsdienst d. VELKD, 1952ff – Schriftenreihe »Missionierende Gemeinde«, 1961.

Lit.: KJ 1933ff – P.Fleisch, Das Werden d. VELKD u. ihrer Verfassung (ZevKR 1, 1951, 15-55. 404-418) – Ders., Zwölf Jahre Lutherrat (ELKZ 8, 1954, 52-57) – Ders., Für Kirche u. Bekenntnis. Gesch. d. Allg. Ev.-Luth. Konferenz, 1956 – H.Fagerberg, Bekenntnis, Kirche u. Amt in d. dt. konfessionellen Theol. d. 19.Jh.s (UUÅ 1952, 9) – H.Brunotte, Das Zusammenleben d. Konfessionen in d. EKD, 1953 – Ders., Die Diaspora als Frage an d. Landeskirchentum (Jb. d. Martin-Luther-Bundes, 1957/58, 86-100) – Ders., Personalitätsprinzip u. landeskirchl. Territorialprinzip (ZevKR 7, 1959/60, 348-375) – P.Brunner, Eisenach 1948 (ebd 3, 1953/54, 126-163) – S.Grundmann, Der Luth. Weltbund, 1957 – E.Kinder u. H.Brunotte in: H.Lamparter (Hg.), Und ihr Netz zerriß, 1957, 213-280. 381-422 – EKL III, 1622ff (Lit.).

F.Hübner

Vereinigte Staaten von Amerika (USA)

I. Kirchengeschichte – II. Prot. Theologie – III. Religionsphilosophie im 19. und 20.Jh. – IV. Amerikanisches Christentum – V. Nordamerikanische Missionen – VI. Theologische Ausbildungsstätten. – A. = Amerika. – Karte 25 »Nordamerika im 18.Jh.« s. Sp. 1277f, Karte 26 »Vereinigte Staaten von Amerika, Gegenwart« s. Sp. 1287-90

I. Kirchengeschichte

1. Forschungslage – 2. Von den Anfängen bis zum Ende der Kolonialzeit (1492-1776) – 3. Vom Unabhängigkeitskrieg bis zum Sezessionskrieg (1776-1861) – 4. Vom Sezessionskrieg bis zum 1.Weltkrieg (1861-1919) – 5. Vom Ende des 1. Weltkriegs bis zur Gegenwart (1919-62)

1. Während die ältere KG-Forschung vor allem die Bedeutung des Puritanismus für die KG Amerikas betonte, fand seit den 20er Jahren die These des Historikers Fr.J.Turner (The Frontier in American Life, 1920), daß die »Grenze«, dh das Vorrücken der Siedler nach Westen, großen Einfluß auf die Entwicklung des amerik. Charakters und der amerik. Einrichtungen gehabt habe, Eingang auch in die KG-Forschung (W.W.Sweet, W.E. Garrison, P.G.Mode). Gegenüber der Überbetonung der Kolonialzeit wird heute erkannt, daß die Periode des Wachstums der großen »Volkskirchen« des Westens in den ersten sieben Jahrzehnten des 19.Jh.s das heutige amerik. Christentum stärker geprägt hat (vgl. R.C. Wolf, The Middle Period, 1800-1870 – The Matrix of Modern American Christianity [Religion in Life 22, 1952/53, 72ff]).

2. Die Geschichte des amerik. Christentums ist als ein Teil der Wanderung europäischer Völker über den Atlantik (→ Amerika: II, 1) sowie als Verpflanzung und Umwandlung europäischer Ideen und Einrichtungen in die USA zu betrachten. Die Geschichte der Kirche in den USA beginnt mit der Zeit der europäischen Staatenbildung (um 1492). Die kath. Länder Spanien, Portugal und Frankreich wandten sich im 16. und 17.Jh. Nord- und Süd-A. zu (→ Amerika: II, 2). Franziskaner und Jesuiten vor allem ließen sich von Florida (St. Augustine 1565) bis Kalifornien nieder und entlang dem St. Lorenz-Strom in Kanada bis Louisiana am unteren Mississippi. Die Christianisierung und Zivilisierung der → Indianer (: II) war oft nur eine Begleiterscheinung der militärischen und wirtschaftlichen Maßnahmen der europäischen Mächte. Obwohl Neu-Holland (1621) und Neu-Schweden (1638) wirtschaftlich einige Bedeutung hatten, begann die fortlaufende Geschichte des Christentums in den USA erst mit der Entwicklung des britischen Imperialismus, der Niederlage der spanischen Armada (1588) und den englischen Niederlassungen entlang der Küste des Atlantiks.

Bei der Entwicklung der Kolonien im Süden, zB Virginia (1607), machte sich zwar puritanischer Einfluß bemerkbar; doch war dort die Kolonisierung hauptsächlich wirtschaftlich orientiert. Der Anglikanismus war vorherrschend und wurde durch die Krone und die Handelsgesellschaften gefördert. Er litt aber unter der Vernachlässigung durch die Kirche von England und dem Mangel an qualifizierten Geistlichen. Die Kontrolle lag während der ganzen Kolonialzeit beim Bischof von London. Erst nach Gründung des William und Mary College 1693 konnten die Anglikaner eine amerik. Führung entwickeln. Später wurde die Neugründung unterstützt durch die Ernennung von Kommissaren (zB J.Blair und Th.Bray) und die Missionsgesellschaften (SPCK 1698, SPG 1701; → Anglikanische Kirche: II, 1). Die Forderung nach einem Kolonialbischof und nach weiterer Verbreitung des → Common Prayer Book (G. → Keith) wurde ständig erhoben. – Nach der Landung der → Pilgerväter in Plymouth trat die Kolonisierung von Neu-England mit der Niederlassung nichtseparierter → Puritaner in Massachusetts Bay (ca 1628) und Connecticut (ca 1635) in ihre entscheidende Phase. Diese Kolonisten vertraten die Föderaltheologie (→ Bund: IV) und das kongregationalistische Prinzip und wollten die Reformation zu Ende führen, doch als Kirche von England. Sie siedelten in geschlossenen Gemeinden mit einer Verfassung, die ihnen Unabhängigkeit garantieren sollte, und wollten eine biblische Theokratie begründen. Sie gründeten Harvard College (1636) zur Heranbildung einer einheimischen Führungsschicht. In der Cambridge Platform (1651; → Bekenntnisschriften, 5) begründeten sie ihren kongregationalistisch modifizierten Presbyterianismus durch Annahme der → Westminster-Konfession, wobei die Definition der Kirche als versammelter Gemeinde wiedergeborener Christen geändert wurde. Obwohl sie die Kindertaufe übten, ließen sie nur Kirchenmitglieder zur Wahl und zur Übernahme von Ämtern zu. Sie hielten an einer Aristokratie unter Führung von Laien (John Winthrop) und Geistlichen (John Cotton) fest trotz der demokratischen Konsequenzen des → Kongregationalismus (vgl. John Wise, ca 1710). Die inneren Spannungen im Puritanismus und der Zustrom von Einwanderern führten zu Kämpfen mit Antinomisten, Baptisten, Quäkern und Anglikanern. Nach und nach gaben die Puritaner ihre früheren Konzeptionen auf. Sie führten den »half-way covenant« ein (1662), praktizierten den »Stoddardeanismus« (Gebrauch des Abendmahls als Bekehrungsordnung) und versuchten durch die Massachusetts Proposals (1705) und die Saybrook Platform (1708) strengere Kirchenzucht aufrechtzuerhalten. – Die anglikanischen Kirchengründungen im Süden konnten ebensowenig wie die kongregationalistischen im Norden die Entstehung anderer Religionsgemeinschaften verhindern. Der kath. Konvertit Lord Baltimore (Calvert) führte als Herr von Maryland schon 1639 Religionsfreiheit ein,

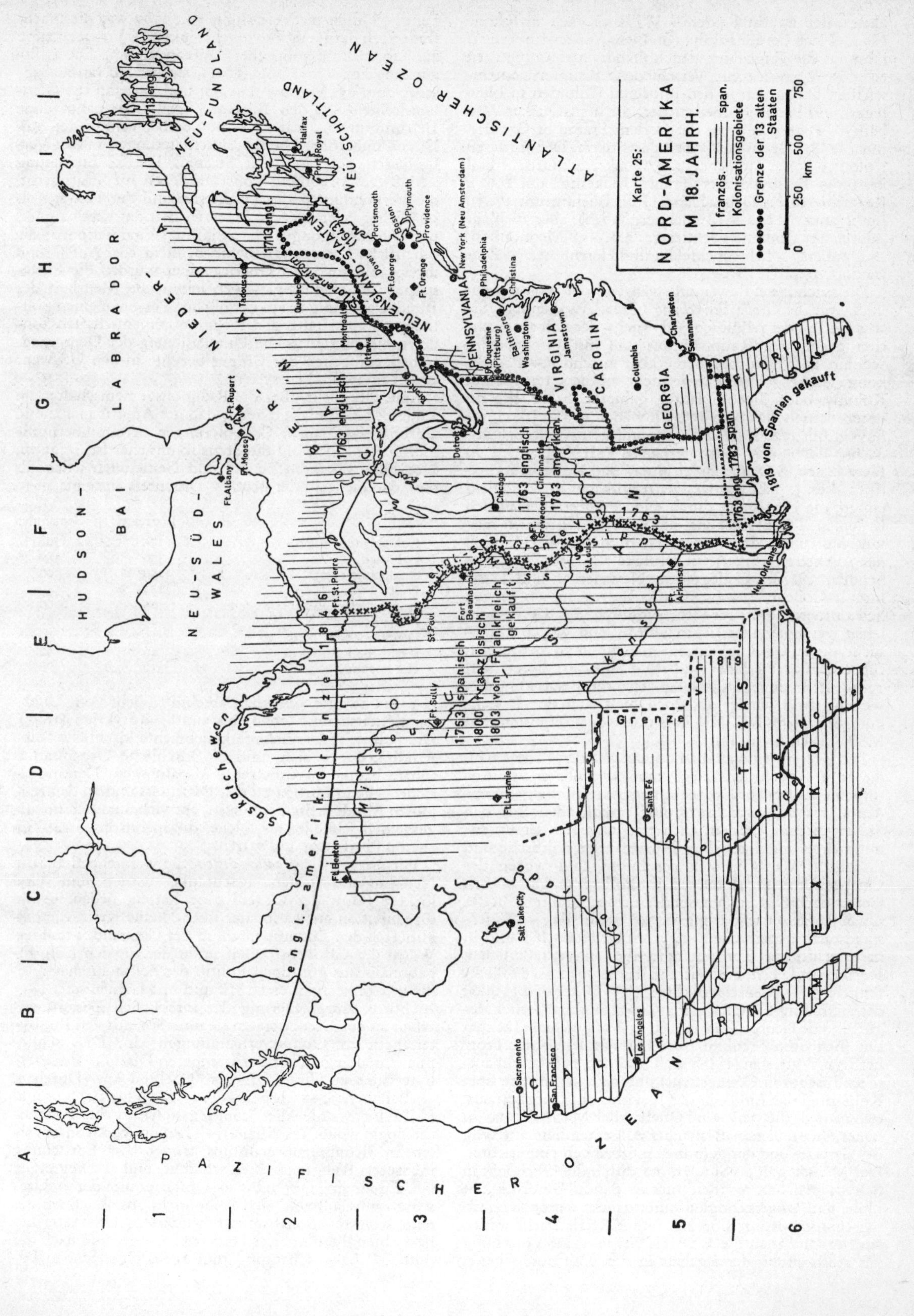
Karte 25:
NORD-AMERIKA
IM 18. JAHRH.
französ.
span.
Kolonisationsgebiete
Grenze der 13 alten Staaten
0 250 500 750 km
ATLANTISCHER OZEAN
PAZIFISCHER OZEAN
NEU-FUNDLAND
1713 engl.
NEU-SCHOTTLAND
Halifax
Port Royal
LABRADOR
HUDSON-BAI
NEU-SÜD-WALES
NEU-ENGLAND-STATEN
NEUENGLAND-STAATEN (1643)
Portsmouth
Boston
Plymouth
Providence
New York (Neu Amsterdam)
Philadelphia
Christina
Baltimore
Washington
Jamestown
PENNSYLVANIA
VIRGINIA
CAROLINA
GEORGIA
Charleston
Savannah
Columbia
FLORIDA
1819 von Spanien gekauft
1763 engl. 1783 span.
Quebec
Tadoussac
Montreal
Ottawa
1763 englisch
Ft. Rupert
Ft. Moose
Ft. Albany
Detroit
Chicago
Ft. Duquesne (Pittsburg)
1763 englisch
1783 amerikan.
Cincinnati
St. Louis
Ft. Arkansas
New Orleans
St. Paul
Fort Beauharnais
Ft. St. Pierre
1763 spanisch
1800 französisch
1803 von Frankreich gekauft
Ft. Sully
Ft. Laramie
Ft. Benton
Saskatchewan
engl.-amerik. Grenze 1846
Grenze von 1819
TEXAS
Santa Fé
Salt Lake City
Sacramento
San Francisco
Los Angeles
KALIFORNIEN
MEXIKO
Rio Grande del Norte
Missouri
Arkansas
Colorado
1 2 3 4 5 6

ebenso der Baptist Roger → Williams 1641 in Rhode Island. Nach der Einnahme von Neu-Amsterdam (1664) räumten die Engländer den holländischen Calvinisten religiöse Vorrechte ein. Verschiedene Religionsgemeinschaften ließen sich in den mittleren Kolonien in New Jersey und Pennsylvanien nieder, die dem Quäker William → Penn gehörten, der in dem Frame of Government (1681) Gewissensfreiheit garantierte. Die mittleren Kolonien boten Zuflucht für → Quäker, schottische und irische → Presbyterianer (Francis Makemie, um 1692), Reformierte aus Deutschland (J.Ph.Boehm, um 1725), Lutheraner (H.M. → Mühlenberg, 1742), aber auch für zahlreiche deutsche Sektierer, zB → Mennoniten, → Dunkers, → Schwenckfelder und Herrnhuter (→ Zinzendorf, 1742ff).

Die wichtigste Bewegung während der Kolonialzeit in A. war die *Große Erweckung* (Great Awakening). Sie war ein Teil des religiösen Aufbruchs, der sich als Reaktion gegen den Rationalismus und Institutionalismus weithin in Westeuropa bemerkbar machte (→ Erweckung: I). Als solche war sie nicht an die Grenze einer Kolonie oder Denomination gebunden. Sie begann unter dem holländisch-ref. Einwanderer Th.J.Frelinghuysen um 1720 in New Jersey und verbreitete sich zunächst unter den Presbyterianern (zB G.Tennent in New Jersey, S.Davies in Virginia) und Kongregationalisten (bes. J. → Edwards). Der Anglikaner → Whitefield einigte die Bewegung durch seine Predigtreisen in den Kolonien. Die Erweckung rief neue Bekehrungen hervor, bes. unter den Dissenters, milderte den Einfluß der Aufklärung auf A. und führte zur Gründung von Schulen, zB des College von New Jersey und Dartmouth College. Man griff die Bewegung an wegen Schwärmerei, Herumreisen, wodurch das Gemeindeleben weitgehend verändert wurde, und wegen Tadelsucht, die zu Uneinigkeit und manchmal zu Spaltungen führte (zB »New Side« und »Old Side« Presbyterianer, 1741-58). In einigen Gebieten starb die Erweckungsbewegung bald wieder ab, doch hielt sich der Erwekkungseifer (»revivalism«) bes. unter den Baptisten und Methodisten im 19.Jh.

Die Kolonisten waren bald ganz mit den Problemen, die zum Revolutionskrieg (1776-83) führten, in Anspruch genommen. Die nicht zur Staatskirche gehörenden Christen waren nicht nur unzufrieden mit den Steuergesetzen, sondern auch erregt wegen der Ernennung eines anglikanischen Bischofs, der politische und kirchliche Macht in sich vereinigte, und wegen der Quebec Akte (1774), die den Katholiken in dem weiten Gebiet nach Norden hin Sonderrechte einräumte. In der Unabhängigkeitserklärung (1776) waren das → Widerstandsrecht gegen einen ungerechten Herrscher und in naturrechtlicher Terminologie die »unveräußerlichen Rechte auf Leben, Freiheit und das Streben nach Glück« festgelegt (→ Menschenrechte: I, 3). Unter den Helden des Befreiungskampfes waren anglikanische Gemeindeglieder wie George Washington und angesehene Deisten wie Benjamin Franklin und Thomas Jefferson. Trotz heftigen Widerstandes (Samuel Seabury, 1783 anglikanischer Bischof in Connecticut) unterstützten die meisten Kolonisten das Anliegen der Revolution. Gott betrachtete man als die souveräne Quelle aller Macht; er hat zu seiner Ehre und zum Besten der Allgemeinheit eine Welt des Gesetzes und der geordneten Obrigkeit eingerichtet. Der Mensch galt als Sünder, der durch die Obrigkeit in Schach gehalten werden müsse, damit Gerechtigkeit blühe und Ungerechtigkeit unterdrückt werde (vgl. zB Westminster-Konfession XX und XXIII). Darüber hinaus verstand man die USA als ein von der Vorsehung zur Ausbreitung der Freiheit in der Welt ausersehenes Land. - Durch die Verfassung von 1787 war die Nachfrage nach der Religionszugehörigkeit als Voraussetzung zur Übernahme politischer Ämter verboten. Die 1. Ergänzung zur Verfassung (1791) beruhte auf rationalistischen und ev. Voraussetzungen und verband die Glaubensfreiheit mit den Bürgerrechten. Man nahm diese Bestimmungen zwar an, legte sie aber verschieden aus. Davon unberührt blieben Einschränkungen in den Verfassungen der einzelnen Staaten. Die 1. Ergänzung schloß die Anstellung von Geistlichen im Staatsdienst, die Verkündigung des Dankfestes und der Fasttage als staatlicher Feiertage, die Steuerfreiheit des Kirchengutes und Vergünstigungen für religiöse Organisationen, die öffentliche Dienste übernehmen, nicht aus. Auf Grund ihrer zahlenmäßigen Überlegenheit wurden die Protestanten oft begünstigt; doch lehnte die Mehrheit der Bundesregierung es ab, kirchlichen Personen einen politischen Sonderstatus und Religionsgemeinschaften Sonderrechte zu geben. Die Unterstützung der Denominationen von seiten der Bürger beruhte in den USA auf einem Freiwilligkeitssystem.

Eine Übersicht über die Religionsgemeinschaften zu Ende der Kolonialzeit zeigt, daß die Amerikaner die in Europa bestehenden Gruppierungen bereits übernommen hatten. Obwohl die Statistik unsicher ist, zeigt ein Überblick über die Pfarrer und Gemeinden jedenfalls dies, daß die Zahl der prot. → Dissenters ansteigt:

	Pfarrer	Gemeinden
Kongregationalisten	575	700
Baptisten	350	380
Anglikaner	250	300
Presbyterianer	153	320
Holländisch-Reformierte	25	60
Lutheraner	25	60
Deutsch-Reformierte	25	60
Römische Katholiken	26	52
Brüdergemeine	12	8

3. Ein zweiter Geschichtsabschnitt reicht vom Unabhängigkeitskampf (1776) bis zum Bürgerkrieg (1861). Die politische Unabhängigkeit brachte kirchliche Selbständigkeit mit sich, und die kirchliche Organisation führte häufig zu weiteren Aufspaltungen. Denominationen, die in Europa zu den Dissenters und zu den religiösen Minderheiten gehörten, entwickelten sich im allgemeinen schneller als solche, die in Europa Staatskirchen und Majoritäten waren.

Für die → *Kongregationalisten,* die weitgehend auf die Neu-England-Staaten beschränkt waren und eine lockere Form der Organisation hatten, bedeutete die Organisation auf nationaler Ebene keine Krise. Sie diskutierten den Zusammenschluß der Gemeinden und das Wesen der Glaubensfreiheit unter der für den Kongregationalismus günstigen Politik der Selbsteinschätzung, die in Connecticut erst 1818 und in Massachusetts 1833 aufhörte. Zur Sicherung der kirchlichen Zusammenarbeit an der Grenze traten sie um 1801 mit den Presbyterianern in Unionsverhandlungen ein. Dies schlug manchmal gegenüber der strengeren Disziplin der Presbyterianer zu ihrem eigenen Nachteil aus. Durch J. → Bellamy, S. → Hopkins, T. → Dwight, B.Tyler und N.Taylor wurde die kongregationalistische Föderaltheologie weiter modifiziert. - Theologische Kontroversen im Kongregationalismus trugen zur Entstehung mehrerer Religionsgemeinschaften und Bewegungen bei. Zu ihnen gehören die → Unitarier und der → Universalismus, obwohl sich beide nicht ausschließlich aus dem Kongregationalismus rekrutierten. Um 1805 beherrschten die Unitarier Harvard College, und nach der durch W.E. → Channing (um 1819) einsetzenden Popularisierung gründeten sie die American Unitarian Association (1825) zur Vertretung christlicher Vernünftigkeit. Der Universalismus verbreitete sich so rasch, daß die Universalisten 1833 eine Allgemeine Konferenz (General Convention) organisieren konnten. Im → Transzendentalismus, einer unorganisierten Bewegung auf dem Boden des Kongregationalismus und Unitarismus, machte sich der Einfluß der Romantik und die Reaktion der Geistlichkeit von Neu-England gegen einen trockenen Intellektualismus bemerkbar (→ Vereinigte Staaten: II. III).

1706 wurde im kolonialen A. das erste Presbyterium gebildet. Die → *Presbyterianer* wuchsen rasch durch Zuzug aus Schottland und Nordirland, und wegen der Großen Erweckung und ihrer Unterstützung der Revolution wurden sie beliebt. So waren sie 1776 über die ganze Bevölkerung verbreitet und sahen sich vor die Aufgabe gestellt, eine nationale Rechtsinstanz ins Leben zu rufen. Unter der Führung von J.Witherspoon und J.Rodgers wurde 1788 eine Generalversammlung gegründet. Sie nahm die Westminster-Konfession an und paßte Kirchenregiment und Kirchenzucht den amerik. Verhältnissen an. Einige konservative Gruppen, die sich abseits der Generalversammlung hielten, bildeten 1858 die United Presbyterian Church of North America. Wegen ihres konservativen Calvinismus, der hohen Ansprüche an den Bildungsstand der Geistlichen und des strengen Kirchenregiments waren die Presbyterianer an der Grenze oft wirkungslos. 1810 zeigte die Entstehung der Cumberland Presbyterian Church den wachsenden Einfluß des Arminianismus (→ Arminianer) und das Bedürfnis nach mehr Pfarrern, als die Presbyterianer sie heranbilden konnten. Theologische Lehrunterschiede, der Unionsplan mit den Kongregationalisten (s.o.) und die Sklavenfrage führten zum Bruch zwischen der »Alten Schule« (zB A.Green, J.Thornwell, Ch.Hodge) und der »Neuen Schule« (zB L.Beecher, A.Barnes), der bis 1869 dauerte. In dieser Zeit gründeten die Presbyterianer viele Bildungsanstalten.

Das eifersüchtige Wachen über der Eigenständigkeit der Ortsgemeinden verlangsamte bei den → *Baptisten* ein Zusammenwachsen auf nationaler Ebene. Die Baptisten in den mittleren Staaten gingen hierbei voran. Sie nahmen eine abgeänderte Version der Westminster-Konfession an und gründeten 1707 die Philadelphia Association. Dies wirkte anregend auf andere Baptisten, bes. nach der Revolution. Der wichtigste Einheitsfaktor war die General Missionary Convention von 1814, die von da an regelmäßig abgehalten wurde. Der Zusammenschluß führte zwar zur Überwindung einiger Spaltungen - zB zwischen den Regular Baptists und den Separate Baptists, die während der Großen Erweckung aufgekommen war -, doch litten sie oft unter Zersplitterung, vor allem wegen ihres Gemeindeprinzips und durch die dauernde Veränderung des calvinistischen Erbes bei den Freewill Baptists (1841). Verantwortlicher Träger des Wachsens der Denomination war der wenig gebildete, aber sehr eifrige »Bauernprediger«.

Die *Anglikaner* waren in der Zeit des jungen Bundesstaates in einer schwierigen Situation. Sie hatten keinen einheimischen Bischof und waren sowohl geographisch wie politisch über der Frage der Revolution zerrissen. Nach dem Konflikt standen sie vor der Aufgabe, eine nationale Organisation zu schaffen. Samuel Seabury (s. 2) erhielt von den Bischöfen der → Non-Jurors in Schottland 1784 die Weihe, W.White und S.Provoost von Bischöfen im Lambeth Palast 1787. Diese Bischöfe bildeten zusammen 1789 die General Convention der → Protestantischen Episkopalkirche. In ihren Bischöfen hatten die Anglikaner eine fähige Führung, die die verschiedenen Positionen in Diskussionen über Fragen der Theologie, des Kirchenbegriffs und der Kirchenpolitik zu vertreten wußten. A.V.Griswold war ein Vertreter der Low-Church, J.H.Hobart ein solcher der hochkirchlichen Richtung, R.Ch.Moore ein Latitudinarier (→ Broad Church Party), und Ph.Chase belebte das Interesse für die Missionstätigkeit an der Grenze.

Die → *Methodisten* lösten die Bindungen zum Anglikanismus und zu John → Wesley durch die Bildung der methodistischen Episkopalkirche (1784). Obwohl Wesley selbst gegen die Revolution war, waren die Methodisten in A. voll Eifer für die Demokratie und kannten die Nöte der Grenze. Sie wählten Fr.Asbury zum Superintendenten und gaben ihm mit Hilfe von Th. → Coke durch die Bischofsweihe eine starke Führerstellung. Asbury leitete als Superintendent die reitenden Wanderprediger (circuit riders), die Gesellschaften und Konferenzen und trug so zum Erstarken des amerik. Methodismus bei. Die Wanderprediger griffen den Calvinismus heftig an und führten in A. das Zeitalter des Arminianismus herauf. Eine Spaltung trat ein, als J.O'Kelly 1830 aus Protest gegen die Machtstellung der Superintendenten die Methodist Protestant Church organisierte.

Im *Luthertum* zeigte sich die Spannung zwischen den prot. Einwanderern und der neuen Nation. Das Ministerium von Pennsylvanien wurde 1748 ins Leben gerufen. Später beteiligten sich die Lutheraner um Mühlenberg am Befreiungskampf. Sie nahmen eine verhältnismäßig milde Fassung der CA an, modifizierten die Grundsätze der Kirchen- und Gottesdienstordnung und pflegten freundliche Beziehungen zu anderen Denominationen. Nach der Revolution waren Lutheraner aus Deutschland, Schweden, Norwegen und Dänemark nicht zufrieden mit der Anpassung an die amerik. Umwelt. Dies war bes. bei den Altlutheranern der Fall. Das Ev.-Luth. Ministerium von Nord-A. von 1781 und die Generalsynode von 1820 brachten keine Einigung des Luthertums zustande. In der Buffalo-Synode (1845), der → Missouri-Synode (1847; C.F.W. → Walther) und der Iowa-Synode (1854) sammelte sich der Widerstand gegen die Amerikanisierungstendenzen. S.S.Schmucker, Führer der amerik.-luth. Partei, legte 1855 in der »Definite Synodical Platform« der Generalsynode eine veränderte Fassung der CA als Kompromißvorschlag vor, drang jedoch damit nicht durch (vgl. Ch.P.Krauth [→ Vereinigte Staaten: II]). Das konservative General Council von 1866 übertraf bald die Generalsynode an Stärke und vertrat ein strengeres bekenntnisgebundenes Luthertum.

1793 traten die Synode der *deutsch-ref. Kirche* und 1794 die Generalsynode der holländisch-ref. Kirche zusammen und lösten so die Bindungen an die Heimatkirche in Europa. Beeinflußt vom Glaubenseifer und der Theologie des Methodismus gründete Ph.W. → Otterbein 1815 die → Evangelical United Brethren Church und J. → Albrecht 1816 die → Evangelische Gemeinschaft. Die Ev. Synode von Nord-A. wurde 1840 ins Leben gerufen.

Obwohl die röm. *Katholiken* in einigen Kolonien bürgerlich und religiös benachteiligt wurden, unterstützten sie die Revolution. 1789 entstand die Diözese Baltimore unter ihrem ersten Bischof J.Carroll, der 1790 in England geweiht wurde. Die kath. Kirche entwickelte sich unter der Aufsicht der → Propaganda-Kongregation. Sie hatte den Status einer Denomination gleich anderen Religionsgemeinschaften und lebte als Minderheit in einer oftmals feindlichen prot. Umwelt. In der Frage der Verwalter setzte sich die Hierarchie gegenüber der demokratischen Tendenz unter den Laien durch, die Einfluß auf die Kontrolle des Kirchengutes und sogar die

Bestellung und Entlassung von Priestern gewinnen wollten. Die Hierarchie verstand es, die aus verschiedenartigen nationalen Traditionen herkommenden Einwanderungswellen aufzufangen und so die Spannung zu verringern. Der amerik. »Nativismus«, der häufig von völkischen, ökonomischen und politischen Spannungen unter den Einwanderern herrührte, äußerte sich in der Verfolgung der Katholiken (zB um 1850 die »Know-Nothings«). A.Marechal von Baltimore, J.Hughes von New York, J.England von Charleston und J.Purcell von Cincinnati waren die bedeutendsten kath. Kirchenführer in diesem Zeitabschnitt.

In der freiheitlichen Atmosphäre des amerik. Lebens bildeten sich *Gemeinschaften*, die manchmal in verzerrter Form eine bestimmte Seite des christlichen Glaubens oder Lebens betonten. Bei der United Society of Believers (→ Shakers), G.Rapps New Harmony (→ Christlich-sozialistische Gemeinden in Amerika), J.H.Noyes' Oneida Community (→ Perfektionisten, 1) und J.Smiths Kirche Jesu Christi der Heiligen der letzten Tage (→ Mormonen) waren Gedanken der Hoffnung auf den Anbruch des tausendjährigen Reiches, der christlichen Vollkommenheit und des urchristlichen Gemeindelebens an der amerik. Grenze wirksam. Die Enttäuschung über das Nichteintreffen der adventistischen Prophezeiungen W.Millers (um 1844) führte zur Sammlung der → Adventisten (1860) und der → Church of God (1865).

In dieser Gründerzeit der Kirchen verband der extreme Aktivismus, der für das damalige Amerikanertum bezeichnend war, viele einzelne Christen. Die Erweckungsbewegung erfaßte die meisten ev. Christen und diente zur Belebung und Vermehrung der Kirchenmitgliedschaft. Die zweite »Große Erweckung« brach fast gleichzeitig an der amerik. Grenze auf (zB Cane Ridge in Kentucky) und etwas zurückhaltender um 1800 unter T. → Dwight, dem Präsidenten von Yale College. Die Vertreter der Erweckungsfrömmigkeit betonten die Willensfreiheit und den menschlichen Beitrag beim Bekehrungsvorgang. Ch.G. → Finney, kongregationalistischer Geistlicher und einer der ersten Berufsevangelisten, brachte System in die Bewegung. Die neuen Erweckungsmethoden, die »verlängerte Versammlung« und die »Sünderbank« gehören seitdem in modifizierter Form zum Stil der Erweckung und haben bei einigen Christen fast den Sakramentsgebrauch ersetzt. – Die Erweckungsfrömmigkeit im Sinne der Einzelbekehrung war die Voraussetzung für die Entstehung von Vereinen und Gesellschaften. In der Form des freien Zusammenschlusses von »versammelten Christen« halfen diese Wohltätigkeitsvereine dem Protestantismus bei der Christianisierung der ganzen Welt. Es gab mindestens drei Gruppen von freiwilligen Gesellschaften, die sich häufig an europäische Vorbilder anlehnten: 1. *Missionsgesellschaften* (→ Vereinigte Staaten: V); 2. *Gesellschaften mit Erziehungszielen* (die Amerik. Bibelgesellschaft von 1816, die Amerik. Sonntagsschul-Union von 1824 und die Amerik. Traktat-Gesellschaft von 1825); 3. *Reformvereine* (zB die American Temperance Society von 1826, die Amerik. Friedensgesellschaft von 1828 und die Amerik. Gesellschaft zur Sklavenbefreiung von 1833). Die Protestanten gründeten auch viele Schulen, Krankenhäuser und andere Liebeswerke. Die in den Seminarien und Colleges gelehrte Sozialethik sicherte zwar ein einheitliches Verständnis der sozialen Probleme, doch waren diese Reformbewegungen im Grunde völlig individualistisch eingestellt und neigten zum Extremismus. – Obwohl keine Denomination ganz frei von diesem Einfluß war, gab es doch auch einigen Widerstand gegen die Alleinherrschaft der Erweckungsbewegung in A. So widerstanden der Kongregationalist H.Bushnell, der deutsche Reformierte J.W.Nevin und der Anglikaner Hobart dem Erweckungsrausch und vertraten weniger unruhige Grundsätze in Erziehung und Gottesdienst. Kirchen wie zB die Presbyterianer gründeten Missions- und Erziehungsvereine zur Durchführung von Aufgaben, die zur Kirche als dem Leib Christi gehören und nicht nur von freiwilligen Organisationen gelöst werden können, die aus interessierten Einzelnen bestehen. Die Katholiken verwarfen die Erweckungsbewegung und bes. ihre Auswüchse als typisch prot. und riefen eigene Wohltätigkeitsorganisationen ins Leben.

Im 19.Jh. zeigte sich in A. Unzufriedenheit mit den von Europa übernommenen Gruppierungen und der in den USA so offenkundigen Gespaltenheit. Th.Campbell wandte sich 1809 in seiner »Declaration and Address« gegen die Uneinigkeit und schlug die Wiederherstellung der Einheit der nt. Kirche vor. A.Campbell ging weiter und gründete eine neue Denomination, die sich um 1850 in die → Disciples of Christ und die Kirchen Christi spaltete. S.S.Schmucker richtete 1838 einen »brüderlichen Appell an die Amerikaner«, und Ph. → Schaff protestierte 1845 in seinem »Principle of Protestantism« gegen die sektiererische Mentalität und die Aufsplitterung. Diese Agitation erregte starkes Interesse an der Ev. Allianz (um 1846), einer freiwilligen Gemeinschaft von Einzelchristen, die sich in A. 1867 organisierte.

4. Ein 3. Abschnitt in der Geschichte des amerik. Christentums reicht vom Bürgerkrieg (1861) bis zum Ende des 1. Weltkriegs (1919). Der brudermörderische Kampf schmiedete die Union zusammen und machte aus den USA eine der ersten modernen Nationen. Er brachte den Negern die Freiheit, beschleunigte die industrielle Entwicklung des Landes und machte die Bürger für geistige Ziele frei.

Die Negersklaverei hatte das christliche Gewissen fast von der Zeit der Einfuhr der ersten Neger an (um 1619) belastet. Die → Quäker zB widersetzten sich dem Sklavenhandel im 18.Jh. (vgl. J.Woolman und A.Benezet) und forderten schließlich die Bundesregierung auf, die → Sklaverei überhaupt abzuschaffen. Als die Propaganda gegen die Sklaverei ihren Höhepunkt erreichte, kam es zu Spaltungen unter den Kirchen, so 1845 bei den Baptisten in die Southern Baptist Convention und die Northern Baptist Convention (die sich 1950 American Baptist Convention nannte) und bei den Methodisten (Methodist Episcopal Church und Methodist Episcopal Church, South). Die Presbyterianer teilten sich 1861 in die Presbyterian Church in the United States of America und die Presbyterian Church in the United States. Die Prot. Episkopalkirche und die Katholiken vermieden eine dauernde Trennung, zT weil sie einer Diskussion der Sklavenfrage aus dem Wege gingen. Die Sklaverei verstärkte Vorurteile bei den Weißen und hob das eigene Rassenbewußtsein der Neger. Dieser Umstand führte zur Entstehung von Negerkirchen, zB der African Methodist Episcopal Church (1816), der African Methodist Episcopal Church, Zion (1821, 1848) sowie zahlreicher baptistischer Gruppen, deren größte die National Baptist Convention in the United States of America, Inc. (1895) ist. Diese Kirchen überdauerten den Krieg. Sie boten den Negern ein eigenes Gemeindeleben und verschafften ihnen Geborgenheit in einer Gesellschaft, die ihnen trotz der Emanzipation einen gleichberechtigten Platz verweigerte.

Hand in Hand mit der Industrialisierung ging die Verstädterung. Diese brachte soziale Entwurzelung mit sich, wenn Bewohner des ländlichen A. und die neuen Einwanderer vor allem aus Südeuropa sich in den Städten niederließen.

Der Protestantismus lebte noch in den Denkformen des

frühen 19.Jh.s. Erweckungsprediger, die einen populären Biblizismus vertraten, waren der kongregationalistische Laie D.L. → Moody (um 1876) und der ordinierte Presbyterianer W. »Billy« Sunday (um 1917), der theologisch und in seinen sozialen Ansichten äußerst konservativ war. Weitere berühmte Prediger waren Ph.Brooks, H.W.Beecher, Th.DeWitt Talmadge, M.Simpson, R. Conwell. Häufig paßten diese Männer ihre Theologie dem geistigen Klima an, setzten Amerikanertum und Christentum gleich, Wohlstand mit Fleiß und Tüchtigkeit, Unglück mit Faulheit, Armut mit Laster. Ein angeblicher Sieg der christlichen Wohltätigkeit war die auf Betreiben der Womens' Christian Temperance Union (1873) vollzogene 18. Verfassungsänderung von 1918 gegen Herstellung, Vertrieb und Transport von alkoholischen Getränken. - Durch freiwillige Vereine suchten die Protestanten die Jugend zu erreichen. Die Amerik. Sonntagsschulvereinigung (1869) trug zusammen mit dem einheitlichen Lektionenplan von 1872 zur Koordinierung der Unterweisung bei. Der Christliche Verein Junger Männer (1851) und Junger Mädchen (1866) sowie die → Christian Endeavor Society (1881) suchten den Anforderungen der Stadt gerecht zu werden. Die von J.R. → Mott und R.E.Speer unter dem Einfluß von Moody ins Leben gerufene Freiwillige Studentenbewegung betrachtete die Welt als ihr Missionsfeld und hatte als Leitwort die »Evangelisation der Welt in dieser Generation« (1886). Die Grundabsicht dieser Vereine war, Seelen zu gewinnen für Jesus Christus. - Durch das → *Social Gospel* suchte der Protestantismus die Verhältnisse in der Industriegesellschaft zu verbessern. Es hatte verschiedenartige Quellen: das soziale Bewußtsein des Puritanismus, die Aufklärungsidee von den Menschenrechten, das aus der Erweckung stammende Wertlegen auf Einzelbekehrung zum Zweck der Reformarbeit und den Liberalismus des 19.Jh.s, der von Bushnell stammte und durch → Harnack und → Ritschl modifiziert wurde. Führer wie W.Gladden, G.Herron und W. → Rauschenbusch (Christianity and the Social Crisis, 1908) verstanden das Christentum als soziale Größe und die Verwirklichung des Reiches Gottes nach dem Vorbild des Lebens und Opfers Jesu. Die Anhänger des Social Gospel hielten mehr von der Entwicklung als vom Umsturz und dachten optimistisch über die Kraft des einzelnen angesichts der Übel der Kollektivmächte. Eine Phase der Bewegung fand ihren Höhepunkt in der Bildung des Federal Council of Churches (1908). Dieses hatte nur minimale Bekenntnisvoraussetzungen, die immerhin genügten, um die Unitarier auszuschließen. Eine seiner ersten Handlungen war die Annahme eines sozialen Glaubensbekenntnisses (Social Creed), in dem sich der Rat für eine Sozialgesetzgebung einsetzte.

In diesem Zeitabschnitt entwickelte sich die *kath. Kirche* am stärksten. Die Hierarchie hatte es noch mit Einwanderergemeinden zu tun. Sie behielt eine nach geographischen Gesichtspunkten ausgerichtete Gemeindeorganisation bei und ließ zugleich Raum für die nationale Eigenart. 1875 wurde J.McCloskey der erste amerik. Kardinal. 1893 wurde in Washington eine Apostolische Delegation eingerichtet. Zuerst nahm die Hierarchie eine Abwehrhaltung ein und wollte die Katholiken vor den verderblichen Einflüssen, vor allem der öffentlichen Schulen und des doktrinären Sozialismus schützen. Man förderte den Ausbau von kath. Bekenntnisschulen. Teilweise befürchtete man eine zu weitgehende Anpassung an die amerik. Umwelt, etwa durch die Tätigkeit von J.Ireland und dem Konvertiten I. → Hecker, dem Gründer der → Paulisten (1858). Die Diskussion darüber wurde durch Leo XIII. in der Enzyklika Testem benevolentiae (1899) abgeschnitten. Tatsächlich hatte die Hierarchie die Kirche vorsichtig in ein Eigenleben hineingeführt (zB → Kolumbusritter 1882, kath. Universität von A. 1889, Nationale Kath. Erziehungsvereinigung 1904, Nationale Konferenz Kath. Liebeswerke 1910). Die kath. Kirche wurde die stärkste Religionsgemeinschaft, und 1908 wurde die Unterstellung unter die Jurisdiktion der Propaganda-Kongregation beendet. Unter der besonnenen Führung von Kardinal Gibbons, der für die Knights of Labor (1887) eingetreten war, und dank der hervorragenden Leistungen kath. Akademiker wie J.A.Ryan übernahm die Hierarchie stärker die Führung bei der sozialen Entwicklung der Nation (vgl. The Bishops' Program of Social Reconstruction, 1919).

Theologische Unterschiede vertieften die Krise während des industriellen Zeitalters. Über der Stellungnahme zu den neuen Forschungsergebnissen der Wissenschaft (Bibelkritik, Entwicklungslehre, vergleichende Religionsgeschichte, Soziologie und Psychologie) trennte sich der Protestantismus in ein fundamentalistisches (→ Fundamentalismus) und ein modernistisches Lager (→ Vereinigte Staaten: II). Diese Richtungsunterschiede gingen quer durch die Denominationen und führten neue Gruppierungen im Protestantismus herbei. Pius X. bewahrte die Einheit der röm. Kirche durch die Enzyklika Pascendi (1907) und den → Antimodernisteneid, den die kath. Priester in den USA fast sämtlich ablegten. Intellektuelle wie W.James, H.Adams, O.W. Holmes, J.Dewey griffen Dogma und Institution der Kirche an. Eine hier und da vertretene »Religion der Menschlichkeit« sollte die Werte des Christentums retten. Das kirchliche Leben wuchs weiter, auch wenn die Kirche bisweilen den Zeitproblemen gegenüber versagte. Die → Heilsarmee (um 1886) nahm sich der Besitzlosen an. Aus den Adventisten entwickelten sich unter Ch. → Russell 1872 die → Zeugen Jehovas, M.Baker → Eddy gründete 1879 die Church of Christ, Scientist (→ Christian Science), und 1912 bildete sich die eklektische → Bahai-Religion.

Im spanisch-amerik. Krieg (1898) ließ sich A. auf den Imperialismus ein und überschritt seine nationalen Grenzen. Bei der Einnahme der Philippinen und den damit beginnenden Versuchen, die angelsächsisch geprägte christliche Kultur zu verbreiten, bediente man sich von christlicher Seite früherer Deutungen der amerik. Geschichte und führte dieselben Gründe ins Feld wie bei der Wegnahme des Kontinents aus den Händen der Indianer und Mexikaner; dabei machte sich auch der Einfluß Hegels bemerkbar (vgl. J.Strong, Our Country, 1885). Dieses Abenteuer bereitete A. auf den Eintritt in den 1. Weltkrieg vor (1917; → Krieg: V). Sowohl von prot. wie von kath. Seite ging man in diesen Kampf mit einem Minimum an Selbstkritik und machte ihn zu einem »Kreuzzug« zur Beendigung aller Kriege. Der → Völkerbund war zwar der Wunschtraum eines christlichen Idealisten, des damaligen Präsidenten W. Wilson, doch waren die christlichen Kreise geteilter Meinung über die Möglichkeiten seiner Verwirklichung. Der 1865 mit dem Ende des Bürgerkriegs entstandene neue Nationalismus war weithin chauvinistisch geworden.

5. Nach dem 1. Weltkrieg wandelten sich die Formen des amerik. kirchlichen Lebens. Die Protestanten waren zwar noch in der Überzahl, beherrschten jedoch das amerik. Leben nicht mehr. Die sich festigenden Denominationen sind zur Zusammenarbeit und zur Selbstkritik bereit und versuchen, das Glaubensleben zu vertiefen. Die Katholiken beginnen immer mehr, eine aktive Rolle zu spielen, ermutigt durch die Wahl des ersten Katholiken zum Präsidenten (J.F.Kennedy, 1960). Die große Zahl der Amerikaner, die sich der Kirche fern-

A
B
C
D
1
2
3
4
5
6
Seattle
Washington
Olympia
Spokane
Montana
Helena
Portland
Salem
Eugene
Oregon
Idaho
Boise
Minn
Grand Forks
Bismarck
Fargo
Nord-Dakota
Wyoming
Süd-Dakota
Pierre
Sioux Falls
Sioux City
Nebraska
Cheyenne
Salt Lake City
Oakland
Sacramento
Carson City
California
Nevada
San Francisco
San José
Utah
Omaha
Lincoln
Denver
Colorado
Kansas
Topeka
Fresno
Las Vegas
Wichita
Los Angeles
Long Beach
San Diego
Tulsa
Oklahoma
Santa Fé
Albuquerque
Oklahoma City
Arizona
Phoenix
Neu-Mexiko
Roswell
Tucson
STILLER OZEAN
Ft. Worth
Dallas
Texas
Austin
San Antonio
Houston
Corpus Christi
Mexiko

E
F
G
H
1
2
3
4
5
6
KANADA
Maine
Bangor
Augusta
Portland
V.
Montpelier
N.H.
Concord
Mass.
Lynn
Boston
Hartford
C.
New Haven
R.I.
Providence
Utica
Albany
Rochester
Buffalo
New York
Erie
Scranton
Newark
Trenton
New York
Pennsylvania
Pittsburgh
Harrisburg
N.J.
Ma.
W.
D.
Dover
Annapolis
C. Connecticut
D. Delaware
Ma. Maryland
Mass. Massachusetts
N.H. New Hampshire
N.J. New Jersey
R.I. Rhode Island
V. Vermont
W. Washington
Minnesota
Duluth
St.Paul
Minneapolis
Wisconsin
Michigan
Madison
Lansing
Sioux City
Iowa
Davenport
Des Moines
Omaha
Chicago
Gary
Ft.Wayne
Cleveland
Ohio
Illinois
Peoria
Springfield
Indiana
Indianapolis
Columbus
Cincinnati
West-Virginia
Charleston
Missouri
St.Joseph
Topeka
Cansas City
Jefferson City
St.Louis
Evansville
Louisville
Lexington
Frankfort
Richmond
Lynchburg
Norfolk
Kentucky
Virginia
Springfield
Tulsa
Nord-Carolina
Raleigh
Nashville
Tennessee
Charlotte
Arkansas
Little Rock
Süd-Carolina
Wilmington
Columbia
Charleston
Augusta
Atlanta
Birmingham
Alabama
Georgia
Mississippi
Shreveport
Jackson
Montgomery
Albany
Savannah
Louisiana
Mobile
Jacksonville
Tallahassee
Florida
Beaumont
Houston
Baton Rouge
New Orleans
Galveston
ATLANTISCHER
OZEAN
Tampa
St.Petersburg
Miami
Karte 26:
Vereinigte Staaten von Amerika
Hauptstädte unterstrichen
0
250
500
1000
km

halten, zeigt die wachsende Macht des Säkularismus. Die Statistik läßt ein allgemeines äußeres Wachstum der Religionsgemeinschaften erkennen. Nach dem Yearbook of American Churches von 1962 gehören etwa 114,5 Mill. einer Religionsgemeinschaft an.

Römische Katholiken	42104900
Baptisten	21148862
Methodisten	12424623
Lutheraner	8080867
Presbyterianer	4333249
Disciples of Christ	3965314
Episkopalkirche	3444265
Orthodoxe Kirchen	2698663
Vereinigte Kirche Christi	2241134
Mormonen	1647546
Reformierte	484952
Churches of God	473276
Pfingstgemeinden	409927

Unter den 63668835 Protestanten befinden sich viele sehr konservative Gruppen. Die Statistik der Katholiken, Lutheraner und Episkopalkirche umfaßt alle Getauften, die der orth. Kirchen alle zu einer Volkstumsgruppe Gehörenden. Trotz der großen Zahl der Religionsgemeinschaften (ca 259 i.J. 1960) gehört doch die Mehrheit der Christen zu großen Konfessionsfamilien, in denen die bischöfliche, presbyterianische oder kongregationalistische Verfassung gilt.

Der ernste Wille zur Verwirklichung der Einheit des Leibes Christi sowie das Zustandekommen weltweiter Kirchenbünde und das Zurücktreten von Fragen, die ursprünglich zur Trennung geführt hatten, brachten viele *Zusammenschlüsse* mit konfessionsverwandten oder anderen Kirchen zustande (→ Einigungsbestrebungen: IV–VI). 1906 kam es zur Wiedervereinigung der Presbyterianischen Kirche in den USA mit der Cumberland Presbyterian Church. 1957 schlossen sich die Presbyterianische Kirche in den USA und die Vereinigte Presbyterianische Kirche von Nord-A. zur Vereinigten Presbyterianischen Kirche in den USA zusammen. 1939 vereinigten sich die Methodistische Episkopalkirche, die Methodistische Episkopalkirche im Süden und die Methodistisch-Prot. Kirche zur Methodisten-Kirche. 1946 bildeten die Vereinigten Brüder in Christo und die Ev. Kirche (früher Ev. Gemeinschaft) die Ev. Vereinigte Brüderkirche. Die luth. Kirchen begannen 1917 mit dem Zusammenschluß. 1918 bildeten die Generalsynode, der Generalrat und die Vereinigte Synode des Südens (1865) die Vereinigte Luth. Kirche in A. Die Ev.-Luth. Kirche, die Vereinigte Ev.-Luth. Kirche und die Amerik. Luth. Kirche bildeten 1961 die Amerik. Luth. Kirche. Weitere Zusammenschlüsse führten 1962 zur Bildung der Luth. Kirche in A. 1961 organisierten die Unitarier und Universalisten die Unitarian-Universalist Association. – Aber auch Unionen zwischen Kirchen verschiedener Konfession wurden geplant und verwirklicht. 1931 vereinigten sich die kongregationalistischen Kirchen mit den Christian Churches zur Congregational Christian Church. 1934 bildeten die Ev. Synode von Nord-A. und die Ref. Kirche in den USA (Deutsch) die → Evangelical and Reformed Church. Nach langen Verhandlungen vereinigten sich diese Kirchen 1961 zur Vereinigten Kirche Christi in A. Im Geiste W.R.Huntingtons, der 1870 ein Vierpunkte-Programm zur Kircheneinigung (Lambeth Quadrilateral; → Lambethkonferenzen) entworfen hatte, schlugen 1960 der Presbyterianer E.C.Blake und der Episkopalist J.Pike Verhandlungen über eine Union vor, die zugleich »katholisch, reformiert und evangelisch« sein sollte. Dies führte zu Gesprächen zwischen offiziellen Abgeordneten der Prot. Episkopalkirche, der Methodisten, der Vereinigten Kirche Christi und der Vereinigten Presbyterianischen Kirche in den USA. 1962 begannen luth. und ref. Kirchen Unionsverhandlungen.

Außer der Einigung konfessionsverwandter Kirchen gab es *Zusammenarbeit auf anderen Ebenen.* So wurden nach 1908 die → »Community Churches«, die Mitglieder aus mehreren Kirchen umfassen, sowie Kirchenbünde auf kommunaler oder staatlicher Ebene immer häufiger. 1950 bildeten 29 Denominationen das frühere Federal Council (s. 4) zum National Council of Churches um. Dieses übernahm viele zwischenkirchliche Aufgaben, die im 19.Jh. von freiwilligen Vereinen ausgeführt worden waren. Im National Council gibt es Abteilungen für christliche Erziehung, praktisches Christentum, äußere und innere Mission. Nach 1959 wandte man sich auch dem vorher verbotenen Thema Glauben und Kirchenverfassung zu. Da dieser Rat mehr »kath.« Elemente enthielt (zB orth. Kirchen), war er nicht länger ausschließlicher Exponent prot. Aktion. Amerik. Christen waren beteiligt an der Entwicklung des → Internationalen Missions-Rats (J.R. → Mott, R.Jones, J.A. → Mackay), der Weltkonferenzen über Glauben und Kirchenverfassung (Ch. → Brent), über Praktisches Christentum (W.A. → Brown) und des Ökumenischen Rates der Kirchen (→ Ökumenische Bewegung, 1–3), der zu seiner 2. Vollversammlung 1954 in Evanston zusammenkam (Fr.C. → Fry). Konservative und zur Zusammenarbeit nicht bereite Protestanten, wie die Southern Baptist Convention, die → Missouri-Synode sowie viele Kirchen der → Heiligungs- und → Pfingstbewegung schienen sich kräftiger zu entwickeln als viele der kooperierenden Denominationen. Diese haben ihr gemeinsames Organ in der National Association of Evangelicals (1942) und dem sehr kleinen, aber lautstarken American Council of Christian Churches (1941). Der wichtigste organisatorische Fortschritt auf kath. Seite war die Gründung der National Catholic Welfare Conference (1919, 1922); sie umfaßt unter einem Verwaltungsrat von Bischöfen alle kirchliche Arbeit auf den Gebieten der Erziehung, Gesetzgebung, Sozialfürsorge sowie die Laien- und Pressedienste. Trotz der weithin noch feindlichen Einstellung zwischen Protestanten und Katholiken mehren sich die Gespräche über gegenseitige Mißverständnisse und gemeinsame Anliegen (zB G.Weigel SJ, R.M.Brown und J.Pelikan).

Die christlichen Kirchen bedienen sich der Mittel der Massenkommunikation. Bekannte Prediger wie S.P. Cadman, H.E. → Fosdick, R.Sockman, Ch.Fuller, W.Maier, der Katholik F.J.Sheen und der baptistische Evangelist »Billy« → Graham gewannen durch die Verwendung von Rundfunk und Fernsehen große Popularität. Der Baptistenpfarrer Martin Luther King bewährte sich als hervorragender Führer. N.V.Peale (The Power of Positive Thinking, 1952) wurde vorgeworfen, er fördere einen Kult der Selbstbestätigung (um 1950). Auf prot. und kath. Seite wurden großangelegte Bekehrungsfeldzüge unternommen. Die meisten religiösen Zeitschriften erfreuten sich starker Unterstützung von seiten der Kirchen und wurden so deren Organe oder sind interdenominationell eingestellt, so die prot. Zeitschriften »The Christian Century«, »Christianity and Crisis«, »Christianity Today« und die kath. Organe »America« und »Commonweal«. – Man nahm zwar die kirchliche Organisation als notwendig hin, doch wuchs das Unbehagen über die bürokratische Struktur der Kirchen. Gleichzeitig sind Ansätze zur Stärkung des kirchlichen Lebens bei Geistlichen und Laien zu beobachten. Unter Protestanten und Katholiken gibt es eine liturgische Erneuerung. Alte Gottesdienstordnungen und Symbole werden wieder verwendet, die Laien werden stärker beteiligt, und man experimentiert im →Kirchenbau (:V, 4). Angeregt durch das Interesse für religiöse Erziehung und Religionspsychologie zu Beginn des Jh.s (vgl. G.A.Coe) und weiterhin durch die von K. →Barth, R. → Bultmann und P. →Tillich geführte theologische Diskussion entwickelte man auf prot. Seite großangelegte Erziehungsprogramme für Jugend und Erwachsene; auch zeigte man sich offen für die Fragen der klinischen Ausbildung und der Seelsorge. Der wachsende Einfluß der Amerik. Vereinigung theologischer Schulen (um 1920) zeigte sich in der Bedeutung, die man der Ausbildung der Pfarrer beimißt. Die kath. Kirche besteht auf dem Aufbau eines Bekenntnisschulwesens auf allen Stufen. Vielfach bedient man sich der Wissenschaften, zB der Soziologie, zum Verständnis der menschlichen Situation und als Hilfe bei der kirchlichen Planung (vgl. H.P.Douglass, um 1920). Der Protestantismus hielt fest an den Erkenntnissen des Social Gospel, doch verlor dieses seinen früheren Einfluß. Nach Reinhold → Niebuhr (Moral Man and Immoral Society, 1932) dachte man realistischer über die Fragen der Macht. Häufig ging man auf kath. Seite energischer an die Probleme heran, die mit der Entwicklung der industriellen Demokratie verbunden waren (kath. Gewerkschaften, Arbeiterschulung, Betriebsräte, Unterstützung der Neger auf ihrem Weg zu sozialer Gerechtigkeit, um 1954). Problematisch blieben die Beziehungen zwischen der bürgerlichen Gemeinde und den kirchlichen Einrichtungen. 1939 und 1951 wehrte sich der Protestantismus heftig gegen die Aufnahme diplomatischer Beziehungen zum Vatikan. Das Problem spitzte sich auf dem Gebiet der Erziehung zu (Protestant and Others United, 1948). Der Oberste Gerichtshof gestand der kath. Kirche das Recht zur Errichtung von Bekenntnisschulen zu (Prozeß der Society of Sisters, 1925, und Everson, 1947). Seither ist der Sinn des Grundsatzes der Trennung von Kirche und Staat Diskussionsgegenstand zwischen Protestanten und Katholiken (vgl. J.C.Bennett und J.C.Murray SJ).

Die amerik. Christenheit, die noch unter dem Eindruck der Wirtschaftskrise von 1929ff stand, beteiligte sich am 2. Weltkrieg mit größerer Nüchternheit als am 1. Weltkrieg. Nach Kriegsende sahen sich die USA vor große politische Führungsaufgaben gestellt. Von kirchlicher Seite befaßten sich das Department of International Justice and Goodwill des Federal Council (Kommission zum Studium der Grundlagen eines gerechten und dauerhaften Friedens, 1942; Atomic Warfare and the Christian Faith, 1946; The Christian Conscience and Weapons of Mass Destruction, 1950), das Department of International Affairs des National Council, die Catholic Association for International Peace und die Church Peace Union mit Problemen der internationalen Politik. Man unterstützte, obgleich nicht in völliger Einstimmigkeit, die Vereinten Nationen, den Marshall-Plan, die Entwicklungshilfe, den Koreakrieg und die Abrüstung. Kolonialismus, Kommunismus, die Entstehung neuer Staaten, Atomkrieg, Pazifismus und Kriegsdienstverweigerung aus Gewissensgründen waren Gegenstände der Diskussion. Eines der größten Probleme war die Lösung innerer und internationaler Krisen, die aber nicht zu einem amerik. »Faschismus« mit Verabsolutierung der amerik. Lebensform führen sollte. Immer wiederkehrende Ausbrüche von Hysterie und ein unfruchtbarer Antikommunismus, zB in den 20er Jahren, und der »McCarthyismus« (vgl. die Warnung: A Letter to Presbyterians concerning the Present Situation in our Country and in the World, 1953) ließen die Christen nach einer festen Ordnung suchen, die sich mit der Freiheit und dem fortschreitenden Wandel der Verhältnisse verträgt.

Bibliogr. Hilfsmittel u. Zs.en: Writings on American Hist., 1902ff - The Catholic Historical Review, 1916ff - P.G.Mode, Source Book and Bibliographical Guide for American Church Hist., Menasha/Wis. 1921 - DAB, 22 Bde, 1928-36 - Catholic Periodical Index, 1930ff - Church History, 1932ff - American Hist. and Civilization. A List of Guides and Annotated or Selective Bibliographies, 1950 - Index to Religious Periodical Lit., 1952ff - Harvard Guide to American Hist., Cambridge/Mass. 1955 - J.G.Barrow, A Bibliography of Bibliographies in Religion, Austin/Tex. 1955 - J.T.Ellis, Documents of American Catholic Hist., Milwaukee 1956 - Ders., A Guide to American Catholic Hist., ebd 1959 - A Guide to the Study of the USA, 1960 - H.S.Smith-R.Th.Handy-L.A.Loetscher, American Christianity I, New York 1960 - N.R.Burr, A Critical Bibliography of Religion in A., Princeton 1961.

Statistik u. Kompendien: Census of Religious Bodies, ed. US Bureau of the Census, Washington 1890ff - H.K.Carroll, The Religious Forces of the US, New York 1893 - Yearbook of American Churches, 1916ff - Official Catholic Directory, 1921ff - F.S.Mead, Handbook of Denominations in the US, Nashville (1951) 1956² - V.Ferm (Hg.), The American Church of the Protestant Heritage, New York 1953 (Sammlung von Selbstdarstellungen) - F.E.Mayer, The Religious Bodies of A., St. Louis/Mo. (1954) 1958³ - E.S.Gaustad, Historical Atlas of Religion in A., New York 1962.

Gesamtdarst.en u. übergreifende Arbeiten: American Church Hist. Series, 13 Bde, New York 1893-97 - P.G.Mode, The Frontier Spirit in American Christianity, ebd 1923 - A.M.Schlesinger-D.R.Fox (Hg.), A Hist. of American Life, 13 Bde, ebd 1927-48 - W.W.Sweet, The Story of Religion in A., ebd (1930) 1950²; dt. 1950 - Ders., The American Churches, ebd 1947 - H.R.Niebuhr, The Kingdom of God in A., ebd (1937) 1956²; dt. 1948 - F.X.Curran, Major Trends in American Church Hist., ebd 1946 - R.H.Abrams (Hg.), Organized Religion in the USA, Philadelphia 1948 - W.L.Sperry, Religion in A., New York 1948 - S.P.Lamprecht, Our Religious Traditions, Cambridge/Mass. 1950 - W.S.Hudson, The Great Tradition of the American Churches, New York 1953 - R.E.Osborn, The Spirit of American Christianity, ebd 1958; dt. 1960 - M.E.Marty, The New Shape of American Religion, ebd 1959 - C.E.Olmstead, Hist. of Religion in the US, Englewood Cliffs/N.J. 1960 - R.D.Lambert (Hg.), Religion in American Society, Philadelphia 1960 - J.W.Smith-A.L.Jamison (Hg.), Religion in American Life I. II, Princeton 1961.

Gesch. einzelner Kirchen u. Denominationen (vgl. die Lit. zu den Einzelartikeln!): J.G.Shea, Hist. of the Catholic Church in the US, 4 Bde, New York 1886-92 - H.P.Krehbiel, Hist. of the General Conference of the Mennonite Church of North America I, Canton/Ohio 1898; II, Newton/Kans. 1938 - C.G.Woodson, The Hist. of the Negro Church, Washington (1921) 1945² - A.R.Wentz, The Lutheran Church in American Hist., Philadelphia (1923) 1933² - Ders., A Basic Hist. of Lutheranism in A., ebd 1955 - H.R.Niebuhr, The Social Sources of Denominationalism, New York (1929) 1957³ - W.W. Sweet, Religion on the American Frontier I: The Baptists, ebd 1931; II: The Presbyterians, ebd 1936; III: The Congregationalists, Chicago 1939; IV: The Methodists, ebd 1946 - C.E.Schneider, The German Church on the American Frontier, St. Louis 1938 - G.Myers, A Hist. of Bigotry in the USA, New York 1943 - C.S.Braden, These also believe. A Study of Modern American Cults and Minority Religious Movements, ebd 1949 - W.W.Barnes, The Southern Baptist Convention (1845-1953), Nashville/Tenn. 1954 - L.Hertling, Gesch. d. kath. Kirche in den Vereinigten Staaten, 1954 - J.T.Ellis, American Catholicism, Chicago 1956 - M.W.Armstrong-L.A.Loetscher-C.A. Anderson, The Presbyterian Enterprise, Philadelphia 1956 - R.Lee, The Social Sources of Church Unity, New York 1960 - A Hist. of the Evangelical and Reformed Church, Philadelphia 1961.

Monographien: E.F.Humphrey, Nationalism and Religion in A. (1774-89), Boston 1924 - A.M.Baldwin, The New England Clergy and the American Revolution, Durham/N.C. 1928 - W.M.Gewehr, The Great Awakening in Virginia (1740-90), ebd 1930 - T.C.Hall, The Religious Background of American Culture, Boston 1930 - P.Miller, Orthodoxy in Massachusetts (1630-50), Cambridge/Mass. 1933 - G.H.Barnes, The Anti-Slavery Impulse (1830-44), New York 1933 - C.F.G.Zollmann, American Church Law, St. Paul 1933 - R.H.Abrams, Preachers present Arms, New York 1933 - H.P. Douglass, Church Unity Movements in the US, ebd 1934 - C.H. Hopkins, The Rise of the Social Gospel in American Protestantism (1865-1915), New Haven 1940 - J.A.Hutchison, We are not divided. A ... Study of the Federal Council of the Churches of Christ in A., New York 1941 - G.M.Brydon, Virginia's Mother Church I. II, Richmond 1947/52 - L.J.Trinterud, The Forming of an American Tradition, Philadelphia 1949 - H.F.May, Protestant Churches and Industrial A., New York 1949 - A.P.Stokes, Church and State in the US, 3 Bde, ebd 1950 - J.T.Ellis, The Life of James Cardinal Gibbons

I. II, Milwaukee 1952 - J.F.S.HANSELMANN, Meilensteine auf dem Wege der luth. Kirche in A., 1952 - M. DEWOLFE HOWE (Hg.), Cases on Church and State in the US, Cambridge/Mass. 1952 - L.PFEFFER, Church, State, and Freedom, Boston 1953 - C.J.BARRY, The Catholic Church and German Americans, Milwaukee 1953 - J.R.BODO, The Protestant Clergy and Public Issues (1812-48), Princeton 1954 - E.S.GAUSTAD, The Great Awakening in New England, New York 1957 - T.L.SMITH, Revivalism and Social Reform, Nashville/Tenn. 1957 - T.T.MCAVOY, The Great Crisis in American Catholic Hist. (1895-1900), Toronto 1957 - R.M.MILLER, American Protestantism and Social Issues (1919-39), Chapel Hill 1958 - W.G.MCLOUGHLIN, Modern Revivalism, New York 1959 - A.I.ABELL, American Catholicism and Social Action, ebd 1960 - R.L.ROY, Communism and the Churches, ebd 1960 - D.B.MEYER, The Protestant Search for Political Realism (1919-41), Berkeley 1960. *J.H.Smylie*

II. Prot. Theologie

Wesen und Bedeutung der amerik. prot. Theologie stehen stark im Zeichen des Fehlens einer langen, einheitlichen Geistes- und Kulturgeschichte und der Verzettelung vieler religiöser Lebenskräfte in Erweckungsbewegung, Sozialreform und mannigfaltiger Aktivität im Rahmen der Einzelgemeinde. Da infolge der jh.elangen Einwanderung praktisch jede Spaltung der Christenheit auch in der Neuen Welt vertreten ist, sind auch die theologischen Traditionen äußerst zahlreich, divergent und für europäische Einflüsse empfänglich, andererseits aber weder provinziell noch allzu traditionsgebunden. Alle Verallgemeinerungen und Überblicke stoßen daher notwendig auf Schwierigkeiten.

Mit der Wahl Th.Jeffersons zum Präsidenten (1800) standen die USA an der Schwelle zur geschichtlichen Eigenständigkeit; die Kolonialzeit war endgültig vorbei. Auch in der Theologie markiert das Jahr 1800 einen Einschnitt, insofern damals in den älteren Gebieten wie auch in den nach Westen vorgeschobenen Siedlungsräumen eine gewaltige Erweckung aufbrach. Vier Elemente aus dem theologischen Erbe der Kolonialzeit blieben jedoch für mindestens ein weiteres Jh. von großer Bedeutung. 1. An erster Stelle steht der das Leben in Religion und Gesellschaft bestimmende ref. und *puritanische Geist*. Die Gründung des Landes fiel in die große Zeit der puritanischen Expansion (→ Vereinigte Staaten: I), und Anglikaner, Presbyterianer, Kongregationalisten, Baptisten, Quäker und später sogar Methodisten bewahrten in ihrer Gesetzlichkeit, Sittenstrenge und Aufgeschlossenheit für soziale Probleme und - mit wichtigen Ausnahmen - im Festhalten am Lehrsystem der → Westminster-Konfession Ton und Geist des englischen → Puritanismus. - 2. In den engeren Umkreis der gleichen Tradition gehören zwei weitere Momente, die freilich nicht immer zusammen anzutreffen sind. Einmal das puritanische Interesse an solider Ausbildung der Pfarrer und einer gedanklich sauberen, vernunftgemäßen Erklärung und Verteidigung des christlichen Glaubens, wie es sich in der Gründung der Harvard-Universität (1636) widerspiegelt und ein Jh. später in Jonathan → Edwards, dem Verteidiger streng ref. Lehre und Schrittmacher der Aufklärung, erneut Ausdruck fand. Edwards' kühne Aufnahme von → Locke, → Newton und des christlichen Platonismus (→ Cambridge Platonists) bildete die Grundlage für die erfolgreichste eigenständige Tradition in der Geschichte der amerik. Theologie. Um 1800 war sein Sohn Jonathan d.J. Präsident des Union-College (N.Y.), ein Enkel, Tim. → Dwight, Präsident von Yale; seine Schüler gewannen allenthalben Einfluß, und während der folgenden 60 Jahre entwickelte sich eine *»Neu-England-Theologie«* ganz im Edwardsschen Sinne. - 3. Ein anderes Erbe des Puritanismus war die Betonung der persönlichen Erfahrung der Wiedergeburtsgnade und damit der Bekehrung als Vorbedingung zur Kirchenzugehörigkeit. Diese *Erfahrungstheologie* mußte, als sich die puritanische Glut abkühlte, unausweichlich zur Erweckungsbewegung führen - eine Schwerpunktsverlagerung, die Edwards vorsichtig verteidigte. Bei Methodisten und vielen Neupuritanern verband sich die Erweckungstheologie mit dem Arminianismus (→ Arminianer); aus diesem Ansatz entstand die sog. »New School« ref. Glaubensprägung, als deren profundester Denker Nathaniel W.Taylor (1786-1858) in Yale gelten muß. Taylor machte die Betonung der menschlichen Freiheit im Sinne der schottischen Common-Sense-Philosophen zur Grundlage einer Erweckungstheologie in demokratischem Ethos. Der zweite große Erfahrungstheologe war Ch.G. → Finney, Begründer der modernen Massenerweckung in A. und späterer Präsident des Oberlin-College in Ohio. In der »Oberlin-Theologie« verbanden sich Perfektionismus und eine überspitzte Form der Taylorschen Anthropozentrik. War der Puritanismus die Grundlage für den Hauptstrom prot. Theologie im 19.Jh., so bildete die Erweckungsbewegung die Atmosphäre. - 4. Alle die genannten Motive durchzog ein letztes, übernationales Erbe aus der Kolonialzeit: der rationalistische *Optimismus* der → Aufklärung. Edwards benutzte Gedanken der Aufklärung für konservative Zwecke. W.E. → Channing dagegen wurde zum Führer der sich zwischen 1805 und 1825 als neue liberale Denomination von der puritanischen Orthodoxie absondernden → Unitarier von Boston, für die das Vertrauen in die Perfektionsfähigkeit des Menschen und der historische Fortschrittsglaube bezeichnend sind. Zahlenmäßig blieb der (sehr einflußreiche) Unitarismus zwar eine kleine Bewegung; aber ein bemerkenswerter Zug amerik. ev. Theologie blieb die Bereitschaft, alle möglichen aufklärerischen Gedanken über Mensch, Geschichte, Naturrecht, Gesellschaft, Regierungsform und die »offenbare Sendung« der amerik. Demokratie in ihr Verständnis von Botschaft und Auftrag der christlichen Kirche hineinzunehmen.

Aus dieser Kombination überkommener Elemente baute der Hauptstrom des amerik. Protestantismus im 19.Jh. seine herrschenden Theologien, je nachdem mit kongregationalistischem, presbyterianischem, baptistischem, methodistischem oder anderem Einschlag. Innerhalb der luth. Gemeinschaften entwickelte sich der kolonialzeitliche Pietismus H.M. → Mühlenbergs zum »amerik. Luthertum« von Samuel S.Schmucker (1799 bis 1873) in Gettysburg. Eine ähnliche Entwicklung zeichnete sich auf dem »ev.« Flügel der → Protestantischen Episkopalkirche und bei zahlreichen kleineren Gruppen ab. Allerdings fehlten auch antagonistische, kritische und gegenläufige Tendenzen nicht. Am stärksten traditionsgebunden zeigte sich die von Archibald Alexander (1772-1851), Charles Hodge (1797-1878) und ihren Nachfolgern am Princeton Seminary eingeführte presbyterianische »Alte Schule«. Die ref. Scholastik → Turrettinis bildete den Unterbau einer streng biblizistischen, am Bekenntnis von Westminster orientierten Theologie, die Princeton für mehr als ein Jh. zur Hochburg der ref. Orthodoxie machte. In den älteren, aus der Kolonialzeit stammenden luth. Kirchen entwickelte sich ein noch stärker historisch orientierter Konfessionalismus mit Charles Porterfield Krauth (1823-83) am Philadelphia Seminary als wichtigstem Sprecher. Mit der großen Einwanderungswelle von Skandinavien und Deutschland kamen inzwischen zahlreiche Theologen herüber, die in den neuen luth. Kirchen Führerrollen übernahmen. Der bedeutendste unter ihnen war C.F.W. → Walther von der → Missouri-Synode, dessen Verteidigung und Auslegung der Bekenntnisschriften und dessen Erörterung des Verhältnisses von Gesetz und Evangelium noch heute Beachtung fordern. Am Wartburg Seminary der Iowa-Synode, das der anfänglichen Unterstützung W. → Löhes viel verdankte, entwickelte J.M. → Reu eine amerik. Version der Erlanger Ansätze. Auch das deutsche ref. Seminar in Mercersburg (Pennsylvanien) wurde zu einem Zentrum theologischer Erneuerung, bes. in den 40er Jahren. Hier sind vor allem Ph. → Schaff und der ehemalige Presbyterianer John W. Nevin (1803-86) zu nennen. Obwohl Krauth vielfach ähnliche Anliegen verfocht, verhalf doch erst die »Mercersburger Theologie« den mit Namen wie → Schleiermacher, → Hegel, → Neander, → Tholuck, Dorner u.a. verbundenen theologischen und historischen Richtungen in Deutschland zur systematischen Einwirkung auf das theologische Leben der USA. Die etwa gleichzeitige Oxfordbewegung in England (→ Hochkirchliche Bewegung: I), die ähnlichen liturgischen, ekklesiologischen und sakramentalen Interessen huldigte, aber nicht so historisch orientiert war, führte zu scharfen Auseinandersetzungen innerhalb des amerik. Episkopalismus.

In allen diesen Strömungen äußert sich deutlich der vielfältige Geist der Romantik. Aber A.s eigentlicher Prophet der religiösen Romantik war R.W. → Emerson, der 1832 sein unitarisches Pfarramt aufgab und für die nächsten 20 Jahre den amerik. → *Transzendentalismus* um Boston beherrschte. Seine optimistische, tief individualistische und unkonventionelle Botschaft, selbst sein pantheistischer Idealismus tauchen im amerik. religiösen Denken immer wieder auf. Das Verdienst, die romantischen Anregungen und den Transzendentalismus am erfolgreichsten mit orthodoxer puritanischer Tradition vereinigt zu haben, gebührt Horace Bushnell (1802-76), Pfarrer in Hartford (Connecticut), der mit Recht als »amerik. Schleiermacher« und Vater des religiösen Liberalismus gilt. Bushnell verband Einflüsse von Schleiermacher, → Coleridge und Emerson mit einem völlig neuartigen Verständnis der sozialen Dimension im menschlichen Denken, der symbolischen Funktion der Sprache und des organischen Charakters von Kirche, Familie und Staat, worauf sich dann seine Kritik der Erweckungstheologie und seine Untersuchungen über christliche Erziehung, Sünde, Vergebung, Opfer, Trinität und Versöhnung aufbauen. Bushnell hatte zahlreiche Anhänger, und im Laufe der Jahrzehnte gewann die liberale, erweckungsfeindliche »fortschrittliche Orthodoxie« im Kongregationalismus die Oberhand. Aber auch in anderen Denominationen begann der Liberalismus, bereichert durch weitere spekulative und wissenschaftliche Elemente aus England und Deutschland, bes. den Idealismus Hegels und → Lotzes, seinen Siegeszug. Der Methodist Borden P. Bowne, der Presbyterianer William A. Brown und der Baptist William N. Clarke waren prominente Vertreter der systematisch-liberalen Richtung, deren populäre Verbreitung im Methodismus auf bes. fruchtbaren Boden fiel.

Mit dem im Gefolge der Industrialisierung gegen Ende des 19. Jh.s einsetzenden gewaltigen Umbruch in Wirtschaft und Gesellschaft schob sich die Bewegung des → *Social Gospel* in den Vordergrund. Ihre beiden größten Vertreter waren Washington Gladden (1836 bis 1918), ein Schüler Bushnells, und W. → Rauschenbusch. Bes. Rauschenbusch wußte ein glühendes soziales Mitempfinden eindrucksvoll mit gründlicher Kritik an bestehenden Sozialstrukturen, mit Ritschlscher Theologie und moderner Bibelwissenschaft zu verbinden.

Als Reaktion auf den übertriebenen Subjektivismus und unter dem Eindruck der religionspsychologischen Studien des Pragmatikers William James (1842-1910; → Religionspsychologie, 2) erschien die liberale Theologie nach 1918 zunehmend in empirisch-naturwissenschaftlichem, objektivem Gewande. D.C. McIntosh in Yale und H.N. Wieman in Chicago waren die einflußreichsten Vorkämpfer eines »realistischen Liberalismus«. Die ernsthafteste Störung erwuchs dem liberalen Unternehmen aus der Auseinandersetzung mit dem → Fundamentalismus, die sich seit dem Aufkommen der Darwinschen Entwicklungstheorie und der historischen Bibelwissenschaft ständig verschärft hatte. – Nach dem 1. Weltkrieg blieben die große Wirtschaftskrise, Arbeiterunruhen im Lande und tragische Entwicklungen in der Weltpolitik nicht ohne Einfluß auf die theologischen Kämpfe. Auch der theologische Liberalismus sah sich dadurch vor viele Probleme gestellt. Es war die »prot. Suche nach politischem Realismus«, die den Hauptanstoß für die Theologie der *»Neo-Orthodoxie«* als amerik. Bewegung mit Reinhold → Niebuhr an der Spitze gab. Inzwischen hatten sich auch andere Theologen, weniger direkt von sozialem Interesse geleitet, den Leben-Jesu-Forschungen A. → Schweitzers, K. → Barths »Römerbrief«, den Lutherforschungen → Holls und der Lunder Schule, P. → Tillich, Unamuno und bes. dem neuentdeckten → Kierkegaard geöffnet. Alles dies führte in den 30er Jahren zu einem entscheidenden Umschwung im theologischen Klima A.s. Bei Ausbruch des 2. Weltkrieges hatte der theologische Liberalismus sein Gesicht grundlegend gewandelt, aber auch in vom Liberalismus unberührten Kirchen hatte sich die theologische Arbeit neu belebt. In vielen Bereichen fand man aus der Sackgasse Modernismus-Fundamentalismus heraus, in anderen freilich scheint die Situation nach wie vor verfahren.

Die Nachkriegszeit mit ihren mannigfaltigen Spannungen brachte in religiöser Hinsicht einen vielfältigen Aufschwung, der sich in steigenden Mitgliederzahlen bei prot., kath. und jüd. Gemeinschaften, einem allgemeinen Interesse an religiösen Fragen und einem frommen patriotischen Erfolgskult niederschlägt (→ Vereinigte Staaten: IV), wobei freilich in vielen prot. Fakultäten und Gemeinden als Unter- und zT Gegenströmung eine vertiefende Ausweitung des theologischen Neuansatzes der 30er Jahre festzustellen ist. Die Dogmatik hat, nicht zuletzt unter dem Eindruck K. Barths, an Wertschätzung gewonnen, die von der ökumenischen Kommission für Glaube und Kirchenverfassung seit langem erörterten Probleme wurden vielfach aufgenommen, die biblische Theologie erhielt starken Auftrieb, und das ethische Denken reflektiert dieses neue Interesse. Ein ernsthaftes Bemühen um Calvin, Luther, Thomas von Aquino, Augustin und die Kirchenväter hat eingesetzt. Mehr Interesse wandte man auch den anglikanischen, luth. und röm.-kath. liturgischen Erneuerungsbewegungen zu, und die Probleme der Ortsgemeinde als Richtpunkt christlichen Lebens rückten in den Vordergrund. Charakteristisch für die USA scheint die Energie zu sein, mit der man das Verhältnis von Theologie und Kultur zu durchleuchten beginnt (zB bei H.R. → Niebuhr) und Sinn und Bedeutung der angelsächsischen Forschungen auf dem Gebiet der Logik und Linguistik diskutiert. Doch haben diese Ansätze das Interesse an sozialen Fragen oder den Respekt vor der Naturwissenschaft und anderen Wissenschaftszweigen nicht beeinträchtigt.

Heute nimmt aus deutlich soziologischen Gründen die Mannigfaltigkeit der amerik. Theologie ab. Noch immer steht die Aktivität des kirchlichen Lebens einzig in der Welt da. Aber es hat sich noch kein dieser Einzigartigkeit entsprechendes theologisches Ergebnis herausgebildet, will man nicht das Ringen mit den raschen sozialen Umschichtungen als solches bezeichnen. In dieser Hinsicht wird in A. bereits das erfahren, was die übrige Welt ohne Rücksicht auf Politik und Ideologien erst zu erfahren beginnt, und darin könnte der Anstoß für eine Umwandlung der »Katholizität« der amerik. Aufnahmefähigkeit in theologischen Dingen in einen eigenständigen theologischen Beitrag liegen.

Allg. Lit.: H.R.Niebuhr, The Kingdom of God in America, New York (1937) 1956²; dt. 1948 - C.E.Olmstead, Hist. of Religion in the US, Englewood Cliffs/N.J. 1960 (Lit.) - J.W.Smith-A.L.Jamison (Hg.), Religion in American Life I-V (2 Bde Bibliogr.), Princeton 1961 (I, 232-321: S.E.Ahlstrom, Theology in America. A Historical Survey). - *Zum einzelnen* (vgl. ergänzend die Lit. zu den im Text genannten Artikeln): F.H.Foster, Genetic Hist. of the New England Theology, Chicago 1907 - V.Ferm, The Crisis in American Lutheran Theology, New York 1927 - H.M.Morais, Deism in 18th Century America, ebd 1934 - P.Miller, The New England Mind I. II, Cambridge/Mass. 1939/53 - Ders., Errand into the Wilderness, ebd 1956 - S.E.Mead, N.W.Taylor, Chicago 1942 - C.W.Kegley-R.W.Bretall (Hg.), Library of Living Theology I: P.Tillich, New York 1952; II: Reinh. Niebuhr, 1956 - C.Wright, Beginnings of Unitarianism in America, Boston 1955 - T.L.Smith, Revivalism and Social Reform, Nashville 1957 - S.E.Ahlstrom, Die neue industrielle Gesellschaft u. die Kirche. Ein Kommentar zu amerik. Erfahrungen (LR 7, 1957/58, 405-420) - Ders., Continental Influences on American Theology since World War I (ChH 27, 1958, 256-272) - Ders., Theology and the Present-Day Revival (The Annals 332, 1960, 20-36) - N.Cousins, In God we trust, New York 1958 (zur Gründergeneration) - B.M.Cross, H.Bushnell, Chicago 1958 - W.-D.Marsch, Christl. Glaube u. demokrat. Ethos, 1958 - W.R.Hutchinson, The Transcendentalist Ministers, New Haven 1959 - D.J.Elwood, Philosophical Theology of J.Edwards, New York 1960 - D.B.Meyer, The Protestant Search for Political Realism, Berkeley 1960 - J.H.Nichols, Romanticism in American Theology. Nevin and Schaff at Mercersburg, Chicago 1961.

S.E.Ahlstrom

III. Religionsphilosophie im 19. und 20.Jh.

In der religiösen Situation der USA lassen sich Religionsphilosophie und Theologie (→ Vereinigte Staaten: II) kaum scharf voneinander trennen. Es gab oft Überschneidungen, und bisweilen erschienen philosophische Gedankengänge über die Religion unmittelbar als Ersatz systematischer oder bekenntnismäßig gebundener Theologie. Die erste systematische Behandlung der Religion in philosophischen Kategorien findet sich bei W.James (s.u.). Das ganze 19.Jh. war beherrscht von Versuchen, Gedanken aus den verschiedensten religiösen Traditionen mit philosophischen Grundsätzen aus Plato, Kant, Berkeley u.a. zu kombinieren (bisweilen als »religiöse Philosophie« bezeichnet). Daneben versuchte man, christliches Gedankengut in philosophische Form zu kleiden, oder bemühte sich um den Nachweis eines »religiösen Aspekts« der Philosophie selbst. Ein unzweideutiger Gebrauch des Terminus »Religionsphilosophie« ist demnach unmöglich. Wesentlich bleibt, daß Religion und Philosophie in A. stets in mannigfacher Beziehung standen.

Das Denken im 19.Jh. war vom Wechselspiel aufklärerischer und romantischer Ideen beherrscht, zu denen die Begriffe der Evolution, der geschichtlichen Entwicklung und des Fortschritts hinzutraten, bis gegen Ende des Jh.s die Probleme der Beziehung von Naturwissenschaft und Religion in den Vordergrund rückten. Der wichtigste religionsphilosophische Entwurf der ersten Hälfte des Jh.s ist der sog. → *Transzendentalismus,* der bei → Emerson klassischen Ausdruck fand. Etwa gleichzeitig vertrat Th. → Parker eine ähnliche Position. Beschrieb Emerson Gott in mystischer Terminologie als Überseele, so war es ihm in erster Linie um die Immanenz des göttlichen Geistes im Menschen zu tun. Durch seine unmittelbare Gegenwart in der Seele transzendiert Gott die Natur, die selbst nur äußere Abspiegelung des Geistes ist. Nicht um den Menschen herum schafft Gott die Natur, sondern *durch* ihn; sie ist ein Raum geistiger Sinngehalte, weniger physikalisches System als Anschauungsmittel religiöser Wahrheiten. Gegen den Hauptstrom der → Aufklärung behauptete Emerson, daß weder Naturwissenschaft noch Philosophie den Platz der Religion einnehmen können. Der wesentlich mystische Charakter seines Denkens offenbart sich in seiner Suche nach einem Identitätspunkt jenseits des Subjekt-Objekt-Schemas. Jedoch bleibt bei ihm eine ungelöste Spannung zwischen der Einmaligkeit der Einzelperson und der Überseele, in der alle in »letzter Einheit« existieren. Emerson unterschied Vernunft (reason) als intuitive Fähigkeit von Verständnis (understanding) als analytischem Urteilsvermögen. Durch die Vernunft stehen wir mit Gott und einer die historischen Gegebenheiten transzendierenden Wahrheit in Verbindung; Verständnis dagegen reduziert Religion auf Formeln und Dogmen, die die persönliche Erfahrung hemmen und den Gesichtskreis einengen. Emerson war nicht frei von der aufklärerischen Neigung zur Gegenüberstellung von positiver Religion und natürlicher Geistreligion; im Unterschied zu den Aufklärern ging es ihm jedoch nicht um Reduktion der Religion auf Sittlichkeit. Wohl spielt das sittliche Gesetz bei ihm eine wichtige Rolle, noch grundlegender aber ist die ästhetische Wahrnehmung. - Weniger eklektisch als Emerson, strebte Parker eine Neuinterpretation christlicher Gedanken im Sinne des naturwissenschaftlichen und philosophischen Wissens der Zeit an. Sein Angriff galt der nur die Bibel als Lehrquelle gelten lassenden »kirchlichen Methode« in der Theologie. Ein Ignorieren der Entwicklung in den Naturwissenschaften bedeute den Verlust wertvoller neuer Erkenntnisse für den Gottesgedanken wie überhaupt für die Lehren der Religion. Nach Parkers eigener Aussage war es → Kant, der ihn die Grundlage aller Religion in der Natur des Menschen finden lehrte. Für ihn bedeutete Religion wesentlich Frömmigkeit oder Liebe. Gott ist die Quelle aller Wahrheit, die dem einzelnen, wenn er sich für Gott offenhält, in direkter Erfahrung zugänglich ist. Philosophisch bedeutet Gott das wahrhaft Grenzenlose, und als solcher kann er im menschlichen Bewußtsein aufgewiesen werden. Parker hielt diesen philosophischen Gottesbegriff für wesentlich zum Ausgleich zwischen Religion und Naturwissenschaft.

Im weiteren Verlauf des 19.Jh.s traten die Probleme des Verhältnisses zwischen Naturwissenschaft (bes. der Evolutionstheorie) und Religion schärfer hervor. Es kam zu verschiedenen philosophischen Deutungsversuchen; einige hielten mittels einer Umdeutung christlicher Gedanken an der christlichen Tradition fest, andere dagegen fühlten sich zur Aufgabe des historischen Christentums und zur Begründung einer Freireligion gezwungen. Typischer Vertreter der letzteren Richtung war Francis E. Abbott (1836-1903), der Religion im Allgemeinbewußtsein der Menschheit suchte und darin die einzige Alternative zu Agnostizismus und Positivismus sah. Auf der anderen Seite versuchte John Fiske (1842-1901), den Gottesgedanken neu zu fassen und seinen »kosmischen Theismus« als wahren Weg zur Verteidigung des Christentums im naturwissenschaftlichen Zeitalter zu erweisen. Auf Grund der Entwicklungsphilosophie H. → Spencers gelangte er zur Lehre von Gott als »Kraft«, die, unbegrenzt in Raum und Zeit, durch die natürliche Welt erkennbar ist. Nach Fiske geht es nicht um Verwerfung des Christentums zugunsten einer anderen Religion, sondern um Überwindung des Anthropomorphismus durch eine kosmologische Gottesidee. - Typisch für eine Richtung, die die Evolution als Mittel der das All ständig schaffenden und erhaltenden Wirksamkeit Gottes verstand, war der in der Tradition des schottischen Realismus stehende James McCosh (1811-94).

Eine zweite, später als *»Personalismus«* bekannte Richtung verkörperte Borden Parker Bowne (1847-1910).

Sie war die originellste und einflußreichste Religionsphilosophie des späten 19. Jh.s. Zu einer Zeit, als der → Materialismus (: II) weithin als die einzig wahre Philosophie galt, stellte Bowne Gotteslehre und christliche Religion auf eine neue Grundlage. Er ging nicht von kosmologischen Erwägungen aus, sondern kehrte im Anschluß an → Leibniz und → Lotze zur Erfahrung zurück und stellte das menschliche Ich ins Zentrum der Erkenntnis. Bei Bowne wird die aus sich selbst handelnde Person zur Kategorie, zu einem die wahre Seinsform darstellenden Seinstyp. Die Personkategorie gilt daher auch als Norm des Gottesverständnisses. Gott erscheint als durch das sittliche Wesen des Menschen und den Lauf von Natur und Geschichte erkennbare, aus sich selbst handelnde Person. Bownes personalistische Lehre wurde bes. von E.S. Brightman (1884–1953) und A.C. Knudsen (1873–1953) weiterentwickelt und erhielt bei den Methodisten den Rang einer offiziellen Theologie.

Um die Jh.wende und darüber hinaus beherrschten der neue, bes. von William James (1842–1910) und, in geringerem Maße, C.S. Peirce (1839–1914) vertretene →*Pragmatismus* sowie die von J. Royce entwickelte Neuauflage des absoluten Idealismus das Feld. In seinen Gifford Lectures von 1902 (s. Lit.) führte James einen revolutionierenden Neuansatz in der Behandlung der Religion durch. Mit an J. → Edwards und → Schleiermacher erinnernden Gedankengängen suchte er die Religion im menschlichen Erleben selbst zu fassen und ihr Vorhandensein in unmittelbarer Form darzustellen. Ein großer Teil seiner Analyse gilt der Beschreibung von Erlebnissen, die Begriffe wie Sünde, Schuld, geteiltes Ich, Bekehrung, Heil, mystische Religion anschaulich machen. James' Deutung führte zur Ausbildung der → Religionspsychologie (, 2) als selbständigem Forschungszweig. Zur Religion gehört nach James Glaube an ein die Grenzen der sichtbaren Welt überschreitendes geistiges Universum; Glaube meint die Beziehung zwischen dem Einzelnen und dieser geistigen Welt und schließt bes. die Überzeugung ein, daß die im Zentrum der Wirklichkeit wirkende Kraft sich im Leben gläubiger Menschen Ausdruck verschaffen kann. James verwarf einen Idealismus, der Wirklichkeit ins rein Geistige umdeutet oder lediglich als Offenbarung des Göttlichen wertet. Religiöser Glaube muß sich in einem erneuerten Leben bekunden; seine Wirkungen oder Folgen sind die einzigen Wertmesser seiner Gültigkeit. Pragmatismus heißt Berufung auf Erfahrung; rationale Folgerichtigkeit ist kein ausreichender Wahrheitsbeweis. Mit der Begründung der Religion auf die persönliche Erfahrung nahm James die späteren existenztheologisch orientierten Erfahrungsdeutungen des Glaubensbegriffs vorweg. Wichtig bleibt, daß er die begriffliche Formulierung der Religion für sekundär hielt. Theologie und Metaphysik sind zutiefst auf unmittelbare Erfahrung angewiesen; wohl helfen sie zur Klärung religiöser Gedanken, aber sie können nicht zur Grundlage der Religion gemacht werden. Als grundsätzlicher Gegner alles Rationalismus betonte James ständig die Rolle des Erlebnisses und der unmittelbaren Anteilnahme. Seine vielfach mißverstandene Lehre vom »Willen zum Glauben« ist Ausdruck seines Vertrauens zum empirischen Ansatz. Bereitschaft zu glauben macht eine Lehre nicht wahr, aber sie hilft den Beweis finden, wenn er vorhanden ist. In der Metaphysik war James Pluralist, wie sich in seiner Gotteslehre zeigt: Gott ist für ihn letztlich *endlicher* Geist, begrenzt im Kampf mit den Mächten des Bösen und der Ungerechtigkeit. Seine eigene Position charakterisiert er als »piecemeal supernaturalism«: Gott ist an bestimmten Punkten in Existenz und Erfahrung gegenwärtig und manifestiert sich nicht nur in undifferenzierter Weise der Gesamtschöpfung. – Auch C.S. Peirce deutete Religion im wesentlichen pragmatisch. Im Unterschied zu James nahm er jedoch von seinen physikalischen Interessen die Anregung zu kosmologischen Spekulationen. Sie gipfeln in einer eigenständigen Evolutionstheorie der Liebe (»Agapismus«), wonach Gesetzmäßigkeit und Uniformität selbst Produkte kosmischer Entwicklung sind. Evolution ist nicht möglich ohne Gott, da der reine Naturprozeß zeitmäßig zur Erklärung der von der Erfahrung festgestellten Adaption von Teilaspekten des Universums nicht ausreicht und sich damit die Annahme eines Koordinators zwischen menschlicher Vernunft und Welt aufdrängt. Peirce bezeichnete diesen Gedankengang als »vernachlässigtes Argument zum Gottesbeweis«.

Der moderne *Idealismus* mehr deutscher als angelsächsischer Herkunft hatte seinen Vertreter in Josiah Royce (1855–1916), einem der systematischsten unter den amerik. Philosophen. Von ihm stammt das geniale Argument für die Existenz Gottes, daß ein Fehlurteil unmöglich wäre, gäbe es nicht eine überzeitliche Erfahrung, der das von dem falschen Gedanken visierte Objekt bereits absolut bekannt ist. Vom Gedanken des Absoluten, der das von einem endlichen Wesen nur bruchstückhaft in der Zeit Erfaßbare »totum simul« weiß, gelangte Royce zu einem neuartigen Gottesbegriff: Gott ist der die »Liebesgemeinschaft« (»Beloved Community«) durchwaltende Geist. Im Anschluß an Gedanken von Peirce und aus dem Bemühen um ein neues Verständnis der christlichen Lehre von Kirche, Sünde und Versöhnung heraus stellte er die These auf, daß nur in einer durch Liebe geeinten Gemeinschaft vieler Einzelner Gottes wahre Absicht durchführbar ist. Der nachdrückliche Hinweis auf den (göttlichen wie menschlichen) *Willen* als Grundlage aller Existenz trug zur Unterscheidung von anderen, rationalistischen Formen des Idealismus bei.

Mystisches Denken fand einen würdigen Anwalt in Rufus Jones (1863–1948), einem äußerst originellen Quäkerphilosophen. In zahlreichen Schriften entwickelte er den Begriff des mystischen Erkennens und suchte dessen Verhältnis zur sittlichen und ästhetischen Wahrnehmung herauszuarbeiten.

Im Gefolge der Arbeiten von James erwachte ein neues Interesse an der Entwicklung religiösen Denkens in empirisch-naturwissenschaftlichen Kategorien. Die Idee der »religiösen Erfahrung« trat beherrschend in den Mittelpunkt. Man versuchte sich an empirischen Religionsphilosophien, teils auf evolutionistischer, teils auf sittlich-ästhetischer Basis oder auf Grund einer allgemeinen Werttheorie. D.C. MacIntosh (1877–1948) begründete den »religiösen Realismus«, nach dem Gott als jenseits des subjektiven Bewußtseins stehend erfahren wird. Er verteidigte die Theologie als »empirische Wissenschaft« und unterschied je nach Erkenntnisstand verschiedene Glaubensebenen. Andere, wie H.N. Wieman, E.S. Ames, J.E. Boodin, wollten die Realität Gottes in der menschlichen Erfahrung unter möglichster Berücksichtigung moderner Entwicklungen in Natur- und Gesellschaftswissenschaft interpretieren.

Die von Royce begründete Tradition setzten William E. Hocking (* 1873) und in anderer Form W.M. Urban (1873–1952) fort. Hocking entwickelte seine eigene Form des »ontologischen Arguments« unter Wahrung des Gleichgewichts von Argument und Erfahrung. Stets ein origineller Denker, versuchte er eine Deutung der Unsterblichkeit als Erfüllung eigentlicher Lebensbestimmung und betont neuerdings die Notwendigkeit einer empirischen Metaphysik, die in der Lage ist, religiöse Gedanken mit dem Weltbild der Naturwissenschaft zu vereinigen. Als langjähriger Erforscher östlicher Religionsformen hat er sich eindrücklich zum Problem einer Weltreligion geäußert. – Urban, ein Schüler des klassischen deutschen → Idealismus (: II), dessen Einfluß sich ebenso wie der von E. Cassirer in allen seinen Schriften bemerkbar macht, zeigt ein starkes sprachphilosophisches und symbolistisches Interesse. Der Kritik des Positivismus suchte er mit einer idealistischen Sprachdeutung zu begegnen.

Heute steht die Religionsphilosophie in den USA im Zeichen zweier Hauptströmungen: der → Existenzphilosophie und A.N. → Whiteheads organistischer Philosophie. Die Einführung existenzphilosophischer Kategorien verdankt A. weitgehend Paul → Tillich, während Charles Hartshorne (* 1897) einige Folgerungen der »process philosophy« für die Gotteslehre herausgearbeitet hat. Trotz vieler Unterschiede sind sich Tillich und Hartshorne darin einig, daß Religion auf dem Hintergrunde einer Metaphysik zu deuten ist. In dieser Hinsicht stehen sie gemeinsam gegen eine weitverbreitete Tendenz, Religion von Sprache und Wortgebrauch her zu erhellen. Drei Züge von Tillichs philosophischer Interpretation des Christentums sind in den Brennpunkt der Diskussion gerückt: sein Gebrauch des Seinsbegriffs in der Gotteslehre, seine Definition der Religion als »ultimate concern« und die damit gegebenen Verbindungen zwischen Religion und → Tiefenpsychologie, schließlich seine Theorie des religiösen Symbolismus, speziell der Gedanke, daß ein echtes religiöses → Symbol (: III, 3) nicht willkürlich geschaffen werden kann, da es an der von ihm symbolisierten Wirklichkeit »partizipiert«. Tillichs Denken hat äußerst anregend gewirkt; in einer Zeit, als viele prot. Theologen der Trennung von → Theologie und Philosophie das Wort redeten, hat es zu ihrer Begegnung verholfen; es hat ferner zur Belebung der Diskussion über den Gottesbegriff beigetragen (vgl. die heftigen Reaktionen auf seine mystische Lehre, nach der Gott nie Objekt ist und nicht »existiert«). – Hartshorne behandelt das schwierige Problem der Inbeziehungsetzung traditioneller christlicher Lehren und moderner Philosophien, in denen Zeit, Wechsel und Entwicklungsprozeß zu Zentralbegriffen werden. Ausgehend von der These, daß die traditionelle Theologie in ihren Gottesvorstellungen zu statisch denkt, entwickelt er seine Theorie der »göttlichen Relativität«, wonach ein ganz persönlicher Gott in einzigartiger Weise zu seinen Geschöpfen in Beziehung tritt. Der Begriff des Seins genügt nicht: er kommt höchstens für die Unwandelbarkeit Gottes in Betracht, und so führt Hartshorne den Begriff des Werdens als Grundkategorie ein. Nur auf diese Weise ist verständlich, wie Gott zur tatsächlichen Welt in ihrem Wandel und ihrer Zufälligkeit in Beziehung stehen kann. Angesichts der Frage, wie Gott zum Einzelnen, zum geschichtlichen Geschehen und zu den Bedingtheiten des Daseins in Beziehung stehen und gleichzeitig seine Identität wahren kann, fordert Hartshorne einen Relations- oder »sozialen« Begriff von Gott.

Allg. Lit.: A.D.WHITE, Hist. of the Warfare between Science and Theology, New York 1896 – H.N.WIEMAN-B.E.MELAND, American Philosophies of Religion, Chicago-New York 1936 – J.A.MARTIN, Empirical Philosophies of Religion, New York 1945 – H.W.SCHNEIDER, A Hist. of American Philosophy, ebd 1946 – W.H.WERKMEISTER, A Hist. of Philosophical Ideas in America, ebd 1952. – *Einzel-Lit.:* O.B.FROTHINGHAM, Transcendentalism in New England, ebd 1876 – W.JAMES, The Varieties of Religious Experience (Gifford Lectures), 1902; dt. 1914² – J.S.BIXLER, Religion in the Philosophy of W.James, Boston 1926 – E.BAUMGARTEN, Die geistigen Grundlagen d. amerik. Gemeinwesens II: Der Pragmatismus, 1938 – R.WELLEK, The Minor Transcendentalists and German Philosophy (New England Quarterly 15, 1942, 652–680) – DERS., Emerson and German Philosophy (ebd 16, 1943, 41–62) – R.V.WELLS, Three Christian Transcendentalists, New York 1943 – J.E.SMITH, Royce's Social Infinite, ebd 1950 – DERS., Reason and God. Encounters of Philosophy with Religion, New Haven 1961. – Vgl. ferner die Lit. zu den Einzelartikeln u. zu → Vereinigte Staaten: II. *J.E.Smith*

IV. Amerikanisches Christentum

Das amerik. Christentum stammt in gerader Linie vom Christentum in andern Erdteilen ab. Es wurde zumeist durch Einflüsse aus Europa geformt. Entsprechend der vielfältigen völkischen und rassischen Herkunft der Bevölkerung ist jede bedeutende christliche Kirche der Welt in A. vertreten. Es gibt keine Staatskirche, und aufs Ganze gesehen vermag keine religiöse Gruppe die andern – abgesehen von bestimmten örtlichen Gegebenheiten – zu dominieren. Die röm.-kath. Kirche ist mit ca 40 Mill. die größte Einzelkirche; demgegenüber gibt es 62 Mill. Protestanten, die sich in 225 verschiedene Denominationen gliedern, von denen über 60 mindestens je 50000 Mitglieder haben. Ferner gibt es rd 3 Mill. orth. Christen. Etwa 63% der Bevölkerung bekennen sich zu einer Religionsgemeinschaft; dieser Prozentsatz ist im Verlauf der Geschichte der USA durchschnittlich schneller gewachsen als die Bevölkerung.

Das amerik. Christentum ist sowohl Schöpfer wie Geschöpf der amerik. Kultur. Der Protestantismus hatte den beherrschenden religiösen Einfluß in den amerik. Kolonien und spielte eine entscheidende Rolle bei der Gestaltung von Gesellschaft und Charakter. Sein Individualismus nährte den Geist, in dem der Kontinent erobert und die Befreiung von der Kolonialherrschaft erkämpft wurde (→ Amerika: II, 3). Er legte Wert auf persönliche Tüchtigkeit – Selbstvertrauen, Fleiß, Nüchternheit, Sparsamkeit – und formte dadurch kühne Entdecker und Abenteurer, die sich die Wildnis unterwarfen. Auch die industrielle Revolution des 19. Jh.s wurde größtenteils von prot. geprägten Unternehmern geführt, obwohl ihre Spekulationen nicht immer dazu angetan waren, dem Glauben Ehre zu machen. Auch heute noch bestimmt der Protestantismus die Moral des amerik. Volkes und übt einen mittelbaren, aber wichtigen Einfluß auf das öffentliche Leben aus. Allerdings stellte ein prot. Historiker kürzlich fest, daß in den USA die röm.-kath. Kirche seit 1940 in öffentlichen Angelegenheiten ihren Einfluß wirksamer durchgesetzt habe als alle prot. Kirchen zusammen.

Das amerik. Christentum und seine organisatorische Zersplitterung ist nicht nur auf seinen prot. bedingten Individualismus zurückzuführen, sondern ebenso auf die völkische, rassische und geographische Verschiedenheit des amerik. Volkes. Für die Existenz von 27 verschiedenen baptistischen, 17 luth., 21 methodistischen und 10 presbyterianischen Denominationen sind weithin nichttheologische Gründe maßgebend. Die fortschreitende nationale Integration der Einwanderer begünstigt allerdings auch ein Zusammenwachsen der Kirchen.

Von den fast 11 Mill. Negerchristen gehören mehr als 10 Mill. zu Denominationen, die nur aus Negern bestehen. Von den 600000, die mit »weißen Denominationen« verbunden sind, gehen wohl weniger als 1% regelmäßig mit Weißen zum Gottesdienst. Die Zahl der Gemeinden mit gemischter Rassenzugehörigkeit ist seit 1946 von weniger als 1% auf ca 15% angewachsen; dennoch sind die Kirchen hinsichtlich der Rassenintegration weit hinter andern wichtigen Lebensbereichen zurückgeblieben. Daran sind zT die Aufteilung der Wohngebiete und andere trennende Faktoren schuld, an denen die Kirchen nichts ändern können. Die meisten großen Kirchen haben Entschließungen und Aktionsprogramme gebilligt, die eine Kirche und Gesellschaft ohne Rassentrennung erstreben.

Trotz des Glaubens an die Gleichheit aller Menschen ist im 20.Jh. in den meisten Gemeinden die Realität bestehender Klassenunterschiede unbezweifelbar an den Tag gekommen. Größtenteils haben sich auch hier die Kirchen der Lage angepaßt. Fälschlich wird behauptet, daß »die Protestanten zur Mittelschicht, die Katholiken zu den unteren Schichten gehören«. Die Unterschiede zwischen diesen beiden Gruppen hinsichtlich der sozialen Schichtung betreffen nur wenige Prozent, auf welcher Ebene man auch mißt. Im ganzen bieten die Protestanten jedenfalls ein getreues Spiegelbild der Gesamtbevölkerung; dasselbe gilt zunehmend von den röm. Katholiken. - Die Klassenunterschiede werden bei den Ortsgemeinden am deutlichsten sichtbar. Bes. in den rasch aufsprießenden Vorstädten setzen sich die Ortsgemeinden vorwiegend aus Mitgliedern desselben sozialen Status zusammen. Am stärksten gilt das von den neueren Gruppen der Pfingstbewegung oder der Heiligkeitssekten, die vor allem aus Randsiedlern der Gesellschaft bestehen. Von der Gesellschaft relativ vernachlässigt, sammeln sie sich unter dem Deckmantel der Religion, um ihren Abstand von den älteren Kirchen und der »Welt« darzustellen. Ihre Zuwachsrate war seit 1935 sehr hoch, aber sie umfassen immer noch nur einen kleinen Prozentsatz der Gesamtmitgliedschaft der Kirchen. Die meisten sind in ihrer Herkunft und Zielsetzung prot., entwickeln eine fundamentalistische Theologie und wollen in der Ökumene nicht mitarbeiten.

Die amerik. Kirchen sind auch noch in anderer Hinsicht ein Spiegelbild ihrer Gesellschaft. Die amerik. Aktivität entfaltet sich in unzähligen Laienorganisationen, kirchlichen Frauen- und Jugendgruppen, Sonntagsschulklassen für alle Altersstufen, Missionsgesellschaften, Pfadfindergruppen u.dgl. Sie zeigt sich bei den meisten Denominationen und vielen Ortsgemeinden auch in den offiziellen Verbänden für »soziale Aktion«, deren Ziel die Anwendung der christlichen Ethik auf soziale Fragen ist. In der letzten Generation entwickelte sich ein neues Interesse an der Theologie neben starken Bestrebungen in Richtung auf eine »volkstümliche Religion« und Erweckungsbewegung. Die Kirchen waren von Anfang an führend beim Aufbau des Bildungswesens. Zahlreiche berühmte Colleges und Universitäten wurden unter religiösen Vorzeichen gegründet (→ Vereinigte Staaten: VI). Die Kirche ist für viele von ihnen noch immer der Träger oder hat ein bestimmtes Kontrollrecht. Dasselbe gilt im allgemeinen von den theologischen Seminaren.

Da nach der Verfassung die Kirchen vom Staat keine Unterstützung bekommen, sind sie auf freiwillige Leistungen ihrer Glieder angewiesen. Sie legen sämtlich großen Wert auf → Haushalterschaft und Geldspenden. Das Finanzaufkommen der prot. religiösen Organisationen beträgt jährlich 1 Md. $ für die Erneuerung und Erweiterung von Kirchengebäuden, das der prot. und orth. Gemeinschaften fast 2½ Md. $ für laufende Ausgaben und für Wohltätigkeit. Die finanzielle Unterstützung der Mission, der ökumenischen Bewegung und vieler humanitärer Unternehmungen zeugt von der amerik. Großzügigkeit.

Während der letzten 50 Jahre haben die kirchlichen → Einigungsbestrebungen (: IV. V) in den USA an Bedeutung gewonnen. Das Schwergewicht liegt zwar noch bei den einzelnen Denominationen, doch haben sich mehrere große Kirchen verschmolzen; bei anderen machen die Vorarbeiten für eine organische Union gute Fortschritte. Die Mitglieder der im National Council of Churches zusammengeschlossenen Denominationen umfassen etwa 60% aller Protestanten. Fast alle größeren prot. und orth. Kirchen sind Mitglieder des Ökumenischen Rates. An der Führung der ökumenischen Bewegung sind die amerik. Christen wesentlich beteiligt. Die Beziehungen zwischen Protestanten und Katholiken sind immer noch gering und oft gespannt.

Die einzelnen Christen, Geistlichen und Gemeinden unterscheiden sich sehr in ihrer theologischen und ethischen Ausrichtung. Die vorherrschende Haltung ist wohl der Pragmatismus, doch besteht auch eine starke Neigung zum Perfektionismus. Jenseitssehnsucht findet sich bes. bei den Sekten der Pfingstbewegung. Weit verbreitet ist das Interesse an einem psychologischen und soziologischen Verständnis des Glaubens. Bemühungen um liturgische Fragen sind selten. Es gibt immer noch viele Pazifisten, aber sie bilden nicht die Mehrheit. In der Wohlstandsgesellschaft sind asketische Bestrebungen kaum zu finden. Der Streit, den Fundamentalisten und Modernisten vor einer Generation ausfochten, findet hier und da einen Nachhall. Doch unterscheidet man heute vor allem zwischen denen, die sich als »Liberale« bezeichnen (sie stehen unter dem Einfluß von Gedanken, die von → Schleiermacher, → Ritschl, Horace Bushnell und anderen Denkern des 19.Jh.s herkommen), und den sog. »Neuorthodoxen«, die über Gott strenger und über den Menschen weniger optimistisch denken. Aber all diese Kategorien sind unzulänglich angesichts der großen Vielfalt des Christentums in A.

H.R.Niebuhr, The Social Sources of Denominationalism, New York (1929) 1957[2] - W.L.Sperry, Religion in America, Cambridge 1945 - A.Pelletier, Praxis u. Geist des Protestantismus in den USA (Dokumente 7, 1951, 548-554) - J.C.Brauer, Protestantism in America, Philadelphia 1953 - W.S.Hudson, The Great Tradition of the American Churches, New York 1953 - P.A.Carter, The Decline and Revival of the Social Gospel, Ithaca 1954 - W.Herberg, Protestant-Catholic-Jew, New York 1955 - P.Toaspern, Wesen u. Wege der Volksmission im amerik. Protestantismus der Gegenwart, 1957 - K.Underwood, Protestant and Catholic, Boston 1957 - R.E.Osborn, The Spirit of American Christianity, New York 1958; dt. 1960 - R.M.Brown-G.Weigel, An American Dialogue, ebd 1960 - R.Lee, The Social Sources of Church Unity, Nashville 1960. - Yearbook of American Churches, New York (jährlich) - Christian Century, Chicago (wöchentlich) - Christianity and Crisis, New York (14tägig) - Christianity Today, Washington (14tägig). *L.Pope*

V. Nordamerikanische Missionen (M. = Mission)

Die Geschichte der amerik. M.en geht bis zu den indianischen M.en im 17.Jh. zurück. 1642 nahmen Thomas Mayhew und sein Sohn ihre M.sarbeit in Martha's Vineyard und in Nantucket auf, 1646 begann John → Eliot seine Tätigkeit in der Nähe von Boston. Die 1743 von John Sergeant begründete M. von Stockbridge hielt sich am längsten von allen Neu-England-M.en. David Brainerds kurze Arbeit in Cranberry/N.J. diente vielen anderen als Beispiel. Die Anglikaner hatten eine M. bei den Mohawks, wirkten jedoch stärker unter Negersklaven. Herrnhuter M.are (→ Zeisberger), die ihre Arbeit 1740 in Shekomeko/N.Y. aufnahmen, zogen infolge der feindlichen Haltung von Siedlern immer weiter nach Westen. - Über die frühe indianische M. vgl. im übrigen → Indianer: II.

Unmittelbar nach der amerik. Revolution gaben der neue Nationalismus, die Ausdehnung des Siedlungsraumes, das Beispiel neuer englischer Gesellschaften (→ Carey, → Anglikanische Kirche: II, → England: IV) und die Erweckungsbewegungen den entstehenden M.en einen gewaltigen Auftrieb. Um Samuel → Hopkins Lehre vom »uneigennützigen Wohlwollen« sammelte sich der Calvinismus, und während der nächsten 70 Jahre wurden alle größeren Kirchen von der Bewegung mitgerissen. Die Tätigkeit der M.en erstreckte sich auf die entkirchlichten Grenzsiedler, auf die Indianer und die überseeischen Heiden. Zwischen 1787 und 1820 entstanden ca 30 Gesellschaften vornehmlich zur Arbeit in Nordamerika selber. Eine von Samuel J.Mills und Adoniram Judson geführte Studentenbewegung brachte 1810 die Kongregationalisten von Massachusetts und Connecticut dazu, den American Board of Commissioners for Foreign M.s (ABCFM) zu gründen. 1812 wurden die ersten M.are nach Indien gesandt. Als die Familie Judson baptistisch wurde und nach Burma zog, wurde 1814 die General M.ary Convention of the Baptist Denomination gegründet. Die Presbyterianer, Holländisch-Reformierten und die Associate Reformed gründeten 1816 die United Foreign M.ary Society. Zehn Jahre später vereinigte sie sich mit dem ABCFM. Kirchliche Werke (Boards) für äußere M.en wurden 1819 von Methodisten, 1821 von den Episkopalisten, 1833 von den Free Will Baptists, 1837 von Lutheranern und 1838 von den deutschen Reformierten gebildet. Die Holländisch-Reformierten zogen sich 1854 aus dem ABCFM zurück und gründeten ein eigenes M.swerk. Die Presbyterianer der »alten Schule« errichteten 1837 ein kirchliches Werk für M., während die Presbyterianer der »neuen Schule« bis zur Wiedervereinigung i.J. 1870 im ABCFM mitarbeiteten. Als die Sklavenfrage die Kirchen entzweite, wurde 1845 das Foreign M. Board of the Southern Baptist Convention gegründet, 1846 das FMB of the Southern Methodist Church und 1861 das Southern Presbyterian Board. Obgleich viele dieser Werke »Gesellschaften« genannt wurden, waren sie doch direkte Organisationen der Kirchen, die durch sie ihre Verantwortung für die M. wahrnahmen.

Der Beweggrund zur M. war in dieser Entstehungsperiode hauptsächlich die Liebe Gottes in Christus; populäre Wirkung hatte jedoch der Aufruf zur Rettung der »verlorenen Heiden«. »Zivilisation« wurde als von der »Evangelisation« untrennbar angesehen, und im allgemeinen folgte man dem britischen Beispiel in Indien. Der erzieherischen und literarischen Arbeit gesellte sich bald die → Ärztliche M. hinzu. Diese Art von M. wurde von Rufus Anderson (1823-66 Sekretär des ABCFM) in Frage gestellt, und seine eigenen Grundsätze blieben fortan theoretisch die Basis der amerik. M.en. Nach seiner Auffassung läßt sich die M. nur in der Liebe Christi begründen; ihre Berechtigung empfängt sie vom M.sbefehl, der sich an jeden einzelnen Christen richtet; das Ziel ist die Rettung der Seelen und die Sammlung der Bekehrten in Kirchen, die nun selber die Aufgabe der Verkündigung übernehmen (→ Mission: III A). Alle missionarische Arbeit sollte darauf hinzielen, einheimische Kirchen ins Leben zu rufen, die sich selbst leiten, selbst erhalten und selbst ausbreiten. Die Gemeinden sollten verstreut leben und sich nicht um große Stationen konzentrieren. Die M.are sollten für andere Arbeiten frei werden, sobald die einheimische Kirche gegründet sei. Als dieses Ziel auf den Sandwich Islands erreicht war, stellte der ABCFM 1863 seine Arbeit dort ein.

Während der ersten 50 Jahre waren Indien, Burma, Ceylon, West- und Südafrika, das türkische Reich und Hawaii die wichtigsten Arbeitsgebiete. Die M. im Nahen Osten sollte die alten östlichen Kirchen wieder beleben; leider kam es dabei zu Zersplitterungen (→ Proselytismus). Danach wurde China ein großes Arbeitsgebiet, ebenfalls Japan. Da die röm. Katholiken als nicht im Besitz des Heils betrachtet wurden, setzte auch die M. in Latein-Amerika ein. - Nach dem Bürgerkrieg entwickelte sich die M. außerordentlich. 1900 gab es 52 missionarische Institutionen in USA und Kanada und 49 Hilfsorganisationen. Wegen der Vernachlässigung der Frauen- und Kinderarbeit wurden besondere Werke für Frauen-M. eingerichtet; aber Mitte des 20.Jh.s waren diese fast alle in den allgemeinen kirchlichen Werken aufgegangen. I.J. 1900 hatten 33 Organisationen M.en in Indien, 31 in Japan, 30 in China, 26 in Afrika, 16 in Latein-Amerika und 16 in Westindien. Insgesamt gab es 5000 M.are, 1910 bereits 7219. Das Motiv der Rettung der »verlorenen Heiden« schwand; zum Grund der M. wurde das neue Leben in Christus für die Völker und die »Ausbreitung des Reiches Gottes«. Folglich wurde großer Wert auf höhere Schulen und Universitäten gelegt. Eine neue studentische Bewegung, hauptsächlich von John R. → Mott geführt und in der Student Volunteer Movement (→ Studentenbund für M.) organisiert, gab hierfür den Antrieb und die Menschen; die Laymen's M.ary Movement beschaffte die erforderlichen Geldmittel. Mott wurde der größte Planer der amerik. M.en und Robert E.Speer der einflußreichste Denker und Administrator. Die 1893 organisierte Foreign M.s Conference of North America wurde zu einem wirksamen kooperativen Organ; die Ökumenische M.skonferenz des Jahres 1900 förderte die Zusammenarbeit und Einheit.

Große Wandlungen kennzeichnen die Zeit von 1910 bis 1960 als Folge der beiden Weltkriege und der wirtschaftlichen Depression in den 20er Jahren; aber die M. wuchs. Selbst nach der Schließung → Chinas, dem größten amerik. M.sgebiet, und den Einreisebeschränkungen in Südasien hatten die M.en der USA und Kanadas (1960) 27228 M.are (65% aller prot. M.are!); sie arbeiteten in 146 Ländern. Das Gesamteinkommen von 421 kirchlichen Werken und freien Gesellschaften betrug 1960 $ 170000000.

In jüngster Zeit legten die amerik. Kirchen-M.en großen Wert auf ökumenische Zusammenarbeit und stellten einen Großteil des Personals und des Geldes für kooperative Organe und Institutionen zur Verfügung, einschließlich der Foreign M.s Conference (FMC), des → Internationalen Missions-Rates (IMC) und verschiedener nationaler Christenräte. Die FMC schloß sich 1950 mit anderen Organen zum National Council of the Churches of Christ in den USA zusammen und bildete die Abteilung für Äußere M. Die kanadischen Organe bildeten das Department of Overseas M.s of the Canadian Council of Churches. Kongregationalistische, presbyterianische und ref. Kirchen haben die Bildung von vereinigten Kirchen begünstigt (→ Unionen: III). Ein neuer Schwerpunkt wurden theologische Stiftungen (Theological Education Fund des IMC).

Die letzten 50 Jahre brachten auch den Aufstieg einer ganz neuen M.sbewegung jenseits der missionarischen Arbeit der Kirchen und diesen oft genug ablehnend gegenüberstehend. Die britischen Glaubens-M.en bauten nach dem Muster der → China-Inland-Mission große amerik. Zweigorganisationen auf (zB die Sudan Interior M.); unzählige andere wurden nach dem 2. Weltkrieg gegründet. Die Interdenominational Foreign M. Association (1917) besteht aus 43 größeren Gesellschaften, daneben gibt es noch ca 130 weitere. Im ganzen haben die Glaubens-M.en etwa 10000 nordamerik. M.are. Noch wichtiger war der Aufstieg der National Association of Evangelicals (NAE) und deren Evangelical Foreign M.s Association (1943), die 1960 47 Mitgliedsorganisationen und 11 nahestehende Vereinigungen hatte. Sie umfaßt konservative kirchliche Gesellschaften, Pfingst- und Heiligkeitsgruppen und unabhängige Glaubens-M.en. 1960 hatten diese Gesellschaften 5744 M.are. Die NAE hat in vielen Ländern nationale Evangelical Fellowships eingerichtet und diese zu einer World Evangelical Fellowship zusammengefaßt. In Theorie und Praxis ähneln diese fundamentalistischen und konservativen Gesellschaften alle den kirchlichen Werken um 1825.

J. TRACY (Hg.), Hist. of American M.s to the Heathen, 1840 - R. ANDERSON, The Theory of M.s to the Heathen, 1845 - DERS., Foreign M.s. Their Relations and Claims, 1869 - M.ary Review of the World, 1878-1937 - Foreign M.s Conference of North America, Annual Report, 1893-1950 - R.E. SPEER, M.ary Principles and Practice, 1902 - T.C. RICHARDS, Samuel J. Mills, 1906 - A.J. BROWN, The Foreign M.ary, (1907) rev. 1932 - O.W. ELSBREE, The Rise of the M.ary Spirit in America 1790-1915, 1928 - W.E. HOCKING (Hg.), Re-Thinking M.s, a Laymen's Inquiry after One Hundred Years, 1932 - LATOURETTE III-VII, 1939-45 - DERS., M.s and the American Mind, 1949 - J.R. MOTT, Five Decades and a Forward View, 1939 - E.D. SOPER, The Philosophy of the Christian World M., 1943 - National Council of Churches of Christ in the USA, Division of Foreign M.s, Annual Report, 1950ff - R.P. BEAVER, The North American Churches and the World M., 1952 - DERS., Eschatology in American M.s (in: Basileia, Festschr. f. W. Freytag, 1959, 60-75) - M.ary Research Library, Directory of North American Protestant M.ary Agencies, Ausg.n von 1953, 1958, 1960. - Vgl. die Lit. zu → Indianer: II.

R.P. Beaver

VI. Theologische Ausbildungsstätten

1. Formen, Gründungsperioden, Ausbildungsgang - 2. Bedeutende prot.-theol. Seminare - 3. Röm.-kath., orth. und jüd. Seminare

1. Bis zum Unabhängigkeitskrieg 1776 wurden die Geistlichen der amerik. prot. Kirchen noch in der Alten Welt ausgebildet, oder sie erwarben sich ihre Ausbildung in einem der Küstencolleges oder lebten als »Lehrlinge« im Haus eines Pfarrers. Nach der Trennung von England begannen die Kirchen, eigene Hochschulen zu errichten. Zunächst gab es viele verschiedene Formen der Ausbildung zum geistlichen Amt. Einige der Küstencolleges aus der Kolonialzeit, wie Harvard und Yale, schufen in ihren Mauern besondere theol. Fakultäten. Der für A. bezeichnende Typus war jedoch das selbständige theol. Seminar, als dessen Urbild das von Andover (bei Boston) gilt. Heute besteht zwischen der Divinity School (= Fakultät) einer Universität und dem selbständigen konfessionellen oder interkonfessionellen Seminar für Graduierte kein deutlicher Unterschied mehr. Außer diesen beiden Grundformen entwickelten sich noch zwei andere Arten theol. Ausbildungsstätten: das Seminar verbunden mit einer »Akademie« (so bezeichnete das 19.Jh. die heutige »high school«) und die Bibelschule oder das College, das die allgemeinbildenden Fächer mit religiösen Studien verbindet. Von diesen beiden Typen besteht der erste nicht mehr, der zweite gehört nach heutiger Auffassung nicht zum theol. Hochschulstudium, es sei denn, diese Colleges hätten - wie es vielfach der Fall war - ihre eigenen theol. Fakultäten (für Graduierte) entwickelt.

In der 1. Phase der Seminarbewegung (1784-1840) wurden von der Atlantikküste bis zum Mississippi 50 Hochschulen aller 4 Typen gegründet oder geplant. Die schwere Geldkrise von 1837 setzte dieser Gründungszeit ein Ende. - In der 2. Phase (1840-90), die durch die Erschließung des Westens, die Einwanderung aus Europa, die Freilassung der Negersklaven und das wachsende Selbstbewußtsein der Denominationen gekennzeichnet ist, wurden über 120 neue Hochschulen gegründet, wobei sich auch die Gruppen, die sich anfangs der speziellen theol. Ausbildung widersetzt hatten (Baptisten, Disciples of Christ, Methodisten u.a.), der Bewegung anschlossen. - In der 3. Phase (bis zum wirtschaftlichen Zusammenbruch von 1929) entstanden mehr als 60 theol. Schulen, zumeist im Westen und Südwesten, doch auch in den großen Städten des Nordostens unter jüngeren Einwandererkirchen. - Seit 1929 ist es kaum noch zu Neugründungen gekommen. Doch haben sich eine Reihe von Hochschulen miteinander verschmolzen oder verbunden. Seit 1918 bemüht sich die American Association of Theological Schools um Kriterien für einen einheitlichen Leistungsstand der Seminare aller prot. Kirchen in den USA und Kanada.

Die übliche prot.-theol. Ausbildung in A. setzt voraus, daß der Kandidat den Baccalaureus in den Artes (B.A.) oder der Naturwissenschaft (B.S.) besitzt, nachdem er 4 Jahre lang an einem College oder der College-Abteilung einer Universität studiert hat. Nach 3 weiteren Jahren auf dem Seminar empfängt der Theologiestudent seinen Baccalaureus in Theologie oder »Divinity« (meist B.D. abgekürzt), der gewöhnlich als Voraussetzung für das Pfarramt gilt. Der theol. Magistergrad (Th.M. oder S.T.M.), der nach einem oder zwei weiteren Studienjahren und auf Grund einer kleineren schriftlichen Arbeit zu erreichen ist, kann den Weg zu einem der beiden Doktorgrade bereiten. Meist verleiht eine Staats- oder eine große unabhängige Universität mit ihrer Abteilung für Religion oder ihrem theol. Lehrkörper den Doktor der Philosophie (Ph.D.) in Religion, während die unabhängigen Seminare oder die selbständige theol. Fakultät einer unabhängigen Universität den spezielleren Doktor der Theologie (Th.D.) verleihen. - Als Hauptunterschied gegenüber dem theol. Studium in Europa muß das weitgehende Zurücktreten der philologisch-humanistischen Vorbildung (nur wenige Seminare verlangen heute die Kenntnis von Lateinisch, Griechisch und Hebräisch) und die Betonung der praktischen Theologie mit Einschluß der Religionspsychologie und -soziologie betrachtet werden.

2. Die ersten theol. Ausbildungsstätten, die nach der Revolution geschaffen wurden, waren die nach heimischem Muster aufgebauten Schulen der holländischen Reformierten in New York (1784) unter John Livingston (heute New Brunswick Theological Seminary), der schottischen Seceder-Kirche in Westpennsylvanien (1794) unter John Anderson und der Lutheraner in New York (1797) unter Johann Christoph Kunze. John Mitchell Mason, ein Pfarrer der vereinigten schottischen Seceder- und Covenant-Kirche, entwarf als erster grundsätzlich und im Umriß einen typisch amerik. Lehrplan (1805). Der Nachdruck lag in Masons New Yorker Schule auf der Beherrschung der Bibel in den Ursprachen, der Freiheit von theol. Systemen, dem Studium der klassischen und schönen Literatur und regelmäßigen Sport- und Mußestunden. Masons Plan war den Kongregationalisten in Neuengland bekannt, die zum Schutz der puritanischen Orthodoxie gegen die »liberale« Pfarrerausbildung am → Harvard-College 1808 das theol. Seminar von *Andover* gründeten. Mit seinem ausgezeichneten Lehrkörper (Moses Stuart, Leonard Woods), seinem reichen Stiftungsvermögen, seiner bedeutenden Bibliothek und dem evangelistischen und missionarischen Eifer seiner Studenten setzte Andover den folgenden Seminaren ein anspruchsvolles Vorbild. 1816 gründeten die Liberalen auch formell eine theol. Fakultät als Teil der *Harvard-Universität*. Zwei Generationen lang bildete diese Schule ihre Studenten fast ausschließlich für das unitarische Pfarramt aus. 1879 gestaltete sie ihr Präsident Charles W. Eliot zu einer Hochschule für Graduierte mit einer interkonfessionellen Fakultät um. Nach 100 Jahren trat Andover in eine lose Verbindung zur Harvard Divinity School. Ein Vereinigungsplan beider Hochschulen ist 1926 gescheitert.

Die Presbyterianer gründeten ihr erstes Seminar 1812 in *Princeton/N.J.*, das dem Presbyterian College von New Jersey (jetzt Princeton-Universität) angeschlossen, aber nicht verfassungsmäßig verbunden war. Drei hervorragende Professoren, Archibald Alexander, Samuel Miller und Charles Hodge, machten es für das ganze 19.Jh. zur einflußreichsten theol. Hochschule der Mittel- und Südstaaten. Sie verteidigten die konservative Theologie des schottischen Calvinismus erfolgreich gegen die »Neu-England-Theologie« von J. → Edwards und seiner Schule.

→ *Yale College* (gegr. 1701) in New Haven/Conn. wurde bes. unter seinem Präsidenten (1795-1817) Timothy → Dwight zu einer wichtigen theol. Ausbildungsstätte. 1822 gelang einer Gruppe von Edwards' Anhängern unter Führung von Nathaniel W. Taylor die Errichtung der Yale Divinity School, die sich bes. um die Ausbildung kongregationalistischer Geistlicher verdient machte. - Die Yale-Gruppe wurde von vielen kongregationalistischen Pfarrern in Connecticut bekämpft. Auf ihre Anregung hin wurde das *Hartford Theological Seminary* gegründet, das ohne jeden Zusammenhang mit irgendeinem College und nur auf Unterstützung der Einzelgemeinden angewiesen war.

Die anglikanische Kirche der Kolonialzeit konstituierte sich nach dem Unabhängigkeitskrieg neu als → *Protestantische Episkopalkirche* und konnte schon 1819 das General Theological Seminary in New York City unter der Aufsicht des nationalen Episkopats gründen. Diese Hochschule stand stark unter dem Einfluß von Bischof John Hobart, dessen hochkirchliche Neigung Fakultät und Studentenschaft bis heute prägt. Evangelistische und missionarische Bestrebungen wurden vor allem von den regionalen Diözesanseminaren unterstützt, wie sie zB in Virginia (1823), Ohio (1824), Pennsylvanien (1857) und Cambridge/Mass. (Episcopal Theological School 1867) bestehen.

Die ev. Einwanderer aus deutschsprachigen Ländern brachten ihre luth., ref. und sektiererischen (bes. mennonitischen) Traditionen mit. In der Neuen Welt verloren sich die Besonderheiten des *Luthertums* mehr und mehr, bis Samuel S. Schmucker den Vorrang der CA betonte, die Generalsynode konstituierte und 1825 ein theol. Seminar in Gettysburg/Pa. gründete. Aus Deutschland erhielt diese Hochschule viel Hilfe an Geld und Büchern; lange Zeit wurde Deutsch als Unterrichtssprache beibehalten. Heimische Traditionen dominierten zunächst auch an den später gegründeten Seminaren des Luthertums, zB in Philadelphia, Luther Seminary in St. Paul/Minn., Wartburg in Dubuque/Iowa, Augustana und Augsburg Seminary. Die deutsche ref. Kirche gründete 1825 zuerst in Carlisle und später in Mercersburg/Pa. eine Hochschule. Hier entwickelten J.W. Nevin und Philipp → Schaff die »Mercersburg-Theologie« (→ Vereinigte Staaten: II), bei der es um ein Neuverständnis der alten und mittelalterlichen Kirchengeschichte ging. Das Seminar hat jetzt seinen Sitz in Lancaster/Pa. 1839 erreichten Einwanderer aus Sachsen New Orleans und das Mississippital. Nach ihrer Ansiedlung in Missouri eröffneten sie eine Akademie nach dem Vorbild des deutschen Gymnasiums, aus der das Concordia Theological Seminary der luth. → Missourisynode in St. Louis hervorging. Deutsche Kultur und strenge Rechtgläubigkeit des Luthertums werden bis heute von dieser Hochschule und ihrer Schwesterschule bewahrt, die 1846 in Springfield/Ill. als praktisch-theol. Seminar für solche Geistlichen errichtet wurde, die schon in Europa studiert hatten.

Die Ausweitung des kongregationalistischen und presbyterianischen Einflusses nach Ohio und Indiana erforderte neue Seminare. 1825 gründeten die *Presbyterianer* in Pittsburgh/Pa. das Western Theological Seminary, 1829 Lane in Cincinnati/Ohio und Hanover in Indiana. Hanover wurde später nach Chicago verlegt und zu Ehren des Großindustriellen und Wohltäters Cyrus McCormick in McCormick Theological Seminary umbenannt. Das Oberlin Seminar in Ohio (nach J.F. → Oberlin) entstand 1833 als Abteilung des Oberlin College für die Theologiestudenten, die Lane aus Protest gegen seine Haltung in der Sklavenfrage verlassen hatten. 1851-66 war Ch.G. → Finney Präsident und erster Prof. der Theologie von Oberlin. Während der Kämpfe um die Sklavenbefreiung setzten sich die Studenten dieser Schule mit besonderem Nachdruck für die Abschaffung der Sklaverei ein. Hier entstand auch der »Perfektionismus«, eine letzte Phase der Edwards'schen Neu-England-Theologie. - Die Lehrstreitigkeiten der 30er Jahre zwischen den orthodoxen Presbyterianern und den verschiedenen Richtungen der Neu-England-Theologie sowie ein wachsendes Interesse an den sozialen Problemen der Großstadt veranlaßten mehrere wohlhabende Laien und Geistliche in New York City, 1836 das Union Theological Seminary zu gründen. Sein Lehrkörper und Kuratorium waren presbyterianisch, doch hielt es sich sowohl in seiner theol. Ausrichtung wie im Lehrplan von allen konfessionellen Bindungen frei. Mit seiner ausgezeichneten Fakultät (Arthur Cushman McGiffert, Präsident 1917-26) hat es lange Zeit eine führende Rolle im religiösen Leben A.s und in der ökumenischen Bewegung gespielt.

Die *Baptisten* des Staates New York richteten unter dem Einfluß ihrer baptistischen Freunde in Neu-England 1820 eine literarische und theol. Akademie in Hamilton ein, aus der später die Colgate-Universität wurde (1890). Die wachsende Bedeutung von Rochester im westlichen New York ließ dort ein zweites Seminar entstehen (1850). Sein ursprünglicher Zweck war die Ausbildung von Geistlichen für deutsche baptistische Gemeinden. Nach der Jh.wende war es durch W. → Rauschenbusch bes. als Lehrzentrum des → Social Gospel bekannt. 1927 wurde das Colgate Seminar von Hamilton verlegt und mit Rochester zur Colgate-Rochester Divinity School vereinigt. - In den 50er Jahren führte die wachsende Spannung zwischen den Nord- und Südstaaten wegen der Sklavenfrage zur Bildung der Southern Baptist Convention. 1857 wurde unter Führung von John P. Boyce die Southern Baptist Theological School in Greenville/S.C. eingerichtet, die später nach Louisville/Ky. verlegt wurde. Das Wahlfachsystem, das Thomas Jefferson an der Universität Virginia in das höhere Bildungswesen A.s eingeführt hatte, wurde von den Südlichen Baptisten übernommen.

1856 gründeten die *Methodisten* das Garrett Biblical Institute in Evanston/Ill., einer Vorstadt von Chicago. Vorkämpfer für die Seminargründung bei den Methodisten war John Dempster; er gehörte zu den Gründern von Garrett und dem Wesley Theological Institute (1845) in Newbury/Vt. (jetzt Boston University School of Religion). Als weitere Seminare entstanden Drew in Madison/N.J. (1867) und Wesley (1881), heute in Washington.

Die *Evangelical Synod of North America*, ein Zusammenschluß deutschsprachiger Gemeinden luth. oder ref. Herkunft, die ihren Hauptsitz in St. Louis/Mo. hatte, gründete 1855 das German Evangelical Missouri College, das ursprünglich College- und Seminarausbildung miteinander verband. Später wurden beide Zweige getrennt in das Elmhurst College, Elmhurst/Ill., und Eden Theological Seminary in Webster Groves bei St. Louis, von wo die Brüder Richard und Reinhold → Niebuhr ausgingen.

Die → *Disciples of Christ* richteten 1865 das College of the Bible als Teil der Universität von Kentucky in Lexington/Ky. ein. 1878 bekam es eine von der Universität unabhängige Verfassung.

Die amerik. *Mennoniten* begannen 1868 mit ernsthafter theol. Ausbildung, als in Wadsworth/Ohio eine »Christliche Bildungsanstalt« eingerichtet wurde. Daß die Schule nicht gedieh, lag an Streitigkeiten im Lehrkörper und zwischen den östlichen und westlichen Mennoniten.

1933 wurde die Goshen College Biblical School in Goshen/Ind. gegründet (seit 1946 ein Standardseminar mit 3jährigem Lehrplan für Graduierte). Das Mennonite Biblical Seminary, das seit 1945 in Chicago arbeitete, wurde 1958 nach Elkhart/Ind. verlegt und mit dem nahegelegenen Goshen unter einem gemeinsamen Arbeitsplan verbunden (Associated Mennonite Biblical Seminaries).

Nach dem Bürgerkrieg von 1866 kümmerten sich die nördlichen wie die südlichen Kirchen um die Ausbildung von Negergeistlichen. Viele »Institute« wurden gegründet, von denen sich einige zu Colleges mit theol. Abteilung und später zu Universitäten mit Fakultäten für Graduierte entwickelten. Die Kongregationalisten gründeten 1867 für Freigelassene die Howard University in Washington/D.C. Seit 1879 gab es eine theol. Abteilung, die wissenschaftlich unbedeutend blieb, bis 1932 die School of Religion als anerkannte Fakultät sie ablöste.

Am *Pazifik* errichteten die Kongregationalisten 1866 die Pacific School of Religion in Berkeley/Cal. Diese jetzt ganz interkonfessionelle Schule bildet mit dem nahegelegenen Baptist Seminary (1889), dem San Francisco Theological Seminary (1871, presbyterianisch; jetzt in San Anselmo), der Church Divinity School of the Pacific (1893, episkopal), der Starr King School for the Ministry (1904, unitarisch) und dem Pacific Lutheran Seminary einen eindrucksvollen Kranz theol. Hochschulen im Gebiet von Groß-San Francisco (→ San Francisco). Weitere kalifornische Seminare sind u.a. die Southern California School of Theology (Claremont), die Graduate School of University of Southern California (Los Angeles) und Fuller Seminary, fundamentalistisch (Pasadena).

Unter den Seminaren im *Südwesten* der USA ragt die Perkins School of Theology hervor, die früher die theol. Abteilung der Southwestern University in Dallas/Tex. war. 1914 von der Bischöflichen Methodistenkirche des Südens begonnen, wurde die Hochschule 1945 auf Grund einer zusätzlichen Stiftung nach ihrem Gönner umbenannt. Weitere bedeutende Methodistenseminare, die ebenfalls mit Hilfe großer Privatstiftungen gegründet wurden, sind die Divinity School der Duke University, 1924 in Durham/N.C. errichtet, und die Candler School of Theology (1914) an der Emory University in Atlanta/Georgia.

Zwischen 1920 und 1940 war das religiöse Leben in A. von dem immer schärfer werdenden Streit zwischen Modernismus und → Fundamentalismus bestimmt. Aus Protest gegen den Modernismus in der presbyterianischen Kirche der USA trat eine Gruppe von Professoren am Princeton Seminary zurück - unter ihnen J.G.Machen - und bildete 1929 das Westminster Theological Seminary in Philadelphia. Eine noch konservativere Gruppe gründete 1937 ebenfalls in Philadelphia das Faith Theological Seminary. Bis heute ist die Zahl der konservativen Seminare weiter angewachsen. - Vielversprechend war in dieser Zeit die Bildung der Federated Theological Faculty an der Universität von Chicago. Von W.R.Harper und J.D.Rockefeller 1890 gegründet, hatte sich diese Universität ein älteres Baptistenseminar angegliedert, das unter Shailer Mathews (Dekan von 1908-33) mit seinem angeschlossenen Orientalistischen Institut ein Mittelpunkt theol. Ausbildung wurde. Darum herum hatten sich verschiedene konfessionelle Schulen angesiedelt. 1942 vereinigten sich drei davon - das Chicago Theological Seminary (1855, kongregationalistisch), die Unitarian Theological School (1846, Meadville/Pa.) und das Disciples of Christ Divinity House - mit der theol. Fakultät der Universität, um für den Unterricht einen gemeinsamen Lehrkörper zu bilden, wobei die Autonomie der einzelnen Schulen erhalten blieb. Dieses Abkommen ist vor kurzem wieder rückgängig gemacht worden.

3. Die *röm.-kath. Kirche* hat die Ausbildung ihrer Priester mit großer Energie betrieben. Sie begann mit Schulen, die Bischof John Carroll 1784 gründete, und fand 1889 ihren Höhepunkt in der Gründung der School of Sacred Theology an der kath. Universität von A. in Washington/D.C., dem theol. Mittelpunkt der kath. Kirche in A. Die Entscheidungen des Konzils von Trient und die Direktiven der Päpste seit Leo XIII. und der Sacra Congregatio pro Seminariis et Universitatibus haben den 120 großen und 160 kleinen röm.-kath. Seminaren in den USA feste Regeln für Erziehung, Aufbau und wissenschaftliches Niveau gegeben. - Die *griech.-orth.* Priester werden an der Holy Cross Greek Orthodox Theological School in Brookline/Mass., die *russ.-orth.* Priester an St. Vladimir in New York City und St. Tychon in South Canaan/Pa. ausgebildet.

Zur Vorbereitung auf das *Rabbinat* gibt es in den USA reformierte, konservative und orthodoxe Institute. Die rabbinische Ausbildung begann bei den *Reformierten* mit dem von Isaac Meyer Wise 1875 gegründeten Hebrew Union College in Cincinnati/Ohio. Von 1903-21 stand es unter der Präsidentschaft von Kaufmann Kohler. Das Jewish Institute of Religion, 1922 von Stephen S.Wise in New York gegründet, wurde 1950 mit dem Hebrew Union College vereinigt. Der *konservative* Zweig des amerik. Judentums errichtete 1886 das Jewish Theological Seminary in America in New York City. Es stand unter der Leitung eines sephardischen Rabbiners, Sabato Morais. Unter der Präsidentschaft von Solomon Schechter (1901-15) und Louis Ginzberg, Prof. für talmudisches Schrifttum (1902-53), wurde es neu organisiert und bedeutend erweitert. Unter den *Orthodoxen* begann sich 1886 ein System von Talmudschulen (Jeschivot) zu entwickeln, deren Schüler hauptsächlich die orthodoxen Rabbinate innehatten. Die bedeutendste dieser Schulen war das Jeschivot, das Rabbiner Isaac Elhanon 1896 in New York gründete. Es bildete den Anfang der späteren Yeshiva University. - Außer diesen drei Schularten entstand 1895 Dropsie College in Philadelphia zur Förderung semitischer und rabbinischer Studien.

R.L.Kelly, Theological Education in America, New York 1924 - W.A.Daniel, The Education of Negro Ministers, ebd 1925 - L.P. McDonald-W.S.Morris, The (Roman Catholic) Seminary Movement in the U.S., Washington (1927) 1932 - W.A.Brown u.a., The Education of American Ministers I-IV, New York 1934 - W.W. Sweet, The Rise of Theological Schools in America (ChH 6, 1937, 260-273) - S.Siegel, O.H.Baker, J.E.O'Connell in: Higher Education 9, 1953, 202-216 - H.R.Niebuhr, The Purpose of the Church and its Ministry, New York 1956 - Ders. u.a., The Advancement of Theological Education, ebd 1957 - F.D.McCloy, The Founding of Protestant Theological Seminaries in America 1784-1840 (Diss. der Harvard-Univ.), 1959 (Masch.) - G.H.Williams, Wilderness and Paradise, New York 1962 (behandelt das eschat. Wüstenmotiv bei der Entstehung der amerik. Seminare). - Gesch. einzelner Seminare: Andover (L.Woods, 1895), Harvard (G.H.Williams u.a., 1954), Hartford (C.M.Geer), Gettysburg (A.R.Wentz), → Yale (R.H. Bainton). - Die wichtigsten Angaben über die anerkannten »Theol. Seminare in Nordamerika« finden sich in: TCERK II, 1104ff.

G.H.Williams

Vereinigung vom gemeinsamen Leben. Die V.v.g.L. aus dem Jahre 1906 umfaßt die Brüderschaft v.g.L., die Schwesternschaft v.g.L. und die Geschwisterschaft v.g.L. mit verheirateten Gliedern. Durch das Wirken von Gotthilf Haug und Jakob Schelker im Basler Diakonenhaus entstand 1905 - hauptsächlich zur Überwindung der Gemeinschaftslosigkeit der einzelnen Glieder - als erstes die Brüderschaft v.g.L. mit Sitz im Brüderhaus Philadelphia in Zürich; sie betrachtet sich als neuer Zweig der → Brüder v.g.L. des 15.Jh.s. Die ledigen Brüder tragen eine besondere Tracht und unterstellen sich der Hl. Schrift als ihrer Regel, wodurch sie u.a. zu regelmäßigem Gebet verpflichtet sind. Die Mitgliedschaft gilt auch ohne Gelübde als lebenslänglich. Die V.v.g.L. weiß sich in organischer und lebendiger Verbundenheit eingegliedert in die eine, hl., kath., apostolische Bruderschaft Jesu Christi aller Zeiten und Bekenntnisse, aller Kirchen, Freikirchen und sonstigen christlichen Glaubensgemeinschaften. Ihr Sonderdasein versteht sie als Möglichkeit, allen im »ökumenischen Christusdienst« zu dienen; so werden zB ev. Abendmahl und die hl. Eucharistie nebeneinander gefeiert. – In der Schweiz entstand u.a. als bedeutendstes Werk das Diakonissenhaus St. Stephanus im Nidelbad in Rüschlikon und als breitere Basis der Schweiz. Diakonieverein; in Deutschland neben der ersten Brüderstation 1924/28 in Heidenheim (Bayern) das Kurhaus Bethesda mit dem Diakonissenhaus St. Laurentius in Badenweiler sowie der weitere Kreis der Christentumsgesellschaft. Nach 1945 wurden im Rahmen des allgemeinen Aufschwunges der → Bruderschaften (: III, 2) Stationen in München, Nürnberg und Stuttgart, Geschwisterhäuser in Augsburg, Nürnberg, Egloffstein (Ofr.) gegründet. – Die Bruderschaft vom Kreuz Christi ist aus einem Bibelkreis in Hof/Saale hervorgegangen und 1958 der V.v.g.L. angegliedert worden.

Statuten der V.v.g.L. im Ökum. Christusdienst. – K.Hess, Die Bruderschaft v.g.L. (in: Frei für Gott u. die Menschen, hg.v.L.Präger, 1959, 55–68). – Zs.en: »Sammlung, Dienst u. Sendung«; »Ökum. Christusdienst«. *O.Eggenberger*

Vereinswesen *in Deutschland, kirchliches*

I. Evangelisches – II. Katholisches. – V. = Verein, Vw. = Vereinswesen

I. Evangelisches

1. Allgemein – 2. Anfänge – 3. Entwicklung – 4. Gegenwart – 5. Wertung

1. V.e im rechtlichen Sinne gibt es in der ev. Kirche erst seit Anfang des 19.Jh.s. Daß Menschen sich zur Erreichung besonderer Zwecke zusammenschließen, ist ein uraltes Phänomen, wobei ursprünglich meist religiöse Motive bestimmend waren. Als Vorstufe des heutigen Vw.s können solche antiken Zusammenschlüsse aber ebensowenig gelten wie spätere Innungen oder Gilden. Vielmehr muß für diese der Bruderschafts- oder Gruppengedanke (→ Bruderschaften) als konstituierend angesehen werden; er wurde mit Eintritt der Gemeinde Jesu Christi in die Welt unter neuem Vorzeichen aktualisiert. V.e können als Zweckgemeinschaften in dienender Funktion auf freiwilliger Grundlage definiert werden; dabei geht dieser Artikel, der inzwischen eingetretenen Entwicklung gemäß, bewußt über die rein rechtlichen V.sformen hinaus (s. 4 c).

2. *Historisch* gesehen gelten für die reformatorischen Kirchen der → Pietismus mit seinen besonderen Gemeinschaftsbildungen und der Korporationsgedanke im England des ausgehenden 17.Jh.s als unmittelbare Quellen ev. kirchlichen Vw.s. Für England kommt hinzu, daß politische Freiheit und Einflüsse der → Freimaurerei oder der Geheim-V.e (→ Rosenkreutzer), ebenso humanitäre und philadelphische Gedankengänge (→ Philadelphia), Bildungen ähnlicher Zielsetzung im kirchlichen Rahmen begünstigten: 1678 »Religious Societies«, seit 1695 Vereinigungen für sittliche Reformen, 1698 und 1701 die ersten Zusammenschlüsse zur Ausbreitung christlichen Glaubens (→ Anglikanische Kirche: II, 1), die unter dem späteren Einfluß des Methodismus am Ende des 18.Jh.s zur Gründung von Missionsgesellschaften führten (1799 Londoner Traktatgesellschaft, 1804 Britische → Bibelgesellschaft). Die erste V.sgründung Deutschlands ist die »Deutsche → Christentumsgesellschaft« (1780, J.A. → Urlsperger in Basel). Württembergische und niederrheinische Gemeinschaften hatten bereits auf ihre Weise die von der Basler Gründung bes. herausgestellten praktischen Ziele verwirklicht: Bibel- und Schriftenverteilung, Missionierung, Kranken- und Armenpflege. Aus diesen praktischen Anfängen entstanden bis 1836 die wichtigsten deutschen Missions- und Bibelgesellschaften (→ Basler Mission 1815, → Berliner Mission 1824, → Rheinische Mission in Barmen 1828, Bremer [→ Norddeutsche Missions-Gesellschaft], → Leipziger und → Goßnersche Mission 1836; → Bibelgesellschaften in Basel, Nürnberg, Berlin, Danzig, Königsberg, Stuttgart und Leipzig; Traktatgesellschaften in Wuppertal und Berlin).

3. Man muß, um die Fülle der V.sgründungen (vor allem im 19.Jh. als »damals im liberalen Zeitalter gebotenes Werkzeug christlicher Gemeinschaftsbildung«) recht zu würdigen, einige Einschnitte des Vw.s bes. markieren: die Erweckungszeit, dann die Epochen nach 1848, 1918, 1933 und 1945. Aus örtlichen Armenanstalten (Hamburg, Kiel u.a.) erwuchs vor allem durch religiöse Aktivität von Neuerweckten, auch unter Mitarbeit wohlhabender Laien in Kaufmanns- und Handelsstädten ein Vw. der Liebestätigkeit für Kinder, Kranke und Alte (→ Diakonie, 5; → Rettungshäuser; A. → Sieveking in Hamburg [durch englische Vorbilder ermutigt: Hannah → More und Elisabeth → Fry]; ähnliche V.sgründungen in Augsburg, Basel, Barmen, Elberfeld, Bremen, Hamburg und Nürnberg; zahlreiche Wohltätigkeits-V.e in Württemberg). 1826–36 gründeten Th. → Fliedner und J.H. → Wichern die bis heute bestehenden Diakonieeinrichtungen (→ Kaiserswerth, das Rauhe Haus in Hamburg). Ebenfalls im Zeichen der Diakonie entstanden die ersten Jünglings-V.e, die Ev. Gesellschaft für die prot. Deutschen in Amerika (1837), der → Gustav-Adolf-V. (1842), die → Evangelische Gesellschaft für Deutschland (1848) und der »Gotteskasten« (1853). Der Wittenberger Kirchentag (1848) hatte nicht nur die Gründung des Central-Ausschusses der → Inneren Mission, sondern auch zahlreicher V.e auf unterer Ebene zur Folge; außerdem begann 1848 die → Stadtmission ihre Arbeit.

In der zweiten Hälfte des 19.Jh.s brachte die politische, kirchenpolitische und sozialpolitische Entwicklung neue Gruppierungen, die ihrer speziellen Zielsetzung bzw. zeitbedingten Zweckmäßigkeit wegen im Blick auf das sich festigende Staatswesen und auf den Katholizismus Bedeutung erlangten: 1863 der → Protestantenverein, 1868 die Allgemeine Ev.-Luth. Konferenz, 1876 die → Positive Union, 1879 der Christliche Zeitschriften-V., 1882 die ersten Arbeiterkolonien (→ Heimatfremdenfürsorge), weiterhin der V. für christliche Volksbildung (1882) und der → Verein für Reformationsgeschichte (1883), der → Reformierte Bund (1884), der → Evangelische Bund (1886) und der Ev. Kirchliche → Hilfsverein (1888). Von V.en vorwiegend nationaler Prägung abgesehen, sind für diese Zeit noch zu nennen: 1890 der Gesamtverband Ev. Arbeiter-V.e (→ Arbeiterbewegung), der Ev.-Soziale Kongreß (→ Evangelisch-sozial), der erste → Pfarrerverein in Gießen, 1910 der Ev. Preßverband (→ Presse: II), 1912 die Ev.-Soziale Schule, 1916 der Deutsche Ev. → Gemeindetag, 1918 die Hochkirchliche Vereinigung (→ Hochkirchliche Bewegung: II, 1) und die → Luther-Gesellschaft, 1920 der Bund religiöser Sozialisten (→ Religiös-sozialistische Bewegung). Für die Zeit nach 1848 ist – durch die Bedürfnisse der industriellen Entwicklung beeinflußt – der weitere Ausbau missionarischer und diakonischer Arbeit charakteristisch. Beispiele: 1861 Kaiserswerther Generalkonferenz der Diakonissenmutterhäuser, 1870/71 Gründung der Felddiakonie durch Wichern, die Einrichtungen und V.sgründungen von → Bodelschwingh (Bethel), die Arbeit → Stoeckers in Berlin, 1879 erste Deutsche → Missionskonferenz in Halle, 1884 Deutscher Evangelisations-V. (eine Gründung der → Gemeinschaftsbewegung), 1894 Ev. Diakonie-V., 1897 Kommission der Deutschen → Bahnhofsmission. Außerdem entstehen im Rahmen der Inneren Mission zahlreiche Vereinigungen mit → Sittlichkeitsbestrebungen (→ Gefährdetenfürsorge), 1908 die → Wichern-Vereinigung, 1920 der Zentralverband für Innere Mission. Schließlich fallen in diesen Zeitabschnitt auch die Anfänge von Gruppierungen, die in der Gegenwart zu den »Werken und Verbänden« der Kirche rechnen: 1872 V. zur Förderung der Sonntagsschulen (→ Kindergottesdienst), 1877 V. der Freundinnen Junger Mädchen, 1882 Zusammenschluß der Deutschen Jünglingsbünde, 1883 Christlicher V. Junger Männer in Berlin, 1894 Jugendbund für Entschiedenes Christentum (→ Jugendvereinigungen: I, 1), 1883 Ev. Kirchengesang-V. für Deutschland (→ Kirchenchorwesen), 1897 Deutsch-Christliche Studentenvereinigung (→ Studentenverbände, 2 b), 1899 Deutsch-Ev. Frauenbund (→ Frauenverbände).

Die Zeit nach 1918 (Ende des landesherrlichen Kirchenregiments) ist vor allem durch Zusammenschlüsse auf Landes- oder Verbandsebene gekennzeichnet. Die übergemeindlichen, auch über die Grenzen der Landeskirchen hinausgehenden Bindungen werden zur Intensivierung der Arbeit bewußt gestärkt. Dazu nimmt das Vw. in den wirtschaftlichen Notzeiten (Inflation, Weltwirtschaftskrise), bes. in der Arbeit der Diakonie und im Wirken für die Jugend, vielfach eine das kirchliche und staatliche Leben beeinflussende Ordnungsfunktion wahr. Die Jugendarbeit in ihrer so unterschiedlichen, zT bündisch geprägten Wirkungsweise, die in Verbindung mit ihr aufgekommene → Singbewegung, aber auch die Berneuchener Konferenz (1923; seit 1931 Berneuchener Kreis, → Berneuchen) mühten sich bei aller speziellen Zielsetzung um eine durchgreifende Erneuerung des Gemeindelebens. Unter dem Nationalsozialismus geriet das ev. Vw. (ähnlich wie das röm.-kath. Vw.) in eine schwierige Lage und, von den rein diakonischen Anstalten und Missionsgesellschaften zunächst abgesehen, sogar in eine ausgesprochene Krise, die trotz aller Beschränkung auf notwendige Aufgaben die äußere Arbeitsweise weithin lahmlegte. Selbst bezirklich und örtlich »gleichgeschaltete« V.e, zT unter Einfluß deutschchristlicher Kreise mühsam aufrechterhalten, wurden in steigendem Maße im bisherigen Wirken eingeengt und allmählich praktisch ausgeschaltet. Wie aus Erlassen des damaligen Reichsinnenministers (Dokumente, s. Lit.) hervorgeht, war im Zuge der sog. »Entkonfessionalisierung« auf die Dauer kein Platz für selbständiges Wirken kirchlicher V.e (vor allem spürbar in der Jugendarbeit!). Die in der Breite organisierte NS-Volkswohlfahrt sollte nach dem Willen von Regierung und Partei allmählich auch alle von der Kirche getragenen diakonischen Aufgaben übernehmen. Dennoch überdauerten Restgruppen diese Zeit unter dem im allgemeinen noch schützenden Dach der Gesamtkirche, wobei zT die rechtliche V.sform bewußt aufgegeben wurde. Während des 2. Weltkrieges konnten bei nachlassendem Druck, durch das Wirken der → Bekennenden Kirche gestützt, wichtige Arbeiten der V.e, bes. auf diakonischem Gebiet, in beschränktem Umfang weitergeführt werden.

4. Mit 1945 beginnt ein in vieler Hinsicht neuer Abschnitt des ev. Vw.s. Die Freiheit des Wirkens aller kirchlichen V.e ist wieder gesichert. Die erstmals 1955 im Taschenbuch der EKD (s. Lit.) gebotene Übersicht macht deutlich, wie trotz aller Verluste an Menschen und Vermögenswerten eine reiche Fülle von V.en und Verbänden sich in verhältnismäßig kurzer Zeit wieder oder neu einrichtete. Bezeichnend für das gewandelte Selbstverständnis vieler V.e sind neben der Sammelbezeichnung »Werke und Verbände der Kirche« vor allem die neu aufgekommenen Aktions- bzw. Arbeitsgemeinschaften. Das → Hilfswerk der EKD hat als für diese Zeit typische Neugründung von vornherein (ähnlich wie das Männerwerk) zugunsten der Integration in die verfaßte Kirche auf jede V.*sform* verzichtet. Auch der organisatorische Zusammenschluß des Hilfswerks mit der Inneren Mission zum »Diakonischen Werk« läßt deutlich die Tendenz zur Einschränkung vereinsmäßiger Eigenständigkeit innerhalb der Kirche erkennen. (Im ökumenischen Rahmen ist der im Nov. 1961 erfolgte Zusammenschluß des → Internationalen Missions-Rats mit dem Ökumenischen Rat in diesem Zusammenhang bemerkenswert.) – Für das heutige ev. Vw. ergibt sich folgendes Bild (Hinweiszahlen in Klammern nach dem genannten Taschenbuch, zusammengefaßte Ausgabe 1962):

a) *Allgemeine* Verbände: Ev. Arbeiterbewegung (347 f), Zentralverband deutscher Arbeiterkolonien (466 ff), → Martin-Luther-Bund (als Nachfolgeorganisation des »Gotteskastens«, 525 ff), Luth. Liturgische Konferenz Deutschlands (595), → Evangelischer Bund mit Konfessionskundlichem Institut (495 ff), Berneuchener Dienst (→ Berneuchen) in Verbindung mit der Ev. Michaelsbruderschaft (603. 606 f), Deutscher Bund für → Freies Christentum (594 f), Deutscher Ev. Ausschuß für Dienst an Israel (jährliche Studientagung »Kirche und Judentum«, 487 f), Verband der Ev. → Pfarrervereine in Deutschland (625 ff), Konvent Ev. Theologinnen (623 f), dazu alle Gruppierungen in der Pressearbeit (Gemeinschaftswerk der Ev. → Presse [: III]) und Öffentlichkeitsarbeit (Film, Rundfunk, Fernsehen, 653 ff; V.sform meist aus Zweckmäßigkeitsgründen, zB Ton- und Bildstelle e.V. in Hessen und Nassau, 1959).

b) Verbände der *Diakonie* und vorwiegend *missionarischer* Zielsetzung: Der Central-Ausschuß für die Innere Mission steht zusammen mit dem Hilfswerk einer reich gegliederten diakonischen Arbeit vor (11 Fachverbände: Männliche und weibliche Diakonie, Berufsarbeiter und Berufsarbeiterinnen mit Ausbildungsstätten; Frauenarbeit; Jugendarbeit; Gesundheitsfürsorge; Erziehungsarbeit; Gefährdetenfürsorge und Kampf gegen sittliche Volksschäden; Fürsorge für Heimatfremde und Reisende; Presse- und Volksbildungsarbeit mit Schriftenmission; Soziale Arbeit; Volksmission, Evangelisation, Apologetik; dazu zahlreiche Untergliederungen mit speziellen Aufgaben – 403 ff. 421 ff). – *Missionarische* Verbände: Deutscher Verband für Gemeinschaftspflege und Evangelisation (→ Gnadauer Verband, 488 ff), Verband der Deutschen Ev. → Stadtmissionen mit zahlreichen angeschlossenen Verbänden (501; dazu Deutsche → Seemannsmission, 531 ff; Verband der → Mitternachtsmissionen, 463; Arbeitsgemeinschaft für Volksmission, 476 ff; → Pfarrergebetsbruderschaft, 485 f), Gesellschaft zur Ausbreitung des Evangeliums (Aschaffenburg), Bibelbund (493 ff), V. für Einrichtung deutsch-ev. Gottesdienste in Kurorten (501 f). – Für die *Äußere* Mission sind der Deutsche Ev. → Missions-Tag und der von ihm gewählte Deutsche Ev. Missions-Rat als leitende Gremien tätig (509 ff). – Als Gruppierungen ausgesprochen *ökumenischen* Charakters sind zu nennen (→ Ökumenische Arbeitsorgane und Verbände in Deutschland): Ev. Allianz (493 ff; → Allianzbewegungen), Christlicher V. Junger Männer (363ff), Christlicher Studentenweltbund (→ Studentengemeinde: I, 4), International Christian Leadership (deutscher Zweig Burg Liebenzell). Hierher gehören auch die Ev. Ökumenische Vereinigung (Marburg), ebenso die Arbeitsgemeinschaften, Arbeitsstätten und Einrichtungen im Dienst ökumenischer Zielsetzung (733ff; zT mit diakonischem Charakter), die Neue Deutsche Ökumenische Christentumsgesellschaft (605) als deutscher Zweig des Schweizerischen Diakonievereins, als ordensähnliche Neugründungen nach dem 2. Weltkrieg die Ökumenische Marienschwesternschaft in Darmstadt-Eberstadt (613f), die Christusbruderschaft in Selbitz (605), die → Sydower Bruderschaft in Braunschweig (615), die Ahldener Bruderschaft (→ Bruderschaften: III, 2c).

c) *Werke und Aktionsgemeinschaften* (unter diesem Oberbegriff werden alle bis in die Ortsgemeinde wirkenden Gliederungen des kirchlichen Lebens aufgeführt; → Evangelische Kirche in Deutschland: II): die → Männerarbeit der EKD mit dem Arbeitsausschuß und allen Untergliederungen (339ff), die Ev. Frauenarbeit in Deutschland (dazu der Deutsch-Ev. Frauenbund, Hannover, 350ff; → Frauenverbände), die Arbeitsgemeinschaft der Ev. Jugend Deutschlands (Jugendkammer der EKD, 360ff; bes. hervorzuheben: Reichsverband der Ev. Jungmännerbünde, Reichsverband Weiblicher Ev. Jugend [Burckhardthaus], Schülerbibelkreise, Deutscher Verband der Jugendbünde für Entschiedenes Christentum, Christliche Pfadfinderschaft). - Zu den innerhalb der Gemeinden tätigen Werken gehören auch die Ev. Kirchenchöre (→ Kirchenchorwesen) und das Ev. Posaunenwerk (640ff. 644ff; → Posaunenchöre), der Gesamtverband für → Kindergottesdienste der EKD (506f), das → Gustav-Adolf-Werk (517ff), die Ev. → Studentengemeinde (379ff), das Ev. Studienwerk (Haus Villigst, 389), die Ev. Akademikerschaft (390ff; → Akademikervereinigungen: I), die Ev. Aktionsgemeinschaft für Arbeiterfragen (bzw. Arbeitnehmerfragen) in Deutschland (344f; → Arbeiter: II), die Arbeitsgemeinschaft für Dorfkirchlichen Dienst (475), der Verband Ev. Gesellen- und Meistervereine (Hemer), die Arbeitsgemeinschaft der Sozial-, Industrie- und Arbeiterpfarrer (345ff; → Sozialpfarrer), die Ev. Aktionsgemeinschaft für Familienfragen (448ff), die Ev. Aktionsgemeinschaft zur Eingliederung vertriebener Landwirte. Schließlich sei hingewiesen auf die in allen Landeskirchen neu gegründeten → Akademien (: II; 589ff), die Landesausschüsse bzw. Arbeitskreise des Deutschen Ev. → Kirchentags, die Bruderräte und Pfarrerbruderschaften (aus der Zeit des Kirchenkampfs, → Pfarrernotbund). - *Sonstige Gruppierungen:* die Deutsche Arbeitsgemeinschaft für Gesangbuchreform (643f), der Christliche und der Ev. Sängerbund (642f), der Ev. Reichserziehungsverband (456f), die Arbeitsgemeinschaft Ev. Schulbünde (502f), für Ev. Unterweisung (503f), für Religiöse Volkskunde (504), die Freie Vereinigung Ev. Eltern und Erzieher (505f), die → Gesellschaft für Ev. Theologie (595), der Johanniterorden (610ff), die V.e und Werke für Kirchengeschichte mit landeskirchengeschichtlichen Vereinigungen (→ Territorialkirchengeschichte) und dem → Verein für Reformationsgeschichte (596ff), die Neue Bachgesellschaft in Leipzig (→ Bach), die → Luther-Gesellschaft in Erlangen, die Arbeitsgemeinschaft landeskirchlicher Archivare (598ff), der Deutsche Verband Ev. Büchereien (504f; dazu die Eckart-Gesellschaft und die Vereinigung Ev. Buchhändler, 696ff), die Marienberger Vereinigung für Ev. Paramentik und die Von-Feltheim-Stiftung (354). Als kirchliche Zweckverbände schließlich (725ff): das Ev. Siedlungswerk in Deutschland mit der Gemeinnützigen Siedlungsgesellschaft des Hilfswerks, die Ecclesia-Versicherungsgesellschaft, die Ev. Familienfürsorge und die Bruderhilfe (Vereinigung kraftfahrender Pfarrer).

5. Für das in der ev. Kirche aufkommende Vw. darf der Wandel im Selbstverständnis des Menschen in der Zeit des ausgehenden 18.Jh.s nicht übersehen werden. Der »selbstbewußt werdende Mensch« mit seinem »Streben nach absoluter Formung« und seinem »Drang zur Gestaltung« auch unter »pädagogischen Gesichtspunkten« (Barth, PrTh 34ff) erhoffte sich gestaltende Gemeinschaft angesichts des steril erscheinenden Kirchentums seiner Zeit, wobei der Gedanke der Individualisierung nicht hemmend wirkte, sondern feste Bildungen hervorrief, in denen sich das Individuum freier und schöpferischer als in der verfaßten Kirche entfalten konnte. Man darf darum auch in der historischen Sicht das Vw. nicht auf den einen Strang des Pietismus einengen, sondern muß als wirksames Element daneben den Bruderschafts- und Gruppengedanken der Reformation mit der Betonung der Mündigkeit des Christenmenschen berücksichtigen. Für den institutionellen Charakter der ersten V.sgründungen ist der Gegensatz zum verfaßten Kirchentum mit ausschlaggebend. So stellt sich im Aufkommen und in der Fortentwicklung des Vw.s zugleich das Problem der »Rechtsgestalt« der Kirche (Erik Wolf). V.sgründungen sollten offensichtliche Versäumnisse und Mängel im kirchlichen Leben überwinden (sie sind »geradezu in eine klaffende Lücke getreten« - so mit Recht Schian in RGG[1]) und zugleich die Bewährung christlichen Lebens mit missionarischer und diakonischer Zielsetzung intensivieren. Gegenüber dem nicht nur Pietisten schwerfällig erscheinenden Behördenapparat der verfaßten Kirche erschloß sich im Rahmen der V.e ein bisher in diesem Maß nicht ausgenutztes Betätigungsfeld für selbständig denkende und handelnde Laienchristen. Der ungeheure Aufschwung des ev. Vw.s im *19.Jh.* erklärt sich aus diesem durch erweckliche Predigt noch geförderten Impuls eigener freier Mitwirkung im Dienst für den Nächsten. Nöte und Nachteile einer immer stärkeren Massierung von Menschen auf verhältnismäßig engem Raum wurden so offenkundig, daß sich Gruppierungen bzw. von Gruppen getragene Einrichtungen (Heime, Rettungshäuser, Anstalten - auch zur Ausbildung dienender Kräfte) wellenförmig über das ganze Land ausbreiteten. So gelang es in zunehmendem Maß, Gemeindeglieder mit besonderer fachlicher Tüchtigkeit und in leitenden Positionen, ohne Rücksicht auf Bildungsgang, Alter und Stand, innerhalb der V.e und Einrichtungen verantwortlich wirken zu lassen. Unverständlich erschien demgegenüber das vielfältige Mißtrauen, das von staatlichen und kirchlichen Behörden, vor allem im 19.Jh., diesem neuartigen Zweig kirchlicher Arbeit entgegentrat. Wichern hatte bewußt für die Innere Mission trotz der in beschränktem Umfang festgehaltenen Selbständigkeit die organische Eingliederung in die Gesamtkirche angestrebt (»die Arbeit der Inneren Mission ist mein, sollte die Kirche sagen«). Die Einsicht aber, daß selbständige Mitarbeiter in vielen neuen Funktionen des Vw.s in haupt- und ehrenamtlichem Dienst zu allererst einen Gewinn darstellten und darum die besondere Förderung durch Staat und Kirche verdienten, überforderte noch für lange Zeit die meisten Träger der Behördenapparate. Für die Beurteilung des Vw.s durch kirchliche Stellen kam allerdings hinzu, daß nicht alle Gründungen (bes. mit kirchen- und sozialpolitischem Charakter) als wirklich vom Evangelium oder von der Diakonie her geboten erschienen. Außerdem trat bisweilen statt einer Kooperation zu sehr der Gedanke der Konkurrenz in den Vordergrund. An dieser Entwicklung, die für lange Zeit ein Nebeneinan-

der von Kirche und V. brachte, sind viele V.sgründungen schuldhaft beteiligt. Aufs Ganze gesehen hat aber das ev. kirchliche Vw. mit seinem stellvertretenden Dienst - bei aller Problematik der Eigengestaltung - als wichtige Lebensäußerung der christlichen Gemeinde in einer sich wandelnden Welt zu Recht einen entscheidenden Platz in der neueren Kirchengeschichte eingenommen.

In der Zeit *nach 1918* erstarkte einerseits das Vw. bei der Vielfalt der notwendigen Aufgaben angesichts der wohlwollenden Haltung des Staates und der nach Wegfall des Staatskirchentums zunächst um eigene Konsolidierung bemühten Landeskirchen. Die V.e trugen vielerorts einen großen Teil des kirchlichen und gemeindlichen Lebens. Andererseits erwuchs aber aus der Neubesinnung auf das Wesen der Kirche (→ Dialektische Theologie, neue Lutherforschung, auch → Gemeindetag) innerhalb der Gemeinde eine bewußt auf Sammlung und Konzentration missionarischer und diakonischer Aufgaben ausgerichtete Tendenz, die in dem zT weit verästelten Vw. die Gefahr einer Aufsplitterung der Kräfte sah. Darum wurde gegen Ende der 20er Jahre die Stellung der V.e gegenüber Kirche und Gemeinde heftig diskutiert. Bemerkenswert war dabei die Unterscheidung von V.en, die ihrem Selbstverständnis und ihrer Wirksamkeit nach bewußt ein Eigenleben innerhalb der Gesamtkirche beanspruchten (noch gefördert durch übergreifende »Reichsorganisationen«) oder ihre Entstehung vorwiegend kirchenpolitischen Gründen verdankten, und solchen, die bewußt eine praktisch dienende Funktion, auch für die Ortsgemeinde, wahrnahmen (Mission und Diakonie). Durch die beiden erstgenannten Gruppierungen wurde die Frage Gruppe - Gemeinde häufig zu einem ernsten Problem. Weniger die Sorge um das Amt (die noch in der Mitte des 19.Jh.s vornehmlich luth.-konfessionalistische Kreise bewegte) als das neugewonnene Gemeindeverständnis führte nach 1918 zu einem sich verstärkenden Mißtrauen gegen kirchliche V.sarbeit. Bei aller positiven Würdigung der Pflege engerer Gemeinschaft und der vielfältigen wertvollen Impulse wurde doch im Blick auf ein spürbares Geltungsstreben die Gefahr der neben der Kirche gesuchten »Ersatzordnung« deutlich gesehen. Bei dem gerade in Deutschland ohnehin vorhandenen Hang zur V.sbildung mußten die Einwände gegen ein zu eigenständig tätiges Vw. mit oft zentrifugaler Wirkung auf die Ortsgemeinden mit Recht ernstgenommen werden.

Nachdem die Kirche mit allen Gliederungen in der Zeit des Nationalsozialismus nicht nur institutionell, sondern auch in der Verkündigung und der praktischen Lebensäußerung bedroht war, ist *seit 1945* die Problematik Kirche - Verein weithin entschärft, das ev. Vw. in Auftrag und Ausführung der Gesamtkirche verpflichtet und ihr auch bis auf wenige Ausnahmen organisch eingegliedert. Die Vielfalt weitverzweigter V.s- und Verbandstätigkeit läßt nicht mehr Mißtrauen oder Konkurrenz aufkommen, sondern eher den Reichtum ev. Laienarbeit innerhalb der Kirche im Dienst für die Gemeinde deutlich werden (→ Laienbewegung). Die Erkenntnis, daß nur in steter Rückbesinnung auf das Evangelium mit exegetischer und systematischer Bibelarbeit Verständnis für fruchtbares Wirken gewonnen und die gestellte Aufgabe sachgemäß angepackt werden kann, hat sich allenthalben durchgesetzt (Bibel-Rüstzeiten, Seminare, Anleitung zur Bibelarbeit in Verbandszeitschriften und Rundbriefen). Für Verbände, denen eine in der Zeit nach 1933 entstandene Zusammenarbeit als »Notlösung« erschien und die sich noch mit gewisser restaurativer Tendenz organisatorisch über Gebühr zu behaupten suchen (bes. in der Jugendarbeit, vgl. KJ 1958, 257ff), bildet die übergreifende Aktionsgemeinschaft ein notwendiges und wirksames Regulativ.

Für die *Zukunft* wird es darauf ankommen, in positiver Abwehr falscher eigenbrötlerischer Tendenzen, aber auch unter Vermeidung allzu harmonischer Unterordnung, zu Eigeninitiative auf breiter Front mit vielfältiger Aufgabenstellung in der heutigen pluralistischen Gesellschaft zu ermutigen. Als neues Problem stellt sich jetzt weniger der grundsätzliche Gegensatz Kirche - Verein als vielmehr die Notwendigkeit, alle fruchtbaren Einzelansätze und Wirkungen im Vw. zweckmäßig zu koordinieren und einer unsachgemäßen »Verkreisung« der Einzelgemeinde wie der Gesamtkirche entgegenzuwirken. Dazu kann das immer neu im Evangelium gewonnene Verständnis ev. kirchlicher V.e als »Dienstgruppen« (→ Gruppenbildung) in der Gemeinde förderlich sein.

Im Bereich der *DDR* ergeben sich heute für das gesamtkirchliche wie auch das örtliche Vw. (vor allem für innerhalb der Gemeinde tätige Werke - Jugend!) große Schwierigkeiten, soweit nicht die bisherige Arbeit unter der Obhut der jeweiligen Kirchenleitung oder Gemeinde in beschränktem Umfang weitergeführt werden kann. Die Tendenz der Staatsführung, auch alle diakonische Arbeit unter die alleinige Zuständigkeit politischer oder parteiamtlicher Behörden zu bringen, läßt den meisten diakonischen Werken und Einrichtungen einen nur begrenzten Wirkungsbereich.

RGG¹ V, 1629ff; RGG² V, 1502ff - H. Brandenburg, Der Dienst der Gemeinde, 1928 - H.G. Haack, Die ev. Kirche Deutschlands in d. Gegenwart, 1929 - PBl 72, 1929/30, 65ff (Zur Problematik d. kirchl. Vw.s) - KJ 72-75, 1945-48, 352ff; 79, 1952, 377ff. 433ff; 83, 1956, 231ff; 84, 1957, 209ff; 85, 1958, 257ff - Taschenbuch der Ev. Kirchen in Deutschland I, 1955 (zusammengefaßte Ausg. 1962) - Der Nationalsozialismus, Dokumente 1933-45, 1957, 128. 130. 134f. 149. 156 - EKL III, 1778ff - WKL 1547ff. - Vgl. ferner die Lit. zu → Evangelische Kirche in Deutschland: II.

K. Schuster

II. Katholisches

1. Allgemeines - 2. V.e für die einzelnen Lebens- oder Naturstände - 3. V.e für die einzelnen Berufsstände - 4. V.e zur Glaubenssicherung und Glaubensverbreitung - 5. V.e zur Pflege der Wissenschaft und Bildung - 6. Wohlfahrtsverbände - 7. Vereinigungen der Heimatvertriebenen. - Für die Anschriften der V.e vgl. die jeweils neueste Ausgabe des KH

1. Das kath. Kirchenrecht (c. 700 CIC) unterscheidet kirchliche V.e und kirchlich empfohlene V.e. Beide lassen sich nicht scharf voneinander abgrenzen. Die kirchlichen V.e werden eingeteilt in Drittorden (→ Tertiarier), → Bruderschaften (: III, 1) und Fromme V.e. Sie sind vom Bischof errichtet oder wenigstens ausdrücklich genehmigt, ihre Tätigkeit und Vermögensverwaltung untersteht gemäß cc. 336. 684-699 seiner Aufsicht. Die kirchlich empfohlenen V.e dagegen gehen im allgemeinen auf die Initiative von Laien zurück. Diese Laiengründungen sind meist dauernde Vereinigungen von Katholiken zur Förderung gemeinnütziger, auch weltlicher Zwecke unter ausdrücklicher Wahrung des kath. Standpunktes. Soziologisch wesentlicher als die Unterscheidung nach der kirchenrechtlichen Stellung erscheint diejenige nach dem Zweck der Vereinigung. Daher wird im folgenden nach Natur-, Berufsstand und nach besonderen zweckgerichteten Zielen unterschieden.

Das 19.Jh., bes. die i.J. 1848 gewährte V.sfreiheit, hat *in Deutschland* das durch die → Säkularisation betroffene kath. V.sleben außerordentlich aufblühen lassen und zT neu geschaffen. Große Bedeutung für die Entwicklung des kath. V.swesens erlangten die deutschen → Katholikentage. Aus ihnen heraus hat sich das Zentralkomitee der deutschen Katholiken als die Zusammenfassung sämtlicher kath. Organisationen und Verbände entwickelt. Es stellt die Arbeitsgemeinschaft der im → Laienapostolat tätigen Kräfte dar mit der Aufgabe der Koordination, Information, Repräsentation und Organisation der Katholikentage (Sitz: Bad Godesberg). – Nachdem in der nationalsozialistischen Zeit das gesamte kath. V.swesen zerschlagen war, wurde die Arbeit 1945 in voller Breite wieder aufgenommen. Es kam auch zu vielen neuen Initiativen, bes. im Raum der Industriegesellschaft (zB C.A.J. [→ Jugendvereinigungen: II, 3 c], Betriebsapostolat) und der Erwachsenenbildung (etwa Kath. Akademien). Daneben entstanden neue apostolische Laieneinsätze zT quer durch die bestehenden Organisationen. So sehr die kath. Kirche in einem demokratischen Staat und in einer pluralistischen Gesellschaft fest organisierte Gruppenbildungen braucht, um wesentliche christliche Anliegen in der Öffentlichkeit durchzusetzen, ebensosehr bedarf das V.swesen, das immer in Gefahr ist, im Funktionärstum aufzugehen, der stetigen Erneuerung durch die lebendige Zelle oder die wache Minderheit, die den apostolischen Geist und das Charisma präsent halten. Seit 1945 diskutiert man bei den kath. Organisationen und Verbänden über die Zeitgemäßheit und Anpassung des kath. Vw.s an die moderne Gesellschaft (Mobilität des Sozialgefüges, moderne Industriegesellschaft). Man ist aber darin einig, daß sich die Kirche in ihrem Vw. fest im demokratischen Bereich ansiedeln muß und daß diese freien Vereinigungen von Katholiken der Laienimpuls zur christlichen Durchdringung der Gesellschaft sein sollen.

2. *V.e für die einzelnen Lebens- oder Naturstände:*

a) Für die *Familie:* Der *Familienbund der deutschen Katholiken* nimmt die sozialen und wirtschaftlichen Interessen der kath. Familie wahr und vertritt die familienpolitischen Forderungen der kath. Kirche in der Öffentlichkeit und vor den Behörden. Oberste Instanz ist der Zentrale Familienrat, Hauptsitz in München.

Die *Elternvereinigungen* mühen sich um die Durchführung der kath. Erziehungs- und Schulgrundsätze. Für die deutschen Diözesen sind sie in der Kath. Elternschaft Deutschlands (KED) zusammengefaßt, Sitz in Bonn.

Kath. Schulorganisation in Bayern (Landesverband der kath. Elternvereinigungen), Sitz in München.

b) Für die *Männer:* Im *Männerwerk* werden die kath. Männer-V.e zusammengefaßt und die einzelnen berufsständischen Vereinigungen gefördert. Sitz der Arbeitsgemeinschaft kath. Männerwerke Deutschlands in Köln. Zeitschriften: »Mann in der Zeit« (mit Diözesanbeilagen), »Männerseelsorger«.

Arbeitsstelle der *Marianischen Männerkongregationen* mit der Aufgabe: → Katholische Aktion unter Anregung und Führung der Jungfrau Maria. Zeitschrift: »Heerbann Mariens«. Sitz in Frankfurt/M.

→ *Fides Romana,* eine Laienvereinigung kath. deutscher Männer für Kirche und Papst. Sitz in Köln. Organ: Rundschreiben in loser Folge.

Erzbruderschaft vom hl. Sebastian, Zentralverband der historischen deutschen Schützenbruderschaften. Zeitschrift: »Der Schützenbruder«. Bundeskanzlei in Leverkusen-Bürrig.

c) Für die *Frauen:* Die *Arbeitsgemeinschaft der kath. deutschen Frauen* ist die Zusammenfassung der gesamten Frauenarbeit. Organ: »Informationsdienst«. Hauptgeschäftsstelle in Köln.

Der *Kath. Deutsche Frauenbund* ist der Zusammenschluß kath. Frauen aller Schichten zur Vertiefung des kath. Frauenideals in Familie, Beruf und öffentlichem Leben. Organe: »Frauenland«, »Die christliche Frau«. Zentrale in Köln.

d) Für die *Akademiker und Akademikerinnen* s. → Akademikervereinigungen: II. Hier vermischen und verbinden sich Lebens- und Berufsstand.

e) Für die *Jugend* s. → Jugendvereinigungen: II.

3. *V.e für die einzelnen Berufsstände:*

a) Für *Priester* und *Kirchenangestellte: Klerusverband* e.V. zur »Klerushilfe« in materieller und ideeller Not. Organ: »Klerusblatt«. Verbreitung nur in Bayern und Pfalz, Sitz in München.

Priesteranbetungs-V. Aufgabe: Besonderer Eifer in der Anbetung des Eucharistischen Herrn. Organ: »Priester und Eucharistie«. Sitz in Rottweil/Neckar.

Unio Apostolica, Priester-V. zur Heiligung der Mitglieder. Organ: »Diözesanpriester«. Sitz in Münster.

Marianische Priesterkongregation s. → Marianische Kongregationen. Nationalsekretariat in Augsburg.

Pax-Krankenkasse kath. Priester Deutschlands, Sitz in Köln. Außerdem diözesane Unterstützungsvereine für Geistliche.

Päpstliches Werk für Priesterberufe (PWP) mit der Aufgabe, den Beruf des Priesters zu schützen und zu fördern. Diözesane Organe. Vorort in Freiburg i.Br.

Klemens-Hofbauer-Hilfswerk für Priesterspätberufe e.V. Organ: »Im Heerbann Christi«. Sitz in Bad Driburg/Westf.

Reichsverband der kath. Kirchenangestellten e.V. mit der Aufgabe der Berufshilfe und Sozialberatung und -vertretung. Zeitschrift: »Im Dienste der Kirche«. Sitz in Essen (bisher 11 Diözesanverbände). Außerdem diözesane *Mesnervereinigungen* und V.e für die *Pfarrhausangestellten.*

Berufsgemeinschaft kath. Seelsorgshelferinnen zur beruflichen und geistigen Betreuung der Mitglieder. Sitz in Freiburg i.Br.

b) Für die *Arbeitnehmer* s. → Arbeiterbewegung, 3.

c) Für die *Bauern und Landwirte: Kath. Landvolkbewegung und Bauernwerk.* Organe: »Das Dorf«, »Der Pflug«.

d) Für die *Handwerksberufe* (aber nicht ausschließlich): *Deutsche Kolpingsfamilie* e.V. (→ Kolping). Sie ist eine Gliederung des Weltkolpingswerkes. Organe: »Kolpingsblatt«, »Mitteilungen«, »Erbe und Aufgabe«, »Idee und Tat«, »Spiegel der Gewerke«. Sitz in Köln.

e) Für die *Unternehmer: Bund Kath. Unternehmer* zur Durchdringung der Betriebe mit den Gedanken der kath. Soziallehre. Sekretariat in Köln.

f) *Kath. Ärztegesellschaft St. Lukas* (Ärztegilden) und *Apothekergilden* s. → Akademikervereinigungen: II.

g) *Vereinigung der Altschüler der Jesuitenkollegien für Deutschland* im Rahmen einer internationalen Vereinigung.

h) *Arbeitsgemeinschaft kath. Künstler,* Sitz in Frankfurt/M.

i) *Rheinischer Nikolaus-Schifferverband,* Sitz in Mannheim.

k) *Berufsverband kath. Fürsorgerinnen.* Organ: »Mitteilungen des Berufsverbandes«. Zentrale in Essen.

l) *Berufsverband kath. Jugendleiterinnen und Kindergärtnerinnen.* Organe: »Jugendwohl«, »Kinderheim«. Sitz in Freiburg i.Br.

m) *Kath. Deutsche Schwesternvereinigung für Gesundheits- und Wohlfahrtsdienst* e.V. (KDSV), Erfassung kath. freier und nichtorganisierter Kranken- und Säuglingsschwestern, Wochenpflegerinnen, Hebammen und medizinisch-technischer Assistentinnen. Organ: Monatliche Rundbriefe. Sitz in Köln. Übergeordneter internationaler Verband: CICIAMS (Comité International des Associations Catholiques d'Infirmières et d'Assistantes médico-sociales, Paris).

n) *Verband kath. kaufmännischer V.e Deutschlands* e.V. (KKV), kath. sozialer V. der Kaufleute und kaufmännischen Angestellten. Organ: »Das Kreuzschiff«. Sitz in Essen.

o) *St. Lydia,* Berufsverband kaufmännisch tätiger

Frauen (und Beamtinnen). Organ: »Aus dem Leben des Verbandes«. Geschäftsstelle in Köln.

p) *Hausgehilfinnen-V.e* in diözesanen Gruppen.

q) *Vereinigungen für Lehrer und Erzieher:*

Arbeitsgemeinschaft kath. Klöster in Bayern (Ordensschulzentrale), Sitz in München.

Bund kath. Erzieher, Dachverband für alle kath. Erzieherorganisationen. Geschäftsstelle in Würzburg.

Gemeinschaft kath. Erzieher, Landesverband Bayern. Sitz in Regensburg.

Kath. Lehrerverband (VKLD), Sitz in Köln.

V. kath. deutscher Lehrerinnen e.V. (VKLD). Organ: »Kath. Frauenbildung«. Sitz in Essen.

Norddeutscher Religionslehrerverband, bischöflicher Gesamtverband der kath. Religionslehrer der höheren Schulen in den nordwestdeutschen Diözesen. Sitz in Bochum.

Verband der kath. Religionslehrer an den höheren Lehranstalten Bayerns e.V., Sitz in München.

Deutscher Katecheten-V. zur Förderung des kath. Religionsunterrichts an Volks-, Berufs- und Fortbildungsschulen. Organ: »Katechetische Blätter«. Sitz in München.

4. *V.e zur Glaubenssicherung und Glaubensverbreitung.*

a) *Allgemeine Seelsorgsanliegen:*

Freie Vereinigung für Seelsorgehilfe zur Förderung der Laienhilfe in der Seelsorge. Organ: »Lebendige Seelsorge«. Sitz in Freiburg i.Br.

→ *Pax-Christi-Bewegung,* deutscher Zweig, Zentrale in Aachen. Zeitschrift: »Pax Christi«.

Legio Mariae, gegr. 1921, Mitarbeit der Laien in der Seelsorge im Geiste Mariens. Weltzentrale in Dublin, Irland. In Deutschland seit 1946, diözesane Zentralen. Organ: »Die Stimme der Legion«.

Stefanus-Gemeinschaft zur Heranbildung kath. Männer für die Übernahme von öffentlichen Diensten. Zentrale in Aulendorf.

→ *Schönstatt-Bewegung.*

Die *Exerzitienwerke* der einzelnen Diözesen fördern die Geistlichen Übungen durch Weckung von Interesse für die Teilnahme an → Exerzitien und durch finanzielle Beihilfen. Dieselbe Aufgabe hat der *Ignatianische Männerbund,* gegr. 1900 für das weitere Bodenseegebiet durch den Bauern Josef Geser aus Reichenhofen.

Das *Gebetsapostolat* ist eine religiöse Vereinigung von Gläubigen, die nicht nur ihrem eigenen Seelenheil leben, sondern auch durch Gebet und Opfer am Aufbau des mystischen Leibes Christi auf Erden mitarbeiten wollen. Organ: »Herz-Jesu-Sendbote«. Sekretariat in Frankfurt/M.

Kreuzbund, Verband abstinenter Katholiken e.V. Sitz in Dortmund.

b) *Deutsche Diaspora:*

Bonifatius-V. für das kath. Deutschland, gegr. 1849, Förderung der Seelsorge an den in der Diaspora lebenden Katholiken. Zeitschriften: »Bonifatiusblatt«, »Priesterjahrheft«. Sitz in Paderborn.

Akademische Bonifatiuseinigung, gegr. 1867, Mithilfe zur Überwindung der geistigen und räumlichen Diaspora, Förderung der allgemeinen Akademiker- und Studentenseelsorge. Zeitschrift: »Lebendiges Zeugnis«. Zentrale in Paderborn.

Bonifatius-V. für höhere Schulen, gegr. 1921. Ziel: Aufruf der Jugend an höheren Schulen zur Mitarbeit in der Diaspora-Fürsorge, bes. zur Förderung der Jugend in den Diasporagebieten. Zeitschrift: »Christi Reich in der Diaspora«. Zentrale in Paderborn.

Schutzengel-V. für die Diaspora, gegr. 1921. Förderung der ordentlichen Seelsorge an kath. Kindern in der Diaspora; Ausbildung und Besoldung von Seelsorgehelferinnen; Unterstützung des Religionsunterrichts; Pflege des Opfersinns für die deutsche Diaspora bei den Kindern. Zeitschrift: »Sternsinger« (im Wechsel mit dem Päpstlichen Werk der hl. Kindheit). Zentrale in Paderborn.

Kath. Diaspora-Kinderhilfe zur Förderung der außerordentlichen Kinderseelsorge. Sitz in Paderborn.

Diaspora-Kommissariat der Deutschen Bischöfe, gegr. 1923 als »Priesterausgleichskasse« der Priesterhilfe, 1942 umbenannt. Aufgabe: Selbstbesteuerung aller normal besoldeten Geistlichen der deutschen Diözesen zugunsten der Diaspora-Geistlichen. Sitz in Paderborn.

Diaspora-Miva, gegr. 1927 als Miva (= Missions-Verkehrs-Arbeitsgemeinschaft) für die außerdeutsche Mission und die innerdeutsche Diaspora; neugegr. 1949 als Diaspora-Miva (= Motorisierende innerdeutsche Verkehrs-Arbeitsgemeinschaft). Organ: »Diaspora-Miva«. Sitz in Paderborn.

Ostpriesterhilfe zur Betreuung und Versorgung der Priester in der DDR. Gründer: Pater Werenfried van Straaten, OPraem, Abtei Tongerlo (Antwerpen), Belgien. Deutsche Sammelstelle: Königstein/Taunus.

c) *Deutsche Katholiken im Ausland* (→ Auslandsgemeinden: II):

Kath. Auslandssekretariat für Seelsorge an deutschsprechenden Katholiken im Ausland. Sitz in Frankfurt/M.

Einigung Christi Reich, Sitz in Paderborn.

Bonifatiuswerk für die auslandsdeutsche Seelsorge. Sitz in Paderborn.

Apostolat des Meeres e.V. für die deutsche kath. Seemannsmission. Sitz in Hamburg.

St. Raphaels-V. zum Schutze kath. deutscher Einwanderer e.V. mit Beratung und Fürsorge für Auswanderer. Sitz in Hamburg. Übergeordneter Verband (international): Catholic Migration Commission, Genf.

d) *Mission im Ausland* (Weltmission):

Franziskus-Xaverius-Missions-V., gegr. 1842 als Zweig-V. des V.s zur Verbreitung des Glaubens (Lyon 1822). Die Mitglieder sollen durch Gebet, Opfer und Gelder die Verbreitung des Glaubens unterstützen und überhaupt das Missionsinteresse wecken. Organ: »Weltmission«. Sitz in Aachen.

Ludwig-Missions-V., gegr. 1838 zur Unterstützung der Missionen. Verbreitung in Bayern, Sitz in München.

Unio cleri pro missionibus (Priestermissionsbund), ausgegangen 1916 von Mailand, will das Interesse für die Mission unter dem Klerus wecken. Organ: »Die kath. Missionen« (in Verbindung mit dem päpstlichen Werke der Glaubensverbreitung unter Mitarbeit aller Missionsorden). Werkheft: »Priester und Mission«. Sitz in Aachen.

Päpstliches Werk der hl. Kindheit, gegr. 1846 in Nancy, will den Missionsgedanken unter den Kindern fördern und durch ihre Beiträge Kinderwerke in allen Missionen unterstützen. Organe: »Sternsinger« (für Kinder), »Hl. Kindheit« (für Lehrer). Sitz in Aachen.

Päpstliches Werk der Missionsvereinigung kath. Frauen und Jungfrauen, gegr. 1893, Frauenapostolat für die Missionen und die Diaspora. Verbreitung international. Zentrale in Koblenz-Pfaffendorf.

Päpstliches Werk vom hl. Petrus, gegr. 1889 in Paris, Sammlung von Mitteln für die Heranbildung eines einheimischen Klerus in den Missionsländern. Organ: jährlich ein Heft der »Weltmission«. Sitz in Aachen.

St. Petrus-Claver-Sodalität für die afrikanischen Missionen, gegr. 1894 durch Gräfin Ledochowska, angeregt durch Kardinal → Lavigerie. Aufgabe: Arbeit in der Antisklaverei-Bewegung. Zentrale in Rom.

Missions-V.e missionierender Orden und Genossenschaften zur Unterstützung ihrer Werke (Benediktiner,

Franziskaner, Kapuziner, Oblaten, → Weiße Väter, → Steyler Missionare, → Pallottiner u.a.).

Kath. Missionsärztliches Institut zur Ausbildung und Betreuung von Ärzten für die Mission. Sitz in Würzburg.

Deutscher Verein vom Hl. Lande, gegr. 1853, Pflege des Hl. Land-Gedankens und Betreuung der deutschen kath. Anstalten in Palästina. Zeitschriften: »Das Hl. Land«, »Palästina-Hefte«. Sitz in Köln.

St. Ansgarius-Glaubenswerk zur Weckung des Interesses in Deutschland für die nordischen Kirchen und Hilfeleistung durch Gebet und Opfer. Organ: jährlich ein Werkbuch. Sitz in Köln.

e) *Wiedervereinigung im Glauben:*

→ *Winfriedbund,* Sitz in Paderborn.

Catholica Unio zur Förderung des ostkirchlichen Interesses in der lat. Christenheit. Organ: »Der kirchliche Osten«. Sitz in Würzburg.

5. *V.e zur Pflege der Wissenschaft und Bildung.*

a) *Wissenschaft:*

→ *Görres-Gesellschaft zur Pflege der Wissenschaft,* Geschäftsstelle in Köln.

Albertus-Magnus-Institut zur Herausgabe der Werke → Alberts d. Gr. Sitz in Bonn.

Byzantinisches Institut. Sitz: Abtei Scheyern, Bayern.

Gesellschaft zur Herausgabe des Corpus Catholicorum. Organe (3 Serien): CCath, RGST, Kath. Leben und Kämpfen. Sitz zZ in Bonn.

Abt-Herwegen-Institut für liturgische und monastische Forschung. Zeitschriften: LuM, Laacher Hefte, ALW. Dem Institut ist noch angeschlossen der »Verein der Förderer und Freunde des AHI«.

Historisches Institut der deutschen Dominikaner, Sitz in Walberberg bei Köln.

Institut für Missionswissenschaften an der Universität Münster.

Kanonisches Institut, Sitz in München.

Vetus-Latina-Institut, Gesamtausgabe der altlat. Bibel. Sitz: Erzabtei Beuron/Hohenzollern.

b) *Bildung:*

Gesellschaft kath. Publizisten Deutschlands. Organ: Monatliches Informationsblatt. Sekretariat in Köln.

Vereinigung des kath. Buchhandels e.V. (→ Buchhandel: III).

Zentralstelle des Borromäus-V.s e.V. zur Verbreitung guter Bücher und Belebung des christlichen Geistes durch Aufbau von Heim- und Pfarrbüchereien. Organe: »Mitteilungsblatt für die kath. Pfarrbüchereien des Borromäusvereins«, »Das neue Buch« (Verzeichnis geprüfter Neuerscheinungen). Sitz in Bonn.

St. Michaelsbund zur Pflege des kath. Schrifttums in Bayern e.V., Sitz in München.

Kath. Bibelwerk, gegr. 1933. Organ: »Bibel und Kirche«. Sitz in Stuttgart-W.

Zentralstelle der kath. Schriftenmission (Johannesbund), Sitz in Leutesdorf/Rhein.

Paulusring, Zeitschriftenvertrieb innerhalb des kath. Landvolkdienstes e.V. zur Verbreitung guter Zeitschriften in einer christlichen Lesemappe. Sitz in Münster/W.

Filmliga, Aktion der kath. Öffentlichkeit für den guten und gegen den schlechten Film. Sitz in Köln-Lindenthal.

Volkswartbund, Bund zum Kampf gegen → Schund und Schmutz, gegr. 1898 auf interkonfessioneller Grundlage, seit 1927 eine kath. Vereinigung. Organ: »Ruf ins Volk«. Sitz in Köln-Klettenberg.

Deutsche Gesellschaft für christliche Kunst e.V. Organ: »Jahrbuch für christliche Kunst«. Geschäftsstelle in München. - Ferner diözesane Kunst-V.e.

Kath. Esperanto-Zentrale in Deutschland zur Verbreitung des Esperanto, um eine bessere Zusammenarbeit zwischen den verschiedensprachigen Katholiken zu erreichen. Organ: »Semisto«. Sitz in München. Übergeordneter Verband: Internationale kath. Esperanto-Vereinigung Vleuten (Utrecht) in Holland.

Kath.-Soziales Institut zur Vertiefung und Verbreitung der kath. Soziallehre. Sitz in Königswinter.

Cäcilien-V. (Allgemeiner Cäcilienverband für Deutschland, Österreich und die Schweiz), kirchenamtlich errichteter V. für die Pflege der Kirchenmusik.

6. *Wohlfahrtsverbände* s. → Caritas.

7. *Vereinigungen der Heimatvertriebenen:*

Ackermanngemeinde, sudetendeutsche kath. landsmannschaftliche Organisation zur Betreuung der Heimatvertriebenen. Mitteilungsblätter: »Junge Generation«, »Der neue Acker-Mann«. Hauptstelle in München.

Eichendorff-Gilde, für die Schlesier. Sitz in München.

Ermlandbund, Sitz in Osnabrück-Haste, Gut Honeburg.

Heimatwerk für die Danziger Katholiken, Sitz in Menden Kr. Iserlohn.

Hilfsbund karpathendeutscher Katholiken, Sitz in Parnkofen Kr. Landau/Isar.

Ungardeutsche kath. Hilfsstelle, Sitz in Stuttgart.

KH 1ff, 1908ff (zuletzt: 25, 1957-61) - I. ZEIGER, Um die Zukunft der kath. Kirche in Deutschland (StZ 141, 1947/48, 241-252) - DERS., Kath. Arbeit im öffentl. Raum (ebd 144, 1948/49, 7-15) - R. GROSCHE, Der dt. Katholizismus im hl. Jahr 1950 (in: Kath. Wirklichkeit, 1950, 8-19) - B. HANSSLER, Stand u. Aufgabe kath. Laienarbeit heute (in: Arbeitstagung Saarbrücken, 1958, 10-21) - DERS., Seelsorge in den Auswirkungen des techn. Fortschritts (in: Bd XVI der Fuldaer Vorträge »Die Erde ist uns aufgegeben«, 1958) - DERS., Die Kirche in der Gesellschaft, 1960 - DERS., Die Kirche als Lebensprinzip der menschl. Gesellschaft (in: Das Werkzeug, Schriftenreihe Dt. Kolpingsfamilie, 1960/3, 2-17) - F. J. WOTHE, Haben unsere Organisationen eine Zukunft?, 1958 - A. SPITALER (Hg.), Die Zelle in Kirche u. Welt, 1960.

R. Mayer

Vereinte Nationen (*United Nations, UN*)

1. Entstehung - 2. Ziele - 3. Rechtsgestalt - 4. Hauptorgane - 5. Politische Entwicklung

1. Trotz des Versagens des → Völkerbundes entstand im 2. Weltkrieg erneut der Wunsch, eine Weltorganisation zur Sicherung des Friedens zu schaffen. Erste Grundsätze proklamierten Churchill und Roosevelt in der »Atlantic Charter« vom 14.8.1941, der am 1.1.1942 26 am Krieg beteiligte Staaten in der »United Nations Declaration« beitraten. Nachdem 1944 in Dumbarton Oaks Organisationspläne entworfen waren, wurde 1945 in San Francisco die Satzung der UN endgültig ausgearbeitet und von 50 Staaten unterzeichnet.

2. *Ziele* der UN sind Aufrechterhaltung des Friedens durch ein System kollektiver Sicherheit, dh gemeinsamer Abwehr und Beseitigung von Friedensstörungen, Förderung friedlicher Beziehungen und internationaler Zusammenarbeit sowie Schutz der → Menschenrechte. Die Mitglieder der UN bekennen sich zum Grundsatz der Vertragstreue, friedlicher Streitschlichtung und zum Verzicht auf Gewaltanwendung.

3. Die UN ist ein völkerrechtlicher Staatenbund mit universaler Tendenz (→ Völkerrecht). Die Universalität hat sie heute mit 104 Mitgliedern praktisch erreicht (wichtigste Nichtmitglieder: Rot-China, Deutschland). Mit Ausnahme der Privilegierung der Großmächte im Sicherheitsrat (SR) gründet die UN sich auf das Prinzip der »souveränen Gleichheit« aller Mitglieder, die keine Hoheitsrechte an die UN abtreten, weshalb jener auch die Intervention in die »inneren Angelegenheiten« der Staaten untersagt ist.

4. Die *Generalversammlung* (GV) tagt in der Regel einmal im Jahr, in ihr sind alle Mitglieder gleichmäßig

vertreten. Sie faßt mit einfacher, in wichtigen Fragen mit Zweidrittelmehrheit Resolutionen, die jedoch nach außen keine Rechtsverbindlichkeit tragen. Bei wichtigen inneren Entscheidungen (zB Aufnahme neuer Mitglieder) ist sie an die Empfehlungen des SR gebunden. Der laufend tätige *SR* trägt die Hauptverantwortung für die Friedenssicherung. Er entscheidet über das Vorliegen einer Friedensbedrohung und die gegen einen Friedensstörer zu ergreifenden Maßnahmen. Er besteht aus 11 Mitgliedern, von denen die 5 Großmächte (USA, UdSSR, Großbritannien, Frankreich, Nationalchina) einen ständigen Sitz haben, während die 6 übrigen für jeweils zwei Jahre von der GV gewählt werden. Für alle wichtigen (nicht Verfahrens-)Beschlüsse bedarf es der Mehrheit von 7 Stimmen, unter denen sich die 5 Großmächte befinden müssen, so daß diese ein unbedingtes Veto besitzen. - Der von der GV auf Empfehlung des SR gewählte *Generalsekretär* (GS) stellt nicht nur die administrative Spitze der UN-Verwaltung dar, sondern besitzt eigenes politisches Gewicht, da er weitgehende Rechte zur Durchführung und Vorbereitung von UN-Beschlüssen hat. Von geringerer politischer Bedeutung sind der *Wirtschafts- und Sozialrat,* dem die Förderung der wirtschaftlichen, sozialen und kulturellen Zusammenarbeit zwischen den Staaten obliegt, der *Treuhandschaftsrat,* eine Fortsetzung der Mandatskommission des Völkerbundes, und der *Internationale Gerichtshof* in Den Haag. Dazu kommt eine Fülle von Sonder- und Nebenorganisationen.

5. Der Grundkonzeption der UN lag die Hoffnung zugrunde, daß die im 2. Weltkrieg bewährte Allianz auch zur Sicherung des Friedens erhalten bliebe. Das Aufbrechen des Ost-West-Konflikts lähmte jedoch den Funktionsmechanismus der UN. Das Veto der Großmächte blockierte den SR, verhinderte aber zugleich, daß die UN einseitig gegen eine Großmacht in Front gebracht wurde, was ihren Zerfall bedeutet hätte. Dennoch übernahm die UN zahlreiche Schlichtungsaktionen (Palästina, Kaschmir, Korea, Suez, Libanon, Kongo), deren Durchführung zT mit einer eigenen UN-Truppe das politische Gewicht des GS erheblich verstärkte, ihn aber zugleich in Gefahr brachte, im Zwiespalt zwischen Ost und West zerrieben zu werden. Durch die Lahmlegung des SR gewann die GV an Gewicht, bes. seit der »Uniting for Peace«-Resolution (1950), auf Grund deren ein durch Veto im SR blockierter Beschluß mit Zweidrittelmehrheit in der GV angenommen werden kann. Diese Tendenz verstärkte sich mit der Aufnahme vieler junger afroasiatischer Staaten. Die Stärkung des administrativen Organs und der nach Majoritäten entscheidenden GV läßt eine gewisse Entwicklung vom Staatenbündischen zum Bundesstaatlichen erkennen. Im Zeichen des atomaren Patt und des ungelösten Abrüstungsproblems gewann gegenüber den Problemen der Friedenssicherung die Frage der Entkolonisierung und wirtschaftlichen und sozialen Entwicklung der afroasiatischen Staaten den Vorrang. Angesichts der globalen Interdependenzen und der Drohung eines nuklearen Krieges bleibt die Verwirklichung der Ziele der UN, die im einzelstaatlichen Rahmen unlösbar ist, ein Hauptanliegen unserer Zeit.

Yearbook of the UN, New York 1946/47ff - W.L.Blümel, Dt. u. ausländ. Schrifttum über die Organisation der V.N., 1955 - G. Schwarzenberger, Power Politics, (London 1951[2]) dt. 1955 (Lit.) - U.Scheuner, Grundfragen der internat. Gemeinschaft in einer Zeit des Übergangs (ZEE 2, 1958, 257-270) - HWSW XI, 63ff (Lit.) - B.V.Cohen, The UN, Cambridge/Mass. 1961. *G.Jasper*

Vererbungslehre (*Genetik* [= G.]). Was einen Menschen zum Menschen macht, ist seine biologische *Erbmasse.* In seiner Erbmasse liegt es begründet, daß er zu der Gattung Homo gehört. Aber auch die Individualität jedes Menschen ist durch seine Erbmasse bestimmt. In einer Bevölkerung von vielen Millionen ist kein Mensch dem anderen völlig gleich. Nur eineiige, dh erbgleiche Zwillinge können sich so weitgehend gleichen, daß sie auch von ihren nächsten Angehörigen verwechselt werden. Das gilt nicht nur von körperlichen, sondern auch von geistigen Eigenschaften.

Es gibt kein Leben ohne Erbmasse, aber auch kein Leben ohne *Umwelt* (→ Milieu). Die Persönlichkeit entwickelt sich unter stetigem Zusammenspiel von Auswirkungen der Erbmasse und Einwirkungen der Umwelt. Die Frage, ob der Erbmasse oder der Umwelt größere Bedeutung zukomme, ist in dieser allgemeinen Form verfehlt. Es gibt viele Krankheiten, die schicksalsmäßig aus pathogenen Erbanlagen entstehen, aber auch viele andere, die praktisch nur durch Einwirkung von Umwelteinflüssen verursacht werden. Wieder andere entstehen, wenn zu einer erbbedingten Anfälligkeit eine bestimmte Umweltwirkung, etwa eine Infektion, hinzukommt. Entsprechendes gilt auch von geistigen Fähigkeiten und Kenntnissen. Solche können durch Erziehung und Bildung nur erworben werden, wenn die erbbedingte Begabung das ermöglicht, und diese ist bei verschiedenen Menschen quantitativ und qualitativ sehr verschieden.

Die biologische Erbmasse eines Menschen besteht wie die aller vielzelligen Lebewesen aus einer großen Zahl von *Genen* (Erbeinheiten), die sich in der Reifeteilung der Fortpflanzungszellen *(Gameten = Ei- bzw. Samenzellen)* trennen und bei der Befruchtung neu kombinieren. Je zwei Gene bilden ein Paar; das eine stammt von dem einen Elternteil, das andere von dem anderen. Solche zu einem Paar gehörigen Gene trennen sich bei der Bildung von Gameten für die nächste Generation regelmäßig. Jede Gamete enthält also die Hälfte der Gene eines Elters, und bei der Erzeugung eines Kindes kommt wieder die volle Genzahl wie bei den Eltern zustande. Ein Gen hat also die Wahrscheinlichkeit ½, in der Erbmasse eines bestimmten Kindes vertreten zu sein. Daraus folgt aber nicht etwa, daß ein Kind mit jedem Elter nur die Hälfte seiner Gene gemeinsam habe; denn die Eltern ihrerseits haben den größten Teil ihrer Gene gemeinsam. Nur Lebewesen, die den größten Teil ihrer Gene gemeinsam haben, können miteinander Nachkommen erzeugen. Menschen derselben Population unterscheiden sich nur durch einen kleinen Teil ihrer Gene. Auch die verschiedenen menschlichen Populationen haben den größten Teil ihrer Gene gemeinsam, und Angehörige aller menschlichen Populationen oder »Rassen« können miteinander Nachkommen erzeugen, die auch ihrerseits wieder fruchtbar sind.

Als G.Mendel (1822-84) vor rd 100 Jahren entdeckte, daß Merkmale von Hybriden, die aus Kreuzungen verschiedener Sorten von Erbsen hervorgegangen waren, sich bei der Fortpflanzung trennen und neu kombinieren, kannte er den Begriff des Gens noch nicht; er sprach nur von Merkmalen. Heute weiß man, daß *Gene stoffliche Gebilde* sind, aus vielen Tausenden von Atomen bestehende große Moleküle. Sie bilden in großen Verbänden die *Chromosome,* mikroskopisch sichtbare, intensiv färbbare Körperchen, die im Kern nicht nur der Geschlechtszellen, sondern auch der übrigen Zellen des Organismus liegen.

Man hat die chemische Natur der Gene bis zu einem gewissen Grade aufklären können. Die Unterschiede der Gene beruhen nach der gegenwärtig geltenden Theorie auf einer verschiedenen Anordnung von Bestandteilen innerhalb einer chemisch einheitlich erscheinenden

Substanz, die als Desoxyribonucleinsäure (DNS) bezeichnet wird. Es gibt also eigentlich eine unübersehbar große Zahl verschiedener DNS. Überschlagsschätzungen haben ergeben, daß auf diese Weise Billionen verschiedener Gene möglich sind.

Menschliche befruchtete Eizellen (Zygoten) und die daraus durch vielfache Teilung hervorgehenden Körperzellen enthalten *46 Chromosome* (nicht 48, wie man noch vor einem Jahrzehnt annahm). Bei der Bildung der Gameten wird durch eine Reduktionsteilung (Meiose) diese Zahl auf die Hälfte, die »haploide« Zahl von 23 Chromosomen je Gamete herabgesetzt. Bei der Befruchtung einer Eizelle durch eine Samenzelle entsteht dann wieder die »diploide« Zahl von 46. Die verschiedenen Chromosomenpaare unterscheiden sich nach Größe und Gestalt. Man kann das bes. klar durch Gewebezüchtung von Körperzellen (Haut, Blut) feststellen.

Bei 22 von den 23 Chromosomenpaaren erscheinen die beiden Partner jedes Paares nach Größe und Gestalt gleich. Bei einem Paar dagegen ist im männlichen Geschlecht das eine Chromosom sehr viel kleiner als das andere; das große wird X-Chromosom, das kleine Y-Chromosom genannt. Da die Partner aller Chromosomenpaare bei der Bildung von Geschlechtszellen sich regelmäßig trennen, enthalten die unbefruchteten Eizellen ein X-Chromosom; von den Samenzellen dagegen enthält die Hälfte ein X-Chromosom, die andere Hälfte ein Y-Chromosom. Bei der Befruchtung entsteht dann entweder ein befruchtetes Ei mit 2 X-Chromosomen und daraus ein weibliches Kind oder ein befruchtetes Ei mit einem X- und einem Y-Chromosom und daraus ein männliches Kind. *Der Unterschied der Geschlechter ist also genetisch bedingt.* Die allermeisten Gene des X-Chromosoms, schätzungsweise mindestens mehrere hundert, haben aber mit der Geschlechtsbestimmung nichts zu tun. Es genügt anzunehmen, daß nur ein Gen des X-Chromosoms und ein Gen des Y-Chromosoms je nach ihrem Zusammentreffen über die Geschlechtsbestimmung entscheiden.

Von der Regel, daß in einer Zelle je zwei einander entsprechende Chromosome vorhanden sind, gibt es nicht ganz seltene Ausnahmen. Es kommt vor, daß bei der Bildung von Eizellen die Partner eines Chromosomenpaares sich nicht trennen (»non disjunction«); dann entstehen unbefruchtete Eizellen mit 2 Chromosomen derselben Sorte; durch die Befruchtung mit einer Samenzelle entstehen dann Kinder, die von einer Chromosomensorte 3 (statt normal 2) in ihren Zellkernen haben. Ein Beispiel einer solchen »trisomalen« Anomalie ist der sog. »Mongolismus« oder »mongoloide Schwachsinn«. Von den in Anstalten untergebrachten schwachsinnigen Kindern machen solche rd 10% aus.

In den Reifeteilungen, die zur Bildung der Ei- bzw. Samenzellen führen, findet eine Neukombination der von väterlicher und der von mütterlicher Seite stammenden Chromosome statt. Außerdem tritt ein Austausch von Stücken homologer Chromosome ein. Ein solches »crossing over« erfolgt oft an mehr als einer Stelle des Chromosomenpaares. Die einzelnen Chromosome der Kinder sind also eigentlich nicht mehr dieselben wie die der Eltern. Unverändert durch unabsehbare Generationen bleiben in der Regel nur die einzelnen Gene.

Gene, die an einander entsprechenden Stellen (»loci«) homologer Chromosome liegen, trennen sich in der Reduktionsteilung regelmäßig. Die beiden Gene eines solchen Paares können gleich oder verschieden sein; im ersten Fall nennt man das Individuum bezüglich dieser Gene *homozygot,* im zweiten Fall *heterozygot.* Im Genbestande einer Population sind meist mehrere oder viele Gene vorhanden, die sich am gleichen Ort vertreten können; man nennt sie bezüglich dieses gegenseitigen Verhaltens *allele Gene* oder kurz *Allele.* Eine Gamete enthält (abgesehen von der relativ seltenen »non disjunction«) ein Gen aus jeder Allelenreihe, eine befruchtete Eizelle also zwei Allele aus jeder Reihe. Das möge an folgendem Schema veranschaulicht werden:

$$\begin{matrix} A_1 & A_2 & A_3 & A_4 & \ldots \\ B_1 & B_2 & B_3 & B_4 & \ldots \\ C_1 & C_2 & C_3 & C_4 & \ldots \\ D_1 & D_2 & D_3 & D_4 & \ldots \\ \cdot & \cdot & \cdot & \cdot & \\ \cdot & \cdot & \cdot & \cdot & \end{matrix}$$

Von den Genen der A-Reihe, die durch verschiedene Indexziffern unterschieden sind, enthält eine Ei- bzw. Samenzelle regelmäßig nur ein Gen, ein Individuum also nur zwei A-Gene, zB A_1 und A_3 oder A_2 und A_3. Entsprechendes gilt von der B-Reihe, der C-Reihe usw. Von Genen, die nicht im Verhältnis der Allelie stehen, im Schema also A, B, C, D usw, enthält eine Gamete regelmäßig ein Gen aus jeder Allelenreihe, also zB A_2, B_4, C_1, D_3 usw. Ein Individuum hat demgemäß regelmäßig je zwei Gene aus jeder Allelenreihe, also zB A_2A_3 B_1B_4 C_3C_4 D_1D_2. Die Summe der einander nicht allelen Gene in einer Gamete nennt man ein *Genom.* Die Individualität einer Person hängt davon ab, welche Gene aus den verschiedenen Allelenreihen sie mitbekommen hat; das ist, biologisch gesehen, das »principium individuationis«.

Wieviele Gene ein menschliches Genom hat, kann man nur größenordnungsmäßig schätzen; es sind mindestens mehrere tausend. Die Zahl der verschiedenen Gene, die einer und derselben Allelenreihe in einer Population angehören, ist dagegen sehr viel kleiner; sie ist in den verschiedenen Allelenreihen vermutlich recht unterschiedlich.

Wenn ein Gen schon in Einzahl (heterozygot) sich in einem bestimmten Merkmal äußert, nennt man es *dominant;* es kann das mit ihm bei der Befruchtung vereinigte Allel an der Äußerung hindern. Das derart überdeckte Gen heißt bezüglich dieses Verhaltens *rezessiv.* Rezessive Gene können sich in voller Ausprägung nur äußern, wenn sie homozygot (paarweise) in einer Erbmasse vertreten sind.

Ein Gen bleibt meist über unübersehbar viele Generationen unverändert, aber doch nicht ausnahmslos. Gene können *mutieren,* dh sich ändern bzw. geändert werden, und zwar verschiedene Gene in verschiedenen Häufigkeiten (»Mutationsraten«). Alle erblichen Unterschiede gehen letztlich auf Mutationen zurück, die vor mehr oder weniger vielen Generationen eingetreten sind.

Die allermeisten Mutationen beeinträchtigen die Lebenstüchtigkeit (die Erhaltungswahrscheinlichkeit) mehr oder weniger. Ein großer, vielleicht der größte Teil aller Mutationen wirkt letal. Solche letalen Mutationen können die Ursache des Absterbens befruchteter Eier oder von Embryonen und damit »spontaner« Fehlgeburten sein. Andere Mutaten führen erst im Lauf des Lebens zum Tode; das gilt von vielen erbbedingten Krankheiten. Erbbedingte Mißbildungen und Stoffwechselanomalien können schon bei Neugeborenen vorliegen; andere Erbkrankheiten machen sich erst im Lauf des Lebens bemerkbar, manche erst im höheren Alter. *Erbbedingt ist also nicht dasselbe wie »angeboren«.* Es gibt angeborene Mißbildungen, die durch Umweltschäden während der Schwangerschaft verursacht werden. Die erschütterndste Schädigung dieser Art ist durch ein als harmlos geltendes Schlafmittel verursacht worden. Es handelt sich um ein Medikament, das seit 1958 in verschiedenen Ländern unter verschiedenen Namen verkauft wurde, in der BRD unter dem Namen Contergan. Allein im Gebiet der BRD sind in den Jahren 1960 und 1961 mindestens mehrere tausend Kinder mit schweren charakteristischen Mißbildungen (völligem oder teilweisem Fehlen der Arme u.a.) von Müttern geboren worden, die in der 5. oder 6. Woche der Schwangerschaft Contergan als Schlafmittel oder gegen Beschwerden der Schwangerschaft genommen hatten. Auch eine meist leicht verlaufende Infektionskrankheit kann Schädigungen hervorrufen. Frauen, die in den ersten Monaten der Schwangerschaft die Röteln (Rubeolen) durchmachen, bekommen weit überdurchschnittlich häufig mißbildete Kinder. Derartige umweltbedingte Mängel werden nicht vererbt und können nicht vererbt werden. *Es gibt überhaupt keine »Vererbung erworbener Eigenschaften«*. Das hat die genetische Forschung eindeutig ergeben.

Für Mutationen, die bestimmte menschliche Erbleiden zur Folge haben, hat man Häufigkeiten gefunden, die größenordnungsmäßig etwa zwischen 1:200000 bis 1:20000 je Gen und Generation liegen. Es ist aber zu bedenken, daß die Erbmasse eines Menschen aus mindestens mehreren tausend Genen besteht. Unter der Modellannahme, daß die durchschnittliche Mutationsrate menschlicher Gene 1:100000 sei, würde sich ergeben, daß ein Mensch im Durchschnitt Träger mehrerer neuer detrimentaler (krankhafter) Mutaten sei. Man kann niemals mit Sicherheit feststellen, daß jemand frei von detrimentalen Genen sei. Viele Erbkrankheiten lassen sich mit Sicherheit ärztlich diagnostizieren, nicht dagegen »Erbgesundheit«.

Auf Mutanten, die keine deutliche detrimentale Wirkung haben, gehen die unübersehbar vielen erbbedingten Unterschiede in menschlichen Populationen zurück, die man als »normal« zu bezeichnen pflegt. Mutationen als solche sind nicht auf »Höherentwicklung«, überhaupt nicht auf ein Ziel gerichtet. Erst unter einer großen Zahl von Mutanten sind einzelne zu erwarten, welche in einer bestimmten Umwelt die Lebenstüchtigkeit erhöhen. Der stammesgeschichtliche Aufbau der Erbmasse wird also nicht durch die Mutation als solche bewirkt; entscheidend dafür ist vielmehr die natürliche Auslese. Auch diese ist ziellos, aber nicht »zufällig«; sie hängt vielmehr von den Lebensbedingungen, dh von der jeweiligen Umwelt ab.

Seit den bahnbrechenden Arbeiten des amerikanischen G.ers H.J.Muller weiß man, daß Mutationen durch Röntgenstrahlen und Strahlung radioaktiver Elemente verursacht werden können. Auch diese sind ziellos wie die »spontanen« Mutationen, deren Ursache man nicht kennt. Die Zahl der durch Strahlung verursachten Mutationen ist ungefähr proportional der Strahlendosis, dh der Zahl der elementaren Strahlungseinheiten, welche nach dem Trefferprinzip (Schrotflintenprinzip) die Gene in den Gonaden oder den Gameten treffen können. Es gibt keinen Schwellenwert einer Röntgenstrahlung oder einer radioaktiven Strahlung, unterhalb dessen keine Mutationen verursacht werden könnten. Die Angaben über »Toleranzdosen« beruhen auf Vereinbarung darüber, welche Strahlendosen man in Kauf nehmen zu müssen glaubt. Einstweilen (1961) machen die durch solche Strahlen verursachten Mutationen nur einen kleinen Teil der gesamten Zahl der Mutationen aus.

Über die Entstehung der »spontanen« Mutationen hat der englische Human-G.er Penrose eine einleuchtende Hypothese aufgestellt; sie gründet sich auf folgende Überlegungen: Aus der Tatsache, daß Gene in der Regel über ungezählte Generationen und damit über eine ungeheure Zahl von Zellteilungen hinweg unverändert bleiben, folgt, daß sie sich bei Zellteilungen identisch verdoppeln. Ohne identische Verdoppelung der Gene könnte es überhaupt keine Erblichkeit geben. In Anbetracht der großen Zahl der Zellteilungen in der Keimbahn, die von den Gameten jeder Generation zu denen der folgenden führt, wäre nicht zu erwarten, daß die Verdoppelung ausnahmslos ohne jede Störung verlaufen würde. In derartigen zufälligen, dh unberechenbaren Störungen (»copy errors«) vermutet Penrose die Quelle der »spontanen« Mutationen.

Das Zahlenverhältnis der verschiedenen Gene in den Allelenreihen einer Population würde nur dann gleich bleiben, wenn ebenso viele mutierte Gene (Mutaten) durch Letalwirkung oder durch Beeinträchtigung der Fortpflanzung ausfallen würden wie durch Mutation neu entständen. Nun sind aber die Populationen der technisch und hygienisch »entwickelten« Länder nicht im »genetischen Gleichgewicht«. Detrimentale Mutaten bleiben dort viel häufiger erhalten als unter härteren Lebensbedingungen. Sie häufen sich daher im Lauf der Generationen an, bis durch natürliche Auslese wieder ein Gleichgewicht auf dem Niveau einer wesentlich geringeren Lebenstüchtigkeit entsteht. Die kleinen Kinderzahlen in den »entwickelten« Ländern lassen keinen Raum für eine Auslese, welche dieser Entartung entgegenwirken könnte, selbst wenn das moralisch möglich wäre.

Muller hat einmal gesagt, es gebe mehr Erbkrankheiten als Infektionskrankheiten. Allerdings ist auch die Zahl der Infektionskrankheiten unbegrenzt, da durch Mutation der Infektionserreger auch neue Infektionskrankheiten entstehen. Eine Liste von Erbkrankheiten, wie sie einige Autoren zu geben versucht haben, könnte nicht entfernt erschöpfend sein; daher muß hier nicht nur aus Raumgründen darauf verzichtet werden.

In der ersten Hälfte des 19.Jh.s haben ernst zu nehmende Denker zu zeigen versucht, daß die Leistungen und das Schicksal der Völker wie auch der einzelnen Menschen entscheidend durch die Umwelt bestimmt würden (»Milieutheorie«). Als dann seit der zweiten Hälfte des 19.Jh.s die wissenschaftliche G. aufkam, erschauderten manche Leute bei dem Gedanken, die erbliche Veranlagung sei entscheidend für das Verhalten und das Schicksal jedes Menschen. Der Psychiater Joh.Lange hat 1929 eine noch heute lesenswerte Arbeit unter dem Titel »Verbrechen als Schicksal« veröffentlicht. Sein Untersuchungsmaterial umfaßte 13 erbgleiche (eineiige) und 17 nicht erbgleiche (zweieiige) Zwillingspaare, von deren Partnern mindestens je einer straffällig geworden war. Unter den 13 erbgleichen Paaren waren 9, in denen beide Brüder meist mehrfach bestraft waren, und ein kriminelles Schwesternpaar. Von den Partnern der übrigen drei erbgleichen Zwillingsbrüderpaare war nur je einer bestraft, und diese drei hatten schwere Hirnschäden erlitten. In 15 von den 17 zweieiigen Paaren war jeweils nur der eine Zwilling straffällig geworden, obwohl die Umwelt der Zwillinge keine nennenswerten Unterschiede zeigte. Lange hat aus dem Vergleich der Reihen eineiiger und zweieiiger Zwillingspaare geschlossen, »daß die Anlage eine ganz überwiegende Rolle unter den Verbrechensursachen spielt« und »daß der gleichen Umwelt für die Entstehung des Verbrechens nur eine äußerst bescheidene Rolle zukommen kann«. Bes. eindrucksvoll war der Vergleich der Lebensgeschichten der Zwillinge. Bei den eineiigen waren auch Art, Umfang und Zeit der verbrecherischen Handlungen beider Brüder auffallend ähnlich, von anderen Brüderpaaren aber darin verschieden. Es gab Zwillingsbrüder, die mehrfach wegen Diebstahl bestraft waren, andere wegen Betrug oder Unterschlagung; zwei Brüder waren erstaunlich erfolgreiche Hochstapler (»Goldmacher«). - Untersuchungen anderer Autoren haben die Ergebnisse Langes im wesentlichen bestätigt, zugleich aber gezeigt, daß für leichte Vergehen Umwelteinflüsse (Not, Gelegenheit, Verführung) von größerer Bedeutung sind. Als Ursachen schwerer Kriminalität, wie sie bei den meisten Fällen Langes vorlag, konnten weder die soziale Situation noch seelische Einflüsse noch frühkindliche Erlebnisse wahrscheinlich gemacht werden.

Unter dem Eindruck solcher Ergebnisse drängt sich die Frage auf, ob das Verhalten und das Schicksal jedes Menschen ausschließlich durch das Zusammenwirken von Erbmasse und Umwelt bestimmt werde. Ein namhafter Erbforscher ist dieser Frage auf Grund von »Beobachtungen an ein- und zweieiigen Zwillingen durch 25 Jahre« nachgegangen. Er hat 1954 am Schluß einer umfangreichen Publikation geschrieben, die einzigartigen methodischen Möglichkeiten seiner Forschung hätten sowohl die erblichen als auch die Umweltfaktoren scharf zu fixieren gestattet; durch »exakte methodische Fixierung dieser Faktoren« habe aufgezeigt werden können, daß das Leben des Menschen, auch Krankheit und Tod, noch von »weiteren Kräften« bestimmt werde. Dazu ist zu sagen, daß die Einflüsse der Umwelt niemals alle »exakt« festgestellt werden können. Zwar liegen in vielen Fällen zerstörende Umweltwirkungen, in anderen Fällen pathogene oder letale Erbanlagen als entscheidende Ursachen von Krankheit und Tod auf der Hand; alle Versuche, ein zahlenmäßiges Verhältnis zwischen der Bedeutung von Erbe und Umwelt festzustellen, sind aber gescheitert. Sind Erbe und Umwelt überhaupt »Kräfte«? Und was könnte mit dem Wort »weitere Kräfte« gemeint sein?, etwa okkulte oder übernatürliche Kräfte?

Aus der Unmöglichkeit eines Nachweises derartiger »Kräfte« folgt aber nicht, daß alles Geschehen einschließlich unseres eigenen Tuns und Lassens oder, wie manche Forscher lieber sagen, unseres Verhaltens (»behaviour«) unabänderlich determiniert sei. Jedes Tun im Unterschied von bloßem Geschehen setzt eine gewisse Freiheit der Entscheidung, aber auch Kausalität voraus. Ohne Kausalität würde unser Tun keine Folgen haben können. Man könnte vielleicht meinen, das subjektive Bewußtsein einer Freiheit sei eine Illusion, die lebensfördernd sei und daher herausgezüchtet werden konnte. Aber so geht es auch nicht; denn wenn objektiv alles determiniert wäre, würde sich in einem bestimmten Augenblick nichts entscheiden können; eine bloße Illusion von Freiheit könnte also auch nicht lebensfördernd sein. Die Tatsachen der G. zwingen nicht zu der Annahme, daß all unser Tun und Lassen ein Produkt aus Erbe und Umwelt sei. Die Möglichkeit einer Freiheit der Entscheidung ist aber nicht erwiesen und vermutlich nicht erweisbar.

Die G. ist ein Fundament aller → Biologie, damit auch der → »Anthropologie« (: I), soweit unter diesem in recht verschiedener Bedeutung gebrauchten Wort ein Fach mit naturwissenschaftlicher Methode verstanden wird. Die Human-G. hat im letzten Jahrzehnt überraschend viele neue Ergebnisse erzielt, die auch für die allgemeine G. von Bedeutung sind. In der Medizin ist die humangenetische Methode für die Erforschung der Ursachen von Krankheiten unentbehrlich. Ihre Ergebnisse ermöglichen Wahrscheinlichkeitsvoraussagen für die Erbbeschaffenheit von Kindern; sie sind daher auch für die Eheberatung wertvoll, zB für die ebensooft gestellte wie in ihrer Bedeutung überschätzte Frage der Eheschließung zwischen mehr oder weniger nahen Verwandten. Auch die Begutachtung der Abstammung eines Kindes für Gerichte in Vaterschaftsverfahren erfordert humangenetische Kenntnisse. Die → Psychologie, soweit sie sich mit den Unterschieden der geistigen Begabung und des Charakters beschäftigt, kommt nicht ohne humangenetische Kenntnisse und Methoden aus. Dasselbe sollte auch für die → Soziologie gelten. Schließlich ist auch ein Weltbild, das sich nicht auf Wunschdenken gründen will, nicht ohne genetische und humangenetische Grundlagen möglich.

Zur Phylo-G. und Populations-G. vgl. → Deszendenztheorie.

A. Kühn, Grundriß d. V., (1939) 1961³ - L.S. Penrose, Outline of Human Genetics, New York 1959 - O.v. Verschuer, G. des Menschen, 1959 - F. Vogel, Lehrbuch d. allg. Human-G., 1961 (umfangr. Lit.) - W. Lenz, Medizin. G., 1961 - Hdb. d. Human-G., hg.v. P.E. Becker (in Vorbereitung).

F. Lenz

Verfassungen in der BRD und DDR

I. Bundesverfassung - II. Verfassung der DDR. - V. = Verfassung

I. Bundesverfassung

1. Entstehung - 2. Weitere Entwicklung - 3. Prinzipien - 4. Organschaftlicher Aufbau

1. Die BRD hat in dem Bonner Grundgesetz ihre geschriebene V.; durch das GG ist sie überhaupt erst konstituiert worden. Der Anstoß zur Gründung der BRD auf dem Gebiet der drei westlichen Besatzungszonen ging von den westlichen Siegermächten (USA, Großbritannien, Frankreich) aus. Nachdem in mehreren Außenministerkonferenzen der vier Siegermächte vergeblich versucht worden war, den deutschen Staat im ganzen zu reorganisieren, traten die drei westlichen Alliierten mit den drei Benelux-Ländern im Frühjahr 1948 in London zu Beratungen zusammen, aus denen die »Londoner Empfehlungen« vom Juni 1948 mit dem Plan der Errichtung eines zunächst auf die westlichen Besatzungszonen beschränkten deutschen Staatswesens hervorgingen. Die Empfehlungen wurden den Ministerpräsidenten der westdeutschen Länder in Frankfurt am 1.7.1948 in den drei »Frankfurter Dokumenten« überreicht, deren erstes die Ministerpräsidenten beauftragte, eine verfassunggebende Versammlung einzuberufen mit der Aufgabe, für ein zusammenfassendes Staatswesen im Gebiet der westdeutschen Länder eine demokratische, föderalistische und die individuellen Rechte und Freiheiten garantierende V. auszuarbeiten. Die Ministerpräsidenten zögerten zunächst, weil sie nicht durch vollendete Fakten in Westdeutschland die Wiedergewinnung der gesamtdeutschen Einheit aufs Spiel gesetzt wissen wollten, fügten sich aber, nachdem ihnen einige formale Konzessionen hinsichtlich des provisorischen Charakters der V.spläne gemacht worden waren. Sie leiteten die Entsendung von Abgeordneten für einen »Parlamentarischen Rat« durch die Landtage ein und beriefen sofort einen Sachverständigenausschuß, der als »Konvent von Herrenchiemsee« einen Grundgesetzentwurf ausarbeitete. Dieser Entwurf diente dem zum 1.9.1948 nach Bonn einberufenen »Parlamentarischen Rat« als Ausgangspunkt seiner V.sberatungen. Die großen Parteien des Parlamentarischen Rates (SPD, CDU) einigten sich verhältnismäßig leicht über die Grundzüge des GG, aber es gab wiederholt Konflikte mit den Militärgouverneuren, die dem Parlamentarischen Rat zu starke unitarische Tendenzen vorwarfen. Schließlich wurde mit ihnen ein Kompromiß erzielt, und der so modifizierte Entwurf wurde am 8.5.1948 mit 53:12 Stimmen vom Parlamentarischen Rat angenommen. Die Militärgouverneure genehmigten den Entwurf am 12.5. mit einigen Vorbehalten, von denen die Berlin-Klausel heute noch Bedeutung hat (s. 2). Nachdem die Landtage mit Ausnahme des bayerischen

dem GG zugestimmt hatten, wurde es am 23.5.1949 im BGBl. verkündet; es trat nach Ablauf dieses Tages in Kraft. Zum Wirksamwerden der organisatorischen Bestimmungen mußten allerdings noch, beginnend mit Wahlen zum Bundestag und zur Bundesversammlung, die Organe des Bundes bestellt werden. Dieser Vorgang war Mitte Sept. 1949 abgeschlossen.

2. Das GG ist seither zwölfmal geändert worden; die Änderungen beziehen sich im wesentlichen auf die Einführung der Wehrhoheit, die Finanz-V. des Bundes und auf die Erweiterung des Kreises der Bundesauftragsverwaltungen. Strukturwandlungen brachte sodann der Beitritt zu den »supranationalen« europäischen Gemeinschaften (Montanunion, Euratom, EWG) und zum Nordatlantischen Verteidigungsbündnis. Ergänzendes V.srecht minderen Ranges enthalten die Geschäftsordnungen der obersten Bundesorgane (Bundestag, Bundesrat, Bundesregierung) und eine Anzahl von »V.snebengesetzen« (Wahlgesetze, Bundesverfassungsgerichtsgesetz, Wehrpflichtgesetz, Staatsangehörigkeitsgesetz, Richterwahlgesetz usw).

Ursprünglich umfaßte die BRD, von Berlin abgesehen, 11 westdeutsche Länder; 1952 wurde das Bundesland Baden-Württemberg geschaffen, zum 1.1.1957 trat das Saarland hinzu (→ Deutschland: II). Das Verhältnis West-Berlins zur BRD ist zwiespältig. Das GG bezieht Berlin ein; nach dem alliierten Vorbehalt vom 12.5.1949 darf aber in und über Berlin keine Bundeshoheitsgewalt ausgeübt werden, um den Viermächtestatus Berlins zu wahren. Infolgedessen hat man sich weithin mit einer faktischen Eingliederung West-Berlins in die BRD begnügen müssen. In den Bundestag und Bundesrat entsendet Berlin Vertreter ohne Stimmrecht.

3. Im Hinblick auf die angestrebte und erwartete Wiederherstellung eines gesamtdeutschen Staatswesens gibt das GG sich und die BRD als ein Provisorium aus; es trifft anderseits seine Regelungen so, daß darauf die Lehre von der Identität der BRD mit dem Deutschen Reich gegründet werden konnte. Im übrigen definiert sich das GG selbst als die V. eines demokratischen, rechtsstaatlichen, föderalistischen und sozialen Staatswesens.

a) Die *demokratischen* Elemente sind im Sinne einer mittelbaren Demokratie entwickelt. Das Volk selbst wählt nur die Parlamente in Bund und Ländern, und aus diesen wiederum gehen unmittelbar oder mittelbar die übrigen Staatsorgane hervor. Entscheidend ist vor allem die »Mediatisierung des Volkes durch die politischen Parteien«. Das GG ist darauf angelegt, daß sich der Volkswille nur durch das Medium der → Parteien in Staatswillensbetätigung umsetzt (Parteienstaat); die Parlamentswahlen werden unter diesen Umständen zu Plebisziten über den proportionalen Anteil der Parteien am Staatsregiment und über die Grundrichtung der Staatspolitik. Allerdings gelangt das Volk daneben auch durch die unorganisierte → öffentliche Meinung und durch eine Vielzahl sozialer Gruppenmächte (»Verbändestaat«) zu politischer Geltung.

b) Der *rechtsstaatliche* Charakter des GG prägt sich vor allem in seinem Grundrechtsteil, dh in einem sehr entschiedenen und juristisch effektiven Bekenntnis zur Würde, Freiheit und Gleichheit der Menschen (→ Menschenrechte: II) und ferner in der ebenso betonten Verwirklichung des Gewaltenteilungsprinzips aus; beides dient der Begrenzung der staatlichen Machtmöglichkeiten zugunsten einer Lebenswelt frei sich entfaltender Individuen. Freilich funktioniert das Gewaltenteilungssystem im Verhältnis zwischen Legislative und Exekutive nur noch bedingt, weil die im Parlament herrschenden Parteien zugleich die Regierung bilden. Dafür hat das GG die kontrollierende Funktion der rechtsprechenden Gewalt um so stärker betont. Der einzelne findet heute gegen jeden Eingriff der Staatsgewalt und bei jeder Verweigerung beanspruchter Rechte durch das Gemeinwesen gerichtlichen Rechtsschutz. Darüber hinaus ist im Bundesverfassungsgericht eine Instanz errichtet, die auch über Streitfälle zwischen den obersten Bundesorganen zu entscheiden und in mehreren Arten von Normenkontrollverfahren selbst die Parlamentsgesetze auf ihre Übereinstimmung mit dem GG zu überprüfen, u.U. sie für nichtig zu erklären hat. Der Rechtsstaat des GG ist somit betontermaßen ein »Rechtswegstaat«.

c) Die *Sozialstaatsklausel* des GG (Art. 20 I, 28 I) zeigt weniger deutliche Konturen. Unbestritten bedeutet sie eine Warnung davor, die Freiheitlichkeit des GG im Sinne einer Leugnung der Gemeinschaftsbindungen mißzuverstehen. Darüber hinaus verpflichtet sie den Staat, umfassend dahin vorzusorgen, daß die Menschen in der industriellen Massengesellschaft Lebenssicherheit bei angemessenem Lebensstandard finden (→ Wohlfahrtsstaat). Darauf baut sich ein großes System des Einkommens- und Chancenausgleichs, der Daseinsvorsorge, der → Sozialversicherung und Sozialhilfe auf. Aber wie der Staat diesem Auftrag gerecht wird, ist im einzelnen in der Sozialstaatsklausel nicht vorgezeichnet. Erst recht würde es zu weit gehen, aus dieser Klausel abzuleiten, daß der Staat faktische Kräftegruppierungen in der gesellschaftlichen Sphäre als institutionelle Bestandteile des verfaßten Staatsgefüges anzuerkennen hätte, wie gelegentlich behauptet wird.

d) Der *Föderalismus* der BRD legt die Annahme zugrunde, daß die Länder Staatscharakter besitzen und die BRD somit einen Gesamtstaat darstellt aus Gliedern, die ebenfalls Staaten sind. Für die Zuordnung von Bund und Ländern geht das GG hierbei davon aus, daß den Ländern in ihrem Bereich völlige Eigenständigkeit zukommt und ihnen alle Kompetenzen eignen, die im GG nicht ausdrücklich dem Bunde zugewiesen sind (Vermutung für die Länderzuständigkeit). In der Gesetzgebung allerdings überwiegt faktisch ganz die Zuständigkeit des Bundes. In der Rechtsprechung steigt der Instanzenzug problemlos von den unteren und mittleren Gerichten der Länder zu den oberen Gerichten des Bundes auf. Spannungsvoll ist die Lage im Bereich der Verwaltung, weil sich hier allzu scharfe Trennungen ergeben haben. Grundsätzlich soll die Verwaltung bei den Ländern liegen; sie sollen auch die Bundesgesetze, teils in eigener Verantwortung, teils im Bundesauftrag ausführen. Daß anderseits der Bund die weiträumigen und alle auf den außenpolitischen Status bezogenen Angelegenheiten in eigener Verwaltung zu besorgen hat (Auswärtiger Dienst, Bundeswehr, Grenzschutz, Zölle, Bundesbahn und -post, Bundesbank, Wasserstraßen usw), wird ihm gleichfalls nicht bestritten. Aber in vielen Fällen ergeben sich Grenzstreitigkeiten, und sehr häufig wäre eine Verschränkung von Bundes- und Landesverwaltung sinnvoll, die das GG nicht gestattet. Eine stärkere Verlebendigung der Pflicht zu gegenseitigem »bundesfreundlichem Verhalten« könnte manche Verkrampfung mildern. Die föderalistische Finanz-V. des GG zielt darauf ab, Bund und Länder gegenseitig unabhängig zu stellen und jedem so viel an eigenen Einnahmequellen zuzuweisen, wie er zur Erfüllung seiner verfassungsmäßigen Aufgaben braucht. Etwaigen Veränderungen der Lage sollen Gleitklauseln Rechnung tragen; an deren Anwendung entzünden sich freilich leicht Gegensätze. Zum Ausgleich des Leistungsgefälles zwischen den Ländern ist ein horizontaler Finanzausgleich vorgesehen, der gegebenenfalls durch Maßnahmen eines vertikalen Finanzausgleichs verstärkt werden kann. Im ganzen enthält der Föderalismus des GG für die Staatsgeschäfte viele Erschwerungen und politische Reibungsflächen. An ihm wird demgegenüber vielfach sein gewaltenteilender Effekt gelobt.

e) Für die Gestaltung des Verhältnisses von *Staat und Kirche* hat das GG einfach die einschlägigen Artikel der WRV übernommen. Gleichwohl hat das staatskirchenrechtliche System in der neuen Lage eine veränderte Sinngebung erfahren (→ Kirche und Staat, 4 c).

4. Der *Aufbau der Bundesorgane* läßt noch die Herkunft aus der konstitutionellen Monarchie und die Anknüpfung an die Weimarer V. erkennen. Allerdings hat sich gegenüber der WRV manches verschoben. Die Position des Bundespräsidenten ist deutlich auf mehr repräsentative Funktionen hin abgewertet worden; dafür hat sich die Führungsverantwortung stärker auf die Bundesregierung und in ihr vor allem auf den Bundeskanzler konzentriert (Kanzlersystem). Für größere Stabilität der Regierung ist Sorge getragen, u.a. durch das »konstruktive Mißtrauensvotum«. Die Stellung des Bundestags ist durch Konsolidierung des Parteienwesens und des Parteienstaates gewichtiger geworden. Von größerem Einfluß als der Reichsrat der WRV ist auch der Bundesrat des GG. In diesem föderalistischen Bundesorgan sind die Regierungen der Länder durch ihre Mitglieder vertreten. In ihm gelangen neben den Länderinteressen auch besondere Parteikonstellationen zur Geltung, die möglicherweise von denen des Bundestags abweichen. Stark ist durch ihn auch der Einfluß der Länderbürokratie auf die Staatsgeschäfte des Bundes, während sonst das Beamtentum als tragende Kraft im Staatswesen eingebüßt hat. Der Bundesrat ist zwar nur ein Mitwirkungsorgan; aber seine Mitwirkungsfunktionen erstrecken sich auf Gesetzgebung und Verwaltung des Bundes gleichermaßen und haben sich als sehr nachhaltig erwiesen. Die Rolle des Bundesverfassungsgerichts im V.ssystem endlich ist so bedeutend, daß auch dieses Gericht mit dem Anspruch auftreten konnte, unter die obersten Bundesorgane eingereiht zu werden.

Im ganzen hat das GG im Sinne der Konstituierung eines freiheitlichen und funktionierenden deutschen Staatswesens mehr Positives geleistet als enttäuscht.

Kommentare zum GG: H.v.Mangoldt-F.Klein, (1953) 1957ff²; A.Hamann, (1956) 1961²; Th.Maunz-G.Dürig, 1961 - W.Weber, Spannungen u. Kräfte im westdt. V.ssystem, (1951) 1958² - Ders., Die V. der BRD in der Bewährung, 1957 - Th.Maunz, Dt. Staatsrecht, (1951) 1961¹⁰ - O.Koellreutter, Dt. Staatsrecht, 1953 - (F.L. Neumann-)K.A.Bettermann-H.C.Nipperdey-U.Scheuner, Die Grundrechte II-IV, 1954-62.

W.Weber

II. Verfassung der DDR

Nach der Kapitulation der deutschen Reichsregierung am 8.5.1945 übte bald der Alliierte Kontrollrat als Surrogat die deutsche Staatsgewalt aus. Am 20.3.1948 verließ der sowjetische Marschall Sokolowskij den Kontrollrat. Dieser Tag bedeutete de facto das Ende der Treuhandverwaltung der deutschen Staatsspitze. Art. 5 des Gesetzes der Alliierten Hohen Kommission Nr. 3 vom 21.9. 1949 ergab die juristische Bestätigung. Im Juni 1949 folgten in den westlichen und in der östlichen Besatzungszone getrennte Währungsreformen. Am 24.5.1949 trat die V. der BRD in Kraft (→ Verfassungen: I). Nach längerer Prozedur wurde durch das Gesetz über die V. der DDR durch dessen Art. 1 die unter angeblicher Beteiligung des gesamten deutschen Volkes geschaffene, vom deutschen Volksrat am 19.3.1949 beschlossene und vom dritten deutschen Volkskongreß am 30.6.1949 bestätigte V. der DDR am 7.10.1949 in Kraft gesetzt.

Der Inhalt der formellen V. gliedert sich in die drei Hauptabschnitte »Grundlagen der Staatsgewalt«, »Inhalt und Grenzen der Staatsgewalt« und »Aufbau der Staatsgewalt«. Nach Art. 1 ist Deutschland eine unteilbare demokratische Republik, in der alle Staatsgewalt vom Volke ausgeht (Art. 3). Jedoch ist sie insofern ein neuer V.styp, als mit ihr die sog. Volksdemokratie konstituiert wurde. Darunter ist ein Staats- und Regierungstyp zu verstehen, der vermittels einer sozialistischen Wirtschafts- und Kulturordnung die Staatsorgane ohne Berücksichtigung des Gewaltenteilungsprinzips fest an den Willen des Volkes binden soll.

Die traditionellen Grundrechte des Bürgers sind in Art. 3-49 verankert, ebenso wie die institutionelle Eigentumsgarantie (Art. 22), eingeschränkt durch die Eigentumsverpflichtungs- und Volkseigentumsklausel des Art. 24. Mangels eigener V.sgerichtsbarkeit ist den Strafgerichten ein Schutz der Grundrechte in Form eines V.sstrafrechts (Boykotthetze, Art. 6) anvertraut. - Als wichtigste Grundpflicht verlangt Art. 4 Abs. 2 von jedem Bürger, daß er im Sinne der V. zu handeln und sie gegen ihre Feinde zu verteidigen habe. Die Arbeitsordnung ist in Anlehnung an die V. der UdSSR vom 5.12.1936 ausführlich verankert worden. Besonderen Schutz haben Familie und Mutterschaft (Art. 30-33), Erziehung und Bildung (Art. 34-40) und auch Religion und Religionsgemeinschaften (Art. 41-48) durch die V. erfahren.

Der dritte Hauptabschnitt kennzeichnet die DDR als einen sozialistischen Einheitsstaat. Der ursprüngliche V.stext läßt diese Qualifizierung nicht ohne weiteres zu. Folgende V.sbestimmungen und V.sänderungen führen zu dieser Schlußfolgerung: 1. Die Volkskammer als höchstes Organ der Republik (Art. 50) wird nach den Grundsätzen des Verhältniswahlrechts auf die Dauer von vier Jahren unmittelbar gewählt (Art. 51). Diese Wahl erfolgt vermittels eines sog. Blocksystems. Auf einer Einheitsliste werden die Kandidaten der politischen Parteien entsprechend ihrer Stärke aufgestellt. Die 400 Volkskammersitze (Art. 52 Abs. 3) sind deshalb bereits vor der Wahl auf der Einheitsliste zwischen SED, CDU und LDP aufgeteilt, wobei die SED bereits bei den Wahlen zur Volkskammer und zu den Landtagen am 15.10. 1950 über die absolute Mehrheit verfügte. Die Bürger können bei der Wahl nur die Einheitsliste unverändert annehmen oder in toto ablehnen. Kumulieren oder Panaschieren ist unstatthaft. - 2. Der ursprünglich föderative Aufbau der V., wonach sich die Republik auf Ländern aufbaute (Art. 1 Abs. 1, 2. Halbsatz), wurde inzwischen beseitigt. Durch das Gesetz über die weitere Demokratisierung des Aufbaus und der Arbeitsweise der staatlichen Organe in den Ländern der DDR vom 23.7.1952 wurden die Landesregierungen und die Landtage aufgehoben. Die Gebiete der fünf Länder Brandenburg, Sachsen, Thüringen, Sachsen-Anhalt und Mecklenburg wurden in 14 Bezirke (→ Deutschland: II, 3), diese wiederum in 194 Landkreise und 23 Stadtkreise aufgeteilt. Schließlich wurde durch Gesetz vom 8.12. 1958 die Länderkammer der DDR (Art. 71-80 der V.) aufgelöst. Damit sind die Länder als föderative Körperschaften nicht mehr existent. - 3. Endlich wurde die Vereinheitlichung der Staatsgewalt noch unterstrichen durch das Gesetz über die Bildung des Staatsrates der DDR vom 12.9.1960. Durch diese V.sänderung wurden die Art. 101-108 dergestalt geändert, daß an die Stelle des Präsidenten ein von der Volkskammer für vier Jahre zu wählender Staatsrat als Kollektivorgan trat.

Die Gesetzgebung wird von der Volkskammer oder unmittelbar durch Volksentscheid ausgeübt (Art. 81). Die Regierung besteht aus dem Ministerpräsidenten und den Ministern (Art. 91), wobei durch das Gesetz über die Regierung der DDR vom 23.5.1952 und das Gesetz über den Ministerrat der DDR vom 16.11.1954 die Einteilung der Fachministerien, Staatssekretariate und Kommissionen erneut geändert wurde. Bedeutsam ist, daß das Blocksystem durch Art. 92 institutionalisiert wurde. Alle Fraktionen sind im Verhältnis ihrer Stärke bei der Regierungsbildung zu beteiligen. Eine Opposition wird also ex lege in die Regierungsverantwortung miteinbezogen. Allerdings kann sich eine Fraktion ausschließen, was freilich widerrechtliche Obstruktion wäre. Dann findet die Regierungsbildung ohne sie statt (Art. 92 Abs. 2). Die Selbstverwaltung wird durch die örtlichen Volksvertretungen (Bezirkstage, Kreistage, Stadtverordnetenversammlung, Stadtbezirksversammlung) ausgeübt. Sie sind die »obersten Organe der Staatsmacht« und haben sich auszurichten nach: 1. dem Prinzip der doppelten Unterstellung: der Rat als vollziehendes und verfügendes Organ der örtlichen Volksvertretung sowie seine Abteilungen unterstehen nicht nur der örtlichen Volksvertretung, sondern auch den übergeordneten Organen der Staatsmacht; 2. dem Prinzip des demokratischen Zentralismus, der für die örtlichen Volksvertretungen bestimmt a) die Wählbarkeit aller leitenden Organe der Partei von unten nach oben, b) die periodische Rechenschaftspflicht der Organe gegenüber ihren Organisationen, c) die strenge Parteidisziplin und die Unterwerfung der Minderheit unter die Mehrheit, d) die bedingungslose Verbindlichkeit der Entscheidungen der höheren Organe für die unteren.

In der V.swirklichkeit beansprucht die SED die staatspolitische Führungsaufgabe und wird ihrer Transmissionsfunktion insofern gerecht, als der parallel zum Staatsapparat arbeitende Parteiapparat die durch die V. vorgesehenen staatlichen Aufgaben überwiegend durch Personalunion gleichschaltet.

TH.MAUNZ, Dt. Staatsrecht, (1951) 1959⁹ (Lit.) - R.MAURACH, Hdb. d. Sowjet-V., 1955 - E.RICHERT, Macht ohne Mandat. Der Staatsapparat in d. Sowjet. Besatzungszone Deutschlands, 1958 - F.HELLER, Die Reform d. örtl. Verwaltung in d. sowjetisch besetzten Zone Deutschlands (Studien d. Instituts f. Ostrecht 12), 1962.

W.Zülch

Vergänglichkeit → Buddhismus: I, 5; → Dualismus: I; → Ewiges Leben; → Ewigkeit; → Leib und Seele; → Mystik: II, 3; → Tod.

Vergeltung

I. Religionsgeschichtlich - II. Im AT - III. Im Judentum - IV. Im NT - V. Dogmengeschichtlich - VI. Dogmatisch - VII. Ethisch

I. Religionsgeschichtlich

1. Voraussetzungen - 2. Magische V. - 3. Soziale V. - 4. V. nach der Todesart - 5. Karmische V. - 6. Eschatologische V.

1. Die Idee einer V. menschlicher Taten und → Schicksale (: I) hat den Glauben zur Voraussetzung, daß diese eine über die jeweils aktuelle Situation hinauswirkende Bedeutung haben. Sie kann sich immanent und automatisch im gegenwärtigen wie in einem erneuten Erdenleben realisieren, oder sie kann das ethisch bedingte Urteil in einem eschatologischen (→ Eschatologie: I) → Gericht Gottes (: I) bestimmen, nach dem Lohn und → Strafe (: I) die Fortexistenz des Menschen qualifizieren. Der zweite Gedanke setzt den Glauben an ethisch allwissende Götter voraus (→ Pettazzoni), häufig durch göttliche Schreiber unterstützt, die die Taten der Menschen in Büchern festhalten.

2. Eine *magische* (→ Magie) V. findet bes. beim → Opfer (: I) statt, wenn dieses nicht primär als → Gabe an die Gottheit verstanden, sondern im Hinblick auf eine ihm automatisch innewohnende → Macht (: I) der Realisation vollzogen wird (→ Vedische und brahmanische Religion).

3. Zu der Idee eines eschatologischen Ausgleichs sozialer Ungerechtigkeiten im irdischen Leben steht im schroffen Gegensatz der weit verbreitete Glaube, daß die *diesseitige Rangordnung* Folgen für das jenseitige Leben habe. In primitiven Religionen wird häufig angenommen, daß Häuptlinge, → Medizinmänner und Helden ihre erhöhte Macht nach dem → Tode behalten, und daß ihnen diese Macht eine ausschließliche Unsterblichkeit oder eine bevorzugte Existenzweise im Jenseits sichere. In der → germanischen Religion bezog sich die Walhalla-Vorstellung möglicherweise nur auf Götter und Helden. Auch die → griechische Religion kannte die Vorstellung, daß die Adligen im Jenseits ein bes. glückliches Los erwarte (Odyssee IV, 561ff). Vgl. → Babylonien: II, 16.

4. Auch der Glaube an eine *V. nach der Todesart* findet sich häufig. Ein bevorzugtes Dasein nach dem Tode haben im allgemeinen die im → Krieg (: I) oder auf der Jagd verstorbenen Männer und die im Kindbett verstorbenen Frauen zu erwarten. Den Gedanken einer Rangordnung der Toten nach der Todesart hat die Religion des alten → Mexiko (: I) weitgehend ausgeführt; er überschneidet sich dabei zT mit Ansichten von einer sozialen V. Die gewöhnlichen Toten gelangen in das mit allen Bildern des Schreckens ausgemalte Unterweltsreich Mictlan. Kleine Kinder, die in der Wiege sterben, leben dagegen in einem Blumenland (xochitlalpan) weiter. Vom Blitz Erschlagene, Ertrunkene, aber auch Aussätzige und Gichtbrüchige kommen nach Tlalocan, in das auf den Gipfeln wolkenverhangener Berge lokalisierte Reich des Regengottes Tlaloc. Eine bes. bevorzugte Stellung nehmen die im Krieg Gefallenen, die als → Menschenopfer Dargebrachten und die im Kindbett verstorbenen Frauen ein. Zu dieser Gruppe gehört stets auch der König; in relativ später Zeit werden ihr auch die auf Reisen gestorbenen Kaufleute zugeordnet. Der jenseitige Aufenthaltsort für diese Gruppe ist das »Haus der Sonne« (tonatiuh ichan); außerdem gab es die Vorstellung von einer → Verwandlung der Angehörigen dieser Gruppe in schöngefiederte Vögel oder Edelsteine.

5. Ganz unter ethischen Gesichtspunkten steht der Gedanke einer *karmischen V.*, den in klassischer Weise die indische Religion (→ Indien: II) seit der Zeit der älteren → Upanishaden ausgebildet hat. Er besagt, daß die Taten eines Menschen seinem Selbst (→ Âtman) als sublimer Kraftstoff, als → Karma (»Werk«), anhaften und, gemäß der indischen Lehre von der → Seelenwanderung (samsâra), die Qualität einer künftigen irdischen Existenz bestimmen (→ Verdienst: I). Das ethische Prinzip dieser V. ist, daß man durch gute Taten eine gute, durch böse eine schlechte → Wiedergeburt erlangt (Brihadâranyaka-Upanishad 3, 2, 13; 4, 4, 5). Die Wiedergeburt ist, in absteigender Wertung, möglich als Gott, Brahmane, Angehöriger rangniederer → Kasten und als Tier (Kausîtaki-Upanishad 1, 2).

6. Die Idee einer *eschatologischen V.* hat bes. charakteristische Ausprägungen in → Ägypten (: II), im → Iran (: II) und im → Islam (: I) gefunden. a) Nach ägypt. Vorstellung findet eine V. in einem individualeschatologischen Totengericht statt, als dessen Gerichtsherr im Alten Reich wohl meist der Sonnengott Re angesehen wurde. In der Aufstiegszeit des Mittleren Reiches bildet sich die später durchweg gültige Ansicht, daß → Osiris und seine 42 Mitrichter über den Toten urteilen. Das Prinzip der V. schwankt zwischen magischen und ethischen Normen; letztere werden in den negativen Sündenbekenntnissen zum Ausdruck gebracht, die der Tote (bes. Totenbuch, Kap. 125) vor dem → Gericht (: I, 1) ablegt. - b) Die V. in einem eschatologischen Gericht steht bei → Zarathustra ganz unter ethischen Ge-

sichtspunkten. Als Mittel der individualeschatologischen Urteilsfindung kennen Zarathustra (zB Yasna 51, 13) und der spätere Parsismus (Yašt 19, 6; Videvdât 13, 3; 19, 29f) eine messerscharfe Jenseitsbrücke (→ Brücke), die die Guten leicht auf ihrem Wege ins → Paradies (: I) überschreiten, von der aber die Schlechten in den Abgrund fallen. Daneben findet sich bereits bei Zarathustra die Vorstellung von einer V. in einem Endgericht (Yasna 47, 6), das als Massenordal mit glühflüssigem Erz vollzogen wird (→ Gericht: I, 3). – c) Die Warnung seiner mekkanischen Landsleute vor der kommenden V. ihrer guten und bösen Taten in einem universaleschatologischen Gericht war das primäre Anliegen der Prophetie → Muhammeds (bes. Koran 82; 99). Das → Gericht (: I, 4), bei dem die Guten rechts, die Bösen links vom Throne Allahs aufgestellt werden, wird durch Erdbeben eingeleitet. Der Gedanke der eschatologischen V. ist zentral für den Islam. Es finden sich hierfür auch die Bilder der Waage, der messerscharfen Brücke und die Vorstellung von der Niederschrift der menschlichen Taten in einem Buch. Bei der Ansicht, daß die im hl. Krieg als Märtyrer Verstorbenen direkt ins Paradies gelangen, verbinden sich ethische Gesichtspunkte mit der Idee einer V. nach der Todesart.

N.Söderblom, La vie future d'après le mazdéisme (Diss. Paris), 1901 – Ders., Das Werden d. Gottesglaubens, (1916) 1926², 57ff – T.Andrae, Der Ursprung d. Islams u. d. Christentum (in: KÅ 23-25, 1923-25; franz. 1955) – Ders., Det osynligas värld, Uppsala 1933; dt.: Die letzten Dinge, 1940 – H.Kees, Totenglauben u. Jenseitsvorstellungen der alten Ägypter, (1926) 1956² – H.S.Nyberg, Die Religionen des alten Iran (MVÄG 43), 1938, 180ff – J.Spiegel, Der Sonnengott in der Barke als Richter (Mitt.en d. Dt. Instituts f. ägypt. Altertumskunde in Kairo 8, 1939, 201-206) – C.-M.Edsman, The Body and Eternal Life (HS I/2), Stockholm 1946 – M.Eliade, Le mythe de l'éternel retour, Paris 1949; dt. 1953 – L.Koep, Das himml. Buch in Antike u. Christentum, 1952 – RÄRG 334ff – R.Mohr, Die christl. Ethik im Lichte der Ethnologie, 1954, 160ff – W.Helck-E.Otto, Kleines WB d. Ägyptologie, 1956, 381f – W.Krickeberg, Altmexik. Kulturen, 1956, 189f – J.Gonda, Die Religionen Indiens I, 1960, 206ff – Heiler 521ff – W.Hinz, Zarathustra, 1961, 190ff – Le jugement des morts (Sources orientales 4), Paris 1961. – Weitere Lit. s. → Gericht Gottes: I, → Strafe: I, → Tod: I, → Verdienst: I.

G.Lanczkowski

II. Im AT

1. Die Lehre von der V. hat im AT zwei Wurzeln. Die eine ist die im altorientalischen Weisheitsdenken beheimatete Lehre von einem der Welt innewohnenden Ordnungsgefüge, das Tat und Tatfolge, Lebenshaltung und Lebensschicksal der Menschen zueinanderbindet. Zwischen dem einen und dem andern wird ein organischer Wirkungszusammenhang gesehen, vergleichbar dem zwischen Saat und Ernte, Wurzel und Frucht, Empfängnis und Geburt (Spr 14, 22; 22, 8; Hos 8, 7; 10, 13; Hi 4, 8; 15, 35; Ps 7, 15; Jes 59, 4). Ein sprachlicher Niederschlag daraus ist das Vorkommen doppelwertiger Begriffe, die sowohl ein Tun wie dessen Ergebnis aussagen können. So ist das Böse (raʿ) zugleich das Unheil, bezeichnet Sünde (ʿawon) zugleich die durch sie bewirkte Schuld, die Arbeitsleistung (poʿäl, peʿullā) auch das aus ihr erzielte Entgelt u.dgl. Rechtes Handeln, das der gesetzten Ordnung entspricht und gemeinschaftsgemäß ist, wirkt sich in positiver Mächtigkeit heilvoll für den Täter selbst aus, trägt ihm Erfolg, Glück und langes Leben ein, während böse Tat mit negativen Folgen auf ihren Urheber zurückschlägt, ihm Not und Unglück, Furcht und Sorge, Ruin und unzeitigen Tod einbringt. Bilder, vornehmlich der Jagd entnommen wie Fanggrube, Netz u.ä., machen deutlich, wie Freveltat und Frevlerleben, von innewohnender Nemesis umlauert, sich irgendwann und irgendwie verfangen müssen (Ps 7, 16; 9, 16; 35, 7f; 57, 7; Hi 15, 20ff; 18, 5ff), ja daß die eigene geplante und ins Werk gesetzte Tat selbst es ist, die zwangsläufig auf ihren Täter zurückkommt (Spr 26, 27; 28, 10; 29, 5f; Ps 141, 9f; Sir 27, 25). Heilvolles oder unheilvolles Tun sättigt auch nicht nur seinen Urheber (Spr 14, 14), sondern wirkt zudem in die Gemeinschaft hinein, der der Einzelne verbunden und verpflichtet ist (Spr 11, 11 u.ä.).

2. Maximen, Mahnungen und Lehrerzählungen stellen oft die Abfolge von Tun und Ergehen, von Verhalten und Geschick als einen im Ordnungsgefüge der Welt angelegten und hier in selbstwachsender und selbstwirkender Mächtigkeit sich vollziehenden Prozeß hin. Doch finden sich daneben Aussagen, die den Tun-Ergehens-Zusammenhang durchaus in den personalen Wirkungsbereich Gottes eingeordnet wissen. Beides kann unmittelbar aneinandergereiht werden (Hi 4, 8f; Ps 38, 2-5; 1Kön 2, 32f): ins Unglück stürzt sowohl die eigene Tat wie der Zorn (Spr 11, 23 u.a.) Gottes. Das in der Welt waltende Ordnungsgefüge ist wie vom Willen Gottes gesetzt, so von ihm gewährleistet. Untat kehrt auf den Urheber zurück, und: Gott macht sie zurückkehren (2Sam 16, 8 u.ö.), wie entsprechend auch Guttat Güte erfährt. Gern sieht man dabei Tun und Ergehen in Korrespondenz (1Sam 26, 23f; Hos 4, 6 u.a.). Jahwes Handeln ist jedenfalls für den Gerechten heilvoll und hilfreich, versagt sich aber dem Frevler, ja wirkt ihm allen Nachteil (Spr 10, 3. 22. 24; 15, 25 u.a.). Gott überwacht und überprüft menschliches Tun (Spr 16, 2; 20, 27; 24, 12; Hi 7, 20; Jer 32, 19; dazu Spr 15, 11; 17, 3; Ps 17, 3; 66, 10; Jes 48, 10 usw). So muß sich an seinem Urteil bewähren, was wohlgefällig ist oder Abscheu weckt und dann die entsprechenden Folgen auslöst (Spr 11, 1. 20; 12, 2. 22; 15, 8f. 26 usw). Auch wo Gott sich schon zwischen menschliches Planen und Verwirklichen eingeschaltet (Spr 16, 9; 19, 21; 20, 24; 21, 30f), wird der Tat-Folge-Ablauf nicht aufgehoben (Hi 12, 16ff). Doch wo immer die auf menschliches Tun reagierende Intensität göttlichen Zornhandelns herausgestellt wird, bleibt auch die Möglichkeit zugestanden, daß Gott im vergebenden Gnadenhandeln den Zusammenhang von Tat und Tatfolge unterbricht (Gen 18, 23ff).

3. Kann man bei dem Bisherigen nur recht uneigentlich von V. sprechen, so wird das anders, wo zwischen Tat und Tatfolge eine rechtliche Beziehung gesehen wird, wo vor allem das Verschuldensprinzip rechtliche Bedeutung gewinnt, wo nunmehr die Tat am Täter so haftet, daß er für sie haftbar gemacht werden kann. Hier liegt darum die eigentliche Wurzel der V.slehre. Gern wird Gottes reagierendes Eingreifen auf menschliches Tun durch Rechtsbegriffe verdeutlicht, die dem Bereich der privatrechtlichen Deliktsahndung und Sachverfolgung entnommen sind. Darum übt Gott an menschlichem Frevel »Rache« (Ps 79, 10; 99, 8; Jer 15, 15; 51, 6. 36; 2Kön 9, 7; Nah 1, 2 u.a.) und ist als »Gott der Rache« (Ps 94, 1) auch »Gott der V.« (Jer 51, 56). Er auch hält »Heimsuchung«, die dienstaufsichtliche Überprüfung, die Rechtheit anerkennt, aber gegen Versäumnisse und Verfehlungen einschreitet und sie ahndet (Am 3, 2. 14; Hos 1, 4; 2, 15; 4, 9. 14; 8, 13; 9, 7; Jes 10, 3; Jer 11, 23; 46, 21; Ps 89, 33 u.a.). Wo schuldvolles Handeln vorliegt, läßt er den Täter nicht straffrei abkommen (Spr 6, 29; 11, 21; 16, 5 usw; Ex 20, 7; Nah 1, 3; Ps 19, 13; Hi 9, 28; 10, 14 u.a.). Aber auch als eine Pfändung (Spr 13, 13) oder eine Zahlung von Lohn oder Entgelt kann eine Tatfolge angesprochen werden (Spr 10, 16; 11, 18; Jer 31, 16), und Gott ist es, der auszahlt (Jes 65, 7; Ps 109, 20; Gen 30, 18), der das »Ergebnis« (Ps 19, 12; Spr 22, 4) sicherstellt. Zum eigentlichen Terminus für V. ist aber der dem Schadensregulierungsrecht entnommene Begriff der Ersatzleistung

(šillām, šillūm, šillumā) geworden. Ersatzleistung hat nicht nur den Anspruch eines Geschädigten zu befriedigen, ihm das Seine »vollständig« zu machen, sondern ist, wo sie die Hergabe des Duplum oder gar eines mehrfachen Ersatzes fordert, ausgesprochene V.sstrafe. Sie steht damit in Analogie zum Rache eingrenzenden Talionsrecht, wonach der Täter die gleiche Verletzung erdulden muß wie die, die er zufügte oder verursachte (Ex 21, 23-25; Lev 24, 18. 20; Dtn 19, 21) oder die als Sinnbildstrafe vollzogen wird (Dtn 25, 11f; 2Sam 4, 12). Die Übernahme des Begriffs der Erstattung will also zum Ausdruck bringen, daß menschliches Tun, gutes oder böses Handeln, einen zu befriedigenden Anspruch erwirbt. Wer ihn verwirklicht, kann offenbleiben. Letztlich aber ist es Gott, der den Anspruch an dem in seiner Tat befangenen Täter verwirklicht. Solches Handeln Gottes geht seiner Rache oder Heimsuchung durchaus parallel (Dtn 32, 34f. 41; Jes 34, 8; Jer 51, 6; Hos 9, 7), entspricht seiner Lohnzahlung (Jes 65, 7; Ruth 2, 12) und geschieht in genauer Entsprechung zum menschlichen Handeln (Ri 1, 7; 2Sam 3, 39; Jes 59, 18; Jer 25, 14; 50, 29; Ps 62, 13; Hi 34, 11); es gleicht der Rückerstattung eines Darlehens (Spr 19, 17) und kann gar mit dem Duplum vergelten (Jer 16, 18; Jes 40, 2). Von hier aus gesehen gewinnt auch das (häufige) »Zurückkehrenmachen« einer Tat auf den Täter durch Jahwe ganz den Charakter göttlicher V. Wo also der Zusammenhang von Tat und Tatfolge mit Begriffen aus dem Rechtsdenken verdeutlicht wird, ist das »punitur, quia peccatur« durchaus als V. zu denken, sofern nicht ausdrücklich vom Zurechtbringen eines Menschen durch Züchtigung, Rüge oder dergleichen gesprochen wird.

4. Solches »punitur, quia peccatur« stellt prophetischer Urteilsspruch strafansagend und strafbegründend als Gottes beschlossenes Unheilwirken heraus, wobei das Volk gesamtschuldnerisch für die Sünden in ihm haftet. Der Hinweis auf V., die dem Gehorsam gegen den Gotteswillen Segen, dem Ungehorsam Fluch bringt, wird im Dtn Aufruf zur Lebensgestaltung und im → deuteronomistischen Geschichtswerk (vgl. Ri 2, 11ff als Schema) leitender Gesichtspunkt der Geschichtsdarstellung als Hilfe für die notvolle exilische Gegenwart. Er findet schematische Anwendung mit kennzeichnenden Auslassungen und Zufügungen beim Chronisten (zB 2Chr 35, 21f; 33). Hader gegen Haftung für Erbschuld (Jer 31, 29; Ez 18, 2) wird von Ezechiel abgewiesen durch den Aufruf an die Zeitgenossen, ihrerseits in den Leben wirkenden Bereich von »Gerechtigkeit« einzutreten. Bruch mit dem V.srecht der Solidarhaftung (»Vaterstrafe«) zeigen Dtn 24, 16; 2Kön 14, 6. Doch bleibt Schuldverhaftung mit der Vergangenheit auch weiter anerkannt (Jes 65, 7; Ps 106, 6; Esr 9, 7ff; Neh 9, 16ff; Dan 9, 4ff). Zum gelegentlichen Zweifel an gerechter V. (Zeph 1, 12) tritt mit der ausgehenden Königszeit die nicht mehr wegzuschiebende Anfechtung über den spürbaren Widerspruch zwischen Lehre und Erfahrung. Es ist die Klage über Glück und Hoffart der selbstsicheren Frevler (Ps 10; 14; Jer 12, 1f u.a.) und über die Not, die die Frommen leiden. Als Lösung bot sich an, die Aufeinanderfolge von Tun und Vergelten zeitlich zu zerdehnen: respice finem (Ps 37, 10; 49, 17; 73, 18f; Hi 8, 8ff u.a.). Dem Pessimismus des Predigers, der vergeblich einen Ausgleich sucht (3, 16; 4, 1ff; 7, 15; 8, 10. 14; 9, 2ff; 10, 5ff), hielt solche Lösung nicht stand. → Leiden (: II) kann vergeltendes Handeln Gottes sein; es kann aber auch den Selbstsicheren aufschrecken und in die Buße führen (Ps 30, 7f), erziehen und läutern (Hi 32-37; Spr 3, 12). Andererseits kann eigene Rechtheit betont werden, weil das Vertrauen sich auf den gerechten Gott richtet (Ps 41, 13; 26, 11). Das läßt auch Hiob von dem zürnenden Gott an den gerechten Gott appellieren, und alle Besinnung auf Unschuld und Recht treiben ihn aus aller Verzweiflung immer nur dringlicher hin zu Gott. Solcher Haltung widerfährt dann Berichtigung wie Anerkennung. Nichtloskommenkönnen von Gott, wie es schon Jeremia (15, 10ff) erfuhr, wird als Sinn der Lebensanfechtungen auch in Ps 73 ausgesprochen (vgl. auch Ps 16, 5; 119, 57; 142, 6; Klgl 3, 24): der Gott, der durch die Anfechtungen des V.sglaubens hindurch in Verbundenheit mit sich führt, beweist sein Gottsein gerade in seiner → Gnade (: II), die offenkundige Gottferne zur eigentlichen Gottnähe wandelt. Das Recht Gottes zur V. wird nun überhellt von Gottes bleibende Gemeinschaft gewährender → »Gerechtigkeit« (: II).

W. Staerk, Vorsehung u. V., 1931 - ThW IV, 710ff - K. Koch, Gibt es ein V.sdogma im AT? (ZThK 52, 1955, 1-42) - F. Horst, Recht u. Religion im Bereich d. AT (EvTh 16, 1956, [49-75] 70ff = Gottes Recht, 1961, 286ff) - H. Gese, Lehre u. Wirklichkeit in d. alten Weisheit, 1958, 34ff - L. Moris, The Punishment of Sin in the OT (Austr. Bibl. Rev. 6, 1958, 61-86) - J. Scharbert, Das Verbum PQD in d. Theol. d. AT (BZ 4, 1960, 209-226) - E. Pax, Studien z. V.sproblem der Psalmen (Stud. Bibl. Francisc. 11, 1960/61, 56-112) - W. Preiser, V. u. Sühne im at. Strafrecht (Festschr. f. Eberh. Schmidt, 1961, 7-38).

† F. Horst

III. Im Judentum

Im Judentum spielt der V.sgedanke eine beherrschende Rolle. Gott vergilt jedem einzelnen Menschen entsprechend seinem Tun: das ist allgemeine Überzeugung. Im Vordergrund steht dabei die Erwartung einer *jenseitigen, eschatologischen* V.: im → Gericht Gottes (: II) empfängt der Fromme den wohlverdienten Lohn, der Gottlose die ihm zukommende Strafe. Maßstab des Gerichts ist das Verhalten des Menschen gegen das → Gesetz (: III); seine Gebotserfüllungen und zusätzlichen →Verdienste (: II) einerseits und Übertretungen andererseits, wie sie in himmlischen Büchern aufgezeichnet sind (zB ApkBar [syr] 24, 1; bNed 22a), werden gegeneinander aufgerechnet: das Übergewicht, und sei es durch *eine* Tat, entscheidet (das Bild von der Waage zB äthHen 41, 1, ferner → Hillel); R. → Akiba verwendet geradezu das Bild von Buchführung und Abrechnung eines Krämers (Abot 3, 16); vgl. auch Abot 4, 22: »Wisse: alles gemäß Rechnung!« - Wo die Frage nach dem »Zwischenzustand« zwischen individuellem Tod und leiblicher → Auferstehung (: IV) zum allgemeinen Gericht gestellt wird, wird bereits unmittelbar nach dem Tode eine das endgültige Urteil vorwegnehmende Scheidung angenommen (zB äthHen 22; Lk 16, 26): die Frommen erwarten im »Garten Eden« (→ Paradies: I, 3) das ewige Heil, die Gottlosen in der Unterwelt (→ Hölle: II) die ewige Verdammnis; doch gibt es in den Vorstellungen wie in der Begrifflichkeit vielerlei Variationen (vgl. ThW I, 147f). - Daneben bleibt der Gedanke einer schon *diesseitigen* V. eine erstaunlich lebendige Macht. Zwar wird kaum noch ungebrochen Glück als Ausweis der Frömmigkeit, Unglück (speziell Krankheit) als Ausweis der Gottlosigkeit angesehen. Vielmehr wird angesichts der offenkundigen Diskrepanz zwischen Frömmigkeit und Geschick eine kompliziertere Rechnung aufgestellt: der Fromme wird für seine vereinzelten Übertretungen im irdischen Leben gestraft, um im Jenseits den vollen Lohn davonzutragen; der Gottlose empfängt jetzt den Lohn für seine wenigen Verdienste, um dann der ewigen Strafe zu verfallen (vgl. bes. pHag 2, 77d bei Bill. II, 231f; ferner zB bQid 39b. 40b). Immer aber bleiben Verhalten des Menschen und V. aufrechenbar. Dabei wird mitunter geradezu eine *adäquate* V. angenommen nach dem Grundsatz der Talio »Maß für Maß«: »womit jemand sündigt, damit wird er auch bestraft« (Weish 11,

16; Soṭa 1, 7-9 u.ö.). - Der Gedanke der V. ist das stärkste *Motiv der → Sittlichkeit* (: IV), zB Abot 3, 1; doch begegnen als Korrektiv vereinzelt auch Aussprüche wie der dem Antigonos von Socho (2.Jh. vChr) zugeschriebene: »Seid nicht wie die Knechte, die dem Herrn dienen, um Lohn zu empfangen, sondern seid wie die Knechte, die dem Herrn dienen, ohne an den Lohn zu denken!« (Abot 1, 3). - In den Texten von → *Qumran* wird die Erwartung der eschatologischen V. am breitesten innerhalb des Zwei-Wege-Schemas 1QS 4, 2-14 entfaltet. Freilich weiß der Fromme sein Tun und damit auch sein eschatologisches Heil (oder Unheil) in Gottes Prädestination gegründet (1QS 3, 15f; 1QH 15, 14-21); doch bleibt, da die Prädestination sich im Tun des Gesetzes erweist, dieses auch hier der eigentliche Maßstab der V.

BILL., Reg. s.v. V., bes. I, 444ff; IV, 484ff. 1036ff - BOUSSET, Rel., Reg. s.v. V., bes. 291ff. 410ff - G.F.MOORE, Judaism, Cambridge/Mass. 1927, II, 248ff. 287ff. 385ff - P.VOLZ, Die Eschatologie d. jüd. Gemeinde, 1934, 241ff - ThW IV, 718f (H.PREISKER) - W.PESCH (→ Verdienst: III) - F.NÖTSCHER, Zur theol. Terminologie der Qumran-Texte, 1956, 158ff. 181f - H.BRAUN, Spätjüd.-häret. u. frühchristl. Radikalismus I, 1957 (s. Reg.). *C.-H.Hunzinger*

IV. Im NT

Ist die jüd. Frömmigkeit auf dem V.sglauben aufgebaut (→ Vergeltung: III) und entspringt die V.slehre dem Anliegen, den Gott der unbedingten Gerechtigkeit darzutun und alles Geschehen als sein Werk zu verteidigen, ganz gleich wie sich der Schwerpunkt göttlicher V. von Israel als Volk auf den einzelnen und sein Verhältnis zu Gott verlagert hatte, so darf man annehmen, auch in der Lehre Jesu dieser V. zu begegnen. Mt 7, 2 übernimmt den jüd. Grundsatz: Maß gegen Maß. Wer richtet, wird von Gott gerichtet, wer vergibt, dem vergibt Gott (Mk 11, 25; Mt 6, 14f; 18, 35). Vergebung (→Sündenvergebung: II) und V. greifen ineinander über. Stehen Jesu Sprüche nach Mt 5, 17-19 in Verbindung mit dem Gesetz, so sagt doch 5, 20, daß die Erfüllung des Gesetzes eine »größere Gerechtigkeit« ergeben muß als die der Pharisäer und Schriftgelehrten. Das ist die Vorbedingung für den Eingang in das → Reich Gottes. Nimmt man Lk 6, 35-38 hinzu, so erkennt man die Radikalisierung der gesetzlichen Forderungen. Auch Mt 5, 7-12 lassen einen klaren V.sglauben erkennen, sagen aber deutlich, daß Leiden und Verfolgungen um des Reiches Gottes oder des Namens Jesu willen nicht nach jüd. Auffassung Strafleiden sind, sondern solche, die des göttlichen Lohnes sicher sind. Wenn sich Jesus in Mt 6, 1. 4. 6. 18 (vgl. dazu 25, 34) zur Kultfrömmigkeit bekennt, so bedeutet die Praxis des Betens und Fastens doch die radikale Einschränkung auf das Verhältnis des Einzelmenschen zu Gott. Wer dabei nach menschlicher Anerkennung oder Bewunderung schielt, hat vor Gott seinen Lohn dahin. Ebenso widerspricht Jesus der volkstümlichen Auffassung, daß Unglück eine besondere Strafe für → Sünde (: IV) sei oder in ihm göttliche V. sichtbar werde, welche einen Schluß auf die Größe der Sünde erlaube (Lk 13, 1ff; Joh 9, 1ff). Gerade weil Jesus den Zusammenhang von Krankheit und Sünde kennt (Mk 2, 1-12) und beide im Interesse der Ausbreitung der Herrschaft Gottes bekämpft, lehnt er ein schematisches V.sdenken ab. Die Botschaft vom Reiche Gottes setzt nicht ein tadelfreies Leben nach den Maßstäben des Gesetzes voraus, sondern Umkehr und Bußfertigkeit des seine Sünde bereuenden Menschen. Für jede Unbußfertigkeit wird Strafe am Tage des Gerichtes angekündigt (Mt 11, 20-24). An diesem Tage wird eine strenge Scheidung durch Lohn und Bestrafung erfolgen. Seligkeit oder → Verdammnis sind nach Jesu Überzeugung ihr endgültiges Ergebnis, und zwar gerade dann, wenn diese Scheidung auf Erden nicht erfolgt (Mt 13, 24-43; 10, 28; 18, 23-35). Teilhabe am Reiche Gottes erfordert radikale Preisgabe des üblichen V.sdenkens, weil Vorbedingung nicht die gesetzliche Leistung, sondern eine Umkehr ist, die mit der bisherigen Vergangenheit völlig bricht und für Gottes Handeln auf alle Maßstäbe berechnender V. verzichtet (Lk 18, 9-14; 15, 11-32; 17, 7-10; Mt 20, 1ff; → Verdienst: III). Der Mensch hat also weder Anspruch auf Lohn noch kann er sich Gott zum Schuldner machen. Wenn Jesus auch nach Mt 6, 19-21 an die Lohnlehre seiner Zeit anknüpft (vgl. Bill. I, 430), so hat er doch davor gewarnt, irdischen Besitz als Zeichen göttlichen Wohlgefallens mißzuverstehen. Am Beispiel des reichen Jünglings hat er deutlich gemacht, daß solcher Besitz ein ernstes Hindernis für den Zugang zum Reiche Gottes sein kann (Mk 10, 23ff). Während er die ehrgeizigen Söhne des Zebedäus zurechtwies (Mk 10, 35-40), hat er allen, die ihm unter Opfern nachgefolgt sind, Lohn verheißen (Mk 10, 28-31), bes. den Zwölfen (Mt 19, 28f). Im übrigen hat Jesus gegen die herrschende V.slehre ständig angekämpft: Gottes V. beruht nicht auf der Gleichwertigkeit von Lohn und Leistung (Lk 15, 11-32). Er hat darauf hingewiesen, daß Gott Regen und Sonnenschein für Gerechte und Ungerechte spendet (Mt 5, 45) und irdisches Glück kein Hinweis auf himmlische Seligkeit sei (Lk 16, 19ff). Dagegen bedeutet die Stellung zu seiner Person Rettung oder → Gericht (: III). Dieses Gericht (Mt 25, 31ff) erstreckt sich auf alle Menschen. Jesus hat also die bisherige V.slehre nicht nur vertieft, sondern in der Entscheidung für oder gegen seine Person ganz neu begründet. Das ist der »bedeutsamste und religionsgeschichtlich gesehen neuartigste Teil seiner V.slehre« (W.Pesch 139). - Vgl. → Sittlichkeit: V, 2.

Wenn *Paulus* Röm 2, 5-10 den Tag des Zorns und gerechten Gerichtes Gottes für Juden und Heiden in Aussicht stellt, dürfte er darin die Christen eingeschlossen haben (vgl. Röm 1, 14-17; 12, 9). Gott ist der Gott der V. aller Menschen. Auch für wankelmütige Christen gilt das, wie Hebr 10, 26-31 mit allem Ernst klar macht. Keineswegs schaltet das Sühnopfer Christi und die mit der Taufe zugeeignete Gnade Gott als vergeltenden Richter aus. Im Gegenteil: gilt das Gericht ohne Erbarmen (Hebr 10, 28) nach Moses schon dem Gesetzesverächter, um wieviel mehr dem, der den Sohn Gottes mit Füßen tritt. Der liebende Vater, der uns in seinem Sohne alles geschenkt hat (Röm 8, 31ff), bleibt der furchterregende Richter, in dessen Hände zu fallen schrecklich ist. Jak 4, 12 mahnt mit einem Ernst wie Mt 10, 28, daß die V. letztlich beim Endgericht erfolgt, während Verfolgung und Leiden in der Welt (Jak 1, 2; 4, 1ff; 5, 7ff) als normal zu gelten haben; denn eine Belohnung im Diesseits ist ausgeschlossen. Wenn der 1Petr die Christen zum Aushalten im →Leiden (: III) mahnt, verbindet er damit den Hinweis auf die durch Christus vermittelte Hoffnung auf künftige Herrlichkeit (1, 3. 7. 13; 3, 22; 4, 13). Obgleich nach 1, 9; 3, 9; 4, 12ff der Verdienstgedanke ausgeschlossen ist, leuchtet doch in den praktischen Ermahnungen der Lohn- und Werkgedanke auf; denn der Vater Jesu Christi (1, 13-21) ist zugleich der, welcher jeden nach seinem Werk ohne Ansehen der Person richtet (1, 17). Wird der Gerechte kaum gerettet werden, wie soll das Ende derer werden, die dem Evangelium widerstehen (4, 17f)? Auch die Ungläubigen werden Rechenschaft geben müssen (4, 5). Gerade im Kampf gegen die Irrlehrer wird Gottes strafende Gerechtigkeit an Beispielen aus dem AT drastisch entwickelt (2 Petr 2, 3. 9; 3, 7), während der Gerechten die neue Erde bzw. das ewige Leben wartet (2Petr 3, 12f; Jud 4. 6. 20).

Bei Paulus gehören V. und Gericht eng zusammen. So

sehr er die → Liebe (: III, 3) Gottes hervorgehoben hat, so sehr weiß er vom → Zorn (: III) und → Gericht (: III) des vergeltenden Gottes zu reden. Auch der Christ muß vor seinem bzw. Christi Richtstuhl erscheinen (Röm 14, 10-12; 2Kor 5, 10), um Rechenschaft zu geben. Fleischessaat bringt Verderben, denn Gott läßt sich nicht spotten (Gal 6, 7-8). Wenn Krankheit und Tod eine V. für unwürdigen Abendmahlsgenuß sind (1Kor 11, 30 bis 32), möchte das der Apostel als eine Züchtigung des Herrn verstehen, damit man nicht mit der Welt zusammen verurteilt werde. Der Gott, der die unbotmäßige Wüstengeneration strafte, duldet auch keinen Mißbrauch seiner Gnade (1Kor 10, 1. 22). Auch der Vater Jesu Christi bleibt der »eifersüchtige« Gott der Väter. Gerade in seinen und seiner Gemeinden Leistungen ist sich Paulus bewußt, daß alles Durchhalten bis zur Wiederkunft Christi nur Werk des Herrn sein kann (1Thess 3, 13; 1Kor 1, 8; Phil 1, 9f; 2, 13 u.a.). Jedes Rühmen ist ausgeschlossen. Da alle Rechtfertigung nur in der in Christus geschenkten Gottesgnade besteht, ist jedes Lohn- und Leistungsdenken ausgeschaltet. Es hängt an der Treue Gottes, daß seine V. am Jüngsten Tage den Jüngern Jesu zur Ehre gereiche.

Wenn das JohEv das Gericht in der Entscheidung für oder gegen den Logos-Christus erblickt (5, 24, vgl. 3, 17f), ist doch ebenso der Sohn der vom Vater bevollmächtigte Richter (5, 22f). Er richtet als der Menschensohn, und dem Wort des Erdenmenschen korrespondiert das Wort des Erhöhten und Kommenden (8, 28; Apk 22, 12).

Die Einheit des Gottesglaubens im AT und NT und die Tatsache, daß die Menschheit in einem Zwischenstadium zwischen der Erhöhung Jesu Christi und seiner Wiederkunft zum Weltgericht lebt, fordert den Gedanken der V., wie er im ganzen NT bezeugt wird. Die Spannung zwischen → Gnade (: III) und V. ist nicht zu beseitigen.

Vgl. die Lit. zu → Gerechtigkeit Gottes: III, → Rechtfertigung: I, → Verdienst: III. Ferner: RGG³ V, 1534ff - ThW IV, 702ff. 719ff - EKL III, 1639ff.

E. Fascher

V. Dogmengeschichtlich

1. Grundsätzliches - 2. Alte Kirche und MA - 3. Reformation - 4. Orthodoxie, Aufklärung, 19. Jh.

1. Ein ausschließliches und konsequentes Denken nach dem Schema göttlicher Belohnung und Bestrafung findet sich in der Geschichte der christlichen Theologie kaum. Darum ist der V.sgedanke auch nur sehr selten ein direktes Thema christlicher Theologie. Das ist verständlich, da das Christentum grundlegend durch gnadenhafte (→ Gnade Gottes: III-V) Vergebung und → Erlösung (: III. IV) bestimmt ist. So muß das im Laufe der Theologiegeschichte nur ganz selten auftretende *radikale* V.sdenken als Überfremdung des spezifisch Christlichen durch vor- und außerchristliche Einflüsse angesehen werden. Etwas anderes aber ist es mit dem Vorhandensein des V.sgedankens *überhaupt* innerhalb des theologischen Systems. Dieser ist in der christlichen Theologie wohl durch den Gnaden- und Vergebungsgedanken überhöht, jedoch kaum jemals völlig absorbiert worden und somit ganz aus der christlichen Theologie verschwunden; vielmehr ist er in irgendeiner Form fast immer dabei, dialektisch oder funktionell mit dem Gnaden- und Vergebungsgedanken verbunden, manchmal sogar als das verborgene Agens oder doch integrierende Moment des Ganzen. Angesetzt wird er meistens (nicht immer!) unter eschatologischem Aspekt beim Jüngsten Gericht (→ Gericht Gottes: III. IV): Das ganze Leben des Christen steht unter der Aussicht, einmal letztgültig von Gott beurteilt zu werden. Die Hauptmotive für die bleibende Unentbehrlichkeit des V.sgedankens in der christlichen Theologie sind einmal der nt. Befund (→ Vergeltung: IV), dann grundsätzlich das mit dem christlichen Gottesbegriff (→ Gott: IV-VI, → Gottesfurcht) unlöslich verbundene Moment der heiligen (→ Heilig: II-IV) → Gerechtigkeit Gottes (: III. IV) und der unbedingten Gültigkeit seines → Gesetzes (: IV-VI), schließlich die Begründung des mit dem Heilsangebot verknüpften missionarischen Bußappells (→ Buße), der Forderung einer mit der Erlösung durch Christus verbundenen ethischen Haltung (→ Heiligung) und der Verheißung des sie krönenden ewigen Ziels im Sinne des nt. »Lohn«gedankens. Diese an sich im Christentum angelegten Motive wurden jedoch häufig durch solche vor- und außerchristlicher Art alteriert, so daß die entsprechende Ausformung des V.sgedankens das spezifisch Christliche, den Gnaden-, Vergebungs- und Erlösungsgedanken, statt integrierende Funktion an ihm zu sein, manchmal im Sinne der Gesetzes- und Verdienstfrömmigkeit zu überherrschen und auszuhöhlen drohte.

Von theologiegeschichtlichem Interesse sind die *Art, wie* der V.sgedanke jeweils mit dem Gnaden- und Vergebungsgedanken verknüpft wurde, wie also mit ihm argumentiert wurde: dialektisch (»kontrapunktisch«), funktionell (pädagogisch) oder als bestimmend; ferner der *Ort, an dem* er angesetzt wird: lediglich in bezug auf den vorchristlichen Zustand oder präsentisch in der christlichen und nichtchristlichen Existenz oder futurisch-eschatologisch beim Endgericht. Dafür sollen charakteristische Typen vorgeführt werden.

2. Ein *naives* Einordnen des Christlichen in ein äquivalentes V.sschema (wie es in unreflektierter Weise dann immer einmal wieder auftritt) findet sich etwa bei → Hermas (sim V, 3, 3): »Halte die Gebote des Herrn, so wirst du Gott wohlgefallen und in die Zahl derer eingeschrieben werden, die seine Gebote halten. Wenn du aber über das Gebot Gottes hinaus etwas Gutes tust, so erwirbst du dir noch größere Herrlichkeit und wirst bei Gott mehr Ehre haben, als dir bestimmt war.« - Reflektierter findet sich der V.sgedanke bei → Tertullian. Hier bildet er die eschatologische überhöhende Aussicht auf ein gerechtes Ziel des stark in rechtlichen Kategorien gefaßten und vom meritum-Gedanken (→ Verdienst: IV) bestimmten Christentums: »Keine gewisse Leistung ist ihres Lohnes ungewiß; keine berechtigte Furcht ist sich im Zweifel über die (bevorstehende) Gefahr. Lohn aber und Gefahr hängen am Ausgang der Auferstehung« (De resurr. 21). Die endgültig lohnende bzw. strafende V. im Jüngsten Gericht wurde die allgemein-christliche Fassung des V.sgedankens *im lat. Altertum und im MA*. Sie diente bei Tertullian allerdings weniger der Spekulation als der Bestärkung und Ermahnung. - Bei → Irenäus wird der V.sgedanke in vertiefter Weise stark in die Gegenwart gezogen, wie dies für die altgriech. Theologie überhaupt charakteristisch ist: »Soviele die Liebe Gottes bewahren, denen schenkt er (als »Lohn«) Gemeinschaft mit sich... Die aber durch ihren Abfall die vorgenannten Güter verloren haben, befinden sich ... inmitten der Strafe, indem nämlich Gott nicht von sich aus straft, vielmehr eben jene Strafe sich daraus ergibt, daß sie aller Heilsgüter beraubt sind« (Adv. haer. I, 27, 2). Der V.slohn liegt bereits *in* den guten Werken und die V.sstrafe *in* den Sünden *selbst!* Doch fehlt auch der eschatologische Aspekt bei Irenäus nicht: Vor ihrem Eingang zur seligen Schau Gottes kommen die Seelen der Christen an einen Ort, an dem sie sich ihrer früheren Taten bewußt und ihnen entsprechend eingestuft werden. Und diese Abstufung bleibt. Nach der Wiederkunft Christi werden die einen in den Himmel aufge-

nommen, die anderen im Paradiese verweilen, wieder andere in »der Stadt« wohnen. »Aber sie alle werden Gott schauen nach dem Maße ihrer Würdigkeit.« - Im ganzen spielte der V.sgedanke in der *morgenländischen* Theologie keine so große Rolle wie in der stärker rechtlich denkenden abendländischen. Unverkennbare Tendenzen zur → Wiederbringung aller hin ließen den Gedanken des Jüngsten Gerichts zurücktreten und nahmen der V. den Charakter des Endgültigen. Sie wird teils, wie bei Irenäus, in das zeitliche Leben verlegt, teils, so bei → Origenes, in den »Zwischenzustand« des → Fegfeuers. - → Augustin lehrt trotz seiner starken Betonung der Gnade gleichwohl die V. Die Verknüpfung beider kann letztlich wohl nur in seiner Prädestinationslehre gefunden werden (→ Prädestination: III, 1). Und zwar kennt Augustin sowohl die präsentische wie die futurische V.: Da das Bewußtsein persönlicher Erlösung mit der Gewißheit der Seligkeit zusammenfällt, kann der, der geglaubt und gerecht gelebt hat, schon in diesem Leben des Lohnes unvergänglicher Schätze gewiß sein, und die Gottlosen sind schon in diesem Leben der ewigen Flamme verfallen. Andererseits bringt aber erst das Jüngste Gericht die Prüfung der Verdienste und endgültige Feststellung der Gottlosigkeit sowie Lohn und Strafe. Dabei gibt es nach Augustin Abstufungen der Strafe je nach Schuld der Verdammten, und auch die Seelen im Fegfeuer werden - vor der Auferstehung - je nach ihrer Würdigkeit zu leiden haben.

→ Anselm von Canterbury läßt die V. der menschlichen Sünde ganz von der Ehre und Gerechtigkeit Gottes gefordert sein, und er sieht sie entscheidend in dem stellvertretenden Gehorsam und Selbstopfer *Christi* als des Gottmenschen erfüllt, der die satisfactio leistete, die um des Wertes seiner Person willen für andere gilt: Christus hat unsere Strafe abgebüßt und Belohntwerden für uns ermöglicht (→ Verdienst Christi). - Auf Grund der gnadenhaften Zueignung und eigenen Aneignung dieser von Christus bewirkten satisfactio wird, so lehrte die weitere *Scholastik*, der Mensch instand gesetzt, selbst adäquate Verdienste (merita de condigno) vor Gott zu erwerben, die nicht nur für ihn selbst, sondern auch für andere die Fegfeuerstrafen mildern können (→ Ablaß). Auch die → Heiligenverehrung (: II) spielt für die notwendige Ausgleichung zwischen Gottes Gnade und gerechter V.sforderung eine Rolle.

3. Indem durch die *Reformation* der Gnadengedanke zur Alleinherrschaft in der Heilslehre kam und der Verdienstgedanke ganz aus ihr ausschied, gab es die V.sfrage, soteriologisch gesehen (also abgesehen von Gottes »weltlichem Regiment«), nur noch im negativen Sinne: als gerechte Strafe Gottes für die Sünde. Der V.sgedanke in diesem Sinne wurde von → Luther in der Dimension des Gesetzes- und Zorneshandelns Gottes gesehen (→ Gesetz: V, 5), das, entsprechend der Dialektik von Gesetz und Evangelium, die ständige kontrapunktische Folie seines gnadenhaften Heilshandelns ist, ohne daß versucht wird, beides objektiv miteinander auszugleichen. Die harte Spannung zwischen beidem »löst« sich nur im Akt des Glaubens: In der Gewißheit, daß Christus der hl. V.sforderung Gottes »für uns« genug getan hat, wird die → Anfechtung durch diese überwunden. Nur im rechtfertigenden Glauben (→ Rechtfertigung: II, 2 a) ist der Mensch von der V.sforderung befreit. Als Sünder, der nach Gesetz und Verdiensten greift, steht er unter dem Gericht und der V. des zornigen Gottes (→ Sünde: V, 5). Daß die hl. V.sforderung Gottes und sein entsprechendes Verdammungsurteil letzten Endes im Dienst seines gnadenhaften Heilshandelns stehen, ist nur im »Dennoch« des Rechtfertigungsglaubens auszusagen. So bleibt das Endgericht nach den Werken die ständige Folie der Rechtfertigung aus Gnaden als Vorwegnahme des Endgerichtes. Der im Glauben Gerechtfertigte muß daher gleichwohl dem Gericht als letzter Entscheidung entgegensehen und hat das Gericht nie »hinter sich«, darf es aber doch immer wieder »unter sich« haben. - In bezug auf die positive Seite des V.sgedankens spricht etwa → Melanchthon ganz im Sinne Luthers von dem zeitlichen und ewigen »Lohn«, mit dem Gott sein eigenes Gnadenhandeln an dem im Glauben Gerechtfertigten durch wahrhaft gute Werke krönt (zB AC IV, 194ff), ebenso → Calvin (zB Inst. XV, 3). Dies ist deutlich Gnaden- und nicht Anspruchs- und Verdienstlohn. Dabei steht bei Calvin die V.sforderung des hl., gerechten Gottes nicht so sehr in dialektischer Disjunktion zu seinem gnadenhaften Heilshandeln, sondern beides ist positiv systematisch miteinander verbunden. Vgl. etwa Heidelb. Kat., der in Fr. 12-18 die V.sfrage behandelt: »Gott ist wohl barmherzig, er ist aber auch gerecht; darum erfordert seine Gerechtigkeit, daß die Sünde auch mit der höchsten, d.i. der ewigen Strafe an Leib und Seele bestraft werde« (Fr. 11).

4. In der altprot. → *Orthodoxie* wurde der V.sbegriff genau analysiert (Unterscheidung zwischen V. durch äußere und durch innere Übel bzw. Güter, zwischen V. durch angenehme bzw. unangenehme Folgen im allgemeinen Naturzusammenhang und solche durch von Gott außerhalb dessen auf Grund besonderen Beschlusses verhängte Strafen und Belohnungen usw), und es wurde der logische Ausgleich zwischen Gottes notwendiger V.sforderung und seiner Barmherzigkeit gesucht. Mehr und mehr wurde dabei die *pädagogische* Funktion des V.sgedankens im Verhältnis zum Gnadengedanken betont. - Unter den Gesichtspunkt der individuellen moralischen Pädagogik sowie der Erziehung des Menschengeschlechts wurde die V. dann in der → *Aufklärung* - ohne den spekulativen Hintergrund der Orthodoxie - allgemein gestellt, etwa bei → Lessing, auch bei → Kant. - → Schleiermacher faßte die V. als Sündenstrafe ganz präsentisch und bezog sie auf das Übel, das mit dem Zustand der *gemeinsamen* Sündhaftigkeit verbunden ist (Glaubenslehre § 84). Ähnlich A. → Ritschl, für den die V. der Sünde wesentlich in dem »Reich der Sünde« liegt (vgl. Rechtf. u. Versöhnung III, Kap. 1-3). Die Frage des Verhältnisses von Vergebung und V. bildet weithin das Thema des Ritschlschen Hauptwerks. Letztlich wird hier der V.sgedanke aus der Theologie der Liebe Gottes verbannt.

Außer den Lehrbüchern der DG: A.Ritschl, Die christl. Lehre v. d. Rechtfertigung u. Versöhnung I-III, (1870-74) 1888/89³ - J.Bautz, Weltgericht u. Weltende. Im Anschluß an d. Scholastik u. d. neuere [kath.] Theol. dargestellt, 1886 - Holl I, 117ff - RGG² V, 1537ff - Elert, ML I, 31ff. 103ff (Lit.) - A.Göhler, Calvins Lehre v. d. Heiligung, 1934 - L.Pinomaa, Der Zorn Gottes in d. Theol. Luthers, 1938 - H.E.Weber, Reformation, Orthodoxie u. Rationalismus II, 1951, 184ff - H.Beintker, Die Überwindung d. Anfechtung bei Luther, 1954 - H.Berger, Calvins Geschichtsauffassung, 1955 - EKL III, 1642ff - A.Peters, Glaube u. Werk. Luthers Rechtfertigungslehre im Lichte der Hl. Schrift, 1962. - Vgl. die Lit. zu → Fegfeuer, → Gerechtigkeit Gottes: IV, → Gericht Gottes: IV.

E.Kinder

VI. Dogmatisch

V. als theologischer Begriff bezeichnet das zur Weltregierung gehörende richterliche Handeln Gottes, mit dem er auf den Gehorsam oder Ungehorsam gegen seinen Willen lohnend oder strafend rückwirkt und so die durch seinen Willen gesetzte Ordnung in ihrer Gültigkeit mächtig erweist. V. ist ein Gleichnis aus der irdischen Rechtssphäre. Darin liegt an sich nichts theologisch Bedenkliches. Wenn anders der Rechtsordnung (→ Recht: I) Heiligkeit eignet, haben auch die Grundbegriffe des Rechtslebens neben den sittlichen Grundbegriffen theologischen Erkenntniswert. Von → Gott (: VI) ist nicht nur als von dem Vater, sondern auch als von dem Richter zu reden (1Petr 1, 17), und Gottes Strafen hat nicht nur an dem Strafen des Vaters, sondern auch an dem Strafen des Staates sein Bild. Freilich, Gottes V. sprengt dann die Maße der in der irdischen Rechtsgemeinschaft geübten V. a) In dem Begriff der V. liegt auch bei seinem theologischen Gebrauch selbstverständlich eine *Entsprechung* zwischen dem Handeln des Menschen und der Reaktion darauf. Aber sie bedeutet durchaus nicht Kongruenz oder Äquivalenz, wie das menschliche Rechtsgefühl sie weithin fordert und der Rechtsvollzug sie in gewissem Maße anstrebt. Gottes Lohnen ist zu dem menschlichen Opfer unverhältnismäßig, überschwenglich (Mk 10, 29f). Und auch bei Gottes Strafen handelt es sich nicht um Gleichmaß von Rückwirkung und Wirkung, sondern es liegt an der Rückwirkung als Geltendmachen der verletzten Ordnung. – b) Von Äquivalenz ist um so weniger die Rede, als Gottes V., so gewiß sie auch in äußerer Zufügung erscheint, doch über diese hinaus vor allem darin wirkt, daß der Mensch sein darf bzw. sein muß, was er sein will, daß seine Saat aufgeht und sich organisch zur Ernte vollendet. Die V. läßt ein gewähltes *inneres* Schicksal sich vollziehen (Gal 6, 7f). Die ewige Strafe ist die vollendete und ewige Sünde, Ausschluß von Gottes Leben. Der ewige Lohn ist der vollendete, ewige Gehorsam, Anteil an Gottes Leben. – c) Das Verhältnis Gottes und der Menschen ist kein Rechtsverhältnis auf Gegenseitigkeit. Der Mensch hat keinen Anspruch auf Gottes V. als Entgelt für sein Tun. Gottes Lohn wird aus freier Gnade verheißen (Hi 41, 3; Röm 11, 35). Gott bleibt der Freie in der Setzung der Ordnung und über ihr.

Der Gedanke der V. läßt sich aus der christlichen Anschauung von Gottes Regieren nicht streichen. A. → Ritschl (Rechtfertigung und Versöhnung III, § 32) wollte nachweisen, daß die doppelte V. weder ein Element der allen Menschen angeborenen natürlichen Religion noch dem biblischen Gottesbilde wesentlich sei, sondern aus der hellenischen Religion stamme, der der Staat das höchste Gut bedeutet. Der so vorgestellte Gott sei ein »Idol« und stelle eine »Fälschung der christlichen Gottesidee« dar. Diese Theorie Ritschls (doch vgl. andererseits seinen »Unterricht in der christlichen Religion«, 1886³, § 18) ist weder biblisch-theologisch noch systematisch haltbar. Gottes Rückwirkung auf das menschliche Handeln geht allerdings nicht in der V. auf, und der theologische Begriff der → Gerechtigkeit Gottes (: IV) erschöpft sich nicht in dem der gesetzgebenden und vergeltenden Gerechtigkeit – die altprot. Theologie ist, soweit sie Gottes Gerechtigkeit hierauf beschränkt, dem Reichtum und der Tiefe des biblischen und des von Luther geübten Sprachgebrauchs untreu geworden. Zu Gottes Rückwirkung gehört auch die → Sündenvergebung, und eben in ihr erweist sich auch seine »Gerechtigkeit«. Aber es war nun ebenso verfehlt, im Namen der Einheitlichkeit des Gottesbildes nur die rechtfertigende Gerechtigkeit gelten zu lassen, dagegen die vergeltende zu streichen oder umzudeuten. Allerdings setzt Gott seiner V. eine Grenze durch sein Vergeben. Aber die Vergebung verneint die V. nicht, sondern bestätigt sie. Denn a) die V. ist die ständige Voraussetzung, der bleibende Hintergrund der Vergebung; die Vergebung als Durchbruch durch das Gesetz der V. ist das reine Wunder. Sie wird in ihrem hl. Ernst nur von dem Menschen verstanden, der um die V., ihre bleibende Möglichkeit und Wirklichkeit weiß. Das Bild des vergebenden Gottes kann also niemals dazu dienen, das Bild des vergeltenden Gottes zu verhängen. – b) Durch die Weise des Vergebens Gottes wird die V. als Geltendmachung der hl. Ordnung Gottes ausdrücklich anerkannt: nur in dem Gekreuzigten vergibt Gott. – c) Die Vergebung kommt als Angebot Gottes an den Menschen; der Ablehnung des Angebots antwortet Gottes V. – d) In der Gemeinschaft mit Gott dürfen wir sein fortwährendes Strafen als Mittel seiner erziehenden Liebe erfassen. Aber damit hört es nicht auf, V. zu sein, Geltendmachung der verletzten Ordnung. Der Glaube, der Gottes V. gewiß als Durchgang seiner → Gnade (: V) zu deuten wagt, muß in der Wirklichkeit unseres Christenlebens immer wieder die Furcht überwinden, Gottes Strafen könnte selbstzweckliche, nie endende V. an mir sein. Eine theologische Theorie, daß alles Strafen Gottes nur werkzeuglich, dh erzieherisches Handeln sei, entspricht nicht dem Glauben, der auf Erden nur in ständiger Überwindung der Furcht lebendig ist.

Mißbraucht wird der V.sgedanke im Verdienstgedanken (→ Verdienst: IV, 2). Da vergißt man, daß das Verhältnis zwischen Gott und Mensch kein Vertrag auf Gegenseitigkeit ist, sondern auf freiem Erbieten Gottes ruht. Die Lohnverheißung der Gnade schließt jeden Lohnanspruch aus. Mit der Lohnsucht betrügt der Mensch sich selbst. Denn Gott fordert einen ihm ganz hingegebenen Willen, der nicht nach dem Lohn schielt. Es lohnt sich, Gott zu gehorchen, aber eben einfältig zu gehorchen. Der Gehorsam aus Strafangst oder Lohnsucht gilt vor ihm nicht. Den *wirklichen* Lohn kann der natürliche Mensch gar nicht begehren und die wirkliche Strafe kann er gar nicht fürchten. Denn der entscheidende Lohn Gottes ist ja er selber, und die entscheidende Strafe ist die Unentrinnbarkeit des Bösen und seine Vollendung selber. Luther und die luth. Bekenntnisschriften (vgl. bes. AC IV, §§ 193ff. 356ff) haben den wahren Sinn des biblischen V.sgedankens wieder zur Geltung gebracht (→ Vergeltung: V). Sie stehen dabei wider den röm.-kath. Eudämonismus; aber indem sie den Lohngedanken doch festhalten und als Trost für die Angefochtenen und Verzagten verkündigen, führen sie zugleich weit hinaus über allen Anti-Eudämonismus einer Pflichtethik, die nichts von Gottes Lohnen weiß.

Vgl. die Lehrbücher der → Dogmatik bei den Begriffen Gerechtigkeit Gottes, Sünde, Schuld, Zorn Gottes, Gericht Gottes, Lohn.

P. Althaus

VII. Ethisch

Von dem verwandten Begriff der Belohnung läßt sich V. dadurch abgrenzen, daß Belohnung aus reinem Wohlwollen entspringt, V. dagegen an eine von einem Gesetzesganzen beherrschte Gesellschaftsordnung gebunden ist. Jede V. muß gerecht sein, dh gewissen Rechtsnormen oder allgemein anerkannten sittlichen Prinzipien entsprechen. V. bringt konkret zum Ausdruck, daß menschliches Handeln nicht isoliert und folgenlos im Raume steht, sondern sich innerhalb einer Gruppe vollzieht, die es bestätigt. V. gehört also zum menschlichen Handeln als Zeichen seiner Bindung an soziologische Strukturen. Die Verbindung zwischen einer Handlung und ihrer V. ist nicht selbstverständlich: ihrem Wesen nach verlangt eine Handlung nicht unbedingt V., die sich vielmehr nach den jeweils in der Gruppe geltenden Wertmaßstäben bestimmt. Die V. bringt den einzelnen dazu, seine Handlungen nicht mehr nach der von ihm aufgewandten Mühe oder der benötigten Zeit zu bemessen, sondern lediglich nach dem ihnen von der Gemeinschaft beigemessenen Wert, nach deren beifälligem oder abfälligem Urteil. Freilich entspricht der vom einzelnen angelegte Wertmaßstab nicht automatisch dem in der Gesellschaft geltenden. Hier liegt der Ursprung jener endlosen Konflikte, in denen sich entweder der einzelne und die Gruppe oder auch eine Sondergruppe und die Gesamtgesellschaft gegenüberstehen, wobei der einzelne und die Sondergruppe sich an der Ungerechtigkeit einer (positiv oder negativ) verfügten V. stoßen können. Gesellschaftliche Konflikte sind demnach im Grunde Wertkonflikte und lassen ganz allgemein den Anteil der Willkür bei der Festlegung der V. und in der Folge bei der Bestimmung des Begriffs der Gerechtigkeit selbst erkennen. Deshalb appelliert das Gewissen des einzelnen, das die von der Gesellschaft festgelegte V. für sein Handeln als ungerecht verwirft, an eine andere Gerechtigkeit, letztlich an die Gerechtigkeit Gottes. Nur der Christ vermag dem quälenden Suchen nach gerechter V. zu entgehen, weil er weiß, daß er in den Augen Gottes ein unnützer Knecht bleibt und daß das Maß der V., das Gott im Jüngsten Gericht seinem Handeln setzen wird, bloße Gnade ist. So hat für ihn der Begriff der V. nur relative Bedeutung. – Dennoch wird sich der Christ nicht von den mit der V. im staatlichen Bereich gegebenen Problemen distanzieren. Denn wo menschliches Handeln nicht mehr Objekt von V. und Strafe ist, verlieren die die Gesellschaftsordnung tragenden Gesetze ihre Autorität. Wenn innerhalb einer Gemeinschaft das Handeln für die Allgemeinheit nicht mehr honoriert und vergolten würde, wäre der Gedanke des Gemeinwohls selbst gefährdet. Wird gesetzwidriges Handeln nicht bestraft, so geraten die Gesetze selbst in Verfall. – Darüber hinaus besagt der V.sgedanke, daß menschliche Gemeinschaft auf dem Austausch von Leistung und Gegenleistung beruht; die V. selbst ist Gegenleistung für erwiesenen Dienst. In ihrer negativen Form als Bestrafung erinnert sie den betroffenen einzelnen daran, daß er der Gesellschaft für eine ihr verweigerte Dienstleistung haftbar ist. Unabhängig von persönlichen und egoistischen Interessen und ihren Konflikten stellt die Gesellschaft die unablässige Forderung nach Leistungsaustausch dar. V. ist die fortgesetzte Erinnerung an diese Forderung zur Gegenseitigkeit. *R.Mehl*

Vergenhans, *Johannes* → Nauklerus.

Vergerio, *Pietro Paolo* (d.J.) (1497/98–1565), * in Capodistria, † in Tübingen, Jurist und poeta laureatus in Padua, war 1533 und 1535 Nuntius bei König Ferdinand, traf Luther am 7.11.1535 in Wittenberg. V. wurde 1536 Bischof von Modruš (Kroatien), dann von Capodistria. Im Sinne Frankreichs drängte er bei den Religionsgesprächen von Worms und Regensburg (1540/41) auf das Universalkonzil (Denkschrift von 1544 in: Concilium Tridentinum XII, 431ff). In seiner Diözese schritt er zu selbständigen Reformen. Die Überwindung der Glaubensspaltung erhoffte V. von einer Hebung der Bildung. Die Lektüre reformatorischer Schriften entfremdete ihn dem Papsttum. Er wurde denunziert und nach einem Prozeß abgesetzt und exkommuniziert. 1549 floh V. nach Graubünden, wo er 1550–53 als Pfarrer von Vicosoprano publizistisch auf die Reformation in → Italien (, 3) einwirkte. Zur schweizerischen und Genfer Reformation, zu ev. Humanisten und italienischen Flüchtlingen trat er durch Besuche in Beziehung. 1553 ernannte Herzog Christoph von Württemberg V., der sich nun zur CA bekannte, zum Rat. In Tübingen förderte V. die slowenische Bibelübersetzung des Primus → Trubar. Ausgedehnte Reisen (u.a. nach Polen) und literarische Produktivität dienten ihm auch jetzt zur Einflußnahme auf die außerdeutsche Reformation. Sein Charakter und seine Motive sind nicht eindeutig.

Briefwechsel zw. Christoph, Herzog v. Württ., u. P.P.V., hg.v. E.v.Kausler u. Th.Schott, 1875 – NBD I/1 – Fr.Hubert, V.s publizist. Tätigkeit nebst einer bibliogr. Übersicht, 1893 – RE XX, 546ff – RGG² V, 1543 (Lit.) – Schl. 21719–41 – LThK X, 559 (Lit.) – D. Cantimori, Ital. Häretiker der Spätrenaissance, (ital. Florenz 1939) dt. v. W.Kaegi, Basel 1949 (s. Reg.) – EC XII, 1263f (Lit.). *H.Liebing*

Vergil, *Publius Vergilius Maro* (70–19 vChr), größter röm. Dichter der augusteischen Periode. Auf religiösem Gebiet suchte V. die augusteische Restauration (→ Römische Religion, 3) mit den Idealen der Vorzeit Roms zu verbinden. Mit seinem Gedicht über den Landbau *(Georgica)* wollte V. zu einer bodenständigen Bauernfrömmigkeit hinlenken. Seine *Äneis* wurde röm. Nationalepos. Im Anschluß an → Homer besingt V. in ihr die Taten des Äneas, des Stammvaters des julischen Geschlechts, der auf Geheiß seiner Mutter Aphrodite Troja nach der Zerstörung verläßt und auf Irrfahrten nach Latium gelangt. Das Epos preist die göttliche Bestimmung Roms und die Eigenständigkeit seines Geistes. Große religionsgeschichtliche Bedeutung erlangte V.s *4. Ekloge,* in der er das Ende des eisernen → Saeculum und das Nahen eines goldenen Zeitalters verkündet, das durch die Geburt eines göttlichen Knaben angekündigt wird. Diese → Weissagung, die dichterischer Ausdruck der Sōtēr-Erwartung der augusteischen Epoche war (→ Heiland), wurde als Prophetie der Cumäischen → Sibylle aufgefaßt und von der Kirche als messianische Voraussage verstanden. V. erlangte früh großen Ruhm. Die Römer benutzten seine Bücher zu → Orakeln. Das MA und die Renaissance sahen in ihm den größten Dichter. Für → Dante war V. einer seiner Jenseitsführer in der Göttlichen Komödie.

V.Comparetti-H.Dütschke, V. im MA, 1875 – H.Lietzmann, Der Weltheiland, 1909 – E.Norden, Die Geburt des Kindes, (1924) 1958³ – H.Wagenvoort, V.s vierte Ekloge (MAA 67, A 1), 1929 – J.Stroux, V., 1932 – H.Hommel, V.s »messianisches« Gedicht (ThViat 2, 1950, 182–212) – K.Kerényi, V. u. Hölderlin, 1957 – PW 2. R. VIII, 1021ff (Ausg.n, Lit.). – Bibliogr. fortlaufend in L'Année Philologique 1ff, Paris 1928ff. *G.Lanczkowski*

Verhältnis. Eine genaue Definition des Begriffs V. ist äußerst schwierig oder gar unmöglich, denn der Begriff umfaßt eine Reihe sehr verschiedener sexueller Relationen, wechselnd von kurz und flüchtig bis dauerhaft und tief. Gemeinsames Merkmal ist aber immer, daß das V. eine sexuelle Beziehung zustande zu bringen versucht, die nicht auf äußeren, formalen und auf Autorität begründeten Faktoren beruht, sondern auf einer interpersonellen Relation. Das V. ist folglich immer mehr oder weniger eine Negation oder ein Ersatz des durch Gesetz, Sitte, öffentliche Meinung, soziale, ökonomische und kirchliche (religiöse) Stützen aufrecht erhaltenen Instituts der → Ehe (: V). Das V. bewegt sich also zwischen den beiden Polen der institutionellen Ehe und der völlig bindungslosen Promiskuität (→ Prostitution: II).

Historisch hat man das V. von den höfischen Lebensformen des 17.Jh.s abzuleiten versucht. Namentlich der französische Hof habe durch seine Verbindung einer peinlich genauen Hofsitte mit großer moralischer Freiheit des Individuums zur Verbreitung des V.ses als Pflege der romantischen Liebe im europäisch-amerikanischen Kulturkreis beigetragen. Doch hat es schon im Altertum bei Griechen und Römern verschiedene Formen des V.ses gegeben. Faktisch hat es zu allen Zeiten bestanden und erscheint immer da, wo sich der Einzelne von überpersönlichen, kollektiven Bindungen loszureißen sucht. Das V. bedeutet also immer einen Protest gegen die herrschende Eheauffassung und ihre Verankerung in der jeweiligen Kulturlage (→ Sexualethik). Vom kulturgeschichtlichen Gesichtspunkt aus ist ein häufiges Vorkommen des V.ses ein Anzeichen dafür, daß die geltende objektive Ordnung keine subjektive Zustimmung mehr findet. Besondere Umstände können die Häufigkeit des V.ses steigern. Man denke an die Unausgeglichenheit der Männer- und Frauenzahlen in Nachkriegszeiten und Einwanderungsgebieten, an die dauernde Trennung von Eheleuten durch Krieg, Gefangenschaft, Arbeitseinsatz u.dgl. - Immer wieder gibt es auch Beispiele radikal-idealistischen oder fortschrittlich-politischen Ursprungs, die das V. in die Gesellschaftsordnung eingliedern wollen (vgl. die Bestrebungen von Ellen Key, Bebel, Guesde u.a.m.). Bes. bekannt wurde der Versuch des amerikanischen Jugendrichters Ben Lindsey, die sog. Kameradschaftsehe zu legalisieren. Er bemühte sich um die gesetzliche Anerkennung einer Art von Zusammenleben zwischen Mann und Frau, die leicht aufgelöst werden könnte. Daß soziale Desintegration unvermeidlich ist, wenn man auf Grund reformistischer Bestrebungen den institutionellen Charakter der Ehe angreift, zeigt das sowjetrussische Beispiel. Während das russische Eherecht von 1926 bewußt die grundsätzliche Zerstörung der Ehe als Institut beabsichtigte, versuchte man 1936 durch ein neues Ehegesetz die dadurch entstandenen sozialen Übel zu beseitigen. Seitdem sind die Versuche, den institutionellen Charakter der Ehe zu sichern, noch stärker geworden.

In *ethischer* Hinsicht ist das V. eine Gefährdung der wesentlichen Merkmale der → Ehe (: V). Das Merkmal der Dauerhaftigkeit (»Zeitehe« ist eine Kontradiktion!) fehlt beim V., weil es zum V. als solchem gehört, daß es beendet wird, sobald sich die gegenseitige Sympathie der beiden Partner abschwächt oder ihre individuellen Glücksbedürfnisse nicht oder nicht genügend befriedigt werden. Die Möglichkeit zum Abschluß ist beim V. wohl von vornherein mit einbegriffen, weil jede äußere Garantie der Beständigkeit fehlt. Das V. kann immer nur fortgeführt werden, solange und soweit die Beteiligten sich gegenseitig dasjenige schenken, um dessentwillen sie das V. eingegangen sind. - Auch das Merkmal der Exklusivität ist beim V. nicht verbürgt. Am stärksten unterscheidet es sich von der Ehe in bezug auf die Totalität der Beziehung. Während die Ehe ihrem Wesen nach eine völlige Lebensgemeinschaft ist, ist das V. gerade ein prinzipiell partielles Zusammenleben der Beteiligten. Ihre Einheit erstreckt sich nicht auf alle Lebensgebiete, sondern nur auf einen Teil ihrer Existenz. Der schwerwiegendste ethische Einwand gegen das V. ist, daß ihm der Wille zu unbedingter gegenseitiger → Verantwortung fehlt. In seinen groben wie in seinen verfeinerten Formen ist es mehr oder weniger ein Kontrakt, der die Kontrahenten nur unter gewissen Bedingungen verpflichtet.

Ein merkwürdiger Grenzfall zwischen der institutionellen Ehe und dem V. ist das matrimonium clandestinum des alten Kirchenrechts. Das war die von der Kirche anerkannte und eingesegnete, der Gesellschaft gegenüber aber verheimlichte Ehe. Etwas derartiges war die »Gewissensehe« von J.G. → Hamann. Die ethische Legitimität solcher Beziehungen ist zwar schwerlich festzustellen, doch soll sie nicht von vornherein und im allgemeinen in Abrede gestellt werden.

E.A.WESTERMARCK, The Hist. of Human Marriage, (1891) 1921⁵ - H.ELLIS, Studies in the Psychology of Sex, 1920 - CH.W.MARGOLD, Sex Freedom and Social Control, 1926 - B.B.LINDSEY, The Companionate Marriage, 1927 (dt. 1928); dagegen: E.DENNERT, Lindseys Kameradschaftsehe, 1929 - R.GRAU, Die Gruppenehe, 1931 - E.W. BURGESS-H.J.LOCKE, The Family. From Institution to Companionship, (1945) 1953² - R.SCHLESINGER, Changing Attitudes in Soviet Russia. The Family in the U.S.S.R, 1949 - H.SCHELSKY, Wandlungen der dt. Familie in der Gegenwart, (1953) 1956³ - DERS., Die skeptische Generation, 1957 - E.N.EISENSTADT, From Generation to Generation, 1956. - Vgl. die Lit. zu → Ehe: IV. V, → Keuschheit: II, → Sexualethik.

F.Bloemhof

Verkade, *Jan* (P.Willibrord, OSB; 18.9.1868 bis 19.7. 1946), holländischer Maler und Konvertit, Vertreter der »Beuroner Schule«. Nach Studien in Holland, Paris - wo er den »Symbolisten« (→ Symbolismus: III) begegnete - und Italien trat V. 1894 in Kloster → Beuron ein, wo er sich dem von P.Lenz vertretenen Ideal einer neuen unrealistischen, hieratischen religiösen Kunst anschloß, die sich am »Kanon« der Alten, vor allem der Ägypter, orientierte.

Vf. u.a.: Die Unruhe zu Gott. Erinnerungen eines Malermönchs, (1920) 1953; Der Antrieb ins Vollkommene, (1931) 1937⁴; Spuren des Daseins, (1938) 1954³. - Über V.: THIEME-BECKER XXXIV, 256 f - H.VOLLMER, Künstlerlexikon d. 20.Jh.s, 1961 (Lit.). *L.Wiesinger*

Verklärungsfest (Transfiguratio Domini), ist griech.-orientalischen Ursprungs (5./6.Jh.); im 8.Jh. wurde es in Westsyrien »Taborfest« genannt und war seit dem 9.Jh. in Spanien bekannt. Calixt III. schrieb es 1457 für die abendländische Kirche vor zur Erinnerung an den Sieg, den 1456 → Johannes von Capistrano bei Belgrad über die Türken errang. Nach dem Vorbild der orth. Kirche (hier eines der höchsten → Herrenfeste) wird es am 6.VIII. gefeiert.

LThK X, 562f - RIETSCHEL-GRAFF (s. Reg.) - L.EISENHOFER-J.LECHNER, Liturgik d. röm. Ritus, 1953⁶, 177 - Leiturgia I, 479.

K.Dienst

Verkündigung

1. V., Mitteilung, Botschaft - 2. V. und Macht - 3. V. als theologisches Problem

1. V. ist eine Form der Anrede (→ Sprache: III, 3), bei der das Verkündigte im Augenblick des Verkündigtwerdens in Kraft tritt. Die Art der Aufnahme des Verkündigten stellt zwischen dem, an den die V. gerichtet ist, und dem, von dem sie in letzter Instanz ausgeht, eine bestimmte Beziehung her: Bringt die V. Gutes, erhält die Aufnahme den Charakter des → Vertrauens oder des Argwohns; bringt sie Unheilvolles, vollzieht sich ihr Empfang als Unterwerfung oder als Aufruhr. Auch die *Mitteilung* ist eine Form der Anrede, doch ist sie von der V. dadurch unterschieden, daß sie ihrem Charakter nach nicht in das Dasein des Empfängers eingreift, sondern das Mitgeteilte als etwas Objektives an ihn herantreten läßt. Das Verhältnis zwischen Mitteilendem und Empfänger bleibt unberührt und erschöpft sich in der Mitteilung. Ob der Empfänger die Mitteilung zur Kenntnis nimmt oder nicht, hat keine Rückwirkung auf die Beziehung zum Absender der Mitteilung. Das besagt aber nicht, daß Verkündigtes als solches stets bedeutungsvoll sein müsse, während das Mitgeteilte von vornherein weniger wesentlich sei. Man muß nämlich unterscheiden, was V. und Mitteilung als Anredeformen bedeuten, und was sie rein inhaltsmäßig aussagen: V. ist eine Anredeform wie Frage, Befehl, Bitte, Versprechen usw, deren Inhalt zwar objektiv formulierbar ist, doch nur unter Entstellung ihrer selbst als Anrede. Für die Anredeform der Mitteilung dagegen ist charakteristisch, daß sie gerade die Übermittlung eines objektiven Inhaltes bezweckt. - Die Anredeform der *Botschaft* nun läßt sich dadurch kennzeichnen, daß sie stets etwas Gewichtiges bringt, das den Empfänger stark betrifft. V. und Botschaft unterscheiden sich beide von der Mitteilung dadurch, daß sie bereits ihrer Form nach das Betroffensein des Empfängers anzeigen. Untereinander sind sie wiederum dadurch verschieden, daß bei der V. der Nachdruck auf dem In-Kraft-Treten liegt, während aus der Botschaft mehr der schicksalhafte Eingriff eines Freudigen oder Schmerzlichen hervorklingt. V. und Botschaft sind keine speziell religiösen Ausdrücke, werden aber mit Vorliebe in religiöser Bedeutung verwendet.

Im Gegensatz hierzu steht die Auffassung, daß die V. ausschließlich in die Dogmatik gehöre; sie setzt sich selbst ins Werk und ist durch nichts Vorausgehendes oder Nachfolgendes gebunden oder bestimmt; sie ist im eigentlichen Sinne aktuell. Sie erzeugt ihre eigene Welt und ihr eigenes Verständnis, das immer im Konflikt mit dem immanenten Selbstverständnis des Zuhörers steht, weswegen sie dauernd wiederholt werden muß. Die Welt, die in der V. entsteht, existiert sonst nicht, sie liegt völlig außerhalb der Welt des Zuhörers, ja überhaupt seines Fassungsvermögens; nur in ihrem Verkündigtwerden ist sie für ihn da, so daß er in absoluter Abhängigkeit zu ihr steht (J.Sløk).

2. Soll für den Menschen etwas in Kraft treten können, so muß Macht und Vollmacht dahinter stehen. V. hat dementsprechend zumeist Öffentlichkeitscharakter, und zwar sowohl dann, wenn die bevollmächtigte Instanz etwas für alle ihrem Einflußbereich zugehörigen Personen Geltendes in Kraft treten läßt (Gesetze oder Verordnungen), als auch im Einzelfalle, wenn etwa jemandem eine Rechtsentscheidung oder ein Urteil verkündigt wird. – In der V. ist es nicht immer die dahinterstehende Machtinstanz selber, die das Wort ergreift, vielmehr kann sie das, was sie in Kraft treten läßt, durch eine andere oder mehrere Personen verkündigen lassen, die dann nicht in ihrem eigenen Namen, sondern als Sendboten sprechen. Daß es sich so bei der christlichen V. verhält, geht aus den im NT verwendeten Ausdrükken κηρύσσειν bzw. κήρυγμα hervor (→ Kerygma). Das, wovon die christliche V. spricht, hängt nicht vom Verkündiger ab und wird nicht von ihm wirksam gemacht, sondern wird im Glauben daran, daß Gott es als seine Botschaft wirksam werden läßt, verkündigt und gehört. Der Verkündiger spricht nicht im Namen seiner oder anderer Erfahrung, sondern im Namen Gottes. Die Rolle des Zeugen ist es, Gottes eigenes Zeugnis hervortreten zu lassen (R.Mehl).

3. Mit K. → Barth, F. → Gogarten und bes. mit R. → Bultmann ist das Problem der V. in der *Theologie* aktuell geworden. Barth geht es darum, wie die V., die das Wort eines Menschen ist, das Wort Gottes sein kann. Für Bultmann handelt es sich um eine doppelseitige Entsprechung. Weil der christliche → Glaube (: V) den Charakter der → Entscheidung hat und sein Inhalt aus unvorhersehbaren Ereignissen besteht, gehören Christentum und V. zusammen. a) Da das Verkündigte für den Einzelnen in Kraft tritt, kann er sich der Stellungnahme nicht entziehen. Die V. stellt den Menschen, ob er will oder nicht, in die Entscheidung dafür oder dagegen; denn nichts von der V. wissen wollen, heißt sich gegen sie entscheiden. Der Anrede der V. entspricht daher der Glaube als Entscheidung. b) Verkündigt wird das Eingreifen Gottes, sein Reden und Handeln durch einen bestimmten Menschen, nämlich durch das Reden und Handeln, das Leben und den Tod Jesu von Nazareth. Das Ereignis von damals und die V. heute können nicht getrennt werden, es besteht die allerengste Verbindung. Gottes Tat damals hatte den Sinn, das, was wir heute als die V. seines eigenen Wortes hören, einzusetzen. Wenn dies nicht der Sinn des Ereignisses von damals war, dann war es auch nicht Gottes Tat. Und die V. heute wiederum kann nur darum von sich sagen, daß sie Gottes eigenes Wort ist, weil sie auf dem beruht, was sich damals als Gottes Tat in Jesus ereignete. Ohne das Geschehnis von damals wäre die V. heute nicht Gottes Wort, sondern eine Weltanschauung oder ein Ideenkomplex.

K.Barth, Das Wort Gottes u. die Theol., 1924, 99ff - Bultmann I-III - K.E.Løgstrup, Die Kategorie u. das Amt der V. im Hinblick auf Luther u. Kierkegaard (EvTh 9, 1949/50, 249-269) - G.Wingren, Predikan, Lund 1949; dt. (1955) 1959² - H.Diem, Die Existenzdialektik von Søren Kierkegaard, 1950 - J.Sløk, Die Formbildungen der Sprache u. die Kategorie der V., Kopenhagen 1951 - R.Mehl, La rencontre d'autrui, Neuchâtel 1955 - T.Aukrust, Forkynnelse og historie, Bergen 1956 - G.Ebeling, Theol. u. V. (HUTh 1), 1962.

K.E.Løgstrup

Verlaine, *Paul* (30.3.1844 bis 8.1.1896), franz. Dichter, begann früh ein ausschweifendes Bohèmeleben, das er bald nach seiner Heirat (1871) in enger Bindung an Rimbaud, durch Belgien und England vagabundierend, fortsetzte. Zwei Jahre Gefängnis - er hatte im Rausch auf Rimbaud geschossen - waren der äußere Anlaß für die vorübergehende Rückkehr zum kath. Glauben seiner Kindheit. - In der Gedichtsammlung »La bonne Chanson« (1870) wendet er sich von der ursprünglichen Kunst des Parnass ab und festigt seinen eigenen Stil. Das Gedicht »Art poétique« (1874) gilt als Manifest der symbolistischen Dichtung (→ Symbolismus: II): V. verlangt vor allem Musikalität, lehnt rhetorischen Prunk ab, hält am Reim fest, lockert aber die überkommenen metrischen Regeln. Der Band »Sagesse« (1881), getragen von tiefer Gläubigkeit und mystischer Ergriffenheit, enthält Verse, die zu den schönsten der franz. Lyrik zählen.

Oeuvres (Pléiade), Paris 1954. - Über V.: G.Haug, V., Basel 1944 - W.Adam, V., Paris 1953.

P.M.Schon

Verlöbnis

1. Liturgisch - 2. Rechtlich

1. Der im *Osten* schon zZ des → Chrysostomus üblichen → Trauung ging ein V.ritus voraus, der erst in neuerer Zeit (Rußland 1775, Griechenland 1834) mit ihr verbunden wurde. In der *röm. Kirche* kam Einsegnung des V.ses gelegentlich ebenfalls schon im 4.Jh. vor. Nach dem Augsburger Ritual von 1487 konnte der Priester auf Wunsch (ohne feierliche Amtstracht) im Haus eine liturgische V.feier halten. Zahlreicher wurden diese liturgisch gestalteten Feiern, als sich - in der röm. Kirche durch das Tridentinum, in der ev. durch den Einfluß von Luthers Traubüchlein - feste Formen der Trauung durchsetzten. Eine Münsterer Agende von 1712 kennt auf das V. bezügliche Fragen an die Brautleute und Konfirmation ihres Versprechens durch den Priester; sehr ausführlich ist das Trierer Ritual von 1836, das zwischen einem ersten und zweiten Fragenkomplex eine agendarische Vermahnung über den Sinn der christlichen Ehe und nach der Konfirmation des V.versprechens eine (freie) Mahnung zum Sakramentsgebrauch und keuschen Leben vor der Trauung enthält. *Heute* ist das kath. V. ein rein kirchenrechtlicher Akt. Die zweifellos in den ersten Stücken des kath. Trauungsformulars (über den Verlauf s. → Trauung: I) vorhandene mittelalterliche V.tradition (vgl. die für die deutschen Diözesen gültige Collectio rituum von 1950, 88-96) wird weder von kath. Kirchenjuristen noch Theologen als kirchliches V. aufgefaßt, sondern ist integrierender Teil der Trauung (wie verwandte Stücke in ev. Trauordnungen). - Zahlreich sind die *ev.* Kirchengebiete und Städte, die nach Luther eine liturgische Feier des V.ses gehabt haben. Balth. → Mentzer I. setzte sich aufs wärmste für diese »laudabilis consuetudo« ein, die früh für Lübeck, Wismar, Straßburg, Oldenburg nachzuweisen ist. Oldenburg, Hessen, Schleswig-Holstein, Hannover hatten sie noch bis zur Wende des 18.Jh.s; die Lübecker Ordnung von 1754 ist bes. ausführlich. Die späteste gedruckte liturgische Ordnung (mit Ansprache und Fragen) dürfte die im Liturgienbuch der ev. Brüdergemeine von 1882 sein. Aufs Ganze gesehen wurde das Ende des kirchlichen V.ses nicht durch die → Zivilstandsgesetzgebung herbeigeführt, sondern durch das Zusammenschrumpfen der kirchlichen Sitte.

Vgl. die Lehrbücher der → Liturgik - P.GRAFF, Gesch. d. Auflösung d. alten gottesdienstl. Formen in d. ev. Kirche Deutschlands I, (1921) 1937²; II, 1939. *W.Jannasch*

2. Der *Rechtsbegriff* des V.ses ist in der deutschrechtlichen und der römischrechtlichen Tradition verschieden. Deutschrechtlich ist das V. der erste Akt der Eheschließung (sog. negative Ehewirkungen), welcher in der → Trauung (: II, 1) vollendet wird. Römischrechtlich ist es Vertrag auf zukünftige Eheschließung. Das Ringen beider Anschauungen und ihre Verbindung hat im kanonischen Recht des MA zu schwer handhabbaren Unterscheidungen geführt (sponsalia de futuro et de praesenti). Die sich daraus ergebenden Unzuträglichkeiten haben einen Teil der reformatorischen Kritik an der bischöflichen Ehegerichtsbarkeit begründet (→Trauung: II, 2). In den neuzeitlichen Kodifikationen, die das Gewohnheitsrecht ablösten, hat sich der romanistische Begriff durchgesetzt. Aus dem V. kann auf Eheschließung nicht geklagt werden. Es ist formlos. Rücktritt, schuldhafter Rücktritt und Gewährung der Beiwohnung lösen jedoch Haftungsansprüche aus (§§ 1298ff BGB). Das V. begründet jedoch vor allem auch einen gegenwärtigen personenrechtlichen Rechtsstand des Paares, der als solcher vom Recht anerkannt und geschützt wird (zB → Zeugnisverweigerungsrecht). Die Volksanschauung ist in Deutschland auch heute noch mit Resten der deutschrechtlichen Auffassung durchsetzt. So ist das V. weder von einer Form noch von der Veröffentlichung abhängig: diese haben nur noch Beweisbedeutung. Aus der gleichen Quelle stammt der Irrtum, daß das V. mangels Klagbarkeit außerrechtlich sei. - Der CIC gibt für das V. Formvorschriften (c. 1017) und regelt es sonst im wesentlichen romanistisch. Das ältere ev. Kirchenrecht und die KOen befassen sich mit dem V. bes. unter dem Gesichtspunkt der Kirchenzucht (voreheliche Beiwohnung). Das moderne ev. Kirchenrecht verweist auf das weltliche Recht und hat keinen Ansatzpunkt für eigene Regelungen.

R.SOHM, Das Recht der Eheschließung aus d. dt. u. kanon. Recht gesch. entwickelt, 1875 - G.BEITZKE, Familienrecht, (1947) 1962¹⁰ - H.HANSTEIN, Kanon. Eherecht, (1949) 1958⁸ - H.DOMBOIS-F.K.SCHUMANN, Weltl. u. kirchl. Eheschließung, 1953. - Ferner die allg. Darst.en d. Familien- u. Kirchenrechts. *H.Dombois*

Vermigli, *Petrus Martyr* (1500-62), * in Florenz aus reicher, angesehener Familie, wurde 1516 gegen den Willen des Vaters Augustiner in Fiesole und studierte seit 1519 in Padua alte Sprachen, Aristoteles und Scholastik. Mit 26 Jahren als Reformer von Ordensklöstern eingesetzt, kam er in Neapel mit Juan de → Valdés in Berührung (→ Italien, 3) und wurde vom ev. Glauben tief erfaßt. Als Abt nach Lucca berufen, wollte er im Sinne → Savonarolas die Glaubenserneuerung mit einer politischen Revolution im Stadtleben verbinden und errichtete eine Art Bibelschule. Vor der Inquisition floh er im Aug. 1542 nach Straßburg, wurde Prof. für AT und trat in Verbindung mit → Bucer. 1547 von → Cranmer nach Oxford berufen, wurde er Mitbegründer der anglikanischen Kirchenlehre. 1553 vertrieb ihn der Regierungsantritt der Mary Tudor wieder nach Straßburg, 1556 folgte er einem Ruf als Prof. nach Zürich. Durch eine rege Korrespondenz war V. für die Reformation in Polen und den Aufbau der englischen Kirche wirksam und nahm auch am Religionsgespräch in Poissy teil (→ Frankreich: I, 4). In klarer Festigkeit ev. Glaubens bemühte sich V. um die Verständigung zwischen Lutherischen und Reformierten.

CARL SCHMIDT, P.M.V., Leben u. ausgew. Schriften, 1858 - RE XX, 550ff (Lit.) - FR.C.CHURCH, The Italian Reformers, New York 1932 - LThK X, 568f - D.CANTIMORI (→Vergerio) - DThC XV/2, 2693ff - J.C.MCLELLAND, The Visible Words of God. An Exposition of the Sacramental Theory of P.M.V., Edinburgh-London 1957 (Bibliogr.). *G.Weiß-Stählin*

Vermittlungstheologie, neben → Liberalismus (: III) und konfessioneller Theologie (→ Systematische Theologie: II, 1 b) die einflußreichste theologische Richtung im zweiten Drittel des 19.Jh.s. Vermittlung, von → Hegel philosophisch zu Ehren gebracht, von → Schleiermacher eigenständig und genial theologisch durchgeführt, war den Männern der V. höchstes Ziel. Sie formulierten ihr Programm in den 1828 gegründeten ThStKr, deren Herausgeber K. → Ullmann, Umbreit, → Gieseler, → Lücke, K.I. → Nitzsch waren; als spätere Ersatzmänner traten R. → Rothe, Jul. → Müller, → Hundeshagen und E.Riehm ein. Es galt, alle zu sammeln, die der Meinung zustimmten, daß es zu keiner Zeit, am wenigsten in der Gegenwart, »der wahren Vermittlungen zu viel geben könne«. Schlichter biblischer Glaube und wissenschaftlicher Geist sollten sich gegenseitig durchdringen, damit sowohl Buchstabenknechtschaft wie »Ungebundenheit und Gesetzlichkeit schwärmerischen Geistes« überwunden würden. Deutscher → Idealismus (: II), → Erweckung (: I) und dogmatische Überlieferung verbanden sich in der V., so daß die Grenzen gegenüber dem Liberalismus einer-, der konfessionellen Theologie andererseits zT fließend waren. Beider berechtigte Anliegen wollte die V. aufnehmen und zur Geltung bringen. Schleiermacherschüler (A. → Schweizer, → Twesten, → Beyschlag), spekulative (Dorner, Rothe) und Erweckungstheologen (A. → Neander, → Tholuck, J.Müller; auch der Verleger der ThStKr, F.Chr. → Perthes, war erweckt) bestimmten die V. Das Ziel war hoch gesteckt, und das große Vorbild Schleiermachers spornte an. Erreicht, geschweige denn überboten, hat ihn keiner. »Die Personalunion der theologischen Motive vermochte keine Realunion zu gestalten, sondern wurde zum Eklektizismus« (Stephan-Schmidt). Darum erschien die V. ihren Gegnern als unklar und schwankend. Ihr Eintreten für die → Union zog ihr überdies den Zorn der konfessionellen Lutheraner zu.

Als 1835 D.Fr. → Strauß' »Leben Jesu« erschien, hatte die V. ihre schwerste Probe zu bestehen. Die Evangelienkritik einfach abweisen, wie → Hengstenberg u.a. unter Berufung auf den Glauben des Wiedergeborenen taten, konnte sie nicht. Sie mußte, um zwischen Glauben und Wissen zu vermitteln, in die Einzelauseinandersetzung eintreten. Aber ihr Ziel mußte sein, den Glauben an den historischen Jesus als Gottmenschen gegenüber Strauß zu behaupten. Sie führte den Kampf sowohl mit systematischen wie mit historischen Argumenten. In der Systematik bot sie eine Neufassung der → Christologie (: II, 8 c. d) und der Lehre vom → Wunder (: V). Um den Einwand zu entkräften, daß die Idee des Gottmenschen sich nicht in einem Individuum verwirklichen könne, entwickelte I.A.Dorner die Anschauung von Jesus als dem der menschlichen Gattung zur geistig-religiösen Einheit notwendigen Zentralindividuum (→Spekulative Theologie, 2). → Martensen verband damit den aus der → Erlanger Schule stammenden kenotischen Gedanken, der auch sonst in der V. Anklang fand (zB bei Geß), von Dorner aber scharf kritisiert wurde. Um die nt. Wunder als möglich zu erweisen, bejahte die V. das Wunder als eine freie Tat göttlichen Sichbezeugens in der Welt, und zwar sowohl im Bereich des Geistigen wie in dem der Natur. Die äußeren Wunder sind nach Dorner die »Morgenröte des wahren Verhältnisses, in welchem der Geist seine Macht über die Natur frei und wesensgemäß entfalten und damit auch die Natur zu ihrer wahren Ordnung befreien wird« (Hirsch).

Schwieriger gestaltete sich die Auseinandersetzung auf dem Gebiet der *Historie*. Der Versuch, die Straußsche Kritik als eine ungeheuerliche Übertreibung bei grundsätzlicher Einräumung einiger mythischer oder sagenhafter Züge und gelegentlicher Unebenheiten in den Evangelien abzutun, mißlang. Man mußte mit einer gemäßigten historischen Kritik Ernst machen. Damit wurde ein langer und schwieriger Weg beschritten, dessen Probleme noch heute aktuell sind. Typisch für die Verlegenheit, in der sich die V. befand, ist das 1837 erschienene »Leben Jesu Christi« von Neander. Der Aufriß wird nach dem JohEv gegeben; mit ihm werden die andern drei harmonisiert, wobei kleinere Anstöße durch Kritik beseitigt werden. Im übrigen greift Neander zum Mittel der Wunderabschwächung, um die Glaubhaftigkeit zu erhöhen. Bei den Totenerweckungen handelte es sich vielleicht nicht um wirklich Tote. Das Weinwunder von Kana hat seine Entsprechung in der Herstellung von Mineralwasser, wobei ja auch die natürliche Kraft des Wassers gesteigert wird. Diese Methode der halben Zugeständnisse verspottete Strauß, indem er als Motto für Neanders Schrift persiflierend vorschlug: Ich glaube, Herr, hilf meinem Unglauben. Bedeutender, allerdings zunächst nicht so stark beachtet war C.H.Weißes (→ Spekulative Theologie) Werk »Die ev. Geschichte kritisch und philosophisch bearbeitet«(I. II, 1838). Hier werden in umfassender Begründung Markus und die Quelle Q als Grundlage des Mt- und LkEv angesetzt, – eine These, die Zukunft hatte (→ Evangelien, synoptische, 1 c). In der Wunderfrage gilt nur das als geschichtlich, was sich als Wirkung der Person Jesu verstehen läßt, also ein erheblicher Teil der Wunderheilungen. Alle andern Wunder werden preisgegeben: Gleichnisreden Jesu sind mißverstanden und in äußere Geschichte umgesetzt worden. Das leere Grab ist Legende. Die Erscheinungen des Auferstandenen sind Visionen, freilich unter der objektiven Einwirkung der Person Jesu vom Himmel her (objektive Visionshypothese). Weiße war im Unterschied zu Strauß um ein Verständnis der Persönlichkeit Jesu bemüht. Er untersuchte und umgrenzte das messianische Selbstbewußtsein Jesu. Dabei ergab sich ihm, daß die Vorstellungen von der Wiederkunft Christi der Gemeinde entstammen; Jesus sei ohne solche falsche Weissagung freiwillig in den Tod gegangen mit der Gewißheit, als der wahrhaft Lebendige nach dem Tode die auf seiner Lehre basierende, die Menschheit erneuernde sittlich-religiöse Gemeinschaft tragen zu können. Weißes Versuch, den Glauben der Gemeinde an Jesus als den gottmenschlichen Erlöser historisch begreiflich und der philosophischen Rechtfertigung fähig zu machen, wurde von der V. zunächst als zu radikal empfunden, aber sein Rückzug auf die Persönlichkeit Jesu erschien ihr nach und nach doch als der rettende Ausweg (→ Leben-Jesu-Theologie).

Gehört A. → Ritschl zur V.? Nein und Ja. Nein; denn mit seiner scharf antispekulativen und antipietistischen Wendung bestreitet er der V. ihre Ausgangspositionen. Und doch auch wieder Ja; denn er selbst betreibt die Vermittlung zwischen biblisch-reformatorischem Offenbarungsglauben und historisch-kritischer Wissenschaft. Er ist »das Ende der alten und der Anfang einer neuen V.« (Hirsch). Insofern die vorritschlsche V. ihr eigentümliches idealistisch-erweckungstheologisches Gepräge hat, ist es berechtigt, ihr den Namen V. in einem besonderen Sinn vorzubehalten.

Die V. ist wegen ihrer Unklarheiten und Halbheiten zu Recht oft scharf kritisiert worden. Darüber darf aber ihre geschichtliche Aufgabe nicht übersehen werden. In dem Kampf zwischen neuer Orthodoxie (Hengstenberg!) und historisch-rationaler Wissenschaft stellte sich die V., so gut sie es vermochte, vor den drohenden Riß und suchte das Ganze zusammenzuhalten. Ihr Programm einer zugleich weitherzigen und offenbarungsgläubigen Theologie schärfte den Kirchenleitungen sowohl für die Wissenschaft wie für die biblische Offenbarung das Gewissen. Ferner war die V. weit genug, um den Rahmen für viele verdienstliche theologische Einzelforschungen zu bilden, etwa zur Lösung der synoptischen Frage oder auf dem Gebiet der Kirchen- (→ Hase) und → Dogmengeschichte. Dorners und Rothes systematische Leistungen sind von bleibender Bedeutung. Schließlich war es der V. ein Anliegen, das reformatorische Erbe zu wahren gegenüber katholisierenden Anschauungen von Kirche, Amt und Sakrament und gegenüber einer unreformatorischen Gleichordnung von Schrift und Bekenntnis, wobei sie gegenüber konfessionalistischen Aufspaltungstendenzen das Gemeinevangelische betonte und einem einheitlichen ev. Kirchentum in Deutschland vorarbeitete. Zu schöpferischer Neugestaltung ist sie nicht gelangt, aber sie hat die wichtigen Fragen und Entscheidungen vorläufig offen gehalten und an ihrer Lösung mitgearbeitet.

F.H.R.Frank, Gesch. u. Kritik d. neueren Theol., (1894) 1908[4] – G.Frank, Gesch. d. prot. Theol. IV, 1905 – W.Elert, Der Kampf um d. Christentum, 1921 – F.Kattenbusch, Die dt. ev. Theol. seit Schleiermacher, 1934[6], 34ff – Barth, PrTh – Hirsch V, 364ff – Stephan-Schmidt 188ff. – Weitere Lit. bei den biogr. Einzelartikeln.

E.Schott

Vermögensrecht, *kirchliches* → Kirche und Staat, → Finanzwesen.

Vernunft und Verstand (V.t, V.d). Im allgemeinen Sprachgebrauch bezeichnen beide Ausdrücke unterschiedslos das geistige Vermögen im Gegensatz zur Sinnlichkeit. In der engeren Bedeutung, die sie in der philosophischen Schulsprache haben, unterscheiden sie sich in genau bestimmter Weise. Der dabei zugrunde liegende psychische Sachverhalt ist das Vorhandensein zweier geistiger Vermögen, die in der Einheit des Denkprozesses ständig zusammenwirken. Das eine ist das Vermögen des diskursiven Nachdenkens, das sich urteilend und schließend zwischen den Begriffen hin und her bewegt, das andere ist das Vermögen der intuitiven Einsicht, das seinen Gegenstand in einem einheitlichen Akt geistiger Anschauung unmittelbar erfaßt. Der dieser psychologischen und erkenntnistheoretischen Unterscheidung ihrerseits zugrunde liegende ontische Sachverhalt ist das Gegebensein einfacher und komplexer Gegenstände, die eine unterschiedliche Erfassung durch das erkennende Subjekt notwendig machen. Diese ontische Differenz von einfachem und komplexem Seiendem hat zu entsprechenden ontologischen Bestimmungen Anlaß gegeben, und diese haben wiederum die ihnen entsprechenden psychologischen und erkenntnistheoretischen Bestimmungen postuliert.

Im philosophischen Sprachgebrauch der Antike heißt das Vermögen des diskursiven Denkens διάνοια (lat. ratio), das Vermögen des intuitiven, unmittelbar einsichtigen Denkens νοῦς (lat. intellectus). In dieser Bedeutung haben die Ausdrücke auch Eingang gefunden in die scholastische und nachscholastische Psychologie und Erkenntnislehre. Danach dient in der Reihe der Erkenntnisvermögen (sensatio, imaginatio, ratio, intellectus) die ratio der Umsetzung der sinnlichen Erkenntnisinhalte in Begriffe, während dem intellectus die von aller Sinnlichkeit freie Erkenntnis der Ideen und das Schauen Gottes zukommt. Im deutschen Sprachgebrauch ist von Meister Eckehart, Luther u.a. bis ins 17.Jh. und noch darüber hinaus V.t die Übersetzung für ratio, V.d die Übersetzung für intellectus. Nach dem

Vorgang der Aufklärungsphilosophen war es bes. → Kant, der die Bedeutungen von V.t (ratio) und V.d (intellectus) umkehrte, indem er dem V.d die Konstituierung der Erfahrung auf Grund der Sinneseindrücke und der → Kategorien zuschrieb, der V.t aber als dem »oberen Erkenntnisvermögen« die Ideenerkenntnis und die Bildung der metaphysischen Begriffe zuwies. »Alle unsere Erkenntnis hebt von den Sinnen an, geht von da zum V.de, und endigt bei der V.t, über welche nichts Höheres in uns angetroffen wird« (Kritik der reinen Vernunft B 355). Die Idee einer intellektuellen Anschauung, eines intuitiven »urbildlichen V.des (intellectus archetypus)« wird von Kant nur als »Dagegenhaltung« gegen den diskursiven menschlichen, »der Bilder bedürftigen« V.d (»intellectus ectypus«) bestimmt (Kritik der Urteilskraft § 77). Nach Kant kommt diese Anschauung nur Gott zu. Obwohl Kant bezüglich seiner Lehre von der intellektuellen Anschauung die Nachfolge versagt blieb (vgl. zB Goethes Aufsatz »Anschauende Urteilskraft«, 1817), ist die Umkehrung des Verhältnisses von V.t und V.d in der deutschen Philosophie nach Kant beibehalten worden. Ausnahmen von dieser allgemeinen Erscheinung sind vor allem Fr. → Schlegel und → Schopenhauer, die an dem älteren Sprachgebrauch bewußt festhielten. Für → Hegel, der die Kantische Umkehrung nachvollzieht, ist die V.t das Vermögen des dialektischen Denkens der lebendigen Ganzheit und Einheit der Gegensätze im Unterschied zum fixierenden, festlegenden, isolierenden, gleichsam tötenden V.d. Seit → Hamann und → Herder bezeichnet V.t auch das Vermögen des Vernehmens und Empfangens des Transzendenten, Ewigen und Göttlichen. In der Gegenwart ist eine zunehmende Unsicherheit im distinkten Gebrauch der Ausdrücke V.t und V.d deutlich spürbar. Diese Unsicherheit hat zwei Ursachen: einmal historisch die ziemlich willkürliche Umkehrung des traditionellen Verhältnisses der Bedeutungen beider Ausdrücke durch Kant, zum anderen sachlich der Umstand, daß das Wissen um die ontischen Sachverhalte, die ursprünglich das philosophische Denken zum Ansatz dieser beiden geistigen Vermögen veranlaßte, mehr und mehr aus dem philosophischen Bewußtsein unserer Zeit entschwunden ist. Dieser begriffsgeschichtliche Tatbestand steht in einem eklatanten Mißverhältnis zu der Aktualität bestimmter erkenntnistheoretischer Fragen in der modernen Physik.

Eisler III, 395ff. 409ff - A.Hufnagel, Intuition u. Erkenntnis nach Thomas v. Aquin, 1932 - J.Peghaire, Intellectus et ratio selon s. Thomas d'Aquin, 1936 - R.Messner OFM, Schauendes u. begriffl. Erkennen nach Duns Skotus, 1942 - C.F.v.Weizsäcker, Zum Weltbild d. Physik, (1943) 1958[7] - B.Snell, Die Entdeckung d. Geistes. Stud. z. Entstehung d. europ. Denkens bei d. Griechen, (1946) 1955[3] - G.Siewerth, Wesen u. Gesch. d. menschl. V.t nach I.Kant (ZPhF 1, 1946/47, 250-265) - P.Hazard, Die Herrschaft d. V.t. Das europ. Denken im 18.Jh., 1949 - W.Kamlah, Der Mensch in d. Profanität, 1949 - N.Bohr, Atomphysik u. menschl. Erkenntnis, 1958 - G.Krüger, Grundfragen d. Philos., 1958 - B.Lohse, Ratio u. Fides. Eine Unters. über die ratio in d. Theol. Luthers, 1958 - K.Oehler, Die Lehre vom noetischen u. dianoetischen Denken bei Platon u. Aristoteles, 1962. - Vgl. die Lit. zu den genannten Denkern sowie zu → Erkenntnistheorie, → Idealismus, → Rationalismus, → Subjekt und Objekt. *K.Oehler*

Veronika, nach der Legende eine Jüngerin Jesu (nach → Nikodemusevangelium 7 heißt sie Beronice und wird von Euseb, h.e. I, 7, 18 mit dem blutflüssigen Weib [Mk 5, 25ff par] identifiziert), die ihm auf seinem Weg zum Kreuz ein Schweißtuch reicht, womit er sein Antlitz abtrocknet und es dabei auf wunderbare Weise dem Tuche einprägt. Nach einer anderen Version soll V. durch ein Wunder dieses Tuch mit dem → Christusbild (, 2 c; → Christusporträt) zuteil geworden sein. Diese ältere Legende ist offensichtlich mit den in Rom aus Byzanz eingeführten wundertätigen Christus-Ikonen entwickelt worden. Die älteste deutsche Darstellung zeigt die Heilige mit dem Schweißtuch auf einem Tafelgemälde des 14.Jh.s von Hermann Wynrich (Alte Pinakothek, München). Weiteste Verbreitung findet die Legende im 15. und 16.Jh. Tag: 4.2.

AS Febr. I, 449ff - C.Pearson, Die Fronica, 1887 - E.v.Dobschütz, Christusbilder (TU 18), 1899, 197ff - M.Liefmann, Kunst u. Heilige, 1912, 258f - Künstle I, 591f - Doyé II, 487f - Braun, TA 716f - DACL XV/2, 2962ff - EC XII, 1299ff (Lit.). *H.Paulus*

Verschoor, *Jakob* (1646-1700), ref. Separatist aus Vlissingen, studierte Theologie in Leiden, wurde aber bei Bewerbungen von den stark Voetianischen Klassen Walcheren und Süd-Beveland als »Spinozist« abgewiesen. Er entfaltete daraufhin eine rege Konventikeltätigkeit um Middelburg. Die Staaten von Seeland veranstalteten 1697 ein Religionsgespräch zwischen ihm und zwei Middelburger Predigern. Es ging um die Grundlehren V.s, daß die Erlösten durch das Werk Christi schuld- und straflos geworden seien und daß seitdem angeborene Sündlosigkeit möglich sei. V. verlangte von wahren Christen genaue Kenntnis der Bibel, auch des hebr. AT. Aus Middelburg und später auch Leiden verbannt, gewann er überall in den Niederlanden Anhänger (»Hebräer«), bes. Theoph. van Schoor und Margaretha van Dyck, die Hauptführerin der Kreise nach seinem Tode. Die Bewegung ging allmählich in die verwandte van → Hattem'sche ein; Einzelspuren sind bis in die Mitte des 18.Jh.s in den Ursprungsprovinzen nachweisbar. V. war ein Glied des antinomistischen Perfektionismus, der vielfach im Protestantismus auftauchte. Mit der zeitgenössischen englischen Bewegung stand er wohl in unmittelbarem Zusammenhang.

Verzameling der werkjes van J.V. en eenige zijner discipelen, Amsterdam 1731. - J.van Leeuwen, De Antinomianen (NAKG 8, 1848, 63-91) - Glasius, Biogr. Woordenboek III, 1856, 500ff - H. Heppe, Gesch. d. Pietismus u. d. Mystik in d. ref. Kirche namentlich der Niederlande, 1879, 375ff - J.Reitsma, Geschiedenis van de hervorming en de hervormde kerk der Nederlanden, (1893) 1949[5] - Th.Sippell, W.Dells Programm einer »luth.« Gemeinschaftsbewegung, 1911, 3f. *H.Bornkamm*

Versicherung → Sicherheit, soziale; → Sozialversicherung.

Versiegelung

1. Religionsgeschichtlich - 2. Im AT - 3. Im NT. - Vgl. → Siegel

1. Der profane Begriff der V. entstammt dem Rechtsleben und ist *religionsgeschichtlich* reich belegt. Urkunden und bes. Testamente werden gesiegelt. Schon hieraus ergibt sich der Siegelschutz, weil es sich um ein rechtliches Legitimationsmittel handelt (Wenger). Die V. bei Tieren geschieht durch Brandmarkung, die auch bei Sklaven häufig ist. Eine militärische Signierung ist für die Kaiserzeit belegt (Dölger, Sphragis 32ff). Ansonsten werden Freie nicht signiert. Die Übernahme einer freiwilligen Signierung im *Kult* mit Eintätowierungen des Symbols oder Namens einer Gottheit bezeugt, daß sich diese Person ins Eigentum und in den Schutz der Gottheit begibt (Lilliebjörn). Ein apotropäischer Gedanke kann sich hiermit verbinden und führt zur Verwendung von Siegeln auf Gemmen als Amuletten (C.Bonner). - Ungeklärt ist noch die kreuzförmige Signierung auf den sog. Scipionen-Köpfen (Dölger).

2. Das *AT* verbietet eine V. durch Einritzen des Gottesnamens in die Haut (Lev 19, 28; 21, 5f; Dtn 14, 1f), kennt aber eine Stirnsignierung des Propheten (1Kön 20, 41). Das Zeichen »Jahwe eigen« haben nach Jes 44, 5

die Gottesfürchtigen in die Hand geschrieben. Von großem Einfluß auf die jüdische und frühchristliche Zeit wurde Ez 9, 4, wo die V. »der Männer, die da seufzen und jammern« mit einem Tav auf der Stirn von Jahwe defohlen wird. Der hier angelegte eschatologische Gedanke im V.sbrauch wird beherrschend in Stellen wie PsSal 15, 6. 9; 4Esr 6, 5f; 8, 51ff, ferner in Dam 9, 11 (B-Text). Die V. geschieht an den »Heiligen« zum Schutz beim Endgericht. Die Frage, ob hier an eine vergeistigte oder durch Salbung durchgeführte Signierung oder gar Tätowierung zu denken ist, läßt sich nicht eindeutig beantworten. Eine Polemik Philos (de spec. leg. 58) setzt freilich letztere in jüdischen Kreisen voraus. – Als Zeichen eschatologischer V. von Verstorbenen sind die Kreuzzeichen auf jüdischen → Ossuaren (Talpioth; Ölberg: »Dominus Flevit«-Nekropole) und Loculusplatten (Rom: Vigna Randanini) zu beurteilen (→ Kreuz: II).

3. Im *NT* begegnet sowohl der profane wie sakrale Gebrauch der V. In Röm 15, 28 bezieht sich σφραγίζειν auf das Verschließen und Sichern eines Kollektenbetrages. Ebenso ist beim »Lösen des Siegels« Apk 5, 2. 5 technischer Sprachgebrauch aufgenommen. Jesu Grab wird ebenso versiegelt (Mt 27, 66) wie der Abgrund, in dem Satan für das Millennium gefangengehalten wird (Apk 20, 3). Vorherrschend indes ist der eschatologische V.sgedanke, der in der Regel durch die jüdische Rezeption von Ez 9, 4 mitbestimmt ist. Apk 7, 1-8 hat Ez 9, 4 zur Voraussetzung, ersetzt aber das eschatologische Zeichen Tav durch die σφραγὶς θεοῦ oder das Namenssiegel Gottes und Jesu (14, 1ff). Während erst in Herm sim IX, 16, 4 (vgl. 17, 4; VIII, 6, 3; 2Clem 7, 6; 8, 6; → Aberkiosinschrift 9) σφραγίς und Taufe Synonyma sind, ist doch in der Apk die Taufanschauung deutlicher Hintergrund und impliziter Teil des eschatologischen V.sgedankens. Die Frage, ob bereits in apostolischer Zeit die V. mit der → Taufe (: II) auf den Namen Jesus verbunden war, wird man bejahen müssen. In 2Kor 1, 21f und Eph 1, 13f; 4, 30 ist der V.sbegriff innerhalb der Taufterminologie bezeugt und damit zwar nicht die Taufe als Ganzes, aber ein Motiv derselben gemeint: die V. ist rechtliche Übereignung an den Kyrios und damit Kennzeichnung des einzelnen für das eschatologische Israel. Nur von hier aus ist die Möglichkeit gegeben, metaphorisch das »Zeichen der Beschneidung« als »Siegel der Gerechtigkeit« zu verstehen (Röm 4, 11; vgl. Barn 9, 6).

F.J.DÖLGER, Sphragis, 1911 - W.HEITMÜLLER, ΣΦΡΑΓΙΣ (Heinrici-Festschr. [UNT 6], 1914, 40-59) - PW 2. R. II/2, 1361ff (L.WENGER) - H.LILLIEBJÖRN, Über relig. Signierung in d. Antike, Uppsala 1933 - J.DIEHL, Sphragis (Diss. Gießen), 1935 - C.BONNER, Studies in Magical Amulets, Ann Arbor 1950 - P.B.BAGATTI-J.T.MILIK, Gli Scavi del »Dominus Flevit« I, Jerusalem 1958 - A.HAMMAN, La signification de σφραγίς dans le Pasteur d'Hermas (TU 79, 1961, 291 bis 297) - E.DINKLER, Die Taufterminologie in 2Kor 1, 21f (Festschr. O.Cullmann, Leiden 1962, 173-191; Lit.). *Erich Dinkler*

Versöhnung

I. Religionsgeschichtlich - II. Im AT - III. Im Judentum - IV. Im NT - V. Dogmengeschichtlich - VI. Dogmatisch

I. Religionsgeschichtlich

1. Begriff - 2. Formen der V.

1. Der *Begriff* der V. läßt sich kaum allgemein befriedigend von dem der → Sühne abgrenzen, da die beiderseitigen Vorstellungsgehalte, die die Wiederherstellung eines zwischen Göttern und Menschen gestörten Verhältnisses betreffen, ineinander übergehen können. Doch wird man sagen können, daß der Begriff der V. enger ist als der der Sühne. Während die menschliche Leistung, die die Sühne erfordert, dinglicher Natur sein und mechanisch vollzogen werden kann, liegt ein Akt der V. nur dann vor, wenn ihm ein subjektives Moment innewohnt. Auf seiten des Menschen gehört daher zur V. das Bewußtsein individueller Verschuldung (→ Sünde: I). Die Gottheit kann ihrerseits nicht, wie bei der Sühne, in magischer Weise (→ Magie) zur Wiederherstellung einer pax deorum veranlaßt werden, sondern ihr bleibt stets eine freie Entscheidung über Annahme oder Verwerfung der vom Menschen angebotenen V. Die Auseinandersetzung zwischen Mensch und Gottheit vollzieht sich somit in der personalen Sphäre, und es ist charakteristisch, daß der → Buddhismus (: I), der die Existenz der Götter entwertet und die menschliche Individualität auflöst, keinen eigentlichen V.sgedanken kennt. Entsprechend den verschiedenen Möglichkeiten menschlicher Verschuldung umfaßt der Begriff der V. eine weite Skala religiöser Möglichkeiten, die von der magischen V. eines in seinem Wirkungskreis gestörten Dämons bis zu rein ethischen Auffassungen reichen. Bei der ethischen Auffassung (→ Sittlichkeit: II) ist die Gottheit verletzt durch eine menschliche Übertretung der von ihr gesetzten sittlichen → Ordnung. Dabei können sowohl gelegentliche Verstöße gegen die sittliche Norm als auch der moralische Gesamthabitus des Menschen der V. bedürfen. Im letzteren Falle ist der Begriff der V. weitgehend mit dem der Religion identisch; für → Augustin (De quantitate animae 36, 80) ist »die wahre Religion die, durch welche die Seele mit dem einen Gott, von dem sie sich gewissermaßen losgerissen hat, in der V. sich wieder verbindet« (vgl. 2Kor 5, 20: »Lasset euch versöhnen mit Gott«, → Versöhnung: IV).

2. Zu den häufigsten *Mitteln* der V. gehört das → Gebet (: I); so sind die babylonischen Bußpsalmen (→ Babylonien: II, 13) »Klagelieder zur Herzensberuhigung« der erzürnten Gottheit. Vielerlei Motive können dazu führen, → Opfer (: I) zur V. der Gottheit darzubringen. In der → Römischen Religion erfolgte bei der Setzung von Grenzsteinen die V. aufgestörter Erdgeister, beim Brückenbau die des Stromgottes durch Opfer (Chant II, 436. 453). Vielfach dient das → Menschenopfer der V., bes. bei der Störung der göttlichen Ordnung durch den Mord (so bei den → Kelten: Caesar, Bell. Gall. VI, 16). Bestimmte → Heilige Stätten dienten bes. der V., so das griech. Delphi. Auch auf bestimmte Zeiten festgesetzte asketische Leistungen (→ Askese: I) können V.scharakter haben; Muhammed bestimmte in Medina zunächst den auf den jüd. V.stag fallenden ʿāšūrāʾ-Tag (10. Muḥarram) zum → Fasten-Tag, später den ganzen Monat Ramaḍān. → Mittler (: I) der V. sind vornehmlich die Priester (→ Priestertum: I), ferner bestimmte Mittlergottheiten wie zB der sumerische Gibil. Im → Polytheismus können einzelne Götter in besonderer Weise V.scharakter haben wie der indische Varuna (→ Vedische Religion) und in der → Griechischen Religion Apollon und Zeus Sōtēr. Eine göttliche V. ohne menschliche V.shandlungen wird häufig am Ende der Mythen von der → Sintflut (: I) berichtet.

Vgl. die Lit. zu → Sühne, → Sünde: I. *G.Lanczkowski*

II. Im AT

1. Wird unter V. ein Akt verstanden, durch den eine gestörte Gemeinschaft zwischen Gott und Menschen (Volk) wieder geordnet wird, so trifft das ziemlich genau den Sinn des at. kippær (»sühnen«). Es bezeichnet Begehungen, die einerseits gegen leichtere Arten der → Reinigung (: II) und → Entsündigung abgegrenzt werden wie Waschungen, Kasteiungen, Sündenbekenntnis (→ Sündenvergebung: I, 3) u.a., wenngleich solche Handlungen vorbereitend zu Sühnungen hinzutreten

können. Andererseits unterscheiden sie sich von jenen Zeremonien, bei denen ein Frevler aus dem Volk ausgestoßen wird (nikrat), obwohl solche Fälle bisweilen als Sühne für die Gesamtheit angesehen wurden (Spr 21, 18; Dtn 32, 43; vgl. Jes 27, 9). So sind die eigentlichen Sühnehandlungen beschränkt auf Menschen, die *ohne frevlerische Absicht* gemeinschaftswidrig gehandelt oder sich verunreinigt haben. Es gibt sehr verschiedene Weisen: Tötung einer Kuh am fließenden Wasser (Dtn 21, 1-9), Räucherzeremonien (Jes 6, 7; Num 17, 11f), Aussetzen der Leichen (2Sam 21, 3ff), Sühneordal mit Karmesin, Ysop und Händewaschen (vgl. Jes 1, 18; Ps 51, 4. 9; Lev 14, 6; Num 19, 6; bJoma 67a; s. R.Preß, ZAW 51, 1933, 235-250). Dabei sind babylonische (und hethitische) Einflüsse erkennbar, nur daß es in Babylon vornehmlich um Abwendung von Krankheit, in Israel dagegen von → Sünde (: II) geht. Die Sühnungen haben bemerkenswerterweise *nie* den Charakter eines Opfers (1Sam 3, 13 handelt von Frevel *bezüglich* der Opfer, nicht von Sühnung durch Opfer). – Trotz der Vielgestaltigkeit war die Tragweite und wohl auch die Häufigkeit von Sühne in vorexilischer Zeit gering, was wohl mit der strengen Geltung des Gottesrechts (→ Gesetz: II), aber auch mit optimistischer Zuversicht über die Erfüllbarkeit des Gotteswillens zusammenhängt. Jedenfalls setzen sich die prophetischen Unheilsdrohungen nie mit der Möglichkeit auseinander, die Schuld Israels könne durch Sühnungen beseitigt werden.

2. Das Bild der V.saussagen ändert sich in (nach-)exilischer Zeit vollkommen. Nach Jes 53 wird künftiges Heil für Israel und die »Vielen« nur dadurch möglich, daß der → Knecht Jahwes als universaler Schuldträger ('ašam) auftritt. Ähnliche Gesichtspunkte zeigen sich in den Kultsatzungen. Während im → Heiligkeitsgesetz Sühneriten noch zurücktreten (Lev 17, 11; 19, 22; 23, 27f; 25, 9), werden sie in Ez 40-48 und in der → Priesterschrift zur Mitte des Kultes. Hier wirkt zweifellos der Zusammenbruch von 587 nach, der auf dem Hintergrund der prophetischen Weissagungen zu einem vertieften Sündenbewußtsein, ja anscheinend zu angstvollen Überlegungen geführt hat, wie der künftige Neuanfang Bestand haben werde angesichts der Sündigkeit des Volks. Das erscheint nur durch unablässige Sühne im neuen Tempel möglich (Ez 43, 7). Dort werden daher Sünden- (ḥaṭṭa't) und Schuldriten ('ašam) wichtig, bei denen menschliche Schuld durch priesterliche Vermittlung und Handaufstemmung *auf ein Tier übertragen* wird (Lev 4f; → Opfer: II, 6b). Die göttliche Zustimmung ergeht als »deklaratorisches Urteil« (→ Priestertum: II, 2). Wie Priester, Volk und Einzelne bedürfen auch Altar und Heiligtum der Sühne (Ez 43, 20; 45, 18ff; Ex 30, 10 u.ö.). Zu Neumonden und Festen gehören Sühnungen (Num 28f; Ez 45, 17). Höhepunkt des Jahres aber wird der *V.stag* (Lev 16; Sir 50, 6ff), an dem Hoherpriester, Volk und Heiligtum gesühnt werden, indem Blut auf die Deckplatte im Allerheiligsten gespritzt und der mit der Schuld des Volkes beladene → Sündenbock in die Wüste geschickt wird (→ Feste: II, 5b). Die Bedeutung dieser Abzweckung des Kultes zeigt sich auch darin, daß fast alle überkommenen Riten zu Sühnehandlungen gestempelt werden: Brandopfer (Lev 1, 4), Priester- (Lev 8, 34) und Levitenweihe (Num 8, 21) usw, bei Ez sogar die Mahlopfer (45, 15. 17) und beim Chronisten, der diese Linie fortsetzt, auch das Passa (2Chr 30, 17). Erfolg solcher Handlungen aber ist Vergebung (Lev 4, 20. 26. 31 u.ö.), Reinheit (Lev 12, 7; Ez 43, 26 usw) oder → Heiligung (Lev 16, 19, vgl. Num 6, 11).

3. Seitdem A.Ritschl (Die christl. Lehre von der Rechtfertigung und V. II, 1882², 185ff) die Frage nach dem Sinn von kippær aufgeworfen hat, ist die Diskussion darüber nicht zur Ruhe gekommen. J.Herrmann hat die alte Theorie verteidigt, es gehe um menschliche Leistung zur Wiedergutmachung Gott gegenüber. W.R. Smith deutete vom communio-Gedanken her auf Ausgleichung einer Unterbilanz an Heiligkeit beim menschlichen Partner. Bertholet erklärte dynamistisch: durch die tierische Kraft wird dem Sünder Heiligkeitsstoff zugeführt (JBL 49, 1930, 218-233). Neuerdings haben unabhängig voneinander Moraldi und Koch betont, daß bei Sühnungen das *Subjekt stets Gott* ist, der den Menschen im Heiligtum *von seiner Sünde befreit*. Es geht um Abwendung des Todesverhängnisses, dem der Sünder notwendig verfallen ist (schicksalwirkende Tat). Die Sünde-Unheil-Verhaftung wird durch göttlichen Beistand auf ein Tier abgewälzt, das an Stelle des Menschen dem Tod verfällt.

Lit. s. → Opfer: II (bes. die Studien von SMITH, MATTHES, HERRMANN, BERTHOLET, SCHÖTZ, METZINGER, HOOKE, RENDTORFF). Ferner: P.VOLZ, Die Handauflegung beim Opfer (ZAW 21, 1901, 93 bis 100) - W.SCHRANK, Babyl. Sühneriten, 1908 - S.LANDERSDORFER, Studien zum bibl. V.stag, 1924 - RGG² V, 1559ff - C.H.DODD, Ἱλάσκεσθαι (JThS 32, 1931, 352-360) - ThW III, 302ff - TH.C. VRIEZEN, The Term hizzā: Lustration and Consecration (OTS 7, 1950, 201-235) - K.KOCH, Die isr. Sühneanschauung u. ihre hist. Wandlungen (Habil.-Schr. Erlangen), 1956 (Masch.) - L.MORALDI, Espiazione sacrificale e riti espiatori nell'ambiente biblico e nell'AT (AnBibl 5), 1956 - G.v.RAD, TheolAT I, 1957, 261ff - E.SPEISER, Ritual Expiation in Mari and Israel (BASOR 149, 1958, 17-25).

K.Koch

III. Im Judentum

Es ist dem Judentum selbstverständliche Überzeugung, daß es um der Sünde willen der V. zwischen Gott und Mensch bedarf, und Anlaß zum Lobpreis, daß Gott in seinem Willen zur Vergebung seinem Volke die Möglichkeit der V. eröffnet hat. Der von Gott gesetzte Weg zur V. aber ist eine vom Menschen zu vollziehende (bzw. zu erleidende) Sühneleistung. Solange der Tempel steht, ist das V.sgeschehen primär dort lokalisiert, in der Fortführung des at. Kultes (→ Versöhnung: II). Aber in Nachwirkung der prophetischen Verkündigung verlagert sich das Schwergewicht immer stärker auf das Moment der Umkehr: ohne Buße bleibt jede kultische Bemühung vergeblich. So konnte die Katastrophe des Jahres 70 überraschend glatt überwunden werden. War es im Grunde längst gleichgültig geworden, *was* kultisch vollzogen wurde, und allein ausschlaggebend, *daß* in der Erfüllung der kultischen Anweisungen sich der Gehorsam gegen das Gesetz beweisen konnte, so konnte nun an die Stelle der kultischen Leistung relativ mühelos eine Leistung anderer Art treten; vgl. Abot R.Nathan 4: »Als R.Josua (beim Anblick der Ruinen des Tempels) ausrief: Wehe uns, denn zerstört ist der Ort, wo man die Sünden Israels sühnte!, antwortete Rabban → Jochanan ben Zakkai († um 80 nChr) ihm: Mein Sohn, das bekümmere dich nicht; wir haben eine gleichwertige V. (käpparā). Und welche ist das? Die Liebestätigkeit. Denn es heißt (Hos 6, 6): Barmherzigkeit will ich und keine Opfer.« Von überrragender Bedeutung bleibt der V.stag als ein Buß- und Fasttag, an dem dem Bußfertigen, der seine Sünden bekennt, volle V. zuteil wird. Als Sühnemittel hochgeschätzt werden auch Leiden und Tod, sei es für eigene Sünden, sei es – bei eigener Unschuld – für andere oder für die Gesamtheit des Volkes. Wo die Buße fehlt, sind jedoch auch Leiden und Tod ohne versöhnende Wirkung. Andererseits reicht die Buße allein meist nicht aus, sondern es müssen andere Sühnemittel hinzutreten, wobei kasuistisch abgestuft wird, welcher Aufwand an Sühnemitteln bei verschiedenen Sünden jeweils notwendig ist, um V. zu erwirken. Immer aber ist Buße unabdingbare Voraussetzung; vgl. zB Tos. Joma 5, 9: »Sündopfer, Schuldopfer, Tod und

V.stag – sie alle sühnen nur in Verbindung mit der Buße; ... wenn er umkehrt, wird ihm V. zuteil, wenn nicht, wird ihm keine V. zuteil« (nach R.Ismael, † um 135 nChr). – Die Gemeinde von → *Qumran* hat sich bereits 2 Jh.e vor dem Untergang des Tempelkults von diesem gelöst; gleichwohl hat sie offenbar den V.stag gefeiert (als »Fasttag«, 1QpHab XI, 6–8; Dam VI, 19); auch durch die in der Gemeinde vollzogenen rituellen Waschungen wird Sühne gewirkt, sofern sie von vollkommenem Gehorsam gegen das Gesetz begleitet sind (1QS III, 4–12). Zugleich lebt die Gemeinde in dem anspruchsvollen Bewußtsein, als solche, die einen vollkommenen Wandel führen, stellvertretend Sühne zu leisten »für das Land« (1QS VIII, 1–10; IX, 3–5). In unausgeglichener Spannung steht daneben das erstaunliche Bekenntnis, daß es Gott selbst sei, der »im Reichtum seiner Güte Sühne schafft für alle meine Verschuldungen« (1QS XI, 14).

G.F.Moore, Judaism I, Cambridge/Mass. 1927, 386ff. 445ff – A.Büchler, Studies in Sin and Atonement in the Rabbinic Lit. of the First Century, London 1928 – ThW III, 313f (F.Büchsel) – E.Sjöberg, Gott u. die Sünder im paläst. Judentum (BWANT IV, 27), 1938 – E.Lohse, Märtyrer u. Gottesknecht (FRLANT 64), 1955, 13ff.

C.-H.Hunzinger

IV. Im NT

1. Terminologie – 2. Paulus – 3. Kol und Eph – 4. Menschliche Beziehungen – 5. Sühne und V.

1. Das Wort V. (καταλλαγή) nebst dem zugehörigen Verbum »versöhnen« kommt im NT nur bei Paulus vor, und zwar an zwei theologisch wichtigen Stellen (Röm 5, 10f; 2Kor 5, 18–20), außerdem noch Röm 11, 15. Von V. innerhalb der menschlichen Gemeinschaft wird das Verbum verwendet 1Kor 7, 11, das gleichbedeutende διαλλάσσω Mt 5, 24. Kol 1, 20. 22 und Eph 2, 16 begegnet das ebenfalls gleichbedeutende ἀποκαταλλάσσω.

2. Von der V. spricht Paulus (zufälligerweise?) nur in lobpreisenden, zT sogar hymnisch gebauten Abschnitten. Die V. wird als eine Tatsache erwähnt, die weder begründet noch erklärt zu werden braucht. Die Aussagen des Röm und 2Kor ergänzen sich gegenseitig. In unserer Selbstbehauptung und eingebildeten Eigenmächtigkeit waren wir Gottes Feinde und als solche dem Tode verfallen (Röm 5, 10; 11, 15), sind aber jetzt ein neues Geschöpf (2Kor 5, 17). Die große Umkehr kam allein von Gott, der uns ohne unser Zutun aus seiner Machtvollkommenheit mit sich versöhnte, indem er unsere Übertretungen nicht anrechnete (Röm 5, 10; 2Kor 5, 18f). So sind wir, insofern wir die angebotene V. empfangen haben, unserer Rettung vor dem Zorne, und damit vor dem Tode, gewiß (Röm 5, 9f) und in den Dienst der V. gestellt (2Kor 5, 18). Unsere Aufgabe ist nun, die Heilstat Gottes zu preisen, uns Gottes durch unseren Herrn Jesus Christus, durch den wir versöhnt wurden (2Kor 5, 18f), zu rühmen (Röm 5, 11) und für Christus zu wirken, indem wir als seine Boten die V. weitertragen und die ganze Welt bitten: Lasset euch mit Gott versöhnen (2Kor 5, 20). Die Zerrissenheit und Verlorenheit der Welt ist aufgehoben, die neue → Schöpfung (: III) ist da mit Frieden und Heil in der neuerschlossenen Gottesgemeinschaft oder, was dasselbe ist, in Christus. Von ihm wird die neue Gemeinschaft geprägt, damit niemand mehr sich selbst lebt, sondern ihm, der für uns gestorben und auferstanden ist (2Kor 5, 14f). An der Verwirklichung dieses Friedens, der eine Frucht der V. ist, arbeitet der Apostel mit (2Kor 6, 1f). Die Bedeutung von Tod und Auferstehung Christi wird deutlich ausgesprochen, aber im Zusammenhang mit der V. nicht näher erörtert. Die Aussage Röm 5, 10 ist überwiegend rhetorisch (vgl. Röm 11, 15, wo von Israels Verwerfung und Annahme in entsprechender Weise geredet wird). Die Aussagen über die V. berühren sich aber eng mit anderen Gedankengängen (→ Erlösung: III, 2). → Rechtfertigung (: I, 3) und V. können geradezu synonym gebraucht werden (Röm 5, 9f, vgl. 2Kor 5, 31). Einen Einblick in das Geheimnis des Todes und der Auferstehung Christi gewinnt man also nur aus der paulinischen Theologie im ganzen (→ Paulus, 3 c; → Christologie: I, 2 b).

3. Kol 1, 20 gehört wahrscheinlich zu einem vorpaulinischen Hymnus, wonach Jesus durch seine Auffahrt Himmel und Erde wieder zusammengeschlossen und damit den Frieden im All aufgerichtet hat. Der jetzige Text ist überarbeitet, in paulinischem Geist umgedeutet und auf die Gemeinde bezogen und wird in Eph 2, 12–18 nochmals kommentiert. Die ehemaligen Feinde (Kol 1, 21; Eph 2, 14. 16) sind versöhnt (Kol 1, 20. 22; Eph 2, 16), und ganz wie in 2Kor 5 geht das V.swerk weiter. Auch hier ist Paulus eine heilsgeschichtliche Größe, von Gott berufen, die anfänglich kosmisch gedachte Durchdringung der V. in der Völkermission zu verwirklichen (Kol 1, 23. 25), um jeden Menschen vollkommen in Christus darzustellen (Kol 1, 28) als Mitbürger der Heiligen und Hausgenossen Gottes (Eph 2, 20).

4. Im Blick auf die menschlichen Beziehungen lehrt Mt 5, 24, daß man Gott nicht danken kann, ohne sich mit seinem Bruder auszusöhnen (vgl. die Bitte um Vergebung im Vaterunser). Die Aussage in 1Kor 7, 11 scheint untheologisch zu sein, aber schon die Verse 12 bis 16 zeigen, daß auch hier von dem durch die V. geschaffenen Frieden die Rede ist. Nach alter israelitischer Auffassung müßte eine solche Mischehe die Seele des Betroffenen auflösen, indem sie seinen Frieden vernichtet. Die aus der V. strömenden Kräfte des Friedens in der christlichen Gemeinde als Leib Christi sind aber stärker.

5. Es lag immer nahe, *Sühne und V.* zu verbinden. Durch die V. wurde das neue Gottesvolk geschaffen, der Leib Christi ins Leben gerufen, die Existenz in Christus (ἐν Χριστῷ) ermöglicht. Bestehen aber kann die neue Gemeinschaft nur, wenn sie in allem von ihrem Haupte Christus bestimmt ist und in Heiligkeit und Frieden lebt. Dazu bedarf das neue Volk Gottes wie das alte der Sühne und → Heiligung (: II; vgl. → Sündenvergebung: II). Auch das kommt von Christus, der in diesem Sinn 1Joh 2, 2; 4, 10 als Sühnung für unsere Sünden bezeichnet wird, indem er die göttliche → Gnade (: III) und Vergebung offenbart, wodurch die → Sünde (: IV) als Schuld überwunden und die Liebe zu den Brüdern immer neu erzeugt wird (ähnlich Hebr 2, 13). Derartige Gedankengänge finden sich schon bei Paulus, obwohl er nur einmal ein Wort gebraucht, das auch sprachlich »das Sühnende« bedeutet (Röm 3, 25: ἱλαστήριον, Sühnemittel?). Ebensowenig wie die besprochenen Aussagen des Kol, Eph und Hebr haben seine Andeutungen mit der Gnädigmachung Gottes zu tun. Um so mehr sind sie mit den at. Vertretungsvorstellungen verwandt. Insofern könnte man die Grundzüge seiner speziellen Sühne- und V.schristologie, wenn von einer solchen überhaupt geredet werden kann, der auf Röm 5, 10f unmittelbar folgenden Adam-Christus-Typologie (Röm 5, 12ff) entnehmen, wobei freilich zu beachten ist, daß V. und Rechtfertigung ineinander verwoben und die at. Gedanken mit »gnostischen« eng verbunden sind. Im Hebr werden die beiden Aufgaben Christi, als Vertreter der Gemeinde ihr sowohl die V. als auch die Sühne zu vermitteln, in der Archēgos-Archiereus-Gestalt zugleich eindrucksvoll zusammengeschaut und auseinandergehalten. Auch die von Christus gespendete Sühne ist Frucht seines Sieges.

Vgl. außer den nt. Theologien: RGG[3] V, 1562ff – ThW I, 252ff; III, 300ff – E.Lohse, Märtyrer u. Gottesknecht (FRLANT NF 46),

1955 - H.J.Schoeps, Paulus, 1959, 127ff - R.Bultmann, Adam u. Christus nach Röm 5 (ZNW 50, 1959, 145-165) - E.Schweizer, Die Kirche als Leib Christi in den paulin. Antilegomena (ThLZ 86, 1961, 241-256).
R.Gyllenberg

V. Dogmengeschichtlich

1. Nachapostolische Zeit und östlicher Frühkatholizismus - 2. Westlicher Frühkatholizismus und MA - 3. Reformation und Neuzeit

1. In *nachapostolischer Zeit* zeigt sich der V.sglaube bes. in Hinweisen auf das → Blut Christi, das uns die Möglichkeit der Umkehr (1Clem 7, 4), Vergebung, Reinigung und Heiligung verschafft (Barn 5, 1, vgl. Hebr 9, 14). Weil diese Sühnewirkung grundsätzlich nur einmal, in der → Taufe (: III; Barn 11, 8), zugeeignet werden kann, gilt es, sich im Gnadenstand zu behaupten und Gott bei Rückfällen durch besondere Bußleistungen (→ Bußwesen: II) wieder gnädig zu stimmen (Herm vis I, 2, 1; vgl. 1Clem 1, 7). Die → Gnosis (: III) lehnt V. ab (der »gute« Gott braucht nicht versöhnt zu werden).

Das Zurücktreten des eigentlichen V.sglaubens im *östlichen Frühkatholizismus* hängt mit dem Einfluß von Gnosis und Philosophie (→ Antike und Christentum, 1) zusammen. Auch der philosophische, allen → Anthropomorphismus als despektierlich betrachtende und Gottes Erhabenheit über jeden Affekt und Gesinnungswandel hervorhebende Gottesgedanke (→ Gott: V, 3-6) setzt dem V.sglauben Grenzen. Der Akzent rückt von der V. auf die Wiedervereinigung der Menschheit mit Gott und vom Kreuz auf die Inkarnation. Als Hauptinhalt der V. sieht man nicht mehr die Sühnung und Tilgung der Schuld an, sondern die Beseitigung des Bösen und Wiederherstellung der Menschheit. Die V. wird also von der → Erlösung (: IV) nahezu absorbiert. Dabei tritt die (auch wegen der Verfolgungssituation der Kirche aktuelle) Entmachtung des → Teufels (: III) in den Vordergrund. → Irenäus formuliert erstmalig die Frage, »warum der Logos Mensch geworden ist und gelitten hat«, und versteht die V. von Röm 5, 18f und seiner Rekapitulationslehre her: Im ersten Adam beleidigten wir Gott und wurden Gottes Schuldner; im zweiten Adam wurden wir gehorsam bis zum Tod (Phil 2) und dadurch wieder mit Gott versöhnt (Adv. haer. V, 16, 2). → Origenes, der diese Linie spiritualisierend fortsetzt, sieht sich durch seinen Platonismus zu bes. weitgehender Umdeutung der V. gezwungen: das Lösegeld Mk 10, 45 wird nicht Gott, sondern dem Teufel gezahlt, der damit (letztlich zu seinem Besten) überlistet wird. Gottes Güte kann nur pädagogisch strafen; Gott zürnt nicht selbst, sondern bedient sich des Zorns der bösen Mächte als Zuchtrute. Christi V.swerk besteht in der etappenweisen Reinigung des ganzen Kosmos von der Sünde und seinem (im Kreuzestod kulminierenden) Generalangriff auf den Teufel. Nur in diesem Sinn nimmt er die Sünde der Welt auf sich und trägt unsere Strafe. Nach → Athanasius wird der Logos Fleisch, um die gefallene Menschheit der Verknechtung an die Verderbnis (φθορά) zu entreißen. Gott wird zum Lügner, wenn er die Gen 2, 17 angedrohte Strafe erläßt, kann aber als Schöpfer die Menschheit auch nicht dem Verderben überlassen. Einziger Ausweg bleibt, daß »der Tempel des Logos« die Strafe trägt, dessen einmaliges Sterben die ewige Todesstrafe der ganzen Menschheit aufwiegt. Die (anderwärts auch bei Athanasius auftauchende) V. bleibt dabei ganz im Hintergrund, während → Cyrill von Jerusalem, → Chrysostomus, → Cyrill von Alexandria, → Theodoret u.a. sie deutlicher hervorheben (Leiden Christi als Wiederherstellung des Gehorsams, Tilgung der Sündenschuld oder gar V. des Zornes Gottes). → Gregor von Nyssa greift die Überlistung des Teufels in großem Stil wieder auf, während → Gregor von Nazianz und → Johannes von Damaskus das Handelsgeschäft und die angeblichen Rechte des Teufels ausdrücklich ablehnen.

2. Dem *westlichen Frühkatholizismus* war die durch Gal 3, 13 nahegelegte Auffassung des Todes Christi als Straftilgung schon seit → Justin (Dial. 95, 1f) geläufig; aber man hielt hier am Sühnecharakter des Opferblutes Christi fest (Dial. 13, 1ff; 40f; 111, 3ff; Apol. I, 32, 7). Der Nachdruck lag bes. seit Cyprian (kaum ohne inneren Zusammenhang mit der im Westen aufkommenden Erbsündenlehre [→ Sünde: V]) auf der sakrifiziellen Tilgung von Sünde und Sündenschuld statt auf der Straftilgung und dem auch im Westen vertretenen Loskauf vom Tode und Teufel. Die ersten Bausteine für die Satisfaktionslehre finden sich bei → Tertullian und → Cyprian, die den Terminus »Gott Genugtuung leisten« (deo satisfacere) für das Bußwesen prägen, und bei → Hilarius und → Ambrosius, die das »Genugtun« (satisfacere oder satisfieri) schon vom V.stod Christi aussagen, allerdings nur im Sinn der Ableistung des Strafmaßes, noch nicht der Gott geleisteten Satisfaktion. → Augustin, der zwischen redemptio = Loskauf vom Teufel und reconciliatio = V. unterscheidet, bewegt sich unabhängig von dieser zur Satisfaktionstheorie führenden Linie. Tod und Menschwerdung Christi hält er nicht für absolut notwendig (Gott hätte es auch anders, aber nicht passender machen können). Stillung seines Zorns bedeutet keinen Gesinnungswechsel Gottes, der uns von jeher als Geschöpfe liebt, selbst uns mit sich versöhnen und uns aus Christi unschuldigem (sozusagen überschüssigem) Strafleiden (durch das zugleich der Teufel sein Recht verliert) Erlaß von Sündenschuld und Strafe zufließen läßt. Da V. Reinigung von der Sünde voraussetzt, stirbt Christus in der Taufe eines jeden. In der → Messe (: I) wird er sogar täglich (wenn auch nur per sacramentum memoriae, nicht per ipsam veritatem) für uns geopfert. → Anselm von Canterbury beweist (wie Athanasius) die absolute Notwendigkeit von Menschwerdung und Tod Christi mit der bloßen Vernunft (sola ratione), versteht Christi Tod nach Analogie des kirchlichen Bußverfahrens (R.Seeberg) als Satisfaktion und schaltet das Recht des Teufels und die Zahlung des Lösegeldes an diesen aus der westlichen Theologie aus (→ Erlösung: IV, 3). Die Satisfaktion kann nur im Tod eines Gottmenschen bestehen, weil sie von einem Menschen geleistet werden muß, die erbsündige Menschheit aber noch nicht einmal zum schuldigen Gehorsam fähig ist und nur Gott etwas die Verfehlung an Gewicht Übertreffendes leisten kann. Da Christus mehr als seine Gehorsamspflicht leistet, erwirbt er auch noch ein meritum (→ Verdienst Christi), das, weil er als Gott nichts braucht, den Christen zugute kommen muß. → Abaelard sucht die Unhaltbarkeit dieser Theorie zu erweisen und die V. (Augustin verkürzend) in ganz ungebrochener Linie aus der Liebe Gottes herzuleiten: diese erweckt durch Christus auf psychologischem Wege unsere Gegenliebe, die uns aber auch durch die von Christus herfließenden Sakramente eingegossen wird. → Bernhard von Clairvaux bekämpft Abaelard, knüpft aber an dessen Betonung der Liebe Gottes an. Nach → Thomas von Aquino konnte Gott auch einfach vergeben, wählte aber die Satisfaktion als den besten Weg, seine Gerechtigkeit und Barmherzigkeit zugleich zu dokumentieren. Nach → Duns Scotus und → Ockham wäre die geleistete Satisfaktion nicht gültig, wenn sie nicht durch Gottes absoluten Willen akzeptiert würde. Die kirchliche → Mystik (: VI, 4) sieht trotz des Kreisens um den inwendigen Christus, des Überführens der Christologie in Anthropologie und des Strebens nach unmittelbarer Einung mit Gott den V.stod Christi als grundlegend an

und knüpft mit ihrer → Nachfolge Christi (: II, 2) an die Passion an. Den → Katharern ist V. ebenso fremd wie ihren gnostischen Vorgängern.

3. Nach kath. Lehre ist das Verdienst Christi Grundlage eigener Verdienste, während es nach den *Reformatoren* eigene → Verdienste (: IV) ausschließt. → Luther betont die Initiative Gottes; aber Christus muß die Gnade »abverdienen«, nämlich »dem Gesetz genugtun« und die Schuld durch sein unschuldiges Leiden und Sterben »bezahlen«, wobei er alle Sünden auf sich nimmt und auch die ewige Verdammung schmecken muß. Dadurch und die hiermit untrennbar verbundene Niederringung von Sünde, Tod und Teufel (die bei Luther breiten Raum einnimmt und samt der Überlistung des Teufels drastisch geschildert wird) werden wir der Gewalt von Teufel, Tod und Gesetz entrissen, die zugleich auch Folge des göttlichen Zornes sind. In Christus ergreifen wir den »geoffenbarten«, unseren Haß auf ihn in Liebe verwandelnden Gott, der dem »verborgenen«, fordernden und vergeltenden Gott gegenübertritt. Darum bedürfen wir keiner weiteren Mittler und Opfer. Im Glauben werden wir »ein Leib« oder »Kuchen« mit ihm, so daß »ein fröhlich Wechsel« anhebt. – → Melanchthon will hauptsächlich den objektiven Charakter der V. sichern, deren »erste Ursache« auch nach ihm Gott selber ist. Christi Verdienst besteht agendo in der stellvertretenden Gesetzeserfüllung und patiendo im stellvertretenden Strafleiden. Durch diese doppelseitige (als »Gehorsam« gekennzeichnete) Gerechtigkeit wird Gottes Zorn versöhnt. Die damit zugewandte Sündenvergebung = Nichtanrechnung unserer Sünden gilt nach CA 3 für die Erbsünde und alle Tatsünden. Nach → Calvin hat Gott aus souveränem Liebeswillen (mero beneplacito) einen Mittler eingesetzt, dessen Verdienst daher ganz an Gottes Gnade hängt. Infolge des Sühnopfers Christi stehen wir rein und heilig vor Gottes Augen. Nach Luther und Calvin (der die Lehre von 3 Ämtern Christi in die Dogmatik einbürgert, → Christologie: III, 2) versöhnt uns Christus durch das priesterliche Amt. Die luth. → Orthodoxie unterscheidet 2 Funktionen desselben, »Genugtuung« (satisfactio) und »Fürbitte« (intercessio), deren erstere sich in »aktiven« und »passiven Gehorsam« (oboedientia activa und passiva) gliedert. Man baut die melanchthonische V.slehre scholastisch aus und greift dabei auf die scholastische Beweisführung Anselms zurück, von der sich die ref., hauptsächlich auf Calvin aufbauende Orthodoxie mehr freihält.

Das so entstehende, sich auf die Anrechnung der Gerechtigkeit Christi (→ Rechtfertigung: II, 2) gründende prot. Satisfaktionsdogma führt innerhalb des → Luthertums (: I, 4) zu einseitiger Betonung der imputierten Gerechtigkeit und ruft (vgl. schon → Müntzer, → Karlstadt u.a.) bei der später in den Pietismus einmündenden luth. → Mystik (: VII) *religiöse Kritik* hervor: das V.sdogma führt zu einem toten Glauben, der sich auf eine bloß äußerlich imputierte Gerechtigkeit verläßt. Nach → Schwenckfeld muß die leiblich am Kreuz vollbrachte V. auch geistlich in uns selbst wahr werden. Lebendiger Glaube bringt Christum ins Herz, dieser uns einwohnende Christus ist unsere Satisfaktion. Auch → Weigel unterscheidet ein Mittleramt Christi im Fleisch und im Geist und stellt der bloß imputativen Gerechtigkeit die »wesentliche« gegenüber. Bei dem ähnlich gesinnten J. → Böhme wird die V. des Menschen mit Gott zum Medium der kosmischen V. Gottes mit sich selbst. In Christus löscht und verklärt die göttliche Liebe den finsteren (zugleich dämonischen) göttlichen Zorn, was sich in uns selbst durch die Lichtgeburt Christi im Gemüt fortsetzen muß. G. → Arnold vergleicht die V. auf dem Wege der bloßen Imputation mit einem Ablaß-Kauf. – Die (schon von Abaelard geübte) *rationale Kritik* am Satisfaktionsdogma wird von den → Sozinianern wiederaufgenommen. Sie entlarven die logischen Widersprüche (zB: Vergebung und Satisfaktion heben sich gegenseitig auf), behaupten die Unübertragbarkeit von Schuld und Strafe und betonen die Undenkbarkeit überschüssiger Verdienste Christi. Gott braucht auch gar nicht versöhnt zu werden, sondern *wir* sollen (nach Röm 5, 10) aus Feinden zu Freunden werden. Das ist nur durch Buße und Gehorsam möglich, die der Imputationsglaube gerade verhindert. Der vermittelnde H. → Grotius sieht in Christi Tod ein durch Gott statuiertes Strafexempel, andere → Arminianer sehen darin ein den Opfern des AT entsprechendes Sühnopfer, das keine vollständige Satisfaktion, sondern nur eine conditio sine qua non der freien Vergebung darstelle (→ Curcelläus). Die → Aufklärung verhilft der rationalen Kritik zum Sieg, die auch von radikalen Vertretern des → Pietismus (zB → Dippel) weitergeführt wird. Die Haltung der kirchlichen Pietisten zum Satisfaktionsdogma ist verschieden und nicht immer eindeutig; → Spener, → Francke und → Zinzendorf stehen auf seinem Boden, ohne sich sklavisch an seine Details gebunden zu fühlen.

Im *19. und 20.Jh.* kann man *4* (sich freilich vielfach überschneidende) *Entwicklungslinien* unterscheiden: a) die (aus der Aufklärung und dem Deutschen → Idealismus [: II] herkommende) *Linie derer, denen das altprot. Satisfaktionsdogma ohne völlige Umdeutung nichts mehr sagt,* weil es mit dem modernen Denken unvereinbar erscheint. Zu ihr gehören zB → Kant (V. mit Gott = eine in Christus verkörperte Idee, die nur in unendlicher Annäherung an die Erfüllung des unverbrüchlichen Sittengesetzes realisierbar ist), → Hegel (V. = dialektische Vermittlung Gottes mit sich selbst auf Grund der wesentlichen Einheit des endlichen und absoluten Geistes. Dies wird am Tod des Gottmenschen = der Wiederaufhebung seiner Selbstentfremdung anschaulich), → Schleiermacher (Erlösung ist Aufnahme in die Kräftigkeit des Gottesbewußtseins Jesu, V. das daraus resultierende selige Gefühl der inneren Geborgenheit. Christi Kreuz = Erprobung seines Gottesbewußtseins), A. → Ritschl (Religion und Recht dürfen nicht verquickt werden. Gott ist Liebe. V. ist der subjektive Ertrag der im Empfang der Sündenvergebung bestehenden Rechtfertigung = Einklang mit Gott. Jesu Kreuz ist Bewährung und Krönung seines Berufsgehorsams), W. → Herrmann (V. etwa = das innere Überwundenwerden durch die uns in Jesu persönlichem Leben begegnende Hoheit, Macht und Liebe Gottes, die uns nachgeht, unsere Schuld vergibt und uns lehrt, sich ihr hinzugeben) und R. → Bultmann (V. etwa = Einswerden des Menschen mit seiner Bestimmung, sich vom Worte Gottes her aus der Gnade Gottes zu verstehen, was freilich nur in actu und weder als einmaliges Vorkommnis der Vergangenheit noch als erreichter Zustand denkbar ist). Nach Schleiermacher, Ritschl, Herrmann und Bultmann ist die V. also Folge der Erlösung oder mit dieser identisch. Versöhnt werden wir, nicht Gott. – b) die (aus der → Erweckung [: I] und dem Pietismus herkommende, letztlich wohl mit Dippel zusammenhängende) *Linie derer, die primär von der pietistischen Erfahrung der souveränen Liebe Gottes her Kritik am Satisfaktionsdogma üben* und sich dafür (außer der Bibel) zT auch auf die alte Kirche berufen: Gott braucht nicht versöhnt zu werden; es geht nur um unsere V.; Jesu Opfertod bricht die Macht von Sünde, Tod, Gesetzesfluch und Teufel (Ablehnung des stellvertretenden Strafleidens oder Sühnetodes im Sinne der V. Gottes). In diese Linie gehören zB → Collenbusch (Jesu Leiden = Prüfungsleiden), → Mencken (Jesus geht es um Liebe und Vergebung Gottes, nach der Satisfaktionstheorie wäre Gottes Zorn das Höchste und bestünde seine Liebe nur in der Übertragung der Strafe von einem auf den anderen. Am Kreuz vernichtet Jesus die Sündigkeit der Menschennatur), → Stier (identifiziert den Zorn Gottes wie Origenes mit dem Teufel und den bösen Mächten), J.Chr.K.v. → Hofmann (V. = Beginn einer neuen, vom Gehorsam bestimmten Menschheit mit dem zweiten Adam, vgl. Irenäus. Christi Strafleiden dient der Beseitigung aller als »Zorn Gottes« bezeichneten Folgen des Falls, nur indirekt unserer V. mit Gott, vgl. Athanasius) und K. →Heim (V. und Überwindung des Satans sind 2 Seiten derselben Sache, weil die Feindschaft mit Gott auf unserem bösen Gewissen beruht. Dieses ist versöhnt, weil Satan sein Anklagerecht im Kampf mit Christus verloren hat). Verwandtes lehrt auch *Aulén,* der freilich von der schwedischen → Motivforschung herkommt, 3 Typen der V.slehre unterscheidet - den »klassischen« (Irenäus und die griech. Theologie), »lateinischen« (Anselm) und »subjektiven« (Abaelard) - und selbst für den »klassischen« eintritt, dessen volle Entfaltung er bei Luther sieht. - c) *die Linie der Verteidiger des Satisfaktionsdogmas,* obschon von Denknotwendigkeit des V.stodes, strikter Äquivalenz mit unserer Strafe und »Verdienst« im Sinne Anselms auch für sie nicht mehr die Rede sein kann. Zu ihr gehört zB G.Thomasius (V. keine Umstimmung Gottes, aber Ermöglichung eines neuen Verhaltens Gottes gegenüber den Sündern; Christi Stellvertretung kein bloßer Rollentausch, weil die ganze Menschheit in ihm präsent ist: »inklusive Stellvertretung« statt der »exklusiven«). Ähnlich Th. → Harnack, H. → Cremer und W. → Elert (der Christi Tod als Sühnopfer nach Analogie der at. Opfer, nicht als stellvertretendes Strafleiden sieht). Mildere Vertreter dieser Linie sind zB F.H.R. → Frank (Versuch einer Synthese von Hofmann und Thomasius), → Kähler (Jesu stellvertretende Schuldabstattung ist Bürgschaft für uns, soll also die eigene Hingabe nicht überflüssig machen, sondern gerade ermöglichen, V. ist weder ein Vorgang in Gott noch ein bloß subjektiver Vorgang im Menschen, sondern ein Vorgang der Weltgeschichte = V. der Welt mit Gott), → Schlatter (Jesus erleidet, was kein einziger Sünder erleiden kann, und gibt ihnen, was sie nicht haben) und → Althaus (gegen Heim und Aulén, beeinflußt bes. von Thomasius und Kähler). - d) die *Linie der Dialektiker,* denen das Verständnis des Satisfaktionsdogmas aus der Sicht des absoluten qualitativen Unterschiedes zwischen Gott und Mensch in neuer Weise aufgeht. Hierhin gehören → Kierkegaard (die V. drückt aus, daß der Mensch durch seine Sünde Gott so unendlich fern ist, daß Gott sich nur unter der Bedingung des Opfertodes = stellvertretenden Strafleidens Christi mit ihm einlassen kann. Die Liebe des sündlosen Christus zu uns kann eigentlich nur zugleich als Gericht erfahren werden, das in der Vergebung selbst als Stachel zur Heiligung wirkt), E. → Brunner (bei der V. geht es um die Gottheit Gottes, der seiner nicht spotten läßt, und um das Gesetz, dessen Aufrechterhaltung Gottes Selbstverwirklichung ist) und K. → Barth, der sich freilich Linie b nähert (Gott hat in Christi Passion uns als Sünder, die Sünde selbst und die uns treffende Verdammnis vernichtet, damit den durch die Sünde versperrten Zugang wiederaufgetan und »komprehensiv« in Christus die Umkehrung der gegen Gott rebellierenden Menschheit bewirkt. Christus leistet keine Satisfaktion und leidet nicht in erster Linie unsere Strafe).

Außer den Lehrbüchern der DG u. Theologiegesch.: F.C.BAUR, Die christl. Lehre von der V. in ihrer gesch. Entwicklung, 1838 - G.THOMASIUS, Christi Person u. Werk III/1, (1859) 1862^{2} - A.RITSCHL, Die christl. Lehre von der Rechtfertigung u. V. I, (1870) 1888^{3} - J.RIVIÈRE, Le dogme de la rédemption. Essai d'étude historique, Paris 1905 - DERS., Le dogme de la rédemption chez saint Augustin, ebd 1933^{3} - DERS., Le dogme de la rédemption au début du moyen âge, ebd 1934 - DERS., DThC XIII/2, 1912ff - RE XX, 552ff - H.MANDEL, Christl. V.slehren, 1916 - G.AULÉN, Den Kristna Försoningstanken, 1930 - DERS., Die 3 Haupttypen d. christl. V.sgedankens (ZSTh 8, 1931, 501-538) - DERS., Christus victor, London 1934 - RGG^{2} V, 1564ff - H.LINDROTH, Försoningen. En dogmhistorisk och systematisk Undersökning (UUÅ 1935, 8) - L.HARDY, La doctrine de la rédemption chez saint Thomas, Paris 1936 - E.MERSCH, Le Corps mystique du Christ I. II, Louvain 1936^{2} - A.SJÖSTRAND, Satisfactio Christi. En Studie i den lutherska Orthodoxiens Försoningslära..., 1937 - K.HEIM, Die Haupttypen d. V.slehre (ZThK NF 19, 1938, 304 bis 319) - A.NOFFKE, Ehre u. Genugtuung (bei Anselm), 1940 - O. TIILILÄ, Das Strafleiden Christi, Helsinki 1941 - D.UNGER, A Special Aspect of Athanasian Soteriology (Franciscan Studies 6, 1946, 30-53. 171-194) - TH.H.HUGHES, The Atonement. Modern Theories of the Doctrine, London 1949 - H.E.W.TURNER, The Patristic Doctrine of Redemption, ebd 1952 - A.HOUSSIAU, La Christologie de saint Irénée, Louvain 1955 - M.HARL, Origène et la fonction révélatrice du verbe incarné, Paris 1958 - J.N.D.KELLY, Early Christian Doctrines, London 1958. - Vgl. die Lit. zu → Erlösung: IV.

F.H.Kettler

VI. Dogmatisch

Die christliche Heilsbotschaft ist in ihrem Kern Botschaft von der V. Zwar ist das Heil nicht eingeschränkt auf V. im Sinne von Schuldaufhebung. Es umfaßt die → Wiedergeburt (: III), die → Heiligung (: III), den Sieg Gottes über die Mächte des Verderbens, die Zukunft des Lebens im Reiche Gottes. Aber das Geschehen der V. ist die Wurzel aller dieser Lebensfrüchte. Würde das Heil nicht letztlich als V. verstanden, so würde es mißverstanden: entweder eudämonistisch als bloße Abwehr von Übeln und Gewährung bzw. Verheißung von Glücksgütern, oder moralistisch als bloße Belehrung zu einer gereinigten Form der Religion und des Ethos.

V. setzt voraus, daß alles Unheil, um dessen Überwindung es in der christlichen Heilsbotschaft geht, in schuldhafter Zerstörung der Gemeinschaft mit Gott gründet (→ Sünde: VI). Mit seiner Abkehr aus der Gemeinschaft mit Gott begibt sich der Mensch unter Gottes → *Zorn* (: IV), denn Gott geht über die Sünde nicht gleichgültig hinweg, sondern stellt sie unter den Ernst seines → Gerichtes (: IV). Dies ist darin begründet, daß Gott den Menschen nicht als bloßes Objekt seines Allwaltens behandelt, sondern ihn aus dem Urgrund seiner Liebe zu persönlicher Gemeinschaft beansprucht. Zornloses Übersehen der Sünde würde nicht Liebe, sondern nur die gleichmütige Erhabenheit des unendlich Überlegenen bedeuten. - Nicht der Mensch kann aus eigenem Entschluß in das Gemeinschaftsverhältnis mit Gott zurückkehren, denn mit seiner Auflehnung hat er sich unter die Bindung an die Sünde und die Behaftung bei ihr begeben. Nur der souveräne Wille Gottes hat Recht und Macht, diese Verhaftung aufzulösen. Gott allein ist der Versöhnende. Gott wirkt V. aber nicht so, daß er in einer Art von »Umbesinnung« seinen Widerspruch gegen die Sünde und das Recht seines Gerichtes einfach beiseite setzte. Das wäre für den Menschen nicht V., sondern bloße Erleichterung und Erlaubnis zu beruhigtem Vergessen. V. aber geht durch das Anerkennen der Schuld und die Beugung unter das Nein hindurch, so gewiß Gott, indem er V. wirkt, seine Liebe zu den Menschen mächtiger werden läßt als ihren Widerspruch und sein begründetes Gericht.

Das Heilswirken Gottes und so bes. das Geschehen der V. ist in der Sendung Jesu verwirklicht (→ Christologie: III), und zwar in seinem Sterben, in dem seine Sendung auf Erden sich vollendet und seine Auferweckung zum Haupt der zu ewigem Leben mit Gott Versöhnten begründet ist. Man darf das nicht so verstehen, als habe Jesus durch sein Lebensopfer Gott eine Ersatzleistung für die Sünde der Menschen oder gar die Befriedigung eines Rachebedürfnisses geboten. Die biblische Kreuzesbotschaft bezeichnet umgekehrt einhellig Gott selbst als den die Menschen mit sich Versöhnenden. *Er* gibt ihnen den Sohn zur V. ans Kreuz hin (2Kor 5, 18ff; Röm 8, 31f); und dies nicht, weil er zur Liebe erst umgestimmt werden müßte, sondern weil er von Liebe bewegt ist (Röm 5, 8; Eph 2, 4; Joh 3, 16). Freilich ist das Kreuz auch Hingabe Jesu *an* Gott, in der Jesus an die Stelle des Menschen tritt. Wird im NT für diesen Vorgang von Opfer, von Lösegeld, vom Tragen des Fluches des Gesetzes gesprochen, so liegt der gemeinsame Sinn dieser Vorstellungen darin, daß Jesus sein Leben an die Anerkennung des Nein Gottes über die Sünde und an die Heiligung des Rechtes seines Gerichtes preisgegeben hat, indem er sterbend die ganze Last der menschlichen Schuld und der Gottverlassenheit, die aus ihr folgt, durchlitt. Er hat damit für alle die vollkommene Buße und Beugung unter die Heiligkeit Gottes vollbracht, in deren Tiefe keine Selbsterkenntnis und kein Bußernst hinabreicht, dessen wir in diesem Leben fähig sind. - Das bedeutet jedoch nicht ein Umstimmungsgeschehen, dessen Objekt Gott wäre. Vielmehr gibt Jesus sich an den Weg, den Gottes Liebe selbst zu den Menschen hin gehen will, preis; nämlich daran, daß Gott diesen Weg nicht an der Heiligung seines Nein über die Sünde vorbei, sondern durch sie hindurch gehen will - eben weil Gott V. und nicht Beruhigung will. Die stellvertretende Bußhingabe Jesu bedeutet auch nicht, daß die Menschen an Buße und Gericht vorbeigeführt werden sollen. Das Kreuz Jesu wird ja gepredigt, damit es im Glauben als für uns aufgerichtet angenommen werde und wir uns so mit Gott versöhnen *lassen*. Wohl heißt dies, daß wir uns trotz aller Schuld und auch trotz aller Schwachheit unserer eigenen Selbsterkenntnis und Buße wirklich in den Stand der versöhnten Kinder Gottes angenommen wissen dürfen (→ Gotteskindschaft: II) und nicht fürchten müssen, uns damit eigenmächtig einen Frieden zu nehmen, der nicht besteht. Aber dies glauben bedeutet zugleich, sich unter das Urteil Gottes beugen und es vom Kreuz Jesu her annehmen, daß wir nur als die aus ihrer Verwerflichkeit Begnadigten vor Gott leben können, als diese aber auch wirklich leben *dürfen*.

J.Chr.K.v.Hofmann, Schutzschriften für eine neue Weise, alte Wahrheit zu lehren I-IV, 1856-59 - M.Kähler, Die V. durch Christum, (1865) 1907² - Ders., Dogmat. Zeitfragen II: Zur Lehre v. d. V., 1898 (Neudr. 1937) - O.Kirn, Die V. durch Christus, 1902 - RE XX, 552ff - E.Brunner, Der Mittler, (1927) 1937², 392ff - K.Heim, Jesus der Weltvollender, (1937) 1952³, 11ff - O.Tiililä, Das Strafleiden Christi, 1941 - H.Vogel, Christologie I, 1949 - Barth, KD IV/1-3 - EKL III, 1652ff. - Vgl. die Lit. zu → Versöhnung: V u. die Lehrbücher der → Dogmatik. *W.Joest*

Versöhnungsbund, *Internationaler* (I.V.B.; International Fellowship of Reconciliation, IFOR). Durch F. → Siegmund-Schultze und H.Hodgkin in ökumenischem Geist 1914 in Cambridge gegründet, wirkt der Bund heute in 25 Staaten (ca 35000 Mitglieder) und bildet einen wesentlichen Bestandteil der → Friedensbewegung. Überzeugt, daß Versöhnung von Gott stammt und in der Welt geboten und möglich ist, sammeln sich im I.V.B. Menschen in bewußter, aber nicht konfessionell bedingter Bindung an das Evangelium zum Dienst am Frieden. Der Bund steht zu den → Kriegsdienstverweigerern aus Gewissensgründen und ruft sie zum praktischen Friedensdienst (Internationaler Zivildienst; Weltfriedensdienst »Eirene«); der Ausbildung in der Friedensarbeit dient in Deutschland das Freundschaftsheim in Bückeburg. Da der Friede unteilbar ist, arbeitet der Bund mit anderen Friedensorganisationen am Abbau politischer, sozialer und rassischer Konfliktursachen und unterstützt alle internationalen Hilfsdienste, um Feindschaft durch Freundschaft zu überwinden. Mitgetragen wird vom I.V.B. das theologische Gespräch zwischen Friedenskirchen und kontinentalorganisierten Kirchen in der Puidoux-Konferenz. - Bekannt wurden u.a. folgende Mitglieder: M. → Wrede, M.J. → Metzger, H.Stöhr, B. → Forell, R.M.Jones, P.Lorson SJ, A.Luthuli, La Pira.

Fellowship of Reconciliation (Hg.), 40 Years for Peace, 1954 - K.Mayr, Der Andere Weg, 1957. - Zs.en: Reconciliation Quarterly; Fellowship; Cahiers de la Réconciliation; Versöhnung u. Friede; Der Christ in der Welt, 1951ff. - Vgl. die Lit. zu → Friedensbewegung. *W.Dignath*

Versorgung. Die V. der → Pfarrer (: II), kirchlichen → Beamten und Angestellten sowie deren Hinterbliebenen ist Bestandteil des kirchlichen → Dienstrechts, dessen Formen dem öffentlichen Dienstrecht nachgebildet sind. Dies gilt wie für die Besoldung (→ Pfarrbesoldung) auch für die V. Die das kirchliche Dienstrecht kennzeichnende Dienstgemeinschaft bedingt eine gegenseitige Treue- und Sorgepflicht, die in geregelter Weise auch über die Zeit des aktiven Dienstes hinaus besteht. - Das V.srecht für Pfarrer und Kirchenbeamte beruht auf Rechtsordnungen der Landeskirchen bzw. der EKD. Sie regeln die Voraussetzungen der Ruhestands- und Hinterbliebenen-V., Art und Höhe der V.sleistungen, ferner die Frage, wem gegenüber der V.sanspruch besteht. *Ruhestands-V.* erhält ein Pfarrer oder Kirchenbeamter, der mit Erreichen der Altersgrenze pensioniert oder vorher dauernd dienstunfähig wird. Die Altersgrenze liegt, landeskirchlich verschieden, beim vollendeten 65. bis 68. Lebensjahr. Zu dieser Zeit kann ein Pfarrer oder Kirchenbeamter ohne Nachweis seiner Dienstunfähigkeit seine Pensionierung beantragen oder ohne Antrag in den Ruhestand versetzt werden. Nach manchen Ordnungen tritt ein Pfarrer mit Vollendung des 70. Lebensjahres kraft Gesetzes in den Ruhestand. Die Höhe des Ruhegehalts ist abhängig von den ruhegehaltsfähigen (dh rechtlich hierfür in Betracht zu ziehenden) Dienstbezügen und Dienstjahren. Je nach der Zahl dieser Dienstjahre beträgt das Ruhegehalt zwischen 35 und 75% der ruhegehaltsfähigen Dienstbezüge. Hat ein Dienstunfall die vorzeitige Dienstunfähigkeit zur Folge, so kann eine günstigere Berechnung des Ruhegehalts vorgeschrieben sein. - *Hinterbliebenen-V.* erhalten die Witwe des verstorbenen Pfarrers oder Kirchenbeamten und seine Kinder, wenn sie noch nicht 25 Jahre alt sind und noch in Schul- oder Berufsausbildung stehen. Die Witwe hat V.sansprüche nur, wenn die Ehe schon vor Eintritt in den Ruhestand geschlossen worden ist. Die V.sleistungen sind abgestuft. Abgesehen davon, daß die Dienst- oder V.sbezüge des Sterbemonats ganz belassen werden, erhalten die Hinterbliebenen in den folgenden drei Monaten die bisherigen Dienstbezüge des Verstorbenen als Sterbenachgehalt; sie dürfen solange auch in der Dienstwohnung bleiben. Danach erhält die Witwe 60% des vom Verstorbenen erdienten Ruhegehalts als Witwengeld. V.sberechtigte Kinder erhalten Waisengeld (Halbwaisen meist 12%, Vollwaisen 20% des Ruhegehalts); Obergrenze der V.sbezüge insgesamt ist aber der Betrag des Ruhegehalts. Kinderzuschläge werden (wie auch beim Ruhegehalt) voll weiterbezahlt. - Die Landeskirchen, neuerdings auch die EKD, können Pfarrern, die im Dienst diakonischer oder missionarischer Werke bzw. im Dienst von Werken mit gesamtkirchlicher Bedeutung stehen, Anwartschaft auf V. einräumen. Es gilt vielfach noch die Regel, daß die Werke an die betr. Kirche hierfür einen bestimmten Prozentsatz der Dienstbezüge des Pfarrers bezahlen müssen. - Der V.sanspruch richtet sich, landeskirchlich verschieden, an die Landeskirche bzw. die EKD oder an eine Pensionskasse. - Die V. kirchlicher Angestellten, die meist von der → Sozialversicherung erfaßt werden, wird weithin dadurch verbessert, daß Möglichkeiten einer zusätzlichen Alters-V. geschaffen werden, wodurch unter günstigen Voraussetzungen eine Altersrente bis zu 60% oder 70% des Gehalts erreicht werden kann.

EKL III, 698ff - WKL 399ff. *R.Weeber*

Verstand → Vernunft.

Versteghe, *Jan Gerritsz* (ca 1520-70), in den Niederlanden nur bekannt unter seinem angenommenen Namen *Johannes Anastasius Veluanus,* ref. Theologe, * in Stroe (Veluwe, Prov. Gelderland), 1544 Pastor in Garderen, wurde 1550 wegen ev. Predigt verhaftet, vornehmlich aus Haß des Inquisitors Franc.Sonnius, des späteren Bischofs von 's-Hertogenbosch. V. entfloh nach »Oostland«, wurde 1557 Pfarrer in Bacherach, 1561 Sup. in Steeg. Sein Hauptwerk »Der Leken Wechwyser« (1554) zeigt seine undogmatische, biblische, erasmianische und vielleicht vom Zwinglianismus (»Vom Nachtmahl Christi«, 1557) beeinflußte Theologie; er wies aber auch auf Melanchthon und Calvin hin. Seine Theologie ist für große Teile des niederländischen Volkes charakteristisch und wirkte lange nach.

Neuausg. seiner Schriften v. F.Pijper in Bibliotheca reformatoria neerlandica IV, Haag 1906, 81-490 (m. Einl.). - Über V.: NNBW III, 1301ff. *J.N.Bakhuizen van den Brink*

Verstehen. Das alte Wort V. erfährt seine Prägung zum Begriff - nach einer Vorphase, in der die Mystik V. im Sinne von Verstand gebraucht und die Aufklärung Verstand im Sinne von V. - im Zusammenhang der Wissenschaftstheorie des 19.Jh.s. → Rankes pantheistisch gefärbte Privattheologie der Geschichte und Droysens Formel »forschend verstehen« verleihen dem Wort einen fast religiösen Klang, sofern wir durch die historische Forschung eine gewisse Einsicht in die göttliche Vorsehung gewinnen. → Dilthey, der in der Besinnung auf die logischen Grundlagen der → Geisteswissenschaften dem Begriff des V.s seine endgültige Bestimmung gibt, ist nüchterner. Er unterscheidet durch den Begriff des V.s diejenige Psychologie, die allein den Geisteswissenschaften ihre erkenntnistheoretische Grundlage bieten könne, von der mechanistisch-naturwissenschaftlichen »erklärenden« Psychologie. Doch wurde ihm immer klarer, daß die Theorie des V.s sich nicht auf die Psychologie beschränkt, dh auf die seelischen Erlebnisse, sondern auf alle Sinngebilde und Sinnzusammenhänge objektiver Art in gleicher Weise geht (»objektiver Geist«). Die Lehre vom V. wird von ihm als Hermeneutik sowohl geschichtlich erforscht als auch systematisch entwickelt.

V. ist bezogen auf Ausdruck. Ausdruck aber ist zweideutig, ursprünglich ein grammatischer (rem verbis exprimere) und seit dem 18.Jh. auch ein psychologischer Begriff (Ausdruck des Innern). Entsprechend geht das V. in erster Linie auf den sprachlichen Ausdruck sowie auf das durch Zeichen und Winke Gezeigte. In diesem Sinne meint es den Sinn bzw. die Bedeutung und findet seine Perfektion in der hermeneutischen Kunst. Im zweiten Sinne weist der Ausdruck nicht auf eine »Sache«, sondern zurück auf das Innere. Das Zeichen ist Anzeichen, das Wort ist nicht nur Bedeutung, sondern wird in seiner Kundgabefunktion (E.Husserl) gedeutet, d.i. als seelischer Ausdruck verstanden, so gut wie Mienenspiel und Gebärden. Der erste Sinn von V. ist das Ziel der → Hermeneutik und dort genauer zu behandeln. Hier ist vor allem von dem zweiten Sinn zu sprechen, der eine erkenntnistheoretische, denkpsychologische, moralphilosophische und sozialtheoretische Problemdimension hat.

Das *erkenntnistheoretische* Problem des V.s ist wie die Fragestellung der → Erkenntnistheorie überhaupt durch die Auszeichnung des Selbstbewußtseins, der cartesianischen res cogitans bestimmt. Wie kann die ihrer selbst inneseiende Subjektivität das außer ihr Seiende erkennen? → Kant hat in seiner Kritik der reinen Vernunft die Möglichkeit der mathematischen Naturwissenschaft legitimiert. Wie aber soll man einen anderen verstehen, der Subjektivität, Innerlichkeit ist? Die Lehre vom Analogieschluß (zB → Spencer und noch Dilthey) sowie die psychologische Lehre von der Einfühlung (Th. Lipps) sind phänomenologisch unbefriedigende Konstruktionen. → Husserls phänomenologische Reduktion aller Seinsgeltung auf das transzendentale Ego, also auf ein radikales »Selbstverständnis«, sah in dem Problem der Intersubjektivität ihre schwierigste Bewährung (Cartesianische Meditationen, V). Er suchte die Lösung in der Richtung, daß das V. des fremden Ich mit der Gemeinsamkeit der Welt verknüpft ist, die für uns alle gilt. Darin aber setzt sich durch, daß V. nicht primär die Aufgabe eines psychologischen Deutens einschließt: Einander verstehen heißt primär, in dem oder jenem oder in allem übereinstimmen. Dem entspricht auch der theoretische Sinn von V. Ein Sinnzusammenhang als solcher wird »verstanden«, zB ein mathematischer Beweis, eine musikalische Komposition, eine Äußerung in fremder Sprache, eine belehrende Unterweisung, wenn die immanente Kohärenz als solche (die »Bündigkeit«, H.Freyer) einleuchtet, unabhängig vom eigenen Urteil oder eigener Stellungnahme. Hier geht Psychologie über in geisteswissenschaftliche Hermeneutik.

Der Fall der Zurechtweisung meint V. als ein *moralisches* Phänomen, das im moralischen Sinne Selbstverständnis einschließt. An den moralischen Sinn von V. schließt nun der religiöse Sinn an. Wo die Menschen einander mißverstehen oder nicht mehr verstehen, bes. aber, wo sie sich selber nicht oder nicht mehr verstehen, finden sie am Ende das Verständnis ihrer selbst in Gott. Derart gehört das Phänomen des V.s in das Konversionserlebnis (→ Augustins Confessiones, pietistische Erwekkung, → Hamanns Begriff des Selbstverständnisses). Solches moralisches oder religiöses Selbstverständnis (→ Gewissen) ist die Grundlage, von der her das V. anderer ein zentrales moralisches Phänomen ist (griech.: σύνεσις). Deshalb ist V. auch mit Nachsicht verwandt und begünstigt das Verzeihen (Aristoteles, Eth. Nic. VI, 11). Hier entspringt die Forderung der → Toleranz, des geistigen oder sittlichen Geltenlassens des anderen. - Der Begriff des V.s hat aber nicht nur moralisch restriktive Funktion. Es kann auch positiv sein. Menschen, die sich gut miteinander verstehen, sind Freunde. Die Rolle der → Freundschaft in der philosophischen Ethik und Politik schließt das Einander-V. ein (ὁμόνοια, ὁμολογία). → Scheler hat mit Recht betont, daß → Sympathie eine ursprüngliche Bezeugung hat und nicht aus der Analogie zum Verhältnis zu sich selber gedeutet werden darf. In den Spuren → Nietzsches hat er bes. die Idole der Selbsterkenntnis aufgedeckt.

Doch gibt es nicht nur Grenzen des Selbstverständnisses, sondern auch solche des Verständnisses anderer, die einzusehen dem Mißverstehen vorbeugen kann. Das spielt sowohl in der → Psychologie (Typenpsychologie) wie in der → Ethnologie und in der historischen Wissenschaft eine Rolle. Ferner hat die moderne → Tiefenpsychologie eine ganz neue Dimension des seelischen V.s geöffnet, sofern der Vordergrundsinn des bewußt Gemeinten eine Maskierung unbewußter Triebwünsche sein kann. Eine absolute Grenze findet das V. sowohl fremder Personen wie etwa geschichtlicher Ereignisse dann, wenn die Bedingung der Kohärenz des Sinnes nicht gegeben scheint. So ist der Geisteskranke im normalen Sinn des Wortes nicht mehr zu verstehen und auf der objektiven Seite der gar zu sinnlose Zufall. Die moralische Dimension, die selbst solche Grenzphänomene noch umfaßt, etwa im Verhältnis von Arzt und Gemütskrankem, zeigt an, daß das V. kein einseitiger Vorgang der Erfassung von etwas Vorfindlichem ist, sondern immer eine Lebensbeziehung zur Voraussetzung hat. An eine völlige Voraussetzungslosigkeit des V.s ist weder in der Wissenschaft noch in der moralischen Lebenserfahrung aus diesem Grunde zu denken (J.Wach).

Eine noch ungelöste Aufgabe wäre eine Geschichte des V.s, die nicht eine Geschichte der Hermeneutik wäre. Sie hätte etwa zu fragen: Wie wird der andere aus der gemeinsamen Lebensbeziehung soweit herausgehoben, daß er als eine andere Individualität erfahren wird, die es zu verstehen gilt? Wann wird einer Aussage gegenüber die fremde Meinung als solche zum Gegenstand der Bemühung (statt der Frage ihrer Richtigkeit)? Wann wird fremdes Volkstum in seiner Sonderart »verstanden« und nicht mehr als »barbarisch« ausgegrenzt? Wann wird die naive Angleichung aller Überlieferung an das eigene Weltverständnis soweit brüchig, daß das geschichtlich Andere zur Aufgabe des V.s wird (Entstehung des historischen Sinnes)? Am Ende dieser Geschichte müßte wohl die Frage stehen, wie weit die Bereitschaft des V.s getrieben werden darf, ohne die normativen Maßstäbe der Moral zu zersetzen (Nihilismus-Problem), und wieweit das christliche Existenzverständnis, das christliche Liebesgebot und seine Grundlage, das eigene Sündenbewußtsein, die Gefahr bannen, die im Alles-V. liegt.

E.Husserl, Logische Unters.en, (1900/01) 1922³ - Ders., Cartesianische Meditationen (Husserliana I), 1950 - M.Scheler, Wesen u. Formen der Sympathie, (1913) 1948⁵ - Ders., Vom Umsturz der Werte I. II, 1919 (= GesW III, 1955) - W.Dilthey, Ges. Schr. V-VIII, (1921-31) 1957-60² - H.Freyer, Theorie d. objektiven Geistes, (1923) 1934³ - J.Wach, Das V., 3 Bde, 1926-33 - J.G.Droysen, Historik, (1937) 1958³ - G.Bornkamm, 'Ὁμολογία (Hermes 71, 1938, 377 bis 393) - O.F.Bollnow, Das V., 1949 - K.O.Apel, Das »V.«. Eine Probemgesch. als Begriffsgesch. (Archiv f. Begriffsgesch. 1, 1955, 142-199) - H.-G.Gadamer, Wahrheit u. Methode. Grundzüge einer philos. Hermeneutik, 1960 - Ders., Zur Problematik des Selbstverständnisses (Einsichten, Gerh.Krüger z. 60. Geb., 1962, 71-85). - Vgl. die Lit. zu → Hermeneutik. *H.-G.Gadamer*

Verstockung

1. Im AT - 2. Im NT - 3. Systematisch

1. Der nur bildhaft zu umschreibende Vorgang der V. meint *im AT* »ein beharrliches Versagen einzelner Menschen oder des Volkes Israel gegenüber der göttlichen Anrede«; es handelt sich dabei um einen »Beharrungs- und Zwangszustand, dem der Mensch rettungslos verfallen ist, wenn nicht von Gott her ein Wunder geschieht« (Hesse 6). Die häufiger vorkommenden Termini sind kabed (von J bevorzugt; meist im Hifil), ḥazāq (bei E und P; im Kal und Piel gebräuchlich) und qasā (im Dtn und der davon abhängigen Literatur, meist im Hifil). Als Objekt der V. erscheinen meist Herz, Ohr oder Auge, vereinzelt auch Angesicht (Stirn) oder Nacken (Schulter). Kommen in den älteren Pentateucherzählungen nur Nichtisraeliten als verstockte Menschen vor (bes. der Pharao), so sehen die Propheten Israel als verstocktes Volk, und die Späteren vollziehen diese Erkenntnis dann gerne nach. Auch einzelne Israeliten können als verstockt bezeichnet werden, sobald innerhalb der Gemeinde zwischen Frommen und Gottlosen unterschieden wird. Verschiedenen at. Zeugen gilt Jahwe als Urheber der V. Vermutlich ist bereits für J, sicher für E Jahwe Veranlasser der V. Pharaos. Ihre klassische Ausprägung hat diese Anschauung in der Berufungsgeschichte Jesajas gefunden (Jes 6, 9ff): Gott will Israel, das sich verstockte, vollends verstocken, um es so gerichtsreif zu machen. Die Späteren verzichten zumeist auf diese abgründige Herleitung der V. von Jahwe und beschreiben die V. Israels als beständig sich steigerndes Versagen gegenüber der Israel auferlegten Verpflichtung, bes. auch als Verfälschung des ihm gebotenen Kultus. Vor einer so verstandenen V. kann gewarnt werden (zB Ps 95, 8), während die V. im Sinne Jesajas unentrinnbar ist.

P.Volz, Das Dämonische in Jahwe, 1924 - K.L.Schmidt, Die V. des Menschen durch Gott (ThZ 1, 1945, 1-17) - F.Hesse, Das V.sproblem im AT (BZAW 74), 1955 - E.Jenni, Jesajas Berufung in der neueren Forschung (ThZ 15, 1959, 321-339). *F.Hesse*

2. Mit V. bezeichnet *das NT* das Verhalten derer, die sich der gepredigten frohen Botschaft verschließen. An mehreren Stellen wird die V. einfach als Tatsache festgestellt (Mk 3, 5; 6, 52; 8, 17; 10, 5; 16, 14; Apg 19, 9; Röm 2, 5; 2Kor 3, 14; Eph 4, 18), an anderen wird daneben die Frage gestreift, wie es überhaupt denkbar sei, daß gerade die, denen die Verheißungen gegeben sind, von deren Erfüllung nichts wissen wollen. Die Antwort wird aus der Schrift geholt bzw. von ihr bestätigt gefunden, so Mk 4, 12 par; Joh 12, 40; Apg 28, 27 (Jes 6, 9-10); Röm 9, 18 (Ex 11, 21); Röm 11, 7-10 (Dtn 29, 3; Ps 69, 23f); Hebr 3, 8. 13. 15; 4, 7 (Ps 95, 7-11). Die zitierten Stellen bringen das at. Problem und Mysterium in Erinnerung, wie menschliche Willensfreiheit und göttliche Allwirksamkeit nebeneinander und ineinander bestehen können (→ Prädestination: II). - Am wenigsten drängt sich dieses Problem in Apg 28 vor. Jes 6 wird nur als Illustration, nicht als Argument angeführt. - Paulus erklärt die V. heilsgeschichtlich. Die Verheißungen gelten dem »wahren« Israel. Wenn schon das historische Israel die Christusbotschaft angenommen hätte, wäre das vorausgesehene Volk Gottes vollzählig da, ohne daß die Heiden Gelegenheit gehabt hätten, sich anzuschließen. Um ihretwillen mußte Israel zeitweilig verstockt werden, nach den Heiden wird es sich aber bekehren lassen. Erst die Zukunft wird also offenbaren, was heute echt oder falsch, Wirklichkeit oder Schein ist. Die Richtigkeit dieser Deutung, die der jüd. Geschichtsauffassung im großen ganzen entspricht, findet Paulus von der Schrift bestätigt. - Im JohEv und im Hebr zielt alles auf die Entscheidung »heute«. Das verkündigte Wort als solches bewirkt eine Scheidung: man hört es oder man hört es nicht. Denen, die gar nicht oder nur halb gehört haben und deswegen eine zweite Gelegenheit brauchen, wird eine solche versagt. Die at. Stellen dienen als warnende Beispiele. - Ähnlich dürfte der Fall im MkEv sein. Am Worte Gottes fällt die Entscheidung über die Menschen. Das Wort schafft Leben, aber auch Tod (vgl. 2Kor 2, 15f). Denen, die Jünger Jesu geworden sind, hat Gott auch das Geheimnis der Gottesherrschaft geschenkt; denen aber, die draußen bleiben wollen, bleibt alles rätselvoll, gerade wie es im AT geschrieben steht.

Zum Mk- u. MtEv vgl. bes. die Kommentare von J.Schniewind (NTD) u. E.Lohmeyer (MeyerK). - ThW V, 1024ff (Lit.) - J.Gnilka, Das Problem der V. Israels nach den synopt. Evangelien u. der Apg, 1961. *R.Gyllenberg*

3. Der Ausdruck V. (induratio) umschreibt in bildlicher Redeweise die anhaltend-widerständliche Verschlossenheit des Menschen gegenüber dem geschichtlich widerfahrenden Willen Gottes in Wort, Geist und Ereignis. Die »Verblendung der Augen«, die »Taubheit

der Ohren« und die »Verhärtung des Herzens« bezeichnen in der Verkehrung der ursprünglichen Bestimmung der Sinnesorgane eine wesenhafte Verkehrung des Menschen gegen Gott. Gegenüber den Akten der → Sünde (: VI) und Abwendung von Gott eignet der V. das Moment der Beharrung in solchen Akten und meint einen für den Menschen selbst irreparablen Zwangszustand (Augustin: non posse non peccare). Doch ist es nicht ein Zwangszustand aus der inneren Zwangsläufigkeit einer Habitualisierung aktuellen Sich-versagens gegen Gott, sondern ein Zwangszustand, der in der Freiheit Gottes steht, ihn zu verhängen und aufzuheben. Gegenüber endgültiger, eschatologischer Verwerfung (reprobatio) bezeichnet V. einen innergeschichtlichen Vorgang im Handeln Gottes und des Menschen, der nicht vorzeitlich-ewig, sondern innerzeitlich begründet und durch eschatologisches Handeln Gottes begrenzt ist. Niemals meint V. einen Zustand an sich, sondern stets einen Durchgang im universalen, eschatologisch gerichteten Geschichtshandeln Gottes.

Das in der Dogmengeschichte verhandelte Problem an den V.saussagen der Bibel ist die Ursach- und Schuldfrage. Als Lösungsversuche seien genannt: a) V. ist ein *effektives Handeln Gottes:* Es ist das verborgene Handeln Gottes in der Geschichte, das zu seinem erklärten, offenbaren Willen in rätselhafter Gegensätzlichkeit steht und aus der Souveränität seiner Freiheit (auch gegenüber seiner Offenbarung) und der Nichtrechenschaftspflichtigkeit seines Wirkens entspringt (Luther, WA 18, 711ff). Diese Auffassung steht in der Nähe des prädestinatianischen Determinismus, der die Schuldzurechnung der V. an den Menschen und den Unterschied der V. gegenüber einem Verwerfungsdekret unaussagbar werden läßt (Calvin). – b) V. ist ein *permissiver Akt Gottes:* Gott verstockt nicht durch sich selbst, sondern überläßt den Widerstrebenden der Selbst-V. oder V. durch den Satan (luth. Orthodoxie: SD XI, 85; J. → Gerhard, → Quenstedt, → Hollaz). – c) V. ist ein *reaktives Handeln Gottes:* Gott verstockt auf Grund menschlicher Selbst-V. in einer voluntas consequens. V. als verhängter Zwangszustand ist dann Sündenstrafe, Gericht über die Sünde (→ Augustin). Beide Auffassungen werden, so richtige Momente sie treffen, den aktivischen Aussagen der Bibel nicht gerecht, die Schuld und Verhängnis zusammensehen.

Ein sachgerechtes Verständnis der V. ergibt sich nicht aus ihrer Isolierung auf die Kausalitäts- oder Schuldfrage, sondern nur aus ihrem Zusammenhang mit den eschatologischen Tendenzen der Gottesgeschichte. V. geschieht durch Gott, ebenso wie die Schuldzurechnung der V. als Selbst-V. durch den Menschen durch seine richterliche Entscheidung geschieht. Die geschichtliche Verschlungenheit von göttlichem Handeln und menschlicher Schuld gewinnt aber erst durch ihre Beziehung zum Ziel göttlichen Handelns (eschatologische) Sinnhaftigkeit. Das Ziel der V. der Feinde Israels und Israels selber ist nicht die V., sondern die universale Erbarmung. Wenn hingegen der Christ vor der V. gewarnt wird, so steht das im Horizont eschatologischer Verwerfung, da das Handeln, dem er widerstrebt, nicht innergeschichtliches, sondern eschatologisches, unüberholbares Handeln Gottes ist. – Vgl. → Prädestination: III. IV.

W.ELERT, Der christl. Glaube, (1940) 1960[5], 458ff – BARTH, KD II/2, 305ff – K.L.SCHMIDT (s. 1) – P.ALTHAUS, Die christl. Wahrheit, (1948) 1959[5], 625ff – W.v.LOEWENICH, Pharaos V. (in: Viva vox Evangelii, Festschr. f. H.Meiser, 1951, 196–213). *J.Moltmann*

Versuchung. Unter V. ist alles zu verstehen, was den Menschen reizt zum Unglauben und Ungehorsam gegenüber Gott. Grundsätzlich gibt es nichts im Leben, was nicht zur V. werden könnte, sei es Glück oder Leid, Reichtum oder Armut, Erfolg oder Erfolglosigkeit. Anlaß zur V. kann unsere sinnliche Natur, die Sensibilität der Seele und die Hybris des Geistes sein. Erfahrungsgemäß pflegt langes → Leiden (: IV), bes. wenn es als unverschuldet angesehen wird, den Menschen heftig in die → Anfechtung hineinzutreiben, so daß er an der Liebe Gottes zweifelt und sich von aller Hilfe verlassen fühlt. Die Versuchlichkeit ist im einzelnen Menschen ganz verschiedenartig gelagert, je nach Geschlecht, Alter, Temperament, Volk, Stand und Beruf (vgl. Jak 1, 14). Bes. haben es Sexus, Mammon und Ehrgeiz in sich, das Menschenherz zu erregen und zu verführen. Nach Luthers Aussage im Kleinen Katechismus (Erklärung zur 6. Bitte im Vaterunser) wirken sich in der V. »der Teufel, die Welt und unseres Fleisches Wille« gleichermaßen aus. Der satanische Hintergrund der V. wird vom modernen Denken im allgemeinen geleugnet. Der Existentialismus in Philosophie und Theologie bestreitet nicht, daß es V. gibt, die nur zu oft mit Niederlage und Verlust unserer Freiheit endet. Doch soll es sich dabei um rein innerseelische Vorgänge handeln, nicht aber um eine geistige Fremdmacht, die von außen her angreifend auf uns einwirkt. Gegen eine solche rationalisierende Auflösung des Diabolischen spricht nicht nur das Planmäßig-Zerstörerische im Werk der Finsternis, sondern auch das Plötzliche und Raffinierte, wie der Mensch oft wider seinen Willen an der schwächsten Stelle seines Wesens angefallen wird. Gegenüber geschmacklosen und entarteten Teufelsvorstellungen ist eine Entmythologisierung gewiß am Platz. Aber es bleibt auch nach Abzug aller statthaften Interpretation genug des Unheimlichen und Unbegreiflichen, das man stehen lassen muß. – Das Zeugnis der Evangelien läßt klar erkennen, daß Jesus wie jeder andere Mensch versucht worden ist durch die Verlockungen von Sinnenglück, Massenberauschung und Weltherrschaftsanspruch (Mt 4, 1–11). Es wird aber zugleich deutlich, wie Jesus den Angreifer durchschaut, zurückgeschlagen und überwunden hat. Darin unterscheidet er sich einmalig von allen anderen Menschen. In der Kraft des Christus victor ist jeder Christ und jede christliche Gemeinde aufgerufen, in der Stunde der V. ritterlich zu kämpfen und sich vom Bösen nicht überwinden zu lassen. Als Waffen der Abwehr in diesem geistlichen Kampf sind zu nennen Glaube und Gehorsam, Beten und Fasten, regelmäßiger Umgang mit dem göttlichen Wort, Anschluß an brüderliche Hilfe, Einzelbeichte und Bereitschaft zu asketischer Disziplin an den Stellen und zu den Zeiten, wo zuchtvolles Widerstandleisten neben dem hilfreichen Beistandleisten als notwendig erscheint. Das biblische Zeugnis rechnet mit der Möglichkeit, daß Gott selbst einen Menschen in die V. führt, um ihn zu erproben im Blick auf die Brauchbarkeit zu neuen und größeren Aufgaben (Gen 22; Dtn 13, 4; Mt 4, 1). Es wird uns aber auch zugesagt, daß Gott die V. nicht über unsere Kraft gehen läßt (1Kor 10, 13), wenn der Blick nur auf den gerichtet bleibt, der »versucht ist allenthalben gleich wie wir, doch ohne Sünde« (Hebr 4, 15).

H.THIELICKE, Zwischen Gott u. Satan, (1938) 1955[3] – DERS., Das Gebet, das die Welt umspannt, (1945) 1961[10] – D.BONHOEFFER, V., (1953) 1954[2] – A.KÖBERLE, Die Stunde der V., 1958. *A.Köberle*

Vertrauen

1. V. als Grundphänomen – 2. V. und Selbstauslieferung – 3. Das Fundierungsverhältnis zwischen V. und Mißtrauen – 4. V. und Forderung – 5. V. bei W.Herrmann

1. V. ist ein *Grundphänomen*, ohne das die Kommunikation zwischen Menschen ausgeschlossen wäre. Nicht nur dem, den wir kennen und von dem wir wissen, daß

er unseres V.s würdig ist, sondern auch Menschen, die uns völlig fremd sind, begegnen wir mit natürlichem V. Erst wenn sich jemand durch sein Verhalten verdächtig macht oder wenn die äußeren Umstände sich zuspitzen, etwa in Kriegszeiten, sind wir auf der Hut und werden mißtrauisch. – Wie ursprünglich das Phänomen des V.s ist, zeigt auch die Eigentümlichkeit, daß das Bild, das wir uns vom Charakter eines anderen Menschen machen, vor dem uns Vorsicht geboten scheint, in der persönlichen Begegnung zusammenbricht. Mag das »Bild« noch so richtig sein, es weicht vor der lebendigen Gegenwart des anderen, weil Gegenwärtiges immer zugleich neu ist und neu genommen werden will. Das V. in seiner elementarsten und unmittelbarsten Form als V. zum Dasein in seinem ständigen Sich-Erneuern kommt hier dem anderen zugute; nur bei »eingefleischtem« Mißtrauen bleibt ihm keine Chance und hält das Bild stand. – Daß das V. grundlegend für unser Dasein ist, geht ferner daraus hervor, daß wir in unseren personalen Beziehungen auf Deutung angewiesen sind, die als solche nicht objektiv überprüfbar ist. So ist etwa ein Liebeszeichen des anderen stets ein von mir als Liebe gedeutetes Zeichen, weil Liebe keine objektiv festlegbaren Äußerungsformen hat. Die von mir vorgenommene Deutung gründet folglich in einem V. Dieses Wesensverhalten ist uns meist nicht bewußt. Erst wenn ein personales Verhältnis in eine Krise gerät, wird uns klar, daß Deutung und V. schlechthin zu den Lebensbedingungen unserer Beziehungen gehören.

2. V. heißt *sich selbst ausliefern.* Daher reagieren wir schon bei verhältnismäßig geringfügigen Dingen heftig, wenn unser V. mißbraucht wird. Die Verlegenheit oder die Gefahr, in die uns der Mißbrauch des V.s gebracht hat, treffen uns weniger hart als die Verschmähung unseres V.s. Die Kinderpsychologie und -psychiatrie bekräftigen dies. Eben weil das V. Selbstauslieferung ist und das Kind darin noch ganz unmittelbar und vorbehaltlos ist, kann eine Erschütterung seines V.s sich so folgenschwer auswirken und zu lebenslänglichen psychischen Störungen führen. – Daß das V. etwas ganz Elementares ist und in einem Sich-Ausliefern besteht, zeigt sich deutlich daran, daß V. zu jedem Gespräch gehört. Und zwar nicht erst, indem der Angeredete dem Inhalt der Aussage des anderen Glauben schenkt, vielmehr liegt schon in der Anrede als solcher ein bestimmter Ton, der vom Anredenden angeschlagen wird und in dem er gleichsam aus sich selbst heraustritt, um im Verhältnis der Rede zum anderen zu existieren. Wird der angeschlagene Ton absichtlich oder versehentlich überhört, so bedeutet dies, daß der Anredende selbst darin überhört wird, insofern er selbst sich darin vorgewagt hatte. Alles Sprechen geht in einem solchen elementaren V. vor sich, und selbst die unbedeutendste Aussage erhält einen falschen Klang, wenn der Anredende nicht das sichere Gefühl hat, daß sie aufgenommen wird, wie sie gemeint ist. – V. ist nicht von unserem Fürguthalten abhängig, es gehört zum Menschsein, so wie es ist; V. ist nicht eine Sache des Sich-Entschließens, sondern liegt elementar im Menschsein; daß wir vertrauen und uns ausliefern, geschieht unwillkürlich; bewußt geschieht erst unsere Zurückhaltung und Einschränkung des V.s.

3. *Mißtrauen* ist dem V. nicht gleichgestellt, sondern ist als die Negation des V.s in diesem fundiert. Das Kind liefert sich zunächst vorbehaltlos in seinem V. aus, lernt dann aber durch Warnung und Erfahrung, das V. einzuschränken und sich im Mißtrauen vorzubehalten. Wenn das Dasein des Kindes in vieler Hinsicht wahrer und echter als das Dasein des Erwachsenen erscheint, so trägt hierzu gerade sein ursprüngliches V. bei. – Die Rangordnung von V. und Mißtrauen geht ferner daraus hervor, daß man gewöhnlich vom V. zum anderen Menschen als etwas Selbstverständlichem ausgeht, das keiner Begründung bedarf, während man im Falle des Mißtrauens Belege verlangt. – Damit ist aber nicht gesagt, ob V. oder Mißtrauen im täglichen Leben eine größere Rolle spielt. Wir haben hier nur das Fundierungsverhältnis dargelegt; etwas anderes wäre eine psychologische Bilanz.

4. Insofern der Mensch mit dem V., das er erweist oder begehrt, einen größeren oder kleineren Teil seines Lebens der Macht des anderen preisgibt, ergibt sich aus dem V. die *Forderung,* das einem so ausgelieferte Leben des anderen zu wahren und zu schützen. Wie verschieden die Kommunikation von Mensch zu Mensch sich auch gestalten mag, immer besteht sie in einem Sich-Vorwagen auf ein Entgegenkommen zu. Dieser Befund und die sich daraus ergebende Forderung ist die Grundlage aller → Ethik.

5. In anderer Weise wird bei W. → Herrmann das V. als grundlegender Faktor der Ethik geltend gemacht. Das natürliche Leben wird hier als Vorstufe des sittlichen Lebens betrachtet, und die Frage ist für Herrmann, wie die Sittlichkeit in das natürliche Leben eindringen kann, um es zu überwinden und zu beherrschen. Er zeigt nun, daß die Richtungsänderung vom Natürlichen zum Sittlichen von dem V. vorgenommen wird, das ein anderer sittlich lebendiger Mensch kraft seiner Persönlichkeit und Autorität in uns erweckt. Wir sind uns des Grundes seines geistigen Einflusses bewußt, der daher rührt, daß er sich nicht von den Umständen oder seinen Naturtrieben leiten läßt, sondern eine innere Selbständigkeit besitzt dank des Gehorsams gegenüber einem unbedingten »Du sollst«. Jedoch wäre eine Charakteristik des V.sverhältnisses verfehlt, wenn man meinte, die Erfahrungen, die man mit einem solchen Menschen gemacht hat, als Beweis seiner V.swürdigkeit feststellen zu können. V. gründet sich auf etwas, das seinem Begriff nach unbeweisbar ist. Entsteht V. in uns, so sind wir angespornt, dieselbe Haltung, die uns V. einflößte, anzunehmen. Wer einem anderen vertraut, ist bereit, von sich selbst zu fordern, was er am anderen vertrauenswürdig findet. Da nun das Vertrauenswürdige letzten Endes der Gehorsam des anderen gegen ein unbedingtes Sollen ist, entsteht durch das V. das Wollen zu demselben Gehorsam. Das Wollen erhält eine feste Richtung, nicht durch Suggestion schlechthin, sondern in der Erkenntnis der Wahrheit der Gedanken und der Haltung, die wir im und mit dem V. gewonnen haben.

W. Herrmann, Ethik, (1901) 1921[6] – K.E. Løgstrup, Die ethische Forderung, 1959, 7ff. 155ff. 240ff – Ders., Kunst og Etik, Kopenhagen (1961) 1962[2], 229ff. *K.E.Løgstrup*

Verwaltung, *kirchliche* ist die gesamte Tätigkeit der → Kirchenbehörden, soweit sie nicht geistliche Wirksamkeit ist. Von den Zeiten des landesherrlichen → Kirchenregiments her haben kirchliche und staatliche Behörden der V. die Leitung der Kirche ausgeübt. Infolgedessen stand herkömmlich in der ev. Kirche das Kirchenwesen im Zeichen der V., im Unterschied zur kath. Kirche, in der auch die Leitung und Gestaltung des äußeren Kirchenwesens aus der Jurisdiktionsgewalt des Bischofs abgeleitet wird. Entsprechend dem weiteren Begriff der Aufsicht im Kultus- und Schulwesen (G. Anschütz, Die Verfassungs-Urkunde für den preuß. Staat I, 1912, 409ff) gehörten herkömmlich zur Zuständigkeit der kirchlichen V. nicht nur unmittelbar verwaltende Maßnahmen, sondern auch der Erlaß von Ordnungen und generellen Regelungen. Mit dem Ausdruck »allgemeine kirchliche V.« (Art. 103 Verf. der APU) werden die Kirchenbehörden bezeichnet, deren Aufgabe bes. die Aufsicht über die Gemeinden und Kirchenkreise sowie über die Geistlichen und kirchlichen Amtsträger ist. Diese Behörden haben, soweit nicht andere Stellen dazu berufen sind, die Generalzuständigkeit für die »gesamte V. der Landeskirche«. Beim Ausbau der Ordnung der Kirchengemeinden und Kirchenkreise im 19.Jh. wurde deren äußere Wirksamkeit auch als → »Selbstverwaltung« (: II) aufgefaßt. So ausdrücklich die meisten Verfassungen nach 1918, aber auch noch manche Grundordnungen nach 1945, zB Kirchenprovinz Sachsen Art. 59: »Der Gemeindekirchenrat ist das Organ der Selbst-V. in der Kirchengemeinde.« Allerdings wird mit Recht betont, daß Inhalt und Ziel des kirchlichen Dienstes in Gemeinde und Kirche, da in gleicher Weise auf die Verkündigung des Wortes gerichtet, nicht verschieden seien. - Nach 1945 sind bes. in den nichtluth. Kirchen im Zuge der Stärkung des Einflusses der Landessynoden und Kirchenleitungen die Befugnisse der V. eingeschränkt bzw. von den Kirchenleitungen übernommen worden. Auch wird das Rechtsverordnungsrecht der V. zunehmend eingeschränkt. Andererseits erfährt ihre Tätigkeit wegen der Vermehrung der kirchlichen Wirksamkeit und Arbeitsformen, der Verflechtung der Kirche in das Rechtsleben des modernen Versorgungsstaates und der Vermehrung der Zahl der kirchlichen Amtsträger eine ständig zunehmende Ausweitung. Infolgedessen sind ihr Einfluß und ihre Bedeutung nicht vermindert. Auch wächst dadurch sowie wegen der Nachprüfbarkeit der V.sakte durch die kirchliche → Gerichtsbarkeit die Verantwortung der kirchlichen V. für die kirchliche Rechtssetzung, die auch etwa im → Dienstrecht und bei Regelung des Verhältnisses zum Staat einer ständigen Auswertung der Erfahrung der V. und der Einsicht in Grundlagen und Wirkungsweise des sozialen Rechtsstaats gerade auch zur Sicherstellung kircheneigener Regelung nicht entraten kann. Das stärkt die Bedeutung der V. und macht weiter die Gewinnung von innerlich und äußerlich qualifizierten Amtsträgern der V. nötig.

P. Schoen, Das ev. Kirchenrecht in Preußen II/1, 1906, 232ff. 262ff - J.V. Bredt, Neues ev. Kirchenrecht für Preußen III, 1927, 85ff - StL V, 1192ff (Öffentl. Dienst) - G. Niemann, Kirchl. Selbst-V. (in: Gott ist am Werk. Festschr. f. H. Lilje, 1959, 232-239) - Erik Wolf, Ordnung d. Kirche, 1961, 406ff. 660ff. *E. Ruppel*

Verwandlung. Wo die Konturen der Dinge und Personen noch nicht zu unveränderlicher Gestalt erstarrt sind, wie in der Welteinstellung der Primitiven (→ Naturvölker), so daß aus einer letzten verborgenen Einheit heraus alles zu allem werden kann, da begegnet die Vorstellung von V.en in einer Fülle von Möglichkeiten. Daß die Götter die Fähigkeit haben, ihre Gestalt zu verwandeln, ist weit verbreiteter Glaube in polytheistischen Religionen (→ Erscheinungsformen der Gottheit, → Avatâra). Aber auch bei den Naturvölkern kennt man die V. von Göttern. So haben zB Stämme der Fidschi-Inseln Götter, die sich jeder in ein bestimmtes Tier (Haifisch, Schlange, Habicht) verwandeln können (Chant I, 178), und der Ewe-Gott Ablo, der Gott des Reichtums, gibt dem von ihm ergriffenen Menschen die Fähigkeit, alles, was dieser in einen Topf tut, in Kaurimuscheln, also in gültiges Geld zu verwandeln. Ferner ist es die besondere Gewohnheit der Dämonen (→ Geister: I), in täuschender Absicht sich mannigfach zu verwandeln (Chant II, 232). Alle → Theophanien setzen den Gestaltwandel der Götter voraus (vgl. zB Bhagavadgîtâ XI). - Im chinesischen »Universismus« (de Groot) spielen die Wandlungen (»Buch der Wandlungen«) eine wichtige Rolle. - Aktuelle und temporäre V. eines Menschen in einen ganz anderen findet sich im → Schamanismus und bei ekstatischen → Propheten (vgl. 1Sam 10, 6). - Alle → Magie ist vielfach um V. von Menschen in Tiere oder Steine, von Staub in Gold u. dgl. bemüht, wie es noch in den → Märchen nachklingt. Hierher gehört die Praxis der Verwünschung. - Auf der kultischen Ebene stoßen wir auf die Idee der V. sakramentaler Elemente von Brot und Wein in Leib und Blut Christi (→ Abendmahl). - Auch jede → *Bekehrung* bedeutet in universalen Religionen eine V. des Menschen. Paulus spricht 1Kor 15, 51 von einem endzeitlichen Verwandeltwerden der Menschen. - Die vornehmlich in → Indien (: II) geglaubte sog. → Seelenwanderung (samsâra) bedeutet eine V. der menschlichen Gestalt, aber auch der der Tiere und Götter im Kreislauf immer neuen Geborenwerdens und Sterbenmüssens. - Die → Eschatologie des Parsismus (→ Iran: III. IV) und des Christentums erwartet eine grundlegende V. und Verklärung der gesamten Weltwirklichkeit (2Petr 3, 13).

ERE VIII, 593f - Roscher VI, 224ff - HWDA VIII, 1623ff - PW XVIII, 1910ff (Ovidius, Metamorphosen) - SDF II, 1121f - M. Eliade, Le chamanisme et les techniques archaïques de l'extase, Paris 1951; dt. 1957 - Nilsson I (s. Reg.) - Thompson (s. Reg. s.v. Transformation). *G. Mensching*

Vesper

1. Kirchenmusikalisch - 2. Praktisch-theologisch

1. Die V. entspricht in ihrem Aufbau den Tageshoren des → Stundengebetes (: I, 2): Auf das Einleitungsgebet folgen 5 Pss (sonntags Ps 110/109-114/113, an Marienfesten Ps 110/109, 113/112, 122/121, 127/126, 147) mit ihren → Antiphonen, ein Lesestück, ein → Hymnus und das → Magnificat. Die V. war ursprünglich als Abendgebet Beginn des Nachtoffiziums; durch Benedikt wurde sie auf den Nachmittag verlegt. An Sonn- und Festtagen trat des festlichen Abschlusses wegen eine zweite V. hinzu. Diese gewann seit der Gotik große Bedeutung als Gegenstück zur Messe am Morgen und machte sich auch die Mittel der mehrstimmigen → Musik (: V, 3) dienstbar: zunächst beim letzten Psalm, dann aber allgemein bei den Pss in der Form des Fauxbourdon (→ Dufay), bei den Antiphonen (→ Josquin), bei den Hymnen (de Kerle 1558, → Palestrina 1589). Vor allem das Magnificat als Höhepunkt der V. erhielt mehrstimmige Fassungen. Doch wurde schließlich auch die gesamte V. als Einheit vertont (zB von → Rhaw 1540, → Monteverdi 1610).

O. Ursprung, Die kath. Kirchenmusik, 1931. - Vgl. die Lit. zu → Stundengebet: I, 2. *E. Jammers*

2. Die V. (vesper = Abendstern) als das ursprünglich einzige, Lobpreis und Dank enthaltende liturgische Abendgebet (→ Stundengebet: I, 2) ist in der röm. Kirche Bestandteil des Breviers (Pflichtgebet des Klerus). Eine Teilnahme der Gemeinde an der V. hat sich hier vor allem an Sonn- und Festtagen erhalten. Pius XII. rät die Volks-V. an. Die Bezeichnung der V. als »Lucenarium« geht auf das selbständige, aus dem Orient stammende Gebet beim Anzünden der Lichter zurück (heute noch im ambrosianischen und mozarabischen Ritus). - Im Book of Common Prayer hat die Anglikanische Kirche V. und Komplet als tägliches Evening-Prayer verbunden. Die Wittenberger Reformation übernahm, mit Ausnahme der Sonnabende und Sonntage, die V. mehr als Schüler- denn als vollen Gemeindegottesdienst; die oft vieldeutigen Ordnungen, das Vorherrschen des Lehr- und Schulmäßigen und die Privatisierung des Gebets führten allmählich zu ihrem Abbau. Bei den Versuchen, den Tageszeitengottesdienst in der ev. Kirche wiederherzustellen und die → Hausandacht mit diesem in Verbin-

dung zu bringen (zB VELKD; Anhänge zum EKG, Bibellesepläne), gewinnt auch die V. wieder an Bedeutung. So sollen (nach Goltzen) Mette und V. die Ordnung für die Zusammenkünfte der Gemeinde außerhalb des sonntäglichen »Hauptgottesdienstes« abgeben. Daneben versucht man, sie als Gebet der Tageszeiten für kleinere Kreise oder den einzelnen zu gestalten (zB → Berneuchen, → Kirchliche Arbeit von Alpirsbach, → Hochkirchliche Bewegung [: II, 1]; → Mehl, Dietz, Brodde, Hertzsch). Als Hilfe für das tägliche Gebet und als Anleitung zur Meditation haben diese Bestrebungen ihre Bedeutung. Bedenklich sind aber Repristinationsversuche, die von einem unev. kultischen Gottesdienstverständnis ausgehen.

Textausgaben s. → Stundengebet: I, 3 u. bei K.F.MÜLLER in: Theol. u. Liturgie, hg.v. L.HENNIG, 1952, 308. - RAC I, 10ff - G.HARBSMEIER, Gottesdienst u. Gesch. (ThR NF 21, 1953, 223-256; 22, 1954, 50-84; 23, 1955, 68-91; 25, 1959, 251-280) - Leiturgia III, 99-296 - Brevierstudien, hg.v. J.A.JUNGMANN, 1958 - E.HERTZSCH (→ Stundengebet: I, 3). *K.Dienst*

Veto, 1. die → Exklusive; 2. die staatlichen Rechte aus der → Politischen Klausel. *H.Barion*

Vetter, *Jakob* (1872-1918), Evangelist, * in Worms, verlebte eine schwere Kindheit, wurde Mitarbeiter der Pilgermission St. → Chrischona und gründete 1902 die Deutsche → Zeltmission, der er in Deutschland den Platz eroberte und trotz schwerer Lungenkrankheit bis zu seinem Tode diente.

Vf. u.a.: Gottes Fußspuren in der Zeltmission, o.J. (1907); Warum ich die Lehre von der Wiederbringung aller Dinge ablehne, o.J. (1917). - Über V.: Evangelist J.V. Von seiner Gattin, 1922 - E.KRUPKA, 50 Jahre Zeltmission, o.J. - H.BRUNS, J.V., 1954. *H.Brandenburg*

Vicari, *Hermann von* (13.5.1773 bis 14.4.1868), kath. Theologe, * in Aulendorf (Württ.), † in Freiburg/Br., 1797 Priester, nach administrativer Arbeit in Konstanz unter → Wessenberg seit 1827 Generalvikar in → Freiburg (: I), 1836 zum Erzbischof gewählt, von der badischen Regierung zunächst abgelehnt, 1842 endgültig eingesetzt. V. wurde neben → Ketteler zum Träger des kath. Kampfes gegen die Reste des Staatskirchentums. Daneben bekämpfte er den badischen Kirchenliberalismus (→ Ronge, Laiensynodalbewegung). Von der Kurie und von Österreich unterstützt, benutzte er im sog. badischen Kirchenstreit (→ Baden, 6) alle Mittel kirchlicher Disziplinierung und erlebte 1854 einen achttägigen milden Hausarrest. Die 1859 erzielte Konvention, die dem Erzbischof ein Beschwerderecht auch gegenüber antikirchlichen Lehren von Professoren anderer Fakultäten zugestand, wurde 1860/61 von der badischen Regierung durch weithin gleichlautende Staatsgesetze ersetzt.

E.FRIEDBERG, Der Staat u. d. kath. Kirche im Großherzogtum Baden, (1871) 1873² - H.HANSJAKOB, H.v.V., 1873 - H.SCHMID, Gesch. d. kath. Kirche Deutschlands, 1874, 559ff. 672ff - Fr.v.WEECH (Hg.), Badische Biogr.n II, 1875, 387ff - H.MAAS, Gesch. d. kath. Kirche im Großherzogtum Baden, 1891 - ADB 55, 641ff - A.RÖSCH, Freib. Diözesan-Archiv 28, 1927, 295-361 - H.BASTGEN, ebd 31, 1930, 290 bis 343. *K.G.Steck*

Vicelin → Wizelin.

Vico, *Giambattista* (Giovanni Battista; 1668-1744), lebte und starb wenig beachtet und verkannt in Neapel, über dessen Umkreis er nicht hinauskam. Seine Wirkungslosigkeit auf die Zeitgenossen trotz seiner umfassenden Bildung erklärt sich aus der Tatsache, daß V. in der Tradition verwurzelt bleibt, aber in eine noch unabsehbare Zukunft vortastet. Für den Rationalismus seiner Umwelt kam er zu spät, für den Historismus und das geschichtliche Denken der Zukunft zu früh. Das Bewußtsein, an einem Wendepunkt der Geschichte zu stehen, befähigte ihn, als erster in der Geistesgeschichte »die Ansicht einer natürlichen Entwicklung für die Biographie fruchtbar zu machen« (G.Misch) und seine Erfahrungen als Schlüssel für die »natürliche Entwicklung« des Geistes überhaupt zu gebrauchen. Die Aufgabe als Prof. der Rhetorik (seit 1699), in einer Art »studium generale« die Studenten aller Fakultäten in die Grundlagen ihrer Disziplinen einzuführen, zwangen ihn zur Auseinandersetzung mit dem *Problem der Methode* in den einzelnen Wissenschaftszweigen. Dadurch wurde er nicht nur zum ersten Wissenssoziologen (W.Sombart), sondern entdeckte frühzeitig die Gefahren, die in der Grenzüberschreitung einer falschen Naturwissenschaftlichkeit liegen, weshalb er die Versöhnung der modernen analytischen Studienart mit der antiken humanistischen erstrebte. Grundsätzlicher als der methodische Versuch → Descartes', Wissenschaft auf den Bereich »klarer und distinkter« Wahrheiten einzuschränken, ist V.s neues, auf den ganzen Menschen bezogenes Prinzip. Der Mensch kann nur über das Gewißheit erlangen, was er selber schafft oder geschaffen hat. Dies macht V. in gewissem Sinne zum »Vorläufer Kants« (F.H. → Jacobi, F.v. → Baader) und, da er sein Prinzip auf das konkrete geschichtliche Werden anwandte und in einer »Philosophie des menschlichen Geistes« darstellte, auch zum Vorläufer → Hegels (Ed.Gans). V. gelingt es durch seinen neuartigen *Denkansatz in der Geschichte,* das rationalistische Vorurteil seiner Zeit nicht nur von vornherein durch die Rückführung auf ein spekulativ-metaphysisches und entwicklungsgeschichtlich-dialektisch in Erscheinung tretendes Prinzip (die »Vorsehung«) zu überwinden, sondern mehr noch, dem Rationalismus selbst einen entwicklungsgeschichtlich verstehbaren und angemessenen Platz in bezug auf das Ganze der Entfaltung menschlichen Geistes anzuweisen. Dadurch stellte sich V. dem *Problem der Tradition* und mit ihm dem *Problem der geschichtlichen Wahrheit.* Trotz mancher Unzulänglichkeiten in der schematischen Aufstellung allgemeiner Gesetze, durch die er das »Dreistadiengesetz« A. → Comtes vorwegnahm, ist es berechtigt, V. als Initiator der »Schule menschlicher Wissenschaft« (Herder), als Begründer der Geschichtsphilosophie (→ Geschichte: III) und als den entscheidenden Wegbereiter des → Historismus anzusprechen, der das »geistesgeschichtliche Wunder« (F.Meinecke) vollbringt, fremdartige Mentalitäten der Menschheit tief zu verstehen, ohne sie am fortgeschrittenen Bewußtsein der eigenen Zeit zu messen und dadurch zu mißdeuten. Aber durch solche und ähnliche Charakteristiken wird zwar V. von den Ergebnissen seiner Denkungsart aus beschrieben, nicht aber sein originärer Ansatz begriffen. Alle Erkenntnisse und Leistungen V.s wurzeln in der Entdeckung der wesentlichen Geschichtlichkeit des Rechts (R.Wisser). Er sucht die ungewöhnliche Anhäufung mannigfaltigen und widersprüchlichen Rechtsmaterials zu seiner Zeit weder, wie Descartes, antihistorisch-rationalistisch wegzudiskutieren, noch, wie → Leibniz, durch Vereinfachung des Unübersehbaren praktikabel zu machen, noch auch lediglich historiographisch zu registrieren. V. fragt nach den *Gründen* für die prozessuale Veränderung der Rechtsvorstellungen in Antike, MA und Gegenwart, aus welchen der jeweilige Geist der Zeit verstanden werden kann. Die philosophische Aufarbeitung der Rechtsgeschichte liefert ihm das Modell für die Geschichte des menschlichen Geistes in allen seinen Aspekten. Dabei tritt aber nicht nur eine über die »besonderen Zwecke« und Zielsetzungen der jeweiligen Epochen hinweggehende Dialektik hervor, die nach dem Rhythmus abläuft: *dieses* intendierten sie, aber *das* provozierten sie damit (vgl. Hegels »List der Vernunft«), sondern zugleich läßt sich auch die über das Individuelle erhabene »ewige, ideale Geschichte« der Vorsehung, das Gesetz in der Veränderung ablesen. V. begreift im dialektischen Auseinander-Hervorgehen die über alle Absolutierungstendenzen zeitgeschichtlicher Meinungen und Aufgeklärtheiten hinauszielende Wirklichkeit als innere Notwendigkeit. Aus einer synthetischen Zusammenschau der für ihn entscheidenden vier »Geistesfürsten« wächst ihm *seine Aufgabe* zu. Mit → Platon erkennt V. in der *Idee* die überzeitliche Struktur und macht sie als das die Zeitläufe übergreifende Ereignis im theoretischen Wissen (Philosophie) offenbar. Mit Tacitus schildert er in den beschränkten Zwecken des Eigennutzes die zeitliche *Wirklichkeit* und erfährt, wie ihre Tatsachenfülle in praktischer Lebensweisheit bewältigt wird (Philologie). Mit F. → Bacon besinnt er sich auf die *Einheit* der wissenschaftlichen Welt und läßt sich durch dessen Forderung nach Vervollkommnung der wissenschaftlichen Methoden zu einer Philosophie der Zukunft anregen. Mit → Grotius endlich faßt er die gesamte Philologie, Philosophie und Theologie in das *System* eines allgemeinen Rechtes, in die »wahre Enzyklopädie«, die »Neue Wissenschaft«. Damit ist nach V. vorgezeichnet, was die Wahrheit in ihrer ganzheitlichen Gestalt für den Menschen ausmacht: Bestand der reinen Idee und geschichtlicher Wandel verbunden im Ziel wissenschaftlicher Methodik und begriffen in einem System. Das spekulative Mittel dafür, die Dinge nicht nur nach ihrer Faktizität und Erscheinung, sondern auch nach ihrem Grund und Sinn zu betrachten, ist für V. der *Gottesbegriff*. Der bis heute »unausgetragene Gegensatz« (Gerh.Krüger) zwischen historischem und platonischem Denken wird hier erstmals zum Problem, und zugleich wird die Lösung durch ein Denken erstrebt, das auf Gott als den »einen Ursprung und Ziel allen Rechtes« hin spekulativ und auf die Welt als Inbegriff der geschichtlichen Produktivität des Menschen hin dialektisch ist. Die Idee des Menschen ist nicht im aprioristischen, abstrakten, ungeschichtlichen Zugriff zu fixieren, sondern nur im Wandel geschichtlicher Wirklichkeit konkret zu erfahren. »Weil die menschliche Welt vom Menschen aufgebaut ist, müssen ihre Prinzipien innerhalb der Modifikationen seines menschlichen Geistes aufgefunden werden.« In der Anwendung dieses Grundsatzes entdeckte V. den Vorgang der Differenzierung des Wissens und gelangte er zu den Leistungen, die erst viel später seine Bedeutung erkennen ließen.

Bibliogr.: B.Croce, Bibliografia vichiana, Bari 1911 (m. Anhang v. F.Nicolini); in 2 Bden v. F.Nicolini, Neapel 1947/48. - *Hauptwerke:* De nostri temporis studiorum ratione, 1709 (dt. 1947); De antiquissima italorum sapientia ex linguae latinae originibus eruenda lib. I, 1710; De universi iuris uno principio et fine uno, 1720 (dt. 1854 u. 1950); Liber alter, qui est de constantia iurisprudentis, 1721 (Notae hierzu, 1722; 1723 als »Diritto universale« zusammengefaßt); Principî di una Scienza nuova d'intorno alla natura delle nazioni, 1725 (sog. Scienza Nuova Prima); Vita di G.V., scritta da sé medesimo (in: Calogerà, Raccolta di opuscoli scientifici e filologici I, Venedig 1728, 145-256; dt. 1822 u. 1948); Cinque libri de' principî di una Scienza nuova d'intorno alla comune natura delle nazioni, (1730) 1744² (sog. Scienza Nuova Seconda; dt. 1822 u. 1924). - GA hg.v. F. Nicolini, G.Gentile, B.Croce, 8 Bde, Bari 1914-41; in 1 Bd v. F. Nicolini, Mailand-Neapel 1953; bisher II. Bd (La Scienza Nuova) v. F.Flora, Mailand 1957. - *Über V.:* K.Werner, G.V. als Philosoph u. gelehrter Forscher, 1881 - O.Klemm, G.B.V. als Geschichtsphilosoph u. Völkerpsycholog, 1906 - B.Croce, La filosofia di G.V., Bari (1911) 1922²; dt. 1927 - G.Gentile, Studi vichiana, Messina 1915 - A.Gemelli, G.B.V., Mailand 1926 - R.Peters, Der Aufbau d. Weltgesch. bei G.V., 1929 - E.E.Bösch, Recht u. Nation bei G.V., 1932 - H.Löhde, G.V. u. d. Problem d. Bildung (Diss. Erlangen), 1932 - A.Corsano, Umanesimo e religione in G.B.V., Bari 1935 - J.Chaix-Ruy, La formation de la pensée philosophique de J.B.V., Gap 1943 - J.Luginbühl, Die Axiomatik bei G.V. (Diss. Bern), 1946 - G.C. Federici SJ, Il principio animatore della Filosofia Vichiana, Rom 1947 - V. y Herder, Buenos Aires 1948 (Sammelband) - E.Paci, Ingens silva, Mailand 1949 - A.R.Caponigri, Time and Idea. The Theory of Hist. in G.V., London 1953 - K.Löwith, Weltgesch. u. Heilsgeschehen, 1953 - R.Wisser, Leibniz u. V. (Diss. Mainz), 1954 - F.Nicolini, Saggi vichiani, Neapel 1955 - D.Severgnini, Nozze e tribunali ed are. Studi vichiani, Turin 1956 - S.Banchetti, Il significato morale dell' estetica vichiana, Mailand 1957 - EF IV, 1572ff - N.Badaloni, Introduzione a G.B.V., Mailand 1961 - F.Lanza, Saggi di poetica vichiana, Varese 1962.

R.Wisser

Victor, *János* (1888-1954), ung. ref. Theologe in Budapest, 1913 Religionslehrer und Studentenpfarrer, 1925 Theologie-Prof., 1932 Pastor, seit 1949 wieder Prof., zugleich auch stellvertretender Bischof. Durch seine vielseitige Wirksamkeit als Missionsmann, Exeget, Prediger, Kirchenmann, Redaktor und Systematiker war V. eine der markantesten Gestalten des ung. Protestantismus im 20.Jh. Zur biblisch-konfessionellen Erneuerung der ung. ref. Kirche in ökumenischer und sozialer Verantwortung trug er wesentlich bei.

Vf. u.a. (ung.): Die Selbstporträts Jesu, (1914) 1921; Der Realismus des Anselm v. Canterbury, 1924; Stille Minuten (tägl. Bibelbetrachtungen), 1921-25. 1937-47; Predigten, 7 Bde, 1926ff; Ref. Credo, 1943; Die Sünden der Kirche, 1946; Kompendium der Dogmatik u. Ethik (lithogr.), 1953/54 u.ö. - Über V. vgl. »Ref. Egyház« 1954, Nr. 22-23 (ung.) - L.Pap-M.Bucsay (Hg.), Gesch. d. ref. theol. Akademie in Budapest, 1955 (ung. mit dt. Auszug).

B.Nagy

Viebahn, 1. *Christa von* (1873-1955), Tochter von 2, gründete 1924 ein Diakonissenwerk (seit 1927 in Aidlingen, Kr. Böblingen/Württ.). Sie war eine gesegnete Seelsorgerin und setzte den Bibellesezettel ihres Vaters fort.

Vf. u.a.: »Deine Geborgenen«, (1935) 1949²; Vom Leben im Geist, (1935) 1946³; Daselbst. Tagebuchblätter aus Aidlingen, 1952.

2. *Georg von* (1840-1915), Generalleutnant, bekannt als Gründer des »Verbandes gläubiger Offiziere«. V. war ein fruchtbarer Schriftsteller der → Gemeinschaftsbewegung, ein beliebter Evangelist und eifriger Förderer der → Blankenburger Konferenz.

Vf. viele Schriften zur Heiligung. Hg.: seit 1895 »Zeugnisse eines alten Soldaten«, seit 1899 »Schwert u. Schild«, seit 1899 »Bibellesezettel«. - Über V.: Fr.W.v.Viebahn, G.v.V., ein Streiter Jesu Christi, 1918.

H.Brandenburg

Vienne *(Vienna)*, südburgundische Diözese, seit etwa 300 bezeugt, im Wettbewerb mit → Arles 450 Erzbistum und *Kirchenprovinz*, im Konkordat von 1801 zugunsten von Grenoble und → Lyon aufgehoben, seit dem Konkordat von 1817 Nebentitel des Erzbischofs von Lyon. Vergeblich war V. im MA, Erzbischof Guido (1088 bis 1121) noch als Papst → Calixt II., um die südfranzösische kirchliche Führung bemüht. Das Konzil von V. (1311/12) beseitigte den Templerorden (→Ritterorden).

L.Duchesne, Fastes épiscopaux I, Paris 1894, 145ff - Cl.Faure, Hist. de la réunion de V. à la France, 1906 - M.Reymond, Grenoble et V., 1907 - L.Graeff, Clément VI et la province de V., 1909 - C.Durand, Antiquités de l'église de V., 1911 - U.Chevalier, Étude hist. sur la constitution de l'église metropolitaine et primatiale de V., 2 Bde, Paris 1922/23 - Ders., Le pouvoir temporel de l'église de V., 1923 - A.Brackmann, Germania pontificia II/2, 1927, 148ff - LThK X, 600f.

F.Flaskamp

Viénot, *John Emmanuel* (1859-1933), franz. Kirchenhistoriker, * in Asnières-les-Bourges, Schüler von A.Sabatier, 1883 Pfarrer in Mömpelgard, 1900 Prof. für KG in Paris, wo er 1907 auch das Pfarramt am Oratoire du Louvre übernahm und sich publizistisch betätigte (1886 mit G.Jaulmes Begründer von »La Vie Nouvelle«, 1904 bis 1926 mit F.Puaux Hg. der »Revue Chrétienne«).

Vf. u.a.: La vie ecclésiastique et religieuse dans la Principauté de Montbéliard au XVIIIe siècle, 1895; Hist. de la Réforme dans le Pays de Montbéliard 1524-73, 2 Bde, 1900; Calvin et la conscience moderne, 1910; Promenades à travers le Paris des martyrs 1523-59, (1911) 1914²; Luther et l'Allemagne, (1916) 1918²; Hist. de la Réforme française (unvollendet), I: Des origines à l'Edit de Nantes, 1926; II: De l'Edit de Nantes à sa Révocation, 1934; Auguste Sabatier I: La jeunesse, 1927; Georges Cuvier (1769-1832), 1932. - Über V.: H.Dartigue, J.V. (Le Christianisme Social 47, 1934, 193-202) - BSHPF 83, 1934, 5-23 (Lit.). *R.Voeltzel*

Vierzig Märtyrer, nach Angabe der Passio aus Kappadozien stammende Soldaten, die unter Licinius (syr.: Decius) wegen ihrer Weigerung, den heidnischen Göttern zu opfern, in Sebastia (→ 18 E 2) zum Tode des Erfrierens auf dem Eise eines Sees verurteilt wurden. Das möglicherweise echte (griech. und altslaw. erhaltene) Testament der 40 M. verbietet die Zerstreuung ihrer Reliquien und verfügt ihre gemeinsame Beisetzung in dem Orte Sareim. Fest: im Osten 9.3., im Westen 10.3.

Texte (vgl. BHG³ Nr. 1201-1208 n): Akten griech. bei O.v.Gebhardt, Acta martyrum selecta, 1902, 171ff; syr. bei P.Bedjan, Acta martyrum et sanctorum, Paris/Leipzig 1892, 355ff (dt. Übers. von Weyh, ByZ 21, 1912, 76ff); lat. s. BHL Nr. 7537-7542; armen. s. BHO Nr. 712 (Nr. 714-717 weiteres syr., kopt., armen. u. arab. Material). Testament griech. u.a. bei Gebhardt 166ff u. R.Knopf-G.Krüger, Ausgew. Märtyrerakten, 1929³, 116ff. - P.Franchi de' Cavalieri, Note agiografiche 3 (StT 22), 1909, 64ff; 7 (StT 49), 1928, 155ff - VSB III, 219ff (Lit.) - Altaner 196f (Lit.). *J.Dummer*

Vigilantius, * in Calagurris (Aquitanien), Presbyter, schrieb um 400 gegen Märtyrer- und Reliquienkult (Götzendienst, der mit dem Christuskult konkurriert; → Reliquien sind Staub, → Märtyrer keine Interzessoren), → Mönchtum (statt Weltflucht Christendienst an der Welt!) und Priester-Zölibat (erzwungene Ehelosigkeit züchtet Begierde heran). Dagegen → Hieronymus, Contra Vigilantium (406).

A.Réville, Vigilance, 1902 - RE XX, 628ff - F.Cavallera, Jérôme, 1922, bes. I, 306f - DThC XV/2, 2992ff. *F.H.Kettler*

Vigilie. Ursprünglich ist V. ein die ganze Nacht währender Gemeindegottesdienst. Augustin nennt die Osternacht »mater omnium vigiliarum« (Serm. 219). Clemens von Alexandrien bezeugt eine nächtliche Epiphaniefeier der Basilidianer (→ Basilides) zum Gedächtnis der Jordantaufe (Strom. I, 146, 1). Auf eine nächtliche Tauffeier in der Oster-V. lassen sich vielleicht die Andeutungen im → Pliniusbrief beziehen (stato die ante lucem ... sacramento). Die übrigen hohen Feste erhielten ebenfalls V.n, in der Pfingst-V. wurde auch getauft. Das Verständnis der Oster-V. als »Wacheabschluß des Pascha-Fastens« (Baumstark) ist gegenüber dem Verständnis als Vorfeier des Auferstehungsfestes nicht zu übersehen. Im Taufgottesdienst der Oster-V. hat das Te Deum seinen ursprünglichen liturgischen Ort (Kähler). Die → Quatember-Fasten am Mittwoch, Freitag, Sonnabend schlossen ebenfalls mit V.n. Das asketische Moment in den V.n ist im nächtlichen Laiengebet zu erkennen; von dort aus geht eine Linie zum Nachtgebet der Mönche. Die Verbindung beider Linien, vom Mönchtum und von der Gemeinde her (Basilius, Ep. 207; MPG 32, 760ff), ergibt den liturgischen Reichtum der V.n in Jerusalem, den der Bericht der → Ätheria bezeugt. Zur Zeit des → Chrysostomus beginnt in Konstantinopel die nächtliche Gebetsversammlung der Gemeinde vor dem Sonntag in der Regel erst um Mitternacht. Andererseits wird die Oster- und Fest-V. vielfach schon vor Mitternacht abgeschlossen. Auch in dieser doppelten Verkürzungstendenz sind noch die beiden Linien vom häuslichen Laiengebet her, das oft erst um Mitternacht den Schlaf unterbrach, und von der Gemeinde-V. her, die zu → Ostern die ganze Nacht hindurch währte, zu erkennen. Die Osterfest-V., vor allem die Feier der Osternacht, wird immer weiter vorverlegt, so daß schließlich der Name V. auf den *Vortag eines Festes* übergeht. Das röm. Formular der Osternacht mit dem Lichtgruß, dem Gesang Lumen Christi, fordert die Begehung in der Nacht selbst und verwehrt jede Vorwegnahme am Ostersonnabend. Das Nachtgebet der Mönche ist bei Benedikt zu den Laudes matutinae geworden (→ Stundengebet: I, 2). Es gab auch private V.n an den Gräbern. Auch das noch heute übliche, in der Reformationszeit von ev. Seite viel bekämpfte Totenoffizium führt den Namen V. (Parodie hg.v. R.Windel, Die deutsche Vigil, 1908). - Vgl. → Nächtliche Gottesdienste.

LThK X, 606f - DACL XV, 3108ff - J.Stadlhuber, Das Stundengebet der Laien im christl. Altertum (ZKTh 71, 1949, 129-183) - J.A. Jungmann, Beiträge zur Gesch. der Gebetsliturgie. 1. Die Entstehung der Matutin (ebd 72, 1950, 66-79) - Ders., Die Vorverlegung der Ostervigil seit dem christl. Altertum (LJ 1, 1951, 48-54) - J.M. Hanssens, Aux origines de la prière liturgique. Nature et genèse de l'office des Matines (AnGreg 57), Rom 1952 - C.Marcora, La Vigilia nella Liturgia. Richerche sulle origine e i primi sviluppi (Archivio Ambrosiano 6), Mailand 1954 - Leiturgia I, 489-497 (G.Kunze); III, 167-169 u.ö. (H.Goltzen) - H.Goltzen, Karwoche u. Osternacht in der röm.-kath. Kirche (JLH 2, 1956, 87-89) - A.Baumstark, Nocturna laus. Typen frühchristl. V.nfeiern u. ihr Fortleben... (LQF 32), 1957 - E.Kähler, Studien zum Te Deum, 1958 - EKL III, 1658. *H.Urner*

Vigilius, 1. *Papst* 29.3.537 bis 7.6.555, Römer, vorher Diakon der röm. Kirche und Apokrisiar in Konstantinopel. Eine schwache Natur, vermochte er die Selbständigkeit des Papsttums der überlegenen Persönlichkeit Kaiser → Justinians I. gegenüber nicht zu behaupten. Das zeigte sich bes. im sog. → Dreikapitelstreit, wo er im Gegensatz zu der Meinung des gesamten Abendlandes sich dem kaiserlichen Standpunkt unterwarf. Die Folge war, daß Afrika, Gallien, Oberitalien, Illyrien und Dalmatien sich vom Papst lossagten und so ein zT über Jahrzehnte sich hinziehendes Schisma eröffneten.

Mansi IX - CSEL 35, 1 - Caspar II (s. Reg.) - E.Schwartz, V.-briefe (SAM 1940, 2) - DThC XV/2, 1868ff. 2994ff. *F.Baethgen (L.Abramowski)*

2. Bischof *von Thapsus* (5.Jh.), erschien auf Befehl des Vandalenkönigs Hunerich i.J. 484 in Karthago zum Religionsgespräch mit den Arianern. Über sein Leben ist sonst nichts Sicheres bekannt. Von seinen Schriften sind bisher nur sein Dialogus contra Arianos, Sabellianos et Photinianos und 5 Bücher gegen → Eutyches als echt anerkannt. Sie geben einen Einblick in das abendländische theologische Denken des 5.Jh.s und verteidigen den Lehrbrief → Leos I. und das Chalcedonense (→ Chalcedon). Zwei weitere antiarianische Schriften sind verloren.

Ausg.: MPL 62 - Pseudo-V. de trinitate ed. M.Simonetti, Pseudo-Athanasii De Trinitate X-XII, Bologna 1956. - Über V.: RE XX, 640ff - DThC XV/2, 3005ff - Altaner § 97, 3 (Lit.). *W.Delius*

Vikar

1. Katholisch - 2. Evangelisch

1. V. (lat. vicarius »Stellvertreter«) ist in der *kath.* Hierarchie der ständige oder zeitweilige Vertreter einer geistlichen Amtsperson. V.e des Papstes, der als vicarius S. Petri bzw. Christi gilt, sind im engeren Sinn die röm. → Kurie, die päpstlichen → Legaten und → Nuntien und die für die Mission bestimmten → Apostolischen V.e, im

weiteren Sinn alle Patriarchen, Primaten, Erzbischöfe und Bischöfe. Erzbischöfe und Bischöfe haben als vicarios in pontificalibus Weihbischöfe und Koadjutoren, als vicarios in jurisdictione General-V.e und Offiziale (vicarii foranei); bei → Sedisvakanz wählt das Kapitel einen Kapitular-V. Die Pfarrer werden durch Pfarr-V.e (vicarii parochiales) vertreten. Im MA wirkte sich der Brauch höherer Geistlicher, aber auch reicher Kapitel, Klöster usw, die Einkünfte ihrer Ämter selbst zu beziehen, diese aber vielfach durch gering besoldete V.e oder Kommendisten verwalten zu lassen, oft verhängnisvoll aus (→ Kirchenverfassung: IV, 2 c).

2. Die *ev.* Kirchenverfassungen kennen den V. für alle kirchlichen Ämter (Präsidial-V., Superintendentur-V. usw). Als Pfarr-V.e werden Theologen mit abgeschlossener Ausbildung einem Pfarrer zur Aushilfe zugeteilt oder selbständig mit der Verwaltung einer Pfarrstelle betraut, bevor sie eine eigene Pfarrei übernehmen. Nach der Einführung einer einjährigen (Preußen) bis dreijährigen (Pfalz) Praktikantenzeit (→ Pfarrervorbildung, 2 b) wurde die Bezeichnung V. auf den Theologen nach dem 1. Examen übertragen (»Lehr-V.«). In manchen Landeskirchen (zB Hessen-Nassau, Pfalz) heißt der Praktikant offiziell nicht V., sondern Pfarramtskandidat. Allgemein bleibt die Bezeichnung Pfarr-V. dem Geistlichen vor der definitiven Anstellung vorbehalten; sie soll synonyme Ausdrücke wie Pfarrverwalter, Pfarrverweser, Pfarrassistent, Hilfsprediger usw allmählich ersetzen.

RE XX, 645f - RGG³ IV, 1138ff - BRAUN, LH 364 - Amtsblätter der EKD u. der Landeskirchen. *O.Böcher*

Vikariatstaufe → Totentaufe.

Vikarin *(Pastorin, Pfarrerin)*

1. In der EKD - 2. In der Ökumene. - Vgl. → Frau: IV

1. a) In den meisten deutschen Landeskirchen heißt die voll ausgebildete Theologin V. vor, Pfarr-V. nach der festen Anstellung; in Baden, Bremen, Hannover, Mecklenburg, Rheinland, Schleswig-Holstein und Westfalen bezeichnet V. auch die nach bestandener 2. Prüfung definitiv übernommene Theologin. Eine den Übergangsbezeichnungen → Vikar und Pfarrvikar (→ Pfarrervorbildung, 2 b) genau entsprechende Verwendung der Dienstbezeichnungen V. nach dem 1., Pfarr-V. unmittelbar nach dem 2. Examen findet sich noch selten.

b) Seit ca 1900 studieren Frauen ev. Theologie, um Religionsunterricht zu erteilen. Frauen im kirchlichen Dienst gibt es seit 1926 (Thüringen); für sie hat sich statt der Benennungen Pfarrgehilfin (→ Gemeindehelferin) und Pfarr(amts)helferin die Bezeichnung V. (Ev. Kirche der Altpreuß. Union 1927) durchgesetzt. Der V. auf Lebenszeit bleibt das selbständige → Pfarramt mit den vollen geistlichen Standesrechten versagt. An dieser Beschränkung sind neben biblizistischen Bedenken (1Kor 14, 34; 1Tim 2, 12) und Gründen der Tradition vor allem anthropologische Erwägungen schuld. Noch 1952/53 definieren die EKU und 1956 die VELKD den Dienst der V. als Ausführung eines Auftrags besonderer Art und beschränken ihn auf bestimmte Gebiete: Frauen-, Kinder- und Jugendarbeit, Seelsorge in Krankenhäusern, Altersheimen und Gefängnissen, kirchliche Unterweisung, Erwachsenenbildung, Mitarbeit in den kirchlichen Werken u.a. (Sakramentsverwaltung und Kasualien nur in Ausnahmefällen). Eine der männlichen entsprechende Amtstracht ist fast überall vorgesehen. Die luth. Kirchen (VELKD 1956) außer Thüringen 1926 und Oldenburg 1955 ersetzen bei der V. die → Ordination (: III, 2) durch die → Einsegnung (, 2 a); in ref. und unierten Kirchen wird die V. ausnahmslos ordiniert. Nur selten sind bisher die Theologinnen den Männern völlig gleichgestellt, in luth. Kirchen nur in Lübeck (2.7.1958), in unierten in Anhalt (21.5.1958), der Pfalz (21.6.1958), Hessen-Nassau (24.4.1959) und Kurhessen-Waldeck (8.12.1961); die Gleichstellung der Frau ist vorgesehen in der Verordnung der EKU vom 3.7.1962, die noch der Zustimmung der Gliedkirchen bedarf. In der Pfalz, in Hessen-Nassau und Kurhessen-Waldeck heißt die fest angestellte Theologin Pfarrerin; sprachlich besser ist die Dienstbezeichnung Pastorin (Lübeck, Anhalt, EKU 3.7. 1962).

2. Die orth. und die anglikanischen Kirchen lehnen - wie die röm.-kath. Kirche - die Ordination der Frau zum Pfarramt ab. Von den luth. Kirchen gewähren der Theologin das volle Amt: Dänemark, Frankreich, Niederlande, Norwegen, Schweden, Tschechoslowakei; von ref. bzw. presbyterianischen: England, Formosa, Frankreich, Ghana, Schweiz (6 von 19 Kantonen), Tschechoslowakei, Vereinigte Presbyterianische Kirche in den USA.

Vgl. die Amtsblätter der EKD u. der Landeskirchen sowie die Lit. zu → Frau: IV. Ferner: F.ZERBST, Das Amt der Frau in der Kirche, 1950 (Lit.) - A.PAULSEN (Hg.), Die V., 1956 - World Council of Churches, Summary of Facts about the Ordination of Women (hektographiert, 1958) - EKL III, 1659f - WKL 424ff - H.BRUNOTTE, Das Amt der Theologin (DtPfrBl 62, 1962, 193-197). *O.Böcher*

Viktor I., *Papst* ca 186-197, folgt als erster lateinisch sprechender Papst auf → Eleutheros. Durch Marcia, die Konkubine des Commodus, erwirkte V. die Freilassung der Märtyrer in Sardinien. Im Streit um den Monarchianismus (→ Christologie: II, 2 c) nahm er eine vermittelnde Stellung ein, indem er zwar den Gerber → Theodot aus der Gemeinde ausschloß, aber unter Einfluß des → Praxeas den → Montanisten die kirchliche Gemeinschaft versagte. Im sog. 3. Osterstreit (→ Ostern, 1) brach er mit Billigung der Kirchen Jerusalems und Alexandrias die Beziehungen zu denen Kleinasiens (→ Polykrates) ab und wurde deshalb von → Irenäus zur Rede gestellt. V.s Martyrium ist nicht verbürgt.

CASPAR I, 19ff. 571f - B.LOHSE, Das Passafest der Quartadezimaner, 1953, 58. 113f (Lit.) - P.NAUTIN, Lettres et écrivains chrétiens des IIe et IIIe siècles, Paris 1961, 65ff. *A.Ehrhardt*

II., *Papst* 13.4.1055 bis 28.7.1057, Gebhard Graf von Dollnstein-Hirschberg, 1042 Bischof von Eichstätt, was er auch als Papst blieb. V. hielt 1055 in Gegenwart Heinrichs III. eine Reformsynode in Florenz ab und gleiche Synoden durch Legaten in Lyon und Toulouse. Nach dem Tode Heinrichs III. wurde er Vormund → Heinrichs IV., den er in Aachen krönte. Erst nach Herstellung einer Übereinkunft mit Gottfried von Lothringen und Balduin von Flandern (1057) kehrte er nach Italien zurück.

JAFFÉ I, 549ff; II, 710 - WATTERICH I, 179ff - DUCHESNE, LP II, 277. 333f. 356 - HAUCK III, 621ff. 666ff - J.GAY, Les papes du IXe siècle, Paris 1926, 168ff - P.F.KEHR, 4 Kapitel aus d. Gesch. Kaiser Heinrichs III. (AAB 1930, 3) - G.TELLENBACH, Libertas, 1936, passim - A.MICHEL, Papstwahl u. Königsrecht, 1936 - DThC XV/2, 2863ff. - Weiteres s.u.

III., *Papst* 24.5.1086 bis 16.9.1087, Dauferius-Desiderius aus dem Hause von Benevent, OSB, 1058 Abt von → Monte Cassino, das er zum Zentrum des Reformpapsttums (→ Papsttum: II, 2 a) und zur Sammelstätte der Registerüberlieferung machte. 1087 hielt er eine Synode in Capua, bannte → Clemens (III.) und erließ einen Aufruf gegen die Sarazenen in Afrika. Leo XIII. sprach ihn heilig.

V.s Dialogus de miraculis S. Benedict iin MG SS XXX/2, 1111ff; Vita ebd VII, 698ff u. AS Sept. V, 400ff. - JAFFÉ I, 655f; II, 713 - WATTERICH I, 549ff - DUCHESNE, LP II, 292 - HAUCK III, 857f - A.FLICHE, Le pontificat de V. III (RHE 20, 1924, 387-412) - DThC XV/2, 2866ff - F.BOCK, Archival. Zs. 57, 1961, 19. - Weiteres s.u.

(IV.), Name zweier *Gegenpäpste:* 1. Kardinal Gregor, März bis 29.5.1138, von den Pierleoni nach dem Tode → Anaklets II. gegen → Innozenz II. aufgestellt. - 2. Ottaviano de Montecello, 7.9.1159 bis 20.4.1164, von der Minderheit der Kardinäle gegen → Alexander III. gewählt, vom Senat und Volk von Rom anerkannt, ebenso von der Synode zu Pavia unter Vorsitz → Friedrichs I., aber nicht von England und Frankreich.

JAFFÉ II, 418ff - WATTERICH II, 377ff. 455ff. 493ff - HAUCK IV, 243ff - P.KEHR, Zur Gesch. V.s IV. (NA 46, 1925, 53-85) - F.J. SCHMALE, Studien z. Schisma d.J. 1130, 1961, 60f. 175f.

Zu II.-(IV.): RE XX, 602ff - LThK X, 616ff - EC XII, 1542f; IX, 453f - SEPPELT III, 32ff. 115ff. 232ff. *F.Bock*

Viktor, Bischof *von Vita* in → Nordafrika (: I), Verfasser einer »Historia persecutionis Africanae provinciae«, die mit der Angabe wichtigster Daten des Gesamtablaufes seit 429 die Schilderung zahlreicher Martyrien zu einem Dokumentarbericht über die Bedrückung des Katholizismus durch die → Vandalen-Könige Geiserich und Hunerich vereinigt. Der hagiographische Charakter und die antiarianische Tendenz heben den Quellenwert des Werkes nicht auf, da V. - vielleicht als Kleriker in Karthago - in manchem Augenzeuge des Geschehens war und eine begrenzte Einsicht in offizielle wie private Dokumente hatte. Die kurz vor dem Tode Hunerichs (484) abgeschlossene, später durch wenige kurze Zusätze (von ihm selbst?) ergänzte Darstellung beabsichtigt kaum, eine Intervention durch Byzanz herbeizuführen, sondern will die Grausamkeit der ketzerischen Barbaren anprangern und den Bekennermut der Katholiken rühmen.

Ausg.n: C.HALM in MG AA III, 1879; M.PETSCHENIG in CSEL VII, 1881. - Über V.: RE XX, 612f - G.G.LAPPEYRE, L'ancienne église de Carthage, 1932 - M.SCHWARTZ, Der Kampf der arian. Vandalen gegen die Kirchenpolitik Roms u. Byzanz', 1938 - CH.COURTOIS, V. de V. et son oeuvre, Algier 1954. *W.Elliger*

Viktor und Corona (griech. Stephanis), nach der weit verbreiteten Legende Märtyrer in Ägypten oder Syrien unter Antoninus Pius. V., ein aus Cilicien stammender Soldat, wurde nach verschiedenen Martern enthauptet; C., eine junge Frau, gewährte ihm moralischen Beistand und wurde deshalb an zwei auseinanderschnellende Palmen gebunden und zerrissen. Fest: im Osten 11.11., im Westen 14.5.

AS Febr. III, 1865, 176; April III, 1866, 267. 1004; Mai III, 1866, 266ff; Sept. V, 1866, 756. BHG³ Nr. 1864-1865; BHL Nr. 8559 bis 8563 (ähnl. Inhalts die ebd S. 1241 notierte Passio mit V. u. C. als sizil. Märt.) - VSB V, 281 - H.DELEHAYE, AnBoll 40, 1922, 117f - F.RÜTTEN, Die V.verehrung im christl. Altertum, 1936, 125ff. - Zu C.: LThK² III, 61 (Lit., bes. zur Verehrung in Deutschland mit Angabe weiterer Festtage). *J.Dummer*

Viktorin *(Victorinus)*, 1. *C. Marius* († nach 362), Afrikaner, gefeierter Rhetor in Rom, bekehrt sich ca 355 zum Christentum und verzichtet 362 wegen → Julians Schulgesetz auf seinen Lehrstuhl. V. verfaßt Schriften zur Grammatik, Rhetorik und Logik und übersetzt Teile des Aristoteles, Plotin und Porphyrius. Als Christ schreibt er Werke gegen den Arianismus, Pauluskommentare und Hymnen. Der Heide V. verbindet, typisch spätrömisch, Mysterienfrömmigkeit und → Neuplatonismus. Dieser bahnt ihm über den Gottesgedanken und die Logosspekulation den Weg zum Christentum. V.s Theologie, die in der Zeit kaiserlichen Drucks gegen die Orthodoxen des Westens (→ Liberius) entstand, verteidigt das »homousios« gegen Arianer und Homöusianer. Sie arbeitet mit neuplatonisch-aristotelischen Begriffen. Der neuplatonische Hintergrund bedingt die Verwandtschaft mit Augustin (die Trinität von esse, vivere, intelligere als Analogie zwischen Gott und Seele u.a.). Das gilt auch für V.s Paulinismus: wenn Gott unsern guten Willen wirkt, so ist das Ausdruck der schöpferischen Aktualität des Logos, der alle Kreaturen durchwaltet. V.s direkte Nachwirkung ist gering. Er beeinflußt über Simplician den Mailänder Neuplatonismus und damit → Augustin (: I, 2), der seine neuplatonischen Übersetzungen las. → Boethius vermittelt dem MA eine Reihe von V. geschaffener philosophischer Termini.

Übersicht über Werke u. Ausg.n: M.SCHANZ, Gesch. d. röm. Litt. IV/1, 1914, 149ff. - Christl. Schriften: MPL 8, 993ff - Traités théol. sur la trinité. Texte éd. par P.HENRY, introd., trad. et notes par P.HADOT, Paris 1960 - Ausg. in CSEL in Vorber. - Über V.: E.BENZ, M.V. u. d. Entwickl. d. abendl. Willensmetaphysik, 1932 - DThC XV/2, 2887ff (Lit.) - P.HENRY, The Adv. Arium of M.V. (JThS NS 1, 1950, 42-55) - G.M.VALVERI, La filosofia teologica di C.M.V., Palermo 1950 - L.J.VAN DER LOOF, De invloed van M.V. Rhet. op Augustinus (NedThT 5, 1951, 287-307) - P.HADOT, Typus. Stoicisme et monarchianisme au IVe siècle (RThAM 18, 1951, 177-187) - DERS., M.V. et Alcuin (AHDL 29, 1954, 5-19) - DERS., Un vocabulaire raisonnée de M.V. Afer (Studia Patrist. I [TU 63], 1957, 194-208) - DERS., De lectis non lecta componere (ebd 209-220) - ALTANER § 81, 6 (Lit.). *R.Lorenz*

2. *von Pettau* (Poetovio, jetzt Ptuj in Jugoslawien), der erste bekannte Bischof dieser Stadt, † als Märtyrer ca 304. Spärliche Nachrichten über ihn gibt sein Landsmann Hieronymus (vir. ill. 74). Im Grenzbereich von griech. und lat. Kultur wirkend, erschließt er der lat. Kirche als ihr ältester Bibelexeget die Tradition griech. → Schriftauslegung (bes. Origenes). Von mehreren Kommentaren (u.a. zu Gen, Jes, Pred, Mt) ist nur der zur → Johannesapokalypse (, 3 b) erhalten. Das von kräftigem → Chiliasmus geprägte, sprachlich schwerfällige Original wurde fast ganz durch die tiefgreifende Bearbeitung des → Hieronymus verdrängt. Ein ebenfalls chiliastischer Traktat über die Schöpfungswoche (de fabrica mundi) gilt als echt, weitere Schriften sind zweifelhaft.

Beide Textformen parallel in CSEL 49. - RE XX, 614ff - BARDENHEWER II, 657ff - PW 2. R. VIII/2, 2081ff; vgl. XXI/1, 1167ff (s.v. Poetovio) - ALTANER § 35. *K.Treu*

Viktoriner, Augustinerchorherren des ehem. Stifts St. Viktor in Paris, das, 1108 von → Wilhelm von Champeaux begründet, bis zur Aufhebung 1790 eine wechselvolle Geschichte durchlief und als Zentrum einer Kongregation (Regel des Abts Gilduin, 1113-55) und Sitz einer berühmten Schule Bedeutung erlangte. Wichtigstes Schulhaupt war → *Hugo von St. Viktor,* dessen Einfluß das ganze 12.Jh. hindurch bestimmend blieb. Sein hervorragendster Schüler, der aus Schottland stammende Magister und Prior *Richard von St. Viktor* († 1173) schloß sich in seinem Liber Exceptionum (ed. J.Chatillon, Paris 1958) zunächst eng an ihn an. Unter Richards echten Schriften finden sich neben exegetischen Werken (u.a. »Allegoriae« im Liber Exceptionum; In visionem Ezechielis; In Apocalypsim; De Emmanuele) und dogmatischen und erbaulichen Traktaten (u.a. De verbo incarnato; De IV gradibus violentae caritatis, ed. G.Dumeige, Paris 1955; Super »Exiit edictum«) ein wichtiger Traktat De trinitate (ed. J.Ribaillier, Paris 1958) sowie die beiden »Benjamin«: De praeparatione animi ad contemplationem (Benjamin minor) und De gratia contemplationis (Benjamin major), die den stufenweisen Aufstieg der Seele bis hin zum Heraustreten aus sich selbst und zur Gottesunmittelbarkeit schildern.

Trotz einer im Vergleich zu Hugo vielleicht geringeren geistigen Spannweite und Originalität erscheint Richard in der Psychologie durchdringender, in der vis dialectica kraftvoller. - Der bedeutende Exeget *Andreas von St. Viktor* († um 1175) war um die Einheit von Wort- und Geistsinn in der Schrift bemüht (→ Schriftauslegung: IV A, 6). Dem Wortsinn maß er solches Gewicht bei, daß der Geistsinn fast ganz ausgeschaltet scheint, und berücksichtigte noch stärker als Hugo die jüdische Exegese. - *Achard von St. Viktor,* 1155-60 Abt, dann Bischof von Avranches, verfaßte außer Predigten und kleineren Schriften (u.a. De abnegatione sui ipsius; De divisione spiritus et animae, ed. G.Morin, BGPhMA Suppl. I, 1935, 251-262) einen Trinitätstraktat (ed. M.Th. d'Alverny, RThAM 21, 1954, 299-306), der den neupythagoreischen Ansatz bei Hugo weiterentwickelt wie Richards Trinitätstraktat dessen Neuplatonismus. - *Gottfried von St. Viktor* († 1194) brachte, obwohl das von Hugo erstrebte Gleichgewicht zwischen Wissenschaft und Weisheit zerbrach, Hugos Humanismus zur Geltung. Er verfaßte den Fons philosophiae (ed. P.Michaud-Quantin, Löwen 1956) mit erneuter Darstellung des Wissenschaftssystems sowie De microcosmo (ed. Ph.Delhaye, Lille 1951), wo sich platonisierende und abaelardisierende Züge bemerkbar machen, scheiterte aber an der Unnachgiebigkeit des Priors *Walter von St. Viktor* († 1180). Walter, mißtrauisch gegenüber der »scholastischen Leichtfertigkeit«, der Dialektik und sogar der Anwendung der Grammatik auf Glaubenswahrheiten, schrieb neben unedierten Predigten reichlich unkritisch Contra IV labyrinthos Franciae (ed. P.Glorieux, AHDL 19, 1952, 187-335; gemeint sind → Abaelard, → Gilbert Porreta, → Petrus Lombardus und → Petrus von Poitiers). - *Thomas von St. Viktor* († 1246; auch Thomas Gallus, Thomas von Vercelli), nachmals Prior und Abt von Vercelli, beschäftigte sich wie Hugo mit Exegese (Jes-Kommentar) und areopagitischer Mystik (Extractio und Explanatio der Schriften des → Dionysius Areopagita), stellte wie Richard Bibelkonkordanzen zusammen und behandelte die Septem gradus contemplationis. Noch intensiver als Hugo und Richard kommentierte er das Hhld (drei Kommentare). - Vgl. auch → Adam von St. Viktor, → Petrus Comestor.

F.Bonnard, Hist. de l'abbaye royale et de l'ordre des chanoines réguliers de St. Victor de Paris I. II, Paris 1904/08 - Heimbucher I, 413ff - J.de Ghellinck, Le mouvement théologique du XIIe siècle, Brügge 1948² - RepBibl Nr. 1295ff (Andreas). 3786ff (Hugo). 7316ff (Richard). 8198ff (Thomas). - *Zu Richard:* Werke MPL 196; ferner: Sermons etc I, ed. J.Chatillon u. W.-J.Tulloch, Paris 1951. - DThC XIII/2, 2676ff - L.Ott, BGPhMA 34, 1937, 549-657 - M.Ethier, Le »De Trinitate« de R. de S.V., Paris 1939 - G.Dumeige, R. de S.V. et l'idée chrétienne de l'amour, ebd 1952. - *Zu Andreas:* B.Smalley, RThAM 10, 1938, 358-373; 11, 1939, 145-167 - Dies., The Study of the Bible in the MA, Oxford (1940) 1952², 83ff. - *Zu Achard:* LThK² I, 107. - *Zu Gottfried:* Ph.Delhaye, Le Microcosmus de G. de S.V., Lille 1951 - LThK² IV, 1137f. - *Zu Thomas:* DThC XV/1, 773ff (m. vollst. Bibliogr. der Arbeiten von G.Théry).

R.Baron

Villegaignon, *Nicolas Durand de* (ca 1510-71), Vizeadmiral der Bretagne, gründete 1555 mit Hilfe ref. Auswanderer eine Kolonie in Brasilien. Zur kath. Partei zurückgekehrt verfolgte V. die Hugenotten und ihre Genfer Prediger. Diese verließen die Kolonie und mußten die beabsichtigte Missionierung der Heiden aufgeben. Wie das ref. Missionsexperiment, so scheiterte auch der Kolonisationsversuch (1558).

RE XX, 646ff (Lit.) - Latourette III, 43. 236 - H.-W.Gensichen, Missionsgesch. d. neueren Zeit, 1961, 7f (Lit.).

J.Schnellbach

Vilmar, 1. *August Friedrich Christian,* ev. Theologe, * 21.11.1800 in Solz (Kurhessen), † 30.7.1868 in Marburg. Die Studienzeit in Marburg (1818-20) führt ihn zum Rationalismus. Noch im ersten Jahrzehnt seiner Lehrtätigkeit (seit 1827 am Gymnasium in Hersfeld) vertritt er eine rationalistisch-aufklärerische Theologie, die ihm freilich zunehmend fragwürdig wird. 1831 wird er von Hersfeld als liberaler Abgeordneter in die kurhessische Ständeversammlung entsandt. Hier erreicht er die durchgreifende Verbesserung des kurhessischen Schulwesens. Der Umschwung, der sich in dieser Zeit bei V. anbahnt, entspricht geistesgeschichtlich dem Übergang von der → Romantik (: III, 4) in die → Restauration. Persönliche Erlebnisse, Kritik an den Tendenzen der Zeit und die Begegnung mit den Kirchenvätern und der Orthodoxie verstärken V.s Bemühungen um den »positiven Grund« des Glaubens, für den ihm schon in der Rede zur 300-Jahrfeier der CA vor allem Bekenntnis und Kirche stehen. - Nach kurzer Tätigkeit als Referent im ersten Ministerium Hassenpflug wird V. 1833 Gymnasialdirektor in Marburg. Hier entwickelt er, neben ausgedehnten germanistischen Studien (Gesch. d. dt. National-Lit., [1845] 1905²⁶, Neuaufl. bearb. v. J.Rohr, 1936), seine theologische und politische Konzeption und wird zum Haupt der kirchlich-konservativen Partei in Kurhessen. Zentrum seines theologischen Denkens sind die »objektiven Tatsachen« des Heils und ihre »Erfahrung« gegen alles bloße »Reden« und »Wissen«. Diese »objektiven Tatsachen« sieht er bes. in der → Kirche (: III, 4 e) repräsentiert, die ihm in ihrem Institutscharakter »der Leib Christi in seiner Herrlichkeit« selbst ist. Herzstück des Kirchenbegriffs ist die Lehre vom geistlichen Amt, nach V. ein »direkt göttliches Institut«, das allein die Weitergabe des Heils sichert (→ Luthertum: II, 3). In scharfer Ablehnung des »allgemeinen Priestertums« vertritt V. eine streng hierarchische Ordnung des Kirchenregiments. In diesem Kirchen- und Amtsbegriff liegt der Grund für seine Bestreitung des landesherrlichen Summepiskopats (→ Kurhessen-Waldeck, 6). Die so verfaßte Kirche ist nach V.s Überzeugung das einzige Bollwerk gegen die auflösenden Tendenzen der Zeit. Hier fallen theologische und politische Entscheidung in eins. - 1850 wird V. im zweiten Ministerium Hassenpflug vortragender Rat und stellt als Redakteur des »Hessischen Volksfreundes« von 1848-51 seine außerordentliche polemische Begabung ganz in den Dienst der politischen Reaktion, die er zugleich theologisch rechtfertigt. Als Vertreter des Kasseler Generalsuperintendenten (ab 1851) versucht V. die kurhessische Kirche in seinem Sinne umzugestalten (Bußzucht, Brautexamen, strenge Sakramentsverwaltung usw). Zu dessen Nachfolger gewählt, wird er vom Kurfürsten nicht bestätigt und zum Prof. in → Marburg ernannt. Hier beginnt er seine Tätigkeit mit »Bekenntnis und Abwehr«: »Die Theologie der Tatsachen wider die Theologie der Rhetorik« ([1856] 1876⁴, Neuaufl. m. Einl. v. H.Sasse, 1938) und gibt die »Pastoral-theologischen Blätter« (1860-66) heraus. Sein Einfluß als Haupt der antipreußischen Bewegung wirkt in der hessischen Renitenz (s. 2) noch heute nach.

Vf. ferner u.a.: Schulreden über Fragen d. Zeit, (1846) 1852²; Zur neuesten Culturgesch. Deutschlands I-III, 1858-67; Gesch. d. Confessionsstandes d. ev. Kirche in Oberhessen, 1860. - Postum ersch. *Vorlesungen:* Die Augsb. Konfession, 1870; Die Lehre vom geistl. Amt, 1870; Theol. Moral I. II, 1871; Christl. Kirchenzucht, 1872; Pastoraltheol., 1872; Dogmatik I. II, 1874 (Neuaufl. m. Einl. v. H.Sasse, 1937); Collegium biblicum. Prakt. Erklärung d. NT, 6 Bde, 1879-83 (I, 1908²). Edition der »Theol. Literärgesch. d. 16.Jh.s« in Vorbereitung. - *Sammlungen:* Kirche u. Welt. Ges. pastoraltheol. Aufs. I. II, 1872/73; Predigten u. geistl. Reden, 1876; Theol.-kirchl. Aufs., 1938. - Über V.: J.H.Leimbach, A.F.C.V., 1875 (Lit.) - ADB 39, 715ff - RE XX, 649ff - W.Hopf, A.V., 2 Bde, 1913 (grundlegend) - W.Maurer, Aufklärung, Idealismus u. Restauration II, 1930, 203ff - Ders., Das Bild d. Reformationsgesch. bei A.V. u. H.Heppe (Jb. d.

hess. kirchengesch. Vereinigung 2, 1950/51, 51-82) - M.WOLLENWEBER, Theol. u. Politik bei A.V. (FGLP III, 1), 1930 - K.WICKE, A.F.C.V.s Zeugnis v. d. Kirche, 1937 - Eine Hl. Kirche 20, 1938, H. 7/8 (Sonder-H. z. 70. Todestag), bes. 264-271: K.W.GARBE u. K.RAMGE, Bücher von u. über V. - G.MERZ, V. u. d. Theol. d. Gegenw. (MPTh 35, 1939, 75-87) - F.W.HOPF, A.V.s Lutherverständnis (LuJ 21, 1939, 72-109; 22, 1940, 107-145) - K.RAMGE, V.s Bedeutung f. d. Gegenw., 1941 (Lit.) - W.WIBBELING, Um die Freiheit d. geistl. Kirchenregiments (BEvTh 6, 1941, 107-148) - B.SCHLUNK, Amt u. Gemeinde im theol. Denken V.s (ebd 9), 1947 (Lit.) - E.BIERI, Gotteswerk u. menschl. Verantwortung im Glauben, bes. bei R.Rothe, A.Ritschl u. A.F.C.V., 1947 - U.ASENDORF, Kulturanalyse u. Uroffenbarung als Voraussetzung d. Theol. v. A.F.C.V. (Diss. Göttingen), 1954 (Masch.) - E.AMELUNG, Die demokrat. Bewegungen d.J. 1848 im Urteil d. prot. Theol. (Diss. Marburg), 1954, 32ff - HANS SCHMIDT, Ontologie u. Personalismus in ihrer Bedeutung f. eine Bestimmung d. Wesens u. Auftrags d. Kirche. Dargest. an A.F.C.V. u. S.Kierkegaard (Diss. Hamburg), 1956 (Masch.) - H.ECHTERNACH, V.s Theol. d. Tatsachen (Eckart 25, 1956, 414-424) - F.W.SCHLUCKEBIER, Die sozialeth. Anschauungen A.V.s (Diss. Marburg), 1956 - H.GUNKEL, A.F.C.V.s Auffassung vom AT (EvTh 17, 1957, 232-239) - B.LOHSE, Kirche u. Offenbarung bei A.F.C.V. (ebd 445-467) - F.W.KANTZENBACH, V.s »Theol. d. Tatsachen« u. d. »Symbolik« J.A.Möhlers (ZKG 70, 1959, 253-277) - J.HEUBACH, Das Verständnis d. Schlüsselamtes bei Löhe, Kliefoth u. V. (Festschr. f. E.Sommerlath, 1960, 313-324).

2. *Wilhelm* (4.6.1804 bis 7.12.1884), ev. Theologe, Bruder von 1, * in Solz (Kurhessen), 1830–51 Pfarrer in Rotenburg a.d.F., 1851–66 Pfarrer und Metropolitan in Melsungen, seit 1868 mit kurzen Unterbrechungen vom Amt suspendiert. Bis 1855 mit A.V. eng verbunden, kommt es über der Frage des hessischen Konfessionsstandes zur Trennung: W. vertritt das Recht der niederhessischen Kirche der sog. Verbesserungspunkte (→ Kurhessen-Waldeck, 2). Als Führer der hessischen Renitenz (→ Kurhessen-Waldeck, 7) betont er immer stärker den besonderen Auftrag der niederhessischen Kirche.

Bibliogr. in ADB 39, 725ff u. bei K.WICKE, Die hess. Renitenz, 1930, 172ff. - Über V. ferner: W.HOPF (s. 1) - R.SCHLUNK, Die 43 renitenten Pfarrer, 1923, 49ff - W.MAURER, Aufklärung... (s. 1) 203ff. *K.Scholder*

Vincentius, 1. *von Beauvais* (ca 1190 bis ca 1264), OP, 1246 als Subprior in Beauvais bezeugt, zeitweilig Lektor in der von → Ludwig IX. gegründeten Zisterzienserabtei Royaumont. Die Nähe V.' zur Familie wie zum Programm des Königs erweisen nicht nur zwei als Teil einer (nicht vollendeten) politischen Enzyklopädie gedachte Schriften über Prinzenerziehung (De eruditione..., ca 1250/52; De morali principis institutione, ca 1260/63) und die »Epistola consolatoria super morte filii« (1260), sondern auch das, wohl wie jene unter Mitwirkung der Pariser Dominikaner ca 1247/59 entstandene »Speculum maius« (Ausg. Douai 1624), eine bedeutende, auch philosophisch ernstzunehmende, geordnete Summe des Wissens der Zeit. Es sollte, zunächst auf zwei Teile geplant (Spec. naturale; S. historiale, bis 1253), dann erweitert (S. doctrinale) und im 14.Jh. fortgesetzt (S. morale), vor allem der Klerikerbildung dienen, übte aber eine starke Wirkung auf die Literatur des Spät-MA und den ital. Frühhumanismus aus.

Theol. Schriften u.a. Basel 1481 - De eruditione filiorum nobilium, ed. A.STEINER, Cambr./Mass. 1938. - L.LIESER, V.v.B. als Kompilator u. Philosoph, 1928 (Lit.) - W.GOETZ, Die Enzyklopädien d. 13.Jh.s (Zs. f. dt. Geistesgesch. 2, 1936, 227-250) - W.BERGES, Die Fürstenspiegel d. hohen u. späten MA, 1938, 185ff. 303ff (Lit.) - DThC XV/2, 3026ff (Bibliogr., Lit.) - A.L.GABRIEL, The Educational Ideas of V. of B., Notre Dame/Ind. 1956. *J.Leuschner*

2. *von Lerinum* († vor 450), Mönch und Presbyter in → Lerinum, semipelagianischer und antinestorianischer Theologe. V. erkennt → Augustin als Lehrer der Inkarnation und Trinität an (vgl. die von Madoz dem V. zugeschriebenen Excerpta aus Augustin), bekämpft aber seine Gnaden- und Prädestinationslehre: direkt in den Objectiones (CPL 521), versteckter im Commonitorium (verf. 434). Als Waffe gegen den Augustinismus formuliert V. sein Traditionsprinzip (→ Tradition: VI): festzuhalten ist, quod ubique, quod semper, quod ab omnibus creditum est (MPL 50, 640). Nach dieser Norm ist auch die Schrift auszulegen. Das entscheidende Kriterium ist die im Altertum herrschende Übereinstimmung im Glauben (antiquitatis consensio), an der auch die gegenwärtige Katholizität zu messen ist. Ein Fortschritt im Dogma ist nur als vollkommenere Aneignung des Alten und tiefere Einsicht in das unveränderliche Glaubensdepositum der Kirche denkbar. Dabei kann noch ungeformte Tradition (vetera informata et inchoata) genauer ausgedrückt werden (das geschah zB in den sententiae patrum) und schließlich durch ein allgemeines Konzil definiert werden. Der Nachruhm des V. beginnt erst im 16.Jh. Das → Vatikanum (Denz. 1800) hebt seine Lehre vom Fortschritt im Glauben hervor, doch ist das Traditionsprinzip des modernen Katholizismus nicht identisch mit dem des V.

MPL 50, 637ff - Commonit. ed. A.JÜLICHER, 1925² - Excerpta ed. J.MADOZ, Madrid 1940. - Über V.: H.KOCH, V.v.L. u. Gennadius, 1907 - RE XX, 670ff; XXIV, 623 - J.MADOZ, El concepto de la tradición en S.V. de L., Rom 1933 - DERS., Un tratado desconocido de S.V. de L. (Gregorianum 21, 1940, 75-94) - DERS., Cultura humanística de S.V. de L. (RechSR 39, 1951/52, I, 461-471) - DThC XV/2, 3045ff - PW 2. R. VIII/2, 2192ff - H.KREMSER, Die Bedeutung des V.v.L. für die röm.-kath. Wertung der Tradition (Diss. Hamburg), 1959 (Masch.; Lit.). *R.Lorenz*

3. *a Paulo* (Vincent De Paul, 1581–1660), * in Pouy bei Dax (Gascogne), † in Paris, aus einfacher Familie, 1600 Priester, 1605 von Seeräubern gefangen, Sklave in Tunis, nach seiner Befreiung in Avignon, Rom und (seit 1609) Paris. Als Hauslehrer beim Grafen Gondi, dem General der königlichen Galeeren, trieb V. Gefängnis- und Galeerenseelsorge und wurde 1619 Grand Aumônier aller Galeeren Frankreichs. V. trieb → Diakonie, (Volks-) Mission und Klerikerbildung in höchst origineller, aber streng legaler Verbindung. 1617 gründete er in Châtillon-les-Dombes einen karitativen Frauenverein, 1620 in Folleville bei Amiens den Männerverein der »Serviteurs des pauvres«, 1625 in Paris den Weltpriesterverein der Congregatio Missionis (→ Lazaristen). Mit Louise de → Marillac faßte er 1634 in der Gründung der »Filles de la Charité« (→Vinzentinerinnen) alle Zweige karitativer Arbeit zusammen. Später trat die Sorge für die christlichen Sklaven in Nordafrika hinzu. V. bekämpfte den → Jansenismus, genoß das Vertrauen → Richelieus und Ludwigs XIII. und wurde nach 1643 in die Regentschaftsstreitigkeiten verwickelt. 1729 wurde er selig-, 1737 heiliggesprochen (Fest: 19.7.), seit 1885 ist er Patron aller karitativen Vereine.

St.V.de P., Correspondance, entretiens, documents, hg.v. P.COSTE, 14 Bde, Paris 1920-25. - Über V. (jeweils m. Lit.): RE XX, 675ff - RGG² V, 1591 - P.COSTE, Le grand Saint du Grand Siècle, Monsieur V., 3 Bde, Paris 1934² - HEIMBUCHER II, 461ff. 574ff (s. auch Reg.) - LThK X, 633ff - W.LEIBBRAND, V.v.P., (1941) 2. Aufl. o.J. (1950) - EC XII, 1442ff. *H.Liebing*

4. *von Saragossa,* spanischer Märtyrer und Heiliger. V. war Diakon des Bischofs Valerius von Saragossa und wurde gemeinsam mit ihm während der diokletianischen Verfolgung in Valencia vor Gericht gestellt. Die Überlieferung seiner Passio ist von der Legende völlig überwuchert, die vor allem seinen Tod (304?) mit sich übersteigernden Martern und Wundern umgeben hat. Diese Legenden sind freilich schon frühen Ursprungs. Augustin benutzt sie zB in seinen V. gewidmeten Fest-

predigten (Serm. 274-277). Ebenso alt ist die Verehrung des V., die sich schnell von Spanien und Nordafrika nach Frankreich (vgl. Gregor von Tours, Gloria mart. 89) und bis in den Orient hinein ausgebreitet hat. Zahllose Kirchen tragen seinen Namen. V. ist Patron Portugals und der Winzer. Er wird in Seenot und bei Diebstahl angerufen.

Passio: AS Jan. II, 394ff; MPG 114, 735ff (abweichend). - Über V.: RE XX, 678ff (Lit.) - LThK X, 336f (Lit.). *P.Löffler*

Vinet, *Alexandre* (17.6.1797 bis 4.5.1847), waadtländischer Theologe, * in Lausanne, lehrte nach dem Studium an der dortigen Akademie Französisch in Basel. 1837 wurde er in → Lausanne Prof. für praktische Theologie, 1844 für Literatur. 1846 mit seinen Kollegen durch die radikale Regierung abgesetzt, erlebte er noch die Bildung der Freikirche als Folge der Kollektivdemission von Pfarrern (→ Schweiz: I B, 3 b). Trotz Ordination (1819) war V. nie Gemeindepfarrer; er predigte, wenn sich Gelegenheit bot, und aus Neigung. Die Mängel seiner Ausbildung (in der Philosophie fühlte er sich zeitlebens als »Pfuscher«) glich er durch intensive eigene Studien aus, nicht unbeeinflußt von → De Wette, Erskine und bes. Ph.A. → Stapfer. Dem → Réveil gegenüber bewahrte V. Distanz, konnte aber im Namen der heiligen Rechte der Persönlichkeit auch für die »mômiers« (»Mucker«) eintreten. Von äußerster Gewissenhaftigkeit und fast krankhafter Bescheidenheit, war er ein Meister in der Analyse des menschlichen Herzens. Der unerbittliche kritische Sinn, der ihn zur Frage nötigt, ob er Theologie-Prof. bleiben könne, ließ ihn ebenso gewisse dogmatische Lehrstücke in Frage stellen, zB den Gedanken der Stellvertretung (s. Ph.Bridel, RThPh 1932). Sein gesamtes Werk wurzelt jedoch in der Überzeugung, daß das Evangelium den tiefsten Bedürfnissen der Seele entspricht und das Gewissen nur durch die uns von Gott in seinem Sohn geschenkte Gabe Frieden findet. Dieses Gotteswerk zu bedenken ist Pflicht und Vorrecht des Gläubigen. Diese Gewißheit kommt auch in V.s Kirchenliedern und »élévations« in Prosa zum Ausdruck. - Trotz schlechter Gesundheit hinterließ V. ein bedeutendes Lebenswerk. Für seine Basler Schüler verfaßte er eine mehrfach aufgelegte »Chrestomathie française« (3 Bde, 1829-30). Seine Kollegs wie die literarkritischen Aufsätze im Pariser »Semeur« behandeln neben Zeitgenossen Klassiker des 17. und 18.Jh.s und finden bis heute Beachtung. Bes. V.s Pascalstudien sind von bleibender Bedeutung. Die »Discours sur quelques sujets religieux« (1831) und »Nouveaux Discours« (1841) bieten überarbeitete Basler Predigten sowie Meditationen für die Studenten. V.s »Théologie pastorale« (1850), »Homilétique« (1853), »Histoire de la prédication parmi les Réformés de France au XVIIe siècle« (1860) sind aus Kollegs entstanden. Von der Pariser Preisschrift »Mémoire en faveur de la liberté des cultes« (1826) bis hin zum »Essai sur la manifestation des convictions religieuses« (1842) und »Du Socialisme considéré dans son principe« (1846) hat sich V. unablässig mit dem Problem Kirche und Staat beschäftigt; das Ergebnis war sein »Dogma« der absoluten Unabhängigkeit der Kirche von der bürgerlichen Gesellschaft. V.s publizistische Begabung zeigt sich bes. in mehreren Flugblättern, die die religiöse Freiheit verteidigen.

GA der nach V.s Tod von seiner Witwe u. Freunden veröffentl. Werke hg.v. der Société d'édition V. (bes. Ph.Bridel), seit 1908 (bisher 28 Bde, davon 4 Bde Briefe). - Ferner: J.-F.Astié, Esprit de V., 2 Bde, 1861 - Ausgew. Werke, übers. v. E.Staehelin, 4 Bde, Zürich 1944. - Über V.: RE XX, 680ff - E.Rambert, A.V., Hist. de sa vie et de ses ouvrages, Lausanne (1875) 1912[4] - Ph.Bridel, La pensée de V., ebd 1944 - V. vivant, ebd 1947 - P.-A.Robert, La flamme sur l'autel. La crise religieuse de V., ebd 1948 - F.Jost, V. interprète de Pascal, ebd 1950 - H.Korth, Wesen u. Ordnung d. Kirche im theol. Denken A.V.s, 1951 (Mikrokopie; vgl. ThLZ 77, 1952, 569f). *H.Meylan*

Vinzentinerinnen, → Barmherzige Schwestern vom hl. → Vincentius a Paulo. 1. *Filles de la Charité de Saint Vincent de Paul,* aus einem Frauenverein zur Pflege von armen Kranken (Confrérie de la charité, 1617) und weiteren von Vincentius angeregten Gründungen hervorgegangen, 1633 mit Louise de → Marillac umgebildet durch Aufnahme junger Mädchen (Filles servantes des pauvres de la charité). Die → Grauen Schwestern, denen Vincentius 1655 eine Regel gab, sind in der Armenpflege und Familienfürsorge ein frühes Vorbild der Fürsorgerinnen und wissen sich in Waisen- und Erziehungsanstalten, in der Mission und Krankenpflege als Dienerinnen Christi. Die Genossenschaft, die sich auch nach Polen und Holland ausbreitete, hatte 1794 in Frankreich 426 Niederlassungen, konnte sich seit 1807 in allen Bistümern ausbreiten und auch die Folgen des Vereinsgesetzes von 1904 überwinden (außer dem Generalmutterhaus in Paris heute Provinzialmutterhäuser in Paris, Lille, Lyon, Rennes, Marseille, Toulouse). Den Gründungen des 19.Jh.s in Madrid, Genf, Wien, Prag, Ungarn, Amerika und Portugal folgten Niederlassungen in Südamerika, China, Afrika, Ozeanien und im Orient, wo die V. die Missionen der → Lazaristen unterstützen. Die Oberleitung der V. (ca 45000 Schwestern, 4000 Häuser, eingeteilt in 33 Provinzen) hat seit 1655 der Generalsuperior der Lazaristen. - 2. Dem Generalmutterhaus in Paris unterstehen nicht die vom Mutterhaus in Straßburg (1734) gegründeten selbständigen Mutterhäuser der Barmherzigen Schwestern vom hl. Vinzenz von Paul in München (1832), Paderborn (1841), Fulda (1851), Freiburg i. Br. (1853), Hildesheim (1857), Untermarchtal/Donau (1858), Augsburg (1862) und Heppenheim (1926, vorher seit 1830 in Mainz). Als Kongregation der *Barmherzigen Schwestern von Straßburg* folgen sie einer 1835 von Gregor XVI. approbierten Regel; ihre Schwestern erneuern alljährlich an Mariä Verkündigung (25.3.) die Gelübde. Auch die Mutterhäuser in Zams/Tirol und Wien sind selbständig. Das Kleid der V. ist in den deutschen Mutterhäusern und ihren etwa 1200 Niederlassungen schwarz, in Frankreich und von den dort abhängigen Häusern blaugrau; fast überall ist die große weiße Flügelhaube üblich.

Helyot VIII, 102ff - RE XVIII, 82ff; XXIV, 483 - Heimbucher II, 461ff - Escobar II, 966ff - Catholicisme II, 977ff - EC V, 1261ff. - Vgl. die Lit. zu → Vincentius a Paulo. *W.Göbell*

Viret, *Pierre* (1511-71), Reformator der Westschweiz. * in Orbe (Waadt), studierte er in Paris Theologie und wandte sich dem Evangelium zu. Nach der Rückkehr 1530 wurde V. Mitarbeiter W. → Farels. Die Eroberung der Waadt durch Bern 1536 hatte den Anschluß an die Reformation zur Folge (→Schweiz: I B, 1 b). Als Pfarrer und Prof. der Akademie in → Lausanne (, 2) übernahm V. die geistliche Leitung der waadtländischen ref. Kirche. Theologisch lehnte er sich an → Calvin an. Fragen der Kirchenzucht führten zur Entzweiung mit der bernischen Obrigkeit, die V. 1559 verbannte. Vorübergehend in Genf, begab er sich nach Südfrankreich (Nîmes, Montpellier). 1563 präsidierte er der franz. Nationalsynode in Lyon. Durch Jeanne d'Albret zum Aufbau der ref. Kirche von Navarra berufen, lebte V. seit 1567 in Pau. Seine Schriften (bes.: Disputations chrestiennes, 1544; Instruction chrestienne, 1564) dienten der volkstümlichen Verbreitung calvinistischer Gedankengutes. Neben dem umfangreichen Briefwechsel erhielten sich nur 5 Predigten.

Lit. bis 1931 s. RGG[2] V, 1593; dazu: W.KOLFHAUS, P.V. (ThStKr 27, 1914, 54-110) - G.BERTHOUD, L'arrestation d'Antoine Saunier (BSHPF 82, 1933, 321-325) - EKL III, 1665f - H.MEYLAN, P.V., Quatre sermons français sur Esaïe 65 (Publications de la Faculté de Théol., Univ. de Lausanne III), 1961 - DERS. u. M.GUEX, V. et MM. de Lausanne (Revue hist. vaudoise 69, 1961, 113-173) - RThPh 3. série 11, 1961, 209-250 (Aufsätze von H.MEYLAN, A.DUFOUR, J.F. BERGIER) - R.PFISTER, P.V. (Zwingliana 11, 1961, 321-334; Lit.) - H.CHAUSSON, P.V., 1961 - E.GRIN, Deux sermons de P.V. (ThZ 18, 1962, 116-132). *R.Pfister*

Virgil, Bischof *von → Salzburg* († 784), Ire, Abt von Aghaboe, kam 743 zum Hausmeier Pippin und 745 nach Bayern, wo er nach irischer Weise als Abt von St. Peter den Salzburger Sprengel leitete und erst 767 die Bischofsweihe empfing. Als → Bonifatius die von einem Priester mit grammatisch unkorrekter Formel gespendete Taufe als ungültig erklärte, erhob V. erfolgreich Einspruch bei Papst → Zacharias. Bonifatius klagte beim Papst wegen V.s Antipodenlehre; doch blieb V. im Amt. Der gelehrte V., der »Geometer«, gab Arbeo die Anregung zur Lebensbeschreibung → Corbinians, begann das Verbrüderungsbuch von St. Peter (MG Necrologia II, 4-44) und förderte die Mission in Karantanien. Er ist der Verfasser der pseudonymen Kosmographie des Aethicus Ister.

H.KRABBO, MIÖG 24, 1903, 1-28 - HAUCK I, 529f - WATTENBACH-LEVISON 1, 143ff - H.LÖWE, Ein literarischer Widersacher des Bonifatius. V.v.S. u. die Kosmographie des Aethicus Ister (AAMz 1951, 11) - L.BIELER, Irland, 1961, 109ff. *H.Löwe*

Virgines sacratae, v. sanctae, v. Christi u.ä. hießen die zuerst IgnSm 13, 1 (vielleicht schon 1Kor 7, 25) als kirchlicher Stand erwähnten »Jungfrauen«, die im Unterschied zu den einmalig verheirateten und dann enthaltsam lebenden, zuerst 1Tim 5, 3ff als besonderer Stand genannten »Witwen« von vornherein in der seit 1Kor 7, 36ff und Mt 19, 10ff als vollkommener geltenden Ehelosigkeit lebten und ihre Hauptaufgabe in der → Askese (: IV) sahen. Ihre große Zahl war ein Ruhmestitel der alten Kirche, ihr Gelübde ursprünglich privat, Eintritt in die Ehe noch im 3.Jh. erlaubt. Erst im 4.Jh. wurde das schon früher als Eheschließung mit Christus aufgefaßte Gelübde unauflöslich und vor dem Bischof abgelegt. Anfangs lebten die V.s. in ihrer Familie (oder als → Syneisakten) ohne besondere Tracht. Um 300 begegnen die ersten Jungfrauen-Häuser, erst seit dem 5.Jh. überwiegt das Kloster, Verschleierung kam im 4.Jh. auf; durch → Ambrosius wurde bes. Maria Vorbild der Virginität. Jungfrauen und Witwen wurden, jedenfalls seit dem 3.Jh., nicht zum Klerus gerechnet (→ Frau: III B, 1 c), hatten aber vielfach klerikerähnliche Stellung, bes. wenn sie Diakonissen wurden.

H.KOCH, V. Christi, 1907 - J.MAYER, Monumenta de viduis diaconissis virginibusque tractantia (Floril. patr. 42), 1938 - TH.CAMELOT, V. Christi, 1944 - L.BOPP, Das Witwentum ... im Gemeinschaftsleben der alten Kirche, 1950 - R.METZ, La consécration des vierges dans l'église romaine, 1954. *F.H.Kettler*

Vishnu, mit und neben → Shiva die meistverehrte Gottheit → Indiens (: II). V., der Alldurchdringer (von der Wurzel vish »durchdringen«) und Erhalter, hat 1000 Namen, deren rasche Rezitierung verdienstlich ist. Die Verehrung reicht bis in die vedische Zeit zurück (→ Vedische Religion), in der V. als eine Manifestation der Sonnenenergie erscheint. Neben Brahma und Shiva gehört V. zur Trimûrti (→ Hinduismus: I, 2f), der hinduistischen mythologischen, polytheistisch zu verstehenden Götter-Triade (→ Trinität: I). Seine Gattin ist Lakshmi, die Göttin des Glückes und Reichtums, der Liebe und Schönheit. Von seinen Verehrern umgeben thront V. in seinem Paradies Vaikuntha. In der Darstellung (→ Kunst: II D, 2) erscheint V. als Jüngling von dunkelblauer Färbung, in der Kleidung eines Königs der alten Zeit. In seinen 4 Händen hält er eine Muschel, eine Wurfscheibe, eine Keule und eine Lotosblüte (s. Taf. 41 Abb. 1). Oft wird er dargestellt, wie er mit Lakshmi auf einem Lotos sitzt oder auf einem Lotosblatt ausruht. Sein Reittier ist der Vogel Garuda. - Für seine Anhänger gilt V. als der oberste Gott. Danach soll Brahma aus V.s Nabel und Shiva aus seiner Stirn hervorgegangen sein. Die Vishnuiten tragen auf der Stirn als Bekenntniszeichen den täglich neu mit roter und weißer Farbe aufgemalten Tirunâma, der auch an Tempelmauern und Geschäften zu sehen ist. - V.s Kraft als Allerhalter zeigt sich in seinen 10 → Avatâras. Die wichtigsten sind die als Râma (Epos: → Râmâyana) und als → Krishna (Epos: → Mahâbhârata und darin die → Bhagavadgîtâ). Eine bes. große Rolle spielt V. in der → Bhakti-Frömmigkeit. Dort ist das Vertrauen der Gläubigen auf die rettende »Gnade« V.s gerichtet (→ Erlöser: I, 2f; → Gnade: I, 2). - V. hat zahllose Tempel. Die vishnuitische Literatur ist fast unübersehbar. In Südindien wurde V.s Verehrung durch die vielen Hymnen der 12 Âlwar entscheidend gefördert.

B.ZIEGENBALG, Genealogie der malabarischen Götter, Madras 1867, 91ff - J.DOWSON, A Class. Dictionary of Hindu Mythology, London (1879) 1957[9] - R.OTTO, Siddhânta des Râmânuja, (1917) 1923[2] - K.W.MORGAN, The Religion of the Hindus, New York 1953 - J.GONDA (→ Vedische Religion) - H.v.GLASENAPP, Die Religionen Indiens, 1955 - R.N.DANDEKAR, Vedic Bibliography, Poona 1961, 329ff. - Vgl. die Lit. zu → Hinduismus: I. *A.Lehmann*

Vision

I. Religionswissenschaftlich - II. Im AT - III. Im NT

I. Religionswissenschaftlich

Im weiteren Sinn ist V. (Gesicht, Schauung) gleichbedeutend mit Erscheinung und innerer → Erleuchtung (bodhi). Zwar ist der Name genommen vom Vorgang der Gesichtswahrnehmung, doch bezieht er sich auf Grund der Analogie von Sehen und Hören auch auf sog. Auditionen oder Einsprechungen. Die Beschreibung der V. als eines bestimmten seelischen → Erlebnisses stellt die Außergewöhnlichkeit des Inhaltlichen in den Vordergrund, welches als außersubjektives gegenständliches Korrelat entweder überhaupt nicht gegeben ist oder aber wesentlich anders als beim natürlichen Vorgang der Gesichtswahrnehmung vorkommt. Wohl könnten schon die gesichtssinnlichen Halluzinationen wie alle Erscheinungen im → Traum V.en genannt werden, doch hat der Sprachgebrauch dazu geführt, daß die Halluzination als Trugwahrnehmung ausscheidet und daß nur das bedeutungsbezogene Traumgesicht (als Auftrag oder Voraussagung) V. heißt.

Eine dem religionsgeschichtlichen Material Rechnung tragende Bestimmung und Einteilung des Begriffs V. im Sinne von Erleuchtung kann so vorgenommen werden, daß entweder die am Erleben irgendwie charakteristisch erscheinenden Züge der Gesichtswahrnehmung beachtet werden oder aber das Moment der rein gedanklichen Überzeugung als normgebend angesehen wird. Als seelischer Vorgang wäre die V. denkbar in der Gestalt der rein innerpsychisch, unternormal bewirkten Halluzination, dann auch als das parapsychische Phänomen »Hellsehen« (bedeutungsvoll als Retroskopie, Kryptoskopie und Präkognition) und schließlich in der Form subjektiver Anschauungs- bzw. Vorstellungsbilder »eidetisch« Begabter. Die im Bereich des Religiösen gemeinte V. kann als seelische Bewegung das gleiche Aussehen haben wie die genannten Vorgänge und sich von ihnen von der Verursachung her und auf die Zielsetzung hin dennoch wesentlich unterscheiden.

Psychogen ist eine V., wenn das Entstehen des Vorstellungsbildes aus innerpsychischen Ursachen verständlich gemacht werden kann, und zwar so, daß sowohl die naturgesetzlich wirkende Reizwelt ausgeschaltet erscheint als auch die Beherrschung durch einsichtiges Denken und freies Wollen gelockert ist, daß also die Phantasie *anomalen* Einflüssen ausgesetzt ist und von diesen beherrscht wird. Ob das so gemeinte »Anomale« im Grunde unternormal (wie im → Schlaf, in der → Hypnose und in pathologischen Fällen) oder übernormal (als unmittelbares Einwirken Gottes) ist, muß sich aus der Prüfung der konkreten Tatsachen ergeben. Dies legt den Gedanken nahe, daß *echte* V.en nur dann vorliegen, wenn von anomalen Einflüssen im Sinne des Übernormalen gesprochen werden kann. Dies trifft zu für die Fälle, in denen die christliche → Mystik die V. entweder als Begleiterscheinung des übernatürlichen mystischen Gebetes oder als außergewöhnliches, einmaliges (charismatisches) Gnadengeschenk Gottes wertet. Fraglich bleibt, ob das Erleuchtungserlebnis in den nichtchristlichen Religionen (wie zB das Satori im Zen-Buddhismus) dann noch als *natürliche* Mystik oder *echte* V. gelten kann. - Vom rein Psychologischen her gibt es keine hinreichenden Kriterien, um echte und unechte (pathologische) V.en zuverlässig unterscheiden zu können. Man wird Zweck und Früchte des Erlebens wesentlich mitberücksichtigen müssen, vor allem auch die Übereinstimmung oder Nichtübereinstimmung mit dem sicheren religiösen Wahrheitsgehalt (dem allgemeinen Offenbarungsgehalt) nicht außer acht lassen dürfen.

F.HEILER, Das Gebet, (1918) 1923⁵ - DERS., Die Religionen der Menschheit, 1959 - TH.OHM, Die Liebe zu Gott in den nichtchristl. Religionen, 1950 - H.BENOIT, La Doctrine suprême, Paris 1952; dt. 1958 - L.GARDET, Expériences mystiques en terres non chrétiennes, ebd 1953; dt. 1956 - NILSSON I. II (s. Reg.) - VAN DER LEEUW § 86, 2 - D.T.SUZUKI, Der Weg zur Erleuchtung, dt. 1957 - H.SCHLÖTERMANN, Mystik in den Religionen der Völker, 1958 - H.DUMOULIN, Zen, 1959 - G.MENSCHING, Die Religion, 1959 - W.KEILBACH, Das Erleuchtungserlebnis im Zen-Buddhismus als »natürl. Mystik« (MThZ 10, 1959, 140-149) - H.M.ENOMIYA-LASSALLE, Zen, 1960.

J.MARÉCHAL, Etudes sur la psychologie des mystiques I. II, Brüssel-Paris 1937-38 - C.G.JUNG, Psychologie u. Alchemie, (1944) 1952² - A.MAGER, Mystik als seel. Wirklichkeit, o.J. (1946) - H.THUN, Außergewöhnl. relig. Erfahrungen im Lichte der Psychologie (Geist u. Leben 21, 1948, 170-173) - J.LHERMITTE, Mystiques et faux mystiques, Paris 1952; dt. 1953 - K.RAHNER, V.en u. Prophezeiungen, (1952) 1958² - H.THURSTON, The Physical Phenomena of Mysticism, London 1952; dt. 1956 - F.G.WICKES, Von der inneren Welt des Menschen, 1953 - R.AMADOU, La parapsychologie, Paris 1954; dt.: Das Zwischenreich, 1957 - K.SCHMÉING, Seher u. Seherglaube, 1954 - R.C.ZAEHNER, Mysticism, Sacred and Profane, Oxford (1957) 1961; dt. 1960 - P.RINGGER, Das Weltbild der Parapsychologie, 1959. - Vgl. die Lit. zu → Ekstase, → Erlebnis, → Erleuchtung, → Kontemplation, → Mystik, → Schamanismus, → Traum. *W.Keilbach*

II. Im AT

Funktionell ist im AT der → Traum (ḥ^{a}lôm) der V. (măr'æ̅, măḥ^{a}zæ̅, ḥazôn usw) oft gleichzuachten. Die V. ist vorzüglich Mittel des Offenbarungsempfanges (→ Offenbarung: II) und darum meist verbunden mit der Audition des Gotteswortes (Gen 28, 10ff; 1Kön 3, 5ff; Jes 6; Am 7, 1ff; 8, 1f; 9, 1ff u.a.). Hinsichtlich der Bedeutung der V.en für die Jahwe-Religion sind die Eigenberichte (→ Berufung: II, 1) der vorexilischen → Propheten bes. aufschlußreich. → Amos berichtet über vier V.en (7, 1-3. 4-6. 7f; 8, 1f), die für sein prophetisches Bewußtsein wesentlich waren und seine Sendung (7, 15; 3, 8) vorbereitet haben. Auch bei → Jesaja erfolgt das Berufungserlebnis im Zusammenhang mit einer V. (Jes 6), und ähnlich gehören → Jeremias V.en (1, 11f. 13ff) vom Mandelzweig und vom angefachten Ofen (lies »kûr« statt »sîr«) mit dem Berufungserlebnis zusammen. In ihrer Schlichtheit, Übersichtlichkeit und Zurückhaltung erinnert diese ursprüngliche Form der von Jahwe-Verehrern erlebten V.en an die Erzählung Ex 3, 2ff. Den Inhalt bilden die Gotteserscheinung (Jes 6; Ex 3; → Theophanie: II) oder einprägsame Symbole für Wahrheiten, die sich dem Bewußtsein des Empfängers aufdrängen sollen (Jer 4, 23ff). So unterstreichen sie optisch die Dringlichkeit des verbal vernommenen Tatbestandes. Als solche Symbole können Bilder von Alltäglichem (Mandelzweig, Ofen, Heuschreckenschwarm, Senkblei, Herbstkorb) oder durch die Überlieferung präformierte mythologische Vorstellungen (Gottesfeuer, große Urflut, Am 7, 4ff u.ä.) vorkommen. Jes 6 begegnen sich zB der persönliche Eindruck vom jerusalemischen Tempel und die in der dortigen Tradition wurzelnde Vorstellung von Jahwes Thronen im Tempel mit der sinaitischen Theophanie-Tradition (Rauch, Beben, Feuererscheinungen). Auch spielt das ebenfalls traditionsgegebene Bild von Jahwes königlichem Hofstaat (transformierte kanaanäische Vorstellung vom Götterkönig) mit hinein, wobei aber der Übergang der einstigen b^{e}nê 'ælohîm zu Seraphen die vollkommene Abkehr von der polytheistischen Welt dokumentiert. Dieser stehen formal Erzählungen wie 1Kön 22 (Micha ben Jimla) oder Jos 5 (Jahwes Kriegsoberst) noch ungleich näher. - Bei alledem ist nicht zu übersehen, daß im AT der *Wort*empfang wesentlicher ist als der von V.en und daß das Wort Jahwes meist ohne begleitende V. vernommen wird. - Ein für das AT neuer Typus der V. erscheint bei → Ezechiel (vgl. etwa Ez 1 mit Jes 6). In den V.sbericht hat sich die Reflexion eingedrängt. Sie führt zur Ausmalung des ursprünglichen Bildes durch neue Symbolzüge. Dieses wird dadurch unübersichtlich, verwirrt durch Details, zugleich aber auch vielschichtig, die daraus sich ergebende Verkündigung polythematisch. Damit nähert sich Ezechiel dem apokalyptischen V.stypus, der nur teilweise, ja oft überhaupt nicht mehr auf wirkliches visionäres Erlebnis zurückgeht, sondern mythologisches Bildgut in neuer Symbolfüllung als V. vorträgt. Dadurch tritt gleichsam die theologische Abhandlung bzw. die Predigt in Bildern an die Stelle des Transzendenzeinbruchs (so bei Dan und den pseudepigraphischen Apokalypsen). Den Typus rein literarischer »V.« vertreten bes. aufschlußreich die 8 »Nachtgesichte« Sach 1, 7 bis 6, 8, deren Aufbau eine durchdachte Disposition verrät: 3 V.spaare (II/III, IV/V, VI/VII) entfalten nach verschiedenen Punkten das im Rahmenpaar I/VIII angedeutete Hauptthema der Veränderung des Weltstatus. Die erste V. jedes Paares bezieht sich auf die schlechte Gegenwart, die zweite auf die gute Zukunft. Das Auftreten des »angelus interpres« zeigt, daß nicht aus sich selbst verständliche, echte V. vorliegt, sondern Lehrmeinung im literarischen Gewand des V.sberichtes.

F.HÄUSSERMANN, Wortempfang u. Symbol in der at. Prophetie, 1932 - J.P.SEIERSTAD, Die Offenbarungserlebnisse der Propheten Amos, Jesaja u. Jeremia, Oslo 1946 - E.L.EHRLICH, Der Traum im AT, 1953 - TH.C.VRIEZEN, TheolAT in Grundzügen, 1957, 208ff. *V.Maag*

III. Im NT

1. Allgemein - 2. Jesus - 3. Ostererscheinungen - 4. Apostel und Urgemeinde

1. Visionär-ekstatische Phänomene waren in der Urgemeinde zweifellos verbreitet. Wieweit von V.en gesprochen werden kann, bleibt häufig der Sache und der Quellen wegen unsicher. Der Sprachgebrauch ist nicht einheitlich. Die erwähnten Umstände des V.sempfangs sind verschieden. Im Ganzen des kerygmatischen Anliegens der Texte eignet den Vorgängen eine Nebenrolle.

2. *Jesus* kann weder als ausgesprochener Visionär oder Ekstatiker gelten noch ganz davon distanziert werden.

Bei einigen wichtigen Stationen seines Wirkens deuten die Evangelien entsprechende Züge an (Mk 1, 10/Mt 3, 16; Lk 10, 18; anders Joh 12, 29; sekundär Lk 22, 43). Soweit die Verklärungsszene mit Hilfe der V.stheorie gedeutet wird, gibt man sie meist als Jüngererlebnis aus (Mk 9, 2/Mt 17, 9). Eine grundsätzliche Entwertung der zT problematischen Stellen ist wegen der sonstigen ekstatischen Züge im Jesusbild der Evangelien ausgeschlossen.

3. Der eigentliche Aufbruch des Visionär-Ekstatischen geschieht in der Urgemeinde. Ob die *Ostererscheinungen* als V.en zu bewerten sind, bleibt wegen mancher Besonderheiten umstritten. Der Annahme einer unmittelbar ekstatischen Prädisposition der Jünger stehen die Umstände entgegen. Die Erzählungen (mit dem herausragenden ὤφθη des Erscheinungsvorgangs) vermeiden das subjektive Moment. Um das illusionäre und halluzinatorische Mißverständnis auszuschließen, behilft man sich deshalb u.a. mit dem paradoxen Begriff der »objektiven V.«. Die teils legendär, teils apologetisch verformte Tradition weiß um das Erlebnis Einzelner und ganzer Gruppen (der psychisch vorbelasteten Maria Magdalena, Mk 16, 9, und ihrer Begleiterinnen; des → Petrus, Lk 24, 32, auch Joh 20, 8; 1Kor 15, 5; dazu PetrEv 14, 60; des → Jakobus, 1Kor 15, 7; HebrEv; der Apostel insgesamt [→ Auferstehung Christi: I]). Der angenommene Sonderstatus der V.en vom Auferstandenen wurde in der Folge durch den Satz von ihrer zeitlichen Begrenzung gesichert (→ Himmelfahrt Christi: I).

4. In Spannung hierzu steht die spätere Berufungs-V. des → Paulus (Apg 9, 3ff par), für diesen Gewißheit und Grund der apostolischen Erwählung (1Kor 9, 1; 15, 8). Er hebt sie klar von dem ab, was ihm sonst an »Gesichten und Offenbarungen« zuteil wurde (2Kor 12, 1). Das nur zögernd angeführte Beispiel einer Entrückung kann den ekstatischen Charakter seiner Erlebnisse verdeutlichen. In die näheren Umstände gibt die Apg einigen Einblick (22, 17), wobei im übrigen zwischen Traumgesicht und Nacht-V. keine rechte Unterscheidung möglich ist (16, 9; 19, 9; 23, 11; 27, 23). Die Behauptung ähnlicher Erfahrungen vor allem für Petrus (10, 10f), aber auch für andere (8, 26; 9, 10; 10, 3), bezeugt ihre Verbreitung. Sie schützt Paulus vor dem Verdacht des Krankhaften. Sie belegt zugleich ihren Ursprung in der pneumatischen Anlage der Gemeinde auf dem Hintergrund des endzeitlichen Denkens (Apg 2, 17ff). Letzteres dürfte zB bes. massiv die V. des → Stephanus prägen (Apg 7, 56). In der Apk stellt sich das Problem der Erlebnisechtheit der V.en (s. 1, 10), da dem Aufbau in 7 mal 7 Zyklen literarische Absicht zugrunde liegt. Noch in nachapostolischer Zeit war das visionäre Erbe lange lebendig (s. MartPol 5, 2; Passio Perp. et Felic. 14; Herm vis u.a.) und wurde im → Montanismus sogar zum Problem der Kirche.

Zu 1: ThW II, 447ff; V, 315ff (Lit.). - Zu 2: C.R.Flint, A Critical and Psychological Study of the Transfiguration (Diss. Southern Bapt. Seminary), 1952 - H.Baltensweiler, Die Verklärung Jesu (AThANT 33), 1959 (Lit.) - H.P.Müller, Die Verklärung Jesu (ZNW 51, 1960, 56-64) - Ch.E.Carlston, Transfiguration and Resurrection (JBL 80, 1961, 233-240). - Zu 3: K.H.Rengstorf, Die Auferstehung Jesu, (1952) 1960[2] - P.Schubert, The Structure and Significance of Luke 24 (Festschr. R.Bultmann [BZNW 21], 1954, 165-186) - C.H.Dodd, The Appearances of the Risen Christ (Essays in Memory of R.H. Lightfoot, 1955, 9-35) - H.Grass, Ostergeschehen u. Osterberichte, (1956) 1962[2] (Lit.) - G.Koch, Die Auferstehung Jesu Christi (BHTh 27), 1959 (Lit.) - A.Descamps, La structure des récits évangéliques de la résurrection (Bibl 40, 1959, 726-741) - H.W.Bartsch, Die Passions- u. Ostergeschichten bei Mt (Festschr. W.Freytag, 1959, 27-41) - P.Benoit, Marie-Madeleine et les disciples au tombeau (Festschr. J.Jeremias [BZNW 26], 1960, 141-153) - F.B.Lindars, The Composition of John XX (NTS 7, 1960/61, 142-147) - McLean Gilmour, The Christophany to more than 500 Brethren (JBL 80, 1961, 248-252). - Zu 4: C.Schneider, Die Erlebnisechtheit der Apk, 1930 (Lit.) - G.Bornkamm, Die Kompositionen der apokalypt. V.en (ZNW 36, 1937, 132-149) - E.Benz, Paulus der Visionär (AAMz 1952, 2) - G.W.H.Lampe, The Holy Spirit in the Writings of St. Luke (Essays in Memory of R.H.Lightfoot, 1955, 159-200) - U. Wilckens, Die Bekehrung des Paulus als religionsgesch. Problem (ZThK 56, 1959, 273-293) - H.P.Müller, Die Plagen der Apk (ZNW 51, 1960, 268-278). *A.Strobel*

Visitation

1. Begriff und Ursprung - 2. Alte Kirche und MA - 3. Reformation und ev. Kirche bis zum 18.Jh. - 4. Neubelebung im 19. und 20.Jh.

1. V.en sind eine eigentümliche Zwischenform zwischen brüderlichem Besuchsdienst und kirchenleitender Aufsicht über das Leben in den Einzelgemeinden. Im *Urchristentum* werden sie einerseits von der Urgemeinde in Jerusalem, andererseits von Paulus ausgeübt, und schon hier führt die Legitimationsfrage zu Zusammenstößen. Der Ausgleich erfolgt durch einen Kompromiß in der Sache (Apostelkonzil, → Heidenchristentum, 8). Die Stellung des Paulus gegenüber den heidenchristlichen Gemeinden ist streng durch den Auftrag bestimmt und begrenzt, sie verzichtet auf gebietende Vollmacht und verlangt die freie Zustimmung. Eine rechtliche Form wird nicht etabliert.

2. Daraus erklärt es sich wohl, daß im *nachapostolischen Zeitalter* kaum von V.en berichtet wird. Im ganzen scheint die lokale Suffizienz der Gemeinden (Ablösung der Hausgemeinden durch eine einzige Ortsgemeinde) eine stärkere Ausbildung der V. verhindert zu haben (so A.Harnack). Die Bedeutung der Metropolitangewalt für V.en ist mangels Quellen schwer aufzuhellen. In der syrischen → Didaskalia (ca 260/80) besitzt der Bischof bereits alle wesentlichen Rechte als legitimer irdischer Führer der Kirche, jedoch das Aufsichtsrecht über andere Gemeinden fehlt. Wie die Metropolitanrechte überhaupt (→ Kirchenverfassung: II, 3 c), scheint es sich erst seit ca 350 entwickelt zu haben. - Im *MA* ist die V. durch die Synode von Tarragona 516 (can. 8) bezeugt. Eine besondere Pflege ließ ihr die fränkische Kirche vor allem unter → Karl d.Gr. angedeihen. Die V. erfolgte in Verbindung mit der Firmung der jungen Christen durch den Bischof und war eine Prüfung aller äußeren und inneren Verhältnisse der Ortsgemeinde, der Gebäude, des Grundbesitzes, des Klerus wie der Laien. Bischof und Graf hielten gemeinsam das bischöfliche Sendgericht (→ Send), das eine allumfassende örtliche Rechtsbehörde wurde und geistliche wie weltliche Vergehen aburteilte. Im weiteren Verlauf des MA verfiel das bischöfliche V.srecht, wahrscheinlich im Zuge der Politisierung der Bischöfe. Die Archidiakonen übernahmen es in der Regel (→ Kirchenverfassung: IV, 2 b) und hätten das Institut wohl in voller Kraft aufrechterhalten können, wenn nicht die Exemtionen der weltlichen Herren von den Sendgerichten es durchlöchert hätten. Zu Beginn der Reformationszeit war es weithin wirkungslos - abgesehen von den großen Kloster-V.en in ganz Europa seit dem 14.Jh. Das Konzil von Trient (Sess. XXIV c. 3) stellte es in vollem Umfang wieder her. Der CIC (c. 343) bestimmt, daß die Bischöfe mindestens alle 5 Jahre selbst oder durch den Generalvikar ihre Diözese visitieren müssen.

3. Für die äußere Durchsetzung der *Reformation* in den verschiedenen deutschen Landschaften wurde die V. konstitutiv. Die Anregung zu ihrer Wiederbelebung kam 1524 von N. → Hausmann. Schon bei ihm wird die entscheidende ev. Orientierung, die Verlagerung des Gewichts auf die Erziehung und Belehrung deutlich. → Luther (: I, 4) griff den Vorschlag auf und beantragte bei Kurfürst Johann dem Beständigen eine Landeskir-

chen-V., die 1527-29 in Kursachsen durch besondere Kommissionen vor sich ging (→ Melanchthons »Unterricht der Visitatoren« 1528; → Kirchenverfassung: VI, 4 a). Darin zeigte sich das zweite ev. Moment: kollegiale Aufsicht statt der bisherigen monarchischen (Bischof oder Archidiakon). Den Theologen waren Juristen beigegeben, um angemessen für die Rechtsfragen und äußeren Verhältnisse zu sorgen. Aus den V.serfahrungen entstanden Luthers beide Katechismen. – Überall wurde die Reformation durch V.en eingeführt. Die Protokolle sind wertvolle Quellen für das kirchliche Leben und die Neuordnung unter Schonung des Bestehenden. Aus den V.skommissionen entstanden die → Konsistorien. Die luth. Orthodoxie pflegte die V.en weiter, bes. im Wiederaufbau nach dem 30jährigen Kriege. Noch im 18.Jh. forderte → Löscher als Sup. von Dresden bei V.en, daß Katechismusexamina mit den Erwachsenen abgehalten würden. In dieser Zeit entstanden auch einige neue V.sordnungen (Hannover 1734).

4. Durch Proklamation der Gewissens- und Glaubensfreiheit auf dem Boden der Aufklärung verschwanden die V.en mehr und mehr. Eine Neubelebung brachten die Erweckungsbewegung und als ihre Folge die kirchlichen Verfassungsbestrebungen in der Mitte des *19.Jh.s.* Von 1834-60 wurden in allen deutschen Landeskirchen neue V.sordnungen erlassen (→ Kirchenverfassung: VI, 5). Die Verantwortung lag meist in der Hand des → Superintendenten (Dekans); bisweilen wurden Kommissionen wie in der Reformationszeit ernannt (bes. bei Generalkirchen-V.en). Die Prüfung erstreckte sich wie im MA und in der Reformation auf sämtliche Personen und Verhältnisse der Ortskirche. Sie schloß vielfach eine Befragung der Gemeindeglieder (Hausväterversammlung), wenigstens des Kirchenvorstands über den Pfarrer und seine Lebensführung ein (Protokolle der Eisenacher Kirchenkonferenzen von 1852, 1853, 1890). Durch die Industrialisierung und die Massengemeinden in den Großstädten kamen die V.en im 20.Jh. dort häufig in Wegfall, am krassesten in Berlin, wo zT 70 Jahre lang nicht visitiert wurde. Die → Bekennende Kirche nahm die volle Wiederherstellung der V. in ihre Gemeindetätigkeit auf und führte regelmäßige brüderliche Besuchsdienste zur Stärkung der Bedrängten durch. Die neuen Kirchenordnungen nach 1945 haben den Ertrag des → Kirchenkampfes auch in diesem Punkte wirksam werden lassen und die V. wieder fest verankert (→ Kirchenverfassung: VII, 6).

Gesamtdarst. fehlt. J.AUERBACH, De visitationum ecclesiasticarum progressu a primis temporibus usque ad concilium Tridentinum, 1862 - C.H.BURKHARDT, Gesch. d. sächs. Kirchen- u. Schul-V.en 1524-45, 1879 - K.KAYSER, Die reformat. Kirchen-V.en in d. welfischen Landen 1542-44, 1897 - RE X, 480ff - A.HARNACK, Die Mission u. Ausbreitung d. Christentums in d. ersten drei Jh.en, (1902) 1924[4], 445ff. 482ff - HOLL I, 326-380, bes. 360ff - G.FLADE, Die Erziehung des Klerus durch d. V.en bis zum 10.Jh., 1933 - DERS., Vom Einfluß d. Christentums auf die Germanen, 1936 - H.v.CAMPENHAUSEN, Kirchl. Amt u. geistl. Vollmacht in d. ersten drei Jh.en (BHTh 14), 1953 - M.SCHMIDT, Die Reformation u. d. Ordnung d. Kirche (in: Im Lichte d. Reformation II, 1959, 5-31, bes. 11ff) - EKL III, 1669f. - Vgl. ferner die Lit. zu → Kirchenverfassung: II. IV. VI. VII, zur reformat. Kirchenverfassung bes. O.MEJER, Zum Kirchenrecht d. Reformations-Jh.s, 1891 - K.RIEKER, Die rechtl. Stellung d. ev. Kirche Deutschlands, 1893 - SEHLING Iff (vor allem die Einleitungen) - E.SEHLING, Gesch. d. prot. Kirchenverfassung, (1907) 1914[2].

M.Schmidt

Visser 't Hooft, *Willem Adolf,* seit 1948 Generalsekretär des Ökumenischen Rates (→ Ökumenische Bewegung), Pastor der Niederländisch Ref. Kirche und der Prot. Kirche von Genf, * 20.9.1900 in Haarlem, studierte in Leiden. 1924 Sekretär des Weltbundes der CVJM, war er 1925 der jüngste Teilnehmer an der Stockholmer Weltkonferenz und wurde 1931 Generalsekretär des Christlichen Studentenweltbundes. Seit 1937 war V. an allen ökum. Weltkonferenzen beteiligt. Mit den Männern des deutschen → Kirchenkampfes hielt er enge Verbindung. Der Vorläufige Ausschuß des »in Bildung begriffenen Ökum. Rates der Kirchen« berief V. 1938 zum Generalsekretär mit dem Sitz in Genf, von wo aus er in den Kriegsjahren die Beziehungen zwischen den Kirchen auf beiden Seiten aufrechterhielt und die Voraussetzungen für die Gründung des Ökum. Rates 1948 in Amsterdam schuf. – In V. verbinden sich ungewöhnliche organisatorische Fähigkeiten mit einer vom ref. Erbe geprägten und von K. → Barth beeinflußten theologischen Haltung, die sich dem Ruf zur Einheit der Kirche und ihrer Verantwortung gegenüber der Welt im lebendigen Gehorsam des Glaubens verpflichtet weiß.

Vf. u.a.: The Background of the Social Gospel in America, 1928; Le Catholicisme Non-Romain, 1933; Anglo-Catholicism and Orthodoxy, 1933; None Other Gods, 1937; The Church and Its Function in Society (zus. mit J.H.OLDHAM), 1937 (dt. 1937); Die Not der Kirche u. die Ökumene, 1942; Misère et grandeur de l'Eglise, 1943 (dt. 1949); Holländ. Kirchendokumente, 1944; The Kingship of Christ, 1948; The Meaning of Ecumenical, 1953 (dt. 1954); The Ecumenical Movement and the Racial Problem, 1954; Our Ecumenical Task in the Light of History, 1955 (dt. 1955); The Renewal of the Church, 1956; Die Sammlung der zerstreuten Kinder Gottes, 1956; The Pressure of Our Common Calling, 1959 (dt. 1960). – Über V.: H.H.WALZ, W.A.V., in: Wegbereiter der Ökumene, 1954 - A.FREUDENBERG, W.A.V. (Ökum. Profile VI/1), o.J. (1955). *H.Krüger*

Vitalian, *Papst* 30.7.657 bis 27.1.672, aus Segni (Campanien). Im Gegensatz zu seinem Vorgänger → Eugen I. suchte V. wieder die Kirchengemeinschaft mit Byzanz und zeigte seine Wahl ordnungsgemäß dem oström. Kaiser an, obwohl die monotheletische Streitfrage (→ Christologie: II, 5 c) noch nicht beseitigt war. Als England sich vom iroschottischen Kirchenwesen löste und für das römische entschied, bestimmte V. den Mönch → Theodor von Tarsus zum Erzbischof von Canterbury.

RE XX, 704f - CASPAR II, 580ff. 681f - BERTOLINI (→ Paul I.) 355ff - DERS., I papi e le relazioni di Roma con i ducati Longobardi di Spoleto e di Benevento (Riv. di stor. della chiesa in Italia 8, 1954, 1-22) - DThC XV/2, 3115ff - EC XII, 1521 - SEPPELT II, 68ff.

H.Fuhrmann

Vitalismus und Mechanismus sind wissenschaftliche Hypothesen über das Wesen des Lebendigen, begünstigt durch weltanschaulich verschiedene Positionen. Von beiden Auffassungen gibt es zahlreiche Varianten. Der Vitalist hält das Leben für etwas Finales, Übermechanisches, der Mechanist für etwas kausalgesetzlich Determiniertes. Der V. tritt seit → Aristoteles vorwiegend als »Faktoren-V.« auf, dh das Sinnvoll-Zweckmäßige der Lebewesen wird auf eine zwecksetzende Kraft nach Art der Seele zurückgeführt. Sie heißt bei Aristoteles → »Entelechie« und ist die belebende Wesensform des Leibes. Galenos (2.Jh. nChr) sah in seelenartig wirkenden, aber einer feinen Materie gleichenden »Spiritus« die lenkenden und belebenden Prinzipien des Organismus. Bei → Thomas von Aquino ist die belebende Seele ein Teil der unsterblichen Seele. Damit gewinnt das Lebensproblem Bedeutung für die christliche Seelenlehre, und daher stammt ihre Neigung zur Lebensinterpretation durch psychisch gedachte Entelechien oder Psychoide. G.E.Stahl hat einen solchen Psycho-V. zu Beginn des 18.Jh.s als Reaktion auf den Cartesianischen M. vertreten. → Hallers Entdeckung der Irritabilität und Sensibilität bestimmter Körperstrukturen gab den v.en Lebenslehren neue Argumente. Blumenbach sprach von einer »Bildungskraft«, Hufeland von der »Lebenskraft«, andere vom »Lebensprinzip«. Zwischen 1750 und 1840 war in

Deutschland und Frankreich der V. vorherrschend. Dann traten naturwissenschaftlich denkende Männer wie H.Helmholtz, E. du Bois-Reymond, Carl Ludwig usw auf, die gestützt auf neue Methoden manche Lebenserscheinungen auf physikalisch-chemische Kausalzusammenhänge zurückführen konnten. Sie lehrten wie H. → Lotze, daß Kräfte in der Natur nicht Ursachen, sondern Folgen einer Konstellation (Gefälle von Energie) sind. Der Begriff Lebens»kraft« ist also falsch. Doch begründete H.Driesch gegen Ende des 19.Jh.s erneut auf Grund von entwicklungsphysiologischen Experimenten einen Neo-V. mit einer ganzmachenden, nicht-energetischen Entelechie als belebendem Prinzip; er erklärte damit die Bildung ganzer Organismen aus halbierten Seeigelkeimen. Nach neueren Forschungen entstehen aber bei geringer Versuchsabänderung und anderen Keimen Mißbildungen. So geriet der Glaube an ganzmachende Kräfte in der Ontogenese ins Wanken. - Der M. beginnt mit der Lehre des → Descartes vom Körper als einem Automaten oder einer Maschine. Diese Auffassung wurde begünstigt von der Physik des 17.Jh.s, durch die Entwicklung einer mechanischen Technologie und die Bewährung der Kreislauflehre Harveys in der Medizin. Dieser M. fand als Deutungsprinzip in der Medizin und Physiologie (Borelli, Hales, Bernoulli) weite Verbreitung bis zur Mitte des 18.Jh.s. Er wurde in der 2. Hälfte des 19.Jh.s zur beherrschenden Lehre der → Biologie, Physiologie und Medizin. Die neuere Entwicklung drängt zu einer Auflösung der Alternative (L.v.Bertalanffy, K.E.Rothschuh). Ein Faktoren-V. ist für die Wissenschaft weder annehmbar noch fruchtbar, alle Erfahrungen sprechen dagegen. Lebendiges erwies sich immer wieder als kausal analysierbar und als determiniert. Der Versuch P.Jordans, den V. quantenphysikalisch zu retten, ist gescheitert. Die Unbestimmbarkeit physikalischer inneratomarer Prozesse spielt für die Interpretation des Lebendigen keine entscheidende Rolle, denn Leben ist durchweg ein Makrogeschehen. Physiologie und Biologie erkennen an, daß das Leben mit seinen Strukturen und Mechanismen auf einem harmonischen und lebensdienlichen Zusammenpassen sämtlicher Glieder beruht. Was auch immer wir analysieren, ist schon lebendig geordnetes »bionomes« Geschehen. Jedes Lebensgeschehen kann demnach (nach Rothschuh) auf zwei Weisen wissenschaftlich analysiert werden, einerseits kausalanalytisch bezüglich des »biotechnischen« Zusammenwirkens der Prozeßelemente und andererseits im Hinblick auf ihr lebensdienliches Zusammenpassen im Sinne der Organisationsziele des Organismus. Dabei bleibt das Problem der Entstehungsweise dieser besonderen Ordnung offen. Ob bei der Erforschung einmal ein metaphysisch unerklärlicher Rest bleiben wird, ist nicht vorauszusehen.

H.Lotze, Leben. Lebenskraft (in: R.Wagner, HWB d. Physiologie I, 1842, IX-LVIII) - H.Driesch, Der V. als Gesch. u. Lehre, (1905) 1922² - L.v.Bertalanffy, Theoret. Biologie I. II, 1932/42 - P.Jordan, Die Physik u. d. Geheimnis d. organ. Lebens, 1947 - M.Hartmann, Die philos. Grundlagen d. Naturwissenschaften, (1948) 1959² - Th.Ballauf, Das Problem d. Lebendigen, 1949 (Lit.) - N.Hartmann, Philos. d. Natur, 1950 - K.E.Rothschuh, Gesch. d. Physiologie, 1953 - Ders., Theorie d. Organismus, 1959 (Lit.).

K.E.Rothschuh

Vitringa, *Campegius* (1659-1722), überragender ref. Exeget, * in Leeuwarden, studierte ab 1675 in Franeker unter → Witsius, ab 1678 unter Fr. → Spanheim d.J. und → Wittich in Leiden, wurde 1679 mit Disputationen über die Psalmen promoviert; 1680 in → Franeker Prof. für orientalische Sprachen, 1683 für Theologie, 1693 für KG. - V. fordert die zeitgeschichtliche, am sensus litteralis ac historicus (→ Pellikan, → Grotius) orientierte Exegese und betont die Relation von Prophetie und Geschichte (→ Schriftauslegung: IV B, 4). Die Erfüllung der Prophetien sucht er in der KG bis zur Gegenwart. Außer seinen Kommentaren (zu Jes; Sach 1-8; Dtn 32; Apk; Röm 1-8) wurde seine biblische Archäologie (De synagoga vetere libri tres, 1694) berühmt. Dem deutschen ref. Pietismus vermittelte er die Föderaltheologie (→ Bund: IV).

L.Diestel, Gesch. d. AT, 1869, 436ff - RE XX, 705ff (Bibliogr., Lit.) - Kraus 81.

C.H.Peisker

Vitus, *der Heilige,* Märtyrer, → Nothelfer und Patron gegen den Veitstanz (→ Tänzer), * in Mazzara auf Sizilien, starb nach der Legende zusammen mit seiner Amme Crescentia und deren Gatten Modestus im 12. Lebensjahr unter Kaiser Diokletian (um 303?). Die Attribute, ein Kessel mit siedendem Öl oder Buch mit Hahn, erinnern teils an erlittene Folterungen, zT an die Heidenmission der Mönche von → Korvey, wohin 836 seine Reliquien kamen und von wo sich sein Kult verbreitete. Die älteste deutsche Darstellung findet sich als Miniatur im Gundekar-Pontifikale zu Eichstätt (11.Jh.). Eventuelle Zusammenhänge des Hahnopfers der V.kirchen mit dem slawischen Svantevit-Kult sind ungeklärt.

AS Jun. II, 1013ff - Künstle II, 583ff - Doyé II, 524f - LThK X, 658ff (Lit.) - Braun, TA 728ff.

H.Paulus

Vives, *Juan Luis* (1492-1540), der bedeutendste spanische Humanist, * in Valencia. Nach dem Studium in Paris lebte er seit 1512 als humanistischer Lehrer und Schriftsteller meist in Brügge, war aber zeitweise auch in Löwen sowie in der Umgebung Heinrichs VIII. von England (Dr. in Oxford?) tätig. V. war Schüler und Freund des → Erasmus; doch unterscheidet er sich von diesem durch seinen ganz praktischen, zumal auf die Besserung der gesellschaftlichen Verhältnisse gerichteten Sinn und übertrifft ihn durch die warmherzige Entschiedenheit und den moralistischen Eifer seiner Frömmigkeit. Bes. bemerkenswert sind seine von der psychologischen Erfahrung ausgehenden, realistischen Reformvorschläge zur → Pädagogik (: I, 3; Hauptwerk: De disciplinis, 1531), durch die V. die Erziehungsarbeit der → Jesuiten (, 2) stark beeinflußt zu haben scheint. Seine weitverbreitete Schrift De subventione pauperum (1526) enthält die erste umfassende und praktikable Theorie der Armenfürsorge (→ Wohlfahrtspflege). Grundstimmung seines Denkens ist eine von christlichem Ernst getragene, mit auffallend nüchterner Einschätzung der menschlichen Natur verbundene Sehnsucht nach Maß, Ausgleich und Frieden (→ Friedensbewegung, 1). Daher fand er trotz seines Widerwillens gegen die lebensfremde »Pseudodialektik« der Spätscholastiker Zugang zu Aristoteles; und er blieb gegenüber der Reformation ein treuer, wenn auch kritischer Anhänger der röm. Kirche.

Vorläufige Bibliogr. seiner zahlr. Schriften u. Lit.-Bericht bei J.Estelrich, V., Paris 1942 (Ausstellungskatalog) - Opera omnia, 8 Bde, Valencia 1782-90 - Span. Übers.: Obras completas, 2 Bde, Madrid 1947. - F.de Urmeneta, El pensamiento teológico de L.V. en su tratado »De la Filosofia Primera« (Revista Española de Teol. 11, 1951, 297-310) - M.Bataillon, J.L.V., réformateur de la bienfaisance (Bibl. d'Hum. et Ren. 14, 1952, 141-158) - M.Sancipriano, Il pensiero psicologico e morale di G.L.V., Florenz 1957 (Lit.) - G.Kisch, Erasmus u. die Jurisprudenz seiner Zeit, 1960, 69ff (Lit.).

B.Moeller

Vladimir *der Heilige,* * vor 960, † 15.7.1015. Als Großfürst von → Kiew (seit 978/80) aktivierte V. zunächst gegenüber dem sich auch in → Rußland (: I, 1) allmählich ausbreitenden Christentum die Kräfte des Heidentums, ließ sich aber 988 taufen, um eine byzantinische Prinzessin heiraten zu können. 989 machte er das östlich-orth. Christentum zur Staatsreligion seines Reiches. Kiew wurde eine Metropolie im Verband des byzantinischen Patriarchates. - Die Beziehungen V.s zum Westen sind zweideutig. Ganz unwahrscheinlich ist, daß V. die russ. Kirche dem röm. Papst oder dem bulgarischen Erzbistum Ochrid unterstellt habe. - V. wurde seit dem 13.Jh. als Heiliger verehrt; Tag: 15.7.

N. de Baumgarten, Saint V. et la conversion de la Russie, Rom 1932 (Lit.) - Vladimirskij Sbornik (= V.-Sammelband), Belgrad 1938 (russ.) - Irynej I. Nazarko, Der hl. V. d. Gr., Rom 1954 (ukr., Lit.) - Ludolf Müller, Zum Problem d. hierarchischen Status u. d. jurisdiktionellen Abhängigkeit d. russ. Kirche vor 1039, 1959 - M. Hellmann, V. der Heilige in d. zeitgenöss. abendländ. Überlieferung (Jahrbücher f. Gesch. Osteuropas NF 7, 1959, 397-412).

L. Müller

Vladimir, Gottesmutter von V. → Ikone, 5.

Völker, *Karl* (1.12.1886 bis 27.9.1937), ev. Theologe, * in Lemberg, Schüler → Loesches und → Harnacks, 1912 PDoz., 1919 ao., 1920 o. Prof. in Wien. V. hat sich bes. um die Erforschung der österreichischen und polnischen KG verdient gemacht.

Vf. u.a.: Der Protestantismus in Polen auf Grund d. einheim. Geschichtsschreibung, 1910; Toleranz u. Intoleranz im Zeitalter d. Reformation, 1912; Die Entwicklung d. österr. Protestantismus, 1917; Die KG-Schreibung d. Aufklärung, 1921; Mysterium u. Agape, die gemeinsamen Mahlzeiten in d. alten Kirche, 1927; KG Polens, 1930; Das Zustandekommen d. österr. Protestantenpatents vom 8. April 1861 (JGPrÖ 52, 1931, 3-68); Georg Loesche (ebd 54, 1933, 3 bis 42); Staatsgedanke u. Reichsidee in d. Gesch. d. österr. Protestantismus (ebd 56, 1935, 3-51); Die »Sturmpetition« d. ev. Stände in d. Wiener Hofburg (ebd 57, 1936, 3-50). - Über V.: P. Dedic, ebd 59, 1938, 1-14 (Bibliogr.).

W. Kühnert

Völkerbund. In der Tradition älterer Pläne über eine Weltorganisation aller freien Völker regte der amerikanische Präsident Wilson 1916 die Schaffung eines V.s an, der anstelle der traditionellen einzelstaatlichen Machtpolitik und Geheimdiplomatie den Frieden durch freie Diskussion der Staatsmänner vor der Weltöffentlichkeit sichern sollte. 1919 wurde auf der Pariser Friedenskonferenz seine Satzung ausgearbeitet und in die Friedensverträge aufgenommen. Wichtigstes Anliegen des V.s war die Erhaltung des Friedens durch friedliche Streitschlichtung und durch kollektive - wirtschaftliche oder militärische - Sanktionen aller Mitglieder gegen eine Angreifernation. Durch die Koppelung mit den Pariser Vorortverträgen erhielt er ferner die Aufgabe der Sicherung des durch diese geschaffenen status quo. Zwar sah die Satzung die Möglichkeit friedlicher Revision vor, aber da der V. im Gegensatz zu den Vereinten Nationen an das Prinzip der Einstimmigkeit gebunden war, konnte sie kaum ausgenutzt werden. An der Durchführung der Friedensverträge war der V. bei der Abhaltung von Abstimmungen, der Aufsicht über Danzig und das Saargebiet und durch den Schutz nationaler Minderheiten beteiligt. Recht erfolgreich kontrollierte die Mandatskommission des V.s die Verwaltung der ehem. Kolonien der Mittelmächte. Nicht minder erfolgreich waren zahlreiche Nebenorganisationen des V.s, unter ihnen bes. die Internationale Arbeitsorganisation. Eine entscheidende Schwächung des V.s bedeutete das Fernbleiben der USA und das Fehlen anderer Großmächte (Deutschland gehörte ihm 1926-33 an, Japan 1919-33, Italien 1919-37, die UdSSR 1934-40). Trotz universaler Konzeption blieb er im wesentlichen europazentrisch. Seine Bemühungen, die Sicherheitsfrage durch Abrüstung zu lösen, scheiterten. Wohl vermittelte der V. in einigen kleinen Konflikten, doch die Großmächte entzogen sich erfolgreich seinen Aktionen. So mußte er den japanischen Einfall in die Mandschurei anfangs der 30er Jahre passiv hinnehmen, und die ergebnislosen Sanktionen gegen Italien während des Abessinienkrieges raubten ihm alles Ansehen. Mit dem völligen Zerfall der Pariser Friedensordnung vor und während des 2. Weltkrieges verlor der V. jegliche Bedeutung. Er löste sich 1946 auf, um die neuentstehenden → Vereinten Nationen nicht mit seinem Scheitern zu belasten.

O. Göppert, Der V., 1938 - F. P. Walters, Hist. of the League of Nations I. II, London 1952 (Lit.).

G. Jasper

Völkerpsychologie (= VPs.; Ps. = Psychologie, ps. = psychologisch). Über Begriff und Aufgabe der VPs. herrscht in der neueren deutschen Literatur keine übereinstimmende Auffassung. Es ist nicht möglich, einen genauen Standort der VPs. im System der Wissenschaften so eindeutig zu bestimmen, daß er der tatsächlichen Lage der in- und ausländischen Forschung in gleicher Weise entsprechen würde. Die amerikanische und englische Forschung behandeln die Probleme im Rahmen der weitgesteckten cultural anthropology, in Frankreich und Italien finden sie ihren Ort im großen Sammelbecken der Soziologie und der Ps.

Die deutsche Bezeichnung VPs. ist im 19.Jh. im Bereich der älteren Sprachwissenschaft aufgekommen und hat sich nach ihrer ersten Prägung durch die Sprachforscher Heymann Steinthal und Moritz Lazarus durch die von ihnen begründete »Zeitschrift für VPs. und Sprachwissenschaft« (20 Bde, 1859-90) schnell eingebürgert. Die VPs. wurde hier als »Wissenschaft vom Volksgeiste«, »von den Elementen und Gesetzen des geistigen Völkerlebens« definiert. Durch die in den einzelnen Völkern wirkenden, verschieden veranlagten Volksgeister werden objektiv stark unterschiedliche geistige Gebilde (Sprache, Mythus, Religion, Kunst, Wissenschaft, Recht, Sitte, Moral) erzeugt, die ps. zu untersuchen und in ihrer allgemein gesetzlichen Eigenart darzustellen sind. Unter dem Einfluß der ursprünglich philosophischen Begriffe »Volksgeist« (→ Herder) und »objektiver Geist« (→ Hegel) schwanken die Auffassungen in weiten Grenzen von substantiell gedachter, überindividueller Sonderexistenz bis zu reinen Funktionsbeziehungen der individuellen psychischen Kräfte. Erst durch die Ps. W. → Wundts wird das Prinzip der Wechselwirkung unter den Individuen streng begründet. Er setzt der VPs. die Aufgabe, mit analytischen Methoden diejenigen geistigen Erzeugnisse zu untersuchen, »die aus der Gemeinschaft des menschlichen Lebens hervorgehen und die nicht aus den Eigenschaften des einzelnen Bewußtseins allein zu erklären sind, weil sie die Wechselwirkung vieler voraussetzen«. In diesem Merkmal liegt für ihn überall »das Kriterium des Völkerpsychologischen«. Außerhalb der Wechselwirkungen gibt es keine Volksseele, hier ist auch der entscheidende Ansatzpunkt für jede entwicklungsgeschichtliche Untersuchung. Der Weg muß von heute noch bestehenden Zuständen der Primitiven über die kontinuierliche Reihe der Zwischenstufen bis zu den Hochkulturen verfolgt werden. Für Wundt wird so die VPs. im »eminenten Sinne des Wortes Entwicklungs-Ps.«.

Im Verlauf des 20.Jh.s tritt die Auffassung der VPs. als einer geschlossenen Disziplin mit eigener strenger Methode allgemein zurück, ihre Fragestellungen werden unter Anwendung exakter Methoden von der empirischen → Soziologie (: I), der Sozial-Ps. und der → Ethnologie übernommen. Von der Ethnologie und der → Psychologie (: I) werden die seelische Eigenart und die spezielle Bewußtseinsstruktur der Primitiven auf der Basis eines gewaltigen Erfahrungsmaterials vergleichend untersucht. Zu den wichtigsten Erkenntnissen gehört hier die Einsicht, daß die Primitiven (→ Naturvölker) trotz ihrer magisch-mythischen Vorstellungswelt, trotz ihrer Eingeschlossenheit in Zaubervorstellungen und → Totemismus eine große intellektuelle Fortschrittsfähigkeit besitzen, die begabungsmäßig den Übergang in die Verhältnisse der modernen Zivilisation und die Einpassung in das kausale Denken der modernen Wissenschaft ermöglicht. Die moderne VPs. zeigt auch Ansätze zu einer Erforschung der ps.en Verschiedenheit der modernen Völker (E.Hurwicz, Die Seelen der Völker, 1920). Der Schwerpunkt liegt hier weniger auf intellektuellem als auf emotionalem und charakterologischem Gebiet. Einen großen Raum, bes. in der nordamerikanischen Forschung, nimmt die entwicklungs-ps.e Richtung ein. Die Verschiedenheiten des Verhaltens in Sitte, Brauchtum und Lebensstil werden aus den einzelnen Kulturen abgeleitet, die selbst wieder im Zusammenspiel von Gruppenanlagen und Lebensraumbedingungen unter dem beherrschenden Einfluß der Tradition als formender Kraft entstehen. Am vollständigsten übersehbar sind die Verhältnisse in den primitiven Kulturen, solange die formenden traditionellen Kräfte in den Generationenfolgen relativ konstant bleiben. Die genauere Erforschung der einzelnen Haltungsfaktoren (Umgangsformen zwischen Individuen, Gruppenbildungen, Lernen, Spiel, Feste, Kampfsitten, Sexualsitten, Familienformen, technisches Können, Unterhaltsbeschaffung) spielt in der Gegenwart eine ganz besondere Rolle für die praktische Durchführung des geplanten Aufbauwerkes in den sog. »unterentwickelten Gebieten«.

In der Literatur liegen nur zwei Unternehmen vor, die VPs. lehrbuchmäßig als in sich abgrenzbares Stoffgebiet zu behandeln: das ältere Monumentalwerk Wundts und die neuere »Einführung in die VPs.« (1938) seines Schülers W.Hellpach. Über Wundts Begrenzungsschema der VPs. auf Sprache, Religion und Sitte als Hauptfaktoren für die geistige Entwicklung der Menschheit ist die Forschung seither weit hinausgegangen. Hellpach verzichtet angesichts der bestehenden Schwierigkeiten betont auf jeden Anspruch von Vollständigkeit und will sich darauf beschränken, »recht viel Wichtiges und Richtiges« zur Erkenntnis zu bringen. In seinem Entwurf wird das Gesamtgebiet der VPs. in drei Hauptteile aufgegliedert: Volk als Naturtatsache, als geistige Gestalt, als Willensschöpfung. Hellpach hat richtig erkannt, daß der Wert seiner Untersuchung nicht in der versuchsweisen Systematisierung, sondern in der Fülle der aktuellen Einzelfragen besteht; allerdings wirkt der Gang der Untersuchung in der Aufeinanderfolge der Themen etwas verwirrend.

Für die → Religionspsychologie ist das empirische Forschungsmaterial der VPs. bes. wichtig. Die analytische und die vergleichende Methode der objektiven und subjektiven religiösen Phänomene auf den verschiedensten Kulturstufen verbinden Religions-Ps. und VPs. durch ein großes gemeinsames Zwischenfeld.

F.Boas, The Mind of Primitive Man, (1911) 1948^{2}; dt. 1955 - W.Wundt, VPs., 10 Bde, (1900ff) 1911-20^{3} - Ders., Probleme der VPs., 1911 - Ders., Elemente der VPs., 1912 - UdG I-XII - L.Lévy-Bruhl, Les fonctions mentales dans les sociétés inférieures, (1910) 1922^{7}; dt. 1926^{2} - Ders., La mentalité primitive, (1921) 1925^{4}; dt. 1959^{2} - K.Th.Preuss, Die geistige Kultur der Naturvölker, 1913 - R.Thurnwald, Ps. des primitiven Menschen (G.Kafka, Hdb. d. vergl. Ps. I/2), 1922 - G.Le Bon, Ps.e Grundgesetze in der Völkerentwicklung, 1922 - F.Gräbner, Das Weltbild der Primitiven, 1924 - R.Benedict, Patterns of Culture, 1934; dt. (1949) 1955^{2} - E.v.Eickstedt, Rassenkunde u. Rassengesch. der Menschheit, (1934) 1937^{2} - Ders., Grundlagen der Rassen-Ps., 1936 - W.E.Mühlmann, Rassen- u. Völkerkunde, 1936 - A.Vierkandt, Familie, Volk u. Staat, 1936 - W.J.Thomas, Primitive Behavior, 1937 - W.Hellpach, Einführung in die VPs., (1938) 1954^{3} - Schriftenreihe zur VPs., hg.v. W.Hellpach, 1944 - W.Kapferer, Psyche der Umwelt, 1947 - A.L.Kroeber, The Nature of Culture, 1952 - G.A.Hense, La Ps. ethnique, 1953.

K.J.Hartmann

Völkerrecht

1. Definition - 2. Funktionen - 3. Geschichte - 4. Rechtserzeugungsprozesse und Mittel zur Feststellung von Rechtsnormen - 5. V. und Landesrecht - 6. Das V.ssystem - 7. Institutionelle Überbauten

1. V. ist der Inbegriff der Rechtsregeln, die zwischen unabhängigen Staaten (→ Staat: I) und anderen als V.subjekten anerkannten Einheiten Anwendung finden.

2. In Systemen offener oder verkleideter Machtpolitik sind die Funktionen des V.s notwendigerweise begrenzt. Es ist ein Recht der *Macht,* zB wenn es Machtpositionen, die durch Waffengewalt zustande gekommen sind, in einem Friedensvertrag eine rechtliche Grundlage verleiht. Es ist ein Recht der *Gegenseitigkeit,* wenn Staaten bereit sind, konkrete Fragen, zB auf den Gebieten des Gesandtschafts-, Konsular- oder Auslieferungsrechtes, auf dieser Basis zu regeln. Es ist ein Recht der *Gemeinschaft,* wenn Staaten willig sind, ihre Eigeninteressen etwa der Unterdrückung des Sklavenhandels oder der Flüchtlingsfürsorge unterzuordnen.

3. Die Voraussetzungen für ein V. sind gegeben, wenn wenigstens zwei unabhängige Einheiten bereit sind, ihre Beziehungen auf rechtlicher Basis zu regeln. Sporadische V.sbeziehungen sind schon in der Antike nachweisbar, doch fehlt ihnen die Kontinuität mit dem V. der Gegenwart. Diese existiert erst seit dem MA, als de facto und de jure unabhängige Fürsten und Städte in steigendem Maß in Europa und dem Mittelmeerraum dazu übergingen, ihre Beziehungen vertraglich zu regeln. Mit dem Zerfall der christlichen Gemeinschaft des MA, ihrer Umwandlung in eine europäische Gesellschaft und deren Ausweitung in eine Weltgesellschaft wurde das europäische V. ein Welt-V. Im Laufe dieser Transformation verlor das V. in wachsendem Maß seine ursprüngliche Fundierung in der christlichen Ethik. Nachdem es hierfür vorübergehend in dem Standard zivilisierter Nationen Ersatz fand, mußte es sich schließlich damit begnügen, Rechtsbeziehungen zwischen unabhängigen Staaten und anderen von ihnen anerkannten Einheiten zu regeln, unabhängig davon, ob diese noch irgendwelche metajuristischen Werte gemein hatten. - → Franz von Vitoria († 1546), Gentilis († 1608) und → Grotius († 1645) sind drei Klassiker der V.slehre. Sie als »Väter« des V.s zu bezeichnen, würde jedoch bedeuten zu übersehen, daß die V.slehre um Jahrhunderte der V.spraxis nachhinkte. Ausgehend von naturrechtlichen Spekulationen, die oft wertvolle soziologische Einsichten intuitiven Charakters verbargen, hat sich die V.slehre allmählich stärker auf eine positivistische Behandlung ihres Themas umgestellt. In Wirklichkeit ist diese Problemstellung unfruchtbar. Es kommt darauf an, ob ein V.ssatz induktiv nach allgemein annehmbaren Kriterien verifizierbar ist.

4. Die drei Prozesse, durch die V. erzeugt wird, sind *Verträge, Gewohnheitsrecht* und von zivilisierten Nationen anerkannte allgemeine *Rechtsgrundsätze.* Entscheidungen internationaler und nationaler Gerichte, die Praxis der Staaten und Lehrmeinungen ermöglichen die mehr oder weniger exakte Fixierung strittiger V.ssätze. Art. 38 des Statuts des Internationalen Gerichtshofs im Haag enthält eine auf diesen Wertungen aufgebaute - und durch die Stellung des Statuts als eines integrierenden Bestandteils der Satzung der → Vereinten Nationen fast universell anerkannte - Aufzählung der V.s»quellen«.

5. In einer Welt, die aus mehr als 100 V.ssubjekten besteht, sind Widersprüche zwischen dem zwischen solchen V.ssubjekten anwendbaren Recht und den inner-

halb dieser Länder geltenden Rechten unvermeidbar. Während innerstaatliche Organe ihren Landesrechten unterworfen sind, sind internationale Organe berechtigt oder, wie im Falle des Haager Internationalen Gerichtshofs, verpflichtet, ausschließlich V. anzuwenden. Ausnahmen beruhen auf ausdrücklicher Vereinbarung zwischen den Parteien oder ergeben sich aus der Notwendigkeit beiläufiger Anwendung von Landesrecht. Für internationale Organe stellt daher irgendein Landesrecht nur eine rechtserhebliche Tatsache dar. Wenn ein Landesrecht mit dem V. nicht übereinstimmt, zieht eine solche Situation potentiell die internationale Verantwortung des betr. V.ssubjektes nach sich.

6. Das *V.ssystem* besteht aus einer Vielzahl von induktiv feststellbaren Gewohnheitsrechtssätzen. Von diesen können 7 Hauptrechtsgrundsätze abstrahiert werden. Diese sind als Rubriken zur Systematisierung des Völkergewohnheitsrechts verwendbar. Es wäre jedoch ein begriffsjuristischer Mißbrauch solcher Abstraktionen, von ihnen neue, induktiv nicht verifizierbare V.ssätze ableiten zu wollen.

a) Der → *Souveränitäts-Grundsatz* repräsentiert die Statik völkerrechtlicher Beziehungen. Die wichtigsten Rechtssätze unter dieser Rubrik postulieren, daß die Ermessensfreiheit eines V.ssubjektes ohne seine Zustimmung nur durch allgemeines Völkergewohnheitsrecht und von zivilisierten Nationen anerkannte allgemeine Rechtsgrundsätze beschränkt ist; daß mangels solcher Beschränkungen ein souveräner Staat innerhalb seines Staatsgebietes eine ausschließliche Zuständigkeit ausübt; daß V.ssubjekte mangels ermächtigender V.ssätze keine Hoheitsakte außerhalb ihres Staatsgebietes vornehmen dürfen und daß jede Intervention in den ausschließlichen Zuständigkeitsbereich eines anderen V.ssubjektes primär eine V.sverletzung darstellt.

b) Der *Grundsatz der Anerkennung* ist ein dynamisches Prinzip, das es ermöglicht, neue Situationen - zB die Entstehung neuer Staaten, neue Regierungen oder territoriale Veränderungen - einem anderen V.ssubjekt gegenüber rechtswirksam entgegenzuhalten. Im Zweifel ist jeder solcher Akt der Anerkennung eine Ermessensfrage. Der Umfang und die Rechtswirkungen der Anerkennung sind Fragen der Absicht der anerkennenden Partei und nach dem Wortlaut und den Umständen der Anerkennung auszulegen. Eine Anerkennung kann unbedingt oder bedingt und ausdrücklich oder stillschweigend vorgenommen werden.

c) Der *Grundsatz der Zustimmung* ermöglicht im Verhältnis der Parteien untereinander jede gewünschte Ergänzung und Abänderung des internationalen Gewohnheitsrechts und der von zivilisierten Staaten anerkannten allgemeinen Rechtsgrundsätze und ist daher das wirksamste Mittel der V.sentwicklung. Soweit dies nicht durch das Zusammenspiel anderer erheblicher V.sregeln ausgeschlossen ist, können unabhängige Staaten vertragliche Abreden jedweden Inhalts treffen. Bei V.spersonen mit begrenzter V.ssubjektivität ist der Umfang ihrer Vertragsfreiheit von dem Umfang ihrer V.spersönlichkeit bedingt. Der Abschluß von vertraglichen Vereinbarungen steht völlig im Belieben der V.ssubjekte. Normalerweise beschränken sich die Rechtswirkungen von Vereinbarungen auf die Vertragsparteien. Selbst wenn die Vertragsparteien solche Rechtswirkungen auf vertragsfremde Parteien ausdehnen wollen, kann ein solches Resultat nur mit Zustimmung dieser dritten Parteien erreicht werden. Die Unterbrechung, Abänderung oder Beendigung vertraglicher Abmachungen hängt von der Einwilligung aller Vertragsparteien ab.

d) Der *Grundsatz des guten Glaubens* hat viel dazu beigetragen, Vernünftigkeits- und Billigkeitserwägungen zu Bestandteilen des positiven V.s zu machen und auf diese Weise naturrechtliche Normen (→ Naturrecht) legitim in das V. einzuführen. So müssen Vertragsparteien ihre Verpflichtungen in gutem Glauben auslegen und ausführen. Das gleiche gilt für einseitige rechtserhebliche Erklärungen. Die willkürliche oder unvernünftige Anwendung von Völkergewohnheitsrechtssätzen, bei denen eine Beeinflussung durch den Grundsatz des guten Glaubens nicht nachweisbar ist, stellt keine V.sverletzung, sondern nur eine unfreundliche Handlung dar.

e) Die Rechtssätze, welche den *Grundsatz der Meeresfreiheit* regeln, sind schon deshalb von grundsätzlicher Bedeutung, weil der von ihnen erfaßte Raum mehr als zwei Drittel der Erdoberfläche umfaßt. Sie schließen jede alleinige Aneignung eines Teiles der hohen See und des Seebettes aus und beschränken in Friedenszeiten die Ausübung von Hoheitsakten grundsätzlich auf Schiffe unter der Flagge des einen solchen Akt ausübenden Staates. In den Genfer Seerechtskonventionen von 1958 hat ein großer Teil der einschlägigen Fragen eine eingehende Regelung gefunden.

f) Der *Grundsatz internationaler Verantwortung*. Die ungerechtfertigte Verletzung jedweder Pflichten, gleichgültig ob sie ihren Ursprung in Verträgen, Regeln des Gewohnheitsrechts oder allgemein von zivilisierten Nationen anerkannten Rechtsgrundsätzen haben, begründet in erster Linie die Pflicht, Wiedergutmachung im Sinne der Naturalrestitution und, wenn dies unmöglich ist, angemessenen Schadensersatz zu leisten. Vergeltung, dh Repressalienmaßnahmen, die an sich völkerrechtswidrig sind, aber ihre Rechtfertigung dadurch erfahren, daß sie in Abwehr vorhergehender V.sverletzungen angewandt werden, und Selbstverteidigung, soweit beide nicht, wie nach der Satzung der Vereinten Nationen, vertraglich eingeschränkt oder ausgeschlossen sind, stellen die wichtigsten Rechtfertigungsgründe für Verhaltensweisen dar, die sonst völkerrechtswidrig wären.

g) Seit dem Kellogg-Pakt von 1928 und der Satzung der Vereinten Nationen (Art. 2 [4] und Art. 51) hängt das Recht zur Gewaltanwendung (jus ad bellum) im V. davon ab, ob es mit dem *Grundsatz der Selbstverteidigung* vereinbar ist. Art. 51 setzt nicht nur eine begangene oder unmittelbar bevorstehende V.sverletzung voraus, die anders nicht abwehrbar ist, sondern beschränkt auch die bewaffnete Selbstverteidigung auf den Fall eines bewaffneten Angriffs. Nach überwiegender Auffassung findet das Kriegsrecht im engeren Sinne (jus in bello) auch zugunsten eines Kriegführenden Anwendung, der das jus ad bellum verletzt hat. Die 4 Genfer → Rote-Kreuz-Konventionen von 1949 enthalten wichtige Neuregelungen der humanitären Seite des Kriegsrechts. Die Mitglieder der Vereinten Nationen haben auch Verpflichtungen übernommen, die, wenn sie selbst an einem Krieg nicht beteiligt sind, ihren klassischen Neutralitätspflichten der Unparteilichkeit und Enthaltung von Unterstützung einer der kriegführenden Parteien vorgehen.

7. Um das V. der Gegenwart zu begreifen, muß man von dem oben skizzierten klassischen V. der unorganisierten internationalen Gesellschaft ausgehen. Die auf vertraglicher Basis entstandenen internationalen Institutionen und ihre oft dem Landesrecht angenäherten Rechtsnormen können dann leicht als mehr oder weniger stabile *Überbauten* begriffen werden. Dies gilt sowohl für den Weltstaatenbund der → Vereinten Nationen, universalistische Spezialorganisationen umfassenden Charakters (zB die UNESCO oder den Internationalen Währungsfond) und internationale Rechtsprechungs- und Verwaltungsorgane als auch für die am höchsten integrierten Teilgemeinschaften (Nato - Europäische Ge-

meinschaften) innerhalb einer tief gespaltenen Weltgesellschaft.

D.ANZILOTTI, Lehrbuch d. V.s, 1929 - A.VERDROSS, V., (1937) 1959[4] - CH.CH.HYDE, International Law I-III, 1947 - L.OPPENHEIM, International Law I. II, 1952/55 - CH.ROUSSEAU, Droit international public, 1953 - G.DAHM, V., 3 Bde, 1958-61 - F.A. VON DER HEYDTE, V., 2 Bde, 1958/60 - F.BERBER, Lehrbuch d. V.s I, 1960 - G.SCHWARZENBERGER, A Manual of International Law I. II, 1960 - K.STRUPP-H.-J.SCHLOCHAUER, WB d. V.s I-III, 1960-62 - HWSW XI, 328ff. - *Zs.en:* Revue Générale de Droit International Public, 1894ff; American Journal of International Law, 1907ff; British Yearbook of International Law, 1920/21ff; Zs. f. ausländ. öffentl. Recht u. V., 1929ff; Yearbook of World Affairs, 1947ff; Archiv d. V.s, 1948/49ff; International and Comparative Law Quarterly, 1952ff.

G.Schwarzenberger

Völkertafel

1. Allgemeines - 2. Die V. bei P - 3. Die V. bei J

1. Die ethnologisch-geographische Verteilung der Völker wurde in Israel wie allgemein im Altertum genealogisch erklärt. Dokumente einer solchen genealogischen Geographie sind uns im AT in Gen 10, der sog. V. erhalten. Das Kapitel ist vom Redaktor des → Pentateuch auf Grund der Quelle P verfaßt und durch die über P hinausgehenden (oder andersartigen) Angaben von J (V. 4 b [?]. 8-19. 21. 25-30) ergänzt worden. Dabei auftretende Gegensätze zum Sem-Stammbaum 11, 10ff hat er in V. 24 (und auch in V. 21) zu glätten versucht. Die V.n bei P und J gehen beide von der Einteilung der nachsintflutlichen Menschheit in die → Noah-Söhne Sem, Ham und Japhet aus, zeigen aber ansonsten starke Unterschiede, die sich aus den verschiedenen historisch-geographischen Verhältnissen ihrer Abfassungszeit erklären lassen. Die Zusammenarbeit von P und J in Gen 10 hat dann auch zu manchen Widersprüchen geführt, so daß die beiden V.n gesondert behandelt werden müssen.

2. *Die V. bei P* erklärt sich am ehesten aus den geographischen Verhältnissen des ausgehenden 7.Jh.s vChr. Die Reihenfolge der Aufzählung ergibt sich aus dem palästinisch-israelitischen Gesichtspunkt des Verfassers. Zunächst werden die Japhetiten, die Völker, die nördlich »hinter« den Semiten in Kleinasien und Armenien oder in der mediterranen Inselwelt wohnen, aufgezählt, dann die hamitischen Völker des Südens, wobei Kanaan erreicht wird, schließlich die → Semiten. Innerhalb der Gruppen läßt sich für die Aufzählung der Semiten und Hamiten die Richtung auf Palästina hin nachweisen, die dann auch für die Japhetiten gelten sollte, wo aber die Erwähnung von Tubal und Mesech (im östlichen Kleinasien) nach Javan (Jonier bzw. allgemein die Griechen) stört.

3. *Die V. bei J* ist nur in Fragmenten erhalten. Der an die Nimrod-Sage sich anschließende historisch-geographische Aufbau von Babylonien und (danach) Assyrien (→ Nimrod) wird Chus untergeordnet, worunter die Kassiten (bab. kaššu) zu verstehen sind, die nach dem Ende der Hammurapidynastie in Babylonien während der 2. Hälfte des 2.Jt.s die Herrschaft ausübten. Nur ein Mißverständnis der Redaktion konnte zu der Einfügung des Nimrod-Passus in die P-Aufzählung der äthiopisch-südarabischen Chus-Söhne führen. Auf Grund des P-Schemas schloß die Redaktion daran die ausführliche jahwistische Aufzählung der »ägyptischen« Völkerschaften an. Entsprechend findet anschließend die jahwistische Aufzählung der Kanaan-Söhne Verwendung, die ursprünglich nur Sidon als Gesamtbezeichnung Phönikiens und Heth, die nordsyrischen hethitischen Kleinstaaten, umfaßte. Schließlich hat der Redaktor auch noch die jahwistische Semitenliste hinter die entsprechende P-Liste gestellt. Während die südarabischen Joktaniten ausführlich aufgezählt werden, fehlt alles Nähere über die Palgiten, aus denen Israel hervorgegangen ist. Das jahwistische Geschichtswerk hat sicherlich an anderer Stelle eine ausführliche Palgitenliste gebracht, die aber wohl wegen der Konkurrenz mit P (vgl. Gen 11, 10ff) vom Redaktor übergangen worden ist.

Außer den Kommentaren zur → Genesis: S.Wagner, Die Stammtafel des Menschengeschlechtes, 1947[2] - G.HÖLSCHER, Drei Erdkarten (SAH 1944/48, 3), 1949 - W.BRANDENSTEIN, Bemerkungen zur V. der Gen (Festschr. A.Debrunner, Bern 1954, 57-83) - S.SIMONS, The »Table of Nations« (Gen. X): Its General Structure and Meaning (OTS 10, 1954, 155-184; Lit.) - DERS., The Geographical and Topographical Texts of the OT, Leiden 1959, 1-93. *H.Gese*

Völkische Bewegung

1. Ideengeschichte: a) Vom Beginn des 19.Jh.s bis zur Reichsgründung - b) Bis zum Ende des 1. Weltkrieges - c) Radikalisierung: α) Konservativ-völkische Gruppen - β) Revolutionäre v.B. - 2. Völkische Religion: a) Die Ausbildung einer deutschen Frömmigkeit - b) Versuche einer Germanisierung des Christentums - c) Kirchen- und christentumsfeindliche Ausprägungen - 3. V.B. und Christentum

1. a) V.B. ist eine Sammelbezeichnung für alle Bestrebungen vornehmlich im 19. und 20.Jh., die dem »Volk« innewohnenden sittlichen, kulturellen und seelischen Kräfte für die nationale Erneuerung und Bewahrung eines Volkes, hier des deutschen, bewußt und nutzbar zu machen. In der v.B., in der anfänglich »völkisch« gleichbedeutend war mit »volkstümlich« und »deutsch«, waren sehr verschiedenartige, ja gegensätzliche Kräfte wirksam (Aufklärung, Pietismus, Idealismus). Gedanklich leiteten → Herder und → Fichte die v.B. ein. Nach Herder ist jedes → Volk (: I) eine organische Einheit, das aus seinem originellen Geist seine Poesie, seine Kunst, sein Recht und seinen Staat hervorbringe und darum immer danach streben müsse, diese Einheit zu verwirklichen, wenn es nicht vergehen wolle. Er leitete daraus auch die Forderung ab, »daß das Ich nichts, das Ganze alles« sei. Fichte sah im deutschen Volk das Volk schlechthin, das Urvolk, das sich als deutscher Volksstaat zu formen habe, um einmal Kern eines Zukunftsreiches der Menschheit zu werden. Denn »Charakter haben und deutsch sein, ist ohne Zweifel gleichbedeutend« (wobei »Charakter haben« heißt: würdig sein für geistige und politische Freiheit). Diese Gedanken begegneten sowohl der u.a. durch → Klopstock ausgelösten Verehrung des germanischen Altertums und seinen sprachreinigenden Bemühungen wie den Besinnungen der deutschen Männer, die, an dem weltbürgerlichen Ideal der Französischen Revolution irre geworden, vielmehr für die nationalen Rechte der Deutschen und eine innerliche Erneuerung Deutschlands eintraten (Gneisenau, Scharnhorst, → Stein, → Görres, A. → Müller, F. und A.W. → Schlegel u.a.). Jahn prägte und bestimmte den Begriff »Volkstum« (1810). Bedeutsam für diese als Nationalgefühl sich entfaltende v.B. wurde die → Romantik, die sich der Dichtung, Kunst und Geschichte des eigenen Volkes zuwandte. → Savigny erkannte das Lebensprinzip des Volkes im »Volksgeist«, die Brüder → Grimm sahen ihn am ursprünglichsten in der Sprache, → Brentano in der Volksdichtung ausgedrückt. Dabei wurde auch der Begriff »Volk« aufgewertet und mit umfassenderem Sinn erfüllt, indem er auf sämtliche Stände bezogen wurde. - Diese v.B. wurde getragen von den im Bürger- und Akademikertum gesammelten Kräften des frühen → Liberalismus (Burschenschaften, Turnerbünde). Es ging um ein Königtum als Repräsentanz der Liebe und des Gemeingeistes aller Menschen eines Volkes. Für die Verbreitung dieser Gedanken trug in der Zeit der Reaktion wesentlich auch die ev. Verkündigung bei. Sie lehrte den Zusammenbruch Preußens als Folge des Fehlens eines gemeinsamen Verantwortungsgefühls

gegen das Volksganze und so als Schuld vor Gott verstehen. Man forderte eine auf das Volk bezogene Erziehung der Jugend und glaubte an die »geheimnisvollen Eigentümlichkeiten, welche ganz bestimmt jedes Volk von den übrigen absondern« (Schleiermacher, Predigten I, 222). - Wesentlich für die frühe v.B. ist also die philosophisch-geschichtlich begründete Überzeugung von einem dem Volke innewohnenden und zu entfaltenden besonderen Wert, von einer besonderen Bedeutung des deutschen Volkes für die Menschheit und, daraus abgeleitet, von der heiligen Verpflichtung, für die Einigung des deutschen Volkstums in einem Nationalstaat zu kämpfen.

b) Neuen Auftrieb erhielt die v.B. gegen Ende des 19.Jh.s. Sie trat in den Dienst des imperialistischen Strebens. Wieder vereinten sich verschiedenartige Strömungen: zunächst der → *Antisemitismus*, mit dem konservative Kräfte auf den Mittelstand und das untere Beamtentum einwirkten. → Stoecker suchte ihn seit 1878 in die Politik einzuführen. Im Reichstag vertraten ihn die »Deutsch-soziale Partei« unter Liebermann von Sonnenberg (1889) und die »Antisemitische Volkspartei« Boeckels (1890; seit 1893 »Deutsche Reformpartei«). Sie vereinigten sich 1894-1900 zur »Deutsch-sozialen Reformpartei«, 1914 zur »Deutsch-völkischen Partei«. - Sodann wirkte in der v.B. die aus dem → Darwinismus erwachsene Rassenlehre (→ Rasse: I). Die Theorie des französischen Grafen Gobineau (1816-82), verschiedene Rassen besäßen bestimmte unveränderliche Eigenschaften und die in Nordwest-Europa lebenden langköpfigen germanischen Arier seien eine Eliterasse, gaben der v.B. nicht nur den Anschein einer wissenschaftlichen Begründung, sondern stärkten auch den Willen, die Germanen für die Weltherrschaft reif zu machen. Zur Verbreitung dieser Gedanken trugen wesentlich die Schriften von P. de → Lagarde, J.Langbehn, H.St. Chamberlain und A.Moeller van den Bruck bei. - Träger der v.B. außerhalb des Reichstags war der *»Alldeutsche Verband«* (seit 1894, gegr. 1891 als »Allgemeiner deutscher Verband«, 1939 aufgelöst). Bes. aus der Kolonialpolitik leitete er die Erkenntnis ab, daß der Geist an leibliche Träger gebunden und nur durch Vererbung übertragbar sei. Eine Kolonial- und Weltpolitik müsse sich zugleich um die Erhaltung der rassischen Kräfte des Volkskörpers im Innern kümmern. Als eigentlicher Träger der v.B. verstand sich der *»Deutschbund«*, 1894 von Fr.Lange (1852-1918) mit dem Losungswort vom »reinen Deutschtum« gegründet. Er gab 1920 ein ausführliches Programm »deutsch-völkischer Politik« heraus: »Der Zweck des Deutschbundes ist die Erziehung seiner Mitglieder zu vertiefter völkischer Verantwortung, zu deutschbewußtem Denken, Wollen und Tun... Er ist... ein geistig-völkischer Kampfbund. Sein Ziel ist die Rettung und Erhaltung unseres Volkstums, seine besondere Aufgabe die Schaffung der geistigen Voraussetzungen und Grundlagen des künftigen völkischen Staates.« Literarisch wirkten für die v.B. dieser Zeit Th.Fritsch (1852 bis 1933), u.a. mit der antisemitisch-völkischen Zeitschrift »Der Hammer«, sowie Fr.Lienhard (1865-1929), der eine in Volk, Stamm und Landschaft wurzelnde Heimatdichtung zu gestalten versuchte. Er verband sich mit P.Schultze-Naumburg und A.Bartels (1862-1945), der den Rassegedanken zum Kriterium seiner Literaturgeschichte erhob. Auch die von dem Verlagsbuchhändler Eugen Diederichs (1867-1930) herausgegebenen Sammlungen »Thule« und »Deutsche Volkheit« dienten der v.B. Sie war ihren geistigen Ursprüngen gemäß im wesentlichen in einer schmalen Schicht der Akademiker verbreitet, ihrem Wesen nach intolerant und von gefährlicher Überbewertung des deutschen Volkstums.

c) α) Der Ausgang des 1. Weltkrieges rief die v.B. mit neuer Aktivität auf den Plan. Die *»Deutsch-völkische Partei«* (1914) ging in der 1918 gegründeten *»Deutsch-nationalen Volkspartei«* auf. Sie unterhielt einen *»Deutsch-völkischen Reichsausschuß«*, mit dem sie die Sache der v.B. fortführen wollte. In ihrem Wahlaufruf vom Dez. 1918 erklärte sie: »In der tiefen Not dieser Tage bekennen wir uns ungebeugten Mutes zu dem aus heißer Liebe geborenen Glauben an die unzerstörbare Lebenskraft des deutschen Volkes und des deutschen Gedankens.... Mit denen des nationalen Gedankens sollen die lebendigen Kräfte des Christentums in unserm Volke wirken und fruchtbar werden.« - Außerhalb des Reichstages wirkte weiterhin der »Deutschbund«. Mit völkischen Bauernhochschulen, der »deutschen Heimatschule«, der Artamanenbewegung diente er der völkischen Lebenserneuerung, mit dem Jugendbund »Adler und Falken« und dem »Bund für deutsche Kirche« der völkischen Kultur, mit einer »Teutstiftung« und einem Rasseamt pflegte er die rassische Ideologie. Er stand in einem freundschaftlichen Verhältnis zu ähnlich gerichteten Gruppen wie der von Guida Diehl (1870-1961) geführten *»Neulandbewegung«* und ihrem *»Deutschen Frauenkampfbund«*. - Völkisch wollten auch die sog. »nationalen Verbände« sein wie die *Freikorps*, der *»Stahlhelm, Bund der Frontsoldaten«* (1918 gegr. von F.Seldte), der 1921 neuformierte *»Deutsche Reichskriegerbund Kyffhäuser«*, der *»Werwolf«* (1923) sowie die *»Gesellschaft Deutscher Staat«*, die *»Vereinigten Vaterländischen Verbände«*, die *»Völkischen Akademikerverbände«*, die *»Fichtegesellschaft«* u.a.m. Sie alle kämpften gegen den Rasseverfall, für eine Erneuerung im germanischen Reich, darum u.a. für »innere Siedlung« und Sammlung aller Nationalgesinnten, die die Führung übernehmen sollten.

β) Unabhängig von diesen mehr konservativ-völkischen Gruppen bildete sich eine *revolutionäre v.B.* 1918 entstand in Eisenach ein *»Deutsch-völkischer Bund«*, daneben ein *»Deutscher Schutz- und Trutzbund«*, 1920 zum *»Deutsch-völkischen Schutz- und Trutzbund«* vereint. Programmatische Ziele waren der Kampf gegen Judentum und Bolschewismus und für eine national-völkische Regierung. Nach der Ermordung Rathenaus 1922 verboten, gingen die Mitglieder zur 1919 gegründeten *»Nationalsozialistischen Deutschen Arbeiterpartei«* (NSDAP; → Nationalsozialismus) über. 1922 gründeten die »Völkischen« Wulle, v.Graefe, Henning die *»Deutschvölkische Freiheitspartei«*, die statt der Republik und des Parlamentes die völkische Monarchie und eine ständisch gegliederte Volksvertretung forderte. Aus dieser Partei wurde nach dem Verbot der NSDAP die *»Nationalsozialistische Freiheitspartei«*, von der sich 1925 eine *»Deutschvölkische Freiheitsbewegung«* abspaltete. Die eigentliche Führung dieser v.B. übernahm nach 1925 die NSDAP. In ihrem Programm von 1920 hatte sie formuliert: »Staatsbürger kann nur sein, wer Volksgenosse ist. Volksgenosse kann nur sein, wer deutschen Blutes ist, ohne Rücksicht auf Konfession. Kein Jude kann daher Volksgenosse sein.« Hitler verwandelte die v.B. in eine völkische Weltanschauung mit Totalitätsanspruch. Rassengedanke und völkische Theorie wurden Glaubensangelegenheiten. »Die NSDAP übernimmt aus den Grundgedanken einer allgemeinen völkischen Weltvorstellung die wesentlichen Grundzüge, bildet aus denselben unter Berücksichtigung der praktischen Wirklichkeit, der Zeit und des vorhandenen Menschenmaterials sowie seiner Schwächen ein politisches Glaubensbekenntnis, das nun seinerseits in der so ermöglichten straffen organisatorischen Erfassung großer Menschenmassen die Voraussetzung für die siegreiche Durchfechtung dieser Weltanschauung schafft« (Hitler, Mein Kampf 424). Der völkische Staat übernimmt »die Sorge um die Erhaltung derjenigen rassischen Urelemente, die, als kulturspendend, die Schönheit und Würde eines höheren Menschentums schaffen. Wir, als Arier, vermögen uns unter einem Staat also nur einen lebendigen Organismus eines Volkstums vorzustellen, der die Erhaltung dieses Volkstums nicht nur sichert, sondern es auch durch die Weiterbildung seiner geistigen und ideellen Fähigkeiten zur höchsten Freiheit führt« (S. 434). - Literarisch halfen der v.B. den Weg bereiten u.a. E.G.Kolbenheyer (»Wem bleibt der Sieg?«, 1919; »Paracelsus«, 3 Bde, 1917-26), W.Schäfer (»Die dreizehn Bücher der deutschen Seele«, 1922), P.Ernst (»Das Kaiserbuch«, 3 Bde, 1923-28), H.Grimm (»Volk ohne Raum«, 1928). - Die Geschichte der v.B. nach 1925 ist weithin der Kampf um die politische Macht der NSDAP, verbunden mit einer Fülle von Streitigkeiten der einzelnen völkischen Gruppen untereinander. Sie wurden um so erbitterter geführt, als seit 1926 auch der »Tannenbergbund« (s. 2 c) den Anspruch auf Führung im Kampf gegen die »überstaatlichen Mächte« Freimaurer, Juden, Jesuiten, Marxisten erhob. Diese v.B. war antiliberal, denn »sie gipfelte notwendig in der Bejahung der Gewalt und des Krieges, in der Verneinung des harmonischen Zusammenwirkens der Stände, Klassen, Parteien, Nationen, in der Verneinung der Reform- und Fortschrittsidee, wie sie im Wesen des Liberalismus lag« (Valentin). Sie war zudem antisemitisch, antichristlich und antimarxistisch. - Nachdem die NSDAP alle anderen völkischen Kräfte in sich aufgesogen oder ihres Einflusses beraubt hatte, erhob sie die Parolen »Du bist nichts, dein Volk ist alles« und »Recht ist, was dem Volke nützt« zu Grundsätzen ihrer Ethik und verwandelte das überkommene Staatsbürgertum in eine Volksgenossenschaft, die den Anspruch erhob, allein auf dem Begriff des deutschen Volkstums gegründet, die Gestaltung und Führung Europas zu übernehmen. Daran ist sie zerbrochen.

2. Wo Volkstum und Rasse zu wesentlichen Kennzeichen oder Maßstäben einer Religion erhoben werden, wo Gott in einem besonderen Verhältnis zu einem Volk gesehen oder das Bekenntnis zu Jesus Christus davon abhängig gemacht wird, daß er wenigstens ein »Arier« gewesen sei, ist von *völkischer Religion* (v.R.) zu sprechen. Es lassen sich drei Ausformungen von v.R. unterscheiden:

a) Die frühe v.B. bezog Volk und Glaube aufeinander und führte damit auch zu einer Neubesinnung auf die Kräfte des Glaubens. Diese idealistische Haltung (s. 1 a) verband sich einerseits mit dem → Pietismus und der luth. → Erweckungsbewegung, andererseits durch die → Romantik mit dem sich erneuernden Katholizismus. Sie blieb im ganzen 19.Jh. lebendig und war auch in der deutsch-christlichen Frömmigkeit enthalten. In ihrem Bereich sprach man vom »deutschen Gott«, der Eisen wachsen ließ, dem Gerechten, der läßt von den Schlechten die Guten nicht knechten. Diese Frömmigkeit lebte fort in der vaterländischen Predigt, in einer bestimmten Hofpredigertheologie und im »Deutschtum im Ausland«. Sie gab sich nicht nur mystisch wie bei Fichte, nicht nur gemütvoll-innig wie bei M. → Claudius, sondern heldisch, kriegerisch, wollte aber durchaus christlich bleiben. Hinzu trat ein völkisch bestimmtes Geschichtsverständnis, das die Bildung des deutschen Volkstums und Reiches als ein Werk göttlicher Fügung verstand. Diese *»deutsche Frömmigkeit«* suchte die Welt des natürlich-geschichtlichen Lebens der heilsgeschichtlichen Offenbarung Gottes einzuordnen und die völkischen Ordnungen aus dem Evangelium zu bezeugen. Sie unterschied auch zwischen der eigentlichen Gottesordnung der völkischen Güter und ihrer geschichtlichen Gestalt und begründete die Pflichten des einzelnen gegenüber seinem Volk und Volkstum. Der Christ, so lehrte → Harleß, habe »die göttliche Wohltat des nationalen Besitzstandes gegen jede widergöttliche Beeinträchtigung zu wahren«.

b) Daneben läuft eine zweite Strömung, der es um die *»Germanisierung des Christentums«* geht. In ihr werden Rassegedanken und Antisemitismus unabdingbare Voraussetzungen für das Geltenlassen des Christentums und treten in den Vordergrund, wenn nicht Mittelpunkt der v.R. Sie ist sehr mannigfaltig in ihren Erscheinungsformen. P.de → Lagarde wollte daran mitwirken, »einer nationalen Religion den Weg zu bereiten«. Richard Wagner vermischte in seinen Musikdramen altgermanische Religion, einen von → Schopenhauer übernommenen buddhistischen »arischen« Pessimismus und die Rassenlehre Gobineaus. Dem in jüdischer Gesetzlichkeit befangenen »Erlöser« und der »in ihren besten Rassen diesem undeutschen Gift« erliegenden Menschheit wollte er dadurch Erlösung bringen. In diesen Bereich gehören auch J.Langbehn (1851-1907), den seine völkisch-romantische Sehnsucht zum Katholizismus führte, H.St.Chamberlain (1855-1927), der die Gedanken Wagners mit dem deutschen Idealismus und der Bibel verband, und A.Bonus (1864-1941), der die Forderung nach der »Germanisierung des Christentums« erhob und für einen neuen Mythos eintrat, der gegenüber einer »schwächlichen« Sünden- und Demutslehre eine von → Carlyle und → Nietzsche stark beeinflußte heldische Religion auslösen sollte. - Auch von Theologen wurden diese Gedanken literarisch gefördert. W.Lehmann ließ in einer Sammlung »Deutsche Frömmigkeit« (1917) nur Mystiker gelten und lehnte Paulus scharf ab. G.Traub entwickelte in seinen »Eisernen Blättern« (1919-35) als christlich-religiös eine heldische Weltanschauung. M. → Maurenbrecher stellte - in einer für die Völkischen ungewöhnlichen Wertung des Volkes Israel - dieses dem deutschen Volk als Muster völkischer Gesinnung vor Augen, beschrieb Jesus als Verkündiger eines heldischen Nationalismus und wies der Kirche die Pflege des Volkstums als Hauptaufgabe zu. Aus verwandter Gesinnung stammten auch die Bücher des Religionspädagogen W.Erbt: »Jesus, der Heiland aus nordischem Blute« (1927) und des Bremer Pfarrers J.Bode: »Wodan und Jesus« ([1919] 1931^2).

Einen Versuch, das Christentum der völkischen Lebenshaltung anzupassen, machte die *»Deutschkirche«* (→ Deutsch-christliche Bewegungen, 1 a). Sie wollte das religiöse Leben und die Kirche durch den deutsch-heimatlichen Gedanken als »wichtigste innere Angelegenheit der deutschen Volksgemeinschaft« erneuern. Da »der Weg zum Heiland über die Märchen viel reiner zu finden ist als über die Erzvätergeschichten«, verwarf sie das AT und ließ auch vom NT nur Teile gelten. Ganz im Sinne des »Deutschbundes«, dem sie eng verbunden war, forderte sie »als rettende Tat in dem Kampf um Scholle und Dasein« die Einrichtung einer kirchengenossenschaftlichen Darlehnskasse, zur Hebung der Volkssittlichkeit die Achtung der Mutter, gegen die Überfremdung des deutschen Volkes einen von Halleluja und Hosianna gereinigten deutsch-ev. Gottesdienst und eine christdeutsche Schule mit deutsch-ev. Religionsunterricht als Kernfach.

Um eine Erneuerung der Kirche im Dienste des Volkes ging es auch der 1927 gegründeten *»Kirchenbewegung Deutsche Christen, Nationalkirche«* (→ Deutsch-christliche Bewegungen, 2 a). In ihr verbanden sich Erlebnisse der bündischen → Jugendbewegung mit Gedanken von → Grundtvig und → Blumhardt in gläubiger Ausdeutung des Nationalsozialismus. In ihren »Grundsätzen« erklärte sie: »Wir deutschen Christen glauben an unsern

Heiland Jesus Christus, an die Macht seines Kreuzes und seiner Auferstehung. Jesu Leben und Sterben lehrt uns, daß der Weg des Kampfes und der Passion zugleich der Weg der Liebe und der Weg zum Leben ist. Wir sind durch Gottes Schöpfung hineingestellt in die Blut- und Schicksalsgemeinschaft des deutschen Volkes und sind als Träger dieses Schicksals verantwortlich für seine Zukunft. Deutschland ist unsere Aufgabe, Christus ist unsere Kraft! ... Der Weg zur Erfüllung des deutschen Gesetzes ist die gläubige deutsche Gemeinde. ... Aus dieser Gemeinde deutscher Christen soll im nationalsozialistischen Staate Adolf Hitlers die das ganze deutsche Volk umfassende ›Deutsche christliche Nationalkirche‹ erwachsen. Ein Volk! Ein Gott! Ein Reich! Eine Kirche!« Die Kirchenbewegung DC verstand die völkisch-politische Geschichte im Lichte eines göttlichen Heilsgeschehens. »Der Herr der Völker hat sich unser Volk aus Erde, Blut und Schicksal zusammengezimmert, daß es reif werde, Volk der Offenbarung des Sieges seines Reiches über die Welt zu werden« (J.Leutheuser). Diese Verbundenheit der v.B. mit dem Christentum zeigte ihr Symbol, das auf den Balken des Hakenkreuzes das Kreuz sichtbar werden ließ. Während sie zunächst nur eine kirchliche Bewegung sein wollte, gewannen nach 1934 Träger radikal-völkischer Gedanken maßgeblichen Einfluß in ihr.

c) Auf dem Boden der radikalen v.B. sind endlich die Ausprägungen von v.R. entstanden, die sich bewußt neben oder gegen die christliche Religion stellten, um einen »arteigenen«, »deutschen Glauben« zu gestalten. Die *»Deutsche Glaubensbewegung«* (D.G.) vertrat die Auffassung, jedem Volke eigne von seinem Blut her ein artgemäßer Glaube, daher könne es keine für ein Volk verbindliche universale Welt- oder Menschheitsreligion geben. Das deutsche Volk habe seinen deutschen Glauben nur in vorchristlicher germanischer Zeit rein gelebt. Die Reinheit dieses Glaubens sei zu erneuern. Die tausendjährige Geschichte des deutschen Volkes mit dem Christentum deutete die D.G. als tausendjährige Opposition gegen das Christentum und sah in → Gottschalk, → Otloh von St. Emmeram, → Rupert von Deutz und der deutschen Mystik des 13. und 14.Jh.s ihre Vorläufer. - Über Entstehung und Organisationen der D.G. vgl. im einzelnen → Deutschgläubige Bewegungen, 1. Nachdem sie nach 1934 auseinandergebrochen war, bestanden Ende 1935 noch folgende Zusammenschlüsse im Geiste der D.G. (in Klammern Zeitschriften): *D.G.* (»Durchbruch«, seit 1934), *Deutschgläubige Gemeinschaft* (»Widar«), *Germanische Glaubensbewegung* (»Nordischer Glaube«), *Nordische Glaubensbewegung* (»Nordische Zeitung«, seit 1932); nicht organisiert um Zeitschriften gesammelt: *Deutsche Aktion* (»Blitz«, seit 1933), *Hauer-Gruppe* (»Deutscher Glaube«, seit 1934), *Haus Ludendorff* (»Am hl. Quell deutscher Kraft«), *Reventlow-Gruppe* (»Reichswart«, seit 1920), *Völkische Aktion* (»Nordland«, seit 1932).

Eine v.R. besonderer Prägung bot der von Erich und Mathilde Ludendorff 1926 gegründete *»Tannenbergbund«* (→ Deutschgläubige Bewegungen). Er proklamierte eine »arteigene« Religion, indem er gegen die überstaatlichen Mächte, unter ihnen das Christentum, einen fanatischen, vor keiner Verleumdung zurückschreckenden Kampf führte. Aufgebaut auf einer durch → Schelling, → Schopenhauer und E.v. → Hartmann bestimmten, weithin aus Jacolliot, St.Ross und F.Thudichum abgeschriebenen Kritik am Christentum behauptete er, das deutsche Gotterleben dürfe nicht durch eine andersrassische Fremdreligion getrübt oder verdrängt werden. Das sei »Völkermord durch Seelenverletzung«. Während in den Schriften des Tannenbergbundes Ausdrücke wie »Lug und Trug des Christentums«, »Geistesdiebstahl«, »bewußtes Belügen« u.dgl. immer wiederkehren, forderte er von seinen Mitgliedern in den 12 »Deutschen Mahnworten«: Hilfe dem Edlen, Vernichtung dem Bösen, sei deutsch, wahr und zuverlässig, stolz, stark, furchtlos, beherrscht, bewußt deines Blutes, herzeigen dem Volke, Feind seinen Feinden.

Zu einer antichristlichen v.R. entwickelte sich schließlich auch der → *Nationalsozialismus* (NS) selbst. »Unsere Zeit fordert..., daß diese alten Lehren nicht der Erhaltung unseres Lebens widersprechen oder gar diesem Leben mit angeblichen ewigen Dogmen und ›Offenbarungen‹ feindlich und verdammend entgegentreten... Für eine staatliche Formung unseres Lebens ist die geschichtliche christliche Überlieferung keine Förderung, sondern ein Heuchelei forderndes Hindernis gewesen« (Rosenberg). Diese v.R. gründete sich auf den »Höchstwerten« Volk, Blut, Boden und hatte das Ziel, das System zu verherrlichen und einen Führer-Mythos zu entwickeln. Dazu kam ein liturgischer Stil für die Feiern von Naturfesten im Kreislauf des Jahres, politische Kundgebungen, Massenaufmärsche, Schulungsabende und für Weihen aller Art. Der Ausbreitung dieser v.R. bes. förderlich war der Aufbau des NS, den man durchaus als säkularisierte Form eines Kirchensystems, als Antikirche sehen mußte. Es gab eine unfehlbare Autorität an der Spitze, umgeben von einer »Hierarchie« politischer Würdenträger und »Heroen« (alter Kämpfer). Ihre »Amtsträger« waren dem System durch bedingungslosen Gehorsam verpflichtet, »Orden« (SS) sicherten es und trieben seine innere Entwicklung im radikalen Sinne voran. Wenn auch diese v.R. im wesentlichen als Vollzug von Gesten und Symbolen lebte, so bedrohte sie doch mit ihrem Totalitätsanspruch und der Forderung an ihre Mitglieder, radikal mit dem Christentum zu brechen, das gesamte deutsche Volk. Ihre Zukunftsziele wurden deutlich in den vom NS eroberten Gebieten, zB im Warthegau (→ Posen, 4), wo man die Kirche aus dem öffentlichen Leben völlig auszuschalten und das nationalsozialistische Kulturhaus zur Mitte des Lebens zu machen suchte.

3. Die v.B. hat *innerhalb der ev. Theologie* zu einer schon bei → Schleiermacher einsetzenden, in der ev. Dogmatik und Ethik bis in die Gegenwart fortgeführten Besinnung über Wesen, Begriff und theologische Einordnung des Volkes geführt. Dabei erschien das Christentum als universale Religion der Liebe und des Glaubens an einen persönlichen Gott, das eigene Volk als Gabe dieses Gottes. Man begann die Zuordnung des Volkes zu Kirche, Staat und Nation, das Problem der »Ordnungen« (→ Schöpfungsordnung), der Offenbarung Gottes darin und in der Geschichte eines Volkes neu zu durchdenken. Die Fülle der Einzelfragen, die von der v.B. dem Christentum gestellt wurden - die Bedeutung des AT, die »arische Abstammung« Jesu, der Einfluß des Paulus auf das werdende Christentum, die »Inferiorität« der christlichen Ethik -, ist in zahlreichen apologetischen und wissenschaftlichen Untersuchungen diskutiert worden. Schließlich hat die v.B. den → Kirchenkampf ausgelöst. In ihm glaubten die Deutschen Christen (→ Deutsch-christliche Bewegungen, 2 b), den Angriff der v.B. auf Kirche und Christentum dadurch auffangen zu können, daß sie sich wesentliche, aus Antisemitismus, Rassedenken und politischem Einheitswillen erwachsene Forderungen zu eigen machten, während sich die → Bekennende Kirche erfolgreich widersetzte. Mit dem »völkischen« Staat ging auch die v.B. unter.

Zu 1 a: F.C.v.Moser, Von d. dt. Nationalgeist, 1765 - J.v.Sonnenfels, Über d. Liebe fürs Vaterland, 1771 - E.M.Arndt, Geist der Zeit I-IV, 1806-18 - J.v.Görres, Die teutschen Volksbücher, (1807) 1925 - J.G.Fichte, Reden an d. dt. Nation, 1808 (7. u. 8. Rede) - F.L.

JAHN, Dt. Volkstum, 1810 - J.CHR.K.v.HOFMANN, Weissagung u. Erfüllung I. II, 1841/44 - A.v.HARLESS (s. 3) - R.ROTHE, Theol. Ethik I-III, 1845-48. - *Darst.en:* R.VOLPERS, F.Schlegel als polit. Denker u. dt. Patriot, 1917 - O.BRANDT, A.W.Schlegel, der Romantiker u. d. Politik, 1919 - N.WALLNER, Fichte als polit. Denker, 1926 - R.R.ERGANG, Herder and the Foundations of German Nationalism, New York 1931 - K.S.PINSON, Pietism as a Factor in the Rise of German Nationalism, ebd 1934 - P.KLUCKHOHN, Die Idee d. Volkes im Schrifttum d. dt. Bewegung, 1934 - W.KRIEWALD, Herders Gedanken über d. Verbindung von Religion u. Volkstum (Diss. Breslau), 1935 - K.BROSCHE, Schleiermachers Ansichten über Volk, Staat u. Volkserziehung (Diss. Braunschweig), 1936 - O.VOSSLER, Der Nationalgedanke von Rousseau bis Ranke, 1937 - W.HOFMANN, Die Geburt d. völk. Bewußtseins aus d. Romantik, 1938 - A.HEGER, Ev. Verkündigung u. dt. Nationalbewußtsein. Zur Gesch. d. Predigt von 1806-48, 1939 - U.BUHTZ, Die Beziehung Volk - Staat in d. philos. Schau Herders (Diss. Frankfurt), 1941 - H.F.HEDDERICH, Die Gedanken d. Romantik über Kirche u. Staat, 1941 - E.LEMBERG, Gesch. d. Nationalismus in Europa, 1950.

Zu 1 b u. c: A.DE GOBINEAU, Essai sur l'inégalité des races humaines I-IV, Paris 1853-55; dt. (1898-1901) 1939/40⁵ - P.DE LAGARDE, Über d. Verhältnis d. dt. Staates zu Theol., Kirche u. Religion, 1873 - E.DÜHRING, Der Ersatz d. Religion durch Vollkommeneres u. d. Ausscheidung alles Judäerthums durch d. mod. Völkergeist, (1883) 1906³ - TH.FRITSCH, (Antisemit. Katechismus, 1887) Hdb. d. Judenfrage, 1942^{47} - DERS., Der falsche Gott. Beweismaterial gegen Jahwe, (1912) 1935^{11} - A.J.LANGBEHN, Rembrandt als Erzieher, 1890 u.ö. - FR.LANGE, Reines Deutschtum, 1893 - A.BONUS, Von Stoecker zu Naumann. Ein Wort zur Germanisierung d. Christentums, 1896 - DERS., Dt. Glaube, 1897 - DERS., Der Gottsucher, 1898 - A.BARTELS, Die dt. Dichtung d. Gegenwart, (1897) 1922 - DERS., Gesch. d. dt. Lit. I. II, (1901/02) 1943^{19} - DERS., Rasse u. Volkstum, 1920 - DERS., Der völk. Gedanke, 1923 - H.ST.CHAMBERLAIN, Die Grundlagen d. 19.Jh.s I. II, (1899) 1935^{19} - A.MOELLER VAN DEN BRUCK, Die Deutschen, 8 Bde, 1904-10 - DERS., Das Recht d. jungen Völker, 1919 - DERS., Das dritte Reich, 1923 - M.WUNDT, Vom Geist unserer Zeit, (1920) 1922^{2} - DERS., Dt. Weltanschauung. Grundzüge völk. Denkens, 1926 - A.DINTER, Ursprung, Ziel u. Weg d. deutschvölk. Freiheitsbewegung, 1924 - G.SONDERMANN, Der Sinn d. völk. Sendung, 1924 - L.SCHEMANN, Die Rasse in d. Geisteswissenschaften I-III, 1928 bis 1931 (III, 1943^{2}) - P.SCHULTZE-NAUMBURG, Kunst u. Rasse, (1928) 1938^{3} - DERS., Nordische Schönheit, 1937 - A.ROSENBERG, Der Mythos d. 20.Jh.s, 1930 u.ö. - M.R.GERSTENHAUER, Der völk. Gedanke in Vergangenheit u. Zukunft, 1933 - E.KRIECK, Völkisch-polit. Anthropologie I-III, 1936-38. - *Darst.en:* K.WAWRZINEK, Die Entstehung d. dt. Antisemitenparteien (1873-90), 1927 - H.ULLMANN, Durchbruch zur Nation. Gesch. d. dt. Volkes 1919-33, 1933 - JOS. MÜLLER, Die Entwicklung d. Rassenantisemitismus in d. letzten Jahrzehnten d. 19.Jh.s, 1940 - A.MOHLER, Die konservative Revolution in Deutschland 1918-32, 1950 (umfass. Lit.) - W.MOMMSEN, Dt. Parteiprogramme, 1960.

Zu 2: R.WAGNER, Jesus von Nazareth, 1848 (in: Ges. Schr., hg.v. J.KAPP, 1914ff, VI, 194-247) - DERS., Über Staat u. Religion, 1864 (ebd XIV, 7-34) - DERS., Religion u. Kunst, 1880/81 (ebd 130-206) - W.SCHWANER, Germanenbibel, (1904) 1920^{6} - DERS., Unterm Hakenkreuz. Bundesbuch der Volkserzieher, 1913 - O.S.REUTER, Sigfrid oder Christus?, 1909 - DERS., Das Rätsel der Edda u. d. arische Urglaube I. II, 1921/23 - H.BURTE, Wiltfeber, d. ewige Deutsche, 1912 u.ö. - E.L.SCHELLENBERG, Die dt. Mystik, (1919) 1924^{2} - DERS., Der Fremdkörper im Christentum, 1926 - L.FAHRENKROG, Das dt. Buch, (1921) 1923^{3} - DERS., Gott im Wandel der Zeiten I-VI, 1922-31 - J.K.NIEDLICH, Jahwe oder Jesus?, (1921) 1925^{2} - F.SCHOELL, Die Wahrheit über d. Christentum, 1922 - K.THEMEL, Der relig. Gehalt der v.B. u. ihre Stellung zur Kirche, 1926 (Lit.) - A.DINTER, 197 Thesen zur Vollendung d. Reformation, 1926 - DERS. (Hg.), Das Geistchristentum (Monatsschrift), 1928ff - B.KUMMER, Midgards Untergang, (1927) 1935^{2} - DERS., Herd u. Altar. Wandlungen altnord. Sittlichkeit im Glaubenswechsel I. II, 1934/39 - E.J.JUNG, Die Herrschaft der Minderwertigen, (1927) 1930^{3} - E.REVENTLOW, Für Christen, Nichtchristen, Antichristen. Die Gottfrage der Deutschen, 1928 - DERS., Wo ist Gott?, (1934) 1935^{2} - H.WIRTH, Der Aufgang d. Menschheit, (1928) 1934^{2} - M.R.GERSTENHAUER, Was ist Deutsch-Christentum?, 1930 - H.HAUPTMANN, Jesus der Arier, 1930 - M. MAURENBRECHER, Der Heiland der Deutschen, 1930 - W.NOTHMANN, Der Irrweg d. ev. Kirche, 1931 - H.v.WOLZOGEN, Was ist Gott?, 1931 - W.ERBT, Artgemäße Religion, (1932) 1933^{2} - W.STAPEL, Der christl. Staatsmann. Eine Theol. d. Nationalismus, 1932 - H.R.FLURSCHÜTZ, Das ewige Erbe der Deutschen. Deutsch-nord. Glaube, (1933) 1936^{2} - P.KRANNHALS, Religion als Sinnerfüllung d. Lebens, 1933 - DERS., Der Glaubensweg d. dt. Menschen, (1934) 1935^{2} - H.GEBHARDT, Das Buch von d. deutsch-völkisch-christl. Religion, 1934 - H.MANDEL, Dt. Gottglaube von d. dt. Mystik bis zur Gegenwart, 1934 - J.W.HAUER, Dt. Gottschau, (1934) 1935^{3} - DERS., Fest u. Feier aus dt. Art, 1936 - A.DREWS, Dt. Religion, 1935 - G. FRENSSEN, Der Glaube der Nordmark, 1936 - H.GRABERT, Der prot. Auftrag d. dt. Volkes. Grundzüge d. dt. Glaubensgesch. von Luther bis Hauer, (1936) 1936^{2} - H.SCHWARZ, Dt. Glaube am Scheidewege, 1936 - DERS., Ewigkeit, ein dt. Bekenntnis, 1941 - H.KRAUSNICK, Soldatenblätter u. Weihnachtsfest (Vierteljahreshefte f. Zeitgesch. 5, 1957, 297-299). - *Darst.en:* C.C.BRY, Verkappte Religionen, 1924 - E.SCHLUND OFM, Neugerm. Heidentum im heutigen Deutschland, 1924 (Lit.) - A.MOHLER (s. 1 b. c). - Vgl. die Lit. zu → Deutschchristliche u. → Deutsch-gläubige Bewegungen.

Zu 3: A.v.HARLESS, Christl. Ethik, (1842) 1893^{8} - J.CHR.K.v.HOFMANN, Theol. Ethik, 1878 - TH.HÄRING, Das christl. Leben, (1902) 1926^{3} - H.WEINEL, Jesus im 19.Jh., (1903) 1914^{3} - E.HIRSCH, Deutschlands Schicksal, (1920) 1925^{3} - DERS., Die Liebe zum Vaterlande, 1924 - DERS., Dt. Volkstum u. ev. Glaube, 1934 - DERS., Das Wesen d. Christentums, 1936 - E.SELLIN, Das AT u. d. ev. Kirche d. Gegenwart, 1921 - J.LEIPOLDT, War Jesus Jude?, 1923 - R.SEEBERG, Zum Verständnis d. gegenw. Krisis in d. europ. Geisteskultur, 1923, 100ff - P. ALTHAUS, Staatsgedanke u. Reich Gottes, (1923) 1931^{4} - DERS., Grundriß d. Ethik, (1931) 1953^{2}, 124ff (Lit.) - DERS., Die dt. Stunde d. Kirche, (1933) 1934^{3} - DERS., Theol. d. Ordnungen, (1934) 1935^{2} - DERS., Völker vor u. nach Christus, 1937 - H.HOFER, Nationalismus u. Christentum, 1924 - H.v.SCHUBERT, Die Gesch. d. dt. Glaubens, 1924 - H.SCHREINER, Das Christentum u. d. völk. Frage, 1925 - W. STÄHLIN, Die v.B. u. unsere Verantwortung, 1925 - O.BAUMGARTEN, Kreuz u. Hakenkreuz, 1926 - M.H.BÖHM, Das eigenständige Volk, 1932 (Lit.) - F.GOGARTEN, Polit. Ethik, 1932 - DERS., Einheit von Evangelium u. Volkstum?, 1933 - DERS., Ist Volksgesetz Gottesgesetz?, 1934 - W.KÜNNETH (Hg.), Die Nation vor Gott, (1933) 1934^{4} - W.ELERT, Bekenntnis, Blut u. Boden, 1934 - DERS., Das christl. Ethos, (1949) 1961^{2} - G.MAY, Die volksdt. Sendung d. Kirche, 1934 - G.WÜNSCH, Ev. Ethik des Politischen, 1936 - Kirche, Volk u. Staat. Stimmen aus d. dt. ev. Kirche zur Oxforder Weltkirchenkonferenz, hg.v. E.GERSTENMAIER, 1937 - H.E.CREUTZIG, Das Volk in d. Verkündigung d. Kirche (Luthertum 50, 1939, 129-144) - A.DELP, Das Volk als Ordnungswirklichkeit, 1940 - A.DE QUERVAIN, Ethik II/1: Kirche, Volk, Staat, 1945. - *Darst.en:* W.KÜNNETH, Der große Abfall, 1947 - M.HUBER, Evangelium u. nationale Bewegung (Vermischte Schriften II, 1948, 55-87) - O.SÖHNGEN, Säkularisierter Kultus, 1950 - H.BUCHHEIM, Glaubenskrise im Dritten Reich, 1953 - G.LITSCHEL, Krit. Historie d. theol. Lehre vom Volk in d. neueren prot. Theol. (Diss. Erlangen), 1955 (Lit.). - Vgl. die Lit. zu → Politik: II, → Staat: III.

H.Hohlwein

Vo(e)s, *Hendrik,* ev. Märtyrer († 1523), * in Herzogenbusch, war einer der 16 Mönche des Augustinerklosters in Antwerpen, die 1522 wegen ihrer ev. Gesinnung verhaftet wurden; der Prior → Heinrich von Zutphen entrann. 13 widerriefen ihren Glauben, V. und Johannes van Esschen aber wurden nach einem Verhör durch die Inquisitoren Hoogstraten, → Latomus, Tappert u.a. am 1.7.1523 in Brüssel verbrannt. Sie waren die ersten ev. → Märtyrer (: III, 1 a) in den Niederlanden. Obwohl von Luther beeinflußt, wichen sie in der Abendmahlslehre von ihm ab. Ein Dritter namens Lambert wurde zu lebenslänglicher Kerkerstrafe verurteilt und starb einige Jahre später. Luther schrieb anläßlich dieses Martyriums einen Sendbrief »An die Christen ym Nidderland« (WA 12, 77ff) und dichtete das Volkslied »Ein neuwes Lied wir heben an« (WA 35, 91f).

P.FREDERICQ, Corpus document. inquisit. haereticae pravit. Neerlandicae IV, 1900, 191ff - F.PIJPER, Bibliotheca Reformatoria Neerlandica VIII, 1911, 3ff - NNBW V, 1071ff - A.L.E.VERHEYDEN, Le martyrologe courtraisien et le martyrologe bruxellois, 1950, 59f - DERS., Le martyrologe protestant des Pays-Bas du Sud au XVIe siècle, 1960, 10, 136ff.

W.F.Dankbaar

Voetius, *Gisbert,* * 3.3.1589 in Heusden, Holland, † 1.11.1676 in Utrecht, stand im Mittelpunkt sowohl der ref. → Orthodoxie (, 3 b) wie des beginnenden ref. → Pietismus (, 2) in Holland, indem er die Dordrechter Prädestinationslehre mit der »Precisheyt« (Gewissenhaftigkeit) gesetzlicher Lebensführung verband. V.

studierte 1604 in Leiden bei → Gomarus, wurde 1611 in Vlymen, 1617 in Heusden Prediger, nahm als Delegierter wirksamen Anteil an der → Dordrechter Synode 1618/19 und wurde nach ausgedehnter Gemeindearbeit 1634 Prof. der Theologie und für orientalische Sprachen (Hebr., Arab., Syr.) in → Utrecht. Mit den Trägern der niederländischen Reformbewegung (→ Teellinck, → Essenius, → Lodenstein u.a.; → Niederlande: I, 4) setzte er die puritanische Lebensgestaltung in der praxis pietatis durch, lehnte jedoch die quietistische Mystik ab. Durch Gewissenserforschung, Kirchenzucht und private Erbauungsvereine suchte V. dem Gesetz Lebensgestaltung zu verschaffen. Dafür mußten die Gemeinden Selbständigkeit und Freiheit von jedem Staatspatronat erhalten, um ihre Güter selbst zu verwalten und ihre Amtsträger zu berufen (vgl. Politica ecclesiastica, 3 Bde, 1663-76). Im Kampf gegen → Arminianer und Humanisten (Hugo → Grotius) gestaltete V. den orthodoxen Calvinismus konsequent aristotelisch-scholastisch. Die »moderne« heilsgeschichtliche Theologie des → Coccejus wurde von ihm im sog. Sabbatstreit (Gültigkeit des Gesetzes Moses) bekämpft. Die »neue« Philosophie des → Descartes, in Utrecht durch H.Renerius und H.Regius vertreten, und der mit mystischem Pietismus sich verbindende cartesianische Subjektivismus (B. → Bekker) wurden verworfen. Auch → Labadie, der auf V.' Betreiben berufen war, scheiterte 1666ff in Middelburg mit seinem Reformversuch an V.' Polemik. Kontroverstheologisch trat V. gegen C. → Jansen in Löwen hervor. Eine eigene Schule hat er nicht hinterlassen. Seine Dogmatik wurde mit dem orthodoxen Zeitalter überholt. Seine Wendung zum Pietismus wurde dagegen wegweisend.

A.C.Duker, G.V., 3 Bde, 1897-1914 - RE XX, 717ff - W.Goeters, Die Vorbereitung d. Pietismus..., 1911, 120ff - H.A.van Andel, De zendingsleer van G.V., 1912 - M.Bouwman, V. over het gezag der synoden, 1937 - C.Steenblok, V. en de Sabbat, 1941 - C.L. Thijssen-Schoute, Nederlands Cartesianisme, 1954 - E.Bizer, Die ref. Orthodoxie u. d. Cartesianismus (ZThK 55, 1958, 306-372).

J.Moltmann

Vogel, 1. *Heinrich*, ev. Theologe, * 9.4.1902 in Pröttlin/Westpriegnitz, seit 1927 Pfarrer, daneben seit 1935 Dozent an der Kirchlichen Hochschule in Berlin (zeitweise gefangengesetzt), seit 1946 ebd und an der Humboldt-Universität Prof. für Syst. Theol. Unter den gegenwärtigen Kirchenliederdichtern ist V. einer der wenigen, die ihren Weg in die Landesteile des EKG und in das neue Schweizer Gesangbuch gefunden haben.

Vf. u.a. (Bibliogr.: ThLZ 87, 1962, 471-476): Eiserne Ration eines Christen, (1936) 1950; Psalmen, nachgedichtet, 1937/38; Christologie I, 1949; Gott in Christo (Dogmatik), (1951) 1952²; Erhebet eure Herzen. Neue geistl. Lieder, (1952) 1960²; Der Christ u. das Schöne, 1955; Grundfragen des Studiums der Theol., 1957.

W.Jannasch

2. *Theodor*, Dr. ing., (Alt-)Großmeister der »Vereinigten Großloge der Alten Freien und Angenommenen Maurer von Deutschland« (VGL). * 31.7.1901 in Schweinfurt, nach Studium in München und Darmstadt als Ingenieur tätig, auch als Dramatiker und Schriftsteller, übernahm V. 1945 die V.-Betriebe in Schweinfurt und führte zwischen 1945 und 1958 zehn Großlogen der deutschen → Freimaurerei zu einer geschlossenen, auch international anerkannten Bruderschaft der VGL zusammen. 1949 wurde er zum Großmeister von 9 Logen gewählt. 1958 folgte ihm Ing. R.Müller-Börner.

Vf. u.a.: »... zu der Religion verpflichtet...«, 1961. - Über V.: K.Mauch, Der Großmeister (Die Bruderschaft 3, 1961, 241-246).

Ernst Wolf

Volk und Volkstum

I. Soziologisch - II. Christentum und Volk - III. Volkstum als Missionsproblem. - Vgl. ergänzend bes. → Volkskunde

I. Soziologisch

Johannes Scherr nannte V. »das große Wortspiel der Weltgeschichte«; in der Tat ist hier der Einblick in die *Begriffsgeschichte* unumgänglich. Auch wenn die ältere Bedeutungsgeschichte - von der Bezeichnung kriegerischer Haufen zur neutralen oder pejorativen Mengenvorstellung - beiseite gelassen wird, bleibt eine mehrgleisige Entwicklung, für die Ende des 18.Jh.s die Weichen gestellt wurden. Adelung resümiert in seinem »Grammatisch-kritischen Wörterbuch« (1801²): »Einige neuere Schriftsteller haben dieses Wort in der Bedeutung des größten, aber untersten Theiles einer Nation oder bürgerlichen Gesellschaft wieder zu adeln gesucht, und es ist zu wünschen, daß solches allgemeinen Beyfall finde, indem es an einem Worte fehlet, den größten, aber unverdienter Weise verächtlichsten Theil des Staates mit einem edlen und unverfänglichen Worte zu bezeichnen.« Charakteristischerweise fügt Adelung »Romane für das V., V.sromanen, V.slieder« als Beispiele an: die Aufwertung des V.sbegriffs erfolgt Hand in Hand mit der Aufwertung des Kulturguts der ungebildeten Schichten, in dem man nun den natürlichen Ursprung, den Wurzelgrund aller wahren Kultur sieht. → Herders Wirken ist hier an erster Stelle zu nennen. Er personalisiert V., spricht von V.sseele und V.scharakter, ohne daß er V. dabei nach Art und Umfang genau definiert. Diese Vorstellung der V.spersönlichkeit wird im nationalen V.sbegriff aufgefangen, der sich ebenfalls um jene Zeit ausbildet und allmählich die territorialen und landschaftlichen Bindungen im Ideal einer umfassenderen, durch die gemeinsame Sprache bestimmten Nation (→ Nationalismus) auflöst. Die Zeit der Befreiungskriege fördert das Bewußtsein des »deutschen V.stums«; V.stümlichkeit ist nicht mehr im Sinn Herders Popularität, sondern nach der Prägung Jahns nationale Eigentümlichkeit. Wenn das Wort V. trotzdem bis zur nationalen Einigung und Reichsgründung vielfach gemieden und bekämpft wurde, so hängt dies mit einer dritten Entwicklungslinie des Begriffs zusammen: Im Zuge der franz. Revolution war die Majestät des V.es und die V.ssouveränität verkündet worden; diese Ideale drangen auch nach Deutschland und galten bald als demagogische Schlagwörter. In der demokratischen Vorstellung von V. vereinigten sich Gedanken der nationalen Einigung mit solchen sozialpolitischer → Emanzipation, der Begriff der Nation dagegen verkörperte die konservativ-monarchistischen Ideale.

Zwischen der Begriffsgeschichte des Wortes V. und der *politisch-sozialen Entwicklung* besteht ein wechselseitiger Zusammenhang. Ein wesentlicher Anstoß für die demokratische Forderung muß paradoxerweise in der Struktur des absoluten Fürstentums gesehen werden, in dem die Gesamtheit der Untertanen vom Regenten als V. betrachtet wurde. Andererseits aber blieben die Standesmerkmale und auch die meisten spezifischen Funktionen der Stände erhalten. Auch der Entwurf der Nation im 19.Jh. sprengte das Standesgefüge nicht, sondern machte es zum Vermittler zwischen der Zelle der Familie und dem größeren »organischen Körper eines gemeinsamen Lebens« (→ Hegel), dem V. Während in anderen Ländern die Industrialisierung den ständischen Aufbau entschieden verschob, wurde Deutschland verspätet und von oben, weitgehend im Rahmen der Standesgesellschaft, industrialisiert. Charakteristisch dafür ist das Nobilitierungsstreben der Unternehmer, die Annäherung von Großbürgertum und Adel. Wenn es sich dabei auch nicht schlechthin um eine Einordnung in das alte Sozialgefüge handelte, so blieben doch die alten ständischen Werte unangetastet. Obwohl zwischen 1870 und 1914 die ökonomische Bedeutung der Landwirtschaft rapide abnahm und aus dem Agrarland ein Industriestaat wurde, blieben die herrschenden Sozialvorstellungen agrarisch-korporativ. Der Begriff des V.s diente geradezu als Integral dieser Vorstellungen, die in zunehmendem Maß kompensativen Charakter annahmen.

Nahm schon die mehrgleisige Begriffsentwicklung um 1800 dem Wort V. die Möglichkeit, eindeutig und neutral einen genau bestimmten sozialen Verband zu bezeichnen, so führte die Diskrepanz zwischen der tatsächlichen Sozialentwicklung und den herrschenden *Wertvorstellungen* vollends dazu, daß der Begriff V. in eigentümlicher Weise aufgeladen wird. Auch der nationalsozialistische Staat, dem es um das widerstandslose Funktionieren des V.skörpers ging, bediente sich zu diesem Zweck der ebenso wirren wie verankerten Vorstellung einer besonderen V.sseele und ihrer Emanationen; die Namen und der Aufbau der Parteiorganisationen täuschten einen korporativen Organismus vor. Bert Brecht schrieb 1934 in einer illegalen Flugschrift, wer statt »V.« in dieser Zeit »Bevölkerung« sage, unterstütze schon viele Lügen nicht. Ist diese Äußerung auch in ihre besondere politische Situation zu stellen, so gilt doch noch immer, daß der Begriff V. selbst durch attributive Zusätze kaum von seiner Mehrdeutigkeit und von seinem hohen spezifischen Gewicht befreit werden kann. Er ist jedoch auch nicht zu umgehen. Dies macht die politische Spaltung Deutschlands offenkundig; gegenüber der Existenz zweier Staaten muß betont werden, daß es sich um *ein* V. handelt, das sich durch seine Geschichte und Kultur zusammengehörig weiß.

Freilich droht die spezifische V.skultur, da die kulturelle Entwicklung dank den mannigfachen Möglichkeiten der Kommunikation heute zu übernationalen Formen drängt, zu erstarren. Die Rückkehr zu den »eigentlichen« Kräften des V.stums ist vielfach nur ein konservierender Rückgriff auf vorindustrielle Formen. Während das angelsächsische *folk* als sozialer Teil - zwischen der rein bäuerlichen und der vollindustrialisierten Schicht - und als kulturelle Übergangsphase verstanden wird, liegt in der Berufung auf das V.stum jeweils der Anspruch aufs soziale Ganze und auf kulturelle Dauer. Diese ideologische Geltung des V.stumsbegriffes ist durchaus »volkstümlich« - und zwar sowohl im Sinne einer nationalen Eigentümlichkeit wie im Sinne der Popularität. Demgegenüber hat sich die → Volkskunde, deren Gegenstand die V.skultur ist, von der Fiktion ungeschichtlich dauernder Kulturformen gelöst. Sie arbeitet heute vielfach mit dem Begriff der »Grundschicht«, die sie sowohl sozial als Unterschicht wie psychisch als Tiefenschicht versteht, und sie sucht die V.skultur nicht mehr ausschließlich in vorindustriellen Äußerungen, sondern auch inmitten der technischen Welt.

F. Meinecke, Weltbürgertum u. Nationalstaat, (1907) 1928[7] - HWS 644ff - E. Spranger, V., Staat, Erziehung, 1932 - H. Freyer, Der polit. Begriff d. V.es, 1933 - K.E. Gass, Die Idee d. V.sdichtung u. d. Geschichtsphilos. d. Romantik, 1940 - R. Weiss, V.skunde d. Schweiz, 1946 - M. Rassem, Die V.stumswissenschaften u. der Etatismus, 1951 - R. Minder, Das Wesen d. Gemeinschaft in d. dt. u. in d. franz. Lit. (AAMz 1953, 181-196) - H. Moser, V., V.sgeist, V.skultur (ZVK 53, 1956/57, 127-140) - G. Lutz (Hg.), V.skunde - ein Hdb. zur Gesch. ihrer Probleme, 1958 - R. Dahrendorf, Gesellschaft u. Freiheit, 1961 - H. Bausinger, V.skultur in d. techn. Welt, 1961.

H. Bausinger

II. Christentum und Volkstum

1. Christliches und Vorchristliches - 2. Luthertum und V.stum - 3. Die Auflösung der älteren V.sreligiosität - 4. Strukturwandel der V.sfrömmigkeit. - Vgl. ergänzend → Volksfrömmigkeit, → Volkskunde: III

1. Ältere V.sfrömmigkeit war oft eine *Synthese von Christlichem und Vorchristlichem.* Ein großer Teil der heidnischen Vorstellungen, die sich auf den Kreislauf des Jahres und die Veränderungen im menschlichen Leben bezogen, lebte weiter, wurde aber im christlichen Sinne modifiziert. Das norwegische Gutatingsgesetz verordnete zB, daß die Bauern in der Weihnachtsnacht das Bier Christus und der Maria weihen sollten, um Ernte und Frieden zu bekommen. Die uralte heidnische Fruchtbarkeitsformel wurde weiter benutzt, die Namen der alten Götter aber durch die Namen Christi und der Maria ersetzt. Vorchristliche kultische Umfahrten (→ Umgang) erhielten in mittelalterlichen Reliquienprozessionen eine Fortsetzung. - Umgekehrt wurden viele kirchliche Weihen und Zeremonien vom einfachen V. magisch verstanden. Bisweilen war aber in diesem → Aberglauben, wie der schwedische Folklorist L.R. Rääf betont, »viel Frömmigkeit, eine tiefe Ehrfurcht vor heiligen Dingen und ein starker Glaube an ihren wohltuenden Einfluß«. Bei den Votivgaben zB und dem damit verknüpften Analogiedenken handelte es sich nicht um einfaches magisches Denken, denn das Opfer wurde unter Gebet verrichtet. Bei anderen Gelegenheiten gebrauchte man → Zaubersprüche; sogar Priestern mußte ausdrücklich verboten werden, sich mit Zaubern zu beschäftigen. Man schützte den eigenen Leib, indem man → Amulette trug. Gegen Krankheit und Tod sammelte man heilkräftige Kräuter und murmelte → Beschwörungen. Auf diese Weise entstand im V. eine unreflektierte Frömmigkeit, in der sich primitive und christliche Elemente in irrationaler Weise zu einer Einheit verbanden. Auch im Alltag lebten die heidnischen Gebräuche fort. Der Glaube an das unabwendbare → Schicksal (: I) führte zum Achten auf Vorzeichen (→ Omen); verwandt ist die Unterscheidung von Glücks- und Unglückstagen (→ Tagewählerei). - In dieser älteren V.sfrömmigkeit lag der Schwerpunkt im Kultus, der die Ernte und das Glück sicherte. Die Kirchen und Gottesdienste waren gleichsam Versicherungsanstalten, die das V. nötig hatte, um gut leben zu können. Im öffentlichen Kultus gab es deshalb auch einen unmittelbareren Übergang zu christlichem Gottesdienst und Ritus; die höheren heidnischen Götter verschwanden aus dem Bewußtsein des V.es oder lebten als Verkörperungen des Teufels weiter. Im privaten Kultus blieben die vielen vorchristlichen anonymen Kleinwesen unter verschiedenen Namen lebendig (Wichte, Heinzelmännchen, die Unsichtbaren, die Unterirdischen, das V. der Waldgöttin; → Geister: I). Sie wurden mit anderen übernatürlichen Wesen, wie den Geistern der Toten, in Zusammenhang gebracht. Ungebrochen blieb auch die Scheu vor der überall nahen und doch unnahbaren Natur: → Quelle, Baum und Fels blieben heilig, auch nachdem längst vergessen war, welchem Gott sie einst geweiht gewesen waren. - Kennzeichen der älteren V.sfrömmigkeit war außer diesem allgemeinen → Animismus und Glauben an Geister ein dramatischer Dualismus. Das Dasein war von gefährlichen Mächten bevölkert, gegen die der Mensch ohne die Hilfe des Christentums ungeschützt war. Zumal die Kirchenglocken galten als mächtiger Schutz (→ Glocken: I, 2). Ein ungetauftes Kind gehörte dem Teufel zu, und eine Wöchnerin, die vor ihrem ersten Kirchgang ins Freie ging, riskierte, von den Unholden entführt zu werden. Auf dem Wege zum ersten Kirchgang war sie von Folgeweibern umgeben. Dieser Dualismus wurde dadurch gesteigert, daß die mittelalterliche Kirche die heidnischen Götter mit den Dämonen und gefallenen Engeln identifizierte, damit der Glaube an ihre Macht ausgerottet würde. In der von zwei Mönchen geschriebenen Saga von Olav Tryggvason tritt der Teufel

in der Gestalt Odins auf, und auch Thor wird Teufel genannt. Die heidnischen Opferpriester wirkten, hieß es, mit »teuflischer Kraft«. Es war in demselben Maße ein Kampf zwischen Heidentum und Christentum und zwischen Bösem und Gutem. Ein beredtes Zeugnis für den Doppelsinn dieses Dualismus ist das Buch der Inquisitoren H.Institoris und J.Sprenger »Malleus maleficarum« (1487; → Hexen: II), wo der Bund mit dem Teufel eine große Rolle spielt.

2. Diese V.sfrömmigkeit blieb auch dort lebendig, wo die *Reformation* durchgeführt wurde, und verband sich mit der luth. Orthodoxie. Neben diesem Erbe aus der heidnischen und röm.-kath. Zeit strömte im 17. und 18.Jh. eine neue Woge mittelalterlicher Frömmigkeit in die luth. Welt ein: Die weite Verbreitung von → Gebetsbüchern und → Erbauungsliteratur pflanzte die mystische Frömmigkeit des MA weiter fort (Althaus). Vor allem Joh. → Arnds Schriften »Vom wahren Christentum« und »Paradiesgärtlein« vereinigten im V. die mittelalterliche Mystik und das ev. Luthertum zu *einem* Gewebe, bereiteten aber auch den → Pietismus als eine persönliche Glaubensentscheidung vor, mit Selbstentsagung und Weltaskese als Pflichten der Christen (Pleijel). Der Strom von pietistischer und herrnhutischer Erbauungsliteratur unterminierte in vielen Gegenden die ältere kollektivistische V.sfrömmigkeit und bereitete den Boden für die volkstümlichen → Erweckungsbewegungen des 19.Jh.s, die in vielen Fällen die ältere V.sfrömmigkeit durch eine neue, individualistische Religiosität ersetzten. Diese Religiosität geriet in eine gewisse Spannung zum V.stum und bereitete die Auflösung des Bundes zwischen primitivem V.sglauben und kirchlicher Sitte vor.

3. Die ältere V.sfrömmigkeit teilte während des 19.Jh.s das Schicksal der älteren Bauernkultur, da sie im älteren Bauerntum mit seiner Natur-, Heimat-, Arbeits- und Familienverbundenheit verankert war. Einige beurteilen die → Emanzipation vom älteren V.sglauben als einen Prozeß der *Reinigung* von heidnischen Vorstellungen und Gebräuchen. Gleichzeitig wurde aber die Religion von ihren sakralen Aspekten gelöst. Desroche hat diesen Prozeß »désacralisation« genannt. Der Mensch kann zur Kirche gehören und an verschiedenen Kultusakten teilnehmen, ohne daß er religiöse Motive hat. Es gab aber auch eine innere Veränderung der V.sreligiosität, nicht nur Verluste. Eine neue V.sreligiosität trat an die Stelle der älteren. Diese neue Haltung ist durch einen naiven *Monismus* charakterisiert, während die ältere V.sfrömmigkeit ganz und gar dualistisch gewesen war. In der modernen V.sreligiosität wird hinter dem Dasein nur *eine* Macht, ein Gott oder ein Schicksal, gedacht. Diese eine Macht erfüllt den leeren Raum, der entstanden war, als der → Teufel und sein Anhang aus dem V.sglauben verschwand. Alles, was geschieht, untersteht demselben göttlichen Regiment (»das war sein Tod«, »so war es ja bestimmt«, »sicherlich ist das Beste geschehen«). Diesem volkstümlichen religiösen Schicksalsglauben entspricht eine gewisse Resignation. Mit der Entwicklung der V.sreligiosität von naivem Dualismus zu naivem Monismus kam es auch zu einer *Relativierung* der moralischen und ethischen Werte. Da es nichts absolut Gutes oder Böses mehr gab, rückten statt dessen das öffentliche Wohl oder das persönliche Wohlergehen in den Mittelpunkt (Rod). Die Auflösung der moralischen und ethischen Normen ist dann als ein Vorgang innerhalb der V.sreligiosität anzusehen.

4. Schon der volkstümlichen Verbreitung des Pietismus folgte ein durchgreifender *Strukturwandel der Frömmigkeit.* Heute ist eine weitgehende Privatisierung der Religiosität und damit eine Abschirmung gegen das V.stum zu beobachten. Während man in der Gesellschaft des 19.Jh.s seinen Gottesglauben gern exponierte, verbirgt man ihn jetzt. Die Religion spielt oft nur noch im verborgenen eine Rolle, wenn man auch von der Kirche eine gewisse Moral übernimmt, um vor den Menschen, aber auch vor Gott rechtschaffen leben zu können. Die Privatisierung ist in einer Scheu zu spüren, die da ist, sobald die Situation nicht selbstverständlich oder rituell gegeben ist, sondern ein freieres persönliches Wählen voraussetzt. Sie spiegelt sich aber auch in einer Differenzierung. Die ziemlich einheitliche V.sfrömmigkeit zerfiel in verschiedene Typen. Die ältere Tradition erhielt eine Fortsetzung in der kirchlichen Kerngruppe (Typus A). Die pietistische Freundschaftsgruppe breitete sich durch die Erweckungsbewegungen des 19.Jh.s aus, die bes. in Skandinavien zu einem freikirchlichen Frömmigkeitstypus führten (Typus B). Als ein dritter Typus der Frömmigkeit trat der selbständige, autonome Weltchrist prot. Prägung hervor (Fürstenberg). Hier ist die Privatisierung der Frömmigkeit am stärksten; der Kirchenbesuch spielt nur noch eine sekundäre Rolle. Die Religion ist zur Privatsache geworden, ohne Verankerung im V.stum. Säkularisiert ist aber weniger der Inhalt der Frömmigkeit als vielmehr ihre Form. Andererseits hebt Fürstenberg hervor, daß der mündige Weltchrist »durch Teilhabe an den Kasualien dem Protestantismus gestattet, sich noch immer als Volkskirche zu verstehen, was wohl vom Gemeindeleben her gesehen eine Überschätzung wäre«. Als vierten Typus der modernen V.sfrömmigkeit gibt es ein Verhalten, »wo Frömmigkeit zu einem gelegentlichen Randerlebnis ohne selbständige haltungsbildende Kraft abgesunken ist«. Dieser oben (s. 3) beschriebene Typus ist in den breiten Massen vorherrschend. Man will als Christ gelten, geht zwar selten in die Kirche, nimmt aber die Kirche in gewissen übergreifenden Lebenssituationen in Anspruch. Die beiden letzten Typen (C und D) hängen in hohem Maße mit den modernen Arbeits- und Konsumtionsformen zusammen. Das spiegelt sich in der sozialen Zusammensetzung der kirchlichen Kerngemeinde, in der Pensionäre und nichtberufstätige Frauen dominieren. Mit dem Wandel von der Agrargesellschaft zum Industriestaat sind uralte Bande zwischen Kirche und V.stum zerrissen. - Doch lassen sich bes. in Nord-Europa eine ganze Anzahl noch lebender volkstümlicher, heute ganz profaner Bräuche auf nunmehr verschwundene kirchliche Tradition zurückverfolgen, zB »die Palmen« am Palmsonntag und das Barfußlaufen zu St. Gregorius. Die kirchlichen Jahresfeste haben noch einen beherrschenden Einfluß auf die Festtraditionen des V.es.

Zu 1: J.Grimm, Dt. Rechtsaltertümer, (1828) 1854[2] - G.Koch, Die bäuerl. Seele. Eine Einführung in d. relig. V.skunde, 1935 - A.Stonner, Die dt. V.sseele im christl.-dt. V.sbrauch, 1935 - W.Peukkert (Hg.), Theol. Aufsätze zur relig. V.skunde, 1937 - Ders., Kirchl. V.skunde (ZKG 58, 1939, 521-573) - H.Pleijel, Die Erforschung d. relig. V.slebens in Schweden, Lund 1953 - Ders., Der religions- u. kirchengesch. Hintergrund d. schwed. V.skultur (in: Schwed. V.skunde, Stockholm 1961, 64-86) - F.G.Metzler, Von der Wiege bis zum Grabe. Sitte u. Brauch im Menschenleben, 1955. - Zu 2: P.Althaus d. Ä., Forschungen zur ev. Gebetslit., 1927 - H.Pleijel, The Devotional Lit. of the Swedish People in Earlier Times, Lund 1955. - Zu 3: J.Rod, Folkereligion og Kirke, Kopenhagen 1961 - H.Desroche, Religion et développement. Le thème de leurs rapports réciproques et ses variations (Archives de sociologie des religions Nr. 12, 1961, 3-34). - Zu 4: F.Fürstenberg, Der Strukturwandel prot. Frömmigkeit als soziol. Problem (ebd Nr. 8, 1959, 71-80) - R.Köster, Die Kirchentreuen, 1959 - W.L.Warner, The Living and the Dead. A Study of the Symbolic Life of Americans, New Haven 1959.

B.Gustafsson

III. Volkstum als Missionsproblem

1. Voraussetzungen - **2.** V. und M.smethode - 3. V. und M.sziel. - V. = Volkstum, M. = Mission

1. V. im Sinne gemeinsamer Sprache, Kultur und historischen Schicksals sowie des Bewußtseins dieser Gemeinsamkeit (K.Dittmer), abgegrenzt also sowohl gegenüber Rasse als auch gegenüber Nation und Staat, unterliegt gegenwärtig einem Nivellierungsprozeß, bedingt durch neuerwachendes Regionalbewußtsein und das Vordringen der kollektivistischen Massengesellschaft. Auch die M. hat es heute kaum noch irgendwo mit »chemisch reinem« V. zu tun. Darin liegt der soziologische Vorbehalt für die missionstheologische Behandlung des V.sproblems. Es ist ferner heute so wenig wie je der Auftrag der M., angeblich »urtümliche« Bindungen zu konservieren, sei es direkt, sei es auf dem Weg über die Schaffung von Volkskirchen. Sowohl das V. als auch die missionierende Kirche selbst stehen im Zeichen der Vorläufigkeit; das eschatologische Verständnis der M. enthält den theologischen Vorbehalt, unter dem alle Begegnung von M. und V. zu sehen ist.

2. Es ist allgemein anerkannt, daß M. nie Sendung von Volk zu Volk ist, und daß die verpflichtende Bindung des M.ars nicht in der Abkunft, sondern im Auftrag liegt. Aber auch davon abgesehen wurde und wird V. für die M. zum Problem, wo immer die christliche Botschaft auf heidnisches V. traf und, in den angedeuteten Grenzen, heute noch trifft. Die spezifische Belastung der Situation besteht darin, daß das V. hier nicht in neutraler Unberührtheit, sondern in »heidnischer Verklammerung« (W.Freytag) erscheint. Die Ordnungen und Werte volklichen Zusammenhalts können schon darum nicht als ontologisch evidentes »Gottesgut« bewertet werden, dessen intakte Substanz sich bruchlos zur Vollendung in Christus emporentwickeln ließe. Hier liegt die Schwäche der romantisch beeinflußten Bemühungen um eine direkte Verbindung zwischen V. und Evangelium, wie sie vor allem in der neueren luth. M.stheorie und -praxis zeitweise eine Rolle spielten, nicht zuletzt auf Grund mißverstandener Auslegung des ἔθνη-Begriffs im M.sbefehl Mt 28, 18ff, und wie sie neuerdings in amerikanischen Empfehlungen einer Konzentration auf »People Movements« (D.A.McGavran) in anderer Gestalt wieder erscheinen. Andererseits läßt sich das V. aber auch nicht als massa perditionis gleichsam abbuchen, etwa mit Hinweis auf Gen 11. Die volkliche Herkunft und Gliederung der ἔθνη wird in der Begegnung mit dem Evangelium nicht aufgehoben. Sie ist, zumal in Sprache und Geschichte, ein wesentlicher Faktor für die Bestimmung des Orts, an dem das Wort den Menschen jeweils trifft; denn die Verkündigung zielt nicht ins Leere, sondern geschieht in einem konkreten »Verkündigungsraum«, zu dem auch das V. gehört, der aber eben gegenüber der Verkündigung keine eigene, empirisch ablesbare Heilsmächtigkeit besitzt. Zwischen den so bestimmten Grenzen, zwischen Heiligsprechung der Ordnungen und doketischem Abstrahieren von der konkreten Situation, muß die M. das rechte Verhalten gegenüber dem V. finden. Dazu hilft eine volksorganische Akkomodationstheorie oder eine »Theologie der Ordnungen« ebensowenig wie eine schematische Übertragung westlicher Maßstäbe und Strukturen. Die Norm der Entscheidung ist vielmehr auf der Seite der missionierenden Kirche die Gewißheit, daß alles, was nicht aus *Glauben* geht, Sünde ist, auf der Seite derer, an die sich das christliche Zeugnis richtet, die Selbstbezeugung des Geistes der Wahrheit im *Gewissen* der Menschen, die vom Wort angerührt sind. In diesem Rahmen ist, je nach der Situation, Raum sowohl für die Einzelbekehrung (→ Bekehrung: V) als auch für die → Gruppenbekehrung (→ Neuguinea, Chr. → Keysser, B. → Gutmann), die dann, recht verstanden, gegen das Abgleiten in oberflächliche Massenbekehrung oder kurzschlüssige Synthesen zwischen V.sbindung und christlicher Wahrheit gesichert sein sollte.

3. Die unterschiedlichen Auffassungen über die Bedeutung des V.s treten bes. deutlich hervor, wenn es um das *Ziel* der M. geht. War die pietistisch bestimmte M. durchweg auf Einzelbekehrung und Sammlung der Bekehrten in der Gemeinde eingestellt, so weckten die neuen Möglichkeiten, die sich durch die Verbreiterung der Basis und Erweiterung des Radius der M. im 19.Jh. ergaben, die Hoffnung auf *»Volkschristianisierung«* (vgl. die umfassende Analyse der Debatte in der deutschen M. bei Hoekendijk). Aber auch wo erfolgreiche Gruppenbekehrungen diese Hoffnungen stärkten, auch wo man sogar von »Volkwerdung durch die M.« meinte sprechen zu können, blieben die Probleme nicht verborgen: Da man nirgendwo ein Volk als solches zum Glauben zu führen vermag, ist bestenfalls die Schaffung einer dem Christentum günstigen Atmosphäre zu erwarten, deren Dauerhaftigkeit fragwürdig sein muß und die jedenfalls die Glaubensentscheidung der Einzelnen nicht ersetzen kann – wenn man nicht die radikale Alternative akzeptieren will, die auf »Vervolklichung des Christentums« (M. → Kähler) und somit auf das Ende der christlichen Gemeinde hinausliefe.

Einen Mittelweg scheint die *Volkskirche* zu eröffnen, der für die M. besondere Bedeutung hat, weil er offenbar eine Abgrenzung gegenüber extrem-pietistischem Individualismus einerseits und westlicher Überfremdung der bodenständigen »jungen« Kirche andererseits gestattet. Allerdings hat die M.serfahrung gezeigt, daß auch die so verstandene Volkskirche nie vor der Gefahr sicher ist, vom jeweiligen V. aufgesogen zu werden oder doch ihr Wesen als Teil der weltweiten Una Sancta partikularistisch einengen zu lassen. Zudem muß die auf Gedeih und Verderb an ein V. gebundene Kirche dessen Krisen mitmachen und setzt damit ihre Vollmacht aufs Spiel, auch bei Umschichtungen der überkommenen Gesellschaftsstruktur ihr Zeugnisamt wirksam wahrzunehmen. Hier, im M.sauftrag, liegt der Schlüssel für die rechte Verhältnisbestimmung von Gemeinde und Volk. »Die Kirche drängt zum Volk« (W.Freytag) – nicht indem sie einen verchristlichten Volksorganismus erstrebt oder sich auf volkspädagogische Nebenziele festlegen läßt, sondern indem sie die Distanz einhält, die sie zur missionarischen Begegnung mit dem Volk und zu tätiger Liebe für das Volk freimacht, ohne daß sie dabei sich und ihre Glieder als christliche Kaste abkapseln dürfte. Die Praxis der M. in noch verhältnismäßig intakten und stabilen V.sstrukturen zeigt, daß die christliche Gemeinde damit auch dem Volk zu innerer und äußerer Neuordnung helfen, daß es unter der Einwirkung des Evangeliums zur Überwindung von Volkssünden, zur Hebung der Sozialordnung und zur Bildung bodenständiger christlicher Sitte kommen kann. Aber auch dann werden sich die eschatologische Nüchternheit der Gemeinde und ihr Wissen um die grundsätzliche Grenzenlosigkeit ihres Zeugnisauftrags darin zu bewähren haben, daß sie sich von ihrem Verkündigungsraum nicht ihr Ziel vorschreiben läßt.

Alle ältere Lit. bei J.C.Hoekendijk, Kerk en Volk in de Duitse Zendingswetenschap (Diss. Utrecht), 1948. – Ferner: F.C.Kamma, De ethnologische »Kerk« en de Kerk van Jesus Christus (De Heerbaan 2, 1949, 113–126) – G.F.Vicedom, Kirche u. Volk in der Entscheidung, 1949 – H.-W.Gensichen, Kirche u. Volk in der M. (EMM 97, 1953, 46–56) – W.A.Krige, Die Probleem van eiesoortige Kerkvorming by Chr.Keysser (Diss. Amsterdam), Franeker 1954 – P.P.A. Kampfer, Die volksorganiese Zendingsmetode bij B.Gutmann, Amsterdam 1955 – D.A.McGavran, Bridges of God, New York 1955 – W.Holsten, Söhne u. Väter (EvTh 19, 1959, 220–234).

H.-W.Gensichen

Volkening, *Johann Heinrich* (1796–1877), maßgeblicher Prediger der → Erweckung (: I, 5 c) in Minden-Ravensberg, * in Hille b. Minden. Während sein Theologiestudium unfruchtbar blieb, erschlossen ihm die 95 Thesen von Cl. → Harms (1817) ein neues Verständnis der Bibel. 1822 wurde V. Pfarrer in Schnathorst (Kr. Lübbecke), 1827 in Gütersloh, 1838 in Jöllenbeck (Kr. Bielefeld). Von hier aus beeinflußte er auch die Erweckungsbewegung außerhalb Westfalens. Der persönlich-seelsorgerliche Charakter und die Vollmacht seiner Verkündigung rückten zusammen mit dem Gesang und der Sammlung alter und neuer Kirchenlieder (»Kleine Missionsharfe« und Minden-Ravensbergisches Gesangbuch) den in der Aufklärung entleerten Gottesdienst wieder in den Mittelpunkt des Gemeindelebens. Auch durch Jugendarbeit, die Posaunenbewegung und durch Zeitschriften (Ev. Monatsblatt) förderte er das kirchliche Leben. Indem V. der Kirche ihre Verantwortung für Mission und Diakonie einschärfte, hat er der Arbeit der Äußeren Mission (→ Rheinische Mission) starken Auftrieb gegeben und zum Entstehen mancher Werke der Inneren Mission beigetragen. Sein Wirken hat die Frömmigkeit Minden-Ravensbergs im Sinne eines gemäßigten Luthertums, »verbunden mit einem Tropfen pietistischen Öls«, bis heute geprägt (→ Westfalen).

Dienstl. Schreiben, Briefe, Tagebuchblätter hg.v. W.Rahe (Jb. f. Westf. KG 38/39, 1937/38, 174–345). – Über V.: D.A.Rische, J.H.V., 1919 – W.Rahe, J.H.V. als Prediger in den Anfängen der Erweckungsbewegung von Minden-Ravensberg (Jb. f. Westf. KG 40/41, 1939/40, 67–171) – Ders., J.H.V. (Westf. Lebensbilder VI, 1957, 99 bis 117; Lit.) – EKL III, 1679.

W.Rahe

Volksbibel ist eine Auswahl aus der Bibel, die den mit ihr wenig vertrauten Leser zum selbständigen Gebrauch der Schrift hinführen soll. Die »Glarner Familienbibel« (1887) war eine solche Ausgabe. 1911 forderte W.Classen nachdrücklich eine V. (ChW 1911, 37). Der Deutsche Pfarrerverein nahm 1912/13 den Gedanken auf, doch verhinderte der 1. Weltkrieg die weitere Arbeit. Späteren Versuchen folgte 1934 die »Stuttgarter Jugend- und Familienbibel« der Württembergischen Bibelanstalt, mit Einleitungen, Überleitungen und Erklärungen (AT 560, NT 394 S.). Ein Versuch ganz anderer Art, ohne Bindung an den Luthertext und bes. beim AT unter weitgehender Berücksichtigung der historischen Fragestellungen, war eine »Bibel in neuer Auswahl und Ordnung für jedermann«, 1940 von einem Herausgeberkreis veröffentlicht, als dessen Wortführer sich später H.Schuster zur Sache äußerte (s. Lit.): »Das ewige Wort« (1940; AT 263, NT 237 S., kritische Einleitungen etwa ein Fünftel des Buches). Die an die äußere Form zu stellenden Forderungen (fortlaufender Druck, Gedichte in abgesetzten Versen) sind hier erfüllt, übrigens 1956 auch im revidierten Text des Lutherschen NT. – Grundsätzlich ist eine Auswahl aus der Bibel mit ihren ca 1200 S. nötig. Bes. im AT ist gerade dem der Bibel entfremdeten Leser vieles nicht zugänglich. Kurze Einleitungen, die in moderner Weise Luthers noch immer wirkungsmächtige Einführungen in die biblischen Bücher mit der unentbehrlichen Berücksichtigung geschichtlicher Bibelauffassung verbinden müßten, sind unentbehrlich. Eine solche V. könnte u.U. auch als → Schulbibel dienen.

A.Saathoff in MPTh 1913, H. 10; 1916, H. 7 – W.Macholz, Die Bibel als Volksbuch (VF 1941, 253–264) – H.Schuster, Luthers Bibel einst u. jetzt, 1941.

A.Saathoff

Volksbildungswesen

1. Abgrenzung – 2. Vb.sidee und Vb.sbewegung – 3. Theorien der Vb. – 4. Das Gegenwartsproblem – 5. Institutionen. – Vb. = Volksbildung, Eb. = Erwachsenenbildung

1. Unter Vb.swesen hat man in deutschsprachigen Ländern bis etwa 1945 solche Bildungseinrichtungen verstanden, die sich – außerhalb des öffentlich beaufsichtigten Schulwesens – vorrangig an Erwachsene wenden. Seither hat der Begriff Eb. das Wort Vb. abgelöst; der Terminus Vb.swesen ist aber neben der neueren Prägung Eb.swesen weiterhin gebräuchlich. Für das Vb.swesen in der westlichen Welt ist charakteristisch, daß alle Institutionen eines Landes weder einheitlich konzipiert noch zentral organisiert sind. Träger des Vb.swesens in der BRD sind die Gemeinden oder die Kirchen, Gewerkschaften, Genossenschaften, Parteien, Berufsverbände, Vereine oder Großbetriebe. Ein Wesenszug des Vb.swesens liegt in dem vielfältigen Nebeneinander von Bildungsveranstaltungen solcher Verbände, die dem ihnen anvertrauten Menschenkreis eine »Lebenshilfe« bieten möchten. – Vb.seinrichtungen stehen auch Jugendlichen offen. Mannigfache Beziehungen ergeben sich deshalb zur Jugendpflege (→ Jugendfürsorge). Die Teilnahme an Veranstaltungen der Eb. ist freiwillig. Institutionen, die ausschließlich einem Ausbildungszweck dienen, rechnet man in der Regel nicht dem Vb.swesen zu. Vb.seinrichtungen wollen nicht eine künftige Lebensphase vorbereiten, wie etwa → Berufsschulen oder Hochschulen, sondern sie bieten eine Bildungsmöglichkeit »neben« dem Beruf oder »nach« einem bereits vollzogenen Lebensabschnitt. Die Grenze des Vb.swesens zu den Organisationen der »Bildungspflege« bleibt deshalb offen. Der wachsende Einfluß von → Presse, → Rundfunk, → Fernsehen und → Film auf die Eb. ist unbestritten. Dennoch ist weder die Produktion dieser Medien, noch sind die Einrichtungen ihres Vertriebs dem Vb.swesen zugehörig. Denn die bildende und belehrende Absicht ist für die Herstellung und Verbreitung dieser Medien nicht konstitutiv.

2. Die Vb.sbewegung ist eine Erscheinung des industriellen Zeitalters. In ihren Anfängen steht sie im Zusammenhang mit Emanzipationsbestrebungen jener Bevölkerungsgruppen, die durch die Industrialisierung entwurzelt wurden. Älter als diese im 19.Jh. einsetzende Vb.sbewegung ist die *Vb.sidee*. Sie entstammt dem abendländischen Geistesleben und spiegelt die sich wandelnden Auffassungen vom Wesen des Menschen. Vier unterschiedliche Begründungen der Vb.sidee lassen sich unterscheiden: a) Der Gedanke, jedermann zu bilden, hat seine Wurzeln im christlichen Denken. Bereits im ausgehenden MA zeigen sich Bestrebungen, den Laien stärker im religiösen Leben zu aktivieren. Die Reformation fordert dann eine allgemeine Priesterschaft (Luther: »Jeder ein Theologus«) und die Teilnahme des Laien an der Schriftkultur. b) Die These des Aufklärungszeitalters: »Jedermann ein Philosophus« entspringt der Überzeugung, daß jedem Menschen Verstandeskraft innewohne, die ihm als Funke »göttlichen Lichts« eingegeben ist. Die Didaktiker des 17.Jh.s folgern, daß man »alle alles lehren« müsse, und zwar »auf die leichteste Weise«. → Comenius begründet diese These aus religiösem Bewußtsein (»Erneuerung der Menschheit«). Im 18.Jh. wird sie vielfach nur noch utilitaristisch motiviert. c) Die Entdeckung, daß »der Mensch von Natur« nicht nur »ratio« sei, sondern daß »Gemüt und Herz« sein Wesen bestimmten, vertieft das »Bild vom Menschen«. Die »Emporbildung des Menschen zu wahrem Menschentum« (→ Pestalozzi) sei nicht allein an intellektuelle Bildung gebunden. Wahre Einsicht entstünde überall dort, wo der Mensch »der Bahn der Natur« folgt. d) Pestalozzi erkennt darüber hinaus, daß die Emporbildung jedes Menschen an seine »Individuallage« gebunden sei und im Besorgen der »nähesten Verhältnisse« ihren Ursprung habe.

Die Vb.sidee entspringt also anthropologischen Einsichten. Der Mensch wird als das Wesen verstanden, das zu seiner Selbstverwirklichung ständiger → Erziehung (: I) und → Bildung bedarf. In der Französischen Revolution ist dieses anthropologische Wissen ins Politische transponiert worden. Eine Gesellschaftsordnung wird gefordert, die jedem das »Recht auf Bildung« sichert. Vb. wird zu einer Parole der nichtprivilegierten Stände. Seit 1830 haben Handwerkervereine in Deutschland diese Forderung aufgegriffen und unterschiedlich begründet: utilitaristisch (Verbesserung der wirtschaftlichen Lage), konservativistisch (Beteiligung der entwurzelten Bevölkerungsschichten an einem erneuerten ständischen, nationalen und religiösen Leben), liberalistisch und demokratisch (Erziehung aller zu mitverantwortlichen, gleichberechtigten Bürgern). Dieses politische Motiv hat die ständische Begrenzung im Vereinswesen beseitigt und seit 1845 neue Vereinsgründungen angeregt. Mitglieder solcher »Arbeiter-Vereine«, »Bildungs-Vereine« oder »Arbeiter-Bildungsvereine« waren außer Handwerksgesellen (kaum ungelernte Arbeiter): Gelehrte, Künstler, Beamte, Unternehmer, Buchhändler, Volksschullehrer. Der Buchdrucker St.Born organisierte 1848 einen »Zentralverband der deutschen Bildungsvereine«, die »Arbeiter-Verbrüderung« (früher irrtümlich als marxistische Organisation gekennzeichnet). Ihre in der Paulskirche von republikanischen Abgeordneten vorgetragenen Resolutionen forderten »Ergänzung der Elementarbildung durch Fortbildungsschulen, Volksbibliotheken, Abendschulen«. – Diese deutsche Vb.sbewegung wurde durch die Koalitionsverbote (1850) abgedrosselt. Die Folge war, daß sich die »Arbeiter« nun, in ihren Koalitionsbestrebungen gehindert, der Lehre → Marx' als einer »Sozialreligion« (Alfred Weber) anvertrauten. Nach der Lockerung des Koalitionsverbotes in Preußen (1863) konnten Bildungsvereine zwar wieder arbeiten, doch gerieten die meisten rasch in die Einflußsphäre des → Marxismus. Bereits 1867 schlossen sie sich zum »Verband deutscher Arbeitervereine« zusammen, legten sich 1868 auf das Programm der »Internationalen Arbeiter-Association« fest und konstituierten sich 1869 als »Sozialistische Arbeiterpartei«.

Daß die Vb.sbewegung mit ihren emanzipatorischen Bestrebungen in eine parteipolitische Bewegung einmündete, hat das deutsche Vb.swesen bis heute schicksalhaft bestimmt. Die Emanzipationsbestrebungen der Arbeiterschaft wurden durch das klassenkämpferische Ziel eingeengt (Schulung in Hinblick auf die »Diktatur des Proletariats«). Diese Zielsetzung hatte eine »feindliche Haltung« gegenüber allen Repräsentanten des geistigen Erbes zur Folge und führte zur Diffamierung der Kirchen, der christlichen Überlieferung, des »gebildeten Bürgertums« und der europäischen Geistestradition. Eine Arbeiter-Bildung, verstanden als die Vergeistigung werktätiger Menschen, mit dem Ziel, sie zu »verantwortlichen Mitbürgern« ihres Volkes zu erziehen, ist daher bis heute in Deutschland nicht gelungen. Die Gründe für dieses Mißlingen liegen jedoch auch in der Struktur des humanistischen Bildungsideals, das als Leitbild für eine Arbeiterschaft, die zur politischen Aktion drängte, nicht fruchtbar werden konnte.

3. Eine *Theorie* des Vb.swesens hat sich erst um 1900 aus der Kritik an den kulturoptimistischen Vb.sunternehmungen der Bismarckschen Ära entwickelt. Die Ziele der Vb.sarbeit bis zur Jh.wende sind pragmatisch bestimmt. Typisch dafür ist das Programm der »Gesellschaft für Verbreitung von Vb.« (seit 1871), der mit Ausnahme der kirchlichen und der parteigebundenen Gruppen alle Bildungsvereine angehören. Man will den »Staatsbürger für das Bismarcksche Reich« heranbilden und wendet sich an kleinbürgerliche Schichten, die sich »einseitig materiellen und sozialistischen Richtungen entgegenstellen«. Die Bürger sind Objekte der Vb.sarbeit, nicht Subjekt, Mitträger. Der »kleine Mann« soll wenigstens rezeptiv am Geistesleben der Nation teilnehmen. Damit hofft man, der »Zwei-Nationen-Gefahr«, der »bedrohlichen Spaltung in Gebildete und Ungebildete«, zu begegnen. Der Bildungsoptimismus zeigt sich im Stil dieser Vb.sarbeit. Ein Vortragswesen mit »volkstümlichen Themen« soll Wissenschaften und Künste popularisieren, dabei politische und religiöse Fragen meiden (»abstinente Neutralität«). Seit 1890 entstehen neuartige Organisationsformen: Freie Volksbühne (1890), Zentralstelle für Arbeiterwohlfahrtsbestrebungen (1891), Bücherhallenbewegung (1893), Volkskonzerte, Sonntagsunterhaltungen, Volkstümliche Schriftenreihen, Volksausgaben der Klassiker zeugen von der Breitenwirkung des Vb.swesens in dieser »Vorkritischen Periode«.

Erste Ansätze zu einer »Theorie«, die eine neue Phase des Vb.swesens ermöglicht, zeigen sich in Institutionen, die um 1900 mit dem Vortragsbetrieb des Vereinswesens brechen. So gibt die »Rhein-Mainische Volksakademie« (1905) in ihren Zehn-Tages-Kursen (geschlossener Teilnehmerkreis) die abstinente Neutralität auf, und das »Wiener Volksheim« (1901), eine Einrichtung der »Universitäts-Ausdehnungsbewegung der Universität Wien«, will »Sammelpunkt für Lehrende und Lernende« sein und der »Annäherung verschiedener Schichten der Bevölkerung« dienen. In Aufsätzen der Zeitschrift »Vb.sarchiv« (1909 durch R.v.Erdberg gegründet) wird die Frage nach dem Ziel einer »am Menschen« orientierten Vb. diskutiert. – Nach 1918 hat die aus dem Felde heimkehrende Frontgeneration eine »Theorie des freien Vb.swesens« entwickelt. Leitbilder der → Jugendbewegung und sozialrevolutionäre Vorstellungen wecken die Überzeugung, man könne durch pädagogische Reformen das Volksleben »total erneuern«. Der Vb.sgedanke löst erneut eine Vb.sbewegung aus (Gründung von [Abend-]Volkshochschulen [VHS] und Heim-VHS). Sie wird von dem »Glauben« getragen, alle Lebensbereiche pädagogisieren zu können, um so ein in Parteien, Konfessionen, Weltanschauungsgruppen zerfallendes Volk von innen her zu verwandeln. Die »Theorie des freien Vb.swesens« erwächst aus der Kritik an dem »extensiven« Vb.sbetrieb und an jenen Vb.sgruppen, die ihre »gebundene Vb.sarbeit« verabsolutieren möchten.

Die Initiatoren der »Neuen Richtung« (R.v.Erdberg, E.Rosenstock-Huessy, W.Hofmann, Th.Bäuerle, W.Flitner u.a.) lehnen die abstinente Neutralität ab, denn echte Vb. habe die Verständigung zwischen den Gruppen unterschiedlicher »Glaubenshaltungen« zum Ziel. »Freie Vb.« und »gebundene Vb.« seien beide legitim, soweit in einer »gebundenen« Vb. die Freiheit, in einer »freien« Vb. die Bindung möglich sei. Vb. setze Mitverantwortung, auch für den Partner, der außerhalb der »gemeinsamen Bindung« steht, voraus. Sie gelinge nur, wenn sie den einzelnen Menschen in seiner faktischen Lebenslage und in Hinblick auf seine konkrete Bildsamkeit anspreche. Dann könne sie dem Erwachsenen »die Lebenshilfe stiften«, die ihn befähigt, in der Massengesellschaft »Person« zu bleiben und als Mitbürger verantwortlich zu wirken. Im »Hohenrodter Bund« (1923-33), einem Freundeskreis gleichsinniger Volksbildner, ist diese »Theorie« entwickelt worden (1928 Gründung der »Deutschen Schule für Volksforschung und Eb.« mit dem Ziel, Formen der Eb. zu erforschen und geeigneten Nachwuchs für die Eb. heranzubilden). Trotz tiefgründiger Kritik am »Zeitgeist und dessen Auswirkungen« sind die »Hohenrodter« den zeitbedingten Vorstellungen verhaftet geblieben. Sie haben, getäuscht durch überhöhte Erwartungen, die Wirksamkeit einer »intensiven Vb.« überschätzt. Diese »zweite« Vb.sbewegung hat ihr äußeres Ende mit den Gleichschaltungsaktionen des »Dritten Reiches« gefunden. Als »Bewegung« war sie bereits vorher an den nicht zu bewältigenden Aufgaben im politischen Raum innerlich zerbrochen.

4. Das *heutige Eb.swesen in der BRD* ist dadurch charakterisiert, daß es sich von den Ideologien der 20er Jahre getrennt hat. Die These, daß Vb. Volk-Bildung ermögliche, erscheint unrealistisch. Eb. vermag in der pluralistischen Gesellschaft nur als mitgestaltender Faktor wirksam zu werden, kann aber die sozialen Gruppen mit ihren Machtansprüchen weder beiseiteschieben noch deren Wirkungsbereiche generell pädagogisieren. Diese Einsicht hat u.a. dazu beigetragen, den Terminus Vb. durch Eb. zu ersetzen. Eb. ist heute nicht mehr Begleiterscheinung einer Emanzipationsbewegung. Sie ist eine Aufgabe, die jede moderne Gesellschaft zu lösen hat. Das wird anthropologisch, soziologisch und politisch begründet: a) Der Mensch ist seiner »Weltoffenheit« wegen ein Wesen, das auf Selbstverwirklichung, auf »éducation permanente«, angewiesen ist. b) Die dynamische Industriegesellschaft mit ihren wechselnden Ansprüchen erfordert ständige Weiterbildung (life long learning) und erhöhte »Disponibilität«. Darüber hinaus bedarf die »außengeleitete Lebensweise« (Riesman) des modernen Menschen der »Aufklärung« im Sinne einer Daseinserhellung. c) In allen Demokratien muß die politische Mündigkeit der Bürger gesichert werden. Das Eb.swesen, das sich auf »freie Mitarbeit in Arbeitskreisen« gründet, hat politische Tugenden zu wecken und zu üben. Bildungsstreben ist aus dieser Sicht nicht mehr revolutionärer Anspruch einer bestimmten Volksschicht, sondern »Schicksal« aller Erwachsenen in der mobilen Gesellschaft (W.Dirks).

Die Polemik der alten Vb.stheorie gegen eine berufliche Weiterbildung in der Eb. ist heute gegenstandslos geworden. Die theoretische Trennung von »Bildung« und »Ausbildung«, ein Erbe des humanistischen Bildungsdenkens (»horror utilitatis«), wird zwar im Organisatorischen noch respektiert, doch widerspricht sie neuen Einsichten und Erfahrungen. Berufliche Fortbildung vermag Selbst- und Weltverständnis zu begründen, zum andern ist ein Bildungsstreben, das die Freizeit als »leere Zeit« nur ausfüllt, in der Gefahr, in solche Geistesbeschäftigungen abzugleiten, die der praktischen Lebensmeisterung gar nicht dienlich sein können. – Umstritten ist heute, wie weit wissenschaftliche Arbeitsverfahren (Hinführung zum wissenschaftlichen Denken) Ziel und Methode der Eb. bestimmen oder in welchem Maße eigenständige Denkweisen des »einfachen Mannes« (»volkstümliches Denken«) gepflegt werden sollen. Selbstverständliche Voraussetzung für alle verantwortlichen Mitarbeiter in der Eb. ist im Regelfall ihre wissenschaftliche Qualifikation. Einige Universitäten der BRD haben sich der Ausbildung von Nachwuchskräften für die Eb. angenommen und Eb.sinstitutionen (extra-murale Seminarkurse) ins Leben gerufen. Jedoch kann eine intensive Mitwirkung der Universitäten an der Eb. – aufs Ganze gesehen – nicht festgestellt werden.

Eine konfessionell gebundene Eb. gibt es in Deutschland seit der Gründung Ev. Jünglingsvereine (→ Wichern 1844) und der Einrichtung von »Kolpinghäusern« (→ Kolping 1845). Vor 1914 sind, angeregt durch dänische Vorbilder, die ersten Heim-VHS aus prot. Gesinnung gegründet worden. In den 20er Jahren hat die »Theorie des freien Vb.swesens« die Berechtigung und Notwendigkeit einer gebundenen Eb. begründet. Der Ausdruck »gebundene Eb.« für Institutionen, die von einer der beiden christlichen Kirchen getragen werden (nach 1945 viele Heim-VHS und VHS-Heime, Ev. Dorfseminare und das Kath. Vb.swerk), ist irreführend. Auch diese Stätten sind als öffentliche Einrichtungen »in Freiheit« gegründet. Sie gewähren vielen Menschen »die Freiheit, sich gemeinsam zu binden«. Die kirchlich gebundene Eb., die Bildung als »Mündigkeit« erstrebt, wird sich im Rahmen der Eb. freihalten von Predigt und Unterweisung, von äußerer oder innerer Missionierung. In diesem Sinne wirken die nach 1945 gegründeten Ev. → Akademien (: II). Sie wollen die Selbstbesinnung aller im geistigen und öffentlichen Leben wirkenden Bürger fördern und ein »offenes Gespräch« zwischen den unterschiedlichen Vertretern einer pluralistischen Gesellschaft ermöglichen.

5. In der *BRD* sind Länder und Gemeinden dem Gesetz nach »zur Förderung der Eb. verpflichtet«. Eine gesetzliche Regelung im einzelnen liegt bisher (1961) in den Ländern Bremen, Hamburg, Nordrhein-Westfalen und West-Berlin vor. Neben den »Öffentlichen Büchereien« (→ Volksbüchereien) ist die VHS der Prototyp des Eb.swesens. 1960 gab es in der BRD 1089 Abend-VHS mit 3918 Außenstellen (sie gehören der Dachorganisation, dem »Deutschen VHS-Verband«, Bonn an) und 55 Heim-VHS. Einige Heim-VHS stehen in kirchlicher Bindung, andere werden von Bauernverbänden getragen, die meisten sind Einrichtungen der Länder. Die VHS haben vielerorts gemeinsam mit dem Deutschen Gewerkschaftsbund die Eb.sinstitution »Arbeit und Leben« gegründet (seit 1953). – In der *DDR* sind, wie in allen Ostblockstaaten, die Institutionen der Eb. ein »Instrument der gesellschaftlichen Erziehung« leninistisch-marxistischer Prägung. Sie arbeiten nach Weisungen des »Ministeriums für Vb.« und sind »integrierender Bestandteil des sich selbst herstellenden und regelnden Produktionssystems der sozialistischen Gesellschaft«. Die VHS der DDR wollen »in Kursen die Spezialkenntnisse der Werktätigen fördern« oder ihr »Allgemeinwissen auf das Niveau der zehnklassigen Polytechnischen Schule erhöhen«, ferner in »Systematischen Lehrgängen« die Werktätigen auf Abschlußprüfungen (Mittlere Reife, Abitur, Fachexamina für ein spezielles Hochschulstudium) vorbereiten. »Berufliche Qualifizierung« und die »Propagierung fortschrittlicher Lehren« sind das »Kernstück« der Eb. in der DDR.

In *Dänemark* und *England* hat das Eb.swesen die längste Tradition. »Adult-Education« ist heute in England ein eigenständiger Bereich des Bildungswesens und wird als »Third Education« (neben der »Second Education«, der Berufsausbildung) staatlicherseits unterstützt. Initiative und Durchführung liegen jedoch nach wie vor bei den Verbänden (Genossenschaften, Gewerkschaften, Kirchen, kirchliche Sekten u.a.). Wichtigster Träger der Eb. ist die »Workers' Educational Association« (WEA, seit 1903), die eine intensive Eb.sarbeit unter der Leitung von Universitätslehrern in »tutorial classes« (Zwei- oder Drei-Jahreskurse in geschlossenem Teilnehmerkreis) organisiert. Die Mitarbeit der Universitäten an der Eb. ist seit der »Universitäts-Ausdehnungs-Bewegung« (1873) gewährleistet. Die dänische Eb. ist durch Ziel und Methode der Heim-VHS bestimmt. Auf Plänen und Anregungen des Bischofs → Grundtvig fußend, will die dänische VHS als »Schule des Lebens« den Erwachsenen »geistig erwecken«: a) im Sinne der christlichen Botschaft, b) als Glied seines Volkes für den lebendigen Umgang mit Muttersprache und Geschichte, c) als »Mitbürger«, der sein Leben verantwortlich führt. Die Formen dänischer und englischer Eb. haben bes. nach 1919 das Vb.swesen in Deutschland stark beeinflußt. – In den *USA* haben sich bereits in der Kolonistenzeit unterschiedliche Formen der Eb. herausgebildet (Aussprache-

Meetings, Sonntags-Schulen, Öffentliche Büchereien). Ein besonderer Bereich der Eb. ist durch die Aufgabe des »Fernstudiums« (Korrespondenz-Schulen) entstanden. Ähnliche Fernstudium-Institutionen haben sich in Kanada, Australien und in der UdSSR entwickelt. - Die Eb. wird heute in allen *Entwicklungsländern* zu einer vordringlichen Aufgabe. Es ist nicht nur das Problem zu lösen, Völker, die in außereuropäischen Traditionen aufgewachsen sind, in den Denkformen und Techniken einer industrialisierten Welt zu schulen, sondern den Menschen in den Entwicklungsländern die Geistigkeit des abendländischen Denkens mit den ihr innewohnenden Grundhaltungen und Leitbildern freiheitlichen Lebens zu vermitteln.

RGG² V, 1634ff (Lit.) - W.FLITNER, Die abendländ. Vorbilder u. das Ziel der Erziehung, 1947 - W.PICHT, Das Schicksal der Vb. in Deutschland, 1950 - F.BORINSKI, Der Weg zum Mitbürger, 1954 - D.RIESMAN, Die einsame Masse, dt. 1956 - F.PÖGGELER, Einführung in die Andragogik, 1957 - TH.BALLAUF, Eb., Sinn u. Grenzen, 1958 - H.GUTSCHE, Die Eb. in der sowjet. Besatzungszone, 1958 - F.BALSER, Die Anfänge der Eb. in Deutschland in der ersten Hälfte des 19.Jh.s, 1959 - J.HENNINGSEN, Die neue Richtung in der Weimarer Zeit (Dokumente), 1959 - Zur Situation u. Aufgabe der dt. Eb., Gutachten des Dt. Ausschusses für das Erziehungs- u. Bildungswesen, 1960 - Volkshochschule, Hdb. für Eb. in der BRD, 1961. - Zum Ausland: F.SKRUBBELTRANG, Die (dän.) VHS, Kopenhagen o.J. - R.PEERS, Adult-Education, a Comparative Study, London 1958 - Handbook of Adult-Education in the USA, Chicago 1960 - H.E.WITTIG, Das Bildungswesen der UdSSR, eine Auswahlbibliogr., 1960.

C.Hagener

Volksbüchereien (Bücherhallen, Öffentliche B.en; B. = Bücherei) haben die Aufgabe, wertvolle, nicht speziell für Wissenschaftler geschriebene Literatur bereitzustellen und sie den Menschen aller Altersgruppen, Sozialschichten und Berufe zu erschließen. Sie sind damit Ergänzung und Fortführung aller Arten von Schulen und ein wesentlicher Bestandteil des → Volksbildungswesens. In Zielsetzung und Methoden unterscheiden sie sich von den wissenschaftlichen Bibliotheken (→ Bibliothekswesen: I), zu denen allerdings zahlreiche Verbindungen bestehen, zB durch Anschluß an den nationalen und internationalen Leihverkehr. - V. wurden vereinzelt schon zu Anfang des 19.Jh.s gefordert. Zu einem beachtlichen Faktor der Bildungsarbeit konnten sie erst werden, als durch die moderne Schule das Analphabetentum beseitigt wurde. Daß die Beherrschung der Technik des Lesens durch die gesamte Bevölkerung einerseits die Möglichkeit intensiver Beeinflussung bietet, andererseits auch eine Gefahr und damit eine Aufgabe darstellt, wurde im Laufe des Jh.s von verschiedenen Organisationen erkannt und mit der Gründung von B.en beantwortet. Vor allem sind zu nennen die Kirchen, die politischen Bildungsvereine, die Kommunalverwaltungen und der Staat, die industriellen Betriebe.

Nach französischen Vorbildern wurde 1844 der »Verein vom Hl. Karl Borromäus« (Borromäusverein) gegründet. Sein Ziel war, »Volksbildung auf kath. Grundlage« zu betreiben durch Verbreitung »guter Literatur religiösen, belehrenden und unterhaltenden Inhalts«. Dies Ziel wird bis heute durch Vermittlung der Bücher zum Eigenbesitz (Buchgemeinschaft) und durch Errichtung von Pfarr-B.en verfolgt. Seit dem Vorgang der Borromäus-B. in Freiburg i.Br. (1895) stehen die B.en jedermann, nicht nur den Vereinsmitgliedern zur Verfügung. Parallel zum Borromäusverein wurde in Bayern 1934 als Nachfolger des »Kath. Preßvereins für Bayern« (gegr. 1901) der St. Michaelsbund ins Leben gerufen, der sich heute auf die B.arbeit beschränkt. Der Borromäusverein betreut (1960) rd 6300 B.en mit einem Buchbestand von 6 Mill. Bänden, der St. Michaelsbund rd 1800 B.en mit 1,3 Mill. Bänden. Beide Organisationen fördern die Buchankäufe der meist neben- und ehrenamtlichen B.leiter (Pfarrer) durch besprechende Buchanzeiger (Das Neue Buch, 1925ff; Buchprofile, 1949ff). Maßgebend für die Auswahl ist in erster Linie, ob das Buch mit den religiösen und ethischen Vorstellungen der kath. Kirche übereinstimmt, in zweiter Linie, ob es literarisch wertvoll ist. Der Borromäusverein unterhält die »Staatlich anerkannte Bibliotheksschule« in Bonn.

J.H. → Wicherns »Denkschrift an die deutsche Nation« (1848) enthielt u.a. den Vorschlag, B.en einzurichten. Die an mehreren Orten aktiven Bestrebungen konnten erst 1927 vom Ev. Preßverband zum »Deutschen Verband Ev. B.en« zusammengefaßt werden. Der Verband gab seit 1928 eine besprechende Literaturzeitschrift heraus und fand 1931 die staatliche Anerkennung seiner »Zentralstelle für das Ev. Volks- und Jugendbüchereiwesen«. Während der NS-Zeit ebenso wie die kath. B.en auf das religiöse Schrifttum beschränkt, begann der Preßverband 1946 den Wiederaufbau; seit 1951 vereinigt der »Deutsche Verband Ev. B.en« als Dachverband alle B.verbände der Gliedkirchen. 1960 gibt es rd 3900 B.en mit 1 Mill. Bänden. Auch die ev. B.en sind jedermann zugänglich. In gewisser Weise ist ihre Buchauswahl - das subjektive Moment des Protestantismus spielt seine Rolle - schwieriger als die der kath. B.en, jedenfalls ist sie nicht »enzyklopädisch«; die B. soll immer auch »Helferin der Verkündigung« sein. Der Verband gibt die Zeitschrift »Ev. Buchberater« heraus (1948ff) und veranstaltet Ausbildungs- und Fortbildungskurse; seit 1946 besteht die »Ev. Bibliotheksschule« in Göttingen, die 1959 staatlich anerkannt wurde. Die drei konfessionellen B.verbände bildeten 1957 die »Arbeitsgemeinschaft der kirchlichen B.verbände Deutschlands«.

Daß mit der B.arbeit politische Ziele verfolgt würden, sprach im Laufe des 19.Jh.s nur die sozialistische Seite deutlich aus, während das liberale Bürgertum meinte, durch »unpolitische« B.en der drohenden Uneinigkeit Herr werden zu können. B.en sozialistischer Arbeitervereine, Gewerkschafts-B.en, B.en der liberalen »Gesellschaft für Verbreitung von Volksbildung« (1871) hatten bis 1933 große Bedeutung; nach 1945 sind sie nicht wieder erstanden.

Angeregt durch Vorbilder des Auslandes (USA, England) begann in den 90er Jahren die »Bücherhallenbewegung«, welche kommunale, von Städten und Landgemeinden getragene B.en entstehen ließ. Das B.wesen der finanzstarken Großstädte entwickelte sich relativ rasch, das der kleinen Städte und Landgemeinden war auf Mithilfe des Staates angewiesen. Bes. bedeutsam waren der Erlaß des preußischen Kultusministers Bosse (1899) und die Etatisierung der ersten »Beratungsstelle für V.« 1910 in Hagen. Heute bestehen 30 staatliche »B.-stellen«, die den Aufbau des ländlichen B.wesens zu organisieren haben. Insgesamt gibt es in der BRD (1960) an 9300 Orten rd 10400 B.en mit 17 Mill. Bänden. Einzelne B.en haben mehr als 100000 Bände (Amerika-Gedenk-Bibliothek, Berlin), an einigen Orten (Hannover, Essen u.a.) besteht ein einheitliches System der wissenschaftlichen Bibliothek und der V. (Einheits-B.). 34 städtischen B.en sind Musikabteilungen angeschlossen mit Noten- und Plattensammlungen, Vorspielräumen u.a. Für die ländliche B.arbeit gilt der Grundsatz, auch den Bewohnern abgelegener Orte jedes gewünschte Buch zugänglich zu machen (ländliche B.systeme mit Leihverkehr, Fahr-B.en). Diese Entwicklung entspringt der durch § 5 GG gesicherten Zielsetzung, die literarisch wertvolle schöne Literatur und die Sachliteratur sämtlicher Wissensgebiete darzubieten unter Berücksichtigung aller, sich in der Literatur dokumentierenden Strömungen der Zeit. Charakteristisch für das gegenwärtige

B.wesen ist die Ersetzung der »gebundenen Ausleihe« (Schalter, Theke) durch die in den angelsächsischen und skandinavischen Ländern seit Jahrzehnten übliche »Freihandausleihe«. Die bei fast allen B.en eingerichteten Abteilungen für Kinder und Jugendliche sind bisher nur vereinzelt mit den Schüler-B.en der Schulen in Arbeitszusammenhang gebracht worden. Auch die Förderung und Einbeziehung der Krankenhaus-B.en u.a. ist eine Aufgabe der Zukunft. In mehreren Orten bestehen Abteilungen für Blinde mit Braille-Schrift-Büchern und Magnetophonbändern. Die B.en der Städte werden von ausgebildeten Bibliothekaren - staatliche B.schulen befinden sich in Berlin, Hamburg, Köln, Stuttgart - und angelernten B.helfern hauptamtlich verwaltet; aber auch das ländliche B.wesen stützt sich nicht mehr so ausschließlich wie früher auf nebenamtliche Kräfte. Organisationen des kommunalen B.wesens: Deutscher B.verband und die von ihm geleitete Arbeitsstelle; Verein Deutscher Volksbibliothekare und die von ihm herausgegebene Zeitschrift »B. und Bildung«; die von Ländern und Gemeinden getragene »Einkaufszentrale für Öffentliche B.en« für Bücher, B.material und -möbel.

Seit 1850 sind erste Anfänge von Werk-B.en zu verzeichnen, große Industriewerke (Krupp/Essen, Abbe/Jena) wurden führend. Ihr Ziel ist es, die Arbeiter und Angestellten mit ihren Familien durch Bildungsarbeit an den Betrieb zu binden. Die Werk-B.en (zZ rd 2500) gewinnen durch ihre Nähe zum Arbeitsalltag häufig Menschen für die Literatur, die ihr sonst fern geblieben wären.

Es wird nicht zuletzt an dieser durch gegensätzliche Ziele, Methoden und Verwirklichungen bestimmten Vielfalt liegen, daß das B.wesen der BRD ungleich weniger entfaltet ist als das der angelsächsischen, skandinavischen und heute auch der kommunistisch regierten Länder. Die B.en der DDR zB enthalten bei 17 Mill. Einwohnern ungefähr ebensoviele Bücher wie die kommunalen B.en der BRD bei 50 Mill. Einwohnern. Die Aufgabe der nächsten Zukunft wird es sein, das B.wesen planmäßig - was noch nicht heißt: durch ein B.gesetz! - auszubauen und die vorhandenen Organisationen einer produktiven Zusammenarbeit zuzuführen.

C.Nörrenberg, Die Volksbibliothek, ihre Aufgabe u. Reform, (1896) 1928² - E.Ackerknecht, Aus d. Werkstatt eines Volksbildners, 1950 - W.Spael, Das Buch im Geisteskampf. 100 Jahre Borromäusverein, 1950 - W.Hofmann, Buch u. Volk. Ges. Aufs. u. Reden, 1951 - Deutschland braucht B.en. Eine Denkschrift d. dt. UNESCO-Kommission, 1952 - L.Volbehr, Die Freihand-B., 1953 - W.Mevissen, B.bau, 1957 - U.Birkholz, Gesch. u. Probleme d. Werk-B., 1959 - Hdb. d. Öffentl. B.en, 1960 - Dt. Ausschuß für d. Erziehungs- u. Bildungswesen, Gutachten »Zur Situation u. Aufgabe d. dt. Erwachsenenbildung«, 1960 - A.Maurois, La bibliothèque publique et sa mission, 1961 - Hdb. d. B.wesens, hg.v J.Langfeldt (im Erscheinen).

R.Joerden

Volksdienst. Aus »Fronterlebnis und deutschem Pietismus, durchdrungen vom Geist reformatorischen Christentums« (Simpfendörfer) entstand nach dem 1. Weltkrieg zunächst in Württemberg unter der Führung von W.Simpfendörfer und P.Bausch eine christlich-soziale Gesinnungsgemeinschaft mit dem Ziel, »den Willen Gottes im öffentlichen Leben entschlossen geltend zu machen und mit der Forderung Jesu vor unser Volk zu treten« (Aufruf im Schwäbischen Merkur vom 21.3. 1924). Nach erfolgreicher Beteiligung an den württembergischen Gemeindewahlen wurde daraus am 1.1.1927 der *»Christliche V.«*, für den »Dienst am Volk« eine biblische Forderung bedeutete. Der Name V. sollte eine Absage an den Parteigeist, zugleich ein entschiedenes Ja zur politischen Organisation ausdrücken. Mit ihm verband sich die 1925 entstandene *»Ev. Volksgemeinschaft«* Hessens, die den Block aller Evangelischen, die es »aufrichtig mit Volk und Vaterland meinten«, erstrebte und jeden Fraktionszwang ablehnte. Nachdem der Christliche V. bei Kommunal- und Provinzialwahlen auch in Baden, Bayern und Preußen Erfolge erzielt hatte, schloß er sich nach einer Kundgebung in Berlin unter dem Thema »Christen an die Front« am 28.12.1929 mit der »Christlich-Sozialen Reichsvereinigung«, dh mit den von der Deutschnationalen Volkspartei (DNVP) abgesprungenen christlich-sozialen Abgeordneten Stoeckerscher Prägung (→ Mumm, Hartwig, Hülsen u.a.) zum *»Christlich-Sozialen V.«* zusammen. Auch im Preußischen Abgeordnetenhaus durch einige gleichfalls aus der DNVP ausgetretene Abgeordnete vertreten, wollte der Christlich-Soziale V. keine Partei im herkömmlichen Sinne sein und lehnte darum jede Bindung an politische Programme ab. Er verstand sich als eine lebendige ev. Bewegung und hoffte, »Kern einer neuen deutschen Rechten zu werden, die religiös klar bestimmt, erfüllt von nationaler Begeisterung und getragen von politischem Gestaltungswillen der sozialen Gerechtigkeit in Volk und Staat Raum schafft«. Bei den Reichstagswahlen vom 14.9.1930 errang er 867377 = 2,5% der abgegebenen Stimmen und damit 14 Mandate. Doch verlor er später mehr als die Hälfte dieser Stimmen, erhielt bei der Wahl am 5.3.1933 nur 1% der abgegebenen Stimmen (4 Mandate) und löste sich am 30.6.1933 auf. - Zum *V. der Thüringer Ev. Kirche* s. → Thüringen, 4.

Schriften d. Chr.-Soz. V.es, 1927ff (u.a.: W.Simpfendörfer, Politik aus Glauben u. Gehorsam; K.Veidt, Die Entchristlichung d. Volkslebens als Schicksalsfrage d. dt. Politik; P.Bausch, Die polit. Gegenwartsaufgaben d. Chr.-Soz. V.es, sämtlich 1930) - Zs.: Christlich-Soz. V., hg.v. W.Simpfendörfer, 1930-33 - K.Veller, Der Chr.-Soz. V. (ChW 44, 1930, 283-287; vgl. auch M.Rade, ebd 324f) - H.Faber, Relig. Glaube u. polit. Parteibildung, 1931 - K.Buchheim, Gesch. d. christl. Parteien in Deutschland, 1953, 375ff - Das Ende der Parteien 1933, hg.v. E.Matthias u. R.Morsey, 1960 (s. Reg.) - W.Mommsen, Dt. Parteiprogramme, 1960, 545ff.

H.Hohlwein

Volkseinkommen → Sozialprodukt.

Volkserzählung, Sammelbegriff für die Gattungen der volkstümlichen Prosadichtung, von denen die wichtigsten (→ Fabel, → Märchen, → Sagen und Legenden) bereits behandelt sind. A.Jolles faßt sie unter dem Terminus »Einfache Formen« zusammen. Dazu gehören nach ihm außer den genannten der Witz oder Schwank, die Mythe, das → Rätsel, der Spruch, der Kasus, das Memorabile. A.Wesselski, C.W.v.Sydow u.a. verfeinerten und vermehrten diese Typologie um das Memorat, das Fabulat, die Kausalfiktion, das Dit und andere Untergattungen mehr. Diese »Einfachen Formen« sind nach Jolles zur Sprachgestalt verdichtete Sprachgebärden. Sie sind im Gegensatz zu den Kunstformen der Dichtung keine individuellen Schöpfungen, sondern entsteigen unmittelbar dem Lebensbereich, dh sie ereignen und erarbeiten sich überall in der Sprache von selbst. Damit ist die alte Grimmsche These vom Gegensatz zwischen Natur- und Kunstpoesie in die neue Terminologie des Gegensatzes zwischen den Einfachen Formen und den Kunstformen umgesetzt worden. Die Forschung der letzten Jahre hat die Kategorien der Einfachen Formen anerkannt, den ihnen von Jolles substituierten Geistesbeschäftigungen als Willensakte jedoch das unbewußt Produktive, die seelischen Impulse als wichtigstes momentum generativum zugesellt. Es gibt nach dieser Auffassung eine Art, die Welt märchenhaft, dh in mythisch-heroischer Erhöhung zu bewältigen, seit es dem Menschen gegeben ist, so zu hoffen und zu denken; es gibt eine Art, die Welt sagenhaft, dh in erschütternder Ungelöstheit und Tragik zu erleben, seit es dem Menschen gegeben ist, so zu leiden und zu denken; es gibt eine Art, der Welt lächelnd, dh im erlösenden Gelächter über ihre Anfälligkeiten zu widerstehen, seit es dem Menschen gegeben ist, sich so zu behaupten und zu denken. Die V.en sind so gesehen nicht nur Formen einer eklektischen Geistesbeschäftigung, sondern sie werden zu psychischen, geistigen und funktionalen Notwendigkeiten, zu Urformen menschlicher Aussage (→ Sagen: V).

W.Baumgartner (→ Märchen: II) und K.Ranke (→ Sagen: V) haben mit Recht darauf hingewiesen, daß die V.en zum ältesten und weitest verbreiteten Kulturgut der Menschheit gehören. Die meisten ihrer Kategorien sind in einfacher oder entwickelterer Form auch in der Bibel vorhanden. Das in den genannten Artikeln zusammengetragene Material sei noch durch einige Hinweise auf Gattungstypen und deren weitere Verbreitung ergänzt. Die *gentiltriadische Sage* von den drei Söhnen Noahs (Gen 9, 18) ähnelt überraschend der griech. Überlieferung von den Söhnen des Kronos und des Herakles und der germanischen von denen des Mannus. Die Aussetzung des zu hoher Würde bestimmten Kindes, ein Motiv vieler *Heldensagen,* wird ebenso von Moses (Ex 2, 3) wie schon altbabylonisch von Sargon I., im Persischen von Kyros, im Indischen von Karma, in Rom von Romulus und Remus und im Germanischen von Sigurd berichtet. Sodoms Untergang (Gen 19) ist eine *ätiologische Sage,* die oft zur Deutung einödiger oder durch sonderbare Oberflächenbildungen ausgezeichneter Orte erdacht worden ist. Das Wunder von Aarons Stab (Num 17, 20ff) begegnet in zahllosen eurasischen *Legenden* ebenfalls seit frühester Zeit. Buddha und Orion, der finnische Gott Wainämoinen, der chinesische Unsterbliche Ho-kou, persische und ägyptische Magier, christliche Heilige, sie alle wandeln ebenso über das Wasser wie Jesus und Petrus. Das Motiv vom geteilten Meer (Ex 14) begegnet schon im Zendavesta, es wird von Isis, von Alexander, in Märchen der Zulus und Hottentotten wie in manchen Heiligenlegenden erzählt. Das Quellwunder Moses' (Ex 17, 6), im Überlieferungstypus zwischen *Mythos* und *Legende* schwankend, wird auch von Dionysos, Atalante, Mithras, Jesus und von vielen Heiligen aller Religionen berichtet. *Kasuistische Problemgeschichten* sind durch das berühmte Salomonische Urteil vertreten (1Kön 3, 16ff), das seine wahrscheinlich älteren Parallelen in der indischen Literatur hat und auch auf einem pompejanischen Wandgemälde begegnet. *Märchen-* und *Fabelhaftes* ist bereits erwähnt (→ Märchen: II, → Fabel: II). Es sollte jedoch anerkannt werden, daß es neben den motivischen Erzählelementen auch komplette Märchenstoffe in den biblischen Schriften gibt, so die Tobiasgeschichte, die eine Variante des weit verbreiteten Märchens vom dankbaren Toten ist, die Josephserzählung, eine Version des Märchens vom Schicksalskind, oder die Erzählung von Davids Kampf gegen Goliath, eine echte Parallele zu dem Märchen vom Hirten und den Riesen.

Ergänzend zu → Fabel, → Märchen, → Sagen und Legenden: Israel, in: J.Bolte-G.Polivka, Anm.en zu den Kinder- u. Hausmärchen d. Brüder Grimm IV, 1930, 105-108 - F.M.Goebel, Jüd. Motive im märchenhaften Erzählungsgut (Diss. Greifswald), 1932 - A.Wesselski, Formen d. volkstüml. Erzählgutes (in: A.Spamer, Dt. Volkskunde I, 1935², 216-248) - C.W.v.Sydow, Kategorien d. Prosa-Volksdichtung (in: Selected Papers, 1948, 60-72) - E.Mudrak, Märchen u. Sage im AT (Altkath. Jb. 1953, 45-64) - K.Ranke, Einfache Formen (in: Intern. Kongreß der V.sforscher, 1961, 1-11).

K.Ranke

Volksfrömmigkeit

I. Katholische - II. Evangelische. - Vgl. → Frömmigkeit

I. Katholische

1. Wesen und Grenzen - 2. Liturgie und V. - 3. Chronologische Übersicht

1. V. ist Rankenwerk um das Kultisch-Liturgische einer Hochreligion. Religionswissenschaft und Konfessionskunde weisen sie als Begleiterscheinung im → Hinduismus und → Buddhismus, im → Judentum und → Islam ebenso aus wie im Katholizismus und Protestantismus, selbst im puritanischen Calvinismus. Es besteht lediglich ein Gradunterschied, der sich an der religionspsychologischen Skala ablesen läßt: je mehr Zeremonien, desto mehr V. Die Beurteilung der V. als »Aberglaube« oder »Magie«, auch als »primitive Religion« ist nach den Ergebnissen der heutigen religiösen → Volkskunde (: III; vgl. bes. R.Kriss, Die Volkskunde der altbayrischen Gnadenstätten Iff, 1953ff) nicht ausreichend, da diese Begriffe von vornherein die Zensur des Unterwertigen enthalten. Für die kath. V. hat Heiler ausführlich das Eindringen vor- und außerchristlicher Religiosität in das kath. Denken, vor allem in das liturgische und juridische Handeln dargetan und bei aller Kritik der echten V. die Berechtigung und Bedeutung nicht abgesprochen (Der Katholizismus 161ff; RGG² V, 1649ff). Man sollte heute eher von Rudimenten urtümlichen Volksglaubens als Äußerungen der religio innata oder, wie es bei Heiler (S. 218) anklingt, von einem religiösen Gemeingut der Menschheit sprechen. Das gilt auch dann noch, wenn die kath. Kirche zB bei den → Devotionalien bis an die Grenze des Möglichen geht, indem sie trotz der benediktinischen Bemühungen um echte → Volkskunst der Erkenntnis Rechnung trägt, daß »wirkungsvoller Kitsch besser sei als wirkungslose Kunst« (J.Wittig, Der Ungläubige, 1928, 70). Die kath. V. kommt wie jede V. eben aus dem Volke. Sie ist keine Setzung der Kirche, sondern übernommener, meist umgeformter oder gar tolerierter Volksglaube. Sie ist eine dritte eigenständige Größe innerhalb des Katholizismus und hat als »Andacht« ihren Ort zwischen der objektiven Liturgie (Messe) und dem individuellen Gebet. Sie steht als »Populartheologie« neben der wissenschaftlichen und papalen Theologie (→ Gnadenbilder), wobei die Frage nach dem jeweiligen Alter konfessionsverschieden beantwortet wird. Die kath. Theologie rechnet sie zur → Pastoraltheologie und ordnet ihr neben der Liturgik als besonderes Fach die religiöse Volkskunde zu, deren Bedeutung nach LThK X, 676 darin liegt, »daß sie die Forschungen der Religionsgeschichte und -psychologie, der Kirchen- und Rechtsgeschichte, der Liturgie, Pastoral und Homiletik befruchtet und stützt. Bes. eng ist sie mit der Hagiographie verbunden.« Die kath. Kirche weiß einerseits um die Notwendigkeit der konkreten Symbolisierung des Abstrakt-Metaphysischen, andererseits kennt sie die Gefahr des Mißbrauchs. Sie ist bestrebt, dem zu wehren und das Wertvolle aus vor- und außerchristlichem religiösem Brauchtum durch Akkommodation (restitutio ad integrum) einzugliedern. Dabei ist nicht zu übersehen, daß V. immer volkhaft, landschaftlich und soziologisch verschieden ist, woraus sich ebenso der Unterschied zwischen den Erscheinungsformen des cis- und transalpinen Katholizismus wie zwischen dem nord- und mitteldeutschen Diaspora-Katholizismus und demjenigen West- und Süddeutschlands erklären läßt. Das Einfallstor der kath. V. sind die → Sakramentalien mit ihrem Ausweitungsvermögen, die nach Fendt (S. 226) ein besseres Bollwerk gegen den → Aberglauben sind als die vollständige Verpönung aller dieser Gebräuche. Denn »die primitiven Instinkte liegen nun einmal in aller Völker Herzen; befriedigt sie die Religion nicht, so verzichten die Massen zu leicht auf alle Religion überhaupt und gehen zu allerhand Praktiken und Afterreligionen wie Okkultismus und Bibelaberglauben über. Aber ein schlüpfriger Boden ist das Gebiet der Sakramentalien, man darf sie wirklich nicht nach den

Mißbräuchen beurteilen, auch nicht nach den offiziell empfohlenen oder gar den tolerierten.« Demgegenüber sieht Adam (Das Wesen des Katholizismus, 1940[9], 227) den abusus von erhabener Warte aus an: »Unzählig sind die Formen und Weisen, in denen das gläubige Volk seinen gesamten Lebensraum durchweiht, Formen so bunt und seltsam zuweilen, daß sie wie üppiges Rankenwerk das Eigentliche, den christlichen Kern, zu verhüllen drohen. Aber die Kirche weiß: hier ist trotz allem Ehrfurcht, hier ist trotz allem Andacht und Liebe.«

2. Der Inhaber des Ius liturgicum ist nach c. 1257 CIC allein der Papst, und zwar, weil im Wesen des Primats wurzelnd, iuris divini. Er übt dieses Recht fast ausschließlich durch die Ritenkongregation aus (c. 253 § 1). Das Gesetzgebungsrecht der Bischöfe beschränkt sich seit der nachtridentinischen Vereinheitlichung der Liturgie auf die Aufsichtspflicht, dh auf das liturgische Wächteramt. Die Bischöfe haben nach c. 1261 § 1 vornehmlich darauf zu achten, daß sich aus der V. auf dem Wege des liturgischen Gewohnheitsrechtes nicht irgendeine »abergläubische Praxis« einschleicht. Damit ist das Spannungsverhältnis zwischen offizieller, objektiver Liturgie (die von oben kommt) und der natürlichen, subjektiven V. (die von unten kommt) herausgestellt. Der Ortsordinarius hat nicht nur über den sub peccato verpflichtenden Vollzug der Liturgie zu wachen, sondern er hat jedem Eindringen einer consuetudo contra legem zu wehren. Messe und Andacht stehen somit in einem liturgierechtlichen Spannungsverhältnis zueinander. Unter → »Andacht« ist hier nicht die erbauliche Haltung des Gemütes zu verstehen, auch nicht die Andacht, die einem bestimmten Glaubensgeheimnis oder Heiligen gilt, sondern die von der Kirche akzeptierte nachmittägliche Volksandacht (→ Gottesdienst: V B, 1 f). Weil sie vor dem exponierten Sanctissimum gehalten wird und mit dem → sakramentalen Segen schließt, wird sie im Volke kurz »Segen« genannt. Diese Volksandacht, deren klassische Formen die → Kreuzweg-, → Mai- und → Rosenkranz-Andacht bilden, ist aus den mittelalterlichen Bruderschafts-Andachten hervorgegangen, die ihrerseits aufkamen, nachdem der Transsubstantiationsbegriff die Anbetung der → Hostie außerhalb der → Messe (: II) und für diesen Zweck nach dem Vorbild der → Reliquiare die eucharistische → Monstranz geschaffen hatte. Diese »Andacht« ist über Jahrhunderte hinweg der volksfromme Widerpart der »Vesper«, der 6. Hore des Breviers (→ Stundengebet: I, 2). Sie steht – ein Schulbeispiel für die kath. V. – als dritte Größe zwischen dem Gebetsleben der Kirche in Missale und Brevier und »dem nur sich selbst aussprechenden Beten des einzelnen«. So sehr auch die »Liturgische Bewegung« (→ Gottesdienst: V B, 1 h) die Wiedereinführung der liturgischen Vesper und Komplet durchzusetzen versucht und zT durchgesetzt hat, so wenig ist die »Andacht« als Volksvesper aus dem kath. Frömmigkeitsleben fortzudenken. Guardini hat bestätigt: »Niemals kann die Forderung vertreten werden, die Liturgie solle die ausschließliche Weise gemeinsamen Andachtslebens sein. Das hieße die geistlichen Bedürfnisse des gläubigen Volkes verkennen. Vielmehr werden stets neben den liturgischen Lebensformen die der V. stehen und sich so gestalten, wie es die wechselnden geschichtlichen, volklichen, gesellschaftlichen und örtlichen Umstände erfordern.« Demgemäß spricht die Enzyklika Pius' XII. vom 20.11. 1947 nicht nur von der »Wahrung der Sondergebräuche einzelner Länder«, sondern stellt ausdrücklich fest: »Es wäre ein verderbliches Unterfangen und ein unbesonnenes Wagnis, diese Andachten reformieren und in eine rein liturgische Form einzwängen zu wollen.« Diese Anerkennung ist für die kath. V. von fundamentaler Bedeutung.

3. Auf Grund des Gesagten sind Assimilierungszeit und Perioden der eigentlichen V. zu unterscheiden. a) Die *Assimilierungszeit*, die etwa bis Karl d.Gr. reicht, hat die vor- und außerchristlichen Religiosa durch die eingangs erwähnte Filtrierung in den status liturgicus erhoben: die Blumen ebenso wie die heidnischen Kerzen, das Öl wie den aus heidnischem und israelitischem Ritual stammenden Weihrauch. Die griech. Erfindung der → Orgel fand im Abendland etwa zur gleichen Zeit Aufnahme wie die iro-schottischen → Glocken (vgl. im einzelnen Heiler, aaO; s. auch → Katholizismus: I, 9). Unmittelbarer germanischer Einfluß ist nur beim → Ablaß festzustellen, wenigstens als eine zweite Wurzel neben der Bußpraxis der alten Kirche. Denn »die Wurzel zu dem Ablaßwesen« liegt nach Dibelius (S. 29) »in der Ablösung der persönlichen Leistungen durch Geld«. Auch von daher hat die Reformation, die gerade auf ehemals germanischem Boden zum Durchbruch kam, mit der V. zu tun. – b) Die eigentlichen *Perioden* der kath. V. zeigen das Gesetz der Wellenbewegung. Zwischen Karl d.Gr. und Luther liegt das weite Feld volksfrommer Entwicklung, das zur Überwucherung am Vorabend der Reformation geführt hat. In Nord und Süd damals kaum graduell verschieden, lebte die V. ihre ungehemmte, durch die → Mystik (: VI, 2-4) noch geförderte Hochzeit. Die → Reliquien-Verehrung wurde zum rein dinglichen Kult und verflachte zum Reliquienhandel, -tausch und -raub. Die Legende überschattete Schrift und Tradition und fand sogar Eingang in das Brevier. Die Vielzahl der Gebete erschien wirkungsvoller, eine Anschauung, die von den Dominikanern mit dem → Rosenkranz kontemplativ geordnet wurde. Aus den Bettelorden – → Franz von Assisi ist geradezu die Inkarnation der V. – erwuchs mit dem Schmerzensmann Kreuzwegandacht und Passionsmystik. Zu den → Bruderschaften (: II) traten die »Dritten Orden« (→ Tertiarier). Aus den Kreuzzügen entstand in Verbindung mit der wachsenden → Marienverehrung (: I) das → Angelusläuten. Die geistlichen Schauspiele entarteten zum Eselsfest am Palmsonntag und zum risus paschalis. Das Volk eroberte sich gegenüber der Gregorianik mit den Leisen bei Prozessionen und → Wallfahrten (: II) das → Kirchenlied (: I, 2 c) und holte es in das Gotteshaus. Benediktionen von der → Wasserweihe bis zu der des Brautgemachs, Primiz- und Blasiussegen standen hoch im Kurse, während der → Exorzismus (: III) nur noch in der Taufliturgie ein stilles Dasein führt. – Diese legendär-franziskanische Periode wird nach der Reformation, die den Herrgottswinkel durch die Katechismustafel ersetzte, durch die apologetisch-jesuitische abgelöst. Sie begann mit Ignatius von → Loyola, der die »Imitatio Christi« durch Askese und → Exerzitien verwirklichen wollte. Zu den Bruderschaften und Tertiärorden gesellten sich die → Marianischen Kongregationen. Eine neue → Mystik (: VI, 5) drang durch → Therese von Avila, → Johannes vom Kreuz und → Franz von Sales in die V. Die problematische → Moraltheologie des Alfons von → Liguori brachte mit ihrer → Kasuistik das Skrupulantentum. Barocke Formen nahmen die Andachten, bes. die → Herz-Jesu-Verehrung, und die → Prozessionen an. Das eucharistische Leben wurde durch die Empfehlung der häufigen Kommunion, durch die oft fast volksfesthafte → Fronleichnamsfeier und die Einführung des Vierzigstündigen Gebetes intensiviert. Die Zahl der Feiertage nahm überhand und mußte behördlich reduziert werden. – Rationalismus und Aufklärung haben die V. nicht gefördert, Restauration und Romantik trugen kein neues Moment hinein. – Heute hat die kath. V. weithin das Überschwengliche, wenigstens cisalpin, abgetan. Sie befindet sich seit der liturgischen Enzyklika

»Mediator Dei« in gütlicher Auseinandersetzung mit der geforderten röm. Stilistik, wobei die »Liturgische Bewegung« eine Vermittlerrolle spielt. Einige Erfolge kann die V. ohne Zweifel für sich buchen, zB die Abendmesse, die c. 821 § 1 CIC entgegensteht, und die Betsingmesse als liturgischer Ort des Volksgesangs. Auch sonst sind bes. in ev. Gegenden volkhafte Einflüsse nicht zu übersehen, so neuerdings eine gewisse Nüchternheit im kath. Kirchenbau durch Reduzierung der Zahl der Nebenaltäre. → Katholikentage (seit 1848) sind wie die ev. → Kirchentage zu volksfrommen Bekenntnistagen geworden. Durch die → Katholische Aktion, zu deren Patron Franz von Assisi erwählt wurde, hat das Laientum und damit die V. im Sinne des allgemeinen Priestertums ein weites Betätigungsfeld erhalten (→ Laienapostolat).

R. Guardini, Vom Geist der Liturgie, (1918) 1957 - L. Fendt, Die relig. Kräfte d. kath. Dogmas, 1921 - F. Heiler, Der Katholizismus, 1923 - K. Adam, Das Wesen d. Katholizismus, (1924) 1957[13] - W. Andreas, Deutschland vor d. Reformation, (1932) 1959[6] - O. Dibelius, Die echte Germanisierung der Kirche, 1935 - G. Mensching (Hg.), Der Katholizismus, 1937 - H. Mulert (Hg.), Der Katholizismus der Zukunft, 1940 - J. Lortz, Die Reformation in Deutschland I, (1939) 1941[3] - B. Poschmann, Die kath. Frömmigkeit, 1949 - Th. Schnitzler, Meßopferfeier u. Nachmittagsandacht (in: F.X. Arnold-B. Fischer, Die Messe in d. Glaubensverkündigung, [1950] 1953[2], 354 bis 363) - W. v. Loewenich, Der moderne Katholizismus, (1955) 1959[4] - L.A. Veit-L. Lenhart, Kirche u. V. im Zeitalter d. Barock, 1956 - Mulert-Schott - H. Küng, Konzil u. Wiedervereinigung, (1960) 1962[4].

F. Schmidt-Clausing

II. Evangelische

1. Selbstverständnis - 2. Ev. V. alter Art - 3. Zusammenbruch - 4. Verantwortung. - Vgl. → Kirchlichkeit

1. Daß → Frömmigkeit »von Hause aus kein eigentlich religiöser Begriff« ist, sondern ein moralischer und primär Tüchtigkeit meint, ist bei der ev. V. nie zu vergessen. »Sprich deinen Segen auch in meine Küchen« (Gebet einer Magd bei → Mathesius); »hilf, daß ich vollkommen mein Handwerk fassen, begreifen und lernen möge, damit künftig niemand meine Art tadeln und verachten könne« (Gebet eines Handwerkslehrlings, Rigaer Gebetbuch 1728); »stelle mir allenthalben dein göttliches Handlungsrecht vor, damit ich Ellen, Maß und Gewicht nicht nach meinem Vorteil, sondern nach der Ordnung einrichte« (Kaufmann, Weimar 1744). Ev. V. verstand sich als rechtes christliches Leben, recht vor Gott, recht in Gesinnung und Erfüllung der Gebote. Die Akzente wurden verschieden gesetzt. Die Theologen legten sie jeweils auf die dogmatischen Prinzipien ihrer Generation, das werkende Volk dagegen auf die Bewährung in der Tat. Daß im konkreten Leben der Mensch an seinen Taten gemessen werde und Gott nach den Werken richte (Röm 2, 6), war allgemeine Überzeugung, die in Bibel, Gesang- und Gebetbuch wiedergefunden wurde.

2. *Ev. V. alter Art* ist aus den Quellen leicht zu erheben. Hebbels Vater ging sonntäglich zur Kirche; der Junge las täglich der Mutter den Abendsegen vor. Der Lehrvertrag für Fr. → Perthes (1787) beginnt »Im Namen Gottes« und verpflichtet den Lehrherrn, den Jungen »zu aller Gottesfurcht und wohlanständigen Tugenden anzuhalten, des Sonntags fleißig in die Kirche zu gehen...«. Polizei- und Zunftordnungen bekennen sich bis ins hohe 18.Jh. zur Wahrung und Mehrung der christlichen Gottesfurcht als ihrer vornehmsten Aufgabe. Tischgebet und Morgen- und Abendsegen waren jedermann von der Sitte geboten. Die Kirchen in Stadt und Land waren bis Ende des 18.Jh.s übervoll. Den regelmäßigen Abendmahlsgang überwachten außer dem Pfarrer und dem Gemeindegewissen auch polizeiliche Organe. Jedes Kind wurde getauft und später konfirmiert, falls es bildungsfähig war; kein Paar blieb ungetraut. Nur Verbrecher und Ehrlose wurden nicht zu Grabe geleitet. Die Volksschulen unterrichteten täglich im Katechismus. Die Wächter in nächtlichen Straßen und auf Deichen sangen beim Stundenschlag geistliche Lieder. In der Wesenserfassung treten als Hauptmomente hervor: a) Eine starke Reduktion legendärer, mythischer, naturtheologischer und magischer Elemente durch die Abweisung des Heiligenglaubens und vieler Primitivformen kath. V. Die Karten 9-12 des Atlas der deutschen Volkskunde NF zeigen keine Spur von Heiligen- oder Marienkult in ev. Landen. Luthers Liste der »Stücke, so in der gleissenden Kirchen in Übung und Brauch sind gewest« (WA 30/II, 347-351), geben eine Vorstellung vom Reinigungs- und Reduktionsvorgang. Ev. V. mußte auch polemisch sein, denn sie hatte Irrglauben zu überwinden. Daran wuchs ihr Selbstbewußtsein. - b) Die Bildungshöhe des Bürgertums und die zunehmende Lesekunst drängte wie nie zuvor zum gedruckten Buch. Ev. V. konnte mit Bibel und Gebetbuch immer selbständiger werden, aber auch gegen die offizielle Kirche auf individualistische oder sektiererische Wege geraten. - c) Der individualistischen Verlockung wehrte die → Sitte (: IV), welche die christliche Gemeinde zu einer heute legendär erscheinenden Festigkeit führte, damit den einzelnen zu selbstverständlicher Treue gegen seine Kirche und zur fast automatisch ausgelösten Nächstenliebe. Andererseits war die Verlockung groß, den inneren Besitz zugunsten äußerer Formen zu vernachlässigen und bei einer unev. Schätzung der sichtbaren Kirche zu landen. Daß Glaube auch Ungesichertheit und vertrauendes Wagen fordert, ist stets nur von wenigen begriffen worden. - d) Aus altem Erbe und aus eigener Erfahrung nährte sich ein Fatalismus, der zu einem optimistischen Vorsehungsglauben abgewandelt sein konnte, und eine Wertung des guten Werkes, die katholisierende Gefahren in sich barg. Man sah sich in der Hand des Gottes, der Lippenbekenntnisse verwarf, weil er die Tat forderte. Werkgerechtigkeit schlich sich ein, wo das paulinisch-reformatorische Sündenbewußtsein absank und primitive do-ut-des-Frömmigkeit aufstieg. Beängstigend oft begegnet man einem Vertragsglauben, der den Menschen als selbständigen Partner Gottes und Gott als determiniert durch ihn erscheinen läßt. Verwandt ist der volkstümliche Vergeltungsglaube; der Gute wird belohnt, der Böse vernichtet. Zwischenmöglichkeiten ließ man nicht gelten. Selbst das klassische ev. Kirchenlied war am Zustandekommen dieser V. nicht unschuldig (P. Gerhardt). - Der Starrheit des Denkens - »Alles oder Nichts« - war die Lehre von der Verbalinspiration willkommen. Glaubenskrisen konnten bei solchen Grundüberzeugungen nicht ausbleiben. Seelisch befreiend wirkte die Jesusliebe, die durch mystische Einschläge im Lied und durch pietistische Erbauungsbücher einzog. Ihr vornehmlich ist zu danken, daß trotz aller Starre im Vergeltungs-, Werk- und Inspirationsglauben, trotz spröder Orthodoxie und Aufklärung die Innerlichkeit des Glaubens bewahrt wurde. In aller Unpersönlichkeit des Sittechristentums berührten Leid, Freude und Dank unmittelbar die Seelen, weil das Leben stärker ist als alle Theorie. Die Unpersönlichkeit ist auch dahin zu begrenzen, daß guter Gemeingeist immer durch Persönlichkeiten gestärkt wird, während schlechter Gemeingeist wie ein Unkrautteppich sich ausbreitet (→ Pestalozzi).

3. Ev. V. alter Art ist heute nur noch in Überresten vorhanden. Die Gründe der *Auflösung* sind mannigfach. Die unbewältigten Probleme bes. der → Theodizee schufen wie immer und überall Unsicherheit, die den in

allen Perioden und Schichten getarnt lauernden Unglauben erstarken ließen. Er steigt zur Macht empor, wenn durch weit um sich greifende kirchlich-religiöse Verwilderung die Massen der Kirche entgleiten. Die Geschichte der kirchlichen Verwahrlosung würde in die Elendsquartiere des Vor- und Frühkapitalismus, die kirchenlosen Riesenvorstädte der modernen Großstadt, die Barackenlager des Bahn- und Chausseebaus, die Auswandererhäfen, zu Kinderarbeit, Hungeraufständen und zum entrechteten Landvolk führen. Der militante Atheismus, von → Marx in seiner Bedeutung für den revolutionären Kampf erkannt, erreichte Millionen. Die Rückwirkungen auf das entlegenste Dorf konnten nicht ausbleiben. Hatten die Visitatoren der Reformationszeit über schwere Unwissenheit in Glaubensfragen geklagt, so ihre späten Nachfahren über den offenen oder heimlichen Abfall der Massen. Sobald der Zwang der Sitte, der Polizei, der Patrimonialgewalten hinschwand und die Kirche des weltlichen Arms entbehrte, verließen geschundene Bauern und entrechtete Industrie- und Landarbeiter die Kirchen. Nicht alle wurden Atheisten, doch viele sanken in einen religiösen Primitivismus ab, der in den Starrheiten und Verkümmerungen (s. o.) seine Ansatzpunkte hatte, nun ungehemmt emporstieg und im günstigsten Fall bei einer Frömmigkeit endete, wie sie in den Volkssagen sich aussprach, die vom Landvolk nicht nur tradiert, sondern auch weitergebildet sein dürften. Schuld und Sühne, Rache und Vergeltung, Lohn und Strafe, Magie und Zauber sind die herrschenden Themen. Schwerere Verfinsterungen begegnen im → Aberglauben, der im 19.Jh. erneut durch eine Flut von Zauberbüchern gespeist wurde. Zwischen 1800 und 1850 ist die alte ev. V. zerbrochen, seitdem breiten sich Unglaube und Primitivismen aus. Die Dichtungen → Gotthelfs zeigen die ev. V. in ihrer schweren Bedrohtheit. → Stoecker nannte 1876 Deutschland das unkirchlichste Volk des Protestantismus. Gewiß hielten sich Inseln ev. V., aber sie lagen in einem aufgewühlten Meer.

4. Die *Verantwortung* der Kirche in diesem geschichtlichen Zusammenbruch ist erdrückend. Die Schwere des Geschehenen ist den kirchlichen Amtsträgern noch immer nicht klar genug, wie ein Blick in die kirchensoziologische Literatur der Gegenwart zeigt (→ Gemeinde: III). Die traditionell verfestigte und von der konkreten Lage her gesehen veraltete theologische Ausbildung wird der Aufgabe längst nicht mehr gerecht. Die Forschung scheint die immer deutlicher erkennbaren wissenschaftlichen Probleme zu scheuen, ist doch die Geschichte des Zusammenbruchs der ev. V. fast auf der ganzen Strecke dunkel. Erfreulich ist, daß feile Schönfärberei und restaurative Programme, die schon im ganzen 19.Jh. versagten, der Skepsis und Ablehnung begegnen. Langsam wendet man sich den konkreten Einzelfragen zu (→ Religionssoziologie). Die fast gesetzmäßigen Zusammenhänge zwischen Umfang und Organisation der Kirchengemeinde einerseits und Frömmigkeit andererseits hat zuletzt Bo Giertz eindrucksvoll aufgewiesen (s. Lit.). Die Diskussion um weltliche Frömmigkeit, Frömmigkeit ohne Gott und Kirche steht in den Anfängen, sie dürfte ein neues Zeichen der Verlegenheit und des Versagens sein und die wahren Aufgaben mehr verdecken als fördern. Erbauungsbücher finden schwer Absatz, während anscheinend die Nachfrage nach Zauberbüchern bleibt. Zeitschriften wie das »Sonntagsblatt« scheinen meist in Kreisen der christlich-bürgerlichen Intelligenz gelesen zu werden. Die Krise der ev. V., einst zum guten Teil durch den Vormarsch der Naturwissenschaft ausgelöst, würde durch deren Versöhnung mit dem frommen Leben an Schärfe verlieren. Noch aber ist das Ziel nicht in Sicht. Die Volksmission (→ Evangelisation) sah erst spät neben der Aufgabe der Erweckung die der Pflanzung und Pflege. Sie geschieht heute wirkungsvoll in der gesamten Gruppenarbeit der Kirche (→ Gruppenbildung), durch die der bedrohten ev. V. Gesundungszellen eingepflanzt werden. Die Wirkungen der → Kirchentage wären nicht vorhanden, wenn nicht Kräfte ev. V. lebten. Das läßt hoffen, daneben wohl auch dies, daß der aus dem Bewußtsein verdrängte Gott als stiller oder drohender Schatten die entchristlichten Massen auf ihrem Weg in die Zukunft begleitet.

E.Rolffs, Ev. Kirchenkunde Niedersachsens, (1917) 1938² - Ders., Ev. V. (in: W.Pessler, Hdb. d. dt. Volkskunde I, 1934, 254 bis 270) - M.Rumpf, Relig. Volkskunde, 1933, bes. 361 ff - G.Koch, Die bäuerl. Seele, 1935 - A.Jobst, Grundzüge ev. V., 1937 - W.Gruehn, Die Frömmigkeit d. Gegenwart, 1956 - L.Veith-L.Lenhart, Kirche u. V. im Zeitalter des Barock, 1956 - B.Giertz, Brytningstider, 1957 (eingehender Bericht von G.Klose, Pastoraltheol. 48, 1959, 431-433) - H.Steitz, Ev. V. (PBl 101, 1961, 71-79) - H.Brattgård, Die Krise der Frömmigkeit (LR 11, 1961, 74-84). - Weitere Lit. s. → Kirchlichkeit, → Sitte: IV.

G.Holtz

Volksgemeinschaft, *Ev.* → Volksdienst.

Volkshochschule → Volksbildungswesen.

Volkskirche

1. Mit V. wird die enge Zusammenordnung der Kirche in ihrem Verhältnis zur Öffentlichkeit bezeichnet, wie sie als → Volk (: II) in Erscheinung tritt. Dieses Verhältnis ist von seiten der Kirche wie des Volkes problematisch und hängt sowohl vom Selbstverständnis der Kirche wie des Volkes ab. V. ist in ihrem Wesen nur theologisch und geschichtlich zugleich zu erfassen.

2. Die Problematik beginnt schon an der Stelle, da das junge Christentum in die Welt der Völker eintritt. Es tut dies mit dem Anspruch, das neue Gottesvolk zu sein, dessen König Jesus Christus ist (→ Israel im NT). Damit übernimmt es einerseits das Erbe der Erwählung vom alten Gottesvolk, bezieht aber andererseits die Welt der Völker in den Umkreis des Reiches Gottes mit ein. Durch das von → Konstantin eingeleitete Bündnis von Imperium und Sacerdotium werden *Gottesvolk und Reichs-Volk* verbunden. Diese im Osten als »Symphonie«, im Westen als → Corpus Christianum bezeichnete Verbindung wird in dem Augenblick vollständig, da Kindertaufe und trinitarischer Glaube nicht nur Zeichen des Christseins, sondern notwendige Forderungen an den Bürger des röm. Reiches werden (→ Justinian). Das damit gegebene Problem ist die Vergesetzlichung des Evangeliums, das nunmehr nicht Sache der freien Aneignung im Glauben des einzelnen, sondern Voraussetzung der bürgerlichen Existenz geworden ist. Weder der Protest der → Sekten (: II) noch das neue Verständnis des Verhältnisses von Kirche und Welt in der Reformation (→ Zwei-Reiche-Lehre) ändert das geschichtlich gegebene Verhältnis grundlegend. Auch im nachreformatorischen Territorialkirchentum, in dem die Konfession der Regierenden das Bekenntnis der Untertanen bestimmt (→ Cuius regio, eius religio), bleibt die Struktur des konstantinischen Bundes erhalten. Die mit dem Prinzip der territorialen Religionssouveränität verbundene staatskirchenrechtliche Privilegierung einer Kirche wird in dem Augenblick problematisch, da die Einheit der Kirche durch die Aufspaltung in mehrere Konfessionen gefährdet wird. Hinzu kommt das beim »schwärmerischen« Flügel der Reformation ausgebildete Verständnis der Kirche als Versammlung von bekehrten einzelnen, wodurch der bisherige institutionelle

Charakter der V. als einer dem Willen des einzelnen vorgeordneten Größe in Frage gestellt wird.

Die mit dem Begriff der V. bezeichnete Problematik im Verhältnis von Kirche und Öffentlichkeit hat zuerst → Schleiermacher erfaßt und theologisch umschrieben. Er nennt die Entstehung der → Landeskirchen durch die Obrigkeit von »oben her« revolutionär, unterscheidet davon jedoch die Möglichkeit, »von unten her« zu einer gesellschaftlichen Vereinigung der einzelnen Gemeinden auch über den Bereich eines Landes hinaus zu kommen. Die Kirche schwebt zwischen der Scylla der → Staatskirche, in der die Bürger zum Christentum gezwungen werden, und der Charybdis der → Freikirche, die weitgehend ohne Einfluß auf die Öffentlichkeit bleibt; sie muß sich zwischen Unabhängigkeit und Dienstbarkeit »hindurchwinden«. Schleiermacher steht die Kirche als Gemeinschaft derer vor Augen, die die Frömmigkeit des Menschen darstellen; sie ist darum auf das Volk bezogen, ihm aber geschichtlich an Kräftigkeit des Gottesbewußtseins voraus. Hier ist die Problematik der getrennten Kirchen ausgeklammert, das Gegenüber Christi zu seinem Volk übersehen und die eschatologische Erwartung eingeebnet.

3. Im bisherigen war der Begriff der V. kaum deutlich zu trennen von dem der Staatskirche, denn es ging beim Begriff des Volkes um das staatlich verfaßte Volk, und dementsprechend bei der Kirche um die die Mehrheit einer Bevölkerung eines Staatsgebietes umfassende Religionsgemeinschaft. Unter dem Einfluß der Romantik wandelt sich der Volksbegriff. → Volk (: I) ist nicht nur »derjenige Teil des Staates, der nicht weiß, was er will« (Hegel), sondern eine durch gemeinsame Geschichte und Blutserbe, gleichen Lebensraum und gleiche Sprache bestimmte menschliche Gemeinschaft. Auf diesem Hintergrund gesehen bedeutet V. eine diese Kräfte des Volkstums bejahende, hegende und pflegende Kirche. So versteht → Lagarde die Aufgabe einer künftigen V. als Wegbereitung des deutschen Nationalgeistes; eine solche Kirche kann nur eine für das ganze deutsche Volk einheitliche Kirche sein, in der die Konfessionen überwunden sind. Für → Maurenbrecher ist V. ein Auslesebegriff mit dem Auftrag, die Anlagen des Volkstums zu deuten und dem Volk seine Seele zu geben und zu erhalten. Für W.Stapel ist die V. als deutsche Nationalkirche gleichsam die Innenseite des Nationalstaates, wobei Ordnung und Recht der Kirche dem Staat unterstehen und sich die Struktur der V. an der des (autoritär geführten) Staates orientiert. - Das hier entstehende Problem ist in der Anpassung der Verkündigung an eine völkische Ideologie zu sehen (→ Völkische Bewegung), wobei diese Ideologie die Richtung der Verkündigung und die autoritäre Struktur des Staates das Recht der Kirche bestimmt. Damit ist die Freiheit der Verkündigung und die Unabhängigkeit des Wortes Gottes von menschlichen Einsichten und Meinungen gefährdet. Im → Kirchenkampf wurde erkannt, daß sich die Kirche nicht in den Dienst anderer Mächte begeben und ihre Ordnung sich nicht vom völkischen Staat her geben lassen darf, wenn anders sie ihrem Herrn gehorsam bleiben will (→ Barmen).

4. V. kann noch in einem dritten Sinne verstanden werden, nämlich als *Kirche des Volkes* im Gegensatz zur Obrigkeitskirche. Hier tritt Volk nicht mehr als primär durch Tradition, Blut und Boden bestimmte Gemeinschaft in Erscheinung, sondern als durch Organisation, Planung und Leistung bestimmte Gesellschaft. V. steht hier vor dem Problem der Entkirchlichung des Volkes, wobei diese Entkirchlichung weniger durch eine lebhafte Kirchenaustrittsbewegung (→ Kirchenaustritt: III) gekennzeichnet ist als durch allgemeine Interesselosigkeit, Gewohnheitschristentum, Mangel an Bereitschaft zur Mitarbeit und zum Opfer. In der industriellen Gesellschaft ergibt sich die paradoxe Situation, daß die Kirche institutionell zwar völlig gesichert dastehen kann, aber es ihr an innerer Lebendigkeit und Aktivität fehlt. Diese Situation suchte → Wichern in der Bewegung der → »Inneren Mission« zu überwinden. V. als Durchdringung des ganzen Volkes von der christlichen Gemeinde und Familie her war sein Ziel. Als 1918 das Staatskirchentum in Deutschland zerbrach, wurde dieses Problem bes. lebhaft empfunden. Der → Volkskirchenbund (O.Dibelius), aus vielen Gruppen zusammengewachsen, wollte die Kirche für das Volk retten. Die Volksmission (→ Evangelisation) setzte missionarisch von der Kirche her an, um vor allem die der Kirche entfremdeten → Arbeiter (: II) wieder für die Kirche zu gewinnen. V. war kein »Seinsbegriff« mehr, sondern ein »Sollensbegriff« (Doerne). 1933 meinten diese Gruppen zT, daß sich im völkischen Aufbruch eine Möglichkeit eröffne, das Volk zur Kirche zurückzuführen. Sie mußten jedoch bald einsehen, daß die Überwindung der Entkirchlichung nur um den Preis der Gleichschaltung der Kirche mit der völkischen Ideologie zu haben war.

5. Bei der Diskussion der mit der V. verbundenen Probleme muß zunächst daran festgehalten werden, daß Kirche kraft der Fleischwerdung des Wortes geschichtliche Wirklichkeit ist, die sich in den Völkern konkretisiert. Sie kann sich weder von der Wirklichkeit des Volkes distanzieren noch in ein Ghetto zurückziehen. Als Kirche in der modernen Gesellschaft ist ihre Situation missionarisch (Th.Harnack, Vicedom). Sie hat ihre Aufgabe in der Öffentlichkeit (→ Öffentlichkeitsauftrag). Es bleibt dann die Frage zurück, wie sich dieses Volk Gottes, das seinen öffentlichen Auftrag hat (de Quervain, H.Kraemer), konstituiert. Die Auskunft, daß der Herr der Kirche Gemeinde in allem Volk haben will und daß die göttliche Erwählung der Grund der Kirche sei, besagt zwar, daß sich Kirche nicht nur als freie Versammlung einzelner Gläubiger im Sinne eines Vereins konstituieren muß, wie dies für die → Freikirchen typisch ist, sondern auch als Institution vorgegeben sein kann. So wird das »Inkognito des Glaubens« besser gewahrt bei der volkskirchlichen Kindertaufe als bei der mit einem äußerlichen Glaubenserweis verbundenen Erwachsenentaufe (so → Kierkegaard). Dieses Inkognito ist freilich in der nachchristlichen Situation sofort durch den → Säkularismus gefährdet, der die Unanschaulichkeit des Glaubens zum Deckmantel seiner Gleichgültigkeit macht. Darum muß, selbst wenn man → Kirche theologisch als vorgegebene Institution versteht - und anders läßt sich V. theologisch nicht legitimieren -, sofort darauf hingewiesen werden, daß es zur Verwirklichung einer Institution eines Aktes der Annahme bedarf. Erst im Vollzug dieser Annahme im Glauben und in der Hingabe an das in der Kirche angebotene Heil kann die Institution der V. gerechtfertigt werden. Sie bedarf darum, auch wenn sie als geschichtliche Gestalt der Stiftung Gottes verstanden wird, des beständigen Aufbruchs aus dem drohenden Verfall in eine abendländische Selbstverständlichkeit (→ Abendland) oder einen »geographischen Begriff« (Kierkegaard). Als *ökumenische* Aufgabe ist der V. von heute die Forderung gestellt, nicht auf Kosten anderer christlicher Gemeinschaften an einer geschichtlich hergebrachten Privilegierung festzuhalten, sondern die Einheit des Leibes Christi in der Vielheit der Konfessionen darzustellen.

Fr.D.E.Schleiermacher, Sämtl. Werke I/13, 1850, 662-703 - Th. Harnack, Die freie luth. V., 1870 - A.Stoecker, Unsere V. (Dt.-ev. Jb., 1901, 1-17) - F.Thimme-E.Rolffs (Hg.), Revolution u. Kirche,

1919 - E.STANGE, V. als Organismus, 1928 - F.MAHLING, Der Wille zur V. (R.Seeberg-Festschr. II, 1929, 75-104) - D.BONHOEFFER, Sanctorum Communio, (1930) 1960³ - C.PAPST, V. u. Freikirche, 1933 - W.STAPEL, V. oder Sekte?, 1934 - G.MERZ, V. - Bekenntniskirche oder »Volkstums«kirche? (JK 2, 1934, 784-790) - M.DOERNE, Was heißt V.?, 1935 - H.KUTTER, Die Stellung d. Kirche in d. Volksgemeinschaft (ThEx 30), 1935 - A.ADAM, Nationalkirche u. V. im dt. Prot., 1938 - TH.SCHNEIDER, Die Einheit von V. u. Bek. Kirche, 1940 - A.DE QUERVAIN, Ethik II/1, 1945 - O.WEBER, Versammelte Gemeinde, 1949 - H.DIEM, Luth. V. in West u. Ost (ThEx NF 29), 1951 - ESL 1090f - H.H.ULRICH, Die Kirche u. ihre missionar. Aufgabe, 1955 - G.W.LOCHER, Das Problem d. Landeskirche (EvTh 16, 1956, 33-48) - H.-D.WENDLAND, Die Kirche in d. mod. Gesellschaft, (1956) 1958² - K.SCHOLDER, Kirche, Staat, Gesellschaft (EvTh 18, 1958, 241 bis 255) - A.RICH, Die Kirche in d. Massenwelt, 1958 - DERS., Die Krisis d. V. als Not u. Verheißung (ZEE 3, 1959, 263-280) - T.RENDTORFF, Die soziale Struktur d. Gemeinde, 1958 - DERS., Gesellschaftsbildende Aufgaben u. Möglichkeiten d. Kirchengemeinde (EvTh 19, 1959, 506-528) - Sterbende V.? (DtPfrBl 59, 1959, 25-28) - H.-O. WÖLBER, Religion ohne Entscheidung. V. am Beispiel d. jungen Generation, 1959 - H.KRAEMER, Theol. d. Laientums, 1959 - EKL III, 1689ff - K.G.STECK, Kirche u. Öffentlichkeit (ThEx NF 76), 1960 - R.ECKSTEIN, Gerechtigkeit für d. V. (ELKZ 14, 1960, 1-3) - J.BECKMANN, Wandlungen d. V. (in: DERS., Im Kampf für d. Kirche d. Evangeliums, 1961, 168-183) - G.F.VICEDOM, Das Dilemma d. V., 1961.

H.-R.Müller-Schwefe

Volkskirchenbund. Um Bestand und Zukunft der deutschen ev. Landeskirchen zu sichern, rief am Bußtag 1918 A.Titius in Göttingen dazu auf, politisch verwendbare kirchliche Organisationen in einen V. zu transponieren mit der Aufgabe: 1. Vertretung der ev. Christen im öffentlichen Leben, bes. Überleitung der bestehenden in staatsfreie Kirchen ohne Gefährdung des kirchlichen Lebens; 2. Ausgestaltung der Kirche zur wahren → Volkskirche und Pflege des kirchlichen Lebens; 3. Bekämpfung der Kirchenfeindschaft und Mission an den der Kirchen Entfremdeten. Ähnliche Vereinigungen entstanden u.a. in Hannover, Ostpreußen, Pommern, Mecklenburg, Sachsen, Westfalen, Württemberg und zahlreichen Einzelgemeinden. Sie schlossen sich im April 1919 unter Titius und → Hinderer zum *»Deutschen V.«* zusammen. Es gelang, Einfluß auf die Nominierung politischer Kandidaten und durch eine Unterschriftensammlung viele Millionen Stimmen für die Erhaltung des Religionsunterrichtes an öffentlichen Schulen zu gewinnen. Nach der Neuordnung der Landeskirchen verloren die V.e an Bedeutung. Die beim Hervortreten der Schulfrage entstehende Elternbewegung ließ die V.e im »Reichsverband ev. Eltern- und Volksbünde (Reichselternbund)« aufgehen. – In ihren Zielen den V.en verwandt, durch die positivere Haltung zur Revolution von 1918 aber von ihnen unterschieden waren die *»Volkskirchenräte«*. Sie gingen auf einen Aufruf von → Rade (Marburg) und Pfarrer Gay (Chemnitz) zurück, setzten sich zT in Mitteldeutschland durch, konnten aber trotz ihres sozialistischen Namens größere Arbeitermassen nicht für die Kirche gewinnen. – In Berlin entstand ein *»Volkskirchendienst«*, der 7 Ausschüsse bildete und u.a. durch Flugblätter und Kundgebungen für die Neuordnung der Kirche wertvolle Einzelarbeit leistete. – Andere Ziele als diese V.e verfolgten zB der »V. ev. Sozialisten« in Baden (→ Religiös-sozialistische Bewegung) und der »Thüringer V.« (Freie Volkskirche), die bis 1933 als kirchenpolitische Gruppen bei den kirchlichen Wahlen in Erscheinung traten.

M.RADE, Zur Neuordnung der Kirche (ChW 32, 1918, 487-492) - Ev. Volksdienst. Mitt.en aus der Arbeit der ev. V.e, hg.v. Ev. Preßverband Berlin, 1918ff - Flugschriften zur Volkskirchenbewegung, hg.v. der Buchhandlung der ev. Gesellschaft in Elberfeld, 1919ff - O.DIBELIUS, Volkskirchenräte, V., Volkskirchendienst (in: Revolution u. Kirche, hg.v. F.THIMME u. E.ROLFFS, 1919, 201-213).

H.Hohlwein

Volkskunde

I. Allgemeines - II. Volkskunde und Religionsgeschichte - III. Religiöse Volkskunde

I. Allgemeines

V. ist die Wissenschaft, die sich mit den geistigen und materiellen Erscheinungen ethnischer und sozialer Gruppen befaßt und sie nach Geschichte, Struktur und Funktion untersucht. Sie steht darum in enger Nachbarschaft und Verbindung mit allen anderen Kultur- und Sozialwissenschaften. Gegenüber der Völkerkunde (→ Ethnologie) beschränkt sich die V. auf die Lebensformen der europäischen Völker mit ihrem komplizierten Wechselverhältnis von Ober- und Unterschichten, Individual- und Kollektivkultur. Das 1806 und 1813 von verschiedenen Seiten erstmalig gebrauchte Wort V. setzte sich erst in der 2. Hälfte des 19.Jh.s durch gegenüber dem von W.J.Thoms 1846 geprägten engeren Begriff *»Folklore«*, der zudem auch doppeldeutig ist, da er sowohl die Wissenschaft selbst als auch deren Gegenstand meint. Doch hat sich »Folklore« im angelsächsischen und romanischen Sprachbereich sowie in Osteuropa eingebürgert, während in Schweden zB von »Folkminnesforskning« (geistige Kultur) und »Nordisk Etnologi« (materielle Kultur) oder »Folklivsforskning« (beides) gesprochen wird. Die V. hat vom historischen und nationalen Volksbegriff (→ Volk: I), dh vom Begriff des Staatsvolks oder auch der Sprachgemeinschaft ihren eigenen unpolitischen Volksbegriff abgegrenzt: sie erforscht das »einfache Volk«, die »Grundschicht« der Kulturvölker (»vulgus in populo«). V. untersucht die Primärformen unserer → Kultur, die Ursprünge, Beständigkeit und Wandlungen einfacher Lebensformen.

Anfänge der V. als Wissenschaft liegen schon im Zeitalter des Humanismus. Durch die Lektüre der »Germania« des Tacitus entstand ein neues Interesse, selbst einmal Land und Leute in ihrer Eigenart zu beschreiben (Bohemus, Seb. → Franck, Faber, → Celtis). Im 18.Jh. darf Justus Möser (1720-94) als Begründer einer soziologischen Methode der V. gelten (»Patriotische Phantasien« I-IV, 1774-86). Die Anregung zur Sammlung mündlicher Volksüberlieferungen ging vor allem von → Herder aus (→ Volkslied: I), fand aber erst im Zeitalter der → Romantik ihre Verwirklichung. Nun erlebte die deutsche V. einen großen Aufschwung, der durch die Namen Arnim und → Brentano (, 1), → Görres und E.M. → Arndt gekennzeichnet ist. Ludwig Jahn prägte den Ausdruck »Volkstum«. Am nachhaltigsten haben die Arbeiten der Brüder → Grimm auf die Entwicklung der V. weitergewirkt. Als philologisch-historische Wissenschaft steht die V. bei ihnen, aber auch noch bei L. → Uhland (Volkslieder, Sage) in enger Verbindung zur → Germanistik. Andere Zweige der V. folgten in ihrer Erforschung erst später nach. Eine weitgespannte Auffassung der V. findet sich bei ihrem Neubegründer W.H.Riehl (1823-97), der sich die Erforschung der »Naturgesetze des Volkslebens« an »Stamm, Sprache, Sitte und Siedlung« zum Ziel setzte (»Naturgeschichte des Volkes als Grundlage einer deutschen Sozialpolitik«, 1851ff; »Die Pfälzer«, 1858). Trotz Riehl hat die V. als Wissenschaft erst seit 1890 durch das Wirken K.Weinholds festere Gestalt gewonnen. Seitdem hat sich die V. ihren eigenen Forschungsapparat geschaffen und sich als Kultur- und Sozialwissenschaft von völlig selbständiger Prägung zu einem Eigenbereich entwickelt. Sichtbares Zeichen solcher Verselbständigung und Konsolidierung ist der Aufbau von Museen und Archiven, die Errichtung von Lehrstühlen an den Universitäten, die Herausgabe einer internationalen Bibliographie, wissenschaftlicher Forschungsberichte, internationaler Publikationsserien, großer Sammelwerke und Handbücher, ferner das Erscheinen allgemeiner sowie regionaler und spezieller Zeitschriften und Jahrbücher. Darüber hinaus ringt die V. bis heute um ihre Methodenlehre, ihre philosophische Grundlegung und ihre Stellung zu den Nachbarwissenschaften.

Mit ihren zahlreichen Einzelgebieten ist die V. eine recht komplexe Wissenschaft. Sie umfaßt Dingliches (Siedlung, Haus und Gerät, → Volkskunst, Tracht) ebenso wie sprachliche Überlieferungen (Mundarten, Namengebung, → Sprichwörter und Redensarten), Volksdichtung (→ Spiel, → Märchen, → Sage, Schwank, → Volkslied, → Rätsel), Volksmusik und -tanz; ferner → Sitte und Brauch, Volksglauben (→ Aberglaube), → Volksmedizin, rechtliche und religiöse → Volkskunde (: III). Mit der fortschreitenden Spezialisierung der Fächer haben sich sogar innerhalb der V. selbst gewisse Sonderwissenschaften herausgebildet: die Erzählforschung (→ Volkserzählung), die Volksliedforschung, die Erforschung der musealen Bestände, die Agrarethnographie und die Hausforschung. Die Spezialisierung hat auf der anderen Seite erst den schärferen Blick in die historische Tiefe und in die geographische Breite ermöglicht. Die V. beschränkt sich heute nicht nur auf die Überlieferungen des eigenen Volkes, sondern überall sieht sie die Probleme in gesamteuropäisch-vergleichender Schau, zumal es sich bei nahezu allen Forschungsgegenständen um übernationale Erscheinungen handelt. Man hat die V. auch als die »Wissenschaft vom Leben in überlieferten Ordnungen« bezeichnet (L.Schmidt). Ein durch alle Einzelgebiete hindurchgehendes Hauptanliegen ist in der Tat die Erforschung der Traditionsfestigkeit der Einzelerscheinungen; diese beruht auf dem im Menschen eingewurzelten Bedürfnis, immer wieder neue Traditionsgüter zu schaffen und sie mit dem Nimbus des Alten, Bewährten, Ehrwürdigen und Richtigen zu umgeben. Die literarische und historische Quellenforschung, die Sammelarbeit und Feldforschung in der Gegenwart, die Auswertung und das psychologische Verstehen der aufgefundenen Tatbestände werden durch die geographische Methode ergänzt, die aus der Verbreitung der Formen in Gegenwart und Vergangenheit (»Kulturbewegungen«) Aufschlüsse für ihre Entwicklung gewinnen kann (V.-Atlanten in nahezu allen europäischen Ländern). Neuere Untersuchungen gelten sodann den einzelnen schöpferischen Individuen und Überlieferungsträgern innerhalb der Grundschicht. Neben dem Bauerntum (→ Bauer) berücksichtigt die neuere V. in wachsendem Maße auch andere soziale Gruppen, bes. → Arbeiter und → Handwerker in ihren berufstypischen Gemeinschafts- und Traditionsbindungen. Auch Ansätze zur Industrie- und Großstadt-V. sind vorhanden. Die Gegenwarts-V. verschließt sich dabei nicht der Beobachtung moderner Massen- und Modeerscheinungen und den Veränderungen der Volkskultur im industriellen Zeitalter. Nach 1945 kam es ferner zur Erforschung der volkskundlichen Tatbestände, wie sie sich aus Umsiedlung und Heimatverlust ergaben. Die V. als Wissenschaft registriert die historischen und gegenwärtigen Erscheinungen; sie stellt selbstverständlich dabei auch die Wertfrage. Den praktischen kulturellen Heimatschutz (zB Erhaltung des Lied- und Erzählgutes, Brauchpflege, Trachtenerneuerung) überläßt sie jedoch der sog. angewandten V. und Heimpflege.

E.Schmidt, Dt. V. im Zeitalter d. Humanismus u. d. Reformation, 1904 - FFC, 1910ff - Internationale volkskundl. Bibliogr., 1917ff - H.Naumann, Grundzüge d. dt. V., (1922) 1929^{2} - K.Krohn, Die folklorist. Arbeitsmethode, Oslo 1926 - M. u. A.Haberlandt, Die Völker Europas u. ihre volkstüml. Kultur, 1928 - G.Jungbauer, Gesch. d. dt. V., 1931 - Die dt. V., hg.v. A.Spamer, 2 Bde, (1934/35) 1935^{2} - Hdb. d. dt. V., hg.v. W.Pessler, 3 Bde, 1934-38 - A.Haberlandt, Die dt. V., 1935 - K.Stavenhagen, Krit. Gänge in die Volkstheorie, 1936 - O.A.Erich-R.Beitl, WB d. dt. V., (1936) 1955^{2} - Dt. Volkstum, hg.v. J.Meier, 6 Bde, 1936-38 - A.Bach, Dt. V., (1937) 1960^{3} - A.van Gennep, Manuel de folklore français contemporain, 8 Bde, Paris 1937-58 - L.Schmidt, Wiener V., 1940 - Ders., V. als Geisteswissenschaft, 1948 - Ders., Gesch. d. österr. V., 1951 - R.Weiss, V. der Schweiz, 1946 - SDF I. II - I.M.Boberg, Folkemindesforskningens historie i Mellem- og Nordeuropa, Kopenhagen 1951-53 - W.E.Peuckert-O.Lauffer, V. Quellen u. Forschungen seit 1930, 1951 - W.Wiora, Die Stellung der V. im Kreis d. Geisteswissenschaften (Bericht über d. Allg. volkskundl. Kongreß, 1952, 8-21) - W.Brepohl, Industrievolk im Wandel von der agraren zur industriellen Daseinsform, 1957 - G.Lutz, V. Ein Hdb. zur Gesch. ihrer Probleme, 1958 - B.Schier, Zur Stellung d. V. im Wissenschaftsgefüge unserer Zeit (ZVK 55, 1959, 1-10) - R.M.Dorson, American Folklore, Chicago 1959 - H.Bausinger (→ Volk: I) - M.J.Melz, Russ. Folklore. Lit.-Verzeichnis 1945-59, Leningrad 1961 - L.Röhrich, Deutschunterricht u. V. (Der Deutschunterricht 13, 1961, 77-112) - Schwed. V. (Festschr. S.Svensson), Uppsala 1961 - G.Heilfurth, V., in: Hdb. d. empir. Sozialforschung, hg.v. R. König, I, 1962, 537ff.

Zs.en: ZVK, 1891ff - Österr. Zs. f. V., 1895ff - Schweiz. Archiv f. V., 1897ff - Hess. Blätter f. V., 1902ff - Bayer. Jb. f. V., 1903ff - Rhein.-westfäl. Zs. f. V., 1904ff - Niederdt. Zs. f. V., 1923ff - Folkliv, 1937ff - Arv. Tidskrift för nordisk Folkminnesforskning, 1945ff - Rhein. Jb. f. V., 1950ff - Beiträge zur dt. Volks- u. Altertumskunde, 1954ff - Dt. Jb. f. V., 1955ff - Fabula. Zs. f. Erzählforschung, 1957ff - Demos, 1960ff.

L. Röhrich

II. Volkskunde und Religionsgeschichte

1. Seit den Brüdern → Grimm hat man immer wieder versucht, aus Volksglauben und Volksbrauch, → Märchen (: I, 1) und → Sagen (: I, 1) eine vorchristliche Schicht zu erheben und sie als religionsgeschichtliche Quelle zu verwerten (→ Geheimbünde, → Kultgeschichtliche Methode: I, → Myth and Ritual-Schule, → Survivals). Diese Tendenz ist eigentlich älter: Der 1675 ernannte schwedische Reichsantiquarius Reenhielm hat zB Notizen »ad titulum de paganae et catholicae superstitionis reliquiis in Suecia« gesammelt (Fataburen 1946, 147ff). Im nachreformatorischen Norden hat man überhaupt den → Aberglauben als »Paganismus und Papismus« bekämpft. Noch H.Ljungberg benutzt in seiner Dissertation »Den nordiska religionen och kristendomen« (Uppsala 1938; dt. 1940) die Unterscheidung von W.Schwartz und W. → Mannhardt zwischen höherer und niederer Mythologie und faßt sein Resultat folgendermaßen zusammen: Beim Religionswechsel ist die nordische, höhere Religion untergegangen, die niedere Religion hat unabhängig vom Christentum weitergelebt, und die Magie ist christlich geworden. In einer späteren Arbeit (Tor, UUÅ 1947, 184) benutzt Ljungberg die religionswissenschaftliche Theorie von der Entstehung des Polytheismus aus dem → Hochgottglauben durch Absplitterung der negativen Seite des ethisch ambivalenten Hochgottes (→ Hypostasen, → Monotheismus: I), um den Glauben an die → Riesen aus dem Glauben an den Donnergott (→ Gewitter) herzuleiten. - Neuheidnische Bewegungen, nicht nur im »Dritten Reich«, sondern auch etwa im Baltikum, die sich auf → Herders Theorien über den Volksgeist stützten, förderten die Ausnutzung der V. für ihre Zwecke.

2. Gleichzeitig reagierten manche Volkskundler selbst heftig gegen die religionsgeschichtliche Interpretation des volkskundlichen Materials, wie sie etwa im HWDA vorliegt (in Schweden bes. C.W.v.Sydow und seine Schüler; Hauptvertreter der anderen Seite: M.P. → Nilsson). Dieser kritischen Auffassung stimmten auch einige Germanisten zu. W.Baetke bekannte sich zu den Ansichten von H.Naumann und J.de Vries, daß aus der V. sehr wenig für die wirkliche → germanische Religion zu gewinnen sei (Die Religion der Germanen in Quellen-

zeugnissen, 1937, VII). J. de Vries verneint zwar nicht den Zusammenhang nach rückwärts, sondern rechnet zB damit, daß die magischen → Ackerbau-Bräuche auf alte, vorchristliche Opferhandlungen zurückgehen können und daß Totengeister (→ Totenverehrung: I) und Mächte der → Fruchtbarkeit im Volksglauben wirklich existierende Wesen und nicht nur Phantasiegebilde oder bloße Symbolsprache gewesen sind; die Forschung stehe aber hier erst am Anfang. Trotz dieser Zugeständnisse meint M.Ninck, daß de Vries in seiner Kritik zu weit gegangen sei (Oberdt. Zs. f. V. 15, 1941, 126ff). Auch P.Radin (Journ. of Amer. Folklore 57, 1944, 31) und R. Weiss (V. der Schweiz, 1946, 163) beurteilen die Volkstradition als religionsgeschichtliche Quelle positiver.

3. Obwohl die Mauer der röm.-kath. → Volksfrömmigkeit des MA fast undurchdringlich erscheint, dürften sich doch vorchristliche Bräuche und Vorstellungen in der Volkstradition erhalten haben. Durch vorsichtige, vergleichende Forschung lassen sich diese von Fall zu Fall rekonstruieren, obgleich die alten schriftlichen Quellen in verschiedenen Teilen Europas reichlicher oder spärlicher fließen und von ungleichem Wert sind. Bei einer solchen Arbeit muß man mit folgenden Tatsachen rechnen: Die Kirche hat während der Missionsperiode vorchristliche Traditionen allgemeiner (→ Indogermanen) oder lokaler Prägung angetroffen und sie verchristlicht, toleriert oder verboten. Bes. in Südeuropa läßt sich dieser Vorgang durch das Vorhandensein der antiken Dokumente und der Schriften der Kirchenväter ziemlich gut verfolgen. Die Kirche ihrerseits hat das Leben des Volkes geformt, indem sie das antike Erbe und ihre eigenen Traditionen mitbrachte und neue Sitten schuf (vgl. → Aberglaube, 3). Die kirchlichen Feste etwa erhielten dabei leicht eine volkstümliche Kehrseite, deren vorchristliche Elemente wiederum durch eine Interpretatio christiana befördert bzw. gutgeheißen oder bekämpft wurden. Hier bedeutet die Reformation einen Bruch, aber mittelalterliche Volksfrömmigkeit hat sich bisweilen, wenn auch in verzerrter Form, erhalten. Luther hat den Volksglauben durch seine Autorität und seine Schriften (Postille!) mitunter sogar konserviert. In nachreformatorischer Zeit haben sich Pietismus und Erweckungsbewegungen schärfer gegen die Volkstradition gewandt als die luth. Orthodoxie. Schließlich ist auch heute noch eine kirchliche Neuschöpfung der Volkssitte im Gange. Bei so komplizierten Verhältnissen ist es verständlich, daß vergleichende Philologen, Germanisten, Kirchengeschichtler und Volkskundler je ihre Sondergebiete in der Traditionsmasse auswählen, isolieren und zu verschiedenen Resultaten gelangen. Dazu kommt, daß sich die Volkstradition heute meist im Stadium der »Anwendung« anstatt des »Ausdrucks« befindet (gemäß der Terminologie Ad.E.Jensens) und also für den Träger selbst keinen Sinn mehr hat. Dennoch haben u.a. Sagen- und Märchenforscher gezeigt, zu welchen Erkenntnissen Einzelanalysen führen können (s. 1).

W.Boudriout, Die altgerm. Religion in d. amtl. kirchl. Lit., 1928 - M.D.Madden, The Pagan Divinities and their Worship as depicted in the Works of Saint Augustine exclusive of the City of God (Diss. Catholic Univ. of America, Patristic Studies 24), 1930 - J.de Vries, Altgerm. Religionsgesch. I. II, (1935/37) 1956/57² - C.-M.Edsman, Folklig sed med rot i heden tid (Arv 2, 1946, 145 bis 176) - Ders., Ignis divinus (SVSL 34), 1949 - Ders., Nödelden (Vestrogothica 9, 1950, 33-61) - Ders. (→ Bärenfest) - Ders. (→Tanz: I) - Ders. (→ Urmonotheismus) - Ders., Volksglaube (Schwed. V., Uppsala 1961, 441-459) - A.Eskeröd, Årets äring (Diss. Stockholm), 1947 (vgl. Rez. in Rig 32, 1949, 21-41) - H.Biezais, Die lettischen Hauptgöttinnen (Diss. Uppsala), 1955 - Ders., Der himml. Bauer, ebd 1961 - Norden och kontinenten, Lund 1958, 123 f. 189 f - L.Röhrich, Europäische Wildgeistersagen (Rhein. Jb. f. V. 10, 1959, 79 bis 162).

C.-M.Edsman

III. Religiöse Volkskunde

1. Geschichte - 2. Selbsterfassung - 3. Die bleibende Aufgabe

1. Daß Beruf, Umwelt und Überlieferung den Menschen seelisch formen und darum sein Glaubensleben beeinflussen, wußte die Orthodoxie, als sie in homiletischen und asketisch-pastoraltheologischen Schriften eine Standeskasuistik entwickelte. Doch erst die späte Aufklärung verarbeitete *systematisch* Beobachtungen und Erfahrungen zu einer beschreibenden rel. V. (J.G. Krünitz, Der Landpfarrer, 1794; F.E.A.Heydenreich, Über den Charakter des Landmannes in religiöser Hinsicht, 1800; einige »Magazine« seit 1784). Nach der Mitte des 19.Jh.s nahm die Arbeit neuen Aufschwung. Bedeutsam waren etwa C.Büchsel, Erinnerungen aus dem Leben eines Landgeistlichen (1861; scharfe Beobachtungen zu Glaubensleben und Kirchlichkeit des Landvolkes) und H.Gebhardt, Zur bäuerlichen Glaubens- und Sittenlehre (1885, anonym). Sammelbecken der Arbeit wurden die Buchreihe »Ev. Kirchenkunde« (seit 1902, hg.v. P. → Drews) und die »Dorfkirche« (1907 von H.Sohnrey begründet und hg.v. H.v. → Lüpke). Neben der kirchlichen laufen andere Entwicklungslinien einher. Die allgemeine Religionswissenschaft, um Rückführung der religiösen Lebensäußerungen auf animistische Frühformen oder Urerlebnisse bemüht, dehnte ihre Forschungen auf die rel. V. aus und empfahl die Annahme von allgemeingültigen primitiv-religiösen Bau- und Strukturgesetzen (A.Dieterich, HWDA u.a.; → Volkskunde: II). Rückführungen auf Germanisch-Heidnisches waren seit J. → Grimm (Deutsche Mythologie, 1835) beliebt. Bei steigender säkularistischer Tendenz kam es - bes. im Faschismus - zu schweren Fehldeutungen (erschreckende Extreme: das Schrifttum des »Bundes für deutsche Kirche« und H.Grabert, Der Glaube des deutschen Bauerntums, 1939). Die Neigung zu möglichst weitgehender Herleitung aus heidnischer Vergangenheit besteht teilweise bis heute. Groß war der Einfluß der Romantik; F.L.Jahn, Deutsches Volkstum (1810) und W.H.Riehl, Naturgeschichte des Volkes (1851 ff) haben stark auf die kirchliche rel. V. gewirkt. Von einer angewandten rel. V. kann man nur in den Kirchen reden (→ Dorfkirchenbewegung), denn die Wissenschaft scheut schon den Schritt in die Gegenwarts-V. (vereinsamt steht W.-E.Peuckert, V. des Proletariats I, 1932). Auf prot. Seite scheint die Neigung zu bestehen, die Gegenwartsaufgaben der → Religionssoziologie zuzuweisen.

2. Die geschichtliche Skizze deutet an, daß es an einer allseits befriedigenden *Selbsterfassung* fehlt. Allgemein läßt sich sagen, daß in allen Kirchen die rel. V. als Disziplin der → Praktischen Theologie gilt. Um die Aufgaben des Pfarramtes zu erfüllen, müsse man die Volksseele und ihre typischen Urteils- und Verhaltensweisen kennen. Da aber nicht alles Vorgefundene gültig sein kann, wie ein Blick in die Volkssittlichkeit oder den → Aberglauben zeigt, bedarf es der Norm, an der → Volksfrömmigkeit zu messen ist. Rel. V. darf sich nicht an der psychologisch-analytischen Zergliederung der Volksfrömmigkeit gestern und heute genügen lassen, sondern muß werten und Grundfragen des Gemeindeaufbaus heute beantworten können. Die kath. Kirche kann mit Hilfe der natürlichen Theologie auch noch in Primitivformen christliche Vorstufen sehen, auch in erheblichem Umfang außerchristliche Lebensformen bejahen. Die ev. Theologie hat eine Lehre der Ordnungen ausgebildet (→ Schöpfungsordnung), die - obwohl umkämpft - Grundlagen der rel. V. geschaffen hat. Wie Ehe und Familie sind auch Volkstum und Nächstenschaft Schöpfungs- und Erhaltungsordnungen, auf welche die Ge-

bote der zweiten Tafel zielen. Daraus Normen der Gestaltung christlichen Volkslebens zu gewinnen und sie im praktischen Gemeindeaufbau einzusetzen, ist schwer vernachlässigt (B. → Gutmann), obgleich man wußte, daß lebendiger Glaube das Leben integriert. Da man in der säkularen Wissenschaft einerseits achristlich denkt, andererseits die Sorge für den Volksaufbau den Politikern überläßt, bleibt das Interesse an der rel. V. auf historische und strukturpsychologische Analyse beschränkt. Wo sich Gestaltungswille zeigt, ist er entweder in wirkungslose Romantik getaucht oder politischen Zielen zugewandt (so im Faschismus).

3. Die Bemühungen um volkstümliche Predigt, Kenntnis der frommen und unfrommen Seele, der Möglichkeiten kirchlicher → Sitte (: IV) gestern, heute und morgen, der Um- und Unterwelteinflüsse des Achristlichen, Vorchristlichen, Magischen müssen bleiben, weil dem Pfarrer heute die Zufriedenheit mit der nur dogmatischen Betrachtung des Menschen und der Welt und das Versagen im Konkreten droht. Es dürfte sich empfehlen, in Zukunft statt von rel. V. von kirchlicher V. zu reden, um sich gegen die religiöse Primitivenkunde wirkungsvoll abzugrenzen und dem Verdacht zu entgehen, man wüßte noch immer nicht zwischen Religion und Glauben zu unterscheiden. Doch bleiben nach wie vor die religionswissenschaftlichen Erkenntnisse wertvoll, weil der Blick in das historische Werden des frommen Seelentums und in Tiefenschichten mit der Masse des Verdrängten, Unbewältigten und Gesunkenen dem Seelsorger unentbehrlich ist. Es besteht eine Arbeitsgemeinschaft für rel. V. (geleitet von M.Zeim-Halle). In Lund hat H.Pleijel ein besonderes Institut für »Kyrklig folklivsforskning« mit eigenen Publikationsreihen gegründet.

Vgl. die Lit. zu → Dorfkirchenbewegung, → Volksfrömmigkeit: II. - Lit. bis 1935 bei G.Koch, Zu Gesch. u. Stand d. rel. V. (ThR NF 8, 1936, 96-128. 146-166), darüber hinaus bei L.Fendt, Grundriß d. Prakt. Theol. III, (1939) 1949², 20f; W.-E.Peuckert-O.Lauffer, V., Quellen u. Forschungen seit 1930, 1951, 47-76. Nachträge fortlaufend in den volkskundl. Bibliographien. - A.Niebergall, Prakt. Theol. I. II, 1918/19 - RGG² V, 1668f - M.Rumpf, Rel. V., 1933 - H.Lohoff, Ursprung u. Entwicklung d. rel. V., 1934 - G.Koch, Die bäuerl. Seele. Einführung in d. rel. V., 1935 - G.Holtz, Das Volkstum in d. Lehre u. im Gemeindeaufbau d. Luthertums (Dorfkirche 28, 1935, 198-208) - A.Jobst, Einführung in die V. u. rel. V., 1936 - Ders., Grundzüge ev. Volksfrömmigkeit, 1937 - Ders., Ev. Kirche u. Volkstum, 1938 - W.Peuckert, Theol. Aufs. zur rel. V., 1938 - L.Röhrich, Volksglaube u. rel. V. (Blätter f. pfälz. KG u. rel. V. 18, 1951, 3-12) - D.Narr, Fragen der rel. V. (Festschr. f.W.-E.Peuckert, hg.v. H.Dölker, 1955, 116-127) - EKL III, 1691ff. *G.Holtz*

Volkskunst, *religiöse*

1. Begriff - 2. Forschung - 3. Wesen - 4. Sachbestand

1. R.V., der bildnerisch gestaltete Ausdruck der → Volksfrömmigkeit, nimmt im angewandten, vornehmlich aber freien volkstümlichen und volksläufigen Kunstschaffen breitesten Raum ein und wird, da der V. überhaupt religiöse Grundhaltung eignet, hier nur insoweit als solche charakterisiert, als ihre Thematik und Funktion dem christlich-kirchlichen Glaubensbereich zugehört.

2. Grundsätzlich, wenn auch nicht ausschließlich, unterliegt r.V. der Betrachtungsweise der Volkskunde, die im Zuge der um 1900 einsetzenden Sachgüterforschung zu Wesenserfassung und Begriffsfindung (V. ist »das von den Erb- und Traditionswerten des Volkes bestimmte, innerhalb dessen von Gemeinschaftskultur und besonderem Lebenskreis angeregte und angeleitete künstlerische Schaffen« [A.Haberlandt]) gelangte, während die Deutung der Eigengesetzlichkeit und der Erscheinungsformen einer im Nebenverlauf zu den Stilepochen der Hochkunst und außerhalb jeder ästhetisch-stilistischen Wertung sich vollziehenden kollektiven Kunstübung Aufgabe der Kunstwissenschaft ist. Ist r.V. reiche Erkenntnisquelle der religiösen → Volkskunde (: III), so wird umgekehrt diese wesentliche Aufschlüsse über Beweggrund, Inhalt und Zweck der Bildaussagen zu bieten vermögen.

3. *Wesensmerkmal* der r.V. ist, daß sie im Auftrag der von der Gemeinschaft gepflegten frommen Sitte nach brauchtümlich festgelegten Erfordernissen in traditioneller Formgebung und handwerklicher Fertigkeit ihre gemeinverständlichen Bildinhalte gestaltet. Der ornamentale Grundcharakter aller V. beherrscht auch die figurale und selbst plastische Darstellung. Formelhafte Wiederholung einzelner, stets sinnbildlich bedeutsamer Motive, rhythmische Reihung, symmetrische Anordnung der Dekorations- und Bildelemente, flächenhafte, rahmenfüllende Bildbehandlung, das Fehlen jedweder auf ästhetische Wirkung zielenden formalen Mittel und naturalistischer Wiedergabe bei Wahrung höchster Anschaulichkeit, klare Konturen und reine, symbolisch betonte Farbengebung kennzeichnen den naiven Expressionismus einer allein auf die Bildaussage, unterstützt von dem begleitenden Wort, ausgerichteten Kunst.

4. Ihrem *Gegenstand* nach umfaßt die r.V. alle in verschiedensten Werkstoffen und Techniken ausgeführten Bildwerke und liturgischen Gerätschaften, die der häuslichen Andachtsübung und zT dem kirchlichen Kultgebrauch dienen. Vielfach werden auch kleine Bastelarbeiten und Künsteleien aus Papier, Flitter, Wachs, Brokat u.ä. (»Klosterarbeiten«, Eingerichte, magische Schutz- und Abwehrmittel wie Opfergaben, Amulette, Eßzettel usw) wohl zu Unrecht in den Bestand der r.V. einbezogen. Der größte Teil der Sachgüter, die in den kath. Ländern des bislang am besten durchforschten mitteleuropäischen Raumes und in seinen ostkirchlichen Randgebieten überwiegen, stammt aus dem 17.-19.Jh. Wo es sich nicht um echtes Erbgut der »Grundschicht« des Volkes handelt, finden sich ihre Vorlagen in der über das städtische Bürgertum vermittelten Hochkunst, die in einem für die V. charakteristischen Umformungsprozeß sowohl destruktiv abgeschliffen als auch selbständig verarbeitet wird (so zB die »Santos« in New Mexico, → Christusbild, 2 e). In den prot. Ländern beschränkt sich die r.V. unter Einwirkung mittelalterlicher Kirchenmalerei und Bildwirkerei auf die schmückende Ausstattung des Hauses und Wohnraums mit Darstellungen biblischer Szenen, auf Holzvertäfelung, Tapete, Wand- und Deckenbehänge (Norddeutschland, Schweden) gemalt, gewebt (Beiderwand mit figürlichen Mustern in Friesland), gedruckt (norddeutscher Zeug-, Blaudruck), gestickt (Mustertücher, Altardecken), auf Wand- und Ofenkacheln. Geringere Pflege findet neben vielfältigen Erzeugnissen bäuerlicher Papiermalerei (Patenbriefe, Quempashefte, Sprüche, Haussegen) das kleine → Andachtsbild als Einlegeblatt in Bibel und Erbauungsbüchern oder als Geschenk bei kirchlichen Feiern (Liederblätter aus dem schwenckfeldischen Dichterkreis, herrnhutische Devotionalbilder im 17./18.Jh.). Eigene, auf deutschem Vorbild aufbauende Formen der r.V. entwickelt der Pietismus in Pennsylvanien. Vereinzelt kommen auch in Schnitz- und Bastelarbeit ausgeführte Passionsgruppen (Kreuzigungsgruppe aus Brietzig, Pommern) und Weihnachtskrippen vor, deren eigentliches, kath. Verbreitungsgebiet in Süd-(Mittel-)Deutschland liegt. Hier wird die volkstümliche »Krippe« (→ Weihnachten, 2 c), ihrem Ursprung nach auf die spätgotischen Weihnachtsaltäre und mittelalterlichen → Mysterienspiele zurückweisend, als Landschafts-, Kasten- und Bühnenkrippe in materialer und forma-

ler Mannigfaltigkeit in Zentren hausgewerblicher Fertigung hergestellt (Oberbayern, Tirol, Erzgebirge, Schlesien). Als Träger mystisch-volkstümlicher Ikonographie erfährt das kleine Andachtsbild, aus der frauenklösterlichen Devotion des 14. und 15.Jh.s mit den Bildmotiven: Leiden Christi (→ Christusbild, 2 c), Gott und die minnende Seele hervorgegangen, während des 18.Jh.s durch die Augsburger Illuministen und unter Einfluß der Jesuiten seine Übertragung aus der Kunstform des kolorierten Holzschnittes und Kupferstichs in das Volkstümliche (Herzensemblematik der Herz-Jesu-Bilder) und wird im 19.Jh. der weitverbreitete Gegenstand des bäuerlichen Bildgewerbes und der arbeitsteilig in ländlicher Hausindustrie verfertigten Hinterglasmalerei. Deren gebräuchlichste Darstellungen, meist einzelfigurig, sind der Gekreuzigte, Jesuskind, Maria, Schutz- und Namenheilige. Das Kernstück der sog. Bauernmalerei bildet jedoch die Votivtafel. Ihrer Herkunft nach aus der Tradition der Opfergabe stammend, ist sie aufs engste mit dem Wallfahrtsbrauch verbunden und gelangt im Laufe des 18.Jh.s vor allem in Süddeutschland zu höchster Blüte. Entwicklungsgeschichtlich bestehen Zusammenhänge mit dem spätgotischen Stifter- und Mirakelbild. Bei feststehendem ikonographischem Schema begegnet mitunter eine überraschend realistische, individuelle Bildgestaltung. Aus der Fülle plastischer, geschnitzter, geformter, geschmiedeter Arbeiten r.V. (Heiligenfiguren, Kruzifixe, Hausmadonnen, Grabkreuze) ragt der Bildstock (Steinkreuz, Marter) hervor, ein Charakteristikum der fränkischen Landschaft und Zeugnis ungebrochener Tradition mittelalterlicher Steinmetzkunst. Mit seinen gemalten oder plastischen Passions- und Vesperbildern, Schutzheiligen, Exvotos u.a. dient er als Erinnerungszeichen, Wegmal und Andachtsstätte.

Zusammenfassende Darst. der r.V. fehlt. Reiches Material in Übersichts- u. Spezialwerken zur → Volkskunde u. V., u.a.: M.Haberlandt, Werke der V. 1-3, 1913-15 - E.Redslob (Hg.), Dt. V., 13 Bde, 1923ff - H.Th.Bossert, V. in Europa, 1926; engl. New York 1953 - K.Hahm, Dt. V., 1932 - H.Karlinger, Dt. V., 1938 - E.Meyer-Heisig, Dt. V., 1955. - Einzelnes: A.Spamer, Das kleine Andachtsbild vom 14. bis zum 20.Jh., 1930 - G.Schreiber (Hg.), Wallfahrt u. Volkstum in Gesch. u. Leben, 1934 - J.M.Ritz, Bauernmalerei, 1935 - Ders., Dt. r.V. (Volk u. Volkstum 1, 1936, 138-147) - H.S.Bornemann, Pennsylvania German Illuminated Manuscripts, Norristown/Pa. 1937 - M.A.Wilder-E.Breitenbach, Santos and Religious Folk Art of New Mexico, New York 1945 - J.J.Stoudt, Pennsylvania Folk Art, Allentown/Pa. 1948 - Leop.Schmidt, Volkskunde als Geisteswiss. Ges. Abh.en zur geistigen Volkskunde (Hdb. d. Geisteswiss. II/1. 2), 1948/49 - R.Kriss, Die Volkskunde der altbayer. Gnadenstätten I. II, 1953/55 - R.Berliner, Die Weihnachtskrippe, 1955 - L.Kriss-Rettenbeck, Das Votivbild, 1958 - J.Dünninger-K.Treutwein, Bildstöcke in Franken, 1960 - Relig. Kunst der Ostkirche (Österr. Zs. f. Volkskunde 14, 1960, 1-42) - C.Hansmann, Kunterbunter Bauernhimmel, 1961. *F.Wolf*

Volkslied

I. Literaturgeschichtlich - II. Musikalisch

I. Literaturgeschichtlich

1. Begriff und Name - 2. Quellen und Sammlungen - 3. V. und Individuallied - 4. Die V.gattungen und ihre Funktion - 5. Form, Sprache, Stil

1. V. ist ein im Volk gesungenes Lied, das nach Inhalt, sprachlicher und musikalischer Form den Empfindungen und Vorstellungen breiter Schichten entspricht; mit feststehenden Liedtypen und traditionellen Mitteln ist es leicht eingängig und übertragbar. Im Gegensatz zum → Kirchenlied und zur Dichtung höherer Stände wurde das V. im MA als carmen saeculare, vulgare, barbaricum, volkssprachlich ahd. als winileod bezeichnet; in der Neuzeit nannte man V.er im Gegensatz zum Gesellschaftslied gebildeter Schichten u.a. Gassenhauer, Reuterliedlein, Grasliedlein, Berkreyen oder Straßenlieder. Das erst 1773 von → Herder geprägte Wort V. hat sich am Ende des 18.Jh.s durchgesetzt.

2. Während für eine Frühzeit nur Hinweise in Chroniken und gelegentliche Schilderungen in literarischen Denkmälern vorliegen, besitzen wir seit Mitte des 15.Jh.s umfangreiche Lieder-Hss. (St. Georgener Hs.; Liederbuch der Hätzlerin; Wienhäuser, Lochheimer, Rostocker, Glogauer Liederbuch). Mit dem 16.Jh. kommen gedruckte Sammlungen hinzu (Bergreien 1531, Ambraser Liederbuch), vor allem aber die Masse der fliegenden Blätter. Das Interesse der Gebildeten am V. beginnt mit der Entdeckung der Poesie der »Primitiven« durch → Montaigne und seiner Forderung nach einer Naturdichtung (Essays 1580). 1765 erschienen Percys »Reliquies of Ancient English Poetry«, eine Sammlung altenglischer Balladen, die den Anstoß zu Herders »V.er«-Sammlung gab (1778/79). Die wenigen deutschen Stücke verdankt Herder → Goethe, der auf seine Anregung im Elsaß aus der mündlichen Überlieferung Volksballaden aufgezeichnet hatte (1771). Die Wirkungen Herders führen zur ersten großen Sammlung deutscher V.er in »Des Knaben Wunderhorn« (hg.v. A.v. Arnim und Cl. → Brentano, 1805-08). Allerdings wurden zahlreiche Originalquellen von den Herausgebern stark überarbeitet. Die erste kritische und wissenschaftliche Ausgabe bieten erst L. → Uhlands »Alte hoch- und niederdeutsche V.er« (1844-45). Den von Hoffmann v. Fallersleben herausgegebenen »Schlesischen V.ern« (1842) folgt eine Vielzahl landschaftlicher V.ersammlungen bis zur Gegenwart. Das Werk von L.Erk und F.M.Böhme (s. Lit.) bringt die umfangreichste, aber heutigen Ansprüchen nicht mehr genügende Ausgabe deutscher V.er. Die V.arbeit des Wandervogels und der → Jugendbewegung (: I) bewirkte eine Erneuerung des V.es; durchschlagenden Erfolg hatte der »Zupfgeigenhansl« (1908). Während der V.bestand im 20.Jh. zugunsten des Schlagers immer mehr zurückging, haben sich in den Sprachinseln (zB bei den Wolgadeutschen) und in verkehrsabgelegenen Gebieten (zB in Lothringen) alte V.er lange erhalten; bes. in Ost- und Südosteuropa gibt es noch heute Rückzugsgebiete alten Volksgesangs. Das 1914 durch J.Meier in Freiburg/Br. gegründete Deutsche V.archiv umfaßt rd 300000 V.aufzeichnungen und hat mit einer historisch-kritischen Ausgabe des gesamten deutschen V.schatzes begonnen (bisher 4 Bde). Die gedruckten Ausgaben werden neuerdings durch eine Schallplattendokumentation authentischen Volksgesangs ergänzt. Der Hauptteil der Stoffmassen harrt freilich noch der wissenschaftlichen Bearbeitung.

3. Das V. enthält einen starken literarischen Anteil: viele Lieder sind aus bekannten Kunstliedern entstanden, waren also ursprünglich eine *individuelle* Schöpfung. Man kann zB nachweisen, wie Lieder von Spervogel, Oswald von Wolkenstein, Jörg Graff, Opitz u.a. populär geworden sind. Eine fühlbare Nachwirkung hat das schäferliche Rokokolied des 18.Jh.s im neueren V. hinterlassen (zB »Ein Schäfermädchen weidete«), aber bes. seit dem 19.Jh. ist der Zustrom von literarischem Gut sehr stark geworden. So stammen zB die Lieder »Am Brunnen vor dem Tore« von Wilh.Müller, »Ich hatt' einen Kameraden« von L.Uhland, »Ich weiß nicht, was soll es bedeuten« von H.Heine, »Steh' ich in finstrer Mitternacht« von W.Hauff, »Winter ade« von Hoffmann v. Fallersleben. Vielfach sind es die Erzeugnisse zweit- oder drittrangiger Dichter gewesen, die volksläufig wurden (zB »Ach, wie ist's möglich denn« von Helmina v. Chézy; das Weihnachtslied »Stille Nacht, heilige Nacht« von Jos. → Mohr). Freilich wird ein individuel-

les Lied nur dann V., wenn es etwas aussagt, was alle Menschen berühren kann. Auf dem Weg zum V. macht ein Individuallied in der Regel beträchtliche Wandlungen durch: es wird umgesungen (Görres prägte dafür den Ausdruck »Zersingen«), dh durch bewußte oder unbewußte Veränderungen dem Kollektivgut angepaßt. Durch Kontamination mit Nachbarliedern, durch Auffüllung mit Wanderzeilen oder -strophen wird das Lied fortentwickelt. Die individuellen Züge werden abgestreift und durch allgemeine, typische und formelhafte ersetzt. Mißverständnisse führen zu Entstellungen (Verhören). - Vom V. gingen andererseits wieder starke Anregungen und Impulse auf die Kunstdichtungen aus. Unendlich viel verdanken die Lyrik und die Kunstballadendichtung der Romantik und des 19.Jh.s der Berührung mit dem V. (→ Heine, → Eichendorff, → Uhland, → Mörike, → Storm). Zweifellos ist auch nicht jedes V. ursprünglich ein individuelles Kunstlied gewesen. Es gibt vielmehr eine durch Generationen vererbte Technik, bestimmte erzählerische und seelische Motive, dh eine vorgeprägte Modellhaftigkeit, nach der immer wieder neue Lieder gestaltet werden konnten. Hinzu kommt, daß auch unter einfachen Menschen schöpferische Begabungen zu finden sind. Einzelne Sänger ragen durch besondere musikalische Begabung, Vortrag und Textgedächtnis hervor und haben oft ein erstaunlich reiches Repertoire (zT über 400 Lieder eines einzigen Sängers).

4. Unter den erzählenden V.ern gehören die *Balladen* zur ältesten und wertvollsten Schicht; sie tradieren zT noch Stoffe des germanischen Heldenliedes (Hildebrandslied, Ermanrichs Tod), des hochmittelalterlichen Heldenepos (Wolfdietrich, Kudrun) oder behandeln die Lebensschicksale von Minnesängern (Heinrich von Morungen, Tannhäuser, Reinmar von Brennenberg). Antike Novellenstoffe stehen neben Inhalten des Märchens und Volksglaubens. Liebes-, Werbungs- und Entführungsgeschichten spielen eine große Rolle. Deutschland besitzt ungefähr 250 solcher Erzähllieder, die allerdings zT nur in stark zerrüttetem Zustand bis in die Gegenwart überliefert worden sind. Nur wenige Balladen werden noch heute gesungen (zB »Es waren zwei Königskinder«, »Es freit ein wilder Wassermann«). Auf die Ballade, die meist in einem höfisch-aristokratischen Milieu spielt, folgt das *Zeitungslied,* das aktuelle Ereignisse als »Newe Zeitung« mit moralischen Schlußbelehrungen berichtet; es wird schließlich vom Bänkelgesang abgelöst. Das *geschichtliche Lied* besingt wichtige historische Ereignisse; doch haben sich nur relativ wenige geschichtliche Lieder Generationen lang erhalten; meist sind es Preislieder auf populäre Helden (Georg von Frundsberg, Prinz Eugen, Friedrich d.Gr., Radetzky, Schill, Rob. Blum). Zahlenmäßig an der Spitze liegen die *Liebeslieder.* In Wortwahl, Blumen- und Farbensymbolik sind sie zT dem höfischen Minnesang verpflichtet; andererseits ist auch das Liebeslied der Hochkunst aus der Volkslyrik erwachsen. Besondere Gruppen bilden das Tagelied (zB »Wach auf meins Herzens Schöne«), Kiltlied, Werbungs- und Abschiedslied, Frauenstrophen, Nonnenklagen. Zur Gruppe der sog. *geselligen V.er* gehören Streitgespräche, Wett-, Spott-, Schwank-, Rätsel-, Trink- und Lügenlieder. *Berufs-* und *Standeslieder* zeigen eine deutliche soziale Differenzierung. Das *Kinderlied* hat zT höchst altertümliche Inhalte und Formen bewahrt. Junge V.gattungen sind *Heimat-* und *Wanderlieder.* Die Geschichte der einzelnen V.gattungen ist noch nicht geschrieben. Viele V.er sind brauchmäßig gebunden: Hochzeitslieder, Totenklagen; Frühlings- und Erntelieder; Glückwunschlieder beim Jahreswechsel, Sternsinger- und andere Heischelieder; Fastnachtslieder. Geistliche V.er sind Passions-, Oster-, Advents- und Weihnachtslieder; ferner Wallfahrts- und Legendenlieder, die vom Schicksal und den Wundern der Heiligen berichten. Bisweilen wurden weltliche Lieder geistlich umgestaltet (→ Kontrafaktur; → Kirchenlied: II, 2, → Volkslied: II).

5. Die häufigste V.strophe ist der Vierzeiler; mehrzeilige Strophen sind selten. Der Vers des V.es ist meist viertaktig und hat freie Füllung und unterschiedliche Kadenzen; reichlicher Gebrauch wird vom Auftakt gemacht. Die rhythmische Struktur des Textes ist in der Regel von der Melodie abhängig, diese wiederum von der besonderen Funktion des Liedes (etwa als Arbeits-, Marsch- oder Tanzlied). Wort und Weise sind jedenfalls nicht getrennt zu betrachten: dieselben Worte haben im gesungenen V. ein anderes Sein als im isolierten Text. Das gesungene V. verlangt auch nicht im selben Maße reine Reime wie ein gesprochenes Gedicht; vielfach genügt bloße Assonanz. Fast immer führt der Zersingungsprozeß zur Zerrüttung der ursprünglichen Reimverhältnisse. Die ältere Improvisationstechnik ist heute auf einen engen Raum beschränkt (im alpenländischen Schnadahüpfl). Im Gegensatz zur Hochkunst des Liedes hat das V. einen charakteristischen, typischen Stil mit festen Motiven, stehenden Beiwörtern, anschaulichen Wendungen, rhetorischen Fragen und reichlicher Verwendung von Formelgut. Sprache, Wortschatz und Satzbau erscheinen zeitgebunden und weisen Einflüsse ganz verschiedener geistesgeschichtlicher Epochen vom MA bis zur Gegenwartssprache auf. Ein auffallender Geschmackswandel führt in der neueren Zeit zum Vorherrschen des Sentimentalen. Oft zeigen sich in einem einzelnen Lied vielfache Schichtungen und Wandlungen.

Außer den im Text genannten Sammlungen: Danmarks gamle Folkeviser, hg.v. S.Grundtvig u.a., 11 Bde, Kopenhagen 1853ff - R.v.Liliencron, Die hist. V.er der Deutschen vom 13.-16.Jh., 4 Bde u. Nachtrag, 1865-69 - F.W.v.Ditfurth, Hist. V.er der Zeit von 1756-1871, 2 Bde, 1871/72 - F.J.Child, The English and Scottish Popular Ballads, 5 Bde, New York (1882-98) 1957 - L.Erk-F.M. Böhme, Dt. Liederhort, 3 Bde, 1893/94 - J.Meier, Kunstlieder im Volksmunde, 1906 - Ders. in: H.Paul (Hg.), Grundriß d. germ. Philologie II/1, 1909², 1178ff (Bibliogr.) - A.Daur, Das alte dt. V., 1909 - P.Levy, Gesch. d. Begriffes V., 1911 - H.Petrich, Unser geistl. V., 1920 - G.Pohl, Der Strophenbau im dt. V., 1921 - L.Pinck, Verklingende Weisen. Lothringer V.er, 4 Bde, 1926-39 - RDL III, 487ff - A.Götze, Das dt. V., 1929 - J.Müller-Blattau, Das dt. V., 1932 - Dt. V.er mit ihren Melodien, hg.v. Dt. V.archiv, 1935ff - W.Danckert, Das europ. V., 1939 - G.Kotek-R.Zoder, Ein österr. V.erbuch, 3 Bde, 1948-50 - Svenska visor, hg.v. Kgl. Gustav Adolfs Akad., 1949ff - J.Canteloube, Anthologie des chants populaires français, 4 Bde, 1951 - MGG III, 261ff - E.Seemann-W.Wiora, V. (in: Dt. Philologie im Aufriß II, 1954, 1-42) - G.Heilfurth, Das Bergmannslied, 1954 - W.Salmen, Die V.forschung in Deutschland u. Österreich seit 1955 (ZVK 56, 1960, 241-254) - Dt. V.er. Eine Dokumentation d. Dt. Musikrates (mit Schallplatten), 2 Bde, 1961. - Periodica: Jb. f. V.forschung, 1928ff - Zs.: Das dt. V., 1899ff; seit 1947: V., Volkstanz, Volksmusik - Jb. d. österr. V.werkes, 1952ff.

L. Röhrich

II. Musikalisch

Unter dem Vorbehalt, daß beim V. Wort und Weise untrennbar zusammengehören, wird hier versucht, das für die deutschen V.-Melodien Typische herauszustellen. Die geschichtliche Betrachtung ist dafür am geeignetsten. Die ältesten mit Weisen überlieferten »V.er« im MA sind die Gemeinschaftslieder des Kirchenvolkes zu den großen Festen, wie »Christ ist erstanden« und »Nu bitten wir den heiligen Geist«. Diese sog. Leisen (→ Kirchenlied: II, 2) zeigen einfache Zeilenformeln im Raum der fallenden Quint a - d oder c' - f. Einen andern alten Typus zeigt das älteste Weihnachtslied »Joseph, lieber Joseph mein«: wiegende, gleichschwebige Zeilen im Raum c' - f, die in den Wiegenliedern fortdauern. Daß die Zeilenformeln unerschöpfliche Variationsmöglichkeiten bergen, zeigen im Bereich der Volksfrömmigkeit die »Fahrtenlieder«, zB die Lieder der Geißler von 1349 oder die beiden Kernlieder »In Gott's Namen fahren wir« und »Wer hier das Elend bauen will«. Weltliche Lieder tauchen erst im 15.Jh. auf, etwa in der Hs. des Lochamer (besser »Nürnberger«) Liederbuches von 1460, oder auch zu weltlicher Melodie geistlich gewendet bei Heinrich Laufenberg (Straßburg). - Mit dem Aufkommen des Notendrucks erhält das Lied eine bisher ungekannte Verbreitungsmöglichkeit. Martin Luther, als Dichter und Melodieerfinder gleich bedeutend, machte sich das zunutze. Die alten Zeilenformeln werden weitergebildet. Aus »Christ ist erstanden« wird die Weise zu »Christ lag in Todesbanden«; aus dem Fahrenden-Lied »Ich komm aus fremden Landen her« mit neuer Bewegungsrichtung der Melodie »Vom Himmel hoch da komm' ich her«. In der Schlußzeile wird dabei nicht nur die Quint, sondern sogar die Oktav im Fall durchmessen. Auf kath. Seite wird vor allem die reiche Überlieferung der Wallfahrts- und Prozessions- und der Heiligenlieder (»Ruflieder«) im Druck festgehalten und fortgebildet. Wie sich dabei die Typen des alten Liedes rhythmisch vermannigfaltigen, erweisen etwa »Innsbruck ich muß dich lassen« und »Es ist ein Ros entsprungen«. Die Längung der ersten Note oder des Zeilenendes entspringt der besinnlichen Erfassung des Wortes. - Seit Ende des 16.Jh.s wird der Einfluß des Tanzliedes spürbar. »Lobt Gott ihr Christen alle gleich« ist ein fröhlicher deutscher Reigentanz (= Allemande). Ein Tanzlied kann geschritten oder gesprungen werden, dh bei gleicher melodischer Substanz im Vierer- (4/4) oder Sechser-Takt (6/4) erscheinen, oder gar als beides (Reigen und Abtanz) hintereinander. Eine Fülle neuer frischer Melodik dringt so in das Lied ein. Aber das gleiche 17.Jh. führt auch im kirchlichen Gemeindegesang unter Einebnung alter rhythmischer Feinheiten zum Gange in gleichen Noten. Dabei wird aus der in italienischer Art rhythmisierten Liebesklage H.L. → Hasslers (»Mein G'müt ist mir verwirret«) die fromme Karfreitagsklage »O Haupt voll Blut und Wunden«, aus der Weise des Innsbruckliedes die Melodie des Abendliedes »Nun ruhen alle Wälder«. - Vom Tanzlied her bereitet sich langsam der Melodietypus des neueren V.es vor. Die Zeilen werden aus Tönen des Dreiklangs gebildet (wie etwa in den späteren Schnadahüpfl-Melodien), nach Grundharmonien gegliedert (»O Straßburg«), der Grundriß in Gruppen zu 4, 8 oder 16 Takten zur zwei- und dreiteiligen Liedform ausgebildet. - In der 2. Hälfte des 18.Jh.s beginnt - von → Hamann, → Herder und dem jungen → Goethe ausgehend - die Neuentdeckung des älteren V.es. Jetzt erst wird von Herder Wort und Begriff des »V.es« geschaffen und Singbarkeit und Singgebrauch als sein wesentlichstes Merkmal bezeichnet. Unter den Liedern, die Goethe im Elsaß sammelt, ist der Weisen-Typus des älteren Liedes noch lebendig (»Ich steh auf einem hohen Berg«). Er wird jetzt zum »Balladenton«, wie ihn Goethe-Zelters »König in Thule« als Neuschöpfung zeigt. Aber jenes Lied hat auch noch eine jüngere, eine »Reigen«-Weise nach der Art des als Melodie ins 17.Jh. zurückreichenden »O Straßburg«. Auch der Typus des neueren V.es wird beachtet. Reichardt, Goethes Freund, zieht das Schweizerlied »Es hätt' e Buur e Töchterli« ans Licht: trotz alter Substanz eine musterhafte dreiteilige Liedform. J.A.P.Schulz steuert zu dem Abendlied »Der Mond ist aufgegangen« von M. → Claudius, gedichtet auf die alte Melodie von »Nun ruhen alle Wälder«, eine neue bei. Der zu Herzen dringende neue »Volkston« dieser Melodie geht eigentlich auf das Kinderlied zurück, das alle Verwandlungen des V.es überdauert. In einer etwas jüngeren Generation formt → Silcher die Abtanz-Melodie von »Ein schwarzbraunes Mädchen« (im $^3/_4$Takt) zur Reigen-Melodie (im $^4/_4$Takt) zurück, zur Melodie des »Guten Kameraden«. - Nach 1850 beginnt mit dem Siegeszug der Technik und unter Einwirkung des großstädtischen Gassenhauers die Gefährdung des V.es. Aus tiefer Sorge um seinen Bestand sammelt man nun in allen deutschen Landschaften und bes. in Österreich die verklingenden Lieder. In der deutschen → Jugendbewegung (: I) erwacht ein neues »Leben im V.«. Der »Zupfgeigenhansl« (1909) macht viel altes Liedgut neu lebendig; in Jödes und Hensels → Singbewegung kommt es zu einer Erneuerung des V.es in neuen Gemeinschaften, in denen auch neue Lieder entstehen. Die Kirchengesangbücher beider Konfessionen wahren und erhalten den Kernbestand. Nach dem 1. Weltkrieg entdeckte L.Pinck, der letzte große V.sammler, in seiner Heimat Lothringen einen ungehobenen Schatz alten Liedgutes und gab die »Verklingenden Weisen« heraus (I-IV, 1926-39). In der Gegenwart brachten die vertriebenen Auslandsdeutschen noch einmal eine Fülle älterer V.er in die Heimat zurück (gesammelt von J.Künzig [1958] und K.Scheierling [1960]), oft mit alten unbekannten Weisen (zB »Heute scheid' ich, morgen wandr' ich«). Daneben sind auch neue Gemeinschaftslieder entstanden, bes. Weihnachtslieder, unter denen einige auf dem Wege sind, V.er zu werden.

Grundlegende Sammlungen (außer den genannten): L.Erk, Dt. Liederhort, 1853-56 (NB v. F.M.Böhme, 3 Bde, 1893/94) - Dt. V.er, hg.v. John Meier in Verbindung mit W.Heiske u. E.Seemann (Texte), F.Quellmalz, W.Wiora, B.Märker, H.Trede (Melodien), 1934ff - J.Müller-Blattau, Dt. V.er, 1959 (enthält alle zitierten V.er mit ihren Weisen, dazu eine Gesch. des V.es). - Zum Grundsätzlichen: W.Wiora, Das echte V., 1950 - Ders. in: Das V. heute (Musikal. Zeitfragen VII), 1960, 9ff. *J.Müller-Blattau*

Volksmedizin. Unter V. versteht man die volkstümlichen Krankheitsvorstellungen und entsprechenden Heilverfahren im Gegensatz zur jeweils gültigen wissenschaftlichen Medizin. Vor der Entstehung eines Ärztestandes war zunächst alle Medizin V., aber auch in neuerer Zeit stehen neben dem Arzt volksmäßige Vertreter der Heilkunst: das kräuterkundige Weib, der → Medizinmann, der Sympathiedoktor, Bader und Barbier, Schmiede, Schäfer, Hebammen, Quacksalber und Kurpfuscher. Bei der verwirrenden Fülle von Erscheinungen der V. handelt es sich zT um abgesunkenes und veraltetes Gut der Schulmedizin, größtenteils aber um vorwissenschaftliche Anschauungen. Rationale und irrationale Weltschau, empirisches Wissen und Zauberglauben sind dabei eng verflochten. Vorzugsweise wird in der V. die Entstehung von → Krankheiten (: I) auf eine außernatürliche Kausalität zurückgeführt. Viele Krankheiten gelten als »angehext« oder von Leuten mit dem bösen → Blick »angetan«. Volkssprachliche Krankheitsnamen wie Hexenschuß (→ Hexen: I), Alpdrücken, Schlag, → Besessenheit zeigen noch heute, daß diese Leiden durch Einwirkung von Dämonen (→ Geister: I) entstanden gedacht wurden. Viele Krankheitserreger denkt sich die V. tiergestaltig (Krebs). Jeder nagende oder bohrende Schmerz wird auf einen Wurm zurückgeführt (»Zahn-, Herz-, Ohrwurm«). Die Gebärmutter wird als eine im Unterleib sich bewegende Kröte vorgestellt. In → Sagen und → Zaubersprüchen treten die Krankheiten zT personifiziert auf (Pest); sie sind auf der Wanderschaft und fallen den Menschen an. Zu den irrationalen Vorstellungen gehört auch die Meinung, daß diejenigen Körperglieder vom Siechtum befallen werden, mit denen man gesündigt hat.

Dem Glauben an die Entstehung von Krankheiten entsprechen die *Heilmittel* der V., bes. der Glaube an eine übernatürliche Beeinflußbarkeit der Krankheit. Das → Amulett ist die älteste Form der Prophylaxe. Das zauberische Wort und der Segensspruch (→ Segen: I) wenden sich gegen die Schadensmacht (→ Exorzismus: I). Für das »Besprechen« oder »Besegnen« der Krankheit kennt der Volksmund eine Menge von Ausdrücken, wie »verbeten«, »berufen«, »beschreien«, »brauchen«. Ein Besprechen mit → Gebeten wird als »Gesundbeten« bezeichnet. Auch geschriebene Zauberworte werden auf das leidende Glied gebunden (zB sog. Gichtzettel). Neben dem Wortzauber stehen Heilbehandlung und -brauch; sie sind vielfach Analogiezauber: Krankheiten müssen bei abnehmendem → Mond behandelt werden, damit sie abnehmen; Leiche, Grab und Friedhof werden im Heilzauber häufig genannt, denn die Krankheit soll »tot« werden wie die Leiche im Grab. Zu den altertümlichen Heilbräuchen gehört die Vernichtung von Krankheiten, das Verbrennen und Ausräuchern, das Vernageln, Verpflöcken, Verbohren und Verpflanzen auf einen Baum (Transplantation), das Vergraben, Einknoten (→ Knoten), Abmessen, Abstreifen, Wegwerfen, Wegschwemmen in fließendem Wasser, kurz jede Art von Übertragung. Einfache Heilmittel der V. sind u.a. → Wasser, → Feuer, Brot, Salz, bestimmte Steine, Eisen und andere → Metalle (Münzen), → Blut, Milch, → Speichel; ferner sogar → Schweiß, Urin und Kot. Auch tierische Ingredienzien, bes. von → Schlange und Wiesel, sowie Tierblut spielen eine bedeutende Rolle. Alle diese Mittel müssen streng geheim gehalten werden. Viele von ihnen gehen auf uralte Erfahrungen zurück. Hier steht die Kenntnis und Anwendung volkstümlicher Heilkräuter an erster Stelle. Die Rezepte beruhen teils auf mündlicher, teils auf schriftlicher oder sogar gedruckter Überlieferung (Kräuter-, Brauch- und Sympathiebücher, → Zauberbücher). Die Naturheilmittel der V. sind mitunter sogar von der wissenschaftlichen Medizin in ihren Anwendungsbereich aufgenommen worden.

Die besondere Zuständigkeit von Heiligen für einzelne Krankheiten ergibt sich entweder aus Einzelzügen ihrer Legende oder auch nur aus bloßer Namensanalogie. So werden als Krankheitspatrone → Sebastian für die Pest, Lucia, Ottilie und Augustinus bei Augenleiden, → Valentin und Veit (→ Vitus) gegen die fallende Sucht, → Blasius bei Blasenleiden, → Apollonia bei Zahnschmerzen angerufen. Im kath. Bereich gibt es das »Verloben« zu einem bestimmten Heiligen und seiner Wallfahrtskirche, dh das Versprechen, nach der Genesung dorthin zu wallfahren (→ Wallfahrt). Bildliche Darstellungen des kranken Menschen oder Tieres, hölzerne, eiserne oder wächserne Nachbildungen von kranken Körperteilen werden von den Gläubigen geopfert, um Heilung zu erlangen oder als Dank für die Genesung vom Leiden (→ Opfer, Votivgaben). Seuchen und Epidemien riefen zT ganze Volksbewegungen hervor (→ Flagellanten, Echternacher Springprozession). Zu den kirchlich überlagerten Heilmitteln der V. gehört auch das Verschlucken von Segenszetteln und Heiligenbildern (sog. Schluckbildchen) oder die Heilkraft des → Weihwassers.

I. Manninen, Die dämonist. Krankheiten im finn. Volksaberglauben (FFC 45), 1922 - H. Marzell, Gesch. u. Volkskunde d. dt. Heilpflanzen, (1922) 1938² - Ders., Die V. (in: Die dt. Volkskunde, hg.v. A. Spamer, I, 1935², 168-182) - E. Stemplinger, Antike u. moderne V., 1925 - E. Liek, Das Wunder in d. Heilkunde, (1930) 1931² - RGG³ V, 1675ff (Lit.) - E. Bargheer, Eingeweide, 1931 - G. Jungbauer, Dt. V., 1934 - P. Diepgen, Dt. V., 1935 - Ders., Gesch. d. Medizin I. II/1. 2, 1949-55 - R. Beitl, WB d. dt. Volkskunde, (1936) 1955², 823ff - H. Zimmer, Signaturen in d. V., 1939 - H. Löhr, Aberglauben u. Medizin, (1940) 1943² - HWDA X (Reg.), 374ff - M. Bouteiller, Chamanisme et guérison magique, Paris 1950 - H.O. Münsterer, Grundlagen, Gültigkeit u. Grenzen d. volksmediz. Heilverfahren (Bayer. Jb. f. Volkskunde, 1950, 9-20) - K. Saller, V. u. außerschulgemäße diagnost. u. therapeut. Methoden I, 1951 - H.E. Sigerist, Hist. of Medicine I, New York 1951 - W. Lettenbauer, Über Krankheitsdämonen im Volksglauben der Balkanslaven (Festgruß F. Babinger, 1952, 120-135) - H. Reitzig, Die Krummhübler Laboranten, 1952 - H.J. Zimmels, Magicians, Theologians and Doctors, London 1952 - R. Kriss, Die Volkskunde d. altbayer. Gnadenstätten I-III, 1953-56 - M. Leproux, Dévotions et saints guérisseurs, Paris 1957 - L. Kriss-Rettenbeck, Das Votivbild, 1958 - C.H. Tillhagen, Folklig läkekonst, Stockholm (1958) 1962 - W. Bitter (Hg.), Magie u. Wunder in d. Heilkunde, 1959 - B.L. Gordon, Medieval and Renaissance Medicine, New York 1959 - L. Honko, Krankheitsprojektile (FFC 178), 1959 - E. Grabner, Volkstüml. Fiebervorstellungen (Österr. Zs. f. Volkskunde 64, 1961, 81-97). - Weitere Lit. s. → Aberglaube, → Krankheit: I, → Medizinmann, → Schamanismus.

L. Röhrich

Volksmission, *katholische*

1. Aufgabe - 2. Entwicklung - 3. Moderne Milieumission. - Zur *ev.* V. s. → Evangelisation und Volksmission

1. Die kath. V. ist nicht mit der → Inneren Mission zu vergleichen, deren Gegenstück die kath. → Caritas ist. Sie entspricht eher der → Stadtmission, wenigstens im Ziel der Rückgewinnung der Kirchenentfremdeten. Nach c. 1350 CIC haben die Ordinarien und Pfarrer die Pflicht, sich der Nichtkatholiken in ihrem Sprengel »im Herrn anzunehmen«, dh sie womöglich in die eine Kirche »zurückzuführen«; doch verbietet c. 1351 jede Art von Zwang zur Konversion. Die V.en sind »Religiöse Wochen« innerhalb einer Pfarrei, die durch Verteilzettel, Hausbesuche usw vorbereitet werden. Ihre Dauer beträgt wenigstens 8 Tage, meist 2 Wochen. Durch Predigten für die ganze Gemeinde oder einzelne Gruppen sollen die aktiven Katholiken gestärkt und zur seelsorgerlichen Nachbarschaftshilfe angeregt, die passiv gewordenen für das Leben mit der Kirche zurückgewonnen, vor allem zur Beichte bzw. Generalbeichte gebracht werden. Die V. bedeutet für eine Pfarrgemeinde ein besonderes Ereignis außerordentlicher Seelsorge. Nach c. 1349 soll der parochus proprius wenigstens alle 10 Jahre eine solche »heilige Mission« durchführen. Die V.are, fast ausschließlich Ordensgeistliche, haben dann erweiterte Absolutionsvollmachten. In der meist abendlichen Eröffnungsfeier wird die Bedeutung der V. symbolisch deutlich, wenn der Gemeindepfarrer am Altar dem leitenden Pater seine violette Stola überreicht. Das gottesdienstliche Leben erfährt während dieser Zeit eine liturgische Akzentverschiebung: die Predigt tritt in den Vordergrund, so sehr sie auch Mittel des sakramentalen Zwekkes bleibt. Erinnerungsbildchen (→ Devotionalien) und ein meist vor der Kirche errichtetes Missionskreuz mit der Inschrift »Rette deine Seele« sollen bleibende Mahner sein.

2. Vorläufer der V. waren die Volks- und Bußprediger des MA: → Berthold von Regensburg, Vincenz → Ferrer, → Bernhardin von Siena, → Johannes von Capistrano bis hin zu den Berner »Romfahrtpredigten« → Heynlins von Stein (1478-80). Die Predigerorden im weiteren Sinne (Franziskaner, Dominikaner, Karmeliter, Augustinereremiten) waren eine volksmissionarische Bewegung, die wesentlich half, das Eindringen des Laizismus in der Zeit der ersten Aufklärung abzuwehren oder gar im »Dritten Orden« (→ Tertiarier) abzufangen. Die eigentliche V., wie sie im CIC kodifiziert worden ist, hat ihre Wurzel in den »Geistlichen → Exerzitien« des Ignatius von → Loyola. Sie wurden im wesentlichen von → Vincentius von Paul, dem jesuitisch erzogenen »Vater der V.«, für die von ihm gegründete Säkularkongregation von Missionspredigern (→ Lazaristen) übernommen. 1732 hat Alfons von → Liguori, der Stifter der

→ Redemptoristen, die Generalbeichte als Ziel der V. herausgestellt und die »Standespredigten« eingeführt. Einen hervorragenden Platz in der Entwicklung der V. nimmt Leonhard von Porto Maurizio (bei Genua; 1676 bis 1751), der »Apostel Italiens«, ein. Als wesentlichen Bestandteil der Exerzitien und der V.en hat er die Kreuzwegandacht (→ Kreuzweg, 2) hinzugefügt. Leonhard wurde von Pius XI. 1923 zum »Patron der V.« kreiert. Im 20.Jh. hat Kardinal → Faulhaber 1911 durch seinen Aufruf »Laienapostolat« die holländische Art der »Straßenmission« in Deutschland ins Leben gerufen. Daneben entstand die sog. Kreuznacher Missionsart, die sich einer durch ein Vierteljahr vor Beginn der V. erscheinenden Missionszeitung bedient; wie eine moderne Zeitung aufgemacht, wird sie in *allen* Häusern der Pfarrei verteilt. Die seit 1924 in Hannover praktizierte Methode teilt die Gemeinde nach vorherigen Hausbesuchen des V.ars in kleinere Gruppen ein, die die Predigten in einzelnen Häusern oder Kapellen hören (»Hausmission«, »Kapellenmission«).

3. Im Zeitalter des Kollektivismus ist die klassische Form der V. als überholt anzusehen. Unmerklich ist die durch Pius XI. 1923 proklamierte → »Katholische Aktion« an die Stelle der traditionellen V. getreten und als *»Milieumission«* wirksam geworden. Das »soziologische Missionsland« Frankreich und während des Krieges die Seelsorge unter den französischen Zwangsarbeitern in Deutschland sind der eigentliche Ausgang der »remissionierenden Seelsorge« (Mission de France, Mission de Paris; → Arbeiterpriester). Inzwischen ist die »Milieuseelsorge« zum Gemeingut geworden. Die veränderten Lebensverhältnisse und die damit gegebenen Problemstellungen haben zu der Überzeugung geführt, daß die herkömmliche V. »für die Ära des kollektiven praktischen Atheismus« nicht mehr ausreicht (vgl. Hirtenbrief der Bischöfe der Emilia 1954). Neben der Liturgie als »missionarischer Tatverkündigung« steht nun das → Laienapostolat als Seelsorgeverpflichtung auf Grund der Taufe als dem Sakrament des »Allgemeinen Priestertums«. Der Laie wird nach Pius XI. »Teilhaber am hierarchischen Apostolat« (Pius XII.: »Mitarbeiter«); hier wird das Spannungsverhältnis zwischen hierarchischem und allgemeinem Priestertum sichtbar. Die soziologischen Erfahrungen kommen heute ebenso zur Auswirkung wie die Mittel der modernen Technik: Betriebsseelsorge, Wohnviertelapostolat, Natur- und Berufsständemission, Akademiearbeit, »Offene Tür«, das moderne Buch, die illustrierte Presse sowie Film, Rundfunk und Fernsehen. Dadurch ist der Aktionsradius der kath. Kirche wesentlich erweitert. Entgegen der Vorweltkriegszeit wird kath. Leben heute auch in nichtkath. und sogar nichtchristlichen Häusern bekannt. – Seit 1912 erscheint ein eigenes Organ: Paulus, Zeitschrift für volksmissionarische Seelsorge. Es haben bereits »Weltkongresse der kath. Laien« stattgefunden, die bes. die volksmissionarische Breiten- und Tiefenwirkung zum Ziele haben.

M.Kassiepe, V.en u. Exerzitien, 1902 – Ders., Die V., 1909 – Ders., Die kath. V. in d. neuen Zeit, 1934 – RE XIII, 100ff – H.Bockel (Hg.), Klerus u. V., 1920 – H.Fromm, Apostolat für jedermann, 1929 – LThK X, 679ff – P.Cattin-H.Th.Conus, Dokumente von Pius IX. bis Pius XII. Heilslehre der Kirche, (franz. 1951) dt. Ausg. v. A. Rohrbasser, 1953 – K.Brockmöller, Christentum am Morgen des Atomzeitalters, (1953) 1956[7] – L.-J.Suenens, Die Kirche in apostol. Einsatz. Neue Wege im Apostolat, dt. 1957 – Y.Congar, Der Laie. Entwurf einer Theol. d. Laientums, dt. 1957 – V.Schurr, Seelsorge in einer neuen Welt, (1957) 1959[3] (Lit.). – Bibliogr.: V.Schurr, Bibliogr. der V. (Paulus 20, 1948, 2-21; 21, 1949, 4).

F.Schmidt-Clausing

Volksschullehrer → Lehrerbildung, 2.

Volksschulwesen

1. Geschichte der deutschen V. – 2. Organisation – 3. Die Auslesefrage – 4. Aufgaben und Methoden – 5. Reformgedanke und -pläne – 6. Entwicklungstendenzen in einigen außerdeutschen Ländern. – V. = Volksschul(e). – Vgl. ergänzend bes. → Bildungswesen, 6; → Lehrerbildung, 2

1. Die Gestalt der *deutschen V.* ist während ihrer *Geschichte* von verschiedenen gesellschaftlichen Mächten – kulturellen, religiösen, ökonomischen, sozialpolitischen – geprägt worden. In dieser Wechselbeziehung sind ihr wesentliche Inhalte und Aufgaben überkommen. Eine V. im Sinne eines eigenständigen Auftrags entstand erst, nachdem die Romantiker dem Begriff → Volk (: I) eine eigene Bedeutung und Würde verliehen und die allgemeine pädagogische Sorge für die Bildungsnöte des Volkes geweckt war. Einige Frühformen der V. haben sich schon im MA und in der *vorreformatorischen Zeit* gebildet. Dazu gehören seit Beginn des 14.Jh.s die »Deutschen Schreib- und Leseschulen«, die sich entweder als »Sinkform« aus der Lateinschule ausgliederten oder sich in ihren ersten Klassen als »teutsche Schule« für die Abecedarii bildeten. Der Elementarunterricht richtete sich zunehmend nach den praktischen Belangen des Gewerbes und Handels. – Ein weiterer Anstoß zur Gründung der V. ging in der *Reformationszeit* von der Forderung nach religiöser Laienbildung aus. So stark Luther auch den Fragen christlicher Volksbildung zugetan war, galt doch seine Schrift von 1524 »An die Bürgermeister und Ratsherrn allerlei Städte in deutschen Landen« in erster Linie der Gelehrtenschule. Zudem zeigen mehrere Visitationsberichte, wie sehr die Schulwirklichkeit hinter den idealen Forderungen zurückblieb. Dabei wurde der Küster zum pädagogischen Gehilfen des Pfarrers; er hatte auf der Grundlage des deutschen Katechismus die Christenlehre darzustellen. Erst im weiteren Verlauf des 16.Jh.s erhielt der Küster allgemein die schulmeisterliche Aufgabe eines ergänzenden Schreib-, Lese- und Rechenlehrgangs, wie auch der katechetische Aufgabenbereich in die schon bestehenden »teutschen Schulen« Aufnahme fand, so daß beide Ursprünge mehr und mehr zusammenfanden. Einen Rückhalt erfuhr diese Entwicklung durch die landes- und kirchenhoheitlichen Schulordnungen; beide gehören zunächst in der Schule als corpus ecclesiae evangelicae annexum noch zusammen. So wurden in der Schulordnung Herzog Christophs von Württemberg von 1558 die Fragen »der Lehrer und Disziplin in den Partikularschulen des Fürstentums Württemberg« geklärt. In der Einübung des Katechismus und der Kirchengesänge sollte der Küster die Wirksamkeit des Pfarrers unterstützen. Eine genauere Umgrenzung des schulmeisterlichen Aufgabenbereichs des Küsters vermittelt außerdem die kursächsische KO von 1580. – Eine Verstärkung der sich schon hier abzeichnenden V.idee im Sinne religiöser und weltlicher Unterweisung bringt das *17.Jh.* in mehrfacher Gestalt: einmal durch die Bestrebungen der Reformdidaktiker für eine naturgemäße Lehrweise, die auf der Grundlage der Muttersprache möglichst vielen in volksbildnerischer Absicht den Zugang zu den Wissenschaften eröffnen soll. So versprach → Ratke schon 1612 auf dem Wahltag in Frankfurt durch eine vollkommenere Einrichtung der Schule nicht weniger als: »im ganzen Reiche eine einträchtige Sprach, eine einträchtige Regierung und endlich auch eine einträchtige Religion bequemlich einzuführen und friedlich zu erhalten.« Zweitens müssen die Schulordnungen genannt werden, die unter unmittelbarem oder mittelbarem Einfluß der Reformdidaktiker in Weimar (1619) und in Gotha (1642; → Ernst der Fromme) entstanden. Beide sind im Grundsätzlichen einander verwandt und entwickeln ein erstes Mal die der V. spezifi-

schen Merkmale: einer (begrenzten) gesetzlichen Sicherung der allgemeinen → Schulpflicht, Bestimmung des Schuljahrs und des Schulziels, Gestaltung eines Schulprogramms, das neben dem Schreib-Lese-Kurs und den katechetischen Aufgaben in den späteren Ausgaben des Schulmethodus seit 1662 auch die Realien berücksichtigt. Die weitere Entfaltung der V.idee zeigt eine vielfältige Verknüpfung mit dieser Entwicklungslinie. So weitete der Pietismus → Speners zu Beginn des eigentlich »pädagogischen« *18.Jh.s* den »katechetischen« Lehrbetrieb zu einer teils ev., teils asketischen Frömmigkeit aus, die den → Katechismus (: II, 4) dem Verständnis nahebringen und nicht schlechthin auswendig lernen lassen will. Durch die → Konfirmation (: I) erhielt nicht nur der Religions-, sondern der gesamte Schulunterricht ein verbindliches Ziel, das mit der ausgesprochenen christlichen Mündigkeit einen natürlichen Abschluß der V. bezeichnet. Dieser pietistische Ideenkreis fand durch A.H. → Francke 1695 eine paradigmatische Gestaltung in seiner Armen- und Waisenschule. Daß hier eine interne Zelle der Lehrerbildung entstand, ist gerade für die weitere pädagogische Gestaltung der V. von größter Bedeutung geworden. - Unter dem Einfluß des → Pietismus und der Franckeschen Schulunternehmungen standen bes. die Anfänge der *preußischen V.*, die in der Folgezeit immer mehr zu einem Orientierungspunkt für die anderen Länder werden sollte. Noch unter Friedrich Wilhelm I. entstanden 1736 die Principia regulativa oder der General-Schulplan, der die Frage der Landschulen, der Lehrergehälter und der Schullasten regelte. Als ein weiterer wesentlicher Entwicklungsschritt wurde 1763 von Friedrich II. unter pädagogischer Mitwirkung von Hecker das Königlich Preußische Generallandschulreglement erlassen, das alle Kinder vom 5. bis zum 13. oder 14. Lebensjahr schulpflichtig machte. Die → Philanthropinisten und ihre Schulgründungen in Dessau und Schnepfenthal verstärkten die schon vorhandenen Ansätze zu einer eigenständigen V. durch die Betonung freierer und anschaulicher Unterrichtsformen, der Realien sowie des staatspädagogischen Aufgabenkreises. Damit beginnt in der Geschichte der V. die harte Auseinandersetzung des Realismus mit dem scholastischen Lehrbetrieb. Die realistischen Motive wurden vertieft durch die industriepädagogischen Gründungen unter dem Einfluß der englischen working-houses, die in Hannover zu verwandten Einrichtungen führten, durch Kindermann in Böhmen sowie Fellenberg in Hofwyl. Eine eigentliche pädagogische Grundlegung erfuhr die V. aber erst im 19.Jh. durch den Ideenkreis → Pestalozzis, → Fröbels und → Herbarts. Bes. Pestalozzi wirkte in vielfältiger Form durch die Vermittlung von → Nicolovius und → Süvern sowie → Harnisch und → Diesterweg auf die V. ein. Ihre ideale Gestaltung erfuhr sie in dem preußischen Unterrichtsgesetz, das Süvern 1819 abschloß, aber wegen der politischen Lage nicht durchführen konnte. Dieses gerade erlangte Selbstverständnis in der Organisation, Methode und Lehrerbildung wurde durch die sog. → Stiehl'sche Regulative 1854 rückgängig gemacht; sie beschwor wieder den Schulmeister-Katecheten herauf sowie eine stark begrenzte Form der Lehrerbildung und Schulgestaltung unter Zurücksetzung der Realien. Diese reaktionären Tendenzen fanden unter der Ära des preußischen Kultusministers → Falk ein Ende, indem 1872 die V. durch das → Schulaufsichts-Gesetz aus der kirchlichen Abhängigkeit gelöst und die → Lehrerbildung neugeregelt wurde. Dieses Streben nach der eigenständigen und pädagogisch legitimierten V. fand einen wesentlichen Abschluß durch die nach 1919 einsetzende Gründung der Pädagogischen → Hochschulen, durch die Einsichten der Reformbewegung sowie durch das Reichsschulpflichtgesetz von 1938, das die Berufsschulpflicht einbezog (→ Berufsschule).

2. Neben der mittleren und höheren Schule (→ Mittelschule, → Gymnasium) bildet die V. der Größe nach das gewichtigste Glied des allgemeinbildenden Schulwesens. So ergibt sich für das Schuljahr 1960/61 bei einer Gesamtschülerzahl von 6,6 Mill. folgende Verteilung: 5424000 Volksschüler (einschl. Sonderschüler), 369000 Mittelschüler, 853000 Gymnasiasten. Die rd 72% der in der V. verbleibenden Kinder machen die pädagogische Sorge um die Ausgestaltung dieser Schulform vordringlich. Gegründet auf staatspädagogische, soziologische und psychologische Erwägungen wird seit der Aufklärung die Forderung nach einer gleichwertigen oder gar einheitlichen Schule erhoben (→ Einheitsschule). Unter dem Einfluß der → Reichsschulkonferenz entstanden seit 1920 die Aufbauschulen, die an das 6., 7. oder 8. Schuljahr anschließend noch zur Reifeprüfung führen. Überhaupt setzte sich die Auffassung immer mehr durch, daß der Zugang zur Höheren Schule unabhängig vom sozialen Ansehen und der Finanzkraft des Elternhauses in erster Linie eine Frage der Begabung sein müsse. Mit dem Reichsgrundschulgesetz vom 28.4.1920 - dem sog. »Großen Grundschulgesetz« - wurden die aus den deutschen Klassen der Lateinschulen überkommenen Vorschulen abgeschafft und die Grundschulzeit für alle Kinder auf 4 Jahre festgelegt (→ Grundschule). Das ergänzende Reichsgrundschulgesetz vom 18.4.1925 - das sog. »Kleine Grundschulgesetz« - billigte für bes. begabte Kinder den Übergang in die weiterführenden Schulen schon nach 3 Jahren zu. Nach 1945 wurde in den Stadtstaaten (Hamburg, Bremen, Berlin) die 6jährige Grundschule eingeführt. Eine allgemeine Anerkennung fand die Grundschule in ihrer inhaltlichen und methodischen Gestaltung. Die vermittelnde Aufgabe zwischen der Spielwelt des Kleinkindes im Elternhause und der spezifischen Schulwelt löst sie durch eine gesamtunterrichtliche Arbeitsweise, in der die Formen des spielenden Lernens, des Gesprächskreises und des kindlichen Gestaltens überwiegen. Sehr viel stärker umstritten in ihrer inhaltlichen, methodischen und organisatorischen Gestaltung ist die V.oberstufe. Eine klare Akzentuierung der Arbeit in einer eigengesichtigen Mittel- und Schlußstufe hat sich bisher noch nicht durchgesetzt. Die eigentliche Problematik der V.oberstufe beruht darin, daß sie als Restschule schulorganisatorisch eine Sackgasse ohne einen klaren und ausweisenden Schulabschluß bildet. Die Bestrebungen um eine Schulzeitverlängerung werden daher zugleich eine neue und anziehungskräftige Bestimmung von Inhalt und Ziel bringen müssen. Dazu wird es wichtig sein, daß der staatsbürgerliche und berufsorientierende Aufgabenbereich sinnstiftend für das 9. und 10. Schuljahr wird. Nur im Zusammenwirken mit dem berufsbildenden Schulwesen, der Berufsberatung und dem zweiten Bildungsweg (→ Industriepädagogik, 3 c) kann die Gestaltung dieser Aufgabe gelingen. Eine 9jährige V.pflicht gibt es in Schleswig-Holstein (1947) sowie in den Stadtstaaten Berlin (1950), Hamburg (1952) und Bremen (1957). In der Mehrzahl der weiteren Bundesländer hat die Frage eine elastische Lösung erfahren, die die Einrichtung an bestimmte Voraussetzungen bindet, die Gestaltung den Gemeinden überläßt oder eine gesetzliche Regelung ankündigt.

3. Die *Auslese* wurde in der modernen Gesellschaft aus mehreren Gründen zu einer strittigen Frage: einmal ist unser Lebens- und Arbeitsbereich stark wissenschaftlich gestaltet, so daß die Teilnahme an einem elementar einführenden wissenschaftlichen Lehrgang nicht nur eine Frage des sozialen Aufstiegs und Ansehens ist, son-

dern weitgehend auch eine solche möglicher Daseinsauslegung und -gestaltung. Zweitens bildet die Auslese das Verbindungsglied zwischen den Schulformen, das ihrer jeweiligen Gestaltung entsprechend sowohl die V.oberstufe als auch die weiterführenden Schulen beeinflußt. So wird eine großzügige Öffnung der Türen einerseits zu einer Auslaugung der V., aber andererseits zu einer Senkung der Leistungsansprüche in den weiterführenden Schulen führen. Im Sinne einer pädagogischen Sicherung des Auslese-Modus wird es wesentlich sein, wieweit eine Objektivierbarkeit der begründenden Kriterien gelingt, wie Begabung, Lehrergutachten, auslesefördernde Funktion der Fächer, sozialer Einfluß des Elternhauses auf den erreichten Leistungsstand u.a. Aus diesem Blickpunkt ist die punktuelle Auslese (eintägige Prüfung) abzulehnen. In allen Bundesländern wird daher seit langem versucht, die Entscheidung durch weitere Faktoren abzustützen, wie Ausdehnung des Probeunterrichts auf eine oder zwei Wochen, Ergänzung der Auslesekommission durch Elternvertreter, Einbeziehung besonderer Auslesetests, probeweise Aufnahme der Grenzfälle in die Anfangsklassen der weiterführenden Schulen.

Ein grundsätzlich anderes Verfahren schlagen dagegen die Reformpläne in Gestalt einer das 5. und 6. Schuljahr für die eingehende Beobachtung und Selbsterprobung nutzenden Übergangsstufe vor. Dabei handelt es sich um die Förderstufe des »Rahmenplans zur Umgestaltung und Vereinheitlichung des allgemeinbildenden öffentlichen Schulwesens« und um die Mittelstufe des Bremer Plans (→ Schulreform, 2). Während der Rahmenplan einen begrenzten Übergang für bes. begabte Kinder nach dem 4. Grundschuljahr in die Studienschule offen läßt und in der Förderstufe die restlichen Kinder der pädagogischen Verantwortung von Lehrern aus allen beteiligten Schulen anvertraut, macht der Bremer Plan die Mittelstufe für alle Kinder verbindlich. Einen gewissen Rückhalt erhalten diese Pläne in der Tatsache, daß nach der bisherigen Auslese rd 70% Schulversager in der Höheren Schule und bes. in der Unterstufe auftreten. Als Anzeichen für Erfolg oder Mißerfolg dürfen diese Zahlen nicht überschätzt werden, weil hinter ihnen recht persönliche Fügungen stehen, die einer biographischen Erhellung bedürfen. Außerdem erreichen selbst in der V. viele Kinder das Schulziel nicht, ohne daß daraus schlechthin ein mangelndes pädagogisches Verständnis der V.lehrer abgeleitet werden kann. So gingen zB 1955 nur 78,1% der Volksschüler mit dem Abschlußzeugnis der letzten Klasse ab. Wenn aber in diese Überlegung die rd 10% der Schülerschaft einbezogen werden, die neueren Untersuchungen entsprechend »oberschulreif« sind, sowie jene, die erst auf Umwegen in die Höhere Schule gelangten und sich dort bewährten, so erweist sich das Suchen nach neuen Ausleseformen als berechtigt. Während des 5. und 6. Schuljahres könnte daher nicht nur eine gründlichere Form der Auslese, sondern auch eine erzieherisch und methodisch behutsamer gestaltete Übergangsform gewährleistet werden.

4. Als das jüngere Glied neben dem traditionsreicheren Höheren Schulwesen war es für die V. vordringlich, eine *eigenständige Gestalt* in fachlicher und methodischer Hinsicht zu entfalten, die aber das Ergebnis einer Besinnung auf die spezifisch eigenen Aufgaben und nicht einer Nachahmung oder Übersetzung gymnasialer Formen sein mußte. Dieser Prozeß ist in wesentlichen Teilen durch die Entfaltung einer Theorie der V. abgeschlossen, die in ihren Ursprüngen auf Pestalozzi, Fröbel und Herbart zurückgeht. Die lebenskräftige Gestalt des Schulmeisters Glüphi, der nicht eher ruht, bis er seine Schule auf die sozialhumanistischen Bedürfnisse und Notwendigkeiten seines Lebenskreises abgestimmt und die zukünftige berufliche Existenz der Schüler sorgend in seine Schularbeit einbezogen hat, ist das Leitbild vieler Lehrergenerationen gewesen. Gerade heute ist das durch den Mangel an Erziehungstradition in Not geratene Kind keine Ausnahme, sondern eine traurige Begleiterscheinung unseres Schulalltags, der ein vertieftes sozialpädagogisches und psychologisches Verständnis erfordert - sei es zur Hilfe (→ Sozialpädagogik: II) oder zur Einbeziehung weiterer fürsorgerischer oder heilpädagogischer Institutionen (→ Heilpädagogik). Ein klares pädagogisches Standortbewußtsein, das über den eigenen Aufgabenbereich hinausgehend das kundige Gespräch mit den anderen Trägern pädagogischer Verantwortung erlaubt, ist dringend erforderlich. Einer der wesentlichsten Partner ist hier das Elternhaus geblieben, dessen erzieherischen Ansatz es in der Schule aufzunehmen und zu vertiefen gilt oder der im erzieherischen Gespräch erst entfaltet und bewußt gemacht werden muß (→ Eltern). Daher sollte der Grundcharakter der Schulgemeinde, der ein pädagogisch begründetes Wechselverhältnis zu den gesellschaftlichen Mächten einschließt, heute eine klare Ausformung erfahren. Dazu gehört auch eine Gestaltung des Verhältnisses zur Berufs- und Arbeitswelt, aber aus erzieherischen und nicht aus wirtschaftlichen Erwägungen. Gerade in der Oberstufe ist der Einbezug der Lebens- und Arbeitswirklichkeit an klug ausgewählten Modellen notwendig, die aber zu einer vertieften Lebenssicht führen und nicht nur den »Brauchverstand« ansprechen sollen. Die Methodenfrage ist belastet durch den äußeren Notstand, der durch die Vielzahl der Fächer und des Stoffes sowie durch die zu großen Klassenstärken bezeichnet ist. Daß die Klassenstärken der V. auf 37 Schüler i.J. 1961 (gegenüber 33 Schülern in der Mittelschule und 28 Schülern im Gymnasium) begrenzt wurden, ist verheißungsvoll. Der Richtpunkt sollte aber 25-28 Schüler sein. Erst unter diesen Voraussetzungen wird im Schulalltag unter normalen Bedingungen eine pädagogisch progressive Arbeit gestaltbar. Gegenüber der Stoffülle hat das exemplarische Verfahren, das ein paradigmatisches Lernen und Lehren befürwortet, eine erste praktische Bewährung und theoretische Klärung erfahren. Von den Formen freierer Unterrichtsgestaltung haben daneben die Gruppenarbeit und das gesamtunterrichtliche Verfahren in seinen verschiedenen Erscheinungsformen, das Unterrichtsgespräch und die Kursarbeit in der V. eine Pflegestätte gefunden.

5. Die *pädagogische Reformbewegung*, die ihren Höhepunkt in den 20er Jahren erreichte, hat der V. einen reichen Kanon organisatorischer und methodischer Möglichkeiten bereitgestellt. Die fruchtbarsten Anregungen gingen von B. → Otto und dem von ihm beeinflußten Kretschmann sowie von dem Arbeitsschulgedanken und dem sog. Jenaplan des Pädagogen P.Petersen (1927) aus. Einerseits ist es also die auf den Gesamtunterricht abgestimmte Landschularbeit in Holbeck, wo der heimatlich-naturkundliche Erfahrungsbereich der Kinder in einem natürlichen Reflektieren und Philosophieren bewußt gemacht wird. Verbindlicher für weite Kreise sind die Maßstäbe geworden, die von der → Arbeitsschule im Geiste → Kerschensteiners der V. vermittelt wurden und die heute noch das Leitbild der Schüleraktivität auf der Grundlage werktätigen Schaffens vergegenwärtigen. Sie stehen auch hinter dem Jenaplan Petersens, der weitgehend die Summe aus den reformpädagogischen Motiven zieht. Die freie allgemeine V. nach den Grundsätzen neuer Erziehung, wie Petersen seine Konzeption nennt, zeigt vorwiegend das Bild der Einheitsschule, in der durch die starke sozial-

ethische Fundierung sowie durch das Kern- und Kurssystem eine Entfaltungsmöglichkeit für alle Begabungen besteht. Die Rhythmisierung des Schuljahres durch einen Kreis schuleigener Feste und Feiern, die Auflockerung des Unterrichtslebens durch das bewegliche Gestühl, das ein Umgruppieren der jeweiligen pädagogischen Situation entsprechend erlaubt, sowie durch das starke Zurücktreten des Lehrers im gruppenunterrichtlichen Verfahren hat breiten Kreisen eine neue Dimension pädagogischen Denkens und Planens erschlossen. Dennoch ist die Unterrichtspraxis der V. in recht unterschiedlichem Maße von diesem reformpädagogischen Ideenkreis durchdrungen, der zudem seit 1933 in seiner weiteren Entfaltung unterbrochen wurde. Nach 1945 kamen daher die entscheidenden Anstöße aus dem Ausland, wo die V. in Reformen zT umfassend neu gestaltet wurde (s. 6).

Auf diesem Hintergrund entstanden 1959 der »Rahmenplan« und 1960 der »Bremer Plan« (s. 3), die damit einen bestimmten pädagogischen Pegelstand für die V. anzeigen, über den sich keine künftige Reform hinwegsetzen kann. Die Grundvorstellungen unterscheiden sich darin, daß der Rahmenplan die Hauptschule als gleichwertig auszugestaltendes Glied im Rahmen des dreigleisigen Schulsystems hineinstellt, während der Bremer Plan konsequenter den im außerdeutschen Schulwesen aufweisbaren Tendenzen folgend eine modifizierte Form der Einheitsschule vorschlägt. In beiden Fällen ist eine Verlängerung der V.oberstufe um ein 9. und 10. Schuljahr vorgesehen. Durch einen Unterricht auf werktätiger Grundlage soll der vorwiegend praktischen Begabungsrichtung Rechnung getragen werden. Angesichts unseres von einer strengen Rationalität durchdrungenen Arbeits- und Lebensraumes wird das Modell der volkstümlichen Bildung abgelehnt und eine elementare Einführung in die wissenschaftliche Denkform befürwortet. Zur Lösung dieser Frage macht der Bremer Plan in Gestalt der Haupt-Oberschule einige wesentliche Vorschläge. Dabei verkörpern die 4 Züge - der gewerblich-technische, der kaufmännisch-verwaltende, der landwirtschaftliche und der hauswirtschaftlich-pflegerische - noch in unserer Zeit komplexer Berufsumgruppierungen paradigmatische Bereiche des Arbeitens und Wirtschaftens. Neben dieser Vorbereitung auf den politischen, sozialen und gesellschaftlichen Aufgabenbereich muß ein vertiefender Abschluß der grundlegenden → Bildung angestrebt werden. Dabei sollten die methodischen Modelle auch im Bereich der Erwachsenenbildung und der pädagogisch gelungenen Betriebspraxis gesucht werden und nicht zu schulmäßig orientiert sein. Diese gesamte Arbeit muß mit der vertieften berufspraktischen Erprobung und Ertüchtigung zugleich eine höhere Ansicht des Lebens anbahnen, die von einer tiefen Gläubigkeit getragen wird.

6. Das Schulwesen ist nur als Ausdruck des besonders gearteten geistesgeschichtlichen Hintergrundes eines Landes verständlich. Dennoch lassen sich seit der Reformbewegung, die ein weltweites pädagogisches Gespräch erwirkte, in vielen Ländern *verwandte Entwicklungstendenzen* aufzeigen, deren zentrales Anliegen eine Demokratisierung des Schulwesens ist. Diese verwandte Grundeinstellung, die in der pädagogischen Parole »equality of educational opportunity« das Gemeinsame zum Ausdruck bringt, spiegelt sich in mehreren typischen Erscheinungsformen. Die → Einheitsschule in ihren politisch grundsätzlich verschiedenen Spielarten in den USA, Sowjetrußland und Schweden verkörpert zweifellos die radikalste Lösung. Die Kinder eines Volkes haben hier entweder gemeinsam Teil an der Oberschul-Bildung, wobei die Unterschiede in der Begabung durch die innere Ausgliederung eines Kern- und Kurssystems berücksichtigt werden, oder der gemeinsame Unterbau ist so breit, daß in der sehr spät auftretenden Gliederung in die Schulformen die Unterschiede weitgehend zurücktreten. So besteht in der DDR nach dem Modell der sowjetischen Schule die 10jährige Einheitsschule, die außerdem durch die polytechnische Bildung auf die Notwendigkeiten der sozialisierten Arbeits- und Gesellschaftswelt verpflichtet ist. Schweden dagegen kennt die 9jährige Einheitsschule, die im 7. Schuljahr eine Differenzierung vorsieht, aber erst nach dem 8. Schuljahr den gymnasialen Zweig sich frei entfalten läßt. Die heftige Kritik, die in den letzten Jahren an der als Einheitsschule gestalteten High School in den USA geübt wurde, offenbart zugleich die Schattenseiten einer zu starken Betonung der sozialerzieherischen Motive, die vorwiegend in einer Vernachlässigung des bes. begabten Kindes liegen.

Daneben stehen jene Schulreformen, die den Gegensatz zwischen der »Volks«- und der elitären Sekundarschule mindern wollen. Das geschieht dann allgemein in mehrfacher Richtung: durch die Ausdehnung der für alle Kinder verbindlichen Elementarschulzeit auf 5 oder 6 Jahre, wie in der Mehrzahl der außerdeutschen Länder, ferner durch eine bewußt gleichwertige Ausgestaltung des traditionellen mehrgliedrigen Schulwesens bei Verlängerung der V.zeit. So wurde in England nach dem Education Act von 1944 der Grundsatz »secondary education for all« dadurch verwirklicht, daß die auf das 15. Lebensjahr ausgedehnte secondary modern der secondary technical und secondary grammar school gleichwertig zur Seite gestellt wurde. Eine konsequentere Lösung wird gegenwärtig auf dem Wege des (auf Schulen in der Umgebung Londons begrenzten) Schulversuchs in Gestalt der comprehensive school erprobt. Durch eine stärkere Berücksichtigung des in den englischen Schulen verbreiteten streaming werden hier alle drei Formen in einem Schulkomplex beisammen gehalten. Im Zusammenhang mit der Verlängerung der Grundschule werden neben den sozialerzieherischen Motiven meistens die günstigeren Voraussetzungen für die Auslese im Sinne der sozialen Startgerechtigkeit angestrebt. Als Beispiel sei die durch das Schulgesetz von 1959 legitimierte Schulreform in Frankreich angeführt. Das Kernstück ist zweifellos der cycle d'observation, der weitgehend der Übergangsstufe der deutschen Reformpläne (s. 3) entspricht und durch die längere Beobachtung und Selbsterprobung der Kinder pädagogisch begründetere Unterlagen für die Selektion gewähren soll. Die Gestaltung dieser Übergangsstufe durch Lehrer aller beteiligten Schulformen wird hier wie dort als ein Forum gemeinsamer Verantwortung vor einer verbindenden pädagogischen Aufgabe betont. Das Ziel dieser Reformen besteht darin, die Schule dem Wandel in der modernen Gesellschaft entsprechend umzugestalten, die sozialen Schranken zu beseitigen und damit die höhere Grundbildung verpflichtend für alle zu machen.

L.v.Rönne, Das V.wesen d. Preuß. Staates, 1855 - H.Heppe, Gesch. d. dt. V.wesens I-V, 1858 - R.Vormbaum, Die ev. Schulordnungen d. 17.Jh.s, 1860 - E.Spranger, Zur Gesch. d. dt. V., 1949 - Ders., Der Eigengeist d. V., 1960 - K.Stieger, Unterricht auf werktätiger Grundlage, 1951 - F.Schneider, Das neunte Schuljahr, 1952 - E.Hylla-W.L.Wrinkle, Die Schulen in Westeuropa, 1953 - W.Flitner, Die vier Quellen d. V.gedankens, (1954) 1958[2] - B.Bergmann, V. heute, 1956 - L.Froese, Ideengeschichtl. Triebkräfte d. russ. u. sowjet. Pädagogik, 1956 - H.Röhrs, Reformtendenzen in d. gegenw. franz. Pädagogik (ZP 2, 1956, 39-50) - Ders., Die Schule u. ihre Reform in d. gegenw. Gesellschaft, 1962 - K.Stöcker, V.eigene Bildungsarbeit, 1957 - V. u. Erziehungswissenschaft, 1957 - J.B.Conant, The American High School Today, New York 1959 - Differentation and Guidance in the Comprehensive School, ed. T.Husén, Stock-

holm 1959 - Inside the Comprehensive School, ed. National Union of Teachers, London o.J. - Statist. Bundesamt, Bevölkerung u. Kultur, Reihe 10, Bildungswesen, I. Allgemeinbildende Schulen, 1960.
H.Röhrs

Vollbeschäftigung ist ein Begriff der Volkswirtschaftslehre, der seit den 30er Jahren in Wirtschaftstheorie und -politik gleichermaßen eine zentrale Stellung einnimmt. Man versteht darunter einen Zustand der Volkswirtschaft, bei dem reales Gesamtangebot und monetäre Gesamtnachfrage zu gegebenen Preisen sich im Gleichgewicht befinden und zugleich die Zahl der freien Arbeitsplätze der Zahl der Arbeitslosen entspricht. V. bedeutet also nicht, daß keine → Arbeitslosigkeit mehr vorhanden ist. Vielmehr liegt nach herrschender Auffassung V. bereits bei einer Arbeitslosigkeit von 2-4% vor, weil auch in einer vollbeschäftigten Wirtschaft immer eine Anzahl Arbeitnehmer gerade ihren Arbeitsplatz wechseln, saisonalen Schwankungen der wirtschaftlichen Aktivität ausgesetzt oder infolge technischer Fortschritte und der dadurch bedingten Produktionsumstellungen arbeitslos sind. - In der → Wirtschaftstheorie spielte die Analyse der V. lange Zeit keine Rolle, da man annahm, die Volkswirtschaft tendiere durch die Wirksamkeit des Preismechanismus selbsttätig zur V. Partielle Unterbeschäftigung wurde als strukturelle Anpassungsverzögerung aufgefaßt. Zum Gegenstand theoretischer Forschung wurde die V. erst im Gefolge der Weltwirtschaftskrise, als → Keynes die Massenarbeitslosigkeit der damaligen Zeit theoretisch zu erklären suchte. Er begründete die Abweichungen von der V. vor allem mit der Autonomie der individuellen Spar- und Investitionsentscheidungen in der Marktwirtschaft, die zu Schwankungen der wirksamen Gesamtnachfrage führt, aus denen dann unter bestimmten Voraussetzungen kumulative Auf- und Abwärtsprozesse der wirtschaftlichen Aktivität resultieren können. Die Skala der möglichen Bedingungskonstellationen für die verschiedenen Beschäftigungsgrade ist durch die seitherige Forschung immer mehr vertieft und verfeinert worden. - Da die Marktwirtschaft infolge ihrer branchenweisen, regionalen und sonstigen strukturellen Differenzierung sowie der Eigenarten des wirtschaftlichen Verhaltens von sich aus nicht in der Lage ist, den volkswirtschaftlichen Gesamtprozeß auf dem V.sniveau zu stabilisieren, wird dem Staat die Aufgabe zugeteilt, durch zweckentsprechenden Einsatz des wirtschaftspolitischen Instrumentariums für die Erreichung und Stabilisierung eines möglichst hohen Beschäftigungsgrades zu sorgen. Als eines der obersten Ziele der → Wirtschaftspolitik hat die V. in Gesetzen, Partei- und Gewerkschaftsprogrammen vieler Länder ihren Niederschlag gefunden und ist weitgehend an die Stelle des früheren »Rechts auf Arbeit« getreten (→ Wohlfahrtsstaat). Auch auf internationaler Ebene ist sie als eine der obersten wirtschaftspolitischen Zielsetzungen anerkannt (vgl. Art. 55 der UN-Charta und Art. 104 des EWG-Vertrages). Seine Begründung findet das V.sziel in den negativen Wirkungen der Unter- und der Überbeschäftigung. Unterbeschäftigung bedeutet volkswirtschaftlich einen Verlust an Produktion und Einkommen. Auch kann längerdauernde Massenarbeitslosigkeit die Wirtschaftsordnung an die soziale Bruchgrenze treiben (s. Folgen der Weltwirtschaftskrise). Überbeschäftigung hat dagegen Destruktionserscheinungen auf dem Arbeitsmarkt zur Folge (Abwerbung, hohe Fluktuation), die über die sog. Lohn-Preis-Spirale zu einer Gefährdung der Geldwertstabilität und des Zahlungsbilanzausgleichs führen können (→ Wirtschaftspolitik).

Lit. s. → Wirtschaftspolitik, → Wirtschaftstheorie.
E.Tuchtfeldt

Vollendung → Telos.

Vollert, *Anton* (1828-97), Jurist, * in Allstedt (Helme), studierte Theologie, dann in Jena Jura und schloß sich der Deutschen Burschenschaft an. 1850 ging er in den Staatsdienst und bekleidete Richterstellen in Arnstadt, Eisenach und (1875) am Oberappellationsgericht zu Jena. 1877 wurde V. als Staatsrat in das Ministerium von Reuß j.L. in Gera mit der selbständigen Führung der Abteilungen für Justiz und Kultus berufen, die er auch als Staatsminister (1892) behielt. Wiederholte akademische Berufungen lehnte er ab. Er gab u.a. den »Neuen Pitaval« (1861-88), die »Blätter für Rechtspflege in Thüringen und Anhalt« (1864-78) heraus und veröffentlichte u.a. Arbeiten über das Domänenwesen (1854. 1857) und »Die Rechts- und Staatslehre von Julius Stahl« (1855). Mit → Stichling gestaltete er die großthüringische Neuordnung des Justizwesens. Die kirchliche Verfassung von Reuß j.L. konnte er nicht modernisieren. Die liberale Landtagsmehrheit lehnte die Synodalordnung und in der 1892 erkämpften Kirchgemeindeordnung das Ortskirchensteuerrecht ab. V. war in der Inneren Mission Thüringens führend, ebenso in der Allgemeinen Ev.-luth. Konferenz (→ Luthertum: II, 2), in deren Geist er auf die Besetzung der fürstlichen Patronatsstellen hinwirkte. In der von ihm mitbegründeten Zeitschrift »Daheim«, in verschiedenen konservativen Zeitungen und in luth. Zeitschriften veröffentlichte er zahlreiche Aufsätze.

Tagebücher u. Briefe A.V.s (1861-95) in Privatbesitz; Nachrufe in NKZ 12, 1901, 413. 494 u. im Reichsboten 1897 Nr. 283 f - R. Herrmann, Thür. KG II, 1947 (s. Reg., Lit.).
R.Jauernig

Vollkommenheit

1. Ethisch - 2 Stände der V. in der kath. Kirche

1. Bei allem Wissen darum, daß V. nicht von dieser Welt ist, gebrauchen wir doch den Ausdruck V. entweder im Sinne eines zwar unerreichbaren, aber zur Tat anspornenden Ideals oder im übertragenen oder auch relativierenden Sinne: eine technische Leistung zB gilt als vollkommen, wenn das Resultat nach dem gegenwärtigen Stand der Technik nicht mehr zu überbieten ist. Immerhin bewahrt der Begriff meist seinen *ethischen Gehalt,* der wegen der Beziehung zur jeweiligen Anthropologie und Theologie freilich schwer faßbar ist. Sehr oft wird V. negativ als Fehler- oder Sündlosigkeit, ja als völlige Freiheit von Begierde und Leidenschaft gefaßt. In der Geschichte der Frömmigkeit verbanden sich daher V. und asketische Leistung (→ Askese: IV. V). - Man wird V. nicht als Zustand verstehen dürfen, sondern als eine sich nie vollendende Bewegung. Die sittliche Erfahrung bezeugt unser ständiges Ungenügen der erstrebten V. gegenüber: schon in der Motivierung unseres Handelns zeigen sich allenthalben Unlauterkeit und Selbstsucht, so daß mit Recht bestritten werden konnte, daß der Mensch überhaupt zu einer wahrhaft guten Tat imstande sei (La Rochefoucauld, Kant). Indessen erfüllt die V. in der Ethik eine doppelte Funktion: einerseits bezeichnet sie das letzte Ziel unserer Handlungen und wirkt dadurch auf diese selbst zurück. Zum andern bedeutet sie das Gericht über alle unsere Handlungen; sie läßt keine letzte Befriedigung aufkommen, sondern hält uns in heilsamer Unruhe, kann aber auch in echte Verzweiflung führen. Der christliche Glaube erklärt grundsätzlich, daß die hier mit Heiligkeit gleichsam identische V. allein Gott zukommt. Deshalb erscheint sie zunächst als Gegenstand des Lobpreises: der Psalmist rühmt die V. der Wege Gottes (Ps 18, 31) oder seines Gesetzes (Ps 19, 8). Angesichts dieser

göttlichen V. ist und bleibt der Mensch sündhaft und unvollkommen, nicht im Sinne eines Gradunterschiedes, sondern des unendlichen qualitativen Unterschiedes zwischen Gott und Mensch. Trotzdem behält die V. den Charakter einer Forderung an den Menschen. Jesus fordert seine Hörer auf: »Seid vollkommen, wie euer himmlischer Vater vollkommen ist!« (Mt 5, 48). Er weist dem reichen Jüngling den Weg zur V., der eine offene Möglichkeit bleibt, auch wenn dieser ablehnt (Mt 19, 21). V. erscheint hier an restlose Gesetzeserfüllung gebunden, bis hin zum völligen Eigentumsverzicht, aber auch dieser hat seinen Wert nur als Vorbedingung zum ganzen Freisein für die → Nachfolge Christi. Die ethische Forderung der V. im engeren Sinn ersetzt und überbietet Jesus durch eine andere, die, da sie ausschließlich an seine Person gebunden ist, sich schwer in eine Kategorie zwingen läßt: ein vollkommener oder vollendeter Jünger wird, wer wie sein Meister ist (Lk 6, 40). Und der Meister, dh Christus, ist der, der gekommen ist, um zu dienen, nicht um sich dienen zu lassen, um sein Leben als Lösegeld für viele zu geben, dessen Erhöhung zur Herrlichkeit sich paradoxerweise in der Erhöhung ans Kreuz vollzieht. Auch hier findet sich also der Gedanke der Askese, freilich nicht im Sinne selbstauferlegter, aber auch begrenzter Opfer. Ihr treibendes Motiv ist vielmehr die Notwendigkeit der Nachfolge Christi, nicht nur im Sinne einer »imitatio«, sondern eines Glaubensaktes. – Die V. entspringt aus dem Glauben. Nach dem NT heißen alle, die im Glauben an den Herrn leben, »vollkommene«, »reife« Menschen (Eph 4, 13; Hebr 5, 14). Gewiß verleiht der Glaube in seinem Anfangsstadium keine V., aber er ist Bewegung zum τέλος hin. Der Ausdruck τέλειοι ist einer bestimmten Gruppe von Christen vorbehalten, aber auch sie dürfen sich nicht schon am Ziel wähnen. Paulus selbst ist ja noch auf dem Wege zu dieser V. (Phil 3, 12–14). Nur die Bewegung zu ihr hin können wir erkennen; ihre Verwirklichung ist auf die eschatologische Hoffnung gestellt. So gehört die V. in eine Reihe mit dem Gottesreich, das in Christus schon da ist und zugleich in Zuversicht erwartet wird. Im Unterschied zur sittlichen V., die oben ebenfalls als eine – freilich nie ans Ziel gelangende – Bewegung beschrieben wurde, ist die biblische V. ihrer Verwirklichung gewiß; sie entspringt ja dem Glauben an den lebendigen Christus, der, obwohl noch erwartet, doch bereits gegenwärtig ist. Das τέλος des τέλειος ist Christus. Auf der Ebene sittlicher Erfahrung ist echte V. undenkbar ohne Ausschaltung unserer menschlichen Natur. Auf der Ebene des Glaubens dagegen läßt sich das Wesen dieser Vervollkommnung bestimmen als die »Vollgestalt« Christi (Eph 4, 13). V. ist nichts anderes als Wachstum in Christus, der selbst der Urheber ist. In ihm erkennen wir die Fülle (Kol 2, 10). Deshalb bedeutet das Streben nach V. keinen Schritt ins Ungewisse, sondern wirkt sich unausweichlich auf das ethische Leben aus: Das Wachsen in Christus äußert sich in der »Liebe, die das Band der V. ist« (Kol 3, 4). Bemerkenswerterweise kann der Apostel von der Liebe als einem keineswegs fernen, unerreichbaren Ideal, sondern als einer Wirklichkeit sprechen, die wir anziehen können, da sie bereits gegenwärtig ist. Daß Christus das τέλος der V. ist, macht alle Diskussionen der Scholastik um die Frage hinfällig, ob V. die Vollendung unserer natürlichen Möglichkeiten bedeutet oder ob unsere fertige Natur einer übernatürlichen Krönung bedarf.

A.Ritschl, Die christl. V., (1874) 1889² – E.Cremer, Über d. christl. V. (BFChTh 3, 2), 1899 – RE XX, 733ff – DThC XII/1, 1219ff (Lit.) – O.Michel, Die Lehre v. d. christl. V. nach d. Anschauung d. Hebr (ThStKr 106, 1934/35, 333–355) – Bauer, WB⁵ 1601ff (Lit.).

R.Mehl

2. Die Bedeutung der V. für die Verfassungsstruktur der kath. Kirche betrifft nicht die persönliche, in der Erfüllung des Liebesgebotes bestehende V., die von jedem Christen verlangt wird, sondern den *Stand* der V. In ihm steht theologisch jeder, der sich kirchlich verpflichtet hat, durch Erfüllung von Räten (→ Evangelische Räte) auf eine Lebensgestaltung zu verzichten, die, wie zB die Ehe, mit der vollkommenen Erfüllung des Liebesgebotes zwar vereinbar ist, aber sie erschwert (so daß jemand vollkommen sein kann, ohne rechtlich im Stand der V. zu sein, und umgekehrt der rechtliche Stand der V. nur ein Status acquirendae perfectionis ist, der nicht die persönliche V. seiner Mitglieder gewährleistet, sondern eine zum Liebesgebot hinzutretende und seiner vollkommenen Erfüllung dienende kirchliche Verpflichtung auferlegt). Die kirchliche Verpflichtung kann zum Inhalt die seelsorgliche Arbeit oder die Selbstheiligung durch die Befolgung der Ev. Räte des Gehorsams, der Keuschheit und der Armut in einer Gemeinschaft haben und wird demgemäß auf der einen Seite durch die Hauptträger der Seelsorge, die Bischöfe, auf der anderen durch die Klosterleute repräsentiert. Diese beiden Berufungen können zwar miteinander verwirklicht werden, können aber theologisch und daher auch rechtlich und standesaszetisch nicht aufeinander zurückgeführt werden, sondern verwirklichen jede für sich einen besonderen Stand der V., wobei der Klosterstand theologisch an V. so hinter dem V.s-Stand des Bischofs zurücksteht wie der Perfectus hinter dem Perfector (Thomas, S.th. 2/II, 184, 7). – Verfassungsrechtlich erheblich und als öffentlicher Stand der V. im kirchenrechtlichen Sinne anerkannt ist von beiden nur der Klosterstand (→ Kloster: III, 2), weil er zur Verfassungsstruktur der Kirche als ein neues Element hinzutritt, das der nichtklösterlichen Gesamtheit von → Klerus und Laien (, 2 a) als den Weltleuten gegenübersteht, während die Auffassung des Bischofsamtes als eines Standes der V. ein ohnehin gegebenes göttlich-rechtliches Weihe- und Jurisdiktionsamt theologisch zusätzlich würdigt, ohne daß dem eine sachliche Erweiterung der → Hierarchie entspräche. Neben dem Klosterstand als dem Status canonicus completus der V. stehen als weitere kanonische Stände der V. die ihm nachgeordneten Stände der klosterähnlichen Vereinigungen (→ Kloster: III, 5) und der →Weltlichen Institute. Die anscheinend nicht selten geübte Einzelverpflichtung auf die Ev. Räte unter der Leitung eines kirchlich hierfür anerkannten Seelenführers begründet hingegen keinen kanonischen Stand der V.

Qu.: Enchiridion de statibus perfectionis, Rom 1949 – Ansprachen Pius' XII. an den 1. u. 2. Kongreß der V.s-Stände, vom 8.12.1950 (AAS 43, 1951, 26–36) u. vom 9.12.1957 (ebd 50, 1958, 34–43). – Lehrbücher der → Moraltheologie u. des → Kirchenrechts.

H.Barion

Voltaire, eigentlich *François-Marie Arouet* (21.11.1694 bis 30.5.1778), * und † in Paris, franz. Autor, hervorragender Repräsentant der → Aufklärung (: I), einer der vielseitigsten, geistreichsten und brillantesten Autoren der Weltliteratur, als Dramatiker, Epiker, Geschichtsschreiber, Epistolograph und Publizist die Autorität seines Jh.s. – V.s *Leben* verläuft in drei Abschnitten: 1. Lehrjahre in Paris und London, 2. Reifezeit in Cirey, am franz. und preußischen Hof und 3. Alter in Ferney. Dem frühreifen Großstadtkind werden die Licht- und Schattenseiten der Ära Ludwigs XIV., in die er hineingeboren wird, bald bewußt. In einem Pariser Jesuitenkolleg erwirbt er sich eine gründliche humanistisch-rhetorische Bildung; die formalistische Religiosität seiner Lehrer steht ihm aber zeitlebens als abschreckendes Beispiel vor Augen. Früh verkehrt V. auch in freigeistig-libertinen Kreisen, lernt epikureische Lebensweise und frühaufklärerische Geisteshaltung kennen. Sein Eintritt in Gesellschaft und Literatur fällt in die Zeit der Régence: dem mondänen Stil dieser Zeit bleibt V. stets verhaftet. Politisch mißliebige Verse führen zu einer elfmonatigen Haft in der Bastille (1717-18), später zu einem dreijährigen Englandaufenthalt (1726-29). Dieser fördert die aufklärerischen Tendenzen V.s: religiöse → Toleranz, politischer und wirtschaftlicher Liberalismus, empiristisch-naturwissenschaftliches Denken (→ Newton, → Locke). V. kehrt mit den Materialien für mehrere Tragödien (Spuren Shakespearescher Einwirkung), seinen ersten historiographischen Schriften (Histoire de Charles XII), geistig gefestigt, als ein England-Begeisterter zurück. Seine Englanderfahrungen finden Niederschlag in den Lettres philosophiques (oder Lettres sur les Anglais), V.s erster Schrift von bleibendem Interesse und Wert. Zehn arbeitsame Jahre verbringt V. nun bei seiner Freundin Madame du Châtelet auf Schloß Cirey in Lothringen. Er widmet sich naturwissenschaftlichen und historischen Studien und verfaßt dramatische und epische Dichtungen (Eléments de la philosophie de Newton; Siècle de Louis XIV begonnen; Arbeit an dem satirischen Epos La Pucelle; Tragödien Alzire, Mérope, Mahomet u.a.m.). Veränderte Verhältnisse am franz. Hof lassen V. zum königlichen Hofhistoriographen, Hofpoeten und Mitglied der Académie Française werden. → Friedrichs d. Gr. Einladung folgend, lebt er 1750-53 in Potsdam. Das Zerwürfnis mit Friedrich - beider Freundschaft bedurfte der Distanz - und der Tod von Madame du Châtelet bedeuten das Ende von V.s Wanderjahren und Reifezeit. Geschickte Finanzspekulationen erlauben es V., sich mehrere Besitztümer am Genfer See zu erwerben. 1758 ist sein Besitz abgerundet. Auf sich selbst gestellt, Landwirtschaft und Industrie fördernd, verbringt V. die letzte, publizistisch produktivste Phase seines Lebens in rastloser geistiger wie organisatorisch-praktischer Tätigkeit. Als »Patriarch von Ferney« wird er dem Volk eine mythische, der Kirche eine gefährliche und verhaßte, den aufgeklärten Geistern der Zeit eine vertraute und verehrte Erscheinung. Ferney wird zu einem Aufklärungszentrum Europas.

V.s umfangreiches und schwer übersehbares *Werk* läßt sich nur äußerlich gattungsmäßig einteilen: ein gut Teil seiner dramatischen und epischen Produktion dient ebensosehr der Propagierung aufklärerischer Ideen wie seine philosophischen Romane, Dialoge, Gelegenheits- und Streitschriften, ja, wie seine Geschichtsschreibung und seine Korrespondenz. Mit seinen 27 Tragödien und seinem Epos der Henriade (1728), in klassizistischem Stile, erwarb sich V. bei seinen Zeitgenossen den größten Ruhm. Seine Geschichtsschreibung (Hauptwerk: Essai sur les moeurs, 1769) bricht mit der historiographischen Tradition. Sinn für die Verschiedenartigkeit der Epochen und Länder, Interesse am kulturellen und geistigen (nicht etwa nur militärischen) Geschehen, eine universale Weite des Blicks zeichnen V.s Geschichtsbetrachtung aus. Seine sprachkünstlerisch gelungensten Werke sind die »philosophischen« Romane: Zadig (1747), Micromégas (1752), Candide (1759) u.a.m. Auf geringem Raum entwickelt V. auch hier »philosophisches«, dh vornehmlich aufklärerisches Ideengut, doch geschieht dies anhand einer amüsanten, witzig, rasch und leichthin erzählten Fabel, so daß durch die Anmut der Form den vorgetragenen Ideen jegliche Schwere genommen wird. V. wollte zwar stets überzeugen und wirken, aber nichts scheute er mehr als pedantischen Ernst und Lehrhaftigkeit. Wie seine Romane, sind auch V.s philosophische Dialoge, seine zahlreichen Streitschriften und Briefe im leichtflüssigen Stil des Rokokoaufklärers geschrieben: V. variiert erfindungsreich die Form seiner Aussagen, die sich jedoch in Inhalt und Absicht, je älter er wird, desto mehr gleich bleiben. V. hat, nach neuester Schätzung, etwa 18000 Briefe geschrieben. Von anfänglich 100 Artikeln schwoll sein Dictionnaire philosophique - eine Art privaten Konkurrenzunternehmens zur Encyclopédie → Diderots und d' → Alemberts - schließlich auf über 600 Artikel an. Fast alles, was V. in den letzten 20 Jahren seines Lebens publiziert, auch jene Schriften, in denen er sich für die Bereinigung von Justizirrtümern einsetzt (Affäre Calas u.a. [→ Frankreich: I, 6]), dient vornehmlich der Bekämpfung des Christentums, dem polemischen Hauptziel seines Lebens. Wir würden heute V.s religiöse Einstellung deistisch nennen (→ Deismus: III, 5), er selbst bezeichnete sich seit ca 1750 konstant als »Theisten« (→ Theismus: II, 2). V. hielt zeitlebens am Gottglauben fest und ging nicht bis zum → Materialismus (: II, 2) oder → Atheismus (: II, 4) eines Diderot oder Holbach, zu welchen er sich bald ebenso in Gegensatz stellte wie zur Kirche. V. bejahte aus sittlichen Gründen die Notwendigkeit einer Religion, er hielt den Glauben an einen »belohnenden und strafenden Gott« für das Volk für notwendig, obwohl er selbst an der »Unsterblichkeit der Seele« zweifelte. V. war somit nicht antireligiös, wohl aber antichristlich, vor allem antitheologisch und antitheokratisch gesinnt. V. scheint, je älter, desto mehr besessen gewesen zu sein von der Vorstellung, die vermeintlichen Widersprüche in der Bibel, die vermeintlichen Widersinnigkeiten in der christlichen Glaubenslehre aufspüren, bloßlegen und ins Lächerliche ziehen zu müssen. Allem verstandesmäßig nicht Faßbaren an der christlichen Religion stand er verständnislos gegenüber. Im Kampf gegen das Christentum setzte V. die ganze Schärfe und Brillanz seines behenden und unermüdlichen Geistes ein, verfiel jedoch dabei nicht selten selbst dem Laster, das er vor allem bekämpfen wollte: dem Fanatismus.

Aug.n v. M.Beuchot, 72 Bde, 1829-41; L.Moland, 52 Bde, 1877 bis 1882; dt. (unvollst.) v. W.C.S.Mylius, 29 Bde, 1783-97; F.Gleich u. Th.Hell, 30 Bde, 1825-30. - Correspondance hg.v. Th.Besterman, Genf 1953 ff. - Bibliogr.: G.Bengesco, V., Bibliogr. de ses oeuvres, 4 Bde, Paris 1882-91; ergänzt v. J.Malcolm, Genf 1953 - M.M.H.Barr, A Century of V.-Study, New York (1929) 1941^3 - Travaux sur V. et le XVIIIe siècle, hg.v. Th.Besterman, 2 Bde, Genf 1955. - Über V.: R.Naves, V., l'homme et l'oeuvre, Paris (1942) 1958^5 - DThC XV/2, 3387 ff - Hirsch II, 65 ff - R.Pomeau, La religion de V., Paris 1955 - J.H.Brumfit, V. Historian, Oxford 1958 - H.Friedrich, V. u. seine Romane (Die Neue Rundschau 70, 1959, 78-99).

J.v.Stackelberg

Voluntarismus (W. = Wille). Der Terminus V. wurde am Ende des 19.Jh.s von F.Tönnies, F.Paulsen und W. → Wundt eingeführt und bald auf verschiedenen Gebieten zur Kennzeichnung eines Primats des → Willens verwandt. Die Bestimmung von systematischen wie historischen Positionen in → Metaphysik, → Erkenntnistheorie, → Ethik, → Psychologie und Kulturkritik als V. erlaubt in Anbetracht der Divergenz der Begründungszusammenhänge keine übergreifende Begriffsauslegung. Philosophische Bedeutung im engeren Sinne hat der Terminus zunächst als Gegenbegriff zum metaphysischen → Intellektualismus und → Naturalismus (: I). Diese Entgegensetzung bereitete sich vor in der hellenistischen Phase der griech.-röm. Philosophie, als das bis dahin vorwiegend auf kontemplative Erkenntnis gerichtete Denken dazu gedrängt wurde, im Zusammenhang einer praktischen Lebensweisheit die Fragen von Schicksal und Freiheit aufzunehmen, das Jus Romanum als eine von menschlicher W.nsstellung geschaffene Wahrheit zu begreifen und die vom Christentum behauptete Sonderstellung des Menschen als eine Herausforderung der antiken Metaphysik ernstzunehmen. Die von hier inaugurierte W.nsspekulation fand ihren ersten Höhepunkt bei → *Augustin*. Durch Analyse der dem Denken eigenen Dialektik fand er die Funktion des W.ns im Akt der cogitatio als copula. Wie es schon im einfachen Wahrnehmungsakt der W. ist, der den Gegenstand in den Rang eines Erkenntnisobjektes versetzt, so stiftet die voluntas durch das Zusammenführen von memoria und intelligentia die mens als geistige Einheit der Person. Das ist nicht psychologisch mißzuverstehen, weil die Deduktion der innerseelischen Trinität hier aus dem Prinzip der → analogia entis folgt. Der Augustin von Marius → Victorinus vermittelte plotinische Gedanke (→ Plotin) einer Entsprechung des menschlichen Geistes mit dem Absoluten liegt der Überlegung voraus und wird nur biblizistisch gerechtfertigt. Da nun in der göttlichen → Trinität der Hl. Geist als Liebe die Funktion der copula trägt und überdies die menschliche W.nsrichtung auf ein Verhältnis zu Gott die heilbringende Einwirkung Gottes auf den menschlichen W.n voraussetzt, muß der W. als Liebeskraft identisch sein mit dem Glauben. Glaube als Voraussetzung der Erkenntnis bedeutet also voluntaristisch, daß in aller ratiocinatio der W. zielbestimmend fungiert, insofern die Erkenntnis des Gegenständlichen die wertbestimmende Orientierung am Intelligiblen antizipieren muß.

Nach der Erneuerung des aristotelischen Intellektualismus in der Hochscholastik stellte sich abermals die Frage nach dem Rangverhältnis von voluntas und intellectus, nun aber verknüpft mit den Problemen des → Universalienstreites und dem Ringen um eine Grenzbestimmung von Glauben und Wissen. Die Position des V. wurde wirkungsvoll zur Geltung gebracht von → *Duns Scotus*. Er bestritt das von → Thomas von Aquino dem göttlichen Urteil substituierte theoretische Argument, demzufolge der Erdenwandel des Menschen den Gnadenstand vorbereite, wofern dieser Wandel objektiv, dh gemäß einer auch für Gott verbindlichen Norm »gut« sei. Demgegenüber ist für Duns Scotus der Rechtsgrund des Urteils über irgendein Verhalten allein im göttlichen W.n gegeben: eine Tat kann nur darum gut sein, weil sie von Gott gewollt ist. Da nun Gottes freier W., allerdings gebunden durch die Logik und die beiden ersten Gebote des Dekaloges, die Urtatsache der Welt ist, muß auch im Menschen der W. dem Verstand übergeordnet sein. Knüpfte Duns Scotus damit an Augustin an und konnte er so das aktive Moment im Erkenntnisakt gegen die thomistische Lehre vom passiven Nachbilden behaupten, so führte dieser Versuch doch noch nicht zu radikalen Konsequenzen. Da Duns Scotus im Universalienstreit mit Thomas gemeinsam einen gemäßigten Realismus vertrat, mußte sein Denken in den Grenzen der traditionellen Wesensmetaphysik verbleiben. Erst als bei → *Ockham* durch die Leugnung irgendeiner Realität der Allgemeinbegriffe auch diese Prämisse fiel, erreichte der scholastische V. seine äußerste Möglichkeit. Denn wenn es keine Universalien gibt, dann sind auch in sich als »gut« und »böse« bestimmte Akte denkunmöglich, vielmehr ist jede ethische Norm kraft der totalen Abhängigkeit des Geschöpfes von seinem Schöpfer auf die ebenso totale W.nsfreiheit Gottes zurückverwiesen. Gleichzeitig tritt die Rangfrage von W.n und Verstand im Menschen zurück, weil – nach Fortfall des Universalienrealismus – hier nur die Wirkweise der einen, an sich unerkennbaren Seele zu konstatieren ist. Das Verhältnis von Glauben und Wissen aber muß sich nun als Konsequenz des V. ergeben: die Gegenstände des Glaubens sind prinzipiell unbegründbar, weil allein aus Gottes freier Willkür entsprungen, das Wissen aber handelt – wenn auch in einer ihrer → Kontingenz nicht entrückbaren Welt – von Begründbarem.

Der V. blieb auch Bestandteil der *neuzeitlichen Philosophie*. → Descartes konnte mit seinem → Rationalismus allein nicht deutlich machen, warum der von einem vollkommenen Gott geschaffene Mensch des Irrtums fähig ist. Darum reduzierte er die zwingende Determination des Geistes auf die klaren Vorstellungen, während die verworrenen dem schrankenlosen Zugriff des liberum arbitrium indifferentiae ausgeliefert bleiben. Die daraus folgende Forderung, das Urteil angesichts undeutlicher Vorstellungen zurückzuhalten, bindet den Erkenntnisakt an den W.n und muß so den rationalistischen Ansatz mit einem voluntaristischen Argument überbieten. Das aber kann man in einem noch weiter gefaßten Sinne ebenso für → Kant behaupten. Denn der kritische Erkenntnisbegriff, der die überlieferte Auffassung vom Erkennen als einer »adaequatio rei ac intellectus« überwand, indem er Objektivität als »Allgemeingültigkeit« und »Notwendigkeit« faßte, hat seinen Rechtsgrund in der Lehre vom Primat der praktischen Vernunft. Der Anspruch des Sittengesetzes, der als → kategorischer Imperativ für Kant nicht ein Satz der Ethik, sondern eine Voraussetzung für diese wie für die Theorie aller anderen Verhaltensweisen ist, läßt die Verbindlichkeit jedes Urteils auf die Selbstbindung des freien W.ns zurückverweisen. Dieser W. ist aber »frei« nur als intelligibler; der W. des empirischen Charakters ist demgegenüber der unmoralische »Trieb zur Annahme böser Maximen«. Insofern ist der V. Kants nicht einfach ein Vorrang des W.ns vor dem Intellekt, weil ja der Primat des Praktischen sich immerhin darstellt als Primat einer (praktischen) Vernunft. Die transzendentale Fragestellung (→ Transzendentalphilosophie) mußte hier dem V. von vornherein die Grenze setzen. Das gilt auch für → Fichte ebenso wie für → Schelling. Der eigentliche Philosoph des V. aber wurde → Schopenhauer. Hatte Kant im »guten W.n« das »eigentliche Selbst« gesehen, so fand Schopenhauer in der Analyse des W.ns den Weg, auf dem in das von Kant als Noumenon für unerkennbar gesetzte → Ding-an-sich zu gelangen ist. Die Bewußtseinsformen des erkennenden Subjektes müssen zwar zugleich auch die Formen der (als Erscheinung erkennbaren) Gegenstände sein, doch ist die Identität des erkennenden mit dem wollenden Subjekt »unmittelbar«. Wenn aber das Subjekt als W. »Ding-an-sich« ist, muß auch die Welt, die »für uns« Vorstellung ist, »an sich« W. sein. Demzufolge ist Handeln und alles, was in der Welt geschieht, kein Wollen, sondern determinierte Wirkung des W.ns. W. als das An-sich-sein der Welt muß ziellos sein, weil nichts als verpflichtendes Telos über ihn hinauszuweisen vermag; was so erscheint, kann nur trügerische Potenzierung seiner Blindheit sein. Erkennt sich aber der W. – im philosophischen Bewußtsein – als blinder, so muß er sich aufheben. Ist das Subjekt zu solcher Leistung befähigt, so gibt es allerdings *einen* Akt der Freiheit: die Entsagung des Wollens in der Kontemplation. Später hat Ed.v. → Hartmann versucht, diesen V. Schopenhauers mit dem Erbe des deutschen Idealismus zu verschmelzen, in dem er die Einheit des Weltgeistes in der Koordinatenachse von W. (das »Alogische«) und Idee (das »Logische«) umschrieben sah. – Vgl. → Willensfreiheit.

W. Kahl, Die Lehre vom Primat d. W.ns bei Augustin, Duns Scotus u. Descartes, 1886 – R. Knauer, Der V., 1907 – J. Marcus, Intellektualismus u. V. in d. mod. Philos., 1918 – Eisler III, 429ff – E. Benz, Marius Victorinus u. d. Entwicklung d. abendländ. W.nsmetaphysik, 1932 – J. Auer, Die menschl. W.nsfreiheit bei Thomas u. Duns Scotus, 1938 – EF IV, 1692ff.

H. Blankertz

Volz, *Paul* (ca 1480–1544), * als Sohn eines Schneiders in Offenburg, trat früh in das Benediktinerkloster Schuttern ein und wurde 1495 als Paulus de Schuttern in

Tübingen immatrikuliert (1499 Magister). Seit 1512 war er Abt des elsässischen Klosters Hugshofen, das er 1525 wegen des → Bauernkriegs verlassen mußte. Er fand zunächst in Schlettstadt Zuflucht, dann in Straßburg, wo er nach seiner Hinwendung zum neuen Glauben Prediger an der Nikolauskirche wurde. Seine Neigung zu den gemäßigten → Täufern und zu → Schwenckfeld sowie seine Weigerung, die → Wittenberger Konkordie zu unterschreiben, führten 1537 zu seiner Amtsenthebung. Unter dem Einfluß Calvins söhnte er sich jedoch mit den Straßburger Predigern aus und wurde nach einem Bekenntnis 1539 wieder in sein Amt eingesetzt. Wegen seiner historischen Forschungen (Annales Schutterani u.a.), seines lauteren Charakters und seiner aufrichtigen Frömmigkeit erfreute er sich allgemeiner Wertschätzung. → Erasmus widmete ihm 1518 sein Enchiridion und bewahrte ihm trotz abweichender kirchlicher Einstellung seine Zuneigung.

ADB 40, 284f - E.BATZER, Eltern u. Geschwister des Humanisten P.V. (Ortenau 10, 1923, 23f) - RGG³ V, 1715 (Lit.). *M.Krebs*

Vondel, *Joost van den* (17.11.1587 bis 5.2.1679), * in Köln als Sohn mennonitischer Emigranten aus Antwerpen, die sich 1596/97 in Amsterdam niederließen. Diese Stadt, in der er ein Seidengeschäft besaß, wurde ihm ganz zur Heimat. 1656-59 brachte ihn der Bankrott seines Sohnes in finanzielle Schwierigkeiten. Die Bürgermeister halfen ihm durch eine Ernennung zum Buchführer des Pfandhauses. 1668 wurde er unter Weiterzahlung des Gehalts in den Ruhestand versetzt. - V. ist der größte Dichter der niederl. Hochrenaissance. Seine Produktivität war außerordentlich. Zu allen wichtigen Ereignissen im Familien- und Freundeskreis, in seiner Stadt, in der Republik, in Europa schrieb er Gedichte. Von 1610 (»Het Pascha«) bis 1667 (»Noah«) verfaßte er 24 meist biblische Dramen nebst 8 Übersetzungen. Die wichtigsten sind: »Joseph in Dothan« (1640), »Lucifer« (1654), »Jeptha« (1659), »Adam in ballingschap« (1664). Zu Neujahr wird noch heute sein »Gysbreght van Aemstel« (1637) aufgeführt: eine Transposition von Trojas Untergang nach dem mittelalterlichen Amsterdam. - Sein ganzes Leben hindurch war V. ein tiefgläubiger Christ. Von 1616-20 war er Diakon der waterländischen → Mennoniten. In dem Streit zwischen Remonstranten (→ Arminianer) und Kontra-Remonstranten nahm er leidenschaftlich Partei für die Remonstranten. Dies regte ihn an zu einer Reihe polemisch-satirischer Gedichte und zu dem Drama »Palamedes« (1625), das unter griech. Namen die Hinrichtung → Oldenbarnevelts rügt. 1639/41 schloß er sich der kath. Kirche an; Abkehr von der Uneinigkeit der Protestanten und Heimweh nach der Einheit der altchristlichen Kirche (das Ideal → Grotius') haben dabei eine Rolle gespielt. In 3 großen Lehrgedichten wurde V. der Apologet des Katholizismus: »Altaergeheimenissen« (1645), »Bespiegelingen van Godt en Godtsdienst« (1662), »De Heerlyckheit der Kercke« (1663). Seine biblischen Tragödien handeln immer wieder vom Verhältnis des Menschen zu Gott. Die zwei Probleme, die ihn dabei fesseln, sind nacheinander die Überzeugung, daß Gottes Führung sinnvoll ist (Zurückweisung des Schicksalsgedankens), und der Dualismus von Gut und Böse (der den Menschen zwingt, sich für oder gegen Gott zu entscheiden).

GA, 10 Bde, Amsterdam 1927-37. - Über V. bes.: A.J.BARNOUW, V., Haarlem 1926 - A.VERWEY, V.s vers, Santpoort 1927 - G.BROM, V.s geloof, Amsterdam 1935 - J.G.BOMHOFF, V.s drama, ebd 1950 - W.A.P.SMIT, Van Pascha tot Noah, 3 Bde, Zwolle 1956-62 - J.MELLES, J.v.d.V., Utrecht 1957. *W.A.P.Smit*

Vorfastenzeit, umfaßt die Sonntage Septuagesimae, Sexagesimae und Quinquagesimae (= Estomihi). Obwohl das röm. Missale schon in den Messen dieser Sonntage das → Halleluja durch den → Tractus ersetzt, hatten die »70 Tage« vor Ostern nie den vollen Fasten- und Bußcharakter. Die Zählung erklärt sich am einfachsten aus einer Abrundung der tatsächlichen Ziffern. - Vgl. → Fasten: II, → Fastenzeit, → Passionszeit.

Leiturgia I, 453-460 (G.KUNZE) - J.A.JUNGMANN, Die Quadragesima in den Forschungen von Antoine Chavasse (ALW 5, 1957, 84 bis 95, bes. 94f). *H.Urner*

Vorgeschichte → Prähistorie.

Vornamengebung *in ihrer Beziehung zur KG*

1. Christliches Altertum - 2. MA - 3. Katholizismus seit dem Tridentinum - 4. Protestantismus - 5. Mission. - N. = Name

1. Die frühe Christenheit legte passenden N.n kein Gewicht bei (zum NT s. → Namenglaube: III). Die Christen führten ihre heidnischen N.n, auch Götter-N.n, ohne Bedenken weiter. Hauptsache war, daß man den N.n »Christ« führen durfte. Vgl. die Antwort des Märtyrers → Karpus (3.Jh.) an seinen heidnischen Richter: »Mein erster und wichtigster N. ist Christ. Fragst du aber nach meinem N.n in der Welt, so heiße ich Karpus.« Nach der staatlichen Anerkennung des Christentums (380) wurden die heidnischen N.n nach und nach ohne jede offizielle kirchliche Regelung ausgeschieden. Noch auf dem Konzil von → Nicäa (325) haben fast alle Bischöfe heidnische N.n. Auf dem Konzil von → Chalcedon (451) sind es noch vier, auf dem von → Konstantinopel (680) nur noch einer. Die Zeit vom 4.-7.Jh. bringt den Aufbau eines neuen christlichen N.nschatzes, in dem sich drei Gruppen unterscheiden lassen: a) Hebr. N.n des AT (→ Namengebung im AT) wurden ins Griechische oder Lateinische übersetzt (so Salomon in Irenäus oder Jonathan in Theodor). b) Man übernahm (unübersetzt) hebr. und griech. N.n, die durch den Gebrauch at. Gerechter und Propheten oder nt. Apostel und altchristlicher Märtyrer geheiligt waren. c) Neue N.n wurden geschaffen, wobei verschiedene Gesichtspunkte maßgebend waren; man ersann N.n, die ein Verhältnis zu Gott (zB Theodorus, Theodulos, Adeodatus) oder zu Christus (Dominicus, Cyrillus, Cyriacus) ausdrückten oder die auf eine christliche Tugend (zB Fides, Caritas, Spes), auf die Taufe (Renatus, Receptus u.ä.) oder auf das ewige Ziel des Christen (zB Anastasios, Sabbatios) anspielten. Wir erfahren, daß man die Kinder nach vorbildlichen christlichen Personen benannte, oder daß man ihnen die Namen von solchen Heiligen gab, die als kräftige Fürbitter anerkannt waren; man erwartete also, dadurch den persönlichen Schutz eines Heiligen zu gewinnen. (Zu bemerken ist noch, daß Kaiser Caracalla i.J. 212 die Verpflichtung auf das röm. System der drei N.n aufhob und seitdem die Führung nur *eines* N.ns gebräuchlich wurde.)

2. Die irischen und fränkischen Missionare im 8. und 9.Jh. vermittelten den Germanen christliche N.n. Hingegen ließ die benediktinische Mission des 10.Jh.s das alte germanische N.ngut unangetastet. Die Folge war ein neues Aufblühen der germanischen N.n, die in Deutschland im 10. und 11.Jh. fast alleinherrschend wurden. Im 12.Jh. drang langsam wieder die kirchliche N.ngebung vor, zunächst beim Adel, der offenbar das Bedürfnis nach neuen, unverbrauchten N.n empfand. Im 13.Jh. nahm diese Verchristlichung des N.nschatzes zu, wobei die → Bettelorden kräftig mithalfen. Jetzt nahmen auch die Bürger und Bauern christliche N.n an. Im 14./15.Jh. vollendete sich der Siegeszug der christlichen N.ngebung. Jetzt erst entstand auch die Sitte, dem Kinde seinen N.n bei der Taufe zu geben und dafür den N.n des Heiligen des Tauftages zu wählen.

Bis dahin waren Taufhandlung und N.ngebung getrennt. Der Begriff »Tauf-N.« ist somit spätmittelalterlicher Herkunft. Übrigens hat auch die Bezeichnung »Vor-N.« erst seit dem MA, nämlich seit mit dem 13.Jh. die Familien-N.n aufkamen, ihre Berechtigung.

3. Bis ins 16.Jh. nahm die Kirche zur N.nwahl keine Stellung. Die erste amtliche kirchliche Äußerung findet sich im → Römischen Katechismus (1566). Danach soll der Tauf-N. aus dem Verzeichnis der Heiligen genommen werden; denn der Heilige sei für die Träger seines N.ns Vorbild und besonderer Fürbitter. Diese Verordnung, die vom »Rituale Romanum« (1614) wiederholt wurde, bringt im Grunde nichts Neues, sondern legalisiert den im Spät-MA erreichten Zustand. Der CIC (c. 761) fordert, daß, wenn nicht der erste, so wenigstens der zweite N. eines Kindes ein Heiligen-N. sein solle. Hier ist der im 17.Jh. aufgekommene Brauch der mehrfachen Vor-N.n vorausgesetzt. Diese Bestimmungen gehören nicht in den Bereich des Kirchenrechtes, sondern der disziplinär-pastoralen Anweisung. Juristischer Zwang wohnt ihnen also nicht inne.

4. Luther und Zwingli haben sich der N.nfrage nicht angenommen. Calvin hätte in Genf am liebsten nur solche Rufnamen eingeführt, die aus dem AT und NT stammten. Der Rat war aber nur bereit, ausgesprochene Mißbräuche auszumerzen. So verbot er am 22.11.1546 die N.n solcher Heiliger, die bisher im Gebiete von Genf besondere »abergläubische« Verehrung genossen hatten. Die großen abendländischen Heiligen-N.n (François, Antoine, Georges, Nicolas, Bernard, Guillaume, Martin, Maurice, Robert) blieben aber erhalten. Immerhin konnte es Calvin durch seinen persönlichen Einfluß erreichen, daß viele seiner Anhänger ihren Kindern freiwillig alt- und nt. N.n gaben. - Bei der Taufnamengebung auf englischem Boden muß man die Entwicklung im Anglikanismus und im Puritanismus auseinanderhalten. Seit der Thronbesteigung der Königin → Elisabeth (, 4; 1558) häufen sich im anglikanischen England die at. Vor-N.n auffallend. Sie geben im letzten Drittel des 16.Jh.s dem N.ngut geradezu das Gepräge. Das ist um so überraschender, als die Church of England den kath. N.nkalender beibehalten hat. Diese Erscheinung ist (gegen A.Meier und H.Schöffler, s. Lit.) nicht aus dem Puritanismus abzuleiten, sondern sie erklärt sich aus dem Selbstbewußtsein des englischen Volkes, wie es ihm zZ der Königin Elisabeth von den führenden anglikanischen Theologen eingeprägt wurde: Die Engländer seien Gottes auserwähltes Volk, der Erbe Israels. Die Bevorzugung biblischer, vor allem at. Ruf-N.n durch die Calvinisten (Puritaner) in Schottland und England geht dagegen unmittelbar auf Calvin zurück.

5. Die kath. Missionare halten in den Missionsländern an der kirchlichen Vorschrift fest, daß der Täufling bei der Taufe einen Heiligen-N.n annehmen müsse. Da diese neuen N.n fast ausschließlich aus dem Abendland stammen, ergeben sich Unzulänglichkeiten, bes. in sprachlicher Hinsicht. Die Versuche, diese Schwierigkeiten zu meistern, zB durch phonetische Änderung der europäischen N.n oder durch ihre sinngemäße Übersetzung in die Eingeborenensprachen, vermögen kaum recht zu befriedigen. Die prot. Mission ist unabhängiger, und ihre Praxis der N.ngebung ist dementsprechend verschieden. G. → Warneck (auch die Church Missionary Society) sprachen sich für Beibehaltung der alten heidnischen N.n aus. Andere Missionare führten biblische N.n ein. Wieder andere (zB die → Leipziger Mission bei den Dschagga in Afrika) haben es mit Erfolg unternommen, aus der Sprache der Einheimischen neue Tauf-N.n zu schaffen, die das christliche Glaubenserlebnis ausdrücken.

Zum allgemeinen: E.G.Withycombe, The Oxford Dict. of English Christian Names, Oxford (1945) 1950², bes. Introduction XIII bis XLVII. - *Zu 1:* A.Harnack, Mission u. Ausbreitung des Christentums in d. ersten 3 Jh.en, (1902) 1915³, 381ff, bes. 407ff - C.A.Kneller, Was die ältesten christl. Eigen-N.n erzählen (StML 62, 1902, 171 bis 182. 272-286) - Th.Schermann, Das Aufkommen christl. Tauf-N.n (Der Katholik 16, 4. F., 1915, 263-280) - DACL XII/2, 1481ff. - *Zu 2:* A.Socin, Mhd. N.nbuch. Nach oberrhein. Qu. d. 12. u. 13.Jh.s, Basel 1903 (über das Aufkommen von Heiligen-N.n als Vor-N.n erst im Spät-MA) - W.Caspari, Taufpaten u. Tauf-N.n (Jb. f. d. ev.-luth. Landeskirche Bayerns, 1905, 1-15) - J.Trier, Der hl. Jodocus. Sein Leben u. seine Verehrung, zugleich ein Beitrag z. dt. N.ngebung, 1924 - E.Nied, Heiligenverehrung u. N.ngebung, 1924 - Gertrud Franke, Der Einfluß d. Nikolauskultes auf d. N.ngebung im franz. Sprachgebiet (Roman. Forschungen 48, H. 1), 1934 - LThK VII, 432f - Joh.Frey, Heiligenverehrung u. Familien-N.n in Rheinhessen, 1938 - J.Scheidl, Der Kampf zw. dt. u. christl. Vor-N.n im ausgehenden MA. Nach altbaier. Qu. für das Dachauer Land dargestellt (Zs. f. N.nforschung 16, 1940, 191-214) - A.Bach, Die dt. Personen-N.n, 1943. - *Zu 3:* L.Eisenhofer, Hdb. d. kath. Liturgik, 1933, bes. 240ff. - *Zu 4:* Arnold Meier, Die at. N.ngebung in England. Mit einem Ausblick auf d. at. N.ngebung in Deutschland u. Frankreich, 1934 - H.Schöffler, Abendland u. AT, 1937 - O.Clemen, Der Vor-N. Johannes in d. Reformationszeit (Archiv f. Sippenforschung 15, 1938, 187-188; 17, 1940, 219-220) - G.Kietz, Die Personen- u. Familien-N.n im Leipziger Land zZ Luthers (Zs. f. N.nforschung 15, 1939, 244-261) - Ernst Schwarz, Dt. N.nforschung I: Ruf- u. Familien-N.n, 1949 - A.Largiadèr, Das ref. Zürich u. d. Fest- u. Heiligentage (Zwingliana 9, 1953/1, 497-525) - W.Richard, Unters.en zur Genesis d. ref. Kirchenterminologie der Westschweiz u. Frankreichs unter bes. Berücksichtigung der N.ngebung, Bern 1959 (Lit.). - *Zu 5:* G.Fritze, Der neue N. Das neue Leben der Dschaggachristen im Lichte ihrer Tauf-N.n, 1930 - F.Melzer, Christen-N.n in Malabar (EMM NF 83, 1939, 28-32. 62-64) - W. Bühlmann, Tauf-N. u. Taufpatron bei den Missionschristen mit bes. Berücksichtigung Ostafrikas (NZM 8, 1952, 1-20) - H.H.F.Portmann, Das Problem der Tauf-N.n in d. Mission (ebd 17, 1961, 147 bis 149).

F.Blanke

Vorsehung

1. Definition - 2. Die griech.-hellenistische Pronoia - 3. Der biblisch-christliche V.sglaube - 4. Seine dogmatische Entfaltung

1. Unter V. versteht der christliche Glaube die Funktionen der Erhaltung, Regierung und zielbestimmten Führung, die Gott in der von ihm geschaffenen Welt in seiner Allmacht und seiner in Jesus Christus offenbarten Vatergüte zum Heil der ihm versöhnten Menschheit wahrnimmt.

2. Der Begriff πρόνοια (lat. providentia) hat im *griech. Denken* seinen Ursprung, wurde in der → Stoa kosmologisch-pantheistisch entfaltet, hat von da Einfluß auf das antike Judentum und das werdende Christentum gewonnen und ist vom biblischen Gottesglauben her neu verstanden und entwickelt worden. Was die hellenistische Stoa aufbauend auf → Heraklits Logoslehre, auf Anaxagoras, auf → Platons teleologischer und theologischer Naturansicht (im Timaios) unter πρόνοια verstand, bezog sich auf die zweckvoll schaffende Ordnung einer göttlich gedachten Weltvernunft, unter deren vorsorgender Planung der gesamte Kosmos, die Ereignisse der Natur, die Geschicke der Menschen wie auch der Wert oder Unwert ihrer Handlungen gesehen werden sollten. (Vgl. Stoicorum veterum fragmenta, ed. H.v. Arnim, 1903-24; Chrysipp, Peri pronoias bei A.Gercke, Chrysippea, 1885; Cicero, De natura deorum II, 73 bis 153; Seneca, De providentia; vgl. M.Pohlenz, Die Stoa I. II, 1955/59².) Diese Welt- und → Schicksals-Ordnung ist im Grunde rational (νοῦς), harmonistisch, dem Guten und dem Nutzen des Menschen zweckhaft zugewandt vorgestellt. Ihre religiöse Bedeutung liegt in der bergenden Einordnung des Einzelnen in das kosmisch geordnete Ganze und darin Notwendige.

Wo im Bereich des abendländischen Denkens die natürliche Theologie dominierte und Einfluß auch auf die

Philosophie gewann, spielte die weltimmanente providentielle → Teleologie aristotelischer und stoischer Herkunft eine wichtige Rolle: bei den → Apologeten, in der Scholastik, in der mit Gott gleichgesetzten prästabilierten harmonia universalis bei → Leibniz und dessen die Wege Gottes vernünftig rechtfertigender → Theodizee (: II, 5), in dem auf Moral und persönliche Glückseligkeit bedachten und verflachten Gottesglauben der → Aufklärung, in → Hegels Vernunft in der Weltgeschichte, im Fortschrittsglauben des 19.Jh.s bis hin zu Hitlers frevelhafter Inanspruchnahme der »V.« für seine Machtplanung und der säkular eschatologischen Kollektiverfüllung der Weltgeschichte in der marxistischen Erwartung der klassenlosen Gesellschaft. Diese Teleologie hat nicht nur immer wieder schwere Erschütterungen erfahren (zB Erdbeben von Lissabon, die beiden Weltkriege), sondern ist auch von Anfang an von scharfer Kritik begleitet worden. Der Epikureismus und die antike Skepsis dachten radikal antiteleologisch. P. → Bayles Philosophie des dialektischen Zweifels, → Voltaires Hohn auf die »beste aller Welten« in seinem »Candide«, → Feuerbachs Religionskritik, → Schopenhauers Pessimismus, Th. → Manns ironisches »deus providebit« (Gen 22, 14) als Motto seiner Buddenbrooks, N. → Hartmanns Kritik der Teleologie sowie der moderne → Nihilismus zeigen je von ihren Voraussetzungen her die Fragwürdigkeit der weltimmanent und vernünftig verstandenen »V.«.

3. Aber damit hat auch der theozentrisch, soteriologisch und eschatologisch ausgerichtete *biblisch-christliche V.sglaube* nicht sehr viel mehr als den Namen gemeinsam. Die der Stoa entnommene Formel »von ihm (Gott), durch ihn und zu ihm hin sind alle Dinge« (Röm 11, 36) ist bei Paulus nicht pantheistisch verstanden, sondern vom Kontext her auf den heilsökonomisch prädestinierenden, souveränen Willen Gottes bezogen, dessen Wege unerforschlich und dessen Gerichte unbegreiflich sind (Röm 11, 33f; vgl. auch Jes 45, 15; 55, 8f). Und die Gewißheit, daß »denen, die Gott lieben und die nach dem Vorsatz Berufene sind, Gott alles zum Guten mitwirkend macht« (Röm 8, 28), ist ein im Christusglauben gegründetes Verheißungs- und Erfahrungsurteil; ebenso der alle Schicksalsgewalten entdämonisierende, aber nicht aufhebende Glaube, daß nichts uns scheiden kann »von der Liebe Gottes, die in Christus Jesus ist, unserem Herrn« (Röm 8, 38f). Darin, und nicht in unserem Wünschen und Glücken besteht das ἀγαθόν von V. 28. Diese V. ist nicht aus dem Naturgeschehen oder dem Weltlauf abgelesen und vernünftig erhoben, sondern wird aus Gottes offenbarem Wort und Wesen, auch und gerade wider den Augenschein, als gnädig verheißen und zugesagt geglaubt (vgl. Heid. Kat. Fr. 26-28). Ihr liegt nicht die Reflexion auf eine uns begreifliche Sinndeutung der Welt zugrunde, sondern die Erfahrung der im AT und NT bezeugten Heilserweisungen Gottes (→ Heilsratschluß). Der V.sglaube ist von seiner biblischen Intention her ein Heilsglaube, für den Gottes Schöpfermacht und Weltregiment unlösbar mit dem Vertrauen auf seinen Gnadenwillen verbunden ist (→ Erwählung: I-III, → Prädestination: II. IV).

4. Die altprot. Dogmatik hat an scholastische Traditionen anknüpfend das V.shandeln Gottes als Erhalten (conservatio), Begleiten (concursus) und Regieren (gubernatio) beschrieben. Diese Unterscheidung ist von K.Barth (KD III/3) und O.Weber (Grundlagen der Dogmatik I, 1955) heute bewußt wieder aufgenommen. Die darin enthaltenen besonderen Aspekte sind problemgeschichtlich auch da nachweisbar, wo man sich dieser Gliederung nicht bedient hat. - a) In der *Erhaltung* (→ Schöpfung: IV A, 4; IV B, 4 b) erweist sich Gottes Schöpfermacht als dauernd präsent. Darin liegt das relative Recht, von einer creatio continua zu reden; aber es darf damit nicht die Unterscheidung des Anfangs, als einer creatio ex nihilo, und der mittelbaren Fortsetzung von Gottes schöpferischem Tun in der Form der conservatio verwischt werden. Daß Gott nicht nur den Anstoß gegeben hat, sondern beständig in seiner Schöpfung am Werk ist, ist vor allem dem → Deismus und der mit ihm einsetzenden mechanistischen Weltauffassung gegenüber zu betonen. Wie die Schöpfung selbst, so ist auch deren Erhaltung nur als Gottes freies Tun zu verstehen, mit dem er ihren Bestand mit seiner von ihm gesetzten Ordnung trägt, fördert und vor Vernichtung bewahrt. Erst über den Glauben an Gottes unwandelbare Treue zu seiner Kreatur vermag uns auch das, was uns innerhalb der Welt an Ordnungen und Gesetzen erkennbar ist, zum Hinweis auf die für uns unergründlichen Wege seiner vorsorgenden Weisheit zu werden. Die conservatio erschließt uns ihren existentiellen Sinn in ihrem Ziel: daß wir als die durch Gottes Gnade zu seinem Reich Berufenen unter seiner Fürsorge und Geduld unser Leben als auf ihn hin geordnet täglich neu aus seiner Hand hinnehmen können. - b) In der Form des concursus (→ Schöpfung: IV B, 4 c) ist die V. als göttliches *Begleiten* unseres freiheitlichen Handelns und unserer Geschicke zu fassen. Unsere → Freiheit kann nicht als Konkurrenz zu Gottes Wirken und unser → Schicksal (: III) nicht kausaldeterministisch verstanden werden. Vielmehr sind beide von Gottes übergeordnetem Willen umgriffen. Sie selbst sind nur Ordnungen und Bedingungen zweiten Ranges (causae secundae bei Aristoteles und Thomas), die ihrer Voraussetzung und Auswirkung nach dem Endziel Gottes auch da untergeordnet werden, wo sie sich in der Form der Sünde gegen seinen offenbaren Willen wenden. Daß Gott sich unserer Freiheit wie unserer Geschicke in all ihren Konstellationen als seiner Möglichkeiten bedient und sie seinem Vorhaben mit uns einformt, erhält seine eigentliche Bedeutung und inhaltliche Bestimmtheit wiederum erst von dem »pro nobis« her, mit dem Gott in Christus sich uns zugesellt. - c) Die gubernatio, das *Regieren,* unterstreicht den theozentrischen Charakter der V.: »*Er* sitzt im Regimente und führet alles wohl« (P.Gerhardt); nicht ein »höheres Wesen«, nicht *das* Schicksal, nicht *der* → Zufall, nicht unpersönliche »ewige Gesetze«. Daß Gott hinter den Larven (Luther) seiner Kreaturen am Werk ist und in der Form der permissio (→ Zulassung), impeditio, directio und determinatio die Ereignisse fügt und nichts geschehen kann, was sich seiner Planung und seinem Regiment entziehen könnte, ist unserem beschränkten Blick nicht erkennbar, darf und soll aber unserem Glauben tröstlich gewiß sein. Wenn Luther mit Recht das weltliche und geistliche Regiment Gottes unterscheidet, dann darf das nicht zu einem Auseinanderreißen führen, vielmehr ist Gottes opus alienum auf sein opus proprium bezogen und damit die Weltgeschichte auf ihre Vollendung im Ziel der → Heilsgeschichte.

Darauf weist auch die dogmatische Unterscheidung von *providentia universalis, specialis* und *specialissima* hin. Damit sind nicht Gradunterschiede der göttlichen Fürsorge gemeint. Gott sorgt für das Kleinste nicht minder als für das Große und Ganze (Mt 6, 26ff; 10, 29f). Wohl aber gibt es Unterschiede in der Art der göttlichen Fürsorge, die der Besonderheit seiner Kreaturen entsprechen. So gilt die providentia specialis dem nach seinem Bilde geschaffenen Menschen, für den er in Christus selbst Mensch geworden ist, und die providentia specialissima dem, der sich in Glaubensgehorsam, Liebe und Dankbarkeit Gottes Liebeserweisungen zu erschließen vermag. Damit ist zugleich ein Bezug dieses V.swaltens auf unsere Glaubenserfahrung gesetzt. Unserer unmittelbaren Einsicht sind Gottes Wege verborgen, und nur im gehorsamen Vertrauen auf sein Wort erkennen wir, daß seine väterliche Güte auch »sub contraria specie« am Werk ist (→ Theodizee: III). Hier offenbart sich der paradoxe Charakter des V.sglaubens, der es auch in der schwersten Lage wagt, »dennoch« (Ps 73) an seine Liebe zu glauben. Aber Gott vermag dem unter seinem Wort Stehenden auch gelegentliche – sicher begrenzte – Einblicke in sein Walten zu geben, mit denen er unserer geschichtlichen und persönlichen Erfahrung seine Wahrheit spürbar bestätigt. Davon gibt die Bibel, geben bes. die Psalmen wie auch die Lob-, Dank- und Vertrauenslieder unserer Gesangbücher ein beredtes Zeugnis.

Das → *Gebet* (: VI) ist durch die V. darum nicht illusorisch gemacht, weil sie keine deterministische Gesetzlichkeit, sondern Gottes persönliches und lebendiges Walten ist, an dem er uns mit aktiver Glaubensverantwortung beteiligt sehen will. Nicht nur in der Form demütiger Ergebung in seinen Willen, nicht nur in Preis und Dank für erfahrene Güte, sondern auch in der Bitte und Fürbitte um die uns mit ihm selbst geschenkten und verheißenen zeitlichen und ewigen Gaben und Gnaden stehen wir in der von ihm in seinem Wort gebotenen Gebetsverbundenheit. Das Gebet ist in erster Linie die Form, in der Gott unserem Glauben die uns gemäße Teilhabe an seiner zielbestimmten individuellen und generellen V. gewährt.

Hutterus redivivus. Dogmatik d. ev.-luth. Kirche, hg.v. K.HASE, (1828) 1883[12], §§ 66-68 – H.HEPPE, Die Dogmatik der ev.-ref. Kirche, (1861) hg.v. E.BIZER, 1958[2], Loc. XII – RE XX, 740ff – G.HEINZELMANN, Schicksal u. V., 1923 – P.JAEGER, V., 1923 – J.KONRAD, Schicksal u. Gott, 1947, 319ff – ST.GRÜN, Gespräche über d. göttl. V., 1948 – E.STAKEMEIER, Über Schicksal u. V., 1949 – E.GUTCHIFFE, Providence and Suffering in the Old and New Testament, London 1955 – F.FLÜCKIGER, V. u. Erwählung in d. ref. u. in d. luth. Theol. (in: Antwort. Festschr. f. K.Barth, 1956, 509-526) – G.v.RAD, TheolAT I, 1957, 168. 415ff; II, 1960, 112ff – BULTMANN, NT 74 – EKL III, 1705ff. – Vgl. ferner die neueren Lehrbücher der ev. u. kath. → Dogmatik.
J.Konrad

Vorsehungsschwestern, kath. Frauengenossenschaften von der (Göttlichen) Vorsehung. Die *Filles de la Providence de Dieu,* 1643 von Marie des Lumagne unter Aufsicht des → Vincentius von Paul zunächst als »Seminar der Töchter der Vorsehung« gegründet, wurden das Vorbild der meisten Kongregationen der V., die bes. in Frankreich, Italien, Belgien, in der Schweiz, den USA und Kanada verbreitet sind. In Deutschland bestehen: 1. *Schwestern von der göttlichen Vorsehung,* Generalmutterhaus in der Friedrichsburg zu Münster/W., 1842 von dem Kaplan Eduard Michelis (1813-55) für die Tätigkeit in Waisenhäusern gegründet; im → Kulturkampf aufgelöst und nach Steyl (Niederlande) verlegt, 1887 wiedererrichtet. Die an Vincentius orientierten Satzungen (1844) wurden 1876 »im Geiste des hl. Ignatius« ergänzt. In über 130 Niederlassungen arbeiten Schwestern im Unterrichts- und Erziehungswesen und in Heimen der Caritas in Aachen, Berlin, Meißen, Münster, Osnabrück, Paderborn und Trier. Im Ausland (u.a. in Brasilien, seit 1895) arbeiten über 600 Schwestern. – 2. *Schwestern von der göttlichen Vorsehung in Mainz,* 1851 von Bischof → Ketteler in Finthen b. Mainz gestiftet als Schulschwestern für das Land. Im Kulturkampf aus den Schulen verdrängt, sind die V. seitdem mehr der Krankenpflege und Kleinkinderfürsorge sowie mannigfachen Zweigen der Caritas in Aachen, Freiburg, Limburg, Mainz, Trier, Würzburg in über 140 Niederlassungen zugewandt. Die Regel gründet sich auf das im Kloster der Schwestern von der göttlichen Vorsehung zu Rappoltsweiler gegebene Vorbild. In Amerika wurden Provinzialhäuser dieser Kongregation in Pittsburg und Mount Providence errichtet.

HEIMBUCHER II, 494 ff. 529 ff – EC V, 1265 f; XI, 1539. 1543 f.
W.Göbell

Vorstius *(Vorst), Konrad* (1569-1622), arminianischer Theologe (→ Arminianer), * in Köln aus später zur ref. Kirche übergetretener kath. Holländerfamilie. Als kath. Theologiestudent wollte V. das → Tridentinum nicht anerkennen, wandte sich dem Handel zu und studierte dann ev. Theologie in Herborn (Schüler → Piscators), Heidelberg, Basel, Genf und wurde 1596 theologischer Lehrer am Gymnasium in Steinfurt, 1610 Prof. in Leiden. Hier geriet er mit den Gomaristen (→ Gomarus) in Streit. Selbst König Jakob I. von England schrieb gegen ihn und nötigte die Generalstaaten, ihn zu entlassen. V. lebte nun zurückgezogen in Gouda, wurde von der → Dordrechter Synode 1619 verurteilt, flüchtete in die Umgebung von Utrecht und fand zuletzt Zuflucht bei Arminianern in Tönningen (Holstein).

Vf. u.a.: De praedestinatione; de sancta trinitate; de persona et officio Christi, 1597; Tractatus theologicus, 1610. – Über V.: RE XX, 762ff (Lit.).
O.E.Straßer

Vortragswesen, *kirchliches.* Das k.V. gehört zur gebundenen Erwachsenenbildung. *Inhaltlich* befaßt es sich mit allen Problemen des modernen Lebens: Seelsorge, → Apologetik (: IV), Kontroverstheologie, Geschichte (von Kirche, Ökumene, Mission, Diakonie, Diaspora, Weltpolitik, Weltreligionen), Naturwissenschaft, Kultur u.a.m. Das k.V. weckt, vertieft und festigt den Glauben (Katechismusunterricht für Erwachsene, Volksmission, → Evangelisation), dient der Bewältigung von Berufs- und Lebensproblemen und informiert über das heutige Weltbild im weitesten Sinne. – *Träger* des k.V.s sind in erster Linie kirchenbehördliche Institutionen sowie freie Werke und Verbände (→ Männer- und Frauenarbeit der EKD, Jugendwerke, Ev. → Akademien, Deutscher Ev. → Kirchentag, → Evangelischer Bund, → Gustav-Adolf-Werk u.a.). Darüber hinaus wirken kirchliche Vertreter in überkonfessionellen Einrichtungen mit, zB bei der allgemeinen → Volksbildung, beim → Rundfunk, → Film, → Fernsehen, bei kulturellen Veranstaltungen usw. Der Ev. Arbeitskreis für Erwachsenenbildung (Geschäftsstelle in Bad Boll) vermittelt der Volksbildung Themen und Redner. – *Referenten* sind neben Theologen viele Nichttheologen, die zumeist über besonderes Fachwissen verfügen, und hauptsächlich solche, die sich offen zum christlichen Glauben bekennen. Hier wird ein Stück gelebter → Haushalterschaft wahrgenommen und allgemeines Priestertum verwirklicht. – Wissenschaftliche Vorträge werden bes. vor beruflich und fachlich Interessierten gehalten; je nach Hörerkreis setzt man Referate und Korreferate, Podiumsgespräche und anschließende Aussprachen an; die dialogische Form hat sich vielfach als günstig erwiesen. Kurze Anspiele (→ Laienspiel), Dias, Tonbänder und Filme werden verwendet (Ton- und Bildstellen der Landeskirchen, Ev. Filmdienst). Für Vortrags*reihen* eignen sich bes. kirchliche Wochen, Bibelwochen, Dorf- und Jugendwochen, Jugendseminare, Evangelisations- und Volksmissionswochen usw. – Bis zum 1. Weltkrieg wurde das volksbezogene k.V. fast ausschließlich von den freien kirchlichen Verbänden getragen (zB Ev. Bund). Während des → Kirchenkampfes hatten kirchliche Vorträge vielfach besondere Wichtigkeit. Seit 1945 sind vor allem die kirchlichen Werke und die Ev. Akademien Träger des k.V.s. – Das k.V. muß um der Kirche und der Menschen willen gefördert werden. Es befruchtet das Gemeindeleben und regt die Christen an, ihre

Verantwortung in der Öffentlichkeit wahrzunehmen (→ Öffentlichkeitsauftrag). Besondere Bedeutung haben die Vorträge der Kirchentage, Ev. Akademien und ökumenischen Konferenzen.

Vgl. die Berichtbände über die Ökum. Vollversammlungen u. die Kirchentage. - H.-D.WENDLAND, Die Kirche in der modernen Gesellschaft, (1956) 1958² - H.KRAEMER, Die Kommunikation d. christl. Glaubens, 1958 - Der Auftrag d. Kirche in d. Welt. Festg. z. 70. Geb. von E.Brunner, 1959 - T.A.KANTONEN, Lebendige Gemeinde. Theol. der Haushalterschaft, 1959 - LUDW.SCHMIDT (Hg.), Gemeindeveranstaltungen, 10 Bde, 1960 ff. *K.Zeiß*

Vos, *Gerrit Jan* (1836-1912), ref. Theologe, * in Harderwijk, 1862 Pfarrer in der Ned. Herv. Kerk, seit 1872 in Amsterdam. Als Geistesverwandter → Groen van Prinsterers »christlich-historisch« und »juridisch-konfessionell« gesinnt, bekämpfte er den Modernismus, trat für die christliche Schule ein und hatte reges Interesse an der nationalen und kirchlichen Geschichte der Niederlande, an Mission und Kirchenrecht. Manche seiner Werke sind noch heute wertvoll. Als Scriba der Classis Amsterdam durchkreuzte V. die Reformpläne A. → Kuypers, da er sie für ultracalvinistisch hielt; dadurch wurde der Verlauf der »Doleantie« (→ Niederlande: I, 6) tiefgehend beeinflußt.

Vf. u.a.: Geschiedenis der Vaderlandsche Kerk van 1630-1842, (1881/82) 1888²; Groen van Prinsterer en zijn tijd, 2 Bde, 1886/91; Het keerpunt in de jongste geschiedenis van Kerk en Staat, 1887; Amstel's Kerkelijk leven in de eerste zestig jaren der Vrijheid, 1903. - Über V.: H.C.DIFEREE, Dr. G.J.V., 1906. *S. van der Linde*

Vossius, *Gerardus Joannis* (ursprünglich *Gerrit Jansz. Vos,* 1577-1649), ref. Theologe und Philologe, * bei Heidelberg von niederländischen Eltern aus Roermond. In Dordrecht wurde V. nach seiner Promotion in Leiden Rektor der Lateinschule, 1615 Regens des theologischen Staaten-Kollegiums in Leiden, 1619 als Remonstrant (→ Arminianer) entlassen; 1620 Lektor, später Prof. der Chronologie und des Griechischen, 1631 Prof. der Geschichte am neuen Athenaeum illustre in Amsterdam. V. war mit Hugo → Grotius befreundet und dessen Geistesrichtung zugetan, als Kanoniker in Canterbury auch mit Erzbischof → Ussher befreundet. Seine chronologische und philologische Arbeit war bedeutend. Auf theologischem Gebiet arbeitete er bes. über den Pelagianismus. Eine umfangreiche wissenschaftliche Korrespondenz harrt noch der Herausgabe.

Vf. u.a.: Historiae de controversiis, quas Pelagius eiusque reliquiae moverunt, 1618; Ars historica, 1623; Grammatica latina, 1628 (zahlr. Aufl. bis 1837). Opera, 6 Bde, Amsterdam 1695-1701. - Über V.: RE XX, 764 ff - J.M.ROMEIN, In V.' voetspoor (Rede), Amsterdam 1950. *J.N.Bakhuizen van den Brink*

Votivmesse → Messe: II, 3.

Vuilleumier, *Henri* (1841-1925), waadtländischer Theologe. Als Sohn des mit → Vinet befreundeten Samson V. in Basel geboren und erzogen, stand V. unter dem Einfluß herrnhutischer Frömmigkeit. Nach Abschluß des Studiums spezialisierte er sich auf semitische Sprachen und vertrat über 50 Jahre das AT an der Académie, später Universität → Lausanne. 1879-1911 gab er mit J.F.Astié (später mit Ph.Bridel) die RThPh heraus und beschäftigte sich mit der neueren Geschichte seiner waadtländischen Heimatkirche, der sein aus einem seit 1908 gehaltenen Kolleg entstandenes, postum veröffentlichtes Monumentalwerk (s.u.) gewidmet ist.

Vf. zahlr. Artikel über at. Themen in RThPh - Hist. de l'Eglise réformée du Pays de Vaud, 4 Bde, Lausanne 1927-33 (hier in Bd I, IX-XVII über V.). - Über V. ferner: Jubilé H.V. (1918), ebd 1921 - RThPh 1918, 81-172 (m. Bibliogr.). - Über die Familie: J.-CH. BIAUDET, Echos du Sonderbund. Lettres choisies de Samson V., Lausanne 1947, 9-34. *H.Meylan*

Vulgata → Bibelübersetzungen: II, 2.

Vulpius, *Melchior* (ca 1570-1615), * in Wasungen bei Meiningen, † in Weimar, ebd seit 1596 Kantor, bedeutender Komponist der Generation vor → Schütz. Die ev. Kirche verdankt ihm u.a. eine Reihe vortrefflicher Choralmelodien (→ Kirchenlied: II, 4).

Hauptwerke: Cantiones sacrae, 3 Bde, 1602/03/10 u.ö.; Mehrst. Kirchenges. u. geistl. Lieder, 1604; Dt. Sonntägl. Evangeliensprüche, 2 Bde, 1612/14 u.ö. (Neudr. hg.v. H.NITSCHE u. H.STERN, 1960/61); Passion nach Matth., 1613 (Neudr. v. K.ZIEBLER, 1933). - Über V.: H.H.EGGEBRECHT in MuK 20, 1950, 158-165; 23, 1953, 52-58 - DERS. in Festschr. M.Schneider, 1955, 87-104. *S.Hermelink*

W

Waal, *Anton de* (5.5.1837 bis 23.2.1917), 1862 Priester, seit 1872 Rektor des deutschen Campo Santo in Rom. Der von ihm neuorganisierten karolingischen Stiftung für Pilger gliederte er 1876 ein Kolleg an, das seitdem deutschen Priestern und Gästen einen mehrjährigen Aufenthalt ermöglicht, um kirchengeschichtliche und archäologische Studien zu treiben. Neben seiner aktiven Arbeit auf dem Gebiet der christlichen → Archäologie (Herausgeber der RQ, Grabungen in S. Sebastiano) nahm sich W. vor allem der Rompilger und deutschen Katholiken in Italien vielfältig an.

A.DE WAAL, Prälat A. de W., 1937 - EC IV, 1515 (Lit.). *H.D.Altendorf*

Wach, *Joachim* (* 25.1.1898 in Chemnitz, † 27.8.1955 in Orselina/Locarno), Religionswissenschaftler, 1924 PDoz., 1929 ao. Prof. in Leipzig. W. emigrierte 1935 nach Amerika, wo er 10 Jahre an der Browns-University in Providence (Rhode Island), danach an der Divinity School of the University of Chicago lehrte. - W. vertrat eine universale geistesgeschichtliche Betrachtungsweise der Religionen. Seine Arbeiten galten dem Bemühen um eine methodische Grundlegung der → Religionswissenschaft, der religiösen → Erfahrung und der → Religionssoziologie. Für sein Werk »Types of Religious Experience« wurde ihm 1955 postum der Buchpreis der Klopstock-Stiftung verliehen.

Vf. u.a.: Der Erlösungsgedanke u. seine Deutung, 1922; Zur Methodologie d. allg. Religionswissenschaft (ZMR 38, 1923, 33-55); Religionswissenschaft. Prolegomena zu ihrer wissenschaftstheoret. Grundlegung, 1924; Meister u. Jünger, 1925; Das Verstehen. Grundzüge einer Gesch. d. hermeneut. Theorie im 19.Jh. I-III, 1929/33; Typen religiöser Anthropologie, 1932; Das Problem d. Todes in d. Philos. unserer Zeit, 1934; Sociology of Religion, Chicago (1944) 1950⁴ (dt. 1951); Types of Religious Experience, Christian and Non-Christian, Chicago-London 1951; The Comparative Study of Religions, New York 1958 (dt. 1962). - Über W.: H.-J.SCHOEPS u. E.BENZ, J.W. in memoriam (ZRGG 9, 1957, 368-374) - J.M.KITAGAWA, J.W., Life and Work (in Vorbereitung). *G.Lanczkowsk*

Wackenroder, *Wilhelm Heinrich* (1773-98), * und † in Berlin, Schriftsteller der frühen → Romantik (: II, 3), litt unter dem Zwiespalt zwischen dem ihm aufgezwungenen Jurastudium und seiner künstlerischen Eigenart. Er entwickelte sie unter dem Literarhistoriker E.J.Koch und in engem Umgang mit Ludwig Tieck, der die Bildungserlebnisse der Studienzeit in Erlangen und Göttingen mit ihm teilte. 1797 erschienen die »Herzensergießungen eines kunstliebenden Klosterbruders«, 1799 gab Tieck aus dem Nachlaß die »Phantasien über die Kunst für Freunde der Kunst« heraus. Diese schmalen Schriften, ergänzt durch das Tagebuch der Nürnberger Reise von 1793, bilden die Hinterlassenschaft des zartsinnigen Romantikers, dessen Gedanken trotz seines frühen Todes von unabsehbarer Wirkung gewesen sind. - »Bildersäle... (verkündet er) sollten Tempel sein, wo man in stiller und schweigender Demut . . . die großen Künstler bewundern möchte. Ich vergleiche den Genuß der edleren Kunstwerke dem Gebet.« Damit hat er die Kunst zur Religion, das Museum zur Kirche erhoben. Aus dieser neuen Gesinnung heraus liebt er die frühitalienischen Maler, deren von Vasari aufgezeichnete Viten ihm wie Heiligenleben erscheinen. Er weist nach → Goethe wieder auf → Dürer hin, empfindet ihn als »altdeutsch«, weil er ihn auf seiner Pfingstreise von 1793 mit Tieck in seine historische Umgebung versetzt. Die Freunde sind recht eigentlich die Entdecker des altertümlichen Nürnberg geworden. Obwohl so dem christlichen MA zugewandt, übergreift W. auch den Raum der christlichen Kunst, indem er, extremer als → Herder, der an der Norm des Griechischen festhielt, auch Toleranz gegenüber der Kunst der Primitiven fordert. Mit der Mahnung, der Mensch müsse mehr als eine Liebe haben, hat er den Kunsthorizont der folgenden Jh.e ausgeweitet, freilich auch die Gefahr eines grenzenlosen Geschmäcklertums heraufgeführt.

Werke u. Briefe, hg.v. F.v.d.Leyen, 2 Bde, 1910; v. L.Schneider, 1938. - Über W.: V.Santoli, W. e il misticismo estetico, Rieti 1930 - E.Gülzow, W., Beiträge z. Lebensgesch., 1930 - H.Wölfflin, Kleine Schr., 1946, 205-212 - G.Fricke, W.s Religion d. Kunst (Studien u. Interpretationen, 1956, 186-213).

P.Requadt

Wacker, *Emil* (16.5.1839 bis 2.4.1913), ev. Theologe, * in Kotzenbüll b. Tönning (Eiderstedt), nach Studium in Kopenhagen, Kiel und Berlin 1867 Pastor in Rinkenis (Flensburger Förde), 1876-1910 Pastor der Ev.-luth. Diakonissenanstalt in Flensburg. W. begründete die noch bestehende Luth. Konferenz und war als luth. Theologe, bis in die 80er Jahre mehr hochkirchlich lehrend, dann der kirchlichen Erweckungs- und Gemeinschaftsbewegung in Nordschleswig verbunden, eine führende kirchliche Persönlichkeit in → Schleswig-Holstein (, 4) und der »theologische Lehrmeister« der Indre Mission.

Vf. u.a.: Die Laienpredigt u. d. Pietismus in d. luth. Kirche, 1889; Diakonissenspiegel, (1889) 1905³; Samariterliebe, (1891) 1904³; Die Heilsordnung, (1898) 1905²; Phöbe. Ges. Betrachtungen, 1903; Kirchl. Reiseerlebnisse, 1906. - Über W.: C.Matthiesen, Ev.-luth. Diakonissenanstalt Flensburg, 1925, 9-34 - Ders., Aus meinem Leben, 1948 - Marg.Wacker, Pastor E.W., 1939 - J.Tonnesen, Ein schleswigsches Grenzlandgeschlecht, 1949, 25ff. 33ff. 41ff.

W.Göbell

Wackernagel, 1. *Philipp* (28.6.1800 bis 20.6.1877), * in Berlin, als Gymnasiast Kurrendesänger, von Jahn beeinflußt, studierte in Breslau Mathematik und Naturwissenschaften und wurde von seinem Gönner K.v. → Raumer zum Studium der Hymnologie angeregt. W. war Lehrer und Prof. an verschiedenen höheren Schulen, seit 1849 Direktor der Real- und Gewerbeschule in Elberfeld. Seit 1861 lebte er im Ruhestand in Dresden, bis zuletzt seinen hymnologischen Arbeiten hingegeben, mit denen er die → Gesangbuch-Arbeit und -Erneuerung bis heute beeinflußt hat (→ Kirchenlied). Er war auch Mitbegründer des deutsch-ev. → Kirchentags.

Vf. Werke aus seinem Fachgebiet, päd. Schriften u. Ausgaben der Lieder Luthers (1848), Paul Gerhardts (1843) u. Joh.Heermanns (1856), ferner bes.: Bibliogr. zur Gesch. d. dt. Kirchenliedes im 16.Jh., 1855; Gesangbuch für Kirche, Schule u. Haus, 1860; Das Kirchenlied von d. ältesten Zeiten bis zu Anfang d. 17.Jh.s I-V, 1864 bis 1877. - Über W.: Ludw.Schulze, Ph.W., 1879 - ADB 40, 452ff - RE XX, 768ff - CKL II, 1291.

2. *Wilhelm* (23.4.1806 bis 21.12.1869), Germanist, * in Berlin, Bruder von 1, seit 1833 Prof. in Basel, auch politisch und kirchlich tätig. Für die Theologie noch heute bedeutsam sind W.s Vorlesungen über »Poetik, Rhetorik und Stilistik« (hg.v. L.Sieber, 1873), die die formalen Fragen der Predigt stark berücksichtigen.

Bibliogr. in: Kleinere Schriften I-III, 1872-74. - Über W.: R. Wackernagel, W.W., Jugendjahre 1806-33, 1885 - ADB 40, 460ff.

W.Jannasch

Waffen. Im Bereich der → Magie gelten W. auf Grund ihrer Bewährung oder durch zeremonielle Kraftvermittlung als Träger von → Macht (: I). Mit ihnen werden, bes. beim Ausbruch des → Krieges, symbolische Handlungen vorgenommen. Sie fungieren als Totenbeigaben (→ Totenverehrung: I) und → Opfer (: I) an die Götter. Häufig sind sie Attribut der Götter und symbolisieren oft atmosphärische Erscheinungen. So ist der vajra (Donnerkeil, Wurfkeule) Waffe des Indra und (wie sein tib. Äquivalent rdo-rje) Attribut mehrerer → Buddhas und Bodhisattvas. Marduk kämpft mit dem Blitz als Waffe gegen Tiâmat. Der babyl. → Gewitter-Gott → Hadad wird durch ein Blitzbündel dargestellt. Zeus wird mit der → Doppelaxt abgebildet. In Rom war die Lanze Symbol des Mars. Ein Vergottungsprozeß tritt ein, wenn bei W. geschworen wird, wenn die W. reden (wie bei den irischen → Kelten) oder in Heiligtümern aufbewahrt werden. Oft werden dann W. → Symbole (: I) des Staatswesens oder der herrscherlichen Gewalt. Die → Germanische Religion kannte den Glauben, daß man in seiner Waffe den König selbst habe (Chant II, 561). - Dem Verbot des Betretens von → Heiligen Stätten durch den W.träger können sowohl magische Vorstellungen zugrunde liegen als auch eine religiöse Verurteilung des Krieges. Bei Vergeistigung und Ethisierung der Religion wird der Gebrauch von W. als Mittel realer Kämpfe eingeschränkt oder verworfen. Der → Hinduismus (: I) schränkt den Gebrauch der W. auf die Krieger- → Kaste ein und bestimmt im Gesetzbuch des Manu (7, 90), daß vergiftete W. nicht benutzt werden sollen. Das Ideal eines waffenlosen Lebens verkündigt das prophetische Verheißungswort Hos 2, 20 (vgl. auch Jes 2, 4). Im Tao-teh-king (Kap. 30) des → Laotse heißt es: »Die schönsten W. sind Unglückswerkzeuge, alle Wesen verabscheuen sie... (sie sind) nicht des Weisen Werkzeuge.« Im → Buddhismus (: I) haben W. durchweg eine symbolische, auf die Erlösung bezogene Bedeutung; das Schwert ist Sinnbild der Erkenntnis, die das Dunkel der Unwissenheit (avidyâ) durchschneidet. Der Anhänger → Zarathustras bekennt (Yasna 12, 9): »Ich gelobe die Religion der Mazdah-Anbeter, die (den Säbel) abschnallt und die W. niederlegt.« - Vgl. → Metalle.

Chr.Blinkenberg, The Thunderweapon in Religion and Folklore, Cambridge 1911 - Chant (s. Reg.) - J.de Vries, Altgerm. Religionsgesch. II, (1937) 1957² (s. Reg.) - HWDA IX, 22ff - W.Gundert, Japan. Religionsgesch., 1943 (s. Reg. s.v. Schwert, Shintai, W.) - van der Leeuw § 3, 3 - Nilsson I, 208f. 347f - Heiler (s. Reg.).

G.Lanczkowski

Wagenseil, *Johann Christoph* (1633-1705), Jurist, Historiker und Orientalist, * in Nürnberg, wurde nach Reisen durch viele Länder in → Altdorf 1667 Prof. der Geschichte und des öffentlichen Rechts, 1674 der orientalischen Sprachen, 1697 des kanonischen Rechts. Seine ausgedehnten Studien jüdischer Literatur machten ihn zu einem angesehenen Praeceptor in Judaicis, der sich u.a. gegen falsche Beschuldigungen der Juden (Ritualmord usw) wandte. W. kann auch als Vorläufer der → Judenmission gelten.

W. übersetzte die Mischna mit Komm. ins Deutsche (verschollen) u. vf. u.a.: Sota, h.e. liber mischnicus de uxore adulterii suspecta, 1674; Tela ignea Satanae, 1681; Belehrung der Jüdisch-Teutschen Rede- u. Schreibart, 1699. - Über W.: H.Graetz, Gesch. d. Juden X, 1868, 302ff - ADB 40, 481ff - H.J.Schoeps, Philosemitismus im Barock, 1952 - O.S.Rankin, Jewish Religious Polemic of Early Later Centuries, Edinburgh 1956. *U.Becker*

Wagner, 1. *Adolph* (25.3.1835 bis 8.11.1917), Prof. der Volkswirtschaft in Dorpat (1864), Freiburg i. Br. (1868) und Berlin (1870), konservatives Mitglied des preußischen Abgeordneten- und (1910) Herrenhauses. Als Wissenschaftler betonte W. die Rolle des Staates in der Wirtschaft. Er trug wesentlich zur Befreiung der geld- und finanztheoretischen Lehrtradition von einseitig fiskalischem Denken bei. In der Wirtschaftspolitik war er Kritiker des Laissez-faire wie des marxistischen Sozialismus, vertrat aber wie → Rodbertus und ähnlich → Schmoller eine (kritisch) als »Kathedersozialismus« apostrophierte Richtung. Boden-, Finanz- und Sozialreform durch staatliche Maßnahmen standen im Mittelpunkt seiner politischen Agitation, die sich bes. auch in der Tätigkeit im Verein für Sozialpolitik, in Stoeckers → Christlich-sozialer Partei und im → Evangelisch-Sozialen Kongreß ausdrückte.

Vf. bes.: Grundlegung d. polit. Ökonomie, (2 Bde, 1876) 3 Bde, 1892-94³; Finanzwissenschaft, 4 Bde, 1877-1901. - Über W.: W. Schneider, A.W.s Beziehungen zum Sozialismus, 1921 - E.Thier, Rodbertus, Lassalle, A.W., 1930 - HWSW XI, 470ff (Bibliogr., Lit.). *H.W.Gerhard*

2. *Charles* (4.1.1852 bis 12.5.1918), prot. Theologe, * in Wiebersweiler (Lothringen) aus einer alten Pfarrersfamilie, † in Paris. Mit 7 Jahren verlor W. den Vater und verbrachte seine Kindheit in ärmlichen Verhältnissen in Ottweiler (Elsaß). 1869-75 studierte er in Straßburg unter → Reuß, → Colani, Cunitz u.a. Nach Studien in Göttingen und Heidelberg 1875 Vikar in Barr, 1878 Pfarrer in Remiremont, wurde er 1882 vom Liberalen Ausschuß nach Paris berufen, wo er seit 1893 in der Salle Beaumarchais als Pfarrer wirkte und 1907 das »Foyer de l'Ame« gründete. Als »Liberaler« spielt W. nach der Trennung von Kirche und Staat (1905) eine bedeutende Rolle für die Einheit des französischen Protestantismus (→ Frankreich: II, 2). Er arbeitete an vielen nichtkonfessionellen Unternehmen mit (zB dem »Allgemeinen Handbuch des Primarschulwesens«, 1902-17), war ein geschätzter Prediger, Gelegenheitsdichter und großer Menschenfreund.

Vf. u.a.: Justice, 1890; Jeunesse, 1892; Vaillance, 1893; La vie simple, 1895; Le long du chemin, 1895; L'Evangile et la vie, 1896; Sois un homme, 1897; Auprès du foyer, 1898; L'âme des choses, 1900; L'ami, (1902) 1929¹⁴; Libre pensée et protestantisme libéral, 1903; Vers le coeur de l'Amérique, 1904; Pour les petits et les grands, 1907; Par la loi vers la liberté, 1907; A travers les choses et les hommes, 1909; Par le sourire, 1910; En écoutant le Maître, 1910; Ce qu'il faudra toujours, 1911; A travers le prisme du temps, 1912; N'oublie pas, 1913; Le Bon Samaritain, 1914; Glaives à deux tranchants, 1917; Devant le témoin invisible, (1933) 1961². - Über W.: P.Grünberg, Zum Tode des Deutsch-Franzosen Ch.W. in Paris, 1918 - M.Lange, Un grand éducateur: Ch.W., 1921 - A.Wautier d'Aygalliers, Le secret d'un grand ministère: Ch.W., 1927 - Ders., Un homme: le pasteur Ch.W., 1928 - G.Marchal, Ch.W. et le problème de la laïcité, 1957. *R.Voeltzel*

3. *Peter* (19.8.1865 bis 17.10.1931), Musikwissenschaftler, * in Kürenz b. Trier, studierte bes. bei G.Jacobsthal in Straßburg und lehrte seit 1893 in Freiburg/Schw. Sein Hauptanliegen war der Gregorianische Choral (Mitglied der Kommission für die Editio Vaticana des → Gregorianischen Gesanges). Sein noch heute unentbehrliches Hauptwerk ist die »Einführung in die gregorianischen Melodien« (I, [1895] 1911³; II, [1905] 1912²; III, 1921). Als Paläograph befreite er sich darin seit 1911 von der unhistorischen Auffassung vom Gleichwert aller Töne und versuchte, wenn auch nicht mit vollem Erfolg, die Geschichte der → Neumen für ihre Deutung nutzbar zu machen.

ZfMw 14, 1931/32, 65f - HJ 51, 1931, 573f - H.Riemann, Musiklexikon II, 1961¹², 875. *E.Jammers*

4. *Valentin* (nach 1510-57), war als Rektor, Buchdrucker und Stadtpfarrer erster Mitarbeiter und Nachfolger seines Lehrers (?) → Honterus in → Kronstadt (→ Siebenbürgen, 2). Seine 1542 (?) im Auftrag der Reformgesinnten unternommene Reise nach Wittenberg (wo W. Magister wurde) beeinflußte Beginn und Fortgang der Kronstädter Reformation; dem hervorragenden Gräzisten brachte sie die Hochschätzung von → Melanchthon und → Camerarius. In W.s Person und Werk verschmelzen Theologie und pädagogisch-humanistisches Denken bes. innig. Außer Lehrbüchern (griech. Grammatik), Schuldichtungen (Komödien) und einer deutschen Gesangbuchausgabe ist W.s Κατήχησις für Griechen beachtet worden.

ADB 40, 584f - Trausch-Schuller III. IV (s. Reg.) - H.Schuller, V.W. (Mitt.en d. Dt. Akademie, 1934, 351-369; Lit.) - Ders. (zu W.s Seneca-Sentenzen) in: Siebenbg. Vierteljahrsschrift 58, Hermannstadt 1935, 19-57. 254-262 - K.K.Klein (→ Honter) 191ff - E.Roth, Die Reformation in Siebenbürgen II (Theol. Habil.-Schrift Göttingen), 1944, 40ff (Masch.; Druck als Bd 4 AVSL 3. Folge in Vorb.) - E.Benz, Wittenberg u. Byzanz, 1949 (s. Reg.). *P.Philippi*

Wagnitz, *Heinrich Balthasar* (1755-1838), ev. Theologe, * und † in Halle, ebd 1777 Pfarrer, 1809 Sup., seit 1804 ao. Prof. für Moraltheologie und Homiletik, lebte aus der Einheit von Pietismus und Aufklärung. Bedeutend als Gefängnisreformer, erkannte W. schon 1784 die Verflochtenheit des Freiheitsentzuges mit gesellschaftlichen Problemen und legte 1787 Erhebungen und Reformvorschläge vor; der weitestgehende betraf die Ausbildung der Beamten in »Seminarien«. Zeitgenossen erkannten diese Forderungen zwar an; doch werden sie erst in der jüngsten Gegenwart erfüllt.

Vf. u.a.: Homilet. Abh.en u. Kritiken, 1783-85; Über die moral. Verbesserung der Zuchthaus-Gefangenen, 1787; Moral in Beispielen, 6 Bde, 1787-98; Hist. Nachrichten u. Bemerkungen über die merkwürdigsten Zuchthäuser in Deutschland, 1791-94; Ideen u. Pläne zur Verbesserung der Policey- u. Criminalanstalten, 1801-03. - Hg. (mit A.H. → Niemeyer): Bibliothek für Prediger u. Freunde der theol. Lit., 1796-1812. - Über W.: A.Krebs, Die Vorschläge von H.B.W. zur Ausbildung der Strafanstaltsbediensteten in ihrer Bedeutung für die Gegenwart (Festschr. f. E.Schmidt, 1961, 70-89). *A.Krebs*

Wahhābiten nennt man nach ihrem Stifter Muḥammad ibn ʿAbd al-Wahhāb (1703-87/92) aus dem arabischen Stamme Tamīm die Anhänger einer streng monotheistischen, puristischen Richtung des sunnitischen → Islams (: I). Seine Lehren gingen von der Rechtsschule der Ḥanbaliten aus und richteten sich gegen alle (nach ihm) religionswidrigen Neuerungen (Bidaʿ), die seit dem 3.Jh. der Hidschra (9.Jh. nChr) in den Islam eingedrungen seien: so vor allem die kultische Verehrung des Propheten → Muhammed oder von Reliquien sowie die Anrufung des Propheten oder von Heiligen und die → Wallfahrt zu deren Gräbern. Als Quelle religiöser Erkenntnis und Richtschnur des Glaubens (= Sunna) werden nur der (streng wörtlich zu verstehende) → Koran und die Überlieferung vom Reden und Tun des Propheten (= Ḥadīth) anerkannt. Analogieschluß und der Konsensus der Gemeinde (vgl. → Islam: I, 5) werden grundsätzlich abgelehnt und nur in der Praxis (meist stillschweigend) in sehr beschränktem Ausmaße anerkannt. Die gemein-islamischen Vorschriften: Weinverbot (auch für Kaffee und Tabak gültig), Pflicht zur Zahlung der »Armensteuer«, zum »Hl. Kriege« (später eingeschränkt) und zum Fasten im Monat Ramaḍān werden peinlich eingehalten und ihre Übertretung schwer bestraft. – Der Gründer der W. konnte seit 1744 die innerarabische Herrscherfamilie Ibn Saʿūd für sich gewinnen. Unter ihrer Führung setzten sich die W. Anfang des 19.Jh.s in Arabien und dem Süd-Irak durch, wobei die hl. Stätten in Medina und Kerbela als verbotene Wallfahrtsorte zerstört wurden. Danach von Ägyptern und Türken zurückgedrängt, haben die W. erst nach 1919 unter ʿAbd al-ʿAzīz III. Ibn Saʿūd (seit 1901; † 1953) wieder Bedeutung gewonnen und bis 1926 Nord- und Mittelarabien in ihre Hände gebracht. Dabei wurde Ibn Saʿūd von dem engl. Politiker John Stuart Philby (1885-1960) beraten, der als ʿAbd Allāh selbst Wahhābit wurde. Im Saʿūdisch-Arabischen Königreich ist die Lehre der W. staatliches Dogma. Da sie dem sunnitischen Islam nicht direkt widerspricht, kam es zu gegenseitiger Toleranz, mit der Erlaubnis zur Pilgerfahrt nach Mekka für alle Muslime. – Außerhalb Arabiens haben die W. bes. bei den islamischen Modernisten Sympathie gefunden (→ Islam: I, 9).

Außer der Lit. zu → Islam: I, 9: EI[1] IV, 1175ff (Lit.) - R.W. VAN DIFFELEN, De leer der W., Leiden 1927 - J. PHILBY, Arabia of the Wahabis, London 1928 - DERS., Arabian Highlands, ebd 1952. - Zur polit. Gesch. zB: J. BENOIST-MÉCHIN, Ibn-Séoud, Paris 1955; dt. 1956 - DERS., Le roi Saud, ebd 1960. *B.Spuler*

Wahl, *ethisch*

1. W., Entscheidung, Entschluß - 2. Psychologische Betrachtungsweise - 3. Sicht der Situationsbedingungen - 4. Die ethische W. - 5. Ethisch-politische und ethisch-existentielle W.

1. Zwischen den Wörtern W., → Entscheidung und Entschluß wird im allgemeinen Sprachgebrauch nicht immer scharf getrennt; doch lassen sie sich in der Richtung gegeneinander abgrenzen: Bei »Entscheidung« tritt in stärkerem Maße der Ernst und das Gewicht der Handlung hervor, während »W.« mehr betont, daß mehrere einander sich ausschließende Handlungsmöglichkeiten vorliegen. In »Entschluß« wiederum liegt, daß ein Überlegungsprozeß stattgefunden hat, was bei W. nicht der Fall zu sein braucht; es geht aus dem Wort nämlich nicht hervor, ob die W. spontan oder nach reiflicher Überlegung getroffen wurde.

2. Zwei verschiedene Betrachtungsweisen greifen oft ineinander über, sollen aber zunächst unterschieden werden: W. ist ein mentales Phänomen und kann als solches psychologisch betrachtet werden. Ausgangspunkt der Untersuchung können aber auch die von außen gegebenen Bedingungen sein, von denen die W. in den einzelnen Situationen abhängig ist; die W. zeigt sich dann in der Sicht der Situationsbedingungen. – Die *psychologische Betrachtungsweise* ordnet die W. in einer Skala, angefangen bei der W., die nur in der Vorsätzlichkeit der Handlung besteht, über die W., bei der eine Überlegung der verschiedenen Handlungsmöglichkeiten mitwirkt, die teils der Klärung der eigenen Motive, teils der Vorbereitung auf die nachfolgende Situationsänderung dienen soll, bis zu der W., die sich aus einem Schwanken zwischen den Möglichkeiten ergibt. An den Enden dieser Skala liegen Verhaltensweisen, die wir nicht mehr W. nennen: einerseits die Gewohnheit, die uns rein mechanisch nach der herkömmlichen Art handeln läßt, zum andern das völlig unabgeklärte Handeln, bei dem man »an den Knöpfen abzählt«, was man wählen soll, das aber in Wirklichkeit ein Sich-der-Wahl-Entziehen bedeutet.

3. Betrachtet man die W. von der *Situationsbedingtheit* her, so zeigt sie sich als freie W. oder als sich aufdrängende W. Die freie W. haben heißt, nicht durch Vorschriften, Rücksichten, Regeln, Aufgaben o.ä. gebunden zu sein. Auf die Frage, wie überhaupt die Rede von W. sein kann, wenn die Situation und ihre Umstände mich zu einer bestimmten Art zu handeln nötigen, ist zu antworten, daß ich, solange kein physischer Zwang vorliegt, die Handlung, zu der ich mich genötigt sehe, bleiben lassen kann. Zu einer bestimmten Handlungsweise bin ich immer dann genötigt, wenn ein Anders-Handeln zu viele Nachteile und Gefahren mit sich bringt. Doch bedeutet diese Nötigung keineswegs, daß ich zu einem So-Handeln gezwungen bin; ich könnte ja die Handlung wählen, die die Nachteile und Gefahren mit sich bringt. Wir unterscheiden also hier zwei Gruppen von W.situationen: freie W. haben und zu einer bestimmten W. genötigt sein, was aber nicht mit Zwang verwechselt werden darf; denn unter Zwang kann W. nicht stattfinden. – Beide Betrachtungsweisen spielen bei der Bestimmung von W. ineinander. So können wir eine spontane und unverzüglich erfolgende Handlung insofern W. nennen – selbst wenn im psychologischen Sinne die alternativen Handlungsmöglichkeiten noch gar nicht klar geworden sind –, als diese bereits von den äußeren Umständen, dh von den Situationsbedingungen her gegeben sind.

4. Bei der *ethischen W.* handelt es sich stets um das, was man zu tun genötigt ist, ob man es nun tut oder nicht. Von daher verstehen sich auch die spezifisch ethischen Wörter wie Sollen, → Pflicht, Verpflichtung, → Verantwortung. In ihnen liegt, daß die ethische W. immer die W. eines in die Enge Getriebenen ist, der keine freie W. hat. Bei der Bestimmung der ethischen W. ist also die Betrachtungsweise der Situationsbedingtheit ausschlaggebend, nicht der psychologische Gesichtspunkt. Die ethische W. kann als psychologisches Phänomen sowohl ohne jegliches Zögern gegenüber der Herausforderung der Situation erfolgen als auch in einem Hin- und Herüberlegen bestehen oder vielleicht in einem Schwanken, ob man das tun will, wozu man sich genötigt sieht, oder ob man vorzieht, es nicht zu tun. Sprechen wir von einer ethischen W., auch wenn der Handlung psychologisch kein Überlegungsakt vorausgegangen ist, weil die betr. Person auf Grund ihrer Lebensauffassung und ihres Charakters unmittelbar auf die Herausforderung der Situation reagiert, so tun wir es von der Auffassung her, daß andere vielleicht weniger einsatzbereit und mutig in einer solchen Situation gehandelt hätten; dh wir betrachten die Lage von den Bedingungen der Situation her.

5. Bei den ethischen W.en kann wiederum zwischen ethisch-politischen und ethisch-existentiellen W.en unterschieden werden. In der *ethisch-politischen* W.situation kommt es in erster Linie darauf an, Klarheit über die für den Fall relevanten Prinzipien zu schaffen, von denen aus die Sache beurteilt und die W. getroffen werden kann. Die Folgen dieser Art von W. sind meistens dem einzelnen selber nicht spürbar, jedenfalls hat er selten ihre Auswirkungen persönlich zu tragen. Die Moralregeln läßt er in gleicher Weise zusammen mit allen anderen Faktoren,

die zur Erhellung der Sache beitragen, in die Überlegungen eingehen. Es handelt sich also bei den ethisch-politischen W.en im weiten Maße um ein Stück Denkarbeit. – In der *ethisch-existentiellen* W.situation dagegen muß der einzelne einen sofortigen Einsatz leisten und spürt die Folgen am eigenen Leibe; seine Handlungsmöglichkeiten lassen sich nicht in aller Ruhe unter den Gesichtspunkten von richtig und falsch beurteilen, sondern bestehen in Verrat und Versagen oder Einsatz und Risiko. Das Einmalige der Situation wiegt hier so stark, daß der Gedanke an irgendwelche für die W. relevanten Prinzipien gar nicht in Betracht kommt. Würde man eine W.situation in ihrer ethisch-geschichtlichen Einmaligkeit benutzen, um ein Prinzip daraus abzuleiten, das zur Richtschnur ethischer W.en gemacht werden kann, so würde man die Situation in ihrer Einmaligkeit zum Einzelfall eines Prinzips verflachen. Charakteristisch für die ethisch-existentielle W. ist es, daß sich der ethische Aspekt auf alle moralischen Überlegungen erstreckt. Stehen wir ethisch gesehen unter einer Nötigung zu der Handlung, von der wir uns überlegen, ob wir sie tun wollen oder nicht, so erhält jede einzelne Überlegung ethischen Charakter, da sie mit zu der Handlung beiträgt, die ihr Endresultat ist. Kein einziger Gedankengang, der im Zusammenhang mit dieser W. steht, ist ethisch neutral. – Die ethisch-politischen W.situationen stehen im Vordergrund der heutigen englischen Moralphilosophie; deshalb spielen dort die Untersuchungen über die Begründungen ethischer Urteile und die Frage, inwieweit die Moral wissenschaftlich begründet werden kann, eine so große Rolle. Die deutsche und die französische Philosophie und Theologie hingegen beschäftigen sich vorzugsweise mit der ethisch-existentiellen W.situation.

Lit. s. → Entscheidung, → Indeterminismus. Ferner: P.H. Novell-Smith, Ethics, London 1954, 198ff – K.E. Løgstrup, Kunst og etik, Kopenhagen 1961, 171ff.

K.E. Løgstrup

Wahlrecht. Die Gestaltung des W.s ist in allen mit gewählten Vertretungskörperschaften ausgestatteten Herrschaftsverbänden, bes. in der modernen konstitutionellen Demokratie, von ausschlaggebender Bedeutung. Es zwingt der politischen Auseinandersetzung a priori bestimmte Formen auf und beeinflußt nicht nur den Charakter der → Parteien, sondern auch die Natur und die Funktionsfähigkeit des Regierungssystems. Ziel jeder Wahl ist die Bestimmung der Mitglieder der Vertretungskörperschaften und direkt oder indirekt auch der Leiter des Herrschaftsverbandes. Das Wahlsystem soll die Auslese qualifizierter Führerpersönlichkeiten bringen; darüber hinaus wird vielfach verlangt, daß es die Bildung stabiler Regierungen begünstigen solle, etwa durch die Ausschaltung von an stabilen Regierungsverhältnissen angeblich oder tatsächlich uninteressierten Bevölkerungsgruppen (Wahlsysteme des 19.Jh.s) oder durch die Begünstigung der stärksten Partei im Interesse klarer Mehrheitsverhältnisse. Der Berücksichtigung solcher zwecktechnischer Gesichtspunkte bei der Gestaltung des W.s sind jedoch unverrückbare Grenzen gesetzt: es muß in den Augen der Mitglieder des Herrschaftsverbandes als legitime Form der Bildung des politischen Gemeinschaftswillens gelten, wenn anders die beiden wichtigsten Funktionen des Wahlprozesses, die Integrierung der Verbandsmitglieder in einen politischen Verband und die Legitimierung der Herrschaft der gewählten Regierung, nicht verfehlt werden sollen. Ob ein bestimmtes Wahlsystem als »gerecht« angesehen wird, hängt von den politischen Traditionen und insbesondere der sozialen Gliederung eines politischen Verbandes ab. Historisch hat sich das Prinzip der nach Majorität entscheidenden Wahl aus den ursprünglich Einstimmigkeit verlangenden *ständischen Wahlmodi* des MA herausgebildet. Im Gefolge des Siegeszuges der Idee der Volkssouveränität und der Repräsentativverfassung wurden jedoch die ständischen Wahlsysteme, die eine getrennte Vertretung des Adels, des Klerus und des Bürgertums vorsahen, mehr und mehr verdrängt. Anfänglich hoffte man die Führerstellung der oberen Schichten durch ein *indirektes Wahlverfahren,* wie es formell bei den amerikanischen Präsidentschaftswahlen noch heute angewandt wird, sichern zu können. Hinzu kam die Bindung des W.s an Grundbesitz oder, wie später allgemein, an eine bestimmte Steuerleistung. Als indirekte Wahlen sich nicht bewährten, ging man zum reinen *Zensus-W.* über, das bei anfänglich extrem hohem Steuerzensus (Frankreich hatte 1817 ca 29 Mill. Einwohner, aber nur 90000 Aktivwähler) den Schichten von »Besitz und Bildung« ein politisches Monopol einräumte. Das Vordringen demokratischer Ideen, anfänglich auch konservative Spekulationen auf die obrigkeitliche Gesinnung der agrarischen Bevölkerung, führte dann zur stetigen Ausweitung des W.s auf immer breitere Bevölkerungsschichten. Es kam zur Entwicklung von Zwitterprodukten, wie des preußischen *Dreiklassen-W.s,* das die Wähler jedes Wahlkreises nach ihrer Steuerleistung in drei verschiedene Wahlkurien mit gleichem Stimmgewicht aufteilte und so das Prinzip allgemeiner Wahl mit der Bevorrechtung der besitzenden Schichten kombinierte, oder von *Plural-W.en,* die besonderen Bevölkerungsgruppen, etwa den akademisch Gebildeten, mehrere Stimmen zugestanden oder das Stimmrecht nicht an die Person, sondern an immobiles Eigentum knüpften, so daß Bürger, die in mehreren Wahlkreisen Eigentum besaßen, in den Genuß mehrerer Stimmen gelangten. Nach dem 1. Weltkrieg fand *das allgemeine, gleiche, direkte und geheime W.* in alle demokratischen Staaten Eingang; nur die Frauen in der Schweiz besitzen gegenwärtig (1962) noch kein Stimmrecht. Ansätze zur Verwirklichung eines auf Arbeiterräte gestützten, die bürgerlichen Schichten weitgehend ausschaltenden, revolutionären *Räte-W.s* haben sich selbst in der UdSSR nicht behaupten können. Haupttypen der modernen W.systeme sind das in der angelsächsischen Welt vorherrschende *relative Mehrheits-W. in Einerwahlkreisen,* das die siegende Partei stark begünstigt und demgemäß die Wählerstimmen ganz ungleich berücksichtigt, und das auf dem europäischen Kontinent verbreitete *Verhältnis-W.,* welches eine genaue Abspiegelung der politischen Meinungen des Wahlvolkes zu geben beansprucht. Das relative Mehrheits-W. schafft stabile Mehrheitsverhältnisse und sorgt für eine stärkere Berücksichtigung unabhängiger Persönlichkeiten. Es setzt freilich eine homogene politische Struktur voraus und hat ausgesprochen konservative Wirkungen, da es radikale Parteien von vornherein zur Aussichtslosigkeit verurteilt. Abwandlungen sind das *absolute Mehrheits-W.,* das Stichwahlen und Abreden der Parteien auf Wahlkreisebene nötig macht, und die *relative Mehrheitswahl in Mehrerwahlkreisen* mit weniger Stimmen als Kandidaten, welche eine bessere Berücksichtigung der Minoritäten gewährleisten. Das *Verhältnis-W.* überzeugt durch seine Gerechtigkeit, da es allen Parteien gleiche Chancen einräumt. Andererseits fördert es die Parteizersplitterung und räumt den Parteiapparaten zu große Macht ein. Nach den schlechten Erfahrungen, die man in der Weimarer Republik mit dem reinen Verhältnis-W. gemacht hat, ist man heute weithin zur *kombinierten Verhältniswahl* übergegangen, die die Vorzüge des Mehrheitswahlsystems mit der größeren Gerechtigkeit des Verhältniswahlsystems verbindet. Das Bundeswahlgesetz von

1956, ein *personalisiertes Verhältniswahlsystem,* läßt die Hälfte der Abgeordneten direkt wählen, sorgt aber durch Listenwahl der übrigen für eine Verteilung der Parlamentssitze entsprechend den Stimmanteilen der Parteien.

K.BRAUNIAS, Das parlamentar. W. I. II, 1932 - Veröffentl. d. Vereinigung d. dt. Staatsrechtslehrer VII, 1932 - G.H.HALLET-C.G. HOAG, Proportional Representation - the Key to Democracy, 1937 - F.A.HERMENS, Mehrheits-W. oder Verhältnis-W.?, 1949 - DERS., Demokratie oder Anarchie?, 1951 - E.LAKEMAN-D.JAMES, Voting in Democracies, 1955 - Grundlagen eines dt. W.s, 1955 - HWSW XI, 473ff (Lit.).

W.J.Mommsen

Wahrhaftigkeit (U. = Unwahrhaftigkeit, L. = Lüge). Es ist einer der tiefsten Gedanken → Descartes', wenn er alle Wahrheit in der W. Gottes gründen läßt; und die philosophische Formel von der Wahrheit als der Verknüpfung des theoretischen mit dem ethischen Problem (H.Cohen) ist ein Ausdruck für die Bindung der Wahrheit an die persönliche Existenz des Menschen, dh an seine W. Trotzdem ist die → Wahrheit (: II), wie immer sie verstanden werden mag, als Idee für menschliches Erkennen letzte Grundlage der W. Aber Wahrheit ist nicht neutral, und deshalb läßt sich W. nicht vom Begriff einer gegebenen oder objektiven Wahrheit her begründen. Die objektivistische Auffassung geht von der irrtümlichen Voraussetzung aus, daß es auf die Frage nach der Wahrheit eine definierbare Antwort gebe, auf die jeder verpflichtet werden könne. Letzter Sinn aller Wahrheit für den Menschen ist die Erhellung seiner Existenz; Wahrheit ist daher notwendig geschichtlich. Aber für das Verständnis der W. ist zunächst entscheidend und hinreichend, daß Wahrheit im Sinne der Übereinstimmung der Aussage oder des Ausdrucks mit dem vom Subjekt erfaßten Sachverhalt verstanden wird. Die Frage nach der W. zielt demnach auf die Wahrheit, wie sie dem individuellen Subjekt sich gibt, wie das Seiende dem konkreten Erkennen des einzelnen Erkennenden sich darstellt. Letztlich aber geht es in diesem für das Verständnis menschlicher Existenz entscheidenden Begriff um die innere W., in der die Wahrheit der Person im Sinne von H.Lipps sichtbar werden soll. Nach ihm ist auch die Echtheit eines Menschen »etwas anderes als seine *Wahrheit* - wenn diese nämlich seine Substanz und nicht nur ihn als Zeugen betrifft« (155). Letztere liegt tiefer als alle ihr gegenüber sekundäre Aufrichtigkeit und Echtheit der Person, auch wenn diese sich in aller Zeugenschaft durchhält; sie ist »die Kraft der Wahrheit eines aus eigenem Ursprung sich selbst immer mehr Durchsichtigwerdens« (ebd). Diese Wahrheit in W. ans Licht zu bringen und ihre Realisierung zu ermöglichen, ist letzte und entscheidende Aufgabe des ethischen Subjekts. - Als das im Erkennen seiner selbst sich zu sich selbst, zum Du seines Mitmenschen und zu seiner Welt verhaltende Wesen findet sich der Mensch mit der unbedingten Forderung nach W. in der Selbsterkenntnis in einem Netz von Implikationen. Denn wenn jede Frage als solche schon die Antwort präformiert, der Mensch aber sein Fragen auf die unübersteigbare Identität von Subjekt und Objekt richtet, um der Wahrheit seiner Person ansichtig zu werden, dann gerät er in den Bereich unendlicher Reflexivität, und der Zirkel des Verstehens verwickelt sich ins Unentwirrbare. Mit dem Erkennen beginnt das durch das Erkennen selbst bedingte Auseinandertreten von → Subjekt und Objekt; in diesem Auseinandertreten stellt der Mensch die Möglichkeit des Verfehlens der Wahrheit seiner selbst, des Nächsten und der unlöslich mit ihm verbundenen Weltbeziehung fest. Damit steht er im Ursprung der Verantwortung endlicher Existenz. Indem er im »Du sollst« der unablässigen Gefährdung seiner selbst als eines verantwortlichen Wesens gewahr wird, eröffnet sich ihm die W. als die ethische Grundforderung schlechthin. Diese erstreckt sich auf alles und jedes, was das Verhältnis des Menschen zu sich, der menschlichen Gemeinschaft und seiner Welt umgreift.

Von innerer W. spricht man im Hinblick auf die Erschließung der Wahrheit der eigenen Person und ihrer Welt, die äußere W. betrifft deren Kommunikation. Wenn die Substanz der eigenen Person - in U. - verfehlt wird oder eine Diskrepanz zwischen Mitteilung und Erkanntem besteht, gibt das Verhältnis von W. und U. das Maß für den Zwiespalt zwischen Subjekt und Objekt, zwischen W. und Wahrheit. Aber dieses Maß ist keine einfach feststellbare oder anwendbare Norm, da W. und U. infolge ihrer subjektiven Bedingtheit in alles hineinwirken, was aus der Verborgenheit der Person und ihrer Welt ans Licht tritt. Die Verschlingung von Wahrheit und W. bezeugt die Daseinsgebundenheit der Wahrheit, und die W. enthüllt sich als eine nie zu Ende kommende unendliche Aufgabe eines jeden Menschen. Trotzdem besteht für alle Erkenntnis und jede Kommunikation der erkannten Wahrheit die Forderung unbedingter W. In der Wahrheit können die Menschen sich nicht, in der W. müssen sie sich finden. Die W., nicht die Wahrheit ist die Basis aller → Toleranz, da sie die eigene Infragestellung des Subjekts impliziert und die Wahrheit in der Schwebe läßt. Die W. macht offen für das Gespräch mit anderen.

Eine letzte Begründung der W. als der alles umspannenden Grundtugend ist nur möglich auf theistischer Basis: Gott ist immer Mitwisser des Erkennens und Wissens eines jeden Menschen. Die durch die U. fortgesetzt gefährdete innere W. offenbart dem Menschen in der Selbsterkenntnis unweigerlich und unüberhörbar sein ständiges Ungenügen und seine Schuld. Der Glaube, daß aus eigener Kraft dieses Ungenügen aufgehoben werden könnte, erliegt der Täuschung, daß die Kette der Reflexivität in der Selbsterkenntnis doch endlich sei, und führt zur Haltung des Pharisäers. Die W., die dieser Unendlichkeitsperspektive standhält, bezieht unweigerlich immer einen Rest von U. mit ein, dem sie nicht beizukommen vermag. Gegenüber der inneren U., die der Mensch in sich entdeckt, aber nicht restlos zu entlarven vermag, gibt es für den gläubigen Menschen nur das Gebet, in dem er aber auch von den Implikationen der W. nicht frei ist, und so bleibt ihm nur der Schrei der Not, die Gott zu Hilfe ruft (vgl. Röm 7, 24). Stellung und Bedeutung der W. erhellen unmittelbar aus dem Wort Jesu von des Leibes Leuchte und dem Licht im Menschen (Mt 6, 22f). Wenn nach → Heidegger das → Dasein im Gewissen sich selbst ruft, der Ruf aber aus mir und doch über mich kommt, so verkörpert das → Gewissen die zum Postulat gewordene W., die ständig neu zu erobernde, aber nie gesicherte und doch unabdingbare Voraussetzung für den Menschen als Zeugen für die Wahrheit seines eigenen Seins und seines In-der-Welt-Seins. → Nietzsche hat angesichts des unentwirrbaren Implikationsknäuels der W. mit Recht gesagt: »Über das, was ›W.‹ ist, war vielleicht noch niemand wahrhaftig genug.«

In der inneren W. im engsten Sinne, die von der Erschließung und Erschlossenheit des Seins des Subjekts unabtrennbar ist, erfolgt primär die Konstitution des ethischen Subjekts; das erklärt, inwiefern diese W. für die ethische Existenz des Menschen grundlegend ist und absolute Autonomie beansprucht. Nur der innerlich wahrhaftige Mensch ist für die Erfassung der ihn immer fordernden Wahrheit disponiert; sie verschließt sich dem, der sich selbst gegenüber in U. lebt. Man spricht von innerer W. meist aber in einem weiteren Sinne und meint damit das wahre Erkennen und Wissen des Menschen von sich und seiner Welt. In der Rede und in jedem Medium, das diese ersetzt oder suppliert, schafft sich die innere W. Ausdruck, und so gewinnt alle Wahrheit in der → Sprache ihr Sein. Diese sog. äußere W. offenbart das Sein des konkreten Menschen, sein Wissen und Urteilen, sein Wollen und Werten, seine Entscheidungen und die letzte Sinngebung seines gesamten Tuns und Lassens. Man hat versucht, die innere W. von der L. als ihrem Gegenteil her verständlich zu machen und eine soziale Begründung für sie zu geben. In Wirklichkeit ist diese zutiefst in der Subjektivität der Person gründende individuellste Tugend ein spezifisches unreduzierbares Verhalten, das unabhängig ist von der Beziehung zu anderen Menschen. Ihre Realisierung ist ungleich schwieriger als die der äußeren W. und geht aller Gemeinschaft voraus. Sie ist auch nicht fundiert in der Liebe als dem tiefsten Grund aller menschlichen Gemeinschaft. Die Bezeichnungen »Tugend der Wahrheit« oder »moralische Wahrheit« für W. erklären sich selbst.

Das genuine Verständnis der W. modifiziert sich im Katholizismus insofern, als die innere W. hinsichtlich der res fidei et morum positiv normiert ist. Der hier leicht aufbrechende, selten zum Austrag gebrachte Konflikt zwischen deklarierter Wahrheit und W. demonstriert die Problematik in exemplarischer Weise: wer in innerer W. auch nur *ein* Dogma ablehnt oder anzweifelt, verfällt der ewigen Verdammnis, aber erst die Setzung eines Faktums, aus dem die Ablehnung dieses Dogmas erschlossen werden kann, macht zum Häretiker (vgl. Denz. 1641). Daß jedoch die Gefahr der Pervertierung der inneren W. nicht nur auf Grund dieses Grenzfalls besteht, beweist die Funktion der → fides implicita und neben der dogmatischen bes. die moraltheologische Kasuistik. Diesen im objektivistischen Verständnis des Christlichen gründenden Tatbestand will die oft gehörte Formulierung zum Ausdruck bringen, der Katholizismus sei die Religion der Wahrheit, der Protestantismus die der W. In beiden Konfessionen ist das Verhältnis von Wahrheit und W. in Theologie und Seelsorge gleich brennend. Für beide liegen jedoch die letzten Gründe dafür in der entgegengesetzten Stellungnahme zum Verhältnis von Wahrheit und W. Eine Überwindung dieser Krise ist nur möglich durch Realisierung der W.

W. ist die Grundbedingung menschlichen Gemeinschaftslebens. U. pervertiert den Menschen bis zum »diriger l'intention« (Pascal). Ihre Wirkung geißelt Jesus in den Reden gegen den Pharisäismus (Mt 23). Sie tritt in den verschiedensten Formen auf, als Angleichung an die öffentliche Meinung in Staat und Kirche, als zerstörerische politische L. und überhaupt in jeder Art des Verfallenseins an das »Man«. Die U. reicht von der bewußten Verstellung über zweideutiges Verhalten bis zum Bestreben, nicht aufzufallen, und vergiftet die geistige Atmosphäre der Öffentlichkeit. Demgegenüber besteht die absolute Forderung der W. des Individuums als des verantwortlichen Trägers der Wahrheit im Bereich alles Menschlichen. In negativer Fassung verpflichtet W. unbedingt, in positiver Fassung nur in bedingter Weise. Denn in welchem Umfange eine ethische Verpflichtung zur Offenlegung der Wahrheit des eigenen Seins sowie des Erkennens und Wissens besteht, läßt sich nicht definieren. Diskretion in bezug auf sich selbst und andere bezeichnet eine pflichtgemäße Grenze, und Verschwiegenheit verletzt an sich die W. nicht. Es kann aber ein Recht auf Information bestehen, zB seitens der Obrigkeit (vgl. aber CIC c. 1743 § 1!). Die Unmöglichkeit, die Pflicht zur Kommunikation zu umgrenzen, ist mit dem nichtgesetzlichen Charakter der Ethik und der Notwendigkeit existentieller Entscheidungen gegeben. Von daher erklärt sich, daß in der Geschichte der → Moraltheologie und → Ethik die W. meist negativ, und zwar nur unter dem Gesichtspunkt der L. abgehandelt worden ist. U. betrifft immer den Kern der Person, die L. dagegen einzelne ihrer Aussagen. → Augustin spricht von der L. als der magna quaestio, »quae nos in ipsis quotidianis actibus saepe conturbat« (De mendacio, c. 1). Nach ihm gehört zu ihrem Wesen, daß sie darauf abzielt, in einer anderen Person eine irrige Überzeugung zustande kommen zu lassen: »Nemo dubitat mentiri eum, qui volens falsum enuntiat causa fallendi« (ebd c. 4). Augustin geht es »bei Wahrheit und L. nicht um die Wahrheit und Falschheit der Dinge selber, sondern um einen Spruch der Seele. Die Seele spricht sich selber der Wahrheit oder L. zu« (Buber). Bei der L. handelt es sich nicht um eine schlicht theoretische, sondern um eine praktische Funktion der Aussage. Sie ist ein Mißbrauch der Sprache aus egoistischer Motivation. → Thomas von Aquino sieht auf Grund seines Objektivismus das Charakteristische der L. in der »falsitas formalis«, die darin bestehe, daß jemand den Willen habe, »Falsches auszusprechen«; die Absicht zu täuschen gehöre nicht zum Wesen, sondern nur zur »perfectio mendacii« (II/II, 110, 1; vgl. Sent.-Komm. III d.38 a.1). Er ordnet die Tugend der Wahrheit der Gerechtigkeit unter; denn: »aliquo modo attendit rationem debiti« (ebd 109, 3). Mit dieser Interpretation ist das Fundament für eine Kasuistik der W. gelegt, und mit der Unterscheidung der direkt gewollten Täuschung, die nicht zum Wesen der L. gehöre, und der indirekten (interpretativen) Täuschungsabsicht, die »durchschnittlich vorhanden« sei, wurde das methodische Instrument für ihre Durchführung gewonnen. Sie führte zu der sog. Restriktionsmoral, die zwar grundsätzlich an der Sündhaftigkeit der L. festhielt, aber die Erlaubtheit des geheimen Vorbehalts (pure Mentalreservation) unter gewissen Voraussetzungen vertrat. Diesem Laxismus (vgl. Denz. 1176–78) gegenüber setzte sich die Auffassung durch, nur eine restrictio non pure mentalis (äußerlich wahrnehmbarer Vorbehalt) könne ethisch erlaubt sein; denn der wahre Sinn der Rede brauche nicht schon durch den Sprachgebrauch erkennbar, nur müsse er auf Grund der gegebenen Situation vermutbar sein. In dieser Weise die Wahrheit »mit Verdunkelung« auszusprechen, wird der W.sforderung nicht gerecht. Die W. gründet so tief im Subjektiven, daß ihre Objektivierung zum Zweck der Gewinnung genereller Normen versagt. In der Anwendung führen diese in die U.; für die nachträgliche Beurteilung sind sie wertlos. Schon allein die bis heute weithin vertretene Auffassung der Erlaubtheit von Mehrdeutigkeiten (Äquivokationen, Amphibolien) und der Katalog von Distinktionen für den Nachweis erlaubter Einschränkungen der W.spflicht geben – bes. noch durch die Einbeziehung des Eides in die Restriktionsproblematik – eine Vorstellung von der uferlosen Kasuistik der L. Sie zerstört direkt das Ethos der W. Auch Schweigen kann in U. seinen Grund haben. Eine generelle Beurteilung der recht problematischen konventionellen L.n ist nicht möglich, soweit es sich nicht um eindeutige Höflichkeitsformen handelt. Scherz-L.n sind keine L.n, wohl aber Not-L.n.

Wenn es für den ev. Christen keinem Zweifel unterliegen kann, daß es Konfliktsituationen gibt, die so außergewöhnlich sind, daß sie nicht rational-gesetzlich gelöst werden können, der Mensch aber gezwungen sein kann, sich zu entscheiden und zu handeln, muß dieser Konflikt am schärfsten in der W.sproblematik aufbrechen. Indem die W. das wahre Sein des Menschen zutiefst als Verantwortlichkeit für den Nächsten offenbart, kann nur diese den Weg aus dem Konflikt weisen.

Sie tut es nicht, ohne dem Menschen die Grenzen seiner Endlichkeit vor Augen zu führen.

Vgl. die Lehrbücher der → Ethik u. → Moraltheologie - L.KÜPPERS, Psychologische Unters.en über die L. (Diss. München), 1928 - H.LIPPS, Die menschl. Natur, 1941 - O.F.BOLLNOW, Wesen u. Wandel der Tugenden, 1958 - DERS., Maß u. Vermessenheit des Menschen, 1962 - GREGOR MÜLLER OSB, Die W.spflicht u. die Problematik der L., 1962 (umfass. Lit.). - Vgl. die Lit. zu → Wahrheit: II. *J.Klein*

Wahrheit

I. Im NT - II. Philosophisch

I. Im NT

Nachdem R.Bultmann den nt. Sprachgebrauch der Wortgruppe um ἀλήθεια und dessen Voraussetzungen im ThW meisterhaft dargestellt hat, kann und soll hier die Frage gestellt werden: Warum gebraucht das NT überhaupt den Begriff W.? Die Frage ist bereits durch den Sprachgebrauch nahegelegt. Denn die Synoptiker verwenden das Wort nur selten und meist im Sinne von »wirklich«, »tatsächlich«; auch die späten Schriften des NT begnügen sich mit einem abgeschliffenen Wortgebrauch. Das Wort erscheint dagegen bei Paulus betont und wird im johanneischen Schrifttum zum »Begriff« erhoben. Nun ist damit, daß etwas als »W.« betont wird, immer ein Hauch von Notwendigkeit verbunden. Zwar wehren sich beide, Paulus und Johannes, dagegen, daß der neue Wein des Evangeliums in alte Schläuche gefaßt wird. Aber beide beanspruchen dennoch für ihr Wort, daß es verständlich sei. Daher reden sie von W., vertiefen aber das Wort, so daß man oft schwanken kann, welche Nuance gemeint ist. Dessen ungeachtet sei nach der dem Wort in einem neuen Sinne innewohnenden oder beigelegten Notwendigkeit, also am Rande einer hermeneutischen Besinnung entlang gefragt.

1. a) Der Apostel *Paulus* schreibt 2Kor 11, 10: »So wahr Christus in mir wirkt, dieser Ruhm (den ich da vorbringe, daß ich nämlich selbstlos diene) wird im Blick (jedenfalls) auf mich in den Breiten Griechenlands nicht zum Schweigen gebracht werden (können).« Der Satz enthält eine Drohung. Wer über Paulus urteilen will, der wird damit über Christus geurteilt haben, denn über ihn wird Christus selbst das Urteil fällen (vgl. 1Kor 4, 4f). Die W. besteht für diesen Standpunkt in der Identifikation des Herrn, der den Schwachen stark macht, mit seinem ihm und deshalb den Gemeinden dienenden Apostel (2Kor 12, 9f; 13, 4). Das wird sich bei der mit Sicherheit zu erwartenden Abrechnung des Herrn mit seinen Feinden zeigen (2Kor 5, 10). Diese Abrechnung nimmt der → Glaube (: III) deshalb vorweg, weil es einst allein darauf ankommen wird, ob jetzt, in der gegenwärtigen Zeit, mit allen Konsequenzen geglaubt wurde. Die Merkmale der W. decken sich mit den Merkmalen des Glaubens. Die W. ist im Gegensatz zum Unglauben Glaubens-W. in jener Freiheit, die Christus als Herrn verkündigt und sich als Glaube an das Evangelium vollzieht (vgl. 2Kor 3, 12ff). Das ist bei Paulus der Kontext der W. Somit ist W. das Geschehen, ja der Vollzug einer durch den Glauben an das Evangelium so eindeutig gewordenen Existenz wie derjenigen des Apostels, der sich gerade deshalb nicht selten gegen stille und laute Verdächtigungen wehren muß (2Kor 12, 6), als wäre auch er ein Goet (2Kor 4, 2).

b) Der Glaube des Apostels ist wahr, weil Christus infolge der Verkündigung Zustimmung erwartet (2Kor 5, 20). Wird der Apostel verdächtigt, so bedeutet solche Verdächtigung die Ablehnung des Evangeliums, der in ihr selbst wahren Verkündigung (vgl. 2Kor 13, 8 mit Gal 2, 5. 14). Der Verkündiger gehört mit zur Verkündigung hinzu (2Kor 4, 2; 5, 11). Man hat der W. zu gehorchen (Gal 5, 7). Warum? Weil die Verkündigung ohne jeden Zusatz Glauben verlangt, indem sie die menschliche Existenz durchsichtig macht (2Kor 6, 7; 1Kor 5, 8). Wer Christus zustimmt, der freut sich der W. in der Liebe (1Kor 13, 6), indem er nichts mehr für sich selbst begehrt (1Kor 7, 29-31; 2Kor 11, 9.11). Ohne Vorwand können da alle einander bezeugen, was sie gewollt haben (Phil 1, 18; 2Kor 7, 14; Röm 9, 1). Das wird später ein »die W. in der Liebe Suchen« genannt werden (Eph 4, 15). Denn W. ist allein »in Jesus« Wirklichkeit geworden (Eph 4, 21), so daß die »Liebe Christi« alle andern in Kämpfe hineinführt, wie die Existenz des Apostels beweist (2Kor 5, 14; 6, 3-10). Wahre Existenz leidet mit Christus (Phil 3, 10f; 2Kor 1, 5; Gal 6, 17; Röm 8, 17). Jene zukünftige Identifikation des Herrn mit seinen Dienern, ja seiner Gemeinde (die ja sein »Leib« heißt), wird deshalb die öffentliche Erscheinung des Lichtes sein, das heute in dem Gekreuzigten aufstrahlt, einst aber auch auf die fallen wird, die ihm als die Liebenden gedient haben (2Kor 4, 6; 1Kor 9, 24f; Phil 4, 1; 1Thess 2, 19).

c) Die W. seiner Existenz ist für Paulus die W. seiner Christologie, die er als den Menschen vor Gott wahr machenden Glauben verkündigt (2Kor 4, 2-6 vgl. mit 2, 14-17). Der mythisch formulierte Kampf Christi mit dem »letzten Feind«, dem Tode, macht deutlich, daß der Glaube über Leben und Tod entscheidet, ja entschieden hat (2Kor 2, 14-17 vgl. mit 1Kor 15, 20-28). Während die Menschen außerhalb des Glaubens zu Lügnern werden bzw. Lügner bleiben, macht Gott den Menschen aus Gnade wahr, wenn sich der Lügner seine Existenz als eine Gottes Zorn verfallene, als »verwirkte« (Gogarten) aufdecken läßt (Röm 3, 4 vgl. mit 4, 5). Das Evangelium ist also zur Errettung des Sünders notwendig und eben deshalb wahr, nämlich die W., die allein gilt, wenn es darum geht, worauf sich ein Mensch als Mensch beziehen will, also wissen muß, was »vor Gott« gilt (Röm 3, 7). Daß es W. nur vor Gott gibt, weiß auch das Gesetz Israels (Röm 2, 20). Wer entgegen dem Gesetz lebt, widerspricht damit auch der W. (Röm 2, 8). Er widerspricht so im Grunde sich selbst, weil der Sünder einsehen müßte, daß er Sünder ist - aber was hülfe das schon (Röm 2, 2 vgl. mit 7, 7ff)? Wer mit Gott streitet, der ist schon verloren, weil er an die W. gebunden bleibt (Röm 1, 18ff. 25ff vgl. mit 3, 5; 9, 19ff; 10, 3). Was helfen da Werke? Aber: nimmt die W. vor Gott wirklich gefangen (2Kor 13, 8)? Setzt sie nicht frei, wie Gottes hilfreiche Werke von jeher gezeigt haben (Röm 1, 20)? Wenn Paulus das Evangelium von Jesus Christus als die W. unserer Existenz vor Gott verkündigt, so will er damit die absolute Notwendigkeit betonen, mit welcher der Glaubende zu Gott findet, dh leben wird (Röm 1, 17; 3, 21ff). Denn W. ist für den Apostel die Offenbarung der Gerechtigkeit, die Gott aus Gnade schenkt (Röm 3, 7).

2. a) Dient bei Paulus die W. noch seinem Verständnis der → Gerechtigkeit Gottes (gen. auct.), so wird für *Johannes* W. vollends zum Inbegriff der → Offenbarung (: IV). Und wie ein Schüler des Paulus die schöne Formulierung in Eph 4, 15 findet, so kann ein Schüler (?) des Johannes die Bedingung aussprechen, unter welcher wir »aus der W. sind«, nämlich daß Gott größer ist als unser Herz und alles weiß, nämlich verzeiht (1Joh 3, 19f). Während der Mensch außerhalb des Glaubens nach dem greulichen Muster des Pilatus keinen Zugang zur W. hat oder sich den Zugang durch Werke versperrt (Joh 6, 28), hört dagegen der Glaube auf Jesus, den königlichen Hirten, der diejenigen sammelt, die »aus der W. sind« (18, 37). W. ist hier Offenbarung, weil sie die Verlorenen in Gottes Liebe einsammelt, nämlich

»heiligt« (17, 17-19). Das tut Jesus, indem er so zum Glauben an die Liebe ruft, daß die Liebe durch seine Existenz Ereignis wird, wie seine → Wunder zeigen. Die Existenz Jesu erfüllt sich freilich, weil sie Liebe ist, erst in ihrer *Wirkung*, nämlich im Reden des Geistes, des Parakleten, der sagen wird, was der Welt in Jesus und seiner Gemeinde widerfahren ist. Diese Aufgabe erfüllt gerade das Evangelium selbst ganz bewußt (14, 17ff usw). Dann also wird Jesus als Gottes »Wort« verstanden sein und gehört werden können (1, 1. 14). Er bleibt die W. (14, 6; 8, 58 vgl. mit 8, 44-46; 1Joh 3, 24; 4, 6ff).

b) So läßt sich sagen: Während das Gericht über die Welt mit einem Donnerschlag vergleichbar ist (Joh 12, 29) oder mit zuckenden Blitzen, verbreitet sich die Offenbarung Gottes in Jesus wie ein mildes, ruhiges Licht in einer dunklen oder aufgeregten Welt. Die Liebe ist nur Eine. Sie will verherrlicht werden, wie die Wunder zeigen (obgleich sie auf dem Höhepunkt abgewiesen werden, 11, 47ff). Die Liebe will aber Sichtbarkeit, weil sie und wie sie an Jesu Kreuz sichtbar geworden ist (19, 30 vgl. mit 13, 1. 34f). Jene Zukunft, zu welcher die Glaubenden durch die W. befreit werden (8, 31f), ist die in Jesus sichtbar gewordene Herrlichkeit der Liebe (1, 14 vgl. mit 3, 16). Sie ist Freude an Gott (16, 24). Wer Gott in der W. anruft (4, 24), der hat sich in dasjenige Sein holen lassen, in welchem alle Traurigkeit der Welt, ihre Schwermut, durch die Liebe überwindbar wird, so daß alle Eins sein werden (17, 21). Die W. ist das erfreuliche Wort der Liebe, bei dem Gott bleibt, so gewiß Gott bei sich selbst bleibt, also sich selbst treu bleibt (1, 1). Wer immer von der W. reden wird, der hat von Gottes Liebe geredet - das weiß der Glaube an Jesus (14, 9). Was ist W.? W. ist die Notwendigkeit, mit welcher die Liebe sichtbar wird, nämlich alle zu sich zieht (12, 32 vgl. mit 6, 44 a). Aber freilich, weil die Liebe sammelt, scheidet sie auch (8, 44).

3. Was ist hier geschehen? Zunächst: im NT wird die W. zur christologischen W. Jesus Christus ist, so heißt es hier, Gottes Eikon, Gottes leuchtender Abglanz in der Weltnacht (2Kor 4, 4). Gerade Jesu Kreuz strahlt dieses Licht aus, wie Paulus »weiß« (vgl. 1Kor 2, 2). Der Glaube kennt und rühmt nur die Eine W., die wahr macht, so daß ein Vorhang aufgeht, weil Gott alles in allem sein will (1Kor 15, 28). Die W. ist deshalb für den Glauben im NT dasjenige Geschehen, in welchem der Gekreuzigte dem Menschen jene Zukunft zuschickt, die allein → Freiheit (: I) genannt zu werden verdient, jene Zukunft, welche in Jesu Verkündigung das → Reich Gottes heißt. Diese W. kommt, wenn sie geglaubt wird, und sie ist da, weil sie geglaubt wird. Sie ist die Macht jener Liebe, welche sich in Jesus bezeugt hat, das die Menschen mit Gott vereinigende Sein, mit welchem sich die Liebe den Ihren verspricht. W. in diesem strengen Sinne kommt also nur dem Wort der Liebe zu, weil das Wort der Liebe stets jenen Glauben fordert, den Jesus gewährt hat. Das Stichwort »W.« reicht deshalb nicht aus, um seine Sache zu beschreiben. Die Sache der W. ist im NT das Wort, das die Liebe sichtbar macht, das Wort, das unüberhörbar am Kreuze Jesu laut geworden ist und deshalb alle Gleichnisse wie jede andere Wirklichkeit in sich aufhebt. Daher versagt am Ende auch jede religionsgeschichtliche Parallele - und eben dies wurde mit dem Bekenntnis zur W. des im Fleisch Gekommenen, zu Jesus, ausgesprochen (1Joh 4, 2-6).

ThW I, 233ff (R. BULTMANN; Lit.). Ferner: HANS V. SODEN, Was ist W.? Vom gesch. Begriff d. W., 1927 (= Urchristentum u. Gesch. I, 1951, 1-24) - E. FUCHS, Was ist Theol.? (SgV 203/04), 1953, 5ff - H.-G. GADAMER, W. u. Methode. Grundzüge einer philos. Hermeneutik, 1960. - Vgl. auch → Hermeneutik, → Logos (Lit.).

E. Fuchs

II. Philosophisch

1. Die Frage nach der W. ist eine der Grundfragen des Menschen, auf die es keine endgültige Antwort gibt, aber ebensowenig endgültigen Verzicht. Zumal der → Philosophie ist sie immer wieder aufgegeben, denn jede neue Antwort zieht einen Umbau des ganzen philosophischen Erkenntnisgebäudes nach sich, der Perspektiven erschließt, welche die Frage nach der W. von neuem wachrufen. Da ein Leben ohne Urteilen und Werten, ohne Entscheidung und Sinngebung nicht möglich ist, kann das alltägliche Bewußtsein nicht warten, bis die Philosophie eine befriedigende Antwort auf die Frage nach der W. gefunden hat. Es bewegt sich immer schon in einem unausdrücklichen, ungesicherten Vorverständnis von W., mit dem die philosophische Reflexion sich kritisch auseinandersetzt, das wie diese geschichtlich ist und den epochalen Wandel des menschlichen Selbstverständnisses widerspiegelt.

Eine inhaltlich angemessene und formal einwandfreie Definition der W. hat die Philosophie nicht geben können. Der Begriff bezeichnet etwas, das sich durch ursprüngliche Einfachheit der Definition entzieht. Die Frage »Was ist W.?« ist dem Sachverhalt unangemessen, weil sie voraussetzt, es lasse sich eine eindeutige Antwort geben; sie nimmt W. als Begriff wie jeden anderen, der sich nach der klassischen Regel durch Angabe des genus proximum und der differentia specifica bestimmen läßt. Alle Bemühungen der Philosophie, den Begriff W. zu definieren, haben daher weniger eigentliche *Definitionen* erbracht, als vielmehr *Stenogramme philosophischer Theorien* über »wahres« Sein oder »wahre« Erkenntnis. In Wirklichkeit ist die Frage nach der W. nicht mit einer Definition zu beantworten, sondern nur mit einer Explikation der verschiedenen, aber nicht zusammenhanglosen Bedeutungen dieses komplexen, aber nicht äquivoken Begriffes. Diese Bedeutungen stehen im Verhältnis der Analogie zueinander.

Wir sprechen von »wahren« Urteilen und Aussagen und verstehen W. dabei als Eigenschaft einer Klasse von Urteilen und Aussagen. Oft nennen wir auch, was dieser Klasse angehört, eine W.; in diesem Sinne ist der Plural des Wortes gebräuchlich. Die Klärung des Begriffes würde demnach der → Logik oder → Erkenntnistheorie zufallen. Wir nennen aber auch Seiendes »wahr«, sprechen wie selbstverständlich von »wahrem Gold«, einem »wahren Freund«: Demnach wäre die Klärung des Begriffes eine Aufgabe der → Metaphysik oder → Ontologie. Dem älteren Sprachgebrauch ist ferner eine ethische Bedeutung des Wortes geläufig. Die Komplexität des Gemeinten kommt auch in der Vielzahl der Begriffe zum Ausdruck, die wir dem Begriff W. entgegensetzen: Falschheit, Unwahrheit (Irrtum oder Lüge), Schein. Die Reflexion auf den Sinn, den die W. von Urteilen oder Aussagen hat, macht weitere Unterschiede bewußt: Einige von ihnen nennen wir nur auf Grund ihrer logischen Form wahr; Leibniz nennt sie »Vernunft-W.en«, Kant »analytische Sätze«. Andere nennen wir auf Grund der Bestätigung durch empirische Erfahrung wahr; Leibniz nennt diese »Tatsachen-W.en«, Kant »synthetische Sätze a posteriori«. Eine dritte Gruppe nennen wir in einem völlig anderen, »symbolischen« Sinne wahr: die W. des Mythos und der Dichtung. Unser Vorverständnis findet in allen diesen Fällen ein (noch genauer zu bestimmendes) Moment der *Übereinstimmung:* des Urteils oder der Aussage mit dem Sachverhalt, des Seienden mit seiner Idee, der Rede mit dem Gedanken.

Es ist jedoch nicht möglich, diese Bedeutungen wie Arten einer Gattung aufzufassen: W. hat hier jedesmal einen radikal verschiedenen Sinn, der es auch nicht gestattet, auf induktivem Wege eine eindeutige Definition zu gewinnen. Eben dies ist der Grund dafür, daß die W.sidee eine echte Geschichte hat. Die Unmöglichkeit einer eindeutigen Definition gibt nicht das Recht, den Begriff W. als »unwissenschaftlich« aus der Philosophie auszuscheiden, denn das hieße Voraussetzungen über das Wesen der Philosophie machen, die allererst expliziert und geprüft werden müßten. Der Begriff einer streng wissenschaftlichen Philosophie setzt selber den Begriff W. voraus.

Ebensowenig wie eine eindeutige Definition gibt es ein allgemeines, materiales *Kriterium* der W. Alles, was die Philosophie in ihrer Geschichte als Kriterium aufgestellt hat (Empfindung, Evidenz, consensus omnium u.ä.), unterliegt schwerwiegenden Bedenken. Der Einwand des *unendlichen Regresses* gibt den Ausschlag: Ob das W.skriterium erfüllt ist, kann nur mit Hilfe eines weiteren Kriteriums festgestellt werden, usw. Es gibt nur ein formales W.skriterium, die Widerspruchsfreiheit; sie ist jedoch (abgesehen vom Sonderfall der analytischen Sätze) keine zureichende, sondern nur eine notwendige Bedingung der W.

2. a) Die für die griech. Philosophie maßgeblich gewordene Bezeichnung für W. ist ἀλήθεια. In der ältesten Dichtung steht sie neben einer Reihe anderer Worte und ist durch den Gegensatz zur Lüge als dem täuschenden Verbergen bestimmt. Der etymologische Zusammenhang mit λήθη und λανθάνομαι weist auf die Grundbedeutung »Unverborgenheit«. W. im ursprünglichen griech. Sinne meint das offene Sichdarbieten des Seienden; der W.sbegriff der Tradition ist hiervon abgeleitet: Die Aussage heißt wahr, weil sie das Seiende zur Sprache bringt. Die W. des λόγος weist auf die W. des Seins zurück. → Platon deutet das »wahre« Sein, die → Idee, zugleich als dasjenige, was »wahre« Erkenntnis, das Wissen, ermöglicht. Gegenstand und Erfahrungsweise entsprechen daher einander: Dem Maß an Seins-W., das dem Gegenstand eignet, entspricht das Maß an Klarheit und Gewißheit in unserem Erfassen des Gegenstandes (vgl. Platons Liniengleichnis, Staat 509ff). → Aristoteles ist um präzisierende Unterscheidung bemüht und bestimmt als den eigentlichen Ort der W. das *Urteil:* Nicht die Dinge sind wahr, sondern der λόγος, der verbindet oder trennt, was im Ding verbunden oder getrennt ist (Metaphysik E 4). Diese Aussage gilt der Tradition als die älteste Formulierung der »Adäquatheitsvorstellung« der W. Das Wahre und das Falsche liegen für Aristoteles also nur in der Verbindung der Begriffe (De anima III, 8); dennoch gebraucht er ἀλήθεια mitunter synonym mit πρᾶγμα oder φαινόμενον. Der ursprüngliche griech. Sinn des Wortes scheint auch in seiner ethischen Verwendung durch: Aristoteles bestimmt ἀλήθεια im Sinne der → Wahrhaftigkeit als die rechte Mitte zwischen Prahlerei und Selbstverkleinerung (Nikomach. Ethik II, 7; IV, 13) und meint damit das unverstellte Sichgeben, das sich vornehmlich im Wort äußert. Hierauf beruft sich der Traditionsstrom, der von »moralischer W.« spricht.

b) Für die Antike standen W. und *Natur* in einem Wesenszusammenhang: Die Natur war aus sich selbst »wahr«, die W. »natürlich«. Die Erkenntnis der Natur geschah zwar am Modell des *technischen* Herstellens, des Gegensatzes zum natürlichen Entstehen, aber dies war bloße Hilfsvorstellung. Die christliche Schöpfungsmetaphysik löst den Wesenszusammenhang von Natur und W. auf: Beide gründen nicht mehr in sich selbst, sondern im göttlichen Schöpfungswillen. Die Erkenntnis am Modell des technischen Herstellens erfaßt jetzt die Natur im Grunde ihres Seins. Die W. bleibt jedoch »natürlich«, solange die Natur als für den Menschen geschaffen, der Mensch als in ihr geborgen gedacht wird. Er kann auf das Sichherausstellen der W. vertrauen wie auf die Teleologie der Schöpfung, denn beide haben einen Bezug auf sein Heil. Die Methode der Disputation im MA ist ebenso wie die ursprüngliche griech. Dialektik von diesem W.svertrauen getragen.

→ Albert d. Gr. und → Thomas von Aquino geben als erste die bekannte Definition der W.: veritas est adaequatio rei et intellectus. Albert schreibt sie Aristoteles zu, Thomas dem jüd. Neuplatoniker Isaak Israeli, jedoch findet sie sich bei ihnen nicht im Wortlaut. Die Definition bestimmt W. als Übereinstimmung (bzw. Angleichung) von Ding (bzw. Wirklichkeit oder Sachverhalt) und Verstand (bzw. Urteil oder Aussage). Sie läßt zwei entgegengesetzte Deutungsmöglichkeiten zu, denn bei der gemeinten Relation wird ein Glied als konstant, das andere als variabel angenommen. Die lat. Fassung der Definition läßt offen, was als konstant und was als variabel gelten soll. Die gängige deutsche Übersetzung beseitigt die Doppeldeutigkeit, engt jedoch den Sinn der Definition ein. Es ist eine folgenreiche philosophische Entscheidung, ob W. als Angleichung des Verstandes an das Ding oder des Dinges an den Verstand bestimmt wird.

Thomas von Aquino geht von der alten Unterscheidung von W. im Verstand und W. in den Dingen aus; die zweite nennt er W. im uneigentlichen und übertragenen Sinne, weil sie einen Verstand voraussetzt. Sie ist nämlich entitas intellectui adaequata vel intellectum sibi adaequans (De veritate q. 1 a. 4). Thomas legt die oben angeführte Definition der W. bewußt nach beiden Seiten aus: quando res sunt mensura et regula intellectus, veritas consistit in hoc, quod intellectus adaequatur rei, ut in nobis accidit. . . . Sed quando intellectus est regula vel mensura rerum, veritas consistit in hoc, quod res adaequantur intellectui (S.th. I, 21, 2). Die spätere Tradition spricht hier von »logischer W.« und »ontologischer W.«. Die ontologische (metaphysische, transzendentale) W. besteht in der Angemessenheit der Dinge an die Ideen des Verstandes, von dem ihr Sein abhängt. Bei den natürlichen Dingen ist dies der göttliche Verstand: res naturales dicuntur esse verae, secundum quod assequuntur similitudinem specierum, quae sunt in mente divina (ebd 16, 1). Der göttliche Verstand ist Maß und Norm der natürlichen Dinge; diese wiederum sind Maß und Norm des menschlichen Verstandes, der sie erkennt, indem er sich ihnen angleicht. Als intellectus practicus ist aber auch der menschliche Verstand Maß und Norm: res artificiales dicuntur verae per ordinem ad intellectum nostrum (ebd). Thomas geht hierauf jedoch nicht näher ein, weil er die aristotelische Auslegung von Kunst und Technik (ars) als »Nachahmung der Natur« übernimmt. Erst im Übergang vom MA zur Neuzeit setzt eine Neubesinnung auf das Wesen von Kunst und Technik ein, die den Rahmen der antiken Auslegung sprengt und mit einer neuen Auffassung der menschlichen Erkenntnis zusammengeht. → Nikolaus von Kues bestimmt den menschlichen Verstand auch im Erkennen, dh als intellectus speculativus, als messend und geht so weit, den Namen des Geistes (mens) von seiner wesentlichen Funktion (mensurare) herzuleiten (Idiota de mente, Kap. 1). Erkennen und künstlerisch-technisches Hervorbringen werden von ihm gleichermaßen als schöpferische Tätigkeiten gedeutet, der seit alters scharf verurteilte homo-mensura-Satz des Protagoras wird folgerichtig rehabilitiert (De beryllo, Kap. 36f).

c) Die Lehre von der *doppelten* W. besagt, daß derselbe Satz in der Theologie wahr, in der Philosophie aber falsch sein könne; sie wurde zuerst von dem Pariser Bischof Stephan Tempier anläßlich der Verurteilung gewisser philosophischer Sätze i.J. 1277 formuliert und den Anhängern des → Averroismus beigelegt, die an der Pariser Artistenfakultät lehrten; sie ist von diesen aber nicht ausdrücklich vertreten worden. Die Lehre gehört in den Umkreis der Auseinandersetzung zwischen → Theologie und Philosophie, die durch die Aristoteles-Rezeption des 13.Jh.s ausgelöst wurde, und ist ein gewaltsamer Versuch, das Problem von Ratio und Fides zu lösen. Dieser Versuch setzt so an: Die natürliche Vernunft, die in Aristoteles kulminiert, kommt von ihren Prinzipien her und nach ihren Regeln zu bestimmten Schlußfolgerungen: Sie bejaht zB die Ewigkeit der Welt und der Spezies, die Einheit der Vernunft in allen Menschen sowie die Materialität und Vergänglichkeit der Seele. Die Kirche vertritt die entgegengesetzten Lehren und gründet ihre W. auf göttliche Offenbarung. Es gibt somit zwei unabhängige W.skriterien, die Lehre des Aristoteles und das Dogma der Kirche. Die Averroisten unterwerfen sich genauso bedingungslos der Autorität des Aristoteles wie die Theologen der Autorität der Kirche. Die Vernunft gerät jedoch in eine Aporie. – Die Kommentatoren der aristotelischen Schriften zur Naturphilosophie und Psychologie im 13. und 14.Jh. suchen einen Ausweg, indem sie zwischen veritas und probabilitas unterscheiden, dh zwischen der unbedingten Wirklichkeitsgeltung einer Lehre und ihrer bloßen Beweisbarkeit aus den Prinzipien und nach den Regeln der natürlichen Vernunft. Das Dogma der Kirche besitzt veritas, denn es stützt sich auf die absolute Autorität Gottes und der Offenbarung; die aristotelische Philosophie besitzt nur probabilitas, denn sie stützt sich auf Prinzipien, die nur durch Erfahrung und Induktion gesichert sind. So ist es diesen Kommentatoren möglich, die Schlüssigkeit der aristotelischen Argumentation anzuerkennen und dennoch an das christliche Dogma zu glauben; ihr Bekenntnis zu diesem Glauben kann aus den Quellen nicht widerlegt werden. Im Gegensatz zu den Averroisten finden dabei die franziskanischen Kommentatoren, vor allem Johannes → Buridan, zu einer kritischen Haltung gegenüber Aristoteles und zu einem neuen W.skriterium: der Einsicht der eigenen Vernunft. – Die Lehre von der doppelten W. wird in der Renaissance erneuert, vor allem an der vom Averroismus beherrschten Universität Padua. Hier wird sie zum Deckmantel, unter dem man kirchlichen Lehren widerspricht, ohne sich zu dem Widerspruch bekennen zu müssen. Die Furcht vor kirchlicher Verfolgung bedingt eine Theorie der W., die, ernst genommen und zu Ende gedacht, das Ende der Vernunft bedeutet. → Pomponazzi ist Philosoph genug, um den Widerstreit von Vernunft und Glauben nicht nur mit der Lehre von der doppelten W. zu entschärfen, sondern auch durch den Hinweis auf die verschiedenen Aufgaben der Philosophie und der Religion: Jene hat es mit Erkenntnis zu tun, diese mit dem sittlichen Handeln.

d) Sah das Hoch-MA die W. der Dinge, ihre intelligibilitas, gleichsam in der Mitte zwischen dem schaffenden und dem erkennenden Verstand, so löst der → Nominalismus des späten MA diese Doppelrelation auf. Er treibt die Transzendenz und Souveränität Gottes, die Unerkennbarkeit und Autonomie seines Schöpfungswillens ins Extrem und kann daher die Welt nicht mehr teleologisch auf den Menschen beziehen. W. wird zu einer Funktion der Selbstbehauptung inmitten des Seienden, das nicht für den Menschen geschaffen ist. Sie kann somit nicht mehr »natürlich« gegeben oder gnadenhaft geschenkt sein, sondern muß in der Arbeit des Erkenntnisprozesses errungen, ja geschaffen werden. Die Scholastik rechnete die W. zu den »Transzendentalien«, den obersten, mit dem Seinsbegriff vertauschbaren Begriffen, die von allen Gattungen des Seienden gelten. Die Neuzeit übt an dieser Lehre ständige Kritik, bis sie in Kants → Transzendentalphilosophie »aufgehoben« wird: Die Prädikate *Einheit, W.* und *Vollkommenheit* beziehen sich nicht auf den Gegenstand, sondern auf unsere Vorstellung davon (Kritik der reinen Vernunft, B 113 ff). In der Neuzeit wird das Urteil zum alleinigen Ort der W.; je geringer sein Bezug auf faktisch Seiendes, desto größer ist seine Gewißheit, desto sicherer seine W. Seit Nikolaus von Kues treten die begrifflich-wissenschaftliche und die künstlerisch-technische Welt als autonome Schöpfungen des Menschen neben die Schöpfung Gottes; hier ist der Mensch secundus deus, der W. und Wirklichkeit setzt. Nikolaus lehrt, daß die Mathematik die größte Gewißheit unter allen Wissenschaften besitzt, weil ihr Gegenstand allein aus dem menschlichen Verstand entspringt und eine völlig durchsichtige Struktur besitzt. Die Mathematik stellt daher den Idealfall des Erkennens dar: scientia mentis, quae facit res, est quasi ipsa res (Hieron. Cardanus, De arcanis aeternit., Kap. 4). → Descartes entwirft eine universale Methode, die das mathematische Erkenntnisideal auf alle Wissenschaften ausdehnt: Die W. aller Erkenntnis des Seienden beruht für ihn letztlich nicht darauf, daß Gott es geschaffen hat, sondern daß der Mensch es schaffen könnte. Descartes erklärt die Evidenz, die klare und deutliche, von absoluter Gewißheit begleitete Einsicht in die Sache zum Kriterium der W.; sie ist vornehmlich dann gegeben, wenn der Verstand den Erkenntnisgegenstand rational konstruieren kann. Daher sind Analysis und Synthesis für die cartesianische Methode konstitutiv. W. (veritas) wird zur Bewahrheitung (verificatio), Erkenntnis zur Aneignung und Beherrschung des Seienden, Wissenschaft zur methodischen Sicherung der W. mittels möglichst weitgehender Mathematisierung. Da die Wissenschaft die Dinge a priori aus ihren Elementen konstruiert, nimmt sie die Wirklichkeit als Inbegriff von Produkten der Technik vorweg. Technik kann deswegen angewandte Wissenschaft sein, weil schon die Wissenschaft auf einem »technischen« Seinsverständnis und W.sbegriff beruht. Die Hypothese muß hier überragende methodische Bedeutung gewinnen: Sie ist die Anleitung zur Herstellung des Phänomens, das Experiment ihre Ausführung. Der experimentelle Charakter der modernen Wissenschaft stimmt zum neuzeitlichen W.sbegriff, nach dem »die Vernunft nur das einsieht, was sie selbst nach ihrem Entwurfe hervorbringt« (Kant, aaO B XIII).

Die Philosophie der Neuzeit geht vom *Primat der praktischen Vernunft* aus. Francis → Bacon macht das utile anstelle des bonum zum Korrelat des verum: quod in operando utilissimum, id in scientia verissimum (Novum Organum II, 4). → Hobbes verwirft den ontologischen Sinn von W. ausdrücklich: neque ergo veritas rei affectio, sed propositionis (De corpore, Kap. 3, 7). Die W. der Sätze aber beruht auf der Konvention über die Bedeutung der Namen, wird vom Menschen »gemacht«: ratiocinationis principia prima, nempe definitiones, vera esse facimus per consensionem circa rerum appellationes (ebd Kap. 25, 1). → Vico hat die Konsequenzen des neuzeitlichen W.sbegriffes am deutlichsten gesehen und ausgesprochen: verum est ipsum factum. Waren für das MA Sein und W. konvertibel, so für Vico Gemachtsein und W.: factum et verum convertuntur. Aus diesem Grunde besitzt die Geometrie apriorische, demonstrative Gewißheit, die Physik aber nicht. Vico sieht, was dies für die rationale Theologie bedeutet: Wer Gottes Dasein aus bloßen Begriffen a priori beweisen will, erhebt sich faktisch über Gott: tantumdem esset, quantum dei deum se facere, et deum negare, quem quaerunt (De antiquiss. Italorum sap. I, 3). Für den Bereich von Kunst und Technik gilt aber ohne Vorbehalt: homo artificiatorum deus (ebd I, 8). Vico sieht den prinzipiellen Vorzug der historischen Wissenschaften vor den Naturwissenschaften: Dort stellt derjenige die Dinge dar, der sie selber geschaffen hat, der Mensch. Von diesem Erkenntnisideal her gesehen, erscheint es nur als konsequent, wenn → Kant das Formale aller Erkenntnis vom Subjekt abhängen läßt, nur das Materiale der Erkenntnis vom Gegebenen. Der deutsche → Idealismus (: II) beseitigt schließlich auch diesen Rest und macht alle W. - selbst nach ihrem Inhalt - zu einem Produkt des Bewußtseins; nur so kann er W. als absolute Gewißheit des sich selbst wissenden Subjektes bestimmen.

Da alles, was das Subjekt schafft, ihm als Mittel zu einem Zweck dient, wird der von ihm gesetzte Endzweck zum letzten Maßstab der Beurteilung. → Utilitarismus und → Pragmatismus erheben daher das utile folgerichtig vom Korrelat zum Kriterium der W.; ihre Fragestellung richtet sich auf die Möglichkeit der Realität durch Arbeit (»know-how«). Wird der Gedanke der W. als Funktion der Selbstbehauptung radikalisiert, so wird der W.sbegriff zerstört, und W. erscheint als »die Art von Irrtum, ohne welche eine bestimmte Art von lebendigen Wesen nicht leben könnte« (Nietzsche, Wille zur Macht, Aphorism. 493).

e) Die Geschichte der W.sidee bleibt unvollständig, wenn sie nur die tradierten Begriffe und Definitionen erfaßt. Sie muß auch das »Vorfeld« der philosophischen Terminologie einbeziehen, in dem die theologische, wissenschaftliche und dichterische Reflexion sich bewegt und der Wandel der W.sidee sich großenteils abspielt. Das natürliche Vorverständnis von W. artikuliert sich nicht in Begriffen, sondern in flexibleren Aussagemitteln, zB in *Metaphern*. Diese können infolge ihrer Mehrdeutigkeit mehr aussagen als Begriffe und die Entwicklung subtiler widerspiegeln. Sie zeigen, daß W. nicht nur die theoretische Vernunft betrifft, sondern die menschliche Natur im ganzen. Die Implikationen dieser Metaphern können nicht exakt verifiziert werden, sondern sind Vorgriff und Vermutung über den Wert der W. für uns, über das Recht, sie zu besitzen, die Aussicht, sie zu finden. Metaphern haben pragmatische Funktion: Sie lenken das Verhalten des Menschen.

Eine der ältesten und häufigsten Metaphern für W. ist das *Licht*. Sie steht dem antiken W.sbegriff der ἀλήθεια nahe und drückt das lichte Offenbarsein des Seienden, die »Natürlichkeit« der W. aus, welche Erkenntnis ohne Anstrengung und methodischen Aufwand gestattet, dh reine Kontemplation. Die W. ist dem Geist ebenso wesensgemäß wie dem Auge das Licht; sie dringt wie das Licht überall hin, setzt sich von selber durch. Die Metapher impliziert aber auch Maß und Grenze: Das Maximum ist für uns nicht das Optimum; die volle W. kann den Geist ebenso blenden wie Überfülle an Licht das Auge. Die Lichtmetapher kann auch die → Transzendenz der W. ausdrücken, vor allem der göttlichen W. Die Spätantike bildet daher die klassische Lichtmetaphorik zu einer Lichtmetaphysik um, die das ganze MA hindurch lebendig bleibt. Die Neuzeit nimmt die Metapher auf, gibt ihr aber einen neuen Sinn: W. gleicht nicht mehr dem Licht, das dem Menschen begegnet, sondern dem Strahl, den die Vernunft ins Dunkel sendet, um die Dinge erhellend zu erkennen. In dieser Umkehrung ist die Lichtmetapher in den Epochenbegriff »Aufklärung« eingegangen und bezeichnet das Verhältnis der Neuzeit zur Wirklichkeit.

Für das MA ist das Wesen des Geschaffenen vor dem Auge des Menschen verhüllt; nur der Schöpfer schaut es in seiner *»nackten W.«*. Sie ist ein Vorbehaltsgut Gottes. Die Neuzeit erhebt demgegenüber einen unbedingten Erkenntnisanspruch, der keinen Vorbehalt zuläßt; sie entwirft Erkenntnismethoden mit dem ausdrücklichen Ziel, zur »nackten W.« der Dinge vorzudringen. Auch diese Metapher erfährt eine Umkehrung: Die Verhüllung der »nackten W.« kann auch für den Menschen Schutzfunktion haben, ihre Enthüllung gefährlich sein. Die französische Moralistik erkennt die Rolle der verhüllenden Konvention, ja der Illusion, für das Leben der Menschen in der Gemeinschaft. Demaskierung und Entschleierung der »nackten W.« bedeuten kein Glück. Der Zusammenhang von W.sbesitz und Eudaimonie, den die Antike hergestellt und das Christentum in der eschatologischen Vorstellung der visio beatifica übernommen hatte, wird in der Neuzeit in Frage gestellt, von → Nietzsche endgültig aufgelöst.

Das natürliche Vorverständnis legt der W. *»Macht«* bzw. *»Ohnmacht«* bei, dh projiziert die Spontaneität oder Rezeptivität des Erkennenden in die (hypostasierte) W. Für die Antike ist die »nötigende« Kraft der W. ein Index ihrer »Natürlichkeit«, für das MA ein Index ihres göttlichen Ursprungs. Die Patristik macht sich mit dieser Metapher die Tatsache der Ausbreitung des Christentums trotz innerer und äußerer Widerstände verständlich, ebenso wie den W.sgehalt der antiken Philosophie: Die W. setzt sich unwiderstehlich durch. Die Metapher ersetzt hier fehlende Kategorien des Geschichtsverständnisses (Ähnliches soll in einem anderen Bereich die metaphorische Rede von der W. als »Tochter der Zeit« leisten: die → Geschichtlichkeit der W. andeuten). Die Neuzeit verlegt alle Aktivität ins Subjekt, das mit Hilfe szientifischer Methoden die dem Zugriff sich entziehende W. buchstäblich »erringt«. Die Metapher von der Macht der W. liegt noch der Rede von »Überzeugungskraft« und »zwingender Evidenz« zugrunde. Sie behauptet ihren Platz in den Selbstzeugnissen der Mystiker ebenso wie der großen Wissenschaftler.

3. Die philosophische Forschung der *Gegenwart* versucht zumeist, das W.sproblem um den Preis der Beschränkung auf einen Teilaspekt zu lösen. Sie faßt den Ausdruck »wahr« als äquivok auf und greift eine seiner Bedeutungen heraus. Das Problem wird so in einer bestimmten Hinsicht traktabel, in allen anderen jedoch ignoriert. Für die Wahl der allein noch erörterten Bedeutung beruft man sich auf die Situation der Wissenschaften, die nach einer Klärung des Problems der Aussagen-W. verlange. Es ist jedoch nicht Aufgabe der Philosophie, sich in den Dienst der Wissenschaften zu stellen, sondern philosophische Probleme in ihrem ganzen Umfang zu erörtern (vorausgesetzt, es handelt sich um solche). Die weithin geübte Beschränkung auf einen Teilaspekt des W.sproblems hat jedoch den Vorteil, daß sie eine präzisere Formulierung des Problems erlaubt.

Ein neuer Zweig der Logik, die *reine → Semantik*, versteht »wahr« als »semantischen« Begriff, dh als solchen, der eine bestimmte Beziehung zwischen Zeichenreihen und von ihnen verschiedenen Dingen ausdrückt. Er gehört also nicht der Objektsprache an, in der Aussagen über die Dinge formuliert werden, sondern der Metasprache, in der Aussagen über die Objektsprache gemacht werden. Diese Unterscheidung zweier Sprachebenen ist in der Alltagssprache nicht durchgeführt; sie allein gestattet es jedoch, die Paradoxien zu vermeiden, welche der gewöhnliche, im Anschluß an die Adäquationsvorstellung entwickelte W.sbegriff mit sich führt (zB das schon der Antike bekannte Paradox vom »Lügner«). Der traditionelle W.sbegriff, der das natürliche Vorverständnis des Menschen von W. entfaltet, ist antinomisch, dh er führt zur Ableitung einander widersprechender Sätze. Die Semantik kann demgegenüber den W.sbegriff für formalisierte Sprachen exakt und widerspruchsfrei definieren: »Wahr ist eine Zeichenreihe, wenn sie einen gewissen Sachverhalt so ausdrückt, wie er ist« oder »Die durch ›p‹ bezeichnete Aussage ist dann und nur dann wahr, wenn p.« Aber diese Definitionen besagen nichts anderes als: Eine Aussage ist wahr, wenn sie ein wahres Urteil ausdrückt. Die Aussagen-W. weist somit auf die Urteils-W. zurück, und die Frage nach der W. stellt sich von neuem dort, wo die Semantik sie nicht mehr beantworten kann. Der Versuch, den Sinn von W. als Interpretation eines formalen Systems zu bestimmen, ist begrenzt erfolgreich, bleibt jedoch für die Philosophie im ganzen unbefriedigend.

Eine andere Richtung der gegenwärtigen Philosophie fragt nach der W. in Kunst und Dichtung. Die ältere Ästhetik zog Begriffe wie »Wahrscheinlichkeit«, »ästhetische«, »innere« oder »symbolische« W. heran, um die Eigenart von Kunst und Dichtung zu erfassen. Sie stand dabei in der Defensive, denn sie blieb auf einen von der Wissenschaft vorgegebenen, als verbindlich angenommenen Begriff von faktischer W. und Wirklichkeit bezogen. Die Philosophie Kants lehrt, daß die Welt der Wissenschaft nicht die »wahre« Welt ist, sondern nur »Erscheinung«, eine bestimmte Deutung der Welt. Dies bedeutet, daß Kunst und Dichtung mehr sein können als »schöner Schein«, nämlich eine autonome Weltauslegung mit einem spezifischen W.sanspruch. Das Problem bedarf dringend weiterer Klärung.

W.Betzendörfer, Die Lehre von der zweifachen W. bei P.Pomponatius, 1919 - M.Heidegger, Sein u. Zeit, (1927) 1961[10] - Ders., Vom Wesen der W., (1943) 1954[3] - Ders., Platons Lehre von der W., (1947) 1954[2] - Eisler III, 450ff (Lit.) - F.Brentano. W. u. Evidenz, hg.v. O.Kraus, 1930 - J.T.Muckle, Isaac Israeli's Definition of Truth (AHDL 8, 1933, 5-8) - W.Luther, »W.« u. »Lüge« im ältesten Griechentum, 1935 - K.Jaspers, Von der W., (1947) 1958[2] - V.Rüfner, Ens et verum convertuntur - Factum et verum convertuntur (PhJ 60, 1950, 406-436) - A.Ayer, Language, Truth and Logic, London 1950 - BPhil II, Nr. 28198-28277 (Lit.) - H.Blumenberg, Technik u.W. (Actes du XIe Congrès International de Philosophie, Amsterdam/Louvain 1954, II, 113-120) - Ders., Licht als Metapher der W. (Studium Generale 10, 1957, 432-447) - Ders., Paradigmen zu einer Metaphorologie, 1960 - W.Stegmüller, Metaphysik, Wissenschaft, Skepsis, 1954 - Ders., Das W.sproblem u. die Idee der Semantik, 1957 (Lit.) - A.Maier, Metaphysische Hintergründe der spätscholast. Naturphilos., Rom 1955 - EF IV, 1549ff - W.Kayser, Die W. der Dichter, 1959 - E.Tugendhat, Tarskis semantische Definition der W. (PhR 8, 1960, 131-159) - H.-G.Gadamer, W. u. Methode, 1960 - W.Kamlah, Der moderne W.sbegriff (Einsichten. G.Krüger z. 60. Geb., 1962, 107-130). *G.Gawlick*

Wahrsager gab und gibt es in allen Kulturen und Epochen. Diese unterscheiden sich voneinander nur in dem Wert und in der Bedeutung, welche sie dem W. zukommen lassen. Unabhängig davon beruht die Bindung zwischen W. und Fragesteller stets auf der gleichen irrationalen, außerwissenschaftlichen »Logik«, dh die Methoden aller W. sind in sich logisch, wenn man das Axiom akzeptiert. Und ganz allgemein ist dieses akzeptiert, wenn man sich entschließt, einen W. zu befragen. W. werden befragt, um die Zukunft vorauszusagen, aber auch um ungewöhnliche Zusammenhänge zu erklären (→ Krankheits-Ursachen usw) oder um Schuldige für irgendwelche Vergehen (Ehebruch, Diebstahl, Mord usw) zu finden. Die W. bringen ihre Informationen jedoch nicht aus eigener Kraft, sondern sie sind die befähigten → Mittler, welche die in der außerweltlichen Sphäre bei Göttern und → Geistern (: I), bes. Ahnengeistern, vorhandene Allwissenheit den Menschen zugänglich machen. Die »echten« W. benutzen Methoden, deren Wirksamkeit durch die entsprechenden äußeren Formen und Bilder der einzelnen Religionssysteme beglaubigt ist. Seit Cicero (De divinatione I, 6, 11) trennt man oft in intuitive (divination spontanée) und deduktive (divination provoquée) Methode. Brauchbarer ist die Einteilung von Schilde, der eine »geistige« und eine »materielle« Divination unterscheidet. In allen Fällen der geistigen Divination ist der W. selbst der Empfänger der Information. Er kann seine → Seele fortschicken (im → Traum oder in einer Seelenreise), sich in Trance versetzen (durch Autosuggestion und/oder Stimulantiae [→ Rausch]) oder auch einfach auf ein Zeichen warten. Der absolute Wahrheitsgehalt solcher Informationen ist gering. Die Formen der materiellen Divination ziehen die Informationen aus einem → Orakel-Objekt (→ Leberschau, Vogelflug, Lage nach bestimmten Regeln geworfener Knochenstücke oder anderer Objekte). Die Variationen sind sehr zahlreich, da sich gerade hier mit Leichtigkeit pseudowissenschaftliche »Spielregeln« entwickeln lassen. Der absolute Wahrheitsgehalt ist gering. Empirische Untersuchungen über die Häufigkeit von sog. »Treffern« stehen bis auf geringe Ausnahmen aus und sind dann im ganzen negativ. Der Wert, der den Informationen beigemessen wird, ist nur relativ. Bei vollständiger Integration des Komplexes in ein lebendiges Religionssystem ist der Glaube an die Zuverlässigkeit des W.s in der Regel stärker als die empirische Erfahrung von Fehlinformationen. Je mehr sich der Komplex profanisiert und zur »berufsmäßigen Gaukelei« wird, desto mehr hängt der Wert eines W.s nur noch vom empirisch gemessenen Erfolg seiner Informationen ab. Es gibt noch keine brauchbaren Untersuchungen über die Frage, ob die einzelnen W. an die Wirkung ihrer Methoden glauben oder sich ständig des zufälligen Charakters bewußt sind. Universalhistorisch gesehen erlangen die W. ihre größte Bedeutung in den archaischen Hochkulturen. Bisweilen werden die Informationen nochmals in Orakel-Sprüche gekleidet (Delphi), die einer weiteren Auslegung durch den Fragesteller bedürfen. Diese »moralische Entschärfung« des außerwissenschaftlichen Komplexes stellt seine höchste Entwicklungsform dar. - Vgl. → Ekstase, → Inspiration: I, → Mantik, → Medizinmann, → Omen, → Orakel, → Propheten: I, → Schamanismus, → Sibyllinen, → Weissagung, → Zauberer.

Außer der Lit. zu den ergänzenden Artikeln: F.Heinevetter, Würfel- u. Buchstabenorakel in Griechenland u. Kleinasien, 1911 - E.E.Evans-Pritchard, Witchcraft, Oracles and Magic among the Azande, Oxford 1937 - E.J.Eisenberger, Das Wahrsagen aus dem Schulterblatt (Intern. Archiv 35, 1938, 49-116) - W.Schilde, Orakel u. Gottesurteile in Afrika, 1940 - HWDA IX, 358ff - L.Schultze (Hg.), Wahrsagerei, Himmelskunde u. Kalender der alten Azteken, 1950 - Wach, Relsoz. 405f - E.Bickel, Vates bei Varro u. Vergil (RheinMus 94, 1951, 257-314) - J.Jonk-G.Bouritins, Wahrzeggerij en beheksing bij Bandaka en Arabisés (Zaïre 8, 1954, 595-613) - G. Eis, Wahrsagetexte des Spät-MA, 1956 - O.K.Moore, Divination (AmA 59, 1957, 69-74) - U.Knoll-Greiling, Rauschinduzierende Mittel bei Naturvölkern (Sociologus NF 9, 1959, 47-60) - K.Dittmer, Die Methode des Wahrsagens im Ober-Voltagebiet u. seine Beziehungen zur Jägerkultur (Baessler-Archiv NF 6, 1960, 1-60) - Heiler 277ff. *C.A.Schmitz*

Waisenfürsorge ist schon in vorchristlicher Zeit geübt worden. So bestand im alten Athen eine umfassende Fürsorge der Polis für Kriegswaisen. Für das AT ist Jahwe »Vater der Waisen und Richter der Witwen« (Ps 68, 6). Schon das → Bundesbuch sichert darum ihren besonderen Schutz (Ex 22, 21-23). Im kultischen Lied (Ps 10, 14; 82, 3; 146, 9), in der prophetischen Scheltrede (Jes 1, 23; Jer 7, 6) und auch in der Weisheitsliteratur (Sir 4, 10) spielt der Hinweis auf das Recht der Witwen und Waisen eine besondere Rolle. Das NT nimmt dieses Motiv auf (Jak 1, 27). - Die alte Kirche hat auch diese Aufgaben, wie die gesamten diakonischen Verpflichtungen (→ Diakonie), dem Bischof übertragen, der die praktische W. wohl weithin durch geeignete Familien oder notfalls durch das Witweninstitut wahrgenommen hat. Im 4.Jh. entstand ihre anstaltliche Versorgung durch »Orphanotrophien«. Das MA hat die Aufgabe in erster Linie den Klöstern und ihren → Findelhäusern, das Spät-MA den bürgerlichen Verbänden (zB Innungen) oder den Kommunen überlassen. - Für die luth. Reformation war die weitere Ausgestaltung der spätmittelalterlichen Institute bezeichnend; zahlreiche Waisenhäuser wurden gestiftet, die sehr volkstümlich waren und in erheblichem Umfange durch Geschenke und Legate unterstützt wurden. - In der ref. Kirche hatte die W. einen festen Platz im Leben der Gemeinde und wurde systematisch und planvoll entwickelt. Bes. in den Niederlanden bestand fast in jeder Gemeinde ein eigenes Waisenhaus, das aus den Gaben der Gemeinde erhalten wurde. - Ein auch pädagogisch beachtenswerter Neuansatz in der Geschichte der W. folgte auf die großen Kriege des 17.Jh.s. An zahlreichen Orten entstanden pietistische Waisenhäuser, unter denen bes. das Hallische Waisenhaus A.H. → Franckes zu überragender Bedeutung gelangte (gegr. 1695). Hier wurde eine neue Anstaltsidee insofern verwirklicht, als sich die Anstalt aus den Erträgen eigener Erwerbsbetriebe erhielt, so daß Spenden in der Regel zum weiteren Ausbau der Häuser verwendet werden konnten. Die Erziehung in diesen Häusern stand auf der Höhe der zeitgenössischen Pädagogik (→ Pietismus, 6), die zwar einseitig religiös war und sich streng auf das »Nützliche« bezog unter Ausschluß des Spiels und der Beachtung der Besonderheit des Kindesalters, aber auch nicht einseitig der pietistischen Haltung dieser Häuser zugeschrieben werden darf. Die häufig geübte Kritik an dem pietistischen Waisenhaus entstammt einer seit Mitte des 18.Jh.s wirksam werdenden rationalistischen Strömung, die den Waisenhausstreit auslöste. Dieser hatte zur Folge, daß in weiten Gebieten Deutschlands die Waisenhäuser geschlossen und die W. in Pflegefamilien durchgeführt wurde. Der seitdem immer wieder auflebende Kampf zwischen Heim- und Pflegefamilienerziehung ist heute im ganzen im Sinne einer Zusammenarbeit zwischen beiden Formen der W. entschieden. Damals war es kein geringerer als → Pestalozzi, der die immer wieder auftretende Problematik der Pflegefamilie - Ausnutzung der Kinder als billige Arbeitskraft und die oft unzulängliche Unterbringung und Versorgung - erkannte und darum einen neuen Stil der Heimerziehung zu schaffen suchte. Die → Erweckungsbewegung hat auf der Grundlage seiner Anregungen auch die W. stark beeinflußt, wobei freilich neben den aus ihr entstandenen Waisenhäusern auch Erziehungsvereine wirksam wurden, die sich bes. um die Familienunterbringung bemühten. Die weitere Entwicklung leitet in die → Jugendfürsorge hinüber. Vgl. auch → Kinderfürsorge.

Heute gibt es in Deutschland 30000 Doppelwaisen, über 1 Mill. vaterlose Kinder und eine noch größere Zahl Ehescheidungswaisen. Die Statistik weist nach, daß die Gefährdung und Schädigung der Kinder in unvollständigen Familien sehr erheblich ist. Die W. nimmt darum einen großen Teil der öffentlichen Jugendfürsorge in Anspruch. Normalerweise bringt man, falls keine besonderen erzieherischen Probleme vorliegen, Waisen in Pflegefamilien oder durch Adoption unter. Das gute Heim ist für nicht familienreife Kinder jedoch auch weiterhin unentbehrlich und hat heute stark an die natürliche Familie angenäherte Lebensformen entwickelt (→ Erziehungsanstalten).

Auch in der *Mission* spielt die W. eine gewisse Rolle, soweit es sich um besondere Gebiete handelt, die solche Notlagen begünstigen (zB Hongkong). Meist jedoch geht es darum, auch hier das Sonderproblem in den Zusammenhang des Aufbaus und Ausbaus einer modernen Jugendhilfe einzubeziehen.

H. Beutel (Hg.), Kirche u. Jugendwohlfahrt, (1924) 1925² - F. Trost, Heimerziehung u. Jugendfürsorge (in: Ders. [Hg.], Hdb. d. Heimerziehung, 1952, 1-96) - Friedr. Schneider (Hg.), Benachteiligte Kinder, 1953. *K. Janssen*

Wake, *William,* anglikanischer Theologe, * 26.1.1657 in Blandford (Dorset), † 24.1.1737 in London, studierte 1672-79 in Oxford (Christ Church). In Paris, wo er 1682-85 als anglikanischer Gesandtschaftsprediger den Höhepunkt des → Gallikanismus miterlebte, wurde die Liebe zu ökumenischer Kirchengemeinschaft und praktischer Konfessionskunde für ihn bestimmend. 1688 wurde W. Prediger der Juristenvereinigung Gray's Inn in London, 1689 Pfarrer von St. James's in Westminster, 1703 Domherr und Dekan in Exeter, 1705 Bischof von Lincoln, 1716 Erzbischof von Canterbury. Gegen → Bossuet verteidigte er das Recht der anglikanischen Kirche (dh die Gültigkeit ihrer Weihen), mit → Du Pin, → Jablonski und → Turrettini spann er weitgreifende Pläne für eine Union der nichtröm. Christenheit. Die Nichtanglikaner in England (Nonconformists) wollte er durch Weitherzigkeit gewinnen (Abänderung des Book of → Common Prayer).

Vf. bes.: The State of the Church and Clergy of England, 1703 (Gesch. d. engl. Kirchensynoden). - Über W.: DNB XX, 445f - N. Sykes, W.W., 2 Bde, Cambridge 1957 (erschöpfend).
M. Schmidt

Wala († 836), Vetter → Karls d. Gr., von Ludwig dem Frommen verbannt, Mönch in → Corbie, gründete mit Adalhard die Klöster → Korvey und Herford. 822 von Ludwig zum Berater Lothars in Italien, 826 zum Abt von Corbie ernannt, vertrat er Reform- und Einheitsgedanken, 833 auf der Seite Lothars, der ihm die Abtei → Bobbio übertrug, 836 als Mittler bei Ludwig.

C. Rodenberg, Die Vita Walae (Diss. Göttingen), 1877 - C. Cipolla, Codice diplomatico ... di Bobbio I, Rom 1918, 136ff - L. Weinrich, W. (Diss. Freie Univ. Berlin), 1954 (Masch.) - Wattenbach-Levison 3, 317f. 342. *H. Löwe*

Walaam-Kloster auf der Insel Valamo im nördl. Ladogasee, entstand nicht im 12.Jh., wie legendäre Berichte behaupten, sondern um 1327; seine Gründer waren die Mönche Sergij und German (beide † um 1353). Im 16. und 17.Jh. wurde das W.-K. mehrmals von Schweden niedergebrannt. Bedeutend wurde es seit Ende des 18.Jh.s, als der Starez Nazarij im W.-K. das Starzentum einführte. 1793 wurden 8 Mönche als Missionare nach Alaska entsandt. Auf den benachbarten Inseln liegen noch 8 Einsiedeleien; sie wurden wie das Hauptkloster mit der Koinobia-Regel geführt. Um 1914 lebten dort etwa 200 Mönche und 600 Novizen, die in zahlreichen Werkstätten arbeiteten. Auf den Inseln zählte man 14 Kirchen, die von vielen Pilgern besucht wurden. 1918-40 gehörte das W.-K. zu Finnland, seit 1940 zur UdSSR. Seit 1918 steht es unter der Jurisdiktion der autokephalen orth. Kirche Finnlands, dazwischen 1946-57 unter dem Moskauer Patriarchen. Der Gottesdienst war kirchenslawisch, aber nach gregorianischem Stil (1922-46). 1957 hatte das W.-K. etwa 50 Mönche und Novizen. Die Berichte nach 1918 sind nicht ganz zuverlässig.

L. Denisow, Die orth. Klöster d. russ. Reiches, Petersburg 1908 (russ.) - I. Smolitsch, Russ. Mönchtum, 1953. *I. Smolitsch*

Walaeus, *Antonius* (1573-1639), ref. Theologe, * in Gent, studierte in Leiden und war Pfarrer in Koudekerke (1602), Hofprediger bei Moritz von Oranien (1604), Pfarrer in Middelburg und Lehrer an der Lateinschule daselbst (1605). Als Kontraremonstrant trat W. gegen → Uytenbogaert für die Freiheit der Kirche vom Staat ein (Het ampt der Kerkendienaren, 1615) und war Mitglied der → Dordrechter Synode (1618-19). 1619 wurde er Prof. für Dogmatik in → Leiden. Er hat sich um eine bessere Ausbildung indischer Prediger sehr verdient gemacht. In seinem Hause errichtete er 1622 ein Seminarium Indicum, das aber wegen geringer Unterstützung durch die Ostindische Kompagnie schon 1632 geschlossen werden mußte (→ Mission: III C, 1; → Missionarsausbildung). Mit seinen Kollegen → Polyander, → Rivet und → Thysius verfaßte W. die Synopsis purioris theologiae (1625), ein berühmtes ref. Lehrbuch der Dogmatik. Er beteiligte sich am Sabbatstreit und war Mitarbeiter der Staatenübersetzung der Bibel (→ Bibelübersetzungen: V, 2 h).

Opera omnia I. II, Leiden 1647 (mit Vita von seinem Sohn Joh. W.). - Über W.: J.A.Grothe, Het seminarie van W., in den Berichten van de Utrechtsche Zendingsvereeniging XXIII, 1882 - D.J.de Lind van Wijngaarden, A.W., 1891 - NNBW II, 1513ff - RE XX, 788ff - C.W.Th.van Boetzelaer van Asperen en Dubbeldam, De Prot. Kerk in Ned. Indië, 1947, 17f. *W.F.Dankbaar*

Walahfrid Strabo (oder Strabus = der Schielende; 808/09-849), Mönch der Abtei → Reichenau, Schüler des → Hrabanus Maurus in → Fulda, war seit 829 Kaplan der Kaiserin Judith und Erzieher Karls des Kahlen. Seit 838 Abt in Reichenau, mußte W. als Anhänger Lothars und der Reichseinheit 840-842 vor Ludwig dem Deutschen von dort weichen. Seine Dichtungen, die Neuausgaben der Kaiserviten → Einhards und Thegans sowie die Neubearbeitungen hagiographischer Werke sind Ausdruck des karolingischen Humanismus. Neben seinen exegetischen Werken - nicht der → Glossa ordinaria! - kommt dem liturgisch-archäologischen »Libellus de exordiis et incrementis quarundam in observationibus ecclesiasticis rerum« besondere Bedeutung zu.

Werke: MPL 113. 114 - MG SS II, 41-47; SS rer. Merov. IV, 280 bis 337; Capitularia II, 471-516; PL II, 259-423 - W.St., Hortulus. Vom Gartenbau, hg. u. übers. v. W.Näf u. M.Gabathuler, (1942) 1957². - Über W.: Manitius I, 302ff; II, 802; III, 1062 - Hauck II, 674ff - F.v.Bezold, HZ 130, 1924, 377-439 - K.Beyerle, Das Briefbuch W.St.s (in: Hist. Aufs. f. A.Schulte, 1927, 82-98) - O.Herding, Studium Generale 1, 1948, 389-397 - J.de Blic, RThAM 16, 1949, 5-28 - VerfLex V, 734ff - Wattenbach-Levison 3, 321ff. *H.Löwe*

Walch, 1. *Christian Wilhelm Franz,* ev. Theologe, * 25.12.1726 in Jena als Sohn von 2, † 10.3.1784 in Göttingen. Nach dem Studium und einer mit seinem Bruder *Johann Ernst Immanuel* (1725-78) unternommenen längeren Bildungsreise ins Ausland wurde W. 1750 ao. Prof. der Philosophie in Jena, dann o. Prof. in → Göttingen, ebd 1754 ao., 1757 o. Prof. der Theologie. Eine echte Gelehrtennatur, gehört W. wie sein Vater zu den unermüdlichen Sammlern und verfaßte vornehmlich historische Werke. Sein »Entwurf einer vollständigen Historie der Ketzereien, Spaltungen und Religionsstreitigkeiten bis auf die Zeiten der Reformation« (11 Bde, 1762-85; bis zum 9.Jh. reichend) ist für den äußeren Hergang der DG bis heute nicht übertroffen.

Vf. ferner u.a.: Gesch. d. ev.-luth. Religion als ein Beweis, daß sie die wahre sei, 1753; Entwurf einer vollst. Historie d. röm. Päpste, (1756) 1758²; Compendium historiae ecclesiasticae recentissimae, 1757; Entwurf einer vollst. Historie d. Kirchenversammlungen, 1759; Grundsätze der KG des NT, (1761) 1792-94²; Breviarium Theologiae symbolicae ecclesiae Lutheranae, 1765; Krit. Nachricht v. d. Quellen d. Kirchenhistorie, 1770; Bibliotheca symbolica vetus, 1770; Neueste Religionsgesch., 9 Tle, 1771-83 (fortges. v. G.J. → Planck, 3 Tle, 1787-93); Krit. Unters. vom Gebrauch d. Hl. Schrift in d. ersten 4 Jh.en, 1774. - Über W.: J.G.Meusel, Lexikon verstorbener dt. Schriftsteller XIV, 1815, 345ff (Bibliogr.) - H.Döring, Die gelehrten Theologen Deutschlands IV, 1835, 615ff - ADB 40, 646ff - RE XX, 794ff; XXIV, 624.

2. *Johann Georg,* ev. Theologe, * 17.6.1693 in Meiningen, † 13.1.1775 in Jena, studierte in Leipzig, wo er im pietistischen Sinne (bes. A. → Rechenberg) unterwiesen wurde, und wirkte dort als Magister (1713) klassisch-philologisch. Seit 1718 lehrte er in → Jena: 1718 ao. Prof. für Philosophie und Altertumskunde, 1719 o. Prof. für Beredsamkeit, 1721 für Dichtkunst, 1724 ao., 1728 o. Prof. der Theologie. Mit eisernem Fleiß durchforschte W. die Kirchen- und Dogmengeschichte, mehrfach in Fortführung von Werken seines Schwiegervaters → Buddeus. Seine umfangreichen Zusammenstellungen sind vielfach noch heute unentbehrlich, bes. die »Historische und theologische Einleitung in die Religionsstreitigkeiten der ev.-luth. Kirche« (5 Bde, 1730-39), die »Historische und theologische Einleitung in die Religionsstreitigkeiten, welche sonderlich *außer* der ev.-luth. Kirche entstanden« (5 Bde, 1733-36) und die »Bibliotheca theologica selecta« (4 Bde, 1757-65). In einem auf Verlangen seines Landesherrn verfaßten Gutachten (1747, hg.v. J.Ph.Fresenius 1751) nahm W. gegen die herrnhutische Brüdergemeine Stellung. 1740-53 gab er in 24 Bden Luthers Werke deutsch heraus (→ Lutherausgaben, 6).

Vf. ferner u.a.: Einl. in die Philos., 1727; Introductio in libros ecclesiae Lutheranae symbolicos, 1732; Einl. in d. theol. Wissenschaften, (1737) 1753²; Einl. in d. polem. Gottesgelahrtheit, 1752; Einl. in d. theol. Moral, 1757²; Bibliotheca patristica literariis adnotationibus instructa, 1770. - Über W.: Meusel (s. 1) 360ff (Bibliogr.) - Döring (s. 1) 630ff - ADB 40, 650ff - RE XX, 792ff; XXIV, 624 - H.Leube, Die Reformideen in d. dt. luth. Kirche zZ der Orthodoxie, 1924, 12ff u.ö. - Hirsch II, 335f. *M.Schmidt*

Waldeck und Pyrmont → Kurhessen-Waldeck, 9.

Waldenser

1. Im MA - 2. Seit der Reformation - 3. Im 19. und 20.Jh. - 4. In Deutschland

1. Die Anfänge der W.bewegung reichen bis in die Jahre 1170-76, als → Valdes in Lyon öffentlich in der Volkssprache zu predigen begann. Seine zahlreichen Anhänger nannten sich Pauperes Christi (weitere Namen u.a. W., Pauperes de Lugduno, Leonistae, Pauperes Spiritu, Insabbatati) und bildeten eine Bruderschaft (fraternitas, societas) von ordensähnlichem Charakter. Sie wollten das Evangelium innerhalb der röm. Kirche predigen und in apostolischer → Armut (: II, 6) leben. Da sie sich Verboten des Erzbischofs Guichard von Lyon und des 3. Laterankonzils widersetzten, wurden sie 1181 aus Lyon vertrieben und 1184 von Lucius III. exkommuniziert. Eine spanisch-französische Gruppe mit Durandus d'Huesca (1208) und eine lombardische (1210) unterwarfen sich und gründeten die Bruderschaft der Pauperes catholici. In Südfrankreich kamen die W. mit → Katharern, → Albigensern, Anhängern des → Petrus von Bruis und → Heinrich von Lausanne in Berührung und wurden von den letzteren offenbar beeinflußt (später auch von den Katharern, die sie anfangs entschieden bekämpften). Fast gleichzeitig finden sich W. in der Lombardei (Pauperes Lombardi), die sich mit den → Humiliaten vermischten und von den Anhängern → Arnolds von Brescia eine donatistische Haltung annahmen. Verschiedene Gegensätze zwischen den lombardischen und französischen W.n führten 1205 und 1218 auf einer Synode in Bergamo zur endgültigen Spaltung. Die französischen W. lehnten jede Arbeit zum Lebens-

unterhalt ab, weil die Predigt durch sie nicht beeinträchtigt werden sollte (Mt 6, 24-35). Um 1210 wurden die ersten ministri ordiniert, weil die Priester ihnen die Sakramente verweigerten. Diese Ordination sollte nur eine vorläufige Lösung sein, bis zur Aufhebung des Gegensatzes zur kath. Kirche. Die Lombarden hatten einen weiteren Armutsbegriff, der die Arbeit nicht ganz ausschloß, wandten das Schriftprinzip konsequenter an und wurden durch ihre donatistische Haltung zur Bildung einer Gegenkirche geführt, mit dem Anspruch, selbst die wahre Kirche zu sein. Die W. verbreiteten sich rasch in Frankreich, Nordspanien (bezeugt 1192), Italien, Deutschland, der Schweiz, Österreich, Böhmen, Ungarn und Polen. Der ursprüngliche französische Zweig starb gegen Ende des 14.Jh.s ab. Die französischen W. der folgenden Jh.e waren offenbar die Frucht einer späteren Mission der Lombarden, deren Lehr- und Ordnungstradition sie übernahmen. Der Name W. bezeichnete bis zur 2. Hälfte des 13.Jh.s nur die perfecti, die das dreifache Gelübde (Armut, Keuschheit, Gehorsam) ablegten. Durch die mönchisch verstandene conversio wurden die Novizen in die Bruderschaft aufgenommen, die nach den drei Ämtern der Bischöfe (maiores oder maiorales, bezeugt bereits 1212-15), Presbyter und Diakonen gegliedert war. Leiter der ganzen Bruderschaft war der maior omnium, der Vorsitzende der jährlichen Synode (commune, capitulum oder consilium generale), die im 13.Jh. meistens in der Lombardei zusammentrat. Er wies den Wanderpredigern ihr Missionsgebiet zu. Im 15.Jh. verloren die hierarchischen Grade ihre Bedeutung; nur das Amtsalter wurde geachtet. Die Prediger hießen auch apostoli und angeli, in Deutschland Meister und in Italien Barben (= Oheime). Von Anfang an durften Frauen (sorores) zur Bruderschaft gehören und predigen; aber dieses Amt wurde ihnen bald entzogen. Bis zur Zeit der Reformation lebten sie wie die → Beginen in besonderen Häusern. Die W. des deutsch-lombardischen Zweigs hatten Predigerherbergen (hospitia oder studia, wichtig war im 13.Jh. das studium in Mailand), wo sie ihre Versammlungen hielten und die Novizen ausbildeten. Die W. organisierten bald Gemeinden von Anhängern (credentes, amici oder noti, in Deutschland Chunden genannt). Die credentes gehörten nicht zur Bruderschaft, gingen als Nikodemiten oft zur Messe und empfingen die Sakramente von röm. Priestern. Später wurden sie auch als W. bezeichnet. Die deutschen W. lösten sich im 14.Jh. von der Leitung der Lombarden, von denen wir zuletzt 1368 hören. - Die W. fanden den Grund ihrer Frömmigkeit in der Bergpredigt als lex Christi. Sie lehnten den Eid und jedes Blutvergießen ab, hielten jede Lüge für eine Todsünde, übten das Stundengebet und beteten hauptsächlich das Vaterunser. Höchste Autorität war ihnen die Bibel; sie besaßen das NT und manche Bücher des AT, auch Apokryphen, in der Volkssprache. Die ursprüngliche Absicht der W. war nicht die Reformation des röm. Lehrsystems. Wenn sie durch ihren Biblizismus zu einer Revision kamen, behielten sie doch wesentlich die kath. Dogmatik bei. Oft sind bedeutende Lehrunterschiede unter den Gruppen der ausgedehnten W.diaspora festzustellen. Die Beichte hatte für sie unter den 7 Sakramenten eine besondere Bedeutung (Absolutionsformel: »Deus te absolvat...«). Sie feierten die Eucharistie gewöhnlich am Gründonnerstag mit Brot und Wein, manchmal auch mit Fisch (bezeugt im 14.Jh. in Languedoc). Während des Kirchenjahres gaben sie den Kranken geweihtes Brot (katharischer Einfluß?), das bisweilen die Eucharistie ersetzte. Fegefeuer, Ablässe und Fürbitte für Verstorbene, Marien- und Heiligenverehrung wurden abgelehnt. Die W. machten sich die katharische Lehre vom Abfall der Kirche zur Zeit des Papstes → Silvester I. zu eigen. Im 14./15.Jh. bildete sich die Legende von der Herkunft der W. direkt aus der apostolischen Kirche. Bedeutendstes Werk des W.schrifttums ist das Lehrgedicht La Nobla Leiczon. Im 15.Jh. sind ihre Schriften oft stark hussitisch beeinflußt. - Die *Verfolgungen* der W. begannen 1231 in der Lombardei und Deutschland. In den Cottischen Alpen (W. dort bereits 1210 bezeugt) fanden blutige Verfolgungen 1376-93 auf französischer Seite und 1488 auf französischer und italienischer Seite statt. Die W. hielten sich aber in ihren Tälern bis heute. Sie wurden im 14.Jh., bes. in den 80er und 90er Jahren durch die Inquisitoren P.Zwicker und Martin von Amberg, in ganz Deutschland, der Schweiz, Böhmen, Mähren, Polen und Ungarn hart verfolgt. Im 15.Jh. wütete die Verfolgung in der Schweiz (Freiburg 1429-30) und Deutschland. Der W.-bischof Fr. → Reiser versuchte, die leidende W.diaspora durch eine Union mit den Hussiten zu stärken. Es gelang ihm nur zum Teil: 1467 bestätigte ein W.presbyter (nicht der W.bischof Stephan) den Böhmischen Brüdern das Priestertum. Während der letzten Verfolgung in Deutschland (1479-80) flohen W. aus der Ucker- und Neumark nach Böhmen und Mähren und bildeten den deutschen Zweig der Böhmischen Brüder (→ Brüderunität: I).

2. Anfang des 16.Jh.s waren die W. noch in Südfrankreich, im Dauphiné, den sog. W.tälern (Pellice, Angrogna, Chisone und Germanasca in den Cottischen Alpen) und ganz Italien verbreitet. Die Reformation erreichte sie bes. durch die Predigt → Farels im Dauphiné (1522) und Wallis (1526). Der Barbe M.Gonin aus Angrogna suchte ihn dort auf und kehrte als Verfechter der neuen Lehre zurück. 1530 sandte das Consilium Generale von Mérindol die Barben G.Morel (für die Reformation bereits gewonnen) und P.Masson mit einem Fragebogen (wohl von Morel verfaßt) zu Farel, → Haller, → Oekolampad, → Bucer und → Capito, um sich über ihre Theologie unterrichten zu lassen. Sie kehrten mit Briefen Oekolampads und Bucers zurück. Masson wurde in Dijon verhaftet und hingerichtet. Morel konnte Mérindol erreichen und über die Ergebnisse seiner Reise berichten. 1532 fand ein Consilium Generale in Chanforan (Angrognatal) statt. Farel und A.Saunier (nicht R.Olivetanus) nahmen daran teil, und die W. schlossen sich der schweizerischen Reformation an. Sie legten alle typischen Elemente ihrer mittelalterlichen Frömmigkeit (u.a. die absoluten Forderungen der Bergpredigt und die Privatbeichte) ab, stimmten der Lehre der schweizerischen Reformation zu - Prädestination und Erwählung (aber kein Wort über die Rechtfertigung durch den Glauben), nur zwei Sakramente (ref. Auffassung des hl. Abendmahls) - und erkannten die Obrigkeit unter Bezug auf Röm 13 an. Sie ersetzten die Wanderprediger durch ständige Pastoren. Die W.bewegung wurde eine ref. Kirche und ihre Trennung von der röm. Kirche konsequent durchgeführt. Gewisse W.-kreise leisteten, mit Unterstützung der Böhmischen Brüder, erfolglosen Widerstand. Die W. nahmen die Confessio Gallicana (in einer neuen Bearbeitung und diesmal mit der Rechtfertigung durch den Glauben!) und die presbyterial-synodale Verfassung an, → Olivetanus übersetzte in ihrem Auftrag die Bibel ins Französische (1535). Die Pastoren wurden fast ausschließlich in den Akademien Genf, Lausanne und Basel ausgebildet. 1536-59 war Piemont größtenteils unter Frankreich; Gauchier Farel, ein Bruder des Reformators, war eine Zeitlang Gouverneur der W.täler, und die W. bauten, trotz mancher Verfolgung, ihre ersten Kirchen. Nach dem Frieden von Cateau-Cambrésis und der Rückgabe Piemonts an Herzog Em. Philibert von Savoyen

konnte die Gegenreformation die ref. Gemeinden in der piemontesischen Ebene ausrotten und die W. in den Alpen schwer bedrängen. 1561 wurde durch den Frieden von Cavour den W.n in den Alpentälern eine beschränkte Toleranz zugestanden (erste offizielle Anerkennung). In Kalabrien wurden sie 1561 völlig vernichtet und in Apulien allmählich zerstreut. Im 17.Jh. fanden die schwersten Verfolgungen in den W.tälern statt: 1655 die »Piemontesischen Ostern«, 1686 Vertreibung aller W. nach Aufhebung des Edikts von Nantes in → Frankreich (: I, 5). 1689 kehrten bewaffnete W. aus der Schweiz unter Führung des Pastors H. → Arnaud und mit Unterstützung Wilhelms III. von England zurück und durften nach harten Kämpfen in ihren Tälern bleiben, als Herzog Viktor Amadeus II. 1690 die Allianz mit Frankreich gelöst und ein Toleranzedikt erlassen hatte. 1698 wurden Arnaud und ca 2500 französische W. aus den Tälern erneut vertrieben; sie gingen meist nach Deutschland (s. 4). In der folgenden Zeit wurden die W. in Piemont geduldet.

3. Nach 1815 erlebten die W. Jahre der geistig-kirchlichen Erneuerung unter dem Einfluß der Genfer Erweckung (Besuch von Felix → Neff 1825) und durch die Hilfe mancher Freunde wie des preußischen Gesandten in Turin F.L.v.Waldburg-Truchsess und der Anglikaner Rev. W.Gilly und General Ch.Beckwith. 1848 erlangten sie von König Karl Albert Religionsfreiheit, die ihnen die Evangelisation zuerst in Piemont, dann in ganz → Italien (, 6) ermöglichte. Zusammen mit anderen Denominationen konnten die W. eine ausgedehnte ev. Diaspora schaffen. 1858-61 wanderten zahlreiche W. aus Piemont nach Uruguay aus und bildeten dort neue Gemeinden. Verwaltungssynodalausschuß der W.kirche ist die Tavola, die aus dem Moderator, 4 Superintendenten und 2 Laien besteht. Sie alle werden jährlich von der Synode gewählt, die in Torre Pellice tagt. Die W.kirche zählt 6 Distrikte in Italien mit insgesamt 30000 und 1 in Uruguay/Argentinien mit ca 15000 Seelen.

Außer der Lit. zu H. → Arnaud, → Italien, Fr. → Reiser u. P. → Valdes: A.W.DIECKHOFF, Die W. im MA, 1851 - J.J.HERZOG, Die roman. W., 1853 - W.PREGER, Beiträge zur Gesch. d. W. im MA (AAM 13, 1875, 181-250) - Bulletin de la Société d'Hist. Vaudoise, Pignerol-Torre Pellice 1884ff (seit 1934 Bollettino della Società di Studi Valdesi) - K.MÜLLER, Die W. u. ihre einzelnen Gruppen, 1886 - EM.COMBA, Hist. des Vaudois, 2 Bde, Paris-Florenz 1898-1901 - RE XX, 799ff - ERN.COMBA, Storia dei Valdesi, Torre Pellice (1923) 1950[4] - A.ARMAND-HUGON u. G.GONNET, Bibliografia Valdese, ebd 1953 (vollst.) - G.GONNET, Waldensia (RHPhR 33, 1953, 202-254) - DERS., Enchiridion fontium Valdensium I, Torre Pellice 1958 - DERS., Les relations des Vaudois des Alpes avec les Réformateurs en 1532 (Bibliothèque d'Humanisme et Renaissance 33, 1961, 34-52) - EC XII, 966ff - F.LAU, Die Gesch. d. W. (Ev. Diaspora 26, 1955, 218 bis 234) - E.SCHÄFER, Hundert Jahre W. Fakultät (EvTh 16, 1956, 520 bis 526) - E.TRON-E.H.GANZ, Historia de las Colonias Valdenses sudamericanas 1858-1958, Colonia Valdense/Uruguay 1958 - V.VINAY, Der Anschluß der roman. W. an die Reformation u. seine theol. Bedeutung (ThLZ 87, 1962, 89-100). *V.Vinay*

4. Die meisten der sich bluts-, namens- und bekenntnismäßig als W. ausweisenden *Deutschen* sind Nachkommen derer, die ab 1685 und 1698 eingewandert waren (s. 2). Nach Unterstützung und Fürsprache durch die Schweiz, die Niederlande, England, Dänemark, Sachsen und Gotha hatten sie damals in Brandenburg (Kurfürst Friedrich Wilhelm III.), in Hessen (Landgraf Ernst Ludwig) und vor allem in Württemberg (Herzog Eberhard Ludwig) Aufnahme gefunden. Zu den zT bis heute waldensische Familien und Überlieferung hegenden Aufnahmeorten oder Neusiedlungen zählen: Walldorf, Waldensberg (bei Frankfurt/M.), Dornholzhausen (bei Bad Homburg), Todenhausen, Wiesenfeld (bei Marburg), Welsch-Neureut, La Balme/Palmbach (bei Karlsruhe), Gochsheim, Groß- und Kleinvillars (bei Bretten), Des Mûriers/Schönenberg, Corres, Sengach, Pinache, Serres, Wurmberg (um Mühlacker), Pérouse (bei Leonberg), Boursét/Neuhengstett (bei Calw) und Usseaux-Fénestrelles-Mentoules/Nordhausen (bei Heilbronn). Dort herrschten lange dürftige Verhältnisse. Auch die Kirchen waren denkbar einfach und schmucklos gehalten. Der Gottesdienst erfolgte in französischer Sprache. Anstelle der Hostie brach der Pfarrer beim Abendmahl Weißbrot und reichte dies den Kommunikanten in die Hand; der Kelch mit Wein ging, unter Beihilfe der Kirchenältesten, reihum; der Segen wurde erst nach dem Schlußvers erteilt. - 1823 wurden die Gemeinden in die luth. Landeskirche eingegliedert. Seitdem haben sie deutsche Pfarrer und deutschen Gottesdienst. Bis dahin herrschten nebeneinander: beim Lesen und Schreiben hochfranzösisch und hochdeutsch, beim Sprechen hochfranzösisch (in Kirche und Schule), mundartdeutsch (mit Einheimischen) und »welsch«, d.i. okzitanisches Patois (unter sich). Dieses verstummte erst anfangs des 20.Jh.s ganz. Sprachproben wurden auf Schallplatten und Tonband festgehalten. Sie und Literatur über W.-fragen finden sich bei der Landesstelle für Volkskunde in Stuttgart und im Henri-Arnaud-Haus in Schönenberg, dem heutigen deutschen W.zentrum. Dort erscheint auch die Zeitschrift »Der deutsche W.«. *F.E.Vogt*

Waldenström, *Paul Peter* (20.7.1838 bis 14.7.1917), freikirchlicher Theologe und Politiker, * in Luleå (Norrland), 1862 Gymnasiallehrer in Växjö, 1864 Priester, 1864-74 Gymnasialoberlehrer in Umeå, 1874-1905 in Gävle. W. gehörte zur 2. Generation innerhalb der großen schwed. Volkserweckung um C.O. → Rosenius (→ Schweden: I, 3d). 1868 übernahm er nach dessen Tod die Redaktion der einflußreichen Zeitschrift »Pietisten«, hielt aber die konfessionell-kirchentreue Linie von Rosenius nicht ein. 1873 verursachte er durch eine Predigt und die folgenden Schriften »Om försoningens betydelse« (1873), »De justificatione« (1874) und »Herren är from« ([1875] 1918[8]; dt. 1890[2]) jahrelange Auseinandersetzungen und heftige öffentliche Kritik. Unter dem Einfluß einer universalistisch-rationalistischen Versöhnungslehre, baptistischer Freigemeinde-Ideen und einer durch die Laien-Wanderprediger genährten kirchenkritischen Stimmung wirkte W. durch seine Kritik am orthodoxen Gottesbild und an der Satisfaktionslehre sprengend innerhalb der konfessions- und kirchentreuen »Ev. Vaterlandsstiftung«. 1878 wurde er mit seinen Anhängern aus ihr ausgeschlossen. Es kam zur Gründung des »Svenska Missionsförbundet« (→ Ekman, → Gemeinschaftsbewegung, 5), dessen Leitung W. erst 1905 selbst übernahm. 1884-1905 gehörte W. dem schwed. Reichstag an.

Vf. ferner u.a.: Brukspatron Adamsson, (1863) 1937[8]; Guds eviga frälsningsråd I-III, 1892; Biblisk troslära, (1914) 1938[4]; Samlade predikningar I. II, 1918/19; P.P.W.s minnesanteckningar, 1838-75 (Selbstbiogr.), 1928. - Hg.: Übers. des NT mit erklärenden Anm.en, (1883-94) 1938[4]. - Über W.: Lektor P.W. Ett biografiskt samlingsverk, hg.v. A.OHLDÉN, Uppsala (1917) 1918[2] - E.C.NEWMAN, Den Waldenströmska försoningsläran i historisk belysning, Stockholm 1932 (Lit.) - W.BREDBERG, P.P.W.s virksamhet till 1878, ebd 1949.
E.Beyreuther

Waldis, *Burkard* (ca 1490 bis ca 1556), Dichter der → Reformationszeit, * in Allendorf (Werra), zuerst Franziskaner in Riga, wurde nach einer Romreise überzeugter Lutheraner, 1524 Zinngießer, 1536 wegen angeblich unchristlichen Verhaltens gegen den Deutschen Orden eingekerkert; nach Studium in Wittenberg (seit 1540) 1546 Prediger in Abterode (Hessen). W.' Hauptinteresse gilt der Schriftstellerei, in der er als Fabeldichter

(Esopus, 1548; hg.v. J.Tittmann, 1882) neben Erasmus → Alber und Hans → Sachs Bedeutendes leistet (→ Fabel: I). Er gibt seinen Stoffen gern eine deutsche Färbung mit politischen und konfessionellen Anspielungen unter starker Betonung prot. Tendenzen. Moralist mit reicher Lebenserfahrung, liebt er derbe Komik, gespeist aus dem Schatz volkhafter Redensarten und Sprichwörter. Volkstümliche Töne aus weltlichem Lied läßt er auch in seinen Kirchenliedern aufklingen, die er, zT in niederdeutscher Sprache, gern biblischen Psalmen nachdichtet. 1527 schrieb er in Riga das Fastnachtsspiel »Die Parabel vom verlorenen Sohn« (hg.v. G.Milchsack, 1881), worin er die ev. Rechtfertigungslehre gegen die kath. Werkgerechtigkeit verteidigt. W. verfaßte ferner Streitgedichte gegen Herzog Heinrich von Braunschweig (hg.v. F.Koldewey, 1883), übersetzte den Psalter (1553) und gab den Teuerdank heraus (1553).

Wackernagel III, 647ff - G.Milchsack, B.W., 1881 - ADB 40, 701ff - J.Gassner, Der Einfluß des B.W. auf die Fabeldichtung Hagedorns, 1905 - E.Martens, Entstehungsgesch. von B.W.' Esopus (Diss. Göttingen), 1907 - L.Mackensen, Gedanken über die Rigaer Zeit des B.W. (ZVK 46, 1936/37, 91-100) - W.Kosch, Dt. Lit.-Lexikon IV, 1958², 3198. *G.Bebermeyer*

Walenburch, *Adrian* († 1669) und *Peter van* († 1675), kath. Unions- und Kontroverstheologen, * in Rotterdam. Beide Brüder lebten zunächst in Düsseldorf am Hofe der Herzöge von Pfalz-Neuburg. Adrian wurde 1647 Domkanoniker, 1661 Generalvikar in Köln; Peter, der jüngere, 1656 Kanoniker, 1658 Weihbischof in Mainz, wo er unter Erzbischof Joh.Philipp von Schönborn mit → Leibniz hinsichtlich der → Einigungsbestrebungen (: II, 2 c) in Verbindung trat. Nach dem Tode seines Bruders wurde P.v.W. 1669 Weihbischof in Köln. Die Brüder W. traten bes. durch Streitgespräche mit Protestanten (→ Coccejus, J. → Crocius, → Calixt, → Hülsemann, J.H. → Heidegger) und durch bemerkenswerte Bekehrungserfolge hervor (→ Ernst von Hessen-Rheinfels). Zahlreiche apologetische Traktate, zwischen 1642 und 1667 gemeinsam veröffentlicht, zeichnen sich durch klare Gedanken und Mäßigung aus.

GA ihrer Schriften: Tractatus generales de controversiis fidei I. II, 1670. - Über W.: ADB 40, 728f - HN IV, 79ff - Ritschl IV, 354ff - DThC XV, 3506 - EC XII, 1644. *W.Göbell*

Wales

1. Anfänge und MA - 2. Reformationszeit und Große Revolution - 3. Neuzeit

1. Das Bergland von W. (keltisch: Cymru, Gwalia, Cambria) ist innerhalb der Britischen Inseln ein Sondergebiet, weil sich hier dank der Landesnatur der keltische Volkscharakter in Sprache (kymrisch) und Sitte bis zur Gegenwart erhielt, während er in → Irland neu belebt werden mußte. W. war ein Zufluchtsort in den Stürmen der verschiedenen Eroberungen. In vorchristlicher Zeit wurde der Kult an Steingruppen geübt, an deren Stelle später wohl oft christliche Kirchen traten (zB Yspytty Cynfyn, Cardiganshire [Stonehenge bei Salisbury ist wallisischen Ursprungs]). Die Insel Anglesey war ein Mittelpunkt des Druidentums (→ Kelten). Irische Wandermönche, deren Zellen den späteren Orten häufig die Namen gaben, bekehrten W. im 5./6.Jh. zum Christentum. Die wichtigste Zelle wurde St. Davids (gegr. vom hl. David [† ca 601], dem Patron von W.), das im MA ein beliebter Wallfahrtsort war. Im 6.Jh. soll (nach → Gildas) der Fürst Maglocunus (kymr. Maelgwn Gwynedd) von Anglesey und Snowdonia seine Herrschaft niedergelegt haben, um Mönch zu werden. - Das Vordringen der röm.-angelsächsischen Kirche brauchte in W. ein Jh. länger als im übrigen → Britannien (768 Annahme des abendländischen Ostertermins auf Betreiben des Bischofs Elfodd in Nord-W.) und beschränkte sich weithin auf die Städte, während das Land die keltischen Überlieferungen festhielt. Die normannische Eroberung nahm 350 Jahre (bis 1408) in Anspruch. 1485 kam die aus W. gebürtige Dynastie Tudor mit Heinrich VII. auf den britischen Thron. Dem folgte 1536 die staatsrechtliche Vereinigung mit England (Act of Union), 1542 die Aufhebung der alten Sondergesetze.

2. Das Studium junger Walliser bes. in Cambridge bereitete die *reformatorische Bewegung,* die im britischen Bereich den Nachdruck auf die Volkssprache für Bibel, Liturgie und Predigt legte, auch in W. vor. 1567 erschien, vom Londoner Parlament 1563 angeordnet, das NT und Book of Common Prayer auf kymrisch, 1588 die Vollbibel, übersetzt von Richard Davies (ca 1501-81), Bischof von St. Davids, William Salesbury (ca 1529-95), einem humanistischen Adligen, und William Morgan (ca 1547-1604), Bischof von Llandaff und St. Asaph. 1624 trat an ihre Stelle die kymrische Übersetzung der King James's Bible von 1611 (Authorized Version), die Richard Parry (1560-1623), Bischof von St. Asaph und erster kymrischer Lexikograph, leistete. Edmund Prys (1541-1624) dichtete die Psalmen nach. - Die puritanische Strömung fand in W. zunächst nur geringen Widerhall. John Penry (1559-93), der 1588 im Parlament im radikalen Sinne für sie eintrat, blieb ein Einzelgänger. Größeren Einfluß erlangten Rhys Prichard (ca 1579 bis 1644), Verfasser des gereimten Erbauungsbuches »The Welshman's Candle« (Canwyll y Cymry), und William Wroth (ca 1575-1642), der Begründer einer kleinen (kongregationalistischen) Gemeinschaft in Llanfaches (Monmouthshire). Das 1573 von Hugh Price für die Walliser in Oxford gestiftete Jesus College bildete die jungen Theologen im ausgesprochen anglikanischen Sinne, was in der Anhänglichkeit von W. an Karl I. Frucht trug. Unmittelbar nach dessen Hinrichtung 1649 setzte das Parlament eine rücksichtslose Säuberung des Pfarrerstandes von royalistisch-anglikanischen Elementen durch, die den Protest auch gemäßigter Puritaner hervorrief. Die apokalyptisch gerichteten Welsh Saints Walter Cradock, Vavasor Powell und Morgan Llwyd bereiteten den Boden für das radikale Quäkertum (James Nayler). Radnorshire wurde die Heimat der Quäker und Baptisten, Montgomeryshire der Independenten.

3. Die Restauration von 1662 brachte die anglikanische Kirche wieder zur Herrschaft und machte die Puritaner nahezu rechtlos. Gleichzeitig setzte die Vernachlässigung von W. in der britischen Staatskirchenpolitik ein. Vor allem wurden die in London ernannten und dort residierenden, des Kymrischen unkundigen Bischöfe nie in W. heimisch (R. → Watson besuchte zB seine Diözese Llandaff in 30 Jahren nur dreimal für kurze Zeit). Um dem mangelhaften Bildungsstand aufzuhelfen, sorgten der Puritaner Th. → Gouge privat seit 1672, die anglikanische Society for Promoting Christian Knowledge (seit 1700) und in Zusammenarbeit mit ihr Griffith Jones (1683-1761), Pfarrer in Llandonownor (Carmarthenshire), durch Wanderschulen und Erbauungsliteratur für Unterricht in der kymrischen Volkssprache. Dennoch war die fortschreitende Entfremdung der Landschaft von der anglikanischen Kirche nicht aufzuhalten. W. wurde zur Heimat der Nichtanglikaner (Nonconformists) und zum Ausgangspunkt wiederholter, zuletzt weitgreifender emotional bestimmter *Erweckungsbewegungen.* Der erste Führer einer solchen, Howel → Harris, war anglikanischer Theologiestudent in Oxford gewesen, hatte aber die Universität verlassen und vergeblich die Ordination zu erlangen gesucht. Sein

Mitarbeiter → Rowland war anglikanischer Pfarrer in Llangeitho (Cardiganshire). Ihr Auftreten als freie Erweckungsprediger (seit 1736) fand starken Widerhall. Sie kamen mit J. → Wesley in nahe Berührung, mit → Whitefield in bleibende Verbindung. Daraus entwickelte sich seit 1761 die Welsh Calvinist Methodist Church mit dem Zentrum Trevecca (Predigerschule), gefördert von der Gräfin Selina Huntingdon. Die offizielle Trennung von der anglikanischen Kirche wurde 1811 vollzogen. Die theologische Ausbildungsstätte ist gegenwärtig in Aberystwyth. - Die Erweckungen, unter denen die von 1859 und 1904 (unter Evan → Roberts) hervorragen, zeichnen sich durch folgende Züge aus: a) Belebung des Gottesdienstes durch die Sangesfreude des wallisischen Stammes (1859 kymrisches Gesangbuch [Llyfr Tonau] von John Roberts), durch die liturgische Intonation des Predigers am Ende der Predigt (Hwyl) und freie, improvisierte Antworten der Gemeinde; b) theologische Gleichsetzung des wallisischen Volkes mit Israel und entsprechende unmittelbare Wiederaufnahme des AT, namentlich auch seiner sozialen Forderungen angesichts der bedrängten wirtschaftlichen Lage von W. 1843/44 erfolgte in Süd-W. der »Rebekkasturm« gegen die Zollhäuser (nach Ri 5, 7f), 1855/56 eine Bewegung gegen den Zehnten auf Grund des at. Sabbatgebots. Die Erweckung von 1904 pflanzte sich nach Nordamerika (Los Angeles), Kanada, Ceylon, Korea, Norwegen und Deutschland fort, wo sie die → Pfingstbewegung auslöste. - Die Industrialisierung ergriff den Süden von W. und brachte mit irischen Arbeitern den röm. Katholizismus ins Land, der durch die Einwanderung mehrerer aus Frankreich vertriebener Orden seit 1903 verstärkt wurde, bes. in Flintshire (Erzbischof in Cardiff). Erst durch W.E. → Gladstone, der Grundbesitz in W. hatte und in Hawarden bei Chester lebte, wurden seit 1870 (Ernennung von Dr. Josuah Hughes zum Bischof von St. Asaph) die Nöte der anglikanischen Kirche in W. ernsthaft berücksichtigt. Jedoch war es für eine Rückgewinnung der Bevölkerung zu spät. 1914/20 wurde daher die anglikanische Kirche in W. zur Freikirche erklärt (Disestablishment). Ihre neue Verfassung trennte sie von der Kirche von England, an die Spitze trat ein unabhängiger Erzbischof von W. mit dem Sitz in St. Asaph.

T. Rees, Hist. of Protestant Nonconformity in W., (1861) 1883² - W. Rowlands, Cambrian Bibliography 1546-1800, 1869 - J. Ballinger, The Bible in W., 1906 - A.G. Edwards, Landmarks in the Hist. of the Welsh Church, 1912 - S. Baring-Gould u. J. Fisher, Lives of the British Saints, 4 Bde, 1914 - W. Hughes, A Hist. of the Church of the Cymry, 1916 - D.A. Jones, A Hist. of the Church in W., 1926 - A.W. Wade-Evans, Welsh Christian Origins, 1934 - D. Attwater, The Catholic Church in Modern W., 1935 - C.A.H. Green, The Setting of the Constitution of the Church in W., 1937 - G.N. Evans, Religion and Policy in mid-18th Century Anglesey, 1952 - F. Jones, The Holy Wells of W., 1954 - E.G. Bowen, The Settlements of the Celtic Saints in W., 1955 - G.F. Nuttall, The Welsh Saints 1640-60, 1957.

M. Schmidt

Wallfahrt und Wallfahrtsorte

I. Religionsgeschichtlich - II. Im Katholizismus

I. Religionsgeschichtlich

Unter W. versteht man das Verlassen der heimatlichen Umgebung und die Rückkehr aus einem religiösen Motiv. Der Besuch eines Kultortes innerhalb des täglichen Lebenskreises ist keine W. Daß man in die »Fremde« geht (peregrinari), gehört dazu; Entfernung und Zeitdauer spielen keine Rolle. - W.en sind in fast allen, vor allem den sog. höheren Religionen üblich (bei allen Völkern des Altertums, deren Religion hinreichend bekannt ist; in → Indien, → Ceylon, → China, → Japan; bei Juden, Mohammedanern [→ Islam: I, 3], Christen; auch bei vielen animistischen und fetischistischen Stammeskulturen). Grundlage ist die prärationale Überzeugung, daß die Gottheit geneigt ist, besondere Huld-erweise zu gewähren und sich an bevorzugten Orten (→ Heilige Stätten) in eigener Person oder durch → Mittler (Heilige oder Dinge) als Helfer zu offenbaren. W.en können darum zunächst Stätten göttlicher → Offenbarung (: I) sein; die übrigen W.skultobjekte entsprechen der → Personifikations-Tendenz der jeweiligen Religion, die die göttliche Macht in Tieren, Gegenständen der Natur, Gebilden aus Menschenhand oder von der Gottheit verwandelten materiellen → Symbolen präsent glaubt. Gegenstand der Pilgerverehrung sind darum vielfach heilige Personen (auch schon während ihres Lebens; → Heiligenverehrung: I). Nach ihrem Tode pilgert man zu den bevorzugten Plätzen ihres Lebenswandels und den Orten, an denen die Residuen ihres Lebens verblieben sind (→ Reliquien, → Grab, Gebrauchsgegenstände aller Art). Religionen mit einer Bildtheologie kennen Pilgerfahrten zu → Bildern (Plastiken und Ikonen); deren Wirkkraft wird durch die altertümliche Form (»schwarze« Bilder), wunderbare Herkunft (vom Himmel gefallen) oder ihre Echtheit (Achiropoiiten) begründet. Sächliche Kultobjekte (→ Steine [Meteoriten], Tiermumien, Schreine) üben ihre Anziehungskraft aus wegen ihrer außergewöhnlichen Form oder ihrer unerklärlichen Herkunft; → Quellen, Flüsse, → Bäume, → Haine im allgemeinen als Stätten einer → Theophanie oder Hagiophanie. - Individuelle *W.sgegner* gibt es zu allen Zeiten und Orten. Sie setzen bes. an bei ausbleibender Erhörung an Heilstätten und bei den an vielen W.sorten geübten Riten, die aus alter Tradition überkommen, darum erstarrt sind und nicht mehr verstanden werden. Prinzipielle Gegnerschaft findet sich bei pantheistischen Gemeinschaften, weil der Pantheist außerhalb seiner kein erhabeneres Kultobjekt zu finden weiß (→ Pantheismus: I); bei religiösen Gruppen, deren Frömmigkeit vorwiegend von einer rationalen Theologie bestimmt wird; bei den Mystikergruppen, weil hier die Begegnung mit der Gottheit im eigenen Innern gesucht und gefunden wird (→ Mystik: II). Religiöser Individualismus erweist sich allgemein als ebenso wallfahrtshemmend wie das Getrenntleben von der Großgemeinschaft in der religiösen Diaspora. - Die *W.smotive* sind nicht sehr zahlreich. Religionen mit herausragender zentraler Kultstätte (Juden, Mohammedaner) kennen die W. als Akt einer besonderen religiösen Hingabe; die W. wird hier, wenn auch nicht zu einem verpflichtenden Gebot, so doch zu einem Appell an die religiöse Solidarität. Sonst stehen Heilung von → Krankheit, Segenshilfe in wichtigen Anliegen (bes. Kindersegen), Einlösung von → Gelübden und Erhellung der Zukunft bei wichtigen Entscheidungen im Vordergrund. Bei der Bitte um Abwendung öffentlichen Unheils (Seuchen, Dürre, Hungersnot) berühren sich oft W.en und → Prozessionen (: I). Manche Religionen kennen → Reinigungs- und → Sühne-W.en. - Religiöses Gemeinschaftsgefühl und gleiches Motiv führen zur gemeinsamen W. (Mekka), die den Abschied von der Gemeinde und die Rückkehr festlich gestaltet und mit reichem Brauchtum umrankt (Ehrentitel für den Pilger: Hadji); das Bedürfnis nach Sicherheit macht den Pilger kenntlich (Abzeichen, Stab, Tasche, Mantel) und stellt ihn zuweilen unter schützendes Sonderrecht. Herbergen am Weg und am W.sort bieten Unterkunft, zuweilen auch sittliche Gefahren, auf die in kritischen Äußerungen zu allen Zeiten hingewiesen wird. Aszetische Begleitübungen (→ Fasten, Niederwerfen während des Weges usw) dienen der Einstimmung oder haben

Bußcharakter. – Am W.sort zeigt sich fast immer ein starker Zug zur genormten Übung. Nichts prägt die Pilgergemeinschaft so stark wie die Huldigungs- und Bittprozessionen mit Litaneigebeten am W.sort (Ephesus, Lourdes). Daneben bietet sich dem einzelnen ein reiches rituelles Repertoire an, zB → Opfer, → Umgänge, → Waschungen, Trinkkuren, → Salbungen, → Räucherungen, regelmäßige → Gebete (Stundengebet), Schlafen im Kultraum oder in seiner Nähe (→ Inkubation). In hohem Ansehen stehen der Priester bzw. Ritenmeister, da nach dem Glauben der Pilger der Erfolg der W. von der genauen Beobachtung der Riten abhängig ist. – Die Votivgaben der Pilger reichen vom einfachen »Heildank« (Gedenktafel oder Geldspende zur Unterstützung des Heiligtums: Epidauros) bis zu großen → Weihgeschenken und Stiftungen. Die Einschreibung des Namens (wohl um dem Helfer dauernd präsent zu sein) ist überall üblich. Daneben findet sich auch (bes. an modernen W.sorten) die anonyme Gedenktafel. – Der Pilger bemüht sich, das religiöse Erlebnis wie auch den empfangenen Segen über das Verweilen an der hl. Stätte hinaus wirksam zu erhalten. Dabei ist das »Andenken« selbst Segensmittel und der Garant, daß die Hilfe andauert. Solche »Andenken« sind zB Wasser, Erde, Zweige, Rinde, Opferasche, Reliquien, Grabstaub, Bilder vom Heiligtum oder dem Kultobjekt. Die Pilger schaffen zuweilen in der Heimat eine getreue Nachbildung des W.sheiligtums. Daraus oder aus der zunehmenden Verehrung eines der genannten »Andenken« kann sich eine W.sfiliale bilden. Innerhalb derselben Religion gibt es eine typologische Entwicklung der W.skultobjekte, die der theologischen Lehrentwicklung parallel läuft.

ERE X, 10ff – H.v.Glasenapp, Hl. Stätten Indiens, 1928 – H. Rust, Hl. Stätten, 1932 – B.Kötting, Peregrinatio religiosa, 1950 – RÄRG 861ff – R.Roussel, Les pèlerinages à travers les siècles, Paris 1954 – R.Kriss-H.Kriss-Heinrich, Volksglaube im Bereich des Islam I: W.swesen u. Heiligenverehrung, 1960 – Les pèlerinages (Sources orientales 3), Paris 1960 – Heiler 142ff. – Vgl. die Lit. zu → Heilige Stätten: I.

B.Kötting

II. Im Katholizismus

1. W. und Volksfrömmigkeit – 2. Patristische Beurteilung – 3. Nachträgliche kirchliche Begründung – 4. Geschichtliche Entwicklung

1. Die W. ist Ausdruck kath. → Volksfrömmigkeit großen Stils (→ Gnadenbilder, → Heiltum, → Marienverehrung: I). In ihr konzentriert sich neben dem ernsten Anliegen die kath. »Populartheologie«. Nach Ansicht kath. Theologen unterscheidet sich die christliche W. in ihrem Wesen von den religionsgeschichtlichen Analogien durch die christliche Gottbezogenheit, die Eingliederung in das moralisch-geistige Heilsgeschehen und die Benediktion des Pilgers (Schreiber XI). Wie die Liturgie und Heortologie hat sie ihr nächstes Vorbild im AT (vgl. Ex 23, 17; Dtn 16, 16f u.a.). In Jerusalem folgen den W.en Israels und des Judentums (bis 70 nChr) die freiwilligen Pilgerfahrten der Christen zu den Stätten Jesu (seit dem 2./4.Jh.; → Palästina: I). Trotz Jesu Absage an das kasuistisch strenge Kultgesetz und seiner Verkündigung der Ubiquität Gottes (Joh 4, 24) hat sich das Anliegen des Wallfahrens bis heute erhalten. W. ist eine Wanderung oder Reise in das Land biblischer Erinnerung oder zu → Heiligen Stätten (: III) zwecks Erlangung zusätzlicher Gnaden. Der kath. Pilger trägt zur Unterstützung seiner Bitte Opfergaben (Kerzen usw) an den Gnadenort und stattet seinen Dank häufig durch Niederlegung von Votivgaben (Tafeln mit Erhörungsangaben, abgelegte Krücken, Nachbildungen geheilter Gliedmaßen u.a.) ab. Er bringt aber auch am W.sort feilgehaltene → Devotionalien mit nach Hause. Meist von Priesterhand geweiht und mit Ablässen bereichert, sind sie für das kath. Haus Erinnerungsstücke und bedeuten Fortwirkung der W.sgnaden.

2. Die Anerkennung des Gnadenzustroms und die Gewährung besonderer → Ablässe an den Gnadenorten zeigt, daß sich die Kirche die W. als vorgefundenen und unausrottbaren Volksglauben assimiliert hat. Dazu kam die psychologische Erkenntnis, daß der Mensch von Natur aus abhängig ist von der ihn umgebenden Sinnenwelt und an einem Orte mehr als an einem anderen in eine erhöhte religiöse Stimmung versetzt wird (KL XI, 795). Daß neben dem usus der menschliche abusus steht, zeigt sich früh auch bei der W. Bereits in patristischer Zeit und bis ins MA hinein waren die Meinungen über den Wert der W.en durchaus geteilt. Als Ausgang vieler kritischer Anmerkungen gilt die 2. Epistel → Gregors von Nyssa mit ihrer Feststellung (II, 17): »Wenn du voller schlechter Gedanken bist, so bleibst du doch weit von Christus entfernt, wolltest du auch nach Golgatha, zum Ölberg oder zur Auferstehungsstätte pilgern.« Die sittliche Gefährdung des Pilgers und die Entartung der W.en zu Volksfesten bezeugt zB → Hieronymus (Ep. 58, 4): »Wenn die Stätten der Kreuzigung und der Auferstehung nicht in einer großen Stadt mit Dirnen, Schauspielern, Possenreißern usw wären, dann würde eine solche Stadt die Sehnsucht aller sein.« Die Kritiken steigern sich über die heftige Klage auf der Synode von Chalons 843 (can. 45) bis zum Quasi-Verdikt in der »Imitatio Christi« (I, 23, 6): »Auch die viel wallfahren, erfahren selten Heiligung.« Wie ein Vorgriff auf Luther muten die Worte → Bertholds von Regensburg (»Predigt von der Messe«) an: »Jedoch möchtest du in einer Messe mehr Gnaden erwerben, denn daß du nach Compostela laufest und herwieder.« Verirrungen wie der Kinderkreuzzug von 1212 und die Kinder-W. vom Mont St. Michel 1475 sind nur Symptome für den Niedergang der W. im MA und am Vorabend der Reformation, der auch von der modernen kath. Geschichtsschreibung verurteilt wird. Demgegenüber stehen zahlreiche Empfehlungen der W., so bereits bei dem ersten Kirchenhistoriker Eusebius (h.e. VI, 11, 2; vita Const. III, 27; Ep. 46). Es mag allein auf das überschwengliche Lob hingewiesen sein, das Hieronymus den W.sorten des AT und NT zollt (Ep. 46, 13). Die Zustimmungen berufen sich vornehmlich auf den Hl. Geist, der – unter Hinweis auf die indirekte Wunderkraft des Paulus (Apg 19, 12) – nicht nur die Gebeine, sondern auch die Gräber und Gebrauchsgegenstände der Heiligen mit pneumatischer Kraft erfüllt (→ Heiligenverehrung: II). Vorbildliche Anerkennung gewann die W. durch die Besuche der Väter selbst, von denen → Melito von Sardes und → Origenes als erste Wallfahrer angesehen werden können.

3. In der kath. Theologie gilt die W. als nicht heilsnotwendig. Kritik an der Praxis ist erlaubt, kaum aber an der Sache selbst. Wie zB die Lehre vom → Fegfeuer bedurfte auch die W. einer nachträglichen theologischen Begründung. Für die W. als Symbol des irdischen Lebens dienen Hebr 13, 14 und Apk 21, 2ff als biblische Belege. Sonst aber läßt sie sich nur aus der Verbindung von Volksglauben und Heiligenverehrung deuten. Die gewährten Gnaden gelten dann als dona magna et specialia auxilia und als Frucht eines überpflichtmäßigen Werkes (opus supererogationis). Eine Empfehlung der W.en fand sich früher in vielen Diözesan-Katechismen, aber nicht mehr im Deutschen Einheitskatechismus. Breslau 1911 formulierte zB: »Die W.en werden von der Kirche empfohlen: 1. weil sie ein uralter christlicher Brauch sind; 2. weil sie mannigfachen Segen bringen, wenn sie in der rechten Weise geschehen; 3. weil sie uns

daran erinnern, daß wir auf Erden nur Pilger sind und hier keine bleibende Stätte haben.« Das kanonische Recht spricht von der W. nur, soweit sie nicht oder nicht mehr freiwillig ist, nämlich bei der Befreiung von einem Gelübde (CorpIC decr. Greg. lib. III p. IV c. VIII) und bei der auferlegten Genugtuung (CIC c. 1323). Nach allgemeiner kath. Ansicht besteht das religiöse Motiv der W. in der Mehrung der Frömmigkeit, in der Erfüllung eines Gelübdes, in der Unterstreichung einer Bitte, in der Abstattung eines Dankes, in der Leistung freiwilliger Sühne oder im Vollzug einer in der Beichte auferlegten Bußübung (satisfactio).

4. An die Stelle des Zion trat in christlicher Zeit als »Mittelpunkt der Erde« das Grab Jesu (→ Grab, Heiliges). Alte W.sstätten blieben wie der → Sinai (interpretiert als Stätte der Verklärung Jesu: Basilika der Metamorphosis), neue traten hinzu wie → Bethlehem und die Taufstelle. Nach dem Ende der Verfolgungen und der Einweihung der Grabeskirche strömten die Laien in Scharen nach Palästina. Von nicht geringer Bedeutung war die Kreuzauffindung durch → Helena. Kreuzpartikel wandern (bis heute) über die ganze Erde. W.sberichte entstehen wie das Itinerarium Burdigalense (333) und die liturgiegeschichtlich wertvolle Peregrinatio der → Ätheria (393). → Jerusalem (: IV) ist bis zur Gegenwart überkonfessionelles W.sziel geblieben. – Der schon früh aufgekommene Besuch der Apostel- und Märtyrergräber in den über ihnen seit dem 4.Jh. errichteten Gedächtniskirchen (memoriae) ist die nächste Stufe der W., zu der sehr bald die Gräber der Heiligen treten. Das förderte bes. den → Reliquien-Kult. In Deutschland wurden nach der Christianisierung Aachen, Köln und Trier die Vororte der W. – Die Palästina-W. erlebte im 7.Jh. durch den Einfall der Araber eine schwere Einbuße. Durch einen Vertrag → Karls d. Gr. mit Harun al Raschid (Einhard, Vita Car. c. 16) wurden die deutschen Kaiser »Herren des hl. Grabes«, so daß nicht nur die W.en wieder gesichert waren, sondern auch ein lat. Kloster in Jerusalem gegründet wurde. Erneute Bedrückung durch die Seldschukken (1070) löste schließlich die → Kreuzzüge aus, die dem Kampfeswillen des Feudaladels die Möglichkeit gaben, für ihren Lehensherrn Christus das verlorene Stammschloß Jerusalem zurückzuerobern. – Längst war Rom mit den Gräbern der Apostelfürsten Petrus und Paulus neben Jerusalem getreten. Das i.J. 1300 von → Bonifatius VIII. eingeführte → Jubeljahr führte bis heute Millionen von Pilgern in die »ewige Stadt«. Die Förderung der Marienverehrung durch die Bettelorden ließ in den einzelnen Ländern und Provinzen zahlreiche W.sorte entstehen, zB in Deutschland → Altötting, → Kevelaer, Vierzehnheiligen, Walldürn, Wartha, in Österreich Heiligenblut, → Mariazell, in der Schweiz → Einsiedeln, in Italien → Loreto, Assisi, Padua, in Spanien → Compostela, in Luxemburg → Echternach, in Irland Lough Derg, in Polen → Czenstochau, dazu in jüngerer Zeit das französische → Lourdes und das portugiesische Fatima. – Am Vorabend der Reformation waren alle Stände vom Sog des W.swesens erfaßt. Die Ablehnung des Ablasses und der guten Werke als Mittel der Rechtfertigung traf vorzüglich die W. mit. Wenn Luther noch »An den christlichen Adel« (WA 6, 437) konzediert: »Das sag ich nit darum, daß W.en böse seien, sondern daß sie zu dieser Zeit übel geraten«, so bezieht er in seiner »Jakobus-Predigt« die W. in die reformatorische Kritik mit ein: »Hat aber jemand ein Gelübde getan, zu Sankt Jacob zu reisen oder an andere Orte, der laß es hinfahren. Es ist ein Gelübde wider deine Seligkeit, denn Gott hat kein Gefallen an den Narrenwerken noch an solchen Gelübden. Doch sollst du solch dein närrisch und ungöttlich Gelübde bereuen und Gott um Gnade bitten, daß er dir solche Unwissenheit und Unglauben wolle verzeihen« (WA 17/II, 465). Zwingli nennt die W.en im 25. Art. seiner Schlußreden »nicht allein närrisch, sondern auch antichristlich« (Z II, 248), und Calvin sind sie »erfüllt von offenkundiger Gottlosigkeit« (Inst. IV, 13, 7). – Die W.en, heute oft durch W.skomitees und Reisebüros organisiert, stehen leicht in der Gefahr des Tourismus. Die Technisierung hat die kirchliche Empfehlung notwendig gemacht, die Wallfahrer sollten wenigstens den letzten Teil des W.sweges zu Fuß zurücklegen.

W. Andreas, Deutschland vor der Reformation, (1932) 1959[6] – G. Schreiber (Hg.), W. u. Volkstum, 1934 – LThK X, 735ff – DACL XIV, 40ff – J. Lortz, Die Reformation in Deutschland I, (1940) 1941[2] – EC IX, 1080ff – B. Kötting, Peregrinatio religiosa, 1950 (Lit.) – Ders., Gregor v. Nyssas W.skritik (Studia Patristica 5, 1962, 360–367) – R. Kriss, W.sorte Europas, 1950 – Ders., Die Volkskunde d. altbayer. Gnadenstätten III, 1956 (Lit.) – M. Wagner-A. Fink (Hg.), W.en heute, 1960 – E. Schweizer, 15 Ampeln u. ein leeres Grab, 1961. – Vgl. die Lit. zu → Heilige Stätten: III.

F. Schmidt-Clausing

Wallin, *Johan Olof* (1779–1839), schwed. Erzbischof und Liederdichter, 1806 theologischer Adjunkt an der Kriegsakademie in Karlberg, 1812 Pfarrer in Stockholm, 1816 Dompropst in Västerås, 1818 Pastor primarius in Stockholm, 1837 Erzbischof in Uppsala. W. trat früh als Dichter hervor, zuerst im Stil der älteren Schule, später von der Romantik beeinflußt. Sein letztes größeres Gedicht war »Der Engel des Todes«. In theologischer Hinsicht vertrat er eine moralisierende und platonisierende Richtung. Als Prediger wirkte er bes. auf die Gebildeten. Vor allem ist W. als Liederdichter bekannt. Das schwed. Gesangbuch von 1819 (→ Kirchenlied: I, 4) war gewissermaßen sein Werk (u.a. durch seinen Entwurf von 1816); von den 500 Liedern dieses Buchs hat W. 127 gedichtet und viele andere bearbeitet.

E. Liedgren, W.s läroår som psalmdiktare 1806–12, Uppsala 1916 – Ders., Neologien, romantiken, uppvaknandet 1809–23 (Svenska kyrkans historia VI/2), Stockholm 1946 – B. Olsson, Arvet från W., Lund 1949 (Anthologie).

A. Arvastson

Wallonisch-reformierte Gemeinden. Die w.-r. G. sind entstanden, als im 16.Jh. Tausende von prot. gesinnten Wallonen aus den südlichen → Niederlanden (: I, 3) in die nördlichen Provinzen flüchteten, wo die Reformation schon Fuß gefaßt hatte (erste prot. Gemeinde 1520 in Delft). Zwischen 1574 und der Mitte des 17.Jh.s entstanden 42 w.-r. G. Davon waren bei Aufhebung des Edikts von Nantes (1685) 26 noch intakt und boten den flüchtenden Hugenotten Zuflucht. – Die Geschichte der w.-r. G. ist von Anfang an eng verknüpft mit der der niederländischen Kirche. Das Glaubensbekenntnis von Guy de Brès (1522–67; »Confessio Belgica«) bildete die Grundlage zur Kirchenverfassung der niederländisch-ref. Kirche. Wilhelm von Oranien trat 1573 der wallonischen Kirche bei. In der Kapelle in Delft, heute noch das wallonisch-ref. Gotteshaus, wurde ihm zuerst das Abendmahl gereicht. Nach seinem Tode erhielt die Kirche in Den Haag durch die Anwesenheit von Louise de Coligny das Ansehen einer Hofkirche. – Unter den Réfugiés, die in den Niederlanden das ihnen gemäße religiöse Klima fanden, sind bedeutende Persönlichkeiten zu nennen, u.a. Jean → Claude, Elias → Saurin, Pierre → Jurieu, Pierre → Bayle, Jacques → Basnage, Daniel → Chantepie de la Saussaye, David Martin. Die Emigranten brachten in die neue Heimat auch praktische Fähigkeiten mit. Ihre Nachkommen haben die französische Sprache im Gottesdienst bis heute beibehalten. Die heutigen w.-r. G. (5–6000 Seelen in 16 Gemeinden) sind als kirchliche Gruppe denselben Bestimmungen unterworfen wie die niederländisch-ref. Kirche. Sie vertreten keine eigene theologische Richtung. Neben Waisenhäusern, Altersheimen und Schulen ist die »Bibliothèque Wallonne« eine wichtige Institution (gegr. 1852). Sie ist der Wallonischen Kirche in Leiden angegliedert und besitzt u.a. ein Archiv mit 2 Mill. Tauf-, Heirats- und Sterbeurkunden und den Namen aller Réfugiés zwischen 1550 und 1810. - Über die wallonischen Réfugiés in *Deutschland* und ihre dortige Verbreitung vgl. → Hugenotten und ebd Karte 12.

D.J.POUJOL, Hist. et influence des Eglises wallonnes dans les Pays-Bas, Paris 1902 - RGG³ V, 1759f (Lit.). *G.Forget*

Walpurgis (*Walburga;* ca 710-79), aus edlem angelsächsischem Geschlecht, kam mit ihren Brüdern → Wilbald und → Wynbald nach Deutschland, seit 761 Äbtissin des Doppelklosters → Heidenheim. Im 9.Jh. wurden ihre Reliquien nach Eichstätt übergeführt; um ihrer Krankenheilungen und Gebetserhörungen willen seit dem frühen MA hochverehrt; Feste: 25.2. (Todestag) und 1.5. (Tag der Translation). Die Verbindung der W. mit der Hexennacht (»W.nacht«) beruht wohl darauf, daß ein Brauchtag des alten Volksglaubens zufällig mit dem Festtag der Heiligen zusammenfiel.

Legendäre Viten AS Febr. III, 523ff u. MG SS XV, 538ff. - J.BRAUN, Die hl. W., 1927 - Festschr. zum 900jähr. Jubiläum der Abtei St.Walburg, 1935 - KÜNSTLE II, 588ff - HWDA IX, 84ff - LThK X, 726f. *O.Rühle*

Walter, 1. *Johann* (1496-1570), * in Großpürschütz bei Kahla (Thür.), gehörte 1517-25 der kursächsischen Hofkapelle an. 1526 übernahm er das Kantorat an der Lateinschule in Torgau, wo er als das Urbild eines prot. → Kantors bis 1548 wirkte. Nach dem Schmalkaldischen Krieg war er 1548-54 Hofkapellmeister in Dresden und lebte danach wieder in Torgau. - W. bekam frühzeitig enge Verbindung mit Luther; berühmt ist sein Bericht über die gemeinsamen Vorarbeiten zur »Deutschen Messe«. Zweifellos hat er an der Formung des Stamms der luth. Liedweisen wesentlichen Anteil (→ Gesangbuch: I, 1 c; → Kirchenlied: II, 3), wenn dieser auch wie der des Reformators selbst nicht genau zu fassen ist. Neuerdings ist W. auch als einer der besten deutschen Komponisten seiner Zeit erkannt worden.

GA bisher 4 Bde, 1943ff. - Über W.: RGG³ V, 1761 (Lit.) - W. GURLITT, J.W. u. die Musik der Reformationszeit (LuJ 15, 1933, 1-112) - W.EHMANN, J.W. (MuK 6, 1934, 188-203. 240-246) - K. BRINKEL, Zu J.W.s Stellung als Hofkapellmeister in Dresden (JLH 5, 1960, 135-139) - J.STALMANN, J.W.s Cantiones sacrae (Diss. Tübingen), 1960. *W.Blankenburg*

2. *Johannes von* (8.11.1876 bis 5.1.1940), ev. Theologe, * in Petersburg, † in Bad Nauheim, Schüler von N. → Bonwetsch, nach Studium in Dorpat, Leipzig, Göttingen 1901 PDoz. für KG in Göttingen, 1909 ao. Prof. in Breslau, 1917 o. Prof. in Wien, 1921 in Rostock. W. verstand die KG wesentlich als Frömmigkeitsgeschichte, die ihren Maßstab an seinem Lutherbild gewann. Hauptwerke: Magistri Gandulphi Bononiensis sententiarum libri IV (krit. Edition), 1924; Die Geschichte des Christentums, 4 Hbde, (1932-38) 1947-50³. 1917-25 Hg. der »Biblischen Zeit- und Streitfragen«.

Vf. u.a.: Die ersten Wanderprediger Frankreichs I. II, 1903/06; Frauenlos u. Frauenarbeit in d. Gesch. d. Christentums, 1911; Der relig. Entwicklungsgang des jungen Luther, 1925; Ihr seid Gottes Ackerwerk (Predigten), 1930; Luther u. Melanchthon während d. Augsburger Reichstags, 1931; postum: Die Theol. Luthers, 1940; Christentum u. Frömmigkeit. Ges. Vorträge u. Aufs., 1941. - Über W.: E.WOLF, J.v.W. in memoriam (ThBl 19, 1940, 113-127; vollst. Bibliogr.). *Ernst Wolf*

Walther *von der Vogelweide,* * um 1170 vermutlich im bairisch-österreichischen Raum, † um 1230 wahrscheinlich in Würzburg und dort im Hof des Neumünsters begraben. W. entstammte einem armen Ministerialengeschlecht, lebte zunächst am Babenberger Hofe in Wien, wo er die Dichtkunst des Minnesangs von Reinmar von Hagenau lernte, und führte seit 1198 ein Wanderleben im Dienste verschiedener Herren, insbesondere der Nachfolger Heinrichs VI. Philipps von Schwaben, Ottos IV. und → Friedrichs II. Aufenthalte auf der Wartburg am Hofe Hermanns von Thüringen, wo er u.a. mit → Wolfram von Eschenbach zusammentraf, am Hofe zu Meißen und wieder in Wien sind durch seine Dichtung bezeugt. Urkundlich ist er nur einmal in den Reiserechnungen des Bischofs von Passau, Wolfgers von Ellenbrechtskirchen, erwähnt (1203). Ob er den Kreuzzug von 1227/29 selbst mitgemacht hat, ist unsicher; jedenfalls hat er ein Werbelied dafür verfaßt. - W.s Werk enthält ausschließlich lyrische Dichtungen, Lieder und »Sprüche«. Als Schüler Reinmars begann er mit höfischem Minnesang (→ Mittelalterliche Literatur: II, 3), wandte sich aber später Liedern der sog. »niederen Minne« zu, in denen er nicht mehr die hochgestellte »frouwe«, sondern Mädchen aus dem Volke besang. Ob er darin an volkstümliche deutsche Lieder anknüpfte, ist nicht geklärt, da solche Dichtungen nicht erhalten sind. Als Spruchdichter steht er dagegen nachweisbar in einer Tradition (Herger, Spervogel); er führt sie durch seine politischen Sprüche, die die Nöte seiner Zeit behandeln, auf die Höhe poetischer Meisterschaft. Wichtigster Gegenstand ist die damalige Reichspolitik nach dem Tode Heinrichs VI. W. nimmt stets die Partei des legitimen deutschen Herrschers und tritt für das universale Kaisertum als göttliche Institution zum Schutze der Ordnung und des Friedens in der gesamten Christenheit ein. Er tadelt die politischen Bestrebungen → Innozenz' III. scharf als widerchristliche Anmaßung. Der nationale Gedanke, der seine Dichtung durchzieht, ist Ausdruck der besonderen Sendung, die die Deutschen als Träger des Kaisertums haben. - Auch die rein religiöse Thematik, die der Spruchdichtung des 12.Jh.s eigentümlich war, hat W. weitergeführt. Höhepunkt dieser Gruppe ist der berühmte Leich, dessen kunstvoller Bau, noch heute umstrittener Gegenstand der Forschung, möglicherweise in der formalen Fügung der Verse und Strophen typologische Zahlenverhältnisse widerspiegelt. Mannigfach tritt im Gesamtwerk auch das Persönliche hervor: Lob der Gönner und Mahnung, den Lohn nicht zu vergessen; scharfe Abrechnung mit Gegnern und Kollegen (Reinmar); Not des Fahrenden, der überall nur Gast ist; Wunsch nach eigenem Herd, den ihm endlich Friedrich II. erfüllt (vermutlich durch ein Lehen in Würzburg).

Ausg.n von: K.LACHMANN, (1827) neu hg.v. C.v.KRAUS, 1959¹² (durch H.KUHN) - W.WILMANNS, (1869) hg.v. V.MICHELS, 1924⁴ - H.PAUL, (1882) neu hg.v. A.LEITZMANN, 1953⁸ - FR.MAURER, 1955/56. - Über W.: K.BURDACH, Reinmar der Alte u. W.v.d.V., (1880) 1928² - W.WILMANNS, Leben u. Dichtungen W.s v.d.V., (1882) 1916² - C.v.KRAUS, W.v.d.V., Untersuchungen, 1935 - FR.GENNRICH, Melodien W.s v.d.V. (Zs. f. dt. Altertum 79, 1942, 24-48) - I.A.HUISMAN, Neue Wege z. dicht. u. musikal. Technik W.s v.d.V., Utrecht 1950 - VerfLex IV, 807ff (Lit.). - Neueste Lit. bei H.DE BOOR, Gesch. d. dt. Lit. II, 1960⁴, 322ff. 449ff. *W.J.Schröder*

Walther, 1. *Carl Ferdinand Wilhelm,* neuluth. Theologe und Kirchenführer (→ Luthertum: II, 4), Begründer der → Missouri-Synode, * 25.10.1811 als Pfarrerssohn in Langenchursdorf b. Waldenburg (Sachsen), † 7.5.1887 in St. Louis/Mo., studierte 1829-33 in Leipzig, wo er sich in den Kämpfen zwischen → Rationalismus (: II) und → Erweckung (: I, 5 b) für diese entschied. 1834 wurde er Hauslehrer in Kahla (Saale), 1837 Pfarrer in Bräunsdorf b. Chemnitz. 1838 wanderte W. mit M. → Stephan aus Protest gegen den in der sächsischen Kirchenregierung herrschenden Rationalismus nach Nordamerika aus. Nach dem Fall Stephans (1839) übernahm er die Führung der Gruppe und schuf als Pfarrer der Dreieinigkeitskirche in St. Louis in der »ev.-luth. Synode von Missouri, Ohio und anderen Staaten« eine konfessionsbewußte, streng bibeltreue (Verbalinspiration) geistliche Heimat für die ausgewanderten Deutschen (→ Vereinigte Staaten: I, 3; II). Seine tiefdringenden klaren Lehrpredigten und -vorträge (zB Die Stimme unserer Kirche in der Frage von Kirche und Amt, 1852; Die rechte Unterscheidung von Gesetz und Evangelium, 1884/85, gedr. St. Louis [1897] 1946) gaben der neuen deutschsprachigen Kirche einen ausgesprochen lehrhaften, entschiedenen Zug, der ihr im nordamerikanischen Christentum eine Sonderstellung sicherte. Der kongregationalistisch-synodale Grundzug wurde dagegen aus der neuen Umwelt übernommen.

Briefe (1841-71) hg.v. L.Fürbringer, 2 Bde, St. Louis 1915/16. - Über W.: M.Günther, Dr. C.F.W.W., ebd 1890 - RE XX, 844ff - D.H.Steffens, Dr. C.F.W.W., 1917 - W.G.Polack, The Story of C.F.W.W., 1935 - DAB XIX, 402f. - Vgl. die Lit. zu → Missouri-Synode. *M.Schmidt*

2. *Johann* → Walter, Johann.

3. *Johann Gottfried* (1684-1748), Komponist und Musiktheoretiker, * in Erfurt, † in Weimar, wo er seit 1707 Stadtorganist, seit 1721 auch Hofmusikus war und in nahe Verbindung mit dem ihm verwandten J.S. → Bach trat. W. schuf wertvolle Orgelmusik, darunter viele von → Pachelbel beeinflußte Choralvorspiele. Bes. bedeutend sind W.s »Praecepta der Musicalischen Composition« (hsl. 1707; hg.v. P.Benary, 1955) und sein »Musicalisches Lexicon« (1732; Faksimile hg.v. R.Schaal, 1953).

GA d. Orgelwerke hg.v. M.Seiffert, DDT 26/27, 1906 (mit Biogr. u. Werkverz.) - 52 Orgelchoräle hg.v. H.M.Poppen, (1930) 1956⁴. - Über W.: O.Brodde, J.G.W., 1937. *S.Hermelink*

4. *Michael* (1593-1662), luth. Theologe, aus Nürnberger Ratsfamilie, studierte in Wittenberg, Gießen, Altdorf, Jena und war seit 1618 Hofprediger der Herzogin Elisabeth von Braunschweig in Schöningen, seit 1622 auch Prof. der Theologie in Helmstedt. 1626 wurde er General-Sup. in Aurich (1651 KO für Ostfriesland nach Lüneburger Vorbild), 1643 Generalissimus Superintendens in Celle (1643-49 Generalkirchenvisitationen, 1653 W.s Katechismus im Fürstentum Lüneburg eingeführt; → Hannover, 4). Theologisch vertrat W. in zahlreichen gelehrten Schriften, bes. im Kampf mit G. → Calixt, ein strenges Luthertum.

Vf. u.a.: Officina biblica, (1636) 1703³ (bibl. Einl.); Harmonia biblica, 1696⁶. - Über W.: Jöcher IV, 1803f (Bibliogr.) - ADB 41, 119f - R.Steinmetz, Die General-Sup. von Lüneburg-Celle (ZGNKG 20, 1915, 99-111). *Ph.Meyer*

Walton, *Brian* (ca 1600-61), Bischof von Chester (seit 1660) und Organisator der bedeutendsten Polyglottenbibel. Nach dem Studium in Cambridge wurde W. Pfarrer in London und bekam als Parteigänger → Lauds die ganze Härte der Großen Revolution zu spüren. In Oxford faßte er den Plan, eine neue → Polyglotte (, 4) herauszugeben, und verschaffte sich die Empfehlung der besten englischen Semitisten John → Selden und James → Ussher. Das Werk erschien 1653-57 in 6 Bänden (Bd 1-4 AT und at. Apokryphen, Bd 5 NT, Bd 6 verschiedene kritische Anhänge). Die Zahl der Subskribenten war überraschend groß, die Aufnahme gut bis auf die puritanische Polemik von John → Owen (Considerations, 1658; dagegen W.: The Considerator Considered, 1659) und die Einreihung in den röm. → Index.

H.J.Todd, Memoirs of the Life and Writings of ... B.W., 2 Bde, 1821 - RE XV, 532f - DNB XX, 725ff. *M.Schmidt*

Wandmalerei → Malerei und Plastik: I-III.

Wangel, *Hedwig* (23.9.1875 bis 9.3.1961), * in Berlin, † in Lohe Kr. Rendsburg, Schauspielerin, seit 1903 unter Max Reinhardt am Deutschen Theater in Berlin. Auf dem Höhepunkt ihres Ruhmes zog sich H.W. 1909 vom Theater zurück und stellte sich in den Dienst praktischer Nächstenliebe an entlassenen Strafgefangenen, vorbestraften Frauen und Mädchen (1925-30 H.W.-Hilfe e.V. als Fachschule weiblicher Strafentlassener). Um ihre Arbeit finanzieren zu können, kehrte sie 1924 zum Theater zurück und wirkte noch nach 1945 in München und Berlin. *R.Ludwig*

Wangemann, *Hermann Theodor* (27.3.1818 bis 18.6.1894), * in Wilsnack/Priegnitz, übernahm nach dem Studium der Theologie (u.a. bei → Neander) Schulämter, seit 1849 als Seminardirektor in Kammin. 1865 zum Direktor der → Berliner Missionsgesellschaft berufen, gab er ihr mit großem Geschick für lange Zeit ihr Gesicht in der Heimat und in Übersee. Seine besondere Liebe galt der Transvaalmission (1860 durch W.s Schwager → Merensky u.a. begonnen). In der pommerschen Erweckungsbewegung verwurzelt (→ Erweckung: I, 5 b), war W. ein Mann luth. Prägung mit ökumenischer Weite und trat lebhaft für die preußische Union ein.

Vf. u.a.: Sieben Bücher preußischer KG I-III, 1859/60 (Nachtrag 1861); Gesch. d. Berliner Mission in Südafrika I-IV, 1872-77; Missionsordnung d. Berliner Mission, 1882; Una Sancta (Gesch. d. preuß. Union) I-III, 1883/84. - Biogr. über W. von H.Petrich, 1895; von seinem Sohn, 1899 - Jul.Richter, Gesch. d. Berliner Missionsgesellschaft, 1924, 176ff. *J.Althausen*

Warburton, *William*, anglikanischer Theologe, * 24.12.1698 in Newark (Nottinghamshire), † 7.6.1779 in Gloucester. Zunächst Lehrling bei einem Rechtsanwalt, beschäftigte sich W. autodidaktisch mit theologischer Literatur und erreichte durch persönliche Fürsprache 1723 die Ordination als Diakon, 1727 als Priester. 1727 wurde er Pfarrer in Greaseley, 1728 in Brant-Broughton, 1730 in Frisby, 1738 Hofprediger des Prinzen von Wales, 1746 Prediger der Juristenvereinigung Lincoln's Inn in London, 1753 Domherr in Gloucester, 1757 Dekan von Bristol, 1759 Bischof von Gloucester. In seiner »Alliance between Church and State« (1736) gab er die klassische Verteidigung des anglikanischen Staatskirchentums für das 18.Jh. unter Berücksichtigung des politischen Utilitarismus als Leitgesichtspunkt. Seine »Divine Legation of Moses« (2 Bde, 1737-41; dt. 1751 bis 1753) diente der Widerlegung des → Deismus (: III, 4) unter weitgehender Aufnahme seiner Thematik und Methodik. W. wollte das mosaische Gesetz als die dem Heidentum weit überlegene Erfüllung des Naturgesetzes und damit das Recht der Offenbarung erweisen. Das Buch, das europäische Bedeutung erlangte und u.a. auf → Lessing wirkte, war sofort heftig umstritten (Gegner: die Deisten → Morgan und → Bolingbroke). Gegen → Humes »Natural History of Religion« richtete W. 1757 seine »Remarks«. Scharf wandte er sich in der »Doctrine of Grace« (1762) gegen J. → Wesley und den → Methodismus als vernunftwidrige Schwärmerei.

Works ed. R.Hurd, (7 Bde, 1788) 12 Bde, 1811². - Über W.: RE XXI, 2ff - A.W.Evans, W. and the Warburtonians, 1932 - N.Sykes, Church and State in England in the 18th Century, 1934, 316ff - DNB XX, 758ff. *M.Schmidt*

Ward, *Mary* (23.1.1585 bis 30.1.1645), * in Mulwith (Yorkshire), † in Hewarth, Stifterin der Jesuitissae und Wegbereiterin der modernen kath. Frauenarbeit. M.W. trat 1606 in das Klarissenkloster St. Omer ein, gründete 1609 mit 5 adeligen Engländerinnen ein Parallelinstitut zum → Jesuitenorden und errichtete Häuser in London, Lüttich, Trier, Köln, Neapel, Perugia, München und Wien. Ihr Kampf um Klausurfreiheit und unmittelbare Rechtsstellung unter dem Papst endete mit Klosterhaft in München (1631-37) und Auflösung ihrer Gründung durch Urban VIII. (1631). Aus der von der bayerischen Regierung geschützten Niederlassung in München entstanden die Institute der → Englischen Fräulein.

R.EGENTER, Wagnis in Christo, 1936 - EC XII, 1650f - J.GRISAR, Die beiden ältesten Leben der M.W. (HJ 70, 1951, 154-189) - DERS., Die ersten Anklagen in Rom gegen das Institut M.W.s, Rom 1959 - I.F.GÖRRES, Das große Spiel der M.W., (1952) 1960 - P.WESEMANN, Die Anfänge des Amtes der Generaloberin, 1954. - Vgl. die Lit. zu → Englische Fräulein. *W.Göbell*

Warneck, 1. *Gustav,* * 6.3.1834 als Handwerkerssohn in Naumburg/S., † 26.12.1910 in Halle/S. als Prof., Inhaber des ersten deutschen Lehrstuhls für Missionswissenschaft (1896-1908). W. war Biblizist, stand der → Heiligungsbewegung nahe, war Mitbegründer des → Evangelischen Bundes und erlangte Weltberühmtheit als Begründer der deutschen → Missionswissenschaft (: I). Sind seine missionstheoretischen Einsichten (→ Mission: III A, 1) auch schon bei → Graul vorgebildet, wurde er doch zum Altmeister seiner Disziplin, zum Anreger auch der frühen kath. Missionswissenschaft. Schon 1888 machte er Vorschläge für einen internationalen Rat der Missionen. Seine »Ev. Missionslehre« (1892 bis 1903) war die erste systematische Gesamtdarstellung vorliegender Einzelforschungen. Wissenschaftliches Zentralorgan der deutschen Missionsarbeit wurde die von ihm 1874 gegründete AMZ. W. ist auch der Begründer der → Missionskonferenzen (1879 in Halle) zur Förderung der wissenschaftlichen Missionsarbeit unter und mit den Pfarrern.

Vollst. Bibliogr. in: AMZ 38, 1911, 231-236. 275-287. - Über W.: M.KÄHLER u. J.WARNECK, G.W., 1911 - RE XXIV, 625ff - J.WARNECK, Zu G.W.s 100. Geb. (Dt. ev. Heidenmission, Jb. 1934, 17-28) - J.DÜRR, Sendende u. werdende Kirche in d. Missionstheol. G.W.s, 1947 - W.R.HOGG, Ecumenical Foundations, New York 1952; dt. 1954 - O.G.MYKLEBUST, The Study of Missions in Theological Education I. II, Oslo 1955/57 - P.LEFEBRE, L'influence de G.W. sur la théol. missionnaire catholique (NZM 12, 1956, 288-294) - S.TEINONEN, G.W.in Varhaisen Lähetysteorian Theologiset Perusteet, 1959 - DERS., W.-Tutkielmia, 1959. *A.Lehmann*

2. *Johannes* (4.3.1867 bis 1.9.1944), ev. Theologe, Sohn von 1, * in Dommitzsch Kr. Torgau, † in Salzuflen, 1892-1906 im Missionsdienst unter den Batak auf Sumatra, sprachlich, religions- und missionswissenschaftlich unermüdlich tätig, bes. um die Aus- und Weiterbildung batakscher Lehrer und Prediger und um Literatur für sie bemüht (Revision der Übersetzung des NT und viele Kommentare). 1908 wurde W. Missionsinspektor in Barmen, 1912 erster Dozent für Mission in Bethel, 1920 als Nachfolger von → Nommensen Ephorus der rasch wachsenden → Batakkirche (KO 1930). 1932-37 (em.) war W. in der immer schwerer werdenden Zeit der Mission unter dem Nationalsozialismus Direktor der → Rheinischen Missionsgesellschaft.

Vf. u.a. (s. auch 1): Die Christianisierung der batakschen Sprache, 1904; Tobabataksch-Deutsches WB, 1906; Die Lebenskräfte des Evangeliums, (1908) 1922[7]; Die Religion der Batak, 1909; Paulus im Lichte der heutigen Heidenmission, (1913) 1922[4]; D. Ludwig Ingwer Nommensen, (1919) 1934[4]; 60 Jahre Batakmission, 1925; Madju, ein Gang durch die Batakmission, 1928; Werfet eure Netze aus, 1938 (Lebenserinnerungen u. Selbstbiogr.); Das Wort läuft durch die Lande, 1939; postum: Das Wunder der Gemeinde Jesu in dieser Welt, 1947; Eduard Fries, 1949. - Nachrufe fehlen. *W.Flender*

Warschau, 1402-1798 Archidiakonat des Bistums → Posen, 1798 auf Antrag Preußens Bistum, durch die Bulle »Militantis ecclesiae regiminis« vom 11.3.1817 auf Wunsch der russ. Regierung zum Erzbistum für die kath. Kirche in Kongreßpolen erhoben mit den Suffraganen Kielce, Sandomierz, → Plotzk, Augustów, Siedlce und → Lublin. Erster Erzbischof mit dem Titel Primas Poloniae war Franz Malczewski († 1819). In der Zeit der russ. Herrschaft hatte die kath. Kirche schwer zu leiden; die Klöster wurden geschlossen, der erzbischöfliche Stuhl blieb 1838-57 unbesetzt. Erzbischof Sigismund Felinski (1862-63) wurde im Zusammenhang mit dem polnischen Aufstand (1863/64) nach Jaroslaw deportiert und erhielt erst 1883 in Wincenty Popiel († 1913) einen Nachfolger. 1925 umfaßte das Erzbistum W. im neuen → Polen (: I, 5) unter Kardinal Alex. Kakowski die 5 Diözesen Plotzk, Sandomierz, Lublin, Siedlce und Lodz mit (1924) 2102000 Seelen, 597 Geistlichen und 343 Kirchen; es hatte ein Seminar und eine theologische Fakultät an der Universität in W. In Volkspolen steht an der Spitze des Erzbistums → Gnesen-W. seit 12.11.1948 Kardinal Stefan → Wyszynski. 1958 zählte das Erzbistum ca 1812000 Seelen, 598 Geistliche und 309 Pfarreien.

Kirchl. Enzyklopädie XXX, Plotzk 1910, 250ff (poln.) - LThK X, 755ff - EC XII, 1034f - Jahrb. d. Erzdiözese W., 1958 (poln.) - J.UMIŃSKI, Die Gesch. d. Kirche, 2 Bde, Opole 1959/60 (poln.) - AnnPont 1961, 525. *O.Bartel*

Wartburg. Die von Ludwig II., dem Springer, um 1067 erbaute W. ist erstmals 1080 urkundlich bezeugt. Landgraf Hermann I. von → Thüringen († 1217) baute die inmitten seines hessisch-thüringischen Landes gelegene W. aus. Im Palas, einem prachtvollen spätromanischen Bau, soll 1206f der Sängerkrieg stattgefunden haben. Hier lebte die hl. → Elisabeth (, 7). Nach Aussterben der Ludowinger (1247) und Verlust der hessischen Gebiete war die W. an den Westrand des Wettinerlandes gerückt, behielt aber die strategische Bedeutung und wurde 1318 nach Blitzschlag wiederhergestellt. Hier fand → Luther (: I, 3) sein »Pathmos« und übersetzte das NT. Seit der zweiten Begründung des Herzogtums Eisenach (1640) verfiel die Burg. Am 18.10.1817 fand hier das Burschenschaftsfest zum Gedenken an die Schlacht von Leipzig und Luthers Thesenanschlag statt. Großherzog Carl Alexander ließ 1838-90 die W. erneuern (H.v.Ritgen). Es sollte ihre historisch-politische, aber auch ihre »Bedeutung für die Entfaltung des Geistes, bes. der Poesie, für die Reformation und ihre kath.-religiöse Bedeutung lebendig« gemacht werden. Dem dienen Schwinds Malereien, → Cranachs Gemälde und zahlreiche Kunstgegenstände. 1922 übertrug das Großherzogliche Haus sein Eigentum an der W. auf die W.-Stiftung, deren Satzung 1952 geändert wurde. 1952-54 führte der Direktor der W., S.Asche, unterstützt vom Stiftungsvorstand und wissenschaftlichen Beirat, umfangreiche Sicherungs- und denkmalspflegerische Arbeiten im ganzen Burgbezirk durch, die manche romantisierenden Verfälschungen des 19.Jh.s beseitigten.

Die W. Ein Denkmal dt. Gesch. u. Kunst, 1907 - G.VOSS, Die W. (Bau- u. Kunstdenkmäler Thüringens, H. 41), 1917 - K.ZUGWURST-U.NICOLAI, Die W. im geistigen Leben der Jh.e (W.-Jb. 1927, 7 bis 109) - H.V.D.GABELENTZ, Die W. Ein Wegweiser durch ihre Gesch. u. Bauten, 1931 - RGG[2] V, 1768 - S.ASCHE, Die W. u. ihre Kunstwerke, (1954) 1955[3] - DERS., Die W., (1954) 1960[3] (Lit.) - DERS., Die W., Gesch. u. Gestalt, 1962. *R.Jauernig*

Waschungen. Es gehört zum Selbstbewußtsein der religiösen Menschheit, im Innersten versehrt und mit sich selbst bedroht zu sein. Der darin manifestierte Unterschied Gott - Mensch setzt sich um in den Unterschied → Rein und unrein oder → Heilig und profan. An dem Grundunterschied Gott - Mensch entflammt die Religion, die sich am Unterschiede rein - unrein in den Kult umsetzt. Jeder → Kultus ist so mit der Sorge um die Reinheit befaßt. Das Tun des Kultus reguliert sich nach Analogien, die am sprachlichen Ausdruck orientiert Empirisches transponieren: Die Empirie des Waschens wird analogisch in den sittlich-religiösen Bereich transponiert. Die Unreinheit des Leibes wird der Unreinheit der »Seele« assoziiert und die Beseitigung religiöser Reinheit in W. analogisch gedacht. Die W. begleiten die Kulte so weitgehend, wie die Grundüberzeugung der Unreinheit vor der Gottheit reicht, dh die W. sind allgegenwärtig. Sie stellen den vorwiegenden Typus von → Reinigung dar und werden vor allem mit → Wasser vollzogen, seltener mit → Blut (so im Taurobolium der spätparsistischen Riten), Ochsenharn oder Asche. Mit den W. verbindet sich vielerorts der Gedanke neuer Geburt (→ Wiedergeburt: I). Das Reinigungswasser ist »der Same des Gottes Atum«, der das neue Leben gibt. Von diesen W. aus ist der Schritt zu allen Taufriten (→ Taufe: I) unmittelbar gegeben, die vor allem in W. bestehen und an den W. ihre »Symbolkraft« haben. - Vgl. → Fußwaschung.

Lit. s. → Rein und unrein: I. II, → Reinigungen: I. II, → Wasser. Ferner: L.Deubner, Lustrum (ARW 16, 1913, 127-136) - J.Scheftelowitz, Die Sündentilgung durch Wasser (ebd 17, 1914, 353-412) - A.J.Wensinck, Die Entstehung d. muslim. Reinheitsgesetzgebung (Islam 5, 1914, 62-80) - P.Saintyves [E.Nourry], De l'immersion des idoles antiques aux baignades des statues saintes dans le christianisme (RHR 108, 1933, 144-192) - EI[1] IV, 658. 1234f - HWDA IX, 101ff - ThW IV, 297ff - Eliade § 64 (Lit.) - Heiler 186ff.

C.H.Ratschow

Wasser. Im Alten Orient ist das W. zunächst der Urstoff (→ Elemente), aus dem die Welt geschaffen oder hervorgegangen ist (→ Schöpfung: I), ohne daß dabei notwendig an ein dualistisches Prinzip zu denken wäre. Im Epos Enûma Eliš wie auch in bestimmten at. Texten erscheint das Meer personifiziert als eine dem Schöpfergott feindliche, furchterregende Macht (→ Babylonien: II, 14; III, 3). Dieser negative, chaotische Aspekt (→ Chaos) liegt verschiedenen mythologischen → Personifikationen wie → Leviathan, Rahab, Tannin, Tiâmat, Typhon, Yam - zT drachenartigen Wesen (→ Drache, → Schlange) - zugrunde, und alle Kulturen des östlichen Mittelmeerraums schreiben dem Meer auch nach der Schöpfung noch einen unheilvollen Charakter zu (→ Sintflut). So gilt in gewissen Religionen der untere Ozean (= unter der Erde) als Aufenthaltsort der Toten und Ort der Finsternis (→ Tod: I). Auf die Furcht der Menschen angesichts der Bedrohung durch das Meer versuchen verschiedene Mythen die Antwort zu geben: Marduk vernichtet Tiâmat, → Baal zermalmt Yam, Jahwe setzt zB Tehom Grenzen oder erschlägt den Meerdrachen. Wohl nur Ägypten konnte auf solche Mythen verzichten, obwohl der Gedanke des »drohenden« Ozeans durchaus bekannt war, denn hier erscheint das W. im wesentlichen als wohltätige Macht. - Die Kosmographien sind nicht immer klar. In Ägypten nimmt man zwei Ozeane an, auf deren unterem die Erde schwimmt, auf dem oberen, einem Himmelsmeer oder Himmelsfluß, die → Sonne. In Mesopotamien und im AT scheinen die oberen und unteren W. als einheitliche Größe betrachtet zu werden. Später dachte man sich, bes. im Griechentum und im → Islam, die Erde von mehreren konzentrischen Meeren umflossen, deren äußerstes nicht schiffbar, ja todbringend sei. - Trotz des negativen Charakters, den das Meer überall bewahrt, gilt es als Ursprung des Lebens (→ Lebenswasser). Aus dem oberen Meer kommt der befruchtende, für das Leben der Menschen unentbehrliche → Regen (vgl. AT, bes. Mal 3, 10, und den kanaanäischen Baalmythos). Aus dem unteren Meer sprudeln die → Quellen und Flüsse. Wohltätige Götter stehen hinter dem Ursprung der Flüsse und werden als deren prima causa verehrt. Bei den Ägyptern gilt der → Nil als der Fluß schlechthin; gewisse mesopotamische Texte erwähnen nur Euphrat und Tigris, andere dagegen sprechen häufig von vier Strömen, die in alle vier Teile der Welt Leben tragen (vgl. Gen 2, 10ff). Die ugaritischen Texte wollen von der Existenz zweier Ströme oder Schlünde wissen. Die Flüsse wurden vielfach divinisiert, so daß man ihrem W. übernatürliche Wirkungen zuschrieb. In diesem Sinne müssen gewisse → Gottesurteile, → Reinigungs- und → Tauf-Riten verstanden werden. - Vgl. → Waschungen.

H.Gunkel, Schöpfung u. Chaos in Urzeit u. Endzeit, (1895) 1921[2] - A.J.Wensinck, The Ocean in the Lit. of the Western Semites (VAA 19, 2), 1918 - T.Canaan, Haunted Springs and Water Demons in Palestine (JPOS 1, 1920/21, 153-170) - ERE XII, 704ff - M.Ninck, Die Bedeutung d. W.s im Kult u. Leben der Alten (Philologus, Suppl. 14, 2), 1921 - G.Spaltmann, Das W. in d. relig. Anschauung d. Völker, 1939 - HWDA IX, 107ff. 127ff - H.Lüders, Varuna I: Varuna u. d. W., 1951 - RÄRG 863 - O.Eissfeldt, Gott u. d. Meer in d. Bibel (Festschr. J.Pedersen, Kopenhagen 1953, 76-84) - J.Le Gall, Recherches sur le culte du Tibre, Paris 1953 - Eliade §§ 60ff - H.G.May, Some Cosmic Connotations of Mayim Rabbîm, »Many Waters« (JBL 74, 1955, 9-21) - Ph.Reymond, L'eau, sa vie et sa signification dans l'AT (VT Suppl. 6), 1958 - O.Kaiser, Die mythische Bedeutung d. Meeres in Ägypten, Ugarit u. Israel (BZAW 78), (1959) 1962[2]. - Vgl. die Lit. zu den im Text genannten Artikeln.

Ph.Reymond

Wasserweihe, ein Ritus, der in der Ostkirche zum Andenken an Jesu Taufe im Jordan vollzogen wird. Die *große* W. wird am Vorabend (5.1.) des → Epiphanienfestes am Ende der Liturgie gefeiert und am 6.1. nach der Liturgie außerhalb der Kirche mit einer Prozession am Fluß oder See wiederholt. Die W. wird durch dreimaliges Auftauchen des hl. Kreuzes vollzogen. Die *kleine* W. findet am 1.8. oder bei der Weihe von Kirchen und Gebäuden statt. Der Ritus, der für beide Weihen gleich ist, entstand wahrscheinlich im Zusammenhang mit der Taufe der Katechumenen in der Nacht zum Epiphanienfest. Das Formular, das nachweislich seit dem 5.Jh. bekannt ist, bekam seinen endgültigen Inhalt (Epistel- und Evangeliumlesungen, Gebete und Hymnen) nicht vor dem 11.Jh.; der heutige Inhalt stammt aus dem 13.Jh.

Euchologium sive Rituale Graecorum, ed. J.Goar, (Paris 1647) Venedig 1730[2] (Neudr. Graz 1960) - A.Maltzew, Bitt-, Dank- u. Weihe-Gottesdienste, 1897 (hier die dt. Übers. des Formulars) - A.Dmitrievskij, Beschreibung der liturg. Hss. II, Kiew 1901 (russ.).

I.Smolitsch

Wassmann, *Dietrich,* Pioniermissionar der → Hermannsburger Mission, * 28.10.1897 in Großenheidorn (Schaumburg-Lippe), † 7.1.1954 in Addis Abeba. Nach Tätigkeit in Landwirtschaft und Kriegsdienst 1920-27 in Hermannsburg ausgebildet, wurde W. 1927 zusammen mit H.Bahlburg nach → Äthiopien (: V) ausgesandt. Unter großen Schwierigkeiten (zweimalige Unterbrechung der Arbeit durch den italienisch-abessinischen Krieg und den 2. Weltkrieg) baute er die Station Aira in West-Wollega auf, erlebte Beginn und Ausbreitung der Erweckung unter den Galla und erforschte die Gallasprache.

Vf.: Pionierdienst unter den Galla, 1938; Durchbruch des Evangeliums im Gallaland, 1948; Aschana, der Sohn der Zauberin, o.J.

H.O.Harms

Waterland, *Daniel* (1683-1740), anglikanischer Theologe, 1713 Magister am Magdalene College in Cambridge, 1717 Kaplan des Königs, 1727 Canon von Windsor, 1730 Archidiakon von Middlesex. Den Bischofssitz von Llandaff lehnte er ab. In den Kontroversen seiner Zeit war W. ein beachtlicher Gegner der arianischen Ansichten von S. → Clarke, Th. → Sherlock und D. Whitby, ebenso des → Deismus von M. → Tindal. Seine Streitschriften (s. Lit.) zeichnen sich durch Gelehrsamkeit und sorgfältige Methode aus. Sein »Review of the Doctrine of the Eucharist« (1737) ist eine klassische Darlegung der damals herrschenden anglikanischen Lehre. Auf W. geht es vorwiegend zurück, daß der → Latitudinarismus nicht in die Kirche von England einbrechen konnte.

Vf. ferner u.a.: A Vindication of Christ's Divinity, 1719; Eight Sermons in Defence of the Divinity of Our Lord Jesus Christ, 1720; Critical Hist. of the Athanasian Creed, 1723 (betrachtet → Hilarius von Arles als Verfasser); Scripture vindicated, 1730-32; The Importance of the Doctrine of the Holy Trinity asserted, 1734. - GesW (m. Biogr.) hg.v. W. van Mildert, 10 Bde, Oxford 1823. - Über W.: DNB 59, 446ff - L. Stephen, Hist. of English Thought in the 18th Century I, London (1876) 1902³, passim - D. Stone, Hist. of the Doctrine of the Holy Eucharist II, ebd 1909, 501ff - ODCC 1440f. *D. Carter*

Watson, 1. *Richard* (1737-1816), anglikanischer Theologe, * in Heversham (Westmoreland), † in Calgarth Park (Westmoreland), wurde nach dem Studium in Cambridge (1754-60) 1764 ebd Prof. der Chemie und erwarb sich die Fachkenntnisse erst durch die Lehrtätigkeit und das eigene Experiment (Chemical Essays I-V, 1781-87; Bd I. II dt. 1782). 1771 wurde er Theologie-Prof. und Pfarrer von Somersham, 1779 Archidiakon von Ely, 1781 Pfarrer in Knaptoft (Leicestershire), 1782 Bischof von Llandaff (Wales). Seit 1789 lebte er in Calgarth Park, wo er sich der Kultivierung von Ödland widmete. Gegen → Gibbon und → Paine verteidigte W. das Christentum und wies ihre deistischen Vorwürfe gegen seine geschichtliche Erscheinung zurück. Politisch und kirchenpolitisch trat er für den Fortschritt ein (Unterstützung → Wilberforces im Kampf gegen die Sklaverei, finanzielle Gleichstellung der Bistümer und der Pfarrstellen untereinander, Abänderung der Liturgie und der 39 Glaubensartikel). Seine Predigt »The Principles of the Revolution vindicated« (1779) bewirkte eine dauernde Verstimmung am Hofe.

RE XXI, 20ff - DNB XX, 935ff.

2. *Richard* (22.2.1781 bis 8.1.1833), methodistischer Theologe, * in Barton-upon-Humber, † in London, zunächst Tischlerlehrling, dann methodistischer Laienprediger, trat 1800 zu der Spaltergruppe Methodist New Connexion (→ Methodismus: I, 8) über, kehrte aber 1811 zu den Wesleyanern zurück. Seit 1813 arbeitete W. in der methodistischen Äußeren Mission mit, der er 1816 bis 1827 vor allem durch die Heimatkorrespondenz diente. 1820 erhielt er den Auftrag, die Biographie J. → Wesleys von R. Southey zu berichtigen. Seine Dogmatik (Theological Institutes, 6 Tle, 1823-29) wurde viel gebraucht. Als Freund der anglikanischen Kirche betonte W. die Verbundenheit mit ihr und trat neuen Spaltungen im Methodismus entgegen.

Works (m. Biogr.) ed. Th. Jackson, (12 Bde, 1834-37) 13 Bde, 1847². - Über W.: RE XXI, 22ff - DNB XX, 938ff.

3. *Thomas* († 1686), presbyterianischer Prediger, 1646 in Walbrook, schloß sich den gegen → Cromwell auftretenden presbyterianischen Pfarrern an, wandte sich bes. gegen die Hinrichtung Karls I. und nahm an einer geheimen Aktion zur Rückberufung der Stuarts teil (daher 1651-52 im Gefängnis). 1662 als Nichtanglikaner amtsenthoben, wirkte W. als freier Prediger bes. in London.

Vf. zahlr. Erbauungsschriften, bes.: The Godly Man's Picture, 1666; Heaven taken by Storm, 1669; Body of Practical Divinity, 1692 u.ö. (176 Predigten über den Westminsterkatechismus). - Über W.: RE XXI, 24f - DNB XX, 948f. *M. Schmidt*

Waugh, *Evelyn*, engl. Schriftsteller, satirischer Moralist vom Typ der → Swift und → Shaw, * 28.10.1903 in London aus alter anglikanischer Familie, studierte in Oxford, versuchte sich als Lehrer und Kunstschüler, reiste 10 Jahre lang und schuf einen neuen Typ der Reiseliteratur (subjektiv, witzig-elegant: Labels, 1930; Sammlung: When the Going was Good, 1946), lebt bewußt zurückgezogen als »kath. Landedelmann« auf Piers Court (Konversion 1930) und liebt englische klassizistische Architektur: ineins Romantiker, enfant terrible und harter Kritiker unserer Zivilisation des gleichmacherischen Wohlfahrtsstaats. - W. beginnt seine literarische Laufbahn 1928 mit einer Biographie Rosettis (1935 schrieb er eine zweite Biographie über den elisabethanischen Jesuiten Edmund Campion und schreibt an einer dritten über R.A. Knox). Seine Bedeutung aber beruht auf seinen phantastisch-ironischen Erzählungen. Sie sind vollendete Montagen aus erschreckend entlarvenden Konversationsfetzen, die den Leerlauf superklugen Nichtssagens wörtlich machen und zugleich unsere Beschönigungen durch satirische Übertreibung bloßstellen: Im afrikanischen »Azanien«, das ein in Oxford erzogener Kaiser im Einjahresplan modernisieren will, »genießt« ein Dandy das Mädchen, das er wie viele zum Genuß mißbrauchte, ohne es zu ahnen, bei den Kannibalen; so makaber beschämt W. den animierten Leser (Black Mischief, 1932). Entstellung ist das Mittel der Desillusion im ersten Stück »Decline and Fall« (1928), maliziös ist auch »Brideshead Revisited« (1945), das man in Deutschland gern zu einem Bekehrungsroman macht; das beste des Genre ist »Tod in Hollywood« (1948), über die Burleske hinaus die ironische Legende »Helena« (1950); einzigartig ist W.s Selbstdarstellung durch die Geschichte seiner Halluzinationen »The Ordeal of Gilbert Pinfold« (1957).

F.J. Stopp, E.W. Portrait of an Artist, Boston 1958 (Bibliogr., Lit.). *M. Seidler*

Wearmouth-Jarrow, Benediktinerklöster Northumbriens, durch Benedict Biscop 674 und 682 gegründet, seit Abt Ceolfrith (690-716) zusammengeschlossen, seit 1083 Unterkloster von → Durham, 1538 durch Heinrich VIII. aufgelöst; berühmt vor allem durch → Beda Venerabilis.

Vitae abbatum (MPL 93, 714-730) - J. Zettinger, W.-J. u. Rom im 7. Jh. (Katholik 81, 1901, 193-201) - H.v. Schubert, Gesch. d. christl. Kirche im Früh-MA, 1921, 281ff. *F. Flaskamp*

Weber, 1. *Hans Emil* (8.3.1882 bis 13.6.1950), * in Mönchen-Gladbach, 1907 PDoz. in Halle (Schüler von M. → Kähler), 1912 Prof. für NT und Syst. Theol. in → Bonn, 1935 zwangsweise nach → Münster versetzt, 1946 in Bonn wieder eingesetzt, trat mit Arbeiten über NT und luth. Orthodoxie hervor. Sein Hauptwerk »Reformation, Orthodoxie und Rationalismus« (I/1. 2; II, 1937-51) blieb unvollendet.

Vf. ferner u.a.: Die Beziehungen von Röm 1-3 zur Missionspraxis des Paulus, 1905; Die philos. Scholastik d. dt. Protestantismus, 1907; Der Einfluß d. prot. Schulphilos. auf die orth.-luth. Dogmatik, 1908; Das Problem d. Heilsgesch. nach Röm 9-11, 1911; Die Vollendung d. nt. Glaubenszeugnisses durch Johannes, 1912; Hist.-krit. Schriftforschung u. Bibelglaube, (1913) 1914²; Das Geisteserbe d. Gegenwart u. die Theol., 1925; Glaube u. Mystik, 1927; Eschatologie u. Mystik im NT, 1930; Von Recht u. Sendung ev. Union, 1935;

M.Kähler als luth. Theologe (Luthertum 47, 1936, 81-91. 109-117); Echter theol. Objektivismus. Ein Gedenkblatt für M.Kähler (ZSTh 13, 1936, 75-113); Begegnung. Theol. Aufs. zur Frage der Una Sancta (mit E.Wolf), 1941. - Nachrufe in Kirche in der Zeit 5, 1950, 170 u. DtPfrBl 52, 1952, 219f. *E.Schott*

2. *Max* (21.4.1864 bis 14.6.1920), Jurist, Nationalökonom und Soziologe, wirkte hauptsächlich durch wissenschaftliche und politische Schriften und Reden. Eine reguläre Lehrtätigkeit (1894 o. Prof. in Freiburg, 1897 bis 1903 in Heidelberg, 1919 in München) konnte er wegen langjähriger Krankheit nicht entfalten. W.s Hauptanliegen war es, zu wirtschafts- und sozialpolitisch anwendbaren Ergebnissen der Sozialwissenschaft zu gelangen. Eine wissenschaftliche Erkenntniskritik (»Wissenschaftslehre«) suchte lediglich die Voraussetzungen hierfür zu schaffen. Sie entwickelt eine »verstehende« Methode, in der ein historisch-theoretischer Begriffsapparat (»Idealtypus«) zur Analyse sozialer Beziehungszusammenhänge eingesetzt wird. Bes. die → Religionssoziologie ist durch diese Methode gefördert und erhielt durch W. ihre erste (nicht-marxistische) Systematisierung. In weitgreifenden Studien (China, Indien, antikes Judentum) geht es W. um den Nachweis ständiger Wechselwirkungen zwischen religiösen Glaubensinhalten und materiellen Interessen, wie sie sich in den Verhaltensweisen von Individuen und Gruppen ausdrücken. In der wohl berühmtesten dieser Studien (Die prot. Ethik und der Geist des Kapitalismus) glaubt W. die psychischen »Antriebe« des modernen → Kapitalismus aus den verweltlichten Glaubensinhalten des Puritanismus ableiten und so eine »positive Kritik des historischen Materialismus« geben zu können. Der Themenkreis der Religionssoziologie enthält für W. dabei nur einen Aspekt eines allgemeineren Prozesses der Rationalisierung und »Entzauberung« der Welt, der bes. in der Geschichte des Abendlandes zum Ausdruck kommt und hier wesentlich die Struktur der → Gesellschaft formt. Andere Aspekte dieses Prozesses werden in den umfassenden Studien zur Wirtschaftsgeschichte, zur Stadt-, Rechts- und Staatssoziologie untersucht. Das Hauptwerk »Wirtschaft und Gesellschaft« blieb unvollendet, stellt aber einen Höhepunkt der deutschen → Soziologie (: I) dar. Im dauernden Wechsel zwischen traditionellen, legalen und charismatischen Herrschaftsformen (→ Staatsformen, 2) sieht W. Wechselwirkungen menschlichen Verhaltens in Wirtschaft und Gesellschaft, die er im Begriff des gesellschaftlichen Konflikts zur Grundkategorie seiner Soziologie macht. Wirtschaftlichkeit und Staatlichkeit stehen ebensooft im Widerspruch zueinander wie rationale Rechenhaftigkeit und irrationales Streben nach Status. Die Struktur einer jeweiligen Gesellschaft ist demzufolge höchst differenziert nach Gruppen verschiedener Abhängigkeits- und Dominanzbeziehungen sowie verschiedener Wertorientierungen. Geschichtsphilosophisch steht W. trotz Ausgehens von der Position Windelbands und → Rickerts doch → Hegel näher als dem → Neukantianismus. Aber es geht W. gar nicht um eine Geschichtstheorie; die Gesellschaft »als Ganzes« tritt hinter dem Zusammenwirken von Individuen, W.s Interesse am »Funktionieren« der Gesellschaft hinter dem Interesse an der »Struktur« menschlicher Verhaltensweisen zurück. Das gesellschaftliche Ganze wird erst in subjektiven Wertnormen Wirklichkeit: Gesellschaften gewinnen ihre Einheit aus Solidarität auf Grund materieller und ideeller Interessen und aus der Gemeinsamkeit ihrer Autoritätsordnungen. - W.s eigenes Leben stand ganz im Zeichen des Zwiespalts von objektiver (»wertungsfreier«) Wissenschaft und leidenschaftlich parteilicher (»wertender«) Politik. Er war bereit, alle sozialen und wirtschaftlichen Erwägungen der Idee des nationalen Machtstaates unterzuordnen. Die Überwindung der »Herrschaft des Menschen über den Menschen« hielt er für eine sozialistische Utopie. Es könne nur darauf ankommen, dem »diabolischen« Charakter der Macht in der »Verantwortungsethik« des Berufspolitikers Schranken zu setzen.

Vf. bes: Ges. Aufs. zur Religionssoziologie I-III, 1920/21 (I, 1947[4]); Ges. polit. Schriften, (1921) 1958[2]; Wirtschaft u. Gesellschaft, (1922) 1956[4]; Ges. Aufs. zur Wissenschaftslehre, (1922) 1951[2]; Wirtschaftsgesch., (1923) 1958[3]; Ges. Aufs. zur Sozial- u. Wirtschaftsgesch., 1924; Ges. Aufs. zur Soziologie u. Sozialpolitik, 1924; Staatssoziologie, 1956; Rechtssoziologie, 1960. - Über W.: Marianne Weber, M.W., (1926) 1950[2] - T.Parsons, The Structure of Social Action, (1937) Glencoe/Ill. 1949[2] - C.Brinkmann, Die Bedeutung M.W.s f. d. heutigen Sozialwiss. (SchmJb 67, 1943, 129 bis 135) - D.Henrich, Die Einheit der Wissenschaftslehre M.W.s, 1952 - J.Winckelmann, Legitimität u. Legalität in M.W.s Herrschaftssoziologie, 1952 - R.König, M.W. (Die großen Deutschen IV, 1957, 408 bis 420) - W.J.Mommsen, M.W. u. d. dt. Politik 1890-1920, 1959 - R.Bendix, M.W. An Intellectual Portrait, New York 1960 - HWSW XI, 556ff (Lit.). *H.W.Gerhard*

3. *Theodor* (28.1.1836 bis 12.1.1906), * in Zülpich, † in Bonn, letzter namhafter Vertreter der Gedanken A. → Günthers, 1872 ao., 1878 o. Prof. der Philosophie in Breslau, als Freund J.H. → Reinkens seit 1870 führend am Aufbau der altkath. Kirche beteiligt; 1890 Generalvikar, 1895 Weihbischof, 1896 Bischof der → Altkatholiken in Deutschland. Kritisch gegenüber den philosophischen Grundlagen des Corpus christianum-Gedankens erstrebte W. eine neue Synthese von kath. Überlieferung und wissenschaftlicher Erkenntnis unter Wahrung des »Prinzips der von Gott selbst begründeten und geachteten persönlichen Freiheit«. Um der positiven Katholizität willen widerstand er den modernistischen Tendenzen in der altkath. Kirche.

Vf. u.a.: Der Gehorsam in d. Gesellschaft Jesu, 1872; Zur Kritik d. kantischen Erkenntnistheorie, 1882; Emil Dubois-Reymond. Eine Kritik seiner Weltansicht, 1885; Stöckls Gesch. d. neueren Philos. Ein Beitrag zur Beurteilung d. Ultramontanismus, 1886; Ontologie d. positiven Christentums I. II, 1888/91; Das Kirchenideal d. kath. Kirche d. dt. Alt-Katholiken, 1904. - Über W.: Dr. Menn, Bischof Dr. Th.W. (RITh 14, 1906, 205-219) - Amtl. Altkath. Kirchenblatt 4. Folge 2, 1906, 1-22. *W.Küppers*

Wechselgesang

1. Vorreformatorisch - 2. Im ev. Gottesdienst

1. Der W. hat liturgische, aber auch ästhetische Wurzeln. Sieht man von den musikalisch wenig wichtigen Fällen ab, wo der Priester mit der Gemeinde abwechselt - mehrfach in der uralten Karsamstagsliturgie - oder wo er einen Gesang intoniert, ist der W. bedingt durch das Zusammenwirken von Kantor und Gemeinde. Dieser W. - Psalmvortrag des Kantors, Responsum (Kehrreim) des Volkes - ist synagogalen Ursprungs (→ Gottesdienst: III, 3). Aus ihm hat sich das → Responsorium entwickelt mit seinem künstlerischen Wetteifer zwischen Solist und Chor. Nachdem durch die Kürzung eines Psalmes auf einen Vers die textliche Grundlage des Wechsels verlorenging, blieb der W. als ästhetische Gestalt erhalten, indem sich beide Gesangspartner am Vortrag sowohl des Verses wie des Responsums beteiligten. - Der Chor kann aber auch selbst aus 2 miteinander abwechselnden Hälften bestehen; auch diese Form hat vorchristlichen Ursprung (vgl. Philo, De vita contemplativa) und gelangte durch → Ambrosius im Abendland zur Bedeutung (→ Antiphon). Es ist die chorische und heute wohl allein gepflegte Form der → Psalmodie. - Auch manche → Tropen, zB das → Kyrie, benutzten ursprünglich den W., indem untextierte und textierte Melodie auf Chor und Kantor verteilt wurde. Eine besondere Bedeutung hat der W. bei der → Sequenz erlangt, indem bei ihr -

abgesehen von Einleitungs- und Schlußstrophe – die in ihrer Form wechselnden Strophen stets zweimal vorgetragen wurden. Die Sequenz ist hier wahrscheinlich von weltlichen Vorbildern, vielleicht von Frontreigen-Gesängen abhängig. Wichtiger ist, daß bei diesen Gattungen das Instrument beteiligt war. Daraus ergab sich ein neuer Wechsel zwischen Sänger und Instrument, wobei einige Verse in sog. Alternatim-Technik nur vom Instrument (etwa der Orgel) vorgetragen wurden. Mit dem Aufkommen der Mehrstimmigkeit (→ Musik: V, 3) entstand eine neue Art von W. zwischen den Solisten der mehrstimmigen Partien auf der Bühne und den Sängern des → Chorals »in choro« oder »in plano«.

E.Jammers

2. Im luth. Gottesdienst der *Reformation* wurde sowohl der responsoriale (vor allem bei den Salutationen und Akklamationen) als auch der antiphonale W. des MA (dieser bei der Psalmodie, dem deutschen Gloria »All Lob und Ehr…«, dem Tedeum und den nt. → Cantica) fortgesetzt. Handelte es sich im ersteren Falle vornehmlich um einstimmigen choralen W. (erst bei M. → Prätorius begegnen wir in größerem Umfang mehrstimmigen Vertonungen der Antworten), so stand in der Antiphonie von Anfang an neben der rein choralen Ausführung die wechselweise choral-figurale, evtl auch vokal-instrumentale (durch die Orgel). Bes. lassen sich beim → Magnificat die mannigfaltigen Gepflogenheiten wechselweisen Singens und Spielens verfolgen. Um 1600 gelangte im Zeitalter der Mehrchörigkeit der W. zu seiner reichsten Entfaltung. In zunehmendem Maße wurde die Gemeinde in diese sog. → Alternatimpraxis mit einbezogen. Die aufkommende Vorherrschaft des geistlichen Konzerts drängte im Laufe des 17.Jh.s den antiphonalen W. jedoch rasch zurück; zZ des Rationalismus verfiel auch der responsoriale W. Im Zeitalter der Restauration kamen beide Formen zu neuer Geltung; bes. gab der Kreis um J. → Smend und F. → Spitta Anregungen für den W. zwischen Gemeinde bzw. Gemeindegruppen und → Chor, die in der Gegenwart intensiv weiterbetrieben werden (vgl. zB die Vorschläge für W. in der hessischen Ausgabe des EKG).

J.Smend, Die Bedeutung des W.s im ev. Gottesdienst, 1900 – RGG² V, 1777f – Leiturgia IV, 627ff. 658f. 685ff. – Vgl. die Lit. zu → Alternatimpraxis.

W.Blankenburg

Weckmann, *Matthias* (ca 1619–74), * in Niederdorla (Thüringen), † in Hamburg, Schüler von H. → Schütz in Dresden und von H.Scheidemann und J. → Prätorius in Hamburg, wo er als Organist der Jacobikirche (seit 1655) und mit der Gründung des großen Collegium Musicum (1660, zusammen mit Chr.Bernhard) hervortrat, neben J. → Rosenmüller einer der bedeutendsten Komponisten seiner Generation.

GA der Werke (Orgelmusik, Kammersonaten, Kantaten, Lieder) hg.v. G.Ilgner, LD Schleswig-Holstein 4, 1942. – Über W.: G.Ilgner, M.W., 1939 (mit Werkverz.).

S.Hermelink

Wegelin, *Josua* (1604–40), ev. Theologe und Kirchenliederdichter. 1627 Diakonus in seiner Heimatstadt Augsburg, 1629 durch das Restitutionsedikt vertrieben, kehrte er 1632 nach Gustav Adolfs Einzug wieder in die Stadt zurück. Infolge der veränderten politischen Lage mußte W. 1635 seine Heimat endgültig verlassen und wurde in Preßburg Senior und Inspektor der Kirchen und Schulen. Hier schrieb er für seine Augsburger Gemeinde das Trostbüchlein »Andächtige Versöhnung mit Gott« (1635). Sein darin enthaltenes Himmelfahrtslied »Allein auf Christi Himmelfahrt« hat durch den Celler Konrektor Ernst Sonnemann (Lüneburger Gesangbuch von 1661) seine heutige Gestalt erhalten (EKG 93).

Koch III, 169ff – GG III, 161ff (§ 187 Nr. 55) – F-T III, 228ff – Hdb. z. EKG II/1, 1957, 196f; Sonderband, 1958, 152ff.

K.Dienst

Wegscheider, *Julius August Ludwig* (17.9.1771 bis 27.1.1849), ev. Theologe, * in Küblingen bei Schöppenstedt, † in Halle, Schüler von → Henke. Als Hauslehrer in Hamburg (1795–1805) legte W. durch sein Kantstudium die Grundlage für seine Bemühungen, den Zusammenhang zwischen Moral und Religion und damit die Religion vernünftig zu begründen. 1805 wurde er Repetent in Göttingen, 1806 Prof. der Theologie und Philosophie in → Rinteln, 1810 in → Halle. Sein im Anschluß an → Ammons »Summa« und Henkes »Lineamenta« verfaßtes Hauptwerk »Institutiones theologiae christianae dogmaticae« ([1815] 1844⁸; dt. 1831), die klassische Dogmatik des → Rationalismus (: II, 3c), stellte die Ergebnisse der theologischen Arbeit der letzten Jh.e zusammen und verkündete zu den einzelnen Dogmen in einer »Epicrisis« die »richtige« Lösung. W. lehnte den Supranaturalismus radikal ab und erkannte nur ein historisch-kritisches Verständnis der Bibel an. Wegen ihres zeitbedingten Charakters und ihrer verschiedenartigen Lehrarten hielt er sich zum Erweis der Christlichkeit des rationalistischen Lehrtyps an diejenigen biblischen Aussagen, die den religiösen und sittlichen Ideen des Menschen entsprächen. Gegenüber den der Vernunft unzugänglichen Lehren wie Sündenfall, Auferstehung, Himmelfahrt wies W. auf den leicht verständlichen sittlich-vernünftigen Gehalt der Predigt Jesu vom Reiche Gottes hin. Die Orthodoxie und K.v. → Hase griffen W. wegen der unzureichenden philosophischen Begründung seines Systems heftig an. – Vgl. → Systematische Theologie: II, 1b.

Vf. ferner u.a.: Versuch, die Hauptsätze der philos. Religionslehre in Predigten darzustellen, 1801; Über die von der neuesten Philos. geforderte Trennung der Moral von der Religion, 1804. – Über W.: W.Steiger, Kritik des Rationalismus in W.s Dogmatik, 1830 – K.v.Hase, Der neue Hutterus u. seine Gegner, 1834 – Ders., Antiröhr, 1836 – W.Gass, Gesch. d. prot. Dogmatik IV, 1867, 458ff – ADB 41, 427ff – RE XXI, 34ff (Lit.) – Barth, PrTh 425ff – Hirsch V, 20ff – Hermelink I (s. Reg.).

H.Hohlwein

Wegzehrung (viaticum; MA: beaticum), in der röm. Kirche ein Bestandteil der Krankenprovisur (»Versehgang«; Reihenfolge nach der Collectio Rituum von 1950: Bußsakrament, Ölung, *Kommunion,* evtl Sterbeablaß). Der Empfang der Kommunion als W. ist nach c. 864 CIC in Todesgefahr strenge Pflicht. Sie kann allen Schwerkranken, die bedingungsweise absolviert werden konnten, gereicht werden. Das Nüchternheitsgebot gilt hier nicht. Im Ritus unterscheidet sich die Spendung der Kommunion als W. von der gewöhnlichen → Krankenkommunion durch die Spendeformel. – Die ev. Kirche kennt das Krankenabendmahl, aber nicht als W.

L.Eisenhofer, Grundriß d. Liturgik, (1924) NB v. J.Lechner, 1953⁶, 253f. 289. 300ff – LThK VI, 231f – B.Fischer, Die Reihenfolge der Sakramente beim Versehgang (TThZ 60, 1951, 54–56).

K.Dienst

Wehrpflicht und Kriegsdienst

I. Das ethische Problem – II. Wehrpflicht und Kriegsdienst der Pfarrer. – Vgl. ergänzend → Krieg: IV, → Kriegsdienstverweigerung

I. Das ethische Problem

Die Durchsetzung der allgemeinen W. in den modernen Staaten hat die Frage der christlichen Stellung zum → Krieg (: IV) erheblich verschärft, obwohl sie von den Kirchen kaum als Einschnitt in der Geschichte dieser Frage empfunden worden ist. W. hat es schon immer gegeben, sie betraf aber im Leben der antiken wie der späteren europäischen Staaten (im Unterschied zur

Heerfolge zB der germanischen Stämme) normalerweise nicht die gesamte Bevölkerung, sondern nur eine Schicht (die freien Bürger in der antiken Polis, die ritterlichen Berufsheere im MA). Auch Zwangsaushebungen erfaßten jeweils nur Teile der waffenfähigen Männer. Direkte Vorstufen der allgemeinen W. sind das sog. Kantonreglement Friedrich Wilhelms I. von Preußen (1733) mit dem Satze, daß alle Einwohner des Landes für die Waffen geboren sind, und die Aushebungsgesetze Friedrichs d. Gr. Das Jahr 1793 brachte im Selbstbehauptungskampf der jungen franz. Republik gegen die Koalitionsheere die levée en masse, das erste europäische W.gesetz. Konservative und liberale Widerstände vermochten die Ausbreitung der allgemeinen W. nicht zu verhindern. Sie ermöglichte das stehende Heer, brachte die Aufwertung des soldatischen Berufs (→ Militarismus), verstärkte die Macht des Militärs im Staate wie die Macht der Regierung gegenüber dem Volke und die Kraft des Staates in der internationalen Konkurrenz. So konnte sich ihr kein moderner Staat entziehen. Daß die allgemeine W. (als Entsprechung zum allgemeinen → Wahlrecht) ein »legitimes Kind der Demokratie« sei, kann man nur insofern sagen, als die moderne Demokratie eine liberale und eine jakobinisch-totalitäre Möglichkeit hat. Die W. ist ein Kind des Jakobinismus und von der parlamentarischen Demokratie so ablösbar, daß noch kein diktatorisches Regime der Moderne auf sie verzichtet hat. Da sie die totale Erfassung der Volkskräfte bezweckt, ist sie die Voraussetzung des »totalen Krieges« und ein Hauptmittel totaler Beherrschung des Volkes. Sie bedarf, um zu funktionieren, einer ideologischen Identifizierung des einzelnen nicht nur mit seiner politischen Gemeinschaft, sondern auch mit der Politik ihrer Führung, und sie gibt zugleich die Gelegenheit, dies durch Indoktrinierung zu erreichen. So bedarf sie in ungleich höherem Maße als das frühere Kriegswesen einer politischen → Ideologie, damit sie eine Truppe liefern kann, die nicht wie die früheren Söldnerheere von Desertionsneigungen zersetzt wird und die deshalb in beliebigen Kampfweisen und bis zum letzten Mann eingesetzt werden kann. Sie wird zu diesem Zweck in ein Ehrenrecht des Bürgers umgedeutet, ohne daß freilich auf den Zwang und auf die Erfassung der vom regulären Waffendienst als »wehrunwürdig« Ausgeschlossenen verzichtet würde. An die Stelle des Desertionsproblems tritt aber in Zeiten heftiger ideologischer Gegensätze das Problem des Verrats: Je mehr die Politik in die Bürgerkriegssituation (etwa im heutigen Ost-West-Gegensatz) und damit der einzelne in den Konflikt der ihn beanspruchenden Loyalitäten (Treue zur Regierung, zur Weltanschauung, zur nationalen Einheit) gerät, desto mehr kommt an den Tag, daß die scheinbar auf eindeutige vorgegebene Gemeinschaft sich gründende W. der Erhaltung einer konkreten und umstrittenen Gestalt dieser Gemeinschaft dient. Eben in dieser Lage aber bietet die W. der jeweiligen Staatsführung die Möglichkeit, konkurrierende Loyalitätsansprüche durch physischen, moralischen (→ Eid) und propagandistischen Druck auszuschalten.

Schon die Erkenntnis des funktionalen Charakters der W. als Machtinstrument für beliebige Herrschaftssysteme muß die *christliche Ethik* vor ihrem traditionellen Fehler der Verschleierung der Problematik durch vereinfachende Formeln (Pflicht gegenüber der Gemeinschaft u.ä.) warnen. Es scheint, daß sich ohne irgendeine Form von W. kein moderner Staat behaupten kann, solange das heute dringlicher als je gewordene Problem der Abrüstung nicht bewältigt ist; zugleich hat die allgemeine W. aber eine totalitäre Tendenz und verfügt über das Gewissen des einzelnen in unverhältnismäßig größerem Maße als die übrige staatliche Gesetzgebung; denn sie legt von vornherein fest, daß die Gemeinschaft jeden verpflichten kann, für sie zu töten, und verlangt vom einzelnen die Abtretung der Entscheidung, ob, wann und wie dies der Fall sein soll, an die Staatsführung. Die Erhaltung der Staatsordnung (→ Staat: III) einschließlich der Notwendigkeit ihrer militärischen Verteidigung machen es unmöglich, unter den heutigen Umständen die W. kirchlich zu verwerfen; Wehrdienst muß als möglicher Dienst an der Gemeinschaft anerkannt werden (→ Militärseelsorge). Zugleich muß die Problematik der allgemeinen W. sowohl hinsichtlich der Gewissensfreiheit wie hinsichtlich ihrer politischen Wirkungen bewußt gehalten werden (Brief des Kardinalstaatssekretärs → Gasparri im Auftrage → Benedikts XII., 7.10. 1917: »Seit mehr als einem Jh. war die allgemeine W. die eigentliche Ursache vieler Übel, welche die Gesellschaft schwer getroffen haben; das wirkliche Heilmittel ist ihre gleichzeitige und allseitige Abschaffung.« A. → Einstein: »Die Einführung der allgemeinen W. ist nach meiner Überzeugung die Hauptursache des moralischen Verfalls der weißen Rasse, die den Fortbestand unserer Kultur, ja unsere Existenz ernstlich in Frage stellt«). Die Herbeiführung eines internationalen Zustandes, der die Abschaffung der allgemeinen W. ermöglicht, wird durch die Entwicklung der → Atomwaffen gebieterisch gefordert; die christliche Kirche muß diese Aufgabe einschärfen. Sie muß zugleich dafür eintreten, daß durch gesetzliche Regelung des Schutzes der → Kriegsdienstverweigerung aus Gewissensgründen der Staat auch unter den Bedingungen der allgemeinen W. die Gewissensentscheidung offenhält, und zwar sowohl für die Verweigerung des Militärdienstes in Friedenszeiten wie auch für die Verweigerung des K.es im akuten Fall. Dabei wird die Möglichkeit des Ersatzdienstes deutlich machen, daß die Verweigerung nur der negative Ausdruck einer positiven Bereitschaft zur Pflichterfüllung gegenüber der Gemeinschaft ist.

J. Schreiber, Kriegsdienstverweigerung (Jur. Diss. Bonn), 1952 (Lit.) - T. Holm, Allg. W., Entstehung, Brauch u. Mißbrauch, dt. 1953 - G. Ritter, Staatskunst u. Kriegshandwerk I, 1954 - W. Künneth, Berufung auf das Gewissen? (ELKZ 10, 1956, 112-115) - J. Hirschmann, Zur Diskussion um die Wehrdienstpflicht (StZ 159, 1956, 203-216) - M. Boveri, Der Verrat im 20. Jh., 4 Bde, 1956-60 - F. Rauhut, Zur Entstehung d. allg. W. (Die Friedensrundschau 11, 1957, 10-12) - U. Mann, Lorbeer u. Dornenkrone, 1958 - H. Geissler, Das Recht d. Kriegsdienstverweigerung nach Art. 4 Abs. III des Grundgesetzes (Jur. Diss. Tübingen), 1960 (Lit.) - H. Gollwitzer, Zur Frage d. Wehrdienstes (Forderungen d. Freiheit, 1962, 282 bis 289). - Vgl. die Lit. zu → Krieg: IV, → Kriegsdienstverweigerung.

H. Gollwitzer

II. Wehrpflicht und Kriegsdienst der Pfarrer

1. Kath. Klerus - 2. Ev. Pfarrer

1. Die Einstellung des kanonischen Rechts zu W. und K. des *kath. Klerus* beruht auf der schon früh durch Zeugnisse kirchlicher Schriftsteller belegten Auffassung, daß der Dienst im Heer mit christlichem Leben unvereinbar sei (→ Krieg: IV, 1 a). In dem mit der Kirche verbündeten nachkonstantinischen Staat ließ sich die Ablehnung des K.es aller Christen nicht aufrechterhalten. Der Grundgedanke verengerte sich zu einem dem Klerus durch die Gesetzgebung der christlichen Kaiser gewährten Immunitätsprivileg der Befreiung vom Heeresdienst. Dem Privileg entsprach ein kirchliches Verbot des Waffendienstes für den Kleriker. Es wurde im MA insbesondere von dem mit dem germanischen Schwertadel versippten hohen Klerus wenig befolgt. Das kirchliche Verbot hat sich jedoch schließlich durchgesetzt. Es äußerte sich bes. in der Irregularität ex defectu plenae lenitatis, welche die Erteilung von Weihen an denjenigen uner-

laubt machte, der im K. einen Menschen getötet oder verstümmelt hatte. Im geltenden kath. Kirchenrecht fordert der CIC von seiten der staatlichen Gewalt grundsätzlich die Befreiung des Klerus vom Militärdienst (c. 121). Der CIC verbietet den Klerikern ferner, freiwillig in den Militärdienst zu treten. Angehörige des clerus minor, welche diesem Gebot zuwiderhandeln, scheiden ipso jure aus dem klerikalen Stande aus (c. 141). Ebenso verliert jeder Kleriker ipso jure ein von ihm bekleidetes kirchliches Amt, wenn er freiwillig in den Wehrdienst eintritt (c. 188 n. 6). Solange jemand durch das staatliche Gesetz zum Heeresdienst verpflichtet ist und dieser Pflicht noch nicht genügt hat, liegt ein einfaches Weihehindernis vor. Die Vorschrift gilt jedoch nur für den ordentlichen aktiven Dienst, nicht für Reserveübungen und nicht im Falle einer Mobilmachung (c. 987 n. 5). Nachdem seit dem 19.Jh. sehr viele Staaten die allgemeine W. eingeführt hatten, mußte das kanonische Recht mit dem staatlichen Recht in Konflikt geraten. In Deutschland kam es schließlich zu dem Reichsgesetz vom 8.2.1890. Danach wurden »in Friedenszeiten« Militärpflichtige röm.-kath. Konfession, welche Theologie studierten, 7 Jahre zurückgestellt. Falls sie innerhalb dieser Zeit die Subdiakonatsweihe empfangen hatten, wurden sie ohne Ableistung von Militärdienst der Ersatzreserve überwiesen und blieben von Übungen befreit. - Die gegenwärtige Rechtsstellung des kath. Klerus im Hinblick auf den Wehrdienst beruht in der BRD auf dem Reichskonkordat von 1933 und dem W.gesetz vom 21.7.1956/28.11.1960 in der Fassung vom 14.1.1961 (BGBl. I, 30). Nach Art. 6 des Reichskonkordats sind »Kleriker und Ordensleute frei von der Verpflichtung zur Übernahme ... solcher Obliegenheiten, die nach den Vorschriften des kanonischen Rechtes mit dem geistlichen Stande bzw. dem Ordensstande nicht vereinbar sind«. Im Zusammenhang mit der Wiedereinführung der W. nach dem Kriege gewährt § 11 Abs. 1 Ziff. 2 W.gesetz eine umfassende, nach dem Wortlaut nicht nur auf Friedenszeiten beschränkte Befreiung für die höheren Weihegrade: »Vom Wehrdienst sind befreit ... Geistliche röm.-kath. Bekenntnisses, die die Subdiakonatsweihe empfangen haben.« - Die kath. Kirche betrachtet die Ausübung der → Militärseelsorge nicht als Militärdienst des Klerus im Sinne des kirchlichen Verbots. Das geht u.a. daraus hervor, daß im Reichskonkordat Art. 27 die Militärseelsorge grundsätzlich geregelt ist.

2. Für die *ev. Kirche* waren W. und K. der Pfarrer in den ersten Jh.en nach der Reformation zunächst noch kein Problem. Das damalige System der Söldnerheere verlangte vom Theologen weder W. noch K. Wer K. annahm, wurde Berufssoldat und schied damit von selbst aus dem geistlichen Stande aus. Erst die Einführung der allgemeinen W. brachte - in Deutschland seit den Befreiungskriegen - die Frage nach der rechtlichen Ordnung von W. und K. der Pfarrer. Mangels einer einheitlichen und klaren theologischen Stellungnahme überließ die Kirche dem Staat ganz die Initiative. Die preußische Regelung, die nach 1871 für das gesamte Deutsche Reich maßgebend wurde, befreite 1855 die ev. Theologen in Friedenszeiten durch Zurückstellung von der W. Das war von seiten des Staates ein Akt paritätischer Gesetzgebung, da die kath. Theologiestudenten bereits seit 1835 in derselben Weise befreit waren. Die Vergünstigung wurde 1869 aufgehoben, 1874 trat wieder eine gewisse Lockerung ein. Als das Gesetz vom 8.2.1890 die Befreiung der kath. Theologiestudenten in Friedenszeiten durch Zurückstellung brachte, lehnten weite Kreise in der ev. Kirche eine entsprechende Regelung für die ev. Theologen ab. Man verzichtete bewußt auf paritätische Behandlung, wobei nicht theologische, sondern soziologische Erwägungen im Vordergrund standen (erzieherischer Wert des Militärdienstes; Kontakt mit allen Kreisen der Bevölkerung; nicht zuletzt auch nationale Einstellung und die allgemeine Hochschätzung des Soldatenstandes im Kaiserreich). Nach dem 1. Weltkrieg ließ das Berufssoldatenheer der Reichswehr die Frage wieder ruhen. Bei der Wiedereinführung der W. i.J. 1935 wurde von seiten der ev. Kirche wiederum keine Forderung auf paritätische Behandlung entsprechend Art. 6 des Reichskonkordats erhoben. - Heute besteht in der BRD paritätische Behandlung mit der kath. Kirche von seiten der staatlichen Gesetzgebung. Nach § 11 Abs. 1 Ziff. 1 W.gesetz sind - nicht nur in Friedenszeiten - befreit: »ordinierte Geistliche ev. Bekenntnisses«. Die ev. Ordination ist damit der kath. Subdiakonatsweihe gleichgestellt. Dieselbe Befreiung genießen übrigens auch nach § 11 Abs. 1 Ziff. 3 W.gesetz »hauptamtlich tätige Geistliche anderer Bekenntnisse, deren Amt dem eines ordinierten Geistlichen ev. oder eines Geistlichen röm.-kath. Bekenntnisses, der die Subdiakonatsweihe empfangen hat, entspricht«. - Wie die kath. Kirche betrachtet auch die ev. Kirche die von ihren Pfarrern geübte → Militärseelsorge nicht als »K.« (Vertrag der BRD mit der EKD zur Regelung der ev. Militärseelsorge vom 22.2.1957, BGBl. II, 702). - Da der ordinierte ev. Geistliche von der W. völlig befreit ist, kommt eine → Kriegsdienstverweigerung aus Gewissensgründen gemäß §§ 25ff W.gesetz für ihn nicht in Betracht. Dagegen kann die K.verweigerung aus Gewissensgründen für ev. Theologiestudenten und noch nicht ordinierte Vikare u.U. von praktischer Bedeutung sein.

RICHTER-DOVE-KAHL 345. 368. 375f. 550 - RE XI, 106ff - P.SCHOEN, Das ev. Kirchenrecht in Preußen II/1, 1906, 133f - DDC III, 857 - H.-H.SCHREY, Für u. wider den Wehrdienst der Theologen (MPTh 40, 1951, 5-23) - P.LORSON, W. u. christl. Gewissen, 1952 - Hdb. d. Wehrrechts, hg.v. E.BRANDSTETTER, Bd I, 1956ff - EICHMANN-MÖRSDORF I, 265; II, 119. *H.Liermann*

Weibezahn, *Carl Friedrich August* (6.8.1804 bis 20.6. 1844), luth. Erweckungsprediger, * in Springe (Hannover), nach dem Studium in Göttingen 1825-30 Hauslehrer, 1830 Frühprediger an St. Katharinen in → Osnabrück, 1842 dort Konsistorialrat. W. konnte an die Arbeit der Deutschen → Christentumsgesellschaft in Osnabrück anknüpfen und vertrat ihre Anliegen wirksam in der kirchlichen Öffentlichkeit (→ Erweckung: I, 5c). Mit → Volkening und → Treviranus befreundet, war W. Mitbegründer und Sekretär der Osnabrücker Missionsgesellschaft für Stadt und Fürstentum (1839), zugleich ein früher Vertreter der Bestrebungen der → Inneren Mission (Mitbegründer von Bürger- und Kleinkinderschulen, eines weiblichen Armen- und Krankenpflegevereins usw), 1842 auch Mitbegründer der → Pfingstkonferenz in Hannover. W. zerrieb sich früh an den Widerständen der im Rationalismus verhafteten Kirchlichkeit Osnabrücks.

J.MEYER, KG Niedersachsens, 1939 - W.SCHÄFER, C.F.A.W., 1955 (Lit.; vgl. ThLZ 82, 1957, 209ff). *E.Beyreuther*

Weigel, *Valentin* (1533-88), * in Großenhain-Naundorf, studierte in Leipzig (1559 Magister) und Wittenberg und lebte seit 1567 in »Ruhe und Stille« als Pfarrer in Zschopau. Seit 1609 erschienen zahlreiche Schriften unter W.s Namen. Ihre Echtheit und Chronologisierung konnte die neuere W.-Forschung auf Grund beträchtlicher Hss.-Funde weithin klären. - W.s theologische Ansätze (1564) sind primär frömmigkeitsbestimmt. Um 1570 versucht er die luth. Lehre von Buße und Rechtfertigung durch die Mystik → Taulers und der → Deutschen Theologie zu verinnerlichen. Zugleich entdeckt er, daß alle Erkenntnis »von innen heraus und nicht von außen hinein« kommt. Theologisches Erkennen muß sich daher auf das »innere Buch oder Wort« gründen. Ebenso wirkt in der Buße der »wahre Glaube oder Christus in uns« als der »Absolvierer in uns« die Vergebung. Kosmosophische Gedanken führen W. außerdem zu einem spiritualisierten Begriff von Ort und Zeit. Seit 1578 schlägt W.s → Mystik (: VII, 1) durch den Einfluß des → Paracelsus in einen Spiritualismus um, der sich von der »Mauerkirche« innerlich distanziert, aber »unzeitiges Bekennen« ablehnt und jeglichen Krieg verwirft. Im Abendmahl erhalten die Glieder der unsichtbaren Kirche Anteil an dem neuen »himmlischen Fleisch«. - W.s Gebetsfrömmigkeit ging in J. → Arnds »Wahres Christentum« (II, 34) ein. Neben den Nachwirkungen auf J. → Böhme und → Leibniz bezeugt eine Fülle pseudoweigelianischer Hss. und Drucke die Ausbreitung des »Weigelianismus«.

Sämtl. Schriften, hg.v. W.-E.Peuckert u. W.Zeller (GA, im Erscheinen) - Gespräch vom wahren Christentum, hg.v. A.Ehrentreich, 1922. - Über W.: A.Israel, V.W.s Leben u. Schriften, 1888 - H.Maier, Der myst. Spiritualismus V.W.s, 1926 - H.Längin, Grundlinien der Erkenntnislehre V.W.s (AGPh 41, 1932, 434-478) - W. Zeller, Meister Eckhart bei V.W. (ZKG 57, 1938, 309-355) - Ders., Die Schriften V.W.s, 1940 - Ders., V.W. u. die Augsburg. Konfession (ZRGG 11, 1959, 227-240) - Th.C.van Stockum, V.W., Doper en Paracelsist, Amsterdam 1948 - A.Koyré, Mystiques, Spirituels, Alchimistes, Paris 1955, 81ff - F.Lieb, V.W.s Kommentar zur Schöpfungsgesch. u. das Schrifttum seines Schülers Benedikt Biedermann, 1962.

W.Zeller

Weihekreuze. Die 12 Stellen, an denen bei der → Kirchweihe der Bischof nach der Ordnung des Pontificale die Wände mit Chrisam salbt, tragen aufgemalte, eingemeißelte oder vorgeblendete Kreuze, welche die Erbauung der Kirche »auf den Grund der Apostel« (Eph 2, 20) symbolisieren. Daher heißen die Leuchter oberhalb der W., deren Kerzen während der Konsekration und dann jährlich am Kirchweihtag brennen, Apostelleuchter. - Bei der Altarweihe bezeichnet der Bischof die Mensa an den 4 Ecken und in der Mitte kreuzförmig mit Weihwasser, Katechumenenöl und Chrisam. An diesen 5 Stellen sind meist kleine W. eingehauen; auch nur 4 W. (in den Ecken) kommen vor. Bei Mensen des MA fehlen W. mitunter überhaupt. - Da die Reformatoren Weihen verwarfen, gibt es in ev. Kirchen keine W., soweit sie nicht aus dem MA erhalten sind.

Braun, Altar I, 288. 293 - Braun, LH 367.

O.Böcher

Weihen

I. Religionsgeschichtlich - II. Weihehandlungen nach ev. Beurteilung. - W. = Weihe

I. Religionsgeschichtlich

1. Das Wort weihen (gotisch weihan, althochdeutsch wīhan, altisländisch vígia) ist schon vorchristlich ein zentraler, religiöser Terminus gewesen. Es gehört zum Adjektiv und Substantiv *wīhaz. In den altnordischen Sprachen bedeuten altisländisch vé und altschwedisch vi »Heiligtum, Kultstätte«, was auch sehr häufig toponymisch belegt ist. Ein wahrscheinlich identisches vé kommt in der isländischen Skaldendichtung mit der Bedeutung »Banner, Fahne« vor. Im altsächsischen Heliand bedeutet wih »Tempel, Kultstätte« und in einer althochdeutschen Glosse »heiliger Hain«. Die spärlichen angelsächsischen Belege von wīg, wēoh haben die Bedeutung »Götzenbild«. Das Adjektiv weihs ist im Gotischen die einzige Wiedergabe von »heilig«. Das Wort hailags ist nur in einer gotischen Runeninschrift belegt. Im süddeutschen Raum steht die älteste Kirchensprache unter starkem gotischem Einfluß; sanctus wird mit wīh wiedergegeben, nicht mit heilag.

Das Verbum *wīhian kommt wahrscheinlich in einigen alten, kurzen und schwer zu deutenden Runeninschriften aus Norddeutschland und Dänemark vor. Vorchristlich sind auch einige runentextliche Belege, die meisten dänisch. Diese Inschriften aus dem 10.Jh. enthalten die Formel »Thor weihe«, vereinzelt oder mit Objekt wie »Runen« oder »Grabmal«. Dieselbe Formel begegnet in einer altdänischen Krankheitsbeschwörung in einer handschriftlichen Aufzeichnung in Canterbury: »Thor weihe (banne) dich, König der Riesen.« Auch in altisländischen literarischen Belegen tritt Thor als »Weiher« auf. In der Snorra-Edda »weiht« Thor mit seinem Hammer die Knochen seiner geschlachteten und verzehrten Ziegen, um diese wieder lebendig zu machen. Eine besondere Funktion bei der Hochzeit haben Thor und sein Hammer in Thrymskvida: »bringt den Hammer herein, die Braut zu weihen«. Eine zauberische Bedeutung, wie bei Thors »Weihen« der Ziegenknochen oder in der Bannung des Krankheitsdämons, tritt noch deutlicher in zwei Fällen in der Hervararsaga hervor. Die Toten im Grabhügel werden »geweiht« (gebannt), so daß sie bei Unholden im Hügel verwesen sollen (nach einer anderen Version: damit sie nie Ruhe bekommen). Zwei Zwerge werden mit einem Schwert »geweiht«, damit sie in ihrem Stein nicht wieder verschwinden möchten.

Auch wenn einige dieser Belege unter Einfluß von christlichem Sprachgebrauch stehen, ist doch das Gesamtbild von vígia eindeutig. Damit wird ein sakralmagischer Akt bezeichnet; das Subjekt ist eine Gottheit oder ein → Zauberer, das Objekt wird »geweiht« oder im Falle gefährlicher oder schädlicher Gegenstände oder Wesen »gebannt, verzaubert«. Im Althochdeutschen und Altsächsischen ist es möglich, hinter der kirchlichen Verwendung von wīhan bzw. wihian die vorchristliche Bedeutung zu erschließen. Das gotische weihan gibt griech. ἁγιάζω wieder. Eine Ausnahme ist 1Kor 10, 16, wo von dem Kelch des Segens gaweihan und nicht die gewöhnliche Übersetzung von εὐλογέω gebraucht ist. Die glaubwürdigste Erklärung ist, daß → Wulfila damit den sakramentalen Charakter des Segens beim Abendmahl hervorheben wollte. Im Angelsächsischen gibt es nur die christlichen Neubildungen fulwian, »taufen« und fulwiht, »Taufe«. Weihen hat vorchristlich nie die Bedeutung »dedicare, widmen, darbringen, übergeben«. Die Gottheit kann nur die »weihende« sein, nicht Empfänger des »Geweihten« oder Gegenstand der »W.«. Die älteste christliche Sprache behält in Skandinavien die vorchristliche Distinktion zwischen vígia und helga (heiligen) bei. Vígia übersetzt lateinisch consecrare und zT benedicere, helga teils sanctificare, teils dedicare. Eine solche klare Trennung zwischen weihen und heiligen hat es im Deutschen nie gegeben.

W.n und W. haben als religionswissenschaftliche Termini nicht denselben Bedeutungsumfang wie im oben gezeichneten, ursprünglichen Sinn. Oft ist damit eine Art → Initiation gemeint. Jünglings-W. ist eine Bezeichnung für die initiatorische Reifezeremonie der → Pubertäts-Jugend. Dasselbe gilt für die W. der Mitglieder in kultischen und kriegerischen → Geheimbünden (→ Männerbünde), so wie für → Mysterien-W., dh Initiation in einer Kultgemeinschaft. Eine individuelle W. erhalten in den meisten Kulturen religiöse Führer und Beamte wie Könige, Priester, Schamanen (→ Königtum, sakrales, → Priestertum: I, → Schamanismus; → Salbung: I). Oft wird damit eine vorausgegangene → Berufung legitimiert. Auch Orte und Gegenstände wie Kultplätze, → Altäre und Kultgeräte werden geweiht. Solche W.n sollen entweder böse → Geister (: I) bannen oder etwas für nur kultische Zwecke absondern.

Lit. s. → Heilig: I, → Germanische Religion, → Initiation. H.ARNTZ-H.ZEISS, Die einheimischen Runendenkmäler d. Festlandes, 1939 (s. Reg.) - W.BAETKE, Das Heilige im Germanischen, 1942 - L.JACOBSEN-E.MOLTKE, Danmarks Runeindskrifter I, 1942 (Saglexikon: Thor-påkaldelser) - ELIADE § 141 - HEILER 374ff.

L.Ejerfeldt

II. Weihehandlungen nach ev. Beurteilung

Die röm. Kirche nennt die Weihehandlungen (= W.) benedictiones und consecrationes. Die Agende für ev.-luth. Kirchen faßt sie im Unterschied zu Einsegnungs- und Einführungshandlungen unter dem Namen »Einweihungshandlungen« zusammen. Die Verwandlung eines profanen Gegenstandes in einen heiligen durch Übertragung einer »neuen Kraft« hat Luther ein »Affenspiel« des Teufels genannt und dagegen auf 1Tim 4, 4f verwiesen (WA 50, 644). Er hat selber bei dem ersten Gottesdienst in der Schloßkapelle zu Torgau 1544 jegliche W. vermieden. Die »Weihe« war für ihn die Predigt selbst. Das Gebet richtet sich auf die Erhaltung der reinen Lehre in diesem Hause (WA 49, 588-615). Wenn nach ev. Verständnis die Segnung nie etwas anderes sein kann als Fürbitte, dann kann das Gebet in den sog. W. nur für die Menschen eintreten. Letztlich um ihretwillen wird zB um Bewahrung einer Kirche vor Kriegszerstörung u.ä. gebetet. M.Schian hat deshalb jede Weiheformel bei Kircheinweihungen abgelehnt (Grundriß der Prakt. Theol., 1922, 192). Dagegen nennt K.B.Ritter im Gedanken an die heutige Psychologie und Parapsychologie die Ausschaltung des Magischen eine »idealistische Utopie« und beschreibt im Blick auf Röm 8, 21 die Weihe als »ein Handeln an der Kreatur auf dem Hintergrund der noch verborgenen Heiligung der Welt durch Christus«. Stärker auf die Wahrung des »rein personalen Charakters der Gottesbeziehung« (Ritter) ist das Berneuchener »Christliche Hausbuch« (1941) bedacht.

Christl. Hausbuch, hg.v. W.LOTZ, 1941, 198ff - RIETSCHEL-GRAFF 872ff - Agende für ev.-luth. Kirchen u. Gemeinden IV, 1951, 127ff. 186ff - E.HERTZSCH, Die Wirklichkeit der Kirche I, 1956, 79ff - K.B. RITTER, Die W. der Kirche (Quatember 24, 1959/60, 11-16; dazu A.KÖBERLE, ebd 3-10).

H.Urner

Weihetitel (Ordinationstitel) nennt das kath. Kirchenrecht die Rechtsgründe für den Lebensunterhalt des Ordinanden, ohne deren Nachweis die höheren Weihen nicht erteilt werden (→ Ordination: III, 1). Ältester W. (titulus = t.) ist die Kirche, für die der Kleriker geweiht wird und aus deren Vermögen er seinen Unterhalt bezieht. Schon früh tritt an die Stelle dieses W.s das Anrecht auf ein kirchliches → Beneficium (t. beneficii), dh auf eine mit dem betr. → Kirchenamt verbundene Pfründe, deren feste Einkünfte die → Pfarrbesoldung ermöglichen. Späterhin gelten als gleichberechtigte W. der Nachweis ausreichenden Privatbesitzes (t. patrimonii), die Zugehörigkeit zu einem kirchlichen Orden (t. paupertatis religiosae), die Übernahme der Sorge für den Unterhalt des Ordinanden durch einen Dritten (t. mensae) und die Selbstverpflichtung zum Dienst in Diözese (t. dioeceseos) oder Mission (t. missionis).

cc. 979-982 CIC - BRAUN, LH 368.

O.Böcher

Weihgeschenke sind zu trennen vom → Opfer (: I) auf der einen und Stiftungen auf der anderen Seite. Alle Symbole der Selbsthingabe (zB → Haar-Opfer) sind ebensowenig W. wie die Bezeugungen des Dankes, die anderen zugute kommen, wozu alle Stiftungen, ferner → Zehnten, → Erstlinge, Erntedank, Jagdbeute usw zu rechnen sind. Durch die W. sollen Bitte und Dank (vielleicht auch → Sühne) des Gläubigen an der Kultstätte präsent bleiben. Kleine, von einzelnen Frommen dargebrachte W. heißen Votivgaben oder, wenn sie die Erfüllung eines vor dem Empfang der Hilfe gegebenen Versprechens darstellen, Exvoto. Die Freiwilligkeit gehört zum Wesen der Spende. Wiederholung und Nachahmung schaffen jedoch oft eine Regel, zu deren Beachtung die Gottheit, die Priesterschaft oder die Kultgemeinde drängen. W. können an jedem Kultort (→ Heilige Stätten: I) offeriert werden. Bes. häufen sie sich an Wallfahrtsstätten (→ Wallfahrt: I) und Nationalheiligtümern. Ausgrabungen haben erwiesen, daß W. sich schon an den ältesten Kultorten - oft in einer Weihgrube (favissa) - und in allen Erdteilen finden (Mesopotamien, Kreta, Indus- und Jordantal usw), zumindest wenn es als erwiesen gelten kann, daß die überall gefundenen (Götter-)Figuren Votivgaben darstellen. Mehr als andere Völker haben die Griechen die W. nach der künstlerischen und der gemeinschaftsprägenden Seite hin gepflegt. An den nationalen Kultstätten schufen echte Devotion, aber auch mit ihr verbundenes Nationalbewußtsein und partikulares Prestigebedürfnis Werke von bleibendem Wert (ἀνάθημα, Schatzhäuser in Delphi und Olympia). Als W. kann jeder Gegenstand dienen, mag er Symbol des verlassenen Lebensalters sein (Kleider, Spielsachen) oder an bestandene Not erinnern (Waffen, Kriegsbeute, Ketten, Schiffsteile). An Heilorten finden sich neben den allgemeinen W.n (Tafeln, Bilder, Altäre) bes. zahlreich Abbildungen von Körperteilen.

ERE XII, 641ff - J.BURCKHARDT, Die Anatheme (Werke XIII, 1934, 89-103) - M.A.KÖNIG, Weihegaben an unsere liebe Frau von Altötting I. II, 1939/40 - B.KÖTTING, Peregrinatio religiosa, 1950, 398ff - NILSSON I, 84ff. 134 - PW Suppl. VIII, 867ff (Tripodes) - Q.F.MAULE-H.R.W.SMITH, Votive Religion at Caere, Berkeley-Los Angeles 1959 - R.KRISS-H.KRISS-HEINRICH, Volksglaube im Bereich d. Islam I, 1960 (s. Reg. s.v. Opfergaben) - HEILER 214f (Lit.).

B.Kötting

Weihnachten

1. Liturgiegeschichtlich - 2. Kunstgeschichtlich. - W. = Weihnacht(en). - Vgl. auch → Weihnachtsspiele

1. W. (griech.: ἡμέρα γενέθλιος, lat.: natalis oder natalitia Jesu Christi, franz.: Noël, engl.: Christmas, skand.: Jul) ist der deutsche Name für das Fest der Geburt Christi. Er ist wahrscheinlich heidnischen Ursprungs, im Mittelhochdeutschen bezeugt, und bezeichnet die geweihten Nächte um die Wintersonnenwende. Später für die Zeit vom 24.12. bis 6.1. verwandt, ist er heute Name des 25./26.12., der beiden »W.stage«.

W. ist nicht das ursprüngliche Geburtsfest Christi. Vielmehr hat die Kirche, vor allem im Osten, vorher das → Epiphanienfest am 6.1. als Geburtsfest begangen. Der Sieg des W.sfestes hat das Epiphanienfest verändert, stark zurückgedrängt und vielfach völlig verdrängt. - Die *Entstehung* von W. ist trotz aller Forschung noch immer nicht geklärt. Dabei muß unterschieden werden zwischen der Frage nach dem Termin der Geburt Christi und der Feier seiner Geburt in der Kirche. Die Frage nach Christi Geburtstag taucht im 3.Jh. auf. Da eine Tradition nicht besteht, wird der Termin durch theologisch-heilsgeschichtliche Konstruktion gefunden. Dabei spielt das Frühlingsäquinoktium (25.3.) als angenommener erster Schöpfungstag und zugleich Tag der Menschwerdung und Erlösung eine entscheidende Rolle: 25.3. Empfängnis (auch Todestag), 25.12. Geburt Christi (so → Julius Africanus in seiner 221 verfaßten Chronographie, ähnlich auch → Hippolyt in seinem Danielkommentar). Neben dieser historisch wahrscheinlichen Entstehung des 25.12. als Termin der Geburt Christi wird noch die andere Theorie vertreten, daß der 25.12. die christliche Umbenennung des röm. Sonnenwendtages, des Dies invicti solis, sei. Alle anderen Erklärungen, die bisher noch versucht wurden, zB die Anlehnung an ein römisches (Saturnalien), germanisches (Wintersonnenwende) oder jüdisches (Tempelweihe) Fest, kommen ernsthaft nicht in Betracht.

Die Feier der W. am 25.12. in der Kirche beginnt erst im 2. Drittel des 4.Jh.s. Bis ins 4.Jh. war der Widerstand dagegen zT stark (Origenes, Arnobius, Clemens Alex., Epiphanius), da man es für eine heidnische Sitte hielt, die Geburtstage der Könige festlich zu begehen. Trotzdem hat sich die Feier der Geburt Christi rasch durchgesetzt, und zwar offenbar aus dogmatischen Gründen. Denn W. als Menschwerdung des göttlichen Logos eignete sich gut zur Abwehr der arianischen und verwandter Häresien. Der Ursprung des W.sfestes liegt in der Kirche Roms. Daß der röm. Bischof den 25.12. zur Feier der Geburt Christi bestimmte, hat seinen Grund wohl darin, daß Kaiser Aurelian (270-275) diesen Tag zum Fest der Sonne ausersehen hatte. Nun sollte der Sieg Christi, der wahren Sonne, über den heidnischen Kult auf diese Weise bekundet werden. So wurde W. das Symbol für den Sieg des Christentums im römischen Reich. In der Forschung besteht seit Usener/Duchesne nur darüber Streit, ob W. in Rom erst 354 oder schon 335 gefeiert worden ist. Nach der Chronographie des Philocalus erscheint beides möglich. - Von Rom breitete sich W. nicht nur im Westen, sondern allmählich auch im Osten aus. Wir haben hierfür zahlreiche Dokumente: Konstantinopel 379 (Gregor von Nazianz), Kappadozien 382 (Gregor von Nyssa), Antiochia 388 (Chrysostomus). Langsamer ging die Entwicklung in Ägypten und Palästina; die Armenier blieben sogar als einzige Kirche bis heute beim 6.1. Kaiser Justin II. (565-578) ordnete W. für das Reich allgemeinverbindlich an. Seitdem ist es im Westen noch mehr als im Osten geradezu das Hauptfest der Kirche geworden, bes. in Mitteleuropa. Kein Fest ist so volkstümlich und darum mit so vielen Bräuchen bereichert wie W.: W.ssterne, Krippe (s. 2 c), Krippenspiele, W.ssingen (Quempas), W.sbaum, W.sbescherung (Knecht Ruprecht und W.smann).

Die *Liturgie* von W. ist in der abendländischen Kirche reich entfaltet worden. Mit W. begann jahrhundertelang das → Kirchenjahr. W. ist das einzige Fest im Missale Romanum, das außer der Vigil und Oktav mit *drei* eigenen Messen ausgestattet ist: in nocte (Engelamt), in aurora (Hirtenamt) und in die. Die Evangelien bringen die W.sgeschichte nach Mt 1 (Vigil), Lk 2 und Joh 1, die Episteln der Nachtmessen (Tit 2 und 3) sind offenkundig vom Epiphaniasfest herübergenommen, während Mt 2 bei Epiphanias geblieben ist. Zu den liturgiegeschichtlichen Besonderheiten von W. gehört auch, daß W. drei Märtyrerfeste als sog. Begleitfeste erhielt (26.12. Stephanus, 27.12. Johannes Evangelist, 28.12. Unschuldige Kindlein), während die Oktav (1.1.) Fest der Beschneidung Christi wurde. - Die *ev.* Kirchen behielten W. als eines ihrer Hauptfeste bei, allerdings unter starker Vereinfachung der liturgischen Gestalt (nur 2 Feiertage, die Begleitfeste und die Oktav gingen unter oder änderten ihren Charakter). Doch hat die ev. Kirche gerade W. in Christvespern und Christmetten durch ihre Kirchenmusik in besonderer Weise gefeiert. In jüngster Zeit ist ein bemerkenswertes Steigen der Anteilnahme der Gemeinde an W. festzustellen und zugleich eine Verlagerung der kirchlichen Feier auf den Abend des 24. und die W.snacht (Mitternachtsmette).

H. Usener, Das W.sfest, (1889) 1911² - L. Duchesne, Bulletin critique 11, 1890, 41ff - P. de Lagarde, Altes u. Neues über d. W.sfest (in: Mitteilungen IV, 1891, 211-323. 384-428; auch separat) - RE XXI, 47ff - Arnold Meyer, Das W.sfest, seine Entstehung u. Entwicklung, 1913 - K. Holl, Der Ursprung d. Epiphanienfestes (SAB 1917, 402-438 = Holl II, 123-154) - Rietschel-Graff 147ff - L. Fendt, Der heutige Stand d. Forschung über d. Geburtsfest Jesu am 25.XII. u. über Epiphanias (ThLZ 78, 1953, 1-10; Lit.) - G. Kunze in: Leiturgia I, 460ff. 471ff - W. Hartke, Über Jahrespunkte u. Feste, insbes. das W.sfest, 1956 (dazu A. Strobel, ThLZ 87, 1962, 183 bis 194) - EKL III, 1742ff - O. Cullmann, Der Ursprung d. W.sfestes, 1960.

J. Beckmann

2. Der weihnachtliche *Bildzyklus* der Geburt (adventus) Christi reicht von der Verkündigung Mariä bis zur Magieranbetung (vgl. auch Taf. 6 Abb. 1). Entsprechend den beiden weihnachtlichen Festen (s. 1) ist auch in der Ikonographie zu unterscheiden zwischen Feier der Epiphanie (= E.), verbunden mit der Geburt Christi und seiner Offenbarung bei der Taufe am 6.1. als der älteren Tradition, und Feier des W.sfestes als des Geburtstages am 25.12. von Rom ausgehend (Papst Liberius, 354) als der jüngeren. Vereinzelte Darstellungen der Magieranbetung in den röm. → Katakomben, ferner die Verbindung von Christgeburt und Magieranbetung auf Sarkophagen des 4.Jh.s zeigen, daß E. und Christgeburt zunächst noch ungetrennt waren.

a) Die früheste Darstellung der *Christgeburt* auf westlichen Sarkophagen zeigt das Kind in der Krippe stets unter Dach mit Ochs und Esel (diese erstmals im Evangelium Pseudo-Matthäus [Hennecke³ 306], begründet in Jes 1, 3 und der irrtümlichen Übersetzung der LXX von Hab 3, 2). Die Szene ist stets verbunden mit Hirten- oder Magieranbetung. Darstellungen der Geburt, Anbetung der Hirten und der Magier (gemeinsam!) finden sich auf den → Ampullen des 5./6.Jh.s (A.Grabar, Les ampoules de Terre Sainte, Paris 1958). Eine Bereicherung der Darstellungen erfolgte schon frühzeitig unter dem Einfluß der Kirchenfeste sowie apokrypher Texte und Überlieferungen; vgl. zB die Erzählung der beiden Hebammen Zelomi und Salome, der verdorrten und wiedergeheilten Hand der an der Jungfrauengeburt zweifelnden Salome (Protev 19f; Evangelium Pseudo-Matthäus [Kathedra Maximians, Ravenna, 6.Jh.; ·Bronzetür Hildesheim, 1015]); ferner das Bad des Neugeborenen durch zwei Frauen, welche Darstellung ohne literarische Vorstufen ist, die vorgenannte Bildform nach dem Bilderstreit (725-842) ganz verdrängt und im gesamten Osten zum festen Bildbestandteil wird, desgleichen vielfach auch im Westen bis ins 13. (Marienschrein Aachen, Dom) und 14.Jh. (Giovanni Pisano). Wichtig ist der Nachweis, daß die Haltung der liegend aufgerichteten Maria und die den Neugeborenen badenden Frauen (s. Taf. 69 Abb. 4) aus antiken heidnischen Vorlagen entwickelt sind (F.Noack, Die Geburt Christi in der bild. Kunst, 1894). - Zum festen Bestand aller östlichen W.sbilder gehört die Höhle als Stätte der Geburt. Zum Verständnis dieser Tatsache dient zunächst die historische Geburtshöhle in Bethlehem, zuerst im 2.Jh. bezeugt durch → Justin und Barn 11, 5, denen Jes 33, 16. 17 als Weissagung der Geburt Christi in der Höhle gilt (welcher die Höhle seiner → Höllenfahrt entspricht). Sodann aber sind Berg und Bergeshöhle vor allem - neben den Apokryphen - von den liturgischen Texten her zu verstehen. Die Gottesmutter selbst ist der Berg, die Höhle der Geburt ist ihr Schoß. Die Geburt Christi muß auch in der Ikonographie durch das Geheimnis der Jungfräulichkeit der Gottesmutter gesehen werden. Es ist auch nicht zweifelhaft, daß die oftmals ungewöhnliche Form der Geburtshöhle die jungfräuliche Gebärmutter meint (K.Onasch, Das W.sfest im orth. Kirchenjahr, 1958; E.Benz, Die hl. Höhle . . . [ErJb 22, 1953, 364-432]). Der abseits sitzende zweifelnde Joseph, die Engel sowie Stern und Licht in der Höhle (nach Apokryphen) verstärken das für den östlichen Bildtypus (s. Taf. 69 Abb. 4) zentrale Anliegen: das Mysterium der Menschwerdung Christi durch die jungfräuliche Gottesmutter. Der westliche Typus betont die Anbetung des Christkindes. Doch erfolgen vielfache gegenseitige Übernahmen, bes. östlicher Elemente im Westen. In karolingischer und zumal ottonischer Zeit wird die Krippe mit dem Christkind die Mitte symmetrischer Kompositionen, durch architektonische Elemente feierlich entrückt, die Krippe selbst wird oft zum Altar. So auch im Glasfenster der Kathedrale zu Chartres, um 1150, dem Blick freigegeben durch zurückgeschlagene Vorhänge (Altarvelen), zwischen denen die Lampe hängt; hier ist das aus der Antike stammende »E.-Motiv« auf das Kind bezogen, das mit dem eucharistischen Christus ineins gesetzt ist. Ähnliches bereits in ottonischer Buchmalerei. - Die → Gotik vermenschlicht das W.sbild in dem innigen Beieinander von Mutter und Kind. In der ital. Malerei seit → Giotto wird der Stall, nicht die Höhle dargestellt; doch bleibt die Verbindung beider (auch dies noch Pseudo-Matthäus entsprechend) im 14. und 15.Jh. oft noch bestehen (→ Fra Angelico, Botticelli). - Seit dem späten 14.Jh. gibt es W.sbilder, in denen das auf dem Boden liegende nackte Christkind von Maria und Joseph kniend angebetet wird. Diese Form, im 15.Jh. auch im Norden herrschend, wird vorbereitet durch den bedeutsamen Einfluß der Meditationes des Franziskaners Johannes a Caulibus (früher irrtümlich Bonaventura zugeschrieben) um 1300 (Motiv der Säule in niederl. und deutscher Kunst des 15./16.Jh.s), durch die Vita Jesu Christi des → Ludolf von Sachsen um 1350 und die Revelationes der hl. → Birgitta, † 1373 (Bodenlage des Christkindes und Selbstleuchten, anbetend kniende Maria in weißem Gewand, Kerze haltender Joseph; vgl. H.Cornell, The Iconography of the Nativity of Christ, Uppsala 1924). Das Motiv der Armut des Christkindes ist dabei besonderes Anliegen, realistische und mystische Elemente (das Leuchten) verbinden sich. Verschiedenste Bildtraditionen werden verbunden zu neuen und spezifischen Aussagen, die auch das Trinitarische einbeziehen (Meister Francke, Hamburg, 1424 [s. Taf. 57 Abb. 3]; St.Lochner, Oberseite einer Bursa, Köln [W.Krönig, Festschr. W.Stählin, 1953]; Fil.Lippi); sie gelangen im Bilde der Menschwerdung Christi in → Grünewalds Isenheimer Altar zu außergewöhnlicher Tiefe und Größe. Im ganzen bestimmt das Streben nach Vergegenwärtigung und Anschaulichkeit die W.sbilder seit dem 15.Jh., bes. der niederl. Maler (Wiederaufnahme der Hebammen-Motive [→ Legenda Aurea des Jacobus a Voragine, † 1298] in niederl. und deutschen Bildern des 15./16.Jh.s; W. in winterlicher Schneelandschaft). Hugo van der Goes und Geertgen haben zuerst die »hl. Nacht«, das alte Thema der Lichtmystik, mit den neuen Mitteln des Realismus als wirkliches Nachtstück gegeben. In der Folge wurde es vielfach sehr persönlich abgewandelt (Altdorfer, Baldung, Correggio) bis hin zu der wiederholten Gestaltung und Vertiefung durch → Rembrandt.

b) Fest und Darstellung der *Epiphanie* sind älter als das W.sbild. Schon um 200 wurden Jes 60, 1-6 und Ps 71 (70), 10 auf die Magiergeschichte Mt 2, 1ff bezogen und diese als Könige bezeichnet. Die Barbarentracht der frühen »Dreikönigsbilder« erklärt sich dadurch, daß die Anbetung der → Drei Könige den Darstellungen huldigender Barbaren in der röm. Triumphalkunst nachgebildet wurde. Die Dreizahl ist seit Ende 4.Jh. die Regel. Meist drei hintereinander der seitlich thronenden Maria mit dem Kind zueilend; seltener thront Maria in der Mitte (Sarkophage, Mosaiken). Bedeutsame Ausnahme sind die Mosaiken in S. Maria Maggiore zu Rom: hier thront das Kind allein auf einer Bank zwischen Maria und der Frauengestalt (»ecclesia ex gentibus«?). »Es gibt kein Denkmal, das den reichen Begriffsinhalt des Worts E. deutlicher zum Ausdruck brächte, als die zweite Zone des Triumphbogens« (gleich nach 342; G.A.Wellen, Theotokos. Eine ikonogr. Abh. über das Muttergottesbild in frühchristl. Zeit, Utrecht 1961). - Die frontal thronende Muttergottes mit dem Kind auf dem Schoß zwischen den je 3 seitlichen Gestalten der Könige und der Engel auf dem Steinretabel zu Oberpleis (12.Jh.) erinnert an frühe Monumentalkompositionen, auf welche die Ampullen von Monza schließen lassen. - Die Anbetung der Drei Könige hat einen wichtigen Platz in den plastischen Bildzyklen der Kirchenportale des 12./13.Jh.s. Doch zeigt sich in dieser Zeit das Überwiegen der mariologischen Bedeutung daran, daß am Marienportal der gotischen Kathedralen die thronende Maria mit dem Kind allein erscheint (zuerst in Chartres West, um 1150). Auch die Anbetung der Drei Könige wird Szene im Zyklus des Marienlebens, sowohl an Kirchenportalen wie an Flügelaltären, zugehörig den »7 Freuden Mariä«. - Die Auffindung der Gebeine der Drei Könige in S. Eustorgio in Mailand 1158 und ihre Überführung nach Köln 1164 gab Anlaß zur Herstellung des berühmten Dreikönigenschreins. St.Lochners Kölner Dreikönigsaltar ist nur zu verstehen als Altarbild der Stadtpatrone in der ehem. Ratskapelle. Im ganzen aber wird seit dem 15.Jh. das auf den Altar bezogene E.-Bild nicht mehr in der strengen liturgischen und kompositionellen Form gegeben, sondern in realistisch erzählender (s. Taf. 59 Abb. 3).

c) Die *W.skrippen* (ital.: presepe), im röm.-kath. Kulturbereich im 16.Jh. entstehend (in Venedig schon im 15.Jh.), waren anschauliche Rekonstruktionen der Geburtsgeschichte Christi, die im Beschauer das Gefühl unmittelbarer Teilnahme erwecken sollten (gemäß Lk 2, 15), verständlich nur aus der Tendenz zur Veranschaulichung seit dem späten MA in Kunst und geistlichem Schauspiel. Der erweiterte Wortsinn kam erst im 17.Jh. auf (R.Berliner, Die W.skrippe, 1955; grundlegend). - Über Christkindwiegen, bes. in Frauenklöstern des MA, s. H.Wentzel, RDK III, 603ff; Pantheon 18, 1960, 276ff; 20, 1962, 1ff.

d) *Zur Architektur-Ikonographie;* Hinweise auf diesen noch unerforschten Bereich. Die unter Kaiser → Konstantin in → Bethlehem errichtete Geburtskirche war der Niederkunft der Gottesmutter geweiht. Solche Patrozinien wurden aufgenommen. S. Maria Maggiore in Rom, gleich nach dem Konzil in → Ephesus 431 (Maria Theotokos) errichtet, ist der erste und wichtigste Bau im Westen, durch die Reliquien der Krippe S. Maria ad praesepe, die aus dieser Kirche das röm. Bethlehem machte. Für das MA genügte meist die Bezeichnung, um die Identität mit dem gemeinten Vorbild herzustellen (R.Krautheimer, Introduction to a »Iconography of Mediaeval Architecture« [Journal of the Warburg Institute 5, 1942, 1-33]). Ein unmittelbarer architektur-ikonographischer Bezug zur Kirche in Bethlehem und deren Trikonchos aus der Zeit um 500 (s. zuletzt A.M. Schneider, RAC II, 224ff [Lit.]) liegt vor in der Dreikonchenform von S. Maria im Kapitol zu Köln (geweiht 1065); ein solcher zur Geburtshöhle in der Eglise de la Crèche (vor 1040), Rundbau mit Mittelpfeiler und Ringtonne, der Klosterkirche St. Michel-de-Cuxa (Rousillon): »beatae genitricis Mariae et archangelorum Dei in crypta quae ad praesepium dicitur« (Congrès archéol. de France 73, 1906, 151; 112, 1954, 299); ein gleicher Bezug vermutlich bei dem doppelgeschossigen Oktogon der Maison-Dieu in Montmorillon, nach 1100, und zwar bei dem Untergeschoß mit Kuppel und Scheitelöffnung, zumal die Verbindung zu Stätten des hl. Landes gesichert ist (Congrès archéol. 70, 1903, 63; 109, 1951, 192). Bei der Wallfahrtskirche Notre-Dame-de-Bethléem des Klosters St. Pierre in Ferrières-en-Gâtinais kann der architektonische Bezug vorerst noch nicht mit Sicherheit ausgemacht werden. Von späteren Beispielen sei genannt die Bethlehemsgrotte in der Wallfahrtsstätte der »Hl. Stiege« bei Bonn, 18.Jh. (W.Schulten, 1960).

Außer der Lit. im Text: MAX SCHMID, Die Darst. d. Geburt Christi in d. bild. Kunst, 1890 - H.KEHRER, Die hl. drei Könige in Liturgie u. Kunst I. II, 1908/09 - G.MILLET, Recherches sur l'iconographie de l'évangile, Paris (1916) 1960², 93ff - KÜNSTLE I, 344ff - E.WEIGAND, ByZ 36, 1936, 355-386 (Magieranbetung in d. kappadok. Malereien) - R.FRAUENFELDER, Die Geburt des Herrn..., 1939 - G.AUST, Die Geburt Christi, 1953 - H.JURSCH, Das W.sbild... (WZ Jena 4, 1954/55, 59-72) - L.RÉAU, Iconographie de l'art chrétien II/2, Paris 1957, 213ff - RDK IV, 476ff (Drei Könige; Lit.) - RAC V, 902ff (Epiphaniasfest).

W.Krönig

Weihnachtsspiele (W. = Weihnachtsspiel). Zum Schmuck der Hauptmesse des Weihnachtstages wurde oft wie beim Osterfest ein → Tropus von → Tutilo (9.Jh.) vor dem Introitus verwendet. Daneben ist in der Matutin im 11.Jh. ein Tropus verbreitet, der nach Art des österlichen Quem quaeritis jetzt die Hirten befragt. Andernorts geschieht in der Matutin vor der Messe eine processio zum Laienaltar zu stiller Anbetung der dort aufgestellten Krippe (officium pastorum). Aus diesen Elementen bildet sich ein kurzes liturgisches W., analog zum Osterspiel (→ Passionsspiele). Auf die Verkündigung des Engels erfolgt der Gang zur Krippe mit Anbetung (belegt für Rouen, 12.Jh.). Erweiterungen bringen ein Zuglied und ein Responsorium der Hirten sowie ihre Verehrung der Maria angesichts ihrer Statue auf dem Altar (Rouen 13.Jh.), endlich eine Antiphon für den Rückweg. - Am *Epiphanientag* wurde in der Matutin das officium Stellae gehalten (belegt seit 1060 in Nordfrankreich). Unter einer feierlichen Strophe schreiten die → Drei Könige mit dem Träger des Sternes zum Kreuzaltar und werden auf dem Wege von Herodes aufgehalten. An der Krippe stehen zwei Frauen, die nach dem Protevangelium Jacobi als obstetrices (Hebammen) bezeichnet werden. In England erhielt sich das einfache Stella-Spiel noch im 15. und 16.Jh. Zu Erweiterungen verlockte Herodes schon im 11.Jh. (Compiègne, rheinisches Fragment). Auch das Treffen der Drei Könige wird als erste Begebenheit vorgeführt (officium Magorum, Litchfield 1190, Rouen 13.Jh.). In Deutschland ist bereits im 11.Jh. ein kombiniertes W. verbreitet (Straßburg, Freising, Einsiedeln 12.Jh.; Bilsen bei Limburg, 2 süddeutsche Fragmente, für Frankreich nur Fleury 13.Jh.). Es wurde am Sonntag nach Epiphanias als Rückblick nach der Vesper aufgeführt. Nach der Verkündigung durch den Engel gehen die Hirten zur Krippe und beten an. Darauf kommen die Magier, sehen den Stern und ziehen weiter. Herodes läßt sie holen, verhört sie und befragt die Schriftgelehrten. Jene ziehen weiter und begegnen den Hirten, die alles bestätigen. Bei der Krippe erfolgt nach Befragung ihre Anbetung. Der Engel weist ihren Rückweg an. Angehängt wird gelegentlich als Schlußszene, daß Herodes nach dem Entweichen der Magier die Ermordung aller Kleinkinder erwägt. Das officium infantium erfolgte am 28. Dez., wo in der Matutin nach den Laudes eine processio zum Altar geschah (Belege seit 11.Jh.). Da bis 1270 der 28. Dez. zugleich Festtag der Klosterjugend war, lag es nahe, daß diese das Geschehen drastisch darstellte, auch die Flucht der Hl. Familie einbezog und Herodes als Tyrann ausmalte. Damit war die liturgische Haltung durch komödiantisches Gebaren zerstört. Bereits 1161 eifert → Gerhoch von Reichersberg gegen die reale Vorführung von Maria als Matrone und das Kindsgeschrei aus der Wiege. → Herrad von Landsberg klagt 1170 über Possenreißerei bei den W.en. Seit 1210 verbieten Trierer Synodalbeschlüsse Aufführungen innerhalb der Kirche überhaupt. - Das W. als *Ludus* mit etwa 15 Szenen wurde meist im Klosterhof aufgeführt. Benediktbeuren (um 1200) benötigt ein Podium ähnlich wie der Tegernseer Antichrist. Wie in diesem zeigt sich höfisch-gelehrte Haltung, doch das Mimische bestimmt die Darstellung des Herodes als Wüterich und der grotesk-aufgeregten Juden. Als Vorspiel wird das auch selbständig vorhandene Prophetenspiel verwendet, das eigentlich zum 1. Advent gehört. Augustin fordert darin die Propheten auf, gegenüber den ungläubigen Juden für Jesus als Sohn Gottes Zeugnis abzulegen (im Anschluß an einen pseudo-augustinischen Sermon). Es ist als selbständiges Spiel, vielleicht für den 4. Advent, gesichert durch den Chronikbericht Regensburg 1194 und von Riga 1204, durch ein Tiroler Fragment um 1300, ferner für Würzburg, Vorau, den Niederrhein. Das kombinierte W. ist in Deutschland am frühesten entwickelt und beliebt. Aufführungen im Refektorium der Augsburger Benediktiner bezeugt Gerhoch. Das W. als ludus wie als liturgisches Spiel ist nicht nur wegen der lat. Sprache exklusiv und nimmt auf die Laien keine besondere Rücksicht. Ganz interne Angelegenheit der Klosterjugend ist das Spiel vom Hl. Nikolaus, dem Schutzheiligen am 6. Dez. Für die Laien entstand der Umgang der Sternsinger oder der Drei Könige mit dem Stern, ein Heischebrauch, wohl als Umformung des heidnischen Götterzuges der hl. Nächte. Der Epiphanienmesse war die oblatio populi als feierliche Darbringung von Gaben eingegliedert. Das kann den Anstoß gegeben haben, daß auch die Laien ein Dreikönigsspiel darstellen wollten. W.e in den *Volkssprachen* begegnen zuerst im nördlichen Frankreich (Nachricht ca 1200, Herodesspiel). In Deutschland gehört das Bruchstück aus Kloster Himmelgart der Mitte des 13.Jh.s an. Die Chorgesänge bleiben stets lat. Das älteste vollständig erhaltene W. enthält eine St. Galler Hs. des 14.Jh.s. Es führt in 1081 deutschen Reimversen vom Prophetenspiel bis zur Rückkehr der Hl. Familie aus Ägypten. Dem späteren 15.Jh. gehört eine hessische Hs. zu, die nach Alsfeld weist. Dort führte man noch 1517 ein Weihnachts- und Dreikönigsspiel auf. Die 870 Verse des »Ludus de nativitate domini« sind von harmlos-zutraulicher Volkstümlichkeit erfüllt. Die etwa gleichzeitige Erlauer Sammlung wird durch ein kurzes W. eröffnet und bringt später noch ein Dreikönigsspiel, das den Kindermord miteinbezieht. Daß auch in Tirol das W. beliebt war, beweist eine Fassung von 1511 durch Vigil Raber. Für Wien ist gleichzeitig ein W. und ein besonderes von den unschuldigen Kindern vorhanden. Ein 1333 in Toulon in der Weihnachtszeit aufgeführtes Spiel begann mit der Jugend Marias und endet mit dem Kindermord. Für England ist ein W. in Tintinhull 1451 belegt. Eine Gieneser Hs. des 15.Jh.s enthält Hirten- und Dreikönigsspiel, noch in der Kirche gespielt. Immer bäurischer werden die späteren Fassungen in Deutschland. Eine Fülle von Texten sind vom 17.-19.Jh. erhalten. Sie stammen aus Schlesien, Thüringen, Erzgebirge, Harz, auch Berlin. Ferner sind vertreten die Oberpfalz, Bayern (Oberndorf u.a.), Steiermark, Kärnten, das Salzburgische Land (bes. Laufen, Hallein), Oberösterreich, Tirol (Erl, Brigslegg), auch Siebenbürgen, die »Schwaben« in der Ofener Umgebung. Aus Ungarn wurden durch die Anthroposophen bes. die Oberuferer Fassungen wieder bekannt, durch die Truppe von Haaß-Berkow weit verbreitet. Diese Anregung griff die → Jugendbewegung auf und brachte ähnliche Formungen mit starker Verwertung des Musikalischen heraus. Daneben stehen für die Aufführung in Schule, Gemeinde und Vereinen zahlreiche W.e zur Auswahl, welche die beliebten Weihnachtslieder mit den biblischen Berichten verknüpfen. Sie sind oft von einer billigen

Popularität und Erbaulichkeit, während die besten der Jugendbewegung schlichte Gemüthaftigkeit besitzen. Hohe Anforderungen stellen die Chorwerke von H. → Schütz und J.S. → Bach.

K.J.Schröer, Dt.W.e aus Ungarn, 1858 - G.Mosen, Die W.e im sächs. Erzgebirge, 1861 - K.Weinhold, W.e u. Lieder aus Süddeutschland u. Schlesien, 1875 - A.Hartmann, Weihnachtslied u. W. in Oberbayern, 1875 - Ders., Volksschauspiele, 1880 - W.Pailler, Weihnachtslieder u. Krippenspiele aus Oberösterreich u. Tirol, 1881/83 - R.Froning, Das Drama des MA, 3. Teil, 1892 - F.Vogt, Die schles. W.e, 1901 - H.Anz, Die lat. Magierspiele, 1905 - M.Böhme, Das lat. W. (Diss. Leipzig), 1917 - Alfr.Müller, Die sächs. W.e, 1930 - E.Hartl, Das Drama des MA I, 1937 - Leop.Schmidt, Formprobleme der dt. W.e, 1937. - Ferner die Werke von W.Creizenach, K.Young, E.K.Chambers, H.Kindermann (→ Passionsspiele).

W.Flemming

Weihrauch

1. Religionsgeschichtlich - 2. Liturgisch

1. W., ein beim Verbrennen wohlriechendes Gummiharz der verschiedenen Arten des Boswellia-Bäumchens, findet in fast allen Religionen Verwendung. Im Altertum gebrauchen ihn Ägypter, Babylonier, Perser, Griechen und Römer im Opfer- und Totenkult (→ Opfer: I, → Totenverehrung: I), bei → Magie und Liebeszauber, bei der Verehrung der Götter und ihrer → Bilder. Der offizielle röm. Staatskult und die → Mysterien-Kulte kennen den W., der im → Herrscherkult besondere Bedeutung erlangt (Empfang des Kaisers, Triumph, Apotheose). Die Hebräer lernten den W. in Kanaan kennen, bevor seine Verwendung in Ex 30, 7ff. 34ff geregelt wurde. Die frühe Kirche lehnt den W. ab, da sie sich den synagogalen → Gottesdienst (: III) zum Vorbild nimmt, der keine → Räucherungen kennt, und da er wegen seiner Verwendung im Kaiserkult und anderen Riten als heidnisch qualifiziert erscheint (Oracula Sibyll. VIII, 491). In der Verfolgung gilt das Streuen des W.s als Zeichen des Abfalls. Als apotropäisches Mittel akzeptiert man ihn zunächst bei Bestattungen. Am Ende des 5.Jh.s findet die Verwendung des W.s Eingang in die Liturgie (s. 2). - Die Grundmotive gleichen sich in allen Religionen. W. ist Symbol der Anbetung, Zeichen der Verehrung für Gott, Heilige und hochgestellte Personen. Er wird benutzt bei apotropäischen Umwandlungen und bei → Reinigungs-Riten.

Außer der Lit. zu → Räucherungen: DACL V, 3ff - M.Löhr, Das Räucheropfer im AT, 1927 - H.Bonnet, Die Bedeutung der Räucherungen im ägypt. Kult (ZÄS 67, 1931, 20-28) - A.M.Forcadell, El incienso en la liturgia cristiana (Liturgia 10, 1955, 219-225) - J.A.Jungmann, Symbolik d. kath. Kirche, 1960 (s. Reg.) - Heiler 208ff.

B.Kötting

2. W. (θυμίαμα, λίβανος, tus, incensum) verwendet der *christliche Kult* erst seit dem 4.Jh. Als Ausdruck der Verehrung wird die Räucherung (Inzensation) früh u.a. Altären und → Heiligenbildern (: II) zuteil; im levitierten Hochamt (→ Messe: II) erfolgt nach dem Staffelgebet und während des Offertoriums eine Inzensation (der Opfergaben, aber auch des Kreuzes, des Altares, der Reliquien, der Bilder, des Evangelienbuches, des Kelches, der Kleriker und des Volkes). Bei Sakramentsaussetzung und -prozession, bei Weihen, → Exsequien und manchen Segnungen wird ebenfalls inzensiert. Seit dem 8.Jh. läßt sich bei der Reliquienkondition die Beifügung von drei W.-Körnern zu den Reliquien ins Sepulcrum nachweisen; seit dem 11.Jh. wird die Osterkerze durch kreuzförmige Einfügung von 5 W.-Körnern geweiht. Spätestens seit dem 12.Jh. gehört der W. auf Grund einer beim Auflegen auf die Glut erfolgenden Segnung zu den → Sakramentalien.

Braun, LH 369 - LThK X, 783ff.

O.Böcher

Weihwasser. Das W. (aqua benedicta) des christlichen Kultes hat seine Vorläufer in jüdischen und heidnischen → Waschungen. Während die von Tertullian und den Apostolischen Konstitutionen bezeugten Waschungen vor Gebet und Eucharistie vermutlich noch mit ungeweihtem Wasser erfolgten, ist seit dem 5.Jh., wohl entsprechend dem Taufwasser, der Gebrauch von W. nachweisbar, dh von Wasser, das der Priester unter Beimischung von → Salz exorzisiert und segnet. W. zählt seit dem 8. oder 9.Jh. zu den → Sakramentalien und soll lustral, apotropäisch und sanktifikativ wirken.

RE XXI, 55ff - Braun, LH 370 - RGG² V, 1796 - LThK X, 762ff.

O.Böcher

Weil, *Simone* (3.2.1909 bis 24.8.1943), * als Tochter jüd. Eltern in Paris, † in Ashford, seit 1931 Lehrerin für Philosophie an den Mädchenlyzeen von Roanne, Bourges und St. Quentin (dazwischen u.a. ein Jahr Arbeiterin in den Automobilwerken von Renault). Im Juni 1940 flieht sie vor den deutschen Truppen nach Marseille, im Mai 1942 über Amerika nach England, wo sie sich dem Befreiungskomitee de Gaulles zur Verfügung stellt. Ihre radikale Einstellung zu den sozialen Fragen, die an der Opferung der eigenen Person nicht haltmacht, bereitet ein persönliches Christuserlebnis vor (vgl. die postum veröffentlichten »Cahiers«), das ihr Denken plötzlich und radikal umwandelt.

Vf. (jeweils Paris): La pesanteur et la grâce, 1948 (dt. 1952); Attente de Dieu, 1950 (dt. 1953); La connaissance surnaturelle, 1950; L'enracinement, 1950 (dt. 1956); Cahiers I-III, 1951-56; Lettre à un religieux, 1951; Intuitions préchrétiennes, 1951 (dt. 1959); La condition ouvrière, 1951; La source grecque, 1953; Oppression et liberté, 1955; Ecrits de Londres et dernières lettres, 1957; Leçons de Philosophie (Roanne 1933-34), 1959; Ecrits historiques et politiques, 1960. - Über S.W.: J.-M.Perrin-G.Thibon, S.W. telle que nous l'avons connue, Paris 1952; dt. 1954 - E.Fleuré, S.W. ouvrière, ebd 1955 - K.Epting, Der geistl. Weg der S.W., 1955 - G.Kalow, S.W. (Dt. Rundschau 82, 1956, 43-48) - M.Thiout, Jalons sur la route de S.W. (in: Archives des lettres modernes, Paris 1959, Nr. 25 u. 26; Bibliogr.) - G.Kempfner, La philosophie mystique de S.W., ebd 1960 - I.Malan, L'enracinement de S.W., ebd 1960.

K.Epting

Wein und Weinenthaltung

1. Religionsgeschichtlich - 2. Im AT

1. »Im W. lebt etwas von der Grenzenlosigkeit, die das Urweltliche wiederbringt« sagt W.F.Otto in der Behandlung des → Dionysos, der mehr als andere Gottheiten mit der Rebe und dem W. verbunden ist. Im W., dem typischsten Mittel zur Erregung des → Rausches, vereinen sich liebliche und schreckenerregende Aspekte, er »erfreut des Menschen Herz« und ist auch nach at. Anschauung ein Trosttrank (s. 2); er läßt den Menschen die Wahrheit sprechen, erhebt ihn über die Schmerzen des Alltags, überwältigt ihn aber auch und bringt ihn an die Grenzen des Wahnsinns. Deshalb seine Verwendung beim → Opfer (: I; → Totenverehrung: I) und im sakramentalen Mahl, wie schon im → Attis- und → Mithras-Kult, um die Teilnehmer an der Gottesfülle teilnehmen zu lassen; deshalb auch seine vorzugsweise Verwendung als Symbol der geistigen Verzückung. Von → Plotin an haben die Mystiker die → Ekstase der Trunkenheit verglichen. Die klassische W.mystik findet sich im islamischen → Sufismus, wo die Dichter, vor allem im persischen Bereich, den W. in glühenden Worten besungen haben, den ihnen der göttliche Schenke schon am Tag des Urvertrages (Koran 7, 171) kredenzt habe. Hafiz hat gesehen, daß die Engel den Lehm Adams »mit W. vermischten und kneteten«; das Bild vom Beflecken des Gebetsteppichs mit W. als Zeichen der Überschreitung der Gesetzesreligion ist allgemein üblich; die Schilderung der mystischen Trunkenheit durch den - immer roten - W.

beherrscht die Dichtung von der Türkei bis Indien. – Keine Religion hat das W.verbot so ernst genommen wie der → Islam, und obgleich Sure 16, 69 den W. noch als Gottesgabe preist, wird er in 5, 92 als teuflisch bezeichnet: sehr verständlich in einer auf die nüchterne Erfüllung des Gesetzes ausgerichteten Religion, wo erhöhter W.genuß zu Fehlern im rituellen Gebet führen konnte. Das W.trinken gehört zu den großen Sünden; Herstellung und Verkauf sind ebenso wie Genuß von W. mit schweren Strafen zu belegen. Über die Frage, wie weit lediglich W. und wie weit Spirituosen allgemein verboten sind, gibt es gewisse Differenzen; meist wird jedoch das W.verbot auf alle berauschenden Getränke ausgedehnt. Daß sich trotzdem auf dem Boden des Islam eine so ausgedehnte profane und mystische W.poesie entwickeln konnte, ist ein erstaunliches Phänomen; in der religiösen Literatur dürfte es sich zum großen Teil nur um Anwendung des überkommenen Schemas für das ekstatische Erleben handeln.

RGG³ V, 1796f (Lit.) – EI¹ II, 959ff (khamr) – W.F.OTTO, Dionysos, (1933) 1939² – HWDA IX, 289ff – ThW V, 163ff (Lit.) – NILSSON I, 585ff – CH.SELTMAN, Wine in the Ancient World, London 1957 – R.S.DE ROPP, Drugs and the Mind, ebd 1958 – G.SCHREIBER, Der W. u. die Volkstumsforschung (Rhein. Jb. f. Volkskunde 9, 1958, 207–243) – HEILER 249ff. – Weitere Lit. s. → Ekstase, → Rausch, → Wahrsager. *A.Schimmel*

2. Der W. gilt *im AT* als typisches Kulturlanderzeugnis, das die Israeliten erst mit der Landnahme kennengelernt haben (vgl. Num 13, 23). Er wird in der Regel positiv bewertet: er erfreut Menschen (und Götter [s.u.], Ps 104, 15; Ri 9, 13) und gilt als Gabe Jahwes (Hos 2, 10); Fülle an W. ist ein Zeichen des Segens (Gen 27, 28) und wird auch für die eschatologische Heilszeit erwartet (Am 9, 13). – Der W. gehört zu jeder vollen Mahlzeit, bes. aber zu allen festlichen Anlässen hinzu. Die Wirkungen übermäßigen W.genusses gelten in der Regel nicht als anstößig (Gen 43, 34), werden aber von Propheten (Jes 5, 11f. 22) und Weisheitslehrern (Spr 23, 20. 30f) getadelt. – Das Verständnis des W.es als *Göttertrank* (vgl. Ri 9, 13; Dtn 32, 37f) hat in seiner kultischen Verwendung als Libation (»Trankopfer«, → Opfer: II, 6 c) seinen Niederschlag gefunden. Die überlieferten Opfergesetze kennen sie aber nur als Zusatzopfer (Num 15, 5. 7. 10); ältere Belege (1Sam 1, 24; 10, 3; Hos 9, 4) ergeben kein eindeutiges Bild. – *W.enthaltung* nennt das AT unter verschiedenen Gesichtspunkten: aus Protest gegen die Lebensformen des Kulturlandes bei den → Rekabitern (Jer 35), im Rahmen des Weihegelübdes der → Nasiräer (Num 6, 3f) und als zeitlich begrenzte Auflage für den amtierenden Priester (Lev 10, 9; Ez 44, 21).

I.BENZINGER, Hebr. Archäologie, (1893) 1927³, 71f. 146f – DALMAN, AuS IV, 291ff – BRL 84f. 538f – W.HERRMANN, Götterspeise u. Göttertrank in Ugarit u. Israel (ZAW 72, 1960, 205–216). *R.Rendtorff*

Weinel, *Heinrich* (29.4.1874 bis 29.9.1936), ev. Theologe, * in Vonhausen (Wetterau), 1899 PDoz. in Berlin, 1900 PDoz. und Inspektor des ev.-theol. Stifts in Bonn, 1904 ao., 1907 o. Prof. für NT in → Jena, seit 1925 für Syst. Theol. Neben vielseitiger wissenschaftlicher Tätigkeit (→ Bibelwissenschaft: II, 4) war W. von dem Drang beseelt, in Verbindung mit der → »Christlichen Welt« die nichtkirchlichen Gebildeten durch Einführung in die kritische Theologie für ein innerlich freies Kirchentum zu gewinnen. W. trat für → Jatho und G.Traub ein, beteiligte sich führend am Weltkongreß für freies Christentum und religiösen Fortschritt (1910) und versuchte noch 1934 Hauers Deutsche Glaubensbewegung (→ Deutschgläubige Bewegungen, 1) innerhalb einer werdenden »deutschen Gesamtkirche« zu halten. Nach 1918 mühte sich W. um Einigung und Neugestaltung der thüringischen Landeskirche im Sinn eines freien Christentums.

Vf. u.a. (vgl. RGG² V, 1798): Die Wirkungen des Geistes u. der Geister im nachapostol. Zeitalter bis auf Irenäus, 1899; Die Bildersprache Jesu, 1900; Die Nichtkirchlichen u. die freie Theol., 1903; Jesus im 19.Jh., (1903) 1914³; Die Gleichnisse Jesu, (1904) 1929⁵; Paulus, (1904) 1915²; Die Stellung d. Urchristentums zum Staat, 1908; Ibsen, Björnson, Nietzsche. Individualismus u. Christentum, 1908; Ist das »liberale« Jesusbild widerlegt?, 1910; Bibl. TheolNT, (1911) 1928⁴; Die Religion in der Volkshochschule, 1919; Die Bergpredigt, 1920; Die Hauptrichtungen d. Frömmigkeit d. Abendlandes u. das NT, 1921; Die spätere christl. Apokalyptik, 1923; Die dt. ev. Kirche, 1933. – Hg.: Lebensfragen, 1904ff; Christl. Freiheit für Thüringen u. Sachsen, 1913ff (seit 1919: Die freie Volkskirche); Quellenhefte für die Volkshochschule, 1920–27; Religionskundl. Quellenhefte, 1927ff. – Über W.: ChW 50, 1936, 914–916 – R. HERRMANN, Thür. KG II, 1947 (s. Reg.) – J.RATHJE, Die Welt des freien Prot., 1952 (s. Reg.) – K.HEUSSI, Gesch. d. Theol. Fakultät zu Jena, 1954, 383ff. 394ff. *E.Beyreuther*

Weise, *Christian* (1642–1708), * in Zittau, wie sein Vater, ein böhmischer Exulant, Rektor des Gymnasiums (seit 1678). Im Gegensatz zur 2. Schlesischen Dichterschule Vertreter einer viel nachgeahmten, oft platten Natürlichkeit, verfaßte W. viele Dramen, Romane, Gelegenheitsgedichte und (jetzt vergessene) Kirchenlieder, auch biblische Schauspiele für seine Schulaufführungen (→ Barock: II, 6).

H.PALM, C.W., 1854 – KOCH V, 427ff – ADB 41, 523ff – W.KOSCH, Dt. Lit.-Lexikon IV, 1958², 3267f (Bibliogr., Lit.). *W.Jannasch*

Weisheit

1. Allgemeine Charakterisierung – 2. W. im alten Orient – 3. W. in der at. Literatur

1. Unter W. wird gewöhnlich eine allgemein im alten Orient verbreitete geistige Bewegung, eine altorientalische Vorläuferin der griech. und hellenistischen Philosophie, verstanden, auf die die didaktische Literatur, die → Weisheitsdichtung, als entsprechender Gattungskomplex zurückgeführt wird. Es handelt sich dabei um die Bemühung des Menschen, das Leben, die menschliche und natürliche Welt, in die er sich gestellt sieht, als Ordnung auf empirischem Wege zu verstehen: durch Beobachtung der Lebensvorgänge, durch das Erfassen der phänomenalen Charakteristika in der treffenden Formulierung, dem erhellenden Vergleich, im sammelnden Streben zur kontrastreichen Totalität. Diese gnomisch-empirische Apperzeption kennt kein induktives Zurückführen der Phänomene auf ein Prinzip wie das (spätere) philosophisch-systematische Denken, so daß die Ordnung als ein den Menschen forderndes Gegenüber, auch und gerade insoweit sie uneinsichtig bleibt, als Unterordnung heischendes Göttliches erfahren wird.

2. Es gibt *im alten Orient* keinen einheitlichen W.sbegriff. Die Substantive verschiedener Verben, die ein Erkennen und Verstehen bezeichnen, oder andere Wortbildungen werden zunächst unregelmäßig verwendet. Dabei ist für den W.sbegriff charakteristisch, daß zwischen praktischem Geschick oder einer Erfahrung, die zB ein Handwerk voraussetzt, und theoretischer, gnomischer Erkenntnis nicht unterschieden wird. So schließt die hebr. Wurzel ḥkm, die dem späteren Terminus ḥåkmā zugrunde liegt, auch den Begriff der Kunstfertigkeit des Handwerkers und Fachmannes ein (Jes 40, 20; Jer 10, 9; Ez 27, 8 u.ö.). Dieser Konzeption widerspricht nicht die Ansicht, daß die W. einen *göttlichen Ursprung* habe: Die »Kunst« des Ackerbaus wurde in Mesopotamien vom Gott Ninurta hergeleitet, in Israel von Jahwe (Jes 28, 23–29). Im mesopotamischen Mythos verleiht Enki den von Ninmaḫ geformten sieben Men-

schen sieben Künste; die göttliche Lebensordnung für den Menschen wird nach Uruk von der Göttin Inanna gebracht, die sie ihrem Vater Enki entführt: die Göttlichkeit, Krone, Thron und Zepter, die Musik, den Altenrat, Heldentum, Gewalt und Gegnerschaft, die Gerechtigkeit, den Rat, die einzelnen Künste usw. → Berossus tradiert, daß Oannes, Annedotos und andere aus den Urwassern stammende Mischwesen die Menschen unterwiesen. Der Hephästos der ugaritischen Epen ist Kṯr (→ Ugarit, 3). In → Ägypten gelten Ptah und Toth als Erfinder der Künste. Davon abgesehen sind alle übermenschlichen Wesen der W. in besonderer Weise teilhaftig (vgl. zB die Redensart in 2Sam 14, 20 oder 16, 23). Der → Urmensch ist in die göttliche W. eingeweiht (Gen 3; Ez 28, 12. 17; Hi 15, 7f). Vorsintflutliche Könige gelten als Offenbarungsmittler (Enmeduranki von Sippar; Henoch, der »Eingeweihte«). Die nur schwer zu fassende Gestalt des Šuruppak und der Sintflutheld → Noah vermitteln die W. an die nachsintflutliche Menschheit. Selbstverständlich gilt der Inhalt der W. als göttlich: die Institution der menschlichen Lebensordnung im Mythos von Inanna und Enki sind göttliche Kräfte (Me); W. ist, so läßt sich das sumerische Logogramm NUN. ME. TAG deuten, das große mit Me Geschmückte, und für die ägyptische W.slehre ist der Begriff der »Wahrheit«, der → »Ordnung« als Göttin Maat konstitutiv. Schließlich sei die vielgestaltige, noch in Hi 28, 22 nachschwingende mythische Tradition erwähnt, daß die W. im Urwasser ihren Ort habe (vgl. die gelegentlich im Semitischen begegnende etymologische Bestimmung als »Tiefes« oder eine solche Prädizierung).

Der Herleitung der W. aus einer Uroffenbarung entspricht das Gewicht, das dem Tradieren und Lehren der W. beigelegt wird. Diese stete Aufgabe der Tradition bestimmt das Wesen der W. entscheidend. Neben die Tradition der Lehre tritt die eigene Erfahrung, die als Bestätigung der Tradition und als Explizierung der Ordnungskonzeption fungiert, die aus einer Uroffenbarung hergeleitet wird. So erklärt sich der konservative, *traditionsgebundene Charakter* der W., darum geschieht die Aneignung der W. durch das Lernen, dh das »Hören« und Gehorchen, und von daher kann die W. als »Zucht« verstanden werden (vgl. mûsar in Spr). Der Ort der Lehre und der Tradition wird die Schule, und die Lehrer sind die »Weisen«. In der Erziehung und somit in der Schule konzentriert sich die W. auf die menschliche Verhaltensweise, die allgemein verbindliche Ethik, doch bleiben daneben die technischen Gebiete, vor allem die Mantik, bestehen. Das Schulwesen führt zu einer engen Verbindung des Schreiberberufes mit dem des W.slehrers, die nicht ohne Folgen für die Ausprägung der W. blieb. Uroffenbarung und Tradition der W. schließen aber nun doch nicht aus, daß gelegentlich die W. durch spezielle Offenbarungen vermittelt wird (zB Hi 4, 12 bis 21), wenn es sich hier auch um Ausnahmen handelt. In dem Augenblick, in dem das Weltbild dualistische Strukturen annahm, in der → Apokalyptik und in der → Gnosis, mußten diese Ausnahmen zur Regel werden.

Da sich die W. auf die Welt und das menschliche Leben ganz allgemein bezieht, hat sie einen internationalen, allgemein menschlichen Charakter. Das kommt sowohl durch die inhaltliche Verwandtschaft der W.slehren verschiedener altorientalischer Völker als auch durch den Übergang von W.straditionen von einem Volk ins andere zum Ausdruck. Die am internationalen Verkehr beteiligten Schreiber konnten diese Tendenz unterstützen. Kommt es in der W.slehre stets auf ein Verstehen der in der Welt herrschenden Ordnung an, das vom einzelnen nachvollzogen werden muß, so kann sich die W. bei aller Autorität, die ihr eigen war, nur selten in ein apodiktisches Gebot kleiden, sondern muß die Regel und den Rat als Form wählen. Die empirische Methode der in der W. gegebenen Lebens- und Welterkenntnis setzt den unmittelbaren Zusammenhang von Tat und Folge, dh Ergehen, so daß die Lebensregeln scheinbar eudämonistische Züge tragen. Kennzeichnend für die W. ist schließlich die bei der Interpretation der Wirklichkeit stets geübte heteronome Voraussetzung einer göttlichen Ordnung, mit der die Wirklichkeit in vielen Fällen augenscheinlich konkurriert, so daß die tradierte menschliche W. als von der Uroffenbarung mehr oder weniger weit entfernt beurteilt (vgl. zB Hi 15, 7f. 18f) oder die kosmisch untergeordnete Stellung des Menschen für die Unmöglichkeit einer Kommunikation mit der göttlichen W. verantwortlich gemacht wird (vgl. zB Hi 4, 17-21). Daraus erklärt sich der oft pessimistisch erscheinende Charakter der W.slehren, die das Unergründbare, ja Unverständliche des menschlichen Lebens hervorkehren.

3. Im *vorexilischen Israel* konnte die »internationale« W. neben den Jahwismus treten, ohne mit ihm zu konkurrieren; sie richtete sich an das Individuum und nicht an das Volk, der diesseitig-empirische Charakter ihrer Ratschläge unterschied sie grundlegend von den Jahwe-Geboten, und ihre Geschichtslosigkeit ließ keine Berührung mit den theologischen Konzeptionen in Israel aufkommen. Lediglich die völlige Unterordnung der W. unter den Willen Jahwes mußte erkannt werden (zB Spr 21, 30). In *nachexilischer* Zeit vollzieht sich ein grundsätzlicher Wandel. Die ursprünglichen religiösen Strukturen der W. machen einen heilsgeschichtlichen Entwurf in der Theologie Israels möglich, in dessen Mittelpunkt die W. steht. Die W. (ḥåkmā) als Ordnung der Schöpfung wird mit der Absicht und dem Plan des Schöpfers identifiziert (Spr 3, 19f), wird so als an der Schöpfung beteiligt gedacht, wobei sie in große Nähe zum rûaḥ- und dabar-Begriff gerät (vgl. Spr 3, 19 mit Ps 33, 6; Sir 24, 3 mit Gen 1, 2; → Geist: II, → Wort Gottes: I), und als präexistent den Schöpfungswerken vorgeordnet (Spr 8, 22ff; Sir 1, 4; 24, 3ff). Dabei wird die W. nicht als abstraktes Prinzip aufgefaßt, sondern im Gegenteil als → Hypostase personifiziert. Ihr aller Schöpfung vorgeordneter und sublimer Charakter findet Ausdruck in der Gestalt eines mit der Schöpfung vor Gott spielenden Kindes (= ʼamôn, Spr 8, 30f, später als »Werkmeister« gedeutet; diese und andere, theologisch wichtige Deutungen in Ber. r. I, 1f). Da sich die W. an die Erkenntnis des Menschen wendet, wird sie zur Offenbarungsmittlerin. Sie tritt als Lehrerin auf Markt und Gassen auf (Spr 1, 20ff; 8, 1ff), sie sucht bei den Menschen eine Ruhestätte (Sir 24, 7). Als → Tora (sie wird mit dem mosaischen Gesetz identifiziert) kann sie sich in Israel, das sie als Eigentum erhält, niederlassen (Sir 24, 8; kommentiert in 24, 23; vgl. Bar 3, 9 - 4, 4). Aber auch außerhalb Israels ist jede menschliche Ordnung auf sie zurückzuführen (Spr 8, 15f; Sir 1, 10). Als Gegenspielerin der »Torheit«, die als Aphrodite-Astarte zur »Heiligen Hochzeit« verführen will (Spr 7; 9, 13ff), ruft sie jeden einzelnen zur Entscheidung, zum feierlichen Mahl in ihr Haus (Spr 9, 1ff). In hellenistischer Form erscheint die W. in der → Salomo-W. (1.Jh. vChr): die W. ist reiner Geist, über den Geistern stehend (7, 22f), mehr als Sonnen- und Sternenlicht (7, 29), nämlich Abglanz des ewigen Lichtes, Spiegel, ja Abbild (εἰκών) Gottes (7, 26), Atem und Ausfluß seiner Macht und Herrlichkeit (7, 25). Es liegt auf der Hand, wie stark diese W.sauffassung auf die Logos-Konzeption → Philos, auf den Sophia-Begriff der frühen Gnosis und auf die Tora-Spekulation des Rabbinats gewirkt hat. Wesentliche Motive im Lied auf den → Logos Joh 1, 1-18 und verschiedene christologi-

sche Traditionen lassen sich aus der W.sauffassung herleiten, wie sie im nachexilischen Israel ausgebildet wurde.

Lit. s. → Weisheitsdichtung. *H.Gese*

Weisheit Salomos → Salomo-Weisheit.

Weisheitsdichtung

1. Allgemeines - 2. Die altorientalische Wd. - 3. Die at. Wd. - W. = Weisheit, Wd. = Weisheitsdichtung

1. Die Bezeichnung Wd. für eine bestimmte, allgemein im alten Orient verbreitete Literaturform, von der at. Wissenschaft auf Grund des biblischen Begriffes ḥåkmā (→ Weisheit) geprägt, ist nicht sehr glücklich, da es im alten Orient keinen einheitlichen Begriff »W.« gibt, der dieser Literaturform zugrunde läge. Man bezeichnet als Wd. den gesamten Bereich didaktischer Literatur im alten Orient, wenn man von den spezialisierten wissenschaftlichen Werken absieht. Diese didaktische Literatur hat es vornehmlich mit dem Menschen und seiner Verhaltensweise sich selbst und der Gemeinschaft gegenüber zu tun, ebenso aber mit den im menschlichen Leben erfahrenen Gesetzmäßigkeiten und Ordnungen.

Die Grundgattung dieser didaktischen Literatur ist der *Spruch*, der mehr oder weniger poetisch geformt ist, und zwar sowohl das einfache Volkssprichwort wie der gehobenere W.sspruch, der als Aussagewort (Maxime) eine bestimmte Tatsache formuliert, demzufolge vom Volkssprichwort kaum zu unterscheiden ist, und als Mahnwort (Sentenz) Rat und Weisung erteilt. Die Sprüche werden für gewöhnlich zur Tradition in *Sammlungen* zusammengestellt, die nach mnemotechnischen, aber auch nach systematischen Gesichtspunkten aufgebaut sind. Berührungen zur Omenliteratur lassen sich hier nachweisen. Neben die einfache Sammlung tritt die *Instruktion*, eine Sammlung, die auf einen bestimmten Traditionsempfänger oder -empfängerkreis hin zusammengestellt ist, vornehmlich Mahnworte enthält und gewöhnlich mit persönlicher Einleitung und Ausleitung versehen ist. Bes. beliebt und zu hoher Kunstfertigkeit entwickelt ist der Gebrauch von Bildern und Gleichnissen in den Sprüchen, der auch der Umbiegung der Spruchform in die *Rätselform* Vorschub leistet. Sogar innerhalb eines Spruches können die Vergleiche bis zu einer bestimmten Anzahl gesammelt werden (sog. Zahlenspruch). Das in den Sprüchen gern geübte Vergleichen mit Naturerscheinungen, mit Dingen, Pflanzen und Tieren führt zur → *Fabel* als Gattung der Wd. Neben der ausgearbeiteten Gattung der Fabel gibt es häufig die Kurzform oder Fabelanspielung im Sprichwort. In der entwickelten Wd. ist die *dialogische Form* beliebt, sei es in der Art des Selbstgespräches, sei es in der ausgebildeten Gattung des Streitgespräches. Die dialogische Form erklärt sich aus der wissenschaftlichen Diskussion der Kreise, in denen man die Verfasser und Tradenten der Wd. zu suchen hat. Wd. ist aber auch in von Hause aus fremde Gattungen eingedrungen oder hat sie sich assimiliert: hier ist vor allem der Hymnus zu nennen, aber auch die Klage, die Humoreske und Satire.

Schon das Volkssprichwort versucht mit seiner Formulierung und seinen Vergleichen Gesetzmäßigkeiten des menschlichen Lebens einzufangen, um so mehr der W.sspruch, der es darauf absieht, diese Erfahrungen regelrecht zu sammeln. So haftet diesen Sprüchen von vornherein ein *gnomisch-wissenschaftlicher Charakter* an. Dieser erhöht sich, wenn in den Sammlungen nach Art der altorientalischen Listenwissenschaft eine Totalität der Aspekte, eine Summe von Ratschlägen erstrebt wird. Wie die Wd. der in der Welt herrschenden Ordnung nachgeht, so ist ihr Grundgebot die Unterordnung des Menschen unter diese Ordnung. Dabei bleibt stets unvergessen, daß diese Ordnung dem Menschen nie voll einsichtig wird. Das Leben nach dieser Ordnung, das Sich-Einfügen, die → Demut und das Hinnehmen des Unerklärlichen charakterisieren die Wd. Da nach allgemein altorientalischer Anschauung, von der Frühzeit (wozu auch die frühe sumerische Kultur zu rechnen wäre) abgesehen, das Handeln des Menschen und sein Ergehen in unmittelbarem Zusammenhang stehen, ist Wohlergehen, Segen und Glück Folge und somit Maßstab des weisen Lebenswandels. Die Unaufweisbarkeit dieses Zusammenhanges wird in der Wd. immer wieder zum Problem und daher zum treibenden Moment in ihrer Entwicklung. Die Ausrichtung auf die vorfindliche Welt gibt der Wd. ihren eigentümlich diesseitigen und, wenn man so will, anthropozentrischen Charakter. Doch trifft die häufige Verurteilung des Ethos der Wd. als utilitaristisch und eudämonistisch oder sogar als opportunistisch, da die Wd. verständlicherweise die Unterordnung unter die Autoritäten der menschlichen Gesellschaftsordnung lehrt, die Sache nicht.

Die Wd. wurde in den Schulen gelehrt; Verfasser und Tradenten dieser Literatur sind die Schreiber. Auf die Schule läßt sich der *pädagogische Charakter* der Wd., der auf Schritt und Tritt begegnet, zurückführen: die Auffassung der Lehre als Zucht ebenso wie die häufige Anrede »mein Sohn«, die der Lehrer gegenüber dem Schüler gebraucht. Die oft blendende Formulierung, die ausgefallene Wörter nicht scheut, und die Freude am → Akrostichon lassen den gelehrten Schreiber erkennen. Seine besondere Stellung neben dem Priester entspricht dem diesseitigen Charakter der Wd. In späteren und differenzierteren Formen der Wd. zeigt sich oft, daß die Lehren speziell auf den zukünftigen Schreiber und Beamten zugeschnitten sind, und eine besondere Standesethik läßt sich feststellen, doch ist dies nicht ein Charakteristikum der Wd. an sich. Auch in den ägyptischen Instruktionen, die diese Spezialisierung am meisten erkennen lassen, bleibt der Grundzug der Lehren allgemeingültig, und viele Einzelanweisungen der ägyptischen Instruktionen können nicht aus der Situation des Beamten und Schreibers allein hergeleitet werden. Der allgemeinere Charakter der israelitischen Wd. darf also nicht als israelitische Umdeutung gewertet werden, wie es manchmal geschieht. Aus der Rolle, die der König im alten Orient als Garant der (kosmischen-menschlichen) Ordnung einnimmt (→ Königtum, sakrales), erklärt sich die zumeist pseudepigraphische Abfassung verschiedener Instruktionen und Spruchsammlungen durch Könige. Davon abgesehen sind natürlich die Schreiberschulen mit dem höfischen Leben in vielfacher Hinsicht verknüpft.

Die Grenzen der Wd. gegenüber der wissenschaftlichen Literatur sind nicht klar abzustecken, zumal der gnomische Charakter der Wd. eine Einordnung in die wissenschaftliche Literatur zuließe. Ein Teil der Omenliteratur und andere Listenwerke weisen eine starke inhaltliche Verwandtschaft mit der Wd. auf. Die Schreiber und »Weisen« sind hier wie dort Verfasser und Tradenten, und der Ort der Lehre ist in beiden Fällen die Schule.

2. Die *ägyptische* Wd. ist vor allem durch die Gattung der Instruktion (sb3jt) vertreten, die hier zu besonderer Blüte gelangte. Schon in der aus dem Alten Reich (5. Dyn.?) stammenden Lehre des Ptahhotep - von den noch älteren, aber nur fragmentarisch erhaltenen Lehren des Djedefhor und für Kagemni abgesehen - tritt uns die ägyptische W.slehre vollentwickelt entgegen. Die kosmische → Ordnung, die »Wahrheit« wird in der Göttin Maat erkannt. Der ägyptische Weise, der »wahre Schweigende«, der »Hörende«, »tut« Maat, ordnet sich

ihr unter. Im Mittleren Reich tritt in den pseudepigraphischen Königsinstruktionen für Merikare (10. Dyn.) oder in der des Amenemhet (12. Dyn.) und in den Klagen der sog. Mahnworte eines ägyptischen Weisen (frühestes Mittleres Reich) die Gefährdung der Ordnung stärker in das Blickfeld. Der Gedanke des Totengerichts (Merikare) tritt stärker hervor, ohne den diesseitigen Ordnungsbegriff zu sprengen. Die Instruktion des Cheti (12. Dyn.) ist wegen ihres Lobes des Beamtenstandes berühmt. Die sog. Klagen des Bauern sind rhetorische Musterbeispiele mit der Tendenz, die Gerechtigkeit der Beamten zu fordern und zu preisen. Für das Neue Reich ist neben der Lehre des Anii (18. Dyn.) bes. die des Amenemope (22. Dyn. oder jünger) zu erwähnen, die die religiösen Bezüge der ägyptischen W.slehre expliziert, ohne aber ihr Wesen zu ändern. Exzerpte aus dieser Instruktion liegen in Spr 22, 17-23, 11 vor, doch ist neuerdings wieder behauptet worden, diese Instruktion ginge auf ein hebr. Original zurück (so Drioton, vgl. dagegen Couroyer und Williams). Der Spätzeit gehören die Lehre des Papyrus Insinger und die Instruktion eines Anchscheschonq an.

Die *mesopotamische* Wd., deren Überreste erst zu einem kleinen Teil ediert sind, ist schon von den → Sumerern grundlegend ausgebildet worden. Aus der altbabylonischen Zeit stammen umfangreiche sumerische Sprichwortsammlungen, die auch übersetzt als Bilinguen tradiert wurden und kanonisches Ansehen genossen. Daneben konnten sich eigene babylonische Sammlungen kaum durchsetzen. Auch die Instruktionen sind von den Sumerern ausgebildet worden, sowohl in der üblichen »ethischen« (Instruktion des Šuruppak) als auch in der spezialisierten Form (Instruktion des Gottes Ninurta für den Ackerbau). Teils wurden diese Instruktionen akkadisch tradiert, teils um neue vermehrt (die »Counsels of Wisdom«, die wohl der Kassitenzeit entstammen, die sog. pessimistische W. [Kassitenzeit?], der neubabylonische Fürstenspiegel, der nahe Verwandtschaft zur Omenliteratur zeigt, u.a.). Auch das Streitgespräch mit anschließendem göttlichem Urteilsspruch findet sich schon in der sumerischen Literatur, und zwar als Sonderform der Fabel (die adam-du-ga-Gattung). Diese lehrhaften Tenzonen sind zT für die Könige der Ur III-Dynastie geschrieben. In einem akrostichischen Streitgespräch der Kassitenzeit, der sog. babylonischen →Theodizee (: I), geht es um die Gültigkeit der gerechten Weltordnung; man sieht sie eingeschränkt durch die Mängel der menschlichen Natur. Eine Satire der Spätzeit auf das »pessimistische« Streitgespräch liegt im sog. pessimistischen Dialog vor. Das Problem des leidenden Gerechten findet aber auch schon in der sumerischen Wd. seine Bearbeitung. An einem Beispiel wird gezeigt, daß demütige Klage das Heil bewirkt, das den Tun-Ergehen-Zusammenhang wieder offenbar werden läßt. Dieses Klageerhörungsparadigma ist außerdem aus der altbabylonischen Zeit (mit wahrscheinlich dialogischer Klage) und aus der Kassitenzeit (Ludlul bēl nēmeqi) bekannt.

Von der *kanaanäischen* Wd. ist praktisch nichts erhalten, während die berühmte *edomitische* Wd. wenigstens indirekt aus dem AT erschlossen werden kann (vielleicht die Sammlungen Spr 30, 1ff; 31, 1-9, die Tradition von den Freunden Hiobs, vgl. 1Kön 5, 10f; Jer 49, 7; Ob 8). *Assyrische* und *aramäische* Traditionen liegen vereint in der aus der persischen Zeit stammenden Instruktion des Achikar vor, die in einem jüdischen Papyrus aus → Elephantine (5.Jh. vChr) aramäisch überliefert ist.

3. Im Volk umlaufende Sprichwörter (vgl. 1Sam 24, 14; 1Kön 20, 11; Jer 23, 28 b), von volkstümlichen Redewendungen ganz abgesehen (vgl. Gen 10, 9), wird es seit jeher in *Israel* gegeben haben. In die salomonische Ära kann man den Beginn der systematischen Ausbildung von W.ssprüchen und das erste Sammeln des Spruchgutes datieren. Das ergibt sich nicht so sehr aus den Traditionen über → Salomos W. in den Sagen und Anekdoten von 1Kön 3, 4-13. 15 ab$\beta\gamma$; 3, 16-28; 10, 1-10. 13 als aus der zusammenfassenden Angabe von 1Kön 5, 9-14, die davon berichtet, daß in salomonischer Zeit die altorientalische Listenwissenschaft in Form der Onomastik in Israel Eingang fand. Im Zusammenhang mit der Ausbildung einer eigenen höfischen Kultur wurde die in Israels Umwelt eng mit der Schule und der Schreibererziehung verknüpfte systematische Pflege der Wd. übernommen. Daher wird in der pseudepigraphischen Zurückführung der ältesten Spruchsammlungen auf Salomo (Spr 10, 1 - 22, 16; 25-29 [25, 1: Sammlung zZ Hiskias]) etwas Richtiges zum Ausdruck gebracht. Solche Spruchsammlungen wie Spr 10ff, die als ältestes Zeugnis einer regulären Wd. in Israel anzusprechen sind, begegnen in der Folge immer wieder: Spr 6, 1-19; die in Pred eingestreuten Spruchzusammenstellungen, die für das Thema des Buches nicht von Belang sind; Sir; Tob 4, 3-19; 12, 6-10; Pirqe Abot; Pirqe R.Natan usw. Ist die W. auch im ganzen Volk von der einfachen Frau (2Sam 14, 7. 14) bis zum königlichen Ratgeber (2Sam 17, 11f) zu finden, durchdringt sie die ganze Dichtung, von einer novellistischen Erzählung wie der → Josephs-Geschichte bis zur prophetischen Verkündigung (Am 3, 4-6. 8), so mußte doch die Sammlung des Spruchgutes und seine systematische Ausbildung von einem besonderen Stand, den »Weisen« übernommen werden, die schon früh neben die Klassen der Priester und Propheten treten (Jer 18, 18; vgl. Spr 25, 1; Jes 5, 21; 29, 14; Jer 8, 9).

Die *vorexilische* Spruchdichtung Israels unterscheidet sich von der anderer Völker nicht so wesentlich, daß nicht ausländisches Spruchgut von Israel übernommen werden kann (Spr 22, 13 - 23, 11 sind Exzerpte aus der ägyptischen Instruktion des Amenemope; vielleicht sind auch die anderen Sprüche der Sammlung 22, 13 bis 24, 22 mit dem Anhang 24, 23-34 nichtisraelitischen Ursprungs; die Sammlung der in ihrem Charakter späten Worte Agurs Spr 30, 1-14 und die Instruktion an König Lemuel Spr 31, 1-9 sind ismaelitischer Herkunft). Doch finden sich in den Sammlungen Sprüche, die gegen jede menschlicherseits zu postulierende Ordnung den absoluten Willen Jahwes hervorkehren (Spr 10, 22; 16, 33; 21, 1; 25, 2 u.a.) und so die menschliche W. ad absurdum führen (Spr 21, 30).

Zu einer großangelegten *Auseinandersetzung* mit der W.slehre, bes. mit ihrer Grundanschauung vom Tun-Ergehen-Zusammenhang kommt es im → Hiobbuch, das in seinem Aufriß von dem in Mesopotamien verbreiteten und auch in Israel in Ansätzen vorhandenen (vgl. Ps 32; 130) historifizierten und paradigmatisch interpretierten Klagelied eines »Unschuldigen« (Klageerhörungsparadigma) ausgeht. Während Hiobs Freunde die herkömmlichen W.sanschauungen vertreten, kann Hiob auf Grund seines Unschuldsbewußtseins nicht das von Gott verhängte Leiden als gerecht anerkennen. Gegenüber der herkömmlichen Ordnungskonzeption der W. wird die Aufweisbarkeit des Rechts unabhängig vom Ergehen postuliert, gleichzeitig aber die Unmöglichkeit dargetan, das Handeln Gottes einer menschlichen Billigung zu unterziehen. Von einem anderen Gesichtspunkt aus wird im → Predigerbuch der von der W. vertretene Ordnungsbegriff kritisiert: die sich im Pred abzeichnende Distanzierung des Menschen vom Weltgeschehen läßt die »natürliche« Ordnung der W. als eine dem Einzelnen wesensmäßig fremde erscheinen.

Abgesehen von diesen kritischen Auseinandersetzungen mit der W.slehre hat die W. in der nachexilischen Zeit eine durchgreifende *theologische Neuinterpretation* erfahren: sie ist die präexistente Ordnung der Schöpfung, liegt jeder menschlichen Ordnung zugrunde und ist identisch mit dem mosaischen Gesetz; sie wird als göttliche Hypostase personifiziert (→ Weisheit). Die Entscheidung für sie bedeutet Teilhabe an der göttlichen Weltordnung, ja sie wird zur Offenbarungsmittlerin schlechthin. In größeren Lehrgedichten, die sich gattungsmäßig aus dem W.sspruch entwickelt haben und bisweilen hymnische Form annehmen, wird diese W.slehre dargestellt: in Spr 1-9 (4.-3.Jh.), im Gedicht von der Transzendenz der W. Hi 28 (3.Jh.), im Buch → Jesus Sirach (190 vChr), bes. c. 1 und 24, in Bar 3, 9 - 4, 4 (1.Jh. vChr), in hellenisierter Form in der → Salomo-W. (Alexandrien 1.Jh. vChr). In Hymnen wird die mit der W. identische → Tora gepriesen (zB Ps 19, 8ff; 119). Der dieser W.sauffassung zugrunde liegende Spiritualismus läßt nun auch die alten Probleme in neuem Licht erscheinen. Das Leiden wird in den Elihu-Reden Hi 32 bis 37 als Zucht und Hinführung zu Gott verstanden. Während das Problem der Aufweisbarkeit des Tun-Ergehen-Zusammenhanges im W.sgedicht Ps 37 noch im älteren Sinn behandelt wird, ist es für den Dichter von Ps 73 in der spirituellen Kommunikation mit Gott nicht mehr existent (V. 25f). Das Todesproblem ist in Ps 49 durch das Wissen um die Fortdauer der Gottesgemeinschaft gelöst (V. 16).

Vgl. die Lit. zu → Hiobbuch, → Jesus Sirach, → Predigerbuch, → Salomo-W., → Sprüchebuch. Ferner *zu 1:* A.Jolles, Einfache Formen, (1930) 1956². - *Zu 2:* H.Brunner, Die (ägypt.) W.slit. (HO I/2, 1952, 90-110) - Ders., Altägypt. Erziehung, 1957 - F.W. v.Bissing, Altägypt. Lebens-W., 1955 - G.Fecht, Der Habgierige u. die Maat in d. Lehre des Ptahhotep, 1958 - E.Drioton, Le livre des Prov. et la sagesse d'Aménémopé (BEThL 12-13, 1959, I, 229 bis 241) - B.Gemser, The Instructions of ʿOnchsheshonqy and Bibl. Wisd. Lit. (VT Suppl. 7, 1960, 102-128) - R.P.Couroyer, Amenemope I, 9; III, 13: Egypte ou Israël (RB 68, 1961, 394-400) - R.J. Williams, The Alleged Semitic Original of the Wisd. of Amenemope (JEA 47, 1961, 100-106). - C.J.Gadd, Ideas of Divine Rule in the Ancient East, London 1948 - J.J.A.van Dijk, La sagesse suméro-accadienne, Leiden 1953 - E.I.Gordon, A New Look at the Wisd. of Sumer and Akkad (BiOr 17, 1960, 122-132) - W.G.Lambert, Babylonian Wisd. Lit., Oxford 1960. - *Zu 3:* P.Humbert, Recherches sur les sources égypt. de la litt. sap. d'Israël, Neuchâtel 1929 - W.Baumgartner, Die isr. W.slit. (ThR NF 5, 1933, 259-288; Lit.) - Ders., The Wisd. Lit. (The OT and Modern Study, hg.v. H.H.Rowley, Oxford 1951, 210-237; Lit.) - J.Fichtner, Die altoriental. W. in ihrer isr.-jüd. Ausprägung (BZAW 62), 1933 - Ders., Zum Problem Glaube u. Gesch. in d. isr. W.sbüchern (ThLZ 76, 1951, 145-150) - W.Zimmerli, Zur Struktur d. at. W. (ZAW 61, 1933, 177-204) - G.Boström, Proverbiastudien, Lund 1935 - A.Drubbel, Le conflit entre la sagesse profane et la sagesse religieuse (Bibl 17, 1936, 45-70. 407-428) - O.S.Rankin, Israel's Wisd. Lit., Edinburgh (1936) 1954² - D.H.Duesberg, Les scribes inspirés I. II, Brügge 1938/39 - S.Du Toit, Bybelse en Babilonies-Assiriese Spreuke, Johannesburg 1942 - R.Gordis, The Social Background of Wisd. Lit. (HUCA 18, 1943/44, 77-118) - A.M.Dubarle, Les sages d'Israël, Paris 1946 - J.C. Rylaarsdam, Revelation in Jewish Wisd. Lit., Chicago 1946 - J.W. Gaspar, Social Ideas in the Wisd. Lit. of the OT, Washington 1947 - H.Ringgren, Word and Wisdom, Lund 1947 - A.Alt, Die W. Salomos (ThLZ 76, 1951, 139-144 = Alt II, 90-99) - H.J.Kraus, Die Verkündigung d. W., 1951 - L.E.Toombs, OT Theology and the Wisd. Lit. (JBR 23, 1955, 193-196) - Wisdom in Israel and in the Ancient Near East, hg.v. M.Noth u. D.W.Thomas (VT Suppl. 3), 1955 - W.A.Gispen, De wijze in Israël, Kampen 1956 - G.v.Rad, TheolAT I, 1957, 415ff - H.Gese, Lehre u. Wirklichkeit in d. alten W., 1958 - H.Cazelles, L'enfantement de la sagesse en Prov. VIII (BEThL 12 bis 13, 1959, I, 511-515) - E.Cantore, La sapienza biblica, ideale religioso del credente (Riv. Bibl. 8, 1960, 1-9. 129-143. 193-205) - E.Würthwein, Die W. Ägyptens u. das AT, 1960 - U.Skladny, Die ältesten Spruchsammlungen in Israel, 1962. *H.Gese*

Weismann, *Christian Eberhard* (1677-1747), ev. Theologe, * in Hirsau, 1701 Diakonus in Calw, 1705 Hofkaplan, 1707 Gymnasial-Prof. in Stuttgart, 1721 ao., 1726 o. Prof. in → Tübingen. Der von → Spener beeinflußte, dem Halleschen Pietismus offene, → Zinzendorf ablehnende W. gilt durch seine nach Objektivität strebende KG (→ Kirchengeschichte: I, 2a. e) als ein Vorläufer von → Mosheim.

Hauptwerk: Introductio in Memorabilia ecclesiastica historiae sacrae Novi Testamenti, (1718/19) 1745². Weitere Schriften in Zedlers Universallexikon 54, 1747, 1440ff. - Autobiographisches in: Beyträge zu den Actis historico-ecclesiasticis I/6, 1749, 817ff. - Über W.: C.v.Weizsäcker, Lehrer u. Unterricht an d. ev.-theol. Fakultät Tübingen, 1877, 100ff - ADB 41, 614 - H.Leube, Reformideen in d. dt. luth. Kirche zZ der Orthodoxie, 1924, 1ff - H.Hermelink, Gesch. d. ev. Kirche in Württ., 1949, 154ff. *E.Beyreuther*

Weismantel, *Leo* Hugo, Schriftsteller und Volkspädagoge, * 10.6.1888 in Obersinn (Ufr.), 1915 Handelsrealschullehrer in Würzburg, nach 1919 freier Schriftsteller, gründete 1928 in Marktbreit/M. die »Schule der Volkschaft«; 1947-51 Prof. für Kunstgeschichte am Päd. Institut in Fulda, danach wieder freier Schriftsteller. - Sein umfangreiches schöngeistiges Schrifttum, im Kern gesund-unprätentiöse Heimatkunst, nach seinen eigenen Worten zuerst »nicht aus der Liebe zum Werk, sondern aus der Liebe zum Wirken« geboren, ist insgesamt pädagogisch ausgerichtet. Aus der Zeitzerrissenheit nach dem 1. Weltkrieg erwuchs ihm die Idee der »Bildungsmitte«, gemeint als Erziehung der Erwachsenen zur »Volkschaft«, dh zur »Lebensgemeinschaft innerer Geistes- und Volkskultur«. W.s praktische Erziehungsbeispiele sind noch heute lesenswert.

Vollst. Bibliogr. in: L.W., Leben u. Werk. Zum 60. Geb., 1948. Dichterisch-erzählerisch am besten »Das alte Dorf« (1928) u. »Die Gesch. des Richters von Orb« (1927). Aus dem päd. Schrifttum bes.: Die Schule der Volkschaft, 1925; Der Geist der Sprache, 1927; Die Schule der Lebensalter, (1928) 1932³; Vom Willen der Kunsterziehung, 1930. - Über W.: Selbstbiogr.: Mein Leben, 1936; Jahre des Werdens, 1940 - Kath. Leistung in der Weltlit. d. Gegenw., 1934, 69ff - Dt. kath. Schrifttum heute, 1936, 101ff - Dt. kath. Dichter d. Gegenwart, 1950, 176ff - LPäd (F) IV, 931f. *H.Kautz*

Weiß, 1. *Bernhard* (20.6.1827 bis 14.1.1918), Neutestamentler, * in Königsberg, lehrte dort seit 1852, 1863-77 in Kiel, 1877-1908 in Berlin. Konservativ in allen Einleitungsfragen, hatte W. starke Reserven gegen die Tübinger Tendenzkritik, deren Geschichtsbild er sich freilich nicht entziehen konnte. Außer als fruchtbarer Kommentator arbeitete W. speziell auf den Gebieten der Textkritik (→ Text: II, 2), der synoptischen Frage (→ Evangelien, synoptische, 1 c) und der Leben-Jesu-Forschung. - Vgl. → Bibelwissenschaft: II, 4.

Vf. u.a. (außer Kommentaren): Lehrb. d. Bibl. TheolNT, (1868) 1903⁷; Leben Jesu I. II, (1882) 1902⁴; Lehrb. d. EinlNT, (1886) 1897³; Das NT. Handausg., 3 Tle, 1902; Die Quellen d. synopt. Überlieferung, 1908. - Bibliogr. (Auswahl): RGG² V, 1810f. - Über W.: W.Scheffen (Hg.), Zum Gedächtnis von B.W., 1918 (Lit.) - Selbstbiogr., hg.v. H.Weiss, 1927 - W.G.Kümmel, Das NT (Orbis Academicus III, 3), 1958, 215f. *H.-O.Metzger*

2. *Johannes* (13.12.1863 bis 24.8.1914), Neutestamentler, Sohn von 1, * in Kiel, 1888 PDoz. in Göttingen, 1895 Prof. in Marburg, 1908 in Heidelberg. Als Glied der → Religionsgeschichtlichen Schule entdeckte W. 1892 auf rein exegetischem Wege den futurisch-eschatologischen Charakter der Reich-Gottes-Verkündigung Jesu und beseitigte damit eine wesentliche Stütze der Theologie seines Schwiegervaters A. → Ritschl (→ Ritschlianer). Spätere Arbeiten befaßten sich vor allem mit dem popularphilosophischen Erbe des Paulus und der religionsgeschichtlichen Besonderheit des Urchristentums in Zusammenhang mit der Person Jesu.

Bibliogr.: RGG² V, 1811. Hauptwerke: Die Predigt Jesu vom Reiche Gottes, (1892) 1900²; Das älteste Evangelium, 1903; 1Kor (MeyerK V⁹), 1910; Das Problem der Entstehung des Christentums (ARW 16, 1913, 423-515); Das Urchristentum, 1914/17 (ergänzt v. R.KNOPF). - Über W.: R.BULTMANN, J.W. zum Gedächtnis (ThBl 18, 1939, 242-246) - W.G.KÜMMEL (s. 1) 286ff. 351ff - K.PRÜMM, J.W. als Darsteller u. religionsgesch. Erklärer der paulin. Botschaft (Bibl 40, 1959, 815-836). *W.G.Kümmel*

3. *Konrad* (* 1.5.1880 in Rauenbretzingen/Württ., † 4.1.1940 in München), kath. Lyriker, Prosaist, Essayist, war Kunstreferent am Hochland (1905-20) und an den Münchener Neuesten Nachrichten (1920-40). In der Zielsetzung von Carl Muth hat W. die Erneuerung der Kunst in der Nachbildung des Gethsemane Jesu als Thema und Struktur gesehen (Zum geschichtlichen Gethsemane, 1919). Im Zuge des religiösen → Expressionismus setzte er dem modernen Menschen van Goghs den »gotischen« Menschen entgegen (Das gegenwärtige Problem der Gotik, 1927). 1932/33 entwarf er einen christlichen Konservativismus (Der christliche Epimetheus, 1933). In Reisefeuilletons der 30er Jahre betonte er die Ausprägung des Deutschtums durch das Christentum, bes. in der romanischen Baukunst (Deutschlands Morgenspiegel, 2 Bde, 1950). Immer hat W. die Zeittendenzen auf die Heilsgeschichte zurückgeführt, aber in einer magischen raunenden Sprache. Mit dieser heilsmystischen und metaphorisch-liturgischen Sprache gewann er der geistlichen Dichtung neue Möglichkeiten. Die ersten Gedichtbände »Tantum dic verbo« (1918) und »Die cumäische Sibylle« (1921) sind noch spröde Versifizierungen der Theorie; die folgenden gewinnen durch Bild-, Volkslied- oder Naturmotive an Kernigkeit, Anschauung und Bedeutung: »Die kleine Schöpfung« (Kinderverse, [1926] 1948), »Das Herz des Wortes« (1929), »Das Sinnreich der Erde« (1939). Insgesamt eine Erneuerung der geistlichen Dichtung aus altem Formengut, neuer Theologisierung und einfacher Naturnähe: keine geistliche Volksdichtung mehr, sondern Dichtung der theologischen Existenz. Die »Prosadichtungen« (1948) sind erneuerte Allegoresen, fremdartig und faszinierend. Ein Trauerspiel »Konradin von Hohenstaufen« ([1938] 1948) und ein Funkspiel »Das kaiserliche Liebesgespräch« ([1934] 1951) deuten eine romantische Herkunft an. Der moderne Magismus der Sprache erinnert an R.Borchardt, ist aber ohne Kenntnis der christlichen Symbolik unverständlich.

Dichtungen u. Schriften in Einzelausg., hg.v. F.KEMP, bisher Bd I (Gedichte 1914-39), 1961. - Über W.: F.KEMP, Der Dichter K.W. (Wort u. Wahrheit 4, 1949, 280-292) - DERS., Nachwort z. Auswahl »Spuren im Wort«, 1951 - C.HOHOFF, K.W. (Wort u. Wahrheit 9, 1954, 443-454) - DERS., Der christl. Epimetheus (in: Geist u. Ursprung, 1954, 118-137) - H.KUNISCH, Das Sinnreich der Erde (Hochland 47, 1954/55, 132-148) - C.HESELHAUS, K.W. (H.FRIEDMANN-O.MANN [Hg.], Christl. Dichter der Gegenwart, 1955, 307-320) - DERS., K.W.' geistl. Magie (in: Dt. Lyrik der Moderne, 1962², 379 bis 397) - H.HENNECKE, Versinnlichung des Abstrakten. K.W. (in: Kritik, 1958, 245-253). *C.Heselhaus*

Weissagung gehört als Voraussagung zukünftiger Ereignisse in das weite Gebiet der → Mantik (Divination) und des Prophetismus (→ Propheten: I) und beruht zumeist auf der visionären oder auditiven Veranlagung einzelner Personen oder Gruppen (→ Vision: I). Solche Visionäre haben spontan, aus bestimmtem Anlaß oder auch nach Anwendung bestimmter Mittel das »zweite Gesicht«, oder sie vernehmen übernatürliche Stimmen - oft im Zustand der → Ekstase (→ Schamanismus) - und verkünden auf Grund dessen das Künftige in deutlichen oder verhüllten Worten. Trotz des Anspruchs auf → Inspiration (: I) und → Offenbarung (: I, 2) droht hier nur zu oft die Gefahr der Täuschung auf pathologischer Grundlage (→ Parapsychologie, → Religionspsychopathologie), so daß auch für den Gläubigen die Berechtigung des Anspruchs erst durch die Erfüllung bestätigt wird (vgl. Dtn 18, 22). - Im weiteren Sinne kann man folgende Arten der W. unterscheiden: a) als die höchste die spontane Geistergriffenheit des gottbegeisterten Sehers und Verkündigers; b) die Deutung der verschiedensten absichtlich hervorgerufenen oder unabhängig beobachteten Erscheinungen, Zustände oder Ereignisse, auf Grund deren der → Wahrsager das Künftige kündet (→ Omen); c) die Verbindung beider durch die künstliche Hervorrufung jener Ergriffenheit durch solche Vorgänge oder Mittel (→ Orakel). - a) Selbst die at. Seher und → Propheten (: II) waren nicht nur Warner und Verkündiger von Ereignissen, die dem Volke (oder dem König als dessen Vertreter) bevorstanden, sondern gelegentlich auch Vorhersager der Zukunft für den einzelnen; vgl. u.a. 1Sam 10, 2ff; Am 7, 17; Jes 22, 16ff; Jer 28, 16; 35, 19. Die ältesten bisher bekannten Belege für die ekstatische W. sowie für → Traum-Orakel finden sich in den Keilschriftbriefen aus → Mari (, 4). Bei den → Hethitern und auch in → Phönizien und → Kanaan bildeten solche Enthusiasmierte einen eigenen Stand. Neben Drohungen (in kurzen prägnanten Versen) finden sich auch Heilsverheißungen. In den ägyptischen »prophetischen« Texten sind solche W.en meist schematisch angeordnet nach Fluch- und Heilszeiten (→ Eschatologie: I). In Assur fand sich ein Text mit W.en, die sich auf eine künftige Königsreihe beziehen, mit Angabe der Regierungsjahre, leider ohne Namen: wohl ein »vaticinium post eventum« aus der Zeit vor 1200 vChr. Es ist das älteste Beispiel einer langen Reihe von Prophezeiungen, von welchen die des Nostradamus (Centuries, 1555) zu Anfang der Neuzeit am bekanntesten wurde. - b) Die guten oder schlimmen Vorzeichen wurden auf die Zukunft gedeutet und schon in → Babylonien (: II, 18) zu endlosen Listen und Serien geordnet (vgl. → Aberglaube, → Astrologie, → Omen, → Orakel). So entstand eine Pseudowissenschaft, die zwar weithin auf dem Trugschluß des »post hoc, ergo propter hoc« beruht, welcher aber die Überzeugung von der inneren Einheit des Kosmos und der kausalen Abhängigkeit des Menschenlebens vom kosmischen und auch vom scheinbar zufälligen Naturgeschehen zugrunde liegt. - c) Mittel zur Hervorrufung oder Förderung ekstatischer W. sind → Musik (vgl. 1Sam 10, 5; 2Kön 3, 15), → Rausch-Trank oder auch der Windhauch aus der Felsspalte, wie bei der Pythia in Delphi. Bedeutend war in manchen Kulturkreisen (zB bei den → Kelten und in der → germanischen Religion) die Rolle der → Frauen (: I) auf diesem Gebiet.

Lit. s. bei den angeführten Art. Ferner: ERE IV, 775ff - HWDA IX, 387ff - A.HÜBSCHER, Die große W. Texte, Gesch. u. Deutung der Prophezeiungen von den bibl. Propheten bis auf unsere Zeit, 1952 - R.LA ROCHE, La divination, 1957. - Prophetische Texte aus Ägypten: AOT 46-55; ANET 441-449. Text aus Assur: AOT 283f; ANET 451f. *F.M.Th.de Liagre Böhl*

Weissagung und Erfüllung

I. Im AT - II. Im NT - III. Dogmatisch

I. Im AT

Die W. im AT gründet auf und lebt aus der Verheißung, die Gott von Anfang an über Israel gelegt hat mit dessen Schöpfung als Volk und als Kultgemeinde, dh mit dem → Bund (: II), den er Israel mit dessen → Erwählung (: I) gewährt hat.

1. Erwählung Israels, d.i. die unverbrüchliche Zusage Gottes auf die ewige Lebensgemeinschaft seines Volkes mit ihm (→ Offenbarung: II). Gott hat von Anfang an

seiner Verheißung gemäß treu an diesem Volk gehandelt (Jes 5, 1ff). Diese Gewährung Gottes impliziert das ewige Gebundensein Israels an Jahwes Willensforderung. Das Volk aber hat »schlechte Trauben« gebracht, es hat sich in den Willenswiderstreit gegen seinen Schöpfer verfangen (Am 4, 6ff; Jes 1, 4f). Die Träger der W., die → Propheten (: II), erkennen, daß die damit gegebene Spannung hl. Gott - sündiges Volk (→ Gott: II, 5 c) vom Volk her nicht überwunden werden kann. Gott selbst muß eingreifen, um die von ihm gemeinte Lebensgemeinschaft mit seinem Volk wahr zu machen, so daß die Verheißung doch faktisch werde. Nur im → Gericht Gottes (: II) über das sündige Volk kann das geschehen (→ Propheten: II C, 5). Das Volk versteht die Erwählung als Garantie (Am 5, 14; Mi 3, 11) seines šalôm (Herrschaft und Wohlfahrt) und glaubt, sein Leben aus eigener Kraft und in Selbstherrlichkeit gestalten zu können (Jes 2, 6ff; 5, 21; 28, 15; 29, 14; 30, 1f). Die vorexilischen Propheten versuchen, dem Volk seine verlorene Situation im Angesicht Gottes (Am 3, 2; Jes 5, 12. 21) durchsichtig zu machen durch die Deutung des geschichtlichen Geschehens, und suchen das Volk zu retten, zur Umkehr (→ Bekehrung: I) zu bringen durch Drohung und durch Lockung, dh durch Droh- und Heils-W.en. Deren Eindringlichkeit ruht auf der Überzeugung der Propheten, daß Gott jetzt durchbricht zu seinem Volk in einem letzten, die Geschichte abbrechenden und die Lebensgemeinschaft mit seinem Volk für alle Ewigkeit begründenden Handeln. Das Wann und das Wie dieses endgültigen richtenden und beseligenden Tuns Gottes weissagen die Propheten. Sie »verkünden« (→ Wort Gottes: I) mit diesen W.en: Mahnung sind diese W.en und Trost zugleich in der jeweiligen geschichtlichen Situation. Das Daß des letzten Geschehens von Gott her steht beiden fest, den Propheten wie dem Volk: Gott hat einen »Tag« (Am 5, 18; → Eschatologie: II, 3), dh sein Kommen steht außer Frage. Mit der drohenden und lockenden W. über das letzte Geschehen stellen die → Propheten (: II C, 3) ihre Volksgenossen vor die Entscheidung, selbst keinen Zweifel hegend, daß ihre W.en in Erfüllung gehen werden. Jedoch die Tatsache, daß sich die W.en weithin nicht erfüllt haben bzw. sich nicht so erfüllt haben (→ Propheten: II B, 1f), zeigt, daß hier menschliche Aspekte sich einmischen, die auch irrig sein konnten. Zu dieser Schlußfolgerung zwingt auch die Beobachtung, daß die Propheten nicht nur untereinander außerordentlich differieren in bezug auf jenes Wie, sondern auch für die einzelnen Propheten selbst ein eindeutiges Bild von dem Wie nicht gefunden werden kann (→ Eschatologie: II, 3). Das Gericht soll sich in außen- oder innenpolitischen Katastrophen vollziehen oder in Naturkatastrophen (Feuer, Dürre, Seuchen u.ä.); das lockende Heil ist: Besitz des Landes, politische Herrschaft, šalôm (d.i. ewige paradiesische Wohlfahrt, langes Leben, Kinderreichtum, Besitz u.ä.).

2. Vom NT her werden leicht die messianischen W.en als die zentralen W.en des AT gesehen. Jedoch das AT ist nicht messiano-, sondern theozentrisch: die messianischen W.en meinen das Realwerden der Königsherrschaft Gottes (→ Messias: II, 1; → Königtum Gottes im AT; → Eschatologie: II. III). Der Messias wird im AT nicht oft erwähnt. Die Propheten, die überhaupt von ihm sprechen - als → »Messias« (: II, 1) bezeichnen sie ihn niemals -, tun das, weil für die Prophetie die Endvollendung Israels zugleich seine Endvollendung als politische Größe ist: weil vom idealen Volk gesprochen wird, deshalb ist die Rede vom idealen König (der → »Knecht Jahwes« Jes 53 entzieht sich bisher einer einhelligen Deutung).

3. Die Entfaltung des Wie der Selbstverwirklichung Gottes an seinem Volk vollzieht sich in der über dem AT liegenden Begrenztheit: der at. Glaube ist grundsätzlich nationalistisch-kultisch (→ Universalismus und Partikularismus: II, → Gemeinschaft und Individuum: II) und diesseitig (→ Tod: II, → Ewiges Leben: I) bestimmt. Die Droh-W.en beziehen sich entsprechend auf den physischen Bestand des sakralen Kollektivs. Die Heils-W.en setzen als das in der Endvollendung real werdende Heilsgut die Vollendung des israelitischen Staatswesens und der Kultgemeinde. Von daher ist zu erklären, daß sich die W.en sehr selten auf einen Einzelnen beziehen (Jes 22, 15; Jer 28, 16). Wohl aber betreffen sie oft auch die Zukunft der Völker (→ Propheten: II C, 4), die entweder im letzten Geschehen vernichtet (schon Am 1, 3ff; Jes 8, 10) oder in das anbrechende Gottesreich einbezogen werden (Jes 2, 2f), sobald sich der Gottesgedanke zu einem universalen → Monotheismus (: II) entfaltet hatte. Der Wandel im Gehalt der W.en hängt eng zusammen nicht nur mit dem Wandel der geschichtlichen Situation, sondern nicht zuletzt mit dem Wandel des Gottesverständnisses (→ Gott: II). Späteres Verstehen tritt öfter in den später eingearbeiteten W.en zutage.

4. Aus jener Bedingtheit wird die enge nationale Begrenztheit der älteren W.en, auch der messianischen, und ihr bloß heilsmäßiger Charakter verständlich (Gen 49, 8ff; Num 24, 17f; Dtn 33, 13ff). In diese Linie gehört auch alle W., die um das Davidische Königtum als reine Heils-W. kreist (2Sam 7). Mit der Prophetie des 8.Jh.s setzt die Wendung ein zu dem oben (s. 1) entwickelten Bild von der at. W. Nicht als ob die Heils-W. nun durch die Gerichts-W. der prophetischen Zeit völlig verdrängt worden wäre. Jene läuft vielmehr weiter, wofür die zB in den sog. messianischen → Psalmen (: I, 4 d) sich zeigende bloße Heilshoffnung Zeuge ist (Weltherrschaft, der König als Träger des šalôm, Fehlen des Gerichts über das eigene Volk). Die andere W.slinie (Gericht), die in der W. von dem nach der Zerschlagung des Volks übrigbleibenden »Rest« gipfelt (Jes 7, 3; 37, 31f), steht mit dieser auf bloßes Heil begrenzten W. in Spannung (Mi 3, 5; Jer 28; Ez 13; → Gott: II, 5f), so sehr für die vorexilischen Propheten gerade das Gerichtstun Gottes auf den ewigen Heilszustand des Volkes abzielt und für diesen šalôm ebenso geweissagt wird wie die Endvollendung im Sinne der beseligenden inneren Erneuerung (Hos 2, 17; Jes 11, 9) und wie die aus dieser sich gestaltende unaufhebbare sittliche Lebensordnung des Volkes (Jes 11, 3-5; 29, 20f).

5. Die prophetische Gerichts-W. schien erfüllt zu sein mit der Zertrümmerung des judäischen Staates durch → Nebukadnezar. Das »Volk« war tot. Aber Gericht war ja nur ergangen, damit das Heil sich an Israel vollende. Das Totengefilde wird zum Leben erweckt werden (Ez 37), und Israel wird in den neuen Bund eingehen (Jer 31, 31ff; Ez 36, 25f). Wie die Gerichts-W.en mußten sich die Heils-W.en erfüllen. Bei Ez ist der Umschlag der Gerichts-W. in die Heils-W. evident (ab c. 33). Die Hochgesänge des Dtjes (→ Jesajabuch, 2) sind getragen von der Gewißheit des sich jetzt vollendenden Heils: Gott ist schon auf der Bahn! Dem entmutigenden Verziehen der Epiphanie setzen → Haggai und → Sacharja entgegen: nur noch eine kleine Weile! Aber es bleibt beim Harren. Israel hält an den prophetischen Heils-W.en im unerschütterlichen Vertrauen auf die Grundverheißung, dh auf seine Erwähltheit, fest, den weissagenden Aspekt in der → Apokalyptik (: II) ausweitend auf Gericht und Heil der ganzen Welt (Jes 24-27, Daniel, die jüd. Apokalypsen), unter Transzendierung des Zustands der Erfüllung.

Vgl. die at. Theologien u. die Lit. zu → Eschatologie: II, → Hermeneutik, 2 g, → Messias: II, → Typologie: I. Ferner: J.CHR.K.v.

HOFMANN, W. u. E., 2 Bde, 1841/44 - L.DIESTEL, Gesch. d. AT in d. christl. Kirche, 1869 - C.v.ORELLI, Die at. W., 1882 - F.DELITZSCH, Messian. W.en, 1890 - W.STAERK, Das assyr. Weltreich im Urteil d. Propheten, 1908 - E.KÖNIG, Die messian. W.en d. AT, 1923 - J.HEMPEL, Gott u. Mensch im AT, (1926) 1936² - DERS., Vom irrenden Glauben (ZSTh 7, 1929, 631-660) - H.GRESSMANN, Der Messias, 1929 - F.BAUMGÄRTEL, Die Eigenart d. at. Frömmigkeit, 1932 - DERS., Verheißung, 1952 - M.BUBER, Königtum Gottes, (1932) 1956³ - H.W.WOLFF, Herrschaft Jahwes u. Messiasgestalt im AT (ZAW 54, 1936, 168-201) - W.E.MÜLLER, Die Vorstellung vom Rest im AT (Diss. Leipzig), 1939 - G.v.RAD, Erwägungen zu d. Königspsalmen (ZAW 58, 1940/41, 216-222) - DERS., Typol. Auslegung d. AT (EvTh 12, 1952/53, 17-33) - R.BULTMANN, W. u. E. (ZThK 47, 1950, 360-383 = BULTMANN II, 162-186) - W.EICHRODT, Israel in d. W. d. AT, 1951 - G.QUELL, Wahre u. falsche Propheten (BFChTh 46, 1), 1952 - W.ZIMMERLI, Verheißung u. E. (EvTh 12, 1952/53, 34-59) - TH.C.VRIEZEN, Prophecy and Eschatology (VT Suppl. I), 1953 - C.WESTERMANN, Zur Auslegung d. AT (in: H.URNER, Vergegenwärtigung, 1955, 88-120) - R.HERMANN, Gotteswort u. Menschenwort in d. Bibel, 1956 - ThW VI, 810ff. *F.Baumgärtel*

II. Im NT

1. Von W. und E. kann man im NT nur dort reden, wo die Anschauung begegnet, daß at. Schriften, vor allem die Propheten, bestimmte Ereignisse der urchristlichen Geschichte vorausgesagt haben und diese Voraussage eingetroffen sei. Die Anschauung von der nt. E. at. W.en ist somit eine besondere Ausdrucksform des urchristlichen Glaubens, daß Jesus als der Christus und die urchristliche Gemeinde die E. der at. Verheißungen darstellen. Kann das christliche Heilsgut als »Verheißung« bezeichnet werden, an dem die Christen als Teilhaber des Beginns der eschatologischen Vollendung Anteil erhalten haben (Apg 2, 39; 2Kor 7, 1 u.ö.), so nicht als »W.« (Baumgärtel). Darum schließt die urgemeindliche Verkündigung: »Christus gestorben für unsere Sünden nach den Schriften und begraben und auferweckt am 3. Tage nach den Schriften und gesehen worden von Kephas und den Zwölfen« (1Kor 15, 3f) die Glaubensaussage ein: »Denn soviele Verheißungen Gottes es gibt, in ihm ist das Ja« (2Kor 1, 20), aber diese Glaubensaussage umfaßt nicht von Anfang an und notwendigerweise auch die Behauptung, dieses Ja im einzelnen durch Schriftbeweise aufzeigen zu können. Solcher Schriftbeweis, der sich sehr bald ausbildete (→ Schriftauslegung: III, → Typologie: II), wurde nun entweder so durchgeführt, daß man das AT als »für uns geschrieben« verstand (1Kor 9, 10; 10, 11; Röm 4, 23f; 15, 4), wobei den at. Verfassern keineswegs ein Wissen um die eschatologische Beziehung ihrer Aussagen zugeschrieben wird, oder von der Voraussetzung aus, daß die at. Schriftsteller die eschatologische E. in der Person Christi und der Geschichte der urchristlichen Gemeinde ihren Zeitgenossen vorausverkündet haben (1Petr 1, 10-12).

2. Nur in diesem zweiten Sinn kann man legitim von W. und E. im NT reden: »Gott hat das, was er vorausverkündigt hat durch den Mund aller Propheten, daß sein Gesalbter leiden werde, in dieser Weise erfüllt« (Apg 3, 18). In Ausführung dieses Glaubens redet das NT in verschiedener Weise von der »E.« dessen, was die Propheten oder die »Schriften« vorausgesagt haben (Mk 7, 6; Mt 26, 54; Joh 15, 25; Röm 9, 29 u.ö.), und solcher Schriftbeweis hat zweifellos manche Einzelheiten der Berichte über Jesus, vor allem in der Leidensgeschichte, erst hervorgebracht (→ Jesus Christus, 11). Diese rückblickende Anschauung entspricht dem besonderen eschatologischen Geschichtsbewußtsein Jesu und der Urkirche (→ Geschichte: II A), und darum haben »die berühmten E.s- oder Verwirklichungs-Formeln, die häufig im NT zu finden sind, praktisch keine Entsprechung in der Qumranliteratur« (Fitzmyer) und ebensowenig in der → Mischna. Von W. und E. kann das NT also nur darum reden, weil at. Aussagen gemäß der exegetischen Methode der Zeit ohne Rücksicht auf ihren geschichtlichen Sinn vom NT her gedeutet werden, wobei den Einzeltexten eine Deutung widerfährt, die für den geschichtlich Denkenden nicht annehmbar und nicht überzeugend ist. Man kann dieser Tatsache nicht ausweichen, indem man den W.sbeweis als »schärfsten Ausdruck der Gebundenheit der Bedeutung Jesu an die vom AT bezeugte Geschichte Gottes mit Israel« (Pannenberg) bezeichnet oder darauf verweist, daß es sich nicht um eine Argumentation, sondern um Verkündigungsaussagen handle (Diem). Auch kann man den punktuell argumentierenden Hinweis des NT auf erfüllte W.en nicht theologisch legitimieren durch Ausweitung zu der Anschauung von der »der Erscheinung Christi vorlaufenden Gottesoffenbarung« (v.Rad) oder theologisch umdeuten auf die at.-jüdische Geschichte als »W. in ihrem Scheitern« (Bultmann). Auch wenn in der urchristlichen Anschauung von den erfüllten W.en keine bloße Willkür zu sehen ist (McCasland), sondern die zeitgeschichtlich bedingte Ausdrucksform für den urchristlichen Glauben an Christus als die eschatologische E. der at. Verheißung Gottes, so kann doch diese hermeneutische Methode der Vergewisserung dieses Glaubens nicht als bleibend legitime Ausdrucksform für den nt. Heilsglauben angesehen werden.

Vgl. Lit. zu → Allegorie: II, → Schriftauslegung: III, → Typologie: II. Ferner: J.C.K.v.HOFMANN, W. u. E. im alten u. neuen Testamente I. II, 1841/44 - E.KÖNIG, Die messian. W.en des AT, 1923, 340ff - R.BULTMANN, W. u. E. (ZThK 47, 1950, 360-383 = BULTMANN II, 162-186) - F.BAUMGÄRTEL, Verheißung, 1952 - H.DIEM, Dogmatik, 1955, 134f - W.PANNENBERG, Heilsgeschehen u. Gesch. (KuD 5, 1959, 218-237) - ThW VI, 293ff. 834f - G.v.RAD, TheolAT II, 1960, 329ff - J.A.FITZMYER, The Use of Explicit OT Quotations in Qumran Literature and in the NT (NTS 7, 1960/61, 297-333) - S.V.MCCASLAND, Matthew twists the Scriptures (JBL 80, 1961, 143 bis 148) - H.KÖSTER, Die Auslegung der Abraham-Verheißung in Hebr 6 (Studien z. Theol. d. at. Überlieferungen, hg.v. R.RENDTORFF u. K.KOCH, 1961, 95-109) - U.WILCKENS, Die Rechtfertigung Abrahams nach Röm 4 (ebd 111-127) - C.DIETZFELBINGER, Paulus u. das AT (ThEx NF 95), 1961. *W.G.Kümmel*

III. Dogmatisch

1. Begrifflich - 2. Theologiegeschichtlich - 3. Systematisch

1. Die christliche Kirche verwendete das Begriffspaar W. und E. immer wieder dazu, sich das Verhältnis des AT zum NT zu verdeutlichen. Das *Deutungsschema* umschließt sowohl das Moment des (zeitlichen und sachlichen) Unterschiedes als auch das der Zusammengehörigkeit des Geschehens in beiden Testamenten. Im engeren Sinne handelt es sich bei der W. nur um andeutende Rede, die in späterem Geschehen zur E. kommt. Im weiteren Sinne können aber auch bestimmte Ereignisse, Personen, Einrichtungen auf künftiges Geschehen hin als W. dienen (Verbindung mit der → Typologie). Das Schema unterscheidet sich von der Allegorese (→ Allegorie) durch seine strenge Geschichtsbezogenheit: beide Pole liegen als wirkliche Vorgänge oder Gestalten in der Zeit. Es geht nicht um at. Vorherandeutung christlicher Lehren oder Wahrheiten, sondern ausschließlich um die Voranküdigung bestimmten Geschehens.

2. In der *altkirchlichen* → Schriftauslegung (: IV A) hat darum, soweit man allegorisch vorgeht, dieses Schema keine Bedeutung: es genügte, die christliche Wahrheit auch im AT schon mehr oder weniger deutlich ausgesprochen zu finden. Nur wo man, im Gefolge der antiochenischen Schule, den Literalsinn ernster nimmt, wird die im NT vollzogene → Schriftauslegung (: III; → Weissagung und Erfüllung: II) weiter geübt. Worte, Begebenheiten, Personen des AT werden als Hinweise

auf das Geschehen um Christus und seine Kirche verstanden, gleichgültig, ob die at. Träger des Geschehens um diesen verweisenden Bezug wußten, oder ob dieser als ihnen unbewußte göttliche Absicht erst von der E. her erkannt wird. Auch heidnische dicta (Sibyllinische Bücher) werden als W. auf die in Christus geschehene E. verstanden. Im *MA* geht das Bewußtsein der Unterschiede und des zeitlichen Abstandes von AT und NT weitgehend verloren. Der einheitliche Offenbarungstext wird nach einheitlicher Methode ausgelegt. Das gilt auch noch für *Luther*. Seine Grundunterscheidung von → Gesetz (: V, 5) und Evangelium fällt nicht prinzipiell zusammen mit dem Unterschied zwischen AT und NT. So ist für ihn da, wo im AT Evangelium ist, nicht W. auf Christus hin, sondern Christus selbst spricht und handelt dort. Bei *Calvin* dagegen gewinnt der heilsgeschichtliche Unterschied wieder gewisse Bedeutung. Das AT verkündigt denselben Gegenstand wie das NT, aber die Darbietung ist nur schattenhafte Vorwegnahme, ein »trüber, unklarer Blick in weite Ferne«. – Während einerseits das Schema W. und E. in der *Orthodoxie* sehr häufige Verwendung zur Exemplifizierung der Inspirationslehre (→ Inspiration: II) findet und eben an diesem Punkt die Schriftkritik der Aufklärung einsetzt, gewinnt es andererseits in der weiteren Ausbildung des heilsgeschichtlichen Denkens (→ Heilsgeschichte) und im Zusammenhang mit dem zunehmenden Erstarken des historischen Bewußtseins in der *Neuzeit* gelegentlich entscheidende positive Bedeutung, so etwa in der Föderaltheologie (→ Bund: IV) und im → Biblizismus des 19.Jh.s. Von dort (→ Bengel, → Crusius, → Oetinger, → Tholuck) und vom idealistisch-romantischen Geschichtsverständnis beeinflußt entwirft *J.C.K.v.* → *Hofmann* seine umfassende Konzeption. Nicht mehr nur einzelne Worte und Ereignisse sind W. auf Christus und das Endgeschehen, sondern die Geschichte des at. Gottesvolkes als ganze wird vom Telos der Geschichte, Jesus Christus, her als W. daraufhin verstanden. Das historische Denken aber lehrte andererseits auch schärfer zu unterscheiden und hatte so auflösende Wirkung. → *Schleiermacher* unterscheidet zwischen »speziellen« und (allgemein-)»messianischen« W.en. Der »heilige Charakter« der speziellen »Vorhersagungen« wird geleugnet, sie »werden der psychischen Naturforschung anheimgegeben«. Und auch die messianischen W.en sind ohne konstitutive theologische Bedeutung, da nicht der Glaube durch sie, sondern umgekehrt sie erst durch den Glauben Überzeugungskraft erhalten. Im weiteren Ausbau dieser Gedanken wurde das AT zur bloßen religionsgeschichtlichen Vorstufe und entwicklungsgeschichtlichen Bedingung des NT. – In der *Gegenwart* wird das Problem im Zusammenhang der → Hermeneutik des AT vor allem von den Exegeten lebhaft verhandelt (→ Weissagung und Erfüllung: I. II). In der Systematischen Theologie spielt das Begriffspaar entweder gar keine (zB rückt → Barths christologische Reduktion der Geschichte auf die »Urgeschichte« das AT als »Zeit der Erwartung« und das NT als »Zeit der Erinnerung« beide gleichwertig nebeneinander) oder keine entscheidende Rolle. Stärkere Beachtung findet es nur bei R.Prenter (in Verknüpfung mit Gesetz und Evangelium) und bei C.H.Ratschow (unter entschiedenem Abzielen auf das geschichtliche Kontinuum des Handelns Gottes).

3. Der *W.sbeweis,* der das genaue Eintreffen von bewußt Vorhergesagtem meint, ist *erledigt*. Er scheitert an der genaueren Kenntnis des historisch-ursprünglichen Sinnes der dafür in Anspruch genommenen Bibelstellen. Außerdem wäre er als Begründung für den Glauben verderblich (Schleiermacher). Dennoch bleibt eine *Möglichkeit,* das Schema W. und E. besonnen anzuwenden. Ausgangspunkt muß die erfahrene E. sein. Von ihr als Kriterium aus lassen sich W.en aufzeigen. Das AT seinerseits kommt mit seinem Verständnis der → Geschichte (: I) als der göttlichen Führung des Volkes von W. zu E., die ihrerseits wieder weitergreifende, über die Gegenwart hinausdrängende W. ist, dem vom Christusgeschehen her erfolgenden Auffinden von W.en entgegen. Auf doppelte Weise ist so die Überlegenheit der E. über die W. erhalten. Denn erstens ist die E. nicht einfach die genau entsprechende Realisierung der W., sondern sie überbietet sie, gibt ihr einen überraschenden, die ursprüngliche Erwartung im Erfüllen zerbrechenden Sinn; zB werden die zwar die ganze Völkerwelt umschließenden, aber doch völkisch-national gebundenen messianischen Erwartungen der Propheten zugleich erfüllt und zerbrochen in der radikalen Entnationalisierung der eschatologischen Gemeinde aus Juden und Heiden. Und zweitens geht die Legitimierung der W. von der E. aus. Die Inbezugsetzung von W. und E. ist nicht als innergeschichtlicher, kausalgenetischer (positiv oder negativ teleologischer) Zusammenhang anzunehmen. Die E. ist nicht die notwendige Folge der W. Denn W. nimmt (im Unterschied zu spezifischer Vorhersage) die Zukunft nicht in festlegender Weise vorweg, sondern sie öffnet gerade in ihrer nur andeutenden, die Gegenwart je übersteigenden Ansage den weiten Horizont künftigen göttlichen Handelns. Unter diesem Aspekt der → Geschichtlichkeit ist es nicht nur möglich, sondern auch *notwendig,* das Schema W. und E. beizubehalten. Seine Gefahr besteht darin, daß die W.en als Grundlage einer Zukunftsberechnung mißverstanden werden (→ Apokalyptik). Festzuhalten aber ist an dem Schema um seiner Struktur der geschichtlichen Spannung willen. Das gilt für das grundlegende Heilsgeschehen ebenso wie für den glaubenden Einzelnen. Wo die at. Erwartungen nicht mehr als theologisch bedeutsame verstanden werden, droht der nunmehr isolierten »E.« die Doketisierung. Zugleich wird die in der nt. E. selbst enthaltene Spannung zwischen geschehener E. und ihrer noch ausstehenden (»geweissagten«) Vollendung im → Reich Gottes (: III; → Eschatologie: VI) abgeblendet. Um dieser noch ausstehenden Vollendung der E. willen kann auch nicht auf den Doppelcharakter der W. als Heilsverheißung und Gerichtsdrohung zugunsten eindeutiger Verheißung verzichtet werden. – Ist W. also nicht Vorhersagen auf Grund menschlicher Einsicht, sondern von der E. her erkennbare Ansage auf Grund göttlicher Absicht – und ist E. nicht Ergebnis kausaler Zusammenhänge, sondern die Tat göttlicher Setzung, dann ist in dem Begriffspaar W. und E. das Problem einer Geschichtstheologie angerührt, deren Grundkategorie die Treue des Gottes ist, der in der → Geschichte (: II C) durch Gericht und Gnadenerweis die Heilsabsicht (→ Heilsratschluß) für seine Schöpfung durchführt.

Vgl. die Lit. zu → Hermeneutik, → Weissagung und Erfüllung: I. II. Dazu bes.: J.CALVIN, Inst. II, 9-11 – F.SCHLEIERMACHER, Der christl. Glaube² § 14 Zusatz u. § 103 – E.AUERBACH, Figura (Archivum Romanicum 22, 1938, 436-489) – DERS., Mimesis, (1946) 1959² – E.BRUNNER, Dogmatik II, (1950) 1960², Kap. 7-9 – O.WEBER, Grundlagen der Dogmatik I, 1955, 316ff – C.H.RATSCHOW, Der angefochtene Glaube, (1957) 1960², 67ff – R.PRENTER, Schöpfung u. Erlösung, 1960, 296ff.

M.Henschel

Weiße, 1. *Christian Felix* (1726-1804), * in Annaberg/Erzgebirge, Kirchenliederdichter und Jugendschriftsteller, in seiner geistigen Entwicklung stark durch seinen Verkehr mit → Lessing und → Gellert beeinflußt, so daß er sich fast ganz philologischen und schöngeistigen Studien widmete. Er war längere Zeit in Adelshäusern als Hofmeister und Gesellschafter tätig und wurde 1761 Kreissteuereinnehmer in Leipzig, wo er große Popularität als pädagogischer Schriftsteller gewann (Zeitschrift »Der Kinderfreund«, 1775-82).

KOCH VI, 492ff - ADB 41, 587ff - L.GÖHRING, Die Anfänge d. Jugendlit. im 18.Jh., 1904 - W.KOSCH, Dt. Lit.-Lexikon IV, 1958², 3277f (Bibliogr., Lit.). *W.Jannasch*

2. *Michael* (ca 1488-1534), * in Neiße, † in Landskron, erster bedeutender Kirchenliederdichter für den deutschsprachigen Zweig der → Brüderunität (: I). 1504 in Krakau immatrikuliert, später Mönch in Breslau, wurde W. nach seiner Flucht aus dem Kloster 1518 Mitglied der Böhmischen Brüder in Leitomischl. Als Abgesandter der Brüder unternahm er mit J. → Horn zwischen 1522 und 1524 fünf Reisen zu Luther. Nach der Priesterweihe wurde W. Seelsorger und Prediger der »Deutschen Gemeine Gottes und Christlichen Bruderschaft« in Landskron und 1532 in den Engeren Rat der Brüderkirche gewählt. - W. steht in der Tradition des auf die hussitische Reformation zurückgehenden, dem volkssprachigen → Kirchenlied (: I, 3 a. 8) zugewandten Kirchengesanges der Böhmischen Brüder. Ihr (tschechisches) Gesangbuch von 1519, bei dessen Melodien- und Textquellen lat. Cantionen und liturgische Gesänge vorherrschen, dürfte ihm für sein bedeutendes »New Gesengbuchlen« von 1531 (157 Lieder in deutscher Sprache) vor allem in musikalischer Hinsicht als Vorlage gedient haben: Nach Schoenbaum stammen von den 113 Weisen 90 bzw. 91 aus jenem Gesangbuch, so daß W.s Bedeutung im Blick auf die Melodien einzuschränken ist. Anders ist es bei den Texten: Nach Lueken sind 137 Lieder von W. selbst gedichtet oder bearbeitet, wobei alle wesentlichen Liedtypen seiner Zeit vorkommen: Psalmlied, Hymnen in freier Nachdichtung, Kyrie-Tropen, Sequenzen, Liedhistorie, Lehrlied und Hauslied (→ Kirchenlied: II, 3). Das → Gesangbuch (: I, 1 c) von 1531 (Faksimile-Neudr. 1931 und 1957), in Liederanordnung und Gesamtaufbau das fortschrittlichste der Zeit, wurde weithin beachtet und nachgedruckt (zB Straßburg 1534, Ulm 1538f); in Straßburg gab Katharina → Zell Lieder W.s in kleinen Heften heraus. In fast allen ev. Gesangbüchern fanden seine Lieder Aufnahme (zB 14 im Gesangbuch von Bapst 1545), teils überarbeitet und zuweilen anderen Verfassern zugeschrieben (vgl. JLH 3, 1957, 108ff). W.s Lieder im EKG: 2; 47; 56; 79; 118; 174; 226; 333; 334.

Texte: WACKERNAGEL III, Nr. 255-417. Melodien bei ZAHN. - Über W.: KOCH II, 119ff - R.WOLKAN, Das dt. Kirchenlied d. Böhm. Brüder im 16.Jh., 1891 - RE III, 445ff - ADB 41, 597ff - J.TH.MÜLLER, Hymnolog. Hdb. z. Gesangbuch d. Brüdergemeine, 1916 - DERS., Gesch. d. Böhm. Brüder I-III, 1922-31 - E.LEHMANN, M.W., 1922 - W.THOMAS, Dt. Brüdergesang in Böhmen vor 400 Jahren (MuK 2, 1930, 209-214) - W.BLANKENBURG, Zur Frage nach d. Herkunft der Weisen... (ebd 21, 1951, 67-71) - DERS. in MGG II, 36ff - B.STÄBLEIN, Die mittelalterl. liturg. Weisen im Gesangbuch d. Böhm. Brüder v. 1531 (Mf 5, 1952, 138-144) - S.FORNAÇON, M.W. (Jb. f. Schles. Kirche u. KG, NF 33, 1954, 35-44) - C.SCHOENBAUM, Zur Problematik d. Musikgesch. Böhmens u. Mährens (Mf 10, 1957, 520-526) - DERS., Die Weisen d. Gesangbuchs d. Böhm. Brüder v. 1531 (JLH 3, 1957, 44-61) - Hdb. z. EKG II/1, 1957, 79ff; Sonderband, 1958 (s. Reg.) - EKL III, 1754f. *K.Dienst*

Weiße Väter, *Pères blancs* (Patres Albi; PA), Societas Missionariorum Africae (weißes Gewand mit Burnus), 1867 von Erzbischof → Lavigerie in Algier für die Mission unter Muslim und Heiden in Afrika gegründet. Außerdem stiftete Lavigerie 1869 die Missionsschwestern U.L. Frau von Afrika, *Weiße Schwestern* genannt (Sœurs-Missionnaires de Notre-Dame d'Afrique; Sœurs Blanches du Cardinal Lavigerie); ihre Kongregation ist in 5 Provinzen eingeteilt und bildet auch einheimische Schwestern heran (Kongregation der Töchter Mariens in Uganda, 1925). Die Arbeitsgebiete der W.V. liegen in Nordafrika, in der Sahara, im westlichen Sudan, in Zentralafrika, an den großen Seen Innerafrikas, am oberen Kongo, im früheren Deutsch-Ostafrika, auch in Syrien und Palästina (griech.-melchitisches Seminar St. Anna in Jerusalem, 1878 übernommen). Die zu gemeinsamem Leben verpflichteten W.V. haben neben erfolgreicher Mission einheimische Brüdergenossenschaften begründet, die Sklaverei bekämpft, die Bodenkultur gefördert und Afrika wissenschaftlich erforscht. Nachwuchszentren bestehen u.a. in Deutschland (Frankfurt a.M., mit 10 Niederlassungen), Frankreich, Belgien, Holland, Schweiz, Italien, England, USA.

HEIMBUCHER II, 623ff - ESCOBAR II, 1437ff - EC VIII, 1090f. 1105f - Das Wirken der Orden u. Klöster in Deutschland I, 1957, 342f - G.D.KITTLER, The White Fathers, London 1957. *W.Göbell*

Weissel, *Georg* (1590-1635), * in Domnau/Ostpreußen, studierte in Königsberg Theologie und Musik (bei → Eccard und Stobäus), seit 1623 dort Pfarrer. W. ist eines der frühen Mitglieder des Königsberger Dichterkreises um Simon → Dach. In seinen → Kirchenliedern (: I, 3 c) zeichnet er sich durch stilistische und inhaltliche Prägnanz unter Beachtung der Opitzschen Regeln aus. Von seinen 23 Liedern stehen drei im EKG: das Adventslied »Macht hoch die Tür« (EKG 6), das zu seinem Amtsantritt und zur Einweihung der Alt-Roßgärter Kirche in Königsberg 1623 verfaßte Bekenntnislied »Such, wer da will, ein ander Ziel« (EKG 249) und das Osterlied »O Tod, wo ist dein Stachel nun« (EKG 87, in der Fassung des Hannoverschen Gesangbuchs von 1657). In ihnen kommt eine starke, christologisch fundierte persönliche Glaubensgewißheit zum Ausdruck, wobei sich das Ich des Dichters und das Wir der Gemeinde gegenseitig durchdringen und erhellen.

KOCH III, 180f - F-T III, 5ff - GG III, 122 (§ 184 Nr. 3) - Hdb. z. EKG II/1, 1957, 174 (Lit.); Sonderband, 1958 (s. Reg.). *K.Dienst*

Weißenberg, *Joseph* (24.8.1855 bis 6.3.1941), * in Fehebeutel/Schlesien, Kind kath. Tagelöhner, als Waise von einem heilkundigen Schäfer erzogen, wurde Maurer, war 1876-78 Soldat und übte sich dann in Berlin in 36 (!) Berufen. 1903 erschien ihm Christus; ausgerüstet mit den »drei göttlichen Gaben des Hellsehens, Hellfühlens und Hellhörens« wirkte W. fortan als Heilmagnetiseur, wurde 1904 ev. und gründete die *»Vereinigung Ernster Forscher von Diesseits nach Jenseits«* (1907 e.V.). Von seiner Frau seit 1908 getrennt, tat er sich mit dem Medium Grete Müller zusammen, die als Reinkarnation der Maria 1911 und 1912 angeblich vaterlos die »Ölzweige« Frieda und Elisabeth gebar. Die ev. Kirche verließ er 1926, als Versuche scheiterten, über eigene Wahllisten Einfluß zu gewinnen, und schuf die → *Evangelisch-Johannische Kirche* (E.-J.K.). Seine Heilerfolge und Prophezeiungen, astrologische Gutachten über ihn und okkulte Phänomene (in seinen Versammlungen sprachen durch Medien Luzifer, Luther, Marx u.a.!), auch das Kreuzzeichen in seiner Hand sowie die soziale Leistung seiner »Friedensstadt« (bei Trebbin in der Mark Brandenburg; Sitz ab 1932) führten ihm Tausende zu. Unbeirrt von seiner primitiven Sprache, der oft groben Art des stämmigen, an → Rasputin erinnernden Mannes und seiner Freude an handfesten Lebensgenüssen nannten sie ihn »Göttlicher Meister«, »Hl. Geist im Fleisch« u.ä. und änderten das → Apostolikum in »... von dannen Er gekommen *ist* ...«! Seiner Zuordnung zum → Spiritismus widersprach W. heftig; er wollte den »biblischen Spiritualismus« vertreten. Schon

1915 einmal inhaftiert und häufig wegen Kurpfuscherei verklagt, konnte er alle Prozesse gewinnen, bis er 1935 trotz Nationalismus und Wehrbegeisterung, ja eifriger Propaganda für Hitler, als Sexualverbrecher verurteilt und nach Bad Obernigk/Schlesien verbannt wurde.

Vf.: Das Fortleben nach dem Tode, 1912; Meine Verhaftung u. Internierung, o.J.; Ein Lebensbild von meinem Dornenpfad, o.J. (1931). - Über W.: G.Schmidt, Die Wunder des Propheten, 5 Bde, 1913 - J.W. u. die E.-J.K., hg.v. Konsistorium der E.-J.K., 1959. - Kritisch: J.Weyer, J.W. Berlin. Ein typischer Fall falschen Prophetentums, o.J. - Algermissen[7] 886f. - Weiteres s. → Evangelisch-Johannische Kirche. *R.Pietz*

Weitbrecht, *Gottlieb* (1840-1911), ev. Theologe, Schüler J.T. → Becks in Tübingen, Religionslehrer und Pfarrer in Stuttgart, 1897 Prälat in Ulm, 1900 Prälat und Stiftsprediger in Stuttgart. W. vertrat eine gemäßigt-konservative Bibeltheologie und übte durch Predigten und publizistische Tätigkeit großen Einfluß aus. Er veröffentlichte Predigtsammlungen, religiöse Schriften, Biographien, Erzählungen und Jugendbücher und war Schriftleiter des Sonntagsblattes »Der Christenbote« (1879ff) und der »Jugendblätter« (1892-1902).

RE XXIV, 638f (Lit.) - RGG[2] V, 1817 - CKL II, 1315f. *B.Maurer*

Weizsäcker, *Karl Heinrich* (1861: *von;* 11.12.1822 bis 13.8.1899), ev. Theologe, * in Öhringen (Württ.), 1847 PDoz. in Tübingen, seit 1861 ebd Prof. für KG als Nachfolger F.Chr. → Baurs. In den von ihm seit 1856 edierten JDTh und in seinen »Untersuchungen über die ev. Geschichte« ([1864] 1901²) suchte W. die Baursche Kritik mit der konservativen Position auszusöhnen. Auf der Basis der Zweiquellentheorie (→ Evangelien, synoptische, 1 c) sowie des für apostolisch erklärten JohEv gelangt W. zu positiv historischen Aussagen über Jesus. Bleibende Geltung errang W.s Werk »Das apostolische Zeitalter der christlichen Kirche« ([1886] 1901³), mit dem er, kritischer geworden, auf die Linie Baurs zurücklenkte. In breite Kreise wirkte W. durch seine auch heute noch geschätzte NT-Übersetzung ([1875] 1937¹²). - Als Hofprediger, Mitglied des Konsistoriums und Universitätskanzler entfaltete W. eine rege öffentliche Tätigkeit.

Zu W.s 70. Geb. erschienen: Theol. Abh.en C.v.W. gewidmet v. A.Harnack u.a., 1892. - Über W.: RE XXI, 76ff - ADB 55, 27ff - RGG[2] V, 1819 - W.G.Kümmel (→Weiß, 1) 208ff. *H.-O.Metzger*

Welch, *Adam Cleghorn* (14.5.1864 bis 19.2.1943), Alttestamentler, * in Jamaica, † in Helensburgh, nach dem Studium (vornehmlich in Edinburgh) 1887-1913 als Geistlicher an drei schottischen Gemeinden tätig, seit 1913 Prof. für Hebräisch und AT in New College, Edinburgh. Ein bedeutender Kritiker der Schule → Wellhausens, verfaßte W. weithin beachtete exegetische und historische Arbeiten. Als erster trug er die vielfach aufgenommene These vom nordisraelitischen Ursprung des → Deuteronomiums vor. Eine wichtige Rolle spielte W. auch bei der Einigung der Church of Scotland und der United Free Church of Scotland (1929).

Vf. bes.: The Religion of Israel under the Kingdom, 1912; Visions of the End. A Study in Daniel and Revelation, (1922) 1958²; The Code of Deuteronomy, 1924; The Psalter, 1926; Jeremiah, His Time and His Work, (1928) 1951²; Deuteronomy, the Framework to the Code, (1932) 1953²; Post-Exilic Judaism, 1935; Prophet and Priest in Old Israel, (1936) 1953²; The Work of the Chronicler (Schweich-Lectures), 1939; postum: Kings and Prophets of Israel, 1952. *N.W.Porteous*

Welitschkovsky → Veličkovskij.

Weller, *Jakob* (1602-64), luth. Theologe, * in Markneukirchen i.V., 1635 Prof. der orientalischen Sprachen in Wittenberg, 1640 Sup. in Braunschweig, wurde 1645 als Nachfolger → Höes von Höenegg Oberhofprediger in Dresden und damit erster Geistlicher der luth. Kirche in Deutschland. Neben → Calov und → Hülsemann führte er im → Synkretistischen Streit die strengen Lutheraner gegen die Helmstedter Ireniker. Seine bekannteste Schrift ist der »Wegweiser der Gottheit Christi, wie dieselbe im AT geoffenbaret, und daß man im AT bei Verlust der Seligkeit hat glauben müssen, Christus sei Gott« (1650).

J.G.Walch, Einl. in d. Religionsstreitigkeiten d. ev.-luth. Kirchen, 1730ff, I, 219ff; IV, 666ff - E.Th.L.Henke, G.Calixt u. seine Zeit II, 1860 - RGG[2] V, 1820. *F.Lau*

Wellhausen, *Julius* (17.5.1844 bis 7.1.1918), Theologe und Orientalist, * als Pastoren-Sohn in Hameln, † in Göttingen, 1862-65 ebd als Student durch H. → Ewald stark beeinflußt, 1870 PDoz. für AT in → Göttingen, 1872 o.Prof. in → Greifswald, 1882 auf seinen Antrag als ao. Prof. in die Philosophische Fakultät → Halle versetzt, 1885 o. Prof. in → Marburg, 1892 Nachfolger → Lagardes in Göttingen. - W. hat der at. Wissenschaft, der Arabistik und der nt. Wissenschaft bis heute lebendige Anregungen gegeben. Hervorragender Textkritiker, Literarkritiker, Exeget und Übersetzer auf allen drei Gebieten, hat er beim AT durch die Analyse des → Pentateuchs und der älteren Geschichtsbücher sowie durch zutreffende Ansetzung der in ihnen festgestellten Schichten sie als Quellen für die Darstellung der israelitisch-jüd. Geschichte verwertbar gemacht und eine in den Grundlinien richtige Darstellung dieses Geschichtsverlaufes geliefert. Glückliche Verbindung scharfsinniger Analyse der hier in Betracht kommenden Texte mit schöpferischer Synthese der so gewonnenen Elemente zeichnen auch seine Arbeiten zur Religion der vorislamischen Araber und zu den beiden ersten Jh.en des Islam aus. Von seinen Arbeiten zum NT kommt denen über die → Evangelien besondere Bedeutung zu, weil sie mit bisher unerhörter Eindrücklichkeit die Folge der Evangelien von Markus zu Johannes als eine ständige Zunahme der Verchristlichung und Verkirchlichung des Jesusbildes zu verstehen suchten. Den Übergang vom AT zu den Arabern hat W. »gemacht in der Absicht, den Wildling kennen zu lernen, auf den von Priestern und Propheten das Reis der Thora Jahves gepfropft ist« (Muhammed in Medina, 1882, 5), und Jesu Verkündigung war ihm das eigentliche Ziel der Geschichte Israels. - Vgl. → Bibelwissenschaft: I, 2 a. b; II, 5.

Vf. u.a. (Bibliogr. in BZAW 27, 1914, 351-368): *Zum AT:* Der Text d. Bücher Sam, 1871; Die Pharisäer u. d. Sadduzäer, (1874) 1924²; EinlAT v. F.Bleek, bearb. v. J.W., (1878⁴) 1893⁶; Gesch. Israels I, 1878; ab 1883²: Prolegomena zur Gesch. Israels, 1905⁶ (Neudr. 1927); Abriß d. Gesch. Israels u. Judas (Skizzen u. Vorarb. I, 1884, 3-102); Die Composition d. Hexateuchs u. d. hist. Bücher des AT, (1885) 1899³; Die kleinen Propheten übers., mit Noten, 1892; Israelit. u. jüd. Gesch., (1894) 1958⁹; Psalms (SBOT XIV), 1895; Die Rückkehr d. Juden aus d. babyl. Exil (NGG 1895, 166-186); Des Menschen Sohn (Sk. u. V. VI, 1899, 187-215); Zur apokalypt. Lit. (ebd 215-219); Isr.-jüd. Religion (Die Kultur d. Gegenwart I/4, 1905, 1-40); Über d. gesch. Wert des 2Makk (NGG 1907, 117-168). - *Zur Arabistik:* Muhammed in Medina, 1882; Lieder der Hudhailiten, arab. u. dt. (Sk. u. V. I, 1884, 103-175. 1*-129*); Reste arab. Heidentums, (1887) 1961³; Medina vor dem Islam (Sk. u. V. IV, 1889, 1-64); Muhammeds Gemeindeordnung von Medina (ebd 65-83); Ibn Saʿd. Die Schreiben Muhammads u. d. Gesandtschaften an ihn (ebd 85 bis 194. 1*-78*); Das arab. Reich u. sein Sturz, (1902) 1960². - *Zum NT:* Das Ev. Marci (1903), Matthaei (1904), Lucae (1904) übers. u. erkl.; Einl. in d. 3 ersten Evv., (1905) 1911³; Erweiterungen u. Änderungen im 4. Ev., 1907; Noten zur Apg (NGG 1907, 1-21); Analyse der Off. Joh. (AGG NF IX, 4), 1907; Das Ev. Johannis, 1908; Krit. Analyse d. Apg (AGG NF XV, 2), 1914. - *Über W.:* J.Meinhold, W. (Hefte zur ChW 27), 1897 - E.Littmann, Erinn. an J.W. [1918] (ZDMG 106, 1956, 18-22) - Ed.Schwartz, J.W. [1918] (Ges. Schr. I,

1938, 326-361) - C.H.Becker, J.W. (Der Islam 9, 1918, 95-99) - P.Humbert, W. (RThPh 47, 1918, 58-64) - O.Eissfeldt, J.W. [1920] (Kl. Schr. I, 1962, 56-71) - U.v.Wilamowitz-Moellendorff, Erinnerungen, 1928, 186ff. 223 - W.Baumgartner, W. u. d. heutige Stand d. at. Wiss. (ThR NF 2, 1930, 287-307) - F.Boschwitz, J.W., Motive u. Maßstäbe seiner Geschichtsschreibung (Phil. Diss. Marburg), 1934 - W.A.Irwin, The Significance of J.W. (JBR 12, 1944, 160-173) - A.Jepsen, W. in Greifswald (Festschr. z. 500-Jahrfeier d. Univ. Greifswald II, 1956, 47-56) - E.Barnikol, W.s Briefe aus seiner Greifswalder Zeit (1872-79) an ... Dillmann (WZ Halle 6, 1956/57, 701-712 = Gottes ist der Orient, hg.v. A.Lehmann, 1959, 28-39) - Kraus 235ff - R.Smend, De Wette u. d. Verhältnis zw. hist. Bibelkritik u. philos. System im 19.Jh. (ThZ 14, 1958, 107-119) - Ders., Universalismus u. Partikularismus in d. at. Theol. d. 19.Jh.s (EvTh 22, 1962, 169-179) - H.F.Hahn, W.s Interpretation of Israel's Religious Hist. (Essays f. S.W.Baron, New York 1959, 299-308) - Z.Czarnecki, J.W. (Euhemer Przegląd religioznawczy 5, 1961, 44 bis 58). *O.Eißfeldt*

Welt, *dogmatisch*

1. Begriff - 2. Wort - 3. Theologiegeschichtliches - 4. Ev. Theologie: a) Luther - b) Schleiermacher - c) Neuere Theologie - 5. Strukturen der W.

1. Der *Begriff* »W.« ist zunächst rein formaler Art. Er meint den Seins-Bestand (System = Zusammen-Stand) von Bezugsgrößen und Beziehungen, die sich durch eine beherrschende Sicht aus der Vielfalt zur Einheit fügen bzw. als umgreifend gefügt, dh als Strukturen, erkennen lassen. Der kategorial leere Begriff empfängt seinen Inhalt durch zT heterogene Elemente, die das durch ihn ausgesagte Bezugssystem definieren. Durch sie wird der Begriff W. nicht nur selbst je verschiedenartig gefüllt (W. der Arbeit, der Formen, der Gedanken, der Sprache usw), sondern vermag auch mannigfache Begriffsverbindungen einzugehen, die strukturell oft nicht koordinierbar sind (zB Um-W., Nach-W., Halb-W.; W.-konferenz, W.literatur, W.flucht u.ä.).

2. Die Sprachgeschichte des deutschen *Wortes* »W.«, für das vorchristliche Belege nicht zu erbringen sind, spiegelt die Vielzahl möglicher Bedeutungen wider. Das ahd. »wer-alt« (mhd. »werlt«) bleibt mundartlich als »Wort einer gehobenen Stilschicht« (Grimm 1457) ausgezeichnet. Seine beiden Bestandteile »wer« (= Mann) und »alt« (zur Zeitbezeichnung gewordenes Verbalabstraktum zu germ. »alan« = zeugen, nähren, wachsen) zeigen den geschichtlichen Bezug: a) auf den Menschen, b) auf sein lebendiges Werden. Das got. »manseþs« (Übersetzung des griech. κόσμος) bedeutet »Menschen-Saat«. W. meint mithin den »lebenstragenden Kreis menschlicher Gemeinschaft« im Gegensatz zur lebensfeindlichen Wildnis. Zeit- und Raum-Anschauung sind ineinander geblendet, so daß jene diese erst zur Sprache bringt. Als Wiedergabe des kirchenlat. »saeculum« (Menschenalter, griech. αἰών) bedeutet W. vornehmlich »Zeitalter, W.alter«. Das Wissen um den geschichtlichen Charakter der W. (Zeitlichkeit, zeitverhaftetes Dasein, das Diesseitige) prägt das W.verständnis, solange sich das menschliche Dasein auch hinsichtlich des Lebens-Raumes (κόσμος, lat. mundus) vom biblischen Schöpfungsgedanken her auslegen läßt. So wird die W. als Kreis der Erdbewohner, als Gesamtheit der organischen Wesenheiten, aber stets als Gottes Schöpfung verstanden. Erst als antike Kosmos-Idee und christlicher Schöpfungs-Begriff durch die neue W.erfahrung verdrängt werden, die sich in der modernen → Naturwissenschaft (→Weltbild: IV) und →Weltanschauung ausspricht, wandelt sich die Einsinnigkeit des Wortes in die schillernde Vieldeutigkeit ab, wie sie das Schrifttum des 18. und 19.Jh.s kennzeichnet. Während die Philosophie W. als Ganzheit eines geistigen Bereiches, als transzendente Sphäre zu begreifen sucht, untersucht die Wissenschaft (seit → Descartes) sie als Gesamt sinnlich und geistig erfaßbarer Erscheinungen und Sachverhalte der physischen und geistigen Wirklichkeit. Der Bezug von Mensch und W. bleibt zwar erhalten, verwandelt sich aber aus der Entsprechung (→ Analogie) von Mikrokosmos (griech. erstmals bei Demokrit, fr. 34; hebr. bei den Rabbinen [ThW III, 882, 5ff]; im MA seit → Boethius) und Makrokosmos (dt. »W.« seit 14./15.Jh.) in das Verhältnis von → Subjekt und Objekt (→ Subjektivismus). Jedoch hält sich, selbst unter der zum »Bild« verstellten W. (Heidegger), im Worte W. formal die Vorstellung von der Totalität und Universalität des jeweils bezeichneten Gebildes durch. - Dreierlei ergibt sich aus der Geschichte des Wortes W. für den Begriff: a) sein Ursprung aus der Verbindung antiker und christlicher Motive; b) seine Entfaltung in einer Bedeutungs-Mannigfaltigkeit, die der Begegnung und Auseinandersetzung mit der Überlieferung entspringt; c) seine beharrliche Tendenz, W. auf ihre unzerstörbare → Geschichtlichkeit hin zu interpretieren.

3. Der christliche Begriff der W. verdankt seine Wirkung dem Umstand, daß sich in ihm die Kraft des *biblischen* Zeugnisses von Gott, dem Schöpfer der W. (→ Schöpfung: IV), mit der Klarheit des *griech.* Wissens um ihre Wirklichkeit eint. Wahrheit (ἀλήθεια) und Gestalt (μορφή) ein und desselben Phänomens sind hinfort aufeinander bezogen, so freilich, daß die Wirklichkeit der W. als durch Gottes Wahrheit begründet, begrenzt und gerichtet erscheint. Das antike Erbe wird nicht nur konstruktiv übernommen, sondern zugleich destruktiv überwunden bzw. kritisch angeglichen. Griech. Denken sieht die W. als Götter bzw. Göttliches einschließendes Gesamt wirkender Kräfte. Christlicher Glaube ordnet Gott und W. in streng personalem, ausschließlichem Gegenüber einander zu. Beide verstehen die W. als endliches Gebilde. Allerdings weiß griech. Denken nicht um die Geschichtlichkeit der W.: weder daß Gott sie geschaffen, noch daß er sie der Nichtigkeit unterworfen und dem Ende anheimgegeben hat. Jedoch dienen gewisse formale Strukturen der Antike als Interpretamente christlichen W.verständnisses: zB die Leitbilder der Einheit und Ordnung des Ganzen. Von → *Platon* her weiß man Gottes W.überlegenheit mittels der Unterscheidung von Ideen- und Erscheinungs-W. auszulegen, ohne Gott zum W.bildner (δημιουργός: Tim. 28 a) oder die W. zum »sinnlich wahrnehmbaren Gott« (ebd 92 c) zu erklären. Von → *Aristoteles* lernt man ihre teleologische Gestuftheit in realer Immanenz begreifen. Die schon im AT gebrauchte Bezeichnung der W. als »All« (kol bzw. hăkol: zB Ps 8, 7; Jes 44, 24; Pred 3, 1) wird mittels stoischer Kosmologie umrissen. Schon für die Physik der älteren → *Stoa* ist die W. ein großer zweckbestimmter Kosmos, organisch gestaltete Harmonie, von göttlicher Vernunft (auch: pneuma) durchhaucht. In unzähligen Keimkräften (spermatikoi logoi), die die Einzeldinge formen, erweist der Logos (= W.vernunft) sein Schöpfertum. Für → Poseidonios bildet die W. die Lebenseinheit, die *einem* Urgrunde entstammt: dem Pneuma, das, als Synthese von Geist und Stoff, Träger der Lebenskraft ist. Durch »Symphie« zur Einheit verwachsen, stehen alle Teile der W. miteinander in »Sympathie«. Noch → Mark Aurel glaubt an die »Allgottheit«, die als »Allnatur« schöpferisches Urprinzip der W. ist, das Allverwandtschaft der Glieder stiftet.

Der *altchristliche,* durch die antike Kosmologie überformte W.begriff wehrte die Dämonisierung der W. zur »Fülle des Schlechten« (Corp. Herm. VI, 4) ab. → Marcion hatte die W. als W. der »armseligen Elemente« abgewertet. Die → Gnosis vollends ersetzte die W.vernunft der Stoiker durch die Heimarmene, das die W. versklavende Fatum (→ Schicksal), und ließ die W. zum geschlossenen System erstarren. Da durchbrach der christliche Gedanke der W. als eines von Gott gesetzten Sinnganzen den Bann des Gestirnzwanges und befreite den Menschen aus der Angst vor kosmischer Tyrannei. – Dem *MA* galt die W., die von Gott geschaffene Ordnung (ordo rerum), als Maß des Daseins schlechthin. Doch schon früh wurde ihre Endlichkeit infolge eindringender neuplatonischer Motive (→ Neuplatonismus), bes. durch den energetisch verstandenen Natur-Begriff, in Frage gestellt. → Johannes Scotus Eriugena interpretiert die W. als ewiges Sich-Ereignen. Gott und W. fallen, logisch unterschieden, faktisch im Allgeschehen zusammen. Gott ist die Einheit der W., die W. die Vielheit Gottes. Die W. der Erscheinung ist »Hervorgang *Gottes* (processio Dei) durch die Ur-Sachen [= die Ideen] in die Geschöpfe hinein«. Im Gegensatz dazu faßt → Thomas von Aquino die Schöpfung als Hervorgang (processio) bzw. Ausfluß (emanatio) der *Geschöpfe* aus Gott (S.th. I, 44. 45) und Gott mittels der Kategorie der Wirk-Ursächlichkeit als Vor-Bild und Ziel (causa exemplaris und finalis: ebd I, 44, 3) der W. Hingegen bestimmt → Nikolaus von Kues, aus dem Geiste der Mystik und Mathematik denkend, in kühner Identitäts-Spekulation den Zusammenfall von Gott, W. und Mensch (coincidentia oppositorum). Gott wird als Zusammenfaltung der W. (complexio omnium) und die W. als Entfaltung Gottes erklärt (explicatio Dei). Die W. als All war zum geometrischen Gleichnis Gottes erhoben und als konkret unendlich begriffen. Die Denker der → *Renaissance,* voran G. → Bruno, füllten die unendliche W. (Universum) mit dem Gehalt neuartigen W.erlebens. Die W. wurde als *»Natur«* erfahren und als die Fülle des aus sich selbst quellenden, sich selbst genügenden, sich selbst gehorchenden Lebens (also mittels der Wesensprädikate Gottes: Souveränität, Autarkie, Autonomie) interpretiert. Innerhalb des modernen W.horizontes vermochten wissenschaftliche Empiriker die W. unter der Hinsicht der Harmonie (→ Kepler) oder des unendlichen absoluten Raumes (als des »Sensoriums« Gottes: → Newton) zu durchmessen. Später Erbe dieses bei → Leibniz, → Spinoza, → Goethe je verschieden temperierten W.-gefühls wurde der → Monismus des 19.Jh.s (→ Haeckel). Sich mit materialistischen Tendenzen verbindend, löste er W. in reine Immanenz auf, die Prozeß und Progreß (→ Entwicklung) zugleich war. Im Dienste der »neuen Theokratie« sollte sich durch »planmäßige Synergie« *mit* der W. der »werdende Gott« realisieren.

4. a) Die *ev. Theologie* hat die abendländische Überlieferung des MA von der W. insofern übernommen, als diese den wesenhaften Unterschied von Gott und W. durch die Aussage von der Schöpfung präzisiert hatte. → *Luther* vermag im Glauben an das in Jesus Christus verwirklichte Verheißungswort die Gottesbeziehung der W. schärfer zu differenzieren, indem er den biblischen Schöpfer-Glauben aus der Umklammerung durch das Kausalitäts- und Analogie-Denken befreit. Der radikale Ausschluß jeden W.bezuges aus dem Ereignis der → Rechtfertigung (solo Christo/sola fide) begründet neu die totale W.verpflichtung des Glaubenden durch die Liebe. Hierin regt sich das Urmotiv der → Zwei-Reiche-Lehre als konkreter W.orientierung. Kraft der durch Christus geschenkten neuen Lebendigkeit werden Mensch und W. auch im Horizont der Schöpfung neu aneinander gewiesen: »Ich glaube, daß *mich* Gott geschaffen hat *samt* allen Kreaturen.« In den Gütern des Daseins redet mich Gottes Güte an, »ohn all mein Verdienst und Würdigkeit« (Kl. Kat. II, 1). Die W. ist nicht nur »Gottes Mitwirkerin«, sondern zugleich das Feld, auf dem der Glaube sich in der Liebe zu bewähren hat. Hinter der existentiellen Anforderung, die Gott je durch die W. an den Menschen ergehen läßt, trat allerdings die theoretische Auseinandersetzung mit dem heraufziehenden modernen W.bewußtsein zurück. Die altprot. Theologie beharrte im allgemeinen innerhalb der überkommenen W.begriffe und ließ sich nur zögernd auf die sich wandelnde W. des natürlichen und geschichtlichen, sozialen und politischen Lebens ein. Das gilt sowohl für die Orthodoxie (weniger für den Pietismus) wie für den Rationalismus und deren Erneuerungen im 19. und 20.Jh.

b) Erst mit → *Schleiermacher* stellt sich das theologische Denken der neuen W.wirklichkeit zur Auseinandersetzung. In seinen *»Reden«* gelingt es ihm, trotz der zu bemängelnden Unschärfen im Gottesbegriff, seine Gegenwart (→ Romantik) bei ihrem unmittelbaren W.bewußtsein zu behaften, das die Moderne (seit → Spinoza) vom traditionell mitgeschleppten W.wissen unterscheidet. Durch die Kruste der Theorien über die W. der Objekte stößt er zum »unendlichen« W.gefühl der Zeit durch, auf dessen Grunde er die »Religion« aufzuweisen sucht. In der »Frömmigkeit« wird Gottes Wirken *in* uns durch das Wirken der W. *auf* uns vermittelt. W. und Gott erscheinen durch übergreifende Wirklichkeit aufeinander bezogen: »Das Universum offenbart sich uns jeden Augenblick.« So ergibt die »gegenständliche Vorstellung der Gottheit« und der Versuch, »abgesondert von ihren Einwirkungen auf uns durch die W., das Sein Gottes vor der W. und außer der W., wenngleich für die W.« wissenschaftlich darzustellen, »nur leere Mythologie«. In der wirklichen W. ist alles Wunder, dh erschließende Anrede; jede ursprüngliche Mitteilung des W.alls an den Menschen ist Offenbarung (2. Rede). Die W. wird vordringlich als *Geschichte* belauscht, deren Element das »Dialogische« ist: »die ganze Geschichte« wird »vorgestellt als ein Gespräch zwischen Gott und den Menschen in Wort und Tat« (5. Rede). – Diese Form der Korrelation von Gott und W. (in der »Dialektik«: von Einheit und Vielheit) wird in der *Glaubenslehre* durch die der qualitativen Differenz aufgehoben. Schon *methodisch* dient hier der W.begriff dazu, das einzig auf Gott bezogene »schlechthinnige Abhängigkeitsgefühl« vor dem sinnlichen Selbstbewußtsein dem »gesamten Außeruns« (= W.) gegenüber unbedingt auszuzeichnen (§ 4). Gleichzeitig sichert der W.begriff den Glaubensbegriff vor der »Korruption«, Gott ein »Gegebensein« zuzuschreiben, das uns erlaubte, auf ihn als »Gegenstand« eine Gegenwirkung auszuüben. Das »Woher« unseres Daseins ist »nicht die W. im Sinne der Gesamtheit des zeitlichen Seins«, sondern *nur Gott.* Freilich wird gerade im Monotheismus »in und mit unserem Selbst alles Sein [die ganze W.] in die Abhängigkeit befaßt« (§ 8, 2). – Sodann wird »das Verhältnis zwischen Gott und der W.« perspektivisches Prinzip, das den *Aufbau* des I. Teils der Glaubenslehre in seinen drei Abschnitten thematisch regelt. – Schließlich entfalten die einschlägigen §§ ausgiebig den *Inhalt* des W.begriffs. W. meint »die Endlichkeit des Seins« (§ 33), den »allgemeinen Naturzusammenhang«, als dessen Teil wir uns gerade als schlechthin abhängig bewußt sind (§ 34). Die W. ist (unter Hinweis auf WA 42, 17, 25f), »als durch Sprechen geworden, das von Gott Gesprochene« (§ 40, 1), so daß auch die W.erhaltung und die »Naturursächlichkeit« »dasselbige sind« (§ 46, 2). Die »göttliche Billigung der W.« in Gen 1, 31 spricht die ursprüngliche Vollkommenheit der W. aus, allerdings nicht als temporal beschränktes Urteil, dh nicht über den paradiesischen Urzustand, sondern über das, »was allen aufeinander folgenden Zuständen zum Grunde liegt« (§ 57, 2). Hebt die Sünde die »ursprüngliche Zusammenstimmung« zwischen W. und Mensch auf, so wird die W. zum »Ort des Übels« (§ 75, 1). Erst die Erscheinung Christi schafft Wandel: »Er allein vermittelt alles Sein Gottes in der W...., insofern er die ganze neue, eine Kräftigkeit des Gottesbewußtseins enthaltende und entwickelnde Schöpfung in sich trägt« (§ 94, 2). Jedoch gilt das nicht für die W., sofern sie außerhalb der Gemeinschaft Christi, dh der Kirche, bleibt. Hier spannt sich der »Gegensatz zwischen dem durch die Erlösung in der W. Gesetzten und der übrigen W.« (§ 113, 3), bis im Jüngsten Gericht »die gänzliche Scheidung der Kirche von der W.« vollzogen wird (§ 162).

c) Seit Schleiermacher hat die ev. Theologie den W.-begriff nie wieder so umgreifend durchreflektiert. Lähmend wirkte offenbar das jeweilige philosophische Vor-Urteil. Der auf die physikalische W. eingeengte Formalismus → Kants (W.= regulative Idee der Erkenntnis bzw. das »mathematische Ganze aller Erscheinungen und die Totalität ihrer Synthesis«) bestimmte den heimlichen akosmistischen Trend des 19.Jh.s ebenso wie den durch ihn und → Fichte (W. = »Nicht-Ich« bzw. »Objekt und Sphäre meiner Pflichten«) gerechtfertigten Weg ins ethische Handeln. → *Ritschl* begrenzte, dank der Engführung seines christologischen Offenbarungs-Monismus, die W.beziehung des Christen auf die »doppelte Lebensbestimmung«, seine Gotteskindschaft »religiös« in der »geistigen Freiheit und Herrschaft über die W.« und »sittlich« in der »Arbeit am Reiche Gottes« zu betätigen (Unterricht[4] § 47). - Tiefer ergründete *W.* → *Herrmann* die Voraussetzungen und Folgerungen der Einsicht, daß der von Gott geschaffene Glaube nicht nur die Sünde, sondern die W. überwindet. Erst für den Glauben wird die W. aus einer Vielheit zum Ganzen. Ihre Begrenztheit drückt sich im Unterschied und Abhängigsein der W. von Gott aus sowie in der Tatsache, daß die W. Organ seiner Offenbarung und Mittel für seinen Endzweck ist (Dogmatik § 30). - Lebendiger postuliert → *Troeltsch:* »daß, wie der Gottesgedanke, so auch der W.gedanke von Haus aus kein wissenschaftlicher Begriff, sondern eine religiöse Idee ist«. »Es ist eine völlige Gedankenlosigkeit, wenn man den Begriff der W. und einer einheitlichen W.ordnung festhalten will ohne dies Korrelat eines irgendwie gearteten Monotheismus« (Glaubenslehre § 15). - Während → *Schlatter* vorwiegend naivrealistisch die W. der Natur als »Gottes erstes Werk« wahrnahm, das uns ihn glaubhaft mache, untersuchte → *Heim* sachkundig und kritisch die Fragen, die sich bezüglich des zwischen W.entstehung und W.ende gespannten Kosmos aus der Wandlung des naturwissenschaftlichen W.bildes ergaben. - Vom biblischen Schöpferzeugnis her bedachte *K.* → *Barth* die W. als die in Gottes Wort begründete, von ihm verschiedene, aber als gut bejahte und gerechtfertigte Gesamtwirklichkeit (KD III/1). Das freie Wort der Gnade sichert den Kosmos »vor dem Absturz in das Chaos«, dh in die »Nicht-Existenz, Wesenlosigkeit und radikale Ungüte« der von Gott »verneinten und verworfenen ... W.«, des durch Gottes Schöpfungstat zunichte gemachten »Nichts« (ebd 119ff). Im Bezug von Gen 1, 3 zu Joh 1 und 2Kor 4, 6 werde deutlich, daß das Licht als erstes Werk seines Wortes »mitten in der Natur das Vorbild der Offenbarung der Gnade« ist. Daher: »Offenbarung wird, so neu sie sein wird, wenn sie kommen wird, doch keine absolute Neuigkeit sein« (ebd 132; vgl. → Uroffenbarung). Die Stärke der paraphrasierenden Meditationen liegt darin, daß sie die Dimension des Kosmischen beträchtlich erweitern (KD III/3, § 50: das das W.geschehen bedrohende und verderbende »Nichtige«; s. auch »Himmelreich usw«, ebd § 51). Ihre Schwäche liegt im prinzipiellen, nicht faktischen Verzicht auf eine Kosmologie, da Gottes Wort an den Menschen »an der den Menschen umgebenden W. nur vorbeikommen« könne (III/2, 10ff). Wird die W. zur »Grenze« des Wortes, zum »Raum« und zum »großen Gleichnis« des Heilsgeschehens ermäßigt, so stellt sich die Frage, ob sich nicht diese W.lehre in den latenten Akosmismus der neuprot. Tradition zurückzieht. - Aktueller erscheint → *Gogartens* Analyse der »Säkularisierung« der W. (→ Säkularismus: I, 3 b). Die im geschichtlichen Verständnis des christlichen Glaubens wurzelnde W.vorstellung des neuzeitlichen Menschen wird auf die gefährdende Folgerung der W.zerstörung untersucht (144ff). Im Gegensatz zu Gott als personalem Gegenüber ist W. um-*greifende* Wirklichkeit, die den sich selbst bestimmenden Menschen zu um-*schließen* droht. Innerhalb der Dialektik von Freiheit und Verantwortung wird, vom Standort radikaler Geschichtlichkeit, das Sein der W. und das der menschlichen Existenz gesichtet: Der Mensch »wäre nicht Mensch ohne Gott, aber ebensowenig ohne die W.«. Erst in der Begegnung mit Jesus wird ihm sein Personsein vor Gott für die W. als göttliches eröffnet (249f). Kraft des Glaubens an »den Sohn« aus dem Umschlossensein durch die W. befreit, empfängt der Mensch sich selbst: »das sohnhafte Angewiesensein auf den Vater wie die herrscherliche Verantwortung für die W.«. Der Mensch darf als Herr der W. das Geheimnis der W., »das Mitsein Gottes mit ihr«, wahren, »aus dessen Kraft allein sie ganze und heile W., nämlich Gottes Schöpfung, ist« (407). Als solche hat er sie für die »Zukünftigkeit« offenzuhalten (482). - Barths und Gogartens Entwürfe müssen sich der Frage aussetzen, ob und inwiefern in ihnen die Ausrichtung der W. vom Eschaton her zur Geltung gelangt. Die Frage an Ritschl und Herrmann zu richten, bliebe uninteressant; gegenüber Schleiermacher wäre sie ein Anachronismus.

5. Der gegenwärtigen ev. Theologie fällt die Aufgabe zu, die *Strukturen der W.* von den Motiven der biblischen Aussagen her (vgl. ThW III, 867ff) neu zu durchdenken. Ausgangspunkt ist die Einsicht, daß der christliche Glaube von jeher die W. als Inbegriff aller von Gott geschaffenen Wirklichkeit versteht (→ Schöpfung: IV B, 5), und zwar in dreifacher Hinsicht: a) als W.all (Universum), das W.raum und W.inhalt umgreift; b) als Wohn- und Wirkungsstätte der Menschen; c) als mit der Menschheit identisches Dasein. Die Zuordnung der drei Momente innerhalb des Begriffes »W.« gibt die → Geschichtlichkeit der mit ihm bedeuteten Wirklichkeit zu erkennen. Der biblische Befund verbietet es, die W. anders zu verstehen als in ihrem wesenhaften Doppelbezug: von Gott her und auf den Menschen hin. »Kosmos« ist kein kosmologischer, sondern ein geschichtlicher Begriff, dh: W. meint stets das *Medium,* in dem sich die Geschichte Gottes mit der Menschheit vollzieht. So bedeutet W. bereits im AT »weniger ein Sein als ein Geschehen«, »etwas dem Menschen immer neu und auf vielfältige Weise Widerfahrendes« (G.v.Rad, TheolAT I, 1957, 156). Wieweit der Begriff Kosmos (mundus) durch die Parallelbegriffe → Aion (→ saeculum) und Kairos (tempus) in der Dialektik von W.-Zeit und Zeit-W. auslegbar ist, bedarf der Erörterung.

Die Beziehung der W. auf den Menschen haben innerhalb der *Philosophie* je verschieden betont: die Erkenntniskritik → Kants durch den Aufweis des »dialektischen Scheins«, der die Vernunft in → Antinomien verwickelt, sobald sie eine »an sich seiende« W. (→ Ding an sich) als »transzendentales Objekt« annimmt. Ferner die neuere Geistphilosophie, die die »Verschränkung« bzw. »Abgestimmtheit von Mensch und W.« geltend macht und den Geist, als Gegenspieler der W., diese zur Sinnordnung befreien läßt (Litt). U.a. die Fundamentalontologie → Heideggers, die W. als »Worin« des → Daseins auslegt, in dem es sich je vorfindet (Sein und Zeit

§§ 14-24 u.ö.). »W.lichkeit« ist als konstitutives Moment des »In-der-Welt-seins« ein »Existenzial« (→ Zeit). Dem späteren Seinsdenken wird die W. zum »Geviert« von Erde und Himmel, Göttlichen und Sterblichen, in dem der Mensch »bei den Dingen wohnt« (Vorträge 145ff). – Demgegenüber hat die *Theologie* den Welt-Mensch-Bezug im (selbst das »Sein«) übergreifenden Horizont der *Schöpfer-Rede Gottes* zu behandeln. Als Gottes »Wort-Werk« (H.Vogel) ist die W. zugleich qualitativ von Gott geschieden wie effektiv auf ihn bezogen. Als Gesamt des Seienden »ist« sie nur kraft des sie gründenden und durchhaltenden Gottesspruches. Als »Nicht-Gott« bleibt sie Funktion und Widerhall seiner a) Souveränität (Selbstmacht), b) Autarkie (Selbstfülle) und c) Autonomie (Selbstwille).

a) Die W. ist, um der Kreaturen willen, Gottes *endlicher Raum:* sein Spiel-Raum (Ps 104, 24; Hi 40, 24). Als nicht-souverän ist sie von seiner Souveränität zum Selbst-sein bestimmt, das nie zum Eigen-sein entarten darf, weil sie *sein* Eigentum ist (Ps 24, 1f; Joh 1, 11). Obwohl die W. kein ruhender Ordnungsorganismus ist und sich das Zwecklose, Nie-Verzweckbare nicht aus ihrer Struktur tilgen läßt (Hi 38-41), fügt sie sich dennoch in ihrer Fülle dem ordnenden Willen ihres Herrn. Gottes Wahrheit durchherrscht die W. (Ps 36, 6). Seine Weisheit bildet sie zum Kosmos (Jer 10, 12; Ps 136, 5; Spr 3, 19). Gottes Gottheit, Freiheit und Macht bewirkt ihre Einheit, Ganzheit und Schönheit. Einheit bedeutet zugleich Einzigkeit, die die Fülle vieler »W.en« umgreift. In ihr entschärfen sich die Grenzen zwischen »Natur« und »Geschichte« bzw. lassen sich auf perspektivische oder (in den Wissenschaften) methodische Differenzierungen zurückführen. – Die W. ist Gottes *Haus* (Oikos), durchwirkt von seiner Haushalterschaft (Oikonomia; → Heilsratschluß) und bestimmt zur Behausung (Oikumene), in der die Menschheit daheim sein darf als in ihrem Sprach-Raum. Die Dinge bekommen »hinweisenden Charakter« in je eigenem »Bedeutungshorizont«. Das Sein ist »offene Präsenz, wodurch in nie aufhörender menschlicher Kommunikation Wirklichkeit gedeutet und so geschichtlich wird als zeitliche Kultur-W.« (van Peursen). – Die W. ist, als *die* große Gabe Gottes an seine Geschöpfe, sichtbarer und greifbarer Aufruf zur Freude. Sie ist gleichzeitig Gottes Frage, ob sich der Mensch die W. als Gottes »Wohltat« (Barth) gefallen lassen will. Denn obwohl in sich vielschichtig und spannungsvoll, ist sie weder im Sinne eines weltanschaulichen noch eines ethischen → Dualismus interpretierbar (→ Gnosis). Gottes Wahrheit (= Verläßlichkeit) hat in Jesus Christus die W. dem Glaubenden vertrauenswürdig gemacht (1Kor 3, 21f).

b) Die W. ist, um der Menschen willen, Gottes *befristete Zeit:* seine Sprech-Zeit, in der und durch die er mit der Menschheit umgeht. Sie ist nie ohne den Menschen – »samt allen Kreaturen« – in dessen Gottesbezug zu erfahren. Gottes Selbstfülle versagt sich nicht, sondern will sich menschlichem Dasein mitteilen. Gott ruft durch die W. den Menschen zur Selbst-ständigkeit, die nie zur Eigen-ständigkeit verkehrt werden darf. – Dieses Angewiesenseins auf Gott entschlägt sich jedoch der Mensch. Das Geschöpf widerspricht dem Schöpfer (→ Sünde). Kreatur-Verkehrung bedeutet W.-Verkehrung. Dem »in sich selbst verbogenen Menschen« (Luther: homo in seipsum incurvatus) entspricht die introvertierte W. Ihr zeitliches Vergehen (1Kor 7, 31; 1Joh 2, 17) wird als Ausdruck des → Zornes Gottes erlitten. »W.« (= Menschheit) wird zum Inbegriff der *Gottesfeindschaft* (bes. JohEv). »Die ganze W. liegt in der Gewalt des Bösen« (1Joh 5, 19). Durch den Aufruhr gegen den Schöpfer ist sie zu »dieser W.« qualifiziert. Der Satan ist ihr »Gott« (2Kor 4, 4; Joh 12, 31; 14, 30). Strenger als je ist die W. dem Mißbrauch durch sich selbst als dem anonymen Bereich überpersonaler Mächtigkeiten (ihrer »Elemente«: Gal 4, 3; Kol 2, 8. 20; vgl. → Dämonen) preisgegeben. Aus dem Schauplatz wirkender Verheißungen wird sie zum Forum des sich vorschattenden Gerichtes. »Alle W.« wird Gott straffällig (Röm 3, 19). – Damit wird W. zwar nicht völlig verwerflich, wohl aber läßt sie sich nicht mehr einsinnig im Urteil eines (auch christlichen) Monismus (→ Optimismus) hinnehmen. Der Christ flieht die W. nicht (→ Askese: V), sondern wahrt ihr (dh je sich selbst!) gegenüber den inneren Abstand – im paradoxen »Als ob nicht« (1Kor 7, 29-31). Denn die W. ist zweiwertig und zweideutig in einem: trotz Gottes Setzung Stätte unablässigen Streites mit ihm und sich selbst. Um ihrer Zwiespältigkeit willen, in der sich das Nichts (Chaos = Kluft) ankündigt, trat Jesus Christus in dieser W. auf (Joh 1) und ging in ihr ans Kreuz.

c) Die W. ist Gottes durch den Sohn wiedergewonnene *Wirklichkeit,* der niemand und nichts entrinnen kann. In ihm hat Gott die W. zum Zeichen seiner Unüberholbarkeit gemacht. Das Kommen des Retters ist Kommen in die W. (Joh 3, 16; 1Joh 4, 14). Der → Glaube ist Sieg über die W. (1Joh 5, 4). Die W. wird von der Zu-kunft des hereinbrechenden → Reiches Gottes angelaufen, aus ihrer Verschlossenheit ins Offene gerufen und für Gottes Offenheit beansprucht (→ Eschatologie). Im Urteil des Rechtfertigungs-Gerichtes wird der Eigenwille der W. zerbrochen und sie zum Selbst-willen befreit. Die Ambivalenz zwischen geschöpflicher und gefallener W. drängt der Lösung zu, die der W. vom Eschaton her zugerufen wird. – Die → *Kirche* als die zum Gehorsam erweckte W. weiß sich in der Autonomie Gottes geborgen. Durch den hl. Geist erleuchtet, erkennt sie, daß W. die Gesamtheit des von Gott je gedachten, gesprochenen und gewirkten Daseins darstellt, das vom Menschen erkannt, verantwortet und mitgestaltet werden will. W. ist der Inbegriff dessen, was Gott in begrenzter Hinsicht dem Menschen verfügbar macht (res rationi subiectae). Sie ist der Bereich des vernünftig Vorstellbaren und des tätig Herstellbaren. In den Grenzen ihrer Teilbezüge ist sie *objektivierbar* (→ Subjekt und Objekt) für Metaphysik, Wissenschaft und Technik. Ihre Objektivierbarkeit gründet in der Verläßlichkeit (= Wahrheit) Gottes, die in den Dingen waltet, um von den Menschen erkannt und ergriffen zu werden (Gen 1, 26-28). – Der W. setzt Gott *durch* die W. als Ob-jekt (Widerwurf und Widerstand) die Grenze. Die W. sehnt sich nach ihrer Vollendung, die mit der Offenbarung der Gottessöhne zusammenfällt (Röm 8, 18-27). Die Glaubenden sind auf den Weg des *Leidens und Opfers* gewiesen (Apg 14, 22). Sie glauben »auf Hoffnung, da nichts zu hoffen ist« (Röm 4, 18). Ihr Leben in der W. gerät in den Strudel des Wagnisses (→ Anfechtung). Die W. bleibt bis zu ihrer Integration sich selbst der furchtbarste Feind. – Das christliche W.verständnis vernimmt die W. als Gottes sprechende Schickung – »quer« zu → Zufall und → Schicksal – und beurteilt die Erwartung eines sich entwickelnden → Fortschritts der W. als Illusion. Im eschatologischen Interim verwahrt die Herrschaft Christi (→ Reich Gottes: III, 4) als des verborgenen Kosmokrators die W. im Schatten des Kreuzes – nicht bis ihre »Rätsel« gelöst sind, sondern bis Gott ihr unaussagbares Geheimnis enthüllt.

Außer der Lit. zu → Reich Gottes, → Schöpfung: IV, → Uroffenbarung, → Weltanschauung, → Weltbild: II-IV u. den Lehrbüchern der → Dogmatik u. → Ethik: W. Herrmann, Die Religion im Verhältnis zum W.erkennen u. zur Sittlichkeit, 1879 – RE XXI, 84ff (A. Ritschl u. J. Weiss) – H. Heimsoeth, Die sechs großen Themen d. abendländ. Metaphysik, (1921) 1958[4] – M. Heidegger, Sein u. Zeit,

(1927) 1953⁷ - DERS., Holzwege, (1950) 1957³ - DERS., Vorträge u. Aufs., (1954) 1959² - M.SCHELER, Die Stellung des Menschen im Kosmos, (1928) 1947² - ThW I, 197ff; III, 867ff - E.REISNER, Die christl. Botschaft im Wandel d. Epochen, 1935 - G.BUCHWALD, Luther über d. W. als »Mitwirkerin Gottes« (LML 23, 1941, 49-73) - C.F.v.WEIZSÄCKER, Zum W.bild d. Physik, (1943) 1958⁷ - BARTH, KD III/1-4 - TH.LITT, Mensch u.W., (1948) 1961² - K.HEIM, Der ev. Glaube u. d. Denken d. Gegenwart IV-VI, (1949-52) 1952-58²·³ - G.BORNKAMM, Christus u. d.W. in d. urchristl. Botschaft (ZThK 47, 1950, 212-226 = Ges. Aufs. I [BEvTh 16], [1952] 1958², 157-172) - F.GOGARTEN, Der Mensch zwischen Gott u. W., (1952) 1956² - A.KÖBERLE, Christus u. d. Kosmos (Theol. als Glaubenswagnis, Festschr. f. K.Heim, 1954, 96-112) - GRIMM, Dt. WB XIV/1, 1, 1456ff - L.LANDGREBE, Philos. d. Gegenwart, 1957, 53ff - EKL III, 1756ff - H.G.GEYER, W. u. Mensch. Zur Frage des Aristotelismus bei Melanchthon (Diss. Bonn), 1959 - C.A.VAN PEURSEN, Die Kommunikationshaftigkeit d.W. (Festschr. f. M.Heidegger, 1959, 49-66) - G.EBELING, Die W. als Gesch. (Wort u. Glaube, 1960, 381-392) - K.LÖWITH, W. u. Menschen-W. (Ges. Abhandlungen, 1960, 228 bis 255) - H.JONAS, Gnosis u. moderner Nihilismus (KuD 6, 1960, 155-177) - G.GLOEGE, Ev. W.bewußtsein heute (Im Lichte der Reformation [Jb. d. Ev. Bundes 5], 1962, 5-25) - DERS., Schöpfungsglaube u. W.bild (Vom Herrengeheimnis der Wahrheit, Festschr. f. H.Vogel, 1962, 158-178) - J.BAUR, Die Vernunft zwischen Ontologie u. Evangelium, 1962, 123 ff. *G.Gloege*

Weltanschauung

1. Die Entstehung von W.en - 2. Der Inhalt des Begriffs - 3. Seine heutige Verwendung

1. Jeder Mensch sucht in seiner Weise eine Antwort auf die Frage nach dem Sinn des menschlichen Daseins, auch wenn er weit davon entfernt ist, in philosophischem Denken dieses Urproblem anzugehen. Ursprünglich ist das Verständnis seiner selbst und der Welt eingebettet in mythische Vorstellungen und religiöse Überzeugungen. Im Christentum führte die früh einsetzende Intelligibilisierung der Offenbarungswahrheit zu einer vermeintlichen Sicherung des Glaubensfundaments mit den Mitteln der Philosophie in der natürlichen Theologie der Scholastik (→ Natürliche Religion, 2. 3). Der damit inaugurierte Säkularisierungsprozeß (→ Säkularismus: I) wurde in seiner ganzen Tragweite erst erkannt, seitdem »W.en« gleichberechtigt neben die christliche Lehre traten.

Als nach dem Zerfall des abendländischen → Corpus Christianum die Kirchen sich um Ratio und Recht des Glaubens stritten und ihr Einfluß mehr und mehr schwand, intensivierte sich das philosophische Fragen nach einer autonom-profanen Sinnerfassung von Mensch und Welt. Die Theologie verlor Vorrang und Führung in den Wissenschaften, sie versäumte die notwendige Auseinandersetzung mit den aufkommenden naturwissenschaftlichen Problemen, und so wuchs der Glaube an die bloße Vernunft und eine Wissenschaft, die ohne den Gottesgedanken auskomme. Weite Kreise zumal der Gebildeten begnügten sich mit einem rationalen → Theismus oder → Deismus oder verloren sich in die Weltfrömmigkeit des → Pantheismus. Der Gedanke einer autonomen → Ethik setzte sich mehr und mehr durch und trug zusätzlich zur Entfremdung vom christlichen Glauben bei; der von Kant trotz aller geschichtlichen Bedingtheit und aufklärerischen Verengung des Christlichen offengehaltene Weg religiöser Autonomie wurde in seiner Reichweite verkannt. Die Ohnmacht der traditionellen Philosophie im Leben und die These, Religion sei eine Vorstufe zum Glauben an die allein im Leben standhaltende sittliche Idee der Menschheit, führten schließlich dahin, daß an die Stelle des christlichen Weltverständnisses und eines Lebens aus dem Glauben gleichberechtigt die W.en traten (GG Art. 4, 1; 7, 5; 33, 3; 140 [WRV 137, 7]). Sie sind letztes Ergebnis der Rationalisierung der Offenbarungswahrheit und der in ihr selbst anhebenden Emanzipation von der christlichen Verkündigung, an deren Stelle die sich autonom verstehende Gesetzgebung des philosophierenden Menschen und damit das Problem des → Historismus und → Relativismus trat.

2. Die wohl erste Verwendung des Wortes W., und zwar in der Bedeutung von Weltbild, findet sich bei → Kant; er führt in systembedingtem, rein theoretischem Sinne die Idee eines Noumenon ein, das das Unendliche der Sinnenwelt zusammenfaßt und »selbst keine Anschauung verstattet, aber doch der W. als bloßes Substrat untergelegt wird« (Kritik der Urteilskraft, § 26). Diese ursprüngliche Verwendung des Wortes W. im Sinne von Weltbild, das in der Anschauung noch in rein optischem Sinne gemeint ist, setzte sich nicht durch. Die Romantiker vertieften und verinnerlichten den Terminus; gerade dadurch konnte eine eindeutige Begriffsbestimmung nicht mehr erreicht werden. Das verhinderte schon allein die pantheistische Weltfrömmigkeit der Zeit (→ Pantheismus: II, 2 c). Das Wort tendierte aber dahin, die subjektiven Entwürfe zu bezeichnen, »in denen das Individuum die Gesamtheit aller Dinge in die Einheit eines Sinnganzen fügt und auf sich selbst und das eigene Lebensverständnis zurückbezieht« (W.Wieland). Eben das schien einer vom exakten Wissenschaftsbegriff faszinierten Zeit die Aufgabe der Philosophie zu sein, während sie es als Sache der Naturwissenschaften ansah, das Weltbild, dh die umfassende gültige Theorie der Wirklichkeit, zu liefern. → Dilthey ist der Begründer dieser Auffassung von Philosophie. Er führte die philosophischen Systeme im Anschluß an → Trendelenburg auf drei Grundtypen zurück und entwickelte in anthropologischer Einstellung an Hand eines reichen geschichtlichen Materials die Grundformen der in ihnen enthaltenen W. Die Philosophie selbst wird zum Gegenstand der Philosophie, dh der sich über sie erhebenden W.en. → Husserl ging anders vor und wollte wie J.Cohn und H. → Rickert die außerwissenschaftlichen W.en von wissenschaftlicher Philosophie unterschieden wissen. Er sprach von W.sphilosophie, deren ideales Ziel »rein die W.« sei, die »ihrem Wesen nach nicht Wissenschaft« sein könne; er warnt vor einem Wissenschaftsfanatismus beim Verständnis der W.en, davor, alles nicht wissenschaftlich-exakt zu demonstrierende als unwissenschaftlich abzuwerten. → Wissenschaft sei ein Wert unter anderen gleichberechtigten Werten, und der Wert der W. stehe auf eigenem Grund durchaus fest. Die W.sphilosophie lehre, wie eben Weisheit lehre: »Persönlichkeit wendet sich an Persönlichkeit.« Nur wer dazu berufen sei, dürfe sich »im Stile solcher Philosophie an den weiteren Kreis der Öffentlichkeit« wenden. Wissenschaft dagegen sei kollektive Arbeitsleistung der Forschergenerationen und daher unpersönlich. Husserls Ausführungen sind bezeichnend für die geistesgeschichtliche Tatsache, daß die W.en das traditionelle Denken in Verlegenheit brachten, und wenn nach seiner Meinung die größten wissenschaftlichen Geister in Jahrtausenden »es in der Philosophie zu keinem Stück reiner Lehre gebracht haben«, ist die Aporie riesengroß. Angesichts dieses Unvermögens der Philosophie erscheinen die W.en nach dem Verlust der christlichen Substanz als die - schwer zu qualifizierenden - Lückenbüßer für den Sicherheit und Halt suchenden Menschen der Neuzeit.

Dilthey läßt alle W.en aus der Vergegenständlichung dessen entspringen, »was der lebendige Mensch wahrnehmend und vorstellend, im Gefühl und Trieb, seinen Willen an den Dingen versuchend, von der Welt erfährt« (Ges. Schr. VIII, 235). W.en sind Objektivationen innerhalb des Stromes des schöpferischen Lebens als des Ursprungs schlechthin (→ Lebensphilosophie) und stellen geschichtliche Ausformungen der Selbstauslegung des Menschen dar, in denen die Deutung und Gestaltung von Mensch und Welt in Religion, Metaphysik und Kunst ergriffen wird. Diesen geschichtlichen Ausformungen der Selbstauslegung entsprechen letzte menschliche Haltungen. → Heidegger sagt: »Die W. braucht zwar und benutzt die Philosophiegelehrsamkeit, aber sie bedarf keiner Philosophie, weil sie als W. eine eigene Deutung und Gestaltung des Seienden übernommen hat« (Holzwege 92). Aber Philosophie und W. sind korrelativ aufeinander bezogen: Philosophie ist zur Klarheit des Begriffs gebrachte W., W. strebt aus der Unreflektiertheit zum Selbstbewußtsein in der Philosophie. Am treffendsten formuliert → Jaspers, man könne »Philosophie wohl eine *wissenschaftliche W.* nennen: W. *auf dem Grunde* wissenschaftlicher Weltorientierung und *in Gestalt* artikulierten Denkens, nicht aber eine durch Wissenschaft *bewiesene* W.« Man kann mit Recht von W. als einem philosophischen Fachwort sprechen.

3. Die vielfältige Bedeutung des Wortes W. spiegelt den Mangel an geschlossener und bewußter Überzeugung des heutigen Menschen, mehr noch beweist sie den Zerfall einer einheitlichen Gesamtschau von Mensch und Welt. Dilthey gebührt das Verdienst, die nachromantische Bedeutung des vielverwandten Terminus W. erkannt und stabilisiert zu haben. Sie hält sich in den verschiedenartigsten heutigen Verwendungen des Wortes durch, so abgegriffen es auch scheint, ob nun von natürlich gewachsener – im Gegensatz zu wissenschaftlicher – W. oder von W.sphilosophie – im Gegensatz zu wissenschaftlicher Philosophie – gesprochen wird. W. meint das Totale des Menschen, sowohl subjektiv als Erlebnis und Gesinnung wie objektiv als gegenständlich gestaltete Welt (Jaspers); sie meint die Weise, in der der Mensch des Sinnes seines Daseins und seiner Welt theoretisch und praktisch inne wird. Es liegt m.a.W. im Wesen der W., daß sie als Lebensanschauung einen bestimmten Sinn des Lebens vermitteln und das Leben danach gestalten will. – Da es sich nach reformatorischer Auffassung im Glauben nicht um Sicherung, sondern um Infragestellung in einem stets beteiligten Verhalten des Menschen handelt, das in der personalen Korrelation von endlichem Ich und unendlichem Du sich ereignet, für die es kein Gesetz und kein Prinzip gibt, ist eine christliche W. nicht möglich. Sie könnte sich nur als »übernatürliche« Philosophie etablieren, die eine vermeintlich christliche Form der Weltbemächtigung darstellen würde. Die Relation von Glaube und W. aktualisiert sich in der Verkündigung. Dagegen resultiert aus dem kath. Verständnis des Verhältnisses von Natur und Gnade bzw. von Philosophie und Theologie eine legitime kath. W. Mit Recht will daher v. → Nell-Breuning nur eine kath., nicht aber eine christliche W. gelten lassen; und er ist konsequent genug, eine christliche W.spartei nur als das u.U. kleinere Übel für tragbar zu erklären. – Im uneigentlichen Sinne spricht man zB von orientalischer und abendländischer, idealistischer und materialistischer, rechtlicher und politischer W., von der typischen W. einer Rasse und eines Volkes, einer Generation und eines Zeitalters; damit will man jeweils einen charakteristischen Zug einer bestimmten W. zum Ausdruck bringen. W. ist in hohem Maße eine geistige Angelegenheit der Gesellschaft; ihr ausgesprochen anthropologischer Einschlag erklärt die vieldeutige Verwendung des Wortes (das sich übrigens wegen seiner stets mitschwingenden Grundbedeutung nicht adäquat in andere Sprachen übersetzen läßt). Man spricht von der W. Goethes oder Freuds und sogar von individueller W.

In der Alltagssprache werden W., Weltansicht und Weltbild vielfach in identischer Bedeutung angewandt. W. ist heute wohl zu unterscheiden von → *Weltbild* (: IV), das die allgemeine Struktur der Welt in wissenschaftlicher theoretischer Gesamtschau bezeichnet. Aber auch dieses Wort wird oft in einem unbestimmten Sinne gebraucht. Nach Heidegger kann von Weltbild nur in bezug auf die Neuzeit gesprochen werden; denn vor ihr gebe es »die aus dem Entwurf der Gegenständlichkeit des Seienden sich entfaltende Einheit des Gefüges im Vor-gestellten als solchem« nicht (Holzwege 93). – Die nationalsozialistische Ideologie nannte sich W.; aber W. ist nicht mit → Ideologie zu verwechseln. Ideologien stellen auf Grund von Konstruktionen, die in Teilaspekten – zB Gruppeninteressen – gründen, wirklichkeitsfremde Leitbilder für menschliches Handeln auf. – W.en sind pragmatisch, und darin unterscheiden sie sich auch von → Utopien.

Der aus dem kath. Denken sich ergebenden Forderung nach Vertretung des Katholizismus durch *kath. W.sprofessuren* an Universitäten ohne kath.-theol. Fakultäten und an staatlichen Hochschulen wurde nach dem 1. Weltkrieg in verschiedener Form entsprochen. Die unterschiedliche Stellungnahme der Konfessionen zur Frage der W. und ihrer Problematik zeigt sich nirgends klarer als in der folgenden Tatsache: seitens der kath. Kirche wurden von Theologen wahrzunehmende W.slehrstühle bzw. Lehraufträge für *Philosophie* beansprucht (»sie wollen den Studierenden eine wissenschaftliche Beschäftigung mit dem Gedankengut einer bestimmten Konfession ermöglichen«, LThK); eben dadurch angeregt fordert die ev. Kirche als entsprechende Einrichtung die Vertretung ev. *Theologie* in philosophischen Fakultäten. – In einem weiteren Sinne versteht man unter W.sprofessuren sog. konfessionelle Lehrstühle für Philosophie und Geschichte an staatlichen Hochschulen, die auf Grund rechtlicher Regelung mit Katholiken besetzt werden.

Außer der bei EISLER III, 506f genannten Lit.: J.PETZOLDT, Das Weltproblem vom Standpunkt d. relativist. Positivismus aus, (1906) 1912² – J.COHN, Voraussetzungen u. Ziele d. Erkennens, 1908 – E.HUSSERL, Philos. als strenge Wissenschaft (Logos 1, 1910, 289–341) – F.KLIMKE, Die Hauptprobleme d. W., 1910 – W.DILTHEY, Die Typen d. W. u. ihre Ausbildung in d. metaphys. Systemen (in: W., Philos. u. Religion, hg.v. M.FRISCHEISEN-KÖHLER, 1911, 3–51 = Ges. Schr. VIII, [1931] 1960², 75–118) – E.SPRANGER, Lebensformen, (1914) 1950⁸ – DERS., Der Sinn d. Voraussetzungslosigkeit in d. Geisteswissenschaften (SAB 1929, 1) – K.JASPERS, Psychologie d. W.en, (1919) 1954⁴ – DERS., Philosophie, (1932) 1956³ – M.SCHELER, Schriften zur Soziologie u. W.slehre, 1923/24 – DERS., Philosophische W., 1929 – A.GÖTZE, W. (Euphorion 25, 1924, 42–51) – A.MÜLLER, (Einl. in d. Philos., 1925) Welt u. Mensch in ihrem irrealen Aufbau, 1947³, 219ff – P.LIPPERT, Die W. d. Katholizismus, (1926) 1931³ – K.JOEL, Wandlungen d. W., 2 Bde, 1928/34 – TH.LITT, Wissenschaft, Bildung, W., 1928 – W.ERNST, Die W. u. ihre Problematik, 1930 – A.HENSEL, Grundrechte u. polit. W., 1931 – StL V, 1152ff. 1157ff – F.GOGARTEN, (Die Selbstverständlichkeiten unserer Zeit u. d. christl. Glaube, 1932) W. u. Glaube, 1937² – H.RICKERT, Wissenschaftl. Philos. u. W. (Logos 22, 1933, 37–57) – P.SIMON, Die geistigen Wurzeln unserer W.skrise, 1933 – DERS., W., 1935 – R.GUARDINI, Vom Wesen kath. W. (in: Unterscheidung des Christlichen, 1935, 1–22) – A.WENZL, Wissenschaft u. W., (1936) 1949² – LThK X, 813ff. 815 – M.MÜLLER, Das christl. Menschenbild u. d. W. d. Neuzeit, 1945 – O.v.NELL-BREUNING, Zur Programmatik polit. Parteien, 1946 – H.MEYER, Gesch. d. abendländ. W., 5 Bde, 1947–50 – M.HEIDEGGER, Die Zeit d. Weltbildes (in: Holzwege, 1950, 69–104) – GRIMM, Dt. WB XIV/1, 1, 1955, 1530ff – EF IV, 1742f – H.-G.FRITZSCHE, Das Christentum u. d. W.en, 1962.

J. Klein

Weltbild

I. Religionsgeschichtlich – II. Im AT – III. Im NT – IV. Das neuzeitliche Weltbild. – Vgl. ergänzend → Welt, dogmatisch, → Weltanschauung

I. Religionsgeschichtlich

A. Naturvölker – B. Indien – C. Alter Orient – D. Griechisch-römisches Weltbild

I A. Naturvölker

W. nennen wir die vom Menschen konstituierte Deckungseinheit von Anschauungsgehalten mit verschiedenen Bedeutungen; ihr Ergebnis ist, daß die physische, soziale und historisch-kulturelle Umwelt nach den gleichen durchgehenden Kategorien zu einem relativ geschlossenen, relativ widerspruchsfreien Ganzen strukturiert werden. Die dadurch erzeugte ideelle Einheit eines Weltbewußtseins ist um so integrierter, je enger und übersichtlicher der räumliche, geistige und kulturelle Horizont der ursprünglichen lebensweltlichen Erfahrungen ist; sie ist mithin am höchsten in den kleinen, *relativ* geschlossenen und *relativ* immobilen Lebenskreisen von → Naturvölkern. Diese kennen noch nicht eine je getrennte »Soziologie«, »Ökonomik«, »Mythologie« usw, sondern nur eine *Kosmologie,* in der die lebensweltlichen Erfahrungen des sozial-ökonomischen Alltags mit mythischen Deutungen versetzt auf den → Makrokosmos abgebildet werden. Dieselben Strukturzüge kehren überall wieder: Die Siedlungsform spiegelt die Sozialordnung, die Totengeister haben dieselbe soziale Struktur, dieselbe Siedlungs- und Lebensweise wie die Lebenden, sie rechnen mit zu deren Gemeinschaft und sind auch räumlich genau verortet (→ Tod: I). So sind die saivo- und seita-Geister der skandinavischen Lappen (→ Finnisch-ugrische Religionen) familien- und sippengebunden und mit hl. Stätten verknüpft, die ihrerseits bestimmten Familien und Sippen »gehören«. Nach den Vorstellungen der Tungusen an der Steinigen Tunguska (Zentralsibirien) spielt sich das Leben der Sippe den Sippenfluß entlang ab: Am Mittellauf wohnen die Lebenden in ihrem Jagd-Territorium, am Unterlauf (in Verhältnissen und Ansiedlungen wie die Lebenden) die verstorbenen Sippengenossen, am Oberlauf endlich Seelen der künftig ins Leben tretenden Sippengenossen in einem großen Zelt. Aktuelle Mitwelt, mythische Vorwelt und Folgewelt sind also einheitlich durchgestaltet mit Hilfe eines begrenzten Schatzes von Vorstellungsformen. - Viele W.er von Naturvölkern sind inselhaft geschlossen, und zwar auch solche von Binnenbewohnern. So haben zB. die Yurok-Indianer an der kalifornischen Küste ein Insel-W., das in den wesentlichen Zügen der antiken Okeanos-Vorstellung strukturell entspricht. Der Mittelpunkt der Welt ist identisch mit der eigenen Gruppe, »Weltzentrum« und »Ethnozentrum« fallen zusammen. Jedes hochintegrierte W. ist »ethnozentrisch« (vgl. → Nabel, → Orientation). Die kreisrunde Geschlossenheit des W.es wurzelt in der phänomenalen Anschauungsrichtigkeit der Vorstellung von einem »Himmelsgewölbe« (→ Himmel: I), die nicht unmittelbar zu widerlegen, sondern nur durch gehäufte Mobilitätserfahrungen abstraktiv zu korrigieren ist. Den altorientalischen Symbolen vom »Weltenmantel« und »Himmelszelt« liegen ähnliche primäre Anschauungen zugrunde, diesmal von Hirten- → Nomaden. Im chinesischen → Taoismus entspringt die Einheit himmlischen und irdischen Geschehens mit den Prinzipien Yin und Yang ursprünglich biomorphen Modellen (Mann und Weib); dagegen ist in der hierauf aufbauenden konfuzianischen W.-Spekulation mit ihrer Beziehungsetzung von »Himmelspalästen« zu Tierarten, Farben, Gerüchen, Fruchtbäumen, Temperaturen, Ministerien, Zahlen, Musiknoten usw alle primäre Anschauung weit überschritten durch rationalistische Konsequenzmache von Intellektuellen. Im ausgestalteten chinesischen »Universismus« ist daher zuletzt der Kosmos ideologisch politisiert (→ China: II, 2).

Die lebensweltliche Grundlage der W.er bei Naturvölkern hat zuerst E. → Durkheim am Beispiel des australischen → *Totemismus* herausgearbeitet. Es dürfte heute feststehen, daß jedenfalls bei Naturvölkern die mythischen Sinnbilder (→ Mythos: II) dem Beobachtungsschatz naturgebundener, zT sogar naturausgelieferter Menschen entspringen und daß auch ihr Bewußtsein vom kosmologischen »Haushalt des Lebens« hierin wurzelt (A. Friedrich). Der kategoriale Haushalt des Menschen erweist sich aber über diese primitiven Stufen hinaus als begrenzt. Die elementaren Bezüge der Notdurft des Lebens im Pragma von Bios, technischer Hantierung und sozialer Existenz verlieren niemals ganz ihre Bedeutung; das Weiterwirken der »biomorphen«, »technomorphen« und (vor allem) »soziomorphen« Denkmodelle bis weit in die weltanschaulichen und philosophischen Systeme hinein hat neuerdings E.Topitsch analysiert.

Wenn man betont, daß die W.er menschlich konstituiert sind, so darf man doch darüber ihre ethische Rückwirkung auf die menschlichen Gemeinschaften nicht vergessen. Die mythischen W.er der Naturvölker spenden ihnen Normen des Verhaltens. Im chinesischen Universismus haben schlechte Regierung, Fehler des Herrschers usw unmittelbare Rückwirkung auf den Weltlauf. Diese *normative Projektion* wird oft ausgesponnen und kann von intellektuellen Experten auch zur politischen Kritik und Kontrolle der Mächtigen ausgenutzt werden.

Im integrierten W. von annähernd kreisförmiger Geschlossenheit nimmt die Genauigkeit der direkt erfahrbaren Bestimmungen proportional der Entfernung vom »Ethnozentrum« zur Peripherie ab: in die Lücken der Erfahrung schieben sich in steigendem Maße Vorurteile, Deutungen, Spekulationen, und die Peripherie der Oikumene ist dann von Fabelwesen, → Riesen, → Zwergen usw bevölkert. Mit der Erfahrungserweiterung durch die Ausdehnung des räumlichen, geistigen, sozialen und kulturellen Horizontes gerät daher jedes W. in Konflikt teils mit der empirischen Wirklichkeit, teils mit anderen W.ern (die natürlich auch einen Teil der Empirie bilden). Je mehr der Weltzusammenhang bekannt wird, um so weniger ist ein widerspruchsfreies W. möglich, so daß zu dessen Erfindung zuletzt nur noch der Bereich der freien *utopischen Entwürfe* (→ Utopie) bleibt. Eine wissenschaftlich begründete moderne Kosmologie ist heute nicht mehr möglich, sondern nur je nach bestimmten (physikalischen, psychologischen, soziologischen usw) Betrachtungsweisen relativierte »W.er«.

R.Eisler, Weltenmantel u. Himmelszelt I. II, 1910 - E.Durkheim, Les formes élémentaires de la vie religieuse, Paris (1912) 1937[3] - J.J.M.de Groot, Universismus, 1918 - E.Cassirer, Philos. d. symbol. Formen I-III, (1923-29) 1953/54[2] - M.Scheler, Die Wissensformen u. d. Gesellschaft, 1926 - U.Harva (→ Altaische Religionen) - R.W.Williamson (→ Polynesien) - W.E.Mühlmann, Rassen- u. Völkerkunde, 1936, 368ff - Ders., Staatsbildung u. Amphiktyonien in Polynesien, 1938 - Ders., Chiliasmus u. Nativismus, 1961 - Ders., Homo Creator, 1962 - A.E.Jensen, Das relig. W. einer frühen Kultur, 1948 - Ders., Mythos u. Kult bei Naturvölkern, (1951) 1959[2] - Eliade - E.Husserl, Ideen zu einer reinen Phänomenologie II: Phänomenolog. Unters.en zur Konstitution, Haag 1952 - E.Lot-Falck, La notion de propriété et les esprits-maîtres en Sibérie (RHR 144, 1953, 172-197) - P.Radin, The World of Primitive Man, New York 1953 - D.Forde (Hg.), African Worlds, London 1954 - E.Rousselle, Konfuzius u. d. archaische W. d. chines. Frühzeit (Saeculum 5, 1954, 1-33) - A.Friedrich, Das Bewußtsein eines Naturvolks vom Haushalt u. Ursprung d. Lebens (Paideuma 6, 1955, 47-54) - H.Köster, Symbolik d. chines. Universismus, 1958 - E.Topitsch, Vom Ursprung u. Ende d. Metaphysik, 1958 - I.Paulsson, W. u. Natur in d. Religion d. nordsibir. Völker (Ural-Altaische Jahrbücher 34, 1962, 113-124).

W.E.Mühlmann

I B. Indien

Von *einem* indischen W. kann insofern gesprochen werden, als bei größten Verschiedenheiten im einzelnen

(Erde: Scheibe oder Kugel) eine für die meisten Anschauungen gemeinsame Grundstruktur besteht. Dies ist zurückzuführen auf die Einheitlichkeit und Geschlossenheit der indischen Spekulationen, die mehr als die nüchterne Beobachtung der Natur die Grundlage der Anschauungen über das Weltall abgegeben haben. Nicht einmal die astronomischen Erkenntnisse, die unter griech. Einfluß allmählich beträchtlich wurden, gaben Anlaß zu einem W., das sich von den hergebrachten Spekulationen und mythologischen Vorstellungen emanzipierte. Ob die philosophischen Schulen, die nur die Sinneswahrnehmung als Erkenntnisquelle anerkannten und folglich gegenüber den Spekulationen über Himmel und Hölle gleichgültig waren, ein eigenes W. geschaffen hatten, wissen wir nicht (→ Materialismus: I, 1).

Auf jeder Stufe der indischen Entwicklung begegnen in den Texten sprachliche Ausdrücke, die ein erfahrungsgemäßes Bild der Welt zu bekunden scheinen, indem sie nur auf → Erde und → Himmel (: I) bzw. Erde, Himmel und dazwischenliegenden Luftraum Bezug nehmen (bhûr, bhuvah, svar; die Welt mit einer Schildkröte verglichen; vgl. → Vedische und brahmanische Religion). Doch dürften nicht einmal in den ältesten Quellen derartige Ausdrücke die zur gegebenen Zeit bzw. von dem jeweiligen Verfasser gehegten Anschauungen erschöpfend widerspiegeln. Die Dreizahl blieb trotz früh einsetzender Unterteilungen und Erweiterungen (zur Siebenzahl s. → Hinduismus: I, 2 b), bzw. Umdeutungen, in der weiteren Entwicklung als Grundstruktur bestehen; der Begriff des »triloka«, Dreiwelt, ist allgemeinindisch. Gewöhnlich ist aber unter Dreiwelt Himmel, Mittelwelt (= Erde) und Unterwelt zu verstehen. Im Buddhismus tritt wiederum diese Dreiwelt auf als die niedrigste Welt in einem System von dreien: Welt der Sinnenlust (kâmaloka), Welt der reinen Formen (rûpaloka), Welt der Nichtformen (arûpaloka). Es hängt von der Definition der Begriffe Welt und W. ab, inwiefern die beiden letzteren, die sehr hohe, durch gutes → Karma und auch durch Meditation erreichbare, zT räumlich nicht vorstellbare Daseinsstufen ausmachen, in eine Darstellung des »W.es« gehören. Diese Schwierigkeit spiegelt ein grundsätzliches Problem in der Interpretation der indischen Spekulationen und kann durch ein zweites Beispiel illustriert werden: Chândogya Upanishad III, 11, 1 heißt es, daß die → Sonne weder auf- noch untergehe, sie stehe allein in der Mitte. Diese Aussage ist als auf ein heliozentrisches W. deutend interpretiert worden (Barua). Sie bezieht sich aber gerade auf eine höhere Daseinsstufe. Beziehen wir jedoch alle Daseinsstadien, die irgendwie als existierend denkbar sind, in den Begriff Welt ein, so ist letzteres an sich keine gültige Einwendung. Ein ähnliches grundsätzliches Interpretationsproblem bieten die häufigen mikro-makrokosmischen Spekulationen (s.u.).

Alle nachvedische Spekulation scheint von einem erschütternden Erlebnis des Unendlichen beherrscht zu sein, das in der Kosmologie in verschiedener Weise zum Ausdruck kommt. Der → Jinismus drückt sein Erlebnis der Unermeßlichkeit alles Seienden durch die unfaßbare Größe seines Kosmos aus, unter Anwendung phantastischer Maße (zB rajju = die Strecke, die ein Gott in 6 Monaten durchfliegt, wenn er in einem Augenblick 2057152 Yojanas zurücklegt; 1 Yojana = ca 2 Meilen). Der → Hinduismus (: I, 2 b) und der → Buddhismus (: I, 4) rechnen mit einer unendlichen Zahl von Weltsystemen, entfalten jedoch ihre schöpferische Phantasie nur in den Schilderungen *eines* Systems, dessen gewaltiger Umfang und komplizierter Bau dem kühnsten Gedanken genügend Spielraum gewähren. Die Idee dürfte im allgemeinen sein, daß die zahllosen Weltsysteme alle gleich sind. Die Buddhisten lassen die Zwischenräume zwischen den Weltsystemen bes. fürchterliche, von keiner Sonne erhellte Höllen sein, füllen also den unermeßlichen Raum gewissermaßen aus. – Die Erde stellt man sich meist als eine kreisrunde Scheibe vor. Darüber bzw. darunter lagern sich die höheren bzw. niederen Welten. Das ganze System wird dann (nach Kirfel schon von alters her) als kugelförmig gedacht, aber auch andere Ausformungen kommen vor: im Jinismus wird zB der Kosmos mit einer gewaltigen Spindel verglichen, die auf der Hälfte einer zweiten größeren Spindel ruht. Die häufigen Spekulationen über → Makro- und Mikrokosmos erzeugen Schilderungen, die – je nach unserer Interpretation des Wesens derartiger Vergleiche – das Weltall in der Form des menschlichen Körpers darzustellen scheinen (zB → Upanishaden; Tantra, s. → Tantrismus; Jinismus). – Die mittelalterlichen astronomischen Lehrbücher lehren den neuen Erkenntnissen gemäß eine kugelrunde, von der Sonne umkreiste Erde. Diese Erde ist indessen eine Zusammenfassung der alten Mittelwelt und der Unterwelt, dh die letztere wird gewissermaßen von der ersteren umschlossen. Auch andere alte Vorstellungen wurden beibehalten, zB die von dem Weltberg Meru (vgl. → Hinduismus: I, 2 b). Dieser gewaltige goldene Berg bezeichnet in den älteren Anschauungen in einem gewissen Sinn den Mittelpunkt der Welt (→ Nabel), um den die Sonne und die übrigen Himmelskörper kreisen. Wenn die Sonne sich auf der anderen Seite des Weltbergs befindet, entsteht die → Nacht. (Eine ältere Erklärung der Nacht ist, daß die Sonne eine dunkle Kehrseite besitzt, die sie auf ihrem Rückweg nach Osten der Erde zuwendet.) – Die Vorstellungen von den am Fuße des Meru sich ausbreitenden Kontinenten, Ozeanen und Ringbergen sind in ihrer Grundstruktur dem Hinduismus, Buddhismus und Jinismus gemeinsam, s. → Hinduismus: I, 2 b. Sie fußen auf lauter Spekulation und scheinen den mit der Zeit ohne Zweifel zunehmenden geographischen Kenntnissen, auch von der nächsten Umgebung Indiens, nur wenig Rechnung zu tragen. – Eine philosophisch-religiöse Anschauung über die Welt, die zu erwähnen wäre, ist in Anlehnung an die Evolutionstheorie des → Sânkhya aufgebaut. Das letzte und gröbste Evolutum, das grobe Element Erde, bildet den Kern des kugelförmigen Weltsystems. Sie wird von dem zweitletzten Element, dem → Wasser, wie von einer Schale umschlossen, dieses wiederum von → Feuer; dann folgen → »Wind« und âkâsha (Raum oder Äther). Die âkâsha-Schicht ist von dem Ich-wirker (ahamkâra) und dieser von dem Intellekt (buddhi oder mahân) umgeben. Das Ganze ruht im unendlichen Urgrund (prakrti oder pradhâna), der nicht-geistigen Ursache der Welten, die von der Weltseele durchdrungen wird. Diese jede Anschaulichkeit entbehrende Theorie verdient kaum die Bezeichnung W., auch schließt sie nicht die herkömmlichen naiven Vorstellungen des Hinduismus aus.

H. Oldenberg, Buddha, (1881) 1959[13] (zur Kosmographie s. H.v. Glasenapps Nachwort S. 497ff) – A.A. Macdonell, Vedic Mythology (Grundr. d. indo-arischen Philol. u. Altertumsk. III, 1 A), Straßburg 1897, 8ff – G. Thibaut, Astronomie, Astrologie u. Mathematik (ebd III, 9), ebd 1899 – ERE IV, 155ff – W. Kirfel, Die Kosmographie der Inder nach den Quellen dargest., 1920 – Ders., Das Purâna vom Weltgebäude (Bonner Orientalist. Studien NF 1), 1954 – Ders., Symbolik des Hinduismus u. des Jinismus (Symbolik der Religionen IV), 1959, 126ff – Ders., Symbolik des Buddhismus (ebd V), 1959, 21ff – B. Barua, Hist. of Pre-Buddhistic Indian Philosophy, Calcutta 1921 – W. Schubring, Die Lehre der Jainas nach den Quellen dargest. (Grundr. d. indo-ar. Philol. u. Altertumsk. III, 7), 1935, 131ff – P. Mus, La Lumière sur les Six Voies. Tableau de la transmigration bouddhique I, Paris 1939 – A.L. Basham, Hist. and Doctrines of the Âjîvikas, a vanished Indian Religion, London 1951, 240ff – H.v. Glasenapp, Buddhismus u. Gottesidee (AAMz 1954, 8) – B. Ba-

NERJEE, Über das Lokadhâtupatala. I. Kapitel des Laghu-kâlacakratantra râja (Diss. München), 1959. *N. Simonsson*

I C. Alter Orient

1. Kosmologie - 2. Entsprechungslehre - 3. Babylonien - 4. Ägypten - 5. Hethiter, Churriter, Kanaan und Phönizien

1. Der Kosmos im Sinne der symmetrisch und harmonisch geordneten Welt im Gegensatz zum → Chaos ist eine Konzeption des visuell eingestellten griech. Geistes. Die mehr mythologisch gefärbten altorientalischen Vorstufen beruhen trotz naher Verwandtschaft doch auf einer anderen geistigen Einstellung. Zwar findet sich auch hier die architektonische Auffassung des Weltgebäudes mit seiner Dreiteilung in → Himmel (: I), Erdreich und Totenreich (→ Tod: I) sowie die Abgrenzung dieser Bereiche gegen die ungeordneten Mächte der Steppe, Wüste und des Ozeans. Doch überwiegt hier fast immer die auditive Veranlagung die visuelle. Das Geschehen in der Zeit verdrängt die Beschreibung des Zustandes im Raume. Der Ausdruck »W.« kommt eigentlich erst sekundär in Betracht. Man schaut die Welt nicht an und macht sich kein Bild davon, sondern erzählt sich im → Mythos (: II) von ihrer Entstehung und ihren Schicksalen in Urzeit und Endzeit und stellt diese im → Ritus gelegentlich des → Festes (: I) pantomimisch oder dramatisch dar (→ Drama). Darum ist hier die Kosmologie von der Kosmogonie kaum zu trennen (→ Schöpfung: I). Selbst am Sternenhimmel sah man Leben und Bewegung im Auf- und Untergang der Gestirne. Das irdische Geschehen galt als eine Abspiegelung des himmlischen, und der Einfluß der altorientalischen (vor allem babylonischen) Astrallehre auf den Westen war so tief und umfassend, daß man dort ihre Bedeutung schon früh überschätzte (→ Astralreligion, 2). Denn wichtiger als die Analogie der Gestirne ist hier gerade in der Frühzeit die des menschlichen Körpers und des Menschenlebens. Auch bei dieser anthropomorphen Auffassung der geordneten Welt überwog das Geschehen die Anschauung oder Beschreibung. Im Mittelpunkt dieses Geschehens stand der Schöpfergott als der Vater und Erzeuger im Großen wie im Kleinen und letztlich als der Befruchter der großen Erdmutter (→ Erde, → Muttergottheiten, 2), aus deren Materie (Stein oder Lehm) alles gebildet wird und zu der schließlich alles zurückkehrt. Hierher gehört auch die Überzeugung vom Ursprung des Lebens aus dem Tod: in der Unterwelt (→ Hölle: I, 2) quillt das → Lebenswasser und grünt der → Lebensbaum oder das Lebenskraut. Es handelt sich hier um eine Reihe großartiger Analogieschlüsse, deren Ausgangspunkt das Menschenleben von der Empfängnis bis zum Tode ist. Dem Himmelsgott entspricht die Erdmutter, dem makrokosmischen Geschehen das mikrokosmische (→ Makrokosmos).

2. Entgegen dem damals herrschenden Evolutionismus (→ Entwicklung: II, 3) wurde nach 1900 diese »Entsprechung« von Gelehrten wie Hugo Winckler und Alfred Jeremias als das Grundprinzip des altorientalischen W.es erfaßt und dargelegt (→ Panbabylonismus). Alles irdische Sein und Geschehen entspreche einem himmlischen. Natürlich sei das Irdische in Wirklichkeit irgendwo und irgendwann an den Himmel versetzt worden, aber in der Theorie handelte es sich um eine real gedachte kosmische Welt, welche die Urbilder darstellt. Und wie im Raum gelte dieselbe Vorwegnahme einer präfigurierten Harmonie auch von der Zeit: im Kalender und Kreislauf. Mit Recht legte Jeremias hierauf später den Nachdruck (HAOG 26). Doch auch in dieser Form ist die anregende Theorie veraltet, denn die »Entsprechung« war auch hier zu statisch und zu wenig dynamisch gedacht. Nicht um → Symbole (: I), Pendants oder Spiegelbilder handelt es sich, sondern gleichsam um den innerlichen Zusammenhang himmlischer und irdischer Kraftzentren, welche ein analoges Geschehen in Raum und Zeit auslösen. Dies aber ist das Grundprinzip der → Astrologie, das keineswegs auf den Alten Orient beschränkt ist. Ähnlich verhält es sich mit der kosmischen Symbolik der Heiligtümer (→ Heilige Stätten: I, → Tempel: I), ihrer Geräte und Götterbilder (→ Symbolismus: I).

3. Fanden somit wohl bereits die → *Sumerer* am nächtlichen Firmament ein Abbild ihres von Flüssen durchzogenen, durch Deiche geschützten und durch Kanäle gegliederten Landes, so ergab sich ihnen daraus unmittelbar die Aufgabe, dieses Kulturland, das sie den Mächten der Unordnung (wie Sümpfen, Sandstürmen, Sturmfluten) entrungen hatten, nach dem Vorbild der himmlischen Götter zu erhalten und zu verteidigen. So ist auch hier der Ordnungswille kennzeichnend für die Sumerer (→ Babylonien: II, 3). Deutlich fällt noch im babylonischen Schöpfungslied (→ Babylonien: II, 14) die Weltordnung zusammen mit der Weltschöpfung. Der junge Lichtgott Marduk besiegt den weiblichen Ozeandrachen Tiâmat (→ Drache), zerspaltet ihn und ordnet innerhalb seiner mit einer Muschel verglichenen Hälften die Welt: das Himmelsgewölbe oben, in der Mitte die Erdscheibe, darunter das Wasser- und das Totenreich (das somit auch zum »Kosmos« gehört). Himmel und Unterwelt haben je 7 Terrassen oder Stockwerke mit 7 Pforten. Die Erde, vom Ozean umgeben, ist durch den Weltenberg (→ Himmelsberg), der Nabelschnur vergleichbar, mit der oberen Welt verbunden. Die irdische »Entsprechung« des Weltenberges ist der Tempelturm (Zikkurrat), dessen kultische Bedeutung beim → Neujahrs-Fest hervortritt (→ Babylonien: II, 9. 11).

4. Die Vorstellungen der alten *Ägypter* (→ Ägypten: II) sind trotz wesentlicher Unterschiede (auch zwischen der Theologie von Memphis und Heliopolis) denen der Sumerer so verwandt, daß sich eine gemeinsame Skizze versuchen ließe. Eine wichtige Rolle spielt der Urhügel, der sich, dem Weltenberg entsprechend, aus dem Urwasser erhebt. Ein Unterschied aber ist die Umkehrung der beiden Welthälften nach ihrer Spaltung: hier ist der Himmel das weibliche Prinzip, welches vom Luftgott (Schu) emporgehoben wird. Auch nach dieser Vorstellung aber liegt jenseits der durch die Schöpfung geordneten Welt ein ungeordnetes und von der feindlichen Todesmacht bedrohtes Gebiet. Doch tritt das Grauen zurück; die Existenzangst wird verdrängt. Der Ägypter war geneigt, selbst den Tod zu ignorieren oder auszuschalten und das diesseitige Leben ins Jenseits zu verlängern; nur auf das Unveränderte und Unveränderliche kommt es ihm im Grunde an.

5. Um so dynamischer erscheinen die Anschauungen der *Hethiter* und *Churriter*, wo das Material freilich noch nicht zum Gesamtbild genügt. Hier finden wir den Kampf des → Gewitter-Gottes mit dem Urdrachen Illuyanka und dem Felsenriesen Ullikummi sowie auch die Motive der Thronbesteigung und der Götterhochzeit (→ Hethiter: II, 3). Deutlicher ist dies alles in den nordphönizischen Liederzyklen aus → Ugarit (vgl. auch → Kanaan: III), wo zudem die kosmische Bedeutung des Berges und des Palastes des Gottes → Baal unverkennbar ist. Dieselben Motive sind bei → Sanchunjaton zu einer ausführlichen kosmogonischen Darstellung zusammengefaßt. Doch stammt diese Überlieferung in ihrer uns bekannten Form erst aus nachchristlicher Zeit (→ Philo Byblius) und ist trotz wertvoller Grundlage doch wohl bereits vom hellenistischen Geist beeinflußt.

Zu 1: ERE IV, 125ff - S.A.B.MERCER, Earliest Intellectual Man's Idea of the Cosmos, London 1957 - M.K.MUNITZ, Theories of the Universe from Babylonian Myth to Modern Science, Glencoe/Ill. 1957 - S.N.KRAMER u.a., Mythologies of the Ancient World, New York 1961. – Über Raumanschauung u. Zeitgefühl bei Babyloniern u. Ägyptern: E.MADSZAR, AKultG 22, 1931/32, 49-82; H.BRUNNER, AfO 17, 1954/55, 141-145 - W.B.KRISTENSEN, Kreislauf u. Totalität (in: Verzamelde bijdragen, Amsterdam 1947, 231-290; holl.) - W. VOLLBORN, Studien zum Zeitverständnis des AT, 1951 - TH.BOMAN, Das hebr. Denken im Vergleich mit dem griechischen, (1952) 1959[3]; engl. 1960. - Zu 3: E.BURROWS, Some Cosmological Patterns in Babylonian Religion (in: The Labyrinth, 1935, 45-70) - F.M.TH.DE LIAGRE BÖHL, Skizze der sumerischen Weltanschauung (in: Opera Minora, Groningen 1953, 149-162; holl.). - Zu 4: H.FRANKFORT, Ancient Egyptian Religion, 1948. - Zu 5: ANET[2] 120-155.

F.M.Th. de Liagre Böhl

I D. Griechisch-römisches Weltbild

Das traditionelle W. der Griechen und Römer leitet sich aus dem volkstümlichen Denken prähistorischer Zeiten her, verschiedentlich durch wissenschaftliche und philosophische Spekulation abgewandelt. Die ersten literarischen Zeugnisse finden sich bei → Homer und Hesiod. Himmel und Erde enthalten alles, was besteht: Götter, Dämonen, Menschen und die ihnen zugeteilten Bereiche: »Himmel«, Land, Meer und Unterwelt. Über allem wölbt sich der → Himmel (: I) wie ein riesiges Dach oder eine Kuppel; es gab verschiedene Annahmen darüber, woraus er bestünde: Stein, Metall, Glas oder Kristall. Die orientalische (zB israelitische) Vorstellung von einem ungeheuren Wasser außerhalb und über dem Himmel sowie unter der Erde war im griech. Denken nicht sehr verbreitet. An diesem Riesengewölbe waren die → Sterne befestigt und die »beweglichen Zeichen« oder »leuchtenden Herrscher«, die die → Jahreszeiten regieren (Aischylos, Agam. 6). Manche dachten, die Sterne schwämmen in einem Wassermeer; aber die Frage, wie diese Wasser an ihrem Ort blieben und wie die Sterne am Horizont auf- und untergingen, war nicht lösbar. Andere nahmen an, der Himmel sei von einer Gebirgskette rings um den Rand der Erde getragen, werde von einem hohen Berg (wie ein Regenschirm) gestützt, von Säulen oder Mauern getragen oder würde von dem Titan Atlas mit seinem Nacken gehalten (Hesiod, Theog. 509; nicht bei Homer). Nach einer anderen Auffassung flossen rund um die Erde die unüberschreitbaren Wasser des Okeanos. Doch als dieser kosmische Strom mit dem wirklichen Ozean (dem Atlantik) in eins gesetzt wurde, kam man zu der Annahme, daß die Inseln der Seligen oder die Hesperiden weit in der Ferne dort lägen (Azoren? Kanarische Inseln? Atlantis?). Bei Homer wohnen die Götter auf dem Olymp, dem → Himmelsberg in Thessalien, dessen Gipfel von Wolken umgeben war. Der hohe Bergpalast der Götter war über den Wolken, in dem reinen, sonnendurchstrahlten Äther; die Wolken schirmten ihn gegen die Menschen ab (Ilias XV, 192; Od. VI, 42ff). Einige Götter, wie Poseidon, lebten im Meer; andere, wie Pluto und Persephone, in der Unterwelt - einem Bereich wie die Oberwelt mit Bergen, Flüssen und sogar einem Himmel mit Sonne, Mond und Sternen. Hesiod beschreibt den Hades (→ Hölle: I, 1) als tief unter der Erde - so tief drunten wie der Himmel droben ist (Theog. 720ff). Dort hausen Götter, Dämonen, Giganten, Menschen und sogar Tiere.

Die mythologische Vorstellung von der Entstehung der Natur und der geordneten Welt aus → Chaos und → Nacht oder aus der Mutter → Erde (Gē) und ihrem Gemahl (Ouranos) stellt eine primitive Art von Dichtung dar, die anderswo, zB im alten Ägypten, ihre Parallelen hat. Doch wurden diese Vorstellungen nach dem Aufkommen der jonischen Naturwissenschaft und Philosophie (→ Griechisch-römische Philosophie, 2 a α) nicht mehr ernst genommen. Thales (frühes 6.Jh.) hält die Himmel für einen hohlen Kegel, und die Erde dachte er sich auf dem Urwasser schwimmend - wie in der alten babylonischen und ägyptischen Kosmologie. Anaximander (610-546 vChr) vervollkommnete diese Vorstellung: die Welt ist eine Kugel, in deren Mittelpunkt die runde Erde aufgehängt sei, im gleichen Abstand von allen andern Himmelskörpern. Sie hat die Gestalt eines flachen Zylinders, wobei ihre Höhe ein Drittel ihres Durchmessers beträgt. Auf ihrer kreisförmigen Oberfläche liegt die bewohnbare Erde. Anaximenes (585-526 vChr) hielt die Erde für eine flache, von der Luft getragene Scheibe; die Sterne sind Feuer, dh Zündungen von »Dünsten«, die von der Erde aufgestiegen sind; die Sonne ist flach wie ein riesengroßes Blatt. Pythagoras († ca 497 vChr) nahm als erster an, die Erde selbst (wie auch das Weltall) sei eine Kugel im Mittelpunkt der Welt; um sie bewegen sich die Himmelskörper in ihren eigenen Bahnen. Anaxagoras († 427 vChr) kannte bereits eine einfache Form der Theorie vom Urnebel, wie sie heute von manchen Astronomen wieder vertreten wird; die Erdentstehung war das Ergebnis der Rotation eines Urgases, aus dem sich unter dem Einfluß des Nous (Geist) die Masse roher Ursubstanz bildete. Die Zentrifugalkraft schleuderte die verschiedenen Himmelskörper aus ihr heraus. Anaxagoras nahm auch die Existenz »anderer Welten« an.

Die große Wende im klassischen W. trat ein, als die → Pythagoreer die geozentrische Ansicht aufgaben und die Erde als einen weiteren Planeten betrachteten; doch anstelle der Annahme, die Erde und die anderen Planeten kreisten um die Sonne, behaupteten sie, daß diese sich mitsamt der Sonne um einen unsichtbaren Punkt, das »Zentralfeuer«, bewegen, den Herd des Universums. Auch dies kommt der modernen Urnebeltheorie nahe, bes. hinsichtlich der Milchstraßensysteme. Das Weltall ist kugelförmig und endlich. Um das »Zentralfeuer« kreisen die Erde und die »Gegenerde«, ferner Mond, Sonne und fünf Planeten, schließlich die Region der Fixsterne. Dies alles war die Grundlage für die meisten astronomischen Ansichten in der weiteren klassischen Zeit. → Plato zB dachte ähnlich, obwohl er an der geozentrischen Auffassung festhielt, die er von Pythagoras gelernt hatte, nicht von dessen späteren Schülern. Platos Schüler Heraklides (ca 360 vChr) nahm an, daß die Sonne um die Erde kreist, aber den Mittelpunkt für die Bahnen von Merkur und Venus bildet, die sich folglich in Epizyklen bewegen. Eudoxus von Knidos (408-355 vChr) behauptete, es gebe 27 Sphären, einschließlich der Epizyklen - eine Anschauung, die Kalippus und → Aristoteles entwickelt hatten und die Arat (270 vChr) in seinem berühmten Gedicht über die »Phaenomena« voraussetzt. Diese Theorie blieb grundsätzlich bis zu → Kopernikus in Geltung. - Der größte Astronom des Altertums war Aristarch von Samos (Blütezeit 280-264). Er behauptete, die Sonne sei der Mittelpunkt der Welt, hatte also die kopernikanische, heliozentrische Auffassung. Aber seine mathematischen Berechnungen erschienen viel komplizierter als die der einfachen geozentrischen Astronomie; deshalb wollte man nichts davon wissen. - Am Ende setzte sich das geozentrische W. des Hipparch (190-126 vChr) und Ptolemäus (Blütezeit 127-157 nChr) durch, das zehn Sphären kannte, die von Osten nach Westen um die kugelförmige Erde kreisen, während die Planeten innerhalb dieses Systems langsam ihren Weg ostwärts nehmen, eine Gegenbewegung gegen die des Universums im ganzen. Dieses System wurde von den Stoikern übernommen (→ Stoa), aber auch von andern, die astrologisch dachten und die menschlichen Geschicke in Beziehung zu den Sternen und Planeten setzten, ebenso von dem Sonnenmonotheismus, der sich in der heidnischen Welt des 3. und 4.Jh.s siegreich durchsetzte. Sol Invictus war Haupt und Herrscher des Universums wie der Kaiser Haupt des Staates (→ Herrscherkult). Die sichtbare Sonne ist die äußere Manifestation des einen, unsichtbaren ewigen Gottes, der Himmel und Erde regiert.

J. Burnet, Early Greek Philosophy, (1892) 1948[4] - T.D. Seymour, Life in Homeric Age, (1907) 1914[2] - P. Duhem, Le système du monde I-X, Paris 1913-59 - RGG[2] V, 1828ff (Lit.) - T.L. Heath, Greek Astronomy, 1932 - ThW III, 867ff - Nilsson I. II (bes. II, 702ff) - Ders., Greek Piety, 1948 - H. Perls, Platon, sa conception du kosmos I. II, New York 1945 - W. Jaeger, Theology of the Early Greek Philosophers, Oxford 1947; dt. 1953 - P. Gordon, L'image du monde dans l'antiquité, Paris 1949 - Ch. Mugler, Deux thèmes de la cosmologie grecque, ebd 1953 - W. Kranz, Kosmos (Archiv f. Begriffsgesch. 2), 1955/57. - Vgl. die Lit. zu → Griechische Religion, → Griechisch-römische Philosophie, → Hellenismus. *F.C. Grant*

II. Im AT

1. Das dreigeteilte W.: a) Himmel - b) Erde - c) Unterirdische Welt - 2. Naturerscheinungen im Rahmen des W.s - 3. Theologische Einordnung

Das W. ist kein Stück originaler Verkündigung des AT, sondern ist in ihm vorausgesetzt; wie in Landschaft, Klima und Geschichte des alten Orients ist das AT auch in dessen → Weltbild (: I C) hineingestellt. Eine andere Frage ist, wie es sich, im Unterschied zur Umwelt, der Theologie des AT einfügt.

1. a) Die Welt stellt sich dreigeteilt dar: Himmel, Erde, unterirdische Welt (Ex 20, 4; vgl. Gen 7, 11). Der → *Himmel* (: II, 1), gewölbt und festgegossen (Hi 37, 18), wird als raqîᶜa = firmamentum bezeichnet (Gen 1, 6-8; Ps 19, 2), was ihn als festgestampft erscheinen läßt, wie bei orientalischen Dächern. Das Firmament trennt den Himmelsozean von den sichtbaren irdischen Wassern samt dem Erdreich; werden die »Fenster des Himmels« geöffnet, so kommt es zum »Wolkenbruch« (Gen 7, 11; 8, 2; 2Kön 7, 2; Jes 24, 18; Mal 3, 10), der als Segen für das Land, aber auch als alles vernichtende Flut (→ Sintflut: II) gedacht werden kann. Daneben weiß das AT natürlich um den Regenfall aus den Wolken (Hi 26, 8) - die mitunter zum Himmel in Parallele gestellt werden (Dtn 33, 26; 2Sam 22, 10ff u.ö.) -, auch wohl um die Entstehung der Regenwolken (Hi 36, 27f). Dafür kann das Bild von den Schläuchen des Himmels, in denen das Wasser aufgehoben wird, gebraucht und von »Kammern« für Schnee und Hagel gesprochen werden (Hi 38, 37. 22). An die Feste sind die »Leuchten« (Gen 1, 14ff) gesetzt, Sonne, Mond und Sterne. Das Gewölbe selbst ruht auf den »Säulen des Himmels« (Hi 26, 11; vgl. Ps 104, 3), den išid šamê der Babylonier. Dabei ist an hohe Berge gedacht, die den Horizont begrenzen und Sinnbild größter Festigkeit sind. - Ein Unterschied wie zwischen heaven und sky besteht im AT sowenig wie im Deutschen. Der → Himmel (: I) gilt im Orient zugleich als Göttersitz und wird als Berg gedacht (→ Himmelsberg). Auch sonst wird ja im AT der hohe → Berg als Wohnort Jahwes angesehen, gern als Berg im Norden (Jes 14, 13; Ps 48, 2f); jedoch kommen auch anderswo gelegene Berge, wie → Sinai-Horeb, als Wohnsitz Jahwes in Betracht. Der über dem Firmament liegende (Ez 1, 22ff) Himmel als Wohnort Gottes ist, wie bei Babyloniern, Persern u.a., entsprechend der Dreiteilung des Kosmos ebenfalls dreigeteilt. Die Formel »die Himmel und die Himmel der Himmel« (Dtn 10, 14; 1Kön 8, 27 u.ö.) wird zusammen mit raqîᶜa (so Midr. Wajjiqra 23, 24) als Dreizahl von Himmeln interpretiert. Eigentlicher Wohnsitz Gottes ist dann der dritte Himmel (slHen 8; 2Kor 12, 2). Im späteren Judentum ist die auch sonst bekannte Vorstellung von 7 Himmeln beliebt (AscJes 7-11; Test Lev 2f).

b) Auch eine Siebenteilung der *Erde* ist im Orient bekannt (Scheftelowitz 105f), während das AT von den vier Ecken der Erde spricht (Jes 11, 12; Ez 7, 2). Die Erde selbst ist, wie generell im alten Orient, als Scheibe vorgestellt. Demgemäß muß sie einen Mittelpunkt haben (→ Nabel), als welcher das zentrale Heiligtum (Ri 9, 37; Ez 38, 12; Jub 8, 19; äthHen 26, 1) angesehen wird (vgl. J. Jeremias, Golgotha, 1926, 40ff). Das wird für das AT Jerusalem und der Tempel, in christlicher Zeit die Grabes- und Auferstehungsstätte. Eigenartig ist die Annahme Hi 26, 7, daß die Erde über dem Nichts (bᵉlîmā, parallel tohû) aufgehängt sei, also offenbar schwebe, während Hi 9, 6 von Säulen spricht, auf denen sie ruht (vgl. Ps 104, 5; 1Sam 2, 8; Hi 38, 6). Die Erschütterung der Säulen, durch die starke Gotteshand verursacht, bewirkt dann das Erdbeben (Hi 9, 6). Sonst ist die Erde ganz vom → Wasser umflossen: dem »Wasser über der Feste« (Gen 1, 7) entsprechen die Fluten der »großen Tiefe« (Gen 7, 11; Spr 8, 28), das »Wasser unter der Erde« (Ex 20, 4; vgl. Gen 49, 25; Dtn 33, 13), und es ist eine erstaunliche, anbetungswürdige Sache, daß Gott den Erdboden über diesem Ozean erbaut hat (Ps 24, 2). Auch in der Horizontale stößt man überall an das Meer (Sach 9, 10; Ps 139, 9). Zugleich weiß das W. des AT von dem Horizont, dem Kreis, den Gott »über der Oberfläche der Tiefe gezogen« hat (Spr 8, 27; Hi 26, 10 a), wo Himmel und Erde zusammenstoßen und Licht und Finsternis sich scheiden (Hi 26, 10b).

c) Die Vorstellungen von dem Bereich *unter der Erde* sind in doppelter Weise bestimmt. Einmal, wie erwähnt, durch den Gedanken vom Wasser unter der Erde, der aufgefüllt wird durch mythische Phänomene wie die vom → Drachen Yam (= Meer; Ugarit), der dann besiegt und gefangengesetzt wird, oder von der babylonischen Tiamat, die Marduk vor und zum Zwecke der Weltschöpfung in zwei Stücke spaltet (→ Babylonien: II, 14). Dem AT ist der Gotteskampf gegen dieses Urungeheuer noch durchaus gegenwärtig (→ Leviathan). Gen 1, 2 spricht von der tᵉhôm, Ps 89, 11 von der Rahab, die mitsamt ihren Helfern (Hi 9, 13) bezwungen worden ist, so daß nun die »Schlange« im Grunde des Meeres dem Kommando Jahwes untersteht (Am 9, 3). - Außerdem ist die Unterwelt der Sitz der Abgeschiedenen, das Land ohne Wiederkehr (Hi 10, 21), die Scheol (→ Hölle: II, → Tod: II). Eine genaue Auskunft über die Lage der Totenwelt gibt das AT nicht; das ist bezeichnend für die ihm fehlende Neigung zu spekulativer Ausgestaltung (s.u.) solcher Tatbestände. Nicht einmal zwischen der Scheol und der Höhle, in der man »zu seinen Vätern versammelt« wird, bzw. dem Grabe wird klar unterschieden, was bes. in Jes 14, 9-20 augenfällig ist. Daß die Tiefe des Meeres und die Scheol räumlich zusammengehören, weiß das AT, wie die Nebeneinanderstellung in Am 9, 2f oder Hi 26, 5f und Jon 2, 3f zeigen kann. Gelegentlich erscheint die Scheol als eine Art Burg mit Toren (Jes 38, 10; Ps 9, 14; 107, 18; Hi 38, 17) und Riegeln (Jon 2, 7), was an die Darstellung der Unterwelt mit ihren 7 Toren bei »Ischtars Höllenfahrt« (AOT 206ff) erinnert. Erwähnt sei noch die dem AT gegebene Möglichkeit, die Scheol bei Krankheit und anderer Not als Bild zu gebrauchen.

2. In das W. des AT ordnen sich die *Naturerscheinungen* ein. An der Himmelsfeste (Gen 1, 14) wandern die Gestirne nach bestimmten Ordnungen (Gen 1, 16-18; Hi 38, 31ff). Das Morgengrauen (šaḥar) - im Rigveda X, 3, 2 wird von der »schwarzen Hirschkuh« gesprochen; vgl. Ps 22, 1 (?) - ist, wie die rosenfingrige Eos, geflügelt (Ps 139, 9; vgl. die ᶜaphᶜappajim - von ᶜûph, fliegen - des Morgengrauens, Hi 3, 9; 41, 10). Ihm folgt der »Aufgang« der → Sonne, die (masc.!) in Ps 19, 5ff dem Bräu-

tigam verglichen wird, der sein »Zelt« besitzt und strahlend seinen »Umlauf« tut, um abends dort wieder »einzugehen« (bô). Pred 1, 5 erwähnt - logischerweise! - das (in Ägypten bekannte) Faktum des nächtlichen Rückwegs der Sonne. Entsprechend ist dem → Mond die »Herrschaft über die Nacht« übergeben (Gen 1, 16; Ps 136, 9); die Möglichkeit seiner Verfinsterung ist dem AT geläufig. Auch die → Sterne haben ihre Bahnen (Ri 5, 20) und laufen nach festen Gesetzen (Hi 38, 33; Jer 31, 35f), wobei sie trotz ihrer Unzählbarkeit (Gen 15, 5 u.ö.) je einzeln Gott mit Namen bekannt sind (Jes 40, 26; Ps 147, 4). Eine besondere Stellung, auch als Symbol anderer Sachverhalte (Jes 14, 12; Sir 50, 6; Apk 22, 16), nimmt dabei der Morgenstern ein. Das Gewitter spielt im Orient keine überragende Rolle; auch in Ps 29, dem sog. »Gewitterpsalm«, sind die machtvollsten Aussagen vom Sturm, Erdbeben und vulkanischen Erscheinungen hergenommen (vgl. 1Kön 19, 11f). Immerhin wirken die Blitze als Pfeile und Lanzen in göttlicher Hand (Hab 3, 11; Ps 18, 15 u.ö.) und fungieren, wie Winde und Wolken, als seine Diener (Ps 104, 3f). Beim → Regenbogen scheint in Gen 9 das Bild der Brücke von oben nach unten eher im Hintergrund zu stehen als das des beiseite gestellten Kriegsbogens. Furchtbarste Naturerscheinung ist dem AT aber, neben vulkanischen Ausbrüchen, das Erdbeben, wobei nicht nur die Erschütterung auch des Festesten, sondern - so beim Erdbeben in Jerusalem am 11.7.1927 - zugleich das Brüllen aus der Tiefe dem Menschen gegenwärtig wird (Jes 24, 18 bis 20; Ps 18, 16). Kein Wunder, daß die Sprache eschatologischer Offenbarungen hiervon stark geprägt ist.

3. Bei alledem ist zu bemerken, daß das W. des AT weitgehend ein W. der *Anschauung* und Erfahrung ist. Man kann die erörterten Phänomene nacheinander durchgehen und wird das immer wieder bestätigt finden: droben das Firmament, das Auf- und Untergehen der Gestirne, das Wasser oben und unten, das Wohnen der Toten unter der Erde, die Flügel des Morgengrauens, die Blitze und Pfeile, der Regenbogen als Brücke, der Horizont u.a.m. Darum ist das biblische W. bis in den sprachlichen Ausdruck hinein unser W. geblieben, selbst wider besseres, naturwissenschaftlich begründetes Wissen. Daß das AT auf spekulative Weiterbildung, im Unterschied vom sonstigen Orient, weitgehend verzichtet hat, ergibt sich aus seiner Theologie: es steht im Bereich des Einen Gottes (→ Monotheismus: II). Das W. der polytheistischen Umwelt ist auch sakral-theologisch, dabei zyklisch geartet (vgl. → Spenglers W. der »Höhle«), aber der Phantasie und Weiterentfaltung stärkstens geöffnet. Im AT dagegen findet eine deutliche Entmythisierung statt (→ Mythos: III). Die hochmythologischen Sachverhalte - deutlich in der Urgeschichte, den Hymnen und bei Hiob - werden theologisch eingegliedert, gelegentlich in rationalisierender Weise (Gen 1, 14ff), viel öfter aber einfach in maiorem Dei gloriam (vgl. zB den Sonnenhymnus in Ps 19 [bes. V. 5b und H.J.Kraus zSt] und die Umdeutung der Planeten in die 7 Augen Jahwes, die alle Welt durchstreifen, Sach 4, 10). Die »Naturphänomene dienen ... wesentlich dazu, ... Gottes Regiment auf Erden durchzuführen« (Hölscher 90). So erwächst hier der - angesichts der Bedrohtheit der Welt - theologisch wichtige Gedanke ihrer Ordnung (Gen 1; Hi 38f; Ps 104; vgl. v.Rad 156. 425f), der mit einer universalen, sich in der Geschichte verwirklichenden Heilsordnung (Dtjes!) zusammengehört.

I. Benzinger, Hebr. Archäologie, (1894) 1907² - A. Bertholet, Kulturgesch. Israels, 1919 - Ders., Die Religion des AT, 1932 - J. Scheftelowitz, Die altpers. Religion u. d. Judentum, 1920 - HAOG - O. Eissfeldt, Baal Zaphon, 1932 - G. Hölscher, Das Buch Hiob (HAT I, 17), (1937) 1952² - G.v. Rad, TheolAT I, 1957 - Th.C. Vriezen, TheolAT in Grundzügen, 1957 - W. Eichrodt, TheolAT II. III, 1961⁴.

H.W.Hertzberg

III. Im NT

1. Der Begriff W. - 2. Der Weltbegriff - 3. Die Welt als Raum und Geschichte - 4. Das biblische Bild von der Welt als hermeneutisches Problem

1. Der Begriff W. ist dem NT fremd. Auch für die Sache fehlen sinngemäße Umschreibungen, weil ein anderer Weltbegriff vorliegt, als im heutigen Gebrauch von W. vorausgesetzt ist, und weil vor allem die Objektivierung des Seienden zum vorgestellten Bilde erst in der Neuzeit aufkommt (→ Heidegger). Befragen wir gleichwohl das NT auf sein begrifflich ungeklärt vorausgesetztes *Bild von der Welt*, so müssen wir Aussagen zusammenstellen, die eine entfernte Beziehung zur heutigen Frage haben: Wieweit ist in den benutzten Bildern von der Welt implizit das angelegt, was in der Moderne W. genannt wird?

2. Im Unterschied zum Griechentum, das mit κόσμος das Ganze des Seienden, also Himmel und Erde nebst Göttern und Menschen umfaßt, kennen Judentum und NT nur die Welt als → Schöpfung (: III) Gottes. Hierfür werden Begriffe verwendet wie κτίσις (Mk 13, 19; Röm 1, 25; 8, 19-22; 2Petr 3, 4), ὁ οὐρανὸς καὶ ἡ γῆ (Mt 5, 18; 11, 25; 24, 35 u.a.), κόσμος (Röm 1, 20; Gal 4, 3; Phil 2, 15), aber auch τὰ πάντα (Röm 11, 36; 1Kor 8, 6; 15, 28; Eph 3, 9; 4, 10; Phil 3, 21 u.ö.), wobei Gott immer außerhalb des Alls bleibt, der Mensch in der Regel eingeschlossen ist, zT aber auch als zwischen Gott und Welt stehend gesehen werden kann (Röm 1, 25; 8, 19ff). Auch die Eingrenzung von κόσμος auf die Erde begegnet (Röm 4, 13; 1Kor 7, 31; 14, 10), wobei sich bereits der Übergang zum Begriff »Menschenwelt« anbahnt, der bei Paulus (zB 2Kor 5, 18f) und Johannes (zB 14, 19) vorherrscht. Damit wird der Weltbegriff charakteristisch theologisiert, an die Stelle des kosmologischen Horizontes des Begriffs tritt der anthropologische. Wenn ferner κόσμος und αἰών auswechselbar sind (1Kor 1, 20; 2, 6. 8; 3, 18), so wird in alledem deutlich, wie der Weltbegriff des NT geschichtlich konzipiert ist. Immer wird vom Grunde her geurteilt; einerseits ist Welt als Schöpfung in Gottes Hand, anderseits erhält sie ihr Wesen vom Menschen. Und weil die Welt geschichtlich gesehen wird, darum nimmt sie auch teil an der Geschichte des Menschen (vgl. Röm 8, 21f). Synonym mit κόσμος kann bei Paulus auch σάρξ sein (vgl. 1Kor 1, 20 und 26), womit dann die Welt in ihrer Vorfindlichkeit, nicht etwa als Materie gemeint ist. Die ganze Spannweite des nt. Begriffs κόσμος wird symptomatisch darin deutlich, daß er sowohl αἰών als auch σάρξ in sich aufzunehmen vermag.

Die Welt ist im NT niemals dualistisch konzipiert, auch dort nicht, wo sie als Macht in den Gegensatz zum κύριος gestellt ist oder, wie im → Johannesevangelium (, 3), mit gnostisch-dualistischer Terminologie gefaßt wird. Gerade hier ist nicht an die Welt als Schöpfung gedacht, sondern an die durch des Menschen → Sünde (: IV) zur Macht erhobene Sphäre der vergänglichen Vorfindlichkeit, der sich der Mensch ausliefert. Der sündige Mensch ist es, der die Welt zu einer im Gegensatz zu Gott stehenden Größe macht. Prägnant ist dies an allen Stellen der Fall, wo Paulus und Johannes vom κόσμος οὗτος (1Kor 3, 19; 5, 10; 7, 31; Joh 8, 23 u.ö.) oder αἰὼν οὗτος (1Kor 2, 6. 8) sprechen, oder auch wo die Welt als Herrschaftsbereich der Dämonen (Röm 8, 38; 1Kor 15, 24) und Satan als »Gott dieser Welt« (2Kor 4, 4) bezeichnet werden. Die Möglichkeit der Welt, zur Macht über den Menschen zu werden, wird hier durch mythologische Aussagen verdeutlicht.

3. Die Weite des Begriffs zeigt bereits an, daß das NT nicht über die Welt als Gegenstand reflektiert und darum den Begriff nicht definiert. Vielmehr wird Welt immer geschichtlich mit dem Menschen verbunden vorausgesetzt, sie ist wie er im Woher und Wohin durch Gott bestimmt (Röm 11, 36). Dies zeigt weiter, daß Welt nicht als Bild vom Ganzen des Seienden vorgestellt werden kann. Was deshalb im NT an Bildern von der Welt aufgenommen ist, läßt sich nicht im prägnanten Sinne als W. bezeichnen, sondern muß in seiner unthematischen Rezeption als Sprachmittel beurteilt werden. Dem NT liegt wie dem AT jegliches wissenschaftliches Interesse fern.

a) Eine Theorie über die Entstehung der Welt wird nirgends geboten. Daß sie Schöpfung Gottes ist, soll keine kosmologische Aussage sein. Nirgends wird Gott als prima causa erklärt, sondern alle Aussagen sind Bekenntnisse des sich als Geschöpf Gottes verstehenden Menschen zum Vater. Die Welt als Schöpfung sieht man tektonisch zwei- oder dreistöckig, entweder nur als Himmel und Erde (Mt 5, 18; Mk 13, 31; Apg 17, 24; 2Petr 3, 5. 7), oder dazu noch das Meer als Sphäre einer widergöttlichen Macht (Apk 21, 1) bzw. die Unterwelt (Phil 2, 10; Apk 5, 3. 13). Die Ausmalung von → Himmel (: II, 2) und → Hölle (: III) ist im Vergleich zum AT und Judentum sehr zurückhaltend. Die Bilder sind uneinheitlich: Gott hat den Himmel geschaffen, der als sein Thron (Mt 5, 34) dient - doch wohnt Gott im von ihm geschaffenen Himmel (Apk 4, 2ff), der der Ort der Erhöhung Christi ist und Inbegriff der Glaubenshoffnung (Mt 5, 12; Kol 1, 5). Von dort ist die → Parusie Christi sowie das → himmlische Jerusalem (Apk 21, 2) zu erwarten. Und doch steht neben dem absolut gesetzten Himmel das Bild von drei Himmelssphären (2Kor 12, 2) oder vielleicht gar das jüdische von 7 Himmeln. Eine Kosmologie gibt es nicht; es liegt eine andere Art des Sehens und Beobachtens vor, weshalb Überschneidungen nicht harmonisiert werden. Eine Entwicklung der Bilder von der Welt läßt sich im NT nicht feststellen, auch wird nirgends der Versuch gemacht, vom Christusereignis her die orientalischen Bilder zu modifizieren, etwa gar zu christianisieren. - Ebenso fehlen geologische Angaben. Die Erde ist der geschichtliche Raum des Menschen, und alles Geschehen auf ihr ist Gottes Tun: »Er gibt Regen und Sonnenschein (Mt 5, 45; Apg 14, 17; 17, 25), er kleidet die Lilien (Mt 6, 30) und nährt die Vögel des Himmels (6, 26); ohne seinen Willen fällt kein Sperling zur Erde (10, 29)« (Heitmüller). Gesetze der Natur gibt es nicht, wie überhaupt der Begriff »Natur« fehlt. Wenn Jesus aus dem Naturgeschehen in seinen → Gleichnissen (: II, 3) Regeln ableitet, um sie auf das Kommen der Gottesherrschaft anzuwenden, so zeigt sich gerade darin, wie Natur- und eschatologisches Geschehen in Gottes Willen gründen.

b) Die Verflochtenheit von Natur und Geschichte wird in allen Bildern von der Welt deutlich und liegt in der Tradition des AT. Die Welt als Geschichte wird gleichfalls mit jüdischen Bildern konzipiert, obwohl hier die Christusoffenbarung insofern zu einer Wandlung der Geschichtsauffassung (→ Geschichte: II A) geführt hat, als der Glaube das eschatologische Heute und Jetzt (vgl. 2Kor 6, 2) so stark als Gnade der Begegnung empfindet, daß ihm die Historie abgeschlossen ist (Röm 10, 4) und er Vergangenheit als ihm vergeben und Zukunft als in der Hoffnung bereits geschenkt weiß. Wo es um die Charakterisierung der Gegenwart des Glaubenden geht, muß von der universalen Bedeutung des Christusereignisses gesprochen und diese in zT kosmologischen und mythologischen Sprachformen bekannt werden. Aus dem bevorstehenden Ereignis der eschatologischen Epiphanie folgt das Vergehen der Gestalt dieser Welt (1Kor 7, 31b), dem ersten Advent folgt der zweite: die Ankunft des Kyrios zum Gericht, die in Bildern der Apokalyptik beschrieben wird (1Thess 4, 16ff; 2Thess 1, 7ff; Mt 24, 29ff u.a.). Und da mit der Parusie ein neuer Himmel und eine neue Erde kommen werden (Apk 21, 1), da das kommende → Reich Gottes (: I, 2) supranaturaler Art sein wird (Mk 12, 25), so wird »der Tag« zugleich das Ende von Welt und Weltgeschichte bringen (→ Eschatologie: IV). - Wie die Raumbilder, so überschneiden sich auch die Geschichtsbilder und deren Aussagen. Auch sie sind weithin dem vorchristlichen Mythos entnommen und allgemein orientalisches Traditionsgut (→ Mythos: IV).

4. Die Bilder von der Welt haben im NT kein theologisches Eigengewicht, sondern illustrieren das Selbstverständnis des Menschen. Die Aussagen über die Welt fallen sachlich mit denen über den Menschen zusammen. Der Mensch selbst ist sowohl κόσμος als auch σάρξ und drückt das Wissen um seine Geschichtlichkeit in mythischen Bildern aus. Als natürlicher Mensch weiß er um seine Zerrissenheit in dieser Welt (Röm 7, 14ff), um den bedrohenden Charakter der Welt, in der der »Gott dieses Aion« (2Kor 4, 4) die Ungläubigen blindmacht. Seine Sicherheit sucht er indes nicht wie der moderne Mensch durch Aufrichtung eines W.s, sondern durch Gesetzesgerechtigkeit zu gewinnen. Dem W. der Moderne entspricht insofern bei Paulus das → Gesetz (: IV): der natürliche Mensch richtet sich in seinem Bereich ein und das eigene καύχημα auf. Der an Christus Glaubende bleibt zwar ebenfalls in einer ihn bedrohenden Welt, aber er weiß sich gehalten von der Gnade, die in Christus dem Gesetz ein Ende gesetzt (Röm 10, 4) und ihm in der → Taufe (: II, 5) eine eschatologische »Befestigung« (2Kor 1, 21) geschenkt hat. Da diese jedoch nicht zu einer sakramentalen Gesichertheit führt, sondern in der Welt und ihrer Fragwürdigkeit beläßt, ja diese erst vollends deutlich macht, so bleibt der Glaubende der Welt gegenüber offen. Die Offenheit des wartenden Christen ist konstitutiv, weil inmitten der Welt und ihrer Geschichte die immer neue Begegnung mit Christus im Hören des Wortes der Versöhnung (2Kor 5, 18ff) sich ereignet. Welt und Geschichte sind als solche nicht Offenbarung, sie können dem Glauben nicht zu Gegenständen eines vom aktuellen Geschehen sich distanzierenden Interesses werden. Die Offenheit äußert sich auch in der Dialektik des christlichen Weltverhältnisses, das weder Weltoptimismus noch Weltnegation kennt, sondern durch das ὡς μή (1Kor 7, 29ff), also durch Freiheit charakterisiert ist. Darum kann der Glaubende sagen, daß ihm in Christus »alles« (πάντα) gehöre, »Welt, Leben und Tod, Gegenwärtiges und Zukünftiges«, er selbst aber Christus gehöre (1Kor 3, 21ff).

Es gibt also kein aus dem NT zu erhebendes »christliches W.«, auch kein das nt. Kerygma bedingendes und begrenzendes antikes W. Die häufig als »biblisches W.« bezeichneten Bilder von der Welt als Raum (zB Drei-Stockwerk-Bau) und als Geschichte (zB Äonenlehre, Eschatologie als Apokalyptik) sind nirgends neutral oder gläubig konstatierte Weltphänomene, sondern dem Mythos entnommene Ausdrucksmittel für den sich bekennenden Glauben, Sprachmittel der Verkündigung (→ Entmythologisierung, → Hermeneutik). Weil das Christusereignis geschichtliches und zugleich eschatologisches Geschehen ist, darum dem spekulativen Denken als Torheit (μωρία), dem theologischen als Paradox begegnet, zieht es in der zeugnisgebenden Sprache die mythischen Bilder von der W. als Raum und Geschichte heran. Weil ferner Mensch und Welt im NT geschichtlich gesehen werden, können ihre Bilder nicht objektiviert und zum W. systematisiert werden. Wenn aber die Bilder von der Welt nicht W., sondern mythologische Sprachformen, Sichtbarmachung des adäquat nicht Definierbaren sind, so dürfen sie weder als κήρυγμα noch als γράμμα verstanden bzw. mißverstanden werden (2Kor 3, 6; → Geist und Buchstabe), sondern fordern selbst die Interpretation und wegen ihres Charakters als Aussagen über den Menschen und sein Selbstverständnis: die existentiale Interpretation (→ Bultmann).

Grundlegend: W. Heitmüller in RGG[1] V, 1897ff bzw. RGG[2] V, 1835ff - R. Bultmann, NT u. Mythologie (Offenbarung u. Heilsgeschehen [BEvTh 7], 1941, 27-29 = Kerygma u. Mythos I, 1954[3], 15-48) - M. Heidegger, Die Zeit des W.es (Holzwege, 1950, 69-104). - Ferner: Bultmann, NT §§ 26. 42 - Ders., Optimismus u. Pessimismus in Antike u. Christentum (Universitas 16, 1961, 811-833) - A. N. Wilder, Myth and Symbol in the NT, New York 1954 - H.-G. Gadamer, Wahrheit u. Methode, 1960, 415ff. - Vgl. die Lit. zu → Geschichte: II A, → Mythos: IV, → Wunder: IV.

Erich Dinkler

IV. Das neuzeitliche Weltbild

1. Entwicklung des physikalischen W.s - 2. Das geschichtliche W. - 3. Welt und W. in der Gegenwartsphilosophie. - Vgl. ergänzend bes. → Naturwissenschaft: III, → Weltanschauung

1. Das Neuzeitliche am W. der Moderne ist in verschiedener Richtung bestimmt worden: als Säkularisierung des Bewußtseins (→ Säkularismus: I) im Sinne der Abwendung von transzendenten Zielen zu immanenten Zwecken und der entsprechenden Hinwendung zum diesseitigen Leben anstatt der mittelalterlichen Beschäftigung mit dem Jenseits und dem Leben nach dem Tode. Andere Forscher halten die »Entdeckung des Menschen« (J. Burckhardt) mit der ihr eigenen Subjektivität und den Wandel vom mittelalterlichen Objektivismus zum modernen → Subjektivismus für das wesentliche. Andere sehen in der Ablösung des Ideals der vita contemplativa durch das Ideal der vita activa, im Ersatz des homo sapiens durch den homo faber den wesentlichen Fortschritt. Alle diese Deutungen sind in ihrer Weise richtig und betonen Züge am modernen W., die tatsächlich zu seiner Signatur gehören. Sie sind aber alle Ausdruck eines tieferen Vorganges, als dessen Ergebnis der Mensch seinen Ort in der Welt verlor: des Verlustes der Welt als eines endlichen, in sich geschlossenen Ganzen, in dem die Hierarchie der Werte der Hierarchie des Seins entsprach, und der Entstehung eines Weltbegriffs, in dem die Welt ein unendliches, unbestimmtes, allein durch → Naturgesetze zusammengehaltenes Universum ist. Da hier Wertbegriffe wie Harmonie, Vollendung, Ziel und Zweck keinen Sinn mehr haben, ist die vollständige Trennung der Welt der Werte von der Welt der Tatsachen die Folge. Die zunehmende Mathematisierung der Natur, wie wir sie bei → Galilei vor uns haben, hat es mit der körperlichen Welt in der reinen Abstraktion zu tun, nämlich mit den abstrakten Gestalten in der Raumzeitlichkeit, wobei diese nur als »rein ideale Limesgestalten« (Husserl) in Betracht kommen. Verloren geht darüber die konkrete Lebenswelt der alltäglichen Erfahrung. Dieser Mathematisierung ging voraus die Entdeckung der Unendlichkeit, wie sie zuerst → Nikolaus von Kues vollzogen hat. Die Welt des Kusaners ist Entfaltung (explicatio) Gottes, unvollkommen und unangemessen, wie es dem Bereich der Vielfalt und der Trennung von Gott entspricht. Während in Gott eine unauflösliche und innige Einheit der Gegensätze (complicatio) vorhanden ist, stellt jede Individualität in ihrer Weise die Fülle des Alls dar, die sich in ihr gleichsam zusammenzieht (contractio). Der Gedanke des Unendlichen ermöglicht mathematische Paradoxien: im unendlich großen Kreis fallen Umkreis und Tangente, Krümmung und Gerade schließlich zusammen. Der Gottesgedanke ist noch wesentlich für dieses Denken, denn Gott ist als das absolute Sein zugleich Zentrum und Umkreis, Anfang und Ende, Grund und Grenze der Welt. Das Ideal der griech. und mittelalterlichen Astronomie wird hinfällig, nämlich die Rückführung der Himmelsbewegungen auf ein System von einander zugeordneten Kreisbewegungen. Zur Entdeckung des Kusaners gehört auch die Einsicht in die Relativität des Beobachters; jedes W. hängt vom Standpunkt des Beobachters ab, es gibt keine objektiv gültige Repräsentation des Universums. Entsprechend dem Satz, daß Gott eine Sphäre ist, deren Mittelpunkt überall und deren Peripherie nirgends ist, verwirft Nikolaus die hierarchische Struktur des Universums; die Erde ist nicht weniger vollkommen als die Sonne und die Planeten, denn sie hat ihr eigenes Licht. Während im alten W. der Himmelsraum dem unwandelbaren vollkommenen Sein vorbehalten und die irdische oder sublunare Sphäre dem Wandel und dem Verfall ausgesetzt war, ist seit der kopernikanischen Revolution (→ Kopernikus) und der kusanischen Konzeption des unendlichen Alls die Erde nicht mehr Mittelpunkt des Kosmos und dieser selbst der Bewegung unterworfen. Der unmittelbare Effekt war Skepsis und Verwirrung, denn nun »ist alles in Stücken, aller Zusammenhang verloren« (John Donne).

Zum W. der Neuzeit gehört die Konzeption eines rational konstruierten unendlichen Seinsalls, das von einer rationalen Wissenschaft beherrscht und erforscht werden kann. Dem Rationalismus des universalen Seinsgefüges entspricht der Rationalismus der Wissenschaft. Damit werden der Mathematik weit größere Aufgaben gestellt als je zuvor. Die Mathematik im Altertum und MA hatte zwar, geleitet von der platonischen Ideenlehre, die empirischen Größen- und Zahlverhältnisse zu idealen Zahlen und Figuren gemacht, doch kannte die euklidische Geometrie nur endliche Aufgaben. Zur Idee des unendlichen Raumes gehört aber eine universale systematische Theorie, die jede in diesen Raum einzuzeichnende Gestalt im voraus deduktiv zu konstruieren gestattet. G. → Bruno ist der erste, der auf die von der Scholastik schon diskutierte Frage, warum Gott nicht eine unendliche Welt geschaffen habe, die Antwort gibt: er hat eine solche geschaffen, er hat sich nicht nur in einer, sondern in zahllosen Sonnen verherrlicht, nicht nur in einer einzigen Erde, sondern in einer Unendlichkeit von Welten. Das allein entspricht der Fülle, die in Gott ist. Mit dieser neuen Weltansicht geht eine Umwertung Hand in Hand: bisher sah man Bewegung und Wandel als Zeichen der Unvollkommenheit an; das Vollkommene muß unbewegt, statisch sein. Nun greift eine dynamische Weltansicht Platz, für die Bewegung und Wandel nicht Mangel an, sondern Zeichen der Vollkommenheit sind. Ein unveränderliches Universum wäre tot, ein lebendiges dagegen muß sich bewegen und verändern können. Seither steht der Gedanke des lebendigen Universums kontrapunktisch zu dem der rein mathematisch konstruierbaren Welt; er beherrscht seit der Renaissance den modernen → Pantheismus, den Idealismus → Goethes und der klassischen Dichtung. Zur mathematischen kommt die ästhetische Komponente hinzu, und beide zum Begriff der Harmonie vereinigt können Grundlage einer natürlichen Theologie werden. Der Gottesgedanke spielt eine bedeutende Rolle in der Auseinandersetzung über die Frage nach der Möglichkeit des leeren Raumes, wie sie im 17. Jh. diskutiert wurde. → Descartes lehnt den Begriff des leeren Raumes ab, weil alles materiell Wirkliche ausgedehnt sein muß, während der englische Platoniker H. → More den leeren Raum mit Gottes Ausdehnung gefüllt sein läßt. Der Deus verax des Cartesianismus garantiert die Richtigkeit unserer menschlichen Vorstellungen und Ideen von der Welt. Da Gott allein das Prädikat der Unendlichkeit zusteht, verzichtet Descartes darauf, die Welt unendlich zu nennen. → Spinoza schließt sich Descartes an, unterscheidet jedoch zwischen sinnlich wahrnehmbarer Ausdehnung und solcher, die nur im Geist vernommen werden kann; während jene teilbar, wandelbar und daher Grundlage der vielfältigen, endlichen Modi des Seins ist, zeichnet sich die andere durch Unteilbarkeit und Unendlichkeit aus, ist also zugleich Attribut des an und für sich existierenden Wesens, Gottes. So kommt es zu einer Deifizierung des Raumes und zu einer Verräumlichung Gottes, da beide - Gott und Raum - das Attribut der Unendlichkeit tragen. Bei Spinoza führt das zum Pantheismus (deus sive natura), während → Malebranche sich gegen die Gleichsetzung von Gott und Natur wehrt. → Newton und → Bentley glauben an die Existenz eines absoluten Raumes und einer absoluten Zeit. Jener bedeutet Gottes Allgegenwart, diese seine Ewigkeit. Indem Gott immer und überall besteht, begründet er Raum und Zeit. Die philosophischen und naturwissenschaftlichen Denker des 17.Jh.s bemühen sich darum, einerseits eine innerweltliche Erklärung der Naturvorgänge zu finden, die ohne Zuhilfenahme religiöser Hypothesen (Newton: hypotheses non fingo) alles welthafte Geschehen aus sich selbst verstehen läßt. Dazu dient der Ausbau des mechanistischen W.es, die Annahme einer den Raum durchdringenden Äthersubstanz und die Verwerfung aller immateriellen Agentien. Anderseits wird der Gottesgedanke festgehalten, weil Ordnung und Struktur des Universums nicht nur aus zufälliger Materiebewegung erklärt werden können, sondern es der Annahme der sinn- und zweckvollen Betätigung einer nicht-materiellen Ursache bedarf. Der → Deismus (: III) ist hier die Konsequenz. Auch →Leibniz' Lehre vom zureichenden Grund setzt implizit den Gottesgedanken voraus, denn alles hat seinen letzten Grund im Willen Gottes. In den Diskussionen, die sich an diesen Begriff anschließen, geht es um den Ausgleich der Spannung, die zwischen der Annahme eines freien, an keine Notwendigkeit gebundenen göttlichen Willens und der durchgängigen Vernünftigkeit allen Geschehens besteht. Das Verhältnis von mechanistischem Determinismus und freier Spontaneität, wie sie zu einem Geistwesen gehört, blieb ungelöst im Rahmen eines Denkens, das nur in Naturkategorien arbeitet und diese auf das Ganze des Seins ausdehnt. Es ist die geistesgeschichtliche Bedeutung der Monadologie von Leibniz, daß diese Spannung in einer Materie, Seele und Geist umfassenden Synthese gelöst werden soll. Während die Welt Newtons einer ablaufenden Uhr gleicht, die Gottes zur steten Energierung bedarf, verzichtet Leibniz durch seine Annahme einer vollkommenen Schöpfung auf die göttliche Intervention. So steht hinter dem W., das für die neuzeitliche → Naturwissenschaft (: I) bestimmend ist, nicht der antike Atomismus (→ Atom, 1) mit seiner Annahme von Prozessen, die ihrem Wesen nach aus völlig unregelmäßigen, dem reinen Zufall unterworfenen Bewegungen unveränderlicher Teilchen bestehen, sondern die Erinnerung an den christlichen Schöpferglauben. Denn selbst wenn die Welt als große Maschine verstanden wird, die nach einmaligem Antrieb auf Grund ihrer Konstruktion ihr Werk verrichtet, so ist schon mit diesem Bild die bloß kausale Fragestellung nach der Richtung eines sinnvollen Zwecks hin ergänzt oder ersetzt. Wie die Maschine einen Erbauer, so setzt ein Zweck einen zwecksetzenden Geist voraus. Dieser Geist wird als intelligentia supra-mundana schließlich zum »Dieu fainéant«, der seiner Welt völlig entrückt ist, vererbt dabei aber alle seine ontologischen Eigenschaften dem unendlichen Universum der neuen Kosmologie, in dem sowohl Dauer wie Ausdehnung unendlich sind und sich die ewige Materie im Einklang mit ewigen und notwendigen Gesetzen endlos im ewigen Raum bewegt. So ist nur ein Schritt vom Pantheismus und Deismus zum Atheismus von → Laplace, der für sein System der Welt der Hypothese Gottes nicht mehr bedarf.

Mit der von Newton geschaffenen mathematischen Sprache war im Grunde das Instrument bereitgestellt, dessen sich die gesamte moderne Naturwissenschaft bediente. Wenngleich sie nicht immer ausreichte, um die Erscheinungen zu beschreiben, und es teilweise zu Neubildungen gekommen ist (→ Naturwissenschaft: II), so haben sich doch beim Übergang von der klassischen zur modernen Physik weder das Ziel noch die Methode geändert, und die moderne Physik hat sich nicht durch einen Kampf von der klassischen trennen müssen, wie dies beim Übergang von der antiken und mittelalterlichen zur modernen Wissenschaft der Fall war. Dieser Tatbestand kommt schon in der Übernahme des Begriffs der Mechanik in der Relativitäts- und Quantentheorie von → Einstein und → Planck zum Ausdruck. Das Neue an der modernen Naturwissenschaft liegt in der totalen Mathematisierung: die Natur muß in mathematischer Sprache beschrieben werden und ist für den Menschen soweit begreiflich, als er ihren Prozessen mit Hilfe seines mathematischen Denkens folgen kann. Damit wird der Begriff des »W.es« als solcher fragwürdig, sofern darunter ein anschauungsmäßig zu realisierendes Vorstellungsbild der Welt gemeint ist. Doch muß gegenüber voreiligen Syntheseversuchen von moderner Naturwissenschaft und Theologie darauf hingewiesen werden, daß die Grundform des Denkens bei der klassischen und der modernen Physik dieselbe geblieben ist, nämlich das funktionale Denken, das nicht nach substantiellen Wesenheiten fragt, sondern nach Relationen, und dessen Ausdrucksform die Sprache der Mathematik ist. Diese Sprache ist im 20.Jh. keineswegs außer Kurs gesetzt, sondern im Gegenteil erst völlig zur Herrschaft gelangt.

Die Fragwürdigkeit der Begriffe Welt und W. hat erstmalig → Kant erkannt. Wenn Welt das mathematische Ganze aller Erscheinungen und die Totalität ihrer Synthesis im großen wie im kleinen ist, dann kann solche Totalität niemals Gegenstand der Erkenntnis werden. Solche Erkenntnis würde ein absolutes, keiner Erweiterung fähiges Wissen voraussetzen, das keinem Sterblichen gegeben ist. Somit sind Welt und Natur als Totalität keine Objekte der Erkenntnis, die vollständig im Bilde dargestellt werden könnten, sondern sie sind kosmologische Ideen. Das Ganze der Erfahrung kann selbst nie Erfahrung werden; es ist Idee als »Prinzip der systematischen Einheit des Verstandesgebrauchs«. Damit ist klar, daß das W. der Physik nicht ein »Abbild« der Totalität der Welt sein kann. Die Idee der Welt als einheitlichen Gefüges muß schon als Voraussetzung angenommen werden, wenn die Mannigfaltigkeit der Erscheinungen als Kosmos und nicht als Chaos erfaßt werden soll. Damit ist zugleich auch der Alleinanspruch des physikalischen Denkens und des von ihm entworfenen W.es in seine Schranken gewiesen, denn es gibt nicht nur diese eine Möglichkeit, die Mannigfaltigkeit unserer Welterfahrung als Einheit zu verstehen. Die physikalischen Denkformen und die von ihnen erstellte »Welt« sind ein möglicher Aspekt von Welt, aber nicht der einzig mögliche. Daneben gibt es viele andere, etwa den chemischen, biologischen, psychologischen, ästhetischen oder ökonomischen Aspekt. In keinem von diesen Perspektiven her entworfenen Bilde begegnet das Ganze der Welt, sondern nur ein Ausschnitt, dh jedes von dort gewonnene Bild ist nur eine Auslese, ein Modell, gleichsam das Bild eines Bildes, wobei dieses Bild nicht nur aus sinnlichen Wahrnehmungskategorien besteht, sondern auch hypothetische oder theoretische Elemente enthält. Gesetze und Regeln zeigen sich nie an und für sich in der Natur, sondern nur in der konkreten Erscheinung eines unter bestimmten Gesetzen stehenden Falles.

Unter dem W. der Physik versteht man im besonderen auch das Bild vom Bau der Welt. Damit ist die Frage nach dem Prinzip des Weltbaus und nach seiner Entstehung gegeben. Die Frage nach dem W. ist darum immer auch die Frage nach der Kosmogonie. An dieser Stelle entstand der Konflikt zwischen wissenschaftlichem Denken und religiösem Glauben. Die Frage nach der Weltentstehung war ursprünglich mythisch beantwortet worden, dh als Erzählung von einer göttlichen Schöpfung der Welt. Während zu Beginn der Neuzeit die W.er noch religiöse Gedanken enthielten, löst sich allmählich das W. der Physik immer mehr von diesen Vorstellungen und denkt die Entstehung immer reiner in physikalischen Kategorien. Dies schien einer Gottesleugnung gleichzukommen, weil eine Erklärung des Weltbaus aus physikalischen Prinzipien und eine solche als göttliche Schöpfung unvereinbar sei. Eine Ausklammerung religiöser Vorstellungen aus dem physikalischen Denken würde aber nur dann eine Gottesleugnung bedeuten, wenn behauptet würde, daß die physikalisch erklärte Welt die Totalität der Schöpfung darstellt. Dieser Meinung ist heute etwa der dialektische → Materialismus (: III), doch sieht die Mehrheit der heutigen Naturwissenschaftler in der Ausklammerung religiöser Vorstellungen aus dem W. der Physik nichts anderes als eine saubere Grenzziehung zwischen physikalischer Erkenntnis und Glaubenswahrheit (→ Naturwissenschaft: III). Erst diese Grenzziehung gibt dem W. der Physik die innere Geschlossenheit und damit den Charakter eines wissenschaftlichen Systems. Die physikalische Betrachtung der Welt bedeutet nicht, daß der physikalische Aspekt der einzig mögliche sei und daß die Physik absolute Wahrheitserkenntnis liefern könne. Diese Meinung ist zwar typisch für den Geist der Aufklärung, wo man meinte, mit Hilfe der rationalen Methoden der Mathematik und Physik in jedem anderen Seinsbereich auch zum Erfolg zu kommen. So behauptete Condorcet, man könne mit der Anwendung der mathematisch-rationalen Methoden auch auf den Gebieten der Moral, der Politik und der Wirtschaft zu sicheren Ergebnissen kommen, und der Positivist → Comte konnte von »sozialer Physik« reden. Das 19.Jh. erlebt den Triumph des mechanistischen W.es, und gerade darin erfährt die Wirklichkeit durch ein Bild von der Welt die größte Verstellung. Die Mechanisierung des W.es bei Büchner, → Haeckel und Ostwald findet darin ihren Höhepunkt, daß angenommen wird, Mensch und Welt bestünden nur im Aufeinanderwirken von Atomen und Energien. In dieser grandiosen Reduktion der verwirrenden Vielfalt der Welterfahrung auf letzte einfache Elemente scheint eine Einheitlichkeit und Überschaubarkeit gewonnen zu sein, aus der sich dann auch die Berechenbarkeit künftiger Abläufe und Ereignisse ergibt. Dies ist die Annahme des → Positivismus, die dann auch ihre sozialen und politischen Konsequenzen hat. Von dem durchschauten und als einheitlicher Funktionszusammenhang begriffenen W. her wird eine systematische Planung und Organisation der Gesellschaft für möglich gehalten.

Für die Wissenschaftlichkeit des neuzeitlichen Denkens ist die Methode der Zerlegung der Wirklichkeit in letzte Einheiten typisch. Das bedeutet in der Physik die Herrschaft der Atomistik (→ Atom), aber auch Biologie, Soziologie und Psychologie beteiligen sich an diesem methodischen Prinzip. In der → Biologie werden die vielfältigen Formen des Lebens auf letzte Grundformen reduziert, wobei der Gedanke der Entwicklung die Kontinuität zwischen den Formen des Lebens von den primitivsten bis zu den höchsten Lebewesen herstellen soll. Die → Soziologie (: I) bemüht sich, die Formen von Gesellschaft und Kultur nicht nur als eigenständige Gebilde des objektiven Geistes zu verstehen, sondern macht sie nach dem Schema von Über- und Unterbau zu Epiphänomenen der primären sozialen und wirtschaftlichen Wirklichkeit. In der → Psychologie (: I) bedeutet die Methode der Reduktion die Zurückführung seelischer Oberflächenerscheinungen auf Wirkungen des darunter verborgenen Unbewußten. → Darwin, → Marx und → Freud stehen mit der von ihnen geübten Methode der Reduktion grundsätzlich in dem großen Wissenschaftszusammenhang des mechanistischen W.es. Der Fortgang der physikalischen Forschung führt zu Ergebnissen, die auch für das W. von Bedeutung sind. Die Untersuchungen über die Struktur des Atoms führen zu der Erkenntnis, daß es keine objektive, dh vom Subjekt des Beobachters unabhängige Erkenntnis gibt (Heisenbergsche Unsicherheitsrelation). Damit ist das alte → Subjekt-Objekt-Schema überwunden, und es wird deutlich, daß das W. niemals nur ein objektives Abbild der Welt ist, sondern immer schon bestimmt ist durch die Subjektivität dessen, der dieses W. entwirft. Die Notwendigkeit, gewisse Erscheinungen des Lichtes als Bewegung von kleinsten Teilchen, andere dagegen als reine Wellenbewegung zu verstehen, zeigt die Grenze des einheitlichen Vorstellungsmodells von der physikalischen Wirklichkeit und führt auf den Gedanken der → Komplementarität. Die eine Wirklichkeit gibt sich uns nicht nur unter einem Aspekt, sondern unter mehreren, sich ergänzenden. Unter diesem Gesichtspunkt wird es möglich, sich scheinbar ausschließende Auffassungen der Wirklichkeit zusammenzudenken: Kausalität und Freiheit, Determiniertheit und Indeterminismus. Auch in Medizin und Psychologie trägt dieser Gedanke seine Früchte, indem nun der alte Streit zwischen der Priorität von Leib oder Seele im psycho-physischen Geschehen nicht mehr einseitig nach der einen Seite hin entschieden werden muß, sondern ein psychosomatisches Zusammenwirken angenommen werden kann (→ Psychosomatik). Zur neuzeitlichen Überwindung des Subjekt-Objekt-Schemas gehört auch die Absage an die Konzeption eines absoluten Raumes und einer absoluten Zeit. Einsteins → Relativitätstheorie besagt, daß Maßangaben über räumliche Ausdehnung und zeitliche Dauer keine absoluten Bestimmungen sind, sondern nur sinnvoll in Hinsicht auf ein bestimmtes Bezugssystem. Nach Minkowski können die drei Raumdimensionen und die Zeitdimension zu einem vierdimensionalen Bezugssystem zusammengefaßt werden.

2. Welt ist nicht nur das Gesamt der kosmischen Erscheinungen, also gleichsinnig mit Natur, und die Frage nach dem W. daher gleichbedeutend mit der Frage nach dem philosophischen Verständnis von Natur, sondern Welt wird als Umwelt des Menschen in seiner → Geschichtlichkeit erfahren, und daher hat die Frage nach dem W. immer auch eine *geschichtliche Dimension*. Zur neuzeitlichen Entdeckung der Unendlichkeit gehört nicht nur die Ausweitung des räumlichen, sondern auch des geistigen Horizontes. Unendlichkeit wird daher auch als menschliches Problem erlebt. Zur Moderne gehört die Entdeckung der weiten Welt in Reisen nach fernen Ländern und in der Begegnung mit fremden Kulturen. Damit wird die Alleingültigkeit der eigenen Kultur und Religion in Frage gestellt. Aus dieser Konfrontierung des Eigenen mit dem Fremden erwächst Skepsis gegen-

über dem → Absolutheitsanspruch der herkömmlichen eigenen Wahrheit, aber auch → Toleranz gegenüber fremder Wahrheit, denn die eine Wahrheit ist wohl bei keinem einzelnen Träger zu finden, sondern leuchtet in vielfältiger Brechung hier und dort auf. Seinen vollkommensten dichterischen Ausdruck findet der Gedanke der Unendlichkeit in der → Romantik. Diese versteht sich selbst als »ein Sehnen nach dem Unendlichen, das unaufhaltsam forttreibt und jede selbsterbaute Schranke sofort wieder herrunterreißt« (Steffens). Unendlichkeit bedeutet daher Dynamik und Revolution, aber auch Heimat- und Wurzellosigkeit, denn der den Gedanken der → Autonomie weit hinter sich lassende Begriff der absoluten Freiheit weiß um keine gültigen Grenzen und Normen mehr und erweitert den Raum des Verfügbaren grenzenlos. Ist menschliche → Geschichte (: III) eine Geschichte des grenzenlosen Fortschritts, dann ist nie auszumachen, wo die Grenzen liegen; diese ergeben sich allenfalls in der konkreten Realisierung der unendlichen Freiheit. Die Richtung, in der die Geschichtsdynamik verläuft, kann verschieden gedacht werden: einmal in Erinnerung an den christlichen Weg von der Schöpfung zur Erlösung und Vollendung als linearer → Fortschritt, wobei der moderne Fortschrittsgedanke als Säkularisierung des christlichen Gedankens gelten muß; sodann als zyklische Wiederkehr des Gleichen (organologische Auffassung von → Spengler und Breysig). Das Postulat einer einheitlichen Geschichte der Menschheit, das auch noch hinter → Hegels Geschichtskonzeption steht, wird hinfällig, sobald der Gedanke der Unendlichkeit und der individuellen Vielfalt geschichtlicher Welten zur Herrschaft kommt. Eine Synthese der Wahrheitsmomente der linearen und der zyklischen Geschichtsbetrachtung auf der Grundlage einer deskriptiven Geschichtsphänomenologie stellt das Werk von A.Toynbee dar. Bei ihm wird Geschichte darum wesentlich als menschliche Geschichte verstanden und nicht als pflanzenhaftes Werden und Vergehen, weil das Moment der Entscheidung als verantwortliches Reagieren auf eine geschichtliche Herausforderung das Wesen menschlicher Geschichte ausmacht. - Problematisch bleibt die Frage nach den treibenden Kräften der Geschichte. Der These des Idealismus, der Geist bestimme den Gang der Geschichte, wird im Zuge der neuzeitlichen Reduktionsmethode der Satz entgegengestellt, daß ökonomische, biologische oder psychologische Momente die eigentlichen Triebfedern seien, während alles Ideelle nur als ideologischer Überbau gewertet werden müsse. Es gehört zur Signatur der Zeit, daß es kein eindeutiges geschichtliches W. mehr gibt, sondern nur vielfältige Aspekte, die je nach dem Standort des Betrachters verschiedenartige Bilder von der geschichtlichen Welt ermöglichen. Die Erfahrung geschichtlicher Katastrophen und die Einsicht in die Vergänglichkeit der Kulturen hat den naiven Fortschrittsoptimismus der Aufklärung erschüttert; doch lebt er noch in der marxistischen, aber auch in der amerikanischen Geschichtsideologie.

3. In der *Philosophie der Gegenwart* hat eine intensive Neubesinnung auf das Wesen von Welt eingesetzt, die sowohl Frucht als auch Kritik einzelwissenschaftlicher Ergebnisse ist. In der Ontologie von N. → Hartmann ist erkannt, daß Welt nicht nur Gegebenheit des Bewußtseins ist oder nach dem Strukturmodell einer Schicht des Seienden konstruiert werden kann, wie dies in der Atomistik der Fall war, sondern daß sie sich in Schichten aufbaut und je nach der Sphäre verschieden ist. Die reale Welt baut sich aus den Schichten des Anorganischen, Organischen, Seelischen und Geistigen auf, ohne daß es möglich wäre, eine Schicht auf die andere zu reduzieren; jede hat ihren eigenen kategorialen Zusammenhang. Nach → Husserl gehört Welt zu unserem Spielraum, innerhalb dessen alles, was wir real nennen, erst zur Gegebenheit kommen kann. Welt ist der Gesamthorizont unserer möglichen Erfahrung, nicht ein neutrales Bezugssystem, wie bei N.Hartmann, wobei dieser Horizont im Menschen seine Mitte hat. Der »natürliche Weltbegriff« ist die Lebenswelt der vorwissenschaftlichen Erfahrung, nicht die Welt der objektiv physikalischen Meßbarkeit. Als Welt der Menschen ist sie der Raum unserer Intentionalität als Gebilde gemeinsamer Verständigung und Orientierung. Der in der phänomenologischen Reduktion Husserls noch erhaltene idealistische Rest wird bei → Heidegger überwunden. Welt ist für ihn nicht nur in der freien Aktivität der Subjekte zu finden, sondern als das, worin sich der Mensch schon immer in seinem → Dasein befindet. Es geht nicht darum, daß durch intentionale Leistung des Menschen Welt als Umkreis des Vertrauten erst geschaffen wird, vielmehr gehört zum Menschsein die unaufhebbare Faktizität des In-der-Welt-Seins. Innerweltlichkeit ist eine Grundbefindlichkeit des Daseins, das sich auf die Welt hin entwirft und diese als Transzendenz erlebt. Im Außer-sich-Sein auf Welt hin differenziert sich unser Verhalten als Verfügbarkeit über Seiendes, das als Zuhandenheit verfügbares »Zeug« wird, als Vorhandenheit uns jedoch ferner steht. Welt wird so ein Verweisungszusammenhang, der durch Bedeutsamkeit, Bewandtnis und Dienlichkeit charakterisiert ist. Die von Heidegger ausgehende Klärung des Weltbegriffs hat ihre Bedeutung nicht nur für den eigentlichen Bereich der Philosophie, sondern ebenso für die Einzelwissenschaften (Psychiatrie: L. Binswanger; Atomphysik: C.F.v.Weizsäcker; Literaturwissenschaft: E.Staiger). Es geht dabei nicht nur um eine philosophische Konstruktion, sondern um die Auslegung des Weltbewußtseins, wie es in der alltäglichen Sprache, aber auch in der empirischen Forschung ausgeprägt ist. - → Jaspers macht auf den Doppelcharakter der Welt aufmerksam, insofern diese einmal als vorgefundene Welt erfahren wird, sodann als hervorgebrachte, vom Menschen geschaffene Welt da ist. Sie schwebt gleichsam zwischen Gegebenheit und Hervorgebrachtsein, ohne daß sie jemals nur eines von beiden sein könnte. Welt als Begriff der Gesamtheit des Daseins hat zwei Bedeutungen: sie ist einmal die endlose Summe alles vorkommenden Gegenstands- und Ich-Seins, sodann alle objektive Wirklichkeit. Durch diese Paradoxie wird es unmöglich, zu einem W. zu kommen; weil die Welt nie als geschlossene da ist, schließt sie sich auch niemals zum Bilde. An der unüberwindbaren Endlosigkeit kommt mögliche Weltorientierung an ihre Grenze. Auf eine Einheit des W.es muß daher verzichtet werden.

Dieser Überblick über die philosophische Besinnung auf den Weltbegriff hat gezeigt, daß Welt in erster Linie als Welt des Menschen und nicht als unendliches Universum verstanden werden muß. Damit bahnt sich eine Umwendung der kopernikanischen Wendung (so Husserl) an. Die Erde wird zum grundlegenden Strukturmoment des Welthorizonts als das menschliches Dasein Tragende und Bergende, in dem sich Wahrheit als Entbergung und Offenbarkeit des Seins in ganz anderem Maße entscheidet als in der für das Atomzeitalter typischen kosmischen Unendlichkeitsekstase. Von der Ausweitung unseres Bewußtseins rührt die Skepsis gegen die Gültigkeit jeden Standorts und der → Relativismus her. Wird aber als das Zentrale der Lebensaufgabe die Bereitschaft erkannt, dem irdischen Sein unverstellt und offen zu begegnen, dann führt die Mehrdeutigkeit des Lebens (Dilthey) und die Pluralität der W.er nicht mehr zur totalen Desorientierung, sondern enthüllt sich nach dem Gesetz der Komplementarität als dem Strukturcharakter der Welt entsprechende Vielfalt der Zugänge zum Sein oder der Weisen des Verstehens von Sein.

W. DILTHEY, Weltanschauung u. Analyse des Menschen seit Renaissance u. Reformation (Ges.Schr. II), (1914) 1960[6] - E. GOLDBECK, Der Mensch u. sein W. im Wandel vom Altertum zur Neuzeit, 1925 - A.N. WHITEHEAD, Science and the Modern World, New York 1925; dt. 1949 - J. JEANS, Mysterious Universe, ebd 1931; dt. 1944 - DERS., The New World-Picture of Modern Physics, Washington 1935 - DERS., Physics and Philosophy, London 1942; dt. 1944 - Das W. d. Naturwissenschaften (mit Beitr. v. L.R. GROTE, M. HARTMANN, E. HEIDEBROEK u. E. MADELUNG), 1931 - K. JASPERS, Philosophie I: Philosoph. Weltorientierung, (1932) 1948[2] - P. HAZARD, La crise de la conscience européenne 1680-1715, Paris 1935; dt. 1939 - DERS., La pensée européenne au XVIIIe siècle, ebd 1946/48; dt. 1949 - W. HEISENBERG, Wandlungen in d. Grundlagen d. Naturwissenschaft, (1935) 1959[9] - DERS., Das Naturbild d. heutigen Physik, 1955 - DERS., Physik u. Philosophie, 1959 - A.O. LOVEJOY, Great Chain of Being, Cambridge/Mass. 1936 - D. MAHNKE, Unendliche Sphäre u. Allmittelpunkt, 1937 - A. EDDINGTON, The Philosophy of Physical Science, London 1939; dt. 1949 - A. NEUBERG, Das naturwiss. W. d. Gegenwart, (1939) 1944[4] - N. HARTMANN, Der Aufbau d. realen Welt, (1940) 1949[2] - C.F.v. WEIZSÄCKER, Zum W. d. Physik, (1943) 1958[7] - E.J. DIJKSTERHUIS, De Mechanisering van het wereldbeeld, 1950; dt. 1956 - M. HEIDEGGER, Die Zeit d. W.es (Holzwege, [1950] 1957[3], 69-104) - E. GRASSI-T.v. UEXKÜLL (Hg.), Die Einheit unseres Wirklichkeitsbildes u. d. Grenzen d. Einzelwissenschaften, 1951 - M. BOAS, Establishment of the Mechanical Philosophy (Osiris 10, 1952, 412 bis 541) - J.B. CONANT, Modern Science and Modern Man, New York 1952; dt. 1953 - CH. MUGLER, Devenir cyclique et la pluralité des mondes, Paris 1953 - M. FIERZ, Über d. Ursprung u. d. Bedeutung von Newtons Lehre vom absoluten Raum (Gesnerus 11, 1954, 62 bis 120) - E. HUSSERL, Die Krise d. europ. Wissenschaften u. d. transzendentale Phänomenologie (Husserliana VI), Den Haag 1954 - Arbeitsgemeinschaft sozialdemokrat. Akademiker (Sammelband), Das W. unserer Zeit, 1954 - M. JAMMER, Concepts of Space, Cambridge/Mass. 1954; dt. 1960 - J.R. OPPENHEIMER, Science and the Common Understanding, New York 1954; dt. 1955 - P. JORDAN, Das Bild d. modernen Physik, 1957 - A. KOYRÉ, From the Closed World to the Infinite Universe, Baltimore 1957 - L. LANDGREBE, Philos. d. Gegenwart, 1957 - H.-H. SCHREY, W. u. Glaube im 20.Jh., (1957) 1961[3] - DERS., Gibt es ein modernes W.? (Universitas 17, 1962, 139-148) - E. FINK, Sein, Wahrheit, Welt, Den Haag 1958 - E. HUNGER, Von Demokrit bis Heisenberg, (1958) 1960[2] - H. PRECHT, Das wissenschaftl. W. u. seine Grenzen, 1960 - G. HARIG-J. SCHLEIFSTEIN (Hg.), Naturwissenschaft u. Philos., 1960 - J. DILLENBERGER, Protestant Thought and Natural Science, New York 1960. - Vgl. auch die Lit. zu → Naturwissenschaft: III.

H.-H.Schrey

Weltbund für Freies Christentum und Religiöse Freiheit → Freies Christentum.

Weltbund für Freundschaftsarbeit der Kirchen → Ökumenische Bewegung, 1 a.

Weltenbaum. Zum weltweiten → Symbolismus der → Bäume und Pflanzen, die das sich periodisch erneuernde Leben verkörpern (→ Auferstehung: I, → Lebensbaum) oder das → Heilige bedeuten, gehört auch der W. als Bild des Kosmos bzw. kosmische → Theophanie (: I) oder Mittelpunkt der Welt (→ Nabel) und Stütze des Universums. Er kommt mythisch sowohl im alten Vorderen Orient (Kiškanu) als auch in der → Germanischen Religion (Yggdrasil) vor. In den → Upanishaden bezeichnet der ewige Ashvattha mit seinen Wurzeln nach oben und seinen Ästen nach unten (arbor inversa) das Reine, das Brahman, den Nicht-Tod, in dem alle Welten ruhen (Katha-Up. VI, 1). Seine Äste sind der Äther, die Luft, das Feuer, das Wasser usw (Maitri-Up. VI, 7). Das Loslösen des Menschen vom kosmischen Leben bezeichnet die → Bhagavadgîtâ (XV, 1 ff) als ein Abschneiden des Baumes an seinen Wurzeln. In der → Altaischen Religion, bei den arktischen Völkern überhaupt mit ihrem → Schamanismus und im Umkreis des Pazifik (→ Feste: I, 2) wird der W. auch rituell dargestellt und mit kultischen Geräten verknüpft (→ Musik: II, 2).

C.-M. EDSMAN, Arbor inversa (RoB 3, 1944, 5-33) - DERS., Återspeglar Völuspá 2, 5-8 ett schamanistiskt ritual eller en keltisk åldersvers? (Arkiv för Nordisk Filologi 63, 1948/49, 1-54) - H. LUBAC, L'arbre cosmique (Mélanges E. Podechard, Lyon 1945, 191-198) - ELIADE §§ 95 ff (Lit.) - HEILER 70.

C.-M.Edsman

Weltende. Die Vorstellung vom W. begegnet in verschiedenen Kulturen und Religionen in wechselnder Ausgestaltung: Das W. kann einmalig und endgültig oder wiederkehrend und momentan im ewigen kosmischen Kreislauf auftreten; es bricht mehr oder weniger zufällig herein oder gehört zu einer geschlossenen → Eschatologie mit → Auferstehung, → Gericht, → Strafe (: I), → Vergeltung und Welterneuerung bzw. zum chronologisch festgelegten Geschichtsverlauf (→ Apokalyptik: I) mit seinen verschiedenen → Weltperioden. Das W. ist aber nicht nur ein mythisches Motiv (→ Mythos: II, 3 f, → Kulturbringer), sondern klingt auch im religiösen → Drama an, wenigstens als Hintergrund der Neu- → Schöpfung (: I; → Feste: I). In der Gesellschaft und beim Einzelnen wechselt die Einstellung zum W. von der primitiven Angst vor der kosmischen Ausdehnung einer lokalen wirklichen (zB Erdbeben) oder vermeintlichen (zB Sonnen- oder Mondfinsternis) Naturkatastrophe bis zum existentiellen Erlebnis der eigenen Geschichte als der letzten Zeit, das alle echte Eschatologie charakterisiert. Das Wie des W.s hängt mit dem jeweiligen → Weltbild (: I), Kulturniveau und den betr. äußeren Lebensbedingungen zusammen. Altaische Völker (→ Altaische Religion), Lappen (→ Finnisch-ugrische Religionen) und → Eskimo (: I) mit ihrer Auffassung vom Himmelsgewölbe als einem Zeltdach, das von einer Stange gestützt wird (vgl. Jes 40, 22), fürchten sich davor, daß der → Himmel (: I) herunterfällt. Oder die Erde könne wie ein Kajak umkippen, so daß die Menschen und die Unterirdischen den Platz wechseln. Der Fimbulwinter als Ende alles Lebens ist im kalten Norden oder → Iran verständlich. Im vulkanischen Kaukasus hat man von einem im Innern der Erde gefesselten Untier erzählt, das loskommen und das W. herbeiführen könnte. Die beiden letzten Motive finden sich zusammen mit christlich gefärbten Vorstellungen in der berühmten Ragnarök-Schilderung der Völuspá (→ Edda). In der Kosmologie der → griechisch-römischen Philosophie ist das Gleichgewicht der → Elemente eine Bedingung für das Bestehen der Welt. Je nachdem das eine oder andere, etwa das → Feuer, überwiegt, geht die Welt zugrunde. - Die Lehre → Muhammeds und des → Islam über das W. ist von der syrischen Missionspredigt in Arabien beeinflußt, während gewisse Züge der christlichen Lehre ihrerseits durch iranische Einflüsse auf das Judentum bedingt sind (→ Iran: IV).

R. REITZENSTEIN, Weltuntergangsvorstellungen (KÅ 24, 1924, 129-212) - HWDA IV, 859 ff - M. HAAVIO, Über oriental. Legenden u. Mythen in Grenz-Karelien (Studia Fennica 2, 1936, 1-53) - C.-M. EDSMAN, Le baptême de feu (ASNU 9), 1940 - K. HELM, Weltwerden u. Weltvergehen in altgerm. Sage, Dichtung u. Religion (Hess. Blätter f. Volkskunde 38, 1940, 1-35) - H. PETRI, Das W. im Glauben australischer Eingeborener (Paideuma 4, 1950, 349-362) - P. VULLIAUD, La fin du monde, Paris 1952 - R. MAYER, Die bibl. Vorstellung vom Weltenbrand, 1956 - L. GARDET, Les fins dernières selon la théol. musulmane (RThom 56, 1956, 427-479; 57, 1957, 246-300).

C.-M.Edsman

Weltliche Institute *(Instituta saecularia)*, im kath. Kirchenrecht ein kanonischer Stand der → Vollkommenheit (, 2). Er hat im Unterschied zum Klosterstand (→ Kloster: III, 2) keine öffentlichen Gelübde und im Unterschied zum Stand der klosterähnlichen Vereinigungen (→ Kloster: III, 5) auch nicht grundsätzlich ein

Gemeinschaftsleben, sondern wird konstituiert allein durch eine mittels privater Gelübde oder Versprechen bewirkte feste, wenn auch für das einzelne Mitglied nicht notwendig lebenslängliche Bindung an eine nach den → Evangelischen Räten lebende Gemeinschaft, die sich völlig dem Apostolat (im Sinne der → Katholischen Aktion und des → Laienapostolats; doch können auch klerikale Gemeinschaften als W.I. errichtet werden) widmet. Die Verfassung der W.I. ist nach Art der (zentralisierten oder föderalistischen) Klosterverfassung möglich und verlangt auch bei völliger Dezentralisierung leitende Obere und Gemeinschaftshäuser für die Leitung, die Ausbildung und die alten oder arbeitsunfähigen Mitglieder; ihr kirchlicher Status entspricht bes. in der Unterordnung unter die Hierarchie und in der Unterscheidung von W.I. bischöflichen und päpstlichen Rechts dem Klosterrecht (→ Kloster: III, 1), und als öffentlicher Stand der Vollkommenheit sind sie wie die beiden anderen Vollkommenheitsstände der Religiosenkongregation untergeordnet. Die Mitglieder tragen weltliche Tracht und wohnen bei ihrer Apostolatstätigkeit vielfach außerhalb der Gemeinschaft, behalten zT auch ihre weltlichen Berufe bei (obwohl das mit der kirchenrechtlich vorgeschriebenen vollen Hingabe an das Apostolat nur in den Berufen vereinbar erscheint, die ihrer sachlichen Art nach als Apostolatsaufgaben, dh als Aufgaben auch für eine Apostolatsgemeinschaft als solche, denkbar sind, wie zB Krankenpflege, Unterricht, Familienpflege, Mission). Das Bestreben mancher W.I., dieses Leben in der Welt so zu führen, daß die Mitglieder überhaupt nicht kenntlich werden, ist zwar mit dem Wortlaut und anscheinend auch mit der gesetzgeberischen Tendenz der kirchenrechtlichen Bestimmungen vereinbar, läßt sich aber wohl nur verwirklichen, wo an dem ausschließlich apostolischen Charakter der Tätigkeit und/oder der Erfüllung der Ev. Räte des Gehorsams und der Armut im wörtlichen Sinne (statt nur »im Geiste«) Abstriche gemacht werden oder soweit es sich um die Klasse der Mitglieder im weiteren Sinne handelt, die nicht strikt auf die Ev. Räte verpflichtet sind. - Die Entwicklung der W.I. beginnt schon Ende des 18.Jh.s; doch gewährte erst → Pius XII. ihnen einen eigenständigen kirchenrechtlichen Status und die Einreihung unter die kanonischen Stände der Vollkommenheit. Seitdem sind sie verhältnismäßig zahlreich geworden; an W.I. päpstlichen Rechts gibt es aber bisher (Ende 1961) erst 5 männliche und 10 weibliche (unter diesen ein W.I. des deutschen Sprachbereichs, in Wien).

Qu.: Constitutio Apostolica »Provida Mater« vom 2.2.1947 (AAS 39, 1947, 114-124) - Motu Proprio »Primo feliciter« vom 12.3.1948 (ebd 40, 1948, 283-286) - Instructio der Religiosenkongregation »Cum Sanctissimus« vom 19.3.1948 (ebd 293-297). - Lehrbücher des → Kirchenrechts - H.U.v.BALTHASAR, Der Laie u. d. Ordensstand, 1949 - DERS., Neue Gemeinschaftsformen in d. heutigen Kirche. Zur Entwicklung der »W.I.« (Universitas 13, 1958, 167-174) - DDC V, 1451ff - J.BEYER, Les instituts séculiers, Paris-Brügge 1954 - DERS., Les instituts séculiers. Lignes essentielles et questions disputées (L'Année canonique 6, 1958, 19-51) - De Institutis saecularibus I, Rom 1959 - K.RAHNER, Laie u. Ordensleben. Überlegungen zur Theol. d. Säkularinstitute (in: Sendung u. Gnade, 1959, 364-396) - W.HEFTRICH, Die Stellung der Instituta Saecularia im System d. kath. Kirchenrechts (Jur. Diss. Freiburg i.Br.), 1959 - S.CANALS, L'Eglise et les Instituts séculiers, Paris 1960 - J.M.PERRIN, Geist u. Aufgabe d. Säkularinstitute, 1960 - F.WULF, Die Spiritualität d. Säkularinstitute u. d. Probleme ihrer Verwirklichung, 1960 - P. LINDEN, Die laikalen W.I. u. ihre Eignung für das Laienapostolat (in: Festg. J.Frings, 1960, 119-139) - ERIK WOLF, Ordnung d. Kirche, 1961, 94. 300. - *Gesch.:* FEINE 592. 659 - PLÖCHL III, 482ff - E. GAMBARI, Développement hist. des instituts séculiers (La Vie spirituelle, Suppl., 11, 1958, 88-105). *H.Barion*

Weltliche Schule → Schule und Kirche: I.

Weltperioden. Die mythische Einteilung der → Geschichte (: II B) in verschiedene W. findet sich in den alten Hochkulturen wie in den großen Weltreligionen, bes. in der → Apokalyptik (: I). Die 4 → Weltreiche oder die Weltwoche der alten → Kirchengeschichte (: I, 2 a) und die trinitarisch begründete Dreigliederung des → Joachim von Fiore im MA haben alle eine lange und verwickelte Vorgeschichte, wobei klassische und altorientalische Elemente (→ Aion, 1; → Antike und Orient) im Hintergrund stehen. Die großen Übereinstimmungen zwischen diesen und den indischen W., die durch den Buddhismus auch bis zum Fernen Osten verbreitet sind, werden von vielen Forschern (Bidez, Neugebauer, van der Waerden, Sticker) auf Einflüsse aus → Babylonien und → Iran zurückgeführt. Ungeklärt bleibt der geschichtliche Ursprung der 4 W. der Maya im alten → Mexiko (: I, 2). Nach dem inhaltlich nicht eindeutigen und überlieferungsgeschichtlich dunklen Popol Vuh werden die Menschen (Lebewesen) des 1. Zeitalters in Tiere verwandelt (→ Verwandlung) bzw. als solche erhalten, um als Opfer der Götter und Nahrung der Menschen zu dienen. Im 2. Zeitalter fehlen den Menschen, die aus Lehm und Wasser geformt sind, noch Gefühl und Verständnis, das Böse erscheint (nach Chilam Balam), und sie werden vernichtet. In der 3. Periode sind die Menschen aus Holz, haben keine Hände oder Füße und werden durch eine große Wasserflut und himmlische Ströme von Pech getötet. Erst im 4. Zeitalter kommt die richtige Kultur mit Maisbau (→ Ackerbau: I, 1) und genauer → Ordnung auf allen Gebieten des Lebens (vgl. → Mythos: II, 3 a; → Schöpfung: I). Diese Deutung hat nicht viel mit der Lehre vom Goldenen Zeitalter gemeinsam, obgleich diese Urzeit auch als Endzeit im Rahmen der Geschichte erwartet wird (→ Saeculum, → Vergil). Die Griechen kannten → Geschichte (: III, 4) nicht nur als Verfall, sondern auch als Fortschritt (→ Entwicklung: II, 3), und → Jinismus wie → Buddhismus (: I, 4) haben in ihren W.-Systemen beides vereinigt. Die Lehre von der ewigen Wiederkehr aller Dinge unterscheidet scharf zwischen der griech. und indischen Auffassung einerseits und der iranischen und christlichen andererseits. Die Vorstellung vom »großen Jahr«, dem Mahâyuga des → Hinduismus (: I, 2 b), kommt bei → Platon (Tim. 39 c-d), → Aristoteles (nach Censorinus, De die natali 18, 11) und den Stoikern (→ Stoa) vor und dürfte auf griech. Boden ihre Wurzeln bes. bei den → Pythagoreern haben. Das »große Jahr« wird nach Analogie der → Jahreszeiten in einen kosmischen Sommer und Winter gegliedert, die jeweils mit Weltenbrand bzw. → Sintflut enden (vgl. 2Petr 3, 6f). Wenn auch die Äquinoktien einbezogen werden, entsteht eine Vierteilung, die ihren berühmtesten mythischen Ausdruck im sog. Magier-Gesang bei Dion von Prusa (Or. 36) gefunden hat. In der christlich-syrischen Literatur begegnen innerhalb des einmaligen Geschichtsverlaufs 3 Weltkatastrophen: Sturm-, Wasser- und → Feuer-Flut (ps.-melitonische Apologie, hg.v. Th.Ulbrich, 1906, 70f), die auch bei Origenes durchschimmern (Contra Cels. IV, 20f). 3 W. von je 2000 Jahren kennt der → Talmud (Sanh. 97 a, 'Abōdā zārā 9 a), und dieses sog. Eliawort hat in der antijüdischen Polemik als Beweis der Wahrheit des christlichen Messiasglaubens die Reformation überdauert. Der Einfluß des → Makrokosmos-Mikrokosmos-Denkens ist bei Augustin in seiner maßgebenden Einteilung der Weltgeschichte bemerkbar: die 6 aetates entsprechen dem Menschenleben von infantia bis senectus, die jetzige Welt ist also ein mundus senescens (schon bei Horaz und Seneca, vgl. Lactantius, Div. Inst. 7, 15, 14). - Vgl. → Weltende.

ERE I, 183ff - RGG² V, 1852f - Roscher VI, 375ff - J.Bidez-F.Cumont, Les Mages hellénisés I. II, Paris 1938 - C.-M.Edsman, Gezelii bibelverk och en återklang av kristen kronologi och antik världsålderslära (UUÅ 1941, 7, 14), 42ff (Lit.) - Ders., Ein Orpheuszitat bei Platon als Stütze jüd.-christl. Zeitrechnung (Eranos 44, 1946, 484-499) - Eliade §§ 147ff - Ders., Le mythe de l'éternel retour, Paris 1949; dt. 1953 - Ders., Images et symboles, ebd 1952 - ErJb 20, 1952 - W.Schmidt, Die Weltzeitalter des Popol Vuh als Schichtung der Maya-Kultur (Anthropos 47, 1952, 561-586) - B.L.van der Waerden, Das große Jahr u. die ewige Wiederkehr (Hermes 80, 1952, 129-155) - B.Sticker, Weltzeitalter u. astronomische Perioden (Saeculum 4, 1953, 241-249) - R.Schmidt (→ Geschichte: II B) - B.Kötting, Endzeitprognosen zwischen Lactantius u. Augustinus (HJ 77, 1958, 125-139) - Heiler 160. *C.-M.Edsman*

Weltpriester *(Weltgeistliche, Clerici saeculares)* sind im Unterschied zu den Ordenspriestern kath. Geistliche, die keinem → Orden angehören. Der Klerus spaltete sich früh in den Welt- oder Säkularklerus und den Kloster- oder Regularklerus. Als Zwischenform bildete sich der Kollegiat- oder Stiftsklerus (→ Kollegiatstifte). Während im Hoch-MA das cluniazensische und das zisterziensische Mönchtum die Entwicklung der Pfarrei überwiegend günstig beeinflußt haben dürfte, wurden die → Bettelorden mit ihrer überhandnehmenden Pfarrtätigkeit für die W. zu einer unliebsamen Konkurrenz. Die → Inkorporation von Pfarreien ließ die W. oft nur zu Pfarrvikaren werden oder gar als unständige Vikare fungieren. Durch das → Tridentinum erhielt die Seelsorge der W. wieder eine deutliche Wertschätzung, indem jeder kath. Christ zum Besuch seiner Pfarrkirche angehalten wird und das Dekret »Tametsi« die Stellung des Parochus bei der → Trauung (: I) festigt. - Vgl. im übrigen → Pfarrer: II, 1; → Pfarrervorbildung, 1. 3. Über Genossenschaften und Vereinigungen von W.n s. → Lazaristen, → Vereinswesen: II, 3a.

J.Sellmair, Der Priester in d. Welt, (1939) 1953⁶ - G.Schreiber, Gemeinschaften des MA (Ges. Abh.en I), 1948 - J.C.Heenan, The People's Priest, London (1951) 1952²; dt. 1954 - F.W.Oediger, Über die Bildung der Geistlichen im späten MA, 1953 - Feine 117ff. 345ff. 480ff - H.Ent, Die Erbfolge nach röm.-kath. Weltgeistlichen (Österr. Juristen-Zeitung 14, 1959, 89-93. 113-115) - J.Siegwart OP, Die Chorherren- u. Chorfrauengemeinschaften in d. deutschsprachigen Schweiz vom 6.Jh. bis 1160, 1962. *W.Göbell*

Weltreiche. Neben Aussagen, die Jahwe ein nationales Königtum über Israel oder die Herrschaft über das All zuschreiben, stehen im AT solche, die ihn als Inhaber universaler Herrschaft über die Welt erscheinen lassen (Ps 22, 29; 47, 3; Jer 10, 7; Mal 1, 14). Weltherrschaft wird ebenso dem davidischen König beim Regierungsantritt zugesprochen (Ps 72, 8 unter Aufgreifen einer aus Mesopotamien bekannten, dem altorientalischen Hofstil entstammenden Formel; Ps 2, 8). Doch erklären sich diese und andere Aussagen (vorexilisch: Jes 9, 1ff; 11, 1ff; 32, 1ff; Jer 23, 5f; 33, 15f; nachexilisch: Mi 5, 1ff; Sach 9, 9f) nicht einfach aus dem Hofstil, sondern aus dem inneren Zusammenhang zwischen dem universalen → Königtum Jahwes und dem in Jahwes Vollmacht vom Davididen ausgeübten → Königtum (in Israel). Im Hintergrund steht das verpflichtende Ideal des Großreichs → Davids, das auch die Zukunftserwartung prägt. - Die Weltmächte, mit denen Israel im Verlauf seiner Geschichte in Berührung kommt, erfahren in der Prophetie im wesentlichen eine negative Beurteilung (so Assyrien: Jes 10, 5ff; 14, 24-27; Babylonien: Jer 51, 59ff; Dtjes 46, 1ff). Daneben erscheinen sie von Jahwe in Dienst genommen, um an Israel Jahwes Straf- (zB Ez 21, 23-32) oder Heilshandeln (zB Dtjes 45, 1) zu vollstrecken. - Thematisch kommen die W. in der → Apokalyptik in den Blick. Das → Danielbuch kennt eine Abfolge von 4 W.n: des neubabylonischen, medischen, persischen und makedonischen Reiches. Dabei greift die Vision von Dan 2 eine vorgegebene (wohl im 6.Jh. vChr auf medischem Boden entstandene) Geschichtstheorie von der Folge von 3 W.n (Assyrer, Meder, Perser) auf. Diese ist anscheinend in der Zeit des Alexanderreiches unter Einschluß des makedonischen Reiches zu einer Viererreihe erweitert worden und schon vor Dan von der orientalischen Opposition gegen die Griechenherrschaft im Sinne einer Verschlechterungstheorie mit einer (vielleicht im Übergang von der Bronze- zur Eisenzeit in Babylonien entstandenen, bei Hesiod und in der iranischen Überlieferung bezeugten) Lehre von 4 durch Metalle (Gold, Silber, Bronze, Eisen) gekennzeichneten Weltzeitaltern verbunden worden. Auch Dan 7 liegt diese Geschichtstheorie zugrunde, doch werden hier die ersten 3 W. durch Symboltiere (»heraldische« Tiere oder Astralfiguren) repräsentiert. Bei Dan ist das assyrische durch das neubabylonische Reich ersetzt und die Theorie enthistorisiert, um die W. als Einheit mit dem bevorstehenden Gottesreich konfrontieren zu können. Neu ist die Eschatologisierung der ursprünglich wohl auf zyklische Wiederkehr ausgerichteten Reihe: den W.n folgt die Gottesherrschaft. Dan 7 legt ihr Hereinbrechen im Sinn einer Naherwartung auf die Zeit → Antiochus' IV. fest. Die späteren (auch christlichen) Historiker greifen eher auf die Dan vorliegende Tradition als auf Dan selbst zurück. - Vgl. → Weltperioden.

Ed.Meyer, Ursprung u. Anfänge d. Christentums II, 1921, 189ff - J.W.Swain, The Theory of the Four Monarchies. Opposition Hist. under the Roman Empire (Class. Philology 35, 1940, 1-21) - G.v. Rad, Erwägungen zu d. Königspsalmen (ZAW 58, 1940/41, 216 bis 222) - W.Baumgartner, Zu den vier Reichen von Dan 2 (ThZ 1, 1945, 17-22) - A.Alt, Gedanken über d. Königtum Jahwes (Alt I, 345-357) - Ders., Das Großreich Davids (ThLZ 75, 1950, 213-220 = Alt II, 66-75) - H.Gross, Weltherrschaft als relig. Idee im AT (BBB 6), 1953 (Lit.) - J.T.Nelis, De vier wereldrijken in het Boek Daniël (Bijdragen 15, 1954, 349-362) - M.Noth, Das Geschichtsverständnis d. at. Apokalyptik, 1954 (= Ges. Stud. z. AT [ThB 6], 1957, 248-273) - A.Caquot, Sur les quatre bêtes de Daniel VII (Semitica 5, 1955, 5-13; Lit.) - K.Koch, Die W. im Danielbuch (ThLZ 85, 1960, 829-832). - Vgl. die Lit. zu → Apokalyptik: II. III, → Danielbuch. *W.Schottroff*

Welz, *Justinian Freiherr von,* * 12.12.1621 in Chemnitz (?), † 1668 (?) in Surinam (→ Guayana), entstammte einer österreichischen luth. Flüchtlingsfamilie, wuchs in Ulm auf, studierte in Leiden Jura und Geschichte. Früh regte sich sein Eifer, Mißstände in Staat und Kirche zu beseitigen. Beschäftigung mit der Bibel und theologischer Literatur, bes. Luther, bewirkte seine Bekehrung. In mehreren Schriften (s. Lit.) warb er für eine von einer »Jesusliebenden Gesellschaft« zu treibende Heidenmission, die er aus der Bibel und dem Wesen der Kirche begründete, vom zeitgenössischen theologischen Mißverständnis befreite und organisatorisch umriß (→ Missionarsausbildung). Sein Appell an das Corpus Evangelicorum blieb erfolglos; die luth. Orthodoxie, geführt von → Ursinus, lehnte ihn ab. Seine Freundschaft mit → Gichtel und → Breckling belastete ihn vollends (→ Mission: III C, 1; → Missionen: I, 1). 1664 ließ er sich von Breckling ordinieren, 1666 ging er als → Freimissionar nach Surinam, wo er 1668 verschollen ist. Viele seiner Reformpläne wurden, ohne daß eine direkte Einwirkung feststellbar ist, in der pietistischen Mission verwirklicht.

Vf. u.a.: Ein kurtzer Bericht, 1663; Eine christl. u. treuhertzige Vermahnung, 1664; Einladungstrieb zum herannahenden großen Abendmahl, 1664; Wiederholte Treuhertzige u. Ernsthaffte Erinnerung, 1664. - Über W.: W.Grössel, J.v.W., 1891 - Ders., Die Mission u. d. ev. Kirche im 17.Jh., 1897, 33ff - G.Warneck, Abriß einer Gesch. d. prot. Missionen, 1913¹⁰, 31ff - H.Frick, Die ev. Mission,

1922, 148ff - F.Laubach, J.v.W. u. sein Plan einer Missionsgesellschaft (Diss. Tübingen), 1955 (Masch.; vgl. ThLZ 81, 1956, 567f).
G.Rosenkranz

Wendelin (ca 554-617), Einsiedler aus Irland, lebte lange Zeit im Bliestal bei Trier. Da W. nach der Legende für seinen Gutsherrn Hirtendienste tat, wurde er Patron der Hirten und Bauern und ist bis heute als Beschützer von Vieh und Flur einer der beliebtesten Volksheiligen (Fest: 20.10.).

Legendäre Viten AS Oct. IX, 342ff - A.Selzer, St.W., 1936 (Lit.) - LThK X, 818f.
O.Rühle

Wendelin, *Markus Friedrich* (1584-1652), * in Sandhausen bei Heidelberg, † in Zerbst, ref. Theologe der Heidelberger Richtung, maßgebender Gestalter des ref. Kirchenwesens in → Anhalt, zugleich bedeutend als Schulmann und Latinist. In der theologischen Methode ist W. von Petr. → Ramus abhängig: er vertritt die analytische Methode und gelangt von da her zur Entfaltung seines »Systems«. Hinsichtlich der in seiner Zeit kontroversen Fragen ist er entschieden reformiert; doch schließt er sich in der Soteriologie an Joh. → Piscator an. Trotz ehrenvoller Berufungen nach auswärts blieb er seinem Amt als Rektor des Gymnasiums in Zerbst treu.

Vf. latinist. u. philos., vor allem aber theol. Arbeiten, bes.: Christianae theologiae systema maius, 1656; Collatio doctrinae Christianae Reformatorum et Lutheranorum, 1660 (Auszüge bei H.Heppe-E.Bizer, Die Dogmatik d. ev.-ref. Kirche, 1958²). - Gegen W.: Joh. Gerhard, Collegium Anti-Wendelianum, 1652 - Christoph Franck, Exercitationes Anti-Wendelinianae, 1687. - Über W.: J.G.Walch, Einl. in d. Religionsstreitigkeiten außer der ev.-luth. Kirche III, 1734, 478 - W.Gass, Gesch. d. prot. Dogmatik I, 1854, 416ff - Ad.Zahn, Das gute Recht d. ref. Bekenntnisses ... in Anhalt, 1866, 68ff - ADB 41, 714ff - RE XXI, 94f.
O.Weber

Wenden. Mit diesem deutschen Sammelbegriff werden die seit dem frühen MA zwischen Elbe und Oder siedelnden westslawischen Stämme der Wagrier, Abotriten, Polaben, Pomoranen, Wilzen bzw. Liutizen und Sorben bezeichnet. Die W. verschmolzen im Laufe des Hoch-MA zum größten Teil mit deutschen Einwanderern. Nur die Sorben behaupteten bis in die Gegenwart eine gewisse Selbständigkeit. - Nach ihrer von → Karl d. Gr. begonnenen, von Heinrich I. und → Otto d. Gr. fortgeführten Unterwerfung wurden für sie 948 die Bistümer → Oldenburg, → Havelberg und → Brandenburg, 968 → Merseburg, → Zeitz und → Meißen errichtet. Da die kirchliche Organisation von der deutschen Oberschicht getragen war, erzielten die Bischöfe zunächst nur geringe Erfolge unter den W. Ein W.-Aufstand 982/83 gefährdete die christlichen Gründungen in Havelberg, Brandenburg, Zeitz und anderen Orten und erschwerte das Wachsen des Christentums. Das Bistum Zeitz wurde aus Sicherheitsgründen um 1030 nach → Naumburg verlegt. In der Mitte des 11.Jh.s ernannte Erzbischof → Adalbert von Bremen Bischöfe von → Ratzeburg und → Mecklenburg. Als 1066 eine heidnische Reaktion den an seiner Seite stehenden christlichen Abotritenfürsten Gottschalk stürzte und bei Lenzen erschlug, geriet die Christianisierung auch hier ins Stocken. Erst mit Beginn des 12.Jh.s lassen sich Missionserfolge nachweisen. Sie sind neben politischem Druck auf persönlichen Einsatz eifriger Oberhirten sowie die Wirksamkeit der → Prämonstratenser, → Zisterzienser und anderer Mönche zurückzuführen. Im W.-Kreuzzug 1147 verbanden sich noch einmal weltliche und kirchliche Ziele. Mit dem Anwachsen der deutschen Ostbewegung erstarkte die kirchliche Organisation, die von den Erzbischöfen von Magdeburg und ihren Suffraganen ausgebaut und durch die Bischöfe von → Lebus (seit 1124/25), → Wollin (1140) bzw. → Kammin (1172), → Oldenburg (1149) bzw. → Lübeck (1160), Ratzeburg (1154) und → Schwerin (1158) erweitert wurde. Das Netz der Klöster und Pfarrkirchen wurde allmählich dichter und erfaßte auch die W., deren Oberschicht sich zum Christentum bekannte und mit der deutschen Bevölkerung verschmolz. - Nur die *Sorben* konnten an der mittleren und oberen Spree trotz der deutschen Überschichtung ihre Eigenart bewahren. Ihr ursprünglich weites Verbreitungsgebiet schrumpfte auf zwei Sprachinseln zusammen: die niederlausitzische in Kottbus und die oberlausitzische um Bautzen. Neben den von mittelalterlichen Quellen festgehaltenen Namen und einem kurzen Bautzener Bürgereid vom Ende des 15.Jh.s liegen als älteste Sprachdenkmäler vor: eine von Jakubica angefertigte Übersetzung des NT aus dem Jahr 1548 (handschriftlich erhalten), der Wolfenbütteler niedersorbische Psalter, eine durch Moller in Bautzen 1574 gedruckte Übertragung des Luth. Katechismus mit einem Gesangbuch und die obersorbische Übersetzung des Kleinen Katechismus von Luther, die Warichius 1597 drucken ließ. Die »Oberlausitzischen sorbischen Predigtgesellschaften« traten seit 1716 in Leipzig und Wittenberg für die Volkssprache ein. Vom Beginn des 19.Jh.s bis kurz nach dem 1. Weltkrieg wurden auch in Prag kath. Priester im sorbischen Seminar ausgebildet. Die Berührungen mit Prag und den Slawophilen veranlaßten 1847 die Bildung der Macica Serbska, die wissenschaftliche und literarische Interessen verfocht. Nach amtlichen Angaben gab es um 1900 etwa 100000 Sorben, von denen 87% ev. und 13% röm.-kath. waren. 1925 war ihre Zahl auf 70000, 1933 auf 57000 gesunken. Nach Unterdrückung der sorbischen Bevölkerung 1933 bis 1945 setzte eine bewußte staatliche Förderung ein. Sie führte 1949 zur Gründung der Massenorganisation »Domowina«, 1951 zur Errichtung eines Instituts für sorbische Volkskunde, zum Aufbau eines sorbischen Schulwesens und eigenen Kulturlebens.

W.Giesebrecht, Wendische Geschichten aus d. Jahren 780-1182, 3 Bde, 1843 - E.Kreusch, KG d. W.lande, 1902 - Hauck, bes. II, 466ff; III, 70ff. 623ff; IV, 576ff - R.Lehmann, Bibliogr. zur Gesch. d. Niederlausitz I. II, 1928/54 - Ders., Die Gesch. d. W.tums in d. Niederlausitz, 1930 - J.Jatzwauk, Sorbische (Wendische) Bibliogr., (1929) 1952² - E.Tschernik, Die Entwicklung d. sorb. Bevölkerung von 1832 bis 1945, 1954 - A.Frinta, Die Lausitzer Sorben u. ihr Schrifttum, Prag 1955 (tschech.) - F.Dvornik, The Slavs, their Early Hist. and Civilization, Boston 1956, 293ff - Siedlung u. Verfassung d. Slawen zwischen Elbe, Saale u. Oder, hg.v. H.Ludat, 1960.
B.Stasiewski

Wenth, *Johan* (ca 1495-1541), luth. Theologe, * in Gandersheim, studierte seit 1515/16 in Wittenberg (16.1.1526 Magister artium) und wurde im Febr. 1526 von Herzog Christian (III.) nach → Schleswig-Holstein (, 2) berufen, wo er mit → Widensee in den Ämtern Hadersleben und Törning die Reformation einführte (nach Widensees Fortgang 1533-37 auch Sup.). Für die »Artickel vor de Kerkhern up den Dorpern« (1528, Urzelle der KO) und wohl auch für die dänische KO (1537) ist W. der eigentliche Redaktor gewesen. Auch Christians Briefe (1526) an Ivar Munck, den kath. Bischof in Ripen, dürften wegen ihres tiefen Verständnisses von Luthers Lehre von W. abgefaßt sein. 1537 wurde W. erster luth. Bischof von → Ripen.

RE XXIV, 639ff - Th.O.Achelis, Haderslev I, 1926, 62ff - E.Feddersen, KG Schleswig-Holsteins II, 1938, 40f - Ribe Bispesæde, Kopenhagen 1948, 268 (Lit.) - DBL XXV, 323ff - NTL III, 342ff.
W.Göbell

Wenzel, *der Heilige* (911 bis 28.9.929), Herzog der → Tschechen aus dem Haus der Přemysliden, Sohn Herzog Wratislaws I. und der Dragomira, einer Fürstentochter des Stammes der Stodoraner. Der junge Prinz erhielt eine sehr sorgfältige Ausbildung und erlernte die slawische und lat. Schrift. Nach Beendigung der Vormundschaft seiner Mutter Dragomira hat W. für das Umsichgreifen des Christentums durch Errichtung weiterer Kirchen, unter ihnen die Veitskirche in Prag, und ihre Ausstattung gesorgt und enge Beziehungen zum Bischof von Regensburg unterhalten. Heinrich I. hielt er die Treue. Jetzt setzten auch in Böhmen Einflüsse aus Sachsen, dem Stammland des neuen deutschen Königshauses ein. Die Ermordung W.s vor der Kirche von Altbunzlau, an der sich sein jüngerer Bruder Boleslaw beteiligte, war in erster Linie durch den Widerstand der in der Hauptsache noch heidnischen Tschechen gegen das geradezu mönchische Christentum W.s bedingt. Der Feldzug König Heinrichs nach Prag (929) sollte eine Gefährdung des Christentums und einen politischen Umschwung in der Mitte Böhmens verhindern. Die Heiligsprechung W.s ist noch im 10.Jh. vermutlich durch einen Regensburger Bischof erfolgt. W. wurde der Landesheilige Böhmens, dessen Hinwendung zum Reich mit dem Namen W.s verknüpft wird (St. W.s-tradition).

J. PEKAŘ, Die W.s- u. Ludmila-Legenden, Prag 1906 - A. NAEGLE, Der hl. W., Warnsdorf 1928 - Sammlung zur Erinnerung an den 1000. Todestag des hl. W., Bd I-II/3, Prag 1931-39 (tschech.) - W. WOSTRY, Drei St. W.sstudien (Jb. d. Vereines f. Gesch. d. Deutschen in Böhmen 3, 1933, 290-371) - LThK X, 822ff (Lit.).

H. Zatschek

Werbung im umfassenden Wortsinn ist so alt wie die Menschheit. Insofern ist sie eine Lebensäußerung der Gesellschaft. Je mehr die Arbeitsteilung voranschreitet, desto deutlicher tritt auch die W. in Erscheinung. Sicherlich handelt es sich im wirtschaftlichen Leben auf sehr lange Zeit hin nur um Ankündigung und Information. Aber die Obrigkeit wirbt für ihre vielfältigen Anliegen mit den ihr jeweils zur Verfügung stehenden Mitteln. Dabei handelt es sich um Beeinflussung, von dem Versuch, die Meinung möglichst vieler für das gesteckte Ziel zu gewinnen, bis zum äußersten Zwang. Die Geschichtsschreiber der W. weisen auf die 1622 gegründete → Propaganda-Kongregation. → Propaganda ist lange mit dem heutigen Begriff gleichgesetzt worden. Aber in den Jh.en des Übergangs zur Gesellschafts- und Wirtschaftsordnung der Neuzeit, der Entstehung von Unternehmungen wie von kleinen und großen volkswirtschaftlichen Gebilden, treten Ansätze und Maßnahmen immer stärker in den Vordergrund, die wir heute Wirtschafts-W. nennen. Die alte Wirtschaftsordnung im Zeichen der »gerechten Nahrung« braucht wenig W. und ist ihr daher auch feindlich gesinnt. Der sichtbare Einbruch erfolgt, nach der Erfindung der Buchdruckerkunst, durch den großen Nürnberger Verleger Koberger, der das Buch als Massenerzeugnis für unbekannte Abnehmer herstellt. Die Buchzettel, Buchbesprechungen, »les réclames« können als erste bescheidene Werbemittel angesehen werden. Nach der Meinung vieler Autoren ist von dort her der Begriff Reklame abzuleiten. Er würde sich dann bereits in erster Linie auf wirtschaftliche Sachverhalte beziehen. Aber die heraufdämmernde neue Zeit steht im Zeichen der Freiheit, des Individuums, der Gesellschaft, der Wirtschaft. Die Maschine tritt hinzu und schafft den Massenartikel für die »Gesellschaft der Gleichen«. Die → Wirtschaft wird immer stärker vom Wettbewerb um den unbekannten Kunden bestimmt. Der bekannte Markt wird zu einem unbekannt-undurchsichtigen, die Gesellschaft wird durch den Verbrauch bestimmt, und die Persönlichkeit durch die Art des Verbrauchs. Von diesem Augenblick an muß die Wirtschafts-W. zum Ereignis werden. Sie tritt sofort als ein Mittel des Wettbewerbs auf, gehört also zum Absatzinstrumentarium der Unternehmung unter erwerbswirtschaftlichen Vorzeichen. Dazu gehört notwendig, daß der unbekannte Abnehmer möglichst gut im Sinn des Anbietenden unterrichtet wird. W. erfüllt seitdem auch stets volkswirtschaftliche Aufgaben, ob sie dies nun will oder nicht. So muß von Beginn an immer eine polare Spannung zwischen den privaten Werbenden und den volkswirtschaftlichen und gesellschaftlichen Belangen bestehen. Je nach dem Entfaltungszustand von Wirtschaft und Gesellschaft ist sie oft unerträglich groß und oft kaum spürbar. So ist W. als ein Kind des Industriezeitalters und der »Gesellschaft der Gleichen« (nach A. de Tocqueville) anzusehen.

Anstelle der Vokabeln Propaganda und Reklame hat die Wirtschaftspraxis fast ausnahmslos die der Wirtschafts-W. gesetzt. Auch das Schrifttum hat sie mit wenigen Ausnahmen übernommen. Reklame hat durch die Übertreibungen Ende des 19.Jh.s offenbar eine entscheidende Abwertung erfahren. Eine einwandfreie Definition der W. ist trotz vielfältiger Versuche noch nicht gefunden worden. Zudem weichen sie je nach dem Standort des Autors auch noch sehr stark voneinander ab. Unabdingbar für jeden Versuch muß der Satz sein: W. steht im Dienst der Erwerbswirtschaft. In ihrer Gestaltung und Durchführung ist sie abhängig von dem Ethos des für sie Verantwortlichen. Darüber hinaus dient sie volkswirtschaftlichen, gesellschaftlichen, kulturellen Belangen. Sie kann, aber muß es nicht. Recht unvollkommen ließe sich sagen: Wirtschafts-W. bedeutet das stete und planmäßige Bemühen wirtschaftlicher Institutionen um das öffentliche Vertrauen. Und zwar dergestalt, daß die so angebotene Ware oder Dienstleistung bekanntgemacht, in den Markt gebracht, in ihm erhalten oder ihr Anteil ausgeweitet wird.

Damit ist bereits das Wesentliche über die Funktionen der W. ausgesagt. Natürlich will sie möglichst viele der Angesprochenen für sich gewinnen und zeigt sich daher von ihrer besten Seite. Insofern kann von Beeinflussung gesprochen werden, andererseits aber trotzdem von einer freien Entscheidung des Umworbenen. - W. vollzieht sich in einer freien, das heißt hier in einer nicht geplanten Wirtschaft. Ohne sie kann diese Wirtschaft nicht einmal gedacht werden. Doch kommen auch andere Wirtschaftsformen kaum ohne W. aus. Deshalb dient sie in erster Linie der Bekanntmachung der eigenen Leistung. Ihr schließen sich an die Unterrichtung und Belehrung. Dann sollen in den alten Gebieten eine Absatzerweiterung erreicht, neue Märkte dazugewonnen, neue Waren eingeführt werden. Schließlich ist W. ein notwendiges Mittel des Wettbewerbs.

Dem stehen die Wünsche und Notwendigkeiten des Verbrauchers gegenüber. Er will über das gesamte Angebot im Markt unterrichtet werden, ebenso über Art und Qualität. Auch muß er bei der rasch abnehmenden Urteilsfähigkeit (chemisch und technologisch immer differenziertere Güter) zuverlässig über richtigen Gebrauch und Verbrauch informiert sein. Das ist in einer freien Wirtschaft nur möglich durch die Summierung der Maßnahmen aller werbenden Institutionen. Aber selbst eine Mangelwirtschaft kann ein solches Optimum nie erreichen. Die W. ist der Schrittmacher für ungezählte Erzeugnisse, die das Leben der Menschen erleichtert und bereichert haben. W. kann Bedarfsverschiebungen hervorrufen und ebenso den Konjunkturverlauf beeinflussen. Aber sie kann gegen den Willen des Verbrauchers keinen Erfolg erzielen. Zwischen W. und Gesellschaft bestehen sehr intensive Beziehungen. Hat sie früher einmal für Waren geworben, die wegen ihres Zwecknutzens gesucht wurden, so muß sie sich heute zunehmend für solche mit Geltungsnutzen (zB modische Erzeugnisse) einsetzen, weil der Mensch sein Herz auf die Dinge geworfen hat und sie zum Wertmaßstab erhöhen will, ohne daß ihm dies jemals gelingen wird. Deswegen haben sich nicht nur ihre Mittel geändert, sondern auch ihre Lautstärke hat ständig zugenommen. Das Unbehagen über die W. wächst. Die Kulturkritik lehnt sie fast einstimmig ab, ohne zu sehen, daß mit ihrer Ausschaltung auch die gegenwärtige Gesellschaftsordnung zerstört wird. Die »unterschwellige« W. wird mit dem Kronzeugen Vance Packard (Die großen Verführer) als ein Mittel zur Manipulierung des Menschen abgelehnt. Solche Macht jedoch ist ihr nach Einsicht der Forschung nicht gegeben. Wohl aber wird das Verlangen des Menschen nach noch mehr Gütern unstillbar bleiben. In der Fülle wird er unglücklicher werden. Doch wird er niemals von der Bindung zwischen Wunsch und Realität befreit werden. Und ebensowenig läßt sich die Antinomie auflösen, daß der Werbende oft anderes erreichen will als (häufig) die Volkswirtschaft und noch mehr die Kulturkritik. Wirtschaft bereitet Mittel für den Menschen. Sie entstehen in ihrer Vielfalt aber auch aus dem Wettbewerb heraus, und weil der Verbrauch als ein Mittel gegen Krisen angesehen wird. Ändert sich die Gesellschaft, sucht sie insbesondere gültige, dh metaphysische Wertmaßstäbe, werden sich Wirtschaft und W. dem angleichen müssen.

V. Mataja, Die Reklame, (1910) 1926⁴ - R. Seyffert, Allg. Werbelehre, 1929 - F. Redlich, Reklame. Begriff, Gesch., Theorie, 1935 - W. Eliasberg, Reklamewissenschaften, 1936 - H. Domizlaff, Die Gewinnung d. öffentl. Vertrauens, (1939) 1951² - C. Hundhausen, Wesen u. Formen d. W., 1954 - G. Friedrichs, Verkaufs-W., 1958 - G. Bergler, Schrifttum über Absatz u. W., 1960 - Ders., Wirtschaft u. Ethik, 1962 - H.F.J. Kropff, Angewandte Psychologie u. Soziologie in W. u. Vertrieb, 1960 - H. Buchli, 6000 Jahre W. Gesch. d. Wirtschafts-W. u. d. Propaganda I-III, 1961/62 - K. Peltzer, Enzyklopäd. Hdb. d. W. u. Publikation, 1961 - HWBW³ IV, 6265ff (R. Seyffert).
G. Bergler

Werdenhagen, *Johann Angelius von* (1581-1652), * in Helmstedt, † in Ratzeburg. In Helmstedt bei → Caselius und → Martini humanistisch gebildet, war W. 1601 bis 1606 PDoz. ebd, 1607 Konrektor in Salzwedel, dann Reisebegleiter junger Adliger, 1616-18 Prof. der Ethik in Helmstedt. Seine Abkehr vom Humanismus und Hinwendung zum orthodoxen Luthertum im Streit um D. → Hoffmann kostete ihn sein Amt. W. gebrauchte in diesem Streit als einer der ersten die Bezeichnungen »Rationistae« bzw. »Ratiocinistae« (→ Rationalismus: II, 1). 1618-26 war W. Stadtsyndikus in Magdeburg. Infolge von Streitigkeiten verlor er auch dieses Amt und lebte in den nächsten Jahren in Hamburg, Haag, Leiden, Bremen und Magdeburg. Sein Aufenthalt in Holland war die literarisch fruchtbarste Periode seines Lebens. Schließlich wurde er kaiserlicher Reichsrat und Gesandter in den Hansestädten (1637-52). W. gehört zu den Laien, die gleich den Reformtheologen des 17.Jh.s eine Erneuerung der ev. Kirche erstrebten. Orthodoxe luth. Theologen lehnten ihn daher als »Enthusiasten« und »Atheisten« ab. G. → Arnold hat ihn gelobt. In W.s Schriften ist der Einfluß von → Paracelsus und Jakob → Böhme deutlich.

Vf. u.a.: Systema methodicum ethices, 1618; De vero Christianismo, 1618; De rebuspublicis Hanseaticis, 1631; Introductio universalis in omnes respublicas sive politica generalis, 1632; Psychologia vera J. Boehmii Teutonici, 1632; Offene Herzenspforte zum wahren Reiche Christi, 1632; Synopsis in Bodini libros de republica, 1635; De vero modo educationis, 1635. - Über W.: Jöcher IV, 1893ff - ADB 41, 759ff - RE XXI, 103ff - P. Petersen, Gesch. d. arist. Philos. im prot. Deutschland, 1921, 265f.
W. Delius

Werenfels, 1. *Peter* (1627-1703), ref. Theologe, * in Liestal (Schweiz), 1650-53 Hofprediger beim Grafen Friedrich Kasimir von Ortenburg, 1655 Archidiakonus am Basler Münster, seit 1675 Antistes der Basler Kirche und Prof. an der theologischen Fakultät. Als mild-orthodoxer Ireniker verzichtete W. auf die Unterschrift der von ihm miteingeführten Konsensusformel (→ Schweiz: I B, 2b) seitens der Kandidaten und trat trotz der drohenden Haltung Frankreichs für die Einbürgerung der Hugenotten und Waldenser in Basel ein.

Vf. u.a.: Disputationes theologicae, 1675-1702; Predigtsammlungen, u.a. »Davids Pest-Arzney« (1669), »Dominicalia« (1702). - Über W.: ADB 42, 1ff - A.v. Salis in: Beiträge zur vaterländ. Gesch. NF 5, Basel 1901, 1ff - RE XXI, 105f - Eb. Vischer, Die Lehrstühle u. d. Unterricht an d. theol. Fakultät Basel, 1910 - A. Staehelin, Gesch. d. Univ. Basel, 1957.

2. *Samuel* (1657-1704), ref. Theologe, Sohn von 1, * in Basel, 1685 ebd Prof. der griech. Sprache, 1687 der Beredsamkeit, 1696 der Dogmatik und Polemik, 1703 für AT, 1711 für NT. Mit → Ostervald und J.A. → Turrettini bildete W. das »helvetische Triumvirat« (→ Schweiz: I B, 3d), das bewußt den Übergang vom altref. Denken zur humanistisch geprägten »vernünftigen Orthodoxie« vollzog und im Zusammenhang mit dem englischen Primas → Wake eine prot. Union erstrebte. W. trat nachdrücklich für die Aufhebung der Konsensusformel (1723) ein, trennte sich von der Verbalinspiration (Disputatio de triplici teste de Verbo Dei testante), bekämpfte den dogmatischen Scholastizismus, schied sich aber im Irrlehreprozeß gegen → Wettstein von dessen dogmatischer Pietätlosigkeit, ohne selbst bei exemplarischer Frömmigkeit die reformatorische Position noch zu verstehen. Als vielbeachteter Prediger griff er die sittlichen Mißstände aus der Zeit der Hochorthodoxie an.

Opuscula theologica, philosophica et philologica, 1718 u.ö.; Predigten: Sermons sur les vérités importantes de la religion, 1715 (dt. 1717). - Über W.: H. Doering, Die gelehrten Theologen Deutschlands IV, 1835, 688ff. 907 - Alex. Schweizer, Die prot. Centraldogmen II, 1856, 776ff - ADB 42, 5ff - RE XXI, 106ff - E. Vischer (s. 1) 50f. 62ff - M. Schian, Orthodoxie u. Pietismus im Kampf um d. Predigt, 1912, 143f - P. Wernle, Der schweiz. Protestantismus im 18.Jh. I, 1923 (s. Reg.) - M. Geiger, Die Basler Kirche u. Theol. im Zeitalter d. Hochorthodoxie, 1952 (s. Reg.) - A. Staehelin (s. 1).
E. Beyreuther

Werfel, *Franz,* Dichter, * 10.9.1890 als Sohn eines jüdischen Kaufmannes in Prag, † 26.8.1945 in Beverly Hills (Kalifornien). W. versuchte als Dichter in einer Epoche des allgemeinen Wertezerfalles dem Leben wieder einen religiösen Sinn zu geben. W.s Existenz, seine Gestaltungsweise und sein Weltbild sind dualistisch. Er existiert in der Dialektik von Offenheit und Verschlossenheit, Künstlertum und at. Prophetie, Mystik und Weltfrömmigkeit. Bei seiner Gestaltung wechselt Abstraktion mit Einfühlung, episches Nacheinander mit lyrischem Hymnus, psychologische Analyse mit metaphysischer Schau. In seinem Weltbild stehen antithetisch zueinander Diesseits und Jenseits, Religion und Geschichte, Realismus und Innerlichkeit. In seinem expressionistischen Frühwerk (→ Expressionismus: II, 2), das vorwiegend lyrisch bestimmt ist, glaubt der Dichter an eine Wandlung der Welt durch das Wort. In seinen Gedichten, in denen er unaufhörlich seine Schuld bekennt und »Gerichtstag« über sich selbst hält, ruft er die Menschen zu Bruderschaft und Alliebe auf. Durch Zerstörung der geschichtlichen Positivität (Gesetze, Organisation, Staat) will er die civitas Dei auf Erden verwirklichen. Als dieser Versuch für ihn in Rausch und Anarchie endet, beschwört er Tierdämonen (Der Weltfreund, 1911; Einander, 1915; Der Gerichtstag, 1919; Beschwörungen, 1923). - In seinen eschatologischen Erwartungen enttäuscht, negiert W., der jetzt zum Roman und Drama übergeht, nicht mehr die Wirklichkeit, sondern sucht das Göttliche in ihr sichtbar zu machen: »alles Diesseits ist sakral, weil es aus dem Jenseits stammt«. Es geht ihm nun um das Verhältnis des konkreten geschichtlichen Menschen zu Gott, das er mit einem schier grenzenlosen Reichtum an Phantasie umkreist. Er bedient sich dabei der Methode eines »verschlagen-bescheidenen Realismus«, mit dessen Hilfe er die Situation des Menschen auf dem Hintergrund der »mystischen Urtatsachen des Geisterreiches - Weltschöpfung, Sündenfall, Inkarnation, Auferstehung« - darzustellen versucht. So zeigt er das Licht der Gotteskindschaft im Menschen auf, aber auch seine Bedrohung von innen (durch die sündhafte Natur) und außen (durch eine materialistische Umwelt). Er gestaltet die schuldhafte Entzweiung des Menschen - den Kampf zwischen »Seins-Ich« und »Schein-Ich« - ebenso wie die Heimkehr des Menschen zu sich selbst und Gott. Im Mittelpunkt seines Werkes aber steht die Auseinandersetzung zwischen dem Geistesmenschen, der durch Hingabe das Leben gewinnt, und dem Machtmenschen, der beim Versuch der Selbstvollendung scheitert. »Dem Fleische nach ein Jude, dem Geiste nach ein Christ«, macht W. in Historie und Zukunftsschau den heilsgeschichtlichen Zusammenhang beider Religionen immer wieder deutlich (Maximilian und Juarez, 1924; Verdi, 1924; Paulus unter den Juden, 1926; Barbara oder die Frömmigkeit, 1929; Die vierzig Tage des Musa Dagh, 1933; Das Lied von Bernadette, 1941; Der Stern der Ungeborenen, 1946).

H.Pongs, Das Bild in der Dichtung I, 1927, 225ff. 361ff - E.Yokkers, F.W. als religiöser Dichter (The Germanic Review 2, 1927, 40 bis 63) - A.D.Klarmann, Musikalität bei W. (Diss. Philadelphia), 1931 - M.Turrian, Dostojewskij u. F.W., 1950 - A.v.Puttkammer, F.W., 1952 - I.Hochbaum, Künstlertum u. Wirklichkeit (Diss. Kiel), 1956 - C.Junge, Die Lyrik des jungen W. (Diss. Hamburg), 1956.

C.Junge

Werke

1. Begriff - 2. Beispiele. - Vgl. → Gute Werke

1. Im Bereich der Fremdreligionen ist der Glaube, daß gute W. integrierender Bestandteil des religiösen Lebens seien, weit verbreitet. Er umfaßt Handlungen der → Askese (: I), des → Kultus, des Bauens von Kultstätten, ethische Verhaltensweisen (→ Sittlichkeit: II) und Arbeiten im Dienste der Aufrechterhaltung der diesseitigen Ordnung der Welt. Die Ausführung solcher W. kann dem Willen eines Gottes entsprechen oder der Realisation eines numinosen → Ordnungs-Begriffes dienen. Auch der Blick auf eine jenseitige → Vergeltung findet sich häufig als Motiv menschlichen Handelns. Als Handelnde können aber auch Götter auftreten, deren W. sich bes. auf → Schöpfung (: I) und → Erlösung (: I) der Welt und des Menschen beziehen. - Da eine Frömmigkeit der W. die ständige Gefahr einer Vereinseitigung, eines Verständnisses im Sinne der → Magie und einer schematisierten Materialisierung in sich birgt, treten immer wieder Reaktionserscheinungen auf, die gegenüber dem Vollzug der W. den Primat oder auch die alleinige Geltung der Gesinnung betonen; bes. charakteristisch hierfür ist die → Mystik (: II). Den Gegensatz zwischen einer in der Meditation oder im Glauben an die ausschließliche → Gnade (: I) eines Gottes wurzelnden Religiosität zu einer Frömmigkeit der W. hat H.Frick als ein »religiöses Urphänomen« aufweisen wollen und an der Entwicklung in verschiedenen Religionen demonstriert. Sicher ist, daß neben dieser in der dogmatischen Entwicklung einzelner Religionen auftretenden Antinomie die Hochschätzung der W. charakteristisch ist für bestimmte Religionen.

2. In den *Primitivreligionen* müssen W. zur Erhaltung der Ordnung von → Makrokosmos und Mikrokosmos ausgeführt werden, die häufig Dramatisierungen des → Mythos (: II) darstellen. Sie betreffen bes. die jährliche Wiederholung der Schöpfung und rituelle Kämpfe gegen den → Tod (: I) und gegen schädliche Naturgewalten. Die → Initiationsriten sind oft mit beträchtlichen Leistungen verbunden. Im → Schamanismus erfordert die → Ekstase-Technik des → Medizinmanns erhebliche Anstrengungen. - In → *Ägypten* (: II) gelten im Alten Reich W. durchweg als notwendige Realisation des numinosen Ordnungsbegriffs der Maat. Seit der Aufstiegszeit des Mittleren Reichs finden sich häufig kasualethische Anweisungen für gute W. Sie erscheinen in imperativischer Form in der »Lehre für König Merikare«. Ethische Konfessionen auf Grabsteinen bringen zum Ausdruck, daß das »Denkmal eines Mannes seine guten W. (nfr.w)« sind. W. zur Sicherung des jenseitigen Lebens sind die Mumifizierung und die Grabbauten für Privatleute und für Könige (Pyramiden). - In → *Indien* (: II) unterschied bereits der Brahmanismus zwischen drei Wegen zur Erlangung des Heils, dem jnâna-mârga (Weg der Erkenntnis), bhakti-mârga (Weg der liebenden Hingabe) und karma-mârga (Weg der W.); zur Methode des letzteren ist aus brahmanischen Ritualschulen die »Erörterung des rituellen Werkes« (Karma-Mîmâmsâ) hervorgegangen. Die südindische Theologie unterscheidet zwischen einem Synergismus von Gnade und guten W.n und der sola fides. Ersterer wird als »Affenweg« bezeichnet, weil das Affenjunge sich an die es rettende Mutter klammert; dem steht der »Katzenweg« gegenüber: die Katze nimmt das gefährdete Junge ohne sein Zutun rettend in ihr Maul. Im → Buddhismus (: I) dient die ethisch-asketische Zucht (sîla) zur Vorbereitung der Erleuchtung. Gute W. zur Erlösung der Menschen vollbringt nach den Jâtakas (»Geburtslegenden«) der Buddha in seinen früheren Existenzen. - → *Zarathustra* forderte gute W. »in Gedanken, Worten und Taten« (Yasna 33, 2 u.ö.). Für die spätere iranische Religion ist kennzeichnend Vendîdâd 3, 31: »Wer Getreide anbaut, der baut das Gesetz an, der fördert förderlichst die Religion der Mazdah-Anbeter.« Gute W. gelten als positiver Kampf gegen das Böse. - Während in → *China* (: II) → Laotse das Prinzip des Nicht-Tuns (wu-wei) aufstellte, hat sich der Konfuzianismus stets für die Ausführung irdischer W. ausgesprochen, am entschiedensten bei dem Philosophen Hsüntse (298-238 vChr). - Für den → *Islam* (: I) ist ursprünglich der → Glaube (: I) die Grundlage aller guten W. (vgl. Koran 46, 14). In der späteren dogmatischen Entwicklung anerkannte die Schule der Charidschiten keinen Glauben ohne W., während die Murdschiten behaupteten, daß W. den Glauben weder vermehren noch vermindern könnten.

R.Otto, Visnu Nârâyana, (1917) 1923² - A.B.Keith, The Karma-Mîmâmsâ, London 1921 - H.Frick, Vergleichende Religionswiss., 1928, 86ff - J.Spiegel, Die Idee vom Totengericht in d. ägypt. Religion, 1935 - HIsl 302ff (Lit.) - M.Eliade, Le mythe de l'éternel retour, Paris 1949; dt. 1953 - Ders., Le chamanisme et les techniques archaïques de l'extase, ebd 1951; dt. 1957 - J.Gonda, Die Religionen Indiens I: Veda u. älterer Hinduismus, 1960 (s. Reg. s.v. Karma-mârga) - Heiler (s. Reg. s.v. Werk, Werkgerechtigkeit). - Vgl. die Lit. zu den Einzelartikeln.

G.Lanczkowski

Werkmeister, *Leonhard* (Klostername: *Benedikt Maria; 1808: von*), kath. Theologe, * 22.10.1745 in Füssen/Allgäu, † 16.7.1823 in Stuttgart, 1764/65 Benediktiner in Neresheim (1769 Priester), wirkte hier in verschiedenen Ämtern und war dazwischen 1772-74 und 1778-80 Lehrer der Philosophie am Lyzeum in Freising. 1784 von Herzog Karl Eugen von Württemberg zum Hofprediger in Stuttgart ernannt, 1790 säkularisiert und nach Karl Eugens Tod 1794/95 entlassen, wurde W. 1796 Pfarrer in Steinbach bei Eßlingen. 1807 ernannte ihn König Friedrich II. zum kath. geistlichen Rat, 1816 zum

Mitglied der Oberstudiendirektion und 1817 zum Oberkirchenrat. In seinen meist anonymen Schriften forderte W. im Sinne der kath. → Aufklärung (: III, 6) eine Reform der Kirchenlehre, des Katechismus und des geistlichen Standes (Beschränkung seiner Vorrechte, Abschaffung des Zölibats). Seine Reform der Liturgie (Einführung eines Gesangbuchs mit Übernahme zahlreicher ev. Lieder, Übersetzung wesentlicher Teile der Messe ins Deutsche) sollte auch der Annäherung der Konfessionen dienen. Mit → Wessenberg vertrat W. die Unabhängigkeit der deutschen kath. Landeskirchen gegenüber Rom und die uneingeschränkte Gewalt des Staates gegenüber der Kirche.

Vf. u.a.: Unmaßgeblicher Vorschlag zur Reformation des niederen Klerus nebst Materialien zur Reformation des höheren, 1782; Über die christl. Toleranz, 1784; Gesangbuch ... zum Gebrauch der Herzoglich Württ. kath. Hofkapelle, 1784; Über die dt. Meß- u. Abendmahlsanstalten in d. kath. Hofkapelle zu Stuttgart, 1787; Beiträge zur Verbesserung d. kath. Liturgie in Deutschland I, 1789; Thomas Freykirch oder freimütige Unters.en über die Unfehlbarkeit d. kath. Kirche I, 1792; Vorschlag, wie in d. dt. kath. Kirche die Priesterehe allmählich eingeführt werden könnte, 1803; Predigten I-III, 1812/15; Entwurf einer neuen Verfassung d. dt. kath. Kirche in d. dt. Staatenbunde, 1816. - Hg. der Jahrschrift für Theol. u. Kirchenrecht der Katholiken, 1806ff (vollst. Bibliogr. ebd 6, 1830, 328-340; Selbstbiogr. ebd 345-567). - Über W.: F.K.Felder-F.J.Weitzenegger, Gelehrten-Lexikon d. kath. Geistlichkeit, 1817ff, II, 500ff - I.v.Longner, Beitr. z. Gesch. d. oberrhein. Kirchenprovinz, 1863, 288ff - ADB 42, 11ff - J.B.Sägmüller, Die kirchl. Aufklärung am Hofe des Herzogs Karl Eugen von Württ., 1906, 20ff (Lit.) - RE XXI, 122ff - B.Thiel, Die Liturgik d. Aufklärungszeit in Deutschland (Diss. Breslau), 1930 - LThK X, 828 - A.Hagen, Die kirchl. Aufklärung in d. Diözese Rottenburg, 1953. *H.Hohlwein*

Werner, 1. *Gustav* (12.3.1809 bis 2.8.1887), * in Zwiefalten, als Student von → Oberlin und → Swedenborg beeinflußt, begann seine soziale Wirksamkeit im Geist eines undogmatischen Christentums aktiver Nächstenliebe als Vikar in Walddorf (bei Tübingen). 1839 gab W. sein Kirchenamt auf und siedelte 1840 nach Reutlingen über, wo er eine Anzahl von Liebeswerken schuf. Die Anstalten sollten durch landwirtschaftliche und handwerkliche Arbeit der Mitglieder erhalten werden und die Voraussetzung für eine spätere Durchdringung der indifferenten Volksmassen durch den »christlichen Sozialismus« einer johanneischen Kirche schaffen. Lehrdifferenzen mit der Landeskirche und das Unbehagen des Pietismus über W.s Reisepredigertätigkeit führten 1851 zu seiner Streichung von der Kandidatenliste. Im selben Jahr unternahm W. mit dem Ankauf einer Fabrik in Reutlingen einen entscheidenden Schritt: die Großindustrie, deren Gefahren er klar erkannte, sollte unter der Königsherrschaft Christi die soziale Form der Liebe, die Gerechtigkeit verwirklichen. 1863 führte eine Finanzkrise zur Einschränkung und Änderung des großartigen Plans. Die heutige »G.-W.-Stiftung« umfaßt 20 Anstalten und Heime mit 1500 Insassen und 380 Mitarbeitern, dazu 2 Fabriken mit etwa 700 Beschäftigten.

P.Wurster, G.W.s Leben u. Wirken, 1888 - Ders., G.W. u. d. christl. Fabrik (Ev.-sozial 6, 1909, 142-147) - G.Kneile, G.W., 1923 - Th.Bäuerle, G.W., ein Mann der Tat, 1929 - W.Teufel, Fahne u. Ring. G.W.s Kampf u. Liebe, 1932 - F.Keppler, G.W., ein Bahnbrecher d. christl. Sozialismus u. sein Werk, 1943 - Th.Heuss, Bekenntnis zu G.W., 1949 - H.Christ, Christlich-relig. Lösungsversuche d. soz. Frage im mittl. 19.Jh. (Diss. Erlangen), 1951 - P.Krauss, G.W., Werk u. Persönlichkeit, 1959. - Jahresberichte des »Bruderhauses« in Reutlingen. *H.Fausel*

2. *Johannes* (1598-1659?), visionär begabter Bauer aus Bockendorf bei Mittweida (Sachsen), fühlte sich 1629 durch ein Gesicht zum politischen Propheten berufen. Er verurteilte den Verrat Sachsens und die Preisgabe Schlesiens im Prager Frieden 1635. Da er nur bei der Kurfürstin einiges Gehör fand, ging er 1636 zum schwedischen Heere und machte dessen Züge auch über den Westfälischen Frieden hinaus bis zu seinem Tode mit. Er rief zum Kampf gegen das röm. Babylon auf und wandte sich Buße predigend gegen die »Schriftgelehrten« seiner Kirche und gegen die Auswüchse im schwedischen Heere. Von verwandten Erscheinungen (zB → Gifftheil) unterscheidet ihn die Weissagungsform seiner Schriften, die auch einen literarischen Streit hervorrief. J.V. → Andreä und der Feldprediger Gustav Adolf Fabricius setzten sich für ihn ein.

Hss. im Dresdener Hauptstaatsarchiv, Lübecker Staatsarchiv u. der Bibliothek der Franckeschen Stiftungen in Halle. W.s sämtl. Druckschriften auf der Leipziger Univ.-Bibl. u. Berliner Staatsbibl. - Vgl. Theatrum Europeum IV (3. Ausg. Frankfurt a.M. 1692), 627 (Bild) - Gottfr.Arnold, Kirchen- u. Ketzerhistorie Teil III, Kap. 23, 7-16 u. Bd III (Schaffhausen 1742), 351 - Fr.Klöckner, J.W., der Bockendorfer Prophet (Hainichener Anzeiger 1923/24). *H.Bornkamm*

3. *Zacharias,* * 18.11.1768 in Königsberg/Pr., † 17.1. 1823 in Wien, nächst → Kleist der bedeutendste Dramatiker der → Romantik (: II), ging von → Schiller aus, eignete sich dessen glanz- und effektvolle Bühnentechnik zu, setzte sich aber für ein romantisiertes und barockisiertes Drama ein. Das Grundthema seiner Dramen (Söhne des Tals, 2 Tle, 1803/04; Das Kreuz an der Ostsee, 1806; Martin Luther oder die Weihe der Kraft, 1807 [→ Lutherdramen]; Attila, 1808; Wanda, 1808; Cunegunde die Heilige, 1808/09; Die Mutter der Makkabäer, gedr. 1820) ist der Bezug des Menschen auf seine Erlösung in das absolute, göttliche Sein. W. entwirft hier eine romantisch mystisierende Liebesphilosophie: er begreift das erotische Erlebnis als Todeserlebnis, den Tod als Befreiung vom Selbst, als Erlösung in das totale Sein (wie ähnlich → Novalis, Kleist, R.Wagner). Es gelang W. nicht, durch solche Philosophie sein religiöses Problem zu lösen. Er blieb in rastloser äußerer und innerer Bewegung, die auch teils Ursache, teils Folge persönlichen Lebensunglücks war (seine drei Ehen scheiterten). Vergeblich suchte → Goethe ihm Halt zu geben. Unter Goethes Einfluß, wenn auch nicht in dessen Sinn, schrieb er die kleine, künstlerisch geschlossene Schicksalstragödie »Der 24. Februar« (1810). Noch im gleichen Jahr trat er in Rom zur kath. Kirche über (→ Konvertiten), wurde 1814 Priester und wirkte als Prediger in Wien. Sein Lutherdrama nahm er 1814 mit der »Weihe der Unkraft« zurück. Seine letzten Dramen schrieb W. im Anschluß an das kath. Barockdrama.

Ausgew. Schriften, 15 Bde, 1840/41 - Briefe, hg.v. O.Floeck, 2 Bde, 1914 - Tagebücher, hg. u. erl. von Floeck, 2 Bde, 1939/40. - Über W.: P.Hankamer, Z.W., 1920 - G.Carow, Z.W. u. das Theater seiner Zeit, 1933 - Th.Pehl, W. u. der Pietismus (Diss. Frankfurt), 1933. *O.Mann*

Wernsdorf, 1. *Ernst Friedrich* (1718-82), luth. Theologe, * in Wittenberg, Sohn von 2, studierte in Leipzig, dort 1742 PDoz., 1746 ao. Prof. für Philosophie, seit 1756 Prof. der Theologie in Wittenberg, ein irenisch gesonnener Gelehrter, der sich bes. der Reformationsgeschichte zuwandte.

J.H.Zedler, Universallexikon 55, 1748, 513ff (Bibliogr.) - RE XXI, 127.

2. *Gottlieb* (1668-1729), luth. Theologe, * in Schönewalde, studierte in Wittenberg, 1689 Magister der Philosophie, 1698 ao. Prof. der Theologie, 1706 o. Prof., 1710 Propst an der Schloßkirche, seit 1719 General-Sup. Im Zeitalter der niedergehenden Orthodoxie war W. ein glänzender, hochgebildeter Lehrer, mild orthodox, durch die Dresdner Religionspolitik gezügelt, einer

Versöhnung zwischen Wittenberg und Halle nicht abgeneigt.

ZEDLER (s. 1) 516ff (Bibliogr.) - A.THOLUCK, Der Geist d. luth. Theologen Wittenbergs, 1852, 295ff - RE XXI, 126f - W.FRIEDENSBURG, Gesch. d. Univ. Wittenberg, 1917 - M.WIESER, Der sentimentale Mensch, 1924.

E.Beyreuther

Wert und Preis

1. Der Arbeits-W. in der Lehrgeschichte - 2. Die Lehre vom subjektiven W. - 3. Die Lehre vom P. allein

P. ist die Tauschrelation von Ware gegen Geld. W. ist nach der älteren ökonomischen Lehre der »hinter« dem P.geschehen stehende eigentliche P.bestimmungsgrund. P.bildung findet natürlich nicht nur an den Produktenmärkten, sondern auch an allen anderen Märkten statt: Der P. der Arbeitskraft ist der → Lohn, der P. des Leihkapitals der → Zins.

1. Die Auffassung von W. und P. hat eine lange theoriegeschichtliche Entwicklung durchlaufen. Die W.lehre tritt zunächst als Theorie des *objektiven W.s* auf, wobei vor allem die von der englischen klassischen Nationalökonomie (Adam → Smith, David → Ricardo) verfeinerte *Arbeitswertlehre* bedeutungsvoll geworden ist: Alle Waren erlangen untereinander Vergleichbarkeit, dh Tausch-W., durch die ihnen gemeinsame Tatsache, daß sie Produkte menschlicher Arbeit sind. Die Waren tauschen sich letztlich nach Maßgabe der auf sie verwandten Arbeitszeit aus, wobei der »Markt-P.« freilich jeweils über oder unter dem »natürlichen P.« (Smith) der Waren stehen kann. Von der (bes. durch Ricardo vorgetragenen) Theorie des »relativen« Arbeits-W.s schritt → Marx weiter zur Theorie des »absoluten« W.s: Der Tausch-W. der Einzelware wird nun selbst zu einer Darstellungsform des W.s, den schon die Einzelware als Träger eines bestimmten Teils der gesellschaftlichen Gesamtarbeit enthält. Ist das Darstellungsmedium des W.s das → Geld (: II), so wird der Tausch-W. zum P. Die P.e decken sich nur noch innerhalb der Gesamtwirtschaft, nicht von Fall zu Fall, und nur innerhalb eines ganzen Konjunkturzyklus mit der Summe der produzierten W.e. So will die Marxsche W.lehre nicht mehr die P.bildung erklären, sondern vielmehr die volkswirtschaftliche Wertschöpfung. Auf der W.lehre baut sich die Theorie des *»Mehr-W.s«* auf, das Herzstück der Marxschen ökonomischen Theorie (→ Marxismus, 4).

2. Demgegenüber kehren die Vertreter der seit den 70er Jahren des 19.Jh.s vordringenden und bald herrschend werdenden Theorie des *subjektiven W.s* zur Lehre von der Einzelpreisbildung zurück, wobei von den Nutzenschätzungen der Letztkonsumenten ausgegangen wird. Die bedeutendsten Denker dieser Richtung sind in Österreich die Angehörigen der *»Grenznutzenschule«:* Carl Menger (1840-1921), Friedr.v.Wieser (1851-1926), Eugen v. Böhm-Bawerk (1851-1914); in England W.St.Jevons (1835-82), in der französisch sprechenden Schweiz Léon Walras (1834-1910) sowie der Italiener Vilfredo Pareto (1848-1913).

3. Die Lehre vom subjektiven W., eine Gegenideologie zu Marx und zur klassischen Arbeitswertlehre, hat etwa seit der Jh.wende an Interesse verloren. Sie ist teils mit der Lehre von den *Produktionskosten* als P.bestimmungsgrund verbunden worden (Alfred Marshall, 1842 bis 1924), teils als ein unnötiger Umweg zur Erklärung des P.geschehens ganz verworfen worden. Die neuere P.lehre will gänzlich ohne W.lehre auskommen. Ihre Hauptforschungsgebiete sind: a) *Die Lehre vom P.zusammenhang:* »Mikro-ökonomisch« sind bestimmte Verhältnisse der Ergänzung (Komplementarität) sowie der wechselseitigen Ersetzung (Substitution) zwischen verschiedenartigen Waren gegeben, und das muß sich in den P.relationen ausdrücken. Infolge allgemeiner Beschränkung der Gesamtkaufkraft einerseits, der Produktivkräfte andererseits gibt es aber auch ein generelles Verhältnis allseitiger »makro-ökonomischer« Interdependenz der P.e. Auf dieser Einsicht beruhen die Konstruktionen des (»statischen«) Gleichgewichtspreissystems von Walras und Cassel. - b) *Die Lehre von den preisbestimmenden Umständen:* Auf der Nachfrageseite hat hier eine immer mehr empirisch vorgehende »Motivforschung«, die zu einer *»Theorie der Wahlakte«* führen soll, Platz gegriffen - oft in engem Zusammenhang mit den praktischen Werbe-Interessen der Geschäftswelt. Auf der Seite des Angebots ist, in Übereinstimmung mit den zunehmenden Bedürfnissen der privatwirtschaftlichen → Rationalisierung, das Studium der Beziehungen zwischen dem Verlauf der Kosten- und Erlöskurven sehr verfeinert worden. - c) *Die Lehre vom Monopol- und Oligopol-P.:* Ihr Ausbau ist im engen Verhältnis zu der zunehmenden Konzentration der Marktmacht in der wirklichen Wirtschaftswelt zu sehen. - Die gegenwärtige P.lehre geht also vor allem einzelwirtschaftlich vor. Sie will einzelne P.bildungsvorgänge nicht kausal (wie die ältere W.lehre) erklären, sondern deutet sie funktional, dh aus dem Beziehungsgefüge der P.-»Umwelt«. Ein Verhältnis zur Lehre von der W.schöpfung wird nicht mehr gesucht. Auch der Gleichgewichtsgedanke ist zurückgetreten. Hiermit entspricht die P.lehre allerdings der Wirklichkeit, in welcher durchweg »Angebot und Nachfrage« nicht mehr gleichberechtigt um die P.bildung konkurrieren, sondern die einseitige Initiative der P.setzer sich einzig an der Aufnahmefähigkeit der (freilich ihrerseits gestaltbaren) Märkte bricht.

K.DIEHL-P.MOMBERT (Hg.), Ausgew. Lesestücke z. Studium d. polit. Ökonomie IV. V: W. u. P., (1912) 1923[3] - H.v.STACKELBERG, Die Entwicklungsstufen d. W.theorie (Schweiz. Zs. f. Volkswirtschaft u. Statistik 83, 1947, 1-18) - G.J.STIGLER, The Theory of Price, New York 1947 - E.CARELL, Grundlagen d. P.bildung, 1952 - E. GUTENBERG, Grundlagen d. Betriebswirtschaftslehre II: Der Absatz, (1955) 1962[4] - R.L.MEEK, Studies in the Labour Theory of Value, London 1958 - F.BEHRENS, Ware, W. u. W.gesetz, 1961 - W.KRELLE, P.theorie, 1961 - HWSW VIII (P.); XI, 637ff (W.; reiche Lit.).

W.Hofmann

Wertethik

1. Sein und W. - 2. Grundformen - 3. W. und Norm - 4. Rangordnung der W.e - 5. W. und Person - 6. Umwertung der W.e - 7. Theologische Erneuerung. - W. = Wert, Wk. = Wertethik

1. Die Wk. umfaßt die Form der → Ethik (, 2 a), die das menschliche Handeln unter den Anspruch bestimmter → Normen, die man W.e nennt, gestellt sieht. Namentlich seit dem Aufkommen des → Kritizismus wurde der Gedanke weitergeführt, daß das erkennende Bewußtsein in Konfrontation mit der Gegenstandswelt in deren spezifischen Seinsweisen von einer Wahrheitsforderung genötigt wird, die normativen Charakter besitzt. Wahr urteilen heißt so urteilen, wie wir urteilen sollen. Nicht bloß dem denkerischen Bewußtsein, auch dem aktiv-schaffenden steht eine Fülle der Seinsweisen gegenüber, die jeweils nur durch normatives Verstehen bewältigt werden kann. Die Wk. geht von der Annahme aus, daß die Weltwirklichkeit uns das Material bietet, das als Entfaltungsgebiet unserer Handlungen möglichst zweckgemäß modelliert werden kann und soll. Das wertende Bewußtsein setzt den Primat des W.es voraus; ein *Reich der W.e* bildet die ideale Möglichkeit für die sinnvolle Bewältigung des Daseins. Die *Axiologie* geht der → Ontologie voraus, denn ein → Sein ohne erkennendes → Bewußtsein ist sinnlos. Der W. verhält sich also zum Sein als eine Qualität am Sein. Das Sein ist nicht selbst der W., denn der Unwert würde dann Mangel an Sein bedeuten (so die augustinisch-thomistische

Lehre). Die moderne Wk. dagegen möchte nicht bloß das Gute, sondern auch das Böse als Positivum, als Unwert sehen. Daher schaltet sie zwischen dem Sein und dem W. *anthropologische* Kategorien wie Wille, Gefühl, Erstreben ein. Diese Verknüpfung zwischen W. und Sein mittels des wie auch immer reagierenden Bewußtseins ist die lebenswichtige, aber auch neuralgische Stelle der Wk. Hier trennen sich nämlich verschiedene Interpretationen: Bezüglich des handelnden Subjekts meinen manche Forscher, es sei bes. das Gefühl (Erstrebbarkeit), das den W. erweckt (Meinong), andere betonen den Willen (Ehrenfels), wieder andere kombinieren beides; als zu erwerbendes Gut werden Lust, Glück, Mitmenschlichkeit, Höchstes Gut oder Seligkeit genannt. Naturgemäß melden sich hier alte Formen der → *Güterethik:* zB die aristotelische Eudämonie, die beata vita bei → Augustin und → Thomas von Aquino. Obwohl ein subjektiv-possessives Denken bei Thomas widerlegt worden ist (Wittmann), kann dennoch eine beachtliche Strömung der kath. Wk. unter diesem Vorzeichen begriffen werden: es handelt sich dann um die Realisierung eines Sinngehaltes, der einen Zweck im Auge behält, der in der Abstufung der Vollkommenheit einer idealen Erfüllung nahe zu kommen strebt (v.Rintelen). Diese Form der Wk. oszilliert zwischen dem Verlangen des Subjektes nach endgültiger Vollkommenheit und dem Vollzug einer objektiven, alles überwölbenden Gesamtordnung, die den einzelnen zur Vervollkommnung auffordert. Die dabei erreichten W.e steigern sich, alle Unwerte hinter sich lassend, übergeschichtlich zum → Höchsten Gut. Die Aufforderung dazu bildet als Form des W.es die W.idee. – Schon im Kritizismus keimhaft vorhanden, aber durchgeführt von der → *Phänomenologie* bildet sich eine Form der Wk. aus, die W.e, völlig unabhängig von den Seinsformen, unter welchen sie erscheinen, als in sich vollgültige materiale Qualitäten erfaßt. Sie werden bes. dadurch gekennzeichnet, daß sie eine bestimmte Ordnung nach »hoch« und »niedrig« zueinander haben. Wir haben es hier bes. mit den Entwürfen von Max → Scheler und N. → Hartmann zu tun. »W.e bestehen unabhängig vom Grade ihres Erfülltseins im Wirklichen« (Hartmann). Diese Beobachtung bezieht sich nach Hartmann bes. auf die sittlichen W.e, denn diese unterscheiden sich von anderen als absolute von den relativen Güter-W.en. Die sittlichen W.e haften nicht den Gegenständen, sondern dem Willen, der inneren Gesinnung (→ Gesinnungsethik) an.

2. Obschon → Kant den Begriff des W.es in die Ethik eingeführt hat (»Metaphysik der Sitten«), geschah es bei ihm keineswegs in grundsätzlicher Weise, denn der Gegensatz *Pflicht – Neigung* war für ihn vordergründig. Dennoch trägt die 2. Formel des → kategorischen Imperativs schon axiologische Züge. Es mußte aber erst der abstrakte Begriff der → Pflicht in Frage gestellt sein, bevor es zur Neubesinnung auf die W.e kommen konnte. Hier sind zunächst → Bentham, → Herbart, → Schiller und → Lotze zu erwähnen. Sie versuchen über den ethischen Formalismus des Guten hinaus den W. des Erlebens im Handeln mit dem Ideal des Guten zu verbinden: das größtmögliche Glück, das Wohlwollen, den guten Geschmack, den edlen Menschen, die Wirkung des Geistes u.ä. Diesen von Eudämonismus, Psychologie und Ästhetizimus bestimmten Entwürfen gegenüber beansprucht die phänomenologische Richtung (→ Phänomenologie), auf den Spuren Windelbands und → Rikkerts weitergehend, eine Priorität der W.e vor dem Sein. Neben der → Wertphilosophie ist als Grundform für diese Richtung auch der Einfluß Franz → Brentanos zu erwähnen, der im Begriff der Evidenz von Haß- und Liebesgefühlen einen wichtigen Beitrag lieferte für ein material-aprioristisches Verständnis der W.e gegen den kantischen Formalismus des sittlich guten Willens. Für Scheler beschränken sich die W.modalitäten auf ästhetische, vitale, geistige und religiöse Modi, die sittlichen W.e dagegen können als unbewußt anwesend, gleichsam »auf dem Rücken« der Handlung gegenwärtig berücksichtigt werden (Gefahr des Pharisäismus). Hartmann dagegen gibt eine breitangelegte Wk., in der an der bewußten Erstrebbarkeit des Sittlichen, freilich als Grenzfall, festgehalten wird. Das Sittliche ist für ihn der Bereich des *»personalen Geistes«,* dieser allein ist Mittler zwischen den W.en und der Realität. Die W.e vertreten das »ideale Ansichsein«, die *Person* verkörpert die »reale« Sphäre. Das Sollen fügt sie zusammen. Neben den personalen W.en sind die Güter- oder Sachverhaltens-W.e zu unterscheiden. Nur der freie Mensch ist den personalen W.en gegenüber Rechenschaft schuldig. »Des Guten und Bösen fähig ist nur der Freie.« Das Spezifikum der sittlichen W.e ist weder ihre Ranghöhe noch ihr Fundiertsein auf andere W.e, sondern ihre Bezogenheit auf Freiheit. In ihr liegt der Grund ihrer generellen Überlegenheit über Güter- und Sachverhaltens-W.e. Infolgedessen ist die Person »W.träger« in Verantwortung für die W.verwirklichung.

3. »W.e sind der Seinsweise nach Platonische Ideen« (Hartmann). Hier ist die Axiologie gleichzeitig *Ontologie* geworden. Die Personal-W.e gelten kategorisch (Autarkie der Tugend). Das wertnormierte Handeln realisiert in der → *Situation* Gegenwart und Zukunft als eschatologische Vollendung. Diese Sicht darf jedoch nach Hartmann nicht religiös gedacht werden, die Religion hebt die an sich seiende Normativität der W.e auf; die Existenz Gottes würde einen Gegensatz zur sittlichen Wirklichkeit bedeuten. Die Religion ist im geschichtlichen Sinne höchstens Fundgrube für W.analyse. In der Religion hat der Mensch eigenes werthaftes Sein nach außen projiziert. Die Wk. gibt dem Menschen »die Attribute der Gottheit«. Allerdings berührt Hartmann im Anhang seiner »Ethik« eine Reihe von Antinomien zwischen ethischer und religiöser Freiheit; die 5 Grundbedingungen der Religion: Jenseitigkeit, Personalität Gottes, Willenskundgebung Gottes, Vorsehung und Erlösung widerstreiten den Voraussetzungen der Wk. und würden diese illusorisch machen. Es gibt in dieser Form der Wk. also nur *eine* W.mitte: den Menschen. Es bleibt jedoch unsicher, welche Gestalt des menschlichen Seins den Vorzug hätte. Jede → Ideologie könnte sich hier leicht einnisten, denn Volk, Staat, Kollektiv, Rasse könnten je für sich als eschatologische Gestalt des Menschlichen und damit des absolut Werthaften gelten.

4. Schon → Nietzsche hatte das Problem einer *Rangordnung* der W.e mit großer Dringlichkeit gesehen. Er sucht ihr Geheimnis im Wesen der Macht: Machtsteigerung ist die Perspektive alles Seienden im Werden. »W. ist Bedingung der Herrschaftsgebilde innerhalb des Werdens« (Heidegger über Nietzsche). Scheler und Hartmann haben die Analyse der Rangordnung unter betonter Anregung von Nietzsche weitergeführt. Nach Scheler besteht das sittlich Gute darin, daß der jeweils höhere gegenständliche W. gewählt wird (W.skala: angenehm, edel, richtig, heilig und Gegensätze). Nach Hartmann dagegen bildet der Höhenunterschied nicht das einzige Prinzip des W.vorzuges, er sieht das W.system mehrdimensional strukturiert. Von den vielen Überschneidungen und Durchkreuzungen sei hier bloß die Divergenz zwischen W.höhe und W.stärke erwähnt. Die höheren W.e sind die schwächeren, die niedrigeren dagegen die stärkeren, jene sind komplex, diese elementar. Das moralische Bewußtsein wertet eine Verletzung niedriger W.e (etwa Mord) als abstoßender im Vergleich

mit höheren (zB Mangel an Ehrfurcht), dagegen wird die Erfüllung höherer W.e mehr gelobt als die der niedrigen. Die Schwere der Verfehlung offenbart die W.-stärke, während die Höhe des W.es sich in dem Verdienst um seine Erfüllung dokumentiert. »Das Verdienst um die Erfüllung eines W.es nimmt nicht direkt proportional zur Schwere seiner Verletzung zu, sondern indirekt proportional.« Vor allem in Notzeiten wird die Schwere einer Verfehlung gegen vitale W.e oder die Erfüllung höherer W.e (Opferbereitschaft, Gemeinsinn) bes. bemerkbar. Gegenüber Hartmanns detaillierter Analyse wirkt der Begriff der Überklammerung (Wünsch), wobei der jeweils niedrigere W. vom höheren zielsetzend überhöht wird, als zu vereinfachend. Dagegen wirken die Korrekturen Reiners an Schelers und Hartmanns Entwürfen befreiend. Reiner sieht das Prinzip von Gut und Böse nicht im Unterschied von Rangstufen, sondern in dem zwischen objektiv bedeutsamen und nur subjektiv bedeutsamen W.en (der Einsatz für einen objektiv bedeutsamen W. ist sittlich gut, seine Zurücksetzung zugunsten eines nur subjektiv bedeutsamen W.es böse); ferner differenziert er zwischen dem sittlich Richtigen und Falschen hinsichtlich mehreren bedeutsamen objektiven W.en und dem sittlich Guten und Bösen, wo es sich bei letzterem darum handelt, bewußt einen subjektiv bedeutsamen W. anstatt den objektiv bedeutsamen zu wählen.

5. Die Wk. ist grundsätzlich mit dem Begriff der *Personalität* verknüpft (s. 2). Die W.nahme ist Akt der Person als Zentrum sinnlich-emotionaler Synthese mit der geistig-vernünftigen Veranlagung (Scheler übernimmt → Pascals »ordre de coeur«). Die Person erteilt die »W.-antwort« (Hildebrand). Die W.e zwingen die Person nicht, es bleibt immer Raum für Ablehnung oder sogar W.blindheit (Scheler, Hildebrand). Hier meldet sich die Frage der Willensfreiheit, der Hartmann viel Aufmerksamkeit widmet. – Die W.antwort ist jeweils in der Personalität auf andere Personen ausgerichtet. Der Mensch steht also ständig vor der Frage, gegen wen und wie er die höheren W.e (Treue, Opfersinn, Liebe) durchzuführen habe. Hier bestehen für die Wk. einige heikle Probleme. Indem der teleologisch-anthropologische Einsatz den Weg zur unendlichen Differenzierung der W.e freigibt, bietet der jeweilige Vergleich die Versuchung, die Wahlsituation (→ Wahl) für umstritten zu halten, so daß man zu keiner → Entscheidung kommt. Hier liegt die Problematik der → *Pflichtenkollision,* die die Bedenklichkeit der Wk. bes. offenkundig macht. Die Frage »Wer ist mein Nächster?« (Lk 10, 29) könnte eine legitime Frage der Wk. sein. Jesu Antwort zeigt jedoch, daß ein von der Nächstenliebe gedrängtes Handeln keine Zeit für die Frage der W.höhe und damit auch für den Intellektualismus der Pflichtenkollision hat. – Die ontologische Metaphysik der Person in der Wk., wobei die menschliche Verhaftung im Weltlichen übersehen wurde, gab Anlaß, neue Wege in der Philosophie zu suchen, die zur → Existenzphilosophie (→ Jaspers, → Marcel) und zur phänomenologischen Ontologie des Daseins (→ Heidegger) führten. Eine Wk. hat hier keinen Raum mehr.

6. Während der Mensch souverän-handelnd die Wirklichkeit auf den jeweils richtigen W.gehalt abstimmt, gestaltet er die Zukunft. Deshalb meint man, es sei nicht die Nächstenliebe, sondern die *Fernstenliebe* (Nietzsche, Hartmann), welche die höheren Ziele aufzeigt. Sie schaut im Nächsten ein Höheres und Größeres, das an ihm selbst nicht realisierbar ist. »Am Nahen findet die Fernstenliebe keinen Boden« (Hartmann), sie sucht den »Würdigsten« und »Besten« großzuziehen. Danach fragt die Nächstenliebe eben nicht. Mit diesen W.forderungen ist eine *Umwertung der W.e* gefordert, wie sie von Nietzsche als Zukunftstraum geschaut wurde. Mit der Forderung eines Heranzüchtens des Würdigsten sind aber die eigentlichen sittlichen W.e verlassen, man ist eher mit einer Ästhetik der W.e zur Empfehlung einer Kultur des heroischen und machtbegierigen Lebens gekommen. So verwischt die materiale Wk. die Grenzen zwischen Moral und Ästhetik: »ob ich eine Handlung als ›schlecht‹ oder als ›häßlich‹, als ›unschön‹ oder als ›abscheulich‹ empfinden soll, kann nur künstelnde Grübelei entscheiden« (v. Aster). Unter diesen Umständen kann der sittliche »Erfolg« ebenso eine chaotische W.ratlosigkeit wie eine totalitär gestraffte Machtkonzentration sein.

7. Die atheistischen Folgerungen der W.entwürfe Nietzsches oder Hartmanns lassen schon vermuten, daß eine *theologische Ethik* nur mit großer Zurückhaltung reagieren wird. Allerdings wird die kath. → Moraltheologie naturgemäß stark von ihr angesprochen (Lehre vom → Höchsten Gut, hierarchischer Aufbau der W.e, optimistische Bewältigung der Wirklichkeit, Welt als Entfaltungsgebiet menschlicher Zielsetzungen). Eine ev. → Ethik (, 3) richtet sich dagegen nicht in erster Linie auf das »Woraufhin«, sondern auf das »Woher« der Normen, die sie als Gebote Gottes versteht. Das Geschenk dieser Willenskundgebung Gottes ruht wieder in der göttlichen Liebe als Bemühung um die Welt. Der Imperativ ruht im Indikativ: die W.antwort ist ein In-Verantwortung-Gestelltsein von und vor Gott und den Mitmenschen. So ist hier das Werthafte nicht das, was der Mensch erfolgreich zustande bringt, sondern was Gott dem Geschöpf im weltlichen Leben schenkt. – Abgesehen von G.Wünschs »Wirtschaftsethik« (1927) hat die Wk. in den ev. Entwürfen keine Verwendung gefunden. Eine Erneuerung liegt jetzt vor in den Schriften R. Mehls, der das Werthafte der gefallenen Schöpfung zuweist und eine auf die Mitmenschlichkeit als das werttragende Prinzip aufgebaute dialektische Wk. theologischer Prägung darbietet. Insofern sich die prot. Theologie mit der Frage nach der Beziehung zwischen Christentum und → Kultur (: IV) auseinanderzusetzen hat, wird sie der Erscheinungswelt des W.es nicht ausweichen können.

M.Scheler, Der Formalismus in d. Ethik u. die materiale Wk., (1913/16) 1954[4] – Ders., Vom Umsturz d. W.e, (1915) 1955[4] – A.Meinong, Zur Grundlegung d. allg. W.theorie, 1923 – N.Hartmann, Ethik, (1926) 1949[3] – R.B.Perry, General Theory of Value, New York 1926 – E.v.Aster, Zur Kritik d. materialen Wk. (KantSt 33, 1928, 172-199) – F.-J.v.Rintelen, Die Bedeutung d. philos. W.-problems (in: Philosophia perennis II, 1930, 927-972) – W.D.Ross, The Right and the Good, Oxford 1930 – RGG[2] V, 1870ff (Lit.) – M.Wittmann, Die moderne Wk., 1940 – M.Landmann, Der Sokratismus als Wk., 1943 – Les valeurs. Actes 3. Congrès des Soc. de Philos., Louvain-Paris 1947 – H.Reiner, Pflicht u. Neigung, 1951 – H.de Witt Parker, The Philosophy of Value, Michigan 1957 – R.Mehl, De l'autorité des valeurs, Paris 1957 – A.W.H.Adkins, Merit and Responsibility. A Study in Greek Values, 1960 – M.Heidegger, Nietzsche I. II, 1961. – Vgl. die Lit. zu → Wertphilosophie.

H. van Oyen

Wertheimer Bibel → Schmidt, 4. Johann Lorenz.

Wertphilosophie kann jede Philosophie heißen, die ausdrücklich von Werten handelt; insbesondere werden die wertphilosophischen Untersuchungen der südwestdeutschen Schule des → Neukantianismus so genannt (Windelband, Rickert; s.u.).

Seit Anfang der Philosophie wird die Frage nach den wirklichen Werten und bald auch die Frage nach der Seinsweise wirklicher Werte gestellt. → Platon findet die ethischen Werte, welche → Sokrates gegen den Relativismus der Sophisten verteidigte, in einer unvergänglichen Welt von → *Ideen* begründet; deren höchste ist die Idee des Guten. Die gemeinsame Form, in der die Tapferen, die Gerechten, die Guten übereinkommen, ist die Tapferkeit, die Gerechtigkeit, das Gutsein als *Urbild* verstanden, das diejenigen geschaut haben, die den einzelnen als tapfer, gerecht, gut erkennen. Von → Aristoteles, der in den Dingen selbst eine ideelle Struktur sah, wird Wert mit dem → Wesen verknüpft. Die Wesensform ist das, wodurch Seiendes wertvoll und wirklich ist. Darauf baut die mittelalterliche Scholastik auf. Das Seiende ist als solches wertvoll. Unwert ist Mangel an → Sein. Stufen des Seins sind Stufen der Werte. Gott ist höchstes Sein und höchster Wert. – In der Neuzeit findet sich zunächst weniger theoretisch philosophische als praktisch orientierte, teils psychologische, teils soziologische Wertbetrachtung (→ Locke, → Hume). Im Gegensatz zum Wertrelativismus vertritt dann → Kant die im normativen Subjekt gründende Objektivität des Wertes. Dabei ist Wert nicht das am Ding Wertvolle, sondern was nach der absoluten Norm sein soll. Einen absoluten Wert stellt nur die gute Gesinnung, der gute Wille dar. – Die neuere W. übernimmt ihr Thema von → Lotze, der im Gefühl das Mittel zur Erkenntnis der Geltung von Werten sieht. F. → Brentano definiert Wert (das Gute) analog zur Wahrheit. Wahr ist etwas, wenn die darauf bezügliche Anerkennung richtig ist; gut ist etwas, wenn die darauf bezügliche Liebe richtig ist. Etwas ist besser als ein anderes, wenn es in richtiger Bevorzugung bevorzugt wird. Gewähr, daß Anerkennung, Liebe, Bevorzugung richtig sind, ist die Evidenz. Nach → Nietzsche ist Wert, was dem starken Individuum dient. Die Starken und Vornehmen können Werte umwerten oder neue Werte erfinden. – W. Windelband besteht mit Kant auf der Norm, nach der sich alle zu richten haben. → Normen sind nicht, wie Naturgesetze, Erklärungsprinzipien, sondern Prinzipien der Beurteilung, was gut, schön, wahr ist. Ihre Geltung ist evident. Wertprinzipien können auch unbewußt angewendet werden. → Rickert unterscheidet schärfer zwischen Norm und Wert. Die Norm befiehlt die Verwirklichung eines Wertes. *Norm* oder Sollen ergibt sich für den Erkennenden, wenn ein *Wert* als absolut geltend erkannt ist. Philosophie wird als Wertwissenschaft, nicht als normative Disziplin aufgefaßt. Werte sind nicht real, aber gelten irreal. Real Seiendes und irreal Geltendes sind ebenbürtige Gegenstände. – Im Anschluß an die Wertlehre Brentanos und in Auseinandersetzung mit der formalen Wertbestimmung Kants beschreibt → Scheler die Werte als objektive Phänomene, die dem Wertfühlenden *apriori*, aber *material*, dh dem Gehalt nach gegeben sind. Scheler unterscheidet Werte des Angenehmen, die sinnlich erfühlt werden, Werte des Edlen, die vital erfühlt werden, Werte des Guten, Schönen, Wahren, die geistig erfühlt werden, und Werte des Heiligen, die in einer höchsten Art von Liebe gegeben sind. Mit Scheler sieht N. → Hartmann in den Werten objektive, vom Subjekt unabhängige Gegenstände. Neue Werte können wie neue Gesetze der Mathematik *entdeckt*, aber nicht *erfunden* werden. Das irreale Ansichsein der Werte ist als Phänomen aufweisbar, aber metaphysisch ebensowenig erklärbar wie das reale Ansichsein der Dinge. Mittel zur Erkenntnis von Werten ist das Wertgefühl, das aber im Menschen erst geweckt werden muß. Die Unsicherheit im Erfühlen von Werten ist Grund für die verschiedenen Moralauffassungen. Es gibt objektive Wertauffassung, aber auch Wertblindheit. – Die neuscholastische W. besteht, im Anschluß an die scholastischen Wertlehren des MA, auf dem Begründungszusammenhang von Sein und Wert. Die Seinsfrage wird in ähnlicher Weise von → Heidegger der Wertfrage vorangestellt. – Im Gegensatz zu allen Werttheorien, in denen Werturteile als Aussagen aufgefaßt werden, die wahr oder nicht wahr sind, stehen die hauptsächlich im angelsächsischen Sprachbereich diskutierten emotiven Werttheorien. → Wittgenstein folgend wird betont, daß es Sätze gibt, die, grammatikalisch betrachtet, Aussagen darstellen, der Bedeutung nach aber Imperative oder Emotionen ausdrücken (zB »Du bist jetzt ruhig« kann heißen »sei jetzt ruhig!«). Werturteile werden als Imperative oder als Ausdruck von Emotionen gedeutet. Würde diese emotive Interpretation auf alle Werturteile ausgedehnt, so könnte die Frage, was Werte sind, nicht mehr gestellt werden. – Die logische Analyse ergibt, daß Sätze, in denen gesagt wird, daß etwas sein soll, nicht logisch ableitbar sind aus Sätzen, in denen es heißt, daß etwas so und so ist, ohne daß ein imperativischer Satz als Prämisse hinzukommt. Dieses Ergebnis ist unabhängig von der emotiven Werttheorie; es legt die Annahme nahe, daß jede bloß materiale und jede bloß formal imperativische Wertlehre entsprechend zu ergänzen ist. – Vgl. → Wertethik, → Werturteil.

Bibliogr. d. Wertbegriffs in: Literar. Berichte aus d. Gebiete d. Philos., hg.v. A. Hoffmann, H. 15-19. 21/22, 1928/30 – E. Jaensch, Wirklichkeit u. Wert in d. Philos. u. Kultur d. Neuzeit, 1929 – Max Müller, Über Grundbegriffe philos. Wertlehre, 1932 – F.J.v. Rintelen, Der Wertgedanke in d. europ. Geistesentwicklung I: Altertum u. MA, 1932 – J. Hessen, W., 1937 – O. Kraus, Die Werttheorien, 1937 – J. Lotz, Sein u. Wert I, 1938 – R. Reininger, W. u. Ethik, (1939) 1947[3] – Ch.S. Stevenson, Ethics and Language, New Haven (1944) 1958[7] – M. Reding, Metaphysik d. sittl. Werte, 1949 – R.M. Hare, The Language of Morals, Oxford 1952 – P.H. Nowell-Smith, Ethics, London 1954 – W. Ehrlich, Hauptprobleme der W., 1959 – W. Stegmüller, Hauptströmungen d. Gegenwartsphilos., 1960. – Vgl. die Lit. zu → Wertethik, → Werturteil. *M. Käsbauer*

Werturteil. W.e, zu unterscheiden von Tatsachenurteilen (in Naturwissenschaft und Soziologie) oder Seinsurteilen (in der traditionellen Metaphysik), werden vielfach benutzt, um Glaubenssätze zu erklären und ihre Besonderheit gegen wissenschaftliche und metaphysische Angriffe zu verteidigen. Der letzte Erfolg dieser Verteidigung hängt jedoch von der Bedeutung ab, die man den W.en selbst beimißt. Man unterscheidet W.e von »unpersönlichen« wissenschaftlichen Behauptungen, die Phänomene beschreiben, und von den traditionellen Sätzen der → Metaphysik, die eine intellektuelle »Objektivität« voraussetzen; daher haben die Verfechter von W.en bei der Erläuterung religiöser Sätze in verschiedener Weise die personale Bezogenheit als für sie charakteristisch hervorgehoben, so zB → Kant und J. → Butler, bes. aber → Lotze, → Ritschl, Matthew Arnold (1822 bis 1888), Sorley (1855-1935), Oman (1860-1939), A.E. Taylor (1869-1945) und Braithwaite. Am weitesten ist hierin Ritschl gegangen, für den der Glaube eine Haltung sui generis ist, die im Fällen von W.en besteht; deshalb ist der Glaube ein Verstehen, das sich sowohl von allem mystischen Begreifen wie von dem thetischen Verständnis von Tatsachen unterscheidet. Bezeichnend für den Christen ist nicht seine Zustimmung zu bestimmten historischen Aussagen über Jesus Christus, sondern die sein ganzes Leben umfassende Antwort auf jenen »Offenbarungswert«, den Jesus Christus verkörperte und ausdrückte. – Ritschl gegenüber erheben sich Fragen, die bei der Berufung auf W.e unvermeidlich sind, zB: Sind W.e gefährlich subjektiv oder haben sie irgendeinen echten objektiven Bezug? Kann ein W., das sich auf Jesus Christus bezieht, die nötige geistliche und transzendente Beziehung und die Besonderheit des christlichen Anspruchs sichern? Ritschls Gedanken geben auf diese Fragen keine eindeutigen Antworten. – Trotz der Unterschiede, die subjektiv gesehen zwischen naturwissenschaftlichen Urteilen und W.en in Geschichte und Ethik bestehen, betonte Sorley, daß in Zusammenhang mit und in Beziehung auf Personen (also auch auf

Gott) Werte ihre »Objektivität« haben. So konnte er sogar den Gegensatz zwischen wissenschaftlichen und W.en ausgleichen. Für Taylor setzen W.e religiöse Überzeugungen voraus, auf die sie hinweisen und in denen sie ihre Erfüllung finden. Oman behauptet, ähnlich wie R. → Otto, daß ein religiöses Begreifen ein unmittelbares, sich selbst begründendes Innewerden des Übernatürlichen ist; doch ergeben sich Unterschiede, wenn Oman, der Ritschl nähersteht, es ablehnt, das Heilige und das Sittliche gänzlich voneinander zu trennen. Otto seinerseits würde behaupten, daß W.e niemals eine sachgemäße Form für jene sui generis gewonnene Erfassung des Heiligen abgeben können, wie sie etwa in dem religiösen Begriff des Zornes steckt. – Doch setzen sich die meisten britischen Philosophen auf den Spuren von Sorley, Taylor und Oman für die religiöse Bedeutung der W.e ein. Lewis, Maclagan, Ramsey und Trethowan stimmen trotz mancher Unterschiede darin überein, daß jede echte sittliche Hingabe in ihrem objektiven Bezug religiös ist. Wenn jedoch Braithwaite W.e benutzt, um religiöse Sätze zu entfalten, bes. um sie von bloßen Beschreibungen zu unterscheiden und die Beteiligung der ganzen Person zu betonen, so gefährdet er (vgl. → Feuerbach) die Objektivität ihres religiösen Anspruches; daher hat man gesagt, er habe eine Religion ohne Gott. MacGregor, der → Croce mit → Thomas von Aquino verbindet, bietet das seltene Beispiel für die Verwendung von W.en in der Ästhetik, um so den Glauben und das religiöse Verstehen zu verdeutlichen.

A. Ritschl, Die christl. Lehre von der Rechtfertigung u. Versöhnung III, (1874) 1895[4], § 28 – R. Otto, Das Heilige, (1917) 1958[29-30] – W. R. Sorley, Moral Values and the Idea of God, (1918) 1924[3] – A. E. Taylor, The Faith of a Moralist, 1930 – J. Oman, Natural and Supernatural, 1931, bes. Kap. 12 – G. MacGregor, Aesthetic Experience in Religion, 1947 – I. Trethowan, Certainty, 1948 – R. M. Hare, The Language of Morals, 1952 – R. B. Braithwaite, An Empiricist's View of the Nature of Religious Belief, 1955 – H. D. Lewis, Our Experience of God, 1959, bes. Kap. 18 – I. T. Ramsey, Freedom and Immortality, 1960, 39ff – W. G. Maclagan, The Theological Frontier of Ethics, 1961.

I. T. Ramsey

Wesen

1. Heutige Wortbedeutung und Ursprung des philosophischen Begriffs – 2. Entstehung des Begriffspaares W. und Dasein – 3. Verwendung des Terminus W. in der Phänomenologie und Existenzphilosophie

1. Das Wort W. (substantivierter Infinitiv zum ahd. Hilfsverb »wesan« = »sein«) drückt in heutiger Wortbedeutung das Spezifische einer Sache aus, ihre eigentliche Natur, das, wodurch ein Ding ist, was es ist. In unscharfer Verwendung kann es daneben vielerlei bezeichnen, zB Lebensart, Naturell u.a., sowie schließlich jedes Seiende schlechthin. – In der Philosophie ist W. ein Grundwort, dessen Bedeutung von systematischen Voraussetzungen aus bestimmt ist. → Platon verwendet das Wort οὐσία (= W.), das ursprünglich Hab und Gut, dh den zum Leben notwendigen Besitzstand bedeutet, im Sinne von Seinsbestand des Erscheinungsdinges, insofern dieses in der → Idee, dh dem Allgemeinen gründet. → Aristoteles nennt die erste Kategorie, die das wahrhafte, das eigentliche → Sein zum Ausdruck bringt, οὐσία. Sie kann sowohl die → Substanz (ὑπόστασις) einer Sache bezeichnen als auch die konkrete Sache selbst (→ Universalienstreit). Im ersten Fall ist der Grundbestand der Sache gemeint, das, was wir für diese als unabdingbar ansehen; im zweiten Falle die Sache in ihren individuellen Bestimmtheiten. → Cicero prägt für οὐσία ein neues Wort: essentia (= e.). → Thomas von Aquino betont, daß e. sich von Sein im Sinne des »in rerum natura esse« herleite, setzt sie aber mit der Definition gleich, die angebe, was eine Sache sei (quid est res); deshalb werde e. auch für quidditas gebraucht, dh für das, was Aristoteles »quod quid erat esse« (τὸ τί ἦν εἶναι) nenne; damit werde das ausgedrückt, wodurch ein Ding sein »Was-Sein« habe; aber auch mit → Form (μορφή) sei e. gleichwertig, denn die Form drücke nach → Avicenna die Bestimmtheit einer Sache aus; ebenso nenne man die e. natura, weil diese nach → Boethius das bezeichne, was dem Intellekt irgendwie zu erfassen möglich sei, wofür ja Definition und e. erforderlich seien; doch bedeute natura im Grunde die e. eines Dinges unter dem Gesichtspunkt der jedem Ding eigentümlichen Wirkweise. Abschließend sagt Thomas, von e. spreche man insofern, als durch sie und in ihr alles Seiende »Sein« habe; schlechthin und primär aber werde e. von Substanzen ausgesagt und nur in einem abgeleiteten Sinne von Akzidentien (De ente et e., c. 1). In allen genannten harmonisierenden Identifikationen mit ihren unvermeidlichen Begriffsverschiebungen und der Verschleierung ursprünglicher Problematik bleibt erhalten, daß e. das Eigentliche eines jeden Gegenstandes ausdrücken soll, das, was ein Ding zu dem macht, was es ist, und zwar unter ontologischem, sprachlichem und logischem Gesichtspunkt. Das machte sie für die Schlüsselstellung in der hochscholastischen W.sphilosophie geeignet. In dieser sind die e.e das die Dinge der Erscheinungswelt begründende eidetische Sein und stehen als (metaphysisches!) Universale zwischen den Ideen im Geiste Gottes und der Singularität des individuell Existierenden. Sie sind das allgemein faßbare intelligible W. der Dinge, das Wissenschaft, Logik, Metaphysik und Theologie ermöglicht – ein Ergebnis, das sich aus der Verknüpfung antiken Philosophierens mit dem christlichen Gedanken des Deus artifex erklärt: die → Ideen als Gedanken Gottes werden auf dem Wege über die e.e zu konkreten Erscheinungsrealitäten.

2. Parallel zu dieser Entwicklung verlief eine seit → Anselm an die Oberfläche drängende und bes. seit Bekanntwerden der → islamischen Philosophie wirksam werdende Unterströmung, in der die christliche Glaubensvoraussetzung des abendländischen Denkens in höchst bedeutsamer Weise sich ihrer philosophischen Konsequenzen bewußt wurde. Es ist das theistische Denken, dessen Konzeption des Seins sich schärfstens abhebt von der eines aus dem Absoluten emanierten oder im Eidos gründenden Seins; es setzt einen Willensakt des Absoluten voraus, durch den kontingentes Sein aus dem Nichts ins Dasein gerufen wird. Die Problematik der im 13. Jh. sich kreuzenden Konsequenzen dieser beiden Grundansätze ontologischen Denkens wurde nicht bewältigt, vielmehr in das Systemdenken hineinversteckt, und führte von der theistischen Voraussetzung aus zu der später wie selbstverständlich hingenommenen Zerfällung von Sein in e. und existentia, in W. und Dasein. (Über das Verhältnis beider vgl. → Dasein.) In Gott fallen auf Grund dieser Voraussetzung W. und Dasein zusammen. – Nachdem die griech. und lat. Termini οὐσία und e. schon im Althochdeutschen durch verschiedene Ableitungen vom Stamm »wesan« verdeutscht worden waren (vgl. Grimmsches WB), findet sich »wesen« in der Bedeutung von e. in den Schriften der deutschen Mystiker. Es bezeichnet hier den tiefsten, eigentlichen Seinsgrund, der hinter den sichtbaren oder vorgestellten Erscheinungsformen des Seins liegt. So wird »wesen« vor allem für die göttliche Essenz und bedeutungsgleich mit »Grund der Seele« gebraucht. Zwischen dem »wesen« Gott und dem »wesen« der Seele vollzieht sich die unio mystica. »Wenn aber die Seele aller Bilder entkleidet wird und sie nur noch schaut das Einig-Eine, dann findet das dergestalt entblößte W. der Seele das entblößte, formen-lose W. des Göttlich-Einen, das ein überwesenhaf-

tes W. ist« (M. → Eckehart, Pfeifer, 318). W. kann bei den Mystikern sowohl e. als auch existentia bedeuten, aber die e. integriert die Existenzen. Auch für den → Pantheismus ist Gott die e. alles Seienden. Diese Präponderanz der e. erklärt sich aus dem lebendig gebliebenen neuplatonischen Denken. – In der nachscholastischen Philosophie verschob sich das Verhältnis von W. und Dasein. Die e.e verloren ihren ontologischen Gehalt und verblaßten zu bloß (logisch) Möglichem. »Per e.m ens possibile est«, sagt Chr. → Wolff (Ontol. § 113), und für → Kant ist W. das, was von einem *Begriff* unabtrennbar ist (Über eine Entdeckung usw). → Hegels Lehre vom W., in dem das Sein gründet und aufgehoben ist, läßt sich nur im Zusammenhang des Systems verständlich machen.

3. Das Wiederaufleben der Philosophie der e.e ist in der modernen → Phänomenologie deutlich sichtbar. Auch ihr Objekt ist das W., dh der intelligible Gehalt der Erscheinungsdinge, der in seiner Reinheit in der W.sschau intuitiv erfaßt werden soll. Die Phänomenologie befaßt sich mit dem Gegensatz zwischen der Zufälligkeit des Faktischen und der Allgemeingültigkeit und Notwendigkeit des W.s. J.Hering stellte als Hauptsatz vom W. auf, jeder Gegenstand, gleichgültig welcher Seinsart, habe nur ein W., das »die Fülle der ihn konstituierenden Eigenart« ausmache, und umgekehrt sei »jedes W. seinem Sinne nach W. von etwas, und zwar W. von diesem und keinem anderen Etwas« (Bemerk. 497). → Husserl erklärt die W.swissenschaft zur philosophischen Grundwissenschaft. – In der Philosophie → Heideggers, die sich von dem geistesgeschichtlich gewachsenen Gegensatz von W. und Dasein unabhängig macht, fallen folgerichtig W. und Dasein zusammen. Von da her ist der Satz zu verstehen: »Das ›W.‹ des Daseins liegt in seiner Existenz« (Sein und Zeit 42); und: »Das Dasein wird ›wesentlich‹ in der eigentlichen Existenz« (ebd 323). Bei → Sartre, der die beiden überkommenen Begriffe im traditionellen Sinne weiterverwendet, verschiebt sich ihr Sinn: der Mensch als Existenz schafft sein W. selbst. M.Müller versucht mit der These: »W. ist immer die ›Mitte‹ zwischen Seiendem und Sein« die traditionelle W.sphilosophie zu retten.

Vgl. die Lit. zu → Dasein. – THOMAS v. A., De ente et e. – HEGEL, Wissenschaft der Logik, 2. Buch – DERS., Encyklopädie, 2. Abt. der Logik – E.HUSSERL, Ideen zu einer reinen Phänomenologie u. phänomenolog. Philos., 1913 (= GesW III, 1950) – A.REINACH, Über Phänomenologie (Vortrag 1914, gedr. in: Ges. Schr., 1921, 379–405; Neudr. 1951: Was ist Phänomenologie?) – J.HERING, Bemerkungen über das W., die Wesenheit u. die Idee (Husserls Jb. 4, 1921, 495–543) – R.INGARDEN, Essentiale Fragen. Ein Beitrag zu dem W.sproblem (ebd 7, 1925, 125–304) – M.HEIDEGGER, Sein u. Zeit, (1927) 1960⁹ – DERS., Vom W. der Wahrheit, (1943) 1949² – EISLER III, 538ff – N.HARTMANN, Aristoteles u. das Problem des Begriffs (AAB 1939, 5) – M.MÜLLER, Existenzphilos. im geistigen Leben der Gegenwart, (1949) 1958² – EF II, 92ff (Lit.) – GRIMM, Dt. WB XIV/1, 2, 1960, 510ff – R.MARTEN, ΟΥΣΙΑ im Denken Platons, 1962. *J.Klein*

Wesley, 1. *Charles* (18.12.1707 bis 29.3.1788), anglikanischer Theologe, Liederdichter des → Methodismus (: I), * in Epworth (Lincolnshire) als 18. Kind des anglikanischen Pfarrers Samuel Wesley (1662–1735) und seiner Ehefrau Susannah geb. Annesley, † in London. Nach sorgfältiger Erziehung, bes. durch die Mutter, und Besuch der Westminster School in London trat W. 1726 im Studienhause Christ Church in Oxford ein. Seit 1729 führte er ein Tagebuch und scharte einige Studenten um sich, die ihr Studium ernst nahmen, wobei lat. und griech. Autoren und das NT in der Ursprache gelesen wurden. Daraus entstand der Kreis der »Methodisten« (Spottname wegen des Arbeitseifers) und »Bibelmotten«. Infolge mystischer Lektüre war W. längere Zeit dem Eintritt ins Pfarramt abgeneigt (erst 1735 ordiniert). Er begleitete im Okt. 1735 seinen älteren Bruder John (s. 2) nach Georgia und diente dort dem Begründer und Leiter der Kolonie, General James Oglethorpe, als Sekretär. Nach seiner Rückkehr am 3.12.1736 geriet er seit Febr. 1738 unter den Einfluß des Herrnhuters Peter Böhler, → Zinzendorfs Beauftragten für England und die englischen Kolonien. Daraus erwuchs, unterstützt durch Luthers Galatervorlesung, seine »Bekehrung« am 21.5. 1738 in Oxford. W. wurde Hilfspfarrer in Islington bei London und schloß sich seit 1739 dem Wanderpredigertum seines Bruders John an, wobei Bristol sein Standquartier wurde. Nach seiner Vermählung (1749) begleitete ihn seine Frau auf den Ritten durch England und Irland. Sein besonderer Beitrag zur methodistischen Bewegung besteht in seinen geistlichen Liedern, die auf 6500 geschätzt werden (→ Kirchenlied: I, 6b). – Seine Söhne *Charles* (1757–1834) und *Samuel* (1766–1837) wurden Komponisten, der letztere der Propagator J.S. → Bachs in England.

Bibliogr.: R.GREEN, The Works of J. and Ch.W., 1896. – W.s Journal ed. TH.JACKSON, 2 Bde, 1849 – Poetical Works of J. and Ch.W. ed. G.OSBORN, 13 Bde, 1868–72. – Über W.: Biogr. v. TH. JACKSON, 2 Bde, 1841; J.TELFORD, (1887) 1900; F.L.WISEMAN, New York 1932, London 1933 – J.E.RATTENBURY, The Evangelical Doctrines of Ch.W.'s Hymns, (1941) 1954³ – B.L.MANNING, The Hymns of W. and Watts, 1942, 32ff – DNB XX, 1209ff.

2. *John,* Begründer des → Methodismus (: I) in der Kirche von England, * 17.6.1703 in Epworth (Lincolnshire), † 2.3.1791 in London. Von puritanischen Ahnen abstammend, traten beide Eltern (s. 1) in jungen Jahren zur anglikanischen Kirche über. Als ihr 15. Kind verlebte J.W. eine durch den mütterlichen Unterricht geistig bereicherte Kindheit, besuchte die Charterhouse School in London und trat 1720 in Christ Church (Oxford) ein. Schon sein früher Briefwechsel mit seiner Mutter zeigt eine auffallende Selbständigkeit in theologischen und erkenntnistheoretischen Fragen und begrenzten Zweifel an anerkannten Autoritäten wie der Imitatio Christi des → Thomas a Kempis und Jeremy → Taylor. 1726 wurde W. Fellow am Lincoln College in Oxford und vertrat kurze Zeit seinen Vater im Pfarramt (1728 Ordination). Währenddessen bildete sich unter Leitung seines Bruders Charles (s. 1) ein Studentenkreis, der sich ernsthaftes Studium und soziale Tätigkeit (Gefangenenbesuche, Armenunterstützung, Unterricht für arme Kinder) zum Ziele setzte. Er wurde, als J.W. nach Oxford zurückkehrte und die Leitung übernahm, die Keimzelle der methodistischen Bewegung. Einflußreich war dabei als älterer Berater W. → Law. 1735–37 wirkte W. als anglikanischer Diasporapfarrer und Heidenmissionar in der neubegründeten Kolonie Georgia (Nordamerika), wo er schon auf der Überfahrt Herrnhuter Brüdern, dort A.G. → Spangenberg und vom hallischen Pietismus bestimmten → Salzburger Emigranten begegnete. Der Austausch mit beiden Gemeinschaften brachte ihm die zentrale Thematik des deutschen → Pietismus nahe, bes. die Wiedergeburt, Versöhnung und Heiligung, und bestätigte ihm sein Lebensziel, den Wiedergewinn der urchristlichen Haltung und die Wiederherstellung der urchristlichen Wirklichkeit in der Liebe. Außerdem dichtete er Lieder aus dem Gesangbuch → Freylinghausens um. Nach seinem vorwiegend persönlich begründeten Mißerfolg in Georgia kehrte er 1738 nach London zurück und begann, durch seinen Rechtstitel als Fellow ermächtigt, eine freie evangelistische Tätigkeit, indem er die missionarische Aufgabenstellung auf die Heimat übertrug. Nach einer wochenlangen Aussprache mit Peter Böhler

(s. 1) erfuhr er am 24.5.1738 in einer Versammlung der landeskirchlichen Gemeinschaften (religious societies) innerhalb der anglikanischen Kirche, die in der Aldersgate Street in London stattfand, seine Bekehrung, als Luthers Vorrede zum Römerbrief vorgelesen wurde, die Magna Charta des deutschen Pietismus in den Schriften des Reformators. Die Bekehrung vermittelte ihm die persönliche Glaubensgewißheit, während er sich den zentralen Inhalt und Zusammenhang der Rechtfertigung schon vorher angeeignet hatte. Kurz danach besuchte er → Zinzendorf in Marienborn/Büdingen und Herrnhut selbst, wo ihm Chr. → David den stärksten Eindruck machte. Darauf begann er in unermüdlicher Predigt- und Seelsorgetätigkeit ein Evangelisationswerk, das ihn beinahe in jedes Dorf in England, Irland, Wales, zT auch Schottland führte. Er predigte 4-5mal täglich und gründete »methodistische« Gemeinschaften innerhalb der anglikanischen Kirche, zu deren Betreuung er reisende Laienhelfer heranbildete. Aus ihnen erwuchsen die (häufig jugendlichen) Laienprediger, die in der Folgezeit dem Methodismus das Gepräge gaben und im 19./20.Jh. oft die Gewerkschaftsführer stellten. Zentren der Bewegung wurden Bristol (mit den Kohlenarbeitern von Kingswood), London (die »Gießerei« Foundery), Newcastle. Die Anhänger waren meist schlichte Menschen aus dem Arbeiterstand und Frauen. W. organisierte sie mit der Tatkraft des geborenen Herrschers und wurde von seinen Gegnern gern als Jesuitengeneral gekennzeichnet. Von den Herrnhutern trennte er sich seit 1741 infolge dogmatischer Differenzen (Heiligung, Mystik). Außer der Erweckungspredigt mit den Themen Buße, Rechtfertigung, Wiedergeburt, Heilsfreude und Heiligung pflegte er einen ausgedehnten seelsorgerlichen Briefwechsel und eine gegen die Polemik anglikanischer Kirchenführer (→ Lavington, → Warburton) gerichtete apologetische Schriftstellerei. Auf seinen Ritten über Land las und schrieb er unablässig, aus seiner bevorzugten Lektüre stellte er eine christliche Volksbibliothek (Christian Library in 50 Bänden) zusammen. Seine Ehe mit Mary Vazeille geb. Goldhawk (18.2.1751) verlief unglücklich infolge der Eifersucht seiner Frau auf die zahlreichen weiblichen Anhänger, die in der Bewegung Vertrauensstellungen innehatten, und führte zu wiederholter Trennung, aber auch Wiedervereinigung der Ehegatten. Mit größtem Nachdruck widerstrebte er einer Lösung der methodistischen Bewegung von der Kirche von England. Sie fand erst nach seinem Tode statt und ist rechtlich bis heute umstritten. - Politisch dachte W. konservativ und verurteilte den Unabhängigkeitskrieg der nordamerikanischen Kolonien. Widerwillig erteilte er nach vollzogener Trennung am 2.9.1784 Thomas → Coke die Ordination zum Superintendenten für Nordamerika und rief dadurch viel Unwillen hervor. Eine Folge weiterer Ordinationen Cokes machte den nordamerikanischen Methodismus selbständig. W. widersprach vor allem Cokes Selbstbezeichnung als Bischof. Trotzdem vollzog er selbst in Schottland neue Ordinationen. In sozialer Hinsicht wandte er sich gegen den Sklavenhandel. Auf anglikanischer Seite fand er formal wegen seiner Mißachtung der Kirchspielordnung und seiner Predigt auf freiem Felde (seit 1738 nach dem Vorgang → Whitefields), inhaltlich wegen seiner vom traditionellen Brauch abweichenden Predigtthematik ganz überwiegend Verfolgung und Verkennung.

Bibliogr.: R.Green (s. 1). Works, (32 Bde, 1771-74) ed. Th.Jackson, 15 Bde, 1856-62 - The Journal of J.W. (1735-90) ed. N.Curnock, 8 Bde, (1909-16) 1938² - The Letters of J.W. ed. J.Telford, 8 Bde, 1931 - Predigten ed. J.W.E.Sommer, 1950. - Über W.: Ältere Biogr. v. J.Hampson, 3 Bde, 1791 (feindlich); Th.Coke-H.Moore, 1792; J.Whitehead, 2 Bde, 1793-96; R.Southey, 2 Bde, (1820) 1846² (m. Zusätzen v. S.T.Coleridge u. A.Knox); H.Moore, 2 Bde, 1824/25; R.Watson, 1831; L.Tyerman, 3 Bde, (1870/71) 1872-75²; J.H.Overton, 1891 - I.Taylor, J.W. and Methodism, 1870 - J.Wedgwood, J.W. and the Evangelical Reaction of the 18th Century, 1870 - R.D.Urlin, W.'s Place in Church Hist., 1870 - J.S.Simon, J.W. and the Religious Societies, 1921 - Ders., J.W. and the Methodist Societies, 1923 - Ders., J.W. and the Advance of Methodism, 1925 - Ders., J.W., the Master-Builder, 1927 - Ders., J.W., the Last Phase, 1934 - M.Piette, La réaction wesléyenne dans l'évolution protestante, 1925; engl. 1937 (kath.) - M.Edwards, J.W. and the 18th Century. A Study of his Social and Political Influence, 1933 - J.W.E.Sommer, J.W. u. d. soz. Frage, 1934 - J.L. Nuelsen, Die Ordination im Methodismus, 1935 - Ders., J.W. u. d. dt. Kirchenlied, 1938 - J.E.Rattenbury, The Conversion of the W.s, 1938 - M.Schmidt, J.W.s Bekehrung, 1938 - Ders., Die Bedeutung Luthers für J.W.s Bekehrung (LuJ 20, 1938, 125-159) - Ders., Der Missionsgedanke des jungen W. auf dem Hintergrunde seines Zeitalters (ThViat 1, 1948/49, 80-97) - Ders., J.W. u. die Biogr. d. franz. Grafen G.J.-B.de Renty (ebd 5, 1953/54, 194-252) - Ders., J.W. I, 1953 - Ders., Der junge W. als Heidenmissionar u. Missionstheologe, 1955 - Ders., J.W. als Organisator d. methodist. Bewegung (in: Für Kirche u. Recht. Festschr. f. J.Heckel, 1959, 313-350) - D.Lerch, Heil u. Heiligung bei J.W., 1941 - J.B.Green, J.W. and W.Law, 1945 - W.R.Cannon, The Theology of J.W., with Special Reference to the Doctrine of Justification, 1946 - H.Lindström, W. and Sanctification, 1946; dt. 1961 - DNB XX, 1214ff - J.M.Todd, J.W. and the Catholic Church, 1958 - J.Deschner, W.'s Christology, 1960. - Vgl. auch die Lit. zu → Methodismus: I.

M.Schmidt

Wessenberg, *Ignaz Heinrich von* (4.11.1774 bis 6.8. 1860), kath. Theologe, * in Dresden, † in Konstanz, studierte 1792-98 in Dillingen (Schüler von → Sailer), Würzburg, wo er sich an v. → Dalberg anschloß, und Wien. 1802 wurde er Generalvikar, 1812 Priester, 1814 Koadjutor, nach Dalbergs Tod 1817 bis zur Auflösung des Bistums → Konstanz 1827 durch einstimmige Wahl des Domkapitels Bistumsverweser, gegen den Widerspruch Roms gestützt durch den badischen Großherzog. W. erstrebte die Umgestaltung seines Bistums im Geiste des → Josephinismus und → Febronianismus, ohne ungewöhnliche Gelehrsamkeit, aber in unanfechtbarer Lauterkeit der Gesinnung. Durch Reform der Priesterausbildung und Hebung des Klerus durch Lesevereine, Kapitelskonferenzen usw schuf W. einen neuen Typus des weitherzigen, vornehmen und einflußreichen Weltgeistlichen. Das Volksschulwesen förderte er im Sinne seines Freundes → Pestalozzi. Der Gottesdienstreform diente die Einführung der deutschen Messe. W. erstrebte auch die allmähliche Auflösung des → Zölibats und gestattete die Einsegnung von Mischehen. Als sich 1803 durch den → Reichsdeputationshauptschluß ein Neubau der Kirchenverfassung ergab, trat W. im Auftrage Dalbergs auf dem → Wiener Kongreß für eine von undeutschen Elementen gereinigte kath. → Reichskirche mit einem Primas und nur losem Zusammenhang mit Rom ein, um die konfessionelle Spaltung zu überwinden. Deshalb beantragte er ein Konkordat für den gesamten Deutschen Bund. W. scheiterte am Widerstand Roms (ergebnisloser Besuch in Rom 1817) und am Partikularismus der deutschen Fürsten. Rom verweigerte die Bestätigung der Wahl W.s zum Bischof von Rottenburg wie zum Erzbischof von Freiburg. Bis 1833 wirkte W. in der 1. badischen Kammer im Sinn des Liberalismus und widmete sich dann in Konstanz schriftstellerischen und wohltätigen Unternehmen. W. war nicht Schöpfer, aber wirksamer Exponent einer mächtigen episkopalistischen Zeitströmung, die viele kirchliche Mißstände beseitigte, aber dem Wesen des nachtridentinischen Katholizismus nicht mehr entsprach.

Vf. u.a. (vollst. Bibliogr. bei Aland, W.-Studien III [s.u.]): Über d. Folgen d. Säcularisation, 1801; Die dt. Kirche, 1815; Betrachtungen über d. Verhältnisse d. kath. Kirche im Umfange d. Dt. Bundes, 1818; Coup d'oeil sur la situation actuelle et les vrais intérêts de l'église catholique, 1825; Die Stellung d. röm. Stuhls gegenüber d. Geiste d. 19.Jh.s, 1833; Die großen Kirchenversammlungen d. 15. u. 16.Jh.s I-IV, 1840; Gott u. d. Welt I. II, 1857; Die Eintracht zwischen Kirche u. Staat, 1869. - Hg. der einflußreichen Zs.en: Geistl. Monatsschrift, 4 Bde, 1802/03; Archiv f. d. Pastoralkonferenzen in d. Landkapiteln d. Bistums Konstanz, 1804-27; Freimütige Blätter, 1830-44. - Über W.: JOS. BECK, I.H.v.W., (1862) 1874 - I.v. LONGNER, Beiträge z. Gesch. d. oberrhein. Kirchenprovinz, 1863, 151ff - ADB 42, 147ff - RE XXI, 147ff - W. SCHIRMER (Hg.), Aus d. Briefwechsel W.s, 1912 - H. BAIER, W.s Romreise 1817 (ZGO 79, 1927, 207-235) - DERS., W.-Studien (Freiburger Diözesanarchiv 56, 1928, 1-48) - K. GRÖBER, H.I.v.W. (ebd 55, 1927, 362-509; 56, 1928, 294-435) - H. BASTGEN, Die vatik. Aktenstücke zur »Causa« W.s in Rom i.J. 1817 (ebd 61, 1933, 219-261) - LThK X, 835ff - A. STIEFVATER, Das Konstanzer Pastoral-Archiv (Diss. Freiburg/Br.), 1940 - F. STROBEL, Zur kirchenpolit. Stellungnahme W.s nach 1827 (ZSKG 36, 1942, 161-201) - K. ALAND, W.-Studien I-III (ZGO 95, 1943, 550-620 [Lit.]; 96, 1948, 450-567; 105, 1957, 475-511) - F. AMANN, Die Beziehungen zw. Sailer u. W. auf Grund von Briefen dargest. (Freib. Diözesanarchiv 69, 1949, 186-203) - H. GARBER, W. als Kirchenhistoriker (Diss. Freiburg/Br.), 1953 - E. REINHARD, Briefe des ... I.H.v.W. an den Grafen F.A.v. Spiegel (ZGO 105, 1957, 225-264). *E. Beyreuther*

Westcott, *Brooke Foss* (12.1.1825 bis 27.7.1901), englischer Theologe, 1870 Prof. in Cambridge, 1890 Bischof von Durham (als Nachfolger seines Freundes J.B. → Lightfoot). Zusammen mit F.A.J. → Hort (dort Näheres) gab er heraus: The NT in the original Greek. Text, 1881; Introduction und Appendix, 1882 (→ Text: II, 2).

Vf. ferner u.a.: Introduction to the Study of the Gospels, (1851) 1894[8]; General Survey of the Hist. of the Canon of the NT, 1855; Hist. of the English Bible, 1868; Kommentare zum JohEv, 1882; zu 1-3Joh, 1883; zu Hebr, 1889. - Über W.: A. WESTCOTT, Life and Letters of B.F.W., 2 Bde, 1903 - RE XXI, 152ff - DNB 2. Suppl. III, 635ff - ODCC 1448f. *H. Greeven*

Westermarck, *Eduard Alexander* (20.11.1862 bis 3.9.1939), einflußreicher finnischer Sozialanthropologe und Moralphilosoph, 1906-18 Prof. der Philosophie in Helsingfors, 1918-32 in Åbo, gleichzeitig 1907-30 Inhaber eines Lehrstuhls für Soziologie in London. W. war von → Mill, → Darwin und H. → Spencer tief beeinflußt und stand der älteren englischen anthropologischen Schule (→ Frazer) nahe. Persönlich Agnostiker, verkannte er aber nicht den Zusammenhang zwischen Magie-Religion und der gefühlsmäßigen, relativen Moral. In seiner grundlegenden Arbeit über die → Ehe (: I) wandte er sich gegen die damals vorherrschende Theorie der Urpromiskuität bzw. gegen → Bachofens Ansichten von der chronologischen Priorität des → Mutterrechts. Als Feldforscher unter primitiven Völkern wollte W. seine Thesen empirisch kontrollieren und erweiterte dabei sein Interesse u.a. auf den arabischen Heiligkeitsbegriff und Geisterglauben in Marokko.

Vf. bes. (jeweils London): The Hist. of Human Marriage, (1891) I-III, 1921[5] (schwed. 1892/93, dt. 1893, ital. 1894, franz. 1895 u. 1934/35, russ. u. jap. 1896); The Origin and Development of the Moral Ideas I. II, (1906/08) 1924/26 (dt. 1907/09, gekürzt schwed. 1916, franz. 1928/29); Marriage Ceremonies in Morocco, 1914 (franz. 1921); Ritual and Belief in Morocco I. II, 1926; Early Beliefs and their Social Influence, 1932 (schwed. 1949). - Selbstdarst.: Minnen ur mitt liv, Stockholm 1927 (engl. 1929). - Über W.: R.H. LOWIE, The Hist. of the Ethnological Theory, New York 1937, 98ff - Nordisk Tidskrift 14, 1938, 429-446 - Acta Acad. Aboensis Ser. A 13, 7, 1940, 3-22 - The Sociological Review 32, 1940, 1-28 - RHR 129, 1945, 84-100 - E. LAGERBORG, Om E.W., Helsingfors 1951. *C.-M. Edsman*

Westfälischer Friede, unterzeichnet am 24.10.1648, beendete den 30jährigen Krieg und damit das Zeitalter der »Glaubenskämpfe«. Die Verhandlungen hatten nach längeren Vorbereitungen schon 1644 begonnen: in Osnabrück mit Schweden und den ev. Reichsständen, in Münster mit Frankreich und den kath. Reichsständen. Das Reich als solches war nicht Verhandlungspartner. Auch der Kaiser vertrat nur das Haus Österreich. Zugelassen wurden noch Spanien, Portugal, Savoyen, die Niederlande, die Schweiz und einige italienische Staaten, als fast einflußlose Vermittler der päpstliche Nuntius Chigi und der venetianische Gesandte Contarini. Die Aufgabe der Versammlung war eine den Frieden garantierende Neuordnung der politischen und konfessionellen Verhältnisse. Das nach mühevollen Debatten durch Kompromisse, auch mancherlei Gewaltlösungen zustande gekommene Ergebnis war im wesentlichen folgendes: 1. Für die Regelung der *weltlichen* Rechts- und Besitzverhältnisse wurde als Normaltermin das Jahr 1618 festgesetzt, doch unter etlichen Modifikationen. So behielt Bayern die Kurwürde und die Oberpfalz, für die Rheinpfalz wurde eine achte Kurwürde geschaffen. Die prot. Niederlande und die Schweiz schieden aus dem Reich aus. Schweden erhielt als »Satisfaktion« Vorpommern mit Stettin und der Odermündung, Wismar, die Herzogtümer Bremen und Verden, dh die Elbe- und Wesermündungen. Es war damit deutscher Reichsstand. Frankreich kam endgültig in den Besitz von Metz, Toul und Verdun und erlangte von Österreich einen großen Teil seiner Besitzungen und Gerechtsame im Südwesten: den Sundgau, Breisach, die Landgrafschaften Ober- und Unterelsaß und die Landvogtei über 10 Reichsstädte im Elsaß sowie das Besatzungsrecht in Philippsburg. Brandenburg erhielt den Rest seines pommerschen Erbes, nämlich Hinterpommern mit Kammin sowie Halberstadt, Minden und die Anwartschaft auf Magdeburg. - 2. Komplizierter und auch folgenreicher waren die Bestimmungen auf *konfessionellem* Gebiet. Als Grundlage galt der → Augsburger Religionsfriede von 1555, der auf die Reformierten ausgedehnt wurde. Für den geistlichen Besitzstand galt als Normaltermin der 1.1.1624. Auch hier gab es Sonderregelungen, zB für das Bistum → Osnabrück, wo jeweils ein kath. Bischof mit einem ev. Administrator alternieren sollte. Der »geistliche Vorbehalt« sollte auch für Evangelische gelten. Grundsätzlich hielt man am ius reformandi der Obrigkeit fest, doch sollte den von der herrschenden Konfession des Landes Abweichenden die private Religionsübung gestattet sein. Diese Bestimmung galt nicht für die kaiserlichen Erblande; nur dem niederösterreichischen und ungarischen Adel sowie Schlesien wurden auf Drängen der Schweden entsprechende Privilegien eingeräumt. Sonst nahm in den habsburgischen Gebieten die → Gegenreformation ihren Fortgang. Um eine konfessionelle Majorisierung zu verhindern, sollte in Religionssachen durch getrennte Beratungen (→ Itio in partes) zweier Gremien, eines → Corpus Evangelicorum und eines Corpus Catholicorum, eine gütliche Einigung erzielt werden. - Die Bedeutung des W.F.s besteht zunächst darin, daß es den ev. Ländern gelungen war, sich in der europäischen Krisis des 30jährigen Krieges zu behaupten, freilich unter entscheidender Hilfe der beiden Fremdmächte, die trotz entgegengesetzter religiöser Bekenntnisse und verschiedener politischer Interessen *ein* Ziel verfolgten: die Schwächung der habsburgischen Weltmacht. Das ist jetzt weithin erreicht, wenn man vor allem den Niedergang Spaniens betrachtet, mit dem erst 1659 Frieden geschlossen wurde. Aber auch der Katholizismus hatte sich behauptet und bildete in den Organen der Reichsverfassung noch immer die Mehrheit. Gesiegt hat die Staatsräson und der nüchterne Machtegoismus. Gesunken war die lebendige Kraft des Reiches zugunsten der Libertät der deutschen Reichsstände, deren Territorien formell und im völkerrechtlichen Sinne souverän wurden. Der Kaiser war mehr theoretisch das Oberhaupt der Reichsregierung, in seinen Rechten stark eingeschränkt, wesentlich ein Territorialfürst unter den übrigen, der das Kaisertum nur noch als eine aus der Vergangenheit nachwirkende Idee repräsentierte. Diese Tatsache sowie der vergebliche Protest des Papstes → Innozenz X. gegen den W.F. zeigen den Wandel der Zeit, deren Opfer das Gebiet der deutschen Nation geworden war (Srbik). Der W.F. hat politisch sanktioniert, was geistig und sozial seit langem vorbereitet war. Nicht nur im formalen schulmäßigen, sondern in einem tieferen Sinne beginnt daher mit ihm für das europäische Abendland »die Neuzeit«.

Instrumenta Pacis Westphalicae. Vollst. lat. Text mit Übers. der wichtigeren Teile u. Regesten, bearb. v. KONRAD MÜLLER, Bern 1949. - E.HÖVEL (Hg.), Pax optima rerum. Beitr. z. Gesch. d.W.F.s, 1948 - J.BÜHLER, Dt. Gesch. IV, 1950, 158ff - GEBHARDT-GRUNDMANN II, 156f - M.HECKEL, Staat u. Kirche nach d. Lehren d. ev. Juristen Deutschlands in d. ersten Hälfte d. 17.Jh.s (ZSavRG Kan. Abt. 42, 1956, 117-247; 43, 1957, 202-308) - DERS., Autonomia u. Pacis Compositio (ebd 45, 1959, 141-248) - F.DICKMANN, Der W.F., 1959 (ausführl. Lit.) - K.REPGEN, Die röm. Kurie u. der W.F. I/1, 1962.

K.Kupisch

Westfalen

1. MA - 2. Reformation und Gegenreformation - 3. Orthodoxie, Pietismus und Aufklärung - 4. 19. und 20.Jh.

W., ehem. preußische Provinz, wurde nach 1945 mit dem nördlichen Teil der früheren Rheinprovinz und dem Land Lippe zum jetzigen Bundesland Nordrhein-W. vereinigt. Der Bereich der heutigen Ev. Kirche von W. deckt sich mit dem der früheren Provinz.

1. Nach längeren Kriegen (772-804) unter zeitweiliger Führung Widukinds wurde W. im frühen *MA* - mit dem übrigen Sachsenland - dem Reich → Karls d. Gr. einverleibt. Die schon von angelsächsischen Missionaren begonnene Mission wurde planmäßig weitergeführt und das Sachsenland in Missionsbezirke eingeteilt. Daraus gingen in W. die Bistümer → Münster, → Minden, → Paderborn und → Osnabrück hervor, von denen Paderborn dem Erzbistum → Mainz, die anderen → Köln zugeteilt wurden. Weitere Missionszentren waren Klöster wie → Corvey. Wenn die Sachsen auch häufig zur Annahme des christlichen Glaubens und der kirchlichen Ordnung gezwungen wurden, so sind sie doch bald in den neuen Glauben hineingewachsen. Das zeigen die aus sächsischem Geist entstandenen Dichtungen: der → Heliand und die Christusgedichte → Gottschalks. Als das Sachsenland mit Heinrich I. auch politisch zur führenden Macht in Deutschland aufstieg, wurden Bischöfe W.s zu politischen Aufgaben herangezogen. Als Gegenleistung wurden ihnen Hoheitsrechte und Reichsgüter vom König verliehen. Daraus erwuchsen nach und nach die geistlichen Territorien. - Auf W. haben alle großen geistigen und kirchlichen Bewegungen des MA eingewirkt: das Mönchtum, das durch Klöster der meisten Orden vertreten war; die Kreuzzugspredigt, die in W. weithin Anklang fand; Scholastik und Mystik, die von Köln aus eindrangen; die devotio moderna der → Brüder vom gemeinsamen Leben in Städten wie Münster, Osnabrück und Herford; der → Humanismus, der mit seinen pädagogischen Bestrebungen bes. die Lateinschulen beeinflußte. - Andererseits hat W. auch das geistige und kirchliche Leben anderer Landschaften mitgestaltet. Westfalen waren maßgeblich an der Kolonisierung und Missionierung des Ostens bis ins Baltikum beteiligt. Westfälische Theologen wirkten im 15.Jh. fördernd und anspornend auf die Reformkonzile ein (zB → Dietrich von Nieheim und Gobelinus Person), während westf. Humanisten Oberdeutsche u.a. in Schlettstadt und Pforzheim ausbildeten.

2. Die *Reformation* zog früh in die Städte und ihre Umgebung ein. Vermittelt wurde Luthers Lehre von den Augustinern in Lippstadt, Herford und Osnabrück. Wieweit sich die Reformation auf die Dauer durchsetzte, hing von der Art des Territoriums ab. In den *weltlichen* Territorien behauptete sie sich im allgemeinen auch in den Stürmen der Gegenreformation. Nur die ev. gewordene Grafschaft Rietberg wurde wieder kath. In der Mark und ihren Nebenquartieren setzte sich die Reformation früh »von unten her« durch, so in Lippstadt 1524 (der Augustiner Joh.Westermann, Gerd → Oemeken) und etwas später in Iserlohn (Varnhagen), in Soest mit der Börde 1531 (Borchwede, Oemeken, de Brune). Die Landesherren dagegen, die Herzöge von Kleve, zugleich Grafen von Mark und Ravensberg, blieben in ihrer kirchlichen Haltung unentschieden, wie die 1532 von Herzog Johann III. aus humanistischer Sicht erlassene KO zeigt (»dux Cliviae est papa in terris suis«). In manchen märkischen Städten, u.a. Hagen und Schwerte, entstanden später auch ref. Gemeinden, die von den brandenburgischen Kurfürsten als Erben der Herzöge von Kleve unterstützt wurden. Die benachbarte Reichsstadt Dortmund wurde nach langen Auseinandersetzungen endgültig 1570 ev. Früh dagegen bekannte sich Herford (seit 1524) unter dem Einfluß der Brüder vom gemeinsamen Leben und der Augustiner (KO des Joh. Dreier 1532) zu Luthers Lehre, die Grafschaft Ravensberg, bes. Bielefeld, wo → Hamelmann wirkte, erst etwa zwei Jahrzehnte später. - Tecklenburg-Rheda wurde 1527 unter Graf Konrad, einem Verwandten → Philipps von Hessen, von Pollius für die Reformation gewonnen, Siegen unter Graf Wilhelm seit 1530 bes. durch → Sarcerius und Wittgenstein unter Graf Johann. Seit 1578 führten hier die Landesherren unter kurpfälzischem Einfluß und zT unter Mitarbeit von → Olevian den → Heidelberger Katechismus ein. - Auch die *geistlichen* Territorien, die in W. zwei Drittel des Landes einnahmen, wurden von der Reformation ergriffen, meist aber schon bald ganz oder teilweise rekatholisiert. Das Bistum Münster hätte Franz von Waldeck, zugleich Bischof von Minden und Osnabrück, gern der Reformation zugeführt. Die Herrschaft der → Täufer verhinderte jedoch ein gesundes Wachstum der Reformation; das Hochstift wurde schließlich wieder kath. Im Bistum Osnabrück förderten die Reformation vor allem der Augustiner Hecker, der Domprediger Pollius und der Lübecker Sup. → Bonnus (KO von 1543). Nach dem Schmalkaldischen Krieg setzte auch hier die Rekatholisierung ein, die aber nur teilweise gelang. Seit 1650 wurde der Bischofsstuhl alternierend besetzt; für die Evangelischen wurde ein Konsistorium geschaffen. Das Bistum Paderborn dagegen, zunächst ev. geworden, fiel schon bald der Gegenreformation zum Opfer, ebenso die Reichsabtei Corvey (außer Höxter und 2 Landgemeinden). In den kurkölnischen Nebenlanden, dem Herzogtum W. und dem Vest Recklinghausen, faßte die Reformation kaum Fuß, da die Reformationsversuche der Kurfürsten → Hermann von Wied und → Gebhard Truchseß von Waldburg scheiterten. Nur das Bistum Minden, dessen Bevölkerung gegen den Willen der kirchlichen und weltlichen Obrigkeit die Reformation durchgesetzt hatte (Oemeken), blieb ev. Hier schuf Cragius bereits 1530 die erste ev. KO W.s. 1648 wurde das Bistum säkularisiert und - wie vorher Ravensberg - mit Brandenburg vereinigt. In beiden Landschaften förderten die neuen (ref.) Landesherren, die Kurfürsten von → Brandenburg (: II, 3), das Entstehen einzelner ref. Gemeinden, die durch hugenottische Einwanderer verstärkt wurden.

3. Gegenüber dem Ansturm der Gegenreformation suchte die *Orthodoxie* die reformatorische Lehre zu bewahren und auszubauen. Hierzu trugen vor allem ev.

Schulen bei: die luth. Archigymnasien in Dortmund (Lambach) und Soest und die → Reformierten Hohen Schulen → Herborn, Steinfurt, Duisburg und Hamm. Die einzelnen Gemeinden behaupteten ihr Bekenntnis gegen kath. Übergriffe, indem sie sich zu Synoden zusammenschlossen. Wichtige Synoden der ref. Gemeinden wurden 1610 in Duisburg gehalten, der luth. von Mark und Ravensberg 1612 in Unna, wo kurz vorher Philipp → Nicolai gewirkt hatte, und in Bielefeld. Für die Mark entstanden 1662 eine ref. und 1687 eine luth. KO (Davidis). Diese KOen, Vorstufen der rheinisch-westf. KO von 1835, beruhten auf dem presbyterial-synodalen Prinzip, das bis heute in → Rheinland und W. gültig geblieben ist. Freilich legte auch die Orthodoxie in W., oft einseitig an der objektiven Heilsbegründung interessiert, zu viel Gewicht auf die reine Lehre. Demgegenüber betonten Reformtheologen wie Fabricius in Schwelm - angeregt durch →Arnds »Bücher vom wahren Christentum« - die Notwendigkeit persönlicher Glaubensentscheidung. Ebenso *pietistische* Kreise, die sich in W. meist innerhalb der volkskirchlichen Gemeinde hielten, wenn auch einzelne Wortführer - zB → Labadie in Herford, → Dippel und → Hochmann von Hochenau in Wittgenstein - eine Spaltung anstrebten. Den luth. Pietismus → Speners und → Franckes vertraten u.a. Clauder in Bielefeld, Weihe in Gohfeld und Glaser in Halver, während sich der ref. Pietismus unter dem Einfluß →Tersteegens im Siegerland ausbreitete. Soweit der → Pietismus der reinen Lehre gegenüber gleichgültig blieb, hat er der seit der Mitte des 18.Jh.s einsetzenden *Aufklärung* vorgearbeitet. Sie höhlte die kirchliche Verkündigung aus (Protest mancher Gemeinden gegen rationalistische Gesangbücher) und hatte erst recht kein Verständnis für konfessionelle Lehrunterschiede.

4. Hieraus erklären sich u.a. die Bemühungen Friedrich Wilhelms III., die beiden ev. Konfessionen in Preußen zusammenzuschließen. Die *Union* von 1817 (1830) hat aber W. nicht die Nivellierung der Bekenntnisunterschiede gebracht. Die spätere Kirchenprovinz W. wurde vielmehr eine nach Bekenntnissen gegliederte Unionskirche: luth. in Minden-Ravensberg, im Kirchenkreis Paderborn, in Soest und der Börde, ref. in den Kirchenkreisen Siegen, Wittgenstein und Tecklenburg, uniert mit Luthers Katechismus in den meisten Gemeinden des Industriegebiets. Die konfessionell verschiedenen Gemeinden wurden 1835 durch eine für Rheinland und W. erlassene KO miteinander verbunden (presbyterial-synodale Verfassung und landesherrliches Kirchenregiment). Neben der einheitlichen KO nahmen die Gemeinden W.s die neue Agende (→ Agendenstreit) an, die auf reformatorische Ordnungen zurückging. - Stärker als die Unionsbestrebungen wirkte die gleichzeitig einsetzende *Erweckungsbewegung* (→ Erweckung: I, 5 c), vorbereitet durch Ausläufer des älteren Pietismus, die → Christentumsgesellschaft, die Diasporapfleger der Brüdergemeine und einzelne Persönlichkeiten (u.a. → Collenbusch und → Jung-Stilling), auf das Gemeindeleben westf. Landschaften, bes. Minden-Ravensbergs und des Siegerlandes. In Minden-Ravensberg wurden luth. Lehre, pietistische Frömmigkeit und volkskirchliche Gemeindeordnung fruchtbar miteinander verbunden und die bisher abseits stehenden Erweckten in die Gemeinde einbezogen. Nicht die besonderen Erbauungsstunden, sondern die Gottesdienste der Gemeinde wurden die Mitte des Gemeindelebens. Im Siegerland dagegen wurden die erweckten Kreise von den volkskirchlichen Gemeinden und Pfarrern vielfach nicht verstanden und in die Isolierung gedrängt. Hervorragende Prediger der Erweckung waren J.H. → Volkening und Th.Schmalenbach für Minden-Ravensberg, K.Beckhaus für den Kirchenkreis Paderborn und T. → Siebel für das Siegerland (hier eine ausgesprochene Laienbewegung). Durch Gebet und Opfer unterstützen seitdem westf. Gemeinden die Arbeit der → Rheinischen und → Goßnerschen Missionsgesellschaft sowie später der → Bethel-Mission. Neuerdings wird - bes. seit der Landessynode 1957 - die Zusammengehörigkeit von Kirche und Mission noch stärker praktiziert. Eine Frucht der Erweckung sind auch Anstalten der Inneren Mission, zB die von Bodelschwinghschen Anstalten in Bethel und die Anstalt Wittekindshof. Schwächen der Erweckungsbewegung in Minden-Ravensberg waren die enge Verbindung von »Thron und Altar« und die trotz großer Dienstbereitschaft oft fehlende Aufgeschlossenheit für die aufkommenden sozialen Probleme. Einzelne neue Ansätze brachte die Wirksamkeit → Bodelschwinghs (Arbeiterkolonien, Eintreten für den Siedlungsgedanken). Erst als die Revolution von 1918 die enge Verflechtung der Kirche mit dem Staat beseitigte, griff die Kirche die sozialen Aufgaben stärker an. Wie der westf. General-Sup. D. → Zoellner (1905-30) forderte, hat sich die lebendige Gemeinde als corpus sociale darzustellen. - Im → *Kirchenkampf* stand die große Mehrheit der westf. Pfarrer und Gemeinden von 1933 an auf seiten der → Bekennenden Kirche. Für sie übte der Präses der Provinzialsynode D. Karl → Koch mit seinen Mitarbeitern, den Pfarrern K.Lücking und L. → Steil, die Leitung der Kirche aus mit eigenen Synoden (Erste Westf. Bekenntnissynode im März 1934), eigener theologischer Ausbildungsstätte (Predigerseminar in Bielefeld), Prüfungen, Ordinationen und Visitationen. 1936 tagte in Bad Oeynhausen die Bekenntnissynode der DEK, 1937 in Lippstadt die Bekenntnissynode der Ev. Kirche der APU. Neben Präses Koch hat damals bes. F.v. → Bodelschwingh, 1933 zum Reichsbischof designiert, über W. hinaus gewirkt. Auf kath. Seite war der 1946 zum Kardinal erhobene Bischof von Münster, Cl.A. Graf v. → Galen (1933-46), »die zentrale Gestalt des kath. Widerstandes gegen das nationalsozialistische Regime«. - Nach dem 2. Weltkrieg begann die westf. Kirche sogleich mit dem *Neuaufbau*. Aus der bisherigen Kirchenprovinz wurde auf Grund des Statuts von Treysa vom 31.8.1945 eine selbständige Landeskirche mit Landessynode und Kirchenleitung. Die Ev. Kirche von W. ist Gliedkirche der Ev. Kirche der EKU (früher APU; Annahme ihrer Agende I, 1959) sowie der EKD und steht in der ökumenischen Gemeinschaft der Kirchen. Die erste westf. Provinzialsynode nach dem Krieg (seit 1948 »Landessynode«) stimmte dem → Stuttgarter Schuldbekenntnis zu und erkannte erneut die Theologische Erklärung von → Barmen »als verpflichtendes Zeugnis für die Erneuerung der Kirche und ihren Dienst« an. Nach der neuen KO von 1953 sollen Leitung und Verwaltung der Verkündigung dienen. Die einzelne Kirchengemeinde wird vom Presbyterium geleitet, das in drei aufeinanderfolgenden Fällen zweimal das Recht hat, den Pfarrer zu wählen. In allen Gemeinden werden die Glieder aller ev. Kirchen ohne Einschränkung zum hl. Abendmahl zugelassen. Die Gemeinden sind in Kirchenkreisen zusammengeschlossen, deren Leitung bei der Kreissynode und - in ihrem Auftrag - bei dem von der Kreissynode gewählten Kreissynodalvorstand liegt mit dem Sup. als Vorsitzenden. Das oberste gesetzgebende und leitende Organ der Ev. Kirche von W. ist die Landessynode. Als Präsidium der Landessynode fungiert die Kirchenleitung, die die Landeskirche »im Auftrage der Landessynode nach der KO, den Kirchengesetzen und den von der Landessynode aufgestellten Grundsätzen« leitet. Soweit die Kirchenleitung ihren Dienst nicht selbst wahrnimmt, wird er in ihrem Auf-

trag und nach ihren Weisungen durch das Landeskirchenamt ausgeübt. Vorsitzender der Kirchenleitung und des Landeskirchenamts ist der von der Landessynode gewählte Präses, zZ D. Ernst Wilm. Zahlreiche landeskirchliche Ämter und Werke unterstützen den Dienst der Kirche, zumal ihre Diakonie und ihren öffentlichen Auftrag. Nach der Zusammenlegung von Innerer Mission und Hilfswerk (1960) umfaßt der Landesverband der Inneren Mission die gesamte diakonische Arbeit der Ev. Kirche von W. Für die Heranbildung des theologischen Nachwuchses sind die ev.-theol. Fakultät der Universität → Münster (: II) und die Theologische Schule Bethel (Kirchliche → Hochschule) tätig. – Nach 1945 stieg infolge des Zustroms ev. Vertriebener und Flüchtlinge die Zahl der Gemeindeglieder, bes. in der Diaspora und bald auch im Industriegebiet, gewaltig an, so daß viele neue Predigtstätten und Pfarrstellen errichtet werden mußten. Am 1.1.1962 zählte die Ev. Kirche von W. 3592000 Gemeindeglieder (= 49,7% der Wohnbevölkerung), darunter 1120000 Vertriebene und Zugewanderte, die kath. Kirche 3335000 (= 46,1%), darunter 546000 Vertriebene und Zugewanderte. Die Evangelischen gehören in 32 Kirchenkreisen zu 547 Kirchengemeinden und 8 Anstaltskirchengemeinden. Die Zahl der Pfarrstellen beträgt 1287 (zZ etwa 7% unbesetzt). Außerdem hat die westf. Kirche 34 festangestellte Vikarinnen, 43 ordinierte Prediger und 155 Hilfsprediger.

Die *Katholiken* W.s sind in den 1821 und 1824 neuabgegrenzten Bistümern Münster und Paderborn und im Bistum → Essen zusammengefaßt. Paderborn schied 1929 aus dem Kölner Metropolitanverband aus und wurde Erzbistum. Nach Aufhebung der Universität Paderborn (1803) wurde 1844 hier eine Philosophisch-theologische Fakultät (Akademie) errichtet. Der 1849 gegründete Bonifatiusverein für das kath. Deutschland hat seinen Sitz in Paderborn, ebenfalls das 1957 errichtete Johann-Adam-Möhler-Institut für Konfessions- und Diasporakunde. Das Bistum Osnabrück wurde durch den Reichsdeputationshauptschluß dem Kurfürstentum → Hannover zugeteilt, da es seit dem Westf. Frieden bereits mit dem Welfenhause in Verbindung stand.

Archiv d. Ev. Kirche v. W. in Bielefeld - Verhandlungen der Provinzialsynoden 1835ff, der Landessynoden 1950ff u. der Kreissynoden. - J.D.v.Steinen, Westf. Gesch., 4 Bde, 1755-60 - K.M.Snethlage, Die älteren Presbyterialkirchenordnungen d. Länder Jülich, Berg, Kleve u. Mark, 1837 - Westf. Zs., 1838ff - H.F.Jacobson, Gesch. d. Qu. d. ev. Kirchenrechts d. Provinzen Rheinland u. W. (mit Urkundensammlung), 2 Bde, 1844 - Westf. Urkundenbuch, 1847ff - M.Goebel, Gesch. d. christl. Lebens in d. rhein.-westf. ev. Kirche, 3 Bde, 1849-60 - F.G.H.Bädeker-H.Heppe, Zur Gesch. d. ev. Kirche Rheinlands u. W.s, 2 Bde, 1867/70 - Bau- u. Kunstdenkmäler d. Provinz W., hg.v. A.Ludorff u.a., 1881ff - L.Hölscher, Reformationsgesch. d. Stadt Herford, 1888 - Jb. f. Westf. KG, 1899ff; Bh.e 1954ff - Hauck I-V - L.Schmitz-Kallenberg, Monasticon Westfaliae, 1909 - E.Dresbach, Reformationsgesch. d. Grafschaft Mark, 1909 - Ders., Pragmat. KG d. preuß. Provinzen Rheinland u. W., 1931 - H.W. zur Nieden, Die relig. Bewegungen im 18.Jh. u. d. ev. Kirche in W. u. am Niederrhein, 1910 - H.Hamelmanns gesch. Werke II: Reformationsgesch. W.s, hg.v. Kl.Löffler, 1913 - Hugo Rothert, KG d. Grafschaft Mark, 1913 - Ders., KG d. Westf.-Rhein. Industriegebiets, 1926 - Ders., Die Minden-Ravensbergische KG, 1927-30 - F.Grosse-Dresselhaus, Die Einführung d. Reformation in d. Grafschaft Tecklenburg, 1917 - H.Hinsberg, Sayn-Wittgenstein-Berleburg, 4 Bde, 1920-25 - Westf. Lebensbilder, hg.v. A.Bömer u.a., 1930-62 (Lit.) - Der Raum W., hg.v. H.Aubin, Fr.Petri u.a., 1931ff - H.Schlosser-W.Neuser, Die ev. Kirche in Nassau-Oranien 1530-1930, 2 Bde, 1931/33 - H.Schwartz, Gesch. d. Reformation in Soest, 3 Bde, 1932 - Westf. Forschungen, 1938ff - W.Göbell, Die Rhein.-Westf. KO vom 5.3.1835, 2 Bde, 1948/54 (Lit.) - Ders., Die ev.-luth. Kirche in d. Grafschaft Mark, 2 Bde, 1961 - Herm.Rothert, Westf. Gesch., 3 Bde, (1949-51) 1962² (Lit.) - M.Krieg, Die Einführung d. Reformation in Minden (Jb. f. Westf. KG 43, 1950, 31-108) - R.Stupperich, Die Bedeutung d. Lateinschule f. d. Ausbreitung d. Reformation in W. (ebd 44, 1951, 83-112) - Ders., Glaube u. Politik in d. westf. Reformationsgesch. (ebd 45/46, 1952/53, 97-121) - Wort der Kirche. Beschlüsse, Vorlagen u. Rundschreiben d. Ev. Kirche v. W., hg.v. W.Rahe, (1952ff) 1962² - W.Niemöller, Bekennende Kirche in W., 1952 - Westf. Bibliogr., 1952ff - F.Brune, Der Kampf um eine ev. Kirche im Münsterland 1520-1802, 1953 - G.Bauer, Die Reformation in d. Grafschaft Wittgenstein, 1954 - L.v.Winterfeld, Gesch. d. freien Reichs- u. Hansestadt Dortmund, 1956 - G.Thümmel, Die Verwaltung der Ev. Kirche v. W., 1957 - EKL III, 1790ff.

W.Rahe

Westheimer *(Weystheymer, Westhemerus), Bartholomäus* (1499-1570), Drucker und Theologe, von → Bucer bestimmt, * in Pforzheim, ca 1530 Kaplan in Rastatt, 1536 Buchdrucker und Verleger in Basel, um 1552 erster prot. Pfarrer im damals württembergischen Horburg bei Colmar (Elsaß), † in Montbéliard.

Jöcher IV, 1913 - G.W.Panzer, Annales typographici, 1792ff, VI, 315f; XI (Index) - I.Stockmeyer-B.Reber, Beiträge zur Basler Druckergesch., 1840, 156 (Druckerzeichen) - J.W.Röhrich, Mitt.en aus d. Gesch. d. ev. Kirche Elsaß-Lothringens IV, 1857, 291ff - Ph. Mieg, B.W., pasteur à Mulhouse et à Horbourg (Annuaire de la Soc. hist. et litt. de Colmar 6, 1956, 41-49).

O.E.Straßer

Westindien, *Mission in.* Das Gebiet umfaßt die Großen und Kleinen Antillen (s. Karte 20 bei → Mittelamerika) sowie auf dem Festland → Guayana (zusammen 363000 qkm mit 18 Mill. Einwohnern). W. wurde zu einem einzigartigen Schmelztiegel von Völkern, Kulturen, Religionen und Sprachen aus 4 Weltteilen: Indianer, Europäer, Juden, Westafrikaner, Chinesen, Inder, Indonesier, Syrer usw. Die Neger und Negroiden sind an vielen Stellen dominierend. – Die Christianisierung begann mit Kolumbus (1492) und ging Hand in Hand mit der Kolonisierung. Franziskaner und Dominikaner waren die ersten Missionare. → Las Casas und Montesino beschützten Mission und Indianer vor der Gier der Spanier. Seit 1650 beteiligten sich viele andere Orden und Kongregationen an der Arbeit (Jesuiten, Kapuziner, Redemptoristen u.a.). Nominell gelten ca 14 Mill. getaufte Christen als röm.-kath. – Die *prot.* Kirchen der Engländer, Niederländer und Dänen bedeuteten trotz einzelner missionarischer Versuche wenig für die Indianer und Neger; sie waren die Kirchen von Kaufleuten und Grundbesitzern (Sklavenfrage). Eigentliche Mission trieb zuerst die Brüdergemeine; sie begann 1732 auf St. Thomas, 1735 in Surinam usw (→ Guayana, 2). Im 18.Jh. kamen die Methodisten aus England, im 19.Jh. Baptisten, Anglikaner und schottische Presbyterianer, im 20.Jh. zahlreiche Missionsgruppen aus Europa und Nordamerika (Adventisten, West Indies Mission, Heiligkeitsgruppen, Door to Life-Mission usw). Der → Internationale Missions-Rat und der Ökumenische Rat der Kirchen wirken erst seit der Missionskonferenz in Willingen 1952 in W. – Aufs Ganze gesehen ist W. ein christianisiertes Gebiet. Missionsarbeit geschieht vor allem im südlichen Teil (Britisch-Guayana, Trinidad und Surinam) unter Buschnegern, Hindus, Muslim und Konfuzianern. Die Freilassung der Sklaven (1834 im englischen, 1836 im französischen, 1863 im niederländischen Gebiet, 1870 auf Spanisch-Kuba) brachte neue Möglichkeiten und Probleme, ebenso die Einwanderung von Asiaten. – Die älteren, aus der Mission hervorgegangenen Kirchen stehen in der Gefahr, die alle Volkskirchen bedroht. Andererseits gibt es erfreuliches Wachstum zur Selbständigkeit und Bejahung des Missionsauftrages. Hauptprobleme im gesamten Gebiet sind: geographisches und geistliches Inseldasein, Übervölkerung der Inseln im Vergleich zu den wirtschaftlichen Möglichkeiten, → Nationalismus (: II), rascher sozialer Umbruch und hier und da erneute Wertschätzung der westafrikanischen Religion. Ökumenische Verbundenheit ist noch gering. Im Gegenteil droht durch die Aktivität von Sekten, bes. von seiten der sehr erfolgreichen Pfingstbewegung, die Zerstückelung eher zuzunehmen.

LATOURETTE III. V. VII - E.J.BINGLE, Cuba to Surinam, 1954 - WChH 1957, 117ff - J.M.VAN DER LINDE, Unitas Fratrum en Caribisch gebied, Nijkerk 1958 - A.MULDERS, Missionsgesch., 1960 (kath.).

J.M.van der Linde

Westminster

1. Abtei - 2. Synode und Konfession - 3. Röm.-kath. Erzbistum

1. Über die Gründung der *W.-Abtei* liefen mehrere zT legendäre Berichte um, deren übereinstimmender Kern eine sehr frühe, vielleicht schon zur röm. Besatzungszeit (vor 410) bestehende, dem Apostelfürsten Petrus geweihte Kirche vermuten läßt. Ein Kloster ist erst für 785 sicher bezeugt. Der angelsächsische König Eduard der Bekenner (1042-66) erbaute eine große Kirche nach dem Vorbild von Jumièges (Normandie), die Wilhelm der Eroberer 1066 als seine Krönungskirche erwählte. Seitdem spielt sie eine beherrschende Rolle als britische Hofkirche und als Symbol der anglikanischen Verbindung von Thron und Altar. Die bedeutenden Äbte steigerten ihren Rang nicht nur durch die Pflege des Klosters, das lange Zeit als die führende Benediktinerabtei des Landes galt, sondern auch durch die völlige Exemtion von der Jurisdiktion des Londoner Bischofs (1220). Sie erhielten außerdem das Recht, die Mitra zu tragen. Bis 1348 betrug die Zahl der Mönche 60, im 15.Jh. 50, im 16.Jh. 40. Heinrich III. errichtete 1245-69 den Neubau der Kirche, der noch heute steht. Im Zuge der kirchlichen Umgestaltung wurde das Kloster 1550 aufgelöst und die Kirche zur Kathedrale Londons mit einem Dean (nach dem Bischof) an der Spitze erhoben.

2. Es war symbolisch und provokativ, daß in ihr am 1.7.1643 die *W.-Synode* (W. Assembly of Divines) zusammentrat, die in → England (: I, 4) den ref. (presbyterianischen) Glauben zur Herrschaft zu bringen suchte. Die eigentlichen Tagungen (bis 25.3.1652) fanden meistens in der daneben gelegenen Wohnung des Deans, und zwar im sog. Jerusalem Chamber, statt. In einer gemeinsamen Sitzung mit dem Parlament (House of Commons) schloß die Synode am 25.9.1643 den feierlichen Bund (Solemn League and Covenant) zwischen der soeben noch durch → Lauds Kirchenpolitik bedrückten schottischen Nation und der englischen ab. Dadurch gerieten die presbyterianischen Grundsätze und Erfahrungen → Schottlands (: I, 2) in die beherrschende Rolle und wandelten die ursprünglich zur Reform der anglikanischen Kirche unter Bewahrung ihres Grundcharakters berufene W.-Synode zur presbyterianischen Kirchenversammlung ab (→ Presbyterianer: I, 2 c). Sie zog damit den grundsätzlichen Widerstand der überzeugten Anglikaner auf sich und vertiefte die vorhandenen Gegensätze. Die Trennung zwischen Anglikanern und Presbyterianern wurde durch sie endgültig. Ihr eigentliches Problem lag nicht mehr dort, sondern im Verhältnis zu den (radikalen) Independenten (→ Kongregationalismus), bei denen entschiedener Biblizismus und religiöser Individualismus noch miteinander kämpften. In harten Verhandlungen setzte sie einen maßvollen, durchdachten Presbyterianismus durch, der seine Schwerpunkte in der Selbständigkeit der (mit göttlicher Würde ausgestatteten) Kirche wie in der Abendmahlszucht hatte, jedoch nach englischem Herkommen eine stärkere Mitwirkung der politischen Körperschaften an der Kirchenordnung vorsah als in Schottland (The Form of Government to be used in the Church of England and Ireland, 1645/48). An die Stelle des anglikanischen Book of → Common Prayer trat eine presbyterianische Agende, die Schriftlesung und Predigt in den Mittelpunkt des Gottesdienstes rückte (Directory for the Public Worship of God throughout the three Kingdoms of England, Scotland and Ireland, 1645). Grundlage des Gemeindegesangs wurde die von der Synode revidierte metrische Psalmenübersetzung von Francis → Rous. - Das wichtigste Ergebnis der Beratungen war das Glaubensbekenntnis (*W. Confession*, 1644/47). In ihm kam die calvinistische Lehre auf der Grundlage der Föderaltheologie (→ Bund: IV) entschieden und überlegt zum Ausdruck (31 Artikel; klare heilstheologische Gliederung, Ablehnung von → Amyrauts Universalismus hypotheticus). Es wurde 1647 in Schottland, in England nach einigen umkämpften Abänderungen erst 1660 in Kraft gesetzt, wo es noch im selben Jahre durch die Restauration des Anglikanismus seine Geltung verlor. Seitdem ist es (neben dem → Heidelberger Katechismus) das ref. (presbyterianische) Hauptbekenntnis (→ Bekenntnisschriften, 3). - Außerdem arbeitete die Synode 1647/48 auf der Grundlage von → Usshers »Body of Divinity«, → Perkins' »Exposition of the Lord's Prayer« und → Wollebs »Compendium theologiae« 2 Katechismen aus (Larger Catechism, wenig einflußreich; Shorter Catechism [The Grounds and Principles of Religion], weit verbreitet). Im ganzen darf die W.-Synode als wesentliches ref. (presbyterianisches) Selbstbildnis gelten.

3. Das *röm.-kath. Erzbistum* W. wurde bei der Wiederherstellung der kath. Hierarchie in England am 29.9. 1850 gegründet und umfaßte ursprünglich ganz England und Wales mit 12 (später 15) Suffraganbistümern; durch Abtrennung der Erzbistümer Birmingham und Liverpool (1911) sowie Cardiff (1916) wurde die Kirchenprovinz auf 4 Suffragane (Northampton, Nottingham, Portsmouth, Southwark) beschränkt. Der Erzbischof von W. ist der führende Bischof der englischen kath. Kirche. Bisherige Erzbischöfe: N. → Wiseman (1850-65), H.E. → Manning (1865-92), Herbert Vaughan (1892-1903), Francis Bourne (1903-35), Arthur Hinsley (1935-43), Bernard Griffin (1943-56), William Godfrey (seit 1957).

Zu 1: R.WIDMORE, Enquiry of W. Abbey, 1743 - DERS., Hist. of W.A., 1751 - J.P.NEALE-E.W.BRAYLEY, W.A., 1818-23 - J.A.ROBINSON, Notes and Documents relating to W.A., 4 Bde, 1909-11 - H.F. WESTLAKE, W.A., 2 Bde, 1923 - DERS., The Story of W.A., 1924 - W.R.LETHABY, W.A. Re-examined, 1925 - J.PERKINS, W.A. Its Worship and Ornaments, 3 Bde, 1938-52 - A.FOX, W.A., 1951 - ODCC 1449f.

Zu 2: W.M.HETHERINGTON, Hist. of the W. Assembly of Divines, (1878) 1889[4] - A.F.MITCHELL, The W. Assembly, its Hist. and Standards, (1883) 1897[2] - W.CARRUTHERS, The Shorter Catechism of the W. Divines ... with Historical Account and Bibliography, 1897 - BSRK 542-652 - W.BEVERIDGE, A Short Hist. of the W. Assembly, 1904 - B.B.WARFIELD, The W. Assembly and its Work (Princeton Theol. Review 1908, 177-210. 353-391) - RE XXI, 176ff - S.W. CARRUTHERS, The W. Confession of Faith, 1938 (m. krit. Edition d. Textes) - DERS., The Everyday Work of the W. Assembly, 1943 - EKL III, 1798f.

Zu 3: LThK X, 845f - EC XII, 1635f - AnnPont 1961, 526.

M.Schmidt

Westphal, *Joachim* (1510-74), * und † in Hamburg, Schüler Luthers und Melanchthons, hält 1537 philologische Vorlesungen in Wittenberg, wird 1541 Pastor, 1562 kommissarisch, 1571 endgültig Sup. in → Hamburg. Im Streit um die → Höllenfahrt Christi (: I, 2) stellt sich W. auf die Seite → Äpins. Als Sprecher des extremen Luthertums ist er Gegner des Leipziger → Interims, also auch Melanchthons (→ Adiaphoristischer Streit), ferner → Majors. Mit → Flacius, → Gallus, → Heßhus, J. → Mörlin u.a. bereitet er dem Philippismus den Untergang. Als Theologe und Mensch umstritten ist er wegen des Abendmahlsstreits mit den Schweizern (→ Abendmahl: II, 3 b) und seines Verhaltens gegenüber calvinischen Flüchtlingen. Das Vordringen des Calvinismus in Westeuropa und den Consensus Tigurinus von 1549 betrachtete W. als eine Bedrohung des Luthertums und schrieb 1552 gegen die »Sakramentierer« die »Farrago confusanearum et inter se dissidentium opinionum de coena Domini«. Flüchtlinge aus England (unter Führung → Laskis) und andere, die unter Leitung des → Micron in Dänemark, Wismar und Lübeck abgewiesen waren, durften auch in Hamburg nicht als geschlossene Gemeinde mit eigenem Gottesdienst bleiben. Calvin, von Zürich, Bern und Basel im Stich gelassen, mußte zunächst allein die Fehde mit W. aufnehmen. Streitschriften, in denen beide das Maß überschritten, verschärften bis 1561 die Lage. Melanchthon, von Calvin wiederholt zur Stellungnahme aufgefordert, schwieg verlegen. W.s Lehre vom Abendmahl ging in die FC ein, die von der Ubiquität in gemäßigter Form.

Vf. ferner u.a.: De vi baptismi, 1555; Adversus cuiusdam Sacramentarii falsam criminationem, 1555 (gegen Calvin); Confessio fidei de eucharistiae sacramento, 1557; Altera apologia, 1557. - Briefsammlung des J.W., hg.v. C.H.W.Sillem, 2 Bde, 1903. - Über W.: J.A.Fabricius, Memoriae Hamburgenses II, 1710, 931ff - C.Mönckeberg, J.W. u. J.Calvin, 1865 - RE XXI, 185ff - Ritschl III. IV (s. Reg.). *R.Dollinger*

Westwerk → Kirchenbau: III, 1.

Wetter

1. Bei den Naturvölkern - 2. Im europäischen Volksglauben

1. Günstige Witterungsverhältnisse sind zwar vor allem für Agrarkulturen (→ Ackerbau: I) von lebenswichtiger Bedeutung, aber auch Völker mit schweifender Lebensweise (→ Jäger und Hirten) können, je nach den klimatischen Gegebenheiten, an der Gestaltung des W.s sehr interessiert sein. Dies gilt bes. für die arktischen Gegenden (→ Eskimo) und Trockengebiete (zB Zentralaustralien). Die atmosphärischen Erscheinungen werden daher immer wieder in die religiöse und magische Sphäre einbezogen. Bei Völkern mit betontem → Hochgottglauben wird das Höchste Wesen vielfach mit dem W. in enge Beziehung gebracht. Nach dem Glauben der Negritos auf den Andamanen-Inseln sind → Wind und W. in der Hand des obersten Gottes; er schickt sowohl die gefürchteten Stürme als auch freundliches W. Eine ähnliche Vorstellung findet sich beim Feuerlandstamm der Yamana (Stürme als Strafe Gottes). Bei den Wiradjuri Ostaustraliens gilt der Hochgott als Herr über den → Regen, der Donner (→ Gewitter) als seine Stimme. Bes. eng erscheint die Verbindung von Höchstem Wesen und W. bei Völkern der nördlichen Hemisphäre (Ostjaken in Westsibirien: Torem bezeichnet Gott, Himmel und Witterung; Eskimo: Sila = Luft, Schneesturm, Weltall; Haida in Nordwest-Amerika: Sins = Macht des leuchtenden Himmels, Luft, W.). Die Nuer (oberer Nil) rechnen die atmosphärischen Erscheinungen als zur »Kategorie Gottes« gehörend und betrachten sie als seine Manifestationen oder Instrumente. Für Regen und Blitz haben sie keine direkte Bezeichnung; sie sagen nur »Gott (Kwoth = Geist, Himmel) regnet oder blitzt«. Bei den Tonga (Rhodesien) heißt Regen »Gott (Leza) fällt«, Wind »Gott bläst«, Blitz »Gott glänzt«. - Die W.erscheinungen können auch als → Hypostasen des Hochgottes angesehen werden oder sie treten als selbständige Wesen auf, sei es als → Personifikationen oder als individualisierte göttliche Gestalten (Regen-, Donner-, Windgott). Solche stehen mitunter mit → Sonne, → Mond, → Bergen und → Fruchtbarkeits-Göttern in bestimmten Beziehungen. Des öfteren wird der Mond als wettergestaltend betrachtet. Die betr. Wesen sollen durch → Opfer und → Gebete günstig gestimmt werden. Einen breiten Raum nehmen magische Riten (→ Magie) im Sinne von Analogiehandlungen ein. Die damit befaßten Personen haben daneben auch als gute W.beobachter zu gelten.

R.H.Lowie, Primitive Religion, New York (1924) 1952² - E.Smith (Hg.), African Ideas of God, London 1950 - Eliade - B.Malinowski, Magic, Science and Religion, Boston 1956 - M.Riemschneider, Der W.gott, 1956. *J.Haekel*

2. *Im europäischen Volksglauben* gibt es einen W.zauber nur noch in Resten (Regenzauber durch Wassergüsse, Begießen des Pfluges im Frühling, Regenlieder, Märchen; vgl. Th. → Storm, »Die Regentrude«; H. → Hesse, »Der Regenmacher«). Im früheren Volksglauben sind Sturm und → Wind zT als dämonische Wesen vorgestellt worden (Sturmriesen, Wilder Jäger, Wilde Jagd, Windin, Windsbraut). Reste von Windopfern in Mehl oder Gebildbroten werden noch aus den Alpenländern bezeugt (»den Wind füttern«). Die menschlichen W.-macher erscheinen meist dämonisiert oder diabolisiert. In den Anklagen der → Hexen-Prozesse ist das Hagelmachen ein häufig genanntes Vergehen, und der Glaube an die W.hexe hat sich zT bis ins 20.Jh. erhalten. Das durch Schadenzauber hervorgerufene Un-W. kann man durch Gegenzauber bannen. Bei der Abwehr verbindet sich → Magie mit → Gebet und frommen Bräuchen, zB W.schießen (mit geweihten Kugeln), W.(horn)blasen (schon 743 im Indiculus superstitionum erwähnt), Glockenläuten, W.kreuze auf Bergen, geweihte W.kerzen, W.messen (sog. »W.ämter«), W.prozessionen, Gebete an bes. zuständige W.heilige (zB Columban, Donatus, Elias, Georg, Johannes, Katharina, Oswald), W.-segen mit Bezug auf Mt 8, 23-27; 14, 24-31. Die volkstümlichen Vorstellungen vom W. sind überhaupt stark christlich überlagert (Petrus als W.macher; die Sage vom Bauern als W.macher). Viele biblische Erzählungen wirken nach, so die von der Entstehung des → Regenbogens (Gen 9, 13ff) oder von der Besänftigung des Seesturmes durch ein → Menschenopfer (Jon 1, 11ff). Daß die Bibel (Mt 16, 2-3; vgl. Lk 12, 54) die W.regel vom schönen W. nach klarem Abendhimmel und schlechtem W. nach Morgenrot und trübem Himmel enthielt, hat sicher zur Lebensdauer dieses Spruches mit beigetragen. Vor der wissenschaftlich-meteorologischen W.vorhersage standen die Bauernregeln, und für die langfristige W.vorhersage haben sie noch immer Bedeutung. Die teils gereimten, teils ungereimten W.regeln knüpfen meist an bestimmte Lostage an, wie Lichtmeß (2.2.), Urban (25.5.), Siebenschläfer (27.6.), Elias (20.7.), Ägidius (1.9.), Gallus (10.10.), Martini (11.11.), vor allem an Weihnachten und an den Johannistag (24.6.). Aus der Witterung in den »Zwölften« wird das W. für die Monate des kommenden Jahres vorherbestimmt. Viele W.regeln und -sprüche sind Ergebnis jahrhundertelanger Erfahrungen und W.beobachtung (Eisheilige, Barnabas, Sonnenwende); andere sind völlig unsinnig oder nur durch den Reim bedingt (klar-Jahr; naß-Faß; Schnee-Klee; Regen-Segen). Angefangen von Leonhard Reymanns W.büchlein (1510) haben volkstümliche Kalender, bes. der sog. 100jährige, den schon vorher mündlich bekannten W.regeln große Verbreitung verschafft.

O.v.Reinsberg-Düringsfeld, Das W. im Sprichwort, 1864 - L.Reymann, W.büchlein (1510), hg.v. G.Hellmann, 1893 - A.Yermoloff, Der landwirtschaftl. Volkskalender, 1905 - I.Hoffmann, Die Anschauungen d. Kirchenväter über Meteorologie, 1907 - K.Kassner, Das W. u. seine Bedeutung f. d. prakt. Leben, (1908) 1918² - A.Franz, Die kirchl. Benediktionen im MA I. II, 1909 - G.Gesemann, Regenzauber in Deutschland (Diss. Kiel), 1913 - G.

Hellmann, Über d. Ursprung d. volkstüml. W.regeln (SAB, Phys.-mathem. Kl. 1923, 20 [148-170]) - R.O.Frick, Le peuple et la prévision du temps (Schweiz. Arch. f. Volkskunde 26, 1926, 254-279) - H.Kaserer, Bauernregeln u. Lostage in krit. Beleuchtung, 1926 - HWDA I, 941ff; III, 815ff. 1304ff; V, 1402ff; VII, 577ff; IX, 508ff. 629ff - W.Fiedler, Antiker W.zauber, 1931 - E.Pastor, Dt. Volksweisheit in W.regeln u. Bauernsprüchen, 1934 - K.Helm, Bauernregeln (Hess. Bll. f. Volkskunde 38, 1940, 114-132) - L.Dufour, La météorologie populaire en Belgique, Brüssel 1943 - W.Gaerte, W.-zauber im späten MA (Rhein. Jb. f. Volkskunde 3, 1952, 226-273) - U.Zifreund, Die dt. Regenlieder u. ihre Beziehung zu Kult u. Brauch (Diss. Marburg), 1955 - K.Schneider-Carius, W.kunde, W.forschung, 1955. *L.Röhrich*

Wettstein, *Johann Jakob* (1693-1754), einer der Begründer historisch-kritischer nt. Wissenschaft, * in Basel, wo er nach Theologie- und Philologiestudium 1720 ein Pfarramt übernahm, mit dem eine Dozentur an der Universität verbunden war. Seit seiner Studienzeit befaßte sich W. in zunehmendem Maße mit dem griech. Text des NT, dessen damals bekannte Hss. er auf zahlreichen Reisen nach Paris und London kennen und vergleichen lernte. Seine daraus resultierende Textkritik (→ Text: II, 2) erregte Mißfallen bei der herrschenden Orthodoxie und führte zusammen mit persönlichen Intrigen 1730 zu seiner Entlassung. W. wirkte fortan in Amsterdam, wo 1751/52 als Frucht 40jähriger Studien sein »Nov. Test. graecum ... cum lectionibus variantibus ...« erschien. Ein kritischer Apparat, der das bis heute übliche Siglensystem zur Bezeichnung der alten Hss. gebraucht, bucht die von W. gesammelten Varianten zum textus receptus; ein zweiter Apparat bringt vielseitige Parallelen aus der klassischen und jüd. Umwelt.

RE XXI, 198ff - RGG² V, 1894 - C.L.Hulbert-Powell, J.J.W. An Account of his Life, Work and some of his Contemporaries, 1938 (Lit.). *H.-O.Metzger*

Wetzel, *Johann Caspar* (1691-1755), ev. Liederdichter und Hymnologe in Meiningen und Römhild. Das historische Interesse der beginnenden → Aufklärung zeigt sich bes. in seinen hymnologischen Forschungen: »Hymnopoeographia, historische Lebensbeschreibung der berühmtesten Liederdichter« (6 Bde, 1719-51) und »Analecta hymnica« (2 Bde, 1751-56).

Koch V, 507ff - ADB 42, 256f - W.Kosch, Dt. Lit.-Lexikon IV, 1958², 3326 - Hdb. z. EKG, Sonderband, 1958 (s. Reg.). *K.Dienst*

Wexels, *Wilhelm Andreas* (1797-1866), norweg. Theologe, * in Kopenhagen, studierte seit 1815 in Kristiania, wurde ebd 1819 Katechet und 1846 »residierender Kaplan«. W. war vor allem durch → Grundtvig beeinflußt und kämpfte wie dieser gegen den Rationalismus. Bis um 1850 war W. Leiter einer kirchlich-konfessionalistischen Bewegung in → Norwegen (: II). 1853 schrieb er im Geiste Grundtvigs eines seiner wichtigsten Werke (s.u.). Eine Katechismuserklärung von W. und anderen wurde 1843 für den öffentlichen Unterricht bestätigt, aber diese Alleinberechtigung wurde 1852 wegen Opposition der ev. Erweckungkreise aufgehoben. W.s Liedersammlungen bekamen keine große Verbreitung, auch nicht der von ihm mitbearbeitete Anhang zum Ev.-christlichen Gesangbuch (1854). Die Gesangbücher von Norwegen, Dänemark und Schweden enthalten einige Lieder von W.

Vf. u.a.: Andagtsbog for Menigmand, 1826; Christelige Psalmer, 1840; Psalmebog, 1849; Foredrag over Pastoraltheologien, 1853. - Biographien v. E.Mau (1867) u. D.Thrap (1905). *A.Arvastson*

Weyden, *Rogier van der* (1397/1400-64), niederländischer Maler, * in Tournai, † in Brüssel, 1427-32 in Tournai Schüler des Robert Campin (wohl identisch mit dem sog. Meister von Flémalle). Spätestens seit 1436 Stadtmaler von Brüssel, erlangte er bald internationalen Ruhm und hatte Beziehungen zu italienischen Höfen und zum burgundischen Herzogshaus (Porträts Philipps d. Guten, Karls d. Kühnen; in Kopien erhalten). Eine außergewöhnliche Zahl von Altären ist ganz oder in bedeutenden Teilen erhalten, dazu Einzeltafeln mächtigen Formats, Madonnenbilder und Porträts (zT als Diptychen zusammengehörig). Mehrere verlorene Werke sind aus Kopien erschließbar, so die vielgerühmten Gerechtigkeitsbilder des Brüsseler Rathauses (Tapisserie, Bern) mit Selbstbildnis. W.s Kraft der Seelenschilderung rühmte schon C.v.Mander (Schilderboek 1604). Schmerz und Trauer hat er groß zu fassen gewußt, wie überhaupt seine oft eher zierliche Darstellungsweise sich zu vollkommener Monumentalität hat erheben können (Kreuzigung, Escorial; Kreuzabnahme, Madrid). Sein Menschenideal ist ein asketisches, von Strenge und Glaubensernst geprägtes, zugleich von höchstem Adel (männliches Bildnis, Lugano). Straffheit kennzeichnet auch den Bildaufbau. W. war nicht Maler im Sinne Jan van Eycks; sein Kolorismus ist kontrastreich, spröde, dabei die einzelne Farbe von wunderbarer Reinheit. Bei aller Hingabe an das Detail, aller Beobachtungsfreude (zB Hintergründe im Bladelinaltar, Berlin) herrscht Konzentration auf den geistlichen Inhalt. Im Weltgerichtsaltar (Beaune) hat W. auf die traditionellen Teufelsszenen verzichtet, um alle Macht sichtbar von Christus ausgehen zu lassen. Mehrfach gab er dem Figürlichen allein die Stimme und vermied alle Ablenkung durch Naturschilderung. Nicht nur Madonnenbilder, auch vielfigurige Darstellungen ordnete er wie Statuen in Nischen oder vor Mauern und erhob sie damit ins Sinnbildhafte (Kreuzigungen: Philadelphia, Escorial). Die Fülle symbolischer Anspielungen teilt W. mit anderen Malern der Schule, sie war gefordert; zB Darstellung des Sündenfalles als geschnitzter Gruppe neben Maria (Lukasmadonna, Boston): Hinweis auf Maria die neue Eva, Christus den neuen Adam. W.s Kunst wurde stilbildend für die 2. Hälfte des 15.Jh.s. Wie Schongauer gingen zahlreiche Maler von ihm aus; Memling war sein Schüler (→ Malerei: III, 5).

H.Beenken, R.v.d.W., 1951 - E.Panofsky, Early Netherlandish Painting, Cambridge/Mass. 1953 (reiche Lit.). *K.Arndt*

Weyer *(Wier)*, 1. *Johannes* (1515/16-88), Schüler des → Agrippa von Nettesheim, studierte in Paris, 1545 Stadtarzt in Arnheim, 1550-78 Leibarzt Herzog Wilhelms V. von Jülich-Kleve. Gegen den »Hexenhammer« (→ Hexen: II) entlarvte W. im Namen von Schrift und Vernunft den Hexenglauben als Wahnvorstellung, schied Zauberei und Giftmischerei (darauf bezieht er den locus classicus Ex 22, 18) davon und verwarf die Anschauung vom Teufelspakt. Als Erasmianer, später reformiert, war er nicht ohne Einfluß auf die Kirchenpolitik bei Hofe.

De praestigiis daemonum, 1563. Opera omnia, 1660. - Über W.: C.Binz, Dr. J.W., (1885) 1896² - L.Dooren, Dr. J.Wier, leven en werken, 1940 - U.F.Schneider, Das Werk »de praestigiis daemonum« von W. (Jur. Diss. Bonn), 1951 (Masch.; Lit.). *J.F.G.Goeters*

2. *Matthes* (1520/21-60), niederländischer Mystiker, Bruder von 1, * in Grave (Nordbrabant), lebte dauernder Krankheit wegen zurückgezogen in Wesel. Erst 1579 erschienen seine von Johann Spe gesammelten Briefe und Sprüche (Grondelicke onderrichtinghe van veelen hochwichtighen Articulen). Sie wurden im 17.Jh. noch mehrmals aufgelegt und ins Hochdeutsche (letzter Druck 1817), Lateinische und Englische übersetzt. W. leitete den Menschen durch den Gewissenskampf, in

dem der Wille am Gesetz zerbrechen muß, hindurch in die aus dem Leiden gewonnene → Gelassenheit, die keine Züge der Buße mehr trägt. Diese persönlich erfahrene Leidensmystik nährte sich aus der deutschen Mystik (vor allem der → Deutschen Theologie und → Thomas a Kempis), verband sich aber in selbständiger Weise mit Einwirkungen der ev. Rechtfertigungslehre. Sie zeigt eine Stellung zu Gesetz, Gewissen und Glaube, die über das MA hinausgeht. W. wandte sich scharf gegen den Antinomismus von → Joris und hielt sich vom Täufertum und von spiritualistischen Gemeinschaften ebenso fern wie von den Kirchen.

GOTTFR. ARNOLD, Kirchen- u. Ketzerhistorie Teil III, Kap. 2, 13 bis 18 (mit Inhaltsverzeichnis des Buches) - ED. SIMONS, M.W., ein Mystiker aus der Reformationszeit (Theol. Arbeiten aus dem rhein. wiss. Predigerverein NF 9, 1907, 30-49) - Monatshefte f. Rhein. KG 6, 1912, 89. *H.Bornkamm*

Whately, *Richard,* anglikanischer Theologe, * 1.2. 1787 in London, † 8.10.1863 in Dublin. Nach dem Studium im Oriel College in Oxford, dem Ausgangspunkt und Zentrum der anglokath. Oxfordbewegung (→ Hochkirchliche Bewegung: I), wo er eine lebenslange Freundschaft mit dem Reformator der englischen Erziehung und Unterweisung Thomas Arnold schloß, blieb W. als junger Gelehrter an der Universität, die er als seine eigentliche Heimat empfand. 1822 wurde er Pfarrer in Halesworth (Suffolk), 1825 Leiter des Studienhauses St. Alban Hall in Oxford, 1829 Prof. der Volkswirtschaft, 1831 Erzbischof von Dublin. Als Nationalökonom entwickelte er den Plan einer universellen Währung. Theologisch vertrat er den Arminianismus gegen den Calvinismus, mit der Oxfordbewegung die Hoheit der Kirche, mit → Chillingworth die Bibel als alleinige Glaubensquelle, mit → Paley die Beweisbarkeit der christlichen Grundwahrheiten. Entschieden wandte er sich gegen den röm. Katholizismus und gegen die zu ihm führende Entwicklung der Oxfordbewegung bei W.G.Ward und J.H. → Newman. Im ganzen war er eine problemferne, sachlich entschiedene, durch und durch rationale Natur. Er dichtete auch Kirchenlieder.

E.J.WHATELY (Tochter), Miscellaneous Remains from the Commonplace Book of R.W., 1864 - DIES., Life and Correspondence of R.W., 2 Bde, 1866 - W.J.FITZPATRICK, Memoirs of R.W., 2 Bde, 1866 - A.MARTINEAU, Biographical Sketches, 1876, 175ff - RE XXI, 205ff (Bibliogr.) - DNB XX, 1334ff. *M.Schmidt*

Whichcote, *Benjamin* (1609-83), englischer Theologe und bedeutender Führer der → Cambridge Platonists, 1633 Fellow am Emmanuel College in Cambridge, 1636 ordiniert. 1644 wurde W. Rektor des King's College in Cambridge, dann aber bei der Wiederherstellung der Monarchie abgesetzt. Dennoch stimmte er dem Uniformitätsgesetz zu und wurde 1662 Pfarrer von St. Anne's, Blackfriars, und 1668 von St. Laurence Jewry, beides in London. In bewußtem Gegensatz zum strengen Calvinismus betonte W. die Güte Gottes, pries die Vernunft als »Stimme Gottes« und verlangte Meinungsfreiheit in den weniger wichtigen Fragen. Sein Einfluß auf das religiöse Denken seiner Zeit war größer, als seine Schriften es ahnen lassen.

GesW, 4 Bde, Aberdeen 1751. - Über W.: ebd I, I-VIII - J.TULLOCH, Rational Theol. and Christian Philos. in England in the 17th Century II, 1872, 45ff - DNB 51, 1ff - E.T.CAMPAGNAC, The Cambridge Platonists, 1901, 1ff (Auswahl aus W.s Schriften) - F.J.POWICKE, The Cambridge Platonists, 1926, 50ff - ODCC 1453. *D.Carter*

Whiston, *William,* englischer Mathematiker und Theologe, * 9.12.1667 in Norton (Leicestershire), † 22.8.1752 in Lyndon (Rutland), studierte seit 1686 in Clare Hall, Cambridge, und widmete sich bes. der Mathematik. Auch nach seiner Ordination 1693 blieb W. in Cambridge und wandte sich voller Eifer → Newton zu unter Lösung von → Descartes. In diesem Geiste schrieb er eine Kosmologie (A new Theory of the Earth, from its Origin to the Consummation of all Things, [1696] 1736[5]), die die Schöpfungsgeschichte und Sintfluterzählung naturwissenschaftlich wahrscheinlich machte. 1698 wurde er Pfarrer in Lowestoft (Suffolk), 1703 Nachfolger Newtons in Cambridge. Bei späteren Studien über das Frühchristentum gelangte W. zu der Überzeugung, daß die ursprüngliche Christologie arianisch gewesen sei und die Trinität einen Abfall bedeutete (→ Deismus: III, 3; → Unitarier, 2 b). Deshalb 1710 seiner Professur enthoben, führte er einen heftigen Kampf für seine Anschauungen, die er in seinem Hauptwerk »Primitive Christianity revived« (5 Bde, 1711/12) darlegte. Quellenkritisch stützte er sich auf die Apostolischen Konstitutionen als das einzige voll kanonische Buch. Er weitete den nt. Kanon durch Hereinnahme der übrigen urchristlichen Schriften auf 56 Bücher aus. 1715 rief er zur Verbreitung seiner Meinungen eine Society for promoting Primitive Christianity ins Leben, die 1717 einging. Andererseits vertrat W. die Historizität der biblischen Wunder, die Ewigkeit der Höllenstrafen, die buchstäbliche Erfüllung der at. Weissagungen. Er trat zu den Baptisten über und liebäugelte mit den Herrnhutern.

Vf. ferner u.a.: A Short View of the Chronology of the OT, 1702; Essay on the Revelation of St. John, 1706; The Accomplishment of Scripture Prophecies, 1708; Athanasius convicted of Forgery, 1712; Essay towards restoring the True Text of the OT, 1722 (Suppl. 1723); The Genuine Works of Flavius Josephus, 1737; Primitive NT in English, 1745; The Sacred Hist. of the Old and NT, 1748. - Über W.: Memoirs of the Life and Writings of Mr. W.W. written by himself, (1749) 1753[2] - RE XXI, 213ff - DNB XX, 10ff. - Vgl. die Lit. zu → Deismus: III. *M.Schmidt*

Whitby (1947) → Internationaler Missions-Rat, 9.

White, 1. *Ellen Gould,* geb. Harmon (1827-1915), * in Gorham, Maine. Für den Adventismus gewonnen, mit ihrer Familie aus der methodistischen Gemeinde ausgeschlossen, erlebte sie nach den Enttäuschungen der Jahre 1843/44 (→ Adventisten: I, 1) ihre erste Vision über das himmlische Jerusalem. Seit 1846 mit dem adventistischen Ältesten James W. verheiratet, begann sie eine ausgedehnte Reisetätigkeit (1885 auch nach Europa, 1891 nach Australien) und erlangte durch ihre Visionen, ihre Bücher und Zeitschriften immer stärkeren Einfluß auf die Ausbreitung der Seventh-Day Adventists.

Vf. u.a.: Spiritual Gifts (dt.: Der große Kampf), o.J.; Patriarchen u. Propheten, 1890; Gospel Workers, 1892; Der Weg zu Christo, 1893; Gedanken vom Berg der Seligpreisungen, 1896; The Desire of Ages, 1898; Christi Gleichnisse, 1901; In den Fußspuren d. großen Arztes, 1910. - Über E.G.W.: Life Sketches of E.G.W., 1915 (Selbstbiogr., bis zu ihrem Tode fortgeführt von C.CRISLER) - D.M.CANRIGHT, Life of Mrs. E.G.W.... Her false Claims refuted, 1919 - M.E. OLSEN, A Hist. of the Origin and Progress of the Seventh-Day Adventists, 1925 - DAB XX, 98f. *† H.G.Haack (M.Schmidt)*

2. *Henry Julian* (1859-1934), englischer Theologe, 1912 Prof. in London, 1920 in Oxford. 1886-1911 Hauskaplan des Bischofs John → Wordsworth, an dessen Vulgata-Ausgabe des NT (→ Bibelübersetzungen: II, 2 Lit.) er als Mitarbeiter und Fortsetzer große Verdienste hat.

Hg. der editio minor, 1911. - Vf. u.a.: The Codex Amiatinus and its Birthplace (Studia bibl. et eccl. II, 1890, 273-308); A Grammar of the Vulgate (zus. mit W.E.PLATER), 1926. - Über W.: DNB 1931/40, 901 f. *H.Greeven*

3. *William,* * 4.4.1748 in Philadelphia, † 17.7.1836 ebd, führender amerikanischer Theologe der → Protestantischen Episkopalkirche. Nach seinem Studium am College of Philadelphia (seit 1765) empfing W. 1770 in London die Ordination zum Diakon, 1772 zum Priester der anglikanischen Kirche und wurde Pfarrer an der Christ Church in Philadelphia. Von Jugend an um einen engeren Zusammenschluß der anglikanischen Gemeinden in Nordamerika bemüht, wurde er ihr eigentlicher Organisator und administrativer Schöpfer der Gesamtkirche (Plan von 1785, revidiert angenommen 1789). Dabei legte er größtes Gewicht auf die Teilnahme der Laien an der kirchlichen Gesetzgebung, eine Neuerung im anglikanischen System, die er jedoch in der parlamentarischen Billigung der Kirchenordnung in England vorgebildet fand. Ebenso ist sein Anteil an der amerikanischen Abänderung des Book of Common Prayer wesentlich. Im Unabhängigkeitskrieg stand W. auf amerikanischer Seite und war George Washington eng verbunden. Er bewahrte sich stets ein freundliches Verhältnis zu den anderen Kirchen Nordamerikas. 1786 wurde er zum ersten anglikanischen Bischof der Diözese Pennsylvanien gewählt und 1787 in London durch Handauflegung der Erzbischöfe von Canterbury und York geweiht, wobei ihm der Treueid auf König und britische Verfassung erlassen wurde. 1796 stieg er zum eigentlichen anglikanischen Kirchenführer Nordamerikas (presiding bishop) auf. Innerkirchlich war er bes. für die Sonntagsschule tätig, als deren Schöpfer er zu gelten hat. In der christlichen Liebestätigkeit pflegte er enge Verbindung mit allen nichtanglikanischen Kirchen und philanthropischen Bestrebungen. Theologisch vertrat er die evangelikale Richtung, ohne die in England damit gewöhnlich verbundene calvinistische Dogmatik zu teilen (vgl. sein Hauptwerk: Comparative Views of the Controversy between the Calvinists and Arminians, 2 Bde, 1817).

Vf. ferner bes.: Memoirs of the Protestant Episcopal Church in the USA, (1820) 1880. - Über W.: B.WILSON, Memoir of the Life of ... W.W., 1839 - J.H.WARD, The Life and Times of Bishop W., 1892 - W.W.MANROSS, A Hist. of the American Episcopal Church, (1935) 1950².

M.Schmidt

Whitefield, *George,* * 16.12.1714 in Gloucester, † 30.9.1770 in Newburyport/Mass. Als Student in Oxford (Pembroke Hall) schloß sich W. durch Vermittlung von Charles → Wesley den methodistischen Studenten an, wurde aber erst 1735 wirkliches Mitglied. 1737-38 wirkte er in Georgia (Nordamerika) als Prediger und Organisator (Gründung einer Schule und eines Waisenhauses). 1739 in Oxford ordiniert, begann er, von der Gräfin Selina Huntingdon unterstützt, eine Kollektenpredigtreise für Georgia mit Auftreten unter freiem Himmel, bes. in Bristol. Daraus entwickelte sich eine große, aggressive → Erweckungsbewegung, bes. in → Wales mit William Seward und Howel → Harris. 1739-41 war er wieder in Nordamerika (Georgia, Pennsylvanien, Massachusetts), 1741 in Schottland und Wales. Im selben Jahr wurde das »Zelt« (Tabernacle) als seine eigentliche Predigtstätte in London, in der Nähe von John → Wesleys »Gießerei« errichtet. 1744-48 reiste W. erneut als Prediger durch Nordamerika (→ Vereinigte Staaten: I, 2). Nach seiner Rückkehr ernannte ihn die Gräfin Huntingdon zu ihrem Hofprediger. Dadurch wurde Trevecca in Wales zum eigentlichen Sitz des von ihm geleiteten Zweiges des → Methodismus (: I, 1), der je länger, desto entschiedener calvinistisch lehrte (im Gegensatz zu dem »arminianischen« John Wesley). 1763 bis 1765 und 1769-70 wirkte er zum letzten Mal in Nordamerika. Von Kind auf lebhaft und schauspielerisch begabt, erregte W. die Bewunderung der Zeitgenossen durch seine eindringliche Predigtweise, die den Typus des Entscheidung fordernden Erweckungsrufes scharf ausprägte. Die Gemeinschaft mit John Wesley war nicht tief und letztgültig, sie trägt den Charakter der Anregung und Berührung.

Works, 6 Bde, 1772. Bibliogr. v. R.AUSTIN in: Proceedings of the Wesley Historical Society 10, 1916, 169-184. 211-223. - Über W.: D.NEWELL, The Life of G.W., 1846 - J.P.GLEDSTONE, The Life and Travels of G.W., 1871 - L.TYERMAN, The Life of the Rev. G.W., 2 Bde, 1876/77 - A.D.BELDEN, G.W., the Awakener, (1931) 1953² - DAB XX, 124ff - DNB XXI, 85ff - O.RIECKER, Ruf an alle. G.W., 1962.

M.Schmidt

Whitehead, 1. *Alfred North* (15.2.1861 bis 30.12. 1947), englischer Mathematiker und Philosoph, gemeinsam mit B. → Russell Autor der »Principia Mathematica« (I-III, [1910-13] 1925²), eines Hauptwerks der mathematischen → Logik, das als klassischer Versuch einer logischen Grundlegung der Mathematik gilt. W.s erste philosophische Schriften erschienen in den Jahren 1919 bis 1922. Er entwirft in ihnen - wesentlich beeinflußt von → Einsteins → Relativitätstheorie - eine Naturphilosophie, die die materielle Welt als ein Gefüge raum-zeitlicher Ereignisse (events) begreifen will, in denen sich zeitlos-platonische Qualitäten (objects) verwirklichen. Dieser Ansatz wurde von ihm in Harvard (wo er 1924 einen philosophischen Lehrstuhl erhielt) zu einem umfassenden metaphysischen System ausgebaut, das starke Einflüsse der um 1900 verbreiteten vitalistischen Philosophie im Stile → Bergsons zeigt, in seiner Struktur jedoch der → Leibnizschen Monadologie wohl am nächsten verwandt ist. Die Welt wird in ihm als eine Gesellschaft von »actual occasions«, ständig im Prozeß des Entstehens, der Vergemeinschaftung und des Vergehens begriffener, organismenhafter Monaden verstanden, die die »zeitlosen Qualitäten« (eternal objects) in wechselnden Konfigurationen verwirklichen. Gott, als das höchste schöpferische Prinzip und der zureichende Grund, warum der Weltprozeß so und nicht anders verläuft, ist die oberste »actual entity«, gleichsam die stets werdende Zentralmonade des Weltorganismus. - W.s zeitweilig bedeutender Einfluß in Amerika beruhte weniger auf seinem umfangreichen Hauptwerk »Process and Reality« (1929) als auf den unsystematischen kleineren Schriften »Science and the Modern World« (1925), »Religion in the Making« (1926) und »Adventures of Ideas« (1933), in denen er die Entwicklung der modernen Naturwissenschaften, die Geschichte der griechisch-europäischen Zivilisation und die Erscheinungsformen der Religiosität geistvoll und glänzend darstellt und mit seinen philosophischen Erwägungen verknüpft. Diese Schriften verstoßen gegen die Forderung → Hegels, daß die Philosophie nicht erbaulich sein solle: sie sind unterhaltende philosophische Literatur, als solche aber Ausdruck einer reichen, geistig genießenden Kultur, die W. die Bezeichnung »der letzte viktorianische Gentleman« eingetragen hat.

Vf. ferner u.a.: The Organisation of Thought, London 1917; An Enquiry concerning the Principles of Natural Knowledge, Cambridge 1920; The Concept of Nature, ebd 1922; Essays in Science and Philosophy, New York 1947. - Vollst. Bibliogr. u. weitere Lit. in: P.A.SCHILPP (Hg.), The Philosophy of A.N.W., Evanston 1941. - Vgl. auch I.LECLERC, W.s Metaphysics, London 1958 (dazu W.JUNG, PhR 6, 1958, 182-214) - DERS. (Hg.), The Relevance of W., ebd 1961.

E.Bubser

2. *John* (1630-96), einer der frühen → Quäker. Seit 1652 trat W. als Prediger ohne Ausbildung und Ordination auf freiem Felde und in Kirchen auf, fand Beifall und Widerspruch und kam wiederholt wegen Störung von Ordnung und Frieden ins Gefängnis. Auch nach

der Restauration der Stuarts und Wiederherstellung des Anglikanismus setzte er sein Wanderpredigertum fort (zB 1663 mit G. → Fox in Derbyshire), geriet mehrfach in den Verdacht, röm.-kath. Sendbote zu sein, und verbrachte viele Monate in Gefängnissen. Er verfaßte mehrere Streit- und Erbauungsschriften.

Vf.: The Enmity between the two Seeds, 1655; For the Vineyard, 1662; Ministers among the People of God (called Quakers) no Jesuits, 1683. - The Written Gospel-Labours of ... J.W., 1704 (mit Vorr. v. W.PENN) - DNB XXI, 102f. *M.Schmidt*

Whitgift, *John* (ca 1530-1604), anglikanischer Theologe. * als reicher Kaufmannssohn in Great Grimsby (Lincolnshire), empfing er seine Bildung in Queen's College und Pembroke Hall in Cambridge, wo ihn seine Lehrer Nicholas → Ridley und John Bradford für die Reformation und die calvinistische Theologie gewannen. Die Reaktion des röm. Katholizismus unter Maria Tudor (1553-58) überstand W. als junger Universitätshilfsdozent. Er blieb bis 1577 in Cambridge, seit 1563 als Lady Margaret-Professor der Theologie, seit 1567 zugleich als Leiter des Trinity College, seit 1570 als tatkräftiger Vizekanzler der Universität (Reformen). In diesen Jahren führte er einen heftigen Kampf gegen den Calvinisten → Cartwright, der die Kirchenverfassung unmittelbar aus dem NT übernehmen wollte und das Bischofsamt verwarf, während er selbst dafür eintrat und das Recht menschlicher Tradition in der Kirchengestaltung verteidigte. Nach einer Tätigkeit als Bischof von Worcester (1577) wurde er 1583 Erzbischof von Canterbury und erfreute sich der besonderen Gunst → Elisabeths I. Seine strenge Amtsführung sicherte vorläufig die Einheit der Kirche, beschwor aber zugleich den Konflikt mit den → Puritanern herauf, der später zum Bruch führte.

Works ed. J.AYRE, 3 Bde, 1851-53. - Über W.: J.STRYPE, Life and Acts of J.W., (1718) 1822 - J.CLAYTON, Archbishop W., 1911 - DNB XXI, 129ff - P.M.DAWLEY, J.W. and the English Reformation, 1954. *M.Schmidt*

Whitman, *Walt[er]* (31.5.1819 bis 26.3.1892), amerik. Dichter und Schriftsteller, * auf Long Island/N.Y., † in Camden, verhalf der amerik. Dichtung zu weltweiter Anerkennung. In fast mystischer Verklärung schilderte W. unter Benutzung von später oft nachgeahmten »freien Versen«, die die Unabhängigkeit von fesselnder Tradition dokumentieren sollten, Bedeutung und Fortschritt des Menschen, der Demokratie und der Vereinigten Staaten. Die eigene Erfahrung der Möglichkeit geistiger Bildung trotz ärmlicher Herkunft war ihm Exempel für das berechtigte Selbstvertrauen des einfachen Mannes. Überstarker Selbstbezug in seinen Gedichten, unbändige Unabhängigkeit von aller Konvention und die Betonung sinnlicher Erfahrung trugen ihm den Vorwurf der Unmoral ein. In eigenwilligen, einprägsamen Sprachbildern suchte W. den Seinszusammenhang alles Lebendigen zu erweisen, der sich ihm in einer neuen Dreieinigkeit: Gott, Natur, Mensch ausdrückt. Die Gottheit umfaßt Jehova (Naturgesetz), Christus (Liebe), Satan (Freier Wille) und Santa Spirita (Allgemein-Seele). Gegenüber seiner Dichtung (Hauptwerk: »Leaves of Grass« [Grashalme]) erscheint W.s Prosa (zB in »Democratic Vistas«) stärker zeitgebunden. In Poesie und Prosa gleichermaßen war ihm Abraham Lincoln Leitbild des selbstvertrauenden Menschen, und die Besiedlung des amerik. Kontinents bedeutete ihm Verpflichtung und Verheißung für die Menschheit. W.s weitgespannte, nicht immer eingehende Lektüre machte ihn glauben, er könne als Dichter und Prophet alle bisherigen geistigen und religiösen Strömungen der Menschheitsgeschichte in sich vereinigen und eine Synthese aus der passiven, meditierenden Lebensauffassung des Ostens und der aktiven, willensbetonten materialistischen Lebenshaltung des Westens erreichen.

Vf. bes.: Leaves of Grass, (1855) 1891/92⁹; W.W.s Drum-Taps, 1865; Sequel to Drum-Taps, 1865. - Prosa: Franklin Evans, or the Inebriate, 1842; Democratic Vistas, 1871; Specimen Days and Collect, 1882; Autobiographia, or the Story of a Life, 1892. - The Complete Writings of W.W., 10 Bde, New York 1902 - M.COWLEY (Hg.), The Complete Poetry and Prose of W.W., 2 Bde, ebd 1948 - E.H. MILLER (Hg.), The Correspondence of W.W., 2 Bde, ebd 1961. - Über W.: F.O.MATTHIESSEN, The American Renaissance, ebd 1941 - G.W.ALLEN, W.W. Handbook, Chicago 1948 - DERS., The Solitary Singer, a Critical Biography of W.W., New York 1955 - F.SCHYBERG, W.W. (engl. Ausg.), ebd 1951 - R.CHASE, W.W. Reconsidered, ebd 1955 - J.E.MILLER jr., A Critical Guide to Leaves of Grass, Chicago 1957 - R.ASSELINEAU, The Evolution of W.W., Cambridge/Mass. 1960. *P.G.Buchloh*

Wibert, *Gegenpapst* → Clemens (III.).

Wicbert → Wigbert.

Wichelhaus, *Johannes* (13.1.1819 bis 14.2.1858), ref. Theologe, * in Mettmann (Rhld.); die Familie gehörte zu den Erweckungskreisen, die auch W.s theologische Entwicklung bestimmten. Namentlich zu → Kohlbrügge hatte er ein enges Verhältnis. In Bonn wegen Verweigerung des Eides auf die Symbole zur Promotion nicht zugelassen, legte er das Lizentiatenexamen in Halle ab, wo er 1847 PDoz., 1854 ao. Prof. wurde. Wegen seiner orthodoxen Ansichten über Schrift und Dogma blieb seine Stellung in der Fakultät einsam.

Vf. u.a.: De Jeremiae versionis graecae Alexandrinae indole atque auctoritate, 1847; Versuch eines ausführl. Kommentars z. Gesch. d. Leidens Jesu Christi, 1855; postum: Die Lehre d. hl. Schrift vom Wort Gottes usw, (1874) 1892³ (m. Biogr. von A.ZAHN); Akad. Vorlesungen zum NT, 1875-84; zum AT, 1891. - Über W.: RE XXIV, 650ff. *K.Kupisch*

Wichern, 1. *Johann Hinrich* (21.4.1808 bis 7.4.1881), * und † in Hamburg, kam früh in Berührung mit der Hamburger Erweckungsbewegung (→ Hamburg: II, 4); diese ermöglichte dem aus einer verarmten Familie stammenden und früh verwaisten Sohn eines Notars den Besuch des Johanneums und das Studium der Theologie. W. studierte 1829-31 in Göttingen (F. → Lücke) und Berlin, wo er bes. enge Beziehungen zu A. → Neander hatte, aber auch → Ranke und → Hegel hörte, während er zu → Schleiermacher kein positives Verhältnis fand. Als Kandidat wurde er dem Hamburger Erweckungsprediger → Rautenberg zugewiesen, der eine Sonntagsschule und einen Besuchsverein gegründet hatte. Hier sammelte W. Erfahrungen und Kenntnisse über die werdende Großstadtgesellschaft. Um den Kindern aus asozialen Verhältnissen zu helfen, regte er die Gründung eines → Rettungshauses an, das 1833 im »Rauhen Hause« in Horn eröffnet wurde und sich unter W.s Leitung rasch zu einem Zentrum der Erziehungsarbeit in Norddeutschland entwickelte. Seit 1842 vertrat W. in der Öffentlichkeit den Gedanken einer »inneren Mission«, der bald ein starkes Echo fand. Ihm dienten bes. seine »Fliegenden Blätter aus dem Rauhen Hause« (seit 1844). Auf dem Wittenberger → Kirchentag von 1848 konnte W. seine Gedanken in einer Stegreifrede vortragen und die Gründung des »Centralausschusses für die innere Mission der deutschen ev. Kirche« bewirken. Um wichtige Grundanliegen zu verwirklichen, ließ sich W. 1856 als Oberkonsistorialrat in den Ev. Oberkirchenrat nach Berlin und als Referent für die Gefängnisreform (→ Gefängniswesen: II. III) in das Innenministerium berufen, ohne sein Hamburger Amt aufzugeben. 1858 gründete er in Berlin das »Ev. Johannesstift«. Seine Vorhaben im Oberkirchenrat und in der Strafvollzugsreform konnte er allerdings nicht durchsetzen. Ebensowenig gelang es ihm, eine wirkliche → Sozialreform anzuregen. Auch seine Anregungen in der Konfirmationsfrage blieben zunächst ohne Erfolg. Schon seit 1866 durch einen Schlaganfall behindert, mußte W. 1874 seine Ämter aus Gesundheitsgründen niederlegen.

W. ist in seinen Schriften und Reden zweifellos von den akuten Fragestellungen ausgegangen. Letztlich war aber sein Denken und Handeln von seiner *Theologie* her bestimmt. Diese Theologie wurde zeitweise stark von Schleiermacher aus (so bei Mahling), später im Sinne eines schlichten Biblizismus (so bei M.Gerhardt) interpretiert. Tatsächlich ist sie jedoch eine originelle Ausprägung der heilsgeschichtlich orientierten Theologie der → Erweckungsbewegung (vgl. v. → Hofmann). Christus stellt die Mitte der Geschichte dar. Sein Ringen um die sündige Menschheit ist das eigentliche Thema der Weltgeschichte. Als kritische Punkte dieser Geschichte bezeichnet W. das konstantinische Zeitalter, die Germanenbekehrung, die Reformationszeit und die Gegenwart. Sie steht als Augenblick der »Krise«, der Entscheidung zwischen Glauben und Unglauben mit bedrängender Gewalt vor W. In der Kirche begegnen sich die beiden Ansätze der Geschichte der Sünde und Gnade, die auch für jedes einzelne Menschenleben entscheidend sind. Der Blick auf die Zukunft ist für W. durch die Erwartung gekennzeichnet, daß das göttliche Gericht die Scheidung zwischen Glauben und Unglauben herbeiführen wird. Er sieht darum die irdische Zukunft als offene, der Planung und Berechnung entzogene Größe. W.s Theologie der Krise prägt die Gesamtheit seiner pädagogischen, karitativen und politischen Anschauungen.

W.s *Erziehungsdenken* ist am stärksten durch Joh. → Falk angeregt. Er stand aber auch in engem Zusammenhang mit der süddeutschen Rettungshausbewegung (C.H.Zeller) und mit v.d. → Recke-Volmerstein sowie mit Berliner Versuchen ähnlicher Art. W. bestimmte → Erziehung als Angebot der erneuernden Gnade Gottes, als Aufnahme in eine von Christus geprägte, von Liebe und Freiheit getragene Lebensgemeinschaft. Damit führte er über die als Subjekt-Objekt-Verhältnis verstandene Erziehung der Aufklärung und des Idealismus hinaus und verband die individuelle und die soziale Seite des Erziehungsvorganges durch eine polare Beziehung beider aufeinander. Als Erziehungssphären nennt W. die Erziehungsfamilie, die Schule, die Arbeit und die »Kirche«. Die familienartige Erziehungsgruppe sollte unter Leitung des »Bruders« ein von persönlicher Liebespflege und gemütvoller Gemeinschaft getragenes Eigenleben entwickeln. In der Schule betonte W. bes. die Weckung des Schülers zu eigenem Lernwillen, die musische Gestaltung und die Berufsvorbildung, während er von der Arbeit in seiner Anstalt vor allem die Anregung sozialer Grundeinsichten und Berufsvorbereitung erwartete. Dem Arbeitsleben entsprach ein reich ausgestaltetes Spiel- und Freizeitleben, das seine Höhepunkte in sorgsam gepflegten Feiern und Festen hatte. In der Kirche schließlich faßte sich das gesamte Dasein der Anstalt zu gemeinsamem Hören auf das Wort Gottes zusammen. W.s weltoffenes, bes. für die Berufsausbildung aufgeschlossenes Erziehungsdenken hat als wesentlicher Beitrag zur → Sozialpädagogik zu gelten.

W.s *soziales Wirken* ist nicht an einem sozialpolitischen Programm orientiert, sondern versucht, der sozialen Dynamik der in Familie, Arbeit, Kirche und Staat wirksamen Kräfte Raum zu schaffen. Die sozialen Notstände des damaligen Proletariats sollte der Staat durch politische Maßnahmen (Wirtschafts-, Arbeits-, Lohn-, Steuerpolitik, Eigentumsbildung, Wohnungsbau, öffentliche Fürsorge usw) bannen. Bis der Staat solche Maßnahmen einleitete, sollte die → Innere Mission stellvertretend auch der materiellen Not durch freiwillige karitative Arbeit begegnen. Ihre eigentliche Aufgabe tritt erst deutlich hervor, wenn die materiellen Probleme gelöst sind. Dann erst kann sie ihre Kräfte der persönlichen Hilfe und der Wiedergewinnung der entchristlichten Massen für das Evangelium, also der diakonisch-missionarischen Aufgabe, widmen. Hier liegt die eigentliche soziale Verpflichtung der Inneren Mission. W. hat sie sehr mißverständlich als »freie Liebesarbeit des heilserfüllten Volkes zur Verwirklichung der christlichen und sozialen Wiedergeburt des heillosen Volkes« definiert. Da W. die Dignität der Kindertaufe voll anerkannte, wollte er in Analogie zur Heidenmission eine Innere Mission, die »Rettungsbedürftige innerhalb der Christenheit« erreichen sollte. Gegen eine pietistische Interpretation der Inneren Mission (Einzelbekehrung als Mittel der Volksmission) hat sich W. immer wieder, oft in scharfer Polemik, ausgesprochen. Tatsächlich meinte er eine tiefgreifende Reform der kirchlichen Verkündigung und Seelsorgepraxis, die der säkularisierten Massengesellschaft gerecht werden konnte. Dabei ging es ihm bes. um die Aktivität der »Laien«, um eine Reform der Konfirmationspraxis, um die Ausgestaltung des Gemeindediakonats und um die gerechte Behandlung der straffälligen Gemeindeglieder.

W.s Wirken hat zwar in vieler Hinsicht reiche Früchte getragen, jedoch sein eigentliches Anliegen der Überwindung des Säkularismus und der sozialen Desintegration nicht verwirklicht. Zu diesem Mißerfolg haben äußere und innere Faktoren beigetragen. W. hat im Zeitalter der politischen Restauration gewirkt und schon durch sein enges Bündnis mit dem preußischen Königshause sein Werk mit einer politischen Hypothek belastet, die eine wirkliche Breitenwirkung erschweren mußte. Die sozialistischen und kommunistischen Strömungen seiner Zeit, ihre Differenziertheit und die Notwendigkeit entschlossenen Handelns hat er nie voll wahrgenommen. Das setzte seinem sozialen Wirken enge Grenzen. Endlich wird man in seiner Theologie mit ihrer strengen Trennung zwischen Kirche und Staat Gründe für seine Zurückhaltung in allen sozialpolitischen Entscheidungen sehen müssen. Aber trotz dieser Grenzen lebt W.s Werk in der Arbeit der Inneren Mission und der christlich-sozialen Bewegung bis heute fort.

Vf. bes.: Notstände d. prot. Kirche, 1844; Die innere Mission d. dt. ev. Kirche, 1849; Gutachten, die Diakonie u. den Diakonat betreffend, 1856; Rettungsanstalten für Kinder im dt. Sprachgebiet (in: Schmids Encycl. d. gesamten Erziehungs- u. Unterrichtswesens VII, 1868, 300-476). - Ges. Schriften, hg.v. J.Wichern u. F.Mahling, 6 Bde, 1901-08 - Sämtl. Werke, hg.v. P.Meinhold, bisher 2 Bde, 1958ff - Ausgew. Schriften, hg.v. K.Janssen u. R.Sieverts, 3 Bde, 1956-62. - Über W.: H.Sandt, Die Pädagogik W.s, 1913 - M.Gerhardt, J.H.W., 3 Bde, 1927-31 - E.Meissner, Der Kirchenbegriff J.H.W.s, 1938 - M.Klügel, W., ein Beitrag zur Gesch. d. Sozialpolitik, 1940 - E.Thier, Die Kirche u. d. soz. Frage, 1950 - G.Noske, W.s Plan einer kirchl. Diakonie, 1952 - H.Lilje, J.H.W. (in: Die großen Deutschen III, 1956, 376-387) - R.Grunow, W., Ruf u. Antwort, 1958.

2. *Johannes* (1845-1914), ev. Theologe, * in Hamburg als Sohn von 1, zunächst Oberhelfer im Johannesstift in Berlin, Hilfsprediger in Rom und Berlin, 1881-1901 Leiter des Rauhen Hauses, regte Instruktionskurse für Innere Mission und in Zusammenarbeit mit dem Deutschen Roten Kreuz eine »Genossenschaft freiwilliger Krankenpfleger im Kriege« an. Von 1901 an gab er die Schriften seines Vaters heraus. *K.Janssen*

Wichern-Vereinigung e.V., gegr. 1908 von M. Hennig, zZ von J.Prehn, dem Vorsteher des Rauhen

Hauses, geleitet. Die Vereinigung hat sich die Förderung des christlichen Volkslebens durch Wort und Schrift im Geiste J.H. → Wicherns zum Ziele gesetzt. Sie hatte ihre Blütezeit in den 20er Jahren, wo bes. ihr Schriftendienst erhebliche Bedeutung hatte. In der NS-Zeit aufgelöst, hat sie sich nach dem Kriege erneut konstituiert und auf dem Gebiet der Volksmission eine intensive Arbeit in ganz Deutschland entfaltet. *K.Janssen*

Wichmann (ca 1105/15-92), Graf von Seeburg, 1146 Dompropst in Halberstadt, 1149 Bischof von → Naumburg-Zeitz. Auf Wunsch → Friedrichs I. 1152 zum Erzbischof von → Magdeburg gewählt, war W. einer der engsten Mitarbeiter des Kaisers. Er war maßgebend an den Verhandlungen beteiligt, die 1177 zum Frieden von Venedig führten. Als Landesherr erweiterte er den Territorialbesitz des Magdeburger Stiftes erheblich. Er unterstützte Albrecht den Bären im Kampf gegen die → Wenden, erwarb das Land Jüterbog und besiedelte es. 1170/71 gründete er das Zisterzienserkloster Zinna, 1180 das Augustinerkloster St. Moritz in Halle. Durch Begünstigung der deutschen Kolonisation und die von ihm veranlaßte Kodifizierung des Magdeburger Rechtes förderte W. die deutsche Ostbewegung des hohen MA.

Regesta archiepiscopatus Magdeburgensis, hg.v. G.A.v.Mülverstedt, I, 1876, 508-748 - ADB 42, 780ff - W.Hoppe, Erzbischof W. v.M. (Geschichtsblätter für Stadt u. Land Magdeburg 43, 1908, 134 bis 194; 44, 1909, 38-47) - Ders., Kloster Zinna, 1914 - Hauck IV (s. Reg.) - J.Steinstrass, Das ehem. Erzbistum Magdeburg, 1930, 44f. 235. *B.Stasiewski*

Wiclif → Wyclif.

Widensee *(Weidensee), Eberhard* (ca 1486-1547), * in Hildesheim, studierte seit 1508 in Leipzig als Mitglied des Augustiner-Chorherrenklosters St. Johann vor Halberstadt, ca 1515 dessen Propst und Pastor an St. Martini. 1523 begann W. lutherisch zu predigen, wurde 1524 abgesetzt und ging als ev. Prediger an St. Jacobi nach → Magdeburg, das bes. durch ihn eine ev. Stadt wurde. Im Herbst 1526 folgte er einem Ruf Herzog Christians (III.) nach Hadersleben (Pastor an St. Marien, Sup. für die Ämter Hadersleben und Törning) und gab mit → Wenth der dortigen Reformation luth. Prägung. 1533 wurde er als Sup. nach Goslar berufen.

P.Tschackert, Dr. E.W., 1911 (Bibliogr.) - RE XXIV, 632ff - Th.O.Achelis, Haderslev I, 1926, 65f. 77 - E.Feddersen, KG Schleswig-Holsteins II, 1938, 40f. 54 - DBL XXV, 513ff. *W.Göbell*

Widerstandsrecht

1. Begriff und Voraussetzungen - 2. Ausbau im MA - 3. Tyrannenmord - 4. Reformatoren - 5. Im 17. und 18.Jh. - 6. Im 19.Jh. - 7. Im Zeitalter des Totalitarismus. - W. = Widerstand, WR = Widerstandsrecht, T. = Tyrannenmord

1. WR im strengen Sinn muß von W.spflicht und → Revolution unterschieden werden. WR fragt nach rechtlicher Legitimation des W.es, während W.spflicht zunächst und im allgemeinen gegenüber zugemutetem Unrecht oder sonstiger moralisch-rechtlicher Vergewaltigung nur moralisch legitimiert, nur fallweise auch mit dem WR verbunden werden kann; Revolution hingegen wird durch ihren etwaigen geschichtlichen Erfolg legitimiert, kann aber ein WR in sich schließen, wie zB in den Freiheitskämpfen der Eidgenossenschaft oder der Niederlande gegen die habsburgische Herrschaft. WR hat seinen Ort innerhalb der Spannung zwischen Gehorsamspflicht und W.spflicht (moralisch-religiös) und (politisch) zwischen staatlichem Machtgebrauch und Rechtsverletzung, und zwar unter der Voraussetzung der Überordnung des → Rechts über den → Staat, entweder als Überordnung eines positiven bzw. Gewohnheitsrechtes oder als Überordnung eines → Naturrechts vor und über den Staat und sein positives Recht, und bes. innerhalb demokratischer Verfassungen, die ihrer Struktur nach bereits das Problem eines legitimen W.es gegen bestehende Staatsgewalt prinzipiell lösen, als Konsequenz aus dem Bruch der Verfassung, und zT selbst aus dem WR erwachsen sind.

Kennzeichnend für die erste der beiden Möglichkeiten ist die germanische Rechtsauffassung (Tacitus, Germ. 7: »nec regibus infinita aut libera potestas«) und ihre Auswirkung im mittelalterlichen Lehens- und Landesrecht im Hinblick auf ein WR sowohl der (Volks-)Gemeinschaft wie des einzelnen. Treue, also Gegenseitigkeit, und nicht bloß Gehorsam bestimmt das Verhältnis von Untertan und Herrscher. So wurden bei den christianisierten spanischen Westgoten im 6.Jh. von 35 Königen 17 abgesetzt und sogar kraft WR getötet. Der → Sachsenspiegel (III, 78 § 2) formuliert zB ein ziemlich allgemeines WR für »jedermann«: »Der Mann muß auch wohl seinem König und Richter, wenn dieser Unrecht tut, widerstehen und sogar dazu helfen, ihm zu wehren in jeder Weise, selbst wenn jener sein Verwandter oder Lehensherr ist. Und damit verletzt er seine Treuepflicht nicht.« Der entsprechende Lehensvertrag und seine wechselseitige Treueverpflichtung, dazu die Krönungsgelübde, die den Herrscher an das Recht binden (Straßburger Eide 842, Kapitulare Karls des Kahlen 856, Widerruf der Akte Wilhelms II. durch Heinrich I. 1100), stellen eine fortgeschrittene formale Fassung dieses WR dar. Zugleich wird das WR im MA von einem christlichen Naturrecht her fortschreitend legitimiert, wobei die Kirche selbst sich zu der Instanz macht, die, vor allem seit → Gregor VII., zB durch Verhängung des Kirchenbanns über Herrscher und durch die Inanspruchnahme eines Absetzungsrechts über die Berechtigung konkreten W.es entscheidet und zum W. geradezu herausfordert. Zu Treubruch oder Vertragsbruch kommt jetzt der allgemeine Rechtsbruch maßgebend hinzu. So steht das WR breiter auf dem Land- als dem Lehensrecht und auf einer durch das römisch-rechtliche pactum bestimmten Lehre von der »Volkssouveränität« im Investiturstreit. Es fehlt aber auch nicht an Widerspruch gegen das kirchliche WR, u.a. mit dem Hinweis darauf, daß das passive WR der frühen Christenheit nur Duldung und die Waffe des Gebets kennt.

2. Bei dem *mittelalterlichen Ausbau* eines WR innerhalb staatsrechtlichen Denkens werden so zwei Wege beschritten: a) ein *positiv-rechtlicher,* wie zB später bei der Inanspruchnahme richterlicher Befugnis der Kurfürsten gegenüber dem König, den sie, entsprechend ihrer Wahlbefugnis, im Falle des Unrechts auch wieder »abwählen« können, oder wie das in der englischen Magna Charta von 1215 formulierte Recht des Rates der Baronie, den für seine Person und seine Stellung unantastbaren König zur Rückkehr zum Recht zu zwingen oder ihn suspendieren zu können. Dabei wird ein WR des Volkes bzw. des einzelnen im Zusammenhang mit der Feudalisierung und mit der Ausgestaltung des Ständestaates im 13.Jh. zugunsten eines ausschließlich ständischen WR beseitigt. Rechte des gesamten Volkes werden durch Rechte privilegierter Gemeinschaften absorbiert. Aber bis ins 13.Jh. bleibt das WR trotz der gestaltenden Wirkung des Lehensrechts ziemlich formlos. Immerhin läßt die Magna Charta, die aus land- und lehnsrechtlichen Elementen gemischtes und staatlich anerkanntes WR formuliert, bereits den Gedanken verfassungsmäßiger Beschränkung der Herrschaft auftauchen. Sie zeigt sich in der Joyeuse Entrée von Brabant (1354) wie in den altbayrischen (1301ff) und sonstigen territo-

rialen und städtischen »Freiheitsbriefen« und »Handfesten« des 14.-16.Jh.s. Bei der theoretischen Begründung des ständischen WR verweist man wiederholt auf antike Modelle, auf die spartanischen Ephoren oder die röm. Volkstribunen in ihrer Funktion als Verfassungswächter. Es enthält aber nicht die Befugnis, den Herrscher abzusetzen oder zu töten, trotz Erlaubtheit des W.es mit Waffengewalt. Das Ergebnis dieser Entwicklung ist der »Rechtsstaat« dualistischer Struktur, und das WR ist »das aus dem Wesen der Rechtsordnung hervorgehende Korrektiv gegen normwidrige Befehle« (Fehr). Insofern ist das WR einer »der klarsten Bestandteile des mittelalterlichen Verfassungsrechts« (Kern). Thomas von Aquino hat das entsprechende »regimen commixtum« des Ständestaats als »optimum« gewertet (S.th. 2/I, 95, 4). - b) Der *naturrechtliche* Weg arbeitet mit der Idee der Volkssouveränität und des Herrschaftsvertrages und meldet sich schon Ende des 11.Jh.s theoretisch bei Erzbischof Gebhard von Salzburg († 1088) und bei → Manegold von Lautenbach an († nach 1103, Liber ad Gebehardum). In der theoretischen Ausgestaltung des WR im 14. und 15.Jh. (→ Marsilius von Padua und → Johannes von Jandun, Defensor pacis, 1324; → Lupold von Bebenburg, Tractatus de iuribus regni et imperii Romanorum, 1340; → Nikolaus von Kues u.a.) stehen die Fragen nach dem Verhältnis von → Kaisertum und Papsttum sowie innerkirchliche Verfassungs- und Machtfragen (Episkopalismus, Konziliarismus) im Vordergrund. Aber die durch das Gesetz und das Volk regulierte Monarchie ist im Willen des Volkes begründet, nicht in einer idealen Norm der iustitia. Diese neue naturrechtliche Argumentation unterstützt in einer im einzelnen noch nicht genügend geklärten Weise auch das positiv-rechtliche WR und hilft seinerseits dazu, daß das WR der Landstände im Röm. Reich des 14.Jh.s als Privileg sanktioniert wird.

3. Im 15.Jh. kommen zur Entwicklung des WR monarchomachische Theorien hinzu, zT in Abwehr der durch Vordringen des Röm. Rechts geförderten Gegenlehre von der Fürstensouveränität (zugleich Ansatz zu einer Ideologisierung des WR). Damit tritt in den Zusammenhang des WR stärker als bisher das Bild des Tyrannen und die aus Platon und Aristoteles herausgelesene, durch Cicero und Seneca verstärkte Idee des *Tyrannenmordes* (= T.) ein. Der Begriff des Tyrannen ist seit der Prägung des Wortes bei Archilochos (ca 700 vChr) mehrdeutig, rückt aber mehr und mehr in das Licht der bei → Platon und → Aristoteles verschieden begründeten Beurteilung der Tyrannis als Ausartung und schlechtester → Staatsform und der damit verbundenen Beurteilung des T.s als notwendiger Erscheinung der Geschichte und als heroischer Tat. Nachdem, abgesehen von Bernold von Konstanz († 1100), bereits → Johannes von Salisbury in seinem »Policraticus« (1149) unter Berufung auf AT und Antike den T. vertreten hatte - als »aequum et iustum« (III, 15), weil der tyrannus publicus der verkörperte Widerspruch gegen die Werte von pax, iustitia und ordo sei -, hat → Thomas von Aquino in sehr wirksamer Weise Tyrannis als Entartung bestehender Obrigkeit (tyrannis exercitio) und usurpatorische Tyrannis (tyrannis ex defectu tituli) unterschieden, jener gegenüber ein WR der publica auctoritas, also bei einer Wahlmonarchie der Wähler, zugestanden, aber keinen T., diesen jedoch im zweiten Fall als äußerstes rechtmäßiges Hilfsmittel auch des einzelnen gebilligt (II sent. d. 44 q. 1 a. 2). Im Hintergrund scheint der durch → Urban II. (1088-99) in das kanonische Recht gekommene Satz zu stehen, wer aus Eifer für die kath. Kirche einen Exkommunizierten töte, solle nicht als Mörder behandelt werden (Jaffé I, 5536). Die Distinktion des Thomas im Tyrannenbegriff führte im Italien der Frührenaissance zu juristischen Untersuchungen (Bartolus de Sassoferrato [† 1357], De tyrannia), die nach Ausschaltung des T.problems - Tötung oder Deportation sind *legale* Formen der Beseitigung! - dann wieder bei der Auffassung des Thomas endeten (C.Salutati, De tyranno, 1400). Als Johann von Burgund die Ermordung Ludwigs von Orleans 1407 in Paris durch Pariser Gelehrte verteidigen ließ - Jean Petits (Johannes Parvus) Rede: Justification du Duc de Bourgogne, 1408 -, begann ein großer Streit um die Berechtigung des T.s, der nach Rückkehr der Orleans durch → Gerson zur Verurteilung der »Justification« führte (T. = Häresie), aber auf dem Konstanzer Konzil 1415/16 wieder im Sinne der thomistischen Distinktion zu einer relativen Erlaubtheit. Verurteilt wurde Petits Erweiterung des Tyrannenbegriffs auf den Hochverräter und Majestätsverbrecher, der von jedermann beseitigt werden dürfe (unter den Sätzen → Wiclifs, Denz. 597). Die Diskussion des WR ist für das MA mit Konstanz abgebrochen. Die Lehrautorität der röm.-kath. Kirche hält sich in Fragen des WR seitdem auf einer mittleren Linie zwischen duldendem Gehorsam und aktivem W. Die Thesen von J.Petit blieben aber für die → *Monarchomachen* des 16./17.Jh.s wichtig. Für diese, deren literarische Arbeit durch die Bartholomäusnacht 1572 ausgelöst wird, bes. für die kath.-jesuitischen Monarchomachen wie → Suarez, → Bellarmin, vor allem Juan de → Mariana (De rege et regis institutione, 1611) und → Busembaum steht aber das verfassungsrechtliche Problem des WR bzw. die Suprematie der kirchlichen Autorität wieder stärker im Vordergrund, während der T. im wesentlichen als theoretische Konsequenz abgeleitet und bei den kath. Monarchomachen naturrechtlich begründet wird; einige von ihnen (zB Fickler, der Bezas [?] Schrift De jure magistratuum in subditos [1574] fast völlig übernommen hat, G.Rossaeus, Boucher) hängen zT von den prot. Monarchomachen ab (F.Hotoman, → Beza, H. → Languet, Ph. → Duplessis-Mornay, L. → Daneau, G. → Buchanan, J. → Knox, J. → Milton), zu denen man auch J. → Althusius und B. → Kekkermann zählen kann (s. 5). Auch → Grotius und → Leibniz vertraten den von seinem Orden und von der Kirche gemißbilligten Standpunkt Marianas. Ihm folgt im 19.Jh. der spanische Kardinal Gonzalez OP und im 20.Jh. Gallus Mauser OP (Angewandtes Naturrecht, 1947). Wieder etwas anders vertrat J. → Bodin die Erlaubtheit des T.s (De re publica libri VI, 1586). Die Rolle der luth. Monarchomachen ist noch kaum geklärt, ihre unmittelbare Wirkung durch den stark betonten Untertanengehorsam sehr gehemmt. - Im allgemeinen vertraten die Monarchomachen mit ihren naturrechtlich-ideologischen Begriffskonstruktionen das positiv-rechtliche aktive WR der Stände in Richtung auf eine demokratisch-föderalistische Verfassung. Diese *Demokratisierung* des WR, bei der bereits Momente der konfessionellen Spaltung mitwirken, wird dann in Schottland und England weiter ausgebaut, gefördert durch die Lehre von den Grund- und Freiheitsrechten des Menschen (Habeas-Corpus-Akte 1679, Bill of Rights 1689) und vor allem im Anschluß an Milton durch die Puritaner Nordamerikas. Auf dem Kontinent halten sich hingegen im Zeitalter des Absolutismus nur Reste einer naturrechtlichen W.stheorie, während ein positivistisches WR erst mit der Deklaration der → Menschenrechte einerseits, der durch Gewaltenteilung gekennzeichneten Verfassung andererseits in der Französischen Revolution (la résistance à l'opposition) wieder neu beginnt, aber zugleich auch im Blick auf die Gewaltenteilung an Interesse stark verliert, bes. in Deutschland.

4. Das WR im Zeitalter der Monarchomachen war verknüpft mit den neuen Forderungen der Glaubens- und Bekenntnisfreiheit. Die beiden großen geschichtlichen Verwirklichungsversuche dieses WR sind die Hugenottenkriege und die Freiheitskämpfe der Niederlande. Das weist zurück auf die Frage nach dem WR bei den *Reformatoren*. Gemeinsam ist ihnen neben dem nur für die Privatsphäre gültigen Satz der erlaubten Notwehr, neben dem bes. von Calvin betonten Gedanken, daß Gott »Rächer« erwecken könne und werde, und neben dem Ausweichen vor dem Gewalttäter, das diesem dadurch die Möglichkeit zur Gewalttat entzieht, die Anerkennung des zeitgenössischen positiven WR der Stände, aber mit der entscheidenden Erweiterung, die auch den »niedrigen Obrigkeiten« (inferiores magistratus) ein WR zuspricht und ihm so soziologisch wirksame Träger zuordnet, wobei bes. Melanchthon, aber auch Calvin, die antike Ephoren-Theorie aufgreifen und ausbauen, Melanchthon sogar in Verbindung mit der Idee der Volkssouveränität, während Calvin naturrechtliche und auch germanisch-rechtliche Motive ablehnt und Luther mehr oder minder nur widerstrebend die Lehren der Juristen gelten läßt, sich aber vor allem mit dem Problem einer geistlichen W.spflicht des Christen im Kampf zwischen Christus und Satan beschäftigt, die zunächst in der Kirche selbst und erst dann auch im Staat ihren Ort hat. Charakteristisch ist schließlich auch hier die Erwägung von Grenzfällen nach dem Vorbild biblischer oder antiker Gestalten (zB Ehud, Ri 3, 15; Jehu, 2Kön 9). Verschiedene Wege ging man jedoch bei dem Versuch, aus den einschlägigen biblischen Worten und Beispielen und zT aus überkommenen naturrechtlichen Grundsätzen, germanischem Rechtserbe und antiker Staatslehre allgemeine Regeln für ein Verhalten abzuleiten, das den bloß »passiven« W., das »Strafen mit dem Worte Gottes« und die persönliche Notwehr überschreitet, indem es zu gewaltsamer Beseitigung »schlechter« Obrigkeit vorstößt.

→ *Zwingli* hat frühzeitig ein (eingeschränktes) WR vertreten, zusammenfassend in seinem 1530 an Karl V. gerichteten Bekenntnis (Fidei ratio): »Mag auch eine Obrigkeit sich furchtbar und schreckenerregend gebärden, fehlt ihr dies (nämlich Güte und Gerechtigkeit), so wird sie durch ihre ordnungsmäßige Einsetzung nach meiner Meinung in keiner Weise entschuldigt. Zugleich meine ich aber, daß ein Christ einem solchen Tyrannen gehorchen müsse bis zu der Gelegenheit, von der Paulus sagt: Wenn du frei werden kannst, gebrauche es lieber (vgl. 1Kor 7, 21). Aber ich glaube, daß sie von Gott allein gezeigt wird, nicht von Menschen, nicht heimlich, sondern so offen, wie Saul verworfen wurde...« (Art. 11). Eine christliche Obrigkeit darf aber nach Zwinglis Meinung nichts gegen Gottes Wort gebieten, andernfalls ist sie »mit Gott« abzusetzen (Thesen 1523, Nr. 42). Wie das geschehen soll bzw. wie die Fälle der erwähnten »Gelegenheit« aussehen, wird freilich nicht deutlich. In der Erläuterung zu These 42 der Schlußreden von 1523 werden allerdings allgemeine Andeutungen über ein WR der »gemeinen Hand« bei unmittelbarer, der Stände bei mittelbarer Wahlmonarchie gemacht. Für die Erbmonarchie erwägt Zwingli ein WR des ganzen Volkes unter der Voraussetzung von dessen geschlossenem christlichen Urteil. Andernfalls muß die Tyrannis duldend ertragen werden.

→ *Luther* hat das WR in seiner Theologie und Rechtslehre wiederholt und als Frage des Grenzfalles in so verschiedener Weise erwogen, daß bis heute das Verständnis seiner Ansicht umstritten ist. W. verbindet sich für ihn immer wieder mit der Vorstellung von Aufruhr. Ein ständisches WR kommt für ihn erst durch Vorhaltung seitens der Juristen im Blick auf Wandlungen in der verfassungsrechtlichen Lage des Reiches vor Augen. Dazu tritt der Gedanke von Gottes Allmacht, der man auch die Beseitigung »unrechter« Obrigkeit überlassen müsse und die sich u.U. in der Berufung von »Wundermännern« manifestiere. Bis 1529 hat Luther jedes aktive WR gegen die Obrigkeit abgelehnt. Im Hinblick auf die Bedrohung der Reformation durch den Kaiser gibt er dann juristischen Argumenten nach. Zugleich wächst der Gedanke einer theologisch begründeten W.spflicht gegenüber dem Papst. Abgesehen davon hat der einzelne nur das Recht persönlicher Notwehr und des »passiven« W.es, der entschlossenen Gehorsamsverweigerung und ihrer Konsequenzen. Die Fürsten hingegen dürfen dem Kaiser, der die föderalistische Struktur des Reiches mißachtet, zur Aufrechterhaltung der politischen Ordnung gewaltsam widerstehen, und sie müssen es, sofern der Christ überall für die Ordnung einzutreten hat und ein christlicher Fürst einem tyrannischen Kaiser gegenüber für die Wahrung der ersten Tafel des Dekalogs, dh für Reinheit der Lehre und Ordnung der Kirche sorgen soll. Aber weil der Christ unter dem »geistlichen Regiment« Gottes lebt und von daher für das weltliche mitverantwortlich handelt, hat sein Handeln eigentlich doch nur mit geistlichen Mitteln zu geschehen. Sein geistlicher Widerstand, der sich dort, wo die weltliche oder kirchliche Obrigkeit gegen das erste Gebot streitet, nur als Erleiden äußern kann, ist wesentlich Ausfluß einer grundsätzlichen W.spflicht im Kampf zwischen Christus und dem Bösen. Wo weltliche Obrigkeit entgegen dem Naturrecht handelt, hat der Christ für seinen davon betroffenen Nächsten W. zu leisten, vor allem und aktiv gegen einen usurpatorischen Tyrannen, dh gegen jede rechtswidrige Anmaßung von Herrschgewalt, wie zB im → Bauernkrieg. Der Christ darf also weder einem rechtswidrigen Befehl gehorchen noch die Obrigkeit als (naturrechtliche) Ordnung Gottes selbst gefährden. Es gibt für Luther aber auch einen W. als göttliches Gebot: nämlich in jenem äußersten Grenzfall, in dem sich die Rechtlosigkeit selbst zum Herrn macht und Herrscherwillkür mit dem Recht gleichsetzt, den menschlichen Machtwillen als die alleinige Quelle des Rechtes gelten läßt. Gegen diesen apokalyptischen Tyrannen (vgl. 2Thess 2, 7ff) mit seinen totalitären Ansprüchen, der den geistlichen Tyrannen in der Kirche und den weltlichen im einzelnen Staatswesen dämonisch überbietet, kennt Luther eine Revolutionspflicht des Christen. Allerdings begegnet ihm ein solches dämonisch-totalitäres Machtgebilde nur im Papsttum. Und nur der Christ, der um den Unterschied der beiden Reiche (→ Zwei-Reiche-Lehre) und um die Gefahr ihrer Vermengung weiß, erkennt diese äußerste Bedrohung der Ordnung, deren Träger man vernichten muß wie eine »Bestie« (Disputation über Mt 19, 21 vom 9.5.1539). Hier handelt es sich um eine Macht, die sowohl das Evangelium mit Füßen tritt wie auch das weltliche Recht auflöst. Ihr gegenüber ist gewaltsamer W. Pflicht, so sehr Gewaltanwendung im eigenen Interesse oder zur Verteidigung des Evangeliums überhaupt (Kreuzzug) abgelehnt wird. Daß Luther jenes »Untier« nur im Papsttum geschichtlich vor Augen hat, bestimmt die Grenze dieser Auffassung für ihn selbst. Aber das schließt nicht aus, die Frage einer Ausdehnung dieser W.spflicht auf den Luther noch unbekannten Fall entsprechender Dämonisierung weltlicher Herrschaft zu erwägen (s. 7). Faßt man schematisch zusammen, so kann man sagen, daß Luther a) im Falle des tyrannus ex parte officii, also des Amtsmißbrauches, ein passives WR anerkennt, ein aktives nur bei Vorliegen entsprechender verfassungsrechtlicher Bestimmungen. b) Gegen den tyrannus ex defectu tituli, den Usurpator, anerkennt er ein aktives WR auf seiten der für die Ordnung des Ganzen verantwortlichen Stände und Magistrate. c) Dem apokalyptischen Tyrannen gegenüber gibt es eine unbedingte W.spflicht. – Die luth. Bekenntnisschriften beschränken sich darauf, daß das Evangelium private Vergeltung verbiete, »daß niemand der Obrigkeit in ihr Amt greife« (AC XVI, 7) und daß es als Tat der Liebe gebiete, den Gesetzen und der Obrigkeit, auch heidnischer, gehorsam zu sein.

→ *Calvin* – erfüllt von Mißtrauen gegen die monarchische Verfassung – hat vor allem im Blick auf die Reformation in Frankreich die Stände als aristokratisches Korrektiv der Monarchie im Zusammenhang mit seiner Bemühung um die Religionsfreiheit und mit seinem Ordnungsgedanken in die Mitte seiner W.slehre gestellt, aber ohne die entsprechenden Theorien des spätmittelalterlichen WR als solche zu erneuern. W. gegen die Obrigkeit ist zunächst für den einzelnen grundsätzlich ausgeschlossen: »resisti magistratui non potest, quia simul Deo resistatur« (CR 3, 111 und bes. in den Predigten nach der Verschwörung von Amboise CR 23, 643). Die Theorie gegenseitiger vertraglicher Verpflichtung zwischen Obrigkeit und Untertan, die naturrechtliche Fiktion des Unterwerfungsvertrages und den Vorbehalt rechter Pflichterfüllung des Herrschers lehnt Calvin ab. Es bieten sich ihm nur drei Auswege: a) Gott wird Rächer erwecken. Darum kann man beten. – b) Wo es im Staat Stände, Ephoren, Tribunen gibt, ist es deren Pflicht und Recht, für die Freiheit des Volkes gegen tyrannische Herrscher vorzugehen, vor allem wenn diese den Gehorsam gegen Gott bedrohen (Inst. IV, 20, 31). Denn damit verlieren sie ihr ihnen von Gott verliehenes Amt und zugleich die Würde eines Menschen (CR 41, 26). Die Ephoren-Theorie hat Calvin wahrscheinlich von → *Melanchthon* übernommen, aber ohne dessen Gedanken der Volkssouveränität (CR 16, 440) und ohne dessen naturrechtliche Begründung (CR 3, 126; 16, 573). Der W. ist bei Calvin vor allem eine Forderung der Religion. Das hat er in der Auseinandersetzung mit der Politik der Guisen nach der Verschwörung von Amboise (1567) durchzuhalten versucht, wobei freilich das »Nichtwiderstehen« der Bergpredigt mehr und mehr als Verzicht auf erlaubten W. betont wird: »Wenn wir dem Bösen mit Gewalt widerstehen, hindern wir den Herrn, uns zu helfen« (CR 18, 437). – c) W. durch Ausweichen ist der Regelfall für das Verhalten des einzelnen Christen (CR 29, 184; Inst. IV, 20, 20). Es handelt sich um prohibitiven W. gegen das Geschehen von Unrecht, ist also nicht ohne ein seelsorgerliches Motiv. – Entscheidend ist, daß Calvin die Stände und die »mittleren Magistrate« als populares magistratus, als die von Gott beauftragten Volksbehörden zur Mäßigung königlicher Willkür, staatsrechtlich und politisch in Anspruch nimmt, ohne jegliche abstrakte politische Theorie, ohne naturrechtliche Doktrin, ohne die Idee der Volkssouveränität und ohne die Konstruktion des Herrschaftsvertrags. Damit hat er durch seine vorsichtige W.spolitik im Kampf um die Glaubensfreiheit der französischen Protestanten die W.stheorien der späteren Monarchomachen und die politische Entwicklung in → Schottland (: I) vorbereitet. – Beza und Knox sind freilich mit ihrer W.slehre über Calvin hinausgegangen, aber es ist doch zu beachten, daß die in Art. 14 des schottischen Bekenntnisses von 1560 stehende und vielzitierte Formel »Tyrannei zu unterdrücken« eingeordnet ist in die Aufzählung der vom Christen »zum Nutzen des Nächsten« geforderten Werke der zweiten Tafel des Dekalogs und unmittelbar verbunden mit der Forderung, die Schwachen vor der Gewalt der Bösen zu schützen und nicht zu dulden, daß unschuldiges Blut vergossen werde, wenn man es hindern könne. Hier wird nicht nur von erlaubtem, sondern von göttlich gebotenem W. gegen die politische Macht gesprochen, u.U. unter Anwendung von Gewalt, aber ausschließlich innerhalb der Verantwortung für den Nächsten und für den Staat.

5. Juristisch durchkonstruiert werden die bei den Reformatoren zu beobachtenden Elemente und Motive in Frankreich durch die Monarchomachen nach der Bartholomäusnacht, auf deutschem Boden bes. durch J. → Althusius in seiner »Politica« (1603). Hier baut Althusius die Lehre vom Gesellschaftsvertrag und von der Volkssouveränität erstmals wissenschaftlich aus – der regierende Herrscher ist als maiestas personalis der maiestas realis des Volkes untergeordnet – und betont das Gemeinwohl als leitenden Gedanken für alles herrschaftliche Handeln; auch die Auslegung von Röm 13, 4 auf ein WR, wenn die Obrigkeit ihren gottgegebenen Auftrag verletzt (so → Pareus), spielt eine Rolle. Der Gewalt des Volkes sind aber die Schranken des Naturrechts und des göttlichen Rechts gesetzt. Die Grundelemente sind jedoch für Althusius – er ist erster Repräsentant der Idee des Rechtsstaates – diejenigen des positiven Rechts. In Kap. 38 (De tyrannide eiusque remediis) entfaltet er so auch das WR in einer differenzierten Entwicklung der Ephoren-Theorie und damit der Verwaltung des Staates, ohne sich von dem »gemischten System« der Monarchomachen wesentlich zu entfernen. Erst B. → Keckermann (Systema disciplinae politicae, 1607) versucht, das Staatsrecht vom Naturrecht zu befreien, was zu einer Zurückdrängung der Lehre vom WR führt, am Vorabend des staatsrechtlichen Absolutismus völlig begreiflich. Ähnliches gilt für → Grotius, wenigstens prinzipiell. Aber er durchbricht das Prinzip, und zwar von dem aus dem bereits rationalisierten Naturrecht abgeleiteten Notwehrrecht aus, das ihn – als Ausnahme – 7 Fälle für den W. gegen die öffentliche Gewalt abgrenzen läßt. Der autoritäre Staatsgedanke des Th. → Hobbes läßt ein WR nicht mehr zu; dennoch leben einige Reste dieser Tradition auch bei ihm weiter. Verständlich, daß er in England kaum wirkte, wo das WR von den großen Literaten und Denkern des 17.Jh.s (→ Milton, → Locke, Sidney) in verschiedener Weise als ein Absetzungsrecht des Volkes behandelt wurde, in kräftiger Wechselbeziehung zu der historischen Wirklichkeit. Diese besteht darin, daß das WR der Stände gemäß der Magna Charta von 1215 für das Parlament bestätigt wird (Petition of Rights 1628, Bill of Rights 1689) und auf das Unterhaus übergeht. Es konnte auch zur Hinrichtung des Monarchen führen (Karl I., 1649). Der Franzose → Jurieu knüpft sowohl an das positive englische Staatsrecht eng an wie an die Monarchomachen. Das ständische WR ist für ihn das letzte Mittel, das ergriffen werden darf, wenn Herrschaftsvertrag und unveräußerliche Rechte des Individuums bedroht sind. Ulrich Huber (De iure civitatis libri tres, 1674) kann als Positivist nur ein staatsrechtlich verbrieftes WR gelten lassen. Damit wird aber zugleich – eine wichtige Wandlung in der Problemstellung – die Frage des WR wieder stärker naturrechtlichen Theorien überantwortet. Es bleibt darum im wesentlichen Angelegenheit einer von der staatlichen Wirklichkeit des fürstlichen Absolutismus weit entfernte Theorie. Hinter der Neuformulierung einer »résistance à l'oppression« in der Erklärung der Menschen- und Bürgerrechte von 1789 und schon vorher ähnlich zB in der Virginia Bill of Rights von 1776 stehen sowohl Auswirkungen des ständischen Staatsrechts Englands wie die Idee der unveräußerlichen (»angeborenen«) Freiheitsrechte des Menschen (Locke, Milton) als auch die Lehre → Rousseaus von der unbe-

schränkten Demokratie. Das Volk, getragen von der auf das Gemeinwohl gerichteten volontée générale, ist der Souverän. Bei Mißbrauch der Regierungsgewalt und im Fall der Usurpation tritt ein WR des Volkes auf den Plan.

6. Die Tradition eines positiv-rechtlichen ständischen WR wirkt auch im *19.Jh.* nach, allerdings wesentlich in naturrechtlicher Pseudomorphose. So spielt zB bei L.v. Hallers feudaler Staatstheorie die »gerechte Selbsthilfe« eine große Rolle (Die Restauration der Staatswissenschaft, 1816/20). → Fichte hatte in seinen »Grundlagen des Naturrechts nach Prinzipien der Wirklichkeitslehre« (1796) die Ephoren-Theorie erneuert und zugleich mit der radikalen unmittelbaren Demokratie zu verbinden gesucht, ohne freilich seine zeitgenössische staatliche Wirklichkeit damit zu erreichen, während → Kant (Metaphysische Anfangsgründe der Rechtslehre, 1797) nur ein gesetzlich verankertes WR gelten läßt, das aber in sich selbst ein Widerspruch sei. Auch → Schleiermacher lehnt ein WR ab und selbstverständlich der Legitimist F.J. → Stahl. Die letzte umfassende W.slehre bietet - neben Feuerbach und Mohl - Carl Rotteck (Lehrbuch des Vernunftrechts und der Staatswissenschaft, 1830) mit dem Versuch, den Konstitutionalismus mit der volontée générale Rousseaus in einem WR für die Volksvertretung zu verbinden. M. → Baumgarten hatte seinen Versuch der »Gewinnung einer Schriftlehre über die Berechtigung einer gewaltsamen Revolution« mit Absetzung zu bezahlen. In den Verfassungskonflikten in Braunschweig (1830) und Hannover (1837) wird noch gelegentlich der Gedanke des WR laut. - Es ist zuletzt der aus dem W.sgedanken erwachsene konstitutionelle Staat selbst, der das Problem des WR, so wie es sich im Ständestaat stellte, zum Verstummen bringt, sofern er sich, gerade auch mit der Gewaltenteilung, als »Schutzstaat der bürgerlichen Freiheit« versteht. Aber diese an der »gleitenden« Machtübernahme des modernen Totalitarismus manifest gewordene gefährliche Überschätzung der freiheitssichernden Funktion des Rechtsstaates und ein sich immer wieder anmeldendes Schutzbedürfnis der bürgerlichen Freiheit führen dann dazu, daß WR und *Revolution* enger aneinanderrücken und daß das Problem der sittlichen Rechtfertigung von Revolution bzw. der sittlich gebotenen W.spflicht die ältere Fragestellung ablöst.

7. Der politische *Totalitarismus im 20.Jh.*, bes. der → Nationalsozialismus, hat unter diesem Gesichtspunkt die Frage nach dem WR wieder aktuell und akut gemacht, auch für die Kirchen, für die dabei die Sonderfrage auftaucht, ob das Problem des W.es als ein politisches auch etwas mit dem durch den Glauben bestimmten Christenleben zu tun habe. In der kontinentalen Theologie hat so K. → Barth im Anschluß an das Schottische Bekenntnis 1560 (s. 4) vom Glaubensgehorsam her den Gedanken erneuert, daß »der in der Liebe tätige Glaube an Jesus Christus« u.U. »unsere aktive (politische) Resistenz ebenso notwendig« machen könne, »wie er, wenn wir nicht vor diese Wahl gestellt sind, die passive Resistenz oder auch unsere positive Mitarbeit notwendig macht« (Gotteserkenntnis und Gottesdienst nach ref. Lehre, 1938, 214; KD III/4, 513ff). In Überwindung der traditionell-absolutistischen Auslegung des luth. Untertanengehorsams hat der norwegische Primas E. → Berggrav die Verteidigung des Rechtsstaates als Christenpflicht gelehrt (Der Staat und der Mensch, 1946) und Luthers Auffassung vom apokalyptischen Tyrannen (s. 4) sinngemäß auf den modernen totalitären Staat angewandt: »Wenn die Obrigkeit ... mit grober Willkür tyrannisch wird, dann gibt es dämonische Zustände und infolgedessen ein Regiment, welches nicht unter Gott steht. Gehorsam einer teuflischen Macht gegenüber wäre aber nichts anderes als Sünde... Unter solchen Umständen besteht prinzipiell das Recht zum Aufruhr in der einen oder anderen Form« (so vor dem Luth. Weltbund 1952). Im Bereich des konfessionellen deutschen Luthertums hingegen schwankt man zwischen Auflockerung (P. → Althaus) und starrem Festhalten (W.Künneth) der altluth. Ablehnung jedes »revolutionären« WR. So ist heute die grundsätzliche theologische Erörterung des W.sproblems, veranlaßt durch den → Kirchenkampf, auch auf ökumenischer Ebene neu in Gang gekommen. Das bestätigt zugleich die Erkenntnis: »Politische Wissenschaft, wenn sie sich mit dem W.sproblem befaßt, wird zunächst zur Religionssoziologie« (v.Borch 161). Die Motive für die heutige Beschäftigung mit dem WR sind wesentlich in der Erfahrung der Katastrophe auf Grund totalitärer Machtergreifung mit ihren Methoden des Eidmißbrauchs, formaljuristischer Prozeduren, der »institutionellen« Revolution in der Ebene der Bürokratie, der »Ermächtigungsgesetze« u.a.m. zu suchen und in der Frage ihrer Vermeidbarkeit. Damit ist die Frage des WR abermals an ihren eigentlichen Ort gerückt: es geht ihr um die moralische Rechtfertigung der Freiheitssicherung gegenüber dem tyrannus secundum regimen, dh gegenüber dem Machtmißbrauch der an sich rechtmäßigen staatlichen Gewalt. Und es geht vor allem um die Frage nach dem soziologisch-politisch wirksamen Träger des WR. Im modernen → Staat, in dem das Berufsbeamtentum der Inhaber der »wirklichen Herrschaft« (Max Weber) ist und damit ein verantwortlicher Integrationsfaktor in der Gemeinschaft des freiheitlich-demokratischen Staates sein soll (mit und trotz der wesentlich technischen Funktion), kommt ihm bei der Frage des WR eine ähnliche Rolle zu, wie sie in den reformatorischen Erwägungen zum WR den »mittleren Magistraten« zugesprochen wurde. Das moralische Problem der W.spflicht betrifft in der Demokratie gewiß auch den einzelnen Bürger, aber es gewinnt beim Beamten seine besondere Verschärfung, zumal wenn das WR verfassungsmäßig kaum oder unzureichend (in der BRD nur für Hessen und Bremen) gesichert ist. Das WR gehört so zu den Erscheinungsformen des staatlichen Lebens als »Integration« (R.Smend) bzw. als ständigen Prozesses. An diesem ist auch seine Grenze zu bestimmen: »Wo die Integration als ›Vollzug der Menschenrechte‹ durch Umsturzgefahr bedroht ist, ist der W. legitim. Dieser Satz gilt auch für das Berufsbeamtentum als demokratischen Integrationsfaktor« (v.Borch 13). Seinen eigentlichen Sinn gewinnt das WR erst dann, »wenn es als unerläßlicher Bestandteil der freiheitlichen Staatsgesinnung aufgefaßt wird und im klaren, wachen Bewußtsein des Volkes als selbstverständliches Recht lebt« (Pribilla 313).

Zu 1: R.WIESMANN, Treueid u. Treupflicht im dt. Staatsrecht, 1911 - F.KERN, Gottesgnadentum u. WR im frühen MA, 1914 (Neudr. 1954) - K.WOLZENDORFF, Staatsrecht u. Naturrecht in d. Lehre vom WR d. Volkes gegen rechtswidrige Ausübung d. Staatsgewalt, 1916 - H.FEHR, Das WR (MIÖG 38, 1918, 1-33) - A.PFEIFFER, Der Gedanke des WR d. Staatsbürgers gegen unrechtmäßige Ausübung d. Staatsgewalt, 1935 - C.HEYLAND, Das WR d. Volkes, 1950 - W.KIENAST, Untertaneneid u. Treuevorbehalt in England u. Frankreich, 1952 - K.GRIEWANK, Der neuzeitl. Revolutionsbegriff. Entstehung u. Entwicklung, 1955 - H.CLAVIER, The Duty and the Right of Resistance according to the Bible and to the Church, Leiden 1956 - W.A.SCHULZE, Römer 13 u. d. WR (ARSP 42, 1956, 555-566) - B.PFISTER-G.HILDMANN (Hg.), WR u. Grenzen d. Staatsgewalt, Tagungsbericht (mit Vorträgen), 1956 - J.V.GIERKE, WR u. Obrigkeit, 1956.

Zu 2: G.KOCH, Manegold von Lautenbach u. die Lehre von d. Volkssouveränität unter Heinrich IV., 1902 - H.MITTEIS, Polit. Prozesse d. frühen MA in Deutschland u. Frankreich, 1922 - S.HÜBSCHMANN, Beiträge zur Gesch. d. kirchl. WR gegen d. Papst im MA,

1923 - R.SCHOLZ, W.v.Ockham als polit. Denker u. sein Breviloquium de principatu tyrannico, (1944) 1957² - J.SPÖRL, Gedanken um WR u. T. im MA (in: PFISTER-HILDMANN [s. 1], 11-32).

Zu 3 (außer der Lit. zu → Monarchomachen): J.BOEHME, Der Tyrann in d. Lehre d. kath. Kirche, 1905 - F.ERCOLE, Sulle fonti e sul contenuto della distinzione fra tirannia ex defectu tituli e tirannia exercitio, 1912 - P.LIMAN, Der polit. Mord im Wandel d. Gesch., 1912 - B.BESS, Die Lehre vom T. auf d. Konstanzer Konzil (ZKG 36, 1916, 1-61) - H.ROGGE, Verbrechen des Mordes begangen an weltl. dt. Fürsten 911 bis 1056, 1918 - A.ANDELFINGER, Die Entwicklung d. Tyrannenbegriffs in d. polit.-theol. Lit. d. MA u. seine antiken Quellen, 1920 - W.SEIFERTH, Der T. von 1407, 1922 - P.KIRN, Saul in d. Staatslehre (Staat u. Persönlichkeit, Festschr. E.Brandenburg, 1928, 28-47) - H.FINKE, Acta Conc. Constanciensis IV, 1928, 437ff - H.HEIMPEL, Studien zur Kirchen- u. Reichsreform d. 15.Jh.s I (SAH 1929/30, 1, Anhang) - A.NOBEL, Der Mord in d. Politik, 1931 - E.WALSER, Die Gestalt d. tragischen u. komischen Tyrannen in MA u. Renaissance (Ges. Studien, 1932, 191-210) - F.SCHOENSTEDT, Studien zum Tyrannenbegriff u. T.problem im späten MA, 1937 - H.FRIEDEL, Der T. in Gesetzgebung u. Volksmeinung der Griechen, 1937 - LThK X, 346f - O.JÁSZI-J.D.LEWIS, Against the Tyrant. The Tradition and Theory of Tyrannicide, Glencoe/Ill. 1957.

Zu 4: L.CARDAUNS, Die Lehre vom WR d. Volks gegen d. rechtmäßige Obrigkeit im Luthertum u. im Calvinismus d. 16.Jh.s, 1903 - G.BEYERHAUS, Studien zur Staatsanschauung Calvins, 1910 - K.MÜLLER, Luthers Äußerungen über d. Recht d. bewaffneten W.s gegen d. Kaiser, 1915 - F.KERN, Luther u. d. WR (ZSavRG 37, 1916, 331-340) - H.LÜTHJE, Melanchthons Anschauung vom Recht d. W.s gegen die Staatsgewalt (ZKG 47, 1928, 512-542) - H.PACHALI, Das Revolutionsproblem in d. theol. Ethik d. Luthertums (ThStKr 101, 1929, 381-420) - ELERT, ML II, 374ff - J.BOHATEC, Calvin u. das Recht, 1934 - DERS., Calvins Lehre von Staat u. Kirche, 1937 - R.NÜRNBERGER, Kirche u. weltl. Obrigkeit bei Melanchthon (Phil. Diss. Freiburg), 1937 - R.HERMANN, Luthers Zirkulardisputation über Mt 19, 21 (LuJ 23, 1941, 35-93 = Ges. Studien zur Theol. Luthers, 1960, 206-250) - G.GROTKE, Martin Luther u. d. Recht (Diss. Marburg), 1951 - W.ELLIGER, Luthers polit. Denken u. Handeln, 1952 - C.HINRICHS, Luther u. Müntzer. Ihre Auseinandersetzung über Obrigkeit u. WR, 1952 - J.HECKEL, Lex charitatis (AAM 1953, 36) - DERS., W. gegen d. Obrigkeit? (ZW 25, 1954, 156-168) - DERS., Die Lutheraner (in: PFISTER-HILDMANN [s. 1], 32-45) - E.WOLF, Das Problem d. WR bei Calvin (ebd 45-58) - L.C.GREEN, Resistance to Authority and Luther (The Lutheran Quarterly 4, 1954, 338-348) - G.HILLERDAL, Gehorsam gegen Gott u. Menschen, 1955.

Zu 5: C.B.HUNDESHAGEN, Calvinismus u. staatsbürgerl. Freiheit, 1841 (Neuausg. 1946) - O.GIERKE, Joh.Althusius u. d. Entwicklung d. naturrechtl. Staatstheorien, (1880) 1958⁵ - H.REHM, Gesch. d. Staatsrechtswissenschaft, 1896 - M.LANDMANN, Der Souveränitätsbegriff bei d. franz. Theoretikern von Bodin bis Rousseau, 1896 - G.P. GOOCH, The Hist. of English Democratic Ideas in the 17th Century, (1898) 1927² - W.HAENSEL, Kants Lehre vom WR, 1926 - A.GROSS, Der Streit um d. WR. Ein Beitrag zur Gesch. d. engl. Revolution, 1929 - R.NÜRNBERGER, Die Politisierung d. franz. Protestantismus, 1948 - F.DELEKAT, Die Umsetzung d. Grundprinzipien d. Reformation in d. Grundzüge d. konstitutionellen Demokratie (EvTh 14, 1954, 485-498) - J.BOHATEC, England u. d. Gesch. d. Menschen- u. Bürgerrechte, 1956.

Zu 7: E.BERGGRAV, Der Staat u. d. Mensch, 1946, 301ff - DERS., Staat u. Kirche in luth. Sicht (Das lebendige Wort in einer verantwortl. Kirche, 1952, 78-86) - M.PRIBILLA, Dt. Schicksalsfragen, 1950 - 12 Thesen d. Norweg. Nationalkomitees d. Luth. Weltbundes, 1952 (EvTh 12, 1952/53, 337-340) - F.LOY, Das WR u. seine Grenzen bei Luther u. heute (Zur polit. Predigt, hg.v. Ev.-Luth. Dekanat München, 1952, 67-80) - H.J.IWAND-E.WOLF, Entwurf eines Gutachtens zur Frage d. WR nach ev. Lehre (in: H.KRAUS, Die im Braunschweiger Remerprozeß erstatteten ... Gutachten, 1953, 9-18) - W.KÜNNETH, Das WR als theol.-ethisches Problem, 1954 - H.v.BORCH, Obrigkeit u. W. Zur polit. Soziologie d. Beamtentums, 1954 - K.H.BECKER, WR u. Staatsgewalt (ELKZ 9, 1955, 129f) - DERS., Probleme d. WR in ökum. Sicht (Nachrichten d. Ev.-Luth. Kirche in Bayern 10, 1955, 5-9) - W.SCHÖNFELD, Zur Frage d. WR, 1955 - E.KLÜGEL, Prinzipielles Recht zum Aufruhr? (Macht u. Recht, hg.v. H.DOMBOIS, 1956, 44-75) - H.WEINKAUFF, Über d. WR, 1956 - H.GOLLWITZER, Bürger u. Untertan (Libertas Christiana, Festschr. F.Delekat, 1957, 30-56) - DERS., Forderungen der Freiheit, 1962 - THIELICKE, ThE II/2, 1958, 399f (Lit.) - W. VON TROTT ZU SOLZ, W. heute oder das Abenteuer der Freiheit, 1958 - EKL III, 1803ff - A.ARNDT, Agraphoi nomoi (W. u. Aufstand) (Neue Jurist. Wochenschrift 15, 1962, 430-433) - W.GEIGER, Das Gewissen im Recht, 1962. - Vgl. auch die Lit. zu → Menschenrechte: II u. Texte: Proklamationen der Freiheit, hg.v. J.MUSULIN, 1959 (Lit.).

Ernst Wolf

Widor, *Charles-Marie,* franz. Organist und Komponist, * 24.2.1845 in Lyon, † 12.3.1937 in Paris, studierte in Brüssel und wurde in Paris 1870 Organist an St. Sulpice und 1891 Konservatoriums-Prof. W. schrieb Orchester- und Chorwerke, Lieder, Kammer- und Theatermusik. Vor allem war er ein Hauptvertreter der von C. → Franck geführten franz. Orgelschule, welche die symphonischen Formen der Romantik auf die Orgel übertrug (W.s Orgelsymphonien) und mit ihrer spielerisch-pompösen Klangfreude im Gegensatz zur deutschen Haltung steht.

J.HANDSCHIN, Ch.-M.W. (in: Gedenkschrift J.Handschin, 1957, 242-245).

W.Osthoff

Widukind (ca 925 bis nach 8.5.973), seit ca 940 Mönch des Klosters → Korvey, wurde durch seine in der Erstfassung 967/68 abgeschlossenen und später bis 973 fortgesetzten »Rerum gestarum Saxonicarum libri tres« einer der bedeutendsten ottonischen Geschichtsschreiber (→ Mittelalterliche Literatur: I, 2).

Ausg. v. H.-E.LOHMANN u. P.HIRSCH, 1935⁵. - Über W.: WATTENBACH-HOLTZMANN I/1, 25ff; I/4, 823 (Lit.) - H.BEUMANN, W.v.K., 1950 (Lit.) - VerfLex IV, 1953, 946ff (Lit.) - J.A.BRUNDAGE, W. of C. and the »Non-Roman« Imperial Idea (MS 22, 1960, 15-26) - H.BEUMANN in: Geschichtsdenken u. Geschichtsbild im MA, hg.v. W.LAMMERS, 1961, 135-164 (Lit.) - K.HAUCK, ebd 165-200, bes. 175ff.

H.Beumann

Wiechert, *Ernst* (18.5.1887 bis 24.8.1950), * als Sohn eines Försters in Kleinort (Südostpreußen), studiert in Königsberg Naturwissenschaften, Anglistik und Germanistik. Von 1911-33 ist er im höheren Schuldienst tätig, zuerst als Studienrat in Königsberg, dann in Berlin. Am 1. Weltkrieg nimmt er als Kriegsfreiwilliger teil. 1933 scheidet W. aus dem Schuldienst aus, wird freier Schriftsteller und lebt auf seinem Hof Gagert in Oberbayern. Seine freimütige Stellungnahme gegen das NS-Regime wird mit der Einweisung in das KZ Buchenwald beantwortet, wo er 1938 vier Monate inhaftiert wird. Auch nach seiner Entlassung steht er unter Gestapoaufsicht und erhält Schreibverbot. 1948 verläßt er Deutschland und findet auf dem Rütihof am Zürichsee seine letzte Zuflucht. - W.s dichterisches Schaffen (etwa 20 Romane, Novellen und Erzählungen) kreist vor allem um das Spannungsverhältnis von Natur und Zivilisation: erstere meint die heile Welt, letztere ihre Entartung. Allein die Natur ist echt, die Rückkehr zu ihr bedeutet Heilung für alle Heimkehrenden und Flüchtlinge der beiden großen Weltkriege (Die Majorin, 1934; Missa sine nomine, 1950). In ihr geborgen findet der Mensch zu sich selbst zurück (Das einfache Leben, 1939). Neben seiner Naturverbundenheit - in ihrer magischen Beschwörung erzielt W. seine stärksten dichterischen Wirkungen - steht sein Gottsuchertum: Er war zeitlebens ein Grübelnder von starkem, selbstquälerischem Ernst. Vor allem »Die Jerominkinder« (1945/47) durchzieht ein verzweifeltes Ringen um Gott. Aber Gott bleibt fern und stumm. W.s Glaube scheitert am Theodizeeproblem: Weil er das Leid der Welt nicht mit seinem Gottesbegriff vereinen kann, wird er als Sprecher aller Weltnot in einer christlich-antichristlichen Religiosität zum Ankläger des unbekannten Gottes. Das reichlich verwendete Bibelwort, aus dem man irrtümlich auf eine christliche Grundhaltung geschlossen hat, wird ihm kein Anruf zum Glauben, sondern bleibt ein menschlich-immanentes Wort voll tiefer Weisheit, ein Ausdruck und Vorspann seiner sehr subjektiven religiösen Gedanken und

Empfindungen, die alle konfessionellen Glaubensinhalte und alle kirchliche Gestaltwerdung des Wortes ablehnen. So findet er in der Welt des christlichen Glaubens keine Geborgenheit und bleibt im Agnostizismus und in der Weltskepsis. Seine Hoffnung ist, still und ohne Angst in das große Schweigen einzugehen. – In einer halt- und richtungslosen Welt haben W.s Bücher eine Zeitlang vielfach als Lebenshilfen gewirkt. Er bleibt ein Beispiel für das Ringen und die Widersprüche seiner Zeit.

GA, 10 Bde, 1957. – Über W.: H.Ebeling, E.W. Der Weg eines Dichters, 1937 – Ders., E.W. Das Werk des Dichters, 1947 – W.v. Stein, E.W., ein Dichter des Generationenproblems, 1937 – Bekenntnis zu E.W. Ein Gedenkbuch zum 60. Geb., 1947 – C.Petersen, E.W. Mensch der Stille, 1947 – H.Fries, E.W., 1949 – H.Ollesch, E.W., (1949) 1961⁴ – H.Becher, E.W. (StZ 168, 1960/61, 270–286).

H.Ollesch

Wiederbringung Aller

I. Dogmengeschichtlich – II. Dogmatisch

I. Dogmengeschichtlich

W.A., auch »Allversöhnung«, meint die Vollendung von Natur und Geschichte zu ursprünglicher Einheit und Reinheit. Das griech. »Apokatastasis«, schon Apg 3, 21 uneigentlich gebraucht (zur astronomischen Herkunft vgl. A.D.Nock-A.J.Festugière, Corpus Hermeticum I, 1945, 90 Anm. 17), diente dem hellenistischen Judentum als Bezeichnung messianischer (das Verb nach Mal 3, 23 LXX: Mk 9, 12; Apg 1, 6) und eschatologischer Paradieserwartungen; die → Apokalyptik verband damit ein zyklisches Weltbild (im ältesten Sachbeleg 1Kor 15, 22–28 latent; Kol 1, 15–20 unter gnostischem Einfluß offen): die W.A. aber blieb ihm fremd (1Kor 15, 25: »Vernichtung« des Todes!). Sachgemäß war jener »Apokatastasis«-Begriff, in den stoische Weltperioden- und platonische Allbeseelungslehre eingemündet war (→ Plutarch, → Plotin). Er ermöglichte ein soteriologisches Verständnis der Kosmologie (hermetischer Traktat Asclepius) und bot sich so christlichen Gnostikern an (Evangelium veritatis, → Valentin, → Herakleon, → Basilides, → Pistis Sophia; Taufbezeichnung bei → Markus). Gnostisch erschien die Apokatastasis als »Auflösung« der körperlichen Gestaltwelt. Die antignostische Polemik von → Irenäus nahm den Begriff auf, verschmolz ihn aber mit seiner Anakephalaiosislehre; ähnlich adaptierte ihn → Clemens von Alexandrien. Erst → Origenes entwickelte an ihm eine theologische Lehre von der W.A. (→ Eschatologie: V, 2 c γ), welche die eschatologische Scheidung in »Erlöste« und »Verdammte« spekulativ überwinden wollte, ohne ihre kirchliche Geltung anzutasten. Das Dogma von der Seeleneinkörperung als zeitweiliger, läuternder Akt göttlicher Pädagogik wurde zu einer universalen Soteriologie, die individuelles Seelenheil und kosmisches Weltheil kausal verband. Über dem Gesetz des Verlustes der Einheit in der Verstrickung und der Rückkehr in die Reinheit standen göttliche Vorsehung und menschliche Willensfreiheit. Konsequent wurde dies selbst auf den → Teufel (: III) angewandt, dem Glauben an den Sieg der Vernunft und des Guten letzten Ausdruck gebend. Wo platonischer Idealismus (→ Gregor von Nyssa) oder humanistischer Rationalismus (→ Diodor von Tarsus, → Theodor von Mopsuestia, → Stephanus bar Sudaile, noch im 13.Jh. der Nestorianer Salomon von Basra, »Buch der Biene«) lebendig waren, fand die W.A. in der östlichen Kirche Fürsprecher. Die Verdammung des Origenes, → Didymus (der nur die Präexistenz der Seelen, nach neueren Funden aber nicht die W.A. vertrat) und → Evagrius Pontikus durch die endemische Synode 543 und das 5. ökumenische Konzil 553 stempelte sie endgültig zur »Häresie«. – Im Westen entzog das Urteil → Augustins (De civ. XXI, 17), die nachhaltige Wirkung seines »Gottesstaates« und überhaupt die geschichtliche Struktur abendländischer Theologie der Apokatastasislehre den Boden; nur wo neuplatonischer Einfluß lebendig war (→ Johannes Scotus Eriugena), wurde sie vertreten. Die Ewigkeit der Höllenstrafen stand als Dogma (→ Athanasianum) fest, die scholastischen Autoritäten des MA (→ Thomas von Aquino) vertieften es, → Dantes »Divina comedia« malte es aus. Die Verurteilung der W.A. durch die Reformation (CA 17; Helv. poster. 7) entsprach dieser Tradition; aktuellen Anlaß gaben aber die Taufgesinnten (→ Denck, vgl. → Menius, »Der Wiedertäufer Lehre und Geheimnis«). – Mit ihnen beginnt die eigentliche Geschichte der W.A. im deutschen Wortsinn; ihr fehlt der kosmologische Aspekt. Ob die → Täufer auf den anglikanischen → Universalismus einwirkten, ist ungeklärt. Verschiedenste Motive ließen die W.A. hier und dort aufleben. Spekulatives Interesse leitete Jane → Leade, die das Ehepaar → Petersen beeinflußte (Berleburger Bibel [J.H. → Haug]). Der Aufklärer und Hallenser Philosoph Eberhard warf → Leibniz mangelnde Konsequenz vor, weil er seine Theodizee nicht zur Lehre der W.A. ausgeweitet habe. Als esoterische, nicht auf die Kanzel zu bringende »Einsicht« vertrat sie → Bengel, bei → Oetinger schwangen theosophische Motive mit, und auf J.M. → Hahn wirkte mystischer Einfluß (Jak. → Böhme). Interesse an der »Geisterwelt« lenkte → Oberlin und → Jung-Stilling auf die W.A., idealistischer Humanismus → Lavater und → Schleiermacher, bei dem sie als »allgemeine Wiederherstellung aller menschlichen Seelen« romantische Züge (Liebesuniversum) annahm. Daß Alex. → Schweizer und → Hofstede de Groot als Calvinisten, aber auch ein kath. Dogmatiker wie → Schell im 19.Jh. ähnliches vertraten, spiegelt die konfessionelle Indifferenz mancher Vertreter wider, die um so stärker auf die Schriftbelege insistierten.

RAC I, 510ff mit Lit. für alte Kirche, dazu ferner: W.Michaelis, Versöhnung des Alls, 1950 (vgl. Joh.Schneider, ThLZ 77, 1952, 158–161) – K.Lüthi, Die Erörterung der Allversöhnungslehre durch das pietist. Ehepaar W. u. J.E.Petersen (ThZ 12, 1956, 362–377) – G.Müller, Origenes u. die Apokatastasis (ebd 14, 1958, 174–190) – H.Cornils, Les fondements cosmologiques de l'eschatologie d'Origène (RSPhTh 43, 1959, 38–51. 201–248) – E.Staehelin, Die W. aller Dinge (Basler Universitätsreden 45), 1960 (Gesamtüberblick).

C.Andresen

II. Dogmatisch

Der Gedanke der W. gründet sich auf die Obmacht des im Evangelium erschlossenen universalen Heilswillens Gottes über alles menschliche Widerstreben: Gottes allumfassende Liebe, mit der er alles und alle in die → Versöhnung (: VI) einbezogen hat (Kol 1, 20), kommt gewiß an ihr Ziel. Biblisch-theologisch stützt die These sich auf die universalistischen Stellen des NT, vor allem bei Paulus, in denen er offenbar das Heil für alle erwartet (zB 1Kor 15, 21ff; Röm 5, 18). Aber der gleiche Paulus, der die allumfassende Heilsmacht Christi bezeugt, spricht auch vom zwiefachen Ausgang des Gerichts, vom »ewigen Verderben« der Ungehorsamen (→ Verdammnis). Ein Ausgleich der beiden Zukunftsbilder findet sich nicht. Man kann damit nicht so fertig werden, daß man die zweite Gedankenreihe als lediglich mitgeführtes traditionelles jüdisches Gut auffaßt und nur die erste als die original-christliche ansieht. Der scheinbar widerspruchsvolle Tatbestand bei Paulus will vielmehr dogmatisch in seinem Rechte, in seiner Notwendigkeit verstanden werden. Die Doppelheit und die Spannung der Aussagen ist nichts anderes als ein Ausdruck dessen, daß Gott dem Menschen in der zwiefachen Gestalt seines Wortes als → *Gesetz* (: VI) *und Evangelium* begegnet, daß demgemäß der Christ eben als der, der bis zum Ende dieses Lebens unter Gottes Gesetz steht, das Evangelium ergreifen soll. Das darf das theologische Denken niemals vergessen, auch nicht in der → Eschatologie (: VI). Das Evangelium macht uns des unbedingten Heilswillens Gottes mit uns gewiß, der uns auf alle Fälle ans Ziel bringen wird. Aber diese Heilsgewißheit hebt die → Geschichtlichkeit unseres Lebens nicht auf, nämlich die Verantwortung dafür, daß wir im Glauben und Gehorsam bleiben (Röm 11, 20; Phil 2, 12). Die Heils-*Gewißheit*, die das Evangelium schenkt, macht der Heils-*Sorge*, die unter dem Gesetze steht, nicht einfach ein Ende. Der heilsgewisse Glaube läßt die Furcht (Röm 11, 20; 1Petr 1, 17) nie *hinter* sich - sonst wäre die Heilsgewißheit entartet zu übermütiger Sicherheit -, aber er darf sie immer wieder *unter* sich lassen. Der → Glaube (: V) flieht aus der Not und Gefahr der auf den Christen gelegten Verantwortung immer aufs neue zu der Gewißheit der → Gnade (: V), die ihn auch durch alle Gebrechlichkeit und alles Versagen des eigenen verantwortlichen Wollens und Tuns hindurch hält und bewahrt. In dieser Bewegung allein lebt der Glaube und seine Heilsgewißheit. Dem muß auch der Blick in die Zukunft, also auch das eschatologische Zukunftsbild der Theologie entsprechen. Daß wir in die Verantwortung gerufen und gestellt sind, bedeutet Gewißheit um das → Gericht (: IV), um die immer noch ausstehende Entscheidung, Todesgefahr. Nur wer darum bleibend weiß, kann jenseits des Gerichtes die endliche Freiheit, die Rettung aus dem Gericht (Röm 5, 9) ergreifen, mit der über sein ewiges Schicksal durch das Evangelium schon heute entschieden ist. So hat der Christ für sich nicht ein eindeutiges theoretisches Zukunftsbild zur Verfügung. Nur durch das Bild des kommenden Gerichtes hindurch kann und darf er das Bild der ewigen Erlösung denkend schauen. Mit seiner Heils-Sorge befiehlt er sich immer aufs neue der Gnade Gottes zu gewisser Hoffnung. Er kann aber auch im Blick auf alle anderen, weil auch sie bis zum Ende in die verantwortliche Entscheidung gestellt sind, nicht anders als *sich sorgen*, wie für sich selbst. Doch er darf, wie für sich selbst, so auch für alle anderen seine Sorge der Barmherzigkeit Gottes empfehlen. Das heißt dann aber, daß die Theologie die Frage nach dem Ausgang der Geschichte, ob W. aller oder doppelter Ausgang, nicht lehrhaft beantworten kann, sondern offenhalten muß, in der Spannung von Gesetz und Evangelium. Die Frage, ob alle selig werden, ist als Verlangen nach einer objektiven Antwort falsch gestellt und kann daher theologisch nicht beantwortet werden (Lk 13, 23f). Die Theologie darf die W. weder lehren noch ablehnen. Sie ruft vielmehr aus der Theorie in die Existenz, in die Praxis des Glaubens. Was der Glaube in der Heilsgewißheit für sich selber erhofft, das hofft er auch für alle seine Menschenbrüder. Die Gnade, die sich ihm zugewandt hat, ist nicht in einem Vorzug seiner selbst begründet, sondern unbedingte grundlose Gnade - daher kann und darf er sie nicht anders denn als allumfassende denken. Aber wie die Heilsgewißheit eines jeden für sich selbst niemals ohne den Kontrapunkt der Sorge um das Heil und der Verantwortung ist, wie die Hoffnung hier zum Ernst der Heiligung »mit Furcht und Zittern« ruft (1Joh 3, 3; Phil 2, 12), so auch die Hoffnung auf die W. Sie erweist sich in der ständigen Fürbitte für alle Menschen (Röm 10, 1; 1Tim 2, 1ff), in der seelsorgerlichen und missionarischen Verantwortung für die, die uns anvertraut und erreichbar sind. Nur inmitten und über solcher Praxis des Glaubens hat der Gedanke der W. christliches Recht.

Außer den Lehrbüchern der → Dogmatik: FR. SCHLEIERMACHER, Über die Lehre von der Erwählung, 1819 (Sämtl. Werke I/2, 1836, 395-484) - O. RIEMANN, Die Lehre von der Apokatastasis, 1889 - RE I, 616ff - P. ALTHAUS, Die letzten Dinge, (1922) 1961[8], 183ff - W. MICHAELIS, Die Versöhnung des Alls, 1950 - E. BRUNNER, Das Ewige als Zukunft u. Gegenwart, 1955, 187ff - W. KRECK, Die Zukunft des Gekommenen, 1961, 139ff. *P. Althaus*

Wiedergeburt

I. Religionsgeschichtlich - II. Im NT - III. Dogmatisch

I. Religionsgeschichtlich

1. Der Gedanke einer persönlichen W., dh eines neuen Lebens nach dem Tode in dieser oder in einer anderen (bzw. zukünftigen) Welt, ist augenscheinlich sehr alt. Die ältesten → Grab-Funde und → Begräbnis-Formen zeugen von dem Glauben an ein fortgesetztes Leben für die Toten, und in den altertümlichen → Jäger- und Sammler-Religionen sollen die Riten beim Todesfall sowie die Grabbeigaben (→ Gabe) eine erneute Existenz des Individuums nach dem Tode bezwecken. In den meisten Fällen denkt man sich, daß dieses neue Leben sich in einem Totenreich abspielt (→ Tod: I). Doch heißt es oft gleichzeitig, daß der Mensch auch in dieser Welt wiederlebt, in ein neues Individuum reinkarniert wird oder in der Gestalt eines Tieres transmigriert (→ Seelenwanderung: I). Die Gleichzeitigkeit dieser beiden Vorstellungsreihen setzt sich durch die ganze Religionsgeschichte fort. - Wichtig ist, daß sich schon in den primitiven Jägerreligionen der zyklische Gedanke vom Leben nach dem Tode auch in anderen Zusammenhängen findet. So stellt man sich zB vor, daß die Tiere demselben Kreislauf wie die Menschen unterliegen. Die sog. Tierzeremonien beim Tode des Tieres - Ausstellung des ganzen Skeletts, Erhöhung des Schädels, Opfer an den Tierkörper (oder den Tiergeist) usw - sollen durch rechte Leichenfeier das Fortleben des toten Tieres bewirken (ob in dieser oder jener anderen Welt, wird oft nicht genau gesagt). Auch die Einweihung des Schamanen (→ Schamanismus) wird wie eine dramatische W. vorgestellt, denn Bewußtlosigkeit und ekstatische Visionen lassen den Schamanenkandidaten den Weg durch Tod zum neuen Leben erleben. Sekundär werden dann auch die → Rites de passage wie Mannbarkeitsweihe und Heirat (→ Ehe: I) sowie die → Initiationen in Kultgenossenschaften und Mysteriengesellschaften als eine W. aufgefaßt: der Mensch legt eine Wesensform ab und zieht eine andere an. Diese Auffassung besteht noch in den späteren und höheren Religionen; vgl. zB die Einweihung des Brahmanen in Indien (die upanayana), wonach er als zweimal Geborener (dvija) betrachtet wird.

2. Von einer W. in strengem Sinne kann man sprechen, wenn sie als durch eine Göttin vermittelt in der religiösen Ideenwelt hervortritt. Schon in prähistorischer Zeit bezeugen Hockerbestattungen diese Vorstellung: die Leiche ist so hingelegt, daß sie die Stellung des Embryo im Mutterschoß nachahmt, und das bedeutet wahrscheinlich, daß der Tote von der großen Göttin (→ Muttergottheit, Göttin der → Erde usw) in ein neues → Leben geboren wird. Vor allem in den späteren Agrarkulturen (→ Ackerbau: I) erreichen diese Gedanken ihren Höhepunkt. Der Mensch beobachtet, wie die Vegetation in jedem Frühling aus dem Schoß der großen Göttin sprießt und jeden Herbst dahin zurückkehrt. Darum ist das Erdbegräbnis so allgemein und so natürlich in diesen Religionen. Die Neugeborenen werden als aus der Erde geboren gedacht, und noch in jüngster Zeit war die Sitte verbreitet, die kleinen → Kinder um Gesundheit willen auf die Erde zu setzen.

3. Die Erneuerung der Welt wird schließlich mythisch auf Götter und Göttinnen projiziert, welche die → Fruchtbarkeit und den Wohlstand der Welt verkörpern und wie die Vegetation sterben, um später wieder zum Leben

zu kommen (→ Auferstehung: I). → Attis und → Adonis, → Tammuz und Ischtar sind Gottheiten dieser Art gewesen. Der Mythos vom wiedergeborenen Gott wurde rituell durch die kultisch-dramatische Auferstehung seines Repräsentanten wiederholt (zB des sakralen Königs in den Inthronisationsritualen des Vorderen Orients; → Königtum, sakrales). Der W.sglaube hat eine außerordentliche Wirkung erhalten, wenn diese kultische Verkörperung individualistisch erweitert wurde. Dies ist zB in den hellenistischen → Mysterien geschehen, wo jeder Myste schon in diesem Leben durch rituelles Einswerden mit der Gottheit wiedergeboren wurde. Mit alten persischen (zoroastrischen) eschatologischen Gedanken verbunden hat dieser W.sglaube auch im Christentum Eingang gefunden (→Wiedergeburt: II).

A. Dieterich, Mutter Erde, (1905) 1925³ - A. van Gennep, Les Rites de passage, Paris 1909; engl. 1960 - R. Reitzenstein, Die hellenist. Mysterienreligionen, (1910) 1927³ - ErJb 7, 1939 - PW XVIII/2, 139ff - Eliade §§ 147ff - Ders., Le mythe de l'éternel retour, Paris 1949; dt. 1953 - Nilsson I, 674ff; II, 687f - van der Leeuw (s. Reg.) - Heiler 524ff - A. David-Neel, Unsterblichkeit u. W. Lehren u. Bräuche in China, Tibet u. Indien, 1962. - Vgl. die Lit. zu → Seelenwanderung: I, →Wiedergeburt: II.

Å. Hultkrantz

II. Im NT

Der *Begriff* W. findet sich im NT erst in verhältnismäßig späten Schichten: Tit 3, 5 als Substantiv, 1Petr 1, 3. 23 »wiedergeboren (-gezeugt)«, Joh 3, 3 »gezeugt (geboren) von oben« (dh zugleich von neuem) = 3, 5f. 8 »aus dem Geist«, 1, 13; 1Joh 2, 29; 3, 9; 4, 7; 5, 1. 4. 18 »aus Gott« (ähnlich Jak 1, 18). Die Stellen sind spärlich, jedoch so weit über unterschiedliche Traditionen gestreut, daß der Begriff seit der 2. Generation der ganzen griechischsprechenden Kirche geläufig war. Bei → Justin und → Irenäus ist er stehende Bezeichnung für die Wirkung der → Taufe (: III) geworden. Was der Begriff sachlich meint, ist dem ganzen NT geläufig, wird jedoch meist mit Worten aus anderen Vorstellungszusammenhängen umschrieben.

Das NT hat die Vorstellung der W. bzw. der neuen Zeugung aus Gott nicht, wie die ältere religionsgeschichtliche Schule annahm, aus den → Mysterien »übernommen«, sondern aus eigenen Ansätzen und aus Anregungen der hellenistischen wie der jüd. Umwelt entwickelt. Die älteste nt. Stelle, 1Petr 1, 3. 23, steht in einem at.-jüd. Traditionszusammenhang, der Fremdlingschaft des hl. Gottesvolkes (1Petr 1, 1 - 2, 10), der bereits in den → Qumran-Texten dicht an die Aussage heranführt; dort wird von der Aufnahme in das Heilssystem der Sekte gesagt: »Ich preise dich...; denn du hast mich aus dem Totenreich herausgeführt zu ewiger Höhe... Ich weiß, daß es eine Hoffnung gibt für den, den du (neu-)geschaffen hast aus dem Staube heraus zu ewiger Gemeinschaft...« (1QH 3, 19ff u.ö.). Während das rabbinische Judentum den durch das Tauchbad aufgenommenen Proselyten lediglich auf Grund seiner neuen Stellung unter dem Gesetz »einem neuen Geschöpf« oder »einem eben geborenen Kind« vergleicht, ist hier eine innere Umwandlung gemeint, die der geforderten radikalen »Umkehr« entspricht. Der Begriff W. findet sich auch hier nicht; die hinter 1Petr stehende christliche Tradition hat ihn, wohl angeregt durch das hellenistische Judentum, aufgegriffen und statt des hebr.-biblischen »neuschaffen« eingefügt. In Tit 3, 5ff wird die W. durch das parallele »Erneuerung« in dem eschatologischen Sinn interpretiert, in dem bereits das palästinische Judentum den Begriff gebrauchte (vgl. Mt 19, 28). Nicht minder greifbar ist der bestimmende Einfluß christlicher und at.-jüd. Traditionen in Joh 3, 3ff, so daß die Berührung mit der hellenistischen Ausdrucksweise auch hier mehr den Charakter der Anknüpfung hat. Die hellenistische Menschen ansprechende Wendung »von oben bzw. von neuem gezeugt werden« will wiedergeben, was Jesus mit »Buße« meinte (vgl. Mt 18, 3 par). Die Buße, die er forderte und zugleich wirkte, war eine einmalige und doch das ganze Leben umfassende totale Umwandlung, nämlich das Eingehen in ein neues Gottesverhältnis. Schon Paulus hatte das für jüd. Menschen mißverständliche und hellenistischen Menschen fremde Wort Buße vielfach ersetzt und zB von einem Mitsterben zum Mitleben (Röm 6, 3-11; Kol 2, 11 - 3, 11) und von einem Neuwerden im eschatologischen Sinn (Röm 6, 4; 12, 2; 2Kor 4, 16), von der neuen Schöpfung (2Kor 5, 17; Gal 6, 15) geredet. - In der Tat interpretiert und entfaltet die nt. Vorstellung von W. ihrem *Inhalt* nach eine wesentliche Seite dessen, was Jesus mit Umkehr meinte. Nach 1Petr ist die W. die erwählende Berufung (1, 1f) zum Hoffen, Glauben und Lieben (1, 3. 9. 22f). Auch nach 1Joh erweist sich das Gezeugtsein aus Gott als Glaube und Liebe (4, 7; 5, 1). In Joh 3 entspricht der neuen Geburt von oben (V. 1-8) das Glauben des Menschen (V. 9-21). Von dem neuen Ich aber kann 1Petr 1 nur in der Dialektik von Indikativ und Imperativ reden: Gott hat uns zum Hoffen wiedergeboren (1, 3); daher hoffet (1, 13)! Dieselbe Dialektik bringt 1Joh durch seine Antithesen zum Ausdruck: »Jeder, der aus Gott geboren ist, begeht keine Sünde« (3, 9); dieser antithetische Satz will, wie 1, 8f lehrt, nicht einen Zustand beschreiben, sondern die Scheidung, die Gott gesetzt hat, durch Verkündigung gegenwärtig wirksam machen. Die W. ist also ebenso wie das neue Ich weder eine supranaturale noch eine psychologische Gegebenheit, sondern eine Setzung Gottes, die allein durch das glaubenschaffende Wort Gottes entsteht und besteht; sie ist und bleibt erwählende Berufung zum Glauben, die ihn schafft.

Dem entsprechen die Aussagen über den *Vollzug der W.* Sie wird nach 1Petr gewirkt »durch die Auferstehung Jesu aus den Toten« (1, 3) und »durch den unvergänglichen Samen, nämlich das lebendige und bleibende Wort Gottes« (1, 23; ebenso Jak 1, 18). Die erwählende Berufung durch das Evangelium aber kommt für 1Petr wie für das gesamte Urchristentum in dem Rettungsakt der → Taufe (: II) zum Ziel (1, 1f; 3, 20f). Demgegenüber lassen Joh 3, 5f und Tit 3, 5 umgekehrt die W. unmittelbar durch die Taufe und den Geist gewirkt sein, aber Taufe und Geist wirken für beide ebenfalls auf Grund der Auferstehung, und zwar worthaft. Die durch die Jh.e umstrittene Frage: W. - Taufe - Geist klärt sich, wenn man auf die Aussageform der nt. Stellen achtet. Man kann von der Taufe als »dem Bad der W.« nur missionarisch auf Glauben hin oder bekennend vom Glauben her reden, aber nicht im Sinne objektivierender Feststellungen. Auch der Geist ist immer nur durch das Wort und als Wort wirksam! - Diese Linie wird noch klarer, wenn der *Aussagegehalt* des Wortes W. entfaltet wird. In Joh 3 soll der Begriff aussagen, daß die radikale Forderung Jesu nur durch eine totale Umwandlung realisiert wird, die Gott durch den Geist wirkt. Nach 1Petr kommt die christliche Existenz von einem völlig neuen Anfang her, der die Christen in dieser Welt zu »Fremdlingen und Beisassen« macht, die vom Bösen geschieden sind und dennoch den Ständen dieser Welt verpflichtet bleiben (2, 1. 11f). 1Joh läßt diese Verpflichtung beiseite und stellt durch den Hinweis auf die Zeugung aus Gott nur die absolute Geschiedenheit von der Welt und die Zugehörigkeit zu Gott heraus.

Nur 1Joh und Joh 1, 13f verbinden die W. ausdrücklich mit der → *Gotteskindschaft* (1Joh 3, 9f; 5, 1f). Diese Verbindung füllt beide Vorstellungen inhaltlich: die Gotteskindschaft ist im selben Sinne wirklich wie das Gezeugtisen aus Gott! Beides ist »noch nicht erschienen« (3, 2), es ist nicht konstatierbar. Auch der »Same«, das Pneuma, das durch die Zeugung kam und die Gotteskindschaft ausmacht (3, 9f), ist nur in der Weise in den »Wiedergeborenen«, daß die antithetische Verkündigung des 1Joh diese erwählende Berufung ständig vergegenwärtigen muß. So bedeutet Zeugung zur Gotteskindschaft hier nicht nur wie im AT (vgl. Ps 2, 7) Adoption, aber auch nicht ein habituelles Teilhaben »an der göttlichen Natur«, wie 2Petr 1, 3 alsbald gedeutet wurde, sondern das eschatologische Wohnungnehmen Gottes im Menschen, das eine neue Existenz in Glaube und Liebe schafft und durch Gottes Treue »bleibt« (Joh 1, 12f; 14, 17. 23; 1Joh 3, 24; 4, 13).

Vgl. die Komm. zu den zitierten Stellen u. die nt. Theologien. Ferner: A.Dieterich, Eine Mithrasliturgie, (1903) 1910², 157ff - R.Reitzenstein, Die hellenist. Mysterienreligionen, (1910) 1927³ - R.Perdelwitz, Die Mysterienreligion u. das Problem des 1Petr, 1911, 36ff - ThW I, 378. 663ff. 685ff (Lit.) - J.Dey, Palingenesia (NTA 17, 5), 1937 (Lit.) - W.Schweitzer, Gotteskindschaft, W. u. Erneuerung im NT u. in seiner Umwelt (Diss. Tübingen), 1942 (Masch.) - E.Sjöberg, W. u. Neuschöpfung im paläst. Judentum (StTh 4, 1951/52, 44-85) - Ders., Neuschöpfung in den Toten-Meer-Rollen (ebd 9, 1956, 131-136) - J.Jeremias, Die Kindertaufe in den ersten 4 Jh.en, 1958, 38ff. 64f. 84f. - Vgl. die Lit. zu → Taufe: II.

L.Goppelt

III. Dogmatisch

Die Stellung des Begriffs W. im Ganzen der Lehre von der Heilszueignung war in der älteren ev. Theologie schwankend. Teils wurde W. als die Erweckung des Menschen zum Glauben an das Evangelium verstanden, dem die → Rechtfertigung (: III) und dieser wieder die → Heiligung (: III) folgt. Teils wurde der Begriff W. mit dem der renovatio oder Heiligung im engeren Sinn verbunden und dann im ordo salutis (→ Heilsordnung) der Rechtfertigung und dem Glauben nachgestellt. Teils wurde er auch speziell mit dem Taufgeschehen verbunden und als Einsenkung eines verborgenen Lebenskeimes durch die → Taufe (: IV) verstanden. - Die Tatsache, daß für alle diese verschiedenen Verbindungen des Begriffes Belege aus dem NT geltend gemacht werden können, weist darauf hin, daß es überhaupt abwegig ist, die W. als einen besonderen Akt von andern Akten der Heilszueignung unterscheiden und mit ihnen in ein bestimmtes Reihenfolgeverhältnis setzen zu wollen. W. meint vielmehr das *Ganze* des Heils unter dem Gesichtspunkt seines Wesens als Schöpfung neuen Lebens. In der Bezeichnung des Heils als W. liegen folgende Momente ineinander: 1. Das Leben im Heil ist *Neusetzung Gottes*, für die im Menschen keine Voraussetzungen gegeben sind. W. ist daher grundlegend die Versetzung des Menschen in den Stand der zu neuer Gemeinschaft mit Gott Versöhnten, und damit zu einer völligen Neuqualifizierung seines Lebens und seiner Zukunft. Dieser souveräne Gnadenakt Gottes ist in seiner Voraussetzungslosigkeit nur der ersten Schöpfung durch das Wort aus dem Nichts vergleichbar. Der Gottesakt dieser Setzung geschieht grundlegend in der Sendung Jesu Christi, denn in ihm hat sich Gott ein für allemal dem von ihm abgekehrten Menschen zur → Versöhnung (: VI) und Gemeinschaft gegenwärtig gemacht. Durch das Wort des Evangeliums ebenso wie durch die Taufe wird der einzelne Mensch in diesen neuen Lebensstand versetzt. - 2. Dieser Heilsstand ist Neubestimmung des Lebens *zu seiner Zukunft im → Reiche Gottes*. Bedeutet der Stand des mit Gott unversöhnten Menschen in der → Sünde (: VI) das Gefälle seines Daseins hin auf das Ergebnis endgültigen Verfallens in Tod und Verwerfung, so wird eben dieses Gefälle durch die Annahme in den Stand der → Gotteskindschaft (: II) verwandelt in die Bestimmung zu der Zukunft endgültiger Befreiung von allem Bösen und vollendeter Gemeinschaft mit Gott. Das Wort des Evangeliums ist in sich selbst Zuspruch der Zukunft in Gottes Reich, die Taufe Verbindung mit Christus zur Kreuzigung des alten Menschen und Teilhabe an dem Leben des Auferstandenen. - 3. Diese Neubestimmung schließt in sich, daß Gott sich des Menschen auf diese Lebenszukunft hin zur *Heiligung* im Kampf gegen die Sünde und in Früchten eines neuen Gehorsams annimmt. Daß uns mit Gott Gemeinschaft eröffnet ist, heißt, daß wir in die das Leben neugestaltende Macht Gottes geraten. Insofern bezeichnet der Begriff W. den Heilsstand zugleich als Stand in der Heiligung. Doch darf diese Bedeutung nicht isoliert, sondern muß in die beiden zuvor genannten Bedeutungsmomente eingeordnet werden: W. ist Heiligung im Kampf gegen die Sünde und im Anfangen neuen Gehorsams *aus dem Grund* der souveränen Annahme zur Gottesgemeinschaft der Versöhnten und *auf das Ziel* der Vollendung im Reiche Gottes hin.

Außer den Lehrbüchern der → Dogmatik u. → Ethik: H.Schmid, Die Dogmatik d. ev.-luth. Kirche, 1893⁷, 334ff - E.Wacker, W. u. Bekehrung, 1893 - H.Cremer, Taufe, W. u. Kindertaufe, (1900) 1901² - E.Cremer, Rechtfertigung u. W. (BFChTh XI, 5), 1907, 71ff - P.Gennrich, Die Lehre von d. W. in dogmengesch. u. religionsgesch. Beleuchtung, 1907 - RE XXI, 246ff - H.Asmussen, Die Bedeutung d. Taufe für d. W. (in: Rechtgläubigkeit u. Frömmigkeit I, 1938, 94-109) - A.Lindenmeyer, Regeneratio, 1943 - EKL III, 1809ff.

W.Joest

Wiedertäufer → Täufer.

Wieland, *Christoph Martin* (* 5.9.1733 in Oberholzheim b. Biberach, † 20.1.1813 in Weimar). Vergleicht man W. mit andern Schriftstellern der → Aufklärung (: II), so fällt im ganzen auf, daß ihm die Schönheit wichtiger ist als die wissenschaftliche oder religiöse Wahrheit. Er ist kein militanter Aufklärer. Der Sohn des barocken Oberschwaben überträgt den künstlerischen Elan der auslaufenden feudal-christlichen Epoche auf die Dichtung und wird so zum bedeutendsten Repräsentanten des literarischen Rokoko in Deutschland. Klaren Entscheidungen ist er grundsätzlich wenig geneigt. Er fordert dazu auf, den Streit der Metaphysiker durch ein schönes sittliches Maß, durch anmutige Lebenskunst zu ersetzen (vgl. die programmatische Versdichtung »Musarion«, 1768, u.a.). Doch eben durch diese Anpassungsfähigkeit und Urbanität gewähren W.s Leben, Briefe, Aufsätze und Dichtungen einen vielseitigen Einblick in die allgemeine religiöse Lage, in der sich der aufgeklärte und schöngeistige Deutsche vor und nach der »Großen Revolution« befindet. Außerdem beherrschen die Dichtkunst und die Lebenskunst nur die erfolgreiche Mitte von W.s Laufbahn. In der Jugend und im Alter gibt es Werke und Taten, die seine religiöse Entwicklung unmittelbar erkennen lassen.

W. entstammt einem pietistischen Pfarrhaus. 1747-49 besucht er das nach Halleschem Vorbild eingerichtete Internat Klosterberge bei Magdeburg. Übertriebenen Andachtsübungen folgt ein Umschlag in Freigeisterei durch den Einfluß eines aufgeklärten Lehrers (Theologen) und entsprechende Lektüre (→ Bayles Dictionnaire, Fontenelle, → Voltaire, auch → Leibniz und → Wolff). Das Studium der Jurisprudenz in Tübingen (1750-52) wird vernachlässigt, dafür entstehen einige moralisch-religiöse Dichtungen. Das Lehrgedicht »Die Natur der Dinge« (1751) verkündet im Widerspruch zu Lukrez eine anspruchsvolle Liebesmetaphysik, während »Antiovid oder die Kunst zu lieben« (1752) trotz des Titels schon auf die Linie eines maßvollen Lebensgenusses einschwenkt. - W.s literarische Erfolge führen zur Einladung nach Zürich (1752-60), wo er in die Literaturpartei Bodmers und Breitingers eintritt und das Programm einer »heiligen Poesie« unterstützt (vgl. die entsprechenden Bemühungen → Klopstocks). W. vertritt im Gegensatz zur sächsischen Literaturpartei (Gottsched u.a.) »die Rechtmäßigkeit dieses Gebrauchs der Poesie zum Dienst der Religion und die Nutzbarkeit derselben« (»Ankündigung einer Dunciade für die Deutschen« 1755). Manierierte Vergeistlichung einer schon ganz weltlichen Empfindsamkeit zeigen die »Briefe von Verstorbenen an hinterlassene Freunde« (1753). W. beteiligt sich an der Schweizer Erneuerung des religiösen Epos, die mit großen Illusionen verbunden war (»Der geprüfte Abraham« 1753). Eine Art christlichen Vorkämpfertums maßt sich W. schließlich in den »Empfindungen eines Christen« (1756, späterer Titel »Psalmen«) an; denn die Vorrede stellt wesentliche Errungenschaften der säkularisierten Kultur in Frage. Er fordert von der Obrigkeit das Eingreifen gegen die »Prediger der Wollust«, dh die Rokokodichter. Er forciert den traditionellen Führungsanspruch der Religion in aufreizender Weise: »Mich deucht, ein jeder, der sich die Gleichgültigkeit gegen die Religion für keine Ehre rechnet, sollte auch die schlechtesten alten und neuern Kirchenhymnen dem reizendsten Lied eines Uz unendlichmal vorziehen.« Dazu Lessing in den Literaturbriefen: »Die christliche Religion ist bei dem Herrn W. immer das dritte Wort. - Man prahlt oft mit dem, was man gar nicht hat, damit man es wenigstens zu haben scheine.« Bald schlug die vermeintliche Bekehrung ins Gegenteil um. Wieder sind es französische Aufklärer, die die Wahrheit zu sagen scheinen: Voltaire, d' → Alembert, Helvetius, → Diderot, → Montesquieu. Noch versucht er die Maske zu wahren, nicht nur aus Anpassung, sondern auch weil er tief erschrickt vor der rätselhaften Wandlung, die mit ihm vorgeht: »Ich schauere vor mir selber.« Er weiß, wie alles spottet, wenn die »junge Frömmigkeitslehrerin ... wieder zu einer munteren Modeschönheit« wird (Prognose Nicolais). Und doch wählt er diesen Weg, als ihm ein redliches Amt in Biberach (1760-69) den Austritt aus der Schweizer Clique möglich macht.

Der Ruhm führt ihn später weiter: ins Zentrum der deutschen Aufklärung nach Mitteldeutschland (Prof. in Erfurt 1769-72, seit 1772 in Weimar, zunächst als Prinzenerzieher). Von »heiliger Poesie« ist nicht mehr die Rede; er wird vielmehr das Schreckgespenst der Pietisten. Doch läßt sich ein Weiterwirken der christlichen Herkunft vielleicht darin erkennen, daß er in der betont weltlichen, meist erotischen Rokokodichtung niemals völlig aufgeht. Neben elegant gereimten »Spielwerken« entsteht »Die Geschichte Agathons« (1766/67), der Roman von einem immer neu enttäuschten »Schwärmer«, der erst in der letzten Fassung (1794) an ein einigermaßen festes human-philosophisches Ziel geführt werden kann. In den sehr persönlichen »Dialogen des Diogenes von Sinope« (1770) stellt er das Vorbild einer nicht nur physischen, sondern auch metaphysischen, aber immer fröhlichen Armut auf. Hier vertieft er die in vielen Dichtungen allein herrschende weltmännische Ironie zum ernsten »Kynismus«, zu einer auch im eigenen Leben verwirklichten innerweltlichen Askese. In anderen Dichtungen begnügt er sich mit einer, antik oder orientalisch verbrämten, satirischen Darstellung der Gesellschaft, bes. der Geistlichkeit; vielleicht erreicht er im Narrenspiegel solcher Art sogar den Höhepunkt seiner geistreichen Kunst (»Geschichte der Abderiten« 1781). Der im Sinne der Aufklärung anspruchsvollere und daher zunächst sehr erfolgreiche Salonroman »Der goldene Spiegel« (1772), ein Anpassungsversuch an die österreichischen Bemühungen um eine Staatskirche (→ Josephinismus) ist, damit verglichen, widersprüchlich, bewußt lavierend und als Weltanschauungsdokument von geringem Wert. In seinen Aufsätzen über Erasmus, über »Das Geheimnis des Kosmopolitenorden« usw rechtfertigt er ausdrücklich die humanistische Position *zwischen* den Konfessionen, Parteien und Staaten. Er glaubt zugleich an die Wirksamkeit dieses völlig unabhängigen Kosmopolitismus. Die organisierte Aufklärung in Gestalt der → Freimaurerei betrachtet er zunächst als Irrweg.

Die Französische Revolution, die er als Publizist aufmerksam beobachtet, unterstützt er nur so lange, bis er im Dogma der Volkssouveränität eine »neue politische Religion« erkennt. Er bleibt auch in dem nun beginnenden Zeitalter der Massenideologie seinem Ideal metaphysischer Armut treu. Doch verraten die nach der Revolution erschienenen Romane eine Art elegischer Einsicht in die Glückseligkeit der Gläubigen. Peregrinus Proteus (1791) ist die Geschichte eines närrischen, durch keine Erfahrung belehrbaren und gleichwohl mit Achtung, ja mit Neid betrachteten Schwärmers. Noch ernster dokumentiert sich W.s religiöse Problematik in dem Roman »Agathodämon« (1799), der sich äußerlich als »Rettung« des → Apollonius von Tyana gibt. Nach W.s Interpretation ahnt Apollonius die große Zukunft des Christentums als Volks- und Staatsreligion: es wird die Tradition der antiken Kultur bewahren und die unzivilisierten Völker humanisieren. Doch müßte am Ende, an der Stelle kirchlicher Organisation, wieder die schlichte human-sittliche Lehre Jesu stehen! W. hat sich hier der Gedankenwelt → Herders genähert. Im Bunde mit ihm widerstrebt er auch dem anachronistischen Griechenkult der Hochklassik.

Nach Herders Tod (1803) und nach »der W.schen Hinrichtung« durch die nationalchristliche Frühromantik (Gebrüder → Schlegel) verfestigt sich eher wieder seine freigeistige Position. Überraschend ist der klare Verzicht auf die in der christlich-humanistischen Tradition so fest begründete Unsterblichkeitsidee in »Euthanasia« (1805). Manche Äußerungen verraten, daß sein Deismus überhaupt ins Wanken geraten ist. Während der napoleonischen Kriege beschäftigt er sich am liebsten mit Ciceros klarer Weisheit. Die menschliche und religiöse Vereinsamung veranlassen ihn schließlich doch, in die Freimaurerloge einzutreten (1809). Dort spricht er zu den Brüdern von der »allumfassenden Stadt Gottes«. Dort versucht → Goethe später, in seiner Gedächtnisrede, den Vielgeschmähten zu rechtfertigen. Doch hat er damit in Deutschland wenig Gehör gefunden.

Sämtl. Werke, hg.v. J.G.Gruber, 53 Bde, 1818-28. - Hist.-krit. GA, 1909ff (bisher 19 Bde). - Über W.: J.G.Gruber, W., 1815/16 - E.Ermatinger, Die Weltanschauung d. jungen W., 1907 - K.Hoppe, Der junge W., 1930 - V.Michel, W. (bis 1772), Paris o.J. (1938) - F.Sengle, W., Leben, Werk, Welt, 1949 - H.Wolffheim, W.s Begriff der Humanität, 1949 - Hirsch IV, 116ff - H.W.Seiffert, Die Idee d. Aufklärung bei C.M.W. (Wissenschaftl. Annalen 2, 1953, 678-689). - Neuerdings zahlr. Dissertationen (Masch.) u. Aufsätze, die jedoch wenig Interesse f. d. *religiöse* W.-Interpretation erkennen lassen.

F.Sengle

Wien

I. Fürsterzbistum - II. Universität

I. Fürsterzbistum

Die Anfänge des 1469 von Paul II. errichteten Bistums W. gestalteten sich wenig verheißungsvoll. Schon die erste Besetzung des bischöflichen Stuhles erwies sich bald als ein Fehlgriff, und seit 1479 wurde die Diözese mehr als drei Jahrzehnte lang nur durch Administratoren betreut. Auch Johann → Fabri (1530-41) und Friedrich → Nausea (1541-52), beide namhafte Kontroverstheologen, konnten der Schwierigkeiten nicht Herr werden, die dem Zwergbistum (es umfaßte kaum mehr als das Stadtgebiet von W.) aus seiner unzureichenden Dotierung, vor allem aber durch das Vordringen der Reformation erwuchsen. Erst unter Melchior → Klesl (1598 bis 1630) begannen sich die Verhältnisse allmählich zu konsolidieren. 1722 wurde das Bistum, dessen Oberhirten bereits 1631 die Reichsfürstenwürde verliehen worden war, unter Sigismund Graf Kollonitsch zum Erzbistum mit dem Suffraganat → Wiener Neustadt erhoben. Im Zuge dieser Neuordnung mußte → Passau seinen niederösterreichischen Anteil am Viertel unter dem Wienerwald an W. abtreten, das dadurch endlich einen seiner Bedeutung angemessenen Umfang erhielt. Durch das Gewicht ihrer Stellung haben die Erzbischöfe von W. - bisher 14, davon 10 mit der Kardinalswürde bekleidet -, in der Zeit der konstitutionellen Monarchie auch als Mitglieder des Herrenhauses, maßgeblichen Einfluß auf weite Bereiche des öffentlichen Lebens ausgeübt. Bes. erwähnt seien: Migazzi (1757-1803), entschiedener Gegner des → Josephinismus, → Rauscher (1853-75), der Vater des Konkordats von 1855, aus der jüngeren Vergangenheit Nagl (1911-13) und Piffl (1913-32). - Das Gebiet der Erzdiözese hat seit 1785 nur eine ganz geringfügige, durch die Grenzziehung zur Tschechoslowakei bedingte Korrektur erfahren. Heutiger Stand: 16 Stadt- und 38 Landdekanate mit zusammen 608 Pfarren; seit 1956 Erzbischof Kardinal Franz König.

J. Kopallik, Regesten zur Gesch. d. Erzdiözese W., 2 Bde, 1890/94 - KL XII, 1493ff - LThK X, 872ff - J. Wodka, Kirche in Österreich, 1959 - Personalstand der Welt- u. Ordensgeistlichkeit d. Erzdiözese W. (Stand vom 1.3.1961). *W. Kühnert*

II. Universität

1. Allgemein - 2. Ev.-theol. Fakultät

1. Bei St. Stefan in W. bestand seit ca 1147 eine herzogliche Lateinschule, an der unter → Petrus von W. die Artes und scholastische Theologie gelehrt wurden. 1237 beanspruchte Kaiser Friedrich II. die Ernennung des Rektors, die 1296 mit Verfügungsgewalt über die Schule an die Bürgerschaft kam. Die Blüte der Anstalt im 14.Jh. und das Vorbild von → Prag (: II) waren Anlaß zur Universitätsgründung, um die sich 1364 im Auftrag Herzog Rudolfs IV. († 1365) → Albert von Sachsen in Rom bemühte. Dieser wurde der erste Rektor der mit Konsens des Bischofs von Passau durch herzoglichen Stiftungsbrief vom 12.3.1365 gegründeten und von → Urban V. bestätigten Alma mater Rudolfina, der ältesten bestehenden Universität im deutschen Raum. Erst Herzog Albrecht III. gelang 1384 mit Hilfe → Heinrichs von Langenstein der Ausbau der Universität durch Stiftung des Collegium ducale und einer nun aus politischen Motiven von → Urban VI. genehmigten theol. Fakultät, an der 1386 die erste Promotion stattfand. Bei der Universitätsorganisation war das Vorbild von → Paris maßgebend. Die Fakultäten unterstanden Dekanen, die 4 Nationen (österr., rhein., sächs., ung.) gewählten Prokuratoren aus der Artistenfakultät, die vorerst an der Universität dominierte und zunächst auch den erstmals 1377 gewählten Rektor stellte. Die Finanzen verwalteten vom Herzog bestellte Superintendenten, Kanzleramt und geistliche Jurisdiktion hatte der jeweilige W.er Dompropst. Schon durch ihre Entstehung zur Stellungnahme im Schisma (→ Papsttum: II, 2e) gezwungen, gewann nach längerem Festhalten an der röm. Obödienz der Konziliarismus an der Universität die Oberhand und veranlaßte zur Teilnahme an den → Reformkonzilen des 15.Jh.s (in Pisa der theol. Dekan Franz von Retz; in Konstanz u.a. Nik. von Dinkelspühel; den Baslern diente der Theologe und Historiker Thom. Ebendorfer als Experte in der Hussitenfrage). Im theol. Studium herrschte der Nominalismus, neben den dann der thomistische Realismus trat. Anfang des 15.Jh.s kam es auch zur Blüte der Naturwissenschaften, bes. der Astronomie (Joh.v.Gmunden, G.v.Peuerbach, Joh.Regiomontan). Der von → Pius II. nach W. verpflanzte Humanismus trat seit 1451 der längst kritisierten scholastischen Methode entgegen. 1497 wurde → Celtis nach W. berufen und 1501 von König Maximilian I. († 1519) das mit der philosophischen Fakultät verbundene, mit dem Recht der Dichterkrönung ausgestattete Collegium poetarum gegründet. Der von Celtis gegründeten Sodalitas Danubiana gehörte u.a. G.Balbi an, der 1494 in W. mit röm.-rechtlichen Lektionen begann, sowie der Medizin-Prof. J.Cuspinian († 1529), mit dem Luther 1521 aus Worms in Verbindung trat. Die Universität zog damals von überall Gelehrte und Studenten an (u.a. → Vadian, → Zwingli, → Hutten, S. → Grynäus). Nach 1519 kam es infolge der Türkengefahr und der Konkurrenz ev. Universitäten (→ Wittenberg) zum Niedergang, so daß 1530 aus Mangel an Dozenten und Studenten die Auflösung drohte. Eine Hinneigung zur *Reformation* zeigt sich in der Weigerung der Universität, die ihr von → Eck übersandte Bulle → Leos X. gegen Luther zu publizieren und ein Gutachten über dessen Schriften zu erstellen. Die Reformen König Ferdinands I. von 1533 bis 1554 brachten der zur staatlichen Lehranstalt unter Aufsicht eines Konsistoriums umgewandelten Universität Hilfe, sorgten für Besoldung der Professoren und ordneten die Studien. Die theol. Fakultät erhielt 3 Lehrstühle (at., nt., syst. Theol.), das Studium wurde von 12 auf 5 Jahre beschränkt. Bes. war man um Erhaltung des Katholizismus durch Gesetze bemüht (1537 Abweisung Wittenberger Doktoren, 1546 Glaubensexamen der Professoren, 1548 Studienverbot im Ausland), die aber oft umgangen und zT wieder aufgehoben wurden. Trotz Berufung der Jesuiten (1551) blieb der Protestantismus bes. unter Kaiser Maximilian II. (1564-76) an der Universität wie in → Österreich vorherrschend. Viele ev. Professoren (u.a. → Stancarus, → Sylvester) wirkten in W. - Die *Gegenreformation* kam zum Durchbruch, als 1579 → Klesl Universitätskanzler und 1581 das röm.-kath. Bekenntnis Promotionsbedingung wurde. Ihren Sieg bezeichnet die Union des längst konkurrierenden Jesuitenkollegs mit der Universität (pragmatische Sanktion Kaiser Ferdinands II. von 1623), auf deren Belange nun der Rektor des Kollegs im Konsistorium Einfluß nahm. Nach 1626 durften nur noch Katholiken der Universität angehören. 1627 wurden den letzten ev. Dozenten die akademischen Rechte aberkannt und 1649 den Promovenden der Eid auf die Immaculata vorgeschrieben. Den Jesuiten, die an der theol. und philosophischen Fakultät führend wurden, gelang die Vermehrung der theol. Professuren (Moral, Kasuistik, Polemik, Kirchenrecht). Wegen ihrer Methoden gaben sie aber auch Anlaß zu Klagen. Manchen Mängeln suchten Gesetze von 1629, 1687 und 1726 zu begegnen. Erst unter der Regierung Maria Theresias (1740-80) und → Josephs II. konnte eine Reform im Geiste des aufgeklärten Absolutismus durchgeführt werden, wobei die Autonomie der Universität beschränkt und diese der Kontrolle des Staates unterworfen wurde (1783 Aufhebung der Universitätsjurisdiktion). Der Besuch der Vorlesungen des seit 1763 in W. lehrenden Nationalökonomen J.v.Sonnenfels wurde selbst den Theologen zur Pflicht gemacht, die Bedeutung der Geschichte mehr und mehr erkannt (1728 Professur an der philosophischen Fakultät, 1753 KG an der theol. Fakultät, 1774 Universalgeschichte an der juristischen Fakultät, Geschichte der Medizin erst 1849). 1749ff wurde nach Vorschlägen des Leibarztes

G.v.Swieten († 1772) die Universität reorganisiert. Die Fakultäten erhielten Studiendirektoren, die dem Erzbischof von W. als Studienprotektor und seit 1760 der Studienhofkommission unterstanden. Das Amt des Superintendenten wurde 1754 aufgehoben, die Funktion des Kanzlers auf private Bekenntnisabnahme beschränkt. Die Neuordnung vollzog sich in Auseinandersetzung mit den Jesuiten, deren Rektor 1757 aus dem Konsistorium ausschied. Für das theol. Studium (Fächer: AT, NT, KG, Patristik, Moral, Dogmatik, Kirchenrecht, Polemik, Pastoraltheologie) entwarf 1774 → Rautenstrauch den neuen Lehrplan. Nach schon 1760 eingebrachten Vorschlägen wurde 1778 Nichtkatholiken das Studium an den weltlichen Fakultäten gestattet und 1785 ein konfessionell indifferenter Promotionseid eingeführt. Da die Universität nicht wissenschaftliche Forschung treiben sollte, wurden ihre Lehrfreiheit unterbunden und Vorlesebücher vorgeschrieben (zB für KG ein Werk von → Schroeckh). Nur die stark geförderte medizinische Fakultät (1754 Errichtung der Universitätsklinik, 1785 bis 1874 medizinische Militärakademie) erlebte einen Aufstieg. Erst die Ereignisse von 1848 konnten unter Minister Graf L.Thun-Hohenstein († 1888) 1849 eine Reform auf Grund der Lehr- und Lernfreiheit durchsetzen. Diese erfolgte nach Entwürfen der Professoren F.Exner († 1853) und H.Bonitz († 1888) und kam 1873 im Universitätsgesetz zum Abschluß. Die noch 1838 neu geordneten Nationen (österr., ung., slaw., ital.-illyr.) wurden 1849 aufgehoben. Ihre Funktionen übernahmen zT die seit 1859 entstehenden studentischen Korporationen. Anstelle des Konsistoriums trat 1873 ein von den Professoren ohne religiöse Rücksichten gewählter akademischer Senat. Nachdem noch 1851 der Protest der theol. Fakultät die Wahl des Protestanten Bonitz zum philosophischen Dekan verhindert hatte, bekleidete 1879 der Mediziner E.W.Brücke († 1892) als erster Protestant das Rektorat. An der theol. Fakultät, deren Professoren gemäß dem Konkordat von 1855 mit Konsens des W.er Erzbischofs berufen werden, wirkten u.a. J. → Feßler, → Grabmann, R.v. → Scherer, → Innitzer. Die philosophische Fakultät erlebte nach Überweisung der bisher für alle Fächer obligaten philosophischen Propädeutik an die Mittelschulen (1850) eine Umgestaltung in Richtung der nun in Seminaren und Instituten gepflegten Forschung. Für die Ausbildung der Historiker wurde das 1854 gegründete Institut für österreichische Geschichtsforschung bedeutsam, das sich unter der Direktion des Protestanten Th.Sickel († 1908) bes. den historischen Hilfswissenschaften zuwandte. Das seit 1708 organisierte Universitätsarchiv erfuhr besondere Pflege. 1884 konnte das noch heute benützte, von H.v. Ferstel erbaute Gebäude bezogen werden, die alte, 1756 errichtete Universität wurde Sitz der 1847 gegründeten →Akademie (: I, 3 a) der Wissenschaften. Neben der Universität, an der 1878 das Frauenstudium gestattet wurde und die sich seit 1895 mit besonderen Kursen in die Volksbildungsarbeit einschaltete, entstanden in W. aus höheren Fachschulen verschiedene Hochschulen (1872: Technik, Akademie der bildenden Kunst, Hochschule für Bodenkultur; 1897: tierärztliche Hochschule; 1909: Akademie der darstellenden Kunst; 1919: Hochschule für Welthandel; 1941: Akademie für angewandte Kunst; die 1754 gegründete Konsularakademie wurde 1941 aufgelöst). Die Aufnahme der ev.-theol. Fakultät in die Universität als 5. Fakultät wurde 1921 unter dem Rektorat des Historikers A.Dopsch († 1953) beschlossen und 1922 durchgeführt (s.u.). Das Ende der österreichisch-ungarischen Monarchie (1918) hat den wissenschaftlichen Ruf der Universität und deren Frequenz nicht gemindert. Um so schwerer wirkte sich der 2. Weltkrieg aus, den sie als deutsche Reichsuniversität mit vom Staate ernannten Würdenträgern und unter Kontrolle eines Kurators erlebte. 1938 und 1945 mußten viele Professoren aus politischen Gründen ausscheiden. Nach 1945 begann der Wiederaufbau der auch schwer bombengeschädigten Universität unter nun wieder gewählten Rektoren und Dekanen. Die Universitätsbelange wurden durch das Hochschulorganisationsgesetz 1955 neu geregelt. Die Universitätsbibliothek zählt als größte im deutschen Raum ca 1½ Mill. Bände. An der Universität lehren zZ 149 Professoren, davon an der kath.-theol. Fakultät 7 ordentliche und 4 außerordentliche. Im Sommer 1962 zählte diese Fakultät 237 ordentliche Hörer.

2. Bald nach 1781 (Toleranzedikt → Josephs II.) wurde die Gründung einer staatlichen Ausbildungsstätte für ev. Theologie in Österreich geplant. Man dachte an Loosdorf, wo im 16.Jh. eine prot. Schule bestand (→Österreich, 4), oder an Ausbau des 1709 gegründeten ev. Gymnasiums in Teschen (Schlesien). Nachdem die Regierung 1819 aus Furcht vor Unruhen den Besuch deutscher Universitäten verboten hatte, wurde am 2.4. 1821 die *prot.-theol. Lehranstalt* in W. mit 2 Professuren (später 6 bzw. 7) eröffnet. Als erster Studiendirektor wirkte unter Aufsicht des ev. Konsistoriums und der Studienhofkommission der luth. Sup. J.Wächter († 1827). Das Studium war in Dogmatik und Exegese für luth. und ref. Studenten getrennt. Die ersten Professoren waren J.G.Wenrich († 1847) aus Siebenbürgen für luth. Exegese und J.Genersich († 1823) für KG; dessen Nachfolger war F.D.Schimko († 1867). Luth. Dogmatik las D.Kanka († 1850), dann H.A.Stählin († 1861). Die Professur für ref. Dogmatik wurde erst 1851 mit G.v.Szeremlei († 1867) besetzt. Nach Verzicht auf den getrennten exegetischen Unterricht (1850) übernahm J.v.Patay († 1854; ref. Exegese) das NT, G.G.Roskoff († 1889) das AT. Bei Besetzung vakanter Professuren wurden Konkurse veranstaltet, erst 1851 die Berufung deutscher Gelehrter gestattet. Als erster kam aus Jena J.K.T.Otto († 1897) für KG an die 1850 in eine Fakultät umgewandelte Lehranstalt, die 1861 das Promotionsrecht erhielt; ihr erster Dekan war der Pastoraltheologe P.Laitner († 1855). Der Kirchenrechtler P.Kuzmány († 1866) machte sich um die Neuorganisation verdient. In der Folge wuchs die Bedeutung der Fakultät und die Verbindung zur deutschen theol. Wissenschaft. Mit Ausnahme der praktischen Theologen (1861 J.M.Szeberiny, 1895 G.A.Skalský), die slawische Sprachen können mußten, wurden die anderen Professoren meist aus Deutschland berufen. Sie kamen für kurz (→ Lipsius, W.Lotz, P.Ewald, P.Feine, → Sellin, J.Kunze, R.Knopf) oder dauernd (K.A.Vogel 1861-90 NT, G.Frank 1867 bis 1903 syst. Theol. A.B., E.Böhl 1864-99 syst. Theol. H.B.) nach W. und vermittelten hier eine Vielfalt theol. Richtungen. Die KG hatte in → Loesche einen hervorragenden Vertreter, dessen Nachfolger J.v. → Walter und → Völker wurden. Bes. in der Erforschung der Geschichte des österreichischen Protestantismus (1879 Gründung einer Gesellschaft) entstand eine eigene Tradition. Nach der unter dem Dekanat von F.Wilke († 1957; AT) begangenen Zentenarfeier der Fakultät gelang 1922 deren vorher oft durch kath. Proteste verhinderte Aufnahme in die Universität. Trotz der Zerschlagung der österreichisch-ungarischen Monarchie stieg die Frequenz der Fakultät durch deutsche Studenten und Hörer aus den Nachfolgestaaten (1932 Höchstzahl: 224). Unter den Professoren ragte → Bohatec hervor. Nach 1938 drohte der Fakultät Auflösung oder Verlegung. Der seit 1906 in W. lehrende K.Beth († 1959; luth. Dogmatik) mußte W. verlassen, an seine Stelle trat H.W.Schmidt aus Bonn. Nach dem Tode von

H.G.Opitz (1941) wurde KG kommissarisch von H.v. Campenhausen gelesen. Ebenso hatte das NT nach Emeritierung (1939) des seit 1915 in W. lehrenden R.A. Hoffmann († 1948) nur Vertretungen (G. → Kittel, G.Stählin). In dieser schweren Zeit hat G.Entz († 1957; prakt. Theol.) als permanenter Dekan die Fakultät geleitet; ihm ist auch deren Neuaufbau nach Kriegsende zu danken. Die gefestigte Position der Fakultät in der Universität zeigt die Tatsache, daß erstmals 1958 mit Unterstützung der kath.-theol. Fakultät ein ev. Theologe (E.Schneider) zum Rektor gewählt wurde. Das Protestantengesetz von 1961 sichert der Fakultät den Bestand von mindestens 6 mit Konsens der ev. Kirchenleitung zu berufender Professoren. Diese sind zZ (Sommer 1962) G.Fohrer (AT), G.Fitzer (NT), W.Kühnert (KG), E. Schneider (syst.Theol. A.B.), J.K.Egli (syst.Theol. H.B.) und F.Zerbst (prakt. Theol.). Ferner lesen 3 Dozenten, 1 Lektor und 1 Lehrbeauftragter. Als einziger Ausbildungsstätte für ev. Theologen in Österreich kommt der Fakultät, die im Sommer 1962 88 ordentliche Hörer hatte, größte Bedeutung zu.

Qu.: Acta facultatis medicinae universitatis Vindobonensis, bisher 6 Bde (1399-1724), 1894-1912 - Die Matrikel d. Univ. W., bisher 4 Bde (1377-1659), 1954-61. - *Lit.:* R.Kink, Gesch. d. kaiserl. Univ. in W., 2 Bde, 1854 - J.v.Aschbach, Gesch. d. W.er Univ., 3 Bde, 1865-89 (1 Bd Nachträge v. W.Hartl u. K.Schrauf, 1893) - G. Frank, Die k.k. ev.-theol. Fakultät, 1871 - A.Wappler, Gesch. d. theol. Fakultät der k.k. Univ. zu W., 1884 - Gesch. d. W.er Univ. v. 1848-98, hg.v. akad. Senat, 1898 - K.Schrauf, Zur Gesch. d. W.er Univ.-Archives (MIÖG, ErgBd 6, 1901, 739-759) - Ders., Die W.er Univ. im MA, 1904 - A.Goldmann, Die W.er Univ. 1519 bis 1740, 1917 - G.Loesche, Zur Hundertjahrfeier d. ev.-theol. Fakultät (JGPrÖ 39, 1920, 1-27) - F.Wilke, Die ev.-theol. Fakultät in W., 1921 - Ders., Zur Gesch. d. ev.-theol. Fakultät in W. (Amt u. Gemeinde 1, 1947, 101-104. 124-128) - Die Univ. W., ihre Gesch., ihre Institute u. Einrichtungen, hg.v. akad. Senat, 1929 - K.Grossmann, Die Frühzeit d. Humanismus in W. bis zu Celtis Berufung (Jb. für Landeskunde v. Niederösterreich NF 22, 1929, 150-325) - R.Meister, Ruhmeshalle d. W.er Univ., 1934 - Ders., Gesch. d. Doktorates d. Philos. an d. Univ. W. (SAW 232, 2), 1958 - H.Alker, Die Univ.-Bibl. W., (1951) 1957³ - W.Böhm, Universitas Vindobonensis, 1952 - A.Lhotsky, Gesch. d. Instituts für österr. Geschichtsforschung (MIÖG, ErgBd 17), 1954 - F.Ermacora, Österr. Hochschulrecht, 1956 - E.Obermayer-Marnach, Zur Gründungsgesch. d. Univ. W. (MIÖG 68, 1960, 434-437) - F.Gall, Universitas scholarium Viennae 1365-1960 (in: 15 Jahre österr. Hochschülerschaft an d. Univ. W. 1945-60, 1960, 6-24) - H.Lentze, Die Universitätsreform d. Ministers Graf L.Thun-Hohenstein (SAW 239, 2), 1962.

H.Zimmermann

Wiener, *Paul* († 1554 an der Pest), gilt als der erste ev. Bischof in → Siebenbürgen (vgl. dagegen Roth!). Als Domherr, Generalvikar (1520) und Mitglied des Landtags (1530) in seiner Heimat → Laibach schloß sich W. etwa 1536 → Trubars reformatorischer Predigt an. 1547 wurde er darum gefangengesetzt und nach langwierigem Verfahren 1548 von Kaiser Ferdinand II. zur Auswanderung nach Hermannstadt begnadigt. Dort wurde W. 1549 Prediger, 1552 Stadtpfarrer und 1553 von der Synode der Sachsen zum Bischof gewählt.

ADB 42, 420ff - Th.Elze, P.W. (JGPrÖ 3, 1882, 1-52) - H.Jekeli, Unsere Bischöfe, Hermannstadt 1933, 3ff - E.Roth, Die Reformation in Siebenbürgen I (AVSL 3. Folge Bd 2), 1962, 171ff. - Vgl. → Siebenbürgen. *P.Philippi*

Wiener Kongreß (Okt. 1814 bis Juni 1815), hatte nach der Besiegung → Napoleons die Aufgabe, ähnlich wie der → Westfälische Friede von 1648, eine Neuordnung → Europas (: I) vorzunehmen. Neben den siegreichen Monarchen waren die Vertreter fast aller europäischen Staaten zugegen. Der heiter-üppige Festcharakter dieses Treffens der alten aristokratischen Gesellschaft verdrängte doch nicht den politischen Sinn des K.es. Neben Metternich, dem eigentlichen Leiter, nahmen vornehmlich Zar → Alexander I. und der Vertreter des wieder bourbonischen Frankreichs, Talleyrand, sowie Englands Premierminister Castlereagh diplomatisch führende Stellungen ein. Im wesentlichen ging es um eine → Restauration der alten Staatengesellschaft auf konservativer Grundlage. Konfliktstoffe, vor allem in der polnischen und sächsischen Frage, führten zeitweilig zu gefährlichen Krisen. Die Wiederherstellung des Kirchenstaates war ein Werk → Consalvis. Abgelehnt, weil revolutionsverdächtig, wurde der von den deutschen Patrioten vertretene Begriff der Nation. Die 1806 untergegangene Reichsherrlichkeit wurde freilich (samt Kaisertum und geistlichem Fürstentum) nicht erneuert. Die enge Verflechtung deutscher und europäischer Interessen machte die neue Lebensordnung Deutschlands zum Kernstück des W.K.es, das allen nationalen Lösungen widersprach. Die Rückkehr Napoleons von der Insel Elba beschleunigte das Verfassungswerk. 38 deutsche Staaten (deren Souveräne zT außerdeutsche Fürsten waren oder auch außerdeutschen Besitz hatten) wurden zum *Deutschen Bund* zusammengeschlossen, der in der Wiener Schlußakte unter europäischer Garantie stand. – Der W.K. hat unter dem Vorherrschen der deutschen Nationalbewegung lange Zeit harte Kritik gefunden, die erst neuerdings einer positiveren und sachlicheren Würdigung gewichen ist. Seine Mängel waren nicht zu verbergen. Während die Neutralität der Schweiz sich bewährt hat, mußte der Gesamtstaat des Königreichs der Niederlande schon 1830 eine Korrektur durch die Abtrennung → Belgiens erfahren. Aber das in Wien neu geschaffene Gleichgewicht des europäischen Mächtesystems hat trotz zahlreicher Krisen und nationaler Umbildungen bis zur Schwelle des 1. Weltkrieges standgehalten.

Akten des W.K.es, hg.v. J.L.Klüber, 9 Bde, 1815-35. - H. Treitschke, Dt. Gesch. im 19.Jh. I, 1879, 595ff - C.K.Webster, The Congress of Vienna, London (1919) 1934² - H.v.Srbik, Metternich I, 1925, 182ff; III, 1954, 64ff - K.Griewank, Der W.K., (1942) 1954² (Lit.) - Gebhardt-Grundmann III, 85ff. *K.Kupisch*

Wiener Neustadt, *Bistum,* auf Wunsch Friedrichs III. von Paul II. 1469 errichtet. Kompetenzkonflikte, entstanden durch die Vereinigung des vom Kaiser gegründeten St. Georgs-Ritterordens mit dem Bistum, beeinträchtigten geraume Zeit die Entwicklung der Diözese. Von den Bischöfen verdient neben → Klesl, der dem Vordringen der Reformation Einhalt gebot, nur der durch seine Reunionsbemühungen bekannte → Spinola (1687-95) Erwähnung. Anfangs exemt, wurde W.N. 1722 Suffraganbistum von → Wien und 1784 nach → St. Pölten verlegt.

M.Hansiz, Episcopi Neostadienses, 2 Bde (Manuskr. Nat. Bibl. Wien) - Th.Wiedemann, Beiträge zur Gesch. d. Bistums W.N. (Österr. Vierteljahrsschr. f. kath. Theol. 3, 1864, 513-538) - KL XII, 1564ff - J.Wodka, Die St. Pöltner Bestände des ehem. W.N.er Bistumsarchivs (Festschr. d. Wiener Staatsarchivs I, 1949, 192-221).

W.Kühnert

Wieselgren, *Peter* (1800-77), * in Spånhult (Schweden), † als Dompropst zu Göteborg; Bibliothekar, Geistlicher, Literarhistoriker und Biograph. Bahnbrechendes leistete W. als Führer der schwedischen Enthaltsamkeitsbewegung, der er seit 1838 als Reiseprediger seine ganze Kraft widmete. W. nahm aktiven Anteil an den kirchlichen und politischen Streitfragen seiner Zeit und förderte die schwedische Volksbildungsarbeit. Umfassende Kenntnisse prägen W.s breit angelegte Literaturgeschichte »Sveriges sköna litteratur« (5 Bde, 1833 bis 1849); doch fehlt es ihr an wissenschaftlicher Akribie. Am »Biographiskt lexicon öfver namnkunnige svenske män« (23 Bde, 1835-57) war W. mit über 800 Biographien beteiligt. Auch zu dem Supplement »Svenskt biografiskt lexikon. Ny följd« (6 Bde, 1857–1907) lieferte er Beiträge. W. hinterließ eine historisch sehr wertvolle Briefsammlung.

P.W.s samlade skrifter i nykterhetsfrågan, 2 Bde, 1903/04. – Biographien von J.Bergman (1894, 1912[5]), S.Wieselgren (1900), W.Rudin (1910), O.Mannström (1910, 1936[4]), E.Newman (1928), E.Hindenborg (1950), J.Elgeskog (1950) u. Th.Freeman (1950). – S.Kjöllerström, P.W. och E.G.Geijer om svenska kyrkans bekännelseskrifter (Festskrift tillägnad B. Rud. Hall, 1946, 228–239) – K.Gierow, Biblioteksmannen P.W. (Studier tillägnade Bror Olsson, 1959, 127–155). *S.Kjöllerström*

Wigand, *Johann* (1523–87), * in Mansfeld, † in Liebemühl (Preußen). W. wird nach dem Studium in Wittenberg 1546 Substitut, 1548 Pfarrer in Mansfeld, 1553 Pfarrer an St. Ulrich zu Magdeburg, 1560 Prof. in → Jena, wo er mit → Flacius und → Judex 1561 entlassen und nach Wismar als Stadt-Sup. berufen wird. 1568 in Jena restituiert, hier zugleich Pfarrer und Sup., nimmt W. am Altenburger Kolloquium teil, leitet die Kirchenvisitation 1569/70, wird aber 1573 abgesetzt und ausgewiesen (→ Thüringen, 2). Er folgt einer Berufung als Prof. in Königsberg, übernimmt 1575 als (letzter) ev. Bischof das Bistum → Pomesanien und nach Absetzung von → Heßhus auch das Bistum → Samland. – W. bekämpft die Katechismen von → Helding und → Canisius, verfaßt Schriften im → Adiaphoristischen Streit und ist am Kampf gegen G. → Major, A. → Osiander, den → Synergismus, bes. → Strigel und → Stößel beteiligt. Die enge Kampf- und Arbeitsgemeinschaft mit Flacius zerbricht an dessen Erbsündenlehre. An den Magdeburger Centurien (→ Kirchengeschichte: I, 2 d) ist W. stark beteiligt, die Centurien 7–16 hat er in der Hauptsache allein bearbeitet.

A.Beck, Friedrich d. Mittlere, Herzog zu Sachsen, 1858 (s. Reg.) – RE XXI, 270ff; XXIV, 654 – Ritschl II. IV – R.Herrmann, Thür. KG II, 1947 (s. Reg.) – K.Heussi, Gesch. d. theol. Fakultät zu Jena, 1954 (s. Reg.). *R.Jauernig*

Wigbert, 1. *Mönchpriester* aus Northumbrien, wagt um 685 vom Irenkloster Rathmelsigi aus eine Missionsfahrt nach Friesland (→ Friesen), kehrt zwar nach 2 Jahren ergebnisloser Arbeit heim, hat aber → Wilfrith und → Willibrord zu neuen und ergiebigen Versuchen angeregt.

Hauck I, 433 – H.v.Schubert, Gesch. d. christl. Kirche im FrühMA, 1921, 296 – F.Flaskamp, Die Anfänge friesischen u. sächsischen Christentums, 1929.

2. *Benediktiner* aus Wessex, früher Mitarbeiter des → Bonifatius, als erster Abt von → Fritzlar Erzieher → Sturmis, † 738.

Vita s. Wigberti ed. O.Holder-Egger, MG SS XV/1, 1887, 36–43. – P.Bruder, Über d. liturg. Verehrung d. hl. W. (Katholik 87, 1907, 47–281) – F.Flaskamp, Das hess. Missionswerk d. hl. Bonifatius, 1926, 67ff – Ders., Das Hessen-Bistum Buraburg, 1927, 28ff.

3. *Benediktiner* aus Wessex, in Winborn und Glastonbury erzogen, seit etwa 735 hessischer Mitarbeiter des → Bonifatius, 738 Lehrer und später dritter Abt von → Fritzlar.

F.Flaskamp, Zur Hessenbekehrung des Bonifatius (ZM 13, 1923, 135–152). *F.Flaskamp*

4. Erster Bischof *von → Merseburg* nach Wiederherstellung des Bistums (1004–09), zuvor Kaplan König Heinrichs II., entstammte begütertem ostthüringischem Adel und war Zögling der Magdeburger Domschule unter → Ohtrich. W. versah mit Hingabe sein bischöfliches Predigtamt und wagte die Zerstörung des noch unversehrten hl. Haines von Schkeitbar bei Lützen.

W.Schlesinger, KG Sachsens I, 1962. *H.-D.Kahl*

Wigger, Bischof *von Brandenburg* (1138 bis ca 1161; geb. Graf von Bilstein a. d. Werra?), wurde früh → Prämonstratenser und kam mit Erzbischof → Norbert nach → Magdeburg. Nach dessen Tode entwickelte er als Propst der aufstrebenden sächsischen Prämonstratenserzirkarie als erster seines Ordens nachweislich konkrete Pläne für Niederlassungen ostwärts der Mittelelbe. 1138 Bischof des 983 fast ganz zerstörten → Wenden-Bistums → Brandenburg (: I), begann er alsbald mit Gründung des Prämonstratenserstifts Leitzkau als provisorischen Domkapitels (1138/39) den Aufbau einer geordneten Diözesanverwaltung und erreichte (1147?) die Gründung eines zweiten Stifts bei Brandenburg, aus der 1161 das Domkapitel hervorging. Neben dem Theoretiker → Anselm von Havelberg erscheint W. als bedeutender Praktiker der Prämonstratensermission erster Generation.

H.-D.Kahl, Beiträge z. Gesch. d. Bistums Brandenburg (Diss. Göttingen), 1957 (Masch.) – Ders., Slawen u. Deutsche in d. brandenburg. Gesch. d. 12.Jh.s, 1963 (jeweils Lit.). *H.-D.Kahl*

Wilamowitz-Moellendorff, *Ulrich von* (22.12.1848 bis 25.9.1931), klassischer Philologe, bedeutendster neuzeitlicher Erforscher der Literatur und des Gedankenlebens der Griechen, * in Markowitz (Prov. Posen), 1876 Prof. in Greifswald, 1883 in Göttingen, 1897 in Berlin. W. vertrat entschieden die historische Betrachtungsweise, auch in der Textkritik, und war ein glänzender Stilist. Seine Produktion war außerordentlich reichhaltig (W.-Bibliogr. 1868–1929, 1930: 763 Titel). Er behandelte mehrmals Homer (1884, 1916, 1927), die Tragödie (Euripides' Herakles mit wichtiger Einl., 1889), die hellenistische Dichtung (2 Bde, 1924), Pindaros (1922), Platon ([2 Bde, 1919] 1949[4]) usw. Historisch wichtig ist seine Untersuchung der neugefundenen Schrift des → Aristoteles über die Staatsverfassung der Athener (Aristoteles und Athen I. II, 1893). In seinem letzten, nicht ganz vollendeten Werk (Der Glaube der Hellenen I. II, [1931/32] 1955[2]) wird das Innere, der Glaube, hervorgehoben, das Äußere, der Kult, tritt zurück.

Erinnerungen 1848–1914, (1928) 1929[2]. – Nachrufe u.a. v. W.Jaeger (1932) u. M.Pohlenz (1932). Ausführl. Biogr. fehlt. *M.P.Nilsson*

Wilbald, 1. *von Erfurt,* Benediktiner aus Wessex, wohl Vetter des → Bonifatius, zog 721 mit seinem Bruder → Wynbald nach Rom, besuchte 723–729 Palästina, weilte dann in → Monte Cassino. Seit 739 wieder in Rom, wurde er von → Gregor III. nach Germanien geschickt und am 22.10.741 in Sülzenbrücken (Thüringen) durch Bonifatius zum Bischof von → Erfurt geweiht, mußte aber den Mainzer Ansprüchen auf Thüringen weichen und übersiedelte nach → Eichstätt. Seine schlichte und nüchterne »Vita« schrieb die Heidenheimer Nonne Hugeburg.

Vitae Willibaldi et Wynnebaldi, ed. O.Holder-Egger, MG SS XV/1, 1887, 80–117. – Hauck I, 534f – F.Flaskamp, Das Bistum Erfurt (Westf. Zeitschr. 83, 1925, 1–26) – Studien u. Mitt. z. Gesch. d. Benediktinerordens 49, 1931, 387f – Wattenbach-Levison 177f – D.Meehan, Adamnan's De locis sanctis, Dublin 1958.

2. *von Mainz,* angelsächsischer Priester in Mainz, wo er, von → Lullus und → Megingoz angeregt und beraten sowie durch die Briefsammlung des → Bonifatius belehrt, die älteste und inhaltlich wertvollste »Vita sancti Bonifatii« verfaßte.

Vitae s. Bonifatii, ed. W.Levison, 1905; dt. v. M.Tangl, 1920 – Bonifatii et Lulli epistolae, ed. M.Tangl, 1916. – F.Flaskamp (→ Wigbert, 3) – Ders., Das Todesjahr des hl. Bonifatius (HJ 47, 1927, 473 bis 488) – Wattenbach-Levison 2, 176. *F.Flaskamp*

Wilberforce, *William,* * 24.8.1759 in Hull, † 29.7. 1833 in London. Nach dem Studium in Cambridge (St. John's College) wandte er sich 1780 zur Politik, zunächst als Parlamentsabgeordneter für Hull, unterstützt durch die Freundschaft mit William Pitt d.J. Sein kirchlicher Gewährsmann war der Kirchenhistoriker Isaac Milner, der ihn im evangelikalen (»methodistischen«) Sinne beeinflußte. 1785 entschloß sich W. zu einem streng christlichen Leben. Seitdem wirkte er als sozialer Ankläger und Reformer in der Politik, forderte 1786 eine Abänderung des Strafrechts, wurde zum Vorkämpfer gegen die → Sklaverei und brachte am 12.5.1789 den Antrag auf ihre Abschaffung in einer 3½stündigen Parlamentsrede ein, wobei ihn Pitt und Edmund Burke unterstützten. Erst 1807 hatte er damit Erfolg. Daneben förderte W. jede Art von christlicher Liebestätigkeit und war an der Gründung der Church Missionary Society und der Britischen Bibelgesellschaft beteiligt. Bedeutungsvoll war seine Zeitkritik: »A Practical View of the Prevailing Religious System of Professed Christians in the Higher and Middle Classes of this Country contrasted with Real Christianity« (1797).

Family Prayers, 1834; Correspondence, 1840; Private Papers, 1897. - Life of W.W., ed. R.I. u. S.Wilberforce (Söhne), 5 Bde, 1838 (Sammlung von Briefen u. Tagebuchaufzeichnungen) - J.S.Harford, Recollections of W.W., 1864 - J.C.Colquhoun, W.W., his Friends and his Times, 1866 - RE XXI, 275ff - R.Coupland, W.W., (1923) 1945² - DNB XXI, 208ff - F.K.Brown, Fathers of the Victorians. The Age of W., 1961. *M.Schmidt*

Wilde, *Oscar* Fingal O'Flahertie (1856–1900), angloirischer Dichter, Hauptvertreter der französisch beeinflußten ästhetizistischen Bewegung Ende des 19.Jh.s. In Dublin als Sohn eines kunstsinnigen Arztes und einer schriftstellerisch tätigen Mutter geboren, studierte er in Dublin und Oxford. Dort wurde er Mittelpunkt eines Kreises praktizierender Ästheten. W.s Ruhm in London begann mit der Veröffentlichung seiner Poems (1881). Sein Roman The Picture of Dorian Gray (1891) und vor allem seine geistreichen Gesellschaftskomödien (Lady Windermere's Fan, 1892; A Woman of no Importance, 1893; The Importance of Being Earnest, 1895) wurden glänzende Erfolge. Die paradox-brillanten Essays und die Novellen und Märchen (u.a. The Happy Prince, 1888; Lord Arthur Savile's Crime, 1891) gehören zu den hervorragendsten Zeugnissen englischer Prosa. André → Gide und Stefan → George bewunderten ihn. Richard Strauß vertonte die Tragödie Salomé (urspr. in französisch, 1893). -Wegen homosexueller Verfehlungen wurde W. 1895 eingekerkert. Damit brach sein Ruhm und die L'art pour l'art-Bewegung in England zusammen. W.s Rechtfertigungsversuch in A Ballad of Reading Gaol (1898) und die ehrliche Selbstprüfung in De Profundis (1905; vollst. Text ed. V.Holland, London 1949) lassen eine Wandlung erkennen. Nach kurzen Elendsjahren in Frankreich starb W. als Katholik in Paris.

Collected Works, 14 Bde, London 1908 - Complete Works, 4 Bde, Paris 1936. - Über W.: H.Pearson, The Life of O.W., London 1946; dt. 1947 - R.Merle, O.W., Paris 1948 - V.Holland, Son of O.W., London 1954; dt.: Erbe eines Urteils, 1955. *G.Müller-Schwefe*

Wildenspucher Kreuzigung. Margarete Peter, * 1794 in Wildenspuch, Kt. Zürich, schon als Kind visionär begabt, wurde durch eine Begegnung mit Frau v. → Krüdener in Lottstetten (Baden) und durch den der Erweckungsbewegung nahestehenden Vikar Jakob Ganz zu einer ekstatischen Frömmigkeit erweckt. Sie wirkte als »Seelenretterin« zu Hause und auf Reisen in der Schweiz, zuletzt längere Zeit beim Schuster Morf in Illnau, mit dem sie eine schwärmerische Freundschaft verband. Der Gegensatz zur matten Frömmigkeit der Staatskirche und polizeiliche Behelligungen verschärften die religiöse Spannung, die nach der Rückkehr M.s ins väterliche Haus zu den äußersten Verirrungen führte: um »viele Seelen zu retten«, erschlug M. die ihr ergebene Schwester Elisabeth und ließ sich selbst durch die Angehörigen und ihre Jüngerin Ursula Kündig, die ganz in ihrem Bann standen, kreuzigen (März 1823).

RE XXI, 283ff (ältere Lit.) - S.Streicher, Die Tragödie einer Gottsucherin, 1945 - P.Ilg, Die Passion der Margarete Peter, 1949. *E.G.Rüsch*

Wilder, *Thornton* (Niven), * 17.4.1897 in Madison/Wisc., amerik. Schriftsteller und akademischer Lehrer, der in Dramen und Romanen als »christlicher Humanist« die amerik. → Literatur der Gegenwart (: II) in Form und Problematik an die Tradition des Abendlandes anzuschließen sucht. W. vertritt gegen T.S. → Eliot das Prinzip einer »demokratischen« Kunst. Von seinen frühen Romanen an (u.a. »The Bridge of San Luis Rey«, 1927) über seine vor allem in Europa geschätzten Dramen (»Our Town«, 1938; »The Skin of Our Teeth«, 1942) und die Romane der mittleren Periode (u.a. »The Ides of March«, 1948) bis zu den dramatischen Spätwerken (»A Life in the Sun«, 1955 [»Die Alkestiade«] und die noch unvollendeten Zyklen »The Seven Deadly Sins« und »The Seven Ages of Man«) möchte W. die Frage nach dem Sinn von Leben und Tod mit dem Hinweis auf die alles verbindende Liebe und die Gewißheit der Fortdauer des im Ewigen verankerten menschlichen Lebens beantwortet wissen. In seinem dramatischen Werk, erstmalig in den Kurzformen (Sammlungen »The Angel that Troubled the Waters«, 1928; »The Long Christmas Dinner«, 1931) will W. durch Experimente (Illusionszerstörung: stage manager, Einschränkung und Stilisierung der Bühnenausstattung, Anachronismen, Einbeziehung des Publikums), die, scheinbar unkonventionell, auf Traditionen vorwiegend nichtaristotelischen Theaters zurückgreifen, den Zuschauer zwingen, Allgemeingültiges in der Banalität des Alltags zu erkennen. Dramen und Romane spiegeln in oft symmetrischer Konstruktion die unendliche Kreisbewegung des Lebens. Triviale Situationen bekommen durch stete Verquickung direkter, ironischer und symbolischer Aussagen überzeitliche und überörtliche Bedeutung. W.s Auffassungen von Liebe und Ewigkeit sind vom Christentum geprägt, jedoch nicht an bestimmte Glaubensrichtungen gebunden.

Vf. ferner Romane: The Cabala, 1925; The Woman of Andros, 1930; Heaven's My Destination, 1934. - Dramen: The Matchmaker, 1956; Einakter: The Wreck on the Five Twenty-Five, 1957; The Seven Deadly Sins: Bernice, 1957; Someone from Assisi, 1961; The Seven Ages of Man: Infancy, 1961; Childhood, 1961. - Über W.: R. Burbank, Th.W., New York 1961 - H.Papajewski, Th.W., 1961. *P.G.Buchloh*

Wilfrith *von York* (634–710), aus anglischem Adel, zunächst irisch in Lindisfarne gebildet, dann römisch-benediktinisch in Canterbury, Gönner des Klosters Ripon. Nach der Synode von Streaneshalch-Whitby (664) Bischof von → York, wollte er sein Bistum zur anglischen Metropole entwickeln, stieß aber dabei mit den Erzbischöfen → Theodor und Berchtwald von Canterbury zusammen und erreichte sein Ziel nicht mehr. Auf einer Beschwerdereise nach Rom missionierte W. 678 bei den → Friesen. Seit 706 war er Bischof von Hexham.

Baedae opera historica, ed. Ch.Plummer, 2 Bde, Oxford 1896 - Vita Wilfridi auct. Eddio-Stephano, ed. W.Levison, MG SS rer. Merov. VI, 1913, 163-263. - A.Streeter, Saint W., London 1897 - G.F.Browne, Theodore and W., ebd 1897 - Hauck I, 431ff - H.v. Schubert (→ Wigbert, 1) 270ff - J.S.Fletcher, The Life and Work of St. W., Chichester 1925 - F.Flaskamp, Die Anfänge friesischen u. sächsischen Christentums, 1929, 4ff - Wattenbach-Levison 2, 171f - ODCC 1459. *F.Flaskamp*

Wilhelm, 1. *von Auvergne* (ca 1180-1249), * in Aurillac, † in Paris, 1223-28 Kanonikus an Notre Dame und Magister regens der Theologie an der Universität, 10.4. 1228 Bischof von Paris. W. gründete als Freund der Mendikanten 1229 den ersten Dominikanerlehrstuhl in Paris. Sein Hauptwerk ist das »Magisterium divinale«, eine enzyklopädische Summe (1223-40) mit den Teilen: a) De trinitate; b) De universo creaturarum (1231-36); c) Cur Deus homo; d) De fide et legibus; e) De sacramentis (1234); f) De virtutibus et vitiis (nach 1217); g) De anima. W.s Lehrrichtung ist vorwiegend neuplatonisch und augustinisch; doch zeigt sich schon der Einfluß der aristotelischen, arabischen und jüdischen Philosophie (→ Averroes, → Avicenna, → Maimonides).

Opera, Venedig 1591; 2 Bde, Paris-Orléans 1674-75. - Weitere Werke: De gratia et libero arbitrio (De errore Pelagii), vgl. A.LANDGRAF, Speculum 5, 1930, 168-180; De immortalitate animae, ed. G.BÜLOW (BGPhMA II, 3 bzw. XXIV, 3), (1897) 1925²; De bono et malo, ed. J.R.O'DONNELL, MS 8, 1946, 245-299; De rhetorica divina (über das Gebet); De faciebus mundi (über die Predigt); De collatione et singularitate beneficiorum (vor 1228); De claustro animae, ed. Paris 1507; Ars praedicandi, ed. A.DE POORTER, Revue Néo-scolastique 1923, 192-209; ca 530 Predigten (ungedr.); Kommentare zu Pred, Spr, Hhld. - Die in Opera II, 1675, 1-476 gedr. 200 Sermones sind unecht u. gehören Wilhelm Peraldi OP an. - Über W.: DThC VI/2, 1967ff (Lit.) - BThAM 1-8, 1929-61 - J.LINGENHEIM, L'art de prier de G. d'A., Lyon 1934 - LThK X, 890f (Lit.) - A.MASNOVO, Da G. d'A. a S. Tommaso d'Aquino I-III, Mailand 1945-46 - E.GILSON, La notion d'existence chez G. d'A. (AHDL 13, 1946, 55 bis 91) - F.STEGMÜLLER, Repertorium commentariorum in sententias Petri Lombardi I, 1947, Nr. 284, 1-13 - P.GLORIEUX, Le »Tractatus novus de paenitentia« de G. d'A. (Miscellanea A.Janssen II, Louvain 1948, 551-565) - P.ANCIAUX, Le sacrement de pénitence chez G. d'A. (EThL 24, 1948, 98-118) - RepBibl Nr. 2797-2805. 10705-06 - A.FOREST, G. d'A. critique d'Aristote (Etudes offertes à A.Fliche, 1952, 67-79).

2. *von Auxerre,* Archidiakon von Beauvais, ca 1218 bis März 1229 Magister regens der Theologie an der Universität Paris, April 1230 im Auftrag Ludwigs IX. und April 1231 mit Gottfried von Poitiers in Rom, † Herbst (3.11.?) 1231 in Rom. Lehrrichtung noch wesentlich augustinisch, nur leicht aristotelisierend. - Nicht zu verwechseln mit W. von Seignelay, der 1207-20 Bischof von Auxerre, 1220-23 von Paris war.

Werke: Summa de divinis officiis; Kommentar zum Anticlaudianus des → Alanus ab Insulis (darin wird erstmals → Averroes zitiert, deshalb Echtheit bezweifelt); Dicta super Psalterium (zu Ps 1-15); Summa aurea (Hauptwerk, verfaßt 1220-22; ed. Paris 1500, 1518, Venedig 1591). - Über W.: C.OTTAVIANO, G. d'A. La vita, le opere, il pensiero, Rom 1930 - P.MANDONNET, AHDL 7, 1932, 39-46 (über Todesdatum) - R.M.MARTINEAU, Le plan de la Summa aurea, Ottawa 1937 - P.LACKAS, Die Ethik des W.v.A. (Phil. Diss. Würzburg), 1939 - F.STEGMÜLLER (s. 1) Nr. 281-284 - RepBibl Nr. 2809 - R.BOSSUAT in: Mélanges L.Halphen, Paris 1951, 33-42 (über Komm. zum Anticlaudianus). *F.Stegmüller*

3. *von Champeaux* (bei Melun, † 1121/22), Lehrer der Dialektik und Theologie in Paris (ca 1095-1108 zu Notre-Dame, dann zu St. Viktor [→ Viktoriner]), seit 1113 Bischof von Châlons-sur-Marne, mit seinem Lehrer → Anselm von Laon eng verbunden in Lehrrichtung und Bedeutung für die → Sentenzenwerke. W. hatte auch unter → Manegold von Lautenbach und → Roscelin studiert. Gegen diesen vertrat er im → Universalienstreit einen extremen → Realismus (: I, 2), den er später (auf Grund von → Abaelards Kritik?) dahin milderte, daß das Allgemeine nicht im Sinne der Identität, sondern nur der »Indifferenz« eine und dieselbe Realität in den verschiedenen Individuen sei (zB eine »Menschheit« in den verschiedenen menschlichen Individuen). - Vgl. → Abendmahl: II, 2 a.

G.LEFÈVRE, Les variations de Guillaume de Ch. et la question des universaux, Lille 1898 (mit Ausg. der Sentenzen W.s). - Über W.: MPL 178, 115ff = MS 12, 1950, 176ff (Abaelards Bericht) - E.MICHAUD, G. de Ch. et les écoles de Paris au XIIe siècle, Paris (1867) 1868² - HAUCK III, 916f - RE XXI, 292ff - GRABMANN II, 136ff - Ü II, 209ff. 701f (Lit.) - H.WEISWEILER (→ Anselm v. Laon) - LThK X, 894f (Lit.) - H.BARTH, Philos. der Erscheinung I, 1947, 268f - A.M. LANDGRAF, Einführung in die Gesch. der theol. Lit. der Frühscholastik, 1948, 55. 61f - EC VI, 1254f - LANDGRAF, passim - EF II, 935f. *M.A.Schmidt*

4. *von Conches,* Grammatiker und Philosoph, * Ende des 11.Jh.s in Conches (Normandie), † um 1154 wahrscheinlich in Paris. Schüler des Bernhard von Chartres, lehrte seit ca 1120/25 in Chartres, wo → Johannes von Salisbury sein Schüler war (1138-41), ca 1145-49 wahrscheinlich am Hofe des Herzogs Gottfried von der Normandie als Lehrer seiner Söhne. Im Geiste der Schule von Chartres pflegte W. das Studium der antiken Klassiker, der platonischen Naturphilosophie (Timaeus) und neuerschlossener naturwissenschaftlicher und medizinischer Quellen. Sein Schrifttum besteht aus Glossen zu Priscian, Boethius, Makrobius, Plato und aus zwei systematischen Werken kosmologischen und anthropologischen Inhalts, in denen er einen christlichen Platonismus vertritt. → Wilhelm von St. Thierry griff seine unter dem Einfluß → Abaelards stehende Trinitätslehre und seine Schöpfungslehre an, worauf er die anstößigen Lehren zurücknahm. Walter von St. Viktor beanstandete seine Atomtheorie. W.s Schriften übten großen Einfluß auf die Naturwissenschaft des MA aus.

Werke: Philosophia (um 1130) (MPL 90, 1127ff; 172, 39ff); Dragmaticon (1144-49) (Straßburg 1567); Glossen zum Timaeus Platos (1. Redaktion), hg.v. T.SCHMID (Classica et Mediaevalia 10, 1949, 220-266); Auszüge aus den Glossen zur Consolatio philosophiae des Boethius und zum Timaeus (2. Redaktion) bei PARENT (s.u.); Moralium dogma philosophorum (MPL 171, 1007ff; J.HOLMBERG, Uppsala 1929), Echtheit umstritten, auch Walter von Châtillon zugeteilt. - Unecht ist das von C.OTTAVIANO u. M.GRABMANN ihm zugeschriebene Compendium philosophiae. - Über W.: Ü II, 228f. 237f. 704 - MANITIUS III, 215ff - M.GRABMANN, Handschriftl. Forschungen u. Mitt.en zum Schrifttum des W. (SAM 1935, 10) - J.PARENT, La doctrine de la création dans l'école de Chartres, Paris 1938 (mit Texten) - T.GREGORY, Anima mundi. La filosofia di G. di C., Florenz 1955 - E.JEAUNEAU, Gloses de G. de C. sur Macrobe (AHDL 27, 1960, 17-28) - DERS., Deux rédactions des gloses de G. de C. sur Priscien (RThAM 27, 1960, 212-247). *L.Ott*

5. *von Hirsau* († 1091), schrieb als Mönch in St. Emmeram zu Regensburg (Schüler und Freund des → Otloh) über Musiktheorie und Astronomie, kam 1069 als Abt nach → Hirsau, das unter ihm zu einem Stützpunkt der Partei → Gregors VII. wurde.

MPL 150, 889ff. 923ff. 1147ff. 1639ff - H.MÜLLER, Die Musik W.s v.H., 1883. - Über W.: RE VIII, 139ff - EitnerQ X, 260 - HAUCK III, 866ff - MANITIUS III, 220ff - LThK X, 898f - WATTENBACH-HOLTZMANN I/3, 386ff. 550ff (Lit.) - PH.SCHMITZ (→ Cluny) I, 184ff; II, 250ff; u.ö. - VSB VII, 102ff - EC VI, 1257f - VerfLex IV, 977ff (Bibliogr., Lit.) - K.G.FELLERER, Zum Musiktraktat des W.v. H. (Festschr. Wilh.Fischer z. 70.Geb., 1956, 61-70) - LThK² V, 381f. *M.A.Schmidt*

6. *von Moerbeke* (Flandern; ca 1215-86), Dominikaner, Pönitentiar mehrerer Päpste, 1274 auf dem Konzil von Lyon, seit 1278 Bischof von Korinth. Stand in Verbindung mit bedeutenden Gelehrten der Zeit, bes. mit → Thomas von Aquino. Hervorragend als Übersetzer aus dem Griechischen von Aristotelestexten und -kommentaren sowie von Werken des Proklus, Galen, Hippokrates, Archimedes und Heron (Autograph im Ms. Vat. Ottob. lat. 1850). Ihm selbst wird in einer Reihe von Hss. eine Geomantie zugeschrieben.

Ü II, 348f. 728 (Lit.) - M.GRABMANN, Guglielmo di M. (Misc. Historiae Pontificiae 11), 1946 - T.KAEPPELI, Per la biografia di G.di M. (AFP 17, 1947, 293f) - L.MINIO-PALUELLO, G.di M. traduttore della Poetica di Aristotele (Rivista di filosofia Neo-Scolastica 39,

1947, 1-17) - G.Verbeke, Guillaume de M. et sa méthode de traduction (Medioevo e rinascimento. Studi in onore di B.Nardi, 1955, II, 779-800). *H.Boese*

7. *von Newbury* (1136 bis nach 1198), englischer Augustiner-Chorherr, schrieb eine »Englische Geschichte« von 1066 bis 1198, nüchtern, wahrheitsbedacht, selbständig gegenüber seinen Quellen, dadurch vorteilhaft anders als → Geoffrey von Monmouth.

Historia rerum Anglicarum, ed. R.Howlett, Chronicles, 2 Bde, 1884/85 (Auswahl in MG SS XXVII, 1885, 224-248). - H.E.Salter, William of N. (English Hist. Review 22, 1907, 510-514) - R. Jahncke, Guilelmus Neubrigensis, 1912. *F.Flaskamp*

8. *von Ockham* → Ockham.

9. *von St. Thierry* (ca 1085-1148), studierte wahrscheinlich bei → Anselm von Laon, 1119 Abt bei den Benediktinern von St. Thierry bei Reims, resignierte jedoch 1135 und ging in das Zisterzienserkloster Signy. Verehrung und Freundschaft verband ihn mit → Bernhard von Clairvaux, den er 1138/39 zur Stellungnahme gegen → Abaelard veranlaßte. Außer gegen Abaelard schrieb W. gegen → Wilhelm von Conches. Im Gegensatz zu einer rationalen Theologie wies er den Weg einer augustinisch gefärbten → Mystik (: VI): In der Erleuchtung des Glaubens wird die göttliche Trinität kontemplativ erfaßt. Die Gottesliebe umgreift den Glauben, ist selber Erkenntnis, reinigt den Menschen - die imago von Gottes trinitarischem Wesen - und führt zur schauenden Vereinigung mit Gott. In der Epistola ad fratres de Monte Dei, die als Schrift Bernhards hochgeschätzt wurde, entwickelte W. eine Deutung der mönchischen vita solitaria nach den drei Stufen des homo animalis (incipiens), rationalis (proficiens) und spiritualis (perfectus).

Werke MPL 15, 1851 ff; 180, 205 ff; 184, 297 ff; die meisten Schriften in neueren Einzelausgaben. - H.Kutter, W.v.St.Th., 1898 - J.-M.Déchanet, Guillaume de St.-Th., l'homme et son oeuvre, Brügge-Paris 1942 - EC VI, 1267f (Lit.). *R.Schwarz*

10. *von Tyrus* (ca 1130-86), Chronist der ersten → Kreuzzüge. Nach Studien im Abendland wurde W. 1167 Erzdiakon, 1175-84 Erzbischof von Tyrus, auch Kanzler des Königreichs Jerusalem, seiner Heimat. Er besuchte mehrmals Rom und Byzanz. Außer einer nicht erhaltenen Geschichte des Orients seit Muhammed schrieb er mit reicher Erfahrung eine lebensvolle Geschichte der Kreuzfahrerstaaten 1095-1184, die nicht vollendet, aber öfters fortgesetzt und viel benutzt wurde statt früherer, von W. verwendeter Darstellungen.

Historia rerum in partibus transmarinis gestarum, ed. Recueil des Historiens des Croisades, Hist. Occid. I, Paris 1844; auch MPL 201; engl. Übers. v. E.A.Babcock u. A.C.Krey, New York 1942. - H.Prutz, Studien über W.v.T. (NA 8, 1883, 93-132) - A.C.Krey, William of Tyre (Speculum 16, 1941, 149-166) - H.E.Mayer, Zum Tode W.s v.T. (Arch. f. Diplomatik 5/6, 1959/60, 182-201). *H.Grundmann*

Wilkens, *Cornelius August* (1829-1914), ref. Theologe, seit 1861 Pfarrer in Wien, 1879-81 im Haag. Schon früh mit bedeutenden Arbeiten zur Kirchen- und Frömmigkeitsgeschichte hervorgetreten, entfaltete er, von nun an ohne Amt, zunächst in seiner Vaterstadt Bremen, dann in Kalksburg bei Wien eine weitgespannte literarische Tätigkeit. Seine Werke faszinieren durch ihren Reichtum an eigengeprägten Gedanken. Einiges, vor allem sein »Otium Kalksburgense«, trägt stark essayistischen Charakter. Wie → Mallet, → Hengstenberg und Fr.J. → Stahl, die ihn theologisch und politisch nachhaltig beeinflußt haben, kämpfte auch W. gegen Rationalismus, Liberalismus und Staatskirchentum.

Vf. u.a. Biographien von Abälard, 1855; Fr.L.de Leon, 1866; Mallet, 1872; Jenny Lind, (1894) 1915⁵; ferner: Gesch. d. span. Protestantismus im 16.Jh., (1888) 1897². - Sein handschr. Nachlaß, vorwiegend in der Wolfenbütteler Bibliothek, ist bisher nur zu einem kleinen Teil publiziert: C.A.W., Aus den Tagebüchern eines ev. Pfarrers I, (1917) 1923³; II, 1928. *W.Kühnert*

Wilkinson, *William* († 1613). Nach dem Studium in Cambridge (Queen's College) wirkte er 1579 ebd als Lehrer und schrieb eine Kampfschrift gegen die libertinistische Sekte der »Family of Love« von H. → Niclaes (A Confutation of certain Articles delivered unto the Family of Love), die als frühe Nachricht wichtig ist. Möglicherweise stammt von ihm eine (undatierte) frühe Übersetzung von Luthers Vorrede zum Röm.

DNB XXI, 278. *M.Schmidt*

Will, *Robert* (19.7.1869 bis 5.1.1959), elsässischer Theologe, * in Aßweiler, nach dem Studium in Straßburg, Berlin und Paris 1894 Pfarrer in Masevaux, 1901 bis 1922 an St. Wilhelm in Straßburg, 1919-37 Prof. für praktische Theologie an der Straßburger Fakultät, mit der er 1939-45 nach Clermont-Ferrand emigrierte, wo er als Seelsorger, Freund und Helfer eine reiche Wirksamkeit entfaltete. Als Mitglied des Konsistoriums der Kirche Augsburger Konfession verlor er nie den Kontakt mit dem kirchlichen Leben. Im Ruhestand (seit 1945) widmete er sich der Schriftstellerei in der heimatlichen elsässischen Mundart.

Vf. u.a.: Tauler, eine Gesch. aus Straßburgs Vergangenheit, 1920; La liberté chrétienne. Etude sur le principe de la piété chez Luther, 1922; Le Culte, 3 Bde, 1925-35; Der Gottesdienst Augsburger Konfession in Elsaß u. Lothringen, 1948 (auch franz.). - Ferner: Broschüren, Predigten, Romane, Erzählungen, Theaterstücke u. zahlr. Aufsätze in versch. Zs.en (vgl. RHPhR 29, 1948/49, 92f). *R.Voeltzel*

Wille

1. Begriff - 2. Psychologisch - 3. Die Vorstellung eines freien W.ns - 4. Ethisch - 5. Metaphysisch. - Zur Geschichte des Begriffs s. → Voluntarismus; vgl. auch → Entscheidung, → Indeterminismus, → Pflicht, → Wahl, → Willensfreiheit

1. Wenn das, was man will, von vornherein disponibel ist und keine Anforderungen an den einzelnen stellt, ist das Wort »W.« in abgeschwächter Bedeutung gebraucht. Stellen sich Hindernisse in den Weg und will man trotzdem sein Ziel ohne inneren Aufwand erreichen, so wird der W. zum Wunsch. W. im prägnanten Sinne schafft mit seinem Entstehen einen Gegensatz zwischen dem, was er will, und dem Widerstand, den er herausfordert und überwinden will. Eben in diesem Gegensatz und im Verhältnis zu dem Widerstand, den er hervorruft, wird W. daher charakterisiert als stark oder schwach, als beugsam oder unbeugsam.

2. *Psychologisch* wird W. ein Streben genannt, über dessen Ziel man sich von vornherein klar ist und zu dessen Erreichung man die Handlung auszuführen beabsichtigt. Je schwerer sich das Ziel erreichen läßt, in desto höherem Grade erhält das Streben den Charakter des W.ns. Das Zielbewußte eines Strebens, das W. genannt wird, äußert sich entweder in einem Entschluß, der das Ergebnis eines Überlegungsprozesses ist, oder in einer → Wahl zwischen verschiedenen Möglichkeiten (wobei keine längeren Überlegungen vorher stattgefunden zu haben brauchen) oder lediglich in einem Vorsatz (der rein impulsiver Art sein kann und nicht einer Wahl entsprungen zu sein braucht). - Die wissenschaftliche und die philosophische Psychologie wenden sich gegen ein doppeltes Mißverständnis mythischer Art: a) Der W. und die Triebe, mit denen er sich, wie man meint, im Streit befindet, werden zu Kräften verselbständigt und

personifiziert, indem man sich vorstellt, daß sie so wie der Mensch selber wirken; die »Erklärung« der Aktivität des Menschen, die man mit Hilfe des W.ns und der Triebe geben will, besteht daher recht besehen nur in einer Verdoppelung dieser Aktivität (J.Jørgensen). b) Der W. wird innerhalb des Organismus in eine besondere mentale Welt verlegt und als besonderer Akt betrachtet, durch den das → Bewußtsein den Gedanken in Handlung umsetzt; man möchte etwas realisieren, da aber das Denken kein ausführender Akt ist, muß das Wollen als zweiter Akt hinzukommen, um die Ausführung zu vollziehen. Das Verhalten in der leiblichen Welt wird also erklärt, indem man den W.nsakt der mentalen Welt zu seiner Ursache macht. Diese Erklärung ist jedoch illusorisch, teils weil man nichts anderes und nicht mehr zu wissen bekommt, als was man bereits vom Verhalten selber her weiß, und teils, weil die mentale Welt, in die der W.nsakt hineingehören soll, gleichzeitig als außerhalb des kausalen Systems der leiblichen Welt liegend betrachtet wird (G.Ryle).

3. Im allgemeinen Sprachgebrauch nennt man den W.n niemals frei. »Er hat keinen W.n« heißt nicht, daß jemand keine Freiheit hat, sondern daß sein W. schwach und biegsam ist. Die Aussagen: »Er will etwas« und »Er ist frei« haben nichts miteinander zu tun; denn Wollen heißt gerade, daß das Stadium des Freigestelltseins verlassen worden ist. Den W.n frei nennen ist daher gleichbedeutend mit dem unmöglichen Vorhaben, ihn vor und außerhalb des Widerstandes gegen ihn, dh bevor er überhaupt entstanden ist, charakterisieren zu wollen. Man abstrahiert einen herausgelösten (absoluten) W.n, der nichts Bestimmtes will, von dem Gegensatz, den der W. hervorruft und mit dessen Hervorrufen er auch selber erst ins Leben tritt, und läßt diesen freien W.n, der nichts will, darin bestehen, daß er zwischen verschiedenen Möglichkeiten wählt. Wollen heißt aber engagiert sein und etwas Bestimmtes wollen. Das Degagement, das mit einem Wollen unvereinbar ist, manifestiert sich in einer Verdoppelung des Begriffs. Die Frage heißt nicht mehr, was man will, sondern was man wollen will. Im freien W.n befindet man sich in einem Abstand zu dem, was man eventuell wollen will. – Der Streit zwischen → Erasmus und → Luther geht u.a. darum, ob der W. frei ist oder nicht (→ Willensfreiheit). Erasmus betrachtet die Freiheit als das Wesen des W.ns, kraft dessen der Mensch, obwohl er nichts aus eigener Kraft vermag, sich dem zu- oder von ihm abwenden kann, was zum ewigen Heil führt. Demgegenüber hält Luther am Wort »W.« in seiner prägnanten Bedeutung fest – etwas wollen heißt Lust dazu haben und von daher etwas in Angriff nehmen – und deckt so den inneren und äußeren Widerspruch in Erasmus' W.nsbegriff auf. Bei Erasmus hat der W. auch Lust und Drang, ohne jedoch irgend etwas damit zu vermögen. Etwas wollen ist aber für Luther etwas vermögen, nämlich herausfordern und kämpfen, zumal der W. erst in seiner Herausforderung entsteht. Ein W., der nichts vermag, ist daher per definitionem ein W., der nichts will. Luther nennt ihn velle absolutum (aus dem Engagement gelöst, in dem er erst entsteht), purum et merum velle oder medium velle (die Wahlfreiheit, liberum arbitrium indifferentiae, in der man nichts will). – Bei → Descartes wird in der 4. Meditation der W. des Menschen als solcher für ebenso unbegrenzt wie der W. Gottes erklärt; der Mensch gleicht daher Gott vor allem in seinem W.n. Von allen Fähigkeiten des Menschen läßt sich allein der W. nicht vollkommener denken, da er seiner Natur nach ganz und ungeteilt ist. Descartes kann dem W.n in dieser Weise Vollkommenheit zuschreiben, weil er ihn recht besehen zu einem freien Wahlvermögen reduziert hat, so daß die Frage danach, was der Mensch vermag, nicht die Sache des W.ns ist, sondern die Sache anderer Fähigkeiten, vor allem des Verstandes. Weil der Verstand begrenzt ist, ist das, was der Mensch vermag, auch begrenzt. Es handelt sich um den gleichen W.nsbegriff wie bei Erasmus, doch mit der Modifikation, daß der Widerspruch bei Erasmus' W.nsbegriff – daß der W. sowohl etwas vermag als auch nicht vermag – aufgehoben und die Vorstellung eines freien W.ns konsequent durchgeführt ist; der W. vermag, eben weil er nur Wahlvermögen ist, alles.

4. Wie sich bei Descartes der W. im Hinblick auf Vollkommenheit von allen anderen Fähigkeiten des Menschen unterscheidet, so tut er dies bei → Kant in *ethischer* Beziehung. An sich ist nur der W. entweder gut oder schlecht; alle anderen positiven Fähigkeiten, Eigenschaften und Talente sind Mittel und können darum sowohl zum Guten wie zum Schlechten benutzt werden, wie etwa der Verbrecher die Selbstbeherrschung und nüchterne Überlegung in den Dienst seines Verbrechens stellen kann. Inwieweit alle anderen Fähigkeiten zum Guten oder zum Bösen gebraucht werden sollen, entscheidet der W. durch das Ziel, das er setzt und zu dessen Erlangung er sie als Mittel gebraucht. Der W. ist nämlich vernunftbestimmt. Das Begehren mit seinem unmittelbaren Verhältnis zu dem begehrten Gegenstand wird zum W.n, wenn die Vernunft dazu kommt und der Mensch nach Regeln (Maximen) handelt. Solange der W. vom Begehren beherrscht ist und die Vernunft sich damit begnügt, eine Regel aus dem zu machen, was unser Begehren wünscht, ist der W. heteronom. Autonom und im strengen Sinne W. ist er erst dann, wenn die Vernunft souverän und ohne Rücksicht auf das Begehren und eventuell im Widerstreit zu ihm herrscht. Dies kann nicht so geschehen, daß die Vernunft dem W.n den Gegenstand liefert (denn die Vernunft enthält keine Begriffe von Gegenständen), sondern nur so, daß die Regeln des W.ns von der Vernunft geprüft werden, ob sie so allgemein wie diese sind, dh ob die Regel des W.ns als allgemeines Gesetz gelten kann. Die ethisch gesehen einzigartige Stellung des W.ns beruht somit darauf, daß er allein von der reinen Vernunft gelenkt werden kann, und daß die reine Vernunft allein bestimmt, was gut und böse ist. Da die Kraft des W.ns zu den Fähigkeiten gehört, die nur Mittel sind, kann er in seiner Zielsetzung auch dann, wenn er so schwach ist, daß er nicht das geringste durchzusetzen vermag, absolut gut sein. – Die Voraussetzung dafür, daß der W. die ethische Vorrangstellung erhalten kann, die ihm Kant zuschreibt, ist, daß es im Dasein des Menschen keine Neigung gibt, die auf der Seite des ethischen Imperativs steht. Hierzu wäre kritisch zu sagen, daß mit dem W.n zu ganzem Gehorsam allein noch kein ganzer Gehorsam entsteht. Um gehorsam sein zu können, muß der Mensch auch barmherzig, wahrhaftig, vertrauensvoll, zuversichtlich usw sein.

5. Bei → Heidegger – bes. in seiner Nietzsche-Interpretation – wird der W. im Hinblick auf seine *metaphysische* Ausrichtung behandelt. In der abendländischen Metaphysik wird das Seiende in Werten und Gegenständen gesehen, weil → Sein Subjektität ist, für die das Seiende Wert ist und die es zu Gegenständen nivelliert. Subjektität ist somit W., nicht psychologisch verstanden als ein Streben nach etwas, das der Strebende noch nicht hat, sondern metaphysisch verstanden als ein W., der sich selbst will. Die Verdoppelung ist hier nicht durch das Degagement verursacht, sondern dadurch, daß der W., um W. bleiben zu können, immer stärker über sich selbst hinaus wollen muß. Der reine unbedingte W. ist daher gleichbedeutend mit Macht, da Macht, um bestehen zu können, dauernd sich selbst bewältigen muß, was nur durch eine Steigerung ihrer selbst geschehen

kann. Sich mit dem Gewonnenen zufrieden geben bedeutet, nicht mehr zu wollen und seine Macht zu verlieren. Das Sein des Seienden, die Subjektität, ist in der Metaphysik der W. zur Macht.

M.SCHELER, Der Formalismus in der Ethik u. die materiale Wertethik, (1913/16) 1954[4] - EISLER III, 551ff - K.JASPERS, Philosophie II, 1932, 149ff - J.JØRGENSEN, Psykologi på biologisk grundlag, Kopenhagen 1946, 402ff - G.RYLE, The Concept of Mind, London 1949, 62ff - M.HEIDEGGER, Nietzsches Wort »Gott ist tot« (Holzwege, 1950, 193-247). - Vgl. die Lit. zu → Voluntarismus, → Willensfreiheit.

K.E.Løgstrup

Wille, *Bruno* (6.2.1860 bis 4.9.1928), freireligiöser Schriftsteller, * in Magdeburg, † auf Schloß Senftenau bei Lindau, gründete mit W.Bölsche und J.Türk 1890 die »Freie Volksbühne«, wegen deren sozialistischer Tendenz 1892 die »Neue Freie Volksbühne«, 1900 den »Giordano-Bruno-Bund«, 1901 mit Bölsche die »Freie Hochschule«. Seit 1895 wirkte er als Religionslehrer der freireligiösen Gemeinde in Berlin; später lebte er in Stuttgart und auf Schloß Senftenau. W. vertrat anfangs unter dem Einfluß von → Nietzsche, → Stirner und dem Buddhismus eine »Philosophie der Befreiung«, später im Anschluß an → Fechner und die Romantik eine pantheistische Naturmystik.

Vf. u.a.: Lehrbuch für d. Jugendunterricht freier Gemeinden I-III, 1891/92 (I, 1900[2]); Einsiedelkunst aus der Kiefernheide, 1897; Offenbarungen des Wacholderbaums I. II, (1901) 1920[5]; Die Christus-Mythe als monist. Weltanschauung, 1903; Das lebendige All, 1905; Die Abendburg (Roman), 1909; Der Glasberg (Roman), 1920; Aus Traum u. Kampf (Selbstbiogr.), 1920; postum: Der Maschinenmensch u. seine Erlösung, 1930; Die Philos. der Liebe, 1930. - Über W.: H.MACK, B.W. als philos. Denker (Diss. Gießen), 1913 - Das B.W.-Buch, hg.v. seinen Freunden, 1923 - M.JORDAN, Die Romane B.W.s, 1939 (Bibliogr.) - W.KOSCH, Dt. Lit.-Lexikon IV, 1958[2], 3384 - A.SOERGEL-C.HOHOFF, Dichtung u. Dichter der Zeit I, 1961, 58-68.

H.Hohlwein

Willehad (730/40-789), Missionar aus Northumbrien, wirkte in Friesland um Dokkum (→ Friesen), im friesisch-sächsischen Grenzgebiet und seit 780 im Auftrag → Karls d.Gr. in Sachsen an der unteren Weser. 782 vertrieben, lebte er nach einer Romreise im Kloster → Echternach, wo er u.a. die Paulus-Briefe abschrieb. 785 von Karl zurückberufen und mit der fränkischen Zelle Justina ausgestattet, wurde er 787 Bischof. Doch begann das Bistum Bremen (→ Hamburg: I), wo er 789 den Dom weihte, in dem er sein Grab fand, erst 805 unter seinem Nachfolger Willerich († 838).

Vita Willehadi, MG SS II, 378-384; AS Nov. III, 835-846 (bald nach 838 in Echternach entstanden: G.NIEMEYER, Die Herkunft der Vita Willehadi [DA 12, 1956, 17-35]) - HAUCK II, 362ff. 379f. 392f. 399f - H.WIEDEMANN, Die Sachsenbekehrung, 1932, 61. 83f - K.D. SCHMIDT, W. u. die Christianisierung von Bremen-Verden (ZGNKG 41, 1936, 5-23) - E.MÜLLER, Die Entstehungsgesch. der niedersächs. Bistümer unter Karl d.Gr., 1938, 20ff.

H.Löwe

Willensfreiheit

1. Phänomenologisch - 2. Ontogenetisch - 3. Philosophisch - 4. Theologisch. - Vgl. → Wille

1. W. kennzeichnet den Menschen als ens liberum im Unterschied zu Tier und Pflanze. Sie muß im Zusammenhang mit den andern humanen Eigenarten gesehen werden: Selbstbesinnung und -bestimmung, Wertbewußtsein, Sprache, ästhetischem, spekulativem, logischem, phantastischem Denken, der Fähigkeit, sich die Natur dienstbar zu machen, die Welt zu verändern (→ Anthropologie: I). W. ist wesentlich Selbstbestimmung, die sich in → Wahl, → Entscheidung und Ausführung des Entschlusses verwirklicht. Die Wahl geschieht auf Grund von Motiven; diese sind im Unterschied zu Ursachen subjektiv bedeutsam. Auch die Unterlassung einer Willenshandlung kann gewählt werden. Im Entscheid (Entschluß) wird die Freiheit zum (psychischen) Akt. Aus diesem ergibt sich die Willenshandlung; auch sie steht im Zeichen der Freiheit, insofern Aufschub oder Unterlassung möglich bleibt. - Die Kehrseite der W. ist eine weitgehende Instinktreduktion. Während die Pflanze durch Wachstumsgesetze, das Tier durch Instinkte biologisch festgelegt und dadurch zwar nur in geringem Maß anpassungsfähig, aber in hohem Maß gegen eigene biologische Fehlleistungen gesichert sind, gibt die W. dem Menschen unabsehbare Chancen für die Lebensgestaltung und Weltbeherrschung, jedoch um den Preis der Instinktungesichertheit und der Gefahr der Lebensverfehlung und -zerstörung. Die W. ist ambivalent: sie ist Inbegriff der Menschenwürde und als solche oft gepriesen worden, sie kann aber auch zum Fluch und zur Last werden: wir sind »verdammt«, frei zu sein (Sartre). - Die W. ist unverzichtbar. Ein »Zurück zur Natur« im Sinn einer ausschließlichen Bindung an Wachstumsgesetze, Triebe und Instinkte ist dem Menschen nicht möglich. Die Triebe des Menschen unterscheiden sich von den tierischen dadurch, daß sie nicht starr, sondern variabel und plastisch sind. Sie bedürfen einer willensmäßigen (geschichtlich-kulturellen) Überformung und sind faktisch immer kulturell überformt. Der Mensch ist biologisch bereits ein Kulturwesen. Man kann nicht im gleichen Sinn wie von der »Natur« einer Pflanzen- oder Tiergattung auch von der »Natur« des Menschen sprechen. »Natürlich« ist menschliches Verhalten, wenn es sich unreflektiert der allgemein anerkannten Sitte einfügt; andernfalls ist es gewollt, gemacht, manieriert, beabsichtigt und dadurch »unnatürlich«. Da die Sitte geschichtlich geworden und wandelbar ist, wandelt sich auch die Auffassung des Natürlichen; darum kann der Mensch nicht natürlich sein ohne ein entsprechendes Einfühlungsvermögen, ohne Takt. »Natur« ist, was der Mensch jeweils aus ihr gemacht hat oder - in revolutionären Umbruchszeiten - zu machen willens ist. - Der Naturbegriff wird in Anwendung auf den Menschen zum geschichtlichen *Normbegriff*. Die W. nötigt den Menschen nach Verhaltensnormen zu fragen; darum lebt der Mensch faktisch nie ohne Bindung an ein Normengefüge. Wo die bisher geltenden → Normen bestritten und in Frage gestellt werden, treten sofort und mit innerer Notwendigkeit neue an ihre Stelle. Es ist also sinnlos und Selbsttäuschung, im Namen der (biologischen) Natur die Abschaffung aller Normen zu fordern: »die ›normale‹ Funktion der Norm beruht ... darin, die Antriebe auf die Personalität und Ordnung hin zu integrieren, auf die hin der Mensch auch biologisch angelegt ist« (Schelsky 64). W. und Bindung an Normen bedingen einander. Normen aber sind sowohl nach ihrer Herkunft wie nach ihrem Geltungsanspruch überindividuell: sie treten dem Individuum als Tradition, Sitte u.dgl. gegenüber und beanspruchen allgemeine Geltung. Daher kennzeichnet die W. den Menschen als Gemeinschaftswesen ohnegleichen, als Glied einer Geschichte, die nicht bei der Familie, beim Stamm oder Volk haltmacht, sondern sich ausweitet auf das Menschheitsganze. - Der augenfälligste Ausdruck für diese Gemeinschaftsbedingtheit der W. ist die → *Sprache*. Durch die Sprache vergegenständlicht sich der Mensch seine Welt und gewinnt im Abstand zu ihr und zu sich selbst einen Spielraum der Freiheit, in welchem eine Wahl möglich und nötig wird. Die Sprache aber ist, wie die von ihr untrennbare W., zugleich höchst allgemein und höchst individuell. Höchst allgemein: denn alle Sprachen sind in einander übersetzbar, wodurch die Sprache zum allgemeinmenschlichen Kommunikationsmittel wird; und der

einzelne erlernt die Sprache einer Gemeinschaft, wenn er sprechen lernt. Höchst individuell: denn in der Sprachgemeinschaft findet der einzelne zu sich selbst, bildet er seinen Sprach- und Lebensstil aus, der dann wieder auf die Sprache der Gemeinschaft zurückwirkt und ihr Erstarren verhindert. Wo aber gesprochen wird, da ist W., und zwar sowohl als sich im Wort kundtuend wie auch als durch das Wort beansprucht. Sprechen setzt beim Redenden und beim Angeredeten W. voraus. Mit Tieren, Pflanzen oder Steinen ist echte Unterhaltung nicht möglich.

2. Die W. durchläuft in der *Ontogenese* des Menschen verschiedene Stufen, sie wächst mit dem Heranwachsen des Individuums. Bereits der Säugling hat mit dem freien Spiel seiner Glieder viel reichere Möglichkeiten, als sie etwa dem neugeborenen Affen mit seinem Klammerinstinkt zur Verfügung stehen. Das erste Lebensjahr des Menschen, im Vergleich zu den Säugetieren ein »extra-uterines Frühjahr«, dient dazu, mit den Anfängen der Lautsprache die Anfänge der W. zu erlernen. Dadurch wird der Mensch bereits mit seiner Geburt Glied einer Geschichte, ohne die seine Ontogenese nicht vonstatten geht. Der Mensch wird zwar in einem gestaltlich wie psychisch recht weit entwickelten Zustand geboren, aber doch sehr lange vor der Reifung seiner typischen Verhaltensformen, so daß für deren Werden die Möglichkeit des Kontaktes mit der Umgebung, eines reichen Welterlebens und der Sozialerfahrung gegeben ist. Diese nur in der menschlichen Ontogenese zu findende Nötigung, durch Lernen zu reifen, dient unmittelbar der Ausbildung und Erweiterung der W. Ohne hier auf die Psychologie der Lebensalter einzugehen (→ Kinder-, → Jugendpsychologie: I), sei nur darauf hingewiesen, daß die W. sich beim Kinde im Spielen, beim Jugendlichen im Experimentieren, beim Erwachsenen im ernsthaften Überlegen und Handeln betätigt. – Die Möglichkeiten der W. sind unabsehbar. Es scheint nichts zu geben, was der Mensch nicht wollen, nichts Sinnvolles, dessen Verwirklichung er nicht anstreben könnte. Störungen der W. begegnen beim gesunden und beim kranken Menschen. Der Gesunde kann durch Entwicklungserscheinungen, Gewohnheiten, Vorurteile, Mangel an Einsicht, plötzliche Gemütswallungen u.dgl. vorübergehend oder dauernd im Gebrauch seiner W. behindert werden. Über krankhafte Willensstörungen s. → Psychiatrie. Die W. ist nie ein fertig daliegendes Etwas, nie nur vorgegeben wie der tierische Instinkt, sondern ist die Personwirklichkeit des Menschen in ihrem geschichtlichen Werden (→ Person). Der Mensch ist nicht nur frei durch die W., sondern auch frei für die W. Er kann die W. ausbilden, stärken, erhöhen durch Erziehung und Selbsterziehung, er kann sie auch verkümmern lassen, schwächen, verscherzen durch Nachlässigkeit und Mangel an Selbstzucht.

3. In der Literatur ist die W. früh beschrieben worden. Schon → Homer schildert, wie seine Helden, zB Hektor vor dem Kampf mit Achill, die verschiedenen Motive abwägen, sich entscheiden und handeln. Bei ihm zeichnet sich auch schon ein Problem ab, das bis heute nicht befriedigend gelöst ist, wenn er erzählt, wie das Wollen und Handeln der Menschen von den Göttern gelenkt oder die Zukunft durch Orakel festgelegt wird, so daß menschliche W. als Illusion erscheint. Dementsprechend werden die anthropomorph aufgefaßten Homerischen Götter bald als frei entscheidend, bald als dem Zwang der Moira unterworfen dargestellt. Hesiod und Solon legen den Akzent auf die Rechtsordnung, gehütet von der Göttin Dike, Tochter der Themis, und damit auf die Verantwortlichkeit des Menschen für sein Geschick. Aischylos gibt unumwunden dem freien Willen des Menschen die Schuld am Sturz ins Unglück. Über die mit → Sokrates einsetzende wechselvolle philosophische Behandlung des Problems der W. vgl. → Freiheit: III, 4. – Die Verwirklichung der W. vollzieht sich mit Wahl und Entscheid in der psychischen, mit der Handlung in der Außensphäre. Darum unterscheidet man zwischen *Freiheit des Handelns* und psychologischer Freiheit. Da der Mensch in einer ihm vorgegebenen Welt lebt, ist ihm absolute Handelnsfreiheit versagt, dh menschliches Handeln ist nie im Vollsinne schöpferisch. Immerhin bietet die sich ins Unendliche weitende Welt dem menschlichen Handeln einen unbegrenzten Horizont. Wie die W. überhaupt, so ist auch die Handelnsfreiheit ambivalent. Daher kann es berechtigt und nötig sein, sie in bestimmten Fällen einzuschränken oder aufzuheben. Dies geschieht durch Zwang. Berechtigter Zwang wird ausgeübt in der Erziehung und in der Durchsetzung der Rechtsordnung. Dabei droht freilich als ständige Gefahr der Zwangsmißbrauch. – Die *psychologische Freiheit* wird von den verschiedenen Richtungen der → Psychologie verschieden gedeutet. Ein Hauptgegensatz entsteht an der Frage, ob die durch Motive bestimmte Wahl einem kausalen Ablauf entspricht, ähnlich dem Instinkt- oder Triebverhalten, oder ob sie etwas arteigen Anderes ist. Je nachdem werden auch verschiedene Methoden psychologischer Forschung ausgebildet und angewendet. Ist das wählende Ich nur das Schlachtfeld der Motive, oder sind die konkurrierenden Motive Horizont des wählenden Ich? Bestimmt das stärkste Motiv meine Wahl, oder bestimme ich durch meine Wahl, welches Motiv mir als stärkstes erscheint? Die Alternativen gehen nicht völlig auf, weil die Subjektbezogenheit zum Wesen des Motivs gehört. Auch kann die Antwort nicht in der Erfahrung gesucht werden, weil die jeweilige Methode, die Erfahrung zu befragen, der Antwort bereits vorgreift. Es geht um die Deutung des Erfahrungsmaterials. Diese hat auch praktische Auswirkungen. Von zwei Strafrechtlern etwa, die unsere Frage entgegengesetzt beantworten, wird der eine die Abschreckungs-, der andere die Sühnetheorie vertreten (→ Strafe: II, 6). Abschreckung will auf dem Feld der Motive einem von diesen das Übergewicht verschaffen; Sühne will das Ich bei der von ihm getroffenen Wahl behaften (→ Entscheidung, 2). Übrigens geht auch hier die Alternative nicht auf; denn der Abschreckungs- und Sühnegedanke schließen sich nicht aus. Wichtiger aber ist, daß sowohl Abschreckung wie Sühne nur durch die Sprache wirken können, dh daß sie die W. als etwas Arteigenes voraussetzen. Steine, Pflanzen oder Tiere kann man weder durch Abschreckung noch durch Sühne beeinflussen, weil man sie über die dabei obwaltenden Zusammenhänge nicht belehren kann. Hier zeigt sich der grundlegende Unterschied zwischen Ursache und Motiv. Der Fall eines Steins ist verursacht, eine Willenshandlung motiviert. Mit dem kausalgesetzlichen Denken wird man daher in der Psychologie nicht durchkommen. – Die Problematik der psychologischen Freiheit wird kompliziert durch die Frage: Gibt es *metaphysische Freiheit?* Der → Determinismus verneint, der → Indeterminismus bejaht die Frage. Sie stellt sich dann ein, wenn das Phänomen der W. auf dem Hintergrund eines intentionalen Weltbildes gesehen wird; dieses entsteht dadurch, daß menschliche Verhaltensweisen und Gesellschaftsformen in den Kosmos eingedeutet werden. Wie ist die Interferenz zwischen dem Walten der Götter und dem Handeln der Menschen zu denken? Dieses sich aus der Mythologie ergebende Problem übernimmt die Philosophie. Der das All durch das Denken bewegende Gott des → Xenophanes, der das Universum beherrschende Nous des Anaxagoras, der Feuer-Logos → Heraklits, der Demiurg → Platons, die normativ gedachte

Natur bei → Aristoteles, um nur einiges zu nennen, tangieren die W., ohne daß das Problem schon scharf gesehen wäre. Dies geschieht erst in der → Stoa, die das intentionale Weltbild mit einer bis dahin unerhörten Konsequenz vertritt. Bei ihr wird auch deutlich, daß bei der Erörterung des Problems nicht die Beobachtung, sondern Postulate entscheidend sind. Für den Indeterminismus spricht die sittliche Vollkommenheit des Logos, der von jeder Mitschuld an den Fehlern der Menschen freibleiben muß, für den Determinismus die unbegrenzte Macht des Weltprinzips. Zudem ergänzen die Stoiker in einer Art Rückspiegelung die intentionale Deutung des Naturgeschehens durch eine mechanistische Deutung des Wollens, wodurch der Determinismus das Übergewicht bekommt. In der Gegenwart wirkt das intentionale Weltbild, wenn auch sehr verblaßt, im neuzeitlichen Wissenschaftsideal nach; dieses postuliert die Ausnahmslosigkeit und Notwendigkeit der kausalmechanischen Ordnung der gesamten empirischen Wirklichkeit einschließlich der menschlichen Seelenvorgänge, analog der göttlichen Allmacht und Vollkommenheit. Hier klingt der intentionale Natur-Logos-Begriff der Stoa an. → Naturgesetz im modern-naturwissenschaftlichen Sinn und Naturgesetz als ethisches Weltprinzip sind geistesverwandt. Daher ein Teil des Pathos, mit dem der naturwissenschaftliche Methodenmonismus gelegentlich aufgetreten ist. – W. im Unterschied zu Instinkt- und Triebgebundenheit bedeutet Bindung an Normen, Gliedschaft in einer Geschichte. Nur innerhalb einer Gemeinschaft, der ich als Empfangender und Gebender angehöre, bin ich frei. Diejenigen Normen, die mich in meiner Ganzheit beanspruchen, sind die ethischen. Verfehle ich diese, so setze ich mein Recht in der Gemeinschaft aufs Spiel. Von der metaphysischen Freiheit, die sich als Abstraktion erweist, muß daher die *ethische Freiheit* unterschieden werden. Ethische Freiheit ist Freiheit zum sittlich Guten. Freiheit zum Bösen bedeutet Selbstzerstörung der Freiheit. Aber was ist sittlich gut? Hier werden die Probleme der W. zu Problemen der → Ethik. Die ethischen Normen werden nun zwar durch die Gemeinschaft vermittelt, stützen aber ihren Geltungsanspruch nicht auf die Autorität der Gemeinschaft. Vielmehr weist die Gemeinschaft, indem sie die ethischen Normen geltend macht, über sich selbst hinaus. Sie fordert Zustimmung auf Grund eigener Überzeugung. Sie appelliert an das → Gewissen. W. kann sich daher nur als Gewissensbindung behaupten. Ethische Freiheit ist »Personwerdung in Gemeinschaft aus unbedingter Verbindlichkeit«, und die psychologische Freiheit ist »Anlage und Berufung zur sittlichen Freiheit als Personwirklichkeit« (RGG² V, 1941). Die W. wird dann verfehlt, wenn der mit ihr gegebene ethische Anspruch nicht gehört und befolgt wird.

4. Im Licht der biblischen Gottesoffenbarung bekommt das Problem der W. seine letzte Verschärfung. → Gott (: V), der Schöpfer und Erhalter der Welt, führt seinen Weltplan im ganzen und im einzelnen nach seiner → Vorsehung durch: kein geschöpflicher Wille kann seinen Willen durchkreuzen. Und doch hat er den Menschen mit seinem Wort angeredet und mit ihm eine Geschichte eröffnet; wo aber Anrede und Antwort ist, da ist W. Gottes → Prädestination (: III. IV; → Erwählung: III) hat die Erwählten vor aller Zeit unwiderruflich für das ewige Heil vorausbestimmt, und doch vollzieht sich die Heilszueignung und -aneignung durch die geschichtliche Offenbarung in Jesus Christus, also vermittels der W. Durch die Erlösungstat Gottes in Christus wird offenbar, daß alle Menschen der → Sünde verfallen, also unfrei sind; so wie sie jetzt sind, müssen sie sündigen. Und doch ist die Sünde Schuld; wie kann das sein, wenn es ihr gegenüber keine W. gibt? Von den drei Lehrpunkten, bei denen das Problem der W. hiernach auftritt, berührt sich der von der Vorsehung mit stoischen Gedanken, während es zu den Lehren von der Prädestination und von der Sünde keine solche Parallele im philosophischen Bereich gibt. Und auch in der Vorsehungslehre ist der Unterschied deutlich, insofern die Stoa keine geschichtliche Gottesoffenbarung kennt und darum auch den Menschen nicht als geschichtliches Wesen zu verstehen braucht. Schon die → Apologeten haben hier den Gegensatz empfunden und den stoischen Determinismus bekämpft. – Um göttliche Vorsehung und menschliche W. zusammendenken zu können, hat die christliche Dogmatik die Lehre vom concursus entwickelt (→ Schöpfung: IV B, 4 c). Diese besagt, daß die Geschöpfe nicht nur nicht sein, sondern auch nichts tun können ohne die Mitwirkung des Schöpfers. Dieser stützt (sustentat) das handelnde Geschöpf, schenkt ihm das Vermögen (potentia) zu handeln samt den dazu gehörenden Organen und ordnet die verschiedenen Handlungen auf seine heilsamen Ziele hin. Daß aber das menschliche Handeln böse ist, liegt nicht am göttlichen concursus, sondern am menschlichen Willen (CA 19). Die kath. Dogmatik gerät bei dem Versuch, das Zusammenwirken des göttlichen und menschlichen Willens beim Zustandekommen der einzelnen Handlungen näher zu bestimmen, in den Schulgegensatz von Thomismus und Molinismus. Der → Thomismus lehrt einen concursus praevius, durch den der einzelne Akt unwiderstehlich, wenn auch im Modus der W., prädeterminiert wird; der Molinismus (→ Molina) eine zeitliche Abfolge von concursus oblatus (der dem Menschen alle Freiheit der Wahl offen läßt), freier Wahl des Menschen und concursus collatus zur Durchführung der Handlung. – In der Prädestinationslehre kehren die Probleme der Vorsehungslehre auf höherer Ebene wieder. Nur durch die → Gnade erlangen wir das Heil. Aber wie ist das Verhältnis von Gnade und W. zu denken? Die kath. Dogmatik entwickelt hier die Lehre vom → Verdienst (: IV) und streitet darüber, ob eine absolute Prädestination ante praevisa merita oder eine bedingte post praevisa merita anzunehmen sei. Die ev. Dogmatik lehrt die → Rechtfertigung (: III) allein durch den Glauben und betont entweder den Universalismus des göttlichen Heilswillens und die geschichtliche Vermittlung des Heils (prädestiniert sind die Glaubenden) oder den Partikularismus der Prädestination und die Vorzeitlichkeit des (supra- oder infralapsarischen) göttlichen Dekrets (im Glauben verharren nur die Prädestinierten). – In der Sündenlehre (→ Sünde: V, 4. 5) gehen die Konfessionen am weitesten auseinander. Im Gegensatz zum → Tridentinum, nach welchem die Konkupiszenz nicht wahrhaft Sünde ist (Denz. 792), lehren die Reformatoren, daß die Sünde eben in dieser, nämlich in der Gesamtwillenshaltung, besteht. Dann entfällt aber die Wahlfreiheit (liberum arbitrium) zwischen Gott und Sünde, an der die kath. Dogmatik festhält (Denz. 815). Dies besagt die These vom servum arbitrium bei → Luther (: II, 4 f). Die W. wird von Luther nicht geleugnet (er zitiert zustimmend das Sprichwort: Der Himmel ist nicht für die Gänse gemacht, und argumentiert mit dem cooperatio-Gedanken), aber der von Gott abgekehrte Mensch verharrt nach ihm mitsamt seiner W. in der Abkehr von Gott, bis er durch das Wunder der Wiedergeburt zu Gottes Kind wird. Die kath. liberum-arbitrium-Lehre verkennt die Bindung des Gesamtwillens an die Sünde. Sie achtet nur auf die einzelnen Akte; daß diese auch beim Sünder sittliche Hochleistungen darstellen können, bestreitet Luther nicht, aber er weist darauf hin, daß dadurch die Gottesferne nicht überwunden wird.

Vgl. die Lehrbücher der DG, der → Dogmatik, → Ethik u. → Moraltheologie sowie die Lit. zu den im Text genannten Artikeln (bes. zu → Luther: II, Sp. 518f). Ferner allgemein: RE XXI, 304ff; XXIV, 654ff - EKL III, 1816ff. - Zu 1 u. 2: A.PORTMANN, Biologische Fragmente zu einer Lehre vom Menschen, (1944) 1951^{2} - H.THURN, W. (StZ 75, 1950, 430-437) - A.MITTASCH, W. in Auslösungsschau (Universitas 6, 1951, 429-436) - H.SCHELSKY, Soziologie der Sexualität, 1955 (Lit.). - Zu 3: H.GOMPERZ, Das Problem d. W., 1907 - A.GEHLEN, Theorie d. W., 1933 - R.KEUSSEN, Die W. als relig. u. philos. Problem, 1935 - M.PLANCK, Vom Wesen d. W., (1936) 1952^{6} - H.GROOS, W. oder Schicksal?, 1939 - E.MEZGER, Über W. (SAM 1944/46, 9), 1947 - B.CHRISTIANSEN, W., 1947 - K.BRAEUNIG, W. u. Naturgesetz, 1951 - E.WÜST, Von d. Anfängen d. Problems d. W. (RheinMus NF 101, 1958, 75-91) - E.TOPITSCH, Vom Ursprung u. Ende d. Metaphysik, 1958 - H.THOMAE, Der Mensch in d. Entscheidung, 1960. - Zu 4: J.AUER, Die menschl. W. im philos. System des Thomas v. Aquin u. Joh. Duns Scotus, 1938 - DERS., Die Entwicklung d. Gnadenlehre in d. Hochscholastik II, 1951, 113ff - H.ECHTERNACH, W. u. Vorsehung, 1954 - A.ANTWEILER, Das Problem d. W., 1955 (kath.) - W.PANNENBERG, Christl. Glaube u. menschl. Freiheit (KuD 4, 1958, 251-280) - M.SEILS, Der Gedanke vom Zusammenwirken Gottes u. des Menschen in Luthers Theol. (Habil.-Schr. Halle), 1959 (Masch.). *E.Schott*

Williams, 1. *John* (1769-1839), Missionar der → Londoner Mission, wurde 1826 nach Tahiti ausgesandt, begann aber bald eine neue Arbeit auf Raiatia, ebenfalls einer der Gesellschaftsinseln, wo sich das Christentum unter dem Einfluß des Häuptlings Tamatoa rasch ausbreitete. W. war ein ausgesprochener Pionier; er besuchte die Nachbarinseln, wann immer sich die Möglichkeit bot, und ließ dort einheimische Prediger zurück. 1839 wurde er in Erromanga auf den Neuen Hebriden von Kannibalen getötet. W. hat die Wichtigkeit einheimischer Missionare erwiesen, denen die Missionierung der → Südsee-Inseln weitgehend zu verdanken ist. Er hat sich auch ernsthaft mit der Wirkung beschäftigt, die die Einführung des Christentums auf einheimische Bräuche hat, und mit der daraus resultierenden Verantwortung der Mission für die Gemeinschaft.

Vf.: A Narrative of Missionary Enterprises in the South Sea Islands, 1837. - Über W.: E.PROUT, Memoirs of the Life of the Rev. J.W., 1843. *R.K.Orchard*

2. *Roger* (ca 1604-83), vermutlich aus London, 1623 im Pembroke College in Cambridge, 1629 offenbar ordiniert, Gegner der anglikanischen Liturgie. 1630 wanderte er nach Massachusetts aus und wurde Pfarrer in Boston, erregte aber Widerspruch durch seine Behauptung, daß keine weltliche Obrigkeit Vollmacht über Glaubensfragen habe. Ein Verhör 1635 fiel gegen ihn aus. W. floh auf Anraten seiner Freunde und gründete 1636 die Siedlung New Providence als Heimstätte der unbedingten Gewissensfreiheit (→ Toleranz: II, 6). Nach England zurückgekehrt, schrieb er als Programmschrift in diesem Sinne »The Bloody Tenent of Persecution for Cause of Conscience« (1644), die er dem Parlament, bes. seinem Freunde Sir Henry Vane, überreichte. Auch dagegen erhob sich viel Widerspruch. Immerhin erreichte er eine verhältnismäßig günstige Verfassung für New Providence (Rhode Island), mit der er wieder zurückfuhr. 1651 wiederholte er seinen Besuch beim Parlament wegen neuer Schwierigkeiten und erreichte 1663 eine neue, noch günstigere Verfassung. 1654-57 war er Gouverneur von Rhode Island, 1656 nahm er dort die überall verfolgten → Quäker auf.

Works, 6 Bde, 1866-74; Letters and Papers of R.W., 1924. - Biogr. v. J.D.KNOWLES, 1834; R.ELTON, 1852; O.S.STRAUS, 1894; E.J.CARPENTER, 1909; E.EASTON, 1930; J.E.ERNST, 1932; S.H.BROCKUNIER, 1940; O.E.WINSLOW, 1957 - RE XXI, 333ff - J.E.ERNST, The Political Thought of R.W., 1929 - DAB XX, 286ff - DNB XXI, 445ff. *M.Schmidt*

Willibrord († 7.11.739 in Echternach), Apostel der → Friesen, aus northumbrischem Adel, Sohn des Wilgils, in Ripon Schüler → Wilfriths von York, in Rathmelsigi (Irland) bei → Egbert dem Heiligen. Mit 11 Gefährten reist W. 690 nach Friesland, wird vom Majordom Pippin zur Missionssendung nach Rom geschickt, erneut 695 zur Bischofsweihe und Ernennung zum Erzbischof (hierbei »Clemens« genannt), gründet im fränkischen Friesland das Bistum → Utrecht, im austrasischen Hinterland 706 das Großkloster → Echternach. W. missioniert auch bei den → Thüringern, stößt versuchsweise zu den freien Friesen und sogar zu den Dänen vor, wird aber nur vorübergehend von der südenglischen Mission des → Bonifatius unterstützt.

A.PONCELET, De Sancto Willibrordo (AS Nov. III, 1910, 414-435) - Vita Willibrordi von → Alkuin, ed. W.LEVISON (MG SS rer. Merov. VII, 1920, 81-141); dt. v. W.WATTENBACH, 1888. - HAUCK I, 433ff - W.LEVISON, Willibrordiana (NA 33, 1908, 517-530) - H.A.WILSON, The Calendar of St. W., 1918 - H.v.SCHUBERT (→ Wigbert, 1) 296ff - F.FLASKAMP (→ Wigbert, 1) - DERS., Wilbrord-Clemens u. Wynfrith-Bonifatius (Festschr. »St. Bonifatius«, 1954, 157-172) - W.-Festschr., hg. v. N.GOETZINGER, 1940 - C.WAMPACH, St. W., Luxemburg 1953 - WATTENBACH-LEVISON 2, 172f. *F.Flaskamp*

Willingen (1952) → Internationaler Missions-Rat, 10.

Willmann, *Otto* (1839-1920), kath. Philosoph und Pädagog an der deutschen Universität Prag. Ausgehend von → Herbart und → Schleiermacher überwand er den Subjektivismus und Schematismus seines Lehrers Ziller und anderer Herbartianer (→ Herbart, 2) durch Verbindung seiner »paedagogia perennis« mit dem historischen Sinn für die sich wandelnden geschichtlich-gesellschaftlichen Typen des → Bildungswesens (, 1) und durch eine Bildungslehre, die in der »geistigen Güterbewegung« und im »sozialen Erneuerungsprozeß« die objektive Seite der Didaktik betonte. Das tradierte »Bildungsgut« als Träger von »Bildungswert« ist ihm Ermöglichungsgrund für die Bildung von Individuum und Gemeinschaft. Seit dem Zurückweichen der → Wertphilosophie verblaßte auch die W.-Tradition in der Pädagogik. Das W.-Institut Freiburg-Wien bemüht sich um kritische Fortführung seines wissenschaftlichen Erbes.

Vf. bes.: Didaktik als Bildungslehre, (1882/89) 1957^{6}; Gesch. des Idealismus, (1894/97) 1907^{2}. - Über W.: K.HARTONG, O.W. u. seine Stellung in d. Gesch. d. päd. Theorie (Diss. Göttingen), 1955 - F.X. EGGERSDORFER, O.W., Leben u. Werk, 1957 - Schriften d. W.-Instituts Freiburg-Wien, 1957ff. *H.Scheuerl*

Wilna *(Vilnius)*, 1320 Hauptstadt Litauens, seit 1416 Sitz des Metropoliten einer um 1300 errichteten orth. Metropolie. 1387 wurde das → Gnesen unterstellte kath. Bistum W. gegründet. Vom 15.-17. Jh. war W. Brennpunkt des Ringens zwischen Katholizismus und Orthodoxie, 1556-1600 Mittelpunkt des Protestantismus (luth., ref., sozinianische Gemeinden), dann der Gegenreformation in Litauen, die von W. aus gegen die orth. Kirche in Weißruthenien und der → Ukraine vorgetragen wurde. Ein 1570 von Jesuiten gegründetes Kolleg wurde 1578 Akademie. Nach der Brester Union mit Rom (1596; → Unierte Kirchen, 1 b α) kam es zur Unterdrückung der Orthodoxie (um 1700 Ende der orth. Kirchenorganisation in W.). Unter russ. Herrschaft (1795 bis 1918) wurde das kath. Bistum W. 1795 aufgehoben, 1798 erneuert und dem Erzbistum → Mohilew unterstellt. Die unierte Metropolie hörte 1795 zu bestehen auf (1839 endgültige Auflösung des unierten Bistums W.). Das orth. Bistum wurde erneuert und W. Sitz eines Erzbischofs. Die luth. Gemeinde kam zum Kirchenbezirk Kurland, die ref. zur Litauischen Synode der Ref. Kirche Rußlands. Die seit 1780 weltliche Akademie wurde

1803 zur Universität erhoben (1832-1922 geschlossen). Unter polnischer Herrschaft (1920-39) wurde das orth. Bistum W. 1922 der Metropolie in Warschau unterstellt. Erneute Unionsversuche hatten keinen Erfolg. Das kath. Bistum W. wurde 1925 Erzbistum (Suffraganate in Lomza und Pinsk), die luth. Gemeinde kam zur Augsburgischen, die ref. zur Wilnaer Ref. Kirche in Polen. Seit 1940 Hauptstadt der Sowjetrepublik Litauen, ist W. seit ca 1945 Sitz eines orth. Erzbischofs; der Sitz des kath. Erzbischofs wurde nach Bialystok verlegt.

J. Kurczewski, Das Bistum W., 1912 (poln.) - K. Völker, KG Polens, 1930 - J. Wolinski, Polen u. d. orth. Kirche, 1936 (poln.).

O. Wagner

Wilpert, *Joseph* (22.8.1857 bis 13.2.1944), christlicher Archäologe, seit 1884 in Rom, zuletzt Dekan der Apostolischen Protonotare de numero, hat in zäher Arbeit durch monumentale Publikationen von Katakombenmalereien, Mosaiken und Sarkophagen und in zahlreichen Einzeluntersuchungen Hervorragendes geleistet, vor allem durch zuverlässige Darbietung und Vermehrung des Materials; in seinen Interpretationen ist er oft nicht unbefangen, in der chronologischen Ansetzung der Monumente heute überholt. - Vgl. → Archäologie: II, → Orient-Rom-Frage.

Vf. u.a. (Bibliogr. in RivAC 15, 1938, 6-16): Die Malereien der Katakomben Roms, 1903; Die röm. Mosaiken u. Malereien der kirchl. Bauten vom 4. bis 13. Jh., (1916) 1924²; I sarcofagi cristiani antichi, 1929-36; Erlebnisse u. Ergebnisse im Dienste der christl. Archäologie, 1930. - Über W.: A. Ferrua, La Civiltà Cattolica 89, 1938, II, 510-521 - J. Sauer, Das Münster 1, 1947/48, 118-122.

H.D. Altendorf

Wilsnack, Stadt im Bezirk Schwerin, war im 15. Jh. der meistbesuchte Wallfahrtsort in → Brandenburg (: II, 1). 1383 fand Pfarrer Johann Kabuz in der Ruine der abgebrannten Dorfkirche drei unversehrte Hostien, deren blutfarbene Flecken er als → Blutwunder deutete. Den Besuchern der neuerbauten Kirche gewährte Urban VI. einen Ablaß (1384). Neben den Päpsten förderten bes. die Bischöfe von Havelberg, die seit 1396 zwei Drittel der reichen Almosen erhielten, die Wallfahrt. Sie wurde auf Grund des Gutachtens einer theologischen Kommission, der auch → Huß angehörte, von der Prager Diözesansynode 1405 verboten. Um die Mitte des 15. Jh.s erreichte die Auseinandersetzung um die Echtheit des Wunderblutes ihren Höhepunkt. Gegen sie wandten sich u.a. der Magdeburger Domherr Heinrich Tocke, Erzbischof Friedrich III. von Magdeburg und Kardinal → Nikolaus von Kues. Papst Nikolaus V. schlichtete 1453 den Streit und entschied sich für Duldung des Kultus. Um 1475 war der Zustrom zur Wallfahrtskirche am größten. Kostbare Fenster, Skulpturen, Bilder und Fresken bezeugten die Opferbereitschaft der Pilger. Der prot. Prediger Joachim Ellefeld aus Pritzwalk warf 1552 die mehrfach erneuerten Hostien ins Feuer und besiegelte damit das Erlöschen der Wallfahrt.

B. Hennig, Kurfürst Friedrich II. u. das Wunderblut zu W. (FBPG 19, 1906, 391-422) - P. Browe, Die eucharist. Verwandlungswunder des MA (RQ 37, 1929, 137-169, bes. 157ff) - G. Wentz, Das Bistum Havelberg, 1933, 59f. 63f. 116. 121 - J. Heuser, Heilig-Blut in Kult u. Brauchtum des dt. Kulturraumes (Phil. Diss. Bonn), 1948 (Masch.), bes. 26f. 77f. 161. 170 - L. Meier, W. als Spiegel dt. Vorreformation (ZRGG 3, 1951, 54-69) - L. Dietze, Das Pilgerwesen u. die Wallfahrtsorte des MA (Phil. Diss. Jena), 1957, 153f.

B. Stasiewski

Wimmer, *Richard* (1836-1905), ev. Theologe aus Altenburg, Pfarrer in Weisweil/Südbaden, gab seit 1871 - zunächst anonym - eine Reihe von theologischen Betrachtungen und Andachtsbüchern heraus, die die Schulung durch R. → Rothe und H.J. → Holtzmann zeigen, aber ganz auf das Verständnis gebildeter Laien abgestellt sind. Sein »reifstes, eigenartigstes« Werk war die Schrift »Inneres Leben«, »die Lyrik eines modernen Gotteskindes im innigsten, stetigen Verkehr mit dem ewigen Vater« (O. Baumgarten). Lebenslängliche Krankheit gab als Hintergrund W.s schriftstellerischer Arbeit ihre besondere Note.

Vf. u.a.: Inneres Leben, (1871) 1897⁴; Im Kampf um die Weltanschauung, (1888) 1906¹⁵⁻¹⁶; Der Weg zum Frieden, 1893; Liebe u. Wahrheit, 1896. Ges. Schriften I. II, 1898. - Über W.: PrBl 1905, Nr. 38 u. 39 - ChW 1907, Nr. 5 - RGG¹ V, 2077f; RGG² V, 1946f.

W. Jannasch

Wimpfeling, *Jakob* (1450-1528), elsässischer Humanist. Nach dem Studium der Theologie und Jurisprudenz in Freiburg, Erfurt und Heidelberg wurde der gebürtige Schlettstadter durch seine Tätigkeit in mancherlei wechselnden Lebensstellungen (u.a. wahrscheinlich als Domprediger in Speyer sowie als Prof. der Poetik und Rhetorik in Heidelberg) und durch seine vielseitige Schriftstellerei der führende Kopf im Kreis der südwestdeutschen Reformhumanisten (→ Brant, → Utenheim, auch → Geiler). Freilich fehlte es dem unruhigen, streitlustigen Mann an Tiefe, Großzügigkeit und folgerichtiger Klarheit, so daß er zu bedeutender geschichtlicher Leistung nicht fähig war. Mittelpunkt seiner zT naiven Reformvorstellungen ist die humanistische Idee, durch eine Erneuerung des Erziehungswesens, vor allem des Lateinunterrichts, eine grundlegende Besserung der menschlichen Verhältnisse erreichen zu können. Daneben ist W. besonders bekannt als der erste wichtige Verkünder deutsch-nationaler Herrlichkeit im → Humanismus (Germania, 1501) und als Verfasser der ersten umfassenden deutschen Nationalgeschichte (Epitome rerum Germanicarum, 1505). Von der Reformation wandte er sich nach anfänglicher Sympathie schon 1520 ab.

Ein nahezu vollst. Verz. seiner Schriften bei J. Knepper, J.W., 1902, XIff - E.v. Borries, W. u. Murner im Kampf um die ältere Gesch. des Elsasses, 1926 - Schl. Nr. 22567ff. 49734ff - G. Ritter, Die Heidelberger Univ. I, 1936, bes. 483ff - R. Newald, Elsässische Charakterköpfe aus dem Zeitalter des Humanismus, o.J. [1944], 55-84 - DThC XV/2, 3544ff - O. Herding, Probleme des frühen Humanismus in Deutschland (AKultG 38, 1956, 344-389).

B. Moeller

Wimpina *(Koch), Konrad* (ca 1460-1531), kath. Theologe, * in Buchen (Baden), trug den Beinamen W., weil seine Familie wohl aus Wimpfen a.N. stammte. W. studierte seit 1479/80 in Leipzig, war Schüler Martin Polichs von Mellerstadt und Anhänger der thomistischen Philosophie. Er wurde in die philosophische Fakultät aufgenommen (1491), war Rektor (1494) und Dekan der philosophischen Fakultät (1494/95). Nach Theologiestudium wurde W. um 1500 Priester. Damals kam es zum Streit mit Polich über Humanismus und Scholastik. W. wurde der erste Rektor der Universität → Frankfurt/Oder (1506) und mehrfach Dekan der theologischen Fakultät. Er setzte für → Tetzel die Thesen gegen → Luthers 95 Thesen auf. Auf dem Reichstag zu Augsburg (1530) arbeitete er an der → Confutatio und an einer Schrift gegen die 17 Schwabacher Artikel Luthers mit.

Vf. u.a.: Ars epistolandi, 1486/87; Tractatus de erroribus philosophorum, 1493; De d. Annae trinubio, 1518; Anacephalaeosis, 1528; Farrago miscellaneorum, 1531. - Über W.: G. Bauch, Die Anfänge d. Univ. Frankfurt (Oder), 1900 - RE XXI, 357ff - J. Negwer, K.W., 1909 - P.P. Albert, K. Koch, 1931 - Schl. II, 392f; VI, 652.

W. Delius

Winckelmann, 1. *Johannes* (1551-1626), luth. Theologe, * in Homberg (Hessen), erlernte zunächst das Schmiedehandwerk, studierte seit 1568 in Marburg und wurde 1573 Rektor der Stadtschule in Homberg. 1576 setzte W. sein Studium als Stipendiatenmajor in Marburg fort, wurde 1582 Hofprediger bei Landgraf Wilhelm in Kassel und 1592 o. Prof. in → Marburg, daneben Ekklesiast an der Marienkirche. Wegen Nichtannahme der Verbesserungspunkte (→ Hessen: I, 3) 1605 abgesetzt und nach → Gießen berufen, war W. Mitbegründer des Pädagogiums und der Universität, 1607 o. Prof., daneben seit 1610 Sup. Als 1625 die Universität nach Marburg verlegt wurde, blieb er Sup. in Gießen und versah daneben seine Professur in Marburg. W. war ein gründlicher Exeget und mutiger Verfechter der luth. Orthodoxie. Als Kirchenmann erwarb er sich Verdienste um das Schulwesen.

STRIEDER XVII, 112ff (Bibliogr.) - ADB 43, 362 - Die Univ. Gießen von 1607 bis 1907, 1907, I, 466; II, 1-132 - W.DIEHL, Hassia sacra I, 1921, 222; II, 1925, 80ff. *H.Steitz*

2. *Johann Joachim* (9.12.1717 bis 8.6.1768), Altertumsforscher, * in Stendal, † (ermordet) in Triest, studierte Theologie und Altertumswissenschaft in Halle, 1748-54 Bibliothekar des Grafen Bünau in Nöthnitz bei Dresden, wurde 1754 kath. und lebte seit 1755 in Rom (1763 Scrittore der Vatikanischen Bibliothek und Sovrintendente delle Antichità). - Als W.s Leistung gilt die Wiederentdeckung der Kunst des Altertums und die Gründung der archäologischen Forschung. Beides ist richtig, drückt aber die geistesgeschichtliche Dynamik W.s nicht erschöpfend aus. Die Dresdener Erstlingsschrift (1755) fand sofort bedeutende Resonanz. Mit der Absage an Barock und Rokoko verbindet sie das Programm des → Klassizismus. »Der einzige Weg für uns, groß, ja wenn es möglich ist, unnachahmlich zu werden, ist die Nachahmung der Alten.« Die Orientierung auf das Große überhaupt läßt erkennen, daß Kunst und Kunstkritik nur die Ansatzstellen sind für ein allgemeines Anliegen der Zeit, das auch an die Sphäre des Religiösen rührt. Kirche und Dogma sind bei W. völlig überlagert von dem Enthusiasmus für das Ideal-Schöne. Es waren wesentlich neuplatonische Gedanken, die er neu belebte, angeregt wohl durch die Lektüre → Shaftesburys. So ist er Bahnbrecher des deutschen → Idealismus (: II) geworden. Seine Konversion hängt hiermit nur äußerlich zusammen. Motiviert war sie von dem Wunsch nach Befreiung aus der heimischen Enge und nach unmittelbarem Zugang zu den antiken Werken. - W.s Bild der antiken Kunst gründet sich auf die Nachrichten der antiken Schriftsteller und auf die damals in Italien sichtbaren Denkmäler (Rom, Pompeji und Herculanum, Paestum). Es fehlt noch die Kenntnis der originalen griech. Plastik und das Bewußtsein des Unterschieds zwischen griech. und röm. → Kunst (: II H). Der archaische Stil ist erfaßt. Ihm folgen, entsprechend der Lehre W.s von den »zwo Gratien«, der hohe Stil und der schöne Stil. Und in dem, was dann über die spätere griech. Kunst gesagt ist, kann man schon eine Ahnung des → Hellenismus finden. Im ganzen ist dies noch ein Bild ohne feste Umrisse. Trotzdem hat die Kühnheit des neuen Ansatzes und die ihr entsprechende Stärke des Impulses auf Zeitgenossen und Nachwelt gewirkt. Die Auseinandersetzung mit der antiken Kunst wurde jetzt durch ihre Verbindung mit der Altertumswissenschaft ein allgemeines Anliegen. Als positives Komplement zu der damals endgültig auseinandergebrochenen Ganzheit des Weltbildes wurde die integrale Ganzheit des antiken Weltbildes dadurch offenkundig, daß seine anschauliche und dingliche Komponente in ihrer Verflochtenheit mit der abgezogenen und literarischen entdeckt wurde. W.s Geschichtsbegriff ist an sich dem der Aufklärung verhaftet (Meinecke). Seine Einschmelzung in diesen aus der Antike abgeleiteten Aspekt hat aber dem geschichtlichen Denken eine entscheidende Wendung gegeben. Über Archäologie und Kunstwissenschaft hinaus geht so die geistesgeschichtliche Forschung überhaupt auf W. zurück.

Vf. u.a.: Gedanken über d. Nachahmung d. griech. Werke, 1755; Anm.en über d. Baukunst d. Alten, 1762; Sendschreiben v. d. herculanischen Entdeckungen, 1762; Gesch. d. Kunst d. Altertums, 1764; Monumenti antichi inediti I. II, 1767. - GA: 8 Bde, 1808-20; 12 Bde u. 1 Tafelbd, 1825-29. - Briefe, hg.v. H.DIEPOLDER u. W. REHM, 4 Bde, 1952/57. - Über W.: GOETHE, W. u. sein Jh., 1805 (= Weim. Ausg. 46, 1891, 1ff) - C.JUSTI, W. u. seine Zeitgenossen, (I. II, 1866/72) I-III, 1956[5] - F.MEINECKE, Die Entstehung d. Historismus, 1936 (= F.M., Werke III, 1959, 291ff). - Nachleben: F.MATZ, Geistige Welt 3, 1948, 3ff (Marburger Rektoratsrede). *F.Matz*

3. *Johann Justus* (1620-99), Historiker und Pädagoge, Sohn von 1, * in Gießen, war in Marburg Schüler von J.B. → Schupp und wurde nach Studienreisen 1647 hessischer Historiograph mit dem Wohnsitz in Frankfurt a.M. (territorialgeschichtliche Veröffentlichung: »Wahrhafte Beschreibung der Fürstentümer Hessen und Hersfeld«, 1697). In seiner pädagogischen Reformschrift »Einfältiges Bedenken« (1649; hg.v. W.Diehl, 1906) setzt sich W. für wissenschaftliche Weiterbildung begabter Mädchen, für Musikunterricht und bebilderte Schulbücher ein. Geistig verwandt mit → Comenius und → Keckermann, verficht er eine »versinnlichende Lehrart«. 1651 PDoz. in Gießen, trat W. später in oldenburgische Dienste, † in Bremen.

STRIEDER XVII, 130ff (Bibliogr.) - ADB 43, 363 - W.DIEHL, Die Schulordnungen d. Großherzogtums Hessen (MG Paed. 33), 1905, 96f - Die Univ. Gießen von 1607 bis 1907, I, 1907, 466. *H.Steitz*

Winckler, 1. Johann *Friedrich* (20.11.1856 bis 16.11.1943), ev. Politiker, * in Frankfurt/O., † auf seinem Gut Salsitz bei Zeitz, 1896-99 Landrat des Kreises Zeitz, 1900-22 Generaldirektor der Landesfeuersozietät des Herzogtums Sachsen. 1893-1918 war W. als Konservativer im Preußischen Abgeordnetenhaus, 1903-11 auch im Reichstag, 1921-32 als Deutschnationaler im Preußischen Landtag (1921-28 Fraktions-, 1925/26 Parteivorsitzender). 1905 wurde er Mitglied, 1915 Präsident der altpreußischen Generalsynode. 1920-28 war er Präses der sächsischen Provinzialsynode, 1925-33 Präses der Generalsynode und Vorsitzender des Kirchensenats der APU. An der Verfassung der APU von 1922 hatte W. maßgebenden Anteil. *H.Hohlwein*

2. *Johann Josef* (1670-1722), ev. Kirchenliederdichter, * in Lucka (Altenburg), zuletzt Konsistorialrat und Domprediger zu Magdeburg, Schüler A.H. → Franckes und Befürworter einer Union zwischen Lutheranern und Reformierten. W.s Lieder verbinden pietistisches Heiligungsringen und mystische Gelassenheit; sie fehlen erst im EKG.

KOCH IV, 383ff; VIII, 445. 502 - ADB 43, 373ff - W.KOSCH, Dt. Lit.-Lexikon IV, 1958[2], 3391f. *K.Dienst*

3. *Johannes* (13.7.1642 bis 5.4.1705), ev. Theologe, * in Golzern (Kursachsen), nach dem Studium in Leipzig 1668-71 Hofmeister der Söhne des Herzogs Philipp Ludwig von Holstein-Sonderburg in Tübingen, 1671 Diakonus in Homburg vor der Höhe, 1672 Sup. in Braubach (Hessen), 1676 Hofprediger in Darmstadt, 1678 Pastor in Mannheim, 1679-84 Sup. in Wertheim. Als treuer Freund → Speners in die Konventikelkämpfe in → Hessen (: I, 3) verwickelt, suchte ihn die Orthodoxie auch aus → Hamburg (: II, 3) zu verdrängen, wohin er auf Speners Empfehlung 1684 als Hauptpastor an St. Michaelis berufen worden war. W.s Verdienste um das Schulwesen, um Gottesdienst und Reform des Gesangbuchs und seine Bemühungen um Bibelverbreitung

(Plan einer Bibelgesellschaft) fanden 1699 in der Wahl zum Senior des Ministeriums ihre Anerkennung.

J.H.ZEDLER, Universallexikon 57, 1748, 516ff - J.GEFFCKEN, J.W. u. d. Hamburger Kirche seiner Zeit, 1861 - RE XXI, 361ff - FR.WALTER, J.W., ein Vertreter d. luth. Pietismus in Mannheim (Mannheimer Geschichtsblätter 10, 1909, 123ff). *E.Beyreuther*

Wind. Der W. ist als Welt-Ereignis in den Religionen nicht ohne Beachtung geblieben. Dabei hat es mit dem W. eine besondere Bewandtnis, denn der Sturm-W. als Lufthauch und der → Atem des Menschen haben etwas miteinander zu tun. Sie lassen sich beide als Luftbewegung verstehen und haben ihre gemeinsame Mitte. Das ist nicht nur den Indern aufgefallen, sondern das markieren die Semiten ebenso klar mit dem einen Namen für beide Erscheinungen. Zwischen dem W. und dem Atem bestehen Analogien von großem Belang, denn im Atem manifestiert sich das → Leben. Tiefgreifende religiöse Gedanken über das Miteinander von Kosmischem und Organischem sind hier gegeben. - Der W. ist eigentlich nur als Richtung, von woher oder wohin, existent. Er hat keinen Ort und keine Zeit. Er trägt also das »Dämonische« an sich. Alle großen dämonartigen Wesenheiten - zB Rudra oder die Rudras, Vâyu (→ Hinduismus: I, 2f, → Vedische Religion), Wodan (→ Germanische Religion, 9), auch → Jahwe - haben es daher auch mit Sturm oder Wehen, aber auch mit Seelenführung und Tod zu tun. Der Beziehungsreichtum der mythischen W.-Wesen ist daher sehr groß. Ob die W.e im einzelnen als Nord-W. usw wesenhafte Art gewannen, wie in der japanischen und nordgermanischen Mythologie, oder ob man sie mehr zusammenfaßte zu einem Wesen, das aller W.e Herr ist - wie der ägyptische Amun -, bleibt sich gleich. Ganz abgesehen von solchen wesenhaften Zusammenfassungen des W.es gehört der Sturm-W. bzw. der sanfte Zephyr zum Begleitzeichen göttlicher → Erscheinungsformen. Jeder Gott hat seine atmosphärische Aura, wozu auch ein bestimmter W. gehört. - Vgl. → Wetter.

P.STENGEL, Der Kult der W.e (Hermes 35, 1900, 627-635) - ROSCHER VI, 508ff - J.FILLIOZAT, La force organique et la force cosmique dans la philosophie médicale de l'Inde et dans le Véda (Revue de philologie 58 [116], 1933, 410-429) - HWDA IX, 629ff - S.WIKANDER, Vayu, Lund 1941 - NILSSON I. II (s. Reg.) - ThW VI, 330ff - THOMPSON (s. Reg.). - Vgl. die Lit. zu → Gewitter, → Wetter. *C.H.Ratschow*

Windesheimer Kongregation. Aus der durch Geert → Groote († 1384) hervorgerufenen devotio moderna entstand, neben der nichtmönchischen Bewegung der → Brüder vom gemeinsamen Leben, nach seinem Tode die klösterliche Reformbewegung in der W.K. Sie geht auf das 1386 gegründete devote Reformkloster Windesheim bei Zwolle zurück, das als Stammkloster der W.K. durch Vermittlung des 1382 entstandenen devoten Klosters Emstein (bei Dordrecht) die Tradition Groenendaals (bei Brüssel) und damit des dort wirkenden Mystikers → Jan van Ruysbroek übernahm. Zur Kritik der »W.er Legende« vgl. Bd I, 1434. Als zweite Etappe bildete W. mit Emstein und seinen 1392 gegründeten Tochterklöstern Marienborn (bei Arnheim) und Neulicht (bei Hoorn) die von → Bonifatius IX. am 16.5. 1395 genehmigte W.K. der devoten → Augustiner-Chorherren-Klöster. Joh.Goswini Vos von Heusden, W.s dritter Prior (1391-1424), war der erfolgreiche Organisator der W.K. Die Zahl der verbundenen Klöster stieg rasch: bis 1402 auf 7, darunter St. → Agnetenberg bei Zwolle (→ Thomas a Kempis, Wessel → Gansfort), bis 1500 auf 97. W. erhielt 1435 den Auftrag, die Augustinerklöster in Deutschland zu reformieren, was Joh. → Busch seit 1450 mit Hilfe des Kardinals → Nikolaus von Kues durchzuführen suchte. Die Reformation brach den Einfluß der bereits überalterten und widerstrebenden W.K. Sie besaß 1585 kein Kloster mehr in den nördlichen Niederlanden; Frenswegen als letztes bestand bis 1809 (1811 offiziell aufgehoben). Verdienste der W.K. waren die zeitweilige Hebung der Klosterzucht und der Mönchsbildung, der Schutz der Brüderbewegung und die Pflege einer meist praktisch gerichteten → Mystik (: VI, 4; Thomas a Kempis, → Gerlach Peters, Hendrik → Mande).

Lit. (s. auch → Brüder vom gemeinsamen Leben, → Groote): J.G.R.ACQUOY, Het Klooster te W. en zijn invloed I-III, Utrecht 1875-80 - RE XXI, 363ff - O.P.BORNE, Geert Groote en de Moderne Devotie in de geschiedenis van het Middeleeuwse Ordewezen (StC 16, 1940, 397-414; 17, 1941, 120-133. 197-209; 18, 1947, 19-40. 203-224; unkritisch) - J.M.E.DOLS, Bibliografie der moderne Devotie, 1941³ (unvollst.) - EC IV, 1311f - Acta Capituli Windeshemensis (1387-1611), ed. S.VAN DER WOUDE, Den Haag 1953. *E.Barnikol*

Windisch, *Hans* (25.4.1881 bis 8.11.1935), Neutestamentler, * in Leipzig, lehrte dort seit 1908, 1914-29 in Leiden, dann in Kiel, 1935 in Halle. In seinen zahlreichen Monographien und Kommentaren erweist sich W. als Anhänger der → Literarkritischen und → Religionsgeschichtlichen Schule.

Vf. u.a.: Johannes u. die Synoptiker, 1926; Kommentare im HNT: Kath. Briefe, (1911) 1951³; Hebr, (1913) 1931²; Barn, 1920; im MeyerK: 2Kor, 1924. - Hg.: UNT, seit 1912. - Bibliogr. (Auswahl): RGG² V, 1952. - Über W.: E.BEIJER, H.W. u. seine Bedeutung f. d. nt. Wiss. (ZNW 48, 1957, 22-49) - K.PRÜMM, Zur Früh- u. Spätform der religionsgesch. Christusdeutung von H.W. (Bibl 42, 1961, 391-422; 43, 1962, 22-56). *H.-O.Metzger*

Windthorst, *Ludwig* (17.1.1812 bis 14.3.1891), kath. Politiker, * in Kaldenhof b. Osnabrück, † in Berlin. Obwohl für den geistlichen Stand bestimmt, schlug W. die juristische Laufbahn ein und stieg bis zum hannoverschen Justizminister (1851-53, 1862-65) auf. Für das 1866 gestürzte Welfenhaus führte er die Abfindungsverhandlungen. Früh an der Politik interessiert, wurde er 1867 Mitglied des Norddeutschen Bundestages und des Preußischen Abgeordnetenhauses. Ende 1870 trat er der neugegründeten → Zentrums-Partei bei, in der er bald eine führende Stellung einnahm. Während des → Kulturkampfes war er entschlossener Gegner → Bismarcks, unterstützte zwar 1878 dessen Kurswechsel, stand aber 1881-87 erneut in Opposition zu ihm. Als der schon in Ungnade gefallene Kanzler 1890 mit W. eine politische Unterredung führte, war das für Wilhelm II. einer der äußeren Anlässe, die Entlassung Bismarcks zu fordern. - Als einer der bedeutendsten Führer des politischen Katholizismus im damaligen Deutschland war W. eine Persönlichkeit von starker politischer Begabung, auf Unabhängigkeit auch für seine Partei bedacht, die er von röm. Weisungen freizuhalten suchte. Seine föderalistische, antipreußische Gesinnung machte ihn zeitweilig zum Sprecher aller mit dem neuen Reiche Unzufriedenen. Mit seinem Tode fand eine Epoche der Zentrumspolitik ihren Abschluß.

Ausgew. Reden (1851-91), 3 Bde, 1901/02. - Über W.: J.MENZENBACH, L.W. in seinem Leben u. Wirken, 1892 - J.N.KNOPP, L.W., 1898 - E.HÜSGEN, L.W., (1907) 1911 - F.RACHFAHL, W. u. d. Kulturkampf (PrJ 135/136, 1909, 213-253. 460-490) - A.REUMONT, L.W., (1913) 1920² - L.J.FRANZ, Bismarck, W. u. d. Kulturkampf, 1948 - W.SPAEL, L.W., Bismarcks kleiner großer Gegner, 1962. *K.Kupisch*

Winebrenner, *John* (24.3.1797 bis 12.9.1860), Gründer der Churches of God in North America (General Eldership), * in Frederick County/Md., † in Harrisburg/Pa., stammte von deutschen ref. Eltern ab und erlebte mit 20 Jahren eine Bekehrung, als er unter Samuel

Helffenstein in Philadelphia Theologie studierte. 1820 wurde W. Geistlicher der deutschen ref. Kirche in Harrisburg. Der junge Prediger bekämpfte Tanz, Spiel, Theaterbesuch usw, organisierte Sonntagsschulen und führte neue Erweckungsmethoden ein. Rasch wuchs die Gegnerschaft gegen ihn. 1822 wurde er formell vor der Synode verklagt; der Höhepunkt dieser Aktion fiel mit seiner Trennung von der Denomination zusammen (1827). Um 1825 gründete W. die erste → Church of God, der bald mehrere andere folgten. 1845 vereinigten sich die verschiedenen »Ältestenschaften« zur General Eldership of the Church (seit 1896: Churches) of God in North America. W.s Einfluß wirkte indirekt auch auf die → Church of God (, 3) von Anderson/Ind.

Vf. u.a.: The Truth made known, Harrisburg 1824; View of the Formation, Government and Discipline of the Church of God, ebd 1829; A Treatise on Regeneration, ebd 1844; Practical and Doctrinal Sermons, ebd 1860. - Über W.: G.Ross, Biography of Elder J.W., ebd 1880 - S.G.Yahn, Hist. of the Church of God, ebd 1926 - F.E. Mayer, The Religious Bodies of America, St. Louis (1954) 1961⁴, 324f. 397f - Hutten⁷ 445ff. - Eine Biogr. von Richard Kern (Findlay/Ohio) ist in Vorbereitung. *A.C.Piepkorn*

Winfriedbund (gegr. 1920, Sitz in Paderborn), nach Wynfrith-Bonifatius genannte röm.-kath. Organisation zur Rückgewinnung einzelner ev. Christen in Deutschland für die kath. Kirche und zur Einwurzelung der → Konvertiten in ihre Lehre und ihr Leben. Protektor des W.s ist zZ der Una-Sancta-Referent der Fuldaer Bischofskonferenz Erzbischof Jäger (Paderborn). Zeitschriften: Ut omnes unum (seit 1953, zweimonatlich; 1928-52: Die Friedensstadt), Suchen und Finden (seit 1952, monatlich). *W.Sucker*

Winnington-Ingram, *Arthur Foley* (1858-1946), anglikanischer Bischof, studierte in Oxford, wurde 1884 ordiniert und 1888 Leiter eines Missionszentrums im Osten von London (Oxford House in Bethnal Green), das unter seiner Führung auf evangelistischem und sozialem Gebiet Ausgezeichnetes leistete. 1895 wurde W. Pfarrer von Bethnal Green, 1897 Bischof von Stepney (in der Diözese von London) und war 1901-39 Bischof von London. Sein evangelistischer Eifer blieb trotz der Verwaltungsaufgaben seines großen Bistums ungebrochen. In seinem Urteil oft zu optimistisch und in politischen Fragen naiv, war er als ein guter Seelsorger doch allgemein beliebt. In jüngeren Jahren war W. einer der christlichen Führer der Nation, weil er durch seine schlichte und zwingende Predigt weite Kreise ansprach.

Selbstbiogr.: Fifty Years Work in London (1889-1939), 1940. - Biogr. über W. von P.Colson (1935) u. S.C.Carpenter (1949) - DNB 1941-50, 964ff. *D.Carter*

Winter, *Veit Anton* (1750-1814), kath. Theologe, * in Hoheneggkofen b. Landshut, † in Landshut. W. war nach der Priesterweihe Alumne des Collegium Germanicum in Rom, längere Zeit Hofmeister bei einem Adligen und wurde 1795 Pfarrer und Prof. der KG, 1799 Prof. für Liturgik und Katechetik in → Ingolstadt bzw. Landshut. W. war der bedeutendste kath. Liturgiker der Aufklärung. In zahlreichen Schriften trat er für »Verbesserung« der Liturgie und für die Beseitigung der lat. Gottesdienstsprache ein. Als Hauptzweck des Kults gilt die Belehrung, die der Ausbreitung von Religion und Tugend dienen soll. In mehreren Arbeiten zur bayerischen KG des MA und der Reformationszeit betont er das Quellenmäßige. W. stand zuletzt dem Kreis um → Sailer nahe.

Vf. u.a. *zur Liturgik:* Versuche zur Verbesserung d. kath. Liturgie, 1804; Liturgie, was sie sein soll, 1809; Erstes dt. krit. Meßbuch, 1810; Erstes dt. krit. kath. Ritual, 1811; Dt. kath. ausübendes Rituale I. II, 1813. - *Zur KG:* Vorarbeiten zur Beleuchtung d. österr. u. bayer. KG I. II, 1805-10; Die drei großen Synoden der Agilolfinger Periode, 1807 (Nachträge 1808/09); Gesch. u. Schicksale d. ev. Lehre in u. durch Bayern bis z. Tode Wilhelms IV., 1809; Gesch. d. bayer. Wiedertäufer im 16.Jh., 1809; Älteste KG von Altbayern, Österreich u. Tirol bis 554, 1813. - Über W.: J.M.Sailer, Rede zum Andenken an V.A.W., 1814 (GesW 38, 1841, 123-156) - A.Vierbach, Die liturg. Anschauungen des V.A.W., 1929 - LThK X, 939f. *G.Maron*

Winterfeld, *Carl Georg August von* (1784-1852), * und † in Berlin, Jurist, wurde 1816 Oberlandesgerichtsrat in Breslau und 1832 Geheimer Obertribunalrat in Berlin. W. war einer der Begründer der historischen → Musikwissenschaft. Sein Werk über den ev. Kirchengesang ist faktisch die erste, noch heute in vielen Punkten gültige Darstellung der Geschichte der ev. Kirchenmusik (→ Kirchenlied: II, 1. 5), wenn er auch deren Höhepunkt vom A cappella-Ideal der romantischen Restauration her anfechtbarerweise in J. → Eccard († 1611) sah. W. erkannte (im Werk über Gabrieli) als erster auch die Bedeutung von H. → Schütz.

Vf. u.a.: Palestrina, 1832; Joh.Gabrieli u. sein Zeitalter I-III, 1834; Über K.Chr.Fr.Faschs geistl. Gesangswerke, 1839; Dr. Martin Luthers dt. geistl. Lieder, 1840; Der ev. Kirchengesang u. sein Verhältnis zur Kunst des Tonsatzes I-III, 1843-47; Über Herstellung des Gemeinde- u. Chorgesangs in der ev. Kirche, 1848; Zur Gesch. heiliger Tonkunst I. II, 1850/52. - Über W.: Art. in MGG (in Vorbereitung; Lit.). *W.Blankenburg*

Wipo, * ca 990 in Hochburgund, † nach 1048, Geschichtsschreiber und Dichter, Kaplan der Kaiser Konrad II. und Heinrich III. W. verfaßte die Gesta Chuonradi II, den Tetralogus (Glückwunsch zur Thronbesteigung Heinrichs III.) und die Proverbia (Lehrsprüche für Heinrich III.). Bekannt ist bes. seine auch in das Missale Romanum aufgenommene Ostersequenz »Victimae paschali laudes« (→ Sequenz), die große Bedeutung für die Entwicklung der kirchlichen dramatischen Spiele und den deutschen Ostergesang hatte. Luther hat sie in seinem Lied »Christ lag in Todesbanden« (EKG 76) benutzt.

Ausg.n: MG SS XI, 243ff u. ed. H.Bresslau, 1915³. - Übers. der Gesta: Geschichtsschreiber d. dt. Vorzeit 41, (1888) 1941⁵. - Über W.: W.Bäumker, Das kath. dt. Kirchenlied I, 1883, 536ff - N.Gihr, Die Sequenzen d. röm. Meßbuches, (1887) 1900² - E.Arens, W.s Oster-Sequenz (ThGl 18, 1926, 149-154) - L.Eisenhofer, Hdb. d. kath. Liturgik I, 1932, 112ff - Ders.-J.Lechner, Grundr. d. Liturgik, 1953⁶, 220f - LThK X, 941f - Wattenbach-Holtzmann I/1, 76ff - J.A.Jungmann, Missarum Sollemnia I, (1948) 1958⁴, 557ff - J.Handschin, Gesungene Apologetik I (Miscellanea Mohlberg II, 1949, 75 bis 90) - VerfLex IV, 1018ff (Lit.) - Hdb. z. EKG II/1, 1957, 23f; Sonderband, 1958, 132ff - H.Beumann, Das Imperium u. die Regna bei W. (Festschr. F.Steinbach z. 65. Geb., 1960, 11-36). - Vgl. die Lit. zu → Sequenz. *K.Dienst*

Wirklichkeit ist wie alle Begriffe der → Metaphysik vieldeutig. Die im deutschen Ausdruck anklingende Bedeutung der Wirksamkeit (actualitas) ist durchdrungen von der lat. (realitas: die Sachhaltigkeit einer Sache [res]) und den Bedeutungen des griech. Seinsbegriffes (→ Sein).

1. *W. und Objektivität:* Für den modernen → Subjektivismus ist W. der Gegenstand, die Welt, an deren Härte das menschliche Subjekt leidet, an deren Gegebenheit es die Schranke seines Tuns und Denkens findet. Sein Wille, die Welt in seine Welt, das Fremde in ein Eigenes zu verwandeln, läßt das Subjekt an sich selbst Welt und Fremdheit erfahren: in seiner Existenz erfährt es W. Vor allem zeigen Elend und → Tod (: V), zeigt die fremd-vertraute Äußerlichkeit des Leibes, daß W. der Verfügung Widerstand leistet. Die körperhafte Natur ist aber nicht nur ein Äußeres; der Mensch durchdringt sie, wenigstens im Bereich seines Leibes, mit seiner Seele und erfährt so an sich selbst die W. des Lebendigen im Unter-

schied zur leblosen Natur. Diese Durchdringung von Äußerem wird ihm ein Maß wahrer W. (→ Lebensphilosophie). Die Natur erscheint seinem Selbstbewußtsein soweit wesenlos, wie er nur ein äußeres Verhältnis zu ihr zu fassen vermag. Das → Denken als Herstellen von Ordnungsbeziehungen, als Sphäre reiner Möglichkeiten, zeigt sich als ein solches Verhältnis, in dem die wirkliche Natur zum unzugänglichen Grund absinkt, zur → Substanz, von der wir nur die Äußerungen, die Wirkungen ihrer Kraft erfassen. Diese sind vom Maßstab der Erfahrbarkeit her die einzige W. (→ Empirismus). Indem der erkennende → Geist diese als bloße Erscheinung denkt, begreift er sich selbst als deren Grund, nämlich als den Grund ihrer Einheit und Ordnung (→ Transzendentalphilosophie) und sich so als Seele der Welt, als die wahre W. gegenüber der Wesenlosigkeit der geistlosen Natur (→ Idealismus). Aber indem er sich so aus einem äußeren Verhältnis zur unbeschränkten Freiheit zu befreien glaubt, findet er an seinem eigenen Wesen seine Begrenztheit. Seine W. ist die der → Geschichtlichkeit, der Ort, wo er Freiheit erst erfährt, wo er die Geschichte in ihren äußeren Gestalten wie Sprache, Kultur, Gesellschaft, Tradition erst als seine Geschichte zu begreifen lernt.

2. *W. und Realität:* Das andere Moment im Begriff der W. ist unmittelbarer durch die Ideen- und Seinsmetaphysik der Antike und des MA bestimmt als durch den neueren Natur- und Subjektbegriff: Jedes Seiende, jeder Seinsbereich hat eine ihm eigentümliche W., die sein → Wesen im Unterschied zu seinen unwesentlichen und äußerlichen Bestimmungen ausmacht. In diesem Sinne sagen wir: etwas ist in W. so, d.i. in seinem Wesen, seiner Wahrheit. Die Wesensbestimmungen eines Seienden bilden seine W., seine Realitäten, denen seine Negationen gegenüberstehen als das, was es wesentlich nicht ist. Diese seine begrenzte W. hat ihren Grund in einer absoluten W. als dem Inbegriff aller Bestimmtheit überhaupt. Diese, → Gott, ist der formelle Grund alles Seienden, sofern das Wesen jedes Seienden in seinem Geist enthalten, seine → Idee ist; wirklicher Grund, sofern er diese Idee verwirklicht. Absolute, freie Schöpfung zeigt sich als das Wesen der W., an dem alle einzelne W. gemessen wird. Die endlichen Dinge verfügen nicht über diese Macht, diese ist nur eine solche des begrenzten Wirkens und Leidens gegeneinander (→ Kontingenz). Wieweit sich die Macht der endlichen Dinge wenigstens auf ihr Wesen erstreckt (→ Nominalismus), diese Frage, ihres theologischen Horizonts beraubt, ist die nach dem Begriff der → Kausalität und den Grenzen seiner Gültigkeit, der die ganze neuere Wissenschaft und Philosophie beherrscht.

H. Driesch, W.slehre, 1917 - W. Dilthey, Beiträge zur Lösung d. Frage vom Ursprung unseres Glaubens an d. Realität d. Außenwelt u. seinem Recht (Ges. Schr. V, 1924, 90-138) - Ders., Der Aufbau d. geschichtl. Welt in d. Geisteswissenschaften (ebd VII, 1927, 79-188) - M. Heidegger, Sein u. Zeit, (1927) 1953[7] - A.N. Whitehead, Process and Reality, (1929) 1949[2] - W. Burkamp, W. u. Sinn I. II, 1938 - N. Hartmann, Möglichkeit u. W., (1938) 1949[2] - E. Husserl, Ideen zu einer reinen Phänomenologie ... I. II (Husserliana III. IV), Haag 1950/52 - Ders., Die Krisis d. europ. Wissenschaften u. die transzend. Phänomenologie (ebd VI), ebd 1954 - W. Weischedel, W. u. W.en, 1960.

R. Wiehl

Wirtschaft

I. Morphologie - II. Ablauf. - w. = wirtschaftlich. - Vgl. auch → Planwirtschaft, → Wirtschaftsethik, → Wirtschaftsgeschichte, → Wirtschaftsphasen, → Wirtschaftspolitik, → Wirtschaftstheorien

I. Morphologie

1. Allgemeines zum Begriff der W.sweise - 2. Feudalität - 3. Kapitalismus: a) Begriff des Kapitals - b) Grundbedingungen der kapitalistischen W.sweise - c) Formen der Konkurrenz - 4. Gemein-W.

1. W. ist das Verhältnis, in das Menschen im Verfolg ihrer (zunächst materiellen) Daseinserhaltung zueinander treten. Es ist ein Verhältnis zwischen Subjekten. Das (häufig genannte) Verhältnis zwischen Subjekt und Objekt des Wirtschaftens (»Verhältnis des Menschen zur Güterwelt«) bezeichnet dagegen nur die technische Seite der Güterbereitstellung. Die W.stätigkeit ist ein fundamentaler Sachverhalt des menschlichen Zusammenlebens und die Lehre vom Wirtschaften daher ein wesentlicher Teil der *Gesellschaftslehre*.

Allgemein anerkannt ist, daß die Höhe der W.sweise abhängig ist vom Stande der W.smittel, vor allem vom Stand der → Technik. Ältere *»Stufentheorien«* der w.en Entwicklung sind heute als mehr oder minder spekulative Konstruktionen abgetan. Um eine Systematisierung der historischen *»Produktionsweisen«* hat sich auch die marxistische Schullehre bemüht: Urkommunismus, Sklaverei, → Feudalismus, → Kapitalismus, → Sozialismus, → Kommunismus (→ Marxismus). Schwierigkeit macht hierbei u.a. die Reihenfolge von Sklaverei (die keineswegs überall beherrschendes »Produktionsverhältnis« gewesen ist) und Feudalität. Verhältnisse primitiver Sippengemeinschaft ohne Privateigentum an den Produktionsmitteln und bei geringer gesellschaftlicher Differenzierung hingegen dürfen, wie auch die moderne → Ethnologie bezeugt, als vermutliche Form der »Urgesellschaft« überall angenommen werden. - Soviel bleibt wichtig: W. ist jeweils in ihrer besonderen gesellschaftlichen Ausprägungsform zu studieren. Jede W.sweise muß von ihren eigenen Voraussetzungen her geprüft werden.

2. Im Mittelpunkt *feudaler* W.ssysteme steht der *Grund und Boden.* Nach der Verteilung des Grundbesitzes lassen sich verschiedene Typen der Feudalität unterscheiden. Das allemal anzutreffende Verhältnis sozialer Über- und Unterlegenheit findet hier seinen ökonomischen Ausdruck in der Leistung unentgeltlicher Dienste oder Abgaben (Renten) des pflichtigen Inhabers eines ihm nicht voll zu eigen gehörenden Bodenstücks an den Leistungsberechtigten, etwa an einen Grundherrn.

3. a) Im Mittelpunkt *kapitalistischer* W.sweise steht das → *Kapital.* Es ist mit dem Ziel der systematischen Mehrung eingesetztes Vermögen, kurz »Erwerbsvermögen« (v. Zwiedineck-Südenhorst). Kapital sind W.sobjekte *aller* Art, sofern sie diese Bedingung erfüllen. Kapital *können* daher sein: Geld, Produktionsanlagen, Warenvorräte usw, wenn sie nicht der persönlichen Existenzfristung des Inhabers, sondern der »werbenden« Verwendung unterliegen. (Unterschied zwischen dem Eigenheim und dem Mietshaus.)

b) *Besonderheiten des modernen Kapitalismus,* die sich im Lauf der Geschichte erst herausbilden mußten, sind:

α) *Freie Lohnarbeit:* Sie ist erst der modernen Erwerbs-W. eigen. In den kommerziellen Gesellschaften der Antike fehlt sie fast gänzlich. Erst die kapitalistische W. kennt daher auch das Verhältnis des *Arbeitsmarkts,* ein Verhältnis latenten oder offenen Kampfes der (heute kollektiv organisierten) → Sozialpartner um den Inhalt des *Arbeitsvertrags,* bes. um die Höhe des → Lohnes, sowie ein individuelles und kollektives → *Arbeitsrecht,* welches das Arbeitsmarktverhältnis ordnen will; ferner die besondere Problematik des *Arbeitslohns:* Einerseits ist dieser für die lohnzahlenden Unternehmen eine reine Kostenposition, die wie alle anderen Kostenpositionen dem Streben nach möglichster Niedrighaltung unterliegt. Andererseits ist er in zunehmendem Maße die ausschlaggebende Kaufkraftgröße in der Volks-W., und als solche soll er sich gegen die produzierten Konsumgüter tauschen; er muß daher in der Summe mit dem Konsumgüterangebot (zu gegebenen Preisen) selbst wachsen.

β) *Privateigentum an den W.smitteln* (→ Eigentum: III, 2): Kapitalistische W. ist notwendigerweise W. des *privaten* Erwerbs. Nur hier ist das Streben nach maximalem *Gewinn* sinnvoll. Eine Volks-W. als ganze, daher auch jede Art von Gemein-W., kann nicht nach dem Gewinnprinzip arbeiten. Gewinn entsteht immer nur als *Einkommen* von (natürlichen oder juristischen) *Personen*. Die Volks-W. als ganze kennt dagegen ein Reicher- oder Ärmerwerden immer nur an physischen Erzeugnissen und an Dienstleistungen. Daher kann auch *»Staatskapitalismus«* nur als ein vom Staat kontrollierter *Privat*kapitalismus verstanden werden.

Die Nutzung privater Erwerbsvermögen macht den modernen → *Unternehmer* aus. Seine ökonomische Rolle ist durch ein Dreifaches gekennzeichnet: Er ist Eigentümer der W.smittel; er entscheidet über die Art des Mittel-Einsatzes; er bezieht ein besonderes Einkommen: den → Unternehmensgewinn (neben dem »Unternehmerlohn«, den »der« Unternehmer sich selbst als Entgelt seiner leitenden Tätigkeit im Unternehmen zurechnet). Eigentum, Verfügung und Nutznießung am Kapital sind heute durchweg personell getrennt; der sein eigenes Unternehmen leitende Alleineigentümer ist gegenüber der anonymen Kapitalgesellschaft, der modernen Organisationsform der Großindustrie, zur Randfigur geworden.

Wie die *Stellung* des Kapitaleigentums sich von derjenigen der nach fremder Weisung arbeitenden Unselbständigen unterscheidet, so auch das *Einkommen* beider großen gesellschaftlichen Gruppen: Der *Herkunft* nach ist das Einkommen der Unselbständigen Einkommen aus persönlicher → Arbeit (: II), das Gewinn- oder Preiseinkommen dagegen Einkommen aus Vermögen (»fundiertes Einkommen«). Der *Verwendung* nach ist das Lohneinkommen (soweit man vom Konsumentensparen absieht) zum Erwerb von Konsumgütern aller Art (einschließlich Nahrungsmitteln, Wohnung, gewissen Dienstleistungen), das Gewinneinkommen dagegen nicht zum Verzehr, sondern zu neuer Kapitalbildung bestimmt. – Der ständige Neueinsatz von Gewinn nicht zum persönlichen Genuß, sondern zur Erweiterung und Verbesserung der Produktionsgrundlagen war allen früheren Zeiten fremd. Max → Weber hat dargetan, wie sehr eine solche W.sgesinnung der *»innerweltlichen Askese«* mit der geschichtlichen Heraufkunft des frühen Unternehmertums zunächst eines besonderen religiösen Imperativs bedurfte, und er hat einen solchen in der Erfolgsethik des Calvinismus (bes. in seiner puritanischen Variante) entdeckt. In der modernen Welt der institutionell gesicherten Kapitalbildung bedarf es solcher außerwirtschaftlich begründeter Motive (wie schon Weber gesehen hat) natürlich nicht mehr.

γ) *Der Kapitalumschlag:* Die systematische Verwertung von Erwerbsvermögen erfordert ständigen Kreislauf und daher Gestaltwechsel des Kapitals. Wird etwa eine Fabrik eröffnet, so liegt Kapital zunächst in Geldform vor. Geldkapital dient zur Bezahlung der Anlage-Investitionen, zum Ankauf von Rohstoffen, Halbfabrikaten usw sowie zur Entgeltung von Arbeitskräften. Als Ergebnis der Produktion stehen Erzeugnisse zum Verkauf bereit, die ihrerseits Gelderlös bringen sollen. Die Unternehmensbilanz enthält einen Querschnitt durch alle Umschlagsphasen des Unternehmenskapitals, indem sie alle Arten, in denen das Unternehmensvermögen zu einem bestimmten Zeitpunkt vorliegt, festhält. – Damit der Umschlag eines Einzelkapitals gelingen kann, müssen die anstoßenden Bereiche, mit denen ein Unternehmen in Verkehr tritt, zur rechten Zeit, im »richtigen« Umfang und zum »richtigen« Preise kaufen bzw. verkaufen können. Die Tendenz zur Umwandlung aller W.sbereiche (unter Einschluß der Land-W. und des Kleingewerbes) in kommerziell, wenn nicht kapitalistisch betriebene ist daher der neueren W.sweise eigen. Erst hierdurch ist die moderne allseitig verflochtene *Volks-W.* (National-W.) und schließlich die *Welt-W.* historisch entstanden. Den Märkten fällt nun die wichtige Aufgabe zu, die einzelnen Kapitalprozesse zu koordinieren und zu synchronisieren.

δ) Diese Ordnung des Hintereinander und Nebeneinander der Kapitalumschläge ist um so schwieriger, als das Verhältnis der → *Konkurrenz* immer wieder zu Gleichgewichtsstörungen führen muß. Das gleichgerichtete Streben aller Beteiligten nach möglichst großem und dauerhaftem Gewinn ist ebenso eine Peitsche der technischen Entwicklung und der Neubildung von Kapital, wie es andererseits zu Disproportionen im Prozeß dieser Entwicklung und zum Auf und Ab der Konjunkturen führt.

c) Das Verhältnis der Rivalität zwischen den Unternehmungen und W.szweigen ist dem ökonomischen System des privaten Gewinnes inhärent. Konkurrenz spielt sich nicht nur auf den Produktenmärkten, sondern auch auf den Kreditmärkten, Arbeitsmärkten usw ab. Sie kann sich in den verschiedensten *Formen* äußern, die auch teilweise gesetzlicher Regulierung unterliegen. Die *freie, unbeschränkte Konkurrenz,* wie sie vor allem im 19.Jh. bestand, ist in neuerer Zeit immer mehr der beschränkten *monopolistischen* (genauer: oligopolistischen) Konkurrenz gewichen (→ Monopol). Die Durchschnittsgröße der Unternehmungen hat ständig zugenommen, während die Zahl der für den Markt bedeutungsvollen Konkurrenten zurückgegangen ist. Den großen Unternehmungen fällt es oft nicht schwer, sich über ein gemeinsames Vorgehen auf den Märkten zu verständigen und u.U. strategische Marktorganisationen zu bilden. Folgen dieses seit langem zu beobachtenden Vorgangs der *Konzentration von Verfügungsmacht über Kapital* waren a) der Übergang der hierzu befähigten Groß-W. zu einer planvollen Preisstrategie auf den Märkten und zu einer entsprechenden Produktionspolitik; b) die zunehmende Abhängigmachung mittelständischer Gewerbe (→ Mittelstand) durch die »Großen«; c) das Hinüberwachsen privater Macht in den öffentlichen Raum (»Herrschaft der Verbände«; → Macht: IV).

4. *Gemein-W.* ist bei einer Eigentumsverfassung gegeben, bei welcher die gesellschaftliche W. überwiegt. Diese selbst kann in verschiedener Weise organisiert sein, je nach dem Anteil von staatlicher und »Selbstverwaltung« durch die jeweils beteiligten Produzenten (→ Genossenschaften, Syndikate usw; Grenzfall: → Staatsbetrieb mit weitgehender Arbeitermitsprache; vgl. auch → Syndikalismus). Der Sozialismus (→ Marxismus) betont hierbei, daß keine Gemein-W. möglich ist, solange die Staatsmacht selbst nicht eine proletarische geworden ist. Hauptkennzeichen *sozialistischer* W.sorganisation sind: a) Beseitigung aller »arbeitslosen« Einkommen (gewerblicher Profit, Zins, Rente, soweit letztere auf Umstände zurückgeht, die nicht leistungsbedingt sind); b) Ordnung der W.sbeziehungen (Produktion, Preise, Handel, Arbeitsmärkte, Finanzierung usw) durch verbindliche, mit Gesetzeskraft ausgestattete Pläne; c) Entgeltung der Produzenten nach dem Prinzip der persönlichen Leistung. Auf der nach marxistischer Erwartung vollendeten, *kommunistischen* Stufe der gesellschaftlichen W. (→ Kommunismus: III) soll ein Überfluß an Produkten die freie Bedürfnisbefriedigung, das Aufhören aller Geldbeziehungen im W.sleben und die volle Selbstverwaltung der Produzenten ermöglichen. Der → Staat soll die Merkmale der öffentlichen Gewalt verlieren und

sich in ein nur noch koordinierendes Verwaltungsorgan der Gesellschaft verwandeln. *W.Hofmann*

II. Ablauf

1. Die volks-w.e Wertschöpfung - 2. Der W.sprozeß - 3. Die Proportionen des W.sablaufs - 4. Das Konjunkturgeschehen

1. Die Darstellung beschränkt sich auf die Grunderscheinungen einer Volks-W. des überwiegenden *privaten Erwerbs*. Auszugehen ist dabei vom Begriff der *volks-w.en Wertschöpfung*. Diese bezeichnet die Summe aller in einer Periode innerhalb einer größeren W.seinheit (in der Regel einer Nation) hervorgebrachten Neuwerte. Diese selbst müssen in doppelter Gestalt vorliegen: einerseits als kaufbare Waren, andererseits als kaufende Geldeinkommen. Das → *»Sozialprodukt«* ist daher zunächst mit dem *»Volkseinkommen«* als identisch zu betrachten, das zunächst in die Einkommen Unselbständiger (»Lohn« im weitesten Sinn) und in die Gewinn- oder Preiseinkommen der Unternehmungen zerfällt. Allerdings schiebt sich schon in die »primäre« Einkommensverteilung von allem Anfang an eine umfangreiche (und tendenziell heute wachsende) *Einkommensumverteilung* ein (zB in Gestalt von öffentlich abgeführten → Steuern und Sozialversicherungsbeiträgen einerseits, von ausbezahlten Subventionen aller Art andererseits).

2. Volkseinkommen und Sozialprodukt lassen sich in dreifacher Weise betrachten: nach der *Entstehungs*seite, der *Verteilungs*seite und der *Verwendungs*seite. Waren werden verkauft und gehen hierdurch an andere W.sbeteiligte über, welche die erworbenen Objekte für ihre sei es konsumtiven, sei es produktiven Zwecke nutzen. Gleichzeitig wechseln entsprechende Geldbeträge in umgekehrter Richtung ihren Inhaber. Die Summe dieser zahllosen Bewegungsvorgänge, welche das W.sleben ausmachen, faßt man unter dem Begriff des *W.sprozesses* zusammen.

3. Damit der W.sprozeß einer »fortschreitenden« W. mit ständiger Bildung von neuem Kapital, also mit ständiger Ausdehnung der W.sgrundlagen, ohne Störungen vonstatten gehen kann, müssen bestimmte Entsprechungsverhältnisse zwischen den einzelnen W.szweigen bestehen. Ebenso wie die Kontinuität der Kapitalverwertung im Einzelunternehmen voraussetzt, daß zur rechten Zeit im rechten Verhältnis auch die anstoßenden Absatz- und Bezugsmärkte (dazu die Arbeitsmärkte, die Kreditmärkte usw) bereitstehen, so müssen im volks-w.en Gesamtablauf schließlich *alle* Märkte ineinandergreifen. Die verbrauchsbestimmten Einkommen (vor allem die Lohneinkommen) müssen zu dem Zeitpunkt, in dem sie jeweils verausgabt werden, ein entsprechendes Konsumgüterangebot vorfinden, und zwar auch in der richtigen Zusammensetzung. Ebenso müssen die Unternehmungen alle Erzeugnisse, deren sie selbst zur Fortsetzung, Erweiterung oder auch Änderung ihrer Produktion bedürfen, zum richtigen Zeitpunkt vorfinden. Die Koordinierung von Angebot und Nachfrage geschieht über die Schwankungen der Lagervorräte, über die Preise (→ Wert und Preis), schließlich über die Veränderung der Produktionsprogramme. Die erforderlichen und im Zeitablauf wechselnden Proportionen sind eigentlich nie verwirklicht, sondern müssen immer erst durch entsprechende Anpassungsprozesse angenähert werden. Hieraus erklären sich die ständigen Schwankungen in der privaten W.stätigkeit.

4. Im Grunde hat jeder W.szweig, ja jedes Einzelunternehmen seine eigenen ökonomischen »Wechsellagen«. Doch gibt es darüber hinaus Zeiten *allgemein* belebter oder gehemmter Geschäftstätigkeit. Bis etwa zum 1. Weltkrieg war auch eine gewisse Regelmäßigkeit in der Wiederkehr bestimmter Konjunkturphasen (Aufschwung, Hochschwung, Krise, Stockung) zu beobachten. In neuerer Zeit ist das solcherart *zyklische* Konjunkturgeschehen durch Einflüsse, die in der veränderten W.*sstruktur* ihren Grund haben, überlagert worden. - Eine kausale Erklärung des Konjunkturgeschehens kann hier nicht gegeben werden (→ Wirtschaftsphasen, → Wirtschaftstheorien). *Allgemeine* Bedingungen dafür, daß Disproportionen gelegentlich gehäuft auftreten und ihre mehr oder minder heftige Bereinigung erfahren, sind die Vielgliedrigkeit des volks-w.en Prozesses, die zeitliche Hintereinanderschaltung der Kapitalumschläge und die mangelnde Gesamtordnung der Märkte. - Hat sich ein bestimmter Konjunkturimpuls (sei es nach oben, sei es nach unten) einmal in einem Teilbereich der W. entwickelt, so kann er weitere Märkte in Mitleidenschaft ziehen. Das Steigen oder Fallen der Gewinne an einer Stelle im W.sprozeß bedeutet vermehrte oder verminderte Nachfrage der beteiligten Unternehmungen nach neuen Produktionsgütern sowie nach Arbeitskräften. So unterliegt auch der Umfang der jeweils entstehenden Arbeitseinkommen - und damit die wichtigste Größe, aus welcher sich die Verbrauchernachfrage bildet - entsprechenden Schwankungen, die sich auf die Konsumgütermärkte auswirken. - Wie ein Konjunkturimpuls, wenn er nur hinreichenden Umfang und hinreichende Stärke hat, sich über die Gesamt-W. auszudehnen neigt, so kann er sich über den Außenhandel oder den Kapitalverkehr einer W.snation mit anderen Ländern auch diesen mitteilen. Nicht unbeeinflußt bleiben auch die Einnahmen und Ausgaben des Staatshaushalts (→ Steuer und Steuerpolitik). Von den konjunkturellen Wechselfällen wird schließlich das allgemeine soziale Leben einer Nation nachhaltig beeinflußt. Auf Konjunkturerhaltung bedachte → Wirtschaftspolitik ist damit heute zu einem Werkzeug der Gesellschaftspolitik schlechthin geworden.

MAX WEBER, W. u. Gesellschaft, (1922) 1956[4]. - Ferner Lehrbücher u.a. von AD.WEBER, (1928) 1958[7] - O.v.ZWIEDINECK-SÜDENHORST, (1932) 1948[2] - E.CARELL, (1939) 1958[8] - ERICH SCHNEIDER, I, (1947) 1961[9]; II, (1949) 1961[7]; III, (1952) 1961[6]; IV/1, 1962 - E.BOEHLER, 1948[2] - P.A.SAMUELSON, dt. (1952) 1955[2]. *W.Hofmann*

Wirtschaftsethik

1. Begriffsbestimmung - 2. Geistesgeschichtliche Bezüge - 3. Gegenwärtige w.e Probleme - 4. Wie ist ev. W. möglich? - w. = wirtschaftsethisch

1. W. umfaßt die normativen Aussagen für das wirtschaftliche Verhalten des einzelnen wie für die Gestaltung der wirtschaftspolitischen Institutionen. W. ist keine selbständige Disziplin, sondern Teil einer theologischen oder philosophischen → Ethik. Eine rein nationalökonomische W. kann nur formaler Natur sein (s. 2 g). Die Normen der W. resultieren aus einer theologischen, philosophischen oder einer nicht weiter exakt zu umschreibenden Werthaltung. Sofern der Begriff → Sozialethik anerkannt wird, ist W. ein Teil dieser unter der Voraussetzung, daß sozial als sozialwissenschaftlich im umfassenden Sinn und nicht nur im Sinne von soziologisch verstanden wird. Ist letzteres gemeint, so ist W. der Sozialethik gleichgeordnet. W. wird ohne die Grunderkenntnisse der Nationalökonomie und Betriebswirtschaftslehre nicht auskommen können. W. ist aber »keine einfache ›Funktion‹ wirtschaftlicher Organisationsformen«, sondern von vielfältigen »Determinanten« bestimmt (Max → Weber).

2. Normen für das w.e Verhalten sind in der Bibel enthalten (→ Arbeit: III, → Armut: I, → Eigentum: I). Sie sind Folgerungen aus den Grundaussagen, die das AT und NT über das Verhältnis des Menschen zu Gott

machen (→ Mensch: II. III). Die Frage, wie weit diese Normen als einzige auch heute noch für den Christen verbindlich sind, ist ein Hauptproblem christlicher Ethik und auch christlicher W.

a) Schon → *Plato* entwickelt w.e Gedanken in seinem »Staat«: Abschaffung des Privateigentums, abschätzende Bewertung des Handwerks; der → Handel mit lebenswichtigen Gütern soll durch Beamte erfolgen. In seinen »Gesetzen« werden diese Forderungen auf Grund der Erfahrungen in Sizilien abgemildert.

b) Auch → *Aristoteles* ist gegen den Gelderwerb um des Geldes willen und unterscheidet zwischen χρηματιστική (Gelderwerbskunst) und οἰκονομία (Hauswirtschaft), deren Vorzüge er preist. In Konsequenz dieser Differenzierung bezeichnet Aristoteles den reinen Geldhandel als Wucherhandwerk. Er rechnet jedoch den nur zur materiellen Bedürfnisbefriedigung notwendigen Handel zur οἰκονομία. Den → Zins verwirft er als »Geld vom Gelde« und daher unnatürlich. Neben dem Zinsverbot ist seine Einteilung der → Gerechtigkeit von großer Bedeutung. Die legale Gerechtigkeit, dh die Befolgung der Gesetze, hat den ersten Rang; die distributive (austeilende) Gerechtigkeit gilt vor allem für alle Verwaltungsakte des Staates. Sie wird durch die Zuteilung im angemessenen Verhältnis (= geometrische Proportion) bestimmt; erst wenn sie geordnet ist, kann die kommutative (ausgleichende, Verkehrs-, Tausch-)Gerechtigkeit Platz greifen, die bei Verträgen und Tauschakten gilt und bei der das Prinzip der Gleichheit (= arithmetische Proportion) angewandt wird. Als einen besonderen Teil der Gerechtigkeit sieht Aristoteles die → Billigkeit an, die die Lücken des Gesetzes ausfüllt. Aristoteles tritt für Privateigentum ein, da es dem Frieden dienlicher ist, wenn jeder für das Seine sorgt; doch soll der Nießbrauch durch edle Gesinnung auch den Nichteigentümern zukommen. Ein starker Mittelstand im Sinne einer möglichst geringen Vermögensdifferenzierung unter den Bürgern ist für die politische Stabilität des Staates am besten.

c) Die w.en Lehren der *Kirchenväter* (→ Wirtschaftsgeschichte: III, 1) basieren auf den Aussagen des NT und zT des AT sowie auf stoischen Einflüssen. Es gilt Wucher- und Zinsverbot. Privateigentum wird weniger als natürliches Recht denn als Notlösung des Sündenstandes angesehen. Es soll aber wie im NT dazu dienen, die Armen zu unterstützen. Wie → Ambrosius betont auch → Augustin, daß der vollständige Verzicht auf die irdischen Güter über die Pflicht des Christen hinausgeht (→ Eigentum: II, 1 b; → Armut: II, 2; → Arbeit: III, 6 a).

d) Die w.en Anschauungen des → *Thomas von Aquino* beruhen auf Aristoteles, den Aussagen der Hl. Schrift und der Kirchenväter. Sie sind Bestandteil seiner Lehre vom → Naturrecht (: II, 3). Dem summum bonum entspricht das bonum commune, auf das in der W. alles hingeordnet ist. Deshalb kennt Thomas auch kein ursprüngliches Naturrecht des Privateigentums wie die liberale Naturrechtslehre. »Der Eigenbesitz ... wird dem Naturrecht hinzugefügt auf Grund der Findung durch die menschliche Vernunft« (S.th. 2/II q.66, 2). Die Begründung für das Privateigentum ist die gleiche wie bei Aristoteles. Über die Konsequenzen dieser Einstellung für die moderne kath. Soziallehre vgl. → Eigentum: II, 2. Thomas hat sehr genaue Vorstellungen über den gerechten Preis. Er nimmt ein im großen und ganzen stabiles Preisniveau und einen stabilen Geldwert an. Dem nichtspekulativen Handel, den er wie Aristoteles zur Oikonomia rechnet, gestattet er einen mäßigen Gewinn als standesgemäßen Unterhalt. Am Zinsverbot festhaltend trennt er davon das Darlehen an einen Kaufmann oder Handwerker; in diesem Falle läßt er eine Gewinnbeteiligung zu (S.th. 2/II q.78, 2 ad 5). Einkommen und Preise sind nicht eine Funktion des Marktgeschehens, sondern werden durch die Kosten für ein standesgemäßes Leben bestimmt.

e) Die W. → *Luthers* ist nicht Teil eines sozialphilosophischen Systems, sondern bezieht sich auf konkrete Anlässe, ist aber untrennbar von seiner Theologie. Wenn Luther in seinem »Sermon vom Wucher« zunächst die Gebote der Bergpredigt als für den Christen verbindlich darstellt und danach erst die »zeitlichen Güter« abhandelt, so entspricht dies seiner Unterscheidung von göttlichem Naturgesetz und weltlichem → Naturrecht (: II, 4); gegen beide verstoßen die üblen Verkaufspraktiken und der Zinskauf (Begriff: WA 6, 53). Luther gestattet nur den durch Eigentum abgesicherten Kredit. Als Richtmaß für Preis und Lohn schlägt er dem Kaufmann den Lohn eines Tagelöhners vor, falls für das Gut noch kein Preis existiert; sonst soll sich der Preis nach dem gemeinen Markt richten. Die Betonung der Obrigkeit in Luthers Theologie kommt auch w. zum Ausdruck: Luther verlangt von ihr, Wucher und Bettelei zu beseitigen, die Höhe des Zinsfußes zu regeln, in Zeiten der Teuerung für Nahrungsmittel Höchstpreise festzusetzen, die Produkte der einheimischen Wirtschaft zu fördern (bis hin zum Einfuhrverbot) und die beginnenden Monopolgesellschaften zu bekämpfen. Doch hat Luther trotz dieser Gedanken prinzipiell an der Ständegesellschaft des MA festgehalten. Die W. Luthers, dem Merkantilismus in der Form des Kameralismus angemessen, war erst dem Laissez-faire-Kapitalismus nicht mehr gewachsen. Dadurch kam es zu einer w.en Sterilität des Luthertums. Die w.en Anschauungen Luthers zeigen, daß sich prot. W. nicht auf ewige Prinzipien im Sinne des kath. Naturrechts stützen kann, sondern die konkreten Probleme immer neu zu lösen hat. Hierin liegt die Konsequenz der Lehre Luthers von der Rechtfertigung allein aus dem Glauben für die W. Damit bleibt allerdings die Frage offen, nach welchen Kriterien sich prot. W. richten soll.

f) → *Calvin* beantwortet diese Frage dadurch, daß er radikal alle menschlichen Beziehungen und Tätigkeiten unter die Herrschaft Gottes stellt. Die Welt ist durch die Sünde korrumpiert. Aber die Heilstat Christi gibt schon jetzt die Möglichkeit der relativen Heilung. So sind die Reichen dazu da, den Armen zu helfen, und ein Zeichen der Gnade Gottes; die Armen sind Gottes Verwalter, den Glauben und die Barmherzigkeit der Reichen zu erproben. Reichtum und Armut sollen sich daher spontan ausgleichen. Alle Wirtschaftszweige sind gleichwertig, es gibt keine Priorität der Landwirtschaft mehr. Die Gerechtigkeit wird bei Calvin nicht naturrechtlich, sondern biblisch gesehen. Die Goldene Regel (Mt 7, 12) wird bes. betont. Deshalb interessiert ihn auch nicht das Problem des gerechten Preises und Lohnes. Calvin wendet sich leidenschaftlich gegen die Ausbeutung der Armen durch die Reichen. Zins erlaubt er bei denjenigen zu fordern, die imstande sind, ihn zu zahlen, jedoch unter verschiedenen Bedingungen; u.a. müssen vorher die karitativen Verpflichtungen erfüllt sein. Der Staat soll die Zinshöhe regeln. Im Gegensatz zu Luther sieht Calvin den Zins als Anreiz, das Geld produktiv anzulegen (→ Eigentum: II, 3). – Gegen die These Max → Webers, daß die innerweltliche Askese (→ Beruf: III, 3 b), hervorgerufen durch die Prädestinationslehre Calvins, eine Hauptursache des kapitalistischen Geistes sei (→ Kapitalismus), sind historische, soziologische und wirtschaftsgeographische Einwände erhoben worden. Weber hat jedoch selbst vor einem monokausalen Mißverständnis seiner Arbeit gewarnt. Theologisch interessant ist die These, daß die Prädestinationslehre Calvins selbst nur eine zweitrangige Bedeutung hat (Biéler) und dadurch auch w. weniger relevant ist als bisher angenommen.

g) Die *profane W.* ist im 16.-18. Jh. Teil des Kameralismus in Deutschland, des profanen → Naturrechts (: I) in Westeuropa, später der Nationalökonomie. Diese gründet sich bei den Physiokraten und den englischen Klassikern (A. → Smith, → Ricardo, → Malthus) auf den Gedanken der prästabilierten Harmonie (→ Leibniz) und die Lehre von den → Eigengesetzlichkeiten, die zur Grundlage des → Liberalismus werden. Wird jedoch die Eigengesetzlichkeit radikal betont, hat W. keinen Platz mehr neben den ökonomischen Ablaufprozessen (→ Ricardo, → Marxismus, 4) bzw. den Geschichtsprozessen (→ Marxismus, 3). Gegen eine deterministische Auffassung wandte sich vor allem die Historische Schule der Nationalökonomie, die sich auch ethische Schule nannte. Die w.en Gedanken waren hier nicht Normen eines abstrakten Systems, sondern entsprangen der historisch-politischen Einsicht (→ Sozialreform, 3 a; → Schmoller, A. → Wagner). Nach der Werturteilsdebatte (Max → Weber) hat sich der Standpunkt durchgesetzt, daß w.e Normen für das wirtschaftspolitische Handeln unerläßlich sind, aber nicht in den Bereich der Nationalökonomie gehören, da sie außerwirtschaftlicher Natur sind.

3. Wird heute eine Eigengesetzlichkeit der → Wirtschaft auch nicht mehr behauptet, so kennt die Nationalökonomie doch verschiedene Arten von Gesetzen: Logisch-mathematische (meist auf hohem Abstraktionsgrad), empirisch-statistische, bestimmte Reaktionen der Wirtschaftssubjekte auf bestimmte ökonomische Situationen. Diese Gesetze sind für W. und → Wirtschaftspolitik ein Datum, analog den naturwissenschaftlichen Gesetzen im menschlichen Leben überhaupt. Entwicklungsgesetze dagegen haben nur erkenntnistheoretischen Wert, da sie nur unter ganz bestimmten historischen bzw. gegenwärtigen ökonomischen Bedingungen gültig sind (zB die Marxschen Gesetze im »Kapital« [→ Marxismus, 4]). Ihre gesellschaftspolitische Wirkung kann gerade zu einer anderen Situation als der vorausgesetzten führen. - Die Frage, ob es gewisse historische unausweichliche Tendenzen gibt, ist nicht ein Problem der W., sondern der Geschichtsphilosophie. W. dagegen hat es immer nur mit ganz bestimmten Ordnungs- und Verhaltensfragen zu tun. Dabei handelt es sich u.a. um folgende Bereiche:

a) W.e Probleme, die mit einem *bestimmten Stand technischer Entwicklung* zusammenhängen, sind oft mit den Fragen der Wirtschaftsordnung verknüpft. Die Sinnentleerung industrieller Arbeit im 19. Jh. hängt sowohl mit dem Stand technischen Wissens wie mit der Frage der Verfügungsgewalt über die Produktionsmittel zusammen. Die moderne industrielle → Technik dagegen verlangt Qualifikation und Verantwortung an den Arbeitsplätzen, so daß es unabhängig von der Wirtschaftsordnung zu einer Mitverantwortung der Arbeitnehmer kommen muß, die je nach der Gesellschaftsordnung sehr verschiedene politische und rechtliche Gestalt haben kann. Ebenso verlangt die moderne Technik einen bestimmten Grad an Konzentration (→ Monopol). Hier entsteht prinzipiell, unabhängig von der Wirtschaftsordnung, ein Problem der wirtschaftlichen → Macht (: IV).

b) Den Zielen der Wirtschaftspolitik liegen w.e *Normen* zugrunde, sofern die Wirtschaft nicht primär in den Dienst politischer Ziele gestellt wird wie bei absoluten und totalitären Staaten.

Die Norm des *Alt- und Neo- → Liberalismus* wie des freiheitlichen → Sozialismus (: I) ist die freie Entfaltung der Persönlichkeit. Auch steht hinter ihren Konzeptionen die Vorstellung von der prästabilierten Harmonie, allerdings in unterschiedlicher Stärke. Alt- und Neoliberalismus betrachten ferner beide den freien Wettbewerb (→ Konkurrenz) als wirtschaftspolitisches Ziel, das dieser Norm dient. Denn er zwingt den Menschen zu größtmöglichen Leistungen. Nur hinsichtlich der Gestaltung des Wettbewerbs bestehen Unterschiede. Hat sich im Altliberalismus der Staat prinzipiell jeglicher Einmischung zu enthalten auf Grund des Glaubens an die prästabilierte Harmonie, so soll er sich auch im Neoliberalismus aus der Wirtschaft heraushalten und nur die Rahmenbedingungen für das Funktionieren der Wettbewerbswirtschaft schaffen, damit Monopolbildungen den Wettbewerb nicht aufheben und soziale Schäden vermieden werden. Deshalb kennt der Neoliberalismus auch eine → Sozialpolitik (→ Sozialreform, 1. 3 d), die aber nicht zum → Wohlfahrtsstaat führen darf, sondern den einzelnen nur soweit schützen soll wie unbedingt nötig, im übrigen ihn aber fähig machen soll, soweit wie möglich für sich selbst vorzusorgen. Die staatliche Macht wird also in beiden Arten des Liberalismus skeptisch betrachtet. Ungelöst bleiben beim Neoliberalismus die Probleme der privatwirtschaftlichen Macht, der Konzentration, der Macht der Verbände und der unterschiedlichen Vermögenslage und Vermögensbildung. Das Hauptproblem: Der Wettbewerb übt auf der einen Seite einen dauernden Zwang zur Leistungssteigerung aus, auf der anderen nötigt das Damoklesschwert unausgefüllter Kapazitäten die Unternehmungen zu einer forcierten Absatzpolitik, weil die Garantie einer → Vollbeschäftigung fehlt. Diese Absatzpolitik kann nur Erfolg haben, wenn durch dauernde Leistungssteigerungen die Realeinkommen so steigen, daß ein größerer Verbrauch realisierbar ist. Sozialethische Konsequenz: Die Leistung, ausgewiesen durch den Lebensstandard, wird zur gesellschaftlichen Norm. W.e Konsequenz: Die Wirtschaft, die der Norm - Entfaltung der Persönlichkeit - dienen soll, wird statt dessen zum Selbstzweck.

Auch der Ansatz von Karl → Marx ist von dem ethischen Impuls getragen: Freie Entfaltung der Persönlichkeit (→ Eigentum: III, → Selbstentfremdung). Das Gerechte ist für ihn die kommunistische Gesellschaft (Dahrendorf), in der die Regel gelten soll: »Jedem nach seinen Fähigkeiten, jedem nach seinen Bedürfnissen.« Doch stellt Marx keine weiteren w.en Postulate auf, sondern analysiert die »gesetzmäßige« Entwicklung des Kapitalismus. - Bei der wirtschaftlichen Gestaltung des → *Kommunismus* (: III) können ethische Postulate nicht entbehrt werden, doch werden sie immer in Abhängigkeit zur »gesetzmäßigen« gesellschaftlichen Entwicklung gesehen. Die Neue Ökonomische Politik (NEP) → Lenins ab 1921, bei der der Privatwirtschaft eine gewisse Rolle eingeräumt wird, ist ein Zeichen dafür, daß die Forderungen des Kommunismus nicht im unmittelbaren Übergang einer feudalistischen Wirtschaft zum Kommunismus erreicht werden können. Das Scheitern der NEP zeigt, daß es auch nicht möglich ist, »gesetzmäßig« die Phase des Kapitalismus nachzuholen. Die zentrale Planung der Stalin-Ära ist der ökonomischen Situation der UdSSR adäquat, freilich unter äußerster Ausnutzung der Arbeitskraft. Durch die Appelle zur Normerfüllung wird die W. eines der Mittel, um den fehlenden Produktionsfaktor Kapital durch den Produktionsfaktor Arbeit zu ersetzen. Heute besteht w. bes. folgende Situation in der UdSSR: Tendenz zum Regionalegoismus bei den 1957 geschaffenen Sownarchosen; häufiges Versagen der Kolchos- und Sowchosverwaltungen führt wieder zu verstärkter Parteikontrolle bei gleichzeitiger Beeinflussung durch entsprechende Preispolitik. Bei den kleinen bäuerlichen Eigenwirtschaften ist eine erheblich höhere Produktivität festzustellen.

Wirtschaftspolitisches Ziel des *freiheitlichen Sozialismus* ist es, die freie Entfaltung der Persönlichkeit durch eine Vielzahl wirtschaftspolitischer Maßnahmen zu ermöglichen. Das Problem des Konsumzwanges könnte durch eine koordinierte Wirtschafts-, Finanz-, Geld- und Sozialpolitik gelöst werden, die auch die Gemeinbedürfnisse stärker berücksichtigen würde. Eine solche Politik würde auf der einen Seite → Vollbeschäftigung garantieren können, auf der anderen Seite hätte sie mehr Mittel zur Verfügung, um einem inflatorischen Trend zu steuern. Freilich müßten die verantwortlichen Politiker auch den Mut zu unpopulären Maßnahmen haben. Auch im freiheitlichen Sozialismus bleiben die Konsumgütermärkte frei. Das Problem der privatwirtschaftlichen Macht will der freiheitliche Sozialismus durch ein System öffentlicher Kontrollen lösen, die → Sozialisierung ist nur noch ultima ratio. Doch bleibt die Frage: Wer kontrolliert die Kontrolleure? Ob der freiheitliche Sozialismus durch seine wirtschaftspolitischen Maßnahmen die Wirtschaftssubjekte grundsätzlich zu einer anderen Haltung veranlassen würde, müßte noch erwiesen werden. Er bietet in seinem wirtschaftspolitischen Instrumentarium bessere Möglichkeiten hierfür, setzt aber bei den Verantwortlichen ein hohes Maß an Selbstbeschränkung voraus. Die prästabilierte Harmonie tritt bei ihm in dem Vertrauen auf das Gelingen der Koordinierung aller wirtschaftspolitischen Maßnahmen in Erscheinung.

c) W.e Probleme können auch von einer *bestimmten wirtschaftlichen Situation* abhängig sein. Die erste Phase zur Entwicklung einer hochindustrialisierten Wirtschaft ist nur durch äußerste Sparsamkeit an den Konsumgütern zu durchmessen. Wirtschaftsethisch ist zu fordern, daß dies nicht auf Kosten einer einzigen Klasse geschieht wie im Laissez-faire-Kapitalismus und im Rußland Stalins. Ob ein gleichmäßigeres Wachstum der Entwicklungsländer möglich sein wird, ist offen. - Der rasche wirtschaftliche Wiederaufstieg Westdeutschlands war nur durch die Selbstfinanzierung möglich, die zu einer völlig einseitigen Vermögensbildung führte. Sparanreize und einen zusätzlichen Lohnanteil, der der Investition durch Zwangssparen zugeführt werden soll, schlägt die Eigentumsdenkschrift der EKD (s. 4) als Gegenmittel für die Zukunft vor, die jedoch umstritten sind. - Die monopoloide Stellung (→ Monopol) bestimmter wirtschaftlicher Gruppen führt bei diesen zur Versuchung der Ausbeutung - das haben schon Luther und Calvin erkannt - oder zu geringerer Leistung bes. in Zeiten der Überbeschäftigung.

4. Wie die unerfüllbaren Gebote christlicher Liebesethik sich zu den alltäglichen Gegebenheiten verhalten, ist ein Grundproblem christlicher Sozial- und W. Die verschiedenen theologischen Ansätze, die dazu gemacht sind (→ Sozialethik), kommen jedoch nicht zu einem christlichen Wirtschaftssystem, auch nicht die kath. Soziallehre. Es ist sogar möglich, daß Vertreter ein und desselben theologischen Ansatzes in Fragen der W. sehr verschiedener Meinung sein können. Es kann also in der W. nur darum gehen, im institutionellen Bereich Wege aufzuzeigen, die dem einzelnen nicht vom Wirtschaftssystem her unüberwindliche Schwierigkeiten zur Praktizierung seines christlichen Glaubens auferlegen. Dies führt weder zu einer christlichen Wirtschaft noch zu einer - von der kath. Soziallehre angestrebten - Verchristlichung der Wirtschaft. Die Wirtschaft hat im prot. Verständnis nur Dienerin zu sein und darf nicht für die Gesamtheit eines Volkes oder einer Klasse zum Selbstzweck werden. Deshalb hat es christliche W. immer mit konkreten Problemen zu tun. Dazu bedarf sie der Wirtschafts- und Sozialwissenschaften. Für die Zeit der 20er Jahre hat G.Wünsch in seiner »Ev. W.« (1927) in glänzender Weise gezeigt, wie dies geschehen kann, mag man mit seinem liberal-theologischen Ansatz und seiner Entscheidung für den Sozialismus einverstanden sein oder nicht. Nach 1945 ist es nicht mehr zu einer speziellen W. gekommen. In den Ethiken und sozialethischen Arbeiten sind w.e Probleme mitbehandelt worden, vor allem von Karrenberg, de Quervain, Rich, Thielicke, H.-D.Wendland. Erwähnt seien die Stellungnahmen der EKD zur Mitbestimmung (1950) und zur Eigentumsfrage in der BRD (1962), das Wort des Rates der EKD zum Lastenausgleich (1951), das Gutachten des Sozialethischen Ausschusses der Ev. Kirche im Rheinland zur gleitenden Arbeitswoche (1957) sowie die ökumenischen Verlautbarungen von Amsterdam, Evanston und Neu-Delhi.

Die Frage der 20er Jahre: Kapitalismus oder Sozialismus? kann heute so nicht mehr gestellt werden, denn der Christ kann heute nicht mehr zwischen »Kapitalismus« und »Sozialismus« wählen. Er weiß sich in die Wirtschaftsstrukturen von West und Ost hineingestellt, ohne die Möglichkeit einer prinzipiellen Änderung zu haben. (Die Unterschiede zwischen Neoliberalismus und freiheitlichem Sozialismus sind weniger grundsätzlich-ethischer als vielmehr wirtschaftspolitischer Natur.) - Damit erhebt sich die Frage, ob überhaupt noch eine einheitliche christliche W. möglich ist. Hierzu ist zu bedenken: a) Trotz der damit verbundenen dogmatischen Schwierigkeiten muß weiterhin über einen gemeinsamen theologischen Ansatzpunkt diskutiert werden. Es wäre zB zu fragen, ob nicht die biblischen Weisungen, soweit sie nicht zeitbedingt sind, Axiome für eine W. sein könnten. - b) Es wird Sache der Vernunft sein, solche Axiome auf die konkrete wirtschaftliche Situation zu beziehen. Ob hier die mittleren Axiome (→ Sozialethik, 3 h) viel weiterhelfen, sei dahingestellt. Sie könnten ideologisch sein. Gerade hier bedarf es der ständigen gegenseitigen Kontrolle der Theologie und Wirtschafts- und Sozialwissenschaften, um nicht eine christliche Norm aufzustellen, die in Wirklichkeit einer weltlichen Ideologie zugehörig ist. - c) Trotz dieses scheinbar aussichtslosen Bemühens wird es viele Fragen geben, die mit Hilfe rationaler ökonomischer Methoden zu lösen sind. Die jüngste Diskussion um den → Säkularismus (: I) hat gezeigt, daß es christlich legitim ist, an solchen profanen Aufgaben mitzuarbeiten, ohne nach einem speziellen »christlichen« Sinn fahnden zu müssen. - d) Der einzelne Christ wird viele Fragen ökonomischen Verhaltens haben, die er wegen der Kompliziertheit und Unüberschaubarkeit nicht beantworten kann. Hier wäre es Aufgabe einer lebendigen Gemeinde bzw. Bruderschaft, diese praktischen Fragen zu durchdenken. Das Ergebnis ist dann keine christliche Allgemeinlösung, aber vielleicht das unter den gegebenen Umständen Bestmögliche.

Außer der Lit. bes. zu → Ethik, → Individual- und Sozialethik, →Sozialethik: G.SCHMOLLER, Zur Gesch. d. national-ökonomischen Ansichten in Deutschland während d. Reformations-Periode (ZgesStW 16, 1860, 461-716; Lit.) - DERS., Über einige Grundfragen d. Sozialpolitik u. d. Volkswirtschaftslehre, (1898) 1904² - I.SEIPEL, Die w.en Lehren der Kirchenväter, 1907 (Lit.) - E.TROELTSCH, Die Soziallehren der christl. Kirchen u. Gruppen, (1912) 1923³ (Lit.) - MAX WEBER, Ges. Aufs. zur Religionssoziologie I, (1920) 1947⁴ (Lit.) - T.SURÁNYI-UNGER, Philos. in d. Volkswirtschaftslehre I. II, 1923/26 (Lit.) - G.WÜNSCH, Ev.W., 1927 (Lit.) - HEINR.WEBER-P.TISCHLEDER, W. (Hdb. d. Sozialethik I), 1931 (kath.) - ELERT, ML II - H.G. SCHACHTSCHABEL, Der gerechte Preis, Gesch. einer w.en Idee, 1939 - DERS., Der Wandel d. Gerechtigkeitsbegriffes (Schr. d. Ver. f. Socialpolitik NF 18, 1960, 59-93; Lit.) - E.BRUNNER, Gerechtigkeit, 1943 - O.WEINBERGER, Die Wirtschaftsphilos. des AT, 1948 - DERS., Grundriß d. allg. Wirtschaftsphilos., 1958 (Lit.) - H.BARGE, Luther u. der Frühkapitalismus, 1951 - W.WEDDIGEN, W., System humanitärer Wirtschaftsmoral, 1951 - Series on Ethics and Economic Life: A.D. WARD (Hg.), Goals of Economic Life, New York 1953; DERS., The American Economy - Attitudes and Opinions, 1955; K.E.BOUL-

DING-H.R.NIEBUHR, The Organizational Revolution. A Study in the Ethics of Economic Organization, 1953; H.R.BOWEN-F.E.JOHNSON, Social Responsibilities of the Businessman, 1953; J.C.BENNETT u.a., Christian Values and Economic Life, 1954; E.E.HOYT u.a., American Income and its Use, 1954; W.W.WILOX, Social Responsibility in Farm Leadership, 1956; J.A.FITCH, Responsibility of Organized Labor, 1957 - D.L.MUNBY, Christianity and Economic Problems, London 1956; dt. 1961 - DERS., God in the Rich Society, 1961 - A.DE QUERVAIN, Ruhe u. Arbeit, Lohn u. Eigentum, 1956 - O.v.NELL-BREUNING, Wirtschaft u. Gesellschaft I-III, 1956-60 (kath.) - F.KARRENBERG-J.BECKMANN (Hg.), Verantwortung f. d. Menschen (Festschr. f. Präses Held), 1957 - A.TAUTSCHER, W. (Hdb. d. Moraltheol. XI), 1957 (kath.) - A.RICH, Christl. Existenz in d. industr. Welt, 1957 - E.SCHLETH, Der profane Weltchrist, 1957 - H.BOECK, Zur marxist. Ethik u. sozialist. Moral, Ostberlin 1959 - W.KÜNNETH, Moderne Wirtschaft - Christl. Existenz, 1959 - WILH.WEBER, W. am Vorabend d. Liberalismus, 1959 (kath., Lit.) - DERS., Geld u. Zins in d. span. Spätscholastik, 1962 (kath.) - A.BIÉLER, La pensée économique et sociale de Calvin, Genf 1959 (Lit.) - EKL III, 1823 ff - F.KARRENBERG, Gestalt u. Kritik d. Westens, 1960 (Lit.) - A.MÜLLER-ARMACK, Religion u. Wirtschaft, 1960 - G.CORMANN-W.LOTTMANN (Hg.), Laßt sie Menschen bleiben im Betrieb, 1960 - S.WENDT, Der Einfluß d. Geldes auf d. Ethos des Wirtschaftens (Spannungsfelder d. ev. Soziallehre, Festschr. f. H.-D.Wendland, 1960, 255-271) - Eigentum u. Eigentümer in unserer Gesellschaftsordnung, 1960 - WKL 1612 ff - A.AMONN, Nationalökonomie u. Philos., 1961 - ERNST WOLF, Eigentum u. Existenz (ZEE 6, 1962, 1-17) - HWSW XII, 83 ff - J.K.MEHTA, A Philos. Interpretation of Economics, London 1962. - Vgl. auch die Bibliogr.n in ZEE, seit 1957. *H.Weber*

Wirtschaftsgeschichte

I. Allgemein - II. In Israel - III. Kirchliche. - W. = Wirtschaft, w. = wirtschaftlich. - Vgl. → Sozialgeschichte

I. Allgemein

1. Frühzeit - 2. Karolinger- und Nachkarolingerzeit - 3. Der Umbruch im 14.Jh. und die Fortentwicklung bis zum 30jährigen Krieg - 4. Bis zum Sieg des Liberalismus - 5. Bis zum 1.Weltkrieg - 6. Bis zur Gegenwart

1. Die w.e Entwicklung Deutschlands oder überhaupt des gesamten Abendlandes ist nur zu verstehen, wenn man sich vergegenwärtigt, daß drei Faktoren dabei Pate gestanden haben: Germanentum, Antike und Christentum. Das Germanentum hat schon in der Bronzezeit, also um und nach 2000 vChr, eine hohe Kultur aufzuweisen, die mit der anderer indogermanischer Völker durchaus vergleichbar ist, Völker, die um die gleiche Zeit nach Kleinasien (Hethiter), nach Griechenland und der Apenninen-Halbinsel und bis Indien vordrangen. Dadurch kam es nicht nur zu Berührungen, sondern auch zu Neuentfaltungen, wobei die neuen Hochkulturen die Kulturen des Nil- und Industales und des Zweistromlandes ablösten. Demgegenüber hat die Entwicklung bei den indogermanischen Völkern nördlich des Mittelmeer-Raumes über Jt.e hin nur langsame Fortschritte gemacht; ja man wird sagen können, daß im letzten Jh. vChr die sich durchsetzende Klimaverschlechterung im Sinne eines Überganges zu feuchtkühlem Klima dazu geführt hat, daß die Eisenzeit ärmer an künstlerisch wertvollen Gütern wird, da offenbar die Behauptung des Lebens, also die rein w.e Tätigkeit, jetzt einen höheren Anteil an der menschlichen Energie beanspruchte. Die schon alte, den nördlichen Völkern eigene Erfindung des Räderpfluges und des mit Speichenrädern ausgestatteten Wagens stand den Menschen dieser Zeit dabei als wichtiges Hilfsmittel zur Seite. Die Produktion von Bronze und Bronzegegenständen, später von Eisen und Eisengegenständen setzt eine verhältnismäßig entwickelte → Technik (: I) voraus wie ja auch die noch ältere Goldschmelze. Ebenso stoßen wir auf einen durchaus beachtlichen Handel. Schon das Zusammenführen von Kupfer und Zinn - die sich selten in örtlicher Nachbarschaft anfinden - setzt einen Fernhandel mit diesen Ausgangsstoffen der Bronze voraus. Feuersteine, Bernstein, von der anderen Seite aus ägyptische Glasperlen u.a.m. sind sonstige Fernhandelsgüter dieser Zeit. Aus den Grabbeigaben läßt sich auch schon eine bemerkenswerte w.e und soziale Differenzierung erkennen.

Die Germanen, die später den wichtigsten Bestandteil des deutschen Volkes bilden sollten, drangen etwa ab 1200 vChr im Verlauf von mehreren Jh.en in die später von ihnen besiedelten Gebiete (und teilweise darüber hinaus) vor, ausgenommen das von Kelten und Illyrern besiedelte südlichste Deutschland, das sie erst im Zuge der sog. großen Völkerwanderung vom 4.Jh. nChr ab in Besitz nahmen.

Nachdem schon seit längerem mannigfache Beziehungen zu Griechen und namentlich Römern vorausgegangen waren, kam es in der Zeit der Spätantike zu einer intensiven Berührung bes. mit der röm. Kultur, und gleichzeitig mit der dritten Komponente, dem Christentum. Wie man auch die Frage nach der »Kontinuität« zwischen Antike und Abendland im einzelnen beurteilen mag: fest steht, daß eine Fülle von Einzelheiten übernommen worden sind (Kulturpflanzen, Geldwesen usw), nicht aber die antike Stadt und Stadtkultur. Die Städte am Rhein und der Donaulinie, mit Ausnahme von Regensburg, haben in diesen stürmischen Zeiten ihre städtischen Funktionen eingebüßt, sind zT ganz verschwunden oder zu ländlichen Kleinsiedlungen herabgesunken. Nach dem Siege der Karolinger über die Merowinger, die sehr viel mehr an röm. Formen übernommen hatten und auch in alten Städten Galliens residierten, hat der Prozeß einer Reagrarisierung und einer weitgehenden Absonderung des neu entstehenden Abendlandes, namentlich im jetzt langsam entstehenden Deutschland, noch eine weitere Zunahme erfahren, dh das ursprünglich germanische Element, jetzt verbunden mit dem Christentum, hat eine Verstärkung erlebt, und dies hat die weitere Geschichte, auch die W.sgeschichte, des späteren Deutschlands entscheidend geprägt, zumal dazu weite Gebiete gehörten, in die die Römer niemals vorgedrungen waren. Dies gilt bes. für die Thüringer, noch mehr für Skandinavien und die westslawischen Völker. - Das Christentum hat vornehmlich gewirkt durch seine Lehre von der Barmherzigkeit, der Bruderschaft und seine von der Antike abweichende Bewertung der Arbeit und des arbeitenden Menschen, bes. auch der Sklaven, deren Unfreiheit nach und nach schwindet.

2. *Die wirtschaftliche Kultur der Karolinger- und Nachkarolingerzeit* ist also eine ausgesprochen agrarische Kultur, die Gesellschaft ist im Kern eine Agrargesellschaft (→ Agrarverfassung: III). Sie trägt von vornherein keine »urkommunistischen« oder »urdemokratischen« Züge, sondern zeigt eine Fülle von sozialen und w.en Differenzierungen: Könige, Herzöge, Fürsten (Häuptlinge), also Adel mannigfaltigster Ausprägung, und dazu freie, halbfreie und unfreie Bauern und Knechte. Da die Kirche sehr bald auch eine hierarchische Ordnung wählte und ebenso wie Fürsten und Adel im Prinzip in grundherrlichen Formen die materielle Basis fand, ergab sich ein aristokratischer Aufbau der Gesellschaft. Aber neben diesem »Herrschaftsprinzip« hat sich doch ständig, wenn auch mit wechselnder Ausgestaltung, das »Genossenschaftsprinzip« behauptet, der Zusammenschluß Gleichgestellter mit eigenem Recht. Diese beiden Prinzipien bestimmen in ständigem Ringen die Geschichte des nächsten Jt.s.

Der Adel dieser Zeit, wie der germanisch-deutsche Adel im Prinzip überhaupt (im Gegensatz etwa zum italienischen Adel), ist a-urban, ja anti-urban. Das führt dazu, daß das Schwergewicht der Entwicklung für Jh.e auf dem Lande liegt. Ein grundherrlicher Adel (und Klerus) herrscht über abhängige Bauern (die zu mannigfachem Recht auf ihrer Scholle sitzen). Große Grundherrschaften sind, mit dem Eigenbetrieb als Zentrum, im Villikationssystem organisiert, das seit dem 12.Jh. zur Auflösung kommt. Der Bauernstand stammt teilweise aus alten Volksfreien, die durch den Eintritt in grundherrliche Bindungen, bes. durch Übernahme von Herrenland, zu Grundholden werden, teils aus alten Unfreien, die schon seit der Zeit des Tacitus auf selbständigen Bauernwirtschaften ansässig gemacht werden und deren persönliche Rechtsstellung und Besitzrechte sich festigen, so daß es seit dem 10./11.Jh. zu einer relativ einheitlichen Schicht eines grundholden Bauerntums kommt. Die Königsfreien, die seit dem 6./7.Jh. entstehen und ihre nicht mehr volks-, sondern königsrechtliche Sonderstellung (Freiheit) durch die enge Verbundenheit zum König (oder Herzog) empfangen, beginnen durch Vergabe an weltliche und geistliche Herren seit dem 9.Jh. schnell zu verschwinden. Nur geringe Reste haben sich darüber hinaus noch erhalten, ergänzt durch Rodungsfreie, die gleichfalls Sonderrechte erhalten und zT gleichfalls lange behaupten. – Im allgemeinen beginnt mit dem 9./10.Jh. auch ein w.er Aufstieg der Bauern, der bis in die Mitte des 14.Jh.s anhält, und dies als Folge der Verdichtung der Bevölkerung und des Ansteigens der Agrarpreise, an denen sie um so mehr teilhaben, je mehr ihre Verpflichtungen in Geld fixiert sind.

Wenn es auch schon in der Karolingerzeit, zT sogar schon vorher, Handelsplätze und Fernkaufleute gibt, so beginnt das Städtewesen sich doch erst vom 11.Jh. ab zu entfalten. Städte sind eine größere Ansiedlung nichtländlicher Bevölkerung mit eigenen wirtschaftlichen Funktionen (wobei der Handel zunächst im Vordergrund steht) und eigenem Recht, das sich aus dem Kaufmanns- und Marktrecht entwickelt, wozu in der Regel das Recht der Ummauerung tritt (→ Stadt). Man unterscheidet gewachsene Städte, die sich aus älteren Kernen langsam herausbilden, und Gründungsstädte, die durch einen einmaligen Akt ins Leben gerufen werden, wobei die Verleihung des städtischen Rechtes auf einmal erfolgt, was eine nachträgliche Ergänzung etwa durch die Verleihung des Münzrechtes, des Stapelrechtes oder eines Messeprivilegs usw nicht ausschließt. Durch dieses Aufkommen eines Städtewesens erfährt die deutsche W. eine neue Bereicherung, dh ein höheres Ausmaß an Differenzierung. Von bes. weittragender Bedeutung ist die Begründung von Lübeck (1158) geworden, wodurch ein deutscher Zugang zum Ostseeraum und ein direkter Weg nach der nordrussischen Handelszentrale Nowgorod geschaffen wird. Gleichzeitig beginnt die große Ostkolonisation, durch die der Bevölkerungsüberschuß eine neue Heimat findet und weite Gebiete in das Abendland (die Christenheit) eingegliedert werden. Fürsten, Adel, Bauern und Bürger sind an diesem großen Kulturwerk beteiligt. Von vornherein werden in diesem weiten Gebiet neben Rittersitzen, Burgen und Bauerndörfern auch Städte begründet.

Gleichwohl steigen die Bevölkerungszahlen auch in Altdeutschland stark an. Dies führt zu einem immer weitergreifenden Landesausbau, bedingt aber auch ein Steigen der Preise für die Agrarprodukte; eine ständige Anhebung des Lebensstandards auch gerade der ländlichen Bevölkerung und im ganzen gesehen eine Besserung der bäuerlichen Besitzrechte ist die Folge.

3. Diese verhältnismäßig gradlinige Bewegung erfährt erst in der Mitte des 14.Jh.s eine schroffe Unterbrechung, und zwar durch das Ausbrechen der Pestseuche (Schwarzer Tod), die in wenigen Jahren rd die Hälfte der Bevölkerung dahinraffte. Zwar hatten sich schon vorher Zeichen eines strukturellen Wandels bemerkbar gemacht (namentlich in Westdeutschland), etwa in der Art, daß schon bei geringeren Ernten Teuerungen und Hungersnöte ausbrachen. Eine Übervölkerung begann sich anzubahnen, die Entwicklung neuer Produktionsmethoden und -zweige hielt mit der Bevölkerungsentwicklung nicht Schritt. Jetzt kommt es für über ein Jh. zu einer Agrarkrise, sich äußernd in einem Verfall der Preise und der Grundrenten, während die Preise für gewerbliche Erzeugnisse (und Löhne) ansteigen, da sich auf sie die durch die Vermögenszusammenballung in den Händen der Überlebenden gebildete kaufkräftige Nachfrage konzentriert, während in der Land-W. eine relative Überproduktion die Preise drückt. Jetzt rücken, auch politisch, die Städte und damit das → Bürgertum in den Vordergrund. Sie erhalten reichen Zuwachs von dem Land. Bes. sind es die bisher noch überwiegend landsässigen Handwerker, die sich immer mehr in den Städten konzentrieren und nach und nach Zugang zum Rat gewinnen und damit am Stadtregiment teilnehmen, ja es weitgehend bestimmen. So kommt es zu einem ausgesprochen »bürgerlichen« Zeitalter.

Der → Handel, zumal der Fernhandel, beginnt eine immer größere Rolle zu spielen; ebenso der Bergbau, da der gehobene Konsum Metallgegenstände zu bevorzugen beginnt und auch die moderne Kriegstechnik in zunehmendem Maß Eisen und andere Metalle benötigt. Durch Betätigung im Fernhandel und im Bergbau entstehen im 15./16.Jh. die großen Vermögen, etwa im besonderen der oberdeutschen (speziell Nürnberger und Augsburger) Kaufleute. Manche dieser großen Unternehmer, wie die Fugger und Welser, versuchen – erfolglos –, sich an der Kolonialgründung in den neu entdeckten Ländern zu beteiligen. Wichtig wird, daß Deutschland, ohne Kolonialmacht zu sein, doch in den Welthandel zunehmend eingeschaltet wird, nicht nur als Vermittler zwischen Nord und Süd, Ost und West, sondern auch als Exportland von Textilien (namentlich Leinen) und Metallgegenständen.

Diese Entwicklung von Handel und Gewerbe, ergänzt durch Kredit- und Geldgeschäfte, ist für das 15. und 16.Jh. kennzeichnend. Sie wäre aber in diesem Ausmaß nicht möglich gewesen ohne die konjunkturelle Aufwärtsentwicklung in der Land-W. seit der Wende vom 15. zum 16.Jh., sich äußernd in steigenden Preisen, Löhnen und Grundrenten. So wird die ländliche Bevölkerung wieder nachfragekräftiger; der Adel, der in der vorhergehenden Zeit abgesunken war, gewinnt wieder an Bedeutung und erringt in Ostdeutschland mit dem Übergang zur Gutsherrschaft auch eine bisher nicht gegebene politische Machtposition. So bildet sich ein neues Bündnis zwischen Fürst und Adel heraus, durch das dann bes. das 17. und 18.Jh. bestimmt wurde.

Die großen Entdeckungen des 15./16.Jh.s haben zwar neue Kontinente und Seewege erschlossen, sind aber vor der Hand für den Welthandel noch ohne umstürzende Bedeutung gewesen. Dazu war das Ausmaß des Handels mit diesen Gütern noch zu gering. Nach wie vor sind Ost- und Nordsee die wichtigsten Handelsräume Deutschlands. Noch nimmt auch die w.e Bedeutung der Deutschen Hanse zu, die die überseeischen Güter in den flandrischen Städten (Brügge, Antwerpen) übernimmt und in ihren Handelsraum einschleust. Wohl aber muß die Hanse immer mehr mit der Konkurrenz der niederländischen und englischen Schiffahrt rechnen und den allmählichen Verlust ihrer alten Privilegien und politischen Machtstellungen hinnehmen. Erst der 30jährige Krieg führte jedoch zu ihrem w.en Zusammenbruch.

4. Neben den gewaltigen Menschenverlusten (⅓ bis ½ der Bevölkerung) und der Verwüstung der Felder,

der Vernichtung zahlreicher Güter und dem Verlust eines großen Teiles der Geld- und Edelmetallbestände durch Kontributionen und Raub besteht die wichtigste Auswirkung des 30jährigen Krieges in dem Abreißen der meisten welt-w.en Beziehungen Deutschlands. Erst jetzt stellt sich das eindeutige Übergewicht der Westmächte (Seemächte) heraus. Die Not und eine neue wirtschaftspolitische Haltung gebieten ein straffes Eingreifen der Landesherren in die W. durch Subventionen, Gebote, Verbote, Förderungsmaßnahmen aller Art, nicht zuletzt auch durch Entwicklung eines Steuersystems und einer Lenkung des Außenhandels; letzteres bes. zur Herbeiführung einer aktiven Handelsbilanz, die erforderlich war, um das für die Entwicklung des Geldverkehrs erforderliche Währungsmetall zu beschaffen. Es kommt zur Förderung des Gewerbes, u.a. in der Form der Manufakturen, zu einer Beschränkung der Selbstverwaltung der Zünfte und Städte, in den meisten deutschen Ländern auch zu einer Bauernschutzpolitik und Hebung der land-w.en Produktion. In Ostdeutschland erfährt die Guts-W. und Gutsherrschaft eine weitere Ausdehnung, namentlich dort, wo der Bauernschutz fehlt (Mecklenburg, Schwedisch-Pommern, Böhmen usw). Für die vom Bevölkerungsverlust bes. hart betroffenen Gebiete steht die »Peuplierung« im Vordergrund, die durch die Förderung der Zuwanderung namentlich von Glaubens-Vertriebenen (Hugenotten, Salzburgern usw) und Menschen aus weniger zerstörten Teilen Deutschlands und den benachbarten Ländern erfolgt. Diese Politik wird ergänzt durch eine extensive und intensive Steigerung der Arbeitsleistung, durch eine systematische Erziehung zu Fleiß und Arbeitsamkeit als den entscheidenden bürgerlichen Tugenden. Als Kameralismus oder Merkantilismus ist diese ganze Politik in die Geschichte eingegangen. Durch sie wurden die Folgen der großen Vernichtung allmählich überwunden. Die Bevölkerung stieg - immer wieder durch Rückschläge unterbrochen - stark an. Mit der Mitte des 18.Jh.s war auch die dem Kriege folgende Agrarkrise überwunden und machte einem erneuten Anstieg der Agrarpreise, damit der Einkommen der Bauern und der Grundherren Platz, die somit kaufkräftiger, auch gerade für gewerbliche Erzeugnisse, wurden und auf Rationalisierung der land-w.en Produktion zu drängen begannen.

5. Die neue geistige, sich auch auf die Gestaltung der W. auswirkende Strömung des → Liberalismus und Individualismus gelangte, nachdem England und Frankreich vorangegangen waren, zu Beginn des 19.Jh.s auch in Deutschland zum Siege. Die zu Wirtschaftlichkeit und w.er Leistung erzogenen Bürger meinten selbstbewußt, ihre Aufgabe ohne staatliche Reglementierung besser erfüllen zu können. Der Glaube an die autonome Gesetzmäßigkeit, die die W. bestimmt und die dank der prästabilierten Harmonie zu einem automatischen Ausgleich von Einzel- und Gesamtinteresse führe, erzeugte eine Fortschrittsgläubigkeit wie nie zuvor. Der neue individualistisch geprägte Freiheitsgedanke wurde nicht nur im politischen und kulturellen Raum, sondern auch im Bereich der W. herrschend. Die ständig anwachsende Bevölkerung erzwang neue Produktionsmethoden. Die liberale Befreiungsgesetzgebung (→ Bauernbefreiung, Gewerbefreiheit, Beseitigung aller Vorrechte der bisher privilegierten Stände usw) führte Schritt um Schritt zu einer neuen W.sordnung, in der sich nun die Industrialisierung (→ Industrie: I) vollzog. Sehr bald stellten sich aber in Fortsetzung der gleichen Erscheinungen im Spätmerkantilismus auch soziale Mißstände heraus (Frauen- und Kinderarbeit, übermäßig lange Arbeitszeiten, Ungesichertheit der Existenz), die verhältnismäßig früh (Ende der 30er Jahre) zu den ersten Maßnahmen einer Arbeiterschutzgesetzgebung führten, aber erst später unter Bismarck zu einer → Sozialversicherung. Der Deutsche Zollverein (1833/34) machte Deutschland weitgehend zu einem einheitlichen W.sgebiet und schuf damit einen großen, einheitlichen Markt. Der Ausbau des Eisenbahnnetzes stellte die erforderlichen neuen Transport- und Verkehrsmittel zur Verfügung. Seit dem Ende der 40er Jahre nehmen die Investitionen, bes. im gewerblichen Sektor, stark zu und zeigen im großen eine wachsende Tendenz; das gleiche gilt für das Volkseinkommen. Aber gleichwohl war das Bevölkerungswachstum so stark, daß es zu umfangreichen Auswanderungen kam, überwiegend nach Nordamerika, aber auch nach Polen und Rußland.

Einen Einschnitt bedeutet der deutsch-französische Krieg 1870/71. Er verwirklichte endlich auch die politische Einigung und damit die volle w.e Einheit des Reiches. Die Eingliederung von Elsaß-Lothringen hatte im besonderen den Anschluß des lothringischen Erzgebietes zur Folge. Der Übergang zur Goldwährung führte zur Einordnung Deutschlands in die neue, zunächst noch von England geführte Welt-W. Die weitere Bevölkerungsvermehrung (von 41 Mill. i.J. 1870 auf 67 Mill. i.J. 1914) bewirkte, daß Deutschland nächst Rußland das volkreichste Land Europas wurde. Die Ausweitung der Industrie stieß jedoch zunächst noch auf Grenzen, die erst in den 90er Jahren als Folge der Ergänzung der »klassischen« Industrien durch die neue chemische, optische und Elektro-Industrie überwunden wurden. Bis dahin herrschen, beginnend mit der sog. »Gründerkrise« von 1873, starke Depressionserscheinungen vor, die zugleich die »soziale Frage« verschärfen. Die Bismarcksche Sozialversicherungsgesetzgebung der 80er Jahre führte schrittweise zu deren Milderung; der gleichzeitige Ausbau der Schutzzollpolitik suchte die deutsche Land- und Industrie-W. vor den Folgen der ausländischen Konkurrenz zu schützen. Darin liegt aber im Kern ein Abgehen von den alten liberalen Ideen und das Aufkommen eines »neomerkantilistischen« Ordnungsprinzips. Schon vor der Jh.wende war Deutschland zum zweitgrößten Exportland (nach den USA) geworden, und ebenso vollzog sich der Umschwung vom Schuldner- zum Gläubigerland. Der Aufbau eines deutschen Kolonialreiches hat w. keine erhebliche Bedeutung gehabt.

6. Der Ausgang des 1. Weltkrieges stellte die deutsche W. unter neue Voraussetzungen. Der Verlust östlicher Grenzgebiete schmälerte die Ernährungsbasis, aber auch die Kohlen- und Erzversorgung. Elsaß-Lothringen fiel an Frankreich zurück. Das alles in Verbindung mit der Annektion der Kolonien, der deutschen Auslandsguthaben, der deutschen Handelsflotte usw zwang zu einer Neuorientierung der deutschen Außen-W., zu einem Neuaufbau der Flotte und zu einer verstärkten Industrialisierung. Alles dies konnte sich jedoch erst nach Überwindung der großen Inflation (i.J. 1923/24) auswirken trotz harter Reparationsverpflichtungen. Der mit der Schaffung der Renten-, dann der Reichsmarkwährung sehr schnell einsetzende Aufschwung der deutschen W. nahm mit dem Ausbruch der Weltwirtschaftskrise (1930-32) ein jähes Ende. Die Krise war für Deutschland im besonderen eine Kredit- und Transferkrise, verbunden mit einer Agrarkrise und einem starken Rückgang der Ausfuhren, speziell an industriellen Erzeugnissen. Dabei wirkte sich u.a. die Tatsache aus, daß in vielen Ländern, auch in Übersee, neue Industrien entstanden waren und daß es an der Realisierung einer brauchbaren neuen Form der welt-w.en Beziehungen fehlte. Die mit dem Namen Brüning verknüpfte Deflationspolitik zeitigte zwar nach und nach Erfolge, aber zu spät, um die Radikalisierung breitester Volksschich-

ten, die unter Arbeitslosigkeit, Kurzarbeit und damit einem Rückgang der Einkommen litten, aufhalten zu können.

Die »Machtergreifung« durch den Nationalsozialismus (30.1.1933) erfolgte in dem Augenblick, in dem sich die ersten Zeichen einer Überwindung der Krise abzuzeichnen begannen. Das neue System übernahm eine stark durchorganisierte W., zurückzuführen auf die Kriegswirtschaftsorganisation im 1. Weltkrieg und die zahlreichen Reichsstellen usw, die im Zuge der Krisenbekämpfung und der multilateralen Regelung der Außenwirtschaftsbeziehungen entstanden und durch die machtvollen Verbände auf der Unternehmer-(Arbeitgeber-) und Arbeitnehmerseite ergänzt waren. Sie alle wurden, soweit sie nicht aufgelöst oder umgebildet wurden, einer straffen obrigkeitlichen Leitung unterstellt. Die jetzt durchgeführte Arbeitsbeschaffungs- und W.spolitik, anknüpfend an schon vorher eingeleitete Maßnahmen, erzielte zweifellos bis 1935/36 beachtenswerte, auch von der übrigen Welt anerkannte Erfolge. Doch zeigten sich etwa ab 1936 ihre Grenzen, die sich u.a. in dem Lohn- und Preisstop äußerten. Der wichtigste Grund ist die über das volks-w. richtige Maß hinausgehende Geldvermehrung und die damit im Zusammenhang stehende Hinwendung zur Aufrüstungs- und Machtpolitik, die in den 2. Weltkrieg einmündete.

Der Ausgang des 2. Weltkrieges ist gekennzeichnet durch einen politischen und w.en Zusammenbruch bisher nicht erlebten Ausmaßes sowie durch die Teilung → Deutschlands. Die sowjetische Besatzungszone wurde sehr bald unter dem Druck der Besatzungsmacht in ihrer Sozial- und W.sstruktur dem sowjetischen Vorbild angeglichen; nur langsam und später als in Westdeutschland kam es hier nach durchgeführter → Sozialisierung zu einer neuen w.en Entwicklung und Zunahme des Volkseinkommens. Die von Westdeutschland getrennt durchgeführte Währungsumstellung vom Juni 1948 führte auch zu einer unterschiedlichen Entwicklung in der Geldverfassung. Für die BRD wurde ein rascher Wiederaufbau der Industrie und deren Fortentwicklung zur wichtigsten Aufgabe, da sie mangels einer ausreichenden Rohstoff- und Ernährungsbasis nur bei umfangreichen Exporten von Industrieerzeugnissen und Dienstleistungen lebens- und entwicklungsfähig war; zudem mußte die BRD auf ihrem Raum ca 13-15 Mill. Vertriebene und Flüchtlinge aufnehmen. In einem vorher wohl kaum für möglich gehaltenen Ausmaß wurde diese Industrialisierung, begleitet von zahlreichen Verbesserungen der Produktionstechnik, durchgeführt. Schon 1949/50 wurde das Produktionsvolumen von 1936 wieder erreicht, bis 1958 trat eine Verdoppelung ein, und seitdem ist es in ständigem weiterem Ansteigen. Eine entsprechende Steigerung des Lebensstandards war die Folge. Im Hinblick auf die W.sordnung wurde als Ziel eine soziale Markt-W. aufgestellt, ohne daß es bisher als erreicht angesehen werden kann.

K.Th.v.Inama-Sternegg, Dt. W.sgesch. I-III/2, 1879-1901 (I, 1909²; Lit.) - W.Sombart, Der moderne Kapitalismus, (2 Bde, 1902) 3 Bde, 1924-27; Neudr. 1928 (Lit.) - Max Weber, W.sgesch., (1923) 1958³ - R.Kötzschke, Allg. W.sgesch. des MA, 1924 (Lit.) - C.Brinkmann, W.s- u. Sozialgesch., (1927) 1953² - J.Kulischer, Allg. W.sgesch. des MA u. der Neuzeit I. II, 1928/29 (Lit.) - F.M. Heichelheim, W.sgesch. des Altertums, vom Paläolithikum bis zur Völkerwanderung der Germanen, Slaven u. Araber I. II, Leiden 1939 (I² engl., ebd 1958; Lit.) - Cambridge Economic History, ed. J.H.Clapham u. E.Power, I: The Agrarian Life of the MA, Cambridge 1941; II: Trade and Industry in the MA, ebd 1952 - H.Bechtel, W.sgesch. Deutschlands I-III, 1951-56 (Lit.) - F.Lütge, Dt. Sozial- u. W.sgesch., (1952) 1960² (Lit.) - L.Beutin, Einführung in die W.sgesch., 1958 (Lit.) - HWSW XII, 124ff (Lit.). *F.Lütge*

II. In Israel

1. Wanderzeit - 2. In Palästina - 3. Religiöse Ordnung und W.

1. Vor der Landnahme haben die → Stämme Israels als Halbnomaden gelebt. Großfamilien (Sippen) fanden dabei nicht selten zueinander. Die Sippe zeltet zusammen; ihr Besitz besteht in Schafen und Ziegen, zuweilen auch in Rindern, und man bedient sich des im Kulturland beheimateten Esels als Tragtier. Das (seit wann?) domestizierte Kamel gehört mit den eigentlichen Nomaden zusammen (→ Midianiter). Man lebt in Eigen-W. (Wolle und Ziegenhaar ergeben Kleidung und Zelttuch; Milch, Käse, Fleisch und Leder liefern die Haustiere). Auch Handwerk (Tongeräte, Metallarbeiten) wird geübt, ohne daß es zu einer ständischen Aufgliederung kommt. Gute Weidegründe veranlassen die Wandernden zu längerem Verweilen (zB Oasenaufenthalt in → Kadesch). Hungersnot kann zu unfreiwilliger Seßhaftigkeit im Fremdland führen, so bei den → Edomitern zZ Sethos' I. und bei den Israeliten in → Gosen. Für Mensch und Vieh waren Wasserstellen entscheidend (Num 21, 17f) und mußten u.U. gesichert werden (Gen 26, 18). Gelegentlicher Tauschhandel an den Grenzen des Weidewechsels hat sicher stattgefunden. Im Kulturland Palästina sind Israels »Väter« nur zu Gast als → Fremde (: II) und Beisassen.

2. Am Ende der überwiegend friedlichen Landnahme (→ Israel: I, 4) steht der entscheidende Strukturwandel der W. Israels: aus den Wandernden werden Seßhafte, aus den (nur) Vieh Haltenden werden Bauern (→ Ackerbau: II), an die Stelle des (Spitz-)Zeltes tritt das Haus (→ Baukunst in Israel). Man wohnt jetzt in vielfach durch einen Mauerring umschlossenen Siedlungen, und das Recht wird von den Ältesten im Tor gesprochen (→ Gerichtsverfassung in Israel). Angebaut werden vornehmlich Weizen und Gerste, Linsen und Bohnen, und man pflanzt Weinstock, Ölbaum und Feigenbaum (vgl. Ri 9). Die verschiedene Qualität des zugeteilten Bodens, die Familiengröße, aber auch Glück bei den Herden (vgl. 1Sam 25: Nabal) führen notwendig zu einer sozialen Differenzierung in »reicher« und »ärmer«, doch zielt das Bemühen darauf, das Absinken der freien Bauern in die Unfreiheit zu verhindern (s. 3). In der *Königszeit* kommt es zu stärkeren Verschiebungen, da das königliche Handelsmonopol (→ Handel: II) der Krone große Schätze zuführt (Dtn 17, 17 b) und das Krongut durch »erloschenen Besitz« arrondiert wird (1Kön 21); außerdem wies man den Beamten, soweit sie »Kanaanäer« waren, zum Unterhalt Lehen zu. Der Wohlstand und damit auch die Unterschiede von Reich und Arm (→ Armut: I) werden u.a. in den Luxusgegenständen des → Kunsthandwerks (: I) und der Mehrräumigkeit der Häuser greifbar. Die Störung der alten Sitte und die Erschütterung des guten alten Rechts ruft den Protest der Propheten hervor (→ Amos, → Jesaja). Gegenüber den Latifundien geht es in Mi 2, 1-5 um die Restitution der alten kleinbürgerlichen Ordnung (Alt). Die Agrargrundlage der W. bleibt auch weiterhin dominierend, gibt es doch letztlich nur zwei »Großstädte« - mit ein paar Tausend Einwohnern: Jerusalem und Samarien. Bemerkenswerterweise heißt der Händler noch in späteren Jh.en »Kanaanäer« (Hos 12, 8; Spr 31, 24). Im 8./7.Jh. kommt es zu Gewerbe- und Handelskonzentrationen (Lederherstellung, Färbereien, Weinbereitung [→ Gibeon]). Ein anschauliches Bild vom Handel in Jerusalem bietet Neh 13 (5.Jh.). Nur in der Zeit Salomos hat die (Rote Meer-)Schiffahrt eine gewisse Rolle gespielt. Die → Tarsis-Schiffe gehören Ausländern, wie auch Jona (1, 3) ein fremdes (phönikisches? Vgl. Ez 27) Schiff besteigt. - Gegenüber den Zwangsdeportationen,

die von den Assyrern und Neubabyloniern verfügt wurden (→ Exil), spielt die (unfreiwillige: Dtn 17, 16 [!] und) aus Not erwachsene Abwanderung in vorexilischer Zeit nur eine geringe Rolle (→ Diaspora: I, 2). In der Fremde bestimmten die »Wirtsvölker« Lebensformen und W.sverhältnisse der Diaspora-Juden (für die späteren Jh.e s. → Judentum: II).

3. In verschiedenem Ausmaß hatte auch die *religiöse Ordnung* in Israel Einfluß auf die W.sgeschichte. Dabei waren die Tabu-Reihen bestimmter Tiere (→ Rein und Unrein: II, 3) weniger entscheidend, da diese bei Haustieren (zB dem Esel) nicht die Haltung, sondern nur den Verzehr eingrenzten (zum Schwein vgl. → Speiseverbote: II). Für Vieh und Frucht galt das Gebot der Erstlingsgabe (→ Erstlinge, 2); auch für den Fruchtbaum gab es Bestimmungen (Lev 19, 23-25). Kultisch geboten war die Brache des Ackers, sekundär ausgedehnt auf Weinberg und Ölgarten (→ Erlaßjahr). Einschneidend war die Stellung zum → Eigentum (: I). Da Jahwe der Lehnsherr war, sollten Grund und Boden nicht für immer verkauft werden (bodenrechtliche Restitution wird im → Jobeljahr gefordert). Was die Verschuldung von Personen anging, so zielt das nicht an den Erlaßjahrzyklus gebundene Gebot der šᵉmiṭṭā auf den Erlaß selbstschuldnerischer Bürgschaften (Dtn 15, 1ff). Der Israelit, der sich in die Knechtschaft hatte verkaufen müssen (→ Hebräer), sollte nach 6 Jahren frei werden (Ex 21, 2) und (so in einer Gesetzesnovelle) auch Lohn erhalten (Dtn 15, 12ff). Den Verarmten (→ Armenpflege: II) half der Ertrag der Brache (Dtn 24, 19-22) und nach Dtn 14, 28f auch der → Zehnte jeden dritten Jahres. Dem, der die Pacht nicht zahlen konnte, sollte Kredit gewährt werden (Ex 22, 24; Dtn 23, 19f; Lev 25, 36-38) unter Verzicht auf *Zins*, eine Hilfe, von der man verständlicherweise den Ausländer ausnahm. Daß die → Feste (: II) zur wirtschaftlichen Kommunikation beitrugen, ist nicht zu bezweifeln; ebenso war auch der → Sabbat nicht ohne Einfluß auf den W.sverkehr bei Einheimischen und Ausländern (Neh 13, 15ff).

A. Bertholet, Kulturgesch. Israels, 1919 - RGG² V, 1962ff - A. Alt, Zelte u. Hütten (BBB 1, 1950, 16-25 = Alt III, 233-242) - Ders., Micha 2, 1-5 (NTT 56, 1955, 13-23 = Alt III, 373-381) - S.W. Baron, A Social and Religious Hist. of Israel I, New York 1952 - Ed. Nielsen, Ass and Ox in the OT (Studia Orientalia f. J. Pedersen, Kopenhagen 1953, 263-274) - R. de Vaux, Les institutions de l'AT I, Paris 1958; dt. 1960 - J.B. Pritchard, Archaeology and the OT, 1959; dt. 1961. - Vgl. auch die Lit. zu den im Text genannten Artikeln.

K. Galling

III. Kirchliche

1. Alte Kirche und MA - 2. Seit der Reformation

1. In der kirchlichen W.sgeschichte lassen sich hauptsächlich zwei Aspekte unterscheiden. Einerseits besaß und verwaltete die Kirche Güter in großem Umfang und gehörte daher seit sehr früher Zeit zu den wichtigsten W.skräften des Abendlandes. Die Entwicklung dieses Vermögens zu verfolgen und bes. die Einwirkungen der Konjunkturen darauf zu beobachten, bildet den ersten Gegenstand der kirchlichen W.sgeschichte. Der andere Aspekt sucht den Einfluß der Kirche auf die allgemeinen W.sverhältnisse zu erfassen, und zwar sowohl auf dem Gebiet der W.sleistungen als auch auf dem der ethischen Haltung. Wollte doch die Kirche von jeher die Stellung ihrer Mitglieder dem Reichtum gegenüber bestimmen. Welche Ziele sie im Laufe der Zeiten anstrebte und inwiefern sie die W. effektiv beeinflußte, muß daher im Rahmen der kirchlichen W.sgeschichte beobachtet werden.

Der Grund zur → Wirtschaftsethik der Kirche wird bereits im Evangelium gelegt. Dort sind die wichtigsten Prinzipien enthalten. Einziges Ziel des Menschen ist das → Reich Gottes, das nicht dieser Welt angehört. Die w.e Tätigkeit kann in dieser Sicht niemals der Zweck des menschlichen Strebens werden. Da die Sucht nach Geld und → Eigentum (: I, 3) die Seele mächtig beherrschen kann, weist das Evangelium dem Reichtum gegenüber ein tiefes Mißtrauen auf. Dagegen wird die willige → Armut (: I, 2) als ein sicheres Zeichen der Gottesliebe hoch gepriesen. Dies bedeutet aber nicht, daß irdische Güter überhaupt verurteilt werden, denn auch sie wurden von Gott geschaffen. Nur der maßlose Drang nach dem Vergänglichen bringt Verdammnis, und es gibt eine gute Art reich zu sein. Im Evangelium wird nur eine Geisteshaltung gekennzeichnet. Eine geschlossene Theorie birgt es nicht.

Als sich die Gemeinden zu festgefügten Organismen entwickelten, mußten sie auch ihre Haltung der W. gegenüber schärfer bestimmen und allgemeine Grundsätze zum zusammenhängenden System ausbauen. Dies geschah nicht ohne Schwierigkeit. Was die W.sethik anbetrifft, lassen sich im Schrifttum der Kirchenväter zwei Hauptrichtungen erkennen. Einerseits führt der Anblick der krassen sozialen Gegensätze innerhalb der röm. Gesellschaft die Väter dazu, die Gefahren des Reichtums scharf anzuprangern. Sie tun es um so schärfer, als sie merken, wie schwer die Kirche selbst der Verweltlichung entgeht. Eine Art → Kommunismus (: II, 1) tritt daher in den wirtschaftsethischen Grundsätzen der Patristik zutage. Es wird daran erinnert, daß von Natur aus allen alles gemein ist; des Reichen Überfluß sei des Armen gestohlenes Gut. In diesem Sinne entspricht das aufblühende → Mönchtum (: II) dem Ideal, das die griech. Väter, bes. → Basilius und → Chrysostomus am besten vertreten. → Hieronymus und → Ambrosius haben dieses Gedankengut in die abendländische Kirche hineingetragen. - Andererseits haben die Väter auch eine für den Durchschnittschristen tragbare Lehre ausgebildet. → Augustin hat sie am klarsten zum Ausdruck gebracht. Reichtum ist ein Gut; daher ist es erlaubt, reich zu sein. Doch ist es nicht das höchste Gut, und Besitztum soll nur dazu dienen, die zum Leben gehörenden Bedürfnisse zu befriedigen. Was darüber hinausgeht, gehört den Armen und muß ihnen zurückerstattet werden. Dazu kommt, daß Reichtum nicht einmal ein großes Gut ist. Es wäre also töricht, um jeden Preis reich werden zu wollen, zumal mit Hilfe von Leihgeschäften, die der den Christen gebotenen Nächstenliebe nicht entsprechen.

Auch die Kirche als Körperschaft kam mit dem Reichtum in Berührung. Sie mußte immer schwerere Lasten tragen und war daher gezwungen, sich nach Einkünften umzusehen. Anfangs geschah dies hauptsächlich durch Kollekten, aber auch der Ertrag des von Christen verkauften Privateigentums floß in die gemeinsame Kasse. Feste, liegende Güter blieben anfänglich mindestens offiziell Eigentum derjenigen, die sie der Gemeinde geschenkt oder zur Verfügung gestellt hatten. Doch schon seit Ende des 2. Jh.s besaßen einzelne Gemeinden eigene Liegenschaften (Häuser oder Friedhöfe). Die Kirche war zwar nur »associatio illicita«, konnte sich aber außerhalb der Verfolgungsperioden einer weitgehenden Toleranz erfreuen. Nach 313 wurden beschlagnahmte Güter den Bischöfen und Diakonen wiedererstattet und dem Aufschwung des kirchlichen Besitzes ganz neue Möglichkeiten eröffnet. Die Kirchen wurden juristische Personen und durften in unbegrenztem Maße Schenkungen erhalten. Allmählich entwickelte sich der Grundsatz, daß dieser geistliche Besitz unveräußerlich sei. Mehr und mehr wurde es Sitte, die Kirchengüter als den Besitz der Armen zu betrachten, ja der Papst selbst nannte sich »dispensator in rebus pauperum«. Die Frömmigkeit führte manchen Christen dazu, der Kirche große Teile seines Vermögens zu vermachen. Bes. die Bischöfe hinterließen ihrer Kirche die Gesamtheit ihres oft ansehnlichen Besitzes. So wurden die Kirchengüter gewaltige W.skomplexe. Für das 6.Jh. ist der Umfang und die vorbildliche, im ganzen aber traditionsgemäße Verwaltung der röm. Patrimonien gut bekannt.

Damals waren aber schon jene Katastrophen über das röm. Reich hereingebrochen, welche die Bedingungen des abendländischen Kirchenlebens grundlegend änderten. Auch die Kirche erlitt mitunter in der Völkerwanderungszeit bittere Verluste, doch erschien sie nach dem Zusammenbruch des Westreiches als die stärkste Kulturkraft. Auch in w.er Hinsicht hatte diese Stellung schwerwiegende Folgen. Einerseits wuchs die soziale Rolle des Christentums in dieser Epoche mächtig; die Frommen fühlten sich daher um so mehr angespornt, der Kirche Güter zu schenken. Andererseits erstarkte die Autorität des Klerus bedeutend; er konnte mit viel mehr Aussicht auf Erfolg seine wirtschaftsethischen Ansichten vertreten, zumal der Staat diese Forderungen in seine eigene Gesetzgebung übernahm und zum weltlichen Arm der Kirche wurde.

In gewisser Hinsicht kennzeichnet diese eigenartige Stellung das ganze *MA*. Doch läßt sich dieser nahezu tausendjährige Zeitraum in 2 Perioden aufspalten. Die erste führt bis an die Schwelle des 12.Jh.s. Den Hintergrund dieser Epoche bildet die w.e Erschlaffung, der das Abendland vom 6.Jh. an verfällt. Wenn auch von einem Absterben der Geld-W. nicht die Rede sein kann, erschienen doch im allgemeinen der Handel gelähmt und die Städte verkümmert. Die wertvollste Grundlage des Reichtums war ausschließlicher denn je zuvor der Grundbesitz. Nur träge pulsierte das w.e Leben durch den abendländischen Organismus. – In einer Zeit, die der w.en Tätigkeit hauptsächlich die Sicherung des Lebens zum Ziel setzte, schien die christliche W.sethik gewissermaßen mit dem Milieu in Einklang zu sein. An den hergebrachten Grundsätzen wurde festgehalten; weitergebildet wurden sie nicht. Damit ist aber nicht gesagt, daß die Kirche keine w.e Rolle spielte. Im Gegenteil, nur entwickelte sich dieses Wirken nicht auf dem Gebiet der Theorie, sondern auf dem der Praxis. – Da die Zahl kirchlicher Institutionen ständig wuchs, vergrößerte sich auch der Umfang des → Kirchengutes beträchtlich. Es sei nur an das immer enger werdende Netz der Diözesen und Pfarreien erinnert sowie an die Gründung von Tausenden von Klöstern (→ Kirchenverfassung: IV, 2. 3). Jede neue Mönchsbewegung wurde von Gönnern umschwärmt, welche ihre Sünden durch Schenkungen und Almosen zu kompensieren suchten. Allerdings war dies nicht die einzige Haltung, welche die Laien dem Kirchengut gegenüber einnahmen. Bereits im 7.Jh. klagten Bischöfe und Äbte über zahlreiche Übergriffe, welche sich die »potentes« jeglichen Ranges zuschulden kommen ließen. Die weitgehenden → Säkularisationen (, 2 b α) Karl Martells waren nur die bekanntesten dieser Maßnahmen, vor denen auch ein Verbündeter des Papstes nicht zurückschreckte. Im Eigenkirchenwesen (→ Eigenkirche) machten sich Usurpationen kirchlicher Macht und kirchlichen Besitztums breit, die, wenn auch in schlichterer Form, vielleicht noch schwerere Folgen hatten. – Doch konnten viele dieser negativen Elemente progressiv überwunden werden. Als Entschädigung der Übergriffe auf das Kirchengut machten die Karolinger den → Zehnten zur staatlichen Institution. Die Allianz der geistlichen mit der weltlichen Macht, die von da an festere Formen annahm, brachte zwar der Kirche nicht geringe Schmälerung ihrer Freiheit ein. Sie konnte sich jedoch weitgehend aus diesen Fesseln lösen. Das zähe Ringen, das vom Reformgedanken → Clunys beseelt wurde, führte dazu, daß Päpste und Bischöfe enteignete Teile ihrer Macht und also auch ihres Vermögens wieder in ihre Hand brachten. Der Grundstock dieses Vermögens bestand aus großen Domänen; wenn ursprünglich die Mönche selbst ihre Felder bebauten, so nahm doch im allgemeinen diese direkte Bewirtschaftung rasch ab. Die Grundherrschaft war die weitaus verbreitetste Form auch des kirchlichen Besitzes. In diesem Rahmen konnte sich der Einfluß der Kirche auf die W. am besten spürbar machen. Nur die Landleihe machte die kolossalen Rodungsarbeiten möglich, durch welche Bistümer und Klöster wüste Landstriche in fruchtbare Gegenden umwandelten; auch auf technischem Gebiet machten die Ordensleute ihre zinspflichtigen Bauern mit neuen Methoden vertraut, bes. im Weinbau. Sehr oft spielten die Klöster auch die Rolle des Kreditgebers.

Am Anfang des 12.Jh.s änderte sich die W.slage des Abendlandes mehr und mehr. Ein w.er Aufschwung trat ein, dessen deutlichstes Zeichen das Wiedererwachen des Städtelebens war. Handel und Gewerbe blühten auf, Ansätze zum Kapitalismus stellten sich ein. Zu den Prinzipien des christlichen Ethos schien die neue Welt in krassem Gegensatz zu stehen. Als Symptom der Unruhe sind wohl zT die Ketzerbewegungen anzusehen, deren zentrales Problem oft die → Armut (: II, 6) war. Auch die rasche Verbreitung der → Bettelorden beweist, wie mächtig der Ruf zur Vollkommenheit angesichts des steigenden Wohlstands ertönte. Für diejenigen jedoch, welche diesem Ruf nicht folgten, mußte die Kirche ihre Lehre präziser als früher zum Ausdruck bringen, und zwar um so dringlicher, als die Mendikanten durch Predigt und Beichte großen Einfluß ausüben konnten. Die Scholastik entwickelte geschlossene Systeme, in denen auch die W. ihren Platz angewiesen bekam. Das zT wiederentdeckte griech. Gedankengut wurde in die W.sethik eingebaut, ohne jedoch die Tradition umzuwerfen. Wie früher schon wurde die w.e Tätigkeit als wichtigeren Zielen untergeordnet dargestellt. → Arbeit (: III, 6 a) und weltliche Berufe, von der Vorsehung geschaffen, dienen hauptsächlich der Gesellschaft und nicht dem Gewinn. Daher müssen sie von der Gemeinschaft abgeleitet werden und sich ihrer Gesetzgebung fügen. Auch das → Eigentum (: II, 2) besteht nur, weil die Menschen sich ihres Privatbesitzes fleißiger annehmen. Der Eigentümer hat nur die »potestas procurandi«; ein »ius abutendi« besitzt er nicht. Daß die Güter dieser Welt das Wohl aller zum Zweck haben, beweist die Erlaubnis, im äußersten Notfall zu stehlen. In dieselbe Richtung weist auch das Prinzip des »iustum pretium«, das von der Scholastik aufgestellt und das ganze Spät-MA hindurch lebhaft umstritten wurde. Der Preis der Waren hat nicht nur das freie Spiel von Angebot und Nachfrage zu bestimmen. Er muß mit objektiven Werten bemessen werden. Das kanonische Zinsverbot (cc. 1-4 C. 9 q. 3 CorpIC) verstärkte den Grundsatz des Aristoteles: »Nummus non parit nummos«. Diese Lehre würde in krassem Gegensatz zu dem regen w.en Leben der damaligen Zeit stehen, hätte sie nicht wichtige Anpassungsmöglichkeiten vorgesehen. Einerseits ließ → Thomas von Aquino das Prinzip gelten, daß w.e Tätigkeit die Lebensbedürfnisse »secundum statum personae« decken müsse. Dieses Argument erlaubte den Großen, ihrem Stande gemäß, imposante Summen zu beziehen. Andererseits wurde das Zinsverbot dadurch entschärft, daß eine Entschädigung für geleistete Arbeit angenommen werden durfte. Das Wort »labor« konnte in sehr weitem Sinne aufgefaßt werden; sogar die Sorge um das ausgeliehene Geld durfte u.U. darunter verstanden werden.

So war es möglich, mit geborgtem Kapital Handelsgesellschaften zu gründen; gewisse Arten von Wechselgeschäften galten als erlaubt; bes. die Renten wurden vielfach benützt, um Kapitalien anzulegen. Die Minoriten gründeten die → »Montes pietatis«. In diesen verschiedenen Richtungen entwickelten die geistlichen Autoren im 14. und 15.Jh. eine subtile Kasuistik. Für die Seelsorger waren ihre Summen, zB die des → Antoninus von Florenz, wichtige Hilfsmittel. Daß diese Lehre den scharfen Verfahren der kirchlichen Autoritäten zum Trotz oft nicht befolgt wurde, läßt sich nicht bestreiten. Doch zwang sie die Kaufleute, Prozeduren zu erfinden, welche die Verbote zu umgehen erlaubten. Manche Fortschritte der w.en Technik lassen sich dadurch erklären. Die Folgen dieser Haltung sind auf sozialem Gebiet zu erkennen. Viele karitative Stiftungen italienischer Städte haben im »conto di messer Dio« der Handelsgesellschaften ihren Ursprung. In enge Grenzen konnte die Kirche die w.e Tätigkeit nicht einschließen; sie hat sie aber einzudämmen versucht und den Grund zur Geschäftsmoral gelegt.

Auch in ihrer eigenen W. hat sich die Kirche den neuen Verhältnissen angepaßt. Dem → Papsttum (: II, 2 d) mit seinem seit dem 14.Jh. hochentwickelten Steuerwesen waren die italienischen und später deutschen Banken lebenswichtig. In geringerem Maße zogen Bistümer, Stifter und Klöster aus der neuen Konjunktur bedeutenden Nutzen. Am Handel nahmen viele regen Anteil, bes. am Wein- und Getreidehandel. Die Städte betrachteten sie auf Grund ihrer Privilegien oft als lästige Konkurrenz. Bes. wichtig waren die Rentengeschäfte, welche die Kleriker zu Kreditgebern der Bauern wie auch der Herren machten. Allzu oft wurden Bann und Interdikt, der kanonistischen Gesetzgebung zuwider, gegen säumige Zahler angewandt. Durch Pfandnahme sowie durch Kauf kamen Häuser, Höfe und Felder in großer Anzahl in die Hände der Kirche. Das Anwachsen der toten Hand beunruhigte die Stadträte. Im Volk häufte sich der Neid an, bei den Regierungen wuchs das Mißtrauen; selbst wenn der geistliche Reichtum nicht überall glänzend gedieh, trug der Haß, den er erweckte, nicht unwesentlich zum Erfolg der reformatorischen Bewegung bei und damit zur Sprengung der mittelalterlichen Welt.

Außer den allg. Darst.en der → Wirtschaftsgeschichte (: I): W.Endemann, Studien in der romanisch-kanonist. W.s- u. Rechtslehre I. II, 1874/83 - M.Maurenbrecher, Thomas v. Aquinos Stellung zum W.sleben seiner Zeit, 1898 - Th.Sommerlad, Die w.e Tätigkeit d. Kirche in Deutschland I. II, 1900/05 - Ders., Das W.sprogramm d. Kirche des MA, 1903 - R.Génestal, Le rôle des monastères comme établissements de crédit étudiés en Normandie du XIe au XIIIe siècle, Paris 1901 - I.Seipel, Die wirtschaftsethischen Lehren d. Kirchenväter, 1907 - E.Lesne, Hist. de la propriété ecclésiastique en France I-VI, Paris 1910-43 - N.Paulus, Die Wertung d. weltl. Berufe im MA (HJ 32, 1911, 725-755) - E.Schreiber, Die volks-w.en Anschauungen der Scholastik seit Thomas v. Aquin, 1913 - A.Dopsch, W. u. soziale Grundlagen d. europ. Kulturentwicklung I. II, (1918/1920) 1923/24² - A.Fanfani, Le origine dello spirito capitalistico in Italia, Mailand 1933 - A.M.Knoll, Der Zins in d. Scholastik, 1933 - G.Steuer, Studien über d. theoret. Grundlagen d. Zinslehre bei Thomas v. Aquin, 1936 - A.Sapori, Studi di storia economica (secoli (XIII-XV) I. II, Florenz (1940) 1955³ - Y.Renouard, Les relations des papes d'Avignon et des compagnies commerciales et bancaires de 1316 à 1378, Paris 1941 - DACL XIV/2, 1906ff (Propriété ecclésiastique) - DThC XV/2, 2316ff (Usure; Lit.) - L.della Nolle, Il contratto di cambio nei moralisti dal secolo XIII alla metà del secolo XVII, Rom 1950 - M.Mollat-P.Johansen-M.Postan-A.Sapori-Ch.Verlinden, L'économie europ. aux deux derniers siècles du MA (in: Relazioni del X Congresso Intern. di Scienze storiche, Bd III, Florenz 1955, 655-811).

F.Rapp

2. Die Richtung, in der sich die kirchliche W.sgeschichte *seit der Reformation* entwickelte, unterscheidet sich beträchtlich von der des MA. Die Entfaltung des Humanismus und das Emporkommen des kritischen Denkens brachte einige Theologen zu einer neuen Einstellung gegenüber den W.statsachen; sie wird bes. deutlich bei → Wiclif und Johann → Huß und erreicht ihren Höhepunkt mit Th. → Müntzer. In bezug auf sie kann man von einem echten christlichen Sozialismus sprechen, insofern das Reich Christi auf Erden für sie die Schaffung einer Staatsform nach sich zieht, in der »das Volk von den Tyrannen befreit ist«; es handelt sich hier um den Versuch, eine soziale Reform neben der religiösen durchzuführen. Mit dem Mißlingen des → Bauernkrieges und der Ablehnung der → Täufer durch die Landeskirchen tritt dieser soziale Aspekt der Reformation allerdings bald in den Hintergrund. Er dauert noch fort bei gewissen Sekten (→ Shakers) und bei den kleinen Propheten der Hugenotten in den Cevennen. Trotzdem sind sich seit Max → Weber die meisten W.shistoriker darüber einig, daß der Reformation, vor allem in ihrem calvinistisch-puritanischen Zweig, eine führende Rolle in der Entwicklung der europäisch-amerikanischen W. und bes. des modernen → Kapitalismus zukommt. Es scheint, als ob der Unternehmungsgeist der prot. Fabrikanten und Kaufleute sich dadurch erklären läßt, daß die at. Schriften stärker zu Ehren kommen, ebenso der Begriff des Bundes zwischen Mensch und Gott zur größeren Ehre Gottes. Dieser Bund zieht die Berufung des Menschen nach sich, sich die Erde untertan zu machen, um auf ihr das → Reich Gottes (: II) zu errichten. So erklärt es sich nach Weber, daß der calvinistische oder puritanische Protestant im w.en Gedeihen seines Unternehmens das Zeichen seiner Erwählung und die Zusicherung seines ewigen Heils erblickte, und da er zugleich Strenge und Sparsamkeit zur Richtschnur seines Lebens machte, konnte er sein Kapital und seine Investierungen vermehren. Hier unterscheidet sich die Sozialethik Calvins von derjenigen Luthers (→ Wirtschaftsethik, 2 e. f). Calvin ahnte, daß die W. keine geschlossene, auf das Stadium des Handwerks beschränkte bleiben würde, seine Haltung in der Frage der Darlehnszinsen wie in der der → Arbeit (: III, 6 b) ist in dieser Hinsicht charakteristisch (Biéler). Luther hingegen, noch tief im w.en und sozialen Denken des MA befangen, verschließt sich dieser neuen Haltung und bleibt bezüglich der Darlehnszinsen der überlieferten kath. Lehre treu.

Diese Wiederbelebung des christlichen Denkens aus den Quellen der at. Denkweise erklärt also weitgehend die für die W.sgeschichte der prot. Länder bis heute charakteristische w.e Dynamik, bes. in den Niederlanden und Großbritannien, später auch in Deutschland und Amerika. Diese Dynamik zeigt sich auch in manchen kath. Ländern, sei es daß man im Zuge der humanistischen Bewegung gewissen Problemen eine größere Aufmerksamkeit widmete, sei es daß gegen Ende des 17. und im 18.Jh. sich der Einfluß einer jansenistischen Haltung auswirkte, die durch ihren gemeinsamen augustinischen Ursprung der calvinistisch-puritanischen Einstellung nahe stand. - Andererseits verminderte die w.e Entwicklung, vor allem die seit Mitte des 18.Jh.s immer stärker werdende Industrialisierung, den Einfluß der Kirchen im W.sleben, und zwar in dem Maße, in dem die W.smacht der Kirche ihre wesentliche Grundlage im Bodenbesitz hatte. Teils wurde in den prot. Ländern der Kirchenbesitz durch die → Säkularisationen verringert, teils nahm der relative Anteil des Grundbesitzes im W.sleben beständig ab. - Der religiös eingestellte Mensch spielte zwar weiterhin in der Entwicklung des W.slebens eine Rolle, wobei seine Eingriffe manchmal der Entwicklung seiner Umwelt zuwiderliefen (vgl. zB → Las Casas). Aber während des 17., 18. und eines großen Teils des 19.Jh.s hatten Religion und Kirchen nur einen mittelbaren Einfluß auf die W.sentwicklung; die von dem grundbesitzenden Adel und der industriellen und kaufmännischen Bourgeoisie beherrschten Kirchen haben sich angesichts der sozialen und w.en Probleme in Schweigen gehüllt und den nicht-kirchlichen, manchmal atheistischen Kreisen das ganze Gebiet der Arbeiterfrage allein überlassen, was das Emporkommen eines nicht-religiösen → Sozialismus (: I) erklärt.

Erst am Ende dieser Epoche kommt es zu einem Wiedererstarken des w.en und sozialen Denkens in kirchlichen Kreisen. Zunächst entdeckte man den Wert der Armut wieder, ebenso die eschatologischen Werte des Evangeliums. Gewiß war in ev. Kreisen die Armut nie völlig vergessen worden, obwohl die Entwicklung des theologischen Rationalismus das christliche Leben oft von seiner Natur abgelenkt hatte. Einige Kreise jedoch waren bemüht, die w.e Tätigkeit des Menschen an dem Streben nach Gerechtigkeit zu orientieren, und mit Recht hat man in dieser Hinsicht die Wichtigkeit der dialektischen Ethik des Apostels Paulus unterstrichen (1Kor 7, 29ff), der lehrt, man solle alle Dinge brauchen, als besäße man sie nicht (R.Mehl). Gegen Ende des 18.Jh.s ist diese Sorge schon spürbar bei manchen Pfarrern (zB → Oberlin), Unternehmern und Fabrikherren (zB R. → Owen). Aber erst gegen Ende des 19.Jh.s zeigt sich eine gewisse Unsicherheit gegenüber dem w.en Gefüge als solchem, und zwar unter dem Einfluß sowohl der sozialistischen Ideen wie der dem Protestantismus eigenen Anliegen, der die Richtigkeit des w.en → Liberalismus in Frage zu stellen begann. So entstand in Frankreich die Bewegung des »Christianisme Social«, die die Gedanken von Huß, Müntzer und der Täufer (s.o.) auf eine allerdings viel weniger utopische Art wieder aufgriff. Einige Anhänger des religiösen → Sozialismus (: II) neigten zum → Marxismus, so Chr. → Blumhardt, der sozialdemokratischer Reichtagsabgeordneter wurde. Das soziale Christentum selbst, auch wenn es sich ziemlich radikale Lehren zu eigen machte, bekämpfte jedoch den Marxismus, begünstigte den Aufstieg der → Genossenschafts-Bewegung und spielte in den angelsächsischen Ländern eine entscheidende Rolle in der politischen und ideologischen Ausrichtung von Bewegungen vom Typ der Arbeiterpartei. Bis auf einige wenige Ausnahmen bekämpften die Theoretiker des christlichen Sozialismus den Begriff des Klassenkampfes, sie unterstrichen dessen Widerspruch »mit dem prophetischen Geist, der die Bewegung belebt, und mit den christlichen Prinzipien der Gerechtigkeit und Brüderlichkeit, die man aus dem Evangelium abzuleiten und auf das Leben anzuwenden behauptet« (R.Mehl).

So stellt man im 20.Jh. ein Wiederaufleben des Interesses an den sozialen und w.en Problemen innerhalb der prot. Kirchen fest. Man gibt sich immer stärker darüber Rechenschaft, daß das Christentum nicht eine Religion des Jenseits ist, die den Menschen über das irdische Elend hinwegtrösten soll, und bes. unter dem Antrieb der Sonderkommissionen des Ökumenischen Rates der Kirchen besinnt man sich immer mehr darauf, daß das Reich Gottes zwar nicht *von* dieser Welt, aber *für* diese Welt ist. Diese Neuorientierung zeigt sich vor allem in dem zunehmenden Interesse der kirchlichen und theologischen Kreise für Wachstumsprobleme, Bevölkerungsfragen und Entwicklungsländer.

Sorgen ähnlicher Art bewegen auch *kath.* Kreise. Schon in der 2. Hälfte des 19.Jh.s wandte man sich, zuerst in Frankreich, dann in anderen Ländern, den sozialen Fragen zu. Dies wird zuerst bei → Lamennais sichtbar und noch deutlicher bei seinen Schülern, die einen wesentlichen Beitrag zur Errichtung einer christlichen Nationalökonomie lieferten. Etwas später kann man sogar von einem christlichen Sozialismus sprechen, aber wie bei den Protestanten derselben Zeit geht die Richtung des kath. Sozialismus auf den Paternalismus. Immerhin brachte die Thronbesteigung → Leos XIII. manche Änderung in der Haltung der kath. Kirche gegenüber den sozialen und w.en Problemen. Diese neue Haltung fand ihren Ausdruck in den großen Enzykliken, die seit 1891 das w.e und soziale Denken der kath. Kirche bestimmen: → Rerum Novarum (1891), Quadragesimo Anno (1931) und neuerdings Mater et Magistra (1961; vgl. → Katholisch-sozial, 3; → Solidarität, 3). Die w.e Tätigkeit der kath. Kirche entfaltet sich, viel mehr als bei den Protestanten, im Rahmen der → Katholischen Aktion und der christlichen → Gewerkschaften (: III), die in Italien, Frankreich, den Niederlanden und in manchen amerikanischen Staaten sehr einflußreich sind. Die kath. Kirche sucht auch durch die kath. politischen → Parteien auf das W.sleben der Staaten einzuwirken, andererseits spielt sie in der w.en Entwicklung großer Unternehmen in West-Europa und Nordamerika durch Vermittlung gewisser Gruppen eine diskrete, aber unbestrittene Rolle.

Die Kirchen haben jedoch nur noch einen mittelbaren Einfluß auf das W.sleben. Zur Zeit der Reformation und bis zur französischen Revolution verfügten sie über bedeutenden Grundbesitz, beachteten aber die Entwicklung nicht, die sich vor ihren Augen abspielte. Seit der Mitte des 19.Jh.s haben sie alle Möglichkeiten einer direkten Beeinflussung aufgegeben, sich jeden Versuchs eines Eingriffes in die W. enthalten und einen großen Teil ihrer Anhänger verloren, die durch die Gleichgültigkeit der Kirchen angesichts ihrer materiellen und moralischen Not den kirchlichen Einrichtungen entfremdet wurden. In ihrer Traditionsgebundenheit zeigten die Kirchen immer eine Vorliebe für die Welt des Bauern und unterstrichen dadurch, wenigstens teilweise, den Dauercharakter ihres sozial-w.en Konservatismus, der das hauptsächliche Kennzeichen ihrer W.sgeschichte ist. Dennoch behaupten sie durch die Vermittlung ihrer Gläubigen, durch deren Denken und Handeln ihre Gegenwart in der modernen Welt. Die Religion gibt der W.sgeschichte ihren Sinn in dem Maße, in dem sie, als Religion der Verheißung, der Arbeit mit ihren Bedingungen, ihren Forderungen, ihrer Kultur und ihrem Fortschritt Eintritt verschafft in das irdische Gebiet des Reiches Gottes. Man mag den christlichen Glauben annehmen oder ablehnen, Tatsache bleibt, daß er innerhalb des Systems w.er Beziehungen Motive und Begründungen hervorbringt, die unermeßliche Werte darstellen zugunsten der Forschungen und Neuerungen, die für die heutige soziale Zusammenarbeit erforderlich sind.

Außer den allg. Darst.en der → Wirtschaftsgeschichte (: I): E.Troeltsch, Die Soziallehren d. christl. Kirchen u. Gruppen, (1912) 1923[3] - Max Weber, Ges. Aufs. zur Religionssoziologie I, (1920) 1947[4] - K.Holl, Die Frage des Zinsnehmens u. des Wuchers in d. ref. Kirche (Festg. f. K.Müller, 1922, 178-197 = Holl III, 385-403) - M.Halbwachs, Les origines puritaines du capitalisme (RHPhR 5, 1925, 132-154) - R.H.Tawney, Religion and the Rise of Capitalism, London 1926; dt. 1946 - G.Wünsch, Ev. W.sethik, 1927 - Elert, ML II, §§ 30ff - A.Fanfani, Catholicism, Protestantism and Capitalism, London 1935 - H.Barge, Luther u. d. Frühkapitalismus, 1951 - J.-B.Duroselle, Les débuts du catholicisme social en France, Paris 1951 - J.U.Nef, La naissance de la civilisation industrielle et le monde contemporain, ebd 1954 - M.D.Chenu OP, Pour une théologie du travail, ebd 1955; dt. 1956 - F.Braudel-F.C.Spooner-R.Portal-Th.S.Ashton-P.Leuilliot-J.Vidalenc, Commerce et industrie en Europe du XVIe au XVIIIe siècle (in: Relazioni del X Congresso Intern. di Scienze storiche, Bd IV, Florenz 1955, 227-303) - Ch.Morazé, Les bourgeois conquérants, Paris 1957; dt. 1959 - A.Biéler, La pensée économique et sociale de Calvin, Genf 1959 - J.-Y.Calvez-J.Perrin, Eglise et société économique, Paris 1959 - A.Müller-Armack, Religion u. W., 1959 - Wilh.Weber, W.sethik am Vorabend des Liberalismus, 1959 - F. PERROUX (Hg.), L'Univers économique et social (Encyclopédie française IX), Paris 1960 (darin: D. CHENU, Economie et promesse; R. MEHL, Problèmes économiques et espérance du Royaume) - W. C. SCOVILLE, The Persecution of Huguenots and French Economic Development, Los Angeles 1960 - K. SAMUELSSON, Religion and Economic Action, Stockholm 1961.

F. G. Dreyfus

Wirtschaftsphasen (W. = Wirtschaft). Man unterscheidet W.saufschwung, Hochkonjunktur, W.sumschwung - vielfach mit Krise verbunden -, Depression (leichter Fall Rezession genannt) und Stagnation. Es handelt sich um die verschiedenen Phasen des wirtschaftlichen Wachstums (→ Wirtschaft), das infolge seiner Bindung an materielle Voraussetzungen und an die seelische Verhaltensweise des Menschen nicht gleichmäßig und beständig verläuft. Während Verbrauch und Verbrauchsgüterproduktion unbegrenzt wiederholt werden können, ist dies bei der Produktion von Investitionsgütern (Häusern, Maschinen und Werkzeugen, Einrichtungen, Autos, Haushaltungsmaschinen usw) grundsätzlich nicht der Fall. Wenn in irgendeiner Gegend eine neue Brauerei errichtet worden ist, so besteht auf lange Zeit kein Bedarf nach einer ähnlichen Investition. Es grenzt bereits ans Wunderbare, daß es in einer Großraum-W. trotz diskontinuierlichen Investitionsbedarfs möglich ist, die Investitionsgüterindustrien über längere Zeitspannen hinweg gleichmäßig zu beschäftigen.

Am Ende einer Stagnationsperiode sind es verhältnismäßig wenig → Unternehmer, die das Wagnis einer neuen Investition eingehen. Allmählich werden es immer mehr, die sich zu einem Investitionsentschluß durchringen, und schließlich wird die W. von einer Welle des Optimismus getragen, die die Risiken neuer Investitionen immer geringfügiger erscheinen lassen. Die Investitionstätigkeit reißt jedoch auch während der Stagnation nicht ganz ab, zumal die W. auch fortlaufend Ersatzinvestitionen für die abgenutzten und veralteten Anlagen vornehmen muß. Auch ist die Investitionstätigkeit im W.saufschwung über die einzelnen Geschäftszweige ganz verschieden verteilt. Es sind immer bestimmte W.szweige, die im Brennpunkt der Konjunktur stehen wie zB im Verlauf der »Motorisierungswelle« der Fahrzeugbau. Andere Industriezweige weisen nur eine geringe Expansion auf; sie liegen sozusagen im Schatten des Konjunkturaufschwunges. Am Ende der Stagnation nutzen die Unternehmer den infolge der geringen → Kapital-Nachfrage billigen Kapitalzins (→ Zins) aus. So haben in früheren Zeiten vor allem der Eisenbahnbau und der Bau von Wohnungen den Auftakt für einen neuen Konjunkturaufschwung gegeben, wobei der Wohnungsbau in einer späteren Phase des W.saufschwunges bei erhöhten Zinsen zugunsten des Industriebaus wieder abgeschaltet wurde. Der Zweck der Investitionstätigkeit ist es, menschliche Arbeitskraft durch Maschinenleistungen zu ersetzen (Produktionsumweg) und dadurch entweder ein bereits bekanntes Produkt billiger oder mit den bisherigen Produktionsfaktoren ein neuartiges und höherwertiges Erzeugnis herzustellen.

Die zunehmende Beschäftigung in einer Investitionsgüterindustrie zieht auch eine Beschäftigungszunahme in den übrigen Sektoren der W. nach sich. Die Geschäftsbelebung in diesen W.szweigen hat zur Folge, daß auch die Einkommen der dort Beschäftigten steigen und daß sich daraus eine weitere Nachfrage nach Verbrauchsgütern ergibt. Man spricht daher seit → Keynes von der multiplikatorischen Wirkung der Investitionen. Sie hat zur Folge, daß sich die Ausnutzung der Produktionsanlagen und des Verteilungsapparates allmählich der vollen Kapazitätsausnutzung nähert und Veranlassung zu sog. Erweiterungsinvestitionen gibt. Dazu kommt, daß die Zunahme der Gewinne und Ersparnisse zu weiteren Investitionen anregt.

Mit der Häufung der Investitionstätigkeit tritt die W. in das Stadium der → *Vollbeschäftigung* ein. Die Lieferfristen in der Investitionsgüterindustrie werden länger, und in den Sektoren der W., die die Nachfrage nicht mehr umgehend befriedigen können (sog. Flaschenhälse), kommt es zu Preiserhöhungen. Mit Erreichung der Vollbeschäftigung ist jedoch der W.saufschwung noch nicht zu Ende; in der Hochkonjunktur beginnt der Kampf um die Arbeitskräfte und Produktionsmittel. Die Folgen sind Lohn- und Preiserhöhungen. Die Konjunktur tritt damit in ein *inflatorisches Stadium* ein, da sie ihre materiellen Grenzen erreicht bzw. überschritten hat. Diese Grenzen sind nicht unverrückbar, denn mit jeder fertiggestellten Fabrikanlage erweitert sich die Produktionskapazität. Es besteht auch die Möglichkeit, das Arbeitspotential zu vergrößern (Überstunden, Frauenarbeit, Abzug von Arbeitskräften aus der Landwirtschaft, ausländische Arbeitskräfte). Der Bedarf an Rohstoffen und Fertigwaren kann durch verstärkte Einfuhren aus dem Ausland befriedigt werden. Insbesondere bereitet in dieser Phase die Kapitalbeschaffung kein Hindernis für weitere Investitionen, denn die Banken sind im allgemeinen flüssig, und die Börse nimmt neue Aktienemissionen ohne Schwierigkeiten auf. Es kann aber kein Zweifel darüber bestehen, daß die hektische Geschäftigkeit bereits den Keim des Umschwunges in sich trägt. Da die Summe der Ersparnisse (einschließlich der Vermögensbildung der öffentlichen Hand) und der Unternehmergewinne immer der Summe der Nettoinvestitionen entspricht (Bruttoinvestitionen abzüglich Anlagenabschreibung), steigen im W.saufschwung zwangsläufig die Unternehmergewinne stärker als die Ersparnisse, da der Spielraum für eine Steigerung der Ersparnisse der Nichtunternehmer auch bei wachsendem Arbeitseinkommen beschränkt bleibt.

Der *W.sumschwung* kann durch verschiedene Ursachen ausgelöst werden, einmal infolge Einschränkung der Investitionstätigkeit, weil deren Risiken für zu hoch erachtet werden. Häufig wird er durch Veränderungen der Lagerhaltung ausgelöst. Die Warenlager müssen in einem bestimmten Verhältnis zum Umsatz stehen. Steigt der Umsatz, so müssen auch die Lager aufgestockt werden. Meist wird in der Hochkonjunktur die Vorratshaltung in spekulativer Weise überhöht, teils weil man eine Ausdehnung der Lieferfristen, teils einen weiteren Preisanstieg erwartet oder weil man die weitere Umsatzzunahme überschätzt. Entfällt die bisherige Produktion, die der Erhöhung der Lagerhaltung gedient hat, so kann diese Produktionseinschränkung ganz von selbst den W.sumschwung auslösen. Das war bei den letzten Rezessionen in den USA der Fall. Mitunter wird der Konjunkturumschwung auch dadurch ausgelöst, daß in der Hochkonjunktur das Preisniveau eines Landes stärker ansteigt als in den Nachbarländern und sich daraus Mehreinfuhren und Minderausfuhren, also per Saldo ein Defizit der Handelsbilanz ergibt. Um dieses Defizit zahlungsbilanzmäßig auszugleichen, muß die Zentralnotenbank den Diskontsatz erhöhen. Dadurch lockt sie kurz- und mittelfristige Gelder aus dem Ausland an. Durch die Verteuerung des Diskontsatzes werden auch die inländischen Kredite verteuert. Das hat zur Folge, daß zinsfressende Vorräte abgebaut und Investitionen zurückgestellt werden. Das pflegt jedoch in Anbetracht des allgemeinen W.soptimismus der Hochkonjunktur nicht sofort einzutreten, so daß es zumeist mehrerer Diskonterhöhungen bedarf, bis es zum endgültigen W.sumschwung kommt. Dieser kann jedoch auch auf einen reinen Stimmungswechsel zurückgehen. In der Hochkonjunktur werden die Ertragsaussichten der Unternehmen in optimistischer Weise überschätzt und dementsprechend die Börsenkurse der Aktien sehr in die Höhe getrieben, zumal wenn Aktienkäufe auch noch unter Inanspruchnahme von Krediten erfolgen. Es gibt dann immer nüchtern rechnende Beurteiler der Lage. Diese Baissepartei gewinnt allmählich immer mehr Anhänger. Auf erste Kursrückgänge kommt es zu vorübergehenden Kurserhöhungen, bis es zum endgültigen Börsenkrach kommt. Alsdann wird die gesamte W. vom tiefsten Pessimismus befallen: die Depression ist da.

Im Augenblick des Konjunkturumschwunges setzt häufig eine *Krise* ein. Sie nimmt ihren Ausgang von der Absatzstockung. Diese wird dadurch noch verstärkt, daß die Käufer in spekulativer Weise mit Bestellungen zurückhalten. Notverkäufe verstärken diese Wirkung. Die Vorräte wachsen, die Forderungen frieren ein, die Rückflüsse zu den Banken verringern sich, Bankkredite werden rar und teuer, und aus der Liquiditätskrise kann eine allgemeine Vertrauenskrise werden, wenn es zu Zusammenbrüchen größerer Firmen kommt, die meist schon lange faul waren, die aber erst jetzt in akute Zahlungsschwierigkeiten geraten.

In der *Depression* vollziehen sich alle Vorgänge in der umgekehrten Richtung des W.saufschwungs. Die Umsätze gehen zurück, Vorratserneuerungen und Ersatzbeschaffungen werden aufgeschoben, Arbeiter werden entlassen (→ Arbeitslosigkeit). Dadurch geht die Nachfrage nach Verbrauchsgütern weiter zurück. Die Preise fallen, obwohl infolge des Produktionsrückganges die Kosten pro Produktionseinheit steigen. In der Vergangenheit waren auch die Löhne und Gehälter rückläufig. Dieser Kontraktionsprozeß dauert so lange, bis die Ergänzung der stark abgebauten Lager und die nicht mehr länger aufzuschiebenden Ersatzbeschaffungen eine Wiederzunahme der Beschäftigung nach sich ziehen. Hält sich dieser deflatorische Kontraktionsprozeß in engem Rahmen, so sprechen wir von einer *Rezession*. Die amerikanischen Rezessionen des letzten Jahrzehnts waren bes. dadurch gekennzeichnet, daß es unter dem Druck der Gewerkschaften zu keinen Lohn- und Gehaltssenkungen kam und dies zusammen mit den kompensatorischen Staatsausgaben mit dazu beitrug, daß sich das Preisniveau nicht wesentlich veränderte. Der Sinn der Depression ist es, die im W.saufschwung vielfach verzerrten Preisverhältnisse wieder zu entspannen und die einzelnen Teile der W. in der am Ende der Depression erreichten Ruhelage wieder aufeinander zuzuordnen.

Die W. kann nach vollzogener Depression noch längere Zeit im Zustand der *Stagnation* verharren, wobei einzelne W.szweige noch weiterhin der Depression unterworfen sind, während andere bereits einen leichten Aufschwung zeigen. Zu einem allgemeinen Aufschwung kommt es aber erst, wenn die Unternehmer wieder Vertrauen zur Beständigkeit der neuen Lage haben und die Zukunftsaussichten wieder optimistischer einschätzen. Das erklärt auch, weshalb schon die Beurteilung politischer Möglichkeiten die Stimmung der W. und damit auch den Konjunkturverlauf positiv oder negativ zu beeinflussen vermag. Eine wesentliche Aufgabe moderner → Wirtschaftspolitik besteht darin, extreme Konjunkturtendenzen einzudämmen und in Richtung einer möglichst stetigen W.sentwicklung zu wirken.

J.A.Schumpeter, Theorie der wirtschaftl. Entwicklung, (1912) 1952[5] - Ders., Konjunkturzyklen. Eine theoret., hist. u. statist. Analyse d. kapitalist. Prozesses I. II, 1961 - A.Spiethoff, Art. »Krisen« in: HWStVI, 8ff - Ders., Die wirtschaftl. Wechsellagen I. II, 1955 (Lit.) - J.M.Keynes, The General Theory of Employment, Interest and Money, 1936; dt. 1936 - W.A.Jöhr, Die Konjunkturschwankungen, 1952 - P.Binder, Die Stabilisierung der W.skonjunktur, 1956.

P.Binder

Wirtschaftspolitik

1. Grundfragen - 2. Die Träger der Wp. - 3. Die Ziele der Wp. - 4. Die Instrumente der Wp. - W. = Wirtschaft, Wp. = Wirtschaftspolitik, w. = wirtschaftlich, wp. = wirtschaftspolitisch

1. Wp. ist der Inbegriff für die staatliche Aktivität in der Volks-W. Sie ist damit ein Teil der Staatspolitik und deren anderen Teilen (Außen-, Innen-, Wehrpolitik usw) gleichgeordnet. Ansatzpunkte der Wp. sind die W.sordnung, die W.sstruktur und der W.sprozeß (→ Wirtschaft). Auch das Handeln nichtstaatlicher Machtgebilde, bes. der W.sverbände, wird gelegentlich als Wp. bezeichnet; doch ist dies eine Begriffserweiterung, die dem ursprünglichen Sinn des Wortes »Politik« nicht gerecht wird. Denn → Politik (: I), vom griech. Wortstamm her verstanden, meint immer die Gesamtheit aller Bürger eines Gemeinwesens, nicht aber die Sonderinteressen einzelner Gruppen (Verbandspolitik). Dem steht nicht entgegen, daß sich die Wp. im Interesse des Gemeinwohls vielfach auf einzelne W.sbereiche (Agrar-, Handwerks-, Industrie-, Handels-, Verkehrspolitik usw) oder Gebiete (Notstandszonen, Ballungsräume) oder Personengruppen (Arbeiter, Angestellte, Flüchtlinge usw) richtet. Denn hier geht es darum, die strukturell »schwachen Stellen« der Volks-W. zu stärken, um eine bessere Integration aller Teile zu erreichen.

Der wp.e Gestaltungswille des Staates läßt sich im wesentlichen auf drei *Motive* zurückführen: die wp.e Grundkonzeption, die Sachproblematik und das Sozialprinzip. a) Die *wp.e Grundkonzeption* ergibt sich aus der Verfassung und/oder dem Programm der jeweiligen Regierungskonstellation. Sie neigt entweder dem markt-w.en Individualprinzip (westliche Länder) oder dem verwaltungs-w.en Kollektivprinzip (Ostblockstaaten) zu und führt zur Schaffung einer entsprechenden W.sordnung (Markt-W., Zentralverwaltungs-W.). - b) Die *Sachproblematik* ist überall dort das Motiv der Wp., wo sich aus der ökonomischen Entwicklung heraus Mißstände und Schwierigkeiten ergeben, die zum Eingreifen des Staates führen, weil sonst die Allgemeinheit Schaden erleidet (Vorschriften über industrielle Abwässer und Abgase, Lärmbekämpfung, Aufforstungsmaßnahmen, Verbesserung der Agrarstruktur, Schaffung neuer Verkehrswege, Jugendschutzgesetzgebung usw). - c) Das *Sozialprinzip* veranlaßt den Staat, zugunsten w. schwacher oder unverschuldet in Not geratener Staatsbürger Maßnahmen zu ergreifen, um so Spannungen in der W.sgesellschaft zu vermeiden (sozialer Wohnungsbau [→ Wohnungsfrage], Sozialtarife der Verkehrsmittel, Tiefhaltung der Preise für Massennahrungsmittel, Familienpolitik, → Lastenausgleich usw).

2. Als *Träger der Wp.* (engl. »policy-maker«) sind alle staatlichen Instanzen anzusehen, die verantwortlich wp.e Entscheidungen fällen und damit gestaltend auf Ordnung, Struktur und Ablauf der Volks-W. einwirken. Nur auf primitiver Entwicklungsstufe ist eine zentralisierte Politik möglich, bei der alle Entscheidungen von einer Instanz getroffen werden. In entwickelten Volks-W.en haben wir es stets mit dezentralisierter Politik zu tun, bei der eine Mehrzahl von über-, neben- und untergeordneten Instanzen Wp. treibt. Am weitesten geht die Dezentralisierung in föderalistischen Staaten, wo regionale und kommunale Belange ein größeres Gewicht haben als im zentralistischen Einheitsstaat. Aber selbst die Zentralverwaltungs-W. östlicher Prägung bedarf der Delegation wp.er Befugnisse auf nachgeordnete Instanzen.

Im wesentlichen lassen sich 7 typische Träger der Wp.

unterscheiden: die Verfassunggebende Versammlung, das Parlament, die Regierung, die Zentralnotenbank, die Rechtsprechung, die Kammern und die übernationalen Instanzen. a) Als ursprünglicher Träger der Wp. ist die *Verfassunggebende Versammlung* (Constituante) zu nennen (Beispiele: Weimarer Nationalversammlung 1919, Parlamentarischer Rat 1948/49), allerdings nur insofern die Verfassung ordnungspolitisch relevante Normen enthält (sog. W.sartikel). Im Gegensatz zur Weimarer Reichsverfassung ist im Bonner Grundgesetz (→ Verfassungen: I) bewußt auf eine solche Festlegung verzichtet worden. Mit Ausnahme des Sozialstaatsprinzips ist das Grundgesetz wp. neutral und überläßt damit die ordnungspolitische Konzeption dem jeweiligen Regierungsprogramm. In den Verfassungen mancher anderer Länder ist die gewollte W.sordnung stärker verankert. So findet sich in den Verfassungen der Ostblockstaaten vielfach die Zentralverwaltungs-W. konstituiert. Die Verfassungen einiger Entwicklungsländer enthalten eine sozialistische oder genossenschaftliche Konzeption. – b) Von der Verfassung leiten sich im demokratischen Rechtsstaat die drei Gewalten Legislative, Exekutive und Judikative ab (Prinzip der Gewaltenteilung). Das *Parlament* »macht« die Gesetze und schafft damit die langfristigen Rahmenbedingungen für die w.e Entwicklung. Hierzu gehören das private und das öffentliche Recht, soweit es auf w.e Einrichtungen und Vorgänge Bezug nimmt, sowie das eigentliche W.srecht (Handels-, Gesellschafts-, Wertpapier-, Kartell-, → Arbeitsrecht usw). Sämtliche übrigen Instanzen leiten die Möglichkeit, Wp. treiben zu können, vom Parlament ab. – c) Die *Regierung* und die ihr untergeordneten Verwaltungsbehörden (Exekutive) besorgen innerhalb der gesetzlichen Grenzen die laufende Politik (Routinepolitik). Die von der Regierung getroffenen wp.en Maßnahmen unterliegen der Kontrolle durch das Parlament und durch die Verfassungsgerichtsbarkeit. Im Laufe der Entwicklung hat das W.sressort in der Regierung eine immer weitergehende Aufspaltung erfahren. Nachdem es im Laissez-faire-Zeitalter zunächst nur den Finanzminister gegeben hatte, trat später der W.sminister hinzu, dessen Funktionen sich anfänglich noch vielfach auf Außenhandelspolitik beschränkten (Handelsminister). Heute gibt es in den meisten Staaten neben dem eigentlichen W.sminister noch einen Landwirtschafts-, Verkehrs-, Post-, Wohnungsbau-, Arbeitsminister usw. Wie das Beispiel der Sowjetunion zeigt, kann diese Spezialisierung bis zu einzelnen W.szweigen gehen. Insgesamt ist diese Entwicklung das Spiegelbild der zunehmenden staatlichen Aktivität in der W. – d) Die *Zentralnotenbank* ist im Rahmen der vom Gesetzgeber geschaffenen Geldverfassung tätig und für die Versorgung der Volks-W. mit Zahlungsmitteln sowie für die Geldwertstabilität verantwortlich. In der neueren Entwicklung treten gleichberechtigt neben die Geldwertstabilität die Ziele Vollbeschäftigung und Zahlungsbilanzausgleich (sog. »magisches Dreieck« der Konjunkturpolitik). Die Notenbank gehört allerdings nur dann zu den selbständigen Trägern der Wp., wenn sie von der Regierung de jure und de facto unabhängig und damit allen fremden Einflüssen entzogen ist. Andernfalls wird sie mehr oder weniger zum Befehlsempfänger der Regierung. – e) Auch die *Rechtsprechung* (Judikative) ist in ihrer Eigenschaft als Kontrollinstanz Träger der Wp., da sie über die Grenzen der jeweils zulässigen Eingriffe in die Volks-W. wacht. So können die Verfassungsgerichte Maßnahmen der Legislative und der Exekutive für verfassungswidrig und damit für ungültig erklären. Die Verwaltungs- und Finanzgerichte schützen die Bürger vor Übergriffen der Exekutive. Arbeits- und Sozialgerichte üben durch ihre Entscheidungen Einfluß auf die Entwicklung der Arbeits- und Sozialverfassung aus. Die Kartellgerichte wachen über die Wettbewerbsordnung. Auch das Rechnungshofwesen, das die Finanzgebarung des Staates kontrolliert, gehört zur richterlichen Gewalt. – f) Zur Entlastung der staatlichen Verwaltung werden auch den öffentlich-rechtlich konstruierten *Selbstverwaltungsorganen* der W. (Industrie- und Handelskammern, Handwerkskammern, Landwirtschaftskammern) bestimmte wp.e Aufgaben übertragen, soweit sie von diesen Instanzen sachverständiger als von der staatlichen Bürokratie gelöst werden können. Hauptsächlich handelt es sich dabei um die Regelung und Durchführung des Ausbildungs-, Prüfungs-, Schieds- und → Schlichtungswesens. Auch äußern sich die Kammern gutachtlich zu den Maßnahmen der Legislative und der Exekutive. – g) Im Zuge internationaler Zusammenarbeit und neuerdings der w.en Integration werden in zunehmendem Maße *übernationale Instanzen* der Wp. geschaffen. Diese Entwicklung ging zunächst vom technischen Fortschritt aus, der gemeinsame Regelungen erzwang (Beispiele: Weltpostverein, Internationale Organisation für Fernmeldewesen, Internationale Fahrplankonferenz). Im Rahmen des früheren → Völkerbundes und der heutigen → Vereinten Nationen sind eine Reihe w.er Organisationen entstanden (Internationales Arbeitsamt, Internationaler Währungsfonds, Weltbank, Welternährungsorganisation usw). Damit die Empfehlungen solcher Instanzen im nationalen Rahmen wirksam werden können, bedürfen sie der Ratifizierung durch die nationalen Parlamente. Einen Schritt weiter gehen die im Zuge der europäischen Integration (→ Europa: II) geschaffenen supranationalen Instanzen der Europäischen W.sgemeinschaft (EWG), der Europäischen Gemeinschaft für Kohle und Stahl (EGKS) und der europäischen Atomgemeinschaft (EURATOM). Hier haben die Mitglieder auf gewisse nationale Souveränitätsrechte verzichtet und sie auf die supranationalen Institutionen übertragen.

3. Die Träger der Wp. haben bestimmte Vorstellungen davon, was wp. wünschenswert ist *(Ziele)*. In der Praxis werden stets verschiedene Ziele angestrebt (»Zielbündel«). Als oberstes oder sog. Wesensziel der Wp. galt lange Zeit die Förderung des Volkswohlstandes. Wegen der mangelnden Präzisierbarkeit des Begriffes »Volkswohlstand« unterscheidet man heute fünf oberste Ziele der Wp.: Vollbeschäftigung, Geldwertstabilität, Zahlungsbilanzausgleich, stetiges Wachstum und gerechte Verteilung. Ihre gemeinsame Verwirklichung stößt allerdings auf gewisse Schwierigkeiten (»Zielkonflikte«). Daneben gibt es eine Fülle gesamt-w. weniger bedeutsamer Ziele. Sie erstrecken sich entweder auf einzelne W.sbereiche oder auf bestimmte Regionen des W.sraumes oder auf Personengruppen der W.sgesellschaft. – a) Da die Markt-W. infolge ihrer branchenweisen, regionalen und sonstigen strukturellen Differenzierungen sowie der Eigenarten des w.en Verhaltens nicht in der Lage ist, den volks-w.en Gesamtprozeß auf gleichmäßig hohem Niveau zu stabilisieren, muß der Staat hierfür sorgen (→ Vollbeschäftigung). Seine Begründung findet das *Vollbeschäftigungsziel* in den negativen Wirkungen der Unter- und der Überbeschäftigung. Unterbeschäftigung bedeutet volks-w. einen Verlust an Produktion und Einkommen. Auch kann länger dauernde Massenarbeitslosigkeit die W.sordnung an die soziale Bruchgrenze treiben (→ Arbeitslosigkeit). Überbeschäftigung hat dagegen Destruktionserscheinungen auf dem Arbeitsmarkt zur Folge (Abwerbung, hohe Fluktuation), die über die sog. Lohn-Preis-Spirale zur Gefährdung der Geldwertstabilität und des Zahlungsbilanzausgleichs führen können. – b) Nicht minder wichtig als die Vollbeschäftigung

ist die *Geldwertstabilität*. Gemeint ist damit die Stabilität des Konsumgüterpreisniveaus, nicht aber die Stabilität der Preisrelationen zwischen den verschiedenen Gütern. Das Ziel Geldwertstabilität ergibt sich aus den sozialen und w.en Schäden der Geldwertschwankungen (Inflation und Deflation). Die »schleichende« wie die »galoppierende« Inflation bedeuten eine Enteignung der Gläubiger und lassen die kontraktlich festgelegten Einkommen schrumpfen. Die Deflation benachteiligt dagegen die Schuldner und führt bei ungehinderter Entwicklung zur Massenarbeitslosigkeit. Zwischen den Zielen Vollbeschäftigung und Geldwertstabilität bestehen also enge Beziehungen. – c) Da alle Volks-W.en in mehr oder weniger starkem Maße international verflochten sind, gehen von der Zahlungsbilanz wichtige Einflüsse auf die Volks-W. aus. Das Ziel *Zahlungsbilanzausgleich* wird durch die negativen gesamt-w.en Folgen von Zahlungsbilanzüberschüssen und -defiziten begründet. Unter sonst gleichbleibenden Bedingungen wirken nämlich Überschüsse beschäftigungssteigernd und inflationistisch, Defizite dagegen beschäftigungssenkend und deflationistisch. Der Zahlungsbilanzausgleich ist jedoch nicht für alle Volks-W.en von gleich großer Bedeutung. Je geringer die Weltmarktverflechtung eines Landes ist, um so weniger wird der W.skreislauf von dieser Seite her beeinflußt. Umgekehrt kann bei starker Weltmarktverflechtung (Beispiel: Schweiz) die Binnen-W. durch Einflüsse vom Weltmarkt her beträchtlich gestört werden. – d) Handelt es sich bei den drei zuerst genannten Zielen um kurzfristig orientierte Stabilitätspostulate, so ist daneben die langfristige Entwicklung ebenfalls einer Zielbedingung zu unterwerfen. Als solche wird heute die *Stetigkeit des w.en Wachstums* postuliert, worunter eine möglichst gleichmäßige jährliche Zunahme des realen Pro-Kopf-Einkommens zu verstehen ist. Seine Begründung findet das Wachstumsziel in den ökonomischen und politischen Folgen allzu unstetiger Entwicklung. So wirken stärkere Schwankungen der jährlichen Wachstumsraten destabilisierend auf die W.spläne der Unternehmungen und Haushalte, weil sie ständige Umdispositionen zur Folge haben und daher die Anpassungsprobleme der W.sdynamik vergrößern. Ebenso tragen sie Unruhe in die politische Konstellation und erschweren damit wiederum die langfristige Orientierung der Wp. In den zentralverwaltungs-w.en Staaten des Ostblocks sowie in manchen Entwicklungsländern werden jährliche Wachstumsziele im Rahmen der Mehrjahrespläne aufgestellt. In markt-w.en Ordnungen beschränkt man sich darauf, die stets vorhandene Unstetigkeit des Wachstums aus den genannten Gründen zu verringern. – e) Auf Grund der Ungleichheit der menschlichen Fähigkeiten und des Sparverhaltens kommt es zu einer ungleichen *Verteilung von Einkommen und Vermögen*. Ökonomische wie ethische Überlegungen sprechen dafür, die Verteilung wp. zu korrigieren. In w.er Hinsicht läßt sich nämlich nachweisen, daß Stabilität und stetiges Wachstum nur bei einer bestimmten Einkommensverteilung miteinander vereinbar sind. In ethischer Beziehung verlangt das Postulat der sozialen Gerechtigkeit, daß durch Korrekturen der Einkommens- und Vermögensverteilung die Chancenungleichheit verringert und durch Einkommensübertragungen (Transferzahlungen) auch den einkommenslosen und -schwachen Bürgern ein Existenzminimum gewährleistet wird. Im → Wohlfahrtsstaat britisch-skandinavischer Prägung spielt die Verteilungszielsetzung eine besondere Rolle. Die hier gemachten Erfahrungen zeigen jedoch, daß bei einer zu starken Egalisierung von Einkommen und Vermögen die Leistungsanreize abnehmen können.

4. Die *Träger der Wp.* sehen sich der Entwicklung von W.sstruktur (Strukturwandlungen) und -prozeß (Konjunkturschwankungen; → Wirtschaftsphasen) gegenüber (Lage) und beurteilen die Ergebnisse dieser Entwicklung auf Grund ihrer Wertvorstellungen (Ziele). Besteht ein Widerspruch zwischen der aktuellen Lage und den gegebenen Zielen, dann kommt es zum Einsatz wp.er Maßnahmen, um die Lage den Zielen anzupassen. Die Träger der Wp. verfügen hierzu über ein reichhaltiges Repertoire an Instrumenten (»Werkzeugkasten« der Wp.). Zur Einteilung des wp.en Instrumentariums gibt es verschiedene Möglichkeiten. Am zweckmäßigsten ist die Gliederung in qualitative und quantitative Maßnahmen (auch Ordnungs- und Ablaufspolitik genannt).

a) *Qualitativen Charakter* haben alle rechtlich-organisatorischen Maßnahmen, die langfristige Rahmenbedingungen für den W.sablauf schaffen und damit auf die strukturellen Relationen der Volks-W. gestaltend einwirken. Da es sich im Regelfall um Gesetze und Verordnungen handelt, bezeichnet man die Gesamtheit aller qualitativen Instrumente auch als W.sverfassung. Sie läßt sich wieder in eine Reihe von Teilverfassungen aufgliedern: Produktions-, Markt-, Geld-, Finanz- und Außenhandelsverfassung. Unter der *Produktionsverfassung* versteht man die Summe aller Rechtsnormen, die Rahmenbedingungen für die Produktion von Gütern und Dienstleistungen schaffen. Zutrittsregelungen entscheiden darüber, wer in welchem W.sbereich unter welchen Voraussetzungen überhaupt als Produzent tätig sein darf (Gewerbefreiheit, Zuverlässigkeits-, Sachkunde-, Befähigungs- und Kapitalnachweis, numerus clausus, Zutrittsverbot). Die Eigentumsverfassung regelt dann das → Eigentum (: III, 2) an den Produktionsmitteln und seine Einschränkungen (Bodenrecht, Enteignungsrecht) und die Arbeitsverfassung die Stellung des Faktors Arbeit im Produktionsprozeß (→ Arbeitsrecht). Durch das Recht der Unternehmungsformen sind eine Reihe von Unternehmungstypen geschaffen worden (Einzelfirma, Personalgesellschaft, Kapitalgesellschaft, Genossenschaft usw). – Bei der *Marktverfassung* handelt es sich um Normen für das Marktverhalten. Der Förderung der Markttransparenz dienen die Preisauszeichnungspflicht, die Kennzeichnungspflicht für Konservierungs- und Färbezusätze bei Lebensmitteln, amtliche Preisnotierungen sowie das ganze Markt-, Börsen-, Messe- und Ausstellungswesen. Auf den Arbeitsmärkten sollen Berufsberatung und Arbeitsvermittlung ebenfalls die Transparenz fördern. Zur Marktverfassung gehören ferner alle Bestimmungen gegen unlauteren Wettbewerb und die Maßnahmen gegen Wettbewerbsbeschränkungen (Kartellrecht; → Monopol). – Die *Geldverfassung* (→ Geld: II) schafft die rechtlichen Rahmenbedingungen für das Geldwesen in der Volks-W. Am wichtigsten ist dabei die Entscheidung über das jeweilige Währungssystem (Goldwährung, Papierwährung). Die Notenbankverfassung regelt die Stellung und die Befugnisse der Zentralnotenbank innerhalb des Bankensystems. Auch etwaige Notendeckungsvorschriften gehören zur Geldverfassung. – Bei der *Außenhandelsverfassung* geht es um die Rahmenbedingungen für die internationalen W.sbeziehungen eines Landes (→ Freihandel, Protektionismus). Auch die Abgrenzung des W.sgebietes, das den Anwendungsbereich der quantitativen Außenhandelspolitik bildet, gehört hierher (Zollgebiet, Zollausschlüsse und -anschlüsse, Freihäfen, Freibezirke, Zollunionen usw).

b) Unter *quantitativen Instrumenten* versteht man alle wp.en Maßnahmen, die sich bei gegebener Struktur auf den W.sablauf richten und dort auf die Markt- oder Kreislaufprozesse einwirken. Die Instrumente selbst sind quantitative Größen (Diskont-, Mindestreserve-,

Steuer-, Zollsätze, Staatseinnahmen, Staatsausgaben, Höchst- und Mindestpreise, Kontingente usw). Ihre Einsatzdauer ist vorwiegend kurz- und mittelfristig. Hauptträger sind die Zentralnotenbank und die Exekutive. Nur insoweit der Staatshaushalt berührt wird (→ Steuern, Zölle, Subventionen usw), tritt auch die Legislative als Entscheidungsinstanz auf. - Bei der weiteren Unterteilung des quantitativen Instrumentariums ist es zweckmäßig, davon auszugehen, ob die Maßnahmen der konjunkturpolitischen Globalsteuerung des W.sprozesses (Geld- und Finanzpolitik), der Korrektur der Marktprozesse (Steuern, Transferzahlungen, Subventionen) oder der direkten Kontrolle der Marktprozesse (Höchst- und Mindestpreise, Festpreise, Rationierung) dienen. Die Übergänge sind hier jedoch fließend, da infolge der allgemeinen Interdependenz stets Wechselwirkungen zwischen Markt- und Kreislaufprozessen stattfinden. Bei der Außenhandelspolitik, die der Erreichung des Zieles Zahlungsbilanzausgleich dient, handelt es sich teils um Globalsteuerung (Abwertung und Aufwertung des Wechselkurses, Zölle), teils um direkte Kontrollen (Kontingente, Einfuhrverbote usw).

E.Wagemann, Wp.e Strategie, (1937) 1943² - F.Eulenburg, Allg. Volks-Wp., 1938 - E.Küng, Der Interventionismus. Volks-w.e Theorie d. staatl. Wp., 1941 - Ders., Zahlungsbilanzpolitik, 1959 - A.Müller-Armack, W.slenkung u. Markt-W., (1947) 1948² - Ch. la Roche, Beschäftigungspolitik in d. Demokratie, 1947 - C.Bresciani-Turroni, Einführung in d. Wp., 1948 - Th.Pütz, Theorie d. Allg. Wp. u. W.slenkung, 1948 - E.Preiser, Die Zukunft unserer W.sordnung, (1949) 1960³ - Ders., Bildung u. Verteilung d. Volkseinkommens, (1957) 1961² - E.G.Nourse, Economics in the Public Service, New York 1950 - F.Marbach, Zur Frage d. w.en Staatsintervention, 1950 - G.Albrecht (Hg.), Die Problematik d. Vollbeschäftigung, 1951 - J.Werner, Wohlstand, Freiheit u. Gerechtigkeit. Ihre Verwirklichung als Problem d.Wp., 1951 - J.Tinbergen, On the Theory of Economic Policy, Amsterdam (1952) 1956² - Ders., Economic Policy: Principles and Design, ebd 1956 - W.Eucken, Grundsätze d.Wp., (1952) 1960³ - K.Schiller, Der Ökonom u. die Gesellschaft, 1955 - Ders., Neuere Entwicklungen in d. Theorie d. Wp., 1958 - H.-J.Seraphim, Theorie d. allg. Volks-Wp., 1955 - Ders. (Hg.), Zur Grundlegung wp.er Konzeptionen, 1960 - E.Lundberg, Business Cycles and Economic Policy, Cambridge/Mass. u. London 1957 - W.A.Jöhr-H.W.Singer, Die Nationalökonomie im Dienste d. Wp., 1957 - K.E.Boulding, Principles of Economic Policy, Englewood Cliffs 1958 - W.G.Hoffmann (Hg.), Finanz- u. währungspolit. Bedingungen stetigen W.swachstums, 1959 - Ders., Allg. Wp., in: K.Hax-Th.Wessels (Hg.), Hdb. d. W.swissenschaften II, 1959, 1053ff - H.Giersch, Allg. Wp. I: Grundlagen, 1960 - F.Neumark, W.s- u. Finanzprobleme d. Interventionsstaates, 1961 - H.Ohm, Allg. Volks-Wp. I: Systematisch-theoret. Grundlegung, 1962.

E.Tuchtfeldt

Wirtschaftstheorien

1. Der Merkantilismus - 2. Die klassische Nationalökonomie - 3. Sozialkritik - 4. Die deutsche Nationalökonomie des 19.Jh.s - 5. Die »marginalistische« W.slehre - 6. Die Erklärung der W.skrisen - 7. Keynes und die neuere Lehre vom »W.swachstum«. - W. = Wirtschaft

Die systematische Deutung des W.sgeschehens durch eine wissenschaftliche Volkswirtschaftslehre (neben der sich erst im 20.Jh. eine selbständige *Betriebs*wirtschaftslehre entwickelt hat [→ Betrieb: I. II]) gibt es erst, seit die moderne National- und Welt-W. kapitalistischen Typs sich herausgebildet hat (→ Wirtschaft). Erst sie hat das Durchdringen komplex gewordener Zusammenhänge sowie eine theoretische Fundierung der praktischen → Wirtschaftspolitik notwendig gemacht.

1. Für die Schriftsteller der *merkantilistischen* Epoche (16. bis Ende des 18.Jh.s), dh der frühkapitalistischen Zeit, standen praktische Fragen der W.sgestaltung im Vordergrund. Eine gefüllte fürstliche »Schatz- und Rentkammer« steht für sie obenan. Aber der Staatsschatz gedeiht offenbar nur bei steuerkräftigen Untertanen; und diese sind wieder um so besser daran, je mehr Gold und Silber die Nation als ganze vermittels einer »aktiven Handelsbilanz« (dh durch entsprechende Exportüberschüsse, die das Ausland mit Edelmetall bezahlen muß) von anderen Ländern erhält. (Die Lehre von der »aktiven Handelsbilanz« ist allerdings nur den *frühen* Merkantilisten eigen, die späteren sind hier aufgeklärter.) Bedeutende merkantilistische Schriftsteller sind in England W.Petty (1623-87), in Frankreich Boisguillebert (1646-1714), in Deutschland, wo die Merkantilisten als *Kameralisten* bezeichnet wurden (nach der fürstlichen Schatzkammer, die es zu füllen galt), Joh. Joachim Becher (1635-82) und Joh.Heinr.Gottlob v.Justi (1705-71). - Indem die Merkantilisten, ohne meist schon zu klaren Ergebnissen zu kommen, nach den gesellschaftlichen Produktivkräften und nach den Quellen der volkswirtschaftlichen Wertschöpfung fragten, bereiteten sie den Boden für die eigentliche theoretische Arbeit vor.

2. Die Lehren der *klassischen Nationalökonomie* sind nicht zufällig von England, dem entwickeltsten Industrieland der Zeit, ausgegangen. Im ersten Glied stehen Adam → Smith und David → Ricardo, im zweiten Rob. → Malthus, J.St. → Mill und der französische Nationalökonom Jean-Baptiste Say (1767-1832). Ihre Lehre war eng verbunden mit den wirtschaftlichen Forderungen des → *Liberalismus.* Namentlich die klassische Wertlehre (→ Wert) diente dazu, die Auffassung von der harmonischen Selbststeuerung des W.sgeschehens zu begründen. Die von Say entwickelte und von den meisten Zeitgenossen übernommene Lehre, die Produktion bringe stets mit den Erzeugnissen auch die nötigen Einkommen hervor, so daß allgemeine Störungen des W.sablaufs nicht eintreten können, kennzeichnet das wirtschaftsliberalistische Konzept der meisten Klassiker. Das »Saysche Theorem« wurde allerdings durch die späteren zyklischen Konjunkturen mit regelmäßig wiederkehrenden Übererzeugungskrisen widerlegt.

In Frankreich, dessen wirtschaftliche Entwicklung im 18.Jh. hinter der Englands zurückgeblieben war, ging der Rezeption des entfalteten englischen W.sliberalismus der Durchbruch einer Schule des *agrarkapitalistischen Liberalismus* voraus: Die *»Physiokraten«* machten geltend, nur die Natur, und daher allein die Tätigkeit der in der Urproduktion arbeitenden Menschen, schaffe einen Zusatz zum gesellschaftlichen Reichtum (produit net). Deshalb gelte es, vermittels freier Agrarmärkte die *landwirtschaftlichen* Produktivkräfte zu entfesseln. Hauptvertreter der Physiokratie, die sozialphilosophisch auf dem Boden des → Naturrechts stand, war François Quesnay (1694-1774), dessen epochemachendes »Tableau Economique« das erste (dem Blutkreislauf nachgebildete) Schema des volkswirtschaftlichen Gesamtprozesses, auf der Grundlage einer noch »stationären« W.sgesellschaft, bot; ferner R. → Turgot, zeitweilig W.sminister Ludwigs XVI.

3. Dem Optimismus des klassischen Liberalismus (jedenfalls des frühen) entsprach die Wirklichkeit nicht: Das ungeheure Elend der arbeitenden Massen, die Zerstörung vieler traditioneller mittelständischer Gewerbe, in England dazu die Aufreibung des selbständigen Bauerntums, in allen industriellen Hauptländern die seit 1825 regelmäßig wiederkehrenden W.skrisen riefen eine vehemente *Sozialkritik* hervor. Einen ersten wirtschaftstheoretischen Ausdruck fand diese in der damals allgemein verbreiteten Lehre, die sich wiederholenden Überproduktionskrisen seien verursacht durch ständige *Unterkonsumtion* (besser: Unternachfrage) der arbeitenden Massen; und diese wiederum sei Resultat einer dauernden Hintanhaltung der Arbeitslöhne (Simonde de Sismondi, 1773-1842; → Rodbertus). Die vorsozialistische Kritik mündete schließlich ein in die Lehre des klassi-

schen theoretischen → Sozialismus (: I, 2; → Marxismus). Dessen Bedeutung für den allgemeinen Entwicklungsgang der ökonomischen Theorie liegt vor allem im Ausbau der Lehre vom Arbeitswert (→ Wert und Preis) und in deren Fortbildung zur Theorie des »Mehrwerts«, in der ersten geschlossenen Darstellung des W.sprozesses einer »wachsenden« kapitalistischen W. (Schemata der erweiterten Reproduktion des Kapitals im 2. Bd des »Kapital« von Karl → Marx) und in der Grundlegung einer umfassenden Theorie der W.skrisen.

4. Im ökonomisch hinter England und Frankreich vorläufig zurückstehenden *Deutschland* ging die W.slehre zT eigene Wege. Friedr. List (1789-1846) machte sich zum unermüdlichen Sprecher einer systematischen Erschließung der nationalen Produktivkräfte, wozu vor allem die Vereinheitlichung des W.sgebietes durch Abbau der innerdeutschen Zölle, bei gleichzeitigem Zollschutz der jungen Industrie nach außen, sowie der Eisenbahnbau beitragen sollte. Der Mecklenburger Gutsbesitzer Joh.Heinr.v.Thünen (1783-1850) versuchte, auf eigenen Wegen und ausgehend von der Land-W. zu volkswirtschaftlichen Einsichten zu gelangen; er hat dem modernen »Marginalismus« vorgearbeitet. Von »nationalliberalem« Geist war die »ältere historische Schule« (W.Roscher, K.Knies, B.Hildebrand) getragen. Die »jüngere historische Schule«, deren anerkanntes Haupt G.v. → Schmoller war, neigte zur → Sozialreform (»Kathedersozialisten«). Gemeinsam ist den meisten Denkern dabei eine konservative Grundeinstellung. Zur Fortbildung der ökonomischen *Theorie* haben im übrigen nur wenige beigetragen (Thünen, Mangoldt, Hermann).

5. In strengem Gegensatz zu der von Marx zum Hebel seiner Kritik der kapitalistischen Gesellschaft fortgebildeten Arbeitswertlehre trat seit den 70er Jahren die Theorie des *subjektiven Werts* hervor (→ Wert und Preis). Ihr Grundaxiom, wonach mit wachsendem Gütervorrat ein sinkender Zuwachs an Verbraucherbefriedigung eintritt *(Gesetz des abnehmenden »Grenznutzens«)*, wurde in der Folge auf weitere W.ssachverhalte ausgedehnt. So wurde für die Produktion ein *Gesetz des sinkenden Ertragszuwachses* aufgestellt, demzufolge bei gleichmäßiger Ausdehnung der Erzeugung auf der Grundlage einer gegebenen Produktionstechnik infolge zunehmender Disproportionierung der Einsatzfaktoren die Produktionsaufwendungen steigen bzw. bei linearer Vermehrung des Aufwands der Ertragszuwachs immer geringer wird (»Ertragsgesetz«; bes. Heinr.v.Stackelberg, 1905 bis 1946). Aus dem (neuerdings vor allem durch Gutenberg entschieden zurückgewiesenen) Ertragsgesetz ließen sich weitreichende Schlußfolgerungen ableiten: So ergebe sich etwa unter bestimmten Umständen ein »Zwang« zu Preissteigerungen seitens der Anbieter bei Zunahme der Produktion. Für die Einkommensverteilung hat vor allem die *»Grenzproduktivitätstheorie«* das Gesetz eines sinkenden Ertragszuwachses nutzbar gemacht: Jeder am Produktionsprozeß beteiligte »Faktor« (»die Arbeit«, »das Kapital«, »der Boden«) werde nach seinem respektiven Beitrag (dem »letzten« noch in die Produktion eingebrachten Leistungsquantum) entgolten; jeder »Faktor« erhalte also »das Seine«, gewissermaßen *seinen* »vollen Arbeitsertrag«.

6. Während in dieser Weise die W.stheorie sich unverkennbar auf eine Position der *Rechtfertigung* bestehender W.sverhältnisse zurückzog, wurde andererseits das Bedürfnis nach einer empirisch begründeten, wirklichkeitsnahen *Erklärung ökonomischer Vorgänge* dringlicher. Der W.sprozeß als ganzer, und im Zusammenhang hiermit vor allem das Phänomen der W.skrisen, stellte wachsende Probleme. Zahlreiche Konjunkturtheorien sind entwickelt worden. Einige führen die W.sschwankungen auf außerhalb des W.sablaufs wirkende Umstände zurück (meteorologisch verursachte Ernteschwankungen, St.Jevons; stoßartiges Auftreten technischer Neuerungen, die zu entsprechendem Mehrbedarf an Investitionsmitteln führen, J.A.Schumpeter [1883-1950] und viele andere; Stimmungen von »Optimismus« und »Pessimismus« der W.sbeteiligten, die aus »infinitesimal kleinen« Anlässen entstehen können, W.A.Jöhr). Denjenigen Theorien, die das Konjunkturgeschehen aus systemimmanenten Umständen erklären, ist eines gemeinsam: Sie sehen in den W.sschwankungen *Disproportionen* in der Verteilung des Kapitals auf die Produktionsbereiche, in der Bewegung der Marktpreise sowie der Einkommen, mit denen die Produkte gekauft werden. Die Krise oder Rezession beruht allemal auf *Überinvestition*. Die Frage, im Vergleich zu welcher anderen volkswirtschaftlichen Größe Überinvestition bestehe, läßt hierbei drei größere Theoriengruppen unterscheiden: a) Überinvestition im Vergleich zur beschränkten Aufnahmekraft der Konsumgütermärkte *(Unterkonsumtionstheorie):* Hier ist zwischen der älteren primitiven Lehre (*ständiges* Ungenügen der Massenkaufkraft) und der entwickelten Lehre (*vorübergehend,* im Hochschwung relativ hinter der Ausdehnung der Produktionskapazität zurückbleibende Endnachfrage) zu unterscheiden. - b) Überinvestition im Vergleich zur Aufnahmekraft der *Produktionsgütermärkte:* Auch im Verkehr zwischen den *Unternehmungen* (verschiedener Produktionsstufen) kann es zu Disproportionen in der Produktion oder in den Preisen kommen, wodurch mehr oder minder verbreitete Absatzkrisen ausgelöst werden mögen. - c) Überinvestition im Vergleich zur *Geldkapitalbildung* (Theorie des *»Unter-Sparens«*): Die Realkapitalbildung kann im Konjunkturaufschwung der gleichzeitigen Geldkapitalbildung vorauseilen. Dies geschieht dann, wenn Investitionen aus *zusätzlichen* Bankkrediten finanziert werden. Irgendwann stößt hierbei die Kreditgewährung der Banken auf Schranken, welche die Liquidität der Kreditinstitute oder auch die Rücksicht setzt, die das Bankensystem als ganzes, einschließlich der öffentlichen Notenbank, auf die Erhaltung der Währungsstabilität nehmen muß. Der Marktzins muß erhöht werden. Hierdurch werden eine Reihe von teils begonnenen, teils geplanten Investitionsvorhaben unrentabel, sie werden eingestellt oder unterlassen. Die sinkende Nachfrage nach Investitionsgütern sowie nach den zugehörigen sonstigen Kapitalelementen führt zu allgemeiner Kontraktion der Märkte, aus der erst ein hierdurch ausgelöstes Fallen des Kreditzinses wieder heraushilft.

7. Die schwere Weltwirtschaftskrise nach 1929, im Verein mit ernsten Strukturproblemen, wie sie schon die vorangegangenen 20er Jahre offenbart hatten (anhaltende Massenarbeitslosigkeit bei gleichzeitiger erheblicher Überkapazität vieler Industrien), ließ die Frage vordringlich werden: Wie kann der Fortgang des W.sprozesses und eine entsprechend große Kapitalbildung gesichert werden? Bedeutungsvoll wurden hier die Lehren von *J.M.* → *Keynes,* wonach der W.sprozeß durch mehr oder minder ständige Schaffung zusätzlicher Geldeinkommen (letztlich freilich mit inflationärer Wirkung) belebt werden kann und soll. In den Dienst dieser Aufgabe soll nach Auffassung der an Keynes sich anschließenden W.slehre vor allem der *Staatshaushalt* treten: Im Unterschied zu der älteren Lehre, wonach die Verausgabung und Beschaffung öffentlicher Mittel nach Maßgabe der »notwendigen« Staatsaufgaben geschehen soll, wird dem Fiskus nun eine gesamtwirtschaftliche Ordnungsfunktion zugewiesen. Die Größe der Staatsausgaben soll sich nach den Erfordernissen der Konjunktur-

erhaltung bestimmen (»Fiscal Policy«), wobei der jährliche Ausgleich von Staatseinnahmen und Ausgaben in Zeiten schlechter Lage der Privat-W. bewußt verabsäumt und planmäßig Schulden gemacht werden sollen. Den Wirkungen solcher gewollter Vermehrung der kaufkräftigen Nachfrage sucht man mit Hilfe möglichst genauer Berechnungen nachzuspüren. Ein erheblicher Teil der gegenwärtigen Nationalökonomie ist, entsprechend der gewandelten Fragestellung, mathematisch und »modelltheoretisch« orientiert. Eine gewisse Formalisierung des Gegenstandes der neueren W.slehre ist dabei unverkennbar.

CH.GIDE-CH.RIST, Gesch. d. volkswirtschaftl. Lehrmeinungen, dt. (1913) 1923³ - P.MOMBERT, Gesch. d. Nationalökonomie, 1927 - E.SCHNEIDER (→ Wirtschaft: II; bes. IV/1: Ausgew. Kapitel d. Gesch. d. W.stheorie) - A.KRUSE, Gesch. d. volkswirtschaftl. Theorien, (1948) 1959⁴ - E.HEIMANN, Gesch. d. volkswirtschaftl. Lehrmeinungen, dt. 1949 - G.STAVENHAGEN, Gesch. d. W.stheorie, (1951) 1957² - J.A.SCHUMPETER, Hist. of Economic Analysis, 1954 - E. JAMES, Hist. de la pensée économique au XXᵉ siècle I. II, Paris 1955 - W.STARK, Die Gesch. d. Volkswirtschaftslehre in ihrer Beziehung zur sozialen Entwicklung, Dordrecht 1960 - S.WENDT, Gesch. d. Volkswirtschaftslehre, 1961. *W.Hofmann*

Wiseman, *Nicholas Patrick Stephen,* englischer Kardinal (1850), * 2.8.1802 in Sevilla aus irischer Kaufmannsfamilie, † 15.2.1865 in London, studierte seit 1818 am Collegium Anglorum in Rom, bes. semitische Sprachen. Seine Lebensaufgabe, der Wiedergewinn → Englands (: I, 7) für das Papsttum, wurde ihm schon damals zugewiesen. Hochbegabt, verwaltete W. 25jährig die beiden orientalischen Professuren am päpstlichen Gymnasium Sapienza, wurde zugleich Vizedirektor, 1828 Rektor des Collegium Anglorum. In jener Zeit besuchten ihn die Führer der Oxfordbewegung (→ Hochkirchliche Bewegung: I) J.H. → Newman und R.H. Froude. 1835/36 und seit 1840 wirkte er in London für den röm.-kath. Glauben, vor allem in der politischen und geistigen Aristokratie. Insbesondere legte er durch den Nachweis (»Augustine and the Donatists« in der von ihm 1836 mitbegründeten Dublin Review), daß die Kirche von England nicht häretisch, sondern nur schismatisch sei, den Grund für Newmans und W.G.Wards Konversion. Überall in England rief W. röm.-kath. Vereine ins Leben, erbaute Kirchen und Krankenhäuser und forderte vom Papst die Wiederherstellung der röm.-kath. Hierarchie für England, dh die Umwandlung aus einem Missions- in ein Kirchengebiet. Dies erreichte er 1850 und wurde selbst der erste Erzbischof von → Westminster. Diese Neuerung hatte heftige anti-röm. Kundgebungen in England zur Folge. - In seiner Katakombenerzählung »Fabiola« (1854) schuf W. den klassischen kath. Roman seiner Zeit, bes. für Italien.

Vf. ferner u.a.: Horae Syriacae, 1828; Lectures on the Principal Doctrines of the Catholic Church I. II, 1836; Three Lectures on the Catholic Hierarchy, 1850; Essays I-III, 1853; Recollections of the last Four Popes and of Rome in their Times, 1858. - Über W.: CH.KENT, Personal Recollections of Cardinal W., 1872 - W.WARD, The Life and Times of Cardinal W., 2 Bde, 1897 - DNB 62, 243ff - RE XXI, 372ff - DThC XV/2, 3561ff. *M.Schmidt*

Wishart, *George* (ca 1513-46), Märtyrer der schottischen Reformation. Über seine Frühzeit fehlen Nachrichten. 1539 oder 1540 hielt er sich in der Schweiz und Deutschland auf und übersetzte die Confessio Helvetica ins Englische (gedr. 1548). 1543 lehrte er im Corpus Christi College in Cambridge. Seit 1544 unterstützte er → Knox bei der Reformation → Schottlands (: I, 2), vor allem als ev. Prediger. Am 1.3.1546 wurde er in Edinburgh als Ketzer verbrannt.

J.KNOX, Hist. of the Reformation in Scotland, ed. W.C.DICKINSON, I, 1949, 60ff - C.ROGERS, Memoir of G.W. (Transactions of the Royal Historical Society 4, 1876, 260-363) - W.CRAMOND, The Truth about G.W., 1898 - DNB XXI, 719ff. *M.Schmidt*

Wissenschaft

1. Geschichtlicher Rückblick - 2. Bedeutung für die Theologie - 3. Einheit der W. - Vgl. → Geisteswissenschaften, → Naturwissenschaft, → Kulturphilosophie und Kulturwissenschaft

1. Alle W. galt lange Zeit als Unterscheidung bestimmter ewiger, unveränderlicher Elemente im Zeitlichen und Wechselnden; in diesem Sinn war der Erwerb und Besitz des Wissens ein religiöser Akt. Bei → Platon zB »erinnert« die Sinneswahrnehmung an bestimmte »ewige → Ideen« oder »Formen«; durch die Schau dieser Formen, die zur → Teilhabe an ihnen führt, wird die Seele über den Strom des Werdens emporgehoben und erreicht ihre wahre Glückseligkeit und ihre Bestimmung. Selbst für → Aristoteles, der der Beobachtung einzelner Naturerscheinungen größere Bedeutung beimaß, bestand das Wissen in der Unterscheidung von → Form und → Materie in den einzelnen Naturobjekten; die vollkommene Erkenntnis erfaßt Gott als die »erste Ursache«, die letztlich für jedes einzelne Zusammentreffen von Form und Materie verantwortlich ist; und wenn es sich - bes. bei der biologischen Entwicklung - um Prozesse des Werdens und Wandels handelt, wird Gott als der »unbewegte Beweger« verstanden, als die kausale, formale und finale Ursache, dh als die Kraft, die den Vorgang hervorbringt und in Gang hält, als die reine Form, die er in seiner Besonderheit verkörpert, und als das Ziel, das den Gang seiner Entwicklung bestimmt. Bei dieser Zusammenschau der W. wurde die Physik in der → Metaphysik vollendet, und die → Logik legte den Grundstein zu dem Ganzen. Denn dieses Verständnis der W. als Unterscheidung von ewigen Elementen ging Hand in Hand mit der Annahme, daß alles verläßliche Denken ganz bestimmten Gesetzen folgen müsse; diese grundlegenden Denkgesetze versuchte die aristotelische Logik mit ihrer Lehre vom Schluß aufzuzeigen. Erst in jüngster Zeit hat die Entwicklung der Logik die Begrenztheit des aristotelischen Schemas nachgewiesen, und dieser Entwicklung entspricht ein wachsendes Empfinden für die Vielgestaltigkeit der W.

Inzwischen hatte die Entfaltung der experimentellen → Naturwissenschaft (: I) zu einem revolutionären Angriff auf die überlieferte → Erkenntnistheorie geführt. W. beruhte jetzt auf der passiven Hinnahme bestimmter »deutlicher Vorstellungen« (Hume), die durch Sinneserfahrungen bereichert wurden. Die Sinneserfahrung stand jetzt an erster Stelle, und als Ideal für die Erkenntnis galt die genaue Beschreibung, die der Beobachter von dem geben kann, was ihm die Wahrnehmung bietet. → Kant war der erste, der aus Erregung über → Humes Angriff auf alle metaphysische Erkenntnis den Gedanken einer grundsätzlichen Unterschiedlichkeit in die W. hineinbrachte, wenn er zwischen den Kategorien und Grundsätzen der reinen Natur-W., den Ideen der reinen spekulativen Vernunft (die als Regulative zur Vollendung der wissenschaftlichen Erkenntnis benutzt werden) und den Ideen der praktischen Vernunft unterschied, die der Ethik und Theologie ihre Themen liefern: Gott, Freiheit, Unsterblichkeit. Erst in der »Kritik der Urteilskraft« stellte Kant die Vermutung auf, daß es trotz dieser logischen Verschiedenheit eine letzte Einheit der Erkenntnis geben könnte, die sich in den ästhetischen und zwecksetzenden Urteilen verwirkliche und in ihnen enthalten sei. Auf dem Grundgedanken von Ganzheiten, den Kant nur andeutungsweise erörtert hatte, baute → Hegel weiter, der die verschiedenen Kategorien aller geistigen Disziplinen wieder in *einem* logischen System zusammenfaßte: der Dialektik. Diese dialektische Methode ist ein logisches Fortschreiten, das auf jeder Stufe eine bessere Erkenntnis des Absoluten gibt; dieses allein existiert »wirklich«, kann aber nur in der Erfassung der historischen Entwicklung am zuverlässigsten erkannt werden. Hier war eine umfassende Einheit der W. gegeben, die jedoch ihrer reichen Vielfalt nicht gerecht wurde, wie sie Kants Scharfblick erkannt hatte. Hegel errichtete seine Metaphysik auf einer zu engen Sicht des Rationalen und unterwarf die Natur-W.en in unerlaubter Weise den apriorischen Sätzen.

Doch die Geltung der Natur-W.en wuchs, und ihre Unterordnung unter die Metaphysik mußte auf immer stärkeren Widerstand stoßen. → Husserl hat in gewisser Hinsicht ein Nachhutgefecht geliefert, wenn er in seiner → Phänomenologie versucht, die Phänomene - die Tatsachen, wie sie die Natur-W. im Auge hat - in ihrer Bedeutsamkeit herauszustellen, und zwar so, daß durch eine »Wesensschau« die phänomenologischen Wesenheiten in Blick kommen. Wenn die Phänomenologie sich derart auf bestimmte Phänomene konzentriert, hat sie einen Zugang, der dem der Natur-W.en verwandt ist, während sie in ihrer Analyse des reinen Bewußtseins der Natur-W. eine philosophische Begründung geben will. So war sie ein Versuch, die Natur-W. im Blickfeld der Philosophie zu behalten. Bei Philosophen wie → Dilthey ist jedoch deutlich ein starkes Empfinden dafür vorhanden, wie verschieden das naturwissenschaftliche Denken von allem andern ist. Dilthey stellte eine Antithese zwischen naturwissenschaftlicher und historischer Forschung im besonderen fest, zwischen »Natur-« und → »Geisteswissenschaften«, dh den W.en von Kunst, Kultur und Religion; er meinte, daß eine einheitliche Einstellung zum Weltganzen wissenschaftlich niemals möglich sein würde (die empirische Psychologie ist zB nicht in der Lage, das geistige Leben des Menschen zu erfassen, wie es die Geistes-W.en erforschen). Die Sehnsucht nach solch einer einheitlichen Haltung, die seit jeher der Philosophie starke Antriebe gegeben hatte, war für Dilthey am ehesten dadurch zu befriedigen, daß man alle vergangenen Philosophien historisch erforschte; gleichwohl sei das geistige Leben letztlich zu komplex und wohl zu schwer zu erfassen, als daß man es auf irgendeine Formel bringen oder wissenschaftlich objektiv beschreiben könnte. Die enge Verbindung von → Geschichte (: III) und → Philosophie bei Dilthey hatte zweifellos eine gewisse Abwertung der Natur-W. zur Folge. Vermieden war eine solche Abwertung aber in Max → Webers Auffassung von der Wertfreiheit der W., wodurch er zweierlei erstrebte: die Anerkennung für die vielen praktischen Errungenschaften der W., aus denen die technische Zivilisation hervorgegangen ist, und dennoch die Klarstellung, daß der W. enge Grenzen gesetzt sind, wenn sie das menschliche Verhalten bestimmen will. - Als nun der Erfolg der naturwissenschaftlichen Forschung offensichtlich und für die Kultur bestimmend wurde, wuchs das Ansehen der Natur-W., so daß sie zum Maßstab für alles verläßliche Denken wurde. Die bisherige Unterordnung der Sinneswahrnehmung und der Natur-W. wurde jetzt völlig aufgehoben; umgekehrt mußten nun die anderen Disziplinen Rechenschaft ablegen, inwiefern sie überhaupt als unabhängige W. gelten konnten. - Die Idealisierung der naturwissenschaftlichen Erkenntnis, die mindestens auf Hume zurückgeht, bestimmte die wissenschaftliche Metaphysik des 19.Jh.s (W.K.Clifford, H. → Spencer) und den logischen → Positivismus des frühen 20.Jh.s. Den anderen Disziplinen billigt man erst neuerdings ihre eigene Art der Einsicht und ihrer Sprache ein eigenes logisches Verhalten zu. Solange die exakte W. den einzigen Maßstab für eine verläßliche Sprache bildete, war die Einheit der W. kein Problem, obgleich sie keine religiöse Bedeutung hatte. Sobald aber eine Verschiedenartigkeit der Erkenntnis zugegeben wird und man die logische Vielfalt der Alltagssprache entdeckt, wird die Einheit der W. zum Problem. Löst man dieses Problem, so könnte es möglich sein, allem Wissen wieder religiöse Bedeutung zu geben (s. 3). Durch die in jüngster Zeit zunehmende Spezialisierung und Zersplitterung der W. wurde die Frage immer dringlicher, was ihre Einheit bedeutet und wie sie erreicht werden kann.

2. Die historischen Entwicklungen der W. haben die *Theologie* vielfältig beeinflußt, ihr manchmal erhebliche Probleme gestellt und neue Möglichkeiten eröffnet. Da hier bes. die Auswirkungen der neueren Entwicklung auf die Theologie erörtert werden sollen, ist es zweckmäßig, auf die Zeit zurückzugreifen, in der die Geschichte als exakte W. galt. Zwei Vorteile hatte diese Anschauung, die zB schon → Gibbon und → Ranke vertreten hatten: sie ließ die Geschichte an dem wachsenden Ansehen des wissenschaftlichen Denkens teilnehmen und schloß die theologischen Ideen von der Vorsehung und dem Eingreifen Gottes aus. Doch dank solcher Philosophen und Historiker wie Dilthey und Collingwood, die ein starkes Empfinden für das besondere Wesen und Anliegen der Geschichtsschreibung hatten, dank auch des wachsenden Bewußtseins vom Unterschied der wissenschaftlichen Methoden waren es die Historiker selbst, die im 20.Jh. jene Ansicht verwarfen. Während die Natur-W. Verallgemeinerungen erarbeitet, mit deren Hilfe man deduktiv Beweise führen kann, geht es der Geschichte um das Einmalige, Besondere und Persönliche; der Historiker ist bes. an dem Einfluß des Menschen auf seine Welt interessiert wie auch an dem das Handeln bestimmenden Denken. Die Geschichte darf sich nicht mit »bloßen Tatsachen« beschäftigen, wie sie die Natur-W. erforscht, sondern mit »Tatsachen und Deutungen«.

Es gab zweifellos eine Zeit, wo auch die Theologie als exakte W. gelten wollte, wo sie zB die Evangelien als wissenschaftliche Dokumente ansah. Doch war dieser Versuch von vornherein zum Scheitern verurteilt, wenn es dabei um den religiösen Gehalt der Erzählungen gehen sollte. Denn bei dieser Methode konnte ihr Thema nur im Bereich der Sinneserfahrung liegen, jede Annahme einer Tätigkeit Gottes war grundsätzlich ausgeschlossen. Die Auffassung der Geschichte als einer besonderen Disziplin, die sich nicht mit »bloßen Tatsachen«, sondern mit »Tatsachen und Deutungen« befaßt, schien unter diesen Umständen ein Fortschritt zu sein; die Evangelien wurden nun nicht als wissenschaftliche, sondern als geschichtliche Urkunden angesehen. Unter diesem Gesichtspunkt schildern sie Glauben, Denken und Tun der ersten Christen, Deutungen so gut wie Tatsachen. Wiewohl diese Betrachtung dem Wesen der Evangelien schon näher kommt, ist sie doch nicht die angemessene. Denn auch bei dieser Sicht ist der Bezug auf Gott nicht gegeben. Sie könnten einfach soziale Dokumente sein. Bultmann sagt mit Recht, daß ein zureichendes Verstehen der Sprache der Evangelien ein Interesse dafür voraussetzt, worum es den Evangelien geht. Doch wenn er behauptet, diese Situation sei mit unserer Existenz gegeben, so beraubt er sich der Möglichkeit, eine vernünftige Verbindung zwischen der Sprache der Evangelien und ihrem Thema herzustellen. Doch löst sich das Problem auch dann nicht, wenn man die Evangelien als Heilsgeschichte bezeichnet. Zwar muß die Theologie in der Tat einen logischen Charakter haben, der sich von Natur-W. und Geschichte unterscheidet. Doch insofern die → Existenzphilosophie das Verhältnis von Geschichte und Heilsgeschichte notwendig ungelöst läßt, bleiben die Worte bloße Formulierungen des Themas und bieten keinerlei Lösung. - Die Alternative ist, daß die Theologie alle Sprachen in sich faßt - seien sie naturwissenschaftlich oder historisch - und sie alle gebraucht, jeweils so qualifiziert und entwickelt, daß darin von Gott geredet werden kann. In den entsprechend erweiterten Begriffen der naturwissenschaftlichen Sprache werden wir von Gott als Schöpfer reden; in den entsprechend erweiterten Begriffen der geschichtlichen Sprache reden wir von Gottes Erlösung in Jesus Christus usw. Es ist eine wichtige Aufgabe für die heutige Theologie, den logischen Charakter solcher Erweiterungen (Extrapolationen) der naturwissenschaftlichen und historischen Sprache zu erhellen, wie sie in der naturwissenschaftlichen Erklärung der Genesis bzw. in der geschichtlichen Erklärung der Evangelien begegnen. Kraft dieser Erweiterungen bekommt ihre Sprache einen religiösen und christlichen Sinn.

3. Wie läßt sich von einer *»Einheit«* der W. sprechen, geschweige denn von ihrer religiösen Bedeutung, wenn der unterschiedliche Charakter etwa der Natur-W. und der Geschichte und die logische Verschiedenheit ihrer jeweiligen Sprache so augenfällig und bedeutsam ist? Obwohl in der Theologie nichts enthalten ist, was den überprüfbaren Deduktionen der Natur-W. entspricht, bedarf doch die Natur-W. des Verstehens und der Vorstellungskraft; diese und andere Züge der naturwissenschaftlichen Forschung (zB die Informationstheorie in der Physik) ermöglichen eine theologische Ergänzung; denn sie erlauben es, die Natur-W. als ein Gespräch mit dem Universum aufzufassen, und geben der W. den Offenbarungscharakter personaler Erkenntnis (vgl. Polanyi). Ähnlich in der Geschichte: Während ihr Verständnis als »Tatsache und Deutung« religiöse Gesichtspunkte nicht notwendig einschließt, gibt sie doch der Möglichkeit einer theologischen Ergänzung Raum, insofern das Personale zur beherrschenden Kategorie des Verstehens wird. Im besonderen entsteht die Möglichkeit einer logischen Begründung der Einheit der W., wenn wir erkennen, daß etwa die Aussage »Gott ist« einen einzigartigen logischen Status hat, kraft dessen sie ein Schlüsselsatz ist und als logische Vervollständigung der verschiedenen Sprachen dienen kann. Obwohl sie selber keine logischen Folgerungen aus sich heraussetzt, wird sie durch die verschiedenen Behauptungen über das Universum notwendig gemacht, wie sie für die Disziplinen der W. bezeichnend sind. Zugleich sind die logischen Beziehungen jener Aussage denen nicht ganz unähnlich, die zwischen dem Satz »ich bin« und naturwissenschaftlichen und historischen Behauptungen über meine Person bestehen. Und weiter: Der Sinn dieser Schlüsselsätze, die von verschiedenen Zweigen der W. in diesem Sinn vorausgesetzt werden, begegnet in einer Art Offenbarung, zu der grundsätzlich jede Disziplin kommt, wenn ihre Sätze einer bestimmten Entfaltung unterworfen werden. So haben wir die logische Möglichkeit, Sprachen, deren Verschiedenheit untereinander anerkannt ist, zu einem System zu vereinigen, und weiter, der Theologie einen bestimmten Ort zuzuweisen, der dem der persönlichen Hingabe aufs engste benachbart ist. Das diskursive Wissen ist durch die Voraussetzung der Existenz Gottes logisch geeint; diese logische Synthese gründet in der Hingabe an das Universum, die im allgemeinen eine verehrende Hingabe ist und - christlich gesprochen - der Glaube als Antwort auf Gottes Gnade in Christus.

Natürlich kann man die Möglichkeit bestreiten, eine solche Landkarte der Sprachen zu zeichnen, in der die verschiedenen Sprachen der W. wenigstens grundsätzlich vereinigt sind. Dann bleibt nur die Wahl, sich mit logisch weit schwächeren Bindungen zufriedenzugeben, wie sie etwa E. Cassirer bietet, bei dem die Einheit als dialektische verstanden ist, die gerade in der Ko-existenz der Gegensätze sich ereignet (aber wie?); oder mit der »Methode der Korrelation« (Tillich), mit deren Hilfe auf die in der modernen Kulturwelt sich erhebenden Fragen theologische Antworten gegeben werden, wo also Situation und Botschaft »vereinigt« sind. Doch die Art dieser Korrelation wirft viele Schwierigkeiten auf. Entweder ist sie existentiell, so daß sie nicht erklärt werden kann, oder sie bietet eine zu systematische Verbindung, so daß (wie bei Hegel) die logische Verschiedenheit der Sprachen und die Besonderheit der Theologie verlorengeht. - Die Aufgabe der Logik, diese eine Sprachenkarte zu zeichnen, mag auf große Schwierigkeiten stoßen; dennoch sieht es so aus, als könne auf andere Weise weder die ursprüngliche Einheit der W. noch ihr religiöser Sinn angemessen entfaltet werden.

Vgl. → Theologie: I; II, 2; III, 3 c; → Theologie und Philosophie: I-IV.

E. Cassirer, Das Erkenntnisproblem in d. Philos. u. W. d. neueren Zeit I-III, (1906) 1922/23² - M. Weber, Ges. Aufs. zur W.slehre, (1922) 1951² - P. Tillich, Das System der W.en, 1923 - W. Dilthey, Ges. Schriften, bes. Bd VII, (1927) 1961⁵ - Th. Litt, W., Bildung, Weltanschauung, 1928 - H.-G. Gadamer, Die Ursprünglichkeit d. W., 1947 - N. Sykes, Some Current Conceptions of Historiography and their Significance for Christian Apologetic (JThS 50, 1949, 24 bis 37) - I. T. Ramsey, Miracles, an Exercise in Logical Mapwork, Oxford 1952 - Ders., Religion and Science, a Philosopher's Approach (ChQR 162, 1961, 77-91) - H. A. Hodges, Languages, Standpoints and Attitudes, Oxford 1953 - M. B. Hesse, Science and the Human Imagination, London 1954 - A. Dempf, Die Einheit d. W., 1955 - F. Renoirte-A. Mercier, Philos. d. exakten W., 1955 - M. Polanyi, Personal Knowledge, London 1958 - G. F. Woods, Theological Explanation, ebd 1958 - T. A. Roberts, Hist. and Christian Apologetic, ebd 1960 - L. A. Reid, Ways of Knowledge and Experience, ebd 1961, Kap. 15. - Vgl. die Lit. zu → Geisteswissenschaften, → Naturwissenschaft: II.

I. T. Ramsey

Witelo (1230-80), scholastischer Philosoph, Mathematiker und Naturwissenschaftler, * in Schlesien, † vermutlich im Prämonstratenserkloster Witów an der Pilica. W. studierte in Italien, bes. in Padua (1260-68). In Witerbo lernte er → Wilhelm von Moerbeke kennen; ihm widmete er seine Perspectiva, in der er Grundprobleme des Sehens und der Physik des Lichtes unter Anlehnung an griech. Autoren und Alhazen behandelte. → Kepler veröffentlichte 1604 Ergänzungen zu diesem Werk. Die psychologischen Partien, die ebenfalls von Alhazen übernommen sind, analysieren das komplexe Geschehen der Sehwahrnehmung nach modern anmutenden Methoden. Seine mathematischen, physikalischen und psychologischen Anschauungen bezeugen den Einfluß des → Neuplatonismus. W. verfaßte ferner die Traktate De natura daemonum und De primaria causa poenitentiae.

ADB 43, 556ff - C. Baeumker, W., 1908 - Ü II, 474ff. 761 - EF IV, 1776f - W. Wasik, Gesch. d. Philos. I, 1959, 26ff (poln.) - A. Lubos, Gesch. d. Lit. Schlesiens I, 1960, 34f.

B. Stasiewski

Wither, *George* (1588-1667), engl. Liederdichter und Politiker, * in Bentworth (Hampshire), schuf zunächst lyrische Gedichte von hohem Rang, wandte sich jedoch bald den Puritanern zu und stellte seine Gaben ausschließlich in den Dienst von Religion und Politik. Seine Satiren »Abuses stript and whipt« (1613) machten ihn berühmt und trugen ihm - wegen heute nicht mehr verständlicher Anspielungen - eine Gefängnishaft ein. W.s »Hymns and Songs of the Church« (1623) wurden zT von Orlando Gibbons vertont; an die dichterische Aussagekraft der frühen Gedichte erinnern jedoch nur einige der heute noch gesungenen Lieder aus dem Band »Halelujah« (1641). Trotz schriftstellerischer Erfolge und der Beförderung zum Generalmajor verbitterten finanzielle Schwierigkeiten W.s Leben. Nach → Cromwells Tode trat W. zunächst für die Restauration ein, verteidigte später aber die Volksrechte mit solcher Schärfe, daß das Parlament ihn drei Jahre gefangensetzte.

GesW, hg.v. d. Spencer Society, 20 Bde, London 1871-82 - The Poetry of G.W., ed. F.SIDGWICK, ebd 1902. - Über W.: J.JULIAN, Dict. of Hymnology, ebd 1907, 1289ff - DNB XXI, 730ff - EBrit XXIII, 688. *F.Schlingensiepen*

Witsius, *Herman* (1636-1708), niederl. ref. Theologe, * in Enkhuizen, studierte in Utrecht unter → Voetius und → Hoornbeek, in Groningen unter → Maresius, war 1657 Pfarrer in Westwoud, 1661 in Wormer, 1666 in Goes und 1668 in Leeuwarden, 1675 Prof. in → Franeker, 1680 in → Utrecht, 1698 in → Leiden, zugleich Regent des dortigen »Staatenkollegiums«. In seiner biblischen Föderaltheologie (→ Bund: IV) wich W. von → Coccejus ab und war mehr → Calvin verwandt; als Pietist der voetianischen Richtung neigte er zur Mystik. Er bekämpfte den Cartesianismus (→ Descartes), den separatistischen Labadismus (→ Labadie) und den Antinomismus, suchte aber eine Synthese zwischen Voetianern und Coccejanern herbeizuführen, was ihm nur zT gelang. Sein Einfluß machte sich außer in Holland (→ Vitringa, Smijtegelt, → Schortinghuis) auch in Deutschland (→ Lampe, → Tersteegen) und Schottland (»Marrowmen«) geltend.

Opera, 1736-37 (u.a. De oeconomia foederum Dei cum hominibus, 1677); Practycke des Christendoms, 1665. - Über W.: RE XXI, 380ff - NNBW III, 1445ff - J.VAN GENDEREN, H.W., 1953 (Lit.) - J.KWEKKEBOOM, H.W. als dichter (NAKG 41, 1955/56, 162-167) - K.W.SLIK, Het oudste geschrift van H.W. (ebd 222-241). *W.F.Dankbaar*

Witt, *Franz Xaver,* * 9.2.1834 in Walderbach, † 2.12. 1888 in Landshut, Priester und Kirchenmusiker, bemühte sich, vor allem als Organisator, um eine Reform der kath. Kirchenmusik. Er gründete 1866 die »Fliegenden Blätter für die kath. Kirchenmusik« (später »Cäcilienvereinsorgan«), 1868 den Allgemeinen Cäcilienverein für Deutschland. Doch erschöpfte sich die Reform in Beseitigung barocker Reste, Mäßigung des Zeitstils und Historismus; die kompositorische Bedeutung W.s ist mäßig.

Vf.: Ausgew. Aufs. zur Kirchenmusik, hg.v. K.G.FELLERER, 1934. - Über W.: A.WALTER, F.X.W., (1889) 1906² - O.URSPRUNG, Die kath. Kirchenmusik, 1934, 277ff - FELLERER, aaO 5-12. *E.Jammers*

Witta (angelsächsisch *Hwita,* d.i. der Weiße, verwelscht *Albuinus*), Mitarbeiter des → Bonifatius aus Wessex, im Herbst 741 zum (einzigen) Bischof von → Büraburg geweiht, noch Teilnehmer des Concilium Germanicum (742) und der Synodus Liftinensis (743), dann nicht mehr erwähnt.

HAUCK I, 512 - H.V.SCHUBERT (→ Wigbert, 1) 305 - F.FLASKAMP, Das Hessen-Bistum Buraburg, 1927 - A.BIGELMAIR, Die Gründung der mitteldt. Bistümer (Festschr. »St. Bonifatius«, 1954, 247-287). *F.Flaskamp*

Witte, *Johannes,* ev. Religions- und Missionswissenschaftler, *19.2.1877 in Silligsdorf/Pommern, † 7.8.1945 in Buch/Berlin, 1921 PDoz., 1927 ao., 1930 o. Prof. in → Berlin, 1939 emeritiert. Als langjähriger Leiter der → Ostasien-Mission gewann er reiche Kenntnis Ostasiens, seiner Religionen und Missionsprobleme. Er hat die Ostasien-Mission wesentlich ausgebaut und zur theologischen Neubegründung der Mission, bes. ihrer Verkündigung in der Welt der Hochreligionen, beigetragen.

Vf. u.a.: Ostasien u. Europa, 1914; Japan zwischen zwei Kulturen, 1928; Das Jenseits im Glauben der Völker, 1929; Der Buddhismus in Gesch. u. Gegenwart, 1939; Die Christusbotschaft u. d. Religionen, 1936. - Hg.: ZMR 1909-32. *G.Rosenkranz*

Wittenberg, *Universität.* Als 1485 nach der Teilung der sächsischen Lande (→ Sachsen, 2 a) die Universität → Leipzig zur albertinischen Linie gehörte, gründete Kurfürst → Friedrich der Weise 1502 in seinem ernestinischen Landesteil eine Universität in W., das neben Torgau seine Residenz war. Kaiser Maximilian verlieh alle Rechte der alten Universitäten; die sonst übliche päpstliche Bestätigung wurde erst 1507 eingeholt. Zwölf der Professuren waren durch die Pfründen der Allerheiligen-Stiftskirche dotiert, drei andere durch das Franziskaner- und das Augustinereremitenkloster in W. Zum ersten Rektor wurde Martin Polich von Mellerstadt († 1513), der Leibarzt des Kurfürsten, ernannt, der später auch in der juristischen und theol. Fakultät mitwirkte. Für die nach dem Vorbild von → Tübingen eingerichtete Universität gewann der Kurfürst gute Lehrkräfte, so den Augustinerprior Johann von → Staupitz für die Theologie, ebenso Jodocus → Trutvetter, Andreas → Karlstadt und Nik. von → Amsdorf. Bei den Juristen ragen hervor Hieronymus Schurf (1502-47, † 1554 in Frankfurt a.d.O.), Wolfgang Stehelin, Christoph Scheurl (1507-12, dann in seiner Heimatstadt Nürnberg), Henning Goede (1509-21). In der artistischen Fakultät war man von vornherein für die neuen humanistischen Gedanken offen. Als → Luther (: I, 1) im Winter 1508/09 von Erfurt nach W. versetzt wurde, fand er Bereitschaft, auf sein Universitätsreformprogramm einzugehen. Seit Sommer 1511 war er der zur führenden Rolle aufsteigende Mann, der seit 1512 als Doctor biblicus in der theol. Fakultät die Reformideen des Humanismus durchführte und zum kirchlichen Reformator wurde. Die Berufungen des Hebraisten Johann Böschenstein und bes. des jungen → Melanchthon (1518) krönten diesen ersten Abschnitt in Luthers reformatorischer Tätigkeit, die Reform der Universität. Die Vorherrschaft des Aristoteles und der antiken Buchweisheit einerseits und der mittelalterlichen Dogmatik andererseits wurde bei den Artisten wie in den Hauptfakultäten der Theologie, Jurisprudenz und Medizin gebrochen. Die Kenntnis der drei alten Sprachen, die Einbeziehung der deutschen Geschichte und die praktische Erfahrung traten neben die theoretische Traditionsübermittlung, so daß nun in der Theologie die Bibel selbst zum kritischen Maßstab der Kirchenerneuerung wurde, in der juristischen Fakultät die Vorherrschaft des kanonischen Rechts gebrochen wurde und bei den Medizinern 1526 die erste Sektion eines menschlichen Schädels durchgeführt werden konnte. Melanchthons Antrittsvorlesung über die Reform des akademischen Studiums war Geist vom W.er Geist, und nun begann der Siegeslauf der Universität, die bald alle anderen Universitäten zahlenmäßig hinter sich ließ; die Zahl der Studenten betrug - bei ca 3500 Einwohnern - oft über 2000, darunter die Elite der europäischen Jugend (etwa 15% Ausländer; allein aus Ungarn bis 1600 ca 1000 Studenten). - Krisenzeiten brachten die Bilderstürmer 1522, die zu zeitweiser Geringschätzung wissenschaftlicher Arbeit führten, auch die Hemmungen des → Bauernkriegs oder Pestepidemien, die zu zeitweiliger Verlegung der Universität (zB nach Jena) führten; aber sie wurden bald überwunden, und neue Statuten ordneten endgültig den Hochschulbetrieb, 1533 für die theol. Fakultät, 1537 in einer Fundationsurkunde Johann Friedrichs für die gesamte Universität. Das Allerheiligenstift wurde säkularisiert. Seine Einkünfte bildeten den Grundstock zur Finanzierung der Universität, die nun das alleinige Vorschlagsrecht zur Berufung der Professoren hatte (theol. Fakultät jetzt vier Ordinariate, juristische vier, medizinische drei, artistische elf). Unter den Theologen ragen außer den schon genannten hervor Justus → Jonas, Johannes → Bugenhagen, Caspar → Cruciger, Georg → Major. Unter den Juristen Johann Apel, Melchior Kling, unter den Medizinern Augustin Schurff, Jakob Milich, in der artistischen Fakultät von Windstein (Gräzist), Johann → Stigel, Matthias → Flacius Illyricus, Paul → Eber u.a.

Die Katastrophe des Schmalkaldischen Krieges 1547, die für Johann Friedrich Verlust des Kurkreises mit der Universität W. bedeutete (und 1552 zur Gründung von → Jena in seinen Thüringer Erblanden führte), wurde relativ schnell überwunden, weil die neuen albertinischen Landesherren sich für W. einsetzten und Melanchthon noch bis 1560 die Universität weiterführen konnte. So blieb W. noch etwa 100 Jahre die deutsche Universität mit den größten Studentenzahlen (1550-90 ca 23000 Immatrikulationen). Die dogmatischen Spannungen zwischen calvinistischen und luth. Strömungen in der Reichspolitik wirkten sich in den Jahrzehnten von 1570-90 auch wechselnd auf die Personalpolitik der W.er Universität aus, bis schließlich 1591 der luth. Charakter mit Verpflichtung auf die → Konkordienformel festgelegt wurde, für Nichttheologen des Auslands auf die CA invariata. An bedeutenderen Professoren des 16.Jh.s sind noch zu nennen Johannes Förster (Hebraist), die Juristen Joachim von Beust, Johannes Schneidewin, Mathaeus Wesenbeck, der Mediziner Kaspar → Peucer, in der artistischen Fakultät die Mathematiker Georg Joachim von Lauchen, gen. Rhäticus (Anhänger des → Kopernikus), Erasmus Reinhold (trigonometrische Tafeln für die Astronomie) und Johannes Praetorius (Feind aller Astrologie). Die theol. Fakultät war nach Ausschaltung der → Kryptocalvinisten zum Hort luth. → *Orthodoxie* geworden, zu der Namen wie Pol. → Leyser, Aeg. → Hunn, Leonh. → Hütter, Balth. → Meisner, Paul → Roeber, Abr. → Calov, Andr. → Quenstedt, Joh. → Deutschmann, später G. → Wernsdorf und V.E. → Löscher gehörten. Die heraufkommende *Aufklärung* vertraten Männer wie F.V. → Reinhard, K.L. → Nitzsch und H.G. → Tzschirner. In der juristischen Fakultät ragten hervor Balthasar und Jeremias Reussner, Konrad Carpzov und vor allem Kaspar Ziegler, ein Anhänger der Naturrechtsgedanken des Hugo → Grotius und Vertreter prot. Positionen gegenüber dem mittelalterlichen Kirchenrecht, Lehrer des Chr. → Thomasius. Die medizinische Fakultät hatte führende »moderne« Vertreter in Johann Jessenius, Daniel Sennert, Konrad Schneider, die alle in exakter Beobachtung die Grundlagen der neueren Medizin legen halfen. In der nunmehrigen philosophischen Fakultät wirkten der Latinist Friedrich Taubmann, die Historiker Konrad Samuel Schurzfleisch, J.M. → Schröckh und Johann Gottfried Gruber, ferner Johann Sperling. Wenn auch die Berufung des Astronomen Joh. → Kepler nicht gelang, so konnte doch ein Mitarbeiter Tycho de Brahes, Ambrosius Rhodius in W. wirken, ebenso der Astronom Johann Friedrich Weidler.

Hatte die Universität den 30jährigen Krieg einigermaßen überstehen können, so schlugen der 7jährige Krieg (1760) und die Eroberung W.s, der letzten von den Franzosen bis Januar 1814 verteidigten Festung, der Stadt große Wunden. Preußen, an das W. 1815 kam, hat die von Napoleon geschlossene Universität nicht wieder eröffnet und sie 1817 mit → Halle zur »Vereinten Friedrichs-Universität Halle-W.« verbunden. 1817 wurde in den ehemaligen Universitätsräumen des Augusteums ein → Predigerseminar eingerichtet, 1883 mit kleinsten Anfängen die Lutherhalle gegründet, die heute zum reformationsgeschichtlichen Museum sowie zur Forschungs- und Tagungsstätte herangewachsen ist (im historischen alten Lutherhaus). Weitere Museen in W. dienen der Heimatkunde (im Melanchthonhaus), den Fragen Religion und Naturwissenschaft (Kirchliches Forschungsheim) und der Völkerkunde.

J.C.A.Grohmann, Annalen d. Univ. W., 1801 - A.Tholuck, Der Geist der luth. Theologen W.s im Verlaufe d. 17.Jh.s, 1852 - Ders., Das akad. Leben d. 17.Jh.s I. II, 1853/54 - Th.Muther, Die W.er Universitäts- u. Fakultätsstatuten vom Jahre 1508, 1867 - G.Bauch, W. u. die Scholastik (Neues Archiv f. sächs. Gesch. u. Altertumskunde 18, 1897, 285-339) - E.Haupt, Was unsere Universitäten der Gründung der Univ. W. danken (DEBl 1902, 737-759) - J.Haussleiter, Die Univ. W. vor dem Eintritt Luthers, 1903 - Erman-Horn II, 1095ff (Lit.) - Nik.Müller, Die Gesetzgebung d. Univ. W. von deren Gründung bis zu Melanchthons Tode, 1905 - Gottfr.Krüger, Das Ende d. Univ. W., 1917 - W.Friedensburg, Gesch. d. Univ. W., 1917 - Ders., Urkundenbuch d. Univ. W. I. II, 1926/27 - Liber decanorum. Das Dekanatsbuch d. theol. Fakultät zu W. Im Lichtdruck nachgebildet I. II, 1918/23 - Karl Bauer, Die W.er Universitätstheol. u. d. Anfänge d. dt. Reformation, 1928 - O.Thulin, Volkstum u. Völker in Luthers Reformation (ARG 40, 1943, 1-29) - Ders., W.er Universitätsstätten (in: 450 Jahre Martin Luther-Univ. Halle-W. I, 1952, 415-418; Taf. I-XIV) - Ders., Die Lutherstadt W. u. ihre reformat. Gedenkstätten, 1960 - M.Grossmann, Humanismus in W. 1486-1517 (Diss. Cambridge/Mass.), 1960 - A.Timm, Die Univ. Halle-W., 1960. - Vgl. die Lit. zu → Halle. *O.Thulin*

Wittenberger Konkordie. Die W.K. ist das Ergebnis von Einigungsverhandlungen in der Abendmahlsfrage (→ Abendmahl: II, 3a), die → Bucer im August 1530 in Augsburg begonnen hatte. Weitere Etappen: Schweinfurter Konvent April/Mai 1532 (innerhalb des → Schmalkaldischen Bundes wird die → Confessio Tetrapolitana unter Überordnung der CA anerkannt); Stuttgarter Konkordie (2.8.1534) unter Zugrundelegung der im → Marburger Religionsgespräch am 3.10.1529 von → Zwingli und → Oekolampad abgelehnten luth. Einigungsformel; Kasseler Vergleich zwischen Melanchthon und Bucer (27.-29.12.1534) unter Anerkennung von CA und AC; Ausgleich zwischen Luther und der Stadt Augsburg (22.7.1535). - Während die Schweizer (auch Konstanz mit seinem Vertreter J. → Zwick) von Anfang an Widerstand leisteten und schließlich sich versagten, während → Melanchthon in dauernder Angst die für den 14.5.1536 nach Eisenach einberufenen und dann vom 22.-29.5. in Wittenberg durchgeführten Konkordienverhandlungen zuerst zu verzögern und ihr Ergebnis dann krampfhaft festzuhalten trachtete, sind → Luther und Bucer stetig aufeinander zugegangen. Die endgültige Formulierung - kein Einheitsbekenntnis, sondern ein von Melanchthon gegebenes Resümee der Meinung der Oberländer - bringt unter dem dehnbaren, sowohl von → Wiclif und den Böhmischen Brüdern als auch von Luther verwendeten Oberbegriff der unio sacramentalis dem luth. sakramentalen Realismus ein Opfer, enthält aber in der manducatio indignorum (statt impiorum) eine von beiden Seiten bewußt hingenommene Ambivalenz, so daß »die ganze Konkordie ein Schein war« (W.Köhler). - So bleibt die W.K. in den Anfängen stecken (fraglich ist, ob Luther sie schon in den Schmalkaldischen Artikeln aufgegeben hat [so W.Köhler] oder nicht [so E.Bizer]), ermöglichte aber weiteren oberdeutschen Städten den Anschluß an den Schmalkaldischen Bund und damit an das Luthertum und bot eine gemeinsame Basis für die Konzilsverhandlungen. Die Aufnahme in die Solida Declaratio der FC (VII, §§ 12-16) bekräftigt noch einmal die luth. Grundhaltung der W.K.

Beschreibung des Abendmahlsstreites von J.Stumpf (1538 bzw. 1562), hg.v. Fr.Büsser, 1960. - RE XXI, 383ff - E.Bizer, ARG 35, 1938, 203-237; 36, 1939, 68-87. 214-252 (Urkunden) - Ders., Studien zur Gesch. d. Abendmahlsstreits im 16.Jh., 1940 - Ders.-W.

KRECK, Die Abendmahlslehre in d. reformat. Bekenntnisschriften (ThEx NF 47), 1955, 34ff - W.KÖHLER, Zwingli u. Luther II, 1953, bes. 432ff. *W.Maurer*

Witter, *Henning Bernhard* (1683-1715), * und † in Hildesheim, wo er nach kurzer Dozententätigkeit in → Helmstedt seit 1707 Pfarrer war. Durch den Einfluß von J. → Spencer, H.v.d. → Hardt und J. → Clericus für Bibelkritik aufgeschlossen, hat W. - 40 Jahre vor → Astruc - in dem ersten Band eines (unvollendet gebliebenen) Genesis-Kommentars »Jura Israelitarum in Palaestinam terram Chananaeam commentatione in Genesin Perpetuâ ... demonstrata ...« (1711) die Parallelität von Gen 1 und 2, die Unterschiede in deren Erzählungsstil und die Verschiedenheit der Gottesbezeichnung erkannt. Unter der Voraussetzung, daß Mose den → Pentateuch (, 2) verfaßt habe, sah er in Gen 1 eine ältere Quelle, die Mose unter Inspirierung durch Gott in sein Werk aufgenommen habe. Daß die Inspiration sich dabei nur auf die Auswahl, nicht aber auf den Inhalt des Textes bezog, führte zu heftigen Angriffen der Wittenberger Orthodoxie gegen W. Durch dieses Werk wurde W. zum Begründer der modernen Literarkritik, wenn diese auch nicht an W., sondern an Astruc angeknüpft hat. - Vgl. → Bibelwissenschaft: I, 2 a.

A.LODS, J.Astruc et la critique biblique au XVIIIe siècle, 1924 (= RHPhR 4, 1924, 109-139. 201-227) - DERS., ZAW 43, 1925, 134 f - H.BARDTKE, H.B.W. (ZAW 66, 1954, 153-181) - DERS., H.B.W., Pfarrer zu Hildesheim (Alt-Hildesheim H. 26, Nov. 1955, 1-10) - KRAUS 84 u.ö. *E.Kutsch*

Wittgenstein, *Ludwig* (* 26.4.1889 in Wien, † 29.4. 1951 in Cambridge), Philosoph, 1929 Fellow am Trinity College in Cambridge, 1939-47 Prof. ebd. Als Persönlichkeit, Lehrer und Denker gleich ungewöhnlich, hat W. an der gegenwärtigen Hinwendung der Philosophie zum Problem der → Sprache führenden Anteil. Seine früheren Theorien bestimmten die Ansichten des »Wiener Kreises« (→ Positivismus, 3), seine späteren Auffassungen prägten die jetzt in England herrschende Richtung der »analytischen« oder »linguistischen« Philosophie (→ Theologie und Philosophie: IV, 1 c). W. ging von den Resultaten Freges (→ Logik, → Semantik) und → Russells aus. Das Verhältnis von Sprache und Welt erklärt er durch die Idee einer perfekten Sprache, in der die Namen den einfachen Gegenständen entsprechen und alle Sätze die Verkettung solcher Gegenstände zu Sachverhalten im Medium der Sprache nachbilden. Sprache und Wirklichkeit sind dann strukturidentisch, die Sprache ist ein *Bild* der Welt. Bes. wirksam wurde W.s Darstellung der Gesetze der Logik als *Tautologien,* die nichts über Sachverhalte, sondern über die Bauformen der Sprache aussagen. Sätze, die nicht zur Naturwissenschaft oder Logik gehören, sind unsinnig, insbesondere alle Sätze der »traditionellen« Philosophie. Resultat der Philosophie sind nicht Sätze, sondern das Klarwerden von Sätzen; Philosophie ist eine Aktivität, keine Lehre. In jahrelangem Nachdenken hat sich W. von dieser durchsichtigen, aber einseitigen Ansicht des »Tractatus« getrennt: nicht eine ideale Sprache, sondern die verschiedenen Sprachen des Alltags und der Wissenschaften sind das Feld des Philosophen; Sprache liefert nicht Bilder der Wirklichkeit, sondern Instrumente, Geräte, mit denen wir zu verschiedenen Zwecken umgehen lernen (»Sprachspiele«). Die philosophischen Probleme werden nicht gelöst, sondern von Fall zu Fall therapeutisch behandelt: »Die Philosophie ist ein Kampf gegen die Verhexung unseres Verstandes durch die Mittel unserer Sprache.«

Vf.: Logisch-philos. Abhandlung (Ostwalds Annalen d. Naturphilos. 14, 1921, 185-262), dt.-engl.: Tractatus logico-philosophicus, London (1922) 1955[6] (dt.-ital. Mailand 1954; dt.-engl. mit neuer engl. Übers. London 1961); Some Remarks on Logical Form (Proc. Arist. Soc. Suppl. 9, 1929, 162-171); Philos. Unters.en, dt.-engl. Oxford (1953) 1958[2]; Remarks on the Foundation of Mathematics, dt.-engl. ebd 1956; Preliminary Studies for the Philosophical Investigations, ebd 1958; Notebooks 1914-1916, ebd 1961. - Schriften (Tractatus, Tagebücher, Philos. Unters.en), 1960 (Bd I der dt. GA). - Über W.: G.RYLE, L.W. (Analysis 12, 1951, 1-9) - F.BARONE, Il solipsismo linguistico di L.W. (Filosofia 2, 1951, 543-570) - DERS., W. inedito, Turin 1953 - C.B.DALY, Logical Positivism, Metaphysics and Ethics, L.W. (Irish Theol. Quarterly 23, 1956, 111-150) - E.RIVERO, L.W. e il simbolismo logico, Neapel 1956 - N.MALCOLM-G.H.v. WRIGHT, L.W., a Memoir, with a biogr. Sketch, Oxford 1958; dt. 1960 - D.POLE, The Later Philosophy of W., ebd 1958 - G.E.M. ANSCOMBE, Introduction to W.'s Tractatus, ebd 1959 - E.STENIUS, W.'s Tractatus, a Critical Exposition, ebd 1959 - J.HARTNACK, W. u. d. moderne Philos., 1962. *G.Patzig*

Wittich, *Christoph* (1625-87), ref. Theologe, * in Brieg, studierte erst Jurisprudenz, dann Theologie in Bremen, Groningen und Leiden, wo er sich dem Cartesianismus (→ Descartes) und der Föderaltheologie (→ Bund: IV) zuwandte. 1650 Prof. der Philosophie in Herborn, 1652 Pfarrer in Duisburg, 1655 Theologie-Prof. in → Nymwegen und 1671 in → Leiden, gerät er jeweils mit den kirchlichen Autoritäten in Konflikt, weil er bei allem Streben nach ref. Orthodoxie eine klare Trennung von Theologie und Philosophie nach Erkenntnisquelle, Prinzipien und Gegenstand und statt einer »physica Mosis« das moderne naturwissenschaftliche Weltbild vertritt. In der Hermeneutik ersetzt er den sensus literalis durch den scopus. Seine Auseinandersetzungen mit seinem Lehrer → Maresius, dem Anwalt aristotelischer Scholastik, einerseits und → Spinoza andererseits zeigen ihn, der keine Schule bildete, als einen ungemein fruchtbaren Denker und Vorboten einer neuen Zeit.

Vf. u.a.: Dissertationes duae de s. scriptura in philosophicis abusu, 1654; Consideratio theologica de stylo scripturae, 1656; Consensus veritatis in scriptura divina et infallibili revelatae cum veritate philosophica a Renato DesCartes detecta, 1659; Theologia pacifica, (1671) 1683[3] (mit Appendix); Theologia pacifica defensa, 1689; Antispinoza, 1690. - Über W. (Monographie fehlt): B.GLASIUS, Godgeleerd Nederland III, 1856, 619f - W.GASS, Gesch. d. prot. Dogmatik II, 1857, 227ff - C.SEPP, Het godgeleerd onderwijs in Nederland II, 1874 (s. Reg.) - ADB 43, 631ff - J.BOHATEC, Die Methode d. ref. Dogmatik (ThStKr 83, 1908, 287-292) - DERS., Die cartesianische Scholastik in d. Philos. u. ref. Dogmatik d. 17.Jh.s I, 1912, passim - RE XXIV, 204f - P.ALTHAUS, Die Prinzipien d. dt.-ref. Dogmatik, 1914, 109ff - A.F.STOLZENBURG, Die Theol. d. J.F.Buddeus u. d. Chr.M.Pfaff, 1926, 367ff - NNBW X, 1233f - HIRSCH I, 182ff - E.BIZER, Die ref. Orthodoxie u. d. Cartesianismus (ZThK 55, 1958, [306-372] 340ff). *J.F.G.Goeters*

Wittig, *Joseph* (22.1.1879 bis 22.8.1949), kath. Theologe und Volksschriftsteller, * in Neusorge (Eulengebirge), † in der Göhrde, bestattet in Meschede. Zimmermannssohn, 1903 Priester, nach kurzer Kaplanstätigkeit in Lauban bis 1906 am Campo Santo in Rom. Als Kaplan bei Maria auf dem Sande in Breslau habilitierte sich W. für alte KG und christliche Archäologie. Seit 1915 Ordinarius, war er zugleich Universitätsprediger. Mit seinem »Herrgottswissen« begab er sich 1922 auf das Gebiet der religiösen Belletristik, in der er mit der Verlebendigung allen Seins einem Franziskus nicht unähnlich war. Durch seinen Aufsatz »Die Erlösten« (Hochland 19/II, 1922, 1-26) geriet er in Konflikt mit der kirchlichen Obrigkeit, die 1925 sechs seiner Schriften indizierte und von ihm als »Luther redivivus« die Wiederholung der → Professio fidei Tridentina und des → Antimodernisteneides forderte. Die Ablehnung veranlaßte Exkommunizierung und Emeritierung. W. heiratete Bianka Geisler aus Habelschwerdt und lebte wieder in Neusorge als Schriftsteller. Fast blind geschlagen, wurde er 1946 heimatverwiesen und fand mit seiner Familie eine Notunterkunft in der Göhrde. Hier erreichte ihn unvermutet die päpstliche Rekonziliation. – W.s Leben war von der Krippe her bestimmt, da er »vor lauter Weihnachten überhaupt fast nicht mehr zu den andern Festen des Kirchenjahres« kam. Als priesterlicher Theologe ging er mit seiner Grafschafter Art, die auch hart und ironisch sein konnte, vor allem gegen die Skrupulosität als Schattenseite kath. Beichtpraxis an.

Vf. u.a.: Herrgottswissen von Wegrain u. Straße, 1922; Leben Jesu in Palästina, Schlesien u. anderswo, (1926) 1958³; Höregott, 1929; Roman mit Gott, 1950. – Über W.: F.SCHMIDT-CLAUSING, Glauben u. Leben, (1954) 1959² (Bibliogr.). *F.Schmidt-Clausing*

Witwenverbrennung. Bei vielen Völkern findet sich der Brauch, daß die Gattin eines verstorbenen vornehmen Mannes ihm in den Tod zu folgen hat, so in Fiji und in China, bes. aber bei Völkern des indogermanischen Sprachstamms (Griechen, Kelten, Germanen, Litauer, Slaven). Während jedoch die Sitte bei den anderen → Indogermanen schon relativ früh zum Erliegen kam, hat sie sich in → Indien (: II) bis zur Gegenwart erhalten. Dabei scheint sie vor ca 3000 Jahren schon einmal abgeschafft worden zu sein, denn wahrscheinlich ist Rigveda 10, 18, 8 dahin zu verstehen, daß die Witwe sich zwar neben die Leiche des Gatten (auf den Scheiterhaufen?) legen soll, daß dann aber zu ihr gesagt wird: »Erhebe dich, Weib, zu der Welt der Lebenden.« Später ist aber der alte Brauch von den Brahmanen wieder sanktioniert worden, so daß er von fürstlichen Familien in Rajputana, Mittelindien und Bengalen, jedoch nicht im dravidischen Süden, befolgt wurde. Die Motive, die die W. begünstigten, waren außer der Macht der Tradition a) der Umstand, daß die Witwe nach indischer Vorstellung ein trauriges Los erwartet (sie darf nicht wieder heiraten, keinen Schmuck tragen und muß sich kasteien), und b) der Glaube, daß die ganze Familie durch eine »Satî« (»gute Frau«, dh eine Witwe, die sich verbrennen läßt; im Englischen [»suttee«] wurde auch der Verbrennungsakt so bezeichnet) geheiligt wird. Obwohl schon frühzeitig manche Reformer (zB die → Sikhs) die W. ablehnten und die Engländer sie 1829 verboten, ist sie doch immer wieder vollzogen worden, gelegentlich noch in der Gegenwart.

R.GARBE, Die W. (in: Beitr. z. ind. Kulturgesch., 1903, 141–182) – E.THOMPSON, Suttee, London 1928 – R.N.DANDEKAR, Vedic Bibliography II, Poona 1961, 467ff (Woman, Nr. 2 u. 57). *H.v.Glasenapp*

Witzel, 1. *Georg* (1501–73), * in Vacha (Rhön), studiert in Erfurt und Wittenberg, verliert wegen seiner Ehe sein Meßpriesteramt in Vacha und wird 1525 ev. Pfarrer in Wenigenlupnitz, aber wegen seiner Haltung im → Bauernkrieg entlassen. Auf Luthers Empfehlung erhält W. 1526 die Pfarrstelle in Niemegk, die er 1531 aufgibt. Er löst sich nun völlig von der luth. »Sekte« und geht 1533 als kath. Prediger nach Eisleben, wo er in schwere Kämpfe mit den luth. Geistlichen und Justus → Jonas gerät. 1538 holt ihn Herzog Georg nach Dresden. Nach dessen Tod findet W. Zuflucht in Berlin, muß aber weichen, als Kurfürst Joachim II. sich gegen W. und für Luthers Reformation entscheidet. In Fulda (1541) und Mainz (ab 1554) ist er nur noch schriftstellerisch tätig und legt u.a. in Gutachten für drei Kaiser seine Reunionsgedanken nieder. W. war ohne Verständnis für Luthers zentrales Anliegen (sola fide). Sein Reformprogramm schöpfte er aus Schriften der Kirchenväter, bes. des → Vincentius von Lerinum, und des → Erasmus, verbunden mit Gedanken der → Devotio moderna.

ADB 43, 657ff – RE XXI, 399ff; XXIV, 656 – GREG.RICHTER, Die Schriften G.W.s, bibliogr. bearb. Nebst ... ungedr. Reformationsgutachten u. Briefen W.s, 1913 – H.VOLZ, 3 Schriften gegen Luthers Schmalk. Art. v. Cochlaeus, W. u. Hoffmeister (1538/39), 1932 – R.STUPPERICH, Der Humanismus u. d. Wiedervereinigung der Konfessionen, 1936 (Lit.) – W.TRUSEN, Um d. Reform u. Einheit d. Kirche. Zum Leben u. Werk G.W.s, 1957 (Lit.) – J.P.DOLAN, The Influence of Erasmus, W. and Cassander in the Church Ordinances ... of the United Duchees of Cleve during the Middle Decades of the 16th Century, 1957. *R.Jauernig*

2. *Julius* (13.4.1828 bis 17.5.1897), ev. Theologe, * in Dillich/Kurhessen, † in Schemmern, Schüler von A. → Vilmar, 1854–58 Rektor in Sontra, 1857 Pfarrvikar in Ulfen, 1864 Pfarrer in Schemmern. W. drängte auf entschiedenes Christentum und übte scharfe Kirchenzucht. Ein Führer der hessischen Renitenz (→ Kurhessen-Waldeck, 7), wurde er als eines der ersten Opfer des → Kanzelparagraphen am 12.9.1873 zu 2 Monaten Festungshaft verurteilt. Nach seiner Amtsenthebung (1873) blieb W. als renitenter Pfarrer in Schemmern und gründete auch in Schlierbach bei Treysa eine renitente Gemeinde.

C.WOLFF, Beiträge z. Gesch. d. Kirchspiels Schemmern, 1910, 25ff – R.SCHLUNK, Die 43 renitenten Pfarrer, 1923, 93ff – K.WICKE, Die hess. Renitenz, 1930. *H.Hohlwein*

Wizelin *(Vicelinus)*, † 1154, Apostel der Holsten und Wagrier, aus Hameln (Weser), Benediktiner zu Paderborn (Abdinghof), Domherr in Bremen, von Erzbischof Adalbero zur → Wenden-Mission bestimmt, Gründer des Chorherrenstifts Neumünster, seit 1149 Bischof von → Oldenburg.

Helmoldi Chronica Slavorum, ed. B.SCHMEIDLER, 1909; dt. v. W.WATTENBACH, 1888. – A.BÖHMER, V. (Diss. Rostock), 1888 – H.v.SCHUBERT, KG Schleswig-Holsteins I, 1907, 130ff. 145ff – HAUCK IV, 622ff. 638ff – R.HAUPT, Nachrichten über W., 3 Tle, 1913/16 – F.HESTERMANN, Sankt V., 1926 – LThK X, 594 (Lit.). *F.Flaskamp*

Wladimir → Vladimir.

Wobbermin, *Georg* (27.10.1869 bis 15.10.1943), ev. Theologe, * in Stettin, 1898 PDoz. für Syst. Theol. in Berlin, 1906 Prof. in Marburg, 1907 in Breslau, 1915 in Heidelberg, 1922 in Göttingen, 1935 in Berlin. Als Schüler J. → Kaftans an der transzendentalphilosophischen Begründung der Religion interessiert, nahm W. die Fragestellungen der → Religionsgeschichtlichen Schule (bes. von → Troeltsch) und der zeitgenössischen → Religionspsychologie (, 2) auf. In der Erkenntnis, daß damit der Rahmen der → Ritschl'schen Theologie gesprengt wurde, forderte er die Rückkehr zum Ansatz → Schleiermachers. Seine von hier aus konzipierte »religionspsychologische Methode« erhob den »Zirkel zwischen den geschichtlichen Erscheinungsformen des religiösen Lebens und der eigenen religiösen Erfahrung« (sog. »religionspsychologischer Zirkel«) zum Grundprinzip der → Systematischen Theologie (: II, 2 b; → Christentum: V, 1 d β). Auf dem Wege »produktiver Einfühlung« sollte dabei der religiöse (und innerhalb dessen der christliche) Wahrheitsanspruch beschrieben und begründet werden. W. glaubte auf diesem Wege sowohl den positiv-christlichen wie den wissenschaftlichen Charakter der Theologie zur Geltung zu bringen und zugleich den → Historismus der religionsgeschichtlichen Theorie zu überwinden. Die scharfe Kritik der → Dialektischen Theologie (bes. K. → Barths) hat seiner Arbeit eine nachhaltige Wirkung versagt.

Vf. bes.: Theol. u. Metaphysik, 1900; Syst. Theol. nach religionspsych. Methode I: Einl. in d. syst. Theol., (1913) 1925²; II: Das Wesen d. Religion, (1921) 1925²; III: Wesen u. Wahrheit d. Christentums, (1925) 1926³; Die Methoden d. religionspsych. Arbeit, 1921; Schleiermacher u. Ritschl in ihrer Bedeutung für die heutige theol. Lage u. Aufgabe, 1927; Richtlinien ev. Theol. zur Überwindung d.

gegenw. Krisis, 1929; Wort Gottes u. ev. Glaube, (1931) 1933²; Dt. Staat u. ev. Kirche, (1934) 1936². - Über W.: R. WINKLER, Das Geistproblem, 1926 - DERS., Der Erkenntniswert d. relig. Vorstellung (ZThK NF 10, 1929, 389-399) - Luther, Kant, Schleiermacher in ihrer Bedeutung für d. Protestantismus (Festschr. z. 70. Geb.), 1939.
W. Lohff

Wobeser, *Ernst Wilhelm von* (1727-95), * in Luckenwalde, 1746-64 Offizier beim Grafen zu Wied, seit 1766 Mitglied der Brüdergemeine, der er bei Staatsverhandlungen, im Finanzwesen, schließlich als Mitglied ihrer Leitung diente. Auch am Gesangbuch Chr. → Gregors von 1778 war er nicht unbeteiligt. Neben geistlichen Liedern schuf er weltliche Gedichte und gab (anonym) Übersetzungen von Vergil, Horaz und den Psalmen in antiken metrischen Formen heraus.

Gemeinnachrichten I, 1846, 458ff - KOCH VI, 434 - ADB 43, 700ff.
W. Jannasch

Wöchnerinnen-Einsegnung (Aussegnung, Hervorsegnung, Segnung der Kindesmutter, Benedictio ad introducendam mulierem in ecclesiam, auch ad purificandam mulierem), entwickelte sich im Anschluß an Lev 12 (vgl. Lk 2, 22-39) als christliche Sitte zunächst im Orient (hier noch am Tage der Niederkunft), dann im Abendland als freiwilliger Brauch. Die at. Anschauung von der Unreinheit der Frau nach der Geburt bis zu ihrer kultischen → Reinigung (: II) wurde bes. im Orient festgehalten, beeinflußte aber auch das Abendland (so Eisenhofer), obwohl zB Gregor d. Gr. (Ep. 11, 64, n. 10; X 3, 47; vgl. Rituale Romanum tit. VII c. 3) gegen die Auffassung einer Reinigung Stellung nahm. Als fromme Gewohnheit ist die W. heute in der röm. Kirche eine Segnungs- und Danksagungshandlung, die nur kath. Müttern zukommt, die in kirchlich geschlossener Ehe geboren haben. In Deutschland ist die Handlung seit dem 9. Jh. bekannt; Formulare finden sich aber erst im 11. Jh. Im MA war die W. noch mit anderen Zeremonien verbunden. - Die luth. KOen der Reformationszeit behalten die W. zT bei, verstehen sie aber ausschließlich als Danksagung und Fürbitte. Das 19. Jh. hat sie dann wieder allgemein aufgenommen (meist fakultativ). Sie ist als selbständige Handlung gestaltet oder in die Taufhandlung eingebaut (vgl. VELKD, EKU). Nach Auffassung der VELKD wird diese Segnung aber nur Ehefrauen zuteil; für uneheliche Mütter wird eine Fürbittehandlung in der Stille als seelsorgerlicher Akt angeboten, was faktisch auf eine Art Bußzucht hinausläuft. Diese sich mit röm. Denken berührende, gesetzliche Unterscheidung wird von anderen Ordnungen (zB EKU, Hessen-Nassau) nicht übernommen.

L. EISENHOFER, Grundr. d. Liturgik, (1924) NB v. J. LECHNER, 1953⁶, 325f - LThK I, 848 - Begleitwort zur Agende für Ev.-luth. Kirchen, Bd III (Taufe), 20ff - M. MEZGER, Die Amtshandlungen d. Kirche I, 1957, 188ff.
K. Dienst

Wöllner und das W.sche Religionsedikt. Unter den deutschen staatlichen Maßnahmen gegen eine kirchliche → Aufklärung (: III) gehörten die preußischen zu den ruhmlosesten. Friedrich Wilhelm II. (1786-97; → Preußen, 2) fühlte sich zum Einschreiten verpflichtet, nachdem Preußen nahezu 50 Jahre hindurch eine Hochburg der Aufklärung gewesen war. Dazu bediente er sich des ev. Theologen *Johann Christoph W.* (* 19.5.1732 in Döberitz, † 10.9.1800 in Großrietz b. Beeskow). W. war 1755-59 Pfarrer, wurde 1762 Pächter, 1766 Gutsbesitzer durch Einheirat, 1766 Freimaurer, später Leiter der → Rosenkreutzer in Berlin, 1770 Kammerrat. Nach Eintritt Friedrich Wilhelms II. in den Rosenkreutzerorden wurde W. dessen intimer Berater und am 3.7.1788 anstelle des aufgeklärten Ministers v. Zedlitz Minister des Geistlichen Departements. Bereits am 9.7.1788 erging auf Grund einer von W. verfaßten »Abhandlung von der Religion« ein »Edikt, die Religionsverfassung in den preußischen Staaten betreffend«. Agende und → Bekenntnis (: VII) der drei »Hauptkonfessionen« sollten gegen eine »zügellose Freiheit« der Aufklärung gesichert und damit Unglauben, Aberglauben und Sittenverfall unterbunden werden. Das Edikt band Liturgie, Predigt und Unterricht an die → Bekenntnisschriften und suchte vergeblich - bei Aufrechterhaltung der persönlichen Glaubens- und Gewissensfreiheit, ausgenommen in der bekenntnisgebundenen Verkündigung -, durch Polizeimaßnahmen eine gesamteuropäische Geisteshaltung einzudämmen. Alle kirchenpolitischen Maßnahmen scheiterten: die Einsetzung einer »immediaten Examinationskommission« als einer geistlichen Prüfungs- und Aufsichtsbehörde, der Versuch, einen neuen Katechismus und ein die Fakultäten verpflichtendes dogmatisches Lehrbuch einzuführen wie auch die Maßregelung der theologischen Fakultät in → Halle, nicht am Einspruch des vorwiegend aufklärerischen Oberkonsistoriums (→ Spalding, F.S.G. → Sack, → Teller u.a.), der ungnädig zurückgewiesen wurde, sondern an der geschickten Verteidigung der akademischen Lehrfreiheit durch die Fakultät und nicht zuletzt am allgemeinen öffentlichen Unwillen. Nur die Amtsentsetzung des Pastors Schulz in Gielsdorf bei Berlin gelang (→ Brandenburg: II, 4). Friedrich Wilhelm III. beseitigte 1797 das Edikt und entließ 1798 W.

Text bei C.L.H. RABE, Sammlung preuß. Gesetze u. Verordnungen I/7, 1823, 726ff. - W. SCHRADER, Gesch. d. Univ. Halle II, 1894, 480ff - ADB 44, 148ff - E. FÖRSTER, Die Entstehung d. Preuß. Landeskirche I, 1905, 38ff. 95ff - RE XXI, 428ff; vgl. XIX, 480f - P. SCHWARTZ, Der erste Kulturkampf in Preußen um Kirche u. Schule (1788-98), 1926 - F. VALJAVEC, Das W.R. u. seine gesch. Bedeutung (HJ 72, 1953, 386-400).
E. Beyreuther

Wohlfahrtspflege

1. Armenpflege, W., Sozialhilfe - 2. Gesetzliche Grundlagen - 3. Prinzipien der modernen Sozialhilfe - 4. Die behördliche Sozialhilfe - 5. Träger der freien W. - 6. Soziale Berufe - 7. Zusammenfassung

1. Der Begriff der W. löste seit etwa 1890 den älteren der → Armenpflege ab und hat sich in der Gesetzessprache des Fürsorgewesens seit der Weimarer Verfassung von 1919 durchgesetzt. Gegenwärtig verwendet die Gesetzessprache in erster Linie die Begriffe »Fürsorge« oder »Sozialhilfe« (= S.), während »W.« bes. die Arbeit der freien Träger der sozialen und karitativen Arbeit, der »Wohlfahrtsverbände« bezeichnet. Beide Begriffe lassen sich jedoch unter den gegenwärtigen Voraussetzungen nicht voneinander trennen.

In wenigen Jahrzehnten hat die W. eine reich bewegte Geschichte durchlaufen, die auf staatlichem Gebiet vom Klassen- zum sozialen Rechtsstaat, auf sozialem Gebiet von der Agrargesellschaft zur Massen- und Großstadtgesellschaft, auf dem Gebiet der W. von der Armenpflege zum Rechtsanspruch des Hilfesuchenden auf S. geführt hat. Heute ist die W. als Stück der → Sozialpolitik ein mitentscheidender Faktor bei der Gestaltung der Volkswirtschaft wie der öffentlichen Finanzen. Sie hat längst aufgehört, im Sinne der Armenpflege eine bloße Notwehr der Gesellschaft gegen die Folgen selbstverschuldeter Armut zu sein, und versteht sich als Wesensteil der gesellschaftlichen und staatlichen Aufgabenstellung.

Die Entwicklung in Deutschland muß in einem übernationalen Gesamtzusammenhang gesehen werden, der die ganze Dynamik der Entwicklung erst voll in Erscheinung treten läßt. Für die *europäischen Länder* ist festzustellen, daß die W. bei ihnen noch immer die Herkunft aus der Armenpflege und die Wurzel in der Bekämpfung der Notstände des Frühkapitalismus nicht verleugnen kann. Jedoch zeigen sich auch hier allenthalben Ansätze zu einer Entwicklung, die als Gegenstand der S. nicht mehr eine bestimmte Bevölkerungsgruppe, etwa die »Armen«, erscheinen läßt, sondern die gesamte Bevölkerung gegen die Lebensrisiken absichert (→ Sicherheit, soziale). »Die soziale Sicherheit soll ein System des Schutzes aller sein, und zwar ein einheitliches System, das die ganze Bevölkerung erfaßt.« Mit diesem Prinzip ist der der W. zugrunde liegende Grundsatz der Individualisierung grundsätzlich negiert, die W. überflüssig geworden. Der jeden Staatsbürger umfassende staatliche Zwangscharakter der modernen Sicherungssysteme ist das heute erkennbare Abschlußstadium der dynamischen Entwicklung, in der sich die moderne → Gesellschaft befindet. Das Problem der individuellen Bedürfnisse hätte dann in den Hintergrund zu treten.

Die Entwicklung *in Deutschland* schreitet rasch, wenn auch nicht im vollen Sinne zielstrebig, auf dieses Stadium zu. Das zeigt sich am deutlichsten daran, daß der Anteil der Fürsorge am Finanzvolumen der sozialen Sicherung seit vielen Jahrzehnten zurückgeht. 1933 betrug er noch 38%, dagegen 1954 nur noch 9,6% des Gesamtaufwandes. Im übrigen hat man neue Notlagen im allgemeinen durch Ausbau vorhandener Rentenversicherungssysteme oder durch Schaffung von zusätzlichen Rechtsansprüchen gemeistert. Die W. unterliegt also einer spürbaren Abbautendenz durch Verrechtung und Verrentung der Ansprüche und Bedürfnisse der Hilfesuchenden. Diese Tendenz ist inzwischen auch in das Fürsorgerecht eingedrungen, das bei allen Pflichtleistungen der öffentlichen S. einen einklagbaren Rechtsanspruch vorsieht, abgesehen davon, daß auch bei Soll- und selbst Kannleistungen die Ermessensentscheidungen der Sozialbehörden verwaltungsgerichtlich nachgeprüft werden können.

Diese Entwicklung, vor allem aber der deutlich spürbare Trend auf eine versorgungsstaatliche Entwicklung hin sind sowohl von der modernen Sozialphilosophie wie von der theologischen → Sozialethik zT heftig kritisiert worden. Im allgemeinen hat die Sozialphilosophie (K. Jaspers, H. Freyer u.a.) in der Entwicklung von der W. zum → Wohlfahrtsstaat eine wachsende Unfreiheit des Daseins, eine immer vollständigere Abhängigkeit des Menschen von einem anonymen Apparat der Daseinsvorsorge gesehen. Sie fürchtet den damit gegebenen Schwund an Selbst- und Mitverantwortung und den Fortfall des Leistungsanreizes mit seinen unabsehbaren Folgen für die menschliche Person. Die theologische Kritik hat diese Gedanken aufgenommen und durch den Hinweis auf das Problem der Barmherzigkeit vertieft, die auch im sozialen Rechtsstaat nicht einfach durch die Rechtsordnung ersetzt werden darf, sowie auf die Monopolisierungstendenz, die der Wohlfahrtsstaat in vielen Fällen entwickelt und die die geschichtlichen Spannungen zwischen Staat und Kirche auch auf das Gebiet der sozialen, karitativen und diakonischen Aktivitäten der beiden Institutionen übertragen könnte. Endlich wird auf das seelsorgerliche Bedenken hingewiesen, daß der Mensch die materielle Sicherheit gegenüber den Lebensrisiken mit der Geborgenheit in Gott verwechsle und damit eine weitere Ursache für säkularistische Haltungen geschaffen werde (so O. Dibelius, H. Thielicke). – Es fehlt jedoch nicht an beachtlichen Gegenstimmen. So hat Achinger darauf hingewiesen, daß die recht verstandene Freiheit die objektive Fähigkeit voraussetze, sein Leben zu meistern. Diese Möglichkeit aber habe offensichtlich dem früheren → Proletariat gefehlt; darum sei es schwer zu verdeutlichen, worin der Freiheitsverlust des Menschen bestehen solle. Leistungswille und Verantwortungsfreudigkeit seien offensichtlich nicht nur von der nackten Existenznot abhängig. Die theologische Diskussion der Probleme steht offenbar erst am Anfang. Jedoch ist vor allzu apodiktischen Urteilen dringend zu warnen. Im ganzen wird der Christ wirksame Hilfen gegen existenzbedrohende Notstände nur begrüßen können und sogar, wo sie fehlen, fordern müssen. Daß das vielschichtige Problem der sozialen Entwicklung zu seiner Bewältigung auch den seelsorgerlichen Einsatz fordert, ist auf jeden Fall festzustellen.

Bei genauer Prüfung zeigt sich, daß die Lebensrisiken der Krankheit, der Schuld, der Arbeitsunfähigkeit und des Todes durch den sozialstaatlichen Apparat doch faktisch nur in ihren wirtschaftlichen und materiellen Auswirkungen eingeschränkt werden können. Sie bleiben als persönliche wie als gesellschaftliche Notstände bestehen, auch wenn sie nicht mehr schwere wirtschaftliche Folgen haben. Als solche führen sie auch dem Menschen im sozialen Rechtsstaat die menschliche Urerfahrung der kreatürlichen Abhängigkeit von dem unverfügbaren Walten der göttlichen Vorsehung deutlich genug vor Augen und machen sein Autonomiestreben zunichte, weil er die Wirklichkeit seines Angewiesenseins auf persönliche Hilfe, Pflege oder Fürsorge leibhaftig erfährt. Auf dem Gebiet der persönlichen Hilfe liegen auch in Zukunft die besonderen Aufgaben der christlichen Diakonie und Caritas wie der humanitären W. – Bedeutsam ist aber auch die schon heute hervortretende Tatsache, daß mit der Linderung der materiellen Hilfsbedürftigkeit eine Ausdehnung der qualifizierten Notstände Hand in Hand geht. Der Mensch scheint sich unter den gegebenen Verhältnissen besonders seelischer und geistiger Probleme bewußt zu werden, die sich in der Ehe und Familie, im Berufsleben und in der Freizeit ergeben und für deren Wahrnehmung er erst unter den veränderten sozialen Bedingungen der Gegenwart Zeit und Kraft hat. Die karitative, diakonische, missionarische, beratende und seelsorgerliche Aufgabe der christlichen Liebesarbeit behält also auch bei einer weiteren Entfaltung des sozialen Rechtsstaates voraussichtlich zwar veränderte, aber äußerst wichtige Aufgaben.

2. Der Gedanke der Wohlfahrt entstammt der Aufklärungsphilosophie. Er hat seine ersten politischen Auswirkungen in der französischen Revolution erhalten. Von hier aus ist er in die deutschen Verfassungen von 1871 und 1919 übernommen worden. Das Bonner GG (Art. 28 I) hat den Wohlfahrtsgedanken durch den des »sozialen Rechtsstaates« überboten und die »öffentliche Fürsorge« zum Gegenstand der konkurrierenden Gesetzgebung erklärt (Art. 74, 7). Ihre gesetzliche Regelung fand die W. in der Reichsfürsorgepflichtverordnung vom 13.2.1924 und den Reichsgrundsätzen über Voraussetzung, Art und Maß der öffentlichen Fürsorge vom 4.12.1924, ferner in den Einzelgesetzen über → Krankenpflege und verwandte Gebiete sowie im Reichsjugendwohlfahrtsgesetz (→ Jugendfürsorge), Reichsjugendgerichtsgesetz (→ Jugendgericht) u.a. Das Bundessozialhilfegesetz vom 4.5.1961 (BSHG) hat die gesamten Probleme der W. grundsätzlich neu geordnet. In bezug auf die Jugendwohlfahrt sind alle Gesetze in den letzten Jahren den Gegenwartsbedürfnissen angepaßt worden. Am wichtigsten ist die durchgreifende Novellierung des Jugendwohlfahrtsgesetzes (JWG) vom 11.8.1961. – Die Neuregelung der W. war notwendig, weil der zunehmende Ausbau des sozialen Rechtsstaates das Schwergewicht der Sozialarbeit von der Sicherung des reinen Existenzminimums auf die Hilfe in besonders qualifizierten Notständen verlagert hatte und weil das bisherige Fürsorgerecht im Hilfe-

empfänger in erster Linie ein Objekt behördlichen Handelns sah, dem Hilfe gewährt wurde, da man dies für die Aufrechterhaltung der öffentlichen Ordnung und Sicherheit für erforderlich hielt. Durch den Wandel der Anschauungen über die Stellung des Hilfeempfängers in der Gesellschaft, der schon das GG Rechnung trägt, wird eine Regelung nötig, die den Hilfesuchenden als mitverantwortliches Subjekt der Hilfeleistung wertet, die ihm um seiner selbst willen zuteil wird.

3. Die *Sozialhilfe* soll »dem Empfänger der Hilfe die Führung eines Lebens ermöglichen, das der Würde des Menschen entspricht«. Sie muß also Hilfe zur Selbsthilfe sein und verpflichtet den Empfänger zur Mitwirkung an dieser Aufgabe. S. ist stets nachrangig zur Selbsthilfe und zur Hilfe der Angehörigen und sonstigen Träger von Sozialleistungen. Sie hat individualisierend zu verfahren und bei der Gestaltung der Hilfe angemessenen Wünschen des Hilfeempfängers zu entsprechen, bes. seinem Wunsch nach Seelsorge. Auf Pflichtleistungen der S. besteht ein Rechtsanspruch. Sie tritt ohne Antrag des Hilfesuchenden ein, sobald ein Notstand bekannt wird. Vorbeugende und nachgehende Hilfe soll gewährt werden. Die Formen der Hilfe sind persönliche Hilfe, Geld- oder Sachleistungen. Diese prinzipiellen Grundlagen der S. bezeichnen die neue Situation, die nunmehr gegeben ist. Die Prinzipien der Menschenwürde, der → Subsidiarität, der Individualisierung, des Rechtsanspruchs, der Familiengemäßheit und der Vorbeugung sind dabei bes. hervorzuheben.

Die S. umfaßt »Hilfe zum Lebensunterhalt« und »Hilfe in besonderen Lebenslagen«. Die Hilfe zum Lebensunterhalt soll das Existenzminimum sichern, wenn der Hilfeempfänger dieses ganz oder teilweise nicht aus eigenen Mitteln bestreiten kann. Er muß daher seine Arbeitskraft für sich und seine Angehörigen einsetzen. Bei Arbeitsscheuen können besondere Maßnahmen getroffen werden. – Der Schwerpunkt des Gesetzes liegt bei der Hilfe in besonderen Lebenslagen. Eine Generalklausel macht Hilfe in jedem Falle möglich. Eigens aufgeführt werden 12 besondere Lebenslagen: Hilfe zum Aufbau oder zur Sicherung der Lebensgrundlage, Ausbildungsbeihilfe, vorbeugende Gesundheitshilfe, Krankenhilfe, Hilfe für werdende Mütter und Wöchnerinnen, Behindertenhilfe, Tuberkulosenhilfe, Blindenhilfe, Hilfe zur Pflege, zur Weiterführung des Haushalts, für Gefährdete und für Alte. Das BSHG hat also das gesamte Gebiet der W. umfassend und nach modernen Gesichtspunkten neu geregelt und stellt eine einheitliche, in ihren Auswirkungen kaum absehbare Grundlage für die soziale Gestaltung dar.

Die Neufassung des Jugendwohlfahrtsgesetzes (JWG) hatte die in Art. 6 bes. abgesicherte Stellung der Familie, vor allem das Grundrecht auf Erziehung der Kinder, zur Geltung zu bringen. Auch hier ist bei der Durchführung der Maßnahmen der Jugendhilfe nunmehr eine Beachtung der Wünsche der Personensorgeberechtigten vorgeschrieben. Außer einer Heraufsetzung des Pflegeschutzalters auf 16 Jahre bringt die Novelle vor allem eine Neugestaltung des Abschnittes VI, in dem die Schutzaufsicht durch eine Erziehungsbeistandschaft ersetzt und neben der gerichtlich angeordneten → Fürsorgeerziehung eine »Freiwillige Erziehungshilfe« gesetzlich ermöglicht wird, die auf Grund eines freiwilligen Antrags der Personensorgeberechtigten gewährt wird. Ferner werden die Heimaufsicht sowie die Bestimmungen über die Tragung der Kosten neu geregelt.

4. Träger der *behördlichen S.* ist das Sozialamt, dem in der Regel ein Landessozialamt entspricht. Die Bildung von Arbeitsgemeinschaften der behördlichen und freien Träger von S. und W. soll der gleichmäßigen und gemeinsamen Durchführung von Maßnahmen dienen. Bei der Jugendhilfe sind Träger der Arbeit die Jugend- und Landesjugendämter, die obersten Landesbehörden sowie die Bundesregierung, die anregen und fördern kann sowie dem Bundestag und Bundesrat berichten muß. Bei allen diesen Instanzen müssen Jugendwohlfahrtsausschüsse gebildet werden, in denen die Kirchen und die Wohlfahrts- und Jugendverbände mitarbeiten.

5. Als Träger der *freien W.* werden in beiden Gesetzen die Kirchen und sonstigen Religionsgemeinschaften öffentlichen Rechts, ferner die Wohlfahrtsverbände und bei der Jugendhilfe auch die Jugendverbände ausdrücklich genannt. Das Verhältnis zwischen den behördlichen und freien Trägern hat sich als bes. problematisch erwiesen. Die Bestimmungen beider Gesetze über diese Zusammenarbeit sind verfassungsrechtlich umstritten. Die kath. Soziallehre zieht zur Begründung des Vorranges der freien Verbandstätigkeit vor der behördlichen Eigentätigkeit das in der Enzyklika »Quadragesimo anno« (1931, Abschnitt 79f) ausgesagte und in »Mater et magistra« (1961) beibehaltene → Subsidiaritäts-Prinzip heran, das nicht nur der Person und der Familie, sondern auch dem kirchlichen Wohlfahrtsverband einen Vorrang vor dem staatlichen Eingreifen zuerkennt und die Unterstützung der freien W. durch die staatlichen Organe fordert. Auf ev. Seite hat man im allgemeinen bei der Beurteilung der Frage die neue Stellung der Hilfesuchenden zum Ausgangspunkt genommen. Da der Hilfesuchende bei der Gestaltung der Hilfe ein Mitbestimmungsrecht hat, muß ihm ein Wahlrecht eingeräumt werden, kraft dessen er selbst bestimmen kann, ob er die notwendige Hilfe, soweit sie nicht rein wirtschaftlichen Charakter hat, bei behördlichen oder freien Trägern suchen will. Von hier aus ergibt sich, daß auch die Behörde verpflichtet ist, für die Entfaltungsmöglichkeit der freien Träger zu sorgen (Subventionspflicht), ohne aber die Errichtung eigener Einrichtungen unterlassen zu müssen, falls diese von Hilfesuchenden gewünscht werden. Die Gesetze schreiben ein Wahlrecht des Hilfeempfängers bzw. der Personensorgeberechtigten und einen wenn auch eingeschränkten Vorrang der freien vor der behördlichen W. vor.

Als Spitzenverbände der freien W. sind anerkannt: → Innere Mission und → Hilfswerk der Ev. Kirche in Deutschland (gegr. 1848), der deutsche → Caritas-Verband (gegr. 1896), der Hauptausschuß für Arbeiterwohlfahrt (gegr. 1919), das Deutsche Rote Kreuz (gegr. 1869), der Paritätische Wohlfahrtsverband (gegr. 1920), der jüdische Wohlfahrtsverband (gegr. 1917). Sie fassen die gesamte Arbeit der freien W. in sich zusammen und arbeiten in der »Liga der freien W.« (gegr. 1924) mit. Für die Zusammenarbeit der Sozialbehörden mit der freien W. hat besondere Bedeutung der »Deutsche Verein für öffentliche und private Fürsorge« (gegr. 1880). Die freie W. umfaßt auf den meisten Gebieten der Anstaltspflege und -fürsorge etwa 60–80% der Gesamtarbeit. Dagegen befinden sich die Formen der offenen Arbeit (Beratungs-, Fürsorgestellen usw) noch im Wiederaufbau. Ihre planmäßige Förderung ist nach dem Inkrafttreten der neuen Sozialgesetze unbedingt erforderlich. – Die Innere Mission und das Hilfswerk umfassen (nach dem Stand vom 1.1.1960) 3952 Anstalten und Heime mit 250596 Betten. Davon dienten 1139 Einrichtungen mit 104676 Betten der Gesundheitsfürsorge, 1429 Einrichtungen mit 75675 Betten der Erziehungsfürsorge, 1061 Einrichtungen mit 52979 Betten der Altersfürsorge und 1384 Einrichtungen mit 70245 Betten der Wirtschaftsfürsorge.

6. Die Fülle der konkreten Aufgaben der W. auf allen

ihren Gebieten fordert zu ihrer Durchführung zahlreiche Helfer, die im Einzelfalle die persönliche Betreuung und Beratung, aber auch Vormundschaft, Pflegschaft oder Beistandschaft übernehmen können. Darüber hinaus fordert sie Männer und Frauen, die bes. auf örtlicher und Kreisebene die Zusammenarbeit mit den Sozial- und Jugendbehörden in den vorgesehenen Arbeitsgemeinschaften und Jugendwohlfahrtsausschüssen verantwortlich wahrnehmen. Die Entwicklung der modernen W. ist als eindringlicher Appell an die Aktivität des christlichen Laien zu bezeichnen.

Freilich ist bei der Kompliziertheit der modernen Verhältnisse und angesichts der häufig sehr schwer beeinflußbaren Persönlichkeiten der zu Betreuenden und ihrer Familien die Mitarbeit des beruflich tätigen Helfers notwendig. Für diese Arbeit hat sich daher eine Reihe von *sozialen Berufen* entwickelt. Am Anfang dieser Entwicklung standen die Mutter- und Brüderhäuser der weiblichen und männlichen → Diakonie, denen auf kath. Seite die Pflege- und Erziehungsorden des 18. und 19.Jh.s entsprachen. Erst verhältnismäßig spät entwickelten sich Ausbildungsstätten eigener Art, die speziell die soziale Arbeit als Beruf zum Ziele hatten. Die erste Soziale Frauenschule wurde 1908 von Alice Salomon in Berlin gegründet, 1909 die Frauenschule der Inneren Mission, die aus der ev. Mädchenarbeit Johannes Burckhardts hervorging. Die Arbeit dieser Schulen wurde durch die staatliche Prüfungsordnung vom Jahre 1920 anerkannt. Wohlfahrtsschulen für Frauen und Männer sind nach und nach, bes. im Laufe der 20er Jahre, in größerer Zahl entstanden. Der modernen Entwicklung entsprechend werden sie heute als Fachschulen (in einigen Ländern »Höhere Fachschulen«) für Sozialarbeit bezeichnet. Sie führen durch eine staatlich geregelte mehrjährige theoretische und praktische Ausbildung und nach einjähriger praktischer Bewährung zum Beruf des staatlich anerkannten Sozialarbeiters oder der Sozialarbeiterin. Als ev. Modellschule dieser Art wirkt seit 1962 die Wichernschule in Hannover-Kleefeld. Zu den sozialen Berufen führen jedoch auch weitere Ausbildungsstätten. Für die Erziehungsarbeit im Erziehungsheim und im heilpädagogischen Heim bereiten die Heimerzieherschulen und auch die Kindergärtnerinnen- und Jugendleiterinnenseminare vor. Die Altenhilfe fordert die Ausbildung als Krankenpfleger(in) oder – wiederum an speziellen Ausbildungsstätten – als Altenpfleger(in).

7. Die moderne W. hat sich der raschen und immer wieder nahezu revolutionär verlaufenden Entwicklung der modernen Gesellschaft anzupassen vermocht. Offensichtlich fordert die Existenz in der immer komplizierteren Welt unserer Massen- und Großstadtgesellschaft qualifizierte Hilfen, die sich zT erst in Entwicklung befinden. Dabei kommt der *Beratung* eine besondere Bedeutung zu. Für sie haben sich in den letzten Jahren eine ganze Reihe von neuen Formen entwickelt, unter denen die → Eheberatung, die Erziehungsberatung, aber auch die Beratung in Fragen der S. sowie in anderen sozialen Angelegenheiten hervorzuheben sind. In diesen Bereich gehört auch die → Telefonseelsorge, die sich rasch zu einem wichtigen Beratungsdienst entwickelt hat. Als Kernarbeit ist aber nach wie vor die Ausbildung für die sozialen Berufe zu bezeichnen, die sowohl für die offene wie für die geschlossene Arbeit (in Heimen und Anstalten) unentbehrliche Voraussetzungen schafft. – Von den Kirchen und der Aktivität ihrer Gemeindeglieder und Pfarrer wird es wesentlich abhängen, ob es gelingt, die moderne Sozial- und Jugendhilfe christlich zu durchdringen und damit zu einer Stätte seelsorgerlicher Aktivität zu erheben. Die Voraussetzungen für eine Erneuerung der Volksseelsorge und eine moderne Gestaltung des diakonischen Dienstes liegen in der modernen Sozialgesetzgebung vor.

S.GÖTZE, Bibliogr. der W. bis 1927, 1928 – H.KRIMM (Hg.), Das diakonische Amt der Kirche, 1953 – H.ACHINGER, Sozialpolitik als Gesellschaftspolitik, 1958 (Lit.) – G.BREMME, Freiheit u. soziale Sicherheit, 1961 – E.KOBLANK, Die Situation der sozialen Berufe in der sozialen Reform, 1961 (Lit.) – H.SCHERPNER (Hg.), Theorie d. Fürsorge, 1962.

K.Janssen

Wohlfahrtsstaat. In den letzten 80 Jahren wurde der → Staat (: I) in allen hochentwickelten Industrieländern zum W., in der Zielvorstellung auch zu einem demokratischen W. Man versteht darunter ein Staatswesen, das sich die Aufgabe stellt, die wirtschaftliche Entwicklung so zu beeinflussen, daß a) → Vollbeschäftigung möglich wird, b) die Menschen, bes. die in abhängiger Stellung tätigen Menschen, gegen die Wechselfälle des Lebens in einem bestimmten Umfang gesichert werden, c) sie vor Krankheiten und Unfällen nach Möglichkeit geschützt und d) für alle die ihren Anlagen und Kräften entsprechenden Möglichkeiten der Erziehung und Ausbildung geschaffen werden. Der Staat beschränkt sich nicht mehr darauf, nur Freiheit und Recht zu sichern, wie es der idealen Vorstellung des → Liberalismus entsprach, sondern er greift ordnend, planend und gestaltend in das Zusammenleben der Menschen ein und weckt so Kräfte, die sich ohne die integrierende Funktion des Staates nicht hätten entfalten können. Er wird damit zum bedeutendsten Anreger der wirtschaftlichen und sozialen Entwicklung überhaupt. Äußerlich wird diese Entwicklung der staatlichen Tätigkeit in einem wachsenden Anteil der öffentlichen Haushalte an den gesamten wirtschaftlichen Leistungen sichtbar. Von einem bestimmten Punkte an erhalten die öffentlichen Haushalte durch ihnen zuwachsende neue Aufgaben ein Gewicht, das ihnen die Bedeutung eines die gesamte Entwicklung wesentlich bestimmenden Wirtschaftsfaktors verleiht.

Die Entwicklung zum W. begann in den 80er Jahren des 19.Jh.s. Der Staat wurde vom Schützer der Rechtsbeziehungen autonom gedachter Einzelwesen zum Gestalter menschlichen Zusammenlebens. Die Entfaltung der Staatsaufgaben ist schon damals sowohl in den Wirtschafts- und Sozialwissenschaften wie auch in der Staatsrechtslehre aufmerksam verfolgt worden. Adolph → Wagner sah sich veranlaßt, von einem »Gesetz der wachsenden Staatstätigkeit« zu sprechen. Eduard Rosenthal (1853–1926) behandelte 1913 in einer akademischen Rede »den Wandel der Staatsaufgaben in der letzten Geschichtsperiode«. Die Auffassung, daß der Staat die Aufgabe habe, das Wohl aller seiner Bürger durch Einwirkung auf Ordnung und Gestalt des menschlichen Zusammenlebens zu fördern, hat sich heute so weit durchgesetzt, daß sie im Grundgesetz der BRD anerkannt werden konnte. Das GG bekennt sich in Art. 20 und 28 zum »demokratischen und sozialen Rechtsstaat«. Entscheidend ist dabei, daß der Begriff des Sozialstaates mit dem des Rechtsstaates verbunden wird. Der bürgerliche Rechtsstaat gilt als eine Staatsordnung, die das Ziel hat, die Freiheit des einzelnen zu sichern. Der Sozialstaat sieht dagegen seine Aufgabe darin, das Wohl des Ganzen zu fördern. Die moderne Staatsrechtslehre ist zu dem Ergebnis gekommen, daß in der neuzeitlichen Industriegesellschaft der Rechtsstaat nur noch sinnvoll und möglich ist, wenn er zugleich als Sozialstaat wirkt. Und der Sozialstaat ist in einer freien Gesellschaft nur sinnvoll und möglich, wenn er sich in den Grundformen des Rechtsstaates verwirklicht.

Wo liegen die Gründe für die Entwicklung der modernen Staatstätigkeit? In der unternehmungsweise betriebenen Industriewirtschaft (→ Industrie: II, → Wirtschaft) greift die Arbeitsteilung immer weiter. Mit jeder Arbeitsteilung ist aber die Notwendigkeit verbunden, ergänzende Leistungen heranzuziehen. Diese Kooperation ist nur möglich, wenn bestimmte Voraussetzungen gegeben sind, die nur durch die öffentlichen Haushalte geschaffen werden können. Die Ordnung und Entfaltung des Verkehrswesens und der Energieversorgung sowie der Aufbau eines differenzierten Ausbildungswesens werden zu öffentlichen Aufgaben. Dazu kommt die Notwendigkeit, die Funktionsfähigkeit einer auf dem Gedanken des Wettbewerbs (→ Konkurrenz) beruhenden Marktwirtschaft durch positive Einwirkungen auf das wirtschaftliche Geschehen zu sichern. Alle diese Tätigkeiten des Staates und anderer öffentlicher Körperschaften dienen dazu, die produktiven Kräfte zu entfalten und ihren Einsatz so zu regeln, daß die Ergebnisse allen Menschen in einer ihren Leistungen entsprechenden Weise zugute kommen. Daß alle → Wirtschaftspolitik in neuzeitlichen Industrieländern durch Gedanken des W.s bestimmt ist, wird vielen Menschen gar nicht bewußt. Sie verbinden den Begriff des W.s nur mit einem zweiten Bereich von Maßnahmen, die in einer unternehmungsweise betriebenen Industriewirtschaft ebenso notwendig sind wie die zuerst genannten. Solange haushaltsmäßig auf Grund des Familienzusammenhangs gewirtschaftet wurde, konnte der Ausgleich der Arbeitserträgnisse zugunsten der Nichtarbeitsfähigen im allgemeinen innerhalb des Haushaltes vollzogen werden. Erleichtert wurde dieser Ausgleich der Arbeitserträgnisse durch die Tatsache, daß die sachlichen Voraussetzungen der Gütergewinnung - im Bauernhof der Grund und Boden und der Viehbestand, im städtischen Haushalt des Handwerkers die Werkstatt mit ihren technischen Einrichtungen - sich im Eigentum der Familie befanden. Aber auch damals gab es schon genossenschaftliche Hilfseinrichtungen, die wirksam wurden, wenn die wirtschaftlichen Kräfte im eigenen Haushalt nicht ausreichten, um das Leben derjenigen zu erhalten, die nicht arbeiten konnten. Wird aber auf der Grundlage weitgreifender Arbeitsteilung unternehmungsweise gewirtschaftet, müssen über die Unternehmungen hinausreichende Ordnungen geschaffen werden, in denen der Ausgleich der Arbeitserträge zugunsten der Nichtarbeitsfähigen vorgenommen wird. Öffentlich-rechtlich gesicherte Organisationen der → Sozialversicherung sind daher wesensmäßig notwendige Einrichtungen jeder hochentwickelten Industriewirtschaft. Ökonomisch gesehen stellt jede Sozialversicherung einen genossenschaftlichen Zusammenschluß von Leistenden und Empfangenden dar. Auf der Grundlage der → Solidarität übernimmt einer für den anderen Verantwortung. Diese Verantwortung sichtbar werden zu lassen, ist eine der wichtigsten Aufgaben, die bei Aufbau und Führung von Einrichtungen der Sozialversicherung gelöst werden müssen.

Damit ist die Frage nach dem Verhältnis des einzelnen Menschen zum Staat und der von ihm geschaffenen Ordnung gestellt, die die Frage nach Abgrenzung des W.s vom Versorgungsstaat in sich schließt. Thielicke unterscheidet den »relativen« W. vom »absoluten« oder »totalen« W. Er macht mit Recht darauf aufmerksam, daß das Zusammenleben der Menschen heute weniger durch das Chaos, durch ein Zuwenig an Staat bedroht wird, als durch ein Übermaß an staatlicher Tätigkeit, die den Menschen nur noch als Träger von auf den Staatswillen bezogenen Leistungen wertet. Es kommt darauf an, »die Momente des Personalen und des Sozialen« in der Ordnung der dem Staat zuzuweisenden Aufgaben dialektisch zusammenzufügen. In dieser »fruchtbaren Zusammenfügung des Gegensätzlichen« liegen die Wurzeln von Staat, Recht und Freiheit. »Das Soziale, für sich allein gesetzt, entartet ins Kollektiv. Das Personale, für sich allein gesetzt, löst sich in Anarchie auf« (E.R.Huber). Diese Spannung aus den Bedingungen der industriellen Wirtschaft fruchtbar zu machen, Freiheit und Entfaltung personhaften Lebens mit dem Recht auf soziale → Sicherheit zu verbinden, ist die Aufgabe, die den demokratischen Gesellschaften heute gestellt ist.

Bemerkenswert ist, daß dem W. die Tendenz zu nationaler Abschließung innewohnt. Sich Veränderungen im internationalen Bereich anzupassen, wird dem W. schwer, sofern dadurch die Vollbeschäftigung in Gefahr gerät. Auf der anderen Seite drängt der Wille, neue Produktionsmöglichkeiten zu erschließen, zu internationalen Vereinbarungen oder gar übernationalen Zusammenschlüssen. So steht neben der Spannung zwischen Einzelmensch und Staat die Spannung zwischen nationaler Ordnung der wirtschaftlichen Leistungen und den Möglichkeiten internationaler Zusammenarbeit.

A.G.B.FISHER, Fortschritt u. soziale Sicherheit, 1947 - G.MACKENROTH, Die Reform d. Sozialpolitik durch einen dt. Sozialplan (Schriften d. Vereins f. Sozialpolitik NF 4, 1952, 39-76) - H.G.SCHACHTSCHABEL, Ziele u. Grenzen sozialer Sicherung (Sozialer Fortschritt 1, 1952, 57 f) - H.JAHRREISS, Freiheit u. Sozialstaat, 1957 - K.JANSSEN, Probleme d. W.es (in: Verantwortung für den Menschen, 1957, 125-137) - THIELICKE, ThE II/2, 1958 - FR.KÜHN (Hg.), Sozialpolitik aus ev. Verantwortung, 1960 - G.MYRDAL, Jenseits d. W.es. Wirtschaftsplanung in d. W.en u. ihre internat. Folgen, 1961 - W.BOGS, Das Problem d. Freiheit im sozialen Rechtsstaat (in: Gesellschaft in Gesch. u. Gegenwart, hg.v. S.WENDT, 1961, 307-320) - E.R.HUBER, Rechtsstaat u. Sozialstaat in d. mod. Industriegesellschaft, 1962 - S.WENDT, Sozialpolitik aus ev. Verantwortung (Die Mitarbeit 11, 1962, 1-9).

S.Wendt

Wohnungsfrage

1. Entstehung der W.sfrage - 2. Gründe - 3. W.sreform - 4. W.spolitik nach dem 1.Weltkrieg - 5. Die W.sfrage in der sozialen Marktwirtschaft. - W. = Wohnung

1. Mit »W.sfrage« werden im allgemeinen die Tatbestände und Probleme gekennzeichnet, die sich aus der *unzureichenden* Versorgung der minderbemittelten Bevölkerung mit gutem und preiswertem Wohnraum ergeben. Sie findet ihren Ursprung in der zu Beginn der 2. Hälfte des 19.Jh.s einsetzenden Umstrukturierung der wirtschaftlichen und gesellschaftlichen Verhältnisse in Deutschland. Die Anerkennung des liberalen Wirtschaftsprinzips des »Laissez-faire« (→ Liberalismus: I, 3 c) in Verbindung mit der »industriellen Revolution« sowie die gleichzeitige Bevölkerungsvermehrung führten zu einer umwälzenden Bevölkerungsumschichtung und -konzentration in den an Zahl und Umfang ständig wachsenden Städten und damit zu einer *neuen Form* des Wohnens. Das Mietshaus, erstellt unter dem Gesichtspunkt einer rentablen Kapitalanlage, wird der vorherrschende Typ der Behausung der großen Masse der städtischen Bevölkerung. Die mit der W.snot zusammenhängenden sozialen, hygienischen und sittlichen Gefahren lassen die W.sfrage zu dem schwierigsten Sozialproblem des beginnenden 20.Jh.s werden.

2. Die W. nimmt innerhalb des Gütersektors und der wirtschaftlichen Verhaltensweisen eine Sonderstellung ein. Diese ist vor allem durch die Langfristigkeit ihrer Nutzung bestimmt, während auf der anderen Seite das Wohnen als Existenzbedürfnis unabweisbar ist und nicht durch andere Güter ersetzt werden kann. Die W.swirtschaft zeichnet sich durch eine relative Unelastizität der Anpassung an Marktänderungen aus; die Reproduktion des Gutes »Wohnen« ist nur in einem längeren Zeitraum möglich. Das *Existenzbedürfnis* Wohnen zwingt so bei unausgeglichener Marktlage in einer marktwirtschaftlichen Wirtschaftsordnung die minderbemittelte

Bevölkerung zu erheblichen Aufwendungen für die Miete. Wird die Grenze der sozial tragbaren Miete überschritten, erfolgt ein Ausweichen der Nachfrage auf minderwertige und unhygienische W.en sowie auf eine sozialpolitisch nicht vertretbare Einschränkung des Wohnbedürfnisses überhaupt.

3. Die Bekämpfung der Bodenspekulation und Baukostenverteuerung sowie die gerechte Verteilung des Einkommens werden von den in der *W.sreform* tätigen Persönlichkeiten und Organisationen gefordert, um der steigenden W.sverelendung Einhalt zu gebieten. Eine staatliche Initiative fehlt. Wegweisend waren die auf dem Grundsatz der *Selbsthilfe* beruhenden gemeinnützigen W.sbaugenossenschaften, die mit den Namen V.A. → Huber, J.H. → Wichern und H.Schultze-Delitzsch verbunden sind. Bestrebungen zur Bekämpfung der Bodenspekulation (A.Damaschke, K.v.Mangoldt), die industrielle Förderung des W.sbaus durch Schaffung von Werks-W.en und die wohnungsfürsorgerischen Maßnahmen von Kirchen, philanthropischen Stiftungen usw gehören in diesen Bereich.

4. Von einer staatlichen *W.spolitik* kann erst seit Beendigung des 1. Weltkrieges gesprochen werden. Vorschriften werden für die Finanzierung des W.sbaus, für die Mieten- und Bodenpolitik erlassen. Die Gründung von besonderen »Organen der staatlichen W.spolitik« zur Förderung von Eigentumsmaßnahmen dokumentiert die beginnende soziale Verantwortung des Staates. Die W.swirtschaft wird nach 1918 in zunehmendem Maße in das System staatlicher Wirtschaftslenkung einbezogen, die ihre stärkste Ausprägung in Mietpreisbindung, Mieterschutz und Wohnraumbewirtschaftung findet. Diese Bereiche werden unter dem Begriff *W.szwangswirtschaft* zusammengefaßt. Mit der Preisstoppverordnung vom 17.10.1936 werden alle Preisbewegungen auf dem W.smarkt blockiert. Die Miete als Wert- und Rechenmaßstab des Gutes Wohnen wird durch Höchstpreisvorschriften festgelegt, wie ebenso die Wohnraumbewirtschaftung rechtliche Möglichkeiten der Beschlagnahme von Wohnraum und des Abschlusses von Zwangsmietverträgen eröffnet. Die freie Verfügbarkeit des Vermieters über Wohnraum wird durch die Mieterschutzgesetzgebung von 1923 aufgehoben. Um die Bautätigkeit aufrechtzuerhalten, werden in beträchtlichem Umfange öffentliche Mittel der Finanzierung des W.sbaus zugeführt, wobei zwischen den Weltkriegen die sog. Hauszinssteuerhypotheken ein wesentliches Förderungsinstrument darstellen. Die W.szwangswirtschaft wurde bis zum Ausgang des 2. Weltkrieges weiter verschärft, die Bautätigkeit kam nahezu vollständig zum Erliegen. Auf dem Höhepunkt der W.snot betrug das *W.sdefizit* in der BRD 1948/49 rd 5 Mill. W.en für etwa 20 Mill. Menschen.

5. Mit der beginnenden Normalisierung des wirtschaftlichen Lebens in der BRD wurden als Ausdruck einer freiheitlichen sozialen Marktwirtschaft erste Maßnahmen einer Auflockerung der W.szwangswirtschaft eingeleitet, um Anreize zum Wiederaufbau zu geben. Unter dem 1. W.sbaugesetz vom 24.4.1950 wurden im Rahmen des sozialen W.sbaus mit großen öffentlichen Mitteln von 1951-56 über 2 Mill. Sozial-W.en für breite Bevölkerungsschichten geschaffen. Für freifinanzierte und steuerbegünstigte W.en wurden die Mietpreisbindungen und Bewirtschaftungsvorschriften aufgehoben bzw. gelockert. Der *Strukturwandel* der W.swirtschaft wird bes. durch das 2. W.sbaugesetz vom 27.6.1956 deutlich. Die Zielsetzungen der W.spolitik konzentrieren sich auf eine verstärkte Förderung von Einzeleigentum in Form von Familienheimen und die weitere Auflockerung der W.szwangswirtschaft. Das Gesetz über den Abbau der W.szwangswirtschaft und über ein soziales Miet- und Wohnrecht vom 27.6.1960 legte die Grundlagen für eine nach mehrjähriger Übergangszeit eintretende endgültige Beseitigung aller Zwangsvorschriften fest. Die Auflockerung wurde möglich durch die großen W.sbauleistungen der Nachkriegszeit, die seit der Währungsreform bis 1961 6,5 Mill. W.en, davon 1,7 Mill. Familienheime, betrugen. – Mit der allgemeinen Wohlstandsentwicklung in der BRD ist ein verstärktes Geltendmachen des *subjektiven W.sbedarfs* verbunden, worunter die individuellen Wohnwünsche der Bevölkerung zu verstehen sind. Umfang und Intensität der W.snachfrage sind vor allem vom Einkommen der Haushaltungen abhängig. Das *Schwabesche Gesetz* stellt fest, daß mit sinkendem Einkommen im allgemeinen ein immer größerer Teil des Einkommens für die Miete aufgewandt werden muß. Im Jahrzehnt 1950-60 haben sich die W.sausgaben im Durchschnitt der Haushalte nahezu verdoppelt (von 30 DM auf 70 DM monatlich). Der relative Aufwand ist aber bei dem gestiegenen Verbrauchseinkommen (305 DM auf 718 DM monatlich) annähernd gleich hoch (rd 10 v.H. des Einkommens) geblieben. Die Wohnversorgung der minderbemittelten Bevölkerung und die Gewährleistung einer sozial tragbaren Miete sind das *Ziel* der W.spolitik in einer sozialen Marktwirtschaft. Um eine angemessene Relation von Miete und Einkommen dieser Bevölkerungskreise herzustellen, werden Miet- und Lastenbeihilfen gewährt, die sich nach Einkommen, Wohnfläche und Haushaltsgröße richten. Im allgemeinen wird eine Mietbelastung von 15-22 v.H. des Familieneinkommens als tragbar angesehen. *Träger* des sozialen W.sbaus sind vor allem die gemeinnützigen W.sunternehmen, die auf dem W.smarkt ohne Erwerbsinteresse nach dem Kostendeckungsprinzip arbeiten. Durch Preisgestaltung, Qualität und Unternehmensleistung vermögen sie am ehesten, die Ziele der W.spolitik zur Wohnversorgung breiter Bevölkerungsschichten zu erfüllen. In der BRD gibt es rd 2300 W.sunternehmen verschiedener Rechtsformen, davon 1660 W.sbaugenossenschaften. Der W.sbestand dieser Unternehmen beträgt rd 2,5 Mill. W.en. – Durch das GG wird mit der Bekundung des sozialen Rechtsstaates das *Recht* auf eine angemessene W. garantiert. Die staatliche W.spolitik erstrebt also die Förderung von Institutionen, die mit marktkonformen Mitteln die Funktionsfähigkeit eines freien W.smarktes gewährleisten, sowie die soziale Hilfsstellung für Minderbemittelte zur Schaffung eines *wohnkulturellen Existenzminimums*. Der freie W.smarkt hat eine völlige Beseitigung der W.snot bisher nicht verwirklicht. Das Gesetz zur Einschränkung der Bautätigkeit vom 8.6.1962 soll den weiteren Anstieg der Baukosten verhindern. Die W.en des sozialen W.sbaus sollen preisdämpfend durch Bindung an die Kostenmiete ein niedriges allgemeines Mietenniveau begünstigen. – Die moderne W.sfrage steht im Zeichen der *Stadterneuerung* und Dorfsanierung. Die Beseitigung überalterter und unhygienischer W.en wird das Bild der W.spolitik in den nächsten Jahrzehnten bestimmen.

R.Eberstadt, Hdb. d. W.swesens u. d. W.sfrage, (1909) 1920[4] – F.Lütge, W.swirtschaft, (1939) 1949[2] – H.J.Seraphim (Hg.), Dt. W.s- u. Siedlungspolitik, 1956 (Lit.) – H.Wandersleb (Hg.), HWB d. Städtebaues, W.s- u. Siedlungswesens, 1959 (Lit.). *J.Heuer*

Wolf, *Friedrich August* (1759-1824), Philologe, Prof. in Halle (1783-1806) und Berlin (ab 1810), Freund → Goethes und W.v. → Humboldts, ein Wegbereiter des → Neuhumanismus. Gegenstand seiner erfolgreichen Lehrtätigkeit war die idealistisch begründete → Klassische Altertumswissenschaft; durch Methodik und pädagogische Grundsätze wirkte er über sein Fach hinaus auf die historischen Wissenschaften und das → Bildungswesen des 19.Jh.s. Seine »Prolegomena ad Homerum« ([1795] 1876²) leiteten die moderne Homer-Kritik ein. W. suchte nicht nur in der damals üblichen Weise Bildungsstoffe zu vermitteln; die kritisch untersuchende Form seines Lehrvortrages sollte die Studenten vor allem zum Erwerb eigener Einsichten, zum »Selbstdenken« befähigen. W. wandte sich gegen das Zweckdenken der → Philanthropinisten; das Studium des Altertums galt ihm nicht als nützliches Propädeutikum, sondern als der einzige Weg, Bildung im Sinne des Neuhumanismus zu verwirklichen.

Vf. ferner bes.: Über Erziehung, Schule, Universität (Consilia scholastica), 1835; Kleine Schriften I. II, 1869. - Über W.: W.Körte, Leben u. Studien F.A.W.s I. II, 1833 - J.F.J.Arnoldt, F.A.W. in seinem Verhältnis zum Schulwesen u. zur Pädagogik I. II, 1861/62 - ADB 43, 737ff - PädLex IV, 1152ff - M.Fuhrmann, F.A.W. (DVfLG 33, 1959, 187-236; Lit.). *M.Fuhrmann*

Wolfenbütteler Fragmente → Lessing, → Reimarus.

Wolff, 1. *Christian* (* 24.1.1679 in Breslau, † 9.4.1754 in Halle), Philosoph, beherrschte (»Fürst der → Aufklärung«) die deutsche Universitätsphilosophie des 18.Jh.s, bis → Kant das Fundament seines dogmatischen → Rationalismus erschütterte. W. befreite die Philosophie von theologischer Bevormundung und schuf einen großen Teil der deutschen philosophischen Terminologie. Als Denker darf man ihn weder mit Leibniz noch Kant vergleichen; doch gerade sein vernünftiger → Eklektizismus befähigte ihn, unter Verwendung wesentlicher Einsichten der Scholastik sowie → Descartes' und → Leibniz', in den meisten philosophischen Disziplinen Lehrbücher zu schreiben, deren schulmäßige Sachlichkeit und »Gründlichkeit« (Kant) der Philosophie in Deutschland hinfort ein achtbares Diskussionsniveau sicherte. W. studierte anfangs Theologie, dann Mathematik und Philosophie in Jena und wurde 1703 PDoz. für diese beiden Fächer in Leipzig. Als Prof. der Mathematik in → Halle (1707, auf Empfehlung von Leibniz) behandelte er bald das Gesamtgebiet der Philosophie, die er mit mathematischer *Strenge*, nicht aber nach mathematischer *Methode* bearbeitet sehen wollte. Aus seiner Lehrtätigkeit ging die lange Reihe seiner »Deutschen Schriften« (1712-25) hervor. Auf Betreiben der pietistischen Theologen (bes. A.H. → Francke und J. → Lange, die ihn als Religionsfeind und Deterministen denunzierten) wurde W. 1723 von Friedrich Wilhelm I. amtsenthoben und landesverwiesen. → Marburg nahm ihn willig auf; hier begann er die 23 Bände seiner »Lat. Schriften«, Bearbeitungen der entsprechenden deutschen Werke, wobei die Sprache und akademische Umgebung eine gewisse Annäherung an die scholastische Tradition bewirkten. 1740 berief ihn → Friedrich d.Gr. nach Halle zurück, 1745 wurde er zum Reichsfreiherrn ernannt. - Die Philosophie ist für W. »die Wissenschaft von den *möglichen* Dingen, insofern sie möglich sind«, im Gegensatz zu den die *wirklichen* Dinge behandelnden Tatsachenwissenschaften. Möglich ist, was keinen Widerspruch enthält *und* keinem offenbar wahren Satz widerspricht. Hier wird die bei W. noch fehlende Unterscheidung zwischen analytischen und synthetischen apriorischen Sätzen deutlich, die sich auch in der bei W. fließenden Grenze von → Logik und → Ontologie zeigt. Nur deshalb konnte W. den »Satz vom zureichenden Grunde« (einen synthetischen Satz, das Hauptinstrument seiner Metaphysik) aus dem Satz vom Widerspruch abzuleiten versuchen (Ontologia § 70), wobei der Satz »nichts ist der Grund von A« in den Satz »Das Nichts ist der Grund von A« umgedeutet wird. Ist so der Satz vom Grunde als Vernunftwahrheit »erwiesen«, so folgt sofort der kosmologische Beweis für die Existenz Gottes; W. vertritt aber auch den teleologischen und den ontologischen → Gottesbeweis. Offenbarung darf nach W. Vernunft nicht widersprechen, wohl aber sie übersteigen. Mit Nachdruck vertritt W. die Autonomie der als Lehre von menschlicher Vollkommenheit verstandenen → Ethik, die von Religion gekrönt, aber nie begründet werden kann. Überall wird W.s Abhängigkeit von Leibniz deutlich. Sie hat ihre Grenze darin, daß W. die Monadologie nicht übernimmt, sondern (im Sinne von Descartes' Dualismus) die einfachen Substanzen der Körperwelt als materielle Atome, die Seele jedoch als immaterielle Substanz auffaßt, wobei der Zusammenhang zwischen Körper und Seele durch prästabilierte Harmonie garantiert wird. - Über die theologischen W.ianer s. → Rationalismus: II, 3 a.

Vf. bes.: Anfangsgründe aller mathemat. Wissenschaften, 4 Bde, 1710; Vernünfftige Gedanken v. d. Kräften d. menschl. Verstandes etc (»Dt. Logik«), (1713) 1754¹⁴; V.G. von Gott, der Welt u. der Seele d. Menschen (»Dt. Metaphysik«), (1720) 1752¹⁰; V.G. von der Menschen Tun u. Lassen etc (»Dt. Ethik«), 1720; V.G. v. d. gesellschaftl. Leben der Menschen etc (»Dt. Politik«), 1721; Allerhand nützl. Versuche, dadurch zu genauer Erkenntnis der Natur u. Kunst der Weg gebahnet wird, 3 Bde, 1721-23; V.G. v. d. Wirkungen d. Natur (»Dt. Physik«), 1723; V.G. v. d. Absichten d. natürl. Dinge, 1724; V.G. v. d. Gebrauche der Teile in Menschen, Tieren u. Pflanzen, 1725; Philosophia rationalis sive Logica, (1728) 1740³; Philosophia prima sive Ontologia, (1730) 1736²; Cosmologia generalis, 1731; Psychologia empirica, 1732; Psychologia rationalis, 1734; Theologia naturalis, 2 Bde, 1736/37; Philosophia practica universalis, 2 Bde, 1738/39; Ius naturae, 8 Bde, 1740-48; Ius gentium, 1749; Philosophia moralis sive Ethica, 5 Bde, 1750-53; Ges. kleinere Schriften, 6 Bde, 1736-40. - Eine neue GA wird v. H.W.Arndt u. J.Ecole vorbereitet; erschienen: Philosophia prima sive Ontologia, 1962. - Über W.: RE XXI, 452ff - Ü III, 448ff. 703 (Lit. bis 1920). Seither bes.: H.Lüthje, Der Philosophiebegriff bei C.W. (KantSt 30, 1925, 39-66) - H.Levy, Die Religionsphilos. C.W.s, 1928 - E.Utitz, C.W., 1929 - C.Joesten, C.W.s Grundlegung d. prakt. Philos., 1931 - H.J.de Vleeschauwer, La genèse de la méthode mathématique de W. (Revue Belge de Philol. et d'Hist. 11, 1932, 645-674) - A.Michaelis, Der ontol. Sinn d. Complementum possibilitatis bei C.W., 1937 - M.Campo, C.W. e il razionalismo precritico I. II, Mailand 1939 (Lit.) - H.Schöffler, Dt. Geistesleben zw. Reformation u. Aufklärung, (1940) 1956² - M.Wundt, Die dt. Schulphilos. im Zeitalter d. Aufklärung, 1945, 122ff u. passim - Barth, PrTh 135ff - Hirsch II, 48ff - W.Philipp, Das Werden d. Aufklärung, 1957 - H.W.Arndt, Der Begriff d. Möglichkeit bei W. u. Lambert (Diss. Göttingen), 1959 (Masch.). *G.Patzig*

2. *Walther* (9.12.1870 bis 26.8.1931), ev. Theologe, * in Neuwerk bei Mönchen-Gladbach, † in Aachen, 1895 Pfarrer in Otzenrath, 1901 in Aachen, 1923 ebd Sup., seit 1919 Präses der Ev. Kirche im → Rheinland, vertrat als solcher auch die besondere ref. Überlieferung des rheinischen Protestantismus. W. war lange Zeit Vizepräsident der altpreußischen Generalsynode, Mitglied des preußischen Kirchenrats, des Deutschen Ev. Kirchenausschusses und Kirchentages und damit am Neubau der APU nach 1918 maßgeblich beteiligt. Er gehörte auch zu den führenden Männern des Ev. Bundes, des Gustav-Adolf-Vereins und der werdenden Ökumene.

Vf. u.a.: Der Apostel Paulus, 1897; Beiträge zu einer Reformationsgesch. d. Stadt Aachen I-V, 1903-07; Wie predigen wir der Gemeinde der Gegenwart?, 1904; Die Verfassung der Ev. Kirche der Altpreuß. Union, 1925. - Über W.: Kirche u. Wirklichkeit (Festg. z. 60. Geb.), hg.v. J.W.Schmidt-Japing, 1930 - Präses D.Dr. W.W. zum Gedächtnis, hg.v. Ev. Preßverband f. Rheinland, 1931. *H.Hohlwein*

Wolfram *von Eschenbach*, * um 1170 wohl im heute nach ihm benannten Wolframs-Eschenbach südöstlich Ansbach, † um 1220, nach einem Zeugnis des 15.Jh.s ebd in der ehemaligen Deutschordenskirche begraben.

W. war ritterlicher Abkunft, doch besitzlos, dem Schwertdienst begeistert zugewandt, ohne gelehrte Bildung. Als seine Dienstherren nennt er die Grafen von Wertheim. Auf der Wildenburg im Odenwald und auf der Wartburg in Thüringen hat er sich längere Zeit aufgehalten. Urkundliche Zeugnisse fehlen. Sein Hauptwerk, der »Parzival«, ist zwischen 1200 und 1210 entstanden, der »Willehalm« (unvollendet) nach 1210, die Bruchstücke des »Titurel« neben und nach dem Willehalm. Die erhaltenen drei Minnelieder und fünf Tagelieder gehören in die Frühzeit. Ein eigenwilliger, »dunkler« Stil erschwert das Verständnis seiner epischen Werke, die gleichwohl, gedanklich reich und geschlossen, zu den bedeutendsten des MA zählen (→ Mittelalterliche Literatur: II, 3). – Dem »Parzival« liegt die unvollendete Verserzählung »Perceval ou li contes del Graal« des franz. Dichters Chrétien de Troyes zugrunde, doch hat W. erweitert, den Schluß frei erfunden und dem Ganzen einen anderen Sinn gegeben. Die aus keltischer Sage und christlicher Legende stammende, von Chrétien mit dem Artuskreis verbundene Geschichte vom Gralserlöser wird bei ihm zur Erzählung vom künftigen Gralskönig, der die Herrschaft nach dem Durchschreiten heilsgeschichtlich bestimmter Stufen antritt und damit zum ins Religiöse überhöhten Herrn über alle Christenheit aufsteigt. Hintergrund dieser märchenhaft-symbolistischen Konzeption ist die in der Stauferzeit aktuelle universalgeschichtliche Ideologie des deutschen Kaisertums. – Der Stoff zum »Willehalm« stammt aus der franz. »Bataille d'Aliscans«; auch diese Quelle hat W. recht frei behandelt. Er erzählt die Geschichte des Hl. Willehalm, der in der Epoche Karls d.Gr. als Führer des Kreuzzuges gegen die Sarazenen Ruhm erwarb, trotz des legendären Stoffes in ritterlich-höfischem Stile. Willehalm, Gefangener seiner Gegner, gewinnt die Liebe der Tochter des Heidenkönigs, kann sich befreien und steht nun im Kampf gegen das heidnische Heer. Dieser Streit um die Gattin weitet sich aber zum Krieg der Christenheit gegen das Heidentum aus und endet mit Willehalms Sieg. – Die Bruchstücke des sog. »Titurel« knüpfen an eine Episode aus dem Parzival an; sie behandeln die mit dem frühen Tode des Helden endende Kinderminne zwischen Schionatulander und Sigune. Bemerkenswert ist die ungewöhnliche Form der aus vier Langzeilen bestehenden Strophen. – Das knappe lyrische Werk W.s ist bedeutsam durch die Tagelieder, in denen er eine provenzalische Gattung übernimmt: die Liebenden erwarten mit Furcht den beginnenden Tag, der sie trennt. Der Wächter mahnt sie. In einem der Lieder drückt W. den Gedanken aus, daß man ohne Sorgen den Morgen erwarten könne, wenn die Geliebte die Ehefrau sei.

Ausg. v. K.Lachmann, (1833) neu hg.v. Ed.Hartl, 1926⁶. – Über W.: G.Ehrismann, Gesch. d. dt. Lit. III, (1927) 1954, 212ff (Lit.) – J.Schwietering, Die dt. Dichtung d. MA, (1932) 1957, 160ff – VerfLex IV, 1058ff (Lit.) – J.Bumke, W.s Willehalm, 1959 – F.-W. Wentzlaff-Eggebert, Kreuzzugsdichtung d. MA, 1960, 247ff (über Willehalm) – H.de Boor, Gesch. d. dt. Lit. II, 1960⁴, 90ff (neueste Lit. 125ff. 434ff).

W.J.Schröder

Wolfrum, *Philipp* (1854–1919), Komponist und Musikschriftsteller, * in Schwarzenbach (Oberfranken), † in Samaden, 1894 Universitätsmusikdirektor, 1898 Prof. für Musikwissenschaft in Heidelberg. Mit dem 1885 gegründeten Bachverein baute er ein reges Musikleben auf, das in den großen Heidelberger Musikfesten (1909, 1911, 1913) gipfelte. Neben der Pflege Bachs trat er bes. für Liszt, R.Strauß und → Reger ein. Er schrieb »Die Entstehung und erste Entwicklung des ev. Kirchengesangs in musikalischer Beziehung« (1890; Forderung rhythmischer Fassung der Weisen, → Kirchenlied: II, 5) und »J.S.Bach« (2 Bde, 1910; Darlegung seiner gegen A. → Schweitzer gerichteten Bach-Auffassung). Unter W.s zahlreichen Kompositionen sind bes. »Das Weihnachtsmysterium« (1899) und »Das große Halleluja« (nach Klopstock) zu nennen.

K.Hasse in ZfMw 2, 1919, 54–61 – H.Poppen in Ruperto Carola 15/16, 1954, 76f.

S.Hermelink

Wolleb, *Johannes* (1586–1629), ref. Theologe, * in Basel, 1611 ebd Pfarrer an St. Elisabethen, 1618 am Münster, Antistes und Prof. für AT. Seine Inauguraldissertation vertrat infralapsarisch die damals (→ Dordrechter Synode) wieder bes. verhandelte Prädestinationslehre. W.s Hauptwerk ist das »Compendium theologiae christianae« ([1626] 1638³, auch ins Englische übersetzt). Bei weiser Beschränkung auf die Hauptstücke der Dogmatik und Ethik (de Deo cognoscendo et colendo) zeichnet es sich durch Gründlichkeit und Klarheit, weniger aber durch originelle Gedankengänge aus.

H.J.Leu, Helvet. Lexikon, 1747ff, XIX, 552ff (Bibliogr.) – RE XXI, 472ff.

O.E.Straßer

Wollin (slawisch: Julin), wo Bernhard von Spanien 1121 vergeblich, → Otto von Bamberg 1124 unter Schwierigkeiten das Christentum verkündigte, wurde Sitz des am 14.10.1140 durch Innozenz II. errichteten pommerschen *Bistums* (→ Pommern, 1). Erster Bischof an der St. Adalbertskirche in W. war Adalbert († um 1160). Die Zerstörung W.s durch die Dänen nötigte Bischof Konrad I. 1176 zur Verlegung des Bischofssitzes nach → Kammin. In den letzten Jahrzehnten wurden aufschlußreiche Ausgrabungen in W. auf dem Markt, dem Silberberg und dem Galgenberg vorgenommen.

W.Wiesener, Die Gründung des Bistums von Pommern u. die Verlegung ... nach Kammin (ZKG 10, 1888, 1–53) – F.Salis, Die Schweriner Fälschungen (AUF 1, 1908, 273–354) – Ders., Zur Beurteilung der Gründungsbulle des Bistums W.-Kammin (Zs. f. osteurop. Gesch. 4, 1914, 52–67) – Hauck IV, 585ff – K.A.Wilde, Die Bedeutung der Grabung W., (1934) 1950². – Vgl. die Lit. zu → Pommern.

H.Heyden

Wolsey, *Thomas* (ca 1474–1530), Erzbischof von York, Kardinal. Aus einer reichen Bauernfamilie in Ipswich hervorgegangen, gehörte er als 11jähriger dem Magdalen College in Oxford an, wurde bald Fellow, 1500 Pfarrer in Lymington (Somerset), 1502 Kaplan des Erzbischofs von Canterbury, 1503 Sekretär des Gouverneurs von Calais, Sir Richard Nanfan. 1507 an den Hof Heinrichs VII. empfohlen, war er in der Folgezeit der ausgesprochene Günstling seines Sohnes, Heinrichs VIII. Mit Pfründen überhäuft, wurde er Hofprediger (the King's Almoner), Mitglied des Kronrats, 1514 unter Beibehaltung seiner anderen Pfründen Erzbischof von York, 1515 Kardinal. Schon 1523 galt W. als Kandidat für den päpstlichen Stuhl. Er leitete seit etwa 1512 die politischen und kirchlichen Geschicke Großbritanniens (1515 Lordkanzler). In der äußeren Politik suchte er das Land unabhängig zu machen, indem er Frankreich und Habsburg abwechselnd gegeneinander ausspielte. Die Kriege, die er dazu führen mußte, forderten hohe Steuern und kosteten ihn seine Volkstümlichkeit. In der Innenpolitik schränkte er die Macht des Adels erheblich ein und schuf sich dadurch Feinde, gleichzeitig bahnte er soziale Reformen an. Den reformatorischen Bestrebungen stand er gleichgültig und verständnislos gegenüber und gab nur widerstrebend dem Verfolgungswillen des antievangelisch gesinnten, aber humanistenfreundlichen Erzbischofs William Warham (ca 1450–1532) von Canterbury nach. Sein Ziel war - rein machtpolitisch gedacht -, als Papst durch ein Bündnis zwischen Großbritannien und den deutschen Fürsten Frankreich und Italien zu demütigen. Da er in der Ehescheidungsabsicht Heinrich VIII. zunächst widerstrebte und zu spät erkannte, daß sein Hauptgegner am Hofe, der Herzog von Norfolk, dessen Nichte die von Heinrich begehrte Anne Boleyn war, dies ausnutzte, fiel er in Ungnade. Seine Widersacher wiesen ihm außerdem doppeltes politisches Spiel mit Frankreich nach. Das Bündnis zwischen Karl V. und Franz I. in Cambrai (Mai 1529) brachte seinen Sturz. Am 17.10.1529 mußte er das Staatssiegel an den Herzog von Norfolk abgeben. Er wurde verbannt, wegen Hochverrats verhaftet und starb als gebrochener Mann am 29.11.1530 auf dem Wege nach London in Leicester.

Registrum Thome W., ed. F.T.MADGE u. H.CHITTY, 1926. - Über W.: G.CAVENDISH (W.s Kammerdiener), The Life and Death of Card. W., ed. S.W.SINGER, (1825) 1827²; ed. R.S.SYLVESTER, 1959 - W.BUSCH, Kard. W. u. d. engl.-kaiserl. Allianz, 1884 - J.S.BREWER, The Reign of Henry VIII, ed. J.GAIRDNER, 2 Bde, 1884 - M.CREIGHTON, Twelve English Statesmen, 1888 - RE XXI, 474ff - A.F.POLLARD, W., (1929) 1953² - DNB XXI, 796ff - CH.W.FERGUSON, Naked to mine enemies. The Life of Card. W., 1958. *M.Schmidt*

Wolter, 1. *Maurus* (Rudolf; 4.6.1825 bis 8.7.1890), * in Bonn, † in Beuron, 1850 Priester, 1856 Benediktiner, nach Studien in Rom und Aufenthalt in → Solesmes 1863 Begründer des Klosters → Beuron (1868 Abt, 1885 Erzabt) und 1884 der Beuroner Kongregation (1885 Präses). Der → Kulturkampf trieb ihn ins Ausland, wo er die Abteien Emmaus in Prag (1880) und → Seckau (1883) gründete.

Vf. u.a.: Psallite sapienter (Psalmenauslegung), 5 Bde, (1871-90) 1904-07³; Praecipua ordinis monastici elementa, 1880. - Über W.: G.v.CALOEN, Dom M.W., 1891 - A.SCHOTT, Leben u. Wirken des Erzabtes M.W., 1891 - J.UTTENWEILER, M.W. zum 100. Geb., 1925 - B.REETZ, Les principes fondamentaux de la vie monastique et bénédictine d'après Dom M.W. (Revue Mabillon 51, 1961, 123-133).

2. *Placidus* (Ernst; 24.4.1828 bis 13.9.1908), Bruder von 1, * in Bonn, † in Beuron, 1851 Priester, 1855 Benediktiner, wurde nach Lehrtätigkeit in der Abtei San Paolo f.l.m. zu Rom 1878 Abt von → Maredsous, 1890 Erzabt von Beuron und Präses der Beuroner Kongregation, die sich unter W. durch Gründung der Abteien Maria Laach, Gerleve, Eibingen und Sion erweiterte.

U.BERLIÈRE, Oraison funèbre sur P.W., 1908 - S.v.OER, Erzabt P.W., 1909 - R.MOLITOR, Erinnerungen an P.W. (Benediktin. Monatsschr. 10, 1928, 81-103). *F.Buchholz*

Woltersdorf, *Ernst Gottlieb* (1725-61), ev. Theologe und Kirchenliederdichter, * in Friedrichsfelde b. Berlin, studierte in Halle (u.a. bei J. →Lange und J.S. →Baumgarten) und wurde hier 1742/43 bekehrt. 1748 als Pfarrer nach Bunzlau berufen, erwarb er sich um das 1754 begründete Bunzlauer Waisenhaus als Direktor dieser nach Hallischem Vorbild (A.H. → Francke) eingerichteten Anstalt große Verdienste. Theologisch dem Hallischen → Pietismus zugewandt, lassen sich in seinen Dichtungen auch sprachliche und inhaltliche Berührungen mit der »Blut- und Wundentheologie« → Zinzendorfs und der Brüdergemeine feststellen. Seine 218 Lieder zeigen eine Neigung zur Verzärtelung der Frömmigkeit und zur Weitschweifigkeit; sie wurden vorwiegend in den pietistischen Konventikeln des 18. und 19.Jh.s benutzt und fanden auch in die Gemeindegesangbücher bis hin zum DEG Aufnahme (zB in Nassau: »Komm, mein Herz! In Jesu Leiden«; »Nun, so bleibt es fest dabei, daß ich Jesu eigen sei«). In der Zeit der Gesangbuchrestauration überschätzt, ist W. im EKG nicht mehr vertreten. Von seinen 35 Erbauungsschriften sind die »Fliegenden Briefe ev. Worte an die Jugend« (1749) am bekanntesten. Mit seinem Vater *Gabriel Lukas* W. (Berlin) und seinem Bruder *Theodor Carl George* (→ Brandenburg: II, 4) vertrat W. auch als Prediger inmitten der → Aufklärung die pietistische Frömmigkeit.

Liedersammlung: Ev. Psalmen I. II, 1750-51; vollst. Sammlung 1767 u.ö., Neuaufl. mit Biogr. v. R.SCHNEIDER, 1849 u.ö. - Über W.: KOCH IV, 501ff - ADB 44, 174ff - A.BRÜSSAU, E.G.W., der schlesische Assaph, 1904 - RE XXI, 485ff - W.JÖRN, E.G.W., der Jugendfreund, 1912 - RGG² V, 2013f. *K.Dienst*

Wolzogen, *Ludovicus* (1633-90), niederl. ref. Theologe, * in Amersfoort, studierte in Utrecht und Genf, war wallonischer Pfarrer in Groningen und Middelburg, 1664 Prediger und Prof. für KG in → Utrecht, 1670 am Athenaeum in Amsterdam. Er war Cartesianer (→ Descartes) und schrieb »De scripturarum interprete« (1668) gegen den Spinozismus (→ Spinoza), wurde aber selber von L. van → Rijssen, → Koelman und andern Voetianern (→ Voetius) mangelnder Rechtgläubigkeit beschuldigt. Auf einer wallonischen Synode in Naarden (1668) war → Labadie der schärfste Gegner seiner rationalisierenden Exegese. → Maresius, → Coccejus u.a. traten aber für W. ein, und der Utrechter Magistrat schützte ihn.

C.BURMANNUS, Trajectum eruditum, 1738, 457ff - W.GOETERS, Die Vorbereitung d. Pietismus in d. ref. Kirche d. Niederlande, 1911, 136. 213 - NNBW X, 1235f - Gedenkboek van het Athenaeum en de Univ. van Amsterdam, 1932, 713 - C.L.THIJSSEN-SCHOUTE, Nederlands Cartesianisme, 1954, 398ff. 446ff - E.BIZER (→Wittich) 333ff. *W.F.Dankbaar*

Woolston, *Thomas* (1670-1733), englischer Deist (→ Deismus: III, 3). Nach dem Studium in Cambridge (Sidney Sussex College, 1685-91) blieb W. an der Universität und trieb patristische Studien, die ihn im Anschluß an → Origenes zum radikalen Verfechter der allegorischen Auslegung machten. So verfocht er die Auffassung, die mosaischen Erzählungen seien als Hinweise auf Christus zu verstehen. In den → Quäkern sah er die echten Urchristen (ähnlich → Voltaire). Auch die Auferstehung und jungfräuliche Geburt Jesu deutete er allegorisch. Besonderes Aufsehen erregten seine »Discourses on the Miracles of Our Saviour« (I-VI, 1727-29), die einen Hirtenbrief des Londoner Bischofs → Gibson und ein Strafverfahren gegen W. zur Folge hatten. Er starb im Gefängnis.

Anonym (vielleicht TH.STACKHOUSE), The Life of Mr. W., 1733 - C.C.WOOG, De vita et scriptis Thomae Woolstoni, Leipzig 1743 - J.LELAND, A View of the Principal Deistical Writers I, 1754, 126ff - G.V.LECHLER, Gesch. d. engl. Deismus, 1841, 289ff - DNB XXI, 908ff. *M.Schmidt*

Wordsworth, 1. *Christopher* (1807-85), anglikanischer Bischof, Neffe von 3, besuchte das von seinem Vater *Christopher* (1774-1846) geleitete Trinity College in Cambridge und ragte dort durch seine Leistungen hervor. Als Frucht einer Reise nach Griechenland und Kleinasien (1832/33) schrieb er zwei beliebte Reisebücher. 1833 wurde W. zum Diakon, 1835 zum Priester ordiniert, 1836 wurde ihm die Leitung der in Zuchtlosigkeit versunkenen Public School Harrow übertragen. Er scheiterte durch seine Strenge und seine stark hochkirchlichen Ansichten, die in jener Zeit in wachsendem Maße öffentlicher Ablehnung begegneten. Für die geistliche Erziehung verfaßte er den »Theophilus Anglicanus« (1838) und die »Preces Selectae« (1839). 1844 wurde er Domherr an der Westminsterkathedrale in London, 1850 Pfarrer in Stanford, 1869 Bischof von Lincoln. Als solcher war er unermüdlich um die Hebung des kirchlichen Lebens im Sinne eines betonten Institutionalismus und eines begrenzten Ritualismus tätig, sorgte für die Wiederherstellung erloschener Einrichtungen, für die Erbauung neuer Kirchen und für die genaue Einhaltung der kirchlichen Vorschriften. Gleichzeitig nahm er im Sinne eines unerbittlichen Konservatismus an allen kirchlichen und politischen Streitfragen lebhaften Anteil. Bes. bekämpfte er → Gladstones Trennung von Kirche und Staat in Irland. Er widersprach nachdrücklich dem Ausschluß der anglikanischen Bischöfe vom Vatikanischen Konzil. Sein Hauptmitarbeiter wurde Edward White Benson (1829-96), seit 1873 Domherr und Kanzler in Lincoln, der 1882-96 als Erzbischof von Canterbury in ausgesprochen hochkirchlichem Sinne wirkte. Beide Männer sind Repräsentanten für den kirchlichen Willen des Anglikanismus, gegenüber Rom den besseren Katholizismus darzustellen. Aus W.s Schriftstellerei kommt seinem Kommentar zur ganzen Bibel (NT 1856-60, AT 1864-70) eine beachtliche Bedeutung für seine Zeit zu. In der Polemik fiel seine ablehnende Haltung gegenüber allem nichtanglikanischen Kirchentum auf. - W.s Bruder *Charles* (1806-92; 1847-53 Rektor des Trinity College in Glenalmond, Perthshire, seit 1853 Bischof von St. Andrews, Dunkeld und Dunblanc) war ein erfolgreicher Erzieher und verquickte den hochkirchlichen Anglikanismus mit der Weitherzigkeit der Evangelicals.

Vf. ferner u.a.: Miscellanies. Literary and Religious, 3 Bde, 1879. - Über W.: J.H.OVERTON-E.WORDSWORTH, Ch.W., 1888 - DNB XXI, 924ff. *M.Schmidt*

2. *John* (1843-1911), englischer Theologe, Sohn von 1, 1883-85 Prof. für Exegese in Oxford, 1885 Bischof in Salisbury, begründete und begann, zusammen mit H.J. → White, die große Ausgabe der Vulgata des NT (→ Bibelübersetzungen: II, 2 Lit.).

Vf. ferner u.a.: The Corbey St. James and its Relations to Other Latin Versions and to the Original Language of the Epistle (Studia bibl. I, 1885, 113-150). - Über W.: RE XXIV, 657 - DNB 2. Suppl. III, 705f - ODCC 1476. *H.Greeven*

3. *William* (1770-1850), englischer Dichter, mit seinem Freunde S.T. → Coleridge zusammen Hauptvertreter der englischen Romantik. Als Sohn eines Anwalts im nordenglischen Seendistrikt geboren, steht W.s Leben von Anfang an unter dem Zeichen besonderer Naturverbundenheit. Während des Studiums in Cambridge bereist er den Kontinent und begeistert sich für die französische Revolution. Nach erschütternder Liebeserfahrung kommt er zur Dichtung als »emotion recollected in tranquillity«. Den aus der Enttäuschung an der französischen Revolution erwachsenen Pessimismus (s. die Tragödie The Borderers, 1795-96) überwindet W. unter dem Einfluß seiner Schwester Dorothy und des Dichterfreundes Coleridge, mit dem er gemeinsam die Lyrical Ballads (1798) verfaßt. Seiner Naturauffassung liegt ein Panentheismus zugrunde. Aus ihm heraus erfaßt er dichterisch Kindheit und Jugend erinnernd als der All-Einheit näherstehende Urerlebnisse mit den Kräften der Imagination (The Prelude, or Growth of a Poet's Mind, 1805). - Unter dem Eindruck der englisch-französischen Auseinandersetzung, der Bedrohung durch Napoleon und der Gefährdung der Freiheit ruft W. nun zu sittlichem Heroismus auf. Er tritt für die Freiheit der Völker (Liberty Sonnets), den englischen Nationalstaat und die Nationalkirche in Gestalt der anglikanischen Kirche ein. Selbstdisziplin als Weg zur wahren Freiheit der Persönlichkeit ist jetzt der Grundton seiner Dichtung (Resolution and Independence, Ode to Duty, The Character of a Happy Warrier; Laodamia, 1814; Dion, 1816). Ideeller Humanismus verbindet sich mit Zeit- und Wirklichkeitsbezug (The Excursion, 1814). Politisch-soziales Denken und anglikanische Religiosität beherrschen so Leben und Dichten der zweiten Phase (s. Ecclesiastical Sonnets, 1822; → Lyrik, 3). Über die Wirkung im 19.Jh. hinaus zählt W. bis heute für viele neben → Shakespeare und → Milton zu den größten englischen Dichtern.

The Poetical Works, ed. E.DE SELINCOURT u. H.DARBISHIRE, 5 Bde, Oxford 1940-49 - Poetical Works, ed. T.HUTCHINSON, rev. ed. by E.DE SELINCOURT, ebd 1950 - The Letters of W. and Dorothy W. 1787-1850, ed. E.DE SELINCOURT, 5 Bde, ebd 1935-39. - Über W.: N.D.STALLKNECHT, Strange Sea of Thought, Durham/N.C. 1945 - H.DARBISHIRE, The Poet W., Oxford 1950 - H.M.MARGOLIOUTH, W. and Coleridge, London 1953 (Lit.). *G.Müller-Schwefe*

Worms. Das recht sicher i.J. 346 bezeugte *Bistum* W. hat mit der Stadt die Völkerwanderungszeit überdauert. Links des Rheines griff die Diözese in einem schmalen Streifen bis Landstuhl aus. Über Ladenburg und Wimpfen drang die Mission aus W. im 7.Jh. am Neckar vor, wo W. 742 Boden an das Bistum → Würzburg verlor. Bis zum 11.Jh. erhielt W. in seiner Diözese und an der Lahn reichen Streubesitz. Der Ausbau der Landeshoheit gelang W. jedoch nicht. So geriet es im Spät-MA in Abhängigkeit von den Pfalzgrafen. In langen Kämpfen befreite die Stadt W. sich von der Herrschaft des Bischofs. Als → Luther 1521 vor dem Reichstag zu W. erschien, fand er dort viele Anhänger. Trotz der Rückschläge von 1525 und 1548-52 hatte das Luthertum in der Reichsstadt W., deren Gebiet nicht über die Stadtgrenzen hinausreichte, eine festen Rückhalt. Nach der Reformation der Kurpfalz blieben dem Bistum W. nur noch 15 von etwa 250 Pfarreien. Es war seit 1663 fast ständig in Personalunion mit benachbarten Bistümern, meist → Mainz und → Trier, verbunden. Begünstigt von den seit 1685 kath. Kurfürsten von der Pfalz gewann W. Boden zurück, so daß es zuletzt wieder etwa 150 Pfarreien umschloß. Ein Austausch mit der Kurpfalz schuf 1705 ein kleineres, abgerundetes Territorium des Hochstifts um W., von dem Teile 1801 an Frankreich und 1802 an Hessen und Baden kamen. Die Pfarreien links des Rheines wurden 1801 dem Bistum Mainz und später zT dem Bistum → Speyer zugewiesen. Für den Rest des Bistums, der später den neuen Bistümern → Rottenburg, → Freiburg und Mainz zufiel, war Lampertheim seit 1800 Sitz der geistlichen Verwaltung, die dort, zuletzt als apostolisches Vikariat, bis 1826 fortdauerte.

J.F.SCHANNAT, Historia episcopatus Wormatiensis I. II, 1734 - H.BOOS, Qu. zur Gesch. d. Stadt W. I-III, 1886-93 - DERS., Gesch. d. rhein. Städtekultur I-IV, 1897-1901 - H.EBERHARDT, Die Diözese W. am Ende d. 15.Jh.s, 1919 - H.MEYER, Die Diözese W. im MA (Beitr. zur Hess. KG 9, 1930, 340-431) - A.SEILER, Das Hochstift W. im MA (Der Wormsgau Bh. 4), 1936 - A.GROH, Das Vikariat Lampertheim (Arch. f. mittelrhein. KG 6, 1954, 168-193) - G.SOFSKY, Die verfassungsrechtl. Lage d. Hochstifts W. (Der Wormsgau Bh. 16), 1957 - A.P.BRÜCK, Bistum u. Hochstift W. um das Jahr 1600 (Arch. f. Hess. Gesch. NF 25, 1957, 165-182) - H.BÜTTNER, Das Bistum W. u. der Neckarraum während des Früh- u. Hoch-MA (Arch. f. mittelrhein. KG 10, 1958, 9-38). - Vgl. die Lit. zu → Mainz: I.
H.Gensicke

Wort. Wie die → Sprache als Ganzes und ihre kleinsten Elemente, die Laute und da vor allem die Vokale (F.Dornseiff, Das Alphabet in Mystik und Magie, 1925²), so weist bes. das W. als unmittelbar sachbezogenes Lautgebilde über die bloße Ausdrucksfunktion hinaus. Für den Religionsforscher wichtig ist die frühstufige Identität von W. und *Sache* (E.Cassirer, Philosophie der symbolischen Formen II, 1953², 50ff), die u.a. in den altorientalischen Hochkulturen gewahrt ist: akkad. amâtu, ägypt. md.t, hebr. dabar bezeichnen W. und Sache in einem. Diese Einheit ist Grundlage der → Schöpfung durch das W. (S.Morenz, W.spiele in Ägypten [Festschr. f. J.Jahn, 1957, 23-32]). Am radikalsten ist die Position, wo die Urgottheit selbst durch das W. ritueller → Formeln (: I) geschaffen wird (so bei den Uitoto: O.Zerries, in: Die Religionen des alten Amerika, 1961, 296) oder wo der Mensch durch W. und Handlung des Rituals Tote »zum Geist machen« oder Wesen und Sachen »vergotten« kann (→ Zaubersprüche; vgl. die ägypt. Kausative s'ḫ und snṯrj). In dem weiten, folgenreichen Wandlungen unterworfenen Bedeutungsfeld des griech. → Logos erscheint die Assoziierung von W. und *Denken* als klassisch (daneben Wesen, Sein, Norm, Sache: ThW IV, 71ff, bes. 82f). Für die hellenistische Theologie ist die spätägypt. Lehre wichtig, nach der W.e der Urgottheit zu Göttern werden (S.Sauneron, La légende des sept propos de Methyer au temple d'Esna [Bull. de la Soc. Française d'Egyptol. 32, 1961, 43-48]). Zum Sonderfall des W.es als Eigenname s. → Namenglaube; vgl. auch die Rolle des W.es in → Beschwörung, → Eid, → Gebet, → Musik, → Mythos, → Segen und Fluch, → Sprache.

ERE XII, 749ff - B.Landsberger, Das gute W. (MAOG 4, 1929, 294-321) - L.Dürr, Die Wertung d. göttl. W.es im AT u. im Alten Orient (MVÄG 42, 1), 1938 - J.Z.Lauterbach, The Belief in the Power of the Word (HUCA 14, 1939, 287-302) - H.Lüders, Die magische Kraft d. Wahrheit im alten Indien (ZDMG 98, 1944, 1-14) - M.Leenhardt, Do kamo, Paris 1947, 164ff (Melanesien) - H.Ringgren (→ Hypostasen) - M.Griaule, Dieu d'eau, Paris 1948 (Sudan) - B.Essers, Vāc. Het woord als godsgestalte en als godgeleerdheid in de Veda (Diss. Groningen), 1952 - DBS V, 425ff. 746ff - Nilsson I (s. Reg.) - E.S.Beardsley, The Word. A Philosophy of Words, San Francisco 1958 - J.Furstenberg, La magie des mots, Paris 1958 - J.Jahn, Muntu, 1958 (Afrika) - Heiler 266ff. *S.Morenz*

Wort Gottes

I. Im AT - II. Im NT - III. Dogmengeschichtlich - IV. Dogmatisch - V. In der kirchlichen Verkündigung

I. Im AT

1. Vom W.G. wird im AT am vollsten im Bereich des *prophetischen Schrifttums* geredet (→ Propheten: II). Nach Jer 18, 18 ist dabar »Wort«, was hier streng nach der sonst üblichen volleren Bezeichnung d^e^bär jähwǣ als »Wort Jahwes« zu verstehen ist, die besondere Amtsgabe des Propheten. Ereignishaft trifft Gottes Anrede den Propheten (zur Wortereignisformel vgl. BK XIII, 88ff) und bietet ihn zur Verkündigung der Botschaft auf, die ihrerseits durch einleitende Botenspruch- und unterbrechende oder abschließende Gottesspruchformeln (→ Prophetenspruch) als W.G. gesichert wird. Das hinter dem Wortempfang liegende psychologische Erlebnis läßt sich zwar etwa im Symbolreichtum der prophetischen Sprache noch erahnen (Häußermann), die Botschaft des prophetischen W.es G. aber, das nicht in ekstatischer Dumpfheit, sondern als klare, vom hl. Willen Gottes geprägte Anrede ergeht (Seierstad), ist aus ihm nicht zu errechnen.

Neben der noetischen Funktion, Sinngehalte mitzuteilen (man wird dabei allerdings kaum von einer Etymologie von dabar »Rückseite, Hintergrund, Sinn« her argumentieren dürfen), eignet dem prophetischen W.G. eine ausgesprochen dynamistische Komponente (Procksch, Grether; → Segen und Fluch: II). Das prophetische W.G. wurzelt nach seiner geschichtlichen Herkunft im machtgeladenen Gottesbescheid des Gottesmannes, in dem Gott in konkreter Entscheidungssituation nicht nur Kommendes wissen läßt, sondern durch den menschlichen Verkündiger handelnd in das Geschehen eingreift (1Kön 17, 1). Im W.G. werden nicht nur Einzelaspekte einer in sich ruhenden »Wahrheit« von Gott mitgeteilt, die dann zusammengefügt eine Gesamterkenntnis Gottes ergäben. »Jede einzelne Offenbarung heißt ... *das* Wort Jahwes ... Jeder Teil steht hier für das Ganze« (Köhler). Prophetisches W.G. ist somit nicht nur Mitteilung, sondern Erlaß, An-Spruch. Es hängt mit dem Geschehnischarakter des prophetischen W.es G. zusammen, daß diesem oft die Zeichenhandlung (Fohrer: Symbolhandlung) des Propheten begleitend zur Seite tritt, in der die vom Wort ausgelöste Geschichte bereits Gestalt gewinnt (BK XIII, 103f).

Jes 9, 7 macht den dynamischen Charakter des gleich einem »Geschoß mit Zeitzünder« (Grether) niederfallenden Wortes deutlich. Bei Jer, dem das W.G. in der Berufungsstunde im körperlichen Erlebnis der Berührung seiner Lippen in den Mund gelegt wird (1, 9), ist sowohl die Freiheit Jahwes, der den Propheten auf den Zuspruch seines Wortes warten lassen kann (28; 42), als auch die unwiderstehliche Wucht des einmal ergangenen Wortes, das keinen Widerstand duldet (20, 9; 23, 28f) und das dem Propheten Last und Süßigkeit zugleich bedeutet (15, 16f), erkennbar. In Jer 28 wird weiter deutlich, wie wenig der Prophet selber über ein neutral handhabbares, objektives Kriterium für Wahrheit oder Unechtheit des W.es G. verfügt (Quell). Was W.G. ist, kann letztlich Gott allein im Vollzug seiner Rede sagen - wobei der Glaube doch weiß, daß Gott seinem anfänglichen Wort keinesfalls untreu werden wird. Bei Ez, der das W.G. in Gestalt einer Buchrolle eingegeben bekommt (2, 9 - 3, 3), zeichnet sich die Gestalt des schriftgewordenen Wortes ab. Jer 36 will als Passionsgeschichte des schriftgewordenen prophetischen W.es G. verstanden werden.

Inhaltlich verkündet das prophetische W.G. zunächst den Einbruch des verzehrenden → Gerichtes (: II) über das bundbrüchig gewordene Gottesvolk. Dann aber erhebt sich aus ihm die Ansage der Neubelebung (Ez 37, 1ff) und des neuen Bundes (Jer 31, 31ff; Jes 54, 10), die um der Treue Jahwes willen Wirklichkeit werden sollen. Bei Dtjes tritt die Erkenntnis heraus, daß in der von Vergänglichkeit und Tod gezeichneten Welt das W.G. die allein ewig bestehende Wirklichkeit ist (40, 8). Das ist nicht im Sinne eines Dualismus verstanden, der die vergängliche Welt zu Nichtigkeit und Schein abwertete. Das von Jahwe ausgehende W.G. ruft Welt (40, 26: Sterne) und Geschichte (46, 11: Kyros) und kehrt nicht leer zurück (55, 10f). Daß Gott in seinem Wort auch über die kommende Geschichte verfügt, ist der eigentliche Beweis seiner Gottheit wider die Ohnmacht der Götzen (41, 4).

2. Die Erkenntnis, daß Jahwe durch das prophetische Wort → Geschichte (: I) wirkt, ist dann vor allem im → deuteronomistischen Geschichtswerk aufgegriffen und in der Königsgeschichte erzählerisch durchgeführt worden (v.Rad). Hier verbindet sich damit aber ein zweiter Bereich, in dem in Israel schon in alter Zeit vom dabar im Sinne des W.es G. geredet worden ist. Der → Dekalog heißt in Ex 34, 28 »die 10 Worte«. Im Dtn kann ein einzelnes *Gebot* als dabar (15, 15), die Vielheit der Gebote als d^e^barîm bezeichnet werden (28, 14). Daneben taucht singularisches dabar als Bezeichnung des Gesamtgesetzes auf, zu dem dann auch Verheißungen und Drohungen gehören (4, 2). Die ganze, im Bunde Israel zugesprochene, ihm von Jahwe nahegebrachte, in Mund und Herz gelegte Offenbarung des göttlichen Rechtswillens (30, 14) gilt somit als dabar. Im Bereich der deuteronomistischen Erzählung verschlingen sich die beiden Aussagenströme. W.G. ist sowohl die dauernd im Volke gegenwärtige Forderung des Gebotes als auch die je neu im Prophetenwort die Geschichte treffende und gestaltende Verkündigung.

3. Eine dritte Komponente der at. Rede vom W.G. dürfte von der altorientalischen Hymnik her bestimmt sein (Dürr). In den akkad. amâtu- und sumer. enem-Hymnen wird *das mächtige Wort der Gottheit* gepriesen. Im machtvollen Zauberwort liefert der Schöpfergott Marduk nach dem Schöpfungsepos (Enuma elisch 4, 19ff) den Beweis für die vollmächtige Handhabung seines Wortes. Ps 29 zeigt den Widerhall solcher Hymnik im AT. Ps 147, 15ff wagt ganz offen den substantivischen Begriff des W.es G. mit meteorologischen Erscheinungen zu verbinden. Im *Schöpfungs*bericht der Priesterschrift, der den substantivischen Ausdruck W.G. meidet, aber vom mächtigen Gebieten Gottes erzählt, unter dem alle Dinge ins Sein treten (Gen 1; Ps 33, 9), ist zum Rühmen des machtvoll und zugleich weise gestaltenden Wortes die Einordnung dieses Schöpferwortes in den heilsgeschichtlichen Aufriß gekommen, die schon in der Hymnik Dtjes's zu konstatieren war. In alledem wandelt sich im AT das Machtwort strukturell durch seine Zuordnung zum heilvollen Wort des Herrn der Geschichte. - Die Hypostasierung des W.es G., die in einzelnen at. Aussagen sich abzeichnet (Grether, Szeruda) und die im Alten Orient ihre Vorbilder hat (Ringgren), ist von hier aus wohl zu verstehen. Sie wird aber im AT nicht so weit vorgetrieben wie etwa beim Begriff der göttlichen → Weisheit. Vgl. aber Weish 18, 14ff.

4. Die sondernde Betrachtung hat ein Vordringen der at. Rede vom W.G. auf verschiedenen Wegen ergeben. Der große alphabetische Ps 119, der einst den volltönenden programmatischen Abschluß eines Vorstadiums des Psalters (1-119) gebildet haben dürfte, zeigt das *Ineinanderfließen der verschiedenen Ströme*. Dabar ist hier Gesetz, Verheißungswort und geschichtslenkender Spruch Gottes zugleich. Das Wort »umgreift alles Tun Gottes nach außen« (Deißler). Auch terminologisch verfließen die Bereiche. Das zuvor mit absolutem dabar bezeichnete Gesetz wird im jüngeren Schrifttum unbefangen mit dem früher für das Prophetenwort reservierten d^{e}bār jähwǣ bezeichnet (Num 15, 31; 1Chr 15, 15).

5. Wenn nach alledem W.G. immer deutlicher zum *zusammenfassenden Ausdruck für Gottes → Offenbarung* (: II) in Gesetz und Geschichte wird, so daß der Fromme kurzerhand als »der mein (sein) Wort fürchtet« bezeichnet werden kann (Jes 66, 2. 5, vgl. Esr 9, 4; Ps 119, 161), so drückt sich darin ein für das Verständnis des AT entscheidender Tatbestand aus. Das AT weiß, daß es in seiner Bezeugung der Geschichte, in seinem Gottesgebot, ja selbst in seinem Reden von der Schöpfung ein anredendes Zugehen seines Gottes auf den Menschen bezeugt. Am vollsten wird der Anredecharakter der Geschichte Israels (Zimmerli) in der Prophetie vernehmbar. Er ist aber auch da zu vernehmen, wo Israel in der Rückfrage nach seinem Seinsgrund seine ganze Geschichte als etwas zunächst allein im Zuspruch Jahwes an die Väter Begründetes erkennt. Unter diesem Zuspruch löst sich nach dem Jahwisten (Gen 12, 1ff) Abraham aus der übrigen Menschenwelt und wird zum Vater Israels. Unter diesem Zuspruch glaubt er (Gen 15, 6; → Glaube: II) und gewinnt so seine Gerechtigkeit. In der Priesterschrift ist alles in den Bundeserlaß Gottes an Abraham konzentriert (Gen 17). So weiß das at. Bundesvolk sich selber mit seiner Geschichte, aber zugleich auch die ganze Welt, aus dem Rufe Gottes gekommen und unter diesem Ruf zur »Gerechtigkeit« berufen. - Die entscheidende Grundfrage freilich, ob dieses Geschichte schaffende und Geschichte bestimmende W.G. nach seiner letzten Bestimmung Gesetz oder Evangelium sei, wird im AT noch nicht in der Schärfe einer Alternative enthüllt. In der Begegnung mit der Person Jesu Christi wird ihr dann nicht mehr auszuweichen sein.

Außer den Lehrbüchern der at. Theol. (Eichrodt, Jacob, van Imschoot, Köhler, Procksch, v.Rad, Vriezen): J.Szeruda, Das Wort Jahwes (Diss. Basel), Lodz 1921 - F.Häussermann, Wortempfang u. Symbol in d. at. Prophetie (BZAW 58), 1932 - O.Grether, Name u. W.G. im AT (ebd 64), 1934 - L.Dürr, Die Wertung d. göttl. Wortes im AT u. im antiken Orient (MVÄG 42, 1), 1938 - ThW IV, 89ff (O.Procksch) - I.P.Seierstad, Die Offenbarungserlebnisse der Propheten Amos, Jesaja u. Jeremia (SNVAO 1946, 2) - G.v.Rad, Dtn-Studien (FRLANT NF 40), 1947, 52-64 (= Ges. Studien z. AT [ThB 8], 1958, 189-204) - H.Ringgren, Word and Wisdom, Lund 1947 - G.Quell, Wahre u. falsche Propheten (BFChTh 46, 1), 1952 - G.Fohrer, Die symbol. Handlungen der Propheten (AThANT 25), 1953 - A.Deissler, Ps 119 (118) u. seine Theol. (MThS I, 11), 1955 - W.Zimmerli, Das AT als Anrede (BEvTh 24), 1956 - EKL III, 1846ff.

W.Zimmerli

II. Im NT

Im NT ist W.G. ein technischer Begriff, der gewöhnlich als Synonym von »Evangelium« erscheint. Der urchristliche Gebrauch folgt dem des AT, sofern W.G. sowohl die Schrift wie auch die Selbstmitteilung Gottes im Geiste bezeichnet. Das W.G. wirkt Heil und nicht nur Erkenntnis, es muß aber, um wirksam zu werden, im Glauben ergriffen werden. Das darauf gebaute Handeln ist Beweis adäquaten Verständnisses. Darüber hinaus ist W.G. im NT durch den engen und unlöslichen Zusammenhang bestimmt, in dem es mit der Person Jesu steht. - In den synoptischen Evangelien bezeichnet W.G. bes. die Heilsbotschaft Gottes, die → Jesus (, 10) verkündigt und mit der er sich identifiziert, so daß in der synoptischen Tradition die Verkündigung der kommenden Gottesherrschaft und das Wirken Jesu zu einer Einheit verschmolzen sind. Das W.G. ist die Botschaft von der in Jesus geschehenen → Erlösung (: III). Darüber hinaus betont Paulus, und ähnlich die Apk, daß die Bedeutung des W.es G. in seinem Ausgesprochenwerden liegt. Durch das Wirken Jesu bestätigt Gott die Wahrhaftigkeit seines früher ergangenen Heilsanerbietens. Entsprechend ist die Verkündigung des W.es G. durch die Kirche geschehene Erlösung, nämlich die gottgewirkte Fortsetzung der von Jesus gebrachten → Versöhnung (: IV). Das Amt des W.es ist deshalb eine göttliche Institution. Im JohEv wird das W.G. mit dem Wirken und der Person Jesu gleichgesetzt. Weil er das W.G. ist (→ Logos, 2 c), durch das seit der Erschaffung der Welt Gott seinen Heilswillen zum Ausdruck gebracht hat, sind Jesu Taten und Schicksale nicht nur Beweise seiner Vollmacht als Bote Gottes, sondern offenbaren ihn zugleich als die Quelle des wahren Lebens und so als das endgültige und rettende W.G. an die Welt.

J.Schniewind, Die Begriffe Wort u. Evangelium bei Paulus, 1910 - E.Stauffer, Vom λόγος τοῦ σταυροῦ u. seiner Logik (ThStKr 103, 1931, 179-188) - R.Bultmann, Der Begriff d. W.es G. im NT (Bultmann I, 268-293) - R.Asting, Die Verkündigung d. W.es G. im Urchristentum, 1939 - ThW IV, 69ff (λέγω κτλ.). 769ff (μῦθος) - E.Repo, Der Begriff »rhēma« im Biblisch-Griechischen I. II, Helsinki 1951/54 - W.H.Cadman, The Word of God in the NT (N. Micklem, Christian Worship, 1954, 50-67) - F.J.Leenhardt, La signification de la notion de parole dans la pensée chrétienne (RHPhR 35, 1955, 263-273) - G.Bornkamm, Gotteswort u. Menschenwort im NT (Ges. Aufs. II [BEvTh 28], 1959, 223-236).

O.A.Piper

III. Dogmengeschichtlich

1. Alte Kirche - 2. MA und Tridentinum - 3. Reformation - 4. Protestantismus

1. Die *alte Kirche* sprach zur Abgrenzung vom → Logos (, 1 c) gnostischer Soteriologie und philosophischer Gnoseologie lieber von der »Stimme Gottes« (2Petr 1, 17f; IgnPhld 7, 1; IgnRöm 2, 1; Justin, Dial. 119, 6; die lukanische Wendung »W.G. hören« bzw. »verkündigen« erhielt sich nur im Zusammenhang mit Jes 2, 3f), wobei die Identifizierung von Schrift und Offenbarung die Bezeichnung der hl. Schriften als »W.e G.« förderte; der

prophetische Aspekt erklärt den Pluralismus (vgl. Origenes, Princ. III, 1, 15; IV, 1, 6). Das ging in die altkirchlichen Predigten über, so daß auch → Perikopen als λόγια ϑεοῦ bezeichnet wurden. Die altkath. Abwehr des Mißbrauches des Pneumas durch »Propheten« (Did 7; Herm mand 11, 43, 5ff) und → Montanismus (Maximilla: »Ich bin Rede, Geist, Macht« [Euseb, h.e. V, 16, 17]; vgl. Celsus fr. 7, 9 Bader) intensivierte seine Bindung an die kanonischen Schriften (→ Inspiration: II) als Pneuma, »das durch die Propheten geredet *hat*«. Besondere Geistmanifestationen als Audition oder Vision konzedierte man nur Märtyrern (→ Märtyrerakten, die daraus einen Topos machen) oder dem → Mönchtum (Vita Antonii und Pachomii; → Apophthegmata patrum), ebenso wie man daran festhielt, das »kirchliche Kerygma« der Predigt, das zu »besserem und sündenfreiem Leben« aufrufe, sei »W.G.« (Origenes, Princ III, 1, 1 vgl. praef. 5). Wie aber war dies kerygmatische Verständnis mit der Logoschristologie (→ Christologie: II, 2) und der von ihr geprägten, inkarnativen Fassung des Begriffes zu vereinen? - Der *östlichen Theologie* bereitete die Übernahme des griech. Logosbegriffes besondere Schwierigkeiten. Sie zwangen → Origenes, neben der kerygmatischen Norm den Vernunftlogos als zweite Autorität eines spekulativen Lehrsystems einzuführen, für das die wortlose »Schau« nur konforme Offenbarungskategorie sein konnte, die auch als »Enthusiasmos« beschreibbar war (→ Gregor von Nyssa). Dem entsprach die Bevorzugung der »mystischen Theorie« vor dem literalen und moralischen Schriftverständnis. Doch auch die geschichtlich orientierte Christologie der »Menschwerdung« in der → antiochenischen Theologie und ihre hermeneutische Dialektik von literalem und »theoretischem« Schriftsinn vermochte nicht die Schranken der griech. Logosmetaphysik zu durchbrechen, noch weniger die Christologie der »Fleischwerdung« in der → alexandrinischen Theologie. Der von → Ignatius bis zu → Johannes von Damaskus nachweisbare, auch ins MA tradierte, an Joh 5, 39 orientierte Gedanke, die hl. Schriften seien Fleisch und Blut des inkarnierten Logos (Crehan), ist nie über eine Analogie hinausgekommen. Unverbunden standen in der Ostkirche die Predigt der »W.e G.« und eine sakramentale Kulttheologie nebeneinander: Theophanie bzw. Epiphanie des göttlichen Logos, dessen Gnade »Licht spendet« (→ Dionysius Areopagita), waren die ihr gemäßen Offenbarungskategorien. - Die *westliche Theologie* hingegen konnte sprachlich zwischen kerygmatischer Norm (= sermo, verbum) und rationalem Begriff (= ratio) unterscheiden, wobei kerygmatisches und inkarnatives Verständnis zusammenfielen (→ Tertullian, Prax. 5; de orat. 1 gebraucht mit → Cyprian logoschristologisch sermo und verbum alternativ, während sich Augustin [83 Quaest. q. 63] dezidiert für verbum entscheidet). Schriftbegriffe wie verba, praecepta, mandata, instructa divina oder lex divina betonten zudem den Offenbarungsanspruch der Schrift, dem selbst der westliche → Montanismus sich beugte (Tertullian, de resurr. 69). Der lat. Begriff verbum bzw. sermo endlich eignete sich besser dazu, die Personalität des Logos festzuhalten (Tertullian, Prax. 7). Daran knüpfte → Augustin an, um in der sog. psychologischen Trinitätslehre (→ Trinität: III, 4) verbum aeternum und verbum internum aufeinander zu beziehen. Wohl ließ neuplatonischer Einfluß die Transzendentalität des W.es G. (Jes 40, 8: Verbum autem Dei mei *supra me* manet in aeternum, vgl. Enarr. in Ps 44, 5) an der Flüchtigkeit der verba sonantia demonstrieren (Conf. XI, 6, 8ff), wie der Seinscharakter des verbum internum an der Apriorität des »Begriffes« (notitia = verbum mentale) im Gegensatz zur vox und als Begründung für das Ternar: mens, verbum, amor bewiesen wurde (de trin. IX, 7, 12-12, 18). Die augustinische Dialektik des foris - intra vertiefte zugleich die Einsicht in die Sprachlichkeit geschichtlicher Existenz (Enchiridion 7, 22) und begünstigte die anthropologische Exegese von Joh 1, 14: die Inkarnation wurde dank des verbum mentale zur Inverbation (de trin. XV, 10, 19-11, 21) und somit zum Akt steter Offenbarung; an die Stelle neuplatonischer »Schau« trat das Zwiegespräch (Conf. XIII, 5, 7: »O wahr redendes Licht, ich beschwöre dich, sprich...«). Ähnlich war in der augustinischen Sakramentslehre (→ Sakramente: I, 1) der spiritualistische Zeichenbegriff neuplatonisch beeinflußt, wurde aber sprachphilosophisch (signa = verba sonantia) mit dem verbum incarnatum verbunden, so daß auch das Sakrament als Inverbation verstanden werden konnte (in Joan. 80, 3: Accedit verbum ad elementum et fit sacramentum) und als sacramentum fidei primär den Glauben forderte. Damit war sowohl das kerygmatische wie inkarnative Verständnis des Begriffes gesichert, ebenso wie Augustin für die abendländische Geschichte dadurch bedeutsam wurde, daß er entsprechend der westlichen Trinitätslehre W.G. vorwiegend als verbum Domini verstand.

2. Das *MA* hatte sich mit Augustin auseinanderzusetzen. Schon die ersten Kontroversen im → Semipelagianismus kreisten um die Wertung der verba divina und die dogmatische Sicherung durch Dogma und Tradition (→ Vincentius von Lerinum, Commonitorium 29, 41). Diese gewann gleichen Rang wie die Schrift (→ Leo d.Gr., ep. I, 25): W.G. wurde zu einem Lehrbegriff. Doch hielten die Streitigkeiten um Augustins Sakramentslehre (→ Ratramnus, → Paschasius Radbertus, → Berengar) das kerygmatische Verständnis lebendig. Wohl stand die Transsubstantiationslehre dem augustinischen sacramentum fidei entgegen, doch hob sie die verba nostri redemptoris als causa realis der Wandlung hervor (→ Gregor VII., Denz. 355) und damit die Ehrfurcht vor den verba scripta, quae sanctificant corpus bzw. die verba Domini scripta (→ Franz von Assisi). Nicht minder wirkte die lectio divina des → Mönchtums dem Sakramentalismus entgegen; ihr entsprang sowohl die in der Lehre vom dreifachen Schriftsinn (→ Hermeneutik, 2 d) verankerte Devotionsmystik → Bernhards von Clairvaux wie die wörtliche Befolgung der verba Christi in der Imitationsfrömmigkeit (→ Nachfolge Christi: II, 2). Radikaler Spiritualismus, der unter apokalyptischem Einfluß die Prophetien → Joachims von Fiore als Evangelium aeternum wertete (franziskanische → Spiritualen), oder frommer Mystizismus, der die innere Erleuchtung über das Schriftwort stellte (→ Beginen), blieben demgegenüber Randerscheinungen. - Die *scholastische Theologie* gründete auf der Schrift als Offenbarungsnorm, ohne zunächst den Dissensus zur Tradition zu sehen. → Anselm von Canterbury schrieb tractatus pertinentes ad studium sacrae scripturae und identifizierte das verbum Christi mit dem verbum Christum praedicantium (de veritate praef. 1). Selbst bei → Thomas von Aquino änderte die Aufnahme aristotelischer Hermeneutik und Philosophie an der augustinischen Dialektik von verbum incarnatum (nomen personale) und verbum mentis zum Beweis für die Verbalität der Offenbarung nichts (S.th. I, 34, 1). In der Sakramentslehre, die zwischen verbum = forma und sacramentum = materia unterschied, wurde betont, daß »das Zeichensein der Dinge durch die Worte seine Vollendung erfährt« (ebd III, 60, 6; ad 2). Allerdings belastete die aristotelische Ontologie den theologischen Bezug zwischen verba testamenti und verbum incarnatum (Contra Gent. IV, 56), und aristotelische Substanzmetaphysik erfüllte den Begriff der infusio gratiae. Die

gleichfalls aristotelisch formulierte Willensmetaphysik von → Duns Scotus ließ das Konzept scholastischer Wortontologie stehen, da auch für sie W.G. christologischer Begriff war. Erst bei → Ockham, der von den Schriften als »biblia« sprach, zerbrach der Bezug zwischen kerygmatischer und inkarnativer Offenbarungsnorm; die positivistische Begründung der Tradition stand dem entgegen. Auch → Wiclif, der das Prinzip sola scriptura vertrat und die »Predigt des W.es G.« höher wertete als das Sakrament, stieß nicht zur Offenbarungskategorie des W.es G. vor. Das → Tridentinum aber, Eph 6, 16ff zitierend, hielt den Häretikern das → Nicäno-Konstantinopolitanum als »Schild des Glaubens« und »Geistesschwert des W.es G.« entgegen (Sess. 3) und an der Gleichrangigkeit von Schrift und Tradition fest (Sess. 4), wobei die Christologie die Basis für solche Synthese von Schrift- und Lehrnorm lieferte.

3. → *Luthers* (: II, 3 e) Verständnis von W.G. als Zentralbegriff seiner Theologie läßt sich daher nicht aus der Spätscholastik ableiten. Wie das Synonym »Werk Gottes«, seine Untergliederung in opus alienum = Deus absconditus und opus proprium = Deus revelatus (WA 56, 376f) und die Gleichsetzung von Deus praedicatus mit verbum Dei, von Deus absconditus mit Deus ipse (WA 18, 685f) ist er schriftexegetisch gewonnen; das gilt auch für seine Charakteristik als Paradox (WA 56, 423 auf Grund von Jer 23, 29: sed vere verbum Dei, si venit, venit contra sensum et votum nostrum). Die Verwurzelung im Prophetenwort des AT hielt das Wissen um die personale Geschichtlichkeit des W.es G. in seiner Offenbarung fest: das verbum incarnatum substantiale wird nur als verbum prolatum efficax dem Hörenden und Glaubenden zum Heil (WATR 4, 5177). Umgekehrt konnte das Offenbarungsverständnis der personalen »Inverbation« (Ebeling) frei von der Verbalinspirationslehre die Bindung des W.es G. an das Schriftwort und damit die Geschichtlichkeit seines sensus literalis sehen (WA 27, 14f). Immer kann die Schrift Anrede werden, und sie ist nur insoweit W.G., als sie »Christum treibet«. So zog Luther im Endstadium seiner → Hermeneutik (1525) den Trennungsstrich zwischen scholastischem Wortverständnis und dem Geistwort der »Schwärmer«. Die These von der duplex claritas et obscuritas scripturae externa et interna (WA 18, 606ff) betonte gegen → Denck, daß die Schrift nur denen, die den »Geist Gottes haben«, W.G. wird, gegenüber → Müntzer aber die Untrennbarkeit der externa von den interna. Als aktuales Predigtwort entzieht sich das W.G. menschlichem Verfügen: es wirkt »Gesetz« und »Evangelium« (WA 10/I, 2, 155ff) und »Glauben« (WA 19, 219), »wann und wo Gott will« (CA 5). → *Melanchthons* Lutherbild (CR 6, 170: ... ad fontes deducere ... ipsam vocem Dei audire nos voluit) hingegen verband luth. Wortbegriff und humanistisches Quellenprinzip miteinander. Er erkannte den »Zeugnissen der noch reinen Kirche«, soweit sie mit der Schrift übereinstimmten, dogmatischen Wert zu (De ecclesia et de autoritate verbi Dei, 1539). Die Offenbarungsdialektik von → Gesetz (: V, 5. 6) und Evangelium unter dem Wort bei Luther wurde durch den kognitiven Bezug von Selbsterkenntnis zur Erkenntnis der »Wohltaten« Christi ersetzt, ebenso kognitiv »Glaube« als »Zustimmung zum göttlichen Wort« definiert (CR 21, 163f). Beides führte zur Doktrinalisierung des W.es G. und zur psychologischen Beschreibung seiner Wirkung als »Gewissenströstung« (CA var. 5, unter Fortfall von »ubi et quando visum est Deo«). Schon vorher hatte → *Zwingli* unter augustinisch-humanistischem Einfluß von der unmittelbaren Offenbarung im Gewissen gesprochen. → *Calvin* war ihm darin nicht gefolgt, sondern brachte sowohl den kerygmatischen, Glauben fordernden wie auch inkarnativen, das Heil sichernden Charakter des W.es G. voll zur Geltung (Inst. 1536, cap. 2). Wie bei Luther wurde der Anspruch der Schrift auf die in ihr »redende Person Gottes« und das sacrum Dei nomen prophetischer bzw. apostolischer Rede zurückgeführt (Inst. 1559 I, 7, 4). Calvin sprach aber auch von den signa loquentis Dei, ex quibus pateat caelestem esse eius doctrinam, in der Schrift und ihrer hermeneutischen Funktion (subsidium verbi), das W.G. auch in der Schöpfung zu vernehmen, die gleichermaßen Gotteserkenntnis vermittle (Inst. 1559 I, 6, 3). Damit war der kognitive Aspekt gegeben, der »Gotteserkenntnis und Selbsterkenntnis« als »Summe der hl. Lehre« dialektisch aufeinander bezog (1536 cap. 1; 1559 I, 1, 1f) und folgerichtig die Apriorität des Gottesbegriffes als notitia naturaliter indita postulierte (1559 I, 3, 1ff). Das doktrinale Verständnis des W.es G. ergab sich schon aus diesem Ansatzpunkt, auch wenn für das Sakrament (verbum visibile) das simul von »Wort« und »Zeichen« zur Stärkung des Glaubens unterstrichen wurde (1536 cap. 4). Für die Offenbarungsaktualität der Schrift schien Calvin der hl. Geist letztlich bedeutsamer zu sein (1559 I, 9, 1ff).

4. So verband es die Kirchen des *Protestantismus,* daß sie gegenüber dem tridentinischen Katholizismus, der neben die Schrift die Tradition als zweite Offenbarungsquelle stellte, und gegen das »innere Wort« der »Schwärmer« (→ Schwenckfeld, → Rahtmann) die Predigt (verbum vocale) im Unterschied zur pictura verbi im Sakrament (AC 7; Conf. Helvetica post. 1) hervorhoben, das → Schriftprinzip jedoch zur Basis eines neuen Lehrgebäudes machten, wobei unter der Klausel der Schriftgemäßheit die Tradition herangezogen wurde (SD 2; Conf. Helv. post. 2). Dies gewann als reformatorisches Erbe in den → Bekenntnisschriften konfessionelle Auswirkung, wobei die → Schmalkaldischen Artikel (bes. »Vom Evangelio«, »Von der Taufe«) und die beiden Katechismen Luthers innerhalb des → Konkordienbuches dessen Sicht den Nachhall sicherten. Die altprot. → Orthodoxie hingegen trieb die Doktrinalisierung voran, indem sie W.G. und Schrift gleichsetzte (Joh. → Gerhard, Loci theol. I, 1, 1), W.G. als »göttlich bekundete Lehre vom Heil des Menschen, die in der hl. Schrift enthalten ist« (→ Hütter), verstand und deren Autorität durch die Verbalinspiration sicherte (→ Inspiration: II, 4). Die Wirksamkeit der Schrift wurde durch ihre unio mystica mit dem hl. Geist erklärt, der schriftgemäßen Predigt (efficacia verbi divini) aber zugesprochen, durch Gesetzespredigt die contritio mentis, hingegen durch »das Wort des Evangeliums« die fides salvifica bewirken zu können (→ Hollaz). Die Erstarrung im altprot. Lehrbegriff vertiefte die Kluft zu Kreisen, die die Heilsnotwendigkeit der Schrift leugneten (→ Quäker, → Labadie) und deren Programm innerer Erleuchtung im → Pietismus und bei den → Lichtfreunden nachwirkte. So traf die Kritik der Verbalinspiration durch die → Aufklärung in erster Linie den altprot. Supranaturalismus. W.G. waren die allgemeinen Vernunftwahrheiten (→ Kant), während der → Idealismus sich sowohl gegen orthodoxen Doktrinalismus wie aufklärerischen Naturalismus wandte (→ Herder). → Schleiermacher zog daraus die Konsequenzen und deutete das Predigtwort als Selbstdarstellung der feiernden Gemeinde, in der Christi Bild als Inbegriff geistiger Menschenbestimmung verwurzelt sei. Die Lutherrenaissance im 19./20.Jh. (Th. → Harnack) übersah die Auswirkung des → Historismus sowohl auf das Schriftprinzip wie auch das inkarnative Verständnis des W.es G. Erst nach der Kritik des religiösen Subjektivismus durch E. → Brunner konnte K. → Barth das W.G. erneut zum Zentral-

begriff einer Theologie des »Deus dixit« machen. Philosophische Erkenntnisse der Persönlichkeit des Wortes (F. → Ebner) ermöglichten eine neue Einsicht in die dialektisch-existentielle Verbalität der Offenbarung (Fr. → Gogarten), während R. → Bultmann der Existenzphilosophie und hermeneutischen Problematik Rechnung trug und das Verständnis des W.es G. als kerygmatische Norm neu erarbeitete.

Eine dogmengesch. Monographie fehlt. Vgl. die Lehrbücher der DG u. die Lit. zu den im Text genannten Artikeln, bes. zu → Hermeneutik, → Schriftauslegung: IV. Ergänzend zu 1: J. Crehan, Verbum dei incarnatum et verbum dei scripturae (JThS NS 6, 1955, 87-90) - R.M. Grant, The Letter and the Spirit, London 1957. - Zu 2: P. Dumontier, Saint Bernard et la Bible, Paris 1953 - Th. Bonhoeffer, Die Gotteslehre des Thomas v. Aquin als Sprachproblem (BHTh 32), 1961. - Zu 3: G. Krause, Studien zu Luthers Auslegung der Kleinen Propheten (ebd 33), 1962. *C. Andresen*

IV. Dogmatisch

1. Das reformatorische Verständnis - 2. Methodische Bedeutung - 3. Wesentliche Aussagen: a) Das Schöpfer-W. - b) Jesus von Nazareth - c) Das Zeugnis der Gemeinde

1. Unter den Begriffen, in denen die Reformation ihr Offenbarungsverständnis ausdrückt (zB → Rechtfertigung, Vergebung der Sünden), ist der des W.es G. bes. bedeutsam. Hier ist die Begründung in Gott gesetzt für das, was in andern Begriffen als Widerfahrnis des Menschen erscheint. Nicht die Besorgnis um das Heil steht im Vordergrund (»Wie kriege ich einen gnädigen Gott?«), sondern das planvolle Tun Gottes, das vor aller fragenden Bemühung Entscheidendes ins Werk gesetzt hat. Gottes Entscheidung geht auf Gemeinschaft. Die Kategorie der → Sprache, der das Gegenüber wesentlich ist, entspricht zwar formal, reicht aber zum Verständnis des Vorgangs nicht aus. Der *Inhalt* macht W.G.: Gott will Menschen, ruft dem, das nicht ist, daß es sei, erwählt Gottlose, handelt mit dem abtrünnigen Volk in Vergebung und Gericht, gibt sich selbst zur Versöhnung, siegt und regiert durch den Erhöhten und führt zur Vollendung. Dies Gottestun vollzieht sich im W., dh es ist als bloßer Vorgang kosmischer oder geschichtlicher Art stumm; vielleicht gewaltig, aber mehrdeutig. Es wendet sich als W. an Menschen, nimmt sie in sein Geschehen hinein, sammelt sie um dieses. Ihr Dasein erhält dadurch Sinn oder aber es verfällt bei Ablehnung der Nichtigkeit. Die das Bewußtsein transzendierende Geschichte zielt zwar auf Erneuerung der Welt, ist aber zugleich voller Anrede, die allen am Geschehen teilgeben will. W.G. ist sinnhaltiges Tun einer Macht, die im W. das geschichtlich-einmalige Ereignis deutet und in ihm ihren Willen kundtut und vollzieht. Es entspricht dem hebr. Wort »dabar«, wie dem deutschen »Geschichte«, daß Geschehen und Aussage darüber zusammengehören. Das Geschehen bleibt nicht ein isoliertes »An sich«, es ist menschbezogen. Indem der Mensch ihm konfrontiert ist und es auf seine Existenz bezieht (»glaubt«), wird sein biologisches Wesen zur Person, zu dem von Gott Gesuchten, Geliebten. Gott wendet sich der Menschenwelt zu und bezieht sie in sein Heilshandeln ein. Daß der Empörer der von Gott Angenommene ist, kann niemand sich selbst sagen, es wird ihm im W.G. gesagt, und er darf es für sich als Basis seines Lebens annehmen, dh »glauben«. Die Reformation erkannte, daß keine Voraussetzung menschlicher Qualität die Gottzugehörigkeit begründet, vielmehr wirkt Gottes Erklärung, daß der Mensch sich mit seiner ganzen Existenz in den Vorgang des Gotteshandelns hineinstellen soll und darf, eine »neue Schöpfung«.

2. Dieser Einsatz bedeutet *methodisch:* a) Ob ein Weltbild philosophisch den Gottesbegriff entwickelt, ist unwichtig. Die Zerstörung des philosophischen Unterbaues, etwa bei → Kant, kann hingenommen werden: der im Weltzusammenhang denkmögliche Gott ist ja nicht der Gott der → Offenbarung (: VI). Es gilt freilich innerhalb und außerhalb der Offenbarung: Die Welt ist kein sinnloses Chaos ohne geistige Wirklichkeit; Gott, Ursprung und Ziel in Gott, Mehrstufigkeit des Seins, gegliederte Werthaftigkeit, Verantwortung, Entscheidung über die Person im Gericht höchster Instanz gehören zum rechten Welt- und Selbstverständnis, denn das Denken in bloßer Immanenz reicht für die Probleme nicht aus, die den Menschen zum Menschen machen. Jedoch wird Erkenntnis höheren Seins erst gewichtig, wenn dadurch menschliche Existenz im Kern bestimmt ist. Bleibt sie im Ich gefangen, ordnet sie die Werte in das Vorzeichen des Selbstwillens ein, so ist sie auch in höchster Erkenntnis von Gott geschieden. Daß wir Gott zu denken vermögen, schafft gewiß nicht nur ein Denkergebnis, sondern vor allem Verbindlichkeit; wo es ein Gesetz in den Dingen gibt, ist auch eine Ahnung gültiger Norm, ohne daß dadurch Gottesgemeinschaft realisiert wird. W.G. dagegen nimmt in das Geschehen hinein, in dem Gott seine Macht zur Wiederherstellung der Verbundenheit, des Bundes, einsetzt. - b) Sowenig wie das Erkennen führt das Selbstverständnis zur Bürgerschaft im → Reiche Gottes, die das W.G. zuspricht. Auch dieses ist nicht ohne weltanschaulichen Hintergrund und wird nur scheinbar aus wertneutraler Analyse gewonnen. Entweder deckt diese, die Lebensgeschichte aufschlüsselnd, das Verhaftetsein im Unbewältigten auf, das aus Spannungen zwischen Seelischem und Körperlichem entsteht (zB in der → Psychoanalyse), oder sie zeigt im Naturhaften das ihm innewohnende Seelische oder Geistige (so das Natur-Geist-Verstehen Goethes und der nachkantischen idealistischen Philosophen). Weder das das Leib-Seelische noch das das Geistige betonende Personverständnis führt über die Weltbezogenheit hinaus. Im W.G. ist das Menschenverständnis nicht von daher bestimmt, was ihn niederzieht oder erhebt, sondern ausschließlich dadurch, daß Gott ihn anredet und sich seiner annimmt. Das ist geschehen, und auf Grund dessen wird die von diesem Außerhalb-des-eigenen-Seins her gewonnene »Selbsterhellung« die größte Bedeutung haben für Haltungen und Ziele. Denn nicht die Bewegtheit ist entscheidend, sondern: in welcher Bewegung wir uns mit unsrer Bewegtheit vorfinden. Die Indikative Gottes haben entschieden, die Imperative menschlicher Lebenshaltungen und Institutionen folgen nach. So enthält das W.G. Evangelium und → Gesetz (: VI), und zwar so, daß Gottes Zuwendung übergeordnet, in Weisungen helfend und richtend (dh zugleich Richtung gebend, zurecht bringend und im Gericht strafend) in die Menschenwelt hineinreicht.

3. a) Daß somit W.G. *Schöpfer-W.* ist, besagt, daß Gott im W. die → Welt ruft, die in ihren Gesetzen und Strukturen nicht dem Menschen ausgeliefert ist, in der also Erlösung und Vollendung nicht mit den Inhalten unserer säkularen oder religiösen Zukunftsbilder gleichgesetzt werden darf. Erfüllung ist nicht als Gestalt der Welt darstellbar. Das W.G. war im Anfang und bleibt schöpferisch, bis alle Mächte und Völker Ihm Ehre geben und Gott sein wird alles in allem.

b) In der Menschenwelt ist das W. von der → *Versöhnung* (: VI) aufgerichtet (2Kor 5, 19). Es unterscheidet sich grundlegend von den Riten. Hier verfügt man über Kräfte, die den Unheiligen fähig machen, der Gottheit zu nahen und vor ihr zu bestehen. Die Magie will besänftigen, das W.G. vertieft dagegen die Erkenntnis, daß sich der Mensch von Gott gelöst hat (→ Sünde: VI) und als Folge fremde Mächte in Leben und Welt herrschen.

Im W. macht Gott seinen Herrschaftsanspruch geltend und verwirklicht ihn, indem er sein berufenes Volk reinigt. Sein offenbarendes Tun inmitten der ihn verhüllenden Welt ist ein »Hör-Reich« (Luther), nicht ein »Seh-Reich«; es ist vorhanden, wo bezeugt, vernommen, Gewissen getroffen und getröstet werden und Gehorsam entsteht. Das verbietet uns den Ersatz dieses Geschehens durch Handlungen und Institutionen, die nicht auf das W.-Geschehen ausgerichtet sind. Damit ist keine Verschiebung zur Subjektivität des Erlebens gemeint; Offenbarung ist das erste, aber sie geht auf glaubende Beteiligung. Mitten in der Einmaligkeit des Geschichtlichen ist Gottes Heilsoffenbarung als Anspruch und Zuspruch vorhanden und vollzieht sich in der Fleischwerdung des W.es ein für allemal, unabhängig von der Realisierung durch Menschen. Im Unterschied zum alten Bund, in dem das W. ein Volk für seine Aufgabe bereitet und in ihr erhält, steht *Jesus von Nazareth* in Gemeinschaft mit den Sündern und hilft denen, die in die Gewalt der Mächte dieser Welt gefallen sind. Sein W. ist Bestandteil seines Handelns und hat die Kraft der Verwirklichung. Die Passion Jesu interpretiert seine Taten und W.e als *Eintreten Gottes* in die menschliche Schuld und Not; das ist sein offenbarendes W. So ist umgekehrt das Kreuz vom Leben Jesu her interpretiert als Bezeugung, daß Gott für uns ist in der Gottverlassenheit dessen, der gerade darin Gott offenbart. Das Handeln eines edlen Menschen, der tragische Tod eines Märtyrers enthüllen wohl die Spannungen, in denen die Welt steht, doch vermögen sie nicht mit Vollmacht zu verkündigen, daß Sünde und Not der Welt aufgehoben sind, indem Gott selbst sie trägt. Auferstehung und Erhöhung entrücken dieses letztgültige W.G. der Ungesichertheit der Geschichte und geben die Verheißung, daß es bleibt und den Sieg über Tod und widergöttliche Mächte in sich schließt.

c) Das W.G. ruft das *Zeugnis der → Gemeinde* und setzt sich in ihm fort. Dieses ist gebunden an das von der Bibel bezeugte Heilsgeschehen, das von Jesus als von seiner Mitte her verstanden ist (→ Kerygma). Im nt. W.G. haben wir Gemeinschaft mit dem Haupt und Gemeinschaft der Glieder untereinander. Biblische Zeugnisformen der Gemeinde sind Verkündigung, Herrenmahl, brüderlicher Dienst, gottesdienstlicher Lobpreis. Das die Gemeinschaft schaffende W. ist im Herrenmahl Einladung an die Sünder und erinnert an die Speisung der Bedürftigen. Nicht zufällig sind die Elemente des Kultmahles die des »täglichen Brotes«. Die Gemeinde ist dadurch beschenkt, aber auch gefragt. Sie muß sich jederzeit besinnen, wie sie das Verkündigte besser zum Ausdruck bringt als es geschieht. Denn das W.G. als Zeugnis ist nicht nur Rede, sondern auch Darstellung, Lob Gottes und Dienst am Menschen. Dem Getroffensein durch die Anrede, die Personen lebendig macht, antwortet der persönliche Einsatz in gleicher Gewichtigkeit der Formen.

Vgl. die Lehrbücher der → Dogmatik (bes. BARTH, KD I/1. 2, ALTHAUS, BRUNNER) sowie die Lit. zu → Bibel: III, → Dogmatik, → Kerygma. Ferner: RE XXI, 496ff - E.SCHAEDER, Das W.G., 1930 - TH.SIEGFRIED, Das W. u. die Existenz, 1930 - F.W.SCHMIDT, Der Primat d. W.es in d. ev. Kirche, 1931 - E.BRUNNER, Wahrheit als Begegnung, 1938 - DERS., Das W.G. u. d. moderne Mensch, 1947 - R.HERMANN, Gottes-W. u. Menschen-W. in d. Bibel, 1957 - H. ØSTERGAARD-NIELSEN, Scriptura sacra et viva vox (FGLP X, 10), 1957 - G.EBELING, Das Wesen d. christl. Glaubens, 1959, bes. 102ff. 243ff - DERS., W. u. Glaube, (1960) 1962² (bes. 319-348: W.G. u. Hermeneutik).

W.Loew

V. In der kirchlichen Verkündigung

1. W.G. in der kirchlichen Verkündigung (= k.V.) hängt nach allgemeiner christlicher Auffassung mit dem Dasein der Bibel im christlichen Gottesdienst aufs engste zusammen. Lesungen aus der Bibel, ein biblischer Predigttext, Lieder, die wenigstens teilweise der Bibel entnommen sind, beweisen das. Freilich genügt der *röm.* Kirche in ihrem Gottesdienst im strengen Sinne, der Messe, ein Lesungsteil; Predigt ist nicht nötig; schon in den Lesungen spricht »Gott mahnend und belehrend« zum Volke. Aber gibt im *ev.* Gottesdienst etwa der Bibeltext *vor* der Predigt die Gewähr, daß *in* der Predigt ein W.G. die Gemeinde oder auch nur *einen* in ihr trifft? Mit einem bloßen äußerlichen Dasein von Bibelworten kann den Christen in ihren Gottesdiensten noch nicht geholfen sein.

2. Zunächst seien einige Voraussetzungen dafür genannt, daß heute in der k.V. das von der Bibel herkommende Wort nicht *gehindert* werde, W.G. zu sein. a) Hemmend ist es, wenn die in der Gemeinde weithin noch herrschende Vorstellung von einer vollkommenen Göttlichkeit und Unfehlbarkeit des Bibelwortes, ja Bibelbuchstabens in schroffem Gegensatz zu der historischen Betrachtung der Schrift steht, die wohl für die Mehrzahl der Prediger heute selbstverständlich ist. Leider lassen sich die von der altprot. Orthodoxie viel zu schnell preisgegebenen Vorreden Luthers zu den biblischen Büchern den Christen in der gegenwärtigen Bibelnot nicht mehr als ausreichende Hilfe darbieten. Aber der Versuch, sie einigermaßen zu ersetzen, müßte gemacht werden, um den Abgrund zwischen einer theologisch und einer fundamentalistisch gelesenen Bibel zu überbrücken. Auch der Dienst der Bibelstunde, der häuslichen Bibelkreise und der sog. Bibelarbeit bei kirchlichen Tagungen u.ä. sollte in diesem Zusammenhang nicht unterschätzt werden. - b) Auf der anderen Seite muß gesehen werden, daß es gefährlich ist, über biblische Bücher oder einzelne Bibelstellen der Ehrfurcht ermangelnde theologische Äußerungen zu machen, die selbst in der wissenschaftlichen Diskussion oder im theologischen Unterricht schaden, erst recht aber die Gemeinde verwirren und ihre Pietät gegenüber der Bibel zerstören können. Auch der radikalste Bibelkritiker wird erkennen, was er dem hl. Buch seiner Kirche und ihren entscheidenden Glaubensaussagen, auch den nach seiner Auffassung »überholten«, schuldig ist, wissend, daß die Bibel schon mit ihrem bloßen Dasein im menschlichen Geistesleben eine einzigartige Erscheinung ist, im kirchlichen Bereiche aber als *das* Werkzeug Gottes geglaubt wird, das Großen wie Geringen lebendiges W.G. vermittelte und weiter vermittelt. - c) In einem letzten Sinn des Wortes sind nicht *wir* ihre Kritiker, *sie* kritisiert uns! Die heute oft allzu schlagworthaft gebrauchte Rede von der »Entscheidung«, vor die die k.V. uns stelle, sollte vom Verkündiger in ihrer gerichtsschweren wie verheißungs-gesättigten Bedeutung *neu* gehört werden, wenn er *wirklich* zur Entscheidung rufen will. - d) Nicht hören kann er, aber spüren soll er die »Erwartung« (K.Barth), die Menschen der Gegenwart unter die Kanzel zieht, von der her sie, bewußt oder unbewußt, viel mehr erhoffen als nur die geistige Kost, die ihnen anderswo angeboten wird. Er soll erstaunt darüber bleiben, daß - trotz einer gewaltigen und verlockenden »Konkurrenz« - in der modernen Welt Woche um Woche Menschen aller Zungen das Wort der k.V. suchen, also offenbar auch brauchen (M.Mezger).

3. Dies Wort wird als gegenwärtiges W.G. in der Gemeinde gehört werden, wenn der Prediger selber es, nachdem die Bibel ihm »Centrum aller Gedankenkombinationen« geworden und »in das beständige Bewußtsein eingedrungen« ist (Schleiermacher, Prakt. Theol. 242), bei der speziellen Vorarbeit für seine Verkündigung gehört hat (vgl. W.Herrmann 2). Als ev. Theologe weiß er, daß nicht diese oder jene biblische Zufälligkeit, son-

dern »Jesus Christus, wie er uns in der hl. Schrift bezeugt wird, das eine W.G. [ist], das wir zu hören, dem wir im Leben und im Sterben zu vertrauen und zu gehorchen haben« (1. Barmer These von 1934, → Barmen). Wenn der *Verkünder* dies Wort als *das* Evangelium vernommen hat, wird er es auch seiner Gemeinde - vielleicht in großer menschlicher Unvollkommenheit und Schwachheit - vernehmbar machen dürfen. Daß so in der k.V. nicht bloße Schriftauslegung geschieht, sondern W.G. erklingt, darüber dürfte heute weitgehende Einigkeit bestehen. Der große Zwiespalt, der die europäische, bes. die deutsche und schweizerische ev. Theologie zertrennt und die Verkündigung des W.es G. unsicher macht, liegt in der gegensätzlichen Beantwortung der Frage, ob der Verkündiger unabhängig von der Stimme der Kirche im Dogma, in den alten wie neuesten Bekenntnissen und im kirchlichen Lied seine Auslegung der Schrift zu treiben und, nur vom Menschen der Gegenwart und seiner Sprache und Hörfähigkeit bestimmt, das ihm aufgetragene Christuszeugnis abzulegen habe (→ Entmythologisierung), oder ob er mutatis mutandis nach Ps 73, 15 damit nicht »verdammt [hätte] alle deine Kinder, die je gewesen sind«. Die Antwort wird davon abhängen, ob auch die Gabe des Gottesgeistes zu den Mythen gehört, deren die Gegenwart sich zu entledigen habe, oder ob nicht vielmehr tatsächlich sie und nicht menschlich-subjektive Entscheidungen und Philosopheme die neuen Zungen schenkt, nach denen von *allen* Seiten im Blick auf die k.V. des W.es G. gerufen wird und die doch vielleicht erst dem Beten und der »Arbeit von mehreren Generationen« (E.Hirsch) geschenkt werden können. - Vgl. → Homiletik, → Predigt: I, 6; II. III, → Wort Gottes: IV.

Vgl. die Lit. zu den genannten Artikeln. Ferner bes.: W.Herrmann, Der Verkehr des Christen mit Gott, (1886) 1921⁷ - RE XXI, 496ff - K.Barth, Das W.G. u. die Theol., 1924, bes. 70-98 - Ders., KD II/2, 505-830 - H.Schreiner, Die Verkündigung des W.es G., (1936) 1949⁵ - H.Asmussen, Wie lehre ich predigen? (in: Theologia viatorum, 1939, 150-168) - F.K.Schumann, Wort u. Wirklichkeit (SThKAB 1), 1951 - G.Wingren, Die Predigt, (1955) 1959² - K.G. Steck, Recht u. Grenzen kirchl. Vollmacht (ThEx NF 54), 1956 - Ders., Verlegenheit in der Theol. heute (in: BEvTh 32, 1961, 9-25) - EKL III, 1854ff - WKL 617ff - M.Barth, Vom Geheimnis der Bibel (ThEx NF 100), 1962 - G.Ebeling, Theol. u. Verkündigung (HUTh 1), 1962 - M.Mezger, Die geschichtl. Wahrheit als Vollmacht der Predigt (EvTh 22, 1962, 478-494) - Männer der Ev. Kirche in Deutschland (Festschr. K.Scharf), 1962, bes. 70f (G.Gloege). 144f (W.Künneth). 156f (H.Lilje). *W.Jannasch*

Worthington, *John* (1618-71), engl. Theologe, vorwiegend philosophisch interessiert, Mitglied der → Cambridge Platonists, 1646 ordiniert, 1650 Master des Jesus College in Cambridge. Seine Theologie war arminianisch, und er war ein Bewunderer von → Colet und → Erasmus. W. edierte die »Selected Discourses« von John Smith (1660) und meisterhaft die Werke von Joseph → Mede.

Diary and Correspondence ed. J.Crossley u. R.C.Christie, 2 Bde, 1847-86. - R.C.Christie, Bibliography of Works written or edited by J.W., 1885. - Über W.: J.Tulloch, Rational Theology and Christian Philosophy II, 1872, 426ff - DNB 63, 40f. *D.Carter*

Wrede, 1. *Mathilda,* * 8.3.1864 in Wasa, † 25.12.1928 in Helsinki. Auf Grund einer persönlichen Berufung besuchte sie 1883-1913 alle Gefängnisse und Zuchthäuser Finnlands (»Engel der Gefangenen«). Als dieser Dienst verboten wurde, kümmerte sie sich um die entlassenen Strafgefangenen, nach 1918 auch um die russischen Flüchtlinge. Sie war Mitbegründerin der »Christlichen Internationale«.

I.M.Sick, M.W., ein Engel der Gefangenen, (1922) 1959²⁷ - E.Fogelberg, Unter Gefangenen u. Freien, (1925) 1926⁶ - Dies., M.W.s letzte Jahre, (1929) 1955⁵. *R.Ludwig*

2. *William* (10.5.1859 bis 23.11.1906), Neutestamentler, * in Bücken, 1887-89 Pastor, 1891 PDoz. in Göttingen, 1893 ao. Prof. in Breslau, 1896 o. Prof. ebd. - Unter dem Einfluß der → Religionsgeschichtlichen Schule entwickelt W. 1897 ein Programm der nt. Theologie als nt. Traditionsgeschichte (»Über Aufgabe und Methode der sog. Nt. Theologie«), dessen fragmentarische Ausführung seine wissenschaftliche Lebensarbeit darstellt: neben W.s »Paulus« ([1904] 1907²; → Bibelwissenschaft: II, 5) vor allem »Das Messiasgeheimnis in den Evangelien« ([1901] 1913²), das die Geheimnistheorie aus dem zuerst bei Markus greifbaren Zusammenschluß verschiedener christologischer Vorstellungen des Gemeindeglaubens erklärt (→ Jesus Christus, 1) und durch die kritische Destruktion der auf dem MkEv aufbauenden, psychologisierenden → Leben-Jesu-Theologie für formgeschichtliche Methode (→ Evangelien, formgeschichtlich) und neuere Leben-Jesu-Forschung (→ Jesusbild, 1) grundlegend ist.

RE XXI, 506ff - W.G.Kümmel, Das NT, 1958, 584 - G.Strecker, W.W. (ZThK 57, 1960, 67-91; Bibliogr., Lit.). *G.Strecker*

Wucher → Wirtschaftsethik.

Württemberg

1. MA - 2. Reformation und Gegenreformation (bis 1648) - 3. Bis zum Ende des Alten Reichs (1806) - 4. Bis zum Ende des 1. Weltkrieges - 5. Gegenwart

1. Die → Alemannen (seit jeher sich selber wohl Schwaben nennend, vom 10.Jh. an auch in den lat. Quellen Alamanni seu Suevi, später fast ausschließlich Suevi genannt) hatten den unter dem Stammesbegriff Schwaben zusammengefaßten Großraum (südliche Teile W.s, Badens, des Elsaß, Bayrisch-Schwaben, den Vorarlberg, große Teile der Schweiz) nach ihrem Durchbruch durch den röm. Limes 259/60 im 5. und 6.Jh. endgültig besetzt. Sie waren vom Ende des 6. bis zum Beginn des 8.Jh.s langsam Christen geworden. Von württ. Kirchengeschichte im eigentlichen Sinn kann man erst vom Ende der Stauferzeit an sprechen, in der Graf Ulrich von W. (»mit dem Daumen«, 1238-65) infolge des Absinkens und Erlöschens des Staufischen Herzogtums sich zu einem der mächtigsten Dynasten Schwabens aufschwang. Seine Nachfolger, vor allem Eberhard II. (der Greiner, 1344-92), erweiterten Umfang und Macht der Grafschaft (ab 1495 Herzogtum), die bis zum Ende des 18.Jh.s der Hauptrivale des Hauses Habsburg in Schwaben blieb. Seine kirchlichen Schwerpunkte hatte dieses Stammesherzogtum zuerst in außerhalb des späteren W. gelegenen, aber in ihm begüterten schwäbischen Klöstern wie → Reichenau und → St. Gallen (das nördlich gelegene, heute württ. → Ellwangen trat hinter ihnen zurück) und in Bistümern wie → Konstanz und → Augsburg (→ Worms, → Speyer und → Würzburg für das nördliche, meist fränkische heutige W.). Mit Weingarten, → Zwiefalten, → Hirsau und anderen Reformklöstern und mit den Zisterzienserklöstern → Maulbronn, Bebenhausen u.a. treten heute württ. Namen auf. Die Grafen, bes. der letzte (1495 Herzog), der ausgezeichnete Eberhard im Bart (1457-96), haben der Reformation und dem ev. württ. Landeskirchentum seit der Reformation vorgearbeitet, indem sie auf dem Wege über die Schirmvogtei (→ Kirchenvogt) viele Klöster und eine große Anzahl von Kirchenpatronaten (→ Patronat) unter ihre Landeshoheit brachten. Weitere Voraussetzungen für die Reformation in W. schuf Eberhard

im Bart durch die Gründung der Universität → Tübingen (1477), seine persönliche Haltung und seinen kirchlichen Reformeifer.

2. Dagegen brachte die erbliche Belastung des dritten Herzogs, Ulrich (1498-1550), W. in der *Reformationszeit* schweres Unheil und bis in den 30jährigen Krieg hinein reichende Schwierigkeiten. Während das Land nach den Verdiensten Eberhards und den Anfangserfolgen der Reformation dazu bestimmt schien, eines ihrer Kernlande zu werden, stürzte es Ulrich in Verwicklungen mit Bayern und Kaiser Maximilian. Sie endeten mit seiner Vertreibung (1519) durch das Heer des Schwäbischen Bundes, das von den Staatsmännern → Karls V. zugleich als Druckmittel bei dessen Wahl zum Kaiser gebraucht wurde. W. fiel unter habsburgische Herrschaft, die ihm und seinen Landständen zwar nicht nur Schlimmes brachte, W. aber bis 1534 streng von der aktiven Teilnahme an der jungen reformatorischen Bewegung ausschloß. Diese warf freilich ihre geheimen Wellen, vor allem von den benachbarten schwäbischen Reichsstädten her, auch weiterhin in das unter strenger kath. Herrschaft stehende Land. In Reutlingen (M. → Alber), Schwäbisch Hall (J. → Brenz) und Heilbronn (J. → Lachmann) wurde die Reformation in den 20er Jahren nach luth. Gepräge durchgeführt. Eßlingen und Ulm neigten in diesen Jahren zeitweise mehr der schweizerisch-straßburgerischen Richtung zu. Als Herzog Ulrich 1534 durch Landgraf → Philipp von Hessen und französisches Geld wieder in sein Land zurückgeführt wurde, war dieses für die Reformation vorbereitet, wenn auch Angehörige der von Ulrich bis 1519 schwer mißhandelten oberen Stände, der sog. »Ehrbarkeit«, wohl mehr aus Angst vor dem Herzog als aus Abneigung gegen die neue Lehre auswanderten. - Die Reformation W.s durch Ulrich, der für sie in der Zeit seiner Verbannung gewonnen worden war, geschah, wie alles unter dieser Regierung, allzu hastig und unausgeglichen: das Land ob der (Stuttgarter Wein-) Steige hatte der zwinglisch gesinnte Ambrosius → Blarer, das Unterland der Lutheraner Erhard → Schnepf zu visitieren und zu reformieren. Eine Einigung der beiden in der Abendmahlslehre erfolgte zwar in der Stuttgarter Konkordie (1534) im Sinn des beim → Marburger Religionsgespräch von Luther ohne Erfolg Zwingli vorgeschlagenen Ausgleichs. Blarer konnte sich aber gegenüber dem durch Brenz' Rat verstärkten luth. Einfluß nicht auf die Dauer in W. halten. W. wurde ein luth. Land, das sich aber u.a. mit der Ubiquitätslehre (→ Abendmahl: II, 3 a) und mit der schlichten Form seiner Predigtgottesdienste (→ Gottesdienst: V B, 2 a α) eine Sonderart wahrte. Sie geht nach Karl Müllers Forschungen (Aus der akademischen Arbeit, 1930, 347f) vor allem auf die in W. wirkenden früher reichsstädtischen Prädikanten zurück und hat sich, zT in anderen Erscheinungsformen, bis heute erhalten. - Die hemmungslosen Eingriffe in das Kirchengut durch Ulrich machte sein völlig anders gearteter Sohn Christoph (1550-68) rückgängig durch die Bildung eines selbständigen Kirchengutes, das dem Kirchenrat unterstellt wurde, der als selbständige Behörde neben die anderen weltlichen trat. Die älteren, teilweise segensreichen Ordnungen Ulrichs waren beim Regierungsantritt Christophs durch das → Interim (1547) außer Kraft oder schwer gefährdet. Das württ. Volk überstand diese Krise im allgemeinen tapfer, und Christoph konnte nach zähen Verhandlungen (Passauer Vertrag 1552) die sog. *zweite Reformation* W.s durchführen: Die genannte Verselbständigung des Kirchenguts, die Errichtung des Kirchenrats (→ Kirchenverfassung: VI, 4 a), dessen geistliche Räte das spätere Konsistorium bildeten (1660) und von 1553 an mit den vier Generalsuperintendenten in gewissen Zeitabschnitten zum Synodus zusammentraten, die Sorge für die Ausbildung der Geistlichen in Klosterschulen (ev. Seminaren) und im theologischen Stipendium (»Stift«, → Tübingen: II) und für die Volksschulen, die Ausarbeitung der Confessio Wirtembergica (1551, ursprünglich für das Konzil von Trient gedacht) durch seine Theologen und die Bemühungen um eine Einigung der prot. Kirchen, die freilich gelegentlich über die vorhandenen Möglichkeiten hinwegsah, sind Christophs, durch J. Brenz und gutgewählte Beamte unterstütztes eigenstes Werk. Die vieles davon zusammenfassende Große KO von 1559, die von den Landständen, unter denen in W. der Adel fehlte, gebilligt wurde, war für die ganze weitere Geschichte und Menschenart W.s bis zur Napoleonischen Zeit wohl wichtiger als das Kirchengesetz irgendeines anderen deutschen Landes. Während die spätere Geschichte des Herzogtums gleichmäßig vom Herzog und vom Landtag (samt den eigenartigen lokalen Verwaltungskörpern) geformt wird, sehen wir sie »in diesem Zeitalter nicht von den Ständen, sondern von der überlegenen Persönlichkeit Christophs geprägt« (W. Grube, Der Stuttgarter Landtag 1457-1957, 1957, 236). - Die Zeit von Christophs Tod (1568) bis zum 30jährigen Krieg *(Orthodoxie)* ist vor allem durch Jakob → Andreä (1528-90) bestimmt, der mit seinen leidenschaftlichen Bemühungen um eine Einigung der prot. Mächte und Bekenntnisse schließlich wenigstens einen großen Teil der luth. unter der von ihm verfaßten → Konkordienformel einte. Alle württ. Geistlichen und dann auch die weltlichen Beamten mußten sie unterschreiben. Andreä redigierte auch das → Konkordienbuch. W. war damals und später durch ihn und die Tübinger Theologen am Kampf der theologischen Richtungen führend beteiligt und stellte über Deutschland hinaus wirksame Dogmatiker (→ Heerbrand, → Hafenreffer, vgl. auch → Kepler). Auch in der großen Politik hatte es nach den schwächeren Herzögen Ludwig und Johann Friedrich in Friedrich I. (1593-1608) kurze Zeit einen Fürsten, der wußte, worum es ging. Der 30jährige Krieg aber brachte, bes. seit 1629 (Restitutionsedikt) und nach der Schlacht bei Nördlingen (1634), W. bitteres Elend. In den Kämpfen um das Restitutionsedikt wirkte sich noch einmal die späte Reformierung W.s durch Ulrich und die Declaratio Ferdinandea zum → Augsburger Religionsfrieden verhängnisvoll aus. Die Verwüstung und Verödung W.s seit 1634 war fast beispiellos. Daß das Land und das Fürstenhaus aus dem → Westfälischen Frieden (1648) wieder im alten Umfang hervorging, ist nur aus der gegenseitigen Eifersucht der europäischen Mächte und den ungewöhnlichen Leistungen seiner Unterhändler (vor allem I.K. Varnbülers) verstehbar.

3. Die Aufgabe, ein zusammenhängendes Gesamtbild der württ. Territorialkirche von der Reformation bis zum Untergang des Alten Reichs zu geben (vgl. Karl Müller, Aus der akademischen Arbeit, 1930, 57-71), wird die württ. Forschung noch lange beschäftigen müssen. Die zweite Hälfte dieser Epoche wird meist mit den Stichworten Pietismus und Aufklärung bezeichnet. Man sollte ihnen wohl eine erste, die des Wiederaufbaus nach dem großen Krieg, voranstellen, der praktisch weithin noch von sog. orthodoxen Pfarrern geleistet wurde. Die Aufnahme der flüchtigen → Waldenser (1699, → Arnaud) aber zeigt, daß die Zeit der strengen Orthodoxie in W. sich dem Ende zuneigte. Für den württ. → *Pietismus* (, 3 e) in seiner nach Auswahl der vorhandenen Vorbilder und besonderer Ausprägung spezifisch württ. Art sind die unter sich recht verschiedenen Gestalten → Bengels und → Oetingers bezeichnend; jener bes. durch seine bis heute weiterwirkende Art der Her-

meneutik und Exegese, dieser zB durch seine Theologia ex idea vitae deducta (1765) ebenfalls von starker Wirkung auf Theologie und Philosophie. Die Nachwirkung J.V. → Andreäs (1586-1654), der sich beim Wiederaufbau W.s sehr verdient machte, auf Spener, Oetinger und andere Pietisten darf ebensowenig vergessen werden wie die Umwelt, in der der Pietismus seine durchschlagende Kraft und weite Verbreitung in W. fand. Auch der Verbindung des Pietismus mit volkserzieherischen Ideen der Zeit, die dann um die Jh.wende in der → »Christentumsgesellschaft« wieder eine Rolle spielte, ist zu gedenken. Andere Namen wie J.M. und Ph.M. → Hahn, → Hedinger, → Hiller, → Hochstetter, beide → Moser, → Steinhofer, → Urlsperger seien nur genannt; ebenso die Einführung der → Konfirmation (1722) in dieser Zeit. Daß dann in W. die pietistische Periode von der *Aufklärung* abgelöst worden wäre, kann man nicht sagen; denn durch das Pietistenedikt (1743, → Bilfinger) war der Pietismus vorsichtig und klug in die Kirche eingebaut worden. Auch gewann in der Tübinger Theologie (→ Storr usw) ein vermittelnder Supranaturalismus (→ Rationalismus: II, 3 c) die Oberhand über den eigentlichen Rationalismus und blieb bis in die Zeiten von Baur und Strauß maßgebend. Die vielumstrittene Einführung eines neuen Gesangbuchs (1791, → Griesinger) und einer neuen Liturgie (1809) fallen schon in den folgenden Abschnitt.

4. Einen epochalen Einschnitt auch in der Kirchengeschichte W.s bedeutete die Erhebung zum Königreich (1806) und die Verdoppelung seines Umfangs. Durch den Zuwachs von kath. Gebieten im Süden und Norden wurde es ein paritätischer Staat; für die kath. Gebiete wurde das Bistum → Rottenburg (1821, erster Bischof 1828) in der oberrheinischen Kirchenprovinz (→ Freiburg: I) errichtet. Die neu hinzugekommenen prot. Gebiete wurden vom gewalttätigen König Friedrich der altwürtt. kirchlichen Form eingegliedert, die ihr abgesondertes altes Kirchengut trotz des Hoffnung erweckenden § 77 der württ. Verfassung von 1819 dauernd verlor, aber sich über mangelndes materielles Entgegenkommen des Staates, abgesehen von der Zeit der NS-Herrschaft, bis heute nicht zu beklagen hat. Man hat das 19.Jh. als das Zeitalter der kirchlichen Anstalten bezeichnet, darf aber nicht vergessen, daß diese mit einer erneuten → Erweckung (: I, 5 c; → Hofacker) zusammenhingen, die in W. auf dem älteren Pietismus aufbauen konnte und kirchlich und theologisch recht andere Wege ging als in anderen deutschen Landeskirchen. Vor allem das genannte neue Gesangbuch und die Liturgie veranlaßten starke Auswanderungsbewegungen (u.a. 1816 nach Rußland, 1848ff durch die → Tempelgesellschaft nach Palästina), denen König Wilhelm I. durch die Genehmigung zur Gründung von → Korntal (1818) und Wilhelmsdorf (1825) innerhalb des Landes entgegenwirkte. Die → Basler Mission (1815) bezieht bis heute einen Großteil ihrer Mittel und Missionare aus W. Die Württ. Bibelanstalt (1812; → Bibelgesellschaften, 2 a), der Calwer Verlagsverein (1833; Chr.Gottl. → Barth), die Ev. Gesellschaft in Stuttgart (1830, 1875), die in W. sehr rührige Deutsche → Christentumsgesellschaft leisteten Widerstand gegen die Entchristlichung des Lebens. Die → Innere Mission mit ihren Rettungshäusern (G. → Werner) und sonstigen Anstalten fand in W. starken Anklang und weite beitragswillige Kreise. Die Heranziehung des Volks zur Mitarbeit in der leitenden und praktischen Arbeit der Kirche kam verhältnismäßig langsam in Gang (Pfarrgemeinderat 1851, Diözesansynoden 1854, Landessynode 1867, Ev. Kirchengemeinderat 1887, Kirchengemeindegesetz 1906). Die starke Rolle, die die → Gemeinschaften (altpietistische und von außen hereindrängende neue) im kirchlichen Leben W.s spielten, ist ein Grund dafür. Die neue kritische Theologie in Tübingen (D.F. → Strauß, F.Chr. → Baur und seine Schule, auch K. → Weizsäcker) fand in ihnen die schärfsten Gegner. Sie gewannen von 1848-79 (S.K. → Kapff) starken Einfluß auf die Kirchenregierung. Doch wirkte dieser Politisierung in Tübingen nicht nur die sog. → Vermittlungstheologie, sondern auch J.T. → Beck entgegen, bis die Jugend Anfang der 80er Jahre von der Ritschlschen Richtung erfaßt wurde und in Th. Haering, Fr.Traub, Karl → Müller u.a. Lehrer fand, die den Geist der württ. Theologie, des Konsistoriums und der Landessynode bis zum 1.Weltkrieg stärker bestimmten als die → Religionsgeschichtliche Schule oder A. → Schlatter, dessen stärkste Wirkung in das Jahrzehnt nach dem Weltkrieg (zusammen mit K. → Heim) fällt.

5. Der Sturz der Monarchie zwang auch die württ. Kirche zur Trennung vom Staat. Die Verteilung der Rechte innerhalb der ev. Kirche (→ Kirchenverfassung: VII) zwischen Kirchenpräsident (Landesbischof seit 1933; nach Th. → Wurm und D. Martin Haug [1949-62] jetzt Dr. Erich Eichele), Landeskirchenregierung (Oberkirchenrat) und Landeskirchentag, in dem das Laienelement (2/3) vorherrscht, wurde von der verfassunggebenden Landeskirchenversammlung 1920 geregelt, das »Gesetz über die Kirchen« 1924 vom Landtag weithin in ihrem Sinne beschlossen; die materielle Grundlage (auch der kath. Kirche) war durch Staatszuschüsse und Steuerrecht befriedigend gesichert. Als § 1 der Verfassung wurde festgelegt: »Die ev.-luth. Kirche in W., getreu dem Erbe der Väter, steht auf dem in der Hl. Schrift gegebenen, in den Bekenntnissen der Reformation bezeugten Evangelium von Jesus Christus, unserm Herrn. Dieses Evangelium ist für die Arbeit und Gemeinschaft der Kirche unantastbare Grundlage.« W. schloß sich aber nach 1945 »trotz bewußter und tätiger Zugehörigkeit zum Luth. Weltbund« nicht der VELKD an. Es wahrte sich u.a. in der Form seiner Gottesdienste (1931 neu gestaltet) und der Besetzung seiner Pfarrstellen (→ Stellenbesetzungsrecht) gewisse Eigenarten (vorläufige Abendmahlsordnung 1945, neue Trauordnung, Taufagende in Arbeit). 1953 wurde das EKG eingeführt, 1951 eine (umstrittene) Lehrzuchtordnung. Die ev. → Akademie (: II) in Bad Boll, die erste in Deutschland, sorgt für die Verbindung von Kirche und Theologie mit den verschiedenen Volkskreisen, ein Pfarrseminar in Stuttgart für die praktische Vorbildung der Pfarrer auf ihr Amt, ergänzt durch 14tägige Kurse in Freudenstadt für amtierende Geistliche. W. hat (1957) unter 4159804 Einwohnern 2455537 Evangelische und (1954) 1489000 Katholiken. – Den → Kirchenkampf konnte W. als bis heute verhältnismäßig bes. kirchliches Land und unter der Leitung von Bischof Wurm nach heftigen Auseinandersetzungen ohne stärkere Einbußen überstehen; doch war er der Klärung der theologischen Fronten für die weitere Zukunft nicht günstig. Bischof Wurm hat die auch in W. (Grüneisen 1852, Deutsch-ev. Kirchentag in Stuttgart 1921 usw) auf einen Zusammenschluß der ev. Kirchen Deutschlands gerichteten Strömungen 1945-48 zu einem ersten großen Ergebnis geführt (→ Evangelische Kirche in Deutschland: I). – Über die in W. starken Sekten vgl. Hutten, über die kath. Kirche vgl. Hagen (s. Lit.).

Qu.: Ev. Landeskirchl. Archiv beim Ev. Oberkirchenrat, Stuttgart. – A.L.Reyscher, Vollst. historisch u. kritisch bearb. Sammlung der württ. Gesetze VIII. IX: Prot. Kirchengesetze (Th.Eisenlohr), 1834/35; X: Kath. Kirchengesetze (J.J.Lang), 1836 – Sammlung d. Gesetze d. ev. Landeskirche in W. (ab 1921) I-III, 1921-26 – Veröffentlichungen d. Württ. Archivverwaltung, hg.v. H.Haering, II: K.O. Müller, Gesamtübersicht über d. Bestände d. Staatl. Archive W.s in planmäßiger Einteilung, 1937; III: W.GRUBE, Die »verschlossene Registratur« d. altwürtt. Kirchenrats. Inventar, 1940 - DERS., Kirchengeschichtl. Qu. in d. württ. Staatsarchiven (Bll. f. württ. KG 52, 1952, 3-28).

Lit.: Bibliogr. d. württ. Gesch. (bis 1945), begr. v. W.HEYD, 8 Bde, 1895-1956; Forts. v. 1946-50, dann in Jahresheften. - CHR.FR. STÄLIN, Württ. Gesch. I-IV, 1841-73 - Blätter f. württ. KG, 3 Folgen, seit 1886 - EUGEN SCHNEIDER, Württ. Gesch., 1896 - Württ. KG, hg.v. Calwer Verlagsverein, 1896; NB in 5 Bden, ersch. I (bis 1250) v. K.WELLER, 1936; III (Reformationsgesch.) v. U.RAUSCHER, 1934 - K.WELLER, W. in d. dt. Gesch., 1900 - DERS., Württ. Gesch., (1909) 1957[4] - V.BRUNS (Hg.), W. unter d. Regierung König Wilhelms II., 1916 (TH.HAERING über ev. Kirche, 359-378; RECK über kath. Kirche, 379-394; TH.KRONER über isr. Religionsgemeinschaft, 395-405) - P.WURSTER, Das kirchl. Leben d. ev. Landeskirche in W., 1919 - F.FRITZ, Die württ. Pfarrer im Zeitalter d. 30jähr. Krieges (Bll. f. württ. KG 29, 1925, 129-168; 30, 1926, 42-87. 179-197; 31, 1927, 78-101. 167-192; 32, 1928, 289-311; 33, 1929, 41-132. 191-296; 34, 1930, 121-139. 153-207) - H.HAERING, Stamm u. Territorien in d. schwäb. KG (ebd 49, 1949, 28-53) - H.HERMELINK, Gesch. d. Ev. Kirche in W. von d. Reformation bis zur Gegenwart, 1949 (mit Verbesserungen in Bll. f. württ. KG 50, 1950, 121-171) - H.TÜCHLE, KG Schwabens I. II (bis zur Reformation), 1950/54 - A.HAGEN, Gesch. d. Diözese Rottenburg I-III, 1956-60 - W.GRUBE, Der Stuttgarter Landtag 1457-1957, 1957 - W.LEMPP, Der württ. Synodus 1553-1924, 1959 - HUTTEN.

H.Haering

Würzburg

I. Bistum - II. Universität

I. Bistum

Das Bistum W., 741 oder 742 von → Bonifatius errichtet und 743 von Papst → Zacharias bestätigt, wurde durch große Schenkungen zwischen Neckar, Obermain und Thüringen (späterer Umfang der Diözese) fest in die fränkische Staatskirche eingegliedert. Die Westgrenze lag am Neckar (Worms), die Ostgrenze war offen. Erster Bischof wurde der Bonifatius-Schüler → Burchard, unter dem W. in → Kilian seinen Heiligen erhielt. In karolingischer Zeit hatte das Bistum politische Aufgaben: Missionszentrum für das eroberte südliche sächsische Stammesgebiet, Ausbildungszentrum für Missionare und Etappenzentrum für → Karls d. Gr. Expansion nach Südosten und Osten. In der ottonisch-salischen Reichskirchenpolitik wurde W. zwar reich beschenkt, durch Gründung des Bistums → Bamberg 1007 aber verkleinert und in seiner Ostgrenze festgelegt. Schon vor 1168 (Verleihung des Herzogsprivilegs) hatte der Bischof von W. die Funktion eines königlichen Statthalters und einer Mittelinstanz im herzoglosen Raum Frankens. Zielbewußte Territorialpolitik trieben Konrad von Querfurt (1198-1202) und die beiden Lobdeburger Otto (1207-23) und Hermann (1225-54). Der seit dem 11.Jh. aufsteigende Dynastenadel und die Reichsministerialität Frankens verhinderten eine großzügige Landesherrschaft. Nach starkem Niedergang setzte Rudolf von Scherenberg (1466-95; s. Taf. 58 Abb. 3) einen Neuanfang und förderte das geistige Leben. Die Reformation brachte den Verlust vieler Pfarreien u.a. in der Markgrafschaft Ansbach, der Grafschaft Hohenlohe, in den Reichsstädten Heilbronn, Schwäbisch-Hall, Rothenburg o. T., Windsheim, Schweinfurt. Gegen den Widerstand des reformfeindlichen Domkapitels hielten Konrad von Bibra und Melchior Zobel von Giebelstadt (1544-58) den alten Stand aufrecht. Friedrich von Wirsberg (1558-73) berief die Jesuiten. W.s größte politische Figur, der gegenreformatorische Julius → Echter von Mespelbrunn (1573-1617) stellte die alten Konfessionsverhältnisse gewaltsam wieder her und suchte Bildung (→ Würzburg: II) und Moral des Klerus zu heben. Im 30jährigen Krieg hatte das Bistum schwer zu leiden und war mehrere Jahre von Gustav Adolf und Bernhard von Weimar säkularisiert. Im Zeitalter des Barock ragen als Staatsmänner wie Mäzene die drei Schönborn Johann Philipp (1642-73), Joh.Philipp Franz (1719-24) und sein Bruder Friedrich Karl (1729-46) hervor. F.L. von → Erthal (1779-95) war ein bedeutender Vertreter christlicher Aufklärung und Wegbereiter kirchlicher Erneuerung, neben dem Männer wie → Berg und → Oberthür zurücktraten. 1802 wurde der geistliche Staat der Fürstbischöfe Kurpfalz-Bayern einverleibt, 1806 als »Großherzogtum« dem Habsburger Ferdinand von Toskana als Entschädigung für Salzburg übertragen, 1814 endgültig zu Bayern geschlagen. Das Bistum wurde 1807/21 durch Abtretungen an Bamberg, Bruchsal-Freiburg und Ellwangen-Rottenburg verkleinert, erhielt aber Zuwachs durch die mainzischen Gebiete um Aschaffenburg. W. wurde dem neuen Metropolitanverband Bamberg angeschlossen. 1871 und 1936 wurden die Sprengelgrenzen verändert (Dekanat Meiningen seit 1945 im Bereich der DDR). 1961 zählte die Diözese 899218 Katholiken in 517 Pfarreien, 103 Seelsorgstationen und 36 Dekanaten (einschl. Meiningen) mit 842 Weltpriestern und 619 klösterlichen Niederlassungen (männlich 44, weiblich 575).

Urkunden: Wirttemberg. Urkundenbuch, 11 Bde, 1849ff - Monumenta Boica 37-46 u. 60, 1864ff - W.ENGEL, Urkundenregesten zur Gesch. d. Stadt W. (1201-1401), 1952 - DERS., Urkundenregesten zur Gesch. d. kirchl. Verwaltung des Bistums W. im hohen u. späten MA (1136-1488), 1954. - *Lit.:* L.GÜNTHER, Der Übergang d. Fürstbistums W. an Bayern, 1910 - J.KRIEG, Der Kampf d. Bischöfe gegen die Archidiakone im Bistum W., 1914 - DERS., Die Landkapitel im Bistum W. bis zum Ende d. 14.Jh.s, 1916 - S.MERKLE, W. im Zeitalter der Aufklärung (AKultG 11, 1914, 166-195) - A.CHROUST, Gesch. d. Großherzogtums W. I, 1932 - M.BECK-H.BÜTTNER, Die Bistümer W. u. Bamberg in ihrer polit. u. wirtschaftl. Bedeutung für d. Gesch. d. dt. Ostens, 1937 - S.v.PÖLNITZ, Die bischöfl. Reformarbeit im Hochstift W. während d. 15.Jh.s (W.er Diözesangeschichtsblätter 8/9, 1940/41, 3-168) - P.SCHÖFFEL, Herbipolis sacra, 1948 - M.DOMARUS, W.er Kirchenfürsten aus d. Hause Schönborn, 1951 - W.SCHWAEGERMANN, Der Staat d. Fürstbischöfe von W. um 1700 (Phil. Diss. W.), 1951 (Masch.; vgl. Mainfränk. Jb. 3, 1951, 330-335) - Herbipolis iubilans. Festschr. z. 1200-Jahrfeier, 1952 - K.BOSL, W. als Reichsbistum (Festschr. Th.Mayer I, 1954, 161-181) - DERS., Franken um 800, 1959 - DERS., W. als Pfalzort (Jb. f. fränk. Landesforschung 19, 1959, 25-43) - DERS., Aus d. Anfängen d. Territorialstaates in Franken (ebd 22, 1962, 67-88) - F.-J.SCHMALE, Die Glaubwürdigkeit der jüngeren Vita Burchardi (ebd 19, 1959, 45-83) - Schematismus d. Diözese W., 1961.

K.Bosl

II. Universität

1. Der 1402 von Fürstbischof Johann I. von Egloffstein (1401-11) gegründeten Hochschule war nur kurze Dauer beschieden. Sie lebte wieder auf in der Gründung des Fürstbischofs Julius → Echter von Mespelbrunn. Er baute die von Friedrich von Wirsberg (1559-73) geschaffene, 1567 durch Berufung der Jesuiten reorganisierte Partikularschule (Gymnasium) zur Universität aus. Papst → Gregor XIII. verlieh ihr die Rechte und Privilegien der Universitäten → Bologna und → Paris, Maximilian II. die kaiserliche Bestätigung. Sie trug den Charakter einer Landesuniversität, gleich allen Parallelgründungen der Landesfürsten dieses Jh.s. Am 2.1.1582 wurde sie von Julius als Rector magnificentissimus feierlich eröffnet. Die Lehrer der theol. und philosophischen Disziplinen stellte der Jesuitenorden. Bedeutende Theologen dieser ersten Periode waren Nik.Serarius († Mainz 1609), Martin → Becanus († Wien 1624), Adam Contzen († München 1635); in der philosophischen Fakultät lehrte Athanasius Kircher († Rom 1680). - Während der schwedisch-weimarischen Zwischenregierung (1631-34) versuchte Herzog Bernhard von Weimar als Landesherr die Universität im Sinne des Georg → Calixt umzuformen. Die Schlacht bei Nördlingen (1634) und ihre Folgen gaben der Universität ihren alten Charakter zurück.

Sie wurde 1636 durch Fürstbischof Franz v. Hatzfeld (1631-42) wieder eröffnet. Fürstbischof Joh.Phil.v. Schönborn (1642-73) entzog den Jesuiten 1654 die Leitung des Klerikalseminars und übergab sie den → Bartholomäern. Seit 1679 liegt die Leitung des Seminars in Händen des Säkularklerus. Nach dem 30jährigen Krieg lehrte Kaspar Schott, ein Schüler Kirchers, in der philosophischen Fakultät.

2. Unter Fürstbischof Joh.Phil.Franz v. Schönborn (1719-24) begann der weitere Ausbau der Hochschule. Er errichtete in der theol. Fakultät eine Professur für Geschichte (1720) und berief darauf Joh.Seyfried († 1712). Sein Bruder, Fürstbischof Friedrich Karl v. Schönborn (1729-46) erließ 1731 und 1734 Studienordnungen im Sinne seiner Zeit. Die KG wurde stärker als bisher betont, unsachliche Polemik gegen Andersgläubige verboten. In der theol. Fakultät wirkten Leonh.Grebner († Bamberg 1742) und Adrian Daude (1742; † 1755). In der juristischen Fakultät trat Joh.Kaspar Barthel, ein Schüler Prosper Lambertinis (→ Benedikt XIV.), bes. hervor. Barthel begründete eine bedeutende Schule. Neben ihm lehrten Joh.Adam v.Ickstatt, ein → Illuminat, der dem Begründer dieses Ordens Adam Weishaupt nahestand. Im Hexenprozeß gegen die Unterzeller Nonne Renata Sängerin gaben die Gutachten der juristischen und medizinischen Fakultäten 1749 den Ausschlag für das Todesurteil. Die Fürstbischöfe drängten vor allem auf das Studium der hebr. Sprache, namentlich Joh.Phil.v.Greiffenklau (1749-54). Für die Reform der Universität war der Historiker M.I.Schmidt einer der wichtigsten Berater des Fürstbischofs Adam Friedr. v.Seinsheim (1755-79). Die »Theologia Wirceburgensis« (14 Bde, 1766-71), kurz vor der Aufhebung des Ordens gedruckt, gibt ein Bild vom Stande der Theologie an der Universität W. (neugedr. 1852ff und Paris 1879). Der Jesuit Thomas Grebner (1755-87) wirkte damals als anerkannter Historiker.

3. Nach der Aufhebung des Ordens 1773 blieben nur die Exjesuiten Holzklau, Grebner und Wiesner als Lehrer. Zu ihnen kamen Franz → Oberthür und Mich.Ign. → Schmidt, der berühmte Geschichtsschreiber der Deutschen mit dem Lehrauftrag für Reichsgeschichte. Neben ihnen wirkten Männer wie Joh.Onymus (1783 bis 1836), Mich.Feder († 1824) und Franz → Berg an der Universität, für die sich Fürstbischof Franz Ludw.v. → Erthal rückhaltlos einsetzte. Dem der Kantschen Philosophie ergebenen Benediktiner P. Maternus Reuß (Prof. 1782) gab er sogar ein Reisestipendium nach Königsberg. In der Zeit von 1796-1802 war K.Th.v. → Dalberg Kanzler der Universität und Dompropst zu W., ein bewußter Förderer des Fortschritts und der Aufklärung.

4. Die Säkularisation brachte für die Universität einschneidende Veränderungen: Die neue kurbayerische Regierung verfügte statt der alten Einteilung die zwei Klassen der allgemeinen und besonderen Wissenschaften; dieser wurde die Theologie als Sektion zugeteilt. Auch prot. Professoren wurden nun berufen, wie → Schelling und H.E.G. → Paulus. In der kurzen Zwischenregierung des Großherzogs Ferd.v.Toskana (1806-14) wurde der kath. Charakter der Universität wiederhergestellt, die theol. Fakultät jedoch aufgelöst. Die Ausbildung und Erziehung der Theologen wurde dem Bischof überlassen. Mit dem endlichen Übergang Frankens an das Königreich Bayern 1814 wurde die theol. Fakultät erneuert. Mancher der früheren Professoren wurde verdrängt, so durch Bischof Gg.Anton Stahl (1840-70; † Rom) der vorzügliche Historiker J.B. → Schwab. Hervorragende Lehrer waren H.Denzinger, der spätere Kardinal Jos. → Hergenröther und Franz Hettinger. Neue Lehrer kamen mit H.Scholz († 1908), Frz.X.Kiefl († Regensburg 1928) und dem berühmten Apologeten Herman → Schell (1856-1906). Seine Nachfolger waren Phil. Kneib, Gg. → Wunderle und Jos.Hasenfuß. Zur Richtung Schells gehörte auch der Alttestamentler Joh.Hehn, ein Schüler des Assyriologen F.Delitzsch; seit 1949 vertritt das AT der LXX-Forscher Jos.Ziegler. Kirchenrecht lehrt seit Hagens Abgang (1947) Gillmanns Schüler E. Rösser. Nachfolger Zahns († 1945) in der Dogmatik war F.Stegmüller, seit 1949 F.Hofmann. Patrologie lehrt als Nachfolger B. → Altaners seit 1949 Theob.Freudenberger, der Merkles Werk über das Tridentinum fortsetzt. Moraltheologie lehrt seit Rulands († 1950) und Mich. Müllers Abgang (1955) A.Auer. Für K.Staab (nt. Exegese) wurde 1959 R.Schnackenburg berufen. KG, seit drei Jahrzehnten von S. → Merkle vertreten, lehrt seit 1939 Gg.Pfeilschifter. Neue Lehrstühle: für Kunde des christlichen Ostens Wunderle, seither Hermenegild Biedermann OESA; für Pastoraltheologie H.Fleckenstein; für Missionswissenschaft Th.Ohm OSB (1932-46), Jos. Glazik MSC (1959-62), zZ kommissarisch B.H.Willeke.

5. Der 16.3.1945 war für die Universität der dies ater; bei einem Luftangriff wurden ihre Kollegiengebäude, Kliniken und Institute größtenteils zerstört. Der seit 1946 begonnene innere und äußere Wiederaufbau ist jetzt fast ganz vollendet. Die pädagogischen Hochschulen in Bamberg und W. sind an die Universität W. angeschlossen.

CHR.BÖNICKE, Grundriß einer Gesch. von d. Univ. W., 2 Tle, 1782/88 - A.RULAND, Series et vitae profess. ss. theol. Wirceburg., 1835 - F.X.v.WEGELE, Gesch. d. Univ. W., 2 Bde, 1882 - C.BRAUN, Gesch. d. Heranbildung des Klerus in der Diöz. W., 2 Bde, 1889/97 - ERMAN-HORN II, 1158ff - S.MERKLE, Die Matrikel d. Univ. W., 2 Tle, 1922 - J.F.ABERT, Aus d. Gesch. d. ersten Univ. unter Bischof Joh.v. Egloffstein (Archiv d. hist. Vereins von Unterfranken 63, 1923, 1-32) - DERS., Vorgesch. d. Julius-Univ. W. (Das schöne Franken 3, 1932, Nr. 8) - DERS., W.s erste Hochschullehrer (Main-Post, 5. Jg. Nr. 8 vom 20.1.1949) - PH.V.HERTLING, Die Gesch. d. Univ. W. von 1802 bis 1806 (Phil. Diss. W.), 1925 (Masch.) - G.STICKER, Die Hexenverbrennung i.J. 1749 (Festschr. z. 800jähr. Jubiläum d. Norbertus-Klosters Oberzell, 1928, 109-114) - M.BUCHNER (Hg.), Aus d. Vergangenheit d. Univ. W. (Festschr.), 1932 (darin: S.MERKLE, Die Vertretung der KG bis z. Jahre 1879, 146-215; A.BIGELMAIR, Die Patrologie an d. Univ. W. im Zeitalter d. Aufklärung, 215-238; J.STELZENBERGER, A.J.Fahrmann, A.J.Roßhirt, J.M.Feder. Drei W.er Moraltheol. d. Aufklärungszeit, 268-296) - G.v.PÖLNITZ, Julius Echter v. Mespelbrunn, 1934 - AL.SCHMIDT, Zur Gesch. d. ält. Univ. W. (W.er Diözesangeschichtsbll. 11/12, 1949/50, 85-132) - E.G.KRENIG, Collegium Fridericianum. Begründung des gymnasialen Schulwesens unter Fürstb. Friedr.v.Wirsberg (in: Lebendige Tradition, Festschr. 400 Jahre Humanist. Gymnasium in W., 1961, 1-22).

P.Fraundorfer

Wujek, *Jakob* (1540-97), * in Wągrowiec, seit 1565 Jesuit, 1568 Prof. in Pułtusk, dann Rektor der Jesuitenkollegs in Posen (1571-78), Klausenburg (1579-84) und Krakau (1589-92), 1586 Vizeprovinzial von Polen, † in Krakau. W. war ein bedeutender Kanzelredner. Er übersetzte die Bibel ins Polnische (»Die polnische Vulgata«, 1599, zuletzt 1935 revidiert [→ Bibelübersetzungen: V, 2 I β]) und verfaßte zwei weit verbreitete Postillen, die »Kath. Postille« (1573/75) und die »Kleinere Postille« (1579/80), durch die in vielen polnischen Häusern gern gelesene prot. Erbauungsbücher verdrängt wurden. In seinen Predigten und in apologetischen Abhandlungen machte W. die »ev. Freiheit« der Ketzer für alle Mißstände in Polen verantwortlich.

K.VÖLKER, KG Polens, 1930, 223f. 230 - LThK X, 978 - K.ESTREICHER, Bibliografia Polska 33, 1939, 379-401 - K.KREJČÍ, Gesch. d. poln. Lit., 1958, 49. 79.

E.Peschke

Wulf, *Maurice de* (6.4.1867 bis 23.12.1947), neuscholastischer Philosoph, * und † in Poveringhe/Belgien, nach Studium in Löwen, Berlin, Paris 1894 Prof. an dem von Kardinal → Mercier im Auftrag → Leos

XIII. gegründeten Institut supérieur de Philosophie und an der Philosophischen Fakultät der Universität Löwen, Mitglied zahlreicher Akademien. Sein Hauptwerk »Histoire de la philosophie médiévale« ([1900] 3 Bde, 1934 bis 1947[6]; mehrere Übersetzungen, dt. 1913) begründete seinen Ruf als Erforscher der Scholastik im Rahmen der Weltanschauung und Kultur des MA. Sekretär, später Direktor der Revue néoscolastique de philosophie (1894-1940, jetzt Revue philosophique de Louvain). W. begann 1901 die Reihe »Les Philosophes Belges. Textes et Etudes«.

Vf. ferner u.a.: Introduction à la philos. néoscolastique, 1894; Hist. de la philos. en Belge, 1910; Mediaeval Philosophy illustrated from the System of Thomas Aquinas, (1922) 1929[2]; Philosophy and Civilisation in the Middle Ages, 1922; Initiation à la philos., 1932. - Über W.: M.GRABMANN, M.de W. (PhJ 57, 1947, 1-11) - DERS., M. de W. (Hochland 40, 1947/48, 492-494) - F. VAN STEENBERGHEN, Revue philos. de Louvain 46, 1948, 421-447 (Bibliogr.). *Ernst Wolf*

Wulfila *(Ulfila, Ulfilas)*, * um 311, Bischof der Westgoten, stammt von im 3.Jh. von Goten entführten kappadokischen Christen ab, war Lektor einer gotischen Christengemeinde, kam um 337 mit einer Gesandtschaft nach Konstantinopel und wurde dort von → Eusebius von Nikomedien zum Missionsbischof bei den → Goten geweiht (wohl 341). Nach 7 Jahren Wirksamkeit unter den Goten nördlich der Donau mit seiner Gemeinde vertrieben, findet er Aufnahme im Röm. Reich und Wohnsitze im Balkangebirge, wo er noch über 30 Jahre als Bischof und »primas« (weltlicher Führer) amtiert. Von dort aus wirkt er möglicherweise weiterhin auch auf die Goten jenseits der Reichsgrenze missionarisch ein. Wichtig ist seine Übersetzung der Bibel ins Gotische. Seine Unterschrift unter das Konstantinopler Symbol von 360 und sein eigenes, von seinem Schüler Auxentius von Dorostorum überliefertes Glaubensbekenntnis ordnen ihn den homöischen »Arianern« (→ Arianischer Streit) zu. Der »Arianismus« der Völkerwanderungsgermanen dürfte hier seine Hauptwurzel haben. W. starb in Konstantinopel während einer von → Theodosius I. zur Erörterung der Lehrstreitigkeiten einberufenen Synode (382 oder 383).

Qu. zu W.s Leben: Auxentius, De vita, fide et obitu Wulfilae, ed. A.HAMMAN, MPL Suppl. I, 1959, 703 ff (s. auch F.KAUFFMANN, Aus der Schule des W., 1899); ferner: → Philostorgius, → Sokrates, → Sozomenus, → Theodoret, → Jordanis (Getica). Beste Ausg. der erhaltenen Fragmente der got. Bibel: W.STREITBERG, Die got. Bibel, (1919) 1950[3]. - Über W.: RE XXI, 548 ff - L.SCHMIDT, Die Ostgermanen, (1934) 1941[2] - LThK X, 362 ff - H.-E.GIESECKE, Die Ostgermanen u. der Arianismus, 1939 - K.D.SCHMIDT, Die Bekehrung der Germanen zum Christentum I, 1939 - K.K.KLEIN, Zs. f. dt. Altertum 83, 1951/52, 239-271; 84, 1952/53, 99-152 - DERS., ZvSp 70, 1952, 154-176 - W.KRAUSE, Hdb. des Gotischen, 1953 - E.A.THOMPSON, JEH 7, 1956, 1-11 - G.HAENDLER, W. u. Ambrosius, 1961 - DERS. in: K.D.SCHMIDT-E.WOLF (Hg.), Die Kirche in ihrer Gesch. II E, 1961, 4 ff. *P.Wackwitz*

Wunder

I. Religionsgeschichtlich - II. Im AT - III. Im Judentum - IV. Im NT - V. Dogmengeschichtlich - VI. Dogmatisch - VII. In der kirchlichen Unterweisung

I. Religionsgeschichtlich

1. Schon vom *Sprachlichen* her läßt sich erfassen, was in lebendiger Religion W. bedeutet und wie es entsteht. Das hebr. Wort für W. ist 'ôt = »Zeichen«, das auf göttliches Wirken hinweist. Im konkreten irdischen Geschehen wird, wenn es als W. aufgefaßt wird, göttliche Wirksamkeit erfaßt. Wie dieses Erfassen seitens des Menschen zustande kommt, deutet ein anderes hebr. Wort für W. an: pælæ', das von der Wurzel pala' »wunderbar sein« kommt. Danach muß es sich also um ein Geschehen handeln, das ein numinoses Sich-Wundern erweckt, wie es ja auch im deutschen Wort W. gemeint ist. Der gleiche Zusammenhang liegt beim griech. θαυμάσιον und lat. miraculum vor (von θαυμάζειν bzw. mirari »sich wundern«). Das Sanskritwort für W. ist âshcaryam. R. → Otto hat das Wort im Sinne von Kena-Upanishad 4, 29, wo der Blitz als Manifestationsform des Brahman mit dem Ausruf des Staunens »aah« begrüßt wird, als Bezeichnung eines Dinges gedeutet, bei dessen Erscheinen man »aah« machen muß. - In Übereinstimmung mit diesen sprachlichen Ableitungen und den religionsgeschichtlichen Erscheinungsformen des W.s läßt sich der Begriff folgendermaßen definieren: W. ist ein Verwundern erregendes Geschehen, das für das betrachtende religiöse Subjekt den Charakter des Geheimnisvollen und Ungewöhnlichen hat und daher zum Erlebnis der in ihm wirkenden und sich manifestierenden göttlichen Kraft führt. Mit dieser Definition soll zum Ausdruck gebracht werden, daß in religiöser Frühzeit das Ungewöhnliche, dh das außerhalb des Gewohnten Liegende, aber nicht das einer naturgesetzlichen Ordnung, die man ohnehin noch nicht kannte, Widersprechende Gegenstand des W.glaubens ist.

2. Die *Erscheinungsformen des W.s* lassen sich in vier Gesichtspunkten ihrer inneren Struktur nach unterscheiden: a) Unter *mythischen W.n* verstehen wir die in den Mythen der Völker (→ Mythos: II) sich zeitlos ereignenden W., die aber insofern keine eigentlichen W. sind, als sie von den Menschen mythischen Bewußtseins nicht als W. im Sinne der Ausnahme empfunden werden. - b) *Aktuelle Bestätigungs-W.* sind demgegenüber auf die jeweilige Zeit und die zugehörigen Zeitgenossen bezogen. Sie ereignen sich als ungewöhnlich empfundene Geschehnisse an Heiligen (→ Heiligenverehrung: I) und → Propheten oder durch sie und werden von den zeitgenössischen Beobachtern wie auch von den W.tätern selbst als Wirkungen numinoser Kraft aufgefaßt (vgl. Lk 5, 17). Bestätigungs-W. sind diese Ereignisse oder Taten insofern, als in ihnen und durch sie Heilige oder Propheten in ihrer Bedeutung jedenfalls dem Gläubigen bestätigt werden. - c) *Magische W.* entspringen dagegen nicht wie jene spontan, sondern unter Einschaltung von mechanisch und automatisch wirkenden Kausalfaktoren (→ Magie), die dem → Zauberer und nur ihm bekannt sind. Da es sich hier um per se wirkende W.mittel handelt, ist eine religiöse Beteiligung sowohl des Täters wie auch des Beobachters oder des Empfängers der W.tat nicht nötig. Wie befinden uns auf dem Boden des → Aberglaubens. - d) Unter *rein religiösen W.n* verstehen wir die unter Staunen und Verwunderung vor sich gehende, durch das Medium objektiver Ereignisse vermittelte Begegnung mit dem Heiligen. Der W.charakter hängt hier ausschließlich daran, daß in dem wie immer gearteten und erklärbaren Geschehen jene Begegnung mit dem Heiligen stattfindet. Natürlich kann dieser religiöse W.charakter auch mit den beiden ersten W.typen verbunden sein. Er braucht es aber nicht zu sein. Das rein religiöse W., das allein im subjektiven Erlebnis sich ereignet, kann von völlig normalen Erscheinungen geweckt werden.

3. Man kann nun das Verhältnis dieser Formen des W.s zu den verschiedenen Strukturtypen der → Religion (: II) untersuchen. In den Religionen der → Naturvölker, wo die elementare Verbundenheit von allem mit allem (unio magica) herrscht, ist das W. als Ausnahme ausgeschlossen. Das totale Wunderbarsein der Welt hebt das W. als Einzelereignis auf. In den Volks- und Kulturreligionen gewinnt man bereits Distanz zum Naturverlauf und beobachtet dessen konstante Formen. Deshalb

begegnet hier das W. als von der gewohnten Erfahrung abweichendes Ereignis. In den Universalreligionen beobachten wir bei ihren Stiftern eine Abneigung gegen das objektive W. und das überall auftretende Verlangen der Masse nach angeblich Glauben begründenden »Zeichen und W.n«. Die großen Religionsstifter empfanden es als Gefährdung des geistigen Charakters der Religion, wenn zeiträumliche Vorgänge, die, wie Buddha (Dighanikâya XI) und Jesus (Mt 9, 34) wußten bzw. erfuhren, stets doppeldeutig sind, zum Fundament des Glaubens gemacht werden sollen. Im Volksglauben innerhalb der Universalreligionen bleibt indessen der primitive W.-glaube stets erhalten.

R.Reitzenstein, Hellenist. W.erzählungen, 1906 - ERE VIII, 676ff - C.J.Wright, Miracle in Hist. and in Modern Thought, 1930 - R.Herzog, Die W.heilungen von Epidauros, 1931 - ThW III, 27ff; VII, 199ff - E.Ehnmark, Anthropomorphism and Miracle (UUÅ 1939, 12) - HIsl (s. Reg.) - DBS V, 1299ff - Nilsson I. II (s. Reg.) - G.Eder, Der göttl. W.täter, 1956 - G.Mensching, Das W. im Glauben u. Aberglauben der Völker, 1957 - W.Bitter (Hg.), Magie u. W., 1959 - H.Williams, A Doctor looks at Miracles, London 1959 - Heiler 292ff. 496ff (Lit.). - Vgl. die Lit. zu → Wunder: IV, 2.

G.Mensching

II. Im AT

Ein W. ist nach at. Auffassung nicht die Durchbrechung eines Naturgesetzes durch unmittelbares göttliches Eingreifen; denn das AT kennt kein Naturgesetz als eigenständige Größe neben Gott. Vielmehr führt es alles Geschehen auf Gott zurück. Jahwe ist der → Gott (: II), der allein W. tut (Ps 72, 18; 88, 11. 13; Jer 32, 20). - Ein W. ist im AT alles, worüber der Mensch sich »verwundert«. Der hebr. Terminus für W. (pælæ') meint die Begebnisse, die im Betrachter ein Erstaunen wachrufen (Ri 13, 18; Ps 139, 6). Die Erschaffung des Himmels, der Erde und der Lichter sind W. (Ps 136, 4-9), ebenso die Erhaltung der → Schöpfung (: II) und ihrer Ordnungen (Ps 104, 9ff; 136, 25); auch der → Mensch (: II) ist wunderbar bereitet (Ps 139, 14). - Daneben kennt das AT W., die einen außerordentlichen Charakter haben, zB die Plagen in Ägypten (Ex 7-12), die Speisung mit Wachteln und Manna in der Wüste (Ex 16), das Herabfallen des Feuers vom Himmel (1Kön 18, 38), das Feuer, das aus dem Felsen entspringt (Ri 6, 21). Diese W. begreift das AT zwar als außerordentliche Vorgänge; aber da Gott nichts unmöglich ist (Gen 18, 14), liegen auch diese W. auf derselben Stufe wie die anderen, die der Hebräer im Rahmen der von Gott geschaffenen Naturordnungen wahrnimmt. - Als W. kennt das AT aber auch Geschehnisse in der Natur, die bes. ungewöhnlich sind, zB daß Sonne und Mond stillstehen (Jos 10, 12f), daß der Schatten der Sonnenuhr 10 Stufen wieder rückwärts geht (2Kön 20, 10f bzw. Jes 38, 8), daß versunkenes Eisen wieder auf die Wasseroberfläche zurückkehrt und schwimmt (2Kön 6, 1ff), daß Tote auferstehen (1Kön 17, 17ff; 2Kön 4, 33ff). In diesen Zusammenhang gehört auch, daß Sara noch mit 90 Jahren gebiert (Gen 17, 17; 18, 11), daß der Stab Aarons grünt (Num 17, 16ff), daß Öl und Mehl im Krug der Witwe nicht alle werden (1Kön 17, 7ff) und daß Elisa eine wunderbare Speisung tut (2Kön 4, 38ff). Diese Art von W.n sind nach abendländischer Denkweise »unnatürlich«. Der Hebräer aber bezweifelt sie nicht. Sie sind ihm reale Ereignisse wie alle anderen in Erstaunen setzenden Geschehnisse - sie kommen nur seltener vor als die obengenannten. - Zu den Ereignissen, die das AT als W. Gottes preist, gehören bes. auch die Taten Jahwes, daß er seinem Volk das Gesetz gegeben (Ps 119, 129) und sein Volk heilsgeschichtlich geführt hat (Ps 136, 10-24). Die Erwähnung dieser W. will dem Volk den Glauben stärken, daß Gottes W.-macht heute die gleiche ist wie früher (Jes 40, 27ff; 41, 8ff; 43, 1ff. 16ff). Sie sind vorauseilende Zeichen und darin Unterpfand für das größte W., das Israel kennt: den eschatologischen Vollendungstag. Das W. dieses Tages besteht in der Neuwerdung der Gottesstadt und ihrer Bewohner (Jes 1, 21ff), in der Heimkehr der zerstreuten Israeliten (Jer 23, 8; 29, 14; Ez 11, 17), in der ontischen Umwandlung der Natur (Am 9, 13; Hos 2, 23f; Sach 14, 6ff) und in der Wiederkehr des paradiesischen Friedens (Jes 11, 6ff). - Das Wesen eines W.s aber besteht nicht in einem erstaunlichen Phänomen als solchem, sondern darin, daß ein solches Ereignis den Menschen zur Begegnung mit Gott führt. Die W. Gottes im Kosmos überwinden Hiob (42, 2-6); Gideon erkennt, »daß es der Engel des Herrn war« (Ri 6, 22 vgl. 13, 22); die Witwe merkt, daß hinter Elia Gott steht (1Kön 17, 24). Weil das Wesen eines W.s darin besteht, daß es zu Gott führt, darum sind W. auch die → Visionen (: II) und Auditionen; denn sie enthalten die Eigenheiten numinoser Erfahrung mit Gott (Jer 23, 9; Dan 8, 27). Dieses Verständnis vom Wesen eines W.s bestätigen auch die hebr. Termini 'ôt und môphet. Sie meinen ein Ereignis, das auf Gott hinweist, »damit ihr erkennet, daß ich Gott bin« (Ex 4, 8; Dtn 4, 34; 1Kön 13, 3. 5; Ps 78, 43; Ez 24, 24 u.ö.).

Vgl. die at. Theologien, ferner J.Wendland, Der W.glaube im Christentum, 1910 - J.Rupprecht, Das W. in der Bibel, 1936 - G.Mensching (→ Wunder: I) - G.Quell, Das Phänomen des W.s im AT (in: Verbannung u. Heimkehr. W.Rudolph z. 70. Geb., 1961, 253-300).

W.Vollborn

III. Im Judentum

In der volkstümlichen Überlieferung des Judentums finden sich zahlreiche W.erzählungen. Man suchte die Geschichte Israels großartig auszuschmücken, zB den Durchzug durch das Rote Meer, die Übergabe des Gesetzes am Sinai und die Erbauung des Tempels. In reichem Umfang ist auch von W.n die Rede, die sich im oder am Heiligtum ereignet haben sollen und zur Verherrlichung der hl. Stätte beitragen. Von frommen und gerechten Männern weiß man zu berichten, daß sie auf Grund besonderer Kräfte W.taten zu vollbringen vermochten. Sie trieben Dämonen aus, heilten Kranke und konnten sogar Tote erwecken. Dem Gebet hl. Gottesmänner wird die Vollmacht zugeschrieben, daß es Unerhörtes erreichen kann. Nach langer Dürre sollen ihre Bitten bisweilen den Regen herbeigezwungen haben. Obwohl in den Legenden, die sich üppig um vergangene Geschehnisse und das Leben großer Gottesmänner rankten, die W.taten ihren festen Platz hatten, urteilte das Rabbinat zurückhaltend über die W. Deren Möglichkeit und Wirklichkeit zog man nicht in Zweifel, erkannte jedoch das W. nicht als schlüssigen Beweis in strittigen Lehrfragen an. Diese waren vielmehr nach dem Gesetz und dessen Auslegung zu entscheiden. Das W. gewinnt erst dann Bedeutung, wenn diese durch Schriftexegese dargetan werden kann. Von der kommenden messianischen Zeit erwartet man zwar, daß sie voll von wunderbarem Handeln Gottes sein wird und sich W. in reichem Maße ereignen werden. Aber den Messias stellt man sich nicht als W.täter vor. Er hat seine Würde nicht durch W.taten, sondern durch die Erfüllung der Schrift auszuweisen.

P.Fiebig, Jüd. W.geschichten d. nt. Zeitalters, 1911 - Ders., Rabbin. W.geschichten (KlT 78), (1911) 1933² - A.Schlatter, Das W. in d. Synagoge (BFChTh XVI, 5), 1912 - Bill. (s. Reg.) - A.Guttmann, The Significance of Miracles for Talmudic Judaism (HUCA 20, 1947, 363-406) - G.Delling, Josephus u. das Wunderbare (NovTest 2, 1957/58, 291-309) - Ders., W.-Allegorie-Mythus bei Philon von Alexandreia (in: Gottes ist der Orient. Festschr. f. O.Eißfeldt, 1959, 42-68).

E.Lohse

IV. Im NT

1. Historisch – 2. Religionsgeschichtlich – 3. Formgeschichtlich – 4. Kerygmatisch – 5. Kritische Ansätze – 6. Theologisch

1. Zuverlässigste Tradition bezeugt Jesu Heilgabe (Mk 1, 30). Er sah seine Inspiration und Botschaft in der Kraft des Exorzisten bestätigt und geriet darüber mit Familie und Judentum in Konflikt (Mk 3, 20ff). Seine W. heben ihn vom Täufer, den Qumranführern und (Schlatter) selbst einem gebetsmächtigen Rabbi wie Chanina b. Dosa ab, weil nur bei ihm sich W. und eschatologischer Anspruch verbinden. Die messianischen Hoffnungen der ersten Jünger sind dadurch mitbedingt, die Osterereignisse vorbereitet. Diese haben den palästinischen und hellenistischen Enthusiasmus erweckt, dem W. als Signatur der durch Empfang des → Geistes (: IV, 1) ausgezeichneten Gemeinde (Apg 2, 17ff) gelten und als Legitimation der Mission (Mk 16, 17; Röm 15, 18 u.a.). Es gibt charismatische Heiler und Exorzisten (1Kor 12, 28), die sogar (Mk 9, 38 u.a.) nachgeahmt werden. Später übt man Gebetsheilung (Jak 5, 14). Trotz stärkster legendarischer Übermalung sind zahlreiche W.erfahrungen der Urchristenheit unbestreitbar.

2. In der Antike bekunden W. göttliche oder dämonische Epiphanie (→ Wunder: I). Menschliches Leben gilt hier als den Eingriffen und dem gegenseitigen Kampf überirdischer Mächte ausgesetzt. Das W. erweckt Entsetzen und Dank, indem es die verborgene Wirklichkeit der Existenz freilegt. Als Predigtgegenstand weist es auf das jenseitige Heil. Erbauliches Interesse schmückt die Wiedergabe mit mythischen, märchenhaften, legendarischen Motiven. Intention und Weltbild der W.berichte lassen sich nicht in eine vom Menschen absehende, am Kausalgesetz orientierte Naturbetrachtung einfügen.

3. Topik und Technik jüdisch-hellenistischer Aretalogie bestimmen auch die nt. Erzählungen. Schon die W.bezeichnungen sind traditionell. Das Moment des Machterweises dominiert, die Formel »W. und Zeichen« betont das Ungeheure. Nur in Abwehr geforderter Demonstration sprechen die Synoptiker von »Zeichen« isoliert. Dagegen hat Johannes dieses Wort, systematisch vertieft, herausgestellt. Andere geläufige termini begegnen nur singulär (Mt 21, 15; Lk 5, 26; Apg 2, 11; 1Petr 2, 9). – Fast kritiklos wird die hellenistische Anschauung vom »Gottesmann« auf Jesus und die Apostel übertragen und sogar in alte Bekenntnisformeln übernommen (Apg 2, 22; 10, 38). Die johanneischen Motive der Unangreifbarkeit, der Kenntnis des Verborgenen oder der Zukunft erklären sich von da. Sachkritik fordern die Schilderungen des Manaträgers heraus (zumal Mk 5, 28ff; Apg 5, 15; 19, 12). – Dämonische W., überall vorausgesetzt, zeichnen in Apk die Schrecken der Endzeit. Generell anerkannt, aber selten erzählt sind auch Straf-W. (Apk; Apg 5, 1ff; 12, 19ff; 13, 11f; wohl aus einem Gleichnis erwachsen Mk 11, 20). Epiphanien im strengen Sinne berichten außer Apk vor allem die Geburts- und Ostergeschichten. Zu den letzten gehörten ursprünglich vielleicht die Tradition von Lk 5, 4ff und die der Verklärung wie des Seewandels Jesu. Epiphaniemotive enthalten die Traumgesichte. Typisch hellenistisch sind korrespondierende Visionen (Apg 10), Befreiungs-W. mit dem Motiv der sich selbst öffnenden Tür (Apg 12, 10) und das Wein-W. Joh 2. Von Errettung erzählen die Geschichten vom Seesturm und von der Speisung. Die Demonstration Jesu als des »Gottesmannes« in Mt 17, 27 läßt sich, den Geist späterer Legende atmend und elegant ein Streitgespräch endend, kaum noch nt. W.geschichten zuordnen. Es überwiegen Heilungen, zuweilen durch Fernwirkung oder zur Auferweckung gesteigert. Bes. charakteristisch ist exorzistische Praxis, deren Motive auch in Natur-W. übergreifen. – Jüdisches Kolorit zeigt sich am stärksten im letzten Falle. At. Einfluß bestimmt nur das Speisungs- und Pfingst-W., wie die nt. Berichte durchweg mündlicher Tradition entstammen. Kirchliche Praxis spiegelt sich in eucharistischer Sprache bei der Speisung, exorzistischen → Formeln (: II, 4) und der gelegentlichen Verbindung der W. mit Gebet oder Fasten. – Traditionell ist weithin auch die Erzählungstechnik: Nach vorgegebenem, aber variiertem Schema wird bei Heilungen von Schwere und Länge der Krankheit, vergeblichen Heilungsversuchen, dem zT stellvertretenden Glauben an den W.täter, dessen Manipulationen erzählt. Selbst magisch klingende Worte (Mk 5, 41; 7, 34) und Gegenbeschwörung fehlen nicht (Bauernfeind). Häufiger erkennen die Dämonen den Gottessohn als ihren Herrn an. Die erfolgte Heilung wird ausdrücklich festgestellt und durch die Reaktion der Zeugen oder doxologische »Chorschlüsse« (Dibelius) bestätigt. Der »Aretalogie« entspricht es, wenn sich erst sekundär und legendarisch ein biographisches Interesse mit dem W. verbindet.

4. Mehr als andere Gattungen spiegeln die nt. W.erzählungen den komplizierten Weg von der mündlichen Tradition bis zur Redaktion. Man kann sie so historisch, formal und sachlich nur notdürftig auf einen einheitlichen Nenner bringen. Ihr Grundmotiv ist die eschatologische Manifestation, wie schon → Jesus (, 10b) sie als Kundgabe angebrochener Heilszeit verstand. Die Urchristenheit präzisiert christologisch, pneumatologisch und ekklesiologisch: Es geht um die Werke des Messias und den Krafterweis in seinen Boten und der Gemeinde. Gehören die W. also unaufgebbar zum Kerygma, so erhalten sie in den verschiedenen Phasen und Schriften doch einen differierenden Aspekt. *Markus* gewährt ihnen den relativ größten Raum in unverkennbarer Erzählerfreude. Ist im Detail Jesus durchweg der »Gottesmann«, so nehmen seine W. insgesamt doch die Herrlichkeit des Auferstandenen vorweg. Wie nach den urchristlichen Hymnen (Phil 2, 10; Kol 2, 15) entdämonisiert sie die Welt und befreit die Menschen aus Furcht und Knechtschaft (Hebr 2, 15). – Bei *Matthäus* wird die Darstellung geradezu brutal reduziert. Sie dient nun der Reflexion über erfüllte Verheißung des Gottesknechtes und bezeugt Gottes Barmherzigkeit über seinem Volk. Jesu Wort und Tat eröffnen gemeinsam den Weg des Glaubens und der Mission. Es dominiert also hier die Lehre. Das führt zur Ausrichtung des Komplexes in c. 8f auf das Wort in 11, 5f, zur Allegorisierung etwa der Sturmstillung (Bornkamm) und zur Mischung der Erzählungsgattungen. – Reflexion bestimmt auch *Johannes*, der zuerst dem W. Bedeutung für Jesu Geschick gibt (11, 45ff; 12, 9f). Er benutzt in Auswahl (20, 30f) eine Quelle, die sehr bewegt und anschaulich Jesu Herrlichkeit an bes. großen Machterweisen dartat. Für ihn sind »Zeichen« Symbole, nämlich irdische Abschattungen der vom Offenbarer gewährten Gabe himmlischen Lebens, wobei das W. selbst keineswegs spiritualisiert, sondern sogar kräftig gesteigert wird. In ihm erscheint so sinnenfällig der stets wirkende Schöpfer (5, 17) als Retter der Welt, der aus Not und Tod in den Glauben als Kindschaft holt. – Die gleiche Steigerung der W. hat bei *Lukas* andern Sinn. In ihrer Faktizität weisen sie, unaufhörlich geschehend, Jesus als Gottessohn, die Apostel als seine Delegaten, die Kirche als durch den Geist regiertes irdisches Gottesreich aus. Erbauliche Schilderung mit stark hellenistischen Motiven grenzt christliche Praxis von heidnischer Magie und jüdischem Exorzismus ab. Psychologisch-biographisches Interesse weist schon auf die spätere Heiligenlegende.

5. Wirkliche W.kritik ist im NT von den weltanschaulichen wie theologischen Prämissen aus unmöglich. Nirgendwo kommt es (→ Geist: IV, 1) zum grundsätzlichen Verzicht auf den W.beweis, nur bei Johannes zu der systematischen Besinnung auf die mit dem W.glauben der Umwelt gegebene Problematik. Jedoch hat sich Jesus nicht in die Rolle des W.täters drängen lassen und seine Sendung wie das Jüngertum nicht auf dem W. basiert. Kein Akt der Selbsthilfe wird von ihm erzählt. Nachösterlicher Enthusiasmus vergißt nicht, daß W. auch den Antichristen begleiten, und warnt deshalb vor Verführung durch sie. Johannes nennt den W.glauben unbeständig und stellt ihm den im Wort ruhenden Glauben entgegen (2, 23ff; 4, 48; 6, 14f. 26). Paulus läßt anti-enthusiastisch Apostolat und Christenstand allein durch die Nachfolge des Gekreuzigten legitimiert sein und versteht wie Johannes christliche Existenz und kirchliches Handeln als solche als W. des Geistes, der seine göttliche Kraft freilich auch in Machttaten bekundet. Paulus rühmt sich selber ihrer Erfahrung (Röm 15, 18f; 2Kor 12, 12), weiß aber auch um verweigerte Hilfe (2Kor 12, 7ff) und betont das mit Jesu Kreuz gegebene Ärgernis gegen alle W.forderung (1Kor 1, 22f).

6. Historische Kritik zeigt, daß es beweisbare W. nicht gibt. Das historisch Erweisbare führt nicht über den Bereich auch anderswo bezeugter psychisch-somatischer Heilwirkung hinaus. Sachkritik am nt. W.beweis und zumal der Zeichnung Jesu als des »Gottesmannes«, die ihn gerade nicht von andern Offenbarern unterscheidet, sind unerläßlich. Umgekehrt kann nicht überhört werden, daß das NT W. zutiefst in seinem Kerygma verankert und nicht spiritualisierend allein Vergebung, Bekehrung, Glauben als W. behandelt. Ihm liegt an der Aussage, daß Gott eschatologisch wie in der Schöpfung Leiblichkeit will und erfaßt, nämlich den ganzen Menschen in seiner Welt. Zweideutigkeit und Notwendigkeit des W.s entsprechen sich also nach dem NT und charakterisieren gemeinsam christlichen Glauben als paradox (Röm 4, 17f). Er ist wie das Gebet auf die Verheißung bezogen, bleibt aber nicht ohne Erfahrung der das Evangelium begleitenden Zeichen (Hebr 2, 4), der dem Angefochtenen geschenkten Freiheit und Hilfe, der den Leidenden tröstenden und in Gottes Zukunft rufenden Auferweckungsmacht.

Vgl. die Lit. zu → Wunder: I-III. - Zu 1: A.Fridrichsen, Le problème du miracle dans le Christianisme primitif, Straßburg-Paris 1925. - Zu 2: O.Weinreich, Antike Heilungs-W. (RVV 8, 1), 1909 - Ders., Gebet u. W. (Genethliacon W.Schmid, 1929, 169-464; separat 1929) - P.Fiebig, Antike W.geschichten (KlT 79), (1911) 1921² - L. Bieler, Θεῖος 'Ανήρ. Das Bild d. »göttl. Menschen« in Spätantike u. Frühchristentum I, Wien 1935 - R.M.Grant, Miracle and Natural Law in Graeco-Roman and Early Christian Thought, Amsterdam 1952 - G.Delling, Das Verständnis d. W.s im NT (ZSTh 24, 1955, 265-280) - Ders., Zur Beurteilung d. W.s durch die Antike (WZ Greifswald 5, 1955/56, 221-229) - J.Hempel, Heilung als Symbol u. Wirklichkeit im bibl. Schrifttum (NAG 1, 3), 1958. - Zu 3: M.Dibelius, Die Formgesch. d. Evangeliums, (1919) 1959³ - R.Bultmann, Die Gesch. d. synopt. Tradition, (1921) 1958³ - O.Bauernfeind, Die Worte der Dämonen im MkEv (BWANT 3, 8), 1927 - C.Bonner, Traces of Thaumaturgic Technique in the Miracles (HThR 20, 1927, 171-181) - O.Perels, Die W.überlieferung d. Synoptiker in ihrem Verhältnis zur Wortüberlieferung (BWANT 4, 12), 1934 - H.-J. Schütz, Beiträge zur Formgesch. synoptischer W.erzählungen, dargest. an der vita Apollonii des Philostratus (Diss. Jena), 1953 (Masch.). - Zu 4: A.Richardson, The Miracle Stories of the Gospels, (1941) 1956⁶ - Ph.Menoud, W. u. Sakrament (ThZ 8, 1952, 161-183) - G.Bornkamm, G.Barth, H.J.Held, Überlieferung u. Auslegung im MtEv (Wiss. Mon. ANT 1), 1960. - Zu 6: R.Bultmann, Zur Frage des W.s (Bultmann I, 214-228) - H.Thielicke, Das W. Eine Unters. über d. theol. Begriff d. W.s, 1939 - E.Käsemann, Zum Thema der Nichtobjektivierbarkeit (EvTh 12, 1952/53, 455-466 = Exeget. Versuche u. Besinnungen I, 1960, 224-236).

E.Käsemann

V. Dogmengeschichtlich

1. Alte Kirche - 2. Scholastik - 3. Altprotestantismus - 4. Neuzeit

1. Wuchernde Erweiterung und Versuche objektivierender Beglaubigung (Apokryphen, → Abgar-Legende, Pilatusbrief u.a.), aber auch die Beschränkung der apostolischen Väter auf das θαῦμα der Erscheinung Jesu (IgnMagn 11) stehen am Anfang. Kaum thematisiert und vage definiert (Origenes GCS 10, 296), ist das W. Moment des Apologetischen. Die Suche nach Analogien in Natur und Mythologie beginnt. Der Behauptung des Beweischarakters der W. für die Göttlichkeit des Christentums folgt die Einsicht, daß in wundergläubiger Umwelt W. als Fakten anerkannt werden, aber sprachlos bleiben. Die so geforderte Artikulation verwirft heidnische W. als dämonisch, fügt die nt. W. soteriologisch ein oder deutet sie sittlich-pädagogisch. Positiv gilt: W. sind Siege Christi über die Dämonen (Justin, Irenäus, Tertullian, Origenes, Lactantius). Das eröffnet ein Verhältnis von W. und Schöpfung: W. sind Anfang der Recapitulatio (Irenäus). - Die Kritik sammelt sich in → Celsus und → Porphyrius. Scharfsichtiger als die kirchliche → Apologetik (: II), vermissen sie in der Niedrigkeit Jesu den Glanz epiphaner Gottheit. Aus den Widersprüchen der Evangelien folgern sie die Unglaubwürdigkeit der Zeugen. Die Ordnung des Kosmos erlaubt weder vergangene W. noch die Hoffnung auf eine Erneuerung der Welt. - Mit dem Judentum geht der Streit um die Messianität der W. Jesu (Barn 5, 8), dh die Kongruenz von at. Weissagung und nt. Erfüllung. → Marcion interpretiert at. und nt. W. scharf antithetisch und wird von → Tertullian und → Irenäus zurückgewiesen. In den christologischen Kämpfen hat das W. Jesu Gottheit zu erweisen. Von Tertullian über → Leos I. Lehrbrief bis zur Ekdosis des → Johannes Damaszenus (III, 3. 13) wird das Geschick Christi so auf die zwei Naturen verteilt, daß dem Menschen das Leiden und der Gottheit die W.kraft zukommt. Dogmatische Fixierung bringen erst die monotheletischen Streitigkeiten (→ Christologie: II, 5 c).

→ *Augustin* denkt der Erfahrung am W. wie dem Geschehen des W.s selbst nach. Jene meint die frühe Definition: miraculum voco, quidquid arduum aut insolitum supra spem vel facultatem mirantis apparet (de util. cred. 16, § 34). Sinn der W. ist es, den Abgestumpften auf Gottes Tat aufmerken zu lassen (introitus ad fidem, Conf. XII, 21), darum die Stellung am Anfang der Offenbarungsgeschichte. Apologetisch: das fast völlige Erlöschen der W. bewahrt das insolitum (assiduitate viluerunt, Sermo 247 zu Joh 20). Gegen die W.sucht betont Augustin den W.charakter der Wirklichkeit überhaupt. Das Staunen vor der Fülle des Unerklärbaren läßt die alltägliche Erfahrung der Welt von deren unerschöpft anerschaffenen Kräften unterscheiden, ontologisiert als occultae seminariae rationes (Quaest. in Hept. II, q. 21). Die Denkmöglichkeit gründet in der Schöpfungslehre: die Welt ist fortschreitende Aktualisierung der im Schöpfungsmoment geschaffenen Potenzen (de Genes. ad lit. VI, 14). W. sind Aufbruch von Kräften, Aufgang von Samen, die immer schon an der Welt sind. Zudem sind in Gott selbst Ursachen von W. zurückbehalten, deren Verwirklichung im Eingriff der Allmacht gründet (tota ratio facti potentia facientis, epist. 137). Dazu zählen die Gnaden-W. Obwohl nur der Möglichkeit nach mit dem Sosein der Dinge vermittelt, sind auch sie nicht contra naturam. Das Sosein der Dinge läßt Raum für Verwirklichungen, die nicht positiv in ihnen angelegt sind. Die natura conditae rei ist von der voluntas conditoris bestimmt (de civ. XXI, 5). So sind W. zwar gegen die gewöhnliche Erfahrung, aber nicht contra summam naturae legem, a notitia remotam (c. Faust. XXVI, 3). Das Geschehen des W.s scheint damit auf die Erfahrung am W. reduziert.

2. → Albert d. Gr. differenziert zwischen mirabile und miraculum. Dieses wird durch die Alleinwirksamkeit Gottes, die Transzendierung des der Natur Möglichen, den unmittelbaren Effekt und die Verbindung mit dem göttlichen Weltregiment präzisiert. Die ontologische Reflexion ist bei → Thomas von Aquino auf dem Höhepunkt. Gnaden-W., die in keinem Bezug zur facultas naturae stehen, werden ausgeschieden. Das W. geschieht praeter ordinem totius naturae creatae (S.th. I, 110, 4). Der ordo naturae bleibt unversehrt, wohl aber handelt Gott gegen den ordo rerum, der als ordo rebus inditus Inbegriff des von den causae secundae Gewirkten ist, dem Gott nicht unterworfen ist (ebd 105, 6). Als Ereignis, das auf einem besonderen Eingriff Gottes in die gegenüber Augustin selbständiger begriffene Natur beruht, ist das W. trotz der es mitkonstituierenden religiösen Intention nicht vom mirari des Subjektes (ebd 7), sondern vom Grade der Abweichung vom normalen Naturverlauf her definiert. Für → Duns Scotus ist das W. Teilproblem des Verhältnisses von Gottes Willen und den philosophisch bestimmten ontologischen Möglichkeiten (Sent. I, 42, 1). Unvermittelt stehen die jede → Kontingenz aufhebende Notwendigkeit und das faktische Ausbrechen Gottes aus der von ihm selbst gesetzten Ordnung gegeneinander (aliter agere de potentia absoluta, ebd 44, 1 Schol.).

3. → Luther löst die Frage aus der ontologischen Fixierung und verbindet sie mit Exegese und Glaubensverständnis. Die Schrift-W. werden supranatural gedeutet, aber auch relativiert. Ihre Bedeutung als Stärkung des Glaubens wird auf die biblischen Zeiten beschränkt (auch Brenz, Exeg. in Joh zu 6, 1) - Verwerfung präsentischer W. als Gefährdung von Taufe und Lehre - und gegenüber den W.n abgewertet, die Christus gegenwärtig in Vergebung und Glaubenserfahrung wirkt (WA 10/III, 144ff). Das innere W. des Glaubens ist mehr als das äußere einer Heilung (WA 41, 19). Daß dies keine grundsätzliche Spiritualisierung meint, wird bei den Sakramenten und an der Eschatologie deutlich. Die schöpferische Alleinwirksamkeit des Deus semper actuosus hebt die mirificatio in sanctis und das freie Walten durch die »W.leute« (WA 51, 209) nicht auf. - Auch → Calvin kennt W. nur am Anfang der Kirche (Inst. IV, 19, 6), betont aber stärker ihre Eigenart als Demonstration (I, 8, 5) und polemisiert gegen das luth. Sakraments-W. (IV, 17, 24). - Die werdende Orthodoxie bekämpft die röm. These von der Notwendigkeit gegenwärtiger W. Sie können das Evangelium nur vorbereiten, aber nicht übermitteln (→ Chemnitz, Exam. II, 387) und führen sine verbo zu Idolomanie (ebd III, 314). Ohne dem Problem besondere Aufmerksamkeit zuzuwenden, schließt man sich dem scholastischen Verständnis an: W. geschehen supra et contra naturam (→ Quenstedt, Syst. theol. I, 671). Gegen Luther wird die productio fidei als lege ordinaria geschehen, dh nicht als W. verstanden (ebd II, 1150). So bleibt das W. isoliertes Credendum. In der Verteidigung bes. gegen Spinoza (s. 4) sammelt sich die sonst schon erweichte Orthodoxie des Übergangs zur hartnäckigen Behauptung der Position unter Rückgriff auf die omnipotentia absoluta (→ Buddeus, Inst. theol. dogm. II, 1 §§ 28. 30).

4. Die Problematisierung zeichnet sich schon bei → Descartes ab. Die in res extensa und res cogitans zerspaltene Welt erlaubt keine Einbrüche und läßt nicht zu, daß das Äußere zum Träger eines für das vernünftige Sein bedeutsamen besonderen Geschehens wird. → Spinoza (Tract. theol. pol. c. 6) fügt natura naturans und naturata so zusammen, daß Eingriffe der Gottheit Erweise der Unvernunft und Verwirrungen der göttlichen Notwendigkeit wären. Die Tiefe der Welt, die bis dahin in den Dämonen-W.n gescheut wurde, gilt nun als nichtexistent (→ Bekker, Bezauberte Welt). → Leibniz' nicht eindeutiger Rückgriff auf Augustins Samentheorie und Chr. → Wolffs unbetonte Zulassung des W.s als die Weltharmonie eigentlich störender Möglichkeit der Gnade im Bereich der Naturgesetzlichkeit schaffen keine neue Situation, während → Hume, durch den englischen Deismus vorbereitet (→ Toland, Christianity not mysterious!), nach der Natur jetzt auch die Geschichte mit der Kritik erreicht, indem er nach der Glaubwürdigkeit der Zeugen fragt. → Reimarus wendet das gegen die Zuverlässigkeit der Auferstehungszeugen. → Semler, der die Auferstehung nicht preisgibt, aber den Glauben an das Dämonische bekämpft, kommt mit anderen zum Prinzip der Sparsamkeit der W. und überbrückt die Kluft zwischen Gegenwart und Vergangenheit mit der Akkomodationstheorie. → Lessing versteht das W. als Teilproblem der Frage nach der Geschichte. Nur gegenwärtige W. könnten »Beweise des Geistes und der Kraft« sein. Die nicht pauschal zu bestreitende Faktizität des Vergangenen erreicht die Gegenwart nicht, die der W. auch nicht mehr bedarf. Um die gegenwärtige Wirklichkeit geht es auch → Lavater, der eigene Erfahrung des W.s kennt. Die Tübinger Supranaturalisten (→ Rationalismus: II, 3 c) deuten das W. in transzendentaler Begrifflichkeit »als Phänomen in der Sinnenwelt, das auf ein übersinnliches Ding an sich bezogen werden muß, durch welches es begründet wird« (Süskind). Der Versuch, die Absorption des Christlichen durch die Moralität mittels einer modern interpretierten res extensa als Medium des extra nos zu verhindern, bleibt aber stekken. Ein neues Verständnis bietet der → Schleiermacher der Reden: Mit der lebendigen religiösen Erfahrung verknüpft gilt das W. als »der religiöse Name für Begebenheit«. Indem »die Beziehung einer Erscheinung auf das Unendliche« deutlich wird, geschieht ein W. Daß damit die Abhängigkeit vom Endlichen nicht aufgehoben wird, zeigt die Glaubenslehre, in der »Abhängigkeit von Gott und Bedingtsein durch den Naturzusammenhang« (§ 47) identifiziert werden. Die im W. ausgesprochene Lebendigkeit der religiösen Erfahrung wird nicht zur Antwort auf den Selbsterweis der Lebendigkeit Gottes. Von den Spekulativen kommt → Daub zu einer neuen Deutung der dämonischen W., während bei R. → Rothe der theistische Gottesbegriff das freie Verfügen Gottes über die Welt involviert, wodurch das W. zum »constitutiven Element der Offenbarung« wird. Für Dorner offenbart sich im W. die Freiheit des Geistes und der innere Sinn der Welt: Gottes Herrschaft über sie, an der der Mensch als Geist partizipiert. Dagegen verwirft die Hegelsche Linke im Bunde mit dem sich nun breit durchsetzenden naturgesetzlichen Determinismus das W. Der von → Strauß ursprünglich als hermeneutisches Motiv angezogene Mythosbegriff wird auf die kritische Funktion reduziert. F.Chr. → Baur verweist das W. aus dem Einsatz der Geschichte des Christentums, und im Sinne der ganzen Tübinger Schule stellt E. → Zeller die Unmöglichkeit eines analogielosen Geschehens heraus; ähnlich Biedermann. → Ritschl geht vom religiösen W. aus, von Ereignissen, die der Vorsehungsglaube als Gottes Taten erkennt. Die Undenkbarkeit des Widerspruches zu den Naturgesetzen wird nicht bestritten, aber auch nicht klar ausgesprochen. Während die aus der Erweckung kommende pietistische oder konfessionelle Orthodoxie auf eine ungebrochene Anerkennung der biblischen W. drängt, nicht ohne eigene Erfahrung des W.s (→ Blumhardt, → Nommensen), und der Liberalis-

mus einzig in der dem Kausalnexus entnommenen Persönlichkeit das W. sehen kann, führt W. → Herrmann über Ritschl hinaus. Gesetzliche Ordnung der Welt und Gottes W. sind vom Glauben ohne Vermittlung auszusagen. Keine Theorie nimmt ihm die umkämpfte Zuversicht ab, daß Gott durch ein Wirken hilft, das wir von dem gesetzmäßigen Geschehen unterscheiden. Mit dem W. des persönlichen Lebens Jesu wird das Soteriologische erreicht, aber die Engführung auf die ethisch-interpretierte res cogitans hin bleibt.

Allgemein: RE XXI, 558ff - DThC X/2, 1798ff - NTU III, 998ff - EBrit XV, 584ff. - *Zu 1:* FR.NITZSCH, Augustins Lehre vom W., 1865 - J.GRANGE, Le miracle d'après S. Augustin, Brignais 1912 - A.FRIDRICHSEN (→ Wunder: IV) - H.SCHLINGENSIEPEN, Die W. des NT. Wege u. Abwege ihrer Deutung in d. alten Kirche bis zur Mitte d. 5.Jh.s, 1933 - R.M.GRANT (→Wunder: IV). - *Zu 2:* G.SICHIROLLO, Nomenclatura tomistica nella teoria del miracolo, Rovigo 1909 - A.VAN HOVE, La doctrine du miracle chez S. Thomas, Paris 1927. - *Zu 3:* G.VOETIUS, De signis et de naturae miraculis, 1640 (Sel. Disp. II, 1655) - W.v.LOEWENICH, Luther als Ausleger der Synoptiker, 1954. - *Zu 4:* D.HUME, Inquiry concerning Human Understanding, 1748 (vgl. J.G. →WALCH, Religionsstreitigkeiten außerhalb... III, 1020ff; V, 210ff) - CH.DE BONNET, Recherches philos. sur les preuves du Christianisme, 1770; dt. 1771 - J.W.GOETHE, Dichtung u. Wahrheit, Buch 19 (zu Lavater) - Magazin f. christl. Dogmatik u. Moral, hg.v. J.F.FLATT, 3, 1797, 1-39. 40-75; 4, 1798, 178-250; 7, 1801, 181-226; 8, 1802, 140-206 - J.F.RÖHR, Briefe über d. Rationalismus, 1813 - FR.SCHLEIERMACHER, Der christl. Glaube, 1830/31², §§ 13f. 46f - H.LOTZE, Mikrokosmos, 3 Bde, 1856-58 - Kontroverse zw. E.ZELLER (zuerst anonym) u. A.RITSCHL in HZ 1860, 90-173; JDTh 1861, 429-459; HZ 1861, 356-373; 1862, 85-99. 100-116; Zus.fassung v. R.BAXMANN, JDTh 1863, 733-758 - R.ROTHE, Zur Dogmatik, 1862 - S.LOMMATZSCH, Schleiermachers Lehre vom W., 1872 - I.A. DORNER, System d. christl. Glaubenslehre I, 1879 (Lit.) - R.OTTO, Naturalist. u. relig. Weltansicht, 1904 - H.MULERT, Schleiermachers geschichtsphilos. Ansichten, 1907 - W.HERRMANN, Offenbarung u. W., 1908 - J.WENDLAND, Der W.glaube im Christentum, 1910 - O. HALLESBY, Om underet, Kristiania 1910 - W.HUNZINGER, Das W., 1912 - FR.NITZSCH-H.STEPHAN, Lehrb. d. ev. Dogmatik, 1912 (Lit.) - C.J.WRIGHT, Miracle in Hist. and Modern Thought, London 1930 - E.FASCHER, Kritik am W., 1960 - L.MONDEN, Theol. d. W.s, 1961 (kath.). - Vgl. die Lit. zu →Wunder: VI.

J.Baur

VI. Dogmatisch

Jede dogmatische Erörterung der W.frage setzt sich auch heute (bewußt oder unbewußt) mit der antik-scholastischen Thaumatologie auseinander. Im sphärengewölbten alten Welthause scheidet die Trennwand der Naturgesetze Erden- und Gotteshimmel, Natur und Übernatur. Nach → Thomas von Aquino wirkt Gott normalerweise durch Zweitursachen. In besonderen Fällen durchbricht er das → Naturgesetz und wirkt etwas »außerhalb der Ordnung der ganzen geschaffenen Natur«. Jedes W. ist so dreifach: miraculum suspensionis, m. proprium, m. restitutionis (legis naturae). Man redet von W.n der Macht und der Gnade, der Natur und der Vorsehung, legt aber bis in die altprot. Orthodoxie hinein fest, daß wirkliche W. nur miracula *naturae et potentiae* sind. Der weltanschauliche Hintergrund (ungeschaffenes und geschaffenes Sein, Übernatur, Natur, Materie usw) besteht aus Gedankengottheiten (Hypostasen), die der Bibel fremd sind. Dies gilt bes. von der totalitär umfassenden (von rückwärts stoßenden) *Wirk-Kausalität,* mit der man Gott fraglos beweist und die der röm.-kath. Physiker heute auch im Mikrophysikalischen *allein* vorauszusetzen hat. - Ein zweites thaumatologisches Urmuster stützt sich auf die Denkform der *Final-Kausalität.* Während Thomas Geschichte und Geschichtswissenschaft unbekannt sind, betrachtet eine vom Endzeitglauben ergriffene Frömmigkeit alle Erscheinungen und Erfahrungen als wunderhaft vom Endzustand her bestimmt, bewirkt und »nach vorn« angesaugt. Diese finale, teleologische, futurisch-eschatologische Sicht sieht kommendes Gericht und zukünftiges Heil überall wunderbar aufleuchten. Die Speisungs-W. Jesu zB erscheinen hier als Vorwegnahme des messianischen Mahles der Endzeit, da alle leibliche Not erlischt, und scheiden damit aus der Spekulation über Vermehrung der Materie aus. - Ein drittes dieser (religionsgeschichtlich verbreiteten) Urmuster ist durch die Frei- oder *Spontan-Kausalität* geprägt. Für den Mystiker, der unableitbar je und je vom Himmel verschlungen (oder vergottet) wird, legt sich nach der Rückkehr aus der Ekstase der himmlische Goldglanz über alle Erscheinungen, die zu platonischen Spiegeln werden: »Alles ist W.!« Ähnlich erlebt die philosophische bzw. theologische Existenzmystik unter alltäglichen Begebenheiten je und je unableitbar den Durchbruch des absoluten bzw. göttlichen Da-seins, das das menschliche Da-sein bestürzend wunderhaft ergreift. - Steht die scholastische W.lehre unter dem Gesetz von Raum und Überraum, die endzeitliche Thaumatologie unter dem Gesetz von Zeit und Endzeit, so ist die daseinsmystische durch das Versinken von Raum und Zeit in der spontanen, präsentisch-eschatologischen Punktualität (Krisis, Kairos, Gegenwärtigkeit usw) gekennzeichnet. - In der christlichen Dogmen- und Theologiegeschichte werden jene drei Thaumatologien bis zur Gegenwart gegeneinander ausgespielt (gelegentlich auch die Motive verknüpft). In *systematischer* Hinsicht lassen sich die W.theorien der Dogmatiker nach diesen Strukturen verhältnismäßig leicht aufschlüsseln.

Historisch gesehen tritt die jeweilige Kosmologie als komplizierender Faktor hinzu. Bedrückend ist für die christlichen Thaumatologen das Weltbild der → Stoa, das im 17.Jh. bes. von → Spinoza aktualisiert wurde. Der französische Spinozismus des 18.Jh.s, der deutsche des 19.Jh.s und der sowjetrussische des 20.Jh.s wenden sich gegen jede wunderhafte Durchbrechung des kosmischen wirk-kausalen Zusammenhangs, kämpfen für Einheit und Unendlichkeit des Alls und Ewigkeit der Materie. Die Entdeckung möglicher Spontan-Kausalität (sog. Streufreiheit) im Subatomaren wurde vom W.-glauben der Religionen begrüßt und bewegt als »sinkendes Gut« viele Christen. Diese fälschlich sog. »Aufhebung der Kausalität« ist thaumatologisch ohne Belang, da die spontane Streufreiheit bei Zusammenschluß der Atome zu grobphysikalischen Strukturen »erstickt«. Sie hat keinen anderen Rang als die im Biologischen zu beobachtende, überraschende Final-Kausalität (Keimentwicklung, wunderbare Instinktabläufe) oder die makrophysikalische Wirk-Ursächlichkeit. Wie die röm. Dogmatik verbietet auch der dialektische Materialismus die Streufreiheit zu denken - sie ist für ihn mirakulöser oder idealistischer Wahn.

Im Hinblick auf die *Zweckbezogenheit* der W.-Dogmatik stehen *phänomenologisch* das Beglaubigungs- und das Verteidigungsmotiv bis heute in dialektischem Verhältnis. Die *Beglaubigungslehre* wurde am schärfsten von → Rousseau als Zirkelschluß gebrandmarkt: Die W. sollen die Autorität der Bibel (bzw. Kirche) beweisen - von den W.n aber wissen wir nur durch eben diese Schrift (bzw. Kirche). Für Rom ist durch die kontinuierlichen W. der Charakter der eigenen Kirche als »sancta« garantiert. Die Einbrüche der Übernatur sind zB an Gnadenstätten objektiv und quantitativ meßbar (Ärztekommissionen in → Lourdes); die kirchlich anerkannte Feststellung erhebt Anspruch auf höchste wissenschaftliche Wertigkeit. Neue Theologie (→ Natur und Übernatur), Neo-Modernismus, -Personalismus und -Aktualismus (→ Teilhard) suchen heute hier das antike »Zwei-Kästen-Denken« zu mildern. - Schon bei → Origenes wird das W. aus einem Mittel zum Objekt der *Apologetik,* und bereits → Augustin kennt fast alle Motive, mit denen das W. noch in der Gegenwart verteidigt oder (um-)interpretiert wird. Die Motivationen setzen dogmatisch im theo-, anthropo-, kosmologischen Sektor an, bei Protestanten auch in der (reduzierten, relativierten) Thaumatologie selbst.

Angesichts der heute allseitig geforderten biblischen Neubesinnung wirkt es verwirrend, wenn Apologeten wie Gegner des W.s die Bibel mit dem antik-scholastischen Weltbild überblenden (vgl. dagegen schon 1Kön 8, 27; Hi 26, 7 usw). Ebenso verwirrend wirken der neuprot. Personalismus, der dualistisch »*die* Natur« als die starre Anti-Macht des allein belangvollen »inneren Lebens« betrachtet, das Erbe der → Identitätsphilosophie (Naturgesetz und W. als zwei Seiten derselben Sache) und der prot. Neo-Historismus, der heute Offenbarung und W.handeln Gottes aus der Sphäre der je einzeln betroffenen Existenz wieder einmal in die Hypostase der Geschichte verlegt.

Daß Form und Gestalt der biblischen W.berichte weithin unter dem Einfluß der religionsgeschichtlichen Umwelt stehen, darf nicht unterschlagen werden. Ebensowenig kann der Metaphysik des modernen »Offenbarungspositivismus« unkritisch zugestimmt werden, wenn sie zB (unter Berufung auf Barth, KD I/2, 197) den Zweifel am »W. der Parthenogenese« als fatale Naturtheologie wertet. Denn in Wirklichkeit wird das Geheimnis des Gottmenschen (wie schon die altprot. Orthodoxie betont) in der Schrift mit zahlreichen (verschiedenartigen) Verkündigungstangenten gerandet. Die W.verkündigung der Bibel ist durchaus transkategorial.

Verzichtet man darauf, totalitäre Metaphysik zu treiben, dann ist es nicht möglich, die biblischen W.berichte nur mystisch-existentiell (spontan-kausal) oder nur futurisch-eschatologisch (final-kausal) oder nur scholastisch (wirk-kausal) aufzufassen. So deutlich sie im einzelnen an diese oder jene Prägung (auch an die wirkkausale: Mk 5, 25ff) anklingen, so sehr richten sie sich in der Gesamtheit ihres Verkündigungswillens auf eine darüber liegende Dimension der Wirklichkeit. In ähnlicher Weise verhalten sich offensichtlich auch die Bedeutungsgehalte der nt. Begriffe. Während das übliche griech. θαῦμα *nicht* erscheint (nur Mt 21, 15 gibt es θαυμάσια, wunderbare Dinge), bezeichnet τέρας das Aufleuchten der göttlichen Herrlichkeit über einem Vorgang, der objektiv gesehen nicht aufzufallen braucht; σημεῖον ist (synoptisch) ein verheißender Wink Gottes, daß seine Gnade auch in Zukunft Treue ist, und δύναμις hat als Krafttat wirk-kausales Gepräge.

Im Hinblick auf die W. des NT ist man sich heute allgemein darüber einig, daß sie Magisches fernhalten möchten (erst auf späten Sarkophagen erscheint Christus mit dem Zauberstab), daß sie sich radikal auf Gott und seine Herrschaft beziehen und daß sie den »Glauben« fordern. Glauben aber bedeutet im biblischen Sinne die *Wirklichkeit* (»Wahrheit«) *erkennen,* sie *tun* und in ihr *sein.* Ohne diesen ganzheitlichen Bezug zur letzten Wirklichkeit Gottes, des Menschen, der sog. »Geschichte« und »Natur« ist die biblische Sicht des W.s nicht zu haben. Sie erfordert das radikale Abwerfen metaphysischer Denkzwänge und isolierter mystischer, personalistischer, ontologischer Ergriffenheiten. Jahwe ist weder »verborgenes Selbst in Überwesenheit« (Ostkirche) noch das metaphysische »Du« des Neuprotestantismus noch der »Ozean des Seins« (Rom), sondern der »lebendige Gott« ('el ḥāj), der jedem Menschen dessen einmaliges ganzheitlich geistig-seelisch-leibliches Leben von Herzschlag zu Herzschlag »zu-atmet«, neben dem es weder »Natur« noch »Materie« gibt, sondern allein von allen Seiten andringende »Werke Gottes«. Auch die → »Geschichte« (: II C) ist kein aus sich selbst fließender Strom, sondern von *Gott* in der Zeit zugewandtes, anredendes Geschehen. Welt und Leben sind in ihrer Gesamtheit aus der Transzendenz zugereichtes W. und Geheimnis - eine Wirklichkeitssicht, der zZ (!) die sog. »freie« (positivistische) Forschung nicht widerspricht, da auch für sie die Wirklichkeit des Letzterkennbaren aus dem transrational Unverfügbaren andringt.

Im von Metaphysik gesättigten und von ihr zersetzten Abendland ist die biblische Wirklichkeitssicht unaufhörlich Mißverständnissen und Verzerrungen ausgesetzt. Zeigt sie zB, daß schon für Israel die ganze Wirklichkeit ein W. Jahwes ist, so tritt alsbald das mystische Mißverständnis ein. Erweist sie, daß Jahwe in der Bibel kein Naturgesetz gegenübersteht, das er durchbrechen müßte, sondern daß er in schrankenloser Freiheit in, mit, unter, jenseits von und über seinen Ordnungen wirkt, die das Geschaffene vom Chaos scheiden, so weicht abendländisches Denken schnell in Pan(en)theismus aus.

Der W.bericht ist in der Bibel weder hagiologisches Testat noch apologetisches Motiv, sondern *Verkündigungsmittel* der transzendenten göttlichen »Herrlichkeit«, jenes kabôd (δόξα, gloria), dessen (eschatologischer) Glanz immer wieder aus dem Geschaffenen, seiner Manifestation, bricht und der in den Heilsveranstaltungen Gottes in bes. bestürzender und bewegender Weise sichtbar wird (Ps 36, 10; 91, 1ff; 19, 2; 72, 19; 57, 6. 12; Ez 1, 4ff; Sach 2, 9; Jes 43, 7 usw). Die Realität des göttlichen Heilshandelns kann nur doxologisch, durch das Da-sein und (!) das Mit-sein und So-sein des rühmend Bekennenden hindurch ausgesagt werden. Er bezeugt, daß Gott in seinen großen Taten, die seinem Reich dienen, den Glaubenden nicht nur innerlich erneuern, sondern auch durch ihn W. geschehen lassen will und daneben in Raum und Zeit real neue, bestürzende Wirklichkeiten zu schaffen imstande ist (Ps 115, 3). Die biblische *W.verkündigung* ist der Meinung, daß das W. als Zeichen, als Akt und als Sein das Sich-offenbaren, Sich-nahen und Heilschaffen Gottes in besonderer Weise begleitet und damit den Wahn zerstäubt, Gesetze, Energien, Materie oder Mensch, Geschichte, Natur seien die alleinigen Herren der Wirklichkeit. Vom biblischen Glauben aus gesehen bedeutet das Anfordern, Messen und Quantitieren der Einbrüche einer Übernatur ebenso Verachtung des lebendigen Gottes wie die mystische »Alles-ist-W.«-Schwärmerei oder das existenzmythische und personalistische Selbstbewußtsein, das »W.« auf den selbsteigenen Daseinskern oder die du-hafte »Seele« einzugrenzen entschlossen ist. Die von Jesus ausdrücklich zurückgewiesene Zeichen-*Forderung* (Mk 8, 11ff) wird von Paulus kommentiert: Das Zeichen ist das Kreuz (1Kor 1, 22f).

Außer den Lehrbüchern der → Dogmatik: K.BETH, Das W., 1908 - M.RADE, Das relig. W., 1909 - C.STANGE, Naturgesetz u. W.glaube, 1914 - DERS., W. u. Heilsgesch., 1917 - P.DE TONQUÉDEC, Introduction à l'étude du merveilleux et du miracle, 1917 - P.HÄBERLIN, Das Wunderbare, 1930 - W.KÜNNETH, Das W. als apol.-theol. Problem, 1931 - A.E.LEPICIER, Del miracolo, 1932 - G.MARQUARDT, Das W.-problem in d. dt. prot. Theol. d. Gegenwart, 1933 - A.GOTTARDI, La discernibilità del miraculo, 1936 - E.PFEIFFER, Die W. als Erkenntnismittel d. Glaubwürdigkeit d. Offenbarung, 1936 - H.THIELICKE, Das W., 1939 - G.KAFKA, Naturgesetz, Freiheit u. W., 1940 - F.BETTEX, Das W., 1942 - E.LIEK, Das W. in d. Heilkunde, 1951 - C.S.LEWIS, W., 1952 - P.LIPPERT, Von W.n u. Geheimnissen, 1953 - H.ROHRBACH, Bibl. W. u. mod. Naturwissenschaft, 1955 - H.HOLSTEIN, Médecins et miracles, 1956 - W.DENNERT (Hg.), Die Natur, d. W. Gottes, im Lichte d. mod. Forschung, 1957 - F.BRUNSTÄD, Vorsehung u. W. (Ges. Aufs., 1957, 154-164) - H.HERMANN, Ein Anzeichen mag. Vermittlung (DtPfrBl 57, 1957, 468f) - B.MATIN, Zur Frage d. sog. W.heilungen (Wege z. Menschen 9, 1957, 214-219) - O.SPÜLBECK, Der Christ u. d. Weltbild d. mod. Naturwissenschaft, 1957 - G.BARTNING, W. u. Magie (Arzt u. Seelsorger 9, 1958, 1-10) - D.LINDSAY,

Faith Healing (Contemporary 194, London 1958, 188-191) - G.SIEGMUND, W. Eine Unters. über ihren Wirklichkeitswert, 1958 - W. STÄHLIN, Über d.W. (Symbolon, hg.v. A.KÖBERLE, 1958, 152-166) - Z.ARADI, W., Visionen u. Magie, 1959 - R.BIOT, Es gibt noch W., 1959 - W.BITTER (Hg.), Magie u. W. in d. Heilkunde, 1959 - J.C. CARTER, The Recognition of Miracles (ThSt 20, 1959, 175-197) - R. GUARDINI, W. u. Zeichen, 1959 - W.JOHNSTONE, The Concept of Miracle for to-day (Theology 63, London 1960, 143-150) - A.KÖBERLE, Der mod. Mensch zw. W.sucht u. W.scheu (ELKZ 14, 1960, 177-180) - L.MONDEN, Theol. d. W.s, 1961. *W.Philipp*

VII. In der kirchlichen Unterweisung

1. Kernfrage - 2. Einzelfragen

1. W.auslegung in der → kirchlichen Unterweisung (: II) kann nur vom *gesamtbiblischen Verständnis* her geschehen. Als größte W. werden im AT der Auszug aus Ägypten und die Rettung des Volkes Israel durch Jahwe angesehen. Jesus erweist durch W.taten seine Christuswürde. Er verkörpert darin die auf Lebenserhaltung des ganzen Menschen gerichtete erbarmende Liebe Gottes. Die »durch ihn« gewirkten W. stehen in unmittelbarem Zusammenhang mit den »an ihm« geschehenen. Zu denken ist bes. an die beiden »Eck-W.« Geburt und Auferstehung. Die Bibel berichtet schließlich von W.taten, die sich in der von den Aposteln gegründeten Gemeinde im Namen Jesu ereignet haben. Die göttliche Vollmacht wurde auf die Apostel übertragen. - Ganz allgemein kann man die biblischen W. nach Natur- und Heilungs-W.n *unterscheiden*. Sie zeigen beispielhaft auf, daß der Herr über Natur, Geschichte und Schicksal durch Erlösung und Heiligung die Schöpfung erneuert, indem er die Kräfte besiegt, die das von ihm Geschaffene in *Mangel* (Ex 16, 1-36 und Mk 6, 34-44 par: Speisungs-W.), *Gefahr* (Ex 13, 17 - 14, 31: Schilfmeer-W.; Mk 4, 37-41 par: Sturmbeschwörung), *Angst* (Ex 15, 22ff: Wüstenwanderung; Mk 1, 21-28 par: Dämonenaustreibung; Mk 6, 45-52: Seewandeln), *Leid* (Ex 1, 1ff: Herausführung aus Ägypten; Mk 9, 14-27 par: epileptischer Knabe), *Krankheit* (2Kön 5, 1-19 und Mk 1, 40-45: Aussatz; Mk 7, 32 bis 37: Taubstummer; Mk 8, 22-27: Blinder; Apg 3, 1 bis 11: Lahmgeborener), *Tod* (1Kön 17, 17-24: Erweckung eines toten Kindes; Lk 7, 11-17: Jüngling zu Nain; Joh 11, 28-44: Lazarus; Apg 20, 7-12: Eutychus) und *Sünde* (Jes 53: leidender Gottesknecht; Mk 2, 1-12 par: Heilung des ganzen Menschen; Apg 9, 1-19: Saulus-Paulus) zu verknechten und zu vernichten suchen.

Wichtig für den Unterricht ist die Hervorhebung der *Bedeutsamkeit* der W.erzählungen. Die biblischen Zeugen vollziehen selbst bereits, weil ihr Sprechen Predigt ist, die Loslösung von der Einzelsituation. Die W.tat wird bei ihnen als eschatologisches Zeichen, als Bestätigung der auf die Vollendung des Gottesreiches bezogenen Wortoffenbarung verstanden. Je stärker sich den Schülern der Verkündigungscharakter der Texte erschließt, um so leichter fällt ihnen die Erkenntnis, daß sich ihre Vorbehalte nicht eigentlich gegen das wunderbare Geschehen selbst richten, sondern gegen die so wirksam werdende Macht Gottes und gegen seinen Anspruch. Das göttliche Handeln fordert vom Menschen, damals wie heute, Anerkennung und *Glauben* (Mk 9, 24). Den Geheilten sagt Jesus sehr betont: »Dein Glaube hat dich gerettet« (Mk 10, 52 u.a.).

2. Es gibt einige, zT auch methodisch entwickelte *Auslegungsversuche*, die heute allgemein als sachlich unmöglich oder aber als bedenklich angesehen werden: a) Aus Treue gegenüber dem biblischen Wortlaut und in Abwehr einer radikalen Schriftauslegung hat man immer wieder alle W.berichte pauschal als *historisch* »echt« den Schülern vorgetragen. Das ist aber in solcher Ausschließlichkeit nicht vereinbar mit dem Wesen der Bibel. Sie bietet im strengen Sinne keine historische Dokumentation, ihre Aussagen sind Bekenntnisse des Glaubens und nur insofern historisch echt. Um entsprechenden Fragen der Schüler gewachsen zu sein, muß der gewissenhafte Lehrer in seine Vorbereitung Überlegungen historisch-kritischer Art mit einschließen. So erregend die Ergebnisse der biblischen Forschungsarbeit für ihn sein mögen, er wird ihrer strengen Sachlichkeit entnehmen, daß sie seinem eigenen und dem Glauben der ihm anvertrauten Menschen dient, indem sie von der Meinung befreit, als sei mit der Klärung historischer Tatbestände eine biblische Stelle bereits zur Genüge erforscht. - b) Auch die *religionsgeschichtliche* Deutung kann den W.texten nicht gerecht werden, weil sie im Vergleich zu verwandten Erscheinungen die Einzigartigkeit der Person des hier bezeugten W.täters nicht festhalten kann. - c) In der *spiritualistischen* Auslegung sieht man die Ereignisse im körperlich-stofflichen Bereich als Sinnbilder für innerseelische Vorgänge an. So legt man zB eine Blindenheilung als Befreitwerden von geistlicher Blindheit aus. Hinter dieser Interpretation steht zwar das Bemühen, im Sinne der Bibel den ganzen Menschen im Auge zu behalten, und in einigen Fällen (vgl. Joh 9, 39 bis 41) überträgt der biblische Zeuge selbst die W.geschichte in das Symbolische. Bei allgemeiner Verwendung dieses Auslegungsprinzips aber besteht wegen der Hereinnahme textfremder Elemente die Gefahr der Fehlexegese. - d) Um die W. vor skeptischer Ablehnung zu bewahren, ist häufig versucht worden, sie als *natürliche* Ereignisse zu deuten, um sie so als Glaubensgrund auch in der immer stärker vom naturwissenschaftlichen Denken beherrschten Welt gegenüber den Erwägungen von »möglich« und »nicht möglich« festzuhalten. Der erfahrene und mit der Einstellung seiner Schüler vertraute Lehrer steht manchmal vor der Frage, ob er nicht um der Sache willen die Exegese stärker nach dieser Seite hin akzentuieren soll. In der Konsequenz aber führt eine solche Erklärung dahin, daß der W.charakter, gegen die Intention der Schrift, ganz beseitigt wird. Der Unterrichtende darf das Außergewöhnliche und Ärgerliche der auf diese Weise geschehenden Offenbarung nicht abmildern oder aufheben. Naturgesetze im heutigen Sinne kennt die Bibel nicht. Sie weiß nur von dem lebendigen Gott und bezeugt ihn mit den Ausdrucksmitteln ihrer Zeit.

Die W.erzählungen sind in den heutigen Lehrplänen und Lehrbüchern so stark in den Rahmen der gesamtbiblischen Botschaft gestellt, daß sie nicht mehr die ihnen früher zeitweilig zugewiesene Sonderstellung haben. Die bei dem Schüler vorauszusetzende Spannung zwischen Vernunft und Glaube hat starken Einfluß auf alle Überlegungen der *unterrichtlichen Methode*. Während man in der Regel bis zur Mittelstufe der Grundschule und Unterstufe der weiterführenden Schule die W. in erzählender Unmittelbarkeit darbieten wird, muß der Unterricht in den folgenden Klassen in einer der Glaubensbereitschaft und Reife der Schüler angemessenen Weise von dem Bemühen bestimmt sein, die Aufmerksamkeit von dem augenfällig W.haften weg auf die spezifische Aussage der jeweiligen Erzählung zu lenken und dabei die Verbindung zu dem eigentlichen, in Jesus Christus »ein für allemal« geschehenen, also heute wie zu allen Zeiten wirksamen W. der Erlösung herzustellen.

K.FRÖR (Hg.), Neue Wege im kirchl. Unterricht, 1949 - DERS., Bibl. Hermeneutik. Zur Schriftauslegung in Predigt u. Unterricht, 1961 - F.HAHN, Ev. Unterweisung I (NT), (1951) 1956²; II (AT), 1954 - H.STOCK, Studien zur Auslegung d. synopt. Evangelien im Unterricht, 1959 - G.GLOEGE, Aller Tage Tag, 1960 - G.KLEIN, W.-glaube u. NT (Das Gespräch H. 28), 1960 - C.WESTERMANN, Umstrittene Bibel, 1960. - Vgl. die Lit. zu → Bibel: IV, → Bibelkritik:

III, → Kirchliche Unterweisung: II, → Schriftauslegung: V, → Wunder: II-VI. *L.Schmidt*

Wunderle, *Georg* (23.9.1881 bis 7.4.1950), kath. Theologe, * in Weißenburg, † in Bad Wörishofen, 1905 Priester, 1911 Dozent an der Philosophisch-Theologischen Hochschule in Eichstätt, 1913 ao. Prof., 1916 o. Prof. an der Universität → Würzburg, um deren Wiederaufbau nach 1945 er sich als Rektor und Senatsmitglied große Verdienste erworben hat. Ursprünglich von der kath. Religionspsychologie und Fundamentaltheologie herkommend, erkannte W. bald die Bedeutung ostkirchlicher Frömmigkeit für die des Westens. Zahlreiche Anregungen gab er in seinen Arbeiten und Aufsätzen, bes. in den von ihm herausgegebenen »Ostkirchlichen Studien«, die ein wissenschaftliches Organ von Rang wurden (seit 1947 von W.s Schüler H.Biedermann OESA geleitet).

Vf. u.a.: Die gestaltende Kraft d. Religion im Seelenleben des Menschen, 1936; Zur Psychologie der Stigmatisation, 1938; Über d. relig. Bedeutung d. ostkirchl. Studien, (1939) 1947²; Das geistige Antlitz d. Ostkirche, 1949. - Hg.: Abh.en zur Philos. u. Psychologie d. Religion, 1922ff; NF, 1948f. *K.Onasch*

Wunderling, *Theobald* (1826-93), ev. Theologe aus Gnadenfrei, dort und in Niesky Prediger der Brüdergemeine, seit 1879 auch Bischof, wirkte über die Grenzen der Brüdergemeine hinaus stark als Prediger und Herausgeber von Predigt- und Andachtsbüchern.

Vf. Predigt- u. Andachtsbände (s. RGG² V, 2051), ferner u.a.: Ein Geistesfrühling im Jugendgarten (Erweckung im Pädagogium zu Niesky i.J. 1841). - Über W.: Zum Gedächtnis des ... Th.W., 1893 - ADB 44, 568f. *W.Jannasch*

Wundt (abgekürzt aus *Wundegger*), 1. Name einer pfälzischen Gelehrten- und Theologenfamilie, deren Stammvater vor dem 30jährigen Kriege aus der Steiermark nach Straßburg flüchtete. Durch Einheirat in die Familie Mieg kam *Johann Jakob W.* (1701-71) nach Heidelberg, wo er nach Pfarrdienst in Sobernheim/Nahe (1725), Alzey (1732) und Kreuznach (1735) seit 1750 Prof. der ref. Theologie war. Von seinen Söhnen sind zu nennen: a) *Daniel Ludwig* (1741-1805), 1770-75 Pfarrer und Inspektor in Oppenheim, bis 1787 in Kreuznach, seit 1787 Prof. der ref. Theologie in Heidelberg, bes. verdient um die Universität und die Bildung der ref. Prediger. - b) *Friedrich Peter* (1742-1805), 1776 Pfarrer und Inspektor in Kaiserslautern, 1790 in Wieblingen, zugleich Prof. der Landesgeschichte in Heidelberg. Er war der Großvater von Wilhelm W. (s. 2). - c) *Karl Friedrich Kasimir* (1744-84), seit 1771 ao. Prof. der Weltweisheit und KG in Heidelberg, zugleich rechtskundiges Mitglied des ref. Kirchenrates.

D.L.W. vf. u.a.: Versuch einer Gesch. d. Lebens u. d. Regierung d. Kurfürsten Karl Ludwig von der Pfalz, 1786; Magazin für d. Kirchen- u. Gelehrtengesch. d. Kurfürstentums Pfalz, 3 Bde, 1789-93. - F.P.W. vf. u.a.: Beiträge zur Gesch. d. Univ. Heidelberg, 1786; Bibliogr. zur pfälz. Gesch., 1802. - Über K.F.K.W. vgl. D.L.Wundt in: Magazin (s.o.) I, 1789, 185-216. - Über die Familie W.: ADB 55, 126ff. *H.Hohlwein*

2. *Wilhelm,* * 16.8.1832 in Neckarau, † 31.8.1920 in Großbothen bei Leipzig, 1857 PDoz., 1864 ao. Prof. für Physiologie in Heidelberg, 1874 Prof. für Philosophie in Zürich, seit 1875 in Leipzig. - W.s wissenschaftliches Lebenswerk umfaßt die gesamte Philosophie, sein Hauptinteresse und der dauernde historische Wert seiner Forschung liegen auf dem Gebiet der → Psychologie (: I). Hier hat er unter Verzicht auf die traditionellen Bindungen zur philosophischen Spekulation und zur metaphysischen Seelenauffassung eine exakte, auf Beobachtung und Experiment gegründete naturwissenschaftliche Methodik begründet. Das von ihm errichtete Leipziger »Institut für experimentelle Psychologie« wurde als erstes seiner Art zum Vorbild für gleichartige Gründungen im In- und Ausland. Objekt der Untersuchung können nur die in der »inneren Wahrnehmung« des individuellen Bewußtseins »gegebenen Inhalte« (Empfindungen, Vorstellungen, Denk- und Willensakte usw) sein. Der psychische Fundamentalvorgang liegt für W. in den Willensphänomenen (psychologischer Voluntarismus). Im Gegensatz zu modernen Auffassungen sind die Triebe für W. nicht Vorstufen, sondern verwickeltere Folgezustände des Wollens, die sich unter dem Einfluß von → Gefühlen entwickeln. Alle psychischen Vorgänge sind nicht die Summe ihrer Elemente, sondern als Realität das Ergebnis einer »schöpferischen Synthese«. Als Ergänzung der Individualpsychologie muß die dem Experiment nicht zugängliche Psychologie des Gemeinschaftslebens als → Völkerpsychologie auf den Hauptgebieten → Religion (: III, 2), → Mythos (: I, 8) und Sitte erforscht werden. Neben die Kausalerklärung tritt hier methodisch die Erklärung aus Zwecken, tragender Faktor in der Fortentwicklung ist das Prinzip der »Heterogenie der Zwecke«, dh das Hinauswirken aller Handlungen über das zuerst angestrebte Ziel.

A.Heusser, Einführung in W.W.s Philos. und Psychol., 1920 - W.Nef, Die Philos. W.W.s, 1923 - P.Petersen, W.W. u. seine Zeit, 1925 - Eleonore Wundt, W.W.s Werk. Ein Verzeichnis s. sämtl. Schriften, 1927. *K.J.Hartmann*

Wurm, *Theophil* (7.12.1868 bis 28.1.1953), ev. Theologe, * in Basel, † in Stuttgart, 1899-1913 Pfarrer der Ev. Gesellschaft (Stadtmission) in Stuttgart, 1913 Pfarrer in Ravensburg, 1920 Dekan in Reutlingen, 1927 Prälat in Heilbronn, 1929 Kirchenpräsident, 1933 Landesbischof der Ev. Landeskirche in → Württemberg. Im → Kirchenkampf bewahrte W. durch seinen Widerstand gegen die Eingriffe des Staates die Geschlossenheit und Unabhängigkeit der württ. Kirche und »wurde darüber hinaus der ganzen Bekennenden Kirche, zu der er sich immer gerechnet hat, ein Freund, ein Helfer, ein Vater« (Dibelius). Wie er dem NS-Staat gegenüber Recht und Würde des Menschen (Judenverfolgung, Euthanasie) vertreten hatte, so auch nach 1945 den Siegermächten gegenüber (Entnazifizierung). Das von W. 1941 gegründete kirchliche Einigungswerk (→ Kirchenkampf, 9), das Landesbruderräte, Luth. Rat und andere für Bibel und Bekenntnis eintretende Gruppen sammeln wollte, wurde bedeutsam für den Neubau der → Evangelischen Kirche in Deutschland (: I), um die sich W., seit 1945 Vorsitzender des Rates der EKD, hochverdient gemacht hat.

Vf. u.a.: Ev. Glaube (Predigten), 1931; Lebensrätsel u. Gottesglaube (Aufsätze), (1932) 1949⁴; Die Botschaft der Kirche (Predigten), 1935; Der luth. Grundcharakter d. württ. Landeskirche, 1938; Fünfzig Jahre im Dienste d. Kirche (Predigten u. Reden), 1950; Erinnerungen aus meinem Leben, 1953. - Über W.: Für Volk u. Kirche (Festg. z. 70. Geb.), 1938 - Auf dem Grunde der Apostel u. Propheten (Festschr. z. 80. Geb.), 1948 - F.Langenfass, Der »große alte Mann« d. EKD (ZW 24, 1952, 575-588) - EKL III, 1870f - R.Sautter, Th.W., 1960. *H.Hohlwein*

Wurster, *Paul* (6.12.1860 bis 4.1.1923), ev. Theologe, * in Hohenstaufen (Württ.), Pflegesohn von G. → Werner, 1888 Stadtpfarrer in Heilbronn, 1903 Dekan in Blaubeuren, im selben Jahr Prof. und 1904 Direktor am Predigerseminar in Friedberg, 1907 o. Prof. für Prakt. Theol. in Tübingen. In W. verband sich Nähe zum Pietismus mit volkskirchlicher Einstellung. Seine Andachtsbücher und Schriften über Innere Mission, Alkoholfrage usw waren weit verbreitet. W. war auch Synodaler und Landtagsabgeordneter.

Vf. u.a.: G.Werners Leben, 1888; Hausbrot, (1901) 1911[6]; Was jedermann von der Inneren Mission wissen muß, (1902) 1912[4]; Abendsegen, (1906) 1912[4]; Die Bibelstunde, 1912; Das kirchl. Leben d. ev. Landeskirche in Württ., 1919. - Seit 1905 Mit-Hg. der MPTh.

P.Klemm

Wyclif, *John* (ca 1320 bis 31.12.1384)

1. Leben - 2. Lehre (Theologie) - 3. Wirkung

1. J.W. (* in Spreswell bei Wycliffe-on-Tees, Yorkshire, † in Lutterworth, Leicestershire) entstammte einem alten Geschlecht des Landadels und besuchte die Universität Oxford (Balliol College oder New College). Zwischen 1366 und 1372 wurde er dort Dr. theol. und Dozent, 1361 Pfarrer in Fylingham (Lincolnshire), 1368 in Ludgershall (Buckinghamshire), 1374 in Lutterworth, dazwischen zugleich für kurze Zeit in Westbury-on-Trym bei Bristol. Studium und Lehrtätigkeit umfaßten viele Gebiete von der Vertiefung in die Bibel bis zu Philosophie und Mathematik. W. gehörte - offenbar als orthodoxer theologischer Sachverständiger - der britischen Gesandtschaft zum Friedenskongreß mit Frankreich in Brügge 1374 an, wo mit Beauftragten des Papstes auch über kirchliche Reformen und Abstellung von Mißbräuchen verhandelt wurde. Erst in der Folgezeit entwickelten sich seine abweichenden Anschauungen langsam und in der Stille des akademischen Raumes. Sie begannen mit der Philosophie und führten durch den Vergleich zwischen der biblischen Urgestalt der Kirche und der Gegenwart (avignonesisches Papsttum) zur scharfen Kirchenkritik, die W.s Gegner William Wyndham in die Öffentlichkeit trug. Da er das Armutsideal vertrat (→ Armut: II, 6), wandten sich die besitzenden Mönchsorden gegen ihn. Am 19.2.1377 sollte er auf ihr Betreiben vom Bischof von London, William Courtenay, verhört werden. Statt dessen kam es zu einem Machtkampf zwischen dem herrischen Bischof und W.s Gönner, dem Herzog John von Gaunt (Lancaster). W. erschien dadurch - einseitig - als Exponent des Machtverlangens und der Säkularisationswünsche des britischen Adels. Papst → Gregor XI. verurteilte am 22.5.1377 in fünf Bullen 18 Sätze aus W.s Werk »De civili dominio«, die das Armutsideal polemisch gegen den weltlichen Besitz der Kirche kehrten und das von → Johannes XXII. begründete avignonesische Finanzsystem der Kurie für widerchristlich erklärten. Sie stimmten großenteils mit den diesbezüglichen Erklärungen des sog. Guten Parlaments von 1376 überein. Die päpstlichen Bullen wurden in England erst am 18.12.1377 bekannt und erregten heftigen Meinungsstreit. W. wurde im März 1378 zur Verantwortung in den Lambethpalast vorgeladen. Wieder kam es anstatt der Verhandlung zu einem Parteikampf. Die Verdammung der 18 Thesen ließ sich auf britischem Boden nicht durchsetzen. W. selbst baute seine Lehre weiter aus, griff unter zunehmendem Biblizismus und Augustinismus das herrschende kirchliche System an (Hierarchie, weltlichen Besitz der Kirche, Transsubstantiation) und appellierte, als ihm der britische Klerus heftig widerstand, an König und Parlament. Unmittelbar vor dem Sieg, der durch die wachsende Volksbewegung seiner Anhänger, der *Lollarden* (dh Unkrautsäemänner, Schimpfname von seiten der Geistlichkeit), an Wahrscheinlichkeit gewann, zerstörte der große Bauernaufstand von 1381, der geschickt von seinen Gegnern ihm und seinen Lehren zur Last gelegt wurde, jede Erfolgsaussicht. Auf einer Synode in Oxford (18.11.1382) wurde W. verhört, jedoch aus Furcht vor dem Hofe, dem Volke und dem Unterhaus nicht verurteilt oder exkommuniziert. Nach seiner Verurteilung auf dem Konzil zu Konstanz (→ Reformkonzile) wurden auf Befehl Martins V. 1427 seine Gebeine aus der Marienkirche in Lutterworth herausgerissen, verbrannt und die Asche in den Swist geworfen.

2. W. begann als scholastischer Denker, dem die Einheit von Theologie und Philosophie Grundgebot war. Er stand in der Gesamtanschauung → Thomas von Aquino näher als → Duns Scotus und → Ockham und vertrat die Wirklichkeit der Allgemeinbegriffe gegenüber der der Einzelphänomene (Realismus). Vielleicht war für diesen (platonischen) Standpunkt schon damals sein Schülerverhältnis zu Augustin maßgebend. Darauf weist auch seine, der augustinischen Prädestinationslehre urverwandte Auffassung vom göttlichen Vorgedachtsein alles Wirklichen. W. hatte darum Schwierigkeiten mit der Willensfreiheit. Im ganzen scheint seine innere Anteilnahme mehr der Theologie als der Philosophie zu gelten. Seine prinzipielle Abneigung gegen Ockhams Nominalismus verwarf jedes spekulative Ausspinnen von Denkmöglichkeiten als Spielerei (etwa in der Offenbarungslehre). Echt platonisch fielen für ihn Möglichkeit und Wirklichkeit zusammen. - In der Folgezeit wurden biblischer und augustinischer Einfluß beherrschend und steigerten sich gegenseitig. Unter Anknüpfung an → Grosseteste und Richard Fitzralph (Erzbischof von Armagh 1347-60) vertrat W. mit Nachdruck das urchristliche Armutsideal, das er auf Kirche und weltliche Ordnung anwandte. Daraus ergab sich eine eigentümliche Lehre von der Herrschafts- und Eigentumsordnung (De civili dominio), die der Hierarchie jeden irdischen Besitz und entsprechende Macht bestritt. Insbesondere gestaltete Augustins Anschauung vom Christus humilis seine Christologie, seinen Kirchenbegriff (→ Kirche: III, 3b), seine (donatistische) Amtslehre aus. In der Gotteslehre und Anthropologie blieb er »realistisch«: Gott kann nur gut handeln und besitzt nicht die Freiheit zum Bösen (die Freiheit von seinen eigenen Geboten). Dem Menschen sprach W. die sittliche Wahlfreiheit zu. Das Böse war für ihn ein Mangel (defectus), keine selbständig wirksame Tatsache (effectus). In der Heilslehre macht er erhebliche Ansätze, die Miterlöser (Heiligen) zu überwinden und auf Jesus Christus allein zuzugehen. Jedoch bleibt die ethische (gesetzliche) Auffassung der christlichen Botschaft sein letztes Wort: Demut (humilitas), Gottes- und Nächstenliebe preist er als die christlichen Grundtugenden. Die Bibel bezeichnet er dementsprechend immer als nova lex. So erreicht er nicht ein qualitativ, sondern nur quantitativ anderes Grundverständnis der christlichen Aussage gegenüber dem MA. Der Ausdruck »Vorreformator« ist daher nicht berechtigt. Im Kirchenverständnis gibt er dem Prädestinationsgedanken eine beherrschende Stellung: Gott allein kennt die Seinen. Dadurch erreicht er einen wirkungsvollen Gegensatz zum hierarchischen Selbstverständnis des Klerus, bes. des Episkopats. In der Sakramentslehre weitet er den kirchlichen Bestand einerseits aus, indem er auch der Predigt als einer Grundfunktion der Kirche sakramentalen Charakter zuerkennt; andererseits beschränkt er ihn, indem er eine klare biblische Begründung fordert und Wucherungen wie die Transsubstantiationslehre heftig bekämpft (sie spreche den Priestern die Macht zu, den Leib Christi zu erzeugen, und erhebe damit das Geschöpf über den Schöpfer). Im Bußsakrament legt er - wie später Luther - den Nachdruck auf die contritio. So finden sich überall Anklänge an die Reformation - mehr als bei irgendeinem anderen Theologen des MA -, ohne daß der Kern erreicht wäre. Vielmehr bleibt alles auf der Ebene eines gesetzlichen Biblizismus, der im

Dienste einer programmatischen Wiederaufrichtung des Urchristentums steht. Augustin wird dabei gegen die Scholastik aufgeboten, um die biblischen Forderungen mit Hilfe der Tradition durchzusetzen. Völlig ausgereift ist W.s Theologie nicht.

3. Die Unterstützung, die England unter dem Bischof Henry Despenser von Norwich (1370–1406) aus antifranzösischen Motiven dem Papste gewährte (1378), verstärkte die kirchenpolitische Polemik W.s. Seine Wanderprediger (teils Priester, teils Laien) verbreiteten seine Lehre, weckten aber andererseits in dem auf Ordnung und Rechtgläubigkeit bedachten Lande viel Mißbehagen. Es war leicht, den Wyclifismus mit Häresie gleichzusetzen und damit das Ausscheiden Englands aus der abendländischen Kirchengemeinschaft als die entscheidende Gefahr hinzustellen. So nahm seine Wirkung immer mehr ab. Sie erhielt sich in einzelnen Landschaften wie Gloucester, woher im 16.Jh. W. → Tyndale kam. Bedeutsam für die Folgezeit wurde die von W. angeregte und (zusammen mit Nikolaus von Hereford) begonnene → Bibelübersetzung (: V, 2b) in die Volkssprache. Das anglikanische Kirchenbewußtsein hat sich in der herrschenden Linie nicht zu ihm bekannt, geschweige sich auf ihn berufen. Hingegen wurde sein System die theologische Grundlage für J. → Huß, zumal seit 1382 (Vermählung Annas von Luxemburg-Böhmen, Tochter Karls IV., mit Richard II. von England) viele tschechische und deutsche Studenten in Oxford studierten.

Lat. Werke hg. v. der W. Society, London 1883 ff (bisher 36 Bde); darin u.a. noch nicht enthalten: Tractatus de officio pastorali, ed. G.V.LECHLER, 1863; Trialogus, ed. DERS., 1869; De Christo et suo Antichristo, ed. R.BUDDENSIEG, 1880. - Select English Works of J.W., ed. TH.ARNOLD, 3 Bde, 1869–71 - The English Works of J.W. hitherto unprinted, ed. F.D.MATTHEW, 1880 - J.W.s lat. Streitschriften, ed. R.BUDDENSIEG, 1883 - W.W.SHIRLEY, A Catalogue of the Original Works of J.W., 1865 (erg. v. J.LOSERTH, 1925) - DERS. (Hg.), Fasciculi Zizaniorum magistri J.W. cum tritico, 1858 (W.s Gegner Thomas Netter of Walden zugeschrieben). - Über W.: G.V.LECHLER, J.v.W. u. d. Vorgesch. d. Reformation I. II, 1873; engl. 1884 - J.LOSERTH, Hus u. W., (1884) 1925² - DERS., Studien zur Kirchenpolitik Englands im 14.Jh. I. II (SAW 136 u. 156), 1896/1907 - R.BUDDENSIEG, J.W. u. seine Zeit, 1885 - H.FÜRSTENAU, J.v.W.s Lehren von d. Einteilung d. Kirche u. von d. Stellung d. weltl. Gewalt, 1900 - RE XXI, 225 ff (auch XI, 615 ff: Lollarden) - ERE XII, 812 ff - H.B.WORKMAN, J.W., 2 Bde, 1926 - J.F.LAUN, Thomas v. Bradwardine, der Schüler Augustins u. Lehrer W.s (ZKG 47, 1928, 333–356) - DERS., Die Prädestination bei W. u. Bradwardine (Imago Dei. Festg. f. G.Krüger, 1932, 63–84) - W.MÜNCH, Der kirchl. Prozeß gegen W. (Diss. Breslau), 1941 - DThC XV/2, 3585 ff - DNB XXI, 1117 ff - J.H.DAHMUS, The Prosecution of J.W., 1952 - K.B. MCFARLANE, J.W. and the Beginnings of English Nonconformity, 1952 - M.SCHMIDT, J.W.s Kirchenbegriff. Der Christus humilis Augustins bei W. (Gedenkschr. f. W.Elert, 1955, 72–108) - J.A.ROBSON, W. and the Oxford Schools, 1961. *M.Schmidt*

Wynbald (701–61), Bruder → Wilbalds (, 1), ging mit ihm 721 nach Rom, wo er blieb und 738 durch → Bonifatius für Germanien gewonnen, dann bes. in Thüringen beschäftigt wurde. 751/52 gründete W. ein Männerkloster (wie die Schwester → Walpurgis ein Frauenkloster) in → Heidenheim.

Außer der Lit. zu → Wilbald, 1: HAUCK I, 501 ff. 537 ff - A.BRACKMANN, Germania pontificia II/1, 1923, 10 ff - F.FLASKAMP, Die Missionsmethode des hl. Bonifatius, 1929, 47 ff. *F.Flaskamp*

Wyszynski, *Stefan,* Kardinal (1953), * 3.8.1901 in Zuzela, 1924 Priester. Nach Studien in Rom, Deutschland, Belgien und Holland war W. in der Pfarrseelsorge tätig und Prof. am Priesterseminar in Wloclawek. Im Kriege förderte er die Widerstandsbewegung. 1946 wurde er Bischof von Lublin, 1948 Erzbischof von → Gnesen und → Warschau und damit Primas von → Polen (: I, 5); als solcher ist er zugleich Apostolischer Administrator der Diözesen in den seit 1945 unter polnischer Verwaltung stehenden deutschen Ostgebieten. W. hat wiederholt versucht, dort - auch gegen den Willen des Vatikans - eine endgültige kirchliche Ordnung durchzusetzen. In der stalinistischen Ära 1953 in ein Kloster verbannt, ergab sich nach seiner Freilassung (1956) auf Grund realistischer Einschätzung der Lage auf beiden Seiten eine labile Koexistenz von Staat und Kirche. Aber immer wieder protestiert W. wegen fehlender Öffentlichkeitsrechte der Kirche, Behinderung des Religionsunterrichts und wegen staatlich empfohlener Geburtenbeschränkung. W. hat sich mehrfach zur Soziallehre der kath. Kirche geäußert (Katholizismus, Kapitalismus, Sozialismus, 1928; Der Sinn der menschlichen Arbeit, 1948; u.a.).

HerKorr 3 ff (s. Reg. s.v. W. u. Polen) - G.N.SHUSTER, Religion hinter dem Eisernen Vorhang, 1954 - AnnPont 1962. *W.Sucker*

Wyttenbach, 1. *Daniel* (1706–79), ref. Theologe, * in Bern, unternahm nach dem Studium 1735 eine Bildungsreise nach Marburg (wo er Chr. → Wolff hörte), den Niederlanden und Paris. 1740 wurde er Helfer an der Heiliggeistkirche, 1746 Prof. für polemische Theologie in Bern, 1756 Prof., Konsistorialrat, Kirchen- und Schulinspektor in → Marburg. Mit einer hervorragenden, am Wolffschen Wissenschaftsbegriff geschulten Darstellungsgabe versuchte W. in immer neuen Anläufen den Inhalt des ev. Glaubens zu entfalten. So wurde er zum Autor einer auf der Wolffschen Unterscheidung und Zuordnung von natürlicher und geoffenbarter Theologie aufbauenden Normaldogmatik seines Jh.s. Die Konsequenzen des Wolffschen Determinismus versuchte W. durch Hervorhebung der menschlichen Freiheit zu mildern, wie er auch die ref. Prädestinationslehre dadurch abschwächte, daß er die Erwählung als einen die media des Glaubens und der Heiligung miteinschließenden Ratschluß verstand.

Vf. u.a.: Kurzer Entwurf der ganzen Christl. Religion, 1744; Auszug aus dem kurzen Entwurf, 1744; Tentamen theologiae dogmaticae I–III, 1747–49; Compendium theologiae dogmaticae et moralis, 1754; Theologiae elenchticae initia, 1759; Elementa hermeneuticae sacrae, 1760. - Über W.: M.J.CHR.BANG, Elogium D. Danielis W.ii, 1781 - STRIEDER XVII (Bibliogr.) - A.SCHWEIZER, Die prot. Centraldogmen II, 1856, 757 f - ADB 44, 427 ff - HBLS VII, 616 - P. WERNLE, Der schweiz. Protestantismus I, 1923, 552 - K.GUGGISBERG, Bernische KG, 1958, 498. *M.Geiger*

2. *Thomas* (1472–1526), Reformator seiner Vaterstadt Biel in der Schweiz, studierte in Tübingen 1496–1504 unter Konrad Summenhart und Paul → Scriptoris, lehrte als Sententiarius in Basel, wo u.a. Leo → Jud und → Zwingli seine Schüler waren und von ihm nachhaltig beeinflußt wurden. Gegen Gabriel → Biel schon in Tübingen Anhänger der via antiqua, neigte W. immer mehr zum Humanismus und drang auf biblisches Quellenstudium. 1507 erhielt er die Pfarrei Biel, geriet aber damit in langwierige Pfründstreitigkeiten. Etwa 1515–18 war er Chorherr und Kustos am St. Vinzenzenstift in Bern. 1520 kehrte er nach Biel zurück, wo er seit 1523 für die Reformation eintrat. Seine Verheiratung und die von sieben Priestern führte zu seiner Amtsentsetzung. W. lebte nun in bedrängten äußeren Verhältnissen, wirkte aber weiter für die Sache des Evangeliums, zu der ein Teil der Bürgerschaft hielt. Die Einführung der Reformation in Biel (1528) erlebte W. nicht mehr.

ED.BLÖSCH, Gesch. d. Stadt Biel, 1855 - RE XXI, 574 ff - H.TÜRLER, Dr. Th.W. (Bieler Jahrbuch, 1927, 107–129) - W.BOURQUIN, Die Reformation in Biel (Gedenkschr. zur Berner Reformationsfeier, 1928, 347–388). *O.E.Straßer*

X

Xavier, *Franz* (Francisco de Jassu y X.), SJ, * 7.4.1506 auf Schloß Xavier (Navarra), † 3.12.1552 auf der Insel Sancian vor Kanton. Der elegante Edelmann studierte seit 1525 in Paris und wurde 1533 von Ignatius von → Loyola gewonnen, dessen liebster Gefährte er war (→ Jesuiten). Der Auftrag des Königs von Portugal 1541, als Päpstlicher Legat nach Ostindien zu gehen, gab seinem Leben die Wendung zur Mission in → Indien (: IV, 2) und Ostasien. Er landete am 6.5.1542 in der portugiesischen Kronkolonie → Goa und unternahm von dort aus weite Missionsreisen: zunächst an die Fischerküste zur geistlichen Festigung Neubekehrter, dann nach Malakka (1545), nach den Molukken (1546), schließlich 1549-51 als erster Europäer nach → Japan (: IV, 1). Er starb auf dem Wege nach China, in das er vergeblich einzudringen versuchte. - Obwohl bei X. Anfänge neuzeitlicher Missionsarbeit zu suchen sind (Heranziehung einheimischer Helfer, Gründung von Schulen, Studium von Sprache und Religion der Völker), hat er weniger Bedeutung durch beständige und dauerhafte Missionsarbeit gewonnen; er war vielmehr der »Pfadfinder«, dessen Berichte im kath. Europa Verständnis und Begeisterung für die Mission weckten. 1619 wurde er selig-, 1622 heiliggesprochen. Pius XI. ernannte ihn 1927 zusammen mit → Therese von Lisieux zum Patron aller Missionen.

Epistolae S. Francisci Xaverii aliaque eius scripta I. II, ed. G. SCHURHAMMER SJ u. J.WICKI SJ, Rom 1944-45; Die Briefe des F. de X. 1542-52, ausgew., übertragen u. kommentiert v. E.GRÄFIN VITZTHUM, (1939) 1950³. - Über X.: L.KOCH SJ, Jesuitenlexikon, 1934, 591ff - G.SCHURHAMMER SJ, Der hl. F.X., 1925 - DERS., F.X., sein Leben u. s. Zeit I (1506-41), 1955 - J.BRODRICK SJ, Abenteurer Gottes, (1954) 1959² - LThK² IV, 248f (Bibliogr.). *G.Maron*

Xenophanes *von Kolophon* (ca 570-475 vChr), verließ als 25jähriger (f. 8 Diels) seine jonische Heimat und führte als Sänger und Dichter ein unstetes Wanderleben vornehmlich in Sizilien. In den erhaltenen rd 120 Versen aus seinen Dichtungen (Elegien und Hexameter) nehmen philosophische Probleme breiten Raum ein (→ Griechisch-römische Philosophie, 2 a β). Gründer der eleatischen Schule und Lehrer des → Parmenides, wie alte Überlieferung will, war er aber gewiß nicht. Einige Themen des X. waren wichtig, neu und auch in der Folgezeit einflußreich: sein Protest gegen die Überschätzung »nutzloser« Sportsiege gegenüber intellektueller Leistung (f. 2), die vernichtende Kritik an der sittlich verwerflichen und anthropomorphen Mythologie bei → Homer und Hesiod: Götter, die wie Menschen aussehen und stehlen, ehebrechen, betrügen, gibt es nicht. *Ein* höchster → Gott (: VII, 1) ist, der selbst ruhend »das All mit des Geistes Wollen erschüttert« (f. 25). Wie vor dem Kriterium des *»Geziemenden«* (ἐπιπρέπει, f. 26) die Mythologie dahinfällt, so hält für X. die milesische Spekulation der Frage nach ihrer *Beglaubigung* nicht stand. Nüchtern hält er sich an greifbare, oder vermeintlich greifbare, Phänomene (f. 28); doch »über die Götter und das All« gesteht er den Menschen nur Vermutung (δόκος) zu. Wer X. als rationalen Theologen, als Skeptizist, als Eleaten und Monisten deutet, läßt sich von einzelnen Facetten dieses vielerfahrenen Geistes blenden.

H.DIELS-W.KRANZ, Die Fragmente der Vorsokratiker I, 1951⁶. - Über X.: Ü I, 75ff. 47* (Lit. bis 1921) - H.FRÄNKEL, X.studien (Hermes 60, 1925, 174-192 = DERS., Wege u. Formen frühgriech. Denkens, 1960², 335-349) - K.DEICHGRÄBER, X. περὶ φύσεως (RheinMus 87, 1938, 1-31) - C.M.BOWRA, X. and the Olympian Games (Amer. Journal of Philology 59, 1938, 257-279 = DERS., Problems of Greek Poetry, Oxford 1953, 15-37) - W.A.HEIDEL, Hecataeus and X. (ebd 64, 1943, 257-277) - A.LUMPE, Die Philos. des X., 1952 - W.JAEGER, Die Theol. der frühen griech. Denker, 1953, 50ff - G.S.KIRK-J.E.RAVEN, The Presocratic Philosophers, Cambridge (1957) 1960², 165ff. *G.Patzig*

Ximénez *de Cisneros, Francisco* (1436-1517), * in Torrelaguna (Prov. Madrid), † in Roa (Prov. Burgos), seit 1477 Kaplan und Generalvikar in Sigüenza, 1484 Franziskaner, 1492 Beichtvater der Königin Isabella, 1495 Erzbischof von Toledo, 1507 Kardinal und Generalinquisitor von Kastilien. X. begann die strenge Observanz in den Mönchsorden wiederherzustellen und eine Kirchenreform durchzuführen; er gehört insofern in die Geschichte der vorreformatorischen Bewegung. Nach der Eroberung Granadas forderte er die gewaltsame Bekehrung der Mauren. In der Fortführung der Reconquista setzte er sich für die Eroberung Nordafrikas ein und leitete die Expeditionen nach Mazalquivir (1505) und Orán (1509). 1506/07 und 1516/17 führte er die Regentschaft in Kastilien. X. begründete die Universität Alcalá de Henares (eröffnet 1509) und ist der geistige Urheber der → Polyglotten-Bibel von Alcalá.

K.J.v.HEFELE, Der Kardinal X. u. d. kirchl. Zustände Spaniens..., (1844) 1846² - Cartas del Cardenal Don Fray F.Jiménez de C., Madrid 1867 - RE XXI, 577ff - CONDE DE CEDILLO, El Cardenal Cisneros, 3 Bde, Madrid 1921-28 - L.FERNÁNDEZ DE RETANA, Cisneros y su siglo, 2 Bde, ebd 1929-30 - DERS., Fray F.X. de C., ebd 1952 - R.KONETZKE, Der Kardinal Cisneros u. seine Zeit (Ibero-Amerik. Archiv 5, 1931, 217-234) - DERS., Der Kardinal C. u. d. Anfänge Karls V. (ebd 6, 1932, 135-150. 262-280) - J.LÓPEZ DE TORO, Perfiles Humanos de Cisneros, Madrid 1958. *R.Konetzke*

Y

Yale, amerik. *Universität* in New Haven/Conn., eine private, ursprünglich kongregationalistische, jetzt konfessionsfreie Hochschule, nach Harvard in Cambridge/Mass. (1636) und dem William and Mary-College in Williamsburg/Va. (1693) die drittälteste Universität in den → Vereinigten Staaten (: VI). Die Kolonialverwaltung von Connecticut begründete sie 1701 als ein College mit Tutoren. 1718, als New Haven der endgültige Standort wurde, gaben die Kuratoren der Schule den Namen Y. College: nach Elihu Yale (1648–1721) aus Massachusetts, einst Gouverneur von Fort St. George in Madras (Indien), der der Hochschule großzügige Stiftungen gemacht hatte. Eine neue Satzung, 1745 aufgestellt und noch heute gültig, machte den Namen offiziell; 1887 wurde er in Y. University abgeändert, wobei Y. College als Abteilung für Anfänger erhalten blieb. Die Verwaltung lag in den Händen bedeutender Präsidenten, u.a. Timothy → Dwight sen. (1795–1817), Theodore Dwight Woolsey (1846–71), Timothy Dwight jun. (1886 bis 1899), Arthur Twining Hadley (1899–1921), James Rowland Angell (1921–37), Charles Seymour (1937–50) und A.Whitney Griswold (seit 1950). Die medizinische Fakultät wurde 1813 gegründet, die theologische 1822, die juristische 1824, die Abteilung für Graduierte 1847. Mit Y. verbunden sind die Berkeley Divinity School (episkopal) in New Haven und das Bernice P.Bishop Museum in Honolulu auf Hawaii. Unter den theologischen Vortragsreihen der Universität sind die Lyman Beecher Lectures über die Predigt und die Dwight Harrington Terry Foundation Lectures über »Religion im Lichte der Naturwissenschaft und Philosophie«. Zu ihren archäologischen Expeditionen gehören die nach → Gerasa und → Dura-Europos. Mit der Universität Heidelberg besteht ein Studentenaustauschprogramm. Der Lehrkörper mit 2173 Personen unterrichtet 8129 Studenten (davon 7465 Vollstudenten).

Biographical Sketches of the Graduates of Y. College (1701–1815), 6 Bde, New Haven 1885–1912 – Biographical Notices of Graduates of Y. College, ebd 1913 – F.A.Dexter (Hg.), Documentary Hist. of Y. Univ. 1701–45, ebd 1916 – E.Oviatt, The Beginnings of Y. 1701 to 1726, ebd 1916 – G.W.Pierson, Y. College, an Educational Hist. 1871–1921, ebd 1952 – Ders., Y., the Univ. College 1921–37, ebd 1955 – R.H.Bainton, Y. and the Ministry, New York 1957.

A.C.Piepkorn

Yoga. Der Begriff Y. (von der Wurzel yuj »zusammenbinden«, »straffhalten«, »unters Joch spannen«) bezeichnet ganz allgemein jede asketische Technik (→ Askese: I) und → Meditations-Methode. Ausgangspunkt für das Verständnis des Y. in der indischen Geistesgeschichte ist der »klassische« Y., dh das von Patanjali im Y.-Sûtra entwickelte »System der Philosophie« (darshana). Daneben existieren zahllose nichtsystematische »populäre«, aber auch nichtbrahmanische (buddhistische, jinistische) Formen. Patanjali gebührt das Verdienst, die Y.traditionen gesammelt und systematisiert zu haben. Von den Praktiken behielt er bei, was durch säkulare Erfahrung hinreichend ausgewiesen war. Hinsichtlich des theoretischen Rahmens und der metaphysischen Fundierung war sein persönlicher Beitrag sehr gering. Im allgemeinen übernahm er die → Sânkhya-Philosophie, der er lediglich eine ziemlich oberflächliche theistische Ausrichtung gab. Die Sânkhya- und Y.-darshanas dekken sich so weitgehend, daß die meisten Sätze des einen Systems auch für das andere gelten. Wesentliche Unterschiede betreffen folgende Punkte: 1. Sânkhya ist atheistisch, Y. theistisch orientiert, da hier die Existenz eines höchsten Gottes (Îshvara) angenommen wird; 2. nach dem Sânkhya besteht der Heilsweg einzig in der metaphysischen Erkenntnis, der Y. dagegen mißt den Meditationstechniken wesentliche Bedeutung bei. Die indische Tradition hat den Autor des Y.-Sûtra mit dem Grammatiker Patanjali (2.Jh. vChr) identifiziert (so auch Garbe, Dasgupta; dagegen möchten H.Jacobi und A.B. Keith Patanjali ins 4./5.Jh. nChr setzen; jeder indische Traktat enthält freilich Elemente älteren, oft sogar sehr alten Ursprungs). Einen Kommentar zum Y.-Sûtra schrieb Vyâsa (5./7.Jh. nChr), den Vâcaspatimishra (9.Jh.) glossierte. – Ziel der Y.praxis ist der Zustand des samâdhi, der endgültigen → Erlösung (: I). Patanjali unterscheidet 8 gleichzeitig als Kategorien bestimmter psycho-physiologischer Übungen und als Stufen des asketisch-geistigen Weges zur endgültigen Befreiung zu verstehende »Glieder« (anga) des Y.: yama (Zügelung), niyama (Zucht), âsana (Körperhaltungen), prânâyâma (Atmungskontrolle), pratyâhâra (Unempfindlichwerden der Sinne gegen Reize von außen), dhâranâ (Konzentration), dhyâna (Y.-Meditation), samâdhi. Eine der charakteristischsten Y.techniken ist die Atemkontrolle: der Y.jünger beginnt mit allmählichem Verlangsamen seines Atemrhythmus, das in einem mehr oder weniger ausgedehnten Anhalten des → Atems enden muß. Beim dhâranâ konzentriert der Y.jünger seine Gedanken auf einen Punkt, wobei nach längerem Fortsetzen der Übung das dhyâna erreicht wird, das Patanjali als »Strom vereinheitlichten Denkens« definiert (Y.-Sûtra III, 2). Das samâdhi schließlich verwirklicht den paradoxen Zustand des »im Leben Erlösten« (jîvanmukta): das Ich (purusha) bleibt frei und autonom; der Y.jünger lebt nicht mehr unter dem Zugriff der Zeit, sondern in ewiger Gegenwart (→ Ekstase). – Das körperliche Training und das Erzwingen außerordentlicher physiologischer Phänomene, die über das sonst Erreichbare hinausgehen, spielen in Patanjalis »klassischem« Y. (râjayoga, »königlicher Y.«) keine große Rolle. Dies gehört zu den Besonderheiten des Hatha-Y. (»Gewalt-Y.«), für den eine Vielzahl psycho-physiologischer Techniken charakteristisch ist. – Im Y. manifestiert sich eine spezifische Dimension des indischen Geistes. Fast alle religiösen Bewegungen, hinduistische (→ Hinduismus) wie »häretische« (→ Buddhismus, → Jinismus) haben die Y.praxis aufgenommen und ausgewertet. In ganz → Indien (: II) findet man den Y. als eine auf breitester Ebene anwendbare Selbstbeherrschungs-, Meditations- und → Kontemplations-Technik. - Vgl. → Aurobindo, → Mystik: II, 3.

S.N.DASGUPTA, Y. as Philosophy and Religion, London 1924 - DERS., Y. Philosophy in Relation to other Systems of Indian Thought, Calcutta 1930 - J.W.HAUER, Y. als Heilsweg, 1932 - DERS., Der Y., ein ind. Weg zum Selbst, 1958 - M.ELIADE, Techniques du Y., Paris 1948 - DERS., Le Y. Immortalité et Liberté, ebd 1954; engl. 1958, dt. 1960 (Lit.) - HEILER 557. *M.Eliade*

York *(Eboracum)*, im anglischen Norden der britischen Insel, war zur Römerzeit Bischofssitz, 625 unter Paulinus erneuert. Schon von → Wilfrith als Kirchenprovinz angestrebt, wurde Y. 735 unter → Egbert (, 2) *Metropole*, verdient um die → Friesen-Mission (Wilfrith, → Willibrord). Als mittelalterliche Bischöfe ragen weiter → Aelfrik, → Wolsey und Nikolaus Heath (1555 bis 1579) hervor. Seit 1559 ist Y. Erzbistum der englischen Staatskirche.

G.A.AUDEN, Historical and Scientific Survey of Y., 1906 - J.L. BROOKBANK-W.M.HOLMES, Y. in English History, 1909 - A.H. THOMPSON, Documents relating to Visitations of the Diocese and Province of Y., 1916 - ODCC 1484f. *F.Flaskamp*

Young, *Edward* (1683-1765), englischer Dichter. Nach Erziehung in der public school von Winchester und Studium in Oxford wurde Y., als sich Hoffnungen auf eine weltliche Laufbahn nicht erfüllten, Geistlicher und lebte seit 1730 als Pfarrer in Welwyn (Hertfordshire). Y.s literarische und geistesgeschichtliche Bedeutung beruht weniger auf seinen leidenschaftserfüllten Tragödien (Busiris, 1719; The Revenge, 1721) oder seinen geistreichen Satiren (The Universal Passion, 1725 bis 1728), die Sitten- und Glaubenslosigkeit anprangern, als vielmehr auf dem in Blankversen abgefaßten Gedicht The Complaint, or: Night Thoughts on Life, Death and Immortality (9 Teile, 1742-45). Die Popularität dieses poetischen Memento Mori beruhte auf seinem didaktisch-apologetischen Charakter, indem es Glauben und Tugend als Voraussetzung für ein Leben nach dem Tode preist, vernunftgeleitete Meditationen über Leben und Tod anstellt und in neuer Weise persönliche Gefühle zum Gegenstand weltschmerzlicher → Empfindsamkeits-Dichtung macht. Die mit Y.s Night Thoughts zur Blüte kommende Friedhofsdichtung (dazu u.a. Th.Parnell, A Night Piece on Death, 1722; R.Blair, The Grave, 1743; Th.Gray, Elegy Written in a Country Churchyard, 1750) wirkt nachhaltig auf die französische und deutsche Dichtung (erste deutsche Übers. v. J.A.Ebert 1752), vor allem auf → Klopstock, der Y. als seinen Lehrer und Genius feiert (Ode auf Y.). - Auf dem Wege zur → Romantik (: II) sind für die Entwicklung des Geniebegriffes Y.s Conjectures on Original Composition (1759) bedeutsam (→ Sturm und Drang, 1. 2). Er entwickelt den Gedanken vom intuitiven schöpferischen Dichter, im Gegensatz zum regelgebundenen Gelehrten als Nachahmer. Damit steht Y. → Hamanns Sokratischen Denkwürdigkeiten (1759) mit seinem Begriff vom gläubigen Künstler, in dem die Natur Gottes wirkt, nahe.

Poetical Works, ed. J.MITFORD, 2 Bde, London 1830-36 - Complete Works, ed. J.DORAN, 2 Bde, ebd 1854. - Über Y.: H.C.SHELLEY, The Life and Correspondence of E.Y., ebd 1914 - I.BLISS, Y.s Night Thoughts in Relation to Contemporary Christian Apologetics (Public. of the Modern Lang. Associat. of America 49, 1934, 37 bis 70). *G.Müller-Schwefe*

Yvon, *Pierre* (1646-1707), * in Montauban, † in Wieuwerd (Westfriesland). Schon als Kind wurde er von seiner Mutter in die Kirche gebracht, wenn → Labadie predigte. 1662 folgte er ihm nach Genf, 1666 nach Middelburg (Niederlande) und wurde sein nächster Schüler und Freund. In Amsterdam gewann er A.M. van → Schuurman für die labadistische Hausgemeinde, scheiterte jedoch mit dem gleichen Versuch bei G. → Voetius, A. → Bourignon und J.G. → Gichtel. Seit 1670 mit der Hausgemeinde in Herford, heiratete er zweimal, nachdem die ursprüngliche Askese der Labadisten aufgegeben und durch Ehen der Heiligen ersetzt war. Nach der Vertreibung aus Herford und dem vorübergehenden Aufenthalt in Altona siedelte die Hausgemeinde 1675 nach dem Schloß Waltha oder Thetinga in Wieuwerd über. Dort wurde Y., nach Labadies Tode (1674) der unbestrittene Leiter, ihr eigentlicher Gestalter. Theologisch suchte er eine engere Anlehnung an die ref. Lehre als sein Meister, bekämpfte → Spinoza (Impietas convicta, 1681; gegen Spinozas Tractatus) und A.Bourignon.

Vf. ferner bes.: Declarationsschrifft (mit Labadie u. P. du Lignon), 1671, lat.: Veritas sui vindex seu solennis fidei declaratio, 1672; L'Homme Pécheur, 1683; Idée de la vraie religion, 1684; Le mariage chrétien. Sa sainteté et ses devoirs, 1685 (holl. 1686; möglicherweise wichtig für → Hochmann v. Hochenau u. → Zinzendorf). - Über Y.: J.G.WALCH, Hist. u. theol. Einl. in d. Religionsstreitigkeiten außer d. ev.-luth. Kirche IV/V, 1736, 861ff - M.GOEBEL, Gesch. d. christl. Lebens in d. rhein.-westf. Kirche II/1, 1852, 258ff - A.RITSCHL, Gesch. d. Pietismus I, 1880, 195. 204 u.ö. - RE XXI, 584ff. - Vgl. die Lit. zu → Labadie. *M.Schmidt*

Z

Zabarella, 1. *Franziskus* (10.8.1360 bis 26.9.1417), * in Padua, † in Konstanz, 1385 Prof. iuris utriusque in Florenz, 1391 in Padua, 1410/11 Bischof von Florenz, 1411 Kardinal. Der Sentenzenkommentar (Venedig 1602) und der Traktat De schismate pontificum (mehrere Gutachten 1403/08; Basel 1565) enthalten die juristische Begründung des Konziliarismus. Der vom Papst lehensrechtlich unabhängige Kaiser kann ein Generalkonzil einberufen; andererseits nimmt der Papst durch seine Amtsgewalt auf das Reich Einfluß. Höhepunkte von Z.s Kirchenpolitik wurden die → Reformkonzile von Pisa und Konstanz und die Verhandlungen der Kardinäle mit König → Siegmund 1414/15.

J.F.v.SCHULTE, Gesch. d. Qu. u. Lit. d. kanon. Rechts I-III, 1875 bis 1880 - A.KNEER, Kardinal Z. (Diss. Münster), 1891 - G.ZONTA, Fr.Z., Padua 1915 - F.ANDRAE, Das Kaisertum in d. jurist. Staatslehre d. 15.Jh.s (Diss. Göttingen), 1951 (Masch.). *A.Gerlich*

2. *Giacomo* (1533-89), seit 1564 Prof. der Logik in Padua, strenger Anhänger des → Aristoteles und Hauptförderer einer Erneuerung der alten Schulwissenschaft; doch bereiten seine Gedanken über das Verfahren der Wissenschaft auch die des → Galilei vor. Z. beschränkte seine Arbeit auf die Denklehre und die Naturlehre (Opera, 5 Bde, Lyon 1587); jene ist am bedeutendsten. Sie stellt sich als eine Reihe einzelner Abhandlungen dar,

unter denen die »Über die Natur der Logik«, »Über die Methoden« und »Über den Regreß« hervorgehoben seien. Dann schrieb er eine große Erklärung der Zweiten Analytiken des Aristoteles, auf die sich die Einzelschriften gleichfalls beziehen; auf ihnen baut also seine ganze logische Arbeit auf, und er beklagt ihre bisherige Vernachlässigung. Man kann damit einen dritten Abschnitt in der Entwicklung der → Logik seit dem Ausgang des Altertums beginnen lassen. Wenn man im MA eine Alte und Neue Logik unterschied, von denen jene sich auf die Einleitung des → Porphyrius, auf die Kategorien und die Hermeneutik gründete, diese einsetzte, als die Analytik und die Topik bekannt wurden und die Schlußlehre der Ersten Analytiken in den Streitgesprächen der Hochschulen eine unermeßliche Anwendung fand, so wandte sich jetzt die Aufmerksamkeit den Zweiten Analytiken zu, die dem Beweis und der Begriffsbestimmung gewidmet sind, und es entsteht so eine »Neueste Logik«, die wir zuerst bei Z. deutlich erfassen. Die Denklehre geht in die Erkenntnislehre über, und das in der Wissenschaft zu übende Verfahren wird ihr eigentlicher Gegenstand. Dabei nimmt die neue Wissenschaft von der Erfahrung ihren Ausgang und sucht deren Ursachen; das zergliedernde oder rückschreitende Verfahren (der Regreß) ist für sie daher bes. wichtig.

P. Petersen, Gesch. d. arist. Philos. im prot. Deutschland, 1921, 196ff u.ö. - Ü III, 33f.

M. Wundt

Zacharias, *Papst* 10.12.741 bis 22.3.752, süditalienischer Grieche. Er begann mit einer politischen Neuorientierung, indem er sich mit den → Langobarden (→ Gregor III.) verband und wahrscheinlich auf die byzantinischen Thronkämpfe einzuwirken suchte. Z. unterstützte die Versuche des → Bonifatius, bei den → Franken eine von Rom abhängige kirchliche Organisation und Metropolitanverfassung zu errichten. Dem Sturz der Merowinger (751) und Pippins Erhebung zum König gab Z. die kirchlich-moralische Legitimation (→ Papsttum: II, 1 b).

RE XXI, 588f - LThK X, 1021f - G. Ladner, I ritratti dei papi nell'antichità e nel medioevo I, Città del Vaticano 1941, 99ff - O. Bertolini (→ Paul I.) 470ff - Ders., I rapporti di Zaccaria con Costantino V e con Artavasdo ... (Archivio della Società Romana di Storia patria 78, 1955, 1-21) - DThC XV/2, 3671ff - H. Büttner, Aus d. Anfängen d. abendländ. Staatsgedankens (HJ 71, 1951, 77-90) - EC XII, 1760 - Haller I, 502ff - Th. Schieffer, Winfried-Bonifatius u. d. christl. Grundlegung Europas, 1954 (Lit.) - Seppelt II, 108ff.

H. Fuhrmann

Zacharias Rhetor *(Scholasticus),* byzantinischer Theologe, * in Majuma bei Gaza, † vor 553 (s.u.), seit ca 492 Rechtsanwalt in Konstantinopel, schrieb eine KG für 450-491 in monophysitischem Sinne, die sich im Rahmen einer anonymen Weltchronik (bis 568/69) erhalten hat, ferner Lebensbeschreibungen seines Freundes → Severus von Antiochien, des Bischofs Peter des Iberers von Majuma, des Asketen Isaias von Skete u.a., den Dialog »Amonius« über die Weltschöpfung (CSCO III/25, 1-16) und ein verlorenes Werk gegen die Manichäer. Trotz mancher Zweifel ist Z. wohl identisch mit dem nunmehr orthodoxen Bischof (vor 535) Z. von Mytilene, der 536 an der Synode in Konstantinopel teilnahm und vor 553 auf Mytilene starb.

Ausg. der KG (mit lat. Übers.) v. E.W. Brooks, CSCO 83/84 u. 87/88, 1919-24; dt. v. K. Ahrens u. G. Krüger, 1899; engl. v. F. Hamilton u. E.W. Brooks, 1899; der Vita Severi v. J. Spanuth (1893) u. M.A. Kugener (PO II/1, 1903, mit franz. Übers.; diese auch v. F. Nau, ROC 4, 1899, 344-353. 544-571; 5, 1900, 74-98); der Vita Isaiae v. K. Ahrens u. E.W. Brooks, 1907. - Über Z.: RE XXI, 593ff - Altaner § 49, 12 - Beck 385f (Lit.).

B. Spuler

Zadok wird seit der Einnahme Jerusalems neben dem Eliden (→ Eli) Abjatar als Priester → Davids genannt (2Sam 17, 15; 19, 12; die Beamtenliste 2Sam 20, 25). Anders als dieser bleibt Z. in 2Sam 8, 17 (vgl. BH) ursprünglich ohne Herkunftsangabe und gilt erst später als Elide (dagegen 1Sam 2, 27-36; 22, 19f; 1Kön 2, 26f). Versuche, ihn von der Priesterschaft in → Gibeon (1Chr 16, 39 [Auerbach]) oder der → Lade-Priesterschaft in Kirjat-Jearim (2Sam 6, 3f: aḥîw = Z. [Budde]) herzuleiten, sind nicht überzeugend. Bentzen und Rowley sehen in Z. den (durch Gen 14; Ps 110, 4 legitimierten) Priester des jebusitischen Jerusalemer Heiligtums. Doch war Z. vielleicht ein homo novus (Wellhausen). Die Parteinahme für → Salomo in den Nachfolgewirren (1Kön 1) bringt Z. die alleinige Priesterschaft in Jerusalem (1Kön 2, 35). Die Z.iden sind dort bis zum → Exil Oberpriester am königlichen Eigentempel. In der josianischen Reform behaupten sie ihren Vorrang (2Kön 23, 9) gegen die → Leviten (Dtn 18, 6-8). Ez 44, 15 erhebt ihre faktische Stellung zur Theorie. Die aus dem Exil zurückkehrenden Z.iden behalten gegen rivalisierende Priestergruppen (North: Stierpriesterschaft von Bethel; Judge: nichtzadokidische Gruppen, die in exilischer Zeit den Kult in Jerusalem versahen; de Vaux: Nachkommen Abjatars), die aaronidische Herkunft beanspruchen, die Führung (vgl. die genealogischen Konstruktionen 1Chr 5, 30-34; 6, 35-38, die den Z.iden innerhalb der Aarondeszendenz die bessere Herkunft zusprechen). Von Josua (Esr 3, 2; Hag 1, 1) an liegt bis zZ des Religionskampfes mit den → Seleukiden (172 vChr) das Amt des → Hohenpriesters von Jerusalem in zadokidischer Linie (→ Judentum: I, 1). Danach wandern Z.iden nach Ägypten ab (→ Leontopolis: Josephus, Ant. XII, 387f; XIII, 62-73) oder wenden sich sektiererischen Gruppen zu (Qumran: Dam 3, 20 - 4, 3; 1QS 5, 2. 9 u.ö.). Ob die → Sadduzäer mit den Z.iden zusammenhängen, ist strittig.

J. Wellhausen, Prolegomena zur Gesch. Israels, 1886³, 121ff - T.J. Meek, Aaronites and Z.ites (AJSL 45, 1928-29, 149-166) - E. Auerbach, Die Herkunft der Ṣadoḳiden (ZAW 49, 1931, 327f) - A. Bentzen, Studier over det Z.idiske Praesterkabs historie (Festskrift udgivet af Københavns Universitet, 1931, 3-114; vgl. ZAW 51, 1933, 173-176) - K. Budde, Die Herkunft Ṣadoḳ's (ZAW 52, 1934, 42-50) - H.H. Rowley, Z. and Nehushtan (JBL 58, 1939, 113-141; Lit.) - Ders., Melchizedek and Z. (Gen 14 and Ps 110) (Festschr. A. Bertholet, 1950, 461-472) - F.S. North, Aaron's Rise in Prestige (ZAW 66, 1954, 191-199) - H.G. Judge, Aaron, Z., and Abiathar (JThS NS 7, 1956, 70-74) - R. de Vaux, Les institutions de l'AT II, Paris 1960, 233ff - ThW VII, 35ff (R. Meyer; Lit.).

W. Schottroff

Zänker, *Otto* (29.6.1876 bis 30.1.1960), ev. Theologe, * in Herzkamp/Westf., † in Bielefeld, 1905 Vereinsgeistlicher für Innere Mission in Godesberg, 1908 Pfarrer in Viersen, 1912 Direktor des Predigerseminars in Soest, 1924 Konsistorialrat in Münster, 1925 General-Sup. für den Sprengel Oberschlesien in Breslau, 1933 Bischof der Kirchenprovinz → Schlesien. Trotz Zwangspensionierung (1941) behielt Z. bis zu seiner Ausweisung (Jan. 1945) die Leitung der Pfarrerschaft der Bekennenden Kirche. Nach 1945 war er als Vorsitzender des Ev. Johannes-Werkes in Bielefeld um die Sammlung und Betreuung der vertriebenen schlesischen Pfarrer und Gemeindeglieder bemüht; u.a. auch Vorsitzender der »Gemeinschaft ev. Schlesier« und Präsident des »Schlesischen ev. Kirchentages«.

Vf. u.a.: Der Primat d. Willens vor d. Intellekt bei Augustin, 1907; Grundlinien d. Theol. M. Kählers, 1914; Kath. u. ev. Frömmigkeit, 1926; Seelsorge an Gebildeten, 1930; 20 Jahre kirchl. Leben in Schlesien 1925-45 (in: Hist.-statist. Jb. über d. Ev. Schlesien, 1953); Es gibt nur eine Wahrheit, 1954. - Über Z.: T. Steffler, Trauerrede für O.Z., in: Schles. Gottesfreund 1960, Nr. 3 - Ders. in: Der Schlesier 12, 1960, Nr. 6.

H. Hohlwein

Zahlensymbolik

I. Religionsgeschichtlich - II. In der Kunst. - Z. = Zahl, Zs. = Zahlensymbolik

I. Religionsgeschichtlich

Das Interesse des Menschen an der Z. muß in frühester Zeit begonnen haben, schon durch die Beobachtung des Tag- und Nacht-Rhythmus, der Mondphasen und anderer Naturgeschehnisse. Zahlenmystische Ansätze in größerem Maße finden sich bei den → Pythagoreern, welche die Z.en als metaphysische Potenzen ansahen; sie werden in der Z.enspekulation der → Kabbala und der islamischen Hurufis weitergeführt (wobei die Austauschbarkeit von Z. und Buchstabe wichtig ist). Einzelne Z.en haben besondere Bedeutung erhalten:

1 ist das allen Z.en gemeinsame Maß, der Vielheit entgegengesetzt und daher Z. der göttlichen Einheit, die doch alle Vielheit in sich begreift. 2 ist die Z. des Gegensatzes (→ Dualismus: I), der Polarität, der Ent-Zweiung, als Prinzip des Lebendigen, der Anziehung und Abstoßung, des positiven und negativen Pols, erstmals wohl ausgeführt im chinesischen Gegensatzpaar des Yang und Yin (→ China: II, 2 a). 2 ist, wie alle geraden Z.en, als weiblich gedacht, im Gegensatz zu den ungeraden männlichen Z.en.

Der Gegensatz der 2 - Ahura Mazdāh (→ Ormazd) und → Ahriman vereint unter dem neutralen Zurvan im persischen Bereich - wird aufgehoben in der 3, der »Durchsetzung der Polarität mit göttlichem Geist«. 3 ist die Synthese, dargestellt in der ersten geometrischen Fläche, dem Dreieck, und philosophisch im triadischen Rhythmus von Thesis, Antithesis und Synthesis bei → Hegel. Die Drei-Z. der Götter ist uralt (→ Trinität: I). Göttliche Wesen wie Moiren, Nornen, Matres (→ Muttergottheiten) treten in Drei-Z. oder Vielfachem von Drei (9 Musen) auf; dreiköpfige Götter finden sich vom keltischen bis zum indischen Bereich. Metaphysische Begriffe werden dreigestuft: das indische sat-cit-ananda, oder Vater-Sohn-Geist als Sein-Erkennen-Lieben. Liturgisch spielt die 3 eine bedeutende Rolle, vgl. die Dreiteilung des israelitischen → Tempels, den in den meisten Religionen üblichen dreimaligen Anruf der Gottheit, das → Trishagion oder das dreimalige »shanti« am Ende der Rezitationen der hinduistischen hl. Schriften. Auch der mystische Heilsweg wird dreifach gegliedert in via purgativa, illuminativa, unitiva; zu vergleichen ist im → Sufismus die Teilung in šarīʿa (Gesetz), ṭarīqa (mystischer Pfad), ḥaqīqa (Wahrheit). Auch anthropologisch-psychologisch ist die 3 wichtig: Einteilung der Seelenkräfte in Verstand-Wille-Gemüt, des Menschen in Leib-Geist-Seele. Die Lehre von den 3 Reichen - dem des Vaters, des Sohnes und des Geistes - ist aus der → Kirchengeschichte (: I, 2b) bekannt. In → Märchen, → Sagen und Legenden ist 3 eine Rund-Z.: 3 Tage war Joseph im Brunnen und Paulus blind; die hl. → Drei Könige sind ebenso bekannt wie 3 Brüder oder 3 Schwestern im Märchen, 3 Rosen oder 3 Lilien im Volkslied. Ein Gast soll, nach türkischer Sitte, 3 Tage, 3 Wochen oder 3 Monate bleiben.

4 gilt als materielle Z.: die → Mond-Phasen und die Sonnenpunkte verbinden sie mit dem Kosmischen; daher die 4 → Elemente, 4 Paradiesesströme, 4 → Jahreszeiten, die 4 Zeitalter Hesiods, die 4 → Weltreiche bei Daniel bzw. die 4 »kalpas« der indischen, 4 Perioden der zoroastrischen Religion (→ Apokalyptik: I). Der → Islam (: I) erlaubt 4 Frauen, erkennt 4 rechtgeleitete → Kalifen an, hat 4 Quellen der Rechtsgelehrsamkeit, 4 orthodoxe Rechtsschulen. Als Z. der Vollständigkeit ist 4 auch in türkischen Ausdrücken wie »Mit 4 Augen erwarten, mit 4 Händen beginnen« anzusehen. Die Quaternität als uraltes Vollkommenheitssymbol ist durch die Forschungen C.G. → Jungs wieder in den Mittelpunkt des Interesses gerückt.

5 ist die Ischtar- bzw. Venus-Z., die Hochzeits-Z. (vgl. die 5 klugen und 5 törichten Jungfrauen [Mt 25, 1 ff] und das Turandot-Rätsel). Das → Pentagramm hat magische, auch abwehrende Kräfte. In China galt die 5 als Glücks-Z. → Manichäismus (5 Archonten, 5 Äonen usw) und Islam (5 Säulen des Glaubens, 5 tägliche Gebete) haben die Z. vergeistigt, die sonst das überschwenglich-naturhafte (Ordnungs-Z. der belebten Natur, der Blüten) Element bezeichnet und von den Pythagoreern als revolutionär betrachtet wurde.

6 ist die Z. des → Makrokosmos; im 6-Stern aus zwei Dreiecken zusammengesetzt, verbindet sie Geistiges und Materielles; sie ist Z. der Schöpfungstage.

Die 7 ist schon bei den Sumerern heilig, dann speziell bei den Semiten; sie bezeichnet die Vollkommenheit des Universums, denn sie ist die Z. der antiken Planeten und entsprechend der Sphären - was in alle späteren mystischen Systeme übernommen ist -, die Z. der Wochentage, deren 7. kritisch-gefürchtet war und dann, im jüdischen → Sabbat, geheiligt wurde. Indien kennt 7 Weltgegenden und Unterwelten, Iran die 7 → Amesha Spentas. Griechenland ordnet die 7 dem Apoll als geistig-männliche Z. zu. Für Israel ist 7 die vollkommene Z.; Sach 4, 10 spricht von 7 Augen Jahwes; man denke an den 7armigen → Leuchter, die 7tägigen Feiern beim Passa und Laubhüttenfest (→ Feste: II, 3. 4c), die Rolle der 7 in at. Erzählungen (7 Kühe Pharaos, 7jähriges Dienen Jakobs usw). 7mal soll das Blut gerächt werden (in Mt 18, 22 zur 7 mal 70fachen Z. der Vergebung umgestaltet). Die → Johannesapokalypse bringt eine große Anzahl von Siebener-Gruppen. Wie das → Vaterunser hat auch die 1. Sure des → Korans 7 Bitten. 7 Tugenden und 7 Todsünden werden gegenübergestellt, die kath. Kirche kennt 7 Sakramente und 7 Gaben des Hl. Geistes. Im Märchen ist 7 eine Dauer-Z.; 7faches Tun oder Gebet gilt als bes. wirkungsvoll. Der Sufismus kennt die mystische Heiligengruppe der Sieben. Biologisch hängt die 7 mit den Zyklen im weiblichen Körper zusammen.

8 ist eine Glücks-Z., von den 8 Paradiesen Elams und der islamischen Volksfrömmigkeit bis zu den 8 Seligpreisungen und dem 8gliedrigen Pfad Buddhas. - 9 = 3 × 3 ist die Z. der Vollendung, beliebt vor allem bei Kelten, Germanen und finno-ugrischen Völkern, wo etwa Geschenke in 9facher Ausfertigung gegeben wurden, 9maliges Niederwerfen Sitte war, dem Fürsten 9 Roßschweife zukamen und die 9 in zahlreichen Redensarten wiederkehrt. Auch China bevorzugt die 9 als Vollkommenheits-Z., so die 9stöckige Pagode als Abbild des Himmels. - 10, die Z. der Finger, ist Z. der Weisheit und Vollendung; als Summe aus 1 + 2 + 3 + 4 wurde sie bes. von den Pythagoreern hochgeschätzt und als heiligste Z. in die hermetische Mystik weitergegeben. Das AT und der Buddha geben je 10 Gebote (→ Dekalog), und 10 ist die Z. der Sephirot in der Kabbala. Augustin hielt ebenfalls 10 für die Weisheits-Z. Die 11 hingegen, welche die Vollkommenheit überschreitet, ist Bild der Maßlosigkeit.

12 ist die große kosmische Z. »Die hl. Z.en ruhen in der Zwölfe« (Schiller), denn sie ist 3 × 4 oder 5 + 7. In China und Babylon ist sie die Z. des Tierkreises; Babylon teilt den Tag in 12 Stunden, das Jahr in 12 Monate ein, die → Gnosis kennt 12 Äonen. Vollzähligkeit ist auch bei den 12 → Stämmen Israels und den davon abgeleiteten 12er-Gruppen des AT, den 12 Toren des himmlischen Jerusalem in der Apk beabsichtigt. Auch die 12 Jünger Jesu weisen auf die Vollkommenheit. - Dagegen ist 13, die babylonische Unterwelts-Z., als Sprengerin eines

vollendeten und geschlossenen Systems und Z. des Schaltmonats bis heute Unglücks-Z. geblieben.

14, als 2 × 7, ist glückbringend (14 → Nothelfer). 15 ist die potenzierte Ischtar-Z., während 18 in der Kabbala günstig ist und in Zusammenhang mit dem numerischen Wert des Gottesnamens »ḥajj« (der Lebendige) gebracht wird. Bei den Mewlewi-Derwischen ist 18 die hl. Z., zurückgehend auf die 18 Eingangsverse von Maulana Rumis Mathnawi, und wird in zahlreichen Einzelheiten des Ordenslebens beachtet. Dagegen ist 19 und ihre Potenzen, gegründet auf den Gottesnamen »Vāḥid« (der Eine), die hl. Z. der → Bahais, die das Jahr in 19 Monate zu 19 Tagen einteilen.

Unter den höheren Z.en ist die 25 als Rund-Z., 28 als Mond-Z., 33 als Z. der Vollendung (Alter Christi) zu erwähnen. Besondere Bedeutung hat die 40 (Z. der Saturnaspekte) als Z. der Erwartung (Dauer der Schwangerschaft 7 × 40 Tage), der Vorbereitung (çile, die 40tägige Vorbereitungszeit der Derwische), der Plagen (→ Sintflut, Wüstenwanderung Israels), der Flucht (Z. der Tage, die Mose, Elia und Jesus in der Wüste verbrachten), aber auch als Z. des reifen Mannesalters (Schwabenalter), ferner bes. im islamischen Bereich als »große Z.« im allgemeinen: die 40 Räuber, 40 Derwische, 40 Heilige im Sufismus. Islamische Gelehrte haben mit Vorliebe Sammlungen von 40 Sprüchen des Propheten zusammengestellt. – 60 ist als Grundlage des babylonischen Sexagesimalsystems wichtig, weniger in der praktischen Frömmigkeit. Jenseits der 70, die als potenzierte Kraft der 7 begegnet, ist 72, eine astronomische Z. (und $^1/_5$ des Kreisumfangs), als Z. der Größe und Vielfalt zu nennen: 72 Jünger werden ausgesandt, 72 Sekten kennt der Islam. – Die höheren Z.en haben nur noch ausnahmsweise eine religiöse oder magische Bedeutung, so 99 als Zahl der Schönsten Namen Gottes im Islam und entsprechend der Perlen des → Rosenkranzes; oder 666, die Z. des apokalyptischen Tieres (Apk 13, 18), die zahlenmystisch auf immer neue Personen gedeutet worden ist.

Oft hat spielerische Tendenz bei der Ausdeutung von Z.enverhältnissen mitgewirkt. In der → Magie sind die magischen Quadrate von besonderer Bedeutung, deren kleinstes sich in je drei Z.en mit der Summe 15 um die zentrale 5 gruppiert (Abwehrcharakter der 5!). Die Kunst, aus den als Ziffern gelesenen Buchstaben Wahrsagungen zu treffen, ist sehr alt und bis heute noch lebendig (→ Alphabetmystik). Es darf aber nicht übersehen werden, daß auch im Unterbewußtsein die Z.en und ihre ganz prägnante Symbolik eine wichtige Rolle spielen.

ERE IX, 406ff – RGG² V, 2063ff (reiche ältere Lit.) – F.C.Endres, Mystik u. Magie der Z.en, (1935) 1951³ – P.Friesenhahn, Hellenist. Wortzahlenmystik im NT, 1935 – V.F.Hopper, Medieval Number Symbolism, New York 1938 – E.T.Bell, The Magic of Numbers, London 1946 – M.C.Ghyka, Philosophie et mystique du nombre, Paris 1952 – L.Paneth, Zs. im Unbewußtsein, 1952 – RÄRG 872ff – G.Germain, Homère et la mystique des nombres, Paris 1954 – U. Grossmann, Studien zur Zs. des Früh-MA (ZKTh 76, 1954, 19–54) – A.Karahan, Islam-Türk Edebiyatinda Kirk Hadis, Istanbul 1954 – Ders., Aperçu général sur les »Quarante Hadiths« dans la litt. islamique (Studia Islamica 4, 1955, 39–56) – J.Deny, 70–72 chez les Turcs (Mélanges Massignon I, Damaskus 1956, 395–416) – K.Menninger, Z.wort u. Ziffer I, 1957, 127ff – Heiler 161ff (Lit.). *A.Schimmel*

II. In der Kunst

Zs., die »mystisch religiöse Deutung der Z.en über ihren natürlich-realen Wert hinaus« (J.Sauer), hat allezeit auf die Kunst eingewirkt. Weite und Problematik des Themas erlauben hier nur einige Hinweise. – Z. und geometrische Figur in der reinen Form der einfachen regelmäßigen Vielecke und Sternfiguren lieferten die ältesten → Symbole (: III), zB Drei-Z. und Dreieck (RAC IV, 269ff; RDK IV, 403ff). In solchen mit Zirkel und Richtscheit erzeugten Figuren und Körpern sah Platon (Philebos C 51) den Begriff der Schönheit; nach Timaios 32–35 schuf der Demiurg die Welt aus Mittelpunkt, Kreis und darin 2 geometrischen Figuren (wohl Triangulum und Quadrat) und verknüpfte alles durch das (rechte) Maß. – Die christliche Zs. nimmt neupythagoreische und neuplatonische Gedanken auf. Grundlegend ist die Bedeutung der Z.en-*Spekulation* für die Kunst des MA (E.Mâle, J.Sauer, E.R.Curtius), wobei jedoch nicht immer *Symbolik* unterliegt. – Aus Schlüsselfiguren der regelmäßigen Kreisteilung in 3, 4 oder 5 gleiche Teile ist das gotische »Maßwerk« herausgezogen (vgl. auch RDK IV, 526ff). Diese »gerechten Gründe aus rechter Geometrey« enthalten das von → Dürer so betonte »rechte Maß«, die Harmonie der Maßverhältnisse in reinster, absoluter Form. Auf ihnen beruhte auch das älteste, bis 1800 nachweisbare Grund- und Aufrißverfahren der Baukunst. Diese höchste, im Maß gipfelnde Zs. ist bei Sakralbauten von der Cheopspyramide bis zum Barock freilich fast nur esoterisch erkennbar (vgl. die »Triangulatur« im Grundriß der Dreifaltigkeitskirche Kappel bei Waldsassen, 1685–89; → Trinität: V, 1).

Allgemein: DACL XII, 1465ff – LThK X, 1025ff. – *Zs. in der Kunst:* E.Mâle, L'art religieux du XIIIe siècle en France, Paris (1898) 1923⁵, 9f – J.Sauer, Symbolik d. Kirchengebäudes, (1902) 1924², 61ff – F.J.Dölger, Zur Gesch. d. altchristl. Taufhauses (AuC 4, 1934, 153–187) – R.Krautheimer, Introduction to an Iconography of Medieval Architecture (Journal of the Warburg and Courtauld Institutes 5, 1942, 1–33) – R.Bauerreiss, Fons sacer, 1949 – P.A.Underwood, The Fountain of Life (DOP 5, 1950, 41–138; bes. 131ff, Appendix B: The Six and the Eight in Baptisteries and Fonts) – H.-M.Decker-Hauff, Die Reichskrone (in: P.E.Schramm, Herrschaftszeichen u. Staatssymbolik II, 1955, 560–637) – W.Funk, Das rechte Maß bei A.Dürer u. bei den alten Meistern, 1955 – L.Réau, Iconographie de l'art chrétien I, Paris 1955, 67f. 75 – H.Graf, Bibliogr. zum Problem der Proportionen, 1958 (Lit.). – *Zs. in der Lit.:* V.F.Hopper, Medieval Number Symbolism, New York 1938 – H.J.Weigand, The 72 Languages of the World (Germanic Review 17, 1942, 241–260) – E.R.Curtius, Europ. Lit. u. lat. MA, 1948, 493ff. – *Zs. in der Musik:* M.A.Abert, Die Musikanschauung des MA u. ihre Grundlagen, 1905 – HWDA VI, 643 – MGG I, 998. 1030 (Zs. bei J.S.Bach).

W.Funk

Zahn, 1. *Adolf* (1834–1900), * in Mützenow/Pommern, Vetter von 3 und A. → Schlatter, ref. Pfarrer in Halle (1860), Elberfeld (1876) und Stuttgart (1881). Seine im betonten Zusammenhang mit der Gruppe um → Kohlbrügge betriebene umfangreiche Schriftstellerei wandte sich scharf gegen die Aushöhlung des reformatorischen Erbes. Viele kirchengeschichtliche Arbeiten sind symptomatisch durch kontrastierende Nachweise des Abfalls. Die moderne Schriftkritik bekämpfte er rücksichtslos als Zerstörung der Schriftautorität.

Vf. u.a.: Abriß einer Gesch. d. ev. Kirche auf d. europ. Festlande im 19.Jh., (1886) 1893³ (Bibliogr.); Das Dtn, 1890 (Bibliogr.); Ernste Blicke in d. Wahn d. modernen Kritik des AT, 1893/94; Die beiden letzten Lebensjahre von Joh.Calvin, (1895) 1898²; Ein Winter in Tübingen, 1896; Über d. bibl. u. kirchl. Begriff d. Anrechnung, 1899. – Über Z.: J.Ninck, Anna Schlatter u. ihre Kinder, 1934.

J.Weerda

2. *Johannes* (1817–95), ev. Theologe, * in Eschenbach (Franken), † in Neuendettelsau, seit 1847 Präfekt, 1854 bis 1888 Direktor des Kgl. Lehrerseminars in Altdorf. Als Schüler C.v. → Winterfelds und G.v. → Tuchers galt sein Bemühen der Wiederbelebung des ev. rhythmischen → Kirchenlieds (: II, 5). Sein Hauptwerk »Die Melodien der deutschen ev. Kirchenlieder, aus den Quellen geschöpft« (6 Bde, 1889–93) enthält nahezu 9000 Choralweisen.

K.Ameln in MuK 24, 1954, 250–252. *S.Hermelink*

3. *Theodor* (1906: *von;* 10.10.1838 bis 15.3.1933), Neutestamentler, * in Moers, 1868 PDoz., 1871 ao. Prof. in Göttingen, 1877 o. Prof. in Kiel, 1878 in Erlangen, 1888 bis 1892 in Leipzig, dann wieder in Erlangen (1909 em.). Auf fast allen Gebieten nt. Forschung trat Z. mit Publikationen von ebenso tiefer Gelehrsamkeit wie eigenwilliger Konzeption hervor. Bes. ist Z. zu nennen als Hg. und stark beteiligter Verfasser des KNT sowie als Erforscher der nt. Kanonsgeschichte (→ Bibelwissenschaft: II, 4). Z.s strenger Konservativismus führte ihn zur Behauptung der Echtheit aller nt. Bücher sowie der Historizität ihrer Stoffe; seine Kommentare leben daher vielfach vom argumentum e silentio und von psychologisierenden und überscharfsinnigen Schlußfolgerungen. - Bei aller Kritik an Z.s Forschungsresultaten hat die Fachwelt immer wieder seine Meisterschaft im philologischen Detail und die Fülle des ihm zu Gebote stehenden gelehrten Wissens gewürdigt.

Vf. u.a.: Forschungen z. Gesch. d. nt. Kanons u. d. altkirchl. Lit. I-VI. IX, 1881-1916; Gesch. d. nt. Kanons I. II, 1888-92; Einl. in d. NT I. II, (1897-99) 1905-07^3. - Im KNT schrieb Z.: MtEv, (1903) 1922^4; LkEv, (1913) 1920^4; JohEv, (1908) 1921^6; Apg I, (1919) 1922^3; II, (1921) 1927^4; Röm, (1910) 1925^3; Gal, (1905) 1922^3; Apk I. II, 1924/26. - Z.-Bibliogr., 1918. Bibliogr. ferner in RGG^2 V, 2070f sowie in Z.s Selbstbiogr. in: Die Religionswiss. d. Gegenwart in Selbstdarst.en I, 1925. - Über Z.: W.G.Kümmel (→ Weiß, 1) 247ff.

H.-O.Metzger

Zanchi, *Hieronymus* (1516-90), ref. Theologe, * in Alzano bei Bergamo, 1531 regulierter Augustiner-Chorherr in Bergamo, im Kloster zu Lucca von → Vermigli auf die Kirchenväter, aber auch auf die Reformation hingewiesen, bes. von → Bullinger und → Calvin beeinflußt. 1551 kam Z. als Glaubensflüchtling und Protestant nach Graubünden und Genf und wurde 1553 Prof. des AT am prot. Gymnasium und Kanonikus an St. Thomas in → Straßburg (: II), wo er wegen Bestreitung der Abendmahlsdifferenzen und der Ubiquität als konsequenter Verfechter der → Prädestination (: III, 3 d) und → Perseveranz in Gegensatz zu → Marbach trat und die Alleingültigkeit der CA bekämpfte. 1563 Prediger in Chiavenna, wurde er 1568 als Prof. der Dogmatik nach → Heidelberg berufen, wo er die → Antitrinitarier bekämpfte, eine Art Religionsphilosophie verfaßte und in einem dritten größeren Werke Gott als Schöpfer und die Schöpfung behandelte. Bei der Einführung des Luthertums in der Kurpfalz ging Z. 1576 als Prof. des NT an das Casimirianum in Neustadt, kehrte aber nach der Recalvinisierung der Kurpfalz 1583 nach Heidelberg zurück. Mit → Ursinus arbeitete er an einer Harmonia confessionum (1577), die der → Konkordienformel entgegentreten sollte.

GA, 3 Bde, Genf 1617-19. - C.Schmidt, Girolamo Z. (ThStKr 32, 1859, 625-708) - A.Schweizer, Die prot. Centraldogmen I, 1854, 422ff - RE XXI, 607ff; XXIV, 661 (Lit.) - W.Sohm, Die Schule Joh.Sturms u. d. Kirche Straßburgs, 1912, 196ff. *G.Biundo*

Zara (serbokroatisch Zadar), als *Bistum* bereits im 4.Jh. (341) nachweisbar, 1145-1932 *Erzbistum.* Der Erzbischof war gleichzeitig Metropolit der Kirchenprovinz Dalmatien. Die Diözese gehörte abwechselnd zu Venedig, Ungarn, Österreich, Italien, Jugoslawien. Als mit dem Vertrag von Rapallo 1921 die Stadt Z. zu Italien kam, wurde mit päpstlichem Breve vom 2.4.1922 der Bischof von Šibenik (Sebenico) zum apostolischen Administrator des bei Jugoslawien verbliebenen Teiles der Diözese Z. (91668 Katholiken in 50 Pfarren) bestimmt. Mit der Bulle »Pastorale munus« vom 22.8.1932 wurden die neuen Grenzen des Bistums festgesetzt und die Metropolie Z. aufgehoben.

G.Ferrati, La institutione dell'arcivescorata di Z., 1856 - Kr. Draganović, Allg. Schematismus d. kath. Kirche in Jugoslawien, Sarajevo 1939 (jugosl.) - EC XII, 1780ff (Lit.). *J.Matl*

Zarathustra (im Avesta Zaraϑuχtra, im Pehlevi Zartuχšt u.ä., bei den heutigen Persern Zardušt, bei den Griechen Ζωροάστρης, dh Zoroaster [vgl. ital. Sarastro]), Stifter der alten iranischen Bekenntnisreligion (→ Iran: II) des Mazdaismus oder Zoroastrismus (diese Namen gewöhnlich für die späteren Glaubensformen, → Iran: VII), nach den in Indien lebenden Zoroastriern auch Parsismus genannt (→ Iran: III). Die *geschichtliche* Gestalt der Propheten ist schwerer als bei irgendeinem anderen Religionsgründer zu fassen. Es lassen sich weder für die Zeit noch für den Ort seines Auftretens sichere Daten geben, da dieses wahrscheinlich vorachämenidisch ist und in den historisch einstweilen völlig unbekannten Osten fällt. Einzige zeitgenössische Quelle sind die *Gathas* des → Avesta, also die in Strophen zusammengeraffte Verkündigung Z.s selbst. In sehr altertümlicher und dunkler, den → Veden Indiens noch nahestehender Sprache (→ Iranistik, 2b) spricht Z. nicht nur über den Inhalt seiner Botschaft, sondern gelegentlich auch über sich und seine Lebensumstände. Wir hören von seiner Abkunft aus der Familie Haēčat'aspas aus dem Spitama-Geschlecht (vgl. O.Klíma in ArOr 27, 1959, 413f), von seinen Eltern und Kindern. Sein Preis gilt dem ihn schützenden und anerkennenden Fürsten (kavi) Vištāspa und seiner Familie (Yasna 51, 16). Mit zwei unter Vištāspa herrschenden Brüdern aus dem Hvōgva-Geschlecht verbindet sich Z. durch Heirat einer Frašaoštra-Tochter (Y. 51, 17) und Verheiratung seiner eigenen Tochter aus früherer Ehe, Pouručistā, mit Ǧāmāspa, ein Familienfest, dem die 17. (von manchen dem Z. abgesprochene) Gatha gilt (Y. 53). Innere und äußere Kämpfe, Zweifel und Gewißheit, Klage über Mißerfolge und Lob über die ersten Anhänger aus seiner Sippe wie der regierenden Dynastie (Y. 53, 2) sind den religiösen Unterweisungen beigesellt. Anspielungen lassen die dornenvollen Anfänge seiner Mission ahnen, die ihm Zerwürfnisse mit den nächsten Angehörigen bringt und ihn vielleicht sogar außer Landes treibt (Y. 46, 1). Seiner Armut bei edler Abkunft ist sich der Prophet leidvoll bewußt (Y. 46, 2). Um so inniger und unmittelbarer erscheint das Gespräch mit dem von ihm verkündeten Gott Mazdāh Ahura (später Ahura-Mazdāh, → Ormazd), seinem Heiligen Geiste (spəntō mainyuš) und den ihn darstellenden → Amesha Spentas. Im allgemeinen bestimmt aber eine fast intellektuell zu nennende Inbrunst und nüchterne Art der Ergriffenheit die religiöse Ausdrucks- und Vorstellungswelt dieser zunächst sehr fremd anmutenden arischen Prophetie, in der Wunder oder Gnade im christlich-jüdischen oder islamischen Sinn keinen Platz haben. Hinzu kommt die Besonderheit einer dem Westen fernliegenden Symbolsprache, deren Wurzeln in der arischen Urzeit liegen mit ihrer Viehzucht und Verehrung des Rindes und seiner Produkte (Y. 28, 1, bes. Y. 29; 34, 14; 50, 2). Aber auch ganz konkret tritt Z. für die Pflege des Rindes durch den viehzüchtenden Bauern gegenüber dem Nomaden ein (Y. 31, 9. 10), und er verbindet diese Einstellung mit der Kampfansage gegen blutige Tieropfer und bes. an den Haoma-Genuß gebundene rauschhafte Orgien (Y. 29, 11ff; 32, 12. 14; 44, 20). Feinde sind die weltlichen Herrscher (kavi) ebenso wie die Priester (karapan, usig). Ein mythischer Frevler ist Yima, der Sohn des Vivahvant (in den Veden Yama, Sohn des Vivasvant; Y. 32, 8).

Von ganz anderer Art, denkerisch bedingt und sehr originell, jedenfalls wohl eher nach dem sumerisch-semitischen Westen weisend als im Osten verhaftet, ist der konsequente → Dualismus (: I), der in einer Zweigeisterlehre gipfelt (3. Gatha: Y. 30, 3ff). Dem Heiligen steht der Arge Geist gegenüber (→ Ahriman), dem Guten der Böse Sinn, der Wahrheit die Lüge. Nutzen bringt die eine, Schaden die andere Schöpfung (Y. 45, 7; 30, 11). Der Mensch muß sich entscheiden (Y. 43, 7ff), denn er ist zur Vermehrung des Guten durch Gutes Denken, Reden und Tun aufgerufen (Y. 33, 2. 14; 51, 21), damit das Reich (χšaϑra-) Ahuramazdāhs komme. Alles Böse der Menschen hemmt es, aber schließlich kommt es doch (Y. 43, 6); der Dualismus geht in monistischem → Optimismus auf: Y. 44, 3ff beschreiben Mazdāh schlechthin als den Schöpfer aller Dinge. Bei den Individuen wird das Gute gegen das Böse aufgewogen oder in Rechnung gesetzt (Saldo-Vorstellung). Überwiegt es, so geht der Gläubige als Gerechter (ašavan-) über die Činvat- → Brücke ins Beste Reich (Paradies) ein; hat das Schlechte die Oberhand, so verzehrt den Drug-Anhänger ewiges → Feuer (Y. 46, 10. 11; 51, 9. 13). Vgl. → Gericht: I, 3.

Nach der avestischen Sprachform ist Z.s *Herkunft* im *Osten*, genauer im Nordosten zu suchen. Zum Osten gehört auch die Terminologie der gesellschaftlichen Ordnung. Dafür sprechen weiter die mit dem Worte uštra- »Kamel« gebildeten Mannesnamen, unter ihnen der viel umdeutelte Name Z.s selbst. Der historisch wichtigere Westen (→ Medien und Perserreich) fehlt in den geographischen Angaben selbst des jüngeren Avesta, wo allenfalls Babylon im Anāhit-Yašt erwähnt wird (5, 29). Die spätere Vorstellung der zarathustrischen Gemeinde verlegt Z.s Auftreten in den Westen, bes. nach Azerbaidschan, das als Land der »Feuerhüter« gedeutet wird, aber doch nach dem Mannesnamen Ἀτροπάτης Āturpātakān genannt worden ist. Daher ist auch vermittelnden Versuchen von vornherein zu mißtrauen, wonach Z. zwar im Osten geboren und zuerst dort aufgetreten sei, im Westen aber seine großen Missionserfolge gehabt habe. In Wirklichkeit steht noch immer nicht fest, wann und wie sich die Lehre im iranischen Westen durchgesetzt hat. – Ähnlich schwierig gestaltet sich die Frage der *zeitlichen* Ansetzung. Die heimischen Aussagen schwanken zwischen der realistischen Angabe, Z. sei 258 Jahre vor dem Makedonier Alexander erschienen (Ardavirāz'nāma, Zāt'spram und al-Bīrūnī; ähnlich das Bun'dahišn), und der sinnlosen Äonen-Spekulation von mehreren tausend Jahren, die sich in der griech. Literatur spiegelt (6000 Jahre vor Xerxes' Einfall in Griechenland, 6000 Jahre vor Platon, 5000 Jahre vor der Zerstörung Trojas). Bedenkt man, daß auch die historische Tradition Irans in der persischen Heldensage zeitlich um mehrere Jh.e zusammengedrängt wurde (nämlich die Geschichte der Achämeniden und Arsakiden), so ist man geneigt, auch die erste Angabe, nach welcher Z. Anfang des 6.Jh.s aufgetreten wäre, Zweifeln zu unterziehen. Die Annahme westlicher Gelehrter, Vištāspa (Ὑστάσπης), der Vater Darius' I. (522-486) und Statthalter Parthiens nach den Inschriften, sei der gleiche Fürst (kavi) Vištāspa gewesen, welcher Z. und seine Lehre gefördert habe, rückt den Propheten allzu nahe an die Achämeniden heran, deren Ausdrucksweise sich bereits ganz im Geiste zoroastrischer Mazdāh-Verehrung bewegt; eher dürfte Hystaspes seinen Namen zu ehrender Erinnerung an den großen Schützer der alten Religion getragen haben. Die Nichterwähnung Z.s in den Inschriften besagt ebensowenig wie etwa das fast vollkommene Fehlen von → Buddhas Namen in den Ashōka-Inschriften Indiens (3.Jh. vChr). Man kann auch nicht aus dem Mannesnamen Mazdaka (→ Mazdak), welchen Fürsten des iranischen Hochlandes zZ der assyrischen Könige führen, mit Sicherheit auf Zoroastrismus schließen, da Mazdāh-Verehrung und Dualismus bereits vor Z. Bestandteil der iranischen Gläubigkeit gewesen sein können (→ Iran: II).

Nach Abwägen aller historischen Umstände sind u.E. als Zeit für Z.s Leben die ersten Jh.e des 1.Jt.s in Betracht zu ziehen. Als Gegend seines Wirkens ist Nordostiran anzusehen, von dem aus dieser Zeit alle historischen Nachrichten fehlen. So wenig Hoffnung besteht, die geschichtlichen Umstände von Z.s Auftreten durch Neufunde zu erhellen, so sehr darf man sich ein richtigeres Bild der Ereignisse nach seinem Tode versprechen, sobald einmal der Boden Irans auch im Osten und Nordosten systematisch durch den Spaten erschlossen sein wird. Die Vorstellung, die die Tradition sich von ihrem Propheten machte, beginnt schon im jüngeren Avesta *mythischen* Charakter anzunehmen; sie wird durch die Nachrichten des klassischen Altertums bestätigt. Wir finden Z. in fortdauernder Gemeinschaft und Unterhaltung mit Ahura Mazdāh begriffen, als Streiter gegen die Macht der Teufel, als Heiligen, aus dessen Samen der → Heiland (saošyant-) geboren wird, welcher dereinst die Welt erlösen und umschaffen wird. Später fließen in die Legende, wie bes. das im 13.Jh. entstandene Zarduštnāma zeigt, die Züge der Heroen, der Heiligen und Religionsstifter anderer Religionen. Schon die Zeugung ist wunderbar und vom Himmelsglanz der Könige, dem χvarnah-, begleitet. Siegreich geht der Jüngling aus allen Prüfungen der Deven hervor und tut Wunder am Hofe Vištāspas zum Zeugnis seiner Berufung und der Richtigkeit seiner Lehre. Z. stirbt 77jährig den Glaubenstod durch den Feind (Arğat'asp) im Dienste des hl. Feuers.

A.V.W.JACKSON, Zoroaster, New York 1898 - A.MEILLET, Trois Conférences sur les Gâthâ de l'Avesta, Paris 1905 - C.CLEMEN, Die griech. u. lat. Nachrichten über d. pers. Religion, 1920, 11ff - R.PETTAZZONI, La religione di Z., Bologna 1920 - CHR.BARTHOLOMAE, Z.s Leben u. Lehre, 1924 - JOH.HERTEL, Die Zeit Zoroasters, 1924 - DERS., Achämeniden u. Kayaniden, 1924 - A.CHRISTENSEN, Quelques notices sur les plus anciennes périodes du Zoroastrisme (AcOr[H] 4, 1925/26, 81-115) - H.LOMMEL, Die Religion Z.s nach dem Awesta dargest., 1930 - DERS., War Z. ein Bauer? (ZvSp 58, 1930/31, 248-265) - C.F.LEHMANN-HAUPT, Wann lebte Z.? (in: Oriental Studies in Honour of C.E.Pavry, London 1933, 251-280) - H.H.SCHAEDER, Gott u. Mensch in der Verkündigung Z.s (in: Corolla, L.Curtius z. 60. Geb., 1937, 187-200 = DERS., Der Mensch in Orient u. Okzident, 1960, 83-106) - DERS., Z.s Botschaft von der rechten Ordnung (Corona 9, 1940, 575-602) - DERS., Ein idg. Liedtypus in den Gathas (ZDMG 94, 1940, 399-408) - H.S.NYBERG, Die Religionen des alten Iran (MVÄG 43), 1938 - W.B.HENNING, The Disintegration of Avestic Studies (Transactions of the Philol. Soc. 1942, 40-56) - DERS., Zoroaster - Politician or Witch-Doctor?, Oxford-London 1951 - H.BIRKELAND, Z., Oslo 1943 - F.ALTHEIM, Z. als Dichter (Paideuma 3, 1944/49, 257-278) - DERS., Supplementum Aramaicum... Anhang: Das Jahr Z.s, 1957 - DERS., Z. u. Alexander, 1960 - E.HERZFELD, Zoroaster and His World I. II. Princeton 1947 - A.D.NOCK, The Problem of Zoroaster, Cambridge/Mass. 1949 - J.DUCHESNE-GUILLEMIN, L'originalité de Zoroastre (in: L'Âme de l'Iran, Paris 1951, 15-38) - DERS., L'Ordre des Gâthâs (NC 5, 1953, 31-37) - C.F.WHITLEY, The Date and Teaching of Z. (Numen 4, 1957, 215-227) - U.BIANCHI, Zamān i Ōhrmazd, Turin 1958 - O.KLÍMA, The Date of Zoroaster (ArOr 27, 1959, 556-564) - K.RUDOLPH, Z. - Priester u. Prophet (Numen 8, 1961, 81-116) - R.C. ZAEHNER, The Dawn and Twilight of Zoroastrianism, London 1961. - Weitere, zumal ältere Lit. in den angeführten Werken; vgl. auch → Iran: II. III.

Wichtige Gatha-Übers.en: CHR.BARTHOLOMAE, Die Gatha's des Awesta, 1905 - A.CHRISTENSEN, Avesta, Kopenhagen 1923 - J.DUCHESNE-GUILLEMIN, Zoroastre: Étude critique avec une traduction commentée des Gāthā, Paris 1948; engl. London 1952 - PŪR-I-DĀ'ŪD, Gāthā, Bombay 1329 = 1950 (mit kommentierter Übers. ins Neupersische) - H.HUMBACH, Die Gathas des Z. I. II, 1959 - W.HINZ, Z., 1961. - Neuere Einzel-Übers.en von F.C.ANDREAS, L.GOÁL, K.F. GELDNER, W.LENTZ, H.LOMMEL, J.MARKWART, J.C.TAVADIA u.a. (s. Lit. in den einzelnen Werken).

Repräsentativ für die einheimische Tradition: Zarātuštnāma, hg.v. F.ROSENBERG u. MUḤ.DABĪR SIYĀQĪ, Teheran 1338 = 1959.

W.Eilers

Zasius, *Ulrich* (1461-1535), * in Konstanz, studierte in Tübingen, wurde 1487 bischöflicher Notar und Kanzler in Konstanz, 1489 Stadtschreiber in Baden (Aargau), 1494ff in Freiburg i. Br. Daselbst 1496-99 Leiter der Lateinschule, promovierte er 1501 und übernahm 1506 den Pandektenlehrstuhl. Verfasser des Freiburger Stadtrechts von 1520, kaiserlicher Rat und gesuchter Rechtsgutachter, gehörte er zugleich dem oberrheinischen Humanistenkreis an. Er stand in Briefwechsel und verkehrte mit → Erasmus. Mit Alciat und Budaeus bildete er das »Triumvirat« der humanistischen Jurisprudenz. Obwohl Lehrer → Ecks, war Z. anfänglich mit Luther einig, lehnte aber seit 1519/20 in Briefen an Luther und Zwingli jede Änderung des Kanonischen Rechts ab. Nach 1524 trennte er sich, unter dem Eindruck der Bauernunruhen und des Wirkens → Oekolampads, endgültig von den Reformatoren. Trotzdem kamen seine gesammelten Schriften auf den Index.

Opera omnia (4 Monographien, Reden, ausgew. Gutachten u. Vorlesungen), 6 Bde, Lyon 1548-51; Neudr. Frankfurt/M. 1590-95 - Briefe ed. J.A.Riegger, Ulm 1774 - Auszüge aus Schriften u. Briefen (dt.) in: Quellenbuch z. Gesch. d. Rechtswiss., hg.v. Erik Wolf, 1949, 7-48. - Über Z.: R.Stintzing, U.Z., 1857; Neudr. 1960 - Rich.Schmidt, Z. u. seine Stellung z. Rechtswiss., 1904 - Erik Wolf, Große Rechtsdenker, (1939) 1951^3, 56-96 (Bibliogr., Lit.) - H.Knoche, U.Z. u. das Freiburger Stadtrecht von 1520, 1957 (Lit.) - G.Kisch, Z. u. Reuchlin, 1961 - H.Winterberg, Die Schüler von U.Z., 1961.

Erik Wolf

Zauberbücher (Z. = Zauberbuch) sind handgeschriebene oder gedruckte Sammlungen von → Zaubersprüchen und magischen Anweisungen. Schon der Besitz eines Z.s, das im Hause aufbewahrt, unter Türschwellen und unter dem Stall vergraben oder unter dem Dach als allschützendes → Amulett vermauert wird, gilt als prophylaktische Maßnahme. Jeder Mißbrauch gilt als gefährlich, doch heilt Rückwärtslesen den Schaden, wenn ein Unberufener im Z. gelesen hat. Durch die Bedeutung der Schrift im Volksglauben kann freilich mit jedem Buch gezaubert werden; sogar die Bibel kann zum Z. werden, wenn sie etwa vor dem Schlüsselloch aufgehängt wird, um den Alp zu vertreiben.

Z.er sind seit alter Zeit erhalten. Die hellenistischen *Zauberpapyri* des 1.-4.Jh.s nChr sind Sammlungen von → Beschwörungen, Vorschriften zur Anfertigung von Amuletten, Rezepten zur Anrufung von Göttern und Dämonen. Sie zeigen ein eigenartiges Nebeneinander babylonisch-assyrischer, ägypt., griech., jüd. und christlicher Ideen, die sich hier zu einem magischen Weltbild vereinigen. Während bei → Naturvölkern und in frühen Hochkulturen Religion und → Magie nicht getrennt sind, gehören Z.er im christlichen Bereich zur verbotenen Magie; ihre Geschichte liegt daher weithin im Dunkel. Die schwarzkünstlerischen Z.er des MA, die schon im 11.Jh. erwähnt werden, geben Anweisungen, mit Hilfe des Dämonenzwanges von den Höllen- und Totengeistern Offenbarung verborgener Dinge, vor allem Schätze und Beistand in Lebens- und Liebesnöten zu erlangen. Umständliche Zeremonien, Beobachtung besonderer Zeiten, Tage, Gestirne, → Fasten, Enthaltsamkeit, besondere Gewandung, Zauberkreis (→ Kreis), → Räucherungen usw werden vorgeschrieben. Das Hauptmittel ist die Kenntnis des richtigen Namens (→ Namenglaube: I), des Sigels (Charakters), oft auch des Bildes der zu zitierenden → Geister. Während der Blüte der gelehrten Magie in der Renaissance erhalten auch die Z.er eine neue Bedeutung (»Occulta Philosophia« des → Agrippa von Nettesheim, 1510; »Steganographie« des → Tritheim, 1500, eine in Dämonen- und Beschwörungslehren eingekleidete Geheimschriftenkunde). Die noch heute bekannten Z.er geben sich vielfach den Anschein, noch dem MA oder spätestens dem 16.Jh. anzugehören. Sie stammen jedoch zum größten Teil aus der sog. »Hausväter-Literatur« des 19.Jh.s, die allerdings aus den Schriften der magia naturalis des 16.-18.Jh.s hervorgegangen ist. Zur ältesten Schicht gehört die *»Clavicula Salomonis«* (der Titel ist im Sinne von »Einführung« zu verstehen), ein altes, in verschiedenen Redaktionen und Ausgaben verbreitetes Buch, das Beschwörungen der Geister zu mannigfachen Zwecken enthält. Es diente auch als Schutzbrief (im → Index von 1554 und später verboten). Salomo galt seit den biblischen Zeiten als Dämonenbeherrscher und als der größte aller Magier; das europäische MA schrieb ihm über zwei Dutzend Zauberschriften zu, von denen sich die »Clavicula« bis in ihre orientalischen Ursprünge verfolgen lassen.

Die sog. *»Höllenzwänge«* verbinden sich auf deutschem Boden seit dem 16.Jh. mit dem Namen des Erzzauberers Dr. Faustus. Im Anschluß an die Faustsage entstand eine Anzahl Bücher zur Beschwörung der Höllengeister, die als »imperationes Fausti«, »Fausts großer und gewaltiger Höllenzwang«, »Doctor Faustens Miraculkunst« usw überliefert sind. Sie sollten vor allem beim Schatzheben und zu jeder Dienstbarmachung von Geistern dienen. Die Dämonennamen und -listen gehen auf antike magische Schriften zurück, doch ist die Datierung dieser Bücher fast durchgängig gefälscht. Im 17. und 18.Jh., als die Magie an Fürstenhöfen in höchster Blüte stand, sind die »Höllenzwänge« in kalligraphischen Handschriften oder Luxusdrucken die sorgsam gehüteten Glanzstücke insbesondere mitteldeutscher fürstlicher Büchereien. Vom Ende des 18.Jh.s ab beginnen die Neudrucke bis zu billigen Volksausgaben. - Neben dem sehr verbreiteten »Romanusbüchlein« (früher gekoppelt mit dem »Geistlichen Schild«), das sich in Einzelausgaben einstweilen nicht über die 2. Hälfte des 18.Jh.s zurück nachweisen läßt, ist *»Das sechste und siebente Buch Mosis«* das dem Namen nach bekannteste und verbreitetste Z. der Gegenwart. Doch handelt es sich bei ihm nicht um eine feste Textsammlung, sondern um einen seit alters gebräuchlichen Zugtitel, der immer wieder verschiedene, volksläufig gewordene, magische, sympathetische und religiöse Schriften kompilatorisch zusammenspannt. Die Texte, vom 16. bis ins 19.Jh. häufig nachgedruckt und abgeschrieben, gehen wohl auf eine mittelalterliche Sammlung von Zauberrezepten in hebr. Sprache zurück (»Schwert des Moses«). Die Geschichte der apokryphen Mosesbücher liegt noch auf weite Strecken im Dunkel. Doch ist die Gestalt → Moses bereits im Altertum ins Übermenschliche gesteigert worden; bes. glaubte man ihn im Besitz geheimer Kenntnis und Zaubermacht. Anlaß dazu gaben u.a. sein Auftreten gegen die ägypt. Magier, die Errichtung der ehernen Schlange, das Erwecken eines Brunnens. Sein Stab wurde zum Zauberstab schlechthin. Als die Reformation die allgemeine Bibellektüre erschloß, beschuldigte man die Geistlichkeit, dem Volk nur gekürzte Bibelausgaben unterbreitet zu haben, in denen die entscheidenden, dh die zur Zauberei befähigenden Mosesbücher fehlten. - *»Egyptische Geheimnisse«* ist die kurze Bezeichnung eines auch heute noch weitverbreiteten Z.s (nach seinem Druckort auch »Reutlinger Buch« genannt), dessen voller Titel lautet: »Albertus Magnus' bewährte und approbierte sympathetische und natürliche egyptische Geheimnisse für Menschen und Vieh, für Städter und Landleute.« → Albert d. Gr. kam zwar durch seine Forschungen bereits zu Lebzeiten in den Ruf eines Schwarzkünstlers, aber die »Egyptischen Geheimnisse« stammen zweifellos weder von ihm noch aus den ihm zu Unrecht zugeschriebenen Zauber- und Wunderschriften. Sie bieten vielmehr Texte aus dem frühen 19.Jh., hinter denen ein ganz anderes Weltbild steht; sie haben aber auch mit Ägypten nichts zu tun, das hier nur als Inbegriff des zauberischen Geheimnisses steht. - Schließlich gibt es noch eine Gruppe von Z.ern, die lediglich Sammlungen von in breitesten Volkskreisen lebendigen Segen und Beschwörungen sind. Sie enthalten überwiegend → Krankheits-Heilsegen für Mensch und Vieh, Bittsegen gegen alle Haus und Besitz drohenden Gefahren, Schutz vor Geistern, → Hexen, wilden Tieren, Naturgewalten, ferner Verwünschungsformeln, Bann und Bannlösesegen, Sprüche, um stets vor Gericht Recht zu bekommen usw. Inbegriff dieser Z.er ist »*Das Buch Jezira,* das ist das große Buch der Bücher Moses, das 6., das 7., das 8., das 9., das 10. und das 11... Kabbala denudata... Das Geheimnis aller Geheimnisse. Sämtliche vierzig Hauptwerke über Magie, verborgene Kräfte und geheimste Wissenschaften. Inhalt der vierzig Hauptwerke: Das hl. Christoph-Gebet... Der goldene Habermann (der fromme Pfarrer und Theologie-Prof., Verfasser des meistgedruckten ev. Gebetbuches, ist hier zum höllischen Beschwörer geworden)... Das Geheimnis der hl. Gertrudis... Der hl. Corona Schatzgebet... Das alte Colomanus-Büchlein... Dr. Joh.Fausti Manual-Höllenzwang... Das Buch Jezira.« Der Titel weist auf den »Sefer Jezirah« (= Buch der Schöpfung) hin, eine jüd., metaphysische, auf Zahlen- und Buchstabenmystik aufgebaute Schöpfungslehre (ca 8.Jh.; → Mystik: III, 2), hat aber inhaltlich damit nicht das mindeste zu tun. - Diese modernen Z.er, die durch marktschreierische Untertitel ihre Käufer anlocken und deren Vertrieb unkontrolliert heute vielfach durch Versandgeschäfte erfolgt, sind verlegerische und buchhändlerische Spekulationsobjekte, denen es nicht mehr auf die Bewahrung der alten Texte ankommt, sondern lediglich auf das Geschäft, das sich mit Abergläubischen und Naiven machen läßt (→ Aberglaube). Die Angaben über Verfasser, Druckort und Abfassungszeit sind meist gefälscht.

G.C.Horst, Zauberbibliothek, 6 Bde, 1821-26 - J.Scheible, Bibliothek der Z.er, 15 Abt., 1849-51; Neudr. 1916ff - A.Dieterich, Abraxas, 1891 - C.Kiesewetter, Gesch. d. neueren Occultismus, (1891) 1909² - P.Beck, Die Bibliothek eines Hexenmeisters (ZVK 15, 1905, 412-424) - L.Thorndike, A Hist. of Magic... I-VI, London 1923-41 - F.Lexa, La magie dans l'Egypte antique, Paris 1925 - RGG² V, 2076ff - PW XIV/1, 301ff - HWDA I, 241ff; II, 88ff; III, 451f; IV, 258ff; VI, 586ff; X, 409 - K.Preisendanz, Papyri graecae magicae I. II, 1928/31 - A.Jacoby, Die Z.er vom MA bis zur Neuzeit (Mittlg. d. Schles. Ges. f. Volkskunde 31, 1931, 208-228) - W.-E. Peuckert, Pansophie, (1936) 1956² - Ders., Die egypt. Geheimnisse (Arv 10, 1954, 40-96) - Ders., Das sechste u. siebente Buch Mosis (Zs. f. dt. Philol. 76, 1957, 163-187) - J.Trachtenberg, Jewish Magic and Superstition, New York 1939 - A.Bertholet, Die Macht der Schrift in Glauben u. Aberglauben (AAB 1948, 1) - E.M.Butler, The Fortunes of Faust, Cambridge 1952 - W.H.Rossel, A Handbook of Aramaic Magical Texts, New York 1953 - J.Winkler, Das Z. von Batipuh (Bijdragen tot de taal-, land- en volkenkunde 110, 1954, 335-368) - A.Spamer, Das Romanusbüchlein, 1958 - C.-M.Edsman, Svartkonstböcker i sägen och historia (Festskrift D.Strömbäck, Uppsala 1960, 160-168) - H.Henning, Das Faustbuch von 1587 (Zs. f. dt. Lit.gesch. 1, 1960, 26-57) - M.P.Nilsson, Die Religion in d. griech. Zauberpapyri (Opuscula selecta III, Lund 1960, 129-166). - Vgl. die Lit. zu → Magie, → Weissagung, → Zauberer, → Zaubersprüche.
L.Röhrich

Zauberer. Das Wort Zauber ist germanischen Ursprungs (urgermanisch: taufra- und taubra; für die Goten wohl nur zufällig nicht belegt, sonst germanisches Gemeingut; ahd. zaupar, zaubar, zouver, zoufer) und bedeutet zunächst Zaubermittel und → Amulett mit deutlicher Beziehung auf den Rötel. Die rote Farbe dürfte daher bei den Germanen ein wichtiges Zaubermittel gewesen sein. In den Ausdrücken zebar und zoubar erscheinen Tieropfer mit Zauberhandlungen verbunden. Bis zur Zeit Karls d.Gr. wird mit dem Wort Zauber noch nicht der Glaube an die → Hexen und deren schadenbringende Wirksamkeit verknüpft, ebenso auch nicht die Vorstellung von Nachtfahrten guter und böser → Geister (: I) oder von → Verwandlungen in Tiere. Erst nach 1000 greift die mittelalterliche Auffassung von Teufelsbündnis und Ketzerei im Sinne von Zauber um sich. Z. ist demnach eine Person, die den durch Beanspruchung übernatürlicher Kräfte hervorgerufenen Schaden abwehren kann und daher auch selbst höhere → Macht (: I) besitzt. Im 16.Jh. wird das Wort Zauber verdrängt durch Hexer und dessen Abwandlungen. Es erfährt eine Neubelebung im 3. Jahrzehnt des 18.Jh.s mit geringer Abschwächung der alten Bedeutung. Die Schutzfunktion tritt zurück. Z. bezeichnet nun jemanden, der über geheimnisvolle, wunderbar wirkende und überaus kräftige Mittel verfügt. Schließlich erfährt das Wort Zauber eine Ausweitung des Sinnes bis zur Entleerung der ursprünglichen Bedeutung. Alle möglichen Sachverhalte werden mit dem Ausdruck Zauber verbunden, zB Zauber-Labyrinth, -Quadrat, -Nuß, -Ring, -Rad, -Sang, -Schlaf, -Schleier, -Spiegel, -Spruch, -Buch usw (→ Zauberbücher, → Zaubersprüche). Dazu gehören auch Zaubermantel und Zauberstab. Jener ist bereits aus dem alten Ägypten bekannt (vgl. dazu Fausts Mantel, der durch die Lüfte trägt) und dürfte auf die Schamanenkleidung zurückzuführen sein. Der Zauberstab begegnet schon bei griech. und röm. Gottheiten (Merkur, Kirke), ist jedoch meist in der Hand des mittelalterlichen Magiers und Z.s anzutreffen, womit er den Zauberkreis beschreibt (→ Kreis). Außerdem verwendet er ihn auch zum Berühren und Schlagen. Hierin entspricht er der Zauberrute, die ein Vorläufer des Zauberstabes sein dürfte. Zu unterscheiden ist zwischen Lebensrute (bes. heilsame Wirkung des Schlages, daher Verwendung bei Krankenheilung), Wünschelrute und Springwurzel (eigentlich Sprengwurzel, da damit verschlossene Türen durch Berühren geöffnet werden können).

»Z.« wird heute oft synonym mit → Medizinmann, Magier und Schamane (→ Schamanismus) gebraucht, was sich auf Grund der Bildung und Geschichte der Begriffe nicht rechtfertigen läßt. Am ehesten scheidet die Gleichsetzung von Z. und Schamane aus, denn das Wesensmerkmal des Schamanen, die → Ekstase, fehlt dem Z. fast gänzlich. Da ferner der Begriff des Medizinmannes sich dem des Schamanen nähert, sollte eine Verwechslung mit dem Z. auch hier nicht vorkommen. Schwierig allerdings ist die Trennung des Z.s vom Magier. Beide beruhen auf dem Glauben an die Wirksamkeit nichtpersönlicher Kräfte, die auch zur Bemeisterung der Geisterwelt benutzt werden können, sowie auf dem Prinzip der Analogie und des pars pro toto. Die Praktiken des Magiers haben mehr institutionellen Charakter, sind von zwingender Wirksamkeit und auf die Erlangung konkreter Ziele gerichtet, die sich wesentlich auf das Wohl der Gemeinschaft beziehen. Auch die Praktiken des Z.s sind zwingend, sie scheinen jedoch nicht institutionell, sondern persönlichkeits- bzw. gegenstandsgebunden zu sein und sind auf die Erlangung individueller Ziele ausgerichtet. Daher beruht die Handlungsweise des Z.s mehr auf formalistischen, abstrakten Prinzipien. So ist zB das Abgrenzen des eigenen Standplatzes mittels des Zauberstabes als Analogiehandlung erkenntlich; weniger ersichtlich ist dies jedoch, wenn durch Drehen eines Ringes Wünsche erfüllt werden sollen. Die Zaubersprüche haben ihre Vorläufer wohl zT in Anrufungen und Gebetsformeln. Vor allem liegt ihnen die Vorstellung von der Macht des gesprochenen → Wortes (»Logos«-Gedanke) zugrunde. Der Magier kann zu seinem Amt durch Geister oder → Träume berufen werden, dann folgt als sehr wesentlich eine entsprechende Ausbildung. Seine Wirksamkeit übt er in aller Öffentlichkeit aus. Der Z. muß zwar ebenso mit krafthaltigen Gegenständen und Sprüchen umzugehen lernen, doch kommt es hier bes. auf das Wissen an. Zauber ausüben kann jedermann, sofern er die nötigen Kenntnisse oder Mittel besitzt. Hier genügt auch oft nur der Besitz eines Ringes oder Stabes oder die Kenntnis eines einzigen Spruches. Auch betätigt sich der Z. hauptsächlich im Verborgenen, ja er verbirgt sogar häufig seine Fähigkeiten vor der Gemeinschaft.

ERE VIII, 245ff - R.Winstedt, The Malay Magician..., London (1925) 1951² - J.v.Negelein, Weltgesch. d. Aberglaubens I. II, 1931/35 - E.Massoneau, La magie dans l'antiquité romaine, Paris 1934 - Roscher VI, 542ff - E.E.Evans-Pritchard,Witchcraft, Oracles and Magic among the Azande, Oxford 1937 - ThW IV, 360ff - G.Contenau, La magie chez les Assyriens et les Babyloniens, Paris 1947 - A.Runeberg, Witches, Demons and Fertility Magic (Diss. Helsinki), 1947 - E.de Martino, Il mondo magico, Turin 1948 - G.Storms, Anglo-Saxon Magic, Den Haag 1948 - E.Delcambre, Le concept de la sorcellerie dans le duché de Lorraine au XVIe et au XVIIe siècle I-III, Nancy 1948-51 - K.Seligmann, The Mirror of Magic, New York 1948; franz. 1957 - A.E.Jensen, Gibt es Zauberhandlungen? (ZE 75, 1950, 3-12) - Ders., Mythos u. Kult bei Naturvölkern, (1951) 1959², Kap. XI - Wach, Relsoz. 402ff - RÄRG 875ff - DBS V, 705ff - J.C.Souroy, Sorciers noirs et sorcier blanc, Brüssel 1952 (Afrika) - S.de Villermont, Magie et sorcellerie africaines, Paris 1952 - M.Percheron, Dieux et Démons, Lamas et Sorciers de Mongolie, ebd 1953 - F.Bavoux, La sorcellerie en Franche-Comté, Monaco 1954 - G.B.Gardner, Witchraft Today, London (1954) 1956² - Nilsson I. II (s. Reg.) - Grimm, Dt.WB XV, 1956, 323ff - S.Idries Shah, Oriental Magic, London 1956 - J.Th.Munday, Witchraft in Central Africa and Europe, ebd 1956 - H.Ch. Lea, Materials toward a Hist. of Witchcraft I-III, New York 1957 - F.R.Lehmann, Der Omulodi-Glaube (Jb. d. Museums f. Völkerkunde zu Leipzig 16, 1957, 62-109) - J.Haekel, Religion (in: Lehrbuch d. Völkerkunde, hg.v. L.Adam u. H.Trimborn, 1958, 40 bis 72, bes. 57) - H.Debrunner,Witchcraft in Ghana, Kumasi 1959 - R.H.Robbins, Encyclopedia of Witchcraft and Demonology, New York 1959 - C.W.Upham, Salem Witchcraft I. II, ebd 1959. - Vgl. die Lit. zu → Hexen, → Magie, → Medizinmann, → Wahrsager, → Zauberbücher, → Zaubersprüche. *E.Stiglmayr*

Zaubersprüche (Z. = Zauberspruch). Sprüche, die eine bestimmte zauberische Wirkung hervorbringen sollen, gehören bei allen Völkern zu den urtümlichsten Formen der Dichtung. Z.e setzen ihre ganze Hoffnung auf die magische Wirkung des gesprochenen → Wortes; durch Geheimhaltung bleibt ihre volle Kraft gewahrt. Der aufgeschriebene Z. dient als → Amulett. Von der Wirkung her gesehen gibt es Schaden- und Abwehrzauber. Dabei haben die Z.e ein fast universelles *Anwendungsgebiet:* Durch Z.e werden nicht nur → Krankheiten, Wunden und Schmerzen geheilt oder angezaubert, sondern auch → Waffen des Gegners stumpf gemacht, Fesseln gelöst und Gefangene befreit, Feuer gestillt, Schätze gehoben, das → Wetter beeinflußt, bes. → Regen herbeigeholt, Sturm und Meer besänftigt, Ungeziefer beseitigt usw. Durch Z.e erwirbt man sich Freundschaft, Liebe, Gunst, Recht, Schutz des Eigentums. Weitaus die meisten Z.e gehören zur → Volksmedizin und sind gegen Krankheiten von Mensch und Tier gerichtet. Erfahrungs- und Zaubermedizin, heidnischer Zauber und christliches Gebet verflechten sich dabei oft unlösbar.

Z.e verlaufen in der Regel nach bestimmten *Stilformen.* Eine ursprüngliche Form ist das einfache Wegschicken des Übels (Apopompe) durch das magische Befehlswort (»Fuge, fuge Podagra!«; »Zahnschmerz geh weg!«; »Maus aus meinem Haus!«). Die Verbannung der Krankheitsdämonen (Epipompe) erfolgt gelegentlich in bestimmte Bannungsorte (Wald, Meer, Einöde, Hölle). Daneben findet sich das Prinzip der Krankheitsübertragung (Verpflöcken, Verbohren, Verkeilen, Abstreifen). In manchen Z.en wird den Dämonen, bes. den nächtlichen Druckgeistern eine unaufhörliche Beschäftigung zugewiesen (»Zähle vorher alle Regentropfen, im Meer den Sand, alles grüne Gras auf der Erde!«). Die imperativische Kurzform wird häufig ergänzt durch den magischen Vergleich (»Diese Geschwulst nehme ab wie der Tote im Grab!«). Die etwas längeren Z.e sind meist zweiteilig und bestehen aus einem epischen Einleitungsteil (spell) und dem eigentlichen Z. selbst (galdar, galstar, helliruna). Die Einleitungserzählung berichtet einen mythischen, sagenhaften oder legendären Fall, in dem der sich anschließende Z. zum ersten Mal erfolgreich angewandt wurde. Häufig ist der sog. Begegnungstyp, der schon assyrische und ägypt. Vorbilder hat: Schadengeist und Heiler begegnen sich auf der Wanderschaft. Zu den ältesten Denkmälern der deutschen Literatur gehören die beiden berühmten, in ahd. Stabreimversen abgefaßten Merseburger Z.e, deren Interpretation stark umstritten ist. Der 2. Spruch, zu dem auch schon altindische Parallelen nachgewiesen wurden (Atharva-Veda), zeigt den germanischen Gott Wodan, wie er einem Pferde den verrenkten Fuß heilt. Verrenkungssegen desselben Typs sind später in großer Zahl aufgezeichnet worden. Die Figuren der germanischen Mythologie wurden dabei durch Christus oder durch christliche Heilige ersetzt. Weitere Z.e aus ahd. Zeit sind der Wiener Hundesegen, Lorscher Bienensegen, Straßburger Blutsegen, Weingartner Reisesegen und der Tumbo-Segen. Mehrfach belegt und darum offenbar häufig angewandt sind die ahd. und altsächsischen Wurmsegen (ähnlich schon im Altindischen). Unter christlichem Einfluß wandelt sich der magische Z. zum magischen Gebet und zum Segensspruch. Weiterbildungen von Z.en auf Grund ausgesprochen christlicher Legendentradition sind die Jordan-Segen (Das Blut soll stillstehen wie das Wasser des Jordans bei der Taufe Christi; seit 9.Jh.), Longinus-Segen (gegen Blindheit), Hiob-Segen (seit 12.Jh.), Petrus-Segen, Dreikönigs-Segen (als Reiseschutz sowie zum Auffinden verlorener Dinge), Tobias-Segen, Drei-gute-Brüder-Segen (seit 12.Jh.), Drei-Frauen-Segen, Wurmacker-Segen (seit 15.Jh.). Der bedeutendste Feuersegen ist der spätmittelalterliche Sammelspruch »Bis willkommen du feuriger Gast!«; andere Feuer-Segen sind verbunden mit den Heiligen → Agathe oder → Laurentius. Als Diebszauber dient vor allem der Spruch »Maria in der Kindbett lag«. Andere Z.e suchen den Dieb festzubannen (Drei-Nägel-Segen; seit 14.Jh.) und sind verbunden mit magischen Handlungen des Schadenzaubers. Der Bereich des Schadenzaubers fehlt fast ganz in der schriftlichen Überlieferung. Jedoch bietet der altgermanische Norden einige bes. interessante Beispiele (Skirnirlied der → Edda, Egilsaga, Grettirsaga). Die auf uns gekommenen ahd., altnordischen und altsächsischen Z.e und Segen sind ziemlich zufällig aufgezeichnet worden. Die Überlieferung ist daher sehr lückenhaft. Neben den direkten Zeugnissen für Z.e stehen indirekte, bes. in obrigkeitlichen und kirchlichen Verboten, die die Anwendung von Z.en (»incantationes«, »zoubarchiscrip«) mit strengen Kirchenbußen belegten. In der Gegenwart ist das Überlieferungsgut der verschiedenen Landschaften und Länder bis jetzt noch nicht systematisch und überhaupt nur sehr ungleichmäßig erfaßt worden. Es fehlt noch ein »Corpus der Z.e, Segen und Beschwörungsformeln«.

M.Bartels, Über Krankheitsbeschwörungen (ZVK 5, 1895, 1-40) - A.Lehmann, Aberglaube u. Zauberei, (1898) 1925³ - A. Franz, Die kirchl. Benediktionen im MA I. II, 1909 - G.Gesemann,

Regenzauber in Deutschland (Diss. Kiel), 1913 - G.EHRISMANN, Gesch. d. dt. Lit. bis zum Ausgang des MA I, (1918) 1932², 99ff (reiche ältere Lit.) - E.FEHRLE, Zauber u. Segen, 1926 - PW XIV/1, 301ff - HWDA I, 305ff. 387f. 726f. 1452ff; III, 349ff; V, 1327. 1662ff; VI, 182ff; VII, 971. 1676. 1796ff; VIII, 1416. 1617ff; IX, 551ff. 877; Nachtr. 438f - E.LINDERHOLM, Signelser och besvärjelser från medeltid och nytid, Uppsala 1927/40 - RDL III, 511ff - V.J. MANSIKKA, Litauische Z.e (FFC 87), 1929 - A.CASTIGLIONI, Incantesimo et magia, Mailand 1934; franz. 1951 - F.OHRT, Die ältesten Segen über Christi Taufe u. Tod, Kopenhagen 1938 - D.LIFCHITZ, Textes éthiopiens magico-rel., Paris 1940 - F.GENZMER, German. Z.e (Germ.-roman. Monatsschr. 32, 1950, 21-35) - VerfLex IV, 1121ff - E.EBELING, Sammlungen von Beschwörungsformeln teils in sumerisch-akkad., teils in sumer. u. akkad. Sprache (ArOr 21, 1953, 357 bis 423) - S.SCHOTT, Die Deutung der Geheimnisse des Rituals für die Abwehr des Bösen. Eine altägypt. Übers. (AAMz 1954, 5) - H.GRAPOW, Grundr. d. Medizin der alten Ägypter II: Von den mediz. Texten, 1955 - H.KOBUSCH, Der Zahnwurmglaube in d. dt. Volksmedizin (Diss. Frankfurt), 1955 - E.REINER, Šurpu. A Collection of Sumerian and Akkadian Incantations (AfO, Bh. 11), 1958 - E.RIESEL, Der erste Merseburger Z. (Dt. Jb. f. Volkskunde 4, 1958, 53-81) - I.HAMPP, Beschwörung, Segen, Gebet, 1961 - R.KRISS-H.KRISS-HEINRICH, Volksglaube im Bereich des Islam II, 1962. - Vgl. die Lit. zu → Beschwörung, → Krankheit: I, → Segen und Fluch: I, → Volksmedizin, → Zauberbücher, → Zauberer. *L.Röhrich*

Zauleck, *Paul* (12.3.1849 bis 3.6.1917), * in Berlin, seit 1875 Pfarrer in Bremen, schuf aus den englisch-amerikanischen Anfängen der → Sonntagsschule den deutschen → Kindergottesdienst, gründete 1890 die Zeitschrift »Der Kindergottesdienst«, gab das »Deutsche Kindergesangbuch« ([1889] 1961³¹) und das Instruktionsbuch »Weide meine Lämmer« ([1891] 1912⁵) heraus und veröffentlichte »Kinderpredigten« (I. II, [1913/14] 1916/18²).

Vf. ferner u.a.: Wie man den Kindern den Heiland zeigt, (1892) 1896³; Weihnachten im Kindergottesdienst, (1911) 1928⁴. - Über Z.: D.FRAEDRICH, Nachruf für D. Z. (Der Kindergottesdienst 28, 1917/18, 3-12) - C.ALMSTADT, Das Vermächtnis D. Z.s (ebd 63, 1953, 14-16. 82-87). *A.Lichtenstein*

Zebaoth (»Heere«, »Heerscharen«) kommt in der Verbindung »Jahwe Z.« 267mal, in »Jahwe, der Gott (der) Z.« 18mal als Hinzufügung zu → Jahwe vor. Dabei ist es strittig, ob die israelitischen oder die himmlischen Heerscharen gemeint sind oder ob das Wort mehr abstrakt im Sinne von »Allmacht« = »Der Allmächtige« zu verstehen ist. Vieles spricht für die letzte Annahme. Jedenfalls ist es später so verstanden worden, denn die LXX gibt das Wort in der Mehrzahl der Fälle seines Vorkommens mit (κύριος) παντοκράτωρ oder (κύριος) τῶν δυνάμεων wieder. In diesem Sinne wird es bes. gern von manchen Propheten (etwa Jes 6, 3 »Heilig, heilig, heilig ist Jahwe Z.«) gebraucht, wenn sie die ganze Machtfülle ihres Gottes ihren Hörern und Lesern vor Augen stellen wollen. Jahwe Z. kommt zuerst in den an → Silo haftenden Erzählungen von → Samuels Jugend und von dem Verlust der → Lade vor und steht deutlich mit der Lade in Verbindung. Offenbar ist Z. im Zuge einer religiösen Bewegung, die zwar nicht wie die von Mose getragene dem alten Gott einen neuen Namen, wohl aber einen neuen Beinamen eingebracht hat, in Silo aufgekommen. Mit der Lade ist der Kultus Jahwes Z. von → David nach Jerusalem gebracht worden (2Sam 6). So ist Z. der Nachwelt erhalten und auch vom Christentum übernommen worden, indem nicht nur das NT (zB Apk 1, 8: κύριος ὁ θεός ... ὁ παντοκράτωρ; 11, 17: κύριε ὁ θεὸς ὁ παντοκράτωρ) Z. gebraucht, sondern auch Luthers »Ein feste Burg« in einer Art von naivem Modalismus »Der Herr Z.« als Beiname von »Jesus Christ« verwendet.

B.N.WAMBACQ, L'épithète divine Jahvè Sᵉbaôt, Paris 1947 - V.MAAG, Jahwäs Heerscharen (Schweiz. Theol. Umschau 20, 1950, 27-52) - O.EISSFELDT, Jahwe Z. (Misc. Acad. Berolin. II/2, 1950, 128-150; 1 Taf.) - DERS., Silo u. Jerusalem (VT Suppl. 4, 1957, 138 bis 147) - E.JACOB, Les thèmes essentiels d'une Théologie de l'AT, Neuchâtel 1955 - W.EICHRODT, TheolAT I, 1957⁵, 120ff. *O.Eißfeldt*

Zedekia (hebr. ṣidqijjahû), Sohn → Josias, letzter *König* von → Juda aus → Davids Geschlecht (Frühling 597 bis Sommer 587 vChr). Er verdankte seinen Thron dem Babylonier Nebukadnezar, der ihn anstelle seines abgesetzten und deportierten Neffen Jojachin als »König nach seinem Herzen« (Babyl. Chronik, Wiseman S. 72) eingesetzt hatte. Entgegen den Warnungen → Jeremias ließ Z. sich später zum Aufstand gegen die Babylonier hinreißen. Das hatte deren erneutes Eingreifen, die Bestrafung Z.s und seiner Familie, die Zerstörung → Jerusalems und des → Tempels, die Liquidierung des Staates Juda und die Deportation der Oberschicht zur Folge (→ Exil).

Vgl. die Darstellungen der Gesch. → Israels u. die Kommentare zu den → Königsbüchern u. zum → Jeremiabuch. - W.F.ALBRIGHT, The Seal of Eliakim and the Latest Preëxilic Hist. of Judah (JBL 51, 1932, 77-106) - DERS., The Nebuchadnezzar and Neriglissar Chronicles (BASOR 143, 1956, 28-33) - A.MALAMAT, Jeremiah and the Last two Kings of Judah (PEQ 83, 1951, 81-87) - M.NOTH, La Catastrophe de Jérusalem en l'an 587 avant Jésus-Christ et sa signification pour Israël (RHPhR 33, 1953, 81-102; dt. in: NOTH, Ges. Studien, 1960², 346-371) - DERS., Die Einnahme Jerusalems i.J. 597 vChr (ZDPV 74, 1958, 133-157) - D.J.WISEMAN, Chronicles of Chaldaean Kings, 1956 - D.N.FREEDMAN, The Babylonian Chronicle (BA 19, 1956, 50-60) - E.VOGT, Die neubabyl. Chronik über die Schlacht bei Karkemisch u. die Einnahme von Jerusalem (VT Suppl. 4, 1957, 67 bis 96) - E.KUTSCH, Zur Chronologie der letzten judäischen Könige (Josia bis Z.) (ZAW 71, 1959, 270-274) - E.AUERBACH, Wann eroberte Nebukadnezar Jerusalem? (VT 11, 1961, 128-136). *R.Bach*

Zehn verlorene Stämme Israels. Die Legende von den 10 v.St.I., die beim Untergang des Nordreiches (722/21 vChr; → Israel: I, 11) exiliert und dann verschwunden seien - in Wirklichkeit ist nur ein Teil der Oberschicht nach Mesopotamien und Medien deportiert worden -, hat die Phantasie der Juden wie der Völker durch die Jahrtausende beschäftigt. So hat der jüdische Forschungsreisende Eldad ha-Dani im 9.Jh. geglaubt, Überreste von ihnen in Abessinien (Falaschas), aber auch in China und in Südrußland (Chazaren) entdeckt zu haben; erneut meinte dies der Geograph Abraham Farissol im 16.Jh. Nach der Entdeckung der neuen Welt hat man sie aber auch in Amerika (A.de Montezinos: in den Kordilleren; Manasseh ben Israel), ja in Lappland (Olaus Rudbeck d.J.) und sogar bei den Germanen in toto (→ Keller-Gemeinschaft) gesucht und »gefunden«. - Am folgenreichsten wurde die aus calvinistischen Sympathien für das AT gespeiste *englische* Selbstidentifikation mit den 10 v.St.I., die für O. → Cromwell ein wichtiges Motiv wurde, das jüdische Resettlement in England (Mission Manasseh ben Israels) zu gestatten. Puritanische Geschichtstheologie erklärte die Engländer zu leiblichen Nachkommen der 10 v.St.I., die ja an der Kreuzigung Jesu nicht beteiligt gewesen seien, und mithin England als neues »auserwähltes Volk« zur Weltherrschaft berufen. Alle Prophezeiungen und Verheißungen für die Juden seien auf die englische Nation übergegangen, was von → Penn bis Disraeli immer wieder vertreten wurde. Die von Richard Brothers (1757-1824) gegründete *»British Israel Movement«* (seit 1919 eine World-Federation mit angeblich über 2 Mill. Mitgliedern; Organ: The National Message, seit 1921) hat diese Gedanken durch eine umfangreiche Predigt- und Traktatliteratur zumal in den englischen Bildungsschichten verbreitet. Man kann in diesen Schriften lesen, daß der Krönungsstein in der Abtei von Windsor der Stein des Erzvaters Jakob aus Bethel sei, daß Joseph von Arimathia selber in England die erste christliche Kirche gebaut habe, daß der Stammbaum des Hauses Windsor auf David und Salomo zurückgehe usw. Ernsthafter ist das Argument, daß nur das englische Volk einen dem jüdischen Sabbat vergleichbaren gottesdienstlichen Feiertag kenne. Die Auswirkungen dieser bes. von H.Schöffler und seinen Schülern untersuchten Selbstidentifikation sind ebensosehr in der verbreiteten at. → Vornamengebung Englands zu erblicken wie in der vom → Philosemitismus weiter Volksschichten getragenen Bejahung des → Zionismus und seinerzeit des englischen Palästinamandats.

Qu.: Sefer Eldad ha-Dani, Venedig 1544 - ABRAHAM FARISSOL, Iggeret Orechot Olam Cap. 14, ebd 1587 - MANASSEH BEN ISRAEL, Mikweh Israel, Amsterdam 1615 (zahlr. Übers.) - TH.THOROWGOOD, Jewes in America or Probabilities that Americans are Jewes, London 1650 - H.JESSEY, The Glory of Jehuda and Israel, ebd 1653 - TH.SPIZELIUS, Elevatio relationis Montesinianae de repertis in America tribubus Israeliticis, Basel 1661. - *Lit. der British Israel Movement:* JOHN WILSON, Lectures in Our Israelitish Origin, London 1876[5] - A. PRITCHARD, God in British Hist., ebd 1917 - L.S.LEWIS, St. Joseph of Arimathea at Glastonbury, ebd 1923 - P.W.THOMPSON, British Israel - the Plain Argument, ebd 1931. - *Wissenschaftl. Unters.en:* ARNOLD MEIER, At. Namengebung in England (Diss. Leipzig), 1934 - M.LEVY, Der Sabbat in England (Diss. Leipzig), 1934 - J.W.WINTERHAGER, Die Vorstellung vom auserwählten Volk in England (Diss. Berlin), 1934 - H.SCHÖFFLER, Abendland u. AT, 1937 (= DERS., Wirkungen der Reformation, 1960, 1-103) - L.RABINOWITZ, Eldad ha-Dani and China (JQR 46, 1946, 231-248) - H.J.SCHOEPS, Philosemitismus im Barock, 1952 - HEINZ SCHMIDT, Cromwell u. das AT (Diss. Bonn), 1954. *H.J.Schoeps*

Zehnten

1. Religionsgeschichtlich - 2. Im AT - 3. In der christlichen Kirche. - Z. = Zehnt(e)

1. Während für die Darbringung von → Erstlingen das Prinzip irrationaler Qualität maßgebend ist, insofern ihnen wie jedem Anfang überhaupt weihevolle Würde eignet, ist der Z. rational-quantitativer Art, wobei gewiß die Zehnzahl der Finger und das an ihnen geübte Zählen seine Entstehung beeinflußt hat. Der Z. kommt sowohl im profanen als auch im kultischen Bereich vor, und die Frage, wo er ursprünglich ist, muß offen bleiben. Denn einerseits werden die Götter wie irdische Herrscher vorgestellt, so daß die Übertragung von zunächst diesen zustehenden Abgaben auf jene naheliegt. Anderseits werden säkulare Machtträger oft vergöttlicht (→ Herrscherkult, → Königtum, sakrales), so daß sie an eigentlich den Göttern zukommenden Rechten Anteil bekommen können. Bei der Irrationalität der Erstlinge und der rationalen Art des Z.n liegt die Annahme nahe, daß jene im kultischen Raum ihre Heimat haben und von dort in den profanen Bereich eingedrungen sind, während bei dem Z.n das Umgekehrte der Fall ist. Was sich bei Juden und Christen in Geschichte und Gegenwart an Z.bräuchen findet (s. 2. 3), ist alles von den hierher gehörigen Bibelstellen abhängig, die aber ihrerseits außerbiblisch beeinflußt sein können. Phönizier und Karthager kennen den Z.n, und so könnte Israel wie anderes auch den Z.n von den Kanaanäern übernommen haben. Aber der Z. kommt als kultischer und als säkularer Brauch überall in der Welt vor, so bei Griechen und Römern, bei Babyloniern und Iraniern, und wenn da auch in manchen Fällen historisch-genetische Zusammenhänge bestehen, so läßt sich, aufs Ganze gesehen, die weltweite Verbreitung des Z.n doch nur phänomenologisch verstehen, also durch die Annahme, daß diese Sitte vielerorts und zu verschiedenen Zeiten selbständig aufgekommen ist.

W.R.SMITH, Lectures on the Religion of the Semites, Edinburgh (1889) 1927[3], 245ff. 252. 458. 587 - G.WISSOWA, Religion u. Kultus der Römer, (1902) 1912[2], 272. 277ff. 429f - O.EISSFELDT, Zum Z.n bei den Babyloniern (BZAW 33, 1918, 163-174) - ERE XII, 347ff - CHANT II, 369. 385. 448 - H.CAZELLES, La Dîme israélite et les textes des Ras Shamra (VT 1, 1951, 131-134) - NILSSON I, 471. 473. 631. 734 - K.LATTE, Röm. Religionsgesch., 1960, 215. *O.Eißfeldt*

2. Die Wandlungen, die der Z. *in Israels Geschichte* erfuhr, lassen sich nur andeutend nachzeichnen, zumal das AT fast nur Verordnungen bietet, kaum von tatsächlichen Ablieferungen berichtet (Neh 13, 12; 2Chr 31, 5). In ironischer Nachahmung priesterlicher Tora fordert Amos (4, 4) auf, in Bethel und Gilgal am Morgen (nach der Wallfahrt) Schlachtopfer und am 3. (= nächsten) Tag den Z.n darzubringen. Gen 28, 22 (E) führt das Z.-recht von Bethel ätiologisch auf Jakob zurück. So ist diese kultische Abgabe im Nordreich belegt, während Gen 14, 20, das Jerusalems Z.recht mit Abrahams Anerkennung → Melchisedeks begründet, nicht sicher in vorexilische Zeit reicht. Der Anspruch des Königs auf den Z.n von Aussaat, Wein und Kleinvieh in dem »Königsrecht« 1Sam 8, 15. 17 ist in Israel singulär (anders in Kanaan; Mendelsohn, BASOR 143, 1956, 20f). Das Dtn nennt zum ersten Mal den Inhalt des Z.n: Korn, Wein, Öl (12, 17; 14, 23 [vgl. Ex 22, 28 a] - diese Dreiheit, obwohl → Ugarit bekannt, ist deuteronomisches Formelgut; Wolff, BK XIV/1, 44. 47), wenn auch der apodiktische Rechtssatz 14, 22 (vgl. Gen 28, 22 b) nur den jährlichen Z.n des Feldertrags der Aussaat (nicht der Kelter) verlangt. Der Ablieferungstermin bleibt unbestimmt (wohl jeweils nach der Ernte). Zusammen mit anderen → Opfern (: II) sollen die Abgabepflichtigen den Z.n nur an dem »erwählten Ort« (in der geschichtlichen Wirkung: Jerusalem) »vor Jahwe« bei fröhlichem Mahl selbst essen (12, 6f. 11f. 17f; 14, 23. 26). Der Z. kann auch durch Geld gelöst werden (14, 24-26; Lev 27, 31). Von einer Abgabe an Gott oder die Priester ist nichts erwähnt, wenn nicht Dtn 18, 4 »das Beste von Korn, Wein und Öl« den für den Priester bestimmten Teil des Z.n erfaßt (Eißfeldt 40f. 50f). Dann wäre der Z., dem Schlachtopfer ähnlich (vgl. die Parallele Am 4, 4; vielleicht in Ugarit 125, 40f Gordon), zweigeteilt auf das Festmahl und den Priesteranteil, während er in nachexilischer Zeit nur noch einer Steuer zum Unterhalt der Priester gleicht. Jedes 3. Jahr soll der gesamte Z. (dh ohne Abzug des Opfermahls?) den → Leviten, die durch die Zentralisationsforderung ihr Amt verloren und ohne Landanteil sind, sowie den Bedürftigen im Heimatort zugute kommen (14, 28f; 26, 12-15 - ein exilisch-nachexilischer Brauch; Horst, Priv. 55f. 15; HAT 14[2], 273). Die Bestimmung blieb erfolglos. Mal 3, 8. 10 (1. Hälfte 5.Jh.) verheißt Gottes Segen bei voller Ablieferung des Z.n an das »Vorratshaus« des Tempels (vgl. Neh 10, 38f; 13, 5. 12; 2Chr 31, 11f; Ex 23, 19; 34, 26 von den → Erstlingen). Noch später wurde der Z. zurückbehalten (Neh 13, 10ff; 2Chr 31, 5f; vgl. schon Ex 22, 28 a). Nach der Priesterschrift fällt der ganze Z. den Leviten zum »Lohn« für ihren Dienst am Zeltheiligtum (Num 18, 31) als »Erbgut« zu (18, 21 [Rechtssprache, vgl. Gen 1, 29; 20, 16 u.ö.]. 24. 26). Von dem Empfangenen sollen auch sie $^{1}/_{10}$ als »Hebe« den Priestern entrichten (18, 26-29 Nachtrag; Neh 10, 38-40; gleich dem »Besten« Num 18, 12; Ez 44, 30; 2Chr 31, 5?), alles übrige dürfen sie an »jedem Ort essen« (18, 31). Das Festmahl am Heiligtum und die Dreijahresklausel des Dtn sind fortgefallen. Der Z. besteht wohl weiter aus Korn, Most, Öl (vgl. 18, 27. 30; Neh 13, 5. 12; 10, 38; 2Chr 31, 5 noch Honig und aller Feldertrag). Nach dem Zusatz Lev 27, 30-33 ist der Z. »für Jahwe, Jahwe heilig« (27, 30, vgl. Dtn 26, 13). Die Forderung auf den Z.n der Haustiere (27, 32f; 2Chr 31, 6; aufgenommen von der Königssteuer, vgl. 1Sam 8, 17?) noch außer den Erstgeburten wurde kaum mehr

wirksam (Gen 14, 20; 28, 22 sogar Z.n »von allem«). Neh 10, 38 b-39 (Zusatz zu 10, 38 a) gestattet den Leviten, unter Aufsicht eines Priesters selbst den Z.n in den Städten einzusammeln.

RE XXI, 627ff - O.EISSFELDT, Erstlinge u. Z.n im AT (BWAT 22), 1917 - A.WENDEL, Das Opfer in d. altisrael. Religion, 1927, 99. 174ff - F.HORST, Das Privilegrecht Jahves (FRLANT 45), 1930, 51ff = Gottes Recht (ThB 12), 1961, 73ff - RGG² V, 2088f - H.CAZELLES, La dîme israélite et les textes de Ras Shamra (VT 1, 1951, 131 bis 134) - W.EICHRODT, TheolAT I, 1957⁵, 92 - EKL III, 1886f - R.DE VAUX, Das AT u. seine Lebensordnungen I. II, 1960/62 (s. Reg.) - R.TOURNAY, RB 67, 1960, 25f - W.BUNTE, Maaserot/Maaser Scheni (Die Mischna I, 7/8), 1962, 28ff. - Außerdem die Kommentare.

W.Schmidt

3. In der *christlichen Kirche* wurde die zunächst freiwillige Leistung des Z.n schon 585 von der 2. Synode in Macon als Rechtspflicht proklamiert (cap. 5). Die karolingische Gesetzgebung schuf für das ganze Frankenreich das staatliche Z.gebot durch das Kapitular von Heristal 779 (MG Cap. I p.48 c.7). Grund dafür war wohl die Einziehung des umfangreichen → Kirchenguts: Mit der Anerkennung der Z.n wurde die Kirche auf Kosten der Untertanen zur Aufgabe ihrer Rückerstattungsansprüche bewogen. Andere Länder sanktionierten die Z.pflicht erst spät, zB Portugal im 11., Dänemark und Island im 13.Jh. - Der Z. war fast ausschließlich Ertrags-Z. (Personal-Z. vom persönlichen Einkommen, Real-Z. von Früchten und Tieren; unterschieden wurde auch zwischen dem Groß-Z., der von Feldfrüchten, und dem Klein-Z., der von Garten- und Baumfrüchten zu erbringen war). Finanziell die größte Bedeutung erlangte der Getreide-Z. Die Z.pflicht traf grundsätzlich die gesamte Bevölkerung. Die aus politischen Gründen verminderte Abgabenpflicht der unterworfenen Bevölkerung in den Kolonisationsgebieten (Slawen-Z.) wurde 1036 durch die Triburer Synode dem Normal-Z. angeglichen (MG Const. I n.44 p.89 c.6). Von der Z.pflicht ausgenommen waren lediglich kirchliche Benefizialgüter (»clericus clericum non decimat«), viele Klöster und oft auch der Adel. Die Empfangsberechtigung des Z.n teilte die Gelasianische Teilungsvorschrift (Papst → Gelasius 492-496; die Vorschrift bei Mansi VIII col. 45 c. 27) so auf: je ein Viertel dem Bischof, den Geistlichen, den Armen und der → Kirchenfabrik. - Die Entwicklung des Eigenkirchenwesens (→ Eigenkirche) führte in der Folge dazu, daß der Eigenkirchenherr den größeren Teil des Kirchen-Z.n (decimae dominicae, gewöhnlich zwei Drittel) als Gegenleistung für seine → Baulast beanspruchte, während der Rest (decimae parrochianae, Pfarr-Z.) an den Pfarrer fiel. Die »tertia pars decimarum« blieb dann bis ins 18.Jh. hinein der regelmäßige pfarrliche Z.anteil. Der Kampf gegen das Eigenkirchenwesen richtete sich auch gegen die Z.berechtigung von Laien; doch wurde dieses Ziel nie ganz erreicht. - Die Z.n wurden durch die Reformation nicht berührt. Sie verwandelten sich in der Neuzeit dem Rechtstitel nach aus einer natürlichen Verpflichtung in eine Reallast, die auf dem Grundstück lag und von dessen Inhaber ohne Ansehen seines Bekenntnisses getragen werden mußte. Unter dem Einfluß der franz. Revolution schafften die kirchlichen Neuordnungen Anfang des 19.Jh.s die Z.n zum großen Teil ab. Soweit noch vorhanden, wurden sie seit 1848 durch Gesetze aufgehoben oder abgelöst.

U.STUTZ, Gesch. d. kir hl. Benefizialwesens I/1, 1895 (Neudr. 1961), 240ff - DERS., Das karoling. Z.gebot (ZSavRG 29, Germ. Abt., 1908, 180-224) - W.PLÖCHL, Das kirchl. Zehentwesen in Niederösterreich, Wien 1935 - E.O.KUUJO, Das Z.wesen in d. Erzdiözese Hamburg-Bremen bis zu seiner Privatisierung, Helsinki 1949 - R.GMÜR, Der Z. im alten Bern, Bern 1954 - FEINE 174ff u. passim - L.VISCHER, Die Z.forderung in der Alten Kirche (ZKG 70, 1959, 201-217) - D.LINDNER, Vom ma.lichen Z.wesen in d. Salzburger Kirchenprovinz (ZSavRG 77, Kan. Abt. 46, 1960, 277-302).

A.Erler

Zeisberger, *David,* »Apostel der Indianer«, * 11.4. 1721 in Zauchtental/Mähren, † 17.11.1808 in Ghosen am Muskingum (Ohio). Z. lebte seit 1743 in der herrnhutischen Siedlung Bethlehem/Pa. und beteiligte sich an der von dort ausgehenden → Indianer-Mission. Zeugenmut, Sprachbegabung, diplomatisches Geschick und Organisationstalent machten ihn bald zu deren führender Gestalt. Weite Missionsreisen und Stationsgründungen führten ihn über die heutigen Staaten Pennsylvanien und Ohio bis nach Kanada. Z. strebte, den Instruktionen → Zinzendorfs folgend, mit Erfolg Gemeindegründungen an, die die nomadisierenden Indianer seßhaft machten. Argwohn und Verfolgung durch europäische Einwanderer, aber auch durch heidnische Indianer zZ des englisch-französischen und des Unabhängigkeitskrieges machten jedoch fast alle Gründungen wieder zunichte. Z. hinterließ außer seinen Tagebüchern Übersetzungen und sprachwissenschaftliche Arbeiten.

L.H.GIPSON, The Moravian Indian Mission on the White River, 1838 - E.DE SCHWEINITZ, The Life and Times of D.Z., 1870 - E.S. BLISS, Diary of Z., 2 Bde, 1885 - E.N.HORSFORD, Z.s Indian Dictionary, 1887 - H.RÖMER, Die Indianer u. ihr Freund D.Z., (1890) 1924³ - A.B.HULBERT-W.N.SCHWARZE, D.Z.s History of the North American Indians, 1910 - E.E.GRAY-L.R.GRAY, Wilderness Christians, 1956. - Handschriftl. Material im Archiv der Moravian Church in Bethlehem/Pa.

H.Motel

Zeit, *philosophisch*

1. a) Die Erfahrung menschlicher Hinfälligkeit in der Z. führt bei den Griechen (Homer) zu der Unterscheidung von sterblichen Menschen und unsterblichen Göttern. Die Z. der Sterblichen ist die Gegenwart, in der ihnen von den Göttern Kraft und Dauer des Lebens zukommt. - Der erste Versuch, Z. denkend zu bestimmen (Zenon), führt in Widersprüche. Z. (genommen als vorhandene Größe) ist und ist nicht. Sie ist ein Unbegriff. Wahres Sein ist zeitlos.

b) Der Mensch ist als Leib und als Seele hinfällig. Bei → *Platon* bringt diese Erfahrung die Philosophie in Gang als Frage nach der bleibenden Grundgestalt des → Seins, der → Idee, und nach der → Teilhabe des in der Z. Vergehenden an ihr. - Platon kommt in seiner späten Philosophie zu einer Bestimmung der Z. Die Welt ist nach Zahlenverhältnissen sich ordnendes Leben. Ihre vernünftige Ordnung, anschaulich im Umschwung des Himmels und der Kreisbewegung des Lebendigen überhaupt, gründet in der Weltvernunft. Sie ist von dem Weltbildner, dem »Demiurgen«, in dem »Vorbild« der Weltordnung (mundus intelligibilis) vorweggedacht. Das »Vorbild« wird der gestaltlosen Materie eingeformt. Dabei begegnet die Zahl als die Macht, die die Grundverhältnisse der konkreten Gestalt und die Abfolge ihrer Verwirklichung regelt. Dieser Vorgang des Werdens geschieht in der Z. Indem etwas in die Z. eintritt, ist es auch schon in die Ordnung verfügt gemäß dem Vorbild der Idee. In der Z. erreicht es seine ihm zugedachte Gestalt und bewahrt sie vorübergehend. Z. ist also Vermittlung zwischen der ewigen Grundgestalt und dem Ungeformten. Als Z.verlauf ist sie »das nach der Maßgabe der Zahl fortgehende, ewige (= immer dauernde) Abbild der in einem bleibenden Ewigkeit« (mundus intelligibilis). Z. als ordnende hält alles Werdende in der Einheit mit dem Weltgrunde (der Vernunft der Welt). - Diese Einheit von Sein und Werden ist nur in der inadäquaten Form eines annähernd wahren Mythos aussagbar. Das Denken in seinem methodischen Vollzuge kommt über die in der Z. verlaufende Bewegung seiner Schritte und ihrer wechselnden Hinsichten nicht hinaus, es erreicht also das Sein selbst nicht. Sein kann nur in Widersprüchen gedacht werden. Diese »dialektische« Natur des Logos hindert Platon, die Z. als Ausfluß des Ewigen zu verstehen und in der Aufhebung ihrer trennenden Macht die Einigung mit dem Einen (Gott) erreichen zu wollen (→ Plotin).

c) → *Aristoteles* orientiert sich in seiner Analyse an der Z. als der Seinsart des Seienden der Natur. Z. ist »Zahl der Bewegung (= das an der Bewegung Zählbare) in bezug auf früher und später«. Da die Ortsbewegung als Bewegung im Ausgedehnten (von-bis) allein Stetigkeit verbürgt, hält sich Aristoteles an sie. Wo es »im Raum Bewegtes« gibt, da können wir Z. durch Bewegung bestimmen und Bewegung durch Z. messen. α) Weil es in Raum und Bewegung ein Früher und Später gibt, können wir auch in bezug auf Z. von Früher und Später sprechen (jetzt, hier; dann, dort u.a.). Z. ist teilbar, doch nicht wie eine vorhandene Menge, sondern als Kontinuum, dh Z. kann im Jetzt begrenzt, aber nicht aus Jetztpunkten wie aus Bestandteilen zusammengesetzt werden. Der Z.punkt des Jetzt ist die Grenze zwischen Noch-nicht und Nicht-mehr. Das Bewegte ist in ein und demselben Jetzt hier und nicht hier. Auf dieser Gespanntheit des Jetzt beruht der Charakter des Kontinuum. – β) Eine in gleichförmiger Bewegung durchmessene Strecke legt eine Z.einheit fest. Diese Z.einheit läßt sich als Z.maß gebrauchen. Mit dem Z.maß messen wir Dauer von Bewegung, also Vergehen von Z. Das exemplarische Z.maß entnehmen wir der stetigsten Ortsbewegung, dem Umschwung des Himmels (Jahr, Stunde, Tag usw). – Die Erörterung der Z. führt über die Physik hinaus in die Metaphysik. Das unregelmäßig Bewegte (zB Tiere, Menschen) ist im Werden und Vergehen bezogen auf die stetige Bewegung des Immerseienden (Himmel). Diese verweist über sich hinaus auf einen Grund, der, selbst unbewegt (also auch außerhalb der Z. stehend), sie in Gang hält. Dieser erste Beweger heißt Gott. Er ist, die Geordnetheit des Ganzen vordenkend, sich selbst denkende Vernunft.

d) → *Augustin* gewinnt sein Verständnis von Z. als Z.-lichkeit aus dem Bezug der Seele zu Gott. Es gibt eine von der Bewegung des innerweltlich Seienden unabhängige Z. der Seele. – Wenn wir Z. im Leben gebrauchen, verstehen wir sie. Sobald wir sie jedoch zu denken suchen (Zeitraum, Dauer), entzieht sie sich uns. Dann zerfällt sie, von Jetzt zu Jetzt gehend, in die ausdehnungslosen Punkte jeweiliger Gegenwart. Z. löst sich auf in das, wenn wir es greifen wollen, nichtseiende Jetzt. – Z. »ist« als Erstreckung der Seele (distentio animi). Gegenwärtig erinnernd und erwartend ist die Seele bei Gewesenem und Künftigem. Sie vermag beides in einem einheitlichen Sinn festzuhalten (zB im Gedicht). Die zeitlich gespannte Seele ist offen für die Erfahrung von Z.verlauf und den ihn gliedernden Sinn. Diese ursprüngliche »Weite« der Seele ist ihre Z.lichkeit. – Die in ihrer Z.lichkeit offene Seele ist in den Z.verlauf des Weltgeschehens hineingestellt. Sie ist darauf angewiesen, den Sinn in seiner Folge (dem »Weltgedicht«) zu erfassen und nach seiner Weisung die »Dinge« zu gebrauchen. Ihre Z.lichkeit wird der Seele zum Verhängnis, solange sie das endliche Wesen der Dinge nicht wahrhaben will und ihnen in Leidenschaft verfallen ist. Sie wird zu einem Teil der Welt und in ihr Vergehen mit hineingerissen. Die vergänglichen Dinge lassen im Stich. Die leere Z.lichkeit wird zum Abgrund des Nichts und des Todes. Die Welt wird zu einer Unheilsmacht. Die Seele bedarf um der Freizügigkeit ihres zeitlichen Wesens willen der »erleuchtenden« und weisenden Wahrheit. Ihre Z.lichkeit hält sie in der Frage nach dem erleuchtend Wahren und damit nach Gott. Doch befreit das Fragen nicht von der Herrschaft der Z. Die Herrschaft des zur Unheils-Z. gewordenen Z.verlaufes ist durch Christus ein für allemal gebrochen. In ihm ist die von dem Philosophen denkend gesehene Wahrheit Gottes Mensch geworden. Sie hat in der Gemeinschaft der Kirche Existenz und macht den Glaubenden dafür frei, in die nunmehr erschlossene Heils-Z. auszugreifen, in der er Gott gehört.

2. a) Die Philosophie des → *Rationalismus,* bes. Leibniz, setzt in ihrem Z.verständnis unbefangen antike und christliche Tradition voraus. Sie sieht nicht, daß diese, in ein neues Gefüge, das System der gesetzgebenden Vernunft, einbezogen, zu Widersprüchen führen muß, die eine Kritik dieser Vernunft und der Tradition nötig machen. – Die allgemein selbstverständliche Voraussetzung ist der in der Mechanik übliche Gebrauch von Z. Faktisch abgelöst von der teleologischen Natur der Antike, wird Z. allein auf den messenden Verstand bezogen. Als Jetztfolge, die durch den Kausalnexus streng determiniert ist, wird sie zur Vorbedingung der Regel des Naturgesetzes. Das → Naturgesetz kennt in Formel und Experiment Z. als Funktion der Messung. Durch Z. wird mechanische Bewegung meßbar.

b) → *Leibniz* sieht, daß mit der Auflösung der Natur in die kontinuierliche Bewegung materieller Bestandteile die lebendige Einheit des Dinges unbegreiflich geworden ist. Der Z.gebrauch der Mechanik bleibt auf seinem Gebiet unbestritten. Die Einheit des Lebendigen jedoch läßt sich nur aufweisen mit Hilfe eines neuen Verständnisses von Z. Leibniz hat im Horizont von Z.lichkeit mathematisierte Z. und den metaphysischen Z.begriff Platons einander zugeordnet. Auch mathematische Z. hat einen metaphysischen Charakter. – Die gedachte Einheit der Monade führt auf die Grundbestimmung der Kraft zurück. Kraft ist als innere Bewegung in der Weise der spontanen Tätigkeit des Vorstellens (perceptio) zu verstehen. Die Folge der Perzeptionen macht den Zusammenhang der inneren Erfahrung aus. Beim Übergang von der einen Perzeption zur anderen gibt es Z. Z. »ist« nur als die »Ordnung des Aufeinanderfolgenden«, also abhängig von den Dingen, nicht absolut (Newton). Vorstellen ist in der Gegenwart zwischen Vergangenheit und Zukunft gespannt. Diese zeitliche Gespanntheit der Monade ist Streben (appetitus). Jede Monade strebt danach, das Ganze (Universum) in seiner vernünftigen Ordnung zu spiegeln und in ihren Perzeptionen auszudrücken. Sie denkt die Einheit des Ganzen als gesetzmäßige Abfolge in der Z. Je klarer sie das Enthaltensein des Einzelnen in der Ordnung des Ganzen ins Bewußtsein hebt, desto deutlicher zeigt sich, daß der Z.verlauf abbildlich die von Gott gedachte Ordnung des Universums darstellt. Die Welt läßt sich nicht immanent aus endlichen Ursachen in der Z. begründen, sondern der Z.verlauf als ganzer ist Erscheinung der Idee. Z. ist »von der Natur ewiger Wahrheiten«. Sie läßt sich mathematisch erfassen. Soweit der menschliche Geist aus ewigen Wahrheiten erkennt, denkt er dieselbe Ideenfolge wie Gott. Es gibt also – anders als bei Platon – zwischen menschlichem und göttlichem Denken nur einen graduellen Unterschied. – Die Selbständigkeit dieses unendlichen Denkens gegenüber der sichtbaren Welt zeigt sich darin, daß Leibniz es für möglich hält, das Z.maß von der gleichförmigsten Bewegung, die wir kennen (»der Drehung der Erde um ihre Achse«), abzulösen und souverän zu setzen.

c) → *Kant* dagegen weist gerade die Endlichkeit der Erkenntnis auf dem Grunde ihrer unaufhebbaren Z.gebundenheit nach. Er durchdenkt, von der Tätigkeit des erkennenden Bewußtseins ausgehend, die Konstituierung des Ganzen der Erfahrung als dessen Leistung. Z.

ist reine Form der → Anschauung, eine dem erkennenden → Bewußtsein apriori zugehörige Weise, das sinnlich Gegebene in »zeitliche Verhältnisse« zu setzen und in ihnen zu ordnen (Beharren, Folge, Zugleichsein). Z., in formaler Anschauung vorgestellt, zeigt sich als stetige Größe: die eine Z., aus der nur durch Einschränkung (Z.räume: von-bis; Datierung: jetzt, da...) einzelne Z.en hervorgehen. Diese Einschränkung setzt weitere Tätigkeiten des denkenden und erkennenden Subjektes voraus. Das Mannigfaltige, das in der einen Z. je und je gegeben ist, wird beim Erkenntnisvorgang zuerst in einem »Bilde« durch die Einbildungskraft aufgegriffen (Apprehension) und dann im Verstande unter reinen Begriffen, den → Kategorien (zB Substanz, Kausalität, Wechselwirkung) zusammengefaßt (Apperzeption). Im Zusammenspiel mit der reinen Anschauung der Z. werden nun die reinen Verstandesbegriffe versinnlicht. Sie erhalten ein Z.schema: Substanz wird anschaulich als Beharren in der Z., Kausalität als unumkehrbare Folge in der Z., Wechselwirkung als Zugleichsein. Erkenntnis ist also gebunden an die Z. als Form der Anschauung und damit auf gegebene Gegenstände eingeschränkt. Alles in der Z. Gegebene ist nach den Gesetzen der Naturnotwendigkeit determiniert. Die Z.folge ist nicht wie der Raum durchgängig mathematisierbar. Sie läßt Platz dafür, daß Neues, nicht im Ablauf der Ereignisse Begründetes in sie eintritt und aus eigenem Ursprung Ursache von Wirkungen wird. Die Person in uns ist der Z. transzendent und daher unerkennbar. Moralische Handlungen entspringen aus Kausalität der Freiheit. Sie haben einen Ursprung außerhalb der Z. Der Mensch ist als Vernunftwesen im Zentrum seiner Persönlichkeit der Z. entnommen.

d) Bei → *Hegel* wird der Hervorgang der Geschichte aus der Z.lichkeit des als Geist ausgelegten Lebens zum Thema. Das Lebende entzweit sich im Bedürfen mit sich und dem »Anderen seiner selbst« (zB Lebensbedingungen). Es gewinnt die Einheit zurück, indem es sich das andere aneignet (zB Nahrung). In dieser Bewegung ist es zeitlich: es greift zurück auf Vorgegebenes, greift aus in das Mögliche und Künftige, es kehrt durch die Aneignung in die gegenwärtig noch dauernde und sich erneuernde Einheit mit sich zurück. Seiner selbst bewußtes Leben erschließt sich die »Dimension« der Z. als Z.lichkeit in Erinnerung, Furcht und Erwartung ausdrücklich. In ihr wird es sich selbst gegenständlich. Sein eigenes Tun wird zu einem positiven Inhalt (zB Sitte, Recht), zur Denkweise u.U. einer ganzen Epoche, und damit zu einer geschichtlichen Welt. Diese Welt, in die der Mensch als zeitliches Wesen unaufhebbar verflochten ist, wird im spekulativen Denken als Verwirklichung des Geistes begriffen. Die Form der geschichtlichen Entfaltung des Geistes ist die Z. »Der Geist erscheint notwendig in der Z.« »Die Z. ist das Schicksal und die Notwendigkeit des Geistes.« In der Sorge des seiner Vergänglichkeit bewußten Lebens erweist sich Z. als die Macht, die in die geschichtliche Bildung des Geistes hineinnötigt. Die geschichtliche Z. ist Erscheinung des Geistes. Sofern sie die Erscheinungsformen des Geistes sich entfalten und in der Entfaltung vergehen läßt, hilft sie dem Denken, das »Urbild des Abbildes«, die lebendige Vernunft des Geistes in ihrer Notwendigkeit zu sehen, im Begriff aufzubewahren und damit die Form der Zufälligkeit zu tilgen. Sofern wir mit der Abbildlichkeit der Z. ihre Notwendigkeit verstehen, sind wir selbst als begreifende Vernunft aus der Z.lichkeit der Existenz herausgetreten. Es zeigt sich: Die Z. ist zwar die Macht des Vergänglichen und Werdenden, der Begriff aber ist die Macht der Z. Er hebt die Faktizität des Geschichtlichen (= Zufälligkeit) und die Z.lichkeit der Existenz spekulativ auf.

e) Dem christlichen Denker → *Kierkegaard* werden Z.lichkeit und mit ihr das Sein zum Tode zu der das Leben der Person bestimmenden Grunderfahrung. Hier zeigt sich seine Nähe zu Augustin. Existieren ist ein Sein zwischen Augenblick und Augenblick (»Inter-esse«), in dem die Subjektivität ihre Möglichkeiten in ihre Verantwortung frei zu übernehmen hat. Diese Z.lichkeit des »Inter-esse« ist der Raum, innerhalb dessen der Existierende, durch die Angst immer innerlicher in sich hineingeführt, im paradoxen Augenblick des Glaubens das Gottesverhältnis zu ergreifen lernt. Die Z.lichkeit vereinzelt die Freiheit so sehr auf sich selbst, daß gegenüber dieser Faktizität jede spekulative Aufhebung der Z. ausgeschlossen ist. Diese »Negativität« der Z.lichkeit macht es verständlich, daß der Existenzbegriff für die Herauslösung der Z. aus der Metaphysik von Bedeutung werden konnte.

f) → *Husserls* Untersuchungen zur Z. gehen aus von der Gegebenheit des in sich zeitlichen Erlebnisses. Das Erlebnis widerfährt im Jetzt, dem »Urquellpunkt« der »absoluten« Subjektivität. Doch bleibt es nicht darauf beschränkt. Es hat Horizonte des Vorher und Nachher (Erinnerung, Erwartung). Dadurch wird es der Subjektivität möglich, eine Folge von Erlebnissen (Töne, Worte) in zeitlich schematisierten Bedeutungseinheiten zusammenzufassen (Melodie). Die Folge der im Vorher und Nachher präsenten Erlebnisse fließt im Erlebnisstrom. Die im Bilde des Stromes vorausgesetzte Einheit ist der transzendentale Horizont der Welt. Dieser Horizont, selbst der Z.lichkeit des Erlebens entsprungen und aus ihr heraus von der Subjektivität konstituiert, umgreift das Ganze möglicher Erlebnisse und gibt dem inneren Z.bewußtsein den Raum einer »objektiven« Z. vor, dem die einzelnen Erlebnisse sich einordnen. Wir haben es bei Husserl mit der Konstituierung von Z.bewußtsein zu tun, auf das als Ursprung und Bezugsmitte die »Lebenswelt« und ihre Z. bezogen bleibt.

g) → *Heidegger* hat die transzendentale Subjektivität auf das in der Gespanntheit der zeitlichen Existenz »gelichtete« → Dasein zurückgeführt, dem es um sein in-der-Welt-Sein geht. In »Sein und Z.« hat er die »Faktizität der Überantwortung« (»Daß es [das Dasein] ist und zu sein hat«) als Grundcharakter der Existenz bestimmt und durch den Begriff der Geworfenheit bezeichnet. Später hat er mehr die Offenheit des zeitlichen Wesens hervorgehoben. Dasein ek-sistiert, dh es steht in das Offene seiner Z.lichkeit hinaus. In den drei »Ekstasen« der sich in ihm zeitigenden Z. hat es das Seiende, inmitten dessen es sich befindet, je schon überstiegen (transzendiert) und Welthorizont gestiftet. Diese ursprüngliche Z. ist der Grund der »Wahrheit« von Seiendem überhaupt (= »Entbergung«). In ihr gibt es Sein. Alle anderen Z.vorstellungen sind als Formalisierungen und Objektivierungen dieser ursprünglichen Z. anzusehen. – In dem Geschehen von Wahrheit erweist sich das Sein (= die »wesende« Lichtung, in der Seiendes sich zeigen kann) als der ursprünglichen Z. zugehörend! Dieser Lichtung eignet nicht die unwandelbare Z.überlegenheit der Wahrheit Gottes (vgl. 1 c). Sie ist als sich zeitigende »Entbergung« selbst geschichtlich. Der Ablauf des Zeitlichen im Ganzen kann nicht mehr in die Z.losigkeit des Begriffs aufgehoben werden. Das Denken erinnert jetzt an die Zugehörigkeit der »Sterblichen« zur geschichtlichen Wahrheit des Seins und an den Auftrag, diese zu bewahren gegenüber der formalisierten Z., mit der zu rechnen das Dasein gelernt hat. – Heideggers Z.verständnis nähert sich dem Nietzsches.

h) → *Nietzsche* hat die im Lebensbegriff liegende Z.-lichkeit so zu Ende gedacht, daß der in ihr angelegte Gegensatz zur Z.losigkeit der Idee wirksam werden konnte. Wo der Wille, der sich den Welthorizont bildet und dann durch ihn festgelegt ist, sich weigert, durch seine Vergangenheit gebunden zu sein, »gegen die Z. und ihr ›es war‹ will«, dort schafft er sich die Gegenwelt einer zeitlosen Metaphysik (vgl. 1 b. 2 c). Der Flucht aus der Z. setzt Nietzsche die Lehre von der »ewigen Wiederkehr des Gleichen« entgegen. Diese hat ihren philosophisch verstehbaren Sinn als paradoxe Absage an die Metaphysik, bes. in ihrer Endform der Teleologie der Geschichte. In ihr ist die zum zeitlichen Wesen des Lebens gehörende Offenheit für das Geschichtliche ausgesprochen. Der Mensch hat die Freiheit, das in seiner Rätselhaftigkeit ständig wiederkehrende Leben zu bejahen und in der Offenheit seines zeitlichen Wesens auszuhalten.

Qu.: PLATON, Timaios 37 c 6-38 b 5 - ARISTOTELES, Physik IV, 217 b 29-224 a 17 - PLOTIN, Enneaden III, 4. 7 - AUGUSTIN, Confessiones XI, 14-31; De vera religione 22 - KANT, Kritik d. reinen Vernunft B 46-73. 176-187 - HEGEL, Phänomenologie d. Geistes, bes. »Das absolute Gewissen«; Enzyklopädie, bes. §§ 257-259 - H. BERGSON, Essai sur les données immédiates de la conscience, (1889) 1945; dt.: Z. u. Freiheit, 1911 - E. HUSSERL, Vorlesungen zur Phänomenologie d. inneren Z.bewußtseins, hg.v. M. HEIDEGGER, 1928 - M. HEIDEGGER, Sein u. Z., (1927) 1953[7] - DERS., Kant u. d. Problem d. Metaphysik, (1929) 1951[2] - DERS., Brief über den Humanismus, (1947) 1951[2].

Lit.: H. WEYL, Raum, Z., Materie, (1918) 1923[5] - W. GENT, Die Philos. d. Raumes u. d. Z., 2 Bde, 1926/30 - H. REICHENBACH, Philos. d. Raum-Z.-Lehre, 1928 - DERS., The Direction of Time, Berkeley 1956 - K. LÖWITH, Nietzsches Philos. der ewigen Wiederkehr des Gleichen, (1935) 1956[2] - G. KRÜGER, Über Kants Lehre von d. Z. (in: Anteile, M. Heidegger z. 60. Geb., 1950, 178-211) - H. CONRAD-MARTIUS, Die Z., 1954 - M. HEIDEGGER, Wer ist Nietzsches Zarathustra? (Vorträge u. Aufsätze, [1954] 1959[2], 101-126) - W. PERPEET, Was ist Z.? (Studium Generale 8, 1955, 531-545) - A. WENZL, Die Objektivität d. Z. (ebd 545-549) - A. GRÜNBAUM, Das Z.problem (APh 7, 1957, 165-208) - A. NEUHÄUSLER, Z. u. Sein, 1957 - J. GUITTON, Le temps et l'éternité chez Plotin et Saint Augustin, Paris 1959 - H.-G. GADAMER, Wahrheit u. Methode, 1960 - E. LAMPEY, Das Z.problem nach d. Bekenntnissen Augustins, 1960 - R. BERLINGER, Augustins dialogische Metaphysik, 1962 (Lit.) - F. KÜMMEL, Über d. Begriff d. Z., 1962.

W. Anz

Zeiten, *kirchliche* → Heilige Zeiten: II, → Stundengebet.

Zeitschriften, *wissenschaftlich-theologische*

I. Evangelische - II. Katholische. - Z. = Zeitschrift

I. Evangelische

1. Allgemeines - 2. Deutschsprachige Z.en - 3. Fremdsprachige Z.en

1. Die ev.-theol. Z.en entstehen in der Umformung des christlichen Denkens in der Neuzeit. Sie wollen dem Eindringen der deistischen Entchristlichung wehren, ohne dem Leser zuviel zuzumuten, und die Studien der Prediger fördern. So sind sie wesentlich apologetisch und bringen vor allem neben kritischen Referaten biblische und kirchengeschichtliche Stoffe. Im ganzen drücken die Z.en bis heute den Stand der theol.-kirchlichen Fragen mehr aus, als daß sie ihn bestimmten. So ist ihr wissenschaftlicher Ertrag denn auch kaum erfaßt, es sei denn in den nachträglichen Sammelbänden der wichtigeren Mitarbeiter (→ Schleiermacher, K.I. → Nitzsch, Jul. → Müller, v. → Hofmann, A. → Ritschl, → Troeltsch und die heutigen). Über die Umstände der Entstehung, Verbreitung und Dauer nach der wirtschaftsgeschichtlichen, kirchengeographischen, biographisch-literarischen Seite gibt es bisher so gut wie keine Untersuchungen.

2. Am Anfang stehen, von V.E. → Löscher begründet, Altes und Neues aus dem Schatz theol. Wissenschaften (1701), seit 1702 Unschuldige Nachrichten von alten und neuen theol. Sachen (mit wechselnden Titeln und mehreren Nachträgen fortgeführt bis 1761). Ihrem Antipietismus begegnen pietistische Z.en-Unternehmen. Noch wenig bekannt sind → Zinzendorfs journalistische Unternehmungen, bes. sein Teutscher Socrates, der 1725/26 anonym in Dresden erschien (→ Moralische Wochenschriften). Aus der Fülle späterer Z.en seien hervorgehoben die von Joh.Chr. Coler gegründeten Acta historico-ecclesiastica (1734ff), das kirchliche Nachrichtenblatt des 18.Jh.s; ferner Joh.Aug. → Ernesti, Neue theol. Bibliothek (1760-77). Für den Betrieb der rationalistischen Theologie ist u.a. bezeichnend das Neue kritische Journal der theol. Literatur, hg.v. G.B. Winer und Veit Engelhardt (1824-30). Die Herausgeber und Mitarbeiter bekannten und verschollenen Namens gehen von → Semler über J.D. → Michaelis bis zu H.E.G. → Paulus. Aus der Vielzahl der praktisch-theol. Z.en seien genannt: Journal für Prediger (100 Bde, 1770-1841) und die Predigerliteratur bzw. Kritische Predigerbibliothek von J.F. → Röhr (1810-48 und Fortsetzungen). - Auch die Theologie seit → Schleiermacher bediente sich der Z.en. Zwar bestand die von ihm, → De Wette und → Lücke betriebene Theol. Z. nur von 1819-22, aber die in seinem Zeichen entstehenden ThStKr (seit 1828) hielten sich als Organ der → Vermittlungstheologie bis 1938 (zuletzt hg.v. F. → Kattenbusch). Ihre äußere Aufteilung in Abhandlungen, kürzere Beiträge und Besprechungen bestimmt bis heute viele Z.en. - Weniger wissenschaftlich, aber kirchlich und politisch wirksam war zB die seit 1827 von → Hengstenberg hg. Ev. Kirchenzeitung, der u.a. die Darmstädter Allgemeine Kirchenzeitung (1822-72) gegenüberstand; ferner, mit begrenzter Wirkung, das Homiletisch-liturgische Korrespondenzblatt der fränkisch-bayerischen Erweckungsbewegung (1825-38), das dann auf wissenschaftlichem Niveau von der Z. für Protestantismus und Kirche unter → Harleß, G. Thomasius, v. → Hofmann u.a. (1838-76) abgelöst wurde. In derselben Richtung arbeitete die Z. für luth. Kirche und Theologie von → Guericke und → Rudelbach (1840-78) sowie Luthardts Z. für kirchliche Wissenschaft und kirchliches Leben (1880-89), aus der die NKZ (1890-1933) mit ihrer Fortsetzung »Luthertum« (1934-42) hervorging. Über die Theologie hinaus wirkten die Prot. Monatsblätter für innere Zeitgeschichte (1853-70), hg.v. H. Gelzer. - Im Dienst der Vermittlungstheologie standen die Jahrbücher für deutsche Theologie von I.A. Dorner u.a. (1856-78) und die Deutsche Z. für christliche Wissenschaft und christliches Leben mit Jul. → Müller u.a. (1850-61). Stärker der Erweckungsbewegung verpflichtet war der von → Tholuck hg. Literarische Anzeiger für christliche Theologie und Wissenschaft (1830-49). - Organ der Tübinger Schule wurden die von Ed. → Zeller und F.Chr. → Baur hg. Theol. Jahrbücher (1842-57), von A. Hilgenfeld in der ZWTh fortgeführt (1858-1914). - Die Ritschl-Schule (→ Ritschlianer) gewann durch M. → Rade in der → Christlichen Welt (1886-1941) ein über die Fachtheologie hinaus für Jahrzehnte wirksames Blatt, ergänzt durch die Chronik der Christlichen Welt (1891 bis 1917). Die fachtheol. Arbeit der Ritschl-Schule und ihres weiteren Umkreises geschah in der 1891 von J. Gottschick begründeten, 1907-17 von W. → Herrmann und M. Rade, 1920-38 von H. Stephan, seit 1950 von G. Ebeling u.a. hg. Z. für Theologie und Kirche. - Der Apologetik dienten O. Zöcklers Beweis des Glaubens (1865 bis 1908) und in der Folge E. Pfennigsdorfs Geisteskampf der Gegenwart (1909-33). Aus dem Bereich der theol. Studentenverbindungen stammten die von K.L. → Schmidt begründeten und lange geführten Theol. Blätter (1922-42); im Grundanliegen stärker apologetisch, von Girgensohn begründet Christentum und Wissenschaft (1925-34). In der Folge der theol. Arbeit

K. → Barths und seiner Freunde entstand, von G.Merz geleitet, Zwischen den Zeiten (1923-33), woran sich nach dem Zwischenversuch der Blätter zur kirchlichen Lage (hg.v. E.Bizer, 1933) die von Ernst Wolf hg. Ev. Theologie anschloß (1934ff). Andere Autoren sammelten sich um die Deutsche Theologie, hg.v. H.W.Beyer, H.Rückert u.a. (1934-43). Zu all diesen, der theol. Gesamtwissenschaft dienenden Z.en (vgl. für die Schweiz: Theol. Z. aus der Schweiz, 1884-98; Schweizerische Theol. Z., 1899-1920; Schweizerische Theol. Umschau, 1930ff) kamen nach 1945 die von der Theol. Fakultät Basel hg. Theol. Z. (1945ff); die von H.J.Schoeps u.a. hg. Z. für Religions- und Geistesgeschichte (1948ff); Kerygma und Dogma, Z. für theol. Forschung und kirchliche Lehre, von W.Joest geleitet und von einem großen Kreis luth. Theologen des In- und Auslands getragen (1955ff).

Aus den Anfängen des in den Z.en betriebenen *Rezensionswesens* ragen bis in die Gegenwart die auch Theologica behandelnden Göttingischen Gelehrten Anzeigen (seit 1738). Besondere Bedeutung erlangte die von E. → Schürer und A.v. → Harnack gegründete ThLZ (1876ff, seit 1947 hg.v. K.Aland, seit 1959 von E.Sommerlath u.a.; daneben 1880-1943 das Theol. Literaturblatt, 1921-43 das Bibliographische Beiblatt der ThLZ). Vorwiegend Forschungsberichte bringt die Theol. Rundschau (1897-1917; NF 1929ff, hg.v. R. → Bultmann, zuerst mit Hans v. → Soden, seit 1948 mit E.Dinkler). Von der konservativen Seite ist die Theologie der Gegenwart (1907-39) zu erwähnen. Forschungsberichte und Rezensionen verbindet Verkündigung und Forschung, hg.v. Ernst Wolf u.a. (1940ff). Aufsätze zur Bibelwissenschaft notiert neuerdings die IZBG (1951ff).

Die wichtigsten *Fach-Z.en* der einzelnen Disziplinen: *AT und NT:* ZDMG, 1847ff; ZDPV, 1878ff; ZAW, 1881ff; PJ, 1905-41; ZNW, 1900ff; Judaica, 1945ff. – *KG:* ZKG, 1876ff; JGPrÖ, 1880ff; Zwingliana, 1897ff; ARG, 1903ff; ZSKG, 1907ff; ZBG, 1907-20; LuJ, 1919ff; LML, 1919ff. – *Syst. Theol.:* ZSTh (1923-57; seit 1959 NZSTh); ZEE, 1957ff. – *Prakt. Theol.:* PBl, 1858ff; Siona, 1876-1920; MGkK, 1896-1940; MPTh, 1904ff (seit 1948 verbunden mit den auch selbständig erscheinenden Göttinger Predigtmeditationen); ZevKM, 1923 bis 1932; MuK, 1929ff; JLH, 1955ff. – *Kirchenrecht:* ZSavRG Kanonistische Abt., 1910ff; ZevKR, 1951ff. – *Missionswissenschaft:* EMM, 1816-56, NF 1857ff; ZMR, 1886-1939; AMZ, 1874-1923; NAMZ, 1924-39; EMZ, 1940ff. – Zur *Konfessionskunde:* MdKI, 1950ff; LR, 1951ff; ÖR, 1952ff; Luth. Rundblick, 1953ff (Organ der freikirchlichen Lutheraner). – Neuere Z.en zur kirchlichen Lage in Deutschland: JK, 1933ff; ZdZ, 1947ff. – Als ev. Z.en mit allgemeinem kulturellem Programm sind zu nennen: Die Furche, 1910-41; Zeitwende, 1925ff (seit 1953 beide verbunden). – Z.en zur → Territorialkirchengeschichte s. dort.

RE XXIV, 662ff – RGG² IV, 1448 ff. *K.G.Steck*

3. Für das fremdsprachige *Ausland* seien als *allgemeintheol. Z.en* hervorgehoben: *Dänemark:* Teologisk Tidsskrift, Kopenhagen 1884ff; Dansk Teologisk Tidsskrift, ebd 1938ff. – *Finnland:* Teologinen Aikakauskirja – Teologisk Tidskrift, Helsinki 1896ff. – *Frankreich:* Revue d'Histoire et de Philosophie religieuses, Straßburg-Paris 1921ff; Verbum Caro, Neuchâtel-Paris 1947ff; Positions luthériennes, Paris 1953ff. – *Großbritannien:* Church Quarterly Review, London 1875ff; Expository Times, Edinburgh 1889ff; Journal of Theological Studies, London 1900ff (mit großem Rezensionsteil); Hibbert Journal, ebd 1902ff; Scottish Journal of Theology, Edinburgh 1948ff. – *Irland:* Irish Theological Quarterly, Maynooth 1906ff. – *Italien:* Protestantesimo, Rom 1946ff. – *Niederlande:* Gereformeerd Theologisch Tijdschrift, Kampen 1900ff; Nieuw Theologisch Tijdschrift, Haarlem 1912 bis 1944/46; Nederlands Theologisch Tijdschrift, Wageningen 1946ff. – *Norwegen:* Norsk Teologisk Tidsskrift, Oslo 1900ff; Tidsskrift for Teologie og Kirke, ebd 1930ff. – *Schweden:* Svensk Teologisk Kvartalskrift, Lund 1925ff; Studia Theologica, ebd 1947ff. – *Schweiz:* Revue de Théologie et de Philosophie, Lausanne 1868ff. – *Vereinigte Staaten:* Christian Century, Chicago 1884ff; Harvard Theological Review, Cambridge/Mass. 1908ff; Anglican Theological Review, Evanston 1918ff; Journal of Religion, Chicago 1921ff; Concordia Theological Monthly, St. Louis 1930ff; Journal of Bible and Religion, Brattleboro/Vt. 1933ff; Review of Religion, New York 1936 bis 1957/58; Christianity and Crisis, ebd 1941ff; Theology Today, Princeton 1944ff; Interpretation, Richmond 1947ff; Christianity Today, Washington 1956ff.

Speziell zu den *Bibelwissenschaften* seien genannt: Palestine Exploration Quarterly (bzw. PEFQSt), London 1869ff; Journal of Biblical Literature and Exegesis, Boston 1881ff; Bulletin (und Annual) of the American Schools of Oriental Research, New Haven 1919ff; Journal of the Palestine Oriental Society, Jerusalem 1920-48; Svensk Exegetisk Årsbok, Uppsala 1936ff; Biblical Archaeologist, New Haven 1938ff; Journal of Near Eastern Studies, Chicago 1942ff; Oudtestamentische Studiën, Leiden 1942ff; Vetus Testamentum, ebd 1951ff; New Testament Studies, Cambridge 1954ff; Novum Testamentum, Leiden 1956ff; Revue de Qumran, Paris 1958ff; Abr-Nahrain (Annual), Melbourne 1959ff. – Zur *KG:* Nederlandsch Archief voor Kerkgeschiedenis, Leiden 1829ff bzw. 's-Gravenhage 1885ff; Bulletin de la Société de l'Histoire du Protestantisme Français, Paris 1852ff; Kyrkohistorisk Årsskrift, Uppsala 1900ff; Church History, Berne/Ind. 1932ff; Vigiliae Christianae, Amsterdam 1947ff; Journal of Ecclesiastical History, London 1950ff. – *Ökumenische Z.en* s. → Ökumenische Bewegung, 4. *W.Werbeck*

II. Katholische

1. Allgemeines – 2. Historisches – 3. Deutschsprachige Z.en – 4. Fremdsprachige Z.en

1. Die wissenschaftlichen Z.en besitzen heute innerhalb der kath. Theologie nicht selten ebenso großes, bisweilen gar größeres Gewicht als Buchveröffentlichungen. Da ihnen ein »vorlaufender« Charakter eignet und sie die theol. Diskussion repräsentieren, gewähren sie einen vorzüglichen Überblick über den jeweiligen Stand der Forschung. Im folgenden werden primär die Fach-Z.en im strengen Sinne berücksichtigt. Diese haben entweder das Gesamtgebiet der Theologie oder eine bestimmte Disziplin bzw. Fachrichtung zum Gegenstand. Von Orden hg. wissenschaftliche Z.en werden hier nur aufgenommen, wenn ihnen allgemeinere Bedeutung zukommt (s. auch bei den einzelnen Orden). – Die kath.-theol. Periodica unterliegen den bekannten kirchenrechtlichen Vorschriften (CIC c. 1384 § 2; → Zensur); die Druckerlaubnis wird in der Regel einer Z. generell erteilt, dh sie muß nicht für jeden Beitrag gesondert eingeholt werden. – Im allgemeinen enthalten die Z.en Aufsätze, Miszellen und Rezensionen; ihre Auflagenhöhe ist gering, zumeist unter 1000. – Zwischen den Fach-Z.en und den auf Breitenwirkung ausgerichteten Organen der kath. → Presse (: IV) liegen die sog. Kultur-Z.en (Revuen), die sich vornehmlich an akademisch gebildete Kreise wenden. Diese Z.en veröffentlichen zuweilen qualifizierte theol. Beiträge, so daß sie wenigstens beiläufige Erwähnung verdienen.

2. Die *Geschichte* der kath.-theol. Z.en ist noch kaum erforscht. Ihr Beginn dürfte in der Neubesinnung der deutschen Romantik liegen. Als älteste wissenschaftliche Z. ist die 1819 von der kath.-theol. Fakultät in → Tübingen (: I, 3) begründete und noch heute erscheinende »Theol. Quartalschrift« zu nennen. Einflußreich wurde die Z. »Der Katholik«, die 1820 in Mainz von den Professoren und späteren Bischöfen A.Räß und N.v.Weis gegründet wurde, wegen der staatlichen Zensur 1823-27 in Straßburg erschien, alsdann in Speyer, seit 1844 wieder in Mainz, bis sie 1918 endete. Die Z. wollte sowohl der »kath. Wissenschaft« wie auch dem »kirchlichen Leben« dienen und darf zwar nicht als Fach-Z., aber doch als anspruchsvolles Organ gelten, in dem prominente Theologen das Wort ergriffen (vgl. LThK² VI, 67f). Einen ähnlichen, doch mehr aktuellen Charakter besaßen die 1838 von J. → Görres und C.E.Jarcke in München gegründeten »Historisch-politischen Blätter für das kath. Deutschland«, die bis 1922 herauskamen (vgl. LThK² V, 392f). Einige Z.en mit wissenschaftlichem Anspruch und Niveau konnten sich nicht lange halten, so zB das 1804-27 von → Wessenberg besorgte »Archiv für Pastoralconferenzen« und die 1839 von → Hirscher und → Staudenmaier in Freiburg/Br. gegründete »Z. für Theologie«, die nur bis 1851 bestand. Eine wichtige Gründung war das »Archiv für kath. Kirchenrecht«, das seit 1862 (zuerst in Innsbruck, dann in Mainz) erscheint. - Aus der 2. Hälfte des 19.Jh.s seien außer dem offiziellen Organ (keine Z. im genauen Sinne) »Acta Sanctae Sedis« (Rom 1865-1908, danach als »Acta Apostolicae Sedis« weitergeführt) lediglich genannt: »Theol.-praktische Quartalschrift« (Linz a.d.D. 1848ff), »Z. für kath. Theologie« (Wien 1877ff), »Divus Thomas« (Piacenza 1880ff), »Revue Bénédictine« (Maredsous 1884ff), »Ephemerides Liturgicae« (Rom 1887ff), »Röm. Quartalschrift für christliche Altertumskunde und für KG« (Freiburg/Br. 1887ff), »Revue Thomiste« (Paris 1893ff) sowie die von M.-J.Lagrange begründete »Revue Biblique« (Paris 1892ff). Bes. hervorgehoben seien das für die Mediävistik wertvolle »Archiv für Literatur- und Kirchengeschichte des MA« (hg.v. H. → Denifle und F. → Ehrle, 1885-1900) und die seit 1900 in Löwen erscheinende »Revue d'Histoire Ecclésiastique«. Nach 1900 nahm das wissenschaftliche kath. Z.enwesen in allen Disziplinen der Theologie nach Qualität und Quantität einen bemerkenswerten Aufschwung.

3. Die *deutschsprachigen Z.en,* die das *Gesamtgebiet* der Theologie behandeln, stehen in Verbindung mit einzelnen Fakultäten. Außer der »Theol. Quartalschrift« (Tübingen) und der »Z. für kath. Theologie« (Innsbruck) kommen hier in Betracht: »Trierer Theol. Z.« (1888 bis 1944 mit dem Titel »Pastor Bonus«), »Theologie und Glaube« (Paderborn 1909ff), »Freiburger Z. für Philosophie und Theologie« (Freiburg/Schw.; 1914-54 »Divus Thomas« [nicht zu verwechseln mit der in Piacenza erscheinenden Z. gleichen Namens]; mit ausführlicher Bibliographie), »Scholastik« (Freiburg/Br. 1926ff; hg.v. der Jesuiten-Hochschule in Frankfurt/M.), »Münchener Theol. Z.« (seit 1950). Besondere Erwähnung verdient die seit 1902 in Münster erscheinende »Theol. Revue«, die nahezu ausschließlich Rezensionen enthält sowie eine ausgewählte Bibliographie; einen bedeutsamen Rezensionsteil bietet auch die »Scholastik«. - Aus der Vielzahl der Z.en der verschiedenen *Disziplinen* sind außer den bereits genannten (s. 2) noch hervorzuheben: die wichtige »Biblische Z.«, die mit längeren Unterbrechungen seit 1903 herauskommt (jetzt in Paderborn); »Catholica. Vierteljahresschrift für Kontroverstheologie« (Münster 1932ff; heute hg.v. J.A.Möhler-Institut in Paderborn); die der Franziskanertheologie verpflichteten Z.en »Franziskanische Studien« (Werl/W. 1914ff) und »Wissenschaft und Weisheit« (Düsseldorf 1934ff); das »Archiv für Liturgiewissenschaft« (Regensburg 1950ff; von 1921-41 in Münster mit dem Titel »Jahrbuch für Liturgiewissenschaft«); die »Ostkirchlichen Studien« (Würzburg 1951ff); endlich die »Z. für Missionswissenschaft und Religionswissenschaft« (begr. in Münster 1911) sowie »Kairos. Z. für Religionswissenschaft und Theologie« (Salzburg 1959ff). - Ergänzend seien erwähnt die kulturellen, theol. nicht unwichtigen Z.en »Stimmen der Zeit« (von Jesuiten gestaltet; 1871-1914 mit dem Titel »Stimmen aus Maria Laach«), die 1903 von C.Muth in München gegründete Z. »Hochland« sowie »Wort und Wahrheit« (Freiburg/Br. 1946ff). Die »Herder-Korrespondenz/Orbis Catholicus« (Freiburg/Br. 1947ff) unterrichtet u.a. über moderne theol. Probleme aus dogmatisch-kirchlicher Sicht.

4. Die große Zahl der *fremdsprachigen* theol. Fach-Z.en weist nach Form und Niveau beträchtliche Unterschiede auf. Größte wissenschaftliche Bedeutung kommt mehreren in *Frankreich* und *Belgien* erscheinenden Z.en zu. Die »Revue des Sciences Philosophiques et Théologiques« (Paris 1907ff), die von den Professoren der Dominikaner-Hochschule in Le Saulchoir herausgegeben wird, bringt neben gewichtigen Abhandlungen wertvolle Sammelbesprechungen (Bulletins), zahlreiche Rezensionen und eine internationale Z.enschau. Die in Brügge (1924ff) erscheinende Z. »Ephemerides Theologicae Lovanienses« enthält einen umfassenden »Elenchus Bibliographicus«. Weiter sind hier zu nennen: »Nouvelle Revue Théologique« (Tournai-Löwen-Paris 1879ff), »Études Franciscaines« (Paris 1909ff), »Recherches de Science Religieuse« (Paris 1910ff), »Études Carmélitaines« (Paris 1913ff), »Revue des Sciences Religieuses« (Straßburg 1921ff). - Spezielle Bereiche der Theologie behandeln die folgenden Z.en: »Revue de Droit Canonique« (Straßburg 1951ff), »L'Année Canonique« (Paris 1952ff), »Recherches de Théologie Ancienne et Médiévale« (Löwen-Paris 1929ff; mit separat beigefügtem, hervorragendem bibliographischem »Bulletin«), die bereits erwähnte »Revue d'Histoire Ecclésiastique« und »Istina« (Paris 1954ff; Z. für ökumenische Probleme). - Von den in *Rom* erscheinenden Z.en seien erwähnt: Die Z. der Jesuiten-Universität »Gregorianum« (1920ff), »Angelicum« (1924ff), das von den Franziskanern besorgte »Antonianum« (1926ff), die von der Lateran-Universität hg. Z. »Divinitas« (1957ff). Speziell sei hingewiesen auf das »Archivum Fratrum Praedicatorum« (1931ff), das »Archivum Historicum Societatis Jesu« (1932ff); auf die kanonistischen Z.en »Apollinaris. Commentarius Iuris Canonici« (1928ff) und »Ephemerides Iuris Canonici« (1945ff); auf die von der Kongregation De Propaganda Fide herausgegebene Z. »Euntes Docete« (1948ff) sowie auf die wichtigen »Collectanea Franciscana« (1931ff, mit »Bibliographia Franciscana«). Zu nennen ist auch das »Archivum Franciscanum Historicum« (Florenz-Quaracchi 1908ff). - In den *Niederlanden* erscheinen »Bijdragen. Tijdschrift voor Filosofie en Theologie« (Nijmegen 1938ff) und neuerdings »Tijdschrift voor Theologie« (Nijmegen 1961ff, vormals »Studia Catholica«, Roermond 1924ff). - In *Polen* wird von der Kath. Universität Lublin hg. die Z. »Roczniki Theologiczno-Kanoniczne« (1954ff) sowie in Warschau »Prawo Kanoniczna Kwartalnik« (1958ff). - Von den *spanischen* Z.en seien aufgeführt: »La Ciudad de Dios« (hg.v. den Augustinern des Klosters Escorial, 1885ff), das von den Jesuiten geleitete »Archivo Teológico Granadino« (Granada 1938ff), die »Miscelánea Comillas« (Comillas-Santander 1943ff) sowie die benediktinischen »Studia Monastica« (Montserrat/Barcelona 1959ff).

– Die wichtigen in den *USA* erscheinenden Fach-Z.en werden von den großen Orden herausgebracht: »Franciscan Studies« (St. Bonaventure/New York 1940ff), »Theological Studies« (von den Jesuiten; Baltimore 1940ff), »The American Benedictine Revue« (St. Paul/Minnesota 1950ff). – Aus *Kanada* sind zu nennen: »Mediaeval Studies« (Toronto 1939ff) und »Sciences Ecclésiastiques« (Montréal 1949ff). – Als *biblisch-exegetische Z.en* seien bes. genannt: »Revue Biblique« (Paris 1892ff), die vom Päpstlichen Bibelinstitut hg. Z.en »Biblica« (1920ff, mit ausgezeichnetem biblischem »Elenchus«) und »Verbum Domini« (1921ff), ferner »Catholic Biblical Quarterly« (Washington 1939ff) und »Estudios Bíblicos« (Madrid 1929–36, 1941ff).

LThK² I, 16*–48*. – Vgl. die Lit. zu → Presse: IV.

H.R.Schlette

Zeitz, *Bistum,* Suffragan von → Magdeburg, 967/68 gleichzeitig mit dem Erzbistum durch → Otto I. gegründet zur Mission unter den sorbischen → Wenden zwischen mittlerer Saale und Zwickauer Mulde in der damaligen (kurzlebigen) Zeitzer Mark. Infolge ungeschützter Lage und unzureichender Ausstattung war es seiner Aufgabe nicht gewachsen: das Domstift blieb bis ins 11.Jh. hinein einzige geistliche Kongregation der Diözese; Erwerbungen bei Aufhebung des Nachbarbistums → Merseburg 981 brachten nur vorübergehende Stärkung (1004 restituiert). 1029/30 verlegte Kaiser Konrad II. den Bischofssitz zurück ins sicherere → Naumburg; das Z.er Domstift blieb als Kollegiatstift erhalten (nach 1580 ev.).

RGG³ V, 2091 (Lit.) – LThK VII, 457f (Lit.) – W.SCHLESINGER, KG Sachsens I, 1962. *H.-D.Kahl*

Zell, *Matthäus* (1477–1548), Reformator → Straßburgs, * in Kaisersberg als Sohn eines Weinbauern, studierte in Mainz, Erfurt und Freiburg, wo er 1517 Rektor war. 1518 wurde er Leutpriester am Straßburger Münster. Von Luthers Schriften stark bestimmt, begann Meister Matthis 1521 das Evangelium in volkstümlicher Weise zu predigen und schrieb 1523 seine »Christliche Verantwortung«, die erste Reformationsschrift Straßburgs. Sein Auftreten ließ auch → Capito mutiger werden. Am 3.12.1523 heiratete Z. die 26jährige *Katharina,* geb. Schütz (ca 1497–1562). → Bucer traute sie im Münster. Den Bann des Bischofs beantwortete Z. mit einer »Appellation«, seine Frau schrieb dem Bischof eine »Entschuldigung für M.Z., ihren Ehegemahl«, die der Rat um ihrer heftigen Art willen beschlagnahmte. Von friedlicher Gesinnung, war Z. auch Schwärmern gegenüber mild und wollte in geistlichen Sachen nie Gewalt angewandt wissen. Aufs Praktische gerichtet, verfaßte er einige Katechismen und trieb Seelsorge und Armenpflege. In seinem stets gastfreien Hause schaltete Frau Katharina als »Kirchenmutter«. Sie verrichtete den Dienst einer Diakonisse und schrieb zahlreiche Trostbriefe. 1538 besuchten beide Luther in Wittenberg. An Z.s Grabe sprach auch K.Z. (»Klagred und Ermahnung K.Z.s zum Volk bey dem Grab M. M.Z.s«, 1548). Mit Z.s letztem Helfer Ludwig Rabus hatte sie Streit, weil sie für → Schwenckfeld eintrat. Mit diesem blieb sie in Verbindung und nahm sich auch seiner Anhänger an. 1557 gab sie eine »Verantwortung« heraus, in der sie die Straßburger Reformation gegen Rabus verteidigte.

T.W.RÖHRICH, M. u. K.Z. (Mitt.en aus d. Gesch. d. ev. Kirche des Elsaßes 3, 1855, 84–179) – A.ERICHSON, M.Z., 1878 – J.FICKER-O.WINCKELMANN, Hss.proben d. 16.Jh.s II, 1905, 55f – RE XXI, 650ff – R.REUSS, C.Z., Montbéliard 1911 – J.ADAM, Eine unbeachtete Schrift der K.Z. aus Straßburg (ZGO NF 31, 1916, 451–455) – DERS., Ev. KG der Stadt Straßburg, 1922 – R.STUPPERICH, K.Z., eine Pfarrfrau der Reformation (ZW 30, 1954, 605–609) – M.Bucers Dt. Schriften, hg.v. R.STUPPERICH, I, 1960, 31 u.ö. *R.Stupperich*

Zeller, 1. *Eduard* (* 22.1.1814 in Kleinbottwar b. Marbach, † 19.3.1908 in Stuttgart), Theologe, Historiker und Philosoph. Als Schüler und späterer Schwiegersohn von F.Chr. → Baur schloß Z. am Tübinger Stift Freundschaft mit D.F. → Strauß und Th.Vischer. 1840 PDoz. für Theologie in Tübingen, wurde er 1847 Prof. in Bern, 1849 nach Marburg berufen, jedoch von der Regierung zum Übertritt in die philosophische Fakultät genötigt. 1862–72 lehrte er in Heidelberg, 1872–95 in Berlin. – Als Herausgeber der »Theologischen Jahrbücher« (1842–57), des Organs der Baurschen Schule, hatte Z. an der beginnenden historischen Erforschung des Urchristentums bedeutenden Anteil. Auch sein Hauptwerk, die bis heute nicht übertroffene »Philosophie der Griechen« (5 Bde, [1844–52] 1920–23 ⁵⁻⁷), sollte ursprünglich vor allem die geschichtlichen Voraussetzungen christlicher Dogmatik aufklären. Das Werk stand zunächst, wie die ganze Schule Baurs, mit der Annahme eines systematischen Richtungssinns in der Reihe der historischen Erscheinungen, im Banne → Hegels; jedoch wurde Z.s Genauigkeit des Urteils und souveräne Quellenkenntnis von Auflage zu Auflage entschiedener der Gefahren dieses spekulativen Ansatzes Herr. Auch sein Festhalten an der Freiheit des individuellen Willens mußte Z. von Hegels Determinismus fortführen und in die Nähe von → Kant rücken (Heidelberger Antrittsrede über »Bedeutung und Aufgabe der Erkenntnistheorie«; → Neukantianismus).

Vf. ferner u.a.: Platonische Studien, 1839; Das theol. System Zwinglis, 1853; Die Apg kritisch untersucht, 1854; Vorträge u. Abh.en I. II, (1865) 1875/77²; III, 1884; Staat u. Kirche, 1872; Gesch. d. dt. Philos. seit Leibniz, 1873; D.F.Strauß in s. Leben u. s. Schriften geschildert, 1874; Grundr. d. Gesch. d. griech. Philos., (1883) 1928¹³; Kleine Schriften, hg.v. O.LEUZE, 3 Bde, 1910/11 (in Bd III Bibliogr. u. Nachruf v. H.DIELS). – Über Z.: Ü IV, 423. 713 (Lit.) – W.DILTHEY, Aus E.Z.s Jugendjahren (Ges. Schr. IV, [1921] 1959², 433–450). *G.Patzig*

2. *Samuel* (1834–1912), * in Beuggen als zehntes Kind von *Christian Heinrich* Z. (→ Rettungshäuser), war mehrere Jahre Seminarlehrer in Schiers/Graubünden, dann Lehrer in Beuggen. 1857 wurde Z. in Männedorf von Dorothea → Trudel im Zusammenhang mit einer körperlichen Heilung bekehrt. Nach kurzer Lehrertätigkeit in Elberfeld wurde er Mitarbeiter der Jungfer Trudel und seit 1862 ihr Nachfolger. Seine nüchterne, aber glaubensmächtige Seelsorge half insonderheit Schwermütigen und Nervenkranken. Wie bei → Blumhardt war die Seelsorge oft von körperlicher Heilung Kranker gekrönt.

A.ZELLER, Was Er dir Gutes getan, 1911 – DERS., S.Z., ein Knecht Jesu Christi, (1913) 1950⁶. *H.Brandenburg*

Zeloten. Von der pharisäischen Bewegung (→ Pharisäer) spalteten sich die Z. als eine politisch-messianische Gruppe ab, die nicht bereit war, geduldig auf den Anbruch der Messiaszeit zu warten, sondern durch aktives Eingreifen die Erfüllung der messianischen Hoffnung Israels herbeizwingen wollte. Unter der jüdischen Bevölkerung Palästinas gewannen die Z., die sich durch ihren Eifer um das Gesetz hervortaten, wachsende Anhängerschaft. Sie schürten die Feindschaft gegen Rom und entfachten wiederholt Unruhen. Schließlich riefen sie zum Aufstand und waren die treibende Kraft im jüdischen Krieg (→ Judentum: I, 3). → Johannes von Gischala, der Führer der Z. in Galiläa, konnte mit seinen Leuten nach Jerusalem entkommen und richtete dort ein Terrorregiment auf, das durch die Eroberung und Zerstörung der Stadt (70 nChr) ein furchtbares Ende fand.

SCHÜRER I, 486f. 573f. 617ff - ThW II, 886ff (Lit.); VII, 42 - W.R. FARMER, Maccabees, Zealots and Josephus, 1956 - NOTH, GI 386ff - O.CULLMANN, Der Staat im NT, (1956) 1961², 5ff - M.HENGEL, Die Z., 1961 (Lit.). *E.Lohse*

Zelt

1. In Ex 33, 7-11 (J? E?) wird von einem sakralen Z. ('ohæl môʿed »Z. der Begegnung [Gottes mit dem Menschen]«; Luther: »Stiftshütte«) berichtet, das → Mose außerhalb des israelitischen Lagers zur Befragung des in der Wolkensäule an den Eingang des Z.es herabfahrenden Jahwe aufgeschlagen habe (vgl. weiter Num 11, 16f. 24-26; 12, 4ff sowie Dtn 31, 14f. 23). Ein solches als Erscheinungsort für Jahwe (anders Haran, JSS) gedachtes Z. könnte in der Wüstenzeit vielleicht in der südlichen Gruppe der → Stämme Israels oder bei einem ihrer Stämme eine Rolle gespielt haben. Im Kulturland ist es weder als Heiligtum eines Stammes noch - im Unterschied zur → Lade - der Amphiktyonie nachzuweisen; daß das Begegnungs-Z. (B.Z.) in → Silo (Jos 18, 1; 19, 51; 1Sam 2, 22) oder in → Gibeon (1Chr 16, 39; 21, 29; 2Chr 1, 3) gestanden habe, ist späte Fiktion. Der Vermutung, das B.Z. sei im Rahmen des frühen amphiktyonischen Kultes Mittelpunkt eines in der Wüste gefeierten Z.festes gewesen (Kraus²; zu Kraus¹ vgl. → Feste: II, 8), widerrät schon die Aufstellung des Z.es außerhalb des Lagers (Ex 33, 7f. 11; Num 11, 26; 12, 4, wogegen es nach P [s. 3] mitten im Lager stand).

2. Mit diesem B.Z. hat das von → David für die Lade in der Davidsstadt errichtete Z. (2Sam 6, 17; 7, 2; 1Kön 1, 39) nichts zu tun (1Kön 8, 4 ist später Einschub); es ist nicht als Erscheinungsort, sondern als Wohnstätte des bei der Lade gegenwärtigen Gottes gedacht (vgl. Ps 132, 5) und mit einem Altar versehen (1Kön 2, 38-40).

3. In dem in der Priesterschrift (P) konstruierten Bild vom B.Z. sind Erscheinungs- und Wohnvorstellungen verbunden (Kuschke). Einerseits erscheint Jahwe bzw. nach P seine → Herrlichkeit (keboôd jähwæ) je und dann am Eingang des Z.es zur Demonstration seiner Macht (Num 14, 10; 16, 19; 20, 6, auch Lev 9, 23; in der Wolke: Num 17, 7; vgl. Ex 16, 10). Andererseits wohnt Jahwe in dem Z. (Ex 25, 8), wie er im Jerusalemer → Tempel wohnt (1Kön 8, 12). Dementsprechend erhält hier das Z. die Form eines (Wohn-)Tempels. Seinen Kern bildet ein zerlegbarer und also transportabler Bau aus mit Goldblech beschlagenen Brettern und Balken (Ex 26, 15-30; 36, 20-34); dieser wird durch ein Z.dach aus kostbaren Stoffen sowie drei Überdecken abgedeckt (Ex 26, 1-14; 36, 8-19), sein Eingang im Osten durch eine weitere Decke verschlossen (26, 36f; 36, 37f). Nach dem Vorbild des Jerusalemer Tempels, aber im Gegensatz zur älteren Vorstellung, birgt das Z. in einem (durch einen Vorhang) vom Heiligen mit einem Räucheraltar, einem Schaubrottisch und einem Leuchter abgeteilten → Allerheiligsten die Lade, in der (nach P) die »Tafeln des Zeugnisses« (Ex 31, 18; 25, 16. 21; 40, 20), dh des → Dekalogs (Rost: Tafeln mit der Verheißung von Ex 29, 42bff) aufbewahrt sind. Im Z., über der Deckplatte der → Lade (, 1), »läßt sich treffen«, »begegnet« (jaʿad ni.) hier wohnend Jahwe dem Mose, um ihm seinen Willen kundzutun (Ex 25, 22; 30, 6. 36; Num 17, 19; 7, 89; vgl. auch Ex 29, 42f; Lev 16, 2). Der Betonung des Wohngedankens entspricht bei P die neben dem bevorzugten Namen »B.Z.« stehende Bezeichnung »Wohnstätte« (miškan, Ex 25, 9; 26, 1. 6. 7 u.ö.), »Wohnstätte Jahwes« (Lev 17, 4; Num 16, 9; 17, 28; 19, 13; 31, 30. 47), auch »Wohnstätte des Zeugnisses« (Ex 38, 21; Num 1, 50. 53; 10, 11) neben »Z. des Zeugnisses« (Num 9, 15; 17, 22f; 18, 2); in Ex 39, 32; 40, 2. 6. 29 stehen beide Termini verbunden: »Wohnstätte des B.Z.es«.

RGG² V, 805f (K.GALLING; Lit.) - G.v.RAD, Z. u. Lade (NKZ 42, 1931, 476-498 = Ges. Stud. z. AT, 1958, 109-129) - J.MORGENSTERN, The Ark, the Ephod, and the Tent of Meeting II (HUCA 18, 1943/44, [1-52] 17ff) - F.M.CROSS JR., The Tabernacle (BA 10, 1947, 45-68) - A.KUSCHKE, Die Lagervorstellung der priesterschriftl. Erzählung (ZAW 63, 1951, 74-105) - H.-J.KRAUS, Gottesdienst in Israel, (1954) 1962² - PW XXII, 1953ff (J.HEMPEL) - M.HARAN, The Tent of Meeting (Tarbiş 25, 1955/56, 11-20. IIIff) - DERS., ʿOṭfe, maḥmal and ḳubbe. Notes on the Study of the Origins of Biblical Cult Forms: The Problem of Arabic Parallels (D. Neiger Memorial Vol., 1959, 215-221) - DERS., The Nature of the »'Ōhel Môʿēdh« in Pentateuchal Sources (JSS 5, 1960, 50-65) - DERS., The Complex of Ritual Acts Performed Insides the Tabernacle (Scripta Hierosolymitana 8, 1961, 272-302) - D.W.GOODING, The Account of the Tabernacle (TSt 6), 1959 - L.ROST, Die Wohnstätte des Zeugnisses (Festschr. F.Baumgärtel, 1959, 158-165) - ThW VII, 369ff (W. MICHAELIS; Lit.). - Außerdem die Lehrbücher der at. Theol. u. der bibl. Archäologie sowie die Kommentare. *E.Kutsch*

Zeltmission ist eine Sonderform moderner → Evangelisation. Um auch denen nachzugehen, die den Weg zur Kirche noch nicht oder nicht mehr finden und auch Gemeinschafts- und Stadtmissionssäle nicht betreten, werden an neutraler Stelle in Städten und Dörfern Zelte aufgerichtet, die meist mehrere Wochen am Ort bleiben und allabendlich zu erwecklichen Vorträgen benützt werden. Schon für die Evangelisationen → Moodys in England dienten schnell aufzurichtende Baracken. Zelte haben den Vorzug, daß sie in wenigen Stunden aufgestellt und ebenso schnell abgebrochen werden können. Sie setzten sich zuerst bei Massenevangelisationen in Amerika und England durch und wurden auch bei großen Glaubenskonferenzen benützt. Nach Deutschland kam die erste Z. durch Jakob → Vetter, der sie 1899 in England kennengelernt hatte. Am 27.4.1902 wurde auf der Tersteegensruh bei Mülheim/Ruhr das erste Zelt der Deutschen Z. eingeweiht. Neben Vetter waren Fritz Binde und Ludwig Henrichs jahrelang die bekanntesten Zeltprediger. Anfangs hatte die Z. mit vielen Vorurteilen sowohl kirchlicher Kreise wie der Kirchenfremden zu kämpfen. Heute hat sich der Gedanke der Z. weithin durchgesetzt. Die Deutsche Z. (Geschäftsstelle in Geisweid Kr. Siegen) arbeitet seit 1902 auf Allianzgrundlage, vereint also landeskirchliche und freikirchliche Kreise. Bald wurden auch konfessionelle Zelte der Methodistenkirche, der Baptistengemeinden und des Bundes freier ev. Gemeinden geschaffen. Am spätesten entschlossen sich die Landeskirchen zu diesem Zweig öffentlicher Mission. Zur »Arbeitsgemeinschaft der ev. Z. in Deutschland« gehören zZ (1962) folgende: Deutsche Z.; Z. des Jugendbundes für Entschiedenes Christentum (E.C.); Z. des Bundes Ev. Freikirchlicher Gemeinden (Baptisten); Z. der Methodistenkirche und Ev. Gemeinschaft; Westfälische Z.; Z.s-Vereinigung Süd; Liebenzeller Mission; Landeskirchliche Z. Bayerns; Z. »Jugend für Christus«; Z. der Ev.-luth. Landeskirche Hannover; Z. »Kirche unterwegs« der Ev. Landeskirche Württembergs; Rheinische Volksmission der ev. Kirche; Z. des Bundes Freier ev. Gemeinden; Z. Barmen e.V. Seit 1945 mehrt sich die Zahl der Zelte, die aus Kreisen der Pfingstbewegung kommen.

H.METZGER, Wunder Gottes in der Z., 1951 - 50 Jahre Dt. Z., 1952. *H.Brandenburg*

Zenkovsky, *Basilius* (1881-1962), russ. Religionsphilosoph, * in Rußland, 1912 Dozent der Kiewer Universität und Vorsitzender der dortigen Religionsphilosophischen Gesellschaft. Nach der Emigration lehrte Z. 1920-23 als Prof. in Belgrad, bis 1926 in Prag und war seit 1927 Prof. am Russ. Theologischen St. Sergius-Institut in Paris (seit 1944 Dekan). 1923 wurde er Präsident der Russ. Christlichen Studentenbewegung.

Vf. bes.: Gesch. d. Russ. Philos., 2 Bde, Paris 1948/50 (russ.; engl. 1952, franz. 1953); Das Bild vom Menschen in d. Ostkirche, 1951; zahlr. Beiträge, u.a. zu dem Sammelband »Kirche, Staat u. Mensch. Russ.-orth. Studien«, hg.v. der Forschungsabt. d. Ökum. Rates für prakt. Christentum, Genf 1937 (Bibliogr.).

Hildegard Schaeder

Zeno, Bischof *von Verona* (362–371/72), aus Afrika stammend, wurde früh in Verona verehrt. 93 erhaltene Predigten und Predigtentwürfe zeigen ihn als geschulten Rhetor, der sprachlich von Apulejus von Madaura, sprachlich und theologisch von → Tertullian, → Cyprian und → Lactantius beeinflußt ist. Z. vertritt die voraugustinische abendländische Theologie. Bei ihm finden sich beachtenswerte Ausführungen über die Trinität und mariologische Ansätze in der Richtung einer immerwährenden Virginität der Maria. Häufig spricht er über die Taufe und die Osterliturgie.

Werke: MPL 11, 10ff - J.B.C.Giuliari, Verona (1883) 1900² - G.Ederle, S. Z., alteri sermones, 1956. - Dt. Übers.: Th.Michels, Des hl. Z.v.V. österliche Ansprachen, 1927 - BKV² II/10, 1934. - Über Z.: A.Bigelmair, Z.v.V., 1904 - RE XXI, 657ff - Bardenhewer III, 365ff - M.Stepanich, The Christology of Z. of V., Washington 1948 - DThC XV/2, 3685ff - Altaner § 81, 7.

W.Delius

Zenobia († nach 272), diasporajüdischer Herkunft, war die Gattin des palmyrenischen Fürsten Odainat, der nach der Gefangennahme Valerians durch die Perser (259) von den Römern als dux Orientis eingesetzt wurde und durch seine Feldzüge gegen Schapur I. ein großes Reich mit Emesa als Mittelpunkt begründete. Nach seiner Ermordung (267) verlegte Z. als Augusta ihre Residenz nach Palmyra (→ 3 B 3) und dehnte ihre Herrschaft bis nach Ägypten aus (269). Den Bischof von Antiochien, → Paul von Samosata, setzte sie zum Ducenarius über Nordwestsyrien ein, so daß er sich trotz seiner Absetzung durch die antiochenische Synode von 268 im Amte halten konnte, bis Aurelian durch die Besiegung Z.s am Orontes (272) das verselbständigte Reich vernichtete und Palmyra 273 zerstörte. Im Triumphzug zu Rom wurde die besiegte Königin mitgeführt.

Qu.: Chronica minora (CSCO 4), 47 - Chronicon Eusebii, anno 2 Aureliani - Zosimus 1, 55f - Barhebraeus, Hist. dynast. 81 - Michael Syrus I, 196a Chabot. - Über Z.: PW V/2, 1752 (Ducenarius); IV A/2, 1932 (Syria) - Schürer III, 579 - A.Harnack, Die Reden Pauls v. Samosata an Sabinus (Z.?) u. seine Christologie (SAB 1924, 130ff) - F.Loofs, Paulus v. Samosata (TU 44, 5), 1924 - Bill. IV, 776 - DACL XIII, 962ff (Palmyre) - The Cambridge Ancient Hist. XII, 174ff. 303ff - Lietzmann III, 86f - Ph.K.Hitti, Hist. of Syria, London 1957², 393ff - E.Stommel, JAC 1, 1958, 58f.

A.Adam

Zensur, im kath. Kirchenrecht 1. lehrrechtlich: a) die dogmatische Negativqualifizierung einer theologischen Lehrmeinung. Der CIC (c. 1324) kennt dafür nur die beiden Z.en der → Häresie und des mehr oder minder an diese grenzenden Irrtums; die lehramtliche Praxis und die Dogmatik haben für die zweite Gruppe einen reichen Fächer weiterer Z.en (zB haeresi proxima, erronea, falsa, scandalosa) geschaffen. - b) die Bücher-Z. Als *Vor-Z.* zwecks Entscheidung über das → Imprimatur wird sie vom Bischof des Wohn-, Druck- oder Erscheinungsortes geübt, bei Klosterleuten zusätzlich von den Klosteroberen; ihr unterliegen alle von Klerikern oder (getauften) Laien stammenden graphischen Veröffentlichungen, die Text und Inhalt der Hl. Schrift, Lehre und Leben der Kirche, überhaupt in besonderer Weise Religion und Sittlichkeit betreffen (cc. 1385–1394 CIC). Als *Nach-Z.* erfaßt sie grundsätzlich, wenn auch bei weitem nicht tatsächlich, alle dem allgemeinen Bücherverbot unterliegenden Veröffentlichungen, auch von nichtgetauften Verfassern (→ Index). - 2. strafrechtlich: die Medizinalstrafen (→ Strafrecht: III, 1).

Zu 1: Lehrbücher der kath. → Dogmatik bzw. des → Kirchenrechts. - DDC III, 157ff - Erik Wolf, Ordnung d. Kirche, 1961, 90. 243. 251f.

H.Barion

Zentralafrika, *Mission in* (M. = Mission). Durch Zusammenschluß Südrhodesiens mit den britischen Protektoraten Nordrhodesien und Nyassaland entstand am 1.8.1953 der Zentralafrikanische Bund. - Im heutigen Südrhodesien errichtete 1859 die → Londoner M. (LMS), aus Betschuanaland kommend, eine M. unter den Matabele in Inyati, und zwar auf Grund der Freundschaft von R. → Moffat mit dem Häuptling Umzilikazi. 1890 begann G.W.H.Knight Bruce, der damalige Bischof von Bloemfontein und spätere erste Bischof von Mashonaland, eine M. beim Mashona-Stamm. In den folgenden Jahren kamen zahlreiche M.en, zT aus den angrenzenden Gebieten, ins Land: Heilsarmee, wesleyanische Methodisten und Niederländisch-Ref. Kirche Südafrikas (1891), der kongregationalistische American Board (1893) und amerikanische Methodisten (1897). - → Livingstones Reisen und sein Aufruf an die Christen in England bewirkte das Vordringen der M.en nach Norden. Die anglikanische Universitäten-M. für Z., die 1859 nach Livingstones berühmter Vorlesung in Cambridge (4.12.1857) gegründet worden war, entsandte 1861 unter Bischof Mackenzie ihre ersten M.are. 1875 nahm die Freie Kirche von Schottland ihre Tätigkeit im heutigen Nyassaland auf, 1876 gründete die Kirche von Schottland ein M.szentrum in Blantyre (→ 2 G 6). Roger Price gründete 1877 für die LMS eine M.sstation am Ufer des Tanganyika-Sees, die später an die Südseite des Sees im heutigen Nordrhodesien verlegt wurde. In Barotseland (Nordrhodesien) leistete seit 1884 François Coillard von der Pariser M. die Pionierarbeit. 1893 half er den Primitive Methodists bei der Gründung einer M. beim Ila-Stamm (Nordrhodesien), nachdem er vier Jahre in Barotseland auf die Zustimmung des Häuptlings Lewanika gewartet hatte. - Zur Zeit der Weltmissionskonferenz von Edinburgh 1910 gab es im Gebiet des Zentralafrikanischen Bundes und Betschuanalands 22 Gesellschaften (13 britische, 4 amerikanische, 3 aus Europa, 2 aus Südafrika) mit 403 M.aren. Die jüngste Schätzung (ca 1957) ergab 421000 Kommunikanten unter insgesamt 1235000 prot. Christen mit 500 ordinierten Afrikanern und 807 M.aren. - Die Entwicklung im 20.Jh. ist durch folgendes gekennzeichnet: 1. Die Bemühungen, den enormen Bedarf der Afrikaner an Schulen zu befriedigen. 2. Die infolge der industriellen Entwicklung und der Verstädterung an Verkündigung und Gemeindearbeit gestellten Anforderungen. Hier ist bes. die 1936 erfolgte Bildung der United M.s im Copper Belt (Nordrhodesien) hervorzuheben (heute Copper Belt Christian Service Council genannt). 3. Das allmähliche Entstehen verfaßter Kirchen, denen die M.en in verschiedenen Graden die Eigenständigkeit übertrugen. Beispiele sind die presbyterianische Kirche von Z. in Nyassaland, entstanden aus der Arbeit der Kirche von Schottland und der Niederländisch-Ref. Kirche von Südafrika; die Kirche von Z. in Rhodesien, entstanden aus der Arbeit der Kirche von Schottland und der LMS; die Bildung einer autonomen anglikanischen Provinz von Z. 4. Die Probleme, die sich für das Leben und das Wachstum der Kirche in einer vielrassigen Gemeinschaft ergeben, in der sowohl Afrikaner als auch Europäer ständig zusammenleben. Die Anforderungen, die durch die sozialen, wirtschaftlichen und politischen Wandlungen an die »jungen« Kirchen und die M.en gestellt werden, sind sehr schwer und werden bisher nur zT bewältigt.

C.P.Groves, The Planting of Christianity in Africa, 4 Bde, 1948 bis 1958.

R.K.Orchard

Zentralstelle, *Europäische, für kirchliche Hilfsaktionen* → Ökumenische Bewegung, 5.

Zentralverband für Äußere Mission in der Ev.-Luth. Kirche in Bayern, Nachfolger (1956) des seit 1843 bestehenden, aus der luth. Erweckungsbewegung hervorgegangenen Zentralmissionsvereins. Seine Bedeutung liegt vor allem darin, daß er die Mission als kirchliche Aufgabe zur Geltung brachte und dadurch an der konfessionellen Prägung seiner Kirche entscheidend beteiligt war (Lösung von der → Basler, Anschluß an die → Leipziger Mission). Mitglieder sind heute anstelle der früheren Vereine die Dekanate und die → Neuendettelsauer und Leipziger Missionsgesellschaften.

Jahresberichte, bis 1922 - Organ: Nürnberger Missionsblatt, bis 1941; Blick in die Welt, 1948ff - M. SIMON, Mission u. Bekenntnis in d. Entwicklung d. Ev.-Luth. Zentralmissionsvereins f. Bayern, 1953.

W. Ruf

Zentrum

1. Vorgeschichte - 2. Von der Parteigründung bis zum Ausgang des 1. Weltkrieges - 3. Während der Weimarer Republik - 4. Auflösung

1. a) Die Anfänge einer politischen Neuorientierung des deutschen Katholizismus gehen bis in die Zeit des → Wiener Kongresses zurück. Sie ergab sich aus dem Zusammenbruch der Kirchenverfassung in der napoleonischen Ära. Da die → Säkularisationen in Wien für rechtens erklärt wurden und so die Wiedererrichtung eines geistlichen Fürstentums ausgeschlossen blieb, anderseits die deutsche Bundesakte keine Aussagen über die künftige Rechtsstellung der kath. Kirche enthielt, war die Frage einer Neuregelung der kirchlichen Verhältnisse dringlich. Der Protest des Kardinalstaatssekretärs → Consalvi gegen die unvollkommene Restaurierung des alten Reiches verhallte ungehört. Angesichts der widerstreitenden Interessen blieb nur das Mittel der Sonderregelung in den einzelnen Ländern (→ Konkordate, in Preußen durch eine → Zirkumskriptionsbulle). Dennoch gab es in der Folgezeit Reibungen genug, bes. dort, wo die Katholiken eine Minderheit bildeten und das Staatskirchentum der herrschenden Konfession sich der → Restauration des Katholizismus entgegenstemmte. So hat in → Preußen der → Kölner Kirchenstreit dazu geführt, daß die Ansätze zu einer überkonfessionellen christlich-konservativen Front, wie sie in dem Kreis um das seit 1831 erscheinende »Berliner Politische Wochenblatt« (Mitarbeiter u.a. die Katholiken → Radowitz und Jarcke, die prot. Brüder → Gerlach und Heinrich → Leo) bestanden, sich nicht weiterentwickelten und der gebildete Katholizismus in dem Münchener Kreis um → Görres und seine »Historisch-politischen Blätter« eine neue Plattform der Auseinandersetzung mit dem politischen Zeitgeist fand.

b) Das Jahr 1848 führte zu einer neuen kath. Aktivität. Wenn es die führenden kath. Kreise auch nicht darauf anlegten, wie der spätere → Lamennais in Frankreich, ein Zusammengehen von Kirche und Demokratie zu propagieren, so suchten sie doch aus der konstitutionellen Bewegung alles herauszuholen, was der »Freiheit« der Kirche und ihrer Glieder dienen konnte. Zu einer Parteibildung, wie sie der der Berliner Nationalversammlung angehörende ultramontane Erzbischof → Geißel von Köln anstrebte, kam es damals noch nicht; eine von P. → Reichensperger geführte kath. Fraktion in Berlin ging bald in die konstitutionelle Rechte auf. Aber im → Frankfurter Parlament bildete sich auf Anregung des Fürstbischofs → Diepenbrock von Breslau eine *kath. Vereinigung* (Vorsitzender → Radowitz, stellvertretender Vorsitzender A. → Reichensperger). Zu ihren 50 Mitgliedern gehörten u.a. der spätere Bischof → Ketteler und der kurz zuvor zum Katholizismus übergetretene Max v. Gagern, Bruder Heinrichs v. Gagern, des Frankfurter Parlamentspräsidenten. Die Vereinigung bot ein farbenprächtiges Bild, obwohl Radowitz, der politisch zur äußersten Rechten gehörte, redlich bemüht war, Kirchliches und Politisches streng voneinander getrennt zu halten, und es als »heilige Pflicht« aller derer, »welche der kath. Kirche nicht bloß durch Geburt, sondern durch Hingabe ihres ganzen Willens angehören« bezeichnete, durch die Vereinigung allein für die Regelung des Verhältnisses von Staat und Kirche einzutreten. Die Bemühungen der Vereinigung haben im Endeffekt das Schicksal des ganzen Frankfurter Verfassungsunternehmens erlitten. Die Entscheidungen fielen auch diesmal in den Ländern. - In Preußen kam es 1852 in Abwehr der antikath. »Raumerschen Erlasse« zur Gründung einer kath. Fraktion unter Führung der Brüder Reichensperger und aktiver Mitwirkung Mallinckrodts. Das Anstößige und Herausfordernde des Namens wurde 1859 durch einen Kompromiß beseitigt, indem man sich nach der Sitzordnung im Abgeordnetenhaus »Z. (kath. Fraktion)« nannte. Während des preußischen Verfassungskonfliktes sank die Aktivität der Fraktion, bis sie sich wegen rapiden Mitgliederschwunds (von 64 auf 16) 1867 auflöste. Die politischen Gegensätze waren damals stärker als die konfessionellen Interessen.

2. a) Erst in der 2. Hälfte des Jahres 1870, als mit dem Ausbruch des deutsch-französischen Krieges die kleindeutsche Reichsgründung unter überwiegend prot.-preußischer Führung bevorstand, kam es auf Betreiben von P. Reichensperger und Mallinckrodt zu einer Neugründung. Auf Mallinckrodt geht auch das Programm zurück, das sich die *Z.spartei* jetzt gab (zu Soest am 28.10.1870) und das u.a. neben einer konfessionellen Schutzpolitik einen föderalistischen Aufbau des Reiches forderte. In das preußische Abgeordnetenhaus zog das Z. mit 48, in den neuen Reichstag mit 57 Abgeordneten, deren Zahl sich durch Zuzug von anderen Mißvergnügten (Welfen, Polen) auf 54 bzw. 67 erhöhte. Parteiorgan wurde die »Germania«, die führenden Köpfe und Sprecher waren → Windthorst und Mallinckrodt. → Bismarck war von Anfang an entschlossen, das Z., weil staatsgefährlich, zu bekämpfen, um »die auf dem Schlachtfeld gewonnene Einheit möglichst dauerhaft zu befestigen«. So wollte er im bald ausbrechenden → Kulturkampf nur die Partei treffen, die aber gerade dadurch ihre Festigkeit gewann. Obwohl das Z. seinen rein politischen und interkonfessionellen Charakter auch jetzt betonte (was zB durch den Beitritt des Altkonservativen L. v. → Gerlach als Hospitant unterstrichen wurde), wurde es doch wesentlich Vertreter der Interessen des deutschen Katholizismus. Ein Umschwung setzte mit dem Jahre 1878 ein: Bismarcks Abkehr vom Liberalismus, die neue Wirtschaftspolitik (Schutzzoll), Sozialistengesetz und Abbau des Kulturkampfes. Das Z. unterstützte jetzt die Regierungspolitik und besaß seit 1881 mit seinen 90-100 Abgeordneten im Reichstag eine Schlüsselstellung. Eine vorübergehende Trübung trat 1886/87 bei den Beratungen über die neue Wehrvorlage (»Septennat«) ein: Trotz der von Bismarck veranlaßten päpstlichen Einwirkung stimmte das Z. zunächst gegen die Vorlage und enthielt sich nach nochmaliger kurialer Einflußnahme bei der letzten Lesung der Stimme. Windthorst wollte dadurch die politische Selbständigkeit des Z.s gewahrt sehen.

b) Unter den Nachfolgern Bismarcks befestigte sich weiter die Stellung des Z.s als einer die Reichspolitik unterstützenden → Partei (: V). Von 1898-1906 stellte es den Reichstagspräsidenten (Graf Ballestrem). Auch in den süddeutschen Landtagen gewann es zunehmend an

Boden. Trotz seiner bürgerlichen Grundstruktur hat es Menschen aller Schichten und Richtungen erreicht und schließlich auch in den christlichen → Gewerkschaften Positionen erobern können. Die immer wieder stattfindende Aussprache darüber, ob das Z. eine rein konfessionelle (sog. Berliner Richtung) oder eine grundsätzlich politische, auf allgemein christlicher Grundlage stehende Partei sein solle, wie es der von den süddeutschen Demokraten kommende Nachwuchs unter M.Erzberger wollte, verlief zu deren Gunsten. Sie machte die Partei taktisch elastischer, undoktrinär und koalitionsfähig. Freilich ist es dem Z. nie gelungen, die Konfessionsgrenze endgültig zu überwinden. – Zu besonderer Bedeutung stieg das Z. während des Krieges unter der Führung von Erzberger auf. Erzberger war bis Anfang 1917 ein rücksichtsloser Annexionist in Ost und West und hat auch die Fraktion zu dem Beschluß gedrängt, die letzte Entscheidung über die Wiederaufnahme des uneingeschränkten U-Bootkrieges nicht dem Reichstage, sondern der Obersten Heeresleitung zu überlassen. Erst die ihm durch eine Indiskretion bekanntgewordene Denkschrift Czernins über einen bevorstehenden Zusammenbruch Österreichs bewirkte bei ihm eine Gesinnungsänderung und führte zu der von Z., Sozialdemokratie und Fortschritt eingebrachten *Friedensresolution,* an der sich die Geister fortan schieden. Über sie kamen zwei Kanzler in wenigen Monaten zu Fall, aber auch der Resolution blieb der Erfolg versagt. Immerhin war die politische Stellung des Z.s so bedeutsam geworden, daß es mit dem bayerischen Ministerpräsidenten Graf G.v.Hertling einen seiner führenden Sprecher als Kanzler stellte, mit dem politische Reformen vorsichtig eingeleitet werden sollten. Unter Hertling wurden die Fragen der Parität der Beamtenanstellung geklärt und die Reste des Jesuitengesetzes aus der Zeit des Kulturkampfes beseitigt. Auch unter dem letzten kaiserlichen Kanzler, dem Prinzen Max v. Baden, blieb die Stellung des Z.s erhalten: Erzberger führte auf Vorschlag der Heeresleitung die Waffenstillstandskommission.

3. Nach der Revolution änderte das Z., wie fast alle Parteien, zunächst seinen Namen (»Christliche Volkspartei«), kehrte jedoch bald zu seiner altbewährten Bezeichnung zurück. 1920 spaltete sich die Bayerische Volkspartei ab (16-19 Sitze im Reichstag); weitere Verluste brachten die Abtretungen kath. Gebiete im Osten und Westen. Trotzdem blieb das Z. für die Politik der *Weimarer Republik* ein oft ausschlaggebender Faktor. Schon in der Nationalversammlung 1919 bildeten die Parteien der Friedensresolution von 1917 eine neue republikanische Mitte (später Weimarer Koalition = Z., Sozialdemokratie, Demokraten). Dabei war das Z. von Haus aus keineswegs demokratisch oder gar republikanisch. Einige seiner Mitglieder (zB M.Spahn) wanderten nach rechts ab. Aber abgesehen von nüchternen politischen Erwägungen wurde dem kath. Bürger der Übergang zu der neuen Staatsform dadurch erleichtert, daß der Papst als erster Souverän die neue Regierung anerkannte, indem er in Berlin eine Nuntiatur errichtete. – Das Z. war an sämtlichen Kabinetten Preußens und des Reiches beteiligt und hat auch eine Reihe von Kanzlern gestellt (Fehrenbach, Wirth, W. → Marx, Brüning). Nur Franz v. Papen wurde im Widerspruch zu seiner Partei Kanzler und verließ sie bei Antritt seines Amtes. Mit ihm begann die Liquidation der Weimarer Demokratie. – Der alte Konfessionscharakter hat auch während der Weimarer Zeit die Politik des Z.s bestimmt, bes. in der Personalpolitik, aber auch in der Art, wie es die Bestrebungen der kath. Kirche, in rein prot. Räume vorzudringen, politisch förderte.

4. Wie für alle Parteien (außer der NSDAP) begann auch für das Z. bald nach dem Regierungsantritt Hitlers die Existenzfrage. Als einzige bürgerliche Partei hatte das Z. seine Anhänger im Kampf gegen den → Nationalsozialismus im wesentlichen festgehalten und hatte die heftigsten Drohungen der Nationalsozialisten zu hören bekommen. Auf Hindenburgs Wunsch verhandelte Hitler aber am 31.1.1933 mit dem Z.sführer → Kaas, um dem Kabinett eine breitere parlamentarische Grundlage zu geben. Auch rechnete Kaas mit einer schriftlichen Zusicherung, daß Hitler die Grundrechte nie antasten werde. Bei den Reichstagswahlen vom 5.3. konnte das Z. 3 weitere Sitze (73) gewinnen. Das von Hitler am 21.3. vorgelegte Ermächtigungsgesetz führte in der Fraktionssitzung vom 23.3. hinsichtlich der Frage der Zustimmung zu einer Meinungsverschiedenheit. Von der Regierung angeblich gemachte Zusicherungen hinsichtlich der Stellung der Kirche, der dem Z. angehörenden Beamten und der Unabhängigkeit der Richter waren nicht schriftlich erfolgt. Aber man entschloß sich, Fraktionsdisziplin zu wahren, dem Votum der Mehrheit zu folgen und dem Gesetz »mit Rücksicht auf die Partei und ihre Zukunft« zuzustimmen. Aber gerade das stellte sich als ein Irrtum heraus. Am 5.7.1933 löste sich das Z. »im Einvernehmen mit dem Herrn Reichskanzler Hitler« auf. – Eine nach 1945 auf Nordwestdeutschland beschränkte rein kath. Neugründung blieb ohne politischen Einfluß.

F.Schnabel, Der Zusammenschluß d. polit. Katholizismus in Deutschland i.J. 1848, 1910 – Ders., Dt. Gesch. im 19.Jh. IV, 1937, 3ff – L.Bergsträsser, Der polit. Katholizismus. Dokumente seiner Entwicklung I. II, 1921 – K.Bachem, Vorgesch., Gesch. u. Politik d. dt. Z.spartei I-IX, 1927-32 – H.Broermann-K.Grobbel, Unterm Z.sbanner, 1927 (Dokumente) – J.Joos, Die polit. Ideenwelt d. Z.s, 1928 – J.Schauff, Die dt. Katholiken u. d. Z.spartei, 1928 – C.Bauer, Polit. Katholizismus in Württ. bis z. Jahre 1848, 1929 – RGG² V, 2100ff (Lit.) – A.Dempf, Demokratie u. Partei im polit. Katholizismus, 1932 – G.Senger, Die Politik d. dt. Z.spartei zur Frage Reich u. Länder 1918-28, 1932 – H.Ullmann, In d. großen Kurve, 1933 – E.Ritter, Der Weg d. polit. Katholizismus, 1934 – W.Feuerbach, Großpreußen oder Dt. Bund?, 1945 – G.Schreiber, Zwischen Demokratie u. Diktatur, 1949 – J.E.Dunne, The German Center in Empire and Republic (Diss. Georgetown, Wash.), 1950 – P.W. Klinke, Die dt. Z.spartei u. d. demokrat. Frage (Diss. Hamburg), 1950 – K.Buchheim, Gesch. d. christl. Parteien in Deutschland, 1953 – H.Grebing, Z. u. kath. Arbeiterschaft (Diss. Freie Univ. Berlin), 1953 – E.Matthias, Die Sitzung d. Reichstagsfraktion d. Z.s am 23.3.1933 (Vierteljahrshefte f. Zeitgesch. 4, 1956, 302-305) – Ders.-R.Morsey (Hg.), Das Ende d. Parteien 1933, 1960 – J.Rovan, Le catholicisme politique en Allemagne, Paris 1956 – R.Morsey, Hitlers Verhandlungen mit d. Z.sführung am 31.1.1933 (Vierteljahrshefte f. Zeitgesch. 9, 1961, 182-194) – J.Becker, Z. u. Ermächtigungsgesetz 1933 (ebd 195-210) – E.-W.Böckenförde, Der dt. Katholizismus i.J. 1933 (Hochland 53, 1960/61, 215-239; 54, 1961/62, 217-245).
K.Kupisch

Zephanja-Apokalypse. Die nach Nicephorus 600 Stichen umfassende, als Ganzes bisher verschollene Z. zitiert Clemens Alexandrinus, Strom. V, 11, 77; hiernach wird Sophonias in den fünften Himmel entrückt, wo er dem Gottesdienst der Engel beiwohnt. Sprachlich ist dieses Zitat mit 1Kor 8, 6 (Engel = κύριοι) und AscJes (Gott = ἄρρητος ὕψιστος) verwandt. Zur Z. gehört ferner ein sahidisches Fragment (Steindorff: III, 1, 1-33) mit einer Höllenvision des Sophonias. Daneben ist eine anonyme Apokalypse achmimisch überliefert (Steindorff: I, 2-18). Auf Grund ihrer Verwandtschaft mit dem sahidischen Bruchstück (vgl. III, 1, 3ff mit I, 12, 15) ist sie wohl ebenfalls der Z. zuzurechnen. Nach einer Einleitung läßt sie den Seher Heimatstadt und Welt im Fluge überschauen (1, 4 - 2, 8); anschließend werden die Stätten der Verdammten (2, 9 - 12, 19) sowie der Seligen (13, 1 - 18, 19) beschrieben, wobei nach 12, 19 eine Lücke besteht und nach 18, 19 der Schluß fehlt (zu Steindorff: II, 19-43 vgl. → Elias-Apokalypse). Diese Apokalypse hat u.a. Beziehungen zum NT, zur → Petrusapokalypse (vgl. das Motiv vom Höllenschlamm in 7, 5ff mit ApkPetr 10, 31) und zu ägyptischen Jenseitsvorstellungen (Totengericht mit der Waage: 13, 13f). - Die Z. geht auf eine jüd. Vorlage zurück, die den in Israel jungen Glauben an die individuelle Vergeltung nach dem Tode zum Thema hatte. Hinsichtlich der Angelologie ist die Erwähnung des über die Toten herrschenden Eremiel, jüd. Jeremiel (I, 10, 9; vgl. äthHen 20, 7 [LXX^{var}]; 4Esr 4, 36; ApkBar [syr] 55, 3; 63, 6), bedeutsam.

A.Harnack, Gesch. d. altchristl. Lit. II/1, 1897 (Neudr. 1958), 571ff - G.Steindorff, Die Apk des Elias, eine unbekannte Apk u. Bruchstücke der Sophonias-Apk (TU 17, 3 a), 1899 - RE XVI, 252 - Schürer III, 367ff - Bardenhewer II, 707f - Bousset, Rel. 46 - Riessler 168ff. 1274f - H.P.Houghton, The Coptic Apocalypse I: Sahidic »Sophonias Apocalypse«. II: Akhmîmic »Anonymous Apocalypse« (Aegyptus 39, 1959, 40-91). *R.Meyer*

Zephanjabuch

1. Analyse - 2. Verfasser - 3. Datierung - 4. Bedeutung. - Z. = Zephanja, Zb. = Zephanjabuch

1. Der auf die Überschrift 1, 1 folgende erste Teil des Zb.es 1, 2 - 2, 3 enthält vornehmlich Drohworte gegen Juda und Jerusalem, der zweite Teil 2, 4-15 Drohungen gegen die Fremdvölker, der dritte Teil 3, 1-20 überwiegend Heilsweissagungen. Das bei Prophetenbüchern beliebte Schema einer Dreiteilung wird auf das Konto der Redaktion zu setzen sein. Dieser abschließenden Redaktion lag wahrscheinlich schon 1, 2-18 als Sammlung vor; denn hier finden sich als Kennzeichen einer älteren Redaktion kurze Einleitungsformeln, die zum Aufbau von c. 1 dienen. Die Einheiten sind: 1, 2f, ein Drohwort, das die Vernichtung der gesamten Menschen- und Tierwelt ankündigt und in seiner Allgemeinheit sich gut zur Einleitung der Drohwortsammlung eignet, aber wohl schwerlich auf Z. zurückgeht; 1, 4-6, ein Drohwort gegen Götzendienst in Jerusalem und Juda (Gestirndienst, Verehrung von Baal und Milkom); 1, 7, das man wegen der Ähnlichkeit von 1, 7b α mit 1, 14a α gerne als deplaziert ansieht, dessen jetzige Stellung jedoch durch die Redaktionsformel 1, 8a αβ fest verankert ist, ein aus einer kultischen Formel (vgl. Hab 2, 20; Sach 2, 17) entwickelter Spruch, der die Gerichtstheophanie Jahwes als Opfertheophanie deutet; 1, 8f, ein Drohwort gegen den der Ausländerei verfallenen königlichen Hof; 1, 10f, eine prophetische Androhung der Eroberung Jerusalems und des Untergangs der kaufmännischen Oberschicht; 1, 12f, ein Drohwort gegen satte Spötter; 1, 14 bis 16, ein Lied hymnischen Charakters auf den Tag Jahwes; 1, 17f, ein vielleicht unechtes allgemein gehaltenes Drohwort. An diese Sammlung schließen sich in 2, 1-3 ein oder zwei prophetische Mahnworte an, die eine Bewahrung im Gericht den Demütigen in Aussicht stellen. Die Fremdvölkersprüche wenden sich zunächst gegen Philistäa: 2, 4, ein Drohwort mit assonantischer Wortreihung; 2, 5f, ein Weheruf, an den in V. 7 eine auf die Inbesitznahme Philistäas bezogene Verheißung für den Rest Judas angehängt worden ist. Eine entsprechende Verheißung findet sich auch in dem kombinierten Schelt- und Drohwort gegen Moab und Ammon (2, 8f), das sekundär durch eine Begründung und einen universalistischen Ausblick in V. 10f erweitert ist. Das kurze Wort gegen Kusch 2, 12, das wie der Grundbestand der Philistäasprüche u.U. echt sein könnte, ist wohl hinzugefügt worden, um alle vier Himmelsrichtungen anzusprechen. Das prophetische Drohwort gegen Assur 2, 13-15, das in V. 15 ein Spottlied enthält, erinnert in seiner Sprachgewalt an 1, 10f und ist sicher Z. zuzuschreiben. Der echte Weheruf 3, 1-4 gegen Jerusalem, seine weltlichen und geistlichen Beamten, ist in V. 5 in heilsgeschichtlichem Sinne erweitert. Schwierig zu interpretieren ist 3, 6-12: V. 6f ist ein Scheltwort gegen Israel, V. 8 das dazugehörige Drohwort, das sich aber nach dem jetzigen Text gegen die Völker richtet; die Verheißungsrede wendet sich in V. 9f an die Völker, in V. 10-12 an das eigene Volk. Die Sammlung des Zb.es wurde durch die Redaktion in 3, 14f mit einem (eschatologischen) Thronbesteigungslied, in 3, 16f mit einem an Zion gerichteten priesterlichen Heilsorakel, das in ein Zionslied übergeht, und in 3, 18f mit einem an Zion gerichteten Verheißungswort über die Sammlung der Diaspora abgeschlossen, das dann später in V. 20 prosaisch erweitert worden ist.

2. Das Buch wird nach der Überschrift 1, 1 auf einen Propheten namens Z. (Vulg.: Sophonias) zurückgeführt, dessen Genealogie auffallenderweise bis ins vierte Glied angegeben wird. Dieser Ururgroßvater trägt den Namen Hiskia, so daß man vermutet hat, es handle sich um den bekannten König von Juda. Andererseits hat man die Angabe der Genealogie damit erklärt, daß eine mögliche Erklärung des Vaternamens als Gentilicium (»der Kuschit«) abgewehrt werden soll (vgl. Dtn 23, 8f).

3. Die Angabe der Überschrift 1, 1, Z. habe zZ des Königs → Josia (639-609 vChr) gewirkt, ist als zutreffend anzusehen. 1, 2 - 2, 3, bes. 1, 4-6, paßt in die Zeit vor der josianischen Reform, das echte Wort 2, 13-15 deutet auf eine Zeit der zunehmenden Auflösung Assurs, aus der Formulierung in 1, 8 könnte man auf die Zeit der Minderjährigkeit Josias schließen. Man wird also die echten Worte des Zb.es in die Zeit um 630 vChr datieren können. Ob der aus Herodot (I, 103-106) bekannte, historisch aber schwer zu fassende Skythensturm von 630-625 Z.s Verkündigung vom Tage Jahwes veranlaßt hat, bleibt ganz unsicher.

4. Z. steht ganz in der prophetischen Tradition. Seine Botschaft vom Tage Jahwes (1, 7 [10]. 14-16) führt Am 5, 18ff und Jes 2, 6ff weiter. Seine Grundforderung der → Demut (2, 3; 3, 12f) setzt schon die Spiritualisierung des → Armut-Begriffes in der prophetischen Verkündigung voraus, die bei → Jesaja erreicht wird, und auch in seiner Unterscheidung von Volk und Gemeinde (2, 1f?; 3, 12f) fußt Z. auf Jesaja. Wenn der gelegentlich aufkommende Blick auf das Gesamtmenschliche (1, 2f. 17f) nicht einer mythisierend interpretierenden Redaktion, sondern Z. zuzuschreiben ist, könnte auch hier Jesajas Einfluß wahrgenommen werden. Z.s Kampf gegen kultische und nationale Verfremdung (1, 4-6. 8f) ist beispielhaft für die prophetische Bewegung unmittelbar vor der deuteronomischen Reform.

Komm. s. → Zwölfprophetenbuch. - G.Gerleman, Z. textkritisch u. literarisch untersucht, Lund 1942 (Lit.) - J.P.Hyatt, The Date and Background of Z. (JNES 7, 1948, 25-29) - L.P.Smith-E.R. Lacheman, The Authorship of the Book of Z. (ebd 9, 1950, 137-142) - A.Edens, A Study of the Book of Z. (Diss. Ann Arbor), 1954 (Mikrofilm) - K.Sullivan, The Book of Sophonias (Worship 31, 1957, 130-139). *H.Gese*

Zur *Auslegungsgeschichte* (s. auch → Schriftauslegung: IV B, → Zwölfprophetenbuch):

Martin Bucer, Straßburg 1524 - Corn.Jansen d.Ä., Löwen 1644 - Nik.Selnecker, Leipzig 1566. *W.Werbeck*

Zephyrin, als Nachfolger → Viktors I. (189-199) Bischof von Rom bis 217. Z., den → Hippolyt (Philos. IX, 7. 11) als ungelehrt und ungebildet bezeichnete und darum nicht als wahren Bischof anerkannte, wurde in seinen christologischen Aussagen von seinem Diakon und Nachfolger → Calixt I. beeinflußt. Diese drei röm. Bischöfe sind als Monarchianer ausgesprochene Modalisten (→ Christologie: II, 2 c; → Trinität: III, 2). Nach Euseb (h.e. V, 28, 3) haben → Artemons Anhänger behauptet: von Z. an sei die Wahrheit des Kerygmas verfälscht worden, was Th.Zahn auf die Streichung des ἕνα im 1. Artikel des Romanum (→ Apostolikum: I, 3) deutete. Strittig ist, ob Z. es war, der in dem ersten überlieferten röm. Bischofsedikt auch Unzuchtssünden für vergebbar erklärte (→ Bußwesen: II, 1 d).

RE XXI, 669f - TH.ZAHN, Das apostol. Symbolum, 1893², 18ff - H.KOCH in: Ricerche religiose 1929, 50-59 - CASPAR I, 22ff. 572f - ALTANER § 25, 4. *E.Barnikol*

Zepper, *Wilhelm* (1550-1607), nassauischer Theologe, Pfarrer in Herborn, 1582 Hofprediger in Dillenburg, 1599 Prof. in → Herborn, nach → Olevian und neben → Althusius profilierter Vertreter ref. Kirchlichkeit und praktischer Theologie, auf den → Hyperius eingewirkt haben mag. Z. zeigt sich stark an der Katechetik, Homiletik, Seelsorge und bes. am Kirchenrecht interessiert; er ist der erste deutsche Systematiker ref. Kirchenrechts. Hier suchte er deutsche staatskirchliche mit ref. Verfassungsprinzipien zu vereinigen, ohne diese preiszugeben.

F.W.CUNO, RKZ 26, 1876, 177-185. 193-203. 209-224. 225f (Bibliogr.) - J.WEERDA, W.Z. u. d. Anfänge ref. Kirchenrechtswissenschaft in Deutschland (ZevKR 4, 1955, 265-291) - J.HOVIUS, Hyperius' Geschrift De synodis annuis, 1958. *J.Weerda*

Zerbolt, *Gerhard,* von Zutphen (1367-98), Mitbegründer der Devotio-moderna-Bewegung (→ Groote). * in Zutphen (Gelderland), kam Z. nach juristischen und anderen Studien nach Deventer in die Brüdergemeinschaft des → Florentius Radewijns und wurde deren Bibliothekar. Bücher- und schreibfreudig, ohne sich zu schonen, empfahl er frommen Laien das Lesen der Bibel und geistlicher Schriften in der Muttersprache und wirkte durch lat. aszetische Traktate nachhaltig auf die → Brüder vom gemeinsamen Leben und auf die → Windesheimer Kongregation. Seine Vita schrieb → Thomas a Kempis (Opera, ed. M.J.Pohl, VII, 1922).

Vf.: Super modo vivendi devotorum hominum simul commorantium, ed. A.HYMA, Arch. voor de Gesch. van het Aartsbisdom Utrecht 52, 1927, 1-100 - De reformatione trium virium animae, in: Max. Bibl. vet. Patrum 26, Lyon 1677, 237-258 - De libellis teutonicalibus et de precibus vernaculis (dazu F.JOSTES, HJ 11, 1890, 1-22. 709-717), ed. A.HYMA, NAKG NS 17, 1924, 42-70; vgl. ebd 16, 1921, 107-128; 20, 1927, 179-232. - Über Z.: G.H.J.W.GEESINK, G.Z.van Z., 1897 - J.VAN ROOY, G.Z.van Z. I: Leven en geschriften, 1936 - C.VAN DER WANSEM, Het ontstaan en de gesch. der Broederschap van het Gemene Leven, 1958, 116ff. 156ff. *H.Grundmann*

Zerrenner, *Heinrich Gottlieb* (8.3.1750 bis 10.11. 1811), ev. Theologe und pädagogischer Schriftsteller, * in Wernigerode, † in Derenburg, Schüler von → Semler, 1772 Lehrer in Kloster Bergen, 1775 Prediger in Beiendorf bei Dodendorf, 1787 Schulinspektor und Oberprediger in Derenburg. Mit der bäuerlichen Psyche wohl vertraut, brachte ihn ein längeres Krankenlager dazu, »mit der Feder zu predigen«.

Vf. u.a.: Predigten, ganz u. stückweise für die lieben Landleute I. II, (1779/81) 1810³; Natur- u. Ackerpredigten, 1783; Kurzer bibl. Religionsunterricht, (1784) 1825⁴; Volksaufklärung, 1786; Volksbuch I. II, 1787; Christl. Morgen- u. Abendfeiern I. II, 1793; Schulbibel, (1799) 1805². - Hg.: Der dt. Schulfreund, 46 Bde, 1791-1811 (fortgeführt von seinem Sohn Karl Ephraim Gottlob, bis 1824 60 Bde). - Über Z.: Selbstbiogr. in J.R.G.BEYERS Allg. Magazin für Prediger 70, 1792, 456-490 - ADB 45, 96ff. *H.Hohlwein*

Zeugen Jehovas

1. Geschichte - 2. Gegenwart - 3. Lehre - 4. Beurteilung

1. Die Z.J., bis 1931 »Ernste Bibelforscher«, sind eine Gründung von »Pastor« Charles Taze → Russell (1852 bis 1916). Durch die Second Adventists wurde er mit adventistischen Gedanken (→ Adventisten) bekannt, die er in einem Bibelkreis bald auf eigene Art weiterspann. So entdeckte er den »Plan Gottes mit der Menschheit«, den er 1874 unter dem Titel »Der Zweck und die Art der Wiederkunft unseres Herrn« in 50000 Exemplaren veröffentlichte. In der Schrift »Drei Welten oder der Plan der Erlösung« (1877) erklärte Russell, die zweite Gegenwart Christi habe 1874 begonnen, allerdings sei der Herr als unsichtbares Geistwesen erst bis in die oberen Luftschichten gekommen. Bis 1914 sei Sichtungszeit, dann werde (für die Z.J.) das 1000jährige Reich aufgerichtet. Russells Hauptwerk sind 7 Bände »Schriftstudien«, die als »Schlüssel zur Bibel« betrachtet wurden. 1879 gründete er die Zeitschrift »Zion's Watch Tower« und 1881 in Pittsburg die »Watch Tower Bible and Tract Society«. Seit 1909 ist Brooklyn/New York der Hauptsitz der Gesellschaft. 1914 erfolgte in England die Gründung der Internationalen Bibelforscher-Vereinigung, zugleich mußte der Beginn des 1000jährigen Reiches auf 1918 verschoben werden. Leiter der Z.J. war seit 1917 Joseph Franklin Rutherford (1869-1942), Sohn baptistischer Eltern aus Boonville (Missouri), der kurze Zeit Richter gewesen und seit 1906 Zeuge war. Er überwand eine anfängliche Krisenzeit und stellte nach dem Fiasko von 1918 einen eigenen Zeitplan für das Reich Gottes auf. Zur Ersetzung der »Schriftstudien« Russells gab er viele Bücher heraus (u.a. »Millionen jetzt lebender Menschen werden nicht sterben«, 1920; »Die Harfe Gottes«, 1922) und bereiste wie sein Vorgänger viele Länder. 1942 übernahm Nathan Homer Knorr (* 1905) die Leitung, gewählt durch einen Rat von 40 Gliedern und assistiert von einem 7köpfigen Direktorium.

Abspaltungen um 1916/17: Vereinigung freier Bibelforscher (halten die alten Lehren Russells fest), Le Mouvement missionnaire intérieur laïque, Dawn Bible Students Association (Tagesanbruch Bibelstudien-Vereinigung); ferner 1919 die → Kirche des Reiches Gottes.

2. Um 1920 begann die weltweite Ausbreitung der Z.J. 1919/20 besuchte Rutherford Europa. In Bern wurde ein zentraleuropäisches Büro mit leistungsfähiger Druckerei eröffnet. Bald folgte die Zentrale in Magdeburg. Heute überwachen und leiten ca 80 durch die »theokratische Führung« in Brooklyn zentralistisch gelenkte Zweigbüros die Arbeit in rd 180 Ländern. Zur besseren Zusammenfassung und Organisation des weiten Arbeitsfeldes wurden 1956 zehn Zonen gegründet, denen je ein »Zonendiener« vorsteht. So ergibt sich folgende Hierarchie: Direktorium, Zonendiener, Zweigdiener, Bezirksdiener, Kreisdiener, Versammlungsdiener. Auch auf der untersten Stufe sind die Aufgaben verteilt: Bibelauslegung, Schriftverteilung, Hausbesuche usw. Der Z.J. hat an den verschiedenen Ortszusammenkünften teilzunehmen (Predigt- oder Vortragszusammenkunft, »Wachtturm«-Studium, theokratische Predigtdienstschule [seit 1943 in jeder Gemeinde], Dienstversammlung als Zurüstung zum Besuchsdienst). Der gewöhnliche Z.J. muß mindestens 8 Stunden im Monat Zeitschriften vertreiben und an den Haustüren verkündigen, der Pionier ist neben einer weltlichen Teilbeschäftigung sogar zu mindestens 100 Stunden »Felddienst« im Monat verpflichtet. Ebenso wird großzügige finanzielle Mithilfe erwartet. Über die geleistete Zeugenarbeit muß genau berichtet werden. Die Vereinigung führt auch insgesamt genau Buch. So sind zB 1960 in der BRD 8803773 (in der ganzen Welt 131662684) Stunden für Zeugendienst verwendet, 3460257 (44440977) Nachbesuche gemacht und 36429 (646108) Bibelstudien durchgeführt worden. Von den beiden Halbmonatsschriften erscheint »Der Wachtturm«

(Mitte 1961) in 58 Sprachen und in einer Auflage von 3,8 Mill., »Erwachet« (früher »Trost«, vor 1937 »Das goldene Zeitalter«) in 22 Sprachen und 3,12 Mill. Auflage. »Informator« ist die Monatsschrift für Dienststellen. An Büchern und Broschüren wurden 1960 vertrieben: BRD 805316, Schweiz 114287, ganzes Arbeitsgebiet 16540191. Mitgliederzahlen 1960 nach eigenen Angaben der Z.J. (in Klammern 1950): BRD in 873 Gruppen 65179 Zeugen, davon 1469 Pioniere; Schweiz in 115 (96) Gruppen 4778 (2247) Zeugen, davon 116 (58) Pioniere; gesamtes Arbeitsgebiet in 21008 (13238) Gruppen 851378 (328572) Zeugen, davon 30584 (14039) Pioniere. In kommunistisch regierten Ländern sind die Z.J. verboten, aber doch noch zT am Werk. Durch den NS-Staat wurden die Z.J. in Deutschland grausam verfolgt; etwa 2000 von ihnen erlitten das Martyrium, das sie zum größten Teil standhaft ertrugen.

3. Der Wiederkunftsglaube der Z.J. wird zum Wiederkunftsplan, der auf Rechnereien mit zufällig ausgewählten Bibelstellen und auf angeblichen Zusammenhängen (Vorschattungen) gewisser biblischer Prophezeiungen mit den Ereignissen der heutigen Welt, bes. mit denen der Z.J. selbst, aufgebaut ist. Die Berechnungen der Wiederkunft auf 1914, 1918, 1925 erwiesen sich als Irrtum. Heute gilt: »Unser Vertrauen ist nicht auf Jahreszahlen aufgebaut und war es nie (!).« Die bestimmt nahe Wiederkunft Christi wird durch die Endschlacht von Harmagedon eingeleitet, in der sich der Widerchrist mit seinen irdischen Mächten und der Herrscher des 1000jährigen Reiches gegenüberstehen werden. Wer den Glauben an Jehova-Gott (Jes 43, 10; 44, 8) verkündigt, wird überleben, und wer die Prüfungszeit nach dem 1000jährigen Reich besteht, darf ins »ewige Leben in menschlicher Vollkommenheit auf der paradiesischen Erde«, in die »Neue Welt« eingehen. In Vorwegnahme dieses Zieles nennen sich die Z.J. »Neue-Welt-Gesellschaft«. Jesus Christus ist als Zeuge für Gottes Königreich auf die Erde gekommen. Jehova-Gott hat ihn geistig auferweckt und ihn ab 1874/1914 unsichtbar zum Herrn der theokratischen Organisation gemacht. Die Trinität wird als heidnisch verworfen. Dennoch empfangen Neueintretende die Taufe, bei der sie vollständig untergetaucht werden, nach einer trinitarischen Formel. Die Taufe ist Symbol dafür, daß der Getaufte in den ausschließlichen Dienst Jehovas tritt. Das Abendmahl wird einmal jährlich und nur von der himmlischen Klasse gefeiert, die einst in ihrer Vollzahl von 144000 mit Christus herrschen wird. Die »große Menge« der »treuen Sklaven« erhofft eine leibliche Auferstehung auf der neugestalteten Erde. Jeder Staat und alle Nationen werden als Werkzeuge des Teufels abgelehnt. Dementsprechend verweigern die Z.J. als Glieder der theokratischen Organisation jeden Militärdienst, auch dann, wenn sie Gefängnisstrafen erleiden. Das übrige Christentum, bes. die kath., aber auch die ev. Kirchen werden zT mit massiven Ausdrücken, u.a. als für den Teufel und gegen Gott und sein Königreich streitend abgeurteilt.

4. Die Benennung Gottes als »Jehova«, die als entscheidendes Zeichen wahrer Gottesverehrung gilt, ist ein Irrtum (→ Jahwe), ebenso die Eintragung des Namens »Jehova« an über 200 Stellen des NT in der New World Translation (1950), der Bibelausgabe der Z.J. Gott wird zum Organisator, der seinen von den Z.J. erkannten Plan ablaufen läßt. Die ganz willkürliche Bibelauslegung, die hauptsächlich in der Erläuterung dieses Planes besteht und die Bedeutung der Z.J. erweisen soll, hat mit dem eigentlichen Evangelium nichts zu tun. Jesus Christus wird zum Begründer der theokratischen Organisation gemacht, zum Sieger in Harmagedon und zum Regenten des 1000jährigen Reiches. Sein Tod und seine nur geistige Auferstehung gelten als »Loskaufopfer«, das Jehova die Auferweckung der Toten zum 1000jährigen Reich ermöglicht. Jesus Christus als Heiland und sein Ruf zur Buße, seine Liebe und Vergebung sind bei den Z.J. nicht zu finden. Bis 1914 wurde er entgegen Mt 28, 20 gleichsam in den Ruhestand versetzt. Eindrücklich ist der Einsatz, mit dem jedes Mitglied sich als aktiver Zeuge betätigt. Allerdings handelt es sich kaum um ein innerlich freies Zeugnis, denn J.Z. haben durch systematisches Studium ihrer Schriften, bes. des »Wachtturms« das persönliche durch das »organisationsbewußte« Denken ersetzt. Durch die regelmäßig abzuliefernden Tätigkeitsberichte wird jedes Mitglied streng überwacht. Die oberste Leitung, der ein gewisses Machtdenken nicht fremd sein soll, verlangt seit Rutherford letzten Gehorsam. Die Verweigerung des Militärdienstes beruht auf der Entgegensetzung der theokratischen Organisation und des angeblich dem Teufel dienenden Staates, ebenso auf dem Bewußtsein, schon jetzt Teilhaber der zukünftigen »Neuen Welt« zu sein. Die Z.J. erwarten ihre letzte Rettung nicht so sehr von Jesus Christus als von ihrer Zugehörigkeit zur »Neuen-Welt-Gesellschaft«, die einst als einzige die Erde besitzen soll. Damit werden sie zur → Sekte.

C.T.RUSSELL, Schriftstudien, 7 Bde, 1886-1917 - J.F.RUTHERFORD, Die Harfe Gottes, 1922 - DERS., Schöpfung, 1928 - DERS., Versöhnung, 1928 - DERS., Leben, 1930 - DERS., Rechtfertigung I, 1931 - DERS., Reichtum, 1936 - Gott bleibt wahrhaftig, 1948 - Ausgerüstet für jedes gute Werk, 1950 - Auch du kannst Harmagedon überleben u. in Gottes neue Welt gelangen, 1955 - M.COLE, Jehovah's Witnesses, New York 1955; dt. 1956 - Jehovas Zeugen in Gottes Vorhaben, 1959 - Yearbooks of Jehovah's Witnesses. - *Kritisch:* K. NITZSCHKE, Die Z.J., 1949 - W.GEPPERT, Die Z.J., 1952 - H.CH. CHÉRY, L'offensive des sectes, 1954, 52ff. 169ff - W.J.SCHNELL, 30 Years a Watch Tower Slave, New York 1955; dt. 1959 - G.SIEDENSCHNUR, Wer sind die Z.J.?, 1956 - A.EBNETER, Die Z.J., 1958 - H.SONDEREGGER, Gespräch mit den Z.J., 1960 - HUTTEN 82ff - H.J. TWISSELMANN, Vom »Z.J.« zum Zeugen Jesu, 1961 - W.J.WHALEN, Armageddon around the Corner, New York 1961. *O.Eggenberger*

Zeugnisverweigerungsrecht *der Geistlichen* ist das Recht, im gerichtlichen Verfahren die Aussage als Zeuge zu verweigern, und zwar über das, »was ihnen bei der Ausübung der Seelsorge anvertraut ist«, sowie im Strafprozeß der BRD über das, »was ihnen in ihrer Eigenschaft als Seelsorger anvertraut worden oder bekannt geworden ist« (→ Beichtgeheimnis). Die Bestimmung, wonach das Zeugnis bei Entbindung von der Verpflichtung zur Verschwiegenheit nicht verweigert werden darf, gilt nach StPO nicht für Geistliche, ist aber auch im Zivilprozeß wegen Art. 9 Reichskonkordat nicht anwendbar bei kath. und paritätisch auch bei ev. Geistlichen (so Rosenberg 580). Aufzeichnungen der zur Zeugnisverweigerung Berechtigten über die anvertrauten Umstände unterliegen auch nicht der Beschlagnahme. Der Begriff des Geistlichen ist dem Sinn der Bestimmung entsprechend weit auszulegen und gilt zB auch für mit der Gemeindeseelsorge beauftragte Pfarrdiakone, nicht nur die ordinierten Pfarrer im engeren Sinne. Nach § 53 a StPO stehen den Geistlichen Gehilfen und die Personen gleich, die zur Vorbereitung auf den Beruf an ihrer Tätigkeit teilnehmen, also Vikare, Gemeindehelferinnen, Pfarrsekretärinnen. Über die Ausübung des Z.s dieser Personen entscheidet der Geistliche. Neben dem Z. besteht die Pflicht zur Wahrung des → Amtsgeheimnisses.

Komm. zur StPO u. ZPO - G.FLOR, Zum Z. des Geistlichen (MPTh 42, 1953, 14-23) - H.LENZ, Die Kirche u. d. weltl. Recht, 1956, 361ff - L.ROSENBERG, Lehrbuch d. dt. Zivilprozeßrechts, 1961[9], 580f. *E.Ruppel*

Zezschwitz, 1. *Carl Adolf Gerhard von* (2.7.1825 bis 20.7.1886), ev. Theologe, * in Bautzen, wurde nach mehrjähriger Hilfspredigerzeit 1856 zweiter Universitätsprediger, dann PDoz. und ao. Prof. in Leipzig und nach verschiedenen Zwischenstationen o. Prof. für Prakt. Theol. in → Erlangen, wo er im Rahmen der sog. »Erlanger Theologie« eigenständige Bedeutung gewann.

Vf. u.a.: Profangräzität u. bibl. Sprachgeist, 1859; Die Katechismen der Waldenser u. Böhm. Brüder, 1863; System d. christl.-kirchl. Katechetik I, 1863; II/1, (1864) 1871²; II/2, 1869-72; Das System der Prakt. Theol., 1876-78; Lehrbuch d. Pädagogik, 1882. - Über Z.: RE XXI, 670ff - CKL II, 1397f (Lit.) - Z.ANTONY, Die Lehre vom Katechumenat bei G.v.Z. (Diss. Erlangen), 1959. *W.Jannasch*

2. *Gertrud von* (2.10.1865 bis 27.1.1946), * in Gießen (Tochter von 1), † in Günzburg a.D., trat 1889 in das Diakonissenhaus Neuendettelsau ein, war Lehrerin im Mutterhaus, wurde 1901 Leiterin der Höheren Mädchenschule in Nürnberg, 1909 der Klosterschule St. Marienberg bei Braunschweig. Ihr Großvater mütterlicherseits war kath. Sie selbst suchte Frieden bei der »Mutter Kirche«, da sie an der inneren Zerrissenheit der ev. Kirche litt und ihn in ihr nicht finden konnte; 1916 trat sie zur kath. Kirche über.

Vf.: Warum kath.? Begründung meines Übertritts, 1922; Persönl. Erlebnis prot. u. kath. Frömmigkeit, 1925. - Über G.v.Z.: AELKZ 1922, 309-312. 409f. *H.Hohlwein*

Ziborium → Altar: III A, 5 a, → Altargeräte.

Ziegenbalg, *Bartholomäus* (10.7.1682 bis 23.2.1719), luth. Theologe, * in Pulsnitz/Sachsen, † in Tranquebar/Indien, Schüler A.H. → Franckes, Begründer der ev. Mission und Kirche in → Indien (: IV, 3), Sprach- und Religionsforscher, erster deutscher Dravidologe, Übersetzer von Luthers Kleinem Katechismus ins Tamil (1. Katechismus in Asien), von Kirchenliedern und der Bibel bis zum Buche Ruth. Damit und durch seine ganze Arbeitsweise unter den Hindus und in der Gemeinde wurde Z. zum Prototyp des ev. Missionars. Er landete am 9.7.1706 in Tranquebar. Schon 1707 dachte er an indische Mitarbeiter und bereits 1709 wünscht er das Ordinationsrecht, daß man, »wenn es für nötig erkannt würde, einige Subjekta von den Schwartzen allhier ordinieren könnte«. Z. beherrschte Tamil wie seine Muttersprache, schuf die Grundlagen zum Tamil Dictionary, schrieb eine Grammatik und übersetzte Tamil-Texte. Seine Korrespondenz war geographisch weit und umfangreich. Eine wichtige Rolle spielte bei ihm, dem Hallenser, die Schularbeit (1. Mädchenschule Indiens 1707). Er war bestrebt, die ev. Kirche und die theologischen Fakultäten zur Mitarbeit an der Mission zu bewegen.

A.LEHMANN, Es begann in Tranquebar, (1955) 1956² (Lit. 313ff) - DERS. (Hg.), Alte Briefe aus Indien (Briefe Z.s), 1957. - Bibliogr. in: DERS., Halle u. die südind. Sprach- u. Religionswiss. (WZ Halle 2, 1952/53, 149-156). *A.Lehmann*

Ziegler, *Jakob* (1470/71-1549), * in Landau a. d. Isar, studierte in Ingolstadt (1491-1500), bes. bei → Celtis, dem er 1504 nach Wien folgte. Ein Aufenthalt in Mähren (1508-11) veranlaßte ihn zu einer Streitschrift gegen die böhmischen Brüder (→ Brüderunität: I). In Ungarn knüpfte er Verbindungen mit der röm. Kurie an, die ihm eine Einladung → Leos X. nach Rom verschafften (1521-25). Während dieser Zeit verteidigte er → Erasmus gegen → Stunica; nationale Motive, die Mißstände der Kirche und der Wunsch nach einem verinnerlichten Christentum machten ihn zu einem Gegner des Papsttums. Nach einem Aufenthalt in Oberitalien suchte er Kontakt mit Wittenberg, Hessen und Straßburg, wo er 1531 Aufnahme fand. Die Divergenz seiner Ideen mit der Wirklichkeit in Deutschland ließ es aber schnell zum Bruch kommen (1533). Z. näherte sich wieder der röm. Kirche, war 1541-43 Prof. für Theologie in Wien und lebte zuletzt am Passauer Bischofshof. - Fast so zahlreich wie die Stationen seines Lebens sind seine Arbeitsgebiete. Seine Bedeutung liegt vor allem auf geographischem und astronomischem Gebiet. In seiner theologischen Arbeit war er unstet und zu stark von Stimmungen abhängig, um nachhaltig wirken zu können. Von der Reformation distanzierte er sich, ohne die röm. Lehre ganz zu übernehmen. Seine sämtlichen Schriften wurden indiziert.

K.SCHOTTENLOHER, J.Z. aus Landau an der Isar (RGST 8-10), 1910 (Bibliogr., Hss.-Verz., Lit.) - SCHL. 22961. 46978 a. 49797 a. *Gerh.Müller*

Zigeuner

1. Ethnologisch - 2. Religiöse Haltung - 3. Z.mission

1. Gesichtstypus und Sprache der Z. weisen nach Indien: *anthropologisch* stehen sie den vorarischen Bewohnern → Indiens (: I) nahe; *sprachlich* gehören sie zu den → Indogermanen. Übereinstimmungen mit Eigentümlichkeiten mittelindischer Dialekte machen ihre Auswanderung, in größeren Scharen, aus Indien um das Jahr 1000 wahrscheinlich. Der hohe Prozentsatz griech. Lehnwörter in europäischen Z.mundarten deutet auf längeren Aufenthalt in griechisch sprechenden Ländern (Kleinasien). Südosteuropa wurde ihre europäische Heimat; hier sitzt auch noch heute weit über die Hälfte der etwa auf 1 Mill. bezifferten Zahl der europäischen Z. Im 14.Jh. ist ihr Erscheinen in Griechenland und Rumänien bezeugt, 1414-17 fallen diese »wilden« zerlumpten Gestalten den Chronisten in Norddeutschland und Ungarn auf. 1422 sieht man sie in Bologna, 1427 als Gaukler vor den Toren von Paris. Als büßende Pilger nach Rom führten sie sich in Westeuropa ein. Bald aber fielen sie der Bevölkerung durch ihre Diebereien lästig. Weder blutige Verfolgungen noch wohlgemeinte Gesittungsbestrebungen haben ihr Wesen verändern noch ihre Zahl vermindern können. Bis heute sind sie »Jäger und Sammler« geblieben, die ihre Jagd- und Sammelgründe weniger auf dem Boden der Natur als vielmehr unter Menschen suchen, und zwar nur unter Kulturvölkern aller Kontinente (außer Ostasien); unter → Naturvölkern gibt es keine Z. Als Schmiede, Musiker, Pferdehändler, Kesselflicker, → Wahrsager u.a. leben sie mit dem Wirtsvolk in wirtschaftlicher Symbiose und werden gern geduldet. Wo sie mit »Finden«, dh Stehlen ihr Leben fristen, kommen sie mit den Gesetzen in Konflikt. Wandern ist ihnen lebensnotwendig. Unter den wandernden Z.n herrscht strenge Sitte; Ehebruch wird bestraft, sie haben eine eigene Gerichtsbarkeit. Bei Halbseßhaftwerdung verlieren sie häufig die ihnen eigentümlichen sympathischen Wesenszüge. Kinderreichtum ist groß, nicht minder Kindersterblichkeit. Brautraub kommt vor; eine unfruchtbare Frau wird den Eltern zurückgeschickt. Sie leben in Häuptlingschaften; als Wandervolk kennen sie keine Staatenbildung, aber strenge Stammesdisziplin. Der Häuptling ist Richter und Sprecher in einer Person; neben ihm steht die »phuri dai«, die alte Mutter, die Hüterin der Stammessitte.

2. Die *religiöse Haltung* der Z. ist diesseitig. Sie leben der Gegenwart, bei allen Zweckhandlungen in einer (Märchen-)Welt ohne → Tod und Alter. Der Tote ist für sie nicht tot, er wirkt weiter, nur sein Name ist → tabu. Ihr religiöses Empfinden kennt weder Reue noch tiefgehende Ergriffenheit, Kultformen sind unbekannt, ebenso mystische Züge. Die Grundhaltung ihrer Religion ist magisch-rational. In → Märchen, Liedern,

→ Zaubersprüchen, Totenklagen (vgl. → Trauerbräuche: I), Sitten und Bräuchen drückt sich ihre Lebens- und Weltanschauung aus. Sie sind lebensbejahend, heiter und fröhlich auch in traurigsten Lebenslagen; Niedergeschlagenheit und Selbstmord kennen sie nicht. Sie fürchten die Einsamkeit und die Nacht. Ausschluß aus Sippe und Stamm ist schlimmer als der Tod. Äußerlich nehmen sie den Glauben des Wirtsvolkes an, innerlich bewahren sie wie in Musik und Volksliteratur auch im Glauben ihre zigeunerische Selbständigkeit. Gern unternehmen sie → Wallfahrten nach berühmten Wallfahrtsorten (Saintes-Maries de la Mer, 24./25. Mai zur Z.heiligen Sarah). Mit dem Heiligenbild, Berührung heiliger Gegenstände, auch des priesterlichen Gewandes, verbinden sie (schwer kontrollierbar) magische Vorstellungen. Stets führen sie das Wort für Gott (»o del«, »o deloro«) im Munde, der »beng«, der Unreine, ist für sie der Betrüger der Menschen. Feen, Erd-, Luftgeister beleben die Natur, die Totengeister (»mulos«) werden gefürchtet. Gegen → Krankheiten helfen Heilkräuter, → Amulette, → Speichel-Massagen; gegen den »bösen → Blick« ein kleines blaues Tatauierfleckchen. Ein urtümlicher Rest einer → Mond-Verehrung ist noch vorhanden.

G.F.Black, Bibliogr. of the Gypsies, Edinburgh 1914². - H.M.G. Grellmann, Die Z., (1783) 1787² - A.F.Pott, Die Z. in Europa u. Asien I. II, 1844/45 - A.G.Paspati, Etudes sur les Tchinghianés ou Bohémiens de l'Empire ottoman, Konstantinopel 1870 - F.Miklosich, Über die Mundarten u. Wanderungen der Z. Europas I-XII, 1872-80 - H.v.Wlislocki, Vom wandernden Z.volk, 1890 - Ders., Aus dem inneren Leben der Z., 1892 - W.Aichele-M.Block, Z.-märchen, 1926 - M.Block, Z., ihr Leben u. ihre Seele, 1936; franz. u. engl. 1938 - C.H.Tillhagen, Taikon erzählt, 1948 - W.van Wijk, A Sociological Study of the Gypsies (Diss. Zürich), 1948 - J.Bloch, Les tsiganes, Paris 1953 - Dominikanerpater Chatard, Zanko, Chef tribal, ebd 1959. - Zs.: Journal of the Gypsy Lore Society, Edinburgh 1888-92; NS, Liverpool 1907-16; 3rd Series, London, seit 1922.

M. Block

3. Zu einer systematischen *Zigeunermission* (= Z.) kam es verhältnismäßig spät, wenngleich Einzelbegegnungen oft zu missionarischem Zeugnis geführt haben mögen, wovon die alte Traktatliteratur manche Beispiele kennt. 1888-1910 bestand in England die Forest Gypsy Mission, seit 1892 die Gypsy Gospel Waggon Mission. In Deutschland treibt die 1903 in Schlesien gegründete Süd-Ost-Europa-Mission (Sitz jetzt in Geisweid Kr. Siegen) die Z. Etwa 1908 begann auch die Berliner → Stadtmission eine intensive Arbeit unter den Zigeunern durch vollamtliche Kräfte. 1913 wurde die Schweizerische Z. (Sitz: Zürich) gegründet. Zwar gibt es seit 1918 keine Zigeuner mehr in der Schweiz, aber der Freundeskreis unterstützt viele Z.en in anderen Ländern. In Finnland besteht eine Z. seit etwa 50 Jahren. Sie unterhält zZ drei Kinderheime für Zigeunerkinder und arbeitet, wie übrigens fast alle Z.en, gleichzeitig sozial und diakonisch unter dem Nomadenvolk. In Deutschland ist seit dem Zigeunermorden in der NS-Zeit die Aufgabe der Z. bes. schwierig, aber ebenso nötig. Als erste Landeskirche hat die Braunschweigische Ev.-luth. Kirche ein Pfarramt für den Dienst an Israel und den Zigeunern geschaffen (1957). Hier wird notleidenden Zigeunern vor allem diakonisch geholfen. Geplant sind gute Lagerplätze, in mehreren Städten Kindergärten und Religionsunterricht. Viel Mühe wird daran gewandt, in Konfliktfällen zwischen Zigeunern und Behörden zu vermitteln. - Eine einzigartige Entwicklung hat eine Z. in Frankreich genommen, die von Pfingstkreisen getragen wird. Durch das Lesen eines christlichen Blattes durch eine Zigeunerfrau entstand eine Erweckung und Zeltmission. 15 zigeunerische Zeltevangelisten tun den Dienst, 25 Wagen begleiten das Zelt. Große Glaubenskonferenzen werden abgehalten (1957 in Pontcarré bei Paris, ca 2000 Zigeuner; 1958 in Rennes, ca 6000 Zigeuner). Weitere ev. Z.en bestehen in Spanien, Schweden, Holland, Griechenland, Irland. - Seit 1955 finden internationale Z.skonferenzen statt (1955 Helsinki, 1957 Sonnenwies/St. Gallen, 1958 Balestrand/Norwegen, 1960 Stockholm, 1961 Geisweid Kr. Siegen). - Die kath. Z. ist ebenso rührig wie die ev. und wird sozial und seelsorgerlich von verschiedenen Orden betrieben.

»Zigeunerfreund« (2mal jährlich), Zürich - »Die leuchtende Wolke« (sporadisch), Braunschweig. *H. Brandenburg*

Zillertaler Emigranten. Die seit der Reformationszeit erhalten gebliebenen Reste eines Geheimprotestantismus im Zillertal entgingen 1731 (→ Salzburger Emigranten) der Vertreibung, weil die bayerische und die Tiroler Regierung wohl davor zurückschreckten. Als 1816 das Tal an → Österreich (, 5) fiel, beantragten Z. beim Kaiser die Genehmigung einer ev. Gemeindegründung. Um die verschleppte Entscheidung zu erreichen, baten 1829 sechs Z. (»Inklinanten« genannt) um einen sechswöchentlichen Religionsunterricht, um aus der röm.-kath. Kirche rechtskräftig austreten zu können, was ihnen rechtswidrig verweigert wurde. Kaiser Franz I. lehnte 1834 endgültig die Gemeindegründung ab und bot eine Umsiedlung in andere österreichische Provinzen mit akath. Gemeinden an. Nach Jahren der Drangsalierung befahl Ferdinand I. am 21.1.1837 für alle am Augsburger Bekenntnis festhaltenden Z. die Emigration. Im September zogen 385 Z.E. (die Zahl erhöhte sich später auf 437) in 6 Zügen über Linz und Budweis nach Schlesien, wo ihnen durch die Fürsorge der Gräfin von → Reden Ackerland zur Verfügung gestellt wurde. Vorher hatten die Z.E. in Berlin von König Friedrich Wilhelm III. die Genehmigung zur Einwanderung eingeholt. So entstand die blühende Kolonie Zillertal am Rande des Riesengebirges. Die Aufnahme der Z.E. in die ev. Landeskirche erfolgte am 17.2.1837 in Schmiedeberg. 1945 wurden die Nachkommen vertrieben und verstreut.

M.Beheim-Schwarzbach, Die Z. in Schlesien, 1875 - G.Hahn, Die Z. im Riesengebirge, 1887 - G.v.Gasteiger, Die Z. Protestanten, 1892 - G.Loesche, Gesch. d. Protestantismus in Österreich, (1902) 1930³ - RE XXI, 675ff - F.Selle, Schicksalsbuch d. ev. Kirche in Österreich, 1928 - P.Dedic in: H.Eder (Hg.), Die ev. Kirche in Österreich, 1940, 72ff - G.Mecenseffy, Gesch. d. Protestantismus in Österreich, 1956. *E. Beyreuther*

Zimmer, 1. *Friedrich* (22.9.1855 bis 5.12.1919), ev. Theologe, * in Gardelegen, † in Gießen, 1880 PDoz. für NT in Bonn, 1884 ao. Prof. in Königsberg und 2. Pfarrer am Diakonissenmutterhaus zur Barmherzigkeit, 1890 Direktor des Predigerseminars in Herborn. 1894 gründete Z. in Elberfeld den Ev. Diakonieverein (→ Diakonie, 5) und das erste Diakonieseminar, in Kassel das erste ev. Töchterheim. 1898 ging Z. als Direktor des Ev. Diakonievereins nach Zehlendorf, trennte sich aber 1906 von diesem angesichts der selbständigen Entwicklung der Schwesternschaft und gründete den Ev. Frauendienst. Die ev. Töchterheime faßte er 1907 in der Mathilde-Zimmer-Stiftung zusammen. - Z.s Bedeutung liegt in der Forderung und Gestaltung ev. Frauenerziehung durch Ausbildung in der Krankenpflege und ihrer berufsmäßigen Ausübung und in der Anregung neuer Formen der Volkserziehung.

RGG² V, 2114 (Bibliogr.) - W.Stölten, F.Z., 1937 - H.Schomerus, F.Z., 1948 - W.Schwarz, 60 Jahre Ev. Diakonieverein (in: F.Mieth, Frauen in Dienst u. Verantwortung, 1954, 9-26).

W. Bellardi

2. *Patriz Benedikt* (1752-1820), kath. Theologe, * in Abtsgmünd (Propstei Ellwangen), † in Steinheim b.

Dillingen, 1775 Priester, 1783 Prof. der Dogmatik in Dillingen, 1795 dort abgesetzt, Pfarrer in Steinheim, 1799 Prof. für Dogmatik in → Ingolstadt bzw. Landshut. Z., ein enger Freund und Hausgenosse → Sailers, war ein temperamentvoller Charakter und spekulativer Kopf, mehr philosophisch als theologisch interessiert, weshalb er auch zeitweise philosophische Nebenvorlesungen hielt. Er war nacheinander der Philosophie von Leibniz-Wolff, Kant und Fichte zugetan, dann aber ausschließlich Schelling. Bekämpft von den Kantianern, wurde er 1807 von seinem Lehrstuhl entfernt. Mit Sailers Hilfe rehabilitiert, hatte er fortan einen Lehrauftrag für biblische Archäologie unter Verbot philosophischer Vorlesungen. Ideen und Schicksale Z.s spiegeln den krisenhaften Übergang von der Aufklärung zur Romantik im süddeutschen Raum wider.

Vf. u.a.: Theologiae christianae theoreticae systema, 1787; Veritas christianae religionis, 1789; Theologia christiana dogmatica I-III, 1789-90; Veritas catholicae religionis, 1790; Theologia christiana specialis I-IV, 1802-06; Philos. Religionslehre, 1805; Philos. Unters. über d. allg. Verfall d. menschl. Geschlechtes, 1809; Unters. über d. Begriff u. d. Gesetze d. Gesch., 1817. - Über Z.: J.M.Sailer, Kurzgefaßte Biogr. u. ausführl. Darst. seiner Wissenschaft, 1822 (GesW 38, 1841, 417-519) - Ph.Funk, Von d. Aufklärung zur Romantik, 1925 (s. Reg.) - LThK X, 1065 - DThC XV, 3694 - EC XII, 1799.

G.Maron

Zimmermann, 1. *Ernst* (18.9.1786 bis 24.6.1832), ev. Theologe, * und † in Darmstadt, 1805 Pfarrer in Auerbach a.d.B., 1809 Diakonus in Großgerau, 1814 Hofdiakonus, 1816 Hofprediger, zuletzt Prälat in Darmstadt. Z. trat bes. als Herausgeber mehrerer Zeitschriften hervor. Die »Allgemeine Kirchenzeitung« wurde das Hauptorgan des zeitgenössischen Rationalismus, bekämpfte den Pietismus und registrierte freudig das »allgemeine Erwachen in religiösen Dingen«.

Vf. u.a.: Homilet. Hdb. f. denkende Prediger, 1812-22; Predigten über Episteltexte, 1813; Patriot. Predigten, 1814; Predigten an der Hofkirche zu Darmstadt, 8 Tle, 1817-30; Briefe über d. ev. Kirchenvereinigung u. Kirchenverfassung im Großherzogtum Baden, 1822. - Mit-Hg.: Geist aus Luthers Schriften, 4 Bde, 1828-32. - Gründer der Monatsschr. f. Prediger-Wissenschaften (1821 ff), Allg. Kirchenzeitung (1822ff), Allg. Schulzeitung (1824ff), Theol. Literaturblatt (1824ff). - Über Z.: Biogr. Lexikon d. Schriftsteller d. Großherzogtums Hessen I, 1831, 473ff; II, 1843, 827f - Karl Zimmermann, E.Z., 1833 (Bibliogr.) - ADB 45, 258ff. *H.Hohlwein*

2. *Johann Jakob* (1695-1756), ref. Theologe, wirkte - abgesehen von einer 2jährigen Bildungsreise nach Bremen - in seiner Vaterstadt Zürich: 1718 Angehöriger des Zürcher Ministeriums, 1731 Prof. für Naturrecht, Kirchen- und Weltgeschichte, 1737 Inhaber der theologischen Hauptprofessur und Chorherr am Großmünster. Im Gegensatz zur herrschenden Hochorthodoxie gewannen → Arminianer wie → Grotius, → Limborch und → Clericus Einfluß auf ihn. Vor allem aber bestimmten S. → Werenfels, J.-F. → Ostervald und J.-A. → Turrettini Z.s kirchliche und theologische Haltung. Bis in die feinsten Einzelheiten hinein hat er sich das von ihnen vertretene Programm einer »vernünftigen Orthodoxie« zu eigen gemacht (→ Schweiz: I B, 2 d). Auch er wollte allen dogmatischen Subtilitäten und Streitigkeiten den Rücken kehren und einer biblisch fundierten »simplicitas« zum Durchbruch verhelfen; das Christentum sollte sich als vernünftige und zugleich praktische Größe bewähren. Z. selber wollte die Kontinuität mit der Tradition seiner Kirche nicht aufgeben; aber seine Zeitgenossen empfanden das »Moderne« seiner Theologie, die sich in der 2. Hälfte des Jh.s weithin durchsetzte.

Opuscula theologici, historici et philosophici argumenti I. II, 1751/57. - Über Z.: H J.Leu, Allg. Helvet. ... Lexicon XX, 1765, 109ff - M.Lutz, Nekrolog denkwürdiger Schweizer aus d. 18.Jh., Aarau 1812 - O.F.Fritzsche, Vita J.Z.i, 1841 - A.Schweizer, Die prot. Centraldogmen II, 1856, 791ff - ADB 45, 271ff - HBLS VII, 664 - P.Wernle, Der schweiz. Protestantismus im 18.Jh. I, 1923, 533ff. *M.Geiger*

3. *Karl* (1803-77), ev. Theologe, Bruder von 1, * in Darmstadt, nach anderen Ämtern dort 1835 zweiter, 1841 erster Hofprediger, 1847 Prälat, Oberkonsistorialrat, Sup. und Prediger an der Hofkirche. Sein »Aufruf an die prot. Welt« vom 31.10.1841 galt dem »Verein für die Unterstützung hilfsbedürftiger prot. Gemeinden« und führte mit zur Gründung des → Gustav-Adolf-Vereins.

Vf. u.a.: Die Bauten des Gustav-Adolf-Vereins in Bild u. Gesch. I. II, 1859/76; Tabea oder die Frauenvereine ... der Gustav-Adolf-Stiftung, 1864; Die christl. Toleranz, 1868; Der Gustav-Adolf-Verein nach seiner Gesch., seiner Verfassung u. seinen Werken, 1878. - Seit 1843 Mit-Hg. des Boten des Gustav-Adolf-Vereins. - Über Z.: W.Diehl, Hassia sacra I, 1921, 16 - Ernst Wagner, K.Z., 1927 - B.Geissler (Hg.), Ev. Diaspora u. Gustav-Adolf-Verein, 1930, 303ff - H.W.Beyer, Die Gesch. d. Gustav-Adolf-Vereins, 1932, 21ff - P.Lutze, Das Buch vom Gustav-Adolf-Verein, 1932, 108ff.

H.Steitz

Zins ist der (Brutto-)Kapitalertrag eines Darlehnsgebers. Er ist, wie auch die Inanspruchnahme von Darlehen, schon in vorkapitalistischer Zeit häufig. Die außerordentliche Höhe des Leih-Z.es in früheren Epochen trug dazu bei, schon in der Antike das Verhältnis zwischen Gläubiger und Schuldner zu einer der großen sozialen Fragen zu machen. Da der zugrunde liegende Kredit in der reinen Bedarfsdeckungswirtschaft nicht zur Kapitalbildung verwandt wurde, mußte das Z.nehmen schlechthin als ungerechtfertigte Bereicherung des Gläubigers erscheinen. Daher das (freilich häufig umgangene) *kanonische Z.verbot* im christlichen MA (→ Wirtschaftsgeschichte: III). Als »arbeitsloses« Einkommen hat der Z. bis heute zahlreiche Kritiker, nicht nur auf sozialistischer Seite, gefunden (→ Wirtschaftsethik). - Unter den Bedingungen der entwickelten kapitalistischen → Wirtschaft ist der Z. eine Beteiligung an dem mit Hilfe des Kredits erwirtschafteten → Unternehmensgewinn. Die Erwartung ist, daß der Kredit vermögensmehrend verwandt wird und daher ein Kredit-Z. gezahlt werden kann. - Die *Höhe* des Z.satzes bestimmt sich nach den Regeln von Angebot und Nachfrage auf den Kreditmärkten. Die *absolute* Höhe des Z.es ist abhängig von der Dringlichkeit der Kreditnachfrage und von dem Umfang des gleichzeitigen Kreditangebotes. Die *relative* Höhe (die Proportionierung) der Z.-sätze zwischen den verschiedenen Kreditarten ist u.a. durch die unterschiedliche Fristigkeit und Sicherheit der Darlehen bestimmt. - Die *Zentralnotenbank* kann die Höhe der Z.sätze, zunächst an den Märkten des kurzfristigen Kredits, *beeinflussen*. Dies geschieht vor allem unter dem Gesichtspunkt, die *Geldversorgung* einer Volkswirtschaft durch Erweiterung oder Verringerung der Kreditschöpfungsmöglichkeiten der Geschäftsbanken zu regulieren. Die wichtigsten Mittel solcher öffentlichen Z.politik sind: Herauf- oder Herabsetzung des Diskontsatzes (des Satzes, der bei Wechseln, die vor Fälligkeit den Geschäftsbanken und durch diese wieder der Notenbank zur Einlösung vorgelegt werden, abgezogen wird); die »Offen-Markt-Politik« (die Notenbank kauft oder verkauft bestimmte Wertpapiere; im ersten Fall gibt sie zusätzliches → Geld in Kreislauf, im anderen Fall entzieht sie dem Kreislauf Geld); Mindest-Reserve-Politik (die Notenbank erlegt den Geschäftsbanken bestimmte Vorschriften über die Größe der zu haltenden Bargeldreserven auf und verringert oder vergrößert hierdurch ihren Kreditspielraum). Dem liegt die Einsicht zugrunde, daß die Höhe des Z.es (zunächst: für kurzfristigen Kredit) das Kreditnehmen und damit die allgemeine Geschäftstätigkeit und das Konjunkturgeschehen in gewissem Umfang mitbestimmt.

HWSt VIII, 1130ff - A.Mahr, Unters.en zur Z.theorie, 1929 - A.Wissler (Hg.), Das Z.problem in theoretisch-empir. Sicht, 1955 - F.A.Lutz, Z.theorie, 1956 - B.S.Keirstead, Capital, Interest and Profits, Oxford 1959 - Art. »Z.« in HWSW XII. *W.Hofmann*

Zinzendorf, 1. *Christian Renatus, Reichsgraf von Z. und Pottendorf* (1727-52), Kirchenliederdichter, Sohn von 2, * in Dresden, † in London, in der »Sichtungszeit« für gewisse Entartungserscheinungen in Herrenhaag verantwortlich, die er gegen väterliche Warnungen zuließ. In bitterer Reue verzehrte er sich später im Dienst an seinen ledigen »Brüdern« und starb an Schwindsucht. An Begabung seinem Vater nicht gleich, galt Z. wegen seiner frühromantisch gefärbten harmlosen, heiteren und lauteren Frömmigkeit als »Idealherrnhuter«. Seine Passionslieder sind von reformatorischer Frömmigkeit geprägt; doch sind wie bei seinem Vater nur wenige wirklich gesangbuchsreif geworden. Verbreitet sind »Marter Gottes, wer kann dein vergessen« (»Die wir uns allhier beisammen finden«) und die Strophe »Ich bin durch manche Zeiten«. In einem seiner Lieder steht das seinem Vater zugeschriebene Wort: »Ich habe nur eine Passion (Vision)«.

Koch V, 312ff - W.Jannasch in: ZBG 2, 1908, H. 2, 45-80; 3, 1909, 61-93.

2. *Nikolaus Ludwig, Reichsgraf von Z. und Pottendorf* (26.5.1700 bis 9.5.1760), Erneuerer der → Brüderunität (: II), * in Dresden, † in Herrnhut, Sohn eines Ministers aus altösterreichischem Adel, nach dem Tode des Vaters und der Wiederverheiratung der Mutter von seiner Großmutter v.Gersdorf in Großhennersdorf erzogen. Ihre enge Freundschaft mit A.H. → Francke führte zur Aufnahme Z.s in das hallische Pädagogium (1710-16), wo er entscheidende Eindrücke von den missionarischen und ökumenischen Unternehmungen Halles empfing. Früh reifte sein Entschluß, »in Kompanie zu gehen« und sein Leben für die Ausbreitung der Herrschaft Jesu und die Umgestaltung der Welt einzusetzen. Schon in Halle und dann als Student der Rechte (1716-19) in → Wittenberg, dem Zentrum der → Orthodoxie, suchte er christliche »Sozialitäten« (Orden) zu gründen und 1719 eine Versöhnung zwischen → Löscher und Francke herbeizuführen. Z.s Angehörige trennten ihn von diesen Plänen und schickten ihn auf die Kavaliersreise nach Holland und Paris, wo sich seine philadelphischen Überzeugungen festigten (→ Philadelphia, 1) und er Freundschaft mit de → Noailles, dem Kardinal-Erzbischof von Paris schloß. Die Gemeinsamkeit der Liebe zu Christus suchte Z. durch Einführung ev. Lied- und Andachtsgutes im Katholizismus zu stärken. Den Versuch, als Nachfolger → Cansteins in Franckes Werk einzutreten, zerschlug die Großmutter, die Z. 1721 zwang, in Dresden die Stellung eines unbesoldeten Hof- und Justizrates anzunehmen, um sich auf eine staatsmännische Laufbahn vorzubereiten. Z. hielt in Dresden Privatversammlungen ab und gab 1725/26 anonym die polemische Wochenschrift »Le Socrate de Dresde« heraus (→ Moralische Wochenschriften). 1722 schloß er die »Streiterehe« mit Erdmuthe Dorothea, Gräfin von Reuß-Ebersdorf, und verband die Berthelsdorfer Schloß-Ekklesiola mit der mährischen Exulantengemeine, die nach 1722 (Chr. → David, → Dober) innerhalb seines Gutsbezirkes (Herrnhut) entstand (→ Brüderunität: II, 1). Hier erwuchs ihm ungewollt seine eigentliche Lebensaufgabe. Nachdem der kirchenkritische Radikalismus Herrnhuts 1727 überwunden war, gestaltete sich hier ein religiöses und soziales Gemeinwesen. Mit der Verwirklichung christlicher Bruderschaft - auf Freiwilligkeit beruhend - verband sich ein weltweiter Zeugen- und Botendienst (→ Laiendienst) unter Erweckten, bedrohten ev. Minderheiten, unter Heiden und Juden (→ Brüderunität: II, 6; → Judenchristentum: II, 4). Diese weltweiten Unternehmungen suchte der Jurist Z. bei dem wachsenden kirchlichen und staatlichen Widerstand durch Gutachten, durch sein Stralsunder Rechtgläubigkeitsexamen (1734), seinen in Tübingen erfolgten Übertritt in den geistlichen Stand wie durch die Annahme des Bischofsamtes (1736) als kirchenrechtlichen Anschluß an die alte böhmische → Brüderunität (: I) zu sichern. Die ihm feindliche hallische Pietistenpartei, deren luth. Kritiker Z. wurde (→ Pietismus, 3c), trug ihm einen fast geschlossenen Boykott im Hochadel und am verwandten dänischen Königshof ein. Daran scheiterte zuletzt seine staatsmännische Laufbahn. Bereits 1727 von seinem Staatsamt beurlaubt, 1732 endgültig ausgeschieden, wurde Z. 1736 aus Kursachsen verbannt. Es gelang ihm jedoch, das Vertrauen Friedrich Wilhelms I. von Preußen zu gewinnen und in den verschuldeten Büdinger Reichsgrafschaften durch Finanzhilfe holländischer Freunde eine völlig unabhängige Gemeine Herrenhaag zu gründen, die durch den Zuzug westdeutschen Adels und Bürgertums rasch aufblühte. Hier konnte Z. die typisch herrnhutischen Gottesdienstformen frei entfalten (→ Gottesdienst: V B, 2 b γ. 2 c). Marienborn dagegen wurde Sitz seiner Pilgergemeine, die zahlreiche Tochtergründungen in Europa und Amerika organisierte. In der Wetterau übte Z. unmittelbaren Einfluß auf die kirchenfeindlichen → Separatisten aus, die er weithin in kirchliche Bahnen zurücklenkte. Neben vielen Reisen, die Z. durch ganz Europa einschließlich Rußland führten, sind die beiden Besuche in Amerika von besonderer Bedeutung. Unter den zertrennten ev. Deutschen in Pennsylvanien suchte Z. 1742 einen Kirchenbund (»Gemeine Gottes im Geist«) ins Leben zu rufen. Hier wie im Aufbau einer luth. Kirche in Pennsylvanien blieb er erfolglos (→ Mühlenberg). Nach seiner Rückkehr vermochte er die Entwicklung der Gemeinen von einer innerkirchlichen Erneuerungsbewegung zu einer Sonderkirche nicht mehr zu verhindern. Durch seine »Tropenidee« (→ Kirche: III, 4d) hat Z. innerhalb der Brüderkirche mit Erfolg die Verbindung zu den großen Konfessionskirchen und den Weg in neue ökumenische Möglichkeiten offen gehalten. Inzwischen lenkte Herrenhaag durch die (nach Lk 22, 31) sog. »Sichtungszeit« (1743-50) die Öffentlichkeit auf diesen bedeutsamen Versuch, die → Aufklärung und einen moralisierten, gesetzlichen Pietismus zu überwinden. An der grotesk übersteigerten Konzentration auf einen Blut- und Wundenkult mit der Seitenhöhle Christi, dem eine rokokohafte Dichtung mit merkwürdigen Stilblüten zur Seite ging, und an schwärmerisch-ekstatischen Vorgängen in Herrenhaag mußte er zwangsläufig scheitern. 1750 führte ein Zerwürfnis mit dem Grafen von Isenburg-Büdingen zur Auflösung der Wetterauer Gemeinen. Inzwischen gestattete Kursachsen die Rückkehr nach Herrnhut (1747). 1748 ließ sich Z. durch eine landeskirchliche Kommission die Übereinstimmung Herrnhuts mit der Augsburger Konfession beglaubigen. So empfing die Brüdergemeine durch das sog. Versicherungsdekret vom 20.9.1749 auch in Sachsen die Freiheit ihrer Verkündigung und Gemeindegestaltung, die bei bleibender Verbundenheit mit der Landeskirche eine kirchenrechtliche Lockerung bedeutete. - Z. zog es jedoch vor, von 1751-55 vorwiegend in London zu leben, nachdem die Brüderkirche in England bereits 1748 durch Parlamentsakte offiziell anerkannt worden war. Hier leisteten Z. und seine »Brüder« einen entscheidenden Beitrag zur Entstehung des → Methodismus. Z. trennte sich aber aus theologischen Gründen von → Wesley.

1753 gab Z. das Londoner → Gesangbuch (: I, 2b) heraus, eine Anthologie mit liturgischen Schätzen der Ostkirche. Eine Finanzkatastrophe überschattete Z.s letzte Lebensjahre. Die Krise wurde von allen Gemeinen gemeinsam überwunden, doch zog sich Z. von den Leitungsaufgaben auf die Seelsorge zurück. Nach dem Tode seiner Gemahlin (1756) schloß er 1757 eine »Amtsehe« mit seiner langjährigen Mitarbeiterin Anna Nitschmann.

Z.s *Bedeutung* liegt in der exemplarischen Darstellung einer diakonisch und missionarisch tätigen Freikirche mit ökumenischer Zielsetzung, in einer vorbildlichen Erziehungsarbeit (→ Brüderunität: II, 5), in einer von ihm gekräftigten innerkirchlichen Erneuerungsbewegung (→ Erweckung: I) und in der missionarischen Pionierleistung. Theologisch Autodidakt, in seinen verschwenderisch reichen Anregungen nicht ausgeschöpft, ein bedeutender Kirchenliederdichter (→ Kirchenlied: I, 3d), dessen Erzeugnisse nicht immer gesangbuchsfähig waren, dessen Streiterlieder jedoch im 19.Jh. besondere Bedeutung gewannen, verläßt er selbst in seiner Lostheorie (→ Losungen) und Ehe-Religion (→ Ehe: V, 3) nicht die Grundlagen einer Theologia crucis und bleibt trotz aller spiritualistischen Nebeneinflüsse eindeutig in der Nähe Luthers. Seine *Wirkungen* reichen in ihrer Breite und Unterschiedlichkeit zu → Wesley, → Klettenberg, → Goethe, → Lessing, → Herder, → Schleiermacher, → Novalis, → Kierkegaard, v. → Kottwitz, W. → Löhe, durch die Losungen auf → Bismarck. Auch K. → Barth bekennt seine Nähe zu Z.s Christozentrismus.

Hauptschriften Z.s, 6 Bde, hg.v. E.Beyreuther u. G.Meyer, 1962ff (Bibliogr. in VI) - Unveröffentl. Reden Z.s in: Jüngerhausdiarium, 1747-60.

Über Z. (vgl. die Lit. zu → Brüderunität: II sowie RE XXI, 679ff), *zur Biogr.:* A.G.Spangenberg, Leben d. Herrn N.L. Grafen v.Z. u. Pottendorf, 8 Tle, 1772-75 - L.v.Schrautenbach, Der Graf v.Z. u. d. Brüdergemeine seiner Zeit, hsl. 1782, gedr. (1851) 1871² - A.Knapp, Geistl. Gedichte d. Grafen v.Z., 1845 - J.W.Verbeek, Des Grafen N.L.v.Z. Leben u. Charakter, 1845 - G.E.v.Natzmer, Die Jugend Z.s, 1894 - G.Reichel, Die Entstehung einer Z. feindlichen Partei in Halle u. Wernigerode (ZKG 23, 1902, 549-592) - Ders., Z.s Frömmigkeit im Lichte der Psychoanalyse, 1911 (gegen O.Pfister, Die Frömmigkeit d. Grafen L.v.Z., [1910] 1925²) - Ders., Der »Senfkornorden« Z.s, 1914 - Ders., Die Anfänge Herrnhuts, 1922 - O.Uttendörfer, Z. u. die Frauen, 1919 - Ders., Z. u. d. Jugend, 1923 - H.-W.Erbe, Z. u. d. fromme hohe Adel seiner Zeit, 1928 - H.Renkewitz, Z., (1936) 1939² - G.Meyer, Z., 1950 - Ders., Z. als Vertreter d. ostdt.-schles. Frömmigkeitstypus (Jb. d. Schles. Friedrich-Wilhelms-Univ. zu Breslau 5, 1960, 69-96) - L.Bergmann, Grev Z. I, Kopenhagen 1957 - E.Beyreuther, Der junge Z., 1957 - Ders., Z. u. die sich allhier beisammen finden, 1959 - Ders., Z. u. d. Christenheit, 1961 - H.L.C.Schütz, Z., 1960 (holl.) - J.R.Weinlick, Count Z., New York 1960. - Vgl. auch ZBG 1907-20.

Zur Theol. Z.s: H.Plitt, Z.s Theol. I-III, 1869-74 - B.Becker, Z. im Verhältnis zu Philos. u. Kirchentum seiner Zeit, 1886 - J.Th.Müller, Z. als Erneuerer d. alten Brüderkirche, 1900 - O.Uttendörfer, Das Erziehungswesen Z.s u. d. Brüdergemeine in seinen Anfängen, 1912 - Ders., Z.s Weltbetrachtung, 1929 - Ders., Z.s Gedanken über d. Gottesdienst, 1931 - Ders., Z.s relig. Grundgedanken, 1935 - Ders., Z.s christl. Lebensideal, 1940 - Ders., Z. u. d. Mystik, 1950 - H.Raillard, Die Stellung d. Moral im Leben des Christen nach Z. (ZThK NF 14, 1933, 236-256) - H.-G.Huober, Z.s Kirchenliederdichtung, 1934 - W.Bettermann, Theol. u. Sprache bei Z., 1935 - S.Eberhard, Kreuzestheol. Das reformat. Anliegen in Z.s Verkündigung, 1937 - L.Hennig, Kirche u. Offenbarung bei Z. (Diss. Zürich), 1939 - H.Motel, Z. als ökum. Theologe (Diss. Basel), 1942 - G.Hök, Z.s Begriff d. Religion (UUÅ 1948, 6) - G.Gloege, Z. u. d. Luthertum, 1950 - E.Benz-H.Renkewitz, Z.-Gedenkbuch, 1951 - F.Tanner, Die Ehe im Pietismus, 1952 - L.Aalen, Den unge Z.s Teologi, Oslo 1952 - Ders., Die Theol. d. Grafen Z. (Gedenkschr. f. W.Elert, 1955, 220-240) - S.Nielsen, Intoleranz u. Toleranz bei Z., 3 Tle, 1952-60 - F.Gärtner, K.Barth u. Z. (ThEx NF 40), 1953 - M.Schmidt, Das Bild Z.s in d. neueren Forschung (ELKZ 7, 1953, 340 bis 343. 365-369) - E.Beyreuther, Z. u. Pierre Bayle, 1956 - Ders., Z. u. Luther (LuJ 28, 1961, 1-12) - Ders., Z. u. d. dt. Osten (Jb. d. Schles. Friedrich-Wilhelms-Univ. zu Breslau 7, 1962, 130-151) - Ders., Studien zur Theol. Z.s, 1962 - H.Hickel, Das Abendmahl zu Z.s Zeiten, 1956 - P.Baumgart, Z. als Wegbereiter hist. Denkens, 1960 - F.Blanke, Z. u. d. Einheit d. Kinder Gottes, 1960 - K.Schuster, Gruppe, Gemeinschaft, Kirche. Gruppenbildung bei Z. (ThEx NF 85), 1960 - M.Wittenberg, Z. u. d. Judenbekehrung (ELKZ 14, 1960, 242-247).

E.Beyreuther

Zionismus im weiteren Sinne gibt es seit der Zerstörung des jüd. Staates. Zugrunde liegt ihm letztlich »die im Namen Zion zentrierende heilige Ehe eines ›heiligen‹ Volkes mit einem ›heiligen‹ Land«. Der Wiederherstellung des jüd. Staates in Palästina galt freilich in der Regel nur die Hoffnung und Sehnsucht der Galuth sowie bestimmter, meist chiliastischer, christlicher Kreise; sie wurde im 17. und 18.Jh. bes. intensiv im Zusammenhang mit der Bewegung des → Sabbatai Zewi. Seltener waren Judenstaatsprojekte und Versuche zu ihrer Verwirklichung. Hoffnung und Planung gewannen durch Aufklärung und Emanzipation ein anderes Gesicht (→ Judentum: III). Auf der einen Seite schwand in der Judenheit das Bewußtsein, ein Volk zu sein; sie verstand sich mehr und mehr als Konfession. Reformkreise bemühten sich, alles Nationale aus dem Kultus zu entfernen. Auf der anderen Seite wurde es ihr durch die Emanzipation möglich, am modernen Nationalbewußtsein teilzunehmen und sich neu als Volk zu verstehen und politisch zu handeln. So trat neben die alte glaubensmäßige Beziehung zu Palästina und neben die Sehnsucht und das Streben nach einem jüd. Staat der Wille zu einem Judenstaat, der nicht notwendig in Palästina errichtet werden mußte. Dieser Unterscheidung entspricht im modernen Z. die zwischen Kultur-Z. und politischem Z. Zwar steht die neue Orthodoxie, wie das Assimilationsjudentum, wider den Z.; beide verstehen das Judentum als Konfession. Aber wenn auch der moderne Z. seine unmittelbare historische Voraussetzung in dem nationalstaatlichen Denken des 19.Jh.s hat, so wird man in ihm letztlich doch die alte Bindung des auserwählten Volkes an das auserwählte Land sehen dürfen. Als unmittelbarer Vorläufer des modernen Z. muß Moses Hess gelten, dem es in seiner Schrift »Rom und Jerusalem« (1862) um die Wiedergeburt der jüd. Nation, den Wiederaufbau des Landes, die Verwirklichung mosaischer, von ihm als sozialistisch verstandener Grundsätze als Weg zur messianischen Erfüllung ging. Zur Breitenwirkung gelangte aber erst der *politische Z.*, der nicht von der Verwirklichung jüd. Gemeinschaft ausgeht, sondern von der Situation und Not der Stunde und also zunächst mehr Reaktion als Aktion ist. Man wird zwar den politischen Z. als Folge des → Antisemitismus nur insofern bezeichnen können, als in diesem zum Ausdruck kam, daß durch die Emanzipation allein noch nicht das Problem des Zusammenlebens von Juden und Nichtjuden gelöst war. Dennoch waren antisemitische Erfahrungen für die Begründer des politischen Z. der Anlaß und für seine Entwicklung ein mächtiges Motiv. Als der erste politische Zionist ist der Odessaer Arzt und Aufklärer Leo Pinsker zu bezeichnen, der in seiner 1882 anonym erschienenen Schrift »Autoemanzipation« unter dem Eindruck der Pogrome namentlich des Jahres 1881 eine sichere Heimat für die bedrängte Judenheit will, nicht unbedingt das Heilige Land, sondern das eigene Land. Pinsker schloß sich mit den seit 1882 entstandenen Vereinen der Chowewe Zion (Zionsliebenden) zusammen, die - mit geringer Anhängerschaft in der westlichen Judenheit und wenig Erfolg - die Kolonisation Palästinas durch Juden erstrebten. Unabhängig von ihnen und Pinsker, aber unter dem Eindruck bes. der Dreyfusaffäre in Frankreich begründete Th. → Herzl seit seiner Schrift »Der Judenstaat« (1896) die zionistische Bewegung. Für ihn ist die Judenfrage eine nationale, von den Juden selbst zu lösende Frage; sie müssen zu einem politischen Machtfaktor zusammengeschlossen werden, sich zuerst auf politischem Wege das Land für einen eigenen Staat sichern und dann mit aller Kraft siedeln und aufbauen. So kam es Herzl darauf an, eine möglichst große Anhängerzahl zu werben und zu organisieren und auf diese Weise eine starke Position bei den politischen Verhandlungen zu gewinnen, die er unermüdlich mit den Großmächten führte. 1897 brachte er den ersten zionistischen Kongreß in Basel zustande, der das »Baseler Programm« beschloß: »Der Z. erstrebt für das jüd. Volk die Schaffung einer öffentlich-rechtlich gesicherten Heimstätte in Palästina.« Die zionistischen Kongresse wurden eine Art »parlamentarischer Zentralgewalt« für den Z. Herzl bemühte sich vor allem - vergeblich - von der Türkei gegen das Angebot eines hohen Preises die Erlaubnis zu erwirken, unter ihrer Oberhoheit Palästina zu kolonisieren. Dabei war sein Interesse an Palästina vor allem durch die Rücksicht auf die Massen bestimmt, für die es besondere Anziehungskraft besaß. Herzl selbst hatte schon in seinem »Judenstaat« Argentinien als mögliches Territorium für den Judenstaat erwogen, zog aber auch Uganda in Erwägung, das von der britischen Regierung 1903 angeboten wurde, freilich unter »Beibehaltung Zions als Endziel. Die armen Massen brauchen sofortige Hilfe.« Nach heftigen Kämpfen wurde dieses bes. von → Nordau verteidigte Projekt abgelehnt. Neben dem bis dahin herrschenden politischen Z. Herzls hatte sich der *Kultur-Z.* Geltung verschafft, der mit dem Namen Achad Haam (Ascher Ginsburg) unlöslich verbunden ist. Diesem ging es nicht in erster Linie um die Judennot, sondern um die Judentumsnot, um Palästina nicht in erster Linie als ein politisch-staatliches, sondern als ein geistiges Zentrum, durch dessen Ausstrahlung die gesamte Judenheit zu innerer Einheit geführt werden sollte. Dies geistige Zentrum kann nur Palästina sein, weil »nur dort ... unser Geist stark und rein wird und unsere inneren Kräfte erwachen«. Weil für den Kultur-Z. der Erfolg diplomatischer Schritte nicht abgewartet zu werden braucht, ist er praktischer Z., der praktische, kolonisatorische und kulturelle Kleinarbeit tut. Um eine Synthese beider Richtungen bemühte sich vor allem Chaim Weizmann (1874-1952), so daß die politischen Zionisten ihren beherrschenden Einfluß verloren. Ein wichtiger Schritt in der Geschichte des Z. war die Errichtung des zionistischen Palästinaamtes in Jaffa 1907 durch Arthur Ruppin, das zum Zentrum der jüd. Siedlung in Palästina wurde, mit der eine intensive kulturelle und Erziehungsarbeit verbunden war. Schon seit 1902 wurde von Weizmann, → Buber u.a. der Plan einer hebr. Universität verfolgt, der freilich erst 1918 verwirklicht wurde. Der 1. Weltkrieg brachte die sog. Balfour-Erklärung vom 2.11.1917, die dem jüd. Volk in Palästina die Errichtung einer nationalen Heimstätte zusagte, er weckte aber auch erst in der Judenschaft des Westens in größerem Maße Verständnis für den Z. und brachte durch beides den entscheidenden Schritt zur Gründung des Staates → Israel (: III).

A. Böhm, Die zionist. Bewegung, 1920 - Th. Zlocisti, Moses Hess, 1921 - N. M. Gelber, Zur Vorgesch. d. Z., 1927 - JüdLex IV/2, 1577ff - RGG² V, 2121ff - J. Heller, The Zionist Idea, New York 1949 - M. Buber, Israel u. Palästina, 1950 - Chaim Weizmann, Memoiren, 1951 - R. Lichtheim, Gesch. d. dt. Z., Jerusalem 1954 - G. Landauer, Der Z. im Wandel dreier Jahrzehnte, Tel Aviv 1957 - J. Dränger, Nahum Goldmann I. II, 1959. *W. Holsten*

Zionistische Bewegung → Sekten: V.

Zionspriester *(Société des prêtres-missionnaires de Notre-Dame de Sion)*, französische Weltpriestervereinigung (ohne Gelübde), die auch Laienbrüder umfaßt, 1843 von dem jüdischen Konvertiten Th. → Ratisbonne für die Bekehrung der Juden in Palästina gestiftet. Die Brüder A. und Th. Ratisbonne gründeten 1843 auch die Kongregation der *Töchter Zions* (Les Religieuses de Notre-Dame de Sion; 10 Provinzen, Mutterhaus in Paris), die u.a. ein Kloster mit Waisenanstalt und Schule beim Ecce-homo-Bogen und ein Knabenwaisenhaus in Jerusalem leiten. Die 1863 bestätigten Konstitutionen beruhen auf der Augustinerregel.

Jahresberichte des Sionsvereins, München 1865ff - Heimbucher II, 531 - M. Aron, Prêtres et Religieuses de Notre-Dame de Sion, Paris 1936 - EC X, 548; XI, 1559. *W. Göbell*

Zirkumskriptionsbulle. Nach kanonischem Recht steht die Errichtung und Besetzung der Bistümer dem Hl. Stuhl zu (c. 329 CIC). Schon im späteren MA sah sich die Kurie häufig genötigt, weltlichen Herrschern ein Präsentationsrecht für die Bischofssitze ihres Landes zuzugestehen (Indult für Savoyen 1452, Konkordat mit Frankreich 1516). Seit dem 18. Jh. kamen auch vertragliche Festlegungen über bestimmte Sitze vor (Konkordat zur Aufhebung des Patriarchates von Aquileja mit Österreich und Venedig 1751). Der zunehmende Staatseinfluß führte dann nach Zerstörung der alten Kirchenordnung in vielen Ländern dazu, daß die neue Diözesaneinteilung einvernehmlich zwischen Staat und Kirche vorgenommen wurde. Wegweisend war das französische Konkordat vom 15.7.1801, dessen Art. 2 eine Einigung von Staat und Kirche über die »nouvelle circonscription des diocèses« vorsieht (ersetzt durch die Vereinbarung vom 6.10.1822). Rechtlich wurde die kirchliche Neuordnung stets durch eine dem Vertrag folgende Z. vollzogen. Dem französischen Beispiel folgten die deutschen Fürsten nach 1814. Während Bayern ein → Konkordat schloß (1817), begnügten sich die prot. Fürsten mit Unterhandlung einer neuen Einteilung, die dann durch Z.n publiziert, aber innerstaatlich durch Verkündung im Gesetzblatt bestätigt wurde. So ergingen für Preußen De salute animarum (16.7.1821), für Hannover Impensa Romanorum Pontificum (26.3.1824), für die oberrheinische Provinz Provida sollersque (16.8. 1821). In neuerer Zeit ist die Diözesaneinteilung weithin Gegenstand konkordatärer Vereinbarung geworden (bayerisches Konkordat vom 29.3.1924 Art. 10; preußisches Konkordat vom 14.6.1929 Art. 2; badisches Konkordat vom 12.10.1932 Art. 2; Vereinbarung zwischen dem Lande Nordrhein-Westfalen und dem Hl. Stuhl vom 19.12.1956 über Errichtung des Bistums → Essen und Bulle dazu vom 23.2.1957). Das Laterankonkordat mit Italien vom 11.2.1929 (Art. 16) sieht ebenso wie das Konkordat mit Spanien vom 27.8.1953 (Art. 9) eine einvernehmliche Neufestlegung der Diözesen vor. In Österreich findet sich nur eine Teilbindung im Konkordat vom 5.6.1933 (Art. 15). In der Schweiz sind die Bistümer Basel (Konkordate mit mehreren Kantonen 1828/29) und St. Gallen (Konkordat mit St. Gallen von 1845) einvernehmlich errichtet worden. Doch hat die eidgenössische Verfassung vom 29.5.1874 (Art. 50) einseitig die Errichtung von Bistümern auf schweizerischem Boden an die Genehmigung des Bundes geknüpft.

cc. 215-217 CIC - Lehrbücher des kath. → Kirchenrechts - Friedberg - U. Lampert, Kirche u. Staat in d. Schweiz I-III, 1929-39 - Feine 552ff - H. Klecatsky-H. Weiler, Österr. Staatskirchenrecht, 1958. - Vgl. die Lit. zu → Konkordate. *U. Scheuner*

Zisterzienser. Die Geschichte der Z. beginnt im März 1098 mit der Gründung eines »Neuklosters« in der Einöde von Cîteaux (Cistercium) südlich von Dijon durch Robert von Molesme. Ziel der Neugründung war

Rückkehr zur ursprünglichen Regel → Benedikts, Weltabkehr und Abgrenzung gegen → Cluny, dem man Verweichlichung und Prunkentfaltung vorwarf. Der Angelsachse Stephan Harding hat als Abt (1109-33) die junge Reformbewegung zum selbständigen Orden geformt. In der Verfassungsurkunde, der 1118 beratenen, 1119 von → Calixt II. genehmigten »Carta caritatis«, später mannigfach geändert und ergänzt, wurden die Grundlinien des Ordenslebens festgestellt: der Charakter des Ordens als einer Mönchsfamilie; Selbständigkeit jedes einzelnen Klosters, jedoch mit Visitation durch die Mutterabtei; Oberaufsicht durch das jährliche Äbtekapitel in Cîteaux; Visitation von Cîteaux durch die drei Primarabteien La Ferté, Pontigny und Clairvaux. Durch den Eintritt → Bernhards, des späteren Abts von Clairvaux, in Cîteaux (1112) erhielt der junge Orden einen unerhörten Auftrieb. 1133 zählte man 75, 1152 336 und um 1350 über 740 Z.klöster, die unter Leitung des Generalkapitels in straffem Ordensverband zusammengefaßt waren. Das Leben im Orden war ungewöhnlich hart, nach Bernhards Vorbild eine eigentümliche Mischung von weltabgewandter Mystik und weltzugewandter Aktivität. Die Frömmigkeit verband Christus- und Marienverehrung mit visionären und mirakelhaften Elementen (zB → Cäsarius von Heisterbach); der Wandel war bestimmt durch Demut, Gehorsam, freiwillige Armut und strenges Fasten. Dem entsprach die Ansiedlung im Ödland, die Pflicht zur Handarbeit, der Verzicht auf den Zehnten und in der Baugesinnung puritanische Schmucklosigkeit (→ Kirchenbau: III, 2). Neubruch, Landbearbeitung und Bauaufgaben waren nur zu bewältigen durch das Institut der → Laienbrüder (Conversen), welche die kulturelle Arbeit des Ordens (Landwirtschaft, Wein-, Obst- und Gartenbau, Fisch- und Viehzucht) rationell betrieben. - Bereits im 12.Jh. hatte sich der Orden im ganzen christlichen Europa bis nach Skandinavien, Spanien und Irland verbreitet. Von besonderer Bedeutung wurde im 13.Jh. die Ostkolonisation und -mission. Dabei wirkte der Orden bahnbrechend für die nachfolgende Bauernsiedlung. - Schon im 13.Jh. erfolgte notgedrungen eine Anpassung des Ordens an die Umwelt; die anfängliche Ablehnung von Predigt, Seelsorge und Wissenschaft ließ sich nicht aufrechterhalten. Mit dem Aufkommen der Geldwirtschaft und der Zunahme der Bettelklöster in den Städten wuchsen die Schwierigkeiten; Reformation und Säkularisation brachten schwere Verluste. Erneuerungsversuchen seit dem Tridentinum stand die Bildung nationaler Kongregationen entgegen. Der Kampf der langsam wachsenden Observanzbewegung endigte 1892/94 mit der Trennung der »strengen Observanz« (→ Trappisten) von den alten Z.n. Zahlenmäßig haben die strengen Observanten die alten Z. (1958: 62 Mannsklöster mit ca 1630 Mitgliedern, dazu 84 Frauenklöster mit ca 790 Mitgliedern) weit überflügelt. Beide Orden haben sich im 20.Jh. durch Klostergründungen in außereuropäischen Ländern (Amerika, Asien, Afrika) am Missionswerk der Kirche beteiligt. - Der weibliche Ordenszweig erhob sich aus historisch nicht mehr zu erhellenden Anfängen zur Hochblüte im 13.Jh.; doch verhinderte die Abneigung der Generalkapitel gegen Frauenklöster ein zu starkes Wachstum.

Statuta Capitulorum generalium Ordinis Cisterciensis, hg.v. J.M.Canivez, 8 Bde, Löwen 1933-41. - RE IV, 116ff - Gregor Müller, Vom Cistercienser-Orden (Cistercienser-Chronik 37-39, 1925 bis 1927, passim) - Heimbucher I, 330ff; II, 655f - J.B.Mahn, L'Ordre cistercien et son gouvernement (1098-1265), Paris 1945 - DHGE XII, 852ff. 874ff (ausführl. Lit.) - L.J.Lekai, The White Monks, Okauchee/Wisc. 1953; franz. 1957, dt. 1958 (Lit.) - St. Bernhard u. d. Z.orden 1153-1953, 1953 - A.A.King, Cîteaux and Elder Daughters, London 1954 - L.Bouyer, La spiritualité de Cîteaux, Paris 1955; engl. 1957 - E.Nadolny, Die Siedlungsleistung der Z. im Osten, 1955 - H.Hahn, Die frühe Kirchenbaukunst d. Z., 1957. - *Zs.en:* Cistercienser-Chronik, 1889ff - Analecta Sacri Ordinis Cisterciensis, Rom 1945ff.

H.Fausel

Zita, *die Heilige* († 1272), diente 48 Jahre lang einem Bürger in Lucca, heiliggesprochen 1696 (Tag: 27.4.). Als Patronin der Dienstboten wird sie allgemein im Gewande einer Dienstmagd mit Schlüsselbund und Wasserkrug dargestellt. Bereits 1321 wird ihr in S. Frediano eine eigene Kapelle errichtet. Älteste deutsche Darstellung ist ein Holzschnitt von Burgkmair.

AS Apr. III, 499ff - Künstle II, 603.

H.Paulus

Zivilisation

1. Allgemeine Bedeutung - 2. Z. und Kultur - 3. Soziologisch - 4. Anthropologisch

Der Begriff Z. (abgeleitet von lat. »civis« = Bürger) entstand im 18.Jh. in Frankreich und wurde noch vor 1800 ins Deutsche übernommen. In seiner heutigen Bedeutung bezeichnet er den Inbegriff materieller und sozialethischer Werte, durch deren Besitz sich die Lebensform eines Volkes über die Stufe einer Primitivgesellschaft erhebt.

1. Das französische »civilisation«, in modernem Sinn zuerst von Mirabeau 1756 gebraucht, wird rasch zu einem Schlüsselwort der → Aufklärung. Wie diese wird Z. wechselweise als Prozeß und als Zustand verstanden. Mirabeau definiert: »La civilisation d'un peuple est l'adoucissement de ses moeurs (Prozeß!), l'urbanité, la politesse et les connaissances (Zustand!) répandues de manière que les bienséances y soient observées et y tiennent lieu de lois de détails.« Für das aufklärerische Bewußtsein gehören Gesittung und Sittlichkeit gleichermaßen zur Z. Im 19.Jh. gewinnt der Begriff zusätzliche Bedeutung durch die Erforschung von Primitivgesellschaften, deren unentwickelte Technik und andersartige Lebensform man als Gegensatz zur Z. empfindet. Zugleich rückt der Z.sbegriff durch den Aufschwung von Naturwissenschaft und Technik in enge Nähe zum → Fortschritts-Gedanken. Diese Verbindung eines materiell wie geistig verstandenen Z.sbegriffs mit dem Entwicklungsdenken des 19.Jh.s, verstärkt noch durch den Einfluß des → Darwinismus und oft gesteigert zum nationalen Sendungsbewußtsein, hat sich in abgeschwächter Form bis heute in England und Frankreich gehalten. Die Begriffe Z. und → Kultur werden hier synonym verwandt - im Gegensatz zu Deutschland, wo seit Beginn des 19.Jh.s »Z.« zugunsten von »Kultur« abgewertet wird. Dabei meint »Z.« den naturwissenschaftlich-technischen Standard, das Zweckhaft-Nützliche, das Konventionelle, international Verbindende, wogegen unter »Kultur« die »ideale Bildung«, das Geistig-Künstlerische und National-Eigenständige verstanden wird. Schon → Kant (1784) unterschied hier: »Die Idee der Moralität gehört noch zur Kultur, der Gebrauch dieser Idee aber, welcher nur auf das Sittenähnliche in der Ehrliebe und der äußeren Anständigkeit hinausläuft, macht bloß die Zivilisierung aus.« Eine krasse Abwertung der Z. findet sich zuerst bei → Pestalozzi (1797), für den die Sittlichkeit allein das Ergebnis kulturstiftender »Menschenliebe« ist, während er die gesellschaftliche »Z.sabrichtung« zum Ursprung des moralischen Verfalls erklärt. Diese Z.sfeindlichkeit ist zT dem Eindruck der franz. Revolution, bes. aber dem Einfluß → Rousseaus zuzuschreiben, dessen 1. »Discours« von 1750 eine Z.skritik von kaum wieder erreichter Schärfe enthält.

2. Die aus dem romantischen Kulturbegriff erwachsene *Unterscheidung zwischen Kultur und Z.* war und blieb aber eine Besonderheit des deutschen Sprachraums. Die

Differenz zwischen den Wortfeldern beider Begriffe hat ihren sozialgeschichtlichen Hintergrund in der spezifischen Entwicklung des deutschen Bürgertums und des deutschen Nationalstaats im Unterschied zu Frankreich und England. Entsprechend der langsameren Emanzipation des → Bürgertums zu einer staatstragenden Schicht wird der Kulturbegriff in Deutschland zunächst zu einem Ausdruck bürgerlichen Selbstbewußtseins gegenüber der »bloß zivilisierten« aristokratischen Oberschicht. Er bezeichnet den Eigenwert geistiger Leistungen in Kunst und Wissenschaft, die ihrem Prinzip nach nicht an einen Stand gebunden werden können. Wiederum findet sich schon bei Kant diese aggressive Wendung: »... wir sind zivilisiert bis zum Überlästigen durch allerlei gesellschaftliche Artigkeit ...« Im Maße wie das deutsche Bürgertum von der politisch-gesellschaftlichen Bühne ausgeschlossen blieb, bezeichnete der Kulturbegriff und die ihm entsprechende Abwertung der Z. die Bastion eines Rückzugs auf den inneren Wert der Bildung. Nach → Marx (1841/42) trennt die Z. »das gegenständliche Wesen des Menschen als ein nur äußerliches, materielles von ihm. Sie nimmt nicht den Inhalt des Menschen als seine wahre Wirklichkeit.« Im späteren 19.Jh. bekommt schließlich der Kulturbegriff die Funktion, auch nach außen hin das Selbstbewußtsein einer Nation zu repräsentieren, die sich auf der weltpolitischen Bühne der europäischen Nationalstaaten »verspätet« hat. Von daher wird die neue Blüte des deutschen Kulturbegriffs in den 20er Jahren verständlich: Der verlorene Krieg wurde vom Gegner im Zeichen der (»westlichen«) Z. geführt und drängte wiederum zur Hypostasierung der nationalen Eigenständigkeit im geistig verinnerlichten Kulturbegriff (vgl. etwa Th. → Manns »Betrachtungen eines Unpolitischen«).

3. Im Maße wie die ersten Folgen der Industrialisierung – Arbeiterelend und rasches Wachstum der Großstädte – allmählich sichtbar wurden, verstärkte sich in krassem Gegensatz zur herrschenden Fortschrittsgläubigkeit die Kritik an der Z. Dieser Widerspruch wurde Anlaß für eine Reihe geschichtsphilosophischer Theorien und *soziologischer Forschungen* über den Z.sprozeß (vgl. die französischen Frühsozialisten [→ Sozialismus: I, 2], → Comte, → Spencer, Marx, M. → Weber, → Spengler, Toynbee, A.Weber). Für die zentrale Frage nach dem Z.sprozeß ist die Kultursoziologie von Alfred Weber am fruchtbarsten, wenn auch ihr Wert durch die neuerliche Trennung von Z.sprozeß (als eine »Fortsetzung der biologischen Entwicklungsreihe des Menschen«) und Kulturprozeß (als eine schöpferisch-geistige Gestaltungsmacht einzelner Völker und Zeiten) wieder gemindert wird. Weber betont die Einheit des Z.sprozesses in der Geschichte als ein stetiges, wenn auch zuweilen gehemmtes, Anwachsen des positiven Wissens und seiner technischen Anwendungen. Die Industrialisierung hat die naturwissenschaftlich-technische Entwicklung entscheidend beschleunigt. Die sozialen Auswirkungen dieses Entwicklungsschubes (und damit eines erhöhten Z.s-standards) sind im wesentlichen: die Tendenz zu großräumigen, straff durchfunktionalisierten Sozialstrukturen, die Ausbildung einer Leistungsgesellschaft, die von fachlich qualifizierten Eliten geführt wird, die Überflutung mit Informationen, die vom einzelnen ständige Umorientierung verlangen, die Entwicklung einer »außengeleiteten« Sozialmoral zur Sicherung der Handlungsmotivationen gegenüber den abstrakten Sozialsystemen, die Übernahme der materiellen Existenzvorsorge durch Staat und Gesellschaft, schließlich die Verdrängung alles nicht Zweckrationalen in die Subjektivität.

4. Spätestens seit den Forschungen der amerikanischen »cultural anthropology« ist die Frage nach den Bedingungen der Möglichkeit von Z. in den Vordergrund gerückt. Bekannt ist die These, der Mensch habe sich gleichsam selbst domestiziert (Lorenz u.a.). Diese »Utopie der verlorenen Wildform« (Plessner) fand ihre Stütze in Rousseauismus und → Marxismus. Selbst → Freuds »Unbehagen in der Kultur« ist – wenn auch in veränderter Form – noch Ausdruck der biologischen Deutung der Z. »als ein Sündenfall der Natur« (Plessner). Aber »es gibt keinen Nullpunkt aller dieser Erscheinungen« (N.Elias). Von allem Anfang an ist der Mensch als der »Invalide seiner höheren Kräfte« (Herder) auf Werkzeuggebrauch und Leben in Gesellschaft angewiesen. Anders als das Tier ist er nicht von Natur aus in eine Umwelt eingebunden, seine relative Instinktunsicherheit macht ihm das Leben zu einer Aufgabe und Leistung, die nur durch Technik und soziale Institutionen zu bewältigen und zu erbringen ist. So gehört Z. von Anbeginn zum Menschen, gerade sie ist Ausdruck seiner »Natur«; nichts anderes als dieser Zwang zur Selbstwerdung ist ihm »natürlich«. N.Elias hat nachgewiesen, wie diese Selbstzwangsapparatur, der Bewußtseins- und Affekthaushalt des Menschen, mit der zunehmenden gesellschaftlichen Funktionsverflechtung, mit dem Entstehen »sekundärer Systeme«, sich aufbaut und verändert. Die natürliche Künstlichkeit des Menschen, deren Ausdruck der Z.sprozeß ist, zeigt sich heute auf der Höhe der Entwicklung gesellschaftlicher Superstrukturen als die wachsende Rationalisierung seiner Bewußtseinsweisen und die zunehmende Verdrängung seiner triebhaft-organischen Bindungen in die soziale Intimsphäre. – Nach außen hin ist Z. die erst durch moderne Naturwissenschaft und Technik voll ermöglichte Ordnung und Pazifizierung der Menschheit, nach innen aber ist sie die bewußte und unbewußte Ausrichtung des menschlichen Affekthaushalts auf den normativen Gehalt gesellschaftlicher Superstrukturen.

ESS III, 525ff (C.Brinkmann; Lit.) – Alfr.Weber, Kulturgesch. als Kultursoziologie, (Leiden 1935) 1950² – N.Elias, Über den Prozeß der Z. I. II, 1939 (Lit.) – Grimm, Dt.WB XV, 1730ff – H.Plessner, Die Frage nach der conditio humana (in: Propyläen-Weltgesch. I, 1961, 35-86) – H.P.Dreitzel, Elitebegriff u. Sozialstruktur, 1962.

H.P.Dreitzel

Zivilstandsgesetzgebung bedeutet die Einführung einer Melde- und Registerpflicht für alle Veränderungen des Personenstandes (Geburt, Eheschließung, Scheidung, Tod). Sie trifft die Nächstbeteiligten, bei der Scheidung das Gericht. Die Eintragungen haben keine konstitutive Bedeutung. Da der Personenstand im allgemeinen evident ist, bestand bis zur Moderne kein Interesse an der Registrierung. Jedoch ist die Kirche mit ihrem Kirchenbuchwesen der Z. vorangegangen (→ Kirchenbücher). Der moderne Staat muß jedoch aus vielen Gründen die Bevölkerung restlos erfassen und will Quellen der Rechtsunsicherheit ausschließen. Ohne Reflexion auf diese objektiven Gründe hat die Z. ihr Pathos aus der Problematik des Verhältnisses von Staat und Kirche bei der Eheschließung gezogen. Die Kirche hatte seit dem Verfall der Sippe mit der Benediktion der → Ehe (: VI) stellvertretend die Mitwirkung bei dem weltlichen Geschäft der Eheschließung als Öffentlichkeitsträger verbunden. Schon die Aufklärungsgesetzgebung (zB Preußisches Allgemeines Landrecht) hatte diese frei übernommene Funktion zur Sache des staatlichen Gesetzes gemacht. Mit dem Verfall der Glaubenseinheit mußte dieses Verhältnis problematisch werden. Seither gibt es zwei Systeme der Z.: obligatorische Zivilehe (Personenstandsgesetze in Deutschland von 1875, 1937, 1957) und fakultative kirchliche Eheschließung mit bürgerlicher Rechtswirkung (zB Großbritannien).

Auch die letztere Form belastet die Geistlichen mit amtsfremden Registerpflichten. Die alte Staatsfreiheit der Ehe und Familie ist nicht wiederzugewinnen, auch nicht über die Kirche. Die kath. Verfechter der zweiten Lösung bestreiten die Pflichten gegenüber der Z. nicht, verkennen aber die Rechtsproblematik dieser Verbindung. Die ev. Kirche, die die obligatorische kirchliche Eheschließung durch ihre KOen begründet und bis zur Z. bewahrt hat, hat keinen zwingenden theologischen Grund, eine der beiden heutigen Lösungen zu bevorzugen. Die Synode der EKD 1954 hat die fakultative kirchliche Eheschließung mit Rücksicht auf die → Mischehen-Praxis der kath. Kirche abgelehnt.

H.Dombois-F.K.Schumann (Hg.), Familienrechtsreform, 1955 - L.Enneccerus-H.C.Nipperdey, Allg. Teil d. Bürgerl. Rechts I, 1959[15], § 85 (Lit.). *H.Dombois*

Zöckler, *Theodor* (5.3.1867 bis 18.9.1949), ev. Theologe, * in Greifswald, † in Stade, 1890 Judenmissionar, 1891 Pfarrer in Stanislau (Galizien). 1896 eröffnete Z. ein Kinderheim, bald auch eine ev. deutsche Schule. Seit 1913 mit dem Diakonissenhaus »Sarepta« verbunden, wurden die »Stanislauer Anstalten« zum größten Werk der Inneren Mission in Österreich. Während des 1. Weltkrieges mußte Z. zeitweilig nach Gallneukirchen flüchten. Nach Stanislau zurückgekehrt, konnte er seine Anstalten durch ein deutsches ev. Gymnasium und eine landwirtschaftliche Maschinenfabrik erweitern. Z. wurde auch Führer der Kirche Augsburgischen und Helvetischen Bekenntnisses und wirkte 1926 bei dem Zusammenschluß der 6 ev. Kirchen im polnischen Staat zum »Rat der ev. Kirche in Polen« mit (→ Polen: I, 4 b, → Ukraine). Ende 1939 wurde mit den galizischen Deutschen auch Z. mitsamt seinen Anstalten nach Deutschland umgesiedelt. Am 31.10.1946 konnte Z.s Sohn Martin die Arbeit in Stade neu beginnen.

A.Wiegand, Von Th.Z.s Leben u. Dienst, 1926 - L.Zöckler, Gott hört Gebet. Das Leben Th.Z.s, 1951. *H.Hohlwein*

Zölibat

I. Religionsgeschichtlich - II. In der christlichen Kirche

I. Religionsgeschichtlich

Unter Z. versteht man die von Priestern und Mönchen (→ Mönchtum: I) zahlreicher Religionen geforderte Ehelosigkeit, die von bestimmten Religionen als Ideal angesehen wird. Die auch für das umfassendere Postulat der → Keuschheit (: I) grundlegende Voraussetzung ist die Anschauung, daß es Lebensbezirke gibt, in denen verschiedenartige numinose Mächte personaler oder impersonaler Art walten. Der Bereich des → Geschlechtlichen ist nach weit verbreiteter Ansicht verunreinigenden und gefährdenden Dämonen (→ Geister: I) unterstellt. Von hier aus gesehen bedeutet Keuschheit oder Z. → Reinigung (: I) durch Fernhaltung von diesem Bezirk dämonistischer Herrschaft, zugleich aber positiv, wie alle → Askese (: I), Sammlung von → Macht (: I). Ein weiteres Motiv für Z. liegt in der zB bes. in der → Mystik geübten Höherwertung der Seele gegenüber dem Leibe. Außerdem besteht vielfach die Anschauung, daß die Hingabe an Gott, wie sie vor allem der Priester zu üben hat, die Hingabe an Menschen ausschließt. - Von diesen Voraussetzungen aus tritt der Z. einerseits in Religionen auf, die durch ein → Priestertum (: I) entscheidend bestimmt sind, andererseits in mystischen Religionen wie dem → Buddhismus. In reinen Glaubensreligionen wie dem → Amida-Buddhismus und dem → Islam dagegen wird der Z. ausdrücklich abgelehnt, weil man hier jene Voraussetzungen nicht teilt.

ERE III, 271 ff - E.Fehrle, Die kultische Keuschheit im Altertum, 1910 - HWDA IV, 1291 ff. - Vgl. die Lit. zu den Verweisstichworten. *G.Mensching*

II. In der christlichen Kirche

1. Geltendes Recht - 2. Geschichte - 3. Theologische Begründung - 4. Änderungsbestrebungen

1. Der Z. als rechtlich geforderte Ehelosigkeit der Geistlichen findet sich in den christlichen Kirchen nur bei der kath. und (s. 2 und → Orthodoxe Kirche: II, 7) in engen Grenzen bei den Ostkirchen. Im geltenden kanonischen Recht ist er wie folgt geordnet:

a) In der *lat.* Kirche als Präzisierung einer vorausgesetzten (relativen) Unvereinbarkeit zwischen Klerikalstand und Ehe. Diese Präzisierung umfaßt drei Rechtssätze: α) die Unterbindung der Verehelichung von Klerikern. Sie wird bei Minoristen dadurch erreicht, daß das Eingehen einer kirchlich gültigen → Ehe (: VI, 2) das Ausscheiden aus dem Klerikalstand bewirkt. Für Majoristen bestehen ein formelles Eheschließungsverbot und das trennende Ehehindernis der höheren Weihen (→ Ordination: III, 1). Die Übertretung des Verbots bewirkt → Exkommunikation (für beide Teile) und Irregularität und kann bei Verharren in der Ehe mit Degradation bestraft werden. Mit dem Verbot verbunden ist die Erklärung aller (schweren) Sünden gegen die Keuschheit als → Sakrileg. Diese Vorschriften werden ergänzt durch das Verbot, mit anderen als solchen Frauen zusammenzuwohnen oder umzugehen, die wegen naher Verwandtschaft oder wegen ihres Alters und guten Rufes keinen Anlaß zu Verdacht gegen den Kleriker geben, durch die Befugnis des Ortsordinarius, in jedem Einzelfall nach seinem Ermessen solchen Umgang zu verbieten, durch die Rechtsvermutung auf Konkubinat, wenn ein Kleriker sich einem solchen Verbot nicht fügt, und durch die Androhung der → Suspension, der Einkommensperre und des Amtsverlustes für Konkubinarier. Bei Laisierung bleibt, außer wenn sie wegen erzwungener Weihe erfolgt, die Z.spflicht bestehen und könnte nur durch zusätzliche päpstliche Dispens aufgehoben werden; von selbst entfällt sie bei Ungültigkeitserklärung der Weihe. β) Der Verheiratete darf nicht geweiht werden und darf, wenn er ohne päpstliche Dispens geweiht wird, seine Weihe nicht ausüben. γ) Ein (mit oder ohne Dispens) zum Majoristen geweihter Verheirateter darf die Ehe nicht fortsetzen. Dieser formell nicht kodifizierte Rechtssatz ergibt sich aus c. 1114; auch von ihm kann dispensiert werden.

b) In der → unierten *orientalischen* Kirche wird der Z. zwar als dem Klerikalstand besser entsprechend anerkannt, ist aber durch das Fehlen des allgemeinen Verbots, Verheiratete zu weihen, praktisch sehr stark eingeschränkt. Er ist durch folgende Rechtssätze geordnet: α) Nur Unverheiratete oder rechtmäßig dem Bande nach Geschiedene können die Bischofsweihe empfangen. β) Für Subdiakone und Majoristen bestehen ein Eheschließungsverbot und das trennende Ehehindernis der höheren Weihe. Für ihren Umgang mit Frauen und für die Laisierung unverheirateter Subdiakone und Majoristen ist die lat. Regelung übernommen. γ) In einer Kirche, die keine verheirateten Kleriker zuläßt, bewirkt das Eingehen einer kirchlich gültigen Ehe bei Klerikern unterhalb des Subdiakonats das Ausscheiden aus dem Klerikalstand. δ) In diesen Kirchen darf ein Verheirateter, wenn er ohne päpstliche Dispens den Subdiakonat oder die höheren Weihen empfängt, diese Weihen nicht ausüben.

2. Von den einzelnen Rechtssätzen der Z.sordnung ist am ältesten das Eheschließungsverbot. Ein Protest → Hippolyts gegen die Duldung der Verheiratung von Klerikern zeigt, daß es in der abendländischen Kirche

schon im beginnenden 3.Jh. angestrebt wurde. Auf dem Konzil von Nicäa 325 galt es bereits als »alte Überlieferung der (ganzen) Kirche«, und in der ersten Hälfte des 5.Jh.s bezeugen die → Apostolischen Kanones für den Osten und Papst → Leo I. für den Westen, daß es für alle Majoristen (einschließlich der Subdiakone) galt. Das in der abendländischen Kirche hinzutretende trennende Ehehindernis der höheren Weihe entwickelte sich seit dem Laterankonzil von 1139 und wurde als kirchlichrechtliches Hindernis durch das → Tridentinum 1563 anerkannt. - Das Verbot für Majoristen, die bestehende Ehe fortzusetzen, ist auf die abendländische Kirche beschränkt geblieben, für die es zuerst durch das Konzil von Elvira bezeugt ist (etwa 306) und durch Papst → Siricius ausdrücklich als allgemeines Recht anerkannt wird (385). Für die Bischöfe wurde es auch in der morgenländischen Kirche geltendes Recht (seit dem Trullanum 692). Dieses Verbot führte dazu, nur Unverheiratete zu den betr. Weihen zuzulassen, was dann in der morgenländischen Kirche die Bevorzugung des Mönchsklerus beim Aufstieg zum Episkopat zur Folge hatte und in der lat. Kirche, der sich diejenigen unierten Kirchen, die ebenfalls den vollen Z. anstreben (darunter als größte die ruthenische), angeschlossen haben, den Anstoß zur Einführung des formellen Weihehindernisses der Ehe ins geltende Recht gab. - Die tatsächliche Durchführung dieser Gesetzgebung stieß im Altertum und MA immer wieder auf große Schwierigkeiten, und zwar ihrer verschiedenen Ausdehnung gemäß vor allem in der abendländischen Kirche. Jedoch hat sich eine dem Z.srecht entgegenstehende Gewohnheit des Clericus coniugatus in rechtlich erheblichem Umfange nur im 10. und 11.Jh. entwickeln können. Die kirchliche Reformbewegung des 11.Jh.s bekämpfte diese Gewohnheit mit größtem Nachdruck; seit Papst → Gregors VII. einschlägigen Anordnungen kann sie nicht mehr als rechtlich bedeutsam, sondern nur noch als widerrechtlich gelten, und in den → Gravamina der deutschen Nation von 1521 manifestiert sich die Rechtsüberzeugung auch der Laien von der Verpflichtung der Majoristen zum Z., der seit dem Tridentinum als geltendes Recht allgemein, auch von seinen Bekämpfern, anerkannt ist.

3. a) Die *theologische Begründung* des Z.s beruht auf zwei schon im NT ausgesprochenen, von ihm allerdings noch nicht auf besondere Stände in der Kirche bezogenen Erwägungen: auf der Höherwertigkeit der »um des Himmelreichs willen« (Mt 19, 12) übernommenen Ehelosigkeit gegenüber der Ehe (1Kor 7, 7. 8. 38) und auf der größeren Freiheit des Unverheirateten für den kirchlichen Dienst (1Kor 7, 32-34). Auch die heutige Lehre der kath. Kirche beruft sich auf diese beiden Motive (Enzyklika »Sacra virginitas«) und leitet daraus die Charakterisierung des Z.sgesetzes als der rechtlichen Verdichtung einer speziell die Kleriker angehenden moralischen Forderung des Evangeliums und der apostolischen Predigt ab (Enzyklika »Ad catholici sacerdotii«). Der Z. ist demgemäß zwar rein kirchlichen Rechts, in allen seinen Einzelvorschriften dispensabel (durch den Hl. Stuhl; Ortsordinarien und seelsorglich zuständige Priester können nur bei Todesgefahr oder bei Entdeckung des Hindernisses unmittelbar vor einer nicht aufschiebbaren Trauung und nur Subdiakone und Diakone dispensieren) und auch als Ganzes nicht absolut unaufhebbar; wohl aber ist er mit dem Dogma von der Höherwertigkeit der Ehelosigkeit so eng verbunden und durch die von Paulus schon vorweg begründete größere anstaltliche Wirkmächtigkeit eines zölibatären Klerus so bedeutsam für die innerweltlichen Ziele der Kirche, daß diese sich auf seine ständige Beibehaltung feierlich festgelegt hat (Benedikt XV.) und festlegen muß. Daß zur kath. Kirche übergetretene verheiratete Geistliche anderer christlicher Kirchen in den letzten Jahren mehrfach ohne Z.sverpflichtung zu Priestern geweiht wurden, ist mit der theologischen Begründung des geltenden Rechts nur in Einklang zu bringen, wenn die Stärkung innerweltlicher Wirkmöglichkeit als das Hauptziel des Z.s betrachtet wird, das dann in diesen Fällen modo contrario erreicht werden würde, und schließt die Gelübdetheorie (s. 3 b) aus. Die spekulative Ausdeutung des Z.s betont heute vor allem die auf Eph 5, 22-32 gestützte Parallele im Verhältnis Christi und der Kleriker zur Kirche.

b) Der sakrilegische Charakter von Verstößen lat. Majoristen gegen die Keuschheitspflicht - im Recht der unierten Kirche fehlt eine entsprechende ausdrückliche Charakterisierung der Keuschheitssünden zölibatärer Majoristen - ließe sich beim Weltklerus (→ Klerus und Laien, 2 a; beim Klosterklerus beruht die Z.spflicht primär auf seiner Zugehörigkeit zu den Ständen der → Vollkommenheit) in abstracto sowohl aus der Systematik des auf die Sakrilegien überhaupt bezüglichen kirchlichen Rechts wie aus der positiven Feststellung des c. 132 § 1 CIC wie aus einem mit dem Empfang der höheren Weihen verbundenen (stillschweigenden) Gelübde des Ordinanden herleiten. In concreto kann die statistisch überwiegende, bes. von klösterlichen und romanischen Kanonisten vertretene Rückführung auf ein Gelübde sich nur darauf berufen, daß das kirchliche Lehramt die Gelübdetheorie bisher nicht ausdrücklich abgelehnt hat. Das geltende Recht läßt sich auch ohne den rechtlich anstößigen Rückgriff auf ein stillschweigendes Gelübde erklären, der angesichts der durchgängigen Unterscheidung von klösterlicher Keuschheit und Z. in den Rechtsvorschriften und der ausdrücklichen Bezugnahme der Ordinationsreverse der Majoristen nur auf die *Lex* caelibatus auch nur um den Preis gewundener außerrechtlicher, nämlich aszetischer Betrachtungen möglich ist; und mit der auch lehramtlich (Pius XII., Ansprache von 1950) unterstrichenen Verschiedenheit von Klosterstand und Stand des Weltklerikers ist die Gelübdetheorie ebenso unvereinbar, wie ihr angesichts des Rechts der unierten Kirche die nach ihren aszetischen Prämissen unerläßliche gesamtkirchliche Bedeutung fehlt.

4. Wegen der unter 3 a umschriebenen Sachlage können Bestrebungen auf Abschaffung der Z.spflicht aus der Betrachtung innerkirchlicher *Änderungsvorschläge* ausscheiden. Dann bleiben zZ nur zwei Vorschläge. Der eine betrifft formell die Neubelebung des altkirchlichen Diakonats, ist aber de facto vor allem ein Versuch, den Z. auf die Priester zu beschränken und neben ihnen einen verheirateten Klerus minderen Grades zu schaffen. Die in Amerika und Australien gemachten Erfahrungen mit dem Nebeneinander zölibatärer (lateinischer) und verheirateter (uniert-orientalischer) Kleriker führten jedoch (zuletzt 1929/30) zu der Vorschrift, daß dort nur unverheiratete oder verwitwete Priester eines orientalischen Ritus kirchlich tätig sein dürfen. Daher ist es fraglich, ob es zu einem Diakonat ohne Z. kommen wird, während er mit Z. auch seinen Befürwortern als unnötig erscheint. Praktikabel wäre hingegen ein anderer Vorschlag, nämlich die Laisierung freizustellen und stets auf die Z.spflicht auszudehnen. Jedoch ist dieser Weg von Benedikt XV. noch abgelehnt und bis jetzt nur in minimalstem Umfang (Paenitentiarie 1936: Zulassung verheirateter Majoristen zur Laienkommunion bei Enthaltung vom ehelichen Verkehr) beschritten worden.

Qu.: Ganze Kirche: PIUS XI., Enzyklika »Ad catholici sacerdotii«, 20.12.1935 (AAS 28, 1936, 24-28) - PIUS XII., Adhortatio Apostolica »Menti Nostrae«, 23.9.1950 (ebd 42, 1950, 663 f) - DERS., Ansprache vom 8.12.1950 (ebd 43, 1951, 29) - DERS., Enzyklika »Sacra virginitas«, 25.3.1954 (ebd 46, 1954, 161-191) - JOHANNES XXIII., Enzyklika »Sacerdotii nostri primordia«, 1.8.1959 (ebd 51, 1959, 549-551. 554-556) - S. Paenitentiaria, Dekret vom 18.4.1936 u. Declaratio vom 4.5.1937 (ebd 28, 1936, 242f; 29, 1937, 283f). - *Lat. Kirche:* cc. 81 (dazu Entscheidung der Interpretations-Kommission für den CIC vom 26.1.1949 [ebd 41, 1949, 158]). 132. 133. 213. 214. 985 n. 3. 987 n. 2. 1043-1045. 1072. 1114. 1993-1998 (dazu die Weiheprozeß-Ordnung, s. → Gerichtsbarkeit: I, Qu.). 2176-2181. 2359 § 1. 2388 § 1 CIC - BENEDIKT XV., Briefe vom 12.3.1919, 3. u. 29.1.1920 u. Ansprache vom 16.12.1920 (AAS 11, 1919, 122f; 12, 1920, 33-35. 57f. 585-588) - S. Congregatio de Sacramentis, Instructio vom 27.12.1930 (ebd 23, 1931, 127). - *Oriental. Kirche:* cc. 68-75. 157. 158 De ritibus orientalibus, de personis pro Ecclesiis Orientalibus (AAS 49, 1957, 456-458. 477) - cc. 48 § 1 n. 2. 62 De disciplina sacramenti matrimonii pro Ecclesia Orientali (ebd 41, 1949, 100. 102) - cc. 501-506 De iudiciis pro Ecclesia Orientali (ebd 42, 1950, 106f) - S. Congregatio pro Ecclesia Orientali, Dekret vom 1.3.1929, Art. 12 u. Dekret vom 23.12.1929, Art. 6 (ebd 21, 1929, 155; 22, 1930, 102f). - *Lit.:* Lehrbücher des → Kirchenrechts - DDC III, 107ff. 132ff. 665ff. 844ff; V, 270. 278. 323ff; VI, 528. 791 - H.DOMS, Vom Sinn d. Z.s, 1954 - J.HORNEF, Kommt d. Diakon d. frühen Kirche wieder?, 1959 - M.THURIAN, Marriage and Celibacy, London 1959 - W.BERTRAMS, Der Z. d. Priesters, 1960 - DERS., De caelibatu clericorum (Periodica de re morali canonica liturgica 50, Rom 1961, 203-211) - ERIK WOLF, Ordnung d. Kirche, 1961 (s. Reg.) - H.DOMBOIS, Das Recht d. Gnade. Ökum. Kirchenrecht I, 1961, 639f - I.F.GÖRRES, Laiengedanken zum Z., 1962 - F.THOMA, Um d. Grundlagen einer kath. Auffassung von Diakonie u. Diakonat (MThZ 13, 1962, 26-46) - Diaconia in Christo, hg.v. K.RAHNER u. H.VORGRIMLER (Quaestiones disputatae 15. 16), 1962. - *Gesch.:* P.HINSCHIUS, Das Kirchenrecht d. Katholiken u. Protestanten in Deutschland I, 1869, 131ff. 144ff; V, 1895, 816ff - PLÖCHL I. II²; III (s. Reg.) - FEINE (s. Reg.) - J.GAUDEMET, L'Eglise dans l'empire romain (IVe-Ve siècles), Paris o.J. (1958), 156ff - G. LE BRAS, Institutions ecclésiastiques de la Chrétienté médiévale, ebd 1959, 163f - L.HÖDL, Die Lex continentiae (ZKTh 83, 1961, 325-344) - RAC V, 349ff. *H.Barion*

Zoellner, *Wilhelm* (30.1.1860 bis 16.7.1937), ev. Theologe, * in Minden, † in Düsseldorf, 1886 Pfarrer in Friedrichsdorf bei Bielefeld, 1889 in Barmen-Wupperfeld, 1897 Leiter der Diakonissenanstalten in Kaiserswerth, 1905-31 General-Sup. von →Westfalen. Als Führer der Vereinigten Rechten kämpfte Z. in der verfassunggebenden Kirchenversammlung für eine luth. gegründete, zeugniskräftige Kirche. Von 1935 bis 12.2. 1937 war er Vorsitzender des Reichskirchenausschusses (→ Kirchenkampf, 7).

Vf. u.a.: Gnade u. Wahrheit (Predigten), (1897) 1899²; Wege u. Ziele, 1917; Die Minoritäten in d. preuß. Landeskirche, 1917; Frauennot u. Frauenhilfe, 1918; Klare Fronten, 1921; Die soz. Aufgaben d. ev. Kirche, 1924; Die weltanschaul. Grundlagen des Marxismus, 1927; Im Dienst der Kirche, Reden u. Aufs., 1931; Die Kirche d. Gesch. u. d. Kirche d. Glaubens, 1933. - Über Z.: Gesetzblatt der DEK 1937, Nr. 13, 37-39 - P.WINCKLER, Von D. Z.s Wollen u. Wirken (AELKZ 70, 1937, 801-803. 820-825. 846-849) - KJ 1933-44 (s. Reg.). *H.Hohlwein*

Zöllner und Sünder. Während die staatliche Kopf- und Grundsteuer in Palästina zZ Jesu durch (wohl einheimische) Beamte erhoben wurde, wurden die Zölle (Grenzzoll, Marktzoll) an den Meistbietenden verpachtet; die Staatspächter (vgl. Lk 19, 2), die ihrerseits Unterbeamte anstellten, mußten die Pachtsumme herauswirtschaften, der Rest floß in ihre eigene Tasche. Wegen ihrer Willkür und Habsucht (Lk 3, 13; 19, 8) waren die Zolleinnehmer verhaßt und verachtet; man versagte ihnen die bürgerlichen Ehrenrechte, zB wurden sie vor Gericht nicht als Zeugen zugelassen und in eine pharisäische Gemeinschaft nur dann aufgenommen, wenn sie ihren Beruf aufgaben. Wer mit den »S.n« konkret gemeint ist, zeigen Zusammenstellungen wie »Räuber, Betrüger, Ehebrecher, Z.« (Lk 18, 10), »Kleinviehhirten, Steuererheber, Z.«, »Steuererheber, Räuber, Geldwechsler, Z.« sowie die Listen verachteter Gewerbe. Demnach waren die S. Menschen, die um ihres unmoralischen Lebenswandels willen verachtet wurden oder weil sie einen Beruf ausübten, der notorisch zu Unsittlichkeit oder Betrug verleitete (so zB die Hirten, die man verdächtigte, vom Ertrag der Herde zu unterschlagen). Die nur bei den Synoptikern begegnende Wendung Z. und S. stammt aus dem Mund der Gegner Jesu (Mk 2, 16 par; Mt 11, 19 par), die an der Tischgemeinschaft Jesu mit den Verachteten Anstoß nahmen, in der das Evangelium von der rettenden Liebe Gottes seinen sinnfälligsten Ausdruck fand (Mk 2, 15-17 par; Mt 11, 19 par; Lk 15, 1f; 19, 5).

SCHÜRER I, 474ff; II, 234ff - BILL. I, 377ff. 770f - J.JEREMIAS, Z. u. S. (ZNW 30, 1931, 293-300) - DERS., Jerusalem zZ Jesu II B, (1937) 1958, 174ff. *J.Jeremias*

Zola, *Emile,* franz. Schriftsteller, * 2.4.1840 in Paris, † 29.9.1902 ebd, Sohn eines Ingenieurs italienischer Abstammung, wuchs in Aix auf (Cézanne war dort sein Mitschüler) und kam 1860 als Verlagsangestellter nach Paris. Z. ist der Hauptvertreter des franz. → Naturalismus (: II, 2). In seinem Roman-Zyklus »Les Rougon-Macquart« (20 Bde, 1871-93; dt. 1923-25) will er die Natur- und Sozialgeschichte einer Familie im Zweiten Kaiserreich darstellen, wie man ein naturwissenschaftliches Experiment beschreibt (gemäß den Theorien Taines und der »Médecine expérimentale« [1865] des Arztes Claude Bernard). Seine starke dichterische Kraft verdirbt ihm dieses »wissenschaftliche« Konzept und läßt ihn Werke von intensiver Wirkung schaffen. Das gilt, bes. bei der Schilderung von Massenphänomenen, auch noch von den späteren Werken (zB »Travail«, 1901: Arbeiteraufstand; »Lourdes«, 1894: Pilgerscharen, die trotz ausgesprochener Skepsis und Antiklerikalismus mit Mitleid und Verständnis geschildert werden), die allerdings in einen naiven Fortschrittsglauben münden. Wegen der Ungerechtigkeit und antisemitischen Vorurteile der Gegner des Hauptmanns Dreyfus trat Z. in seiner Schrift »J'accuse« (1898) für diesen ein und mußte ein Jahr im englischen Exil leben. - Z.s Gesamtwerk steht seit 1895/96 auf dem Index der röm.-kath. Kirche.

GA, 51 Bde, Paris 1927-29. - Über Z.: P.ALEXIS, E.Z., notes d'un ami, ebd 1882 - J.BARBEY D'AUREVILLY, Polémiques d'hier, ebd 1889 - L.TOLSTOI, Z., Dumas, Guy de Maupassant, ebd 1896 - B.DIEDERICH, E.Z., 1898 - E.SEILLIÈRE, E.Z., Paris 1922 - D. LE BLOND-ZOLA, E.Z., raconté par sa fille, ebd 1931 - J.REWALD, Cézanne et Z., ebd 1936 - G.ROBERT, E.Z., ebd 1952 - F.W.J.HEMMINGS, E.Z., Oxford 1953 - H.PETRICONI, Das Reich des Untergangs, 1958 - H.GUILLEMIN, Z., légende ou vérité?, Paris 1961. *R.Falke*

Zollikofer, *Georg Joachim* (5.8.1730 bis 22.1.1788), ref. Theologe, * in St. Gallen, 1754 Pastor in Murten, dann in Monstein und in Isenburg, seit 1758 Prediger an der ref. Gemeinde in Leipzig. Sie verdankt ihm ein »Neues → Gesangbuch« (: I, 2 c; 1766) und eine Agende (1777). Z., ein rationaler Supranaturalist, erwarb sich durch seine Predigten, zumeist Moralreden, die Goethe im 7. Buch von »Dichtung und Wahrheit« neben den Predigten von → Jerusalem und → Spalding rühmt, einen geachteten Platz in der Geschichte des deutschen Stils und der Ästhetik. Mit → Lavater verband ihn lebenslange Freundschaft.

Vf. u.a.: Predigten, 2 Bde, (1769/70) 1789³; Einige Betrachtungen über das Übel in der Welt, (1777) 1789³; Predigten über die Würde des Menschen usw, 1783; Andachtsübungen u. Gebete, 1785 u.ö.; Warnung vor einigen herrschenden Fehlern des Zeitalters wie auch vor dem Mißbrauch der reineren Religionserkenntnis, 1788; Predigten, hg.v. F.v.BLANKENBURG, 7 Bde, 1788/89; Bd 8-9, 1809; Sämtl. Predigten, 15 Bde, 1798-1804. - Über Z.: H.DÖRING, Dt. Kanzelredner d. 18. u. 19.Jh.s, 1830, 856ff - H.HERING, Gesch. d. Predigt, 1897, 196f - KOCH VI, 489ff - P. WEINMEISTER, Beiträge zur Gesch. d. ev.-ref. Gemeinde zu Leipzig 1700-1900, 1900, 158ff - ADB 45,

415ff - RE XXI, 711ff - PrBl 1925, 617ff - P.Wernle, Der schweiz. Protestantismus im 18.Jh. III, 1925, 340ff (zum Briefwechsel mit Lavater). *E.Beyreuther*

Zonaras, *Johannes,* byzantinischer Historiker und Kanonist (12.Jh.). Er bekleidete das Amt eines Protasekretis (Kanzleichef) und Groß-Drungars (Präsident des Appellationsgerichtes) wahrscheinlich nicht unter Kaiser Alexios I., sondern unter Johannes II. (1118-43), mußte sich dann in ein Kloster zurückziehen, wo er seine Werke verfaßte. Das wichtigste ist seine Chronik (Ἐπιτομὴ ἱστοριῶν), die er unter Benützung wertvoller, zT nur bei ihm erhaltener Quellen von der Erschaffung der Welt bis 1118 führt (ed. M.Pinder und Th.Büttner-Wobst, 1897; L.Dindorf, 1868-75 sowie MPG 134/135). Neben einem Lexikon (ed. J.A.H.Tittmann, 1808) ist vor allem noch sein Kommentar zu den Synodalkanones und den kanonischen Schriften der Väter zu nennen, an den sich dann → Balsamon eng anlehnte (ed. zusammen mit Balsamon und Aristenos MPG 137/138). Dazu kommen kleinere kanonistische Schriften, einige Homilien und Bearbeitungen von Heiligenlegenden.

Lit. zum Historiker vollst. bei G.Moravcsik, Byzantinoturcica I, 1958², 345ff. - Lit. zur theol. Schriftstellerei bei Beck 656f. *H.-G.Beck*

Zorn Gottes

I. Religionsgeschichtlich - II. Im AT - III. Im Judentum und NT - IV. Dogmatisch

I. Religionsgeschichtlich

Die Animisten glauben oft, Widerwärtigkeiten seien von erzürnten → Geistern verursacht (Frazer VI, 72ff). Im → Shintoismus gelten unheimliche oder katastrophale Geschehnisse als Warnungen (tatari) eines gereizten Gottes. In den südindischen Dörfern hielt man früher Cholera, Pocken und ähnliche Epidemien für Wutausbrüche von Lokalgöttinnen, die kaum mehr als Symbolisierungen solcher unangenehmer Realitäten waren (H.Whitehead, The Village Gods of South India, London 1916, 16f). Selbst im brahmanischen Pantheon gibt es gewisse Gottheiten, die hauptsächlich → Personifikationen der bedrohlichen Aspekte der Natur sind. Wenn die Göttin → Kâlî blutdürstig züngelnd und mit stechenden Augen dargestellt wird, dann ist sie tatsächlich die Todesmacht. Von der Möglichkeit, ihre Wut gegen einen Feind zu gebrauchen, machte der indische Magier gerne Gebrauch (Asiatic Quart. Rev. 4, 1892, 157-163). - Auf einer anderen Stufe der Religion dient der Z.G. dazu, religiöse Pflichten einzuschärfen. Nach konfuzianischen Texten wird der Himmel durch tyrannische Herrschaft gereizt (SBE III, 409f. 129f). - Die farbigen Schilderungen von grausamen Bestrafungen im → Koran setzen einen intensiven göttlichen Z. über Ungehorsam, Undankbarkeit und bes. über Unglauben voraus (32, 20ff; 55, 35-45), und die berühmte Fātiha (1, 7) weiß, daß es Menschen gibt, »gegen welche Gott erzürnt ist«. Doch scheut sich der → Islam im allgemeinen, Allahs Z. direkt zu erwähnen, vielleicht, weil diese Eigenschaft zu menschlich scheint. Eine hadīth von al-Bukhārī lautet: »Meine Gnade ist größer als mein Z., oder sie nimmt den Vorrang ein« (EI¹ I, 305). - Im Rigveda bestraft Varuna zornig moralische Verfehlungen (1, 24. 25; 7, 86). Der spätere → Hinduismus verließ diese theistische Vorstellung zugunsten der unpersönlichen → Vergeltung der → Karma-Potenz. Der klassische Hinduismus kann Z. und höchstes Sein nicht zusammendenken. In Bhagavadgîtâ 16, 3f ist Z. eine dämonische Eigenschaft. - Der Mazdaismus (→ Iran: II) hat für die Vorstellung vom Z.G. keinen Raum. → Ormazd erzeigt den Menschen nur Wohlwollen. Selbst der Z., der den Bösen heimsucht, kommt nicht von ihm, sondern von bösartigen Dämonen. - Vgl. → Gericht Gottes: I, → Versöhnung: I.

M.Pohlenz, Vom Z.G., 1909 - G.Nebel, Weltangst u. Götter-Z. Eine Deutung d. griech. Tragödie, 1951 - Nilsson I (s. Reg.) - ThW V, 382ff (Lit.). *N.J.Hein*

II. Im AT

Die zahlreichen Ausdrücke des AT für Z.G. (Fichtner 392ff) weisen auf die Bedeutung des Z.es in Israels Denken über Gott hin. Hier tritt das göttliche Sein in Übereinstimmung mit dem übrigen at. Zeugnis als ein leidenschaftlich bewegtes ins Bewußtsein und stellt sich damit in Gegensatz zu allen philosophisch-abstrakten Bestimmungen des göttlichen Wesens. Als ein Urdatum der religiösen Erfahrung bedeutet diese Erfassung des tremendum in der Begegnung mit → Gott (: II), die ebenso in der Heiligkeitsaussage wiederkehrt (1Sam 6, 20, vgl. 2Sam 6, 6; Jos 24, 19; → Heilig: II), ein Echtheitszeichen des religiösen Erlebnisses, das mit dem Verständnis für die Majestät des Heiligen unmittelbar gegeben ist. Als Unwillensäußerung der Gottheit wird der Z. auf jede Lebensminderung von Menschen und Völkern bezogen. Auch als irrationales Geschehen weist er auf die lebendige Personhaftigkeit Gottes, dessen Allkausalität sich bis zu dämonischer Rätselhaftigkeit steigert (Gen 32, 23ff; Ex 4, 24; 1Sam 26, 19; 2Sam 16, 10ff; 24, 1), aber zugleich umschlossen ist von der Erfahrung des göttlichen Bundeswillens in → Gerechtigkeit (: II) und → Liebe (: II) und darum, ob nun in frommer Beugung hingenommen oder wie in Pss und Hi mit Klage und Auflehnung betrachtet, nie zur selbständigen Unheilsmacht wird. - Stärker als diesem Undeutbaren des Z.es wenden sich jedoch die at. Aussagen seiner rationalen Begründung in der → Sünde (: II) des Menschen zu. Das Widerstreben gegen Gottes Führung, die Mißachtung seiner Gebote, der Abfall zu anderen Göttern führt den Z.G. gegen sein Volk herauf (Num 11, 1; 12, 9; Dtn 1, 34ff; 32, 16; Ri 2, 13ff; Ex 32; 1Sam 15), der sich in furchtbaren Vernichtungsschlägen austobt und bes. von den → Propheten (: II) ohne Scheu vor der unzulänglichen Redeweise des Anthropopathismus in grellen Farben ausgemalt wird (Jes 30, 27; Am 6, 9ff; 8, 9ff; Hos 13, 7f). Es geht hier wie in den Aussagen von Jahwes Eifersucht (Jos 24, 19; Zeph 1, 18; Dtn 32, 21) um den radikalen Ernst, mit dem Gott seine Erwählung verwirklicht, nicht in kühler Unbewegtheit, sondern in stärkster Energie der Selbstdurchsetzung, die gerade so den Menschen ganz ernst nimmt. Wie stark diese Sicht des Z.es schon in alter Zeit das Denken bestimmt, zeigt die Umgestaltung der Paradies- und Sintfluterzählung, die Neid und Willkür ausschließt, aber auch der die Völker umfassende (Gen 11; 19; Dtn 29, 22; Am 2, 1; Jes 10, 5ff) und bis in die Scheol (→ Hölle: II) hinabreichende (1Sam 2, 6; Am 9, 2; Dtn 32, 22) Wirkungsbereich des Z.es, der dem Menschheitsleben von Anbeginn sein Schicksal bestimmt (Gen 1-11; Ps 90; Hi 14, 1-4). Im → deuteronomistischen Geschichtswerk kleidet er sich in die Form eines rationalen Vergeltungsschemas, das sich in nachexilischer Zeit im Glauben an eine bis zur Theodizee ausgebaute → Vergeltung (: II) auswirkt, aber damit neue, unlösbare Fragen wachruft. Vom Z. als Einzelakt führen die Propheten zu seiner Kulmination im eschatologischen → Gericht (: II) am Tag Jahwes als endgültiger Abrechnung des Weltgottes (Am 5, 18; Jes 2, 6; Zeph 1, 15 usw). Trotzdem tritt der Z. nie als gleichberechtigter Wesenszug Gottes neben Heiligkeit, Liebe und Macht. Die Gewißheit, daß das Erbarmen immer wieder über den Z. hinweggreift (Ex 20, 5f; 2Sam 12, 13; 24, 16; Jes 40, 2; 51, 22; → Gnade: II), daß die Sühnemittel der Fürbitte und des Sühnopfers von Gott selbst anerkannt sind, daß Jahwe nicht nachträgt (Jes 57, 16; Mi 7, 18; Ps 103, 8ff), sondern in Langmut zuwartet und warnt (Ex 34, 6f; Num 14, 18; Jes 48, 1), vor allem aber die Ausblicke auf eine die Zeit des Z.es abschließende Heilszeit lassen die Begrenztheit des Z.es gegenüber dem göttlichen Heilswillen stärker hervortreten und bahnen den Weg zu einer Heilsgewißheit, die den Z. als das Mittel zur Heilsbeschaffung positiv zu würdigen wagt (Hos 11, 8f; Jer 31, 20; Jes 53, 4f; 54, 8-10; Jes 12, 1).

Vgl. die at. Theologien, ferner R. Otto, Das Heilige, (1917) 1936[23-25], 96ff - P. Volz, Das Dämonische in Jahve, 1924 - ThW V, 392ff (J. Fichtner) - van der Leeuw 589ff. 724ff. *W. Eichrodt*

III. Im Judentum und NT

1. Das *Judentum* führt die at. Gedanken weiter und modifiziert sie im Sinne seines Gedankens von Gottesvolk und Einzelnem und des eschatologischen Geschichtsbildes. So heben sich verschiedene Typen heraus. a) Der Z. erscheint teils als persönlicher Affekt (Sir 16, 6), teils als unpersönlicher Prozeß (1Makk 1, 64); er wird zu einer Art selbständiger Potenz (Josephus, Bell. VII, 34). Der Hinweis auf die Spannung von Z. und Erbarmen Gottes kann zum paränetischen Motiv werden (Sir 5, 6; 16, 11). b) »Z.« bedeutet das → Gericht (äthHen 55, 3; 91, 7; »Tag des Z.es« Jub 24, 28. 30). c) Das Gericht wird teils als innergeschichtliches (Sir, Dam, TestLev 6, 11, vgl. 1Thess 2, 16), teils als endzeitliches (äthHen 62, 12 usw) gesehen. d) Es ergeht über die Heiden (Sir 36, 6ff) oder (im Sinn der jüdischen Individualisierung) über die Sünder (Jub 36, 10; s.u.). Soweit man den Z. auf Israel lasten sieht, gilt er als vorübergehende Maßnahme zur Erziehung (Weish 11, 9; 2Makk 5, 17). Neu ist der Gedanke von der sühnenden Kraft des Martyriums (2Makk 7, 38). - Auch die → *Qumran-Texte* kennen den heilsgeschichtlichen (Dam I, 5. 21) wie den eschatologischen (1QM IV, 1 usw) Z. Die innere Einheit von beidem ist im spezifischen Gemeindegedanken der Sekte gegeben: Diese ist selbst aktiver Faktor im Vollzug des Z.es, indem sie heute den Fluch über die Männer des Belial-Loses spricht und so den Z. vorwegnimmt (1QS II, 9. 15; IV, 12f; V, 12). Auch der Fromme sieht schaudernd die Zeit des Z.es mit ihren apokalyptischen Schrecken nahen. Mittel der Abwehr ist das Bekenntnis der eigenen Sündigkeit mit Appell an Gottes Gerechtigkeit (!) und Gnade (1QH VII, 28ff). - Für die *Rabbinen* ist klar, daß der Z. nicht die Gerechtigkeit aufhebt. Neben ihm waltet Barmherzigkeit und Langmut. Gelegentlich ist der Z. in einen Engel des Verderbens umgedeutet. - In einem Zweig des *alexandrinischen Judentums* wird unter dem Eindruck der griech. Anschauung von der Affektlosigkeit der Gottheit verneint, daß man von Gottes Z. sprechen könne (Arist 254; Philo, Deus Imm. 71; vgl. auch LXX Hi 42, 7; Jes 57, 17). Die at. Stellen vom Z.G. muß Philo dann als Anpassung an die beschränkte menschliche Fassungskraft erklären (Deus Imm. 52).

2. Im *NT* wird der Gedanke des Z.es G. nicht durch den der → Liebe (: III) *ersetzt.* Gott ist der Richter, »der den Z. (also das → Gericht) heraufführt« (Röm 3, 5f); man erwartet den »Tag des Z.es« (Röm 2, 5 vgl. 16). Die Botschaft lautet nicht, daß es keinen Z.G. gibt, sondern daß wir vor ihm gerettet werden (1Thess 1, 9f; Röm 5, 9) durch Christus (1Thess 5, 6) bzw. die Offenbarung der Gerechtigkeit (Röm 1, 16-18). Bei Paulus ist der Gegenbegriff nicht Liebe, sondern die Rettung, das → ewige Leben (Röm 2, 7f), einmal die Barmherzigkeit (Röm 9, 22f). Das affektive Element tritt im Vergleich mit dem AT stark zurück: Es finden sich nur die Substantive ὀργή und θυμός, auch diese selten. Das Verbum ὀργίζομαι wird nicht von Gott gebraucht. Es gibt keine irrationalen Ausbrüche des Z.es G., daher keine andere »Methode« der Beschwichtigung als Buße (Mt 3, 7f) und Glauben (Röm 1, 17f).

Ins spezifisch Theologische wird der Begriff ὀργή von → *Paulus* erhoben, wenn er ihn zum Gegenbegriff der → Gerechtigkeit Gottes (: III) macht (Röm 1, 18ff). Damit überwindet er im Grunde die Alternative von innergeschichtlichem und eschatologischem Walten des Z.es G. durch sein Verständnis vom eschatologischen Charakter der Heilsoffenbarung, ohne dabei die futurische Erwartung des Gerichtes allein (!) nach den Werken (als Folie für die → Rechtfertigung allein aus Glauben) aufzugeben. Ebenso ist die Alternative »Z. als persönlicher Akt« - »Z. als unpersönlicher Prozeß« irrelevant. - Offenbarung der Gerechtigkeit und des Z.es halten sich (trotz der bewußt parallelen Formulierung von Röm 1, 17 und 18) nicht im Gleichgewicht. Jene geschieht »im Evangelium«, diese erfolgt »vom Himmel her«. Dh: *verkündet* wird nicht Z. *und* Gerechtigkeit, sondern die Gerechtigkeit als die Rettung angesichts des Z.es, der bereits waltet. Der Hinweis auf den Z. dient nicht der psychologischen Vorbereitung der Bekehrung, sondern der Enthüllung der Welt im Licht der endzeitlichen Offenbarung. »Z.« wird nicht mit der »Furcht« verknüpft. - Von der Verankerung des Begriffs in der Rechtfertigungslehre ist auch das Verhältnis von Z.G. und → Gesetz (: IV) zu verstehen: Dieses führt in die Übertretung, damit in den Z. (Röm 4, 15); weiter das Auftreten des Begriffs in der → Prädestinations-Lehre (Röm 9, 22; vgl. den Sachzusammenhang). Er fehlt dagegen in der Christologie; Christus wird nicht als Objekt des Z.es G. dargestellt. Vielmehr spricht Paulus im Stil seiner Gesetzes- und Rechtfertigungsauffassung von Fluch und Sünde (Gal 3, 13; 2Kor 5, 21).

Im *JohEv* (nur 3, 36) ist der Gedanke im Stil der johanneischen Eschatologie vergegenwärtigt. Dagegen finden wir in der *Apk* die glühenden Farben des apokalyptischen Endgemäldes: Der Becher des Z.weines (θυμός) Gottes wird ausgegossen (vgl. Lohmeyer zu Apk 14, 8), und der Gerichtstag ist der Tag des Z.es des *Lammes* (6, 16f), womit die alte Auffassung vom Z.G. mit der Erwartung des Gerichtes durch Christus auch in formale Übereinstimmung gebracht ist.

Lit. s. → Gericht Gottes: III. Ferner: Bultmann, NT 288f - ThW III, 167f (θυμός); V, 382ff (ὀργή; Lit.) - A. Schlatter, Gottes Gerechtigkeit, 1935, 46ff - G. Bornkamm, Die Offenbarung des Z.es G. (ZNW 34, 1935, 239-262 = Ges. Aufs. I [BEvTh 16], [1952] 1958², 9-33) - E. Bevan, Symbolism and Belief, 1938, 206ff - E. Sjöberg, Gott u. die Sünder im paläst. Judentum (BWANT IV, 27), 1938 (s. Reg.) - G. Schrenk, Unser Glaube an den Z.G. nach dem Röm, 1944 - R.V.G. Tasker, The Biblical Doctrine of the Wrath of God, 1951 - F. Nötscher, Zur theol. Terminologie der Qumran-Texte (BBB 10), 1956, 158ff - A.T. Hanson, The Wrath of the Lamb, 1957 - G.H. Macgregor, The Concept of the Wrath of God in the NT (NTS 7, 1961, 101-109). *H. Conzelmann*

IV. Dogmatisch

Das *Problem* der dogmatischen Bestimmung des Z.es G. liegt nicht so sehr in dem »Anthropopathismus« des vorgegebenen biblischen Begriffs (den er mit anderen Begriffen wie Erbarmen, Barmherzigkeit usw gemeinsam hat), als vielmehr in der Frage nach der rechten Zuordnung des Z.es G. zu seinem Heilswillen. Es geht nicht an, den Z.G. als eine eigenständige Willensrichtung oder Wesenseigenschaft seiner Liebe entgegenzusetzen (so in extremer Form J. → Böhme, abgemildert vielfach in der kirchlichen Tradition), weil damit die Einheit der Gottesanschauung gefährdet und die Gültigkeit der göttlichen Heilszusagen ungewiß gemacht wird. Es ist andrerseits nicht vertretbar, um dieser Gefahr willen den biblischen Gedanken des Z.es G. überhaupt fallenzulassen (so → Schleiermacher) oder ihn aus dem Bereich des geschichtlichen Handelns Gottes herauszunehmen und ihn auf das Endgericht Gottes zu beschränken (so A. → Ritschl), weil damit die ev. Botschaft verkürzt und um ihren Ernst gebracht wird.

Eine zureichende *inhaltliche Bestimmung* des Z.es G. ergibt sich nur von Gottes offenbarendem Handeln in Jesus Christus her, in dem Gott seinen Liebeswillen zur Rettung der Welt erweist und bewährt. Von daher ist der Z.G. als Inbegriff dessen zu verstehen, was Gott in seiner Liebe zu seinen Geschöpfen *nicht* will: als sein Wider-Wille gegen die → Sünde (: VI), die den Menschen seiner ursprünglichen geschöpflichen Bestimmung entfremdet; als sein Un-Wille über den Sünder, der diese Entfremdung verschuldet; als sein »Eifer«, seine Beharrlichkeit und Strenge, mit der er sich um der Durchführung seiner Heilsabsicht willen der Entfremdung seines Geschöpfes widersetzt und den Menschen nicht als Sünder »bleiben« läßt. So verstanden widerstreitet der Z.G. nicht seinem Liebeswillen, wird vielmehr durch diesen begrenzt und umschlossen, ja ist nichts anderes als »das heilsame Brennen seiner Liebe« (K.Barth). »Der Z. setzt die Liebe voraus, und er steht im Dienste des Liebeswillens« (Althaus).

Die *Auswirkungen* des Z.es G. sind sachlich identisch mit dem → Gericht Gottes (: IV) in der ganzen Mannigfaltigkeit seiner verschiedenen Formen. Im Glauben an Christus erfährt der Mensch (jeweils im Durchgang durch konkrete → Anfechtung hindurch) die einzelnen Akte des göttlichen Richtens als »Heimsuchung«: als Gottes »fremdes Werk«, mit dessen Hilfe er das »eigentliche Werk« seiner Liebe ausrichtet (Luther; → Verborgenheit Gottes). Von der Erfahrung der in Christus wiedergeschenkten Gottesgemeinschaft her kann er seine eigene Vergangenheit wie auch die Gegenwart seiner nichtglaubenden Mitmenschen nur als Dasein unter dem Z.G. verstehen, in dem Gottes Heilsabsicht noch nicht zur Verwirklichung gekommen ist (Eph 2, 3; Röm 1, 18ff; vgl. Röm 2, 4; 9, 22, wo deutlich wird, daß mit dem »Dahingeben« in 1, 24ff keine Wirkung eines absoluten, sondern des durch Gottes Langmut und Geduld begrenzten und bestimmten Z.es G. gemeint ist). Die Frage, ob Gottes Heilswille bei allen Menschen zum Ziele kommt, kann dogmatisch weder im Sinne der Lehre von einer doppelten → Prädestination (: IV) noch von der → Wiederbringung Aller (: II) entschieden werden. Von einer ewigen Verwerfung bestimmter Menschen kann daher nicht als von einer tatsächlichen Wirkung des Z.es G., sondern nur als von einer um des Unglaubens willen bestehenden Drohung angesichts des noch ausstehenden Endgerichtes gesprochen werden (wobei diese Drohung keinen Widerspruch zu Gottes in Christus geoffenbartem → Heilsratschluß darstellt, sofern als dessen Objekt nicht der einzelne Mensch, sondern die Menschheit im ganzen erkannt wird; vgl. dazu Röm 9-11 und → Prädestination: IV, 2).

Außer den Lehrbüchern der DG u. der → Dogmatik: A.RITSCHL, De ira Dei, 1859 - DERS., Die christl. Lehre von d. Rechtfertigung u. Versöhnung II, 1889³, 119ff - R.BARTHOLOMÄI, Vom Z.G. (JDTh 6, 1861, 256-277) - F.WEBER, Vom Z.e G., 1862 - A.DIECKMANN, Die christl. Lehre vom Z.e G. (ZWTh NF 1/II, 1893, 321-377) - RE XXI, 719ff - M.POHLENZ, Vom Z.e G. (FRLANT 12), 1909 - E.BRUNNER, Der Z.G. u. d. Versöhnung durch Christus (ZZ 5, 1927, 93-115) - L.PINOMAA, Der Z.G. in d. Theol. Luthers, Helsinki 1938 (Lit.) - DERS., Der Z.G. (ZSTh 17, 1940, 587-614) - DERS. in: EKL III, 1922ff - A.v.JÜCHEN, Der Z.G., 1948. *H.Bandt*

Zosimas, Klosterabt und asketischer Schriftsteller aus der Umgebung des → Barsanuphius, lebte im 6.Jh. Seine Schriften sind wichtig für die Geschichte der byzantinischen → Mystik (: V).

BECK 352. 396 (Lit.). *K.Onasch*

Zosimus, 1. *Historiker,* Ende 5.Jh. Seine Geschichte der röm. Kaiserzeit (bis 410, unvollendet) ist kompiliert, aber als Quelle wichtig. Mit christenfeindlicher Tendenz erklärt er den Niedergang des Reiches aus dem Abfall von der alten heidnischen Religion.

Νέα ἱστορία (6 Bücher, mit Lücken), ed. L.MENDELSSOHN, 1887. - W.v.CHRIST-W.SCHMID, Gesch. d. griech. Lit. II/2 (HAW 7), 1924⁶, 1037f - GY.MORAVCSIK, Byzantinoturcica I, (1942) 1958², 577ff - M.E.COLONNA, Gli storici bizantini I, Neapel 1956, 142ff (jeweils Lit.). *G.Perl*

2. *Papst* 18.3.417 bis 26.12.418, Grieche, vielleicht jüd. Herkunft; Tag: 26.12. Überbetonung röm. Primatsansprüche brachten diesem Nachfolger → Innozenz' I. Schwierigkeiten und Mißerfolge ein, die noch spätere Päpste (→ Bonifatius I.) und mehrere Synoden beschäftigten. Seine Begünstigung des → Pelagianismus mußte Z. nach der Generalsynode zu Karthago (418) revidieren (»epistola tractoria«). Dem afrikanischen Kirchenrecht stellte Z. ein grundsätzliches röm. Appellationsrecht entgegen, gestützt auf zwei - angeblich nicänische - Kanones von Serdika. Widerspruch erregte auch die Erhebung von → Arles zur Obermetropole.

RE XXI, 729f; XXIV, 693 - MIRBT, Nr. 150 - CASPAR I, 344ff - LThK X, 1095 - HALLER I, 123ff - DThC XV, 3708ff - K.BIHLMEYER-H.TÜCHLE, KG I, 1951¹², §§ 56, 3. 4; 64, 1 - EC XII, 1823f - SEPPELT I², 145ff - ALTANER § 78, 7. *W.Müller*

Zossima, russ. Asket und Heiliger († 1478), * im Novgoroder Gebiet am Ufer des Onegasees, wurde früh Einsiedler. Eine Begegnung mit dem Mönch Hermann, dem Gefährten des hl. Sawwatius, der auf der Insel Solowetzky als Asket gelebt hatte, bewog ihn, dorthin zu gehen. Der Ruf seiner Heiligkeit zog bald zahlreiche Jünger herbei; für sie gründete er das berühmte Solowetzkykloster und war dessen erster Abt. 1547 wurde Z. vom Moskauer Konzil kanonisiert.

Vgl. zB I.KOLOGRIVOF, Essai sur la sainteté en Russie, Brügge 1953, 148. *N.v.Arseniew*

Zscharnack, *Leopold* (22.8.1877 bis 19.8.1955), ev. Theologe, * in Berlin, † in Kassel, 1901-03 Inspektor des Gymnasialalumnats Gartz a.O., 1905-10 im Berliner Schuldienst, 1906 PDoz. für KG in Berlin, 1910 Titular-Prof., 1916-18 Feldgeistlicher, 1922 Prof. in Breslau, 1925 in Königsberg (wo er noch während der Belagerung der Stadt [1944/45] Vorlesungen im Keller hielt und die ostpreußische Provinzialkirche leitete), 1948 Honorar-Prof. in Marburg, zugleich Mitglied der Kirchenleitung der Ev. Landeskirche von Kurhessen-Waldeck. Z. machte sich als vielseitiger Herausgeber verdient, bes. von RGG¹ II-V und RGG².

Vf. u.a.: Der Dienst d. Frau in d. ersten Jh.en d. christl. Kirche, 1902; Lessing u. Semler, 1905; John Tolands Christianity not mysterious, 1908; Lessings theol. Schriften, 4 Bde, 1910 (Anmerkungs-Bd 1929); Das Werk Martin Luthers in d. Mark Brandenburg. Von Joachim I. bis zum Großen Kurfürsten, 1917; Die Trennung von Staat u. Kirche, 1919; Der Protestantismus d. Gegenwart in kath. Beleuchtung, (1924) 1925²; Das bayer. Konkordat, 1925; Die Protestation von Speyer, 1929. - Hg.: JBrKG 1913-20; ZKG NF 1919-30; Volkskirche 1919-22. - Mit-Hg.: Studien zur Gesch. d. neueren Protestantismus, 1906-39. - Über Z.: A.UCKELEY, L.Z. zum 75. Geb. (DtPfrBl 52, 1952, 457f) - H.RUST, L.Z. (Jb. d. Albertus-Univ. Königsberg 7, 1956/57, 49-54). *H.Hohlwein*

Zschokke, *Heinrich* (22.3.1771 bis 27.6.1848), ev. Schriftsteller, * in Magdeburg, † in Aarau, 1793 Prediger in Magdeburg, 1794 PDoz. in Frankfurt/O. Z.s

Sympathie mit der franz. Revolution führte ihn 1795 für immer in die Schweiz. 1796-98 war Z. als Erzieher in Reichenau (Graubünden), später als beliebter Schriftsteller und Politiker tätig. 1808-16 gab er anonym ein »Sonntagsblatt« heraus. Dessen Abhandlungen, zu deren Verfasserschaft sich Z. erst 1842 bekannte, erschienen 1816 als »Stunden der Andacht« und erlebten als Abgesang eines sentimentalen Rationalismus zahllose Auflagen in vielen Sprachen.

Ges. Schriften, 35 Tle, 1851-58 - Sämtl. Novellen, 12 Bde, 1904. - Über Z.: Eine Selbstschau, 1842 - ADB 45, 449ff - M.SCHNEIDERREIT, H.Z., seine Weltanschauung u. Lebensweisheit, 1903 - RE XXI, 730ff - C.GÜNTHER, H.Z.s Jugend- u. Bildungsjahre, Aarau 1918 - M.PRIEGER, H.Z.s Erzählungskunst (Diss. München), 1924 (Masch.) - W.HARTMANN, H.Z.s Stunden der Andacht, 1932 - P.SCHAFFROTH, Z. als Politiker u. Publizist (Diss. Bern), 1950. *E.Beyreuther*

Zuckmayer, *Carl,* Schriftsteller, * 27.12.1896 in Nackenheim/Rhein, emigrierte 1938 in die Schweiz, dann nach Amerika, kehrte 1946 zurück (1952 Frankfurter Goethepreis). Unbeeinflußt von literarischen Zeitströmungen ist das gesamte Schaffen Z.s (Dramen, Gedichte und Prosa) ein überzeugtes Ja zum Leben. Diese Einstellung entspringt weder einem Positivismus noch einer blinden Ergebung in das Schicksal; sie kommt aus der Erkenntnis, daß die Welt als Gottes Schöpfung sinnvoll ist und der Mensch mitverantwortlich an allem Geschehen. Für Z. spielte »die selbstverständliche Zugehörigkeit zum Katholizismus eine formende Rolle« (Pro Domo, 1938). In seinen frühen Gedichten (»Glaubenslied« usw) preist er Gott und »Das himmlisch' Reich auf Erden« (Gedichte, 1928). In späteren Werken wird selten über Religion gesprochen, doch Gott ist allgegenwärtig. Selbst der Mensch, der freiwillig aus dem Leben scheidet - Harras in »Des Teufels General« (1946) -, liebt und bejaht das Leben und überzeugt die Zweifler. Sein Tod ist kein Verzweiflungsakt, sondern freiwillige Sühne. Z.s Menschen handeln eindeutig und kraftvoll, sie genießen und sündigen, und es wird ihnen vergeben, weil sie nicht darauf reflektieren, sondern weil sie glauben. - Vgl. → Literatur der Gegenwart: I, 2 (Sp. 393f).

GesW, 4 Bde, 1960. - Über Z.: Fülle der Zeit. C.Z. u. sein Werk, 1956. *A.Lemke-Bultmann*

Zülch, *Hermann* (7.4.1812 bis 19.12.1900), ev. Theologe, * in Philippsthal, † in Melsungen, 1840 Rektor in Homberg, 1848 Pfarrer in Völkershausen, 1855 in Hombressen (Kurhessen). Nach der Annektion → Kurhessens (, 7) durch Preußen wandte sich Z. gegen die Kirche der Union, da sie kein Bekenntnis habe, und lehnte das Fürbittgebet für den preußischen König ab. 1873 als renitenter Pfarrer abgesetzt, verwaltete er von Kassel aus die renitente Gemeinde Altmorschen, später Melsungen.

Vf. u.a.: Die jüngsten Vorgänge auf d. kirchl. Gebiete Niederhessens, 1868; Der gegenw. Kampf d. hess. Kirche um ihre Selbständigkeit, 1870; Zur Würdigung d. hess. Renitenz, 1879; Rückblick auf die 20 Jahre der Renitenz, 1893. - Über Z.: R.SCHLUNCK, Die 43 renitenten Pfarrer, 1923, 112ff - K.WICKE, Die hess. Renitenz, 1931. *H.Hohlwein*

Zündel, *Friedrich* (1827-91), ev. Theologe, * in Schaffhausen, wurde als Student am Stuttgarter Polytechnikum in Möttlingen hingebender Anhänger → Blumhardts, der ihn für die Theologie gewann; daneben schätzte er → Hofmann. 1880 schrieb Z. die klassische Biographie »Pfarrer Joh.Chr.Blumhardt« und zeigte in seinen Büchern »Jesus« ([1883] 1923³) und »Aus der Apostelzeit« ([1886] 1923³), was man bei Blumhardt über das göttliche Tatsächliche der apostolischen Zeit dachte. Seine Pfarrertätigkeit führte ihn 1874 an die »Minderheitsgemeinde« nach Winterthur, wo er aber kein freikirchlicher Parteimann wurde. Es lag ihm auch im Leben daran, die apostolische Freiheit und Universalität zu ehren und gegenüber allem vermeintlich Christlichen das Biblische zu Ehren zu bringen. Der Theologie hat er »Anfragen« gestellt, von denen K.Barth noch 1920 meinte, sie seien »unerledigt, obwohl aus ihnen Entscheidendes zu lernen« sei.

Auf den Spuren von F.Z., 1927 - K.BARTH, Die Theol. u. d. Kirche (Ges. Vorträge II), 1928, 1ff. *† G.Merz*

Zürich, *Universität*

1. Theologenschule - 2. Gründung und allgemeine Entwicklung - 3. Theol. Fakultät

1. Aus dem MA stammte die *Lateinschule* des Chorherrenstiftes am Großmünster. Als Ergänzung schuf → Zwingli für die Ausbildung der Pfarrer die → *Prophezei* (1525). Sie entwickelte sich zur Theologenschule, die »Lektorium« und seit der 2. Hälfte des 18.Jh.s *»Collegium Carolinum«* hieß (nach der Überlieferung war Karl d. Gr. Schirmherr der Großmünster-Schule). Unter Antistes J.J. → Breitinger (, 1) wurde das Carolinum in eine philologische, philosophische und theol. Abteilung gegliedert. Den Primat hatte die Theologie, auf sie war die humanistische Bildung ausgerichtet. Doch wurden auch naturwissenschaftliche Vorlesungen gehalten. Bekannte Naturforscher waren K.Gesner (1516-64) und J.J. Scheuchzer (1672-1733). Der konservative Geist der Orthodoxie (→ Schweiz: I B, 2b) wich nur zögernd dem Einfluß der → Aufklärung (: II, 6), die in J.J.Bodmer (1698-1783) und J.J. → Breitinger (, 2) begeisterte Befürworter fand. Eine durchgreifende Reform des Lehrbetriebs hatte aber auch die durch die französische Revolution ausgelöste politische Umwälzung der Helvetik nicht zur Folge. Immerhin sah man die Notwendigkeit einer Ergänzung des Carolinums ein. 1806 wurde das 1782 privat errichtete »Medizinisch-chirurgische Institut« staatlich anerkannt, das »Anatomische Theater« diente der Demonstration von Operationen und Sezierungen. 1807 folgte das »Politische Institut« zur Ausbildung von Juristen und Staatsmännern. Trotzdem genügte das Carolinum den Anforderungen akademischer Bildung nicht mehr.

2. Erst der Durchbruch des → Liberalismus in der Regeneration, der politisch in neuen schweizerischen Kantonsverfassungen seinen Niederschlag fand, brachte eine wirkliche Erneuerung des höheren Erziehungswesens. Die zürcherische Verfassung von 1831 ergänzte das Unterrichtsgesetz vom 28.9.1832; darin war anstelle des Carolinums eine kantonale *Universität* vorgesehen. Die Vorarbeiten wurden im Hinblick auf den Plan einer Eidgenössischen Hochschule so gefördert, daß die feierliche *Eröffnung* am 29.4.1833 stattfinden konnte. Für die Vorlesungen standen zunächst nur Provisorien zur Verfügung, bis 1838 das »Hinteramt« (altes Augustinerkloster) als Universitätsgebäude bezugsbereit war. Die Organisation der Hochschule lehnte sich an das deutsche Vorbild an und sah 4 Fakultäten vor (theologische, staatswissenschaftliche, medizinische und philosophische). 1859 erfolgte die Unterteilung der philosophischen Fakultät in eine philologisch-historische und mathematisch-naturwissenschaftliche Abteilung (später phil. Fakultät I und II). 1902 wurde die seit 1820 bestehende Tierarzneischule als veterinär-medizinische Fakultät angegliedert, 1906 die medizinische Fakultät durch das Zahnärztliche Institut erweitert. Im ersten Semester standen der Universität 18 Professoren und 28 Privatdozenten zur Verfügung. Unter den 159 immatrikulierten Studenten befanden sich 33 Ausländer, wozu noch

Auditoren kamen. Die zuständigen Behörden suchten im In- und benachbarten Ausland die tüchtigsten Gelehrten zu gewinnen. Die politischen Verhältnisse bewogen mehrere Deutsche, den Ruf nach Z. anzunehmen. J.L.Schönlein brachte die medizinische Fakultät rasch zu Ansehen. → Schellings Naturphilosophie fand in L.Oken als erstem Rektor einen hervorragenden Interpreten. Unter den Juristen der ersten Zeit traten die Schweizer J.C. → Bluntschli und F.L.Keller hervor.

Eine gewisse Erschütterung brachte 1839 der Versuch der radikalen Regierung, D.F. → Strauß an die theol. Fakultät zu bringen. Der dadurch ausgelöste »Straußenhandel« war Ausdruck der konservativen Reaktion, in deren Verlauf die Aufhebung der Universität erwogen wurde. Der Liberalismus überwand aber diese Krise rasch. Die zürcherische Hochschule erfuhr eine stetige Entwicklung, obschon der Plan, sie zu einer eidgenössischen Universität zu erheben, nicht in Erfüllung ging. Mit dem 1855 in Z. eröffneten *Eidgenössischen Polytechnikum* bestanden von Anfang an enge Beziehungen. - Die Spezialisierung innerhalb der Geistes- und Naturwissenschaften erforderte die Vermehrung der Lehrstühle und Institute. Dadurch wurde ein Neubau des Vorlesungsgebäudes dringlich, der am 18.4.1914 eingeweiht wurde. Die Verbundenheit des demokratischen Staates mit der höchsten Bildungsstätte kam in der Inschrift des Westportals »Durch den Willen des Volkes« zu sinnhaftem Ausdruck. - Im Winter 1961/62 lehrten an der Universität Z. 130 Professoren und 160 Privatdozenten, die Zahl der immatrikulierten Studierenden betrug 3742 (davon 717 Ausländer). Von hervorragenden Gelehrten sind, abgesehen von der theol. Fakultät, zu nennen: Als *Juristen* Th. → Mommsen (1851-54), F.Fleiner (1915-36), M. → Huber (1902-21), W.Kägi (seit 1946); als *Mediziner* C.A.Th.Billroth (1860-67), A.Forel (1879-97), U.Krönlein (1881-1910), F.Sauerbruch (1910-18), E. Bleuler (1898-1927), C.v.Monakow (1885-1924); als *Philosophen* F.Th.Vischer (1855-66), W. → Wundt (1874 bis 1875), W.Windelband (1876-77), E. → Grisebach (1931-45), H.Barth (seit 1946); als *Historiker* G.Meyer v. Knonau (1867-1920), W.Oechsli (1893-1919), K.Meyer (1920-47), L.v.Muralt (seit 1940), ferner die *Kunsthistoriker* J.R.Rahn (1870-1912) und H.Wölfflin (1924-34); als *Naturwissenschaftler* A.Heim (1875-1911), P.Karrer (1918-59), O.Schlaginhaufen (1911-50).

3. Vom Carolinum gingen 1833 an die *theol. Fakultät* über die Aufklärer J.Schulthess für NT (mit M.Schuler Herausgeber der 1. Gesamtausgabe von Zwinglis Werken), S.Hess für prakt. Theol. und L.Hirzel für AT, NT und theol. Hilfswissenschaften. Zu Ordinarien wurden H.Chr.M.Rettig (1833-36) für NT, KG und DG, F.Hitzig (1833-61) für AT berufen. Der alte *theol. Rationalismus* verlor an Boden, als A. → Schweizer (1835-88) die Nachfolge von Hess antrat. Er las über prakt. Theol., NT und Dogmatik. Als Schüler → Schleiermachers vertrat er die → Vermittlungstheologie und grenzte sich gegen die »Reformer« und die »Positiven« ab (→ Schweiz: I B, 3b). Die Berufung von D.F.Strauß (s. 2) wurde von Schweizer abgelehnt. Neben ihm gab der Fakultät jahrzehntelang der Hegelianer A.E.Biedermann (1850 bis 1885; → Liberalismus: III, 1) das Gepräge. Sein spekulatives System legte er abschließend in der »Christlichen Dogmatik« ([1869] 1884/85²) nieder. Biedermann war der geistige Führer der → Reformer. Dem *theol. Liberalismus* kam nun in Z. eine beherrschende Stellung zu, obwohl auch die positive Richtung bei der Besetzung von Lehrstühlen Berücksichtigung fand. Die Professur Schweizers versahen P.Christ (1889-1908), der Mitbegründer des religiösen Sozialismus L. → Ragaz (1908-21), W.Gut (1923-55). Biedermanns Nachfolger waren Th.Häring (1886-89), der Ritschlianer G.v. Schulthess-Rechberg (1890-1916), K.v.Orelli (1917-22). Durch E. → Brunners langjähriges Wirken (1924-52) trat die Problemstellung der → dialektischen Theologie in den Mittelpunkt. Die neueste Entwicklung auf systematischem Gebiet wird durch die hermeneutische Theologie G.Ebelings (seit 1956) bestimmt. Der vom religiösen Sozialismus herkommende Systematiker A.Rich (Nachfolger E.Brunners seit 1954) wandte sich bes. der Sozialethik zu. - *AT*, verbunden mit *Religionsgeschichte*, lehrten in neuerer Zeit J.Hausheer (1905-35), maßgebend an der Zürcher Bibelübersetzung beteiligt, L. → Köhler (1908-47), W.Zimmerli (1935-51), V.Maag (seit 1948), H.Wildberger (seit 1951); *NT* P.W. → Schmiedel (1893 bis 1923), A.Meyer (1904-31), G.Schrenk (1923-49), W.G.Kümmel (1932-51), E.Schweizer (seit 1949), H.Conzelmann (1954-60). *KG:* E. → Egli (1889-1908), W. → Köhler (1909-29), F.Blanke (seit 1929) stellten sich in den Dienst der Zwingliforschung. Als Privatdozenten seien erwähnt: für KG O.Farner (1930-54), W.Nigg (1931-55), R.Pfister (seit 1950); für syst. Theol. E.G.Rüsch (seit 1954). Nach A.Schweizer war die *prakt. Theol.* den Vertretern der anderen Disziplinen anvertraut; 1961 errichtete die Regierung dafür wieder eine eigene Professur, die an W.Bernet überging. - Zum 1875 geschaffenen theol. Seminar kamen 1962 das hermeneutische und sozialethische Institut hinzu. 1961 setzten die Vorarbeiten für die kritische Bullinger-Edition ein. Im Winter 1961/62 hatte die Fakultät 8 Professoren, 3 Privatdozenten und 3 Lehrbeauftragte. Die Zahl der Studenten erhöhte sich von 16 i.J. 1833 auf 133.

Jahresberichte d. Univ. Z. - G.v.Schulthess-Rechberg, Die zürch. Theologenschule im 19.Jh., 1914 - H.Erb, Gesch. d. Studentenschaft an d. Univ. Z., 1833-1936, 1937 - E.Gagliardi-H.Nabholz-J.Strohl, Die Univ. Z., 1833-1933, u. ihre Vorläufer (Festschr. zur Jahrhundertfeier III), 1938 - A.Largiadèr, Gesch. von Stadt u. Landschaft Z. I. II, 1945, passim.

R.Pfister

Zufall (τύχη, συμβεβηκός, αὐτόματον; contingens, accidens, casus; hasard) ist das vereinzelte Geschehen oder Faktum, das sich jeder kausal oder final bestimmbaren Notwendigkeit zu entziehen scheint. Erkenntnistheoretisch gesehen ist er der negative Grenzbegriff zu allen Formen logisch gesetzlicher Einordenbarkeit. Der Kausaldeterminismus → Spinozas muß ihn definieren als »Res aliqua nulla alia de causa contingens dicitur, nisi respectu defectus nostrae cognitionis« (Eth. I, prop. 33, 1). Für das abstrakt Allgemeine und nur so wesentlich Bestimmte im Denken des → Aristoteles ist er der unwesentliche Rest des noch dazukommenden Besonderen. Entsprechend definiert → Thomas von Aquino: »Contingens, quod potest esse et non esse« (S.th. I, 86, 3), während → Duns Scotus den Z. auf den absoluten, aber eben unerkennbaren Willen Gottes zurückführt. → Leibniz versteht den Z. aus der für den Menschen uneinsichtigen Gesamtheit von Bedingungen, aus deren zweckmäßigem Zusammentreffen alles Einzelne erst seine Notwendigkeit erhält (Théodicée II, Anh. II, § 2). Nur für eine unendliche Vernunft wäre aller Z. logisch aufgehoben. Im Hinblick auf den Umfang unserer Einsicht relativiert sich das Zufällige. Darum bezeichnet die Wissenschaft den Rückzug auf den Z. als asylum ignorantiae. Und wo, wie in der modernen Mikrophysik, die Determiniertheit des Einzelvorgangs von neuem fraglich geworden ist, ist man bemüht, dem nicht mehr Meßbaren statistisch beizukommen (ähnlich im Versicherungswesen). Der absolute Z., wie er uns in → Epikurs Weltentstehungstheorie oder in → Nietzsches Satz: »Über allen Dingen steht der Himmel Z.« (Werke VI, 243) entgegentritt, ist eine unbewiesene metaphysische

Behauptung. Legitim läßt sich vom Z. nur in Relation zu unserer beschränkten Einsicht reden.

Eine andere Frage ist es, welche Bedeutung wir dem, was wir Z. nennen, für unser Leben beimessen. Z. ist Grenzwert oder »Vorform des Schicksals« (W.v.Scholz), eine spezifische Art schicksalhafter Erfahrung, die als solche unserer Freiheit unvorhergesehen und unberechenbar gegenübertritt und bestimmenden Einfluß auf unser Leben auszuüben vermag. Hier sind wir nicht nur gefragt, wie wir mit unserem Tun und Lassen verantwortlich darauf reagieren, sondern ob wir vom Verständnis des Sinns unseres Lebens den Z. als bloßen »Z.« gelten lassen können. Der christliche → Vorsehungs-Glaube (vgl. Mt 10, 29f; Röm 8, 28) verbietet uns zwar nicht, in Rücksicht auf die Schranken unserer menschlichen Erkenntnis von Z.en zu reden, er weiß aber unser → Schicksal (: III) samt dem, was uns als Z. widerfährt, in Gottes Fügung und Planen aufgehoben. Jeder »Glaube« an den Z. wäre unchristlich.

W.Windelband, Die Lehren vom Z., 1870 - M.Kähler, Die Wissenschaft d. christl. Lehre, (1883) 1905³, 243f. 264f - G.Rümelin, Über den Z. (Reden u. Aufs. III, 1894, 278-300) - A.Lasson, Über den Z., 1918 - P.Jaeger, Vorsehung, 1923, 43ff - W.v.Scholz, Der Z. u. d. Schicksal, (1924) 1950 - H.Heppe, Die Dogmatik d. ev.-ref. Kirche, hg.v. E.Bizer, (1935) 1958², 202f - M.Planck, Determinismus oder Indeterminismus?, (1938) 1952³ - J.Konrad, Schicksal u. Gott, 1947, 33ff - R.Müller-Freienfels, Schicksal u. Z., 1949 - Barth, KD III/3, 183ff - EKL III, 1924f. *J.Konrad*

Zulassung (permissio) ist im Unterschied zu den drei anderen Modi der gubernatio Dei (impeditio, directio, determinatio) *der* Akt der göttlichen → Vorsehung, der der Eigenbewegung der Kreatur, speziell der Freiheit des Menschen, auch in seiner Entscheidung zum Bösen, einen angemessenen Raum innerhalb der Gesamtplanung gewährt (vgl. Ps 81, 13; Röm 1, 24. 28). Gegenüber der supralapsarischen → Prädestinations-Lehre, in deren logischer Konsequenz Gott zum autor peccati zu werden droht, betont der Infralapsarismus die bloße Z. der Sünde. H.Heppe formuliert: »Die göttliche Providenz regiert die bösen wie die guten Handlungen der Menschen, und zwar diese durch eine actio efficax, jene durch eine permissio efficax« (203). Auch das von Gott nie bewirkte, aber doch begrenzt zugelassene Böse muß in mancherlei Weise (Leiden, Strafe, Vergebung, Erlösung) seinem Heilswillen dienen. – → Luther hat sich vom Glauben an die Alleinwirksamkeit Gottes her in »De servo arbitrio« scharf gegen die Vorstellung einer bloßen Z. ausgesprochen, der frühe → Melanchthon hat sie als »frigidum glossema« abgelehnt, → Calvin als Gotteslästerung verworfen. Die Frage der → Theodizee (: II. III) läßt die Mängel, die in der rationalen Konsequenz des Begriffes Z. liegen, deutlich hervortreten. Um ein vertiefteres, dem Evangelium und der Initiative Gottes besser Rechnung tragendes Verständnis der Z. im Sinne der von der Partnerschaft Christi her gewährten Freiheit haben sich K. → Barth und O.Weber bemüht.

H.Schmid, Die Dogmatik d. ev.-luth. Kirche, 1893⁷, 120. 131 - H.Heppe, Die Dogmatik d. ev.-ref. Kirche, hg.v. E.Bizer, (1935) 1958² - J.Konrad, Schicksal u. Gott, 1947, 223ff - Barth, KD III/3, 13. 170. 188. 435f - H.E.Weber, Reformation, Orthodoxie u. Rationalismus II, 1951 - O.Weber, Grundlagen d. Dogmatik I, 1955, 489f. 572f. - Vgl. die Lit. zu → Theodizee: II. III. *J.Konrad*

Zunft. Die sprachliche Herkunft des Begriffs ist umstritten; neben der Ableitung »aus dem, was sich ziemt« wird er mit »Zusammenkunft« in Verbindung gebracht. Sachverwandte Bezeichnungen sind Amt, Zeche, Einung, Gaffel, Gilde. Zünfte oder zunftähnliche Organisationen hat es außer im europäischen MA auch in der Antike und im Vorderen Orient gegeben. Das europäische Z.wesen setzte etwa im 12.Jh. ein, erlebte seine Blütezeit etwa im 15.Jh. und klang nach der Französischen Revolution aus. Außer dem → Handwerk waren im europäischen MA fast alle übrigen städtischen Berufszweige zünftig organisiert. Die Handwerker-Z. umschloß lange Zeit auch die Gesellenbruderschaften und stellte eine umfassende Lebensgemeinschaft dar. Der religiös-kirchliche Ursprung gilt als sicher; jedenfalls unterhielt die Z. eigene Altäre, hatte ihren Schutzheiligen und wirkte bei kirchlichen Veranstaltungen mit. – Frühzeitig übernahm die Z. soziale Beistandspflichten gegenüber allen Mitgliedern und deren Familien, woraus später die berufsständischen Sozialeinrichtungen hervorgegangen sind. Im Laufe der Zeit bekamen die wirtschaftsordnenden Funktionen immer stärkeres Gewicht, unter denen die autonome Gerichtsbarkeit am wichtigsten war. Sie befaßte sich mit der Ahndung standesverletzender Handlungen persönlicher und familiärer, religiöser, sozialer und wirtschaftlicher Art und entsprach ganz dem mittelalterlichen Gesellschaftsprinzip und Herrschaftssystem. Die Reichszunftordnung von 1731 setzte schließlich im Grundsatz neuzeitliche Rechtsauffassungen auch gegenüber den Zünften durch und ordnete sie in den neustaatlichen Herrschaftsverband ein. Erneuerungsversuche im 19.Jh. sind erfolglos geblieben. Die neuen Handwerksinnungen seit 1881 stellen keine Fortsetzung des Z.wesens dar. Die auf den Z.häusern betriebene Wirtschaftspolitik stand in mehrfacher Hinsicht unter dem Gesichtspunkt der »städtischen Nahrung«: auf dem Lande wurde kein Handwerk geduldet, die Stadtbevölkerung sollte ihre gesicherte Versorgung erhalten, die Handwerkerschaft ihr standesgemäßes Auskommen finden. Zu diesem Zweck waren Preise, Verdienste und Löhne reglementiert, ebenso die Arbeitszeiten und die Beschäftigtenzahlen. Technische Neuerungen waren ebenso wie unternehmerische Sonderleistungen verpönt. Insbesondere wurde die Meisterzahl klein gehalten, später sogar teilweise durch numerus clausus geschlossen. Im 17. und 18.Jh. haben sich diese Maßnahmen als wirksames Mittel zur Schwächung des Handwerks und zur Aushöhlung seiner Z.ordnung erwiesen. – Zünftiges Brauchtum hat sich Jh.e hindurch als kräftige Stütze bewährt, ist in der Neuzeit häufig entartet und wird heute noch vereinzelt gepflegt. In den »Meistersingern« hat R.Wagner dem Z.handwerk ein Denkmal gesetzt. Mit »zünftig« wird im heutigen Sprachgebrauch eine sachgemäße und fachgerechte Leistung bezeichnet, mit »zünftlerisch« eine Haltung aus Gruppenegoismus und Eigenbrötelei.

K.v.Rohrscheidt, Vom Z.zwange zur Gewerbefreiheit, 1898 - R.Eberstadt, Der Ursprung des Z.wesens usw, 1915 - R.Wissell, Des alten Handwerks Recht u. Gewohnheit, 2 Bde, 1929 - H.Lentze, Der Kaiser u. die Z.verfassung in den Reichsstädten, 1933 - G.Mickwitz, Die Kartellfunktionen der Zünfte usw, 1936 - R.Siemsen, Germanengut im Z.brauch, 1942 - W.Wernet, Kurzgefaßte Gesch. des Handwerks in Deutschland, (1953) 1959³. *W.Wernet*

Zungenreden bezeichnet ein Reden, das weder vom Willen des Redenden ausgeht noch in seiner Macht steht, das also psychologisch zu den Automatismen zu rechnen ist. Es äußert sich im krankhaften Seelenleben (vgl. → Religionspsychopathologie) und tritt vielfach auch in jenem noch unkontrollierbaren Bereich in Erscheinung, den die → Parapsychologie zu erforschen sucht, angefangen von der Zauberei bis zu den rätselhaften Formen der Trance in → Okkultismus und → Spiritismus, bes. auch in verschiedenen Zuständen der → Hypnose. – Die *Erscheinungsformen* des Z.s lassen sich nach verschiedenen Gesichtspunkten einteilen, zB (mit H.Rust) je nachdem, ob das Gesprochene »sprachgleich«

oder nur »sprachähnlich« oder gar nur ein »Stammeln« ist. Das »sprachgleiche« Z. kann weiter unterschieden werden als muttersprachliches, fremdmundartliches und fremdsprachliches Reden; das »sprachähnliche« Z. als verzerrungssprachliches und phantasiesprachliches Reden; das »stammelnde« Z. als wortförmiges oder bloß silbenförmiges Ausstoßen von Lauten. Das Medium Helene Smith (die »Seherin von Genf«) zB trat im Zustand des sog. astronomischen Somnambulismus in Beziehung zu »Menschen auf dem Mars« und bediente sich dabei einer erdachten, unbekannten Sprache, welche von Sprachwissenschaftlern als ein bis zur Unkenntlichkeit entstelltes Französisch gedeutet wurde. – In der Geschichte der *heidnischen Religionen* ist das Z., abgesehen von der Zauberei, weder eine sehr häufige noch eine bes. wichtige Erscheinung. Es nahm aber eindrucksvolle Gestalt an im griechischen Kult und in der ekstatischen Mystik des → Hellenismus (→ Ekstase), namentlich in den Lauten der delphischen Pythia und in der enthusiastischen Mantik der → Sibyllen, die mit rasendem Munde unheilvolle Sprüche murmelten. Ob die unverständlichen Gebilde auf den Zauberpapyri als Nachahmungen der Äußerungen von Zungenrednern betrachtet werden können, läßt sich nicht eindeutig entscheiden. – Als Z. bezeichnet man auch jenes im *NT* öfter bezeugte Reden »in neuen Sprachen« (Mk 16, 17), »in fremden Sprachen« (Apg 10, 46; 19, 6) oder einfach »in Sprachen« (1Kor 12, 30), das als charismatische Gabe von Bedeutung ist (→ Geist: IV, 3). Paulus beschreibt es als ein Reden im Zustand der Verzückung, in unverständlicher Sprache, als ein an Gott gerichtetes Beten, Loben und Danken (1Kor 14). Es dient ausschließlich der eigenen → Erbauung (vgl. 1Kor 14, 18f). – Das übernatürlich bewirkte Z. wird richtiger »Glossolalie« (von λαλεῖν [ἐν] γλώσσαις) genannt und diese als Glossenrede oder Sprachengabe wiedergegeben. Die Glossolalie gehört zu jenen Charismen, die in der Gegenwart kaum noch vorkommen. Das in der Sektenfrömmigkeit (zB → Pfingstbewegung) bezeugte Z. ist schon insofern nicht paulinisch, als es sich thematisch häufig als Weissagung und Verkündigung gibt.

H.WEINEL, Die Wirkungen des Geistes u. der Geister im nachapostol. Zeitalter bis auf Irenäus, 1899 - T.FLOURNOY, Des Indes à la Planète Mars, Paris-Genf (1899) 1900³ - DERS., Nouvelles observations sur un cas de somnambulisme avec glossolalie (Archives de Psychologie 1, 1901, 101-255) - Beide Schriften dt.: Die Seherin von Genf, 1914 - E.LOMBARD, Essai d'une classification des phénomènes de glossolalie (Arch. de Psychol. 7, 1908, 1-62) - E.MOSIMAN, Das Z. geschichtlich u. psychol. untersucht, 1911 - H.GÜNTERT, Von der Sprache der Götter u. Geister, 1921 - H.RUST, Das Z., 1924 - H.DRIESCH, Parapsychologie, (1932) 1952³ - ThW I, 719ff - E.-B. ALLO, Saint Paul, Première Epître aux Corinthiens, Paris 1934 (dazu P.GÄCHTER, ZKTh 60, 1936, 426-430) - J.DUPONT, Gnosis, Louvain-Paris 1949, 204ff - M.ELIADE, Le chamanisme et les techniques archaïques de l'extase, Paris 1951; dt. 1957 - BL 588f - EC III, 795 - Religionswissenschaftl. WB, hg.v. F.KÖNIG, 1956, 294 - L.-C.MAY, A Survey of Glossolalia and Related Phenomena in Non-Christian Religion (AmA 58, 1956, 75-96) - R.AMADOU, Das Zwischenreich, 1957 - HUTTEN (s. Reg.) - LThK² IV, 972f - I.J.MARTIN, Glossolalia in the Apostolic Church, Berea 1960 - HEILER 274. *W.Keilbach*

Zurbarán, *Francisco de* (1598–1664), Bauernsohn, 1628 Stadtmaler in Sevilla, begann 1625 mit einer Retabel für die Petruskapelle des Domes, malte 1628/29 im Kloster Merced Calzada und 1629 die nach Berlin, Dresden, Paris und in andere Museen verstreuten Bilder für die Kirche des Franziskanerkollegs mit Szenen aus dem Leben des hl. → Bonaventura (s. Taf. 59 Abb. 5). Diese Darstellungen machen seinen Ruhm aus, nicht weniger die einzelnen inbrünstig betenden Heiligengestalten wie der hl. → Franz von Assisi von 1632 (Buenos Aires, Privatbesitz), mit dem Z. ein Bild → Grecos abwandelte. Mystischer Realismus und spanische Strenge geben den Bildern Z.s Hoheit; lautlose Andacht herrscht, das Heilige ist ganz und gar Gestalt. Der stehende Franziskus (Lyon, Ende der 50er Jahre) – eine der höchsten Offenbarungen spanischer Mönchskunst (Kehrer) – zeigt unmittelbar, wie Kunst selbst Andacht ist. – Vgl. → Malerei: IV, 3 a.

H.KEHRER, F.de Z., o.J. [1918] - M.S.SORIA, The Paintings of Z., complete Edition, London 1953 (Lit.). *W.v.Löhneysen*

Zurechnung geht zurück auf die lat. »imputatio«. Von einer Z. zum Verschulden spricht das Corpus juris an vielen Stellen (»culpam imputare«, zB Digesten XX, 5, 9). Das Prinzip, daß nur zur Schuld zurechenbares Geschehen (insbesondere ein zurechenbares menschliches Verhalten) strafbar macht, geht mit der Rezeption des röm. und des mittelalterlichen italienischen Rechts in das → Strafrecht der Neuzeit über (Ant.Matthaeus, De criminibus, 1644: »Quantum ad casum attinet, is fato non noxae imputatur«). Auch die Naturrechtslehre bedient sich des Begriffs der imputatio, um dessen nähere Entwicklung sich vor allem → Pufendorf verdient gemacht hat (De jure naturae et gentium, 1672, Buch I, Kap. 5). Nach Pufendorf bedeutet Z. einer Handlung deren Rückbeziehung auf den freien Willensentschluß ihres Urhebers. An ihn und an Chr. → Wolff dürfte sich auch die Definition der Z. bei → Kant anschließen: »Z. ... in moralischer Bedeutung ist das Urteil, wodurch jemand als Urheber (causa libera) einer Handlung, die alsdann Tat (factum) heißt und unter Gesetzen steht, angesehen wird« (Metaphysik der Sitten, Einl. IV). Hier klingt auch die Unterscheidung zwischen »imputatio physica« und »imputatio moralis« an, die etwa dahin bestimmt wird, daß jene die freiwillige Urheberschaft der Handlung, diese die Güte oder Schlechtigkeit der Handlung mit Bezug auf das Gesetz angeht (so zB Püttmann, Elementa juris criminalis, 1802, § 38). Diese Unterscheidung wie auch die Unterscheidung zwischen »imputatio facti« und »imputatio juris« machen im Laufe der weiteren Entwicklung der heute noch gültigen Unterscheidung zwischen Verursachung und Verschuldung Platz. Hierbei geht es dann nicht nur – wie bei den Älteren – um die Verknüpfung einer Handlung mit ihrem Urheber, sondern auch um die Verknüpfung irgendwelcher Geschehnisse (insbesondere »Folgen«) mit der Handlung des »Täters«. Bei der Rückbeziehung von Folgen einer Handlung auf die Handlung und ihren Täter fragt man heute nämlich zuerst danach, ob der Täter durch seine Handlung (oder auch seine Unterlassung) jene Folgen in dem Sinne bewirkt hat, daß die Folgen ohne die Handlung nicht eingetreten wären (bzw. ausgeblieben wären, wenn der Täter die unterlassene, aber von ihm erwartete Handlung vorgenommen hätte). Dann erst stellt man die Frage nach der Verschuldung, nach der »Vorwerfbarkeit«, wobei die »Z.sfähigkeit« des Täters, das Wissen und Wollen der Folgen, das wirkliche oder mögliche Bewußtsein der Unrechtmäßigkeit des Verhaltens von Bedeutung werden (→ Sünde und Schuld: VII, 2). Ist sonach der Begriff der Z. aufgegliedert in Verursachung und Verschuldung, so ist er doch nicht aus dem juristischen Sprachgebrauch verschwunden. Bei manchen Schriftstellern (zB Larenz) dient er dazu, die Verantwortlichkeit für die Verursachung als solche einzuschränken, was freilich nicht so sehr im Strafrecht als vielmehr im Zivilrecht von Bedeutung ist, weil hier die Haftung nicht durchweg an die Verschuldung der Folgen gebunden ist (sog. »objektive Z.«). Im Strafrecht hat neuerdings Hardwig versucht, dem Begriff der Z. Feld zurückzugewinnen. In einem besonderen Sinne verwendet den Begriff der Rechtstheoretiker

Kelsen. Er versteht unter Z. die »Verknüpfung von Unrecht und Unrechtsfolge«.

Die Lehr- u. Handbücher des → Strafrechts (: I), bes. HELLM. MAYER, Strafrecht, 1953, 210ff. Ferner: H.KELSEN, Reine Rechtslehre, (1934) 1960², 79ff - K.LARENZ, Lehrbuch d. Schuldrechts, Allg. Teil, (1953) 1960⁴, § 14 - W.HARDWIG, Die Z., 1957 - H.WELZEL, Die Naturrechtslehre S.Pufendorfs, 1958. *K.Engisch*

Zurkinden, *Nikolaus* (1506-88), im bernischen Staatsdienst im Emmental schon vor die Täuferfrage gestellt, nimmt als Landvogt im Welschland und später als Generalkommissar der Waadt in den kirchlichen Konflikten zwischen Bern und Genf eine vermittelnde Stellung ein. Mit → Calvin befreundet, lehnt er dessen Prädestinationslehre ab, verurteilt an der Seite → Castellios die Verbrennung → Servets und tritt für andere → Antitrinitarier, aber auch für → Schwenckfeld ein.

ED.BÄHLER, N.Z. von Bern, 1912 - C.GUGGISBERG, J.Calvin u. N.Z., Glaubensautorität u. Gewissensfreiheit (Zwingliana 6, 1937, 374-409). *O.E.Straßer*

Zweck. Die Wörter Ziel und Z. (finis = f.) werden vielfach promiscue gebraucht. Ziel besagt das Ergebnis eines im voraus bestimmten Vorgangs, Z. dagegen den beabsichtigten Effekt. Vom rein objektiv verstandenen Ziel bzw. Z. als universalem kosmischem Prinzip handelt die → Teleologie. Von Z. in diesem Sinne ist hier nicht die Rede, auch nicht von Z. als heuristischem Prinzip wissenschaftlicher Forschung, sondern von Z. in dem engeren Sinne seiner Bedeutung und Funktion im menschlichen Handeln, dh von Z. als einem *Begriff der → Ethik*.

→ Aristoteles spricht in einem vierfachen Sinn von Ursache: Material-, Wirk-, Formal- und Z.ursache. Der Z.ursache kommt nach ihm den anderen Ursachen gegenüber ein gewisser Primat zu, insofern jeder Z. der übrigen Ursachen bedürfe. Die Scholastik verstand sie als causa causarum und systematisierte sie zum kosmischen Prinzip. Schon in der Begriffskombination von Z. und Ursache versteckt sich die letzte Intention des Doppelwortes: die Verknüpfung von Endziel und Urgrund; der Terminus charakterisiert die kausale und finale Determination. Alles Seiende strebt durch seine → Entelechie (ἐν-τελέχεια) dem f. ultimus zu, unbewußt und mit Notwendigkeit die unvernünftige, bewußt und gefordert die vernünftige Natur. Nach dem Satz von der Konvertibilität ist das Seiende als solches das Gute und hat den Charakter der Z.ursache. Am Objekt als dem Z. des Handelns hängt daher grundsätzlich die moralische Qualität. Für die Hierarchie der ethisch verpflichtenden Z.e ist die Entfernung zum End-Z. bestimmend. Das ethische Subjekt ist teleologisch determiniert; seine Freiheit besteht in der Verwirklichung gesetzter Z.e. Daher kann es in concreto keine Adiaphora geben (Thomas v.A., S.th. I/II, 18, 9). Der Satz »Der Z. heiligt das Mittel« ist daher unvereinbar mit einem teleologisch verstandenen Begriff des sittlich Guten. Innerer Z. eines jeden Gesetzes ist das »bonum commune« (ebd I/II, 90, 2-4). Die Z.ethik stellt das Werk sicher. Sie ist Kern jeder Gesetzes-, Tugend- und Güterethik. Als Beispiel für das ethische Z.denken diene das Eheverständnis: Haupt-Z. (f. primarius) der Ehe ist die Erzeugung und Erziehung von Nachkommenschaft, Neben-Z.e (f. secundarius) sind die gegenseitige Unterstützung und das remedium concupiscentiae (c. 1013 § 1 CIC). Dem Versuch, das Z.denken in diesem Falle durch Sinn- und Werterwägungen zu überwinden, trat das S.Officium i.J. 1944 entgegen (AAS 36, 144). Das ist konsequent, wenn die Z.ethik Bestand haben soll. Weder läßt sich der Wert auf den Z. noch der Z. auf den Wert zurückführen.

In der Z.ethik bestimmt primär das Objekt als der in sich wertvolle Z. die ethische Qualität einer Handlung; aber es liegen in concreto immer besondere Umstände vor, die den ethischen Charakter eines Aktes mitbestimmen; an letzter Stelle erst steht der in Gesinnung und Absicht gelegene subjektive Z. Seine ethische Relevanz sucht → Thomas von Aquino durch die Bestimmung des Verhältnisses von objektivem und subjektivem Z. zu gewinnen. Der dem Handeln immanente, dh der im Objekt oder Werk an sich gelegene Z. (f. operis oder obiectivus) und der vom Handelnden intendierte Z. (f. operantis oder subiectivus = Intention) decken sich nur im Idealfall. - Das Verhältnis von objektivem Z.ordo und subjektiver Intention offenbart die Verkennung der fundamentalen Bedeutung der ethischen Gesinnung. Die vielfachen Kombinationen und Stufungen, die zwischen objektiven und subjektiven Z.en möglich sind, bestimmen die ethische Qualifikation einer Handlung (→ Intention, 2 a) in höchst unzulänglicher Weise und leisten einer moralischen Bewußtseinskasuistik Vorschub.

Dem ethischen Z.objektivismus machte → Kant ein Ende. Vom Z. der Handlung sieht er gänzlich ab. Jeder materiale Z. der traditionellen Moral und ihr f. ultimus werden aus dem System der Ethik eliminiert. Der Mensch wird als Z. definiert; er ist Z. an sich selbst, End-Z. Durch diese kopernikanische Wendung erhielt der gute Wille (Gesinnung) die ihm zukommende zentrale Stellung. Der Mensch ist Glied eines Reiches der Z.e, sein ethisches Handeln untersteht dem → kategorischen Imperativ, die Menschheit sowohl in der eigenen wie »in der Person eines jeden andern, zugleich als Z., niemals bloß als Mittel« zu gebrauchen. Die in dieser Ethik sich findenden echten Ansätze für das reformatorische Verständnis der Ethik sind kaum fruchtbar geworden.

Führt man das spekulativ ausgeweitete Z.denken auf seinen Ursprung zurück, so verbleibt die schlichte Tatsache, daß der Mensch aus der Vorstellung eines Z.es handelt, sich Z.e setzt und sie verwirklicht. Für die vorgesetzten Z.e sind die Mittel reale Ursachen. Demnach ist die Realisierung eines Z.es ein final determinierter kausaler Prozeß. Während aber das technische Wissen sichere Mittel zu partikulären Z.en auswählt, ist das Verhältnis von Mittel und Z. im Bereich des Ethischen »nicht von der Art, daß die Kenntnis der rechten Mittel im voraus verfügbar werden könnte«; denn das sittliche Wissen, das das rechte Leben im ganzen betrifft, besitzt »grundsätzlich nicht die Vorgängigkeit eines lehrbaren Wissens« (Gadamer). Das menschliche Leben ist ein geordnetes und reich gegliedertes Ganzes von Z.en und Mitteln, mit deren Hilfe der Mensch als »Z. an sich selbst« die geschichtliche Welt entwirft und schafft.

R.IHERING, Der Z. im Recht, (1877/83) 1923⁸ - M.REICHMANN SJ, Der Z. heiligt die Mittel, 1903 - TH.STEINBÜCHEL, Der Z.gedanke in d. Philos. des Thomas v.A. (BGPhMA XI, 1), 1912 - R.EISLER, Der Z., seine Bedeutung für Natur u. Geist, 1914 - A.TRENDELENBURG, Der Z., 1925 - N.HARTMANN, Ethik, (1926) 1949³ - EISLER III, 676ff - R.GARRIGOU-LAGRANGE, Le réalisme du principe de finalité, Paris 1932 - J.SEILER, Der Z. in d. Philos. des Franz Suarez, 1936 - H.-G.GADAMER, Wahrheit u. Methode, 1960 (passim). *J.Klein*

Zweifel. Abendländisches Philosophieren hat seinen Anfang in der Kritik der ursprünglichen Einheit von Denken und Wahrnehmen, Wahrnehmung und Gegenstand. Das naive Selbstverständnis des Menschen wird in solcher Kritik mit der Waffe des Z.s entzweit. Denn wenn die Möglichkeit von Irrtum und Fehlurteil in das Bewußtsein getreten und damit das Bedürfnis nach gültigem Wissen geweckt ist, sehen sich die überlieferten Autoritäten der Sitte, der Religion und des positiven

Rechts in Frage gestellt (→ Sokrates). Bleibt die Reflexion nicht bei der Kritik einzelner Sachverhalte stehen, fragt sie vielmehr nach der → Wahrheit (: II) um dieser selbst willen, so wird Wahrheit zum Problem des Z.s. Der Z. kann dann nur noch überwunden werden, wenn es gelingt, ein zweifelsfreies Erkenntniskriterium evident zu machen. Sucht das so in Bewegung gesetzte Streben nach abschließender Gewißheit sein → Prinzip im Gegenständlichen, so wird der Charakter des dem Menschen als unendliche Aufgabe Aufgegebenen verkannt, und die notwendig eintretende Ermüdung führt zum → Skeptizismus. Hier enthüllt sich aus der Wahrheit als Problem des Z.s die Wahrheit des Z.s selbst, insofern der für nicht überwindlich gehaltene Z. vor der Wahrheit oder zumindest doch ihrer Erkennbarkeit resignieren muß. Aber wie der im religiösen Bereich als → Anfechtung erfahrene Z. im Glauben aufgehoben bleibt, so weist auch der als notwendiges Ingrediens allen Philosophierens erkannte Z. über sich hinaus. Bei → Augustin stoßen wir noch auf beides, insofern hier sowohl Glaubensanfechtung als auch Erkenntnis-Z. überboten werden durch eine Selbstvergewisserung, die das Sein als Spiegel der Trinität begreift. Denn für Augustin bedeutet die in der Tatsache des Z.s erfaßte Realität des Zweifelnden - um zu irren, muß ich doch sein - zugleich die gläubige Selbstgewißheit des unsterblichen Seelenwesens. Die Reduktion des den Menschen existentiell erschütternden Z.s auf eine rationale Verstandesfunktion vollzog → Descartes. Um den für das Erkenntnisideal einer mathesis generalis erforderlichen *einen* festen Punkt zu gewinnen, aus dem sich alle Erkenntnis deduzieren läßt, der aber selbst nicht deduziert, sondern unmittelbar gewiß ist, räumt er dem Z. ein uneingeschränktes Recht ein. Damit ist aber verbunden, daß in dem Gesamtbereich des nun planmäßig zu Bezweifelnden auch solches auftaucht, das von keiner inneren Bedrängnis in seiner natürlichen Gewißheit erschüttert erscheint. Der Z. wird also von vornherein mit dem antizipierten Ziel eingesetzt, auf das zu stoßen, was unbezweifelbar ist, oder m.a.W. der Z. wird zu einem methodischen. Descartes fand mit dem methodischen Z. an allem Denkinhalt die gesuchte unmittelbare Gewißheit im Selbstbewußtsein des Zweifelnden - sum cogitans, wie auch schon bei Augustin, aber mit dem entscheidenden Unterschied, daß die nun gewonnene Gewißheit eine rein rationale ist und demgemäß auch die von hier aus abgeleitete Sicherung aller weiteren Erkenntnis eben darauf beschränkt sein muß (→ Rationalismus: I). Das methodische Prinzip des cartesianischen Z.s, dem die moderne Wissenschaft folgt, überwindet jeden Skeptizismus prinzipiell. Denn die unbezweifelbare Gewißheit wird nicht im Gegenständlichen gefunden, sondern in dem die Kraft des Z.s bewährenden Denken selbst.

F.J.v.Tessen-Wesierski, Wesen u. Bedeutung des Z.s, 1928 - E.Gilson, Etude sur le rôle de la pensée médiévale dans la formation du système cartésien, Paris 1930 - S.E.Rodhe, Z. u. Erkenntnis (LUÅ NF Avd. 1, Bd 41, Nr. 4), 1945 - K.Marc-Wogau, Der Z. Descartes' u. das cogito ergo sum (Theoria 20, Lund 1954, 128-152).

H.Blankertz

Zwei-Reiche-Lehre

1. Allgemeines - 2. Die Z. vor Luther - 3. Luthers Z. - 4. Die Z. im außer- und nachluth. Protestantismus - 5. Kritisches zur Z.

1. »Seit zwei bis drei Jahrzehnten gehört die ›Lehre von den zwei Reichen‹ zu den meistbehandelten Stükken der Theologie Luthers« (H.Bornkamm). Sie steht in der Diskussion sowohl hinsichtlich dessen, was sie überhaupt besagt, als auch hinsichtlich ihrer Bedeutung für das theologische Denken, für das politische Handeln des Christen in den sog. irdischen Ordnungen (→ Schöpfungsordnung; → Politik: II, → Staat: III) und für die Stellung der Kirche in der Welt. Neuerdings scheint sich die Überzeugung durchzusetzen, daß die Diskussion nur dann fruchtbar fortgesetzt werden kann, wenn die Vorgeschichte der Lehre Luthers mit in den Kreis der Erwägungen gezogen, also von der Z. überhaupt als einer Erscheinung im dogmatischen Denken der christlichen Kirche aller Zeiten gehandelt wird.

2. Luthers zwei Reiche sind nicht einfach dasselbe wie die zwei Äonen (αἰών οὗτος bzw. μέλλων), von denen im *NT* die Rede ist (→ Aion, 2). Aber noch bei Luther ist die Erinnerung an die beiden Herrschaftsgebilde, die in dramatischer Katastrophe einander ablösen, nicht einfach ausgelöscht. → *Augustins* Lehre von den duae civitates stellt nicht nur civitas Dei und civitas terrena in Gegensatz, sondern gelegentlich auch civitas Dei und civitas diaboli. Anders als im NT bestehen beide civitates nebeneinander und folgen nicht einander. Vor allem aber ist der Gegensatz nicht mehr absolut; die civitas terrena dient der pax und iustitia und wird dadurch Stütze und Helferin für die civitas Dei; andererseits tendiert das Verständnis der civitas Dei auf eine Identifizierung mit der empirischen → Kirche (: III, 2 d) hin, und Gedanken an eine Kirche zweifacher Art - communio fidelium und corpus permixtum (auch eine Art von zwei Reichen) - sind gar nicht mehr weit. In der *mittelalterlichen Welt* wird immer erneut ein »dualistisches« Wirklichkeitsverständnis vorgetragen; man spricht von dua imperia, duo gladii, dua lumina, duae familiae (Christi sive diaboli; Hugo von St. Viktor) und natürlich von duae civitates. Aber gemeint sind nicht mehr zwei miteinander streitende Völker wie bei Augustin im Ansatz, sondern zwei Gewalten innerhalb der einen Christenheit. Immer geht es um Verteilung der Macht und der Befugnisse zwischen imperium und sacerdotium, respublica und ecclesia innerhalb der geistlich-weltlichen Lebenseinheit, wie sie dem MA von germanischen Vorstellungen her selbstverständlich war. Sogar → *Otto von Freising*, der betont auf Augustin zurückgreift und seine Chronica als Historia de duabus civitatibus schreibt, kennt zwei miteinander streitende civitates im augustinischen Sinne nur als Gebilde der Vergangenheit. Für seine Zeit kennt er nur noch die civitas permixta auf Erden und die echte civitas Dei im spiritualen und eschatologischen Sinn.

3. Auch für → *Luther* trifft nicht zu, daß er seine Z. lediglich antithetisch an den Vorstellungen des MA orientiert habe. Zwar kennt er kein → Corpus Christianum im Sinne einer geistlich-weltlichen Einheit des christlichen Abendlandes mehr. Aber an der Spitze der deutschen Territorien möchte er jedenfalls fromme und christliche Fürsten sehen, für die er nach alter Gepflogenheit Fürstenspiegel schreibt (Von weltlicher Oberkeit 1523, III. Teil, WA 11, 271-281; Auslegung des 101. Psalms 1535, WA 51, 197-264). Für die corpuscula Christiana entwickelt er die Vorstellung von den drei Hierarchien (politia, oeconomia, ecclesia), die neben der Z. nicht übersehen werden darf. - In der Z., die grundlegend 1523 in der Schrift »Von weltlicher Oberkeit« entwickelt wird, stellt er freilich scharf den Gegensatz zwischen den beiden Reichen heraus, dem Reich Gottes zur linken und zur rechten Hand. (Daß Luther nur von zwei Reichen *Gottes* redet und nicht von einem regnum Dei und einem regnum diaboli, ist eines der eindeutigsten Daten innerhalb Luthers Lehre!) Im Reich zur Rechten herrscht Christus durch Wort und Sakrament, gilt das Gebot Christi im Sinne der »sonderlichen Sprüche« von Mt 5, besteht Gleichheit zwischen allen Gliedern, wird Gnade und Vergebung geübt und tut der Christ Gutes in freier Spontaneität. Gott bzw. Christus regieren in ihm durch keinerlei → Gesetz (: V, 5), auch

nicht das eigene, sondern lediglich durch das Evangelium als Botschaft von der sündenvergebenden Gnade. Im Reich zur Linken herrscht nicht Christus, sondern der Kaiser, und zwar mit dem Schwert (oder »vi, non verbo«), wird gestraft und gilt keine Gnadenordnung, sondern nur die Ordnung der Gerechtigkeit, in die allerdings auch die → Billigkeit mit hineingehört. Ungleichheit herrscht insofern, als einer dem anderen gebietet bzw. gehorchen muß. Luther redet freilich (wie auch in vielen anderen Zusammenhängen) dialektisch, ja in Paradoxien. So kann er ebensogut die Ordnung im Reiche zur Linken eine Ordnung ohne Gott nennen und doch wieder davon sprechen, daß in ihr das Gesetz und eine iustitia (sc. Dei) civilis praktiziert wird. Die Wendung »nicht Christus, sondern der Kaiser« will natürlich das politische und soziale Leben nicht außerhalb der vom dreieinigen Gott, also auch von Christus geleiteten Weltordnung stellen. »Ohne Christus« besagt nur, daß hier nicht auf den »Christus expresse cognitus« (WA 56, 198, 24f) Bezug genommen werden kann und nicht das specialiter offenbarte Gotteswort gilt, sondern eine Vernunftordnung, eine lex naturalis, die Luther mit dem Liebesgebot im Sinne der Goldenen Regel von Mt 7, 12 identifiziert, die allerdings (ohne daß Luther das sieht) kaum amor Dei (in hominibus) im Sinne der 18. Heidelberger These (WA 1, 365) ist. – So stark Luther die beiden Reiche in Gegensatz zueinander stellen kann, so viele Beziehungen zwischen ihnen stellt er heraus. Sie sind beide in Gott eins, der der Herr beider Reiche ist. Wie bei Augustin dient das irdische Reich dem geistlichen Reich, weil es den Frieden fördert und die Verkündigung des Wortes ermöglicht. In der Liebe, die in beiden Reichen wirksam werden soll, wird vollends kund, daß ein »manichäischer« Dualismus Luther ganz fern liegt. Zum weltlichen Reich gehört nicht nur der »Staat«, sondern Ehe, Familie, Wirtschaft usw; nirgends aber tritt der Gegensatz so kraß heraus wie gerade beim staatlichen Handeln. Das Satansreich kennt Luther neben den zwei Reichen. So ist auch (gegen Wendland) eine Rückentwicklung der Z. auf die nt. Äonenlehre nicht möglich. Die eschatologische Spannung mangelt der Z. nicht (gegen Thielicke und Wendland). Das Reich zur Linken ist sehr viel »geringer« (»Bauchsreich«) als das zur Rechten (ein ewiges Reich) und vergeht vor diesem. In beide Reiche gehört der empirische Christ, der simul iustus et peccator ist, auf alle Fälle (Polemik Luthers gegen die Schwärmer). – Vgl. im übrigen → Luther: II, 4b.

4. Auch bei anderen Reformatoren findet sich die Z., vor allem bei → *Calvin* (Inst. 1559, IV, 20), bei diesem beinahe schon erweicht. Denn Luther schärft den Gehorsam gegenüber den irdischen Machthabern unter betonter Limitierung durch die clausula Petri (Apg 5, 29) ein, die bereits bei Calvin zur Fußnote zu werden beginnt. Die Geschichte der Z. im Protestantismus ist noch nicht geschrieben. Daß ganz andere Konzeptionen einer politischen Theologie möglich sind, zeigt → *Bucers* »De regno Christi«. Die extremen Möglichkeiten der Weiterbildung der Z. sind betonte Herausstellung der Widerstandspflicht im Sinne von Apg 5, 29 (→ Widerstandsrecht) und Forderung eines unbedingten Untertanengehorsams. Die beiden gegensätzlichen Gestalten der Z. sind in der durch Schmalkaldischen Krieg und → Interim ausgelösten Literatur schon vorhanden (die Gnesiolutheraner – Johann → Agricola). Auch Rückkehr zu mittelalterlichen Konzeptionen unter Übertragung des Corpus Christianum in das Kleinformat der Territorien ist in altprot. Zeit zu beobachten (Vergleich des Regieramtes und Lehramtes mit Mose und Aaron). Durch Verkennung der Paradoxien in Luthers Rede und die Versuche, Luthers Aussagen im Gleichgewicht zu halten, wie sie in der Publizistik bes. zwischen 1914 und 1945 üblich waren (H.Jordan, W.Walther, W.Stapel, H.M. Müller, Gogarten), oder gar durch die Verkennung der Tatsache, daß es bei Luther neben dem Reich der Gewalt noch ein Reich des verkündeten Gotteswortes gibt (Deutelmoser), ist die luth. Z. weithin in Verruf gekommen. Forderungen, sie zugunsten einer Lehre von der Königsherrschaft Christi zu liquidieren oder sie wenigstens auf Zeit zu suspendieren (Barth, E.Wolf u.a.), sind nichts Vereinzeltes mehr.

5. Die Einwände gegen die Z., die heute erhoben werden, sind verschiedener Art. Unter dem Eindruck der politischen Katastrophe von 1945 wurde zunächst (K.Barth, Eine Schweizer Stimme) auf ihre grausigen Folgen hingewiesen. Eine Ahnenlinie Luther-Bismarck-Hitler wurde behauptet, auch innerhalb der politischen Publizistik. Dabei wurde jedoch die Herkunft so gut wie aller modernen Staatslehren aus der Renaissance (→ Machiavelli) verkannt, von der her die Z. nicht bestimmt ist. Viel wichtiger sind die Einwände von christologischen Voraussetzungen bzw. von einem sog. christokratischen Denken her: Da Christus der Herr aller Welt ist, sei es illegitim, irgendeinen Bereich des Lebens aus seiner allmächtigen Herrschaft auszugrenzen (2. These der Barmer Theologischen Erklärung [→ Barmen, 2]). Demgegenüber wäre freilich der echte Sinn dessen, was Herrschaft Christi nach dem NT heißt, herauszuarbeiten; es würde sich zeigen, daß gerade die recht verstandene Christusherrschaft die Z. notwendig macht (vgl. Ebeling). Die Behauptungen, daß Luther die Vorstellung von den beiden Reichen enteschatologisiert habe und daß Re-eschatologisierung notwendig sei, verkennen die wirkliche Meinung der Z. (gegen Thielicke und Wendland). Ernstzunehmen und fruchtbar ist der Versuch, stärker als bisher üblich auf die andere bei Luther neben der von den zwei Reichen vorhandene Formel von den zwei Regimenten zurückzugreifen (Törnvall). Sie stellt bes. nachdrücklich das Zusammengehören heraus (zwei Regierungsweisen des einen Gottes durch Gesetz bzw. Evangelium). Der Versuch, je eine Reichs- und eine Regimentenlehre herauszuarbeiten und so die Problematik zu bewältigen (Heckel), dürfte sich bereits als Fehlversuch erwiesen haben. Die entscheidende Frage muß natürlich die nach der nt. Begründung sein. Da die zwei Reiche etwas anderes sein wollen als die zwei Äonen, wird man an dieser Stelle kaum ansetzen dürfen. Es wird doch wohl notwendig sein, im κατέχων von 2Thess 2, 6, in Röm 13, im AT mit seinen Vorstellungen von einer Rechts- und Gewaltordnung, die jedenfalls nicht Ordnung nach Mt 5 ist, die Wurzel der Z. zu suchen und andererseits von der Botschaft vom → Reiche Gottes her beide Reiche in das »rechte Licht« zu stellen, das eine in das ewige Licht und das andere nur in das Halbdunkel, in das es nach Gottes Willen gestellt ist und bleibt, bis es mit dem Nebeneinander zweier Reiche ein Ende hat.

Zu 2: H.Scholz, Glaube u. Unglaube in d. Weltgesch., 1911 – W.Kamlah, Christentum u. Geschichtlichkeit, (1940) 1951^2 – A.Adam, Der manich. Ursprung d. Lehre v. d. zwei Reichen bei Augustin (ThLZ 77, 1952, 385-390) – E.Kinder, Gottesreich u. Weltreich bei Augustin u. bei Luther (Gedenkschr. f. W.Elert, 1955, 24-42) – E.Meuthen, Der ethische Charakter der civitates bei Augustin u. ihre platon. Fehldeutung (Aus MA u. Neuzeit. G.Kallen z. 70. Geb., 1957, 43-62) – E.Peusch, Cicero u. die civitas Dei (Ev.-theol. Diss. Mainz), 1957 – E.H.Kantorowicz, The King's Two Bodies. A Study in Medieval Political Theology, 1957 – W.Lammers, Einl. in Ottos v. Freising Chronica, 1960, XI-LXVIII – G.Kretschmar, Die beiden Imperien u. die zwei Reiche (Ecclesia u. Res publica. Festschr. f. K.D.Schmidt, 1961, 89-112).

Zu 3-5 (außer der Lit. zu → Luther: II, Sp. 519): W.Walther, Deutschlands Schwert durch Luther geweiht, 1914 – H.Jordan

Luthers Staatsauffassung, 1917 - W.STAPEL, Der christl. Staatsmann, 1932 - F.LAU, »Äußerliche Ordnung« u. »Weltlich Ding« in Luthers Theol., 1933 - DERS., Luthers Lehre v. d. beiden Reichen, 1952 - DERS., Leges charitatis (KuD 2, 1956, 76-89) - DERS., Die Königsherrschaft Jesu Christi u. d. luth. Z. (ebd 6, 1960, 306-326) - DERS., Bert Brecht u. Luther (LuJ 29, 1962, 92-109) - F.GOGARTEN, Ist Volksgesetz Gottesgesetz?, 1934 - O.SCHEEL, Evangelium, Kirche u. Volk bei Luther, 1934 - H.M.MÜLLER, Die Verleugnung Luthers im heutigen Prot., 1936 - A.DEUTELMOSER, Luther. Staat u. Glaube, 1937 - P.ALTHAUS, Luther u. d. polit. Welt, 1937 - K.BARTH, Rechtfertigung u. Recht, (1938) 1948³ - DERS., Eine Schweizer Stimme 1938-45, (1945) 1953² - E.KINDER, Geistl. u. weltl. Regiment Gottes nach Luther, 1940 - THIELICKE, ThE I, 1958², 589ff; II/1. 2, 1955/58 (s. Reg.) - H.W.KRUMWIEDE, Glaube u. Gesch. in d. Theol. Luthers, 1952 - H.-D.WENDLAND, Die Weltherrschaft Christi u. die zwei Reiche (Kosmos u. Ekklesia. Festschr. f. W.Stählin, 1953, 23-39) - J.HECKEL, Lex charitatis (AAM 1953, 36) - DERS., Luthers Lehre v. d. zwei Regimenten (ZevKR 4, 1955, 253-265) - DERS., Der Ansatz einer ev. Sozialethik bei M.Luther (Die Kirche in d. Welt, hg. v. TH.HECKEL u. G.LANZENSTIEL, 1957, 49-67) - H.GOLLWITZER, Die christl. Gemeinde in d. polit. Welt, 1954 - G.DEHN-E.WOLF, Gottesrecht u. Menschenrecht, 1954 - ERNST WOLF, Der christl. Glaube u. d. Recht (ZevKR 4, 1955, 225-253) - DERS., Königsherrschaft Jesu Christi u. Z. (Festschr. H.Vogel, 1962, 277-302) - G.TÖRNVALL, Die sozialtheol. Aufgabe d. Regimentenlehre (EvTh 17, 1957, 407 bis 416) - H.BORNKAMM, Luthers Lehre v. d. zwei Reichen im Zusammenhang seiner Theol., 1958 - W.SCHMAUCH-E.WOLF, Königsherrschaft Christi. Der Christ im Staat, 1958 - G.FORCK, Die Königsherrschaft Jesu Christi bei Luther, 1959 - G.EBELING, Die Notwendigkeit d. Lehre v. d. zwei Reichen (Wort u. Glaube, 1960, 407 bis 428). *F.Lau*

Zwemer, *Samuel Marinus,* * 12.4.1867 in Vriesland/Mich., † 2.4.1952 in New York, seit 1890 Missionar im Dienst der Reformed Church in America, begründete mit J.Cantine deren arabische Mission (→ Islam: III). 1890-1912 war Z. in Bahrein stationiert, jedoch viel auf Reisen. 1912-29 war er in Kairo Lehrer am Theological Seminary und Cairo Study Center, leitete eine Gemeinschaftsarbeit für Literatur für Muslim und betrieb besondere Evangelisationsarbeit. Auf vielen Reisen weckte er das Interesse an der Mission unter den Muslim, hielt Vorlesungen über den Islam und leitete Studienkonferenzen. 1911 gründete er die Zeitschrift »The Moslem World« (jetzt »Muslim World«). 1929-38 war Z. Prof. für Religions- und Missionswissenschaft am Princeton Theological Seminary.

Vf. u.a.: The Unoccupied Mission Fields of Africa and Asia, 1911 (dt. 1912); The Moslem Christ, 1912 (dt. 1921); Golden Milestone (mit J.CANTINE), 1939; Cross above the Crescent, 1941; Into all the World, 1943. - Über Z.: J.C.WILSON, Apostle to Islam, 1952 (vollst. Bibliogr. 251ff) - EMZ 10, 1953, 85-88. *R.P.Beaver*

Zwerge. Für die religionsgeschichtliche Bedeutung der Z. gilt Ähnliches, zT mit umgekehrtem Vorzeichen, wie das über die → Riesen Gesagte. In dem eddischen Mythos von ihrem Ursprung aus Maden in des Riesen Ymir Fleisch verrät sich ein richtiges Gefühl für diesen Zusammenhang (Snorra-Edda 20). In Reichen mit Königen lebend, werden die Z. im ganzen mehr kollektivistisch gefaßt als die Riesen, die als die Starken sich selbst genug sind. Dafür scheint ihnen ihre Kleinheit größere Erdnähe zu verleihen (»Erdmännchen«): so denkt man sie sich gerne an Steine, Höhlen, Berge gebunden, zuweilen mit Totengeistern, die in der → Erde hausen, sich vergesellend und wie diese auf den → Ackerbau einwirkend. Ihre Beziehung zum Erdinnern mit seinem Metallreichtum macht sie zu Hütern von Schätzen und geschickten Schmieden. Aber auch mit dem Haus treten sie in Verbindung (»Heinzelmännchen«), verkörpern die Penaten (Chant II, 539) und können ihm Segen bringen, wie sie überhaupt gerne des Menschen Helfer werden, zumal bei seiner Hochzeit. Aber die Schlauheit, Verschlagenheit und Behendigkeit kann ihm auch gefährlich werden (Kobolde), zB ist das Neugeborene vor ihnen nicht sicher. Sie besitzen Zaubergaben (→ Zauberer), und mit ihrer Kappe können sie sich unsichtbar machen. Sie vermögen große Lasten zu tragen und überhaupt Wunderdinge zu verrichten. In der germanischen Mythologie verwachsen sie auch mit den Elfen; aber während diese meist schön sind, sind sie öfter häßlich, dickbäuchig, buckelig und bärtig. Der Z.ntypus ist auch in die Götterwelt eingedrungen: dieser Art sind der ägyptische Bes, die phönizischen Gottheiten Pa'am und Pumai (Chant I, 640), ursprünglich vielleicht Hephaistos (Nilsson I, 527) und sicher die → Kabiren. - Vgl. → Avatâra.

ERE V, 122ff - H.DE BOOR, Der Zwerg in Skandinavien (Festschr. E.Mogk, 1924, 536-557) - C.N.GOULD, Dwarfnames. A Study in Old Icelandic Religion (Publ. of the Modern Language Assoc. of America 44, 1929, 939-967) - W.MARWEDE, Die Zwergsagen in Deutschland nördl. d. Main (Diss. Köln), 1933 - HWDA IX (Nachtrag), 1008ff - J.DE VRIES, Altgerm. Religionsgesch. I. II, (1935/37) 1956/57², §§ 180ff - H.F.WOLFF, Die kult. Rolle des Zwergs im alten Ägypten (Anthropos 33, 1938, 445-514) - A.H.KRAPPE, Antipodes (Modern Language Notes 59, 1944, 441-447) - SDF I, 330f - LOORITS (s. Reg.) - THOMPSON (s. Reg. s.v. Dwarf) - V.J.HARWARD jr., The Dwarfs of Arthurian Romance and Celtic Tradition, Leiden 1958 - L.RÖHRICH (→ Sagen: V) 672. *† A.Bertholet (C.-M.Edsman)*

Zwick, 1. *Johannes* (ca 1496-1542), stammt aus einer aus St. Gallen nach Konstanz eingewanderten Patrizierfamilie. Obgleich schon als Kind zum Pfarrer bestimmt, studierte Z. Rechtswissenschaft in Basel, Freiburg i. Br. und Bologna und lehrte dann in Basel, wo er mit → Zwingli und → Erasmus in Verbindung kam. 1522 wurde er zum Priester geweiht und trat, schon verheiratet, die Pfarrei in Riedlingen a. D. an. 1523 nahm er an der Züricher Disputation teil. Wegen seiner ev. Haltung wurde er 1525 verjagt und 1526 abgesetzt. Von da an arbeitete er in → Konstanz zusammen mit seinem Bruder Konrad (s. 2) und seinen Verwandten Ambr. und Th. → Blarer an der Durchführung der Reformation. Als Prediger an St. Stephan wurde er der eigentliche Führer des kirchlichen und politischen Lebens seiner Vaterstadt. An den Verhandlungen über die → Wittenberger Konkordie 1536 nahm er teil, unterschrieb sie aber nicht. 1542 half er in der von der Pest heimgesuchten Gemeinde Bischofszell aus und starb dort am 23.10. an dieser Krankheit. Seine Schriften sind voll seelsorgerlicher Wärme und katechetischen Geschicks. Der »Präzeptor des reformatorischen Konstanz« zeigt sich bes. liebenswert und innerlich in seinen auf das ev. Leben der Gemeinde und ihrer Kinder drängenden formschönen und strahlenden Liedern. In dem »Nüw gsangbüchle« von (1536) 1540² (Faksimileausg. 1946; → Gesangbuch: I, 1 c; II) stehen 17 seiner Lieder und seine köstliche Vorrede. Sie gehören zum besten Liedgut der Reformation überhaupt (→ Kirchenlied: I, 3 a).

F.SPITTA (Hg.), Gebete u. Lieder für die Jugend von J.Z., 1901 - SCHL. II, 413 - Hdb. zum EKG II/1, 1957, 42ff; Sonderband, 1958, 36 - B.MOELLER, J.Z. u. die Reformation in Konstanz (QFRG 28), 1961 (Bibliogr. d. Konstanzer Reformation u. Lit.).

2. *Konrad* (ca 1500-57), Bruder von 1, studierte in Bologna und Wittenberg. Seit 1522 mit Th. → Blarer Ratsmitglied in Konstanz, vertrat Z. die Stadt häufig bei Gesandtschaften (Speyer 1529). Seine Berichte im Rat zeigen fast at. Geist mit ihrem Ruf zur Buße und Besserung des Lebens um der Zukunft der Stadt willen (Mitarbeiter an der Zuchtordnung 1531). Nach der Eroberung von Konstanz durch die Österreicher (1548) fand er eine Zuflucht im Thurgau und in Zürich, zuletzt als Wiedertäufer.

F.HAUSS, Die Zuchtordnung der Stadt Konstanz 1531, 1931. *F.Hauss*

Zwickauer Propheten nennt → Luther (: I, 3) die Tuchmacher Nikolaus Storch und Thomas Drechsel, die Wortführer der verarmten, reformatorisch gesinnten Handwerker in Zwickau. Storch, der sich besonderer Offenbarungen rühmte, hatte → Müntzer im spiritualistisch-taboritischen Sinne beeinflußt. Im Dez. 1521 wichen beide mit dem ehem. Wittenberger Studenten Markus Thomae, gen. Stübner, dem dritten der »Propheten«, vor Maßnahmen des Rats nach Wittenberg und beteiligten sich an der Seite → Karlstadts und → Zwillings an der dortigen Bewegung. Martin → Borrhaus und der Kölner Dr. Gerhard Westerburg († 1558 als ref. Pfarrer in Ostfriesland) schlossen sich ihnen an. → Melanchthon und → Amsdorf standen ihrem Verständnis von Wort und Geist und der Ablehnung der Kindertaufe theologisch ungerüstet gegenüber. Erst Luther entzog ihnen in Privatgesprächen und Zwickauer Gastpredigten den Boden. Storch bereitete 1523/24 in Westthüringen und Hof den → Bauernkrieg vor und lebte später (1536) still in seiner Heimat. Die spätere Historiographie leitete fälschlich das Täufertum (→ Täufer) von den Z.P. her.

R. Bachmann, Niclas Storch, 1880 (dazu ThLZ 5, 1880, 558-561; ZKG 5, 1881/82, 323-325) - ADB 36, 442ff - P. Wappler, Th. Münzer in Zwickau u. d. Z.P., 1908 - N. Müller, Die Wittenberger Bewegung 1521 u. 1522, 1911 - Schl. II, Nr. 27535-27539. 27549 - H.S. Bender, Die Z.P., Th. Müntzer u. d. Täufer (ThZ 8, 1952, 262 bis 278) - Mennonit. Lexikon IV, 1962, 250. *J.F.G.Goeters*

Zwiefalten, ehem. Benediktinerabtei in Oberschwaben, 1089 durch die Grafen von Achalm als Tochterkloster von → Hirsau gestiftet, ausgezeichnet durch wissenschaftliche und künstlerische Tätigkeit (1686 Gründung des Lyzeums in Ehingen a.D.). 1802 wurde das Kloster aufgehoben; die Gebäude beherbergen seit 1812 ein psychiatrisches Landeskrankenhaus. Herrliche Barockkirche (1739-65 von J.M. Fischer u.a. erbaut).

Gründungsgesch. in MG SS X, 51-124. - A. Sulger, Annales monasterii Z., 2 Bde, 1698 - Die Zwiefalter Chroniken Ortliebs u. Bertholds, neu hg., übers. u. erl. v. E. König u. K.O. Müller, 1941. - K. Holzherr, Gesch. d. ehem. Benediktiner- u. Reichsabtei Z., 1887 - P. Lindner OSB, Profeßbuch d. Benediktinerabtei Z., 1910 - K. Löffler, Die Hss. d. Klosters Z., 1931 - A. Mettler, Das alte Münster in Z. (Württ. Vierteljahrshefte NF 38, 1932, 213-262). *O.Rühle*

Zwilling *(Didymus), Gabriel* (ca 1487-1558), * nahe Annaberg, studiert in Wittenberg und Erfurt, eifert im Herbst und Winter in Wittenberg und Eilenburg (vgl. → Karlstadt) gegen Messe, Bilder usw, tritt im Nov. 1521 aus dem Augustinerorden aus, beugt sich aber der Autorität des von der Wartburg heimgeeilten Reformators und wird von ihm im April 1522 nach Altenburg als Prediger gesandt. Schon im Juli muß Z. aber W. → Linck weichen, da Kurfürst Friedrich, von → Spalatin darin bestärkt, Z. nicht traut. 1523 wird Z. Prediger, 1525 Pfarrer, 1529 auch Sup. in Torgau, wo er, 1549 wegen seines Widerstandes gegen das → Interim abgesetzt, als Schloßprediger der Mutter des Kurfürsten Moritz dient. Sein Sohn *Paul,* seit 1573 Prof. der philosophischen Fakultät in Jena, stirbt im Frühjahr 1581.

ADB V, 117ff - RE IV, 639ff - Nik. Müller, Die Wittenberger Bewegung 1521/22, 1911 (Lit.) - K. Pallas, Der Reformationsversuch d. G.D. in Eilenburg (ARG 9, 1912, 347-360) - R. Jauernig, Luther in Thür., 1952, 153ff. *R.Jauernig*

Zwillinge. Die → Geburt von Z.n wird von den verschiedensten Völkern als ein ungewöhnliches Ereignis betrachtet, weshalb Z. sowohl als Glücksbringer wie auch Unheilsverkünder angesehen werden. Es ist zZ noch nicht möglich, das mit Z.n verbundene Brauchtum mit bestimmten Kulturen, sozialen Einrichtungen oder religiösen Vorstellungen in kausalen Zusammenhang zu bringen. Sowohl in Jäger- wie Bodenbaukulturen sind Z. erwünscht oder gefürchtet. Die Erklärungen für Zwillingsgeburten sind sehr verschieden: eheliche Untreue der Frau (zB Euahlayi in Australien, Saliva am Orinoko, Chibcha in Kolumbien, Hottentotten in Südafrika); Essen von doppelten Früchten u.ä.; Eingehen von zwei Geistkindern in den Mutterschoß (Aranda in Australien, Semang auf Malakka). Vielerorts werden Z. oder einer von beiden (so bei Kastor und Pollux; → Dioskuren) als von transzendenten Wesen verursacht aufgefaßt. Im zweiten Falle wird häufig der Zweitgeborene als höher im Rang angesehen. Auf den Molukken werden Z. dem Himmelsgott Upulero zugeschrieben. Im alten → Peru heißen Z. Söhne des Blitzes. Eine Art Zwischenstellung ergibt sich, wenn Z. bestimmten Tieren zugeschrieben werden, zB bei den Itelmen auf Kamtschatka dem »Wolf der Wälder« oder in Nordamerika dem Grislybär. Diese Tiere haben ihrerseits einen überirdischen Aspekt. Bei manchen Stämmen werden Z. oder einer von ihnen getötet, entweder der Schwächere oder bei verschiedenem Geschlecht das Mädchen. Verschieden geschlechtliche Z. sind bes. in Indien ungünstig wegen pränatalem Inzest. Die Kayan auf Borneo töten einen der Z., um dem anderen das Leben zu erhalten wegen des sympathetischen Bandes, das beide aneinanderkettet. Für das Töten werden auch ökonomische Gründe angegeben. Die Mutter wird häufig als unrein angesehen. Bei den Ewe in Westafrika ist es möglich, das erwartete Unheil zeremoniell abzuwenden, ebenso bei Bantustämmen u.a. Überall dort, wo Z. selten sind oder auf höhere Wesen zurückgehen, werden sie mit Freuden begrüßt. Bei den Herero bedeuten Z. ein großes Glück. Die Z. und der Vater erhalten besondere Privilegien. Bei den Nutka und Kwakiutl an der Nordwestküste Nordamerikas bedeuten Z. ein gutes Lachsjahr. Auf Grund ihrer göttlichen Abkunft werden Z.n auch oft besondere Fähigkeiten zugeschrieben wie Vorhersagen der Zukunft und Heilen von Krankheiten. Eine Sonderform der Zwillingsvorstellungen besteht darin, daß jedes Kind als Zwilling aufgefaßt wird; Nabelschnur und Nachgeburt gelten dann als der »zweite Zwilling« (zB in Uganda). Speziell in Agrarkulturen findet sich die Vorstellung von mythischen Z.n, die vielfach als Gegensatzpaar aufgefaßt werden (→ Kulturbringer und Widersacher), zB Joshkeha und Tawiskara bei den Irokesen im östlichen Nordamerika oder Apocatequil und Piguerao im alten Peru. - Vgl. → Ahriman.

R.J. Harris, The Cult of the Heavenly Twins, Cambridge 1906 - Ders., Boanerges, ebd 1913 - ERE XII, 491ff - A.H. Krappe, Mythologie universelle, Paris 1930, 53ff (Lit.) - H. Baumann, Das doppelte Geschlecht, 1955 - E.M. Loeb, The Twin Cult in the Old and the New World (Miscellanea P. Rivet I, 1958, 151-174). - Vgl. die Lit. zu → Dioskuren, → Kinder. *E.Stiglmayr*

Zwingli, *Ulrich* (1484-1531)

I. Leben und Schriften - II. Theologie

I. Leben und Schriften

1. Äußeres Leben bis 1519 - 2. Der innere Werdegang - 3. Z. und die Reformation in Zürich - 4. Die Ausbreitung der Reformation und Z.s politische Tätigkeit

1. Z. wurde am 1.1.1484 in Wildhaus in der ostschweizerischen Landschaft Toggenburg als drittes Kind des Bergbauern Ulrich Z. und der Margaretha geb. Bruggmann geboren. Seinen Taufnamen Ulrich hat er später (fälschlich) als »Huldrych« erklärt. 1489 wurde er seinem Onkel, dem Dekan Bartholomäus Z. in dem Städtchen Weesen am Walensee, zur Erziehung übergeben. 1494 kam er nach Basel, wo er in der Trivial-(Latein-)schule (→ Bildungswesen, 5) des Magisters Gregor

Bünzli in die Elemente des Lateinischen eingeführt wurde. 1496 oder 1497 übersiedelte Z. nach Bern und trat in die von dem Humanisten Heinrich Wölflin (Lupulus) geleitete Schule ein. Im Okt. 1498 wurde er an der artistischen Fakultät in → Wien (: II) immatrikuliert. Im Sommersemester 1499 wurde er aus unbekanntem Grund von der Universität ausgeschlossen, aber im Sommersemester 1500 wieder als Student eingeschrieben. Im Frühjahr 1502 begab er sich nach → Basel (: II, 1), wo er 1504 Baccalaureus artium und 1506 Magister artium wurde. Mit den humanistischen Gelehrten und berühmten Druckereien Basels stand Z. in Beziehung (→ Capito, → Pellikan). Im Sommer 1506 studierte Z., ebenfalls in Basel, Theologie. Dann erreichte ihn ein Ruf als Pfarrer nach Glarus. Im Sept. 1506 erhielt er im Münster zu Konstanz durch den Bischof Hugo von Hohenlandenberg die Priesterweihe, darauf folgte in Rapperswil am Zürichsee Z.s erste Predigt und am Michaelistag (29.9.) im Heimatdorfe Wildhaus die erste Messe. Z. amtierte in Glarus von 1506-16. Zweimal zog er in dieser Zeit als Feldprediger nach Italien (nach Novara 1513, Marignano 1515). Zum Weggang aus Glarus kam es wegen politischer Gegensätze. Z. hatte zum Festhalten an dem mit dem Papste geschlossenen Kriegsbündnis aufgefordert, die Mehrheit der Glarner aber neigte einem Bündnis mit Frankreich zu. So ließ sich Z. als Leutpriester nach → Einsiedeln rufen (1516-18). Seine Aufgabe war die seelsorgerliche Betreuung der Dorfleute und der Wallfahrer. Ende 1518 wird Z. von den Chorherren des Großmünsterstiftes in Zürich zum Leutpriester gewählt.

2. In Wien und Basel war Z. in den artistischen Vorlesungen mit dem aristotelischen Weltbild vertraut gemacht worden. Für seine theologische Ausbildung ist wichtig, daß er später an scholastischen Autoren nur → Petrus Lombardus, → Duns Scotus, → Thomas von Aquino, nie aber Wilhelm von → Ockham erwähnt. Er gehörte also wie sein hauptsächlicher Basler theologischer Lehrer, Thomas → Wyttenbach, der via antiqua (→ Realismus: I, 2) an. – Tieferen Eindruck als die Scholastik machte auf den werdenden Z. der → *Humanismus,* der ihn bis 1514 als Wiederentdeckung der Wissenschaften begeisterte. Daneben erfüllt den Priester Z. in Glarus die Politik. Sein erstes schriftstellerisches Erzeugnis, die Tierfabel »Vom Ochsen« (1510), ein Gedicht in 184 Verszeilen, mahnt die Eidgenossen, sich nicht durch Frankreich und den deutschen Kaiser von der Gefolgschaft des Papstes abwendig machen zu lassen. In den Briefen Z.s fehlt bis 1515 ein persönlicher religiöser Ton. Z. ist unbeschwert kath., vor allem papsttreu. Seit 1515 erhält er für seine Verdienste um den Hl. Stuhl vom Papst einen jährlichen Ehrensold von 50 Gulden.

Ein Wandel bahnt sich seit 1514 an. Damals kam Z. in nähere Berührung mit dem religiösen Schrifttum des → Erasmus von Rotterdam, den er im Frühjahr 1515 in Basel besuchte. Seitdem ist Z. für etliche Jahre bewußter *Erasmianer,* dh er begrenzt jetzt unter dem Einfluß des Erasmus seine Studien vorwiegend auf das NT und die Kirchenväter. An Erasmus beeindruckt ihn bes. dessen (moralistischer) Christozentrismus: Christus allein lehrt uns, wie wir Gottes Willen erfüllen müssen, und appelliert dabei an unseren freien Willen; die Evangelien, vor allem die Bergpredigt, enthalten das sittliche Gesetz Christi (→ Reformation, 4). Seit 1514/15 steht Z. unter der Macht dieser einfachen Grundgedanken. Dieses klare Bild ist später durch Z. selber verwischt worden. In »Auslegung und Begründung der Schlußreden« (1523) erklärt er, er habe das solus Christus und sola scriptura, reformatorisch verstanden, schon 1514/15 bei Erasmus gelernt. Das ist sachlich unmöglich: Das NT ist für Erasmus nicht das Zeugnis der Gnade, sondern der schriftliche Niederschlag der doctrina Christi. Zudem sieht Erasmus zwischen dem NT und den Kirchenvätern volle Einstimmigkeit. Aber auch Z.s eigene briefliche Äußerungen aus den Jahren 1515-20 sprechen gegen seine Behauptung von 1523. Es beruht auf einem Selbstmißverständnis, wenn Z. seine erasmische Periode später ins Reformatorische umgedeutet hat (so A.Rich und W. → Köhler gegen H. → Bullinger und O.Farner). Äußerlich bleibt Z.s Stellung zum kath. Herkommen unverändert. Zwar predigt er in Einsiedeln gegen den Ablaßverkäufer Bernhardin Samson. Aber er beanstandet noch nicht den → Ablaß als solchen, sondern kritisiert nur Samsons Ausbeutungssucht. Das Erasmuserlebnis wirkte sich auch auf dem politischen Felde aus. Hatte Z. zuvor die Reisläuferei bejaht, so bekehrt er sich 1515 zum erasmischen Pazifismus, dh er verwirft das Reislaufen und verlangt darüber hinaus die Umstellung der Eidgenossenschaft auf Friedenspolitik (vgl. das Gedicht »Der Labyrinth«, 1516).

Einen Einblick in Z.s *innere Lage* kurz vor der Übersiedlung nach Zürich gibt uns sein Brief an den Zürcher Chorherrn Heinrich Utinger vom 5.12.1518. In diesem selbstsicheren, mit griech. Zitaten und mythologischen Anspielungen geschmückten, scherzhaft sein sollenden Schreiben gibt Z. zu, in Glarus und Einsiedeln Umgang mit Dirnen gehabt zu haben. Wahre Schulderkenntnis fehlt; für die Zukunft glaubt er, mit gutem Willen die Begierde besiegen zu können. Offensichtlich hat die erasmische Moralreligion bei Z. keine wirksamen sittlichen Antriebe ausgelöst. Im Spätherbst 1519 wird Z. in Zürich von der Pest ergriffen. Nach der Genesung dichtet er (1520) drei deutsche Lieder. Ein neuer Klang tritt uns hier entgegen. Z. fühlt sich schwach und abhängig; aber daß sein Schicksal in Gottes Händen liegt, macht ihn ruhig. Diese theozentrische Frömmigkeit ist nicht mehr humanistisch, aber auch noch nicht wesenhaft reformatorisch. Der Verdienstgedanke ist noch nicht überwunden; Z. bewegt sich in einem Übergang. Erst von Mitte 1520 an taucht in den Randglossen Z.s das reformatorische Verständnis des Evangeliums auf: Die Bibel als Gottes persönliches Wort, die Gnade als Grund der Rechtfertigung des Sünders, Erkenntnis der Sünde, Glaube als unbedingtes Vertrauen auf Gottes Barmherzigkeit, Ausschluß eigener Verdienste, die aus der Glaubensgerechtigkeit fließende sittliche Verpflichtung. Die Frage ist viel verhandelt, welche Einflüsse diese Wendung herbeigeführt haben. A.Rich hat überzeugend nachgewiesen, daß die theologischen Schriften → Luthers für Z. bis und mit 1520 ohne Bedeutung waren. Z. selber schreibt in der »Amica Exegesis« (1527): »Ich bezeuge vor Gott, daß ich die Kraft und Summe des Evangeliums aus der Lektüre der Traktate Augustins zum JohEv und bes. aus dem sorgfältigen Studium der griech. Briefe des Paulus gelernt habe« (Z V, 713 f). Alles deutet in der Tat darauf hin, daß Z. unter dem immer übermächtiger werdenden Eindruck der paulinischen Botschaft, wobei → Augustin hilfreiche Dienste leistete, auf eigenem Wege Reformator geworden ist.

3. Obwohl Z. 1520 auf den päpstlichen Ehrensold verzichtet und damit seine Abkehr von der Papstkirche öffentlich bekannt hatte, währte es noch geraume Zeit, bis die erste Reibung mit dem Bischof von Konstanz einsetzte. In der Vorosterzeit 1522 hatten in Zürich einige Freunde Z.s das Fastengebot gebrochen. Zur Verteidigung der Angegriffenen schrieb Z. seine erste reformatorische Schrift »Von Erkiesen (= Wählen) und Freiheit der Speisen« (1522). Der Rat von Zürich bat den Konstanzer Bischof, ein Provinzialkonzil zu berufen, das die von Z. aufgeworfenen Fragen behandeln sollte. Aber der

Bischof verhielt sich untätig. Nun ersuchte Z. den Rat von Zürich, in die Lücke zu treten. Dieser lud die Priester der Stadt und des Kantons, dazu eine Vertretung des Bischofs von Konstanz, zu einem Glaubensgespräch nach Zürich ein (sog. erste Zürcher Disputation, 29.1. 1523). Noch vorher hatte Z. »67 Schlußreden« (= Thesen) veröffentlicht, die als Grundlage für die Aussprache dienen sollten, die früheste Zusammenfassung seiner reformatorischen Theologie. Ihre Grundhaltung ist ein »exklusiv christozentrischer Paulinismus« (P.Wernle). Bereits zeigt sich auch der Unterschied zu Luthers Denkweise: noch nicht in der Abendmahlslehre, wohl aber in der Lehre vom Hl. → Geist (: V, 5; → Geist und Buchstabe, 2). In These 13 betont Z. mit Berufung auf Joh 6, 44, daß der Mensch durch Gottes Geist zu Gott gezogen werde. Z. versteht das so, daß der Glaube durch unmittelbare Eingebung des Hl. Geistes, ohne Vermittlung durch Wort oder Zeichen, im Menschen geweckt wird. Das ist Z.s Spiritualismus. Z.s Theologie ist, wie in Ergänzung zu Wernle gesagt werden muß, in den »67 Schlußreden« (und später) ein exklusiv christozentrischer, aber durch einen spiritualistischen Einschlag modifizierter Paulinismus. (Über die dogmengeschichtliche Herkunft des zwinglischen Spiritualismus herrscht noch keine volle Klarheit; sicher ist, daß Z. u.a. von der Illuminationstheorie → Augustins [: II, 1] abhängt.) Die Disputation endete mit der Anerkennung der schriftgemäßen Predigt durch den Rat von Zürich. Z. hatte öffentlich gesiegt. In der ersten Jahreshälfte 1523 baute er die »67 Schlußreden« zur »Auslegung und Begründung der Schlußreden« aus. Dieses Werk ist die erste ev. Dogmatik in deutscher Sprache und das umfangreichste Buch, das Z. geschrieben hat. Auf einer zweiten Disputation in Zürich vom 26.-29.10.1523 sprach sich Z. gegen die Messe als Wiederholung des Opfers Christi aus; die leibliche Realpräsenz tastete er noch nicht an. Er verlangte auch die Abschaffung aller Bildwerke, die der religiösen Verehrung dienten. Er widersetzte sich also nicht der profanen Kunst, sondern nur den Kultbildern, die zum »Götzendienst« gebraucht wurden. Seine Gründe waren biblische (Bilderverbot), soziale (das Geld, mit dem man Bilder stiftet, sollte den Armen gegeben werden) und psychologische (Bilder wirken nur auf die Sinne, nicht aber auf den Geist und sind darum der Andacht abträglich).

Trotz Z.s Drängen schob der Rat aus Vorsicht die Entfernung der Bilder aus den Kirchen bis zum Juni 1524 hinaus. Zu gleicher Zeit wurden die Klöster in Zürich aufgehoben. Auf Z.s Wunsch wurde das Chorherrenstift zum Großmünster von der Aufhebung ausgenommen, aber reorganisiert. Die Pfründen der früheren kath. Chorherren wurden zur Anstellung ev. Dozenten der Exegese verwendet. So entstand im Juni 1525 die → Prophezei, ein Seminar für Auslegung des AT. Das Ergebnis der Exegese wurde unmittelbar nach jeder Auslegungsstunde - fünfmal wöchentlich - dem Volke in einer deutschen Predigt dargeboten. Z.s Plan war neben der Schulung von Theologen die Heranbildung einer in der Bibel wurzelnden Volksgemeinschaft. Im Frühjahr 1525 wurden in Zürich der ev. Predigtgottesdienst und die ev. Abendmahlsfeier eingeführt. Z. stellte den in der → Predigt (: I, 3) gipfelnden Gemeindegottesdienst in den Vordergrund. Die Feier des → Abendmahls (: IV, 2 c) wurde auf vier Sonntage im Jahre eingeschränkt. In der liturgischen Gestaltung des Predigtgottesdienstes schloß sich Z. an mittelalterliche Vorbilder an. Z.s Form des Abendmahls dagegen - »Aktion oder Bruch (= Gebrauch) des Nachtmahls« (1525; → Gottesdienst: V B, 2 a γ) - war völlig neu; die Ordnung der Messe war restlos beseitigt. Als einziger unter den Reformatoren schloß Z. auch den Gesang und die Instrumentalmusik vom Gottesdienst aus (→ Kirchenlied: I, 3 b). Dieser Puritanismus beruht auf Z.s spiritualistischer Überzeugung: Singen und Musizieren (ebenso wie die Bilder) sprechen nur das Sinnenhafte am Menschen an und sind darum der wahren Andacht (devotio) im Wege.

Das Jahr 1525 bedeutete den Höhepunkt der zwinglischen Reformation. Im März erschien der »Commentarius de vera et falsa religione«, Z.s zweitgrößtes Werk und zugleich sein wichtigstes in lat. Sprache. Alle Hauptstücke der christlichen Glaubenslehre werden - in 29 Abschnitten - ausgiebig behandelt, und zwar in scharfer Frontstellung gegen Rom. Noch zweimal hat Z. seine Theologie zusammenfassend (freilich kürzer als im »Commentarius«) dargestellt: in der »Fidei ratio« (1530; → Bekenntnisschriften, 3) und in der »Fidei christianae expositio« (verfaßt 1531, gedr. 1536). Seine neue tropische (oder symbolische) Sicht des Abendmahls hat Z. in dem von ihm im Druck herausgegebenen Brief an den Reutlinger Reformator Matthäus → Alber (Nov. 1524) zum erstenmal öffentlich entwickelt. Die Auseinandersetzung mit Luther eröffnete Z. in der »Amica exegesis« (1527). Ihr folgten zwei weitere ausführliche polemische Werke: »Daß diese Wort ›Das ist mein Leib‹ ewiglich den alten Sinn haben werden« (1527; → Hoen) und »Über Luthers Buch ›Bekenntnis‹ genannt« (1528). Die persönliche Begegnung zwischen Luther und Z. beim → Marburger Religionsgespräch (2.-4.10.1529) zeigte, daß der Graben zu Luthers sakramentaler Denkweise unüberbrückbar blieb (→ Abendmahl: II, 3 a; vgl. auch → Bucer).

Die Abschaffung der Messe und der Kirchenbilder und die Einrichtung des Abendmahls waren vom Rat verfügt worden. Z. erhielt darob von seiten der → Täufer (→ Grebel) den Vorwurf, er habe die Autonomie der christlichen Gemeinde angetastet. Z. antwortete (in der Schrift »Subsidium« 1525): In der Tat ist an sich die christliche Einzelgemeinde (»Kilchhöre«) in geistlichen Dingen zuständig. Aber äußere Gründe (nämlich die allzu großen Kirchgemeindeversammlungen, in denen unerwünschte Elemente - die Täufer - hätten den Ton angeben können) haben in Zürich dazu geführt, dem Rate die Entscheidung auch in inneren Fragen der Kirche zu überlassen (→ Gemeinde: II, 3 c). Damit ist die Selbständigkeit der Kirche nicht preisgegeben; denn der Rat trifft seine kirchlichen Verfügungen im Namen der christlichen Gesamtgemeinde und an deren Stelle. Die Selbständigkeit der Kirche bleibt somit erhalten. Das ist keine Staatskirche, wohl aber hat sich aus dieser Schau Z.s, wider seinen Willen, das zürcherische Staatskirchentum entwickelt. Das Verhältnis von Staat und Kirche in Zürich ist aber auch keine Theokratie. Zwar hat Z. den zugespitzten Satz ausgesprochen, in der Zürcher Kirchenverfassung trete das Reich Christi auch äußerlich in Erscheinung (Christi regnum etiam esse externum, im Brief an Ambr. → Blarer vom 4.5.1528; → Kirchenverfassung: VI, 3). Aber er wollte damit nicht sagen, daß in Zürich die Kirche in theokratischem Sinne an die Stelle des Staates getreten sei (→ Kirche: III, 4 b). Seine Meinung war vielmehr die: Eine christliche Obrigkeit darf im Namen der Kirche gesetzliche Verfügungen treffen (zB Beseitigung von Messe und Bildern), wodurch einzelne Gewissen verletzt werden können. Es muß in der Kirche auch eine auf Zwang beruhende Rechtssetzung geben. In solcher Rechtsordnung tritt das Reich Christi (= die Gemeinde Christi) auch äußerlich in Erscheinung.

Das Reformationswerk Z.s mußte gegen immer neue Widerstände und Hindernisse behauptet werden. Die Bauern verstanden die ev. Predigt Z.s so, daß sie hinfort keine Zinsen und Zehnten mehr zahlen müßten. Dieses Mißverständnis stellte Z. in seiner Schrift »Von göttlicher und menschlicher Gerechtigkeit« (1523) richtig: Die Bergpredigt (»göttliche Gerechtigkeit«), auf die sich die Bauern beriefen, enthält keine Grundsätze für das wirtschaftlich-politische Leben, sondern sie deckt uns die Sünde auf und treibt uns zum Evangelium. In dieser gefallenen Welt aber müssen irdische Gesetze und Steuern sein (»menschliche Gerechtigkeit«). - Heftiger und schließlich unheilbar war der Streit mit den sog. → Täufern. Sie gehörten ursprünglich zu Z.s treuesten Gefolgsleuten. Bei dem frühen reformatorischen Z. hatten sie gelernt, daß die christliche Gemeinde in der Welt ihrem Wesen nach eine leidende und verfolgte Minderheit sei. An dieser Überzeugung hielten sie fest, als Z. selber zur Aufrichtung der vom Staate beschützten Volkskirche weiterschritt. Auch die Idee der Erwachsenentaufe haben die Täufer von Z., der noch bis 1523 die Kindertaufe kritisierte (→ Taufe: III, 3), übernommen. 1525 schlossen sie sich, von ihrem Lehrer enttäuscht, zu einer eigenen staatsfreien Kirche zusammen. Z. hat seine früheren Schüler durch Religionsgespräche und Schriften (»In catabaptistarum strophas elenchus« 1527) scharf bekämpft. Der Rat ging bald, von Z. unterstützt, zu gerichtlichen Strafen (Gefangensetzung, Todesstrafe) über (Ertränkung von → Manz 1527). - Zu Z.s Gegnern zählten in Zürich auch viele Patrizier, weil er, der fremde, nicht in Zürich verbürgerte Pfarrer, sie in ihrem Einfluß geschmälert hatte. Nachdem die von den Katholiken beherrschte Tagsatzung von Baden (Aargau) im Mai 1526 Z. in Acht und Bann getan hatte, befürchtete er, es könnte auch in Zürich selbst die Opposition von neuem aufflammen, und drängte deshalb auf ein Exempel. Zu diesem Zweck wurde der Ratsherr Jakob Grebel verhaftet und am 30.10.1526, formell wegen Übertretung des Pensionenverbotes, enthauptet. Er hatte tatsächlich (wie andere führende Bürger) noch zu einem Zeitpunkt, als es in Zürich bereits untersagt war, sog. Pensionen, dh Renten für die Lieferung zürcherischer Soldaten an fremde Herrscher, bezogen. Aber dieses Vergehen, für das nicht die Todesstrafe vorgesehen war, lag damals schon fünf Jahre zurück. In Wirklichkeit wollte man in Grebel die tonangebende Persönlichkeit des antizwinglischen Widerstandes treffen. Das Urteil wurde von den politischen Behörden gefällt. Aber Z., der eine harte Bestrafung gefordert hatte, ist daran mitschuldig.

4. Z. war zugleich Staatstheoretiker und praktischer Politiker. Eine Eigentümlichkeit seiner Staatslehre ist ihr → Widerstandsrecht. Schon 1523 (im 42. Artikel der »Schlußreden«) erklärt er, daß im Falle der Unfähigkeit auch ein Erbkönig durch die Volksmehrheit abgesetzt werden könne, ein Gedanke, der für → Luther (: I, 4) unvollziehbar gewesen wäre. Z. ist hier von mittelalterlich-germanischen Vorstellungen abhängig. In der Vorrede zur Erklärung des Propheten Jesaja (1529) nimmt Z. die schon von der Antike gestellte Frage auf, welche Staatsform - Monarchie, Aristokratie, Demokratie - die beste sei. Die Geschichte zeigt, daß bisher ausnahmslos noch jede Monarchie zur Tyrannis entartet ist. Auch der reinen Volksherrschaft (Demokratie), wie sie in den Landsgemeindekantonen der Urschweiz in Übung stand, ist Z. abhold. Hingegen bejaht und rühmt er die Aristokratie. Er meint damit die sog. Repräsentativdemokratie, wie sie u.a. in Zürich, Bern, Basel, St. Gallen und Konstanz durch die Räte herrschte. Der Obrigkeit steht der Prophet (= Pfarrer) gegenüber (Vorrede zur Erklärung des Propheten Jeremia, 1531). Der Prophet soll sich um die öffentlichen Dinge kümmern, nicht indem er selber politisch handelt, aber indem er den Regierenden als Warner, Gewissensberater, Wächter zur Seite steht. Z. selbst hat allerdings die Grenzen, die er dem Propheten setzte, in der Praxis nicht selten übersprungen, indem er aus seinem unbändigen politischen Temperament heraus aktiv in die staatlichen Entscheidungen eingriff.

Z. hatte erwartet, daß die Reformation vermöge ihrer Überzeugungskraft alle 13 Orte (Kantone) der Schweiz innerlich überwinden werde. Aber die fünf Urkantone (Uri, Schwyz, Unterwalden, Zug, Luzern) schlossen sich in der Vereinbarung von Beckenried (April 1524) zum Schutze des kath. Glaubens zusammen. Als die Reformation auch in die von den 13 Kantonen gemeinsam regierten Untertanengebiete vordrang, forderte Zürich, daß dort jede einzelne Gemeinde in freier Abstimmung über ihre Zugehörigkeit zum alten oder neuen Glauben entscheiden könne. Die kath. Kantone aber verlangten, daß der Entscheid über Einführung der Reformation in den Untertanenländern von der Tagsatzung, der Versammlung der mehrheitlich kath. 13 Orte, getroffen werde, und Zürich wurde überstimmt. Es mußte versuchen, andere Orte für die Reformation zu gewinnen. Dank den unermüdlichen Bemühungen Z.s gingen 1528 Bern und St. Gallen, Anfang 1529 Basel ins ev. Lager über. Schaffhausen war auf dem Wege, sich der Reformation anzuschließen (→ Schweiz: I B, 1 a). Die kath. Stände schlossen daraufhin im Febr. 1529 ein Bündnis mit König Ferdinand von Österreich. Die Aussicht, die Reformation in den Gemeinen Herrschaften auf friedliche Weise einzuführen, war vernichtet. Es blieb nur noch eine gewaltsame Lösung übrig. Z. schlug in einem Gutachten Ende Mai 1529 vor, daß Zürich einen sofortigen Angriffskrieg gegen die Urkantone führe. Als Kriegsgrund nannte er die Hinrichtung des ev. Pfarrers Jakob Kaiser in Schwyz (Mai 1529). Aber erst am 9.6.1529 erfolgte von seiten Zürichs die Kriegserklärung. Doch die Innerschweizer, die noch zu wenig gerüstet waren, leiteten Friedensverhandlungen ein und mußten im 1. Kappeler Landfrieden (1529) den Bund mit Österreich aufgeben und den Gemeinden der Untertanenländer erlauben, durch Mehrheitsbeschluß die Reformation anzunehmen. Z. selbst hatte noch weitergehende, schärfere Friedensbedingungen durchzusetzen gesucht, war aber nicht durchgedrungen.

Z. war Pfarrer, fühlte sich aber für die konkrete Gestaltung der zürcherischen Politik mitverantwortlich. Er legte dem Großen Rat Gutachten, auch solche militärischer Natur, vor oder entwickelte seine politischen Ziele auf der Kanzel. Mehrfach wurde er auch zu den Besprechungen des »Heimlichen Rates«, eines vom Großen Rat eingesetzten Ausschusses für außenpolitische Fragen, beigezogen. Z. war meistens für die schroffsten Maßnahmen, hat sich aber damit nur selten durchsetzen können. Die Vorstellung, er habe die zürcherische Politik allmächtig geleitet, ist unrichtig (vgl. dazu M.Haas, s. Lit.). Die gewisse Ruhe nach dem 1. Kappeler Frieden verwandte Z. dazu, um im Verein mit dem Landgrafen → Philipp von Hessen in Europa eine große habsburgfeindliche Koalition aufzubauen. In der Hoffnung auf einen guten Ausgang dieses Projektes ging Z. darauf aus, die Dinge in der inneren Schweiz endgültig zu bereinigen. In einer Denkschrift »Was Zürich und Bern not zu betrachten sei in dem fünförtischen Handel« (Anfang Juni 1531) entrollt er ein revolutionäres Bild der zukünftigen Verhältnisse. Zwei Staaten - Bern und Zürich - sollen die Oberherrschaft (das Kondominium) über die Eidgenossenschaft übernehmen; die kath. Kantone werden »ausgereutet«, dh von der Mitregierung in den Vogteien ausgeschlossen. Der einzige Weg zu diesem Ziel ist die unverzügliche militärische Offensive gegen die Urkantone. Die Begründung dieses Angriffs ist realpolitisch und theologisch: Die Fünf Orte haben, ihr Recht mißbrauchend, die Reformation darniedergehalten, sie haben sich also versündigt, und Gott will (nach Dtn 17), daß solche sündhaften Völker gestraft und gezüchtigt werden. Soweit das Gutachten, in dem uns ein vom kriegerischen Geist der Mosesbücher erfüllter Z. - ein Vorläufer Oliver → Cromwells - entgegentritt. Die Berner lehnten die Vorschläge Z.s ab. Aber auch in Zürich wurden sie nicht gebilligt. Z. fühlte sich isoliert und ersuchte deshalb am 26.7.1531 den Rat um seine Entlassung. Der Rat bat ihn, zu bleiben. Z. sagte zu und machte sich sofort von neuem an die Aktivierung seiner europäischen Bündnispläne. Da machte der 2. Kappelerkrieg alle Entwürfe zunichte. Die Innerschweizer führten diesmal den Angriff. Z., der als Feldprediger die Zürcher Truppen begleitete, fiel »tapfer kämpfend«, wie der älteste Text bezeugt, im Gefecht bei Kappel am Albis am 11.10.1531.

Werke: Opera (lat. GA v. R.GWALTER), 4 Bde, (1544) 1581² - H.Z.s Werke, hg.v. M.SCHULER u. J.SCHULTHESS, 8 Bde, 1828-42; Suppl. 1861 - H.Z.s sämtl. Werke (= CR 88ff), hg.v. E.EGLI, G. FINSLER, W.KÖHLER, O.FARNER, F.BLANKE, L.v.MURALT, E.KÜNZLI, R.PFISTER, 1905ff (nähert sich dem Abschluß) - H.Z.s Briefe, übers. v. O.FARNER, 2 Bde, 1918/20 - Z.-Hauptschriften, bearb. v. F. BLANKE, O.FARNER, R.PFISTER, O.FREI, bisher 7 Bde, 1940ff - H.Z. Auswahl seiner Schriften, hg. u. eingeführt v. E.KÜNZLI, 1962. - *Bibliogr.* ist in Vorbereitung. Älteres bei G.FINSLER, 1897; periodisch in Zwingliana, Beiträge zur Gesch. Z.s, der Ref. u. des Prot. in der Schweiz, 1897ff. - Im folgenden nur Lit. nach 1930 in Auswahl. Vgl. auch die Lit. zu → Zwingli: II.

Forschungsberichte: W.KÖHLER, Die neuere Z.-Forschung (ThR NF 4, 1932, 329-369) - L.v.MURALT, Probleme d. Z.forschung (Schweizer Beitr. z. Allg. Gesch. 4, 1946, 247-267) - B.THOMPSON, Z. Study since 1918 (ChH 19, 1950, 116-128) - J.V.M.POLLET, Recherches sur Z. (RevSR 28, 1954, 155-174) - R.PFISTER, Die Z.forschung seit 1945 (ARG 48, 1957, 230-240).

Gesch. des Z.verständnisses: K.GUGGISBERG, Das Z.bild des Prot. im Wandel der Zeiten, 1934 - R.HAURI, Die Ref. in d. Schweiz im Urteil d. neueren schweiz. Geschichtsschreibung, 1945.

Zum Allgemeinen: W.KÖHLER, RGG² V, 2152ff - DERS., H.Z., (1943) 1952² - O.FARNER, H.Z., 4 Bde, 1943-60 - J.COURVOISIER, Z., Genf 1947 (franz.) - J.V.M.POLLET, DThC XV/2, 3745ff (Lit.) - O.VASELLA, Reform u. Reformation in d. Schweiz, 1958 - R.PFISTER, EKL III, 1948ff - J.RILLIET, Zwingle, Paris 1959 - J.H.YODER, Mennonite Encyclopaedia IV, 1959, 1052ff.

Zu 1: O.VASELLA, Die Wahl Z.s als Leutpriester von Glarus (ZSKG 51, 1957, 27-35) - H.EDELMANN, Die Ammänner Z. »zum Wilden Hus« (Zwingliana 11, 1960, 1, 193-197) - F.SCHMIDT-CLAUSING, Joh. Ulrich Surgant, ein Wegweiser des jungen Z. (ebd 287-320). - *Zu 2:* W.KÖHLER, Die Randglossen Z.s zum Röm in seiner Abschrift d. paulin. Briefe 1516/17 (Festg. Joh.Ficker, 1931, 86-106) - A.RICH, Z.s Weg zur Ref. (Zwingliana 8, 1948, 1, 511-535) - DERS., Die Anfänge der Theol. H.Z.s, 1949 - ADOLF MEIER, Z.s Übers. des Röm (EvTh 19, 1959, 40-52). - *Zu 3:* W.KÖHLER, Zürcher Ehegericht u. Genfer Konsistorium I. II, 1932/40 (bes. I: Das Zürcher Ehegericht u. seine Auswirkungen in d. dt. Schweiz) - W.MEISTER, Volksbildung u. Volkserziehung in d. Ref. H.Z.s, 1939 - K.KILCHENMANN, Die Organisation d. zürcherischen Ehegerichts zur Zeit Z.s, 1946 - R.LEY, Kirchenzucht bei Z., 1948 - E.KÜNZLI, Quellenproblem u. myst. Schriftsinn in Z.s Gen- u. Ex-Kommentar (Zwingliana 9, 1950, 2, 185-207; 1951, 1, 253-307) - F.SCHMIDT-CLAUSING, Z. als Liturgiker, 1952 - P.MESNARD, La pédagogie évangélique de Z. (RThom 61, 1953, 367-386) - ERIK WOLF, Die Sozialtheol. Z.s (Festschr. Guido Kisch, 1955, 167-188) - O.FARNER, Aus Z.s Predigten zu Mt, Mk u. Joh, 1957 - DERS., Aus Z.s Predigten zu Jes u. Jer, 1957 - G.W.LOCHER, Im Geist u. in der Wahrheit. Die ref. Wendung im Gottesdienst zu Zürich, 1957 - CH.GARSIDE JR., The Literary Evidence for Z.s Musicianship (ARG 48, 1957, 56-75) - O.SÖHNGEN, Theol. Grundlagen d. Kirchenmusik, Sonderdr. aus Leiturgia, 1958 (zu Z.: 17-38) - N.BIRNBAUM, The Z.an Reformation in Zurich (Archives de Sociologie des Religions 4, 1959, Nr. 8, 15-30) - HEINR.SCHMID, Z.s Lehre von d. göttl. u. menschl. Gerechtigkeit, 1959 - M.JENNY, Z.s mehrstimmige Kompositionen. Ein Basler Z.-Fund (Zwingliana 11, 1960, 1, 164-182). - *Zu 4:* A.FARNER, Die Lehre von Kirche u. Staat bei Z., 1930 - E.BIRCHER, U.Z.s militär. Auffassungen (Allg. schweiz. Militärzeitung 77, 1931, 503-514) - P.MESNARD, L'essor de la philosophie politique au XVIe siècle, Paris 1938 - W.KÖHLER, H.Z. u. das Reich (Die Welt als Gesch. 6, 1940, 1-14) - DERS., Der Augsburger Reichstag von 1530 u. die Schweiz (Schweiz. Zs. f. Gesch. 3, 1953, 169-189) - O.VASELLA, U.Z. u. Michael Gaismair, der Tiroler Bauernführer (Zs. f. schweiz. Gesch. 24, 1944, 388-413) - DERS., Österreich u. die Bündnispolitik d. kath. Orte, 1951 - S.WIDMER, »Was Zürich u. Bern not ze betrachten sye im fünförtigen handel« (Zwingliana 8, 1948, 1, 535-555) - G.W.LOCHER, Die ev. Stellung der Ref. zum öffentl. Leben, 1950 - DERS., Die Legende vom Herzen Z.s neu untersucht (Zwingliana 9, 1953, 2, 563 bis 576) - DERS., Das Geschichtsbild H.Z.s (ThZ 9, 1953, 275-302) - W.SCHAUFELBERGER, Kappel - die Hintergründe einer milit. Katastrophe (Schweiz. Archiv f. Volkskunde 51, 1955, 34-61) - S.ROTHER, Die relig. u. geistigen Grundlagen d. Politik H.Z.s, 1956 - R.BRAUN, Zur Militärpolitik Zürichs im Zeitalter der Kappeler Kriege (Zwingliana 10, 1958, 1, 537-573) - K.SPILLMANN, Z.s polit. Pläne in der Ostschweiz (Rorschacher Neujahrsblatt 52, 1962, 61-74) - M.HAAS, Z. u. der erste Kappelerkrieg (Phil. Diss. Zürich), 1962.

Spezialprobleme: P.BOESCH, Die Bildnisse von H.Z., Toggenburger Blätter für Heimatkunde, Lichtensteig 1950 - W.H.RUOFF, Nachfahren U.Z.s, 1937.

F.Blanke

II. Theologie

1. Voraussetzungen: a) Zur Z.forschung - b) Elemente des Z.schen Denkens - c) Motive - d) Die reformatorische Entscheidung - 2. Hauptstücke: a) Evangelium - b) Glaube - c) Gotteslehre - d) Trinität - e) Christologie - f) Hl. Geist - g) Religion - h) Sola fides - i) Wort und Geist - k) Sola scriptura - l) Buße - m) Gesetz - n) Sünde und Erbsünde - o) Erwählung - p) Kirche - q) Sakrament - r) Taufe - s) Nachtmahl - t) Staat - u) Wissenschaft - 3. Der Charakter der Z.schen Theologie - 4. Nachwirkungen. - Zitate beziehen sich meist auf Z.s Werke im CR, nur wo angegeben auf Schuler-Schultheß (= S)

1. a) Die Bemühungen um ein überzeugendes Gesamtverständnis der Theologie Z.s stehen noch in den Anfängen. Das verbreitete Bild von den beiden gegensätzlichen Linien in seinem Denken, der biblisch-reformatorischen und der humanistischen, die nur durch Z.s »starken Einheitswillen« zusammengebracht, sachlich aber unverbunden geblieben seien (u.a. W.Köhler in RGG², P.Wernle), ist das Ergebnis einer Messung Z.s am Maßstab Luthers, indem nur die auffälligsten Unterschiede registriert und kombiniert werden. Dieses Verfahren reißt die Differenzpunkte (zB die Abendmahls- oder Staatslehre) aus dem Zusammenhang, in dem sie bei Z. stehen, und überbetont sie; zugleich übersieht es bei Übereinstimmungen (Gnadenlehre, Buße, servum arbitrium) charakteristische Begründungen und Zielsetzungen. Es verkennt ferner die Bedeutung der mittelalterlichen Tradition für Z.; viele Stücke, die man von seinem Humanismus her zu interpretieren pflegt, sind in Wirklichkeit scholastische Tradition (zB bei der Gotteslehre und der Providenz). Die Beanspruchung Z.s für eine zur liberalen Theologie des 19./20.Jh.s hinführende Linie, die sich auf seinen Humanismus beruft, verkennt seine Verwurzelung im altkirchlichen Dogma und seine Betonung der Satisfaktionslehre. Übrigens scheitert das herkömmliche Z.verständnis bereits an der Einheitlichkeit, Geschlossenheit und Heiterkeit, die seit etwa 1521 sowohl seinen Charakter wie seine Werke kennzeichnen. Der Versuch einer Skizze der Theologie Z.s muß vorläufig noch unter dem Mangel wichtiger monographischer Voruntersuchungen leiden (u.a. Bestimmung des Einflusses Augustins, Anselms, des Thomas von Aquino, Duns Scotus und anderer Scholastiker; Bestimmung der antiken Autoren, die Z. bekannt waren, und seiner Kritik an ihnen; Z.s Eschatologie). Doch gilt es, Z. endlich von seinen eigenen Voraussetzungen aus zu verstehen.

b) Die *Elemente* seines Denkens, wie sie ihm von seinem Bildungsgang her angeboten werden, sind die → Scholastik im Sinne der via antiqua; der → Humanismus, der auch nach der reformatorischen Wendung wirksam bleibt im Sinne einer platonisierenden Anthropologie, eines stoisch geprägten Tugendideals, der antiken Historie als einer Fundgrube von Beispielen für (biblische) Wahrheiten und der Ansätze einer historischen, kritischen und philologischen Methode bei der Auslegung biblischer Texte; die (vom Humanismus vermittelten) Kirchenväter, bes. → Augustin, → Gregor von Nyssa und → Gregor von Nazianz; eine ungemein reiche und lebendige Kenntnis des AT und NT, bes. der Propheten, des Mt- und JohEv, der Paulusbriefe und des Hebr.

c) Die *Motive* seines reformatorischen Strebens und Denkens liegen zunächst in den verbreiteten humanistischen, mild-rationalistischen Reformgedanken und in der Beobachtung, daß diese nirgends zu einer gründlichen Heilung des öffentlichen oder privaten Lebens führten; in der daraufhin erfolgten Zuwendung zur sola scriptura, die freilich noch lange mit den Augen des Humanisten gelesen wird; im eidgenössischen Patriotismus des Republikaners, Feldpredigers und Pfarrers, der aber die Solidarität mit der gesamten Christenheit und ihrer Krise nicht verleugnet, sondern sie um so kräftiger empfinden läßt; entscheidend in der Erfahrung, daß in dem wiederentdeckten Bibelwort, seiner Auslegung und Verkündigung der lebendige Christus selbst gegenwärtig und wirksam ist und Gehorsam verlangt. Der theologische Einfluß Luthers war, wie Rich, Blanke u.a. gezeigt haben, gering; Z. hat die frühen Lutherschriften zwar gekannt und verbreitet, aber noch in reformerischem, nicht eigentlich reformatorischem Sinn verstanden. Hingegen hat ihn das Vorbild Luthers (in Leipzig, noch nicht in Worms) mächtig vorwärtsgetrieben, wie er bis zuletzt dankbar anerkannt hat. Die Streitfrage, ob man den Beginn von Z.s reformatorischer Erkenntnis auf 1516 in Einsiedeln oder erst auf 1520/21 in Zürich ansetzen soll, ist im Grunde keine historische, sondern eine theologische; sie hängt davon ab, ob man das Wesen der Reformation erst im bewußten Nachvollzug der paulinischen Anthropologie sieht, von der bei Z. in der Tat erst nach dem Pesterlebnis die Rede sein kann, oder bereits im Schriftprinzip und der damit verbundenen Erfahrung des Christus praesens. Im Sinn dieser Motive schließt zB der »Commentarius de vera et falsa religione« von 1525 mit dem Satz »Quicquid diximus, in gloriam Dei, ad utilitatem rei publicae Christianae conscientiarumque bonum diximus« (III, 911).

d) Die in diesem Satz aufgezählten Motive und ihre Reihenfolge illustrieren sowohl die Übereinstimmung mit → Luther wie die Verschiedenheit des Ansatzes reformatorischen Denkens. Während der Mönch in der Gerichtsangst um das ewige Heil ungewollt zum Reformator wird, wobei die → Anfechtung des Gewissens und ihre stets neue Überwindung im Ergreifen der Verheißung für seinen Glaubensbegriff konstitutiv bleibt, erzittert der Leutpriester unter der Gerichtsangst um das zeitliche und ewige Heil seines Volkes und der ganzen Christenheit. Das Schweizervolk zieht Gottes Zorn auf sich mit dem korrupten Pensionenwesen wie mit den ausländischen Söldnerfeldzügen und ihren verhängnisvollen politischen, sozialen und moralischen Folgen. Die Kirche hat sich vom Wort Gottes abgewandt und menschlichen Lehren und Vorschriften ergeben, bes. dem Sakramentalismus und der Werkgerechtigkeit. All diesen Verderbnissen liegt dieselbe Sünde zugrunde: die Kreaturvergötterung, die Abgötterei. Das wiedererschallende Gotteswort aber als die erneute Gegenwart des Auferstandenen ist das große Angebot Gottes, die letzte Chance, die Proklamation des Heimkehrrechts (»postliminium«). Das Angebot der Gnade und die angebotene Gnade fallen zusammen; das Wort »Evangelium« bezeichnet oft einfach die Reformationsbewegung. Der Anspruch trifft das gesamte menschliche Leben, auch das öffentliche; Z. hat nicht Kirche und Staat, Religion und Politik »verquickt«, sondern er hat keinen Augenblick daran gedacht, es könne einen Bereich geben, der dem Gotteswort entzogen wäre; er denkt noch durchaus theokratisch im Sinne des mittelalterlichen → Corpus christianum. Aber die Entscheidung zwischen Gott und Kreatur in jeder Form ist eine persönliche. Daß der Mensch sich das Vertrauen als den »Trost der Seele in Gott allein« selber weder ausdenken noch geben kann, daß es also zur Überwindung des Verderbens nicht nur des Prinzips der Geistigkeit Gottes und entsprechender Reformen (»philosophia christiana«), sondern einer göttlichen Erlösungstat bedarf, das war die Erkenntnis, die Z. über den Humanismus hinausführte. Es trifft nicht zu, daß Z. die Anfechtung fremd sei; vgl. zB die erschütternde Supplicatio an den (humanistisch gestimmten) Bischof Hugo von Konstanz um Freigabe der Priesterehe 1522 (I, 189ff) oder das Bekenntnis seiner Seelennot beim »wie auch wir vergeben« im Unser Vater (II, 225). Aber das eigentliche Kennzeichen des Glaubens ist bei ihm nicht der Kampf, sondern der Friede der Seele in ihrer Zuversicht auf Gott allein. »Fides est res vera et constans a numine, in quod solum recte speratur, homini data, qua certe et firmiter fidit invisibili Deo« (S IV, 121; »numen« ist bei Z. ein trinitarischer Terminus technicus und bezeichnet die eine Gottheit der drei Personen.) Demgegenüber »ist das gewiß, daß, welcher sich kehrt zu der Kreatur, daß der ein Abgötter ist« (II, 221). Denn »zu wem der Mensch seine Zuversicht hat, der ist sein Gott« (II, 219). Um diese Entscheidung geht es in Z.s Reformation; hier entspringt auch sein spiritualistischer Zug.

2. a) Jenes den Menschen tief persönlich betreffende Ereignis, das ihn erlöst und ihm damit die Möglichkeit des Glaubens schenkt, ist der Sühnetod Christi am Kreuz. Er wird streng im Sinn der Satisfaktionslehre verstanden (→ Versöhnung: V) und in diesem Sinn oftmals als »das *Evangelium*« bezeichnet. In sämtlichen Z.schriften wird er ausführlich oder knapp rekapituliert, damit von diesem Mittelpunkt aus die Konsequenzen für das zur Diskussion stehende Einzelthema abgeleitet werden können. »Unsern Jammer und Ohnmacht hat Gott gesehen und sich darüber erbarmt und Mittel gefunden, damit seine Gerechtigkeit versöhnet würde für uns... So er, der unschuldig war, für uns schuldige Sünder den Tod leidet, bezahlt er für uns die so schöne Gerechtigkeit Gottes, der sonst kein Mensch genugtun kann, indem er uns verdient hat, daß wir zu Gott kommen können aus seiner freien Gnade und Gabe. Welcher das hört und glaubt ungezweifelt, der wird selig. Das ist das Evangelium« (Von göttl. und menschl. Gerechtigkeit, 1523; II, 478). Originell ist bei Z., daß nicht nur die iustitia, sondern auch die misericordia Gottes die Satisfaktion postuliert; eine Vergebung nur durch Straferlaß wäre nicht die ganze göttliche Gnade (II, 38ff; S IV, 47f).

b) Mit seiner Lebenshingabe ist Christus unser »Hauptmann« geworden, dh er kann über unser Leben verfügen und auch dessen Opfer verlangen. Doch die Annahme der Versöhnung im *Glauben* muß sich überhaupt bewähren im kindlichen Vertrauen auf die gute Führung Gottes in den täglichen Dingen; die berühmte Hervorhebung der Providenz bei Z. verlangt den → Vorsehungs-Glauben als Form des Christusglaubens; Mt 6 und Röm 8, 32 sind seine regelmäßigen Begründungen. »Lasset uns zu dem einigen Gott unsere Zuflucht haben, der ist unser Vater; darum wollen wir es wagen, zu ihm zu kommen. Denn was wird er uns abschlagen, so er seinen Sohn hat für uns gegeben und zu einem ewigen

Pfand gemacht, unsere Sünde zu bezahlen?« (II, 221). Allerdings läßt sich die Providenz nicht trennen von der Allwirksamkeit Gottes; doch ist für den Gläubigen die Tatsache, daß wir »nichts anderes sind denn Instrument und Handgeschirr, durch die Gott wirkt«, gerade keine Selbstverständlichkeit, »denn wir sind von Natur böse« (II, 186).

c) Hinter all dem steht der Gottesbegriff. → *Gott* (: V, 13 b) ist wie in der Scholastik das summum bonum, wobei Z. aber bes. betont, daß Gott spendende Güte, fons omnis bonitatis ist. Eindeutig reformatorisch erscheint in diesem Zusammenhang die Dialektik, daß Gottes Vollkommenheit keineswegs das Ergebnis unseres Urteils sei, das von andern guten Dingen auf das höchste Gut schließen dürfte; sondern Gott ist umgekehrt als einziger von Natur, aus eigenem Wesen gut; alles, was im Bereich der Kreatur gut heißen darf, hat diese Eigenschaft »participatione, aut potius precario« (durch Anteilnahme, oder vielmehr verliehenerweise, zu Lehen) und muß an der offenbarten Güte Gottes gemessen werden (S IV, 81, Eingang von De prov. 1530). Das Entsprechende gilt vom Seinsbegriff und Gott als dem »esse ipsum«: er meint weder eine Schöpfer und Geschöpf umfassende essentia noch einen Pantheismus, sondern wie bei Thomas die Beziehung zwischen Schöpfer und Geschöpf in ihrer Verschiedenheit; doch hebt Z. hervor, daß der Schöpfer erst diese Beziehung hergestellt hat und sie von ihm abhängig bleibt. Immer geht Z. dabei von Ex 3, 14 aus »ego sum, qui sum«: Er ist der einzige, der von Natur »ist«; dem Geschöpf ist nur ein abgeleitetes Sein eigen, ein esse tributum. Ausdrücklich wird für das Sein Gottes nicht nur die »Aseitas« erklärt, sondern das Sein Gottes mit seinem Herrsein in eins gesetzt. Beide aus der Scholastik übernommenen Begriffsreihen läßt Z. gerne in den biblischen Begriff des Vaters einmünden; die Reihe der traditionellen Eigenschaften schließt sich an (Allgenugsamkeit, Allmacht, Allwissenheit usw), wobei gelegentlich (De prov. 1530) der thomistische Determinismus mitschwingt. Besonderen Wert legt Z. auf die simplicitas Gottes, vielleicht in einer gewissen Abgrenzung gegen Luthers Unterscheidung von Deus absconditus und Deus revelatus: in seiner Offenbarung gibt Gott sich uns ganz. Denn alle stoischen oder statisch-scholastischen Begriffe stehen im Dienst des biblisch-geschichtlichen Denkens: Gott ist »Deus noster«.

d) In diesem Sinn hebt die *Trinitätslehre* (→ Trinität: III), in ihrer augustinisch-abendländischen Fassung für Z. ungemein lebendig, die Einheit Gottes in den drei Personen hervor (stärker als Luther) und dient dazu, Gottes Gottheit in und hinter seinem geschichtlichen Handeln zu beschreiben. Die Möglichkeit, auf Grund der Einheit von »Gott« eine Aussage zu machen, die genaugenommen nur für eine »Person« gilt (zB »Gott ist Mensch geworden«), bezeichnet Z. mit einem rhetorischen Fachausdruck Plutarchs als Alloiosis.

e) Das Hauptinteresse an der Trinitätslehre nimmt Z. aber von der → *Christologie* (: II, 7 b) her; die Nahtstelle der beiden Dogmen ist ihm wichtig. Nur der ewige Sohn hat in der assumptio carnis die Menschheit angenommen und in der unio hypostatica sive personalis mit seiner Gottheit vereinigt, und auch dies, ohne daß die Gottheit in der Menschheit aufginge. Wo Luther die Menschheit, da betont Z. die Gottheit des Gottmenschen; jener ergreift die *Offenbarung* Gottes, dieser die Offenbarung *Gottes*. Das Ergebnis ist die »nestorianische« Färbung des Verhältnisses der beiden Naturen; die »Person« Christi ist identisch mit seiner Gottheit. Zwar bringt Z. das irdische Leben Jesu ausführlich zur Geltung, doch liegt dies darin begründet, daß nicht nur die Heilungen, sondern auch die Lehre seiner Gottheit zugeordnet werden. Die von der semper virgo Maria geborene Menschheit Christi ist das Organ seiner Gottheit; nur an seinem Leibe konnte er leiden, aber nur kraft der Gottheit konnte dieses Leiden das ewige Heil schaffen, und nur in ihr liegt die Kraft des »pro nobis«. Die communicatio idiomatum wird nur als communicatio naturarum gelten gelassen; und nur von der Person des Gottmenschen kann man per alloiosim die Eigenschaften einer Natur aussagen. Das später sog. »extra calvinisticum« (die endliche Menschheit stets bei der unendlichen Gottheit, nicht umgekehrt) wird von Z. in Übereinstimmung mit der Scholastik nachdrücklich formuliert. Das Ziel dieser Christologie ist die Gewißheit, im Menschen Jesus wirklich Gott zu finden; zugleich der Schutz der Menschheit Christi gegen ein Abgleiten in Monophysitismus oder Doketismus; damit Schutz der Identität des erhöhten und geglaubten mit dem historischen Jesus; schließlich die Gewißheit unseres ewigen Lebens beim verklärten Herrn »zur Rechten des Vaters«.

f) Die Betonung der Gottheit Gottes ruft einem (trinitarisch gehaltenen) Spiritualismus. Vom *Hl.* → *Geist* (: V) war der Mensch bereits vor dem Fall abhängig; erst recht ist seither alle Gotteserkenntnis, ja überhaupt alle Wahrheitserkenntnis auf Einwirkungen des Geistes angewiesen, denn »der Mensch ist lügenhaftig«. Gottes Geist und Freiheit sind nicht an die Heilsgeschichte gebunden; wo immer unter Heiden – fragmentarisch – Wahrheit erkannt worden ist, da lag eine spezielle Mitteilung des Geistes vor. Auch Selbsterkenntnis und Buße stammen nur vom Geist Gottes (III, 692). Namentlich ist aber der Glaube an Christus seine Gabe: »Niemand kann zu mir kommen, es sei denn daß ihn ziehe der Vater« (Joh 6, 14) ist einer der am häufigsten von Z. zitierten Texte. Im Geist ist Christus kraft seiner Gottheit selbst gegenwärtig; so schenkt er Vergebung, Glaube, Trost, Gewißheit, Frieden mit Gott und macht lebendig; »Menschengeist kann das nicht« (V, 968). Zu den Kennzeichen des Hl. Geistes gehören die Konformität mit der Hl. Schrift, die ja vom Geist inspiriert ist, ferner das Trachten nach der Ehre Gottes und die Demütigung des Menschen. Daß der Geist in seiner Freiheit sich nicht an Kreatürliches binden läßt, ist nicht eine ontologische Konsequenzmacherei, sondern eine soteriologische Notwendigkeit: die gnädige praesentia Dei ist Voraussetzung der fides, nicht umgekehrt (V, 583).

g) Von diesen aus der Offenbarung gewonnenen Prämissen her ergibt sich, daß das ev. verstandene Christentum die wahre *Religion* ist: »Vera religio, vel pietas, haec est, quae uni solique Deo haeret«; »falsa religio sive pietas est, ubi alio fiditur quam Deo. Qui ergo quacumque tandem creatura fidunt, vere pii non sunt. Impii sunt, qui hominis verbum tamquam Dei amplectuntur« (III, 669. 674). Sowohl daß Gott ist als auch wer er ist, muß Gott selbst uns offenbaren.

h) Der → *Glaube* (: IV) ist »eine Ruhe und Sicherheit in dem Verdienst Christi« (II, 182); so »macht er selig«: der Ausdruck ist uneigentlich zu verstehen; es ist die Gnade, die rettet; der Glaube wird in das umfassende Werk des Geistes eingefügt. Die → *Rechtfertigung* (: II), für die Z. gern Gerechtmachung sagt, fällt mit der Vergebung zusammen. Der Wegfall der Werkgerechtigkeit ist die große Befreiung; das Vertrauen auf das eigene Werk gehört zur Kreaturvergötterung. Das neue *Werk* aus Geist, Glaube und Liebe wird lebhaft beschrieben; »je mehr der Glaube wächst, desto mehr wächst auch das Werk aller guten Dinge« (II, 183), denn der Glaubende wird von Gott dazu bewegt. Dieser Glaube ist experientia und fiducia, von fides historica und opinio streng zu unterscheiden: Glaube im eigentlichen Sinn kann nur Gott selbst zum Inhalt haben, wie er auch göttlichen Ursprungs ist.

i) Weil deshalb Christus selbst uns den Glauben geben muß, ist das *Wort,* aus dem er erwächst, das »innere Wort« (verbum internum), durch den Geist den Herzen »eingesprochen«. Das »äußere Wort« ist von Gott angeordnet; es bezeichnet den höchsten Auftrag und ist unwiderstehlich, aber es bleibt darauf angewiesen, daß der Herr selbst das Menschenwort begleitet und des Hörers Sinn aufschließt. Die Gegenwart des Herrn, in der röm.-kath. Kirche durch das Sakrament gewährleistet, kann auf ev. Seite nicht einfach statt dessen durch die Predigt garantiert werden. Staunt Luther darüber, daß sich der Geist selbst ans Wort gebunden hat, so wacht Z. darüber, daß umgekehrt das Wort an den Geist gebunden bleibt und die Verkündigung sich angewiesen weiß auf die freie Gnade (III, 263. 761). Die Predigt bezeugt das Heil, aber es gegenwärtig zu machen ist Sache des Geistes selbst.

k) Das → *Schriftprinzip* widerspricht dem so gearteten Spiritualismus nicht, sondern wird von ihm gefordert. Denn die Apostel und Propheten haben ihr Wort vom Hl. Geist selbst empfangen, und ferner ist die Schrift der konkrete Ausdruck dafür, daß das Wort Gottes, gerade als »inneres Wort«, keineswegs unser eigenes Wort ist. Die Schrift legt sich selbst aus; dabei schreite man von den leichteren Texten zu den schwierigeren. In Zweifelsfällen dürfte diejenige Auslegung das Rechte treffen, die Gott ehrt und uns am tiefsten demütigt. Die »Klarheit« der Schrift ist Christus selbst (I, 365). Im übrigen gibt es innerhalb der Schrift Abstufungen der Autorität; am höchsten stehen die Worte Jesu. Der in alle ref. Bekenntnisschriften eingegangene Vorbehalt besserer Belehrung durch die Schrift geht auf Z. zurück (u.a. zu den 67 Artikeln II, 457). Maßgeblich ist immer der natürliche Schriftsinn; die typologische Deutung des AT auf Christus hält sich in Grenzen; die Allegorie ist gelegentlich »zum Nachtisch« gestattet.

l) Der Hl. Geist führt uns an Hand der biblischen Forderung und des Vorbilds Christi stets von neuem in die *Buße.* Diese geht dem Glauben voraus und folgt ihm; sie besteht in Selbsterkenntnis und Selbstverleugnung und in der stetigen Flucht zur Gnade Christi, denn Röm 7 gilt vom Wiedergeborenen, und die Sünde wohnt »allweg« in den Glaubenden, »wiewohl sie gemeistert und gefangen ist durch Christus« (I, 351).

m) Das → *Gesetz* (: V) ist in der Nachfolge Christi also nicht gegenstandslos, denn es ist der unabänderliche Gotteswille. Äußere Gebote, auch solche der Bibel, sind zwar durch Christus aufgehoben, wie namentlich das Zeremonialgesetz. Aber was den inneren Menschen betrifft, hat Christus als göttlicher Gesetzgeber selbst zu ewiger Gültigkeit erhoben; es ist das Liebesgebot, auf das bereits das Naturgesetz vergeblich hinwies. Aber das »Gesetz Christi« gehört zum Heil wie die Vergebung, und wen die Liebe erfüllt, freut sich seiner – womit es seinen Gesetzescharakter verliert und sich als ein Stück Evangelium enthüllt. Deutlich gegen Luther heißt es: »Das Gesetz ist dem, der Gott liebt, ein Evangelium« (II, 232; vgl. 76. 79. 83. 237).

n) Zunächst enthüllt das Gesetz unser »Elend«, nirgends deutlicher als im Wort Christi. Die ganze Erkenntnis unserer → *Sünde* (: V, 5) freilich setzt die Belehrung durch den Geist und den Glauben voraus. Auch Z. unterscheidet zwischen peccatum originale und peccata actualia; ersteres bezeichnet er in Übertragung von Augustins »morbus« oberdeutsch als »prästen«, was schriftdeutsch nicht Gebrest oder Gebrechen bedeutet, sondern »Riß«, »unheilbarer Bruch«. (Hier wie anderwärts hat die Sprachverschiedenheit die Diskussion mit Luther belastet.) Unsere Natur ist in Adam total »zerbrochen«; alles in uns ist böse (II, 99 u.ö.); »Fleisch« ist auch unsere geistige Existenz (III, 660 u.ö.), obwohl in Z.s späten Schriften »mens« und »anima« (nicht ratio oder intellectus) als der Teil des Menschen hervortritt, an den sich der Hl. Geist wendet. Die Ursünde wird entweder wie bei Augustin als amor sui beschrieben oder wie bei Luther als incurvatio in se (zB 1523 II, 38), immer als Abwendung vom göttlichen Geist zum eigenen und zur Kreatur. Der leibliche Tod ist Folge und Bild des ewigen, in dem wir uns bereits befinden. Der »presten« umfaßt zweierlei: ontisch das Sündigen-müssen, noetisch die Blindheit gegen die Offenbarung; »der Mensch ist lügenhaft«; diese Seite betont Z. bes. energisch als Antwort auf die optimistische Wahrheitssuche des Humanismus.

o) So hat Z. das servum arbitrium vertreten und noch vor Luther Erasmus geantwortet. Die Errettung geschieht durch die Gnade auf Grund der *Erwählung.* Die → Prädestination (: III, 3a) ist nicht nur ein Spezialfall der Providenz, sondern Ausdruck der Gewißheit des Heils. Ihre Formulierung ist originell: Im ewigen Ratschluß geht die Christusoffenbarung voraus. Die barmherzige Erwählung des einzelnen bezieht sich auf diese, während die Gerechtigkeit ihn rechtfertigt. Von Verworfenen ist nur am Rande die Rede; bis zum – kaum möglichen – Erweis des Gegenteils dürfen wir an die Erwählung unseres Nächsten glauben.

p) Die irdische Seite von Erwählung und Bund ist die Existenz der → *Kirche* (: III, 4 b). Sie ist aus dem Worte Gottes geboren und wird von der cathedra ad dexteram Dei aus regiert; der Papst ist der Antichrist. Diese Regierung geschieht durch den Geist; seit den Erfahrungen mit den → Täufern fügt Z. hinzu: der Geist erhält die Kirche in Einigkeit und Ordnung durch die Ämter, zu denen auch Magistratspersonen gehören können. Im Vordergrund steht der »Hirt« oder »Wächter« (»Bischof«) mit dem Predigtamt. Z. unterscheidet 1. die gesamte Christenheit, zu der auch Ungläubige gehören; 2. die Gemeinschaft der Heiligen des Apostolikums: sie ist ohne Makel, weil durch Christi Blut gereinigt, und irrt nicht; 3. die Einzelgemeinde (»Kilchhöre«): sie wacht über den Wandel ihrer Glieder und das Wort des Hirten und hat das ius reformandi. Grobe Sünder sind vom Abendmahl auszuschließen, doch besteht das *Schlüsselamt* im eigentlichen Sinn in der Evangeliumsverkündigung. Vergebung ist Handeln Gottes, das darf nicht durch ein Beichtinstitut verdunkelt werden. Dem gesamten öffentlichen Leben gegenüber ist der Kirche das prophetische »Wächteramt« von Ez 3 aufgetragen; das Volk geht zugrunde, wenn es versäumt wird.

q) Nach diesen Voraussetzungen verwundert es nicht, daß die → *Sakramente* (: I, 3) als von Menschen vollzogene Handlungen zur Antwort und zum Bekenntnis der Gemeinde gehören. Es sind öffentliche »Pflichtzeichen«. Sie setzen den Glauben voraus; Gnade mitteilen oder das beschwerte Gewissen entledigen können sie nicht. Doch besteht zwischen den Zeichen und der bezeichneten Sache eine gleichnishafte Analogie, wodurch das Sakrament eine Eindrücklichkeit erhält, die das Wort übertrifft.

r) Die → *Taufe* (: III, 3) weist hin auf die verheißene Geistestaufe. Die Kindertaufe geht möglicherweise auf die Apostelzeit zurück; entscheidend ist, daß die Kinder in den Bund Gottes gehören, dessen äußeres Siegel die Taufe ist wie die Beschneidung in Israel. In seiner Zürcher Anfangszeit muß Z. mit vertrauten Freunden die Schriftgemäßheit der Kindertaufe zur Diskussion gestellt haben; als diese aber zur Gründung freier Konventikel mit der Erwachsenentaufe schritten, wandte er sich gegen sie, denn wer das Christsein von Form und Vorgang der Taufe abhängig macht, fällt in Sakramentalismus und Gesetzlichkeit. Den Begriff des Bundes wird Z. (wie Calvin) humanistischer Tradition (→ Budé) entnommen, seines juristischen Charakters entkleidet und ihn zu einem Leitgedanken des Schriftverständnisses erhoben haben.

s) Bereits in den Schlußreden bestreitet Z. auf Grund des ἐφ' ἅπαξ des Hebr den Opfercharakter des *Nachtmahls* (→Abendmahl: II, 3a); bald tritt die Polemik gegen Transsubstantiation und Konsubstantiation hinzu. Seit → Hoens Brief bekennt er sich zur tropischen Deutung des »est« der Einsetzungsworte (= significat), womit die Realpräsenz des Leibes Christi in den Elementen hinfällt. Z. empfindet diese Auslegung nicht als eine Verarmung, sondern als einen Fortschritt; schon im 18. Artikel war es ihm um die Bezugnahme auf das für uns vollbrachte endgültige Heil zu tun: »Wiedergedächtnis«. In rascher Folge wird nun an Hand der biblischen Texte (»tut das...!«) die Lehre entfaltet: das Nachtmahl ist öffentliche Danksagung für Christi Gnadenopfer, Erinnerungsfeier an dasselbe und Gemeinschaftsmahl. Im Unterschied zu Luther (und Calvin), ist nicht Christus, sondern die Gemeinde das Subjekt der Feier; doch muß daran erinnert werden, daß die »Erinnerung« kein intellektueller Vorgang ist und nicht die Assoziation der Vergangenheit, sondern der Gegenwart weckt; memoria ist (nach Augustin) die Seelenkraft der Vergegenwärtigung, des Bewußtseins. Sodann legt Z. von Anfang an Gewicht darauf, daß im Abendmahl durch den Glauben unserer Seele der ganze Christus, auch seine Leiblichkeit gegenwärtig ist (zB III, 341; S IV, 11). Damit wird die *Gabe* des Abendmahls eindeutig auf den Plan geführt. Infolge der Diskussion mit Luther und Rom arbeitet Z. diesen Zug immer deutlicher heraus bis zu dem Gleichnis, das in unmittelbare Nähe Calvins führt: »Wenn ein Hausvater, im Begriffe in ein fernes Land abzureisen, seinen edelsten Ring, auf dem sein Bild eingegraben ist, seinem Ehegemahl mit den Worten übergibt: Siehe da mich, deinen Gemahl, halt ihn auch in seiner Abwesenheit fest und freue dich seiner...! So gibt er weit mehr, als wenn er spräche: Siehe da meinen Ring... Du sollst davon gewiß sein, daß ich ganz der deine bin...« (S IV, 38f). Doch bleibt auch hier unverschleiert: Die Bedeutung, die das »Sakrament des Altars« für Luther hat, wird bei Z. Christus selbst zugewiesen. Hauptstützen gegen Luther sind der Nachweis der tropischen Redeweise in der Schrift (»Ich bin der Weinstock«), Joh 6, 63 und die leibliche Himmelfahrt Christi. Die Debatte wird auf beiden Seiten auch mit philosophischen Argumenten geführt; von Luther mit scholastischen, von Z. überwiegend mit humanistisch-platonischen: äußere Zeichen können nicht auf die Seele wirken. Doch stehen diese Gedankengänge durchaus im Dienste der christologischen Entscheidung: wenn die Versöhnung am Kreuz geschehen ist, dann darf der Trost der angefochtenen Seele nicht am Vollzug des Sakramentes hangen - eine Alternative, die Luther von seinen Voraussetzungen aus nicht anerkennen konnte. Z.s Protest aber war kein rationalistischer, sondern ein christologischer: »absurditatem non metimur ab ipsa re... Quod fidei absurdum, id vere absurdum est« (V, 618). Christus ist selbst zugleich Gnadenvollzug und Gnadenpfand; wo der Glaube sich wieder an eine »Zeremonie« klammert, steht für Z. im Prinzip die Reformation auf dem Spiel.

t) Dasselbe Vertrauen auf die Kraft des Geistes Gottes führt zu einem theokratischen Ideal; die Reformation der Kirche muß von selbst die Erneuerung des *Staates* bewirken. Die Grenzen sind fließend: »eine christliche Stadt ist nichts anderes als eine christliche Gemeinde« (S VI/1, 6), und die Magistraten müssen wissen, daß ihnen das Geschick von »Schafen Christi« anvertraut ist. Sie walten nach der unvollkommenen »menschlichen Gerechtigkeit«, die bestenfalls jedem das Seine gibt, während die göttliche uns das schenkt, was uns nicht gehört. Aber in diesem Rahmen wehrt Gott selbst vermittels Gebot und Obrigkeit dem Chaos; die Arbeit in Politik und Wirtschaft ist Gottesdienst, wobei die ev. Predigt in ihren Forderungen aktuell zu bleiben und stets auf Verbesserung der Zustände hinzuwirken hat. In diesen Zusammenhang gehört Z.s Lehre vom → Widerstandsrecht, genauer der Widerstandspflicht der Verantwortlichen, die in sorgfältiger Abstufung der Kompetenzen entwickelt wird (II, 344; S IV, 59).

u) Der theokratische Zug bemächtigt sich auch des Z.schen Humanismus: »Die Bildung ist sozusagen die Magd der Weisheit als ihrer Herrin«, wobei die Weisheit in der rechten Gottesverehrung und -liebe besteht (S VI/1, 375).

3. Als charakteristisch für Z. ergeben sich ein theozentrisch-theokratischer Zug mit einer zugleich spiritualistischen Christologie, Betonung der Objektivität des Heils in Erwählung und Versöhnung, zugleich der Applikation in Geist und Glauben, Verantwortung für das Gemeinschaftsleben in Kirche und Staat, dabei eine humanistisch-pädagogische Tendenz. Alles in allem eine Reformation, die an der Peripherie aufbrach, zum geistlichen Zentrum drängte, um von da aus wieder an die Peripherie zurückzuwirken. Nicht zu vergessen ihre heitere Nüchternheit: »Empfindest du, daß die Furcht Gottes anhebt, dich mehr fröhlich als traurig zu machen, so ist das eine gewisse Wirkung von Gottes Wort und Geist« (I, 384).

4. Trotz des Rückschlags nach der Niederlage bei Kappel und der folgenden Verdrängung des Zwinglianismus aus Süddeutschland und Elsaß sind seine Nachwirkungen auch außerhalb der Schweiz nicht zu übersehen. Die ökumenische Kraft → Bullingers hat die Isolierung durchbrochen. Neben dem Calvinismus hat der Zürcherische Typus bis zur → Dordrechter Synode der → Reformierten Kirche das Gepräge gegeben. Zu nennen sind bes. das Vorbild der → »Prophezei« für die Niederlande, Friesland, Pfalz und England; der mit Philologie arbeitende Biblizismus, der sich neben der Lokalmethode der Orthodoxie entfaltete; die Anfänge der Föderaltheologie (→ Bund: IV); gewisse theokratische Züge im Anglikanismus und ein energischer ev. Öffentlichkeitswille bis hin zu modernen religiös-sozialen Bewegungen.

Vgl. die Lit. zu → Zwingli: I. Ferner *allgemein:* E.ZELLER, Das theol. System Z.s, 1853 - CHR.SIGWART, U.Z. Der Charakter seiner Theol. mit bes. Rücksicht auf Picus von Mirandula, 1855 - A.BAUR, Z.s Theol. Ihr Werden u. ihr System I. II, 1885/89 - P.WERNLE, Der ev. Glaube nach d. Hauptschriften d. Reformatoren II, 1919 - W.KÖHLER, Z. als Theologe (in: U.Z. Zum Gedächtnis d. Zürcher Reformation, 1919, 9-74) - DERS., Die Geisteswelt U.Z.s, 1920 - G.OORTHUYS, Kruispunten op den weg der kerk, 1935 - G.W.LOCHER, Die Theol. H.Z.s im Lichte seiner Christologie I: Die Gotteslehre, 1952.

Zu 1: F.BLANKE, Z.s Urteile über sich selbst (Die Furche, 1936, 31-39 = F.B., Aus der Welt der Reformation, 1960, 7-19) - M. HUBER, Natürl. Gotteserkenntnis. Ein Vergleich zw. Thomas v. Aquin u. H.Z., 1950 - G.W.LOCHER, Das Geschichtsbild H.Z.s (ThZ 9, 1953, 275-302) - L.v.MURALT, Renaissance u. Reformation in d. Schweiz (Zwingliana 11, 1959/1, 1-23 = L.v.M., Der Historiker u. d. Gesch., 1960, 68-87) - J.ROGGE, Z. u. Erasmus, 1962.

Zu 2: G.OORTHUYS, De anthropologie van Z., 1905 - W.KÖHLER, Z. u. Luther. Ihr Streit über d. Abendmahl nach seinen polit. u. relig. Beziehungen I. II, 1924/53 - E.SEEBERG, Der Gegensatz zw. Z., Schwenckfeld u. Luther (R.Seeberg-Festschr. I, 1929, 43-80) - G.SCHRENK, Z.s Hauptmotive in d. Abendmahlslehre u. das NT (Zwingliana 5, 1930/2, 176-185) - L.v.MURALT, Z. als Sozialpolitiker (ebd 5, 1931, 276-296) - F.BLANKE, Z.s Sakramentsanschauung (ThBl 10, 1931, 283-290) - DERS., Brüder in Christo. Die Gesch. d. ältesten Täufergemeinde, 1955 - A.E.BURCKHARDT, Das Geistproblem bei H.Z., 1932 - R.PFISTER, Das Problem d. Erbsünde bei Z., 1939 - DERS., Die Seligkeit erwählter Heiden bei Z., 1952 - G.W. LOCHER, »Christus unser Hauptmann« (Zwingliana 9, 1950, 121-138) - DERS., Der Eigentumsbegriff als Problem ev. Theol., (1954) 1962², 29ff. 49ff - DERS., Z. als Liturgiker (Musik u. Gottesdienst 9, 1955, 44-47) - DERS., Die Prädestinationslehre H.Z.s (ThZ 12, 1956, 526 bis 548) - DERS., Im Geist u. in d. Wahrheit. Die reformat. Wendung im Gottesdienst zu Zürich, 1957 - H.GOLLWITZER, Zur Auslegung von Joh 6 bei Luther u. Z. (In memoriam E.Lohmeyer, 1951, 143-168) - J.SCHWEIZER, Ref. Abendmahlsgestaltung in d. Schau Z.s, 1954 - H.v.CAMPENHAUSEN, Die Bilderfrage in d. Reformation (ZKG 68, 1957, 69-128 = H.v.C., Tradition u. Leben, 1960, 361-407) - H. SCHMID, Z.s Lehre von d. göttl. u. menschl. Gerechtigkeit, 1959 - J. STAEDTKE, Voraussetzungen der Schweizer Abendmahlslehre (ThZ 16, 1960, 19-32).

Zu 3: F.BLANKE, Z.s Beitrag zur reformat. Botschaft (Zwingliana 5, 1931, 262-275) - DERS., Luther, Z., Calvin (in: Der Gott der Wahrheit, hg.v. EB.MÜLLER, 1936, 263-275; vgl. auch E.WOLF, Luther, Z., Calvin, ebd 233-262) - DERS., Calvins Urteile über Z. (Zwingliana 11, 1959/2, 66-92 = F.B., Aus d. Welt d. Reformation, 1960, 18-47) - J.COURVOISIER, Z. et Karl Barth (in: Antwort. Festschr. f. K.Barth, 1956, 369-387) - G.W.LOCHER, H.Z.s Botschaft (Zwingliana 10, 1958, 591-602) - B.MOELLER, Reichsstadt u. Reformation, 1962.

Zu 4: H.KRESSNER, Schweizer Ursprünge d. anglikan. Staatskirchentums, 1953 - G.W.LOCHER, Die Stimme des Hirten (in: O. FARNER. Erinnerungen, 1954, 111-115; betr. Z. u. die Barmer Theol. Erklärung) - R.WESEL-ROTH, Thomas Erastus, 1954 - W.M.S. WEST, John Hooper and the Origins of Puritanism, 1955.

G.W.Locher

Zwischenreich *(Zwischenzustand)* → Auferstehung: VI, 5, → Chiliasmus, → Eschatologie: V. VI, 5.

Zwölfprophetenbuch. Das Z. gilt im jüd. Kanon, in dem es am Ende des zweiten Teils (Nebiim) eingeordnet ist, als *ein* Buch. Der Name Z. (Dodekapropheton) ist in der jüd. und griech. Tradition gebräuchlich, während die lat. - erster Beleg Augustin, De civ. Dei XVIII, 29 - lieber von den »Kleinen Propheten« spricht, was ausdrücklich auf den Umfang, nicht auf die Bedeutung bezogen wird. Das Z. wird zuerst in Sir 49, 10 erwähnt (Anfang 2.Jh. vChr), hat aber gewiß eine längere Geschichte der Sammlung von Prophetenworten und -schriften hinter sich, die schon in später vorexilischer Zeit einsetzend im Laufe des 3.Jh.s vChr zum Abschluß gekommen sein wird. Bei der Anordnung der einzelnen Prophetenschriften im jüd. Kanon (dem die Vulgata folgt; so dann auch die Lutherbibel) sind zweifellos in erster Linie chronologische Gesichtspunkte maßgebend gewesen; das (wirklich oder vermeintlich) Vorexilische steht voran. Die LXX hat die ersten sechs, nach dem Umfang der einzelnen Schriften, anders geordnet: Hos, Am, Mi, Jo, Ob, Jon (Jon am Schluß, da mehr Erzählung als Sammlung von Prophetenworten).

Kommentare (vgl. O.EISSFELDT, EinlAT, 1963³, § 48): K.MARTI (KHC), 1904 - W.R.HARPER u.a. (ICC), (1905-12) 1948-53 - W.NOWACK (HK), 1922³ - H.GUTHE u.a. (HSAT), 1923 - L.H.K. BLEEKER u. G.SMIT (TeU), 1926-34 - E.SELLIN (KAT), 1929²·³ - J.LIPPL, J.THEIS, H.JUNKER (HSchAT), 1937/38 - F.NÖTSCHER (Echter-Bibel), 1948 - J.A.BEWER (Harper's Annotated Bible), 1949 - D.DEDEN (BOT), 1953/56 - TH.H.ROBINSON u. F.HORST (HAT I/14), 1954² - J.MAUCHLINE u.a. (IntB), 1956 - E.OSTY u.a. (JerB), 1958/59 - A.WEISER u. K.ELLIGER (ATD 24/25), 1959³·⁴ - H.W.WOLFF u.a. (BK), 1961ff.

Lit.: K.BUDDE, Eine folgenschwere Redaktion des Z.s (ZAW 39, 1921, 218-229) - J.ZIEGLER, Die Einheit der Septuaginta zum Z. (Beil. z. Vorlesungsverz. d. staatl. Akademie zu Braunsberg WS 1934/35) - DERS., Beiträge zum griech. Dodekapropheton (NAG 1943, 345-412) - DERS., Studien zur Verwertung der Septuaginta im Z. (ZAW 60, 1944, 107-131) - A.JEPSEN, Kleine Beiträge zum Z. (ebd 56, 1938, 85-100; 57, 1939, 242-255; 61, 1945-48, 95-114) - F.DINGERMANN, Massora - Septuaginta der kleinen Propheten (Diss. Würzburg), 1948 - M.STENZEL Das Dodekapropheton der lat. Septuaginta (Habil.-Schr. Würzburg), 1949 (Teil V gedr. in ThZ 9, 1953, 81-92) - DERS., Das Z. im Würzburger Palimpsestkodex (cod. membr. 64) u. seine Textgestalt in Väterzitaten (SE 7, 1955, 5-34) - J.COPPENS, Les Douze Petits Prophètes, 1950. *F.Hesse*

Zur *Auslegungsgeschichte* (s. auch → Schriftauslegung: IV B):

Qu.: 5.Jh.: Hieronymus (MPL 25) - Theodor von Mopsuestia (MPG 66) - Cyrill v. Alex. (MPG 71/72) - Theodoret v. Cyrus (MPG 81) - Hesychius v. Jerusalem (MPG 93; Fragmente). - 9.Jh.: Haimo v. Auxerre (MPL 117). - 12.Jh.: Rupert v. Deutz (MPL 168). - 13.Jh.: Albert d.Gr. (Opera omnia, ed. A.BORGNET, Paris 1890ff, Bd XIX). - 16.Jh.: Luther, 1524-26 (WA 13) - Franz Lambert v. Avignon, (Straßburg 1525/26) Frankfurt 1579 - Joh.Oekolampad, (Basel 1535ff) Genf 1558 - Calvin, 1559 (CR 43/44) - Victorin Strigel, Leipzig 1561 - Franciscus Forer OP, Venedig 1563 - Rud.Gualther, Zürich 1563 (Predigten) - Joh.Wigand, Frankfurt 1566 - Nik. Hemmingius, Leipzig 1568 - Benedikt Arias Montanus, Antwerpen 1571 - Franciscus de Ribera SJ, ebd 1571, Köln 1590 u.ö. - Joh.Mercer, Genf 1574 - Paulus de Palacio, Köln 1583 - Lambert Danaeus, Genf 1586 - Michael de Palacio, Salamanca 1593 - Joh.Drusius, (Leiden 1595ff) Amsterdam 1627 - Franciscus a Messana OFM, Antwerpen 1597. - 17.Jh.: Joh.Winckelmann, Frankfurt 1603 - Joh.Maldonatus, Köln 1611 - Joh.Piscator, Herborn 1615 - Christoph a Castro SJ, Lyon 1615 - Petrus a Figueiro, ebd 1615 (Opera) - Joh.Wolder, Wittenberg 1617 - Caspar Sanctius SJ, Lyon 1621 - H.L.Castanaeus, Paris 1630 - Joh.Himmel, Leipzig 1631. 1676 - Joh.Phelippaeus, Paris 1633 - Thomas de Calano OCap, Panormi 1644 - J.Maucorps SJ, Paris 1647 - Joh.Coccejus, Lyon 1652 - Fabricius Paulutius, Rom 1652 - Joh.Crocius, Kassel 1673 (Predigten) - Andreas Kunadus, Dresden 1677 - Fr. de la Coulardière, Paris 1680 - Karl Maria de Veiel, London 1680 - Eduard Pocock, Oxford 1685 - Joh.Schmid, Leipzig 1685 - Joh.Tarnov, Frankfurt-Leipzig 1688 - Joh.Marckius, 4 Bde, Amsterdam 1696-1701. - 18.Jh.: Pol.Leyser, Leipzig-Goslar 1709 - Petrus van Hoeke, Leiden 1709; dt. Frankfurt-Leipzig 1710 - B.H.Gebhard, Braunschweig 1737 - G.L.Bauer, 2 Bde, Leipzig 1786/90.

Lit.: G.KRAUSE, Studien zu Luthers Auslegung der Kleinen Propheten (BHTh 33), 1962. *W.Werbeck*

UTB
FÜR WISSEN
SCHAFT

Eine Arbeitsgemeinschaft der Verlage

Wilhelm Fink Verlag München
Gustav Fischer Verlag Stuttgart
Francke Verlag Tübingen
Harper & Row New York
Paul Haupt Verlag Bern und Stuttgart
Dr. Alfred Hüthig Verlag Heidelberg
Leske Verlag + Budrich GmbH Opladen
J. C. B. Mohr (Paul Siebeck) Tübingen
R. v. Decker & C. F. Müller Verlagsgesellschaft m. b. H. Heidelberg
Quelle & Meyer Heidelberg · Wiesbaden
Ernst Reinhardt Verlag München und Basel
K. G. Saur München · New York · London · Paris
F. K. Schattauer Verlag Stuttgart · New York
Ferdinand Schöningh Verlag Paderborn · München · Wien · Zürich
Eugen Ulmer Verlag Stuttgart
Vandenhoeck & Ruprecht in Göttingen und Zürich

Die Religion in Geschichte und Gegenwart

Handwörterbuch für Theologie und Religionswissenschaft

Dritte, völlig neu bearbeitete Auflage

in Gemeinschaft mit Hans Frhr. v. Campenhausen,
Erich Dinkler, Gerhard Gloege und Knut E. Løgstrup
herausgegeben von Kurt Galling

Ungekürzte Studienausgabe

Registerband
bearbeitet von Wilfrid Werbeck

J. C. B. Mohr (Paul Siebeck) Tübingen

CIP-Kurztitelaufnahme der Deutschen Bibliothek

Die Religion in Geschichte und Gegenwart:
Handwörterbuch für Theologie u. Religionswiss. / in Gemeinschaft mit Hans Frhr. v. Campenhausen . . . hrsg. von Kurt Galling. – 3., völlig neu bearb. Aufl., ungekürzte Studienausg. – Tübingen: Mohr
(UTB für Wissenschaft: Große Reihe)
ISBN 3-16-145098-1

NE: Galling, Kurt [Hrsg.]

Reg.-Bd. Bearb. von Wilfrid Werbeck. – 1986.

NE: Werbeck, Wilfrid [Bearb.]

Ungekürzte Studienausgabe 1986

Satz: H. Laupp jr, Tübingen. Druck und Bindung: C. H. Beck'sche Buchdruckerei, Nördlingen.

Printed in Germany.

VORWORT

Der Registerband zur 3. Auflage der RGG enthält das Mitarbeiterverzeichnis, das Stichwortregister sowie Berichtigungen zu den Textbänden.

Das *Mitarbeiterverzeichnis* ist im Unterschied zu demjenigen der 2. Auflage bewußt ausführlich gehalten worden und stellt insofern eine Ergänzung der Personenartikel in den Textbänden dar. Es basiert zum größten Teil auf Angaben der Mitarbeiter selbst und bietet eine Kurz-Biographie der 1608 Autoren (mit Angabe der Doktor- und Ehrendoktorgrade), eine Bibliographie ihrer wichtigsten Veröffentlichungen und die Liste der von ihnen verfaßten Artikel in der RGG. Der Stand der Angaben entspricht dem zu Beginn des Jahres 1964; seitherige Veränderungen wurden berücksichtigt, soweit sie mir bekanntgeworden sind. Band- und Spaltenzahlen hinter einem Namen verweisen auf einen biographischen Artikel im Handwörterbuch selbst; etwaige Änderungen sind in Klammern hinzugefügt.

Das *Stichwortregister* verzeichnet in alphabetischer Reihenfolge Begriffe und Sachen, Personennamen und einige ausgewählte Ortsnamen. Die in eigenen Artikeln behandelten Stichwörter sind durch halbfetten Druck hervorgehoben, die nachfolgenden Stellenangaben sind alphabetisch geordnet. Seinen Schwerpunkt hat das Stichwortregister in den Personennamen, die vollständig erfaßt wurden; unberücksichtigt blieben natürlich die Verfassernamen in den Literaturangaben der Artikel. Todesdaten bei Personen, die in einem eigenen Artikel behandelt waren, wurden in Klammern vermerkt. Als gewiß nicht unwillkommene Ergänzung wurden die Lebensdaten der übrigen Personen angegeben, soweit ich sie mit lexikalischen oder bio-bibliographischen Hilfsmitteln feststellen konnte. Daß dies nicht in allen Fällen gelungen ist, wird keinen Kundigen verwundern. - Bei den Begriffen und Sachen dagegen war ein vollständiges Erfassen nicht überall ratsam, vielmehr schien es geboten, das Vorkommen eines Begriffes zu wägen. Das Register soll ja die eigene Arbeit mit den Textbänden und die Lektüre der Artikel mit ihren ohnehin zahlreichen Querverweisen nicht überflüssig machen, sondern nur Hilfestellung zu einer fruchtbaren Auswertung des Materials leisten. Die Stellenauswahl ist daher vornehmlich unter dem Gesichtspunkt vorgenommen worden, daß der Benutzer an die Erläuterung oder weiterführende Behandlung eines Begriffes herangeführt wird.

Die *Berichtigungen* beschränken sich auf die Mitteilung von Irrtümern und tatsächlichen Fehlern. Allen, die die Redaktion auf solche Ungenauigkeiten aufmerksam gemacht haben, sei an dieser Stelle herzlich gedankt. Bloße Druckfehler, die als solche ohne weiteres kenntlich sind, möge der Leser selbst entdecken und korrigieren. Von der Aufnahme von Nachträgen, insbesondere zu den Literaturangaben, mußte generell abgesehen werden, weil sich hierbei keine Grenzen ziehen lassen. Doch sei erneut um die Freundlichkeit gebeten, dem Verlag auch weiterhin Wünsche und Anregungen für das Archiv der Redaktion mitzuteilen, damit sie für die Weiterarbeit an der RGG verwendet werden können.

Mein herzlicher Dank gilt schließlich den Verlagssekretärinnen Frau Margot Bischof, Fräulein Helga Niethammer und Fräulein Helga Fridrich, die mich nacheinander bei der Redaktions- und Registertätigkeit unermüdlich unterstützt und die Freuden und Leiden der Arbeit mit mir geteilt haben.

Tübingen, im Juli 1965 WILFRID WERBECK

INHALTSVERZEICHNIS

MITARBEITERVERZEICHNIS

Aalen, *Sverre,* * 7.12.1909 Rennesöy (Norwegen), Dr. theol. (1951). 1936-42 Studien an ausländ. Universitäten; Adjunktstipendiat 1942, Doz. f. NT 1952, Prof. 1955 Theol. Gemeindefakultät Oslo.

Die Begriffe »Licht« u. »Finsternis« im AT, im Spätjudentum u. im Rabbinismus, Oslo 1951; Bakenfor Inferno, ebd 1955 (mit L. Aalen); »Reign« and »House« in the Kingdom of God in the Gospels (NTS 8, 1962, 215-240); Das Abendmahl als Opfermahl im NT (NovTest 6, 1963, 128-152).

Licht und Finsternis.

Abel, *Wilhelm,* * 25.8.1904 Bütow/Pommern, Dipl.-Volksw., Dr. rer. pol. (1930). Doz. f. Volkswirtschaftslehre 1935 Frankfurt/M., ao. Prof. 1941 Königsberg/Pr., o. Prof. 1949 Göttingen.

Agrarkrisen u. Agrarkonjunktur in Mitteleuropa vom 13. bis zum 19. Jh., 1935; Die Wüstungen des ausgehenden MA, (1943) 1955²; Agrarpolitik, (1951) 1958² (auch span.); Gesch. d. dt. Landwirtschaft vom frühen MA bis zum 19. Jh. (Dt. Agrargesch. II), 1962; Die drei Epochen d. dt. Agrargesch. (Schriftenreihe f. ländl. Sozialfragen 37), 1962. - Hg.: Schriftenreihe f. ländl. Sozialfragen. - Mit-Hg.: Quellen u. Forschungen zur Agrargesch.; Zs. f. Agrargesch. u. Agrarsoziologie; Göttinger Handwerkswirtschaftl. Studien.

Bauernbefreiung; Bodenreform.

Abendroth, *Wolfgang,* * 2.5.1906 Wuppertal-Elberfeld, Dr. jur. (1936). Doz. 1947 Halle, ao. Prof. 1948 Juristenfakultät Leipzig, o. Prof. 1948 Jena, 1949 Hochschule f. Sozialwissenschaften Wilhelmshaven, o. Prof. f. wiss. Politik 1951 Marburg.

Die völkerrechtl. Stellung der B- u. C-Mandate, 1936; Die dt. Gewerkschaften, (1954) 1955²; Bürokratischer Verwaltungsstaat u. soziale Demokratie, 1956 (mit H. Sultan); Aufstieg u. Krise der Sozialdemokratie, 1964. - Hg.: Schriftenreihe d. Instituts f. wiss. Politik Marburg.

Gewerkschaften I. II.

Abramowski, *Luise,* * 8.7.1928 Schwentainen/Ostpr., Dr. theol. (1956). PDoz. f. KG 1962 Bonn.

Der Streit um Diodor u. Theodor zwischen den beiden ephesinischen Konzilien (ZKG 67, 1955/56, 252-287); Die Zitate in der Schrift »In defensione trium capitulorum« des röm. Diakons Pelagius (VigChr 10, 1956, 160-193); Zum Brief des Andreas von Samosata an Rabbula von Edessa (OrChr 41, 1957, 51-64); Zur Theol. Theodors von Mopsuestia (ZKG 72, 1961, 263-293); Unters.en zum Liber Heraclidis des Nestorius (CSCO 242, Subsidia 22), 1963.

Nestorius; Vigilius, Papst (mit F. Baethgen).

Abramowski, *Rudolf,* * 15.5.1900 Berlin, Lic. theol. (1924). Pfarrer 1926, u.a. 1929 Riga (Lettland), dazu Doz. f. AT u. Orientalistik am Herder-Institut ebd, 1939 Pfarrer Lyck/Ostpr., † als Zivilist Anf. März 1945 in Rußland.

Chronik d. deutsch-ref. Gemeinde in Riga, 1933; Der Christus der Salomooden (ZNW 35, 1936, 44-69); Das Buch d. betenden Volkes (Psalmen I); Das Buch d. betenden Gottesknechts (Psalmen II) (Botschaft d. AT 14. 15), 1938/39; Dionysius von Tellmahre, jakobitischer Patriarch von 818-845 (AKM 25, 2), 1940; Der theol. Nachlaß des Diodor von Tarsus (ZNW 42, 1949, 19-69). - Hg.: In piam memoriam A.v. Bulmerincq (Abh. d. Herder-Gesellsch. zu Riga 6, 3), 1938.

Rabula (mit M. Black).

Achelis, *Hans:* 1, 83.

Pothinus (mit W. Eltester); Testamentum domini nostri Jesu Christi (mit W.C. van Unnik).

Ackermann, *Renate* s. Steiger.

Adam, *Alfred,* * 3.6.1899 Hirschberg/Dillkreis, D. (1961, Marburg), Dr. theol. (1930). Pfarrer 1928 Wiesbaden, 1931 Frankfurt/M., 1934 ebd Lehrbeauftr. f. KG, suspendiert 1938 (1938-39 Amtsenthebung); PDoz. f. KG 1949 Marburg, dazu Doz. Bethel, Prof. f. KG u. DG 1955 Bethel.

Die Aufgabe der Apologetik, 1931; Nationalkirche u. Volkskirche im dt. Protestantismus, 1938; Die nassauische Union von 1817 (Jb. d. Hess. kirchengesch. Vereinigung 1, 1949, 35-408); Fr. v. Bodelschwingh, ein Lebensbild aus d. dt. KG II/2, 1958; Die Psalmen des Thomas u. das Perlenlied als Zeugnisse vorchristl. Gnosis (BZNW 24), 1959. - Hg.: Fr. v. Bodelschwingh, Ausgew. Schriften I, 1955; Texte zum Manichäismus (KIT 175), 1954; Antike Berichte über die Essener (ebd 182), 1961.

Apostolikum I; Babai; Balai; Barsumas; Baumstark; Bekenntniskirche; Bischof I; Enkratiten; Ephraem Syrus; Evagrius Ponticus; Freikirche; Hessen II; Heydenreich; Hölle IV; Ibas von Edessa; Kirche III; Kirchenverfassung II; Mönchtum II; Mystik V; Pachomius; Papa; Symeon Stylites d.Ä. u. d.J.; Syneisakten; Teufel III; Thekla; Unionen im Protestantismus I; Zenobia.

Adolphsen, *Hans Albert,* * 1.12.1900 Stutebüll/Schleswig-Holstein, † 4.2.1954 Flensburg. Pastor 1925 Zarpen/Holstein, 1932 Itzehoe; Propst 1945 Kappeln/Südangeln, 1952 Flensburg.

Cramer, Joh. Andr. (mit Ernst Wolf).

Ahlstrom, *Sydney Eckman,* * 16.12.1919 Cokato/Minn. (USA), A.B. (1941), A.M. (1946), Ph.D. (1951). Tutor 1948, Instructor 1952 Harvard Univ.; Assistant Prof. f. KG der Neuzeit 1954, Associate Prof. 1960, Prof. 1964 Yale Univ.

Mitarbeit an: The Harvard Diviniyt School. Its Place in Harvard Univ. and in American Culture, ed. G.H.Williams, Boston 1954; The Scottish Philosophy and American Theology (ChH 24, 1955, 257-272); The Lutheran Church and American Culture (Lutheran Quarterly 9, 1957, 321-342); Die neue industrielle Gesellschaft u. die Kirche (LR 7, 1957/58, 405-420); Theology and the Present-Day Revival (The Annals 332, 1960, 20-36); Theology in America. A Historical Survey (Religion in American Life I, ed. J.W.Smith u. A.L.Jamison, Princeton 1961, 232-321).

Fundamentalismus; Parker, Theodore; Transzendentalismus in Amerika; Vereinigte Staaten II.

Aland, *Kurt,* * 28.3.1915 Berlin, D. (1951, Göttingen), D.D. (1957, St. Andrews), Lic. theol. (1939), Lic. habil. (1941). Doz. f. KG 1945, Prof. m. Lehrauftrag 1946 Berlin; o. Prof. Halle u. Gast-Prof. Berlin 1947, o. Prof. 1958 Münster.

Spener-Studien (AKG 28), 1943; KG in Lebensbildern I, (1953) 1962^{3}; Hilfsbuch zum Lutherstudium, (1957) 1958^{2}; Kirchengeschichtl. Entwürfe, 1960; Die Säuglingstaufe im NT u. in der Alten Kirche (ThEx NF 86), (1961) 1963^{2} (engl. 1963); Über d. Glaubenswechsel in d. Gesch. d. Christentums, 1961; The Problem of the NT Canon, 1962; Kurzgefaßte Liste d. griech. Hss. des NT I, 1963. - Hg. u.a.: ThLZ, 1941-58; KIT, seit 1947; Theol. Bibliothek Töpelmann, seit 1951; A.Jülicher, Itala III. IV, 1953/63; Synopsis quattuor evangeliorum, 1964. - Mit-Hg.: AKG, seit 1945; NT graece (mit E.Nestle), seit 1952^{21}; Patrist. Texte u. Studien, seit 1963. - Fachberater für alte KG bei RGG^{3}.

Akademie I; Altchristliche Kirche (mit H.Lietzmann); Altchristliche Literaturgeschichte (mit Hans v.Soden); Clemens I.; Dogmengeschichte; Eusebius von Cäsarea; Helena; Jakobus, 1-3; Jakobusbrief; Konstantin d. Gr.; Loofs; Maximilla; Montanismus; Montanus; Nikephorus, Kallistus Xanthopulus; Papsttum I. IV; Pontifex maximus.

Albertini, *Rudolf von,* * 28.8.1923 Zürich, Dr. phil. (1949). PDoz. 1954 Zürich; ao. Prof. 1957, o. Prof. f. Neuere Gesch. 1961 Heidelberg.

Das polit. Denken in Frankreich zZ Richelieus, 1951; Das florentinische Staatsbewußtsein im Übergang von der Republik zum Prinzipat, 1955; Freiheit u. Demokratie in Frankreich, 1957. - Hg.: F.Chabod, Italien – Europa. Studien zur Gesch. Italiens im 19. u. 20. Jh., 1962.

Guicciardini.

Albrecht, *Friedrich Wilhelm,* * 15.10.1894 Plawanice Kr. Chelm (Russisch-Polen), Missionar, 1919-24 am Missionsseminar Hermannsburg, 1925 Wartburg Seminar, Dubuque/Iowa (USA), 1926-51 Vorsteher der Missionsstation Hermannsburg in Zentral-Australien, 1952 bis 1962 Sup. in Alice Springs, 1963 i.R.

Australien III.

Alivisatos, *Hamilcar Spyridonos,* * 17.5.1887 Lixourion (Griechenland), D.D. (1938, Oxford), Dr. theol. (1908, Athen), Dr. theol. (1960, Saloniki), em. Prof. der Theol. Fakultät der Univ. Athen, Staatsprokurator der hl. Synode der Orth. Kirche von Griechenland. - Vgl. 1, 236.

Vollst. Bibliogr. in: Εὐχαριστήριον, Festschr. f. H.S.Alivisatos, Athen 1958; ferner: Das wissenschaftl. Jubiläum des Prof. H.S.Alivisatos, ebd 1958. Bes.: The Orthodox Church and the Sacramental Grace, London 1932; Das kanonische Recht der Orth. Kirche, Athen 1939; Marriage and Divorce in Accordance with the Canon Law of the Orth. Church, London 1948; Die hl. Kanones u. Kirchengesetze der Orth. Kirche, Athen 1949; Die griech. Orth. Kirche, ebd 1955.

Apostolides (mit Ernst Wolf).

Allmen, *Jean-Jacques von,* * 29.7.1917 Lausanne, Lic. theol. (1941), Dr. theol. (1948). Pfarrer 1943 Les Ponts-ed-Martel, 1948 Luzern, 1954 Lignières; o. Prof. f. Prakt. Theol. 1958 Neuchâtel.

L'Eglise et ses fonctions d'après J.F.Ostervald, Neuchâtel 1947; Maris et femmes d'après saint Paul, ebd 1951; La prédication - La vie pastorale (VC 9, 1955, 110-157; 10, 1956, 169-239); beides dt.: Diener sind wir, 1958; Prophétisme sacramentel, Neuchâtel 1964. - Hg.: Vocabulaire biblique, ebd (1954) 1964^{3}. - Mit-Hg.: Verbum Caro, 1947-55.

Massillon.

Alt, *Albrecht:* 1, 247 f.

Nachzutragen: Kleine Schriften zur Gesch. d. Volkes Israel III, 1959; Die Deutung der Weltgesch. im AT (ZThK 56, 1959, 129-137).

Ahab; Ahas; Hebräer (mit S.Moscati); Jerobeam II. (mit R.Bach); Israel I (mit R.Bach); Kanaan II (mit R.Bach); Königtum in Israel (mit H.Donner); Salomo (mit R.Bach); Saul (mit R.Bach).

Altaner, *Berthold:* 1, 251 († 30.1.1964 Würzburg).

Vollst. Bibliogr. bis 1958 in: HJ 77, 1958, 576-600.

Breslau II, 3 (mit J.Koch).

Altendorf, *Hans-Dietrich,* * 21.7.1930 Marburg/Lahn, Dr. theol. (1957), Assistent f. KG u. Christl. Archäologie 1957 Tübingen.

Unters.en zu Severian von Gabala (Ev.-theol. Diss. Tübingen), 1957 (Masch.).

Ephesus, 2; Kirchenverfassung I; Konzile, 1-8; Nilus der Asket; Sabas; Schwartz, Eduard; Servatius; Severian; Waal; Wilpert.

Althaus, *Paul:* 1, 293 f. - D. (1920, Göttingen), D.D. (1963, Wartburg Theol. Seminary Dubuque/Iowa, USA), Lic. theol. (1913), Dr. jur. h.c. (1958, Erlangen).

Fast vollst. Bibliogr. bis 1957 in: Dank an P.Althaus, 1958, 248 bis 275. Bes.: Die letzten Dinge, (1922) 1961^{8}; Grundriß d. Dogmatik I. II, (1929/32) 1959^{6}; Paulus u. Luther über den Menschen, (1938) 1958^{3}; Die christl. Wahrheit. Lehrbuch d. Dogmatik, (2 Bde, 1948) 1959^{5}; Das sog. Kerygma u. d. hist. Jesus, (1958) 1963^{3}; Die Theol. Martin Luthers, (1962) 1963^{2}; Um die Wahrheit d. Evangeliums. Aufsätze u. Vorträge, 1962.

Akkomodation; Auferstehung VI; Christologie III; Christusmystik; Elert; Erfahrungstheologie; Eschatologie VI; Ewiges Leben IV; Gericht Gottes IV; Jungfrauengeburt, 3; Kenosis, 2; Leiden IV; Präexistenz Christi, 2; Seelenwanderung II; Seligkeit; Tod IV; Verdienst Christi; Vergeltung VI; Wiederbringung Aller II.

Althausen, *Johannes,* * 18.1.1929 Radach/Neumark, 1954 Pfarrer in Michendorf b. Potsdam, 1957 Missionsinspektor der Berliner Mission, 1961 Leiter des ökum. Instituts beim Ökumenisch-missionarischen Amt Berlin.

Hg.: Sendlieder, 1960. - Mit-Hg.: Gebete f. d. Einheit d. Kirche, 1962.

Wangemann.

Amdahl, *Einar,* * 3.3.1888 Selbu (Norwegen), 1916 Hilfssekretär bei der Norwegischen Missionsgesellschaft Stavanger, 1923 Generalsekretär (Missionsdirektor), em. 1957.

Egede; Eskimo II; Norwegen III; Schreuder; Skrefsrud.

Amstutz, *Hobart Baumann,* * 18.9.1896 Henrietta, Lorain County/Ohio (USA), D.D. (1938, Baldwin-Wallace College, Berea/Ohio), B.A. (1921), M.A. (1923), B.D. (1923). 1923-26 Mitglied der Rock River Conference, Methodist Church, USA; 1926-45 Pastor der Wesley Methodist Church, Singapur; 1950-56 District Superintendent; seit 1956 Bischof der Methodist Church, Singapore Area. 1926-56 Mitglied der Malaya Annual Conference, 1952-60 der Faith and Order-Kommission des Ökum. Rates, 1961 Delegierter für die 3. Vollversammlung des Ökum. Rates.

Hg.: The Methodist Message, 1926-40.

Malaya.

Andresen, *Carl,* * 28.7.1909 Agerskov (Dänemark), D. (1959, Kiel), Dr. theol. (1951). Pfarrer 1934 Sörup Kr. Flensburg, 1948 Universitätskliniken Kiel, dazu 1953 ebd PDoz. f. KG u. Christl. Archäologie; o. Prof. 1956 Marburg, 1960 Göttingen.

Logos u. Nomos. Die Polemik d. Kelsos wider d. Christentum (AKG 30), 1955; Das Augustingespräch d. Gegenwart, 1962; Bibliographia Augustiniana, 1962.

Apologeten; Apologetik II; Aristides; Aristo von Pella; Athenagoras, Philosoph; Celsus; Diognetbrief; Erlösung IV; Fisch; Goldgläser; Grab, Heiliges, 1; Heilige Stätten III; Hermias; Hyginus, C. Julius; Justin; Juvenal von Jerusalem; Kleinasien, 2. 3; Kultur III; Makarius Magnes; Melito von Sardes; Miltiades, Rhetor; Quadratus; Theophilus von Antiochia; Wiederbringung Aller I; Wort Gottes III.

Andrews, *Edward Deming,* * 6.3.1894 Pittsfield/Mass. (USA), B.A. (1916), Ph.D. (1930), Lehrer u. Schriftsteller, lebt in Pittsfield.

The Community Industries of the Shakers, New York 1933; Shaker Furniture. The Craftsmanship of an American Communal Sect (mit F. ANDREWS), New Haven 1937; The Gift to be simple. Songs, Dances and Rituals of the American Shakers, New York 1940; The People called Shakers, ebd 1953.

Shakers.

Anweiler, *Oskar,* * 29.9.1925 Rawitsch/Posen, Dr. phil. (1954), Prof. an der Päd. Hochschule Lüneburg.

Die Rätebewegung in Rußland 1905-1921, 1958; Die sowjet. Bildungspolitik seit 1917. Dokumente u. Texte (mit K. MEYER), 1961.

Rätesystem.

Anz, *Wilhelm,* * 23.12.1904 Pansfelde/Harz, Dr. phil. (1940). 1932-55 im höheren Schuldienst, ab 1937 Marburg (Apr.-Nov. 1937 vom Dienst suspendiert), dazu Lehrbeauftragter f. Philosophie 1953 Frankfurt/M.; Prof. f. Philos. 1955 Kirchl. Hochschule Bethel, dazu 1963 Honorar-Prof. f. Religionsphilos. Münster.

Fragen der Kierkegaardinterpretation (ThR NF 20, 1952, 26-72; 26, 1960, 44-79. 168-205); Philos. u. Glaube bei S. Kierkegaard (ZThK 51, 1954, 50-105); Kierkegaard u. d. dt. Idealismus, 1956.

Aufklärung I; Bewußtsein; Ewigkeit II; Kierkegaard; Zeit.

Anzelewsky, *Fedja E.A.,* * 17.3.1919 Nordhausen/Harz, Dr. phil. (1954). 1954 Kunsthistoriker bei den Staatl. Museen Berlin-Dahlem, 1957 Assistent am Kupferstichkabinett, 1960 Kustos daselbst.

Die Toggenburgchronik, 1960; Miniaturen aus dt. Hss., 1962. - Bearb. v. FR. LIPPMANN, Kupferstich, 1963 (1889).

Dürer.

Appleton, *George,* * 1901 (Tag u. Ort nicht zu ermitteln), M.A. Missionar 1927-47 Burma (1943-46 Archidiakon von Rangoon), Pfarrer 1947 Headstone/Middlesex, Sekretär der Conference of British Missionary Societies 1950 London, Pfarrer 1957 Aldgate/London, Archidiakon 1962 ebd, Erzbischof 1963 Perth (West-Australien).

John's Witness to Jesus, London 1955; In His Name, ebd 1956; The Christian Approach to the Buddhist, ebd 1960; On the Eightfold Path, ebd 1961; Daily Prayer and Praise, ebd 1962.

England IV.

Arbman, *Erik Holger,* * 8.9.1904 Bettna (Schweden), Dr. phil. (1937), Dr. phil. h.c. (1957, Caen). Antiquar am Statens Historiska Museum 1928 Stockholm, Doz. 1937 Uppsala, Prof. f. Vor- u. Frühgesch. 1945 Lund.

Vollst. Bibliogr. bis 1960 in: Lunds Universitets Matrikel 1962.

Ausgrabungen I.

Arbusow, *Leonid:* 1, 582. - D. (1932, Rostock), Dr. phil. (1909).

Riga II (mit R. WITTRAM).

Arens, *Fritz,* * 19.10.1912 Mainz, Dr. phil. (1938). Kunstdenkmäler-Inventarisator 1936, städt. Denkmalpfleger 1945, Museumsleiter 1949, Inventarisator 1952, Konservator beim Landesamt f. Denkmalpflege 1957 Mainz; ebd 1946 Lehrbeauftragter, 1948 PDoz., 1957 apl. Prof. f. Kunstgesch., 1964 Wiss. Rat.

Das Werkmaß in d. Baukunst d. frühen MA (Phil. Diss. Bonn), 1938; Kirche u. Kloster St. Antonius zu Mainz (mit L. BREDE), 1950; Die Kunstdenkmäler in Wimpfen am Neckar, (1954) 1958²; Meisterrisse u. Möbel der Mainzer Schreiner, 1955; Die Inschriften d. Stadt Mainz, 1958; Die Inschriften d. Stadt Wimpfen am Neckar, 1958; Bau u. Ausstattung d. Mainzer Kartause, 1959; Die Kunstdenkmäler d. Stadt Mainz, Tl 1, 1961; Das Kloster St. Emmeram in Regensburg, 1961. - Schriftleiter der Mainzer Zs., seit 1954.

Kloster II.

Aretin, *Karl Otmar Frhr. von,* * 2.7.1923 München, Dr. phil. (1952). PDoz. f. mittlere u. neuere Gesch. 1962 Göttingen, o. Prof. f. Zeitgesch. 1964 Techn. Hochschule Darmstadt.

Der Sturz des Grafen Montgelas (Zs. f. bayer. Landesgesch. 20, 1957. 83-135); Die Konfessionen als polit. Kräfte am Ausgang des Alten Reichs (in: Festg. J. Lortz II, 1958, 181-241); Hl. Röm. Reich (1776-1806), 1964.

Lavant; München II; Nuntiaturstreit; Pacca.

Arndt, *Georg,* * 19.7.1863 Mückenberg Kr. Liebenwerda, † 11.1.1939 Wernigerode, Dr. jur. h.c. (1927, Erlangen). Pfarrer 1891 Halberstadt (1911 Oberpfarrer), 1912 pensioniert, 1916-33 wiss. Mitarbeiter in der Presseabteilung des Ev. Bundes in Berlin, 1933-36 Pfarrer in Eggenstedt Kr. Wanzleben, 1936-38 Bearbeiter von Patronatssachen in Magdeburg (Konsistorium).

Schriften im Konsistorium Magdeburg. Bes.: Das Kirchenpatronat in Preußen u. d. Versuche seiner Aufhebung oder Ablösung, 1921; Das Patronat u. d. kirchl. Baulast in Pommern, 1922; Das Kirchenpatronat im ehem. Königreich, jetzigen Freistaat Sachsen, 1925; Das Vordringen Roms in Berlin u. in d. Mark Brandenburg, (1926) 1930⁴, Forts. 1936; Das Kirchenpatronat in Thüringen, 1927; Pressearbeit u. Verlag d. Ev. Bundes 1887-1928, 1928; Dt. Reformation, dt. Protestantismus, dt. Kultur in kath. Beleuchtung, 1933.

Lehnswesen (mit A. ERLER).

Arndt, *Karl,* * 22.8.1929 Hannover, Dr. phil. (1956), Assistent f. Kunstgesch. in Göttingen.

Weyden.

Aronson, *Gregor,* * 28.6.1887 St. Petersburg (Rußland), Schriftsteller, Redakteur mehrerer Provinzzeitungen in Rußland (Minsk, Gomel, Witebsk), als Mitglied der Zentralkomitees des Jüd. Arbeiterbundes u. der Russ. Sozialdemokrat. Partei 1922 ausgewiesen, lebte bis 1933 in Berlin, bis 1940 in Paris, seitdem in USA.

Die Morgenröte des Roten Terrors, 1929 (russ.); Das jüd. Problem in Sowjetrußland, New York 1944 (jiddisch); Soviet Russia and the Jews, ebd 1949; Die bolschewist. Revolution u. die Menschewisten, ebd 1955 (russ.); Rußland am Vorabend der Revolution, ebd 1962 (russ.); Die russ.-jüd. Intelligenz, Buenos-Aires 1962 (jiddisch).

Rußland IV.

Arseniew, *Nikolaus von,* * 29.5.1888 Stockholm, Dr. phil. (1924), Dr. theol. h.c. (Institut St. Serge de Théologie Orthodoxe, Paris). PDoz. 1914 Moskau, ao. Prof. 1918 Saratow, Doz. 1920 Riga, Prof. an der russ. Hochschule 1922 Berlin; PDoz. 1924, ao. Prof. 1938 Königsberg/Pr. (zugleich ao. Prof. 1926-38 Warschau), Lehrbeauftragter an der Ecole des Hautes Etudes der

Sorbonne 1946 Paris, Prof. 1948 an der St. Wladimir Orth. Theol. Akademie bei New York (zugleich Visiting Prof. der Univ. Montreal, Kanada), dazu Prof. f. russ. Kulturgesch. am Russian-American Institute 1963 New York.

Ostkirche u. Mystik, (1925) 1943²; Die russ. Lit. d. Neuzeit u. d. Gegenwart in ihren geistigen Zusammenhängen, 1929; We Beheld His Glory, London 1937; Das hl. Moskau, 1940 (engl. 1940, franz. 1948); Die Verklärung d. Welt u. d. Lebens im ästhetischen u. relig. Erlebnis, 1955 (russ. 1959); Aus d. russ. Kulturtradition, 1959 (russ.; Revelation of Life Eternal, New York 1963; Piété russe, Neuchâtel 1963.

Philotheus; Zossima.

Arvastson, *Allan,* * 10.10.1906 Huaröd (Schweden), Dr. theol. (1950). Pastor 1929 Svalöv, 1935 Eslöv, Pfarrer (»Kyrkoherde«) 1954 ebd.

Den Thomander-Wieselgrenska psalmboken, Lund 1949; Från klockstapel och predikstol, ebd 1952; Psalmboksarbetet i Sverige vid slutet av 1800-talet, Stockholm 1954; Svensk psalm under 1900-talet, Lund 1959; Den svenska psalmen, ebd 1963.

Kirchenlied I, 4; Landstad; Larsen; Rostgaard; Runeberg; Skovgaard-Petersen; Sthen; Svensson; Swedberg; Wallin; Wexels.

Asemissen, *Hermann Ulrich,* * 1.11.1920 Berlin, Dr. phil. (1953), ao. Prof. f. Philos. 1960 Kassel.

Strukturanalytische Probleme der Wahrnehmung in der Phänomenologie Husserls, 1957; Egologische Reflexion (KantSt 50, 1958/1959, 262-272).

Malebranche; Okkasionalismus; Sartre.

Asmus, *Walter,* * 7.2.1903 Neumünster, Dr. phil. (1933). 1923-38 Lehrtätigkeit an Volks-, Mittel- u. höheren Schulen, Doz. f. Pädagogik 1938 Elbing, 1946 Flensburg, Prof. 1947, Direktor u. Prof. 1950 Weilburg, o. Prof. 1954 Darmstadt, 1964 Gießen.

Bibliogr. bis 1957 in: Kürschners Dt. Gelehrten-Kalender 1961, 40f. Bes.: Pestalozzis Theorie d. Menschenführung, 1934; Von Pestalozzi zu Fröbel (Internat. Zs. f. Erziehung 9, 1940, 86-100). Ferner: Zur Differenzierung der Ganzheit u. ihrer päd. Bedeutsamkeit (Psychol. Beiträge 4, 1960, 405-421); Der junge Herbart (1776-1802) (PaedagogicaHistorica 1, 1961, 9-38. 348-387; 3, 1963, 133-190. 420 bis 474).- Hg.: Die Ganzheit in Wissenschaft u. Schule, 1956 (darin: Ganzheit als Problem, 11-36); Erziehung als Beruf u. Wissenschaft, 1961 (darin: J.F.Herbart als Jenenser Student, 59-76); Herbarts päd. Schriften I-III, 1964 ff.

Herbart.

Asmussen, *Hans:* I, 649. - D. (1945, Kiel), D.D. (1938, St. Andrews).

Vollst. Bibliogr. bis 1962 in: Ich glaube eine hl. Kirche (Festschr. z. 65. Geb.), 1963, 229-240.

Stuttgarter Erklärung.

Aßfalg, *Julius,* * 6.11.1919 Hohenaschau/Chiemgau, Dr. phil. (1952), PDoz. f. Philologie des Christl. Orients 1961 München. Leiter der arab. Abtlg. des CSCO.

Die Ordnung d. Priestertums, ein altes liturg. Hdb. d. kopt. Kirche (Coptica 1), Kairo 1955; Gesch. d. kirchl. georg. Lit., bearb. v. M.Tarchnišvili in Verbindung mit J.A. (StT 185), Città del Vaticano 1955; Armenische Hss. (mit J.Molitor), 1962; Georgische Hss., 1963; Syrische Hss., 1963; Altgeorg. Übers.en der Propheten Amos, Michaeas, Jonas, Sophonias u. Zacharias. Texte aus den georg. Hss. Jerusalem Nr. 7 u. Nr. 11 (11.Jh.), Athos Nr. 1 (A.D. 978), Sinai Nr. 37 (10.Jh.) hg. u. untersucht (Habil.-Schrift, noch Masch.).

Arabische christliche Literatur; Georgien II.

Atteslander, *Peter,* * 17.3.1926 Ennenda/Glarus (Schweiz), Dr. phil. (1952). 1952-54 Visiting Fellow, Cornell University, Ithaca/N.Y.; 1954-56 Forschungsleiter am Soziol. Forschungsinstitut der Univ. Köln; PDoz. f. Soziologie 1956 Bern, o. Prof. am Centre d'Etudes Industrielles 1963 Univ. Genf.

Probleme der sozialen Anpassung, 1956; Konflikt u. Kooperation im Industriebetrieb, 1959; Der Mann am Steuer, 1964.

Arbeitskämpfe; Industrie II.

Aubin, *Hermann,* * 23.12.1885 Reichenberg/Böhmen, Dr. phil. (1911), Dr. jur. h.c. (1955, Hamburg), Dr. rer. pol. h.c. (1954, Köln). PDoz. 1916, ao. Prof. 1921 Bonn; o. Prof. 1925 Gießen, 1929 Breslau, 1946 Hamburg, em. 1954; Honorar-Prof. 1955 Freiburg/Br.

Vollst. Bibliogr. bis 1950 in: Geschichtl. Landeskunde u. Universalgesch. Festg. zum 23.12.1950, 1950, 271-282.

Breslau II, 1 (mit G. Hoffmann).

Aufhauser, *Johann Baptist,* * 7.9.1881 Moosham Kr. Regensburg, † 8.8.1963 Oelberg/Bayer. Wald, Dr. theol. (1908), Dr. phil. (1910). PDoz. 1911, ao. Prof. f. Missions- u. Religionswiss. 1918 München, 1939 Würzburg, 1947 em.; Lehrauftrag f. Religionsgesch. mit bes. Berücksichtigung Ostasiens 1949 München.

Christentum u. Buddhismus im Ringen um Fernasien, 1922; Ethik des Buddhismus, 1929; Indien u. Siam, 1929; Umweltsbeeinflussung d. christl. Mission, 1932; Asien am Scheideweg, 1933; Hauptdaten zur Religions- u. Geistesgesch. d. Menschheit, (1938) 1951²; Die Ostkirche u. ihre Liturgie, 1955.

Bamberg; Benevent; Besançon; Bologna I; Cambrai; Chartres; Dublin; Eichstätt, 1; Freising.

Auhofer, *Herbert,* * 31.3.1931 Schwandorf/Bayern, Dr. phil. (1953). Redaktionsmitglied der HerKorr 1954, Verlagslektor 1960, geschäftsführ. Redakteur der »Herder Correspondence« (engl.) 1964.

Was in Ungarn geschah, 1957; Aberglaube u. Hexenwahn heute, 1960; Länder, Völker u. Vulkane - Weltkunde im Atomzeitalter, 1960; La sociología de Jaime Balmes, Madrid 1960.

Presse IV.

Auw, *Lydia von,* * 6.8.1897 Morges/Waadtland (Schweiz), Dr. theol. (1949). Pfarrerin 1925, u.a. Rolle, Cormoret, Ollon. 1935-48 Seelsorgerin im Diakonissenspital Saint-Loup, 1949-60 Pfarrerin in l'Auberson, seitdem in Chavannes-le-Chêne.

Angelo Clareno et les Spirituels franciscains, Lagny 1952 (Teildr. der Diss.); Quelques notes sur Angelo Clareno (Bullettino dell'Istituto Storico Italiano per il Medio Evo 66, 1954, 115-128).

Petrus von Fossombrone.

Axters, *Stephanus Gerard,* * 15.10.1901 Brügge (Belgien), OP (1920), 1931-38 Mitarbeiter an der »Commissio leonina pro S. Thomae Aquinatis operibus edendis«, 1939-54 Prof. bei den Dominikanern in Löwen, jetzt Direktor der Koninklijke Vlaamse Academie voor Taal- en Letterkunde.

Catharina van Siena's Boek van de goddelijke leer I. II, Antwerpen 1935; Scholastiek Lexicon, Latijn-Nederlandsch, ebd 1937; Jan van Leeuwen, een bloemlezing uit zijn werken, ebd 1943; Mystiek Brevier, Bd I u. III, ebd 1944-46; La spiritualité des Pays-Bas, l'évolution d'une doctrine mystique, Löwen-Paris 1948 (engl. London 1954); Geschiedenis van de vroomheid in de Nederlanden I-IV, Antwerpen 1950-60.

Blommaerdinne.

Bach, *Robert,* * 4.8.1926 Höhscheid Kr. Solingen, Dr. theol. (1951). PDoz. f. AT 1956 Bonn, Prof. 1962 Kirchl. Hochschule Wuppertal.

Gottesrecht u. weltl. Recht in d. Verkündigung d. Propheten Amos (Festschr. G. Dehn, 1957, 23-34); Bauen u. Pflanzen (Studine zur Theol. d. at. Überlieferungen, hg. v. R. Rendtorff u. K. Koch,

1961, 7-32); Die Aufforderungen zur Flucht u. zum Kampf im at. Prophetenspruch (WMzANT 9), 1962.

David; Deuteronomistisches Geschichtswerk; Exil; Haggai; Haggaibuch; Hiskia; Jehu; Jerobeam I.; Jerobeam II. (mit A. ALT); Josaphat; Josia; Josua; Isebel, 1; Israel I (mit A. ALT); Juda; Kanaan II (mit A. ALT); Kaphthor; Königsbücher; Krethi und Plethi; Manasse; Menahem; Omri; Ophir; Put; Rehabeam; Salomo (mit A. ALT); Samaria, 1. 2; Saul (mit A. ALT); Sidon; Tarsis; Tyrus; Zedekia.

Back, *Josef M.*, * 28.2.1903 Flehingen/Baden, Dr. rer. pol. (1926). PDoz. f. Volkswirtschaft 1928 Freiburg/Br., ao. Prof. 1937 Königsberg/Pr., o. Prof. 1940 Innsbruck, geschäftsf. Vorstandsmitglied am Forschungsinstitut f. Genossenschaftswesen 1949 Erlangen; apl. Prof. 1953, o. Prof. 1957 Erlangen.

Der Streit um d. nationalökon. Wertlehre, 1926; Die Entwicklung der reinen Ökonomie zur nationalökon. Wesenswissenschaft, 1929; Die aktuelle Situation d. Genossenschaftswesens (in: Aktuelle Genossenschaftsprobleme, 1953, 17-84); Art. »Genossenschaftsgeschichte« (HWBW II, 1958³, 2191-2210); Das Genossenschaftswesen im Strukturwandel d. Gesellschafts- u. Wirtschaftslebens (Zs. f. d. ges. Genossenschaftswesen 7, 1957, 263-291). - Mit-Hg.: Zs. f. d. gesamte Genossenschaftswesen.

Genossenschaften im Wirtschaftsleben.

Bäärnhielm, *Gunnar*, *8.1.1923 Sala (Schweden), Fil. lic. (1956). Lektor (Studienrat) f. Latein u. Griechisch 1961 Västerås.

Cypern, 1.

Baeck, *Leo:* 1, 840f.

Levi ben Gerson (mit S. COHEN).

Baethgen, *Friedrich*, * 30.7.1890 Greifswald, Dr. phil. (1913). PDoz. f. ma.liche Gesch. 1920, ao. Prof. 1924 Heidelberg, Honorar-Prof. 1927 Berlin u. 2. Sekretär am Preuß. Hist. Institut Rom; o. Prof. 1929 Königsberg/Pr., 1939 Berlin, Honorar-Prof. 1948 München. 1948-59 Präsident der Monumenta Germaniae Historica.

Bibliogr. in: Mediaevalia I (s.u.), XXIII-XXX. Bes.: Beiträge zur Gesch. Cölestins V. (SGK 10, 4), 1934; Der Engelpapst, 1943; Europa im Spät-MA, 1951; Mediaevalia. Aufsätze, Nachrufe, Besprechungen I. II, 1960. - Hg.: DA, seit 1949.

Vigilius, Papst (mit L. ABRAMOWSKI).

Baetke, *Walter*, * 28.3.1884 Sternberg/Neumark, D. (1946, Leipzig), Dr. phil. (1906). Studienrat 1910 Stettin, Studiendirektor 1913 Bergen/Rügen, Lehrauftrag 1934 Greifswald; o. Prof. f. Religionsgesch. 1935, Prof. mit Lehrstuhl f. nord. Philologie 1945 Leipzig.

Art u. Glaube der Germanen, (1934) 1938⁸; Die Religion der Germanen in Quellenzeugnissen, (1937) 1944³; Das Heilige im Germanischen, 1942; Vom Geist u. Erbe Thules. Aufsätze zur nordischen u. dt. Geistes- u. Glaubensgesch., 1944; Die Götterlehre der Snorra-Edda (BAL 97, 3), 1950; Christl. Lehngut in der Sagareligion. Das Svoldr-Problem. Zwei Beiträge zur Sagakritik (ebd 98, 6), 1951; Über d. Entstehung der Isländersagas (ebd 102, 5), 1956; Yngvi u. die Ynglinger. Eine quellenkrit. Unters. zum nord. »Sakralkönigtum« (ebd 109, 3), 1964. - Hg.: SAGA. Unters.en zur nord. Lit.- u. Sprachgesch., 5 Hefte, 1956-61; Altnord. Textbibliothek. NF, 4 Bde, 1956-60.

Edda; Germanische Religion.

Bäumlin, *Richard*, * 9.9.1927 Bern, Dr. jur. (1954). PDoz. f. öffentl. Recht, Kirchenrecht u. bernische Rechtsgesch. 1957, ao. Prof. 1960, o. Prof. 1963 Bern.

Die rechtsstaatl. Demokratie, 1954; Staat, Recht u. Gesch., 1961.

Rechtsfähigkeit der Kirche (mit E. FOERSTER); Religionsfreiheit; Synode.

Báez-Camargo, *Gonzalo*, * 13.11.1899 Oaxaca (Mexiko), D. Hum. Methodist. Pfarrer 1922, Prof. u. Vizepräsident des Mexican Methodist Institute 1925 Puebla, Generalsekretär f. christl. Erziehung im Evangelical Council of Mexico 1929-41, dazu Leiter des Union Publishing House 1931 Mexico City, Sekretär des Literature Committee of the Committee on Cooperation in Latin America 1946, dazu Prof. am Union Evangelical Seminary 1947 Mexico City.

Hacia la renovación religiosa en Hispanoamérica, 1930; Principios y método de la educación Cristiana, 1934; Religion in the Republic of Mexico (mit K. G. GRUBB), 1934.

Mittelamerika, 2.

Bailey, *Derrick Sherwin*, * 30.6.1910 Alcester/Warwickshire (England), Ph.D. (1947), D. Litt. (1962, Edinburgh). Versicherungsangestellter 1928-40, Hilfsgeistlicher 1942 Mablethorpe/Lincolnshire, Studentenpfarrer 1944 Edinburgh; Lecturer 1951, Studiensekretär 1955 beim Church of England Moral Welfare Council in Birmingham, Pfarrer 1959 Lyndon/Rutland, Chancellor of Wells Cathedral 1962 Wells/Somerset.

Thomas Becon and the Reformation of the Church in England, Edinburgh 1952; The Mystery of Love and Marriage, London 1952; Homosexuality and the Western Christian Tradition, ebd 1955; Sexual Offenders and Social Punishment, ebd 1956; The Man-Woman Relation in Christian Thought, ebd 1959 (dt. 1963); Common Sense about Sexual Ethics, ebd 1962.

Homosexualität.

Bainton, *Roland Herbert*, * 30.3.1894 Ilkeston (England), A.B. (1914), B.D. (1917), Ph.D. (1921), D. (1948, Marburg), D.D. (1949, Meadville Theol. Seminary; 1953, Oberlin College; 1954, Whitman Woodruff College), D.Litt. (1958, Gettysberg). Doz. f. KG an der Yale Univ. 1920, Prof. 1936 New Haven/Conn. (USA), em. 1962.

Vollst. Bibliogr. in: R. H. BAINTON, Collected Papers III, Boston 1964. Bes.: David Joris (ARG ErgBd 6), 1937; Bernardino Ochino, Florenz 1940; The Church of our Fathers, New York 1941; Here I stand. A Life of Martin Luther, ebd 1950 (dt. 1952, ital. 1960); Castellioniana, Leiden 1951; The Reformation of the 16th Century, Boston 1952; Hunted Heretic. The Life and Death of Michael Servetus, ebd 1953 (franz. 1953, dt. 1960); Yale and the Ministry, New York 1957; Collected Papers in Church History I-III, Boston 1962 bis 1964.

Renaissance III.

Baker, *John Gilbert Hindley*, * 10.10.1910 Bromley/Kent (England), B.A. (1932), M.A. (1946). 1932-34 Sekretär der British Student Christian Movement, London, 1934-51 Missionar in China, 1952-55 Pfarrer von Christ Church (episkopal) in Guilford/Conn. (USA), 1955-63 Sekretär des Overseas Council of the National Assembly der Kirche von England; Pfarrer von St. Nicholas Cole Abbey 1955 London, dazu 1964 Assistent von Bischof Stephen Bayne.

The Changing Scene in China, London 1946; The Church on Asian Frontiers, ebd 1963.

Anglikanische Kirche II.

Bakhuizen van den Brink, *Jan Nicolaas*, * 25.5.1896 Haskerland/Friesland, D.D. (1955, St. Andrews), D. (1961, Münster), Dr. theol. (1923). Pfarrer der niederl. ref. Kirche: 1920 Nieuw Dordrecht, 1924 Winterswijk, 1929 Kralingen; o. Prof. f. KG u. DG 1934 Leiden.

De oud-christelijke Monumenten van Ephesus, 's-Gravenhage 1923; De Romeinse catacomben en haar fresco's, ebd 1933; Het ambt Breedevoort tijdens het Anholter pandschap, 1562-1612, Arnheim 1933; (mit J. LINDEBOOM:) Handboek der kerkgeschiedenis, 2 Bde, 's-Gravenhage 1942-45 (I 1946³, II 1946²); Traditio in de

Reformatie en het Katholicisme in de zestiende eeuw, Amsterdam 1952; Ratramnus, De corpore et sanguine Domini. Texte établi d'après les manuscrits et notice bibliographique, ebd 1954; Episcopalis audientia, ebd 1958; Protestantse Pleidooien uit de 16de eeuw, 2 Bde, Kampen 1962/63. - Mit-Hg.: NAKG.

Amama; Apollinaris von Hierapolis; Apollonius, Märtyrer; Bogerman; Brakel, 1. 2; Camphuysen; Cloppenburch; Codde; Coornhert; Curcelläus; Da Costa, Uriel; Diest, 1. 2; Dionysius Exiguus; Dionysius von Korinth; Dircksz; Du Moulin; Essenius; Franeker; Grapheus; Grevinchoven; Gürtler; Haemstede; Harderwijk; Heinrich von Zutphen; Hoen; Hommius; Hoornbeek; Koelman; Marnix; Merula; Nethenus, 1. 2; Oldenbarnevelt; Pistorius, Joh.; Polyander; Revius; Rode; Sibel; Taffin; Teellinck, 1-3; Thysius; Versteghe; Vossius.

Bally, *Gustav,* * 4.12.1893 Mannheim, Dr. med. Facharzt f. Psychiatrie 1924, Ausbildung in Psychoanalyse 1924-32 Berlin, Niederlassung Zürich 1932, ao. Prof. f. Philos., Psychologie u. Pädagogik 1947 Handelshochschule St. Gallen, Prof. f. Psychiatrie 1956 Zürich.

Vom Ursprung u. von den Grenzen d. Freiheit. Eine Deutung d. Spiels bei Tier u. Mensch, 1945; Der normale Mensch, 1952; Ordnung u. Ursprünglichkeit, Zuwendung u. Ziel (in: Der leidende Mensch, 1960, 16-41); Einführung in d. Psychoanalyse Sigmund Freuds, 1961; Die Gottlosigkeit der Welt u. die Glaubensfrage (Wege zum Menschen 14, 1962, 337-346); Grundfragen d. Psychoanalyse u. verwandter Richtungen (in: Psychiatrie d. Gegenwart I/2, 1963, 274-331).

Psychotherapie I.

Baltzer, *Klaus,* * 3.3.1928 Hamburg, Dr. theol. (1957). Assistent 1954, PDoz. f. AT 1959 Heidelberg, Prof. 1963 Theol. Hochschule Bethel.

Das Bundesformular, 1960; Das Ende d. Staates Juda u. die Messiasfrage (Studien zur Theol. d. at. Überlieferungen, hg. v. R. Rendtorff u. K. Koch, 1961, 33-43).

Namenglaube II.

Bammel, *Ernst,* * 20.1.1923 Adenau/Eifel, Dr. theol., Dr. phil., apl. Prof. f. NT 1960 Erlangen.

'ΑΡΧΙΕΡΕΥΣ ΠΡΟΦΗΤΕΥΩΝ (ThLZ 79, 1954, 351 bis 356); Herkunft u. Funktion d. Traditionselemente in 1Kor 15, 1-11 (ThZ 11, 1955, 401-419); Judenverfolgung u. Naherwartung. Zur Eschatologie des 1Thess (ZThK 56, 1959, 294-315); Versuch zu Kol 1, 15-20 (ZNW 52, 1961, 88-95); Das Wort vom Apfelbäumchen (NTS 5, 1962, 219-228).

Kaiphas; Papias; Pilatus; Quirinius; Schürer.

Bammel, *Fritz,* * 24.8.1888 Zürich, Dr. phil. (1942). Pfarrer 1913 Vorweiden b. Aachen, 1918 Adenau/Eifel, 1925 Goch/Niederrhein, 1941 Köln; i. R.

Das hl. Mahl im Glauben der Völker, 1950; Die Religionen der Welt u. der Friede auf Erden, 1957.

Erlöser I; Erlösung I; Erlösungsreligionen; Fasten I; Mahlzeiten I.

Bandmann, *Günter,* * 10.9.1917 Duisburg, Dr. phil. (1942). PDoz. f. Kunstgesch. 1949, apl. Prof. 1955 Bonn, o. Prof. 1965 Tübingen.

Ma.liche Architektur als Bedeutungsträger, (1951) 1959²; Zur Bedeutung d. roman. Apsis (Wallraf-Richartz-Jb. 15, 1953, 28-46); Über Pastophorien u. verwandte Nebenräume im ma.lichen Kirchenbau (Festschr. f. H. Kauffmann, 1956, 19-58); Melancholie u. Musik, 1960; Früh- u. hochma.liche Altaranordnung als Darstellung (Das Erste Jahrtausend, 1962, 371-411).

Kirchenbau III.

Bandt, *Hellmut,* * 23.9.1917 Berlin, Dr. theol. (1955). Prof. mit Lehrauftrag f. Syst. Theol. 1958, Prof. mit vollem Lehrauftrag 1962 Greifswald.

Luthers Lehre vom verborgenen Gott (ThA 8), 1958.

Verborgenheit Gottes; Zorn Gottes IV.

Bannerth, *Ernst,* * 13.10.1895 Leipzig, Dr. phil. (1940). Religions-Prof. u. Doz. für Islamwissenschaft 1956 Wien, zZ Tätigkeit am Institut Dominicain d'Etudes Orientales, Kairo.

Lehrbuch der Hindustani-Sprache (mit O. Spies), 1945; Islam in Modern Urdu Poetry (Anthropos 37-40, 1942-45, 605-619); Missionsbestrebungen im ind. Islam (ZM 37, 1953, 294-307); Der Diwan des magribinischen Sufi Šu'aib Abū Madjan (WZKM 53, 1957, 28-56. 237-266); Islam, heute - morgen, 1958; Lieder ägyptischer Meddāḥīn (WZKM 56, 1960, 9-20); Ghazālī, Der Pfad der Gottesdiener (Übers. mit Komm.), 1964.

Nordafrika II.

Bardtke, *Hans,* * 22.9.1906 Berlin-Neukölln, D. (1956, Rostock), Lic. theol. (1934). Studieninspektor 1932 Predigerseminar Eisenach, Pfarrer 1934 Marktgölitz/Thür.; Prof. mit vollem Lehrauftrag f. AT 1948, Prof. mit Lehrstuhl 1955 Leipzig.

Die Hss.funde am Toten Meer I, (1952) 1961³; II. Die Sekte von Qumran, (1958) 1961²; Die Hss.funde in der Wüste Juda, 1963; Das Buch Esther (KAT XVII, 5), 1963. - Hg.: Hebr. Konsonantentexte, 1954; Qumran-Probleme. Vorträge d. Leipziger Symposions über Qumran-Probleme vom 9.-14. Okt. 1961, 1963.

Askese II; Estherbuch; Hodajoth; Hoffnung I; Megillot; Profane Dichtung im AT; Rekabiter.

Barion, *Hans,* * 16.12.1899 Düsseldorf. PDoz. f. Kirchenrecht 1930 Bonn, 1931 Braunsberg/Ostpr.; o. Prof. 1933 Braunsberg, 1938 München, 1939 (-1945) Bonn.

Adoption; Apostat; Apostolicae Sedis moderationi; Apostolischer Stuhl; Apostolischer Vikar; Beneficium; Bination; Bischof II; Codex Iuris Canonici; Communicatio in sacris; Corpus Iuris Canonici; Dekretalen; Dekretalisten; Dekretisten; Dispensation; Ehe VI, 2; Entweihung; Enzyklika; Episkopalismus, 1; Exemtion; Exklaustration; Exklusive; Exkommunikation, 1; Exspektanzen; Filial; Finanzwesen I; Forum; Gebühren; Gelübde IV; Gerichtsbarkeit I; Gesandtschaften beim Hl. Stuhl; Gewohnheitsrecht; Hauptkirchen, 1; Heiligsprechung; Hierarchie; Imprimatur; Index; Infallibilität; Infamie; In partibus infidelium; Interdikt; Investitur; Josephsehe; Jurisdiktion; Kanoniker; Kardinal; Kirche und Staat, 6; Kirche VI A; Kirchenrecht I A. II A; Kirchenverfassung V; Klausur; Klerus und Laien, 2; Kloster III; Koeniger; Kongregationen; Konzile, 9; Kurialen; Kurialismus; Lehrgewalt; Maaßen; Meßstipendium; Metropolit; Ministrant; Missio canonica; Monate; Orden; Ordinarius; Paenitentiarie; Papat und Primat; Paten, 1; Phillips; Präkonisation; Privilegium Paulinum; Provision; Prozession II, 2; Rechtsmittel; Reguliert; Rekonziliation; Reservation; Reskript; Sakrileg; Schisma; Schuldkapitel; Sedisvakanz; Simonie; Strafrecht III; Suspension; Temporalien; Tonsur; Trauung II, 3; Veto; Vollkommenheit, 2; Weltliche Institute; Zensur; Zölibat II.

Barnikol, *Ernst,* * 21.3.1892 Wuppertal-Barmen, D. (1928, Bonn), Lic. theol. (1920), Dr. phil. (1915). Pastor 1917-24 Wesseling b. Bonn; PDoz. f. NT 1921, zugleich f. KG 1922 Bonn; o. Prof. 1928 Kiel, 1929 Halle; 1960 em.

Bibliogr. 1917-50 zusammengestellt von Lic. F. Strachotta (Privatdruck), 1950, 3-29; 1950-62 in ThLZ 88, 1963, 155-158. Bes.: Das Entdeckte Christentum im Vormärz. Bruno Bauers Kampf gegen Religion u. Christentum u. Erstausgabe seiner Kampfschrift, 1927; Mensch u. Messias, 1932; Apostol. u. nt. DG als Vor-DG, (1933) 1938⁴; Luther in ev. Sicht, (1954) 1955²; Das Leben Jesu der Heilsgesch., 1958; Das ideengesch. Erbe Hegels bei u. seit Strauß u. Baur im 19. Jh. (WZ Halle 10, 1961, 281-328); Karl Schwarz (1812-85) in Halle vor u. nach 1848 u. die Gutachten der Theol. Fakultät (ebd 499-633); Römer 13. Der nichtpaulin. Ursprung der absoluten Obrigkeitsbejahung von Röm 13, 1-7 (E. Klostermann-Festschr. = TU 77, 1961, 65-133); Der Briefwechsel zwischen Strauß u. Baur (ZKG 73, 1962, 74-125). - Hg.: Forschungen zur Entstehung des Urchristentums, des NT u. der Kirche, 1929 ff; Christentum u. Sozialismus. Quellen u. Darstellungen, 1929 ff; Theol. Arbeiten zur Bibel-, Kirchen- u. Geistesgesch., 1933 ff; Theol. Jahrbücher, 1933 bis 1942/43 u. 1956; Evangelium u. Deutschtum, 1935 ff.

Agnetenberg; Arnoldi von Usingen; Bauer, Bruno; Bocholt; Bommelius; Brüder vom gemeinsamen Leben; Büderich; Busch,

Joh.; Florentius; Gansfort; Geiler; Gerlach, Peters; Gottesfreund; Grabow; Hegius; Heinrich von Ahaus; Heinrich von Laufenberg; Hilten; Holtmann; Jakob von Jüterbog; Junilius Africanus; Mande; Montanus, Jac.; Pauli; Proles; Pupper; Rose, Goldene; Ruch(e)rat; Scriptoris; Souverain; Trutvetter; Windesheimer Kongregation; Zephyrin.

Baron, *Roger,* * 3.9.1904 Savenay (Frankreich), Dr. theol. (1943), Dr. phil. (1954). Mitarbeiter am Centre National de Recherche Scientifique, Paris; Prof. an der Université Catholique de l'Ouest, Angers.

Science et sagesse chez Hugues de Saint-Victor, Paris 1957; Regards catholiques sur l'Inde, ebd 1959; Hugues et Richard de Saint-Victor, ebd 1962; Etudes sur Hugues de Saint-Victor, ebd 1963. - Hg.: Hugo von St. Viktor, De contemplatione et eius speciebus, Paris 1958; Textes spirituels de Hugues de Saint-Victor, ebd 1964; Oeuvres propédeutiques de Hugues de Saint-Victor, Notre Dame/Ind. 1964.

Hugo von St. Viktor; Viktoriner.

Bartel, *Oskar,* * 24.10.1893 Wladyslawów (Woj. Poznan, Polen), Dr. phil. (1928). 1919 Geschichtslehrer am Gymnasium in Turek, 1922-45 am Gymnasium u. Lyzeum in Warschau, 1946 Adjunkt an der ev.-theol. Fakultät der Univ. Warschau, 1955 ao. Prof. f. KG an der Christl. Theol. Akademie, Chylice b. Warschau.

Gregor Paulus von Brzeziny, Krakau 1927; Joh. a Lasco, Warschau 1955; Zur Gesch. von Brzeziny u. des Praepositus A. F. Modrevius (Reformation in Polen 12, 1956, 126-149); Ph. Melanchthon in Polen (Renaissance u. Reformation in Polen 6, 1961, 73-90); M. Luther in Polen (ebd 7, 1962, 27-50); Der Protestantismus in Polen, Warschau 1963; Anteil u. Rolle der Polen in der Reformationsbewegung (Theol. Jb. d. Christl. Theol. Akademie, Warschau 1963, 7-36).

Warschau.

Bartning, *Otto:* 1, 899f († 20.2.1959 Darmstadt).

Kirchenbau V, 3.

Barton, *Peter Friedrich,* * 25.2.1935 Wien, Dr. theol. (1957). Assistent f. KG 1958-62 Münster.

Tilemann Heshusius u. d. luth. Lehre vom Bann (Ev.-theol. Diss. Wien), 1957 (Masch.); Zur Lehre vom kirchl. Amte in d. luth. Frühorthodoxie (KuD 7, 1961, 115-127); Die Refutation des Wilhelm Eccius R(h)adensis (JGPrÖ 77, 1961, 3-15); Die exeget. Arbeit des jungen Melanchthon (ARG 54, 1963, 52-89); Ignaz Aurelius Feßler (Kirche im Osten 7, 1964, 107-143). - Hg.: Melanchthons Werke in Auswahl IV: Frühe exeget. Schriften, 1963.

Lippomano; Malvenda, 1. 2; Martin von Cochem.

Bartosch, *Dieter,* * 19.4.1932 Emmerich, Pfarrer 1962 Duisburg.

Basilius von Seleucia.

Bartsch, *Friedrich,* * 24.12.1898 Treumark Kr. Hohensalza, Dr. phil. (1923), Kirchenrat. 1924 Abteilungsleiter im Ev. Preßverband für Schlesien, Breslau; 1926 Abteilungsleiter im Ev. Preßverband für Deutschland, Berlin; 1939 Leiter der Schrifttumsstelle der Ev. Kirche in Deutschland, Berlin; 1944 kommiss. Pfarrer in Wolfshagen Kr. Wirsitz/Westpr., 1946 in Berlin; seit 1948 Pfarrer der Böhm. Luth. Bethlehems-Gemeinde, Berlin-Neukölln. 1946-61 Theol. Leiter der Ev. Verlagsanstalt, Berlin; 1946-63 Leiter der Kammer für ev. Schrifttum bei der Kirchenkanzlei, Berliner Stelle; seit 1963 Leiter des Ev. Schrifttumsdienstes, Berlin.

Unbekannte Kirche. Schriftenreihe, 4 Bde, 1939ff. - Hg.: Jesus lebt. Ein Andachtsbuch für die Osterzeit, 1946; Verheißung u. Erfüllung im Alten u. NT, 1952; Almanach der Ev. Verlagsanstalt, 1954-60. - Mit-Hg.: Das Bildnis des ev. Menschen von Martin Luther bis zur Gegenwart, 1955; Gemeinde Gottes in dieser Welt. Festg. z. 60. Geb. von Bischof D. Dr. Krummacher, 1961.

Erbauungsliteratur, 1. 3.

Bartsch, *Hans-Werner,* * 24.4.1915 Kiel, Dr. theol. (1939). Pfarrer 1940; PDoz. f. NT 1959, o. Prof. f. Ev. Theol. 1962 Hochschule f. Erziehung, Frankfurt/M.

Gnostisches Gut u. Gemeindetradition bei Ignatius von Antiochien (BFChTh II, 44), 1940; Hdb. ev.-theol. Arbeit 1938-48, 1949; Entmythologisierende Auslegung. Ges. Aufs., 1962; Die Anfänge urchristl. Rechtsbildungen in den Pastoralbriefen, 1964. - Hg.: Kerygma u. Mythos, ein theol. Gespräch, bisher 6 Bde, 1948ff. - Begründer u. jetzt Mit-Hg. der Reihe »Theol. Forschung«, bisher 30 Bde.

Aquila und Prisca; Ignatius von Antiochien; Kindheitsevangelien; Thomas, Apostel; Thomasakten.

Bauer, *Clemens,* * 16.12.1899 Ehingen/Donau, Dr. phil. (1923). PDoz. f. mittlere u. neuere Gesch. 1932 München, o. Prof. 1938 Riga, 1938 Freiburg/Br.

Polit. Katholizismus in Württ. bis zum Jahr 1848, 1929; Unternehmung u. Unternehmungsformen im Spät-MA u. in d. beginnenden Neuzeit, 1936; Die Grundlagen d. modernen Klassengesellschaft d. 19. Jh.s (Gestaltende Kräfte im 19. Jh., 1954, 9-23); Die Geschichtswiss. in Freiburg vom letzten Jahrzehnt d. 19. Jh.s bis zum 1. Viertel d. 20. Jh.s (Beiträge zur Gesch. d. Freiburger Philos. Fakultät, 1957, 183-202); Die wirtschaftl. Ausstattung d. Freiburger Univ. in ihrer Gründungsperiode (Aufs. zur Freiburger Wissenschafts- u. Universitätsgesch., 1960, 9-64).

Freiburg I. II; Inkorporation.

Bauer, *Hermann,* * 12.12.1929 Dorfen, Dr. phil. (1955). PDoz. f. Kunstgesch. 1964 München.

Rocaille. Zur Herkunft u. zum Wesen eines Ornament-Motivs, 1962. - Mit-Hg.: Probleme d. Kunstwiss. 1ff, 1962ff.

Ikonologie.

Bauer, *Karl,* * 23.6.1874 Rastatt, † 18.2.1939 Münster, D. (1925, Münster), Lic. theol. (1919). Stadtpfarrer 1904 Donaueschingen; PDoz. f. KG 1919, ao. Prof. 1925 Münster.

Antiochia in d. ältesten KG (SgV 87), 1919; Die Beziehungen Calvins zu Frankfurt a.M. (SVRG 133), 1920; Die Einstellung d. ref. Gottesdienstes in der Reichsstadt Frankfurt a.M. i.J. 1561, 1925; Valérand Poullain, 1927; Die Wittenberger Universitätstheol. u. d. Anfänge d. dt. Reformation, 1928; Das Bild Gustav Adolfs im Wandel der Zeiten, 1932; Adolf Hausrath, Leben u. Zeit I: 1837-67, 1933.

Kurtz (mit R. Wittram); Poullain (mit O. Weber).

Bauer, *Paul,* * 5.1.1905 Basel-Arlesheim, Dr. theol. (1933). Pfarrer 1932 Ludwigsburg, Divisionspfarrer 1939-45, Pfarrer für Religionsunterricht 1946 Heilbronn, 1958 Gymnasial-Prof. u. Fachberater für Religionsunterricht beim Oberschulamt Stuttgart.

Der moderne Aberglaube u. seine Überwindung, 1950; Horoskop u. Talisman. Das Buch d. Aberglaubens u. d. okkulten Erscheinungen, 1963.

Aberglaube, 5.

Bauer, *Walter:* 1, 925 († 17.11.1960 Göttingen).

Nachtrag zur Bibliogr.: ThLZ 86, 1961, 315f.

Abgar; Aloger; Cerinth; Edessa; Hesychius; Johannes der Priesterkönig; Nonnus.

Bauermann, *Johannes,* * 24.6.1900 Görlitz, Dr. phil. (1921). Staatsarchivrat 1928 Magdeburg, 1931 Münster, 1939 Osnabrück; Staatsarchivdirektor 1939-61 Münster, Honorar-Prof. f. Hist. Hilfswissenschaften 1940 ebd.

Bibliogr.: Kürschners Dt. Gelehrten-Kalender 1961, 74f. - Mit-Hg.: Westfäl. Lebensbilder V, 1937; Hdb. . hist. Stätten Deutschlands III, 1963.

Abbreviaturen, 1; Cisiojanus; Diplomatik; Geographie, 2; Kanzleiregeln; Litterae apostolicae.

Bauernfeind, *Otto,* * 14.1.1889 Behrenhoff Kr. Greifswald, D. (1929, Greifswald), Lic. theol. (1915). Marinepfarrer 1916; PDoz. f. NT 1922, ao. Prof. 1928 Greifswald, 1931 Tübingen (1939-45 Entziehung der Lehrerlaubnis), o. Prof. 1946, em. 1957.

Die literar. Form d. Evangeliums, 1915; Der Römerbrieftext des Origenes (TU 44, 3. 4), 1923; Die Worte der Dämonen im MkEv (BWANT 44), 1927; Die Apg (ThHK 5), 1939; Eid u. Frieden (FKGG NF 2), 1956. - Mit O.Michel Hg. von: Flavius Josephus, De bello Judaico I, (1960) 1962²; II/1, 1963.

Eid III; Gebet IV; Gesetz IV; Gotteskindschaft I; Haussleiter.

Baumert, *Gerhard,* * 1.10.1923 Arnstadt, Dr. phil. (1952). Visiting Assistant Prof. Chicago 1954-55, Direktor des Instituts f. Sozial- u. Wirtschaftsforschung Bad Godesberg u. Divo-Institut Frankfurt/M. 1955-62, dazu seit 1960 Lehrbeauftragter f. Soziologie Marburg.

Bibliogr. bis 1959 in: W. Bernsdorf, Internat. Soziologenlexikon, 1959, 26. Bes.: Jugend der Nachkriegszeit, 1952; Dt. Familien nach dem Kriege, 1954.

Ehe IV; Familie III; Öffentliche Meinung (mit W.Mangold); Propaganda (mit W.Mangold); Sozialforschung.

Baumgärtel, *Friedrich,* * 14.1.1888 Plauen/Vogtland, D. (1923, Leipzig), Lic. theol. (1914). PDoz. f. AT 1916, apl. ao. Prof. 1921 Leipzig; o. Prof. 1922 Rostock, 1928 Greifswald, 1937 Göttingen, 1941 Erlangen, em. 1956.

Vollst. Bibliogr. bis 1958 in: Festschr. F.Baumgärtel z. 70. Geb., 1959, 197-200 = ThLZ 83, 1958, 71-74.

Bibelkritik I; Glaube II; Monotheismus und Polytheismus II; Weissagung und Erfüllung I.

Baumgartner, *Walter,* * 24.11.1887 Winterthur (Schweiz), D. (1926, Tübingen), Lic. theol. (1916), Dr. phil. (1913). Lektor f. Hebräisch 1915, PDoz. f. AT 1916, ao. Prof. 1920 Marburg; o. Prof. 1928 Gießen, 1929 Basel, em. 1958.

Vollst. Bibliogr. bis 1959 in: W.Baumgartner, Zum AT u. seiner Umwelt. Ausgew. Aufs., Leiden 1959, 2-26. - Mit-Hg.: ThR NF, seit 1929; ThZ, seit 1945.

Apokryphen I; Aramäisches in der Bibel I. II; Buxtorf (mit A.Bertholet); Cappellus (mit A.Bertholet); Daniel; Danielbuch; Elias Levita (mit A.Bertholet); Erpenius (mit A.Bertholet); Esrabücher II; Märchen II; Manasse-Gebet; Münster, Seb. (mit O.Clemen); Pseudepigraphen des AT.

Baur, *Jörg,* * 17.7.1930 Tübingen, Dr. theol. (1961). Vikar 1956-57 Stuttgart, Stiftsrepetent 1958-62 Tübingen, Pfarrer 1964 Leuzendorf.

Die Vernunft zwischen Ontologie u. Evangelium. Eine Unters. zur Theol. J.A.Quenstedts, 1962.

Wunder V.

Bausinger, *Hermann,* * 17.9.1926 Aalen/Württ., Dr. phil. (1952). Wehrdienst u. Kriegsgefangenschaft 1943 bis 1947, Schul- u. Assistententätigkeit, Doz. 1959, o. Prof. f. Dt. Volkskunde 1960 Tübingen.

Neue Siedlungen, (1959) 1963²; Schwäbische Weihnachtsspiele. 1959; Volkskultur in d. techn. Welt, 1961.

Volk und Volkstum I.

Bavinck, *Johan Herman,* * 22.11.1895 Rotterdam (Niederl.), Dr. phil. (1919). Pfarrer in Medan (Sumatra) u. Bandung (Java), Missionar in Surakarta u. Djokjakarta (Java); ao. Prof. der Missiologie 1939-54 Amsterdam u. Kampen, o. Prof. der Missiologie u. Prakt.Theol. 1954 Freie Univ. Amsterdam.

Alzoo wies het Woord, Baarn 1941; The Impact of Christianity on the non-Christian World, Grand Rapids/Mich. 1948; Religieus besef en christelijk geloof, Kampen 1949; An Introduction to the Science of Missions, Philadelphia 1960.

Kirchenzucht III.

Beaver, *Robert Pierce,* * 26.5.1906 Hamilton/Ohio (USA), B.A. (1928), M.A. (1928), Ph.D. (1933). Pfarrer 1932 Cincinnati, 1936 Baltimore; Missionar der Evangelical and Reformed Church 1938-47 in China; Prof. 1944 Lancaster Theol. Seminary, Direktor der Missionary Research Library 1948 New York, Prof. f. Missionsgesch. 1955 Univ. Chicago.

Year of Grace, 1935; The Christian World Mission, a Reconsideration, 1957; Ecumenical Beginnings in Protestant World Mission. A Hist. of Comity, 1962; Envoys of Peace. The Peace Witness in the Christian World Mission, 1964.

Adventisten II; Burma; Davis; Eliot, John; Indianer II; Indochina; Kanada II (mit W.Werbeck); Korea; Laubach; Martyn; Taylor, William; Thailand; Vereinigte Staaten V; Zwemer.

Bebermeyer, *Gustav,* * 16.10.1890 Bad Salzelmen, Dr. phil. (1913). PDoz. f. Germanistik 1921, ao. Prof. 1925, o. Prof. 1933 Tübingen, em. 1954.

Schles.-böhm. Briefmuster aus der Wende d. 14.Jh.s (= K.Burdach, Vom MA zur Reformation V), 1926; Tübinger Dichterhumanisten, 1927. - Hg.: Th.Murner, Die Mühle von Schwindelsheim, 1923; H.Flayder, Ausgew. Werke, 1925; H.Bebel, Facetien, 1931; Dt. Lit.-Denkmäler d. 16.Jh.s I: Martin Luther, 1933. - Mitarbeit an der WA seit 1928.

Bebel, Heinr.; Brant; Eberlin; Frischlin; Gengenbach; Murner; Waldis.

Beck, *Adolf,* * 1.5.1906 Ludwigsburg, Dr. phil. (1935). Assistent 1935 Berlin, Lektor 1937 Amsterdam, Wehrdienst 1939-43, Leiter des Hölderlin-Archivs 1943, PDoz. f. Dt. Philologie 1946 Tübingen; ao. Prof. 1949, o. Prof. 1955 Hamburg.

Der »Geist der Reinheit« u. die »Idee des Reinen«. Deutsches u. Frühgriechisches in Goethes Humanitätsideal (Goethe 7, 1942, 160-169; 8, 1943, 19-57); Griech.-dt. Begegnung. Das dt. Griechenerlebnis im Sturm u. Drang, 1947; Forschungsberichte, Interpretationen u. biograph. Unters.en über Hölderlin in den Hölderlin-Jahrbüchern 1947-57; Mörikes Gedicht »An einem Wintermorgen« (Euphorion 46, 1952, 370-393); Peregrina (ebd 47, 1953, 194-217); Die Krisis des Menschen im Drama des jungen Schiller (ebd 49, 1955, 163-202); Die Rache als Motiv u. Problem im Gudrun-Lied (Germ.-roman. Monatsschr. 37, 1956, 365-388); Unbekannte franz. Quellen für »Dantons Tod« von Georg Büchner (Jb. d. Freien Dt. Hochstifts 1963, 489-538). - Hg.: Hölderlin, Sämtl. Werke. Stuttg. Ausg. Bd VI: Briefe Hölderlins, Bd 1. 2, 1954/58; Bd VII: Briefe an Hölderlin u. Dokumente seines Lebens u. Wirkens (in Vorb.).

Hölderlin; Mörike; Schiller.

Beck, *Hanno,* * 13.9.1923 Eschwege/Werra, Dr. phil. (1951). Stipendiat der Dt. Forschungsgemeinschaft 1956-61, PDoz. f. Gesch. der Naturwissenschaften 1963 Bonn.

Moritz Wagner in d. Gesch. d. Geographie (Diss. Marburg), 1951; Methoden u. Aufgaben d. Gesch. d. Geographie (Erdkunde 8, 1954, 51-57); Entdeckungsgesch. u. geogr. Disziplinhistorie (ebd 9, 1955, 197-204); Geographie u. Reisen im 19. Jh. (Petermanns geogr. Mitt. 1957, 1-14); Gespräche Alex. v. Humboldts, 1959; Alex. v. Humboldt I. II, 1959/61; Die Streitfälle Fröbel-Ritter u. Peschel-Klöden (Petermanns geogr. Mitt. 1961, 105-118). - Hg.: Quellen u. Forschungen zur Gesch. d. Geographie u. der Reisen.

Humboldt, Alex. v.

Beck, *Hans-Georg,* * 18.2.1910 Reichenhall, Dr. theol. (1936). PDoz. f. Byzantinistik 1950, apl. Prof. 1956, o. Prof. 1960 München.

Vorsehung u. Vorherbestimmung in d. theol. Lit. der Byzantiner, Rom 1937; Theodoros Metochites. Die Krise d. byz. Weltbildes im 14.Jh., 1952; Vademecum des byz. Aristokraten, (1956) 1964²; Kirche u. theol. Lit. im byz. Reich (HAW XII/2, 1), 1959; Überlieferungsgesch. d. byz. Lit. (Gesch. d. Textüberlieferung I, 1961, 423 bis 510). - Hg.: Berichte zum 11. Intern. Byzantinistenkongreß, 1958; Akten des 11. Intern. Byzantinistenkongresses, 1960; ByZ, seit 1964.

Äneas von Paris; Alexanderroman; Alexius Studites; Andreas von Kreta; Arethas von Cäsarea; Athos, 1; Balsamon; Barhebräus; Barlaam; Barlaam und Joasaph; Bessarion; Bilder und Bilderverehrung III; Blastares; Bogomilen; Byzantinistik; Byzanz II; Ebed Jesu; Eustathius von Thessalonich; Euthymius Zigabenus; Eutychius; Gennadius II.; Germanos I. von Konstantinopel; Hesychasten; Johannes Bekkos; Johannes von Damaskus; Joseph Bryennios; Kabasilas; Konstantinopel; Konstantinopel, Konzile; Kosmas von Jerusalem; Leontius von Byzanz; Markus Eugenikus; Maximus Confessor; Menas von Konstantinopel; Menologien; Michael Kerullarios; Nerses IV.; Nikephorus Blemmydes; Nikephorus Gregoras; Niketas Choniates; Nikolaus von Methone; Nilus von Rossano; Petrus von Antiochien; Photius; Phundagiagiten; Psellos; Sava; Sergius von Konstantinopel; Sophronius; Symeon der Neue Theologe; Symeon von Thessalonich; Theodor von Andida; Theodor Studites; Theodosius I.; Theophanes von Nicäa; Theophylakt; Thondrakier; Zonaras.

Beck (geb. Niepmann), *Maria-Dorothea,* * 29.10.1912 Nowawes b. Potsdam, Dr. phil. (1949), Kunsthistorikerin, lebt in Hamburg.

Evangelistensymbole; Ezechielbuch, 6; Geist VIII; Trinität V.

Becker, *Carl,* * 15.10.1925 Leipzig, Dr. phil. (1950). PDoz. f. klass. Philologie 1953 München, o. Prof. 1955 Marburg, 1963 München.

Tertullian, Apologeticum: Ausg. u. Übers., (1952) 1961²; Werden u. Leistung (Unters.), 1954; Art. »Cicero« (RAC III, 1957, 86-127); Das Spätwerk des Horaz, 1963. - Hg.: K. Reinhardt, Vermächtnis der Antike. Ges. Essays zur Philos. u. Geschichtsschreibung, 1960; Ders., Tradition u. Geist. Ges. Essays zur Dichtung, 1960.

Martin von Braga; Minucius Felix; Sulpicius Severus.

Becker, *Hellmut,* * 17.5.1913 Hamburg. Referendar 1935 Kiel, Assessor 1943 Dresden, Rechtsanwalt 1945 Kreßbronn/Bodensee. 1947-49 Verteidigung in den Nürnberger Prozessen, seitdem vor allem Berater kultureller Organisationen, Geschäftsführer der Arbeitsgemeinschaft der Verbände gemeinnütziger Privatschulen, seit 1956 Präsident des Dt. Volkshochschul-Verbandes; Honorar-Prof. f. Soziologie des Bildungswesens 1963 Freie Univ. Berlin.

Kulturpolitik u. Schule. Probleme der verwalteten Welt, 1956; Bildung zwischen Plan u. Freiheit, 1957; Elternhaus, Höhere Schule u. Universität (mit W. Clemen), 1957; Kulturpolitik u. Ausgabenkontrolle (mit A. Kluge), 1961; Quantität u. Qualität. Grundfragen der Bildungspolitik, 1962. - Mit-Hg.: Volkshochschule im Westen; Neue Sammlung; Recht u. Wirtschaft der Schule.

Elternrecht, 3.

Becker, *Ingeborg,* * 13.5.1910 Biebrich a. Rh., Pfarrvikarin, seit 1935 im Burckhardthaus (ev. weibliche Jugendarbeit), seit 1951 Leiterin der Arbeit in der DDR, seit 1964 Ephora im Sprachenkonvikt der Ev. Kirche Berlin-Brandenburg.

Hg.: Bibelhilfe für die Jugendarbeit (jährlich).

Bibelschule.

Becker, *Ulrich,* * 21.9.1930 Halle/Saale, Dr. theol. (1959), wiss. Assistent 1959 Erlangen, apl. Doz. 1961 Hannover.

Jesus u. die Ehebrecherin. Unters.en zur Text- u. Überlieferungsgesch. von Joh 7, 53 - 8, 11 (BZNW 28), 1963.

Hutter; Wagenseil.

Becker, *Walter,* * 9.7.1905 Badersleben, Dr. jur. (1936). Jugendstaatsanwalt, seit 1956 Leitender Regierungsdirektor bei der Jugendbehörde Hamburg.

Kommentare zu den wesentlichen Jugendgesetzen, 1953 ff; Kleines Hdb. d. Jugendschutzes, (1957) 1958³; Sozialreform u. Jugend (mit H. Claussen), 1959. - Hg. der Zs. Jugendschutz. - Mit-Hg. der Zs. Ehe u. Familie im privaten u. öffentl. Recht (seit 1962: Zs. f. d. gesamte Familienrecht).

Jugendschutz.

Beckmann, *Heinrich,* * 8.6.1877 Wandsbek, † 12.8. 1939 Sülzhayn/Harz, D. (1923, Kiel). Pastor 1904 Hennstedt/Norderdithmarschen, Pfarrer 1910 Wiesbaden, Hauptpastor an St. Nikolai 1920 Hamburg.

Alte Kraft in neuer Not. Gedanken zu Jesaiasworten, 1915; Worte Jesu u. der Krieg, 1915; Das lebendige Wort. Eine neue Bibelerklärung I (AT). II (NT), 1920-23.

Ruckteschell (mit W. Jannasch).

Beckmann, *Joachim,* * 18.7.1901 Wanne-Eickel, D. (1954, Bonn), Lic. theol. (1925), Dr. phil. (1923). Pfarrer 1926 Wiesbaden, 1928 Soest, 1933-48 Düsseldorf; 1945 Mitglied der Leitung der Ev. Kirche im Rheinland u. Doz., 1951 Prof. Kirchl. Hochschule Wuppertal, 1961 Honorar-Prof. f. Kirchenkunde der Gegenwart in Bonn; 1949-58 Oberkirchenrat u. Theol. Dirigent des Landeskirchenamtes, 1958 Präses der Ev. Kirche im Rheinland.

Bibliogr.: Im Kampf für d. Kirche d. Evangeliums, 1961, 389-395. Bes.: Vom Sakrament bei Calvin, 1926; Ruf zum Gehorsam. Die altkirchl. Episteln in Predigtgrundrissen, 1940; Ev. Kirche im Dritten Reich (KJ 1933-44), 1948; Quellen zur Gesch. d. christl. Gottesdienstes, 1956. - Hg.: KJ, 1948 ff. - Mit-Hg.: Kirchenagende I/1. 2, 1949; Unters.en zur Kirchenagende, 1949.

Aufgebot; Aufnahme in die Kirche, 2; Deutschland III (mit H.-H. Schrey); Evangelische Kirche in Deutschland I; Graduale, 2; Gregorianischer Gesang II; Gründonnerstag; Heortologie; Herrenfeste; Johannisfeste; Niemöller; Ostern, 2; Parteien VI; Pfingsten; Taufe V; Trinitatisfest; Union, Ev. Kirche der; Unionen im Protestantismus II; Weihnachten, 1.

Beetz, *Gerhard,* * 28.9.1918 Mühlhausen/Thür., 1936 bis 1945 Offizier (1943-45 im Generalstab der Luftwaffe), 1947 Geschäftsführer, 1959 Generalsekretär des Ev. Bundes.

Hg.: Jahrbuch »Im Lichte d. Reformation«, bisher 7 Bde. - Schriftleiter: »Der Ev. Bund«, Mitteilungsblätter.

Morus, Thomas.

Behling, *Lottlisa,* * 15.7.1909 Neustettin/Pommern, Dr. phil. (1937). Nach musealer Ausbildung in Danzig, Berlin u. Nürnberg Leitung des Kunsthist. Instituts 1946 bis 1958 Univ. Jena, apl. Prof. f. Kunstgesch. 1960 München.

Der Danziger Dielenschrank u. seine holländ. Vorläufer, 1942; Gestalt u. Gesch. des Maßwerks, 1944; Die Handzeichnungen des Mathis Gothart Nithart, genannt Grünewald, 1955; Die Pflanze in d. ma.lichen Tafelmalerei, 1957; Die Welt d. ma.lichen Kathedralpflanzen, 1963.

Grünewald; Holbein d.J.

Behr, *Adolf,* * 11.9.1934 Hof/Saale, Pfarrvikar 1959 Arnstein/Ufr.; Religionslehrer 1962, Studienrat 1963 Berufsschule Würzburg.

Crocius, 1. 2; Loener.

Beintker, *Horst,* * 7.1.1918 Berlin, Dr. theol. (1951). Studieninspektor u. Lehrbeauftragter 1949, wiss. Assistent 1951, Oberassistent 1954, Doz. f. Syst. Theol. 1957 Greifswald, daneben Lehrbeauftragter 1960 Rostock; Prof. mit Lehrauftrag 1961, mit vollem Lehrauftrag 1963 Jena.

Zur Datierung u. Einordnung eines neueren Luther-Fragmentes (WZ Greifswald 1, 1951/52, Nr. 2-3, 70-78); Die Überwindung d.

Anfechtung bei Luther (ThA 1), 1954; Lessing u. Luther (WZ Greifswald 4, 1954/55, 81-90); A.Schweitzers theol. Bedeutung (ebd 233-244); Eschatologie u. Ethik (ZSTh 23, 1954, 416-445); Luthers Offenbarungsverständnis u. d. gegenw. Theol. (ebd 24, 1956, 241 bis 264); Die Christenheit u. das Recht bei A.Schlatter (ThA 4), 1957; Die ev. Lehre von d. hl. Schrift u. von d. Tradition (QKK B 2), 1961; Glaube u. Handeln nach Luthers Verständnis des Röm (LuJ 28, 1961, 52-85); Martin Luther I. Der werdende Reformator (Quellen 27/1), 1961; Fr.Schleiermacher I-III (ebd 36/1-3), 1962/63. - Bearbeiter u. Hg. von L.Pinomaa, Sieg d. Glaubens. Grundlinien d. Theol. Luthers, 1963.

Anfechtung; Gebet VI; Opfer V.

Bellardi, *Werner,* * 28.7.1904 Görlitz, Lic. theol. (1930). Pfarrer 1932 Weißwasser/O.L., 1936 Alteichen b. Glogau, 1942 Arnsdorf/Rsgb. u. Sup. des Kirchenkreises Hirschberg; nach Rückkehr aus der Gefangenschaft 1945/46 unter poln. Verwaltung dort tätig, Dez. 1946 evakuiert, 1947 Vorstandspfarrer des Ev. Diakonievereins Berlin-Zehlendorf.

Die Gesch. der »Christl. Gemeinschaft« in Straßburg 1546-50 (QFRG 18), 1934; Schwesternberuf u. Diakonie, 1951. - Hg.: Tägl. Andachten. Auslegungen der Lehrtexte der Brüdergemeine, seit 1948; Monatsblatt »Die Diakonieschwester«, seit 1961.

Zimmer, Friedr.

Benckert, *Heinrich,* * 5.9.1907 Berlin, D. (1961, Göttingen), Dr. theol. (1935), Dr. phil. (1931). Pfarrer 1932 Schönow/Neumark, 1935 Breslau (1936/37 Aufenthaltsverbot für die Provinz Schlesien u. Gefängnishaft in Schneidemühl), 1945 Erfurt, dazu Lehrauftrag f. Syst. Theol. 1949 Halle; Prof. mit Lehrauftrag 1955, mit Lehrstuhl 1959 Rostock.

Der Begriff der Entscheidung bei E.Troeltsch (ZThK NF 12, 1932, 422-442); E.Troeltsch u. d. ethische Problem, 1932; Der Begriff d. Glaubensaktes, 1935; Gebetshilfe, 1949; Das Gebet als Gegenstand d. Dogmatik (EvTh 15, 1955, 535-552); »Ohne Christus wäre ich Atheist« (ebd 18, 1958, 445-460); Gottesglaube u. polit. Verantwortung (Communio viatorum, 1959, 143-162); Schöpfung u. Gesch. (EvTh 20, 1960, 433-455); Die Stofflichkeit der Abendmahlsgabe, 1961; Die Predigt als dogmat. Problem (MPTh 51, 1962, 4-13).

Troeltsch.

Benoit, *André,* * 8.11.1919 Montpellier (Frankreich), Dr. theol. (1958). Pfarrer 1943 Caudry, Prof. f. Gesch. des Frühchristentums 1950 Prot. Theol. Fakultät Straßburg.

Le baptême chrétien au second siècle, Paris 1953; Saint Irénée. Introduction à l'étude de sa Théologie, ebd 1960; L'actualité des Pères de l'Eglise, Neuchâtel 1961.

Demut III.

Bergler, *Georg,* * 18.7.1900 Lohr/Main, Dr. rer. pol. (1931). 1931-36 prakt. Tätigkeit in der Wirtschaft, 1939 Lehrbeauftragter, 1946-48 kommiss. Verwalter des Lehrstuhls f. Betriebswirtschaftslehre, 1948 o. Prof. Nürnberg.

Vollst. Bibliogr. bis 1959 in: Der Mensch im Markt. Festschr. z. 60. Geb. von G.Bergler, 1960, 449-464. Ferner: Schrifttum über Verbrauchs- u. Modeforschung, 1960; Schrifttum über Absatz u. Werbung, 1960; Verbrauchsforschung zwischen Mensch u. Wirtschaft, 1961; Werbung u. Ethik, 1961.

Werbung.

Bergmann, *Bernhard,* * 10.3.1893 Harsum Kr. Hildesheim. 1913 im Volks- u. Mittelschuldienst, 1925 Referent an der Zentralstelle der Kath. Schulorganisation Düsseldorf, 1931 Schulrat, 1933 Lehrer, 1945 Regierungs- u. Schulrat Düsseldorf, 1946 Ministerialrat, 1949 Ministerialdirigent, 1956 Staatssekretär im Kultusministerium des Landes Nordrhein-Westfalen, 1958 a.D.

Drei Werte der Bildung, (1947) 1949²; Lebendiges Schulgebet, (1949) 1961⁵; Werkbuch zum dt. Kirchenlied, 1953. - Hg.: Volksschule heute, 1956; Schriftenreihe »Bildung zum Menschen«. - Mit-Hg.: Päd. Rundschau (Monatsschrift f. Erziehung u. Unterricht).

Religionspädagogik II.

Bergstraesser, *Arnold,* * 14.7.1896 Darmstadt, † 24.2.1964 Freiburg/Br., Dr. phil. (1924). PDoz. 1928, apl. Prof. 1932 Heidelberg, Prof. 1937 Claremont/Cal. (USA), 1944 Chicago, Gast-Prof. 1950 Frankfurt/M., o. Prof. f. wiss. Politik u. Soziologie 1954 Freiburg/Br.

Staat u. Wirtschaft Frankreichs, 1930; Sinn u. Grenzen d. Verständigung zwischen Nationen, 1930; Germany, a short History I (mit G.N.Shuster), New York 1944; Goethe's Image of Man and Society, Chicago 1949; Politik in Wissenschaft u. Bildung. Schriften u. Reden, 1961; Führung in d. modernen Welt, 1961; Klassiker d. Staatsphilos. (hg. mit D.Oberndörfer), 1962.

Bürgertum I; Konservatismus; Militarismus; Nationalismus I; New Deal; Staatsformen.

Beriger, *Leonhard,* * 25.5.1900 Chur (Schweiz), Dr. phil. (1927). Seminarlehrer seit 1929, Zürich (PDoz. 1938-47 ebd).

Grillparzers Persönlichkeit in seinem Werk, 1927; Die literar. Wertung, 1938; Das Zeitalter d. Humanismus u. d. Reformation (in: B.Boesch, Dt. Literaturgesch. in Grundzügen, [1946] 1961², 121 bis 154); Carl Spitteler in d. Erinnerung seiner Freunde u. Weggefährten, 1947.

Spitteler.

Berner, *Hermann,* * 29.10.1888 Berlin. Pfarrer 1914 Brüssel, 1918 Rohrbeck Kr. Königsberg/Neumark, 1927 Minden; 1937 Direktor der Rhein. Missionsgesellschaft in Wuppertal-Barmen, 1958 i.R.

Batakkirche; Rheinische Missionsgesellschaft.

Bernhart, *Joseph,* * 8.8.1881 Ursberg/Schwaben, Dr. theol. (1911), Dr. phil. (1928). 1904-13 mit Unterbrechungen in der kath. Seelsorge; schriftstellerisch tätig seit 1901, an »Hochland« seit 1905, lange Zeit Mitarbeiter der Frankfurter Zeitung u.a. Honorar-Prof. f. ma.-liche Geistesgesch. 1952 München.

Bibliogr. (Auswahl) in: Kürschners Dt. Gelehrten-Kalender 1954, 136f; Kürschners Dt. Lit.-Kalender 1958, 49. Ferner: Die unbeweinte Kreatur, 1961; Gestalten u. Gewalten. Aufsätze, Vorträge, 1962.

Päpstlicher Segen.

Bernsdorf, *Wilhelm,* * 6.4.1904 Bielefeld, Dr. phil. (1943). 1935-40 Lehrtätigkeit, 1941-45 Referent Reichsstelle Leder, 1945-47 Lehrtätigkeit, 1947-50 Persönl. Referent Senat f. Volksbildung, 1950-61 Doz. f. Soziologie (u.a. Päd. Hochschule, Hochschule f. Politik), seit 1961 Doz. f. Soziologie u. Wissenschaft von der Politik (Freie Univ. Berlin u. Institut f. Psychotherapie).

Reaktiv-affektives Verhalten einiger Primitivvölker gegenüber Träumen (Gegenwartsprobleme d. Soziologie, 1949, 254-276); Primitive Gruppe, primitive Mentalität u. Traumstruktur (Die Einheit d. Sozialwissenschaften, 1955, 160-185); Soziologie d. Prostitution (Die Sexualität des Menschen, 1955, 548-599); Soziologie (Hdb. d. Wissens, 1960, 477-505); Der Vierkandtsche Gruppenbegriff in d. Staatssoziologie (Festg. f. Fr.Bülow, 1960, 63-77). - Hg.: Die Einheit d. Sozialwissenschaften (mit G.Eisermann), 1955; WB d. Soziologie (mit Fr.Bülow), (1955) 1964²; Internat. Soziologenlexikon, 1959.

Prostitution II.

Berron, *Paul,* * 9.12.1887 Lützelstein/Elsaß, Dr. phil. (1914). Pfarrer 1922-33 Grafenstaden, 1934-45 Straßburg, 1945-50 Westhofen. Gründer u. 40 Jahre lang Leiter der Straßburger Morgenlandmission »Action Chrétienne en Orient«.

Missionsdienst im Orient u. Okzident, 1958. - 40 Jahre lang Hg. des Missionsblattes »Levant - Morgenland«.

Armenien III.

Berthold, *Heinz,* * 4.9.1927 Leipzig, Dr. phil. (1959). Wiss. Assistent 1952, wiss. Mitarbeiter 1961 Institut f. spätantike Religionsgesch. Halle.

Neue Homilien des Makarius/Symeon I: Aus Typus III, hg.v. E.KLOSTERMANN u. H.BERTHOLD (TU 72), 1961.

Katharina von Alexandria; Markus Eremita; Pelagia; Pontianus; Prudentius Clemens; Sedulius; Symmachus, Präfekt; Verecundus.

Bertholet, *Alfred:* 1, 1071.

Buxtorf (mit W.BAUMGARTNER); Cappellus (mit W.BAUMGARTNER); Elias Levita (mit W.BAUMGARTNER); Erpenius (mit W.BAUMGARTNER); Magie, 1-6 (mit C.-M.EDSMAN); Polyglotten (mit B.J. ROBERTS); Rites de passage (mit M.ELIADE); Selden (mit E.KUTSCH); Tod I (mit C.-M.EDSMAN); Zwerge (mit C.-M.EDSMAN).

Bertram, *Georg,* * 14.3.1896 Charlottenburg, D. (1925, Berlin), Lic. theol. (1921). PDoz. 1922 Berlin, o. Prof. der Theol. 1925-46 Gießen; 1945 Pfarrer u. Religionslehrer, seit 1952 Frankfurt/M.; 1955 ebd Lehrauftrag f. AT, 1959 f. AT u. Hebräisch.

Die Leidensgesch. Jesu u. d. Christuskult (FRLANT NF 15), 1922; Die Himmelfahrt Jesu vom Kreuz aus u. d. Glaube an seine Auferstehung (Festg. f. A.Deißmann, 1927, 187-217); NT u. hist. Methode (SgV 134), 1928; Christus für uns. Das Christuszeugnis des NT im Wirken u. Leiden Jesu, 1937; Vom Wesen der Septuaginta-Frömmigkeit (WO II/3, 1956, 274-284); Praeparatio Evangelica in der Septuaginta (VT 7, 1957, 225-249); ʽΙΚΑΝΟΣ in den griech. Übers.en des ATs als Wiedergabe von *schaddaj* (ZAW 70, 1958, 20-31); Religion u. Philos. Grundfragen unserer Gegenwart, 1958. - Hg.: G.ROSEN, Juden u. Phönizier. Das antike Judentum als Missionsreligion u. d. Entstehung d. jüd. Diaspora, 1929; Stromata. Festg. d. Akademisch-Theol. Vereins zu Gießen, 1930.

Septuaginta-Frömmigkeit.

Beschel, *Erich,* * 8.1.1910 Schalkau, Dr. phil. (1959). 1933-39 Lehrer, 1950-57 Hilfsschullehrer; Doz. 1959 Marburg (Lehrgänge zur Ausbildung von Sonderschul-Lehrern), Prof. 1963 Dortmund, Heilpäd. Institut.

Der Eigencharakter d. Hilfsschule, (1960) 1963².

Hilfsschule.

Beth, *Karl,* * 12.2.1872 Förderstedt/Sa., † 9.9.1959 Chicago, D. (1902, Berlin), Lic. theol. (1897), Dr. phil. (1898). PDoz. f. Syst. Theol. 1901 Berlin; ao. Prof. 1906, o. Prof. 1908 Wien, Amtsenthebung 1938; Prof. f. Religionsphilos. u. -psychol. 1939-45 Chicago.

Bibliogr.: ThLZ 78, 1953, 698-704. Bes.: Die oriental. Christenheit d. Mittelmeerländer, 1902; Das Wesen d. Christentums u. d. moderne hist. Denkweise, 1904; Der Entwicklungsgedanke u. d. Christentum, 1909; Urmensch, Welt u. Gott, 1909; Religion u. Medizin bei d. Naturvölkern, 1911; Religion u. Magie bei d. Naturvölkern, (1914) 1926²; Einführung in d. vergl. Religionsgesch., 1920; Die Krisis d. Protestantismus, 1932. - Hg.: Zs. f. Religionspsychol., 1927-38.

Bulgaris (mit ERNST WOLF); Heilung.

Bethge, *Eberhard,* * 28.8.1909 Warchau b. Magdeburg, D.D. (1962, Glasgow). 1937 Studieninspektor in D.Bonhoeffers Sammelvikariat in Pommern, 1940 Missionsinspektor bei der Goßner-Mission in Berlin, 1944 bis 1945 Gestapohaft; Studentenpfarrer 1945 Berlin, Auslandspfarrer 1953 London, 1961 Rektor des Pastoralkollegs der Ev. Kirche im Rheinland.

Hg. der Schriften D.Bonhoeffers: Ethik, (1949) 1963⁶; Widerstand u. Ergebung, (1951) 1962¹¹; Versuchung, (1953) 1956³; Ges. Schr. I-IV, 1958-61; ferner: Mündige Welt I-III, 1955-60.

Bonhoeffer (mit ERNST WOLF).

Betzendörfer, *Walter,* * 9.5.1890 Bruderhof am Hohentwiel, Dr. phil. (1919). Repetent 1919 Tübingen, Pfarrer 1923 Rinderfeld Kr. Mergentheim, Studienrat 1929 Ludwigsburg, Ephorus 1934 Ev.-theol. Seminar Schöntal, Ephorus 1939 Ev.-theol. Seminar Blaubeuren, Studienrat u. Oberstudienrat 1942 Riedlingen, 1955 a.D.

Die Lehre von d. zweifachen Wahrheit bei Petrus Pomponatius (Diss. Tübingen), 1919; Hölderlins Studienjahre im Tübinger Stift, 1922; Die Lehre von d. zweifachen Wahrheit, ihr erstmaliges Auftreten im christl. Abendland u. ihre Quellen, 1924; Glauben u. Wissen bei d. großen Denkern des MA, 1931; Die Anfänge d. relig. Aufklärung u. d. Freidenkertums im christl. Abendland, 1932; Kloster Schöntal, 1937. - Hg.: Hölderlin, Neuaufgefundene Jugendarbeiten, 1921.

Dominicus Gundissalinus; Duns Scotus.

Beumann, *Helmut,* * 23.10.1912 Braunschweig, Dr. phil. (1938). Staatsarchivassessor 1939, Staatsarchivrat 1942 Magdeburg; Doz. f. ma.liche u. neuere Gesch. u. hist. Hilfswissenschaften 1946, apl. Prof. 1952 Marburg, o. Prof. 1956 Bonn, 1964 Marburg.

Widukind von Korvei. Unters.en zur Geschichtsschreibung u. Ideengesch. d. 10.Jh.s, 1950; Das Zeitalter der Ottonen 919-1024 (Dt. Gesch. im Überblick, hg.v. P.RASSOW, [1953] 1962², 103-129); Kreuzzugsgedanke u. Ostpolitik im hohen MA (HJ 72, 1953, 112 bis 132); Zur Entwicklung transpersonaler Staatsvorstellungen (Vorträge u. Forschungen, hg.v. TH.MAYER, III, 1956, 185-224); Das Imperium u. die Regna bei Wipo (Festschr. Fr.Steinbach, 1960, 11-36); Ideengeschichtl. Studien zu Einhard u. anderen Geschichtsschreibern des früheren MA, 1962; Die Kaiserfrage bei d. Paderborner Verhandlungen von 799 (Das erste Jt., Textbd I, 1962, 296 bis 317); Das Kaisertum Ottos d.Gr. (HZ 195, 1962, 529-573).

Adso; Bruno von Köln; Hersfeld; Hrotsvit; Notker, 1. 2; Ohtrich; Otloh; Otto I.; Widukind.

Beyreuther, *Erich,* * 23.5.1904 Oberröslau/Bayern, Dr. theol. (1951). Pfarrer 1932-56; Lehrauftrag 1954, Doz. f. KG 1956 Leipzig; Forschungsauftrag der Dt. Forschungsgemeinschaft 1960 München; PDoz. f. KG 1962, apl. Prof. 1963 Erlangen.

Barth.Ziegenbalg, Bahnbrecher d.Weltmission, (1955) 1956⁴ (engl. 1956); A.H.Francke, Zeuge d. lebendigen Gottes, (1956) 1962² (norw. 1957); A.H.Francke u. d. Anfänge d. ökum. Bewegung, 1957; Zinzendorf-Biogr. I-III, 1957-61; Studien zur Theol. Zinzendorfs, 1962; Gesch. d. Diakonie u. Inneren Mission in d. Neuzeit, (1962) 1963². - Hg.: N.L.v.Zinzendorf, Hauptschriften, 6 Bde, 1962/63 (mit G.MEYER); A.H.Francke, Selbstzeugnisse, 1963; Reihe »Aus der Welt der Erweckung«, bisher 4 Bde, 1962. - Mit-Hg.: Die Stimme der Stillen (Textbuch), 1959 (mit O.WEBER).

Canstein; Carpov; Carpzov; Christentumsgesellschaft; Crasselius; Crusius; David, Chr.; Dober; Eisenacher Bund; Erweckung I, Francke, A.H. a); Francke, G.A.; Hahn, Aug.; Hauck; Henhöfer; Hermes, 2-4; Horb; Horche; Illuminaten; Inspirationsgemeinden; Krüger; Lästadius; Lange, 1. 2; Lehmus; Leube; Lieberkühn; Lindl; Lutz, Sam.; Metternich; Müller, Jos.Th.; Nagel; Naudé; Overberg; Permeier; Plitt, 1. 2; Pöschl; Quietismus; Rauschenbusch; Walter; Rechenberg; Reden; Reinhard; Reitz; Ronsdorfer Sekte; Roos; Rosenbach; Rosenius; Rußmeyer; Salig; Schrautenbach; Schwendi; Siebel; Starcke; Stille im Lande; Strimesius; Thiersch; Tittmann; Tschirschky-Boegendorff; Tzschirner; Urlsperger, 1. 2; Venturini; Waldenström; Weibezahn; Weinel; Weismann; Werenfels, 1. 2; Wernsdorf, 1. 2; Wessenberg; Winckler, Joh.; Wöllner und das Wöllnersche Religionsedikt; Zillertaler Emigranten; Zinzendorf, 1. 2; Zollikofer; Zschokke.

Bieler, *Ludwig,* * 20.10.1906 Wien, Dr. phil. (1929). Assistent der Kirchenväter-Kommission 1930-38, wiss. Beamter der Nationalbibliothek 1932-38, PDoz. f. klass. Philologie 1936-38 Wien; suspendiert u. ausgewandert 1938. Seit 1940 in Dublin: 1940-46 Gastlektor der National Univ. of Ireland, 1946-47 Archivar an der National Library; seit 1948 am Univ. College, 1959 Prof. f. Spätlatein u. Paläographie.

Theios Aner. Das Bild d. göttl. Menschen in Spätantike u. Frühchristentum I. II, 1935/36; The Life and Legend of St. Patrick, Dublin 1948; Libri Epistolarum s. Patricii Episcopi (krit. Ausg. u. Komm.), ebd 1952; Boethii Philosophiae Consolatio (krit. Ausg.) (CChr 94), Turnhout 1957; Psalterium Graeco-Latinum (Codex Basiliensis A. VII. 3), Amsterdam 1960; Gesch. d. röm. Lit. I. II, 1961; Irland, Wegbereiter des MA, Lausanne 1961; The Irish Penitentials (krit. Ausg. m. Einl. u. Anm.en), Dublin 1963. - Mit-Hg.: Scriptores Latini Hiberniae.

Fastidius; Palladius, Keltenbischof; Patrick.

Bienert, *Walther,* * 26.8.1909 Köln, Lic. theol. (1934), Dr. phil. (1934). PDoz. f. KG 1937 Halle, Pfarrer 1940 ebd (1941-45 Soldat), 1950 Frechen b. Köln; Doz. f. Sozialethik 1953, Sozialpfarrer 1963, Studienleiter der Melanchthon-Akademie 1963 Köln.

Der Anbruch d. christl. dt. Neuzeit, dargest. an Wiss. u. Glauben des Christian Thomasius, 1934; Goethes pietist.-humanist. Privatchristentum, 1935; Ev. Kirchengestaltung, (1940) 1945²; Das Volk im Lichte d. Bibel, 1949; Krieg, Kriegsdienst u. Kriegsdienstverweigerung nach d. Botschaft des NT, 1952; Die Arbeit nach d. Lehre d. Bibel, (1954) 1956²; Grundriß einer ev. Sozialethik f. d. Handwerker, 1956; Der Handwerker heute u. morgen, 1961.

Arbeit III.

Biezais, *Haralds,* * 10.7.1909 Lestene (Lettland), Dr. theol. (1939), Dr. phil. (1955). Pfarrer 1932 Gramzda (Lettland), 1942 Riga, dazu 1940 ebd PDoz. f. Syst. Theol. u. 1942 Direktor des kirchl. Zentralarchivs in Riga; Doz. f. Religionsgesch. u. -psychol. 1955, ao. Prof. 1958 Uppsala.

Dzīvības un mīlestības sinteze kristīgajā humānitātē. Summary: Biocentric and Christian Ethical Principles (Diss. Riga), 1939; Kristiānisms laikmetu maiņā, (1943) 1944²; Kristiānisms, nacionālisms, humānisms, 1953; Die Religionsquellen d. balt. Völker u. d. Ergebnisse d. bisherigen Forschungen, 1954; Die Hauptgöttinnen der alten Letten (Diss. Uppsala), 1955; Das Kirchenbuch d. St. Jakobskirche in Riga 1582-1621 (UUÅ 1957, 10); Die Gottesgestalt d. lett. Volksreligion, 1961; Die erste Sammlung d. lett. Volkslieder von Gustav Bergmann, 1961.

Baltische Religion.

Binder, *Paul,* * 29.7.1902 Stuttgart, Dr. scient. pol. (1925). Stellvertr. Sekretariatsleiter der Dt. Bau- u. Bodenbank 1929/30 Berlin, 1930-37 Revisionsleiter bei der Dt. Revisions- u. Treuhand-Aktiengesellschaft, 1937 bis 1940 stellvertr. Direktor der Dresdner Bank Berlin, 1941 selbständiger Wirtschaftsprüfer; 1945 Chef der Finanzverwaltung des Landes Südwürttemberg-Hohenzollern, 1946 Staatssekretär u. Vizepräsident des Staatssekretariats für das Land Südwürttemberg-Hohenzollern. 1948-49 Mitglied des Parlamentar. Rates u. Vorsitzender seines Finanzausschusses, 1946-60 Mitglied der Verfassungsgebenden Versammlung des Landes Württemberg-Hohenzollern u. Baden-Württemberg sowie der anschließenden Landtage.

Die Schalthebel der Konjunktur, 1939; USA u. wir, 1956; Die Stabilisierung d. Wirtschaftskonjunktur, 1956; Kaufkraft, Produktivität, freie Kapitalbildung, 1956; Die Bundesbahn u. ihre Konkurrenten, 1961.

Europa II; Keynes; Wirtschaftsphasen.

Bingle, *Ernest John,* * 21.9.1902 London, † 31.5.1957 New York, B.A. (1924), M.A. (1929). Prof. f. Gesch. u. Politik 1925-45 Madras Christian College, Südindien; 1946 Survey Application Trust (World Dominion Movement); 1947-54 Mit-Hg., »World Dominion«; 1952 Redaktionssekretär beim International Missionary Council; 1953-57 Hg. der IRM.

From Cuba to Surinam, 1955; The Listening Isles (mit J.W. Dekker), 1957. - Hg. (mit Kenneth Grubb): World Christian Handbook, 1949, 1952, 1957.

Allen, Roland; Australien IV; Borneo; Ceylon III; China-Inland-Mission (mit L.T. Lyall); Cochrane.

Birkeli, *Fridtjov,* * 23.4.1906 Madagaskar, D. (1965, Hamburg), D.D. (1957, Augustana College, South Dakota/USA), Dr. theol. (1953). Missionar 1933-44 Madagaskar, 1948-54 Literatursekretär der Norweg. Missionsgesellschaft, 1954-57 Direktor der Abtlg. Weltmission des Luth. Weltbundes, 1957-60 Generalsekretär der Norweg. Missionsgesellschaft, seit 1960 Bischof von Stavanger.

Det Norske Misjonsselskaps historie, Madagaskar Innland (Det Norske Misjonsselskap IV, Stavanger 1949, 7-331); Ny Galatiana, 1949 (Kommentar zum Gal in madagassischer Sprache); Politikk og misjon (Diss. Oslo), 1953.

Lutherischer Weltbund II; Madagaskar.

Birnbaum, *Norman,* * 21.7.1926 New York City, B.A. (1947), Ph.D. (1958). Teaching Fellow 1948-52 Harvard Univ., Assistant Lecturer 1953-55, Lecturer 1955-59 London School of Economics and Political Science, seit 1959 Fellow am Nuffield College, Oxford.

Conflicting Interpretations of the Rise of Capitalism: Marx and Weber (British Journal of Sociology 4, 1953, 125-141); Säkularisation. Zur Soziologie d. Religion in d. heutigen Gesellschaft d. Westens (MPTh 48, 1959, 68-84); The Zwinglian Reformation in Zurich (Archives de Sociologie des Religions 8, 1959, 15-30); Soziologie d. Kirchengemeinde in Großbritannien (Soziologie d. Kirchengemeinde, hg. v. D. Goldschmidt u.a., 1960, 49-65); The Sociological Study of Ideology. A Trend Report and Bibliography (Contemporary Sociology 9, 1960, 91-172).

Durkheim; Ideologie.

Bittel, *Kurt,* * 5.7.1907 Heidenheim a. Br./Württ., Dr. phil. (1930). Direktor des Dt. Archäol. Instituts 1938 Istanbul; ao. Prof. 1946, o. Prof. 1948 Tübingen; Direktor des Dt. Archäol. Instituts, zugleich o. Prof. 1953 Istanbul; Präsident des Dt. Archäol. Instituts 1960 Berlin, dazu Honorar-Prof. 1962 Freie Univ.

Kelten in Württemberg, 1934; Prähist. Forschung in Kleinasien, 1934; Boğazköy. Die Kleinfunde der Grabungen 1906-12, 1937; Yazilikaya, 1941; Kleinasiat. Studien, 1942; Grundzüge d. Vor- u. Frühgesch. Kleinasiens, (1945) 1950²; Boğazköy-Ḫattuša. Ergebnisse der Ausgrabungen... 1931-39, 1952; Die hethit. Grabfunde von Osmankayasi, 1958.

Hethiter I; Kunst II G.

Biundo, *Georg,* * 10.1.1892 Frankfurt/M., Dr. theol. (1941). Pfarrer 1919 Thaleischweiler, 1928 Bellheim, 1932 Annweiler, 1946-53 Roxheim; Doz. 1946, Honorar-Prof. f. rhein.-pfälz. KG u. Relig. Volkskunde 1949 Mainz.

Bibliogr.: Aus der Enge in die Weite. Festschr. f. G. Biundo, 1952 266-275. Bes.: Gesch. Thaleischweilers u. seiner Umgebung, 1924; Roxheim, 1926; Pfälz. Pfarrer- u. Schulmeisterbuch, 1930. Ferner: Regesten der ehem. Augustinerpropstei Hördt, 1954; Kaspar Aquila, 1963. - Hg.: Blätter f. pfälz. KG, 1925-59.

Bader, Joh.; Brunner, Leonh.; Candidus; Diller; Fagius; Heilbrunner; Helding; Kautz; Nausea; Pfälzer Gesangbuchstreit; Pfalz; Rijswijker Klausel; Schwebel; Thomä; Tremellius; Zanchi.

Bizer, *Ernst,* * 29.4.1904 Tailfingen/Württ., D. (1946, Bonn). Pfarrer 1934 Tailfingen (seit 1942 Wehrdienst u. Kriegsgefangenschaft), o. Prof. f. KG 1947 Bonn.

Studien zur Gesch. d. Abendmahlsstreits im 16. Jh. (BFChTh II, 46), 1940; Confessio Virtembergica, 1952; Fides ex auditu. Eine Unters. über d. Entdeckung d. Gerechtigkeit Gottes durch Martin Luther, (1958) 1961²; Theol. d. Verheißung. Studien zur Theol. d. jungen Melanchthon, 1964. - Hg.: H. Heppe, Die Dogmatik d. ev.-ref. Kirche, (1935) 1958²; P. Schempp, Ges. Aufs., 1960.

Coccejus; Heppe; Osiander, Andr.

Black, *Matthew,* * 3.9.1908 Kilmarnock (Schottland), D.D. (1954, Glasgow), D. (1960, Münster), M.A. (1931), B.D. (1934), Dr. phil. (1937), D. Litt. (1944). Assistent 1935 Glasgow, Assistant Lecturer in Semitic Languages and Literatures 1937 Manchester, Lecturer in Hebrew and Biblical Criticism 1939 Aberdeen, Pfarrer 1942 Dunbarney (Schottland), Lecturer in NT Language and Literature 1947 Leeds, Prof. of Biblical Criticism and Biblical Antiquities 1952 Edinburgh, Prof. of Biblical Criticism 1954 St. Andrews.

Rituale Melchitarum (Bonner orientalist. Studien 22), 1938; An Aramaic Approach to the Gospels and Acts, Oxford (1946) 1954²; A Christian Palestinian Syriac Horologion (TSt NS I), Cambridge 1954; The Scrolls and Christian Origins, London 1961; Peake's Commentary on the Bible (General u. NT Editor), rev. ed. London 1962. - Hg.: NTS.

Lightfoot, 2. 3; Rabula (mit R.Abramowski); Torrey, Charles Cutler (mit W.Michaelis).

Blättner, *Fritz,* * 7.7.1891 Pirmasens, Dr. phil. (1924). Studienrat 1925 Kaiserslautern; wiss. Assistent 1931, Doz. f. Pädagogik u. Philos. 1937, daneben 1941 Doz. f. Pädagogik am Berufspäd. Institut Hamburg; ao. Prof. f. Pädagogik u. Psychologie 1946, o. Prof. 1948 Kiel, em. 1959.

J.Henningsen, Bibliogr. F.Blättner, 1961. Bes.: Das Elternrecht u. d. Schule, 1927; Die Methoden d. Jugendführung durch Unterricht, 1937; Geist u. Tat im Wechsel der Generationen, 1943; Menschenbildung u. Beruf, 1947; Gesch. d. Pädagogik, (1951) 1963¹⁰; Pädagogik der Berufsschule, 1958; Das Gymnasium, 1960.

Jugendliteratur; Pädagogik I.

Blanke, *Fritz,* * 22.4.1900 Kreuzlingen (Schweiz), D. (1930, Königsberg), Lic. theol. (1925). PDoz. f. KG 1926 Königsberg/Pr., o. Prof. f. KG u. DG 1929 Zürich.

Vollst. Bibliogr. in: F. Blanke, Aus der Welt der Reformation, 1960, 100-112. - Mit-Hg. der Werke Zwinglis im CR; der Ausg.: Zwingli, Hauptschriften; der Ausg.: J.G.Hamanns Hauptschriften erklärt.

Vornamengebung in ihrer Beziehung zur KG; Zwingli I.

Blankenburg, *Walter,* * 31.7.1903 Emleben b. Gotha, D. (1962, Marburg), Dr. phil. (1940). Studienassessor 1931 Rotenburg/Fulda, Pfarrer 1933 Vaake/Weserbergland, seit 1947 Direktor der Ev. Kirchenmusikschule Schlüchtern.

Bibliogr. bis 1951 zT in MGG I, 1893 f. Ferner: Gesch. der Melodien des EKG (Hdb. zum EKG II/2, 1957, 45-117); Der gottesdienstl. Liedgesang der Gemeinde (Leiturgia IV, 1961, 559-660); Der mehrstimmige Gesang u. d. konzertierende Musik im ev. Gottesdienst (ebd 661-719); Die Gesch. d. ref. Kirchenmusik (in: F.Blume [Hg.], Gesch. d. ev. Kirchenmusik, 1965). - Mit-Hg.: MuK, 1946 ff; Leiturgia, 1954 ff.

Altargesang, 1; Alternatimpraxis; Anthem; Bortnjansky; Chor; Crüger; Ebeling; Evangelienvertonung; Gesangbuch II; Hausmusik; Kantor; Kantorei; Kirchenchorwesen; Kirchenmusikschulen; Knabenchöre; Kurrende; Lossius; Lyra; Mahrenholz; Mendelssohn, Arnold; Micheelsen; Organist; Pepping; Reger; Rheinberger; Singbewegung; Smend, Friedr.; Söhngen; Straube; Telemann; Tucher; Tunder; Walter, Joh.; Wechselgesang, 2; Winterfeld.

Blankertz, *Herwig,* * 22.9.1927 Lüdenscheid, Dr. phil. (1958). Doz. am Päd. Institut 1959 Hamburg, PDoz. f. Pädagogik 1962 Mannheim, Prof. f. Philosophie 1963 Päd. Hochschule Oldenburg.

Der Begriff d. Pädagogik im Neukantianismus, 1959; Berufsbildung u. Utilitarismus, 1963.

Neufriesianismus; Postulat; Pragmatismus; Prinzip; Rickert; Voluntarismus; Zweifel.

Blauw, *Johannes,* * 10.7.1912 Boskoop (Niederl.), Dr. theol. (1950). Pfarrer 1937, Sekretär des Niederl. Missionsrates 1947, Prof. f. Religionswiss. 1962 Freie Univ. Amsterdam.

Goden en mensen, Groningen 1950; Gesanten van de hemel, Baarn 1954; Gottes Werk in dieser Welt, 1961.

Adriani; Kemp; Kruyt; Reformierte Kirche III.

Block, *Martin,* * 12.8.1891 Leopoldshall/Anhalt, Dr. phil. (1922). Doz. 1936 Leipzig, Oberregierungsrat 1937 Völkerpsychol. Abteilung im Oberkommando der Wehrmacht, apl. Prof. 1945 Leipzig, ao. Prof. f. Allg. Völkerkunde 1956 Marburg, em.

Zigeunermärchen, (1926) 1962²; Zigeuner, ihr Leben u. ihre Seele, 1936 (franz. 1937, engl. 1938); WB d. dt. Sprache in ihrer heutigen Ausbildung, (1936¹⁰) 1944¹⁵; Gesch. d. rumän. Lit. (HLW), 1939; Die Kultur Rumäniens (Hdb. d. Kulturgesch., hg.v. E.Thurnher, Lfg. 78/79), 1964.

Zigeuner, 1. 2.

Bloemhof, *Fedde,* * 3.5.1915 Maastricht (Niederl.), Dr. theol. (1953), seit 1933 zunächst Lehrer, Pfarrer 1944 Noordlaren, 1946 Koudum, 1949 Spannum, 1953 Bergum; Doz. 1959 Oberrealschule u. Päd. Akademie Leeuwarden.

Het vraagstuk der bewuste geboortebeperking, Nijkerk 1953; Wat maakt gij van Uw huwelijk?, ebd 1954; Eenvoudig leerboek der kerkgeschiedenis, ebd (1954) 1964⁵; Entmenschlichung des Menschen u. Mißbrauch der Wissenschaft (Die künstl. Befruchtung beim Menschen, 1960, 119-135); De bijbelse Boodschap I-III, Nijkerk (1960) 1964⁵; Kunstmatige inseminatie bij de mens, ebd 1960 (dt. 1963).

Keuschheit II; Sexualethik; Verhältnis.

Blumenberg, *Hans,* * 13.7.1920 Lübeck, Dr. phil. (1947). Doz. f. Philos. 1950 Kiel, ao. Prof. 1958 Hamburg, o. Prof. 1960 Gießen.

Nikolaus von Cues, Die Kunst der Vermutung (ausgew. u. eingel.), 1957; Paradigmen zu einer Metaphorologie, 1960; Das dritte Höhlengleichnis (Studi e Ricerche di Storia della Filosofia 39), Turin 1961; Lebenswelt u. Technisierung (Sguardi su la Filosofia Contemporanea 51), ebd 1963.

Autonomie und Theonomie; Hylemorphismus; Individuation und Individualität; Kontingenz; Naturalismus I; Optimismus und Pessimismus II; Substanz; Teleologie; Transzendenz und Immanenz.

Bock, *Friedrich,* * 17.9.1890 Darrigsdorf b. Wittingen/Hann., † 10.10.1963 Wittingen, Dr. phil. (1925), Zweiter Sekretar u. Prof. am Dt. Hist. Institut in Rom.

Bibliogr. bis 1957 in: Niedersächs. Jb. f. Landesgesch. 28, 1956, 207-214. Bes.: Einführung in d. Registerwesen des avignonesischen Papsttums (QFIAB 31), 1941; Reichsidee u. Nationalstaaten vom Untergang d. alten Reiches bis zur Kündigung d. dt.-engl. Bündnisses i.J. 1341, 1943; Das dt.-engl. Bündnis von 1335-42 I: Quellen, 1956. Ferner: Le trattative per la senatoria di Roma e Carlo d'Angiò (ASRStP 78, 1955, 69-105); Um das Grab Heinrichs des Löwen in S. Blasien zu Braunschweig (Niedersächs. Jb. 31, 1959, 271-307); Kodifizierung u. Registrierung in d. spätma.lichen kurialen Verwaltung (Archival. Zs. 56, 1960, 11-75); Bemerkungen zu den ältesten Papstregistern u. zum »Liber diurnus Romanorum Pontificum« (ebd 57, 1961, 11-51).

Albert, Gegenpapst; Alexander III.-VI.; Anaklet II.; Anastasius IV.; Benedikt XI., XII., (XIII.), (XIV.); Bonifatius VIII., IX.; Calixt II., (III.), III.; Clemens (III.), III.-VI., (VII.), (VIII.); Cölestin II.-V.; Eugen III., IV.; Felix V.; Gelasius II.; Gregor VII., (VIII.), VIII.-XII.; Hadrian IV., V.; Hamburg I; Honorius (II.), II.-IV.; Jacopone da Todi; Innozenz II., (III.), III.-VIII.; Johannes XXI., XXII., (XXIII.); Johannes von Capestrano; Johannes von Jandun; Julius II.; Kehr; Leo IX.; Liber Censuum; Liber Diurnus; Lucius II., III.; Martin IV., V.; Michael von Cesena; Montes pietatis; Nepotismus; Nikolaus II.-IV., (V.), V.; Papa angelicus; Papstnamen; Papstregister; Papsttum II, 2; Papstwahl; Paschalis II., (III.); Paul II.; Pius II., III.; Reformkonzile; Sabbatina; Silvester (IV.); Sixtus IV.; Stephanus IX.; Theoderich; Urban II.-VI.; Viktor II., III., (IV.).

Böcher, *Otto,* * 12.3.1935 Worms, Dr. theol. (1963), Dr. phil. (1958). Repetent 1959-62 Mainz, zugleich Vikar 1960-61 Wiesbaden; Pfarrvikar 1962 Selzen b. Mainz, dazu wiss. Assistent 1963 Mainz.

Der Alte Judenfriedhof in Worms, (1958) 1962²; Die Alte Synagoge zu Worms, 1960; Die ma.lichen hebr. Epitaphien d. Rheingebiets (mit E.L.Rapp) (Mainzer Zs. 56/57, 1961/62, 155-182); Die Entwicklung d. Löwentaufsteins in d. hess. u. rheinfränk. Gotik (Der Wormsgau 5, 1961/62, 31-84); Studien zur Bauplastik u. Kunstgesch. d. Johanneskirche zu Worms (mit F.Arens) (ebd 85-107); Der johanneische Dualismus im Zusammenhang d. nachbibl. Judentums (Theol. Diss. Mainz), 1963 (Masch.).

Spitta, 1. 2; Vikar; Vikarin; Weihekreuze; Weihetitel; Weihrauch, 2; Weihwasser.

Böckmann, *Paul,* * 4.11.1899 Hamburg, Dr. phil. (1923). PDoz. f. Neuere Dt. Philologie u. allg. Literaturwiss. 1930 Hamburg; ao. Prof. 1938, o. Prof. 1949 Heidelberg, 1957 Köln.

Schillers Geisteshaltung als Bedingung seines dramat. Schaffens, 1925; Hölderlin u. seine Götter, 1935; Formgesch. d. dt. Dichtung I: Von der Sinnbildsprache zur Ausdruckssprache, 1949. - Hg.: Stil- u. Formprobleme in d. Lit., 1959.

Klassik.

Böhl s. Liagre Böhl.

Böhlig, *Alexander,* * 2.9.1912 Dresden, Dr. theol. (1947), Dr. phil. (1936). PDoz. f. Philologie des Christl. Orients 1952 München u. Würzburg; Prof. mit Lehrauftrag f. NT u. Gesch. des christl. Orients 1954, Prof. mit vollem Lehrauftrag f. NT sowie Gesch. u. Sprachen des christl. Orients 1956, f. Byzantinistik 1959-63 Halle; apl. Prof. f. Philologie des christl. Orients u. Wiss. Rat 1964 Tübingen.

Unters.en über d. kopt. Proverbientexte, 1936; Kephalaia, Lfg. 5-12, 1936ff; Die griech. Lehnwörter im sahid. u. bohair. NT, (1954) 1958²; Der achmim. Proverbientext nach Ms. Berol. orient. oct. 987, 1958; Die kopt.-gnost. Schrift ohne Titel, 1962; Kopt.-gnost. Apokalypsen, 1962/63. - Hg.: Studien zur Erforschung d. christl. Ägyptens, seit 1953.

Gregor Illuminator; Kopten II; Menas der Heilige; Mesrop; Moses von Chorene; Sahak.

Boehm, *Laetitia,* * 30.3.1930 München, Dr. phil. (1954). Wiss. Assistentin 1954 Univ.-Archiv, PDoz. f. mittlere u. neuere Gesch. 1959 München.

Studien zur Geschichtsschreibung des ersten Kreuzzugs - Guibert von Nogent (Phil. Diss. München), 1954 (Masch.); »Gesta Dei per Francos« - oder »Gesta Francorum«? Die Kreuzzüge als historiograph. Problem (Saeculum 8, 1957, 43-81); Von d. Anfängen d. akad. Frauenstudiums (HJ 77, 1958, 298-327); Das Palatinat d. Univ. Ingolstadt - Jurist. Fakultät 1623-1806 (Hofpfalzgrafen-Register, hg.v. Heroldsausschuß d. Dt. Wappenrolle, 1958, 87-100); Die Verleihung akad. Grade an den Universitäten d. 14.-16.Jh.s (Chronik d. Ludwig-Maximilians-Univ. München 1958/59, 164-178); Die Universitäts-Idee in der Gesch. Belastendes Erbe oder Postulat? (ebd 1961/62, 189-208); Rechtsformen u. Rechtstitel d. burgund. Königserhebungen im 9.Jh. (HJ 80, 1961, 1-59).

München I; Pulleyn.

Börner, *Richard,* * 28.5.1906 Großweigelsdorf/Schlesien, Pfarrer 1934 Lindenkranz, Stiftspfarrer 1941 Samariter-Ordensstift Kraschnitz u. Vorsteher der Diakonenanstalt Kraschnitz, 1949 Vorsteher der Frauenmission Malche West in Barkhausen/Porta.

Malche.

Boese, *Helmut,* * 29.3.1916 Potsdam, Dr. phil. (1940).

Die ma.liche Übers. der Στοιχείωσις φυσική des Proclus, 1958; Procli Diadochi tria opuscula, 1960.

Wilhelm von Moerbeke.

Boettcher, *Erik,* * 27.4.1919 Arensburg/Insel Oesel (Estland), Dipl.-Volkswirt (1950), Dr. rer. pol. (1951). PDoz. f. Volkswirtschaftslehre u. Sozialpolitik 1959 Hamburg, o. Prof. 1961 Landwirtschaftl. Hochschule Stuttgart-Hohenheim, 1963 Univ. Münster/Westf.

Die sowjet. Wirtschaftspolitik am Scheidewege, 1959. - Hg.: Sozialpolitik u. Sozialreform, 1957; Ostblock, EWG u. Entwicklungsländer, 1963; Entwicklungstheorie u. Entwicklungspolitik, 1964.

Sicherheit, soziale; Sozialreform.

Boggis, *Kenneth John Mackay,* * 24.10.1905 London, B.A. (1931). Pfarrer 1933 London, 1936 Birmingham, 1938 Essex, 1947 London.

Hg.: Socialist Christian, 1943-52.

Industrie III, 2.

Bohne, *Gerhard,* * 2.4.1895 Zeutsch/Thür., D. (1954, Kiel), Dr. phil. (1922). Studienrat 1920 Altenburg, 1929 Jena, Prof. 1930 Päd. Akademie Frankfurt/O., 1932 Elbing, 1933 Kiel, 1938-40 amtsenthoben, 1939-45 Offizier, 1946 Päd. Hochschule Flensburg, 1948 Päd. Hochschule Kiel u. Lehrauftrag f. ev. Erziehung u. Unterweisung an der Univ. Kiel, 1961 i.R. unter Fortführung des Lehrauftrags an der Univ.

Nicht vollst. Bibliogr. bis 1960 in: Glauben u. Erziehen. Festschr. G.Bohne z. 65. Geb., 1960, 297-300. Bes.: Die relig. Entwicklung d. Jugend in d. Reifezeit, 1922; Das Wort Gottes u. d. Unterricht, (1929) 1932²; Ev. Religion, Gegenstand u. Gestaltung, (1934) 1936²; Grundlagen d. Erziehung I. II, (1951/53) 1958/60². Ferner: Erziehung in d. industriellen Gesellschaft, 1962; Lebendiges Wort in d. Ev. Unterweisung, 1962. - Mit-Hg.: Der ev. Erzieher, 1956; Die Spur, 1961.

Jugendpsychologie II; Kinderpsychologie II.

Bokelmann, *Hans,* * 10.3.1931 Hannover, Dr. phil. (1956). PDoz. f. Pädagogik 1963 Erlangen.

Die Pädagogik Max Schelers (ZP 4, 1958, 1-28); Der päd. Consensus (ebd 5, 1959, 224-242); Universitätsseminar u. Paedagogicum (Studium Generale 16, 1963, 310-322); Die ökonomisch-sozialeth. Bildung. Problem u. Entwurf einer didakt. Theorie f. d. gymnasiale Oberstufe, 1964.

Franz von Sales b).

Bolewski, *Hans,* * 10.10.1912 Kiel, Dr. theol. (1936). Auslandspfarrer 1949 Edinburgh, Studentenpfarrer 1950 Hamburg, Leiter der Informationsabteilung des Luth. Weltbundes 1953 Genf, seit 1955 Direktor der Ev. Akademie Loccum.

Schriftleitung »Informationsblatt« 1951-53; LR 1953-60 (seitdem Mit-Hg.); Fachberater im WKL.

Ökumenische Bewegung, 7.

Bollnow, *Otto Friedrich,* * 14.3.1903 Stettin, Dr. phil. (1925). PDoz. f. Philos. u. Pädagogik 1931 Göttingen, o. Prof. 1939 Gießen, 1946 Mainz, 1953 Tübingen.

Die Lebensphilos. F.H.Jacobis, 1933; Dilthey, (1936) 1955²; Das Wesen der Stimmungen, (1941) 1956³; Existenzphilos., (1943) 1960⁵; Die Ehrfurcht, (1947) 1958²; Einfache Sittlichkeit, (1947) 1962³; Rilke, (1951) 1956²; Die Pädagogik d. dt. Romantik, 1952; Unruhe u. Geborgenheit im Weltbild neuerer Dichter, (1953) 1958²; Neue Geborgenheit, das Problem einer Überwindung des Existentialismus, (1955) 1961²; Die Lebensphilos., 1958; Wesen u. Wandel der Tugenden, 1958; Existenzphilos. u. Pädagogik, (1959) 1962²; Maß u. Vermessenheit des Menschen, 1962; Mensch u. Raum, 1963.

Dilthey; Existenzphilosophie; Jaspers; Lebensphilosophie.

Bolte, *Karl Martin,* * 29.11.1925 Wernigerode/Harz, Dipl.-Volkswirt (1950), Dr. sc. pol. (1952). PDoz. f. Soziologie 1957 Kiel, o. Prof. 1961 Akademie f. Wirtschaft u. Politik Hamburg, dazu 1962 Honorar-Prof. an der Univ.; o. Prof. 1964 München.

Die Altersfrage, soziale Aufgabe d. Gegenwart (Mitverfasser u. Mit-Hg.), 1958; Art. Bevölkerung (I. Theorie, mit G. MACKENROTH; II. Politik), Bevölkerungsbewegung, Bevölkerungsgliederung (HWSW II, 1959, 151-190); Sozialer Aufstieg u. Abstieg. Eine Unters. über Berufsprestige u. Berufsmobilität, 1959; Der Landpfarrer im sozialen Spannungsfeld (mit R. KLAUS-ROEDER) (Der Pfarrer in d. modernen Gesellschaft, hg.v. G. WURZBACHER u.a., 1960, 18-78); Angestelltenfrage im Lichte der Zahlen (Der Angestellte zwischen Arbeiterschaft u. Management, 1961, 63-121). - Mit-Hg. der Reihe »Struktur u. Wandel der Gesellschaft« u. der Harzburger Hefte.

Angestellte; Auswanderung I; Bevölkerungspolitik.

Bonhoeffer, *Thomas,* * 26.8.1931 Berlin-Charlottenburg, Dr. theol. (1962), Pastor.

Die Gotteslehre des Thomas von Aquin als Sprachproblem (BHTh 32), 1961.

Sprache IV.

Bormann, *Günther,* * 5.2.1930 Köln, 1959 Assistent am Institut f. christl. Gesellschaftslehre, Tübingen.

Kutter; Le Bras; Nell-Breuning; Ragaz.

Bornemann, *Margarete,* * 21.12.1924 Berlin, Dr. theol. (1960), seit 1945 Katechetin an Berliner Gymnasien.

Der myst. Spiritualist Joachim Betke u. seine Theol. (Diss. Kirchl. Hochsch. Berlin), 1959.

Betke.

Bornkamm, *Günther,* * 8.10.1905 Görlitz, D. (1946, Marburg u. Heidelberg), D.D. (1965, Glasgow), Lic. theol. (1931). PDoz. f. NT 1934 Königsberg, 1936 Heidelberg, Entziehung der venia legendi 1937, Doz. an der Theol. Schule u. Pfarrer 1937-39 Bethel, Pfarrer 1940-45 Münster u. Dortmund (Wehrdienst 1943-45), Doz. 1945 Bethel u. Münster, ao. Prof. 1946 Göttingen, o. Prof. 1949 Heidelberg.

Mythos u. Legende in d. apokr. Thomasakten (FRLANT NF 31), 1933; 'Ομολογία (Hermes 71, 1938, 377-393); Der Paraklet im JohEv (Festschr. R. Bultmann, 1949, 12-35); Das Ende d. Gesetzes (Ges. Aufs. I), (1952) 1963^{4}; Das Doppelgebot der Liebe (Nt. Studien f. R. Bultmann [BZNW 21], [1954] 1957^{2}, 85-93); Jesus von Nazareth (Urban-Bücher 19), (1956) 1963^{6}; Studien zu Antike u. Urchristentum (Ges. Aufs. II), (1959) 1963^{2}; Überlieferung u. Auslegung im MtEv (mit G. BARTH u. H.J. HELD) (WMzANT 1), (1960) 1963^{3}; Die Vorgesch. des sog. Zweiten Korintherbriefes (SAH 1961, 2). - Hg.: HNT.

Bergpredigt I; Evangelien, formgeschichtlich; Evangelien, synoptische; Formen und Gattungen II; Geduld; Heuchelei; Paulus, Apostel; Verdienst III.

Bornkamm, *Heinrich,* * 26.6.1901 Wuitz Kr. Zeitz, D. (1929, Berlin), Dr. theol. h.c. (1952, Uppsala), Lic. theol. (1924). PDoz. f. KG 1925 Tübingen, o. Prof. 1927 Gießen, 1935 Leipzig, 1948 Heidelberg. 1935-63 Präsident des Ev. Bundes, Vorsitzender des Vereins f. Reformationsgesch.

Luther u. Böhme, 1925; Luthers geistige Welt, (1947) 1960^{4} (engl. St. Louis/Mo. 1958); Luther u. das AT, 1948; Grundriß zum Studium der KG, 1949; Die Staatsidee im Kulturkampf, 1950; Luther im Spiegel d. dt. Geistesgesch., 1955; Das Jh. d. Reformation, 1961. - Hg.: Confessio Augustana u. Apologie in: BSLK, (1930) 1963^{5}. - Mit-Hg.: ARG, seit 1951.

Andreä, Joh.Val.; Angelus Silesius; Apologie der Augustana; Augsburger Bekenntnis; Böhme, Jak.; Confutatio; Daut; Deutschland I; Engelbrecht; Felgenhauer; Frankenberg; Gifftheil; Hattem; Heidelberg; Kuhlmann; Leade; Luther I; Pordage; Rothe, Joh.; Servet; Toleranz II; Verein für Reformationsgeschichte; Verschoor; Werner, Joh.; Weyer, Matthes.

Borst, *Arno,* * 8.5.1925 Alzenau/Ufr., Dr. phil. (1951). PDoz. f. mittlere u. neuere Gesch. 1957, apl. Prof. 1961 Münster, o. Prof. 1962 Erlangen.

Die Katharer, 1953; Der Turmbau von Babel. Gesch. d. Meinungen über Ursprung u. Vielfalt d. Sprachen u. Völker I. II/1. 2. III/1. 2. IV, 1957-63; Abälard u. Bernhard (HZ 186, 1958, 497-526); Das Rittertum im Hoch-MA (Saeculum 10, 1959, 213-231); Die Gesch. d. Sprachen im abendländ. Denken (Wirkendes Wort 10, 1960, 129 bis 143); Religiöse u. geistige Bewegungen im Hoch-MA (Propyläen-Weltgesch. V, 1963, 489-561). - Mit-Hg.: AKultG, seit 1959.

Abaelard; Albigenser; Arnold von Brescia; Bernhard von Clairvaux; Bernhard Guidonis; Eberhard von Béthune; Eleutherius (mit G. FICKER); Engelbert von Admont; Eudo; Flagellanten; Folmar; Froissart; Fulcher von Chartres; Fulko; Gebeno; Gerhoch; Gottfried von Auxerre; Guibert von Nogent; Heinrich von Langenstein; Heinrich von Lausanne; Honorius Augustodunensis; Hugo von Fleury; Katharer; Ortlieb; Passagier; Petrus von Bruis; Petrus Comestor; Petrus Veronensis; Tanchelm.

Bosc, *Jean,* * 31.10.1910 Lille (Frankreich), Dr. theol., Dr. phil. 1935 Generalsekretär der Franz. Christl. Studentenvereinigungen, 1941 des Jugendverbandes der Ref. Kirche in Frankreich, Pfarrer 1944-54 Meaux, Prof. f. Dogmatik 1952 Freie Prot. Theol. Fakultät Paris.

L'office royal du Seigneur Jésus-Christ, Genf 1957; Le dialogue catholique-protestant (mit J. GUITTON u. J. DANIÉLOU), Paris 1960 (dt. 1963). - Hg.: Foi et vie.

Frankreich II, 2.

Bosl, *Karl,* * 11.11.1908 Cham/Oberpfalz, Dr. phil. (1938). PDoz. f. mittlere u. neuere Gesch. 1949 München, o. Prof. 1953 Würzburg, 1960 München.

Das Nordgaukloster Kastl. Gründung, Gründer, Wirtschafts- u. Geistesgesch. (Phil. Diss. München), 1939; Staatspolitik der Staufer in Ostfranken u. auf d. bayer. Nordgau, 1942; Die Reichsministerialität der Salier u. Staufer I. II, 1950/51; Staat, Gesellschaft, Wirtschaft im dt. MA (GEBHARDT-GRUNDMANN I, 1954, 584-684); Gesch. Bayerns I. II, 1952/55; Franken um 800, 1959. - Hg.: Hdb. d. hist. Stätten Deutschlands VII: Bayern, 1961; Zs. f. bayer. Landesgesch.; Bohemia. Jb. des Collegium Carolinum; Hdb. f. Gesch. d. Böhm. Länder.

Würzburg I.

Bouman, *Cornelius A.,* * 15.2.1911 Haarlem (Niederl.), Dr. phil. (1957), Lektor an der Theol. Fakultät der Kath. Univ. in Nymwegen, zugleich Gast-Prof. an der Graduate School der Univ. Notre Dame/Ind. (USA).

Sacring and Crowning. The Development of the Latin Ritual for the Anointing of Kings and the Coronation of an Emperor before the 11th Century, Groningen 1957. - Mit-Hg.: Liturgisch Woordenboek, seit 1958.

Salbung IV.

Bracher, *Karl Dietrich,* * 13.3.1922 Stuttgart, Dr. phil. (1948). Abteilungsleiter 1950-58 Institut f. polit. Wissenschaft, Lehrbeauftragter 1954-58 Dt. Hochschule f. Politik, PDoz. 1955, Wiss. Rat u. apl. Prof. 1958 Freie Univ. Berlin, o. Prof. f. polit. Wissenschaft 1959 Bonn.

Die Auflösung d. Weimarer Republik, (1955) 1960^{3}; Staat u. Politik (mit E. FRAENKEL), 1957; Die nat.soz. Machtergreifung (mit W. SAUER u. G. SCHULZ), (1960) 1962^{2}. - Mit-Hg.: Neue polit. Lit.; Bonner hist. Forschungen; Polit. Vierteljahresschrift, 1960 ff; Staat u. Politik, 1962 ff.

Faschismus.

Brandenburg, *Hans,* * 17.3.1895 Riga, Lic. theol. (1920). Repetent 1921/22 Theol. Schule Bethel, Pastor 1922 Lübeck, Missionsinspektor 1930 Stadtmission Berlin, Pastor 1934 Diakonissenhaus Salem Berlin-Lichtenrade, Missionsinspektor des Missionsbundes zur Ausbreitung des Evangeliums 1949 Korntal/Württ.

Der Weg zu Christus, (1939) 1956[3]; Rufer Gottes in der Großstadt, 1951; Bannerträger des Evangeliums, 1955; Der Brief des Paulus an die Galater (Wuppertaler Studienbibel 6), 1961; Jesaja II (Das lebendige Wort V/2), 1961; Kleine Propheten I. II (ebd IX. X/2), 1963; Gott begegnete mir, 1963.

Bernstorff; Blankenburger Allianz; Gemeinschaftsbewegung; Glaubensanstalten; Gnadauer Verband; Haarbeck; Heiligungsbewegung; Jellinghaus; Jensen; Keller, Sam.; Modersohn; Michaelis, 1. 5; Mitternachtsmission; Paul; Paulsen; Pfarrergebetsbruderschaft; Pückler; Reichsbrüderbund; Reichsgottesarbeiter; Rothkirch; Seitz; Stadtmission; Stockmayer; Thumm, Wilh.; Tiele-Winckler, 1. 2; Treviranus; Vandsburg; Vetter; Viebahn, 1. 2; Zeller, Sam.; Zeltmission; Zigeuner, 3.

Brandon, *Samuel George Frederick,* * 2.10.1907 Portsmouth (England), D.D. (1943), M.A. (1932). Pfarrer der anglikan. Kirche 1932, Kaplan (Royal Army Chaplains Dept.) 1939-51, Prof. f. vergl. Religionswiss. 1951 Manchester.

Time and Mankind, London 1951; The Fall of Jerusalem and the Christian Church, ebd (1951) 1957[2]; The Myth and Ritual Position critically considered (Myth, Ritual and Kingship, ed. S.H.Hooke, Oxford 1958, 261-291); Man and his Destiny in the Great Religions, Manchester 1962; Creation Legends of the Ancient Near East, 1963; The Ritual Technique of Salvation in the Ancient Near East (The Saviour God, 1963, 17-36); History, Time, and Deity, Manchester 1964.

Jowett; Modernismus, 2.

Braun, *Herbert,* * 4.5.1903 Warlubien/Westpr., D. (1954, Halle), Lic. theol. (1929). Pfarrer 1930 Friedrichshof/Ostpr., 1931 Lamgarben, 1940 Drengfurt; Doz. f. NT 1947, Prof. 1949 Kirchl. Hochschule Berlin, o. Prof. 1953 Mainz.

Bibliogr.: ThLZ 88, 1963, 705-708. Bes.: Gerichtsgedanke u. Rechtfertigungslehre bei Paulus (UNT 19), 1930; Spätjüd.-häret. u. frühchristl. Radikalismus I. II (BHTh 24), 1957; Ges. Studien zum NT u. seiner Umwelt, 1962; Qumran u. das NT. Ein Bericht über 10 Jahre Forschung (1950-59) (ThR NF 28, 1962, 97-234; 29, 1963, 142-176. 189-260; 30, 1964, 1-38. 89-137).

Christentum I; Glaube III; Salomo-Psalmen; Sektenregel.

Braun, *Hermann,* * 1.2.1932 Freudenstadt, Dr. phil. (1960), wiss. Assistent in Heidelberg.

Materialismus II; Utilitarismus.

Braunfels, *Wolfgang,* * 5.10.1911 München, Dr. phil. (1939). PDoz. f. Kunstgesch. 1949 Köln, o. Prof. 1953 Techn. Hochschule Aachen.

Die Auferstehung (Lukas-Bücherei zur christl. Ikonographie 3), 1951; Die hl. Dreifaltigkeit (ebd 6), 1954; Ma.liche Stadtbaukunst in der Toskana, (1953) 1960[2]; Tizians Augsburger Kaiserbildnisse (Kunstgeschichtl. Studien f. Hans Kauffmann, hg.v. W.Braunfels, 1956, 192-207); Der Dom von Florenz, 1964.

Tizian.

Brecht, *Martin,* * 6.3.1932 Nagold/Württ., Dr. theol. (1961). Pfarrer 1962, Doz. f. KG 1965 Tübingen.

Matthäus Albers Theologie (Blätter f. württ. KG 62, 1962, 63-97).

Tübingen II.

Brelich, *Angelo,* * 20.6.1913 Budapest, Dr. phil. (1937). PDoz. f. Religionsgesch. 1942, o. Prof. 1958 Rom.

Aspetti della morte nelle iscrizioni sepolcrali dell'Impero Romano, Budapest 1937; Die geheime Schutzgottheit von Rom, 1949; Vesta, 1949; Tre variazioni romane sul tema delle origini, Rom 1955; Gli eroi greci, ebd 1958; Guerre, agoni e culti nelle Grecia arcaica, Bonn 1961. - Mit-Hg.: SMSR, seit 1955.

Römische Religion.

Brennecke, *Gerhard,* * 5.1.1916 Halle/S., D. (1960, Kirchl. Hochschule Berlin). 1946 Studentenpfarrer, 1947 Missionsinspektor, 1949 Direktor der Berliner Mission, 1952 Lehrbeauftragter f. die Gesch. der Ausbreitung des Christentums (Humboldt-Univ.), 1961 Direktor des Ökum.-missionar. Amtes Berlin, 1961 Lehrbeauftragter f. Missionswiss. u. Ökumenik am Sprachenkonvikt Berlin.

Die Christenheit auf dem Wege nach Amsterdam, 1948; Brüder im Schatten. Bericht über Südafrika, (1954) 1956[3]; Das Tor ist offen (Afrikabericht), 1960. - Hg.: Christus - die Hoffnung der Welt (Evanston), 1954; Diakonie d. Kirche in einer veränderten Welt, 1956; Weltmission in ökum. Zeit, 1961; Jesus Christus - das Licht der Welt (Neu-Delhi), 1963. - Chefredakteur: ZdZ, seit 1947.

Berliner Missionsgesellschaft; Beschneidung II; Bibelfrauen; Knak, Siegfried; Dr. Lepsius-Deutsche-Orient-Mission; Merensky; Richter, Jul.; Südafrikanische Republik.

Brennecke (geb. Teickner), *Ursula,* * 13.10.1914 Jerichow, Hauslehrerin 1938, Vertretung im Pfarramt 1940ff, Dozentin f. NT, Missionskunde u. Ökumenik 1950 Predigerschule Paulinum, Berlin.

Erlebte Ökumene, (1958) 1960[2]; Unbekannte Frau. Aus Arbeit u. Leben d. afrikan. Frau heute, 1960.

Frauenmission.

Bright, *John,* * 25.9.1908 Chattanooga/Tenn. (USA), D.D. (1947, Presbyterian College), B.A. (1928), B.D. (1931), Th.M. (1933), Ph.D. (1940). Hilfspfarrer (Presbyterian Church) 1936 Durham/N.C., Pfarrer 1937 Baltimore/Md., Prof. f. Hebr. u. AT 1940 Union Theol. Seminary, Richmond/Va. (1943-46 Armeepfarrer).

Kommentar zu Jos (IntB II), 1953; The Kingdom of God in Bible and Church, London 1953; Early Israel in Recent History Writing, ebd 1956 (dt.: AThANT 40, 1961); A History of Israel, Philadelphia 1959 (London 1960).

Sacharja; Sacharjabuch.

Broekman s. Mourik Broekman.

Bruder, *Leopold,* * 4.11.1917 Königsberg/Pr., Pfarrverweser 1962 Frankenthal/Pfalz.

Chrisma; Ewiges Licht.

Brück, *Anton Philipp,* * 16.4.1913 Bingen/Rh., Dr. theol. (1948), Dr. phil. (1942). Kaplan 1937 Mainz, 1939 Assistent an der Bibliothek des Bischöfl. Priesterseminars, 1943 Bibliothekar, 1944 Dom- u. Diözesanarchivar, dazu 1951 PDoz. f. KG u. relig. Volkskunde, 1955 apl. Prof., 1965 o. Prof. Mainz.

Das Erzstift Mainz u. das Tridentinum (Das Weltkonzil von Trient II, hg.v. G.Schreiber, 1951, 193-243); Die Mainzer theol. Fakultät im 18.Jh., 1955; Kurmainzer Schulgesch., 1960.

Aribo von Mainz; Diether von Isenburg; Hexen II; Lioba; Mainz I. II; Narrenfeste.

Brunner, *Hellmut,* * 11.5.1913 Höchst/Main, Dr. phil. (1936). Doz. f. Ägyptologie 1943 München; apl. Prof. 1956, ao. Prof. 1960, o. Prof. 1964 Tübingen.

Die Lehre des Cheti, 1944; Die Weisheitsliteratur (HO I/2, 1952, 90-110); Altägypt. Erziehung, 1957; Abschnitt »Schrift« (HO I/1, 1959, 37-61); Abriß d. mittelägypt. Grammatik, 1961; Die relig. Wertung d. Armut im alten Ägypten (Saeculum 12, 1962, 319-344); Die Geburt d. Gottkönigs, 1964.

Ägypten I; Amarna; Amenophis IV.; Hyksos; On; Pharao; Pithom; Sarapis; Sphinx.

Brunner, *Otto,* * 21.4.1898 Mödling (Österreich), Dr. phil. (1922), Dr. sc. pol. h.c. PDoz. f. mittlere u. neuere Gesch. 1929, ao. Prof. 1931, o. Prof. 1941 Wien, 1954 Hamburg.

Die Finanzen d. Stadt Wien von d. Anfängen bis ins 16.Jh., 1929; Land u. Herrschaft, (1939) 1959[4]; Adeliges Landleben u. europ. Geist, 1949; Die Rechtsquellen d. Städte Krems u. Stein, 1953; Neue Wege d. Sozialgesch., 1956; Das Fach »Geschichte« u. d. hist. Wissenschaften (Rektoratsrede), 1959.

Feudalismus.

Brutsch, *Jean-René,* * 19.5.1921 Genf (Schweiz), Lic. theol. (1946). 1946-60 Missionar in Kamerun, seit 1960 Pfarrer in Genf, Sekretär des Schweiz. Ev. Missionsrates.

Französisch-Äquatorial-Afrika; Französisch-Westafrika.

Bubser, *Eberhard,* * 11.10.1930 Kolberg, Dr. phil. (1958), Schriftsteller, lebt in Göttingen.

Spinoza; Whitehead, A.N.

Buchheim, *Hans,* * 11.1.1922 Freiberg/Sa., Dr. phil. (1951). Mitarbeiter am Institut f. Zeitgesch. 1951 München.

Glaubenskrise im Dritten Reich, 1953; Die SS in d. Verfassung d. Dritten Reiches (Vierteljahrshefte f. Zeitgesch. 3, 1955, 127-157); Das Dritte Reich. Grundlagen u. polit. Entwicklung, (1958) 1959[3]; Die Orientpolitik des Triumvirn M.Antonius (AAH 1960, 3); Totalitäre Herrschaft. Wesen u. Merkmale, 1962.

Nationalsozialismus.

Buchheim, *Karl,* * 27.3.1889 Dresden, Dr. phil. (1913). Studienassessor u. Studienrat 1916 Gymnasium Freiberg/Sa., 1.4.1934 Ruhestand auf Grund § 6 des sog. Gesetzes zur Wiederherstellung des Berufsbeamtentums, 1934-45 private wissenschaftl. Tätigkeit in Verbindung mit dem Institut f. Kultur- u. Universalgesch. in Leipzig; Doz. f. Gesch. u. komm. Leiter der Univ.-Bibliothek 1946 Leipzig, ao. Prof. 1950 Techn. Hochschule München, em. 1957.

Die Stellung d. Kölnischen Zeitung im vormärzl. rhein. Liberalismus, 1914; Gesch. d. Köln. Zeitung (bis 1850), 1930; Wahrheit u. Gesch., (1935) 1950[2]; Logik d. Tatsachen, (1937) 1959[2]; Vom Ewigen in d. Liebe: Goethes Suleika, 1948; Das Messianische Reich, 1948; Leidensgesch. d. zivilen Geistes, 1951; Gesch. d. christl. Parteien in Deutschland, 1953; Die Weimarer Republik, (1960) 1961[2]; Ultramontanismus u. Demokratie, 1963.

Sturzo.

Buchheit, *Vinzenz,* * 5.10.1923 Neualtheim, Dr. phil. (1952). PDoz. f. klass. Philologie 1957 Saarbrücken, o. Prof. 1962 Gießen.

Studien zu Methodios von Olympos (TU 69), 1958; Unters.en zur Theorie des Genos epideiktikon von Gorgias bis Aristoteles, 1960; Studien zum Corpus Priapeorum, 1962; Vergil über die Sendung Roms, 1963. - Mit-Hg. der Teubner-Ausg. Quintilians, 1959.

Methodius von Olympos; Paulinus von Nola.

Buchholz, *Friedrich,* * 14.12.1900 Dessau, D. (1961, Bonn), Dr. phil. (1927). Privatgelehrter, seit 1933 in der Kirchl. Arbeit von Alpirsbach tätig, seit 1946 deren Präses, lebt in Darmstadt.

Liturgie u. gregor. Gesang, (1939) 1941[2]; Vom Wesen d. Gregorianik, 1948; Alpirsbacher Antiphonale, bisher 5 Teile, 1950ff; Gregorianik heute (EvTh 10, 1950/51, 241-253); Musik u. Musiker in d. Gemeinde, 1952; Von Bindung u. Freiheit d. Musikers in d. Gemeinde, 1955.

Beuron; Kirchliche Arbeit von Alpirsbach; Wolter, 1. 2.

Buchloh, *Paul Gerhard,* * 4.3.1922 Wuppertal-Barmen, Dr. phil. (1951). PDoz. 1958 Köln; ao. Prof. f. engl. Philologie mit bes. Berücksichtigung der Amerikanistik 1960, o. Prof. 1962 Kiel, dazu 1961-62 Vertreter der Professur f. Anglistik an der Techn. Univ. Berlin.

Edmund Burkes Beurteilung u. Behandlung der Frühzeit Englands (Phil. Diss. Köln), 1951 (Masch.); Michael Drayton: Barde, Historiker u. Politiker (Habil.-Schr. Köln), 1958 (Masch.; gedr. 1964); Verweisende Zeichen in Tennessee Williams' »Camino Real« (Anglia 77, 1959, 173-203); Vom Pilgrim's Progress zum Pilgrim's Regress (Die Idee d. Fortschritts, 1963, 153-187). - Hg.: Joseph Haydn, Werke, Reihe XXXII, Bd I. Volksliedbearbeitungen, Nr. 1-100, Schottische Lieder, 1961.

O'Neill; Whitman; Wilder.

Buchner, *Rudolf,* * 16.3.1908 Berlin, Dr. phil. (1933). Doz. f. mittlere u. neuere Gesch. 1936 Hamburg, 1941 bis 1945 München; PDoz. 1956, apl. Prof. 1958 Würzburg.

Die Provence in merowing. Zeit. Verfassung, Wirtschaft, Kultur, 1933; Textkrit. Unters.en zur Lex Ribvaria, 1940 (Neudr. 1952); Die Rechtsquellen. Beiheft zu WATTENBACH-LEVISON, Deutschlands Geschichtsquellen im MA: Vorzeit u. Karolinger, 1953 (Neudr. 1960); Lex Ribvaria (hg. mit F.BEYERLE), 1954; Letzte Textfassung Maximilians f. d. 3. Teil des Weißkunigs (Hs. E). Krit. Ausg. m. Komm., in: Kaiser Maximilians Weißkunig, hg.v. TH.MUSPER, Bd I, 1956; Die röm. u. die german. Wesenszüge in d. neuen polit. Ordnung d. Abendlandes (Settimane di studio del centro italiano di studi sul alto medio evo Bd 5: Caratteri del sec. VII in occidente, 1958, 223-269); Maximilian I., Kaiser an der Zeitenwende, 1959; Geschichtsbild u. Reichsbegriff Hermanns von Reichenau (AKultG 42, 1960, 37-60); Die elsäss. Frage u. d. dt.-franz. Verhältnis im 19.Jh. (Ein Leben aus freier Mitte. Festschr. U.Noack, 1961, 55-109); Die polit. Vorstellungswelt Adams von Bremen (AKultG 45, 1963, 15-59). - Hg.: Ausgew. Qu. zur dt. Gesch. des MA, 1955ff; ... der Neuzeit, 1960ff.

Benedikt Levita; Goten; Gregor von Tours; Jordanis; Leander von Sevilla.

Buck, *August,* * 3.12.1911 Delitzsch b. Leipzig, Dr. phil. (1936). Lektor f. ital. Sprache 1936 Kiel, Lektor f. dt. Sprache 1937 Univ. Neapel u. Venedig; Doz. f. roman. Philologie 1945, apl. Prof. 1949 Kiel, o. Prof. 1957 Marburg.

Der Platonismus in d. Dichtungen Lorenzo de'Medicis, 1936; Ital. Dichtungslehren, vom MA bis zum Ausgang d. Renaissance, (1944) 1952[2]; Grundzüge d. ital. Geistesgesch., 1947; Dante als Dichter des christl. MA, 1949; Das Geschichtsdenken d. Renaissance, 1957; Der Orpheus-Mythos in d. ital. Renaissance, 1961; Die Kultur Italiens, 1964.

Fogazzaro; Manzoni; Petrarca.

Bucsay, *Michael,* * 8.7.1912 Tarcal (Ungarn), Dr. theol. (1944), Dr. phil. (1935). 1938-40 Leiter der Forschungsstelle f. Kirchenkunde Südosteuropas, bes. Ungarns an der Theol. Fakultät in Halle (mit Lehrauftrag); Gymnasiallehrer 1941, Pfarrer 1946 Budapest, dazu PDoz. f. KG 1941 Sárospatak, 1950 Debrecen; stellv. Prof. 1946, o. Prof. 1956 Budapest.

Gregor Belényesi, 1944 (ung.); Gregor Szegedi, 1945 (ung.); Gesch. d. Protestantismus in Ungarn, 1959. - Hg.: Bibliothek d. Protestantismus im mittleren Donauraum. - Mit-Hg. der Zs.: Egyháztörténet (KG); der Sammelwerke: Gesch. d. ung. ref. Kirche, 1949 (ung.); Gesch. d. ref. theol. Akademie in Budapest 1855 bis 1955, 1955 (ung.).

Alsted; Alvinczi; Antitrinitarier; Apáczai Csere; Biandrata; Jánosi; Kovács, 1. 2; Pázmány; Révész, 1. 2; Sinai, Miklós; Ungarn II (mit G.KATHONA); Varga.

Buege, *Gerda,* * 31.3.1908 Lyck/Ostpr., 1933-49 Missionslehrerin in China (Prov. Szechwan), 1951-57 Lehrerin an der Bibelschule Malche, Bad Freienwalde/Oder, seit 1957 im Vortragsdienst der Berliner Missionsgesellschaft u. Referentin des Ökum. Missionar. Amtes, Berlin (DDR).

Frauen-Missions-Gebetsbund, Deutscher.

Bürkle, *Horst,* * 9.6.1925 Niederweisel/Hessen, S.T.M. (1952), Dr. theol. (1956). Studieninspektor 1954

Wuppertal-Barmen, Studentenpfarrer 1956 ESGiD Stuttgart, Studienleiter der Missionsakademie 1959 Univ. Hamburg, Doz. f. Missionswiss. 1964 ebd.

Paul Tillich (Theologen unserer Zeit, hg.v. L.Reinisch, 1960, 79-95); Christus, das Ende der Gesch. u. die Mission (EMZ 2, 1962, 57-69); Das Studium der asiat. u. afrik. Theologen in Deutschland (ebd 3, 1962, 133-141); Der Christus der Geistgemeinschaft (ebd 4, 1963, 161-170).

Ostasiatische Christliche Konferenz; Philippinen.

Buess, *Eduard,* * 1.11.1913 St. Chrischona b. Basel (Schweiz), Dr. theol. (1946). Lehrer 1934, Pfarrer 1940 Strengelbach (Aargau), 1954 Benken (Baselland), dazu PDoz. f. Syst. Theol. 1951, ao. Prof. f. Prakt. Theol. 1958 Basel.

Jeremias Gotthelf, sein Gottes- u. Menschenverständnis, 1948; Die Gesch. d. myth. Erkennens (FGLP X, 4), 1953; Die kirchl. Richtungen (ThSt [B] 36), 1953; Zur Prädestinationslehre Karl Barths (ebd 43), 1955.

Symbol.

Büttner, *Albert,* * 3.9.1900 Frankfurt/M., 1923 Kaplan, 1933 Pfarrer in Frankfurt/M., 1935 Generalsekretär des Kolping-Werkes, 1937 Leiter des Reichsverbandes für das kath. Deutschtum im Ausland, anschließend Leiter des Kath. Auslandssekretariates. 1955 Päpstl. Hausprälat, 1962 Apostol. Protonotar, 1961 ao. Prof. Kath. Univ. Bogotá.

Auslandsgemeinden II.

Büttner, *Heinrich,* * 18.11.1908 Mainz, Dr. phil. (1931). Apl. Prof. f. ma.liche Gesch. 1946 Mainz, o. Prof. 1949 Marburg, 1962 Köln.

Die Bistümer Würzburg u. Bamberg in ihrer polit. u. wirtschaftl. Bedeutung f. d. Gesch. d. dt. Ostens (mit M.Beck), 1937; Gesch. d. Elsaß I, 1939; Staufer und Zähringer im polit. Kräftespiel zwischen Bodensee u. Genfersee während d. 12.Jh.s, 1961; Frühmittelalterl. Christentum u. fränk. Staat zwischen Hochrhein u. Alpen, 1961.

Basel I; Chur; Disibod; Fridolin; Herrad von Landsberg; Kilian; Luxeuil; Murbach; Pirmin; Sankt Blasien; Straßburg I; Tritheim.

Buisson, *Ludwig,* * 12.6.1918 Karlsruhe, Dr. phil. (1951). PDoz. f. Gesch. 1957 Freiburg/Br. u. Marburg, o. Prof. f. Gesch. des MA 1961 Saarbrücken.

König Ludwig IX., der Heilige, u. das Recht, 1954; Potestas u. Caritas. Die päpstl. Gewalt im Spät-MA, 1958; Formen normannischer Staatsbildung (9.-11.Jh.) (Vorträge u. Forschungen V, hg.v. Th.Mayer, 1960, 95-184).

Adeodatus; Agapet II.; Agatho; Alexander II.; Anastasius (III.), III.

Bultmann, *Rudolf:* 1, 1511f. - D. (1920, Marburg), D.D. (1935, St. Andrews), Dr. S.Th. (1959, Syracuse, N.Y.), Dr. phil. h.c. (1959, Marburg). - Goethe-Plakette des Landes Hessen, Reuchlin-Preis der Stadt Pforzheim, Großes Verdienstkreuz des Verdienstordens der BRD.

Zur Bibliogr. ergänzend: Gesch. u. Eschatologie, 1958; Jesus Christ and Mythology, 1958 bzw. 1960; Glauben u. Verstehen III, (1960) 1962³; Das Verhältnis d. urchristl. Christusbotschaft zum hist. Jesus (SAH 1960, 3), (1961) 1962³.

Johannesbriefe; Johannesevangelium; Mystik IV; Mythos und Mythologie IV.

Burgelin, *Pierre,* * 14.3.1905 Nantes, Dr. theol. (1957), Dr. theol. h.c. (1962, Genf), Dr. phil. (1950). Gymnasial-Prof. 1931-49 Thionville, Metz, Beauvais, Neuilly; Prof. f. Religionsphilos. 1949 Univ. Straßburg.

L'homme et le temps, Paris 1945; La philos. de l'existence de J.J.Rousseau, ebd 1951; Commentaire du Discours de Métaphysique de Leibniz, ebd 1959; Rousseau et la Religion de Genève, Genf 1962.

Alembert; Bergier; Blondel, Maurice; Bonald; Frankreich III, 1; Lamennais; Lamettrie; Michelet; Montalembert; Ontologismus.

Burger, *Annemarie,* * 9.12.1913 Neumarkt/Opf., Dipl.-Volksw. (1935), Dr. rer. pol. (1943). 1939-42 Referentin f. Statistik, Wirtschaftskammer München, 1953-57 Mitarbeiterin im Kirchenstatist. Amt der EKD, seit 1957 Referentin f. Statistik, Innere Mission u. Hilfswerk der EKD, Stuttgart.

Pfarrerfamilienstatistik (KJ 80, 1953, 396-436); Weitere Ergebnisse der Pfarrerfamilienstatistik (ebd 81, 1954, 344-367); Hundert Jahre statist. Arbeit in d. ev. Kirche (ebd 86, 1959, 338-350); Religionszugehörigkeit u. soziales Verhalten, 1964.

Statistik, kirchliche.

Burger, *Helene,* * 10.6.1907 Dombühl/Mfr., 1933 wiss. Hilfsarbeiterin, 1953 Archivarin am Landeskirchl. Archiv in Nürnberg.

Das ev. Wesensarchiv in Augsburg, 1941; Das älteste Ehebuch der Pfarrei St. Lorenz in Nürnberg, 1951; Nürnberger Totengeläutbücher I: St. Sebald 1439-1517, 1961.

Burger.

Burrows, *Millar,* * 26.10.1889 Wyoming/Ohio (USA), D.D. (1960, Oberlin; 1961, Brown; 1961, Yale), B.A. (1912), B.D. (1915), Ph.D. (1925). Pfarrer 1915 in Texas, 1920 in Tennessee; Assistant Prof. f. bibl. Lit. u. Religionsgesch. 1926, Assoc. Prof. 1929, Prof. 1932 Brown Univ.; Prof. f. bibl. Theol. 1934 Yale Univ., em. 1958. Visiting Prof. 1930/31 Amer. Univ. Beirut; 1931/32 u. 1947/48 Direktor der American School of Oriental Research, Jerusalem.

Vollst. Bibliogr. bis 1958: VT 9, 1959, 423-432. Bes.: What Mean These Stones?, New Haven 1941; An Outline of Biblical Theology, Philadelphia 1946; The Dead Sea Scrolls, New York 1955 (dt., schwed., ital., franz. 1957); More Light on the Dead Sea Scrolls, ebd 1958 (dt. 1958).

Qumran, 1.

Cadier, *Jean,* * 1.7.1898 Vabre (Frankreich), Dr. theol. (1952). Pfarrer 1923 Valdrôme, 1936-45 Montpellier, seit 1936 ebd Prof. f. Dogmatik (Dekan seit 1957).

Le Catéchisme de Heidelberg (Einl. u. Übers.), 1942; La doctrine calviniste de la Sainte-Cène, Montpellier 1951; Calvin, l'homme que Dieu a dompté, Genf 1958. - Hg.: Calvins Institutio in moderner franz. Übers., 1955-58.

Montpellier.

Campenhausen, *Hans Frhr. von,* * 3./16.12.1903 Rosenbeck/Livland, D. (1945, Göttingen), D.D. (1963, St. Andrews), Dr. theol. (1926), Dr. theol. h.c. (1956, Oslo; 1964, Uppsala). PDoz. f. KG 1928 Marburg, 1930 Göttingen, Vertretung 1935 Gießen; Berufung 1936 Heidelberg, zurückgenommen 1937; PDoz. 1938 Greifswald, Vertretung 1940 Wien; o. Prof. 1946 Heidelberg.

Ambrosius von Mailand als Kirchenpolitiker (AKG 12), 1929; Die Passionssarkophage, 1930; Die Idee d. Martyriums in d. alten Kirche, (1936) 1964²; Kirchl. Amt u. geistl. Vollmacht in d. ersten 3 Jh.en (BHTh 14), (1953) 1963²; Die griech. Kirchenväter (Urban-Bücher 14), (1955) 1961³; Lat. Kirchenväter (ebd 50), 1960; Tradition u. Leben (Aufs. u. Vorträge), 1960; Die Jungfrauengeburt in d. Theol. d. alten Kirche (SAH 1962, 3); Aus d. Frühzeit d. Christentums. Studien zur KG d. 1. u. 2.Jh.s, 1963. - Mit-Hg. von ZKG (seit 1950) u. RGG³.

Ambrosius; Armenien I (mit R.P.Casey); Gervasius und Protasius; Märtyrerakten; Optatus von Mileve; Paulinus von Mailand; Polykarp; Polykarpbrief.

Capelle, *Bernard,* * 8.2.1884 Namur (Belgien), † 19.10.1961 Louvain, OSB, Dr. theol. (1908), Dr. phil. (1904), Dr. sc. bibl. (1912), Dr. sc. hist. h.c. (1937, Louvain). 1925-28 Hg. der RBén, seit 1928 Abbé der Abtei Mont César in Louvain, dazu Prof. f. Liturgik 1936-58 Univ. Louvain u. 1956-60 Institut catholique, Paris.

Bibliogr. 1934-54: Univ. cath. de Louvain, Bibliographie académique VII, Louvain 1954, 394-398; 1954-56: ebd IX, 1957, 22f. Bes.: Le texte du Psautier latin en Afrique (Coll. bibl. lat. 4), Rom 1913; An Early Euchologion. The Dêr-Balizeh Papyrus enlarged and reedited by C.H.Roberts and B.Capelle OSB (Bibl. du Muséon 23), Louvain 1949; Les liturgies »basiliennes« et saint Basile (ebd 47), ebd 1960; Travaux liturgiques de doctrine et d'histoire I, ebd 1955; II, 1962; III (in Vorb.).

Germanus von Auxerre; Maximus von Turin.

Carrillo de Albornoz, *Angel Francisco,* * 30.4.1905 Sevilla (Spanien), Dr. theol. (1936), Dr. jur. (1927), Dr. phil. (1930), Dr. Philologiae (1932). 1950 von der röm.-kath. zur anglikan. Kirche konvertiert, jetzt Leiter des Sekretariats »Religious Liberty« im Ökum. Rat, Genf.

Roman Catholicism and Religious Liberty, Genf 1959 (franz. Paris 1961); Education for Liberty, New York 1962; The Basis of Religious Liberty, London-New York 1963.

Proselytismus.

Carter, *Douglas,* * 10.3.1916 Bradford (England), Pfarrer 1939 Bradford, u.a. 1953 Whitworth (Lancs.), seit 1958 Hull.

Many Mighty Works, London 1958.

Bentley; Bingham; Bolingbroke; Bridgewater; Bruce; Buchanan; Cambridge Platonists; Campbell; Caroline Divines; Chubb; Clifford; Collins; Conybeare; Dodwell, 1. 2; Evanson; Gorham; Hammond; Hauge; Horsley; Kennett; Krüdener; Leclercq; Liddon; Lingard; Mackinnon; Manning; Marsh; Mede; Mercier; More, Henry; Mozley; Mühlenberg, H.M.; Non-Jurors; Peake; Rowland; Sharp; Simeon; Spencer, John; Stephenson; Swain; Thorndike; Toplady; Utrechter Erklärung; Waterland; Whichcote; Winnington-Ingram; Worthington.

Casey, *Robert Pierce,* * 8.12.1897 Dorchester/Mass. (USA), † 8.4.1959 Norfolk (England), A.B. (1918), S.T.B. (1922), Ph.D. (1924), B.D. (1951). Fellow 1924, Prof. f. Religionsgesch. u. -philos. in Cincinnati, Prof. 1933 Brown Univ., Fellow u. Dean 1950 Sidney Sussex College, Cambridge (England).

Vollst. Bibliogr. in: Biblical and Patristic Studies in memory of R.P.Casey, hg.v. R.W.Thomson u. J.N.Birdsall, Freiburg/Br. 1963, 265-269. Bes.: Clement of Alexandria and the Beginnings of Christian Platonism (HThR 18, 1925, 39-101); Armenian Manuscripts of St. Athanasius of Alexandria (ebd 24, 1931, 43-59); Serapion of Thmuis: Against the Manichees, Cambridge/Mass. 1931; The Excerpta ex Theodoto of Clement of Alexandria, London 1934; The De Incarnatione of Athanasius, ebd 1946; Religion in Russia, New York 1946; Early Russian Monasticism (OrChrP 19, 1953, 372-423).

Agathangelos; Armenien I (mit H.v.Campenhausen); Eznik.

Chadwick, *Henry,* * 23.6.1920 Bromley (England), D.D. (1957, Cambridge; 1957, Glasgow). Fellow 1946 bis 1958 Queens' College, Cambridge, seit 1958 Regius Prof. of Divinity, Oxford. 1962-64 Gifford Lecturer, St. Andrews.

Origen contra Celsum, Cambridge 1953; Lessing's Theological Writings, London 1956; The Sentences of Sextus, Cambridge 1959. - Hg.: JThS, seit 1954.

Alexandrinische Theologie; Chalcedon; Clemens von Alexandria; Cyrill von Jerusalem; Eudoxius; Flavian von Konstantinopel; Hilarius von Poitiers; Hosius; Julius I.; Liberius; Lucifer; Macedonius I.; Mensurius (mit Hugo Koch); Miltiades, Papst; Musonius; Pamphilus; Pantänus; Polykrates von Ephesus.

Chibnall (geb. Morgan), *Marjorie,* * 27.9.1915 Shrewsbury (England), B. Litt. (1938), D. Phil. (1943). Fellow 1943 Aberdeen, 1947 Girton College, Cambridge.

The English Lands of the Abbey of Bec, London 1946. - Hg.: Select Documents of the English Lands of the Abbey of Bec, ebd 1951; The Historia Pontificalis of John of Salisbury, ebd 1955.

Glasgow; Saint Andrews; Schottland I. III.

Clasen, *Sophronius (Anton),* * 30.5.1909 Mönchengladbach, OFM, Dr. theol. (1937), Dr. phil. (1951), seit 1937 Lektor f. KG u. franziskan. Ordensgesch. an der Johannes-Duns-Skotus-Akademie in Mönchengladbach.

Tractatus Gerardi de Abbatisvilla »Contra adversarium perfectionis Christianae« (AFrH 31, 1938, 276-329; 32, 1939, 89-200); Der hl. Bonaventura u. das Mendikantentum, 1940; Walram von Siegburg u. seine Doktorpromotion an der Kölner Univ. (AFrH 44, 1951, 257-317; 45, 1952, 72-126. 323-396); Lehrer d. Evangeliums. Ausgew. Texte aus den Predigten d. hl. Antonius von Padua, 1954; Antonius, Diener d. Evangeliums u. d. Kirche, 1959; S. Bonaventura S. Francisci Legendae maioris compilator (AFrH 54, 1961, 241-272; 55, 1962, 3-58. 189-319); Franziskus, Engel des sechsten Siegels, 1962. - Hg.: Wissenschaft u. Weisheit.

Alexander von Hales; Bonaventura.

Classen, *Peter,* * 18.9.1924 Hamburg, Dr. phil. (1950). Wiss. Assistent 1950 Freie Univ. Berlin, PDoz. f. ma.liche Gesch. 1958 Mainz, o. Prof. 1962 Gießen.

Das Konzil von Konstantinopel 1166 u. die Lateiner (ByZ 48, 1955, 339-368); Kaiserreskript u. Königsurkunde (Arch. f. Diplomatik 1, 1955, 1-87; 2, 1956, 1-115); Gerhoch von Reichersberg, 1960. - Mit-Hg.: Fr.Meinecke, Werke VI: Ausgew. Briefwechsel, 1962.

Haimo; Hildebert von Lavardin; Hinkmar von Laon; Hinkmar von Reims; Hrabanus Maurus; Johannes Sarracenus; Jonas von Orléans; Karl d.Gr.; Korvey; Langobarden; Paulinus von Aquileja; Roscel(l)in; Servatus Lupus; Thietmar.

Claussen, *Hilde,* * 30.8.1919 Plön/Holstein, Dr. phil. (1950). Assistentin 1950 Kulturpflegeabteilung des Landschaftsverbandes Westfalen-Lippe, Landesverwaltungsrätin 1952 Landesamt f. Denkmalpflege von Westfalen-Lippe in Münster.

Spätkaroling. Umgangskrypten im sächs. Gebiet (Forschungen zur Kunstgesch. u. christl. Archäol. III, 1957, 118-140); Die St. Stephanskirche zu Chur (mit W.Sulser) (Beiträge zur Kunstgesch. u. Archäol. d. Früh-MA, 1962, 154-165); Wandmalereien aus luth. Zeit in der Pfarrkirche zu Sonneborn (Westfalen 41, 1963, 354-380).

Altar III A; Baldachin; Kanzel, 1; Lesepult; Lettner; Tabernakel; Taufbecken.

Clemen, *Carl,* * 30.3.1865 Sommerfeld, † 8.7.1940 Bonn, D., Dr. phil. PDoz. f. Religionsgesch. 1892 Halle; ao. Prof. 1910, o. Prof. 1920 Bonn.

Bibliogr.: RGG² I, 1687. Ferner: Religionsgesch. Europas I. II, 1926/31; Die Religionen d. Erde, 1927; Urgeschichtl. Religion I. II, 1932/33; Der Einfluß d. Christentums auf andere Religionen, 1933, Altgerman. Religionsgesch., 1934; Grundriß d. Religionsphilos.; 1934; Die Religion d. Etrusker, 1936; Die phönik. Religion nach Philo von Byblos, 1939.

Ersatzgaben (mit C.-M.Edsman).

Clemen, *Otto:* 1, 1830.

Münster, Seb. (mit W. Baumgartner).

Cohen, *Simon,* * 26.2.1894 Baltimore/Md. (USA) D.D., A.B. Rabbiner 1916-28 in Providence/R.I. Springfield/Ohio u. New York; 1928-44 Hauptredakteur der UJE; seit 1952 Bibliothekar am Hebrew Union College, Cincinnati/Ohio.

Über 500 Artikel in UJE, 1939-44; über 100 Artikel in: The Interpreter's Dictionary of the Bible, 1962.

Ibn Daud; Jehuda ben Samuel Ha-Levi; Jüdische Philosophie; Levi ben Gerson (mit L.Baeck); Maimon; Maimonides; Mystik III; Saadja.

Colpe, *Carsten,* * 19.7.1929 Dresden, Dr. theol. (1960), Dr. phil. (1955). PDoz. f. Religionsgesch. mit bes. Berücksichtigung der Umwelt des NT 1960/61 Göttingen, PDoz. f. NT u. spätantike Religionsgesch. 1960-62 Hamburg, o. Prof. f. allg. Religionsgesch. 1962 Göttingen, Gast-Prof. 1963/64 Yale Univ., New Haven/USA.

Dt. Ausg. von: C.K.Barrett, Die Umwelt des NT (WUNT 4), 1959; Anpassung d. Manichäismus an d. Islam (ZDMG 109, 1959, 82-91); Zur Leib-Christi-Vorstellung im Eph (BZNW 26, 1960, 172 bis 187); Die religionsgesch. Schule (FRLANT 78), 1961. - Mit-Hg. des RAC ab Bd VI, 1964ff.

Assemani; Averroes; Averroismus; Avicebron; Avicenna; Fārābī; Ġazzālī; Gnosis I; Islamische Philosophie; Mandäer; Manichäismus; Mutakallimūn; Paulizianer; Philo von Alexandria; Reitzenstein; Samaria, 3; Thomaspsalmen.

Conze, *Werner,* * 31.12.1910 Neuhaus/Elbe, Dr. phil. (1934). Wiss. Assistent 1935 Königsberg/Pr., Kriegsdienst 1939-45, Lehrbeauftragter 1946 Göttingen, Doz., ao. u. o. Prof. 1951-57 Münster, o. Prof. f. neuere Gesch. 1957 Heidelberg.

Hirschenhof. Die Gesch. einer dt. Sprachinsel in Livland (Diss.), 1934; Agrarverfassung u. Bevölkerung in Litauen u. Weißrußland I: Die Hufenverfassung im ehem. Großfürstentum Litauen, 1940; Leibniz als Historiker, 1950; Poln. Nation u. dt. Politik im 1. Weltkrieg, 1958; Staat u. Gesellschaft im Dt. Vormärz (1814-48), 1962. - Hg. der Reihe »Industrielle Welt«, 1962ff.

Sozialgeschichte.

Conzelmann, *Hans,* * 27.10.1915 Tailfingen/Württ., D. (1959, Heidelberg), Dr. theol. (1952). PDoz. f. NT 1952 Heidelberg; ao. Prof. 1954, o. Prof. 1956 Zürich, 1960 Göttingen.

Die Mitte der Zeit (BHTh 17), (1954) 1964⁵; Gegenwart u. Zukunft in d. synopt. Tradition (ZThK 54, 1957, 277-296); Zur Methode d. Leben-Jesu-Forschung (ebd Bh. 1, 1959, 2-13); Die Apg (HNT 7), 1963.

Amt II; Auferstehung V; Auferstehung Christi I; Eschatologie IV; Ewiges Leben III B; Gericht Gottes III; Heidenchristentum; Hoffnung II; Jesus Christus; Parusie; Reich Gottes I, 2; Zorn Gottes III.

Cordier, *Leopold:* 1, 1868. - D. (1926, Bonn), Lic. theol. (1915), Dr. phil. (1910).

Bibelarbeit, 2 (mit W.Loew).

Courvoisier, *Jaques,* * 12.2.1900 Genf (Schweiz), D.D. (1956, Aberdeen; 1961, St. Andrews), Dr. theol. (1952). Pfarrer 1924-39 in Cannes, Paris, Bière u. Genf, seit 1939 Prof. f. KG in Genf (1944-56 Dekan, 1958-60 Rektor).

Bibliogr. in: Catalogue des ouvrages... publiés par les professeurs... de l'Univ. de Genève, Bd 8ff. Bes.: La notion d'Eglise chez Bucer, Paris 1933; Zwingli, Genf 1947; Brève histoire du Protestantisme, Neuchâtel 1952; Zwingli, a Reformed Theologian, Richmond/Va. 1963.

Bost, 1. 2; Cellerier; Chappuis; Chapuis; Choisy; Empaytaz; Evangelische Gesellschaft, 1; Genf I. II; Olivetanus; Sedan; Tronchin, 1. 2.

Cramer, *Adolf,* * 20.7.1902 Emden, Pfarrer in Emden.

Ostfriesische Missionsgesellschaft.

Cross, *Frank Moore jr.,* * 13.7.1921 Ross/Calif. (USA), B.D. (1946), Ph.D. (1950), M.A. h.c. (1957). Instructor 1950 Wellesley College, Associate Prof. f. AT 1954 McCormick Theol. Seminary, Associate Prof. 1957 Harvard Divinity School, Hancock Prof. f. Hebr. u. andere oriental. Sprachen 1958 Harvard Univ.

Early Hebrew Orthography (mit D.N.Freedman), New Haven 1952; The Dead Sea Scrolls (IntB XII, 645-667); The Ancient Library of Qumran, New York (1958) 1961²; The Development of the Jewish Scripts (The Bible and the Ancient Near East, ed. G.E. Wright, London 1961, 133-202); Yahweh and the God of the Patriarchs (HThR 55, 1962, 225-259).

Epigraphik I.

Crous, *Ernst,* * 6.3.1882 Krefeld, Dr. phil. (1909). Bibliotheksrat 1918-46 Preuß. Staatsbibliothek Berlin (1920-25 Leiter der Geschäftsstelle für den Gesamtkatalog der Wiegendrucke, bis 1945 Doz. an der Bibliotheksschule), 1948 Leiter der Mennonit. Forschungsstelle in Göttingen, seit 1960 in Krefeld.

Bibliogr.: Kürschners Dt. Gelehrten-Kalender 1961, 288. Bes.: Die religionsphilos. Lehren Lockes, 1910; Die Schriftgießereien in Königsberg unter Friedrich d.Gr. 1740-66, 1926; Die Schriftgießereien in Berlin von Thurneysser bis Unger, 1928; Vergilausgaben großer Drucker, 1930; Dürer u. d. Schrift, 1933. - Hg.: Mennonit. Lexikon, 1949-58. - Mit-Hg.: Mennonit. Geschichtsblätter, seit 1949.

Bader, Aug.; Borrhaus (mit W.Koehler); Bünderlin; Gerritsz; Menno Simons.

Cullmann, *Oscar,* * 25.2.1902 Straßburg, D.D. (1949, Manchester; 1952, Edinburgh), Dr. theol. h.c. (1945, Lausanne; 1953, Lund), Lic. theol. (1930), Dr. theol. (1945). Direktor des Thomasstifts 1926-30 Straßburg, o. Prof. f. NT (1936: alte KG) 1930 Straßburg, o. Prof. f. alte KG mit Lehrauftrag f. NT 1938 Basel; zugleich o. Prof. f. NT 1945-48 Straßburg, o. Prof. f. Gesch. des ältesten Christentums 1949 Ecole des Hautes Études u. 1953 Sorbonne (philos. Fakultät), Paris, o. Prof. f. NT 1951 Faculté Libre de Théologie Protestante, Paris; seit 1942 Vorsteher im Theol. Alumneum, Basel.

Vollst. Bibliogr. bis 1961 in: Neotestamentica et Patristica (Festg. z. 60. Geb.), 1962, IX-XIX. Bes.: Le problème littéraire et historique du roman pseudo-clémentin, 1930; Königsherrschaft Christi u. Kirche im NT (ThSt [B] 10), (1941) 1950³; Les premières confessions de foi chrétienne, (1943) 1948²; Urchristentum u. Gottesdienst (AThANT 3), (1944) 1962⁴; Christus u. die Zeit, (1946) 1962³; Die Tauflehre des NT (AThANT 12), (1948) 1958²; Petrus. Jünger - Apostel - Märtyrer, (1952) 1960²; La Tradition. Problème exégétique, hist. et théol., 1953 (dt. 1954); Der Staat im NT, (1956) 1961²; The Early Church. Historical and Theol. Studies, 1956; Die Christologie des NT, (1957) 1963³; Katholiken u. Protestanten, 1958; Glaube u. Gesch. (Ges. Aufs.), 1964; Heil als Gesch., 1965. - Mit-Hg.: AThANT, BGE, BGH, ThZ, RHPhR, JEH, KuD.

Ägypterevangelium; Ebioniten; Ebionitenevangelium; Geschichtsschreibung II; Goguel; Petrusevangelium; Petruskerygma; Schmidt, K.L.; Thomasevangelium.

Czeglédy, *Sándor,* * 16.6.1909 Nagysalló (Ungarn), Th.M. (1932), Dr. theol. (1936). PDoz. f. Prakt. Theol. 1937, Prof. 1938 Budapest, 1940 Debrecen.

Glaube u. Gesch., 1936 (ung.); Die Gemeindegemäßheit der Predigt, 1938 (ung.); Das erwählte Volk, 1940 (ung.).

Makkai; Szikszai.

Daheim, *Hansjürgen,* * 16.12.1929 Essen, Dipl.-Kfm. (1955), Dr. rer. pol. (1957). Wiss. Referent im Institut f. Mittelstandsforschung 1958, Lehrbeauftragter f. die Soziologie der Berufe 1962 Köln.

Desorganisationsprozesse in einem Bürobetrieb (KfS 10, 1958, 256-272); Die Vorstellungen vom Mittelstand (ebd 12, 1960, 237 bis 278); Soziale Herkunft, Schule u. Rekrutierung der Berufe (ebd 13, 1961, Sonderheft 5, 200-217).

Mittelstand.

Dahl, *Nils Alstrup,* * 25.6.1911 Oslo (Norwegen), Dr. theol. (1941). Lehraufträge seit 1937, o. Prof. f. NT 1946 Oslo.

Apostelen Paulus' höisang om kjaerligheten, Oslo 1936; Das Volk Gottes, 1941 (Neudr. 1962). - Hg.: Norsk Kirkeblad, 1954-57.

Gleichnis und Parabel II, 3; Liebe III; Mensch III.

Dahl, *Otto Christian,* * 15.7.1903 Namsos (Norwegen), Dr. phil. (1952). 1929-57 Missionar auf Madagaskar, 1948-49 Lehrer am Missionsseminar Stavanger, 1952 bis 1957 Sup. der Westsynode der Madagassischen Luth. Kirche, 1955-57 Präsident der Madagassischen Luth. Kirche, seit 1958 Sekretär für die Administration der Missionsfelder der Norweg. Missionsgesellschaft in Stavanger.

Bibelen på Madagaskar (Norske misjonaerer som bibeloversettere, hg.v. H.CHR.MAMEN, Oslo 1950, 128-173); Malgache et maanjan. Une comparaison linguistique, Oslo 1951; Le substrat bantou en malgache (Norsk Tidsskrift for Sprogvidenskap 17, 1954, 325-362).

Totenverehrung III.

Dahm, *Karl-Wilhelm,* * 3.8.1931 Kirchen/Sieg, Dr. phil. (1963), nach 2. theol. Examen wiss. Assistent 1962 Münster.

Pfarrer III.

Dahrendorf, *Ralf,* * 1.5.1929 Hamburg, Dr. phil. (1952), Ph.D. (1956). PDoz. f. Soziologie 1957 Saarbrücken, o. Prof. 1958 Akademie f. Wirtschaft u. Politik Hamburg, 1960 Tübingen.

Marx in Perspektive, 1953; Industrie u. Betriebssoziologie, (1956) 1962²; Soziale Klassen u. Klassenkonflikt in d. industr. Gesellschaft, 1957 (auch engl., span., japan., ital.); Homo Sociologicus, (1958) 1963⁴; Gesellschaft u. Freiheit, (1961) 1963²; Das Mitbestimmungsproblem in d. dt. Sozialforschung, 1963; Die angewandte Aufklärung, 1963. - Mit-Hg.: Europ. Archiv f. Soziologie.

Macht IV.

Dammann, *Ernst,* * 6.5.1904 Pinneberg/Holstein, Dr. phil. (1929). Kirchen- u. Missionsdienst 1933 Ostafrika, wiss. Assistent 1937, Doz. f. afrikan. Sprachen 1940 Hamburg; 1943-46 Lagerpfarrer in Texas, 1946-48 Lehrer, später Leiter der theol. Schule f. dt. Kriegsgefangene in Norton (England); apl. Prof. 1949 Hamburg, o. Prof. f. Afrikanistik 1957 Humboldt-Univ. Berlin (zugleich Lehrauftrag Leipzig), o. Prof. f. Religionsgesch. u. Lehrbeauftragter f. Afrikanistik 1961 Marburg.

Dichtungen in d. Lamu-Mundart des Suaheli, 1940; Studien zum Kwangali, 1957; Die Religionen Afrikas, 1963. - Mit-Hg.: OLZ, ZDMG, Afrika u. Übersee.

Krapf; Livingstone; Rebmann.

Dankbaar, *Willem Frederik,* * 13.9.1907 Amsterdam (Niederl.), Dr. theol. (1941). Pfarrer 1931 Kuinre, 1936 St. Anna Parochie, 1941 Goes-Wilhelminadorp; Missionssekretär der Niederl. Ref. Kirche 1946 Oegstgeest; o. Prof. f. KG u. DG 1953 Groningen.

De sacramentsleer van Calvijn, Amsterdam 1941; Hoogtepunten uit het Ned. calvinisme in de 16de eeuw, Haarlem 1946; Calvijn, zijn weg en werk, Nijkerk 1957 (dt. 1959); Martin Bucers Beziehungen zu den Niederlanden, 1961. - Hg.: Marten Micron, De chr. ordinancien der Ned. ghemeinten te London (1554), 's-Gravenhage 1956. - Mit-Hg.: Documenta Reformatoria I. II, Kampen 1960/62.

Arminianer; Arminius; Bekker; Braun, Joh.; Brès; Burman, 1. 2; Coolhaes; Dathenus; Dordrechter Synode; Drusius; Duifhuis; Episcopius; Geusen; Gomarus; Groningen; Limborch; Lubbertus; Lydius, 1-3; Maccovius; Maresius; Michaëlius; Micron; Niellius; Propst; Rijnsburger Kollegianten; Rijssen; Rivet; Saldenus; Schuurman; Trelcatius, 1. 2; Trigland; Utenhove; Utrecht II; Uytenbogaert; Vo(e)s; Walaeus; Witsius; Wolzogen.

David, *Claude,* * 8.7.1913 Reims (Frankreich), Dr. phil. Lehrbeauftragter 1946, o. Prof. 1953 Lille, 1957 Paris.

Stefan George, son Oeuvre poétique, Lyon-Paris 1952; Histoire de la Litt. allemande (1848-1945) (Hist. de la Litt. allemande, hg.v. F.MOSSÉ, Paris 1959, 719-943).

George; Schuler.

Dawid, *Otto,* * 16.9.1938 Danzig-Langfuhr, Vikar 1963 Starnberg/Obb.

Thamer; Thumm, Theod.

Decker, *Bruno,* * 14.9.1907 Berlin, † 2.11.1961 Mainz, Dr. theol. (1935 Rom, 1940 Breslau). Kaplan 1931-35 Berlin, nach den Promotionen ebd Seelsorgstätigkeit, Forschungsassistent 1949-52 Thomas-Institut Köln; PDoz. f. Dogmatik 1955, o. Prof. 1959 Mainz.

Die Analyse des Offenbarungsvorganges beim hl. Thomas im Lichte vorthomistischer Prophetietraktate (Angelicum 16, 1939, 195-244); Die Entwicklung d. Lehre von d. prophet. Offenbarung von Wilhelm von Auxerre bis zu Thomas von Aquin, 1940; Sancti Thomae de Aquino Expositio super librum Boethii de Trinitate, (1955) 1959²; Die Gotteslehre des Jacob von Metz (demnächst gedr.). - Mit-Hg. der lat. Werke Meister Eckharts u. der Opera omnia des Nikolaus von Kues.

Adelard von Bath; Ägidius von Rom; Albert von Sachsen; Angela von Foligno; Bate; Biel; Buridan; Dietrich von Freiberg; Durandus de S. Porciano; Gregor von Rimini; Jakob von Metz; Jakob von Viterbo; Konstantinus Africanus; Marsilius von Inghen; Natalis; Nikolaus von Autrecourt; Peckham; Petrus de Palude; Richard von Mediavilla; Sterkoranisten.

Decker, *John William,* * 13.5.1890 Lahore, Orange County/Va. (USA), D.D., B.A., M.A., Th.M., Th.D. 1918 Marinepfarrer, 1919 Doz. f. Bibelwiss. u. Mathematik Univ. Richmond, 1920 Sekretär der American Baptist Foreign Mission Society, 1921 Missionar der ABFMS in China, 1935 Auslandssekretär der ABFMS, 1943 Sekretär des Internat. Missions-Rates in New York, 1958 i. R.

Baptisten II.

Decker-Hauff, *Hansmartin,* * 29.5.1917 Oberjettingen/Württ., Dr. phil. (1946). Wiss. Hilfskraft 1945 Kunsthist. Museum Wien, Staatsarchivrat 1948 Stuttgart; ao. Prof. f. mittlere u. neuere Gesch. unter bes. Rücksicht auf geschichtl. Landeskunde u. hist. Hilfswissenschaften 1956, o. Prof. 1962 Tübingen.

Turiner Grabtuch.

Degen, *Kurt,* * 16.7.1904 Berlin, Dr. phil. (1929). 1933-35 Vorbereitungsdienst an sächs. Museen (Dresden, Bautzen), 1935-38 Denkmalpflege Niederschlesien, 1939-46 Direktor des Städt. Museums Gera, 1946-50 wiss. Mitarbeiter beim Kulturamt der Stadt Gera, 1951 bis 1953 Referent beim Kulturamt der Stadt Tübingen, seit 1954 am Hess. Landesmuseum in Darmstadt (Kustos).

Die Bau- u. Kunstdenkmäler des Kreises Namslau, 1939; Geraer Bildhauer des Barock, 1949; Die Kreuzigungstafel von Posterstein (Lucas Cranach) (Zs. f. Kunstgesch. 16, 1953, 193-202); Frühmittelalterl. Kunsthandwerk (Führer d. Hess. Landesmuseums Darmstadt), 1955; Modernes Nymphenburg (in: Keramos 16, 1962).

Kunsthandwerk II, 2-8.

Deichgräber, *Karl,* * 10.2.1903 Aurich/Ostfriesland, Dr. phil. PDoz. f. klass. Philologie 1931 Berlin, ao. Prof. 1935 Marburg, o. Prof. 1938 Göttingen.

Die griech. Empirikerschule, 1930; Die Epidemien u. d. Corpus Hippocraticum (AAB 1933, 3); Eleusin. Frömmigkeit u. homer. Vorstellungswelt im homer. Demeterhymnus (AAMz 1950, 6); Der listensinnende Trug des Gottes. Vier Themen d. griech. Denkens, 1952; Der hippokrat. Eid, 1955; Parmenides' Auffahrt zur Göttin d. Rechts (AAMz 1958, 11).

Aion; Asylrecht, 1; Blick; Chthonische Gottheiten; Dionysos; Dioskuren.

Deichmann, *Friedrich Wilhelm,* * 17.12.1909 Jena, D. (1957, Bonn), Dr. phil. (1937). Prof. f. Christl. Archäol. 1950 Waldenserfakultät Rom, Honorar-Prof. 1954 Bonn, wiss. Oberrat 1954 Dt. Archäol. Institut Rom.

Versuch einer Darst. d. Grundrißtypen d. Kirchenbaus in frühchristl. u. byz. Zeit im Morgenlande (Phil. Diss. Halle), 1937; Frühchristl. Kirchen in Rom, 1948; Studien zur Architektur Konstantinopels im 5. u. 6.Jh., 1956; Frühchristl. Bauten u. Mosaiken von Ravenna, 1958ff. - Mit-Hg.: ByZ.

Ausgrabungen IV; Baptisterium; Basilika; Kirchenbau II; Martyrion; Orient-Rom-Frage.

Delius, *Hans-Ulrich,* * 23.7.1930 Berlin, Dr. theol. (1956). Wiss. Oberassistent 1958 Sächs. Akademie der Wissenschaften zu Leipzig, 1959 Dt. Akademie der Wissenschaften zu Berlin; wiss. Arbeitsleiter 1961 Institut f. dt. Sprache u. Lit., Arbeitsstelle Weimarer Lutherausgabe.

Der Briefwechsel d. Friedrich Mykonius, 1960; Fr.Myconius (Des Herren Name steht uns bei. Luthers Freunde u. Schüler in Thür. I, 1961, 35-53); Einige Randnotizen zur Weimarer Lutherausg. u. zu d. Problemen ihrer Revision (FF 36, 1962, 179-183).

Gelasius I.; Gennadius von Massilia; Honoratus.

Delius, *Harald,* * 4.8.1925 Göttingen, Dr. phil. (1951), B.Phil. (1952). PDoz. f. Philos. 1961 Göttingen.

Unters.en zur Problematik der sog. synthetischen Sätze apriori, 1963.

Brentano, Franz; Hume; Husserl; Intention, 1; Intuition; Phänomenologie; Sympathie.

Delius, *Walter,* * 28.12.1899 Glauchau/Sa., D. (1954, Halle), Lic. theol. (1928), Dr. phil. (1924). Pfarrer 1925 Ammendorf b. Halle, 1928-58 Berlin-Friedrichshagen; Doz. f. KG 1945, Prof. 1949 Kirchl. Hochschule Berlin.

Die ev. Kirche u. d. Revolution 1848, 1948; Der Protestantismus u. d. russ.-orth. Kirche, 1950; Justus Jonas, 1952; Die Reformationsgesch. d. Stadt Halle, 1953; Gesch. d. irischen Kirche von ihren Anfängen bis zum 12.Jh., 1954; Texte zur Gesch. d. Marienverehrung u. Marienverkündigung in d. alten Kirche (KIT 178) 1956; Texte zur Mariologie u. Marienverehrung d. ma.lichen Kirche (ebd 184), 1961; Antonio Possevino SJ u. Ivan Groznyj, 1962; Gesch. d. Marienverehrung, 1963. - Mit-Hg.: Herbergen der Christenheit; JBrKG.

Agricola, Joh.; Albrecht von Mainz; Amling; Anhalt; Beausobre; Bergius; Brigit; Brunnemann; Buchholzer; Cassianus, Joh.; Dreier; Faustus von Reji; Frankfurt a.d.Oder; Fulgentius; Gaudentius; Helvidius; Jonas; Irland II; Kirchenzucht I; Mariendichtung, 1; Marienkunde; Marius Mercator; Medler; Musculus, Andr.; Orangeois; Prätorius, Abdias; Ricius; Schen(c)k; Spanheim, Ezechiel; Vigilius von Thapsus; Werdenhagen; Wimpina; Zeno.

Delling, *Gerhard,* * 10.5.1905 Ossa/Sa., D. (1954, Greifswald), Lic. theol. (1930). Pfarrer 1933 Glauchau/Sa., 1938 Leipzig, Lehrauftrag f. NT 1947 Greifswald (habil. 1948); Prof. mit Lehrauftrag 1950, mit vollem Lehrauftrag 1952, mit Lehrstuhl 1953 Halle.

Paulus' Stellung zu Frau u. Ehe (BWANT IV, 5), 1931; Das Zeitverständnis des NT, 1940; Der Gottesdienst im NT, 1952; Worship in the NT, London 1962; Die Taufe im NT, 1963.

Büchsel; Johannes, Apostel; Johannes der Presbyter; Kenosis, 1; Philipperbrief; Salbung III; Schniewind.

Deneke, *J.F.Volrad,* * 8.3.1920 Wernigerode/Harz. Nach dem Kriege freier Publizist u. Doz. an der Ev. Bibliotheksschule Göttingen; seit 1949 in der Tages-, dann in der Zeitschriftenpresse tätig; seit 1958 Hauptschriftleiter der Zs. »Dt. Ärzteblatt - Ärztl. Mitteilungen«, seit 1962 Vorlesungen an der Akademie für Staatsmedizin in Düsseldorf; MdB.

Das Parlament als Kollektiv (ZgesStW 109, 1953, 503-531); Gesundheit u. Gesundheitsvorsorge auf dem Lande, 1954; Die freien Berufe, 1956; Gesundheitspolitik, 1957.

Freie Berufe.

Deshayes, *Jean,* * 11.2.1924 Paris (Frankreich), Dr. phil. (1958), Prof. in Lyon.

Fouilles exécutées à Mallia, Maisons II: Le Quartier »Z« à Mallia, Paris 1959; Les outils de bronze de l'Indus au Danube, ebd 1960; La nécropole de Ktima, ebd 1963.

Byblos.

Desroche, *Henri,* * 12.4.1914 Roanne/Loire (Frankreich), Studienleiter an der Ecole Pratique des Hautes Etudes VIème Section, Sorbonne.

Signification du Marxisme, Paris 1949; Les Shakers américains, ebd 1955; Au pays du Kibboutz, Basel 1960; Marxisme et religions, Paris 1962; Dieux d'Hommes. Dictionnaire des Messies, Messianismes, Millénarismes de l'ère chrétienne (im Druck).

Messianismus.

Dibelius, *Martin:* 2, 181.

Seneca (mit A.Dihle).

Dicke, *Werner,* * 7.11.1908 Heeren Kr. Unna/Westf. Pfarrer 1936 an den Kückenmühler u. Züllchower Anstalten in Stettin, seit 1941 Pastor u. Vorsteher der Orthopäd. Heil- u. Lehranstalt Annastift e.V. in Hannover-Kleefeld.

Als Er uns schuf, 1953; Anna von Borries, die Helferin der Körperbehinderten, 1954; Den Körperbehinderten steht die Welt offen, 1960. - Hg.: Konferenzberichte d. Verbandes d. dt. ev. Anstalten für Körperbehinderte. - Mit-Hg.: Jb. d. Fürsorge f. Körperbehinderte; Zs. »Die Rehabilitation«.

Körperbehindertenfürsorge; Rehabilitation.

Diehl, *Carl Gustav Ruben,* * 21.9.1906 Malmö (Schweden), Dr. phil. (1956). Pfarrer 1930 Hjärnarp, Missionar 1932 Indien; wiss. Assistent 1954, Doz. 1956 Lund, Missionsdirektor 1960 Uppsala.

Instrument and Purpose. Studies on Rites and Rituals in South India, Lund 1956; God de onontkoombare, Haag 1957; Kristendomens möte med religionerna, Lund 1961.

Heidentum; Hinduismus III.

Diem, *Hermann,* * 2.2.1900 Stuttgart, D. (1950, Göttingen). Württ. Kirchendienst seit 1923, Pfarrer 1934-56 Ebersbach/Fils; Lehrauftrag 1950, Honorar-Prof. 1955, o. Prof. f. Syst. Theol. 1957 Tübingen.

Vollst. Bibliogr. bis 1964: Sine vi sed verbo (Aufs., Vorträge, Voten) (ThB 25), 1965, 274-281. Bes.: Philos. u. Christentum bei S.Kierkegaard, 1929; Krit. Idealismus in theol. Sicht, 1934; Warum Textpredigt?, 1939; Die Existenzdialektik von S.Kierkegaard, 1950; Theol. als kirchl. Wiss. I: Exegese u. Historie, 1951; II: Dogmatik, 1955; III: Die Kirche u. ihre Praxis, 1963.

Sozietät.

Dienst, *Karl,* * 24.1.1930 Weisel/Loreleykreis, Dr. theol. (1955). Pfarrer 1957 Wiesbaden, 1959 Gießen, dazu Doz. f. Liturgik 1959-63 Herborn.

Gesch. d. Luth. Gottesdienstes der Freien Reichsstadt Frankfurt am Main, 1956.

Buß- und Bettage; Dibelius, F.W.; Einsegnung, 1; Erstkommunion; Flattich; Fry, Elisabeth; Funcke; Gedicke; Gerok; Gottesdienst V B, 1; Hackenschmidt; Heldring; Johannesminne; Kaplan; Kawerau; Kinderkommunion; Knapp, Alb.; Kniebeugung; Köstlin, H.A.; Krankenkommunion; Lechler, Karl; Mehl; Messe II; Michaelis, Otto; Mozaraber; Offenhalten der Kirchen; Palmer; Passionszeit; Perikopen; Plenarien; Postille; Reformationsfest; Schäfer; Schmid, Chr.Dan.v.; Seelenmessen; Selbstkommunion; Station; Stationskirche; Stundengebet I, 2; Verklärungsfest; Vesper, 2; Wegelin; Wegzehrung; Weiße, Michael; Weissel; Wetzel; Winckler, Joh. Jos.; Wipo; Wöchnerinnen-Einsegnung; Woltersdorf.

Dietrich, *Albert,* * 4.9.1890 Berlin, † 13.6.1958 Tübingen, Dr. phil. (1915). Oberassistent 1924-28 Philos. Seminar Berlin, Prof. f. Philos. u. Pädagogik 1930 Päd. Akademie Cottbus, 1933 Hochschule f. Lehrerbildung Halle/S., Planstelle f. Erziehungswiss. 1935 Hochschule f. Lehrerbildung Hirschberg/Riesengeb., Doz. f. Erziehungswiss. u. Philos. 1944 Tübingen.

Kants Begriff des Ganzen in seiner Raumzeitlehre u. d. Verhältnis zu Leibniz (Phil. Diss. Berlin), 1915; Marx' u. Nietzsches Bedeutung f. d. dt. Philos. d. Gegenwart (Die Dioskuren 1, 1922, 338-380); Geisteswissenschaftl. Erscheinungen in d. polit. Lit. (ebd 395-409); Kritik d. polit. Ideologien (Archiv f. Politik u. Gesch. 1, 1923, 25-63); Ernst Troeltsch (ebd 97-111; auch separat); Max Schelers Nachlaß (Blätter f. dt. Philos. 8, 1934/35, 411-418).

Evangelische Gemeinschaft.

Dietrich, *Albert,* * 2.11.1912 Hamburg, Dr. phil. (1937). PDoz. f. Semitistik u. Islamkunde 1949, apl. Prof. 1956 Heidelberg, orientalist. Referent 1956 Dt. Archäol. Institut Istanbul, o. Prof. f. Arabistik 1959 Göttingen.

Phöniz. Ortsnamen in Spanien, 1936; Arab. Papyri aus d. Hamburger Staats- u. Univ.-Bibl., 1937; Zum Drogenhandel im islam. Ägypten, 1954; Arab. Briefe aus d. Papyrussammlung d. Hamburger Staats- u. Univ.-Bibl., 1955; Damaszener Schwänke (ZDMG 106, 1956, 317-344); Zur Datierung durch Brüche in arab. Hss. (NAG 1961, 2); Die arab. Studien in Deutschland, ihre gesch. Entwicklung u. ihre gegenw. Lage, 1962 (arab.). - Hg.: Bibliotheca Islamica, seit 1956.

Dionysius bar Salibi; Moses bar Kepha; Palästina II.

Dietrich, *Ernst Ludwig,* * 28.1.1897 Groß-Umstadt Kr. Dieburg/Hessen, Lic. theol. (1920, seit 1954 Dr. theol.), Dr. phil. (1922). Pfarrassistent 1920 Mainz, Pfarrer 1923 Wackernheim b. Mainz, 1927 Hamburg, 1929 Wiesbaden, Landesbischof der Ev. Landeskirche Nassau-Hessen 1934 Darmstadt, staatl. Amtsverbot als Landesbischof 1936, Pfarrverwalter 1936 Wiesbaden, Pfarrer 1945 ebd (suspendiert 1946-49), dazu Lehrbeauftragter 1956 Frankfurt/M.

Die endzeitl. Wiederherstellung bei d. Propheten, 1924; Der Mahdi Mohammed Ahmed vom Sudan nach arab. Quellen (Der Islam 14, 1925, 199-288); Der Urmensch als Androgyn (ZKG 58, 1939, 297-345); Das Judentum im Zeitalter d. Kreuzzüge (Saeculum 3, 1952, 94-131); Das rel.-emphatische Ich-Wort (ZRGG 4, 1952, 1-23); Die hebr. Lit. d. nachbibl. Zeit (HO I/3, 1954, 70-132); Die rabbin. Kritik an Gott (ZRGG 7, 1955, 194-224); Die Lehre von d. Inkarnation im Islam (ebd 9, 1957, 129-149); Das jüd.-christl. Religionsgespräch am Ausgang d. 16.Jh.s (Judaica 16, 1958, 1-39); Das oriental. Judentum in seinen rel. Vorstellungen von d. nachbibl. Zeit bis zur Gegenwart (HO I/8, 2, 1961, 325-404).

Armenpflege III; Elbogen; Entsündigung II; Erwählung I, 5; Gleichnis und Parabel II, 2; Gott III; Haggada; Halacha; Judentum II; Kabbala; Kasuistik II; Offenbarung III; Pharisäer; Rabbiner; Responsen; Sadduzäer; Schma; Schmone 'Esre; Schriftauslegung II; Sittlichkeit IV; Sopherim; Talmud.

Dietz, *Johann,* * 18.5.1898 Ellhofen Kr. Heilbronn, Dr. phil. (1927). 1919-43 Volksschullehrer, 1943 Schulrat, 1955 Oberregierungsrat, 1958 Regierungsschuldirektor.

Das Dorf als Erziehungsgemeinde, (1927) 1947²; Erziehung im ländl. Lebenskreis (Bildungsfragen unserer Zeit, hg.v. F.Arnold, 1956, 91-120).

Dorfjugend.

Dignath, *Walter,* * 4.11.1912 Jänischken, Dr. theol. (1961). Pfarrer 1939 Schaaken, 1946 Oldenburg i.O., 1949 Düren/Rhld., 1957 Frankfurt/M., dazu 1961 ebd Lehrbeauftragter f. Ev. Theol. u. Didaktik der Glaubenslehre, 1964 ebd Oberstudienrat im Hochschuldienst.

Kirche, Krieg, Kriegsdienst (ThF 10), 1955; Vom Schwert d. Geistes u. vom Geist d. Schwertes (Stimme der Gemeinde 11, 1959, 66-74); Die hist. Befragung bibl. Erzählungen als Aufgabe christl. Unterweisung (Ev.-theol. Diss. Mainz), 1961 (Masch.).

Christlicher Friedensdienst; Friedensbewegung; Umfrid; Versöhnungsbund.

Dihle, *Albrecht,* * 28.3.1923 Kassel, Dr. phil. (1946). PDoz. f. klass. Philologie 1950, apl. Prof. 1957 Göttingen, o. Prof. 1958 Köln.

Studien zur griech. Biogr., 1956; Art. »Demut« (RAC III, 1957 735-778); Die Goldene Regel, 1962. - Redaktor der GGA 1952-58. - Mit-Hg. des RAC ab Bd VI, 1964ff.

Herakles; Heroen; Herrscherkult; Orakel; Porphyrius von Gaza; Python; Seneca (mit M.Dibelius).

Dilger, *Alfred,* * 20.10.1897 Tellicherry (Indien), Pfarrer der Ev. Gesellschaft 1924 Stuttgart, Pfarrer 1932 Nellingen/Alb, 1942 Bad Cannstatt, Heimatinspektor der Basler Mission - Dt. Zweig e.V. 1947 Stuttgart, i.R. 1963.

Basler Missionsgesellschaft.

Dinkler, *Erich,* * 6.5.1909 Remscheid, D. (1949, Marburg), Dr. theol. (1932), M.A. (1951). PDoz. f. KG u. christl. Archäologie 1935 Marburg, 1938/39 Stipendiat des Dt. Archäol. Instituts, 1939-44 Reserveoffizier, 1944-48 Kriegsgefangenschaft; o. Prof. f. NT u. christl. Archäologie 1949 Mainz, 1950 Yale Univ. (USA), 1956 Bonn, 1963 Heidelberg.

Die Anthropologie Augustins (FKGG 4), 1934; Gottschalk der Sachse, 1936; Die ersten Petrusdarstellungen, 1940; Bibelautorität u. Bibelkritik (SgV 193), 1950; Die Petrus-Rom-Frage (ThR NF 25, 1959, 189-230. 289-335; 27, 1961, 33-64); Kreuzzeichen u. Kreuz (JAC 5, 1962, 93-112); Die Apsiskomposition von S. Apollinare in Classe, 1964. - Hg.: ThR, seit 1948; Zeit u. Gesch. (Festschr. R.Bultmann), 1964. - Mit-Hg.: ZThK, seit 1950; RGG³.

Altchristliche Kunst; Bibelkritik II; Cadbury; Dura Europos III; Geschichte und Geschichtsauffassung II A; Heinrici; Holtzmann; Korintherbriefe; Kreuz II; Malerei und Plastik I; Petrus, Apostel; Petrustradition; Planck, Max; Prädestination II; Sator arepo; Schubert, H.v.; Soden, Hans v.; Taufe II; Totentaufe; Tradition V; Versiegelung; Weltbild III.

Dinkler-von Schubert, *Erika,* * 29.7.1904 Kiel, Dr. phil. (1957).

Der Elisabethschrein in Marburg (Insel-Bücherei 565), 1953; Der Schrein der Hl. Elisabeth. Studien zur Schreinikonographie, 1964. - Fachberaterin f. Kunstgesch. bei RGG³.

Christusbild; Lebensbaum, 2; Liturgie VI, 2; Michael, Erzengel, 2; Phönix, 2; Physiologus; Reliquiare.

Dittmer, *Kunz,* * 19.9.1907 Leipzig, Dr. phil. (1933). Assistent 1934 Museum f. Völkerkunde Berlin, Kriegsdienst 1941-45, Abteilungsleiter 1946 Museum f. Völkerkunde Hamburg.

Die Kunst d. Naturvölker (Atlantisbuch d. Kunst, 1952, 627-644); Allg. Völkerkunde, 1954 (span. 1960, holl. 1962); Wirtschaft d. Naturvölker (Lehrbuch d. Völkerkunde, hg.v. L.Adam u. H.Trimborn, 1958³, 208-231); Afrika (Völkerkunde, hg.v. H.Tischner [Fischer-Lexikon 13], 1959, 10-18. 84-88. 162-201. 314-331); Die sakralen Häuptlinge der Gurunsi im Obervolta-Gebiet, 1961.

Kunst II A, 1.

Doerne, *Martin,* * 20.3.1900 Schönbach Kr. Löbau/Sa., D. (1934, Erlangen), Lic. theol. (1928), Dr. phil. (1924). Pfarrvikar 1924 Chemnitz, Pfarrer 1925 Löbau/Sa., Studiendirektor 1927 Predigerseminar Lückendorf,

o. Prof. f. Prakt. Theol. 1934 Leipzig, f. Syst. Theol. 1947 Rostock, 1952 Halle, f. Prakt. Theol. 1954 Göttingen.

Bibliogr.: ThLZ 90, 1965, 315-318. Bes.: Die Religion in Herders Geschichtsphilos., 1927; Bildungslehre d. ev. Theol., 1933; Neubau d. Konfirmation, 1936; Er kommt auch noch heute. Homilet. Auslegung d. altkirchl. Evangelien, (1937) 1961[5]; Der Mensch im Urteil d. Bibel, (1939) 1949[2]; Furcht ist nicht in der Liebe. Homilet. Auslegung d. altkirchl. Episteln, (1947) 1950[2]; Gott u. Mensch in Dostojewskijs Werk, (1957) 1962[2]. - Hg.: Theologia militans (Schriftenreihe), 1935-40; Grundriß d. Theologiestudiums I-III, 1947-50.

Erbauung, 2; Helmbold; Herman; Homiletik; Hymnologie; Kirchenlied I, 1-3; Meyfart; Nicolai, Phil.; Predigt II.

Dörr, *Friedrich*, * 7.3.1908 Wolframs-Eschenbach, Dr. theol. (1938), Dr. phil. (1930). Kriegspfarrer 1940 bis 1945, ao. Prof. f. Philos. u. Pädagogik 1945, o. Prof. 1951 Phil.-theol. Hochschule Eichstätt.

Diadochus von Photike u. die Messalianer, 1937.

Diadochus.

Dörrer, *Fridolin*, * 21.9.1923 Innsbruck (Österreich), Dr. phil. (1950). 1950-51 am Österr. Kulturinstitut in Rom, 1951-53 am Institut f. österr. Geschichtsforschung in Wien, seit 1950 Archivar im Landesregierungsarchiv f. Tirol in Innsbruck.

Der Wandel d. Diözesaneinteilung Tirols u. Vorarlbergs seit d. Früh-MA (Tiroler Heimat 17, 1953, 41-74); Seelsorge im Winkel (Schlern-Schriften 138, 1954, 49-75); Die Bistumsfragen Tirols seit 1918 (ebd 140, 1955, 47-88); Röm. Stimmen zum Frühjosephinismus (MIÖG 63, 1955, 460-483); Der Schriftverkehr zwischen d. päpstl. Staatssekretariat u. d. Apostol. Nuntiatur Wien in d. 2. Hälfte d. 18.Jh.s (Röm. Hist. Mitt.en 4, 1960/61, 63-246).

Brixen.

Dörrie, *Heinrich*, * 27.11.1911 Hannover, Dr. phil. (1935). Mitarbeiter am Septuaginta-Unternehmen der Göttinger Akademie der Wissenschaften 1936-40, Kriegsdienst 1939-45 (Habilitation 1943), Kriegsgefangenschaft 1945-53; PDoz. f. klass. Philologie 1954 Göttingen; ao. Prof. 1956, o. Prof. 1957 Saarbrücken, 1961 Münster.

Passio SS. Machabaeorum (AGG III, 22), 1938; Ὑπόστασις, Wort- u. Bedeutungsgesch. (NAG 1955, 3); Leid u. Erfahrung. Die Wort- u. Sinn-Verbindung παθεῖν - μαθεῖν im griech. Denken (AAMz 1956, 5); Drei Texte zur Gesch. der Ungarn u. Mongolen (NAG 1956, 6); Die Frage nach dem Transzendenten im Mittelplatonismus (Entretiens de la fondation Hardt 5, 1957, 193-241); Porphyrios' »Symmikta zetemata«, 1959; Unters.en zur Überlieferungsgesch. von Ovids Epistulae Heroidum (NAG 1960, 5 u. 7).

Äneas von Gaza; Alexander von Lykopolis; Ammonius; Diokletian; Domitian; Emanation; Felicitas und ihre Söhne; Gemistos Plethon; Hermetica; Inkubation; Julian, Kaiser; Kosmas Indikopleustes; Märtyrer I; Nereus und Achilleus; Nero; Neuplatonismus; Neupythagoreer; Pico della Mirandola; Platon; Platonismus; Plotin; Poimandres (mit K.Latte); Porphyrius; Poseidonios; Proklus; Tychon der Heilige.

Dörries, *Hermann*, * 17.7.1895 Hannover, D. (1929, Marburg), Lic. theol. (1922). PDoz. f. KG 1923, ao. Prof. 1926 Tübingen, o. Prof. 1928 Halle, 1929 Göttingen, em. 1964.

Bibliogr.: ThLZ 86, 1961, 471-474. Bes.: Symeon von Mesopotamien. Die Überlieferung d. messalian. »Makarios«-Schriften (TU 55, 1), 1941; Das Bekenntnis in d. Gesch. d. Kirche, (1946) 1947[2]; Die Vita Antonii als Geschichtsquelle (NAG 1949, 14); Das Selbstzeugnis Kaiser Konstantins (AAG III, 34), 1954; De spiritu sancto. Der Beitrag des Basilius zum Abschluß d. trinitar. Dogmas (AAG III, 39), 1956; Konstantin d.Gr. (Urban-Bücher 29), 1958; Constantine and Religious Liberty, New Haven 1960. Ferner: Geist u. Gesch. bei Gottfried Arnold (AAG III, 51), 1963.

Akoimeten; Antonius d.Gr.; Apophthegmata patrum; Cyrill von Skythopolis; Euchiten; Hilarion; Makarius, 1. 2; Mystik VI (mit M.A.Schmidt); Paulus von Theben.

Dohna, *Lothar Graf zu*, * 4.5.1924 Seepothen Kr. Samland, Dr. phil. (1957). Wiss. Assistent 1953 Mainz, 1958 Göttingen.

Reformatio Sigismundi. Beiträge zum Verständnis einer Reformschrift d. 15.Jh.s, 1960.

Reformatio Sigismundi.

Dollinger, *Robert*, * 21.2.1900 Neustadt a.d. Aisch, Dr. theol. (1928). Pfarrer 1929 Wüstenselbitz/Ofr., 1939 Weiden/Opf., 1957 Pfarrkirchen/Ndb., em. 1960.

Gesch. d. Mennoniten in Schleswig-Holstein, Hamburg u. Lübeck, 1930; Das Evangelium in d. Oberpfalz, 1952; Das Evangelium in Regensburg. Eine ev. KG, 1959.

Heßhus; Hubmaier; Mörlin, Joach.; Osiander, 2. 3; Sarcerius; Schnepf(f); Spangenberg, 2. 3; Trubar; Westphal.

Dombois, *Hans*, * 15.10.1907 Berlin, Dr. jur. (1950). Gerichtsassessor 1933, Staatsanwalt in Potsdam, Frankfurt/M., Fulda, Erster Staatsanwalt beim Kammergericht, 1939-45 Kriegsteilnehmer; 1952 wiss. Mitglied der Ev. Forschungsakademie Christophorusstift Hemer, 1957 der Ev. Studiengemeinschaft Heidelberg.

Strukturelle Staatslehre, 1952; Naturrecht u. christl. Existenz, 1952; Mensch u. Strafe, 1957; Ordnung u. Unordnung der Kirche. Kirchenrechtl. Abh.en u. Vorträge, 1957; Ökum. Kirchenrecht I: Das Recht der Gnade, 1961. - Hg. bzw. Mit-Hg.: Weltl. u. kirchl. Eheschließung, 1953; Familienrechtsreform, 1955; Recht u. Institution, 1956; Macht u. Recht. Beitr. zur luth. Staatslehre der Gegenwart, 1956.

Ehe VI, 1. 3; Frau V, 2; Mischehe; Recht III; Trauung II, 1. 2; Verlöbnis, 2; Zivilstandsgesetzgebung.

Donner, *Herbert*, * 16.2.1930 Reichstädt/Sa., Dr. theol. (1957), Dr. phil. (1958). PDoz. f. AT 1960, o. Prof. 1964 Göttingen.

Ein Orthostatenfragment d. Königs Barrakab von Sam'al (MIOr 3, 1955, 73-98); Neue Quellen zur Gesch. d. Staates Moab in d. 2. Hälfte d. 8.Jh.s vChr (ebd 5, 1957, 155-184); Art u. Herkunft d. Amtes der Königinmutter im AT (Festschr. J.Friedrich, 1960, 105 bis 145); Kanaanäische u. aram. Inschriften I (mit W.Röllig), 1962.

Königtum in Israel (mit A.Alt); Leiden II; Philister; Syrien I; Ugarit, 2.

Dorman, *Harry Gaylord jr.*, * 11.1.1906 Beirut (Libanon), B.A. (1926), M.A. (1926), B.D. (1933), Ph.D. (1947). Missionar 1934 Tripolis, 1937 Aleppo, 1947 Beirut; Exekutiv-Sekretär des Near East Christian Council.

Towards Understanding Islam, New York 1948.

Islam III.

Draguet, *René*, * 13.2.1896 Gosselies (Belgien), Dr. theol. (1924). Doz. 1925, Prof. f. KG 1926 Löwen.

Bibliogr. in: Bibliogr. académique d'Univ. Catholique de Louvain 6, 1937, 33f; 7, 1954, 317f; 9, 1956, 13. Bes.: Julien d'Halicarnasse et sa controverse avec Sévère d'Antioche sur l'incorruptibilité du corps du Christ, Löwen 1924; Histoire du dogme catholique, Paris (1941) 1947[2]; Les Pères du désert, ebd 1949; Index copte et greccopte de la Concordance du NT sahidique (CSCO 196), Löwen 1960. - Hg.: CSCO. - Mit-Hg.: RHE.

Julian von Halikarnaß.

Dreitzel, *Hans Peter*, * 3.1.1935 Berlin, Dr. phil. (1961). Wiss. Assistent 1962 soziol. Seminar Göttingen.

Elitebegriff u. Sozialstruktur. Eine soziol. Begriffsanalyse, 1962.

Zivilisation.

Dreyfus, *François-Georges*, * 13.9.1928 Paris (Frankreich), Agrégé de l'Université (1952). Studienrat 1953 Straßburg, wiss. Assistent 1958 Centre National de la Recherche Scientifique, Doz. 1961 Univ. Straßburg.

L'Industrie du Verre en Bas Languedoc de Colbert à la Révolution industrielle (masch. Diss., gekürzt in Annales du Midi 63, 1951, 43-70); Le Protestantisme alsacien (Archives de Sociol. des religions 3, 1957, 57-71); Premiers résultats d'une sociologie du Protestantisme en France (ebd 8, 1959, 147-157); Beitrag zu d. Preisbewegungen im Oberrheingebiet im 18.Jh. (VSWG 47, 1960, 245-256); Jalons pour une sociologie politique de la France de l'Est (Revue franç. de Science politique 10, 1960, 527-561); Methodol. Probleme d. religionssoziol. Forschung in Frankreich (Probleme d. Religionssoziologie. Sonderh. 6 der KfS, 1962, 223-232); Documents d'Histoire contemporaine I. II, Paris 1964.

Revolution; Wirtschaftsgeschichte III, 2.

Drobnitzky, *Walter,* * 30.3.1900 Liegnitz/Schlesien. Pfarrer 1925 Königshütte-Lipine, 1935 Fraustadt »Kripplein Christi«, Divisionspfarrer 1939, Pfarrer 1948 Münster/Westf.

Hg.: Augustanabote, 1935-41.

Hochkirchliche Bewegung II.

Drögereit, *Richard,* * 25.1.1908 Essen, Dr. phil. (1932). Wiss. Hilfsarbeiter 1935, Staatsarchivrat 1939 Hannover, Staatsarchivdirektor 1960 Stade, dazu Lehrauftrag f. hist. Hilfswissenschaften 1962 Hamburg.

Gab es eine angelsächs. Königskanzlei? (AUF 13, 1935, 335-436); Das Testament König Georgs I. u. d. Frage d. Personalunion zwischen England u. Hannover (Niedersächs. Jb. f. Landesgesch. 14, 1937, 94-199); Werden u. der Heliand, 1951; Kaiseridee u. Kaisertitel bei d. Angelsachsen (ZSavRG 69, Germ. Abt., 1952, 24-73); Bemerkungen zum Bayeux-Teppich (MIÖG 70, 1962, 257-293). - Mit-Hg.: JGNKG; Studien zur KG Niedersachsens.

Bernward; Hildesheim; Sachsen, Volk.

Dühren, *Herbert van,* * 29.6.1931 Berlin. Wiss. Assistent 1956-59 Max-Planck-Institut für Gesch. Göttingen.

Ludwig IX., der Heilige.

Dürig, *Walter,* * 17.3.1913 Breslau, Dr. theol. (1944), Dr. phil. (1941). PDoz. f. Liturgiewiss. u. Pastoraltheol. 1948 München; ao. Prof. 1951, o. Prof. 1955 Regensburg, 1956 Freiburg/Br., 1960 München.

J.M.Sailer, Jean Paul, Fr.H.Jacobi. Ein Beitrag zur Quellenanalyse der Sailerschen Menschauffassung, 1941; Angelus Silesius als Kontroverstheologe u. Seelsorger (Diss. Breslau), 1944 (Masch.); Imago. Ein Beitrag zur Terminologie u. Theol. d. röm. Liturgie (MThS II, 5), 1952; Geburtstag u. Namenstag. Eine liturgiegesch. Studie, 1954; Pietas Liturgica. Studien zum Frömmigkeitsbegriff u. zur Gottesvorstellung d. abendländ. Liturgie, 1958; Die Zukunft d. liturg. Erneuerung, 1962.

Geburtstag.

Dürr, *Johannes,* * 10.6.1904 Gams/St. Gallen (Schweiz), Dr. theol. (1946). Lehrauftrag f. Missionswiss. 1948 Basel; ao. Prof. f. Prakt. Theol. u. Missionswiss. 1951, vollamtl. Extraordinarius 1962 Bern.

Sendende u. werdende Kirche in d. Missionstheol. Gustav Warnecks, 1947; Moderne Missions-Probleme, 1958. - Hg.: EMM, 1948-63.

Heber; Josenhans; Predigt IV; Schweiz II.

Dummer, *Jürgen,* * 25.5.1935 Kolberg/Ostsee, Diplom-Philologe, wiss. Assistent 1957 Dt. Akademie der Wissenschaften zu Berlin (Kommission f. spätantike Religionsgesch.).

Isidor von Pelusium; Palladius von Helenopolis; Thebäische Legion; Valentin der Heilige; Vierzig Märtyrer; Viktor und Corona.

Ebbecke, *Ulrich,* * 29.12.1883 Gammertingen/Württ., † 22.2.1960 Bonn, Dr. med. (1907). PDoz. f. Physiologie 1913 Göttingen, o. Prof. 1924 Bonn.

Die kortikalen Erregungen, 1919; Einwirkung hoher Drucke auf Lebenserscheinungen, 1940; Johannes Müller, der große rhein. Physiologe, 1951; Wirklichkeit u. Täuschung, 1956; Bewußtseinserscheinungen, 1958; Physiologie d. Bewußtseins in entwicklungsgesch. Betrachtung, 1959.

Müller, Joh.

Ebeling, *Gerhard,* * 6.7.1912 Berlin-Steglitz, D. (1952, Bonn), Dr. theol. (1938). Pfarrer 1939 Berlin-Hermsdorf; Doz. f. KG 1946, o. Prof. 1946, f. Syst. Theol. 1954 Tübingen, 1956 Zürich, 1965 Tübingen.

Ev. Evangelienauslegung. Eine Unters. zu Luthers Hermeneutik, (1942) 1962; Kirchenzucht, 1947; Die Geschichtlichkeit d. Kirche u. ihrer Verkündigung als theol. Problem (ebd 207/08), 1954; Was heißt Glauben? (ebd 216), 1958; Das Wesen d. christl. Glaubens, (1959) 1963; Wort u. Glaube, (1960) 1962²; Theol. u. Verkündigung. Ein Gespräch mit Rudolf Bultmann (HUTh 1), (1962) 1963²; Vom Gebet. Predigten über das Unser-Vater, 1963; Luther. Einführung in sein Denken, 1964; Wort Gottes u. Tradition. Studien zu einer Hermeneutik d. Konfessionen, 1964. - Hg.: ZThK, seit 1950; BHTh, seit 1950. - Mit-Hg.: HUTh, seit 1962.

Geist und Buchstabe; Hermeneutik; Luther II; Theologie I; Theologie und Philosophie I-III; Tradition VII.

Ebert, *Rolf,* * 2.9.1926 Lychen Kr. Templin, Dipl.-Phys. (1952), Dr. rer. nat. (1954). Wiss. Assistent 1954 Max Planck-Institut f. Physik Göttingen, 1957 Univ. Princeton (USA), 1958 Hamburg, 1963 Frankfurt/M.

Mitautor von: Die Entstehung von Sternen, 1960.

Naturwissenschaft II (mit W.Wieland).

Eckhardt, *Karl August,* * 5.3.1901 Witzenhausen, Dr. jur. (1922). PDoz. f. Dt. Recht 1924 Göttingen, o. Prof. 1928 Kiel, 1930 Handelshochschule Berlin, 1932 Bonn, 1933 Kiel, 1935 Univ. Berlin, stellv. Präsident der Monumenta Germaniae 1935-36 (Leiter der Leges-Abteilung bis 1945), o. Prof. 1937 Bonn, 1939-45 Offizier, 1945-47 Kriegsgefangenschaft, 1948 i.R.

Vollst. Bibliogr. bis 1961 in: Festg. K.A.Eckhardt, 1961, 43-58. Bes.: Rechtsbücherstudien I-III, 1927-33; Sachsenspiegel Landrecht, (1933) 1955², Lehnrecht, (1933) 1956²; Germanenrechte (Texte u. Übers.en), 1934-63; Studien zur Rechts- u. Religionsgesch., 1934-63.

Sachsenspiegel.

Eder, *Matthias,* * 15.11.1902 Abtenau/Salzburg (Österreich), SVD (1923), Dr. phil. (1939). Missionar 1930-34 Japan, Prof. der Ethnologie 1938-49 Fujen Univ. Peking, seit 1949 in Japan, Prof. der Ethnologie 1953-55 Nanzan Univ. Nagoya.

Das Jahr im chines. Volkslied, Peiping 1946; Spielgeräte u. Spiele im chines. Neujahrsbrauchtum, 1947; Figürl. Darstellungen in d. japan. Volksreligion (Folklore Studies 10, 1951, 197-280); Totenseelen u. Ahnengeister in Japan (Anthropos 51, 1956, 97-112); Familie, Sippe, Clan u. Ahnenverehrung in Japan (ebd 52, 1957, 813-840); Schamanismus in Japan (Paideuma 6, 1958, 367-380); Die Kulturgesch. d. jap. Bauernhauses (Folklore Studies, Monograph Nr. 2), 1963. - Hg.: Folklore Studies, seit 1942; Asian Folklore Studies, seit 1963.

Ainu-Religion; Amida I; China II; Japan II; Konfuzius; Laotse; Mêngtse; Mo-ti; Shintoismus I; Taoismus.

Edsman, *Carl-Martin,* * 26.7.1911 Malmberget (Schweden), Dr. theol. (1941), Dr. phil. (1949). Doz. f. Religionsgesch. 1940, Preceptor 1950, o. Prof. 1959 Uppsala.

Vollst. Bibliogr. bis 1959 in: Inbjudan till de offentliga högtidligheter vid vilka... C.-M.Edsman... installeras... av T. T. Segerstedt, Uppsala 1959, 96-101. Bes.: Le baptême de feu (ASNU 9), 1940; The Body and Eternal Life (HS I/2), 1946; Återspeglar Völuspá 2: 5-8 ett schamanistiskt ritual eller en keltisk åldersvers? (Arkiv för nordisk filologi 63, 1948/49, 1-54); Ignis divinus (SVSL 34), 1949; Påskaftonens nya eld i Jerusalem I-III (Svenska Jerusalemsföreningens tidskrift 53, 1954, 2-26; 54, 1955, 3-42; 56, 1957, 4-31); Studier i jägarens religion (Annales Academiae Scientiarum Upsaliensis 2, 1958, 33-94); Zum sakralen Königtum in d. Forschung der letzten hundert Jahre (Studies in the Hist. of Religions [Suppl. to Numen] IV, 1959, 3-17). Ferner: Bear Rites among the Scandinavian Lapps (Proceedings of the 9th Intern. Congr. for the Hist. of Religions, Tokyo 1960, 25-32); Volksglaube (Schwed. Volkskunde, Uppsala 1961, 441-459). - Hg.: Kyrkornas Värld I-III, 1961-63. - Fachberater f. Religionsgesch. in NTU u. RGG^3.

Alchemie (mit F.STRUNZ); Allegorie I; Alphabet- und Buchstabenmystik; Astralreligion (mit O.RÜHLE); Astrologie (mit F.STRUNZ); Auferstehung II; Bachofen; Bärenfest; Begräbnis I; Brücke (mit M.RÄSÄNEN); Buddhismus IV; Chantepie de la Saussaye, P.D.; Cumont; Ersatzgaben (mit C.CLEMEN); Eschatologie I; Feste und Feiern I; Feuer; Fruchtbarkeit; Furcht (mit G. VAN DER LEEUW); Fußspuren; Gabe; Gähnen; Gewitter; Gleichnis und Parabel I; Kreuz I; Labyrinth; Lachen und Weinen (mit F.C.GRANT); Macht I (mit N.SÖDERBLOM); Magie, 1-6 (mit A.BERTHOLET); Milchstraße (mit O.RÜHLE); Mitleid, 1 (mit M.WINTERNITZ); Naturmythologie; Offenbarung I; Orientation, 1; Panbabylonismus; Personifikation; Pettazzoni; Phönix, 1; Sagen und Legenden I; Schöpfung I; Sonnenwende (mit O.RÜHLE); Survivals; Taufe I; Tod I (mit A.BERTHOLET); Totenverehrung I; Trauerbräuche I; Trinität I; Volkskunde II; Weltenbaum; Weltende; Weltperioden; Westermarck; Zwerge (mit A.BERTHOLET).

Eekhof, *Albert,* * 26.7.1884 Steenwijk (Niederl.), † 23.3.1933 Oegstgeest, D.D. (1932, Edinburgh), Dr. theol. (1909), Dr. theol. h.c. (1925, Zürich). Pfarrer 1910 Diemen, 1914 Ouderkerk; ao. Prof. f. Gesch. des ref. Protestantismus 1915, o. Prof. f. KG u. DG 1925 Leiden.

De questierders van den aflaat in de noordelijke Nederlanden (Diss.), 's-Gravenhage 1909; De Hervormde Kerk in Noord-Amerika 1624-64, 2 Bde, ebd 1913; De Avondmaalsbrief van Cornelis Hoen (1525), ebd 1917; De theol. faculteit te Leiden in de 17de eeuw, Utrecht 1921; Three Unknown Documents concerning the Pilgrim Fathers in Holland, Den Haag 1920; Jonas Michaelius, Founder of the Church in New Netherland, Leiden 1926. - Mit-Hg.: NAKG.

Deventer.

Eggenberger, *Oswald,* * 4.8.1923 Schwanden/Glarus (Schweiz), Dr. theol. (1951). Pfarrer 1948 Davos-Frauenkirch-Glaris, 1953 Richterswil, 1961 Mönchaltorf.

Die Neuapostol. Gemeinde (BEvTh 18), 1953; Wie beurteilt man eine Sekte?, 1955; Ev. Glaube u. Pfingstbewegung, 1956; Die Neuapostolischen - echtes oder verzerrtes Bild christl. Kirche?, 1964; Die Freikirchen in Deutschland u. in der Schweiz u. ihr Verhältnis zu den Volkskirchen, 1964.

Allianzbewegungen; Amana-Society; Auferstehungssekte; Christian Endeavor; Conradi; Darby; Darbysten; Disciples of Christ; Dowie; Drummond, Henry; Dunkers; Fröhlichianer; Irving; Katholisch-Apostolische Gemeinde; Konfession; Lutz, J.E.G.; Mormonen; Neuapostolische Gemeinde; Oncken; Perfektionisten, 3; Pfingstbewegung I, 1-4; Sabbatarier; Sekten IV; Vereinigung vom gemeinsamen Leben; Zeugen Jehovas.

Ehmann, *Wilhelm,* * 5.12.1904 Freistatt/Hann., Dr. phil. (1934). Volksschullehrer 1925 Gütersloh; Kantor 1928, PDoz. f. Musikwiss. 1939 Freiburg/Br., ao. Prof. 1940 Innsbruck, Direktor der Westf. Landeskirchenmusikschule 1948 Herford.

Vollst. Bibliogr. bis 1954: MGG III, 1179f. Ferner: Kirchenmusik, Vermächtnis u. Aufgabe, 1958; Das Bläserspiel (Leiturgia IV, 1961, 805-856; auch separat); Concertisten u. Ripienisten in der h-moll-Messe J.S.Bachs, 1961; Alte Musik in der Neuen Welt, 1961; Bläser-Fibel II (3 Bde), 1962. - Ausgaben: Bläser-Intraden zum Wochenlied, 1957; Carmina nova, 1961; Heinr. Schütz, Kleine geistl. Konzerte, 3 Bde, 1963.

Kuhlo; Posaunenchöre.

Ehnmark, *Erland,* * 1.10.1903 Härnösand (Schweden), Dr. theol. h.c. (1953, Lund), Dr. phil. (1935). Doz. f. Religionsgesch. 1937-41 Uppsala, Prof. f. Religionsgesch. u. -psychologie 1949 Lund.

The Idea of God in Homer (Diss. Uppsala), 1935; Anthropomorphism and Miracle (UUÅ 1939, 12); Religionsproblemet hos Nathan Söderblom, Lund 1949.

Nilsson; Söderblom; Sondergötter.

Ehrhardt, *Arnold Anton Traugott,* * 14.5.1903 Königsberg/Pr., Dr. jur. (1928), Ph.D. (1943), B.D. (1953). PDoz. f. Röm. u. Bürgerl. Recht 1929 Freiburg, Vertreter zweier Lehrstühle 1932 Frankfurt/M. u. 1934 Lausanne; nach Vertreibung aus Frankfurt theol. Studium in Basel 1936-39 u. Cambridge 1940-43, Pfarrdienst in anglikan. Gemeinden 1943-58; Bishop Fraser Lecturer f. KG 1958, Senior Lecturer 1961 Univ. Manchester; als Prof. des Röm. Rechts in den Ruhestand versetzt durch die Univ. Frankfurt 1956.

The Apostolic Succession in the first two Centuries of the Church, London 1953; The Apostolic Ministry, Edinburgh 1958; Polit. Metaphysik I. II, 1959; The Framework of the NT Stories, 1964.

Acton; Allies; Balfour; Bentham; Gordon, 1. 2; Justinian I.; Maitland; Ramsay; Viktor I.

Ehrlich, *Ernst Ludwig,* * 27.3.1921 Berlin, Dr. phil. (1950). 1956 Gastdozent Univ. Frankfurt/M., 1958 Zentralsekretär der Christl.-Jüd. Arbeitsgemeinschaft in der Schweiz, 1961 Direktor der B'nai B'rith.

Der Traum im AT (BZAW 73), 1953; Gesch. d. Juden in Deutschland (Quellenheft), (1957) 1961^4; Gesch. Israels, 1958; Die Kultsymbolik im AT u. im nachbibl. Judentum, 1959. - Hg.: Studia Judaica, 1961ff.

Traum.

Eichrodt, *Walther,* * 1.8.1890 Gernsbach/Baden, D. (1927, Erlangen), D.D. (1951, Glasgow), Lic. theol. (1914). Repetent f. AT 1914-22 Bethel u. Erlangen, PDoz. 1918 Erlangen; ao. Prof. f. AT u. Religionsgesch. 1922, o. Prof. 1934 Basel, 1961 em.

Vollst. Bibliogr. bis 1960: ThZ 16, 1960, 354-358 u. ThLZ 85, 1960, 629-634. Bes.: Die Quellen der Genesis von neuem untersucht (BZAW 31), 1916; Theol. des AT I, (1933) 1959^6, II. III, (1935/39) 1961^4; Das Menschenverständnis des AT, (1944) 1947^2 (engl. 1951 u.ö.); Israel in d. Weissagung des AT, 1951; Religionsgesch. Israels (Historia Mundi II, 1953, 377-448); Der Prophet Hesekiel (Kap. 1-18) (ATD 22/1), 1959; Der Heilige in Israel (Jes 1-12), 1960. - Mit-Hg.: Theol. der Gegenwart, 1925-39; AThANT, seit 1944.

Offenbarung II; Zorn Gottes II.

Ejerfeldt, *Lennart,* * 24.5.1931 Strängnäs (Schweden), Fil. lic. (1962), Doktorand f. Religionsgesch.

Weihen I.

Eilers, *Wilhelm,* * 27.9.1906 Leipzig, Dr. jur. (1931). Referent des Dt. Archäol. Instituts (Leiter des Stützpunktes Isfahan), 1941-47 interniert in Australien, Doz. f. semit. Sprachen, Hebr. u. AT 1947-52 Univ. Sydney, Lehrbeauftragter u. Doz. 1952 Marburg, o. Prof. f. oriental. Philologie 1958 Würzburg.

Gesellschaftsformen im altbabyl. Recht, 1931; Die Gesetzesstele Chammurabis, 1932; Iran. Beamtennamen I, 1940; Der alte Name d. pers. Neujahrsfestes, 1953; Der Name Demawend (ArOr 22, 1954, 267-374; 24, 1956, 183-224); Dt.-pers. Wörterbuch, 1959ff. - Mit-Hg.: OLZ (Iranistik), seit 1963.

Ahriman; Amesha spenta; Avesta; Fravaschi; Jeziden; Iran I-III. VII; Iranistik; Magier; Mazdak; Mazdaznan; Medien; Ormazd; Zarathustra.

Eißfeldt, *Otto,* * 1.9.1887 Northeim/Hann., D. (1922, Berlin), D.D. (1951, Glasgow), D. theol. (1955, Budapest), Lic. theol. (1911), Dr. phil. (1916). PDoz. f. AT 1913 Berlin, o. Prof. 1922 Halle, 1957 em. - Vgl. 1, 407f.

Vollst. Bibliogr. bis 1957 in: Festschr. O.Eißfeldt zum 60. Geb., 1947, 213-231; ThLZ 82, 1957, 701-714. Ferner: Die Genesis der Genesis, (1958) 1961²; Kleine Schriften I-IV, 1962ff; Einl. in das AT, 1964³.

Adonaj; Adonis; Ai; Anath; Aschera; Astarte; Atargatis; Baal; Baalat; Baudissin; Bethel; Dura-Europos I; El; Elohim; Hadad; Jahu; Jahwe; Kanaan I (mit A.KUSCHKE). III; Literarkritische Schule; Menschenopfer, 2; Moloch; Philo Byblius; Sanchunjaton; Sinai; Sodom und Gomorrha; Syrien II; Tanit; Ugarit, 3; Wellhausen; Zebaoth; Zehnten, 1.

Elbogen, *Ismar:* 2, 414.

Gebet III (mit E.L.RAPP); Gottesdienst III (mit E.LOHSE); Musik IV (mit K.GALLING).

Elfers, *August,* * 18.7.1897 Himmelpforten Kr. Stade, † 6.7.1959 Hannover, D. (1949, Göttingen), Lic. theol. (1929). Pastor 1926 Wriedel Kr. Uelzen, zugleich 1932 Leiter der Volksmission im Amt für Gemeindedienst in Hannover; Missionsinspektor u. Leiter des Missionsseminars 1937 Hermannsburg, ebd 1943-59 Missionsdirektor.

Wieder im Gallaland, 1939; Aba Magal, 1952; Südafrikanisches Bilderbuch, 1952; Der Zimmermann von Aıra, 1953. - Hg.: Hermannsburger Missionsblatt, 1949-59 (unvollst. Bibliogr. im Sept.-Heft 1959).

Äthiopien V; Hermannsburger Mission.

Eliade, *Mircea,* * 9.3.1907 Bukarest (Rumänien), Dr. phil. (1933). Doz. 1933-39 Bukarest, Kulturattaché 1940 bis 1941 London, 1941-45 Lissabon, Gast-Prof. 1946-48 Sorbonne (Paris); Prof. f. Religionsgesch. 1956, Sewell L. Avery Distinguished Service Prof. 1963 Chicago (USA).

Le mythe de l'éternel retour, Paris 1949 (dt. 1953); Traité d'histoire des religions, ebd 1949 (dt. 1954); Le chamanisme et les techniques archaïques de l'extase, ebd 1951 (dt. 1957); Images et symboles, ebd 1952 (dt. 1958); Le Yoga. Immortalité et liberté, ebd 1954 (dt. 1960); Forgerons et alchimistes, ebd 1956 (dt. 1960); Mythes, rêves et mystères, ebd 1957 (dt. 1961); Das Heilige u. das Profane, 1957; Naissances mystiques, Paris 1959 (dt. 1961); Aspects du mythe, ebd 1962. - Hg.: Zalmoxis, Paris-Bukarest 1938-42. - Mit-Hg.: History of Religions, Chicago 1961ff.

Bauopfer; Berge, hl., 1; Chaos; Drache; Ei; Erde; Initiation; Lebensbaum, 1; Mond; Neujahr; Pferd; Rites de passage (mit A.BERTHOLET); Schamanismus; Yoga.

Ellermeier, *Friedrich,* * 3.7.1936 Rheinsberg/Mark, cand. theol. et orient. (Doktorand).

Die Entmachtung der Weisheit im Denken Qohelets (ZThK 60, 1963, 1-20); Das Verbum ḥûš in Koh 2, 25 (ZAW 75, 1963, 197 bis 217).

Urstand II.

Elliger, *Karl,* * 7.3.1901 Heppens Kr. Wittmund, D. (1949, Münster), Lic. theol. (1927). Religionslehrer 1926 Münster/Westf., PDoz. f. AT 1929 Münster, 1934 Leipzig; ao. Prof. 1937, o. Prof. 1948 (1936) Tübingen.

Die Einheit des Tritojesaja (BWANT III, 9), 1928; Dtjes in seinem Verhältnis zu Tritojesaja (ebd IV, 11), 1933; Die Heimat des Propheten Micha (ZDPV 57, 1934, 81-152); Die Nordgrenze des Reiches Davids (PJ 32, 1936, 34-73); Das Buch der zwölf Kleinen Propheten II (ATD 25), (1950) 1964⁵; Der Jakobskampf am Jabbok (ZThK 48, 1951, 1-31); Studien zum Habakuk-Kommentar vom Toten Meer (BHTh 15), 1953; Leviticus (HAT I, 4), 1965. - Mit-Hg.: Festschr. A.Bertholet, 1950; KAT, 1962ff; Biblia Hebraica Kittel, Neubearbeitung.

Ephod; Habakukkommentar; Heiligkeitsgesetz; Madeba; Richter in Israel; Teraphim.

Elliger, *Walter,* * 8.12.1903 Heppens Kr. Wittmund, D. (1950, Greifswald), Lic. theol. (1930). PDoz. f. KG u. christl. Archäologie 1930, ao. Prof. 1934 Halle, o. Prof. 1934 Kiel, 1936 Greifswald, 1950 Berlin, 1963 Bochum.

Die Stellung d. alten Christen zu d. Bildern, 1930; Zur Entstehung u. frühen Entwicklung d. altchristl. Bildkunst, 1934; Luthers polit. Denken u. Handeln, 1952; Thomas Müntzer, 1960; 150 Jahre Theol. Fakultät Berlin, 1960.

Orpheus-Christus; Severin; Viktor von Vita.

Eltester, *Walther,* * 18.4.1899 Hohenlandin Kr. Angermünde, D. (1949, Münster), Lic. theol. (1924). Wiss. Hilfsarbeiter, Beamter u. Prof. bei der Kirchenväterkommission 1931-45, Doz. f. KG 1940-45, Prof. 1945, o. Prof. 1947 Berlin, o. Prof. f. NT u. alte KG 1949 Marburg, f. KG 1955 Tübingen.

Die Kirchen Antiochias im 4.Jh. (ZNW 36, 1937, 251-286); Gott u. die Natur in der Areopagrede (Nt. Studien f. R.Bultmann [BZNW 21], [1954] 1957², 202-227); Schöpfungsordnung u. natürl. Theol. im frühen Christentum (NTS 3, 1956/57, 93-114); Der Siebenarmige Leuchter u. der Titusbogen (Festschr. f. J.Jeremias [BZNW 26], [1960] 1964², 72-76); Lukas u. Paulus (Eranion. Festschr. f. H.Hommel, 1961, 1-17); Bericht über eine neue Justin-Hs. auf dem Athos (Festschr. f. E.Klostermann [TU 77], 1961, 161-176); »Freund, wozu du gekommen bist« (Mt 26, 50) (Festg. f. O.Cullmann [NovTest Suppl. 6], 1962, 70-91). - Hg.: ZNW (mit H.LIETZMANN 1931-42), seit 1949; BZNW, seit 1954; mit H.-D.ALTENDORF: Ed.Schwartz, Ges. Schriften III-V, 1959-63. - Mit-Hg.: TU, 1931-61; AKG, seit 1952.

Agnostos Theos; Antiochenische Theologie; Antiochia; Areopagrede; Catenae; Chrysostomus; Euthalius (mit H.WINDISCH); Evangeliarien; Gallio-Inschrift; Irenäus von Lyon; Lentulusbrief (mit H.v.SODEN); Lietzmann; Menora; Pothinus (mit H. ACHELIS).

Eltz-Hoffmann, *Lieselotte von,* * 18.11.1921 Wien (Österreich), Dr. phil. (1943). Bibliothekarin 1943, Religionslehrerin 1945, Leiterin der Büchereistelle des Bundesstaatl. Volksbildungsreferats für Salzburg 1948.

Adalbert Stifter u. Wien, 1946; Reifen in d. Zeit (10 Essays), 1948; Sebastian Stief, 1950; Frauen auf Gottes Straßen, 1951; Ezechiel, der Prophet, 1953; Protestanten aus roman. Ländern, 1956; Kampf u. Bekenntnis, Gesch. ev. Familien, 1962.

Ruet; Sanchez y Ruiz; Schneider, C.S.; Tschernembl.

Elwert, *Wilhelm Theodor,* * 20.12.1906 Stuttgart, Dr. phil. (1934). Lektor 1933 Univ. Pisa, Assistent an der Bibliotheca Hertziana 1935 Rom; PDoz. f. roman. Philologie 1941, apl. Prof. 1951 München, o. Prof. 1953 Mainz.

Bibliogr.: Orbis 8, 1959, 602f. Bes.: Geschichtsauffassung u. Erzählungstechnik in d. hist. Romanen F.D.Guerrazzis, 1935; Die Mundart des Fassatals, 1943; K.M.SAUER-TH.ELWERT, Ital. Sprachlehre, (1949) 1960⁷; Zur Charakteristik d. ital. Barocklyrik (Romanist. Jb. 3, 1950, 421-498); Studi di letteratura veneziana, Venedig 1959; Das zweisprachige Individuum. Ein Selbstzeugnis (AAMz 1959, 6); Franz. Metrik, 1961.

Bologna II (mit E.SCHUBERT); Marco Polo.

Elze, *Martin,* * 26.9.1927 Rostock, Dr. theol. (1958), Pfarrer (1959). Wiss. Assistent 1958, PDoz. f. KG 1964 Tübingen.

Tatian u. seine Theol. (FKDG 9), 1960; Der Begriff d. Dogmas in d. Alten Kirche (ZThK 61, 1964, 421-438).

Grotius; Noet; Rhodon; Sabellius; Schriftauslegung IV A; Tatian; Theodot von Byzanz; Tübingen I.

Engel, *Wilhelm,* * 19.3.1905 Meiningen, Dr. jur. (1950), Dr. phil. (1926). Staatl. thür. Archivdienst 1927 bis 1934, ao. Prof. 1935 Berlin, o. Prof. f. ma.liche Gesch., geschichtl. Hilfswissenschaften u. fränk. Landesgesch. 1937 Würzburg, 1945 aus dem Dienst entfernt, 1962 i.R.

Verfasser u. Bearbeiter von: Quellen u. Forschungen zur Gesch. d. Bistums u. Hochstifts Würzburg, 7 Bde, 1948ff; Urkundenregesten zur Gesch. d. kirchl. Verwaltung d. Grafschaft Wertheim 1276 bis 1499, 1959.

Echter; Grumbachsche Händel.

Engisch, *Karl,* * 15.3.1899 Gießen/Lahn, Dr. jur. (1924), Dr. med. h.c. (1959, Heidelberg). PDoz. 1929 Gießen, Lehrtätigkeit 1929-34 Gießen, Freiburg/Br. u. München, o. Prof. f. Strafrecht u. Rechtsphilos. 1934 Heidelberg, 1953 München.

Unters.en über Vorsatz u. Fahrlässigkeit im Strafrecht, 1930; Die Einheit d. Rechtsordnung, 1935; Log. Studien zur Gesetzesanwendung, (1943) 1963[3]; Euthanasie u. Vernichtung lebensunwerten Lebens in strafrechtl. Beleuchtung, 1948; Vom Weltbild des Juristen, 1950; Die Idee der Konkretisierung in Recht u. Rechtswiss. unserer Zeit, 1953; Einführung in d. jurist. Denken, (1956) 1959[2]; Die Lehre von d. Willensfreiheit in d. strafrechtsphilos. Doktrin d. Gegenwart, 1963.

Notstand; Notwehr; Strafe II; Strafrecht I. II; Sünde und Schuld VII, 2; Verbrechen; Zurechnung.

Englert, *Ludwig,* * 22.4.1903 München, Dr. med. (1933), Dr. phil. (1926). Ass. u. Dienststellenleiter am Hochschulinstitut f. Leibesübungen 1934-44 Berlin, PDoz. 1942, ao. Prof. 1944 Berlin, Abteilungsarzt am Krankenhaus 1945-48 Lübeck, apl. Prof. f. Pädagogik 1949 München, zugleich höherer Schuldienst 1948-58 (Oberstudienrat 1956) u. o. Prof. f. Pädagogik 1958 Päd. Hochschule Augsburg.

Unters.en zu Galens Schrift Thrasybulos, 1929; Die med. hist. Bedeutung d. Fragmentum Donaueschingen, 1933; Von d. rechten Heilkunst, 1939; Paracelsus, Mensch u. Arzt, 1941.

Schulhygiene.

Enzinger, *Moriz,* * 30.12.1891 Steyr (Oberösterreich), Dr. phil. (1916), o. Prof. f. österr. Literaturgesch. u. allg. Literaturwiss. 1922 Innsbruck, 1954 Wien.

Vollst. Bibliogr. bis 1961: Schriftenverzeichnis M.E., hg.v. W.Welzig, Wien 1961; Festschr. M.Enzinger z. 70.Geb. (Vierteljahrsschrift d. A.Stifter-Instituts d. Landes Oberösterreich 10, Folge 3/4), 1961, 180-186. Bes.: Die Entwicklung d. Wiener Theaters vom 16. zum 19.Jh. I. II, 1918/19; Die dt. Tiroler Lit. bis 1900, 1929; Goethe u. Tirol, 1932; A.Stifters Studienjahre, 1950; Eichendorff u. d. alte Österreich, 1958; A.Stifter u. d. altdt. Lit., 1961. Ferner: F.Grillparzer u. Therese Utsch, 1963.

Rosegger.

Eoll, *Eva* s. Wieter.

Epting, *Karl,* * 17.5.1905 Odumase (Ghana), Dr. phil. (1928), Dr. phil. habil. (1943). Geschäftsführer des Tübinger Studentenwerks 1929, Leiter der Abteilung für studentische Selbsthilfe u. Gemeinschaftsarbeit des Weltstudentenwerks 1931 Genf, Leiter der Zweigstelle Paris des Dt. Akad. Austauschdienstes 1934-39, Direktor des Dt. Instituts 1940-44 Paris, Leiter des Greven-Verlags 1949-52 Köln, seit 1952 im bad.-württ. Schuldienst (1959 Gymnasial-Prof., 1960 Oberstudiendirektor).

Der Stil in d. lyr. u. didakt. Gedichten Friedrich von Hagedorns, 1929; Die franz. Auslandspropaganda, 1939; Frankreich im Widerspruch, 1943; Das franz. Sendungsbewußtsein im 19. u. 20.Jh., 1952; Die Generation der Mitte, 1953; Aus dem Cherchemidi. Pariser Aufzeichnungen 1947-49, 1953; Der geistl. Weg der Simone Weil, 1955; Frankreichs goldene Jahre, 1962.

Arbeiterpriester; Weil.

Erbacher, *Hermann,* * 16.3.1909 Schillingstadt Kr. Buchen. Wiss. Hilfsarbeiter bei der Bibliothek des Ev. Oberkirchenrats Karlsruhe 1936, planm. Kirchenbeamter als Leiter des Landeskirchl. Archivs u. der Bibliothek des Ev. Oberkirchenrats 1946, Kirchenarchivrat 1955, Kirchenoberarchivrat 1960; dazu Lehrbeauftragter f. Hymnologie, Liturgik u. Gesch. des Kirchenliedes an der Hochschule f. Musik 1948 Karlsruhe.

Die Innere Mission in Baden, 1957; Zeitschriften-Verzeichnis ev.-kirchl. Bibliotheken, 1962. - Mit-Hg.: Veröffentl. d. Vereins f. KG in d. ev. Landeskirche Badens.

Baden.

Erffa, *Hans Martin Frhr. von,* * 15.5.1911 Ranis/Thür., Dr. phil. (1951), 1950-63 Redaktor und Mit-Hg. des RDK, 1953-63 Mitglied des Zentralinstituts f. Kunstgesch. in München, seit 1963 II. Direktor des Kunsthist. Instituts in Florenz.

Malerei und Plastik II.

Erikstein, *Einar,* * 22.2.1924 Bö i Telemark (Norwegen), Dr. theol. (1957). Stiftskapellan 1957 Nidaros, Pfarrer 1962 Björnör.

Luthers Prädestinationslehre, geschichtl. dargest. bis einschl. »De servo arbitrio«, 1957.

Hersleb; Klaveneß.

Erler, *Adalbert,* * 1.1.1904 Kiel, Dr. jur. (1929). Regierungsrat in der Reichsfinanzverwaltung 1933-40, Doz. 1940 Frankfurt/M., ao. Prof. 1941-44 Straßburg, o. Prof. f. Dt. Rechtsgesch., Kirchenrecht u. Zivilrecht 1946 Mainz, 1950 Frankfurt/M.

Bürgerrecht u. Steuerpflicht im ma.lichen Städtewesen, (1939) 1963[2]; Kirchenrecht, (1949) 1957[2]; Das Straßburger Münster im Rechtsleben des MA, 1954; Thomas Murner als Jurist, 1956. - Hg.: Die Älteren Urteile des Ingelheimer Oberhofes I-IV, 1952-63; Ma. Rechtsgutachten zur Mainzer Stiftsfehde, 1964; Gierkes Untersuchungen, NF; Handwörterbuch d. dt. Rechtsgesch.

Abjuratio; Advocatus Dei; Affectio papalis; Affiliierte; Approbation; Asylrecht, 3; Defectus; Delegation; Delikte; Devolutionsrecht; Doctores Ecclesiae (mit L.Zscharnack); Domkapitel (mit K.Heussi); Doppelorden (mit K.Heussi); Eigenkirche; Findelhäuser (mit F.Mahling); Fischerring (mit L.Zscharnack); Glosse; Gratian; Immunität; Inklusen; Inquisition; Jubiläumsjahr (mit W.E. Schmidt); Kanonissen; Kapitularien; Kirchenvogt; Konventualen; Kustodie; Laienabt; Laienbrüder (mit K.Heussi); Legaten; Lehnswesen (mit G.Arndt); Nekrologien; Regalien; Send; Spolienrecht; Zehnten, 3.

Essen, *Leo Jonkheer van der,* * 12.12.1883 Antwerpen (Belgien), † 10.2.1963 Löwen, Dr. phil. (1907), Dr. h.c. von Padua, Montpellier u. der Univ. Laval in Quebec, Prof. h.c. von Lille. Assistent 1909, Doz. f. ma.liche u. belg. Gesch. 1910, ao. Prof. 1912, o. Prof. 1919 (em. 1954), 2. Sekretär 1922, Generalsekretär der Univ. 1930, Ehren-Generalsekretär 1961 Löwen.

Vollst. Bibliogr. in: Bibliographie académique d'Univ. Catholique de Louvain, 1911, 59-61; 1913, 51f; 6, 1937, (80)-(87); 7, 1954, 287-294; 8, 1956, 12f; 9, 1957, 10. Bes.: Etude critique et littéraire sur les Vitae des Saints mérovingiens de l'ancienne Belgique, Löwen-Paris 1907; A Short Hist. of Belgium, Chicago (1916) 1920[2]; Correspondance d'Ottavio Mirto Frangipani, premier nonce de Flandre (1596-1606), Rom 1924; Alexandre Farnèse, prince de Parme, gouverneur général des Pays-Bas (1545-92), 5 Bde, Brüssel 1933-37; Pages d'histoire nationale et européenne, ebd 1942; L'Univ. de Louvain 1425-1940, ebd 1945; La Diplomatie. Ses origines et son organisation jusqu'à la fin de l'Ancien Régime, ebd 1953.

Löwen.

Eßer, *Hans Helmut,* * 24.3.1921 Rheydt, Dr. theol. (1961). 1940-48 Kriegsdienst u. Kriegsgefangenschaft, theol. Studieninspektor 1954 Bonn, wiss. Assistent 1957 Berlin, Prof. 1962 Päd. Hochschule Berlin.

Das Paulusverständnis des Pelagius nach seinem Pauluskommentar (Ev.-theol. Diss. Bonn), 1961 (Masch.). - Mit-Hg.: Bekennen u. Bekenntnis, 1956ff; H.J.Iwand, Nachgel. Werke III: Ausgew. Predigten, 1963.

Acacius von Beröa; Cabrol; Praedestinatus, Liber; Sohn Gottes III.

Euler, *Karl Friedrich,* * 4.6.1909 Liedolsheim b. Karlsruhe, Lic. theol. (1934), Dr. phil. (1938). Doz. 1935-46 Gießen, Krankenhauspfarrer 1949 ebd.

Georgien I.

Ewig, *Eugen,* * 18.5.1913 Bonn, Dr. phil. (1936). Doz. 1946, o. Prof. f. Gesch. des MA u. geschichtl. Hilfswissenschaften 1954 Mainz, 1964 Bonn.

Die fränk. Teilungen u. Teilreiche I (511-613) (AAMz 1952, 9); Die fränk. Teilreiche im 7.Jh. (613-714) (Trierer Zs. 22, 1953, 85 bis 144); Trier im Merowingerreich. Civitas, Stadt, Bistum, 1954; Das Bild Constantins d.Gr. in d. ersten Jh.en d. abendländ. MA (HJ 75, 1956, 1-46); Zum christl. Königsgedanken im Früh-MA (Vorträge u. Forschungen, hg.v. TH.MAYER, III, 1956, 7-73); Der Petrus- u. Apostelkult im spätröm. u. fränk. Gallien (ZKG 71, 1960, 215-251); Résidence et capitale pendant le haut moyen âge (Rev. Hist. 467, 1963, 25-72).

Franken; Isidor von Sevilla; Vandalen.

Fabian, *Walter,* * 24.8.1902 Berlin, Dr. phil. (1924). Seit 1924 publizist. u. lehrende Mitarbeit in der Erwachsenenbildung u. Arbeiterbewegung, 1945 in Zürich Mitbegründer u. mehrere Jahre Präsident des Schutzverbandes dt. Schriftsteller im Ausland, 1959 Vors. der Dt. Journalisten-Union, 1960 Mitglied des Dt. Presserates, 1961 Lehrbeauftragter f. allg. Didaktik an der Hochschule f. Erziehung an der Univ. Frankfurt/M.

Friedrich Wilhelm Foerster. Darlegung u. Würdigung seiner ethischen u. päd. Gedanken, 1924. - Mit-Hg.: Die Friedensbewegung, 1922. - Chefredakteur der Gewerkschaftl. Monatshefte (Köln), seit 1958.

Sozialismus I.

Fabricius, *Ulrich,* * 26.5.1912 Glogau/Schlesien, Dr. theol. (1956). Pfarrer 1939 Gingst/Rügen, 1946 Kassel-Altstadt, 1956 Marburg/Lahn.

Die Legende im Bild des 1.Jt.s der Kirche, 1956; Jesus Christus (Ikonen 3), (1957) 1963[4].

Potamiäna.

Fagerberg, *Holsten,* * 11.10.1918 Gellivare (Schweden), Dr. theol. (1952), fil. mag. (1960). Doz. f. Dogm. 1952, f. theol. Ethik 1959 Uppsala, interimistischer Prof. 1963 Åbo (Finnland).

Biskopsämbetet och andra kyrkliga tjänster i den gamla kyrkan (En bok om kyrkans ämbete, hg.v. HJ.LINDROTH, Uppsala 1951, 70-112); Ämbetet i tysk lutherdom under 1800-talet (ebd 220-239); Bekenntnis, Kirche u. Amt in d. dt. konfessionellen Theol. d. 19.Jh.s (UUÅ 1952, 9); Gottfried Billing och den kyrkliga bekännelsen (SvTK 29, 1953, 229-244); Anders Nohrborgs teologi (ebd 31, 1955, 153-169); Die Kirche in Luthers Psalmenvorlesungen 1513-15 (Gedenkschr. f. D. Werner Elert, 1955, 109-118).

Luthertum I. II.

Fahlbusch, *Erwin,* * 26.5.1926 Frankfurt/M., Dr. theol. (1954). Repetent 1952-54 Göttingen, 1953 Redakteur des EKL; Pfarrer 1960 Mesum b. Rheine, 1962 Bochum; wiss. Mitarbeiter am Konfessionskundl. Institut 1964 Bensheim.

24 Art. im EKL.

Maistre; Marheineke; Monarchomachen; Montgelas; Müller, Ad.Heinr.; Müller, Jul.

Falke, *Rita,* * 24.9.1919 Hamburg, Dr. phil. (1955). Wiss. Assistentin am Roman. Seminar 1956-62 Göttingen, zZ Stipendiatin der Dt. Forschungsgemeinschaft.

Versuch einer Bibliogr. der Utopien (Romanist. Jb. 6, 1953/54, 92-109); »Furor platonicus« als Kompositionselement im »Corteggiano« (ebd 10, 1959, 112-118); Biographisch-literar. Hintergründe von Kafkas »Urteil« (Germ.-roman. Monatsschrift 41, 1960, 164 bis 180).

Camus; Flaubert; Gide; Zola.

Falkenroth, *Ulrich,* * 8.11.1931 Bochum, Dr. theol. (1958). Pfarrer 1962 Wülfrath.

Laski.

Farner, *Oskar,* * 22.9.1884 Stammheim Kt. Zürich (Schweiz), † 16.7.1958 Zürich, Lic. theol. h.c. (1919, Zürich), D. theol. h.c. (1931, Basel), Dr. phil. h.c. (1954, Zürich). Pfarrer 1908 Stammheim, 1931 Zollikon, 1937 Zürich, dazu ebd PDoz. f. KG 1930, Titular-Prof. 1939; Präsident des Kirchenrates des Kantons Zürich 1947-55. Mit-Hg. der Werke Zwinglis im CR.

Vollst. Bibliogr.: Zwingliana 11/1, 1959, 56-60. Bes.: Huldrych Zwingli I-IV, 1943-60.

Jud.

Fascher, *Erich,* * 14.12.1897 Göttingen, D. (1930, Marburg), Lic. theol. (1924). PDoz. f. NT 1926 Marburg, o. Prof. 1930 Jena, 1937 Halle, 1950 Greifswald, 1954 Humboldt-Univ. Berlin, em. 1964.

Bibliogr. bis 1957: ThLZ 82, 1957, 949-954. Bes.: Die formgeschichtl. Methode (BZNW 2), 1924; Prophetes, 1927; Vom Verstehen des NT, 1930; A.JÜLICHER-E.FASCHER, Einl. in das NT, 1931[7]; Textgesch. als hermeneut. Problem, 1953. Ferner: Jes 53 in christl. u. jüd. Sicht, 1958; Sokrates u. Christus. Beiträge zur Religionsgesch., 1959; Vom Anfang d. Welt u. vom Ursprung d. Menschengeschlechts, 1961. - Hg.: ThHK. - Mit-Hg.: ThLZ, seit 1960; Aus d. Welt der Religion. Forschungen u. Berichte, NF 1960ff.

Bergpredigt II; Briefliteratur, urchristliche; Gott IV; Herrlichkeit Gottes, 2; Judas, 1-5; Judasbrief; Jülicher; Katholische Briefe; Petrusbriefe; Propheten III B; Typologie III; Vergeltung IV.

Fast, *Heinold,* * 17.3.1929 Emden, Dr. theol. (1957). Pastor 1957 Emden, Vorstandsmitglied der Vereinigung der Dt. Mennonitengemeinden.

Heinr.Bullinger u. d. Täufer, 1959; Die Vereinigung d. Dt. Mennonitengemeinden 1886-1961, 1961. - Hg.: Der linke Flügel d. Reformation (Klassiker d. Protestantismus IV), 1962.

Grebel; Marbeck; Renato; Reublin; Rink; Scharnschlager; Täufer.

Fausel, *Heinrich,* * 15.11.1900 Reutlingen/Württ., D. (1956, Tübingen). Pfarrer 1927 Heimsheim/Württ., Ephorus des ev. theol. Seminars 1946-63 Maulbronn, dazu Lehrauftrag f. württ. KG 1957 Tübingen; Honorar-Prof. 1963 Tübingen.

Bd VI der Calwer Lutherausg., 1940; D. Martin Luther, 1955; Tischredenband der Münchner Lutherausg., 1963.

Beurlin; Brenz; Frecht; Gräter; Hafenreffer; Hoffmann, Gottl. Wilh.; Hoffmann, Wilh.; Lachmann; Maulbronn; Werner, Gustav; Zisterzienser.

Fehr, *Karl,* * 8.8.1910 Berg am Irchel/Kt. Zürich (Schweiz), Dr. phil. (1935). Gymnasiallehrer seit 1937, Rektor der Thurgauischen Kantonsschule Frauenfeld 1954-63, dazu PDoz. f. deutschschweiz. Lit. 1950 Zürich, Titular-Prof. 1959.

Priestertum u. Innerlichkeit Jeremias Gotthelfs, 1950; Das Bild des Menschen bei Jeremias Gotthelf, 1954; Jeremias Gotthelf (Biogr.), 1954.

Gotthelf.

Feine, *Hans Erich,* * 21.3.1890 Göttingen, † 6.3.1965 Tübingen, Dr. jur. (1912). PDoz. 1920 Breslau, o. Prof. der Rechte 1922 Rostock, 1931 Tübingen, em. 1958.

Die Besetzung d. Reichsbistümer vom Westf. Frieden bis zur Säkularisation (KRA 97/98), 1921; Von d. weltgesch. Bedeutung d. german. Rechtes, 1926; Die Gesellschaft mit beschränkter Haftung, 1929; Das Werden d. dt. Staates seit d. Ausgang d. Hl. Röm. Reiches, 1936; Dt. Verfassungsgesch. d. Neuzeit, (1937) 1943³; Staat u. Kirche, 1946; Kirchl. Rechtsgesch. I: Die kath. Kirche, (1950) 1964⁴. - Mit-Hg.: ZSavRG Kan. Abt., 1922-60.

Abt und Äbtissin; Breve; Bullarien; Bulle; Kollegiatkirchen; Kollegiatstifte (mit A.M.Koeniger); Konstitutionen; Kumulation (mit A.M.Koeniger); Kurie (mit A.M.Koeniger); Mensa; Neophyten; Nuntien; Prälaten; Stutz; Titularbischöfe.

Feldhusen, *Ruth,* * 15.12.1923 Oldenburg i.O., Dr. phil. (1953), Lehrerin in Hamburg.

Johannesapokalypse, 9; Mâle; Springer.

Feldkeller, *Paul,* * 12.4.1889 Danzig, Dr. phil. (1913). 1914-33 u. 1945ff Journalist f. Philos., Kulturfragen u. Politik der Verständigung, 1945-55 zugleich Chefpsychologe des Landesarbeitsamtes Berlin (West); 1949 kurzer Lehrauftrag f. Psychopolitik (Dt. Hochschule f. Politik); lebt in Hameln.

Unters.en über normatives u. nichtnormatives Denken (Diss. Tübingen), 1914; Der Patriotismus, 1918; Die Idee d. richtigen Religion, 1921; Graf Keyserlings Erkenntnisweg zum Übersinnlichen, 1922; Verständigung als philos. Problem, 1928; Das unpersönl. Denken, 1949. - Hg.: Reichls Philos. Almanach, 1922-26; Philos. Weltanzeiger, 1927-30.

Keyserling.

Fels, *Heinrich,* * 14.4.1894 Essen, Dr. phil. (1925). 1922-31 in der prakt. Seelsorge tätig (Much u. Sechtem), 1931-54 Rektor u. Religionslehrer in Bonn, 1954 i.R.

Bernard Bolzano, 1929; Johann Nepomuk von Ringeis, 1936; Martin Deutinger, 1938; Johann Adam Möhler, 1939.

Deutinger.

Fendt, *Leonhard:* 2, 898f.

Anbetung II; Báñez; Bartholomäus von Medina; Busembaum.

Ferber, *Christian von,* * 8.3.1926 Schwerin/Meckl., Dipl.-Volkswirt (1952), Dr. phil. (1955). PDoz. f. Soziologie 1961 Göttingen, o. Prof. f. Sozialwiss. 1963 Techn. Hochschule Hannover.

Die Entwicklung d. Lehrkörpers d. dt. Universitäten u. Hochschulen 1864-1954, 1956; Arbeitsfreude, Wirklichkeit u. Ideologie, 1959.

Milieu; Spencer, Herbert.

Fernando, *Celestine,* * 8.10.1914 Moratuwa (Ceylon), B.A. (1937), B. Litt. (1943). Studentenpfarrer 1943 bis 1958 Ceylon, Sekretär der Ceylon Auxiliary of the Bible Society 1958 Colombo.

Ceylon I.

Fetscher, *Iring,* * 4.3.1922 Marbach/Neckar, Dr. phil. (1950). Kriegsdienst 1940-45, Doz. f. wiss. Politik 1960 Tübingen (Gastdozent 1961/62 Heidelberg), o. Prof. f. Wiss. von der Politik 1963 Frankfurt/M.

Von Marx zur Sowjetideologie, (1956) 1963⁹; Die Freiheit im Lichte des Marxismus-Leninismus, (1959) 1962³; Rousseaus polit. Philos. Zur Gesch. d. demokrat. Freiheitsbegriffs, 1960; Der Marxismus. Seine Gesch. in Dokumenten I. II, 1962ff. - Hg.: Bewußtseinsstellung u. Gesch. Ein Fragment aus d. philos. Nachlaß des Grafen Paul Yorck von Wartenburg, 1956; A.Comte, Rede über d. Geist d. Positivismus (übers.), 1956; Marxismusstudien, 2.-4. Folge, 1957-62.

Engels; Freiheit III; Kommunismus III; Lenin; Leninismus; Marx, Karl; Marxismus; Materialismus III; Nihilismus; Stalin; Stalinismus; Terror.

Fichtenau, *Heinrich,* * 10.12.1912 Linz a.D. (Oberösterreich), Dr. phil. (1936). Doz. f. ma.liche Gesch. 1942, ao. Prof. 1950, o. Prof. 1962 Wien.

Mensch u. Schrift im MA, 1946; Grundzüge d. Gesch. des MA, (1947) 1948²; Das karoling. Imperium, 1949 (engl. 1957, franz. u. ital. 1958); Urkundenbuch zur Gesch. der Babenberger in Österreich (mit E.Zöllner), 2 Bde, 1950/55; Arenga, 1957; Von d. Mark zum Herzogtum, 1958; Der junge Maximilian, 1959; Die Lehrbücher Maximilians I. u. d. Anfänge d. Frakturschrift, 1961. - Hg.: MIÖG.

Petrus von Wien.

Fichtner, *Johannes,* * 14.7.1902 Reichenbach/OL., † 1.7.1962 Speyer, D. (1955, Münster), Lic. theol. (1929). PDoz. f. AT 1930, apl. Prof. 1937, ao. Prof. 1939, Gemeinde- u. Studentenpfarrer 1945-49 Greifswald; Prof. 1949 Kirchl. Hochschule Bethel, dazu 1954 ebd Doz. Päd. Akademie Bielefeld.

Prophetismus u. Apokalyptik im Protojesaja (Diss. Breslau), 1929; Die altoriental. Weisheit in ihrer israelit.-jüd. Ausprägung (BZAW 62), 1933; Die Stellung der Sapientia Salomonis in d. Lit.- u. Geistesgesch. ihrer Zeit (ZNW 36, 1937, 113-132); Weisheit Salomos (HAT II, 6), 1938; Der AT-Text der Sapientia Salomonis (ZAW 57, 1939, 155-192); Vom Psalmenbeten (WuD 1952, 38-60); Der Begriff des »Nächsten« im AT mit einem Ausblick auf Spätjudentum u. NT (WuD 1955, 23-52); Die etymol. Ätiologie in d. Namengebungen d. gesch. Bücher des AT (VT 6, 1956, 372-396).

Bekehrung I; Berufung II; Fleisch und Geist I; Gottesfurcht II; Propheten II B; Ruthbuch; Salomo-Weisheit.

Fick, *Ulrich Gotthelf,* * 13.12.1923 Heilbronn/Neckar, seit 1949 Mitarbeiter in Rundfunk u. Fernsehen, Pfarrer 1957 Stuttgart, 1961 Programmdirektor »Radio Voice of the Gospel« in Addis Abeba (Äthiopien).

Rundfunk, 1.

Ficker, *Gerhard,* * 3.2.1865 Leipzig-Thonberg, † 11.4. 1934 Kiel, D., Dr. phil. PDoz. f. KG 1893, ao. Prof. 1903 Halle, o. Prof. 1906 Kiel.

Der Mitralis des Sicardus, 1889; Studien zur Hippolytfrage, 1893; Studien zu Vigilius von Thapsus, 1897; Das ausgehende MA u. sein Verhältnis zur Reformation, 1903; Amphilochiana I, 1906; Die Phundagiagiten, 1908; Eutherius von Tyana, 1908; Das MA (HKG II), (1912) 1929².

Eleutherius (mit A.Borst).

Ficker, *Johannes:* 2, 935.

Gesangbuch III, 1-3 (mit W.Jannasch).

Fijalkowski, *Jürgen,* * 29.8.1928 Berlin, Dr. phil. (1958), wiss. Assistent u. Lehrbeauftragter in Berlin.

Die Wendung zum Führerstaat. Ideol. Komponenten in d. polit. Philos. C.Schmitts, 1958; Über einige Theorie-Begriffe in d. dt. Soziologie d. Gegenwart (KfS 13, 1961, 88-110).

Schmitt.

Filthaut, *Ephrem,* * 22.3.1903 Lendringsen Kr. Iserlohn, OP, Dr. theol. (1935). 1931-42 u. 1946-55 Prof. f. KG, 1942-46 Pfarrvikar in Olpe/Westf. (kriegsbedingt).

Roland von Cremona OP u. d. Anfänge d. Scholastik im Dominikanerorden, 1936; Dt. Katholikentage 1848-1958 u. soziale Frage, 1960. - Hg.: Johannes Tauler, 1961. - Seit 1936 Mit-Hg. der Werke Alberts d.Gr. (Editio Coloniensis): Bd XII. XXV.

Albert d.Gr.

Fink, *Karl August,* * 10.5.1904 Konstanz, Dr. theol. (1929). Assistent 1929-36 Preuß. Hist. Institut Rom, Doz. 1935 Freiburg/Br., Vertretung 1935 Braunsberg/ Ostpr., ao. Prof. 1937 Braunsberg, Vertretung 1940-45 Tübingen, o. Prof. f. KG, Patrologie u. christl. Archäologie 1945 Tübingen.

Die Stellung d. Konstanzer Bistums zum päpstl. Stuhl im Zeitalter d. Avignonesischen Exils, 1931; Martin V. u. Aragon, 1938; Das Vatikan. Archiv, (1943) 1951²; Repertorium Germanicum IV: Martin V., 3 Bde, 1943-58. - Mit-Hg.: ThQ, ZKG.

Vatikan.

Flaskamp, *Franz,* * 15.10.1890 St. Vit-Wiedenbrück/Westf., Dr. phil. (1924). Lehrer 1911, u.a. Rektor 1947 bis 1956 Wiedenbrück, seit 1934 ebd Stadtarchivar.

Bibliogr.: Kürschners Dt. Gelehrten-Kalender 1961, 452f. Bes.: Das hess. Missionswerk d. hl. Bonifatius, 1926; Das Hessen-Bistum Buraburg, 1927; Die Anfänge fries. u. sächs. Christentums, 1929; Die Missionsmethode d. hl. Bonifatius, 1929; Suidbercht, Apostel der Brukterer, 1930; Hermann Bonnus, 1951; Die Kirchenvisitation des Albert Lucenius, 1952; Die Externsteine, 1954; Funde u. Forschungen zur westf. Gesch. (Ges. Aufs.) I. II, 1955/56; Die Kalands-Bruderschaft zu Wiedenbrück I. II, 1957/59. - Hg.: Quellen u. Forschungen zur westf. Gesch., seit 1929.

Adalar; Adamnan; Aelfric; Aldhelm; Altenbergen; Alto von Altomünster; Amandus; Benno von Meißen; Bobbio; Dadan; Dunstan; Durham; Eigil; Eligius von Noyon; Eoba; Externsteine; Fleury; Gildas; Gregor von Utrecht; Hülfensberg; Irland I; Liudger; Maastricht; Maurus; Medardus; Megingoz; Minden; Ohrdruf; Orléans; Paderborn; Pommern, Völkerschaft; Reims; Sartorius; Sens; Sola; Sturmi; Subiaco; Suidbert; Tauberbischofsheim; Theodor von Canterbury; Thüringer; Toul; Tournai; Trutpert; Utrecht I; Verdun; Vienne; Wearmouth-Jarrow; Wigbert, 1-3; Wilbald, 1. 2; Wilfrith; Wilhelm von Newbury; Willibrord; Witta; Wizelin; Wynbald; York.

Flechtheim, *Ossip Kurt,* * 5.3.1909 Nikolajew (Rußland), Dr. jur. (1934), Dr. phil. (1947). Gerichtsreferendar 1931, entlassen 1933; Doz. 1940 Atlanta Univ. (USA), Doz. u. Prof. Bates College 1943 Lewiston (USA), Colby College 1947-51 Waterville (USA), Sektions- u. Bürochef des US-Hauptanklägers für Kriegsverbrechen 1946-47; Gast-Prof. 1951-52 Freie Univ. Berlin, Prof. 1952-59 Dt. Hochschule f. Politik, Gast-Prof. 1954-55 Univ. of Kansas City (USA); PDoz. 1958, ao. Prof. 1959, o. Prof. 1961 Freie Univ. Berlin, Geschäftsführender Direktor des Otto-Suhr-Instituts 1960-61.

Vollst. Bibliogr. bis 1960 in: Hdb. f. d. Freie Univ. Berlin, 1961, 43f. Bes.: Hegels Strafrechtstheorie, 1936; Die KPD in d. Weimarer Republik, 1948; Politik als Wiss., 1953; Die dt. Parteien seit 1945. Quellen u. Auszüge, (1955) 1957². Ferner: Dokumente zur parteipolit. Entwicklung in Deutschland seit 1945, 3 Bde, 1962/63; Von Hegel zu Kelsen, 1963; Zwischen Gestern u. Morgen, 1964. - Hg.: Bund u. Länder, 1959. - Mit-Hg.: Die Wiss. von d. Politik, seit 1956.

Politik I.

Fleck, *Wolfgang,* * 8.9.1910 Königsberg/Pr., Dipl.-Volkswirt (1937), Dr. rer. pol. (1940). Stellv. Geschäftsführer des Reichsausschusses f. wirtschaftl. Vertrieb beim RKW 1937, wiss. Assistent am Seminar f. Theorie u. Politik des Binnenhandels der Freien Univ. Berlin 1950, Geschäftsführer der Forschungsstelle f. den Handel e.V. Berlin 1954.

Vertriebskosten, Vertriebsformen u. Vertriebslage in Handwerksbetrieben (mit W.M.Kirsch), 1938; Leistungsüberschneidungen zwischen Einzelhandel u. Handwerk, 1964.

Handel III.

Fleisch, *Paul,* * 11.2.1878 Hamburg, † 11.3.1962 Loccum, D. (1924, Göttingen). Pastor 1904, Vereinsgeistlicher des Landesvereins f. Innere Mission 1908, Stiftsprediger 1911 Loccum, Konventual-Studiendirektor 1917 ebd, Oberlandeskirchenrat 1924, Geistl. Vizepräsident des Landeskirchenamtes 1932 Hannover, 1933 von den DC zwangsweise pensioniert, 1935 durch Urteil des OLGer. Celle wieder eingesetzt, seit 1936 zugleich im Rat der Ev.-Luth. Kirche Deutschlands, 1947 i.R.; 1937 Konventual, 1950 Prior des Klosters Loccum.

Die moderne Gemeinschaftsbewegung in Deutschland I: Bis zum Auftreten des Zungenredens, (1903) 1912³; II/1: Die Zungenbewegung in Deutschland, 1914; II/2: Die Pfingstbewegung in Deutschland, 1957; Die innere Entwicklung d. dt. Gemeinschaftsbewegung in den Jahren 1906/07, 1908; Zur Gesch. d. Heiligungsbewegung, 1910; 100 Jahre luth. Mission, 1936; Erlebte KG, 1952; Für Kirche u. Bekenntnis. Gesch. d. Allg. Ev.-Luth. Konferenz, 1956.

Dietrich, Chr.; Kukatianer; Roberts (mit M.Schmidt).

Flemming, *Willi,* * 22.1.1888 Berlin, Dr. phil. (1912). PDoz. f. Germanistik 1919, ao. Prof. 1924 Rostock, 1927-29 Amsterdam, o. Prof. 1934 Rostock, 1942 Kiel, 1946 Mainz, 1956 em.

A.Gryphius u. d. Bühne, 1921; Gesch. d. Jesuitentheaters in d. Landen dt. Zunge, 1923; Dt. Barockdrama, 6 Bde, 1930-33; Der Wandel d. dt. Naturgefühls vom 15. zum 18.Jh., 1931; Dt. Kultur im Zeitalter d. Barock, (1937) 1964²; Goethes Gestaltung d. klass. Theaters, 1949; Epik u. Dramatik, 1955; Ernst Barlach, Wesen u. Werk, 1958; Andreas Gryphius, 1964.

Barlach; Barock II; Fischart; Gryphius; Jesuitendichtung; Lutherdramen; Mysterienspiele; Passionsspiele; Reformationsfestspiele; Reformationszeit, Deutsche Literatur der; Sachs; Weihnachtsspiele.

Flender, *Wilhelm,* * 15.5.1911 Beienbach Kr. Siegen, 1938-46 in Asien (Indonesien, Indien); 1947-58 Missionslehrer, 1958-62 synodaler Krankenhauspfarrer, seit 1962 Pfarrer in Wuppertal-Barmen.

Sundermann; Warneck, Joh.

Flitner, *Andreas,* * 28.9.1922 Jena, Dr. phil. (1951). Lektor 1950 Cambridge, Doz. f. Pädagogik 1955 Tübingen, ao. Prof. 1956 Erlangen, o. Prof. 1958 Tübingen.

Erasmus im Urteil seiner Nachwelt, 1952; Die polit. Erziehung in Deutschland, 1957; Die Kirche vor d. Aufgaben d. Erziehung, (1958) 1959²; Glaubensfragen im Jugendalter, 1961; Wege zur Päd. Anthropologie, 1963; Soziol. Jugendforschung, 1963. - Hg.: J.A.Comenius, Große Didaktik, (1954) 1960²; W.v.Humboldt, Werke, 5 Bde, 1960ff (mit K.Giel). - Mit-Hg.: Anthropologie u. Erziehung (Schriftenreihe); ZP.

Bildung; Diesterweg; Elternrecht, 2; Soziologie II.

Flitner, *Hugbert,* * 19.10.1928 Kiel, Dr. jur. (1961). Regierungsassessor 1960 Univ. Köln, Regierungsrat 1962 Kultusministerium Düsseldorf, 1962 Hannover.

Privatschule.

Flitner, *Wilhelm,* * 20.8.1889 Berka b. Weimar, D. (1965, Tübingen), Dr. phil. (1913). Studienreferendar 1914 Brandenburg (Kriegsdienst 1914-18), 1919 Jena, Studienrat 1920 Jena, Leiter der Volkshochschule 1919 bis 1926 ebd, PDoz. 1923 ebd, ao. Prof. f. Philos. u. Pädagogik 1926 Kiel (dazu Prof. an der Päd. Akademie ebd), o. Prof. f. Erziehungswiss. 1929 Hamburg, em. 1957.

Laienbildung, 1921; Das Problem d. Erwachsenenbildung, 1923; Die vier Quellen d. Volksschulgedankens, (1941) 1958⁴; Goethe im Spätwerk, (1947) 1957²; Die abendländ. Vorbilder u. d. Ziel d. Erziehung, 1947; Theorie d. päd. Wegs u. der Methode, (1950) 1960⁵; Allg. Pädagogik, (1950) 1963⁸; Die Erziehung. Pädagogen u. Philosophen über d. Erziehung u. ihre Probleme, (1953) 1961³; Grund- u. Zeitfragen d. Erziehung u. Bildung, 1954; Das Selbstverständnis d. Erziehungswiss. in d. Gegenwart, (1957) 1958²; Hochschulreife u. Gymnasium, (1959) 1960²; Die gymnasiale Oberstufe, 1961; Europäische Gesittung, 1961. - Hg.: Die Erziehung (Zs.), 1925-37; Die Sammlung, 1945-60; Goethes päd. Ideen, (1948) 1962²; Pestalozzi, Ausgew. Schriften, (1949) 1961³; ZP, seit 1955; Die dt. Reformpädagogik I. II, 1961/62. - Fachberater f. Pädagogik bei RGG³ I.

Erziehung I; Pädagogik II.

Florovsky, *Georges,* * 28.8.1893 Odessa (Rußland), D.D. (1937, St. Andrews), S.T.D. (1950, Boston), Th.D. (1959, Saloniki). Doz. f. Philos. 1919-20 Odessa, Doz. f. Rechtsphilos. 1922 Prag, Prof. f. Patristik u. Syst. Theol. 1926 Orth. St. Sergius-Institut Paris, Prof. am St. Vladimir's Theol. Seminary 1948 New York (1950-55 Dekan), dazu Adjunct Prof. f. Religion 1950-56 Columbia Univ. New York u. f. ostkirchl. Studien 1950-56 Union Theol. Seminary New York, Prof. f. Gesch. der Ostkirchen 1956 Harvard Divinity School, Cambridge/Mass. - Vgl. 2, 982.

Vgl. 2, 982. Ferner: Le Corps du Christ Vivant. Une interpretation orth. de l'Eglise (La Sainte Eglise Universelle, Neuchâtel-Paris 1948, 9-57); The Orthodox Churches and the Ecumenical Movement prior to 1910 (ROUSE-NEILL, engl. Ausg. London 1954, 169 bis 215; dt. Ausg. I, 1957, 231-296).

Theologie IV.

Flügge, *Johannes,* * 12.11.1905 Hamburg, Dr. phil. (1953), Oberstudienrat in Hamburg, dazu PDoz. f. Pädagogik 1963 Kiel.

Die sittl. Grundlagen d. Denkens. Hegels existentielle Erkenntnisgesinnung, 1953; Die Entfaltung d. Anschauungskraft. Ein Beitrag zur päd. Anthropologie, 1963.

Gymnasium II.

Foerster, *Erich:* 2, 986f.

Kirchendiebstahl (mit K.HESSE); Rechtsfähigkeit der Kirche (mit R. BÄUMLIN).

Förster, *Herbert,* * 17.9.1921 Berlin, † 15.2.1960 bei Freiburg/Br. Assistent am Max-Planck-Institut f. Biologie 1950-60 Tübingen.

Biologie; Biologismus.

Foerster, *Werner,* * 23.7.1897 Rheydt, D. (1954, Tübingen), Lic. theol. (1923). PDoz. f. NT 1925, nb. ao. Prof. 1931, ao. Prof. 1949, o. Prof. 1959 Münster.

Herr ist Jesus, 1924; Von Valentin zu Herakleon (BZNW 7), 1928; Nt. Zeitgesch. I, (1940) 1959³; II, (1956) 1961²; Kurzgefaßte Bibelkunde des NT, 1952.

Elisabeth, 1; Herodes und seine Nachfolger; Josephus; Isebel, 2; Laodicenerbrief; Lebbäus; Matthias; Salome.

Fohrer, *Georg,* * 6.9.1915 Krefeld-Uerdingen, D. (1954, Marburg), Dr. theol. (1944), Dr. phil. (1939). PDoz. f. AT 1949, apl. Prof. 1954 Marburg, o. Prof. 1954 Wien, 1962 Erlangen.

Glaube u. Welt im AT, 1948; Die Hauptprobleme d. Buches Ezechiel (BZAW 72), 1952; Die symbol. Handlungen d. Propheten (AThANT 25), 1953; Ezechiel (HAT I, 13), 1955; Elia (AThANT 31), 1957; Messiasfrage u. Bibelverständnis (SgV 213/14), 1957; Das Buch Jesaja (Zürcher Bibelkommentare) I. II, 1960/62; Studien zum Buche Hiob, 1963; Das Buch Hiob (KAT XV), 1963. - Hg.: ZAW u. BZAW, seit 1960.

Elia; Elisa; Fabel II; Gleichnis und Parabel II, 1; Korach; Levi und Leviten; Leviticus; Mahlzeiten II; Noah; Numeri; Priesterschrift; Sittlichkeit III.

Forget, *G.,* Pastor in Den Haag (nähere Angaben nicht zu erhalten).

Wallonisch-reformierte Gemeinden.

Fornaçon, *Siegfried,* * 29.6.1910 Gumbinnen/Ostpr. Pfarrer 1944, u.a. Großfriedrichsdorf/Elchniederung 1944, ref. Gemeinden Ditzum/Ems 1947, Schwedt/Oder 1949, Lindenhagen Kr. Prenzlau 1961; ferner 1954-61 Doz. f. Hymnologie u. Bibelexegese an Berliner Kirchenmusikschulen.

Kaspar Stolzhagen (JLH 2, 1956, 64-77). - Hg. des EKG, Ausg. f. Ev.-Ref. Gemeinden, 1951. - Mit-Hg. u. -bearbeiter von: JOH.KULP, Die Lieder unserer Kirche (Hdb. z. EKG, Sonderband 1), 1958.

Gesangbuch I, 3c; Heermann; Herbert, Petrus; Hiller; Magdeburg; Neander, J.; Nelle; Neumann; Neumark; Neumeister; Olearius, 4. 5; Quandt; Reusner; Riggenbach; Rinckart; Ringwaldt; Rist; Roller; Schmolck; Stegmann; Stier; Stip; Strauß und Torney; Thebesius; Triller.

Fouquet, *Richard,* * 24.10.1880 Ferdinandshof/Pommern, Verlagsbuchhändler i. R., lebt in Flensburg.

Hugenottenverein.

Franke, *Herbert,* * 27.9.1914 Köln, Dr. jur. (1937), Dr. phil. (1947). Wehrdienst 1937-45, PDoz. f. Sinologie 1949 Köln, o. Prof. 1952 München.

Geld u. Wirtschaft in China unter d. Mongolenherrschaft, 1949; Orientalistik I: Sinologie (Wiss. Forschungsberichte 1, 19), 1953; Beitr. zur Kulturgesch. Chinas unter d. Mongolenherrschaft, 1956; Kulturgeschichtliches über d. chines. Tusche, 1962. - Hg.: Akten d. XXIV. Intern. Oriental. Kongr., 1957; ZDMG, seit 1960. - Mit-Hg.: Saeculum, seit 1952; Asiat. Forschungen, seit 1958.

Sinologie.

Franz, *Günther,* * 23.5.1902 Hamburg, Dr. phil. (1925). PDoz. f. mittlere u. neuere Gesch. 1930 Marburg, ao. Prof. 1935 Heidelberg, o. Prof. 1936 Jena, 1941 bis 1945 Straßburg, o. Prof. f. Gesch. u. Agrargesch. 1957 Landwirtschaftl. Hochschule Stuttgart-Hohenheim.

Der dt. Bauernkrieg I. II, (1933/34) 1962⁶; Der 30jähr. Krieg u. d. dt. Volk, (1940) 1961³; Bücherkunde zur dt. Gesch., 1951; Urkundl. Quellen zur hess. Reformationsgesch., 4 Bde, 1951-55; Biogr. WB zur dt. Gesch. (mit H.RÖSSLER), 1952; Bücherkunde zur Weltgesch., 1956; Sach-WB zur dt. Gesch. (mit H.RÖSSLER), 1958; Thomas Müntzer, Schriften u. Briefe, 1964. - Hg.: Das hist.-polit. Buch, seit 1953; Zs. f. Agrargesch. u. Agrarsoziologie, seit 1953; Dt. Agrargesch., 5 Bde, 1962ff.

Bauernkrieg; Böhm; Celtis; Lotzer; Müntzer; Schappeler.

Franzen, *August,* * 12.2.1912 Wuppertal-Barmen, Dr. theol. (1939), Lic. iur. can. (1948). PDoz. f. KG 1951, apl. Prof. 1957 Bonn, o. Prof. f. KG u. relig. Volkskunde 1960 Freiburg/Br.

Der Wiederaufbau d. kirchl. Lebens im Erzbistum Köln unter Ferdinand von Bayern (RGST 69/71), 1941; Die Kölner Archidiakonate in vor- u. nachtridentin. Zeit (ebd 78/79), 1953; Die Kelchbewegung am Niederrhein im 16.Jh., 1955; Ambrosius Catharinus, Apologia pro veritate catholicae... fidei (1520), hg.v. J.SCHWEIZER u. A.FRANZEN (CCath 27), 1956; Die Visitationsprotokolle d. ersten nachtridentin. Visitation im Erzstift Köln unter Salentin von Isenburg 1569 (RGST 85), 1960.

Köln II. III.

Fraundorfer, *Paul,* * 7.2.1893 Würzburg, † 14.10. 1963 ebd, Dr. phil. (1923). Archivar an »Dt. Gaue« 1924 bis 1926 Kaufbeuren, Staatsarchivreferendar 1926 München, Archivassessor 1929 Bayer. Staatsarchiv Speyer, 1930 Archivrat, 1934 Bayer. Staatsarchiv Würzburg, 1949 Staatsarchivdirektor, 1958 a.D.

Das Territorium d. Hochstifts Würzburg I: Die kirchl. Besitzungen von d. Gründung (741) bis zum Regierungsantritt d. Bischofs Hermann I. von Lobdeburg (1225) (Phil. Diss. Erlangen), 1923 (Masch.); Altes u. Neues zur Grünewald-Forschung (Würzb. Diözesangeschichtsbll. 14/15, 1952/53, 373-431); Das Sakristeikreuz im Stiftsschatz von St. Peter u. Alexander zu Aschaffenburg (Aschaffenburger Jb. 4/II, 1957, 575-591); Eine neue hist. Quelle zur Grünewald-Forschung (Würzb. Diözesangeschichtsbll. 20, 1958, 178-185).

Würzburg II.

Frede, *Lothar,* * 7.6.1889 Weimar, Dr. jur. (1912), Dr. phil. (1945). Vortragender Rat, zuletzt Abteilungsleiter im Thür. Justizministerium 1921-33 Weimar, auch ständiger stellv. Bevollmächtigter f. Strafrecht beim Reichsrat, Doz. f. Gefängniskunde 1925-33 Jena; Oberlandesgerichtsrat 1933-45 Jena (2. Zivilsenat), Rechtsanwalt u. Notar 1946-49 Weimar, Landgerichtsdirektor 1950 Stuttgart, 1954 i.R.

Reform d. Strafvollzugs (mit M.GRÜNHUT), 1927; Strafrechtspflege in Thüringen, 1928; Geld- u. Münzwesen im Herzogtum Sachsen-Jena, 1942; Das klassische Weimar in Medaillon, 1958.

Gefängniswesen I.

Freeden, *Max Hermann von,* * 18.11.1913 Bremen, Dr. phil. (1936). Konservator 1939, Leiter 1945, Direktor 1949 Mainfränk. Museum Würzburg; Honorar-Prof. 1962.

Balthasar Neumann als Stadtbaumeister, 1937; Die Festung Marienberg, 1952; Balthasar Neumann, (1953) 1962²; Tilman Riemenschneider, (1954) 1959²; Quellen zur Gesch. d. Barocks in Franken I/2, 1955; Das Meisterwerk des G.B.Tiepolo (mit C.LAMB), 1956; Gotische Plastik, 1962.

Riemenschneider.

Frenzel, *Gottfried,* * 3.2.1926 Breslau, Dr. phil. (1954). Seit 1954 freischaffender Kunsthistoriker u. Restaurator (Glasgemäldezyklen: Nürnberg, St. Sebaldus- u. St. Bartholomäuskirche 1954-57, Ulm Münster, Bessererkapelle 1957, German. Nationalmuseum 1958, Frankfurt/M. Hist. Museum 1962), seit 1957 Stipendiat der Dt. Forschungsgemeinschaft; 1961 Förderungspreis der Stadt Nürnberg.

Schwarzloterhaltung u. Schwarzlotrestaurierung bei ma.lichen Glasgemälden (Zs. f. Kunstgesch. 23, 1960, 1-18); Veit Hirsvogel, eine Nürnberger Glasmalerwerkstatt der Dürerzeit (ebd 193-210); Kaiserl. Fensterstiftungen d. 14.Jh.s in Nürnberg (Mitt. d. Vereins f. Gesch. d. Stadt Nürnberg 51, 1962, 1-17); Die 15 Zeichen vor dem Jüngsten Gericht (in: Festschr. Metz, 1963). - Hg.: Corpus vitrearum medii aevi, Deutschland, Bd X/XI (in Vorber.).

Glasmalerei.

Freytag, *Erwin,* * 16.4.1907 Wesselburen, Pastor 1936 Schlichting, 1939-48 Kriegsdienst u. Gefangenschaft, Pastor 1940 Sieverstedt, 1953 Uetersen, ehrenamtl. Propstei-Archivpfleger.

Aus d. Chronik d. Kirchspiels Sieverstedt (Uggelharde), 1951; Die Einkünfte d. Geistlichen u. Küster der Uggel- u. Wiesharde im 17.Jh. (Jb. f. d. schlesw. Geest 2, 1954, 60-72); Beiträge zur Gesch. d. ländl. Schulwesens in d. Uggel- u. Wiesharde (ebd 3, 1955, 47-59); Christian Matthiae, ein luth. Theologe d. 17.Jh.s (Schriften d. Vereins f. schlesw.-holst. KG 12, 1953/54, 163-169); Die Klöster in Dithmarschen (ebd 15, 1957, 5-16); Die Gründung d. Klosters Uetersen u. die Edelherren von Barmstede (ebd 17, 1959/60, 10-20); Die Reformation in d. Herrschaft Holstein-Pinneberg u. im Kloster Uetersen, 1961.

Eitzen.

Freytag, *Walter,* * 28.5.1899 Neudietendorf/Thür., † 24.10.1959 Heidelberg, D. (1950, Tübingen), Dr. phil. (1925). 1928 Direktor der Dt. Ev. Missionshilfe in Berlin, 1929-53 Hanseatischer Missionsdirektor in Hamburg u. Doz. f. Missionswiss. ebd u. in Kiel, 1947 Honorar-Prof., 1953 o. Prof. f. Missionswiss. u. zwischenkirchl. Beziehungen in Hamburg; 1954 Vorsitzender der Studien-Abteilung des Ökum. Rates, 1958 Vizepräsident des Internationalen Missions-Rates.

Vollst. Bibliogr. in: Basileia, Festschr. z. 60. Geb., 1959, 503-511. Bes.: Die junge Christenheit im Umbruch d. Ostens, 1938; Das Rätsel d. Religionen u. d. bibl. Antwort, (1956) 1958³; Kirchen im neuen Asien, 1958; Reden u. Aufsätze I. II (ThB 13/1. 2), 1961. - Hg.: Der große Auftrag, 1948; Mission zwischen Gestern u. Morgen, 1952; Mission in d. gegenw. Weltstunde, 1958. Ferner: AMN. 1926-59; Die dt. ev. Heidenmission. Jb. d. vereinigten dt. Missionskonferenzen, 1928-41; EMZ, 1940-59; Ev. Weltmission, 1951-56; BMevR, 1951-59; ÖR, 1952-59. - Fachberater f. Missionswiss. bei RGG³ I-III.

Bekehrung V; Beruf IV; Erweckung II; Frau VI; Kirchenlied III.

Frick, *Robert,* * 3.9.1901 Berlin-Charlottenburg, D. (1947, Münster), Lic. theol. (1926). Studieninspektor 1926 Predigerseminar Wittenberg, Pfarrer 1928 Bad Saarow/Mark, Doz. f. KG 1931 Theol. Schule Bethel (1945-48 Leiter), seit 1949 Vorsteher der Diakonissenanstalt Kaiserswerth.

Die Gesch. d. Reich-Gottes-Gedankens in d. alten Kirche bis zu Origenes u. Augustin (BZNW 6), 1928; Luthers Schrift wider den Löwener Theologen Latomus übers. u. erkl. (Münchner Luther-Ausg., ErgBd 6), 1953; Das JohEv in Bibelstunden, 1957. - Mit-Hg.: MPTh; Arbeiten zur Pastoraltheol.

Bodelschwingh, 1. 2; Fliedner, Th.; Kaiserswerth; Pfarrervorbildung und -weiterbildung.

Friedrich, *Gerhard,* * 20.8.1908 Jodszen Kr. Pillkallen/Ostpr., D. (1956, Kiel), Dr. theol. (1939). Pfarrer 1937 Großheidekrug/Samland, 1946 Leiter der Theol. Schule f. Kriegsgefangene Norton Camp (England), Doz. f. NT 1947 Theol. Schule Bethel, ao. Prof. 1953 Kiel, o. Prof. 1954 Erlangen.

Ἁμαρτία οὐκ ἐλλογεῖται Röm 5, 13 (ThLZ 77, 1952, 523 bis 528); Geist u. Amt (WuD 1952, 61-85); Das Gesetz d. Glaubens Röm 3, 27 (ThZ 10, 1954, 401-417); Beobachtungen zur messian. Hohepriestererwartung in d. Synoptikern (ZThK 53, 1956, 265-311); Fragen des NT an die Homiletik (WuD 6, 1959, 70-104); Phil u. Phlm (NTD VIII⁹), 1962. - Hg.: ThW, seit 1948. - Mit-Hg.: KuD; NTD; NTS.

Bekehrung III; Erbauung, 1; Römerbrief.

Fries, *Heinrich,* * 31.12.1911 Mannheim, Dr. theol. (1942). Vikar 1936 Stuttgart, Repetent 1937 Wilhelmstift Tübingen, dazu 1939 Pfarrvikar; Doz. f. Philos. u. Fundamentaltheol. 1946, o. Prof. 1950 Tübingen, 1958 München.

Die Religionsphilos. Newmans, 1948; Die kath. Religionsphilos. d. Gegenwart, 1949; Die Kirche als Anwalt des Menschen, 1954; Bultmann - Barth u. d. kath. Theol., 1955; Kirche als Ereignis, 1958; Glauben - wissen, 1960; Das Gespräch mit den ev. Christen, 1961; Aspekte der Kirche, 1963. - Hg.: Newman-Studien I-VI (mit W.BEKKER), 1949-64; Kirche u. Überlieferung (mit J.BETZ), 1960; Einsicht u. Glaube (mit J.RATZINGER), 1962; Hdb. theol. Grundbegriffe I. II, 1962/63. - Mit-Hg.: Catholica.

Apologetik V; Steinbüchel.

Friis, *Oluf,* * 20.3.1894 Kopenhagen (Dänemark), Dr. phil. h.c. (1959, Uppsala), o. Prof. f. nord. Literaturgesch. in Kopenhagen.

Den danske Litteraturs Historie I: Fra Oldtiden indtil Renaessancen, Kopenhagen 1946.

Steffens.

Fritz, *Kurt von,* * 25.8.1900 Metz, Dr. phil. (1923). PDoz. f. klass. Philologie 1927 München, 1931 Hamburg, ao. Prof. 1933 Rostock, 1935 aus polit. Gründen abgesetzt; Visiting Prof. 1936 Reed College Portland/Oreg. (USA), Visiting Associate Prof. 1937 Columbia Univ. New York, Prof. 1938 ebd, o. Prof. 1954 Freie Univ. Berlin, 1958 München.

Philos. u. sprachl. Ausdruck bei Demokrit, Platon u. Aristoteles, New York 1938; Pythagorean Politics in Southern Italy, ebd 1940; The Theory of the Mixed Constitution in Antiquity, ebd 1954; Antike u. moderne Tragödie, 1962.

Sokrates, Philosoph.

Fröhlich, *Karlfried,* * 13.6.1930 Schmeckwitz Kr. Kamenz/Sa., M.A. (1961), Dr. theol. (1963). Assistant Prof. f. NT u. KG 1960 Drew Univ. Madison/N.J. (USA).

Formen d. Auslegung von Mt 16, 13-19 im lat. MA (Diss. Basel), 1963. - Hg.: Gesch. u. Glaube. Vorträge u. Aufs. von O.Cullmann, 1964. - Übersetzer der franz. u. einiger engl. Artikel für RGG³.

Spinola.

Frör, *Kurt,* * 10.10.1905 Rothenburg o.T., D. (1954, Erlangen), Lic. theol. (1931). Pfarrer 1936 München, Beauftragter f. kirchl. Unterweisung in der Ev.-Luth. Kirche in Bayern 1948 Rummelsberg, o. Prof. f. Prakt. Theol. 1952 Erlangen.

Ev. Denken u. Katholizismus seit Schleiermacher (FGLP V, 2), 1932; Was heißt ev. Erziehung?, 1933; Erziehung u. Kerygma, 1952; Bibl. Hermeneutik, (1961) 1964². - Hg.: Das Zeichnen im kirchl. Unterricht, (1950) 1958³; Der kirchl. Unterricht an d. Volksschule I/II-VIII, (1951) 1960⁴; Die Ev. Unterweisung an d. Volksschule I/II-VIII, (1955) 1963²; Confirmatio. Forschungen zur Gesch. u. Praxis d. Konfirmation, 1959; Zur Gesch. u. Ordnung d. Konfirmation in d. luth. Kirchen, 1962. - Mit-Hg.: Der kirchl. Unterricht an höheren Lehranstalten I-IV, (1955) 1963.

Bergpredigt III; Bibel IV; Bibelkritik III; Christenlehre; Eberhard; Erziehung II; Gleichnis und Parabel III; Jugendgottesdienst; Kirchliche Unterweisung II; Konvertitenunterricht; Pädagogik III; Sokratik.

Fuchs, *Ernst,* * 11.6.1903 Heilbronn a.N., D. (1947, Marburg), Lic. theol. (1931). PDoz. f. NT 1932 Bonn, 1933 Entzug der Venia legendi, Pfarrer 1934 Winzerhausen Kr. Marbach, 1938 (nach Vertreibung aus Winzerhausen durch Gestapo) Oberaspach Kr. Schwäbisch Hall; 1946/47 Vertretung für H.v.Soden in Marburg; Doz. f. NT 1949, apl. Prof. 1953 Tübingen, Prof. 1955 Kirchl. Hochschule Berlin, o. Prof. 1961 Marburg.

Bibliogr.: EvTh 12, 1952/53, 583f. Bes.: Christus u. d. Geist bei Paulus (UNT 23), 1932; Die Freiheit d. Glaubens (BEvTh 14), 1949. Ferner: Hermeneutik, (1954) 1963³; Ges. Aufs. I-III, 1959-65. - Mit-Hg.: HUTh, seit 1962.

Bultmann; Freiheit I; Gemeinschaft und Individuum III; Logos; Zusatz zu: Mythos und Mythologie IV; Universalismus und Partikularismus III; Wahrheit I.

Fuchs, *Walther Peter,* * 13.3.1905 Remscheid-Lüttringhausen, Dr. phil. (1934). Doz. f. mittlere u. neuere Gesch. 1936 Heidelberg, 1940-44 Kriegsdienst, Archivar 1947 Univ. Heidelberg, Leiter des Collegium Academicum 1949-52 ebd; ao. Prof. 1952, o. Prof. 1959 Techn. Hochschule Karlsruhe, 1962 Erlangen.

Die dt. Mittelstaaten u. d. Bundesreform 1853-60, 1934; Das Zeitalter d. Reformation (GEBHARDT-GRUNDMANN II, 1955,1-104). - Hg.: Akten zur Gesch. d. Bauernkrieges in Mitteldeutschland II, 1942; Leop.v.Ranke, Das Briefwerk, 1949; Der Nachlaß Leop. Rankes, 1964.

Karl V.; Packsche Händel; Sickingen; Sleidanus.

Fuehrer, *Ruth,* * 20.9.1902 Königsberg/Pr., Lic. theol. (1926). Krankenhauspfarramt 1927 Meiningen, 1933 Mütterdienst der DEK, 1942 im Konsistorium der Provinz Ostpreußen (katechet. Amt), 1943 Kirchenrätin, 1948 im Dienst der Prot. Landeskirche der Pfalz, Krankenhauspfarramt 1949 Ludwigshafen/Rh., 1954 i.R.

Die Gesangbücher d. Stadt Königsberg, 1927; Zuhause am Krankenbett, 1946; Besuch u. Seelsorge im Krankenhause, 1960.

Rogall.

Fülleborn, *Ulrich,* * 21.4.1920 Ritschenwalde/Prov. Posen, Dr. phil. (1958). PDoz. f. Dt. Philologie 1964 Hamburg.

Das Strukturproblem d. späten Lyrik Rilkes, 1960; Form u. Sinn der »Aufzeichnungen des Malte Laurids Brigge«. Rilkes Prosabuch u. d. moderne Roman (Festschr. H.Kunisch z. 60.Geb., 1961, 147 bis 169); Das dramat. Geschehen im Werk Franz Grillparzers (Habil.-Schr. Hamburg), 1964 (Masch.).

Rilke.

Fürstenberg, *Friedrich,* * 22.4.1930 Berlin, Dipl.-Volkswirt (1951), Dr. rer. pol. (1953). PDoz. f. Soziologie 1962 Erlangen, o. Prof. f. Kulturwiss. u. Soziologie 1963 Bergakademie Clausthal (Techn. Hochschule).

Probleme d. Lohnstruktur, 1958; Industriesoziologie (Soziol. Texte 1), (1959) 1964²; Wirtschaftssoziologie (SG 1193), 1961; Das Aufstiegsproblem in d. modernen Gesellschaft, 1962; Religionssoziologie (Soziol. Texte 19), 1964. - Mit-Hg.: Soziol. Texte, seit 1959. - Fachberater f. Sozialwiss. bei RGG³.

Abbe; Arbeit I; Arbeitslosigkeit, 4; Betrieb III; Brandström; Brentano, Lujo; Briefs; Eigentum III; Geld III; Geselligkeit; Gesellschaft; Gleichheit; Heimann; Konkurrenz; Lohn und Lohnsystem I. II; Luxus; Monopol; Produktivität und Rentabilität; Rasse I; Rationalisierung; Religionssoziologie; Sozialprodukt; Staat I; Technik II. III.

Fuhrmann, *Horst,* * 22.6.1926 Kreuzburg/Schlesien, Dr. phil. (1952). 1954-56 Mitarbeiter der Monumenta Germaniae Historica; Assistent 1957, PDoz. f. ma.liche Gesch. 1960 Kiel, o. Prof. 1962 Tübingen.

Studien zur Gesch. ma.licher Patriarchate I-III (ZSavRG Kan. Abt. 39, 1953, 112-176; 40, 1954, 1-84; 41, 1955, 95-183); Eine im Original erhaltene Propagandaschrift des Erzbischofs Gunthar von Köln (Arch. f. Dipl. 4, 1958, 1-51).

Benedikt II.-X.; Bonifatius III.-VII.; Christophorus, Papst; Clemens II.; Damasus II.; Deusdedit; Donus; Eugen I. II.; Formosus; Gregor II.-V., (VI.), VI.; Hadrian I.-III.; Honorius I.; Humbert von Silva Candida; Johanna; Johannes IV.-XX.; Konon; Konstantin I. II.; Lando; Leo II.-VIII.; Marinus I. II.; Martin I.; Nikolaus I.; Papsttum II, 1; Paschalis I.; Paul I.; Philippus, Papst; Pseudoisidorische Dekretalen; Romanus; Sabinianus; Saxo Grammaticus; Sergius I.-IV.; Severinus; Silvester II., (III.); Sisinnius; Stephanus (II.), II.-VIII.; Theodor I., (II.), II.; Valentin, Papst; Vitalian; Zacharias, Papst.

Fuhrmann, *Manfred,* * 23.6.1925 Hiddesen b. Detmold, Dr. phil. (1953). PDoz. f. klass. Philologie 1959 Freiburg/Br., o. Prof. 1962 Kiel.

Das syst. Lehrbuch. Ein Beitrag zur Gesch. d. Wissenschaften in d. Antike, 1960.

Neuhumanismus I; Wolf.

Funk, *Wilhelm,* * 26.5.1896 Roßtal Kr. Fürth, Dr. phil. (1923), seit 1923 Lehrer f. Kunsterziehung an verschiedenen höheren Schulen Bayerns, zuletzt Oberstudienrat, 1961 i.R., lebt in Nürnberg.

Das ehem. Zisterzienserinnenkloster Birkenfeld a.d.Aisch u. die Zisterziensernonnenklöster in Franken, 1934; Der Meister d. Marthaaltares in d. St. Lorenzkirche zu Nürnberg, 1938; Die Bildschnitzerfamilie Brenck aus Windsheim, 1938; Dt. Rechtsdenkmäler mit bes. Berücksichtigung Frankens, 1938; Alte dt. Rechtsmale, 1940; Das »Rechte Maß« bei A.Dürer u. d. alten Meistern, 1955.

Zahlensymbolik II.

Funke, *Gerhard,* * 21.5.1914 Leopoldshall/Anhalt, Dr. phil. (1938). Lektor 1938/39 Sorbonne; Doz. f. Philos. 1947, apl. Prof. 1953 Bonn; Gast-Prof. 1953 USA, 1954 Peru, 1957 Venezuela; ao. Prof. 1957, o. Prof. 1958 Saarbrücken, 1959 Mainz; Gast-Prof. 1961 Venezuela, 1963 USA, 1964 Japan; seit 1955 Prof. E.h. Lima.

Maine de Biran, 1947; Zur transzendentalen Phänomenologie, 1957; Gewohnheit, (1958) 1961²; Transzendentale Phänomenologie als erste Philos. (Studium Generale 11, 1958, 564-582. 632-646); Cogitor ergo sum (Sinn u. Sein, hg.v. R.WISSER, 1960, 155-182); Phänomenol. u. dial. Bewußtsein (Erkenntnis u. Verantwortung

Festschr. f. Th.Litt, 1960, 63-90); Ungegenständlich oder Gegenstandslos? (Der Mensch u. d. Künste. Festschr. f. H.Lützeler, 1962, 112-161); Die Aufklärung, 1963. - Hg.: Konkrete Vernunft. Festschr. f. E.Rothacker, 1958.

Maine de Biran.

Gadamer, *Hans-Georg,* * 11.2.1900 Marburg, Dr. phil. (1922). PDoz. f. Philos. 1929, ao. Prof. 1937 Marburg, o. Prof. 1939 Leipzig, 1947 Frankfurt/M., 1949 Heidelberg.

Platos dialekt. Ethik, 1931; Plato u. die Dichter, 1934; Volk u. Gesch. im Denken Herders, 1941; Über d. Ursprünglichkeit d. Wiss., 1947; Goethe u. d. Philos., 1947; Über d. Ursprünglichkeit d. Philos., 1948; Wahrheit u. Methode. Grundzüge einer philos. Hermeneutik, 1960. - Mit-Hg.: PhR, seit 1953.

Denken; Geisteswissenschaften; Geschichte und Geschichtsauffassung III; Geschichtlichkeit; Historismus; Kausalität II; Sprache II; Tradition I; Verstehen.

Gäbler, *Paul,* * 25.12.1901 Tiruvallur (Indien), Lic. theol. (1938; umgewandelt in Dr. theol. 1952). Missionar 1925 Süd-Indien, 1940-46 interniert in Indien, Pastor 1947 Oesselse, 1950 Niedernjesa b. Göttingen, dazu seit 1956 Lehrauftrag f. Äußere Mission in Göttingen.

Sadhu Sundar Singh. Eine hist.-krit. Unters. (Theol. Diss. Leipzig), 1937. - Übers.en: St.Jones, Der Christus der ind. Landstraße, 1929; Ders., Christus am Runden Tisch, 1930.

Appasamy; Sundar Singh.

Gaedke, *Jürgen,* * 28.5.1915 Berlin, Dr. jur. (1951). Regierungsdirektor, seit 1941 im höheren Verwaltungsdienst (1946 Oldenburg, 1949 Lüneburg, 1950 Hannover, 1952 Bonn).

Das Friedhofsrecht in Niedersachsen, 1951; Das Bestattungsrecht in Niedersachsen, 1953; Hdb. d. Friedhofs- u. Bestattungsrechts, (1954) 1963².

Begräbnis IV; Friedhof I.

Gallenkamp, *Paul,* * 12.5.1900 Mandern/Waldeck, † 25.12.1962 Wega/Waldeck. Pfarrer 1925-56 Wellen/Waldeck, seit 1950 nebenamtl., seit 1956 hauptamtl. Gehörlosenpfarrer für Waldeck, Vereinsgeistlicher der Arbeitsgemeinschaft ev. Gehörlosenseelsorger Deutschlands e.V.

Seit 1952 Schriftleiter der ev.-kirchl. Zs. f. Gehörlose: »Unsere Gemeinde«.

Taubstummenerziehung und -seelsorge.

Galling, *Kurt,* * 8.1.1900 Wilhelmshaven, D. (1934, Bern), Lic. theol. (1921), Dr. phil. (1923). PDoz. f. AT 1925 Berlin, nb. ao. Prof. 1930 Halle, kommissar. Direktor des Dt. Ev. Palästina-Instituts 1930 Jerusalem, o. Prof. f. AT u. Palästinakunde 1946 Mainz, 1955 Göttingen, f. Bibl. Archäol. 1962 Tübingen.

Ausgew. Bibliogr.: ThLZ 85, 1960, 153-158. Bes.: Bibl. Reallexikon (HAT I, 1), 1937; Der Prediger Salomo (HAT I, 18), (1940) 1964². Ferner: Studien zur Gesch. Israels im pers. Zeitalter, 1964. - Hg.: RGG³.

Aaronitischer Segen, 1; Albright; Allerheiligstes, 1; Altar II; Archäologie I; Ausgrabungen III (mit G.E.Wright); Aussatz; Baukunst in Israel; Belial; Berge, heilige, 2; Beschneidung I, 4; Bewer; Bibelübersetzungen IV, 5; Blut, 2; Brief und Buch im Altertum; Chronikbücher; Dalman; Damaskus; Eherne Schlange; Eichhorn, Albert; Eißfeldt; Esra; Esrabücher I; Gaza; Greßmann; Gunkel; Guttmann; Handel II; Hugenotten, 2; Jeduthun; Joseph, Patriarch; Judentum I; Kapernaum; Karmel; Katakomben II; Kennicot; Kunsthandwerk I; Leuchter I; Luzifer; Magie, 7; Manna; Maße, Gewichte, Münzen in Israel; Mene Tekel; Mesa; Musik IV (mit I.Elbogen); Nehemia; Nehemiabuch; Noth; Ossuar; Palästina I; Pentapolis; Predigerbuch; Psalmen I; Psalterbuch; Ptolemäer; Reich Gottes I, 1; Reland(us); Robinson, Edw.; Saron; Siegel; Steine, heilige; Stele; Symbole II; Synagoge; Tempel I. II; Tempelgeräte in Israel; Tripolis; Urim und Tummim; Wirtschaftsgeschichte II.

Gamm, *Hans-Jochen,* * 22.1.1925 Jörnstorf Kr. Wismar/Meckl., Dr. phil. (1958). Lehrer 1953 Hamburg, Doz. 1959 Päd. Institut der Univ. Hamburg, Prof. f. Erziehungswiss. 1961 Päd. Hochschule Oldenburg.

Individuum u. Gemeinschaft im päd. Werk F.W.Dörpfelds (Phil. Diss. Hamburg), 1958 (Masch.); Sachkundl. Beiträge zu Geschichten des AT, 1959; Judentumskunde. Eine Einführung, (1959) 1962⁴; Der sexualpäd. Problemkreis (Universitas 16, 1961, 765-772); Der braune Kult. Das Dritte Reich u. seine Ersatzreligion, 1962; Die niederdt. Sprache u. ihr Weltbild (Neue Sammlung 2, 1962, 547-554).

Sexualpädagogik.

Gawlick, *Günter,* * 1.3.1930 Königsberg/Pr., Dr. phil. (1956). PDoz. f. Philos. 1963 Gießen.

Neue Texte u. Deutungen zu Nikolaus von Kues (PhR 8, 1960, 171-202; 10, 1962, 90-120). - Hg.: Th.Hobbes, Vom Menschen - Vom Bürger, 1959. - Übers.: Nikolaus von Kues, Von der wissenden Unwissenheit, 1957.

Sensualismus; Wahrheit II.

Geiger, *Max,* * 27.4.1922 Bern (Schweiz), Dr. theol. (1951). Pfarrer 1950 Tenniken-Zunzgen/BL, PDoz. 1956, o. Prof. f. neuere KG u. DG 1961 Basel.

Die Basler Kirche u. Theol. im Zeitalter d. Hochorthodoxie, 1952; Geschichtsmächte oder Evangelium? Zum Problem theol. Geschichtschreibung u. ihrer Methode (ThSt [B] 37), 1953; Wesen u. Aufgabe kirchl. Ordnung (ebd 42), 1954; Aufklärung u. Erweckung. Beiträge zur Erforschung J.H.Jung-Stillings u. der Erweckungstheol., 1963. - Hg.: Basler Studien zur hist. u. syst. Theol. - Mit-Hg.: ThSt (B); Polis (Ev. Zeitbuchreihe).

Jung-Stilling; Wyttenbach, Dan.; Zimmermann, Joh. Jak.

Geiger, *Paul,* * 14.9.1915 Mannheim, Dr. theol. (1940). Religionslehrer 1951 Heidelberg, 1952 Pfarrer der bad. Landeskirche, 1956 Studienrat, 1962 Oberstudienrat.

Holthusen; Morgenstern; Schaumann; Seidel, H.W.; Uhland.

Geiselmann, *Josef Rupert,* *27.2.1890 Neu-Ulm a.D., Dr. theol. Vikar 1915 Heilbronn, Repetent 1919, PDoz. f. Dogmatik 1925, ao. Prof. 1930, o. Prof. der scholast. Philos. u. Fundamentaltheol. 1934, der Dogmatik 1949 Tübingen, em. 1958.

Vollst. Bibliogr. bis 1960 in: Kirche u. Überlieferung. Festschr. J.R.Geiselmann, 1960, 367-371. Ferner: Die Hl. Schrift u. die Tradition, 1962; Die Theol. der Kath. Tübinger Schule, 1963. - Mit-Hg.: ThQ.

Alger von Lüttich; Berengar von Tours; Fulbert; Johannes von Fékamp; Lanfrank.

Geißler, *Georg,* * 22.9.1902 Darmstadt-Eberstadt, Dr. phil. (1929). 1922-25, 1929 u. 1933-39 Lehrer u. Leiter an Volksschulen in Darmstadt, Sprendlingen u. Halle/S.; wiss. Assistent 1929-31 Hamburg, Doz. 1931 bis 1933 Päd. Akademie Halle/S., Doz. u. apl. Prof. 1947 Päd. Institut Darmstadt/Jugenheim, o. Prof. 1950 Hamburg.

Die Autonomie d. Pädagogik, 1929; Leistungsstand u. Leistungssteigerung der Volksschule, 1939. - Hg.: Quellen zur Unterrichtslehre, seit 1952; Päd. Studien, seit 1958. - Mit-Hg.: Kleine Päd. Texte, seit 1950; ZP, seit 1958.

Einheitsschule; Lehrerbildung.

Geißler, *Heinrich,* * 26.10.1902 Banja Luka (Bosnien), Dr. phil. (1938). 1929-44 Leiter der dt. ev. Schule in Belgrad, 1946 Neuendettelsau, 1957 München.

Der soziale Pestalozzi, 1927; Die Zweisprachigkeit auslandsdeutscher Kinder, 1938; Comenius u. die Sprache, 1959. - Mit-Hg.: J.A.Comenius, Pampaedia, 1960.

Comenius.

Gelzer, *Matthias,* * 19.12.1886 Liestal (Schweiz), Dr. jur. h.c. (1956, Frankfurt/M.), Dr. phil. (1910), Dr. phil. h.c. (1959, Basel), Litt. D. (1965, Oxford). PDoz. f. Alte Gesch. 1912 Freiburg/Br., o. Prof. 1915 Greifswald, 1918 Straßburg, 1919 Frankfurt/M., em. 1955.

Caesar, der Politiker u. Staatsmann, (1921) 1960[6]; Pompeius, (1949) 1959[2]; Kleine Schriften I-III, 1962-64. - Mit-Hg.: Gnomon, 1925-62.

Antistes; Frankfurt a.M. II.

Gemser, *Berend,* * 17.5.1890 Broek op Langedijk (Niederl.), † 15.11.1962 Groningen, Dr. litt. sem. (1924). Pfarrer 1917 Lutjegast, o. Prof. f. AT 1926 Pretoria (Südafrika), 1957 Groningen, em. 1960.

De beteekenis der persoonsnamen voor onze kennis van het leven en denken der oude Babyloniërs en Assyriërs, 1924; Spreuken I. II, 1929/31; Sprüche Salomos (HAT I, 16), (1937) 1963[2]; Hebreeuse Spraakkuns, (1953) 1960[2].

Bilder und Bilderverehrung II.

Gensichen, *Hans-Werner,* * 10.3.1915 Lintorf, D. (1958, Hamburg), Lic. theol. (1942), Th.M. (1938). Pastor coll. 1945 Wersabe, Studieninspektor 1946 Predigerseminar Erichsburg, 1947 Kloster Loccum, Theol. Mitarbeiter 1948 Dt. Ev. Missionsrat Hamburg, Doz. f. KG 1950 Kirchl. Hochschule Hamburg, Doz. 1952 Divinity School of the TELC, Tranquebar (Indien), dazu 1955 Gurukul Lutheran Theol. College, Madras, o. Prof. f. Religionsgesch. u. Missionswiss. 1957 Heidelberg, dazu 1961-64 Associate Director, Theological Education Fund, New York.

Das Taufproblem in d. Mission, 1951; The Elements of Ecumenism, 1954; Damnamus. Die Verwerfung von Irrlehre bei Luther u. im Luthertum d. 16.Jh.s, 1955; Die Kirche von Südindien, (1957) 1960[2]; Missionsgesch. d. neueren Zeit, 1961. - Mit-Hg.: EMZ.

Abendmahl VII; Azariah; Hinduismus II; Indien III. IV; Junge Kirchen; Luthertum IV; Mackay, A.M.; Mission III C; Missionarsausbildung; Missionsschulwesen; Pfander; Rhenius; Ringeltaube; Schule und Kirche II; Taufe VIII; Volk und Volkstum III.

Gensicke, *Hellmuth,* * 29.6.1917 Alpenrod, Dr. phil. (1949). Regierungsarchivrat, seit 1953 beim Staatsarchiv Darmstadt.

Landesgesch. d. Westerwaldes, 1958.

Worms.

Georgi, *Dieter,* * 6.6.1929 Mittelsömmern Kr. Langensalza, Dr. theol. (1958). Pfarrer 1955 Frankfurt/M.; wiss. Assistent 1957, PDoz. bzw. Doz. f. NT 1962 Heidelberg.

Die Gegner des Paulus im 2Kor (Diss. Heidelberg), 1958, gedr. 1964; Die Gesch. d. Kollekte des Paulus für Jerusalem (Habil.-Schr. Heidelberg), 1962 (Masch.).

Ewiges Leben III A; Leben-Jesu-Theologie; Macht II.

Georgiades, *Thrasybulos Georgios,* * 4.1.1907 Athen (Griechenland), Dr. phil. (1935). PDoz. f. Musikwiss. 1947 München; ao. Prof. 1949, o. Prof. 1955 Heidelberg, 1956 München.

Bibliogr. bis 1955: MGG IV, 1774. Bes.: Bemerkungen zur Erforschung d. byz. Kirchenmusik (Byz 39, 1939, 67-88); Musik u. Sprache. Das Werden d. abendländ. Musik dargest. an d. Vertonung d. Messe, 1954; »Das Wirtshaus« von Schubert u. das Kyrie aus d. gregorian. Requiem (Gegenwart im Geiste. Festschr. f. R.Benz, 1954, 126-135); Sprache, Musik, schriftl. Musikdarst. (AfMw 14, 1957, 223-229); Musik u. Rhythmus bei den Griechen, 1958; Sakral u. Profan in d. Musik, 1960; Musik u. Schrift, 1962; Sprachschichten in d. Kirchenmusik (MuK 33, 1963, 1-9). - Hg.: Münchner Veröffentlichungen zur Musikgesch., seit 1959. - Fachberater (gemeinsam mit S.Hermelink) f. Kirchenmusik bei RGG[3].

Beethoven; Dunstable; Englische Kirchenmusik; Guido; Haydn, 1. 2; Hucbald; Messe IV; Mozart; Musica Enchiriadis; Musik I. V. VI; Musikwissenschaft; Organum; Riemann; Schering; Schubert, Franz; Solmisation.

Gerhard, *Hans Wolfram,* * 9.1.1929 Christdorf/Ost-Prignitz, Dr. rer. pol. (1958), Prof. f. Volkswirtschaft Duke Univ., Durham/N.C. (USA).

Malthus; Owen, Rob.; Ricardo; Rodbertus; Schmoller; Smith, Adam; Sombart; Wagner, Adolph; Weber, Max.

Gerhold, *Wilhelm,* * 24.6.1915 Stelle Kr. Harburg. Pfarrer 1950 Hohnhorst Grafschaft Schaumburg, 1955 bis 1962 Geschäftsführer des Dt. Nationalkomitees des Luth. Weltbundes, dazu 1958 Leiter der Kanzlei von Landesbischof Lilje, 1959 Oberkirchenrat im Landeskirchenamt Hannover, 1963 Militärdekan.

Lilje.

Gerleman, *Gillis,* * 27.3.1912 Rogberga (Schweden), Dr. theol. (1943). Doz. f. AT 1943, ao. Prof. 1945, o. Prof. 1949 Lund.

Zephanja textkritisch u. literarisch unters. (Diss. Lund), 1942; Studies in the Septuagint I: Book of Job (LUÅ NF I, 43, 2), 1946; II: Chronicles (ebd I, 43, 3), 1946; III: Proverbs (ebd I, 52, 3), 1956; Ruth (BK 18/1), 1960.

Bibelübersetzungen I; Geist II. III; Gemeinschaft und Individuum II.

Gerlich, *Alois,* * 24.9.1925 Mainz, Dr. phil. (1948). 1950-52 Studienreferendar, 1952/53 Studienassessor, 1953-61 wiss. Assistent, PDoz. f. mittlere u. neuere Gesch. 1959 Mainz.

Die Reichspolitik d. Erzbischofs Otgar von Mainz (Rhein. Vierteljahrsbll. 19, 1954, 286-316); Die Anfänge d. großen abendl. Schismas u. d. Mainzer Bistumsstreit (Hess. Jb. f. Landesgesch. 6, 1956, 25-76); Zur Kirchenpolitik d. Erzbischofs Johann II. u. d. Domkapitels von Mainz 1409-17 (ZGO 105, 1957, 334-344); Habsburg - Luxemburg - Wittelsbach im Kampf um d. dt. Königskrone. Studien zur Vorgesch. Ruprechts von der Pfalz, 1960; Territorium, Bistumsorganisation u. Obödienz. Die Mainzer Kirchenpolitik in d. Zeit d. Konzils von Pisa (ZKG 72, 1961, 46-86); Studien zur Landfriedenspolitik König Rudolfs von Habsburg, 1963. - Mit-Hg.: Mitteilungsblatt zur rheinhess. Landeskunde. - Zeichner der Karten in RGG[3].

Zabarella, Franziskus.

Gese, *Hartmut,* * 4.4.1929 Pyritz, S.T.M. (1953), Dr. theol. (1955). PDoz. f. AT 1957 Tübingen, ao. Prof. 1961 Hamburg, o. Prof. 1962 Tübingen.

Der Verfassungsentwurf des Ezechiel (BHTh 25), 1957; Lehre u. Wirklichkeit in d. alten Weisheit, 1958.

Exodus; Lakisch; Megiddo; Rama; Sarepta; Simson; Völkertafel; Weisheit; Weisheitsdichtung; Zephanjabuch.

Geyer, *Hans-Georg,* * 19.7.1929 Nauheim b. Groß-Gerau, Dr. theol. (1958), Dr. phil. (1954), seit 1958 wiss. Assistent an der ev.-theol. Fakultät in Bonn.

Kunst III.

Gieraths, *Gundolf,* * 20.9.1914 Düsseldorf, Dr. theol. (1950). Prof. f. KG 1950 Albertus-Magnus-Akademie Walberberg b. Bonn.

Kleine kath. KG, (1953) 1963[5]; Reichtum d. Lebens. Die dt. Dominikanermystik d. 14.Jh.s, 1956; Die dt. Mystik des MA, 1956;

Kirche in d. Gesch., (1959) 1962²; Savonarola - Ketzer oder Heiliger?, 1961.

Politus.

Giesz, *Ludwig,* * 24.4.1916 Ferdinandsberg (Rumänien), Dr. phil. (1937). Univ.-Lektor 1939-61, PDoz. f. Philos. 1950, apl. Prof. 1958 Heidelberg.

Nietzsche. Existenzialismus u. Wille zur Macht, 1950; Phänomenologie d. Kitsches, 1960.

Fiktionalismus.

Glasenapp, *Helmuth von,* * 8.9.1891 Berlin, † 25.6. 1963 Tübingen, Dr. phil. (1915). PDoz. f. Indologie 1918 Bonn, 1920 Berlin, nb. ao. Prof. 1924, o. Prof. 1928 Königsberg/Pr., o. Prof. f. Indologie u. vergl. Religionswiss. 1946 Tübingen.

Bibliogr. in: H.v.GLASENAPP, Von Buddha zu Gandhi. Aufsätze zur Gesch. d. Religionen Indiens, 1962, 279-288. Bes.: Die Religionen Indiens, (1943) 1956²; Die Philos. der Inder, (1949) 1958²; Die 5 großen Religionen, (1951) 1957³; Kant u. d. Religionen d. Ostens, 1954; Die nichtchristl. Religionen, (1957) 1963; Glaube u. Ritus d. Hochreligionen, 1960; Das Indienbild dt. Denker, 1960.

Âdi-Granth; Atem; Âtman; Aurobindo; Avatâra; Bhagavadgîtâ; Bhakti I; Buddhologie; Caodaïsmus; Gelübde I; Gesetz I; Indologie; Karma; Nirvâna; Oldenberg; Radhakrishnan; Râmakrishna; Sânkhya; Seelenwanderung I; Selbstmord I; Sikhismus; Tulsîdâs; Witwenverbrennung.

Glaue, *Paul,* * 5.10.1872 Berlin, † 24.12.1944 Überlingen/Bodensee, D. (1915, Gießen), Lic. theol. (1902). Religionslehrer 1899 Berlin, Subdiakonus 1901 Gotha, Pfarrer 1903 Elgersburg/Thür.; PDoz. f. Prakt. Theol. 1907, apl. ao. Prof. 1911 Gießen, 1911 Jena, daneben Pfarrer 1913 Jena, em. 1938 (als Prof.) bzw. 1942 (als Pfarrer).

Die Vorlesung hl. Schriften im Gottesdienst I, 1907; Das kirchl. Leben d. ev. Kirchen in Thüringen, 1910; Die got.-lat. Bibelfragmente d. Univ.-Bibl. zu Gießen (mit K.HELM), 1910; Fragmente einer griech. Übers. d. samarit. Pentateuchs (mit A.RAHLFS), 1911; Zur Gesch. d. Taufe in Spanien I. II (SAH 1913, 10; 1927/28, 2); Die Christengemeinden im 1. u. 2.Jh., 1926; Ein Bruchstück des Origenes über Gen 1,28, 1928; Der älteste Evangelientext (Codex D) (ChW 50, 1936, 773-778).

Allerseelentag (mit W.JANNASCH); Nepos von Arsinoë (mit H.KRAFT).

Glockmann, *Günter,* * 16.4.1932 Ziesar Kr. Brandenburg, Diplomphilologe, wiss. Assistent 1956 Dt. Akademie der Wissenschaften Berlin.

Marcellinus; Marcellus I.; Marcellus, Märtyrer; Markus, Papst; Pierius; Silverius; Simplicius, Papst; Sixtus I.-III.

Gloege, *Gerhard,* * 24.12.1901 Crossen/Oder, D. (1953, Heidelberg), D.D. (1959 Glasgow), Dr. theol. (1928). Pastor 1927 Bernau b. Berlin, theol. Lehrer 1929 Auslandsseminar Ilsenburg, Studiendirektor 1933 Predigerseminar Naumburg/Queis (1934-38 illegales Seminar der Bek. Kirche), 1935 amtsenthoben, Reichsrede- u. Publikationsverbot, 1938 ausgewiesen; Pfarrer 1939, Propst 1945 Erfurt; o. Prof. f. Syst. Theol. 1946 Jena, 1961 Bonn.

Vollst. Bibliogr. bis 1961: ThLZ 86, 1961, 953-958. Bes.: Reich Gottes u. Kirche im NT, 1929; Das Evangelium u. die Gegenwart, 1948; Mythologie u. Luthertum, (1952) 1963³; Offenbarung u. Überlieferung (ThF 6), 1954; Elite, 1958; Aller Tage Tag, (1960) 1962². - Mit-Hg.: KuD, seit 1955; RGG³; ThLZ, seit 1959.

Barth, Karl; Bekenntnis V; Bibel III; Biblizismus, 2; Dämonen; Dogma II; Dogmatik; Dualismus II; Engel III; Gemeinde I; Heilig IV; Heilsratschluß; Himmel II; Offenbarung VI; Reich Gottes III; Schöpfung IV A. B; Schriftprinzip; Systematische Theologie I; Uroffenbarung; Welt.

Glorieux, *Palémon,* * 8.3.1892 Bray-sur-Somme (Frankreich), Dr. theol. et phil., Dr. h.c. von Lublin. Vikar 1915 Paris; Direktor des Grand Seminaire 1919 bis 1949, Prof. 1929-49, Rektor der Univ. Catholique 1949 bis 1958 Lille, Sekretär von Kardinal Liénart 1958 ebd.

La Littérature Quodlibétique I. II, Paris 1925/35; Répertoire des Maîtres en Théologie de Paris au XIIIe siècle I. II, ebd 1933; Introduction à l'étude du Dogme, ebd 1949; Jacques de Thérines, Quodlibets, ebd 1958; Thomas de Bailly, Quodlibets, ebd 1960. - Hg.: Jean Gerson, Oeuvres complètes, ebd 1960ff.

Alanus ab insulis.

Gmelin, *Hermann,* * 8.8.1900 Wüstenroth/Württ., † 7.11.1958 Kiel, Dr. phil. (1925). Lektor 1925 Univ. Bologna, 1926 Leipzig, ao. Prof. 1930 Techn. Hochschule Danzig, o. Prof. f. roman. Philologie 1935 Kiel.

Personendarst. bei d. florentin. Geschichtsschreibern d. Renaissance, 1927; Franz. Geistesform in Sainte-Beuve, Renan u. Taine, 1934; Der franz. Zyklenroman d. Gegenwart, 1950; Die Epochen d. franz. Lit., 1951. - Dante, Die Göttl. Komödie, Übers., 3 Bde, 1949-51; Kommentar, 3 Bde, 1954-57. - Mit-Hg.: Germ.-roman. Monatsschrift, 1954-58.

Dante Alighieri.

Göbell, *Walter,* * 22.7.1911 Nordhackstedt/Schleswig, Dr. theol. (1939). Habilitation 1944 Berlin, Pfarrer 1948-52 Oeversee, dazu PDoz. f. KG u. schlesw.-holst. KG 1949, apl. Prof. 1956 Kiel.

Die Rhein.-Westfäl. KO vom 5.3.1835, 2 Bde, 1948/54; Die ev.-luth. Kirche in d. Grafschaft Mark. Verfassung, Rechtsprechung u. Lehre (1710-1800), 2 Bde, 1961; Kirche, Recht u. Theol. in 4 Jahrzehnten. Der Kaftan-Briefwechsel (in Vorb.).

Aarhus; Adalbert von Bremen; Adaldag; Adam von Bremen; Assumptionisten; Barfüßer; Barmherzige Brüder und Schwestern; Bartholomäer; Blut, Missionare; Borromäerinnen; Brochmand; Cameronianer; Canisius; Christine; Clemensschwestern; Dekan; Dernbacher Schwestern; Deutschordenspriester und -schwestern; Doktrinarier; Dominikaner; Einsiedlerorden; Elendenbruderschaften; Elisabetherinnen; Englische Fräulein; Eriksøn; Eucharistiner; Eudisten; Forbacher Schwestern; Geist, Orden; Gewissener; Gottesmutter, Orden; Graue Brüder und Schwestern; Guter Hirt, Genossenschaften; Hegelund; Heinrich von Kalkar; Helgesen; Hemmingsen; Herz Jesu, Orden; Herz Mariä, Orden; Herzen Jesu und Mariä; Humiliaten; Hussen; Jesuiten, 1-4; Joseph, Orden; Kiel; Kingo; Kleuker; Klotz; Kreuz, Orden; Laurentius Andreae; Lazaristen; Ledesma, 1. 2; Lessius; Liebe, Ordensgenossenschaften; Lugo; Maldonatus; Mantova; Marianisten; Maristen und Maristen-Schulbrüder; Mechit(h)aristen; Mikkelsen; Minimen; Nazarener, 1; Nieremberg; Nilssön; Olivetaner; Oratorianer; Osuna; Palladius; Pallottiner; Passionisten; Paulisten; Paulus, Orden; Pedersen, Chr.; Pederssön; Perez, Juan P. de Pineda; Petri, 1. 3; Petrus, Orden; Picpus-Gesellschaft; Ponte; Propst; Quaresmio; Resen; Rheinland; Ripen; Rudbeck; Salvatorianer; Sankt-Josephs-Gesellschaft; Schleswig; Schleswig-Holstein; Schulbrüder; Schulschwestern; Schwartz, Josua; Sepulcriner; Silvestriner; Steyler Missionare; Sulpizianer; Superintendent; Tast; Tausen; Toledo; Ulenberg; Unbefleckte Empfängnis, Orden; Ursulinen; Vinzentinerinnen; Vorsehungsschwestern; Wacker; Walenburch; Ward; Weiße Väter; Weltpriester; Wenth; Widensee; Zionspriester.

Gögler, *Rolf,* * 29.3.1916 Hammerschmiede Kr. Aalen, Dr. theol. (1953). 1935-45 Wehr- u. Kriegsdienst, Pfarrer 1953 Wendelsheim Kr. Tübingen, dazu 1956-59 wiss. Assistent an der Kath.-Theol. Fakultät Tübingen.

Origenes, Das Evgl. nach Johannes, übers. u. eingeführt, 1959; Zur Theol. d. bibl. Wortes bei Origenes, 1963.

Congar; Daniélou; Dawson; Lubac.

Göransson, *Sven,* * 25.11.1910 Göteborg (Schweden), Dr. theol. (1950). Pfarrer 1936, PDoz. f. KG 1950, Prof. 1956 Uppsala; Mitgl. des Kirchenrats Uppsala 1959, Domkapitular Uppsala Erzstift 1960.

Bibliogr. bis 1952 in: Uppsala universitets matrikel 1937-50, 1953. Ortodoxi och synkretism i Sverige 1647-60, Uppsala 1950; De svenska studieresorna ... från reformationstiden till frihetstiden (UUÅ 1951, 8); Den synkretistiska striden i Sverige 1660-64 (ebd 1952, 6); Den europeiska konfessionspolitikens upplösning 1654-60 (ebd 1956, 3); Folkrepresentation och kyrka 1809-47, Uppsala 1959.

Geijer; Holmquist; Schweden I; Uppsala II.

Goeters, *Johann Friedrich Gerhard,* * 1.4.1926 Bonn, Dr. theol. (1957). Wiss. Hilfskraft 1955, PDoz. f. KG 1963 Bonn.

Ludwig Hätzer, Spiritualist u. Antitrinitarier (QFRG 25), 1957.

Ammann; Bernard; Campanus; Denck; Gebhard; Goebel; Hätzer; Heidanus, Abr.; Heidegger, Joh. Heinr.; Hermann von Wied; Jansen, Heinr.; Joris; Junius; Konrad von Heresbach; Landsberger; May (mit G.SCHRENK); Momma (mit G.SCHRENK); Olevian; Roß; Sattler; Sohn; Spiritualisten; Weyer, Joh.; Wittich; Zwickauer Propheten.

Götting, *Franz,* * 3.8.1905 Menden/Westf., Dr. phil. (1930). Bibliothekar 1935 Goethe-Museum Freies Dt. Hochstift, Direktor 1945 Landesbibliothek Wiesbaden.

Der Renner Hugos von Trimberg. Studien zur ma.lichen Ethik in nachhöf. Zeit, 1932; Chronik von Goethes Leben, (1949) 1962[4]; J.H.Jung gen. Stilling (Nass. Lebensbilder IV, 1950, 75-91); Die Bibliothek von Goethes Vater (Nass. Annalen 64, 1953, 23-69); Die Christusfrage in d. Freundschaft zwischen Goethe u. Lavater (Goethe 19, 1957, 28-49); Gesch. d. Nassauischen Landesbibl. zu Wiesbaden... (mit R.LEPPLA), 1963.

Goethe.

Goetz, *Helmut,* * 10.4.1920 Leipzig, Dr. phil. (1953), seit 1960 Assistent am Dt. Hist. Institut, Rom.

Marc-Antoine Jullien de Paris (1775-1848). Der geistige Werdegang eines Revolutionärs, 1954 (franz. 1962); Nationalsozialismus u. Bolschewismus (Schweiz. Monatshefte 39, 1959, 849-858); I membri francesi del governo provvisorio della Repubblica Napoletana del 1799, Tübingen 1960; Die Finalrelation d. venezian. Gesandten Michele Suriano von 1555 (QFIAB 41, 1961, 235-322). - Bearbeiter der NBD 1550-60.

Pasquino; Rom III; Spiera.

Goldammer, *Kurt,* * 20.1.1916 Berlin, Dr. phil. (1939). Pfarrvikar 1940 Dresden, wiss. Assistent 1941, Forschungsbeauftragter 1942 bei der Paracelsus-Edition; Doz. f. Religionsgesch. u. Gesch. der relig. Kunst 1946, apl. Prof. 1947 Marburg.

Novalis u. d. Welt d. Ostens, 1948; Paracelsus. Natur u. Offenbarung, 1953; Kultsymbolik d. Protestantismus, 1960; Die Formenwelt des Religiösen, 1960; Der Mythus von Ost u. West, 1962. - Hg.: Paracelsus, Sozialethische Schriften, 1952; Paracelsus, Theol. u. religionsphilos. Schr., 1955ff; Paracelsus, Kärntner Schr., 1955; Kosmosophie. Forsch. u. Texte zur Gesch. d. Weltbildes usw, 1962ff; A.Bertholets Wörterbuch d. Religionen, 1963[2].

Eklektizismus, 1; Entsündigung I; Euhemerismus; Euphemismus; Ewigkeit I; Fanatismus; Fetischismus; Frazer; Gehorsam, 1; Gott I; Gotteslästerung; Heiland (mit K.LATTE); Himmelsberg; Jungfrauengeburt, 1; Kasuistik I; Lamm; Lehre; Mittler, 1; Müller, Max; Observanz; Optimismus und Pessimismus I; Paracelsus; Pfau; Politik III; Rasse II; Reinach; Roscher; Schiff; Spekulation I; Taube; Theodizee I; Tradition II.

Gollwitzer, *Gerhard,* * 7.6.1906 Pappenheim/Bayern. Kunsterzieher 1931-37 Schondorf/Obb., Entlassung aus polit. Gründen, Prof. 1946 Stuttgart.

Die durchsichtige Welt. Ein Swedenborg-Brevier, 1953; Die Kunst als Zeichen, (1958) 1962[2]; Der Kreis spricht, 1962.

Swedenborg; Swedenborgianer.

Gollwitzer, *Helmut,* * 29.12.1908 Pappenheim/Bayern, D. (1954, Heidelberg), D.D. (1957, Glasgow), Dr. theol. (1938). 1936-38 Tätigkeit beim thür. u. altpreuß. Bruderrat, Pfarrer 1938 Berlin-Dahlem, 1940 Ausweisung u. Redeverbot, 1940-49 Militärdienst u. Kriegsgefangenschaft, o. Prof. f. Syst. Theol. 1950 Bonn, 1957 Freie Univ. u. Kirchl. Hochschule Berlin.

Coena Domini. Die altluth. Abendmahlslehre in ihrer Auseinandersetzung mit d. Calvinismus, 1937; Die Freude Gottes. Eine Einführung in d. LkEv, (1941) 1960; Und führen, wohin du nicht willst, (1951) 1960[5]; Zuspruch u. Anspruch, 1954; Die Christen u. d. Atomwaffen (ThEx NF 61), (1957) 1958[5]; Das Gleichnis vom barmherzigen Samariter (Bibl. Studien 34), 1962; Forderungen d. Freiheit. Aufs. u. Reden zur polit. Ethik, 1962; Die marxist. Religionskritik u. d. christl. Glaube (Marxismusstudien IV, 1962, 1-143); Die Existenz Gottes im Bekenntnis d. Glaubens, (1963) 1964[3]. - Mit-Hg.: EvTh, seit 1951; Bibl. Studien, seit 1951.

Abendmahlsgemeinschaft; Dehn; Krieg IV; Merz; Wehrpflicht und Kriegsdienst I.

Gonda, *Jan,* * 14.4.1905 Gouda (Niederl.), Dr. lit. (1929). Prof. f. Sanskrit u. Indologie 1932 Utrecht.

Inleiding tot het indische denken, 1948; Brahman, 1950; Aspects of Early Viṣṇuism, 1954; Gods and Powers in the Veda, 1957; Epithets in the Ṛgveda, 1959; Die Religionen Indiens I: Veda u. älterer Hinduismus, 1960; II: Der jüngere Hinduismus, 1963; The Vision of the Vedic Poets, 1963.

Veden; Vedische und brahmanische Religion.

Goodall, *Norman,* * 30.8.1896 Birmingham (England), M.A., D. Phil. Pfarrer der Congregational Church 1922 Walthamstow/London, 1928 New Barnet/Hertfordshire, 1936 Sekretär der Londoner Missionsgesellschaft f. Indien u. Südpazifik, 1944 Londoner Sekretär des Internat. Missions-Rates u. Hg. des IRM, 1955-61 Sekretär des Verbindungsausschusses zwischen dem Ökum. Rat u. dem Internat. Missions-Rat; beigeordneter Generalsekretär des Ökum. Rates, Moderator des International Congregational Council.

With all thy Mind, London 1933; Pacific Pilgrimage, ebd 1941; A Hist. of the London Missionary Society 1895-1945, ebd 1954; The Ecumenical Movement: what it is and what it does, ebd (1961) 1964[2]; Christian Ambassador. A Life of A.L.Warnshuis, ebd 1963.

Mission III D; Paton, William.

Goppelt, *Leonhard,* * 6.11.1911 München, D. (1955, Erlangen), Lic. theol. (1939). Repetent f. NT 1936 Erlangen, 1940-45 Kriegsdienst, PDoz. 1946-48 Erlangen u. Göttingen, Prof. 1949 Kirchl. Hochschule Hamburg, o. Prof. 1954 Univ. Hamburg.

Typos. Die typol. Deutung des AT im Neuen (BFChTh II, 43), 1939; Christentum u. Judentum im 1. u. 2.Jh. (ebd II, 55), 1954 (franz. 1962); Die apostol. u. nachapostol. Zeit (Die Kirche in ihrer Gesch. I, Lfg. A), 1962; Jesus, Paul and Judaism, New York 1964.

Allegorie II; Bund III; Wiedergeburt II.

Gose, *Erich,* * 18.5.1899 Recklinghausen, Dr. phil. (1924). Seit 1926 Archäologe am Rhein. Landesmuseum Trier, 1941 Abteilungsdirektor.

Der Tempelbezirk im Altbachtale zu Trier I. II, 1938/42; Gefäßtypen d. röm. Keramik im Rheinland, 1950; Der Tempelbezirk des Lenus Mars in Trier, 1955; Katalog d. frühchristl. Inschriften in Trier, 1958.

Epigraphik II; Köln I; Trier I.

Gottschalk, *Joseph,* * 7.3.1904 Militsch Bez. Breslau, Dr. phil. (1930). Priesterweihe 1928, Studienassessor 1932, Pfarrer 1935-46 Wirrwitz u. Kapsdorf, Studentenpfarrer 1946/47 Braunschweig, Studienrat 1947 Fulda, 1962 a.D.

Gesch. d. Pfarrei Militsch, 1927; Beiträge zur Rechts-, Siedlungs- u. Wirtschaftsgesch. d. Kreises Militsch bis zum Jahre 1648, 1930

Das Geschlecht Gottschalk aus Bad Landeck, 1942; KG f. d. Oberstufe höherer Lehranstalten, (1953) 1961[4]. Aufsätze in Archiv f. schles. KG 1-20, 1936-62.

Hedwig.

Grabs, *Rudolf,* * 12.9.1900 Dresden, Dr. theol. (1954). Pfarrer 1935 Südbrasilien, 1939 Eisenach, 1951 Leipzig.

Albert Schweitzer, Gehorsam u. Wagnis, (1949) 1957[4]; Sinngebung d. Lebens. Aus Geist u. Gedankenwelt A.Schweitzers, 1950; Die Weltreligionen im Blickpunkt A.Schweitzers, 1953; Lebensführung im Geiste A.Schweitzers, (1955) 1960[2]; A.Schweitzer, Denker aus Christentum, 1958; A.Schweitzer, Dienst am Menschen, (1961) 1963[3].

Schweitzer.

Graffmann, *Heinrich,* * 17.2.1901 Duisburg, Dr. phil. (1929). Pastor 1928 Synode Braunfels, Religionslehrer an Berufsschulen 1929 Düsseldorf, Doz. 1931 Theol. Schule (bzw. Kirchl. Hochschule) Wuppertal, Pfarrer 1939 Niederschelden, 1943 Soldat u. Kriegsgefangenschaft, Prof. u. Pfarrer 1948 Theol. Seminar Herborn, Direktor u. 1. Prof. 1959 ebd.

Die Stellung d. Religion im Neuhumanismus, 1929; Unterricht im Heidelberger Katechismus I-III, 1951-58.

Heidelberger Katechismus; Herborn.

Grant, *Frederick Clifton,* * 2.2.1891 Beloit/Wis. (USA), Th.D. (1922), D.D. (1927, Nashotah; 1938, Garrett; 1959, Virginia Theol. Sem.), D.S.Litt. (1939, Kenyon College), Dr. of Civil Law (1948, Bishops' Univ., Kanada), S.T.D. (1952, General Theol. Sem.; 1958, Seabury-Western), L.H.D. (1953, Univ. Chicago), D.Litt. (1958, Princeton Univ.), D.H.L. (1962, Hebrew Union College). Episkopalist. Pfarrer 1920 Chicago, Dean 1924 Kenyon College, Präsident 1927 Seabury-Western Theol. Seminary, Prof. f. Bibl. Theol. 1938 Union Theol. Seminary, New York.

Bibliogr. bis 1951 in: The Joy of Study (Festschr.), ed. S.E.Johnson, New York 1951, 149-163. Bes.: The Economic Background of the Gospels, Oxford 1926; The Gospel of the Kingdom, New York 1940; The Earliest Gospel, ebd 1943; An Introduction to NT Thought, ebd 1950. Ferner: Hellenistic Religions. The Age of Syncretism, ebd 1953; The Gospels, their Origin and their Growth, ebd 1957; Ancient Roman Religion, ebd 1957; Ancient Judaism and the NT, ebd 1959; Roman Hellenism and the NT, ebd 1962; Commentary on the Revised Standard Version of the NT I. II, ebd 1963.

Hellenismus; Hölle I, 1; Höllenfahrt, 1; Inkarnation; Lachen und Weinen (mit C.-M.Edsman); Liturgie I, 1; Muttergottheiten, 1; Sibyllinen; Stadtkult, 1; Theogonie, 1; Weltbild I D.

Graß, *Hans,* * 25.1.1909 Brandenburg/Havel, D. (1957, Erlangen), Dr. theol. (1939). PDoz. f. Syst. Theol. 1949 Erlangen; ao. Prof. 1955, o. Prof. 1957 Marburg.

Die Abendmahlslehre bei Luther u. Calvin (BFChTh II, 47), (1940) 1954[2]; Die kath. Lehre von d. hl. Schrift u. von d. Tradition (QKK A 1), 1954; Ostergeschehen u. Osterberichte, (1956) 1962[2]; Die ev. Lehre vom Abendmahl (QKK B 3), 1961.

Abendmahl II; Althaus; Brunner, Emil; Erlanger Schule; Frank; Glaube V; Heilstatsachen; Liberalismus III; Unsterblichkeit.

Greaves, *Lionel Bruce,* * 17.7.1895 Cardiff (Wales), B.A. (1921), M.A. (1926). 1922-37 u. 1947-50 Erziehungsarbeit im Dienst der Methodist Missionary Society an der Goldküste, 1937-47 Berater in Schulfragen für nicht-röm. Missionen in Ostafrika, 1950-60 Afrika-Sekretär der Conference of British Missionary Societies.

Kolonialpolitik und Mission.

Green, *Rosalie B.,* * 20.8.1917 Yonkers/N.Y. (USA), A.B. (1939), A.M. (1941), Ph.D. (1948). Fellow 1943-46 Dumbarton Oaks Research Library and Collection, Doz. 1947-51 Index of Christian Art, 1950-58 Rutgers Univ., seit 1951 Leiterin des Index of Christian Art, Princeton/N.J.

Meditations on the Life of Christ, an Illustrated Ms. of the 14th Century (mit I.Ragusa), Princeton 1961. - Leiterin der Rezensionsabt. des Art Bulletin, 1954-61.

Himmelfahrt Christi II; Höllenfahrt Christi II; Ostern, 3.

Greeven, *Heinrich,* * 4.10.1906 Thorn, D. (1952, Heidelberg), Lic. theol. (1930). PDoz. f. NT 1933 Greifswald, 1937 Heidelberg, apl. Prof. 1948, Prof. 1950 Bethel, o. Prof. 1956 Kiel, 1964 Bochum.

Gebet u. Eschatologie im NT, 1931; Das Hauptproblem d. Sozialethik in d. neueren Stoa u. im Urchristentum, 1935; Krankheit u. Heilung nach dem NT, 1948. - Neubearbeitung: M.Dibelius, An die Kolosser, Epheser, an Philemon (HNT 12), 1953[3]. - Hg.: M.Dibelius, Aufs. zur Apg, (1951) 1961[4]; Die Frau im Beruf, 1954.

Comma Johanneum; Ehe III A; Frau III A; Gregory; Griesbach; Hort; Nestle; Text und Textkritik der Bibel II; Westcott; White, H.J.; Wordsworth, John.

Greiner, *Martin,* * 23.11.1904 Leipzig, † 7.11.1959 Kassel, Dr. phil. (1929). Habilitation während des Dritten Reiches aus polit. Gründen unmöglich, Tätigkeit im Leipziger Verlagswesen; ao. Prof. f. dt. Literaturgesch. 1948 Leipzig, o. Prof. 1958 Gießen.

Bibliogr.: Nachrichten d. Gießener Hochschulgesellschaft 29, 1960, 93 f. Bes.: Das frühromant. Naturgefühl in d. Lyrik von Tieck u. Novalis, 1930; Zwischen Biedermeier u. Bourgeoisie. Ein Kapitel dt. Literaturgesch. im Zeichen Heines, 1953.

Arbeiterdichtung; Aufklärung II; Biedermeier; Deutschland, das Junge; Fontane; Gellert; Goes, Albr.; Günther, Joh.Chr.; Heine; Heiseler; Keller, Gottfr.; Kosegarten; Lasker-Schüler; Lenau; Mann.

Grimm, *Tilemann,* * 27.2.1922 Höxter/Weser, Dr. phil. (1953). Wiss. Assistent 1953, Doz. 1957, Direktor des Instituts f. Asienkunde 1961 Hamburg, o. Prof. f. Sinologie u. Kulturgesch. Ostasiens 1962 Münster.

Erziehung u. Politik im konfuzian. China der Ming-Zeit 1368 bis 1644, 1960; China (Weltgesch. d. Gegenwart I, 1962, 777-823).

China I; Kommunismus IV; Taiping-Bewegung.

Grobel, *Kendrick,* * 24.4.1908 Cresco/Iowa (USA), B.A. (1928), M.A. (1932), B.D. (1932), Dr. theol. (1937). Instructor 1934-36 Hartford Seminary Foundation, 1936 Trinity College (Conn.), Pfarrer der Congregational Church 1936 Stafford Springs/Conn., 1944 Randolph/Vt.; Associate Prof. f. NT 1947, Prof. 1952 Vanderbilt Univ.

Formgesch. u. synopt. Quellenanalyse (FRLANT NF 35), 1937; The Gospel of Truth (Übers. aus dem Koptischen u. Komm.), London 1960. - Übersetzer von Bultmanns TheolNT ins Englische, 2 Bde, 1951/55.

Judentum IV; Manson; Nock.

Grohmann, *Will,* * 4.12.1887 Bautzen/Sa., Dr. phil. (1913). Studienrat 1918 Dresden, 1933-45 entlassen, Rektor der Hochschule f. Werkkunst 1946 Dresden, o. Prof. f. Kunstgesch. 1948 Hochschule f. bildende Künste Berlin, em. 1960.

Kirchner-Zeichnungen, 1925; Das Werk E.L.Kirchners, 1926; Paul Klee, Handzeichnungen 1921-30, (1934) 1949[2]; Bildende Kunst u. Architektur (Zwischen den beiden Kriegen III), 1953; Paul Klee, 1954; Karl Schmidt-Rottluff, 1956; Wassily Kandinsky, 1958; Henry Moore, 1960; Willi Baumeister, 1963.

Abstrakte Kunst; Chagall; Klee, Paul; Kollwitz; Malerei und Plastik VI; Manessier; Mataré; Matisse; Meistermann; Picasso; Rouault; Schmidt-Rottluff; Thorn-Prikker.

Groß, *Erich,* * 8.3.1902 Haiger/Dillkreis, Dr. phil. (1927). Pfarrer 1932 Essen-Borbeck, 1946 Bad Kreuznach.

Das Vilâjet-Nâme des Haǧǧî Bektasch, ein türk. Derwischevangelium, 1927; Die Judenfrage im Lichte d. Bibel, (1935) 1936²; Kinderlehre, ein Hilfsbuch f. d. kirchl. Katechumenen- u. Konfirmandenunterricht nach dem Heidelberger Katechismus, (1935) 1936².

Midrasch; Mischna; Tosefta.

Große-Brauckmann, *Emil,* * 31.1.1887 Flierich b. Unna/Westf., † 23.7.1961 Göttingen, Dr. phil. (1910). Studienrat 1916 Hannover, 1922 Göttingen (1952 i.R.), dazu ebd 1909-14 u. 1922-61 wiss. Mitarbeiter des Septuaginta-Unternehmens u. 1935-61 Lehrbeauftragter der theol. Fakultät.

Rahlfs.

Groves, *Charles Pelham,* * 25.5.1887 Campbellsport/Wis. (USA), D.D. (1955, Glasgow), B.A. (1906), B.D. (1910). Missionar 1911-24 Oron Training Institute, Nigeria; Studienleiter 1926-37 u. 1939-45 Kingsmead College, Birmingham; Visiting Prof. 1937-39 Hartford Seminary Foundation, Conn. (USA); Prof. f. Missionswiss. 1945-54 Selly Oak Colleges, Birmingham (England).

Jesus Christ and Primitive Need, London 1934; The Planting of Christianity in Africa I-IV, ebd 1949-58.

Afrika IV A. B.

Grundmann, *Herbert,* * 14.2.1902 Meerane/Sa., Dr. phil. (1926). 1926-28 Mitarbeiter am Forschungsinstitut f. Kultur- u. Universalgesch. (Leipzig), 1928-37 in der Hist. Kommission bei der Bayer. Akademie der Wiss.; Doz. f. mittlere u. neuere Gesch. 1933 Leipzig, o. Prof. f. Gesch. des MA 1939 Königsberg/Pr., 1945 Münster, seit 1959 Präsident der MGH u. Honorar-Prof. in München.

Studien über Joachim von Floris, 1927; Religiöse Bewegungen im MA, 1935, ergänzter Neudr. 1961; Das hohe MA u. d. dt. Kaiserzeit (Neue Propyläen-Weltgesch. II, 1940, 173-350); Neue Forschungen über Joachim von Fiore, 1950; Vom Ursprung d. Univ. im MA, (1958) 1960²; Landgraf Philipp von Hessen auf d. Augsburger Reichstag 1530 (SVRG 176), 1959; Naturwiss. u. Medizin in ma.-lichen Schulen u. Universitäten, 1960; Betrachtungen zur Kaiserkrönung Ottos I., 1962; Ketzergesch. des MA, 1963. - Hg.: AKultG, seit 1950; Bruno Gebhardts Hdb. d. dt. Gesch., 8.Aufl., 4 Bde, 1954 bis 1959; Die Schriften des Alexander von Roes (mit H.Heimpel), 1958; Valentin von Tetleben, Protokoll des Augsburger Reichstags 1530, 1958. - Mit-Hg.: DA, seit 1960.

Adam Goddamus; Adamiten; Alexander von Roes; Bacon, Roger; Beginen; Cäsarius von Heisterbach; Caputiati; Ebner; Elias von Cortona; Franz von Assisi; Gerson; Gottesfriede; Groote; Heinrich von Gent; Jakob von Vitry; Joachim von Fiore; Johannes von Kastl; Jordan von Giano; Kaisertum und Papsttum; Kaland; Konrad von Gelnhausen; Kreuzzüge, 1-5; Ludolf von Sachsen; Marsilius von Padua; Norbert von Xanten; Olivi; Robert von Arbrissel; Siegmund; Thomas von Cantimpré; Wilhelm von Tyrus; Zerbolt.

Grundmann, *Siegfried,* * 25.2.1916 Chemnitz, Dr. jur. (1940). PDoz. 1956 München, ao. Prof. 1958 Marburg, o. Prof. f. Öffentl. Recht (bes. Kirchenrecht, Dt. Staats- u. Verwaltungsrecht) 1959 München.

Der Luth. Weltbund. Grundlagen, Herkunft, Aufbau, 1957; Das ev. Kirchenrecht u. d. ökum. Bewegung d. Gegenwart (AÖR 84, 1959, 1-54). - Hg.: Für Kirche u. Recht. Festschr. f. Joh.Heckel z. 70. Geb., 1959.

Kirche VI B; Kirchengewalt; Kirchenverfassung VI; Ökumenische Bewegung, 6; Sohm.

Gruner, *Max,* * 12.9.1881 Lößnitz/Erzgeb., Oberst der Heilsarmee. 1901 Eintritt in die Offiziers-Ausbildungsschule der Heilsarmee, Berlin; 1920 Provinzialleiter a) in Rheinland-Westfalen, b) Hamburg/Schleswig-Holstein, c) Baden/Hessen; 1925 Leiter der Offiziers-Ausbildungsschule, Berlin; 1940 Generalsekretär f. Deutschland; 1949 i.R.

Revolutionäres Christentum. 50 Jahre Gesch. d. Heilsarmee in Deutschland I. II, 1952/54; William Booth, 1961.

Booth; Heilsarmee.

Günther, *Gerhard,* * 29.9.1889 Blaubeuren/Württ., D. (1960, Hamburg). Verlagslektor bei verschiedenen Verlagen, seit 1954 Leiter der Ev. Akademie der Hamburg. Landeskirche.

Akademie II.

Günther, *Hans R.G.,* * 20.7.1898 Berlin, Dr. phil. (1925). PDoz. f. Philos. 1932, apl. Prof. 1940 Berlin, o. Prof. 1941 Dt. Univ. Prag, Lehrbeauftragter 1946 Erlangen, em. o. Prof. 1958 Freiburg/Br.

Jung-Stilling, ein Beitrag zur Psychol. d. dt. Pietismus, (1928) 1948²; Das Problem des Sichselbstverstehens, 1934; Persönlichkeit u. Gesch. Aufs. u. Vorträge, 1947; Idee einer Gesch. d. Frömmigkeit (SgV 190), 1948. - Hg.: Neue Dt. Forschungen, Abt. Philosophie, Abt. Psychologie, Charakterologie u. philos. Anthropologie, 1933 bis 1944. - Mit-Hg.: Neue Dt. Forschungen, 331 Bde, 1933-44.

Frömmigkeit, 5.

Güterbock, *Hans Gustav,* * 27.5.1908 Berlin, Dr. phil. (1934). Prof. der Hethitologie 1936 Ankara (Türkei), Gast-Prof. 1948 Uppsala; Visiting Associate Prof. 1949, Assoc. Prof. 1950, Prof. 1956 Univ. Chicago.

Siegel aus Boğazköy I. II (AfO Bh. 5. 7), 1940/42; Kumarbi: Mythen vom churrit. Kronos (Istanbuler Schriften 16), 1946; Guide to the Hittite Museum in the Bedesten at Ankara, Istanbul 1946 (türk. u. engl.); The Song of Ullikummi, New Haven/Conn. 1952. - Mit-Hg.: Oriens (Zs. d. Intern. Gesellschaft f. Orientforschung), seit 1948.

Hethiter II; Hethitologie; Phrygien; Theogonie, 2.

Guggisberg, *Hans Rudolf,* * 26.7.1930 Berlin-Charlottenburg, Dr. phil. (1956). Research Fellow 1960/61 Yale Univ., New Haven/Conn. (USA); Visiting Assistant Prof. 1961/62 Vanderbilt Univ., Nashville/Tenn.; PDoz. f. mittlere u. neuere Gesch. 1963 Basel.

Seb.Castellio im Urteil seiner Nachwelt vom Späthumanismus bis zur Aufklärung, 1956; Die niederländ. Studenten an der Univ. Basel von 1532 bis zum Ende d. 17.Jh.s (Basler Zs. f. Gesch. u. Altertumskunde 58/59, 1959, 231-288); Das europ. MA im amerik. Geschichtsdenken, 1964.

Basler Konfession; Bernoulli; Blondel, Dav.; Boileau; Bonivard; Bourdaloue; Breitinger, Joh.Jak.; Bretschneider; Brousson; Budé; Carnesecchi; Charron; Colonna, Vittoria; Daillé; Egli, Raphael; Fidelis; Fléchier; Froment; Garasse; Goulart; Huet; Jacquelot; La Chaise; La Faye; Marca; Marlorat; Montauban; Neff; Oekolampad; Pellikan; Perrot; Petavius; Pithou; Polanus; Postel; Retz; Richeôme; Richer; Rochat; Roussel; Salmasius; Scaliger; Sirmond; Sozinianer; Stephanus, Buchdrucker; Thomassin; Valesius.

Gustafsson, *Berndt,* * 30.5.1920 Rogberga-Jönköping (Schweden), Dr. theol. (1953). Doz. f. KG 1953 Lund, dazu 1962 Vorsteher des Stockholmer Religionssoziol. Instituts.

Kyrkoliv och samhällsklass i Sverige omkring 1880, Stockholm 1950; Socialdemokratien och kyrkan 1881-1890, ebd 1953; The Five Dissenting Brethren (LUÅ I, 51, 5), Lund 1955; Svensk kyrkohistoria, Stockholm 1957; Kristen i 50-talets Sverige, ebd 1958; Kyrkor bakom järn- och bamburidå, ebd 1961; I den natt. Studier till S.Kierkegaards förfallsteori, ebd 1962.

Kleinkirchenbewegung; Volk und Volkstum II.

Guthrie, *William Keith Chambers,* * 1.8.1906 London, Litt. D. (1959, Cambridge), Hon. D. Litt. (1957, Melbourne). Prof. f. antike Philos. u. Master des Downing College, Cambridge (England).

Orpheus and Greek Religion, London (1935) 1952²; The Greeks and their Gods, ebd 1950; In the Beginning. Some Greek Views on the Origins of Life and the Early State of Man, ebd 1957; A Hist. of Greek Philosophy I, Cambridge 1962.

Orpheus und die Orphiker.

Gutierrez Marin, *Manuel,* * 6.12.1906 Sevilla (Spanien), D.D. (1954, St. Paul Minnesota), Lic. theol. (1929). Hilfspfarrer 1930 Madrid, Jugendpfarrer 1931 Barcelona, 1936-39 Reisepfarrer in Deutschland, seit 1940 Pfarrer der Schweizer Ref. Kirche Barcelona, 1945 bis 1949 Pfarrverweser der Dt. Ev. Gemeinde Barcelona, seit 1951 Präsident der Span. Ev. Kirche, seit 1956 Direktor des Ev. Theol. Seminars Barcelona.

Dios ha hablado (Einführung in d. dialekt. Theol.), Buenos Aires 1950; Deus e Nos, Lissabon 1954; Dogmatica Evangélica, 1959. - Übers.en von Luthers Werken (4 Bde, 1939-47), von K.Heim, E.Brunner, K.Barth (Dogmatik im Grundriß). - Hg.: Carta Circular (Zs. f. d. ev. Spanier), seit 1956.

Argentinien; Bolivien; Brasilien (mit H.-H.Schrey); Chile; Guayana, 1; Kolumbien.

Gyllenberg, *Rafael Gideon,* * 18.6.1893 Borgå (Finnland), Dr. theol. (1923), Dr. theol. h.c. (1949, Uppsala), Dr. phil. (1922). Pfarrer 1919 Kyrkslätt u. Tammerfors, 1921 Brändö villastad, dazu PDoz. f. NT 1924, Prof. f. AT u. NT 1929 Helsingfors, 1934 Åbo.

Vollst. Bibliogr. bis 1963 in: Acta Academiae Aboensis, Humaniora XXVI, 1963. Bes.: Pistis I. II (Diss.), 1922 (schwed.); Kristusbilden i Hebréerbrevet, 1928; UT:n Kreikk.-suom. sanakirja (Griech.-finn. WB zum NT), 1939 (finn.); UT:n Johdanto-oppi (EinlNT), 1948 (finn.); Kommentare zu 1.2Kor (1951), Hebr (1956), JohEv (1961, sämtl. finn.).

Eingeborener Sohn; Versöhnung IV; Verstockung, 2.

Haack, *Hans Georg,* * 24.2.1888 Berlin-Charlottenburg, Lic. theol. (1914), Dr. phil. (1917). Felddivisionspfarrer 1915, Pfarrer 1919 Breslau, PDoz. f. Prakt. Theol. 1923 ebd, Lehrbefugnis entzogen 1934 (ao. Prof. em. 1958); Pfarrer 1937 Berlin, Sup. 1945 Bad Freienwalde, Pfarrer 1951 Berlin, i.R. 1957.

Die ev. Kirche Deutschlands in d. Gegenwart, 1929; Die Pfarrergestalten bei Gerhart Hauptmann, 1930; Die Amtshandlungen in d. ev. Kirche, (1935) 1952².

White, E.G. (mit M.Schmidt).

Haacke, *Rhaban Walter,* * 21.5.1912 Meppen, Dr. theol. (1939). Pfarrvikar 1939 Hamburg, 1944-45 KZ-Haft, Benediktiner 1946 Siegburg, Abtei Michaelsberg.

Hg. der Werke des Rupert von Deutz (im Druck).

Rupert von Deutz.

Haarbeck, *Hermann,* * 28.7.1901 Elberfeld. Pfarrer 1927 Hörstgen/Ndrrhn., 1932 Düsseldorf, 1945 Vluyn, Direktor der Evangelistenschule Johanneum 1951 Wuppertal-Barmen.

Philadelphia, 2.

Haas, *Ernst,* * 12.3.1906 Ludwigshafen/Rh., Missionsinspektor in Marburg/Lahn.

Marburger Mission.

Haedeke, *Hanns-Ulrich,* * 20.10.1928 Naumburg/Saale, Dr. phil. (1954), Kunsthistoriker, seit 1955 am Kunstgewerbemuseum Köln.

Der Kruzifixus d. Stiftskirche zu Gerresheim (Karoling. u. otton. Kunst, hg.v. F.Gerke, 1957, 298-307); Das Gerokreuz im Dom zu Köln u. seine Nachfolge im 11.Jh. (Kölner Domblatt, 14./15. Folge 1958, 42ff); Der Kruzifixus von Monheim (Wallraf-Richartz-Jb. 20, 1958, 69-84); Zinn. Ein Hdb. f. Sammler u. Liebhaber, 1963.

Kreuz III.

Haekel, *Josef,* * 17.6.1907 Wien, Dr. phil. (1935). Wiss. Hilfskraft am Institut f. Völkerkunde 1934, Assistent 1940-57, Doz. f. Ethnologie 1941, tit. ao. Prof. 1950, o. Prof. 1957 Wien.

Das Männerhaus im nördl. Kalifornien (Mitt. d. Anthropol. Gesellsch. Wien 70, 1940, 144-258); Idolkult u. Dualsystem bei den Ugriern (AVK 1, 1946, 95-163); Zum heutigen Forschungsstand d. hist. Ethnologie (in: Die Wiener Schule d. Völkerkunde. Festschr., 1956); Zur Problematik des obersten göttl. Paares im alten Mexiko (El Mexico Antiguo IX, Mexico 1959, 39-72); Der Hochgottglaube der Delawaren im Lichte ihrer Gesch. (Ethnologica NF II, 1960, 439-484); Über die Zusammenarbeit der »anthropol. Disziplinen« vom Standpunkt d. Völkerkunde (Theorie u. Praxis d. Zusammenarbeit zwischen d. anthropol. Disziplinen. Bericht über das 2. österr. Symposion auf Burg Wartenstein, 1961, 194-225).

Herr der Tiere; Jäger- und Jagdriten; Kannibalismus; Kulturbringer; Mythos und Mythologie II; Pubertät; Totemismus; Urheber; Vaterrecht; Wetter, 1.

Haenchen, *Ernst,* * 10.12.1894 Scharnikau/Prov. Posen, D. (1954, Mainz), Dr. theol. (1926). PDoz. f. Syst. Theol. 1927, o. Prof. 1933 Gießen, 1939 Münster/Westf., em. 1946.

Bibliogr. bis 1964 in: Apophoreta. Festschr. z. 70. Geb. (BZNW 30), 1964, 1-6. Bes.: Die Frage nach d. Gewißheit beim jungen Augustin, 1932; Aus der Lit. zum JohEv 1929-56 (ThR NF 23, 1955, 295-335); Die Apg (MeyerK III[10]13), (1956) 1961; Neuere Lit. zu d. Johannesbriefen (ThR NF 26, 1960, 1-43. 267-291); Lit. zum Thomasevangelium (ebd 27, 1961, 147-178. 306-338); Die Botschaft d. Thomasevangeliums, 1961; Lit. zum Codex Jung (ThR NF 30, 1964, 39-82); Gott u. Mensch (Ges. Aufs.), 1965.

Apollos; Apostelgeschichte; Barnabas; Gnosis II.

Haendler, *Otto,* * 18.4.1890 Löwenhagen Kr. Königsberg, D. (1944, Berlin), Lic. theol. (1925). Pfarrer 1919 Gumtow/Prignitz, 1925 Stralsund, dazu Assistent 1927, Doz. f. Prakt. Theol. 1928 Greifswald, Direktor des Predigerseminars 1931 Stettin, Pfarrer u. Doz. 1935 bis 1949 Neuenkirchen Kr. Greifswald; ao. Prof. 1945, Prof. mit Lehrstuhl 1946 Greifswald, 1951 Berlin, em. 1959.

Vollst. Bibliogr. bis Jan. 1961 in: Forschung u. Erfahrung im Dienst d. Seelsorge (Festschr. z. 70. Geb.), 1960, 151-154 u. in ThLZ 85, 1960, 397-400. Bes.: Die Predigt. Tiefenpsycholog. Grundlagen u. Grundfragen, (1941) 1960³; Denken u. Glauben, 1949; Christophorus. Die Legende als Bild d. Glaubensweges, (1951) 1953²; Angst u. Glaube, (1952) 1954³; Das Leib-Seele-Problem in theol. Sicht, 1954; Grundriß d. Prakt. Theol., 1957. - Mit-Hg.: Wege zum Menschen, seit 1955.

Angst; Freud; Jung; Psychologismus; Tiefenpsychologie.

Haering, *Hermann,* * 4.5.1886 Stuttgart, Dr. phil. (1910). Wiss. Hilfsarbeiter am Bad. Generallandesarchiv 1911 Karlsruhe, Bibliothekar (1919), Oberbibliothekar u. stellv. Direktor (1921) Univ.-Bibl. Tübingen, Direktor u. Vorstand der württ. Archivdirektion 1933 Stuttgart.

Der Reichskrieg gegen Graf Eberhard d. Erlauchten von Württ. 1310-16, 1910; Th.Haering (1848-1928), 1963. - Hg.: Dahlmann-Waitz, Quellenkunde d. Dt. Gesch., 1931/32⁹; Mitt. d. württ. Archivdirektion u. württ. Archivinventare, 1935-43; Schwäb. Lebensbilder I-V, 1940-50.

Württemberg.

Härtel, *Herbert,* * 7.5.1921 Hoyerswerda/OL., Dr. phil. (1953). Abteilungsleiter im Museum f. Völkerkunde 1953, Direktor der Ind. Kunstabteilung 1963 Berlin.

Karmavācanā. Formulare f. d. Gebrauch im buddhist. Gemeindeleben, aus ostturkistan. Sanskrit-Hss., 1956; Ind. u. zentralasiat. Wandmalerei, 1959; Ind. Skulpturen I, 1960.

Buddha; Buddhismus I; Ceylon II; Tantrismus; Tripitaka.

Hagener, *Caesar,* * 29.5.1909 Hamburg, Dr. phil. (1936). Volksschullehrer 1932-45, Volkshochschuldozent 1945-56, dazu seit 1947 Doz. am Päd. Institut der Univ. Hamburg.

Schule als gestaltete Lebenswelt d. Kindes, (1936) 1939²; Gesch. unserer Welt II. III, 1962; Gemeinschaftskunde, 1963. - Mit-Hg.: Westermanns Päd. Beiträge.

Jugendherberge; Volksbildungswesen.

Hager, *Werner,* * 13.7.1900 Dresden, Dr. phil. (1927). Doz. f. Kunstgesch. 1936, apl. Prof. 1943, o. Prof. 1950 Münster/Westf. (1939-47 Wehrdienst u. Kriegsgefangenschaft).

Die Ehrenstatuen d. Päpste, 1929; Das geschichtl. Ereignisbild, 1939; Die Bauten d. dt. Barocks, 1942; Zur Raumstruktur d. Manierismus in d. ital. Architektur (Festschr. M.Wackernagel z. 75.Geb., 1958, 112-140); Münster in Westfalen, 1961. - Hg.: Münsterische Studien zur Kunstgesch., 1964ff. - Mit-Hg.: Studien zur Kunstform, 1955.

Barock I; Kirchenbau IV; Manierismus; Michelangelo.

Hahn, *Wilhelm,* * 14.5.1909 Dorpat, D. (1957, Tübingen), Dr. theol. (1937). Lehrtätigkeit am Predigerseminar der Bek. Kirche 1936 Blöstau/Ostpr., Pfarrer 1937 Minden/Westf., o. Prof. f. Prakt. Theol. 1950 Heidelberg; 1962 MdB (CDU), 1964 Kultusminister von Baden-Württemberg.

Das Mitsterben u. Mitauferstehen mit Christus bei Paulus, 1937; Gottesdienst u. Opfer Christi, 1951; Anfechtung u. Gewißheit. Predigten, 1958; Die Mitte d. Gemeinde, 1959.

Hahn, 5. 6.

Halaski, *Karl,* * 9.11.1908 Graudenz. Pfarrer 1935 Wunderthausen/Wittgenstein, 1951 Gruiten/Rhld., Generalsekretär des Ref. Bundes 1960 Frankfurt/M.

Ref. Gottesdienst in d. Union?, 1956; Kundgebung d. Ref. Bundes, 1958; Die guten Werke, 1962. - Hg.: Kirchenbuch, (1950) 1956²; Der Heidelberger Katechismus f. d. Jugendunterricht in d. ev. Gemeinden, 1961; Nach Gottes Wort reformiert (Reihe). - Schriftleiter: RKZ, seit 1951.

Evangelische Gesellschaft, 3; Gauger; Hesse, H.A.; Lobwasser; Offene Schuld; Pastoralkonferenzen; Psalmen II, 2.

Halkin, *Léon-E.,* * 11.5.1906 Lüttich (Belgien), Prof. an der Univ. ebd.

Le Cardinal de la Marck, prince-évêque de Liège (1505-38), Lüttich-Paris 1930; Les conflits de juridiction entre Erard de la Marck et le Chapitre cathédral de Chartres, ebd 1933; Introduction à l'histoire paroissiale de l'ancien diocèse de Liège, Brüssel 1935; Hist. religieuse des règnes de Corneille de Berghes et de Georges d'Autriche, princes-évêques de Liège (1538-57), Lüttich-Paris 1936; La technique de l'édition, Brüssel (1940) 1960⁶; Initiation à la Critique historique, (1951) Paris 1963³; Les sources de l'hist. de la Belgique aux Archives et à la Bibliothèque Vaticanes (mit D. Van Derveeghde), Brüssel-Rom 1951; Inventaire analytique de documents relatifs à l'hist. du diocèse de Liège sous le régime des nonces de Cologne (1584-1606) (mit H.Dessart u. J.Hoyoux), ebd 1957; La Réforme en Belgique sous Charles-Quint, Brüssel 1957; Les archives des Nonciatures, Brüssel-Rom 1961.

Lüttich; Mecheln.

Haller, *Heinz,* * 19.3.1914 Schwenningen/N., Dipl.-Volkswirt (1935), Dr. rer. pol. (1936). 1936-46 Wehrdienst u. prakt. Tätigkeit, PDoz. f. Wirtschafts- u. Sozialwiss. 1948, apl. Prof. 1953 Tübingen, o. Prof. 1954 Kiel, 1957 Heidelberg.

Gibt es eine Lohntheorie?, 1936; Typus u. Gesetz in d. Nationalökonomie, 1950; Lohnhöhe u. Beschäftigung (mit W.Krelle), 1955; Finanzpolitik, Grundlagen u. Hauptprobleme, (1957) 1961²; Die sog. Mengenstaffel im Biersteuergesetz, 1962.

Arbeit II; Arbeitslosigkeit, 1-3; Arbeitszeit, 1-3; Kapital.

Hallier, *Christian,* * 25.4.1901 Diedenhofen/Lothr., Dr. phil. (1928). Bibliothekar am Els.-Lothr. Institut 1928 Univ. Frankfurt/M., Wiss. Rat 1944 Metz, Bibliotheksrat 1956 Univ.-Bibliothek Frankfurt/M.

J.M.Meyfart. Ein Beitrag zur Gesch. d. luth. Orthodoxie (Diss.), 1928; Vom Selbstbehauptungskampf d. dt. Volkstums im Elsaß u. in Lothringen 1918-40, 1944. - Hg.: Das Elsaß. Dt. Kern- u. Grenzland, 1941.

Elsaß; Lothringen; Straßburg II.

Hallinger, *Kassius,* * 8.8.1911 Gernsheim/Rh., Dr. phil. (1948). Doz. f. ma.liche KG 1949, o. Prof. 1953 Collegio Internazionale di Sant'Anselmo, Rom.

Gorze-Kluny I. II, Rom 1950/51; Röm. Voraussetzungen d. bonifatianischen Wirksamkeit (St. Bonifatius. Gedenkgabe z. 1200. Todestag, 1954, 320-361); Woher kommen die Laienbrüder? (Analecta Ord. Cist. 12, 1956, 1-104); Le climat spirituel des premiers temps de Cluny (Revue Mabillon 46, 1956, 117-140); Neue Fragen d. reformgesch. Forschung (Archiv f. mittelrhein. KG 9, 1957, 9-32); Papst Gregor d.Gr. u. d. Hl. Benedikt (Studia Anselmiana 42, 1957, 268 bis 356); Ausdrucksformen d. Umkehrgedankens. Zu d. geistigen Grundlagen u. d. Entwicklungsformen der Instituta Conversorum (Stud. u. Mitt. z. Gesch. d. Bened.-Ordens 70, 1959, 169-181); Klunys Bräuche zZ Hugos d.Gr. (ZSavRG Kan. Abt. 45, 1959, 99-140); Zur Rechtslage d. Anfänge d. Klosters Hasungen (Jb. f. d. Bistum Mainz 8, 1958/60, 224-272). - Hg.: Corpus Consuetudinum Monasticarum.

Gorze.

Halm, *Peter,* * 17.11.1900 München, Dr. phil. (1927). Wiss. Hilfsarbeiter am Staatl. Kupferstichkabinett 1927 Dresden, Konservator der Staatl. Kunsthalle 1935 Karlsruhe, Konservator an den Bayer. Staatsgemäldesammlungen 1939 München, Direktor der Staatl. Graph. Sammlung 1948 ebd.

Mit-Hg.: Münchner Jb. d. bildenden Kunst; Kunstchronik.

Graphik.

Hamel, *Adolf,* * 3.1.1904 Briedel/Mosel, † 26.4.1958 Mainz, D. (1952, Bonn), Lic. theol. (1929). Pfarrer in Bockenau b. Bad Kreuznach, Essen-Altenessen u. Königswinter, dazu PDoz. f. KG 1946 Bonn; ao. Prof. 1949, o. Prof. 1952 Mainz.

Der junge Luther u. Augustin I. II, 1934/35; Kirche bei Hippolyt von Rom (BFChTh II, 49), 1951.

Adoptianismus; Artemon.

Hamman, *Adalbert,* * 14.6.1910 Rahling, Dr. theol. (1942). Prof. f. dogmat. Theol. u. Leiter des Studium Franciscanum 1941 L'Arbresle, 1945 Metz, 1950-60 Carrière lès Poissy bzw. Orsay (Seine et Oise), Gast-Prof. f. Patristik 1961/62 Montreal, 1962-64 Quebec (Kanada).

La doctrine de l'Eglise et de l'Etat, Paris 1942; Le mystère du salut, ebd (1949) 1954 (dt. 1957); Prières des premiers chrétiens, ebd (1952) 1962 (dt. 1960); L'apostolat du chrétien, ebd 1956; La Prière I: Le NT, ebd 1959; II: Les premiers siècles chrétiens, ebd 1963. - Hg.: 'Ιχθύς. Lettres chrétiennes, Paris 1957ff; Supplementum zu J.-P. Migne, Patrologiae Cursus Completus, Series Latina, Iff, ebd 1958ff.

Lecot; Lemire; Le Roy; Loyson; Mangenot; Mansi; Maredsous; Maria Angelica von Jesus; Mauriner; Mermillod; Merry del Val; Migne; Minges; Monceaux; Morin; Muratori; Neuscholastik; Ozanam; Papebroch; Perrone; Ruinart.

Hammann, *Gustav,* * 1.6.1922 Löhlbach/Oberhessen, Dr. theol. (1952). Pfarrer 1954 Schemmern Kr. Eschwege, 1956 Bottendorf Kr. Frankenberg/Eder.

Die Kommunität von Taizé-lès-Cluny (MPTh 40, 1951, 130-143); Nomismus u. Antinomismus innerhalb d. Wittenberger Theol. von 1524-30 (Theol. Diss. Bonn), 1952; Christl. Glaube u. gesch. Vergangenheit (Der Ev. Erzieher 5, 1953, 146-152).

Antinomistische Streitigkeiten; Euricius Cordus.

Hammerschmidt, *Ernst,* * 29.4.1928 Marienbad, Dr. theol. (1953), Dr. phil. (1952), B. Litt. (1957). Lehrbeauftragter f. Semitistik 1959, PDoz. f. Orientalistik 1962 Saarbrücken.

Grundriß d. Konfessionskunde, 1955; Die kopt. Gregoriosanaphora, 1957; Äthiop. liturg. Texte der Bodleian Library in Oxford, 1960; Studies in the Ethiopic Anaphoras, 1961; Kultsymbolik d. kopt. u. d. äthiop. Kirche (Symbolik d. Religionen X, 1962, 167 bis 233); Abriß d. armen. Kultsymbolik (mit J. Assfalg) (ebd 235-254); Stellung u. Bedeutung d. Sabbats in Äthiopien, 1963.

Joseph, 2b.

Hammershaimb, *Erling,* * 3.3.1904 Aalborg (Dänemark), Dr. phil. (1941). Prof. f. AT 1946, f. semit. Sprachen 1963 Aarhus.

Das Verbum im Dialekt von Ras Schamra, Kopenhagen 1941; Amos, ebd (1946) 1958²; Genesis, en sproglig analyse, ebd (1957) 1963².

Semitische Sprachen.

Hampe, *Hermann,* * 1.6.1904 Heidelberg, Dipl.-Ing. (1926), Oberbaurat, Leiter des Ev. Kirchenbauamtes Baden (1945). 1930-45 Privatarchitekt, 1942-49 mit Prof. Bartning Instandsetzung der Heiliggeistkirche in Heidelberg u. Musternotkirche im Montagebau in Pforzheim, 1949-50 Auferstehungskirche in Heidelberg-Pfaffengrund, 1956-57 Christuskirche mit Gemeindezentrum in Lörrach, 1960-62 August-Winnig-Haus, ev. Freizeitheim in Wilhelmsfeld bei Heidelberg.

Bildveröffentlichung von Bauten, Berichte u. Aufsätze in: Wasmuths Monatshefte u. Städtebau (1930-37), Baukunst u. Werkform (ab 1947), Bauwelt (ab 1948), Kirche u. Kunst (ab 1956), Ruperto Carola (ab 1957), u.a.

Kapelle; Kirchenbau I. V, 1. 2. 4; Liturgie VI, 1.

Hampe, *Johann Christoph,* * 23.1.1913 Breslau, Pastor, Schriftsteller. 1939-46 Wehrdienst u. Kriegsgefangenschaft, 1946-53 Theologiestudium, 1953-62 Redakteur am Sonntagsblatt, Hamburg, lebt seit 1962 in Hohenschäftlarn b. München.

Die Angefochtenen, 1948; Die blaue Schabracke, 1950; Paulus, 1960; Geschrei aus Babylon, 1962. - Hg.: Dein Tag bricht an, 1956; Joseph Wittig, Leben Jesu, 1958; Im Feuer vergangen. Tagebücher aus dem Ghetto. 1963.

Bergengruen; Gerontologie.

Hansen, *Günther Christian,* * 13.2.1929 Wyk auf Föhr, Dr. phil. (1960). Oberassistent bei der Dt. Akademie der Wissenschaften 1952 Berlin.

Mit-Hg. von Sozomenus, KG, ed. J. Bidez (GCS 50), 1960.

Ammianus Marcellinus; Evagrius Scholasticus; Liber pontificalis; Sozomenus; Theodorus Lector.

Hanslik, *Rudolf,* * 15.5.1907 Wien, Dr. phil. (1929). 1930-39 Gymnasial-Prof., 1940-46 Wehrdienst u. Kriegsgefangenschaft; Doz. f. Klass. Philologie 1947, ao. Prof. 1951, o. Prof. 1960 Wien; 1962 Direktor der Bundesstaatl. Prüfungskommission f. das Lehramt an Mittelschulen in Wien.

Lat. christl. Schriftsteller in Auswahl, 1949; Literar. Wegweiser f. d. altsprachl. Unterricht, 1957. - Hg.: Cassiodori-Epiphanii Historia ecclesiastica tripartita (mit W. Jacob) (CSEL 71), 1952; Benedicti Regula (ebd 75), 1960. - Mit-Hg.: Wiener Studien, seit 1957.

Arator; Arnobius d.Ä.; Benedikt von Nursia; Cassiodor; Cyprian, Dichter; Facundus; Ferrandus; Fructuosus; Philostorgius; Sokrates Scholasticus; Theodoret von Kyros.

Harbsmeier, *Götz,* * 13.8.1910 Weißenburg/Elsaß, D. (1958, Bonn). Pastor 1936 Wilhelmshaven, 1943 Reiffenhausen, Prof. 1952 Päd. Hochschule Lüneburg, o. Prof. f. Prakt. Theol. 1962 Göttingen.

Die Verantwortlichkeit d. Kirche in d. Gegenwart (ThEx NF 1), 1946; Das Hohelied der Liebe 1Kor 13 (Bibl. Studien 3), 1953; Anthroposophie, eine moderne Gnosis (ThEx NF 60), 1957; Daß wir d. Predigt u. sein Wort nicht verachten. Eine Aufsatzsammlung zur Theol. u. Gestalt d. Gottesdienstes, 1958; Antworten d. Glaubens. Grundfragen d. Dogmatik, 1961. - Mit-Hg.: JK.

Gebildete und Kirche; Kultur IV.

Harder, *Günther,* * 13.1.1902 Groß-Breesen b. Guben, D. (1962, Göttingen), Lic. theol. (1934), Dr. jur. (1924). Pfarrer 1929-47 Fehrbellin, dazu 1934-45 Kreis- u. Bezirkspfarrer der Bek. Kirche (1937, 1941, 1945 jeweils einige Monate in Haft) u. 1945-47 Sup. des Kirchenkreises Nauen; Pfarrer an der Dreifaltigkeitskirche u. Sup. des Kirchenkreises Friedrichswerder 1947-55 Berlin; Doz. f. NT 1936-41 u. 1945-48, Prof. seit 1948 Kirchl. Hochschule Berlin.

Paulus u. d. Gebet, 1936; Leitfaden d. zweijähr. Konfirmandenunterrichts, 1950; Merksätze f. d. Konfirmanden- u. Katechumenenunterricht, 1950. - Mit-Hg.: Die Stunde d. Versuchung. Gemeinden im Kirchenkampf 1933-45, Selbstzeugnisse, 1963; Unio u. Confessio.

Brandenburg II, 7.

Hardick, *Lothar* (Taufname: *Karl*), * 24.8.1913 Recklinghausen-Hochlarmark, OFM, Dr. theol. (1949), Lektor f. Ordensgesch. an der phil.-theol. Hochschule der Franziskaner in Münster.

Franziskus, die Wende d. ma.lichen Frömmigkeit (Wiss. u. Weisheit 13, 1950, 129-141); Zur Chronologie im Leben der hl. Klara (FS 35, 1953, 174-210); Vom Franziskusleben zur Franziskanerregel (Wiss. u. Weisheit 17, 1954, 27-39); »Pecunia et denarii«. Unters.en zum Geldverbot in d. Regeln der Minderbrüder (FS 40, 1958, 193 bis 217. 313-328; 41, 1959, 268-290; 43, 1961, 216-243; wird fortges.). - Hg.: Franziskan. Quellenschriften, seit 1951; Wandlung in Treue, seit 1959; FS, seit 1962.

Armut II.

Harms, *Hans Heinrich,* * 4.7.1914 Osterholz-Scharmbeck, D. (1963, Göttingen), Th.M. (1937), Dr. theol. (1941). Pastor 1939 Duderstadt, 1943 Roringen, Hauptpastor 1960 Hamburg (1964 Senior); Lehrbeauftragter f. ökum. Fragen 1946 Göttingen, 1960 Hamburg; 1950 Oberkirchenrat im Kirchl. Außenamt der EKD, 1952 Studienabteilung des Ökum. Rats (1954 Beigeordneter Direktor), 1961 Mitglied des Zentralausschusses des Ökum. Rats der Kirchen, 1959 Sekretär, 1961 Beratender Sekretär der Konferenz Europ. Kirchen, 1962 Vorsitzender des Dt. Ev. Missionsrates.

Bekenntnis u. Kircheneinheit bei den Jungen Kirchen, 1952.

Atkinson; Baillie; Bereczky; Boegner; Fry, F.C.; Gardiner, R.H.; Hromadka; Lutherischer Weltbund I; Luthertum III A; Neill; Ökumenische Bewegung, 1. 2; Oxnam.

Harms, *Hans Otto,* * 7.9.1905 Hermannsburg. Pastor 1931 Nestau, 1960 Kondirektor der Missionsanstalt Hermannsburg.

Wassmann.

Hartlaub, *Gustav Friedrich,* * 12.3.1884 Bremen, † 30.4.1963 Heidelberg, Dr. phil. (1910). Assistent 1910 bis 1913 Kunsthalle Bremen; Kustos, stellv. Direktor u. Direktor 1914-33 Städt. Kunsthalle Mannheim, 1933 Zwangsentlassung wegen »Kulturbolschewismus« u. »Judenfreundschaften«, Schreib- u. Redeverbot; Honorar-Prof. f. neuere Kunstgesch. 1947 Heidelberg.

Matteo da Siena u. seine Zeit, 1910; Der Genius im Kinde, (1922) 1930²; Gustave Doré, 1924; Giorgiones Geheimnis, 1925; Die Graphik d. Expressionismus in Deutschland, 1947; Die großen engl. Maler d. Blütezeit, 1948; Fragen an d. Kunst. Studien zu Grenzproblemen, 1950; Das Unerklärliche. Studien zum mag. Weltbild, 1950; Zauber d. Spiegels, 1951; Die Impressionisten in Frankreich, 1951; Der Stein der Weisen. Wesen u. Bildwelt d. Alchemie, 1959; Der Gartenzwerg u. seine Ahnen, 1962.

Beckmann; Bosch; Corinth; Denis; Ensor; Expressionismus I; Gebhardt; Gogh; Häresie II; Impressionismus I; Kitsch; Kokoschka; Kubin; Millet; Nolde; Puvis de Chavannes; Rohlfs; Slevogt; Surrealismus; Symbolismus III; Thoma; Uhde.

Hartmann, *Fritz,* * 17.11.1920 Oberhausen-Osterfeld, Dr. med. (1945). PDoz. f. Innere Medizin 1950, apl. Prof. 1956 Göttingen, o. Prof. 1957 Marburg.

Der ärztl. Auftrag, 1956; Das nicht festgestellte Tier (ZW 28, 1957, 161-174); Medizin zwischen d. Wissenschaften (Medizin. Klinik 57/2, 1962, 1268-1271); Was erwartet man von einer neuen Univ.?, 1962; Gesch. d. Begriffs Anthropologie (Sitzungsber. d. Gesellsch. f. Beförderung d. gesamten Naturwiss. zu Marburg 85, H. 1), 1963. - Mit-Hg.: Dt. Universitätszeitung, bis 1958; Medizin I-III (Fischer-Lexikon 16-18), 1959; Dt. Archiv f. klin. Medizin; Klinik d. Gegenwart.

Anthropologie I; Leib und Seele II; Psychosomatik.

Hartmann, *Karl Julius,* * 9.3.1893 Homberg b. Kassel, Dr. med. (1919), Dr. phil. (1914). Bibliotheksassessor 1923 Münster, Bibliotheksrat 1931 Königsberg, Bibliotheksdirektor 1934 Münster, 1935 Göttingen (1958 i.R.), dazu Honorar-Prof. 1937 ebd.

Das Wesen d. affektfreien qualitativen Bedeutungsgefühle, 1926; Soziologie, 1933; Gesch. d. Göttinger Univ.-Bibl., 1937. - Hg.: Arbeiten aus d. Niedersächs. Staats- u. Univ.-Bibl., 1936ff.

Psychologie I; Völkerpsychologie; Wundt, Wilh.

Hase, *Hans Christoph von,* * 4.5.1907 Großwandriss Kr. Liegnitz, Dr. theol. (1933), S.T.M. (1934). Wehrmachtspfarrer 1934-45, Pfarrer 1947-57 Marburg u. Herford i.W., Direktor der Theol. Abteilung der Hauptgeschäftsstelle des Diakon. Werkes der EKD 1957 Stuttgart.

Die Gegenwart Christi in d. Kirche (BFChTh 38, 1), 1934; Die Gestalt d. Kirche Luthers, 1940; Vom Amt d. Dienstes in d. Kirche Christi, 1948. - Hg.: Diakonie d. Gemeinde, 1961. - Mit-Hg. u. Schriftleitung: Die Innere Mission, seit 1957.

Elisabeth von Herford.

Hassinger, *Erich,* * 22.9.1907 Wien, Dr. phil. (1931). PDoz. f. neuere Gesch. 1950, ao. Prof. 1956, o. Prof. 1957 Freiburg/Br.

Studien zu Jacobus Acontius, 1934; Brandenburg-Preußen, Schweden u. Rußland 1700-13, 1953; Das Werden d. neuzeitl. Europa 1300-1600, (1959) 1964². - Mit-Hg.: ARG, seit 1951.

Acontius; Bembo; Curione; Granvelle, 1. 2; Machiavelli.

Hatzfeld, *Lutz,* * 23.4.1920 Driedorf/Dillkr., Dr. phil. (1953). 1939-49 Wehrdienst u. Kriegsgefangenschaft, 1957-59 Mitarbeiter der Dt. Forschungsgemeinschaft zur Sammlung der Korrespondenz Moritz' von Sachsen, Archivar der Phoenix-Rheinrohr AG 1959 Duisburg.

Dr. Gropper, die Wetterauer Grafen u. d. Reformation in Kurköln (AKultG 36, 1954, 200-230); Frankenspiegel oder Kaiserrecht? (Tijdschr. v. Rechtsgeschiedenis 26, 1958, 15-41); Zur Gesch. d. Reichsgrafenstandes (Nass. Ann. 70, 1959, 41-54); Staatsräson u. Reputation bei Kaiser Karl V. (ZRGG 11, 1959, 32-58).

Gravamina nationis germanicae.

Hauge, *Reidar,* * 15.3.1903 Sogndal i Sogn (Norwegen), Dr. theol. (1942). Pfarrer 1941 Moss, o. Prof. f. Syst. Theol. 1953 Oslo.

Inkarnasjon og opstandelse, Oslo 1942; Gudsåpenbaring og troslydighet, ebd 1952.

Berggrav; Bruun; Norwegen II; Oslo; Stenersen.

Hauptmann, *Peter,* * 25.3.1928 Chemnitz, Dr. theol. (1953). Wiss. Assistent am Ostkirchen-Institut 1958 Münster.

Altruss. Glaube. Der Kampf d. Protopopen Avvakum gegen d. Kirchenreformen d. 17.Jh.s, 1963.

Narrheit.

Hauser, *Richard,* * 6.2.1903 Karlsruhe, Dr. theol. (1941). Studentenpfarrer 1929-57, seit 1943 Pfarrer der Gemeinde Hl. Geist in Heidelberg, 1949 Honorar-Prof. (Lehrauftrag f. kath. Theol.) ebd.

Autorität u. Macht. Die staatl. Autorität in d. neueren prot. Ethik u. in d. kath. Gesellschaftslehre, 1949; Das christolog. Motiv in d. polit. Ethik d. christl. Konfessionen (Der Mensch unter Gottes Anruf u. Ordnung. Festg. f. Th. Müncker, 1958, 229-256).

Akademikervereinigungen II; Studentengemeinde II.

Hausmann, *Gottfried,* * 18.9.1906 Düren, Dr. phil. (1935). Volksschullehrer 1928, wiss. Lehrer f. Pädagogik u. Psychologie 1933, Assistent 1942-45 Gießen; PDoz. 1947, apl. Prof. 1952-59 Mainz, dazu 1950-55 Leiter der Hauptabteilung Bildung u. Erziehung beim Hess. Rundfunk, Gast-Prof. 1955-59 Univ. Ankara, o. Prof. f. Erziehungswiss. 1960 Hamburg.

Zur Aktualgenese räumlicher Gestalten (Diss. Gießen), 1935; Unters.en zur Gesch. u. Deutung d. Ahnungsbegriffes (Habil.-Schr. Gießen), 1942; Didaktik als Dramaturgie d. Unterrichts, 1959. - Managing Editor der Intern. Review of Education; Schriftleitung: Die dt. Schule. - Mit-Hg.: Vergl. Erziehungswiss. u. Päd. d. Auslands, seit 1961.

Fernsehen, 2; Rundfunk, 2.

Hauss, *Fritz,* * 10.3.1889 Straßburg/Elsaß, D. (1958, Heidelberg), Lic. theol. (1930). Pfarrer 1912 Esch/Alzette (Luxemburg), 1918 Stockach, 1933 Heidelberg, 1934 Lehrauftrag f. bad. KG, 1937 f. bad. Kirchenrecht u. Prakt. Theol., Dekan 1947 Heidelberg (1959 i.R.), Honorar-Prof. 1950 ebd; 1926 Vors. des Gustav-Adolf-Vereins Baden, 1952 des Vereins f. KG in der Ev. Landeskirche Badens, 1959 Präsident des Gustav-Adolf-Werks-West.

Zuchtordnung d. Stadt Konstanz 1531, 1931. - Hg.: Die KOen von 1556 in d. Kurpfalz u. in d. Markgrafschaft Baden-Durlach (mit H.G.Zier), 1956; Ein Leben f. d. Kirche. Gedenkbuch f. Joh. Bauer (mit E.Roth), 1960.

Erb; Horneck(en); Irenicus; Lercheimer; Neuser; Reuter, Quirinus; Scultetus, Abr.; Staffortsches Buch; Sylvan; Toussain, 1. 2; Ursinus, Zach.; Zwick, 1. 2.

Heberer, *Gerhard,* * 20.3.1901 Halle/S., Dr. sc. nat. (1924). Habilitation 1932 Tübingen; komm. o. Prof. 1935/36, ao. Prof. 1938 Frankfurt/M., 1939-45 Jena, Lehrauftrag (1949), dann ao. Prof. f. Anthropologie in Göttingen, em. 1960, Gast-Prof. 1961/62 Freie Univ. Berlin.

Allg. Abstammungslehre, 1949; Die Inland-Malaien von Lombok u. Sumbawa (mit W. LEHMANN), 1950; Die Abstammung des Menschen, 1961. - Hg.: Die Evolution d. Organismen I. II, 1954-59²; 100 Jahre Evolutionsforschung (mit F. SCHWANITZ), 1960; Th.H. Huxley, Die Stellung d. Menschen in d. Natur, 1963; 100 Jahre menschl. Abstammungslehre, 1964.

Abstammung des Menschen; Darwin; Darwinismus; Deszendenztheorie; Haeckel.

Heckel, *Johannes,* * 24.11.1889 Kammerstein/Bayern, † 15.12.1963 Tübingen, D. (1931, Berlin), Dr. jur. (1922). PDoz. f. Kirchenrecht 1923, apl. Prof. 1926 Berlin, o. Prof. 1928 Bonn, 1934 München, em. 1957.

Bibliogr. in: Für Kirche u. Recht (Festschr. z. 70. Geb.), 1959, 351-360. Bes.: Die ev. Dom- u. Kollegiatstifter Preußens (KRA 100/01), 1924; Recht u. Gesetz, Kirche u. Obrigkeit in Luthers Lehre vor d. Thesenanschlag von 1517 (ZSavRG Kan. Abt. 26, 1937, 285-375); Cura religionis, ius in sacra, ius circa sacra (KRA 117/18 [Festschr. U. Stutz], 1938, 224-298); Initia iuris ecclesiastici Protestantium (SAM 1949, 5); Lex charitatis. Eine jurist. Unters. über d. Recht in d. Theol. Martin Luthers (AAM 1953, 36); Im Irrgarten d. Zwei-Reiche-Lehre (ThEx NF 55), 1957. Ferner: Das blinde, undeutliche Wort »Kirche«. Ges. Aufs., hg.v. S. GRUNDMANN, 1964. - Mit-Hg.: ZSavRG Kan. Abt., 1938-62; Forschungen zur kirchl. Rechtsgesch., 1957 ff.

Augsburger Religionsfriede; Corpus Christianum; Corpus Evangelicorum; Cuius regio, eius religio.

Heckel, *Martin,* * 22.5.1929 Bonn, Dr. jur. (1955). PDoz. f. Kirchenrecht u. öffentl. Recht 1960 Heidelberg, o. Prof. 1960 Tübingen.

Staat u. Kirche nach d. Lehren d. ev. Juristen Deutschlands in d. 1. Hälfte d. 17. Jh.s (ZSavRG Kan. Abt. 42, 1956, 117-247; 43, 1957, 202-308); Autonomia u. Pacis Compositio. Der Augsburger Religionsfriede in d. Deutung d. Gegenreformation (ebd 45, 1959, 141 bis 248); Parität (ebd 49, 1963, 261-420).

Ius circa sacra; Reinkingk.

Heckel, *Theodor,* * 15.4.1894 Kammerstein/Bayern, D. (1930, Jena), Lic. theol. (1928), Dr. jur. h.c. (1964, München). Pfarrer 1922 München-Solln, Religionslehrer 1925 Erlangen, Oberkonsistorialrat 1928 Berlin, Bischof u. Leiter des Kirchl. Außenamtes 1934 Berlin, Leiter des Ev. Hilfswerks f. Internierte u. Kriegsgefangene 1945 Erlangen, Dekan 1950 München.

Exegese u. Metaphysik bei R. Rothe (FGLP I, 4), 1928; Zur Methodik d. ev. Religionsunterrichts, (1928) 1930²; Adolf v. Harleß, 1933; Wahrheit im JohEv u. bei Luther, 1944; Kirche jenseits d. Grenzen, 1949; Kirche, Wahrheit, Recht, 1961.

Kriegsgefangenenprobleme.

Heggoy, *Willy Normann,* * 24.6.1912 Bergen (Norwegen), Ph.D. (1960). Missionar 1936 Algerien, Pfarrer 1953 Virginia (USA), Prof. am Centre Chrétien d'Etudes Maghrébines 1960 Algier.

Korset og halvmånen, Oslo 1947; The Mozabites of Algeria (The Moslem World 37, 1947, 192-207); Nord-Afrika (in: Vår misjon, Oslo 1956); Fifty Years of Evangelical Missionary Movement in North Africa 1881-1931 (Diss. Ann Arbor), 1960.

Nordafrika III.

Heidkämper, *Hermann,* * 27.12.1866 Buchholz/Schaumburg-Lippe, † 31.1.1950 Bückeburg. Pfarrer 1894 Lauenhagen/Schaumburg-Lippe, 1901 Bückeburg, 1907/08 u. 1932/33 stellv. Landes-Sup., 1933 Niederlegung der Ämter wegen nazistischer Intrigen; Vors. des Krankenhauses »Bethel« 1920-50 Bückeburg, Vors. des Erziehungsheimes »Gotteshütte« 1934-47 Wülpke/Kleinenbremen.

Die schaumburg-lipp. Kirche (ZGNKG 5, 1900, 349-409; separat 1901); Schaumburg-lipp. KG vom 30jähr. Kriege bis zur Gegenwart (ebd 12, 1907, 72-131; separat 1908/17); Die Erweckungszeiten in d. schaumburg-lipp. Kirche, 1924; Kleine Gesch. d. Stadt Bückeburg, 1949; Aus d. Schaumburg. Heimat, 1950.

Schaumburg-Lippe (mit E. KAMPERMANN).

Heidtmann, *Günter,* * 17.6.1912 Düsseldorf. 1939 Hilfsprediger der Bekennenden Gemeinde, Pfarrer 1945 Potsdam, Leiter des Seminars f. kirchl. Dienste 1950 Berlin, Landespressepfarrer der Ev. Kirche im Rheinland 1954 Düsseldorf.

Hg. u. Schriftleiter: Kirche in der Zeit. Hg.: Hat die Kirche geschwiegen?, (1954) 1958³.

Held.

Heiler, *Friedrich:* 3, 145. - D. (1920, Kiel), D.D. (1937, Glasgow), Dr. phil. (1917).

Die Religionen d. Menschheit in Vergangenheit u. Gegenwart, 1959; Erscheinungsformen u. Wesen d. Religion, 1961.

Anbetung I; Elisabeth von Thüringen; Erbauungsliteratur 2; Erlebnis I; Fronleichnamsfest; Gebet I; Gelassenheit; Glinz; Hansen, Heinr.; Kontemplation; Marienverehrung I; Menschheitsbund; Mystik II; Reliquien.

Heilfurth, *Gerhard,* * 11.7.1909 Schneeberg/Erzgeb., Dr. phil. (1935). Univ.-Doz. 1943 Leipzig; Studienleiter 1952, Direktor 1954 Sozialakademie Friedewald; apl. Prof. 1956, Honorar-Prof. 1960 Gießen, o. Prof. f. Volkskunde, Kultur- u. Sozialanthropologie 1960 Marburg.

Das Bergmannslied. Wesen, Leben, Funktion, 1954; Kirche u. Arbeiterschaft, 1954; Volkskunde jenseits der Ideologien, 1961. - Hg.: Jugend ohne Geborgenheit, (1951) 1952³. - Mit-Hg.: Friedewalder Beiträge zur soz. Frage, seit 1950; Die Mitarbeit. Ev. Monatshefte zur Gesellschaftspolitik, seit 1952; Zs. f. Volkskunde, seit 1958; Schriften zur Volksforschung, seit 1959.

Sozialakademie.

Heimann, *Eduard:* 3, 199f (em. o. Prof. f. Sozialwissenschaften in Hamburg u. Honorar-Prof. f. Sozialethik in der Ev.-theol. Fakultät Bonn). - Dr. phil. (1912), Dr. rer. pol. h.c. (1948, Hamburg).

Vollst. Bibliogr. bis 1958: Hamburger Jb. f. Wirtschafts- u. Gesellschaftspolitik 4, 1959, 342-348. Ferner: Soziale Theorie d. Wirtschaftssysteme, 1963.

Kapitalismus.

Heimpel, *Hermann,* * 19.9.1901 München, Dr. phil. (1924). PDoz. f. mittlere u. neuere Gesch. 1927, o. Prof. 1931 Freiburg/Br., 1934 Leipzig, 1941 Straßburg; ao. Prof. 1946, o. Prof. 1947 Göttingen.

Studien zur Kirchen- u. Reichsreform d. 15. Jh.s (SAH 1929/30, 1); Dietrich von Niem, 1932; Dt. MA, (1941) 1943²; Die halbe Violine, (1949) 1959³; Der Mensch in seiner Gegenwart, (1954) 1957²; Kapitulation vor der Gesch.? (KVR 27), (1956) 1960³; Deutschland im späteren MA, 1958; Zwei Historiker (F. Chr. Dahlmann u. Jac. Burckhardt), 1962. - Hg.: Dietrich von Niem, Dialog über Union u. Reform d. Kirche 1410, 1933; Veröffentl. d. Max-Planck-Instituts f. Gesch., seit 1958.

Dietrich von Nieheim; Gregor von Heimburg; Hermann von Salza.

Hein, *Norvin Jacob,* * 19.8.1914 East Canton/Ohio (USA), B.A. (1937), B.D. (1946), Ph.D. (1951). Doz. f. Englisch am Ewing Christian College 1939-42 Allahabad (Indien), Feldforschung über hinduist. Mysterienspiele 1949-50 Mathurā (Indien), Associate Prof. f. vergl. Religionswiss. 1950 Yale Univ., New Haven/Conn. (USA).

Thomas Hardy's Disbelief (Religion in Life 16, 1947, 388-406); The Rām Līlā (Traditional India, ed. M. SINGER, Philadelphia 1959, 73-98); Kṛṣṇaite Mystery Plays in Ancient Mathurā (Proc. of the 9th Intern. Congress for the Hist. of Religions, Tokyo 1960, 90-95).

Gerechtigkeit Gottes I; Gericht Gottes I; Gnade Gottes I; Goldene Regel, 1; Leiden I; Verdienst I; Zorn Gottes I.

Heinemann, *Margret,* * 29.5.1883 Frankenberg/Eder, Dr. phil. (1910). 1920-33 Referentin (Ministerialrätin) im Preuß. Ministerium für Wiss., Kunst u. Volksbildung, 1933-45 Amtsenthebung, danach private wiss. Arbeit.

Hg.: KG des Gelasius von Cyzicus, auf Grund der nachgel. Papiere von Prof. G.Loeschcke (GCS 28), 1918.

Gelasius von Cyzicus.

Heinemeyer, *Walter,* * 5.8.1912 Eimelrod Kr. Waldeck, Dr. phil. (1936). Regierungsarchivrat in Marburg, dazu ebd 1960 Honorar-Prof., 1963 ao. Prof. f. hist. Hilfswissenschaften.

Polit. Archiv d. Landgrafen Philipp d. Großmütigen von Hessen III. IV, 1954/59; Studien zur Gesch. d. got. Urkundenschrift, 1962.

Philipp von Hessen.

Heinrici, *Hartmut,* * 6.8.1921 Königsberg/Pr. 1939 bis 1945 Offizier, Stiftsrepetent 1955 Tübingen, Pfarrer 1957 Stuttgart, Militäroberpfarrer u. Doz. an der Bundeswehrschule f. Innere Führung 1964 Koblenz.

Rottenburg; Schuster.

Heintz, *Peter,* * 6.11.1920 Davos (Schweiz), Dr. oec. publ. (1943). Fachredakteur am »Schweizer Lexikon« 1944-49; PDoz. f. Soziologie 1953, Diätendoz. 1956 Köln, dazu Direktor der Schule f. Soziologie an der Lateinamerik. Fakultät f. Sozialwiss. 1960 Santiago de Chile; UNESCO-Missionen in Costa Rica, Kolumbien, Chile seit 1956, Visiting Assoc. Prof. 1961 Chicago.

Die Autoritätsproblematik bei Proudhon, 1957; Soziale Vorurteile, 1957; Einführung in die soziol. Theorie, 1962; Soziologie d. Entwicklungsländer. Syst. Anthologie, 1962. - Hg.: Soziologie d. Schule (KfS Sonderh. 4), 1959/60; Sociologia del Poder. Syst. Anthologie, Santiago de Chile 1960. - Mit-Hg.: Soziologie d. Jugendkriminalität (KfS Sonderh. 2), 1957.

Anarchismus.

Heintze, *Gerhard,* * 14.11.1912 Wehre Kr. Goslar, Dr. theol. (1957). Missionsinspektor 1946 Hermannsburg, Studiendirektor des hannov. Predigerseminars 1950 Erichsburg, 1953 Hildesheim, Sup. 1957 ebd, Landes-Sup. für den Sprengel Hildesheim 1961, Landesbischof 1965 Braunschweig.

Luthers Predigt von Gesetz u. Evangelium (FGLP X, 11), 1958. - Mit-Hg.: EvTh, seit 1962.

Harms, Ludw.

Helbig, *Herbert,* * 4.7.1910 Leipzig, Dr. phil. (1939). PDoz. f. ma.liche u. neuere Gesch. 1951, apl. Prof. 1956, ao. Prof. 1958, o. Prof. 1962 Freie Univ. Berlin.

Unters.en über d. Kirchenpatrozinien in Sachsen, 1940; Die Reformation d. Univ. Leipzig im 16.Jh. (SVRG 171), 1953; Der Wettinische Ständestaat. Unters.en zur Gesch. d. Ständewesens u. d. landständ. Verfassung in Mitteldeutschland bis 1485, 1955; Die Träger d. Rapallo-Politik, 1958.

Leipzig, 1.

Helbling, *Leo,* * 30.3.1901 St. Gallen (Schweiz), Dr. phil. (1933). OSB 1921 Einsiedeln, 1926 Priester, 1931 bis 1936 u. 1946ff Gymnasiallehrer, 1936-46 Volksmissionar, 1946-61 Stiftsbibliothekar.

Dr. Johann Fabri, Generalvikar von Konstanz u. Bischof von Wien (RGST 67/68), 1941; Abt Ignatius Staub OSB (Beilage z. Jahresbericht d. Stiftsschule Einsiedeln), 1950; Das Einsiedler Blockbuch, 1958; Das Blockbuch von Sankt Meinrad u. seinen Mördern u. vom Ursprung von Einsiedeln, 1961. - Mit-Hg.: Mit Christus durchs Leben. Das Kirchenjahr in Lesungen f. d. christl. Volk, 1934 u.ö.

Fabri, Joh.

Held, *Paul,* * 31.3.1901 Zürich (Schweiz), Lic. theol. (1927). Pfarrer 1927 Krinau, 1932 Igis-Landquart, 1937 Walzenhausen, 1960 Stein (AG).

Ulrich von Hutten. Seine relig.-geistige Auseinandersetzung mit Katholizismus, Humanismus, Reformation (SVRG 144), 1928; Der Quäker George Fox, 1949; Quäker im Dienst am Nächsten, 1956.

Keith; Quäker; Rowntree.

Helmcke, *Hans,* * 22.9.1922 Wiesbaden, Dr. phil. (1956). Wiss. Assistent am Seminar f. engl. Philologie 1956 Mainz.

Die Funktion des Ich-Erzählers in Herman Melvilles Roman »Moby-Dick«, 1957.

Melville, Herman.

Hemberg, *Bengt,* * 21.3.1908 Eskilstuna (Schweden), Dr. phil. (1950). Doz. f. klass. Altertumswiss. u. Gesch. der Antike 1950-51 u. 1952-55 Uppsala, Lektor 1951-52 Umeå, Rektor 1955-62 Södertälje, Lektor 1962 Hässleholm.

Die Kabiren (Diss. Uppsala), 1950; Die Idaiischen Daktylen (Eranos 50, 1952, 41-59); ΤΡΙΠΑΤΩΡ u. ΤΡΙΣΗΡΩΣ. Griech. Ahnenkult in klass. u. myken. Zeit (ebd 52, 1954, 172-190); ΑΝΑΞ, ΑΝΑΣΣΑ u. ΑΝΑΚΕΣ als Götternamen unter bes. Berücksichtigung d. attischen Kulte (UUÅ 1955, 10).

Kabiren.

Hemmerle, *Josef,* * 12.12.1914 Sebastiansberg/Böhmen, Dr. phil. (1941), Oberarchivrat am Bayer. Hauptstaatsarchiv München.

Die Benediktinerklöster in Bayern, 1951; Wessobrunn u. seine geistige Stellung im 18.Jh. (Stud. u. Mitt. zur Gesch. d. Benediktiner-Ordens 64, 1952, 13-71); Hochschloß Pähl, 1953; Nikolaus von Laun (Studien zur Gesch. d. Karls-Univ. zu Prag, 1954, 81-129); Archiv d. ehem. Augustinerklosters München, 1956; Gesch. d. Augustinerklosters in München, 1956; Die Klöster d. Augustiner-Eremiten in Bayern, 1958; Die ev. Kirche in Bayern, 1959; Sudetendt. Bibliogr. 1949-53, 1959.

Altötting; Andechs; Benediktbeuern; Chiemsee; Eichstätt, 2. 3; Hieronymus von Prag; Huß; Janow; Kastl; Militsch.

Hempel, *Johannes,* * 30.7.1891 Bärenstein Bez. Dippoldiswalde, † 9.12.1964 Göttingen, D. (1925 Halle), Dr. phil. (1914). PDoz. f. AT 1921 Halle, o. Prof. 1925 Greifswald, 1928 Göttingen, 1937 Berlin, Kriegspfarrer 1940-45, Pfarrverweser 1947 Salzgitter, Honorar-Prof. 1955, em. o. Prof. 1958 Göttingen.

Bibliogr.: ThLZ 76, 1951, 501-506; 87, 1962, 395-398. Bes.: Gott u. Mensch im AT (BWANT III, 2), (1926) 1936²; Die Althebr. Lit. u. ihr hellenist.-jüd. Nachleben (HLW 22), 1934; Die Mehrdeutigkeit d. Gesch. als Problem d. prophet. Theol., 1936; Das Ethos des AT (BZAW 67), (1938) 1964²; Worte der Profeten, 1949; Heilung als Symbol u. Wirklichkeit im bibl. Schrifttum, 1958; Die Texte von Qumran in d. heutigen Forschung, 1962; Apoxysmata. Vorarbeiten zu einer Religionsgesch. u. Theol. d. AT (BZAW 81), 1962; Geschichten u. Gesch. im AT bis zur pers. Zeit, 1964. - Hg.: ZAW, 1927-59.

Apollonius von Tyana; Asylrecht, 2; Biblische Theologie und biblische Religionsgeschichte I; Bund I. II; Königtum Gottes im AT; Leberschau (mit M.Pallottino); Rad (mit C.H.Ratschow); Religionsgeschichtliche Schule; Theophanie II; Universalismus und Partikularismus II.

Hendriks, *Rudolf,* * 26.8.1915 Megchelen/Gelderland (Niederl.), OCarm 1933, Priester 1940, Gymnasiallehrer 1947 Oss, 1953 Oldenzaal, 1956 Zenderen, 1963 Merkelbeek.

A Register of the Letters and Papers of John of Hildesheim, OCarm. (Carmelus 4, 1957, 116-235).

Cyrill der Karmeliter.

Henrich, *Dieter,* * 5.1.1927 Marburg/Lahn, Dr. phil. (1950). Leiter des Collegium Academicum u. PDoz. f. Philos. 1956 Heidelberg, o. Prof. 1960 Freie Univ. Berlin, 1965 Heidelberg.

Die Einheit d. Wissenschaftslehre Max Webers, 1952; Der ontologische Gottesbeweis, 1960. - Mit-Hg.: Die Gegenwart der Griechen im neueren Denken (Festschr. Gadamer), 1960.

Kant; Kategorie; Kritizismus; Legalität; Locke; Mendelssohn, Moses; Phänomenalismus; Transzendentalphilosophie.

Henschel, *Martin,* * 1.3.1929 Meiningen, Dr. theol. (1957). Assistent 1952, Oberassistent 1956 Jena, Habilitation 1963, Vikar 1963 Plaue/Thür.

Das malum in Augustins De civitate Dei (Theol. Diss. Jena), 1957 (Masch.); Figuraldeutung u. Geschichtlichkeit (KuD 5, 1959, 306 bis 317); Verantwortung oder Autonomie des Menschen? (ebd 8, 1962, 46-55).

Weissagung und Erfüllung III.

Hentschke, *Richard,* * 25.5.1922 Lodz, Dr. theol. (1953). Studieninspektor am Hamannstift 1952, PDoz. f. AT 1959 Münster.

Die Stellung d. vorexil. Schriftpropheten zum Kultus (BZAW 75), 1957; Gesetz u. Eschatologie in d. Verkündigung d. Propheten (ZEE 4, 1960, 46-56); Ammonit. Grenzfestungen südwestl. von amman (ZDPV 76, 1960, 103-123); Satzung u. Setzender (BWANT 83), 1963.

Opfer II.

Herdieckerhoff, *Reinhard,* * 7.8.1896 Unna/Westf. 1922 Studieninspektor am Auslands-Predigerseminar, Pfarrer u.a. 1927 Essen-Steele, 1932 Drackenstedt, seit 1936 im Dienst der Inneren Mission, 1956 Kirchenrat, 1963 i.R., lebt in Braunschweig.

Sydower Bruderschaft.

Hermann, *Diether,* * 6.12.1920 Grabenstetten Kr. Reutlingen/Württ. Pfarrer 1951 Reutlingen, Landesjugendpfarrer der Württ. Landeskirche 1958 Korntal.

Alber, Matthäus.

Hermann, *Rudolf,* * 3.10.1887 Wuppertal-Barmen, † 10.6.1962 Berlin, D. (1927, Rostock), Lic. theol. (1914). PDoz. f. Syst. Theol. 1916 Göttingen, 1919 Breslau, ao. Prof. 1923 ebd, o. Prof. 1926 Greifswald, 1953 Berlin.

Vollst. Bibliogr.: ThLZ 82, 1957, 795-798; 83, 1958, 149f; 87, 1962, 867f. Bes.: Luthers These »Gerecht u. Sünder zugleich«, (1930) 1960²; Die Bedeutung d. Bibel in Goethes Briefen an Zelter, 1948; Ges. Studien zur Theol. Luthers u. d. Reformation, 1960.

Buße; Kähler; Rechtfertigung III; Schleiermacher I. II; Sündenvergebung III.

Hermelink, *Jan,* * 14.4.1924 Marburg, † 21.7.1961 Kyritz, Dr. theol. (1957). Stiftsrepetent 1951/52 Tübingen, Pfarrer 1952 Ev. Missionsrat (Hamburg), 1959 Exekutivsekretär, dazu Lehrbeauftragter f. Missionswiss. 1958 Kiel, daneben 1959 Hamburg.

Kirchen in d. Welt. Konfessionskunde, 1959; Verstehen u. Bezeugen. Der theol. Ertrag der »Phänomenologie der Religion« von G. van der Leeuw (BEvTh 30), 1960; Christ im Welthorizont, 1962. - Hg.: Jahrbuch Ev. Mission, 1957-60. - Mit-Hg.: EMZ, 1952-61; Das Wort in d. Welt, 1958-61; Basileia. W. Freytag z. 60. Geb., (1959) 1961²; W. Freytag, Reden u. Aufs. I. II, 1961.

Bekenntnis VIII; Kamerun; Mission III E; Missions-Hilfe; Religionskunde.

Hermelink, *Siegfried,* * 10.5.1914 Gniebel b. Tübingen, Dr. phil. (1945). Lehrer f. Orgel- u. Musikgesch. am Ev.-Kirchenmusikal. Institut 1945-51, Assistent am musikwiss. Seminar seit 1943, Universitätsmusikdirektor 1952, dazu PDoz. f. Musikwiss. 1958, Wiss. Rat 1962, apl. Prof. 1965 Heidelberg.

Das Präludium in Bachs Klaviermusik (Phil. Diss. Heidelberg), 1945 (Masch.); Ein Musikalienverzeichnis d. Heidelberger Hofkapelle aus dem Jahre 1544 (Ottheinrich, hg.v. G. Poensgen, 1956, 247-260); Rhythmische Struktur in d. Musik von Heinr. Schütz (AfMw 16, 1959, 378-390); Dispositiones Modorum. Die Tonarten in d. Musik Palestrinas u. seiner Zeitgenossen, 1960; Die Tabula compositoria (Festschr. H. Besseler, 1961, 221-230). - Hg. der Messen-Bände der GA der musikal. Werke von O. di Lasso, 1962ff. - Fachberater f. Kirchenmusik (zus. mit Thr. Georgiades) bei RGG³.

A cappella; Bach, 1. 2; Bruhns; Buxtehude; Byrd; Carissimi; Choral, 2; Choralbearbeitung; Choralbuch; Demantius; Eccard; Figuralmusik; Gabrieli, 1. 2; Generalbaß; Hammerschmidt; Haßler; h-moll-Messe; Intonation; Johannespassion; Kantate; Kirchenkonzert; Kirchenlied II; Kontrafaktur; Krieger, 1-3; Lechner; Lübeck; Matthäuspassion; Mergner; Missa solemnis; Motette; Notenschrift; Oratorium; Orgel; Orgelbewegung; Orgelmesse; Pachelbel; Palestrina; Parodie; Passion; Polyphonie; Positiv; Praeludium; Prätorius, 3. 4; Raselius; Rhaw; Rosenmüller, Joh.; Sankey; Scheidt; Schein; Schop; Schütz, Heinr.; Senfl; Silcher; Spitta, Ph.; Sweelinck; Turbae; Vulpius; Walther, J.G.; Weckmann; Wolfrum; Zahn, Joh.

Hertz, *Rudolf,* * 3.4.1897 Düsseldorf, Dr. phil. (1925). PDoz. f. kelt. Philologie 1930 (entlassen 1938, wieder eingesetzt 1945), apl. Prof. 1946, o. Prof. (mit Wirkung ab 1941) 1953 Bonn, dazu Gast-Prof. 1946-50 Mainz.

Beiträge zur Syntax d. irischen Begründungssätze (Zs. f. kelt. Philologie 18, 1930, 121-158; 19, 1933, 231-293).

Kelten; Keltische Philologie.

Hertzberg, *Hans Wilhelm,* * 16.1.1895 Lauenburg/Pomm., † 1.6.1965 Kiel, D. (1932, Berlin), Lic. theol. (1919). PDoz. f. AT 1921 Berlin, Propst u. Verwalter des dt. ev. Palästina-Instituts 1923 Jerusalem, ao. Prof. 1931 Marburg, dazu Pfarrer 1932 Caldern, Studiendirektor 1936 Predigerseminar Hofgeismar, Prälat 1946 Kassel, o. Prof. f. AT u. Palästinakunde 1947 Kiel.

Prophet u. Gott (BFChTh 28, 3), 1923; 75 Jahre dt. ev. Gemeinde Jerusalem. 1927; Der Prediger (KAT XVI, 4), 1932, neu hg. 1963; Der erste Jesaja, (1936) 1952²; Das Buch Hiob, 1949; Die Bücher Josua, Richter, Ruth (ATD 9), (1953) 1959²; Die Samuelbücher (ATD 10), (1956) 1960²; Blicke in das Land der Bibel, (1959) 1963³; Beiträge zur Traditionsgesch. u. Theol. des AT, 1962. - Hg.: Ev. Gemeindeblatt f. Palästina, 1925-30; Norddt. Beilage zu »Für Arbeit u. Besinnung«, 1948-55; D.v.Oertzen, ein Christuszeuge im Orient, 1961.

Ackerbau II; Basan; Bethanien; Bethsaida; Chorazin; Debora und Deboralied; Galiläa; Garizim; Heilige Stätten II; Hirten- und Beduinenleben in Israel; Idumäa; Ituräa; Judäa; Kana; Moria; Palästinawerk; Peräa; Schneller; Syrisches Waisenhaus; Weltbild II.

Hertzsch, *Erich,* * 31.3.1902 Unterbodnitz/Thür., D. (1958, Leipzig), Dr. theol. (1932). Pfarrer 1926 Hartroda/Thür., 1930 Bucha b. Jena, 1931 Eisenach, 1945 Oberkirchenrat, Prof. mit Lehrstuhl f. Prakt. Theol. 1948 Jena.

Bibliogr.: ThLZ 87, 1962, 309f. Bes.: Karlstadt u. seine Bedeutung f. d. Luthertum, 1932; Karlstadts Schriften aus den Jahren 1523-25, 2 Bde, 1956/57; Die Wirklichkeit d. Kirche I: Die Liturgie, 1956; Ev. Brevier, 1959. - Mit-Hg.: ThLZ, seit 1960.

Apostelfeste; Begräbnis III, 2. 3; Bilder und Bilderverehrung IV; Bußpsalmen; Farben, 2; Feuerbestattung; Fußkuß; Fußwaschung; Hauptentblößung; Homiliar; Karlstadt; Karwoche; Kerzenweihe; Kinderbischof; Kirchweihe; Liturgik III. IV; Magnificat; Neujahrsfest; Rubrik; Sakristei; Salz; Schlußformel; Schweigen, 2; Sonntag; Stundengebet I, 3; Trauung I.

Heselhaus, *Clemens,* * 18.7.1912 Burlo/Westf., Dr. phil. (1939). Doz. f. neuere dt. Literaturgesch. 1944 Halle, 1946 Münster, apl. Prof. 1952, Wiss. Rat 1957 ebd, o. Prof. 1961 Gießen.

Anton Ulrichs Aramena, 1939; Annette v. Droste-Hülshoff. Die Entdeckung d. Seins in d. Dichtung d. 19.Jh.s, 1943; Die Lyrik d. Expressionismus, 1956; Dt. Lyrik der Moderne, (1961) 1962². - Hg.: A.v.Droste-Hülshoff, Sämtl. Werke, 1952.

Droste-Hülshoff; Kafka; Weiß, Konrad.

Hesse, *Franz,* * 11.6.1917 Loga/Ostfriesland, D. (1961, Erlangen), Dr. theol. (1949). Repetent 1947, PDoz. f. AT 1953 Erlangen, 1954 Marburg, ao. Prof. 1958 ebd, o. Prof. 1960 Münster.

Die Fürbitte im AT (Theol. Diss. Erlangen), 1949 (Photodruck 1952); Das Verstockungsproblem im AT (BZAW 74), 1955; Zur Frage d. Wertung u. d. Geltung at. Texte (Festschr. z. 70. Geb. von F.Baumgärtel, 1959, 74-96). - Mit-Hg.: KAT, 1962ff.

Bibelkonkordanz; Bibellexika; Herrlichkeit Gottes, 1; Paradies III; Schriftauslegung I; Typologie I; Verstockung, 1; Zwölfprophetenbuch.

Hesse, *Konrad,* * 29.1.1919 Königsberg/Pr., Dr. jur. (1950). PDoz. 1955 Göttingen, o. Prof. f. Staats-, Verwaltungs- u. Kirchenrecht 1956 Freiburg/Br.

Der Rechtsschutz durch staatl. Gerichte im kirchl. Bereich, 1956; Die Entwicklung d. Staatskirchenrechts seit 1945 (Jb. d. öffentl. Rechts NF 10, 1961, 3-121). - Fachberater f. Kirchenrecht bei RGG³.

Feste und Feiern VI; Gerichtsbarkeit II; Gleichberechtigung; Kirchendiebstahl (mit E.FOERSTER).

Heubach, *Joachim,* * 20.11.1925 Berlin, Dr. theol. (1951). Studieninspektor 1951 Preetz/Holstein, Pastor 1953 Krusendorf b. Kiel, dazu PDoz. f. Prakt. Theol. 1954 Kiel, 1959 Heidelberg, Pastor 1961 Kiel, apl. Prof. 1962 Kiel, zugleich Studiendirektor 1963 Predigerseminar Preetz.

Die christl. Unterweisung bei J.A.Comenius, 1952; Die Ordination zum Amt d. Kirche, 1956. - Hg.: J.A.Comenius, Informatorium der Mutterschul, 1962. - Mit-Hg.: Sammlung u. Sendung. Festg. f. H.Rendtorff z. 70. Geb., 1958.

Figuren 1; Ordination III. V; Schlüsselgewalt II.

Heuer, *Jürgen,* * 15.2.1926 Münster/Westf., Dr. rer. pol. (1950). Bis 1961 Geschäftsführer des Instituts f. Siedlungs- u. Wohnungswesen Univ. Münster, ab 1962 Abteilungsleiter bei der Westdt. Wohnhäuser AG in Essen u. Lehrbeauftragter f. Wohnungswirtschaft in Münster.

Die soz. u. wirtschaftl. Probleme einer Mietenanpassung (mit W.KRÖGER), 1950; Das Eigenheim (mit L.LOWINSKI), 1955; Art. »Siedlung II« (mit H.-J.SERAPHIM) (HWSW IX, 1956, 248-260); Neue Städte u. Slumsanierung in Deutschland, 1959.

Wohnungsfrage.

Heuß, *Alfred,* * 27.6.1909 Gautzsch b. Leipzig, Dr. jur. (1936), Dr. phil. (1932). Habilitation 1936, Doz. f. Alte Gesch. 1938 Leipzig, Vertret. Prof. 1938 Königsberg; ao. Prof. 1941, o. Prof. 1943 Breslau, Vertret. Prof. 1946 Köln, o. Prof. 1949 Kiel, 1954 Göttingen.

Die völkerrechtl. Grundlagen d. röm. Außenpolitik in republikan. Zeit, 1933; Stadt u. Herrscher d. Hellenismus in ihren staats- u. völkerrechtl. Beziehungen, 1937; Theodor Mommsen u. das 19.Jh., 1956; Verlust d. Gesch. (KVR 82), 1959; Röm. Gesch., 1960; Hellas (Propyläen-Weltgesch. III, 1962, 69-400). - Mit-Hg.: Propyläen-Weltgesch., 1961ff.

Caesar.

Heussi, *Karl:* 3, 307 († 25.1.1961 Jena).

Bibliogr. 1952-60: ThLZ 86, 1961, 545f.

Domkapitel; Doppelorden; Laienbrüder (jeweils mit A.ERLER).

Hewat, *Elizabeth Glendinning Kirkwood,* * 16.9.1895 Prestwick/Ayrshire (Schottland), M.A. (1919), B.D. (1926), Ph.D. (1934). Assistant Lecturer f. Gesch. 1919 St. Andrews, Editorial Assistant am IRM 1920 London, Lecturer am Women's Missionary College 1922 Edinburgh, Missionarin 1927-32 Mandschurei, Prof. f. Gesch. am Wilson College 1935-55 Bombay, zZ Vizepräsidentin der Woman's Guild der Church of Scotland.

An Introduction to Missionary Service (mit G.A.GOLLOCK), 1921; Christ and Western India. A Study of the Growth of the Indian Church in Bombay City from 1813, Bombay (1950) 1953²; Vision and Achievement. A Hist. of the Foreign Missions of the Churches united in the Church of Scotland, London 1960.

Schottland II.

Heyde, *Ludwig,* * 18.2.1888 Blasewitz b. Dresden, † 23.12.1961 Köln, Dr. rer. pol. (1910). Honorar-Prof. f. Sozialpolitik 1920 Rostock, 1924 Kiel, 1948 Köln. Mitglied der Kammer für soziale Ordnung der EKD, 1955-61 Präsident des Bundesverbandes dt. Volks- u. Betriebswirte.

Abriß d. Sozialpolitik, (1920) 1959¹¹; Dt. Gewerbepolitik, 1934. - Hg.: Soziale Praxis, 1921-30; Internat. HWB d. Gewerkschaftswesens I. II, 1931/32.

Arbeiterbewegung, 3; Kolping.

Heyde, *Peter,* * 24.11.1921 Berlin, Dipl.-Kaufmann (1952), Master of Business Administration (1954), Dr. rer. pol. (1956). 1940-48 Wehrdienst u. Kriegsgefangenschaft, Lektor 1952-53 Wilhelmshaven, Referent u. stellv. Direktor Internat. Arbeitsamt 1955-62 Bonn, Leiter des Sozialamtes der Ev. Kirche von Westfalen 1962 Schwerte/Ruhr, dazu Lehrbeauftragter 1960 Sozialakademie Dortmund.

Internationale Sozialpolitik, 1960.

Mitbestimmung; Schlichtungswesen; Sozialpartner; Syndikalismus.

Heyden, *Hellmuth,* * 18.1.1893 Greifswald, D. (1953, Greifswald). Pfarrer 1919 Stettin, 1945 Richtenberg, Sup. 1949 ebd (1960 i.R.), dazu Lehrbeauftragter f. territoriale KG 1954 Greifswald.

Die Kirchen Stettins u. ihre Gesch., 1936; KG Pommerns I. II, (1937/38) 1957²; Die ev. Geistlichen d. ehem. Regierungsbezirkes Stralsund I: Insel Rügen, 1956; II: Vorpomm. Kreise, 1959; Protokolle d. pomm. Kirchenvisitationen I, 1961; Die Kirchen Stralsunds u. ihre Gesch., 1962. - Hg.: Blätter f. KG Pommerns.

Greifswald; Kammin; Kolberg; Krakevitz; Otto von Bamberg; Pommern, Land; Runge, Jak.; Usedom; Wollin.

Heyer, *Friedrich,* * 24.1.1908 Darmstadt, Dr. theol. (1939). Schloßprediger 1932 Schloß Ernstbrunn/Niederösterreich, Pastor 1934 Schleswig, PDoz. f. neuere KG 1951, apl. Prof. 1963 Kiel, dazu Studienleiter der Ev. Akademie 1954 Schleswig, ao. Prof. f. Konfessionskunde 1964 Heidelberg.

Der Kirchenbegriff d. Schwärmer (SVRG 166), 1939; Die orth. Kirche in d. Ukraine von 1917 bis 1945 (Osteuropa u. d. Dt. Osten III), 1953; Gesch. d. Orth. Kirche in Amerika (Kirche im Osten V, 1962, 9-50); Die kath. Kirche vom Westf. Frieden bis zum 1. Vatikan. Konzil (Die Kirche in ihrer Gesch. IV, Lfg. N), 1963. - Hg.: Der Tanz in d. modernen Gesellschaft, 1958.

Belgisch-Kongo; Orthodoxe Kirche IV; Papsttum III; Ukraine.

Heyne, *Bodo,* * 16.7.1893 Essen. Pfarrer 1920 Dabringhausen/Rhld., seit 1922 Bremen; Direktor der Inneren Mission ebd.

Über die Anfänge kirchl. Fürsorge f. d. ausgewanderten ev. Deutschen in Nordamerika (Auslandsdeutschtum u. ev. Kirche, 1933, 45-75); Die Anfänge d. ev.-luth. Synode in Victoria (Australien) (ebd 1935, 253-276); Über d. Entstehung kirchl. Eigenart in Bremen (Hospitium Ecclesiae I, 1954, 7-21); Kirchl. Bemühungen um d. Auswanderung d. 19.Jh.s in Bremen (ebd III, 1961, 64-84). - Mit-Hg.: Hospitium Ecclesiae. Forschungen zur Brem. KG.

Sittlichkeitsbestrebungen.

Hilckman, *Anton,* * 4.3.1900 Bevergern b. Münster/Westf., Dr. rer. pol. (1911), Dr. phil. (1936, Mailand). 1933ff verfolgt, 1940-45 Kerker u. KZ; ao. Prof. f. vergl. Kulturwiss. 1946, o. Prof. 1960 Mainz.

Vom Sinn d. Glückes (Pseudonym PROSPER ADAM), 1947 (fläm. 1951); Frankreich gestern u. heute, (1947) 1951²; Gibt es einen Fortschritt in d. Gesch.?, 1958; Vom Sinn d. Freiheit, 1959; Geschichtsphilos. - Kulturwiss. - Soziologie (Saeculum 12, 1961, 405-420).

Rosmini.

Hilpisch, *Stephan,* * 6.9.1894 Waldernbach/Oberlahnkreis, OSB, Dr. phil. (1927). Doz. f. KG 1927-53 Phil.-theol. Hochschule der Abtei Maria Laach, Bibliothekar 1934-48 ebd.

Die Doppelklöster, Entstehung u. Organisation, 1928; Gesch. d. benedikt. Mönchtums, 1929; Das Benediktinertum im Wandel d. Zeiten, 1950; Gesch. d. Benediktinerinnen, 1951. - Mit-Hg.: Beiträge z. Gesch. d. alten Mönchtums u. d. Benediktinerordens.

Benediktiner; Benediktinerregel; Feuillanten; Fontevrault; Grammontenser; Kamaldulenser; Kartäuser; Trappisten; Vallombrosaner.

Hink, *Rupert,* * 4.6.1932 Wien, Dr. phil. (1957), lebt in Traiskirchen.

Die Stellung des Verbums bei Sokrates Scholastikos (Phil. Diss. Wien), 1957 (Masch.).

Rein und unrein I; Reinigungen I.

Hirschberg, *Walter,* * 17.12.1904 Neugradiska (Jugoslawien), Dr. phil. (1928). Doz. 1939, ao. Prof. f. Völkerkunde 1962 Wien.

Völkerkundl. Ergebnisse d. südafr. Reisen Rudolf Pöchs in den Jahren 1907-09 (R.Pöchs Nachlaß, Serie B, Bd I), 1936; Völkerkunde, 1936; Das Agnesbrünnl, 1949; Die Völker Afrikas (Die Neue Große Völkerkunde, hg.v. H.A.BERNATZIK, I, 1954, 279-564); Die Künstlerstraße. Auf Studienreise in Kamerun, 1962; Schwarzafrika (Monumenta Ethnographica I), 1962.

Neger.

Höfler, *Otto,* * 10.5.1901 Wien, Dr. phil. (1926). Lektor f. Deutsch 1928 Uppsala, PDoz. f. german. Philologie u. Volkskunde 1931 Wien, o. Prof. 1934 Kiel, 1938 München (entlassen 1945, wieder lehrbefugt 1950, apl. Prof. 1953), 1957 Wien.

Kultische Geheimbünde d. Germanen I, 1934; German. Sakralkönigtum I, 1952; Die zweite Lautverschiebung bei Ostgermanen u. Westgermanen, 1958; Siegfried, Arminius u. die Symbolik, 1961.

Geheimbünde; Masken.

Höfner, *Maria,* * 11.10.1900 Linz/Donau, Dr. phil. (1932). Doz. f. semit. Philologie 1940 Wien, 1952 Tübingen, apl. Prof. 1954, wiss. Rat 1959 ebd, o. Prof. f. Orientkunde 1964 Graz.

Altsüdarab. Grammatik, 1943; Das Feteḥ Maḥāri, 1951; Beiträge zur hist. Geographie d. vorislam. Südarabien (mit H.v.WISSMANN), 1953; Wörterbuch d. Tigrē-Sprache (mit E.LITTMANN), 1962; Die Stammesgruppen Nord- u. Zentralarabiens (WB d. Mythologie I, hg.v. H.W.HAUSSIG, 1962ff, 407-481); Südarabien (ebd 483-552); Die Semiten Äthiopiens (ebd 553-567); Sabaeica III (im Erscheinen).

Sabäer und Minäer.

Hoefs, *Albert,* * 1866 Stettin, † 16.12.1946 Kassel, 1886-99 Baptistenprediger, 1899-1931 Redakteur des »Wahrheitszeugen« in Kassel.

Cramer, Sam. (mit ERNST WOLF).

Hök, *Gösta,* * 25.6.1903 Gävle (Schweden), Dr.theol. (1935). Pfarrer 1935-37 Stigtomta, 1937-39 Eskilstuna, Doz. f. Dogmatik u. Symbolik 1942 Uppsala, dazu Studienrat 1952 Stockholm sowie 1958 Direktor von Stockholms teologiska institut.

Värdeetik, rättsetik, kristen kärleksetik. Tre alternativ, Stockholm-Lund 1933; Die ellipt. Theol. A.Ritschls nach Ursprung u. innerem Zusammenhang (UUÅ 1942, 3); Zinzendorfs Begriff d. Religion (ebd 1948, 6); Arvid Gradins dogmatiska och etiska huvudtankar (ebd 1949, 8); Luthers lära om kyrkans ämbete (En bok om kyrkans ämbete, Stockholm-Uppsala 1951, 142-179); Gymnasiets kyrkohistoria I. II, Stockholm (1955/56) 1962/63²·³; Augustin u. d. antike Tugendlehre (KuD 6, 1960, 104-130).

Anjou; Bernadotte; Eklund; Ekman.

Hoekendijk, *Johannes Christiaan,* * 3.5.1912 Garut (Indonesien), Dr. theol. (1948). Studentenpfarrer 1942, Miss.-Konsul 1945 Djakarta, Sekretär des Niederl. Missionsrates 1947, Sekretär f. Evangelisation im Ökum. Rat 1949 Genf; Prof. f. Prakt. Theol. 1952, o. Prof. f. KG des 20.Jh.s 1958 Utrecht.

Vollst. Bibliogr. in: J.C.HOEKENDIJK, Kerk binnenste buiten, 1964 (dt.: Kirche im Aufbau, 1965). Bes.: De wereldzending in oorlogstijd, 1945; Kerk en volk in de Duitse zendingswetenschap, 1948; Evangelism in France, 1951 (dt. 1953); The Mission of the Church to those outside her Life, 1954.

Säkularismus II.

Hörmann, *Hans,* * 23.10.1924 Ulm, Dipl.-Psychologe (1949), Dr. rer. nat. (1952). PDoz. f. Psychol. 1959 Göttingen; ao. Prof. 1960, o. Prof. 1962 Freie Univ. Berlin.

Konflikt u. Entscheidung, 1960.

Fechner.

Höß, *Irmgard,* * 1.11.1919 Nürnberg, Dr. phil. (1945). Doz. f. Gesch. 1952, Prof. mit Lehrauftrag 1956 Jena, wiss. Mitarbeiterin d. Münchener Hist. Kommission 1958; Lehrauftrag 1958, apl. Prof. 1962 Erlangen-Nürnberg.

Die dt. Stämme im Investiturstreit (Phil. Diss. Jena), 1945 (Mikrofilm 1951); Georg Spalatin, 1956; Georg Spalatins Traktat »De sacramento venerabile eucharistiae et de confessione« vom Jahre 1525 (ARG 49, 1958, 79-88); Die Problematik d. spätma.lichen Landeskirchentums am Beispiel Sachsens (GWU 10, 1959, 352-362).

Aurifaber, 1. 2; Egranus; Jena; Reichsreform; Spalatin.

Hofer, *Gunter,* * 12.5.1923 Göttingen, Dr. med. (1951), Medizinalrat, Facharzt f. Nerven- u. Geisteskrankheiten in Göttingen.

Hypnotismus; Suggestion.

Hoffmann, *Erika,* * 28.3.1902 Neuteicherwalde/Westpr., Dr. phil. (1928). Lehrkraft f. Päd. u. Psychol. am Pestalozzi-Fröbelhaus 1928 Berlin, ao. Prof. f. Kleinkind- u. Grundschulpäd. 1947 Jena, Doz. an der Hochschule f. Päd. 1949 Lüneburg, Leiterin des Ev. Fröbel-Seminars 1951 Kassel.

Das dialekt. Denken in d. Päd., 1929; Kindheitserinnerungen als Quelle päd. Kinderkunde, 1960. - Hg.: Henriette Schrader-Breymann, (1930) 1960²; F.Fröbel, Theorie d. Spiels III, (1936) 1962²; Fröbels Briefwechsel mit Kindern, (1940) 1952²; Briefe großer Deutscher an Kinder I. II, 1941/44; Fröbels Briefwechsel mit Gräfin Therese Brunszvik, 1944; Fröbel, Ausgew. Schriften I. II, 1951. - Mit-Hg.: Zs. f. Kinderforschung, 1932-44.

Fröbel; Kindergarten; Kinderhort; Kleinkindererziehung.

Hoffmann, *Georg,* * 24.11.1860 Münsterberg, † 25.6. 1930 Breslau. Pfarrer 1883 Breslau, Propst, zugleich PDoz. f. KG 1906, ao. Honorar-Prof. 1910, o. Honorar-Prof. 1918 ebd.

Die Rabenaas-Strophe, 1898; Die Lehre von der Fides implicita I-III, 1903-09; Das Wiedersehen jenseits d. Todes, 1906; Joh.Tim. Hermes, 1911; Herm.Dan.Hermes, 1914; Der Streit über die selige Schau Gottes (1331-38), 1917; Die griech.-kath. Gemeinde in Breslau unter Friedrich d.Gr., 1925; Sigismundus Suevus Freistadiensis, 1927; Petrus Zedlitz Fontinus, 1928.

Breslau II, 1 (mit H. Aubin).

Hoffmann, *Georg,* * 2.3.1902 Luck, D. (1957, Göttingen), Lic. theol. (1929). 1926-56 Pastor der Hannov. Landeskirche, Doz. f. Syst. Theol. 1933-45 Göttingen, Sup. 1942 Verden/Aller, Rektor des Pastoralkollegs 1952 Loccum, o. Prof. f. Prakt. Theol. 1956 Kiel.

Bibliogr. bis 1961: ThLZ 87, 1962, 233 f.

Apostolikum II; Hausandacht; Loccum; Mentzer, 1. 2.

Hoffmann, *Helmut,* * 24.8.1912 Flensburg, Dr. phil. (1938). PDoz. f. Indologie u. Tibetisch 1946 Hamburg, o. Prof. 1948 München.

Quellen zur Gesch. d. tibet. Bon-Religion, 1950; Die Religionen Tibets, 1956. - Mit-Hg.: ZDMG, 1950-53; Saeculum, seit 1952.

Bon-Religion.

Hofmann, *Werner,* * 27.7.1922 Meiningen, Dr. oec. publ. (1952). PDoz. f. Volkswirtschaftslehre 1958 Hochschule f. Sozialwiss. Wilhelmshaven, 1962 Göttingen, apl. Prof. 1964.

Die volkswirtschaftl. Gesamtrechnung, 1954; Wohin steuert d. Sowjetwirtschaft?, 1955; Die Arbeitsverfassung d. Sowjetunion, 1956; Europamarkt u. Wettbewerb, 1959; Gesellschaftslehre als Ordnungsmacht. Die Werturteilsfrage - heute, 1961; Die säkulare Inflation, 1962; Ideengesch. d. soz. Bewegung d. 19. u. 20.Jh.s, 1962.

Unternehmensgewinn; Wert und Preis; Wirtschaft I. II; Wirtschaftstheorien; Zins.

Hofmeister, *Philipp,* * 19.4.1888 Saulgau, OSB, Dr. theol. (1929). Priester der Benediktinerabtei in Neresheim, apl. Prof. f. kath. Kirchenrecht 1949 München (entpfl.).

Mitra u. Stab d. wirkl. Prälaten ohne bischöfl. Charakter (KRA 104), 1928; Bischof u. Domkapitel nach altem u. nach neuem Recht, 1931; Der Ordensrat, 1937; Die hl. Öle in d. morgen- u. abendländ. Kirche, 1948; Das Beichtrecht d. männl. u. weibl. Ordensleute (MThS III, 6), 1954; Die christl. Eidesformen, 1957.

Alexianer; Ambrosianerbrüder; Angeliken und Guastallinen; Annunziaten; Apostelbrüder; Augustiner; Augustinerregel; Barnabiten; Bettelorden; Birgittenorden, 1; Christkönigsschwestern vom Weißen Kreuz; Franziskaner (mit H.-H. Schrey); Franziskanerinnen; Grangien; Hieronymiten; Hospitaliter und Hospitaliterinnen; Jesuaten; Jesus, Regularkleriker; Kamillianer; Kapuziner und Kapuzinerinnen; Karmeliter und Karmelitinnen; Kind Jesu; Klarissenorden; Magdalenerinnen; Marianische Kongregationen; Merzedarier; Niederbronner Schwestern; Noviziat; Oblaten, 1-3; Observanten; Ordenstracht; Pauliner; Piaristen; Prämonstratenser; Privilegierter Altar; Redemptoristen; Regularkleriker; Salesianer; Salesianerinnen; Serviten; Skapulier; Somasker; Tertiarier und Tertiarierinnen; Theatiner; Trinitarier.

Hofstätter, *Peter Robert,* * 20.10.1913 Wien, Dr. phil. (1936). Heerespsychologe 1937, Soldat 1943, PDoz. f. Psychologie 1945-49 Graz, Assoc. Prof. 1950 Washington/D.C. (USA), o. Prof. 1956 Hochschule f. Sozialwiss. Wilhelmshaven, 1959 Univ. Hamburg.

Einführung in d. Tiefenpsychologie, 1948; Die Psychol. d. öffentl. Meinung, 1949; Die Psychol. u. d. Leben, 1951; Einführung in d. quantitativen Methoden d. Psychol., 1953; Einführung in d. Sozialpsychol., (1954) 1963[3]; Sozialpsychol., 1956; Gruppendynamik, 1957; Psychologie (Fischer-Lexikon 6), 1957.

Masse.

Hogg, *William Richey,* * 3.6.1921 Vandergrift/Pa. (USA), B.A. (1943), B.D. (1946), Ph.D. (1951). Reisesekretär des Methodist Board of Missions 1946-47, Exekutiv-Assistent beim Internationalen Missions-Rat 1950 New York, Doz. f. KG am Leonard Theol. College 1952 Jabalpur (Indien); Assistant Prof. f. Welt-Christentum 1955, Assoc. Prof. 1957, Prof. 1960 Perkins School of Theology, Southern Methodist Univ., Dallas/Texas.

Ecumenical Foundations. A Hist. of the IMC and its 19th-Century Background, New York 1952 (dt. 1954); New Day Dawning, ebd 1957; One World - One Mission, ebd 1960.

Internationaler Missions-Rat.

Hohenleutner, *Heinrich,* * 21.4.1924 München, † 26.10.1961 ebd, Dr. phil. (1953). Wiss. Assistent 1951 bis 1954 München, Bibliothekar am Dt. Hist. Institut 1956 Rom, Bibliotheksrat an der Bayer. Staatsbibliothek 1958 München.

Bearbeiter von K. Jacob, Quellenkunde d. dt. Gesch. im MA I (SG 279), 1959[6]; II (SG 280), 1961[5].

Johannes von Salisbury.

Hohlwein, *Hans,* * 23.11.1902 Danzig, Lic. theol. (1928), Dr. phil. (1925). Hilfspfarrer 1927 Jena, Pfarrer 1929 Eilenburg, Studiendirektor des Predigerseminars der Thür. ev. Kirche 1934, theol. Hilfsreferent im Ev. Oberkirchenrat Berlin 1937, Oberkonsistorialrat 1939 (1950 a.D.), Offizier 1939-45, komm. Pfarrer 1947 Heudeber Kr. Halberstadt, seit 1951 im Höheren Schuldienst (Oberstudienrat in Solingen).

Die Mystik der Margarete von Navarra (Phil. Diss. Jena), 1925; Quellen u. Komposition d. gregor. Sakramentars (Theol. Diss. Berlin), 1928, gedr.: Unters.en über d. überlieferungsgesch. Stellung des Sacramentarium Gregorianum (EphLiturg 42, 1928, 231-257. 444 bis 473).

Gaßner; Gerdtell; Göschel; Goltz, 1. 2; Heiligenbilder II; Herfurth; Hilfsverein; Höfling; Hofprediger; Immanuelbewegung; Johanneum; Keplerbund; Kirchenbauverein; Kleinert; Klingelbeutel; Knolle; Knoodt; Kögel; König, Sam.; Konferenz deutscher ev. Arbeitsorganisationen; Korntal; Krabbe; Kräuterweihe; Kyriale; Lahusen; Lang, Aug.; Lehrzuchtverfahren I; Leimbach; Le Seur; Liberalismus II; Lipsius; Lisco, 1. 2; Loesche; Lutteroth; Lysius; Macfarland; Märtyrer III, 1; Mahling; Malan; Martensen; Martineau; Marx, Wilh.; Massow; Masuren; Ménégoz; Merle d'Aubigné; Meyer, L.G.F.; Michaud; Mirbt; Moderne Richtung in Holland; Möller; Moldenhawer; Monod, 1. 2; Morgan; Morus, S.F.N.; Müller, Friedr.; Münter; Napoleon I.; Nathusius; Nazarener, 3; Neuprotestantismus; Nielsen; Oberlin; Oberlinhaus; Oberthür; Oertzen; Oosterzee; Ostervald; Pastor; Paulus, H.E.G.; Perthes, Cl.Th.; Peter I., d.Gr.; Pfingstkonferenz; Pictet; Posen, Provinz; Positive Union; Proskynese, 2; Protestantenverein; Prozession II, 1; Psalmen II, 1; Psalterien; Pufendorf; Quatember; Rasputin; Rationalismus II; Ratisbonne; Rauschenbusch, A.Chr.E.; Rautenberg; Recke-Volmerstein; Reichsdeputationshauptschluß; Reichskirche; Reimarus; Reinbeck; Religiös-sozialistische Bewegung; Ribbeck; Rohden; Rolffs; Rosenmüller, J.G.; Russell, Ch.T.; Sack, F.S.G.; Sailer, a); Sakramentaler Segen; Sakramentalien; Salzburger Emigranten; Schaitberger; Scheeben; Schlümbach; Schmidt, Carl; Schneidemühl; Schneider, 2-4; Scholten; Scholz; Schrempf; Schröckh; Schubring; Schwarzenberg; Seeberg, E.; Seekers; Semler; Siegmund-Schultze; Sonnenschein; Sonntag, K.G.; Spaeth; Spiegel; Spittler, L.Th.; Stapfer, J.F.; Stein; Steinbart; Steudel; Struensee; Süskind; Sydow; Talleyrand, A.A.; Teller, 1. 2; Tempelgesellschaft; Templer; Theiner, 1. 2; Theophilanthropen; Thomasius, Chr.; Thürlings; Tieftrunk; Toellner; Trine; Turgot; Tyrrell; Uhlhorn; Uhlich; Ullmann; Ultramontanismus; Völkische Bewegung; Volksdienst; Volkskirchenbund; Wegscheider; Werkmeister; Wille, Bruno; Winckler, Fr.; Witzel, Jul.; Wolff, Walther; Wundt, 1; Wurm; Zänker; Zerrenner; Zezschwitz, G.v.; Zimmermann, Ernst; Zöckler; Zoellner; Zscharnack; Zülch.

Holborn, *Hajo,* * 18.5.1902 Berlin-Charlottenburg, Dr. phil. (1924), M.A. h.c. (1940). PDoz. f. mittlere u. neuere Gesch. 1926-32 Heidelberg, 1931-34 Dt. Hochschule f. Politik, zugleich 1932-34 Univ. Berlin; Gast-Prof. an der Yale Univ. 1934, Associate Prof. 1938, Prof. 1940, Randolph W. Townsend Prof. 1946 New Haven/Conn. (USA).

Bismarcks europ. Politik zu Beginn d. 70er Jahre u. die Mission Radowitz, 1925; Ulrich von Hutten, 1929; Ulrich von Hutten and the German Reformation, 1937; The Political Collapse of Europe, New York 1951 (dt. 1954); A Hist. of Modern Germany I: The Reformation, ebd 1959 (dt. 1960).

Hutten; Spengler, Lazarus.

Hollweg, *Walter,* * 23.5.1883 Mönchengladbach, D. (1929, Gießen), Lic. theol. (1919), Dr. phil. (1907). Pastor 1909 Gildehaus, Landes-Sup. der Ev. ref. Kirche in Nordwestdeutschland 1927 Aurich, zugleich 1939 Präsident des Landeskirchenrates, 1951 i.R.

Gesch. d. ev. Gesangbücher vom Niederrhein im 16.-18.Jh., 1923; Heinrich Bullingers Hausbuch. Eine Unters. über d. Anfänge d. ref. Predigtlit., 1956; Neue Unters.en zur Gesch. u. Lehre d. Heidelberger Katechismus, 1961.

Ligarius.

Holsten, *Walter,* * 29.3.1908 Osnabrück, D. (1952, Göttingen), Lic. theol. (1932). Pfarrer 1932-47 in verschiedenen hannov. Gemeinden (u.a. Moringen, Papenburg), Habilitation 1946 Göttingen, o. Prof. f. allg. Religions- u. Missionswiss. 1947 Mainz.

Christentum u. nichtchristl. Religion nach d. Auffassung Luthers, 1932; Das Evangelium u. d. Völker, 1939; Johannes Evangelista Goßner, 1949; Das Kerygma u. d. Mensch, 1953.

Antisemitismus; Baeck; Buber; Chassidismus; Eisenmenger; Gottesdienst V C; Hahn, Hugo; Heinemann; Henotheismus; Herzl; Hirsch, S.R.; Hochgottglaube; Jänicke; Institutum Judaicum; Israel III; Judentum III; Jüdische Theologie; Knak, G.; Kommunismus I; Lagarde; Levertoff; Materialismus I; Missionen, deutsche I; Monismus I; Monolatrie; Monotheismus und Polytheismus I; Montefiore; Nordau; Nottrott; Pantheismus I; Phänomenologie der Religion; Religionsgeographie; Religionsgeschichte; Religionsstatistik; Religionswissenschaft; Ritualtötung; Spittler, Chr.Fr.; Theismus I; Zionismus.

Holtermann, *Paul,* * 25.3.1899 Mannheim, Dr. phil. (1924). Volontär 1925, apl. Bibliothekar 1928-30 Univ.- u. Stadtbibl. Köln, 1933-41 im mittleren Dienst ebd, 1941-43 Bibliothekar an der »Zentralbibl. der Hohen Schule« Berlin u. Villach/Kärnten, 1943-46 Wehrdienst u. Kriegsgefangenschaft, seit 1946 im Buchhandel, lebt in Köln-Riehl.

Die kirchenpolit. Stellung d. Stadt Freiburg i.Br. während d. großen Papst-Schismas, 1925.

Aimoin von Saint-Germain; Raimund von Peñafort; Spina, Alfonso de.

Holtmann, *Wilhelm,* * 28.8.1927 Mülheim/Ruhr, Dr. theol. (1959). Pfarrer 1963 Hausen.

Meldenius; Pareus.

Holtved, *Erik,* * 21.6.1899 Fredericia (Dänemark), Dr. phil., Prof. in Kopenhagen.

The Polar Eskimos, Language and Folklore I. II (Meddelelser om Grønland 152, 1. 2), 1951; Tôrnârssuk, an Eskimo Deity (Folk 5, 1963, 157-172).

Eskimo I.

Holtz, *Gottfried,* * 16.1.1899 Penzlin/Meckl., D. (1946, Greifswald), Lic. theol. (1925). Pfarrer 1925 Schwerin, 1927 Gammelin/Meckl. u.a., 1940 Greifswald-Wieck, Prof. mit Lehrstuhl f. Prakt. Theol. 1949 Rostock.

D.M.Luthers Großer Katechismus, (1933) 1962[4]; Kirchen auf dem Lande, 1954; Taufe u. Abendmahl, zwei Meisterwerke des MA in Rostocker Kirchen, 1960; Die kath. Lehre von d. Taufe (QKK A 7), 1962. - Hg.: Die Dorfkirche, 1937-41.

Dorfkirchenbewegung; Dorfpredigt; Kirchlichkeit; Kliefoth; Mecklenburg II; Pfarrer I; Pfarrermangel; Plattdeutsche Gottesdienste; Sackmann; Seelsorge; Sitte III. IV; Trauerbräuche III; Volksfrömmigkeit II; Volkskunde III.

Honigsheim, *Paul,* * 28.3.1885 Düsseldorf, † 22.1. 1963 East Lansing/Mich. (USA), Dr. phil. (1914). Assistent u. Bibliothekar am Forschungsinstitut f. Sozialwiss. 1919-21, PDoz. f. Soziol. u. Philos. 1920, ao. Prof. 1927, Direktor der Volkshochschule 1920-33 Köln; Direktor des Instituts f. Sozialwiss. 1933 Paris, o. Prof. f. Philos., Gesch. u. Anthropologie 1936 Panama; ao. Prof. f. Soziol. u. Anthropologie 1937, o. Prof. 1947 East Lansing/Mich. (USA), em. 1950.

Die Staats- u. Soziallehren d. franz. Jansenisten im 17.Jh. (Phil. Diss. Heidelberg), 1914; Zur Soziol. d. ma.lichen Scholastik (Hauptprobleme d. Soziol., hg.v. M.Palyi, II, 1923, 173-218); Soziol. d. realist. u. d. nominalist. Denkens (Versuche zu einer Soziol. d. Wissens, hg.v. M.Scheler, 1924, 308-322); Max Weber im amerik. Geistesleben (KfS NF 3, 1950/51, 408-419); Sociology of Religion (Modern Sociol. Theory, ed. H.Becker-A.Boskoff, New York 1957, 450-481); Religionssoziologie (Die Lehre von d. Gesellschaft, hg.v. G.Eisermann, 1958, 119-181); Über Objekt, Methode u. wissenssyst. Stellung d. Soziol. (KfS NF 12, 1960, 585-621).

Duvergier; Gallikanismus; Gemeinschaft und Individuum I; Gemeinschaften, religionsgeschichtlich; Gerberon; Jansenismus; Jüngerschaft; Kirche I; Krieg I; Lancelot; Le Maistre; Mexiko I; Mönchtum I; Peru, 1; Priestertum I; Sekten I; Tillemont.

Hopf, *Friedrich Wilhelm,* * 31.5.1910 Melsungen/Fulda. Pfarrer 1936 Mühlhausen/Ofr., Missionsinspektor u. Leiter der Missionsanstalt der Mission Ev.-Luth. Freikirchen 1951 Bleckmar.

Dt. Ausg. d. Coburgbriefe Luthers: Des Glaubens Trost u. Trutz, (1930) 1938[3]; Luth. KO, 1935; Vom weltl. Regiment nach ev.-luth. Lehre, 1937; Abendmahlspredigten (Predigtbuch d. Luth. Kirche II), 1938; ...und Luther (Antwort an Rosenberg), 1938; Unsere Verantwortung f. d. Ev.-Luth. Kirche heute, 1950; Aug. Vilmar als Lehrer d. betenden Kirche, 1950. - Hg.: Luth. Blätter, seit 1949; Missionsblatt Ev.-Luth. Freikirchen, seit 1951.

Mission Ev.-Luth. Freikirchen.

Hopper, *Stanley Romaine,* * 22.3.1907 Fresno/Calif. (USA), A.B. (1928), S.T.B. (1931), Ph.D. (1936). Methodist. Pfarrer 1926-35; Lecturer 1934, Doz. f. Homiletik 1935-37, Assistant Prof. 1940-46, Prof. f. christl. Ethik 1945-52, Prof. f. Philos. u. Lit. 1952, dazu Dekan der Graduate School 1954 Drew Univ., Madison/N.J.

The Crisis of Faith, New York-Nashville 1944. - Hg.: Spiritual Problems in Contemporary Literature, New York 1953.

Literatur der Gegenwart II.

Horn, *Curt,* * 5.7.1887 Ostrowo/Prov. Posen, † 12.12. 1960 Berlin, Dr. theol. (1922), Dr. phil. (1913). Pfarrer in Samter, Obornik u. Kolmar (Prov. Posen), 1918 Zwinglikirche, 1926 Neue Kirche Berlin, nach deren Zerstörung hauptamtlich mit der Pflege der christl. Kunst u. Seelsorge an Künstlern von der Berliner Kirchenleitung betraut.

Das Christusbild unserer Zeit, 1930; Die vor uns gewesen sind (Friedhofskunst), 1936; Entwicklung d. Leitbilder d. ev. Kirchenbaues (Kirchen. Hdb. f. d. Kirchenbau, 1959, 231-260). - Mit-Hg.: Kunst u. Kirche, 1924-34.

Bartning; Friedhof II.

Hornig, *Gottfried,* * 21.9.1927 Friedland/Schlesien, Dr. theol. (1953), Lic. teol. (1957), Dr. teol. (1961).

Doz. f. Dogmatik u. Symbolik 1961 Lund, dazu Lehrer 1962 Malmö u. Hälsingborg, o. Prof. 1963 Bochum, dazu Gast-Prof. 1963 Münster.

Die Marxsche u. Leninsche Anthropologie im Lichte d. Evangeliums (Theol. Diss. Erlangen), 1953 (Masch.); Syst. Theol. in Dänemark u. Schweden (NZSTh 1, 1959, 81-110); Den nya debatten om den historiske Jesus (SvTK 37, 1961, 137-147); Die Anfänge d. hist.-krit. Theol. Joh.Sal.Semlers Schriftverständnis u. seine Stellung zu Luther (FSThR 8), 1961.

Storr, 1. 2.

Horst, *Friedrich,* * 8.2.1896 Hattingen/Ruhr, † 12.6.1962 Mainz, D. (1948, Bonn), Lic. theol. (1922), Dr. phil. (1921). Stiftsinspektor 1921-35, PDoz. f. AT 1923, apl. ao. Prof. 1930 Bonn, durch die NSDAP aus dem Amt vertrieben 1935, Pfarrer 1936-48 Steeg b. Bacharach/Rh., Gast-Prof. 1947, ao. Prof. (persönl. Ordinarius) 1948, o. Prof. 1955 Mainz, em. 1959.

Vollst. Bibliogr. in: F.HORST, Gottes Recht. Ges. Stud. z. Recht im AT (ThB 20), 1961, 315-320, mit Nachtrag in ThLZ 88, 1963, 317f. Bes.: Das Privilegrecht Jahves (FRLANT 45), 1930; Die Zwölf Kleinen Propheten, 2. Tl: Nahum bis Maleachi (HAT I, 14), (1938) 1954²; Recht u. Religion im Bereich des AT (EvTh 16, 1956, 49-75); Hiob (BK XVI), 1.-4.Lfg., 1960-63; Gottes Recht, 1961.

Amt I; Bann; Bundesbuch; Dekalog; Deuteronomium; Ehe II; Eid II; Eigentum I; Familie II; Frau II; Fremde II; Gerechtigkeit Gottes II; Gericht Gottes II; Gerichtsverfassung in Israel; Heilig II; Leviratsehe; Segen und Fluch II; Teufel II; Todesstrafe I; Vergeltung II.

Hotz, *Erich,* * 9.5.1923 Dingelsdorf/Bodensee. Pfarrer 1954 Schwetzingen, Studienrat 1958 ebd.

Petersen; Redenbacher; Rock, J.F.

Hoyois, *Emile,* Pfarrer der Prot.-Franz. Kirche von Antwerpen sowie Prof. an der Theol. Fakultät in Brüssel, wohnhaft in Elsene b. Brüssel (Belgien) (weitere Angaben waren nicht zu erhalten).

Belgien.

Hubatsch, *Walther,* * 17.5.1915 Königsberg/Pr., Dr. phil. (1941). Doz. f. mittlere u. neuere Gesch. 1943, apl. Prof. 1949 Göttingen, ao. Prof. 1956, o. Prof. 1959 Bonn.

Deutschland u. Skandinavien im Wandel der Jh.e (mit M.GERHARDT), 1950; Die dt. Besetzung von Dänemark u. Norwegen 1940, (1952) 1960²; Unruhe d. Nordens. Studien zur dt.-skandinav. Gesch., 1956; Der Admiralstab u. d. obersten Marinebehörden in Deutschland 1848-1945, 1958; Albrecht von Brandenburg-Ansbach, 1960; Hohenzollern in d. dt. Gesch., 1961; Das Zeitalter d. Absolutismus 1600-1789, (1962) 1964²; Germany and the Central Powers in the World War 1914-18, Lawrence/Kans. 1963.

Albrecht von Preußen; Gustav Adolf.

Hübner, *Eberhard,* * 29.9.1922 Mönchengladbach, Dr. theol. (1955). Vikar u. Studieninspektor 1950 Bonn, Hilfsprediger 1954 Bad Godesberg, Pfarrer 1956 Bonn, dazu 1960 Lehrauftrag Päd. Hochschule Dortmund, Prof. 1961 ebd.

Schrift u. Theol. Eine Unters. zur Theol. Joh.Chr.K.v.Hofmanns (FGLP X, 8), 1956.

Hofmann, Joh.Chr.K.v.

Hübner, *Friedrich,* * 25.6.1911 Bangalore (Indien), Dr. theol. (1935). Assistent 1935 Bethel, Missionar 1937 Indien, 1939-46 interniert, Pfarrer 1947 Wyk/Föhr, Oberkirchenrat im Luth. Kirchenamt der VELKD 1950 Hannover, Propst von Stormarn 1962 Hamburg-Volksdorf, Bischof von Holstein 1964 Kiel.

Natürl. Theol. u. theokrat. Schwärmerei bei Melanchthon, 1936; Die lebendige Gemeinde in d. Ordnungen d. Welt, 1952. - Hg.: SThKAB, seit 1951; Viva Vox Evangelii. Festschr. D.Meiser, 1951; Gedenkschr. f. W.Elert, 1955; Koinonia. Arbeiten d. Ökum. Ausschusses der VELKD zur Frage d. Kirchen- u. Abendmahlsgemeinschaft, 1957.

Brunotte; Rocholl; Vereinigte Ev.-Luth. Kirche Deutschlands.

Hübner, *Kurt,* * 1.9.1921 Prag, Dr. phil. (1951). PDoz. f. Philos. 1955 Kiel, o. Prof. 1960 Techn. Univ. Berlin, dazu Honorar-Prof. 1961 Freie Univ. Berlin.

Leib u. Erfahrung in Kants Opus Postumum (ZPhF 7, 1953, 204 bis 220); Fichte, Sartre u. d. Nihilismus (ebd 10, 1956, 29-43); Was heißt u. zu welchem Ende studiert man Naturphilos.? (Philosophia Naturalis 7, 1961, 129-143); Dialekt. Materialismus u. Humanismus, 1962; Beiträge zur Philos. d. Physik, 1963.

Naturgesetze; Naturphilosophie.

Hulst, *Alexander Reinard,* * 25.1.1910 Baflo (Niederl.), Dr. theol. (1938). Ref. Pfarrer 1935 Hooge Zwaluwe, 1942 Delfzijl, Sekretär der Bibelübersetzungskommission der Niederl. Bibelgesellschaft seit 1946, Prof. f. hebr. Sprache usw 1947 Utrecht.

Het karakter van den cultus in Deuteronomium, Wageningen 1938; Hoe moeten wij het OT uitleggen?, ebd 1941; Het hl. volk, Baarn 1948; Belijden en loven, Nijkerk 1948; Macht en wil. De verkondiging van het OT aangaande God, ebd 1952 (Bearb. u. Hg. einer von Prof. J.DE GROOT geplanten Arbeit); OT Translation Problems, Leiden 1960.

Hoheslied I; Präexistenz II.

Hultkrantz, *Åke,* * 1.4.1920 Kalmar (Schweden), Dr. phil. (1953), Prof. f. Religionswiss. in Stockholm.

Conceptions of the Soul among North American Indians, Stockholm 1953; The North American Indian Orpheus Tradition, ebd 1957; General Ethnological Concepts, Kopenhagen 1960; The Supernatural Owners of Nature, Stockholm 1961; Les Religions des Indiens primitifs de l'Amérique, ebd 1963. - Hg.: Intern. Dictionary of Regional European Ethnology and Folklore, 1960ff; Acta Universitatis Stockholmiensis. Stockholm Studies in Comparative Religion, 1961ff.

Amerika I; Amerikanistik; Geburt; Indianer I; Leben; Leib und Seele I; Seele; Wiedergeburt I.

Hultsch, *Gerhard,* * 13.12.1911 Brieg Bez. Breslau, Dr. theol. (1940), Dr. phil. (1937). Pfarrer 1939 Nädlingen Kr. Breslau, Soldat 1939-45, Pfarrer 1945 Lutherstadt Wittenberg, Doz. am Predigerseminar ebd, Pfarrer f. Religionsunterricht 1950 Ulm, Studienrat 1955 Bingen.

Friedrich Nietzsche u. Luther, 1940. - Hg.: Das Ev. Schlesien I-V, 1952-62 (Bearbeiter von Bd II-IV); Jb. f. Schles. KG NF, seit 1953.

Schlesien.

Humbert, *Paul,* * 11.1.1885 Neuchâtel (Schweiz), Dr. theol., Dr. theol. h.c. (1929, Basel; 1956, Genf). Prof. f. AT an der theol. Fakultät der Freikirche 1913 Lausanne; o. Prof. f. AT 1915, f. oriental. Sprachen 1943 Neuchâtel, em. 1956; Rektor der Univ. 1923-25, Bibliothekar der Univ. 1929-56.

Bibliogr. bis 1958 in: P.HUMBERT, Opuscules d'un hébraïsant, Neuchâtel 1958, 220-225. Bes.: Recherches sur les sources égyptiennes de la litt. sapientiale d'Israël, ebd 1929; Etudes sur le récit du paradis et de la chute dans la Genèse, ebd 1940; Problèmes du livre d'Habacuc, ebd 1944; La »Terouʿâ«, analyse d'un rite biblique, ebd 1946; Observations sur le vocabulaire arabe du Châhnâmeh, ebd 1953.

Habakukbuch.

Huntemann, *Georg,* * 10.6.1929 Bremen, Dr. theol. (1957), Dr. phil. (1953). Pastor an St. Remberti 1958 Bremen.

Die dialekt. Theol. u. d. spekulative Idealismus Hegels, 1957; Morgen wird man wieder Christ sein, 1962.

Kalthoff; Nicolai, J.D.; Stolz, J.J.

Hunzinger, *Claus-Hunno,* * 15.9.1929 Schwerin/Meckl., Dr. theol. (1954). Mitarbeiter Qumran-Edition 1954 Jerusalem, PDoz. f. NT 1956 Göttingen, ao. Prof. 1962 Hamburg.

Fragmente einer älteren Fassung des Buches Milḥamā aus Höhle 4 von Qumrān (ZAW 69, 1957, 131-151).

Akiba; Asmodi; Dekapolis; Emmaus; Gabriel; Gamaliel; Hillel; Milḥamā; Pella; Qumran, 6; Raphael; Simon ben Kosiba; Vergeltung III; Versöhnung III.

Hupfeld, *Renatus,* * 3.12.1879 Schleusingen/Prov. Sachsen, D. (1923, Bonn), Lic. theol. (1907). Pfarrer 1907 Crossen/Elster, 1912 Barmen, 1916 Bonn, dazu PDoz. f. Prakt. Theol. 1919 ebd, o. Prof. 1925 Rostock, 1931 Heidelberg, em. 1950.

Vollst. Bibliogr. bis 1959 in: Heidelberger Predigten, hg. v. d. Theol. Fakultät z. 80. Geb., 1959, 64-67. Bes.: Die Ethik Joh. Gerhards, 1908; Grundfragen christl. Lebensgestaltung, 1922; Die Abendmahlsfeier, 1935; Liturg. Irrwege u. Wege, 1952. - Mit-Hg.: Theol. der Gegenwart, 1924-26.

Langensteinbach.

Hutten, *Kurt,* * 6.3.1901 Langenburg Kr. Crailsheim, D. (1955, Tübingen), Dr. phil. (1928). Geschäftsführer des Ev. Presseverbandes für Württ. 1932 Stuttgart (1934 zeitweilig suspendiert), Geschäftsführer des Sekretariats des Lutherrats 1941 Berlin, Wehrdienst 1943, Pressepfarrer der württ. Landeskirche 1947 Stuttgart, dazu 1960 Leiter der Ev. Zentralstelle f. Weltanschauungsfragen.

Die Bhakti-Religion in Indien u. d. christl. Glaube im NT, 1930; Um Blut u. Glauben, 1932; Christus oder Deutschglaube?, 1935; Seher, Grübler, Enthusiasten, (1950) 1964[9]; Die Glaubenswelt d. Sektierers, (1957) 1962[2]; Christen hinter d. Eisernen Vorhang I. II, 1962/63.

Adventisten I; Christengemeinschaft; Church of God; Deutschchristliche Bewegungen; Deutschgläubige Bewegungen; Evangelisch-Johannische Kirche; Father Divine's Friedensmission; Freidenker; Geistestaufe; Gralsbewegung; Hinderer; I am; Iranschähr; Kämpfer für Glaube und Wahrheit; Keller-Gemeinschaft; Kirche des Reiches Gottes; Lorber-Gesellschaft; Lorenzianer; Perfektionisten, 2. 4; Philadelphia, 3; Rosenkreutzer, 2; Stark; Taesler; Tanatra-Loge.

Huyskens, *Albert,* * 30.7.1879 Mönchengladbach, † 26.10.1956 Aachen, Dr. phil. (1901). Volontär 1901, Archivassistent 1905 Staatsarchiv Marburg, Direktor 1911 Stadtarchiv Aachen, dazu PDoz. f. Gesch. (bes. rhein. Gesch.) 1921, ao. Prof. 1925 Techn. Hochschule Aachen, ferner 1931 Direktor der Stadtbibliothek.

Vollst. Bibliogr. 1902-36 in: Zs. d. Aachener Geschichtsvereins 57, 1936, 80-92; 1936-54 in: Mitt. d. Westdt. Gesellsch. f. Familienkunde Bd XVI, Heft 7, Jahrg. 42, Heft 2 vom 1.2.1954. - Hg.: Zs. d. Aachener Geschichtsvereins, 1920-56.

Aachen; Albert von Aachen.

Jacob, *Edmond,* * 1.11.1909 Beblenheim/Oberelsaß, D. (1962, Münster), Lic. theol. (1945), Dr. theol. (1955). Jugendpfarrer 1934 Paris, Pfarrer 1937 Straßburg, Prof. f. AT 1941 Freie ev.-theol. Fakultät Montpellier, 1946 Straßburg.

La Tradition historique en Israel, Montpellier 1946; Théologie de l'AT, Neuchâtel 1955; Ras Shamra-Ugarit et l'AT, ebd 1960.

Lods; Sagen und Legenden II.

Jacob, *Siegfried,* * 26.4.1912 Darmstadt, Dr. theol. (1934). Kurpfarrer 1935 Davos, Pfarrer 1936 Beerfelden i.O., 1937 Auerbach, 1939 Wiesbaden-Rambach, 1941 Worms, 1943 Usingen/Ts., 1949 Bensheim/Bergstraße.

Das Problem d. Anknüpfung f. d. Wort Gottes in d. dt. ev. Missionslit. d. Nachkriegszeit, 1935; Seelsorgerl. Predigt, 1940.

Küster und Kirchendiener.

Jacobs, *Paul,* * 24.10.1908 Elberfeld, Dr. theol. (1936). Doz. 1933-35 Theol. Schule Elberfeld, Pfarrer 1936-51 Wüsten - Bad Salzuflen, 1945-51 Vorlesungen Bibelschule Bad Salzuflen, o. Prof. f. Ref. Theol. 1948 Münster.

Prädestination u. Verantwortlichkeit bei Calvin, 1937; Ref. Bekenntnisschriften u. KOen in dt. Übers., 1949; Wille u. Wandlung. Die Grundlinien d. Theol. J.H.A.Ebrards (SDGSTh 7), 1955; Die Ref. Kirche (Und ihr Netz zerriß, hg.v. H.Lamparter, 1957, 281 bis 315); Gegenwart Christi. Beitrag zum Abendmahlsgespräch in der EKD (mit E.Kinder u. F.Viering), 1959; Theol. ref. Bekenntnisschriften in Grundzügen, 1959; Grundlinien christl. Ethik, 1959; Das Schott. Bekenntnis, 1959.

Bund IV.

Jacobs, *Wilhelm,* * 3.9.1915 Hamburg, Dr. phil. (1951), Schriftsteller, lebt in Hamburg.

Schaper; Schneider, Reinhold; Seidel, Ina.

Jacobsohn, *Helmuth,* * 8.5.1906 München, Dr. phil. (1938). PDoz. f. allg. Religionsgesch. 1951, f. Ägyptologie u. allg. Religionsgesch. 1955, Wiss. Rat 1958, apl. Prof. 1964 Marburg, seit 1951 regulärer Doz. am C.G. Jung-Institut Zürich.

Die dogmat. Stellung d. Königs in d. Theol. d. alten Ägypter, (1939) 1955[2]; Das Gespräch eines Lebensmüden mit seinem Ba (Studien aus d. C.G.Jung-Institut Zürich III, 1952, 1-48); Das Gegensatzproblem im altägypt. Mythos (Festschr. C.G.Jung z. 80. Geb., 1955, 171-198).

Ägypten II; Ägyptologie; Amon; Horus; Isis und Osiris.

Jäckh, *Eugen,* * 20.4.1877 Stuttgart, † 4.5.1954 ebd. Pfarrer 1911 Bad Boll (Vertreter des erkrankten Christoph Blumhardt), 1920 Oehringen, 1926 Göppingen, 1938 i.R.

Blumhardt Vater u. Sohn u. ihre Botschaft, 1925; Christoph Blumhardt, ein Zeuge d. Reiches Gottes, 1950; Daß der Mensch zum Menschen werde. Vom Ziel Gottes in d. Gesch., 1955.

Blumhardt, 1. 2 (mit G.Merz).

Jaeger, *Werner,* * 30.7.1888 Lobberich/Rhld., † 19.10. 1961 Cambridge/Mass. (USA), D. (1958, Tübingen), Dr. phil. (1911), Dr. phil. h.c. (1948, Athen; 1952, Saloniki), Litt. D. (1926, Manchester; 1931, Cambridge; 1936, Harvard Univ.; 1961, Swarthmore College; 1961, Manhattanville College), D. Hum. Litt. (1948, Kenyon College). PDoz. f. Klass. Philologie 1913 Berlin, ao. Prof. 1914 Basel, o. Prof. 1915 Kiel, 1921 Berlin, 1936 Chicago, Univ. Prof. 1939 Harvard Univ. Cambridge/Mass.

Bibliogr. bis 1958: Harvard Studies in Classical Philology 63, 1958, 1-14. Bes.: Aristoteles, Grundlegung einer Gesch. seiner Entwicklung, (1923) 1955[2] (auch engl., ital., span.); Paideia. Die Formung d. griech. Menschen I, (1933) 1959[4]; II. III, (1944/47) 1959[3] (auch engl., ital., span., franz.); Humanist. Reden u. Vorträge, (1937) 1960[2]; Diokles von Karystos. Die griech. Medizin u. d. Schule des Aristoteles, 1938; Demosthenes. Der Staatsmann u. sein Werden, 1939 (auch engl., ital., span.); The Theology of the Early Greek Philosophers, Oxford 1947 (dt. 1953, auch span.); Scripta Minora I. II, Rom 1960. - Hg.: Gregorius Nyssenus Opera, seit 1921; Neue Philol. Unters.en, 1925-37; Antike, 1925-37.

Gregor von Nyssa; Hypatia; Libanius.

Jäschke, *Gotthard,* * 8.4.1894 Oberpeilau Kr. Reichenbach/Schlesien, Dr. jur. (1917). Vizekonsul 1921, Legationssekretär 1927, Prof. 1931 Orient. Sem. Berlin, ao. Prof. 1940 ebd; Gast-Prof. 1947, ao. Prof. em. 1959 Münster.

Die Entwicklung d. osman. Verfassungsstaates, 1917; Die Türkei seit d. Weltkriege, Geschichtskalender, (1929) 1964; Türkei (Kl. Auslandskunde 8), 1941; Der Islam in d. neuen Türkei, 1951; Die Türkei (Weltgesch. d. Gegenwart I, 1962, 641-654). - Hg.: Die Welt des Islams, 1936-60.

Türkei I B. II.

Jahreiß, *Christian,* * 26.9.1898 Hof/Saale, † 14.9.1960 Spiez (Schweiz). Pastor der Methodistenkirche 1923 Pforzheim, 1924 Fürth, 1928 Ulm, Direktor der Diakonissenanstalt »Martha-Maria« 1932-59 Nürnberg, Direktor der Missionsgesellschaft der Methodistenkirche 1947 bis 1960.

Schwestern erzählen (Hg.), (1936) 1948²; Frühlicht am Kilimandscharo, 1947.

Methodisten-Mission.

Jammers, *Ewald,* * 1.1.1897 Köln-Lindenthal, Dr. phil. (1924). Bibliothekar 1925, Bibliotheksrat 1932 Dresden, Gymnasiallehrer 1946 Bergheim/Erft, Bibliotheksrat 1951 Düsseldorf, 1952 Heidelberg, Oberbibliotheksrat 1958 (1961 i.R.), dazu Honorar-Prof. f. Musikgesch. 1956 ebd.

Bibliogr. bis 1956: MGG VI, 1680f. Ferner: Interpretationsfragen ma.licher Musik (AfMw 14, 1957, 230-252); Das ma.liche dt. Epos u. d. Musik (Heidelberger Jb. 1, 1957, 31-90); Musik in Byzanz, im päpstl. Rom u. im Frankenreich, 1962; Ausgew. Melodien d. Minnesangs, 1963.

Agnus Dei, 2; Ambrosianischer Gesang; Ambrosianischer Lobgesang; Antiphon; Cäcilienfeste; Cantica; Cantio; Choral, 1; Choraldialekt; Communio; Concentus; Credo; De tempore; Doxologie; Ett; Exsequien; Gallikanischer Gesang; Gesetzgebung, kirchenmusikalische; Gloria; Graduale, 1; Gregorianischer Gesang I; Haas; Haberl; Halleluja, 2; Hymnus, 1; Introitus, 1; Jubilus; Kirchentöne; Kyrie eleison; Lektionston; Litanei, 2; Liturgie IV. V; Marianische Antiphonen; Meßner; Mitterer; Neumen; Offertorium; Orationston; Perosi; Psalmodie; Requiem; Responsorium; Sängerschule; Sanctus; Sequenz; Stundengebet II; Tractus; Tropus; Vesper, 1; Wagner, Peter; Wechselgesang, 1; Witt.

Jankuhn, *Herbert,* * 8.8.1905 Angerburg/Ostpr., Dr. phil. (1931). Doz. 1936, apl. Prof. 1940 Kiel, ao. Prof. 1942 Rostock, Wehrdienst u. Kriegsgefangenschaft 1942 bis 1948, Gast-Prof. 1949 Hamburg, 1951 Kiel; ao. Prof. f. Ur- u. Frühgesch. 1956, o. Prof. 1958 Göttingen.

Haithabu, ein Handelsplatz d. Wikingerzeit, (1937) 1963⁴; Die Wehranlagen d. Wikingerzeit zwischen Schlei u. Treene, 1937; Die Ausgrabungen in Haithabu 1937-39, 1943; Denkmäler d. Vorzeit zwischen Nord- u. Ostsee, 1956; Die Frühgesch. Schleswig-Holsteins, 1957. - Hg.: Nachrichten aus Niedersachsens Urgesch.; Göttinger Schriften zur Vor- u. Frühgesch.; Neue Ausgrabungen u. Forschungen in Niedersachsen.

Normannen.

Jannasch, *Wilhelm,* * 8.4.1888 Gnadenfrei/Schlesien, D. (1950, Heidelberg), Lic. theol. (1914), Dr. theol. (1928). Hilfsprediger 1913 Jena; Pastor an St. Aegidien 1914, Hauptpastor 1921 Lübeck, nach Zwangspensionierung (1934) im Dienste der Bekennenden Kirche (mehrfach unterbrochen durch Gestapo-Haft), Pfarrer der Bekenntnis-Gemeinde 1939 Berlin-Friedenau, der Kirche »Zum guten Hirten« 1945 ebd u. Mitglied der Kirchenleitung von Berlin-Brandenburg u. des Lehrkörpers der Kirchl. Hochschule, o. Prof. f. Prakt. Theol. 1946 Mainz, em. 1956.

Bibliogr. bis 1963: ThLZ 88, 1963, 627-632. Bes.: Christian Renatus Graf von Zinzendorf (ZBG 2, 1908, H. 2, 45-80; 3, 1909, 61-93); Erdmuthe Dorothea Gräfin von Zinzendorf..., 1915; Liturg. Feierstunden, 1927; Gesch. d. luth. Gottesdienstes in Lübeck... (1522 bis 1633), 1928; Gott woll'n wir loben, 1937; Heimkehr zur Messe - Rückkehr zur Gregorianik? (VF 1941, 119-162); Hat die Kirche geschwiegen?, 1945; Reformationsgesch. Lübecks vom Petersablaß bis zum Augsburger Reichstag 1515-30, 1958; Das Zeitalter d. Pietismus (mit M.Schmidt), 1965. - Mit-Hg.: VF, seit 1949. - Fachberater f. Prakt. Theol. bei RGG³.

Aaronitischer Segen, 2; Abendmahl V; Absolution; Achelis, E.Chr.; Agende; Agnus Dei, 1; Ahlfeld; Akoluth; Allerheiligstes, 2; Allerseelentag (mit P.Glaue); Altar III C; Amen; Amtstracht der Geistlichen; Angelusläuten; Ankleidegebete des Liturgen; Anniversarien; Aumônier; Ave Maria; Baumgarten, Otto; Becker, Cornelius; Begehung, 2; Bekenntnis VI; Blau, Paul; Bonnus; Bruderräte; Bruderschaften III, 2a; Chorbischof; Collatio; Confiteor; Cruciger, Elis.; Dächsel; Dermung; Diakon; Dom; Einfalt; Enchiridion; Faber, Herm.; Feriae; Feste und Feiern V; Forell; Garve; Geibel; Gemeindehelferin; Gemeindetag; Gerhardt (mit W.Matthias); Gesangbuch I, 1-3b (mit L.Zscharnack). 4. 5; III, 1-3 (mit J.Fikker). 4; IV. V; Geschlechtertrennung in der Kirche; Gesetzgebungsrecht, liturgisches (mit F.Schmidt-Clausing); Gottesdienst V B, 2b-d; VI; Gregor, Chr.; Handauflegung III; Hauptkirchen, 2; Heilige Zeiten II; Herberger; Herwegen; Horn; Hunn(ius), Nik.; Introitus, 2; Jungmann; Kabisch; Kanontafeln; Kantatengottesdienst; Kantional; Kanzel, 2; Kirche V; Kirchenamt; Kirchenjahr, 2; Kirchensprache; Kleidung II; Koetsveld (mit Mourik Broekman); Konsekration; Kortholt; Leiden VI; Liebesgaben; Liliencron; Liturgik I. II; Lübeck I. II; Marienverehrung III; Messe III; Ministerium; Mohr; Niebergall; Nitschmann (mit M.Schmidt); Pfarrfrau; Praktische Theologie; Presbyter; Rendtorff, Heinr.; Riedel, F.X.; Rietschel; Rothe, J.A.; Ruckteschell (mit H.Beckmann); Schöberlein; Schütz, J.J.; Selnecker; Smend, Jul.; Spangenberg, A.G.; Steinhofer; Steinmetz; Stock; Sündenbekenntnis II; Sulze; Taufe VI; Totensonntag; Ulmer, Friedr.; Universitätsgottesdienst; Vaterunser, 5; Verlöbnis, 1; Vogel, Heinr.; Wackernagel, 1. 2; Weise; Weiße, Chr.F.; Wimmer; Wobeser; Wort Gottes V; Wunderling; Zezschwitz, C.A.G.v.

Jansen-Schoonhoven, *Evert,* * 11.1.1904 Reeuwijk (Niederl.), Dr. theol. (1945). Pfarrer 1931 Lichtenvoorde, 1940 Eerbeek, 1945 den Haag, Rektor der Zendingshogeschool der Ned. Herv. Kerk 1947 Oegstgeest, dazu Prof. f. Missionswiss. 1961 Leiden.

Natuur en genade bij J.G.Hamann, Nijkerk 1946; Bd 5 von Hamanns Hauptschriften erklärt (mit M.Seils), 1962. - Redaktionssekretär: NedThT.

Comprehensive Approach.

Janssen, *Jozef Marie Antoon,* * 10.11.1907 Roermond (Niederl.), † 28.8.1963 Den Haag, Dr.litt. et phil. (1946), Priesterweihe 1932, ao. Prof. f. Ägyptologie 1962 Amsterdam.

De traditioneele Egyptische autobiografie vóór het Nieuwe Rijk I. II, Leiden 1946; Ramses III., ebd 1948; Hiëroglifen, ebd 1952. - Hg.: Annual Egyptological Bibliography 1947-61, 15 Bde u. RegBd, 1948-63.

Koptologie.

Janssen, *Karl,* * 17.4.1912 Berlin, D. (1961, Münster), Lic. theol. (1936). 1935-37 aus dem Dienst der Meckl. Landeskirche entlassen, Pastor 1938 Hannover, ao. Prof. f. Prakt. Theol. 1951, o. Prof. 1958 Münster, Vorsteher des Stephansstiftes 1961 Hannover.

Die Entstehung d. Gnadenlehre Augustins, 1936; Kleine Päd. d. Erziehungsheimes, 1958. - Hg.: Ausgew. Schriften J.H.Wicherns, 3 Bde, 1956-61.

Auswanderung II; Bahnhofsmission; Binnenschiffermission; Blindenfürsorge; Erziehungsarbeit; Familie V; Gasthausmission; Gefährdetenfürsorge; Gefängniswesen II. III; Heimatfremdenfürsorge; Hospiz; Irrenseelsorge; Jugend- und Wohlfahrtsdienst; Jugendfürsorge und Jugendpflege; Jugendgericht; Katechumenat; Kinderfürsorge; Kirchengeschichte II; Kirchenrecht III; Kirchensteuer II; Kolportage; Krankenpflege; Rettungshäuser; Ringeisen; Schwachsinnigenfürsorge; Seemannsmission; Waisenfürsorge; Wichern, 1. 2; Wichern-Vereinigung; Wohlfahrtspflege.

Jantke, *Carl,* * 21.9.1909 Elbing/Westpr., Dr. phil. (1934). Habilitation 1939 Königsberg, Sozialforschungsstelle der Univ. Münster 1949 Dortmund, o. Prof. f. Soziologie 1953 Akademie f. Gemeinwirtschaft Hamburg, o. Prof. f. Soziologie, Sozial- u. Wirtschaftsgesch. 1957 Univ. Hamburg.

Preußen, Friedrich d. Gr. u. Goethe in d. Gesch. d. dt. Staatsgedankens (SGK 17, 3), 1941; Bergmann u. Zeche, 1953; Der vierte Stand, 1955.

Betrieb I; Industrie I; Patriarchalismus.

Jappe, *Hajo,* * 6.5.1903 Elbing/Westpr., Dr. phil. (1930). Lektor 1941-44 Univ. Rom u. Coimbra, 1949 bis 1952 Rom, jetzt Oberstudienrat in Bad Godesberg.

Röm. Tagebuch, 1934; Jugend deutschen Geistes, 1939; Gertrud von le Fort, 1950; Rom in seinen Kunstdenkmalen, 1956; Imma von Bodmershof, 1962.

Le Fort, Gertrud von.

Jarck, *Hermann,* * 13.9.1877 Burweg über Himmelpforten/Niederelbe. Pastor 1907 Brünnighausen über Hameln, 1914 Rosdorf über Göttingen, 1950 i.R.

Zur KG des Amtes Lauenstein, 1911; Gemeinschaftsbewegung (RE XXIII, 1913, 528-551); Preßverbände, ev. (RE XXIV, 1913, 346-358); Kirche u. Presse (Die Zukunftsaufgaben d. ev. Kirchen in Niedersachsen, hg.v. E.Rolffs u. Joh.Meyer, 1918, 235-245). - Schriftleiter u. Hg.: Hannov. Pfarrvereins-Blatt, 1927-40.

Christaller; Falk, Joh.

Jarno, *Edmond,* * 5.7.1905 Olivet/Loiret (Frankreich), o. Prof. f. Franz. Literaturgesch. 1947 Mainz.

Bourget; Brunetière; Chateaubriand; Constant; Coppée; Diderot; Hugo; Huysmans.

Jarry, *Eugène,* * 30.11.1900 Saint-Quentin-en-Mauges (Frankreich), Lic. ès lettres. Priesterweihe 1923, im Höheren Schuldienst 1925 Angers, 1927 Saumur, Aumônier 1941 Paris, Prof. am Institut Catholique 1943 ebd.

Histoire contemporaine de l'Eglise I. II, Paris 1935; Provinces et Pays de France I-III, ebd 1942-48.

Lyon; Paray-le-Monial; Paris I. II, 1-3; Rennes; Rouen; Tours.

Jasper, *Gerhard,* * 30.7.1891 Georgsmarienhütte Kr. Osnabrück. Sekretär der DCSV 1916, Missionsinspektor des Sächs. Haupt-Missionsvereins 1919 Dresden, Direktor der Bibel- u. Missionsschule 1924 Herrnhut/OL., Werbearbeiter der v. Bodelschwinghschen Anstalten sowie Missionsinspektor der Bethel-Mission 1927 Bethel, 1959 a.D.

Die ev. Kirche u. d. Judenchristen, 1934; Das Werden d. Bethel-Mission, 1936; Gleicher Schlag d. Herzen. Vom weltweiten Dienst Friedr.v.Bodelschwinghs (Sohn), 1952; Wandlungen im Judentum, 1954; Stimmen aus d. neurelig. Judentum in seiner Stellung zum Christentum u. zu Jesus, 1958. - Hg.: E.Johanssen, Führung u. Erfahrung im 40jähr. Missionsdienst II. III, 1935/36.

Freimissionar.

Jasper, *Gotthard,* * 24.9.1934 Bethel b. Bielefeld, Dr. phil. (1960). Wiss. Assistent am Institut f. Polit. Wissenschaft 1961 Erlangen.

Der Schutz d. Republik. Studien zur staatl. Sicherung d. Demokratie in d. Weimarer Republik, 1963.

Sozialdemokratie I. II; Vereinte Nationen; Völkerbund.

Jauernig, *Reinhold,* * 1.1.1893 Nikelsdorf b. Bielitz, D. (1955, Jena), Dr. jur. (1943). Pfarrer 1918 Wolfersdorf Kr. Greiz, Referent 1922 Landeskirchenamt Eisenach, Pfarrer 1929 Gera, wiss. Mitarbeiter des Thür. Kirchenarchivwarts (Landeskirchenarchivars) 1938 Weimar, 1946 Leiter dieser Dienststelle (Kirchenrat, 1959 i.R.), dazu Lehrbeauftragter f. Kirchenrecht 1953-60, f. Thür. KG 1955-60 Jena; Doz. am Predigerseminar 1922 bis 1929 u. 1946-58 Eisenach; lebt in Neu-Isenburg.

Das Eisenacher Ordiniertenbuch, 1929/31; Die alten in Thüringen gebräuchlichen Maße u. ihre Umrechnung, 1929; Der Bekenntnisstand d. Thür. Landeskirchen, 1930; Die Einführung d. Reformation in d. Reußischen Landen, 1933; Die Matrikel d. Univ. Jena I: 1548-1652 (mit G.Mentz), 1944; II: 1652-1723, 1961 ff. - Hg.: Luther in Thüringen, 1952. - Mit-Hg.: Beiträge zur thür. KG, 1929 bis 1940; J.S.Bach in Thüringen, 1950; Beiträge zur KG Deutschlands Bd 2f, 1957/59.

Aquila; Aurifaber, Joh.; Cordatus; Cruciger, 1. 2; Ernst der Fromme; Forster; Glassius; Irenäus, Chr.; Judex; Kirchner; Kromayer, Joh.; Lang, Joh.; Lüpke; Menius; Mörlin, Maxim.; Musa; Musäus, Simon; Myconius, Friedr.; Poach; Rörer; Rosinus; Sagittarius; Schwarz, Gottfr.; Schwarz, Karl; Stichling; Stigel; Stössel; Stoltz; Thüringen; Vollert; Wartburg; Wigand; Witzel, Georg; Zwilling.

Iber, *Gerhard,* * 23.1.1927 Mannheim, Dr. theol. (1953). Studentenpfarrer 1958 Mannheim.

Zur Formgesch. d. Evangelien (ThR NF 24, 1956/57, 283-338); Neuere Lit. zur Formgesch. (Nachtrag in: M.Dibelius, Die Formgesch. d. Evangeliums, [1959³] 1961⁴, 302-312).

Sagen und Legenden III.

Idowu, *Emmanuel Bolaji,* * 28.9.1913 Ikorodu (Nigeria), B.D. (1949), Ph.D. (1955). Methodist. Pfarrer, 1951-57 in Lagos, 1957/58 Studentenpfarrer in Deutschland, seit 1958 Doz. am Department of Religious Studies, Univ. Ibadan (Nigeria).

Olodumare. God in Yoruba Belief, London 1962; The Nigerian Concept of God, ebd 1963.

Nigeria.

Jedin, *Hubert,* * 17.6.1900 Großbriesen/Oberschlesien, Dr. theol. (1925), Dr. theol. h.c. (1960, Löwen), Dr. phil. h.c. (1961, Köln). 1926-30, 1933-36, 1939-49 Studien im Vatikan. Archiv Rom, PDoz. f. KG 1930 Breslau, 1933 Entzug der Venia legendi, 1936-39 erzbischöfl. Archivar, o. Prof. f. KG 1949 Bonn.

Girolamo Seripando I. II (Cassiciacum 2. 3), 1937; Concilium Tridentinum XIII/1, 1938; Krisis u. Wendepunkt d. Trienter Konzils, 1941; Das Konzil von Trient. Ein Überblick über d. Erforschung seiner Gesch., 1948; Gesch. d. Konzils von Trient I. II, 1949/57 (auch ital., engl., franz.); Kleine Konziliengesch., (1959) 1962⁵ (auch ital., span., franz., engl., holl., portug.). - Hg.: CCath, seit 1954; RGST, seit 1954; Hdb. d. KG, 1962 ff. - Mit-Hg.: Rivista di storia della chiesa in Italia, seit 1947; Saeculum, seit 1952.

Seripando.

Jenni, *Ernst,* * 17.2.1927 Basel (Schweiz), Dr. theol. (1953). Lektor f. Hebräisch 1953, PDoz. f. AT 1954 Basel, Doz. 1955 Heidelberg, o. Prof. 1958 Basel.

Das Wort ʿōlām im AT (ZAW 64, 1952, 197-248; 65, 1953, 1-35); Die theol. Begründung d. Sabbatgebotes im AT (ThSt [B] 46), 1956; Die polit. Voraussagen d. Propheten (AThANT 29), 1956; Jesajas Berufung in d. neueren Forschung (ThZ 15, 1959, 321-339); Zwei Jahrzehnte Forschung an den Büchern Josua bis Könige (ThR NF 27, 1961, 1-32. 97-146); Die at. Prophetie (ThSt [B] 67), 1962.

Jesreel; Jesus Sirach; Immanuel; Joppe; Judithbuch; Kadesch; Nasiräer; Schilo.

Jensen, *Jens Christian,* * 11.5.1928 Lübeck, Dr. phil. (1956), Museumsassistent in Heidelberg.

Meister Bertram, Quellen u. Unters.en (Zs. d. Vereins f. Hamburg. Gesch. 44, 1958, 141-203); Friedr. Overbecks Familienbild in Lübeck (Pantheon H. 6, Dez. 1962, 363-374); Friedr. Overbeck. Die Werke im Behnhaus, 1963.

Steinhausen.

Jentsch, *Werner,* * 3.4.1913 Chemnitz, Dr. theol. (1950). Seminarleiter 1936 Berlin, Standortpfarrer 1939 ebd, Dt. Sekretär YMCA Kriegsgefangenenhilfe 1945 Italien (Theol. Seminar Rimini), 1947 Großbritannien, Generalsekretär AG der Großstadt CVJM 1948, theol. Referent Reichsverband Ev. Jungmännerbünde 1951 Kassel, Pfarrer 1954 Bad Hersfeld, Direktor 1955 Ev. Akademie Hofgeismar.

Das Jugendwerk d. Kirche, 1938; Das geistl. Vermächtnis d. Gefangenschaftskirche, 1948; Urchristl. Erziehungsdenken, 1951; Christl. Stimmen zur Wehrdienstfrage, 1952; Europa als Frage an uns, 1953; Sachl. Vergebung, 1958; Hdb. d. Jugendseelsorge I-III, 1963 ff.

Arbeiterjugend II.

Jentzsch, *Joachim,* * 21.11.1930 Chemnitz, Dr. theol. (1956). Pfarrer 1954 Falkenstein/Vogtl., 1956 Auerbach/Vogtl.

Hirt und Herde.

Jepsen, *Alfred,* * 28.3.1900 Hamburg, D. (1934, Rostock), Lic. theol. (1925), Dr. phil. (1923). PDoz. f. AT 1925, ao. Prof. 1931 Rostock, o. Prof. 1946 Greifswald.

Unters.en zum Bundesbuch (BWANT III, 5), 1927; H.L.Strack, Hebr. Grammatik, (1930^{14}) 1952^{15}; Nabi. Studien zur at. Lit.- u. Religionsgesch., 1934; Das Zwölfprophetenbuch, 1938; Die Quellen des Königsbuches, (1953) 1956^{2}; Unters.en zur israel.-jüd. Chronologie (BZAW 88), 1964. - Mit-Hg.: Theol. Arbeiten; Arbeiten zur Theol.

Aramäer; Bibel I B; Eschatologie II; Paradies II; Propheten II C.

Jeremias, *Joachim,* * 20.9.1900 Dresden, D. (1929, Leipzig), D.D. (1955, St. Andrews; 1963, Oxford), Teol. Dr. h.c. (1957, Uppsala), Lic. theol. (1923), Dr. phil. (1922). Repetent f. NT 1922 Herrnhut, Doz. 1924 Herder-Institut Riga, 1925 Leipzig, ao. Prof. 1928 Berlin, o. Prof. 1929 Greifswald, 1935 Göttingen.

Vollst. Bibliogr. bis 1962 in: Festschr. J.Jeremias z. 60. Geb. (BZNW 26), 1964^{2}, XIX-XXX. Bes.: Jerusalem zZ Jesu, (1923-37) 1962^{3}; Golgotha, 1926; Die Abendmahlsworte Jesu, (1935) 1960^{3}; Die Gleichnisse Jesu, (1947) 1962^{6}; Unbekannte Jesusworte, (1948) 1963^{3}; Jesu Verheißung für die Völker, (1956) 1959^{2}; Heiligengräber in Jesu Umwelt, 1958; Die Kindertaufe in d. ersten 4 Jh.en, 1958; Nochmals: Die Anfänge d. Kindertaufe (ThEx 101), 1962. - Mit-Hg.: ZNW, seit 1949; BFChTh, seit 1950; WUNT, seit 1950.

Agrapha; Dodd; Gelübde III; Goldene Regel, 2; Hannas; Vatername Gottes III; Vaterunser, 1-4; Zöllner und Sünder.

Jeremias, *Isolde* s. Mack.

Jesse, *Wilhelm,* * 3.7.1887 Grabow/Meckl., Dr. phil. (1911). Volontär u. wiss. Hilfsarbeiter 1911 Staatsarchiv Schwerin, wiss. Hilfsarbeiter u. Kustos 1914 Museum f. Hamburg. Gesch.; Direktorialassistent 1926, Direktor 1932 Städt. Museum Braunschweig (1952 i.R.), dazu PDoz. f. Gesch. 1926 Hamburg, 1926 Techn. Hochschule Braunschweig, apl. Prof. 1932.

Vollst. Bibliogr. bis 1957 in: W.Jesse, Der zweite Brakteatenfund von Mödesse u. d. Kunst der Brakteaten zZ Heinrichs des Löwen, 1957, 3*-11*. Ferner: Die Münzen d. Stadt Braunschweig von 1499 bis 1680, 1962.

Münzkunde.

Ihlenfeld, *Kurt,* * 26.5.1901 Colmar/Elsaß, Dr. phil. (1923). Seit 1927 redaktionelle u. verlegerische Tätigkeit in Breslau, Dresden, Berlin, zeitweise (1929-33, 1944/45) auch im Gemeindepfarramt, seit 1950 freier Schriftsteller in Berlin.

Romane: Wintergewitter, 1951; Kommt wieder, Menschenkinder, 1954; Der Kandidat, 1958; Gregors vergebliche Reise, 1962. Ferner: Poeten u. Propheten, 1951; Eseleien auf Elba (Reisetagebuch), 1955; Huldigung f. Paul Gerhardt, (1956) 1957^{2}; Freundschaft mit Jochen Klepper, 1958; Unter dem einfachen Himmel (Gedichte), 1959; Zeitgesicht. Ges. Essays, 1960. - Schriftleiter: Eckart, 1933-43.

Beheim-Schwarzbach; Eckart; Klepper; Stehmann.

Ihmels, *Carl,* * 24.10.1888 Detern Kr. Leer/Ostfriesland, D. (1930, Erlangen), Dr. phil. (1916). Pastor 1914 Baltrum, 1916 Westrhauderfehn/Ostfriesland, Direktor der Ev.-Luth. Mission zu Leipzig 1923 (1960 a.D.), 1926 Mitglied des dt. ev. Missionsrates u. Doz. f. Missionswiss. in Leipzig, Teilnehmer an den Weltmissionskonferenzen zu Jerusalem 1928, Madras-Tambaram 1938, Whitby 1947, Willingen 1952.

Die Entstehung d. organ. Natur nach Schelling, Darwin u. Wundt, 1916; Um unsere Aufgabe in Indien, 1926; Das Rassenproblem (Von d. Höhen d. Ölbergs, hg.v. M.Schlunk, 1928, 156-167); Die Kirche, ihr Geld u. d. Gesellschaftsordnung (Das Wunder d. Kirche, hg.v. M.Schlunk, 1939, 135-148); Der zukünftige Dienst d. ev. Weltmission (Der Große Auftrag, hg.v. W.Freytag, 1947, 51-71); Willingens Forderungen an die »Sendenden Kirchen« (Mission zwischen Gestern u. Morgen, hg.v. W.Freytag, 1952, 101-117). - Mit-Hg.: Ev.-luth. Missionsblatt, 1924-40.

Kaste II.

Im Hof, *Ulrich,* * 14.8.1917 St. Gallen (Schweiz), Dr. phil. (1944). Gymnasiallehrer 1948 Bern.

Isaak Iselin, 1947; Vom Bundesbrief zur Bundesverfassung, 1948.

Bonnet; Breitinger, J.J.; Haller, Albr.v.

Joerden, *Rudolf,* * 16.8.1901 Nienburg/Weser, Dr. phil. (1925). Wiss. Hilfsarbeiter bei Stettiner Stadtbüchereien 1925-29, Assistent am Päd. Institut 1929 Göttingen, Doz. 1931 Päd. Akademien Altona u. Frankfurt/M., Schulamtsbewerber 1933, Leiter der Städt. Volksbücherei 1935 Wiesbaden, seit 1938 Direktor der Hamburger Öffentl. Bücherhallen.

Der Gedanke d. Konzentration d. Dt. Bildung, 1926; Zentralbücherei u. Beratungsstelle, 1930; Tun u. Denken. Aufs. zur Volksbildung, 1952. - Mit-Hg.: Bücherei u. Bildung (Fach-Zs. d. Vereins Dt. Volksbibliothekare), seit 1946.

Schund und Schmutz; Volksbüchereien.

Joest, *Wilfried,* * 3.4.1914 Karlsruhe, D. (1956, Heidelberg), Dr. theol. (1938). Vikar 1945 Mannheim, Religionslehrer 1946 Heidelberg, PDoz. f. Syst. Theol. 1948 ebd, ao. Prof. 1953 Augustana-Hochschule Neuendettelsau, o. Prof. 1956 Erlangen.

Gesetz u. Freiheit. Das Problem d. Tertius usus legis bei Luther u. die nt. Parainese, (1951) 1961^{3}; Die kath. Lehre von d. Rechtfertigung u. von d. Gnade (QKK A 2), 1954. - Schriftleiter: KuD, seit 1955.

Bekehrung IV; Berufung IV; Elternrecht, 1; Gerechtigkeit Gottes IV; Gesetz VI; Gnade Gottes V; Heiligung III; Imputatio; Rechtfertigung II, 1; Sünde und Schuld VI; Synergismus; Versöhnung VI; Wiedergeburt III.

Johannesson, *Rudolf,* * 9.2.1913 Hälsingborg (Schweden), Dr. theol. (1947). Doz. 1948 Lund, Studienrat 1948 Gävle, 1953 Stockholm.

Person och gemenskap enligt romersk-katolsk och luthersk grundåskådning, Stockholm 1947; Kristendomens grundtankar, ebd 1953.

Gemeinschaft und Individuum IV; Höchstes Gut.

Johansen, *Paul,* * 23.12.1901 Reval (Estland), Dr. phil. (1924). Archivassistent 1924, Archivdirektor 1934 Stadtarchiv Reval, ao. Prof. f. Hansische u. Osteurop. Gesch. 1940, o. Prof. 1956 Hamburg.

Siedlung u. Agrarwesen der Esten im MA, Dorpat 1925; Die Estlandliste des Liber Census Daniae I. II, Kopenhagen-Reval 1933; Nord. Mission. Revals Gründung u. d. Schwedensiedlung in Estland, Stockholm 1951; Umrisse u. Aufgaben d. hans. Siedlungsgesch. u. Kartographie (Hans. Geschichtsblätter 73, 1955, 1-105). - Hg.: Hansische Geschichtsblätter, seit 1951.

Albert von Buxhoeveden; Alexander Nevskij; Baltische Länder, 1; Dorpat I; Heinrich von Lettland; Knöpken; Oesel-Wiek; Pilten; Reval; Riga I.

Jordan, *Karl,* * 26.7.1907 Cottbus, Dr. phil. (1930). Doz. f. mittlere u. neuere Gesch. 1939 Halle; ao. Prof. 1941, o. Prof. 1943 Kiel.

Die Bistumsgründungen Heinrichs des Löwen, 1939; Die Urkunden Heinrichs d.L. I. II, 1941/49; Investiturstreit u. frühe Stauferzeit (GEBHARDT-GRUNDMANN I, 1954, 242-340); Dt. Reich u. Kaisertum 911-1056 (Hdb. d. Dt. Gesch., hg. v. L.JUST, I/3), 1955; Friedrich Barbarossa, 1959. - Mit-Hg.: Archiv f. Diplomatik, seit 1955.

Anno II. von Köln; Anselm von Havelberg; Friedrich I. Barbarossa; Heinrich IV.; Helmold; Lampert von Hersfeld; Manegold von Lautenbach; Otto von Freising; Pataria; Petrus Damiani; Ratzeburg; Reinald von Dassel; Sigebert von Gembloux.

Jouvenal, *Roberto,* * 17.4.1921 Turin (Italien), Dr. jur. (1953), Dr. phil. (1946), Prof., zZ Gymnasiallehrer sowie Strafverteidiger beim Jugendgericht in Turin.

Posizione giuridica della Chiesa Valdese (Protestantesimo 3, 1948, 108-115); Il problema di Dio nell'Esistenzialismo (ebd 4, 1949, 60 bis 69); Rifiuto dello Stato confessionale, lo Stato laico tutore della libertà del cristiano (ebd 5, 1950, 171-177); Cultura umanistica e società contemporanea (ebd 12, 1957, 1-10).

Gioberti.

Irmscher, *Johannes,* * 14.9.1920 Dresden, Dr. phil. (1947). Mitarbeiter der Dt. Akademie der Wissenschaften 1947 Berlin, Doz. f. griech. Philologie 1951 Humboldt-Univ., Prof. mit Lehrauftrag 1953, Direktor des Instituts f. griech.-röm. Altertumskunde 1955.

Götterzorn bei Homer, 1950; Prakt. Einführung in d. Studium d. Altertumswiss., 1954. - Hg.: Dt. Akad. d. Wiss. zu Berlin. Schriften d. Sektion f. Altertumswiss., seit 1955; Berliner byzantinist. Arbeiten, seit 1955; Das Altertum (Zs.), seit 1955; Bibliotheca classica orientalis (Zs.), seit 1956; Schriften u. Quellen d. alten Welt, seit 1956; Ἰάκωβος Τριβώλης: Ποιήματα, 1956; Aus d. Sowjetbyzantinistik, 1956; Aus d. byzantinist. Arbeit der DDR I. II, 1957; Bibliotheca scriptorum Graecorum et Romanorum Teubneriana, seit 1957; Lebendiges Altertum, seit 1959; Probleme d. neugriech. Lit. I-IV, 1959/60; Renaissance u. Humanismus in Mittel- u. Osteuropa I. II, 1962. - Mit-Hg.: Aus d. byzantinist. Arbeit der ČSR, 1957; Aus d. altertumswiss. Arbeit Volkspolens, 1959; Philol. Vorträge, 1959; Röm. Lit. d. Augusteischen Zeit, 1960; Antike u. MA in Bulgarien, 1960; Griech. Städte u. einheimische Völker d. Schwarzmeergebietes, 1961; Helikon (Zs.), seit 1961. - Übers.: Xenophon, Erinnerungen an Sokrates, 1955; Platon, Briefe, 1960.

Johannes Jejunator; Johannes Klimakus; Johannes Malalas; Johannes Moschus; Johannes Philoponus; Johannes von Skythopolis; Proklus von Konstantinopel; Theodor von Euchaita.

Iserloh, *Erwin,* * 15.5.1915 Duisburg, Dr. theol. (1942). Priesterweihe 1940, PDoz. f. KG 1951 Bonn; ao. Prof. 1954, o. Prof. 1955 Trier.

Die Eucharistie in d. Darst. des Joh.Eck (RGST 73/74), 1950; Der Kampf um d. Messe in d. ersten Jahren d. Auseinandersetzung mit Luther, 1952; Gnade u. Eucharistie in d. philos. Theologie d. Wilhelm von Ockham, 1956; Abendmahl u. Opfer (mit P.MEINHOLD), 1960; Luthers Thesenanschlag. Tatsache oder Legende?, 1962. - Mit-Hg.: TThZ, seit 1954; Festg. J.Lortz I. II, 1958.

Delfin.

Isermeyer, *Christian Adolf,* * 9.7.1908 Goslar, Dr. phil. (1933). Forschungsstipendiat 1934-38 Florenz u. Rom, Museumsassistent 1939 Berlin; PDoz. f. Kunstgesch. 1949, apl. Prof. 1956 Hamburg.

Die ma.lichen Malereien d. Kirche S. Pietro in Tuscania (Kunstgeschichtl. Jb. d. Bibl. Hertziana 2, 1938, 291-310); Ph.O.Runge, 1940; Der Bildhauer Herm.Blumenthal, 1948; Die Capella Vasari u. d. Hochaltar in der Pieve von Arezzo (Festschr. C.G.Heise, 1950, 137-153); Verrocchios Colleoni, 1963.

Bibelillustration I. II.

Jülicher, *Adolf:* 3, 1008.

Holl (mit ERNST WOLF).

Jürß, *Fritz,* * 29.1.1932 Ludwigslust, Dipl.-Philologe, seit 1956 wiss. Assistent an der Dt. Akademie der Wissenschaften Berlin.

Johannes I.-III.; Laurentius, Gegenpapst; Lucius I.; Maximilian; Pius I.; Silvester I.; Siricius; Telesphorus.

Junack, *Klaus,* * 10.3.1927 Berlin. Wiss. Assistent 1953-58 Berlin, 1960-62 Münster, wiss. Mitarbeiter im Institut f. nt. Textforschung 1962 Münster.

Apotaktiten; Hegesipp; Irenäus von Tyrus; Nikephorus von Konstantinopel; Pionius.

Junge, *Carl,* * 28.4.1925 Hamburg, Dr. phil. (1956). Studienrat 1962 Hamburg.

Werfel.

Jurevičs, *Paul,* * 19.11.1891 Riga, Mag. phil. (1921), Dr. phil. (1930). PDoz. f. Philos. 1925, Prof. 1934-44 Riga, Doz. 1945-50 Freiburg/Br., 1951 Walla Walla (Australien).

Platos Ideenlehre, 1917 (russ.); Plato, 1930 (lett.); Le problème de la connaissance dans la Philos. de Bergson, 1930; Ideen u. Wirklichkeit (Aufs.), 1946 (lett.); Henri Bergson, eine Einführung in seine Philos., 1949; Variationen über den modernen Menschen (Aufs.), 1956 (lett.); Die Gesichter d. Kultur (Aufs.), 1960 (lett.).

Bergson.

Jursch, *Hanna,* * 24.3.1902 Oppeln, D. (1955, Marburg), Dr. theol. (1932). PDoz. f. KG, Christl. Archäologie u. Kunstgesch. 1934, Prof. mit Lehrauftrag 1945, Prof. mit vollem Lehrauftrag 1948, Prof. mit Lehrstuhl 1956 Jena, em. 1964.

Ausgew. Bibliogr.: ThLZ 87, 1962, 311-314. Ferner: Hände als Symbol u. Gestalt, (1951) 1962^{11}.

Ampulle; César; Hand Gottes; Marienbild; Oranten.

Iwand, *Hans-Joachim,* * 11.7.1899 Schreibendorf/Schlesien, † 2.5.1960 Bonn, D. (1946, Göttingen), Lic. theol. (1924). Stiftsinspektor des Lutherheims 1923, PDoz. f. Syst. Theol. 1927 Königsberg, Prof. am Herder-Institut 1934 Riga, Entzug der Venia legendi u. Reichsredeverbot 1935-45, Direktor des Predigerseminars der Bek. Kirche Ostpreußens 1935, Pfarrer 1939 Dortmund, o. Prof. f. Syst. Theol. 1945 Göttingen, 1952 Bonn.

Vollst. Bibliogr. in: Um den rechten Glauben, 1959, 269-277 sowie ThLZ 85, 1960, 877-880. Bes.: Rechtfertigungslehre u. Christusglaube, (1930) 1961^2; Glaubensgerechtigkeit nach Luthers Lehre, (1941) 1959^3; Um den rechten Glauben. Ges. Aufs. (ThB 9), 1959; Nachgel. Werke I: Glauben u. Wissen, 1962. - Hg.: Göttinger Predigt-Meditationen, 1946-60.

Blut Christi II; Gottesfurcht IV.

Kähler, *Ernst,* * 7.6.1914 Duisburg-Meiderich, D. (1957, Göttingen), Dr. theol. (1948). Assistent 1942,

Lehrauftrag f. Landes-KG u. kirchl. Kunst 1948 Halle, Rektor u. Doz. am Katechet. Oberseminar der Kirchenprovinz Sachsen 1950 Naumburg/Saale, Habilitation 1952, Lehrauftrag f. KG u. DG 1953 Halle; Prof. mit Lehrauftrag f. KG 1954, mit vollem Lehrauftrag 1958, mit Lehrstuhl 1960 Greifswald.

Karlstadt u. Augustin (HM 19), 1952; Der Sinngehalt d. Pfeilerfiguren u. Kanzelplastiken im Dom zu Halle (WZ Greifswald 5, 1955/56, 231-248); Studien zum Te Deum u. zur Gesch. d. 24. Psalms in d. alten Kirche, 1958; Der Niederschlag kg.licher Bewegungen in d. dt. Sprache (Das Problem d. Sprache, hg.v. W.SCHNEEMELCHER, 1959, 68-84); Betrachtungen zum Problem von Schrift u. Tradition in d. Leipziger Disputation (Hören u. Handeln. Festschr. f. Ernst Wolf, 1962, 214-229). - Hg.: Martin Kähler, Gesch. d. prot. Dogmatik im 19.Jh. (ThB 16), 1962.

Athanasianisches Symbol; Gemeinschaft der Heiligen; Gnade Gottes IV; Nachfolge Christi II; Nicänisches Symbol; Nicäno-Konstantinopolitanum; Niketas von Remesiana; Prädestination III; Universität, 3.

Käsbauer, *Max,* * 5.1.1927 Traunstein, Dr. phil. (1954). PDoz. f. Philos. 1962 München.

Mit-Hg.: Logik u. Logikkalkül, 1962.

Scheler; Wertphilosophie.

Käsemann, *Ernst,* * 12.7.1906 Bochum-Dahlhausen, D. (1947, Marburg), Lic. theol. (1931). Pfarrer 1933 Gelsenkirchen-Rotthausen, o. Prof. f. NT 1946 Mainz, 1951 Göttingen, 1959 Tübingen.

Leib u. Leib Christi (BHTh 9), 1933; Das wandernde Gottesvolk (FRLANT NF 37), (1939) 1961⁴; Die Legitimität d. Apostels (ZNW 41, 1942, 33-71; separat 1956); Exeget. Versuche u. Besinnungen I, (1960) 1964³; II, 1964. - Mit-Hg.: VF, seit 1949; ZThK, seit 1950; BGE, seit 1955; BGH, seit 1959; FRLANT, seit 1962; ZNW, seit 1962.

Epheserbrief; Formeln II; Geist IV; Kolosserbrief; Liturgie II; Wunder IV.

Kahl, *Hans-Dietrich,* * 4.6.1920 Dresden, Dr. phil. (1960). 1952-59 Gymnasialdienst in Hameln u. Hannover (1958 Studienrat), PDoz. f. ma.liche Gesch. 1964 Gießen.

Vollst. Bibliogr. bis 1960 in: Kürschners Dt. Gelehrten-Kalender, 1961, 914. Ferner: Slawen u. Deutsche in d. brandenburg. Gesch. d. 12.Jh.s, 1963; mehrere Beiträge in: H.BEUMANN (Hg.), Heidenmission u. Kreuzzugsgedanke in d. dt. Ostpolitik des MA, 1963.

Magdeburg, Stadt; Oldenburg, Bistum; Wigbert, 4; Wigger; Zeitz.

Kahl, *Willi,* * 18.7.1893 Zabern/Elsaß, † 3.10.1962 Köln, Dr. phil. (1919). PDoz. f. Musikwiss. 1923, Bibliotheksrat 1928, apl. Prof. 1938 Köln.

Bibliogr.: MGG VII, 424f. Vollst. Bibliogr. in: Rhein. Musiker, Folge 1 (Beitr. z. rhein. Musikgesch. 43), 1960. Bes.: Verzeichnis d. Schrifttums über Franz Schubert 1828-1928, 1938; Selbstbiographien dt. Musiker d. 18.Jh.s, 1948; Studien zur Kölner Musikgesch. d. 16. u. 17.Jh.s, 1953; Repertorium d. Musikwiss. (mit W.-M.LUTHER), 1953.

Julian von Speyer.

Kaiser, *Gerhard,* * 2.9.1927 Tannroda/Thür., Dr. phil. (1956). PDoz. 1962 Mainz, o. Prof. f. Neuere Dt. Philologie u. Literaturwiss. 1963 Saarbrücken.

Pietismus u. Patriotismus im literar. Deutschland. Ein Beitrag zum Problem d. Säkularisation, 1961; Klopstock. Religion u. Dichtung, 1963.

Moritz, K.Ph.

Kaiser, *Joseph Heinrich,* * 12.4.1921 Altenhundem/Westf., Dr. jur. (1947). Lehrbeauftragter 1947 Tübingen, Prof. 1953 Ohio State Univ. (USA), PDoz. 1954 Bonn, o. Prof. der Rechte 1955 Freiburg/Br.

Die Polit. Klausel der Konkordate, 1949; Der polit. Streik, (1955) 1959²; Die Repräsentation organisierter Interessen, 1956; Rechtsgleichheit d. Sozialpartner, 1964.

Politische Klausel; Staatsangehörigkeit.

Kaiser, *Otto,* * 30.11.1924 Prenzlau, Dr. theol. (1956). Doz. f. AT 1958 Tübingen; ao. Prof. 1961, o. Prof. 1962 Marburg.

Die mythische Bedeutung d. Meeres in Ägypten, Ugarit u. Israel (BZAW 78), (1959) 1962²; Der königl. Knecht (FRLANT 70), (1959) 1962²; Der Prophet Jesaja, Kap. 1-12 (ATD 17), (1960) 1963².

Jesajabuch, 2. 3.

Kalisch, *Werner,* * 10.10.1912 Lyck/Ostpr., Dr. jur. (1940). Referent im Kirchenrechtl. Institut der EKD 1950-52, Regierungsrat im Niedersächs. Kultusministerium 1953, Oberregierungsrat 1955, Regierungsdirektor 1961.

Die öffentl.-rechtl. Stellung d. preuß. ev. Pfarrers vom Allg. Landrecht bis zur Gegenwart, 1941.

Dienstrecht, kirchliches.

Kamlah, *Ehrhard,* * 1.10.1925 Göttingen, Dr. theol. (1955). PDoz. f. NT 1962 Mainz.

Die Auferstehung Jesu Christi (Das Gespräch 38), 1962; Die Form d. katalogischen Paränese im NT (WUNT 7), 1964.

Apologetik I; Bekenntnis III; Bousset.

Kampermann, *Ernst,* * 20.5.1908 Steinbergen. Pastor 1936 Lindhorst, 1955 Meinsen.

Schaumburg-Lippe (mit H. HEIDKÄMPER).

Kantzenbach, *Friedrich Wilhelm,* * 30.8.1932 Stettin, Dr. theol. (1955). Pfarrverweser u. PDoz. f. hist. Theol. 1956 Erlangen, Prof. f. KG u. DG 1958 Augustana-Hochschule Neuendettelsau, Prof. am Institut f. ökum. Forschung 1965 Straßburg.

Das Ringen um d. Einheit d. Kirche im Jh. d. Reformation, 1957 (auch engl.); Die Erweckungsbewegung, 1957; Evangelium u. Dogma. Die Bewältigung d. theol. Problems der DG im Protestantismus, 1959; Die Erlanger Theol., 1960; Zur Deutung d. kontroverstheol. Problematik, 1963; Urchristentum u. alte Kirche (Ev. Enzyklopädie III), 1964. - Hg.: G.MERZ, Um Glauben u. Leben nach Luthers Lehre (ThB 15), 1961; Zeugnis u. Zeichen. Reden, Briefe, Dokumente, 1964; Baron H.E.v.Kottwitz u. d. Erweckungsbewegung in Berlin, Pommern u. Schlesien, 1964.

Abelly; Alciati; Alumbrados; Aquaviva, 1. 2; Bajus; Balde; Bellarmini; Berg; Bobadilla; Bodin; Boos; Crato; Dominis; Feneberg; Jansen, Cornelius; Seltmann (mit F.X.SEPPELT).

Kapelrud, *Arvid Schou,* * 14.5.1912 Lillehammer (Norwegen), Dr. theol. (1948). Bibliothekar an der Univ.-Bibl. 1935, Doz. f. AT 1952, o. Prof. 1954 Oslo.

The Question of Authorship in the Ezra-Narrative, Oslo 1944; Joel Studies (UUÅ 1948, 4); Baal in the Ras Shamra Texts, Kopenhagen 1952; Central Ideas in Amos, Oslo 1956; Dødehavsrullene, 1956; Gamle byer og nye stater, 1958; Israel fra de eldste tider til Jesu fødsel, 1960; The Ras Shamra Discoveries and the OT, Norman 1963.

Bentzen; Mensch II; Pedersen, Joh.

Karayannopulos, *Johannes,* * 2.9.1922 Sparta (Griechenland), Dr. phil. (1955). PDoz. f. Byzantinistik 1958 München; ao. Prof. 1960, o. Prof. 1963 Thessaloniki.

Das Finanzwesen d. frühbyz. Staates (Südosteurop. Arbeiten 52), 1958; Die Entstehung d. byz. Themenordnung (Byz. Archiv 10), 1959. - Schriftleiter der Byzantinisch-neugriech. Jahrbücher.

Griechenland; Kreta.

Karlström, *Nils,* * 11.10.1902 Karlstad (Schweden), Dr. theol. (1947). Sekretär bei Erzbischof Söderblom 1926-31, bei Erzbischof Eidem 1933-34, im Schwed. Ökum. Ausschuß 1933-38 u. 1948-51, PDoz. f. KG 1947 Uppsala, Dompropst 1952 Skara.

Kristna samförståndssträvanden under världskriget 1914-18. Med särskild hänsyn till N.Söderbloms insats, Stockholm 1947; Ekumeniska preludier. N.Söderbloms utveckling till internationell kyrkoledare, ebd 1949; »Ein ökum. Kirchenrat«. N.Söderbloms ökum. Programm vom Jahre 1919 (Ökum. Einheit 3 [= Eine hl. Kirche 26], 1952, 93-102); Nathan Söderblom (Denker u. Deuter im heutigen Europa I, 1954, 329-339); Movements for International Friendship and Life and Work 1910-25 (ROUSE-NEILL, engl. Ausg. London 1954, 507-542; dt. Ausg. II, 1958, 133-180); Mission och ekumenik, Stockholm 1960 (dt. 1962); En vidgad och förstärkt gemenskap. New Delhi 1961 (in: New Delhi har ordet, 1962). - Schriftleiter der nordisch-ökum. Zs. »Kristen Gemenskap«, seit 1928.

Bell; Brent; Brilioth.

Karnatz, *Bernhard,* * 29.3.1882 Verden/Aller, D. (1926, Berlin), Dr. jur. h.c. (1931, Berlin). Gerichtsassessor beim Kgl. Konsistorium 1908 Königsberg/Pr., ab 1908 beschäftigt beim Ev. Oberkirchenrat Berlin: 1910 Konsistorialassessor, 1916 Konsistorialrat, 1919 Geheimer Konsistorialrat, 1925 Oberkonsistorialrat, 1930 Dirigent, 1933 i.R., 1952-58 kommissarisch Vizepräsident der EKD-Kirchenkanzlei Berlin.

Jerusalem-Stiftung; Jerusalemsverein; Kapler; Kirchenausschuß; Kirchenbund; Oberkirchenrat; Strauß, F.A.

Karpp, *Heinrich,* * 10.12.1908 Köln, D. (1961, Marburg), Lic. theol. (1942), Dr. phil. (1933). Im höheren Schuldienst in Bad Godesberg bis 1956 (Oberstudienrat); PDoz. f. KG 1950, ao. Prof. f. Religionspäd. u. KG 1958, o. Prof. 1959 Bonn.

Unters.en zur Philos. des Eudoxos von Knidos, 1933; Das AT in d. Gesch. d. Kirche, 1939; Probleme altchristl. Anthropologie (BFChTh I, 44, 3), 1950; Schrift u. Geist bei Tertullian (ebd I, 47), 1955.

Cyprian von Karthago; Donatismus; Karpus, Papylus und Agathonike; Ketzertaufstreit; Nicäa; Nordafrika I; Perpetua und Felicitas; Praxeas; Scilitanische Märtyrer; Tertullian; Ticonius.

Karrenberg, *Friedrich,* * 16.4.1904 Velbert, D. (1955, Bonn), Dr. rer. pol. (1931). Selbständiger Unternehmer in Velbert, Honorar-Prof. f. Sozialethik 1961 Köln; Vorsitzender des Sozialethischen Ausschusses der Ev. Kirche im Rheinland.

Christentum, Kapitalismus u. Sozialismus, 1932; Gestalt u. Kritik d. Westens. Beiträge zur christl. Sozialethik heute, 1959. - Hg.: Ev. Soziallexikon, (1954) 1963[4]. - Mit-Hg.: Kirche im Volk (Schriftenreihe), seit 1948; ZEE, seit 1957; Verantwortung f. d. Menschen, 1957; Spannungsfelder d. ev. Soziallehre, 1960; Kontinente wachsen zusammen, 1961; Sozialwiss. u. Gesellschaftsgestaltung, 1963.

Arbeitszeit, 4; Betrieb IV; Bürgertum II; Geld IV; Gemeinde III.

Karrer, *Otto,* * 30.11.1888 Ballrechten/Baden, Dr. phil. (1913). 1910-23 Jesuit, danach theol. Schriftsteller, lebt in Luzern, zeitweise Doz. f. nt. Exegese am Priesterseminar in Chur.

Bibliogr. bis 1959 in: Begegnung der Christen (Festschr. z. 70. Geb.), hg.v. M.ROESLE u. O.CULLMANN, (1959) 1960[2], 25-32. Bes.: Meister Eckehart, 1926; Textgesch. d. Mystik, 3 Bde, 1926/27; Das Religiöse in d. Menschheit u. das Christentum, (1934) 1949[4]; Der Unsterblichkeitsglaube, 1936; Die Geheime Offenbarung, (1938) 1940[2]; NT, übers. u. erkl., (1950) 1959[3]; Jahrbuch d. Seele, 1951; Um d. Einheit der Christen, 1953; Das Reich Gottes heute, 1956; Bibl. Meditationen, 1958. Ferner: Spiritualität u. Dogma in ökum. Fragestellung (Kirche u. Überlieferung, hg.v. J.BETZ u. H.FRIES, 1960, 311-329); Maria in Dichtung u. Deutung, 1962; Worte Jesu, 1963.

Franz von Sales, a); Johannes vom Kreuz; Lopez; Petrus von Alcántara; Rosa von Lima; Therese von Jesus.

Kathona, *Géza,* * 10.11.1903 Komárom (Komorn) (Ungarn), Dr. theol. (1939). Pfarrer, u.a. 1929 Csákberény, 1943 Nagymegyer, 1953 Diósviszló, Senior 1956 Szekszárd, dazu PDoz. f. KG 1948 Debrecen; seit 1959 Mitglied der ref. Generalsynode in Ungarn.

Johann Samarjai (1585-1652) u. seine prakt. Theol., 1939 (ung.); Das geschichtl. Weltbild von Kaspar Károlyi, 1943 (ung.); Die Abendmahlslehre von Gallus Huszár i.J. 1558, 1955 (ung.); Unsere prot. Kirchen in d. früheren Markgemeinschaften, 1958 (ung.); »Der hl. Krieg« von Georg Karácsony 1569-70, 1958 (ung.); Johann Sylvester u. Wittenberg, 1961 (ung.); Bemerkungen zur Lebensbeschreibung u. Ideologie von Adam Neuser, 1963 (ung.).

Ungarn II (mit M.BUCSAY).

Katz, *Peter* (seit 1954 W. Peter M. Walters), * 1.7.1886 Mannheim, † 25.3.1962 Cambridge (England), D. (1961, Heidelberg), Ph.D. (1945). Pfarrer 1915 Säckingen u. Riegel/Kaiserstuhl, 1919 Neckarmühlbach, 1921 Fahrenbach, 1930 Saarbrücken, 1932 Hechingen/Hohenzollern, 1934 amtsenthoben u. pensioniert, 1939 Emigration nach England, Lecturer der Septuaginta-Wiss. 1945 Cambridge.

N.Söderblom, ein Führer zu kirchl. Einheit, 1925; Das Problem d. Urtextes der Septuaginta (ThZ 5, 1949, 1-24); Philo's Bible, Cambridge 1950; Zur Textgestaltung d. Ezechiel-Septuaginta (Bibl 35, 1954, 29-39); Zur Übersetzungstechnik d. Septuaginta (WO II/3, 1956, 267-273); Septuagintal Studies in the Mid-Century (The Background of the NT and its Eschatology. Festschr. C.H.Dodd, Cambridge 1956, 176-208); The OT Canon in Palestine and Alexandria (ZNW 47, 1956, 191-217. 288); Justin's OT Quotations and the Greek Dodekapropheton Scroll (Studia Patristica I [TU 63], 1957, 343-353); The Quotations from Deuteronomy in Hebrews (ZNW 49, 1958, 213-223); The Text of 2 Maccabees reconsidered (ebd 51, 1960, 10-30).

Ewald, J.L.; Hebel; Septuaginta-Forschung.

Kautz, *Heinrich,* * 14.2.1892 Hitdorf Kr. Opladen, Dr. phil. (1929). Lehrer 1912-23 Duisburg-Hamborn, Oberschulrat 1932 Düsseldorf, entlassen 1933, Hauptschriftleiter im Verlag L.Auer 1947, lebt in Delhoven über Neuß.

Um die Seele d. Industriekindes, 1918; Im Schatten d. Schlote. Versuche zur Seelenkunde d. Industriejugend, 1926; Industrie formt Menschen, 1929; Die Welt d. armen Mannes, 1932; Liebe kleine Scholle, 1941; Das bunte Buch von d. reichen Erde, 1962.

Weismantel.

Kawerau, *Peter,* * 13.3.1915 Rawitsch/Prov. Posen, Dr. theol. (1952), Dr. phil. (1948). Wehrdienst u. Kriegsgefangenschaft 1939-46, Research Fellow 1949-50 Princeton Theol. Seminary (USA), PDoz. f. KG 1956 Münster, o. Prof. f. Ost-KG 1961 Marburg.

Melchior Hoffman als relig. Denker, 1954; Die Jakobit. Kirche im Zeitalter d. syr. Renaissance, (1955) 1960[2]; Die nestorian. Patriarchate in d. neueren Zeit (ZKG 67, 1955/56, 119-131); Amerika u. d. oriental. Kirchen (AKG 31), 1958; Zur KG Asiens (Stat Crux dum volvitur Orbis. Festschr. H.Lilje, 1959, 68-76); Joh.Ad.Steinmetz als Vermittler zwischen d. dt. u. amerik. Pietismus im 18.Jh. (ZKG 70, 1959, 75-88); Die Homiletik des Andreas Hyperius (ebd 71, 1960, 66-81); Allg. KG u. Ost-KG (ZRGG 14, 1962, 305-315).

Afrahat; Hofmann, Melchior; Karthago; Theodor von Pharan; Timotheus Aelurus.

Kayser, *Karl,* * 22.3.1874 Wichmannsburg Kr. Uelzen, † 6.7.1955 Göttingen. Pfarrer 1907 Bremke b. Göttingen, 1925 Geismar b. Göttingen.

Caselius (mit H.LIEBING).

Kehr, *Otto,* * 27.7.1914 Döffingen. Soldat 1939-45, Pfarrer 1946 Hohenhaslach, 1952 Plochingen, Leiter der Ev. Gesellschaft Stuttgart 1959, Vorsitzender der ev. Konferenz f. Telefonseelsorge 1960.

Telefonseelsorge.

Keilbach, *Wilhelm,* * 10.9.1908 Ernsthausen/Banat, Dr. theol. (1935), Dr. phil. (1931). PDoz. f. Philos. 1938, ao. Prof. 1943, o. Prof. 1950 Zagreb (Agram), o. Prof. f. Religionswiss. 1955 Wien, o. Prof. f. syst. scholast. Philos. u. theol. Propädeutik 1956 München.

Zu Husserls phänomenol. Gottesbegriff (PhJ 45, 1932, 203-213); Zwei Wege d. Religionsphilos. (ebd 47, 1934, 425-431); Zur Krise d. Religionsphilos. (ebd 48, 1935, 401-418); Die Problematik d. Religionen, 1936; Zu modernem Gottsuchen u. Gottglauben (PhJ 54, 1941, 393-401); Wissen u. Glauben, Zagreb 1944; Ist d. »hist.« Gottesbeweis ein Zirkelschluß? (Schol. 29, 1954, 506-519); Philos. Glaube in christl. Existenz (MThZ 7, 1956, 161-172); »Postulatorischer« Atheismus? (ebd 8, 1957, 268-277); Neuere Kritiken d. Gottesbeweise (Theol. in Gesch. u. Gegenwart. Festschr. M.Schmaus, 1957, 43-66); Transzendenz, Archetypus, Mysterium (Pro mundi vita. Festschr. d. Theol. Fak. München, 1960, 147-164); Einübung ins philos. Denken, 1960; Die empir. Religionspsychol. als Zweig d. Religionswiss. (ARPs 7, 1962, 13-30). - Hg.: ARPs. - Mit-Hg.: MThZ.

Vision I; Zungenreden.

Keilhacker, *Martin,* * 15.6.1894 Höselsthal/Obb., Dr. phil. (1922). PDoz. f. Pädagogik 1931 Staatl. Akademie Braunsberg/Ostpr., apl. Prof. 1941 Wien, 1946 München, ao. Prof. 1949, o. Prof. 1952 München.

Der ideale Lehrer nach d. Auffassung der Schüler, 1932 (auch franz.); Entwicklung u. Aufbau d. menschl. Gefühle, (1947) 1950²; Päd. Psychologie, (1948) 1961⁶; Erziehungsformen in ihrer Bedeutung f. d. päd. Lage d. Gegenwart, 1950; Päd. Orientierung im Zeitalter d. Technik, (1958) 1961²; Päd. Grundprobleme in d. gegenwärtigen industriellen Gesellschaft, 1964. - Hg.: Jugend-Film-Fernsehen (Vierteljahresschrift), seit 1958. - Mit-Hg.: Jugendschutz, seit 1955.

Film, 2.

Keller, *Adolf:* 3, 1236 († 10.2.1963 Los Angeles). - Dr. theol. h.c. von Genf, D.D. von Edinburgh u. Yale (USA), LL. D. von Heidelberg College, Tiffin (USA).

Huber, Max.

Keller, *Carl-Albert,* * 2.8.1920 Guntur (Indien), Dr. theol. (1946). Missionar 1946 Nettur (Indien), theol. Lehrer 1948 Trivandrum (Indien), Pfarrer 1952 Ossingen b. Zürich, ao. Prof. f. AT 1956, o. Prof. 1961 Lausanne.

Das Wort OTH als »Offenbarungszeichen Gottes«, 1946; Die Vedantaphilos. u. die Christusbotschaft, 1952; Wer war Elia? (ThZ 16, 1960, 298-313).

Gog und Magog; Kain und Abel; Keniter; Sintflut II.

Keller, *Herbert,* * 22.10.1904 Isny/Allgäu. Pfarrer 1932 Biberach, 1935 Tübingen, Leiter der Außenstelle des Ev. Oberkirchenrats f. Südwürtt. 1946, Leiter der Arbeitsgemeinschaft der Diakon. Werke der Ev. Landeskirche in Württ. 1950 Stuttgart, Oberkirchenrat.

Sturm, Marcel.

Kellerhals, *Emanuel,* * 19.4.1898 Basel (Schweiz). Pfarrer 1922 Suhr/Aargau, Missionsinspektor 1932 Basel, Pfarrer 1948 ebd.

Der Islam, seine Gesch., seine Lehre, sein Wesen, (1945) 1956²; ...und Mohammed ist sein Prophet, 1961. - Schriftleiter: EMM, 1939-48.

Islam II.

Kellermann, *Friedrich,* * 26.4.1904 Bamberg. Pfarrer 1931 Willmars, 1937 Forth, Missionsinspektor bei der Leipziger Mission 1951, Dekan 1962 Burghaslach.

Hildesheimer Blindenmission.

Kellner, *Wolfgang,* * 1.2.1905 Gießen, Dr. phil. (1927), Dr. rer. pol. (1933). Privatgelehrter in Wetzlar, Lehrbeauftragter f. Betriebssoziologie Univ. Marburg.

Die Wirtschaftsführung als menschl. Leistung, 1949; Soziale Zwangsvorstellungen u. soziale Wirklichkeit im Betrieb (Horizont. Jb. d. Ev. Akademie Baden 3, 1958, 71-94); Der moderne soziale Konflikt, 1961; Soziol. Bemerkungen zur wiss. Betriebsführung (Zentralblatt f. Arbeitswiss. 15, 1961, 97-100); Brauchen wir eine soziosomatische Medizin? (Mitt. d. Dt. Zentrale f. Volksgesundheitspflege 5, 1961, 2-22).

Unternehmer.

Kempgen, *Wilhelm,* * 21.9.1888 Mülheim/Ruhr. Missionar in Südchina: 1921 Taipeng, 1930 Taileung, 1933 Canton; Pfarrverwalter 1942 Duisburg-Meiderich; lebt in Wuppertal-Barmen.

Glaubenskampf am Tigertor. Not u. Verheißung einer 100jähr. Missionsarbeit, 1948; Hongkong, eine Aufgabe d. Christenheit, 1956.

Bund deutscher ev. Missionare; Hongkong.

Kenworthy, *Fred,* * 11.2.1909 Mossley/Manchester (England), B.A. (1928), M.A. (1929), B.D. (1931). Geistlicher 1932 Accrington, 1937 Walmsley, 1950-55 Manchester, Tutor am Unitarian College 1947-55 Manchester, Principal seit 1955 ebd, dazu Lecturer 1955 Univ. Manchester.

Freedom, Authority and Liberal Christianity, 1954; Ancient Prophecy and Modern Crisis, 1958.

Lindsey, Th.

Kern, *Ernst,* * 24.6.1912 Frankfurt/M., Dr. jur. (1948). Ministerialrat u. Chef de Division (OECD) in Bonn-Paris, 1945-59 Lehrbeauftragter Univ. Hamburg, Hochschule f. Verwaltungswissenschaften in Speyer u. Univ. Saarbrücken.

Moderner Staat u. Staatsbegriff, 1949; Die Institution d. Berufsbeamtentums im kontinentaleurop. Staat, 1952; Der europ. Beamte (mit E.Kordt u. P.Gaudemet), 1955; Aspekte d. Verwaltungsrechts im Industriezeitalter (Festschr. f. C.Schmitt, 1959, 81-101).

Beamte I.

Kerrigan, *Alexander,* * 11.1.1911 Athlone (Irland), OFM (1928), Ph.B. (1931, Louvain), S.T.L. (1938, Louvain), D.S.S. (1949, Rom), Prof. am Pontificium Athenaeum Antonianum in Rom.

St. Cyril of Alexandria, Interpreter of the OT, Rom 1952; Animadversiones in NT documentis Qumrân illustratum (Antonianum 31, 1956, 51-82); John 19, 25-27 in the Light of Johannine Theology and the OT (ebd 35, 1960, 369-416).

Cyrill von Alexandrien.

Kerschensteiner, *Jula,* * 5.8.1917 München, Dr. phil. (1942). Wiss. Assistentin 1941, Lehrbeauftragte u. Lektorin 1947, PDoz. f. Klass. Philologie 1960 München.

Platon u. der Orient, 1945; Kosmos. Quellenkrit. Unters.en zu den Vorsokratikern, 1962.

Antike und Orient.

Kersten-Thiele, *Wilhelm,* * 12.9.1913 Dortmund, Dr. theol. (1937). Pfarrer 1940 Köthen, 1948 Göttingen-Grone, 1954 Düsseldorf.

Die KG-Schreibung Valentin Ernst Löschers, 1937. - Hg.: Christus in Fernost (Mitt. d. Dt. Ostasien-Mission).

Ostasien-Mission.

Kettler, *Franz-Heinrich,* * 7.8.1906 Berlin-Wilmersdorf, Dr. theol. (1934). Bibliotheksrat 1942 Univ.-Bibl. Berlin, Kriegsgefangenschaft 1945-48; Doz. f. KG u. Christl. Archäologie 1950, apl. Prof. 1959, Wiss. Rat 1961 Münster.

Der melitian. Streit in Ägypten (ZNW 35, 1936, 155-193); Die Wiedergeburt d. dt. Bibliothekswesens im Zeitalter d. Befreiungskriege (Zs. f. Bibliothekswesen 55, 1938, 585-613); Die Trinitätslehre d. Origenes (Habil.-Schr. Münster), 1950 (Masch.); Enderwartung u. himml. Stufenbau im Kirchenbegriff d. nachapostol. Zeitalters (ThLZ 79, 1954, 385-392).

Melitius von Lykopolis; Origenes; Origenistische Streitigkeiten; Petrus von Alexandrien; Taufe III; Theophilus von Alexandrien; Trinität III; Urban I.; Ursinus, Gegenpapst; Versöhnung V; Vigilantius; Virgines sacratae.

Keyser, *Erich,* * 12.10.1893 Danzig, Dr. phil. (1918). Staatsarchivrat 1920, Direktor des Staatl. Landesmuseums 1927-45 Danzig, dazu PDoz. f. Gesch. 1925, ao. Prof. 1931-45 Techn. Hochschule Danzig; Lehrauftrag 1947 Hamburg, Leiter der Forschungsstelle f. Städtegesch. 1950 Marburg, dazu 1951-58 ebd Direktor des J.G.Herder-Instituts.

Danzigs Gesch., (1921) 1929²; Die Marienkirche in Danzig (mit K.Gruber), 1929; Die Geschichtswiss., 1931; Bevölkerungsgesch. Deutschlands, (1938) 1943³; Gesch. d. dt. Weichsellandes, (1939) 1940²; Städtegründungen u. Städtebau in Nordwestdeutschland im MA, 1958. - Hg.: Dt. Städtebuch I-V, 1939-63.

Danzig I; Klemme.

Kiehn, *Ludwig,* * 2.10.1902 Hamburg, Dr. phil. (1932). Prakt. Schuldienst an Volksschulen, Gymnasien, kaufmänn. Schulen, Prof. f. Erziehungswiss. 1935 Hochschule f. Lehrerbildung Kiel, Wehrdienst u. Kriegsgefangenschaft 1940-45, fremdberuflich tätig 1946-49, Studienleiter 1953 Päd. Institut Hamburg, ao. Prof. f. Berufspädagogik 1956 Univ. Hamburg.

Goethes Begriff d. Bildung, 1932. - Mit-Hg.: Hdb. f. d. Berufsschulwesen, 1960; Jb. f. Wirtschafts- u. Sozialpädagogik, seit 1964.

Stiehl.

Kilpatrick, *George Dunbar,* * 15.9.1910 Fernie (Kanada), B.A. (1932), M.A. (1938), B.D. (1944), D.D. (1948, Oxford). Pfarrer 1936 Horsell, 1940 Selly Oak, Doz. 1942-44 Lichfield College, 1949 Univ. Oxford, dazu 1946-49 Univ. Nottingham, Prof. f. bibl. Exegese 1949 Oxford.

The Origins of the Gospel according to St. Matthew, Oxford 1946; The Trial of Jesus, ebd 1953. - Hg.: Η ΚΑΙΝΗ ΔΙΑΘΗΚΗ, 2nd Edition, London 1958.

Bibelhandschriften II.

Kinder, *Ernst,* * 11.5.1910 Barmen, D. (1959, Erlangen), Lic. theol. (1935). Pfarrer 1935 München, theol. Hilfsreferent im Landeskirchenrat München 1938-47 (1939-46 Wehrdienst u. Kriegsgefangenschaft); Doz. f. Syst. Theol. 1946, Prof. 1950 Neuendettelsau, o. Prof. 1953 Münster.

Natürl. Glaube u. Offenbarungsglaube (FGLP VIII, 1), 1935; Gottes Gebote u. Gottes Gnade im Wort vom Kreuz, 1949; Zur Entmythologisierung, (1952) 1953³; Reich Gottes u. Kirche bei Augustin, 1954; Die ev. Lehre von d. Rechtfertigung (QKK B 1), 1957; Der ev. Glaube u. d. Kirche, (1958) 1960²; Die Erbsünde, 1959; Was ist eigentlich evangelisch?, 1961; Luth. Bekenntnis. Eine Auswahl aus d. Bekenntnisschriften d. ev.-luth. Kirche (mit K.Haendler), 1962. - Hg.: W.Elert, Der christl. Glaube, (1956³) 1960⁵; Die theol. Arbeit in Minneapolis, 1958; W.Elert, Das christl. Ethos, 1961². - Mit-Hg. d. Münchener Luther-Ausgabe.

Opfer IV; Rechtfertigung II, 2; Sakramente I; Sünde und Schuld V; Vergeltung V.

Kinkel, *Klaus,* * 4.5.1922 Karlsruhe, Dipl.-Chemiker (1949), Dr. rer. nat. (1951). Chemiker in der Badischen Anilin- & Soda-Fabrik AG 1955 Ludwigshafen/Rh.

Boutroux; Boyle.

Kjöllerström, *Sven,* * 28.1.1901 Mossebo (Schweden), Dr. theol. (1935). Doz. 1935, Prof. f. Prakt. Theol. u. Kirchenrecht 1941 Lund.

Vollst. Bibliogr. bis 1961 in: Lunds Universitets Matrikel 1959-60, 1962, 361f. Bes.: Striden kring kalvinismen i Sverige under Erik XIV. (LUÅ I, 31, 5), Lund 1935; Svenska förarbeten till kyrkoordningen av år 1571, Stockholm 1940; Missa Lincopensis, ebd 1941; Kyrkolagsproblemet i Sverige 1571-1682, ebd 1944; Biskopstillsättningar i Sverige 1531-1951 (LUÅ I, 48, 5), Lund 1952. Ferner: Västgötaherrarnas uppror, Scandia 1963. - Mit-Hg.: Bibliotheca Theologiae Practicae, Lund 1957ff.

Lund II (mit E.Newman); Reuterdahl; Thomander; Ullman; Wieselgren.

Kirchbach, *Arndt von,* * 30.1.1885 Dresden, † 28.2. 1963 Goslar. Pfarrer in Dresden, Sup. 1936 Freiberg/Sa. (1939-45 Feldgeistlicher), Ruhestand u. Altersvikariat 1953 Tragnitz b. Leisnig, 1960 Goslar.

Kirchbach.

Kirn, *Paul,* * 10.12.1890 Basel (Schweiz), Dr. phil. (1920). PDoz. f. mittlere u. neuere Gesch. 1926, npl. Prof. 1932 Leipzig, o. Prof. 1935 Frankfurt/M.

Bibliogr. in: Festg. f. P.Kirn, 1961, 255f. Bes.: Friedrich d. Weise u. d. Kirche, 1926; Das Abendland vom Ausgang d. Antike bis zum Zerfall d. karol. Reiches (Propyläen-Weltgesch. III, 1932, 1-150); Polit. Gesch. d. dt. Grenzen, (1934) 1958⁴; Aus d. Frühzeit d. Nationalgefühls, 1943; Einführung in d. Geschichtswiss., (1947) 1963⁴; Das Bild d. Menschen in d. Geschichtsschreibung von Polybios bis Ranke, 1955. - Mit-Hg.: Thomas Müntzer, Briefwechsel, 1931.

Ekkehard von St. Gallen.

Kitagawa, *Daisuke,* * 23.10.1910 Taipei/Formosa (Japan), D.D. (1962, St. Paul's, Tokyo), B.A. (1933), B.Th. (1940). Pfarrer der Prot. Episkopalkirche in USA seit 1940, Studiensekretär beim Ökum. Rat 1956-62 Genf, Vorsitzender des Advisory Committee des Sekretariates f. rassische u. ethnische Beziehungen (Ökum. Rat) 1962, Exekutivsekretär der Abteilung f. Domestic Mission im National Council of the Protestant Episcopal Church in USA 1962.

Christian Mission and Race Relations, New York 1964.

Rasse III.

Kittel, *Helmuth,* * 11.4.1902 Potsdam, D. (1958, Münster), Lic. theol. (1925). 1930-37 Doz. (ab 1931 Prof.) an verschiedenen Päd. Hochschulen, dazu PDoz. f. NT 1932 Göttingen, o. Prof. 1937 Münster, Prof. 1946 Päd. Hochschule Celle, 1953 Päd. Hochschule Osnabrück, o. Prof. f. Religionspäd. 1963 Münster.

Oliver Cromwell, seine Religion u. seine Sendung (AKG 9), 1928; Die Herrlichkeit Gottes. Studien zu Gesch. u. Wesen eines nt. Begriffs (BZNW 16), 1934; Alfred Graf Schlieffen. Jugend u. Glaube, 1939; Vom Religionsunterricht zur Ev. Unterweisung, (1947) 1957³; Schule unter d. Evangelium, 1949; Der Erzieher als Christ, (1951) 1961³; Die Entwicklung d. Päd. Hochschulen 1926-32, 1957; Zu Amt u. Vorbildung d. ev. Theologen an Päd. Hochschulen, 1962.

Cromwell, Thomas; Hochschulen, pädagogische.

Kiunke, *Martin,* * 27.8.1898 Breslau, Dr. theol. (1939). Pfarrer 1925 Großjustin/Pommern, 1930 Liegnitz/Schles., Kirchenrat im Verwaltungsdienst 1943-53, Pfarrer 1954 Bremerhaven, 1960 Nordseebad Juist.

Joh.Gottfr.Scheibel u. sein Ringen um d. Kirche d. luth. Reformation, 1942.

Luthertum III B (mit H.-H.Schrey).

Klaus, *Bernhard,* * 12.2.1913 Falkenhain/Prov. Brandenburg, D. (1961, Münster), Dr. theol. (1941). Pfarrer 1939 Berlin, 1946 Weißenburg/Bay., Studienrat 1953

Erlangen, dazu PDoz. f. KG 1957 ebd, ao. Prof. f. Prakt. Theol. 1959, o. Prof. 1964 Erlangen.

Missa. Unters.en zur Gestalt d. ev. Messe im 16. Jh. in Berlin-Brandenburg, 1952 (Mikrokopie); Die Rüstgebete (Leiturgia II, 1955, 523-567); Die Nürnberger Dt. Messe 1524 (JLH 1, 1955, 1-46); Quellenbenutzung im KG-Unterricht d. höheren Schule (MPTh 45, 1956, 231-239); Veit Dietrich, Leben u. Werk, 1958; Die Eucharist. Bewegung im Lichte d. Evangeliums (MdKI 11, 1960, 41-51); Die Anfänge d. Prakt. Theol. in Erlangen (ZBKG 32, 1963, 296-314).

Dietrich, Veit.

Klauser, *Renate* s. Neumüllers.

Klebel, *Ernst,* * 24.2.1896 Klagenfurt (Österreich), † 21.1.1961 Regensburg, Dr. phil. (1922). Doz. f. Gesch. 1931-34 u. 1939-45 Wien, Vertretung 1934-35 Frankfurt/M., 1935-37 Berlin, 1936 Würzburg; Stadtarchivar 1939-45 St. Pölten, 1949 Regensburg, o. Prof. 1953 Philos.-Theol. Hochschule ebd.

Bibliogr. in: Probleme d. bayr. Verfassungsgesch. Ges. Aufs. (Schriften z. Bayer. Landesgesch. 57), 1957, 481-484. Bes.: Siedlungsgesch. d. dt. Südostens, 1940.

Aquileja.

Klein, *Günter,* * 12.1.1928 Wuppertal-Barmen, Dr. theol. (1959). Pastor 1956, wiss. Assistent 1956, PDoz. f. NT 1961, Doz. 1962 Bonn, o. Prof. 1964 Kiel.

Die hermeneut. Struktur d. Kirchengedankens bei Cyprian (ZKG 68, 1957, 48-68); Wunderglaube u. NT (Das Gespräch 28), (1960) 1962²; Galater 2, 6-9 u. d. Gesch. d. Jerusalemer Urgemeinde (ZThK 57, 1960, 275-295); Die Verleugnung des Petrus (ebd 58, 1961, 285 bis 328); Die zwölf Apostel (FRLANT NF 59), 1961; Offenbarung als Gesch.? (MPTh 51, 1962, 65-88); Römer 4 u. d. Idee d. Heilsgesch. (EvTh 23, 1963, 424-447); Lukas 1, 1-4 als theol. Programm (Zeit u. Gesch. Dankesgabe an R.Bultmann, 1964, 193-216); Theol. d. Wortes Gottes u. d. Hypothese d. Universalgesch. (BEvTh 37), 1964.

Maranatha; Marcion, 2; Messias IV; Paraklet; Rechtfertigung I; Simon von Kyrene; Simon Magus; Simon Zelotes.

Klein, *Joseph,* * 5.1.1896 Breidt/Siegkreis, Dr. iur. can. (1928), Dr. theol. (1942). Kaplan 1922 Köln, Pfarr-Rektor 1923 Beuel-Holtorf, studienhalber Kaplan an S. Maria dell'Anima 1926 Rom, Prof. f. Kirchenrecht u. Moraltheol. 1929 Priesterseminar Köln, dazu ab 1932 Synodalrichter, ab 1934 Promotor iustitiae, zugleich PDoz. f. Kirchenrecht 1946 Bonn; o. Prof. f. Gesch. der Philos. 1949 Göttingen (em. 1964); erkannte das Dogma der Himmelfahrt Mariens nicht an u. trat 1953 zur ev. Kirche über.

Der Mensch im System d. Marburger Idealismus (Festschr. F.Tillmann, 1934, 119-131); Grundlegung u. Grenzen d. kanon. Rechts, 1947 (indiziert); Kanonist. u. moraltheol. Normierung in d. kath. Theol., 1949; Nicolai Hartmann u. d. Marburger Schule (Nicolai Hartmann, hg.v. H.Heimsoeth u. R.Heiss, 1952, 105-130); Skandalon. Um das Wesen d. Katholizismus, 1958. - Fachberater f. Philos. bei RGG³.

Absolute; Absolutheit des Christentums; Analogia entis; Antinomie; Baeumker; Cohen; Gott VII; Gottesbeweise; Hartmann, Nicolai; Idee; Intelligibel; Kasuistik III. IV; Linsenmann; Mersenne; Moraltheologie; Natorp; Nominalismus; Ockham; Panentheismus; Pantheismus II; Probabilismus; Teilhabe; Theismus II; Tillmann; Tugend; Universalienstreit des MA; Unwissenheit; Wahrhaftigkeit; Weltanschauung; Wesen; Zweck.

Klein, *Karl Kurt,* * 6.5.1897 Weißkirch (Siebenbürgen), Dr. phil. (1921), Dr. phil. h.c. (1943, Bonn). 1923 bis 1928 Pfarrer, PDoz. f. ältere dt. Sprache u. Lit. 1926, ao. Prof. 1932 Jassy, o. Prof. 1939 Klausenburg; Lehrbeauftragter 1946, Lehrstuhlvertreter 1948, ao. Prof. 1952, o. Prof. 1956 Innsbruck, em. 1963.

Beiträge zur Gesch. d. Protestantismus in d. Moldau I. II, 1924/27; Die dt. Dichtung Siebenbürgens im Ausgange d. 19. u. im 20.Jh., 1925; Ostlanddichter, 1926; Der Humanist u. Reformator Johannes Honter, 1935; Literaturgesch. d. Deutschtums im Ausland, 1939; Die »Nösner Germanistenschule«, 1943; Zur Spruchdichtung u. Heimatfrage Walthers von der Vogelweide, 1952; Die Anfänge d. dt. Lit., 1954; Zur Siedlungsgesch. u. Sprachgeographie d. ma.lichen dt. Siedlungen in Siebenbürgen (BAL 104, 3, 1959, 5-75); Siebenbürgisch-dt. Sprachatlas I, 1959; Transsylvanica, 1963. - Hg.: Siebenbürg. Vierteljahrsschrift, 1931-41. - Mit-Hg.: Dt. Forschungen in Ungarn, 1942-45; Südostdt. Archiv, seit 1960.

Klausenburg.

Kleine, *Heinrich de,* * 16.9.1901 Mennighüffen Kr. Herford, D.D. (1959, Univ. of Dubuque). Missionar 1927 Sumatra (Indonesien), Leiter des Predigerseminars der Batakkirche 1937 ebd, Internierung 1940, Kontaktmissionar auf Sumatra 1945-47; Dezernent f. Indonesien 1949, Missionsinspektor 1951, Direktor der Rhein. Missionsgesellschaft 1958 Wuppertal.

Nommensen.

Kleinstück, *Erwin,* * 28.11.1891 Frankfurt/M., Dr. rer. pol. (1925), Volkswirtschaftsrat i.R., Mitglied der Verfassunggebenden u. 1. Kirchensynode der Ev. Kirche in Hessen u. Nassau, 1946-56 geschäftsführender Ältester (Präses) der Freien Ref. Synode Mittelrhein.

Vom Wesen d. dt. Beamtentums, 1927; Wilh.Steinhausen (Wort u. Bild 1), 1949; Gethsemane (ebd 2), 1949; Antlitz u. Zukunft d. Stadt, 1956; Johann Friedrich Böhmer, 1959; Friedrich Maximilian Klinger, 1960; Das Andere Frankfurt, 1960; Geist u. Kirche in Frankfurt, 1961.

Finanzwesen III.

Klemm, *Peter,* * 3.3.1925 Reutlingen. Pfarrer 1957 Stuttgart-Bad Cannstatt, Studentenpfarrer 1964 Stuttgart.

Rabenaasstrophe; Schöpfung V; Wurster.

Klinckowstroem, *Carl Graf von,* * 26.8.1884 Potsdam, Privatgelehrter in München (Gesch. der Technik u. der exakten Wissenschaften).

Bibliogr. in: J.C.Poggendorff, Biograph.-literar. HWB d. exakten Wissenschaften VIIa Tl 2, 1958, 784. Ferner bes.: Gesch. d. Technik, (1959) 1960².

Technik I.

Klinkenberg, *Hans Martin,* * 1.4.1921 Köln, Dr. phil. (1950). PDoz. f. ma.liche Gesch. 1953, apl. Prof. 1960, Wiss. Rat 1963 Köln.

Papsttum u. Reichskirche bei Leo d.Gr. (ZSavRG, Kan. Abt. 38, 1952, 37-112); Der röm. Primat im 10.Jh. (ebd 41, 1955, 1-57); Versuche u. Unters.en zur Autobiogr. bei Rather von Verona (AKultG 38, 1956, 265-314); Der Linzer Vertrag zwischen Bayern u. Österreich vom 11.9.1534 nach Münchener Akten (HZ 194, 1962, 568 bis 598); Zwischen Liberalismus u. Nationalismus (Monumenta Judaica. 2000 Jahre Gesch. u. Kultur d. Juden am Rhein, Handbuch, 1963, 309-384).

Ratherius.

Klöden, *Otto,* * 16.5.1895 Görlitz, Dr. phil. (1928). Volksschullehrer 1919, Studienreferendar 1932 Liegnitz, Studienassessor 1933 Goldberg; Doz. 1935, Prof. 1936 Hochschule f. Lehrerbildung Hirschberg/Rsgb., Hilfslehrer 1945 Reutlingen, Oberschulrat 1957 ebd (1961 a.D.), dazu Lehrbeauftragter f. Allg. Didaktik 1950 Tübingen.

Der Begriff d. Naturgemäßheit bei Comenius u. Rousseau, 1929; Die Schulklasse als Bildungsfaktor, 1953.

Rein.

Klose, *Olaf,* * 13.1.1903 Doberan, Dr. phil. (1927). Bibliotheksreferendar 1930 Kiel, 1931 Berlin, Bibliothekar 1932 Marburg, Assistent 1933 Kopenhagen, Austauschbibliothekar 1935 Oslo, Referent f. nord. Sprachen, Literaturen u. Gesch. 1935 Univ.-Bibl. Kiel, Direktor der Schlesw.-Holst. Landesbibl. 1949 ebd.

Alt Kiel u. die Kieler Landschaft (mit R.SEDLMAIER), (1956) 1962²; Hist. Stätten Deutschlands I: Schleswig-Holstein, (1958) 1964²; Ortsansichten u. Stadtpläne der Herzogtümer Schleswig, Holstein u. Lauenburg I. II (mit L.MARTIUS), 1962. - Hg.: Zs. d. Gesellschaft f. Schlesw.-Holst. Gesch., seit 1952 (mit ErgBden: Bibliogr. zur schlesw.-holst. Gesch. u. Landeskunde); Gesch. Schleswig-Holsteins Iff, seit 1955 (darin VI, Lfg. 1. 2: Die Jahrzehnte d. Wiedervereinigung 1721-73). - Mit-Hg.: Nordelbingen, seit 1953.

Bornholmer.

Klussmann, *Paul Gerhard,* * 25.2.1923 Gadderbaum b. Bielefeld, Dr. phil. (1955). Wiss. Assistent am Germanist. Institut 1958 Münster.

Stefan George. Zum Selbstverständnis d. Kunst u. d. Dichters in der Moderne, 1961.

Naturalismus II.

Kluth, *Heinz,* * 18.7.1921 Lychen, Dr. phil. (1952). PDoz. f. Soziologie 1956, o. Prof. 1961 Hamburg.

Die Gemeinschaftsfähigkeit d. arbeitslosen Jugend (Arbeitslosigkeit u. Berufsnot d. Jugend II, 1952, 61-126); Das Verhältnis der arbeitslosen Jugendlichen zum Staat u. zur Politik (ebd 127-232); Die methodol. Erfahrungen bei d. Fragebogenerhebung (ebd 315 bis 376); Arbeiterjugend gestern u. heute (mit U.LOHMAR u. R.TARTLER), 1955; Sozialprestige u. sozialer Status, 1957; Das Sozialbewußtsein in d. westdt. Gesellschaft (Grundfragen moderner Wirtschaftspolitik, 1957, 7-28); Arbeit u. Freizeit (Sozialpsychol. d. Vollbeschäftigung, hg.v. K.HEYMANN, 1958, 62-80).

Arbeiter I; Arbeiterjugend I; Klasse; Proletariat.

Kneifel, *Eduard,* * 14.11.1896 Rosterschütz-Wladyslawow (Polen), Dr. theol. (1956). Pfarrer 1925 Brzeziny b. Lodz, 1942-45 Zgierz b. Lodz, 1953-64 in Niedermarschacht über Winsen/Luhe.

Die ev.-augsburg. Gemeinden d. Kalischer Diözese, 1937; Die Gesch. d. Ev.-Augsburg. Kirche in Polen, 1964.

Bachstrom; Bursche.

Knittermeyer, *Hinrich,* * 20.2.1891 Hamburg, †25.2.1958 Bremen, Dr. phil. (1914). 1923-45 Direktor der Staatsbibliothek Bremen, Begründer der Bremer Wiss. Gesellschaft (1925) u. der daraus hervorgegangenen Wittheit zu Bremen (1941).

Schelling u. d. romant. Schule, 1929; Immanuel Kant, 1939; Jacob Burckhardt, 1949; Die Philos. d. Existenz von d. Renaissance bis zur Gegenwart, 1952; Der Mensch d. Erkenntnis, 1962; Grundgegebenheiten d. menschl. Daseins, 1963. - Hg.: Pestalozzi, Figuren zu meinem ABC-Buch (Bd XI der krit. GA), 1933; Unbekannte Briefe u. Urkunden aus d. Goethekreis, 1935.

Anschauung; Aporie; A priori, 1; Apriorismus und Empirismus; Atheismusstreit; Bacon, Francis; Bayle; Berkeley; Bruno; Burckhardt; Campanella; Cudworth; Dialektik; Ding an sich; Enzyklopädisten; Fichte, 1. 2; Fries, Jak.Fr.

Knowles, *Michael David,* * 29.9.1896 Studley/Warwickshire (England), M.A. (1926), Litt. D. (1941), Hon. Litt. D. (1952, Oxford; 1956, Bristol; 1962, Leicester; 1963, London). Röm.-kath. Priester 1922, Fellow von Peterhouse 1944, Prof. f. ma.liche Gesch. 1947, Regius Prof. f. neuere Gesch. 1954 Cambridge, em. 1963.

The Monastic Order in England (943-1216), Cambridge 1940; The Religious Orders in England I-III, ebd 1948-59; The Episcopal Colleagues of Archbishop Thomas Becket, ebd 1951; Monastic Sites from Air, ebd 1952; Medieval Religious Houses. England and Wales, London 1953; The English Mystical Tradition, ebd 1961; The Evolution of Medieval Thought, ebd 1962; The Historian and Character and Other Essays, Cambridge 1963.

Becket; Grosseteste; Hilton; Juliana von Norwich; Langton; Matthäus Paris.

Koch, *Gerhard,* * 7.2.1912 Lübbenau/Spreewald, Lic. theol. (1942). Pfarrer 1938 Straupitz, Doz. f. Syst. Theol. 1949 Berlin, Prof. mit Lehrauftrag 1953 Greifswald, Studiendirektor im Predigerseminar 1958 Berlin-Nikolassee.

Die Gegenwart des Christus, 1949; Die Auferstehung Jesu Christi (BHTh 27), 1959; Jesus Christus - Schöpfer der Welt (ZThK 56, 1959, 83-109); Dominus praedicans Christum - id est Jesum praedicatum (ebd 57, 1960, 238-273); Das Verhältnis von Mann u. Frau nach d. Zeugnis d. Hl. Schrift (Wege zum Menschen 13, 1961, 161 bis 178).

Corpus Christi mysticum; Herrmann, Wilh.

Koch, *Günther,* * 18.8.1902 Bielefeld, Dr. theol. (1929). Pfarrer 1930 Dortmund, Doz. 1947, Prof. 1948 Päd. Akademie Lüdenscheid, 1953 Päd. Hochschule Bonn.

Die christl. Wahrheit d. Barmer Theol. Erklärung (ThEx NF 22), 1950; Der Ertrag d. Kirchl. Dogmatik Karl Barths für d. Pädagogik (EvTh 13, 1953, 189-204); Das Staatsdenken im ev. Christentum, (1954) 1959²; Die didakt. u. method. Konsequenzen für d. Ev. Unterweisung aus d. gegenwärt. theol. Situation (Der Ev. Erzieher 13, 1961, 330-351); Gotteserkenntnis ohne Christus? (EvTh 23, 1963, 573-589). - Mit-Hg.: Ev. Unterweisung, seit 1953.

Marahrens.

Koch, *Hal* (Hans Harald), * 6.5.1904 Hellerup (Dänemark), † 10.8.1963 Hundested, Dr. theol. (1932), Dr. teol. h.c. (1957, Uppsala). Prof. f. KG 1937 Kopenhagen.

Pronoia u. Paideusis. Studien über Origenes u. sein Verhältnis zum Platonismus (AKG 22), 1932; Danmarks Kirke i den begyndende Højmiddelalder I. II, Kopenhagen 1936; Grundtvig, schwed. 1941, dän. 1943, franz. 1944, dt. 1951, engl. 1954; Konstantin den Store, Kopenhagen 1952. - Hg.: Den Danske Kirkes Historie I-VIII, ebd 1950-64 (Verf. von Bd I, VI u. VIII). - Mit-Hg.: Danmarks Historie Iff, ebd 1962ff (III: Kongemagt og kirke 1060-1241, 1963).

Absalon von Lund; Ammundsen; Andersen; Ansgar; Bastholm (mit V.WASCHNITIUS); Beck, J.V. (mit V.WASCHNITIUS); Birkedal (mit V.WASCHNITIUS); Dänemark I; Eskil; Grönland; Grundtvig; Grundtvigianismus; Island (mit V.WASCHNITIUS); Kopenhagen (mit V.WASCHNITIUS); Lindberg; Lund I; Monrad; Mynster; Pontoppidan, Erik (mit V.WASCHNITIUS); Trandberg (mit H.STOCKS).

Koch, *Hans,* * 7.7.1894 Lemberg, † 9.4.1959 München, Dr. theol. (1927), Dr. phil. (1924). Offizier 1914 bis 1921, Vikar 1922-24 Wien, PDoz. f. KG 1929 Wien, o. Prof. 1934 Königsberg/Pr., o. Prof. f. Osteurop. Gesch. 1937 Breslau, 1939 Wien (Offizier 1939-45), Pfarrer 1945-52, Leiter des Osteuropa-Instituts 1952 München, Honorar-Prof. 1953, o. Prof. f. Gesellschaft u. Politik Osteuropas 1958 München.

Vollst. Bibliogr. bis 1959 in: Jahrbücher f. Gesch. Osteuropas NF 7, 1959, 130-146. Bes.: Staat u. Kirche in d. Sowjetunion (Das Notbuch d. russ. Christenheit, 1930², 65-113); Die ältere Gesch. d. Slawen (Die Neue Propyläen-Weltgesch. II, 1941, 503-540); Die slaw. Welt bis zZ Peters d.Gr. (ebd III, 1941, 603-632); Ukraine u. Protestantismus (Ostdt. Wissenschaft 1, 1954, 45-68); Die ukrain. Lyrik 1840-1940, 1955; Der Protestantismus bei d. Slawen (Ostdt. Wiss. 2, 1956, 82-115); Die poln. Predigten am leeren Sarge Alexanders I. in Warschau, 1826 (Gestalten u. Wege d. Kirche im Osten, 1958, 85-104). Ferner: Kleine Schriften zur Kirchen- u. Geistesgesch. Osteuropas, 1962. - Hg.: Kyrios. Vierteljahresschrift f. Kirchen- u. Geistesgesch. Osteuropas, 1936-42/43; Jahrbücher f. Gesch. Osteuropas NF, 1953-59.

Basilius von Achrida; Bulgaren; Jugoslawien, 3. 4; Krakau I. II; Lemberg.

Koch, *Hugo:* 3, 1687.

Firmilian; Mensurius (mit H.CHADWICK).

Koch, *Josef,* * 2.5.1885 Münstereifel Kr. Euskirchen, Dr. theol. (1925), Dr. phil. (1915), Prälat. PDoz. f. Fundamentaltheol. 1925, ao. Prof. 1930, o. Prof. 1933-45 Breslau; o. Prof. f. Philos. 1947 Göttingen, 1948 Köln, em. 1954.

Bibliogr. bei E.KLEINEIDAM, Die kath.-theol. Fakultät d. Univ. Breslau, 1961, 136f. Zur Ergänzung: Cusanus-Texte I. Predigten, 2./5. Vier Predigten im Geiste Eckharts (SAH 1936/37, 2); 6. (mit H.TESKE) Die Auslegung d. Vaterunsers in vier Predigten (SAH 1938/39, 4); 7. Unters.en über Datierung, Form, Sprache u. Quellen. Krit. Verzeichnis sämtl. Predigten (SAH 1941/42, 1); Die Ars coniecturalis d. Nikolaus von Kues (AFLNW 16), 1956.

Breslau II, 3 (mit B.ALTANER); Scholastik.

Koch, *Klaus,* * 4.10.1926 Sulzbach/Thür., Dr. theol. (1953). Pfarrer 1954 Jenaprießnitz, PDoz. f. AT 1956 Erlangen, 1957 Hamburg, Prof. 1960 Kirchl. Hochschule Wuppertal, o. Prof. 1962 Hamburg.

Gibt es ein Vergeltungsdogma im AT? (ZThK 52, 1955, 1-42); Zur Gesch. d. Erwählungsvorstellung in Israel (ZAW 67, 1955, 205 bis 226); Die Eigenart d. priesterschriftl. Sinaigesetzgebung (ZThK 55, 1958, 36-51); Die Priesterschrift von Ex 25 bis Lev 16 (FRLANT 71), 1959; Spätisraelit. Geschichtsdenken am Beispiel des Buches Daniel (HZ 193, 1961, 1-32); Tempeleinlaßliturgien u. Dekaloge (Studien zur Theol. d. at. Überlieferungen, hg.v. R.RENDTORFF u. K.KOCH, 1961, 45-60); Der Spruch »Sein Blut bleibe auf seinem Haupt« u. d. israelit. Auffassung vom vergossenen Blut (VT 12, 1962, 396-416).

Götzendienst im AT; Priestertum II; Samuelisbücher; Versöhnung II.

Koch, *Laurids Johannes,* * 10.1.1875 Vejrum (Dänemark), Dr. theol. h.c. (1929, Kopenhagen). Vorsteher der Missionarsschule 1901 Odense, Pfarrer 1906 ebd, Rektor der Diakonissenanstalt 1913 Kopenhagen, em. 1945.

Paulus, et Livsbillede, Kopenhagen (1910) 1941²; Fortolkning til 2Kor, ebd (1917) 1958³; Paulus som karakter, ebd (1917) 1917²; Salmedigteren Brorson, ebd (1931) 1932²; Brorsonstudier, ebd 1936; Trog og Tjeneste. Den danske Diakonissestiftelse 1863-91, ebd 1938; Fortolkning til Johannesbrevene, ebd 1943; Fortolkning til Galaterbrevet, ebd 1958. - Hg.: H.A.Brorson, Samlede skrifter I-III, ebd 1951-56; H.A.Brorson, Visitatsberetninger og breve, ebd 1960.

Brorson.

Köberle, *Adolf,* * 3.7.1898 Berneck/Ofr., D. (1950, Erlangen), Dr. theol. (1928). Im bayer. Kirchendienst 1922, Leiter des Ev.-luth. Missionsseminars 1926 Leipzig, ao. Prof. f. Syst. Theol. 1930 Basel, o. Prof. 1939 Tübingen, em. 1963.

Vollst. Bibliogr. bis 1958 in: Die Leibhaftigkeit d. Wortes (Festschr. z. 60. Geb.), 1958, 507-516. Ferner: Das Glaubensvermächtnis d. schwäb. Väter, 1959; Christus als Seelsorger (Predigten), 1960; Christl. Denken. Von d. Erkenntnis zur Verwirklichung, 1962; Menschl. Fragen u. göttl. Antworten, 1962; Seelsorge an Seelsorgern, 1962. - Mit-Hg.: Wege zum Menschen, seit 1957.

Arzt und Seelsorger; Beck, J.T.; Gotteskindschaft II; Graham; Heilsordnung; Möttlingen; Okkultismus; Spiritismus; Theosophie; Versuchung.

Koefoed-Petersen, *Otto,* * 31.8.1901 Kopenhagen (Dänemark), Mag. art. (1925), Mag. jur. (1945). Kustos an der Ny Carlsberg Glyptothek 1933 Kopenhagen.

Koptisk Kunst, Kopenhagen 1944; Les stèles égyptiennes de la Glyptothèque Ny Carlsberg, ebd 1948; Catalogue des statues et statuettes égyptiennes de la Glyptothèque Ny Carlsberg, ebd 1950; Catalogue des sarcophages et cercueils égyptiens de la Glyptothèque Ny Carlsberg, ebd 1951; Bas-reliefs et peintures égyptiens de la Glyptothèque Ny Carlsberg, ebd 1956.

Kopten III.

Koehler, *Walther:* 3, 1690f.

Borrhaus (mit E.CROUS); Entfelder.

Koeniger, *Albert Michael:* 3, 1700.

Kollegiatstifte (mit H.E.FEINE); Kumulation (mit H.E.FEINE); Kurie (mit H.E.FEINE).

Koepp, *Wilhelm,* * 1.11.1885 Zoppot, D. (1923, Halle), Lic. theol. (1910). Pfarrer 1912 Strenznaundorf b. Belleben, Garnisonpfarrer 1917 Halle, PDoz. f. Syst. Theol. 1920 ebd, o. Prof. 1922 Greifswald, 1952 Rostock, em. 1954.

Johann Arndt, eine Unters. über d. Mystik im Luthertum, 1912; Einführung in d. Studium d. Religionspsychologie, 1920; Panagape. Eine Metaphysik d. Christentums I. II, 1927/28; Die gegenwärtige Geisteslage u. d. »dialekt.« Theol., 1930; Die Erziehung unter d. Evangelium, 1932; Einführung in d. ev. Dogmatik, 1934. - Hg.: Reinhold-Seeberg-Festschr. I. II, 1929.

Cremer.

Kößler, *Henning,* * 27.4.1926 Braunschweig, Dr. phil. (1954). Wiss. Assistent 1956, PDoz. f. Philos. 1964 Erlangen.

Zur Gesch. unseres Selbstseins (Die Sammlung 13, 1958, 599-612); Freiheit u. Ohnmacht. Die autonome Moral u. Schillers Idealismus d. Freiheit, 1962; Sinn u. Geschichtlichkeit d. Gesch. (6. Dt. Kongreß f. Philos.: Das Problem d. Ordnung, 1963, 182-195).

Atheismus II.

Kößler, *Karl,* * 5.8.1913 Pirmasens, Studien-Prof. in Erlangen.

Lehrer.

Köster, *Helmut,* * 18.12.1926 Hamburg-Harburg, Dr. theol. (1954). Assistent 1954, PDoz. f. NT 1956 Heidelberg, Visiting Assistant Prof. 1958, Associate Prof. 1959 Harvard Divinity School, Cambridge/Mass. (USA).

Synopt. Überlieferung bei d. Apostol. Vätern (TU 65), 1957; Gesch. u. Kultus im JohEv u. bei Ignatius von Antiochien (ZThK 54, 1957, 56-69).

Häretiker im Urchristentum; Philippus, Apostel; Segen und Fluch III; Stephanus; Thaddäus; Verdammnis im NT.

Köster, *Kurt,* * 14.11.1912 Wiesbaden, Dr. phil. (1944). Schuldienst 1932 (entlassen 1939), Tätigkeit im wiss. Verlagswesen 1946-50, PDoz. f. ma.liche Gesch. u. hist. Hilfswissenschaften 1948, apl. Prof. 1954 Frankfurt/M., stellv. Direktor 1951, Direktor der Dt. Bibliothek 1959 Frankfurt/M.

Johan Huizinga, 1947; Elisabeth von Schönau. Werk u. Wirken im Spiegel d. ma.lichen hsl. Überlieferung (Archiv f. mittelrhein. KG 3, 1951, 243-315); Das visionäre Werk Elisabeths von Schönau (ebd 4, 1952, 79-119); Die Geschichtsschreibung d. Kolmarer Dominikaner im 13.Jh. (Schicksalswege am Oberrhein, hg.v. P.WENTZCKE, 1952, 1-100); Meister Tilman von Hachenburg. Studien zum Werk eines mittelrhein. Glockengießers d. 15.Jh.s (Jb. d. hess. kg.lichen Vereinigung 8, 1957, 1-206; Nachträge ebd 10, 1959, 77-91); Pilgerzeichen-Studien (Bibliotheca docet. Festg. f. C.Wehmer, 1963, 77-100). - Hg.: Erasmus (internat. Lit.blatt), 1947-49. - Übers.: J.HUIZINGA, Herbst des MA, (1952⁶) 1961⁸; DERS., Gesch. u. Kultur, 1954.

Elisabeth von Schönau.

Köster, *Reinhard,* * 4.4.1929 Hamburg-Harburg, Dr. phil. (1958). Pfarrer 1958 Bremerhaven, 1962 Essen, dazu Doz. am Predigerseminar 1962 ebd.

Die Kirchentreuen. Erfahrungen u. Ergebnisse einer soziol. Unters. in einer großstädt. ev. Kirchengemeinde, 1959.

Pfarrhaus.

Kötter, *Herbert,* * 5.12.1916 Bad Pyrmont, Dr. agr. (1951). Mitarbeiter des Instituts f. Sozialforschung 1949 Darmstadt, Assistent 1951 Gießen, PDoz. f. Agrarsoziologie 1959 Bonn, o. Prof. 1964 Gießen.

Struktur u. Funktion von Landgemeinden im Einflußbereich einer dt. Mittelstadt, 1952; Agrarsoziologie (Soziologie, hg.v. A.Gehlen u. H.Schelsky, [1954] 1957³, 204-237); Landbevölkerung im soz. Wandel, 1958; Materialien zum Problem d. westdt. Agrarstruktur (mit B.van Deenen), 1961; Gesundheitszustand d. landwirtschaftl. Bevölkerung (mit B.van Deenen u. H.Klein), 1963.

Bauer; Dorf.

Kötting, *Bernhard,* * 29.3.1910 Stadtlohn/Westf., Dr. theol. (1940). PDoz. f. alte KG u. christl. Archäologie 1948, o. Prof. 1951 Münster, Päpstl. Hausprälat 1963.

Peregrinatio religiosa. Wallfahrten in d. Antike u. d. Pilgerwesen in d. alten Kirche, 1950.

Wallfahrt und Wallfahrtsorte I; Weihgeschenke; Weihrauch, 1.

Kollwitz, *Johannes,* * 3.4.1903 Magdeburg, Dr. theol. (1930). Referent f. Christl. Archäologie am Dt. Archäol. Institut 1934 Rom, o. Prof. f. KG, Patrologie u. Christl. Archäol. 1946 Paderborn, f. Patrologie u. Christl. Archäol. 1950 Freiburg/Br.

Die Lipsanothek von Brescia, 1933; Oström. Plastik d. theodosian. Zeit, 1941; Das Christusbild d. 3.Jh.s, 1953; Mosaiken, 1953; Die Sarkophage Ravennas, 1956; Zur Frühgesch. d. Bilderverehrung (Das Gottesbild im Abendland, 1957, 57-76); Bild u. Bildertheol. im MA (ebd 109-138). - Mit-Hg.: RQ, seit 1953.

Byzantinische Kunst.

Konetzke, *Richard,* * 20.3.1897 Hangelsberg Kr. Lebus, Dr. phil. (1927). Eintritt in den Höheren Schuldienst 1924, Studienrat 1930 Berlin, hist. Forschungen in Spanien 1944-52, Research Associate an der Duke-Univ. 1952 Durham/N.C. (USA); Lehrbeauftragter 1953, PDoz. f. iberische u. lateinamerik. Gesch. 1955, apl. Prof. 1957, ao. Prof. 1961 Köln (em. 1965); 1963 Prof. h.c. der Univ. Córdoba (Argentinien).

Die Politik des Grafen Aranda, 1929; Gesch. d. span. u. portug. Volkes, 1939; Das span. Weltreich, 1943; La emigración española al Río de la Plata durante el siglo XVI, Madrid 1952; Colección de Documentos para la Historia de la Formación Social de Hispanoamérica (1493-1810) I-III, ebd 1953-62; Entdecker u. Eroberer Amerikas, 1963.

Andorra; Arbués; Bernhard von Toledo; Braga; Cano; Compostela; Evora; Ferrer; Franz von Vitoria; Granada; Johannes von Avila; Las Casas; Lissabon; Molina; Montserrat; Portugal; Sevilla; Soto, Domingo de; Spanien; Sueven; Toledo, Erzbistum; Torquemada, Thomas; Valdés, 1. 2; Vázquez; Vega; Ximénez.

Konrad, *Joachim,* * 1.6.1903 Breslau, D. (1951, Münster), Lic. theol. (1929), Dr. phil. (1930). Pfarrer 1930 Michelau Kr. Brieg, PDoz. 1933 Breslau, Entzug der Venia legendi aus polit. Gründen 1935, Ausweisung aus Schlesien, Redeverbot für Deutschland 1938, Pfarrer 1940 Breslau, Stadtdekan 1945 ebd, ao. Prof. f. Syst. Theol. 1946 Münster, Ministerialrat im Kultusministerium von Nordrhein-Westfalen 1950, o. Prof. f. Prakt. Theol. 1954 Bonn.

Religion u. Kunst, 1929; Kirchenkrise u. Zukunftsreligion, 1937; Schicksal u. Gott, 1947; Gott oder Dämon. Verkündigung in das Schicksal u. in die Entscheidung unserer heutigen Welt I-IV, 1950/51; Zum Thema Verkündigung u. Situation (Festschr. f. G.Dehn, 1957, 205-225); Als letzter Stadtdekan von Breslau, 1963; Die ev. Predigt. Grundsätze u. Beispiele homil. Analysen, Vergleiche u. Kritiken, 1963. - Hg.: Bonner Universitätspredigten, 1959.

Schicksal III; Vorsehung; Zufall; Zulassung.

Kooiman, *Willem Jan,* * 3.9.1903 Barneveld (Niederl.), D. (1960, Münster), Dr. theol. (1943). Ev.-Luth. Pfarrer 1927 Veendam, 1929 Deventer, 1935 Amsterdam, Prof. f. KG 1945 ebd.

De ronde Lutherse Kerk te Amsterdam, Amsterdam 1941; Luthers kerklied in de Nederlanden, ebd 1943; M.Luther, doctor der Hl. Schrift, reformator der Kerk, ebd (1946) 1948² (auch dt., engl., schwed.); De Nederlandsche Luthersche gemeenten in Noord-Amerika 1649-1772, ebd 1946; Luther, zijn weg en zijn werk, ebd (1954) 1959⁶; Luther en de Bijbel, Baarn (1958) 1961² (auch engl.); Philippus Melanchthon, Amsterdam 1963. - Hg.: Pro regno, pro sanctuario (Festschr. G.van der Leeuw), Nijkerk 1950. - Mit-Hg.: Documenta Reformatoria I. II, 1960/62.

Amerika II; Amsterdam.

Kraeling, *Carl Hermann,* * 10.3.1897 Brooklyn/N.Y. (USA), Dr. theol. (1935), Ph.D. (1927), D.H.L. h.c. (1958, Hebrew Union College, Cincinnati). Doz. u. Assistant Prof. am Lutheran Theol. Seminary 1923-29 Philadelphia/Pa., Prof. f. NT an der Yale Univ. 1929 New Haven/Conn., Prof. f. Archäologie 1950 Univ. Chicago (em. 1963), Direktor des Oriental Institute 1950 bis 1960 ebd.

Anthropos and Son of Man, New York 1927; A Greek Fragment of Tatian's Diatessaron from Dura, Haverford/Pa. 1935; Gerasa, City of the Decapolis, New Haven 1938; John the Baptist, New York 1951; The Synagogue (Excavations at Dura-Europos, Final Report VIII/1), New Haven 1956; Ptolemais, City of the Libyan Pentapolis, Chicago 1963.

Dura-Europos II; Gerasa.

Kraeling, *Emil Gottlieb,* * 13.4.1892 Brooklyn/ N.Y. (USA), Ph.D. (1918). Doz. f. semit. Sprachen an der Columbia Univ. 1919-26 New York, Doz. f. AT (1919 bis 1926) u. Assistant Prof. (1927-46) am Union Theol. Seminary ebd; pfarramtl. Tätigkeit in Brooklyn 1913-41 u. 1956-58.

The Book of the Ways of God, New York 1938; The Brooklyn Museum Aramaic Papyri, New Haven 1953; The OT since the Reformation, London 1955; Rand McNally Bible Atlas, New York (1956) 1962²; The Clarified NT I: The Four Gospels, ebd 1962; Our Living Bible (mit M.Avi-Yonah), ebd 1962; Neubearb. v. J.A. Bewer, The Lit. of the OT, ebd 1962³.

Arsames; Elephantine-Urkunden.

Kraemer, *Hendrik,* * 17.5.1888 Amsterdam, D. (1965, Hamburg), D.D. (1946, St. Andrews), Dr. theol. h.c. (1936, Utrecht), Dr. phil. (1921). Wiss. Arbeit im Dienst der Niederl. Bibelgesellschaft 1921-35 Indonesien, Prof. f. Religionsgesch. u. -phänomenologie 1937 Leiden, Direktor des Ökum. Instituts des Ökum. Rates 1948-55 Bossey (Schweiz), lebt in Driebergen (Niederl.).

The Christian Message in a non-Christian World, (New York 1938) 1956 (dt. 1940); The Communication of the Christian Faith, Philadelphia 1956 (dt. 1959); Religion and the Christian Faith, London (1956) 1962 (dt. 1959); From Missionfield to Independent Church (Indonesien), ebd 1958; A Theology of the Laity, ebd (1958) 1963⁵ (dt. 1959, holl. 1960); World Cultures and World Religions, ebd (1960) 1962.

Anknüpfung; Synkretismus II.

Kraft, *Heinrich,* * 1.7.1918 Darmstadt, D. (1959, Heidelberg), Dr. theol. (1950). PDoz. f. KG 1954 Heidelberg; ao. Prof. 1958, o. Prof. 1963 Kiel.

Kaiser Konstantins relig. Entwicklung (BHTh 20), 1955; Weisheit der Väter, 1957. - Mit-Hg.: Lactantius, De ira dei, 1957; Clavis Patrum Apostolicorum, 1963; Texte d. Kirchenväter, 1963 ff.

Antike und Christentum; Apokalyptik IV; Chiliasmus; Dasius; Demetrius der Heilige; Eschatologie V; Lucian von Antiochien; Lucian von Samosata; Marcion, 1; Monogramm Christi; Nektarius von Konstantinopel; Nepos von Arsinoe (mit P.GLAUE); Reticius von Autun; Therapeuten.

Krahn, *Cornelius,* * 3.8.1902 Rosenthal b. Chortitza (Ukraine), Dr. theol. (1936), M.A. (1939). Prof. f. KG am Tabor College 1939 Hillsboro/Kans. (USA), am Bethel College 1944 North Newton/Kans.

Bibliogr. in: A Legacy of Faith (Festschr. z. 60. Geb.), North Newton 1962, 9-14. Bes.: Menno Simons, ein Beitrag zur Gesch. u. Theol. der Taufgesinnten, 1936. - Hg.: Mennonite Life. - Mit-Hg.: Mennonite Encyclopedia, 4 Bde, 1955-59.

Mennoniten.

Krapp, *Helmut,* * 24.11.1929 Darmstadt, Dr. phil. (1955), Chefdramaturg der Städt. Bühnen Frankfurt/M.

Der Dialog bei Georg Büchner, 1958.

Büchner.

Krappmann, *Lothar,* * 19.11.1936 Kiel. Studium der kath. Theol. 1956-61, der Soziologie seit 1961.

Studentenverbände, 1.

Kraus, *Hans-Joachim,* * 17.12.1918 Essen-Schonnebeck, D. (1956, Bonn), Dr. theol. (1944). PDoz. f. AT 1948, ao. Prof. 1951 Bonn, o. Prof. 1954 Hamburg.

Die Königsherrschaft Gottes im AT (BHTh 13), 1951; Gottesdienst in Israel, (1954) 1962²; Gesch. d. hist.-krit. Erforschung des AT von d. Reformation bis zur Gegenwart, 1956; Klagelieder (BK XX), (1956) 1960²; Psalmen I. II (BK XV), (1960) 1961²; Begegnung mit d. Judentum, 1963. - Hg.: BSt. - Mit-Hg.: VF; BGE, seit 1955; BGH, seit 1959.

Auferstehung III; Erlösung II; Hölle II; Klagelieder Jeremiä; Krieg II; Vatername Gottes II.

Krebs, *Albert,* * 7.10.1897 Frankfurt/M., Dr. phil. (1921). Fürsorger 1923 Thür. Landesstrafanstalt Untermaßfeld, stellv. Direktor 1925 Thür. Landesjugendgefängnis Eisenach, Direktor 1928 Thür. Landesstrafanstalt Untermaßfeld, 1933 aus polit. Gründen entlassen u. bis 1945 Sozialarbeiter in Frankfurt/M., seit 1945 Leiter der Abteilung Strafvollzug im Hess. Justizministerium (Ministerialrat), dazu seit 1950 Lehrbeauftragter f. Gefängniskunde u. Kriminologie in Marburg, 1956 Honorar-Prof.

Unvollst. Bibliogr. in: Strafvollzug in Hessen (Festg. z. 40jähr. Dienstjubiläum), 1960, 253-255 (als Ms. vervielfältigt). Bes.: A.H. Francke u. Friedrich Wilhelm I. Ein Beitrag zur Gesch. d. Schul- u. Anstaltswesens, 1925. - Schriftleiter: Zs. f. Strafvollzug, seit 1952.

Wagnitz.

Krebs, *Manfred,* * 28.5.1892 Frankfurt/M., Dr. phil. (1926). Staatsarchivrat 1929, Staatsarchivdirektor am Badischen General-Landesarchiv 1954 Karlsruhe, 1957 i.R.

Regesten d. Bischöfe von Straßburg II/5, 1928; Regesten d. Pfalzgrafen am Rhein II/6, 1939; Quellen zur Gesch. d. Täufer IV: Baden u. Pfalz (QFRG 21), 1951; VII. VIII: Elsaß (ebd 26/27), 1959/1960; Die Protokolle d. Konstanzer Domkapitels, 1952-59. - Hg.: ZGO, 1941-57; Johannes Reuchlin. Festg. seiner Vaterstadt Pforzheim, 1955.

Volz.

Kreck, *Walter,* * 7.6.1908 Weidelbach/Dillkr., D. (1956, Mainz), Lic. theol. (1936). Leiter des Predigerseminars der Bek. Kirche 1935 Frankfurt/M., dazu Pfarrer 1937 ebd, Ausweisung aus Hessen 1940, Pfarrer 1941 Oberfischbach Kr. Siegen, Prof. 1946 Predigerseminar Herborn, o. Prof. f. Syst. Theol. 1952 Bonn.

Die Lehre von d. Heiligung bei H.F.Kohlbrügge (FGLP VIII, 2), 1936; Die Abendmahlslehre in d. reformat. Bekenntnisschriften (mit E.BIZER) (ThEx NF 47), (1955) 1959²; Die Zukunft des Gekommenen. Grundprobleme d. Eschatologie, 1961. - Mit-Hg.: EvTh; Göttinger Predigtmeditationen; Beitr. z. Gesch. u. Lehre d. Ref. Kirche.

Abendmahl III, 2; Sakramente II, 2; Taufe IV, 2.

Kretschmar, *Georg,* * 31.8.1925 Landeshut/Schles., D. (1963, Tübingen), Dr. theol. (1950). PDoz. f. KG 1953 Tübingen, o. Prof. f. NT u. KG 1956 Hamburg.

Studien zur frühchristl. Trinitätstheol. (BHTh 21), 1956; Die Reformation in Breslau I, 1960; Die Konzile d. alten Kirche (Die ökum. Konzile d. Christenheit, hg.v. H.J.MARGULL, 1961, 13-74); Die Gesch. d. Taufgottesdienstes in d. alten Kirche (in: Leiturgia V, 1964 ff). - Mit-Hg.: Quellenhefte zur ostdt. u. osteurop. KG, 1959 ff.

Abendmahl IV; Anna; Antonianer, 1. 2; Apelles; Assyrische Kirche; Barbara; Barbelo-Gnostiker; Bardesanes; Basilides; Cerdo; Gnosis III; Gottesdienst V A, 1; Herakleon; Hermogenes; Heß, Joh.; Hippolyt; Kainiten; Karpokrates; Kirchenjahr, 1; Lambethkonferenzen; Liturgie III; Markus, Gnostiker; Menander; Messe I; Nikolaiten; Ophiten und Naassener; Protestantische Episkopalkirche; Ptolemäus; Sakramentare; Satornil; Sethianer; Valentin, Gnostiker.

Kriege, *Anneliese* s. Opitz.

Krimm, *Herbert,* * 6.11.1905 Przemysl (Polen), Dr. theol. (1932). Pfarrer 1928 Wien, Sachbearbeiter beim Centralvorstand des Gustav-Adolf-Vereins 1936 Leipzig, Kriegspfarrer 1942, Abteilungsleiter 1946, Leiter des Zentralbüros des Hilfswerks der EKD 1951 Stuttgart; PDoz. f. Prakt. Theol. 1951, Honorar-Prof. 1952, Direktor des Diakoniewiss. Instituts 1954, Pfarrer 1956, o. Prof. 1960 Heidelberg.

Hg.: Das Antlitz d. Vertriebenen, 1949; Das diakon. Amt d. Kirche, 1953; Das diakon. Amt d. Kirche im ökum. Bereich, 1960; Quellen zur Gesch. d. Diakonie I. II, 1960/63.

Hilfswerk der Ev. Kirche in Deutschland.

Krockow, *Christian Graf von,* * 26.5.1927 Rumbske Kr. Stolp/Pommern, Dr. phil. (1954). Assistent 1956 Göttingen, Prof. f. polit. Wiss. 1961 Päd. Hochschule ebd.

Die Entscheidung. Eine Unters. über Ernst Jünger, Carl Schmitt, Martin Heidegger, 1958; Soziologie d. Friedens. Drei Abh.en zur Problematik d. Ost-West-Konflikts, 1962.

Hobbes; Pluralismus; Spengler, Oswald.

Krodel, *Gottfried,* * 14.7.1931 Redwitz/Rodach, Dr. theol. (1955). Instructor f. KG 1956 Univ. Chicago (USA); Assistant Prof. 1959, Associate Prof. 1962 Concordia College, Moorhead/Minn.

Nürnberger Humanisten am Anfang d. Abendmahlsstreites (ZBKG 25, 1956, 40-50); Figura Prothysteron and the Exegetical Basis of the Lord's Supper during the Reformation (The Lutheran Quarterly 12, 1960, 152-158); The Lord's Supper in the Theology of the Young Luther (ebd 13, 1961, 19-33); Fragen an ein kath. Erasmusverständnis (ThLZ 87, 1962, 733-740). - Hg.: Luther's Works, American Edition. The Letters I-III, Philadelphia 1963 ff.

Colet; Crotus; Endecott; Epistolae obscurorum virorum; Faber Stapulensis; Gratius; Hochstraten.

Krönig, *Wolfgang,* * 18.8.1904 Hamburg, Dr. phil. (1931). Staatl. Museen 1932 Berlin, Bibliotheca Hertziana 1933-37 Rom, PDoz. f. Kunstgesch. 1938, apl. Prof. 1944 Köln.

Der ital. Einfluß in d. fläm. Malerei im 1. Drittel d. 16.Jh.s, 1936; Hallenkirchen in Mittelitalien (Kunstgeschichtl. Jb. d. Bibl. Hertziana 2, 1938, 1-142); Geertgens Bild Johannes' d. Täufers (Das Münster 3, 1950, 193-206); Toskana u. Apulien (Zs. f. Kunstgesch. 16, 1953, 101-144); Venedig, 1957; Engel, (1957) 1961²; Rom-Vedute, 1961; Rhein. Vesperbilder, 1962; Cefalù, d. sizil. Normannendom, 1963; Phil. Hackert, 1964.

Weihnachten, 2.

Krüger, *Etienne,* * 8.7.1895 Paris (Frankreich), Lic. theol. Lehrer an einem Landerziehungsheim 1922-27 bei Paris, Jugendsekretär im Foyer des Jeunes (YMCA) u. Lehrer an der Ecole Paul-Minault 1928-31 Tananarive (Madagaskar), Direktor dieser Schule 1932-47, Bibliothekar u. Archivar der Société des Missions Evangéliques de Paris 1949 Paris.

Frankreich IV.

Krüger, *Gustav:* 4, 82f.

Starck, J.A. (mit ERNST WOLF).

Krüger, *Hanfried,* * 12.4.1914 Schwerin/Meckl., Dr. phil. (1937). Pastor 1940 Hannover, 1943 Lauenstein/Han., Kirchenrat 1951 Hannover, Oberkirchenrat im Kirchl. Außenamt 1953 Frankfurt/M. (Leiter der Ökum. Centrale 1956, Geschäftsführer der Arbeitsgemeinschaft christl. Kirchen in Deutschland 1962).

Verständnis u. Wertung d. Mystik im neueren Protestantismus, 1938; Ökum. Bewegung (KJ 85, 1958, 310-377; 86, 1959, 286-337; 88, 1961, 323-387; 89, 1962, 285-329); Ökum. Katechismus, 1962. - Hg.: Bis an das Ende der Erde, 1962. - Schriftleiter: ÖR.

Freie ev. Gemeinden; Haushalterschaft; Ökumenische Arbeitsorgane und Verbände in Deutschland; Tomkins; Visser 't Hooft.

Krüger, *Sabine,* * 15.5.1920 Frankfurt/O., Dr. phil. (1945), wiss. Referentin im Max-Planck-Institut f. Gesch., Göttingen. 1945-48 Bearbeitung der Korrespondenz Karls V., seit 1950 Mitarbeiterin der MGH (Edition der Werke des Lupold von Bebenburg u. der Oeconomica des Konrad von Megenberg).

Studien zur sächs. Grafschaftsverfassung im 9.Jh., 1950.

Lupold von Bebenburg.

Krumwiede, *Hans-Walter,* * 13.7.1921 Hannover, Dr. theol. (1955), Dr. phil. (1949). PDoz. f. niedersächs. KG 1955, apl. Prof. 1961 Göttingen.

Glaube u. Gesch. in d. Theol. Luthers (FKDG 2), 1952; Das Stift Fischbeck an der Weser. Unters.en zur Frühgesch. 955-1158 (Studien z. KG Niedersachsens 9), 1955; Die ma.lichen Kirchen- u. Altarpatrozinien Niedersachsens (ebd 11), 1960; Reichsverfassung u. Reichskirche. Motive nat.soz. Politik in ihrer Auswirkung auf d. ev. Landeskirchen (JGNKG 59, 1961, 142-167); Usus legis u. usus historiarum. Die Hermeneutik d. Theologia crucis nach Luthers Auslegung von Jes 13 (KuD 8, 1962, 238-264). - Hg.: JGNKG.

Münchmeyer.

Kubler, *George,* * 26.7.1912 Los Angeles/Calif. (USA), Ph.D. (1940), Prof. f. Kunstgesch. an der Yale Univ., New Haven/Conn.

The Art and Architecture of Ancient America (Pelican Hist. of Art), Harmondsworth 1962.

Kunst II A, 2.

Kübler, *Otto,* * 22.4.1904 Gunung Sitoli auf Nias (Indonesien), Dr. theol. (1927). Stiftsrepetent 1930 Tübingen, stellv. Studienrat 1935 Seminar Urach, Pfarrer 1936 Indonesien, Heeresdienst 1940, Auswärtiges Amt 1941 Berlin, dazu Doz. f. Südostasien 1942 Auslandswiss. Hochschule Berlin, Abteilungsleiter im Dt. Kulturinstitut 1943 Madrid, Religionslehrer 1951 Ulm, 1953 Tübingen, 1961 Markgröningen.

Mission u. Theol. Eine Unters. über d. Missionsgedanken in d. syst. Theol. seit Schleiermacher, 1929; Die Abschiedsreden Jesu u. Buddhas (Wort u. Geist. Festschr. f. K.Heim, 1934, 387-403); Insulinde (H.DITTMER, Um Glauben u. Heimat, 1938, 148-160); Kolumbus Australiens. Das Wagnis des Pedro Fernández de Quirós, 1956.

Quirós.

Küchenhoff, *Werner,* * 18.7.1910 Bleicherode/Harz, Dr. phil. (1939). Marinepsychologe 1939 Wilhelmshaven, Wehrdienst u. Kriegsgefangenschaft 1943-49, wiss. Mitarbeiter 1949 Wiesbaden, wiss. Assistent 1953 Frankfurt/M.; Doz. f. Pädagogik u. Sozialpäd. 1958, Prof. 1963 Hannover, Direktor des Dt. Jugendinstituts 1964 München.

Pflegekinder (mit W.STEINBRECHER), 1958; Die Volkshochschule in Recht u. Verwaltung (mit H.DOLFF u. A.KÖTTGEN), 1962; Das Sozialpraktikum d. Studierenden an Päd. Hochschulen (mit W.DALIBOR), 1962.

Schulaufsicht; Schulgesetzgebung; Schulpflicht.

Küchler, *Martin,* * 5.12.1896 Ohorn Kr. Kamenz/Sa. Pfarrer 1925, u.a. 1933 Annaberg/Erzg.; Missionsinspektor bei der Ev.-luth. Mission 1936 Leipzig.

Gutmann; Leipziger Mission.

Kücklich, *Reinhold,* * 13.4.1896 Stuttgart, D.D. (1962, Reading/Pa., USA), Dr. phil. (1924). Pastor 1925 Dresden, Doz. am Predigerseminar der Ev. Gemeinschaft 1927, Direktor 1952 Reutlingen/Württ.

Treues Haushalten, 1932; Unsere Verkündigung, 1933; Die Ev. Gemeinschaft in Europa, 1950. - Mit-Hg.: F.RIENECKER-J.WARNS, Lehrbuch d. nt. Griechisch, 1954³; CBL, 1959-61⁵.

Albrecht, Jacob; Otterbein.

Kühn, *Herbert,* * 29.4.1895 Beelitz b. Potsdam, Dr. phil. (1918). PDoz. f. Vor- u. Frühgesch. 1923, ao. Prof. 1929 Köln, o. Prof. 1946 Mainz.

Die Kunst d. Primitiven, 1923; Kunst u. Kultur d. Vorzeit Europas, 1929; Die vorgesch. Kunst Deutschlands, 1935; Auf d. Spuren des Eiszeitmenschen, (1950) 1956³; Das Problem d. Urmonotheismus (AAMz 1950, 22); Die Felsbilder Europas, (1952) 1956²; Die Kunst Alteuropas, (1954) 1958²; Das Erwachen d. Menschheit, (1954) 1957³; Der Aufstieg d. Menschheit, (1955) 1957³; Die Entfaltung d. Menschheit, 1958; Vorgesch. d. Menschheit I. II, 1962/63.

Dolmen; Felsenzeichnungen; Grab; Leichenverbrennung; Prähistorie.

Kühnert, *Wilhelm,* * 28.2.1900, Dr. theol., Dr. phil. (1930), o. Prof. f. KG 1951 Wien.

Johann Christian Edelmann (JGPrÖ 67, 1951, 25-35); Das Taufbuch d. schwed. Gesandtschaftskapelle in Wien 1733-86 (ebd 68/69, 1953, 99-111); Johann Matthias Schroeckh (ebd 74, 1958, 71-106; 75, 1959, 65-96). - Hg.: JGPrÖ, seit 1951.

Völker; Wien I; Wiener Neustadt; Wilkens.

Kümmel, *Werner Georg,* * 16.5.1905 Heidelberg, D. (1949, Heidelberg), Dr. theol. (1929). Ao. Prof. f. NT 1932, o. Prof. 1946 Zürich, 1951 Mainz, 1952 Marburg.

Bibliogr. bis 1964 in: Heilsgeschehen u. Gesch. (Ges. Aufs.), 1965, 471-482. Bes.: Römer 7 u. d. Bekehrung d. Paulus (UNT 17), 1929; Verheißung u. Erfüllung (AThANT 6), (1945) 1956³; Das Bild d. Menschen im NT (ebd 13), 1948 (2. Aufl. engl. 1963); H.LIETZMANN, An die Korinther I. II (HNT 9), 4. Aufl. ergänzt, 1949; M.DIBELIUS, Paulus (zu Ende geführt), (1951) 1964³; Das NT. Gesch. d. Erforschung seiner Probleme, 1958; P.FEINE-J.BEHM, EinlNT, 12. Aufl. völlig neu bearb., 1963 (1964¹³). - Mit-Hg.: ThR, seit 1957.

Bauer, Walter; Bibel II A-C; Bibelwissenschaft II; Dibelius, Martin; Heitmüller; Himmelfahrt Christi I; Judenchristentum I; Paulusakten; Paulusbriefe; Schmiedel; Schriftauslegung III; Sittlichkeit V; Urchristentum; Weiß, Joh.; Weissagung und Erfüllung II.

Kümmerer, *Emil,* * 19.4.1914 Füßbach Kr. Öhringen/Württ., Dr. phil. (1953). Bibliotheksrat 1954, Erster Bibliotheksrat 1965 Tübingen.

Die Ahmadiya. Beiträge zur Kenntnis eines ägypt. Derwischordens (Phil. Diss. Tübingen), 1953 (Masch.). - Übersetzer der ital. Artikel für RGG³.

Bomberg.

Künneth, *Walter,* * 1.1.1901 Etzelwang/Bayern, D. (1945, Erlangen), Lic. theol. (1927), Dr. phil. (1923). Doz. 1927, Leiter der Apologet. Centrale 1932 Berlin-Spandau, dazu PDoz. f. Syst. Theol. 1930 Berlin, Mitbegründer der Jungreformatorischen Bewegung 1933, Verfolgung durch Gestapo (u.a. Rede- u. Schreibverbot), Absetzung u. Entzug der Venia legendi 1937; Pfarrer 1938 Starnberg, Dekan 1944 Kirchenkreis Erlangen, dazu Honorar-Prof. 1946 ebd; o. Prof. f. Syst. Theol. 1953 Erlangen.

Theol. d. Auferstehung, (1933) 1951⁴; Antwort auf den Mythus. Die Entscheidung zwischen d. nord. Mythus u. d. bibl. Christus, 1935; Der große Abfall. Eine geschichtstheol. Unters. d. Begegnung zwischen Nationalsozialismus u. Christentum, 1947; Politik zwischen Dämon u. Gott, 1954; Moderne Wirtschaft - Christl. Existenz, 1959; Glauben an Jesus? Die Begegnung d. Christologie mit d. modernen Existenz, (1962) 1963².

Auferstehung Christi II; Instruktionskurse.

Küppers, *Werner,* * 1.11.1905 Königsberg/Pr., Dr. theol. (1932). Altkath. Pfarrer 1930-38 Biel Kt. Bern (Schweiz), dazu ao. Prof. f. AT 1933 Bern; Prof. f. Syst. Theol. am Bischöfl. Seminar 1938, dazu Pfarrer 1938-60 Bonn, Regens des Bischöfl. Priesterseminars 1946; Doz. f. Syst. Theol. 1939, apl. Prof. 1940, Direktor des Altkath. Seminars 1947 Univ. Bonn.

Das Messiasbild d. spätjüd. Apokalyptik, Bern 1932. - Mit-Hg.: ÖR, seit 1951; Altarbuch f. d. Feier d. hl. Eucharistie im Kath. Bistum der Alt-Katholiken in Deutschland, 1959.

Altkatholiken; Bonn; Codde; Czech; Döllinger; Friedrich, Joh.; Herzog, Ed.; Huber, J.N.; Keussen; Kreuzer; Küry; Moog; Reinkens; Reusch; Schulte; Weber, Th.

Kuhl, *Curt,* * 28.12.1890 Graudenz, † 13.3.1959 Kassel, D. (1956, Bonn), Lic. theol. (1931), Dr. phil. (1918). Pfarrer 1921 Schlawa/Schles., 1924 Suhl/Thür., 1928 Berlin, Wehrdienst u. Kriegsgefangenschaft 1939-48, Pfarrer 1949 Nordkirchen Kr. Lüdinghausen, 1956 i.R. in Kassel, Lehrbeauftragter 1959 Göttingen.

Die drei Männer im Feuer (BZAW 55), 1930; Die Entstehung des AT, (1953) 1960²; Israels Propheten, 1956.

Bibelwissenschaft I; Formen und Gattungen I; Hiobbuch.

Kuhn, *Karl Georg,* * 6.3.1906 Thaleischweiler/Pfalz, D. (1955, Göttingen), Dr. phil. (1931). PDoz. 1934, apl. Prof. 1942 Tübingen, 1949 Göttingen, o. Prof. f. NT 1954 Heidelberg.

Die älteste Textgestalt der Psalmen Salomos (BWANT IV, 21), 1937; Achtzehngebet u. Vaterunser u. der Reim (WUNT 1), 1950; Der tannaitische Midrasch Sifre zu Numeri, 1959. - Hg.: Rückläufiges hebr. Wörterbuch, 1958; Konkordanz zu den Qumrantexten, 1960; Studien zur Umwelt des NT.

Askese III. IV; Essener; Qumran, 4. 5.

Kulandran, *Sabapathy,* * 23.9.1900 Manipay (Ceylon), D.D. (1961, Serampore), B.A. (1927), B.D. (1931). 1931 Pfarrer des Jaffna Council der South Indian United Church, 1940-46 Präsident des Jaffna Council, seit 1947 Bischof der Kirche von Südindien, Jaffna-Diözese.

Message and Silence of the American Pulpit, Boston 1949; Towards an Understanding of the Christian Faith, 1956; Facing a Renaissance, 1957; Grace. A Comparative Study of the Doctrine in Christianity and Hinduism, London 1964.

Bhakti II.

Kulp, *Hans-Ludwig,* * 14.7.1903 Mörchingen/Lothr., † 1.6.1961 Dortmund. Pfarrer 1929 Saarbrücken, 1932 Neufechingen/Saar, 1936 Dortmund.

Das Gemeindegebet im christl. Gottesdienst (Leiturgia II, 1955, 355-415). - Mit-Hg.: Agende d. Ev. Kirche von Westfalen u. Rheinland, 1949.

Gebet V; Gebetbücher.

Kunstreich, *Jan-Siefke,* * 15.3.1921 Wittmund/Ostfriesland, Dr. phil. (1957). Kriegsdienst 1939-45, Volksschuldienst 1945-47, Studentenkabarett »Die Amnestierten« 1947-53, wiss. Assistent 1956-61 Kiel, Kulturreferent der Stadt Kiel 1962.

Der »Geistreiche Willem«. Studien zu Willem Buytewech (1591 bis 1624), 1959; Hist. Zusammenhänge von Kunst u. Photographie (Festschr. R.Sedlmaier [Nordelbingen 28/29], 1960, 243-262); Lebendiges Kiel, 1963.

Malerei und Plastik IV (mit H.Tintelnot); Rubens.

Kupisch, *Karl,* * 14.2.1903 Berlin, Dr. theol. h.c. (1963, Basel), Dr. phil. (1937). Lehrer bzw. Studienrat 1934-56 Berlin, dazu Doz. f. KG u. Allg. Gesch. 1946, Prof. 1954 Kirchl. Hochschule, zugleich Lehrbeauftragter f. allg. Religions- u. Geistesgesch. 1955, Honorar-Prof. 1957 Techn. Univ. Berlin.

Vollst. Bibliogr. bis 1962 in: Zwischenstation (Festschr. z. 60. Geb.), 1963, 299-302. Bes.: Coligny, (1950) 1951²; Feinde Luthers, 1951; Vom Pietismus zum Kommunismus, 1953; Zwischen Idealismus u. Massendemokratie, 1955; Das Jh. d. Sozialismus u. die Kirche, 1958; Der dt. CVJM, 1958; Tradition u. Gegenwart I. III, 1958/63; Ein Bischof meutert, 1961. - Hg.: K.Barth, »Der Götze wackelt«, 1961; H.Vogel, Gottes Wort in Menschenmund, 1962.

Agendenstreit; Altenstein; Ancillon; Belowianer; Berlin; Biester; Bismarck; Borowski; Bunsen; Cavour; Christlieb; Consalvi; Dalberg; Droste-Vischering; Eichhorn, J.A.F.; Eylert; Fabri, Friedr.; Falk, Adalbert; Frankfurter Parlament; Friedrich II. d.Gr.; Gerlach, 1-3; Hammerstein; Jatho; Karlsbader Beschlüsse; Kirchenpolitik; Kirchlich-sozial; Kleist-Retzow; Klopp; Köstlin, Jul.; Kolde; Kottwitz; Kulturkampf; Lavater; Lehninsche Weissagung; Leo; Mallet; Maurenbrecher; Meinecke; Mommsen; Mühler; Müller, Karl; Paine; Pfarrernotbund; Preußen; Rade; Radowitz; Ranke; Reichensperger, 1. 2; Restauration; Reuter, Herm.; Robespierre; Rohrbach; Ruge; Schenkel; Stahl; Stoecker; Ströter; Suttner; Talleyrand, Ch.M.; Thadden; Todt; Treitschke; Westfälischer Friede; Wichelhaus; Wiener Kongreß; Windthorst; Zentrum.

Kusch, *Horst,* * 13.1.1924 Kreuzburg/OS., † 3.3.1958, Dr. phil. (1947). Habilitation f. klass. u. ma.liche Philologie 1951, Doz. 1952, Prof. 1955 Leipzig.

Studien über Augustinus, 1.: Trinitarisches in d. Büchern 2-4 u. 10-13 der Confessiones (Festschr. F.Dornseiff z. 65. Geb., 1953, 124 bis 183); 2.: Der Titel Gottes »dominus« bei Augustinus u. Thomas von Aquino (ebd 184-200); Einführung in d. lat. MA I: Dichtung, 1957.

Arnobius d.J.; Avitus; Ausonius; Cäsarius von Arles; Chrysologus; Eucherius von Lyon.

Kuschke, *Arnulf,* * 10.8.1912 Kiel, D. (1959, Göttingen), Dr. theol. (1938). PDoz. f. AT u. Bibl. Archäologie 1949 Göttingen, Doz. 1952 Erlangen; ao. Prof. 1955, o. Prof. 1959 Mainz.

Die Lagervorstellung der Priesterschrift (ZAW 63, 1952, 74-105); Beiträge zur Siedlungsgesch. der Bikāʿ (ZDPV 70, 1954, 104-129; 71, 1955, 97-110; 74, 1958, 81-120); Berichte über d. Lehrkurse d. Dt. Ev. Palästina-Instituts (ebd 74, 1958, 7-34; 76, 1960, 8-49; 77,

1961, 1-37; 78, 1962, 113-142); Bericht über eine Sondage im Palasthof III von Ugarit-Ras Schamra (Ugaritica IV, 1963, 251-300). - Hg.: Verbannung u. Heimkehr. Beiträge zur Gesch. u. Theol. Israels im 6. u. 5.Jh. vChr (Festschr. f. W.Rudolph), 1961.

Bethsean; Geographie, 1; Gibeon; Gilgal; Goldenes Kalb; Guthe; Hamath; Har(r)an; Hebron; Jericho; Kanaan I (mit O.EISSFELDT); Mizpa; Ophra; Penuel; Tirza; Ugarit, 1.

Kutsch, *Ernst,* * 17.6.1921 Frankfurt/M., Dr. theol. (1955). Offizier 1940-45, Repetent 1953 Mainz, Redakteur RGG³ 1954-57 Tübingen; wiss. Assistent 1957, PDoz. f. AT 1960 Mainz, o. Prof. 1963 Wien.

Das Herbstfest in Israel (Theol. Diss. Mainz), 1955 (Masch.); Gideons Berufung u. Altarbau Jdc 6, 11-24 (ThLZ 81, 1956, 75-84); Erwägungen zur Gesch. d. Passafeier u. d. Massotfestes (ZThK 55, 1958, 1-35); ʿᵃnawā (»Demut«). Ein Beitrag zum Thema »Gott u. Mensch im AT« (Habil.-Schr. Mainz), 1960; Die Dynastie von Gottes Gnaden. Probleme d. Nathanweissagung in 2Sam 7 (ZThK 58, 1961, 137-153); Salbung als Rechtsakt im AT u. im Alten Orient (BZAW 87), 1963.

Abrenuntiatio diaboli; Armenpflege II; Armut I; Astruc; Beerseba; Begrich; Bertholet; Budde; Cäsarea; Calmet; Chantal; Chronologie III; Cölestin (II.); Delitzsch; Demut II; Duhm; Eichhorn, J.G.; Erlaßjahr; Ewald, H.G.A.; Ezechiel, Apokryphon; Feste und Feiern II; Gesenius, Wilh.; Gideon; Gottesurteil II; Graf; Ilgen; Jobeljahr; Israel II; Kapitel- und Verseinteilung in der Bibel; Kittel, Rudolf; Kuenen; Lade Jahwes; Leusden; Lowth; Melchisedek, 1; Michaelis, 2. 3; Mowinckel; Pratensis; Reuß; Robinson, H.W.; Rosenmüller, E.F.K.; Sabbat; Salbung I. II; Schmidt, Hans; Selden (mit A.BERTHOLET); Sichem; Silo; Sündenbock; Tabor; Tekoa; Vatke; Witter; Zelt.

Laag, *Heinrich,* * 12.4.1892 Boizenburg/Elbe, D. (1930, Greifswald), Lic. theol. (1919). Pfarrer 1918 Stojentin Kr. Stolp, PDoz. f. KG u. Christl. Archäol. 1924 Greifswald, Sup. 1930 Garz/Rügen, ao. Prof. 1933 Greifswald, Propst u. Oberkonsistorialrat 1934 Stettin (1945 i.R.); Lehrbeauftragter f. Christl. Archäol. u. modernen Kirchenbau 1950, Honorar-Prof. 1953 Marburg.

Der Pietismus, ein Bahnbrecher d. dt. Aufklärung (ThBl 3, 1924, 269-277); Die relig. Entwicklung E.M.Arndts, 1926; Die Coemeterialbasilika von Tarragona (Von d. Antike zum Christentum. Festg. f. Victor Schultze, 1931, 123-166); Wörterbuch d. altchristl. Kunst, 1959; Der moderne Kirchenbau (MPTh 50, 1961, 48-54); Der Einfluß d. liturg. Bewegung auf d. modernen kath. Kirchenbau (MdKI 14, 1963, 41-47). - Hg.: Blätter f. KG Pommerns, 1928-45.

Briesmann; Freder; Funck; Gebhardi; Knipstro; Polentz; Queiß.

Lachenmann, *Eugen,* * 21.8.1869 Reutlingen/Württ., † 7.1.1937 ebd. Pfarrer u. Oberpräzeptor 1896 Kirchberg/Jagst, Pfarrer 1902 Schrozberg, 1908 Leonberg, Dekan 1913 ebd, 1932 i.R.

Mitarbeiter an RE, RGG¹·², CKL.

Bovet, Arnold (mit W.LOEW); Châtel (mit ERNST WOLF); Fava (mit J.ROTH); Gallien (mit H.I.MARROU).

Lahr, *Horst,* * 2.9.1913 Halle/S., Dr. theol. (1951). Pfarrer 1944 Brumby, wiss. Assistent 1951 Pastoralkolleg Ilsenburg, Doz. f. Syst. Theol. 1954 Katechet. Oberseminar Naumburg, General-Sup. 1963 Potsdam.

Anstatt eines Votums. Eine syst. Handreichung zur Aufarbeitung d. Arnoldshainer Abendmahlsthesen (Lehrgespräch über d. hl. Abendmahl, hg.v. G.NIEMEIER, 1961, 236-251). - Mit-Hg.: Wasser, Ring u. Erde. Handreichung f. Lehre u. Ordnung in Taufe, Trauung u. Bestattung, (1953) 1954²; Gottes Heimsuchung durch Wort u. Sakrament, 1955.

Bekenntnisbildung.

Lampe, *Walther,* * 10.9.1894 Mönchengladbach, Dr. jur. (1921), Oberlandeskirchenrat i.R., 1922-59 Jurist im Dienst der Ev.-Luth. Landeskirche Hannovers, 1933 bis 1962 Leiter des Landeskirchl. Archivs, 1946-60 des Archivamts der EKD, Hannover; seit 1960 Landsyndikus der Calenberg-Grubenhagenschen Landschaft.

Archivwesen, kirchliches; Kirchenbücher.

Lanczkowski, *Günter,* * 18.5.1917 Kassel, Dr. phil. (1947). Doz. f. Religionsgesch. 1960 Heidelberg.

Hl. Schriften. Inhalt, Textgestalt u. Überlieferung, 1956 (ital. 1960, engl. 1961); Forschungen zum Gottesglauben in d. Religionsgesch. (Saeculum 8, 1957, 392-403); Aethiopia (JAC 1, 1958, 134 bis 153); Die Begegnung d. Christentums mit d. aztek. Religion (Numen 5, 1958, 58-81); Altägypt. Prophetismus, 1960; Quetzalcoatl - Mythos u. Gesch. (Numen 9, 1962, 17-36).

Gelehrsamkeit; Heilig I; Inspiration I; Kultgeschichtliche Methode I; Leeuw; Los; Makrokosmos und Mikrokosmos; Münze; Nabel; Nieren; Nomaden; Nubien; Ordnung; Rausch; Sabazios; Saeculum; Schlaf; Schmuck; Schweiß; Sonne; Speichel; Spiel I; Stand, 3; Stellvertretung; Sühne; Symbole I; Symbolismus I; Tiele; Vergeltung I; Vergil; Versöhnung I; Wach; Waffen; Werke.

Lang, *Gottlob,* * 28.1.1888 Stuttgart. Pfarrer 1916 Maulbronn, 1922 Calw, 1928 Wiesbaden, 1933 Heilbronn, 1939 Stuttgart, 1955 i.R.; im Vorstand der Dt. Ev. Allianz 1930-62.

Michael Hahn, ein Gottesmann im schwäb. Bauerngewand, 1962.

Gemeinschaften, altpietistische; Hoffmann, Christoph.

Lange, *Erwin Rudolf,* *7.12.1902 Rosenberg/Westpr., Dr. theol. (1953), Dr. phil. (1959). Pfarrer 1929 Manchengut Kr. Osterode/Ostpr., 1935 Wehlau/Ostpr., 1945 Drackendorf b. Jena, 1955 Rostock-Gehlsdorf.

Sterben u. Begräbnis im Volksglauben zwischen Weichsel u. Memel, 1955; Der Lebenskreis im thür. Volksglauben, 1959.

Quellen.

Langerbeck, *Hermann,* * 10.10.1908 Bremen, † 16.2. 1964 Bad Homburg, Dr. phil. (1935). Wehrdienst 1940 bis 1943, Doz. f. klass. Philologie 1942-45 Königsberg/Pr.; Doz. 1948, apl. Prof. 1951, ao. Prof. 1960 Frankfurt/M.

Δόξις ἐπιρυσμίη. Studien zu Demokrits Ethik u. Erkenntnislehre, 1935. - Hg.: Gregorii Nysseni Opera VI: Commentarius in Canticum Canticorum, 1960; Gregorii Nysseni Opera omnia, 1961 ff.

Dionysius Areopagita; Hierocles; Hierokles.

Langeveld, *Martinus Jan,* * 30.10.1905 Haarlem (Niederl.), Dr. phil. et litt. (1934). Ao. Prof. f. Pädagogik 1939, o. Prof. 1946 Utrecht, dazu ao. Prof. 1942-45 Amsterdam.

Vollst. Bibliogr. bis 1960 in: Acta Paedagogica Ultrajectina XIII (3 Bde), 1957-60, 12-34. 8 f. 7-10. Bes.: Einführung in d. Pädagogik, (1951) 1963⁴; Studien zur Anthropologie d. Kindes, (1956) 1964²; Das Kind u. d. Glaube, 1959. Ferner: Die Schule als Weg d. Kindes, (1960) 1963².

Jugend; Kindheit.

Langosch, *Karl,* * 11.4.1903 Berlin-Charlottenburg, Dr. phil. (1932). Lehrbeauftragter 1936 Berlin; apl. Prof. 1953, ao. Prof. 1957 Darmstadt, 1958 Köln, o. Prof. f. mittellat. Philologie 1961 ebd.

Die Sprache d. Göttweiger Trojanerkriegs, 1933; Wilhelm Meyer aus Speyer u. Paul von Winterfeld, 1936; Das »Registrum multorum auctorum« des Hugo von Trimberg, 1942; Polit. Dichtung um Friedrich Barbarossa, 1943; Lat. Lyrik/Epik/Dramen des MA mit dt. Versen, 1955 ff; Vagantendichtung lat. u. dt., 1963; Lat. MA (Einleitung), 1963; Die dt. Lit. des lat. MA in ihrer gesch. Entwicklung, 1964; Charakterköpfe des lat. MA, 1965. - Hg.: Die dt. Lit. des MA. Verfasserlexikon, 1943-55; Geschichtschreiber d. dt. Vorzeit, 1943 ff; Studien zur Jugendlit., 1955-60; Mittellat. Jahrbuch, 1964 ff.

Clerici vagantes.

Lankamp, *Berend Heinrich,* * 15.6.1901 Esche Kr. Bentheim. Pfarrer 1926 Emden, 1930 Uelsen Kr. Bentheim.

Wir denken an die Taten des Herrn, 1951; Die Altref. Kirchen in Niedersachsen (U.KUNZ, Viele Glieder - Ein Leib, [1953] 1962², 44 bis 58).

Reformierte Kirche II B.

Lankheit, *Klaus,* * 20.5.1913 Landsberg/Warthe, Dr. phil. (1947). PDoz. f. Kunstgesch. 1952, Doz. 1955 Heidelberg; ao. Prof. 1958, o. Prof. 1960 Techn. Hochschule Karlsruhe, dazu Honorar-Prof. 1960 Heidelberg.

Franz Marc, 1950; Die Frühromantik u. d. Grundlagen der »gegenstandslosen« Malerei (Neue Heidelberger Jahrbücher 1951, 55 bis 90); Das Freundschaftsbild d. Romantik, 1952; Die Zeichnungen d. kurpfälz. Hofbildhauers Paul Egell, 1954; Das Triptychon als Pathosformel (AAH 1959, 4); Franz Marc im Urteil seiner Zeit, 1960; Florentinische Barockplastik, 1962.

Cornelius; Friedrich, C.D.; Klassizismus; Malerei und Plastik V; Naturalismus III; Nazarener, 5; Overbeck, J.F.; Richter, Ludw.; Romantik I; Runge, Ph.O.; Schinkel; Schnorr von Carolsfeld; Thorvaldsen.

Latourette, *Kenneth Scott,* * 9.8.1884 Oregon City/Oreg. (USA), B.A. (1906), M.A. (1907), Ph.D. (1909), D.D. (1922, Linfield; 1947, McMaster; 1947, Colgate; 1947, Oxford; 1947, Glasgow; 1957, Yale; 1962, Univ. Wales), LL.D. (1942, Denison), Litt. D. (1945, Baylor; 1947, Princeton; 1949, William Jewell; 1952, Shurtleff; 1953, Boston Univ.), L.H.D. (1952, Kalamazoo), Dr. sc. rel. (1952, Marburg). Doz. am College of Yale 1910 China, Doz. am Reed College 1914 Portland; Assistant Prof. 1915, Associate Prof. 1916, Prof. 1917 Denison Univ. Granville; Prof. f. Missionswiss. 1921 Yale Univ. New Haven/Conn., Sterling Prof. of Missions and Oriental Hist. 1948 ebd, em. 1953.

A Hist. of Christian Missions in China, London 1929; The Chinese. Their Hist. and Culture, New York (1934) 1964⁴; A Hist. of the Expansion of Christianity I-VII, ebd 1937-45; A Short Hist. of the Far East, ebd (1946) 1964⁴; A Hist. of Christianity, ebd 1953; World Service. A Hist. of the Foreign Work and World Service of the Y.M.C.A. of the United States and Canada, ebd 1957; Christianity in a Revolutionary Age. A Hist. of Christianity in the 19th and 20th Centuries, ebd 1958-62.

Japan I.

Latte, *Kurt,* * 9.3.1891 Königsberg/Pr., † 18.6.1964 Tutzing, Dr. jur. h.c., Dr. phil. (1913). PDoz. f. klass. Philologie 1920 Münster, o. Prof. 1923 Greifswald, 1926 Basel, 1931 Göttingen.

De saltationibus Graecorum capitula V (RVV XIII, 3), 1913; Hl. Recht. Unters.en zur Gesch. d. sakralen Rechtsformen in Griechenland, 1920; Sallust, 1935; Röm. Religionsgesch. (HAW V, 4), 1960.

Heiland (mit K.GOLDAMMER); Poimandres (mit H.DÖRRIE).

Lau, *Franz,* * 18.2.1907 Leipzig, D. (1952, Rostock), Lic. theol. (1932). Pfarrer 1932 Regis-Breitingen, Studiendirektor 1936 Predigerseminar Lückendorf (1938 bis Dez. 1939 suspendiert), Pfarrer 1939, Landes-Sup. 1945 Dresden, o. Prof. f. KG 1947 Leipzig.

»Äußerliche Ordnung« u. »Weltlich Ding« in Luthers Theol., 1933; Das MtEv, (1950) 1956²; Luthers Lehre von den beiden Reichen, 1952; Luther (SG 1187), 1959. - Hg.: Ev. Diaspora, seit 1953; Jb. f. KG (Herbergen d. Christenheit), seit 1953; LuJ, seit 1957.

Achelis, Hans; Adiaphora; Alberti; Alesius; Alvelt; Ammon; Amsdorf(f); Armut III; Arnd; Askese V; Baier; Beruf III; Billigkeit; Brieger; Brück; Buchwald; Calixt; Calov; Camerarius; Chemnitz; Crell, 1. 2; Curäus; Deutschmann; Diaspora II; Eck; Eigengesetzlichkeit der Lebensgebiete; Emser; Evangelische Räte; Friedrich der Weise; Gelübde V; Georg III. der Gottselige; Georg von Sachsen; Gerechtigkeit des Menschen; Gerhard, Joh.; Gesetz VII; Gute Werke; Habermann; Hausmann; Höe von Höenegg; Hoffmann, Dan.; Horn(ejus); Huber, Sam.; Hülsemann; Hütter; Hunn(ius), Aeg.; Interim; König, J.F.; Kromayer, Hieronymus; Kryptocalvinisten; Leipzig, 2; Leyser; Los-von-Rom-Bewegung; Major; Martini, 1-3; Meisner, 1. 2; Miltitz; Minderheiten; Moller; Musäus, 1. 2; Myslenta; Olearius, 1-3; Orthodoxie; Pfeffinger; Pflug; Prierias; Quenstedt; Rahtmann; Rendtorff, Franz; Roeber; Scharf; Scherzer; Schöpfungsordnung; Schupp; Seckendorf; Sennert; Synkretistischer Streit; Weller; Zwei-Reiche-Lehre.

Laugwitz, *Detlef,* * 11.5.1932 Breslau, Dr. rer. nat. (1954). PDoz. f. Mathematik 1958 München, Doz. 1958, o. Prof. 1962 Techn. Hochschule Darmstadt.

Vollst. Bibliogr. bis 1958 in: J.C.POGGENDORFF, Biogr.-literar. HWB d. exakten Wissenschaften VIIa, Tl 3, 1959, 36f. Ferner u. a.: Differentialgeometrie, 1960.

Relativitätstheorie.

Lauha, *Aarre,* * 1.4.1907 Savonlinna (Finnland), Dr. theol. (1938), Mag. phil. (1933). Assistierender Prof. f. die bibl. Sprachen 1939, o. Prof. f. AT 1945, Bischof 1964 Helsinki.

Israelin profeettain historiankäsitys (Die Geschichtsbetrachtung d. isr. Propheten), 1938; Zaphon. Der Norden u. d. Nordvölker im AT (Annales Acad. Scient. Fennicae B 49, 2), 1943; Die Geschichtsmotive in d. at. Psalmen (ebd B 56, 1), 1945; Jumalan soihdun kantajia (Gottes Fackelträger), (1948) 1955⁴; Katoliset kirjeet (Die kath. Briefe), 1956. - Hg.: Teologinen Aikakauskirja - Teologisk Tidskrift, seit 1955. Hauptschriftleiter d. kirchl. Zeitung »Kotimaa«, seit 1958.

Finnland II; Pietilä.

Lee, *Sherman Emery,* * 19.4.1918 Seattle/Wash. (USA), Ph.D. (1941). Assistant bzw. Associate Director 1948-52 Seattle Art Museum; Kurator f. oriental. Kunst 1952, Assistant Director 1956, Associate Director 1957, Direktor des Cleveland Museum of Art 1958 Cleveland / Ohio.

Chinese Landscape Painting, Cleveland (1954) 1962²; Streams and Mountains without End (mit WEN FONG), Ascona (Schweiz) 1955; Japanese Decorative Style, Cleveland 1961; History of Far Eastern Art, New York 1964.

Kunst II B.C.

Leeuw, *Gerardus van der:* 4, 262.

Furcht (mit C.-M.EDSMAN).

Lehmann, *Arno,* * 23.5.1901 Dresden, D. (1957, Jena), Dr. theol. (1947). Missionar 1926 Tranquebar u. Sirkali (Südindien), Pfarrer u. Missionsinspektor 1934 Dresden, Prof. mit Lehrauftrag f. Missionswiss. u. Allg. Religionsgesch. sowie südind. Gesch. u. Dravidologie 1950, Prof. mit vollem Lehrauftrag 1951, Prof. mit Lehrstuhl 1954 Halle.

Ausgew. Bibliogr. bis 1960: ThLZ 86, 1961, 547-552. Bes.: Die Hymnen des Tayumanavar, 1935; Das Wunder des Unscheinbaren, (1940) 1947³; Der Start über die Altersgrenze, 1942; Die sivaitische Frömmigkeit d. tamul. Erbauungslit., 1948; Es begann in Tranquebar, (1955) 1956² (engl. 1956); Gottes Volk in vielen Ländern, 1955; Die Kunst d. Jungen Kirchen, (1955) 1957². - Hg.: Alte Briefe aus Indien, 1957.

Apologetik VI; Begräbnis III, 4; Bibel V; Christentum III; Duff; Fabricius, J.Ph.; Graul; Grundemann; Indien I; Kâlî; Kirchenbau VII; Märtyrer III, 2; Malerei und Plastik VII; Plütschau; Schwartz, Chr.F.; Shiva; Vishnu; Warneck, Gustav; Ziegenbalg.

Lehmann, *Friedrich Rudolf,* * 13.4.1887 Dresden, Dr. phil. (1915). Vikar im höheren Lehramt u. ev.-luth. Hilfsgeistlicher 1911-14, Studienrat 1914 Leipzig, PDoz. f. Völkerkunde 1930, ao. Prof. 1937, nb. Prof. 1939 Leipzig; 1939-55 in Afrika: Forschungsreise, interniert, Prof. 1950-55 Potchefstroom/Südafrika; Lehrbeauftragter 1957 München.

Mana, (1915) 1922; Die polynes. Tabusitten, 1930; Prophetismus in d. Südsee (ChuW 10, 1934, 56-68); Adoption bei schriftlosen Völkern (Tagungsber. d. Ges. f. Völkerkunde, 1937, 323-350); Weltuntergang u. Welterneuerung im Glauben schriftloser Völker (ZE 71, 1939, 103-115); Die Häuptlings-Erbfolgeordnung der Herero (ZE 76, 1951, 94-102); Die anthropogeograph. Verhältnisse d. Ambolandes (ZE 79, 1954, 8-58); Das Häuptlingstum der Herero (Sociologus 5, 1955, 28-43); Der Omulodi-Glaube (Jb. d. Mus. f. Völkerkunde, 1959, 62-109).

Bäume und Pflanzen; Beschneidung I, 1-3.

Lehmann, *Heinz,* * 13.8.1907 Berlin, Dr. phil. (1931). PDoz. 1940, ao. Prof. 1942 Berlin, nach dem Kriege im Höheren Schuldienst (Oberstudienrat) in Reutlingen u. Tübingen.

Zur Gesch. d. Deutschtums in Kanada I: Ostkanada, 1931; Das Deutschtum in Westkanada, 1939; Großbritannien (Kleine Auslandskunde 27/28), 1942; Kanada u. Neufundland (ebd 31), 1944.

Kanada I.

Lehmann, *Paul,* * 13.7.1884 Braunschweig, † 4.1. 1964 München, Dr. phil. (1907). PDoz. f. lat. Philologie des MA 1911, nichtplanm. ao. Prof. 1917, planm. ao. Prof. 1921, o. Prof. 1926 München, em. 1952.

Ma.liche Bibliothekskataloge Deutschlands u. der Schweiz I, 1918; II, 1928; III/4, 1962 (Reg.); Die Parodie im MA u. Parodist. Texte, (1922/23) 1963²; Pseudoantike Lit. des MA, 1927; Erforschung des MA. Ausgew. Abh.en u. Aufs. I-V, 1941-62; Eine Gesch. d. alten Fuggerbibliotheken I. II, 1956/60.

Mittelalterliche Literatur I.

Lehmann, *Werner,* * 26.5.1922 Crossen/Oder, Dr. phil. (1958). Wiss. Assistent mit Lehrauftrag 1958 Hamburg, Doz. f. Dt. Sprache u. Lit. 1960 Päd. Institut Darmstadt, ao. Prof. 1961 Päd. Hochschule Flensburg.

Idee u. Bild d. Frömmigkeit bei Hans Carossa (Phil. Diss. Hamburg), 1958 (Masch.).

Carossa.

Leipoldt, *Johannes,* * 20.12.1880 Dresden, † 22.2.1965 Ahrenshoop, D. (1909, Halle), Lic. theol. (1905), Dr. phil. (1903). PDoz. f. NT 1905 Leipzig, 1906 Halle, o. Prof. 1909 Kiel, 1914 Münster, 1916 Leipzig, em. 1959, Lehrbeauftragter 1959 Rostock.

Vollst. Bibliogr. bis 1960: ThLZ 75, 1950, 755-758; 86, 1961, 75 f. Ferner: Griech. Philos. u. frühchristl. Askese (BAL 106, 4), 1961; Von d. Mysterien zur Kirche. Ges. Aufs., 1961; Die Frau in d. antiken Welt u. im Urchristentum, 1962.

Agapen; Alexander aus Abonu Teichos; Arkandisziplin; Cyrus und Johannes; Didymus; Mysterien; Schenûte.

Lell, *Joachim,* * 5.2.1916 Heidenheim/Brenz. Vikar 1951 Ulm, Pfarrer 1952 Stuttgart, Direktor des Ev. Bundes 1957 Bensheim/Bergstraße, Leiter des Konfessionskundl. Instituts 1963.

Mit-Hg.: Die Mischehe. Hdb. f. ev. Seelsorge, 1959; Kirche u. Konfession (Konfessionskundl. Studien), 1962 ff.

Pastoraltheologie; Predigt III; Rosenkranz; Una-Sancta-Bewegung.

Lemaire, *Hermann,* * 11.11.1906 Danzig, Dr. phil. (1933). Studienassessor 1935, Studienrat 1939 Köln, 1939 bis 1953 Kriegsdienst u. Kriegsgefangenschaft, Studienrat 1953 Solingen.

Symbolismus II.

Lemke-Bultmann, *Antje,* * 27.7.1918 Breslau, Master of Science (1956). Musik-Bibliothekarin u. Doz. f. Bibliothekswiss. 1952-60, Prof. f. Bibliothekswiss. 1962 Syracuse Univ., Syracuse/N.Y. (USA).

Huch; Zuckmayer.

Lenhart, *Ludwig,* * 29.1.1902 Gernsheim/Rhein, Dr. theol. (1932). Doz. f. KG 1936, o. Prof. 1938 Priesterseminar Mainz, 1946 Univ. Mainz; 1951 Geistl. Rat, 1960 Päpstl. Hausprälat.

Bibliogr. bis 1962: Archiv f. mittelrhein. KG 14, 1962, 530-536. Bes.: Seelennot aus Lebensenge. Das Problem Lebensraum u. Sittlichkeit nach Bischof W.E.v.Ketteler, 1933; Kettelers Zeitrufe, 1935; Bischof W.E.v.Ketteler, 1937; Kirche u. Volksfrömmigkeit im Zeitalter d. Barock (mit L.A.VEIT), 1956; Lebensweisheit für Heute aus Kettelers Zeitrufen von Gestern, 1962. - Hg.: Archiv f. mittelrhein. KG, seit 1949; Universitas. Dienst an Wahrheit u. Leben. Festschr. f. Bischof Albert Stohr I. II, 1960.

Innocentianum.

Lenz, *Fritz,* * 9.3.1887 Pflugrade/Pommern, Dr. med. (1913). PDoz. f. Humangenetik 1919, ao. Prof. 1923 München, Abteilungsleiter am Kaiser Wilhelm-Institut f. Anthropologie u. o. Prof. 1933 Berlin; ao. Prof. 1946, o. Prof. 1952 Göttingen, em. 1955.

Bibliogr.: Homo 3, 1952, 2-4. Bes.: Über d. krankhaften Erbanlagen d. Mannes u. d. Bestimmung d. Geschlechts beim Menschen, 1912; Menschl. Erblehre (mit E.BAUR u. E.FISCHER), (1921) 1936⁴; Zur Problematik d. psychol. Erbforschung (Archiv f. Rassen- u. Gesellschaftsbiologie 35, 1941, 345-368; 37, 1944, 1-21).

Vererbungslehre.

Lenz, *Helmut,* * 4.7.1932 Steinperf Kr. Biedenkopf, Dr. jur. (1957). Wiss. Assistent mit Lehrauftrag 1961 Marburg, Regierungsassessor 1963 Wiesbaden.

Der Umfang d. gerichtl. Prüfungsbefugnis gegenüber Rechtshandlungen d. Regierungsbereichs in d. Verfassungsordnung d. Grundgesetzes (Jur. Diss. Marburg), 1957; Atombewaffnung als Verfassungsgebot? (Zs. f. Politik NF 5, 1958, 348-357); Parteiausschluß u. Demokratiegebot (mit CHR.SASSE) (Juristenzeitung 1962, 233-241).

Souveränität.

Lenz, *Wilhelm,* * 24.7.1906 Wenden/Livland, Dr. phil. (1928). Höherer Schuldienst 1929-38, wiss. Mitarbeiter der Herder-Hochschule 1938-39 Riga, Kreisarchivar 1948 Otterndorf.

Umvolkungsvorgänge in d. ständ. Ordnung Livlands, 1941; Der balt. Literatenstand, 1953; Die Entwicklung Rigas zur Großstadt, 1954.

Samson.

Lerch, *David,* * 2.8.1903 Sumiswald/Bern (Schweiz), Dr. theol. (1941). Methodistenprediger 1926-42, Pfarrer seit 1942, zZ in Oberhallau, dazu PDoz. f. Syst. Theol. u. DG 1947-54 Zürich.

Heil u. Heiligung bei John Wesley, 1941; Das Problem d. Toleranz in theol. Sicht, 1948; Isaaks Opferung christlich gedeutet (BHTh 12), 1950.

Hoheslied II; Toleranz III.

Lettenbauer, *Wilhelm,* * 30.7.1907 Fürth/Bay., Dr. phil. (1930). PDoz. f. Slawistik 1947, apl. Prof. 1951 München; ao. Prof. 1954, o. Prof. 1958 Erlangen, 1962 Freiburg/Br.

Russ. Literaturgesch., (1955) 1958²; Moskau das Dritte Rom, 1961.

Tschechen.

Leuschner, *Joachim,* * 22.6.1922 Berlin-Lichterfelde, Dr. phil. (1951), wiss. Mitarbeiter der Hist. Kommission bei der Bayer. Akademie der Wissenschaften, dazu Prof. 1963 Päd. Hochschule Göttingen.

Zur Wahlpolitik im Jahre 1410 (DA 11, 1955, 506-553); Volk u. Raum. Zum Stil d. nat.soz. Außenpolitik, (1958) 1961²; Der Streit um Kursachsen in d. Zeit Kaiser Siegmunds (Festschr. f. K.G.Hugelmann I, 1959, 315-344).

Martin von Troppau; Nauklerus; Petrus Aureoli; Petrus, Peter Czaech von Pulka(u); Raimund von Aguilers; Raimund von Toledo; Tudeschi; Ulrich von Straßburg; Valla; Vincentius von Beauvais.

Liagre Böhl, *Franz Marius Theodor de,* * 16.8.1882 Wien, D. (1915, Bonn), Lic. theol. (1911), Dr. phil. (1909), Dr. litt. et hist. orient. h.c. (1947, Löwen), Ehrenmitgl. der Univ. Rostock (1919) u. Debrecen (1939). O. Prof. f. hebr. Sprache u. isr. Altertumskunde 1913 Groningen, f. Assyriologie 1927 Leiden, em. 1952.

Vollst. Bibliogr. bis 1953 in: F.M.Th. de Liagre Böhl, Opera Minora, Groningen 1953, 534-549; vgl. auch die Bibliogr. in: JEOL III, 1952, XV-XXVII. - Mit-Hg.: BiOr.

Amraphel; Assyriologie; Babylonien II. III; Gilgamesch; Hammurabi; Lebenswasser; Mesopotamien; Messias I; Paradies I; Sumerer; Weissagung; Weltbild I C.

Lichtenstein, *Adolf,* * 14.1.1876 Köthen/Anhalt, Lic. theol. (1903). Hilfsprediger in Halle u. Eisleben, bei der Stadtmission 1906 Magdeburg, Pfarrer 1908 Braunschweig, 1923 Berlin-Charlottenburg, zugleich bis 1963 Seelsorger am Städt. Krankenhaus Westend.

Des Apostels Paulus Überlieferung von d. Einsetzung d. Hl. Abendmahls, 1899; Paulus u. Luther, 1903; Das Feld muß Er behalten (Evangelien-Predigten), 1911; Kindergottesdienst u. Helferamt, (1934) 1936².

Zauleck.

Lieb, *Fritz,* * 10.6.1892 Rothenfluh/Basel-Land (Schweiz), D. (1927, Basel), Lic. theol. (1923). PDoz. f. Syst. Theol. 1924 Basel, 1930 Bonn, ao. Prof. 1931 ebd, 1933 aus polit. Gründen abgesetzt, Emigrant 1934-36 Paris, ao. Prof. 1936 Basel, o. Gast-Prof. 1946/47 Berlin, o. Prof. 1958 Basel, em. 1962.

Vollst. Bibliogr. bis 1962 in: F.Lieb, Sophia u. Historie. Aufs. zur östl. u. westl. Geistes- u. Theologiegesch., 1962, 356-369. Bes.: Baader u. Kant, 1923; Franz Baaders Jugendgesch., 1926; Christ u. Antichrist im Dritten Reich, Paris 1936; Rußland unterwegs, 1945 (auch holl., franz., tschech.). Ferner: Val.Weigels Kommentar zur Schöpfungsgesch. u. d. Schrifttum seines Schülers Benedikt Biedermann, 1962; Der Hl. Geist als Geist Christi, 1963; Von Auschwitz nach Hiroshima, 1963. - Hg. (mit P.Schütz bzw. N.Berdjaev): Orient u. Occident, 1929-34, NF Bern 1936.

Baader; Bulgakow, 1. 2; Herzen; Philokalia; Stundismus; Theophan, 2 (mit Hildegard Schaeder).

Liebing, *Heinz,* * 13.7.1920 Leipzig, Dr. theol. (1953). Wiss. Assistent 1952, Doz. f. KG 1957, apl. Prof. 1963 Tübingen.

Die Schriftauslegung Sebastian Castellios (Ev.-theol. Diss. Tübingen), 1953 (Masch.); Die Frage nach einem hermeneut. Prinzip bei Seb.Castellio (Autour de M.Servet et de Séb.Castellion, Haarlem 1953, 206-224); F.Chr.Baurs Kritik an Schleiermachers Glaubenslehre (ZThK 54, 1957, 225-243); Hist.-krit.Theol. (Zum 100. Todestag F.Chr.Baurs) (ebd 57, 1960, 302-317); Zwischen Orthodoxie u. Aufklärung. Das philos. u. theol. Denken G.B.Bilfingers, 1961; »Proprie« u. »translate«. Erwägungen zur Hermeneutik d. konfess. Auseinandersetzung (ZThK 59, 1962, 168-181).

Abraham Ekchellensis; Ägidius von Viterbo; Aguirre; Aleander; Alexander VII.; Allatius; Aloisius von Gonzaga; Aretino; Baluze; Baronius; Becanus; Bilfinger; Bolsec; Cajetan, 1. 2; Campegio, 1. 2; Caraccioli; Caselius (mit K.Kayser); Castellio; Cazalla; Chambre ardente; Chyträus (mit G.Loesche); Clemens VII.-X.; Cochläus; Cornelius a Lapide; Cotelier; Diaz; Du Cange; Du Pin; Elzevir; Enzinas; Ernst von Hessen-Rheinfels; Fleury; Garnier, 1. 2; Giberti; Gregor XIII.-XV.; Gretser; Hardouin; Hélyot; Henriquez; Hessels; Hoffmeister; Holstenius; Innozenz IX.-XI.; Julius III.; Justiniani; La Bigne; Le Bouthillier de Rancé; Leo X. XI.; Lorichius; Maffei, Giampietro; Maimbourg; Marcellus II.; Marillac; Martianay; Montferrat; Neri; Pagi; Paul III.-V.; Petrus Claver; Pius IV. V.; Schriftauslegung IV B; Sixtus V.; Urban VII. VIII.; Vergerio; Vincentius a Paulo.

Liepe, *Wolfgang,* * 27.8.1888 Schulzendorf/Mark Brandenburg, † 10.7.1962 Kiel, Dr. phil. (1913). PDoz. f. Dt. Literaturgesch. 1919, ao. Prof. 1925 Halle, o. Prof. 1928 Kiel, 1939 Yankton College South Dakota (USA), 1947 Chicago, 1954 Kiel, em. 1956.

Vollst. Bibliogr. in: W.Liepe, Beiträge zur Literatur- u. Geistesgesch., 1963, 399-402. Bes.: Das Religionsproblem im neueren Drama von Lessing bis zur Romantik, 1914; Elisabeth von Nassau-Saarbrücken. Entstehung u. Anfänge d. Prosaromans in Deutschland, 1920.

Hebbel.

Liermann, *Hans,* * 23.4.1893 Frankfurt/M., D. (1953, Erlangen), Dr. jur. (1921). Rechtsanwalt 1922-27 Freiburg/Br., PDoz. 1926 ebd, o. Prof. f. Kirchenrecht, dt. u. bayer. Rechtsgesch. 1929 Erlangen (em. 1962); 1959 Präsident des Verfassungs- u. Verwaltungsgerichts der VELKD.

Bibliogr. in: Festschr. f. H.Liermann z. 70. Geb., 1964, 323-328 Bes.: Das dt. Volk als Rechtsbegriff im Reichsstaatsrecht d. Gegenwart, 1927; Staat u. Ev.-Prot. Landeskirche in Baden während u. nach d. Staatsumwälzung von 1918, 1929; Dt. ev. Kirchenrecht, 1933; Franken u. Böhmen, 1939; Grundlagen d. kirchl. Verfassungsrechts nach luth. Auffassung, 1954; Kirchen u. Staat I. II, 1954/55; Richter, Schreiber, Advokaten, 1957; Also ward ich ein Juriste, (1959) 1962²; Hdb. d. Stiftungsrechts I: Gesch. d. Stiftungsrechts, 1963. - Mit-Hg.: Erlanger Beiträge zur Rechtsgesch., seit 1952.

Alter, kanonisches; Annus normalis; Bischof III; Dissidenten; Eichhorn, K.F.; Eichmann; Erlangen, 1; Friedberg; Gasparri; Generalsuperintendent; Gorčakov; Herrmann, Emil; Hinschius; Kahl; Kirchenaustritt II; Kirchenmitgliedschaft; Kirchenstaat; Meurer; Rechtsfähigkeit; Richter, Aem.Ludw.; Scheurl; Schoen; Sehling; Wehrpflicht und Kriegsdienst II.

Lietzmann, *Hans:* 4, 375f.

Altchristliche Kirche (mit K.Aland).

Linde, *Jan Marinus van der,* * 7.11.1913 Utrecht (Niederl.), Dr. theol. (1956). Pfarrer der Ned. Herv. Kerk 1943 Rhenoy, 1946 Zeist, Rektor der Theol. Schule 1951 Paramaribo (Surinam, Südamerika), Rektor des Seminarium Unitas Fratrum 1954 Zeist, dazu Prof. f. Gesch. u. Mission der Moravischen Brüder 1958 Utrecht.

Het visioen van Herrnhut en het apostolaat der Moravische Broeders in Suriname 1735-1863, Paramaribo 1956; Unitas Fratrum en Caribisch gebied, Nijkerk 1958; Zinzendorf in de eenheid der kerk (H.G. Steinberg u.a., Zinzendorf, Nijkerk 1960, 124-159); Barth over Zinzendorf (NedThT 17, 1962/63, 98-121); Heren - Slaven - Broeders, Nijkerk 1963.

Westindien.

Linde, *Simon van der,* * 22.9.1905 Utrecht (Niederl.), Dr. theol. (1943). Pfarrer der Ned. Herv. Kerk seit 1931, Doz. 1946-50 Indonesien; Lektor 1955, ao. Prof. f. Gesch. des ref. Protestantismus 1956, o. Prof. 1959 Utrecht.

Het licht schijnt in de duisternis. Gedenkboek bij het 350-jarig bestaan der Ned. Herv. gemeente van Lopik en Cabauw, Lopik 1940; De leer van den Hl. Geest bij Calvin, Wageningen 1943; 1000 jaar dorpsleven aan de Vecht, Loenen a. d. Vecht 953-1953, 1954; Het Gereformeerd Protestantisme, Nijkerk 1957.

Gooszen; Groen van Prinsterer; Haager Gesellschaft; Hoekstra; Hofstede de Groot; Kohlbrügge; Kuyper; Leiden; Lohman; Niederlande I; Neocalvinismus; Nymwegen; Patijn; Reformierter Weltbund; Roëll; Roessingh; Schortinghuis; Sibb(e)s; Thorbecke; Til; Vos.

Lindström, *Valter,* * 5.4.1907 Otterstad (Schweden), Dr. theol. (1943). Pfarrer 1934-37 Skara, Doz. f. Syst. Theol. 1943 Lund, dazu Direktor des Schwed. Kirchl.

Diakonierates 1944-47, Prof. 1947 Åbo (Finnland), Dompropst 1957 Karlstad (Schweden).

Stadiernas teologi. En Kierkegaardstudie, Lund 1943; Efterföljelsens teologi hos S.Kierkegaard, Stockholm 1956.

A priori, 2; Eros und Agape; Motivforschung; Nygren.

Linz, *Manfred,* * 13.3.1927 Wermelskirchen, Dr. theol. (1964). Pastor 1958 Düsseldorf, wiss. Assistent f. Missionswiss. 1959 Hamburg.

Theol. Schriftleitung des »Ev. Literaturbeobachters«.

Rural Missions; Taylor, J.H.

Lippold, *Adolf,* * 23.10.1926 Erlangen, Dr. phil. (1952). PDoz. f. Alte Gesch. 1960 Bonn.

Rom u. d. Barbaren in d. Beurteilung des Orosius (Phil. Diss. Erlangen), 1952 (Masch.); Consules. Unters.en zur Gesch. d. röm. Konsulates von 262-201 vChr, 1963.

Imperium Romanum.

Littmann, *Enno,* * 16.9.1875 Oldenburg, † 4.5.1958 Tübingen, D. (1923, Halle), Dr. phil. (1898), Dr. phil. h.c. (1950, Kairo), Geh. Regierungsrat (1918). Instructor 1901 Univ. Princeton (USA), o. Prof. d. Orientalistik 1906 Straßburg, 1914 Göttingen, 1918 Bonn, 1921 Tübingen, em. 1951.

Vollst. Bibliogr. bis 1955 in: Ein Jh. Orientalistik (Festschr. z. 80. Geb.), 1955, 139-195 (525 Nummern); vgl. auch: Verzeichnis d. Schriften von E.Littmann, 1945 (451 Nummern). Bes.: Zur Entzifferung d. thamudenischen Inschriften, 1904; Gesch. d. äthiop. Lit., 1907; Publications of the Princeton Expedition to Abyssinia I-IV, Leiden 1910-15; Dt. Aksum-Expedition I. IV, 1913; Morgenländ. Wörter im Deutschen, (1920) 1924²; Die Erzählungen aus d. 1001 Nächten, vollst. dt. Ausg., 6 Bde, (1921-28) 1953/54².

Äthiopien I-IV.

Locher, *Gottfried Wilhelm,* * 29.4.1911 Wuppertal-Elberfeld, Dr. theol. (1952). Pfarrer 1936 Binningen (Basel-Land), 1941 Feuerthalen (Zürich), 1954 Riehen (Basel), dazu PDoz. f. Syst. Theol. u. DG 1954 Zürich; o. Prof. 1958 Bern (bis 1962 auch f. Gesch. der Philos.).

Die ev. Stellung d. Reformatoren zum öffentl. Leben, 1950; Die Theol. H.Zwinglis im Lichte seiner Christologie I: Die Gotteslehre (SDGSTh 1), 1952; Der Eigentumsbegriff als Problem ev. Theol. (ebd 5), (1954) 1962²; Im Geist u. in d. Wahrheit. Die reformat. Wendung im Gottesdienst in Zürich, 1957; Glaube u. Dogma (ThSt [B] 57), 1959; Calvin, Anwalt der Ökumene (ebd 60), 1960; Die Wandlung d. Zwingli-Bildes in d. neueren Forschung (Zwingliana 11, 1963, 560-585). - Mit-Hg.: Beiträge zur Gesch. u. Lehre der Ref. Kirche, seit 1956.

Egli, Emil; Eigentum II. IV; Grynäus, 1-3; Zwingli II.

Loeffler, *Lothar,* * 28.1.1901 Erfurt, Dr. med. (1926). PDoz. f. phys. Anthropologie, menschl. Erblehre u. Eugenik 1931 Kiel, o. Prof. 1934 Königsberg, 1942 Wien, 1959 Techn. Hochschule Hannover (em.); 1949 Gerichtsanthropol. Untersuchungsstelle Hannover, 1949 Jugend- u. Eheberatungsstelle ebd, 1949 Dt. Arbeitsgemeinschaft f. Jugend- u. Eheberatung e.V. Detmold.

Bibliogr. s. Kürschners Dt. Gelehrten-Kalender 1961, 1215.

Eugenik; Euthanasie; Lebensunwertes Leben.

Löffler, *Paul,* * 29.10.1931 Lodz (Polen), Dr. theol. (1959). Pfarrer in Hessen u. Nassau, Schuldienst 1959, seit 1960 in London Studiensekretär der Kommission f. Weltmission u. Evangelisation des Ökum. Rates.

The Layman Abroad in the Mission of the Church, London 1962.

Novatian; Rufinus; Vincentius von Saragossa.

Løgstrup, *Knud Eiler,* * 2.9.1905 Kopenhagen (Dänemark), Dr. theol. (1943). Pfarrer 1936 Sandager-Holevad, o. Prof. f. Syst. Theol. 1943 Aarhus.

Den erkendelsesteoretiske konflikt mellem den transcendentalfilosofiske idealisme og teologien, Kopenhagen 1943; Kierkegaards u. Heideggers Existenzanalyse u. ihr Verhältnis zur Verkündigung, 1950; Kants filosofi I, Kopenhagen 1952; Den etiske fordring, ebd (1956) 1962⁴ (dt. 1959); Kunst og etik, ebd (1961) 1962². - Mit-Hg.: RGG³; ThR, seit 1963.

Christentum IV A; Ebner; Ehe V; Ehre; Entscheidung; Existenztheologie; Geismar; Grisebach; Indeterminismus; Macht III; Pflicht; Pflichtenkollision; Scham; Schicksal II; Situation; Spielleidenschaft; Sünde und Schuld VII, 1; Tidehverv; Verantwortung; Verkündigung; Vertrauen; Wahl; Wille.

Löhneysen, *Hans-Wolfgang Freiherr von,* * 28.8.1917 Lüneburg, Dr. phil. (1941), Lehrbeauftragter an der Kirchl. Hochschule Berlin, Vertragsdozent an der Meisterschule f. Graphik u. Buchgewerbe Berlin.

Die ikonograph. u. geistesgesch. Voraussetzungen der »Sieben Sakramente« des Nicolas Poussin (ZRGG 4, 1952, 133-152); Jaime Fabré, ein katalan. Baumeister d. 14.Jh.s (Span. Forsch. d. Görres-Ges. I, 10, 1955, 23-54); Die ältere niederl. Malerei, Künstler u. Kritiker, 1956; Goethe u. d. franz. Kunst (Goethe et l'esprit français. Actes du Colloque intern. 137, 1958, 237-289). - Hg.: A.Schopenhauer, Sämtl. Werke, 5 Bde, 1960-64; J.W.v.Goethe, Schriften zur Kunst, 2 Bde, 1961/62.

Greco; Murillo; Zurbarán.

Loesche, *Georg:* 4, 429.

Chyträus (mit H.Liebing).

Lörner, *Hermann,* * 22.9.1901 Hof/Saale. 1919-31 als Korrespondent u. Buchhalter des Deutschnationalen Handlungsgehilfen-Vereins in Deutschland, im Orient u. in London tätig, seit 1931 Missionssekretär bzw. -inspektor der Christoffel-Blindenmission im Orient, 1963 i.R., lebt in Bad Sachsa.

Christoffel Blindenmission im Orient e.V.

Loew, *Wilhelm,* * 20.7.1887 Camberg Kr. Limburg/Lahn, D. (1961, Bonn), Lic. theol. (1914), Dr. med. (1945). Pfarrer 1914 Simmersbach, 1920 Remscheid, 1927 Traben-Trarbach, Studiendirektor 1936 Predigerseminar Düsseldorf, Amtsverbot 1938, Mediziner u. Arzt 1940-50 Graz; Lehrbeauftragter f. Prakt. Theol. 1950, Honorar-Prof. 1952 Mainz.

Das Grundproblem d. Ethik Schleiermachers, 1914; Goethe als relig. Charakter, 1924; Der Glaubensweg des Neuen Bundes (Einführung zum Hebr), (1931) 1941³.

Bovet, Arnold (mit E.Lachenmann); Bovet, Theodor; Beichte II; Bibelarbeit, 1-3 (2 mit L.Cordier); Wort Gottes IV.

Löwe, *Heinz,* * 21.5.1913 Berlin-Spandau, Dr. phil. (1937). PDoz. f. mittlere u. neuere Gesch. 1947 Köln, o. Prof. 1953 Erlangen, 1961 Tübingen.

Ein literar. Widersacher d. Bonifatius. Virgil von Salzburg u. d. Kosmographie des Aethicus Ister (AAMz 1951, 11); Von Theoderich d.Gr. zu Karl d.Gr. Das Werden d. Abendlandes im Geschichtsbild d. frühen MA (DA 9, 1952, 353-401; separat [1956] 1958²); Wattenbach-Levison, Deutschlands Geschichtsquellen im MA. Vorzeit u. Karolinger, 2. Heft §§ 5-9, 1953; 3. u. 4. Heft, 1957/63; Deutschland im fränk. Reich (Gebhardt-Grundmann I, 1954, 78-159); Petrus Damiani (GWU 6, 1955, 65-79); Von d. Grenzen d. Kaisergedankens in d. Karolingerzeit (DA 14, 1958, 345-374); Dante u. d. Kaisertum (HZ 190, 1960, 517-552); Dialogus de statu sanctae ecclesiae. Das Werk eines Iren im Laon d. 10.Jh.s (DA 17, 1961, 12-90). - Hg.: Jb. f. fränk. Landesforschung, 1954-57; Schriften d. Instituts f. fränk. Landesforschung an d. Univ. Erlangen, Hist. Reihe, 1954-58.

Agobard von Lyon; Aldebert; Alkuin; Amalarius von Metz; Angelsachsen; Bayern, Stamm; Beda Venerabilis; Benedikt von Aniane; Bonifatius; Britannien; Burchard; Chrodegang von Metz; Claudius von Turin; Columba, 1. 2; Corbie; Corbinian; Ebo von Reims; Egbert, 1. 2; Einhard; Elipandus; Emmeram; Eugippius; Eustasius; Felix von Urgel; Flodoard; Florus; Fortunatus; Fredegisus; Lullus; Paschasius Radbertus; Paulus Diaconus; Prudentius;

Ratpert; Ratramnus; Regino; Remigius, 1-3; Rothad von Soissons; Salomo III.; Sedulius Scotus; Theutbert; Tutilo; Virgil von Salzburg; Wala; Walahfrid Strabo; Willehad.

Loewenich, *Walther von,* * 3.3.1903 Nürnberg, D. (1943, Erlangen), Lic. theol. (1928). Pfarrverweser 1928/29 Regensburg; Repetent f. NT 1929, PDoz. f. KG 1931, zugleich Studienrat 1935, apl. Prof. 1940, ao. Prof. 1945, o. Prof. 1946 Erlangen.

Luthers Theologia crucis, (1929) 1954⁴; Das Johannesverständnis im 2.Jh. (BZNW 13), 1932; Luther u. d. johann. Christentum (FGLP VII, 4), 1935; Die Gesch. d. Kirche von d. Anfängen bis zur Gegenwart, (1938) 1962⁶; Luther als Ausleger der Synoptiker (FGLP X, 5), 1954; Der moderne Katholizismus, (1955) 1963⁶ (engl. 1959, ital. 1962); Glaube, Kirche, Theol. Freiheit u. Bindung im Christsein, 1958; Von Augustin zu Luther. Beiträge zur KG, 1959; Luther u. d. Neuprotestantismus, 1963. - Mit-Hg.: Theol. d. Gegenwart, 1934-38.

Katholizismus I.

Löwenstein-Wertheim-Rosenberg, *Karl Fürst zu,* * 8.2.1904 Kleinheubach, Dr. jur. (1928), Dr. phil. (1925), Präsident des Zentralkomitees der dt. Katholiken.

Katholikentage.

Lohff, *Wenzel,* * 5.11.1925 Bad Oeynhausen, Dr. theol. (1954), Dr. phil. (1950). PDoz. f. Syst. Theol. 1958 Erlangen, dazu ao. Prof. f. Religionspäd. 1959 München, o. Prof. f. Syst. Theol. 1963 Hamburg.

Glaube u. Freiheit. Das theol. Problem d. Religionskritik von Karl Jaspers (BFChTh II, 58), 1957; Die theol. Bedeutung d. Tugendlehre O.F.Bollnows (ZEE 2, 1958, 334-358); Zur Verständigung über d. Problem d. Ur-Offenbarung (Dank an Paul Althaus, 1958, 151-170); Dogmat. Grundlegung zwischen Positivismus u. Selbstverständnis (KuD 5, 1959, 42-81); Die Bedeutung d. philos. Frage nach Jesus f. d. Glauben (G.Bornkamm-F.Hahn-W.Lohff, Die Frage nach d. hist. Jesus, 1962, 41-56).

Schweizer; Sohn Gottes IV; Telos; Twesten; Wobbermin.

Lohmann, *Martin,* * 20.4.1901 Leopoldshall/Anhalt, Dr. rer. pol. (1923). PDoz. f. Betriebswirtschaftslehre 1928 Leipzig, 1929 Kiel, ao. Prof. 1935 ebd, o. Prof. 1939 Freiburg/Br.

Der Wirtschaftsplan d. Betriebes u. d. Unternehmung, (1928) 1930²; Das Rechnungswesen d. Kartell- u. Gruppenwirtschaft, 1937; Wandlungen in d. Betriebs- u. Finanzierungsformen d. dt. Außenhandels, 1938; Einführung in d. Betriebswirtschaftslehre, (1949) 1964⁴; Führungskräfte von Morgen, 1961; Der industrielle Mittelbetrieb unter d. Einfluß d. gegenw. wirtschaftl. Strukturwandlungen, 1962.

Betrieb II.

Lohse, *Bernhard,* * 24.5.1928 Hamburg, Dr. theol. (1952). Pfarrer 1954, PDoz. f. KG 1957, apl. Prof. 1963, o. Prof. 1964 Hamburg.

Das Passafest d. Quartadecimaner (BFChTh II, 54), 1953; Ratio u. Fides. Eine Unters. über die ratio in d. Theol. Luthers (FKDG 8), 1958; Mönchtum u. Reformation. Luthers Auseinandersetzung mit d. Mönchsideal des MA (ebd 12), 1963; Epochen der DG, 1963.

Bekenntnis IV; Ostern, 1; Priestertum III; Quartadezimaner.

Lohse, *Eduard,* * 19.2.1924 Hamburg, D. (1961, Mainz), Dr. theol. (1949). Pfarrer 1951 Hamburg, PDoz. f. NT 1953 Mainz; ao. Prof. 1956, o. Prof. 1962 Kiel, 1964 Göttingen.

Die Ordination im Spätjudentum u. im NT, 1951; Paränese u. Kerygma im 1Petr (ZNW 45, 1954, 68-89); Märtyrer u. Gottesknecht (FRLANT NF 64), 1955; Mark's Witness to Jesus Christ, New York 1955; Tosefta Berakot. Text, Übers., Erklärung (mit G.Schlichting), 1956-58; Glaube u. Werke. Zur Theol. des Jak (ZNW 48, 1957, 1-22); Israel u. d. Christenheit (KVR 102), 1960; Die Offenbarung d. Johannes (NTD 11), 1960; Die Auferstehung Jesu Christi im Zeugnis des LkEv (BSt 31), 1961.

A und O; Aristobul; Auferstehung IV; Demetrius, 1; Eupolemos; Ewiges Leben II; Ezechiel, Tragiker; Felix, röm. Statthalter; Festus; Gemeindeverfassung des Judentums in der röm. Zeit; Gesetz III; Gottesdienst III (mit I.Elbogen); Halleluja, 1; Hekataeus; Jannes und Jambres; Jochanan ben Zakkai; Johannes von Gischala; Joseph und Aseneth; Justus von Tiberias; Katechismus I; Lamm Gottes; Leontopolis; Michael, Erzengel, 1; Mission II; Nachfolge Christi I; Nathanael; Nazaräerevangelium; Nazareth; Onias; Ordination I. II; Philo, Epiker; Phokylides; Rein und Unrein III; Sieveking; Sünde und Schuld III; Synhedrium; Tarphon; Tiberias; Tradition IV; Uriel; Verdienst II; Wunder III; Zeloten.

Lokies, *Hans,* * 3.2.1895 Ranchi/Bihar (Indien), D. (1952, Mainz). Pfarrer 1922 Mehlsack/Ostpr.; Inspektor 1927, Direktor der Goßner-Mission 1945 Berlin (1961 i.R.), dazu 1934 Direktor des Bundes f. christl. Erziehung in Haus u. Schule, 1938-62 Doz. f. Missions- u. Religionswiss. an der Kirchl. Hochschule Berlin, 1945 Leiter der Kirchl. Erziehungskammer Berlin.

Johannes Goßner, (1936) 1956².

Goßner; Goßnersche Missionsgesellschaft.

Lommel, *Andreas,* * 19.7.1912 München, Dr. phil. (1937). Konservator 1948, Direktor des Staatl. Museums f. Völkerkunde 1956 München.

Die Unambal, ein Stamm in Nordwest-Australien, 1952; Die Kunst d. fünften Erdteils, 1959; Motiv u. Variation, 1962.

Kunst II A, 3.

Loorits, *Oskar,* * 9.11.1900 Köpu (Estland), † 12.12. 1961 Uppsala, Dr. phil. (1926). PDoz. f. Volkskunde 1927, Doz. 1928, Prof. 1939 Univ. Tartu (Dorpat), wiss. Stipendiat beim Schwed. Volkskundl. Archiv 1944 Uppsala.

Livische Märchen- u. Sagenvarianten (FFC 66), 1926; Liivi rahva usund (Der Volksglaube d. Liven) I-III, Dorpat 1926-28; Estn. Volksdichtung u. Mythologie, ebd 1932; Volkslieder d. Liven, ebd 1936; Gedanken-, Tat- u. Worttabu bei d. estn. Fischern, ebd 1939; Grundzüge d. estn. Volksglaubens I-III/1. 2, Uppsala 1949-60; Der hl. Kassian u. d. Schaltjahrlegende (FFC 149), 1954; Der hl. Georg in d. russ. Volksüberlieferung Estlands, 1955; Estn. Volkserzählungen, 1959.

Finnisch-(Finno-)ugrische Religionen.

Loose, *Gerhard,* * 24.11.1907 Leipzig, Dr. phil. (1933). Instructor f. Dt. Sprache u. Lit. an der Riverdale Country School 1934 New York City, Haverford College 1937, Lafayette College 1938; Assistant Prof. 1939, Associate Prof. 1946, Prof. 1953 Univ. of Colorado, Boulder/ Col.

Ernst Jünger, Gestalt u. Werk, 1957; Die Ästhetik Gottfried Benns, 1961.

Jünger.

Lorch, *Johanna,* * 22.5.1903 Bonaberi (Kamerun). 1930-48 Krankenschwester in Hochwan (Westchina), seit 1948 Missionarin im Heimatdienst (Korntal/Württ.).

J.H.Oldham, Ein Mensch wagt zu lieben (Übers.), (1953) 1961²; Solange es Tag ist. Dr. John Sung, Wegbereiter Gottes im fernen Osten, (1955) 1958²; Gott im eiligen Leben, 1959.

Sung.

Lorenz, *Rudolf,* * 10.7.1914 Kritschen Kr. Oels/ Schles., D. (1964, Göttingen), Lic. theol. (1941). Pfarrer 1945 Mösthinsdorf b. Halle, Doz. am Katechet. Oberseminar 1954 Naumburg, dazu PDoz. f. KG 1957 Halle, Prof. 1959 Kirchl. Hochschule Berlin, o. Prof. 1962 Mainz.

Fruitio Dei bei Augustin (ZKG 63, 1950, 75-132); Die Herkunft des augustin. Frui Deo (ebd 64, 1952/53, 34-60); Die Wissenschaftslehre Augustins (ebd 67, 1956, 29-60. 213-251); Zum Ursprung d. Religionstheorie L.Feuerbachs (EvTh 17, 1957, 171-188); Augustinlit. seit d. Jubiläum von 1954 (ThR NF 25, 1959, 1-75); Der Augustinismus Prospers von Aquitanien (ZKG 73, 1962, 217-252).

Augustin I. II; Feuerbach; Hilarius von Arles; Julian von Aeclanum; Monismus II; Monistenbund; Pelagius I. II.; Pelagius und Pelagianismus; Possidius; Prosper von Aquitanien; Semipelagianismus; Viktorin, 1; Vincentius von Lerinum.

Losch, *Hans,* * 16.9.1902 Camphausen/Saarland, Dr. phil. (1927). PDoz. f. Indologie 1927, nb. ao. Prof. 1935, apl. Prof. 1937 Bonn.

Das ind. Schattentheater, 1931; Râjadharma. Einsetzung u. Aufgabenkreis d. Königs im Lichte der Purāna's (Bonner Orientalist. Studien NS 8), 1959.

Hinduismus I; Indien II; Kaste I; Krishna; Kuh; Mahâbhârata; Maharshi; Râmânuja; Râmâyana; Shankara; Upanishaden.

Losch, *Philipp,* * 6.11.1869 Kassel, † 25.2.1953 Falkenberg b. Wabern, Dr. phil. (1895). Bibliotheksvolontär 1896 Greifswald, 1898 Göttingen, Assistent an der Rothschildbibliothek 1898 Frankfurt/M., Hilfsbibliothekar 1900 Greifswald, Bibliothekar 1901 Kassel, 1903 Marburg, 1903 Halle, 1906 Staatsbibl. Berlin, dazu Prof. 1914, 1934 i.R.

Vollst. Bibliogr. bis 1934: PH.LOSCH, Verzeichnis seiner Schriften, 1934 (609 Nummern). Seitdem bes.: Der letzte dt. Kurfürst Friedrich Wilhelm I. von Hessen, 1937; Ludwig Hassenpflug (Zs. d. Vereins f. hess. Gesch. u. Landeskunde 62, 1940, 59-159).

Muth (mit ERNST WOLF).

Luchtenberg, *Paul,* * 3.6.1890 Burscheid Bez. Düsseldorf, Dr. phil. (1915). Studienrat 1916-23 Remscheid-Lennep, PDoz. f. Pädagogik 1921-25 Köln, ao. Prof. 1925 Techn. Hochschule Darmstadt, o. Prof. 1930 Techn. Hochschule Dresden, 1936 entlassen, Übernahme eines landwirtsch. Betriebs in Burscheid; Mitbegründer der FDP, 1950-56 MdB, 1951 Leiter der Zentralstelle zur Erforschung u. Förderung der Berufserziehung (Bonn), 1953 Honorar-Prof. f. Berufspäd. in Bonn, 1956-58 Kultusminister des Landes Nordrhein-Westfalen.

Antinomien d. Päd., 1923; Das Lebensrätsel des Instinktiven I, 1925; Vom Schöpfertum d. Gegenwart, 1927; Wolfgang Müller von Königswinter I. II, 1959; Wandlung u. Auftrag liberaler Kulturpolitik. Reden u. Aufs., 1960. - Hg.: Romerike Berge (Zs. f. Heimatpflege im Bergischen Land), seit 1950.

Berufsschule, 1-3; Industriepädagogik.

Luck, *Ulrich,* * 15.12.1923 Landsberg/Warthe, Dr. theol. (1954). Wiss. Assistent 1954, PDoz. f. NT 1959 Münster, Prof. 1961 Bethel.

Kerygma u. Tradition in d. Hermeneutik Adolf Schlatters, 1955; Hand u. Hand Gottes. Unters.en zur Grundlage u. Gesch. d. bibl. Gottesverständnisses (Habil.-Schr. Münster), 1959 (Masch.).

Makkabäerbücher, 3. 4; Schlatter; Silas; Streeter.

Luckow, *Max,* * 1.5.1892 Magdeburg, Dr. phil. (1916). Studienreferendar 1917, Studienassessor 1919 (u.a. Erfurt, Naumburg/S.), Studienrat 1929 Fürstenwalde/Spree, Doz. f. Pädagogik 1929, Prof. 1930 Päd. Akademie Erfurt (1932 geschlossen), Studiendirektor 1932 Berlin, 1933 Versetzung in das Amt eines Oberstudienrates, 1944 fristlose Entlassung aus polit. Gründen, Pfarrer 1944-50 Berlin, Lehrbeauftragter f. Päd. 1950-59 Freie Univ. Berlin.

Ratke.

Ludat, *Herbert,* * 17.4.1910 Insterburg/Ostpr., Dr. phil. (1936). Assistent 1935 Berlin, Doz. 1941 Posen, 1945 Kiel, 1947 Münster, Gast-Doz. 1948 Liverpool, apl. Prof. f. mittlere u. neuere Gesch. unter bes. Berücksichtigung der ostdt. u. osteurop. Gesch. 1951 Münster, o. Prof. f. osteurop. Gesch. 1956 Gießen, zugleich Honorar-Prof. 1956 Marburg.

Die ostdt. Kietze, 1936; Legenden um Jaxa von Köpenick, 1936; Bistum Lebus, 1942; Die Anfänge d. poln. Staates, 1942; Der europ. Osten in abendländ. u. sovjet. Sicht, 1954; Vorstufen u. Entstehung d. Städtewesens in Osteuropa, 1955; Das Jerusalemer Kreuz, 1956; Polen u. Deutschland, 1963. - Hg.: Gießener Abh.en zur Agrar- u. Wirtschaftsforschung d. europ. Ostens, seit 1957. - Mit-Hg.: Jahrbücher f. Gesch. Osteuropas.

Brandenburg I; Halberstadt; Havelberg; Lebus; Magdeburg, Erzbistum; Meißen; Merseburg; Naumburg.

Ludolphy, *Ingetraut,* * 2.3.1921 Dresden, Dr. theol. (1956). 1943 Staatsexamen in Biologie, Mathematik, Chemie, 1944-51 Studienassessorin bzw. Studienrätin in Zschopau/Erzgeb. u. Dresden, Doz. f. KG 1961 Leipzig.

Henrich Steffens, sein Verhältnis zu d. Lutheranern u. sein Anteil an Entstehung u. Schicksal d. altluth. Gemeinde in Breslau, 1961.

Ribadeneira; Rodriguez, 1-3; Salmeron; Sanchez; Schaff; Schartau; Scheibel; Schmidt, Joh.Lorenz; Schmidt, Michael Ignaz; Schulz, David; Schwegler; Sintenis; Strigel; Tetzel.

Ludwig, *Renate,* * 19.6.1905 Berlin, Dr. theol. (1944). 1929-58 im Württ. Kirchendienst, dazwischen 1933-37 Referentin in der Apologet. Centrale Berlin-Spandau, seit 1958 im Höheren Schuldienst in Eßlingen/Neckar (Oberstudienrätin).

Karl d.Gr. u. die Sachsen, 1935.

Film, 3; Frau V, 1; Kramp; Mueller-Otfried; Wangel; Wrede, Mathilda.

Ludz, *Peter,* * 22.5.1931 Stettin, Dipl.-Volkswirt (1953), Dr. phil. (1956), 1960 Wiss. (Akad.) Rat u. Abteilungsleiter im Institut f. Polit. Wiss. an der Freien Univ. Berlin.

Hg.: MAX APEL, Philos. Wörterbuch (SG 1031-31a), 1958⁵; G.LUKÁCS, Schriften zur Literatursoziologie, 1963².

Utopie und Utopisten.

Lübbe, *Hermann,* * 31.12.1926 Aurich/Ostfriesland, Dr. phil. (1951). PDoz. f. Philos. 1956 Erlangen, 1957 Hamburg, 1958 Münster, o. Prof. 1963 Bochum, dazu Gast-Prof. in Münster.

Zur marxist. Auslegung Hegels (PhR 2, 1954/55, 38-60); Positivismus u. Phänomenologie (Beitr. z. Philos. u.Wiss., 1960, 161-184); Die gesch. Bedeutung d. Subjektivitätstheorie E.Husserls (NZSTh 2, 1960, 300-319); »Sprachspiele« u. »Geschichten« (KantSt 52, 1960/61, 220-243); Philosophiegesch. als Philos. (Einsichten. Festschr. f. G.Krüger, 1962, 204-229); Zur polit. Theorie d. Technokratie (Der Staat 2, 1962, 19-38); Die Hegelsche Rechte, hg. u. eingel., 1962; Polit. Philos. in Deutschland. Studien zu ihrer Gesch., 1963.

Identitätsphilosophie; Neufichteanismus; Neukantianismus; Selbstentfremdung.

Lübbing, *Hermann,* * 6.2.1901 Oldenburg i.O., Dr. phil. (1925). Staatsarchivdirektor 1952 Oldenburg, 1958 a.D.

Fries. Sagen von Texel bis Sylt, 1928; Die Bestände d. Staatsarchivs Oldenburg, 1943; Oldenburg. Landesgesch., 1953. - Hg.: Oldenburger Jb., seit 1933; Oldenburger Forschungen, seit 1935; Oldenburger Geschichtsquellen, seit 1940.

Oldenburg, Land.

Lüdeke, *Henry,* * 10.10.1889 New York (USA), † 29.5.1962 Basel, M.A., Dr. phil. (1917). Prof. f. Anglistik u. Amerikanistik 1923 Handelshochschule St. Gallen, o. Prof. 1930 Basel.

Ludw.Tieck u. d. alte engl. Theater, 1922; Die Funktionen d. Erzählers in Chaucers epischer Dichtung, 1928; Gesch. d. amerik. Lit., (1952) 1963²; Die engl. Lit., 1954.

Eliot, Th.St.

Lueken, *Wilhelm,* * 17.10.1875 Oldenburg, † 13.7. 1961 Frankfurt/M., D. (1927, Marburg), Lic. theol. (1898). Pfarrer 1901 Bardewisch/Oldenburg, 1907 Dt. Ev.-Ref. Gemeinde Frankfurt/M. (i.R. 1944), dazu Lehrbeauftragter f. NT 1930–38 ebd.

Michael, 1898; Die zehn Gebote in Predigten, 1911. - Bearbeiter: Hdb. zum EKG II/1: Lebensbilder d. Liederdichter u. Melodisten, 1957.

Akrostichon; Alber, Erasmus; Albert(i); Altenburg; Behm; Blarer, 1. 2; Bogatzky; Bucholtz; Busch, Peter; Dach; Decius; Dreves; Eber; Ehlers, Rud.; Flem(m)ing; Freylinghausen; Fritsch; Gramann; Herrnschmidt; Homburg; Jorissen; Knorr von Rosenroth; Löwenstern; Speratus.

Lüpsen, *Focko,* * 22.5.1898 Burweg Kr. Stade, Dr. phil. (1923). 1923–25 Redakteur in der Tagespresse, 1926 Leiter des Berliner Büros des Ev. Pressedienstes, 1932 Chefredakteur des epd, 1946 Herausgeber des neu begründeten epd, Direktor des Ev. Presseverbandes für Westfalen u. des Ev. Presseverbandes für Deutschland.

Hg.: Amsterdamer Dokumente, 1948; Palästina, Bilder einer Reise in d. Land d. Bibel, (1954) 1961⁴; Evanston-Dokumente, 1954; Sao Paulo-Dokumente, 1959; Neu Delhi-Dokumente, 1962.

Presse I-III.

Lütge, *Friedrich,* * 21.10.1901 Wernigerode, Dr. rer. pol. (1924), Dr. phil. (1928). Assistent u. wiss. Mitarbeiter im Verlag Gustav Fischer 1926 Jena, Habilitation f. Volkswirtschaftslehre u. Wirtschaftsgesch. 1937 Jena; ao. Prof. 1940, o. Prof. 1943 Handelshochschule, ab 1946 Univ. Leipzig, o. Prof. f. Sozial- u. Wirtschaftsgesch. 1947 München.

Gesch. d. Jenaer Buchhandels, 1929; Die mitteldt. Grundherrschaft, (1934) 1957²; Die Agrarverfassung d. frühen MA im mitteldt. Raum, vornehmlich in d. Karolingerzeit, 1937; Wohnungswirtschaft, (1940) 1949²; Die landesherrl. Urbarsbauern in Ober- u. Niederbayern, 1943; Die bayer. Grundherrschaft, 1949; Dt. Sozial- u. Wirtschaftsgesch., (1952) 1960²; Gesch. d. dt. Agrarverfassung, 1963; Studien zur Sozial- u. Wirtschaftsgesch. Ges. Abh.en, 1963.

Agrarverfassung I-V; Wirtschaftsgeschichte I.

Lutz, *Hans,* * 7.3.1900 Magdeburg, Dr. theol. (1935), Dr. oec. publ. (1923). Redakteur u. Syndikus 1923–29, Pfarrer 1937–47 Unna; Doz. f. Gesellschaftslehre 1947, Leiter 1948–58, ao. Prof. 1954, o. Prof. 1957 Sozialakademie Dortmund, dazu Lehrbeauftragter f. ev. Sozialkunde 1955–60 Marburg.

Ev. Christentum u. öffentl. Leben, 1947; Metanoeite. Aus d. Tagebuch eines ev. Geistlichen 1943-45, 1947; Protestantismus u. Sozialismus heute, 1949.

Sozialdemokratie III.

Lutz, *Karl,* * 31.7.1896 Landau/Pfalz. Offizier d.B. 1916–18, Reallehrer 1924 Marnheim/Pf., Archivarbeit in Paris 1929f, wiss. Leiter des »Wasgauboten« 1932 Landau, Stadtarchivar u. Museumsleiter 1936 ebd, Offizier d.B. 1938–45, Bistumsarchivar 1948 Speyer, dazu Leiter des Diözesanmuseums 1950 ebd.

Hist. Einleitungen zu: Die Kunstdenkmäler d. Pfalz IV. V, 1935/37; Kloster u. Kirche Eußerthal, 1948; Speyer zur Goethezeit (mit H.Thiele), 1949.

Speyer.

Lyall, *Leslie Theodore,* * 14.11.1905 Chester (England), B.A. (1927), M.A. (1958). 1929–51 Missionar in China, seit 1952 Men Candidates Secretary of the China Inland Mission in London.

John Sung, Flame for God in the Far East, Philadelphia-London 1954; Come Wind Come Weather. Present Experience of the Church in China, Chicago 1960; Urgent Harvest. Partnership with the Church in Asia, Philadelphia-London 1962.

China-Inland-Mission (mit E.J.Bingle).

Lyttkens, *Hampus,* * 19.2.1916 Luleå (Schweden), Dr. theol. (1953). Doz. 1952–58, Forschungsdozent 1960 bis 1961, Prof. f. Religionsphilos. 1962 Lund.

The Analogy between God and the World. An Investigation of its Background and Interpretation of its Use by Thomas of Aquin (UUÅ 1953, 5); Luthers syn på ämbete och allmänt prästadöme (Ny kyrklig tidskrift 27, 1958, 1-21. 76-144); Guds pedagogi hos Irenaeus (SvTK 35, 1959, 222-246; 36, 1960, 13-37); Naturlig teologi (ebd 29, 1960, 170-186; 30, 1961, 1-44); Nythomismen. En religiös filosofi, Stockholm 1962; Die Bedeutung d. Gottesprädikate bei Thomas von Aquin (Philosophical Essays, dedicated to G.Aspelin, Lund 1963, 76-96). - Redaktor: Ny kyrklig tidskrift, 1959-62.

Schweden II; Thomismus.

Maag, *Victor,* * 17.2.1910 Zürich, Dr. theol. (1951). Pfarrvikar 1935 Gossau, Pfarrer 1936 Mellingen/Aargau, 1939 Zürich; Lehrauftrag f. Hebr. 1944, PDoz. 1947, o. Prof. f. AT u. allg. Religionsgesch. 1948 Zürich.

Text, Wortschatz u. Begriffswelt d. Buches Amos, 1951.

Amos; Amosbuch; Leviathan; Vision II.

Maass, *Fritz,* * 15.2.1910 Naugard Bez. Stettin, Lic. (seit 1960 Dr.) theol. (1938). Pastor 1936–39 Jerusalem, Pfarrer 1940–47 Schanghai (China); Doz. f. AT 1948, Prof. 1958 Kirchl. Hochschule Berlin, zugleich Doz. 1951–58 Humboldt-Univ., o. Prof. 1964 Kiel.

Formgesch. d. Mischna mit bes. Berücksichtigung d. Traktats Abot, 1937; Von d. Ursprüngen d. rabbin. Schriftauslegung (ZThK 52, 1955, 129-161); Hazor u. d. Problem d. Landnahme (Von Ugaril nach Qumran. Eißfeldt-Festschr., 1958, 105-117). - Mit-Hg.: Die Palästina-Lit. 1951-56; O.Eissfeldt, Kleine Schriften I-IV, 1962ff.

Aaron; Bibel I A; Eliasapokalypse; Jerusalem I-III; Köhler, Ludw.; Marti; Nathan; Richterbuch; Sellin.

Mack (geb. Jeremias), *Isolde,* * 7.11.1933 Greifswald, Dr. theol. (1956).

Baxter; Bunyan.

Mackensen, *Rainer,* * 8.6.1927, Dr. phil. (1955). Assistent 1955, wiss. Referent 1958, Geschäftsführer 1959 Sozialforschungsstelle an der Univ. Münster in Dortmund, dazu Lehrbeauftragter 1963 Münster.

Das Bild u. seine Funktion im Parzival des Wolfram von Eschenbach (Phil. Diss. Tübingen), 1955 (Masch.). - Mitverfasser: Standort u. Wohnort, 1957; Daseinsformen d. Großstadt, 1959.

Siedlungswesen; Stadt.

Mahling, *Friedrich:* 4, 605.

Findelhäuser (mit A.Erler).

Mahrenholz, *Christhard,* * 11.8.1900 Adelebsen, D. (1948, Göttingen), Dr. phil. (1923). Pfarrer 1925 Göttingen u.a., dazu Lehrbeauftragter f. Kirchenmusik 1930 bis 1962 Göttingen (Honorar-Prof. 1946), Mitglied des Landeskirchenamtes Hannover 1931, Geistl. Dirigent im Landeskirchenamt 1953, Abt von Amelungsborn 1960.

Vollst. Bibliogr. bis 1960 in: Musicologica et Liturgica. Ges. Aufs., 1960, 662-675. Bes.: Sam.Scheidt, sein Leben u. sein Werk, 1924; Die Orgelregister, ihre Gesch. u. ihr Bau, (1930) 1944²; Die Berechnung d. Orgelpfeifen-Mensuren, 1938; Glockenkunde, 1949; Das EKG. Ein Bericht über seine Vorgesch., 1950; Die Neuordnung d.

Trauung, 1959. - Hg.: S.Scheidt, Werke, seit 1933. - Mit-Hg.: MuK, seit 1929; HDEKM, seit 1932; ZevKR, seit 1951; Hdb. zum EKG, 1953ff; JLH, seit 1955.

Glocken I-III.

Maier, *Friedrich,* * 1.10.1906 Mössingen Kr. Tübingen. Missionar der Basler Mission 1931-47 China (seit 1938 Lehrer am Theol. Seminar der Tsung Tsin Church, Südchina), Missionsinspektor 1950-56 Stuttgart, Missionar 1957-59 Hongkong, Missionsinspektor 1960 Basel.

Hartenstein.

Majer-Leonhard, *Fritz,* * 11.3.1915 Frankfurt/M. Kaufm. Angestellter 1940-44, Pfarrer 1945 Stuttgart-Feuerbach.

Christuszeugen aus Israel, 1955.

Judenchristentum II.

Mangold, *Werner,* * 21.5.1927 Amsterdam, Dr. phil. (1959), Prof. an der Päd. Hochschule in Osnabrück.

Gegenstand u. Methode d. Gruppendiskussionsverfahrens, 1960.

Öffentliche Meinung (mit G.Baumert); Propaganda (mit G.Baumert).

Mann, *Otto,* * 30.5.1898 Wuppertal-Barmen, Dr. phil. (1925). PDoz. f. neuere dt. Literaturwiss. 1929, apl. Prof. 1950 Heidelberg, o. Prof. 1960 Wirtschaftshochschule Mannheim.

Der Dandy. Ein Kulturproblem der Moderne, (1925) 1962²; Der junge Friedrich Schlegel, 1932; Lessing. Sein u. Leistung, (1949) 1961²; B.B. - Maß oder Mythos? Ein krit. Beitrag über d. Schaustücke Bertolt Brechts, 1958; Poetik der Tragödie, 1958; Gesch. d. dt. Dramas, 1960. - Hg. mit H.Friedmann: Dt. Lit. im 20.Jh., (1954) 2 Bde, 1961⁴; Christl. Dichter d. Gegenwart, 1955; Expressionismus. Gestalten einer literar. Bewegung, 1956.

Andres; Dichtung und Religion; Kaiser; Lessing; Literatur der Gegenwart I; Lyrik; Schlegel; Theater; Werner, Zach.

Manrodt, *Manfred,* * 2.12.1893 Halle/S., A.B. (1919), B.D. (1926), Th.M. (1929). Pfarrer 1920 New York, Assistant Prof. f. NT am Eden Theol. Seminary 1926 St. Louis/Mo., Pfarrer 1931 Baltimore/Md.

Evangelical and Reformed Church.

Manselli, *Raoul,* * 8.6.1917 Neapel (Italien), Dr. phil. (1938). Studienrat 1939 Caserta, 1943 Lucca, 1954 Rom, Generalsekretär des Istituto Storico Italiano per il Medio Evo 1952-61, Prof. f. ma.liche Gesch. 1960 Perugia, 1961 Turin.

Studi sulle eresie del secolo XII, Rom 1953; Per la storia dell'eresia nel secolo XII (Bull. dell'Istituto Storico Ital. per il Medio Evo 67, 1955, 189-264); La »Lectura super Apocalipsim« di Pietro di Giovanni Olivi, Rom 1955; Spirituali e Beghini in Provenza, ebd 1959; L'eresia del male. Introduzione al Catarismo, Neapel 1963.

Florenz; Genua; Mailand; Ravenna I; Rom I; Suburbikarische Bistümer; Venedig.

Margull, *Hans Jochen,* * 25.9.1925 Tiegenhof/Danzig, S.T.M. (1950), Dr. theol. (1958). Pfarrer bei der Ev. Studentengemeinde in Deutschland 1953 Stuttgart, PDoz. f. Missionswiss. u. ökum. Beziehungen der Kirchen 1960 Hamburg, dazu Exekutivsekretär im Ökum. Rat der Kirchen 1961 Genf.

Theol. d. mission. Verkündigung, 1959 (engl.: Philadelphia 1962); Aufbruch zur Zukunft. Chiliastisch-messian. Bewegungen in Afrika u. Südostasien, 1962. - Hg.: Die ökum. Konzile d. Christenheit, 1961; CONCEPT - Arbeiten aus d. Referat f. Fragen d. Verkündigung, seit 1962; Zur Sendung d. Kirche. Material d. ökum. Bewegung (ThB 18), 1963. - Mit-Hg.: Basileia. W.Freytag z. 60. Geb., (1959) 1961²; EMZ, seit 1960; W.Freytag, Reden u. Aufs. I. II, 1961. - Fachberater f. Missionswiss. bei RGG³ IV-VI.

Carey; Evangelism; Hülfsbund; Kropf; Mackay, J.A.; Mission III A. B; Mission und Evangelisation; Missionsfreunde (mit E.Michel); Missions-Tag; Nationalismus II; Schlunk; Studentenbund für Mission.

Maron, *Gottfried,* * 5.3.1928 Osterwieck/Harz, Dr. theol. (1956). Wiss. Referent am Konfessionskundl. Institut des Ev. Bundes 1956 Bensheim, wiss. Assistent 1964 Erlangen.

»Symbolik« u. »Konfessionskunde« im Katholizismus (MdKI 8, 1957, 41-48); Das Evangelische im Katholizismus (Im Lichte d. Reformation 2, 1959, 108-126); Reform u. Reformation. Zur Beurteilung neuerer Reformbewegungen im röm. Katholizismus (MdKI 12, 1961, 41-49); Individualismus u. Gemeinschaft bei Caspar von Schwenckfeld, 1961; Maria u. d. Eucharistie (EvTh 22, 1962, 394 bis 410); Ev. Bericht vom Konzil, 1964. - Hg.: F.Vigener, Bischofsamt u. Papstgewalt vor d. Ersten Vatikanum, 1964.

Czerski; Dalwigk; Danzig II; Dechamps; Deharbe; Delehaye; Deutschkatholizismus; Dieringer; Dinder; Duhr; Dunin; Dupanloup; Engert; Eß; Faber, Petrus; Faulhaber; Ferrata; Feßler, Jos.; Frühwirt; Funk, Ph.; Galen, Cl.A.v.; Gavazzi; Geissel; Gerbert; Gfrörer; Gießen, 6; Görz; Granderath; Gregor XVI.; Guardini; Günther, Anton; Guéranger; Hefele; Hergenröther; Hermes, Georg; Hirscher; Hofstätter; Hohenlohe; Jacobini; Janssen; Johannes XXIII.; Isenbiehl; Keppler; Kniebeugungsstreit; Königgrätz (mit K.Völker); Lacunza y Dias; Lambruschini, 1. 2; Landgraf; Laurentius von Brindisi; Laynez; Ledochowski, 1. 2; Liguori; Limburg; Linz; Loyola; Lugano; Marburg, 11; Minocchi; Mohilew; Paris II, 4; Possevino; Professio fidei Tridentinae; Protestation von Speyer; Rampolla; Reformkatholizismus; Ronge; Roser; Rossum; Sankt Pölten (mit K.Völker); Schell; Schnitzer; Schreiber; Schrörs; Schwab; Schwenckfeld; Schwenckfelder; Sedlnitzki; Staudenmaier; Stolz, Alban; Stroßmayer; Thalhofer; Therese von Lisieux; Turmel; Winter; Xavier; Zimmer, P.B.

Marrou, *Henri Irénée,* * 12.11.1904 Marseille (Frankreich), Agrégé d'histoire (1929), Dr. litt. (1938), Dr. litt. h.c. (1952, Quebec; 1956, Löwen), Dr. phil. h.c. (1957, Freiburg/Br.). PDoz. 1930 Grenoble, Prof. f. antike Gesch. 1937 Kairo, 1938 Nancy, 1941 Lyon, o. Prof. f. KG 1945 Paris.

Saint Augustin et la fin de la culture antique, Paris (1938) 1958⁴; Hist. de l'éducation dans l'antiquité, ebd 1948 (dt. 1957); De la connaissance historique, ebd (1954) 1962⁴; Augustinus in Selbstzeugnissen u. Bilddokumenten, 1958; Gesch. d. Kirche I/2, 1963. - Krit. Ausg.n: Ps.-Justin, Ad Diognetum, 1951; Clemens Alex., Paedagogus I, 1960. - Hg.: Etudes Prosopographiques, seit 1956; Patristica Sorbonensia, seit 1957.

Dionysius von Paris; Gallien (mit E.Lachenmann); Sidonius Apollinaris.

Marsch, *Wolf-Dieter,* * 2.10.1928 Beeskow/Mark Brandenburg, Dr. theol. (1955), M.A. (1953). Stiftsinspektor 1953 Göttingen, Studienleiter Ev. Akademie 1958 Berlin, Prof. f. Syst. Theol. 1962 Kirchl. Hochschule Wuppertal.

Christl. Glaube u. demokrat. Ethos, dargest. am Lebenswerk A.Lincolns, 1958. - Mit-Hg.: Christen u. Juden. Ihr Gegenüber vom Apostelkonzil bis heute, 1961. - Redaktion: MPTh, seit 1955.

Ehe III B; Eheberatung; Frau III B; Institution.

Marxsen, *Willi,* * 1.9.1919 Kiel, D. (1963, Kiel), Dr. theol. (1948). Pastor 1949 Lübeck, Studieninspektor 1953 Predigerseminar Preetz/Holstein, PDoz. f. NT 1954 Kiel, Prof. 1956 Kirchl. Hochschule Bethel, o. Prof. 1961 Münster.

Der Evangelist Markus (FRLANT NF 49), (1956) 1959²; Exegese u. Verkündigung (ThEx NF 59), (1957) 1960²; Der »Frühkatholizismus« im NT (BSt 21), 1958; Anfangsprobleme d. Christologie, 1960; Das Abendmahl als christol. Problem, 1963; EinlNT, (1963) 1964².

Jungfrauengeburt, 2; Lukas; Markus; Matthäus.

Maschke, *Erich,* * 2.3.1900 Berlin, Dr. phil. (1928). PDoz. f. mittlere u. neuere Gesch. 1929, apl. Prof. 1935 Königsberg, o. Prof. 1935 Jena, 1942 Leipzig, Kriegsgefangenschaft in der Sowjetunion 1945-53; Lehrauftrag 1954, o. Prof. f. Sozial- u. Wirtschaftsgesch. 1956 Heidelberg.

Der dt. Orden u. d. Preußen, 1928; Der Peterspfennig in Polen u. dem dt. Osten, 1933; Der dt. Ordensstaat. Gestalten seiner großen Meister, 1935; Thüringen in d. Reichsgesch., 1937; Das Geschlecht d. Staufer, 1943; Nikolaus von Kues u. der Dt. Orden. Der Briefwechsel d. Kardinals Nikolaus von Kues mit d. Hochmeister d. Dt. Ordens (SAH 1956, 1); Verfassung u. soz. Kräfte in d. dt. Stadt des späten MA (VSWG 46, 1959, 289-349. 433-476).

Braunsberg; Cid; Ermland; Friedrich II., der Hohenstaufe; Ghibellinen; Königsberg; Ostpreußen; Peterspfennig; Ritterorden; Samland.

Matl, *Josef,* * 10.3.1897 Machersdorf/Steiermark (Österreich), Dr. phil. (1921). Kriegsdienst 1915-18 u. 1939-45, Doz. f. Slawistik 1929, tit. ao. Prof. 1935, ao. tit. o. Prof. 1948, o. Prof. 1954 Graz, dazu Prof. 1921-48 Bundeshandelsakademie Graz.

Bibliogr. der wichtigen Arbeiten 1925-56 in: Revista Oriente 7, 1956, 413-417; vgl. auch Kürschners Dt. Gelehrten-Kalender 1961, 1280, u. Jb.er f. Gesch. Osteuropas 10, 1962, 301f. Bes.: Die Agrarreform in Jugoslavien, 1927; Das Slaventum zwischen Westen u. Osten, 1950 (30f Bibliogr. der Arbeiten von 1925-49); Europa u. d. Slaven, 1964; Südslav. Studien, 1964.

Agram; Zara.

Matthias, *Walter,* * 11.5.1922 Duisburg, Dr. theol. (1956), Dr. phil. (1950). Studienassessor 1951 Bielefeld, Doz. am Kolleg f. Ev. Unterweisung im Rheinland 1953, wiss. Assistent 1955 Mainz, Lehrbeauftragter f. Ev. Theol. 1957 Techn. Hochschule Darmstadt, dazu Studienrat 1959 Wiesbaden.

Kunst u. Offenbarung. Ein Beitrag zur Gesch. d. Kirchenliedes d. Aufklärung (Phil. Diss. Göttingen), 1950 (Masch.); Der Religionsunterricht (EvTh 10, 1950/51, 547-564); Die Kategorienlehre K.Barths (Ev.-theol. Diss. Mainz), 1956 (Masch.); Imputative u. sanative Rechtfertigung (Libertas Christiana. Festschr. f. F.Delekat, 1956, 136-145); Der alte u. d. neue Mensch in d. Anthropologie des Paulus (EvTh 17, 1957. 385-397); Über d. anthropol. Verifizierung theol. Begriffe (ebd 21, 1961, 459-477); Der anthropol. Sinn d. Formel Gesetz u. Evangelium (ebd 22, 1962, 410-425).

Barth, Carola; Baur, Wilh.; Buchgemeinschaften; Buchhandel I-III; Ferienkurse; Frommel, Emil; Gerhardt (mit W.JANNASCH).

Matz, *Friedrich,* * 15.8.1890 Lübeck, Dr. phil. (1913). Studienrat 1921 Berlin, PDoz. f. Archäologie 1928 ebd, o. Prof. 1934 Münster, 1942 Marburg, em. 1958.

Die frühkret. Siegel, 1928; Katalog d. Bibliothek d. Dt. Archäol. Instituts in Rom, Bd I, Suppl. 1, 1930; Bd II, 1932; Gesch. d. griech. Kunst I, 1950; Die Ägäis (Hdb. d. Archäol. II [HAW VI/2], 1954, 179-308); Kreta, Mykene, Troja, (1956) 1962⁴; Ein röm. Meisterwerk. Der Jahreszeitensarkophag Badminton - New York, 1958; Kreta u. frühes Griechenland. Prolegomena zur griech. Kunstgesch., 1962.

Kunst II H; Winckelmann, J.J.

Maurer, *Bernhard,* * 9.10.1929 Tiengen/Oberrhein, Dr. theol. (1962). Vikar 1957 Donaueschingen, wiss. Assistent 1959 Tübingen, Pfarrer u. Religionslehrer 1962 Konstanz, Doz. am Ev. Seminar f. Wohlfahrtspflege u. Gemeindedienst 1963 Freiburg/Br.

Offenbarung u. Gesch. bei Einar Billing u. in d. neueren schwed. syst. Theol. (Ev.-theol. Diss. Tübingen), 1962 (Masch.).

Rieger, 1. 2; Weitbrecht.

Maurer, *Christian,* * 30.4.1913 Arosa (Schweiz), Dr. theol. (1941). Pfarrer 1937 Beggingen/SH, 1951 Fehraltorf/ZH, PDoz. f. NT 1947 Zürich, Prof. 1954 Theol. Schule Bethel.

Vollst. Bibliogr. bis 1963: WuD NF 4, 1955, 184; 5, 1957, 210f; 6, 1959, 215; 7, 1963, 186. Bes.: Die Gesetzeslehre des Paulus, 1941; Der Galaterbrief, 1943; Ignatius von Antiochien u. das JohEv (AThANT 18), 1949; Knecht Gottes u. Sohn Gottes im Passionsbericht des MkEv (ZThK 50, 1953, 1-38); Ev. Predigt heute (BSt 16), 1957; Grundsätzl. Fragen nt. Forschung. Gespräch mit E.Käsemann (Kirchenblatt f. d. ref. Schweiz 118, 1962, 199-202. 210-213).

Gottesfurcht III; Joseph, 2a; Sündenbekenntnis I.

Maurer, *Hermann,* * 30.5.1901 Schwäbisch Gmünd. Pfarrer 1933 Bonfeld Kr. Heilbronn, 1938 Stuttgart-Feuerbach, 1945 Stuttgart-Gaisburg.

Clemens Schultz, das Lebensbild eines Jugendführers u. Volksmannes, 1927.

Schultz, Clemens.

Maurer, *Hermann,* *15.12.1901 Ulm, Dr. phil. (1925) Hochschuldozent 1935-39, Institutsarbeit u. Wehrdiens. 1939-45, seit 1948 Abteilungsleiter bei der Hauptgeschäftsstelle Innere Mission u. Hilfswerk der EKD, Stuttgart.

Dienst an Displaced Persons (DPs). Die Arbeit f. heimatlose Ausländer u. nichtdt. Flüchtlinge 1945-53 (Jahresbericht 1953 d. Hilfswerks d. EKD, 1954, 216-246); Das Hilfswerk d. Ev. Kirche (Die Vertriebenen in Westdeutschland I, 1959, 254-263); Die Ev.-luth. Kirche in d. Sovjetunion 1917-37 (Kirche im Osten 2, 1959, 69-79); Soz. Eingliederung d. ausländ. Staatsangehörigen u. heimatlosen Ausländer (Blätter d. Wohlfahrtspflege 109, 1962, 12-16).

Flüchtlingsproblem.

Maurer, *Wilhelm,* * 7.5.1900 Kassel, D. (1949, Marburg), Lic. theol. (1926). Repetent 1924 Marburg, Pfarrer 1926 Michelbach, 1937-49 Caldern, Propst des Sprengels Marburg 1945-51; PDoz. f. KG 1928, ao. Prof. 1946 Marburg, o. Prof. 1951 Erlangen.

Aufklärung, Idealismus u. Restauration I. II, 1930; Bekenntnis u. Sakrament, 1939; Gemeindezucht, Gemeindeamt, Konfirmation, 1940; Von d. Freiheit eines Christenmenschen, 1949; Kirche u. Synagoge, 1953; Pfarrerrecht u. Bekenntnis, 1957; Melanchthon-Studien, 1964. - Fachberater f. KG der Reformationszeit bei RGG³.

Abendmahlsbulle; Achery; Adelmann von Adelmannsfelden; Adiaphoristischer Streit; Äpinus; Agapios; Agrippa von Nettesheim; Antichrist II; Arnauld, 1-5; Aufklärung III; Aventinus; Bayly; Bekenntnis VII; Bochart; Bocskay; Borromäus; Braunfels; Draconites; Erastus; Erlangen, 2; Evangelisch; Exkommunikation, 2; Fakultäten; Farnovius; Foscarari; Franz von Borgia; Gabriel Severus; Gegenreformation; Gentilis; Hadrian VI.; Heerbrand; Impostores tres (mit L.ZSCHARNACK); Isenmann; Kassel; Konfirmation II; Konrad von Marburg; Kurhessen-Waldeck; Lehrverpflichtung und Lehrfreiheit; Lehrzuchtverfahren II; Melanchthon; Oldendorp; Piderit; Reformation; Reuchlin; Schmalkaldischer Bund; Wittenberger Konkordie.

Maus, *Heinz,* * 21.3.1911 Krefeld, Dr. phil. (1941). Arbeitsamt 1946 Mainz, Assistent 1949 Humboldt-Univ. Berlin, 1951 Institut f. Sozialforschung Frankfurt/M., Doz. 1956 Päd. Institut Weilburg, o. Prof. f. Soziologie 1960 Marburg.

Kritik am Justemilieu, eine sozialphilos. Studie über Schopenhauer, 1941; A Short Hist. of Sociology, London 1962. - Mit-Hg.: Intern. Revue Umschau, 1946-48; Aufklärung, 1951-53; Soziol. Texte, seit 1959; Recht u. Wirtschaft d. Schule, seit 1960; Hdb. d. empir. Sozialforschung I, 1962.

Fortschritt; Ideologen; Radikalismus; Soziologie I.

Mautz, *Kurt,* * 1.6.1911 Montigny b. Metz (Frankreich), Dr. phil. (1935). Studienrat 1952 Mainz, Lehrbeauftragter f. Didaktik der dt. Lit. 1963 Hochschule f. Erziehung, Frankfurt/M.

Die Farbensprache d. expressionist. Lyrik (DVfLG 31, 1957, 198 bis 240); Mythologie u. Gesellschaft im Expressionismus. Die Dichtung Georg Heyms, 1961.

Heym.

Maybaum, *Ignaz,* * 2.3.1897 Wien, Dr. phil. (1925). Bis 1939 Rabbiner der Berliner Jüd. Gemeinde u. Doz. an der Jüd. Lehrerbildungsanstalt, 1939 Auswanderung nach England, jetzt Rabbiner der Edgware & District Reform Synagogue u. Doz. f. vergl. Religionswiss., Homiletik u. Philos. des Judentums am Leo Baeck College, London.

Man and Catastrophe, London 1941; Synagogue and Society, ebd 1944; The Jewish Home, ebd 1945; The Jewish Mission, ebd 1949; The Sacrifice of Isaac, ebd 1959; Jewish Existence, ebd 1960; The Faith of the Jewish Diaspora, ebd 1962.

Rosenzweig.

Mayer, *Robert,* * 19.4.1915 Stuttgart. Kath. Pfarrer 1944 Friedrichshafen/Bodensee, 1958 Freudenstadt, dazu 1955-58 Direktor des Bischöfl. Seelsorgeamtes Rottenburg.

Arme Seelen; Bittgänge; Bruderschaften III, 1; Christenlehrbruderschaften; Johannesbund; Meßbund; Michaelsbruderschaft; Ölung; Vereinswesen II.

Mayer, *Rudolf,* * 16.3.1920 Stuttgart-Zuffenhausen, Dr. jur. (1953). Assessor im Ev. Oberkirchenrat 1952, Kirchenrat 1953, Mitglied des Ev. Oberkirchenrats 1955, Oberkirchenrat 1959 Stuttgart.

Kirche, Freikirche, Sekten (ZevKR 7, 1960, 156-186).

Sekten III.

Mayer, *Theodor,* * 24.8.1883 Neukirchen (Oberösterreich), Dr. jur. h.c. (1943, Erlangen), Dr. phil. (1906). PDoz. f. ma.liche Gesch. 1914, ao. Prof. 1922 Wien, 1923 Dt. Univ. Prag, o. Prof. 1927 ebd, 1930 Gießen, 1934 Freiburg/Br., 1938 Marburg, Präsident der Mon. Germ. Hist. 1942-45, dazu Honorar-Prof. 1943 Berlin, Leiter des Konstanzer Arbeitskreises f. ma.liche Gesch. 1951 Konstanz.

Der auswärtige Handel d. Herzogtums Österreich im MA, 1909; Die Verwaltungsorganisationen Maximilians I., 1920; Dt. Wirtschaftsgesch. des MA, 1928; Dt. Wirtschaftsgesch. d. Neuzeit, 1928; Fürsten u. Staat. Studien zur Verfassungsgesch. d. dt. MA, 1950; Ma.liche Studien. Ges. Aufs., 1959. - Hg.: Vorträge u. Forschungen Iff, seit 1955.

Alemannen; Konstanz, 1; Reichenau; Sankt Gallen.

Mecenseffy, *Grete,* * 9.8.1898 Wien, Dr. theol. (1951), Dr. phil. (1921). Prof. an Mädchenrealgymnasien 1923-45, Dolmetscherin beim British Military Government 1945-47 Wien; Doz. f. KG u. DG 1952, tit. ao. Prof. 1958 Wien.

Karls VI. span. Bündnispolitik 1725-29, 1934; Habsburger im 17.Jh. Die Beziehungen d. Höfe von Wien u. Madrid während d. 30jähr. Krieges (Archiv f. Österr. Gesch. 121, 1955, 1-91); Gesch. d. Protestantismus in Österreich, 1956; Quellen zur Gesch. d. Täufer XI, Österreich I. Teil, 1964. - Mit-Hg.: Ref. Kirchenblatt f. Österreich; JGPrÖ, seit 1953.

Abraham a Sancta Clara; Deferegger und Dürrnberger Exulanten; Graz; Hut; Huter; Kießling; Klesl; Riedemann.

Mechie, *Stewart,* * 7.11.1897 Perth (Schottland), D.D. (1958, Edinburgh), M.A. (1921). Pfarrer 1926 Inverness, 1936 Edinburgh, Lecturer f. KG 1951-64 Glasgow.

Trinity College Glasgow 1856-1956, 1956; The Office of Lord High Commissioner, 1957; The Church and Scottish Social Development 1780-1870, 1960.

Lindsey, Th.M.

Mehl, *Roger,* * 10.5.1912 Relanges (Frankreich), Dr. theol. (1956), Agrégé de philos. (1935). Studienrat 1936 Straßburg, 1940 Marseille, Pfarrer 1944 Alès, Doz. f. christl. Ethik 1945, o. Prof. 1956 Straßburg.

La condition du philosophe chrétien, Neuchâtel-Paris 1947; La rencontre d'autrui, ebd 1955; Le vieillissement et la mort, Paris (1956) 1960²; De l'autorité des valeurs, ebd 1957; Du catholicisme romain, Neuchâtel-Paris 1957; Explication de la Confession de foi de la Rochelle, Paris 1959; Societé et amour, Genf 1961. - Chefredakteur: RHPhR.

Demut IV; Frankreich III, 2; Liebe IV; Mitleid, 2; Sanftmut; Selbstgerechtigkeit; Vaterlandsliebe; Vergeltung VII; Vollkommenheit, 1.

Meier, *Ludger* (Taufname: *Johannes*), * 18.9.1898 Dürkheim, † 10.3.1961 Bamberg. 1923 OFM, 1928-38 am Collegio di S. Bonaventura in Brozzi-Quaracchi bzw. in Florenz tätig, 1938-50 Forschungsreisen in Deutschland, Österreich, England u. Norwegen, 1954 bis 1958 Prof. f. Dogmatik an den span. Ordenshochschulen in Hellin (Albacete) u. Orihuela (Alicante).

Contribution à l'hist. de la théologie à l'Univ. d'Erfurt (RHE 50, 1955, 454-479. 839-866); Die Werke d. Erfurter Kartäusers Jakob von Jüterbog in ihrer handschriftl. Überlieferung (BGPhMA 37, 5), 1955; Die Barfüßerschule zu Erfurt (ebd 38, 2), 1958; Les disputes quodlibétiques en dehors des universités (RHE 53, 1958, 401-442).

Erfurt II.

Meinert, *Hermann,* * 20.9.1894 Bremen, Dr. jur. h.c. (1951, Frankfurt/M.), Dr. phil. (1924). Im staatl. Archivdienst 1925-42 (Staatsarchivrat beim Preuß. Geheimen Staatsarchiv; 1941 Oberarchivrat), Kriegsdienst 1942-45, Stadtarchivdirektor 1947 Frankfurt/M., 1959 i.R.

Papsturkunden in Frankreich: Champagne u. Lothringen, 1932/33. - Hg.: Archiv f. Frankfurts Gesch. u. Kunst, 1948-59; Veröffentlichungen d. Frankfurter Hist. Kommission, seit 1948.

Frankfurt a.M. I.

Meinhold, *Peter,* * 20.9.1907 Berlin-Wilmersdorf, D. (1955, Marburg), Lic. (jetzt Dr.) theol. (1934). PDoz. f. KG 1935 Berlin, Vertretung 1935/36 Heidelberg; Doz. 1936, ao. Prof. f. KG u. DG 1936, o. Prof. 1945 Kiel.

Die Genesisvorlesung Luthers u. ihr Herausgeber (FKGG 8), 1936; Luthers Sprachphilos., 1958; Goethe zur Gesch. d. Christentums, 1958; Ph.Melanchthon, Lehrer d. Kirche, 1960; Der ev. Christ u. d. Konzil, 1961; Römer 13. Obrigkeit, Widerstand, Revolution, Krieg, 1961; Konzile der Kirche in ev. Sicht, 1962; Ökum. Kirchenkunde, 1962. - Hg.: Wichern, Sämtl. Werke, bisher 3 Bde, 1958ff; Kyrios, seit 1960. - Mit-Hg.: Saeculum, seit 1949.

Bußwesen II.

Meisen, *Karl,* * 11.10.1891 Blatzheim Bez. Köln, Dr. phil. (1919). PDoz. f. Dt. Sprache u. Volkskunde 1928, Entzug der Venia legendi durch das nat.soz. Regime 1939, apl. Prof., ao. Prof., o. Prof. 1946 Bonn.

Nikolauskult u. Nikolausbrauch im Abendlande, 1931; Volkskunde d. Rheinlande, 1934; Die Sagen vom Wütenden Heer u. Wilden Jäger, 1935; Das Annolied, 1946; Altdt. Grammatik, (1947) Neuausg. 1961; Die hl. drei Könige u. ihr Festtag im volkstüml. Glauben u. Brauch, 1949. - Hg.: Rhein. Jb. f. Volkskunde, seit 1950; Quellen u. Studien zur Volkskunde, seit 1953. - Mit-Hg.: Rhein.-westf. Zs. f. Volkskunde, seit 1954.

Tänzer.

Meller, *Peter,* Dr. phil., Kunsthistoriker, lebt in Florenz (weitere Angaben nicht zu erhalten).

Leonardo da Vinci.

Melzer, *Friso,* * 27.2.1907 Aurich, Dr. theol. (1934), Dr. phil. (1930). Assistent 1931-33 Tübingen, Missionar

1935-40 Indien (College Principal, Calicut; theol. Lehrer, Mangalore), Pfarrer 1943 Adelberg, Prorektor am Internat. Institut 1949 Schloß Mainau, Lehrer 1951, Studienrat 1955 Künzelsau, 1960 Geislingen, Oberstudienrat 1961.

Goethes »Faust«. Eine ev. Auslegung, 1932; Kirche u. Lit., 1933; Ges. Schriften des Sadhu Sundar Singh, übers. u. erl., (1946) 1963[4]; Unsere Sprache im Lichte d. Christus-Offenbarung, (1946) 1952[2]; Christus u. d. ind. Erlösungswege, 1949; Der christl. Wortschatz d. dt. Sprache, 1951; Meditation in Ost u. West, 1957; Anleitung zur Meditation, (1958) 1959[2]; Indien greift nach uns, 1962; Der Guru als Seelenführer, 1963. - Hg.: Neubau (Ev. Monats-Zs.), 1946-53.

Ramabai.

Mensching, *Gustav,* * 6.5.1901 Hannover, Lic. theol. (1924), Dr. theol. (1931), Dr. sc. rel. h.c. (1951, Marburg). PDoz. f. Religionsgesch. 1927 Techn. Hochschule Braunschweig, ao. Prof. 1927 Riga; Lehrauftrag f. Vergl. Religionswiss. 1936, ao. Prof. 1942, o. Prof. 1955 Bonn.

Das hl. Schweigen, 1926; Vergl. Religionswiss., (1938) 1949[2]; Allg. Religionsgesch., (1940) 1949[2]; Gut u. Böse im Glauben d. Völker, (1941) 1950[2]; Soziol. d. Religion, 1947 (franz. 1951); Gott u. Mensch. Vorträge u. Aufs. zur vergl. Religionswiss., 1948; Toleranz u. Wahrheit in d. Religion, 1955; Das Wunder im Glauben u. Aberglauben d. Völker, 1957; Die Religion, 1959.

Agnostizismus, 1; Ambivalenz; Anthropomorphismus; Armenpflege I; Askese I; Atheismus I; Begehung, 1; Bekenntnis I; Beruf II; Berufung I; Besessenheit; Böse; Bußwesen I; Deismus I; Demut I; Dogma I; Dualismus I; Erscheinungsformen der Gottheit; Formeln I; Heilige Stätten I; Heilige Zeiten I; Heiligenverehrung I; Jahreszeiten; Kloster I; Nacht; Propheten I, 1. 2; Religion I-III; Religionskongresse; Schweigen, 1; Sittlichkeit II; Sünde und Schuld I; Synkretismus I; Teufel I; Theokratie; Toleranz I; Universalismus und Partikularismus I; Vatername Gottes I; Verwandlung; Wunder I; Zölibat I.

Menzel, *Beda Franz,* * 2.1.1904 Braunau/Böhmen, OSB, Dr. phil. (1932). Lehrer am Benediktinergymnasium 1939 Braunau/Böhmen, Vertreibung Nov. 1945, Diözesanflüchtlingsseelsorger 1945-47, Leiter des Realgymnasiums St. Nepomuk der Benediktiner 1947 Rohr/Niederbayern.

Nepomuk.

Menzel, *Gustav,* * 11.12.1908 Bochum-Langendreer. Im Dienst der Rhein. Mission: 1937-40 Missionar in Sumatra, 1940-46 interniert, 1947-60 in der Missionsleitung in Wuppertal; seit Okt. 1960 Pfarrer in Unterbarmen.

Riedel, J.F.; Südwest-Afrika; Vedder.

Menzel, *Wilhelm,* * 8.1.1898 Obersteinkirch Kr. Lauban/Schlesien, Dr. phil. (1937). Volksschullehrer 1919, Doz. 1934 Päd. Hochschule Hirschberg/Riesengeb., 1947 Päd. Hochschule Dortmund, Prof. 1954.

Mutter u. Kind im schles. Volksglauben u. Brauch, 1938. - Hg.: Das Holtei-Buch, 1949; Schles. Liederbuch, 1950; Schles. Mundartdichtung I. II, 1950/57; Atmung u. Stimme, 1950.

Stchr.

Merkel, *Friedemann,* * 28.1.1929 Freiburg/Br., Dr. theol. (1958). Wiss. Assistent u. Lehrbeauftragter f. Prakt. Theol. 1954 Heidelberg, Doz. 1960 Predigerseminar Bad Kreuznach, zugleich Pfarrer 1960 Mandel, dazu Lehrbeauftragter 1960-62 Bonn.

Gesch. d. ev. Bekenntnisses in Baden von d. Reformation bis zur Union, 1960.

Orientation, 2; Pallium; Peter-Pauls-Fest; Petri Kettenfeier; Petri Stuhlfeier; Purpur; Reimoffizien.

Merkle, *Gottlieb,* * 29.10.1905 Renhardsweiler, Dr. theol. (1945), Dr. phil. (1944). Kath. Pfarrer 1936 Lützenhardt, 1946 Hirschau b. Tübingen, dazu Lehrbeauftragter f. kirchl. Kunstgesch. u. Denkmalspflege 1950, Honorar-Prof. 1960 Tübingen.

Der kirchl. Zentralbau (ThQ 134, 1954, 191-201); Der Dom zu Rottenburg (Das Münster 11, 1958, 48-51); Entwicklung u. Anliegen unseres Kirchenbaus, 1959; Für u. wider moderne Kirchen (Hl. Kunst 1959/60, 72-92); Das Diözesanmuseum in Rottenburg (ebd 123-131).

Altar III B.

Merz, *Georg:* 4, 881f (Sp. 882 Zl. 2 v.o. lies: 1942 Dekan in Würzburg). - D. (1933, Erlangen).

Bibliogr. bis 1960: ThLZ 85, 1960, 945-954. Ferner: Wege u. Wandlungen. Erinnerungen aus d. Zeit von 1892-1922, 1961; Um Glauben u. Leben nach Luthers Lehre. Ausgew. Aufs. (ThB 15), 1961.

Bezzel; Blumhardt, 1. 2 (mit E.Jäckh); Boeckh; Geyer, Chr.; Harnack, Th.; Hochschulen, konfessionelle I; Lhotzky; Löhe; Meiser; Müller, Joh.; Raumer; Zündel.

Messerschmid, *Felix,* * 14.11.1904 Untertalheim/Schwarzwald, Dr. phil. (1928). Studienassessor u. Stunienrat 1929-48, Gymnasialdirektor u. Direktor der Akademie f. Erziehung u. Unterricht 1948 Calw/Württ., Direktor des Kepler-Gymnasiums 1955 Ulm, Direktor der Akademie f. Polit. Bildung 1958 Tutzing/Obb.

Dt. Kirchenlied (mit E.Vogelsang), 1928; Liturgie u. Gemeinde, 1939; Musische Bildung (mit E.Haag u. O.Bartning), 1954; Das Problem d. Planung im Bereich d. Bildung, 1961; Hist. u. Polit. Bildung, 1963. - Hg.: Weltbild u. Erziehung, seit 1954. - Mit-Hg.: GWU, seit 1950; Gesellschaft, Staat, Erziehung, seit 1955.

Bosco; Jugendbewegung III; La Salle.

Metzger, *Bruce Manning,* * 9.2.1914 Middletown/Pa. (USA), D.D. (1951, Lebanon Valley College), A.B. (1935), Th.B. (1938), Th.M. (1939), Ph.D. (1942), L.H.D. (1962, Findlay College). Instructor f. NT 1940, Assistant Prof. 1944, Associate Prof. 1948, Prof. 1954 Princeton Theol. Seminary, Princeton/N.J.

The Saturday and Sunday Lessons from Luke in the Greek Gospel Lectionary, Chicago 1944; Lexical Aids for Students of NT Greek, Princeton (1946) 1955[2]; Index of Articles on the NT and the Early Church published in Festschriften, Philadelphia 1951; Annotated Bibliography of the Textual Criticism of the NT (StD 16), London-Philadelphia 1955; An Introduction to the Apocrypha, New York 1957; Index to Periodical Lit. on the Apostle Paul, Leiden 1960; Chapters in the Hist. of NT Textual Criticism, 1963; The Text of the NT, Oxford 1964. - Hg.: NT Tools and Studies, 5 Bde, Leiden 1960 bis 1963.

Apokryphen II; Evangelienharmonie; Goodspeed; Lake; Moffatt.

Metzger, *Hans-Otto,* * 15.4.1932 Wuppertal-Barmen. Pfarrer 1963 Bonn.

Weiß, Bernhard; Weizsäcker; Wettstein; Windisch; Zahn, Th.

Meyer, *Bruno,* * 20.2.1911 Zürich (Schweiz), Dr. phil. (1935), Staatsarchivar u. Museumsdirektor in Frauenfeld Kt. Thurgau.

Schweiz I A.

Meyer, *Eugen,* * 17.2.1893 Püttlingen/Saar, Dr. phil. (1920). Staatsarchivrat 1922, Direktor des Staatsarchivs 1932 Münster; ao. Prof. f. Hist. Hilfswissenschaften 1939, o. Prof. 1946 Berlin, o. Prof. f. Gesch. des MA 1949 Saarbrücken, dazu 1951/52 sowie Okt. 1955 bis April 1956 Direktor des Kultusministeriums des Saarlandes.

Chronologie I. II. IV; Paläographie.

Meyer, *Heinrich,* * 16.10.1904 Apenrade, D. (1957, Kiel), D.D. (1951, Augustana College, Sioux Falls, USA), Dr. theol. (1929). Missionar 1930-51 Indien, Präsident der Ev.-Luth. Jeypur-Kirche 1934-51, PDoz. f. Missions- u. Religionswiss. 1951 Heidelberg, Missionsdirektor der Hanseatischen Kirchen u. apl. Prof. f. Missionswiss. 1953 Hamburg, 1956 Bischof der ev.-luth. Kirche in Lübeck u. Honorar-Prof. in Hamburg.

Bekenntnisbindung u. Bekenntnisbildung in jungen Kirchen (BMevR 3), 1952. - Hg.: Wir lieben Indien, 1963.

Amt IV; Mythos und Mythologie V.

Meyer, *Otto,* * 21.9.1906 München, Dr. phil. (1931). PDoz. f. mittlere Gesch. 1947, apl. Prof. 1949 Würzburg, ao. Prof. 1955 Philos.-Theol. Hochschule Bamberg, o. Prof. f. mittlere Gesch., Landesgesch. u. hist. Hilfswissenschaften 1962 Würzburg.

Leonhard; Pilgrim von Passau.

Meyer, *Paul W.,* * 31.5.1924 Raipur (Indien), B.D. (1949), Th.D. (1955). Assistant Prof. f. NT 1954, Associate Prof. 1962 Yale Univ., New Haven/Conn.; Prof. 1964 Colgate Rochester Divinity School, Rochester/N.Y.

The Eschatology of the Fourth Gospel (Diss. Union Theol. Seminary, New York), 1955 (Masch.).

Trinität II.

Meyer, *Philipp,* * 12.11.1883 Smyrna, † 6.1.1963 Göttingen, D. (1952, Göttingen). Seemannspastor 1909 Cardiff, Pastor 1912 Wülfinghausen, Konvents-Studiendirektor 1924 Kloster Loccum, Landeskirchenrat 1929 Hannover, 1933 Zwangsbeurlaubung, Pastor 1934 Adelebsen b. Göttingen, zugleich Oberlandeskirchenrat 1937.

Hg.: JGNKG, 1933-62; Die Pastoren d. Landeskirchen Hannovers u. Schaumburg-Lippes seit d. Reformation I-III, 1941-53.

Corvinus; Elisabeth von Braunschweig-Lüneburg; Fabricius, Joh.; Gesenius, Justus; Hannover; Rhegius; Soetefleisch; Sutel; Walther, Michael.

Meyer, *Rudolf,* * 8.9.1909 Leipzig, D. (1952, Berlin), Dr. theol. (1935). Assistent f. NT u. Rabbinica 1934 Leipzig, Verweigerung der Dozentur durch das NS-Regime 1938, Militärdienst u. Kriegsgefangenschaft 1939-46; Assistent f. AT 1946, PDoz. f. NT 1947 Leipzig, ao. u. o. Prof. f. AT 1947 Jena.

Hellenistisches in d. rabbin. Anthropologie (BWANT IV, 22), 1937; Der Prophet aus Galiläa. Studie zum Jesusbild d. drei ersten Evangelien, 1940; Hebr. Grammatik I. II (mit H. Beer), 1952/55²; Hebr. Textbuch zu Beer-Meyer, Hebr. Grammatik, 1960; Das Gebet des Nabonid (SAL 107, 3), 1962; Tradition u. Neuschöpfung im antiken Judentum (ebd 110, 2), 1965. - Mit-Hg.: OLZ (Sparte Semitistik); Die Mischna.

Abraham-Apokalypse; Abraham-Testament; Adambücher; Bibel I C; Eschatologie III; Himmelfahrt II; Himmelfahrt und Martyrium des Jesaja; Himmelfahrt Moses; Hiobtestament; Messias III; Micha; Michabuch; Paralipomena Jeremiae; Propheten II A; Qumran, 3; Sedrach-Apokalypse; Tobitbuch; Zephanja-Apokalypse.

Meylan, *Henri,* * 29.10.1900 Lausanne (Schweiz), Dr. theol. h.c. (1938, Neuchâtel; 1951, Straßburg), Dr. jur. h.c. (1947, Caen), Lic. ès sc. rel. (1923), Lic. es lettres (1927). Ao. Prof. f. KG u. DG 1928, o. Prof. 1936 Lausanne.

La Haute Ecole de Lausanne 1537-1937, Lausanne 1937; Silhouettes du XVIe siècle, ebd 1943; L'Académie de Lausanne au XVIe siècle. Lettres et documents inédits, ebd 1947; L'Eglise vaudoise dans la tempête. Lettres choisies de Samson Vuilleumier 1843-46 (mit R. Centlivres), ebd 1947; Epîtres du coq à l'âne. Contribution à l'hist. de la satire au XVIe siècle, Genf 1956; Pierre Viret. Quatre sermons français sur Esaïe 65, Lausanne 1961. - Mit-Hg.: Théodore de Bèze, Correspondance, 15 Bde, Genf 1960ff. - Redakteur: RThPh, 1934-50.

Lausanne; Reymond; Ruchat; Secrétan; Spifame; Vinet; Vuilleumier.

Meynen, *Emil,* * 22.10.1902 Köln, Dr. phil. (1926). PDoz. f. Geographie 1935 Köln, 1936 Berlin, apl. Prof. 1942 ebd, Honorar-Prof. f. Dt. Landeskunde u. Kartographie 1955 Köln; wiss. Sekretär der Zentralkommission f. wiss. Landeskunde von Deutschland bzw. des Zentralausschusses f. dt. Landeskunde 1935, Leiter der Abteilung f. Landeskunde im Reichsamt f. Landesaufnahme 1941, Leiter des Amtes f. Landeskunde 1947, Direktor der Bundesanstalt bzw. des Instituts f. Landeskunde in Bad Godesberg 1956.

Hg. bzw. Mit-Hg. u.a.: Dt. Archiv f. Landeskunde u. Volksforschung, 1939-44; Forschungen zur dt. Landeskunde, seit 1939; Berichte zur dt. Landeskunde, seit 1941; Geograph. Taschenbuch, seit 1949; Hdb. d. Dt. Landkreise, seit 1950; Hdb. d. naturräuml. Gliederung Deutschlands, 1953-62; Bibliotheca Cartographica, seit 1959.

Deutschland II.

Mezger, *Manfred,* * 11.4.1911 Stuttgart, D. (1959, Tübingen), Dr. phil. (1947). Pfarrer 1947 Pfäffingen b. Tübingen, dazu Lehrbeauftragter f. Liturgik u. Hymnologie 1948 Tübingen, Doz. f. Prakt. Theol. 1956 ebd, Prof. 1956 Kirchl. Hochschule Berlin, o. Prof. 1958 Mainz.

Die Amtshandlungen d. Kirche I, (1957) 1963². - Mit-Hg.: W. Link, Das Ringen Luthers um d. Freiheit d. Theol. von d. Philos., (1940) 1955²; St. Thomas zu Leipzig 1212-1962, 1962; HUTh, seit 1962.

Anbetung III; Andacht II; Barth, Chr.G.; Bengel, 1. 2; Burk; Kasualien; Musik VII.

Michaeli, *Frank,* * 3.2.1907 Quincy-Ségy (Frankreich), Dr. theol. (1953). Ref. Pfarrer 1931 Saint-Dizier, 1936 Dijon, Prof. f. AT 1946 Paris.

Dieu à l'image de l'homme, Neuchâtel-Paris 1950; L'AT et l'Eglise chrétienne d'aujourd'hui, ebd 1957; Le livre de la Genèse I. II, ebd 1957/60; Textes de la Bible et de l'Ancien Orient, ebd 1961; 39 Livres en un seul. Pour mieux connaître l'AT, Paris 1962.

Paris III.

Michaelis, *Wilhelm,* * 26.1.1896 Darmstadt, † 19.2.1965 Bern, D. (1930, Berlin), Lic. theol. (1921). PDoz. f. NT 1923 Berlin, o. Prof. 1930 Bern.

NT, übers. u. erklärt, 1934/35; Die Gleichnisse Jesu, (1938/39) 1956³; Die Erscheinungen des Auferstandenen, 1944; EinlNT, (1946) 1961³; Versöhnung des Alls, 1950; Die Apokryphen Schriften zum NT, (1956) 1962³.

Aristeasbrief; Bern; Deißmann; Exorzismus II; Torrey, Charle Cutler (mit M. Black).

Michel, *Ernst,* * 13.1.1900 Dreis-Tiefenbach Kr. Siegen. Leiter der Vereinigten Missionsfreunde e.V. 1951 Weidenau/Sieg.

Missionsfreunde (mit J. Margull).

Michel, *Otto,* * 28.8.1903 Wuppertal-Elberfeld, D. (1949, Mainz), Lic. theol. (1928). Konviktsinspektor 1927, PDoz. f. NT 1929, dazu Studentenpfarrer 1930-34 Halle; Vertretung der Professur f. NT 1940-43 u. 1945-46 Tübingen, o. Prof. 1946 ebd.

Vollst. Bibliogr. bis 1962 in: Abraham unser Vater (Festschr. z. 60. Geb.), 1963, 484-497. Bes.: Paulus u. seine Bibel (BFChTh II, 18), 1929; Prophet u. Märtyrer (ebd 37, 2), 1932; Der Brief an die Hebräer (MeyerK XIII[⁷]¹¹), (1936) 1960; Das Zeugnis des NT von d. Gemeinde (FRLANT 57), 1941; Der Brief an die Römer (MeyerK

IV[10]12), (1955) 1962; Flavius Josephus, De bello judaico I (mit O.Bauernfeind), (1959) 1962²; II/1, 1963. - Hg.: Arbeiten zur Gesch. d. Spätjudentums u. Urchristentums, seit 1961. - Mit-Hg.: WUNT, seit 1950; Arbeiten zur Theol., seit 1960.

Berufung III; Kittel, Gerh.; Krieg III; Leiden III; Meyer, H.A.W.; Schöpfung III; Urstand III.

Miller, *Max,* * 17.10.1901 Baustetten Kr. Biberach, Dr. theol. (1940), Dr. phil. (1930). Regierungsrat (Staatsarchivrat) 1929, Oberstaatsarchivrat 1947, Staatsarchivdirektor 1951 Hauptstaatsarchiv Stuttgart; (tit.) Prof. 1961.

Die Organisation u. Verwaltung von Neuwürtt. unter Herzog u. Kurfürst Friedrich, 1934; Die Auswanderung d. Württemberger nach Westpreußen u. d. Netzegau 1776-86, 1935; Die Söflinger Briefe u. d. Klarissenkloster Söflingen b. Ulm/Donau im Spät-MA, 1940; Eugen Bolz, Staatsmann u. Bekenner, 1951; 70 Jahre landesgesch. Forschungsarbeit, 1962. - Hg.: Zs. f. württ. Landesgesch., seit 1952; Veröffentlichungen d. Kommission f. gesch. Landeskunde in Baden-Württ., Reihe A u. B, seit 1958; Veröff. d. Staatl. Archivverwaltung Baden-Württ.; Inventare d. nichtstaatl. Archive in Baden-Württ.

Ellwangen; Hirsau.

Minder, *Robert,* * 23.8.1902 Wasselnheim/Elsaß, Dr. phil. h. c. (1965, Tübingen). Lektor 1926 Straßburg, o. Prof. f. Dt. Lit. u. Kulturgesch. 1936 Nancy, 1951 Paris (Sorbonne), 1957 ebd (Collége de France).

L.Tieck, un poète romantique allemand, Paris 1936; Die relig. Entwicklung von K.Ph.Moritz, 1936; Allemagnes et Allemands I, Paris 1948; Kultur u. Lit. in Deutschland u. Frankreich, 1962.

Doeblin.

Mirgeler, *Albert,* * 1.6.1901 Aachen, Dr. phil. (1930). Leiter des Archivs f. Volksbildung im Reichsministerium des Innern 1931-33; PDoz. f. polit. Soziologie 1953, apl. Prof. 1960 Techn. Hochschule Aachen.

Jeanne d'Arc, 1952; Gesch. Europas, (1953) 1964⁴; Der Faschismus in d. Gesch. d. modernen Staates (Saeculum 6, 1955, 84-117); Hesiods Lehre von d. fünf Weltaltern, 1958; Rückblick auf d. abendländ. Christentum, 1961; Der Zusammenbruch d. klass. Humanismus (Merkur 16, 1961, 1101-1115).

Jeanne d'Arc.

Miskotte, *Kornelis Heiko,* * 23.9.1894 Utrecht (Niederl.), Dr. theol. (1932). Pfarrer der Ned. Herv. Kerk 1921 Cortgene, 1925 Meppel, 1930 Haarlem, 1938 Amsterdam, Prof. f. Dogmatik, Ethik u. Kirchenrecht 1945 Leiden, em. 1960.

J.H.Gunning, Rotterdam 1929; Het wezen der joodsche religie, Amsterdam 1933; Antwoord uit het onweer. Een verhandeling over het boek Job, ebd 1936; Edda en Thora, Nijkerk 1939; Hoofdsom der historie. Voordrachten over de visioenen van den apostel Johannes, ebd 1945; Om het levende Woord, 's-Gravenhage 1948; De kern van de zaak, Nijkerk 1950; Als de goden zwijgen. Over de zin van het OT, Amsterdam 1956 (dt. 1963); Zur bibl. Hermeneutik (ThSt [B] 55), 1959; Über Karl Barths Kirchl. Dogmatik. Kleine Präludien u. Phantasien (ThEx NF 89), 1961.

Altruismus; Determinismus; Eudämonismus; Gemeinsinn; Groninger Schule; Hedonismus; Herrenmoral; Natürliche Religion und Theologie; Niederlande II; Numinos; Stirner.

Möckel, *Gerhard,* * 28.11.1924 Hermannstadt (Siebenbürgen). Pfarrer 1953 Athen (Griechenland), Studienleiter 1962 Ev. Akademie Berlin.

Androutsos; Athen; Balanos; Bratsiotis; Bryennios; Kaïris; Kleopas; Louvaris; Makrakis; Maximus, 2. 3; Meletius Syrigos; Meniates; Metrophanes Kritopoulos; Nektarius von Jerusalem; Nikodemus von Naxos; Oekonomos; Pachomius Rhusanus; Papadopoulos; Papamichail; Pharmakidis; Saloniki II; Sebastos Trapezuntios; Theotokis; Typaldos.

Moede, *Walther,* * 3.9.1888 Sorau/Niederlausitz, † 30.5.1958 Berlin, Dr. phil. (1911). PDoz. f. Arbeitswiss. 1918, ao. Prof. 1921 Techn. Hochschule Berlin, zugleich Psychologe bei der Dt. Reichsbahn 1921; Doz. 1951 Verwaltungsakademie Berlin.

Die Experimentalpsychol. im Dienste d. Wirtschaftslebens, 1919; Lehrbuch d. Psychotechnik, 1930; Arbeitstechnik, 1935; Eignungsprüfung u. Arbeitseinsatz, 1943; Betriebl. Arbeitswiss., 1954; Psychol. d. Berufs- u. Wirtschaftslebens, 1958.

Arbeitswissenschaft.

Moeller, *Bernd,* * 19.5.1931 Berlin, Dr. theol. (1956). PDoz. f. KG 1958 Heidelberg, o. Prof. 1964 Göttingen.

Die dt. Humanisten u. d. Anfänge d. Reformation (ZKG 70, 1959, 46-61); Johannes Zwick u. d. Reformation in Konstanz (QFRG 28), 1961; Reichsstadt u. Reformation (SVRG 169), 1962.

Konstanz, 2; Manz; Matthäus von Krakau; Mittelalter; Otter; Petrus von Ailly; Peutinger; Ripelin; Sam; Schiner; Utenheim; Vives; Wimpfeling.

Mohrmann, *Christine,* * 1.8.1903 Groningen (Niederl.), Dr. litt. (1932), Dr. h.c. (1955, Dublin; 1958, Mailand). PDoz. 1936, Lektorin 1942 Utrecht, dazu Lektorin 1946 Amsterdam GU; ao. Prof. 1953, o. Prof. 1960 Nijmegen, dazu ao. Prof. 1955 Amsterdam GU.

Vollst. Bibliogr. bis 1962 in: Mélanges offerts à Mlle Chr.Mohrmann, Utrecht 1963, XXI-XXXV. Bes.: Die altchristl. Sondersprache in d. Sermones d. hl. Augustin, Nijmegen 1932; Studien zur Syntax d. Briefe d. hl. Cyprian I. II (mit J.Schrijnen), ebd 1936/37; Liturgical Latin, Washington 1957; Etudes sur le latin des chrétiens I, Rom (1958) 1961²; II, 1961; Atlas van de oudchristelijke wereld (mit F. van der Meer), Amsterdam 1958 (dt. 1959); The Latin of Saint Patrick, Dublin 1961; Le conflit pascal au IIe siècle (VigChr 16, 1962, 154-171); The Earliest Continental Irish Latin (ebd 216-233). - Mit-Hg.: VigChr; Latinitas Christianorum Primaeva; Graecitas Christianorum Primaeva; Monumenta Christiana; Stromata Patristica et Mediaevalia; Bibliographie Linguistique.

Altchristliche Dichtung; Juvencus.

Moldaenke, *Günter,* * 16.4.1909 Berlin-Lichterfelde, Lic. theol. (1934). Doz. f. KG 1934-37 Luther-Akademie Dorpat, dazu 1936 Königsberg, Verwaltung der KG-Professur 1937-45 Heidelberg, Pfarrer 1945 Ziegelhausen b. Heidelberg, 1956 Eberbach/Neckar, dazu apl. Prof. 1952 Heidelberg.

Schriftverständnis u. Schriftdeutung im Zeitalter d. Reformation I: Matthias Flacius Illyrikus (FKGG 9), 1936.

Flacius.

Molland, *Einar,* * 11.3.1908 Oslo (Norwegen), D.D. (1953, Durham), Dr. theol. (1938), Dr. theol. h.c. (1962, Uppsala). Adjunktstipendiat mit Vorlesungsauftrag 1933-38, Prof. f. KG 1939 Oslo.

Das paulin. Euangelion (ANVAO II, 3), 1934; The Conception of the Gospel in the Alexandrian Theology (SNVAO II, 2), 1938; Fra H.N.Hauge til Eivind Berggrav, 1951 (engl.: Church Life in Norway 1800-1950, 1957); Konfesjonskunnskap, (1953) 1961² (engl.: Christendom, [1959] 1961²); Statskirke og Jesu Kristi kirke, 1954.

Apostellehre; Clemensbriefe; Drontheim; Hermas; Norwegen I.

Molnár, *Amedeo,* * 24.1.1923 Prag (Tschechoslowakei), Dr. theol. (1948), Dr. théol. (1948, Straßburg). Vikar 1942 Prag, 1944 Železný Brod; Assistent f. KG 1947, Doz. f. DG 1950, Prof. f. KG 1963 Prag.

Vollst. Bibliogr. bis 1960 in: Theologická příloha Křesťanské revue 1960, 158-163. Bes.: Bratr Lukáš (Theol. des Bruder Lukas aus Prag), 1948; Boleslavští Bratří (Gesch. d. Bunzlauer Brüder), 1952; Iohannis Siloensis Collectarum quae ad nos pervenerunt tomus I, 1953; Českobratrská výchova před Komenským (Erziehungswesen

d. Brüder vor Comenius), 1956; Die eschat. Hoffnung d. böhm. Reformation (Von d. Reformation zum Morgen, 1959, 59-187). - Redaktor: Křesťanská revue, 1953-60.

Abrahamiten; Brünn; Budweis; Tschechoslowakei II, 1.

Moltmann, *Jürgen,* * 8.4.1926 Hamburg, Dr. theol. (1952). Gemeinde- u. Studentenpfarrer 1953 Bremen, PDoz. f. Syst. Theol. 1957 Göttingen, Prof. 1958 Kirchl. Hochschule Wuppertal, o. Prof. 1963 Bonn.

Chr.Pezel u. d. Calvinismus in Bremen, 1958; Herrschaft Christi u. soz. Wirklichkeit nach D.Bonhoeffer (ThEx NF 71), 1959; Die Gemeinde im Horizont d. Herrschaft Christi, 1959; Der verborgene Mensch, 1961; Prädestination u. Perseveranz, 1961; Theol. d. Hoffnung, 1964. - Hg.: Calvin-Studien, 1959; Anfänge d. dialekt. Theol. I. II (ThB 17/I. II), 1962/63.

Amesius; Camero; Chamier; Claude; Collenbusch; Daneau; Diodati; Ferry; Hardenberg; Hasenkamp; Pajon; Perseveranz; Peucer; Pezel; Ramus; Rudinger; Saumur; Tilenus; Timan; Verstockung, 3; Voetius.

Mommsen, *Hans,* * 5.11.1930 Marburg, Dr. phil. (1959). Mitarbeiter im Institut f. Zeitgesch. 1961 München, wiss. Assistent 1963 Heidelberg.

Zum Verhältnis von Polit. Wiss. u. Geschichtswiss. in Deutschland (Vierteljahreshefte f. Zeitgesch. 10, 1962, 341-372); Die Sozialdemokratie u. d. Nationalitätenfrage im alten Österreich, 1963.

Parteien I-V.

Mommsen, *Wolfgang J.,* * 5.11.1930 Marburg, Dr. phil. (1958). Assistent am Hist. Seminar 1959 Köln, Gastdoz. 1961 Cornell Univ. (USA).

Max Weber u. d. dt. Politik 1890-1920, 1959; Imperialismus in Ägypten, 1961.

Parlamentarismus; Wahlrecht.

Moorman, *John Richard Humpidge,* * 4.6.1905 Leeds (England), D.D. (1945, Cambridge), B.A. (1927), M.A. (1931), B.D. (1941), Litt. D. (1964, Leeds). Rector of Fallowfield 1935-42 Manchester, Kanzler der Kathedrale u. Principal des Theol. College 1946 Chichester, Domherr 1956 Heathfield, Bischof 1959 Ripon.

Sources for the Life of S. Francis of Assisi, Manchester 1940; Church Life in England in the 13th Century, Cambridge 1946; S. Francis of Assisi, London 1950; The Grey Friars in Cambridge 1225-1538, Cambridge 1952; A Hist. of the Church in England, London 1953; The Path to Glory, ebd 1960.

Anglikanische Kirche I; Anglokatholizismus.

Moortgat, *Anton,* * 21.9.1897 Antwerpen, Dr. phil. (1923). Wiss. Hilfsarbeiter bei der M.v.Oppenheim-Stiftung 1923-27 Berlin, bei den Staatl. Museen Berlin (Vorderasiat. Abtlg.) 1929-39, Kustos u. Prof. 1939-45 ebd, dazu Honorar-Prof. 1941 Univ. Berlin, o. Prof. f. Vorderasiat. Archäologie 1948 Freie Univ. Berlin.

Die bildende Kunst d. alten Orients u. die Bergvölker, 1932; Frühe Bildkunst in Sumer, 1935; Vorderasiat. Rollsiegel, 1940; Die Entstehung d. sumer. Hochkultur, 1945; Tammuz. Der Unsterblichkeitsglaube in d. altoriental. Bildkunst, 1949; Ägypten u. Vorderasien im Altertum (mit A.Scharff), (1950) 1959²; Altvorderasiat. Malerei, 1959; Tell Chuēra in Nordost-Syrien. Vorläufige Berichte über d. Grabungen 1958ff, 1960ff.

Karatepe; Karkemisch; Kunst II F; Mitanni; Ninive.

Moreau, *Jacques,* * 12.9.1918 Lodelinsart b. Charleroi (Belgien), † 23.9.1961 bei Ankara (Flugzeugunglück), Lic. phil. (1939). Vertretung des Faches der Alten Gesch. 1950, ao. Prof. 1951, o. Prof. 1953 Saarbrücken, 1960 Heidelberg.

Vollst. Bibliogr. in: Heidelberger Jahrbücher 6, 1962, 14-18. Bes.: Etude de la situation sociale des juifs en Egypte ptolémaïque et romaine (Diss. Brüssel), 1938/39 (Masch.); Les plus anciens témoignages profanes sur Jésus, Brüssel 1944; Lactance, De la mort des persécuteurs I. II (SC 39), Paris 1954; La persécution du christianisme dans l'Empire romain, Paris 1956 (erw. dt. Übers. 1961); Die Welt d. Kelten, (1958) 1962³; Excerpta Valesiana (Editio critica), 1961. - Mit-Hg.: NC, 1949-59; AIPh, 1949-56; Annales Universitatis Saraviensis, Philos. Fak., 1952-60.

Lactantius.

Morenz, *Ludwig,* * 25.7.1929 Wonsees/Ofr., Dr. phil. (1956). Archivreferendar 1957, Archivassessor 1960, städt. Archivrat 1961 München.

Magister Nikolaus von Ybbs. Sein Werdegang als Notar d. Reichskanzlei u. als Protonotar d. böhm. Kanzlei bis zu seiner Wahl zum Bischof von Regensburg i.J. 1313, 1957; Die Urkunden d. Klosters St. Veit bei Neumarkt 1121-1450, 1960.

Ingolstadt.

Morenz, *Siegfried,* * 22.11.1914 Leipzig, D. (1959, Tübingen), Dr. phil. (1941). Prof. mit Lehrauftrag f. Ägyptologie 1952, mit vollem Lehrauftrag 1952, mit Lehrstuhl 1954 Leipzig, zugleich Direktor der Ägypt. Abtlg. der Staatl. Museen Berlin 1952-58 sowie o. Prof. f. Ägyptologie u. Religionsgesch. 1961 Basel.

Die Gesch. von Joseph d. Zimmermann (TU 56), 1951; Die Zauberflöte, 1952; Hl. Schriften (mit J.Leipoldt), 1953; Der Gott auf d. Blume (mit J.Schubert), 1954; Unters.en zur Rolle d. Schicksals in d. ägypt. Religion, 1960; Ägypt. Religion, 1960. - Mit-Hg.: ZÄS, seit 1954.

Ägypten III. IV; Alexandria; Eid I; Geist I; Handauflegung I; Hierakas; Himmel I; Himmelfahrt I; Nil; Pantheon; Ritualbücher; Schriften, heilige; Segen und Fluch I; Sohn Gottes I; Theophanie I; Tierkult; Urstand I; Wort.

Morhain, *Emil,* * 4.1.1900 Busendorf/Lothringen, † 7.2.1964, Dr. theol. (1926). Prof. f. KG u. Patrologie 1926 Priesterseminar Metz, Superior des Knabenseminars (Bischöfl. Gymnasium) 1939 Montigny b. Metz.

Vollst. Bibliogr. bis 1954 in: J.Eich, Le Petit Séminaire de Montigny-lès-Metz 1854-1954, 1954, 129. Bes.: Origine et hist. de la »Regula Canonicorum« de Saint Chrodegang (Miscellanea Pio Paschini I, Rom 1948, 173-185); Découvertes archéologiques dans l'église de Cheminot, Metz 1953; Les origines du christianisme à Metz et en Moselle, Metz 1961.

Metz.

Morrison, *Stanley Andrew,* * 25.3.1894 Liverpool (England), † Juli 1956 Nairobi (Kenya), M.A. Sekretär der Church Missionary Society 1920 Ägypten (u.a. Vorsitzender des Egypt Inter-Mission Council), Sekretär der Flüchtlingskommission des Near East Christian Council 1951 Beirut, Generalsekretär des Christian Council of Kenya 1954 Nairobi (Kenya).

Middle East Survey. The Practical, Social and Religious Problems, London 1954.

Ägypten V.

Moscati, *Sabatino,* * 24.11.1922 Rom (Italien), Dr. phil. (1945). PDoz. f. semit. Philologie 1948 Rom, Lehrbeauftragter 1950-52 Florenz, 1953-58 Neapel, o. Prof. 1958 Rom.

Storia e civiltà dei Semiti, Bari 1949 (dt.: Gesch. u. Kultur d. semit. Völker, [1953] 1955²); L'epigrafia ebraica antica 1935-50, Rom 1951; L'Oriente antico, Mailand 1952; Il sistema consonantico delle lingue semitiche, Rom 1954; Il profilo dell'Oriente mediterraneo, Turin 1956 (engl.: The Face of the Ancient Orient, 1960; dt.: Die Kulturen d. Alten Orients, 1962); Le antiche civiltà semitiche, Bari 1958 (dt.: Die altsemit. Kulturen, 1961); The Semites in Ancient Hist., Cardiff 1959; Lezioni di linguistica semitica, Rom 1960; Scoprendo l'antico Oriente, Rom 1962.

Hebräer (mit A.Alt).

Motel, *Heinz,* * 10.1.1910 Berlin, Dr. theol. (1941), Missionsdirektor der Brüder-Unität in Bad Boll b. Göppingen.

Zinzendorf als ökum. Theologe, 1942; Kurze Gesch. d. Böhmisch-Mähr. Brüder-Unität, 1957.

Brüderunität II, 5. 6; Mongolen, 3; Schmidt, Georg; Stach; Tibet II; Zeisberger.

Mourik Broekman, *Michiel Cornelis van,* * 6.2.1878 Vianen (Niederl.), † 28.12.1945 Amersfoort, Dr. theol. (1909). Pfarrer 1904-10 Abbenbroek u. Gulpen, arbeitete 1910-13 an der Univ.-Bibliothek in Berkeley (USA), Pfarrer 1913 Borculo, 1916 Breda, 1934-43 Moordrecht, dazu seit 1926 ao. Prof. in Utrecht.

De »Deutsche Gesellschaft für ethische Kultur« (Diss. Groningen), 1909; De orthodoxe en moderne geloofsprediking uit psychologisch oogpunt bekeken, 1915; Vrijzinnig christelijk geloofsleven, 1925; Het karakter der massa, 1926; De vrijzinnige Godsidee, 1928; Vrijzinnig Protestantisme, 1929; Erotiek en Huwelijksleven, 1932; Parapsychologie en godsdienstig leven, 1938; Parapsychologie en onsterfelijkheid, 1940; Wegen tot God en wegen van God, 1941.

Koetsveld (mit W. Jannasch).

Mowinckel, *Sigmund:* 4, 1164 (* 4.8.1884, em. 1954, † 4.6.1965). - D. (1922, Gießen), D.D. (1956, St. Andrews), Dr. theol. (1916), Dr. theol. h.c. (1923, Lund; 1927, Straßburg; 1932, Amsterdam).

Gottesdienst I. II; Grønbech; Kultus; Mythos und Mythologie III.

Muchow, *Hans Heinrich,* * 3.4.1900 Hamburg. Studienrat 1924, Oberstudienrat 1958 Hamburg, dazu 1930 bis 1933 u. 1949-53 Doz. f. Psychologie.

Flegeljahre, (1950) 1953²; Jugend im Wandel, (1953) 1961³; Die Schule ist tot, es lebe die Schule!, 1956; Der Tanz in d. Sicht d. Psychologen u. Erziehers (Der Tanz in d. modernen Gesellschaft, hg.v. F. Heyer, 1958, 37-50); Sexualreife u. Sozialstruktur d. Jugend, (1959) 1962⁶; Jugend u. Zeitgeist, 1962.

Tanz II.

Mudde, *Willem,* * 25.10.1909 Amsterdam (Niederl.), Ehrendoktor der Musikwiss. (1964, Valparaiso Univ.). Kantor u. Organist, Lehrer f. Kirchenmusik am Konservatorium in Utrecht, 1957/58 Gast-Prof. in Valparaiso/ Ind. (USA).

Koor en Orgel in den Eeredienst, Amsterdam 1942; zahlreiche Aufsätze in der Zs. »Musica Sacra«.

Kirchenlied I, 7.

Mühlmann, *Wilhelm Emil,* * 1.10.1904 Düsseldorf, Dr. phil. (1932). Museumsdienst 1935-37 Hamburg u. Breslau, PDoz. f. Völkerkunde 1939 Berlin; apl. Prof. 1950, o. Prof. f. Ethnologie u. Soziologie 1957 Mainz, 1960 Heidelberg.

Rassen- u. Völkerkunde, 1936; Methodik d. Völkerkunde, 1938; Staatsbildung u. Amphiktyonien in Polynesien, 1938; Krieg u. Frieden. Ein Leitfaden d. polit. Ethnologie, 1940; Gesch. d. Anthropologie, 1948; Mahatma Gandhi, 1950; Arioi u. Mamaia (Stud. z. Kulturkunde), 1955; Chiliasmus u. Nativismus, 1961; Homo Creator. Abh.en zur Soziologie, Anthropologie u. Ethnologie, 1962. - Hg.: Neue Ethnol. Forschungen, seit 1958; Studien zur Soziol. d. Revolution, seit 1961; Heidelberger Sociologica, seit 1962. - Mit-Hg.: Archiv f. Anthropologie, 1937-43; Homo, seit 1956.

Ackerbau I; Animismus; Anthropos; Beschwörung; Blut, 1; Blutrache; Ethnologie; Familie I; Geld I; Geschlechtliches; Keuschheit I; Kinder; Knoten; Kultur I; Kulturkreislehre; Naturvölker; Ritus; Schmidt, Wilh.; Urmonotheismus; Urreligion; Weltbild I A.

Mülhaupt, *Erwin,* * 25.5.1905 Todtnau/Baden, Dr. theol. (1929). Pfarrer 1933 Haag/Odenwald, Wehrdienst u. Kriegsgefangenschaft 1943-46, Pfarrer 1947 Schwetzingen; Doz. f. KG 1949, Prof. 1951 Kirchl. Hochschule Wuppertal.

Die Predigt Calvins, ihre Gesch., ihre Form u. ihre relig. Grundgedanken (AKG 18), 1931; Geschichtsbilder aus d. Kirchspiel Haag, 1938; Die Psalmen von Chartres. Predigten in d. Kriegsgefangenschaft, 1947; Reformatoren als Erzieher, 1956; Evangelisch leben! Predigten mit Luthers Hilfe, 1958; Der Psalter auf d. Kanzel Calvins, 1959. - Hg.: D. Martin Luthers Evangelienauslegung I-III. V, (1938 bis 1953) 1957-61³; D. Martin Luthers Psalmenauslegung I. II, 1958/62.

Beyschlag; Clarenbach; Fliesteden; Lo; Luneslat; Oemeken; Teschemacher; Undereyck.

Müller, *Alwin,* * 16.11.1901 Wachenheim/Rheinpfalz, Dr. phil. (1925). Lehrer 1926-51 (zeitweilig Leiter an privaten u. staatl. Internatsschulen), Oberstudienrat 1952 Rosenheim.

La douce France. Frankreich im Spiegel seiner Lit., 1948; Der Tänzer d. Sultans, 1949.

Laienspiel.

Müller, *Ernst Wilhelm,* * 21.4.1925 Gelsenkirchen, Dr. phil. (1955). Wiss. Expedition 1951-54 Kongo, wiss. Assistent (Institut f. Soziologie u. Ethnologie) u. Lehrbeauftragter 1960 Heidelberg.

Le droit de propriété chez les Móngo-Bokóté, Brüssel 1958; Versuch einer Typologie d. Familienformen (KfS 11, 1959, 666-676).

Lévy-Bruhl; Mutterrecht; Stamm und Sippe.

Müller, *Gerhard,* * 10.5.1929 Marburg/Lahn, Dr. theol. (1955). Pfarrer extr. 1956 Hanau/Main; PDoz. f. KG 1960, Doz. 1961 Marburg.

Franz Lambert von Avignon u. d. Reformation in Hessen, 1958; Die drei Nuntiaturen Aleanders in Deutschland 1520/21, 1531/32, 1538/39 (QFIAB 39, 1959, 222-276); Ph. Melanchthon u. d. Studienordnung f. d. hess. Stipendiaten vom Mai 1546 (ARG 51, 1960, 223 bis 242); Karl V. u. Philipp d. Großmütige (Jb. d. Hess. Kg.lichen Vereinigung 12, 1961, 1-34); Die röm.-kath. Kirche während d. Pontifikates Pius' IX. (ZRGG 13, 1961, 219-243); Zur Vorgesch. d. Tridentinums. Karl V. u. d. Konzil während d. Pontifikates Clemens' VII. (ZKG 74, 1963, 83-108); NBD 1. Abt. 1533-59, 1. ErgBd 1530 bis 1531, 1963.

Gonzaga; Lambert von Avignon; Marburger Religionsgespräch; Morone; Ochino; Paleario; Römischer Katechismus; Sadoleto; Tridentinum; Ziegler.

Müller, *Gotthold,* * 9.1.1930 Winzeln/Pfalz, Dr. theol. (1961). Vikar (1956) u. Studentenseelsorger (1958) Graz, Religionslehrer 1958 Stuttgart, Berufsschulpfarrer 1960 Tübingen, wiss. Assistent 1962 ebd.

Chr. G. Pregizer. Sein Leben u. seine Schriften, 1962; Apokatastasis ton panton. Die Doktordiss. von D. F. Strauß, 1964. - Hg.: Paul Tillich, Auf der Grenze, 1962.

Hahn, J. M.; Pregizerianer.

Müller, *Konrad,* * 26.1.1912 Dambeck, Dr. jur. (1948). Wiss. Assistent am Kirchenrechtl. Institut 1948 Göttingen, im niedersächs. Ministerialdienst 1950-55, Kurator der Univ. Göttingen 1956, Staatssekretär im Niedersächs. Kultusministerium 1959 Hannover.

Staatsgrenzen u. Kirchengrenzen (Jur. Diss. Göttingen), 1948 (Masch.); Die Gewährung d. Rechte einer Körperschaft d. öffentl. Rechts an Religionsgesellschaften (ZevKR 2, 1952/53, 140-168); Die Praxis kirchl. Rechtsetzung im Spiegel d. Amtsblattes der EKD (ebd 3, 1953/54, 243-267); Der Loccumer ev. Kirchenvertrag als Spiegel d. staatskirchenrechtl. Lage in der BRD (Die Öffentl. Verwaltung 8, 1955, 421-427); Die Standortbestimmung bei d. Neugründung von Universitäten (Universität neuen Typs?, 1962, 59 bis 101).

Grenzen.

Müller, *Ludolf,* * 5.4.1917 Schönsee Kr. Briesen/Westpr., Dr. theol. (1949), Dr. phil. (1947). PDoz. f. KG 1949 Marburg; ao. Prof. f. Slav. Philologie 1953, o. Prof. 1959 Kiel, 1961 Tübingen.

Solovjev u. d. Protestantismus, 1951; Russ. Geist u. Ev. Christentum, 1951; Die Kritik d. Protestantismus in d. russ. Theol. vom 16. bis zum 18.Jh., 1951; Das religionsphilos. System Vladimir Solovjevs, 1956; Zum Problem d. hierarchischen Status u. d. jurisdiktionellen Abhängigkeit d. russ. Kirche vor 1039, 1959; Des Metropoliten Ilarion Lobrede auf Vladimir den Heiligen u. Glaubensbekenntnis, 1962.

Autokephale Kirchen; Berdjajew; Boris und Gleb; Danilevskij; Florenskij; Gagarin; Golubinskij; Iosif von Volokolamsk; Karsavin; Kiew, 1; Leont'jev; Moskau; Nesmelov; Novgorod; Optina Pustyn'; Russische Religionsphilosophie; Sergius von Radonež; Solowjew; Stepun; Tschaadajew; Vladimir.

Müller, *Manfred,* * 9.11.1903 Stuttgart, Dr. phil. (1927). 1935 aus der Assessoren-Liste für das Höhere Lehramt gestrichen, 1936 Landesjugendpfarrer, seit 1947 Oberkirchenrat in Stuttgart.

Hg.: Gestalten u. Kräfte ev. KG, 1940.

Jugendvereinigungen und Jugendwerke I-III.

Müller, *Max,* * 6.9.1906 Offenburg/Baden, Dr. phil. (1930). Habilitation 1937; PDoz. f. Philos. 1945, o. Prof. 1946 Freiburg/Br., Gast-Prof. 1957-58 Löwen, o. Prof. 1960 München.

Über Grundbegriffe philos. Wertlehre, 1932; Sein u. Geist, 1940; Das christl. Menschenbild u. d. Weltanschauungen d. Neuzeit, 1945; Die Krise d. Geistes, 1946; Existenzphilos. im geistigen Leben d. Gegenwart, (1949) 1958²; Herders Kleines philos. Wörterbuch (mit A.Halder), (1958) 1963⁵; Expérience et histoire, Löwen 1959. - Hg.: Symposion, Jb. f. Philos. I-IV, 1949-54. - Mit-Hg.: Symposion (Buchreihe), seit 1958; PhJ, seit 1961.

Dasein.

Müller, *Samuel,* * 23.4.1893 Erlangen, † 3.8.1963 Bethel, Dr. med. (1921). Prakt. Arzt in Ladbergen Kr. Tecklenburg u. Bielefeld-Sudbrack, 1926-36 Missionsarzt der Bethel-Mission in Usambara (Tanganyika), 1937 Direktor des Dt. Instituts f. Ärztl. Mission in Tübingen, bis 1954 zugleich Chefarzt des Paul-Lechler-Krankenhauses ebd, 1962 i.R.

Der Doktor in Bumbuli. 1928; Ärzte helfen in aller Welt, 1957; Im Kampf um Leben u. Tod, 1960.

Ärztliche Mission; Blindenmission; Parker, Peter.

Müller, *Winfried,* * 6.4.1929 Schneidemühl/Westpr., Dr. theol. (1954). Wiss. Assistent 1955 Halle/S., Prediger 1959 Hamburg, 1961 Bonn, Theol. Lehrer 1963 Darmstadt-Marienhöhe.

Leo I.; Osterfestbriefe; Pacian; Parmenian; Symmachus, Papst; Zosimus, Papst.

Müller-Bardorff, *Johannes,* * 12.8.1912 Gautzsch b. Leipzig, Dr. theol. (1941). Pfarrer 1939-52; Doz. f. NT 1953, Prof. mit Lehrauftrag 1957, mit vollem Lehrauftrag 1959-60 Jena, Prof. f. ev. Religionslehre u. Religionspädagogik 1963 Päd. Hochschule München.

Gesch. u. Kreuz bei Luther, 1938; Jesu Erscheinung auf dem See u. d. Topik d. österl. Erscheinungsberichte (Diss. Leipzig), 1941 (Masch.); Wesen u. Werden d. christl. Gottesdienstes im apostol. Zeitalter (Habil.-Schr. Leipzig), 1954 (Masch.).

Barabbas; Benanbrief; Nikodemus; Nikodemusevangelium; Oepke; Philemonbrief.

Müller-Blattau, *Joseph,* * 21.5.1895 Colmar/Elsaß, Dr. phil. (1920). PDoz. f. Musikwiss. u. akad. Musikdirektor 1922, ao. Prof. 1928 Königsberg, o. Prof. 1935 Frankfurt/M., 1937 Freiburg/Br., 1940 Straßburg, Kriegsdienst 1939-45, Päd. Akademie 1946 Kusel, o. Prof. 1952 Saarbrücken, zugleich 1952-58 Direktor der Staatl. Musikhochschule.

Grundzüge einer Gesch. d. Fuge, (1922) 1962³; Die Kompositionslehre H.Schützens, (1926) 1962²; Das Rostocker Liederbuch (mit F.Ranke), 1927; Das dt. Volkslied, (1932) 1959²; G.F.Händel, (1933) 1959²; Gesch. d. dt. Musik, 1938; Gestaltung - Umgestaltung. Studien zur Gesch. d. musikal. Variation, 1950; Das Verhältnis von Wort u. Ton in d. Gesch. d. Musik, 1952.

Volkslied II.

Müller-Gangloff, *Erich,* * 12.2.1907 Roth Kr. Kusel, Dr. phil. (1931). Bibliothekar 1931, Schriftsteller 1933, Wehrdienst u. Kriegsgefangenschaft 1940-46, Leiter der Ev. Akademie 1951 Berlin.

Die dt. Stämme, 1941 (Pseudonym Christoph Obermüller); Vorläufer d. Antichrist, 1948; Christen in Kriegsgefangenschaft, 1948; Dreifaltigkeit des Bösen?, 1954; Gottes Drittes Volk, 1961; Horizonte d. nachmodernen Welt. Mächte u. Ideen im 20.Jh., 1962. - Schriftleiter: Quatember, 1952-59; Kommunität (Vierteljahreshefte d. Ev. Akademie), seit 1957.

Bruderschaften III, 2b.c.

Müller-Krüger, *Theodor,* * 19.8.1902 Langenberg/Rhld, D. (1953, Bonn), Dr. theol. (1931). Missionar 1931 Indonesien, theol. Doz. 1934 Djakarta, Pfarrer 1940 Düsseldorf, Prof. 1949-60 Djakarta, Studien-Sekretär des Dt. Ev. Missions-Rates 1962 Hamburg.

Die große Reue. Gesch. u. Gestalt einer Erweckungsbewegung auf d. Missionsfeld, 1931; Nach zehn Jahren, 1951; Kirche d. Inseln, 1954; Sedjarah Geredja di Indonesia (Gesch. d. Kirche in Indonesien), Djakarta 1959; Visitator Geredja, ebd 1962.

Indonesien III. IV.

Müller-Schwefe, *Gerhard,* * 23.4.1914 Bochum, Dr. phil. (1938). PDoz. f. engl. Philologie 1954 Tübingen, 1955/56 Göttingen, o. Prof. 1956 Tübingen.

Das persönl. Menschenbild Matthew Arnolds in d. dichterischen Gestaltung, 1955; Fortschrittsglaube u. Dichtung im Victorianischen England (Anglia 77, 1959, 145-172); Einführung in d. Studium d. engl. Philologie, 1962.

Auden; Brontë; Browning; Carlyle; Cowper; Donne; Eliot, G.; Fry, Chr.; Herbert, G.; Hopkins, G.M.; Joyce; Langland; Milton; More, Hannah; Rossetti; Shakespeare; Shaw; Spenser; Sterne, L.; Swift; Tennyson; Wilde; Wordsworth, William; Young.

Müller-Schwefe, *Hans-Rudolf,* * 26.6.1910 Punschrau, D. (1959, Tübingen), Dr. theol. (1934). Pfarrer 1936, Habilitation 1938, Wehrmachtspfarrer 1939-45, Direktor der Ev. Akademie 1947 Hofgeismar, o. Prof. f. Prakt. Theol. 1955 Hamburg.

R.M.Rilke als Mystiker, 1935; Ernst Jünger, 1951; Die Welt ohne Väter, (1957) 1959²; Der Standort d. Theol. in unserer Zeit (KVR 62), (1958) 1961²; Homiletik I: Die Sprache u. d. Wort, 1961; Existenzphilos., 1961.

Mystik VIII; Volkskirche.

Müller-Seidel, *Walter,* * 1.7.1918 Schöna Kr. Pirna, Dr. phil. (1949). PDoz. f. Dt. Sprache u. Lit. 1958 Köln, ao. Prof. 1960 München.

Versehen u. Erkennen. Eine Studie über H.v.Kleist, 1961. - Hg.: F.v.Schiller, Briefwechsel 1772-85 (Nationalausg. Bd 23), 1956.

Hesse, Hermann; Kleist; Novalis.

Müller-Streisand, *Rosemarie,* * 11.8.1923 Berlin, Dr. theol. (1952). Doz. f. KG 1959, Prof. mit Lehrauftrag 1963 Humboldt-Univ. Berlin.

Theol. u. Kirchenpolitik bei Jakob Andreä bis zum Jahre 1568, 1960; Luthers Weg von d. Reformation zur Restauration, 1964.

Andreä, Jakob.

Müller-Suur, *Hemmo,* * 11.11.1911 Königsberg/Pr., Dr. med. (1938). Assistent 1938 Göttingen, Anstaltsarzt 1939 Kortau b. Allenstein/Ostpr.; wiss. Assistent u. Oberarzt 1945, Habilitation f. Psychiatrie 1948, Medizinalrat 1950, apl. Prof. 1954, Lehrauftrag f. Psychopathologie 1959 Göttingen.

Das psychisch Abnorme. Unters.en zur allg. Psychiatrie, 1950; Abgrenzungen neurotischer Erkrankungen gegenüber der Norm (Hdb. d. Neurosenlehre u. Psychotherapie I, 1959, 250-262); Das Schizophrene als Ereignis (Psychopathologie heute, hg.v. H.Kranz, 1962, 81-93); Zur anthropol. Theorie d. Sexualperversionen (Werden u. Handeln, hg.v. E.Wiesenhütter, 1963, 321-333).

Halluzination; Parapsychologie; Psychiatrie.

Mulert, *Hermann,* * 11.1.1879 Niederbobritzsch Kr. Freiberg/Sa., † 22.7.1950 Mügeln b. Leipzig, D., Lic. theol. (1907). PDoz. f. Syst. Theol. 1907 Kiel, 1909 Halle, 1912 Berlin; ao. Prof. 1917, o. Prof. 1920 Kiel, aus polit. Gründen entpflichtet 1935, Lehrbeauftragter 1948 Leipzig.

Die Lehrverpflichtung in d. ev. Kirche Deutschlands, (1904) 1906²; Schleiermacher-Studien I, 1907; Gebetserhörung, Freiheitsglaube, Gottesglaube, 1921; Konfessionskunde, (1927) 1956³; Schleiermacher u. d. Gegenwart, 1934; Gott im Schicksal, 1947. - Hg.: W.Dilthey, Leben Schleiermachers I, 1922². - Schriftleiter: ChW, 1932-41.

Lasaulx.

Muller, *Ernest,* * 22.5.1906 Phalsbourg/Moselle (Frankreich), S.T.M. (1931). Pfarrverweser 1930 Paris, Pfarrer 1934 Heiligenstein, 1946 Bouxwiller, 1958 Romanswiller.

L'art grégorien dans les œuvres d'orgue de J.S.Bach (in: Compte-Rendu du Congrès d'Orgue tenu à l'Univ. de Strasbourg du 5 au 8 mai 1932); Gesangbuch d. Kirche Augsb. Konfession im Elsaß u. in Lothringen, (1952) 1961⁴; Le livre d'Orgue de l'Eglise de la Confession d'Augsbourg en Alsace et en Lorraine, 1963.

Kirchenlied I, 5.

Mumm, *Reinhard,* * 24.12.1916 Berlin-Charlottenburg, Dr. theol. (1952). Vikar 1945 Oldenburg, Pfarrvikar 1946/47 u. 1948/49 Rastede i.O., Assistent 1947/48 Heidelberg, Pfarrer 1949 Minden i.W., 1960 Soest.

Um eine ev. Begründung d. Rechtes (JK 10, 1949, 79-92); Autorität u. Erziehung in d. christl. Unterweisung (Der Ev. Erzieher 11, 1959, 291-302); Das Bekenntnis zur Einheit d. Kirche in d. geteilten Christenheit (Begegnung d. Christen, hg.v. M.Roesle u. O.Cullmann, [1959] 1960², 619-643); »Wir erwarten ein Leben der zukünftigen Welt« (Dogma u. Denkstrukturen. Festschr. f. E.Schlink, 1963, 152-177); Unser Eigentum vor Gott, 1964.

Mumm; Simons.

Mundler, *Jacques,* * 13.8.1920 Le Havre (Frankreich), Lic. ès lettres (1942), Lic. theol. (1948). Mitarbeiter der CIMADE 1948-50 Paris u. Mainz, ref. Pfarrer 1953 Dünkirchen, 1961 Die.

CIMADE.

Mutius, *Albrecht von,* * 19.10.1915 Berlin. Offizier 1934-45, Studieninspektor u. Studentenpfarrer 1952 Heidelberg, Dekan im Ev. Kirchenamt f. die Bundeswehr 1956 Bad Godesberg.

Krit. Fragen innerhalb d. Militärseelsorge (DtPfrBl 62, 1962, 409 bis 413).

Militärseelsorge.

Mybes, *Fritz,* * 20.5.1922 Essen. Pfarrer 1957 Winningen/Mosel, Pfarrer der Ev. Frauenhilfe im Rheinland 1961 Bad Godesberg.

Predella; Schriftenverbreitung.

Myklebust, *Olav Guttorm,* * 24.7.1905 Bergen (Norwegen), Dr. theol. (1956). Missionar 1931 Südafrika; PDoz. f. KG 1939, Lektor f. Missionswiss. 1944, Doz. 1946, ao. Prof. 1962 Gemeindefakultät Oslo; seit 1946 Leiter des Egede-Instituts.

The Study of Missions in Theological Education I. II, Oslo 1955/57. - Hg.: Norsk Tidsskrift for Misjon, seit 1947.

Bodding; Dahle.

Nagel, *William,* * 1.6.1905 Bad Homburg, D. (1956, Halle), Lic. theol. (1930). Pfarrer 1932 Draschwitz b. Zeitz, 1936 Halle/S., dazu Doz. an der Ev. Kirchenmusikschule 1945 ebd, dazu Hilfsarbeiter am Ev. Konsistorium 1951 Magdeburg, Prof. mit Lehrstuhl f. Prakt. Theol. 1951 Greifswald, dazu Mitglied der pommerschen Kirchenleitung 1958.

Luthers Anteil an der CA (BFChTh 34, 1), 1930; Der Artikel von d. Rechtfertigung in seiner Bedeutung f. d. Entfaltung d. Liturgik (ThLZ 79, 1954, 525-532); Das »allg. Priestertum« in seiner bibl. Begründung u. seiner Auswirkung in d. kirchl. Praxis (Solange es heute heißt. Festg. f. R.Hermann, 1957, 200-209); Probleme d. Konfirmation, 1959; Der hist. Jesus im Abendmahl d. Kirche (Der hist. Jesus u. d. kerygm. Christus, 1960, 543-553); Gesch. d. christl. Gottesdienstes (SG 1202/1202a), 1962.

Epiphanienfest; Exorzismus III; Heiligentage in der ev. Kirche; Himmelfahrtsfest; Mayer.

Nagy, *Barnabas,* * 15.5.1909 Sárospatak (Ungarn), Dr. theol. (1936). Prof. f. Syst. Theol. 1937-51 Sárospatak, 1954-58 Budapest, 1952-54 u. seit 1958 wiss. Mitarbeiter am Generalkonvent der Ung. Ref. Kirche (beauftragt mit Forschungen über die ung. Reformationslit.).

Das Problem d. theol. Methode in d. sog. dialekt. Theol. (Diss. Debrecen), Budapest 1936 (ung.); ung. Übers. der »Theol. Calvins« von W.Niesel, 1943; Ein ref. Beitrag (Die Autorität d. Bibel heute, 1951, 100-118; engl. Ausg. London 1951, 82-97); Bearbeitung d. ung. Übers. von Calvins Röm-Kommentar, 1954; Einl. in die Conf. Helv. post., 1954; Die Epoche d. hist. Calvinismus 1918-44 (in: Gesch. d. Ref. Theol. Akademie von Budapest, 1955; ung.).

Antal; Baksay; Ballagi; Balogh; Bartók; Batizi; Ember; Erdös; Farkas; Káldi; Kálmáncsehi Sánta; Károlyi; Katona; Sylvester; Szenczi Molnár; Tavaszy; Victor.

Nakagawa, *Hideyasu,* * 1.1.1908 in Japan, Dr. phil. (1955), Litt. Dr. (1960). Doz. f. Philos. 1945 Tohoku Univ.; ao. Prof. f. Theol. 1947, o. Prof. 1953 Hokkaido Univ. (Japan).

Studien über d. Philos. M.Heideggers, 1943 (jap.); Der moderne Mensch u. Christentum, 1956 (jap.); Studien über den Hebr, 1957 (jap.); Der christl. Glaube, 1960 (jap.).

Ishiwara; Typologie II.

Nauck, *Wolfgang,* * 14.9.1924 Berlin, Dr. theol. (1950). Doz. f. NT 1955 Tübingen, Prof. 1957 Kirchl. Hochschule Wuppertal.

Die Tradition u. Komposition d. Areopagrede (ZThK 53, 1956, 11-52); Die Tradition u. d. Charakter d. ersten Johannesbriefes (WUNT 3), 1957; Probleme d. frühchristl. Amtsverständnisses (ZNW 48, 1957, 200-220); Zum Aufbau des Hebr (BZNW 26, 1960, 199-206).

Blut Christi I.

Neander, *Irene,* * 2.10.1906 Moskau (Rußland), Dr. phil. (1930), Lektorin f. Russisch an der Univ. Tübingen.

Grundzüge d. russ. Gesch., (1956) 1962[4]; Die Aufklärung in d. Ostseeprovinzen (Baltische KG, hg.v. R.WITTRAM, 1956, 130-149).

Rußland I.

Neill, *Stephen Charles:* 4, 1398 (* in Edinburgh!). - D. (1957, Hamburg), D.D. (1950, Trinity College Toronto; 1961, Glasgow), M.A., Hon. Litt. D. (1960, St. Paul's Univ., Tokyo). - Prof. f. Missionswiss. 1962 Hamburg.

Bischof IV; Einigungsbestrebungen V. VII; Fisher, G.F.; Temple; Unionen im Protestantismus III.

Neubert, *Fritz,* * 2.7.1886 Bautzen, Dr. phil. (1910). PDoz. f. roman. Philologie 1918, apl. Prof. 1923 Leipzig, o. Prof. 1926 Breslau, 1943 Berlin, 1949 Freie Univ. Berlin, em. 1958.

Die literar. Kritik Guy de Maupassants, 1914; Die krit. Essays Guy de Maupassants, 1919; Die franz. Versprosa-Reisebrieferzählungen u. d. kleine Reiseroman d. 17. u. 18.Jh.s, 1923; Die franz. Lit. von d. Renaissance bis zur großen Revolution (HLW V, 1925, 223-412); Die franz. Klassik u. Europa, 1941; Gesch. d. franz. Lit., 1949; Studien zur vergl. Literaturgesch., 1952; Franz. Literaturprobleme. Ges. Aufs., 1962.

Corneille; Racine.

Neumann, *Friedrich Wilhelm,* * 13.12.1899 Petersburg, Dr. phil. (1925). Assistent 1926 Leipzig, Lektor 1933 Univ. u. Handelshochschule Königsberg, habilitiert 1936, Doz. f. Slav. Philologie 1937 Greifswald, 1945 Hamburg; ao. Prof. 1955, o. Prof. 1957 Mainz.

Gesch. d. russ. Ballade, 1937; Studien zum poln. frühreformat. Schrifttum, 1941; St. Przybyszewski u. R.Dehmel (Münchener Beiträge zur Slavenkunde. Festg. f. P.Diels, 1953, 259-284); Die Formale Schule d. russ. Lit.wiss. u. d. Entwicklung d. russ. Literaturtheorien (DVfLG 29, 1955, 99-121); Die poln. Lit. im 20.Jh. (Osteuropa-Hdb. II, 1959, 579-596); Deutschland im russ. Schrifttum (Die Welt d. Slaven V, 1960, 113-130). - Mit-Hg.: Slavist. Beiträge, seit 1960.

Gogol-Janovskij; Gorkij.

Neumann, *Gerhard J.,* * 25.4.1906 Halle/S., Dr. phil. (1932), Wissenschaftler in Regensburg, Forschungsstelle f. Kultur- (Geistes- u. Sozial-) Gesch.

Nach u. von Mähren. Aus d. Täufergesch. d. 16. u. 17.Jh.s (ARG 48, 1957, 75-90); Predigt u. Predigerstand in d. Täuferdiskussionen d. Reformationszeit (ZRGG 10, 1958, 209-219); Eschatol. u. chiliast. Gedanken in d. Reformationszeit, bes. bei d. Täufern (Die Welt als Gesch. 19, 1959, 58-66); »Rechtfertigung« u. »Person Christi« als dogmat. Glaubensfragen bei d. Täufern d. Reformationszeit (ZKG 70, 1959, 62-74).

Göhre.

Neumann, *Günter,* * 31.5.1920 Freiberg/Sa., Dr. phil. (1953). 1953-61 Lehramt am humanist. Max-Planck-Gymnasium Göttingen; PDoz. f. Vergleichende Sprachwiss. 1958 Göttingen, o. Prof. 1964 Gießen.

Unters.en zum Weiterleben hethitischen u. luwischen Sprachgutes in hellenist. u. röm. Zeit, 1961. - Redaktor: GGA, seit 1961.

Sprache I.

Neumeyer, *Hans,* * 11.7.1902 Gunzenhausen/Mfr. Missionar der Neuendettelsauer Mission 1929 Neuguinea, Pfarrer 1939 Nürnberg, Missionsdirektor 1950 Neuendettelsau, Kirchenrat 1956, Beauftragter f. ökum. u. missionar. Aufgaben beim Ev.-Luth. Landeskirchenrat 1962 München.

Neuendettelsauer Missionsgesellschaft.

Neumeyer, *Heinz,* * 18.8.1915 Danzig-Langfuhr, Dr. phil. (1941). Wehrdienst u. Kriegsgefangenschaft 1940-47, seit 1951 wiss. Mitarbeiter ostdt. Landsmannschaften u. kirchl. Organisationen, lebt in Pinneberg/Holst.

Die staatsrechtl. Stellung Westpreußens zZ d. »poln. Oberhoheit« 1454-1772, 1953; KG von Westpreußen, 1964.

Kulm; Leslau; Pelplin; Plotzk; Pomesanien; Pommerellen.

Neumüllers (geb. Klauser), *Renate,* * 25.5.1925 Bad Liebenwerda, Dr. phil. (1953), wiss. Mitarbeiterin in Heidelberg.

Der Heinrichs- u. Kunikundenkult im ma.lichen Bistum Bamberg, 1957; Clavis mediaevalis. Kleines WB der MA-Forschung (mit OTTO MEYER), 1962.

Heiligenverehrung II; Kreuzesfest; Kreuzeszeichen.

Neuser, *Adolf,* * 23.5.1921 Siegen i.W. Pfarrer 1951 Leopoldshöhe.

Lippe (mit W.NEUSER).

Neuser, *Wilhelm,* * 26.3.1888 Himmelmert Kr. Altena, † 19.1.1959 Detmold, D. (1954, Münster), Lic. theol. (1913). Pfarrer 1916 Siegen, Prof. u. Pfarrer 1931 Herborn, Landes-Sup. 1936 Detmold, 1958 i.R.

Hans Hut, 1913; Die Ev. Kirche in Nassau-Oranien 1530-1930, Festschr. (mit H.SCHLOSSER), 1930; Die Lipp. Landeskirche, 1953; Jobsthardе, der Vater d. christl. Lebens im Lipperland, 1956.

Lippe (mit A.NEUSER).

Newman, *Ernst Conrad,* * 11.12.1889 Osby (Schweden), † 13.6.1949 Lund, Dr. theol. (1925). Doz. f. KG 1926 Lund, Prof. 1930 Åbo, Dompropst 1941 Lund.

Nordskånska väckelserörelser under 1800-talet, Stockholm 1925; »Hedbergianismen« i Sverige, Åbo 1931; Den Waldenströmska försoningsläran i historisk belysning, Stockholm 1932; Svensk högkyrklighet, lågkyrklighet och frikyrklighet, ebd 1932; Svenskt och angloamerikanskt, Uppsala 1933; Evangeliska Alliansen, Lund 1937; Gemenskaps- och frihetssträvanden i svenskt fromhetsliv 1809-55, ebd 1939.

Lund II (mit S.KJÖLLERSTRÖM).

Nida, *Eugene Albert,* * 11.11.1914 Oklahoma City/Okla. (USA), D.D. (1956, Eastern Baptist Seminary, Philadelphia/Pa.; 1958, Southern California Baptist Seminary, Covina/Calif.), A.B. (1936), M.A. (1939), Ph.D. (1943). 1937-53 Prof. f. Sprachwiss. am Summer Institute of Linguistics, seit 1943 Sekretär f. Übersetzungen bei der Amerik. Bibelgesellschaft, New York.

Bible Translating, Philadelphia 1947; Morphology. A Descriptive Analysis of Words, Ann Arbor 1949; Learning a Foreign Language, New York 1950; God's Word in Man's Language, ebd 1952; Customs and Cultures, ebd 1954; Message and Mission, ebd 1960; A Synopsis of English Syntax, Norman/Okla. 1960; A Translator's Handbook on the Gospel of Mark (mit R.G.BRATCHER), Leiden 1961.

Bibelübersetzungen VII.

Niebergall, *Alfred,* * 9.11.1909 Heidelberg, D. (1959, Göttingen), Dr. theol. (1944). Pfarrer 1935 Kurhessen-Waldeck, Studiendirektor 1946 Predigerseminar Hofgeismar; Lehrbeauftragter 1950, PDoz. f. Prakt. Theol. 1955 Göttingen, o. Prof. 1957 Marburg.

Augustins Anschauung von d. Gnade, 1944; Der Dienst d. kirchl. Unterweisung, 1949; Ev. Gottesdienst heute, 1953; Die Gesch. d. christl. Predigt (Leiturgia II, 1955, 181-353); Der Prediger als Zeuge, 1960; Der Gottesdienst d. Gemeinde. Einführung in d. Entwurf, 1962. - Hg.: Taufe u. Konfirmation, 1961; Ordination, Einführungs- u. Einweihungshandlungen, 1961; Der Gottesdienst d. Gemeinde. Advent bis Epiphanias, 1962.

Arndt, J.F.W.; Benz; Bitzius, Albert d.J.; Conrad; Dörries; Dryander; Hofacker 1. 2; Hoffmann, Heinr.; Menken; Predigt I; Reimpredigt; Steinmeyer; Theremin; Thurneysen.

Niebuhr, *Helmut Richard:* 4, 1459 († 5.7.1962 Greenfield/Mass., USA).

Emerson; Individual- und Sozialethik.

Nielsen, *Erik William,* * 11.9.1917 Hundborg (Dänemark). Hilfsprediger 1944, Studiensekretär der Dän. Missionsgesellschaft 1945, Leiter der Dän. Missionsschule 1947, Forschungssekretär des Intern. Missions-Rates 1950 London, Generalsekretär der Dän. Missionsgesellschaft 1959.

Den missionerende kirke, Kopenhagen 1950; Der kaempes om Arabien, ebd 1950; Kristendommen og Islam i Afrika, ebd 1958; De store Verdensreligioner, ebd 1959.

Arabien II.

Niemczyk, *Wiktor,* * 20.11.1898 Bystrzyca/Schlesien, Dr. theol. (1932). Pfarrer 1924-39 Krakau, Doz. f. Religionswiss. 1937 Warschau, amtsenthoben 1939-45, ao. Prof. f. Syst. Theol. 1946, o. Prof. 1956 Warschau, dazu Rektor der Christl. Theol. Akademie 1954 ebd.

Die Heils- u. Erlösungsidee in d. Religion des AT, 1932; Das Problem d. Leidens in Religion u. Philos., 1937; Die Kirche u. d. neue hist. Wirklichkeit, 1947; DG, 1960; Ev. Dogmatik, 1961; Vom Lande Us bis Golgatha, 1962 (alles poln.).

Towianski.

Niemeier, *Gottfried,* * 18.6.1906 Wetter/Ruhr, Dr. theol. (1930), Dr. phil. (1928). Hilfsprediger der Dt. Ev. Gemeinde 1931 Rom, Pfarrer 1933 Arnsberg/Westf., Oberkirchenrat u. theol. Referent in der Kirchenkanzlei der EKD 1953 Hannover.

Die Methoden u. Grundauffassungen d. Religionsphilos. d. Gegenwart, 1930; Wirklichkeit u. Wahrheit. Grundzüge u. Gestalt d. theol. Systems M.Kählers, 1937; Kirche u. Schule (mit W.UHSADEL), 1956; Berichterstattung über die EKD, in: KJ, seit 84, 1957. - Hg.: Zur Lehre vom Hl. Abendmahl, 1958; Lehrgespräch über d. Hl. Abendmahl, 1961.

Familie IV; Hauserziehung, 1-3; Jugendweihe; Schule und Kirche I.

Niemöller, *Wilhelm,* * 7.4.1898 Lippstadt, D. (1959, Göttingen). Pfarrer 1925 Schlüsselburg, 1930 Bielefeld; Mitglied des Westf. Bruderrates u. der westf., altpreuß. u. dt. Bekenntnissynoden, Begründer des Bielefelder Archivs zum Kirchenkampf.

Kampf u. Zeugnis d. Bek. Kirche, 1948; Bekennende Kirche in Westfalen, 1952; Macht geht vor Recht. Der Prozeß M.Niemöllers, 1952; Die Ev. Kirche im Dritten Reich. Hdb. d. Kirchenkampfes, 1956; Die zweite Bekenntnissynode d. DEK zu Dahlem, 1958; Aus vorigen Tagen, 1959; Die vierte Bekenntnissynode d. DEK zu Bad Oeynhausen, 1960; Aus d. Leben eines Bekenntnispfarrers, 1961. - Hg.: Lebensbilder aus d. Bekennenden Kirche, 1949; Texte zur Gesch. d. Pfarrernotbundes (KIT 180), 1958. - Mit-Hg.: Die Stunde d. Versuchung. Gemeinden im Kirchenkampf, 1963.

Dahlem; Hallenser Synode; Koch, Karl; Reichsbruderrat; Steil.

Niesel, *Wilhelm,* * 7.1.1903 Berlin, D. (1948, Göttingen), D.D. (1954, Aberdeen), Lic. theol. (1930), Dr. theol. h.c. (1958, Genf). Studieninspektor 1930 Predigerseminar Elberfeld, Mitglied des Rates der Ev. Kirche der altpreuß. Union 1934, Doz. f. Syst. Theol. 1935 Kirchl. Hochschule Berlin, 1938 Aufenthaltsgebot für Berlin, 1940 ausgewiesen aus Berlin, Reichsredeverbot, 8mal im Gefängnis; Pastor 1946 Schöller, Doz. 1946, Prof. 1951 Kirchl. Hochschule Wuppertal; Moderator des Ref. Bundes, Mitglied des Rates der EKD u. des Zentralkomitees des Ökum. Rates.

Bibliogr. bis 1962: ThLZ 88, 1963, 631-634. Bes.: Calvins Lehre vom Abendmahl, (1930) 1935²; Was heißt reformiert?, 1934 (jap. 1956); Die Theol. Calvins, (1938) 1957² (jap. 1940 u. 1960, ung. 1943, engl. 1960); Das Evangelium u. d. Kirchen. Ein Lehrbuch d. Symbolik, (1953) 1960² (engl. 1962); Calvin-Bibliogr. 1901-59, 1961. - Hg.: J.Calvini Opera selecta III, (1928) 1957²; IV, (1931) 1959²; V, (1936) 1962²; Bekenntnisschriften u. KOen d. nach Gottes Wort ref. Kirche, (1938) 1948³.

Libertiner.

Niethammer, *Arnolf,* * 18.6.1926 Neuenstein/Württ., Dr. phil. (1959). Prof. f. allg. Pädagogik 1960 Päd. Hochschule Münster.

Moralunterricht; Reichsschulkonferenz.

Nikisch, *Arthur,* * 25.11.1888 Leipzig, Dr. jur. (1911). PDoz. f. Arbeits- u. Zivilprozeßrecht 1926, ao. Prof. 1931, o. Prof. 1935 Dresden, 1938 Kiel, 1941 Straßburg, 1945 Leipzig, 1950 Kiel, em. 1957.

Die Grundformen d. Arbeitsvertrags u. d. Anstellungsvertrag 1926; Der Streitgegenstand im Zivilprozeß, 1935; Zivilprozeßrecht, Ein Lehrbuch, (1950) 1952²; Arbeitsrecht I, (1951) 1961³; II, 1959². - Mit-Hg.: Archiv f. d. civilist. Praxis, seit 1948.

Arbeitsrecht, 1.

Nilsson, *Martin Persson:* 4, 1494f. - Dr. theol. h.c. (1930, Lund), Dr. phil. (1900), Dr. phil. h.c. (1927, Tübingen; 1929, Kopenhagen; 1936, Belfast; 1937, Athen; 1939, Kenyon College; 1948, Paris; 1951, Thessalonike).

Nachzutragen: Opuscula selecta III, 1960.

Klassische Altertumswissenschaft; Kleinasien, 1; Wilamowitz-Moellendorff.

Nipperdey, *Hans Carl,* * 21.1.1895 Berka/Thür., Dr. jur. (1916), Dr. jur. h.c. (1958, Madrid; 1960, Sao Paulo), Dr. rer. pol. h.c. (1957, Mannheim). PDoz. f. Bürgerl. Recht, Handels- u. Arbeitsrecht 1920, apl. ao. Prof. 1924 Jena, o. Prof. 1925 Köln, dazu Präsident des Bundesarbeitsgerichts 1954-63 Kassel.

Vollst. Bibliogr. bis 1954 in: Festschr. f. H.C.Nipperdey z. 60. Geb., 1955, 303-320; vgl. auch Kürschners Dt. Gelehrten-Kalender 1961, 1452f. Ferner: Der Arbeitskampf als unerlaubte Handlung (Festschr. f. F.Sitzler z. 75. Geb., 1956, 79-112); Die Zulässigkeit doppelter Firmenführung (Festschr. f. A.Hueck z. 70. Geb., 1959, 196-217); Grundriß d. Arbeitsrechts (mit A.HUECK), (1960) 1962²; Grundgesetz u. soz. Marktwirtschaft (Sozialer Fortschritt 10, 1961, 131-136); Freie Entfaltung d. Persönlichkeit (Die Grundrechte IV/2, 1962, 741-909). - Hg.: Das dt. Privatrecht in d. Mitte d. 20.Jh.s. Festschr. f. H.Lehmann z. 80. Geb., 1956; Festschr. f. E.Molitor z. 75. Geb., 1962. - Mit-Hg.: Recht u. Wirtschaft. Festschr. f. J.W. Hedemann z. 80. Geb., 1958; Beiträge zum Arbeits-, Handels- u. Wirtschaftsrecht. Festschr. f. A.Hueck z. 70. Geb., 1959; Kartellrundschau, seit 1960.

Arbeitsrecht, 2.

Nitzschke, *Kurt,* * 18 10.1894 Petersberg/Saalkreis, Dr. phil. (1924). Wiss. Mitarbeiter in der Reichsgeschäftsstelle des Ev. Bundes 1928 Berlin, wiss. Referent im Konfessionskundl. Institut des Ev. Bundes 1950 Bensheim.

Die Zeugen Jehovas, 1949; Christl. Heilen? Die »Christl. Wissenschaft« ev. beleuchtet, 1951; 169 Artikel in EKL I-III, 1956-59; Röm.-kath. Kirche u. Mischehe (Die Mischehe, 1959, 214-319). - Mit-Hg.: Die Mischehe, 1959.

Deutschland IV; Essen; Evangelischer Bund; Hochstetter, Fr.; Kaas; Katholische Aktion; Kevelaer; Lanze; La Salette; Lourdes; Schönstatt-Bewegung; Stiege; Taxil.

Nolde, *O. Frederick,* * 30.6.1899 Philadelphia (USA), D.D. (1932, Muhlenberg College), Ph.D. (1928), LL.D. (1946, Muhlenberg College), L.H.D. (1951, Wittenberg College), Litt. D. (1957, Temple Univ.). Fellow 1923, Doz. 1925, Assistant Prof. 1928, Prof. 1931, Dekan der

Graduate School 1943 Lutheran Theol. Seminary Philadelphia, dazu Doz. u. Assistant Prof. 1925-43 Univ. Philadelphia; 1946 Direktor der Kommission der Kirchen f. die intern. Angelegenheiten, 1948 Beigeordneter Generalsekretär des Ökum. Rates.

Guidebook in Catechetical Instruction, Philadelphia 1932; Yesterday, Today, Tomorrow, ebd 1933; Truth and Life, ebd 1937; Christian World Action, ebd 1942; Power for Peace, ebd 1946.

Menschenrechte III.

Nordmann, *Walter,* * 5.2.1902 Berlin, Dr. theol. (1929). Pfarrer, u.a. 1926 Bad Saarow/Mark, 1935 Berlin, 1947 Offenbach/M.; Doz. f. Theol. 1949, apl. Prof. 1950 Staatl. Berufspäd. Institut Frankfurt/M.

Handreichungen f. d. ev. Religionsunterricht in Berufs- u. Berufsfachschulen I-VI, 1950ff; Grundlinien d. KG in ev. Sicht, (1951) 1956³; Die relig. Lage d. werktätigen Jugend heute, 1959. - Hg.: Studien zum ev. Religionsunterricht in Berufs- u. Berufsfachschulen, seit 1955.

Berufsschule, 4.

Normann, *Carl-Edvard,* * 26.1.1912 Eda (Schweden), Dr. theol. (1948). Doz. f. KG 1948, Prof. 1960 Lund.

Prästerskapet och det karolinska enväldet, Stockholm 1948; Cleri comitialis cirkulär 1723-72, ebd 1952; Lundastiftets prästerskap och 1731 års kyrkoordningsförslag, Lund 1954; Enhetskyrka och upplysningsidéer. Studier i svensk religionspolitik vid 1700-talets mitt, ebd 1963.

Leser; Linderholm; Lundström.

Northcott, *Cecil,* * 5.4.1902 Buckfast/Devonshire (England), B.A. (1927), M.A. (1930), Ph.D. (1961). Hilfsgeistlicher 1929 St. Helens, Pfarrer 1932 Darwen/Lancs., Heimatsekretär u. Literary Superintendent der Londoner Missionsgesellschaft 1935, Generalsekretär des United Council for Missionary Education 1950, Redaktionssekretär der United Society for Christian Literature u. der Lutterworth Press 1952 London.

Who Claims the World?, London 1938; Glorious Company. 150 Years Life and Work of the London Missionary Society, ebd 1945; Robert Moffat, Pioneer in Africa, ebd 1961.

Schrifttum, christliches, in Asien und Afrika.

Noske, *Gerhard,* * 26.11.1897 Berlin-Charlottenburg. Pfarrer 1926-32 Greifenhain/NL u. Kunersdorf b. Frankfurt/O., theol. Leiter u. Hauptschriftleiter des Christl. Zeitschriftenvereins 1933 Berlin, KZ-Haft 1941, danach Wehrdienst; 1948 Referent im Zentralbüro Ost des Hilfswerks der EKD, seit 1957 Berliner Stelle von Innerer Mission u. Hilfswerk (1963 i.R.), dazu Lehrbeauftragter f. Diakoniewiss. 1955-59 Kirchl. Hochschule.

Helfende Kirche, 1951; Wicherns Plan einer kirchl. Diakonie, 1952; Weltkirchenhilfe angesichts zweier Weltkriege (Ökum. Diakonie, hg.v. CHR.BERG, 1959, 51-111). - Hg.: Heutige Diakonie d. ev. Kirche, 1956. - Mit-Hg.: Schriften f. Diakonie u. Gemeindebildung, seit 1956.

Ökumenische Bewegung, 5.

Noth, *Martin:* 4, 1531. - D. (1930, Greifswald), Lic. theol. (1927), Dr. teol. h.c. (1959, Lund).

Bibliogr. bis 1964 in: ThLZ 90, 1965, 229-238.

Alalach; Alt; Amalekiter; Ammoniter; Amoriter; Edomiter; Geschichtsschreibung I; Gilead; Ismael; Kaleb; Kedar; Midianiter; Moabiter; Nabatäer; Phönizier; Rad; Stämme Israels.

Nottarp, *Hermann,* * 3.2.1886 Gelsenkirchen, Dr. jur. (1918), Dr. phil. (1909). PDoz. f. Dt. Rechtsgesch. u. Kirchenrecht 1918, ao. Prof. 1925 Bonn, o. Prof. f. Dt., Bürgerl. u. Handelsrecht 1925 Königsberg, 1933 Würzburg, em. 1953.

Die Bistumserrichtung in Deutschland im 8.Jh. (KRA 96), 1920; Ehrenkanoniker u. Honorarkapitel (ZSavRG Kan. Abt. 14, 1925, 174-335); Die Mennoniten in d. Marienburger Werdern (SGK 6, 2), 1929; Urheber- u. Erfinderrecht, 1931; Aus d. fränk. Eigenkirchenrecht d. 17.Jh.s (SGK 13, 3), 1937; Gottesurteilstudien, 1956; Lebendige Heraldik, 1958; Das kath. Kirchenwesen d. Grafschaft Ravensberg im 17. u. 18.Jh., 1961. - Mit-Hg.: ZSavRG Kan. Abt., seit 1938; Bamberger Abh.en u. Forschungen, seit 1951; Forschungen zur kirchl. Rechtsgesch. u. zum Kirchenrecht, seit 1957.

Gottesurteil I.

Nürnberger, *Richard,* * 9.6.1912 Eisleben, Dr. phil. (1937). PDoz. f. mittlere u. neuere Gesch. 1945 Freiburg/Br., ao. Prof. 1949 Bonn, o. Prof. 1955 Göttingen.

Die Politisierung d. franz. Protestantismus, 1948; Das Zeitalter d. Franz. Revolution u. Napoleons (Propyläen-Weltgesch. VIII, 1960, 59-191). - Hg.: Melanchthons Werke in Auswahl III: Die humanist. Schriften, 1961.

Baudouin; Berquin; Chandieu; Coligny; Cromwell, Oliver; Dubourg; Duperron; Duplessis-Mornay; Languet; L'Hôpital; Mariana; Montesquieu; Richelieu.

Nyman, *Helge,* * 15.7.1910 Ekenäs (Finnland), Dr. theol. (1949). Pfarrer 1934, u.a. 1941 Liljendal; Lektor f. Syst. Theol. 1950, Doz. f. Prakt. Theol. 1955, o. Prof. 1959 Åbo.

Vollst. Bibliogr. bis 1959 in: Årsskrift utg. av Åbo Akademi 1949 bis 1951, 217; 1953-57, 434; 1958-59, 147. Bes.: Den bidande tron hos Paavo Ruotsalainen, 1949; Kyrkotjänarens nattvardsgång, 1955; Ordinationslöfte och prästed, 1963.

Gummerus; Hedberg; Helsinki; Ruotsalainen.

Oberdorffer, *Kurt,* * 28.4.1900 Schluckenau/Böhmen, Dr. phil. (1922). Stadtarchivar 1924 Brüx/Böhmen, Geschäftsführer der Abtlg. f. Archivpflege 1926 Prag, Landesverwaltungsdirektor u. Leiter der Sudetendt. Anstalt f. Landes- u. Volksforschung 1940 Reichenberg, Kreisarchivpfleger 1948 Bayreuth, Stadtarchivar u. Museumsleiter 1953 Ludwigshafen, i.R. 1962.

Teilw. Bibliogr. in: K.OBERDORFFER-L.BÖHM, Brüx. Beiträge zur Gesch. einer nordwestböhm. Stadt, 1958, 126. Vgl. auch Kürschners Dt. Gelehrten-Kalender 1961, 1470.

Jakob von Mies; Tschechoslowakei I.

Oberle, *Werner,* * 23.6.1923 Basel (Schweiz), Dr. phil. (1948), Gymnasiallehrer in Basel.

Der adelige Mensch in d. Dichtung, 1950; Ironie im Werke C.F. Meyers (Germ.-roman. Monatsschrift NF 5, 1955, 212-222); C.F. Meyer. Ein Forschungsbericht (ebd 6, 1956, 231-252).

Meyer, Conrad Ferdinand.

Obermüller, *Rudolf,* * 24.4.1904 Eßlingen/Neckar, D. (1960, Heidelberg). Stiftsrepetent 1930 Tübingen, Pfarrer 1933 Buenos Aires, Prof. f. NT 1948 ebd, Mitglied des Zentralkomitees des Ökum. Rates 1961.

Evangelism in Latin America, 1958; Das Evangelium in Lateinamerika (Ev. Diaspora 29, 1958, 19-70); Ensayos (Ges. Aufs. I), 1964. - Mit-Hg.: Cuadernos Teológicos; El Predicador Evangélico; Ekklesia.

Ekuador; Mexiko II; Mittelamerika, 1-3; Peru, 2; Südamerika; Uruguay; Venezuela.

Obiditsch, *Fritz,* * 17.6.1926 Rosenthal/Sudetenland, Dr. phil. (1956). Volksschullehrer 1948 Reutlingen, Studienrat 1958 Päd. Institut Weingarten, Wiss. Rat 1960 Tübingen, Doz. 1962 Päd. Hochschule Weingarten.

Sozialpädagogik I.

Odenius, *Oloph,* * 12.3.1923 Östersund (Schweden), Fil. lic. (1953), lebt in Stockholm.

Teilw. Bibliogr. in: Répertoire des médiévistes européens, 1960, 173f. Ferner: Cisiojani Latini. Neue Beiträge zur Bibliogr. d. metr. Kalendarien des MA (Arv, Journal of Scandinavian Folklore 15, 1959, 61-154).

Birgitta.

Oehler, *Klaus,* * 31.8.1928 Solingen, Dr. phil. (1953). PDoz. f. Philos. 1960 Hamburg (1961-63 Dumbarton Oaks Research Library of Harvard Univ., USA).

Der Beweis f. d. unbewegten Beweger bei Aristoteles (Philologus 99, 1955, 70-92); Zacharias von Chalkedon über d. Zeit (ByZ 50, 1957. 31-38); Thomas von Aquin als Interpret d. aristotel. Ethik (PhR 5, 1957, 135-152); Die Geschichtlichkeit d. Philos. (ZPhF 11, 1957, 504-526); Der Consensus omnium als Kriterium d. Wahrheit in d. antiken Philos. u. d. Patristik (Antike u. Abendland 10, 1961, 103 bis 129); Das aristotel. Argument: Ein Mensch zeugt einen Menschen (Einsichten. G.Krüger z. 60. Geb., 1962, 230-288); Die Lehre vom noetischen u. dianoetischen Denken bei Platon u. Aristoteles (Zetemata 29), 1962. - Mit-Hg.: Einsichten. G.Krüger z. 60. Geb., 1962.

Rationalismus I; Realismus I; Subjekt und Objekt; Vernunft und Verstand.

Oeing-Hanhoff, *Ludger,* * 22.12.1923 Marl, Dr. phil. (1951). PDoz. f. Philos. 1962 Münster.

Ens et unum convertuntur. Stellung u. Gehalt d. Grundsatzes in d. Philos. d. hl. Thomas von Aquin (BGPhMA 37, 3), 1953; Descartes u. d. Fortschritt d. Metaphysik, 1963.

Intellektualismus.

Oertel, *Robert,* * 30.10.1907 Leipzig, Dr. phil. (1933). Doz. f. Kunstgesch. 1948, apl. Prof. 1955 Freiburg/Br., 1958 München, dazu Landeskonservator bei den Bayer. Staatsgemäldesammlungen.

Die Frühwerke des Masaccio (Marburger Jb. f. Kunstwiss. 7, 1933, 191-289); Fra Filippo Lippi, 1942; Die Frühzeit d. ital. Malerei, 1953; Ital. Malerei bis zum Ausgang d. Renaissance, 1960; Frühe ital. Malerei in Altenburg, 1961.

Fra Angelico; Giotto; Malerei und Plastik III; Raffael; Renaissance II.

Ohl, *Hubert,* * 12.11.1927 Danzig, Dr. phil. (1955). Studienstiftung d. dt. Volkes 1955 Bad Godesberg, Leiter des Collegium Academicum 1960-62 Heidelberg, wiss. Assistent 1961 Dt. Institut Mainz.

Realismus II.

Ohl, *Otto,* * 28.7.1886 Duisburg, D. (1930, Bonn), Lic. theol. h.c. (1923, Bonn), Dr. med. h.c. (1961, Düsseldorf). Hilfsprediger 1909 Essen-Rüttenscheid, Bundesagent des Ostdt. Jungmännerbundes 1911 Berlin, Geschäftsführender Direktor des Landesverbandes Innere Mission Rheinland 1912-63 Langenberg, dazu später Vorstandsmitglied bzw. Vizepräsident des Centralausschusses für Innere Mission, seit 1957 Vorsitzender der Diakon. Konferenz u. stellv. Vorsitzender des Diakon. Rates.

Caritas (mit H.-H.Schrey).

Ohm, *Thomas (Philipp),* * 18.10.1892 Westerholt/Westf., † 25.9.1962 Meschede, Dr. theol. (1924). Missionsbenediktiner 1913, Priesterweihe 1920, Doz. 1927, ao. Prof. 1930 Salzburg, 1932 Würzburg, vom NS-Regime amtsenthoben 1941, o. Prof. f. Missionswiss. 1946 Münster, em. 1961.

Vollst. Bibliogr. bis 1961 in: Th.Ohm, Ex contemplatione loqui. Ges. Aufs., 1961, 435-448. Bes.: Die Stellung d. Heiden zu Natur u. Übernatur nach d. hl. Thomas von Aquin, 1927; Kulturen, Religionen u. Missionen in Japan, 1929; Die Gebetsgebärden d. Völker u. das Christentum, 1948; (Asiens Kritik am abendländ. Christentum, 1948) Asiens Nein u. Ja zum westl. Christentum, 1960²; Die Liebe zu Gott in d. nichtchristl. Religionen, (1950) 1957²; Ruhe u. Frömmigkeit, 1955. Ferner: Mohammedaner u. Katholiken, 1961; Machet zu Jüngern alle Völker. Theorie d. Mission, 1962.

Afrika IV C; Asien; China IV C, 2; Gesten, 1; Liebe I; Liebestätigkeit I; Mission III F; Missionen, deutsche II; Missionswissenschaft II; Proskynese, 1; Strafe I; Streit.

Ollesch, *Helmut,* * 23.1.1906 Ebenrode/Ostpr. Pfarrer 1933 Borchersdorf b. Königsberg/Pr., Schulpastor 1945 Wuppertal, Pfarrer 1947 Wuppertal-Wichlinghausen, Hauptschriftleiter des Rhein. Sonntagsblattes »Der Weg« 1957 Düsseldorf, Krankenhauspfarrer 1962 Kaiserswerth.

Der letzte Weg, 1954; Die Nacht leuchtet wie der Tag, 1955; Du bleibst bei mir, (1955) 1961²; Begegnung u. Entscheidung. Nt. Gestalten, 1960; Bilder des Ewigen, 1963.

Wiechert.

Onasch, *Konrad,* * 4.8.1916 Danzig, Dr. theol. (1950). Pfarrer 1942 Bromberg, 1946 Brandenburg; Lehrbeauftragter f. Konfessionskunde der Orthodoxie 1950, Doz. 1954, Titular-Prof. 1959, Prof. mit vollem Lehrauftrag 1961 Halle/S.

Geist u. Gesch. d. russ. Ostkirche, 1947; König des Alls, (1952) 1954²; Das Weihnachtsfest im orth. Kirchenjahr, 1958; Dostojewski-Biogr., 1960; Dostojewski als Verführer, 1961; Ikonen, 1961; Das Problem d. Lichtes in d. Ikonenmalerei Andrej Rublevs, 1962; Einführung in d. Konfessionskunde d. orth. Kirchen (SG 1197/1197a), 1962. - Hg.: Quellen u. Unters.en zur Konfessionskunde d. Orthodoxie, seit 1956.

Altar III D; Athos, 2; Barsanuphius; Basilianer; Bilderwand; Damascenus Studites; Dmitrij; Dositheus; Goar, J.; Gottesdienst V A, 2; Griechisch-katholisch; Jeremias II.; Ikone; Iwanow, 1. 2; Kirchenslawisch; Lukaris; Makarij; Maltzew; Marienverehrung II; Menäen; Mereschkowskij; Mogila; Mystagogische Theologie; Nikon; Oktoechos; Orthodoxe Kirche I. II; Philaret, 1. 2; Platon, Metropolit; Pobedonoscev; Prokopovič; Prothesis; Skoworoda; Stundengebet I, 1; Synaxarion; Trubetzkoj, 1-3; Typikon; Veličkovskij; Wunderle; Zosimas.

Opitz (geb. Kriege), *Anneliese,* * 20.5.1929 Berlin/Dahlem, Dr. theol. (1958). Studentenpfarrerin bei der Ev. Studentengemeinde in Deutschland 1959-61 Stuttgart, Instruktorin für Deutsch am St. Olaf College 1962/1963 Northfield/Minn. (USA), Krankenhausseelsorgerin 1964 Rochester/Minn.

Hengstenberg.

Orchard, *Ronald Kenneth,* * 14.3.1911 Liverpool (England), B.A. (1932), B.D. (1935). Ordination als kongregationalistischer Pfarrer 1935, Tutor am Lancashire Independent College 1935 Manchester, Sekretär der Londoner Missionsgesellschaft 1937, Sekretär des Internationalen Missions-Rates bzw. der Commission on World Mission and Evangelism des Ökum. Rates 1955 London.

The Message of the Bible, London 1947; Africa Steps Out, ebd 1952; Out of Every Nation. A Discussion of the Internationalizing of Missions, ebd 1959 (dt. 1960). - Hg.: The Ghana Assembly of the IMC, ebd 1958.

Londoner Mission; Moffat; Paton, J.G.; Williams, John; Zentralafrika.

O'Reilly, *Patrick,* * 19.5.1900 Saint Mihiel (Frankreich), Angehöriger des Maristen-Ordens, Generalsekretär der Société des Océanistes in Paris.

Bibliogr. méthodique, analytique et critique des Nouvelles-Hébrides, Paris 1958 (vgl. Reg. s.v.: Bibliogr.).

Melanesien; Ozeanien; Polynesien.

Oßwald, *Eva,* * 8.3.1924 Rudolstadt, Dr. theol. (1951). Wiss. Assistentin 1952, Doz. f. AT 1956 Jena.

Urform u. Auslegung im masoret. Amostext (Theol. Diss. Jena), 1951 (Masch.); Falsche Prophetie im AT (SgV 237), 1962; Das Bild des Mose in d. krit. at. Wissenschaft seit J.Wellhausen, 1963.

Moses; Nahumbuch.

Osthoff, *Helmuth,* * 13.8.1896 Bielefeld, Dr. phil. (1922). PDoz. f. Musikwiss. 1932 Berlin; ao. Prof. 1938, o. Prof. 1950 Frankfurt/M., em. 1965.

Vollst. Bibliogr. bis 1961 in: Festschr. H.Osthoff z. 65. Geb., 1961, 5-14. Bes.: Adam Krieger, 1929; Die Niederländer u. d. dt. Lied, 1938; Das dt. Chorlied vom 16.Jh. bis zur Gegenwart, 1955. Ferner: Josquin Desprez. Leben u. Werk I. II, 1962/64.

Dufay; Josquin Desprez; Isaac; Lasso; Obrecht; Ockeghem.

Osthoff, *Wolfgang,* * 17.3.1927 Halle/S., Dr. phil. (1954). Wiss. Assistent 1957 München (1959 mit Lehrauftrag).

Vollst. Bibliogr. bis 1960 in: MGG X, 452. Ferner: Monteverdis Combattimento in dt. Sprache u. Heinrich Schütz (Festschr. H.Osthoff z. 65 Geb., 1961, 195-227); Per la notazione originale nelle pubblicazioni di musiche antiche e specialmente nella nuova edizione Monteverdi (AcMus 34, 1962, 101-127).

Arie; Berlioz; Brahms; Bruckner; Cherubini; David, J.N.; Dialog; Distler; Franck, 1. 2; Händel; Hindemith; Kaminski; Liszt; Mendelssohn-Bartholdy; Monteverdi; Ramin; Riedel, Karl; Verdi; Widor.

Ostlender, *Heinrich,* * 19.6.1893 Aachen, Dr. theol. (1926), Sekretär des Albertus-Magnus-Instituts, Bonn; 1953 Päpstlicher Msgr.

Anselm von Canterbury (Relig. Quellenschriften 45), 1927; Albertus Magnus (ebd 84), (1932) 1955². - Hg.: Sententiae Florianenses (Florilegium Patristicum 19), 1929; Peter Abaelards Theologia ›Summi Boni‹ (BGPhMA 35, 2/3), 1939; Albertus Magnus, Opera omnia XIX: Postillae super Ieremiam et Postillae super Ezechielem Fragmenta, 1952; Studia Albertina. Festschr. f. B.Geyer (BGPhMA Suppl. 4), 1952.

Omnebene.

Oswald, *Josef,* * 1.4.1900 Riggerding Kr. Deggendorf/Ndb., Dr. theol. (1931). Doz. f. KG 1936 München, 1937 Phil.-Theol. Hochschule Bamberg, 1938 Dillingen/D., 1940 Staatl. Akademie Braunsberg/Ostpr.; ao. Prof. 1945, o. Prof. 1948 Phil.-Theol. Hochschule Passau, dazu 1955 Leiter der Staatl. Bibliothek Passau.

Das alte Passauer Domkapitel, 1933; Riga u. Gnesen im Kampf um d. Metropolitangewalt über d. altpreuß. Bistümer, 1942; Das klass. Jh. d. abendländ. KG, 1946; Grundzüge d. kath. KG (Dt. Philologie im Aufriß III, [1957] 1961², 1647-1728). - Hg.: Alte Klöster in Passau u. Umgebung, (1950) 1954²; Passau in Gesch. u. Kunst, (1950) 1963⁵; Ostbair. Grenzmarken. Passauer Jb. f. Gesch., Kunst u. Volkskunde, seit 1957.

Passau.

Ott, *Heinrich,* * 1.9.1929 Basel (Schweiz), Dr. theol. (1954). Pfarrer 1952 Castiel/Graubünden, 1957 Arisdorf/BL; PDoz. f. Syst. Theol. 1956, o. Prof. 1962 Basel.

Gesch. u. Heilsgesch. in d. Theol. R.Bultmanns (BHTh 19), 1955; Denken u. Sein. Der Weg M.Heideggers u. d. Weg d. Theol., 1959; Dogmatik u. Verkündigung, 1961; Glaube u. Bekennen, 1963; Die Lehre d. 1. Vatik. Konzils. Ein ev. Kommentar, 1963. - Mit-Hg.: Begegnung. Eine ökum. Schriftenreihe, seit 1962.

Entmythologisierung; Heilsgeschichte; Kerygma I. II.

Ott, *Ludwig,* * 24.8.1906 St. Helena b. Neumarkt/Opf., Dr. theol. (1936), ao. Prof. f. Dogmatik 1936, o. Prof. 1941 Phil.-Theol. Hochschule Eichstätt.

Unters.en zur theol. Brieflit. d. Frühscholastik (BGPhMA 34), 1937; Walter von Mortagne u. Petrus Lombardus in ihrem Verhältnis zueinander (Mélanges J. de Ghellinck, Gembloux 1951, 647-697); Grundriß d. kath. Dogmatik, (1952) 1963⁶ (auch franz., engl., ital., span., portug., arab.); Das Konzil von Chalkedon in d. Frühscholastik (GRILLMEIER-BACHT II, 1953, 873-922); Das Konzil von Ephesus (431) in d. Theol. d. Frühscholastik (Theol. in Gesch. u. Gegenwart. Festschr. M.Schmaus, 1957, 279-308); Die Wissenschaftslehre des Adenulf von Anagni (Mélanges E.Gilson, Toronto-Paris 1959, 465 bis 490). - Hg.: M.GRABMANN, Ma.liches Geistesleben III, 1956. - Mit-Hg.: BGPhMA, seit 1949.

Petrus Lombardus; Robert von Melun; Wilhelm von Conches.

Otto-Dorn, *Katharina,* * 5.3.1908 Wiesbaden, Dr. phil. (1934). Wiss. Hilfsarbeiterin an den Staatl. Museen (Islam. Abtlg.) 1935 Berlin, Bibliothekarin u. später Referentin f. islam. Kunst am Dt. Archäol. Institut 1937 bis 1944 Istanbul, Lehrbeauftragte f. islam. Kunst u. Habilitation 1950 Heidelberg, apl. Prof. 1954, o. Prof. f. islam. u. türk. Kunst 1954 Ankara (Türkei).

Das islam. Iznik, 1941; Grabung im Umayyadischen Ruṣāfah (Ars Orientalis 2, 1957, 119-133); Türk. Keramik, 1958; Türk. Grabsteine mit Figurenreliefs aus Kleinasien (Ars Orientalis 3, 1959, 63-76); Seldschuk. Holzsäulenmoscheen aus Kleinasien (Aus d. Welt d. islam. Kunst. Festschr. E.Kühnel, 1959, 59-88); Die Kunst d. islam. Völker, 1964.

Kunst II I; Moschee; Strzygowski.

Overath, *Johannes,* * 15.4.1913 Sieglar, Dr. phil. (1958). Priesterweihe 1938, Kaplan u. Pfarrvikar 1938 bis 1946; Assistent 1946, Prof. f. Homiletik u. Kirchenmusik am Erzbischöfl. Priesterseminar 1948 Köln; 1954 Generalpräses des Allg. Cäcilien-Verbandes, 1959 Ehrendomherr von Palestrina, 1960 Päpstl. Hausprälat, 1962 Peritus beim II. Vat. Konzil, 1964 Erster Präsident der vom Hl. Stuhl errichteten »Consociatio Internationalis Musicae Sacrae«.

Unters.en über d. Melodien d. Liedpsalters von K.Ulenberg (Köln 1582), 1960. - Hg.: Joh.Hatzfeld, Priester u. Musiker, 1954; C.Hagius Rinteleus, Die Psalmen Davids, 1955; Liedpsalter nach K.Ulenberg I (mit J.SOLZBACHER), 1962.

Kirchenlied I, 9.

Oyen, *Hendrik van,* * 24.10.1898 Vlissingen (Niederl.), Dr. theol. (1929). Pfarrer 1926 Ritthem, 1931 Breda, 1939 Groningen, o. Prof. f. Syst. Theol. 1942 Groningen, 1948 Basel.

Ethiek en religie bij Herm.Cohen, Amsterdam 1929; Christus de hoogepriester (Kommentar zum Hebr), Nijkerk (1939) 1962³; Christelijke Ethica, 's-Gravenhage (1946) 1960²; Ev. Ethik I: Grundlagen, 1951; II: Liebe u. Ehe, 1957; Theol. Erkenntnislehre (SDGSTh 8), 1955; Botschaft u. Gebot, 1962. - Mit-Hg.: Christl.-Jüd. Forum, seit 1955; ZEE, seit 1957.

Ethik; Freundschaft II; Gesellschaften für christlich-jüd. Zusammenarbeit; Gesinnungsethik; Güterethik; Interimsethik; Kompromiß; Öffentlichkeitsauftrag der Ev. Kirche; Selbstbehauptung; Selbstverleugnung; Wertethik.

Pältz, *Eberhard* Hermann, * 26.7.1929 Elsterberg/Vogtl., Dr. theol. (1955). Wahrnehmung einer Dozentur f. KG 1959 Rostock, Doz. f. KG 1961 Jena.

F.C.Baurs Verhältnis zu Schleiermacher (Theol. Diss. Jena), 1955 (Masch.); John Bunyan, 1956; J.Böhmes Hermeneutik, Geschichtsverständnis u. Sozialethik (Habil.-Schr. Jena), 1961 (Masch.). - Hg.: Auswahlbände J.Böhme, Novalis, 1957.

Culmann; Dann; Daub; Döderlein, 1. 2; Dräseke; Dulon; Ebel; Ebrard; Ehrenberg; Elwert; Flatt, 1. 2; Franz von Paris; Fricker; Gabler; Gieseler; Goeze; Griesinger; Gruner; Hagenbach; Hanstein; Haug; Hausrath; Hegler; Henke; Heubner; Heussi; Hochstetter, 1. 3; Hundeshagen; Jäger (mit G.SCHRENK); Jerusalem; Kaftan, 1. 2; Kapff; Keim; Klettenberg; Kneipp; Königsberger Religionsprozeß; Loeffler; Loen; Lücke; Lüdke; Niedner; Nösselt; Perthes, F.Chr.; Städlin.

Pallottino, *Massimo,* * 9.11.1909 Rom (Italien), Dr. lit. (1931), Dr. phil. h.c. (1958, Montpellier; 1964, Löwen). Inspektor 1933, Direktor 1938, PDoz. f. Etruskologie u. ital. Antike 1937 Rom, ao. Prof. 1940 Univ. Cagliari, o. Prof. 1945 Rom.

Elementi di lingua etrusca, 1936; Tarquinia, 1937; Gli Etruschi, (1940) 1941²; Etruscologia, (1942) 1963⁵; L'Arco degli Argentari, 1946; La peinture étrusque, 1952; Testimonia Linguae Etruscae, 1954; Die Kunst d. Etrusker, 1955; Che cos' é l'archeologia, 1963.

Etrusker; Leberschau (mit J. Hempel).

Pannenberg, *Wolfhart,* * 2.10.1928 Stettin, Dr. theol. (1953). PDoz. f. Syst. Theol. 1955 Heidelberg, Prof. 1958 Kirchl. Hochschule Wuppertal, o. Prof. 1961 Mainz.

Die Prädestinationslehre des Duns Skotus (FKDG 4), 1954; Was ist der Mensch? Die Anthropologie d. Gegenwart im Lichte d. Theol. (KVR 139/40), 1962; Grundzüge d. Christologie, 1964. - Hg.: Offenbarung als Gesch., (1961) 1963².

Analogie; Christologie II; Dialektische Theologie; Erwählung III; Gott V; Person; Prädestination IV; Thomas von Aquino I. II.

Panzram, *Bernhard,* * 12.1.1902 Eberswalde, Dr. theol. (1935), Dr. jur. utr. (1923). Doz. f. kirchl. Rechtsgesch. 1939 Breslau, Lehrstuhlvertreter 1941 Prag, PDoz. 1947 München; ao. Prof. 1948, o. Prof. 1952 Phil.-Theol. Hochschule Regensburg, 1954 Freiburg/Br.

Die schles. Archidiakonate u. Archipresbyterate bis zur Mitte d. 14. Jh.s, 1937; Die Gerichtsbarkeit d. schles. Archidiakone im MA (Zs. d. Vereins f. Gesch. Schlesiens 72, 1938, 161-184); Geschichtl. Grundlagen d. ältesten schles. Pfarrorganisation, 1940; Ein Beitrag zur Gesch. d. Breslauer Diözesansynoden (ZSavRG Kan. Abt. 30, 1941, 384-397; 33, 1944, 351-363); Der Kirchenbegriff d. kanon. Rechts (MThZ 4, 1953, 187-211).

Breslau I; Ivo von Chartres.

Pap, *László,* * 28.2.1908 Szentes (Ungarn), Dr. theol. (1933). Religionslehrer 1934, ao. Prof. f. AT 1938, o. Prof. 1939 Budapest, Amtsenthebung auf Staatsgeheiß 1958, Hilfspfarrer 1958 Murga, i.R. 1963.

Das israelit. Neujahrsfest, Kampen 1933; Az Israelita Ujévünnep, Pápa 1939; Das ev.-theol. Schrifttum in Ungarn, Die Wissenschaft vom AT, 1940. - Mit-Hg.: Ráday Pál Iratai I. II, Budapest 1955/61; A Budapesti Református Theológiai Akadémia története 1855-1955, ebd 1955; Hungarian Protestantism, its Past and Present, ebd 1956.

Török.

Paschke, *Franz,* * 30.7.1912 Berlin, Dr. phil. (1962). Wiss. Assistent 1948 Dt. Akademie der Wiss. zu Berlin (Institut f. griech.-röm. Altertumskunde, Kommission f. spätantike Religionsgesch.), 1964 Oberassistent.

Agape Chione und Irene; Agnes; Anaklet I.; Anastasius I. II.; Anteros; Anthimus; Babylas; Bonifatius II.; Cassianus, Märtyrer; Coronati IV; Cyriakus; Genesius; Hilarus; Hormisdas; Kletus; Kosmas und Damian; Laurentius der Heilige; Linus; Märtyrer II; Martyrologien; Pseudo-Clementinen.

Patzig, *Günther,* * 28.9.1926 Kiel, Dr. phil. (1951). PDoz. f. Philos. 1958 Göttingen; ao. Prof. 1960, o. Prof. 1962 Hamburg, 1963 Göttingen.

Die aristotel. Syllogistik, (1959) 1963². - Redaktor: GGA, 1958-60.

Agnostizismus, 2; Aristoteles; Aristotelismus; Bolzano; Cicero; Comte; Eklektizismus, 2; Entelechie; Epiktet; Epikur; Form; Griechisch-römische Philosophie; Heraklit; Jungius; Kategorischer Imperativ; Logik; Materie; Mill; Paradoxie; Parmenides; Philosophia perennis; Philosophie; Pomponazzi; Positivismus; Pythagoreer; Russell, Bertrand; Schopenhauer; Semantik; Sextus Empiricus; Simplicius, Philosoph; Skeptizismus; Stoa; Trendelenburg; Wittgenstein; Wolff, Chr.; Xenophanes; Zeller, Ed.

Patzschke, *Wilhelm,* * 7.11.1904 Göttingen, Dr. phil. (1932). Heimleiter 1932/33, Volksschullehrer 1936, Wehrdienst 1940-45, Erziehungsleiter 1945 Göttingen.

Erziehungsanstalten I.

Paulus, *Herbert,* * 23.4.1913 Starnberg/Obb., Dr. theol. (1948), Dr. phil. (1944), Direktor der Städt. Volkshochschule sowie Leiter des Dt. Instituts f. merowing. u. karoling. Kunstforschung in Erlangen.

Der Gesinnungscharakter d. merow.-westfränk. Basilikenbaues, 1944; Zur Ikonographie des Gekreuzigten im MA, 1948; Die ikonograph. Besonderheiten in d. spätma.lichen Passionsdarstellung Frankens, 1952; Goya, Ital. Skizzenbuch, 1958. - Hg.: Nachrichten d. Dt. Instituts f. merow. u. karol. Kunstforschung, seit 1951; Beiträge zur Erwachsenenbildung an d. Volkshochschule Erlangen, 1960.

Afra; Agathe; Alexius der Heilige; Andachtsbild; Apollonia; Apostelbilder; Benignus; Blasius; Cäcilia; Castor; Christine; Christophorus der Heilige; Christusporträt; Crispin und Crispinian; Dorothea; Drei Könige; Engel II; Eustachius; Expeditus; Felix und Regula; Florian; Genovefa, 1. 2; Georg der Heilige; Heiligenattribute; Heiligenbilder I; Januarius; Nikolaus der Heilige; Nothelfer; Pankratius; Pantaleon; Siebenschläfer; Veronika; Vitus; Zita.

Peisker, *Carl Heinz,* * 21.4.1930 Bunzlau/Schlesien. Pfarrvikar 1957 Frankfurt/M., Religionslehrer 1958 Herborn u. Dillenburg, Doz. am Kolleg f. Ev. Unterweisung 1962 Düsseldorf.

Hebr. Wortkunde, 1962; Zürcher Evangelien-Synopse, (1962) 1964⁴; Luther Evangelien-Synopse, 1963.

Mirjam; Vitringa.

Pellegrino, *Michele,* * 25.4.1903 Centallo (Italien), Dr. theol. (1932), Dr. lit. (1929), Dr. phil. (1933). Beichtvater 1929, Generalvikar 1933-43 Fossano; PDoz. f. altchristl. Lit. 1940, ao. Prof. 1948, o. Prof. 1951 Turin; 1962 Päpstl. Hausprälat.

Vollst. Bibliogr. in: Annuario dell'Univ. di Torino, jährlich seit 1948/49. Bes.: Salviano di Marsiglio, Rom 1939; Gli apologeti greci del II secolo, ebd 1947; Studi su l'antica apologetica, ebd 1947; La »confessioni« di Sant-Agostino, ebd 1956; Letteratura greca cristiana, ebd (1956) 1963²; Letteratura latina cristiana, ebd (1957) 1963².

Salvianus.

Peltola, *Matti,* * 26.2.1914 Vilppula (Finnland), Lic. theol. (1963). Missionar 1939-46 Angola, 1948-53 Tanganyika, im Heimatdienst der Finn. Missionsgesellschaft seit 1953, Sekretär des Finn. Missions-Rates seit 1955, Lehrer f. AT u. NT am All-Afrik. Theol. Seminar 1959 Marangu, Leiter des Missionsinstituts der Finn. Missionsgesellschaft 1960 Helsinki.

Bantu, 1949 (finn.); An Outline of the Hist. of the Translation of the NT into Swahili (Studia Missiologica Fennica I), 1957; Suomen Lähetysseuran Afrikan työn historia (Gesch. d. Finn. Missionsgesellschaft in Afrika), 1958; Vanhan testamentin käyttämisestä Afrikassa (Über d. Gebrauch des AT in Afrika), 1961; Afrikan valtiollisen murroksen vaikutus lähetystyöhön (Der polit. Umbruch in Afrika u. d. christl. Mission), 1962.

Finnland III.

Perl, *Gerhard,* * 19.2.1927 Ortelsburg/Ostpr., Dr. phil. (1954). Wiss. Assistent 1951 im Institut f. griech.-röm. Altertumskunde der Dt. Akademie der Wiss. zu Berlin.

Krit. Unters.en zu Diodors röm. Jahrzählung, 1957.

Asterius von Amasea; Prokop von Gaza; Zosimus, Historiker.

Pernow, *Birger,* * 24.6.1888 Matteröd (Schweden). Pfarrer 1917 Åsele, Oberpfarrer 1923 Stockholm, Direktor der Schwed. Israelsmission 1930, i.R. 1960; Gründer des Swedish Theol. Institute in Jerusalem (1951).

Palestina förr och nu, Stockholm 1935; Sjuttio år för Israel, ebd 1945; Kyrkan och Israel, ebd 1949; För Sions skull, ebd 1950; Missionsproblemet Israel, ebd 1950; Till Bibelns länder, ebd (1958) 1963². - Redakteur: Svenska Israelsmissionen, 1930-60.

Judenmission.

Peschke, *Erhard,* * 21.7.1907 Berlin, D. (1959, Halle), Dr. theol. (1933). Doz. f. KG 1936, ao. Prof. 1937 Breslau, Pfarrer 1945 Apollensdorf, Prof. mit Lehrstuhl 1951 Rostock, 1959 Halle.

Die Theol. d. Böhm. Brüder in ihrer Frühzeit I/1. 2, 1935/40; Der Kirchenbegriff des Bruder Lukas von Prag (WZ Rostock 5, 1955/56, 273-288); Peter Chelčickýs Lehre von d. Kirche u. d. weltl. Macht (ebd, Sonder-H., 263-274); Der Gegensatz zwischen d. Kleinen u. d. Großen Partei d. Brüderunität (ebd 6, 1956/57, 141-154); Bruder Gregors Lehre von d. Kirche (ebd 7, 1957/58, 23-32); Die religiös-soz. Ideen des Bruder Thomas Přeloučský (ebd 283-292); Die Kritik Dungersheims von Ochsenfurt an d. Lehre d. Böhm. Brüder (ebd 8, 1958/59, 377-399); Studien zur Theol. A.H.Franckes I, 1964. - Mit-Hg.: ThLZ, seit 1960.

Augusta; Blahoslav; Drabik; Dudich; Gonesius; Gregor, Bruder; Gribaldi; Hosius; Klenovský; Krasonický; Kromer; Lasitius; Lismanini; Lukas aus Prag; Maczynski; Mecklenburg I; Modrzewski; Paläologus; Petrus Chelčický; Prätorius, Stephan; Prokop von Neuhaus; Quistorp; Radziwill; Rakauer Katechismus; Rej; Rokycana; Rostock; Ruarus; Schröder, Joachim; Schwerin; Slüter; Stancarus; Sternberg; Tarnow, 1. 2; Thorner Religionsgespräch; Wujek.

Petersen, *Katharina,* * 3.11.1889 Rendsburg/Holstein. Prof. f. prakt. Pädagogik 1930 Päd. Akademie Kiel, Regierungs- u. Schulrätin 1932 Frankfurt/O., amtsenthoben 1933, Leiterin der intern. Quäkerschule 1934-38 Eerde/Ommen (Holland), nach dem Kriege Ministerialrätin im Niedersächs. Kultusministerium in Hannover, i.R.

Eltern und Elternbeirat; Koedukation; Lehrerinnen; Mädchenschulwesen.

Petry, *Ludwig,* * 3.6.1908 Darmstadt, Dr. phil. (1932). Doz. f. mittlere u. neuere Gesch. 1938 Breslau, ao. Prof. 1944 Gießen, Doz. 1949 Päd. Ausbildungslehrgang Fulda; ao. Prof. 1950, o. Prof. 1955 Mainz.

Vollst. Bibliogr. seit 1953 in: Jb. d. Vereinigung »Freunde d. Univ. Mainz«, jährlich seit 1952. - Die Popplau, eine schles. Kaufmannsfamilie d. 15. u. 16.Jh.s, 1935; 1241. Schlesien u. d. Mongolensturm, 1938; Breslaus Beitrag zur dt. Gesch., 1941; Die Gegenreformation in Deutschland, 1952. - Hg. u.a.: Hist. Stätten Deutschlands V: Rheinland-Pfalz/Saarland, 1959. - Mit-Hg. u.a.: Gesch. Schlesiens I, 1961³; Blätter f. pfälz. KG u. relig. Volkskunde. - Fachberater f. KG des MA bei RGG³.

Agricola, Rudolf; Universität, 1.

Peuckert, *Will-Erich,* * 11.5.1895 Töppendorf Kr. Goldberg-Haynau/Schlesien, Dr. phil. (1928). Doz. 1929 Päd. Akademie Breslau, PDoz. 1932 Univ. Breslau, Entzug der Venia legendi 1935; ao. Prof. f. dt. Volkskunde 1945, pers. o. Prof. 1951, o. Prof. 1958 Göttingen, em. 1960.

Die Rosenkreutzer, 1928; Pansophie, (1936) 1956²; Dt. Volkstum in Märchen u. Sage, Schwank u. Rätsel, 1938; Dt. Volksglaube des Spät-MA, 1942; Paracelsus, 1943; Seb.Franck, 1943; Die große Wende. Das apokalypt. Saeculum u. Luther, 1948; Geheimkulte, 1951; Astrologie. Gesch. d. Geheimwissenschaften I, 1960. - Hg.: Jak.Böhme, Sämtl. Schriften I-XI, 1942-61; Europ. Sagen, seit 1961; HWB der Sage, seit 1961. - Mit-Hg.: Val.Weigel, Sämtl. Schriften, seit 1962.

Rosenkreutzer, 1.

Pfeffer, *Karl Heinz,* * 28.12.1906 Frankfurt/M., Dr. phil. (1931). Doz. f. Soziologie 1935 Leipzig, ao. Prof. 1940, o. Prof. 1943 Berlin, Forschungsauftrag 1946-51, Leiter f. Auslandsforschung beim Bremer Ausschuß f. Wirtschaftsforschung 1951, Leiter der Forschungsstelle Länderkunde im Hamburgischen Welt-Wirtschafts-Archiv 1952, Direktor des Social Sciences Research Centre 1959 Lahore (Pakistan), o. Prof. in Münster u. Abteilungsleiter in der Sozialforschungsstelle Dortmund 1962.

Sierra Leone u. Gambia, 1958; Griechenland (mit I.Schaafhausen), 1959; Ghana, 1961; Das neue Gesicht Afrikas (mit H.David), 1962. - Mit-Hg.: Länderlexikon, (2 Bde, 1953-57) 3 Bde, 1960ff².

Kolonialismus; Pakistan.

Pfeiffer, *Gerhard,* * 14.2.1905 Breslau, Dr. phil. (1928). Staatsarchivrat 1932 Münster, Stadtarchivdirektor 1939-60 Nürnberg, dazu Lehrbeauftragter 1940 Hochschule f. Wirtschafts- u. Sozialwissenschaften, Honorar-Prof. f. bayer. KG 1952 Erlangen; ao. Prof. f. bayer. u. fränk. Landesgesch. 1961 Erlangen-Nürnberg.

Das Breslauer Patriziat im MA, 1929; Die Anfänge d. Egidienkirche zu Nürnberg (Mitt. d. Vereins f. Gesch. d. Stadt Nürnberg 37, 1940, 254-308); Totaler Staat - u. Luther?, 1951; Der Augsburger Religionsfrieden u. d. Reichsstädte (Zs. d. Hist. Vereins f. Schwaben 61, 1955, 213-321); Die Vorbilder zu A.Dürers »Vier Aposteln«, 1960; Studien zur Gesch. d. fränk. Reichsritterschaft (Jb. f. fränk. Landesforschung 22, 1962, 173-280). - Hg.: Mitt. d. Vereins f. Gesch. d. Stadt Nürnberg, 1940-62; Nürnberger Urkundenbuch, 1951-59; Jb. f. fränk. Landesforschung, seit 1961.

Bayern, Land; Grumbach; Pirkheimer, 1. 2; Staphylus.

Pfeiffer, *Johannes,* * 3.4.1897 Leipzig, Lic. theol. (1923), Dr. phil. (1920). Vikar 1922 Prag, Hilfsgeistlicher 1925 Lindenthal/Leipzig, Pfarrer 1927 Lima (Peru), 1928 Oranienburg b. Berlin, 1929 Berlin, 1962 i.R.

Katechismusbüchlein f. werdende Christen, 1947; Auf Luthers Spuren in Amerika, 1952.

Asmussen.

Pfeiffer, *Johannes,* * 26.6.1902 Guatemala, Dr. phil. (1931), wiss. Schriftsteller in Hamburg.

Das lyr. Gedicht als ästhet. Gebilde, 1931; Umgang mit Dichtung, (1936) 1962¹⁰; Anfechtung u. Trost im dt. Gedicht. Anthologie, (1938) 1954⁴; Kant-Brevier, (1942) 1956³; (Zwischen Dichtung u. Philos. Ges. Aufs., 1947) Über das Dichterische u. den Dichter, 1956²; Was haben wir an einem Gedicht?, (1955) 1959²; Dichtkunst u. Kirchenlied, 1961; Die dichterische Wirklichkeit, 1962.

Claudius, Matthias; Schröder, R.A.

Pfister, *Rudolf,* * 23.7.1909 Zürich (Schweiz), Dr. theol. (1939). Pfarrer 1934 Hausen/Albis, 1940 Winterthur, 1950 Zürich, dazu PDoz. f. KG u. DG 1950, Prof. 1959 ebd.

Das Problem d. Erbsünde bei Zwingli, 1939; Zwingli, der Staatsmann (Zwingli-Hauptschriften VII), 1942; Zwingli, der Theologe III (ebd XI), 1948; Die Seligkeit erwählter Heiden bei Zwingli, 1952; Um d. Glaubens willen. Die ev. Flüchtlinge von Locarno, 1955; Das Zweite Vatikan. Konzil u. wir Protestanten, 1962; KG d. Schweiz I, 1964. - Mit-Hg.: Zwingli-Hauptschriften, seit 1940; H.Zwinglis Sämtl. Werke (CR), seit 1959.

Beatus der Heilige; Bibelübersetzungen IV, 3. 4; Einsiedeln; Gallus der Heilige; Kalvarienberg; Koechlin; Liechtenstein; Prophezei; Reformer, schweizerische; Schweiz I B; Theodor, Walliser Bischof; Turrettini; Viret; Zürich.

Philipp, *Wolfgang,* * 15.4.1915 Königsberg/Pr., Lic. theol. (1939), Dr. phil. (1939). Doz. f. vergl. Folkloristik u. syst. Religionswiss. 1943 Königsberg/Pr.; Klinikpfarrer u. Religionspädagoge 1947, Studentenpfarrer 1951 bis 1961, PDoz. f. Syst. Theol. 1954, apl. Prof. 1956 Marburg, o. Prof. f. Ev. Theol. 1964 Univ. Frankfurt/M.

Die christl. Kirchen in d. Welt, 1951; Das Werden d. Aufklärung in theologiegesch. Sicht (FSThR 3), 1957; Die Absolutheit d. Christentums u. d. Summe d. Anthropologie, 1959; Religiöse Strömungen unserer Gegenwart, 1963; Das Zeitalter d. Aufklärung, 1963.

Diterich; Edelmann; Eigenschaften Gottes; Emmerick; Endemann; Ernesti; Ernst; Euler; Evangelische Vereinigung; Feßler, I.A.; Fronius; Geschichte und Geschichtsauffassung II C; Inspiration III; Irrlehre; Name Gottes; Natur und Übernatur; Neuthomismus; Ordination IV; Teufel IV; Tritheismus; Unio mystica; Wunder VI.

Philippi, *Paul,* * 21.11.1923 Kronstadt/Siebenbürgen (Rumänien), Dr. theol. (1957). Lehrbeauftragter f. Diakonik 1957, PDoz. f. Prakt. Theol. 1963 Heidelberg.

Bibliogr. in: Heidelberger Jahrbücher 1 ff, seit 1957. Bes.: Grundsätzliches u. Historisches über d. Anfänge d. relig. Freiheit in England u. Siebenbürgen (Die ev. Diaspora 26, 1955, 107-118); Diakonie als nota ecclesiae (Die Innere Mission 45, 1955, 338-344); Die Kirchengemeinde als Lebensform, 1959; Abendmahlsfeier u. Wirklichkeit d. Gemeinde, 1960; Toleranz oder Kompromiß? (Die ev. Diaspora 31, 1960, 9-26); Siebenbürgisch-sächs. Gustav-Adolf-Geist?, 1962; Christozentrische Diakonie, 1963; Die Vorstufen d. modernen Diakonissenamtes (1789-1848) als Elemente für dessen Verständnis u. Kritik (Habil.-Schr. Heidelberg), 1963 (Masch.). - Hg.: Siebenbürg. Archiv (= AVSL 3. Folge).

David(is); Dévai; Glondys; Haner, 1. 2; Hebler; Helt, C.; Heraklides; Honter(us); Melius; Müller, Friedrich d.J.; Müller, J.A.; Neugeboren; Roth, St.L.; Schullerus; Szegedi; Sztárai; Teutsch, 1. 2; Ungleich; Wagner, Val.; Wiener.

Piepkorn, *Arthur Carl,* * 21.6.1907 Milwaukee/Wisc. (USA), B.D. (1928), Ph.D. (1932). Luth. Pfarrer 1930 St. Louis/Mo., 1933 Chisholm/Minn., 1937 Cleveland/Ohio, Armeepfarrer 1940-51, Prof. f. Syst. Theol. am Concordia Seminary 1951 St. Louis.

The Historical Prism Inscriptions of Ashurbanipal, Chicago 1933; The Survival of the Historic Vestments in the Lutheran Church after 1555, St. Louis (1956) 1958².

Ku Klux Klan; Peabody; Pythias-Ritter; Rockefeller; San Francisco; Scofield; Sheldon; Torrey, R.A.; Winebrenner; Yale.

Pietz, *Reinhold,* * 6.4.1921 Berlin-Charlottenburg, Dr. theol. (1956). Studieninspektor 1952, Pfarrer 1956, Direktor der Predigerschule Paulinum 1958 Berlin.

Die Gestalt d. zukünftigen Kirche. Schwenckfelds Gespräch mit Luther, 1959; Die Autorität d. Hl. Schrift in d. Sekten d. Gegenwart, 1960.

Weißenberg.

Pilhofer, *Georg,* * 18.12.1881 Altmannshof Kr. Amberg, D. (1951, Erlangen). Missionar 1905-39 Neuguinea, seit 1948 im Heimatdienst tätig (Neuendettelsau).

Grammatik d. Kâte-Sprache, 1933; Übers. des NT in d. Kâte-Sprache, 1938; Die Gesch. d. Neuendettelsauer Mission in Neuguinea I-III, 1961-63.

Keyßer.

Pinomaa, *Lennart,* * 13.4.1901 Mikkeli (Finnland), Dr. theol. (1940). Pfarrer 1927-48, Doz. f. Syst. Theol. 1939, ao. Prof. 1948 Helsinki.

Der Zorn Gottes in d. Theol. Luthers, 1938; Der existenzielle Charakter d. Theol. Luthers, 1940; Reich Gottes u. ird. Gesellschaft in Augustins De civitate Dei, 1941 (finn.); Das neue Leben, 1942 (finn.); Die Heiligen in Luthers Frühtheol. (StTh 13, 1959, 1-50); Faith Victorious. An Introduction to Luther's Theology, Philadelphia 1963 (dt. 1964). - Hg.: Theologia Fennica.

Renqvist; Schauman.

Piper, *Otto A.,* * 29.11.1891 Lichte/Thür., Lic. theol. (1920), D.Th. (1939, Paris), LL.D. (1949, Wittenberg College). PDoz. f. Syst. Theol. 1920, ao. Prof. 1928 Göttingen, o. Prof. 1930 Münster, aus dem Staatsdienst entlassen 1933 (em. 1953), Gast-Prof. der Univ. of Wales 1934 Swansea u. Bangor, 1937 Princeton Theol. Seminary, Prof. f. NT 1941 Princeton/N.J. (USA), em. 1962.

Vollst. Bibliogr. bis 1962 in: Current Issues in NT Interpretation. Essays in Honor of O.A. Piper, hg.v. W. Klassen u. G.F. Snyder, New York 1962, 247-260. Bes.: Das relig. Erlebnis, 1920; Weltl. Christentum, 1924; Die Grundlagen d. ev. Ethik I. II, 1928/30; Gottes Wahrheit u. d. Wahrheit d. Kirche, 1933; Recent Developments in German Protestantism, London 1934; Sinn u. Geheimnis d. Geschlechter, 1935; God in History, New York 1939; Die Geschlechter. Ihr Sinn u. Geheimnis in bibl. Sicht, 1954; A Interpretação Crista de Historia, Sao Paulo 1956.

Johannesapokalypse, 1-8; Offenbarung IV; Wort Gottes II.

Platzhoff-Lejeune, *Eduard,* * 30.6.1874 Frankfurt/M., † 28.12.1961 Jongny sur Vevey/Vd. (Schweiz), Dr. phil. (1900), 1916-39 Pfarrer der Eglise nationale du Canton de Vaud.

Ernest Renan, 1900; Werk u. Persönlichkeit, 1903; Religion gegen Theol. u. Kirche, 1905.

Monnard.

Plessis, *David Johannes du,* Reverend in Oakland/Cal. (USA) (nähere Angaben nicht erhältlich).

Pfingstbewegung II.

Plessner, *Helmuth,* * 4.9.1892 Wiesbaden, Dr. phil. (1916), Dr. rer. soc. h.c. PDoz. f. Philos. 1920, ao. Prof. 1926 Köln, Emigration nach Holland 1933, Doz. 1934, o. Prof. 1946 Groningen, o. Prof. f. Soziologie u. Philos. 1951 Göttingen, em. 1962, Gastdoz. an der New School for Social Research 1962/63 New York.

Bibliogr. bis 1957 in: Wesen u. Wirklichkeit d. Menschen. Festschr. f. H. Plessner, 1957, 398-403. Bes.: Die wiss. Idee, 1913; Krisis d. transzendentalen Wahrheit im Anfang, 1918; Die Einheit d. Sinne, 1923; Grenzen d. Gemeinschaft, 1924; Die Stufen des Organischen u. d. Mensch, 1928; (Das Schicksal dt. Geistes im Ausgang seiner bürgerl. Epoche, 1935) Die verspätete Nation, (1959²) 1962³; Lachen u. Weinen, (1941) 1961³; Zwischen Philos. u. Gesellschaft. Ausgew. Abh.en u. Vorträge, 1953. - Hg. u.a.: Unters.en zur Lage d. dt. Hochschullehrer I-III, 1956. - Mit-Hg.: Göttinger Abh.en zur Soziologie, seit 1957.

Anthropologie II.

Plöger, *Otto,* * 27.11.1910 Mülheim/Ruhr, D. (1957, Heidelberg), Lic. theol. (1936). Pfarrer 1939 Coesfeld/Westf., PDoz. f. AT 1948, apl. Prof. 1954 Heidelberg, o. Prof. 1955 Bonn.

Theokratie u. Eschatologie, (1959) 1962².

Baruchschriften; Elohist; Esrabücher III. IV; Genesis; Geschichte und Geschichtsauffassung I; Henoch; Henochbücher; Himmlisches Jerusalem; Hölscher; Hosea; Hoseabuch; Jahwist; Jehowist; Jephta; Pentateuch; Petra.

Poelchau, *Harald,* * 5.10.1903 Potsdam, Dr. phil. (1931). Gefängnispfarrer 1933 Berlin-Tegel, Generalsekretär des Ev. Hilfswerks 1945 Stuttgart, Vortragender Rat in der Dt. Justizverwaltung der Sowjet. Besatzungszone 1946, Gefängnispfarrer 1949 Berlin-Tegel, Sozialpfarrer der Ev. Kirche Berlin 1951.

Das Menschenbild d. Fürsorgerechts, 1932; Die Ordnung d. Bedrängten. Autobiographisches u. Zeitgeschichtliches seit d. 20er Jahren, 1963.

Gewerkschaften III.

Pörksen, *Martin,* * 14.8.1903 Kiel, D. (1956, Kiel), Dr. sc. pol. (1930). Pfarrer 1930 Gelting/Schleswig, Missionsdirektor der Schleswig-Holst. ev.-luth. Missionsgesellschaft zu Breklum 1934, Hanseatischer Missionsdirektor 1956 Hamburg.

J.H.Wichern u. d. soz. Fragen, 1932; Vom Herrn d. Herrlichkeit (Andachtsbuch), 1937; Junge Kirche im freien Indien, 1951; Die Weite eines engen Pietisten, 1956; Die Gemeinde entdeckt die Mission, 1961; Jesus in d. Bibel u. im Koran, 1961.

Schleswig-Holsteinische Missionsgesellschaft.

Pöschl, *Viktor,* * 28.1.1910 Graz, Dr. phil. (1933). Doz. f. Klass. Philologie 1940 München, 1940 Prag, PDoz. 1948 Graz, o. Prof. 1950 Heidelberg.

Röm. Staat u. griech. Staatsdenken bei Cicero, (1936) 1962²; Grundwerte röm. Staatsgesinnung in d. Geschichtswerken des Sallust, 1940; Die Dichtkunst Virgils, 1950; Horaz u. d. Politik (SAH 1956, 4), (1956) 1963²; Die große Maecenasode des Horaz (SAH 1961, 1); Die Hirtendichtung Virgils, 1964.

Mark Aurel.

Pöttgen, *Heinz,* * 29.11.1914 Siegburg, Oberstudienrat ebd.

Gentleman.

Pongs, *Hermann,* * 23.3.1889 Odenkirchen/Rhld, Dr. phil. (1912). PDoz. f. Dt. Philologie 1922 Marburg, ao. Prof. 1927 Göttingen, o. Prof. 1927 Groningen (Holland), 1929 Techn. Hochschule Stuttgart, 1942-45 Göttingen, em. 1954.

Das Bild in d. Dichtung I. II, (1927/39) 1960/63²; Im Umbruch d. Zeit. Das Romanschaffen d. Gegenwart, (1952) 1963⁴; Das kleine Lexikon d. Weltlit., (1954) 1963⁵; Wilhelm Raabe, Leben u. Werk, 1958; Franz Kafka, Dichter d. Labyrinths, 1960. - Mit-Hg.: Dichtung u. Volkstum (Euphorion), 1934-44.

Raabe.

Ponomarew, *Wasilij,* * 3.5.1907 Kreslau (Lettland). Museumsdirektor 1931, ao. Prof. 1935, Doz. bei der UNRA-Univ. 1947-49, jetzt Archäologe in Marburg.

Novgorodskije Sopki, 1932.

Kirchenbau VI.

Pope, *Liston,* * 6.9.1909 Thomasville/N.C. (USA), D.D. (1951, Duke Univ.; 1957, Grinnell College; 1960, Bucknell Univ.), Dr. theol. h.c. (1959, Genf), Ph.D. (1940), S.T.D. (1950), L.H.D. (1953, Coe College; 1957, Bradley Univ.; 1960, Rollins College). Pfarrer 1932 bis 1938; Doz. f. Sozialethik 1938, Assistant Prof. 1939, Associate Prof. 1944, Prof. 1947 Yale Univ., New Haven/Conn., Dean von Yale Divinity School 1949-62; Mitglied des Exekutivausschusses des Ökum. Rates 1954 bis 1961.

Millhands and Preachers, New Haven 1942; The Kingdom Beyond Caste, New York 1957.

Van Dusen; Vereinigte Staaten von Amerika IV.

Porteous, *Norman Walker,* * 9.9.1898 Haddington (Schottland), D.D. (1944, St. Andrews), B.A. (1924), M.A. (1922 u. 1928), B.D. (1928). Prof. f. Hebr. u. oriental. Sprachen 1931 St. Andrews; Prof. f. AT 1935, f. Hebr. u. semit. Sprachen 1937 Edinburgh, dazu ebd 1964 Principal of New College.

The Religion of Israel: Prophecy (Record and Revelation, ed. H.W.Robinson, Oxford 1938, 216-249); OT Theology (The OT and Modern Study, ed. H.H.Rowley, ebd 1951, 311-345); Royal Wisdom (Wisdom in Israel and in the Ancient Near East, ed. M.Noth u. D.W.Thomas, Leiden 1955, 247-261); Jerusalem-Zion: The Growth of a Symbol (Verbannung u. Heimkehr, ed. A.Kuschke, 1961, 235 bis 252); The Theology of the OT (Peake's Commentary on the Bible, ed. M.Black u. H.H.Rowley, London 1962, 151-159); Das Danielbuch (ATD 23), 1962.

Jesaja; Jesajabuch, 1; Welch.

Portmann, *Adolf,* * 27.5.1897 Basel (Schweiz), Dr. phil. (1921), Dr. phil. h.c. (1956, Aix-Marseille; 1957, Freiburg/Br.). PDoz. f. Zoologie 1926, Prof. u. Direktor der Zool. Anstalt der Univ. Basel 1931.

Biol. Fragmente zu einer Lehre vom Menschen, (1944) 1951² (als Taschenbuch: Zoologie u. d. neue Bild vom Menschen, 1956); Einführung in d. vergl. Morphologie d. Wirbeltiere, (1948) 1964³; Die Tiergestalt, (1948) 1960²; Das Tier als soz. Wesen, (1953) 1962²; Biologie u. Geist, (1956) 1963; Tarnung im Tierreich, 1956; Von Vögeln u. Insekten, 1957; Meerestiere u. ihre Geheimnisse, 1958; Neue Wege d. Biologie, (1960) 1961².

Teilhard de Chardin.

Posth, *Walter,* * 9.11.1914 Köln-Mülheim. Landeswart der Schülerbibelkreise Rheinland u. Jugendpfarrer der Bek. Kirche im Rheinland 1940, Pfarrer 1945 Barmen-Wichlinghausen, Landesjugendpfarrer der Ev. Kirche im Rheinland 1957 Wuppertal.

Jugendpfarrer.

Pradervand, *Marcel,* * 7.11.1905 Payerne/Waadtland (Schweiz), D.D. (1949, Maryville College, Tenn., USA; 1961, Presbyterian College, Montreal). Hilfspfarrer 1929 London, Pfarrer 1932 Ressudens (Schweiz), 1938-47 London, Sekretär der Wiederaufbau-Abteilung des Ökum. Rates 1948, Generalsekretär des Ref. Weltbundes 1949 Genf.

Hg.: The Reformed and Presbyterian World (Zs., vierteljährlich).

Reformierte Kirche II A.

Predöhl, *Andreas,* * 26.10.1893 Hamburg, Dr. jur. h.c. (1963), Dr. sc. pol. (1921). PDoz. f. Welt- u. Verkehrswirtschaft 1924 Kiel, o. Prof. 1930 Handelshochschule Königsberg, 1932 Kiel, 1953 Münster, em.

Außenwirtschaft. Weltwirtschaft, Handelspolitik u. Währungspolitik, 1949 (span. 1956); Verkehrspolitik, 1958; Weltwirtschaft u. europ. Integration, 1960; Das Ende der Weltwirtschaftskrise, 1962. - Hg.: Vorträge u. Beiträge aus d. Institut f. Verkehrswiss. an d. Univ. Münster, seit 1954; Forschungen aus d. Institut..., seit 1955; Weltwirtschaftl. Studien, seit 1962. - Mit-Hg.: ZgesStW, 1934-45; Grundriß d. Sozialwissenschaften, seit 1948; Jb. f. Sozialwiss., seit 1949; HWSW, 1952ff.

Freihandel.

Preger, *Franz Christoph,* * 21.3.1871 Teplitz/Böhmen, † 30.8.1957 Kassel, Dr. phil. (1897). Pfarrer 1896 Ermershausen/Ufr., 1902 Schweinfurt/M., 1908 Kassel, 1945 i.R.

Evangelisch-christliche Einheit; Rambaud.

Preisendanz, *Karl,* * 22.7.1883 Ellmendingen, Dr. phil. (1906). Prof. f. das Höhere Lehramt (Baden) 1915, Titular-Prof. 1917; Vorstand der Hss.-Abteilung der Bad. Hof- u. Landesbibliothek 1916, Oberlandesbibliothekar 1926, Direktor 1934 Karlsruhe; Direktor der Univ.-Bibl. 1935 Heidelberg (1951 i.R.), dazu Honorar-Prof. f. Paläographie u. Papyruskunde 1937 (em. 1951), Lehrbeauftragter 1951 ebd.

Bibliogr. bis 1962 in: Heidelberger Jahrbücher 7, 1963, 170-183. Bes.: Anthologia Palatina. Codex Palatinus et codex Parisinus phototypice editi, Leiden 1911; Carmina Anacreontea, 1912; Zeugnisse zur Reichenauer Bibliotheksgesch., 1917; Akephalos, der kopflose Gott, 1926; Papyri graecae magicae I. II, 1928/31; Papyrusfunde u. Papyrusforschung, 1933; Papyruskunde, 1952². - Hg.: Neue Heidelberger Jahrbücher, 1935-51; Emanuel v. Bodman, GesW I-X, 1951 bis 1960.

Bibliothekswesen I.

Prenter, *Regin,* * 6.11.1907 Frederikssund (Dänemark), Dr. theol. (1944), Dr. theol. h.c. (1960, Straßburg; 1961, Reykjavik; 1962, Lund). Pfarrer 1935 Hvilsager, 1940 Aarhus, o. Prof. f. Dogmatik u. Symbolik 1945 ebd, dazu Gast-Prof. 1961-63 Straßburg.

Spiritus Creator, Aarhus (1944) 1946² (engl. 1953, dt. 1954); Skabelse og Genløsning, Kopenhagen (1951-53) 1962³ (dt. I, 1958); Thomismen, ebd (1953) 1961²; Protestantismen i vor tid, ebd (1957) 1958² (dt. 1959); Der barmherzige Richter. Iustitia dei passiva in Luthers Dictata super Psalterium 1513-15, Aarhus 1961. - Mit-Hg.: KuD; DTT.

Anthropologie IV; Geist VI; Kirche IV; Priestertum, allgemeines.

Priebe, *Hermann,* * 25.6.1871 Petershagen/Pommern, † 24.2.1961 Berlin, D. (1930, Berlin), Dr. phil. (1932). Pastor u. Schulleiter 1901 Amora (Portugal), Hilfsprediger 1903 Berlin-Friedenau, Pfarramtsverweser 1904, Pfarrer 1905 Berlin-Grunewald, 1949 i.R.

Cabrera.

Prüser, *Friedrich,* * 18.3.1892 Bremen, Dr. phil. (1925). Höherer Schuldienst in Bremen bis 1936, Staatsarchivdirektor 1937 ebd, 1957 i.R.

Bibliogr. (zur brem. Gesch.): Brem. Jb. 40, 1941, 81-89. Ferner: England u. die Schmalkaldener 1535-40 (QFRG 11), 1929; 800 Jahre St. Stephanikirche. Ein Stück brem. Gesch., 1940; Brem. Stiftsgeistliche des späten MA u. ihre verwandtschaftl. Beziehungen (Brem. Jb. 41, 1944, 1-85; 43, 1951, 31-124); Das brem. Gymnasium Illustre in seinen landschaftl. u. personellen Beziehungen, 1962. - Mit-Hg.: Brem. Jb., 1939-54. - Hg.: Brem. Jb., seit 1955.

Bremen.

Puech, *Henri-Charles,* * 20.7.1902 Montpellier (Frankreich), Agrégé de l'Univ. (1924), Dr. phil. h.c. (1956, Utrecht). Stipendiat der Fondation Thiers 1926-29, Studiendirektor an der Ecole Pratique des Hautes Etudes 1929 Paris (Sorbonne), Prof. f. Religionsgesch. am Collège de France 1952; Mitglied des Institut de France (Académie des Inscriptions et Belles-Lettres).

Vollst. Bibliogr. bis 1958: Titres et Travaux de H.-Ch. Puech, Paris o.J. - Bes.: Le Traité contre les Bogomiles de Cosmas le Prêtre, Paris 1945; Le manichéisme. Son fondateur, sa doctrine, ebd 1949; La Gnose et le Temps (ErJb 20, 1951, 57-113). Ferner: Gnostische Evangelien u. verwandte Dokumente (HENNECKE³ I, 1959, 158-271). - Mit-Hg.: Evangelium Veritatis, 1956 (Supplementum, 1961), Evangelium nach Thomas, Leiden 1959; De resurrectione (Epistula ad Rheginum), 1963.

Audianer.

Quante, *Peter,* * 8.8.1893 Hamburg-Eimsbüttel, Dr. phil. (1920), Direktor beim Statist. Reichsamt i.R., PDoz. f. Wirtschafts- u. Sozialstatistik 1950 Kiel, dazu Lehrbeauftragter f. Sozialversicherung 1952-61 ebd.

Die Flucht aus d. Landwirtschaft, 1933; Die Bilanz d. dt. Ostens (mit H. RAUPACH), (1953) 1956²; Entwicklung u. Stand d. dt. Sozialgesetzgebung (Sozialpolitik u. Sozialreform, hg.v. E. BOETTCHER, 1957, 115-140); Die staatl. Maßnahmen zur Alterssicherung in Deutschland (Die Altersfrage, 1958, 81-101); Die Abwanderung aus d. Landwirtschaft, 1958; Lehrbuch d. prakt. Statistik, 1961.

Lastenausgleich; Sozialpolitik; Sozialversicherung.

Quasten, *Johannes,* * 3.5.1900 Homberg/Niederrhein, Dr. theol. (1927). PDoz. f. KG u. Liturgiewiss. 1931 Münster; ao. Prof. f. KG u. Christl. Archäologie 1938, o. Prof. 1941 Catholic Univ. of America, Washington/ D.C. (USA).

Musik u. Gesang in d. Kulten d. heidn. Antike u. christl. Frühzeit, 1930; Expositio antiquae liturgiae Gallicanae Germano Parisiensi ascripta, 1934; Monumenta eucharistica et liturgica vetustissima I-VII, 1935/37; Patrology I-III, Utrecht 1950-60 (franz. 1955-63, span. 1961/62). - Hg.: Studies in Christian Antiquity, seit 1941. - Mit-Hg.: ACW, seit 1946; Stromata Patristica, seit 1950; LQF, seit 1957.

Theodor von Mopsuestia.

Quiring, *Horst,* * 16.3.1912 Mielenz Kr. Danzig, Dr. theol. (1935). Kirchl. u. buchhändl. Arbeit 1936-39 Berlin u. Stuttgart, Kriegsdienst 1939-45, Leiter des Ev. Missionsverlags 1948 Stuttgart.

Grundworte d. Glaubens, (1938) 1949²; Karte d. Religionen u. Missionen d. Erde (mit M. SCHLUNK), (1951) 1960³. - Hg.: Mennonit. Geschichtsblätter, seit 1950. - Mit-Hg.: Ruf in die Welt.

Steinkopf.

Quispel, *Gilles,* * 30.5.1916 Rotterdam (Niederl.), Dr. litt. hum. (1943). Höherer Schuldienst 1941 Enschede, 1945 Leiden, Doz. 1951 Zürich, o. Prof. f. Gesch. der Alten Kirche 1952 Utrecht.

The Original Doctrine of Valentine (VigChr 1, 1947, 43-76); La conception de l'homme dans la gnose val. (ErJb 15, 1947, 249-286); L'homme gnostique (ebd 16, 1948, 98-139); Gnosis als Weltreligion, 1951; Zeit u. Gesch. im antiken Christentum (ErJb 20, 1951, 115 bis 140); Mensch u. Energie im antiken Christentum (ebd 21, 1952, 109 bis 168); Der gnost. Anthropos u. d. jüd. Tradition (ebd 22, 1953, 195-234); Some Remarks on the Gospel of Thomas (NTS 5, 1958/59, 267-290); L'Evangile selon Thomas et le Diatessaron (VigChr 13, 1959, 87-117). - Mit-Hg.: Evangelium Veritatis, 1956 (Supplementum, 1961); Evangelium nach Thomas, Leiden 1959; De resurrectione (Epistula ad Rheginum), 1963.

Borborianer; Pistis Sophia.

Rabe, *Hannah,* * 1.7.1925 Heidelberg, Dr. phil. (1958), Historikerin in Heidelberg.

Pfälz. Reichs- u. Außenpolitik am Vorabend d. österr. Erbfolgekriegs 1740-42, 1961; Aktienkapital u. Handelsinvestitionen im Überseehandel d. 17.Jh.s (VSWG 49, 1962, 320-368).

Mazarin.

Rad, *Gerhard von:* 5, 762. - D. (1934, Leipzig), D.D. (1953, Glasgow), Lic. theol. (1928), Dr. theol. h.c. (1962, Lund).

Vollst. Bibliogr. bis 1961 in: Studien zur Theol. d. at. Überlieferungen, hg.v. R. RENDTORFF u. K. KOCH, 1961, 163-174.

Sprüchebuch.

Raeder, *Siegfried,* * 16.11.1929 Pillkallen/Ostpr., Dr. theol. (1958). Wiss. Assistent am Ökum. Institut 1956-60, wiss. Mitarbeiter der Kommission zur Herausgabe der Werke Martin Luthers 1961, wiss. Assistent am Institut f. Reformationsgesch. 1963 Tübingen.

Das Hebräische bei Luther, untersucht bis zum Ende d. 1. Psalmenvorlesung (BHTh 31), 1961.

Schmidt, Isaak Jakob.

Ränk, *Gustav,* * 18.2.1902 Ösel (Estland), Dr. phil. (1938). Prof. f. Volkskunde 1939 Dorpat, wiss. Mitarbeiter im Institut f. Volkskunde 1944 Stockholm, Doz. 1955 Univ. Stockholm.

Die hl. Hinterecke im Haushalt d. Völker Nordosteuropas u. Nordasiens (FFC 137), Helsinki 1949; Das System d. Raumeinteilung in d. Behausungen d. nordeuras. Völker I. II, Stockholm 1949/51; Die Bauernhausformen im balt. Raum, 1962.

Ecke.

Räsänen, *Martti,* * 25.6.1893 Simo (Finnland), Dr. phil. (1920), em. ao. Prof. f. türk. Philologie in Helsinki.

Bibliogr. bis 1963: P. JYRKÄNKALLIO u. J. ARO, Die sprachwiss. Veröffentlichungen von Prof. Dr. M. Räsänen (StOr XIX, 13 u. XXVIII, 17), Helsinki 1954 u. 1964. Bes.: Die tschuwassischen Lehnwörter im Tscheremissischen, ebd 1920; Die tatarischen Lehnwörter im Tscheremissischen, ebd 1923; Materialien zur Lautgesch. d. türk. Sprachen (StOr XV), ebd 1949; Materialien zur Morphologie d. türk. Sprachen (ebd XXI), ebd 1957.

Altaische Religion; Brücke (mit C.-M. EDSMAN).

Rahe, *Wilhelm,* * 14.7.1896 Bielefeld, Dr. theol. (1926). Pfarrer 1923 Kopenhagen u. Malmö, 1926 Bönen-Altenbögge, 1928-47 Minden/Westf.; Lehrbeauftragter f. westf. KG seit 1946 Münster, Mitglied des Landeskirchenamts der Ev. Kirche von Westfalen (Landeskirchenrat) 1947-62 Bielefeld.

Joh.Lassenius (1636-92) (BFChTh II, 30), 1933; Joh.H.Volkening als Prediger in d. Anfängen d. Erweckungsbewegung von Minden-Ravensberg, 1939/40; Die KO d. Ev. Gemeinde Bruchhausen b. Höxter vom Jahre 1603, 1952/53; Joh.H.Volkening, 1957. - Hg.: Jb. d. Vereins f. Westf. KG, seit 1936 (Beihefte, seit 1954); Wort d. Kirche. Beschlüsse, Vorlagen u. Rundschreiben d. Ev. Kirche von Westfalen, (1952ff) 1962[2].

Ewald; Gottfried, Bruder; Langen; Münster I; Osnabrück; Veghe; Volkening; Westfalen.

Rahn, *Karl,* * 29.3.1902 Hannover. Pfarrer 1929 Bremervörde, 1933 Düderode/Westharz, Diakonissenhauspastor 1946 Hamburg; Missionsinspektor 1948, Seminarleiter 1955-63, Leiter der Waisen- u. Missionsanstalt 1958-62 Neukirchen, noch tätig als Doz. am Seminar.

Hg.: Christl. Gemeinde (Provinzialorgan d. hannov. Verbandes landeskirchl. Gemeinschaften), 1934-39; Auf der Warte (Gemeinschaftsblatt), 1939-41; Missionsbote aus Neukirchen, seit 1949; Dennoch getrost (75 Jahre Waisen- u. Missionsanstalt Neukirchen), 1953.

Neukirchen.

Raiser, *Ludwig,* * 27.10.1904 Stuttgart, D. (1965, Kiel), Dr. jur. (1931), Dr. phil. h.c. (1965, Freiburg/Br.). Habilitation 1933 Berlin, aus polit. Gründen ausgeschieden, Tätigkeit in der Versicherungswirtschaft; o. Prof. f. Bürgerl., Handels- u. Wirtschaftsrecht 1945 Göttingen, 1955 Tübingen; 1951-55 Präsident der Dt. Forschungsgemeinschaft, seit 1957 Mitglied des Wissenschaftsrats, seit 1948 Mitglied der Synode der EKD.

Das Recht d. allg. Geschäftsbedingungen, 1935; Sachenrecht (mit M.Wolff) (L.Enneccerus u.a., Lehrbuch d. Bürgerl. Rechts III), 1957[10]; Dingliche Anwartschaften, 1961.

Bürgerliches Recht; Erbrecht.

Rammelmeyer, *Alfred,* * 31.12.1909 Moskau (Rußland), Dr. phil. (1937). Lektor f. Russisch 1936 Greifswald, 1937 Königsberg/Pr., Doz. f. slav. Philologie 1943 ebd, 1945 Kiel, apl. Prof. 1948, ao. Prof. 1952 ebd, o. Prof. 1952 Marburg, 1958 Frankfurt/M.

Die Bedeutung d. Schrift f. d. orth. Verständnis d. Kirche als Leib Christi (Kirche u. Kosmos. Orthodoxie u. ev. Christentum, 1950, 45-63); Dostojevskijs Begegnung mit Belinskij (ZslPh 21, 1951/52, 1-21. 273-292); Dostojevskij u. Voltaire (ebd 26, 1958, 252-278); Die vorbolschewist. russ. Geistesgesch. in d. schönen Lit. (Hess. Hochschulwochen f. staatswiss. Fortbildung XVIII, 1958, 7-40). - Hg.: Frankfurter Abh.en zur Slavistik, seit 1959; Slavica. Sammlung slav. Lehr- u. Handbücher.

Dostojewskij; Kirejewskij; Tolstoj.

Ramsauer, *Erich,* * 29.4.1902 Ofen b. Oldenburg i.O. Pastor 1928 Oldenburg-Osternburg, Direktor der Norddt. Missions-Gesellschaft 1937 Bremen.

Japan-Komitee Deutscher Missionen; Norddeutsche Missions-Gesellschaft; Spieth.

Ramsey, *Ian Thomas,* * 31.1.1915 Kearsley, Bolton, Lancashire (England), M.A. (1941, Cambridge; 1951, Oxford), Kanonikus von Leicester Cathedral (1944). Hilfsgeistlicher 1940 Oxford, Kaplan (1943-49) und Fellow (1944-51) von Christ's College sowie Doz. 1944 bis 1951 Cambridge, Nolloth Prof. f. christl. Religionsphilos. u. Fellow des Oriel College 1951 Oxford.

Miracles. An Exercise in Logical Mapwork, Oxford 1952; Religious Language, London 1957; Freedom and Immortality, ebd 1960; On Being Sure in Religion, ebd 1963; Religion and Science: Conflict and Synthesis, ebd 1964; Models and Mystery, Oxford 1964. - Hg.: The Reasonableness of Christianity (John Locke), London 1958; Prospect for Metaphysics, ebd 1961.

Browne, Thomas; Deismus II; England III; Normen; Theologie und Philosophie IV; Werturteil; Wissenschaft.

Randwijck, *Steven Cornelis Graf van,* * 21.11.1901 Leeuwarden (Niederl.), Mag. jur. (1924). Sekretär des Hohen Kommissars des Völkerbundes 1926-28 Danzig, Missionskonsul im ehem. Niederl.-Indien 1929, Missionsdirektor der Vereinigten Niederl. Missionen 1946, Generalsekretär des Missions-Rates der Ned. Herv. Kerk 1951 Oegstgeest.

Indonesien I; Niederlande III.

Ranke, *Kurt,* * 14.4.1908 Blankenburg/Harz, Dr. phil. (1933). Doz. f. Dt. Volkskunde 1940, apl. Prof. 1951, Wiss. Rat 1956, ao. Prof. 1959 Kiel, o. Prof. 1960 Göttingen.

Die zwei Brüder. Eine Studie zur vergl. Märchenforschung (FFC 114), 1934; Rosengarten, Recht u. Totenkult, 1950; Indogerm. Totenverehrung I (FFC 140), 1951; Schleswig-Holstein. Volksmärchen I-III, 1955-62. - Hg.: Fabula. Zs. f. Erzählforschung, seit 1958; Volkskunde u. wiss. Bilddokumentation, 1962. - Mit-Hg.: Schriften zur dt. Volksforschung; FFC; Zs. f. Volkskunde, seit 1958.

Sagen und Legenden V; Volkserzählung.

Rapp, *Eugen Ludwig,* * 8.5.1904 Pirmasens, D. (1959, Heidelberg), Dr. theol. (1929). Pfarrer 1927-31, Leiter des Theol. Seminars 1932-35 Akropong (Ghana), Bibelübersetzer 1935-39, Pfarrer 1939-49; Honorar-Prof. (phil. Fak.) 1946-49, pers. o. Prof. f. Christl. Orientalistik (theol. Fak.) 1949, o. Prof. 1962 Mainz.

Bibliogr. in: Blätter f. Pfälz. KG 31, 1964, 4-12 sowie ThLZ 90, 1965, 151-158. Bes.: Die Mischna. Mo'ed qatan, 1931; Kristofo Gyidi senea yehu wo Heidelberg Kyeresuasem mu 1563, (1934) 1936[2]; Twi mmebusem ahannum mmoaano - Five Hundred Twi Proverbs, 1934; An Introduction to Twi, (1936) 1952[5]; The NT in Twi, 1957; Yuuma Gongo (Gurenne), 1960; The Bible in Twi, 1964.

Baal-Schem-Tob; Diaspora I, 7; Gebet III (mit I.Elbogen); Geiger; Ghana; Jakob ben Ascher; Ibn Esra, 1. 2; Jiddische Sprache; Joseph ben Gorion; Kalir; Karäer; Karo; Kimchi; Luria, 1. 2; Luzzatto; Meir ben Baruch; Rapoport; Raschi; Sabbatai Zewi; Tiboniden; Ugolinus.

Rapp, *Francis,* * 27.6.1926 Straßburg, Lic. ès lettres (1948), Agrégé de l'Univ. (1952), Lehrbeauftragter an der Philos. Fakultät in Nancy.

Wirtschaftsgeschichte III, 1.

Ratschow, *Carl Heinz,* * 22.7.1911 Rostock, D. (1951, Rostock), Dr. theol. (1938), Dr. phil. (1939). PDoz. 1938 Göttingen, o. Prof. f. Syst. Theol. u. Religionswiss. 1948 Münster, f. Syst. Theol. u. Religionsphilos. 1962 Marburg.

Einheit d. Person. Theol. Studie zur Philos. von L.Klages, 1938; Werden u. Wirken. Eine Unters. d. Wortes hajah als Beitrag zur Wirklichkeitserfassung des AT (BZAW 70), 1941; Magie u. Religion, 1947; Der angefochtene Glaube. Anfangs- u. Grundprobleme d. Dogmatik, 1957; Luth. Dogmatik zwischen Reformation u. Aufklärung I, 1964. - Hg.: NZSTh, seit 1959.

Altar I; Amulett und Talisman; Banner; Bilder und Bilderverehrung I; Christentum V; Drama; Ehe I; Ehebruch; Elemente; Erstlinge, 1; Exorzismus I; Farben, 1; Glaube I; Gogarten; Gottesfurcht I; Herd; Hirsch, Emanuel; Jesusbild der Gegenwart; Kunst I; Mensch I; Naturdienst; Naturgottheiten; Prädestination I; Präexistenz I; Prozession I; Rad (mit J.Hempel); Räucherungen; Regen; Regenbogen; Religion IV B; Säkularismus I; Sterne; Waschungen; Wind.

Ratzinger, *Joseph,* * 16.4.1927 Marktl a. Inn, Dr. theol. (1953). PDoz. f. Fundamentaltheol. 1957 München, ao. Prof. 1958 Phil.-Theol. Hochschule Freising, o. Prof. 1959 Bonn, 1963 Münster.

Volk u. Haus Gottes in Augustins Lehre von d. Kirche (MThS II, 7), 1954; Die Geschichtstheol. d. hl. Bonaventura, 1959; Der Gott d. Glaubens u. der Gott der Philosophen, 1960; Die christl. Brüderlichkeit, 1960; Episkopat u. Primat (mit K.RAHNER), 1961. - Hg. (mit H.FRIES): Einsicht u. Glaube (Festschr. G.Söhngen), 1962. - Mit-Hg.: Studium Generale, seit 1961.

Protestantismus III; Theologie III.

Rauch, *Georg von,* * 13.8.1904 Pleskau (Rußland), Mag. phil. (1927), Dr. phil. habil. (1941). Studienrat 1928 Niesky/OL, 1930-39 Dorpat, wiss. Mitarbeiter u. Doz. am Theol.-Phil. Luther-Institut 1935-39 ebd, Doz. 1939 Posen, Dolmetscher bei der Wehrmacht 1941-45; Doz. f. osteurop. Gesch. 1946, apl. Prof. 1953, ao. Prof. 1956 Marburg, o. Prof. 1958 Kiel.

Die Univ. Dorpat u. d. Eindringen d. frühen Aufklärung in Livland, 1943; Prot.-ostkirchl. Begegnung im balt. Grenzraum zur Schwedenzeit (ARG 43, 1952, 187-212); Rußland, staatl. Einheit u. nationale Vielfalt, 1953; Gesch. d. bolschewist. Rußland, (1955) 1963 (engl. 1957 u.ö.); Frühe christl. Spuren in Rußland (Saeculum 7, 1956, 40-67); Lenin. Grundlegung d. Sowjetsystems, 1957; Das balt. Pfarrhaus (Kirche im Osten V, 1962, 98-117).

Fischer; Glück.

Raudnitzky, *Gerd,* * 29.7.1918 Wiesbaden. Pfarrer 1954 Oestrich, 1956 Romrod, 1956 Kirberg, 1961 Frankfurt/M.

Ostergroschen; Pfeil; Schalling; Schirmer.

Rauer, *Max,* * 29.5.1889 Teplitz/Böhmen, Dr. theol. (1919). Kaplan 1912-20, PDoz. f. NT 1922, ao. Prof. 1930 Breslau, Entziehung der Venia legendi 1933, Pfarrer 1933 Sommerfeld u. Forst/L., Honorar-Prof. 1947 Bonn, wiss. Mitarbeiter an der Dt. Akademie der Wiss. 1950 Berlin, i.R.

Der dem Petrus von Laodicea zugeschriebene Lukaskommentar (NTA 8, 2), 1920; Die »Schwachen« in Korinth u. Rom, 1923; Form u. Überlieferung d. Lukas-Homilien des Origenes (TU 47, 3), 1932. - Hg.: Origenes, Die Homilien zu Lukas in d. Übers. d. Hieronymus u. d. griech. Reste d. Homilien u. d. Lukas-Kommentars (GCS 35), (1930) 1959².

Alexander I.; Alexander von Jerusalem; Ambrosiaster; Anicet; Beryllus von Bostra; Bonifatius I.; Calixt I.; Cornelius, Papst; Damasus I.; Demetrius von Alexandrien; Dionysius, Papst; Dioskur, Gegenpapst; Dorotheus von Antiochien; Dorotheus von Tyrus; Eleutherus; Epigonus; Euaristus; Eulalius; Eulogius von Alexandrien; Eunomius; Eusebius, Papst; Eusebius von Doryläum; Eusebius von Emesa; Eusebius von Nikomedien; Eusebius von Samosata; Eusebius von Vercelli; Eustathius von Antiochien; Eustathius von Sebaste; Eutherius; Eutychianus.

Rayez, *André,* * 31.5.1905 Diöz. Amiens (Frankreich), SJ, Herausgeber des Dictionnaire de Spiritualité, Ascétique et Mystique, lebt in Les Fontaines b. Chantilly (Oise).

En marge des négociations concordataires. Le Père de Clorivière et le Saint-Siège (RHE 46, 1951, 624-680; 47, 1952, 142-162); La dévotion mariale chez Bérulle et ses premiers disciples (Maria, hg.v. H. DU MANOIR, III, Paris 1954, 31-72); Dévotion et mystique mariales du Père de Clorivière (ebd 307-328). - Hg.: Pierre de Clorivière, Vie intérieure de la Vierge. Les quinze mystères du Rosaire, Paris 1954; Pierre de Clorivière. Prière et oraison, ebd 1961; Le Père Desbuquois, ebd 1964.

Escobar; Maria von Agreda.

Read, *Herbert,* * 4.12.1893 Kirbymoorside, York (England), Sir (1953), Hon. D. Litt. (1932, Univ.Leeds), Hon. D.F.A. (Doctor of Fine Arts) (1962, Univ. Buffalo). Schriftsteller; Prof. der Schönen Künste 1931-33 Edinburgh, Prof. f. Poesie 1953-54 Univ. Harvard.

The Meaning of Art, London (1931) 1951³; Art Now, ebd 1933; Art and Society, ebd 1936; Collected Essays in Literary Criticism, ebd (1937) 1954²; Education through Art, ebd 1943; Collected Poems, ebd 1946; The Philosophy of Modern Art, ebd 1951; A Concise Hist. of Modern Painting, ebd 1959 (dt. 1959); The Contrary Experience, ebd 1963.

Blake; Moore, Henry; Präraffaelitische Bruderschaft; Sutherland.

Reble, *Albert,* * 20.8.1910 Magdeburg, Dr. phil. (1935). Volksschullehrer 1934 Schkeuditz, Mittelschullehrer 1935 Naumburg; apl. Prof. f. Pädagogik 1946, ao. Prof. 1947 Halle, Studienrat 1950 Lüdenscheid, o. Prof. 1954 Päd. Hochschule Bielefeld, 1961 Münster, 1962 Univ. Würzburg.

Schleiermachers Kulturphilos., 1935; Th.Litt, 1950; Gesch. d. Pädagogik, (1951) 1964⁷; Pestalozzis Menschenbild u. d. Gegenwart, 1952; G.Kerschensteiner, (1955) 1956²; Lehrerbildung in Deutschland, 1958. - Mit-Hg.: Klinkhardts Päd. Quellentexte, seit 1960.

Basedow; Campe; Dörpfeld; Felbiger; Jean Paul; Litt; Neander, Mich.; Neuhumanismus II; Niemeyer; Philanthropinisten; Rochow; Sailer, b); Salzmann; Strafe III; Süvern; Trotzendorf.

Redeker, *Martin,* * 21.10.1900 Bielefeld, D. (1934, Göttingen), Dr. theol. (1926), Dr. phil. (1929). Doz. 1930 Päd. Akademie Cottbus; PDoz. f. Syst. Theol. 1932, o. Prof. 1934 Münster, 1936 Kiel.

Wilh.Herrmann im Kampfe gegen d. positivist. Lebensanschauung, 1928; Humanität, Volkstum, Christentum in d. Erziehung. Ihr Wesen u. gegenseitiges Verhältnis an d. Gedankenwelt des jungen Herder... dargestellt, 1934; Die ev. Verantwortung in d. Demokratie, 1954; Das Kieler Kloster in d. Gesch. Schleswig-Holsteins u. seiner Landesuniv., 1960. - Hg.: Fr.Schleiermacher, Der christl. Glaube, 1960⁷.

Herder.

Rehfeldt, *Bernhard,* * 29.9.1902 Schneidemühl, Dr. jur. (1925). Doz. f. Dt. Rechtsgesch. 1941 Bonn, ao. Prof. 1943 Greifswald, o. Prof. 1948 Köln.

Todesstrafen u. Bekehrungsgesch., 1942; Wertpapierrecht, (1950) 1962⁶; Die Wurzeln d. Rechtes, 1951; Einführung in d. Rechtswiss., 1962.

Grenze; Schleier; Schwelle.

Reichel, *Waldemar,* * 27.7.1901 Guben, Dr. phil. (1932). Schuldezernent der Brüdergemeine 1934 Herrnhut, komm. Gymnasialleiter 1945 Korntal, Schuldezernent 1947 Bad Boll, Oberstudiendirektor 1952 Königsfeld/Schwarzwald, 1963 i.R.

Erziehungsanstalten II.

Reichel, *Werner,* * 27.9.1888 Gnadenfrei/Schles. Im Höheren Lehramt (Studienrat) in Königsfeld/Schwarzw., Gnadau, Niesky, Bolkenstein, Eisenach, 1953 i.R.

Reichslieder.

Reicke, *Bo,* * 31.7.1914 Stockholm (Schweden), Dr. theol. (1946). Doz. f. NT 1946 Uppsala, o. Prof. 1953 Basel.

Vollst. Bibliogr. bis 1952 in: Uppsala universitets matrikel 1937 bis 1950, 1953, 461. Bes.: The Disobedient Spirits and Christian Baptism (ASNU 13), 1946; Diakonie, Festfreude u. Zelos in Verbindung mit d. altchristl. Agapenfeier (UUÅ 1951, 5); Handskrifterna från Qumran (SyBU 14), 1952. Ferner: Glaube u. Leben d. Urgemeinde (AThANT 32), 1957; Lukasevangeliet, 1962; The Epistles of James, Peter, and Jude, 1964. - Hg.: Svenska Jerusalemsfören. tidskr., 1946-55; ThZ, seit 1955. - Mit-Hg.: Bibl.-hist. Handwörterbuch I-III, 1962ff.

Fridrichsen; Hölle III; Höllenfahrt Christi I; Iran IV; Namenglaube III; Thessalonich; Thessalonicherbriefe; Tod III.

Reicke, *Siegfried,* * 19.5.1897 Nürnberg, D. (1964, Heidelberg), Dr. jur. (1924). Im bayer. Justizdienst 1923 bis 1929 (1926 Staatsanwalt); PDoz. f. Dt. Rechtsgesch., Kirchenrecht u. Bürgerl. Recht 1931 Berlin, o. Prof. 1933 Königsberg, 1936 Marburg, 1940 Berlin, Lehrstuhlvertreter 1945 Marburg, 1946 Göttingen, 1946 Frankfurt/M., o. Prof. 1949 Heidelberg.

Das dt. Spital u. sein Recht im MA I. II (KRA 111-14), (1932) 1961²; Generalregister der ZSavRG Kan. Abt. 1-25, 1937; Kirchenrecht (Einführung in d. Rechtswiss., hg.v. R.Reinhardt, 1950², 361-392; auch separat); Geschichtl. Grundlagen d. Dt. Eheschließungsrechts (Weltl. u. kirchl. Eheschließung, hg.v. H.A.Dombois u. F.K.Schumann, 1953, 27-62). - Hg.: W.Pirckheimers Briefwechsel II, 1956; ZSavRG Kan. Abt., seit 1961.

Annaten; Baulast; Dimissoriale; Glocken IV; Kirchenfabrik; Kirchengebäude; Kirchengut; Kirchenstühle; Parochialrecht; Patronat; Säkularisation; Simultaneum; Stiftungen; Stolgebühren.

Reidemeister, *Kurt,* * 13.10.1893 Braunschweig, Dr. math. et rer. nat. (1922). Ao. Prof. f. Mathematik 1922 Wien, o. Prof. 1925 Königsberg, 1934 Marburg, 1955 Göttingen, em. 1962.

Das exakte Denken d. Griechen, 1949; Raum u. Zahl, 1957.

Laplace; Newton.

Reimer, *Hans-Diether,* * 10.6.1926 Potsdam, Dr. theol. (1959), Theologe u. Religionslehrer in Erlangen.

Christian Science; Eddy; Mesmerismus; Neugeistbewegung; Unity, School of Christianity.

Reinerth, *Karl,* * 28.1.1891 Groß-Schenk (Siebenbürgen). Pfarrer 1916 Draas (Siebenbürgen), 1921 Schönau, 1928 Hermannstadt (Mai bis Sept. 1936 amtsenthoben), dazu 1928-48 Religionslehrer an Höheren Schulen ebd, 1961 i.R. in Lauffen/Neckar.

Die reformationsgesch. Stellung des Joh.Honterus in d. Vorreden zu Augustins Sentenzen u. Ketzerkatalog (Korrespondenzblatt d. Vereins f. Siebenbürg. Landeskunde 52, 1929, 97-114); Das Brevier d. siebenbürgisch-sächs. Kirche (Festschr. f. Bischof Fr.Teutsch, 1931, 191-226); Aus d. Vorgesch. d. siebenb.-sächs. Reformation. Ein Beitrag zur Gesch. d. Milkower Bistums (AVSL 50, 1941, 3-70); Die freie königl. St. Ladislaus-Propstei zu Hermannstadt u. ihr Kapitel (Dt. Forschung im Südosten 1, 1942, 319-361. 567-597); Die Reformation d. siebenb.-sächs. Kirche (SVRG 173), 1956; Ein neuer liturgiegesch. Beitrag zur Erforschung d. Herkunft d. Siebenbürger Sachsen (ThLZ 84, 1959, 25-44). - Schriftleiter: Kirchl. Blätter, 1942-44. - Mit-Hg.: Siebenbürg. Archiv (AVSL 3. Folge), seit 1962; Das Heltauer Missale (AVSL 3. Folge III), 1963.

Milkow; Stöckel.

Reller, *Horst,* * 17.4.1928 Braunschweig, Dr. theol. (1956). Pfarrer 1957 Winnigstedt Kr. Wolfenbüttel, 1964 Luth. Kirchenamt Hannover.

Vorreformat. u. reformat. Kirchenverfassung im Fürstentum Braunschweig-Wolfenbüttel, 1959.

Braunschweig; Helmstedt.

Rendtorff, *Conrad,* * 2.3.1900 Venø (Dänemark). CVJM-Sekretär 1922 Roskilde, Pfarrer 1924 ebd, Missionar 1926 Indien, Pfarrer 1935 Kopenhagen, Missionsdirektor 1940, Pfarrer 1958 Kopenhagen.

Dänemark III.

Rendtorff, *Heinrich:* 5, 1064f. - D. (1926, Rostock), Lic. theol. (1912).

Ergänzend: Arbeiter in Gottes Ernte. H.R., Leben u. Werk, hg.v. P.Toaspern, 1963.

Allegorie III; Buchman; Evangelisation und Volksmission; Flugblätter; Moralische Aufrüstung.

Rendtorff, *Rolf,* * 10.5.1925 Preetz/Holstein, Dr. theol. (1950). PDoz. f. AT 1953 Göttingen, Prof. 1958 Kirchl. Hochschule Berlin, o. Prof. 1963 Heidelberg.

Die Gesetze in d. Priesterschrift (FRLANT NF 44), (1954) 1963²; Das Werden des AT, 1959; Studien zur Gesch. d. Opfers im alten Israel, 1965. - Mit-Hg.: Studien zur Theol. d. at. Überlieferungen, 1961.

Bibelhandschriften I; Bileam und Bileamsprüche; Kautzsch; Maleachibuch; Prophetenspruch; Rein und Unrein II; Reinigungen II; Speiseverbote II; Tora; Wein und Weinenthaltung, 2.

Rendtorff, *Trutz,* * 24.1.1931 Schwerin, Dr. theol. (1956). Wiss. Assistent 1957, Doz. f. Syst. Theol. 1962 Münster.

Die soziale Struktur d. Gemeinde, (1958) 1959²; Die Begründung d. weltl. Strafrechts in d. theol. Ethik seit Schleiermacher (Die weltl. Strafe in d. ev. Theol., hg.v. H.Dombois, 1959. 9-97); Gesch. u. Gesellschaft (Spannungsfelder d. ev. Soziallehre, 1960, 154-169); Das Pfarramt - gesellschaftl. Situation u. kirchl. Interpretation (Der Pfarrer in d. modernen Gesellschaft, 1960, 79-102); Kirche u. Offenbarung. Funktion u. Stellung d. Kirchenbegriffs in d. neueren Theol. untersucht bei Schleiermacher, Hegel u. Barth (Habil.-Schr. Münster), 1961 (Masch.).

Pfarrsoziologie; Todesstrafe III.

Rengstorf, *Karl Heinrich,* * 1.10.1903 Jembke Kr. Gifhorn, D. (1948, Tübingen), D.D. (1962, Aberdeen), Lic. theol. (1927), Dr. theol. h.c. (1962, Lund). PDoz. f. NT u. nt. Zeitgesch. 1930 Tübingen, Pastor 1930/31 Wittingen, beruf. o. Prof. 1936 Kiel, nach Entlassung aus polit. u. kirchenpolit. Gründen Konventual-Studiendirektor 1937 Kloster Loccum, o. Prof. f. NT, Gesch. u. Lit. des Judentums 1948 Münster.

Jebamot (Von d. Schwagerehe) (Gießener Mischna III/1), (1929) 1958²; Apostolat u. Predigtamt, (1934) 1954²; Das Evangelium nach Lukas (NTD 3), (1937) 1962⁹; Apostleship, 1952; Die Auferstehung Jesu, (1952) 1960⁴; Die Anfänge d. Auseinandersetzung zwischen Christusglaube u. Asklepiosfrömmigkeit, 1953; Hirbet Qumrân u. d. Bibliothek vom Toten Meer, 1960; Das Institutum Judaicum Delitzschianum 1886-1961, 1963. - Hg.: Gießener Mischna (mit L.Rost); Rabbin. Texte (mit † G.Kittel); BWANT, V. Reihe (mit L.Rost); Studia Delitzschiana; Franz Delitzsch-Vorlesungen. - Mit-Hg.: Studia Post-Biblica; NovTest.

Asklepios; Bekehrung II; Melchisedek, 2; Mittler, 2; Simeon und Hanna.

Renkewitz, *Heinz,* * 4.10.1902 Straßburg, D.D. (1962, Moravian Theol. Sem., Bethlehem/Pa.), Lic. (1953: Dr.) theol. (1935). Doz. f. KG am theol. Seminar der Brüdergemeine 1928 Herrnhut, Mitglied der Dt. Unitätsdirektion 1937 ebd, 1945 Bad Boll, Studienleiter der Ev. Akademie 1954 Arnoldshain/Taunus; 1948-54 Mitglied des Zentralausschusses des Ökum. Rates.

Hochmann von Hochenau. Quellenstudien zur Gesch. d. Pietismus, 1935; Zinzendorf, (1935) 1948³; Die Brüdergemeine u. d. Bekenntnis, 1937¹·²; Die Losungen, Entstehung u. Gesch., 1953; Allianz u. Ökumene, 1956¹·². - Hg.: Zinzendorf-Gedenkbuch (mit E.Benz), 1951.

Albertini; Becker, Bernh.; Brüderunität I. II, 1-4; Hochmann von Hochenau; Israel, Gg.; Klopfer; Kölbing; Losungen.

Renkhoff, *Otto,* * 28.12.1905 Biskirchen Kr. Wetzlar, Dr. phil. (1930). Staatsarchivar 1931, Staatsarchivrat 1934, Regierungs-Oberarchivrat 1959, Archivdirektor 1962 Hauptstaatsarchiv Wiesbaden.

Hess. Ortswappenbuch (mit K.E.Demandt), 1956. - Hg.: Nassauische Annalen, seit 1939; Nass. Heimatblätter, seit 1939; Blätter f. dt. Landesgesch., seit 1956. - Mit-Hg.: Jb. d. Hess. Kg.lichen Vereinigung, 1949-52.

Nassau.

Rentner, *Georg,* * 12.4.1910 Hamburg, Dr. phil. (1949). Lehrer 1933-46, Doz. am Päd. Institut 1948, Studienleiter ebd 1957 Hamburg.

Schulbuch.

Requadt, *Paul,* * 23.1.1902 Twistringen/Hann., Dr. phil. (1926). Tätigkeit im Höheren Schuldienst 1927-47 (u.a. Halle/S., Hannover, Hameln), Habilitation 1944 Rostock; Doz. 1947, ao. Prof. f. Dt. Philologie (bes. neuere dt. Literaturgesch.) 1954, o. Prof. 1957 Mainz.

Johannes von Müller u. d. Frühhistorismus, 1929; Lichtenberg. Zum Problem d. dt. Aphoristik, (1948) 1963²; Das Sinnbild der Rosen in Stifters Dichtung (AAMz 1952, 2); Die Bildersprache d. dt. Italiendichtung von Goethe bis Benn, 1962. - Fachberater f. Literaturgesch. bei RGG³.

Brentano, Clemens; Dehmel; Eichendorff; Grimm; Hensel; Kerner; Langgässer; Loerke; Sorge; Stadler; Stifter; Trakl; Wackenroder.

Reuter, *Ernst,* * 17.6.1903 Laasphe. Leiter der Heim-Sonderschule für anfallskranke Knaben u. Mädchen 1936 Bethel b. Bielefeld.

Heilpädagogik.

Reymond, *Philippe,* * 4.2.1918 Genf (Schweiz). Lic. theol. (1945), Dr. theol. (1958). Pfarrer 1945 Orbe, beurlaubt 1951-58, Pfarrer 1958 Bottens b. Lausanne, dazu PDoz. f. AT 1959 Genf.

L'eau, sa vie et sa signification dans l'AT (VT Suppl. 6), Leiden 1958.

Wasser.

Rhein, *Christoph,* * 18.12.1927 Berlin, Dr. theol. (1956). Pfarrer (im Reisedienst der Ev. Studentengemeinde in Deutschland) 1954 Stuttgart, 1959 Berlin-Zehlendorf.

Paul Tillich, Philosoph u. Theologe. Eine Einführung in sein Denken, 1957.

Tillich.

Rhode, *Arthur,* * 13.12.1868 Wilhelmsbrück Pr. Posen, D. (1931, Tübingen). Pfarrer 1893 Adelnau, 1895 Schildberg, 1920 Posen (1942 i.R.), dazu 1916-42 Sup., 1921-44 Doz. f. AT u. KG an der Kirchl. Hochschule u. am Predigerseminar Posen; lebt jetzt in Woltorf über Peine.

Bibliogr. in: Gestalten u. Wege d. Kirche im Osten (Festg. z. 90. Geb.), 1958, 266-272. Bes.: Die ev. Deutschen in Russisch-Polen, 1906; Gesch. d. ev. Kirchengemeinde Schildberg, 1906; Bei den Mariaviten, 1911; Gesch. d. ev. Kirche im Posener Lande, 1956. - Hg.: Posener Ev. Kirchenblatt, 1921-40.

Polen I.

Rhode, *Gotthold,* * 28.1.1916 Kamillental Kr. Schildberg/Pr. Posen, Dr. phil. (1941). Referent am Osteuropa-Institut 1939-45 Breslau, Assistent 1946, Doz. 1952 Hamburg, 1954 Marburg; ao. Prof. f. osteurop., mittlere u. neuere Gesch. 1957, o. Prof. 1960 Mainz.

Brandenburg-Preußen u. d. Protestanten in Polen 1640-1740, 1941; Völker auf d. Wege. Verschiebungen d. Bevölkerung in Ostdeutschland u. Osteuropa seit 1917, 1952; Die Ostgrenze Polens I: Im MA bis zum Jahre 1401, 1955; Quellen zur Entstehung d. Oder-Neiße-Linie in d. diplomat. Verhandlungen während d. Zweiten Weltkrieges (mit W. Wagner), (1956) 1959²; Ostmitteleuropa u. Südosteuropa (Weltgesch. d. Gegenwart I: Die Staaten, 1962, 258 bis 310); Gesch. Polens im Überblick, 1964; Die Entwicklung d. Tschechoslowakei 1918-60, 1964. - Hg.: Gesch. d. Stadt Posen, 1953; Die Ostgebiete d. Dt. Reiches, (1955) 1957⁴.

Przemyśl; Sienkiewicz.

Rhode, *Ilse,* * 16.7.1902 Kamillental Kr. Schildberg/Pr. Posen, † 25.9.1959 Bonn, Dr. phil. (1926). Schriftleiterin im Ev. Preßverband u. im Verband der Inneren Mission 1925-45 Posen, 1945-47 tätig in der Ev. Frauenhilfe, 1947-59 Mitarbeiterin u. Schriftleiterin im Kirchendienst Ost, Berlin (1957 Kirchenrätin).

Das Nationalitätenverhältnis in Westpreußen u. Posen zZ d. poln. Teilungen (Phil. Diss. Breslau). 1926; Die Mariaviten (Gestalten u. Wege d. Kirche im Osten. Festg. f. A.Rhode, 1958, 163-175). - 1926-41 Schriftleiterin des Ev. Gemeindeblattes »Glaube u. Heimat«, des Posener Ev. Kirchenblattes u. der ev. Pressekorrespondenz »Posener Zeitungsdienst«, 1950-59 der »Posener Stimmen«.

Mariaviten.

Říčan, *Rudolf,* * 23.9.1899 Huslenky b. Vsetín (Tschechoslowakei), Dr. theol. (1930). Pfarrer 1926 Třebíč, 1935 Bohuslavice, dazu PDoz. f. KG 1935, o. Prof. 1946 Prag.

Vollst. Bibliogr. bis 1959: Theologická příloha Křesťanské revue 26, 1959, 116-124; 1959-60: ebd 27, 1960, 132. Bes.: Mladá léta K.E. Lányho, 1935; Životní dílo K.E.Lányho, 1938; Das Reich Gottes in d. böhm. Ländern. Gesch. d. tschech. Protestantismus, 1957; Dějiny Jednoty bratrské, 1957 (dt.: Die Böhm. Brüder, 1961). - Mit-Hg.: Theologia evangelica (Quartalschrift), 1948-51; Theologická příloha Křesťanské revue, 1952-55.

Kirchenlied I, 8; Kvačala; Leitmeritz; Olmütz; Prag I; Tschechoslowakei II, 2.

Rich, *Arthur,* * 21.1.1910 Neuhausen a.Rhf. (Schweiz), Dr. theol. (1947). Pfarrer 1938 Hemmenthal, Direktor des Lehrerseminars 1948 Schaffhausen, dazu PDoz. f. Syst. Theol. 1951, o. Prof. f. Syst. u. Prakt. Theol. 1954 Zürich.

Die Anfänge d. Theol. H.Zwinglis, 1949; Pascals Bild vom Menschen (SDGSTh 3), 1953; Christl. Existenz in d. industriellen Welt, (1957) 1964²; Glaube in polit. Entscheidung, 1962. - Hg.: Chr. Blumhardt, Christus in d. Welt. Briefe an Richard Wilhelm, 1958. - Mit-Hg.: SDGSTh, seit 1955; ZEE, seit 1962.

Nicole; Noailles; Pascal; Religiös-sozial.

Richert, *Karl,* * 16.6.1904 Karolinow, Pfarrer in Asuncion (Paraguay).

Paraguay.

Richter, *Ewald,* * 6.8.1925 Hamburg, Dr. phil. (1958). Wehrdienst u. Kriegsgefangenschaft 1943-49, wiss. Assistent 1959, wiss. Rat 1962 Hamburg.

Relativismus; Spiritualismus.

Richter, *Liselotte,* * 7.6.1906 Berlin-Tegel, Dr. theol. (1951), Dr. phil. (1932). Wiss. Mitarbeiterin an der Leibniz-Ausg. der Preuß. Akademie der Wiss. 1936, Bezirksstadträtin f. Volksbildung 1945 Berlin-Charlottenburg; Doz. 1946, Prof. mit vollem Lehrauftrag 1947, Prof. mit Lehrstuhl f. Religionsphilos. 1951 Humboldt-Univ. Berlin.

Der Begriff d. Subjektivität bei Kierkegaard, 1934; René Descartes, Dialoge mit dt. Denkern, 1942; Jakob Böhme, 1943; Leibniz u. sein Rußlandbild, 1946; Schöpferischer Glaube im Zeitalter d. Angst, 1954; Immanenz u. Transzendenz im nachreformat. Gottesbild (FSThR 1), 1955; Existenz im Glauben, (1955) 1959².

Andacht I; Erfahrung; Erlebnis II; Erleuchtung; Erlösung V; Kultur II; Mystik I. IX; Offenbarung V; Religion IV A; Unbedingte.

Riesenfeld, *Harald,* * 8.2.1913 Freiburg/Br., Dr. theol. (1947), Dr. theol. h.c. (1959, Paris). Doz. f. NT 1947, o. Prof. f. bibl. Exegese 1953 Uppsala.

Vollst. Bibliogr. in: Uppsala Universitets Matrikel 1937-50, 1953, 464f; 1951-60, 1965.

Apostel; Apostolat; Biblische Theologie und biblische Religionsgeschichte II; Gottesdienst IV; Kultgeschichtliche Methode III.

Rietschel, *Christian,* * 5.3.1908 Sachsendorf b. Wurzen, Dr. theol. (1960). Pfarrer 1941 Zettlitz, Leiter des Kunstdienstes u. Schriftleiter des »Sonntags« (Gemeindeblatt f. Sachsen) im Landeskirchl. Amt f. Innere Mission 1950 Radebeul.

Das Antlitz. Selbstbildnisse u. Christusbilder d. Zeiten, (1951) 1954²; Unsere Ruhestätten, (1959) 1963²; Der schöne Glanz. Christl. Advents- u. Weihnachtssitte, (1961) 1963²; Sächs. Dorfkirchen, (1963) 1964²; Sinnzeichen d. Glaubens, 1964.

Gefäße, liturgische.

Ringgren, *Helmer,* * 29.11.1917 Ala/Gotland (Schweden), Dr. theol. (1947), Lic. phil. (1952). Doz. f. Religionsgesch. 1947 Uppsala, dazu Prof. f. AT (in Vertretung) 1947-56 Åbo (Finnland), Prof. f. AT am Garrett Theol. Seminary 1960-62 Evanston/Ill. (USA), Prof. f. Religionsgesch. 1962 Åbo.

Word and Wisdom, Lund 1947; Fatalism in Persian Epics (UUÅ 1952, 13); Studies in Arabian Fatalism (ebd 1955, 2); The Messiah in the OT, London 1956; Religionerna i historia och nutid (mit Å.V. STRÖM), Stockholm 1957 (dt. 1959); Hohes Lied, Esther, Sprüche (ATD 16), 1958/62; Tro och liv enligt dödahavsrullarna, Stockholm 1961; Israelit. Religion, 1963.

Apokalyptik I. II; Geister, Dämonen, Engel II; Hypostasen; Schicksal I.

Ringwald, *Walter,* * 1.10.1906 Kirchheim/Teck, Dr. theol. (1953). Missionar 1933 Ghana, im Heimatdienst der Basler Mission 1946 Stuttgart.

Westafrik. Propheten (EMZ 1, 1940, 118-122. 145-155); Häuptlingswesen u. indirekte Verwaltung an d. Goldküste (Archiv f. Anthropol. 28, 1943, 1-30); Die Religion d. Akanstämme u. d. Problem ihrer Bekehrung, 1952; Züge aus d. soz. Leben in Asante (Afrik. Studien. Festschr. f. D.Westermann, 1955, 205-219); Stafette in Afrika, (1957) 1958² (holl. 1960); Ghanas Freiheit (Jb. Ev. Mission 1958, 17-30).

Aggrey; Crowther; Missionsunternehmungen.

Rintelen, *Fritz-Joachim von,* * 16.5.1898 Stettin, Dr. phil. (1924), Dr. en artes h.c. (1949, Santiago de Chile), Dr. litt. h.c. (1949, Lima-Peru), Dr. phil. h.c. (1963, Córdoba-Argentinien). PDoz. f. Philos. 1928, ao. Prof. 1932 München, o. Prof. 1934 Bonn, 1936 München, aus polit. Gründen enthoben 1941, o. Prof. 1946 Mainz.

Pessimist. Religionsphilos. d. Gegenwart (Ed.v.Hartmann), 1924; Das philos. Wertproblem I: Der Wertgedanke in d. europ. Geistesentwicklung, 1.: Altertum u. MA, 1932; Dämonie d. Willens, 1947; Philos. d. Endlichkeit als Spiegel d. Gegenwart, (1951) 1961²; Der Rang d. Geistes. Goethes Weltverständnis, 1955; Beyond Existentialism, London 1961; Humanidad y Espíritu Occidental, Monterrey 1962.

Hartmann, Eduard von.

Rippmann, *Ernst,* * 8.5.1885 Rothenfluh/BL (Schweiz), † 11.7.1963 Zürich. Pfarrer 1910 Erstfeld/Uri, Missionssekretär der kanaresischen Mission 1921 Indien, der Schweizer Mission in Südafrika 1930-60 Zürich; Gründer u. Leiter des Wanderer-Verlages.

Weißes u. schwarzes Südafrika heute u. morgen, 1936; Durch Busch u. Sand in Mozambique, 1940; Wie die prot. Kirchgemeinde in Uri begann, 1960.

Alkoholfrage in den Missionsgebieten.

Ritschl, *Hans,* * 19.12.1897 Bonn, Dr. rer. pol. (1921). PDoz. f. Volkswirtschaftslehre 1925 Göttingen, o. Prof. 1928 Basel, 1942 Straßburg, 1946 Hamburg.

Die Kommune d. Wiedertäufer in Münster, 1923; Theorie d. Staatswirtschaft u. Besteuerung, 1925; Gemeinwirtschaft u. kapitalist. Marktwirtschaft, 1931; Friedrich Lists Leben u. Lehre, 1947; Theoret. Volkswirtschaftslehre I. II, 1947/48; Die Grundlagen d. Wirtschaftsordnung, 1954.

Planwirtschaft; Sozialisierung; Staatsbetrieb.

Ritter, *Karl Bernhard,* * 17.3.1890 Hessisch-Lichtenau, D. (1952, Marburg), Dr. phil. (1912). Zivillehrer 1913 Hauptkadettenanstalt Berlin-Lichterfelde, Pfarrer 1919 Berlin, Studentenseelsorger 1925 Marburg, Kirchenrat 1946, Dekan 1952 Kirchenkreis Marburg/Stadt, 1960 i.R.; 1931 Begründer der Ev. Michaelsbruderschaft.

Vollst. Bibliogr. bis 1960 in: Festg. f. K.B.Ritter z. 70. Geb., 1960, 15-30. Ferner: Die Eucharist. Feier. Die Liturgie d. ev. Messe u. d. Predigtgottesdienstes, 1961; Die Konfirmandenstunde, 1961.

Altargeräte; Beichtstuhl; Chorgestühl; Kirchengeräte; Koch, Rud.; Leuchter II; Paramente.

Roach, *John Peter Charles,* * 13.5.1920 London (England), M.A. (1948), Ph.D. (1953). Offizier 1941-45, Lehrer 1946, Fellow des Corpus Christi College 1950 Cambridge, Doz. ebd.

Education and the Press (The New Cambridge Modern Hist. X, 1960, 104-133). - Hg.: Victoria Hist. of the Count of Cambridge III: City and Univ. of Cambridge, 1959.

Cambridge.

Roberts, *Bleddyn Jones,* * 21.4.1906 Wrexham/Denbighshire (Nord-Wales), D.D. (1953), M.A. (1936), B.D. (1934). Assistant Lecturer 1934 Manchester, 1936 Bangor Univ. College, Prof. f. AT 1937 Aberystwyth; Senior Lecturer 1946, Prof. 1953 Bangor Univ. College.

The OT Text and Versions, 1951; The Damascus Document and the Dead Sea Scrolls, 1952; The Second Isaiah Scroll from Qumran, 1959.

Bibelübersetzungen III; Polyglotten (mit A.BERTHOLET).

Robertson, *Edwin Hanton,* * 1.2.1912 London (England), B.Sc. (1932), M.A. (1941). Vorsitzender der Religious Affairs Branch bei der Brit. Kontrollkommission in Deutschland 1947, stellv. Leiter der Abt. Kirchenfunk bei der B.B.C. 1949 London, Studiensekretär der United Bible Societies 1956 Genf, baptist. Pfarrer 1963 Yeovil/Somerset (England), Direktor der World Association for Christian Broadcasting 1964.

Paul Schneider, the Pastor of Buchenwald, London 1956; Man's Estimate of Man, ebd 1959; New Translations of the Bible, ebd 1959; The Bible in Our Time I-VI, ebd 1961ff; Christians against Hitler, ebd 1962 (dt. 1964).

Brotherhood-Movement; Church Army; Oldham.

Robinson, *William Gordon,* * 19.5.1903 Liverpool (England), B.A. (1924), B.D. (1927), M.A. (1933), Ph.D. (1951). Principal des Northern Congregational College in Manchester u. Doz. f. KG, Univ. Manchester.

Introduction to the NT, London 1949; William Roby (1766-1830), ebd 1954; NT Treasure, ebd 1954; A Hist. of the Lancashire Congregational Union, Manchester 1955; The Gospel and the Church in a Pagan World, London 1958; Historians of Israel, London-New York-Nashville 1962.

Haldane; Henderson, E.; Hutchinson.

Rockwell, *William Walker,* * 4.10.1874 Pittsfield/Mass. (USA), † 30.5.1958 New York City, D. (1930, Marburg), Lic. theol. (1903), B.A. (1895), Dr. phil. (1914). Instructor f. Gesch. 1904 Andover Theol. Seminary; Assistant Prof. f. KG am Union Theol. Seminary 1905, Associate Prof. 1917, Bibliothekar im Range eines Prof. 1925 New York, em. 1942.

Die Doppelehe d. Landgrafen Philipp von Hessen, 1904; Rival Presuppositions in the Writing of Church History, Chicago 1935.

Channing (mit ERNST WOLF).

Rodhe, *Sten,* * 9.10.1915 Uppsala (Schweden), Dr. theol. (1947). Lektor im Höheren Schuldienst 1948 Karlstad, 1955 Malmö.

Deliver us from Evil. Studies on the Vedic Ideas of Salvation, Lund 1946; Kristen fostran och undervisning i USA, Stockholm 1951.

Beskow.

Röhrich, *Lutz,* * 9.10.1922 Tübingen, Dr. phil. (1949). PDoz. f. German. Philologie u. Volkskunde 1954, apl. Prof. 1959 Mainz.

Eine antike Grenzsage u. ihre neuzeitl. Parallelen (Würzburger Jahrbücher f. d. Altertumswiss. 4, 1949/50, 339-369); Die Märchenforschung seit dem Jahre 1945 (Dt. Jb. f. Volkskunde 1, 1955, 279 bis 296; 2, 1956, 274-319; 3, 1957, 213-224); Märchen u. Wirklichkeit. Eine volkskundl. Unters., 1956; Die dt. Volkssage (Studium Generale 11, 1958, 664-691); Sprichwörtl. Redensarten in bildl. Zeugnissen (Bayer. Jb. f. Volkskunde 1959, 67-79); Europ. Wildgeistersagen (Rhein. Jb. f. Volkskunde 10, 1959, 79-162); Gebärdensprache u. Sprachgebärde (Humaniora. Festschr. f. A. Taylor, Locust Valley/N.Y. 1960, 121-149); Erzählungen des späten MA u. ihr Weiterleben in Lit. u. Volksdichtung bis zur Gegenwart I, 1962.

Aberglaube, 1-4; Fabel I; Himmelsbrief; Jungbrunnen; Kometen; Kreis; Links und rechts; Märchen I; Maibaum; Omen; Pentagramm; Rätsel; Riesen; Sprichwort; Tagewählerei; Umgang; Volkskunde I; Volkslied I; Volksmedizin; Wetter, 2; Zauberbücher; Zaubersprüche.

Röhrs, *Hermann,* * 21.10.1915 Hamburg, Dr. phil. (1945). PDoz. f. Pädagogik 1951 Hamburg, o. Prof. 1957 Wirtschaftshochschule Mannheim, 1958 Heidelberg.

Die Pädagogik Aloys Fischers, 1953; Jean-Jacques Rousseau, Vision u. Wirklichkeit, 1957; Die Schule u. ihre Reform in d. gegenw. Gesellschaft, 1962. - Hg.: Die Bildungsfrage in d. modernen Arbeitswelt, 1963; Erziehungswiss. u. Erziehungswirklichkeit, 1964. - Mit-Hg.: Vergl. Erziehungswiss. u. Pädagogik d. Auslands; Päd. Rundschau.

Arbeitsschule, 1-4; Otto, Berthold; Rousseau; Volksschulwesen.

Röllig, *Wolfgang,* * 6.2.1932 Dresden, Dr. phil. (1960). Wiss. Assistent am Oriental. Seminar 1961 Münster.

Kanaanäische u. aram. Inschriften (mit H. DONNER), 1962.

Mari; Tammuz.

Roemmich, *Heinrich,* * 12.5.1888 Worms Kr. Odessa (Rußland). Pastor 1916 Glückstal Bez. Odessa, Direktor des Dt. Gymnasiums 1919 Tarutino/Bessarabien (Rumänien), Pfarrer 1932 Possendorf Bez. Dresden, Religionslehrer 1946 Stuttgart-Bad Cannstatt.

Mit-Hg.: Heimatbuch der Deutschen aus Rußland, 1954-63.

Malmgren.

Rössler, *Dietrich,* * 20.1.1927 Kiel, Dr. theol. (1957), Dr. med. (1951). Ass.-Arzt 1953 Univ.-Nervenklinik Münster, PDoz. f. Prakt. Theol. 1960 Göttingen, dazu Pastor 1961 Reiffenhausen b. Göttingen; o. Prof. 1965 Tübingen.

Gesetz u. Gesch. Unters.en zur Theol. d. jüd. Apokalyptik u. d. pharisäischen Orthodoxie, (1960) 1962²; Der »ganze« Mensch, 1962.

Krankheit III; Krummacher, 1-4; Marienerscheinungen; Pastoralmedizin; Psychotherapie II.

Rößler, *Hellmuth,* * 26.1.1910 Dresden, Dr. jur. (1933), Dr. phil. (1958). Referendar 1932-35 Dresden, Ausschluß vom öffentl. jurist. Dienst 1935, PDoz. f. neuere Gesch. 1942 Wien, ao. Prof. 1943-45 Innsbruck, PDoz. u. ao. Prof. z.w.V. 1950 Erlangen, pers. o. Prof. 1955 Techn. Hochschule Darmstadt.

Österreichs Kampf um Deutschlands Befreiung, (1940) 1945²; Biogr. Wörterbuch zur Dt. Gesch. (mit G. FRANZ), 1952; Fränk. Geist - dt. Schicksal, 1953; Größe u. Tragik d. christl. Europa, 1955; Europa im Zeitalter von Renaissance, Reformation u. Gegenreformation 1450-1650, 1956; Reichsfreiherr vom Stein, 1957; Sachwörterbuch zur Dt. Gesch. (mit G. FRANZ), 1958; Zwischen Revolution u. Reaktion. Ein Lebensbild d. Reichsfreiherrn H.Chr.v.Gagern, 1958; Ein König für Deutschland. Die Krönung Rudolfs von Habsburg 1273, 1960; Dt. Gesch., 1961.

Moritz von Sachsen; Renaissance I.

Rohkrämer, *Martin,* * 29.7.1922 Stuttgart. Pfarrer 1954 Wallach Kr. Moers, 1961 Essen-Rellinghausen.

Hg.: Mir ist gegeben alle Gewalt... Predigten aus d. Kirchl. Bruderschaft im Rheinland, 1956; F. LIEB, Sophia u. Historie, 1962.

Fliedner, Fritz; Gallitzin; Hemsterhuis; Lampe; Löscher; Stolberg.

Rohmer, *Pierre,* * 22.7.1922 Mulhouse (Frankreich), Lic. ès lettres (1941), Agrégé de l'Univ. (1948). Prof. agr. 1948 Tourcoing, Assistent 1953 Univ. Rennes, wiss. Mitarbeiter am Centre National de la Recherche Scientifique 1956 Paris, Prof. agr. am Lycée Fustel de Coulanges 1959 Straßburg.

Hahn, Ph.M.; Hausknecht.

Rohrbach, *Heinrich-Constantin,* * 28.6.1928 Berlin, S.T.M. (1952). Tätig beim Ökum. Rat 1952-55 Genf, Ev. Akademie 1956 Bad Boll, Ev. Studentengemeinde in Deutschland 1958 Stuttgart, seit 1962 Generalsekretär.

Studentengemeinde I; Studentenpfarrer.

Rommel, *Hans,* * 25.3.1908 Würzburg. Vikar 1936 Stuttgart, Pfarrverweser 1938 Zang, Pfarrer 1950 Sulz/Neckar, Pfarrer u. Missionsinspektor der Liebenzeller Mission 1951 Bad Liebenzell, 1962 a.D.

Liebenzeller Mission.

Ronicke, *Curt,* * 5.5.1893 Dresden. Pfarrer 1920 Rittersgrün/Erzgeb., Missionsinspektor 1925, Leiter der Bethel-Mission 1934 (1958 i.R.), dazu Lehrbeauftragter f. Missionswiss. 1954-60 Kirchl. Hochschule Bethel; Vorsitzender des Dt. Ev. Missions-Rates 1959-62.

Afrika ruft, 1930. - Hg.: So leben wir in Afrika, 1958; Kleine Erinnerungen an einen großen Mann (W. Trittelvitz), 1959. - Schriftleiter: Bote von Bethel, 1927-58; Nachrichten aus d. Bethel-Mission, 1934-58.

Bethel-Mission; Tanganyika.

Rosenfeld, *Hellmut,* * 24.8.1907 Frankfurt/O., Dr. phil. (1935). Staatsbibliothekar 1948, Oberbibliotheksrat 1961 München, dazu PDoz. f. Dt. Philologie 1950, apl. Prof. 1957 ebd.

Das dt. Bildgedicht, 1935; Die Schichtung im germ. Totenkult u. Götterglauben, 1950; Der ma.liche Totentanz, 1954; Legende, 1961.

Totentanz.

Rosenkranz, *Gerhard,* * 29.4.1896 Braunschweig, D. (1949, Heidelberg), Dr. theol. (1935). Pfarrer 1922 Ruhrgebiet, 1928 Berlin, Inspektor, später Direktor der Ostasien-Mission 1931-48; Lehrauftrag 1939, Habilitation f. Religions- u. Missionswiss. 1941 Heidelberg, Versagung der Dozentur 1941, Reichsredeverbot 1942; PDoz. 1946, apl. Prof. 1947 Heidelberg, o. Prof. f. Missionswiss. u. ökum. Theol. 1948 Tübingen, em. 1964.

Der Heilige in d. chines. Klassikern, 1935; Der Nomos Chinas u. d. Evangelium, 1936; Der Weg d. Götter (Shintô), 1944; Die Bahā'ī, 1949; Das Lied d. Kirche in d. Welt, 1951; Ev. Religionskunde, 1951; Der Weg des Buddha, 1960; Weltmission heute (SgV 233), 1961; Religionswiss. u. Theol., 1964. - Hg.: Missionswissenschaftl. Forschungen. - Mit-Hg.: ZThK, seit 1950; EMZ.

Amida II; Buddhismus II. III; Chao; Cheng; China IV A-C, 1; Gesangbuch I, 6; Goa; Japan III. IV; Kagawa; Mission I; Missionswissenschaft I; Missionswissenschaft, Deutsche Gesellschaft für; Morrison; Nestorianer, 2; Ricci, Matteo; Ritenstreit; Shintoismus II; Utschimura; Welz; Witte.

Rost, *Leonhard,* * 30.11.1896 Ansbach, D. (1943, Erlangen), Lic. theol. (1925), Dr. phil. (1921). PDoz. f. AT 1926 Erlangen, 1929 Berlin, ao. Prof. 1936 ebd, o. Prof. 1938 Greifswald, 1946 Humboldt-Univ. Berlin, 1956 Erlangen, em. 1965.

Vollst. Bibliogr. bis 1961: ThLZ 81, 1956, 697-702; 87, 1962, 151 bis 154. Bes.: Die Überlieferung von d. Thronnachfolge Davids (BWANT III, 6), 1926; Israel bei d. Propheten (ebd IV, 19), 1937; Die Vorstufen von Kirche u. Synagoge im AT (ebd IV, 24), 1938. - Mit-Hg.: Gießener Mischna, seit 1956; BWANT 5. Reihe, seit 1960; Bibl.-hist. Handwörterbuch I-III, 1962ff.

Damaskusschrift; Josuabuch; Jubiläenbuch; Testamente der XII Patriarchen; Tradition III.

Rotermund, *Hans-Martin,* * 10.11.1906 Freiburg b. Stade, Dr. theol. (1948). Pfarrer 1938 Dorfmark Kr. Fallingbostel, seit 1956 freie wiss. u. literar. Arbeit in Göttingen, Vortragstätigkeit, regelmäßige Mitarbeit an Ev. Akademien.

Arbeitshilfen f. d. Konfirmanden-Unterricht, (1949) 1952²; Dorfmarker Passions- u. Oster-Agende, 1949; Orthodoxie u. Pietismus. V.E.Löschers »Timotheus verinus« in d. Auseinandersetzung mit d. Schule A.H.Franckes (ThA 13), 1959; Handzeichnungen u. Radierungen Rembrandts zur Bibel, 1963.

Rembrandt.

Roth, *Günther,* * 31.12.1930 Pforzheim, Dr. theol. (1958), wiss. Assistent f. Prakt. Theol. 1958 Tübingen.

Die Möglichkeiten d. Religionsunterrichts in Schottland (Ev.-theol. Diss. Tübingen), 1958 (Masch.).

Schian; Spurgeon; Tiling.

Roth, *Heinrich,* * 1.3.1906 Gerstetten/Württ., Dr. phil. (1933). Lehrer an verschiedenen Schularten, Heerespsychologe, Kriegsdienst; Doz. f. Pädagogik 1947 Päd. Hochschule Künzelsau u. Eßlingen, o. Prof. 1956 Intern. Päd. Hochschule Frankfurt/M., 1961 Univ. Göttingen.

Kind u. Gesch. Psychol. Voraussetzungen d. Geschichtsunterrichts, (1956) 1962³; Päd. Psychologie d. Lehrens u. Lernens, (1957) 1964⁷; Päd. Forschung u. päd. Praxis, 1958; Psychologie u. Pädagogik, 1959; Jugend u. Schule zwischen Reform u. Restauration, 1961.

Häberlin; Jugendpsychologie I; Kinderpsychologie I.

Roth, *Jean,* * 27.12.1927 Straßburg (Frankreich), Lic. theol. (1951), Dr. theol. (1958), Pfarrer der Ref. Kirche von Elsaß-Lothringen in Sainte-Marie-aux-Mines.

Colani; Doumergue; Duchesne; Falloux; Fava (mit E.LACHENMANN); Frayssinous; Gasparin; Gounelle; Loisy; Pressensé; Saurin; Schérer, Edm.; Simon, Richard.

Rothacker, *Erich,* * 12.3.1888 Pforzheim, Dr. phil. (1912). PDoz. f. Philos. u. Psychol. 1920, ao. Prof. 1924 Heidelberg, o. Prof. 1928 Bonn.

Bibliogr. bis 1958 in: Konkrete Vernunft. Festschr. f. E.Rothacker, 1958, 435-444. Bes.: Einl. in d. Geisteswissenschaften, (1920) 1930²; Logik u. Systematik d. Geisteswissenschaften, (1926) 1948³; Geschichtsphilos., 1934; Die Schichten d. Persönlichkeit, (1938) 1952⁵; Probleme d. Kulturanthropologie, (1942) 1948²; Mensch u. Gesch. (Aufs.), 1944 (Neuausg. 1950); Die dogmat. Denkform in d. Geisteswissenschaften u. d. Problem d. Historismus, 1954. Ferner: Intuition u. Begriff, 1963; Heitere Erinnerungen, 1963; Philos. Anthropologie, 1964. - Hg.: Archiv f. Begriffsgesch., seit 1955. - Mit-Hg.: DVfLG, 1923-55.

Schichtentheorie.

Rothschuh, *Karl Eduard,* * 6.7.1908 Aachen, Dr. med. (1936). Physiologische Ausbildung u. Tätigkeit 1938-60, dazu Doz. 1942, apl. Prof. 1948, Wiss. Rat 1956 Münster; ao. Prof. f. Gesch. der Medizin 1960, o. Prof. 1962 ebd.

Theoret. Biologie u. Medizin, 1936; Elektrophysiologie d. Herzens, 1952; Gesch. d. Physiologie, 1953; Theorie d. Organismus, (1959) 1963². - Hg.: Hippokrates. - Mit-Hg.: Medizin in Gesch. u. Kultur, seit 1961.

Vitalismus und Mechanismus.

Rott, *Wilhelm,* * 25.1.1908 Düsseldorf. Studieninspektor 1935 Predigerseminar Finkenwalde, theol. Referent bei der Vorläufigen Leitung der DEK 1937, Wehrdienst u. Kriegsgefangenschaft 1943-46, Pfarrer (1947) u. Sup. (1959) Koblenz.

Hg.: Konfirmation. Ein Studienbuch zur Frage ihrer rechten Gestaltung, 1941.

Gemeinde IV; Gemeindezentrum; Junge Gemeinde; Kirchenzucht II; Konfirmandenunterweisung; Konfirmation I, 1-8; Predigerseminar; Schulbibel; Selbstverwaltung II; Spruchbuch; Sünde und Schuld VIII; Sündenvergebung IV.

Rowley, *Harold Henry:* 5, 1204. - D. (1956, Marburg), D.D. (1935, London; 1947, Durham; 1948, Wales; 1958, Oxford; 1961, Edinburgh), Dr. theol. h.c. (1948, Uppsala; 1952, Zürich; 1959, Straßburg), LL.D. h.c. (1951, McMaster).

Mit-Hg.: Peake's Commentary on the Bible, London 1962; Hastings's one volume Dictionary of the Bible, Edinburgh 1963.

Knecht Jahwes.

Rudberg, *Stig Yngve,* * 28.10.1920 Vänersborg (Schweden), Dr. phil. (1954). PDoz. f. byzant. Philologie 1954-62 Uppsala, ao. Prof. der griech. Sprache 1957 Stockholm.

Etudes sur la tradition manuscrite de saint Basile, Uppsala 1953; Eustathius, Ancienne version latine des neuf homélies sur l'Hexaéméron de Basile de Césarée (mit E.AMAND DE MENDIETA) (TU 66), 1958; L'Homélie de Basile sur le mot »Observe-toi toi-même«, Stockholm 1962. - Hg.: Studia graeca Stockholmiensia, seit 1960. - Mit-Hg.: Eranos. Acta philologica Suecana.

Basilius d.Gr.

Rudolph, *Anni,* * 8.4.1911 Herford. Soziale Arbeit u. Unterrichtstätigkeit 1935ff Herford, Gelsenkirchen, Detmold; Schülerinnenarbeit in der Ev. Kirche von Westfalen 1946 Witten, Geschäftsführerin der Ev. Frauenarbeit in Deutschland 1950 Frankfurt/M.

Frauenverbände.

Rudolph, *Kurt,* * 3.4.1929 Dresden, Dr. theol. (1956), Dr. phil. (1957). Wiss. Assistent 1953, Oberassistent 1960, dazu Lehrbeauftragter f. Religionsgesch. 1954, Doz. f. Religionsgesch. u. Vergl. Religionswiss. 1961, Prof. mit Lehrauftrag 1963 Leipzig.

Die Mandäer I. II (FRLANT NF 56/57), 1960/61; Zarathustra - Priester u. Prophet (Numen 8, 1961, 81-116); Theogonie, Kosmogonie u. Anthropogonie in d. mand. Schriften (Habil.-Schr. Leipzig), 1961; Die Religionsgesch. an d. Leipziger Univ. u. d. Entwicklung d. Religionswiss. (SAL 107, 1), 1962.

Urmensch.

Rüegg, *Walter,* * 4.4.1918 Zürich (Schweiz), Dr. phil. (1946). PDoz. 1950, Titular-Prof. 1959 Zürich, o. Prof. f. Soziologie 1961 Frankfurt/M.

Cicero u. d. Humanismus, 1946; Humanismus, Studium Generale u. Studia humanitatis in Deutschland, 1954; Der gesellschaftl. Sinn d. Buchhändlers, 1962. - Hg.: Erasmus-Bibliothek, seit 1948.

Gymnasium I; Humanismus II; Humanität.

Rühle, *Oskar,* * 3.1.1901 Niebelsbach/Württ., Dr. phil. (1923). Redakteur der RGG² 1924-32 Tübingen, Verlags- u. Schriftleiter im Verlag W.Kohlhammer 1932 Stuttgart.

Sonne u. Mond im primitiven Mythus, 1925; Der theol. Verlag von J.C.B.Mohr (Paul Siebeck), 1926. - Hg.: Shakespeare, Ausgew. Werke, 1950. - Technische Redaktion: ThW, seit 1932. - Schriftleiter: Schwäb. Heimat, seit 1950.

Ägidius der Heilige; Antoninus; Apostoliker; Astralreligion (mit C.-M.EDSMAN); Bonus; Brandan; Brückenbrüder; Brüder (und Schwestern) des freien Geistes; Cataldus; Eadmund, 1. 2; Gertrud von Nivelles; Gilbertiner; Goar der Heilige; Hagiographie; Hubertus; Legenda aurea; Marutas; Milchstraße (mit C.-M.EDSMAN); Mombritius; Ordericus Vitalis; Pastorellen; Petrus Venerabilis; Poppo; Rochus; Sonnenwende (mit C.-M.EDSMAN); Stablo; Suidas; Symeon Metaphrastes; Ulrich der Heilige; Walpurgis; Wendelin; Zwiefalten.

Rüsch, *Ernst Gerhard,* * 10.2.1917 St. Gallen (Schweiz), Dr. theol. (1954). Pfarrer 1957 St. Margrethen, Leiter des Oberseminars der Kantonsschule 1962 Schaffhausen, dazu PDoz. f. Syst. Theol. 1955 Zürich.

Toleranz, 1955; Vom Heiligen in d. Welt. Beiträge zur Kirchen- u. Geistesgesch., 1959.

Hilty; Meyenberg; Montmirail; Neuchâtel; Pfenninger; Réveil; Spleiß; Stapfer, Ph.A.; Trudel; Wildenspucher Kreuzigung.

Ruf, *Walther,* * 6.8.1910 Heuberg Kr. Nördlingen. Pfarrer 1938 Herbolzheim/Mfr., Missionspfarrer u. theol. Berufsarbeiter des Zentralverbandes f. Äußere Mission 1949 Nürnberg.

Hg.: Luth. Missionsjahrbuch. - Mit-Hg.: Gepredigt den Völkern. Das missionar. Kerygma in d. altkirchl. Evangelien, 1960.

Zentralverband für Äußere Mission.

Ruler, *Arnold Albert van,* * 10.12.1908 Apeldoorn (Niederl.), Dr. theol. (1947). Pfarrer 1933 Kubaard, 1940 Hilversum, Prof. f. Dogmatik 1947 Utrecht.

Kuypers idee eener christelijke cultuur, Nijkerk 1940; Religie en politiek, ebd 1945; De verwulling van de wet, ebd 1947; Droom en gestalte, Amsterdam 1947; Bijzonder en algemeen ambt, Nijkerk 1952; Die christl. Kirche u. das AT (BEvTh 23), 1955; Gestaltwerdung Christi in d. Welt, 1956.

Bavinck; Bilderdijk; Bruine; Cannegieter; Capadose; Chantepie de la Saussaye, Daniel; Clericus (mit L.ZSCHARNACK); Da Costa, Isaac; Gerretsen; Glaube IV; Gunning; Hartog; Hoedemaker.

Ruppel, *Aloys,* * 21.6.1882 Neuhof b. Fulda, Dr. phil. (1908). Volontär u. Stipendiat am Preuß. Hist. Institut 1909-10 Rom, Archivar u. Staatsarchivdirektor 1911-19 Metz, Direktor der Landesbibliothek 1919 Fulda; Direktor der Stadtbibliothek u. des Stadtarchivs (1933-45 amtsenthoben) sowie des Gutenbergmuseums 1920 Mainz, dazu o. Prof. f. Schrift- u. Druckwesen 1947 ebd.

Bibliogr. in: Festg. A.Ruppel z. 50. Geb., 1932, 52-56; vollst. Bibliogr. bis 1949: J.BENZING, A.Ruppel, Verzeichnis seiner Schriften, 1949. Bes.: Joh.Gutenberg, sein Leben u. sein Werk, (1939) 1947². Ferner: Die Technik Gutenbergs u. ihre Vorstufen, 1962. - Hg.: Lothringen u. seine Hauptstadt (Festschr.), Metz 1913; Jb. d. Ges. f. lothr. Gesch. u. Altertumskunde, 1913-17; Gutenberg-Festschr., 1925; Gutenberg-Jb., seit 1926.

Armenbibel; Gutenberg; Heilsspiegel; Historienbibel; Inkunabeln.

Ruppel, *Erich,* * 25.1.1903 Wuppertal-Elberfeld, Dr. jur. (1929). Gerichtsassessor 1929, Konsistorialassessor 1931 Münster u. Magdeburg, Konsistorialrat 1933 Berlin; Oberregierungsrat 1936, Ministerialrat im Reichskirchenministerium 1938 Berlin; Leiter der Kanzlei des Landesbischofs 1947, Oberkirchenrat 1949, Oberlandeskirchenrat 1953, Jurist. Dirigent im Landeskirchenamt 1958 Hannover.

Die Behandlung d. Religionsgesellschaften als Körperschaften d. öffentl. Rechts in d. neueren Gesetzgebung (AevKR 5, 1941, 1-29); Fragen d. kirchl. Disziplinarwesens im Lichte d. Zwei-Reiche-Lehre (Staatsverfassung u. Kirchenordnung. Festg. f. R.Smend, 1962, 349-375).

Amtsgeheimnis; Anstaltsgemeinde; Anstaltsseelsorge; Beamte II; Beichtgeheimnis; Immediatgemeinden; Kanzelparagraph; Kirchenbehörden; Konsistorium; Notrecht, 2; Pfarramt; Pfarrer II; Privilegien der Geistlichen; Residenzpflicht; Verwaltung; Zeugnisverweigerungsrecht.

Russell, *Wilfrid Henry,* * 9.8.1898 New Sawley/Derbyshire (England), B.A. (1927). Missionar 1927 Indien, Exekutivsekretär 1953, Generalsekretär der Mission to Lepers 1960 London.

Tell John, 1947; Life More Abundant, 1954.

Aussätzigenmission.

Rycroft, *William Stanley,* * 28.4.1899 Formby (England), B.A. (1929), Ph.D. (1938). Missionslehrer 1922, stellv. Schuldirektor 1924 Lima (Peru), dazu Prof. f. Englisch 1924 Univ. Lima, Sekretär des Committee on Cooperation in Latin America 1940, Sekretär für Lateinamerika beim Board of Foreign Missions der Presbyterian Church 1950, Forschungssekretär der Commission on Ecumenical Mission and Relations bei der Presbyterian Church in the USA 1960 New York.

On this Foundation. The Evangelical Witness in Latin America, New York 1941; Religion and Faith in Latin America, Philadelphia 1958; Latin America and the United Presbyterians, New York 1960. - Hg.: Indians of the High Andes, New York 1946.

Presbyterianer II.

Saathoff, *Albrecht,* * 29.5.1875 Bakemoor/Ostfriesland. Pfarrer 1904 Göttingen, 1946 i.R.

Aus Göttingens KG, 1929; Gesch. d. Stadt Göttingen, 2 Bde, 1937/40; Göttingens Friedhöfe, 1954. - Hg.: Schleiermacher, Über Freundschaft, Liebe u. Ehe, 1908.

Volksbibel.

Saenger, *Hellmut,* * 7.8.1904 Hildesheim. Pfarrer 1934 Siek b. Hamburg (Wehrdienst 1939-45), 1956 Köln-Flittard, 1964 Düren.

Selbstmord III.

Sakrausky, *Oskar,* * 24.3.1914 Linz/Donau. Wehrdienst u. Kriegsgefangenschaft 1941-49, Flüchtlingsseelsorger 1950 Oberösterreich, Gemeinde- u. Kirchenbau 1952 Kindberg/Steiermark, Pfarrer 1954 Bleiberg ob Villach, 1962 Trebesing/Kärnten, ord. geistl. Oberkirchenrat 1962 Wien.

Agoritschach. Gesch. einer prot. Gemeinde im gemischtsprachigen Südkärnten, 1960.

Laibach.

Samuel, *Richard,* * 23.3.1900 Wuppertal-Elberfeld, Dr. phil. (1924), Ph.D. (1938), M.A. (1951). Studienassessor 1928, Assistent 1930 Berlin, aus Schul- u. Universitätsdienst entlassen 1934, Lektor f. dt. Sprache u. Lit. 1934 Cambridge (England), Leiter der Dt. Abtlg. 1938 Univ. Durham (Zweig Newcastle-on-Tyne), Leiter der Abtlg. f. german. Sprachen 1947 Melbourne (Australien), o. Prof. 1950 ebd.

Die poet. Staats- u. Geschichtsauffassung Friedrich von Hardenbergs (Novalis), 1925; Expressionism in German Life, Literature and the Theatre (mit R.H.THOMAS), Cambridge 1939; Education and Society in Modern Germany (mit R.H.THOMAS), London 1949; Novalis, Heinr. v. Ofterdingen (B.v.WIESE, Der dt. Roman I, 1963, 252-300). - Hg.: Novalis, Schriften (mit P.KLUCKHOHN), (4 Bde, 1930) 5 Bde, 1960ff²; Goethe, Urfaust, London (1949) 1958².

Expressionismus II; Romantik II; Sturm und Drang.

Sandewall, *Allan,* * 18.9.1915 Umeå (Schweden), Dr. theol. (1952). Pfarrer 1941, Doz. f. KG 1954 Uppsala, dazu stellv. Prof. 1960-61 Åbo, stellv. Prof. 1961 Uppsala.

Separatismen i övre Norrland 1820-55, Uppsala 1952; Separatismen i övre Norrland efter 1855 (UUÅ 1954, 1); Konventikel- och sakramentsbestämmelsernas tillämpning i Sverige 1809-1900, Stockholm 1961.

Uppsala I.

Sasse, *Hermann,* * 17.7.1895 Sonnewalde/NL, D. (1933, Erlangen), Lic. theol. (1923), S.T.M. (1926). Pfarrer 1921 Oranienburg, 1928 Berlin; ao. Prof. f. KG 1933, o. Prof. 1946 Erlangen, 1949 Immanuel Theol. Seminary, North Adelaide (Australien).

Bibliogr. bis 1955 in: Luth. Blätter Nr. 43-44, 1955. Bes.: Was heißt lutherisch?, (1934) 1936² (norw. 1938); Kirchenregiment u. weltl. Obrigkeit nach luth. Lehre, 1935; Union u. Bekenntnis, 1936; Kirche u. Herrenmahl, 1938; Here we stand, New York (1938) 1948² (jap. 1961); This is my Body. Luther's Contention for the Real Presence in the Sacrament of the Altar, Minneapolis 1959.

Australien II; Missouri-Synode; Neuseeland.

Schaeder, *Hildegard,* * 13.4.1902 Kiel, Dr. phil. (1927). Wiss. Stipendiatin, später Referentin am Preuß. Geh. Staatsarchiv 1935-44 Berlin-Dahlem, Gestapo-Haft Berlin u. KZ Ravensbrück 1943-45, Referentin f. Orth. Kirchen im Außenamt der EKD 1948 Frankfurt/M., dazu Univ.-Lehrauftrag f. Gesch. der Orth. Kirchen 1961 ebd.

Bibliogr. bis 1960 in: H.Schaeder, Ostern im KZ, 1960³, 155-164. Bes.: Moskau, das Dritte Rom, (1929) 1957²; Die Dritte Koalition u. d. Hl. Allianz, (1934) 1963²; Ostern im KZ, (1947) 1960³. - Bearb.: Dokumente d. Orth. Kirchen zur ökum. Frage I: Die Moskauer Orth. Konferenz vom Juli 1948, 1949; II: Wort u. Mysterium. Der Briefwechsel ... 1573-81 zwischen d. Tübinger Theologen u. d. Patriarchen von Konstantinopel, 1958; Studienheft I-IV, hg.v. Außenamt d. EKD, 1949-64.

Aksakow, 1. 2; Alexander I., Zar; Alexius, 2; Alivisatos; Allianz, Heilige; Antonius Chrapowitzky; Athenagoras, 2. 3; Brjantschaninow; Chomjakow; Einigungsbestrebungen III; Eulogius, 3; Florovsky; Germanos, Lukas Pantaleon; Gregor Palamas; Karmiris; Kirchenverfassung III (mit ST.ZANKOW); Nikolaj; Orthodoxe Kirche III; Schestow; Seraphim von Ssarow; Sergius, 2; Slawophile; Ssobórnostj (mit ST.ZANKOW); Theophan, 1; Theophan, 2 (mit F.LIEB); Tychon, 2. 3; Zenkovsky.

Schäfer, *Ernst,* * 30.6.1902 Tranquebar (Indien), Dr. theol. (1931). Habilitation 1935 Leipzig, Pfarrer 1936-44 Athen; PDoz. f. christl. Archäologie u. kirchl. Kunst 1949, apl. Prof. 1953 Göttingen.

Die Bedeutung d. Epigramme d. Papstes Damasus I. f. d. Gesch. d. Heiligenverehrung, 1932; Die Heiligen mit d. Kreuz in d. altchristl. Kunst (RQ 44, 1937, 67-104); Das Apostelgrab unter St. Peter in Rom (EvTh 12, 1952/53, 304-320).

Apollinaris von Ravenna; Bosio; Ephesus, 1; Guter Hirt; Katakomben I; Maximian von Ravenna; Rossi; Sebastian.

Schäferdiek, *Knut,* * 3.11.1930 Köln, Dr. theol. (1958). Wiss. Assistent (KG) am Ev.-theol. Seminar 1958 Bonn.

Johannesakten (HENNECKE³ II, 1964 125-176).

Acacius von Konstantinopel; Cyprian von Antiochien; Paulus von Samosata; Sekten II.

Schaffstein, *Friedrich,* * 28.7.1905 Göttingen, Dr. jur. (1927). PDoz. f. Strafrecht 1930 Göttingen, o. Prof. 1933 Leipzig, 1935 Kiel, 1941 Straßburg, 1954 Göttingen.

Die allg. Lehren vom Verbrechen in ihrer Entwicklung durch die Wissenschaft d. gemeinen Strafrechts, 1930; Wilhelm von Humboldt, 1952; Jugendstrafrecht, 1959.

Humboldt, Wilhelm von.

Scharmann, *Theodor,* * 12.7.1907 Kreuzlingen Kt. Thurgau (Schweiz), Dr. phil. (1932). Psychologe 1933 bis 1936 Zürich u. Berlin, Wehrmachtspsychologe u. Regierungsrat 1936-42, Berufsberater 1942-46 Wien, Arbeitsverwaltung Hessen u. Lehrbeauftragter f. Sozialpsychologie 1947-51 Marburg, Referent und Oberregierungsrat im Bundesministerium f. Arbeit 1951 Bonn, PDoz. f. Psychologie 1955 Marburg, 1956 Bonn, o. Prof. 1957 (1961) Erlangen-Nürnberg.

Berufsbilder aus Verwaltung u. Wirtschaft (mit W.DÖRRHÖFER), 1951; Arbeit u. Beruf, 1956; Anpassung u. Autonomie in d. nordamerik. Gesellschaft von heute, 1959; Tertius miserabilis, 1959; Die individuelle Entwicklung in d. soz. Wirklichkeit (Hdb. d. Psychol. III, 1959, 535-582).

Beruf I.

Schauer, *Hermann,* * 25.6.1895 Söllingen Kr. Helmstedt. Pfarrer 1922 Hohenkränig/Neumark, Rektor am Diakonissenhaus 1929 Hamburg-Volksdorf, 1958 i.R.

Der ernstgenommene Mensch, 1956; Frauen entdecken ihren Auftrag. Weibl. Diakonie im Wandel eines Jh.s, (1960) 1963². - Hg.: Dienende Kirche (Zs. f. Frauendiakonie), 1929-58.

Liebestätigkeit II.

Scheibert, *Peter,* * 3.5.1915 Berlin, Dr. phil. (1939). Wiss. Hilfsarbeiter im Auswärtigen Amt 1939-45, PDoz. f. osteurop. Gesch. 1955 Köln; ao. Prof. 1959, o. Prof. 1961 Marburg.

Von Bakunin zu Lenin I, 1956. - Mit-Hg.: Studien zur Gesch. Osteuropas, seit 1954; Jahrbücher f. Gesch. Osteuropas.

Gapon.

Scheidweiler, *Felix,* * 22.1.1886 Mönchen-Gladbach, † 11.10.1958 Köln-Lindenthal, Dr. phil. (1908). Im höheren Schuldienst an rhein. Gymnasien, seit 1921 in Köln-Mülheim, Oberstudienrat 1949, 1955 i.R., Honorar-Prof. f. Gesch. der spätgriech. Lit. 1955 Bonn.

Paulikianerprobleme (ByZ 43, 1950, 10-39. 366-384); Studien zu Johannes Geometres (ebd 45, 1952, 277-319); Die KG des Gelasios von Kaisareia (ebd 46, 1953, 277-301); Zur neuen Ausg. des Athanasios (ebd 47, 1954, 73-94); Arnobius u. der Marcionitismus (ZNW 45, 1954, 42-67); Das Testimonium Flavianum (ebd 230-243); Paul von Samosata (ebd 46, 1955, 116-129); Marcell von Ancyra (ebd 202-214); Nochmals die Vita Constantini (ByZ 49, 1956, 1-32); Die Verdopplung d. Synode von Tyros vom Jahre 335 (ebd 51, 1958, 87 bis 99). - Hg.: Theodoret, KG (GCS 19), 1954².

Engel I; Gelasius von Cäsarea; Gregor von Elvira.

Schellbach, *Martin,* * 21.7.1908 Michelsdorf/Schles., Dr. theol. (1935). Konviktsinspektor 1932, Pfarrer 1934 Halle, Direktor der Pfeifferschen Anstalten 1954 Magdeburg-Cracau.

Theol. u. Philos. bei v.Hofmann (BFChTh 38, 2), 1935; Paulus als Beter, 1938; Justus Jonas, 1941; Tholucks Predigt (ThA 3), 1956.

Mengering.

Schenkel, *Gotthilf,* 19.7.1889 Udipi (Ostindien), † 10.12.1960 Eßlingen, Dr. theol. (1926). Pfarrer 1918

Stuttgart-Zuffenhausen, suspendiert 1933, Pfarramtsverweser 1933 Unterdeufstetten, Pfarrer 1945 ebd, 1947 Eßlingen/Neckar, dazu Lehrbeauftragter f. Religionsphilos. u. Sozialethik an der Techn. Hochschule Stuttgart; Kultusminister von Baden-Württ. 1951-53, Mitglied des Landtags bis 1960.

Die Freimaurerei im Lichte d. Religions- u. KG, 1926; Erkenntnis u. Wende, 1946; Kirche, Sozialismus, Demokratie, 1946; ...auf Erden. Um die Verwirklichung d. Bekenntnisses, (1946) 1948²; Mahatma Gandhi, Leben u. Werk, 1949. - Hg.: Protestantismus d. Gegenwart, (1926) 1929³; Geist d. Gegenwart, 1928; Der relig. Sozialist, 1932.

Bischoff; Freimaurerei.

Schepers, *Heinrich,* * 24.12.1925 Duisburg-Hamborn, Dr. phil. (1957). Wiss. Mitarbeiter 1957 Leibniz-Forschungsstelle Münster.

Andreas Rüdigers Methodologie u. ihre Voraussetzungen, 1959. - Hg. (mit A.Robinet): G.W.Leibniz, Sämtl. Schriften u. Briefe VI/6: Nouveaux Essais, 1962.

Leibniz; Thomasius, Jakob.

Scheu, *Lieselotte,* * 5.11.1918 Hamburg, Dr. phil. (1955). Lehrerin 1955 Hamburg.

Das Problem d. polit. Erziehung in d. Volksschule zZ der Reformen d. Freiherrn vom Stein in Preußen, dargestellt an W.Harnischs päd. Schriften aus d. Zeit von 1812-22 (Phil. Diss. Hamburg), 1955 (Masch.).

Harnisch.

Scheuerl, *Hans,* * 17.1.1919 Berlin, Dr. phil. (1953). PDoz. f. Pädagogik 1957 Hamburg, Prof. 1958 Päd. Hochschule Osnabrück, o. Prof. 1959 Erlangen, 1964 Frankfurt/M.

Das Spiel. Unters.en über sein Wesen, seine päd. Möglichkeiten u. Grenzen, (1954) 1962³; Begabung u. gleiche Chancen. Zur Frage d. »Startgerechtigkeit« im Schulwesen, 1958; Die exemplar. Lehre. Sinn u. Grenzen eines didakt. Prinzips, (1958) 1964²; Probleme d. Hochschulreife, 1962. - Fachberater f. Pädagogik bei RGG³ II-VI.

Anthroposophie, 4; Fachschule; Foerster, F.W.; Grundschule; Kunsterziehung; Montessori; Payot; Psychologie II; Schulreform; Spiel II; Universität, 2; Willmann.

Scheuner, *Ulrich,* * 24.12.1903 Düsseldorf, Dr. jur. (1926). PDoz. f. Öffentl. Recht 1930 Berlin, o. Prof. 1933 Jena, 1940 Göttingen, 1942 Straßburg, 1949 Bonn.

Verfassungsschutz d. Eigentums (mit R.Reinhardt), 1954; Die staatskirchenrechtl. Tragweite d. niedersächs. Kirchenvertrages von Kloster Loccum (ZevKR 6, 1957/58, 1-37); Kirche u. Staat in d. neueren dt. Entwicklung (ebd 7, 1960, 225-273); Das Wesen d. Staates u. d. Begriff des Politischen in d. neueren Staatslehre (Staatsverfassung u. KO. Festg. f. R.Smend, 1962, 225-260).

Cäsaropapismus; Cura religionis; Episkopalismus, 2; Itio in partes; Ius in sacra; Kirche und Staat, 1-5; Kirchenhoheit; Kirchenregiment; Kollegialismus; Landeskirche; Recursus ab abusu; Reservatrechte; Staatskirche; Summepiskopat; Territorialismus; Zirkumskriptionsbulle.

Scheurl-Defersdorf, *Siegfried Freiherr von,* * 30.8. 1914 Nürnberg, Lic. theol. (1948). Vikar 1937 München, Wehrdienst 1937-45, Pfarrer 1945 Erlangen, Religionslehrer an höheren Lehranstalten 1947 (Bamberg, Nürnberg).

Die Theol. Fakultät Altdorf im Rahmen d. werdenden Univ. 1575-1623, 1949. - Bearb.: Th.Bock, Ein Gang durch die KG, (1950¹¹) 1962²⁰.

Altdorf; Soner.

Schieber, *Ernst,* * 12.5.1889 Machtolsheim Kr. Ulm. Pfarrer 1918 Asch Kr. Ulm, Münsterpfarrer 1926 Ulm, Wehrkreispfarrer 1933 Ludwigsburg, Kirchenrat, Dekan 1948 Ludwigsburg, 1959 i.R. (Stuttgart).

Pfarrervereine.

Schieffer, *Theodor,* * 11.7.1910 Bad Godesberg, Dr. phil. (1934). Mitarbeiter der Mon. Germ. Hist. 1936, Staatsarchivassessor 1939, Staatsarchivrat 1942 Berlin, Habilitation f. mittlere u. neuere Gesch. 1942; apl. Prof. 1946, ao. Prof. 1950, o. Prof. 1951 Mainz, 1954 Köln.

Die päpstl. Legaten in Frankreich 870-1130, 1935; Angelsachsen u. Franken (AAMz 1950, 20); Winfrid-Bonifatius u. d. christl. Grundlegung Europas, 1954; Die lothr. Kanzlei um 900, 1958; Die Urkunden Zwentibolds u. Ludwigs d. Kindes (MG, Dipl. Karol. Germ. IV), 1960.

Cluny; Hugo von Cluny; Majolus; Odilo; Odo.

Schiller, *Gertrud,* * 7.1.1905 Beerbach b. Nürnberg, seit 1928 in der Landeskirche Hamburg tätig, seit 1945 Leiterin des kirchl. Kunstdienstes.

Bilder zur Bibel 1-6, 1938-41; Die Boten Gottes, 1951; Die Offenbarung des Johannes, 1955; Hamburgs neue Kirchen, 1961.

Nimbus.

Schilling, *Werner,* * 20.12.1910 Naumburg/S., Dr. phil. (1948). Pfarrer 1942 Leipzig, 1952 Augsburg, 1955 Hof.

Feuerbach u. d. Religion, 1957; Religion u. Recht, 1957; Glaube u. Illusion. Von gegenwärtiger Theol. u. ev. Glaubensbegründung, 1960; Christus unter Brot u. Wein. Zur Kritik an d. luth. Bekenntnissen über d. Abendmahl, 1960.

Recht II; Staat II.

Schimank, *Hans,* * 17.3.1888 Berlin, Dr. phil. (1914), Dr. phil. nat. h.c. (1963, Frankfurt/M.). Assistent am Phys.-Chem. Institut 1914 Berlin, Hilfsbetriebsleiter am Kgl. Militär-Versuchsamt 1917 ebd; Studienrat 1919, Oberstudienrat 1950 Ingenieurschule Hamburg (1957 i.R.), dazu Honorar-Prof. f. Gesch. der exakten Wissenschaften 1942, kommiss. Leiter 1943, Leiter des Techn. Vorlesungswesens 1947-58 ebd.

Vollst. Bibliogr. in: J.C.Poggendorff, Biographisch-literar. Handwörterbuch d. exakten Naturwiss. VI/4, 1940, 2323f; VIIa Tl IV/1, 1961, 106f. Bes.: Zur Gesch. d. exakten Naturwissenschaften in Hamburg, 1928; Epochen d. Naturforschung, 1930; Otto von Guericke, 1936. - Mit-Hg.: Jul.Rob.Mayer u. d. Energieprinzip, 1942; Sudhoffs Archiv f. Gesch. d. Medizin, d. Naturwiss. u. Technik.

Naturwissenschaft I.

Schimmel, *Annemarie,* * 7.4.1922 Erfurt, Dr. phil. (1941), Dr. sc. rel. (1951). Doz. f. islam. Sprachen 1946, apl. Prof. 1953 Marburg, Prof. f. vergl. Religionsgesch. 1954-59 Univ. Ankara (Türkei), wiss. Rätin 1961 Bonn.

Kalif u. Kadi im spätma.lichen Ägypten, 1943; Die Bildersprache Dschelâladdîn Rûmîs, 1949; Dinler Tarihine Giriş, Ankara 1955; Die sīra des Ibn al-Khafīf as-Shīrāzī, ebd 1956; Gabriel's Wing. A Study on the Religious Ideas of Sir Muhammad Iqbal, Leiden 1963. - Übers.: Muhammad Iqbal, Buch d. Ewigkeit, 1957 (türk. 1958); Ders., Botschaft d. Ostens, 1963. - Hg.: Oriental. Dichtung in d. Übers. Fr.Rückerts, 1963. - Mit-Hg.: Lyrik d. Ostens, (1952) 1957⁴.

Akbar; Arabien I; Babismus; Bahai-Religion; Bruderschaften I; Drusen; Ekstase; Frau I; Geister, Dämonen, Engel I; Haar; Islam I; Kleidung I; Kuß; Opfer I; Schlange; Seelenvogel; Tanz I; Wein und Weinenthaltung, 1; Zahlensymbolik I.

Schlauck, *Siegfried,* * 4.9.1901 Berlin, Lic. theol. (1934). Pfarrer 1928 Bad Schönfließ/Neumark, 1946 Garz auf Rügen, Sup. 1950 ebd.

Die Not d. Konfirmationspraxis im Lichte jugendpsychol. Erkenntnisse, 1935.

Ritschl, Carl.

Schlechta, *Karl,* * 23.1.1904 Wien, Dr. phil. (1929). PDoz. f. Philos. 1938 Jena, 1938 Frankfurt/M., ao. Prof. 1946 Mainz, o. Prof. 1951 Techn. Hochschule Darmstadt.

Goethe in seinem Verhältnis zu Aristoteles, 1938; Erasmus von Rotterdam, 1940; Goethes Wilhelm Meister, 1953; Nietzsches Großer Mittag, 1954; Der Fall Nietzsche, 1958; International Nietzsche Bibliography (mit H.W.REICHERT), Chapel Hill 1960; Friedrich Nietzsche (mit A.ANDERS), 1962.

Nietzsche.

Schlesier, *Erhard,* * 10.7.1926 Chemnitz, Dr. phil. (1951). Forschungsassistent am Institut f. Völkerkunde 1951, PDoz. f. Völkerkunde 1956 Göttingen, o. Prof. u. Direktor des Museums f. Völkerkunde u. Vorgesch. 1962 Hamburg.

Die Erscheinungsformen d. Männerhauses u. d. Klubwesen in Mikronesien, 1953; Die Grundlagen d. Klanbildung, 1956; Die melanes. Geheimkulte, 1958; Über d. Zweisprachigkeit u. d. Stellung der Zweisprachigen in Melanesien, bes. auf Neuguinea (Beitr. z. Völkerforschung. H.Damm z. 65. Geb., 1961, 550-576). - Hg.: Völkerkundl. Beiträge zur Ozeanistik, seit 1959.

Männerbund; Mikronesien.

Schlesinger, *Walter,* * 28.4.1908 Glauchau/Sa., Dr. phil. (1935). Doz. f. mittlere u. neuere Gesch. 1940, ao. Prof. 1942-45 Leipzig, o. Prof. 1954 Freie Univ. Berlin, 1959 Frankfurt/M., 1964 Marburg.

Die Schönburgischen Lande bis zum Ausgang des MA, 1935; Die Entstehung d. Landesherrschaft I, 1941; Die Anfänge d. Stadt Chemnitz u. anderer mitteldt. Städte, 1952; Die Landesherrschaft d. Herren von Schönburg, 1954; Mitteldt. Beiträge zur dt. Verfassungsgesch. des MA, 1961; KG Sachsens im MA I. II, 1962; Beiträge zur dt. Verfassungsgesch. des MA I. II, 1963.

Sachsen, 1.

Schlette, *Heinz Robert,* * 28.7.1931 Wesel, Dr. theol. (1958), Dr. phil. (1959). Stipendiat der Dt. Forschungsgemeinschaft 1960-62, Prof. f. Philos. 1962 Päd. Hochschule Bonn.

Die Lehre von d. geistl. Kommunion bei Bonaventura, Albert d.Gr. u. Thomas von Aquin (MThS II, 17), 1959; Die Nichtigkeit d. Welt. Der philos. Horizont des Hugo von St. Viktor, 1961; Indisches bei Plotin (Einsicht u. Glaube. Festschr. G.Söhngen, hg.v. J.RATZINGER u. H.FRIES, 1962, 171-192); Der Anspruch d. Freiheit, 1963.

Zeitschriften II.

Schleyer, *Franz,* * 31.3.1913 Berlin, Dr. med. (1937). PDoz. f. gerichtl. Medizin 1950, apl. Prof. 1956 Bonn, o. Prof. 1964 Marburg.

Die Stigmatisation mit d. Blutmalen, 1948; Die Heilungen von Lourdes, 1949; Die Weisungen Benedikt's XIV. an d. Ritenkongregation zur Beurteilung von Wunderheilungen (AkathKR 123, 1949, 316-438); Gerinnungsfaktoren im Leichenblut, 1950; Blutalkohol (mit H.ELBEL), 1956; Postmortale klinisch-chem. Diagnostik u. Todeszeitbestimmung mit chem. u. physikal. Methoden, 1958. - Mit-Hg.: Methods of Forensic Science, New York-London 1962ff.

Stigmatisierte.

Schlingensiepen, *Ferdinand,* * 18.7.1929 Bonn, Ph.D. (1953; als Dr. theol. anerkannt). Auslandspfarrer 1955 Bradford (England), Konsistorialrat 1960 Berlin.

Angelsächsischer Einfluß auf das religiöse und kirchliche Leben in Deutschland; Bellamy; Henley; Kirchenlied I, 6; Manton; Moody; Mott; Mühlenberg, W. A.; Nightingale; Robertson; Shaftesbury, 2; Wither.

Schlink, *Edmund,* * 6.3.1903 Darmstadt, D. (1947, Mainz), D.D. (1953, Edinburgh), Lic. theol. (1930), Dr. theol. h.c. (1962, Paris), Dr. phil. (1927). Studentenpfarrer 1932 Techn. Hochschule Darmstadt, Habilitation 1934 Gießen, Doz. f. Syst. Theol. 1935 Theol. Schule Bethel, Visitator der Bek. Kirche 1939 Nassau-Hessen, Pfarrer 1941 Bielefeld, dazu Studiendirektor des Thomas-Stifts 1941 Straßburg, o. Prof. f. Dogmatik u. Ökum. Theol. 1946 Heidelberg.

Bibliogr. bis 1962: ThLZ 88, 1963, 469-474. Bes.: Der Mensch in d. Verkündigung d. Kirche, 1936; Theol. d. luth. Bekenntnisschriften, (1940) 1948³ (engl. 1961); Zum theol. Problem d. Musik (SgV 188), (1945) 1950²; Der Ertrag d. Kirchenkampfes, 1947; Bekennende Kirche u. Welt, 1947; Der Erhöhte spricht, (1948) 1954⁵; Der kommende Christus u. d. kirchl. Traditionen, 1961. - Hg.: Forschungen zur syst. u. ökum. Theol., seit 1962. - Mit-Hg.: ÖR, seit 1952; KuD, seit 1955; Theol. Bibliothek Töpelmann, seit 1961.

Antichrist III; Gott VI; Hoffnung III; Trinität IV; Urstand V.

Schlötterer, *Reinhold,* * 15.11.1925 München, Dr. phil. (1953), Assistent u. Lehrbeauftragter f. Musikwiss. in München.

Die kirchenmusikal. Terminologie d. griech. Kirchenväter (Phil Diss. München), 1953 (Masch.).

Akathistos Hymnos; Altchristliche Musik; Byzantinische Kirchenmusik; Hirmos; Hymnus, 2; Idiomelon; Kanon I, 6; Kontakion; Ode; Stichiron; Troparion.

Schlyter, *Herman,* * 20.4.1910 Aspö (Schweden), Dr. theol. (1946). Domprediger 1936 Lund, dazu Lehrbeauftragter f. Missionswiss. 1948 ebd, Sekretär der Missionskommission des Luth. Weltbundes 1949-52; Hauptpastor (Kyrkoherde) 1957 Malmö.

Bibliogr. bis 1955 in: Lunds stifts matrikel 1955, 444f; bis 1957 in: Lunds universitets bibliografi 1956-57, 126. Bes.: K.Gützlaff als Missionar in China, Lund 1946; Th.Hamberg, den förste svenske Kinamissionären, ebd 1952; The Hist. of the cooperating Lutheran Missions in Natal, Durham 1953. Ferner: »Swarta Sarah« och andra gestalter, 1963. - Mit-Hg.: Luthertum, 1951-63.

Gützlaff; Lechler, Rudolf; Schweden III.

Schmauch, *Werner,* * 12.3.1905 Herischdorf/Riesengeb., † 24.5.1964 Berlin, D. (1957, Bonn), Lic. theol. (1931). Pfarrer 1933 Groß-Weigelsdorf Kr. Oels/Schles., Dekan f. Niederschlesien u. Mitglied der Kirchenleitung 1945 Bad Warmbrunn u. Breslau, Kirchenrat 1947 Görlitz, Studienleiter des Sprachenkonvikts 1950/51 Berlin, Doz. f. NT 1952 Berlin; Prof. mit Lehrauftrag 1954, mit vollem Lehrauftrag 1956, mit Lehrstuhl 1958 Greifswald.

In Christus. Eine Unters. zur Sprache u. Theol. des Paulus, 1935; Orte d. Offenbarung u. d. Offenbarungsort im NT, 1955; Reich Gottes u. menschl. Existenz nach d. Bergpredigt (Königsherrschaft Christi [ThEx NF 64], 1958, 5-19). - Hg.: In memoriam Ernst Lohmeyer, 1950; E.LOHMEYER, Das Evgl. d. Matthäus (MeyerK, Sonder-Bd), (1956) 1962³; DERS., Die Briefe an d. Philipper, an d. Kolosser u. an Philemon (MeyerK[9]¹²), (1953) 1961.

Andreas, Apostel; Aretas; Bartholomäus, Apostel; Lohmeyer; Monotheismus und Polytheismus III.

Schmid, *Herbert,* * 17.7.1927 Augsburg, Dr. theol. (1954). Vikar 1951 Kaiserslautern, Pfarrer 1955 Speyer, Studienrat 1956 Frankenthal, 1960 Kaiserslautern, Doz. 1962 Päd. Hochschule ebd.

Jahwe u. d. Kulttraditionen von Jerusalem (ZAW 67, 1955, 168 bis 197); Beobachtungen an Gräbern (ZDPV 73, 1957, 59-72).

Begräbnis II; Tod II; Totenverehrung II; Trauerbräuche II.

Schmid, *Josef,* * 26.1.1893 Holzhausen b. Bad Aibling/Obb., Dr. theol. (1927), Dr. theol. h.c. (1958, Innsbruck). Kaplan 1920-27 München, PDoz. f. NT 1929 ebd; ao. Prof. 1931, o. Prof. 1945 Phil.-Theol. Hochschule Dillingen, 1951 München, em. 1959.

Vollst. Bibliogr. bis 1962 in: Nt. Aufsätze. Festschr. J.Schmid z. 70. Geb., 1963, 311-317. Bes.: Mt u. Lk. Unters. d. Verhältnisses ihrer Evangelien, 1931; Das Evgl. nach Mk, (1938) 1958⁴; Das Evgl.

nach Lk, (1940) 1960[4]; Das Evgl. nach Mt, (1948) 1959[4]; Studien zur Gesch. d. griech. Apk-Textes I/1. 2; II, 1955/56. - Mit-Hg.: Studien zum Alten u. NT, seit 1960. - Fachberater für NT bei LThK[2].

Andreas von Cäsarea; Florilegien; Ökumenius; Polychronius; Primasius; Scholien.

Schmid, *Toni (Antonia),* * 25.9.1897 Fischamend, Dr. phil. (1922), Fil. Dr. (1931), Dr. theol. h.c. (1958, Uppsala). Antiquarin an der Kgl. Akademie der Wissenschaften in Stockholm.

Den helige Sigfrid, Lund 1931; Sveriges kristnande, Stockholm 1934; Birgitta och hennes uppenbarelser, Lund 1940; The Cottonclad Mila, Stockholm 1952; Tantrisk Mark, ebd 1956; The Eightyfive Siddhas, ebd 1958; Buddhas vägar, ebd 1959; Saviours of Mankind, ebd 1961.

Lamaismus; Tibet I.

Schmidhäuser, *Eberhard,* * 10.10.1920 Stuttgart, Dr. jur. (1951). Richter am Landgericht 1949 Stuttgart, PDoz. f. Straf- u. Prozeßrecht 1955 Tübingen, o. Prof. 1959 Göttingen, 1963 Hamburg.

Gesinnungsmerkmale im Strafrecht, 1958; Vom Sinn d. Strafe, 1963.

Todesstrafe II.

Schmidt, *Alexandrine,* * 15.4.1906 Schwerin/Meckl. Landessekretärin der MBK-Arbeit 1929-37 in Mecklenburg u. Schleswig-Holstein, seit 1938 in der Zentrale in Bad Salzuflen, 1946-53 Generalsekretärin, dann Geschäftsführende Vorsitzende der Arbeitsgemeinschaft f. ev. Schülerinnen- u. Frauen-Bibel-Kreise (MBK), dazu der MBK-Mission.

MBK-Mission.

Schmidt, *Hermann,* * 9.10.1928 Bremen, Dr. phil. (1955). PDoz. f. Philos. 1961 München, Prof. f. Philos. der Pädagogik 1963 Hochschule Stuttgart-Ludwigsburg.

Der Begriff d. Erfahrungskontinuität bei William James u. seine Bedeutung f. d. amerik. Pragmatismus, 1959; Gottesschau u. Leidenschaft (ZW 32, 1961, 820-828); Der Nomosbegriff bei Carl Schmitt (Der Staat 2, 1963, 81-108).

Kulturphilosophie und Kulturwissenschaft.

Schmidt, *Kurt Dietrich,* * 25.10.1896 Uthlede Kr. Bremerhaven, † 27.7.1964 Hamburg, D. (1930, Göttingen), Lic. theol. (1923). PDoz. f. KG 1924 Göttingen, o. Prof. 1929 Kiel, abgesetzt 1935, Doz. 1936 Missionsseminar Hermannsburg, Prof. 1948 Kirchl. Hochschule Hamburg, o. Prof. 1952 Univ. Hamburg.

Ausgew. Bibliogr. in: ThLZ 90, 1965, 309-316. Bes.: Studien zur Gesch. d. Konzils von Trient, 1925; Die Bekenntnisse u. grundsätzl. Äußerungen zur Kirchenfrage 1933-35, 3 Bde, 1934-36; Die Bekehrung d. Germanen zum Christentum, 8 Lieferungen (Bd I u. II/1), 1936-42; German. Glaube u. Christentum, 1948; Grundriß d. KG, (1954) 1963[4]. - Hg.: Arbeiten zur Gesch. d. Kirchenkampfes, 1958 ff. - Mit-Hg.: QKK, 1954 ff; Arbeiten zur KG Hamburgs, 1958 ff; Die Kirche in ihrer Gesch., 1961 ff.

Beckx; Germanisierung des Christentums; Hamburg III; Jesuiten, 5; Madruzzo; Onus ecclesiae; Verden.

Schmidt, *Ludwig,* * 1.3.1924 Gießen. Pfarrer 1955 Herborn, Gymnasium 1958 Frankfurt/M., Pfarrer 1960 ebd.

Hg.: Gemeindeveranstaltungen. Arbeitshilfen u. Entwürfe, 12 Bde, 1960ff; Aber er hilft uns auch. 6 Bde zu d. Predigtreihen, 1963ff; Kleine Predigt-Typologie I. II, 1964ff.

Sagen und Legenden IV; Schulandachten; Wunder VII.

Schmidt, *Martin,* * 28.4.1909 Pockau/Erzgeb., D. (1962, Erlangen), D.D. (1955, Wartburg Theol. Seminary, Dubuque/Iowa), Dr. theol. (1936). Pfarrvikar 1934 Leipzig-Kleinzschocher, Pfarrer 1937 Kleinröhrsdorf Kr. Bischofswerda/Sa.; Habilitation 1942 (Anerkennung aus polit. Gründen verweigert), Doz. f. KG u. christl. Kunstgesch. 1946 Kirchl. Hochschule Berlin, dazu Prof. mit vollem Lehrauftrag 1948-49 Rostock, o. Prof. 1959 Mainz.

John Wesleys Bekehrung, 1938; John Wesley I, 1953 (engl. 1962); Wort Gottes u. Fremdlingschaft. Die Kirche vor d. Auswanderungsproblem d. 19.Jh.s, 1953; Der junge Wesley als Heidenmissionar u. Missionstheologe, 1955; Ev. KG Deutschlands von d. Reformation bis zur Gegenwart (Dt. Philologie im Aufriß III, [1957] 1962[2], 1729 bis 1848); Reformation als Geschichtsmacht, 1961; Das Zeitalter d. Pietismus (mit W. Jannasch), 1965. - Hg.: H. Stephan, Gesch. d. dt. ev. Theol. seit d. Dt. Idealismus, 1960[2].

Abbot; Adams; Alleine; Allen, William; Andrewes; Annoni; Anton; Arnold, Gottfr.; Asseburg; Augustin von Canterbury; Bahrdt; Barclay, 1. 2; Barrow, 1. 2; Basire; Beveridge; Biddle; Bilney; Blount; Böhme, A.W.; Boltzius; Bordelumsche Rotte; Bourignon; Bramhall; Breckling; Breithaupt; Brereley; Bridge; Broad Church Party; Browne, Rob.; Brüggeler Rotte; Bull; Burnet; Bury; Butler; Buttlarsche Rotte; Calamy, 1-3; Canterbury; Cartwright; Cave; Chalmers; Chillingworth; Clarke, John; Coke; Cosin; Coverdale; Cranmer; Cyprian, E.S.; Dannhauer; Deismus III; Dell; Dippel; Durie; Dwight; Einigungsbestrebungen II; Elisabeth I.; Eller; Emmons; England I. II; Everard; Fecht; Fell; Finney; Fisher, John; Fosdick; Fowler; Fox; Foxe; Frith; Frothingham, 1. 2; Gambold; Gardiner, Stephen; Geer; Geoffrey; Gibbon; Gibson; Gichtel; Gladstone; Gore; Gouge, 1. 2; Grabau; Grabe; Greenwood; Großgebauer; Guyon; Hales; Hall, 1. 2; Halyburton; Hamilton, 1. 2; Hardt; Harleß; Harms, Claus; Hartlieb; Hase; Hedinger; Hellmund; Henderson, Alex.; Herbert von Cherbury; Heß, J.J.; Hickes; Hoburg; Hochkirchliche Bewegung I; Hooker, 1. 2; Hooper; Hopkins, Sam.; Horneck; Howe; Humphrey; Jablonski; Jewel; Jurieu; Keach; Keble; Ken; Keswick-Bewegung; Kingsley; Kirchengeschichte I; Knox; Kongregationalismus; Labadie; La Rochefoucauld; Latimer; Laud; Lavigerie; Lavington; Law; Leipziger Disputation; Levellers; Lichtfreunde; Lightfoot, John; Lodenstein; London; Lütkemann; Mabillon; Mai; Malachias; Manchester; Maria Stuart; Marsay; Mather, 1. 2; Melville, Andreas; Methodismus I; Molanus; Molinos; Montfaucon; Moralische Wochenschriften; Moser, 1.2; Mosheim; Müller, Heinr.; Mystik VII; Netter; Neuzeit; Newman; Niclaes; Nitschmann (mit W. Jannasch); Oetinger; Owen, John; Oxford; Paley; Parker, Matthew; Pearson; Penn; Perkins; Petri, L.A.; Pfaff; Philadelphia, 1; Pietismus, 1-5; Pilgerväter; Poiret; Porst; Port Royal; Presbyterianer I; Preston; Priestley; Puritaner; Pusey; Quesnel; Quintomonarchisten; Ridley; Roberts (mit P. Fleisch); Robinson, John; Röhr; Rous (mit Th. Sippell); Rudelbach; Ruskin; Sachsen, 2-10; Saint-Martin; Saint-Simon; Saltmarsh; Sampson; Sangnier; Schelwig; Schmid, Joh.; Schubert, G.H.v.; Scougal; Scriver; Secker; Separatisten; Sherlock; Smith, R.P.; Southcott; Spalding; Spener; Stephan; Stillingfleet; Taylor, Jeremy; Terministischer Streit; Tersteegen; Tholuck; Thomas von Bradwardine; Thornton; Tillotson; Tindal; Toland; Travers; Tucker; Twisse; Tyndale; Unitarier; Universalismus; Vane; Venn; Visitation; Wake; Walch, 1. 2; Wales; Walther, C.F.W.; Walton; Warburton; Watson, 1-3; Wesley, 1. 2; Westminster; Whately; Whiston; White, E.G. (mit H.G. Haack); White, William; Whitefield; Whitehead, John; Whitgift; Wilberforce; Wilkinson; Williams, Roger; Wiseman; Wishart; Wolsey; Woolston; Wordsworth, Chr.; Wyclif; Yvon.

Schmidt, *Martin Anton,* * 20.7.1919 Wernburg b. Pössneck/Thür., Dr. theol. (1948). Pfarrer 1947-55 Kilchberg/BL (Schweiz), dazu PDoz. f. KG u. DG 1951 Basel; Instructor f. KG 1955, Assistant Prof. 1956 Emory Univ., Atlanta/Ga. (USA); Assistant Prof. 1958, Associate Prof. 1959, Prof. 1961 San Francisco Theol. Seminary, San Anselmo/Calif.

Prophet u. Tempel. Eine Studie zum Problem d. Gottesnähe im AT, 1948; Gottheit u. Trinität nach d. Kommentar des Gilbert Porreta zu Boethius, De Trinitate, 1956.

Abbo von Fleury; Adam Scotus; Adam von St. Viktor; Adelmann von Lüttich; Albornoz; Altmann von Passau; Alvaro Pelayo; Amalrich von Bena; Andreas von Longjumeau; Antonius von Padua; Augustin(us) Triumphus; Barletta; Berthold von Moosburg; Berthold von Regensburg; Bruno von Segni; David von Augsburg; David von Dinant; Deutsche Theologie; Dieburg; Dionysius der

Kartäuser; Dominikus; Eckehart; Eulogius von Cordoba; Fabri, Felix; Fonte Avellana; Franz von Paula; Gandulf; Geist V; Gennadius von Nowgorod; Gerhard von Brogne; Gertrud, 1. 2; Gilbert Porreta; Gottfried von Vendôme; Guitmund von Aversa; Heinrich von Nördlingen; Humbert von Romans; Johannes von Montecorvino; Johannes de Plano Carpini; Johannes Scotus Eriugena; Johannes Teutonicus; Jordan von Sachsen; Katharina, 2. 3; Kommunismus II; Mechthild, 1. 2; Merswin; Michael Scotus; Mystik VI (mit H.Dörries); Nikolaus von Amiens; Nikolaus von Basel; Nikolaus de Clémanges; Nikolaus von der Flüe; Nikolaus von Lyra; Nikolaus von Straßburg; Notker von Lüttich; Pecock; Petrus Cantor; Petrus von Poitiers; Raimund von Capua; Ricaldo; Rubruk; Scotismus; Seuse; Simon von Tournai; Spiritualen; Tauler; Theodulf von Orléans; Thomas von Celano; Venturino; Wilhelm von Champeaux; Wilhelm von Hirsau.

Schmidt, *Paul,* * 13.10.1888 Hohensaaten. Baptist. Prediger 1919-28 Breslau u. Zürich, bis 1936 Schriftleiter im Verlag J.G.Oncken, 1935-59 Direktor des Bundes Ev.-Freikirchl. Gemeinden (Baptisten) in Berlin, 1954 bis 1962 dt. Sekretär der Europ. Baptist. Missionsgesellschaft, seit 1958 Präsident der Dt. Ev. Allianz, dazu seit 1961 Präsident der Europ. Ev. Allianz.

Europäische Baptistische Missionsgesellschaft.

Schmidt, *Walther Eugen,* * 21.12.1874 Pottenstein/Böhmen, † 13.2.1959 Menziken Kt. Aargau (Schweiz), Dr. phil. (1905). Erzieher u. Internatsinspektor 1896 Königsfeld/Schw., Vikar 1902 Prag; Sekretär des Böhm.-Mähr. Werkes der Brüdergemeine 1907, Vorsitzender des Engen Rates der Brüderkirche in Böhmen u. Mähren 1916 Herrnhut, Pfarrer 1934 Bellinzona/Tessin, i.R. 1950.

Jubiläumsjahr (mit A.Erler).

Schmidt, *Werner,* * 9.6.1935 Mülheim/Ruhr, Dr. theol. (1960). PDoz. f. AT 1964 Mainz.

Königtum Gottes in Ugarit u. Israel (BZAW 80), 1961; Die Schöpfungsgesch. d. Priesterschrift, 1964.

Zehnten, 2.

Schmidt, *Wolfgang Amadeus,* * 28.4.1904 Helsingfors (Finnland), † 15.11.1959 Åbo, Dr. theol. (1934). Pfarrer 1928-38, Doz. f. KG 1937, ao. Prof. 1938, o. Prof. 1943 Åbo.

Die Kirche bei Irenäus, Helsinki 1934; Die Pfingstbewegung in Finnland, ebd 1936; Finlands kyrka genom tiderna, Stockholm 1940; Die Zisterzienser im Baltikum u. in Finnland, Helsinki 1941; Paul Juusten och Finlands gamla biskopskrönika, Rauma 1942; Kristillisen kirkon alkuajoilta, Helsinki 1943; Ur Finlands fromhetsliv under 1800-talet, Stockholm 1947; F.G.Hedberg, 1948.

Åbo; Agricola, Michael; Finnland I; Gezelius, 1-3; Johannsson.

Schmidt-Clausing, *Fritz,* * 25.10.1902 Berlin, Dr. theol. (1942). Pfarrer 1932 Potsdam, 1947 Berlin, 1960 i.R.

Zwingli als Liturgiker, 1952; Gesch. d. Hansaviertels, (1954) 1959^3. - Hg.: Jos.Wittig, Glauben u. Leben, (1954) 1959^2.

Blutwunder; Devotionalien; Fasten II; Fastenbriefe; Fegfeuer; Firmung; Gesetzgebungsrecht, liturgisches (mit W.Jannasch); Gesten, 2; Gnadenbilder; Gürtel; Heiltum; Herz Jesu; Herz Mariä; Hostie; Improperien; Kirchenfahne; Laizismus; Limbus; Litanei, 1; Maiandacht; Marienfeste; Marot; Nägel; Surgant; Volksfrömmigkeit I; Volksmission, kath.; Wallfahrt und Wallfahrtsorte II; Wittig.

Schmidt-Japing, *Johann Wilhelm,* * 13.3.1886 Dahlhausen/Wupper, † 8.1.1960 Braunschweig, D. (1931, Tübingen), Lic. theol. (1919), Dr. phil. (1923). PDoz. f. Philos. 1922, f. Syst. Theol. 1924, ao. Prof. 1929, o. Prof. 1935 Bonn, em. 1953; 1949 Leiter der Männerarbeit der Braunschweiger Landeskirche.

Die Bedeutung d. Person Jesu im Denken d. jungen Hegel, 1924; Lotzes Religionsphilos., 1925; Die christol. Anschauungen d. dialekt. Theol., 1926.

Akademikervereinigungen, christliche I.

Schmidt-Lauber, *Hans Christoph,* *4.2.1928 Lübeck, Dr. theol. (1953), M.A. (1952). Studentenreferent im Zentralbüro des Hilfswerks 1954, Pastor 1955 Lübeck-Siems, Leiter der Christl. Akademie 1961 Johannesburg (Südafrika).

Die Eucharistie als Entfaltung der verba testamenti, 1947.

Theologenaustausch.

Schmiedinghoff, *Erich,* * 15.2.1909 Burg Bez. Magdeburg. Prediger 1934 Rämismühle, Missionar der Ev. Karmelmission 1936 Palästina, Stadtmissionar 1940 Mannheim, EC Jugendarbeit 1949 Kassel, Missionsinspektor der Ev. Karmelmission 1952 Schorndorf/Württ.

Karmelmission.

Schmithals, *Walter,* * 14.12.1923 Wesel/Ndrh., Dr. theol. (1954). Pfarrer 1953-63 Raumland Kr. Wittgenstein, PDoz. f. NT 1962, Doz. 1963 Marburg.

Die Gnosis in Korinth (FRLANT NF 48), 1956; Das kirchl. Apostelamt (ebd 61), 1961; Paulus u. Jakobus (ebd 85), 1963.

Pastoralbriefe; Timotheus; Titus, 1.

Schmitt, *Franciscus Salesius,* * 20.12.1894 Neusattl b. Elbogen/Egerland, Dr. theol. h.c. (1962, Bonn). OSB, Eintritt in die Abtei Emaus in Prag 1916, Aussiedlung nach Grüssau/Schles. 1919, nach Bad Wimpfen 1947.

Ein neues, unvollendetes Werk d. hl. Anselm von Canterbury (BGPhMA 33, 3), 1936; Anselm von Canterbury, Proslogion. Unters.en, Lat.-dt. Ausg., 1962. - Hg.: Sancti Anselmi Cantuariensis archiepiscopi Opera omnia I-VI, 1938-62.

Anselm von Canterbury.

Schmitz, *Arnold,* * 11.7.1893 Sablon b. Metz, Dr. phil. (1919). PDoz. f. Musikwiss. 1921, ao. Prof. 1928 Bonn, o. Prof. 1929-45 Breslau, 1946 Mainz, em.

Beethovens »Zwei Prinzipe«, 1923; Beethoven, Unbekannte Skizzen u. Entwürfe, 1924; Das romant. Beethovenbild, 1927; Ein schles. Cantional aus d. 15.Jh. (AfMf 1, 1936, 385-423); Die Bildlichkeit d. wortgebundenen Musik J.S.Bachs, 1950. - Mit-Hg.: AfMw, seit 1952.

Figuren, 2.

Schmitz, *Carl-August,* * 4.8.1920 Köln, Dr. phil. (1954). PDoz. f. Ethnologie 1958 Köln, Konservator des Museums f. Völkerkunde 1961 Basel, dazu ao. Prof. 1963 ebd.

Balam. Der Tanz- u. Kultplatz in Melanesien, 1955; Hist. Probleme in Nordost-Neuguinea, 1960; Beiträge zur Ethnographie d. Wantoat-Tales, 1960; Wantoat. Art and Religion of the Mountain Papuans in Northeast-Newguinea, 's-Gravenhage 1963.

Menschenopfer, 1; Menstruation; Nacktheit; Namenglaube I; Wahrsager.

Schmitz, *Otto,* * 16.6.1883 Hummeltenberg Kr. Lennep, † 20.10.1957 Wuppertal-Elberfeld, D., Lic. theol. (1909). PDoz. f. NT 1910 Berlin, PDoz. u. Direktor der Ev. Predigerschule 1913 Basel, o. Prof. 1916 Münster, zwangspensioniert 1934, Doz. 1934 Theol. Schule Bethel, Direktor der Evangelistenschule Johanneum 1938 Wuppertal, Doz. 1945 Kirchl. Hochschule ebd.

Vollst. Bibliogr.: ThLZ 83, 1958, 593-602. Bes.: Die Opferanschauung d. späteren Judentums u. d. Opferaussagen des NT, 1910; Das Lebensgefühl d. Paulus, 1922; Aus d. Welt eines Gefangenen

(Phil), (1922) 1934[5.6]; Der Freiheitsgedanke bei Epiktet u. d. Freiheitszeugnis d. Paulus, 1923; Die Christus-Gemeinschaft d. Paulus im Lichte seines Genitivgebrauchs, 1924; Urchristl. Gemeindenöte (1Kor), (1939) 1939[2]; Apostol. Seelsorge (2Kor), 1940. - Hg.: Nt. Forschungen, 1923ff; Die urchristl. Botschaft, 1929ff; Die Furche, 1928-33.

Basel III.

Schmücker, *Franz Georg,* * 27.6.1926 Oestereiden b. Lippstadt, Dr. phil. (1956). Doz. 1962 Päd. Hochschule Weingarten.

Gilson; Marcel.

Schneemelcher, *Wilhelm,* * 21.8.1914 Berlin, D. (1954, Göttingen), Lic. theol. (1938). Pastor 1947 Sülbeck Kr. Einbeck, PDoz. f. KG 1949, apl. Prof. 1952 Göttingen, o. Prof. 1954 Bonn; 1957-63 Präsident des Fakultätentages der Ev.-Theol. Fakultäten in Deutschland.

Wesen u. Aufgabe d. Patristik (EvTh 10, 1950/51, 207-222); Das Problem d. DG (ZThK 48, 1951, 63-89); Der diakon. Dienst in d. alten Kirche (Das diakon. Amt d. Kirche, hg.v. H.Krimm, 1953, 60-101); Der Sermo »de anima et corpore« (Festschr. f. G.Dehn, 1957, 119-143); Das Problem d. Sprache in d. alten Kirche (Das Problem d. Sprache in Theol. u. Kirche, 1959, 55-67). - Hg.: E.Hennecke, Nt. Apokryphen in dt. Übers. I. II, 1959/64[3]; Bibliographia Patristica, seit 1959. - Mit-Hg.: ZKG.

Acacius von Cäsarea; Aetius; Alexander von Alexandrien; Amphilochius; Apollinaris von Laodicea; Arianischer Streit; Arius; Athanasius; Basilius von Ancyra; Christliche Welt und Freunde der Christlichen Welt; Dionysius von Alexandrien; Harnack, A.; Marcellus von Ancyra; Meletius von Antiochien; Paulinus von Antiochien; Photin; Theologentag.

Schneider, *Carl,* * 19.12.1900 Zwickau/Sa., Lic. theol. h.c. (Leipzig), Dr. phil. (1928). Ao. Prof. 1926 Springfield/Ohio (USA), o. Prof. f. NT u. hellenist. Religionsgesch. 1929 Herder-Institut Riga, dazu PDoz. 1930 Leipzig, o. Prof. 1935 Königsberg, lebt in Speyer.

Die Erlebnisechtheit der Apokalypse des Johannes, 1930; Nt. Zeitgesch., 1934; Geistesgesch. d. antiken Christentums I. II, 1954; Die Christen im röm. Weltreich (Historia Mundi IV, 1956, 311-335); Das Christentum (Propyläen-Weltgesch. IV, 1963, 429-485).

Numenius.

Schneider, *Johannes,* * 23.9.1895 Stadtoldendorf Kr. Holzminden, D. (1955, Berlin), Dr. theol. (1927), Dr. rer. pol. (1922). PDoz. f. NT 1930, ao. Prof. 1935 Berlin, mit der Wahrnehmung einer o. Professur 1937 in Breslau beauftragt, aber aus polit. Gründen nicht bestätigt, Gast-Prof. 1939/40 USA, ao. Prof. 1940 Berlin, o. Prof. 1950 ebd, em.

Friedrich Naumanns soziale Gedankenwelt, 1929; Die Passionsmystik d. Paulus (UNT 15), 1929; Die Gemeinde nach dem NT, (1939) 1955[3]; Die Taufe im NT, 1952; Der Hebräerbrief (Bibelhilfe 16), 1954; Taufe u. Gemeinde im NT, 1956; Die Frage nach d. hist. Jesus in d. nt. Forschung d. Gegenwart, 1958; Die Kirchenbriefe (NTD 10), 1961[9].

Erwählung II; Hebräerbrief.

Schneider, *Marius,* * 1.7.1903 Hagenau/Elsaß, Dr. phil. (1930). Leiter des Phonogramm-Archivs 1932 Berlin, Habilitation 1944 Barcelona, apl. Prof. f. vergl. Musikwiss. 1957 Köln.

Vollst. Bibliogr. in: MGG XI, 1904f. Bes.: Gesch. d. Mehrstimmigkeit I. II, 1934/35.

Musik II.

Schnellbach, *Jörg,* * 16.4.1932 Berlin-Spandau, Dr. theol. (1962), B.D. (1957). Assistent 1960/61 Kirchl. Hochschule Wuppertal, Pfarrer der Ev. Kirche in Hessen u. Nassau 1962, Tutor am Theol. College der Presbyterian. Kirche 1962 Nyasoso (Westkamerun).

Villegaignon.

Schönebaum, *Herbert,* * 20.9.1888 Dresden, Dr. phil. (1916). Assistent am Institut f. Kultur- u. Universalgesch. 1916, Oberassistent 1927 Leipzig, Doz. 1938 Hochschule f. Lehrerbildung ebd, Prof. des. 1945 Jena, entlassen 1945, lebt in Leipzig.

J.A.Comenius, Ausgew. Schriften zur Reform in Wiss. Religion u. Politik, 1924; Der junge Pestalozzi, 1927; Pestalozzi. Kampf u. Klärung, 1931; Pestalozzi. Kennen, Können, Wollen, 1937; Pestalozzi. Ernte u. Ausklang, 1942; Pestalozzi. Wesen u. Werk, 1954; Heinr. Pestalozzi u. Rußland, 1963. - Hg.: Pestalozzi, Sämtl. Werke VIII-XIV. XVI. XXI, 1927-64.

Pestalozzi.

Schoeps, *Hans-Joachim,* * 30.1.1909 Berlin, Dr. phil. (1932). Emigration nach Schweden 1938-46, PDoz. 1946 Marburg, ao. Prof. f. Religions- u. Geistesgesch. 1947, o. Prof. 1950 Erlangen.

Bibliogr. bis 1958 in: Lebendiger Geist. H.-J.Schoeps z. 50. Geb. (BZRGG 4), 1959, 243-252. Bes.: Theol. u. Gesch. d. Judenchristentums, 1949; Aus frühchristl. Zeit, 1950; Das andere Preußen, (1952) 1964[3]; Vorläufer Spenglers, (1953) 1955[2]. Ferner: Paulus. Die Theol. d. Apostels im Lichte d. jüd. Religionsgesch., 1959; Was ist u. was will d. Geistesgesch., 1959; Was ist der Mensch? Philos. Anthropologie als Geistesgesch. d. neuesten Zeit, 1960; Religionen. Wesen u. Gesch., 1961; Studien zur unbekannten Religions- u. Geistesgesch., 1963. - Hg.: ZRGG, seit 1948.

Ahasver; Elkesaiten; La Peyrère; Philosemitismus; Zehn verlorene Stämme Israels.

Scholder, *Klaus,* * 12.1.1930 Erlangen, Dr. phil. (1956). Pfarrverweser 1958 Bad Überkingen, Stiftsrepetent 1959 Tübingen, Stipendiat der Dt. Forschungsgemeinschaft 1963.

F.Chr.Baur als Historiker (EvTh 21, 1961, 435-458); Neuere dt. Gesch. u. prot. Theol. (ebd 23, 1963, 510-536). - Hg.: F.Chr.Baur, Ausgew. Werke in Einzelausgaben I-VI, 1963ff.

Neander, Aug.; Nicolai, Friedr.; Nicolovius; Niebuhr, B.G.; Nippold; Nitzsch, 1. 2; Romantik III; Schneckenburger; Vilmar, 1. 2.

Scholl, *Arno,* * 28.7.1930 Breslau, Dr. phil. (1958). Studienassessor 1960 Alzey.

Hofmannsthals essayistische Prosa (Phil. Diss. Mainz), 1958 (Masch.).

Hofmannsthal.

Schon (geb. Ehing), *Maria,* * 28.9.1912 Köln, Dr. phil. (1939). Lektorin f. Französisch 1952 Mainz.

Hauptphasen d. Molière-Kritik bis 1850, 1942.

Molière.

Schon, *Peter M.,* * 10.11.1912 Kastel Kr. Saarburg, Dr. phil. (1940). PDoz. f. roman. Philologie 1958, Wiss. Rat 1962 Mainz.

Vorformen d. Essays in Antike u. Humanismus, 1954; Studien zum Stil d. frühen franz. Prosa, 1960.

Baudelaire; Rabelais; Verlaine.

Schoos, *Jean,* * 8.6.1924 Luxemburg, Dr. phil. (1950). PDoz. f. ma.liche u. neuere Gesch. 1954, Doz. 1956, apl. Prof. 1963 Bonn.

Formation territoriale du Pays de Luxembourg au XIIIe siècle, Luxemburg 1950; Ligne-Luxembourg-Nassau, ebd 1950; Der Machtkampf zwischen Burgund u. Orléans unter d. Herzögen Philipp d. Kühnen, Johann ohne Furcht von Burgund u. Ludwig von Orléans, ebd 1956.

Luxemburg.

Schott, *Erdmann,* * 8.12.1900 Geischen Kr. Guhrau, D. (1954, Greifswald), Lic. theol. (1926). Pfarrer 1927 Brüderhaus Zoar bei Rothenburg/Lausitz, 1929 Dersekow, dazu PDoz. f. Syst. Theol. 1930 Greifswald; Prof. mit vollem Lehrauftrag 1953, Prof. mit Lehrstuhl 1954 Halle.

Vollst. Bibliogr. bis 1960: ThLZ 86, 1961, 393-398. Bes.: Fleisch u. Geist nach Luthers Lehre unter bes. Berücksichtigung d. Begriffes »totus homo«, 1928; Die zeitl. u. d. ewige Gerechtigkeit. Eine kontroverstheol. Unters. zum Konkordienbuch, 1955. - Hg.: H.MULERT, Konfessionskunde, 1956³; Solange es »heute« heißt. Festg. f. R.Hermann z. 70. Geb., 1957. - Mit-Hg.: Aufsätze u. Vorträge zur Theol. u. Religionswiss., seit 1958.

Amt III; Biblizismus, 1; Brunstäd; Character sacramentalis; Fides historica; Fides implicita; Gewißheit; Intention, 2; Kanon I, 1-5; Kattenbusch; Konfessionalismus; Oettingen; Pfleiderer; Ritschl, A.; Ritschlianer; Rothe, R.; Schaeder; Seeberg, R.; Spekulative Theologie; Strauß, D.F.; Symbolofideismus; Systematische Theologie II; Testimonium spiritus sancti internum; Traditionalismus; Verdienst IV; Vermittlungstheologie; Weber, H.E.; Willensfreiheit.

Schott, *Rüdiger,* * 10.12.1927 Bonn, Dr. phil. (1954), wiss. Assistent am Seminar f. wiss. Politik in Freiburg/Br.

Anfänge d. Privat- u. Planwirtschaft, 1955; Die Folgen d. europ. Ausbreitung f. d. überseeischen Völker (Historia Mundi VIII, 1959, 251-278); Religiöse u. soz. Bindungen d. Eigentums bei Naturvölkern (Paideuma 7, 1960, 115-132).

Handel I.

Schottenloher, *Otto,* * 7.9.1907 Bamberg, Dr. phil. (1931), Archivdirektor, Vorstand des Geh. Staatsarchivs in München.

Erasmus im Ringen um d. humanist. Bildungsform (RGST 61), 1933; Erasmus, Johann Poppenruyter u. d. Entstehung des Enchiridion militis christiani (ARG 45, 1954, 109-116). - Hg.: P.JOACHIMSEN, Die Reformation als Epoche d. dt. Gesch., 1951; Archival. Zs., seit 1954.

Erasmus.

Schottroff, *Willy,* * 25.1.1931 Frankfurt/M., Dr. theol. (1961). Wiss. Assistent (AT) 1962 Mainz.

»Gedenken« im Alten Orient u. im AT. Die Wurzel zākar im semit. Sprachkreis (WMzANT 15), 1964.

Moore, G.F.; Morinus; Weltreiche; Zadok.

Schrader, *Marianna,* * 24.2.1882 Darmstadt, OSB, Chorfrau, Archivarin der Abtei St. Hildegard in Rüdesheim-Eibingen.

Heimat u. Sippe d. dt. Seherin Sankt Hildegard, 1941; Die hl. Hildegard (Nass. Lebensbilder III, 1948, 1-34); Die Echtheit d. Schrifttums d. hl. Hildegard von Bingen (mit A.FÜHRKÖTTER), 1956.

Hildegard von Bingen.

Schrage, *Wolfgang,* * 30.7.1928 Hagen-Haspe, Dr. theol. (1959). PDoz. f. NT 1962 Kiel, 1963 Tübingen, o. Prof. 1964 Bonn.

Die konkreten Einzelgebote in d. paulin. Paränese, 1961; »Ekklesia« u. »Synagoge«. Zum Ursprung d. urchristl. Kirchenbegriffs (ZThK 60, 1963, 178-202); Das Verhältnis d. Thomas-Evangeliums zur synopt. Tradition u. zu d. kopt. Bibelübersetzungen (BZNW 29), 1964; Die Stellung zur Welt bei Paulus, Epiktet u. in d. Apokalyptik (ZThK 61, 1964, 125-154).

Soden, Hermann v.; Tischendorf.

Schramm, *Edmund,* * 17.5.1902 Würzburg, Dr. phil. (1927). Assistent bei der Dt. Wiss. Vermittlungsstelle 1926 Madrid, Studienrat 1929 ebd; PDoz. f. roman. Philologie 1932, apl. Prof. 1938 Greifswald, Wehrdienst 1939-45, o. Prof. 1946 Mainz; Begründer u. Rektor der Staatl. Dolmetscherhochschule Germersheim 1946-49, Direktor des Auslands- u. Dolmetscherinstituts der Univ. Mainz in Germersheim 1949-54.

Donoso Cortés, Leben u. Werk eines span. Antiliberalen, 1935; Donoso Cortés, su vida y su pensamiento, Madrid 1936; Die Einwirkung d. span. Lit. auf die deutsche (Dt. Philologie im Aufriß III, [1957] 1962², 147-200). - Mit-Hg.: Mainzer romanist. Arbeiten; Span. Forschungen d. Görres-Ges.

Bernanos; Bloy; Calderón; Claudel; Jammes.

Schramm, *Percy Ernst,* * 14.10.1894 Hamburg, Dr. phil. (1922). PDoz. f. mittlere u. neuere Gesch. 1924 Heidelberg, o. Prof. 1929 Göttingen, em. 1963.

Kaiser, Rom u. Renovatio I. II, (1929) 1957²; Gesch. d. engl. Königtums im Lichte d. Krönung, 1937 (engl. 1937); Der König von Frankreich I. II, (1939) 1960²; Hamburg, Deutschland u. d. Welt, (1943) 1952²; Deutschland u. Übersee, 1950; Herrschaftszeichen u. Staatssymbolik I-III, 1954-56; Sphaira, Globus, Reichsapfel, 1958; Kriegstagebuch des OKW 1944/45, 1961.

Herrschaftszeichen.

Schreiber, *Johannes,* * 11.12.1927 Gahlen Kr. Dinslaken, Dr. theol. (1960). Studienrat 1959 Bayreuth.

Die Christologie des MkEv (ZThK 58, 1961, 154-183).

Sohn Gottes II.

Schrenk, *Gottlob,* * 10.2.1879 Frankfurt/M., D. (1923, Münster). Pfarrer 1908 Heiligenhaus/Ndrh., Inspektor der Ostafrikamission 1911 Bethel, Doz. f. NT 1913 Theol. Schule ebd, o. Prof. 1923 Zürich, em. 1949, lebt in Arosa.

Gottesreich u. Bund im älteren Protestantismus, vornehmlich bei Joh.Coccejus (BFChTh II, 5), 1923; Die Weissagung über Israel im NT, 1951; Studien zu Paulus (AThANT 26), 1954.

Jäger (mit E.H.PÄLTZ); May (mit J.F.G.GOETERS); Momma (mit J.F.G.GOETERS).

Schrey, *Heinz-Horst,* * 16.9.1911 Freiburg/Br., D. (1950, Bonn), S.T.M. (1936), Dr. theol. (1939). Doz. f. Syst. Theol. 1947-55 Tübingen, Bonn u. Marburg, Prof. der Theol. 1955-61 Tübingen u. Päd. Hochschule Berlin, Rektor 1962 Päd. Hochschule Heidelberg.

Existenz u. Offenbarung, 1947; Die schwed. Theol. d. Gegenwart, 1951 (Mikrokopie); Die Generation d. Entscheidung, 1955; Weltbild u. Glaube im 20.Jh., 1955; Gerechtigkeit in bibl. Sicht, 1955. - Hg.: Glauben u. Handeln. Grundprobleme ev. Ethik, 1956; Christl. Daseinsgestaltung. Äußerungen ev. Ethik zu Fragen d. Gegenwart, 1958. - Fachberater für Konfessionskunde, Kirchenkunde, Ökumene u. relig. Lage der Gegenwart bei RGG³.

Abbreviaturen, 2; Antonianer, 3; Apologetik III; Arbeitsgemeinschaft christlicher Kirchen in Deutschland; Atomwaffen; Balthasar; Birgittenorden, 2; Brasilien (mit M.GUTIERREZ-MARIN); Caritas (mit O.OHL); Christentum IV B; Church of the Brethren; Community Church; Deutschland III (mit J.BECKMANN); Einigungsbestrebungen IV. VI; Elisabeth von der Dreifaltigkeit; Forsyth; Frankreich II, 1; Franziskaner (mit PH.HOFMEISTER); Friede; Grade, theologische; International Bible Reading Association; International Council of Christian Churches; Katholisch-sozial; Keller, Adolf; Kirche VII; Klerus und Laien, 1 (mit ST.ZANKOW); Krieg V; Luthertum III B (mit M.KIUNKE); Metzger; Niebuhr, 2. 3; Nomokanon (mit ST.ZANKOW); Protestantismus II; Social Gospel; Sozialismus II; Theodizee II; Theologie II; Theologiestudium; Weltbild IV.

Schröder, *Christel Matthias,* * 18.1.1915 Elsfleth/Wesermarsch, Dr. phil. (1936). Pfarrer 1940 Jever/Oldbg., 1951 Bremen.

Rasse u. Religion, 1937; Die »Bremer Beiträge«, 1956. - Hg.: Die Religionen d. Menschheit, seit 1960; Klassiker d. Protestantismus, seit 1962.

Archiv für Religionswissenschaft; Gifford-Lectures; Heiler.

Schröder, *Walter Johannes,* * 12.5.1910 Dahmen/ Meckl., Dr. phil. (1933). PDoz. f. Dt. Philologie 1948 Rostock, 1952 Frankfurt/M., apl. Prof. 1958 ebd; ao. Prof. 1960, o. Prof. 1960 Mainz.

Fritz Stavenhagen. Leben u. Werk, 1937; Der Ritter zwischen Welt u. Gott. Idee u. Problem d. Parzivalromans Wolframs von Eschenbach, 1952; Der dichterische Plan d. Parzivalromans (BGDSL 74, 1952, 160-192. 409-453; separat 1953); Das Nibelungenlied. Versuch einer Deutung (ebd 76, 1954, 56-143); Spielmannsepik, 1962; Die Soltane-Erzählung in Wolframs Parzival, 1963.

Gottfried von Straßburg; Hartmann von Aue; Mittelalterliche Literatur II; Walther von der Vogelweide; Wolfram von Eschenbach.

Schrupp, *Ernst,* * 6.4.1915 Wuppertal. Theol. Lehrer 1948 Wiedenest b. Köln, Missions- u. Schulleiter 1959 ebd.

Blicke in d. Weltmission, 1953.

Missionshilfe Wiedenest.

Schubert, *Ernst,* * 6.5.1876 Görlitz, † 29.1.1943 Berlin, D., Dr. phil. (1897). Hilfsprediger 1902 Sorau, Militärhilfsprediger 1904 Spandau, Botschaftsprediger 1905 Rom, Felddivisionspfarrer 1915, Pfarrer 1919 Berlin-Schmargendorf, 1920 Rom, 1928 Berlin, dazu 1931 Konsistorialrat, 1938 Oberkonsistorialrat.

Bologna II (mit Th.Elwert).

Schubert, *Katharina,* * 30.10.1904 Neustadt/OS, seit 1929 im Dienst der Morgenländischen Frauenmission in Berlin-Lichterfelde, Oberin des Missions- u. Altersheims.

Morgenländische Frauenmission.

Schubring, *Walther,* * 10.12.1881 Lübeck, Dr. phil. (1905), Dr. phil. h.c. PDoz. f. Indologie 1917 Berlin, o. Prof. 1920 Hamburg, em. 1950.

Ācārānga, 1910; Dasaveyāliya, 1926; Worte Mahāvīras, 1926; Die Lehre der Jainas, 1935 (engl. 1962).

Jinismus; Mahâvîra.

Schütz, *Roland,* * 12.10.1883 Kassel, D. (1926, Gießen), Dr. phil. (1908). PDoz. f. NT 1919, ao. Prof. 1924 Kiel, Prof. 1926 Päd. Hochschule ebd, Amtsenthebung 1934, 1946 i.R., lebt in Ludwigsburg.

Die Prinzipien d. Philos. Schleiermachers (Phil. Diss. Berlin), 1908; Der parallele Bau d. Satzglieder im NT (FRLANT NF 11), 1921; Apostel u. Jünger, 1921; Das NT f. d. dt. Jugend, 1928; Die Offenbarung d. Johannes u. Kaiser Domitian (FRLANT NF 32), 1933; Humor u. Ironie bei Jesus u. Paulus, 1958.

Andreasakten; Antichrist I; Apokalyptik III; Barnabasbrief; Epistola Apostolorum.

Schütz, *Wilhelm,* * 14.12.1895 Wuppertal-Elberfeld, Dr. theol. (1925). Pfarrer 1926 Haan/Rhld., Direktor des Domkandidatenstifts 1928 Berlin, Vorbildungsdezernent im Ev. Oberkirchenrat (Oberkonsistorialrat) 1936 ebd, Pfarrer 1939 ebd, 1947 Bonn, Direktor u. Vorsteher der Duisburger Diakonenanstalt 1952, i.R. 1964.

Das JohEv, übers. u. ausgelegt, (1936) 1962; Die Briefe d. Johannes, übers. u. ausgelegt, 1954.

Innere Mission.

Schulte, *Walter,* * 29.3.1910 Frankfurt/M., Dr. med. (1934). Assistent u. Oberarzt der Univ.-Nervenklinik 1936-47 Jena, dazu Doz. f. Neurologie u. Psychiatrie 1943 ebd; leitender Arzt der klinisch-neurol.-psychiatr. Abtlg. Haus Morija 1947-54 Bethel, dazu Lehrtätigkeit an der Theol. Schule ebd; Direktor der Landesheil- u. Krankenanstalt 1954 Gütersloh, dazu apl. Prof. 1954 Münster; o. Prof. f. Psychiatrie u. Nervenheilkunde u. Direktor der Univ.-Nervenklinik 1960 Tübingen.

Die synkopalen Anfälle, (1943) 1949²; Hirnorganische Dauerschäden nach schwerer Dystrophie, 1953; Klinik d. Anstalts-Psychiatrie, 1962; Studien zur heutigen Psychotherapie, 1964. - Teilw. Bibliogr. von Zs.-Aufsätzen: WuD NF 3, 1952, 193f; 4, 1955, 185f; 5, 1957, 211.

Sucht u. Suchtgefahren.

Schultz, *Hans Jürgen,* * 19.9.1928 Hamburg. Verlagslektor 1950, Leiter der Abtlg. Kirchenfunk 1957-62, der Hauptabteilung »Erziehung u. religiöses Wort« 1963 Süddt. Rundfunk Stuttgart.

Weltlich von Gott reden, 1963; Konversion zur Welt, 1964. - Hg.: Kritik an d. Kirche, (1958) 1962⁵; Frömmigkeit in einer weltl. Welt, (1959) 1961²; Juden, Christen, Deutsche, (1961) 1962³; Theol. f. Nichttheologen, 4 Bde, 1963-65.

Rundfunk, 3.

Schulz, *Gerhard,* * 24.8.1924 Sommerfeld/NL, Dr. phil. (1952). PDoz. f. neuere Gesch. u. Wissenschaft von der Politik 1960, ao. Prof. 1962, o. Prof. 1963 Tübingen.

Parteien in der Bundesrepublik (mit M.G.Lange u.a.), 1955; Die nat.soz. Machtergreifung (mit K.D.Bracher u. W.Sauer), (1960) 1962²; Zwischen Demokratie u. Diktatur, 1963.

Selbstverwaltung I.

Schulz, *Siegfried,* * 28.6.1927 Rummelsburg, Dr. theol. (1953). PDoz. f. NT 1957 Erlangen; ao. Prof. 1961, o. Prof. 1964 Zürich.

Unters.en zur Menschensohn-Christologie im JohEv, 1957; Die Decke des Moses (ZNW 49, 1958, 1-30); Zur Rechtfertigung aus Gnaden in Qumran u. bei Paulus (ZThK 56, 1959, 155-185); Komposition u. Herkunft d. Johanneischen Reden (BWANT V, 1), 1960; Die Bedeutung neuer Gnosisfunde f. d. nt. Wiss. (ThR NF 26, 1960, 209-266. 301-334); Markus u. das AT (ZThK 58, 1961, 184-197); Die röm.-kath. Exegese zwischen hist.-krit. Methode u. lehramtl. Machtspruch (EvTh 22, 1962, 141-156); Maranatha u. Kyrios Jesus (ZNW 53, 1962, 125-144).

Salomo-Oden.

Schulz, *Walter,* * 18.11.1912 Gnadenfeld/OS, Dr. phil. (1944). PDoz. f. Philos. 1951 Heidelberg, o. Prof. 1955 Tübingen.

Über d. philosophiegesch. Ort Martin Heideggers (PhR 1, 1953/54, 65-93. 211-232); Die Vollendung d. Dt. Idealismus in d. Spätphilos. Schellings, 1955; Der Gott d. neuzeitl. Metaphysik, (1957) 1963³; Das Problem d. absoluten Reflexion (Einsichten. G.Krüger z. 60. Geb., 1962, 334-360; separat 1963); J.G.Fichte. Vernunft u. Freiheit, 1962.

Heidegger, Martin; Metaphysik; Schelling.

Schulze, *Berthold,* * 5.2.1904 Berlin, † 21.8.1963 ebd, Dr. phil. (1928), Staatsarchivrat 1945 Berlin.

Brandenburg. Landesteilungen 1258-1317, 1928; Die Reform d. Verwaltungsbezirke in Brandenburg u. Pommern 1809-18, 1931; Neue Siedlungen in Brandenburg 1500-1800, 1939; Brandenburg. Besitzstandkarte d. 16.Jh.s, 1962.

Brandenburg II, 1-6 (mit L.Zscharnack).

Schumann, *Friedrich Karl,* * 15.6.1886 Meßkirch/Baden, † 21.5.1960 Münster, Dr. theol. (1923), Dr. theol. h.c. (1929, Basel; 1935, Debrecen), Dr. phil. (1913). Stadtvikar 1909 Mannheim, Pfarrer 1913 Triberg/

Schwarzwald, PDoz. f. Syst. Theol. 1924, ao. Prof. 1928 Tübingen, o. Prof. 1929 Gießen, 1932 Halle, Leiter der Ev. Forschungsakademie 1948 Hemer, Honorar-Prof. 1951, em. o. Prof. 1955 Münster.

Vollst. Bibliogr. bis 1956 in: F.K.SCHUMANN, Wort u. Gestalt, 1956, 393-400 u. ThLZ 81, 1956, 633-638. Bes.: Religion u. Wirklichkeit, 1913; Der Gottesgedanke u. d. Zerfall d. Moderne, 1929; Um Kirche u. Leben. Ges. Aufs. u. Vorträge, 1936; Wort u. Wirklichkeit, 1951; Wort u. Gestalt. Ges. Aufs., 1956. Ferner: Mythos u. Technik, 1958.

Ehescheidung; Gehorsam, 2. 3.

Schunck, *Klaus-Dietrich,* * 18.6.1927 Breslau, Dr. theol. (1953). Doz. f. AT 1962 Greifswald.

Die Quellen d. I. u. II. Makkabäerbuches, 1954; Benjamin. Unters.en zur Entstehung u. Gesch. eines israel. Stammes (BZAW 86), 1963.

Makkabäerbücher, 1. 2.

Schuster, *Kurt,* * 28.6.1914 Nierstein, † 13.6.1963 Heidelberg, Dr. theol. (1956). Offizier (Generalstab des Heeres) 1938-45, Pfarrer 1952 Rüsselsheim/Main, Männerwerkspfarrer 1957 Darmstadt, Pfarrer 1959 Schlangenbad.

Gruppe, Gemeinschaft, Kirche. Gruppenbildung bei Zinzendorf (ThEx NF 85), 1960. - Mitarbeit an: Gemeindeveranstaltungen, hg.v. L.SCHMIDT, II u. IV/1. 2, 1960/62.

Arbeiter II; Gruppenbildung; Industrie III, 1; Männerarbeit der ev. Kirche; Reeg; Schade; Sozialpfarrer; Vereinswesen I.

Schwager, *Klaus,* * 20.7.1925 Kabul (Afghanistan), Dr. phil. (1952). Assistent an der Bibliotheca Hertziana 1956 Rom, Gast-Doz. 1960, Associate Prof. f. Kunstgesch. 1962 John Hopkins Univ., Baltimore/Md. (USA).

Bildhauerwerkstätten d. 18.Jh.s im schwäb. Voralpengebiet I. II, 1955/63; Zur Bautätigkeit Sixtus V. an S. Maria Maggiore in Rom (Misc. Bibliothecae Hertzianae, 1960, 324-354); Kardinal Pietro Aldobrandinis Villa di Belvedere in Frascati (Röm. Jb. f. Kunstgesch. 9, 1962, 289-383).

Rom II.

Schwarz, *Reinhard,* * 18.11.1929 Liepe auf Usedom, Dr. theol. (1959). Mitarbeiter der Kommission zur Herausgabe der Werke Martin Luthers 1953 Tübingen, Akad. Rat 1963 ebd.

Fides, spes u. caritas beim jungen Luther (AKG 34), 1962. - Mit-Hg. der Neu-Edition von Luthers 1. Pss-Vorlesung (WA 55/I. II), 1963ff.

Raimund Martin(i); Paulus von Burgos; Thomas von Straßburg; Torquemada, Juan de; Wilhelm von St. Thierry.

Schwarzenberger, *Georg,* * 20.5.1908 Heilbronn, Dr. jur. (1930), Ph.D. (1936). Sekretär 1934, Direktor des London Institute of World Affairs 1943, dazu Doz. f. Völkerrecht 1938 Univ. College, 1945 Univ. London, Prof. 1962 ebd.

The League of Nations and World Order, London 1936; Power Politics, ebd (1941) 1964³ (dt. 1955, span. 1960); International Law and Totalitarian Lawlessness, ebd 1943; International Law I: Intern. Law as Applied by Intern. Courts and Tribunals, ebd (1945) 1957³; A Manual of International Law, ebd (1947) 1960⁴ (dt. 1951); The Legality of Nuclear Weapons, ebd 1958; The Frontiers of Intern. Law, ebd 1962. - Mit-Hg.: Yearbook of World Affairs, seit 1947; Current Legal Problems, seit 1948; Library of World Affairs, seit 1959.

Völkerrecht.

Schwarzhaupt, *Elisabeth,* * 7.1.1901 Frankfurt/M., Dr. jur. (1934). Mitarbeiterin an der städt. Rechtsauskunftstelle 1930 Frankfurt/M., Hilfsrichterin 1932 ebd u. Dortmund, durch den NS-Staat nicht mehr beschäftigt, jurist. Mitarbeiterin beim Reichsbund der Kleinrentner 1934 Berlin, jurist. Referentin in zentralen Dienststellen der Ev. Kirche 1936-58 (ab 1948 im Kirchl. Außenamt), MdB 1953, Bundesministerin f. Gesundheitswesen 1961.

Auslandsgemeinden I, 4; Frau IV.

Schweigl, *Joseph,* * 9.11.1894 Flaurling b. Innsbruck (Österreich), SJ (1915). Prof. am Päpstl. Oriental. Institut 1927-33 Rom, seit 1935 Mitglied der Kommission für die Herausgabe der slaw. liturg. Bücher, seit 1936 Prof. an der Päpstl. Gregorianischen Univ.

Die Hierarchien d. getrennten Orthodoxie in Sowjetrußland I. II (OrChr 46 u. 54), 1928/29.

Diario Romano; Rußland II.

Schweitzer, *Carl Gunther,* * 22.12.1889 Berlin, † 20.6. 1965 Bonn, D. (1931, Rostock), Dr. phil. (1921). Pfarrer 1917 Butterfelde/Neumark, 1919 Potsdam, Direktor der Apologet. Centrale im Central-Ausschuß der Inneren Mission 1921 Berlin-Spandau, dazu Doz. am Sozialeth. Institut der Univ., Sup. (Potsdam II) 1932 Wustermark, zwangsbeurlaubt 1937, Leiter des Wistow Training Centre for Post-War Christian Service 1939-47 England, Leiter der Ev. Sozialakademie 1949 Friedewald, Lehrbeauftragter f. Innere Mission u. Sozialethik 1954 Bonn.

Bibliogr. bis 1954 in: Wir sind gefordert (Festschr. z. 65. Geb.), 1954, 231. Bes.: Bismarcks Stellung zum christl. Staat, 1923; Antwort d. Glaubens. Hdb. d. neuen Apologetik, 1929; Freidenkertum u. Kirche (mit W.KÜNNETH), 1932; Von Luther zur modernen Industriewelt, 1957. - Hg.: Wort u. Tat, 1925-35; Arzt u. Seelsorger (Schriftenreihe), 1925-33; Das relig. Deutschland d. Gegenwart I. II, 1928/29.

Apologetik IV.

Schweitzer, *Wolfgang,* * 8.7.1916 Erlangen, Dr. theol. (1944). Pfarrverweser 1943 Stuttgart, Sekretär in der Studienabteilung des Ökum. Rates 1946-52 Genf, PDoz. f. Syst. Theol. 1951 Heidelberg, Prof. 1955 Theol. Schule Bethel.

Bibliogr. bis 1962: WuD NF 4, 1955, 186f; 5, 1957, 212; 6, 1959, 215f; 7, 1963, 186f. Bes.: Schrift u. Dogma in d. Ökumene, 1953; Freiheit zum Leben. Grundfragen d. Ethik, 1959. - Mit-Hg.: Die Autorität d. Bibel heute, 1951 (engl. 1951); ZEE, seit 1957; Spannungsfelder d. ev. Soziallehre (Festschr. f. H.-D.Wendland), 1960; JK, seit 1961.

Politik II; Sozialethik; Staat III.

Schweizer, *Eduard,* * 18.4.1913 Basel (Schweiz), D. (1950, Mainz), D.D. (1963, St. Andrews), Dr. theol. (1938). Pfarrer 1936 Basel, 1938 Nesslau/St. Gallen, PDoz. f. NT 1941 Zürich, o. Prof. 1947 Mainz, 1949 Bonn, 1949 Zürich.

Ego Eimi (FRLANT NF 38), 1939; 1. Petrusbrief, (1942) 1949²; Erniedrigung u. Erhöhung bei Jesus u. seinen Nachfolgern (AThANT 28), (1955) 1962²; Gemeinde u. Gemeindeordnung im NT (ebd 35), (1959) 1962²; Lordship and Discipleship, London 1960; Church Order in the NT, ebd 1961; Neotestamentica. Aufs. zur nt. Theol., 1963.

Abendmahl I; Diodor von Tarsus; Fleisch und Geist II; Gerechtigkeit Gottes III.

Schwitzke, *Heinz,* * 13.2.1908 Helbra, Dr. phil. (1930). Literar. Leiter am Deutschlandsender 1932 Berlin, Wehrdienst u. Kriegsgefangenschaft 1938-48, Aufbau u. Leitung der Kirchl. Rundfunkzentrale 1948 Bethel, Leiter der Hörspielabteilung des Norddt. Rundfunks 1951 Hamburg.

Das Hörspiel. Dramaturgie u. Gesch., 1963.

Fernsehen, 1. 3.

Schwonke, *Martin,* * 9.2.1923 Marienwerder/Westpr., Dr. phil. (1956). Prof. f. Soziologie 1962 Päd. Hochschule Göttingen.

Vom Staatsroman zur Science Fiction. Eine Unters. über Gesch. u. Funktion d. naturwiss.-techn.Utopie, 1957.

Film, 1.

Scott, *Percy,* * 14.11.1910 South Clifton/Nottinghamshire (England), B.D. (1935), Dr. theol. (1938). Pfarrer 1937 Exeter, 1939 Stockton-on-Tees, 1945 Leeds, Prof. am Hartley Victoria College 1947 Manchester, Principal 1959 ebd.

John Wesleys Lehre von d. Heiligung, verglichen mit einem luth.-pietist. Beispiel, 1939.

Coleridge; Dissenters; Doddridge; Drummond, 2. 3; Fairbairn; Fletcher; Foster; Fuller; Garvie; Harris; Henry; Hibbert; Hicks; Hügel; Jumpers; Kensit; Lidgett.

Seidler, *Manfred,* * 4.12.1922 Königsberg/Pr., Dr. phil. (1953), Studienrat in Bonn.

Strukturanalysen der Romane »Der Prozeß« u. »Das Schloß« von Franz Kafka (Phil. Diss. Bonn), 1953 (Masch.); Moderne Lyrik im Deutschunterricht, 1963. - Hg.: Prosaformen d. dt. Lit. im 20.Jh., 1962.

Chesterton; Greene; Waugh.

Seidlmayer, *Michael,* * 4.4.1902 Straubing/Ndb., † 14.3.1961 Würzburg, Dr. phil. (1926). PDoz. f. ma.-liche Gesch. 1933 München, 1940 aus polit. Gründen vorübergehend entlassen, o. Prof. 1946 Würzburg.

Die Anfänge d. großen abendländ. Schismas, 1940; Gesch. d. ital. Volkes u. Staates, 1940; Das MA. Umriß u. Ergebnisse d. Zeitalters, 1948; Weltbild u. Kultur Deutschlands im MA, (1953) 1957² (engl. 1960); Nikolaus von Cues u. d. Humanismus (Studien u. Texte zur Geistesgesch. d. MA, 1953, 1-38); »Una religio in rituum varietate«. Zur Religionsauffassung des Nikolaus von Cues (AKultG 36, 1954, 145-207); Petrarca, das Urbild des Humanisten (ebd 40, 1958, 141 bis 193); Religiös-ethische Probleme d. ital. Humanismus (Germ.-roman. Monatschrift NF 8, 1958, 105-126); Conrad Celtis (Jb. f. fränk. Landesforschung 19, 1959, 395-416); Gesch. Italiens, 1962.

Ficino; Nikolaus von Kues; Poggio.

Seifert, *Horst,* * 16.12.1929 Berlin. Studienrat 1962 Bonn-Duisdorf.

Helmont.

Seils, *Martin,* * 4.7.1927 Schlatkow Kr. Greifswald, Dr. theol. (1953). Wiss. Assistent u. Lehrbeauftragter 1953 Rostock, 1955 Halle; Provinzialpfarrer u. Doz. f. KG 1960, f. Syst. Theol. 1963 Katechet. Oberseminar Naumburg.

Theol. Aspekte zur gegenw. Hamann-Deutung, 1957; Wirklichkeit u. Wort bei J.G.Hamann, 1961; Das ökum. Konzil in d. luth. Theol. (Die ökum. Konzile d. Christenheit, 1961, 333-372); J.G.Hamann, Schürze von Feigenblättern, kritisch hg. u. erklärt (J.G.Hamanns Hauptschriften V, 1962, 263-372); Der Gedanke vom Zusammenwirken Gottes u. d. Menschen in Luthers Theol., 1962; Entkleidung u. Verklärung. Eine Auswahl aus Schriften u. Briefen des »Magus im Norden«, 1963.

Hamann.

Selms, *Adrianus van,* * 22.1.1906 Amsterdam (Niederl.), Dr. theol. (1933). Pfarrer der Ned. Herv. Kerk 1930 Hansweert, 1935 Culemborg; Senior-Lektor f. semit. Sprachen 1938, o. Prof. 1948 Univ. Pretoria (Südafrika), 1940-46 Kriegsdienst u. Kriegsgefangenschaft.

De babylonische termini voor zonde, Wageningen 1933; Ezra en Nehemia (TeU), Groningen 1935; Kronieken I. II (TeU), ebd 1939/48; Arabies-Afrikaanse studies I, Amsterdam 1951; Marriage and Family Life in Ugaritic Lit., Pretoria 1954; De verscheurde stad, 's-Gravenhage 1956; De rol der lofprijzingen, Baarn 1957. - Hg.: Pretoria Oriental Series, seit 1954.

Diaspora I, 1-6.

Sengle, *Friedrich,* * 14.11.1909 Tellicherry (Indien), Dr. phil. (1936). Wehrdienst 1939-45, Doz. f. neuere dt. Literaturgesch. 1944 Tübingen, ao. Prof. 1951 Köln, o. Prof. 1952 Marburg, 1959 Heidelberg.

Wieland. Leben, Werk, Welt, 1949; Das dt. Geschichtsdrama, 1952. - Mit-Hg.: DVfLG, 1956-61.

Wieland.

Seppelt, *Franz Xaver,* * 13.1.1883 Breslau, † 25.7. 1956 München, Dr. theol. (1907). Priesterweihe 1906, PDoz. f. mittlere u. neuere KG 1910, ao. Prof. 1915, o. Prof. 1920 Breslau, 1946 München, em. 1952.

Fast vollst. Bibliogr. in: Studien zur hist. Theol. Festg. f. F.X.Seppelt, hg.v. W.Dürig u. B.Panzram, 1953, 213-220. Bes.: Papstgesch. von d. Anfängen bis zur Gegenwart, (1933) 1949⁵; Gesch. d. Päpste I, (1934) 1954²; II, (1934) 1955²; III, 1956; IV, (1941) 1957²; V, (1936) 1959².

Seltmann (mit F.W.Kantzenbach).

Sevenster, *Gerhard,* * 13.11.1895 Beets (Niederl.), Dr. theol. (1929). Pfarrer der Ned. Herv. Kerk 1921 Anloo, 1924 Terschelling, Prof. der Ned. Herv. Kerk f. Bibl. u. Prakt. Theol. 1933 Leiden, o. Prof. f. NT 1953 ebd.

Ethiek en Eschatologie in de synopt. evangelien, 1929; De liefdeprediking in Evangelie en Humanisme, Assen 1933; De Christologie van het NT, Amsterdam (1946) 1948²; De verwachting van een nabij koninkrijk in het NT, Leiden 1962. - Mit-Hg.: Cultuurgeschiedenis van het Christendom, Amsterdam 1948.

Christologie I.

Sicard, *Harald von,* * 17.5.1900 St. Petersburg (Rußland), Dr. theol. h.c. (1958, Uppsala). Im Dienst der Schwed. Kirchenmission 1926 Südrhodesien, Literaturmissionar 1955 Uppsala, Propst h.c. 1957.

Bibliogr. 1921-57: Svensk Missionstidskrift 45, 1957, 167-174. Ferner: Tron, Afrika och kommunismen, Kopenhagen 1960; Den kristna missionens historia (mit K.B.Westman), Stockholm 1960 (dt. 1962); Karanga-Märchen I, Lund 1964.

Afrika I. III.

Sicherl, *Martin,* * 14.12.1914 Mirschowitz/Böhmen, Dr. phil. (1937). PDoz. f. klass. Philologie 1955, apl. Prof. 1961 Mainz; ao. Prof. 1963, o. Prof. 1964 Münster/Westf.

Manuel Glynzunios (ByZ 49, 1956, 34-54); Die Hss., Ausg.n u. Übers.en von Iamblichos De mysteriis (TU 62), 1957; De textu Somnii Scipionis constituendo (RheinMus 102, 1959, 266-286. 346 bis 364); Beiträge zur Kritik u. Erklärung des Favonius Eulogius (AAMz 1959, 10); Michael Psellos u. Iamblichos De myst. (ByZ 53, 1960, 8-19); Vermeintl. Versinterpolationen in Ovids Heroides (Hermes 91, 1963, 190-212); Zwei Reuchlinfunde aus d. Pariser Nationalbibl. (AAMz 1963, 7).

Iamblichus.

Siebeck, *Richard,* * 10.4.1883 Freiburg/Br., † 15.5.1965 Heidelberg, D. (1952, Heidelberg), Dr. med. (1907) PDoz. f. Innere Medizin 1912 Heidelberg, o. Prof. 1924 Bonn, 1931 Heidelberg, 1934 Berlin (Charité), 1941 Heidelberg, em. 1952.

Vollst. Bibliogr. in: Medicus Viator. Fragen u. Gedanken am Wege R.Siebecks. Festg. z. 75. Geb., 1959, 365-376. Bes.: Medizin in Bewegung, (1949) 1953²; Über d. Schmerz (Antwort. K.Barth z. 70. Geb., 1956, 700-711); Die Einheit des Menschen in ihrer Bedeutung f. d. mediz. Wiss. (Gottesdienst - Menschendienst. E.Thurneysen z. 70. Geb., 1958, 175-188).

Leiden V.

Siebeck, *Werner,* * 14.3.1891 Freiburg/Br., † 10.9. 1934 Tübingen, Verlagsbuchhändler, seit 1919 Mitinhaber des Verlages J.C.B.Mohr (Paul Siebeck).

Müller, Georg.

Sieber, *Marc,* * 23.12.1927 Basel (Schweiz), Dr. phil. (1952). PDoz. f. neuere allg. Gesch. u. schweiz. Gesch. 1961 Basel.

Das Nachleben d. Alemannen in d. schweiz. Geschichtsschreibung, 1953; Die Univ. Basel u. d. Eidgenossenschaft 1460-1529. Eidgen. Studenten in Basel, 1960. - Mit-Hg.: Die Matrikel d. Univ. Basel II. III, 1956/62.

Heynlin; Philippi.

Simon, *Helmut,* * 1.1.1922 Ruh Bez. Köln, Dr. jur. (1952). Richter 1953 Düsseldorf, wiss. Hilfsarbeiter am Bundesgerichtshof 1957 Karlsruhe, Oberlandesgerichtsrat 1961 Düsseldorf, dazu Lehrbeauftragter f. Rechts- u. Staatswiss. an der Kirchl. Hochschule Wuppertal.

Die krit. Frage Karl Barths an d. moderne Rechtstheol. (Antwort. K.Barth z. 70. Geb., 1956, 346-356); Art. 4 Abs. 3 d. Grundgesetzes (Ev. Stimmen zur Frage d. Wehrdienstes, 1956, 43-57); Die ev. Christen vor d. Frage nach d. Naturrecht (Hören u. Handeln. Festschr. f. E.Wolf, 1962, 341-361); Katholisierung d. Rechts?, 1962. - Mit-Hg.: Christusbekenntnis im Atomzeitalter?, 1959; Unterwegs (Zeitbuchreihe).

Kriegsdienstverweigerung.

Simon, *Marcel,* * 10.4.1907 Husseren-Wesserling/Elsaß, Agrégé d'Histoire (1931), Dr. phil. (1946). Mitglied der Ecole Française de Rome 1932, des Institut Français de Berlin 1934, Schul-Prof. 1936 Straßburg, Lehrbeauftragter an der Philos. Fakultät 1941 ebd (bzw. Clermont-Ferrand), o. Prof. f. vergl. Religionsgesch. 1947 Straßburg.

Verus Israel. Etude sur les relations entre Chrétiens et Juifs dans l'Empire romain, Paris 1948; Les premiers Chrétiens, ebd 1952; Hercule et le christianisme, ebd 1955; St. Stephen and the Hellenists in the Primitive Church, London 1958; Les sectes juives au temps de Jésus, Paris 1960; Recherches d'histoire judéo-chrétienne, ebd 1962.

Alfaric; Israel im NT und in der Alten Kirche.

Simon, *Matthias,* * 10.6.1893 Wernsbach b. Ansbach, D. (1953, Erlangen), Lic. theol. (1926). Pfarrer 1925 Arzberg, Studienrat 1932 Nürnberg, Pfarrer 1936 Augsburg, Direktor des Landeskirchl. Archivs 1947 Nürnberg, dazu Lehrbeauftragter f. Kirchenkunde 1950 Kirchl. Hochschule Neuendettelsau, i.R. 1963.

Vollst. Bibliogr. bis 1962: ZBKG 32, 1963, 1-10. Bes.: Arzberger Heimatbuch, (1926) 1952²; Bayreuthisches Pfarrerbuch, 1931; Ev. KG Bayerns, (1942) 1952²; Mission u. Bekenntnis in d. Entwicklung d. Ev.-Luth. Zentralmissionsvereins f. Bayern, 1953; Ansbachisches Pfarrerbuch, 1957; Die Ev.-Luth. Kirche in Bayern im 19. u. 20.Jh., 1961; Sehling XI: Bayern I: Franken, 1961; XII: Bayern II: Schwaben, 1963; XIII: Bayern III: Ostbayern, 1965; Das Schenkungsbuch von St. Johannis in Ansbach aus d. Jahre 1351, 1962. - Hg.: ZBKG, seit 1952; Einzelarbeiten aus d. KG Bayerns, seit 1952.

Agricola, Stephan; Althamer; Amerbach; Billicanus; Dilherr; Eisengrein; Förner; Gallus, Nik.; Haner, Joh.; Heidenheim; Heintz; Herbst; Huberinus; Karg; Kitzingen; Linck; Naogeorgus; Niethammer; Pflacher; Roth, K.J.F.; Rurer; Saubert; Schedel; Schornbaum; Spizel; Stählin, Adolf; Territorialkirchengeschichte; Veit; Venatorius.

Simon, *Paul,* * 15.11.1902 Köln, Dr. theol. (1952). Seit 1927 in verschiedenen Stellen des Schuldienstes u. der Seelsorge tätig, seit 1951 Assistent beim Albertus-Magnus-Institut in Bonn.

Geyer, Bernhard.

Simonsen, *Vagn Lundgaard,* Dr. phil., lebt in Charlottenlund/Dänemark (nähere Angaben waren nicht zu erhalten).

Maritain; Mounier.

Simonsson, *Nils,* * 12.11.1920 Offerdal (Schweden), Dr. phil. (1957). Doz. f. Sanskrit 1957 Uppsala, o. Prof. 1963 Oslo.

Indisk filosofi: Sānkhya, Stockholm 1955; Indo-tibet. Studien. Die Methoden d. tibet. Übersetzer, unters. im Hinblick auf d. Bedeutung ihrer Übers.en f. d. Sanskritphilologie I, Uppsala 1957. - Mit-Hg.: Orientalia Suecana, seit 1960.

Weltbild I B.

Singer, *Hans-Rudolf,* * 6.4.1925 Altenstadt-Waldnaab/Oberpfalz, Dr. phil. (1958). Lehrbeauftragter f. Semitistik 1957, wiss. Assistent 1959 Erlangen.

Neuarab. Fragewörter (Phil. Diss. Erlangen), 1958.

Sionita.

Sippell, *Theodor,* * 22.10.1871 Schweinsberg, † 15.11. 1958 Marburg, D. (1921, Marburg). Pfarrer 1896 Tann/Rhön, 1903-21 Schweinsberg, Doz. f. engl. KG 1923-36 Marburg.

Zur Vorgesch. d. Quäkertums, 1920; Werdendes Quäkertum, 1937.

Rous (mit M.Schmidt).

Skrobucha, *Heinz,* * 2.10.1916 Königsberg/Pr. Offizier 1935-45, wiss. Mitarbeiter 1956, Kustos des Ikonenmuseums 1959 Recklinghausen.

Welt d. Ikonen, (1957) 1963; Sinai, 1959; Von Geist u. Gestalt d. Ikonen, 1961; Meisterwerke d. Ikonenmalerei, 1961; Die Botschaft d. Ikonen, 1961. - Hg.: Iconographia Ecclesiae Orientalis, seit 1962.

Sinai-Kloster.

Slagmolen, *Gerrit Leendert,* * 3.5.1914 Amsterdam (Niederl.). Seit 1934 als Musikkritiker u. Kirchenmusiker in Utrecht tätig.

Muzieklexicon, Utrecht (1957) 1958².

Valerius.

Sløk, *Johannes,* * 27.4.1916 Frederiksberg (Dänemark), Dr. theol. (1947). Pfarrer 1944 Aarhus, Universitätslektor 1949, Prof. f. Syst. Theol. 1959 Aarhus.

Forsynstanken, Kopenhagen 1947; Die Formbildung d. Sprache u. d. Kategorie d. Verkündigung, ebd 1951; Die Anthropologie Kierkegaards, ebd 1954; Tradition og nybrud. Pico della Mirandola, ebd 1957.

Dänemark II; Mythos und Mythologie I; Spekulation II; Sprache III.

Smalley, *Beryl,* * 3.6.1905 Cheadle/Cheshire (England), Fellow of the British Academy, M.A., Ph.D. Assistant Lecturer am Royal Holloway College 1931 London, Research Fellow am Girton College 1935-38 Cambridge, Assistentin im Department of Western MSS. 1940 Bodleian Library, History Tutor an St. Hilda's College 1943 Oxford.

The Study of the Bible in the Middle Ages, Oxford (1940) 1952²; English Austin Friars and Antiquity in the Early 14th Century, ebd 1960.

Glossa Ordinaria.

Smend, *Rudolf,* * 15.1.1882 Basel, D. (1930, Berlin), Dr. jur. (1904), Dr. rer. pol. h.c. (1962, Berlin). PDoz. f. öffentl. Recht u. Kirchenrecht 1908 Kiel, ao. Prof. 1909 Greifswald, o. Prof. 1911 Tübingen, 1915 Bonn, 1922 Berlin, 1935 Göttingen, em. 1950.

Bibliogr. bis 1954 in: R.Smend, Staatsrechtl. Abh.en, 1955, 462 bis 464; bis 1961 in: Staatsverfassung u. KO. Festg. f. R.Smend z. 80. Geb., 1962, 463-466. Bes.: Das Reichskammergericht I, 1911; Verfassung u. Verfassungsrecht, 1928; Staatsrechtl. Abh.en u. andere Aufsätze, 1955. - Mit-Hg.: AÖR, 1926-33 u. seit 1948; ZevKR, seit 1951; Sehling VIff, seit 1955.

Disziplinarrecht; Göttingen; Kirchenrecht II B; Kirchenverfassung VII; Mejer.

Smit, *Wisse Alfred Pierre,* * 6.12.1903 Heumen (Niederl.), Dr. phil. (1928). Lehrer 1928 Bandung (Java), Direktor der Höheren Mädchenschule 1934 Deventer, Prof. f. niederl. Lit. 1946 Utrecht.

De dichter Revius, Amsterdam 1928; Dichters der Reformatie, Groningen 1939; Van Pascha tot Noah I-III, Zwolle 1956-62. - Hg.: Revius, Overysselsche Sangen en Dichten I. II. Amsterdam 1930/35; Jan van der Noot, Het Bosken en Het Theatre, ebd 1953. - Mit-Hg.: De Nieuwe Taalgids, seit 1947.

Vondel.

Smith, *Eugene L.,* * 13.4.1912 Rockwell City/Iowa (USA), D.D. (Willamette Univ., Salem/Or.), Ph.D., Hon. D.Litt. (American Univ., Washington/D.C.). Methodist. Pfarrer 1938 Roselle/N.J., 1944 Jersey City, 1947 Brooklyn, Generalsekretär der Abtlg. f. Weltmission beim Board of Missions of the Methodist Church 1949 New York.

The Power within us, Nashville 1948; They gird the Earth for Christ, ebd 1952; God's Mission - and Ours, ebd 1961.

Methodismus II.

Smith, *John Edwin,* * 27.5.1921 Brooklyn/N.Y. (USA), B.A. (1942), B.D. (1945), Ph.D. (1948), M.A. (Hon.) (1959, Yale Univ.). Doz. f. Religion u. Philos. 1945, f. Philos. 1946, Assistant Prof. 1948 Columbia Univ.; Assistant Prof. 1952, Associate Prof. 1956, Prof. 1959 Yale Univ., New Haven/Conn.

Royce's Social Infinite, 1950; Value Convictions and Higher Education, 1958; Reason and God, 1961; The Spirit of American Philosophy, 1963. - Hg.: Jonathan Edwards, Treatise concerning Religious Affections, 1959.

Vereinigte Staaten von Amerika III.

Smolitsch, *Igor,* * 27.1.1898 Uman (Rußland), Dr. phil. (1934), Privatgelehrter in Berlin, seit 1958 auch Mitarbeiter des Ost-Europa-Instituts an der Freien Univ.

Leben u. Lehre d. Starzen, (1936) 1952²; Das altruss. Mönchtum, 1940; Russ. Mönchtum. Entstehung, Entwicklung u. Wesen, 1953; Gesch. d. russ. Kirche 1700-1917 I, 1964.

Kiew, 2; Laura; Solowki-Kloster; Stauropegion; Troice-Sergiew-Kloster; Walaam-Kloster; Wasserweihe.

Smylie, *James Hutchinson,* * 20.10.1925 Huntington/Va. (USA), B.A. (1946), B.D. (1949), Th.M. (1950), Th.D. (1958). Hilfsprediger 1950-52 University City/Mo.; Teaching Fellow 1949/50 u. 1952-56, Doz. f. KG 1956, Assistant Prof. 1959 Princeton Theol. Seminary, Princeton/N.J., Visiting Prof. 1962 Union Theol. Seminary, Richmond/Va.

American Clergymen and the Constitution of the USA (Diss. Princeton Theol. Seminary), 1958.

Vereinigte Staaten von Amerika I.

Soden, *Hans Freiherr von:* 6, 114.

Altchristliche Literaturgeschichte (mit K.Aland); Lentulusbrief (mit W.Eltester).

Soden, *Wolfram Freiherr von,* * 19.6.1908 Berlin, Dr. phil. (1931). PDoz. f. Assyriologie 1934, ao. Prof. 1936 Göttingen, o. Prof. 1940-45 Berlin, Lehrbeauftragter 1950 Göttingen, o. Prof. f. altsemit. Philologie u. oriental. Altertumskunde 1955 Wien, 1961 Münster.

Die akkad. Synonymenlisten, 1933; Der Aufstieg d. Assyrerreichs als gesch. Problem, 1937; Das akkad. Syllabar, 1948; Grundriß d. akkad. Grammatik, 1952; Sumerische u. akkad. Hymnen u. Gebete (mit A.Falkenstein), 1953; Herrscher im alten Orient, 1954; Akkad. Handwörterbuch, 1959ff; Zweisprachigkeit in d. geistigen Kultur Babyloniens, 1960; Sumer, Babylon u. Hethiter bis zur Mitte d. 2.Jt.s vChr (Propyläen-Weltgesch. I, 1961, 523-609); Der Nahe Osten im Altertum (ebd II, 1962, 39-133).

Assyrien; Attis; Auferstehung I; Ausgrabungen II; Babylon; Babylonien I; Berossos; Dagon; Hölle I, 2; Höllenfahrt, 2; Kamoš; Königtum, sakrales; Liturgie I, 2; Muttergottheiten, 2; Nebukadnezar II.; Nimrod; Prostitution I; Semiten; Sintflut I; Stadtkult, 2; Stierdienst; Susa; Ur.

Söderblom, *Nathan:* 6, 115f.

Macht I (mit C.-M.Edsman).

Søe, *Niels Hansen,* * 29.11.1895 Spettrup (Dänemark), Dr. theol. h.c. (1951, Oslo). Pfarrer 1925 Hvidovre, 1930 Shanghai; ao. Prof. f. Syst. Theol. 1934, o. Prof. 1939 Kopenhagen.

Kristelig Gudstro og videnskabelig Verdensforklaring, Kopenhagen 1925; Erkendelsen og Virkeliggørelsen af det gode, ebd 1937; Karl Barths Bibelopfattelse, ebd 1939; Kristelig Etik, ebd (1942) 1962⁵ (dt. 1949, 1957²); Fra Renaessancen til vore Dage, ebd (1945) 1960²; Karl Marx og Marxismen, ebd 1951; Religionsfilosofi, ebd (1955) 1963². - Mit-Hg.: DTT, 1938-61; Illustreret Religionsleksikon, 1948-50; Kirkens Verden, seit 1959.

Krankheit II; Nachfolge Christi III; Religionsphilosophie I; Selbstmord II.

Sólyom, *Jenö,* * 25.7.1904 Klausenburg (Rumänien), Dr. theol. (1933). Religionslehrer 1931 Budapest; ao. Prof. f. ung. prot. KG u. Kirchenrecht 1938, o. Prof. 1941 Sopron, Prof. an der Ev.-theol. Akademie 1950-58 Sopron bzw. (seit 1951) Budapest, wiss. Mitarbeiter am Ev. Landeskirchenarchiv 1959 ebd.

Luther és Magyarország (Luther u. Ungarn), 1933; Az egyház története (KG) (mit D.Wiczián), 2 Bde, (1942) 1948.

Kossuth; Masznyik; Pröhle; Raffay; Sopron; Széchenyi; Székács; Szlávik.

Sommer, *Carl Ernst,* * 2.12.1911 Mamuret-ul-Asis (Türkei), Dr. phil. (1935). Bis 1950 Studienrat in Montabaur; Doz. f. Katechetik u. KG am Predigerseminar der Methodistenkirche 1951 Frankfurt/M., Seminardirektor 1953 ebd.

Studien zu d. Gedichten d. Wandsbecker Boten, 1953. - Hg.: Unterweise mich, Herr, nach deinem Wort, seit 1952.

Nast; Nuelsen.

Sommerlath, *Ernst,* * 23.1.1889 Hannover, D. (1926, Leipzig), Lic. theol. (1917). Pastor 1919 Hannover, PDoz. f. Syst. Theol. 1921, ao. Prof. 1924, o. Prof. u. 2. Universitätsprediger 1926 Leipzig, em. 1958; Dompropst des Kollegiatstifts Wurzen 1945, des Hochstifts Meißen 1955, Präsident des Luth. Einigungswerkes 1946.

Vollst. Bibliogr. bis 1962: ThLZ 74, 1949, 49f; 84, 1959, 73f; 89, 1964, 153f. Bes.: Der Ursprung d. neuen Lebens nach Paulus, (1923) 1927²; Unsere Zukunftshoffnung, 1928; Sakrament u. Gegenwart, 1930; Der Sinn d. Abendmahls nach Luthers Gedanken über d. Abendmahl 1527-29, 1930; Hauptthemen d. Dogmatik (Grundriß d. Theologiestudiums III, hg.v. M.Doerne, 1952, 16-65); Amt u. allg. Priestertum (SThKAB 5), 1953; Gesetz u. Evangelium, 1955; Der sakramentale Charakter d. Absolution nach Luthers Schrift »Von den Schlüsseln« (Die Leibhaftigkeit d. Wortes. Festg. f. A.Köberle, 1958, 210-232); Die Katholizität d. Kirche (Stat crux dum volvitur orbis. Festschr. f. H.Lilje, 1959, 148-158); Zum anthropolog. Gehalt d. Liturgie (Reich Gottes u. Wirklichkeit. Festg. f. A.D.Müller, 1961,

96-112). - Hg.: ThLBl, 1933-43; ThLZ, seit 1958. - Mit-Hg.: ThLBl, 1927-32; ThLZ, 1943-58; Arbeiten zur Gesch. u. Theol. d. Luthertums, seit 1954.

Abendmahl III, 1; Gnadenmittel; Sakramente II, 1; Taufe IV, 1.

Sovik, *Arne,* * 9.6.1918 Kikungshan (China), B.Th. (1943), B.A. (1939), Ph.D. (1952). Missionar 1943-47 China, ao. Prof. f. Religion am Concordia College 1949 Moorhead/Minn., Referent f. Missionsfragen beim National Lutheran Council 1950 Chicago, Präsident der Luth. Mission 1952 Taiwan (Formosa), stellv. Direktor 1955, Direktor der Abteilung Weltmission im Luth. Weltbund 1957 Genf.

Taiwan.

Specht, *Rainer,* * 10.1.1930 Olpe, Dr. phil. (1954). PDoz. f. Philos. 1964 Hamburg.

Suárez.

Sprengler, *Gerhard,* * 2.10.1899 Gnadau, Dr. phil. (1923). Pfarrer 1949 Göttingen.

Froböß; Frommel, Max; Guericke; Huschke.

Spuler, *Bertold,* * 5.12.1911 Karlsruhe, Dr. theol. h.c. (1962, Bern), Dr. phil. (1935). Doz. f. Orientalistik 1939 Göttingen, o. Prof. 1942 München, 1945 Göttingen, f. Islamkunde 1948 Hamburg.

Die europ. Diplomatie in Konstantinopel, 1935; Die Minderheitenschulen d. europ. Türkei, 1936; Die Mongolen in Iran, (1939) 1955² (türk. 1948); Die Goldene Horde. Die Mongolen in Rußland 1223-1502, (1943) 1964²; Die Gegenwartslage d. Ostkirchen, 1948; Gesch. d. islam. Länder I. II, (1948) 1952/53² (engl. 1960); Iran in früh-islam. Zeit, 1952; Regenten u. Regierungen d. Welt (seit 1492), (1953) 1963²; Gesch. d. morgenländ. Kirchen, 1964 (auch HO VIII/2); Les Mongols dans l'histoire, 1961. - Hg.: Der Islam, seit 1949; HO, seit 1952. - Mit-Hg.: Saeculum, seit 1952; Das hist.-polit. Buch, seit 1953; IKZ, seit 1958.

Armenien II; Cypern, 2; Georg der Araberbischof; Goldziher; Jakob Baradaios; Jakob von Edessa; Jakob von Nisibis; Jakob von Sarug; Jakobiten; Johannes von Ephesus; Iran V; Isaak von Antiochien; Isaak von Ninive; Islamforschung; Jugoslawien, 1. 2; Kalif; Kleinasien, 4; Kopten I; Koran; Mahdi; Maroniten; Mongolen, 1. 2; Muhammed; Narses; Nestorianer, 1; Nisibis; Orientalische Nationalkirchen; Paulus von Kallinikos; Philoxenos; Rumänien; Schahrastani; Seleukeia-Ktesiphon; Severus von Antiochien; Stephanus bar Sudaile; Studiten; Sufismus; Syrien III. IV; Syrische Literatur; Titus von Bostra; Türken; Turfan; Unierte Kirchen des Orients; Wahhabiten; Zacharias Rhetor.

Staab, *Karl,* * 25.4.1892 Zellingen, Dr. theol. (1922), Dr. jur. h.c. (1948, Würzburg). PDoz. f. NT 1926 München, o. Prof. 1929 Würzburg, em. 1957.

Die Pauluskatenen nach d. hsl. Quellen untersucht, 1926; Pauluskommentare aus d. griech. Kirche (NTA 15), 1933; Die Thessalonicherbriefe. Die Gefangenschaftsbriefe, (1950) 1959³.

Gennadius I.

Staats, *Johann Friedrich,* * 3.2.1935 Braunschweig, Gerichtsreferendar in Berlin; 1956/57 Hochschulreferent der Ev. Studentengemeinde in Deutschland.

Studentenverbände, 2.

Staats, *Walter,* * 1.11.1897 Braunschweig. Anstaltsgeistlicher 1923 Wohlau/Schles., Wohlfahrtspfarrer 1928 Braunschweig, Propst 1933 Salzgitter-Barum, Pfarrer 1938 Braunschweig; seit 1957 Leiter der Arbeitsgemeinschaft ev. Seelsorger f. Schwerhörige u. Ertaubte.

Schwerhörigenfürsorge.

Staber, *Josef,* * 9.4.1912 Obereck b. Rosenheim, Dr. theol. (1952), Dr. phil. (1942). Archivar u. Bibliothekar 1939-52 Ordinariatsarchiv München, dazu wiss. Assistent 1948-52; Lehrbeauftragter 1955, PDoz. f. Relig. Volkskunde 1958 München, ao. Prof. 1958 Phil.-Theol. Hochschule Regensburg.

Volksfrömmigkeit u. Wallfahrtswesen des Spät-MA im Bistum Freising, 1955.

Regensburg.

Stache, *Wilfried,* * 9.11.1913 Buer/Westf., Dr. phil. (1940). Lektor 1947-49, wiss. Assistent 1949-54 Göttingen, Studium der ind. Philos. 1955-57 Univ. Myrore (Indien), Leiter des Goethe-Instituts 1961 Djakarta (Indonesien).

Die Kategorienlehre K.Chr.Fr.Krauses (Phil. Diss. Berlin), 1940. - Mit-Hg.: Philosophia naturalis, 1949; Symphilosophein. Bericht über d. Dt. Kongreß f. Philos., 1950.

Erkennen; Galilei; Gassendi; Geulincx.

Stackelberg, *Jürgen von,* * 26.12.1925 Tengen, Dr. phil. (1952). PDoz. f. roman. Philologie 1959 Freiburg/Br.

Tacitus in der Romania, 1960. - Hg.: Ital. Geisteswelt von Dante bis Croce, 1954; Humanist. Geisteswelt von Karl d.Gr. bis Philip Sidney, 1956; Humanist. Prosatexte aus MA u. Renaissance, 1957.

Montaigne; Voltaire.

Stadtmüller, *Georg,* * 17.3.1909 Bürstadt/Hessen, Dr. phil. (1932). Studienreferendar 1931, Bibliotheksassessor 1932 München, PDoz. f. byz. u. südosteurop. Gesch. 1937 Breslau, ao. Prof. f. Gesch. u. Kultur Südosteuropas 1939 Leipzig; Honorar-Prof. 1950, o. Prof. f. Gesch. Osteuropas u. Südosteuropas 1958 München.

Michael Choniates, Metropolit von Athen, 1934; Eine griech. Übers. d. ital. Apokalypsenkommentars von Federigo da Venezia OP, 1936; Forschungen zur alban. Frühgesch., 1942; Gesch. Südosteuropas, 1950; Gesch. d. Völkerrechts I, 1951; Geschichtl. Ostkunde I. II, (1959) 1963²; Die neue sowjet. Weltgesch., 1960.

Albanien; Awaren; Bulgarien.

Staedtke, *Joachim,* * 9.8.1926 Midlum/Ostfriesland, Dr. theol. (1958). Pfarrer 1959 Freren Kr. Lingen, wiss. Oberassistent 1961 Zürich, o. Prof. f. ref. Theol. 1965 Erlangen.

Die Theol. d. jungen Bullinger (SDGSTh 16), 1962.

Bibliander; Farel; Suicer; Ulmer, J.K.

Staehelin, *Andreas,* * 20.11.1926 Zürich (Schweiz), Dr. phil. (1952). Wiss. Assistent 1959 Univ.-Bibl. Basel, Adjunkt am Staatsarchiv 1961, dazu PDoz. f. Schweizergesch. 1961 ebd.

Peter Ochs als Historiker, 1952; Gesch. d. Univ. Basel 1632-1818, 1957; Gesch. d. Univ. Basel 1818-35, 1959. - Hg.: Professoren d. Univ. Basel aus 5 Jh.en. Bildnisse u. Würdigungen, 1960.

Basel II.

Stählin, *Gustav,* * 28.2.1900 Nürnberg, D. (1948, Erlangen), Lic. theol. (1928), Dr. phil. (1927). Studieninspektor 1927 Halle, PDoz. f. NT 1930 Leipzig, Doz. an der Ev.-Luth. Theol. Hochschule 1932 Madras (Indien), Doz. 1940 Leipzig, Doz. u. stellv. Prof. 1943 Wien, o. Prof. 1946 Erlangen, 1952 Mainz.

Skandalon (BFChTh II, 24), 1930; Zum Problem d. johann. Eschatologie (ZNW 33, 1934, 225-259); Die Gleichnishandlungen Jesu (Kosmos u. Ekklesia. Festschr. f. W.Stählin, 1953, 9-22); The Easter Traditions of the Primitive Church (Interpretation 10, 1956, 282-299); Christus u. die Engel (A.Rosenberg, Begegnung mit Engeln, 1956, 39-66); Zum Gebrauch von Beteuerungsformeln im NT (NovTest 5, 1962, 115-143); Die Apg (NTD 5), 1963.

Galaterbrief; Gnade Gottes III; Heiligung II; Hohepriesterliches Gebet; Lazarus; Maria.

Stahl, *Herbert,* * 4.6.1908 Luckenwalde, Dr. theol. (1937). Prediger 1938 Hamburg, Doz. f. KG am Predigerseminar des Bundes Ev.-Freikirchl. Gemeinden in Deutschland 1948 ebd.

A.H.Francke. Der Einfluß Luthers u. Molinos' auf ihn (FKDG 16), 1939.

Baptisten I; Lehmann.

Stallmann, *Martin,* * 13.8.1903 Börninghausen Kr. Lübbecke/Westf., D. (1959, Göttingen). Pfarrer 1933 Dortmund, 1937 Westkilver Kr. Herford, Prof. 1948 Päd. Hochschule Lüneburg, 1961 Göttingen.

Zwischen Konfessionalität u. Liberalität, 1955; Christentum u. Schule, 1958; Was ist Säkularisierung? (SgV 227/28), 1960; Die bibl. Gesch. im Unterricht, 1963. - Mit-Hg.: Päd. Lexikon, 1961.

Pietismus, 6.

Stamm, *Johann Jakob,* * 11.9.1910 Basel (Schweiz), Dr. theol. (1940), Dr. phil. (1939). Lektor f. Hebräisch u. PDoz. f. AT 1941-49 Basel; ao. Prof. 1949, o. Prof. 1950 Bern.

Die akkad. Namengebung (MVÄG 44), 1939; Erlösen u. Vergeben im AT, 1940; Das Leiden d. Unschuldigen in Babylon u. Israel (AThANT 10), 1946; Der Dekalog im Lichte d. neueren Forschung, (1958) 1962²; Der Weltfriede im Alten u. NT (mit H. Bietenhard), 1959.

Namengebung im AT.

Stasiewski, *Bernhard,* * 14.11.1905 Berlin-Neukölln, Lic. theol. (1929), Dr. theol. (1952), Dr. phil. (1932). Kaplan 1929-31 Nauen u. Berlin, Rector ecclesiae 1931 bis 1958 Berlin, dazu Univ.-Lehrbeauftragter 1935-42, Leiter des Kath. Bildungswerkes Berlin 1946-54, Lehrbeauftragter an der Dt. Hochschule f. Politik 1949-51, Freie Univ. 1953-58; PDoz. f. KG 1958, Doz. 1961, o. Prof. 1962 Bonn.

Der hl. Bernhardin von Siena. Unters.en über d. Quellen seiner Biographen, 1931; Unters.en über drei Quellen zur ältesten Gesch. u. KG Polens, 1933; Die kath. Kirche im Bereich d. Bistums Berlin, 1938; Zum Begriff d. osteurop. Gesch. u. KG (MThZ 4, 1953, 324 bis 340); Kg.liche Beiträge zur Entwicklung d. dt.-poln. Grenzsaumes im Hoch-MA (Forsch. z. osteurop. Gesch. 2, 1955, 7-138); Die Überwindung d. Gesch. durch d. eschat. Grundhaltung d. Ostkirche (Christentum u. Gesch., 1955, 65-82); Die Kirchenpolitik d. Nationalsozialisten im Warthegau 1939-45 (Vierteljahrshefte f. Zeitgesch. 7, 1959, 46-74); Ursprung u. Entfaltung d. Christentums in sowjet. Sicht (Saeculum 11, 1960, 157-179); Reformation u. Gegenreformation in Polen, 1960. - Hg.: Wichmann-Jb. f. KG im Bistum Berlin, 1933-36 u. seit 1953; Forschungen u. Quellen zur Kirchen- u. Kulturgesch. Ostdeutschlands, seit 1964.

Adalbert von Prag; Bernhardin von Siena; Brun von Querfurt; Czenstochau; Gnesen; Posen, Bistum; Stanislaus; Wenden; Wichmann; Wilsnack; Witelo.

Staub, *Hans,* * 6.4.1898 Erlenbach/Zürich (Schweiz), Direktor der Pilgermission St. Chrischona.

Chrischona.

Steck, *Karl Gerhard,* * 28.4.1908 Markt Nordheim/ Mfr., D. (1954, Göttingen), Dr. theol. (1950). Vikar 1932 München, Doz. am Predigerseminar der Bek. Kirche 1936 Frankfurt/M., Pfarrer 1943 Sulzbach-Rosenberg; Stiftsinspektor 1948, PDoz. f. Syst. Theol. 1952 Göttingen; Lehrbeauftragter 1952, o. Prof. f. Ev. Theol. 1953 Frankfurt/M., f. Syst. Theol. 1963 Münster/Westf.

Polit. Katholizismus als theol. Problem (ThEx NF 27), 1951; Die kath. Lehre von d. Kirche (QKK A 5), 1955; Luther u. d. Schwärmer (ThSt [B] 44), 1955; Der »moderne« Katholizismus u. seine Kritiker (ThEx NF 68), 1958; Die Idee d. Heilsgesch. (ThSt [B] 56), 1959; Kirche d. Wortes oder Kirche d. Lehramts? (ebd 66), 1962; Lehre u. Kirche bei Luther (FGLP X, 27), 1963; Kritik d. polit. Katholizismus, 1963; Das röm. Lehramt u. d. Hl. Schrift (ThEx NF 107), 1963. - Hg.: ThEx, seit 1939.

Ablaß; Achterfeld; Aeterni Patris; Allioli; Alzog; Antimodernisteneid; Apostolisch; Balmes; Benedikt XIII.-XV.; Binterim; Braun, J.W.J.; Clemens XI.-XIV.; Diepenbrock; Foerster, Erich; Frohschammer; Greving; Grisar; Gutberlet; Hello; Hoensbroech; Hofbauer; Humani generis; Innozenz XII., XIII.; Jörg; Katerkamp; Ketteler; Klee, Heinr.; Kleutgen; Koch, Hugo; Kölner Kirchenstreit; Kopp; Korum; Krafft, Chr.; Kraus; Krementz; Kuhn; Lacordaire; Lämmer; Lehmkuhl; Lehramt; Leo XII., XIII.; Liebermann; Majunke; Mausbach; Melchers; Merkle; Möhler; Muckermann; Mutschelle; PiusVI.-XII.; Provida sapientique; Rauschen; Rauscher; Rautenstrauch; Reisach; Rerum novarum; Senestrey; Stattler; Sukzession; Unigenitus; Vatikanum; Vicari; Zeitschriften I, 1. 2.

Stegmüller, *Friedrich,* * 8.12.1902 Glatt/Hohenzollern, Dr. theol. (1928), Dr. phil. h.c. (1962, Coimbra). PDoz. f. Dogmatik 1930 Freiburg/Br., o. Prof. 1936 Würzburg, 1948 Freiburg/Br.; Päpstl. Hausprälat 1956.

Zur Gnadenlehre d. jungen Suárez, 1933; Francisco de Vitoria y la doctrina de la gracia en la Escuela Salmantina, 1934; Gesch. d. Molinismus I (BGPhMA 32), 1935; Repertorium Commentariorum in Sententias Petri Lombardi I. II, 1947; Repertorium Biblicum Medii Aevi I-VII, 1950-61; Analecta Upsaliensia I, 1953; Filosofia e Teologia nas Universidades de Coimbra e Evora no seculo XVI, 1959. - Hg.: Raimundi Lulli Opera Latina I-V, 1959-64.

Boethius; Escobar y Mendoza; Hugo von St. Cher; Lullus, Raimundus; Raimund von Sabunde; Sentenzenwerke; Summen; Wilhelm von Auvergne; Wilhelm von Auxerre.

Steiger (geb. Ackermann), *Renate,* * 12.3.1934 Hamburg, Dr. theol. (1962), wiss. Mitarbeiterin in Tübingen.

Schelstrate; Scioppius; Sixtus von Siena; Soto, Pedro de; Spina, Bartolomeo de; Steuchus; Stunica; Surius.

Steinbach, *Ernst,* * 19.6.1906 Stuttgart, Dr. theol. (1934). Pfarrer 1933 Reusten/Württ.; Doz. 1946, ao. Prof. f. Religionsphilos. u. Sozialethik 1948, o. Prof. 1957 Tübingen.

Konkrete Christologie, 1934; Die Auflösung d. Protestantismus 1936; Anweisung zum Leben, (1940) 1949³; Die Welt muß im Menschen heil werden, 1957. - Mit-Hg.: ZThK, seit 1950.

Emanzipation.

Steinbeck, *Johannes,* * 6.8.1873 Potsdam, D. (1912, Greifswald), Lic. theol. (1897). Domhilfsprediger u. Inspektor des Domkandidatenstifts 1901 Berlin, Pfarrer 1905 Erfurt, ao. Prof. f. Prakt. Theol. 1908 Greifswald, o. Prof. 1912 Breslau, dazu Konsistorialrat 1913, em. 1939, lebt in Bethel.

Der Konfirmandenunterricht nach Stoffwahl, Charakter u. Aufbau, (1909) 1926³; Lehrbuch d. kirchl. Jugenderziehung, 1914, 2. Aufl.: Ev. Religionspädagogik f. Kirche u. Schule, 1930; Das Christentum als Religion d. Kraft, 1919; System d. Prakt. Theol. I. II, 1928/32; Mythus u. Wahrheit im NT, 1954.

Breslau II, 2.

Steinberg, *Hermann Georg,* * 3.2.1886 Leonberg (Polen), D. (1957, Tübingen), D.D. (1957, Bethlehem/Pa.). Studienassessor am Pädagogium 1908 Niesky, seit 1922 Mitglied der Direktionen der Herrnhuter Mission in Herrnhut, Zeist u. Bad Boll, dazwischen Missions-Sup. 1935-38 Paramaribo (Surinam), seit 1957 i.R. in Zeist (Holland).

Ons Suriname, 's-Gravenhage 1933.

Guayana, 2.

Steiner, *Robert,* * 22.11.1901 Eiserfeld/Sieg. Pfarrer 1929 Leun/Lahn, 1937 ref. Gemeinde Barmen-Gemarke; 1936-54 Mitglied des Moderamens des Ref. Bundes, seit

1946 Vorsitzender der Bergischen Bibelgesellschaft, seit 1954 der Bibelmission in Deutschland.

Der Weg d. ref. Kirchen u. Gemeinden von 1933-50 (KJ 1950, 228 bis 332); Harmannus Obendiek, 1955; Barmen-Gemarke (Die Stunde d. Versuchung, hg.v. G.HARDER u. W.NIEMÖLLER, 1963, 286 bis 302).

Bibelgesellschaften; Humburg; Immer; Obendiek; Reformierter Bund.

Steinmann, *Heinz-Günther,* * 16.9.1925 Rheinhausen. Pfarrer der deutschsprachigen ev. Gemeinde 1952 Brüssel (Belgien), 1962 Mülheim/Ruhr.

Belgische Missionskirche.

Steinwand, *Eduard,* * 21.7.1890 Odessa (Rußland), † 17.2.1960 Erlangen, D. (1937, Breslau). Pastor 1918-19 Eugenfeld (Südrußland), Prof. f. Prakt. Theol. 1931-39 Lutherakademie Dorpat, Pastor u. Leiter des Katechet. Amtes der Landeskirche 1940 Hannover; ao. Prof. 1949, o. Prof. f. Theol. des christl. Ostens sowie Prakt. Theol. 1952 Erlangen.

Lasset uns aufsehen auf Jesum! Arbeitshilfen f. d. bibl. Unterricht (mit L.CORBACH), Plan A, (1946) 1958[4]; Plan B, (1947) 1957[3]; Plan C, (1951) 1956[2]; Der Heilsweg, 1949; Laß leuchten Dein Antlitz! Predigten (mit H.GIRGENSOHN), 1956; Passionsandachten, (1956) 1960[3]; Glaube u. Kirche in Rußland. Ges. Aufs., 1962. - Hg. bzw. Mit-Hg.: Russisch-Ev. Pressedienst (später: Evangelium u. Osten), 1928-39.

Martin-Luther-Bund.

Steitz, *Heinrich,* * 24.1.1907 Fürfeld Kr. Alzey, D. (1962, Marburg), Lic. theol. (1935), Dr. phil. (1938). Pfarrer 1932 Offenbach a.M., 1934 Worms, 1956 Mainz-Gonsenheim, dazu Lehrbeauftragter f. hess. KG u. Diasporakunde 1950, PDoz. f. KG 1964 Mainz.

Bibliogr. in: Jb. d. Vereinigung »Freunde d. Univ. Mainz«, 1952ff. Bes.: Die Unionsurkunden d. Ev. Kirche in Hessen u. Nassau, 1960; Gesch. d. Ev. Kirche in Hessen u. Nassau I.II, 1961/62; Die nassauische Kirchenorganisation von 1818, 1961ff. - Hg.: Jb. d. hess. kg.lichen Vereinigung, 1949-51 u. seit 1957.

Beyer; Cordier; Dieffenbach; Diehl; Feurborn; Fresenius; Gießen, 1-5; Gompe; Gustav-Adolf-Werk; Haberkorn; Hanneken; Hessen I; Isaak, Stephan; Krafft, Adam; Kronberg; Leuchter; Mel; Pistorius, Joh.; Rambach, 1. 2; Rausch; Reina; Rube; Rudrauff; Scultetus, Joh.; Starck, J.F.; Steuber; Winckelmann, 1. 3; Zimmermann, Karl.

Stendahl, *Krister,* * 21.4.1921 Stockholm (Schweden), Dr. theol. (1954), A.M. h.c. (1958, Harvard). Studentenpfarrer 1948, Assistent f. AT u. NT 1951, Doz. f. NT 1954 Uppsala; Assistant Prof. 1954, Associate Prof. 1956, John H. Morison Prof. 1958, Frothingham Prof. 1963 Harvard Divinity School, Cambridge/Mass. (USA).

The School of St. Matthew and its Use of the OT (ASNU 20), Uppsala 1954; Quis et Unde? An Analysis of Mt 1-2 (BZNW 26, 1960, 94-105); Biblical Theology (The Interpreter's Dictionary of the Bible I, New York-Nashville 1962, 418-432); Matthew (Peake's Commentary on the Bible, London 1962, 769-798); Hate - Non-retaliation - Love (HThR 55, 1962, 343-355). - Hg.: The Scrolls and the NT, New York 1957.

Alphäus; Kirche II; Sünde und Schuld IV; Sündenvergebung II.

Stengel, *Edmund Ernst,* * 24.12.1879 Marburg, Dr. jur. h.c. (1959, Marburg), Dr. phil. (1902). Mitarbeiter der Mon. Germ. Hist. 1903; PDoz. f. mittlere u. neuere Gesch. 1907, ao. Prof. 1914, o. Prof. 1919 Marburg, Präsident der Mon. Germ. Hist., Direktor des Dt. Hist. Instituts Rom u. Honorar-Prof. 1937, o. Prof. 1942 Marburg, em. 1946.

Diplomatik d. dt. Immunitätsprivilegien, 1910; Den Kaiser macht das Heer, 1910; Nova Alamanniae I. II/1, 1921/30; Avignon u. Rhens, 1930; Regnum u. Imperium, 1930; Kaisertitel u. Souveränitätsidee, 1939; Urkundenbuch d. Klosters Fulda I, 1953; Abh.en u. Unters.en zur ma.lichen Gesch., 1960; Abh.en u. Unter.sen zur hess. Gesch., 1960. - Hg.: Schriften d. Instituts f. gesch. Landeskunde von Hessen u. Nassau, 1925-58; Marburger Studien zur älteren dt. Gesch. 2. Reihe, 1925-48; DA, 1938-42; Archiv f. Diplomatik, 1958-62. - Mit-Hg.: Quellen u. Studien zur Verfassungsgesch. d. Dt. Reiches, 1928-54.

Kirchenverfassung IV.

Stieglitz, *Klaus von,* * 9.4.1924 Dresden, Dr. theol. (1951). Studieninspektor 1953 Münster; Pfarrer 1955, Sup. 1964 Dortmund.

Die Christosophie Rudolf Steiners, 1955; Die Kritik d. Protestantismus bei Karl August Auberlen (NZSTh 3, 1961, 39-111).

Anthroposophie, 1-3; Rittelmeyer; Steffen; Steiner.

Stier, *Hans Erich,* * 25.5.1902 Rostock, Dr. phil. (1927). PDoz. f. Alte Gesch. 1930 Berlin; ao. Prof. 1935, o. Prof. 1946 Münster.

Grundlagen u. Sinn d. griech. Gesch., 1945; Das Friedensreich d. Kaisers Augustus, 1950; Die klassische Demokratie, 1954; Roms Aufstieg zur Weltmacht, 1957; Dt. Gesch. im Rahmen d. Weltgesch., 1959; Untergang u. Wiedergeburt Europas in d. Spätantike, 1963. - Mit-Hg.: Die Welt als Gesch., seit 1935.

Alexander d.Gr.; Antiochus IV. Epiphanes; Seleukiden.

Stiglmayr, *Engelbert,* * 21.8.1927 Langenwang/Steiermark (Österreich), Dr. phil. (1956). Assistent am Institut f. Völkerkunde 1957 Wien.

Schamanismus der Negrito Südostasiens (in: Wiener Völkerkundl. Mitt.en 1954-56); Schamanismus in Polynesien (Phil. Diss. Wien), 1956. - Hg.: Acta Ethnologica et Linguistica, seit 1962.

Hexen I; Indonesien II; Kopfjagd; Krankheit I; Kreuzweg, 1; Mana; Mantik; Medizinmann; Niesen; Phallische Kulte; Schwangerschaft; Speiseverbote I; Tabu; Tatauierung; Zauberer; Zwillinge.

Stock, *Hans,* * 26.2.1904 Berlin, Dr. phil. (1930). Studienrat 1930 Drossen, 1935 Berlin-Dahlem, Doz. am Sammelvikariat der Ev. Kirche der Altpreuß. Union 1937 Dünne i.W., Wehrdienst 1940-45, Prof. f. Ev. Theol. u. Religionspädagogik 1946 Päd. Hochschule Göttingen, dazu Lehrbeauftragter an der Philos. Fakultät der Univ. Göttingen.

Studien zur Auslegung d. synopt. Evangelien im Unterricht, (1959) 1960[2].

Hauserziehung, 4; Mittelschule.

Stocks, *Hermann,* * 17.10.1864 Großbuchwald Kr. Bordesholm, † 6.6.1953 Bremen. Pfarrer 1892 Arnis/Schlei, Direktor des Predigerseminars 1906 Kropp, Studienrat am Lehrerseminar 1911 Cottbus, Pfarrer 1912 Kaltenkirchen/Holstein, 1930-32 Beirut (Libanon).

Exodusgemeinden; Mulford; Salpeterer (mit ERNST WOLF); Spohn (mit ERNST WOLF); Trandberg (mit HAL KOCH).

Stoebe, *Hans Joachim,* * 24.2.1909 Berlin, Dr. theol. (1951). Pfarrer 1937 Kanig Kr. Guben, Doz. f. AT 1951 Theol. Schule Bethel, o. Prof. 1961 Basel.

Bibliogr.: WuD NF 3, 1952, 194; 4, 1955, 187; 5, 1957, 212; 6, 1959, 216. Bes.: Die Bedeutung d. Wortes Häsäd im AT (VT 2, 1952, 244-254); Der Prophet Amos u. sein bürgerl. Beruf (WuD NF 5, 1957, 160-181); Gott, sei mir Sünder gnädig. Eine Auslegung d. 51. Psalms (BSt 20), 1958.

Jakobsegen; Lamech und Lamechlied; Mosessegen, Moseslied und Meerlied; Strack.

Stöcklein, *Paul,* * 29.6.1909 Weiden/Opf., Dr. phil. (1931). PDoz. f. neuere dt. Philologie 1951 München, ao. Prof. 1957 Saarbrücken, o. Prof. 1961 Frankfurt/M.

Über d. philos. Bedeutung von Platons Mythen, 1937; Carl Gustav Carus, (1943) 1947²; Wege zum späten Goethe, (1949) 1960². - Hg.: Eichendorff heute. Stimmen d. Forschung mit einer Bibliogr., 1960; Joseph von Eichendorff in Selbstzeugnissen u. Bilddokumenten, 1963.

Rückert.

Stoob, *Heinz,* * 3.12.1919 Hamburg, Dr. phil. (1950). Archivrat der Hamburgischen Landeskirche 1956, dazu PDoz. f. mittlere u. neuere Gesch. 1958 Hamburg; o. Prof. f. westf. Landesgesch. 1964 Münster/Westf.

Die dithmarsischen Geschlechterverbände, 1951; Dithmarschens Kirchspiele im MA (Zs. d. Ges. f. schlesw.-holstein. Gesch. 77, 1953, 97-140); Gesch. Dithmarschens im Regentenzeitalter, 1959; Die Ausbreitung d. abendländ. Stadt im östl. Mitteleuropa (Zs. f. Ostforschung 10, 1961, 25-84). - Hg.: Helmold, Chronica Slavorum, 1963.

Friesen; Hamburg II; Kirchensiegel; Stedinger.

Straßer, *Otto Erich,* * 31.7.1888 Sigriswil Kt. Bern (Schweiz), Dr. theol. h.c. (1934, Lausanne). Pfarrer 1912 Porrentruy, 1920 Bern, dazu PDoz. f. schweiz. KG u. Gesch. des franz. Protestantismus 1928 ebd, dazu ao. Prof. f. KG 1929 Neuchâtel, em. 1958.

Capitos Beziehungen zu Bern, 1928; La pensée théologique de W.Capiton dans les dernières années de sa vie, 1938; A.Vinet, sein Kampf um ein Leben d. Freiheit, 1946; Les périodes et les époques de l'hist. de l'Eglise (RHPhR 30, 1950, 290-304).

Amyraut; Aretius; Basnage; Beza; Boquin; Bucanus; Bullinger; Calvin I; Casaubonus; Genfer Katechismus; Gualther; Haller, 2. 3; Heidanus, Caspar; Hemmerli; Hofmeister; Hospinian; Hottinger; Jetzerhandel; Keßler; Komander; Manuel; Megander; Monheim; Musculus, Wolfg.; Myconius, Osw.; Piscator; Placeus; Rhellikan; Ritter; Simler; Sitten; Sulzer; Toussain, Peter; Ussher; Vadian; Vorstius; Westheimer; Wolleb; Wyttenbach, Th.; Zurkinden.

Stratenwerth, *Gerhard,* * 20.7.1898 Barmen. Persönlicher Mitarbeiter von Pastor Fritz v. Bodelschwingh 1926 Bethel, Pfarrer 1934 Dortmund, verhaftet 1938, Kriegsdienst 1939-45, Leiter des Sozialamtes der Ev. Kirche von Westfalen 1946, Vizepräsident des Kirchl. Außenamtes der EKD 1948 Frankfurt/M.

Auslandsgemeinden I, 1-3.

Strathmann, *Hermann,* * 30.8.1882 Opherdicke/Westf., D. (1916, Leipzig), Lic. theol. (1909). Studieninspektor 1906 Bethel, PDoz. f. NT 1910 Bonn, ao. Prof. 1915 Heidelberg, o. Prof. 1916 Rostock, 1918 Erlangen, em. 1948; 1919/20 u. 1946-50 Mitglied des Bayer. Landtags, 1920-32 des Reichstags.

Gesch. d. frühchristl. Askese I, 1914; Die Entstehung u. d. Wortlaut des NT (NTD 1), (1933) 1963¹⁰; Der Brief an die Hebräer (ebd 9), (1934) 1963⁸; Probe d. Probetestaments, 1940; Das Evangelium nach Johannes (NTD 4), (1951⁶) 1959⁹. - Hg.: ThBl, 1935-42. - Mit-Hg.: Theol. d. Gegenwart, 1923-38.

Aberkiosinschrift; Baumgarten-Crusius; Bibelübersetzungen VI.

Strecker, *Georg,* * 15.3.1929 Oldendorf Kr. Melle, Dr. theol. (1955). Repetent 1957 Göttingen; PDoz. f. NT 1959, Doz. 1961, apl. Prof. 1964 Bonn.

Christentum u. Judentum in d. ersten beiden Jh.en (EvTh 16, 1956, 458-477); Das Judenchristentum in d. Pseudoklementinen (TU 70), 1958; William Wrede (ZThK 57, 1960, 67-91); Die sog. Zweite Jerusalemreise des Paulus (Act. 11, 27-30) (ZNW 53, 1962, 67-77); Der Weg d. Gerechtigkeit. Unters. zur Theol. d. Matthäus (FRLANT 82), 1962.

Muratorisches Fragment; Noachische Gebote; Philippus, Evangelist; Philippusakten; Renan; Wrede, William.

Strehlow, *Theodor George Henry,* * 6.6.1908 Hermannsburg (Australien), B.A. (1931), M.A. (1938). Assistant Lecturer f. engl. Lit. 1934 Adelaide, Patrol Officer, dann Deputy Director f. Eingeborenenfragen 1936-42, Kriegsdienst 1942-46, Research Fellow f. austral. Eingeborenensprachen 1946 Adelaide.

Aranda Phonetics and Grammar, 1944; Aranda Traditions, 1947; Übers. des NT in Aranda, 1956.

Australien I; Schwirrholz.

Strobel, *August,* * 4.3.1930 Schwarzenbach/Saale, Dr. theol. (1956). PDoz. f. NT 1960 Erlangen.

Zum Verständnis von Röm 13 (ZNW 47, 1956, 67-93); Die Passa-Erwartung als urchristl. Problem in Lk 17, 20f (ebd 49, 1958, 157 bis 196); Der Termin d. Todes Jesu (ebd 51, 1960, 69-101); In dieser Nacht (Lk 17, 34) (ZThK 58, 1961, 16-29); Unters.en zum eschat. Verzögerungsproblem, 1961; Die apokalypt. Sendung Jesu, 1962.

Sanday; Sanders; Vision III.

Ströker, *Elisabeth,* * 17.2.1923 Dortmund, Dr. phil. (1953). Studienassessorin 1959 Bonn, wiss. Assistentin am Philos. Seminar 1960 Hamburg.

Tod V.

Strunz, *Franz,* * 15.11.1875 Eger (Böhmen), † 28.3. 1953 Wien, Dr. phil. (1901). PDoz. f. Gesch. der Naturwiss. u. -philos. 1905-09 Techn. Hochschule Brünn, PDoz. 1906, ao. Prof. 1914 Techn. Hochschule Wien, dazu Lehrbeauftragter f. Theorie u. Praxis der Volksbildung 1920 ebd, dazu Direktor u. wiss. Leiter der Wiener Urania 1909, em. 1946.

Theophrastus Paracelsus, 1903; Naturbetrachtung u. Naturerkenntnis im Altertum, 1904; Über d. Vorgesch. u. d. Anfänge d. Chemie, 1906; Johann Baptist von Helmont, 1907; Beiträge u. Skizzen zur Gesch. d. Naturwissenschaften, 1909; Gesch. d. Naturwiss. im MA, 1910; Die Vergangenheit d. Naturforschung, 1913; Albertus Magnus. Weisheit u. Naturforschung im MA, 1926; Astrologie, Alchemie, Mystik, 1928; Theophrastus Paracelsus. Idee u. Problem seiner Weltanschauung, 1937.

Alchemie (mit C.-M.Edsman); Astrologie (mit C.-M.Edsman).

Stupperich, *Robert,* * 13.9.1904 Moskau (Rußland), D. (1953, Humboldt-Univ. Berlin), Lic. theol. (1930), Dr. phil. (1934). Pfarrer 1930-39, Doz. f. osteurop. Gesch. 1942 Berlin, o. Prof. f. KG 1946 Münster.

Der Humanismus u. d. Wiedervereinigung d. Konfessionen (SVRG 160), 1936; Staatsgedanke u. Religionspolitik Peters d.Gr., 1936; Russ. Sekten, 1938; Die Anfänge d. Bauernbefreiung in Rußland, 1939; Bibliographia Bucerana (SVRG 169), 1952; Das münsterische Täufertum, 1958; Der unbekannte Melanchthon, 1961; Reformationsgesch. Westfalens, 1964. - Hg.: Kg.liche Quellenhefte, seit 1949; Melanchthons Werke (Studienausg.) I-VI, 1951ff; Kirche im Osten, seit 1957; KOen d. Ev.-luth. Kirche in Rußland, 1959; Martin Bucers Dt. Schriften I. II. VII, 1960ff; Münsterische Täuferschriften I, 1964; Reformat. Verkündigung u. Lebensordnung, 1963.

Beatus Rhenanus; Berning; Billick; Brockhaus; Bucer; Busche; Capito; Cassander; Confessio Tetrapolitana; Contarini; Dietenberger; Fürstenberg; Galen, Chr.B.v.; Gropper; Hamelmann; Hedio; Hubert; Humanismus I; Jan van Ruysbroek; Jaworskij; Johannes von Kronstadt; Klopriss; Latomus, 1. 2; Marbach; Mosellanus; Münster II; Murmellius; Mutian; Pappus; Pighius; Pole; Roll; Rothmann; Russische Sekten; Rußland III; Sturm, 1. 2; Thomas a Kempis; Zell.

Sucker, *Wolfgang,* * 21.8.1905 Liegnitz, D. (1955, Marburg). Pfarrassistent 1931 Offenbach, Studentenpfarrer 1933 Gießen, Doz. f. ev. Theol. an der Hochschule f. Lehrerbildung 1934 Lauenburg/Pommern, Wehrdienst 1940-45, Pfarrer 1945 Weiterstadt b. Darmstadt, Direktor des Ev. Bundes u. Leiter des Konfessionskundl. Instituts 1949 Bensheim, Oberkirchenrat u. Stellvertreter des Kirchenpräsidenten der Ev. Kirche in Hessen u. Nassau 1957 Darmstadt, dazu Honorar-Prof. f.

Kirchenkunde 1960 Mainz, Präsident des Ev. Bundes 1963, Kirchenpräsident der Ev. Kirche in Hessen u. Nassau 1965.

Der dt. Katholizismus 1945-50 (KJ 78, 1951, 290-334; 79, 1952, 236-376); Über Konkordate, 1957; Von Gottes Offenbarung u. d. Menschen Antwort, 1958; Die Mischehe. Hdb. f. d. ev. Seelsorge, 1959. - Hg.: MdKI. - Mit-Hg.: QKK.

Beichte I; Beran; Bertram; Bibelkommission; Bibelverbot; Bibelverbreitung im modernen Katholizismus; Bonomelli; Borromäus-Enzyklika; Bourrier; Eucharistische Kongresse; Exerzitien; Fides Romana; Freireligiöse Vereinigungen; Gebetsmeinung; Hlond; Hochschulen, konfessionelle II; Innitzer; Katholizismus II; Kirchengebote; Konvertiten; Mindszenty; Nordische Missionen; Pax Christi; Pax Romana; Propaganda-Kongregation; Rock, der heilige; Segura y Sáenz; Spellman; Stepinac; Suhard; Winfriedbund; Wyszynski.

Süßmann, *Georg,* * 1.1.1928 Lodz (Polen), Dipl.-Physiker (1951), Dr. rer. nat. (1951). Assistent 1952 Göttingen, 1956 München, PDoz. f. theoret. Physik 1957 ebd, ao. Prof. 1958 Hamburg, o. Prof. 1961 Frankfurt/M.

Bibliogr. in: J.C.Poggendorff, Biogr.-literar. HWB d. exakten Naturwiss. VIIa Tl 4, 1961, 606. - Glaube u. Naturwiss. Quellenstücke, (1957) 1962²; Über d. Meßvorgang, 1958; Einführung in d. Quantenmechanik I, 1963.

Naturwissenschaft III.

Sundkler, *Bengt,* * 7.5.1909 Degerfors (Schweden), Dr. theol. (1937). Missionar 1937 Südafrika, 1942 Tanganyika, Doz. 1945-47 Uppsala, Forschungssekretär beim Internat. Missions-Rat 1948 London, Prof. f. Kirchen- u. Missionsgesch. 1949 Uppsala, dazu Bischof der Ev. Kirche von Nordwest-Tanganyika 1961-64 Bukoba.

Vollst. Bibliogr. bis 1952 in: Uppsala Univ. Matrikel 1937-50, 1953, 525f. Bes.: Svenska Missionssällskapet 1835-76, Uppsala 1937; Bantu Prophets in South Africa, London (1948) 1960². Ferner: Church of South India 1900-47, Greenwich/Conn. 1954; Svensk Missionsatlas (mit G.Sommarström), Stockholm 1957; The Christian Ministry in Africa, London 1960; Missionensvärld, 1963.

Primitive Religion im Verhältnis zur biblischen Botschaft; Propheten I, 3; Sekten V; Südindien.

Surkau, *Hans-Werner,* * 21.3.1910 Allenburg/Ostpr., Dr. theol. (1934). Pfarrer 1935 Barten, Wehrmachtspfarrer 1937-45, Pfarrer 1945 Hamburg; Doz. f. ev. Theol. 1951, apl. Prof. 1953, ao. Prof. 1959 Päd. Institut Weilburg/Lahn, dazu Lehrauftrag f. Prakt. Theol. 1954-61 Marburg, Vertretung 1957-58 Bonn; o. Prof. f. Religionspädagogik 1961 Bonn, f. Prakt. Theol. 1964 Marburg.

Martyrien in jüd. u. frühchristl. Zeit (FRLANT NF 36), 1938; Vom Text zur Katechese, 1964.

Armenpflege IV; Hebräerevangelium; Katechetik; Katechismus II. III; Kirchenaustritt I; Märchen III; Nebengottesdienst; Reu; Schriftauslegung V; Sonntagsruhe.

Symanowski, *Horst,* * 8.9.1911 Nikolaiken/Ostpr. Illegaler Pfarrer der Ostpr. Bekenntnissynode 1936 Königsberg, 1938 Lyck (3mal verhaftet u. Gefängniszeit), Missionsinspektor der Goßner-Mission 1943, Leiter des Seminars f. kirchl. Dienst 1947 Berlin-Zehlendorf, Leiter der Goßner-Mission in der BRD 1949 Mainz-Kastel, Leiter des Seminars f. kirchl. Dienst in der Industrie 1956 ebd.

Gott liebt die Weltlichen, (1951) 1953²; Gegen die Weltfremdheit (ThEx NF 79), (1960) 1961²; Die Welt d. Arbeiters (mit F.Vilmar), 1963.

Arbeiterpfarrer.

Szekeres, *Attila,* * 3.4.1923 Sarkad (Ungarn), Dr. theol. (1952). Studium seit 1947 in Utrecht, o. Prof. f. Philos., DG u. Dogmatik 1954 Prot.-Theol. Fakultät Brüssel, zugleich Pfarrer der Prot.-Ev. Kirche von Belgien 1954 Löwen.

De structuur van Emil Brunners theologie, Utrecht 1952; Theologie en Wijsbegeerte, Haag 1955; De structuur van de filosofische theologie, ebd 1961. - Mit-Hg.: Veritatem in Caritate (Zs. d. Prot.-Theol. Fakultät Brüssel), seit 1955.

Budapest; Czeglédy; Debrecen; Erlau; Fogaras; Fünfkirchen; Gran; Kalocsa; Ungarn I.

Szeruda, *Jan,* * 26.12.1889 Wendrynia, † 21.3.1962 Warschau, Lic. theol. (1920), Dr. theol. h.c. (1929, Basel; 1948, Prag). Stellv. Prof. 1920, ao. Prof. f. AT 1922, o. Prof. 1929 Warschau, dazu Bischof der ev. Kirche in Polen 1945-52.

Das Wort Jahwes (Diss. Basel), 1920; Der nationale u. universale Charakter d. israel. Religion, 1922 (poln.); Die Frömmigkeit d. Propheten des AT, 1933 (poln.); Amos, 1938 (poln.); Das Gebet d. Propheten im AT, 1939 (poln.); Jesaja - Evangelist des AT, 1961 (poln.).

Polen II.

Taeschner, *Franz,* * 8.9.1888 Reichenhall/Obb., Dr. phil. (1912). PDoz. f. Orientalistik 1922, ao. Prof. 1929, o. Prof. 1935 Münster, em. 1956.

Das anatol. Wegenetz nach osman. Quellen I. II, 1924/26; Al-ʿUmarī's Bericht über Anatolien in seinem Werke Masālik al-abṣār…, 1929; Beiträge zur frühosman. Epigraphik u. Archäologie (Der Islam 20, 1932, 109-186); Gesch. d. arab. Welt, (1944) 1964²; Der anatol. Dichter Nāṣirī (um 1300) u. sein Futuvvetnāme, 1944; Ǧihānnümā, die altosman. Chronik des Mevlānā Mehemmed Neschrī I. II, 1951/55; Gülschehrīs Mesnevi auf Achi Evran, den Heiligen von Kirschehir u. Patron d. türk. Zünfte, 1955.

Türkei I A.

Tegnæus, *Harry,* * 1.3.1908 Tegneby (Schweden), Dr. phil. (1950). Doz. 1950 Uppsala, dazu Oberstudienrat 1961 Stockholm, Prof. f. Religionsgesch. an der Faculté libre de Théologie protestante 1963 Paris.

Le Héros civilisateur, Stockholm 1950; Blood-Brothers, (ebd 1952) New York 1953²; La fraternisation par le sang, Paris 1954.

Afrika II; Afrikanistik.

Tellenbach, *Gerd,* * 17.9.1903 Berlin-Lichterfelde, Dr. phil. (1926), Dr. phil. et litt. h.c. (1960, Löwen), Dr. litt. h.c. (1960, Glasgow). PDoz. f. mittlere u. neuere Gesch. 1933 Heidelberg, o. Prof. 1938 Gießen, 1942 Münster, 1944 Freiburg/Br., dazu Direktor des Dt. Hist. Instituts 1963 Rom.

Die bischöflich passauischen Eigenklöster u. ihre Vogteien, 1928; Repertorium Germanicum II, 1933-61; Libertas. Kirche u. Weltordnung im Zeitalter d. Investiturstreits (FKDG 7), 1936 (engl. 1940); Königtum u. Stämme in d. Werdezeit d. Dt. Reiches, 1939; Die Entstehung d. Dt. Reiches, (1940) 1947³; Europa im Zeitalter d. Karolinger (Historia Mundi V, 1956, 393-450); Kaisertum, Papsttum u. Europa im hohen MA (ebd VI, 1958, 9-103); Der Sibyllin. Preis. Schriften u. Reden zur Hochschulpolitik, 1963. - Hg.: Studien u. Vorarbeiten zur Gesch. d. großfränk. u. frühdt. Adels, 1957; Neue Forschungen über Cluny u. d. Cluniacenser, 1959. - Mit-Hg.: Saeculum; Forschungen zur oberrhein. Landesgesch.

Libertas.

Terray, *Laszlo Geza,* * 22.1.1924 Miskolc (Ungarn). Pfarrer 1946 Ormospuszta (Ungarn), Sekretär des Egede-Instituts f. Missionsforschung 1954 Oslo (Norwegen), Sekretär des Norw. Kirchl. Hilfswerks 1957 ebd, Pfarrer 1961 Edöy Diöz. Trondheim.

Die europ. Minderheitskirchen (Die luth. Kirchen in d. Welt, 1957, 60-96).

Ordass.

Terrisse, *Eugène,* * 12.5.1891 Neuchâtel (Schweiz), † 29.6.1962 Saint-Blaise, Bacc. theol., Lic. phil. Vikar 1917 Basel, Pfarrer 1919 Rochefort b. Neuchâtel, 1929 Saint-Blaise, Prof. f. NT 1937 Neuchâtel, Hilfspfarrer der ref. Kirche von Neuchâtel 1945, Pfarrer 1947 La Coudre-Monruz, i.R. 1956; Sekretär der Synodal-Kommission 1925-37, Präsident des Synodalrates der ref. Kirche von Neuchâtel 1937-43.

Godet.

Tetz, *Martin,* * 22.5.1925 Dölitz, Dr. theol. (1956). PDoz. f. KG 1961 Bonn.

Zum Streit zwischen Orthodoxie u. Häresie an d. Wende des 4. zum 5.Jh. (EvTh 21, 1961, 354-368); Overbeckiana II: Der wiss. Nachlaß Franz Overbecks, 1962; Eine Antilogie des Eutherios von Tyana, 1964; Zur Theol. des Markell von Ankyra I (ZKG 75, 1964, 217-270).

Baur, F.Chr.; Bollandisten; Eutyches; Jovinian; Serapion; Theognost.

Thadden, *Rudolf von,* * 20.6.1932 Trieglaff/Pommern, Dr. phil. (1958). Wiss. Assistent am Hist. Seminar 1961 Göttingen.

Die brandenburgisch-preuß. Hofprediger im 17. u. 18.Jh. (AKG 32), 1959.

Sack, A.F.W.; Salfeld; Stosch.

Theunissen, *Michael,* * 11.10.1932 Berlin, Dr. phil. (1955). Wiss. Assistent 1959, PDoz. f. Philos. 1964 Freie Univ. Berlin.

Der Begriff Ernst bei Søren Kierkegaard, 1958.

Ich-Du-Verhältnis.

Thiel, *Wulf,* * 7.7.1908 Hamburg, Pastor im Dienst der Bek. Kirche 1935, Pfarrer 1939 Gebersdorf/Mark, 1947 Berlin-Friedenau, dazu Lehrbeauftragter f. Prakt. Theol. 1949-54 Kirchl. Hochschule; Konsistorialrat 1953, Sup. 1956 Berlin-Wilmersdorf.

Der Herr - dein Gott, 1939; Gehilfen ihrer Freude, 1952. - Hg.: Handreichungen f. d. Kindergottesdienst, 1939-58; In dir ist Freude. Ev. Kindergesangbuch, 1955; Berliner Kirchenbriefe, seit 1962. - Mit-Hg.: Agende f. d. Kindergottesdienst, 1954.

Kindergottesdienst; Perels; Sonntagsschule I.

Thiele, *Walter,* * 6.9.1923 Messdorf, Dr. theol. (1956). Wiss. Mitarbeiter am Vetus-Latina-Institut 1952 Beuron, dazu Lehrbeauftragter f. nt. Textkritik 1960, PDoz. 1964 Tübingen.

Wortschatzunters.en zu d. lat. Texten d. Johannesbriefe, 1958.

Bibelübersetzungen II.

Thielicke, *Helmut,* * 4.12.1908 Wuppertal-Barmen, D. (1945, Heidelberg), D.D. (1956, Glasgow), Dr. theol. (1934), Dr. phil. (1932). Doz. f. Syst. Theol. 1936 Erlangen, komm. Prof. 1936 Heidelberg, vom NS-Staat abgesetzt 1940, Pfarrer 1940 Ravensburg, Leiter des Theol. Amts der Württ. Landeskirche 1942 Stuttgart, o. Prof. 1945 Tübingen, 1954 Hamburg.

Gesch. u. Existenz, 1935; (Vernunft u. Offenbarung, 1936) Offenbarung, Vernunft u. Existenz. Studien zur Religionsphilos. Lessings, (1957³) 1959⁴; Tod u. Leben, (1946) 1948²; Fragen d. Christentums an d. moderne Welt, 1947; Der Glaube d. Christenheit. Unsere Welt vor Jesus Christus, (1947) 1958⁴; Theol. d. Anfechtung, 1949; Der Nihilismus, (1950) 1952²; Theol. Ethik I: Prinzipienlehre, (1951) 1958²; II/1: Mensch u. Welt, (1955) 1959²; II/2: Ethik des Politischen, 1958; III: Ethik d. Gesellschaft, d. Rechtes, d. Sexualität u. d. Kunst, 1964; Die Lebensangst u. ihre Überwindung, 1954; Das Bilderbuch Gottes, (1957) 1959²; Christl. Verantwortung im Atomzeitalter, 1957.

Autorität.

Thieme, *Werner,* * 13.10.1923 Celle, Dr. jur. (1951). PDoz. f. Öffentl. Recht 1955 Hamburg; ao. Prof. 1956, o. Prof. 1958 Saarbrücken, 1962 Hamburg.

Dt. Hochschulrecht, 1956; Reichskonkordat u. Länder, 1956; Der öffentl. Dienst in d. Verfassungsordnung d. Grundgesetzes, 1961.

Körperschaft des öffentlichen Rechts.

Thier, *Erich,* * 3.1.1902 Jena, Dr. phil. (1930). Mechanikerlehrling u. -gehilfe bei Zeiß in Jena, dann Volksbibliothekar in Leipzig, später Bibliotheksrat u. Büchereischulleiter; nach dem Kriege Theologiestudium, Gemeindepfarrer, 1954 Studienleiter der Ev. Sozialakademie Friedewald, 1960 Doz. in Friedewald u. Lehrbeauftragter f. Sozialethik in Heidelberg.

Rodbertus, Lassalle, Adolph Wagner, 1930; Gestaltwandel d. Arbeiters im Spiegel seiner Lektüre, 1939; Wegbereiter d. dt. Sozialismus, 1940; Die Kirche u. d. soz. Frage, 1950; Etappen d. Marxismusinterpretation (Marxismusstudien I, 1954, 1-38); Marx u. Proudhon (ebd II, 1957, 120-150); Das Menschenbild d. jungen Marx, (1957) 1961²; Über d. Klassenbegriff bei Marx (Marxismusstudien III, 1960, 170-184); Hist. u. dialekt. Materialismus, 1960; Ev. Gedanken u. Erwägungen zur neuen päpstl. Sozialenzyklika Mater et Magistra, 1961.

Arbeiterbewegung, 1. 2; Bebel, Aug.; Huber, V.A.; Kautsky; Lassalle; Naumann.

Thies, *Hans-August,* * 10.7.1926 Bremen-Hemelingen, B.D. (1951). Pfarrer 1963 Verden/Aller.

Acacius von Melitene.

Thomä, *Hedwig,* * 19.10.1901 Stuttgart. Missionarin der Basler Mission 1931 Indien, Heimatdienst 1937, Sekretärin bei Prälat Hartenstein 1940 Stuttgart, Sekretärin der Frauenmission in der Basler Mission (Dt. Zweig) 1952 Stuttgart.

Sarah Chakko, (1955) 1961⁴. - Hg.: Frauen in fernen Ländern, (1958) 1961².

Chakko.

Thomas, *Alois,* * 18.1.1896 Klotten/Mosel, Dr. theol. (1931). Kaplan 1920 Dudweiler, 1925 Trier, 1931 Rom; Bistumsarchivar 1936, dazu Bistumskonservator 1952, dazu PDoz. f. Kunstgesch. u. Denkmalpflege 1952, ao. Prof. 1957 Trier.

Die Darst. Christi in d. Kelter, 1936; Hdb. d. Bistums Trier, (1938¹⁹) 1952²⁰; Pfarrarchiv u. Pfarregistratur, (1940) 1948²; Der Weltklerus d. Diözese Trier, 1941; Wilhelm Arnold Günther, 1957; Neue Bauten im Bistum Trier (mit U.Craemer), 1961.

Prüm; Trier II.

Thomas, *David Winton,* * 26.1.1901 London (England), M.A. (1926, Oxford; 1938, Cambridge). Prof. f. Hebr. u. oriental. Sprachen 1930 Durham, Regius Prof. f. Hebr. 1938 Cambridge, dazu Fellow of St. Catharine's College 1943.

The Language of the OT (Record and Revelation, ed. H.W.Robinson, Oxford 1938, 374-402); The Recovery of the Ancient Hebrew Language, Cambridge 1939; The Prophet in the Lachish Ostraca, London 1946; The Textual Criticism of the OT (The OT and Modern Study, ed. H.H.Rowley, Oxford 1951, 238-263). - Hg.: Documents from OT Times, London 1958.

Robinson, Th.H.; Rowley; Tetragramm.

Thomas, *Lothar,* * 23.5.1900 Steinach. Pfarrer 1926 Bobeck, 1933 Oberhof, 1936 Lissabon (Portugal), Prof. am Theol. Seminar 1950 ebd, a.D.

Wirklichkeit - Autorität - Gestaltung, 1932; Fratze u. Gesicht d. Christentums, 1943; Gesch. d. Philos. in Portugal I, Lissabon 1944; Die göttl. Torheit, 1947.

Bartholomäus de Martyribus; Carranza; Goes, Damiano de; Johannes de Deo; Ludwig von Granada.

Thompson, *William Jamesson,* * 27.10.1885 Dublin (Irland), B.A. (1907), M.A. (1924). Missionar 1908-12 Indien, 1914 Persien, Kriegsdienst 1915-19 Mesopotamien, Principal des Stuart Memorial College 1920 Isfahan (1933 Archidiakon), Bischof in Iran 1935 ebd, i.R. 1961 London.

Iran VI.

Thümmel, *Gerhard,* * 15.12.1895 Seehausen Kr. Wanzleben, Dr. jur. (1923). Seit 1925 in der kirchl. Verwaltung der Ev. Kirche der altpreuß. Union (Konsistorialrat u. Oberkonsistorialrat im Ev. Konsistorium der Mark Brandenburg u. im Ev. Oberkirchenrat in Berlin), Konsistorialpräsident 1936 Münster, jurist. Vizepräsident im westf. Landeskirchenamt 1949 Bielefeld.

Gesetze u. Verordnungen. Die wichtigsten Bestimmungen zur Verfassung u. Verwaltung d. Ev. Kirche der altpreuß. Union, 1931; Ev. Kirchenrecht in Rheinland u. Westfalen I. V, 1950; Die Verwaltung d. Ev. Kirche von Westfalen seit 1815, 1957; Das Recht in d. Ev. Kirche von Westfalen (lose Blatt-Sammlung), seit 1961.

Grundstücke.

Thulin, *Oskar,* * 13.10.1898 Aschersleben, D. (1956, Erlangen), Dr. theol. (1927). Direktor der Lutherhalle u. Doz. am Ev. Predigerseminar 1930 Wittenberg, dazu PDoz. f. KG 1933, ao. Prof. 1940 Halle, zugleich Lehrbeauftragter f. Christl. Archäologie 1956 Leipzig.

Johannes d. Täufer im geistl. Schauspiel des MA u. d. Reformationszeit, 1930; Das Christusbild d. Katakombenzeit, 1954; Cranach-Altäre d. Reformation, 1955; Martin Luther, sein Leben in Bildern u. Zeitdokumenten, (1958) 1964³; Die Lutherstadt Wittenberg u. ihre reformat. Gedenkstätten, (1960) 1963⁴; Lobpreis Gottes in d. Sprache d. Kirchenbaukunst, (1960) 1963³; Die Sprache d. Christusbilder, 1963.

Bora; Bugenhagen; Cranach; Franz, Wolfg.; Karikaturen; Lutherbilder; Wittenberg.

Thyen, *Hartwig,* * 21.4.1927 Varel, Dr. theol. (1953). Pfarrer 1952 Brake, Militärpfarrer 1959 Oldenburg, wiss. Assistent 1963 Heidelberg.

Der Stil d. jüd.-hellenist. Homilie (FRLANT NF 47), 1955; Probleme d. neueren Philo-Forschung (ThR NF 23, 1955/56, 230-246).

Nazaräer; Schlüsselgewalt I.

Thys, *Walter,* * 29.3.1924 Antwerpen (Belgien), Dr. phil. (1951). Doz. f. niederl. Philologie 1953 Lille (Frankreich), dazu Doz. f. allg. Literaturgesch. 1959 Gent (Belgien).

Vollst. Bibliogr. bis 1960 in: Liber Memorialis Rijksuniv. Gent I, 1960, 471f. Bes.: De Kroniek van P.L.Tak, Amsterdam 1956.

Timmermans.

Tintelnot, *Hans,* * 27.9.1909 Lemgo, Dr. phil. (1938). PDoz. f. Kunstgesch. 1943 Breslau, apl. Prof. 1951 Göttingen, o. Prof. 1959 Kiel.

Barocktheater u. barocke Kunst, 1939; Die ma.liche Baukunst Schlesiens, 1951; Die barocke Freskomalerei in Deutschland, 1951; Zur Gewinnung unserer Barockbegriffe (Kunstformen d. Barockzeitalters, hg.v. R.STAMM, 1956, 13-91); Vom Klassizismus bis zur Moderne (Illustrierte Welt-Kunstgesch. IV, hg.v. E.TH.RIMLI u. K.FISCHER, 1959, 259-528).

Malerei und Plastik IV (mit J.S.KUNSTREICH).

Török, *István,* * 1.12.1904 Tiszaeszlár (Ungarn), Dr. theol. (1932). Doz. an der Ref. Theol. Akademie 1930 Pápa, Prof. f. Syst. Theol. 1932 ebd, Prof. f. Ethik 1941 Debrecen, Prof. f. Syst. Theol. an der Ref. Theol. Akademie 1950 ebd.

Die Anfänge d. Theol. Karl Barths, 1931 (ung.); Der christl. Charakter d. Ehe, 1939 (ung.); Ethik, 1956 (ung.).

Madách; Prohászka; Ravasz; Schütz, Antal; Szabó.

Tolderlund-Hansen, *Gustav,* * 2.2.1911 Sandager (Dänemark). Journalist 1936, Studiendirektor u. Oberstudienrat 1940 Kopenhagen, Direktor der Kathedralschule 1957 Roskilde.

Kirken i Folkets Liv, Kopenhagen 1941; Kirken i dag, ebd (1950) 1964³; Det gamle Testamente i historisk og evangelisk belysning, ebd (1956) 1963³; Religioner og kirker, ebd (1961) 1964³. - Mit-Hg.: Svensk og norsk litteratur for gymnasiet, ebd (1954) 1963⁵.

Björnson; Jacobsen; Ibsen; Ingemann; Jørgensen; Knudsen; Lagerkvist; Lagerlöf; Munk; Pontoppidan, Henrik; Strindberg; Tegnér; Topelius; Undset.

Treu, *Kurt,* * 15.9.1928 Karris (Estland), Dr. phil. (1956). Mitarbeiter der Kommission f. spätantike Religionsgesch. der Dt. Akad. der Wiss. 1952, wiss. Arbeitsleiter 1962 Berlin, Habilitation f. klass. Philologie 1963.

Synesios von Kyrene. Ein Kommentar zu seinem »Dion« (TU 71), 1958; Synesios von Kyrene: Dion Chrysostomos oder Vom Leben nach seinem Vorbild, griech. u. dt., 1959; Die griech. Hss. des NT in der UdSSR, 1964.

Ätheria; Agapet I.; Apringius; Asterius, Sophist; Caius; Claudianus Mamertus; Cölestin I.; Commodian; Ennodius; Gregor Thaumaturgos; Nemesius; Palimpsest; Papyrusforschung; Parabalani; Synesius von Kyrene; Viktorin von Pettau.

Treu (geb. Thust), *Ursula,* * 8.1.1925 Zwickau, Dr. phil. (1952). Mitarbeiterin der Kommission f. spätantike Religionsgesch. der Dt. Akad. der Wiss. 1952 Berlin, seit 1958 freiberuflich tätig.

Antipater von Bostra; Benedikt I.; Epiphanius; Felix I., (II.), III., IV.; Hieronymus; Hyginus, Papst; Innozenz I.; Julius Africanus; Philippus von Side.

Trillhaas, *Wolfgang,* * 31.10.1903 Nürnberg, D. (1944, Erlangen), Lic. theol. (1932), Dr. phil. (1931). Im Kirchendienst 1926 Regensburg, 1928 Erlangen, dazu PDoz. f. Prakt. Theol. 1933 ebd, 1934 Halle, 1935 Erlangen, dazu Stadtpfarrer 1935-46 ebd, o. Prof. 1945 ebd, 1946 Göttingen, f. Syst. Theol. 1954 ebd, dazu Honorar-Prof. 1961 Techn. Hochschule Hannover.

Schleiermachers Predigt u. d. homilet. Problem, 1933; Ev. Predigtlehre, (1935) 1955⁴; (Grundzüge d. Religionspsychologie, 1946) Die innere Welt. Religionspsychol., 1953²; Vom Wesen des Menschen, 1949; Der Dienst d. Kirche am Menschen. Pastoraltheol., (1950) 1958²; Das apostol. Glaubensbekenntnis, 1953; Ethik (ST 4), 1959; Dogmatik (ST 3), 1962.

Duell; Egoismus; Enthusiasmus; Frömmigkeit, 1-4; Geschichte und Geschichtsauffassung II B; Lotze; Meditation; Moralismus; Natur und Christentum; Persönlichkeit; Pietät; Religionsphilosophie II; Religionspsychologie; Religionspsychopathologie; Sitte I. II; Sittlichkeit I. VI; Theodizee III; Treue.

Trimingham, *John Spencer,* * 17.11.1904 Thorne (England), B.A. (1934), M.A. (1939), D. Litt. (1960). Missionar der Church Missionary Society 1937 Sudan, 1949 Ägypten, 1952 Westafrika; Doz. f. islam. Studien 1953, f. Arabisch 1956 Glasgow.

Sudan Colloquial Arabic, Oxford 1946; The Christian Approach to Islam in the Sudan, London 1948; Islam in the Sudan, ebd 1949; Islam in Ethiopia, ebd 1952; Islam in West Africa, Oxford 1959; A Hist. of Islam in West Africa, London 1961.

Sudan.

Trypanis, *Constantine Athanasius,* * 22.1.1909 Chios (Griechenland), Dr. phil. (1939), M.A. (1946). Doz. 1939 Athen, Prof. f. ma.liche u. moderne griech. Lit. u. Sprache 1947 Oxford.

Medieval and Modern Greek Poetry, Oxford 1951; Callimachi Fragmenta, London 1958; Sancti Romani Melodi Cantica (mit P.MAAS), Oxford 1963.

Romanos.

Trypućko, *Józef,* * 7.7.1910 Malinowszczyzna (Polen), Dr. phil. (1947). Lektor der poln. Sprache 1936 Helsinki, 1940 Uppsala, Doz. f. slaw. Philologie 1947 ebd.

Vollst. Bibliogr. bis 1952 in: Uppsala Univ. Matrikel 1937-50, 1953, 564f. Ferner: Bibliografi över svenska polonica 1918-39 I. II, Uppsala 1955; Język Władysława Syrokomli I. II, ebd 1955-57; Polonica vetera Uppsaliensia, ebd 1958; Bibliografia językoznawstwa polskiego za lata 1948-55, Neapel 1962.

Slawistik.

Tuchtfeldt, *Egon,* * 27.11.1923 Burg Kr. Süderdithmarschen, Dipl.-Volkswirt (1947), Dr. rer. pol. (1948). Assistent 1948, PDoz. f. Volkswirtschaftslehre 1955 Hamburg, o. Prof. 1959 Nürnberg, 1962 Bern.

Die Wissenssoziologie als dogmengesch. Erkenntnismittel (Diss. Hamburg), 1948; Gewerbefreiheit als wirtschaftspolit. Problem, 1955; Probleme d. Europ. Wirtschaftsgemeinschaft, 1958; Das Handwerk im Gemeinsamen Markt (mit L.FRÖHLER), 1961. - Hg.: Die Verbände in d. pluralist. Gesellschaft, 1962.

Vollbeschäftigung; Wirtschaftspolitik.

Uhlhorn, *Friedrich,* * 17.6.1894 Lauenförde Kr. Northeim, Dr. phil. (1924), Graf zu Solms-Laubach'scher Archivrat i.R., Honorar-Prof. f. hess. Heimatgesch. 1940 Marburg.

Gesch. d. Grafen von Solms im MA, 1931; Reinhard Graf zu Solms, Herr zu Münzenberg, 1952; Die dt. Territorien. Der Westen (GEBHARDT-GRUNDMANN II, 1955, 437-531). - Schriftleitung: Hessenland, 1935-42; Hess. Jb. f. Landesgesch., seit 1951.

Amöneburg; Büraburg; Fritzlar; Fulda; Hessen, Stamm.

Uhsadel, *Walter,* * 28.6.1900 Danzig, D. (1958, Hamburg), Dr. phil. (1938). Pastor 1926-50 Hamburg u. Cuxhaven; Doz. am Päd. Institut 1950, zugleich an der Kirchl. Hochschule 1952, Lehrbeauftragter an der Theol. Fakultät 1954 Hamburg, o. Prof. f. Prakt. Theol. 1956 Tübingen.

Soziol. Verhältnisse kinderreicher Großstadtfamilien, 1928; Freier Gehorsam, 1932; Die Kirche im Erziehungswerk, 1939; Der Mensch u. die Mächte des Unbewußten, 1952; Ev. Beichte in Vergangenheit u. Gegenwart, 1961; Prakt. Theol. I: Die gottesdienstl. Predigt. Ev. Predigtlehre, 1963; II: Ev. Erziehungs- u. Unterrichtslehre, (1954) 1961²; Ev. Seelsorge, 1964. - Hg.: Beiträge zur Prakt. Theol., seit 1964.

Arbeitsschule, 5; Francke, A.H., b); Jugendbewegung I. II; Kirchliche Unterweisung I; Religionslehrer; Religionspädagogik I.

Ujszászy, *Kálmán,* * 13.12.1902 Budapest (Ungarn), Dr. phil. (1932). Religionslehrer 1929, PDoz. f. NT 1929, ao. Prof. 1931 Sárospatak, PDoz. f. Pädagogik 1939 Szeged, o. Prof. 1939 Sárospatak, Hauptbibliothekar der Bibliothek der Wiss. Sammlungen des Ref. Kirchendistrikts »Diesseits der Theiß« 1948 ebd.

Das Problem d. Gegenstandes in d. Erkenntnistheorie Rickerts, Sárospatak 1932 (ung.); Das Dorfseminar, ebd 1934 (ung.); Das Dorf. Leitfaden zur Unters. d. ung. Dorfes, ebd 1936 (ung.); Die geistigen Grundlagen d. Dorferziehung, ebd 1938 (ung.); Volkshochschul-Erfahrungen, Budapest 1947 (ung.).

Sárospatak.

Unbegaun, *Boris Ottokar,* * 23.8.1898 Moskau (Rußland), Lic. phil. (1926), Dr. litt. (1935), M.A. (1953). Doz. f. slaw. Philologie 1936 Brüssel, zugleich 1937 Straßburg, Prof. 1946 Brüssel u. Straßburg, Prof. f. vergl. slaw. Philologie 1953 Oxford.

Teilw. Bibliogr. bis 1962 in: AIPh 4, 1936, 1024f; 11, 1951, 555 bis 557; 12, 1955, 634f; 14, 1957, 419f; 15, 1960, 338f; 16, 1963, 113f.

Slawische Religion.

Unnik, *Willem Cornelis van,* * 28.8.1910 Haarlem (Niederl.), D. (1962, Münster), D.D. (1962, St. Andrews), Dr. theol. (1937). Pfarrer 1938 Opperdoes, PDoz. f. NT 1939 Leiden, Religionslehrer 1942 den Haag, Pfarrer 1945 Schiedam, o. Prof. f. NT 1946 Utrecht.

Nestorian Questions on the Administration of the Eucharist, Haarlem 1937; De verlossing 1Petr 1, 18-19 en het probleem van den eersten Petrusbrief, Amsterdam 1942; Tarsus or Jerusalem, ebd (1952) 1962²; Het NT, Groningen (1957) 1962⁴; Openbaringen uit Egyptisch Zand, 's-Gravenhage 1958 (dt. 1960, engl. 1960, schwed. 1961); The Christians Freedom of Speech in the NT, 1962. - Hg.: NovTest. - Mit-Hg.: VigChr; Het oudste Christendom en de antieke cultuur I. II, Haarlem 1951.

Apostolische Canones; Apostolische Kirchenordnung; Apostolische Konstitutionen; Azymiten; Didaskalia; Hypsistarier; Hystaspes; Johannesakten; Kirchenordnungen I; Legio fulminatrix; Patristik; Paulusapokalypse; Pausanias; Petrusakten; Petrusapokalypse; Pliniusbrief; Soter; Testamentum domini nostri Jesu Christi (mit H.ACHELIS).

Unruh, *Margarete,* * 8.12.1887 Königsberg/Pr. Studienrätin 1914 Wiesbaden, seit 1925 ebd im Dienst der Ev. Mission in Oberägypten.

Samuel Jakob Enderlin, der Bahnbrecher d. Sudan-Pionier-Mission, 1942; (50 Jahre Ev. Mohammedaner-Mission, 1950) Auftrag u. Wege einer Mohammedanermission, 1955². - Hg.: Nachrichten d. Ev. Mission in Oberägypten, 1936-63.

Evangelische Mission in Oberägypten.

Urner, *Hans,* * 21.5.1901 Breslau, D. (1959, Leipzig), Dr. theol. (1948). Pfarrer 1928 Panthenau b. Haynau/Schles., Pfarrer am Paul-Gerhardt-Stift 1934 Berlin; beauftragt mit der Wahrnehmung einer Professur 1952, Prof. mit vollem Lehrauftrag f. Prakt. Theol. 1953, Prof. mit Lehrstuhl 1956 Halle, dazu Mitglied der Kirchenleitung der Ev. Kirche der Kirchenprovinz Sachsen 1954 bis 1957 Magdeburg, Konsistorialrat 1957-61.

Bibliogr. in Auswahl: ThLZ 86, 1961, 871-876 (vgl. 87, 1962, 156). Bes.: Die außerbibl. Lesung im christl. Gottesdienst. Ihre Vorgesch. u. Gesch. bis zZ Augustins, 1952; Der Pietismus, (1952) 1962²; Gottes Wort u. unsere Predigt, 1961. - Hg.: ThA, seit 1954.

Advent; Allerheiligenfest; Altargesang, 2; Aschermittwoch; Berneuchen; Bischofsweihe; Bluttaufe; Braun, Jos.; Caeremoniale; Casel; Common Prayer Book; Drews; Fastenzeit; Fastnacht; Fendt; Feste und Feiern IV; Fürbitte; Gottesdienst V B, 2a; Karfreitag; Kelchentziehung; Laiendienst; Lektionar; Lektor; Nächtlicher Gottesdienst; Prophetie als liturgische Lesung; Spülkelch; Stählin, Wilh.; Tradition VIII; Vigilie; Vorfastenzeit; Weihen II.

Valkner, *Kristen,* * 2.6.1903 Bergen (Norwegen). Pfarrer 1928 Skånevik; ao. Prof. f. norweg. KG 1946, o. Prof. 1964 Oslo.

Fedres fromhet. Norsk fromhetsliv under ortodoksien, 1935; Norges kirkehistorie 1500-1800, 1951 (Masch.); Dorothe Engelbretsdatters samlede skrifter I. II, 1955; Mesteren fra Möre, 1958; Paulus Helie og Christiern II, 1963.

Blix.

Vancsa, *Kurt,* * 11.4.1904 Wien (Österreich), Dr. phil. (1927). Leiter der niederösterr. Landesbibliothek 1928, Direktor der Bundesstaatl. Studienbibliothek 1948 Linz, Hofrat.

Ferdinand Raimund, 1936; Grillparzer-Bibliogr., 1937; Franz Grillparzer. Bild u. Forschung, 1941; Enrica von Handel-Mazzetti, 1941. - Hg.: Die Schulakten A.Stifters, 1955; Enrica von Handel-Mazzetti, Und nie geschah mir das, 1958; Das Nibelungenlied, 1960.

Ebner-Eschenbach; Handel-Mazzetti; Mell.

Van Dusen, *Henry Pitney:* 6, 1229f. - A.B. (1919), B.D. (1924), Ph.D. (1932), D.D. (1946, Amherst College; 1946, Edinburgh; 1947, Oberlin College; 1947, Yale Univ.; 1950, Heidelberg College; 1952, Queens' Univ., Kingston, Ontario; 1954, Harvard Univ.; 1956, Dartmouth College; 1960, Colgate Univ.; 1963, Episcopal Theol. Seminary, Alexandria/Va.), S.T.D. (1945, New York Univ.; 1956, Westminster Theol. Seminary; 1956, Columbia Univ.; 1963, Episcopal Theol. Seminary, Alexandria/Va.), Litt. D. (1958, Jewish Theol. Seminary), L.H.D. (1959, Bates College).

Brown; Coffin.

Van Steenberghen, *Fernand,* * 13.2.1904 Saint-Josse b. Brüssel (Belgien), Dr. phil. (1923). Priester 1926; Assistent 1931, Doz. f. ma.liche Philosophiegesch. 1933, o. Prof. 1935 Löwen.

Vollst. Bibliogr. bis 1955 in: Bibliographie Académique (Löwen) 6, 1937, 44; 7, 1954, 349-356; 8, 1956, 20f. Bes.: Siger de Brabant d'après ses œuvres inédites I. II, Löwen 1931/42; Les œuvres et la doctrine de Siger de Brabant, Brüssel 1938; Epistémologie, Löwen (1945) 1956³ (dt. 1950); Ontologie, ebd (1946) 1961³ (dt. 1953); Philos. des MA (BEStPh 17), 1950; Le XIIIe siècle (Le mouvement doctrinal du IXe au XIVe siècle [FLICHE-MARTIN XIII], Paris [1951] 1956², 193-348); The Philosophical Movement in the 13th Century, Edinburgh 1955; Aristotle in the West, Löwen 1955. Ferner: Dieu caché, Löwen-Paris 1961; Hist. de la philosophie. Période chrétienne, Löwen 1964.

Siger von Brabant.

Vasterling, *Hans-Werner,* * 24.2.1923 Hannover, Dr. med. (1948). PDoz. f. Geburtshilfe u. Frauenheilkunde 1956, apl. Prof. 1961 Göttingen, dazu Chefarzt der Frauenklinik 1963 Minden/Westf.

Prakt. Spermatologie, 1960.

Geburtenregelung; Insemination; Schwangerschaftsunterbrechung.

Vaux, *Roland de,* * 17.12.1903 Paris (Frankreich), Lic. litt. (1923), Lic. theol. (1933), Lic. bibl. (1935), Dr. theol. h.c. (1954, Dublin; 1964, Louvain). Dominikaner, seit 1934 Prof. an der Ecole Biblique et Archéologique Française de Jérusalem, seit 1945 deren Direktor.

In »Bible de Jérusalem«: Les Livres des Rois, (1949) 1958²; La Genèse, (1951) 1962²; Les Livres de Samuel, (1953) 1961². Ferner: Les Institutions de l'AT I. II, Paris 1958/60 (dt. 1960/62); Die hebr. Patriarchen u. d. modernen Entdeckungen, 1959; L'Archéologie et les manuscrits de la Mer Morte, London 1961; Les sacrifices de l'AT, Paris 1964. - Hg.: RB, 1938-53. - Mit-Hg.: JerB; DJD.

Qumran, 2.

Vermaseren, *Maarten Jozef,* * 7.4.1918 Nijmegen (Niederl.), Dr. litt. et phil. (1951), Doz. f. klass. Philologie in Amsterdam.

De Mithrasdienst in Rome, Nijmegen 1951; Corpus Inscriptionum et Monumentorum Religionis Mithriacae I. II, den Haag 1956/1960; Mithras, de geheimzinnige God, Amsterdam 1959; The Excavations in the Mithraeum of the Church of Santa Prisca on the Aventine (mit C.C.VAN ESSEN), Leiden 1964.

Mithras.

Verwiebe, *Ernst,* * 12.6.1901 Münster, † 15.8.1961 Bielefeld, Dr. phil. (1924). Jugendpfarrer der Batakkirche u. Pfarrer der Auslandsdeutschen 1927-35 Sumatra u. Java, Ephorus der Batakkirche 1936, interniert 1940-46, im Heimatdienst der Rhein. Mission 1947, Pfarrer 1949 Bielefeld.

Missionskonferenzen.

Vetter, *August,* * 19.2.1887 Wuppertal-Elberfeld, Dr. der Kulturwissenschaften e.h. (1930, Techn. Hochschule Dresden). Bis 1932 freier Schriftsteller, Assistent 1934 Leipzig, Doz. am Psychotherapeut. Institut 1939 Berlin; Honorar-Prof. 1946, ao. Prof. f. Psychologie 1947 München, em. 1957, o. Prof. em. 1962.

Nietzsche, 1926; Frömmigkeit als Leidenschaft. Eine Deutung Kierkegaards, (1928) 1963; Mitte d. Zeit. Die Geschichtlichkeit d. Geistes im Licht d. Menschwerdung Gottes, (1933) 1962; Natur u. Person, 1949; Die Erlebnisbedeutung d. Phantasie, 1950; Wirklichkeit des Menschlichen, 1960.

Charakterologie; Klages; Strukturpsychologie; Typenlehre.

Vicedom, *Georg Friedrich,* * 8.3.1903 Unterrimbach, D.D. (1951, Dubuque), Dr. scient. rel. h.c. (1951, Marburg). Missionar 1929 Neuguinea; Missionsinspektor 1946, Prof. f. Missionswiss. u. Religionskunde 1956 Neuendettelsau.

Bibliogr. bis 1962 in: Ihr werdet meine Zeugen sein (Festschr. z. 60. Geb.), hg.v. W.RUF, 1963, 139-148. Bes.: Die Mbowamb. Die Kultur d. Hagenbergstämme im östl. Zentral-Neuguinea I-III (mit H.TISCHNER), 1943-48; Kirche in d. Entscheidung, 1949; Die Weltreligionen im Angriff auf d. Christenheit (ThEx NF 51), (1956) 1961⁴; Missio Dei, (1958) 1960²; Die Mission d. Weltreligionen, 1959; Das Dilemma d. Volkskirche, 1961; Ein Volk findet Gott. Erweckung in Formosa, 1962.

Beichte III; Gemeinde V; Gruppenbekehrungen; Neuendettelsau; Neuguinea; Südsee.

Vielhaber, *Klaus,* * 15.10.1928 Attendorn/Westf., Dr. phil. (1954). Im Höheren Schuldienst 1954, Studienrat im Kirchendienst 1959 Neuß.

Gottschalk der Sachse, 1956; Gewalt u. Gewissen (Herder-Bücherei 174), 1964.

Gottschalk.

Vielhauer, *Inge,* * 12.6.1920 Heidelberg, Dr. phil. (1945), lebt in Bonn.

Hoffmann, E.Th.A.

Vielhauer, *Philipp,* * 3.12.1914 Bali (Kamerun), D. (1954, Göttingen), Dr. theol. (1940). Vikar 1939-46, Kriegsdienst 1941-44, PDoz. f. NT 1950 Göttingen, o. Prof. 1951 Bonn.

Oikodome. Das Bild vom Bau in d. christl. Lit. vom NT bis Clemens Alexandrinus, 1940; Zum »Paulinismus« der Apg (EvTh 10, 1950/51, 1-15); Das Benedictus des Zacharias (ZThK 49, 1952, 255 bis 272); Gottesreich u. Menschensohn in d. Verkündigung Jesu (Festschr. f. G.Dehn, 1957, 51-79); Judenchristl. Evangelien (HENNECKE³ I, 1959, 75-108); Jesus u. d. Menschensohn (ZThK 60, 1963, 133-177).

Erlöser II; Erlösung III; Johannes der Täufer; Overbeck, Franz; Propheten III A.

Viering, *Erich,* * 21.6.1929 Wuppertal-Barmen. Theol. Mitarbeiter im Dt. Ev. Missions-Rat 1955, Pfarrer der Eglise Evangélique 1960 Togo (Westafrika).

Und alle, die auf Erden wohnen. Vom Zeugnis d. Christenheit in d. Welt, 1960; Kirche Christi in Afrika u. Asien, 1962; Mission in Afrika ist nicht zu Ende. Briefe aus Togo, 1963.

Auswanderung III; Farquhar.

Vinay, *Valdo,* * 10.8.1906 La Spezia (Italien), D. (1961, Jena), Dr. theol. h.c. (1948, Basel). Pfarrer 1933 Fiume-Abbazia, Prof. f. KG an der Theol. Fakultät der Waldenser 1940 Rom.

Facoltà Valdese di Teologia 1855-1955, Torre Pellice 1955; Ernesto Buonaiuti e l'Italia religiosa del suo tempo, ebd 1956; Evangelici italiani esuli a Londra durante il Risorgimento, Turin 1961.

Buonaiuti; Campello; Carbonari; Comba; Italien; Loreto; Monaco; Neapel; Palermo; Pisa; Portiuncula; Reiser; Rienzo; Sanctis; San Marino; Savonarola; Turin; Valdes; Waldenser, 1-3.

Vincke, *Johannes,* * 11.5.1892 Gretesch Kr. Osnabrück, Dr. theol. (1927), Dr. phil. (1927), Dr. rer. pol. (1928), Dr. phil. et litt. (1960, Zaragoza). Priesterweihe 1917, Vikar 1917 (u.a. Hamburg), Schriftleiter des Kath. Jungmännerverbandes 1921 Düsseldorf, Pfarrverweser 1923 Altenberg/Rhld; PDoz. f. Kirchenrechtsgesch. 1930, ao. Prof. 1937, o. Prof. f. KG 1946 Freiburg/Br., Päpstl. Hausprälat 1952.

Vollst. Bibliogr. bis 1962 in: Festschr. J.Vincke z. 70. Geb., Madrid 1962/63, 10-19. Bes.: Der Klerus d. Bistums Osnabrück im späten MA, 1928; Staat u. Kirche in Katalonien u. Aragon während des MA, 1931; Documenta selecta mutuas Civitatis Arago-Cathalaunicae et Ecclesiae relationes illustrantia, 1936; Volkstum u. Recht, 1937; Briefe zum Pisaner Konzil, 1940; Zur Vorgesch. d. span. Inquisition, 1941; Schriftstücke zum Pisaner Konzil, 1942; Die Begegnung des Deutschen u. des Spaniers im 14.Jh., 1951. - Hg.: Das Bistum Osnabrück, seit 1939; Beitr. z. Kirchen- u. Rechtsgesch., seit 1940; Span. Forschungen d. Görres-Ges., seit 1940; Freiburger Theol. Studien, seit 1949; Beitr. z. Freiburger Wissenschafts- u. Universitätsgesch., seit 1952; RQ, 1953-58.

Johannes von Freiburg.

Vischer, *Lukas,* * 23.11.1926 Basel (Schweiz), Dr. theol. (1952). Pfarrer 1953 Herblingen, Studiensekretär des Referates f. Glauben u. Kirchenverfassung (Ökum. Rat) 1961 Genf.

Basilius d.Gr. Unters.en zu einem Kirchenvater d. 4.Jh.s, 1953; Die Auslegungsgesch. von 1Kor 6, 1-11. Rechtsverzicht u. Schlichtung (BGE 1), 1955; Die Gesch. d. Konfirmation, 1958; Ihr seid getauft, 1961.

Kanon II.

Visser 't Hooft, *Willem Adolf:* 6, 1413 f. - Dr. theol. (1928), D. (1963, Kirchl. Hochschule Berlin), Dr. theol. h.c. (1951, Genf; 1963, Paris, Faculté de Théologie Libre), D.D. (1939, Aberdeen; 1950, Princeton; 1950, Trinity College, Toronto; 1954, Yale Divinity School, New Haven; 1954, Oberlin College; 1955, Oxford; 1958, Harvard Univ.; 1959, Union Theol. Seminary, Tokyo), Dr. of Humanities (1959, St. Paul's Univ., Tokyo).

Ökumenisch; Ökumenische Bewegung, 3. 4.

Voehringer, *Erich,* * 23.9.1905 Akuse (Ghana), Dr. phil. (1933). Pfarrer 1926 Philadelphia, Missionar 1934 Britisch-Togo, Beigeordneter Sekretär des World Council of Christian Education 1946 New York, o. Prof. f. Religionspädagogik am Lutheran Theol. Seminary 1954 Philadelphia.

It depends on you. A Study of Christian Missions, Philadelphia 1961.

Sonntagsschule II.

Völker, *Karl:* 6, 1417.

Clarke, Sam. (mit Ernst Wolf); Crell, Sam. (mit Ernst Wolf); Königgrätz (mit G.Maron); Sankt Pölten (mit G.Maron).

Völker, *Walther,* * 1.7.1896 Landsberg/Warthe, D. (1947, Tübingen), Lic. theol. (1922), Dr. phil. (1923). PDoz. f. KG 1927 Halle, Vertretung eines Ordinariats 1942 Tübingen, o. Prof. 1946 Mainz, em. 1961.

Das Vollkommenheitsideal des Origenes (BHTh 7), 1931; Quellen zur Gesch. d. christl. Gnosis (SQS NF 5), 1932; Fortschritt u. Vollendung bei Philo von Alexandrien (TU 49, 1), 1938; Der wahre Gnostiker nach Clemens Alexandrinus (TU 57), 1952; Gregor von Nyssa als Mystiker, 1955; Kontemplation u. Ekstase bei Pseudo-Dionysius Areopagita, 1958; Maximus Confessor als Meister d. geistl. Lebens, 1964.

Georg von Laodicea.

Voeltzel, *René,* * 20.4.1912 Valentigney/Doubs (Frankreich), Dr. theol. (1954), Dr. jur. (1936). Rechtsanwalt 1935 Paris, Kriegsdienst u. Kriegsgefangenschaft 1939-45, Direktor des »Institut de Glay« 1946, Religionslehrer u. Pfarrer 1949 Straßburg, Prof. f. Prakt. Theol. 1957 ebd.

Jean Domat (1625-96). Essai de reconstitution de sa philosophie juridique, Paris 1936; Le rire du Seigneur. Enquêtes et remarques sur la signification théologique et pratique de l'ironie biblique, Straßburg 1955 (dt. 1961); Vraie et fausse Eglise selon les théologiens protestants français du XVIIe siècle, Paris 1956; Elévation. Le sens de la Passion du Christ dans le quatrième Evangile, Straßburg 1957; Petite pédagogie chrétienne pour la fin du XXe siècle, Taizé 1960; Education et révélation. Introduction aux problèmes de la pédagogie chrétienne, Paris 1960.

Allix; Batiffol; Baum; Bersier; Blessig; Bonsen; Bossuet; Broglie; Camisarden; Cavalier; Code civil; Constitution civile du clergé; Coquerel, 1. 2; Court; Cuvier; Dutoit; Evangelische Gesellschaft, 2; Fallot; Faye; Félice; Fénelon; Fesch; Fisch; Fontanès; Frankreich I; Gaussen; Gobel; Grégoire; Guizot; Haffner; Horning; Houtin; Lichtenberger; Lucius; Olier; Organische Artikel; Passy; Rabaut; Réville; Sabatier; Solesmes; Staël; Strohl; Syllabus; Viénot; Wagner, Ch.; Will.

Vogel, *Paul Heinz,* * 6.9.1900 Düsseldorf. Altkath. Pfarrer 1930-53, Direktor der Volkshochschule 1953-63 Offenbach a.M.

Europ. Bibeldrucke d. 15. u. 16.Jh.s in d. Volkssprachen, 1962.

Bibelübersetzungen V.

Vogt, *Friedrich Emil,* * 5.7.1905 Stuttgart, Dr. phil. (1929). Höheres Lehramt (Oberstudienrat) 1940 Sindelfingen.

Poetisches Schwabenelixier, 1953; Schwäbisches Allerlei, 1961.

Waldenser, 4.

Voigt, *Felix Alfred,* * 13.10.1892 Breslau, † 31.3.1962 Würzburg, Dr. phil. h.c. (1947, Würzburg). Studienrat 1918, Oberstudiendirektor 1929, Privatgelehrter 1933, bayer. Regierungsrat 1945, i.R. 1957.

Antike u. antikes Lebensgefühl im Werke G.Hauptmanns, 1935; Hauptmann-Studien I, 1936; Hauptmann u. Shakespeare (mit W.A. Reichart), (1938) 1947^{2}; G.Hauptmann, der Schlesier, (1942) 1953^{3}; Chronik von G.Hauptmanns Leben u. Schaffen (mit C.F.W.Behl), (1942) 1957; La vie et l'œuvre de G.Hauptmann, Paris 1961.

Hauptmann.

Volk, *Otto,* * 26.10.1922 Miesbach, Dr. phil. (1955), Bibliotheksrat in München.

Komnena.

Volk, *Paulus (Leopold),* * 3.3.1889 Hagenau/Elsaß, Dr. phil. (1921), Benediktiner der Abtei Maria Laach.

Der Liber ordinarius d. Lütticher St. Jakobs-Klosters, 1923; Die Generalkapitel d. Bursfelder Benediktiner-Kongregation, 1928; Das Archiv d. Bursfelder Benediktiner-Kongregation, 1936; Das Werden d. Straßburger Benediktiner-Kongregation, 1937; Urkunden zur

Gesch. d. Bursfelder Kongregation, 1951; Die Generalkapitels-Rezesse d. Bursfelder Kongregation I-III, 1955-59.

Bursfelder Kongregation; Maria Laach; Monte Cassino.

Vollborn, *Werner,* * 30.8.1909 Kiel, Dr. theol. (1938). Pfarrer in Kiel, dazu Assistent 1946, Doz. f. AT 1949, Honorar-Prof. 1958 ebd.

Innerzeitl. oder endzeitl. Gerichtserwartung? Ein Beitrag zu Amos u. Jesaja (Diss. Greifswald), 1938; Studien zum Zeitverständnis des AT, 1951 (Mikrokopie).

Obadjabuch; Wunder II.

Volz, *Hans,* * 28.2.1904 Berlin-Charlottenburg, D. (1961, Erlangen), Dr. phil. (1928). Seit 1923 nebenamtl., seit 1950 hauptamtl. Mitarbeiter an der WA, seit 1959 Leiter von deren Arbeitsstelle Göttingen, dazu Lehrbeauftragter f. Textgesch. reformat. Schrifttums 1954 ebd.

Die Lutherpredigten des Joh.Mathesius, 1930; Bearbeiter von Luthers Katechismen, der Schmalk. Art. u. des Tractatus de potestate papae, in: BSLK, (1930) 1964[6]; Luthers Schmalk. Art. u. Melanchthons Tractatus de potestate papae, 1931; Drei Schriften gegen Luthers Schmalk. Art. von Cochläus, Witzel u. Hoffmeister, 1932; 100 Jahre Wittenberger Bibeldruck, 1954; M.Luthers Thesenanschlag u. dessen Vorgesch., 1959; Bibel u. Bibeldruck in Deutschland im 15. u. 16.Jh., 1960. - Hg.: WADB Bd 8. 9/II-12 (7 Bde), 1954-61; Ausgew. dt. Schriften M.Luthers, 1955; Urkunden u. Aktenstücke zur Gesch. von Luthers Schmalk. Art. (mit H.Ulbrich), 1957; Melanchthons Werke VII: Ausgew. Briefe I, 1965.

Bibelübersetzungen IV, 1. 2; Clemen; Flugschriften der Reformationszeit; Helt, Georg; Hessus; Kettenbach; Lemnius; Liber Vagatorum; Lutherausgaben; Mathesius; Pagninus; Ratze(n)berger; Schmalkaldische Artikel.

Voretzsch, *Ernst Adalbert,* * 27.6.1908 Hamburg, Dr. theol. (1952), Dr. phil. (1945). Habilitation 1958 Greifswald, o. Prof. f. christl. Archäologie u. Kunstgesch. 1961 Erlangen.

Das Baptisterium San Giovanni in Fonte zu Neapel (Habil.-Schr. Greifswald), 1957 (Masch.); Ein röm. Porträt-Medaillon in Afghanistan (MDAI, Röm. Abt. 64, 1957, 8-45).

Arles; Begräbnis III, 1; Bethlehem; Byzanz I.

Vossler, *Otto,* * 14.2.1902 Heidelberg, Dr. phil. (1925). PDoz. f. mittlere u. neuere Gesch. 1929 Berlin; ao. Prof. 1930, o. Prof. 1938 Leipzig, 1946 Frankfurt/M.

Mazzinis polit. Denken u. Wollen, 1927; Die amerik. Revolutionsideale in ihrem Verhältnis zu den europäischen, 1929; Der Nationalgedanke von Rousseau bis Ranke, 1937; Die Revolution von 1848 in Deutschland, 1948; Rousseaus Freiheitslehre, 1963.

Croce.

Vries, *Jan de,* * 11.2.1890 Amsterdam (Niederl.), Dr. phil. (1915). Prof. f. Germanistik u. allg. Sprachgesch. 1926-55 Leiden, lebt in Utrecht.

Altgerm. Religionsgesch. I. II, (1935/37) 1956/57[2]; Altnord. Literaturgesch. I. II, (1941/42) 1964/65[2]; Die geistige Welt d. Germanen, (1943) 1964[3]; Betrachtungen zum Märchen (FFC 150), 1954; Altnord. etymol. Wörterbuch, 1957-60; Heldenlied en heldensage, 1959 (dt. 1961); Kelten u. Germanen, 1960; Forschungsgesch. d. Mythologie, 1961; Godsdienstgeschiedenis in vogelvlucht, 1961; Keltische Religion, 1961.

Fremde I; Freundschaft I; Gastfreundschaft; Germanistik; Glück; Haine; Hakenkreuz; Indogermanen; Mannhardt.

Vriezen, *Theodorus Christiaan,* * 29.7.1899 Dinxperlo (Niederl.), Dr. theol. (1937). Pfarrer der Ned. Herv. Kerk 1925 Tubbergen, 1928 Sittard, Religionslehrer 1929 den Haag, Prof. f. AT 1941 Groningen, 1956 Utrecht.

Onderzoek naar de paradijsvoorstelling bij de oude semitische volken (Diss. Utrecht), Wageningen 1937; Literatuur van Oud-Israël, 's-Gravenhage (1948) 1961[2]; Hoofdlijnen der Theologie van het OT, Wageningen (1949) 1954[2] (dt. 1956, engl. 1958); Palestina en Israël, ebd (1951) 1952[2]; Die Erwählung Israels nach dem AT (AThANT 24), 1953; Het Nabije Oosten in de branding, Nijkerk 1957 (dt. 1958); De Godsdienst van Israël, 1963.

Ewiges Leben I; Heiligung I; Sünde und Schuld II; Sündenvergebung I.

Wackwitz, *Peter,* * 9.7.1922 Grünberg/Schles., Dr. phil. (1957). Kriegsdienst 1940-45, Assistent 1952 Greifswald, 1953 Berlin, Schuldienst 1956 ebd, Studienassessor 1959 Jever.

Gab es ein Burgunderreich in Worms? Beiträge zu d. gesch. Grundlagen d. Nibelungensage (Phil. Diss. FU Berlin), 1957 (Masch.).

Burgunder; Martin von Tours; Wulfila.

Waddy, *Richard Patteson Stacy,* * 31.5.1904 Stockton/Neusüdwales (Australien), M.A. (1930). Missionar 1930 bis 1947 Indien, College-Rektor 1952 Selly Oak b. Birmingham, Rektor 1959 Morley/Derbyshire, dazu Ehren-Kanonikus von Derby Cathedral 1963.

A Ship under Sail, London 1951; Philip Loyd, Missionary and Bishop, ebd 1954.

Tilak.

Wagner, *Heinz,* * 28.11.1912 Olbernhau/Sa., Dr. theol. (1953). Pfarrer 1937 Leipzig, Jugendpfarrer 1940, Direktor der Inneren Mission 1946-59, dazu Rektor des Diakonissenmutterhauses Borsdorf 1946-58; Lehrbeauftragter f. Prakt. Theol. 1946 Leipzig, dazu 1955 Halle; Doz. 1959, Prof. mit Lehrauftrag 1961, mit vollem Lehrauftrag 1964 Leipzig; kirchl. Beauftragter f. Rundfunk u. Fernsehen der DDR 1953.

Die Predigt als Seelsorge (ThLZ 83, 1958, 81-88); Von d. Exegese zum Unterrichtsentwurf (mit H.Bardtke) (Gottes ist d. Orient. Festschr. f. O.Eißfeldt, 1959, 13-27); Seelsorge an Kindern u. Katecheten (Bekenntnis zur Kirche. Festg. f. E.Sommerlath, 1960, 366 bis 375); Einige Bemerkungen zur Rundfunkpredigt u. -seelsorge (Reich Gottes u. Wirklichkeit. Festg. f. A.D.Müller, 1961, 260-271); Diakonie in einer veränderten Welt, 1961.

Diakonie.

Wagner, *Oskar,* * 21.5.1906 Hartfeld (Galizien), Dr. phil. (1930). Pfarrer 1932 Kattowitz, Kirchenrat 1939 Breslau, Pfarrer 1950 München.

Der Minderheitenschutzvertrag vom 28.6.1919 u. seine Bedeutung f. d. ev. Kirche in Polen (Jb.er f. Gesch. Osteuropas NF 5, 1957, 206-220); Die zwischenkirchl. Zusammenarbeit u. ökum. Mitarbeit d. ev. Kirchen in Polen 1918-39 (Kirche im Osten 1, 1958, 65-94); Staat u. ev. Kirche in Polen 1918-21 (Jb. d. Albertus-Univ. zu Königsberg/Pr. 9, 1959, 114-167); Die ev. Bewegung unter d. Ukrainern 1925-33 (Kirche im Osten 4, 1961, 92-134); 1939-48 (Ostdt. Wiss. 7, 1960, 317-340); Staat u. relig. Minderheiten in Polen (Jb.er f. Gesch. Osteuropas NF 10, 1962, 201-214).

Wilna.

Waldersee (geb. von le Fort), *Etta Gräfin von,* *22.11. 1902 Altona, lebt in Kiel, I. Vizepräsidentin des Dt. Roten Kreuzes in der BRD, dazu seit 1952 Vorsitzende des Dt. Komitees für UNICEF (Weltkinderhilfswerk).

Rotes Kreuz.

Waldschmidt, *Ernst,* * 15.7.1897 Lünen/Westf., Dr. phil. (1924). Kustos am Museum f. Völkerkunde 1929 Berlin, PDoz. f. ind. Philologie 1930 ebd, o. Prof. 1936 Göttingen, em. 1965.

Gandhara, Kutscha, Turfan, 1925; Die Stellung Jesu im Manichäismus (mit W.Lentz), 1926; Buddhist. Kunst in Indien, 1932;

Manichäische Dogmatik aus chines. u. iran. Texten (mit W. LENTZ), 1933; Die Überlieferung vom Lebensende des Buddha I. II, 1944/48; Catuṣpariṣatsūtra I-III, 1953-62.

Kunst II D.

Walton, *Francis Redding,* * 9.11.1910 Philadelphia/Pa. (USA), A.B. (1932), M.A. (1933), Ph.D. (1938). Doz. f. Latein u. Griechisch 1938 Haverford College, 1940-42 Williams College; Assistant Prof. f. Griechisch, Latein u. Religion 1946 Williams College, f. Klass. Philologie 1947 Univ. Minnesota, f. Griechisch 1948 Univ. Chicago, Prof. f. Klass. Philologie 1952 Florida State Univ., Tallahassee; Bibliotheksdirektor der Gennadius Library (American School of Classical Studies) 1961 Athen (Griechenland).

A Problem in the *Ichneutae* of Sophocles (Harvard Studies in Class. Philology 46, 1935, 167-189); Athens, Eleusis and the Homeric Hymn to Demeter (HThR 45, 1952, 105-114); Gennadeion Notes I. II (Hesperia 31, 1962, 404-412; 32, 1963, 305-326); Portrait of a Bibliophile: Joannes Gennadius, 1844-1932 (The Book Collector 13, 1964, 305-326). - Hg.: Diodorus of Sicily, Books XXI-XXXII, London-Cambridge/Mass. 1957.

Doppelaxt; Entrückung; Götterbote; Griechische Religion; Homer; Hybris; Kretisch-mykenische Religion; Lokalgötter; Metalle.

Walz, *Hans Hermann,* * 3.8.1914 Essingen Kr. Aalen, Dr. theol. (1941). Mitarbeiter der Ev. Akademie 1945 Bad Boll, Sekretär der Studiengemeinschaft der Ev. Akademien in Deutschland 1947, Sekretär f. Laienarbeit im Ökum. Rat 1949 Genf, stellv. Direktor des Ökum. Instituts 1951 Bossey b. Genf, Generalsekretär des Dt. Ev. Kirchentages 1954 Fulda.

Der polit. Auftrag d. Protestantismus in Europa, 1955; Das prot. Wagnis, 1958. - Mit-Hg.: WKL, 1960.

Kirchentag; Laienapostolat; Laienbewegung.

Wampach, *Camille,* * 18.8.1884 Esch/Alzette (Luxemburg), † 7.8.1958 Luxemburg, Dr. phil. (1915). Priesterweihe 1908, Schloßprediger 1915 Schlesien, Pfarrer 1921 Hamm b. Luxemburg; Lehrbeauftragter f. luxemburg. u. westeurop. Gesch. 1930, Honorar-Prof. 1935 Bonn, Aberkennung des Prof.-Titels aus polit. Gründen 1942, Erneuerung des Titels 1946, Staatsarchivdirektor 1945 Luxemburg, Päpstl. Geheimkämmerer 1958.

Vollst. Bibliogr. in: Le Souvenir de C. Wampach, Luxemburg 1960, 21-30. Bes.: Gesch. d. Grundherrschaft Echternach im Früh-MA I/1. 2, 1929/30; Urkunden- u. Quellenbuch zur Gesch. d. altluxemburg. Territorien bis zur burgund. Zeit I-X/2, 1935-55; Sankt Willibrord. Sein Leben u. Lebenswerk, 1953.

Echternach (mit M. ZENDER).

Wapnewski, *Peter,* * 7.9.1922 Kiel, Dr. phil. (1949). PDoz. f. dt. Philologie 1954 Heidelberg, Vertretung des Germanist. Lehrstuhls 1956-59 Tübingen u. Heidelberg, o. Prof. 1959 Heidelberg.

Wolframs Parzival, 1955; Dt. Lit. des MA (KVR 96/97), 1960; Walther von der Vogelweide, Gedichte, ausgew. u. übers., 1962; Hartmann von Aue, 1962. - Mit-Hg.: Euphorion, seit 1962.

Heliand; Mariendichtung, 2; Otfrid von Weißenburg; Passional.

Warren, *Max Alexander Cunningham,* * 13.8.1904 Dun Laoghaire (Irland), D.D. (1944, Wycliffe College, Univ. Toronto; 1959, Rikkyo Univ., Tokio; 1963, Glasgow; 1963, Huron College, Univ. Ontario), B.A. (1926), M.A. (1931). Missionar 1927-28 Nord-Nigeria, Pfarrer der Holy Trinity Church 1936 Cambridge, Generalsekretär der Church Missionary Society 1942 London, Canon der Westminster-Abtei 1963 ebd.

Strange Victory, London 1946; The Truth of Vision, ebd 1948; The Christian Mission, ebd 1953; Revival - an Enquiry, ebd 1954; The Christian Imperative, ebd 1955; Caesar - the Beloved Enemy, ebd 1955; Partnership, ebd 1956; Challenge and Response, ebd 1960; Perspective in Mission, ebd 1964.

Uganda.

Waschnitius, *Viktor,* * 16.10.1887 Prag-Smichow, Dr. phil. (1910). Kriegsdienst 1914-18, Privatgelehrter 1919 Kopenhagen, Lehrbeauftragter u. Doz. (1940) f. nord. Kultur- u. Geistesgesch. 1936-45 Kiel, Kriegsdienst 1940-44, dann als Pädagoge in Dänemark tätig.

Perht, Holda u. verwandte Gestalten (SAW 174, 2), 1914; Erziehung u. Erziehungswiss. bei d. nord. Völkern seit 1900 (Hdb. d. Erziehungswiss., Tl 5, Bd III/2, 1934, 187-260); Henrich Steffens I, 1939.

Bastholm; Beck, J.V.; Birkedal; Island; Kopenhagen; Pontoppidan, Erik (jeweils mit HAL KOCH).

Wasse, *Günter,* * 1.10.1919 Berlin-Schöneberg, Dr. jur. (1953). Kirchenrat im Landeskirchenamt 1954, Oberkirchenrat 1959 Hannover.

Die Werke u. Einrichtungen d. ev. Kirche, 1954; Die Werke u. Einrichtungen d. ev. Kirche (ZevKR 4, 1955, 74-144).

Evangelische Kirche in Deutschland II.

Watt, *John Alexander Robson,* * 30.11.1903 Comrie (Schottland), M.A. (1924), B.D. (1928). Missionar 1929 bis 1936 Goldküste, 1937-46 Kenya, Pfarrer 1947 Ordiquhill (Schottland), Afrika-Sekretär des Foreign Mission Committee der Church of Scotland 1950 Edinburgh, Pfarrer 1960 Stromness/Orkney.

Kenya.

Weber, *Hartmut,* * 26.5.1922 Hannover, Dipl.-Volkswirt (1951), Dr. rer. pol. (1959). Wiss. Hilfskraft 1952-54, volkswirtschaftl. Referent 1959 Ev. Akademie Loccum, wiss. Mitarbeiter am Institut f. Christl. Gesellschaftswiss. 1962 Münster.

Kernpunkte sozialist. Wirtschaftsordnung (JK 16, 1955, 59-67); Die luth. Sozialethik bei Joh. Heckel, P. Althaus, W. Elert u. H. Thielicke. Theol. Grundlagen u. sozialwiss. Konsequenzen (Diss. Göttingen), 1959 (Masch.); Der sozialethische Ansatz bei Ernst Wolf (EvTh 22, 1962, 580-601); Die Eigentumsdenkschrift d. Kammer f. Soziale Ordnung der EKD (ZEE 7, 1963, 23-36). - Mit-Hg.: JK, seit 1956.

Solidarität; Stand, 1. 2; Subsidiarität; Wirtschaftsethik.

Weber, *Otto,* * 4.6.1902 Köln-Mülheim, D. (1938, Debrecen), D.D. (1961, Edinburgh), Dr. theol. (1938). Doz. 1928, Direktor der Theol. Schule 1930 Wuppertal-Elberfeld, o. Prof. f. ref. Theol. 1934 Göttingen.

Gottesdienst u. ev. Verkündigung, 1933; Bibelkunde des AT, (1934/35) 1961⁹; Joh. Calvin, Institutio christianae religionis, übers., (1936-38) 1963²; Versammelte Gemeinde, 1949; Karl Barths Kirchl. Dogmatik, (1950) 1963⁵; Grundlagen d. Dogmatik I. II, 1955/62. - Mit-Hg.: EvTh, seit 1951; Kerk en Theologie, seit 1955; EKL, 1956 bis 1961.

Anthropologie III; Bohatec; Bredt; Calvin II; Hugenotten, 1; Inspiration II; Keckermann (mit L. ZSCHARNACK); Poullain (mit K. BAUER); Reformierte Hohe Schulen in Deutschland; Spanheim, 2. 3 (mit L. ZSCHARNACK); Wendelin, M.F.

Weber, *Werner,* * 31.8.1904 Wülfrath, Dr. jur. (1928). Referent, zuletzt Oberregierungsrat im Preuß. Kultus- u. Reichserziehungsministerium 1931-37 Berlin, dazu o. Prof. f. Öffentl. Recht 1935 Wirtschaftshochschule Berlin, 1942 Leipzig, 1949 Göttingen.

Die polit. Klausel in d. Konkordaten, 1939; Die Körperschaften, Anstalten u. Stiftungen d. öffentl. Rechts, (1940) 1943²; Die Verkündung von Rechtsvorschriften, 1942; Die Ablösung d. Staatsleistungen an d. Religionsgesellschaften, 1948; Spannungen u. Kräfte im westdt. Verfassungssystem, (1951) 1958²; Staats- u. Selbstverwaltung in d. Gegenwart, 1953; Die Verfassung der Bundesrepublik in d. Bewährung, 1958; Die dt. Konkordate u. Kirchenverträge d. Gegenwart, 1962. - Mit-Hg.: HWSW, 1952ff; Der Staat, seit 1962.

Kirchenverträge; Konkordate; Nihil obstat; Parität; Plazet; Religiöse Kindererziehung; Religionsgesellschaften; Religionsunterricht, rechtlich; Staatsleistungen an die Kirchen; Verfassungen in der BRD und DDR I.

Weeber, *Rudolf,* * 25.2.1906 Eßlingen a.N., Dr. jur. (1933). Assessor 1933, Kirchenrat 1936, Oberkirchenrat 1944, Direktor 1949, Vizepräsident 1955 im Ev. Oberkirchenrat Stuttgart.

Verfassungsgestaltende Wirkungen d. Kirchensteuerrechts (ZevKR 5, 1956, 362-375); Grundfragen gesamtkirchl. Zuständigkeit (ebd 7, 1959/60, 113-128); Personalitätsprinzip u. landeskirchl. Territorialprinzip (ebd 375-385); Welche allg. Fragen u. speziellen Probleme stellen sich bei d. Ausarbeitung einer Kirchengemeindeordnung? (ebd 389-416); Lehrgewalt u. Lehrzucht (ebd 9, 1962/63, 384-404).

Finanzwesen II; Kirchensteuer I; Kollektenwesen; Pfarrbesoldung; Sammlungsrecht; Stellenbesetzungsrecht; Versorgung.

Weerda, *Jan Remmers,* * 17.11.1906 Logumer Vorwerk Kr. Norden, † 19.7.1963 Erlangen, D. (1959, Göttingen), Dr. theol. (1944). Pfarrer 1935-49 Emden, dazu PDoz. 1948 Münster, o. Prof. f. ref. Theol. 1949 Erlangen.

Vollst. Bibliogr.: ThLZ 89, 1964, 395-398. Ferner: Nach Gottes Wort ref. Kirche. Beiträge zu ihrer Gesch. u. ihrem Recht (ThB 23), 1964.

Althusius; Alting, 1-3; Gnapheus; Goudimel; Mariologie; Moderator; Reformierte Kirche I; Zahn, Adolf; Zepper.

Wehr, *Otto,* * 1.10.1886 Viersen, † 16.12.1960 Homburg/Saar. Pfarrer 1917 Seelscheid, 1926 Saarbrücken, Kirchenrat u. Bevollmächtigter der Ev. Kirche im Rheinland für das Saarland 1945-57, dazu Sup. 1946-57 Saarbrücken, Rundfunkbeauftragter der Ev. Kirche im Rheinland beim Sender Saarbrücken 1957.

Saarland.

Weigelt, *Joachim,* * 20.2.1913 Breslau-Rosenthal. Studentenpfarrer in Würzburg u. Erlangen, Propst an der Dt. Ev. Erlöserkirche 1953 Jerusalem, Pfarrer 1960 Oberaudorf/Inn.

Jerusalem IV.

Weinert, *Hermann Karl,* * 6.3.1909 Dortmund, Dr. phil. (1933). Wiss. Assistent 1935-37 Hamburg (suspendiert), Wehrdienst 1939-45; wiss. Assistent 1945, Doz. f. roman. Philologie 1949, apl. Prof. 1956, Wiss. Rat 1963 Tübingen.

Dichtung aus d. Glauben. Einführung in d. geistige Welt des Renouveau catholique in d. modernen franz. Lit., (1934) 1948²; Epochen franz. Lit., 1962.

Mauriac; Péguy; Renouveau catholique; Rolland.

Weischedel, *Wilhelm,* * 11.4.1905 Frankfurt/M., Dr. phil. (1932). Doz. f. Philos. 1945, ao. Prof. 1946 Tübingen, o. Prof. 1953 Freie Univ. Berlin.

Das Wesen d. Verantwortung, (1933) 1958²; Der Aufbruch d. Freiheit zur Gemeinschaft. Studien zur Philos. d. jungen Fichte, 1939; Die Tiefe im Antlitz d. Welt. Entwurf einer Metaphysik d. Kunst, 1952; Recht u. Ethik, 1956; Wirklichkeit u. Wirklichkeiten. Aufs. u. Vorträge, 1960. - Hg.: Immanuel Kant, Werke, 6 Bde, 1956ff. - Mit-Hg.: Idee u. Wirklichkeit einer Univ. Dokumente zur Gesch. d. Friedrich-Wilhelms-Univ. zu Berlin, 1960.

Ästhetik.

Weise, *Manfred,* * 3.11.1923 Benshausen/Thür., Dr. theol. (1956). Doz. f. NT 1960 Jena.

Kultzeiten u. kult. Bundesschluß in d. »Ordensregel« vom Toten Meer, Leiden 1961.

Asarjagebet; Bel zu Babel; Drache zu Babel; Drei Männer im feurigen Ofen; Estherbuch, Zusätze zum; Jeremiabrief; Joelbuch; Messias II; Susannabuch.

Weiser, *Artur,* * 18.11.1893 Karlsruhe, D. (1930, Heidelberg), Lic. theol. (1921). Pfarrer 1920, dazu PDoz. f. AT 1922, ao. Prof. 1928 Heidelberg, o. Prof. 1930 Tübingen, em. 1962.

Bibliogr. in: Tradition u. Situation (Festschr. z. 70. Geb.), 1963, 153-156. Bes.: Die Profetie des Amos (BZAW 53), 1929; Die Psalmen (ATD 14/15), (1935) 1963⁶; Einl. in das AT, (1939) 1963⁵; Das Buch d. 12 kleinen Propheten I (ATD 24), (1949) 1963⁴; Das Buch Hiob (ATD 13), (1951) 1963⁴; Das Buch d. Propheten Jeremia (ATD 20/21), (1952/55) 1961³·⁴; Die Klagelieder (ATD 16), 1958; Glaube u. Gesch. im AT u. andere ausgew. Schriften, 1961; Samuel (FRLANT 81), 1962. - Hg.: ATD.

Abraham; Jakob, Patriarch; Isaak.

Weiß, *Hans-Friedrich,* * 2.10.1929 Colditz Kr. Grimma/Sa., Dr. theol. (1957). Wiss. Assistent f. AT u. Lehrbeauftragter f. kopt. Sprache u. Lit. sowie f. NT 1957 Jena.

Unters.en zur Kosmologie d. paläst. u. d. hellenist. Judentums (Habil.-Schr. Jena), 1962 (Masch.).

Menschensohn.

Weiß, *Manfred,* * 22.12.1908 Basel (Schweiz), Pfarrer 1934 Bachs Kt. Zürich.

Konfirmation I, 9.

Weiß (geb. Wehowsky), *Ruth,* * 14.12.1930 Erfurt, lebt in Jena.

Die Herkunft d. osthess. Täufer (ARG 50, 1959, 1-16. 182-199); Herkunft u. Sozialanschauungen d. Täufergemeinde im westl. Hessen (ARG 52, 1961, 162-188).

Stiefel, Michael.

Weiß-Stählin, *Gertrud,* * 2.6.1910 Nürnberg, lebt in Bayreuth.

Goethes Bemerkungen zur Olympia Morata (Goethe NF 25, 1963, 220-249).

Morata; Renata; Vermigli.

Weißgerber, *Hans,* * 11.3.1929 Darmstadt, Dr. theol. (1954). Assistent an der Theol. Abteilung des Luth. Weltbundes 1955 Genf, Pfarrer 1958-62 Allendorf/Lahn, dazu Lehrbeauftragter f. Ökum. Theol. 1959 Göttingen, Studienleiter 1963 Ev. Akademie Loccum.

Die Frage nach d. wahren Kirche, 1963. - Mit-Hg.: Das Bekenntnis im Leben d. Kirche, 1963.

Hyperius.

Weisweiler, *Heinrich,* * 16.9.1893 Düren, † 11.4.1964 Frankfurt/M., SJ, Dr. theol. (1927), o. Prof. f. Dogmatik 1928-42 Valkenburg (Holland), 1945 Büren/Westf., 1950 Hochschule Sankt Georgen, Frankfurt/M.

Die Wirksamkeit d. Sakramente nach Hugo von St. Viktor, 1932; Das Schrifttum d. Schule Anselms von Laon u. Wilhelms von Champeaux in dt. Bibliotheken (BGPhMA 33/1. 2), 1936; Maître Simon et son group De Sacramentis, Löwen 1937; Die ältesten scholast. Gesamtdarstellungen d. Theol. (Schol. 16, 1941, 351-368); Wie entstanden die frühen Sententiae Berolinenses d. Schule Anselms von Laon? (ebd 34, 1959, 321-369). - Hg.: Scholastik, 1935-64.

Anselm von Laon.

Weizsäcker, *Carl-Friedrich Freiherr von,* * 28.6.1912 Kiel, Dr. phil. (1933). Habilitation 1936 Leipzig, Assistent am Kaiser-Wilhelm-Institut f. Physik 1936 Berlin, dazu Doz. f. theoret. Physik 1937 ebd, ao. Prof. 1942-44 Straßburg, Abteilungsleiter am Max-Planck-Institut f. Physik u. Honorar-Prof. 1946 Göttingen, o. Prof. f. Philos. 1957 Hamburg.

Die Atomkerne, 1937; Zum Weltbild d. Physik, (1943) 1962⁹; Die Gesch. d. Natur, (1948) 1958⁴; Physik d. Gegenwart (mit J.JUILFS), (1952) 1958²; Die Verantwortung d. Wiss. im Atomzeitalter (KVR 42), 1957; Atomenergie u. Atomzeitalter, 1957.

Atom und Atomtheorien; Descartes; Einstein; Energie und Energetik; Entwicklung I; Kausalität I; Kepler; Komplementarität; Kopernikus.

Weizsäcker, *Wilhelm,* * 2.11.1886 Prag, † 19.7.1961 Heidelberg, Dr. jur. (1909). Nach richterl. Laufbahn PDoz. f. Rechtsgesch. 1922, ao. Prof. 1926, o. Prof. 1930 Prag, 1941 Wien, 1943-45 Prag, wiss. Mitarbeiter am Dt. Rechtswörterbuch 1950 Heidelberg, Honorar-Prof. 1950 ebd, o. Prof. em. 1958.

Sächs. Bergrecht in Böhmen, 1929; Das Graupner Bergbuch von 1530, 1932; System d. tschechoslow. Bergrechts (mit K.ZIMMER), 1933; Magdeburger Schöffensprüche u. Rechtsmitteilungen f. d. Oberhof Leitmeritz, 1943; Gesch. d. Deutschen in Böhmen u. Mähren, (1950) 1959²; Pfälz. Weistümer (mit F.KIEFER), 1957-62; Quellenbuch zur Gesch. d. Sudetenländer I, 1960; Zur Gesch. d. Prager Univ., 1961.

Prag II.

Wellershoff, *Dieter,* * 3.11.1925 Neuß, Dr. phil. (1952), Verlagslektor, lebt in Rodenkirchen b. Köln.

Gottfried Benn, Phänotyp dieser Stunde, 1958; Am ungenauen Ort (2 Hörspiele), 1960; Anni Nabels Boxschau (ein Schauspiel), 1962; Der Gleichgültige. Versuche über Hemingway, Camus, Benn u. Beckett, 1963. - Hg.: G.Benn, GesW I-IV, 1958-61.

Benn.

Wendel, *Adolf,* * 21.11.1900 Lampertheim/Rhein, † 23.6.1958 Hungen/Oberhessen, Dr. theol. (1924). Pfarrer 1928 Oberbreidenbach/Hessen, PDoz. f. AT 1933 Marburg, ao. Prof. 1936 Breslau, Kriegsdienst 1939-45, Religionslehrer 1950 Frankfurt/M.

Das Opfer in d. altisrael. Religion, 1927; Zeitentsprechender ev. Religionsunterricht, 1928; Das israel.-jüd. Gelübde, 1931; Das freie Laiengebet im vorexil. Israel, 1931; Säkularisierung in Israels Kultur (BFChTh II, 32), 1934; Zurück zu Gott (Predigten), 1949; Lebensmut aus Glaubenskraft, 1952.

Eli und die Eliden; Erstlinge, 2; Gelübde II; Hoherpriester.

Wendland, *Heinz-Dietrich,* * 22.6.1900 Berlin, D. (1951, Heidelberg), Dr. theol. (1924). Doz. an der Ev.-sozialen Schule 1925 Berlin-Spandau, PDoz. f. NT u. Sozialethik 1929 Heidelberg, o. Prof. 1937 Kiel, 1955 Münster.

Vollst. Bibliogr. bis 1959 in: Spannungsfelder d. ev. Soziallehre (Festschr. z. 60. Geb.), 1960, 295-300. Bes.: Die Eschatologie d. Reiches Gottes bei Jesus, 1931; Die Briefe an d. Korinther übers. u. erkl. (NTD 7), (1932) 1962⁸; Geschichtsanschauung u. Geschichtsbewußtsein im NT, 1938; Die Kirche in d. modernen Gesellschaft, (1956) 1958²; Botschaft an d. soziale Welt, 1959. Ferner: Der Begriff Christlich-sozial, 1962; Einführung in d. Sozialethik (SG 1203), 1963; Person u. Gesellschaft in ev. Sicht, 1963. - Hg.: Studien zur ev. Sozialtheol. u. Sozialethik, seit 1958. - Mit-Hg.: ZEE, seit 1957.

Feste und Feiern III; Handauflegung II; Heilig III; Opfer III; Sklaverei und Christentum.

Wendt, *Günther,* * 23.9.1919 Herborn/Dillkr., Dr. jur. (1946). PDoz. f. Strafrecht u. Strafprozeß 1952, apl. Prof. 1957 Freiburg/Br., dazu Oberkirchenrat der Ev. Landeskirche in Baden 1953 Karlsruhe.

Zur kirchenrechtl. Problematik d. Ordnung kirchl. Lebens (ZevKR 10, 1963, 101-133).

Aufnahme in die Kirche, 1; Eid IV; Einsegnung, 2; Gesetzgebung, kirchliche; Kanzelrecht; Kirchenwahlen; Klerus und Laien, 3; Meineid; Paten, 2; Religionsvergehen; Taufe VII.

Wendt, *Siegfried,* * 5.11.1901 Hamburg, D. (1961, Münster), Dr. rer. pol. (1924). Wiss. Assistent 1925, Habilitation f. Volkswirtschaftslehre u. Finanzwiss. 1930 Handelshochschule Mannheim; Doz. 1933, nb. ao. Prof. 1937 Heidelberg; Lehrstuhlvertreter 1938, beamt. ao. Prof. 1939, o. Prof. 1943 Göttingen, 1943 Gießen, stellv. Studienleiter 1949 Ev. Sozialakademie Friedewald; Lehrstuhlvertreter an der Hochschule f. Sozialwiss. 1951, o. Prof. 1954 Wilhelmshaven, 1962 Göttingen.

Grenzen d. zwischenstaatl. Kreditverkehrs, 1937; Wesen u. Erscheinungsformen d. Geldes, 1946; Gedanken zur künftigen dt. Lohnpolitik, 1947; Probleme d. Geldschöpfung, 1948; Die Entwicklung d. dt. Geldwesens, 1950; Probleme d. Masseneinkommens in d. neuzeitl. Industriewirtschaft, 1956; Gesch. d. Volkswirtschaftslehre, 1961. - Hg.: Die Eingliederung d. Vertriebenen als seel., soz. u. wirtsch. Aufgabe, 1951. - Mit-Hg.: Friedewalder Beiträge zur soz. Frage.

Geld II; Wohlfahrtsstaat.

Weniger, *Erich,* * 11.9.1894 Steinhorst Kr. Gifhorn, † 2.5.1961 Göttingen, Dr. phil. (1921). Habilitation f. Pädagogik 1926 Göttingen, Doz. 1929 Päd. Akademie Kiel, Direktor 1930 Päd. Akademie Altona, 1932 Frankfurt/M., entlassen 1933, Direktor 1946 Päd. Hochschule Göttingen, o. Prof. 1949 ebd.

Die Grundlagen d. Geschichtsunterrichts, 1926; Goethe u. d. Generale d. Freiheitskriege, (1942) 1959³; Neue Wege im Geschichtsunterricht, (1949) 1957²; Die Theorie d. Bildungsinhalte u. d. Lehrplans, (1951) 1962⁴; Die Eigenständigkeit d. Erziehung in Theorie u. Praxis, 1952.

Bildungswesen; Fürsorgeerziehung; Kerschensteiner; Landerziehungsheim; Nohl; Schleiermacher III; Sozialpädagogik II.

Wenisch, *Ernst,* * 2.5.1916 Korneuburg (Österreich), Dr. phil. (1941), erzbischöfl. Konsistorial-Archivar in Salzburg.

Universalhist. Aspekte d. Salzburger Kirchen- u. Geistesgesch. (Mitt. d. Ges. f. Salzburger Landeskunde 100, 1960, 45-75); Neuere Lit. zur Salzburger Landesgesch. (1945-60) (MIÖG 71, 1963, 365-397)

Salzburg.

Wenke, *Hans,* * 22.4.1903 Sangerhausen, Dr. phil. (1926). Doz. f. Pädagogik u. Psychol. 1939, ao. Prof. 1941, o. Prof. 1943 Erlangen, 1947 Hamburg, 1949 Tübingen, Senator u. Präses der Schulbehörde 1954 Hamburg, o. Prof. f. Erziehungswiss. 1958 ebd; 1963-65 zugleich Gründungsrektor der Univ. Bochum.

Hegels Theorie d. objektiven Geistes, 1927; Wiss. u. Erziehung. Beiträge zur Päd. u. Kulturpolitik, 1952; Staat u. Erziehung, 1953; Geist u. Organisation. Zur Charakteristik unseres Zeitalters, 1961; Dt. Universitäten. Tatbestände u. Probleme, 1962; Die Erziehungswiss. - Spiegel oder Wegweiser d. Gesellschaft?, 1962. - Mit-Hg.: Die Erziehung, 1937-43; Studium Generale, seit 1947.

Spranger.

Wentzlaff-Eggebert, *Friedrich-Wilhelm,* * 16.6.1905 Freist b. Stolp, Dr. phil. (1931), LL.D. h.c. (1962, Middleburg/Vt.). Wiss. Beamter u. Prof. bei der Preuß. Akademie d. Wiss. 1938 Berlin, dazu PDoz. 1938 ebd, o. Prof. f. dt. Philologie 1942 Straßburg, 1950-55 München, 1957 Mainz.

Das Problem d. Todes in d. dt. Lyrik d. 17.Jh.s, 1931; Dichtung u. Sprache d. jungen Gryphius (AAB 1936, 7); Studien zur Lebenslehre Taulers (AAB 1939, 15); Dt. Mystik zwischen MA u. Neuzeit, (1944) 1947²; Schillers Weg zu Goethe, (1949) 1963²; Kreuzzugsdichtung des MA, 1960. - Hg.: DLZ, 1934-44; Andreas Gryphius, lat. u. dt. Jugenddichtungen, (1938) 1963³.

Czepko; Kreuzzüge, 6; Pfaffe; Rudolf von Ems.

Werbeck, *Wilfrid,* * 5.5.1929 Wuppertal-Elberfeld, Dr. theol. (1959). Wiss. Assistent 1954 Tübingen, 1956 Zürich, Redakteur der RGG³ 1957 Tübingen, wiss. Mitarbeiter 1964 ebd.

Jacobus Perez von Valencia. Unters.en zu seinem Psalmenkommentar (BHTh 28), 1959. - Redaktion: ZThK, seit 1963.

Elisäus; Faustus von Byzanz; Kanada II (mit R.P.Beaver); Perez, Jacobus von Valencia; Quétif; Raynald(us); Reihing; Zeitschriften I, 3. - Auslegungsgeschichtl. Lit. zu: Amosbuch; Apostelgeschichte; Baruchschriften; Cantica; Chronikbücher; Danielbuch; Deuteronomium; Epheserbrief; Esrabücher I; Estherbuch; Evangelien, synoptische; Exodus; Ezechielbuch; Galaterbrief; Genesis; Habakukbuch; Haggaibuch; Hebräerbrief; Hiobbuch; Hoseabuch; Jakobusbrief; Jeremiabuch; Jesajabuch; Jesus Sirach; Joelbuch; Johannesapokalypse; Johannesbriefe; Johannesevangelium; Jonabuch; Josuabuch; Judasbrief; Judithbuch; Katholische Briefe; Klagelieder Jeremiä; Königsbücher; Kolosserbrief; Korintherbriefe; Leviticus; Makkabäerbücher; Maleachibuch; Michabuch; Nahumbuch; Nehemiabuch; Numeri; Obadjabuch; Pastoralbriefe; Paulusbriefe; Pentateuch; Petrusbriefe; Philemonbrief; Philipperbrief; Predigerbuch; Psalmen I; Richterbuch; Römerbrief; Ruthbuch; Sacharjabuch; Salomo-Weisheit; Samuelisbücher; Schriftauslegung IV B; Sprüchebuch; Thessalonicherbriefe; Tobitbuch; Zephanjabuch; Zwölfprophetenbuch.

Werhahn, *Heinz Martin,* * 27.8.1921 Goch, Dr. phil. (1951). Bibliotheksrat 1954 Heidelberg.

Gregorii Nazianzeni Σύγκρισις βίων, 1953; Spätkaroling. Wandmalerei in Reichenau-Oberzell? (Bibliotheca docet. Festg. f. C.Wehmer, Amsterdam 1963, 335-354).

Gregor von Nazianz.

Wernet, *Wilhelm,* * 9.1.1901 Karlsruhe, Dr. phil. (1927). Doz. f. Volkswirtschaftspolitik (insbes. Handwerkswesen) 1941, PDoz. 1952, apl. Prof. 1958, Leiter des Seminars f. Handwerkswesen 1941-45 u. 1950-58 Göttingen, Direktor des Handwerkswiss. Instituts 1958 Münster.

Statistik d. Handwerks 1931, 1934; Soziale Handwerksordnung, 1939; Handwerkspolitik, 1952; Gesch. d. Handwerks in Deutschland, (1953) 1963⁴; Über d. Lehrlingshaltung im Handwerk, 1958; Gegenstand u. Aufgaben d. Handwerksforschung, 1959; Handwerks- u. Industriegesch., 1963.

Handwerk; Zunft.

Wertenbruch, *Wilhelm,* * 28.2.1919 Köln, Dr. jur. (1950). Offizier 1940-45; Assessor 1951, Landgerichtsrat 1955 Köln, dazu PDoz. f. Rechts- u. Staatsphilos., Staats- u. Verwaltungsrecht 1957, apl. Prof. 1963 ebd, Doz. f. Staats- u. Verwaltungsrecht an den Verwaltungs- u. Wirtschaftsakademien Duisburg (1958), Köln (1959) u. Essen (1960); o. Prof. f. Öffentl. Recht 1964 Bochum.

Versuch einer krit. Analyse d. Rechtslehre Rudolf von Iherings, 1955; Grundgesetz u. Menschenwürde, 1958.

Menschenrechte I. II.

Wessel, *Klaus,* * 16.4.1916 Berlin, Lic. theol. (1943), Dr. phil. (1949). Doz. f. KG u. christl. Archäologie 1949 Berlin; Prof. mit Lehrauftrag 1952, Prof. mit vollem Lehrauftrag 1958 Greifswald, zugleich Direktor der Frühchristl.-byz. Sammlung an den Staatl. Museen 1951 bis 1958 Berlin, Umhabilitierung 1959 München, apl. Prof. f. frühchristl. u. byz. Kunstgesch. 1960 ebd.

Der Sieg über d. Tod. Die Passion Christi in d. frühchristl. Kunst d. Abendlandes, 1956; Symbolik d. prot. Kirchengebäudes (K.Goldammer, Kultsymbolik d. Protestantismus, 1960, 83-98); Kopt. Kunst. Die Spätantike in Ägypten, 1963.

Anker; Archäologie II; Bordeaux; Bruderschaften II; Christenverfolgungen; Christussymbole; Domitilla; Elfenbein-Plastik; Eudokia; Kunsthandwerk II, 1; Menas-Heiligtum; Mosaik-Kunst; Ravenna II; Saloniki I; Symbole III.

Westermann, *Claus,* * 7.10.1909 Berlin, D. (1964, Göttingen), Dr. theol. (1949). Pfarrer am Burckhardthaus 1937-48 Berlin, Kriegsdienst 1940-45, Pfarrer 1946 bis 1952 Berlin; Doz. f. AT 1949, Prof. 1952 Kirchl. Hochschule Berlin, o. Prof. 1958 Heidelberg.

Das Loben Gottes in d. Psalmen, (1953) 1963³; Der Aufbau d. Buches Hiob (BHTh 23), 1956; Tausend Jahre u. ein Tag. Unsere Zeit im AT, (1957) 1962⁴ (engl. 1962); Gottes Engel brauchen keine Flügel, 1957; Umstrittene Bibel, 1960; Grundformen prophet. Rede (BEvTh 31), 1960; Abriß d. Bibelkunde. Altes u. NT, (1962) 1962²; Forschung am AT (ThB 24), 1964. - Hg.: Verkündigung des Kommenden, 1958; Probleme at. Hermeneutik (ThB 11), 1960.

Bekenntnis II; Gebet II; Kultgeschichtliche Methode II; Kultgeschichtliche Schule; Musik III.

Weydt, *Günther,* * 2.5.1906 Frankfurt/M., Dr. phil. (1929). Assistant Lecturer 1929 Aberdeen; Assistent 1934, Doz. f. neuere dt. Literaturgesch. 1937 Bonn, Kriegsdienst 1939, Leiter der Dt. Akademie in Belgien 1941-44, apl. Prof. 1943 Bonn, Wiss. Rat 1959, o. Prof. 1960 Münster.

Literarisches Biedermeier I, II (DVfLG 9, 1931, 628-651; 13, 1935, 44-58); Johannes Hadlaub (Germ.-roman. Monatsschrift 21, 1933, 14-32); Herbst d. Minnesangs (mit H.Naumann), 1936; Friedrich d.Gr. u. Möser zum Problem einer nationalen Kultur, 1944; Biedermeier u. Junges Deutschland (DVfLG 25, 1951, 506-521); Der dt. Roman von d. Renaissance u. Reformation bis zu Goethes Tod (Dt. Philologie im Aufriß II, [1954] 1960², 1217-1356); Nachahmung u. Schöpfung bei Opitz (Euphorion 50, 1956, 1-26).

Grimmelshausen.

Wickert, *Ulrich,* * 4.2.1927 Berlin, Dr. theol. (1957). Wiss. Assistent mit Lehrauftrag f. KG 1957, PDoz. f. KG 1964 Tübingen.

Studien zu den Pauluskommentaren Theodors von Mopsuestia als Beitrag zum Verständnis d. antiochen. Theol. (BZNW 27), 1962.

Dioskur von Alexandrien; Dreikapitelstreit; Eugenia; Euphemia; Fabian; Faustus von Mileve; Flavian von Antiochien; Gregor I.; Tradition VI.

Wiegräbe, *Paul,* * 22.10.1900 Blomberg/Lippe. Missionar 1926 Britisch-Togo (Ghana), interniert 1939-45, Pfarrer 1949 Lemgo.

Christus auf d. Sklavenküste, 1947; Pastor Robert Kwami, 1948.

Togo.

Wiehl, *Reiner,* * 14.11.1929 Frankfurt/M., Dr. phil. (1959). Wiss. Assistent am Philos. Seminar 1961 Heidelberg.

Sein; Wirklichkeit.

Wieland, *Wolfgang,* * 29.6.1933 Heidenheim/Brenz, Dr. phil. (1955). PDoz. f. Philos. 1960 Heidelberg, ao. Prof. 1961 Hamburg, o. Prof. 1964 Marburg.

Schellings Lehre von d. Zeit, 1956; Die aristotel. Physik, 1962.

Entwicklung II; Erkenntnistheorie; Geist VII; Hegel; Jacobi; Idealismus I. II; Irrational; Naturwissenschaft II (mit R.Ebert); Neuhegelianismus; Ontologie.

Wiemann, *Erich,* * 8.10.1904 Erfurt, Dr. phil. (1937). Städt. Verwaltungs- u. Archivrat 1941 Erfurt, Archivar u. Bibliothekar des Ev. Ministeriums 1947 ebd, Kirchenarchivrat 1962.

Erfurt I.

Wiese, *Leopold von,* * 2.12.1876 Glatz/Schles., Dr. phil. (1902), Dr. jur. h.c. (1950, Köln), Dr. rer. pol. h.c. (1951, Mainz). PDoz. f. Soziologie 1905 Berlin, Prof. 1906 Kgl. Akademie Posen, o. Prof. 1908 Techn. Hochschule Hannover, Studiendirektor 1913 Düsseldorf,

Prof. 1915 Handelshochschule Köln, o. Prof. 1919 Univ. Köln, em. 1950.

Bibliogr. in: Erinnerungen, 1957, 103-116. Bes.: Einführung in d. Sozialpolitik, 1910; System d. Allg. Soziologie, (1924/28) 1955²; Soziologie. Gesch. u. Hauptprobleme, (1926) 1960⁶; Ethik, (1947) 1960². Ferner: Philos. u. Soziologie, 1959; Das Ich-Wir-Verhältnis, 1962.

Liberalismus I.

Wiesinger (geb. Horn), *Liselotte*, * 26.4.1917 Posen, Dr. phil. (1942). Anstellung am Wiss. Katalog der Photo-Abteilung des Kunstgesch. Seminars 1943-50 Marburg, Schuldienst am Franz. Gymnasium 1957/58 Berlin, Assistentin am Kunstgewerbemuseum 1963 Berlin.

Grab, Heiliges, 2; Kreuzweg, 2; Stundenbuch; Verkade.

Wiesner, *Werner*, * 19.3.1902 Groß-Ballerstedt/Altmark, D. (1954, Göttingen), Lic. theol. (1929). Studieninspektor am Ref. Studentenkonvikt 1928 Halle, abgesetzt 1939, Hilfsprediger 1939 Memel, Kriegsdienst 1941 bis 1945; PDoz. f. Syst. Theol. 1945, apl. Prof. 1948 Göttingen, o. Prof. 1949 Mainz.

Das Offenbarungsproblem in d. dialekt. Theol. (FGLP III, 2), 1930; Die Lehre von d. Schöpfungsordnung, 1934; Das christl. Verständnis vom Volke, 1937.

Bund V; Heim.

Wieter (geb. Eoll), *Eva*, * 3.1.1887 Port Said, † 1.8. 1960 Leichlingen. Stellv. Lektorin f. Englisch 1917 Tübingen, Lehrerin f. Englisch am Missionsseminar 1930 Basel, Pfarrfrau 1933 Dortmund, später Odenspiel/Rhld.

Pearse.

Wilckens, *Ulrich*, * 5.8.1928 Hamburg, Dr. theol. (1956). Vikar 1953 Hinterzarten/Schwarzw.; wiss. Assistent 1955, PDoz. f. NT 1958 Heidelberg, 1959 Marburg, Prof. 1961 Kirchl. Hochschule Berlin.

Weisheit u. Torheit. Eine exegetisch-religionsgesch. Unters. zu 1Kor 1 u. 2 (BHTh 26), 1959; Die Bekehrung des Paulus als religionsgesch. Problem (ZThK 56, 1959, 273-293); Die Missionsreden der Apg, (1961) 1963²; Das Offenbarungsverständnis in d. Gesch. d. Urchristentums (Offenbarung als Gesch., hg.v. W.Pannenberg, [1961] 1963², 42-90).

Präexistenz Christi, 1.

Wildberger, *Hans*, * 2.1.1910 Neunkirch Kt. Schaffhausen (Schweiz), Dr. theol. (1941). Pfarrer 1933 Wilchingen, 1939 Luzern; ao. Prof. f. AT u. allg. Religionsgesch. 1951, o. Prof. 1955 Zürich.

Jahwewort u. prophet. Rede bei Jeremia, 1942; Die Handschriftenfunde beim Toten Meer u. ihre Bedeutung f. d. Erforschung d. Hl. Schrift, 1956; Jahwes Eigentumsvolk (AThANT 37), 1960; Bibl. Welt, 1961.

Jeremia; Jeremiabuch; Samuel.

Wilde, *Kurt*, * 12.6.1909 Eldena/Pommern, † 28.5. 1958 Hamburg, Dr. phil. (1935), o. Prof. f. Psychologie 1953 Göttingen.

Gefühl.

Williams, *George Huntston*, * 7.4.1914 Huntsburg/Ohio (USA), A.B. (1936), B.D. (1939), Th.D. (1946). Pfarrer 1939/40 Rockford/Ill., Prof. f. KG an der Pacific School of Religion 1941 Berkeley/Cal., seit 1946 Lecturer, Assistant Prof., Winn Prof., Hollis Prof. of Divinity an Harvard Divinity School, Cambridge/Mass.

The Norman Anonymous of 1100 A.D., Cambridge/Mass. 1951; Spiritual and Anabaptist Writers, Philadelphia 1957; The Radical Reformation, ebd 1962; Wilderness and Paradise in Christian Thought, New York 1962.

Harvard; Vereinigte Staaten von Amerika VI.

Windisch, *Hans*: 6, 1732.

Euthalius (mit W.Eltester).

Winkelmann, *Friedhelm*, * 23.6.1929 Landsberg/Oberschles., Dr. theol. (1959), wiss. Arbeitsleiter in der Kommission f. spätantike Religionsgesch. der Dt. Akademie der Wiss. zu Berlin.

Die Textbezeugung der Vita Constantini des Eusebius von Caesarea (TU 84), 1962.

Konstantinische Schenkung; Lerinum; Orosius; Philastrius; Phöbadius; Priscillian; Stephanus I.

Winterhager, *Jürgen Wilhelm*, * 24.11.1907 Potsdam, D.D. (1957, Eden College, St. Louis), Dr. phil. (1932). Studienleiter des Weltbundes f. internat. Freundschaftsarbeit der Kirchen 1932 Berlin, 1936 London; Direktor des Ökum. Seminars 1947, Prof. f. Ökumenik 1961 Kirchl. Hochschule Berlin.

Die Vorstellung vom auserwählten Volk in England, 1934; Der Weltrat d. Kirchen, 1949; William Temple (ÖP IV/2), 1953; Day is Dawning, 1957; Kirchen-Unionen d. 20.Jh.s, 1961; Die Weltwerdung d. Kirche, 1964.

Dibelius, Otto; Einigungsbestrebungen I; Lund III.

Winternitz, *Moriz*, * 23.12.1863 Horn (Niederösterreich), † 9.1.1937 Prag, Dr. phil. (1886). Amanuensis bei Prof. Max Müller 1888-92 Oxford, Doz. der Association for the Higher Education of Women 1891-98 ebd; PDoz. f. Indologie 1899, ao. Prof. 1902, o. Prof. 1911 Dt. Univ. Prag, 1934 i.R.

Das altind. Hochzeitsrituell, 1892; Gesch. d. ind. Litt. I-III, 1908-22 (engl. 1927-32); Die Frau in d. ind. Religionen I, 1920.

Mitleid, 1 (mit C.-M.Edsman).

Wisser, *Richard*, * 5.1.1927 Worms, Dr. phil. (1954). Wiss. Assistent am Philos. Seminar 1956 Mainz.

Leibniz u. Vico (Phil. Diss. Mainz), 1954 (Masch.); Klassische Geistphilos. u. d. existenzphilos. Bewegung (Giornale di Metafisica, Turin 1955, 886-902); Vom Innersten d. dt. romant. Geistes (Studi in onore di F.M.Sciacca, Mailand 1959, 227-248); Wertwirklichkeit u. Sinnverständnis (Sinn u. Sein. Ein philos. Symposion, hg.v. R.Wisser, 1960, 611-708); Probleme d. philos. Anthropologie, insbes. d. Kulturanthropologie (Die Welt d. Bücher 2. Folge H. 6, 1961, 286 bis 304).

Solipsismus; Subjektivismus; Vico.

Wittram, *Reinhard*, * 9.8.1902 Riga, Dr. phil. (1925). PDoz. f. mittlere u. neuere Gesch. 1928, ao. Prof. 1935, o. Prof. 1938 Herder-Hochschule Riga, 1941-45 Posen; Lehrbeauftragter 1946, o. Prof. 1955 Göttingen.

Meinungskämpfe im balt. Deutschtum während d. Reformepoche d. 19.Jh.s, 1934; Gesch. d. balt. Deutschen, 1939; Drei Generationen (1830-1914), 1949; Balt. Gesch., 1954; Peter d.Gr., 1954; Das Nationale als europ. Problem, 1954; Das Interesse an d. Gesch. (KVR 59 bis 61), (1958) 1963². - Hg.: Balt. KG, 1956.

Arbusow, 1. 2; Baltische Länder, 2-12; Dorpat II; Engelhardt, M.v.; Irbe; Kettler; Kurtz (mit K.Bauer); Riga II (mit L.Arbusow); Taube, O.v.

Wivel, *Ole*, * 29.9.1921 Kopenhagen (Dänemark), Direktor des Verlages Gyldendalske Boghandel-Nordisk Forlag, Kopenhagen.

Digte (Gedichte), Kopenhagen 1948-58; Den skjulte Gud (Der verborgene Gott), ebd 1952; Templet for Kybele (Der Tempel für Kybele), ebd 1961.

Hansen, Martin A.

Wodtke, *Friedrich Wilhelm,* * 26.7.1913 Bromberg, Dr. phil. (1948). PDoz. f. neuere dt. Philologie 1953, apl. Prof. 1959, Prof. u. Wiss. Rat 1962 Kiel.

Rilke u. Klopstock (Phil. Diss. Kiel), 1948 (Masch.; gedr. 1951); Gottfried Benn, 1962; Die Antike im Werk Gottfried Benns, 1963.

Brockes; Empfindsamkeit; Hippel; Impressionismus II; Klopstock; Storm.

Wolf, *Erik,* * 13.5.1902 Biebrich/Rh., D. (1949, Heidelberg), Dr. jur. (1924). PDoz. 1927 Heidelberg, o. Prof. f. Strafrecht, Strafprozeßrecht u. Rechtsphilos. 1928 Rostock, 1930 Kiel, 1930 Freiburg/Br., seit 1946 f. Rechtsphilos. u. Kirchenrecht.

Vollst. Bibliogr. bis 1962 in: Existenz u. Ordnung (Festschr. z. 60. Geb.), 1962, 489-504. Bes.: Grotius, Pufendorf, Thomasius, 1927; Große Rechtsdenker d. dt. Geistesgesch., (1939) 1963[4]; Der Rechtsgedanke A.Stifters, 1941; Idee u. Wirklichkeit d. Reiches im dt. Rechtsdenken d. 16. u. 17.Jh.s, 1943; Vom Wesen d. Rechts in dt. Dichtung, 1946; Rechtsgedanke u. bibl. Weisung, 1948; Griech. Rechtsdenken I-III/2, 1950-56; Das Problem d. Naturrechtslehre, (1955) 1964[3]; Recht des Nächsten, (1958) 1964[2]; Ordnung d. Kirche. Lehr- u. Hdb. d. Kirchenrechts auf ökum. Basis, 1961.

Abendmahl VI; Conring; Gemeinde II; Ius divinum; Kirchenrecht I B; Naturrecht I; Notrecht, 1; Rechtsphilosophie; Zasius.

Wolf, *Ernst,* * 2.8.1902 Prag, D. (1930, Rostock), Lic. theol. (1925). PDoz. f. KG 1925 Rostock, Lehrstuhlvertreter 1930/31 Tübingen, o. Prof. 1931 Bonn, 1935 Halle, 1945 Göttingen, seit 1957 f. Syst. Theol.

Vollst. Bibliogr. bis 1962 in: Hören u. Handeln. Festschr. f. E.Wolf, 1962, 399-416. Bes.: Staupitz u. Luther, 1927; Peregrinatio. Studien zur reformat. Theol. u. zum Kirchenproblem, (1954) 1962[2]; Barmen, 1957; Naturrecht oder Christusrecht. Todesstrafe (unterwegs 11), 1960; Ordnung u. Freiheit, 1962. - Hg.: EvTh u. BEvTh, 1938-42 u. seit 1947; FGLP, seit 1939; VF, 1940/41 u. seit 1946; ThB, seit 1953. - Mit-Hg.: ZKG, seit 1950; ZevKR, seit 1951; Sehling, seit 1955; BGE, seit 1955; BGH, seit 1957. - Fachberater f. KG der Neuzeit bei RGG[3].

Abbadie; Abel; Abendland; Adam, Karl; Adler; Alacoque; Alethophile; Alexander VIII.; Altaner; Andlaw; Anrich; Antonelli; Apostolides (mit H.Alivisatos); Arnaud; Arndt, E.M.; Arnim; Arnold, C.F.; Arnoldi, Wilh.; Auberlen; Baltzer; Barmen; Bauer, G.L.; Baumgarten, M.; Baumgarten, S.J.; Bekennende Kirche; Bekenntnisschriften; Bibliothekswesen II; Bihlmeyer; Blau, F.A.; Blavatsky; Bluntschli; Boehmer, 1. 2; Bonhoeffer (mit E.Bethge); Bonwetsch; Buddeus; Bulgaris (mit K.Beth); Burg; Channing (mit W.W.Rockwell); Châtel (mit E.Lachenmann); Christentum II; Christlich-sozial; Clarke, Sam. (mit K.Völker); Colloredo; Corrodi; Cottolengo; Cramer, J.A. (mit H.Adolphsen); Cramer, Sam. (mit A.Hoefs); Crell, Sam. (mit K.Völker); Denifle; Dereser; De Wette; Dieckhoff; Dölger; Edwards; Egidy; Ehlers, Herm.; Ehrhard; Ehrle; Ehses; Emser Kongreß; Engelhardt, J.G.V.; Erdmann; Erthal; Espen; Europa I; Evangelisch-sozial; Eybel; Febronianismus; Ficker; Finke; Florentini; Freiheit II; Funk, F.X.; Garampi; Gaume; Gesellschaft für ev. Theologie; Gesetz V; Gewissen; Göller; Görres; Görres-Gesellschaft; Goffiné; Grabmann; Häresie I; Halle; Hébert; Hecker; Hedderich; Herzog, J.J.; Heumann; Holl (mit A.Jülicher); Hollaz; Holstein; Hontheim; Jais; Innsbruck; Joseph II.; Josephinismus; Katholizität; Kirchenkampf; Kirchenkunde; Kirchenordnungen II; Klüpfel; Knapp, G.Chr.; Köhler, W.; Konfessionskunde; Konkordienbuch; Konkordienformel; Lardner; Luther-Akademie; Luther-Gesellschaft; Maffei, F.Sc.; Mandeville; Marpingen; Mathews; Maurice; Mazzini; Milde; Muth (mit Ph.Losch); Naturrecht II; Papini; Planck, G.J.; Protestantismus I; Recht I; Reich Gottes II; Ricci, Scipione de; Richard; Säkularisten (mit L.Zscharnack); Salpeterer (mit H.Stocks); Savigny; Scherer, Rud.; Schultz, F.A.; Spohn (mit H.Stocks); Starck, J.A. (mit G.Krüger); Staupitz; Tennhardt; Vogel, Th.; Walter, Joh. v.; Widerstandsrecht; Wulf.

Wolf, *Frieda,* * 30.7.1905 Prag, Dr. phil. (1932), Dr. rer. pol. (1941), Lehrbeauftragte f. kirchl. Unterweisung, Kloster Adelberg über Göppingen.

Fries, Willy; Gotik; Romanik; Volkskunst.

Wolf, *Richard Charles,* * 2.8.1912 Dayton/Ohio (USA), A.B. (1934), B.D. (1937), Ph.D. (1947). Luth. Pfarrer 1937-41 Plymouth/Ohio, Assistant Prof. f. KG am Lutheran Theol. Seminary 1942 Gettysburg, 1949 Yale Divinity School; Associate Prof. an der Graduate School of Theology 1952, Prof. 1958 Oberlin/Ohio.

Our Protestant Heritage, Philadelphia 1956.

Christlich-sozialistische Gemeinden in Amerika; Denomination; Evangelical United Brethren Church; Fellow; Kolumbusritter; Perfektionisten, 1; Pfingstbewegung I, 5.

Wolf, *Walther,* * 24.11.1900 Hildesheim, Dr. phil. (1923). Wiss. Hilfsarbeiter bei der Ägypt. Abt. der Staatl. Museen 1922 Berlin; PDoz. f. Ägyptologie 1928, ao. Prof. 1934, o. Prof. 1939-45 Leipzig; Gast-Prof. 1949, o. Prof. 1959 Münster.

Die Bewaffnung d. altägypt. Heeres, 1926; Das schöne Fest von Opet, 1931; Wesen u. Wert d. Ägyptologie, 1937; Die Welt d. Ägypter, (1955) 1962[2]; Die Kunst Ägyptens, 1957; Kulturgesch. d. alten Ägypten, 1962. - Hg.: Leipziger Ägyptol. Studien, 1935-39; ZÄS, 1938-45.

Kunst II E.

Wolff, *Erwin,* * 30.1.1924 Gemünd/Eifel, Dr. phil. (1950). Lektor 1950 Durham (England); Assistent 1951, PDoz. f. Anglistik 1957 Bonn; ao. Prof. 1959, o. Prof. 1962 Göttingen, 1963 Erlangen.

Shaftesbury u. seine Bedeutung f. d. engl. Lit. d. 18.Jh.s, 1960.

Shaftesbury, 1.

Wolff, *Hans Walter,* * 17.12.1911 Wuppertal-Barmen, D. (1960, Göttingen), Lic. theol. (1942). Pfarrer 1938 Solingen-Wald; Doz. f. AT 1947, Prof. 1951 Kirchl. Hochschule Wuppertal, o. Prof. 1959 Mainz.

Das Zitat im Prophetenspruch (BEvTh 4), 1937; Jesaja 53 im Urchristentum, (1942) 1952[3]; Dodekapropheton, Hosea (BK XIV/1), 1956-61; Zur Hermeneutik des AT (EvTh 16, 1956, 337-370); Das Kerygma d. deuteronomist. Geschichtswerkes (ZAW 73, 1961, 171 bis 186); Ges. Studien zum AT, 1964. - Mit-Hg.: EvTh, seit 1951.

Jonabuch.

Wolff, *Otto,* * 12.2.1911 Stettin, Dr. theol. (1936). Doz. am Predigerseminar der Goßner-Kirche in Ranchi (Indien), PDoz. f. Syst. Theol. 1959 Tübingen.

Die Haupttypen d. neueren Lutherdeutung, 1938; Mahatma u. Christus, 1955; Indiens Beitrag zum neuen Menschenbild, 1957; Der integrale Yoga, 1957; Radhakrishnan (KVR 124), 1962.

Gândhî; Tagore.

Wolter, *Hans,* * 28.7.1910 Oberhausen, SJ, Lic. theol. (1941), Lic. phil. (1937), Dr. phil. (1951). Doz. f. KG 1945, Prof. 1951 Phil.-Theol. Hochschule Sankt Georgen, dazu Lehrbeauftragter 1959 Univ. Frankfurt/M.

Ordericus Vitalis. Ein Beitrag zur kluniazensischen Geschichtsschreibung, 1955; Antonio Possevino (Schol. 31, 1956, 321-350); Frankfurt a.M. als Ort christlich-abendländ. Begegnung, 1957; Gestalt u. Werk d. Reformatoren im Urteil d. hl. Ignatius von Loyola (Festg. J.Lortz I, 1958, 43-68); Geschichtl. Bildung im Rahmen der Artes Liberales (Artes Liberales, hg.v. J.Koch, 1959, 50-83); Bernhard von Clairvaux u. die Laien (Schol. 34, 1959, 161-189); Die Kirche im Religionsgespräch zwischen Gregor von Valencia u. Lukas Osiander (Sentire Ecclesiam. Festschr. H.Rahner, 1961, 350-370); La Chronique de l'abbaye de Saint-Riquier (Etudes sur Saint-Riquier I, 1962, 68-86). - Mit-Hg.: Schol.; Archiv f. mittelrhein. KG.

Artes liberales; Bursa; Pallavicino; Sarpi.

Wright, *George Ernest,* * 5.9.1909 Zanesville/Ohio (USA), D.D. (1949, College of Wooster), B.A. (1931), B.D. (1934), M.A. (1936), Ph.D. (1937). Presbyterian. Pfarrer 1934; Fellow 1934-36, Instructor f. AT 1939, Assistant Prof. 1941, Prof. 1945 McCormick Theol. Seminary, Chicago, Parkman Prof. 1958 Harvard Univ., Cambridge/Mass.

The Pottery of Palestine from the Earliest Times to the End of the Early Bronze Age, New Haven 1937; The Challenge of Israel's Faith, Chicago 1944; The Westminster Historical Atlas to the Bible (mit F.V.FILSON), Philadelphia (1945) 1956²; The OT against its Environment, Chicago (1950) 1960⁷; God who acts. Biblical Theology as Recital, London (1952) 1960⁵ (jap. 1963); The Biblical Doctrine of Man in Society, ebd 1954; Biblical Archaeology, Philadelphia u. London 1957 (dt. u. holl. 1958); The Rule of God. Essays in Biblical Theology, Garden City 1960.

Ausgrabungen III (mit K.GALLING); Erwählung I, 1-4; Schöpfung II.

Wrzecionko, *Paul,* * 18.11.1916 Teschen/Schles., Dr. theol. (1953), Dr. phil. (1948). Kirchl. Dienst in Westfalen 1946; Studieninspektor 1948, Assistent 1951, Habilitation 1958, Doz. f. Syst. Theol. 1960 Münster.

Die Theol. d. Rakower Katechismus (Kirche im Osten 6, 1963, 73-116); Der geistesgesch. Horizont d. Theol. A.Ritschls (NZSTh 5, 1963, 214-234); Die philos. Wurzeln d. Theol. A.Ritschls, 1964.

Urstand IV.

Wünsch, *Georg,* * 29.4.1887 Augsburg, † 22.11.1964 Marburg, D. (1928, Berlin), Lic. theol. (1919). Im badischen Kirchendienst 1912, Kriegsdienst 1914-16, Pfarrer 1916 Meßkirch; PDoz. f. Syst. Theol. u. Sozialethik 1922, ao. Prof. 1927, o. Prof. 1931 Marburg, em. 1955.

Ev. Wirtschaftsethik, 1927; Wirklichkeitschristentum, 1932; Ev. Ethik des Politischen, 1936; Sozialismus aus christl. Gewissen, 1949; Der Mensch im modernen Materialismus als Aufgabe christl. Verkündigung, 1952; Luther u. die Gegenwart, 1961; Zwischen allen Fronten. Der Marxismus in soziol. u. christl. Kritik, 1962.

Arbeitsethos; Freies Christentum; Jugendbewegung IV; Otto, Rudolf.

Würthwein, *Ernst,* * 20.9.1909 Mannheim, D. (1954, Tübingen), Dr. theol. (1934). Assistent 1932, Habilitation 1938, PDoz. f. AT 1946, ao. Prof. 1948 Tübingen, o. Prof. 1954 Marburg.

Vom Verstehen des AT (Festschr. G.Beer, 1935, 128-146; auch separat); Der ʿamm ha'arez im AT (BWANT IV, 17), 1936; Amos-Studien (ZAW 62, 1949/50, 10-52); Der Text des AT, (1952) 1963² (engl. 1957); Der Ursprung d. prophet. Gerichtsrede (ZThK 49, 1952, 1-16); Jes 7, 1-9. Ein Beitrag zum Thema Prophetie u. Politik (Theol. als Glaubenswagnis. Festschr. f. K.Heim, 1954, 47-63); Erwägungen zu Ps 139 (VT 7, 1957, 165-182); Der Sinn d. Gesetzes im AT (ZThK 55, 1958, 255-270); Die Weisheit Ägyptens u. das AT, 1960; Die Erzählung vom Gottesurteil auf d. Karmel (ZThK 59, 1962, 131-144). - Mit-Hg.: FRLANT, seit 1961.

Gesetz II; Gnade Gottes II; Gott II; Text und Textkritik der Bibel I.

Wunderlich, *Eduard,* * 10.7.1923 Asch. Pfarrer 1956 Frankfurt/M., 1960 Weilburg/Lahn.

Erntedankfest; Freizeiten; Preiswerk; Richter, Chr.Fr.; Schröder, J.H.

Wundt, *Max,* * 29.1.1879 Leipzig, † 31.10.1963 Tübingen, Dr. phil. (1903). PDoz. f. Philos. 1907 Straßburg, ao. Prof. 1918 Marburg, o. Prof. 1920 Jena, 1929 Tübingen, em. 1945.

Gesch. d. griech. Ethik I. II, 1908/11; Platons Leben u. Werke, (1914) 1924²; Staatsphilos., 1923; Kant als Metaphysiker, 1924; J.G. Fichte, 1927; Fichte-Forschungen, 1929; Die Philos. an d. Univ. Jena, 1932; Ewigkeit u. Endlichkeit, 1937; Die dt. Schulmetaphysik d. 17.Jh.s, 1939; Die dt. Schulphilos. im Zeitalter d. Aufklärung, 1945; Unters.en zur Metaphysik des Aristoteles, 1953.

Gutke; Schegk; Scheibler; Taurellus; Timpler; Zabarella, Giacomo.

Wyder, *Heinrich,* * 8.9.1894 Zürich (Schweiz). Missionar 1920 China, Lehrer am Theol. Seminar der Basler Mission 1930-46 Hingning/Kwangtung (1937-46 Rektor), theol. Lehrer u. Rektor am Theol. Seminar der Hakka-Kirche 1955-63 Hongkong.

Die Heidenpredigt (BMevR 4), 1954.

China III.

Wysner, *Glora M.,* * 4.7.1898 Anderson/Ind. (USA), A.B. (1923), M. Soc. S. (1926), Ph.D. (1942). Missionarin der methodist. Kirche 1927 Algerien, Sekretärin des Near East Committee u. des Committee on Missionary Personnel of the Foreign Missions Conference of North America 1942, Sekretärin im Internat. Missions-Rat 1949 New York, Prof. f. christl. Mission 1960 Garrett Theol. Seminary, Evanston/Ill.

The Kabyle People, New York 1945; Near East Panorama, ebd 1950; Caught in the Middle, ebd 1958.

Orient, Vorderer.

Zander, *Leo Alexander,* * 19.2.1893 St. Petersburg (Rußland), D. (1960, Marburg), Dr. theol. h.c. (1960, Paris), Lic. jur. (1913). Doz. 1918 Perm, 1919-22 Wladiwostok, seit 1925 Doz., dann Prof. f. Philos., Pädagogik u. Konfessionskunde am Orth. Theol. Institut in Paris.

Gott u. Welt. Philos. u. Theol. von S.Bulgakow I. II, Paris 1948 (russ.); Vom Geheimnis des Guten. Eine Dostojewskij-Interpretation, 1956 (franz. 1946, engl. 1948, russ. 1960); Einheit ohne Vereinigung. Ökum. Betrachtungen eines russ. Orthodoxen, 1959 (engl. 1952).

Sophiologie.

Zankow, *Stefan,* * 4.7.1881 Gorna (Bulgarien), D. (1940, Berlin), D.D. (1937, Oxford), Dr. theol. (1905), Dr. theol. h.c. (1936, Athen; 1953, Budapest; 1953, Sofia), Dr. jur. (1918). Orth. Priester 1908, Erzpriester 1920; Vizesekretär der Hl. Synode der bulg. Orth. Kirche 1905-08, Sektionschef der Abt. f. geistige Aufklärung 1911-21, Generalsekretär 1921-23; o. Prof. f. Kirchen- u. Eherecht u. christl. Soziologie 1923-50 Univ. Sofia, 1950-61 orth. Theol. Akademie ebd, dazu Vorsteher (Propst) der Denkmals- bzw. Patriarchalkathedrale »Hl. Alexander Newsky« 1926-61.

Die Verfassung d. bulg. orth. Kirche, 1918; Die Verwaltung d. bulg. orth. Kirche, 1920; Das orth. Christentum d. Ostens, 1928; Nation, Staat, Welt u. Kirche im orth. Osten als theol. Problem, Sofia 1937; Die bulg. orth. Kirche seit d. Befreiung (Bulgariens) bis zur Gegenwart, ebd 1939 (bulg.); Die orth. Kirche in ökum. Sicht, 1946; Einheitsbestrebungen unter d. orth. Kirchen d. Ostens, Athen 1958 (bulg. 1959).

Exarch; Katholikos; Kirchenverfassung III (mit H.SCHAEDER); Klerus und Laien, 1 (mit H.-H.SCHREY); Nomokanon (mit H.-H. SCHREY); Oberprokurator; Patriarch; Ssobórnostj (mit H.SCHAEDER).

Zatschek, *Heinz,* * 27.6.1901 Wien, Dr. phil. (1923). Mitarbeiter der Mon. Germ. Hist. 1924-29, PDoz. f. hist. Hilfswiss. 1928 Wien; ao. Prof. 1929, o. Prof. f. Gesch. des MA u. hist. Hilfswiss. 1934 Dt. Univ. Prag, 1941 Wien, 1942 Prag (1945 a.D.); Doz. 1955 Wien, dazu Kustos 1955, Direktor des Heeresgeschichtl. Museums 1957; Hofrat 1959.

Bibliogr. in: Mitteilungsblatt d. Museen Österreichs, ErgH 6, 1956, 110-112. Bes.: Studien zur ma.lichen Urkundenlehre, 1929; Beiträge zur Diplomatik d. mähr. Immunitätsurkunden, 1931; Das Volksbewußtsein. Sein Werden im Spiegel d. Geschichtsschreibung, 1936; Wie das erste Reich der Deutschen entstand, 1940; Das Wiener

Institut f. Geschichtsforschung u. d. Entwicklung d. hist. Hilfswissenschaften in d. Sudetenländern, 1944; Handwerk u. Gewerbe in Wien, 1949.

Karl IV.; Wenzel.

Zeiß, *Karl,* * 15.4.1912 Langgöns b. Gießen. Pfarrvikar 1936 Bad Vilbel, illegaler Pfarrer der Bek. Kirche 1937 Wiesbaden-Dotzheim, Kriegsdienst 1940-45, Pfarrer 1956 Frankfurt/M.

Christ u. Sport, 1962.

Sport; Vortragswesen.

Zeitel, *Gerhard,* * 25.11.1927 Rostock, Dipl.-Volkswirt (1951), Dr. rer. pol. (1955). PDoz. f. Volkswirtschaftslehre u. Finanzwiss. 1960 Tübingen, o. Prof. 1962 Wirtschaftshochschule Mannheim.

Die Steuerlastverteilung in der BRD, 1959. - Mit-Hg.: Konjunkturelle Stabilität als wirtschaftspolit. Aufgabe, 1962.

Steuer und Steuerpolitik.

Zeller, *Winfried,* * 3.7.1911 Berlin-Friedenau, Dr. theol. (1940). Wiss. Hilfsarbeiter an der Meister Eckhart-Ausgabe 1936, Habilitation 1944 Berlin, Pfarrer 1945 Kirchhain, 1954-59 Michelbach b. Marburg, dazu PDoz. f. KG 1946, apl. Prof. 1954 Marburg, dazu Lehrauftrag 1957-62 Päd. Institut Weilburg, 1958-59 Univ. Frankfurt/M.

Meister Eckhart bei Valentin Weigel (ZKG 57, 1938, 309-355); Die Schriften Valentin Weigels, 1940; Die hl. Elisabeth, 1957; Zum Verständnis Ph.Nicolais (Jb. d. Hess. Kg.lichen Vereinigung 9, 1958, 83-90); Valentin Weigel u. d. Augsburg. Konfession (ZRGG 11, 1959, 227-240). - Hg.: Der Protestantismus d. 17.Jh.s, 1962. - Mit-Hg.: Valentin Weigel, Sämtl. Schriften, 1962ff.

Franck, Seb.; Marburg, 1-10; Pistorius, Joh.; Rinteln; Schlüsselburg; Schnabel; Stiefel, Esajas; Tschesch; Weigel.

Zender, *Matthias,* * 20.4.1907 Niederweis Kr. Bitburg, Dr. phil. (1938). Lehrbeauftragter f. dt. Volkskunde 1954 Köln, 1958 Bonn, ao. Prof. 1955, o. Prof. 1963 ebd.

Volkssagen d. Westeifel, 1935; Volksmärchen u. Schwänke aus d. Westeifel, 1935; Räume u. Schichten ma.licher Heiligenverehrung in ihrer Bedeutung f. d. Volkskunde, 1959. - Hg.: Werken u. Wohnen, seit 1957; Atlas d. dt. Volkskunde, seit 1958. - Mit-Hg.: Zs. f. Volkskunde, seit 1959; Rhein. Vierteljahrsblätter, seit 1960; Rhein. Archiv, seit 1960.

Echternach (mit C.WAMPACH).

Zenz, *Emil,* * 24.7.1912 Trier, Dr. phil. (1939). Studienassessor 1940, Studienrat 1943, Oberstudiendirektor 1951 Trier, Beigeordneter (Kulturdezernent) der Stadt Trier 1957.

Die Gründung d. Generalvikariats Longwy, 1949; Die Trierer Univ. 1473-1798, 1949; Trierische Zeitungen, 1952; Die Taten der Trierer (Übers. der Gesta Treverorum), 6 Bde, 1955ff; Die kommunale Selbstverwaltung d. Stadt Trier 1814-1959, 1959.

Trier III.

Zieger, *Paul,* * 29.3.1904 Berlin, Dipl.-Volkswirt (1926), Dr. rer. pol. (1926). Statist. Reichsamt 1927, Reichsstädtebund bzw. Dt. Gemeindetag 1929, 1. Beigeordneter 1938 Luckenwalde, Stadtkämmerer 1939 Frankfurt/O.; Leiter des Kirchenstatist. Amts der EKD 1950, dazu Oberkirchenrat u. Leiter des Oberrechnungsamts der EKD 1952 Hannover.

Mitarbeit am KJ, Abschnitt Statistik, seit 1950; Die konfessionelle Mischehe aus statist. Sicht (LR 8, 1958/59, 463-468); Statistik (Die Mischehe, hg.v. W.SUCKER u.a., 1959, 61-109); Statistik der EKD (Soziologie d. Kirchengemeinde, hg.v. D.GOLDSCHMIDT u.a., 1960, 208-238). - Hg. der Statist. Berichte der EKD.

Deutschland V; Kirchenaustritt III; Konfessionsstatistik.

Ziegler, *Adolf Wilhelm,* * 9.3.1903 München, Dr. theol. (1930). Im kath. Seelsorgsdienst 1927-38, Doz. f. KG 1938-45 Priesterseminar Freising, dazu PDoz. f. KG Febr.-Mai 1940 Würzburg, ao. Prof. 1945 Dillingen, o. Prof. 1948 München, dazu Doz. an der Hochschule f. Polit. Wissenschaften 1961 ebd.

Die Nominations- u. Präsentationsrechte d. Univ. München (Diss. München), 1930; Die russ. Gottlosenbewegung, 1932; Die Union d. Konzils von Florenz in d. russ. Kirche, 1938; Die Gemeinschaft d. Brotbrechens, 1939; Stimmen aus d. Völkerwanderung, 1950; Neue Studien zum 1. Klemensbrief, 1958. - Hg.: Deutingers Beiträge zur altbayer. KG, seit 1954; Monachium. Beiträge zur Kirchen- u. Kulturgesch. Münchens u. Südbayerns, 1958; Jb. f. altbayer. KG, seit 1962.

Germanien; Konstantin und Methodius.

Ziegler, *Konrat,* * 12.1.1884 Breslau, Dr. phil. (1905). PDoz. f. klass. Philologie 1907, ao. Prof. 1910, pers. o. Prof. 1920 Breslau, o. Prof. 1923-34 Greifswald (em. o. Prof. 1949); Lehrbeauftragter 1946, Honorar-Prof. 1950 Göttingen.

Die Überlieferungsgesch. d. vergl. Lebensbeschreibungen Plutarchs, 1907; Juli Firmici Materni de errore profanarum religionum, (1907) 1953²; Plutarchi vitae parallelae, (1924-39) 1957ff²; Das hellenist. Epos, 1934. - Hg.: Roscher, 6 Bde, 1924-37; PW, seit 1948. - Mit-Hg.: Der kleine Pauly. Lexikon der Antike, 1962ff.

Firmicus Maternus; Plutarch.

Zimmerli, *Walther,* * 20.1.1907 Schiers Kt. Graubünden (Schweiz), D. (1947, Göttingen), Lic. theol. (1932), Dr. theol. h.c. (1965, Zürich). Assistent 1930 Göttingen, Pfarrer 1933-35 Aarburg/Aargau; ao. Prof. f. AT, Religionsgesch. u. oriental. Sprachen 1938, o. Prof. 1938 Zürich, o. Prof. f. AT 1951 Göttingen.

Gesch. u. Tradition von Beerseba im AT (Diss. Göttingen), 1932; 1. Mose 1-11 (Prophezei), (1943) 1957²; Erkenntnis Gottes nach d. Buche Ezechiel (AThANT 27), 1954; Ezechiel (BK XIII), 1955ff; Das AT als Anrede (BEvTh 24), 1956; Das Buch d. Predigers Salomo (ATD 16/1), 1962; Gottes Offenbarung. Ges. Aufs. zum AT (ThB 19), 1963; Das Gesetz u. die Propheten (KVR 166/68), 1963. - Mit-Hg.: ZAW; VT.

Ezechiel; Ezechielbuch, 1-5; Liebe II; Wort Gottes I.

Zimmermann, *Gerd,* * 9.11.1924 Morchenstern Kr. Gablonz/Neiße, Dr. phil. (1951). Wiss. Assistent 1960, PDoz. f. mittlere u. neuere Gesch. 1961 Würzburg, dazu Lehrstuhlvertreter 1961-62 Erlangen.

Patrozinienwahl u. Frömmigkeitswandel im MA, dargestellt an Beispielen aus d. alten Bistum Würzburg (Würzb. Diözesangeschichtsblätter 20, 1958, 24-126; 21, 1959, 5-124); Bamberg als königl. Pfalzort (Jb. f. fränk. Landesforschung 19, 1959, 203-222); Ordensleben u. Lebensstandard. Die Cura corporis in d. Ordensvorschriften d. abendländ. Hoch-MA (Habil.-Schr. Würzburg), 1960 (Masch.); Vergebl. Ansätze zu Stammes- u. Territorialherzogtum in Franken (Jb. f. fränk. Landesforschung 23, 1963, 379-408).

Patrozinienkunde.

Zimmermann, *Harald,* * 12.9.1926 Budapest (Ungarn), Dr. theol. (1950), Dr. phil. (1952). Doz. f. ma.liche Gesch. 1962 Wien.

Thomas Ebendorfers Schismentraktat (Archiv f. österr. Gesch. 120, 1954, 47-147); Über d. Anfangsdatum d. KG (AKultG 41, 1959, 1-34); Ecclesia als Objekt d. Historiographie. Studien zur KG-Schreibung im MA u. in d. frühen Neuzeit (SAW 235, 4), 1960; Die Deposition d. Päpste Johannes XII., Leo VIII. u. Benedikt V. (MIÖG 68, 1960, 209-225); Papstabsetzungen des MA (ebd 69, 1961, 1-84. 241-291; 70, 1962, 60-110); Prozeß u. Absetzung Papst Johannes XII. (Österr. Archiv f. Kirchenrecht 12, 1961, 207-230); Ottonische Studien (MIÖG ErgBd 20, 1962, 122-190).

Gellért; Goblinus; Gurk; Haase; Kerz; Kronstadt; Mariazell; Melk; Österreich; Seckau; Siebenbürgen; Trient; Triest-Capodistria; Wien II.

Zimmermann, *Heinz Werner,* * 11.8.1930 Freiburg/Br. Doz. f. Komposition am Ev. Kirchenmusikal. Institut 1954 Heidelberg, Direktor der Kirchenmusikschule 1963 Berlin.

Spirituals.

Zimmermann, *Kurt,* * 4.2.1892 Köln, Direktor der Allianz-Mission-Barmen in Wuppertal-Barmen.

Allianz-Mission-Barmen.

Zöllner, *Erich,* * 25.6.1916 Wien, Dr. phil. (1938). Doz. f. österr. Gesch. u. Gesch. des MA 1947, tit. ao. Prof. 1953, o. Prof. 1962 Wien.

Die polit. Stellung d. Völker im Frankenreich, 1950; Urkundenbuch zur Gesch. d. Babenberger in Österreich I. II (mit H.Fichtenau), 1950/55; Gesch. Österreichs von d. Anfängen bis zur Gegenwart, (1961) 1962².

Rupert von Salzburg.

Zoepfl, *Friedrich,* * 6.1.1885 Murnau/Staffelsee, Dr. theol. (1911). Seelsorgsdienst 1909-23 in Dillingen/D., Polling/Obb., Mindelheim, Leiter der F.Oettingen-Wallensteinischen Bibliothek u. Kunstsammlung 1923 Maihingen; Doz. f. Gesch. u. Kunstgesch. 1930, ao. Prof. 1930, o. Prof. 1945 Phil.-Theol. Hochschule Dillingen/D.

Didymi Alexandrini in epistolas canonicas brevis enarratio, 1914; Joh.Altenstaig (RGST 36), 1918; Dt. Kulturgesch. I. II, (1928/30) 1931/37; Joh.Eck, Vier dt. Schriften (mit K.Meisen) (CCath 14), 1929; Das Reich als Schicksal u. Tat, 1937; Nik. Ellenbog, Briefwechsel (mit A.Bigelmair) (CCath 19-21), 1938; Gesch. d. Stadt Mindelheim in Schwaben, 1948; Das Bistum Augsburg u. seine Bischöfe im MA, 1955.

Augsburg; Gregor von Valencia; Laymann; Spe.

Zscharnack, *Leopold:* 6, 1934.

Brandenburg II, 1-6 (mit B.Schulze); Clericus (mit A.A.van Ruler); Doctores Ecclesiae (mit A.Erler); Fischerring (mit A.Erler); Freifeldt; Gesangbuch I, 1-3b (mit W.Jannasch); Impostores tres (mit W.Maurer); Keckermann (mit O.Weber); Middleton; Säkularisten (mit Ernst Wolf); Spanheim, 2. 3 (mit O.Weber).

Zülch, *Wilhelm,* * 19.10.1931 Philippinenburg Kr. Wolfhagen, Dr. jur. (1957), wiss. Mitarbeiter in Berlin.

Das Verbot von Verfassungsänderungen nach d. Bonner Grundgesetz (Jur. Diss. Marburg), 1957.

Verfassungen in der BRD und DDR II.

Zumkeller, P. *Adolar,* * 3.6.1915 Erfurt, OESA, Dr. theol. (1940), Dr. phil. (1942), Prior des Augustinerklosters 1957 München.

Hugolin von Orvieto u. seine theol. Erkenntnislehre (Cassiciacum 9), 1941; Dionysius de Montina, ein neuentdeckter Augustinertheologe d. Spät-MA (ebd 9a), 1948; Das Mönchtum des hl. Augustinus (ebd 11), 1950; Hugolin von Orvieto über Urstand u. Erbsünde (Augustiniana 3, 1953, 35-62. 165-193; 4, 1954, 25-46); ...über Prädestination, Rechtfertigung u. Verdienst (ebd 4, 1954, 109-156; 5, 1955, 5-51); Die Regel des hl. Augustinus, mit Einführung u. Erklärung, 1956 (holl. 1960, 1962²); Hermann von Schildesche (Cassiciacum 14), 1957; Schrifttum u. Lehre des Hermann von Schildesche (ebd 15), 1959.

Dionysius von Montina; Hugolin von Orvieto; Paltz.

Zumpe, *Hans,* * 19.4.1907 Dresden, Pfleger am Psychiatrischen Landeskrankenhaus in Weinsberg/Württ.

Arnold, Eberhard; Bruderhof.

STICHWORTREGISTER

A

C

D

E

G

H

I, J

K

L

M

N

O

P

Q

R

S

T

U

V

W

X

Y

Z

BERICHTIGUNGEN

Band I

Sp. 15 Z. 66: ZNW 37, 1938, 32-41 statt HNT ErgBd, 24ff.
Sp. 20 Z. 39: Supper (ET statt Super (ExpT.
Sp. 91 Z. 31/32: 70 nChr statt 70 vChr.
Sp. 92 Z. 62/63: → Fulbert zusammen statt → Fulbert, war zusammen.
Sp. 121 Z. 19: 26, 52 statt 16, 52.
Sp. 132 Z. 37: starben oft schon statt starben selbst oft schon.
Sp. 141 Z. 18: 431 statt 421.
Sp. 154 Z. 55: 2 F 7 statt 2 F 8.
Sp. 170 Z. 16: streiche Pfeil vor Anthimus.
Sp. 174 Z. 30: 30.7. statt 13.7.
Sp. 183 Z. 41: et statt es.
Sp. 203 Z. 5/6 lies: in der *Tschechoslowakei* wurde die 1880 gegründete Česká Akademie pro Vědy, Slovenost a Umění 1952 reorganisiert und ebenfalls 1952 die Slovenská Akademie Věd neugegründet.
Sp. 210 Z. 16: 1952 statt 1922.
Sp. 221 Z. 63: streiche Pfeil vor Zosimos.
Sp. 228 Z. 11: 1.2. statt 2.2.
Z. 54: streiche Pfeil vor Metternichs.
Sp. 229 Z. 34: Chalkedon statt Malkedon.
Sp. 247 Z. 55: 1909-14 statt 1909-12.
Sp. 248 Z. 13: 1956 statt 1856.
Sp. 253 Z. 49/50 lies: origin and typology, including the Minoan-Mycenaean.
Sp. 259 Z. 4: capitaneum statt canitaneum.
Sp. 292 Z. 19: streiche Pfeil vor Metternich.
Sp. 332 Z. 44 lies: (Hdb. d. Kunstwiss. I), 1914, 339ff.
Sp. 348 Z. 20: 1138 statt 1139.
Sp. 360 Z. 29: streiche Pfeil vor Metternich.
Sp. 371 Z. 37/38: König Harald II. statt Eduard der Bekenner (1042-66).
Sp. 373 Z. 5: Buchman statt Buchanan.
Sp. 379 Z. 51: Archidiakone statt Erzdiakone.
Sp. 388 Z. 17: streiche Pfeil vor Allendorf.
Sp. 393 Z. 44: unmitteilbar statt unmittelbar.
Z. 56: einem statt ein.
Sp. 397 Z. 61: * zu statt † zu.
Sp. 410 Z. 21: Selection, 1859 statt Election, 1884.
Z. 61: GEBSATTEL statt GELBSATTEL.
Sp. 433 Z. 5: streiche Pfeil vor Spiel.
Sp. 434 Z. 44: GRISAR statt GRIESAR.
Sp. 451 Z. 46: 2145-47 statt 1245-47.
Sp. 481 Z. 7: Hierapolis statt Laodicea.
Sp. 489 Z. 27: A. ADAM statt K. ADAM.
Sp. 490 Z. 15: A. Adam statt K. Adam.
Sp. 492 Z. 8: streiche Pfeil vor Laienschule.
Sp. 500 Z. 46: BANDMANN statt BAUDMANN.
Sp. 508 Z. 8: MERX statt MERK.
Z. 20/21 lies: wurde von Bryennios entdeckt und 1883 herausgegeben.
Sp. 543 Z. 30: 1139 statt 1339.
Sp. 582 Z. 66: 1574 statt 1517.
Sp. 583 Z. 5: → Bochart statt Bochart.
Sp. 594 Z. 49: 361 statt 362.
Sp. 597 Z. 2: Antoninus statt Antonius.
Sp. 680 Z. 8: 972 statt 912.
Z. 14: Rastko statt Rasko.
Z. 54: G. SCHÄFER statt G. SCHAFER.
Sp. 695 Z. 38: 24, 15 statt 25, 15.
Sp. 719 Z. 58: Joachim Heinr. → Campe statt Joh. Heinr. Campe.
Sp. 724 Z. 38: sie statt sich.
Sp. 741 Z. 15: Dialoge statt Dialego.
Sp. 774 Z. 10/11: tjurunga statt tiurunga.
Z. 46: Daramulun statt Daramulum.
Sp. 794 Z. 61: HAUSER statt HANSEN.
Sp. 795 Z. 7: streiche Pfeil vor Râma.
Sp. 832 Z. 62: Rashdall statt Rahsdall.
Sp. 860 Z. 32: Alvarez statt Alverez.
Sp. 863 Z. 26: Diese statt Die General Baptists.
Z. 46: streiche Pfeil vor Meyer.
Sp. 919 Z. 12: Gedichten statt Geschichten.
Sp. 943 Z. 28: Friedrich → Förner statt Johann Forner.
Sp. 946 Z. 54: Körperschaft des öffentlichen Rechts statt Privatkirchengesellschaft.
Sp. 948 Z. 9: Basel statt Zürich.
Sp. 972 Z. 34/35 lies: quamquam in confessione non sit necessaria omnium delictorum enumeratio.
Sp. 1008 Z. 34: 1951 statt 1952.
Sp. 1012 Z. 55-57 lies: Verständnisses der BS als Formulierung des »Lehrbegriffs«, als »die vergleichende Darstellung der in den öffentlichen BSen...
Sp. 1015 Z. 5: 1563 statt 1554.
Z. 14: 1575 statt 1609.
Sp. 1016 Z. 17: 1672 statt 1572.
Sp. 1028 Z. 60: 17.4. statt 7.4.
Sp. 1059 Z. 6: 1942 statt 1944.
Sp. 1077 Z. 12: 2Thess statt 1Thess.
Sp. 1083 Z. 31: 1954 statt 1554.
Sp. 1090 Z. 16: Klitoridektomie statt Klitoritektonie.
Sp. 1099 Z. 6: 215f statt 115f.

Sp. 1118 Z. 9: SCHAUDIG statt SCHAUDING.
Sp. 1125 Z. 33: Jdt statt Jud.
Sp. 1166 Z. 49/50 lies: Det danske Bibelselskabs arsberetning.
Sp. 1175 Z. 7: streiche Pfeil vor Rabula.
Sp. 1177 Z. 59: 1466 statt 1460/61.
Sp. 1181 Z. 31 lies: in die schwed. Bibel von 1618.
Sp. 1184 Z. 46: λέξεων statt λεξέων.
Sp. 1201 Z. 59: Mondsee statt Monsee.
Sp. 1202 Z. 38 füge nach der Klammer hinzu: für die Psalmenzitate.
Sp. 1206 Z. 50: Magdeburg statt Erfurt.
Sp. 1208 Z. 39: (1739) 1744/46² statt 1727.
Sp. 1211 Z. 58 lies: revidiert. Eine neue Ü. erschien 1933.
Sp. 1215 Z. 37: unter-engadinischen statt nieder-engadinischen.
Z. 39: 1861 statt 1681.
Z. 45: 1954 statt 1955.
Sp. 1218 Z. 62: 1551 statt 1561.
Sp. 1225 Z. 27: Benedikt XIV. statt Alexander VII.
Sp. 1227 Z. 70: 1070 statt 1270.
Sp. 1241 Z. 5: 1787 statt 1777.
Sp. 1243 Z. 34: H. J. Holtzmann statt J. H. Holtzmann.
Sp. 1248 Z. 35: streiche Pfeil vor Zwaan.
Sp. 1273 Z. 14: εἰκών statt εἰκῶν.
Z. 45: ἱστορίαι statt ἱοτορίαι.
Sp. 1274 Z. 36: 775 statt 745.
Sp. 1299 Z. 39: Henri statt Henry.
Sp. 1300 Z. 10/11: Revelationes statt Relevationes.
Sp. 1302 Z. 64 streiche: , in Böhmen.
Sp. 1318 Z. 13: vor 1510 statt 1515.
Z. 43-46 lies: nach der Eroberung der Stadt durch Karl V. (1548). B. mußte fliehen. Er zog nach Winterthur, von wo er mit Calvin in Verbindung trat, war 1551-59 Pfarrer in Biel, half bei seinem Neffen in Leutmerken (Kt. Thurgau) im Pfarrdienst aus und starb am 6.12. 1564.
Z. 47: 1567 statt 1570.
Z. 53/54 lies: 1533-48 war Th. B. abwechselnd Bürgermeister und Reichsvogt.
Z. 69 lies: † 19.3.1567 in Grießenberg bei Weinfelden.
Sp. 1319 Z. 1: T. SCHIESS statt F. SCHIESS.
Z. 2 lies: bis 1567, 3 Bde.
Sp. 1323 Z. 12: 1890 statt 1892.
Sp. 1327 Z. 22/23 lies: in B., Vater u. Sohn – u. weiter!, (1922) 1925².
Sp. 1344 Z. 59: H. Loriti, gen. statt H. Lorit.
Sp. 1353 Z. 56: 28.12. statt 18.12.
Sp. 1354 Z. 43: Anagni statt Anogni.
Sp. 1356 Z. 8: streiche Pfeil vor Ochsenfurt.
Sp. 1357 Z. 7: Chillon statt Chilon.
Sp. 1385 Z. 65: 15.11.1889 statt 1891.
Z. 68/69 lies: prinzipielle Trennung von Staat und Kirche besteht bis heute fort.
Sp. 1386 Z. 13/14 lies: Bahia (1676), Rio de Janeiro (1893), Belém do Pará (1906), Mariana (1906), São Paulo (1908), Cuiabá, Porto Alegre...
Z. 28: 1866 statt 1881.
Z. 30: 1827, vor allem seit 1900 statt 1870.
Sp. 1405 Z. 49: Berends statt Berendt.
Sp. 1406 Z. 59: streiche Pfeil vor Hermann.
Sp. 1408 Z. 49: Nikel statt Nickel.
Sp. 1409 Z. 37: 1850-60 statt 1816-28.
Z. 40: 1838⁴ statt 1938⁴.
Z. 67: 1831 statt 1931.
Sp. 1416 Z. 67: BLANKE statt BLANK.
Sp. 1419 Z. 3: Robertson statt Robinson.
Sp. 1432 Z. 45: W. STÄHLIN statt DERS.
Sp. 1436 Z. 11: (Kirche, Wort Gottes, Sakramente) statt (Sakramente).
Z. 62 lies: nach Böhmen und Mähren.
Sp. 1445 Z. 41: Alaska statt Alsaka.
Sp. 1462 Z. 29: Lobwasserschen statt Lohwasserschen.
Sp. 1469 Z. 2: Hi, Hhld statt Ri, Hhld.
Sp. 1504 Z. 40: Christian III. statt Christian II.
Sp. 1514 Z. 46: Hos statt Jos.
Sp. 1520 Z. 3: πάρεσις statt πάρεςις.
Z. 72: 1923 statt 1933.
Sp. 1532 Z. 64: Münden statt München.
Sp. 1556 Z. 5: Lügde statt Lüde.
Sp. 1563 Z. 66: justinianischen statt justianischen.
Sp. 1564 Z. 14: → Maximian statt Maximimian.
Sp. 1586 Z. 7: 6.8. statt 6.9.
Sp. 1592 Z. 50: 27.10. statt 28.10.
Z. 53: → Castellios statt Bolsecs.
Sp. 1598 Z. 59: 1926-52 statt 1926.
Sp. 1624 Z. 42: **Cartwright** statt **Cartwight**; 1535 statt 1635.
Sp. 1626 Z. 6: KANTZENBACH statt KATZENBACH.
Z. 48: MARROU statt MARRON.
Z. 49/50: streiche den Titel von B. GAIFFIERDE.
Sp. 1647 Z. 29: *E. Lachenmann* statt *W. W. Lachenmann*.
Sp. 1679 Z. 15: Hirsaugenses statt Hirsangenses.
Sp. 1715 Z. 40: I.T. statt I.A.
Sp. 1717 Z. 42: I.T. statt I.A.
Sp. 1745 Z. 23: *K. Kupisch* statt *H. Kupisch*.
Sp. 1832 Z. 37: 1350 statt 1530.
Sp. 1833 Z. 21: 19.11. statt 18.11.
Z. 61: 1592 statt 1593.
Sp. 1835 Z. 16: 2.2. statt 8.2.
Sp. 1853 Z. 5/6 lies: 1628 ab in Lissa und war seit 1632 Senior (Bischof).
Sp. 1855 Z. 22: streiche Pfeil vor Quinones.
Sp. 1856 Z. 70: 1921 statt 1911³.
Sp. 1868 Z. 22/23 lies: **Cordatus** *(Herz), Konrad* (1480 bis 1546), * in Leombach b. Wels (Ob. Österr.).
Z. 25-27 lies: Die Verkündigung des Evangeliums in Ungarn und in der mittleren Slowakei (Kremnitz) führte ihn erneut in den Kerker (nach Gran).
Z. 30 streiche: 1537 in Eisleben.
Z. 31: erster Sammler statt Sammler.
Sp. 1889 Z. 50: advocatia statt advocatio.
Sp. 1893 Z. 71: (Rhön) statt (Franken).

Band II

Sp. 19 Z. 37: DEK statt EKD.
Z. 65: streiche Pfeil vor Reichsbischof.
Sp. 41 Z. 69: Sedgwick statt Segdwick.
Sp. 42 Z. 16/17: Th. R. → Malthus statt H. Th. Malthus.
Z. 33/34 lies: TH. R. MALTHUS, An essay on the principle of population...
Z. 56/57: principle statt principles.
Sp. 48 Z. 19: PH. K. statt PH. TH.
Sp. 56 Z. 67: streiche Pfeil vor Mombert.
Sp. 68 Z. 61: RE IV statt RE V.
Sp. 82 Z. 22: ca 1500-27 statt ca 1500-25.
Sp. 138 Z. 35: 23.5. statt 23.8.
Sp. 157 Z. 20: Ö. MIKLÓS statt M. ÖDÖN.
Sp. 159 Z. 40: 1827 statt 1817.
Sp. 160 Z. 66: IV statt II.
Sp. 164 Z. 27: Emden statt Bremen.
Sp. 205 Z. 55: streiche Pfeil vor Geschichtswissenschaft.
Sp. 209 Z. 52 lies: dort die voneinander getrennten christlichen Kirchen.

Sp. 236 Z. 38: Jandel statt Jaudel.
Sp. 248 Z. 9: streiche Pfeil vor Sohnrey.
Sp. 249 Z. 64/65: streiche Pfeile vor Frenssen und Gros.
Sp. 283 Z. 30–33 lies: aus Schwarzenau (Wittgenstein), wo Alexander Mack in der Eder zu taufen begann (1708). Mack trug die Bewegung nach der Wetterau (Hessen) in die Gegend von Marienborn (1711), von wo die Gewonnenen nach Krefeld zogen (1715), in Duisburg und Solingen Anhänger fanden und schließlich nach Pennsylvanien auswanderten (1719), gefolgt von Macks Gemeinde (1729), die sich von Schwarzenau nach Westfriesland gewandt hatte (1720). Die Grundhaltung der D....
Sp. 291 Z. 12: Abb. 3 statt Abb. 4.
Z. 13: Abb. 4 statt Abb. 3.
Sp. 300 Z. 23: streiche Pfeil vor Grillparzers.
Sp. 316 Z. 1: streiche Pfeil vor Monogamie.
Sp. 320 Z. 5: H. PREISKER statt K. PREISKER.
Sp. 345 Z. 69: J. S. statt J. Chr.
Sp. 350 Z. 12: 47, 29ff statt 47, 9ff.
Sp. 382 Z. 2: Jean statt Jacques.
Sp. 387 Z. 19: Böhmischer Brüder statt Hussiten.
Sp. 390 Z. 24/25 lies: schließlich kennzeichnete er die notwendige Basis aller ökumenischen Bemühungen, indem er erklärte.
Z. 40: ZMP statt ZMR.
Sp. 391 Z. 53: streiche Pfeil vor Scheele.
Sp. 398 füge nach Z. 55 ein: *Ev. Böhmische Brüderkirche* (Vereinigung der tschechischen Lutheraner und Reformierten).
Sp. 400 Z. 1/2 lies: Vereinigung der Nederlandse Hervormde Kerk mit den...
Sp. 405 Z. 52: 934 statt 834.
Sp. 407 Z. 47: 1887 statt 1877.
Sp. 434 Z. 38: K. WILHELM-KAESTNER statt K.W. KAESTNER.
Sp. 436 Z. 2: RE XVII statt RE XVIII.
Sp. 480 Z. 5: 1942 statt 1940.
Sp. 490 Z. 14: 1846 statt 1826.
Sp. 522 Z. 36: 373 statt 377.
Sp. 537 Z. 38: J. HUIZINGA statt W. KAEGI.
Sp. 547 Z. 14 lies: W. KOEPP, Joh. Arndt.
Z. 15 streiche: W. KOEPP...
Sp. 566 Z. 7: L. Ihmels statt K. Ihmels.
Sp. 571 Z. 51: K. GIRGENSOHN statt G. GIRGENSOHN; 1921 statt 1923.
Sp. 643 Z. 69: Yverdon statt Ifferten.
Sp. 644 Z. 45/46 lies: Neuhof (bei Biro, Kt. Aargau) und 1798 in Stans (Kt. Nidwalden).
Sp. 680 Z. 14: Eschatology statt Eschatologie.
Z. 15: Studia statt Studie.
Sp. 700 Z. 1: streiche Pfeil vor Oxyrhynchos.
Sp. 737 Z. 24: Christenheit statt Christentum.
Sp. 756 Z. 3: 25, 29 statt 25, 19.
Z. 65: 13, 24 statt 13, 14.
Sp. 759 Z. 50: 20–30 statt 20–40.
Sp. 761 Z. 59: 14, 12 statt 13, 12.
Sp. 794 Z. 23: Baumgarten statt Baumgartner.
Sp. 838 Z. 53: streiche Pfeil vor Wedekind.
Sp. 861 Z. 17: 1948 statt 1945.
Sp. 883 Z. 48: 9–43 statt 43–49.
Sp. 885 Z. 39/40: Praesanktifikatenliturgie statt Praesanktifikantenliturgie.
Sp. 906 Z. 28/29: Zurndorf (Burgenland) statt Czurendorf (Ungarn).
Sp. 910 Z. 16: JENSEN statt JANSEN.
Sp. 918 Z. 12: πεντηκοστή statt πεντεκοστή.
Sp. 958 Z. 17: O. RIECKER statt N. RIECKER.
Sp. 962 Z. 18: Hamina/Fredrikshamn statt Borgå.
Z. 65 füge ein vor Lahti: Pieksämäki.
Sp. 981 Z. 52 lies: Pacher [?]).
Sp. 994 Z. 30: 1, 25 statt 1, 26.
Sp. 1002 Z. 60: 1Tim statt 2Tim.
Sp. 1010 Z. 26: streiche Pfeil vor Fell.
Sp. 1015 Z. 1: Wilhelm I. statt Wilhelm II.
Sp. 1016 Z. 58: Wilhelm I. statt Wilhelm II.
Sp. 1024 Z. 3: Gregor Francke statt Georg Franke.
Sp. 1026 Z. 60: Gothaer statt Weimarer.
Sp. 1029 Z. 26: Leos III. statt Leos XIII.
Sp. 1044 Z. 47: Mun statt Melun.
Sp. 1050 Z. 42: Bautain statt Bautin.
Sp. 1056 Z. 7 lies: Gabriel Marcel.
Sp. 1057 Z. 50: 1223 statt 1123.
Sp. 1074 Z. 35: 3, 28 statt 3, 20.
Sp. 1093 Z. 55: Clemens statt Claus.
Sp. 1151 Z. 62: K.B. statt Chr.
Sp. 1155 Z. 58/59: Oberweißbach statt Oberweisbach.
Sp. 1204 Z. 40: H. L. H. MONMORIUS statt M. DE MONTMORT.
Z. 41: N. AVERANIUS statt H. L. H. MONMORIUS.
Sp. 1221 Z. 33: DIETZEL statt DITZEL.
Sp. 1236 Z. 25: 1925 statt 1917.
Z. 26: Düsseldorf statt München.
Sp. 1241 Z. 50/51: der Selbstsucht statt des Selbstschutzes.
Sp. 1287 Z. 54: streiche Pfeil vor Wahrnehmung.
Sp. 1290 Z. 67: Herleitung statt Erklärung.
Sp. 1301 Z. 51: 24 statt 14.
Sp. 1306 Z. 51 u. 55: Yorck statt York.
Sp. 1365 Z. 38: F. C. → Steinhofer statt Steinberger.
Sp. 1377 Z. 18 füge hinzu: Nur die Ev. Kirche in Berlin-Brandenburg gliedert sich in vier größere Sprengel, denen G.en vorstehen.
Sp. 1410 Z. 46: 5, 20 statt 5, 17.
Sp. 1412 Z. 55: bei statt bzw.
Sp. 1414 Z. 27: ff statt f.
Sp. 1426 Z. 5/6 lies: Eheprozeß (ebd 28, 1936, 313–372); für die Rota der Apostol. Nuntiatur in Spanien (ebd 39...
Sp. 1459 Z. 55: streiche Pfeil vor Jöde.
Sp. 1496 Z. 27: Yorck statt York.
Sp. 1522 Z. 34: impleretur statt impletur.
Sp. 1527 Z. 19: 9–14 statt 1–14.
Sp. 1559 Z. 48: 16f statt 167f.
Sp. 1573 Z. 58: Ferd. → Kattenbusch statt Friedr. Wilh.
Sp. 1586 Z. 36: ADB IX, 218f statt 671ff.
Sp. 1612 Z. 60/61 lies: »Discours sur l'origine et les fondements de l'inégalité parmi les hommes« (1754).
Sp. 1698 Z. 31: 466–484 statt 460–485.
Z. 39: 589 statt 586.
Sp. 1716 Z. 64/65: Nachfolgegesprächen statt Nachfolgesprächen.
Sp. 1749 Z. 30: ὄντως statt οὕτως.
Sp. 1763 Z. 21: ἐκκλησία statt ἐκκλησία.
Sp. 1767 Z. 26, Sp. 1768 Z. 42, Sp. 1769 Z. 18: Präsanktifikatenliturgie statt Präsanktifikantenliturgie.
Sp. 1830 Z. 20: Kampfbilder statt Kampflieder.
Sp. 1841 Z. 27: 13.5. statt 14.5.
Sp. 1880 Z. 8: 1948 statt 1918.

Band III

Sp. 39 Z. 59/60 lies: Nach Studium der Medizin und der Naturwissenschaften in Tübingen, Leiden (bei Boerhaave), London, Paris und Basel...
Z. 66/67 lies: Tode trotz seiner überragenden Fähigkeiten nur niedere Staatsämter versehen durfte und...
Sp. 40 Z. 26: Einwürfe statt Entwürfe.

Sp. 47 Z. 21/22: Hausgottesdienst statt Hauptgottesdienst.
Sp. 88 Z. 32/33 lies: insgesamt zehnmal wurde er verhaftet und 1804-11 im Gefängnis gehalten.
Sp. 104 Z. 12 lies: Wer H. lieb hat.
Sp. 106 Z. 16 lies: ZDPV 74, 1958, 121-132.
Sp. 113 Z. 35: IV. statt VI.
Sp. 123 Z. 14: 1953⁷ statt 1957⁷.
Sp. 126 Z. 63: Rohde statt Rhode.
Sp. 156 Z. 49: MANKER statt MANHER.
Sp. 177 Z. 46: 2Sam statt 1Sam.
Sp. 196 Z. 11: Portugal statt Spanien.
Sp. 207 Z. 42: → Wigand statt Wiegand.
Sp. 217 Z. 55: 1913 statt 1903.
Sp. 232 Z. 37: 3. Strophe statt Schlußstrophe.
Sp. 252 Z. 1: Primo statt Primum.
Sp. 261 Z. 28: TORM statt THOMA.
Sp. 269 Z. 49: MOMIGLIANO statt MOMOGLIANO.
Z. 54: 1957 statt 1937.
Sp. 291 Z. 46: 1479 statt 1439.
Sp. 298 Z. 5: 1558 statt 1557.
Z. 27-29 lies: um die Geltung des Lüneburger Edikts (Maulkorbparagraph). H. ließ sich zur Bannandrohung.
Z. 38: 1560 statt 1562; 1570 statt 1571.
Sp. 358 Z. 69: akrostichische statt akrostische.
Sp. 374 Z. 8: 70-112, bes. 100ff statt 100-108.
Sp. 383 Z. 5: 1957 statt 1947.
Sp. 411 Z. 27: Erdkenntnis statt Erkenntnis.
Sp. 417 Z. 22: 586 statt 587.
Sp. 434 Z. 11/12 lies: I. HOLM, Dogmhistoriska studier till H. (Diss. Lund), 1907.
Sp. 439 Z. 38: H. Bassermann statt A.
Sp. 460 Z. 22: offerre statt offere.
Z. 24: 5, 7 statt 15, 7.
Sp. 467 Z. 15: *Scott* statt *Scot*.
Z. 39/40: Harlingerland statt Jeverland.
Sp. 475 Z. 27: 1120 statt 1220.
Sp. 490 Z. 56: G. statt C.
Sp. 516 Z. 28: 70, 1958 statt 71, 1959.
Sp. 536 Z. 15: 1892 statt 1882.
Sp. 573 Z. 29: 1763 statt 1762.
Sp. 575 Z. 51: 157, 1913/IV statt 40, 1913.
Sp. 578 Z. 21: Reinhold statt Reinhard.
Sp. 580 Z. 31: 1958/62 statt 1958/59.
Sp. 628 Z. 43: 3, 22 statt 5, 22; 4, 2 statt 4, 1.
Sp. 647 Z. 29: 4 statt 3.
Sp. 651 Z. 39/40: lassenden statt verlassenden.
Sp. 720 Z. 37: 69 statt 49.
Z. 50: Sozialethik statt Soziologie: II.
Sp. 723 Z. 2/3 lies: die nördliche kommunistische Volksrepublik Vietnam.
Z. 4: Republik Süd-Vietnam statt Vietnam.
Z. 29 füge ein nach Brüdern: (Mission Evangélique au Laos).
Sp. 766 Z. 58: 18. 12. statt 13. 12.
Sp. 767 Z. 15: 1406 statt 1405.
Sp. 768 Z. 10: 12. 8. statt 11. 8.
Sp. 785 Z. 41: 1883 statt 1833.
Sp. 816 Z. 52: 11 statt 9.
Sp. 818 Z. 58: 11 statt 9.
Sp. 819 Z. 8: 11 statt 9.
Sp. 821 Z. 50: 11 statt 9; 376f statt 370f.
Sp. 830 Z. 56: 3b statt 4b.
Sp. 852 Z. 58: **Johansson** statt **Johannsson**.
Sp. 891 Z. 5: Degersheim statt Dagersheim.
Sp. 963 Z. 11: WEISZ statt WEISS.
Sp. 984 Z. 25: *Jonathan* statt *Johannes*.
Z. 27: Jᵉhonatan statt Jochanan.
Sp. 991 Z. 4: 1250 statt 1150.
Sp. 1061 Z. 54: III statt II.
Sp. 1062 Z. 26: 6.2. statt 6.11.
Sp. 1071 Z. 33/34 lies: Erweckungstheologie, 1963.
Sp. 1076 Z. 66/67: streiche den Titel von E. FERRERO.
Sp. 1079 Z. 5: 1928 statt 1927.
Z. 8: 1929 statt 1934.
Sp. 1101 Z. 49: 1460 statt 1360.
Sp. 1103 Z. 29/30 lies: bei Ahrweiler; streiche: Frankfurt/M.
Sp. 1128 Z. 2: Keiser statt Kaiser.
Sp. 1129 Z. 22: 1586 statt 1686.
Sp. 1142 Z. 25: EinlNT statt EinlAT.
Sp. 1178 Z. 29 u. 68: Peil statt Pfeil.
Sp. 1204 Z. 48: streiche Pfeil vor Leroy.
Sp. 1232 Z. 40 lies: II, 1957, 151-197; Lit.).
Sp. 1243 Z. 51: **Kennicott** statt **Kennicot**.
Sp. 1248 Z. 56: B. statt K.
Sp. 1336 Z. 4: B. statt O.
Sp. 1461 Z. 38: J.R. statt J.A.
Z. 46: streiche Pfeil vor Rodigast.
Sp. 1473 Z. 7: 4 statt 3.
Sp. 1474 Z. 57: 1550 statt 1950.
Sp. 1476 Z. 6: 1651 statt 1640.
Sp. 1484 Z. 66: Mareschal statt Marschall.
Sp. 1491 Z. 50: Sachsen-Gotha statt Sachsen.
Sp. 1518 Z. 68: 1955 statt 1957.
Sp. 1680 Z. 17: 1-4 statt 1-14.
Sp. 1686 Z. 13 lies: (1505 [1515?] bis 1572).
Z. 34: Maria Tudor statt → Maria Stuart.
Sp. 1747 Z. 9: I/2 statt II/2.

Band IV

Sp. 2 Z. 26: streiche Pfeil vor Nielsen.
Sp. 11 Z. 37: clipeata statt cliptea.
Sp. 14 Z. 44: Crum statt Crums.
Sp. 18 Z. 38: 15, 32 statt 14, 32.
Sp. 21 Z. 39: 2, 12f statt 2, 13f.
Sp. 190 Z. 58: 1863 statt 1869.
Sp. 200 Z. 4 lies: 1909; Dårhushjonet, 1949.
Sp. 233 Z. 7: Language statt Languages.
Z. 8 lies: 59, 1944, 456-485).
Sp. 250 Z. 61: PFANNMÜLLER statt PFANNENMÜLLER.
Sp. 251 Z. 2: Regionen statt Religionen.
Sp. 319 Z. 3: 13.7.939 statt 936.
Z. 27: 1049 statt 1059.
Sp. 352 Z. 20 lies: → Reformer.
Sp. 363 Z. 5/6: streiche den Titel von F. H. ROSS.
Sp. 381 Z. 9: Gundremmingen statt Grundremmingen.
Sp. 402 Z. 4: *Grant* statt *Gran*.
Sp. 467 Z. 43: Johann statt Otto.
Sp. 527 Z. 40: 1923 statt 1927.
Sp. 540 Z. 61: Fremdlingschaft statt Fremdlingsherrschaft.
Sp. 567 Z. 8: Eliade statt Haekel.
Sp. 591 Z. 53: Treuherz Behrendt statt Ernst Berendt.
Sp. 627 Z. 50: XIII. statt III.
Sp. 644 Z. 40: Türstürze statt Türstütze.
Sp. 648 Z. 46: Voll-P. statt Frei-P.
Sp. 649 Z. 21: Rund-P. statt Frei-P.
Sp. 693 Z. 51: 1914 statt 1911.
Z. 66 lies: → Rohlfs.
Sp. 732 Z. 62: 6, 10a statt 10, 6a.
Sp. 767 Z. 31: BREZZI statt BEZZI.
Sp. 775 Z. 44: Im Dezember 1542 statt 1543.
Z. 45: 1542 statt 1541.
Sp. 782 Z. 10/11: streiche Pfeil vor Steinmetz.
Sp. 813 Z. 31: Coustant statt Constant.
Sp. 817 Z. 57: *Giuseppe* statt *Guiseppe*.
Sp. 841 Z. 23: I.A. statt J.A.

Sp. 882 Z. 2 lies: 1942 Dekan in Würzburg.
Sp. 907 Z. 16: Schwaz statt Schaz.
Sp. 933 Z. 20: Kultzentren statt Kulturzentren.
Sp. 992 Z. 52: Saravias statt Savarias.
Sp. 1045 Z. 7: Mondsee statt Monsee.
Sp. 1151 Z. 26: reußischen statt preußischen.
Sp. 1180 Z. 14: streiche Max.
Sp. 1184 Z. 46/47: H. Boehmer statt H. Bornkamm.
Sp. 1275 Z. 44: 12–17 statt 12–27.
Z. 45: 93, 3f statt 93, 5f.
Sp. 1376 Z. 69: 1929^5 statt 1629^5.
Sp. 1398 Z. 11: Edinburgh statt Irland.
Sp. 1477 Z. 47: 1889 statt 1898.
Sp. 1519 Z. 43: Roger I. statt Robert I.
Sp. 1531 Z. 56: Kerschbaumer statt Kerschbaum.
Sp. 1631 Z. 16: Oldenburg statt Wetterau.
Sp. 1636 Z. 46: 1528 statt 1527.
Sp. 1654 Z. 62/63: propitiatorium statt propritiatorium.
Sp. 1669 Z. 12: 6. statt 7.
Sp. 1702 Z. 4, 14 u. 23: → Theophilus statt Timotheus.
Sp. 1730 Z. 21: ca 1494 statt 1498.
Sp. 1734 Z. 1: 5 statt 4.
Z. 2: 1932 statt 1927.
Z. 13: 113–134 statt 1–22.

Band V

Sp. 20 Z. 50: 50 Mill. statt 500000.
Sp. 30 Z. 51/52: Julius III. statt Julius II.
Sp. 60 Z. 60: 10. statt 9.
Sp. 80 Z. 11: 80 statt 60.
Sp. 168 Z. 3: 22, 3 statt 20, 3.
Sp. 170 Z. 5: 1, 31 statt 1, 3.
Sp. 171 Z. 27: 11, 32f statt 11, 26.
Sp. 181 Z. 68: 50 statt 30.
Sp. 194 Z. 59: *Kümmel* statt *Kümme*
Sp. 198 Z. 55 streiche: ed. H. J. Vogels [BBB 13], 1957.
Sp. 224 Z. 68: streiche Pfeil vor Wolzogen.
Sp. 247 Z. 66: 30 statt 29.
Sp. 379 Z. 18: 17–30 statt 38–55.
Sp. 439 Z. 37: Vitoria statt Vitorio.
Sp. 471 Z. 7: Paderewski statt Pilsudski.
Z. 42: 1835 statt 1838.
Sp. 473 Z. 23: Nov. 1932 statt 22.5.1933.
Sp. 475 Z. 47: XII, 3 statt II, III.
Z. 49: angehören statt angehörten.
Sp. 498 Z. 7: Creuzburg/Werra statt Kreuzberg.
Sp. 503 Z. 37: 1910 statt 1912.
Sp. 540 Z. 19 lies: G. Pregizer, 1962 (Biogr.
Sp. 544 Z. 6 lies: zT 1906.
Sp. 641 Z. 69: streiche Pfeil vor Rufin.
Sp. 646 Z. 44: 20. statt 19.
Sp. 680 Z. 40: 26; 35 statt 35; 37.
Sp. 709 Z. 52: J. H. statt I. H.
Sp. 877 Z. 12: → Stiefel statt Stysel.
Sp. 909 Z. 8: Bull. de l'Inst. franç. de l'Afrique noire statt BIFAO.
Sp. 917 Z. 70: 66 statt 68.
Sp. 1076 Z. 56: 1892 statt 1882.
Sp. 1089 Z. 8: 1952 statt 1852.
Sp. 1158 Z. 62: della statt da.
Sp. 1159 Z. 7: della statt da.
Z. 10: dei statt da.
Sp. 1170 Z. 8 u. 13: Berglinger statt Berlinger.
Sp. 1173 Z. 43: Arnims und Brentanos statt Eichendorffs.
Sp. 1191 Z. 15: II. statt IV.
Sp. 1224 Z. 3: IV statt III.
Sp. 1331 Z. 44: 19, 11 statt 19, 10.
Sp. 1445 Z. 28/29 lies: → Wacker († 1913).
Sp. 1467 Z. 36: 1528 statt 1527.
Sp. 1556 Z. 30/31: Felbiger statt Felbinger.
Sp. 1582 Z. 3: Neue Fassung des GJS vom 29.4.1961 (BGBl I S. 497).

Band VI

Sp. 148 Z. 38: 1910 statt 1920.
Sp. 210 Z. 7: streiche Pfeil vor Wolzogens.
Sp. 322 Z. 35: Gottesstaat statt Gottesidee.
Sp. 335 Z. 5: 1866, 196ff statt 1863, 198ff.
Sp. 351 Z. 36: Bibelanstalt statt Bibelgesellschaft.
Sp. 637 Z. 69: G. Wagner statt E. Wagner.
Sp. 638 Z. 19: Zwischen 240 und 250 statt Um 250.
Z. 23/24: Bald nach der Mitte des 3. Jh.s statt Etwa gleichzeitig.
Sp. 695 Z. 18 lies: 1912–18 Vereinigung f. KG Thüringens, 1929–45 u. ab 1949 Gesellschaft f. thür. KG.
Sp. 750 Z. 3: 44 statt 19^2.
Sp. 768 Z. 36: τὴν statt τῆν.
Sp. 874 Z. 67: XXXII. statt XXII.
Sp. 888 Z. 65: Therapie statt Theorie.
Sp. 926 Z. 66: 1210 statt 1250.
Sp. 974 Z. 18: 1950 statt 1944.
Sp. 983 Z. 1: littera statt litera.
Sp. 1006 Z. 49: Spr statt Pred.
Sp. 1057 Z. 9/10 streiche: Ausgeschlossen blieb die Brüderunität.
Sp. 1058 Z. 13: ca 120000 statt ca 12000.
Z. 19: 7000 statt 700.
Z. 20: 1500 statt 600.
Z. 37/38: Melsungen statt Marburg/Lahn.
Sp. 1103 Z. 22: 1286/85 statt 1296.
Sp. 1339 Z. 57: 1948 statt 1949.
Sp. 1369 Z. 19: 14 statt 13.
Z. 44: 45 statt 43.
Sp. 1775 Z. 68: St. Andrews statt Edinburgh.
Sp. 1866 Z. 4: Zaraϑuštra statt Zaraϑuχtra.